Müller-Gugenberger (Hrsg.)
Wirtschaftsstrafrecht

Wirtschafts-strafrecht

Handbuch des Wirtschaftsstraf- und -ordnungswidrigkeitenrechts

herausgegeben von

Dr. Christian Müller-Gugenberger
Richter am Oberlandesgericht a.D.
Stuttgart

6. neu bearbeitete
und erweiterte Auflage

2015

otto**schmidt**

Zitierempfehlung:

Bearbeiter in Müller-Gugenberger, Wirtschafts-, strafrecht, 6. Aufl., § ... Rz. ...

*Bibliografische Information
der Deutschen Nationalbibliothek*

Die Deutsche Nationalbibliothek verzeichnet diese Publikation in der Deutschen Nationalbibliografie; detaillierte bibliografische Daten sind im Internet über http://dnb.d-nb.de abrufbar.

Verlag Dr. Otto Schmidt KG
Gustav-Heinemann-Ufer 58, 50968 Köln
Tel. 02 21/9 37 38-01, Fax 02 21/9 37 38-943
info@otto-schmidt.de
www.otto-schmidt.de

ISBN 978-3-504-40042-2

© 2015 by Verlag Dr. Otto Schmidt KG, Köln

Das Werk einschließlich aller seiner Teile ist urheberrechtlich geschützt. Jede Verwertung, die nicht ausdrücklich vom Urheberrechtsgesetz zugelassen ist, bedarf der vorherigen Zustimmung des Verlages. Das gilt insbesondere für Vervielfältigungen, Bearbeitungen, Übersetzungen, Mikroverfilmungen und die Einspeicherung und Verarbeitung in elektronischen Systemen.

Das verwendete Papier ist aus chlorfrei gebleichten Rohstoffen hergestellt, holz- und säurefrei, alterungsbeständig und umweltfreundlich.

Einbandgestaltung: Jan P. Lichtenford, Mettmann
Satz: Griebsch & Rochol Druck, Hamm
Druck und Verarbeitung: Kösel, Krugzell
Printed in Germany

Bearbeiter der 6. Auflage

Dr. Thorsten Alexander
Rechtsanwalt, Stuttgart

Sandra Bischoff
Leitende Oberstaatsanwältin, Pforzheim

Manfred Büttner
Oberamtsrat, Lehrbeauftragter an der Hochschule für Finanzen, Stuttgart

Dr. Joachim Dittrich
Leitender Oberstaatsanwalt, Rottweil

Dr. Marc Engelhart
Rechtsanwalt, Referatsleiter am Max-Planck-Institut für ausländisches und internationales Strafrecht, Freiburg i.Br.

Dr. Johannes Fridrich
Staatsanwalt, Stuttgart

Jens Gruhl
Leitender Oberstaatsanwalt, Mosbach

Dr. Markus Haas
Richter am Landgericht, Stuttgart

Dr. Johannes Häcker
Leitender Oberstaatsanwalt a.D., Stuttgart

Anke Hadamitzky
Oberstaatsanwältin beim Bundesgerichtshof, Karlsruhe

Ulrich Hebenstreit
Richter am Bundesgerichtshof a.D., Ludwigsburg

Klaus Heitmann
Richter am Landgericht a.D., Stuttgart

Oliver Henzler
Erster Staatsanwalt, Stuttgart

Peter Holzwarth
Oberstaatsanwalt, Stuttgart

Ilka Ludwig,
Richterin am Landgericht, Stuttgart

Dr. Manfred Muhler
Vorsitzender Richter am Finanzgericht, Freiburg

Dr. Christian Müller-Gugenberger
Richter am Oberlandesgericht a.D., Stuttgart

Dr. Jürgen Niemeyer
Vorsitzender Richter am Oberlandesgericht a.D., Stuttgart

Dr. Alexander Nogrady
Erster Staatsanwalt, Stuttgart

Prof. Dr. Michael Pfohl
Leitender Oberstaatsanwalt, Hechingen

Dr. Alexander Retemeyer
Oberstaatsanwalt, Osnabrück

Dr. Hans Richter
Oberstaatsanwalt, Stuttgart

Wolfgang Schmid
Oberstaatsanwalt a.D., Stuttgart

Dr. Alexander Schumann
Richter am Landgericht, Stuttgart

Andreas Thul
Oberstaatsanwalt, Stuttgart

Dr. Thomas Trück
Oberstaatsanwalt, Tübingen

Heiko Wagenpfeil
Erster Staatsanwalt, Stuttgart

Dr. Michael Wahl
Erster Staatsanwalt, Stuttgart

Prof. Dr. Wolfgang Winkelbauer
Rechtsanwalt, Stuttgart

Thomas Wolf
Oberregierungsrat, Wirtschaftsreferent bei der Staatsanwaltschaft Stuttgart

Frühere Mitautoren

Dr. Peter Bender
Finanzpräsident a.D., Rechtsanwalt, Hannover
3. Aufl. 2000 bis 5. Aufl. 2011:
Zollrecht; Marktordnung; Subventionen

Klaus Bieneck † 2011
Oberstaatsanwalt a.D., Rechtsanwalt, Stuttgart
1. Aufl. 1987 bis 5. Aufl. 2011:
Konkurs bzw. Insolvenz; Auslandsgeschäfte; Kriegswaffen
3. Aufl. 2000 bis 5. Aufl. 2011:
Mitherausgeber

Gernot Blessing
Oberstaatsanwalt, Stuttgart
3. Aufl. 2000 bis 5. Aufl. 2011:
Arbeitnehmerschutz und Betriebsverfassung; Korruption; Notstand

Dr. Erwin Küster
Regierungsdirektor, Finanzamt Stuttgart
1. Aufl. 1987 bis 3. Aufl. 2000:
Steuern einschließlich Verfahren

Armin Nack
Vorsitzender Richter am BGH
1. Aufl. 1987 bis 4. Aufl. 2006:
Betrug; Bargeldloser Zahlungsverkehr; Kreditgewährung; Preisgestaltung; Maßnahmen gegen Schuldner; Bank- und Börsengeschäfte; Organisierte Kriminalität u.a.

H.H. Jürgen Niemeyer
Vizepräsident des Landgerichts, Leipzig
1. Aufl. 1987 bis 3. Aufl. 2000:
Geheimnisverletzungen; Korruption; Unlautere Werbung

Georg Prasser † 2007
Rechtsanwalt, Stuttgart
4. Aufl. 2006:
Verteidigung

Dr. Werner Schmidt-Hieber † 2011
Oberbürgermeister, Waiblingen
1. Aufl. 1987 bis 2. Aufl. 1992:
Sanktionen und Verfahren in Wirtschaftssachen; Subventionen
3. Aufl. 2000:
Amtsuntreue

Ihre Beiträge zu den Vorauflagen wirken – auch ohne Namensnennung – in der Neubearbeitung weiter. Darüber hinaus haben sie als Mitglieder unserer Autorengemeinschaft nachhaltig auf die Gestaltung und Strukturierung dieses Gemeinschaftswerks Einfluss genommen. (Titel und Berufsbezeichnungen sind auf dem Stand der letzten Auflage, an der sie jeweils mitgewirkt haben.)

Vorwort zur 6. Auflage

Bei einer 6. Auflage ist es – anders als bei der Erstauflage 1987 – nicht mehr geboten, die Bedeutung der hier behandelten Thematik, die Konzeption dieser Darstellung (samt ihrer Grenzen) und die Motivation von Herausgeber und Autoren im Vorwort zu erläutern; insoweit sei auf den stark überarbeiteten § 1 verwiesen. Nur die **wichtigsten Änderungen in sachlicher und personeller Hinsicht** seien hier kurz angesprochen.

1. Die **Änderungen inhaltlicher Art** sind primär durch die weiterhin lebhafte Tätigkeit der nationalen und übernationalen Gesetzgeber bestimmt; doch auch die kontinuierliche Spruchtätigkeit der Gerichte war einzuarbeiten. Wiederholt war auch ein Wechsel des Bearbeiters Anlass für eine durchgreifende Neubearbeitung.

a) Im **1. Teil** ist das 1. Kapitel „Bereich des Wirtschaftsstrafrechts" (§§ 1–9) umstrukturiert worden.

– Die bisherigen §§ 1–3 wurden unter Beibehaltung der Substanz in einem erweiterten § 1 „Einführender Überblick" zusammengefasst. Dem folgt als § 2 eine Neubearbeitung der Thematik „Zur Wirtschaftskriminalität" (früher § 7). Dadurch wurde Raum geschaffen, den zunehmenden Herausforderungen durch die grenzüberschreitende Wirtschaftskriminalität besser gerecht zu werden. Im Anschluss an die Neubearbeitung des „Internationalen Strafrechts" (§ 4) ist das „Europarecht" (§ 5 alt) auf zwei Paragrafen aufgeteilt worden: Der inhaltlich erweiterte § 5 ist dem Strafrecht der internationalen Organisationen gewidmet, während das Strafrecht der EU nun Gegenstand des erweiterten § 6 ist. **Neu** ist der **§ 7 „Ausländisches Wirtschaftsstrafrecht"**, der einen Einstieg in das Wirtschaftsstrafrecht ausgewählter Nachbarstaaten und wichtiger Handelspartner bieten will. Der hochaktuelle Bereich der **Rechtshilfe** (jetzt § 8) ist auf den neuesten Stand gebracht.

– Der das (nun) 2. und 3. Kapitel des Einführungsteils (§§ 10-21) betreffende Wunsch nach einem „zusätzlichen allgemeinen Kapitel zum Ordnungswidrigkeitenrecht" (*Satzger/Suchy*, JZ 2012, 307) ließ sich zwar im Rahmen der vorhandenen Gliederung nicht verwirklichen. Jedoch ist dem berechtigten Anliegen nach einer „**Stärkung**" des Rechts **der Ordnungswidrigkeiten** durch zahlreiche Einzelmaßnahmen Rechnung getragen worden; insbesondere wurde der bislang sehr knappe § 14 „Verfahren in Ordnungswidrigkeiten" deutlich erweitert. Zudem wurden die bisher in § 30 F platzierten Ausführungen über die Verbandgeldbuße in § 21 C vorgezogen. Zur – ebenfalls angeregten – Streichung bzw. weitgehenden Kürzung dieses Bereichs (*Stohrer*, Die Justiz 2011, 172) konnten wir uns indessen nicht entschließen, zumal an anderer Stelle (*Chr. Schröder*, Der Bankpraktiker 2012, 388) diese Darstellung als „ausgesprochener Tipp" bewertet wurde.

b) Auch im **2. und 3. Teil** haben sich erhebliche Veränderungen vollzogen:

– Eingefügt wurde – entsprechend der Anregung von *Bittmann* (wistra 2011, 373 f.) – als **neuer § 31** eine zusammenfassende Behandlung der bisher verstreut erörterten Thematik „**Compliance**".

- Ein erweiterter § 32 enthält die Neubearbeitung des zentralen Themas „**Untreue**" (bisher §§ 31, 32). Die Bereiche der „**Kapitalbeschaffung**" (§§ 27, 28, 50) und der **Publizität** (§ 41) wurden neu geschrieben und dabei teilweise deutlich gestrafft.
- Durchgreifend überarbeitet wurden die Bereiche „**Arbeitsschutz**" und „**Betriebsverfassung**" (§§ 34, 35); auch die Themen **Illegale Beschäftigung** (§§ 36, 37) und **Beitragsvorenthaltung** (§ 38) erforderten eine intensive Überarbeitung.
- Die Thematik der **Korruption** (§ 53) hat im Zuge der Neubearbeitung eine deutliche Erweiterung erfahren.
- Das AWG 2013 hat eine **Neufassung des Außenwirtschaftsrechts** (§§ 15 C, 62, 73) erforderlich gemacht, während das Kartellrecht (§§ 15 D, 57) neben der **8. GWB-Novelle** zahlreiche Neuerungen auf europäischer Ebene erfahren hat.
- Fortgesetzte gesetzliche Änderungen waren nicht nur im **Steuerrecht** (§§ 43-46, 15 A, B), sondern auch im **Umweltrecht** (§ 54), im Bereich der **Datentechnik** einschließlich Zahlungsverkehr (§§ 42, 49) und des **Finanzwesens** (§§ 66-69), des **Verbraucherschutzes** (besonders § 56) und des **Gesundheitswesens** (§ 72) einzuarbeiten.

c) Einen Schwerpunkt der Neuauflage bildet die **Neubearbeitung des 4. Teils** „Unternehmensbeendigung" mit dem Ziel einer Straffung in Verbindung mit hoher Transparenz. Dabei war insbesondere der aktuellen Gesetzgebung zur Erleichterung der Unternehmenssanierung (ESUG) Rechnung zu tragen (besonders § 77). Dies hat für das ganze **Insolvenzstrafrecht (§§ 75-88)** nicht nur zu einer stark veränderten Gliederung geführt – so z.B. ist die Insolvenzverschleppung von § 84 nach § 80 „vorgerückt" –, sondern auch zu vielfältigen inhaltlichen Änderungen.

2. a) Die bedeutsamste Veränderung im **personellen Bereich** ist bereits aus dem Titel ersichtlich: *Klaus Bieneck*, Mitautor seit der ersten Stunde sowie Mitherausgeber über 3 Auflagen, ist wenige Monate nach Erscheinen der 5. Auflage verstorben. Seiner Mitarbeit und Mitgestaltung sei hier nochmals mit großer Dankbarkeit gedacht. Wir haben versucht, die von ihm hinterlassene Lücke in seinem Sinne zu schließen.

Die Herausgeberschaft für diese Auflage hat – wie schon in den beiden ersten Auflagen – der Initiator des Werks wieder allein übernommen (unter Aufgabe der Bearbeitung von § 5 und § 41), wirkungsvoll unterstützt vom derzeitigen Leiter der Schwerpunktabteilungen für Wirtschaftsstrafsachen der Staatsanwaltschaft Stuttgart, OStA *Dr. Hans Richter*.

Außerdem sind Finanzpräsident a.D./RA *Dr. Peter Bender* und OStA *Gernot Blessing* aus persönlichen Gründen aus dem Autorenteam ausgeschieden. Der frühere Leiter der Wirtschaftsabteilungen der StA Stuttgart, OStA *Wolfgang Schmid*, hat nach seiner Pensionierung den Großteil seiner bisherigen Beiträge in jüngere Hände gelegt; nur § 56 „Produkthaftung" und § 89 „Unternehmensnachfolge" hat er auch für diese Auflage bearbeitet. Den Ausgeschiedenen gilt unser herzlicher Dank; was sie beigetragen haben, wirkt auch in den Neubearbeitungen fort.

b) Dieser Aderlass konnte zum einen dadurch ausgeglichen werden, dass einige **bewährte Mitautoren** zusätzliche „Lasten" auf sich genommen haben.

- So haben RA Prof. Dr. *Wolfgang Winkelbauer* und RA Dr. *Thorsten Alexander* neben dem angestammten Thema „Verteidigung" (§ 16) auch die Darstellung der Thematik „Compliance" (§ 31 neu) und das Außenwirtschafts- und Kriegswaffenkontrollrecht (§§ 15 C, 62, 73; bisher *Klaus Bieneck*) übernommen.
- In Fortführung der bereits in der Vorauflage eingeleiteten Nachfolge von *Klaus Bieneck* verantwortet nun *Hans Richter* – unter Entlastung der bisherigen §§ 2–4 und 7 – nahezu das gesamte Insolvenzstrafrecht (§§ 75 ff.); allein die „Waren- und Kapitalbeschaffung in der Krise" (§ 86, zuvor § 85) ist – neben den sonstigen Bereichen des Betrugs – in den bewährten Händen von RiBGH a.D. *Ulrich Hebenstreit* verblieben.
- EStA *Heiko Wagenpfeil* hat zusätzlich zum Rechnungswesen (§§ 26 F, 40) die Bereiche Publizität (§ 41) und Kapitalbeschaffung (§§ 27, 28 teilweise, 50 A; bisher *Wolfgang Schmid*) neu bearbeitet.
- Von den bisher von *Gernot Blessing* betreuten Themen haben sich EStA *Oliver Henzler* des Arbeitsschutzrechts (§ 34) und OStA *Andreas Thul* des Betriebsverfassungsrechts (§ 35) angenommen, während LOStA Dr. *Joachim Dittrich* § 64 „Sicherstellung im Notfall" weitergeführt hat.

c) Zum anderen konnten **sechs neue Mitautor(inn)en** für eine Mitwirkung gewonnen werden:

- Dank der Unterstützung von Prof. Dr. *Ulrich Sieber* sorgt der für das Wirtschaftsstrafrecht zuständige Referent des Max-Planck-Instituts für ausländisches und internationales Strafrecht in Freiburg/Br., Rechtsanwalt Dr. *Marc Engelhart*, dafür, dass sich in den neu strukturierten §§ 4–7 wissenschaftlich fundierte Sachkunde mit praktischer Erfahrung verbindet.
- Im Bereich der Rechtshilfe (jetzt § 8) gewährleistet neben Frau OStAin *Sandra Bischoff* der zuständige Referent im baden-württembergischen Justizministerium, EStA Dr. *Alexander Nogrady*, praxisnahe Aktualität.
- StA Dr. *Johannes Fridrich* hat sich neben der Neufassung des § 2 „Wirtschaftskriminalität" der Fortführung des § 30 „Einstandspflichten" angenommen (bisher *Hans Richter* bzw. *Wolfgang Schmid*).
- Frau RinLG *Ilka Ludwig* hat sowohl die Betreuung der Strohmann- und Scheingeschäfte (§ 29; bisher *Wolfgang Schmid*) als auch die Neubearbeitung der Korruption (§ 53; bisher *Gernot Blessing*) übernommen.
- Frau OStAin beim BGH *Anke Hadamitzky* gewährleistet, dass in das praktisch so wichtigen Thema „Untreue" (§ 32 neu) die aktuelle Sichtweise der Revisionsinstanz direkt einfließen kann.
- OStA Dr. *Alexander Retemeyer*, Osnabrück, führt die bisher von *Peter Bender* bearbeiteten Bereiche der Subventionen (§ 52) und eines Teils des Abgabenrechts (§§ 15 B, 44 D, 45) weiter.

3. Unser Grundsatz, die Randnummern der Vorauflage möglichst beizubehalten und Ergänzungen mit Hilfsrandnummern zu versehen, ließ sich allerdings wiederum nur eingeschränkt durchführen. Vielfach war allein eine neue Zählung sinnvoll; Letzteres gilt besonders für den 4. Teil.

Das Werk insgesamt ist auf dem Stand von **Anfang September 2014**. Auch danach konnten im Rahmen der Drucklegung noch einzelne wichtige Neuerungen aufgenommen werden – bis hin zur Verschärfung der Voraussetzungen der Selbstanzeige im Steuerrecht und zum **49. Strafrechtsänderungsgesetz** vom 21.1.2015.

Auch in dieser Auflage unverändert geblieben ist unsere Zielsetzung, den dynamischen und außerordentlich vielschichtigen Bereich des Wirtschaftsstrafrechts „aus der Praxis für die Praxis" in einem übersichtlichen Rahmen darzustellen und dabei den einzelnen Bearbeitern viel Raum zur individuellen Gestaltung der jeweiligen Thematik zu lassen.

Die professionelle und engagierte Unterstützung durch das Lektorat im Verlag Dr. Otto Schmidt – in Person von Frau *Renate Lorenz* – verdient erneut dankbare Anerkennung. Besonders entlastend für die Autoren war, dass diesmal das Sachregister von Frau RAin Dr. *Brigitte Hilgers-Klautzsch* erstellt wurden; auch ihr gilt unser herzlicher Dank.

Zum Schluss ergeht wiederum die nachdrückliche Bitte an unsere Leser, uns weiterhin zu unterstützen durch Kritik und Hinweise auf Unzulänglichkeiten oder Verbesserungsmöglichkeiten.

Stuttgart, im Januar 2015   Der Herausgeber im Namen aller Mitautoren

Inhaltsübersicht

	Seite
Vorwort	VII
Inhaltsverzeichnis	XI
Schrifttumsverzeichnis	LXXIX
Abkürzungsverzeichnis	XCIII

1. Teil
Einführung

			§§
1. Kapitel	Entwicklung und Bereich des Wirtschaftsstrafrechts		1–9
2. Kapitel	Verfahren in Wirtschaftsstrafsachen		10–16
3. Kapitel	Wirtschaftsstrafrecht – Allgemeiner Teil		17–21

2. Teil
Pflichtverstöße bei Gründung des Unternehmens

1. Kapitel	Allgemeines zum Unternehmen	22–23
2. Kapitel	Beginn (und Änderung) des Unternehmens	24–29

3. Teil
Pflichtverstöße beim Betrieb des Unternehmens

1. Kapitel	Geschäftsleitung und Personalwesen	30–32
2. Kapitel	Rechnungs- und Finanzwesen	39–42
3. Kapitel	Abgaben	43–46
4. Kapitel	Beschaffung	47–53
5. Kapitel	Erzeugung	54–56
6. Kapitel	Absatz	57–62
7. Kapitel	Besondere Geschäftszweige	65–74

4. Teil
Pflichtverstöße bei Unternehmenssanierung und -beendigung

1. Kapitel	Unternehmenskrise	75–79
2. Kapitel	Pflichtverletzung bei Unternehmensbeendigung	80–85
3. Kapitel	Weitere Pflichtverstöße	86–89

5. Teil
Berater im Wirtschaftsstrafrecht

		§§
1. Kapitel	Beraterberufe	90–92
2. Kapitel	Schutz des Beratungsverhältnisses	93–94
3. Kapitel	Teilnahme von Beratern an Wirtschaftsstraftaten ihrer Mandanten	95–96

	Seite
Gesetzesverzeichnis	3157
Stichwortverzeichnis	3225

Inhaltsverzeichnis

1. Teil
Einführung

1. Kapitel
Entwicklung und Bereich des Wirtschaftsstrafrechts

§ 1
Einführender Überblick

	Seite
A. Wirtschaftsstrafrecht als Aufgabe	1
I. Phänomen Wirtschaftskriminalität	2
II. Vielfalt der Normen	5
III. Konzeption der Darstellung	9
1. Zur Gliederung	9
2. Zur Stoffbegrenzung	12
B. Zur geschichtlichen Entwicklung	14
I. Ältere Epochen	15
1. Frühe Erscheinungsformen	15
2. Industrialisierung	17
3. Kriegs- und Verwaltungswirtschaft	20
II. Zeitraum seit 1949	22
1. Erste Reformen	22
2. Neuausrichtung nach 1965	25
a) Steuerstrafrecht	26
b) Gesetze zur „Bekämpfung der Wirtschaftskriminalität"	27
c) Weitere Einzelgesetze	28
3. Zwischenbilanz	33
C. Zu den Grundbegriffen	35
I. Wirtschaftsrecht und Strafrecht	35
II. Umschreibungen von Wirtschaftsstrafrecht	36
1. Gesetzliche Definitionsversuche	36
2. Wirtschaftsstrafrecht als Zuständigkeitsregelung	38
3. Dogmatische Ansätze	40
III. Strafen und andere Sanktionen	42
1. Übersicht über die Sanktionsmöglichkeiten	42
2. Kriminalstrafen und Bußgelder	44
3. Ordnungs- und Zwangsmittel	49
4. Schadensersatz	51

		Seite
D.	**Rechtsquellen und Schrifttum**	54
I.	**Bundesrecht**	54
1.	Materielles Strafrecht	55
2.	Verfahrensrecht	55
II.	**Landesrecht**	56
III.	**Übernationales Recht**	58
IV.	**Zum Schrifttum**	61

§ 2
Zur Wirtschaftskriminalität

I.	**Zur Begriffsbestimmung**	63
1.	Kriminologische Betrachtungsweise	63
2.	Strafrechtsdogmatische Betrachtungsweise	64
3.	Strafprozessual-kriminaltaktische Betrachtungsweise	65
4.	Weitere Ansätze	66
II.	**Wirtschaftskriminalistik**	67
1.	Kriminalstatistik	68
2.	Wirtschaftskriminalistik in der Praxis	75

§ 3
Zeitliche Geltung

I.	**Rückwirkungsverbot**	77
1.	Grundregel	78
2.	Gesetzesänderung	80
II.	**Zeitgesetz**	82

§ 4
Räumliche Geltung

I.	**Strafanwendungsrecht („Internationales Strafrecht")**	85
1.	Territorialprinzip	87
2.	Personalitätsprinzip	87
3.	Schutzgrundsatz und Weltrechtsgrundsatz	88
II.	**Internationalisierung des Wirtschaftsstrafrechts**	88

§ 5
Wirtschaftsstrafrecht der Internationalen Organisationen

I.	**Überblick**	92
II.	**Europäische Organisationen**	96
1.	EU und EWR	97
2.	Europarat	97
3.	OSZE	103

	Seite
III. **Weltweite Organisationen**	103
1. Vereinte Nationen	104
a) Strafrechtsaktivitäten der Hauptorgane	104
b) Strafrechtsaktivitäten der Sonderorganisationen	108
2. Internationaler Strafgerichtshof	108
3. OECD und FATF	109
4. WTO	111

§ 6
Europäisches Strafrecht

A. **Einleitung**	114
B. **Grundlagen**	115
I. **Institutionelle Grundlagen**	115
1. Gründungs- und Erweiterungsverträge	116
a) Entwicklung	117
b) Vertrag von Lissabon	119
c) Europäischer Wirtschaftsraum und Schweiz	124
2. Europa der „verschiedenen Geschwindigkeiten"	125
a) „Schengen"	125
b) Währungsunion	128
c) Raum der Freiheit, der Sicherheit und des Rechts	129
II. **Rechtsetzungskompetenz**	130
1. Instrumente der Rechtsetzung	133
2. Rechtsprechung	136
C. **Sanktionsnormen im Unionsrecht**	138
I. **Unmittelbare Sanktionsnormen**	143
1. Geldbußen	143
2. Kriminalstrafen	145
a) Entwicklung bis zum Vertrag von Lissabon	145
b) Rechtslage seit dem Vertrag von Lissabon	146
II. **Mittelbare Sanktionsnormen**	148
1. Unionswidriges nationales Strafrecht	149
2. Unionsrechtskonforme Auslegung	150
3. Blankettausfüllende europäische Normen	152
4. Anweisungskompetenz der Union	154
III. **Schutz der finanziellen Unionsinteressen**	158
IV. **Innere Sicherheit**	164
1. Erweiterte Ermächtigungsgrundlagen	164
2. Europäische Sicherheits- und Kriminalpolitik	166
3. Maßnahmen zu einzelnen Deliktsgruppen	172
4. Doppelstrafverbot (ne bis in idem)	177
5. Organisatorische Maßnahmen	180
a) Überblick über die Rechtsakte	180

	Seite
b) Europol	182
c) Europäisches Justizielles Netz	186
d) Eurojust	187
e) Europäische Staatsanwaltschaft	189
6. Europäischer Haftbefehl	193
7. Weitere Verfahrensanordnungen	195
a) Erlangung von Beweismitteln	195
b) Fahndung und gegenseitige Information	197
c) Rechte des Beschuldigten	201
d) Opferschutz	204
e) Vollstreckungshilfe	205
V. Perspektiven	206

§ 7
Ausländisches Wirtschaftsstrafrecht

I. **Rechtsvergleichung**	209
II. **Ausländische Rechtsordnungen**	213
1. Österreich	213
2. Schweiz	216
3. Frankreich	219
4. Belgien	221
5. Vereinigtes Königreich	222
6. Vereinigte Staaten von Amerika	228
7. Russland	235

§ 8
Grenzüberschreitende Bekämpfung

A. **Grundlagen der Rechtshilfe**	242
I. **Rechtshilfe und Amtshilfe**	243
II. **Rechtsgrundlagen**	244
1. Internationale Rechtsgrundlagen	244
a) Internationale Übereinkommen	244
b) Bilaterale Verträge	247
c) Vertragslose Rechtshilfe	247
d) Fundstellen	248
2. Innerstaatliche Rechtsgrundlagen	248
a) Gesetz über die internationale Rechtshilfe in Strafsachen	248
b) RiVASt	249
III. **Zuständigkeiten und Geschäftswege**	250
1. Delegation der Befugnisse	250
2. Bewilligungs-, Prüf- und Vornahmeverfahren	252
3. Geschäftswege	253

	Seite
IV. Rechtshilfe innerhalb der EU	254
1. Rahmenbeschlüsse	255
a) Grundsatz der gegenseitigen Anerkennung	255
b) Grundsatz des Vertrauens in andere Rechtsordnungen	257
2. Richtlinien nach dem Vertrag von Lissabon	257
B. Bereiche der Rechtshilfe	258
I. Auslieferungsersuchen	258
1. Internationale Fahndung	258
2. Rechtsgrundlagen	259
3. Vereinfachte Auslieferung	261
4. Europäischer Haftbefehl	261
a) Neuerungen durch den RB	262
b) Umsetzung im nationalen Recht	263
c) Anwendungsprobleme	265
II. Rechtshilfe im engeren Sinn	266
1. Zustellungen	266
2. Vernehmungen	268
3. Durchsuchung und Beschlagnahme	270
4. Vorübergehende Überstellung	272
5. Elektronische Auskunft aus Verfahrensregistern	273
6. Überwachung der Telekommunikation	274
7. Fingerspuren- und DNA-Abgleich	275
8. Gemeinsame Ermittlungsgruppen	276
9. Übernahme der Strafverfolgung	277
10. Polizeiliche Rechtshilfe	278
III. Vollstreckungshilfe	279
1. Vollstreckung von Freiheitsstrafen	279
a) Überstellungsübereinkommen	280
b) Zusatzprotokoll zum Überstellungsübereinkommen	282
c) Vollstreckungshilfe und Europäischer Haftbefehl	282
2. Vollstreckung von Einziehungsentscheidungen	283
a) Multi- und bilaterale Übereinkommen	283
b) EU	284
3. Vollstreckung von Geldsanktionen	285
C. Zusammenarbeit mit zwischenstaatlichen Organisationen	286

§ 9
Organisierte Kriminalität 287

2. Kapitel
Verfahren in Wirtschaftsstrafsachen

§ 10
Einführung

	Seite
A. Überblick	293
B. Verfahrensgrundsätze	294
I. Allgemeine Verfahrensgrundsätze	294
II. Strafverfahrensrechtliche Grundsätze	296
1. Offizialprinzip	296
a) Antragsdelikte	296
b) Privatklagedelikte	297
2. Legalitätsprinzip	297
3. Anklagegrundsatz	298
4. Untersuchungsgrundsatz	299
5. Freie Beweiswürdigung	299
6. Unschuldsvermutung	299
III. Grundsätze der Hauptverhandlung	300
1. Mündlichkeit	300
2. Unmittelbarkeit	300
3. Öffentlichkeit	301
4. Zweifelsgrundsatz	302
C. Prozessvoraussetzungen	303

§ 11
Ermittlungsverfahren

A. Beteiligte	305
I. Ermittlungsbehörden	305
1. Staatsanwaltschaft	306
2. Polizei, Steuer- und Zollfahndung, Zollverwaltung	307
II. Ermittlungsrichter	308
III. Beschuldigter	308
1. Rechtsstellung	309
2. Verhandlungsfähigkeit	310
IV. Verletzter	310
B. Verfahrensgang	311
I. Allgemeines	312
II. Vernehmungen	314
1. Beschuldigter	314
a) Allgemeines	315
b) Verbotene Vernehmungsmethoden	317

		Seite
2.	Zeugen	318
	a) Pflicht zum Erscheinen und zur Aussage	319
	b) Zeugnis- und Auskunftsverweigerungsrechte	319
	c) Geheimnisvorschriften	321
3.	Sachverständige und Augenschein	322
III.	Zwangsmaßnahmen	322
1.	Untersuchungshaft	323
	a) Voraussetzungen	323
	b) Anordnung, Vollstreckung und Vollzug	325
	c) Aussetzung des Vollzuges	326
	d) Haftprüfung und Haftbeschwerde	327
	e) Beschleunigungsgebot	328
2.	Vorläufige Festnahme und Hauptverhandlungshaft	329
3.	Durchsuchung	329
	a) Anordnung und Vollzug	331
	b) Rechtsbehelfe	333
4.	Beschlagnahme	334
	a) Anordnung und Vollzug	335
	b) Begrenzungen	338
5.	Weitere Überwachungsmaßnahmen	339
6.	Sicherstellung für Einziehung und Verfall	340
	a) Sicherstellung von Gegenständen	341
	b) Dinglicher Arrest	343
	c) Beendigung	344
C.	Verfahrensabschluss	345
I.	Einstellung mangels Tatverdachts	346
II.	Einstellung aus Opportunitätsgründen	346
1.	Geringfügigkeit	347
2.	Gegen Auflagen	348
3.	Relative Unerheblichkeit	348
4.	Sonstige Ausnahmen vom Verfolgungszwang	349
III.	Erhebung der öffentlichen Klage	349
IV.	Nebenklage	351

§ 12
Gerichtliches Verfahren

A.	Zuständigkeiten	352
B.	Zwischenverfahren	354
C.	Hauptverfahren	356
I.	Vorbereitung der Hauptverhandlung	356
II.	Hauptverhandlung	357
1.	Überblick über den Ablauf	357

		Seite
2.	Vernehmung des Angeklagten	358
3.	Beweisaufnahme	360
	a) Zeugen	360
	b) Sachverständige	361
	c) Augenschein und Urkundenbeweis	363
	d) Umfang der Beweisaufnahme	364
	e) Verständigung	366
	f) Hinweispflichten des Gerichts	370
	g) Verletzter	372
4.	Urteil	372

D. Rechtsmittel 376

  I. Allgemeines 376
    1. Form und Frist 376
    2. Beschwer 376
    3. Verschlechterungsverbot 377

  II. Berufung 377

  III. Revision 378
    1. Wesen und Zulässigkeit 379
    2. Revisionsgründe 380

  IV. Beschwerde 380

E. Strafbefehlsverfahren 382

F. Rechtskraft und ihre Durchbrechungen 383

  I. Urteile 383

  II. Beschlüsse 384

§ 13
Urteilsfolgen

I. Durchsetzung des Urteils 385
  1. Strafvollstreckung 386
  2. Strafvollzug 386

II. Kosten und Auslagen 387

III. Mitteilungen und Eintragungen 387
  1. Bundeszentralregister 387
  2. Gewerbezentralregister 388
  3. Sonstige Mitteilungen 388

IV. Entschädigung für Strafverfolgungsmaßnahmen 388

V. Begnadigung 390

§ 14
Verfahren in Ordnungswidrigkeiten

A.	Allgemeines	391
B.	Ermittlungsverfahren	392
I.	Beteiligte	392
II.	Verfahrensgang	394
1.	Einleitung und Durchführung	394
2.	Abschluss	394
C.	Gerichtliches Verfahren	396
I.	Einspruch und Zwischenverfahren	396
II.	Hauptverfahren	396
III.	Rechtmittel	397
IV.	Rechtskraft und ihre Durchbrechungen	398
D.	Folgen rechtskräftiger Bußgeldentscheidungen	399
I.	Vollstreckung und Mitteilungen	399
II.	Kosten	400
III.	Entschädigungen und Begnadigung	400

§ 15
Besondere Verfahren

A.	Steuerstrafsachen	401
I.	Steuerstraftaten	402
1.	Geltung von Verfahrensvorschriften	402
2.	Zuständigkeiten	403
	a) Ermittlungsbehörde	403
	aa) Funktionelle Zuständigkeit	403
	bb) Sachliche Zuständigkeit	406
	cc) Örtliche Zuständigkeit	406
	b) Zuständiges Gericht	407
	aa) Ermittlungsverfahren	407
	bb) Zwischen- und Hauptverfahren	408
3.	Steuerstrafrechtliche Besonderheiten des Ermittlungsverfahrens	409
	a) Einleitung des Strafverfahrens	409
	b) Verhältnis zum Besteuerungsverfahren	410
	c) Stellung der Finanzbehörde im Steuerstrafverfahren	414
	aa) Von der Finanzbehörde selbständig betriebene Verfahren	414
	bb) Steuerfahndung	416
	d) Gerichtliches Verfahren	416
	e) Aussetzung des Verfahrens	416
II.	Steuerordnungswidrigkeiten	417
1.	Zuständigkeiten	418

		Seite
2.	Steuerrechtliche Besonderheiten des Bußgeldverfahrens	418
	a) Stellung der Finanzbehörde	418
	b) Gerichtliches Verfahren	419
B.	**Zoll- und Verbrauchsteuerstrafsachen**	420
I.	**Ermittlungsbehörden**	421
II.	**Bagatellverstöße**	422
III.	**Amts- und Rechtshilfe**	423
C.	**Außenwirtschaftssachen**	425
I.	**Strafverfahren**	426
1.	Strafverfolgungsbehörden	426
2.	Ermittlungsbehörden	427
3.	Gerichte	428
II.	**Bußgeldverfahren**	429
1.	Verwaltungsbehörden	429
2.	Ermittlungsbehörden	429
3.	Gerichte	430
III.	**Besondere Ermittlungsmöglichkeiten**	430
1.	Überwachungsmaßnahmen	430
2.	Präventive Sicherstellung	431
3.	Sonstige Informationsgewinnung	432
D.	**Kartellsachen**	433
I.	**Besondere Behörden**	433
1.	Kartellbehörden	433
2.	Kartellamtliches Verfahren	434
II.	**Besonderer Rechtszug**	437
1.	Kartellgerichte	437
2.	Besondere Rechtsbehelfe	438

§ 16
Verteidigung in Wirtschaftsstrafsachen

A.	**Vorbemerkungen**	439
I.	**Zur Auswahl des geeigneten Anwalts**	440
1.	Qualifikations-Bezeichnungen	440
2.	Anwaltslisten	442
3.	Hinzuziehung weiterer Spezialisten	442
II.	**Der Anwalt als „Krisenmanager"**	443
III.	**Präventive strafrechtliche Beratung**	445
B.	**Besonderheiten der Verteidigung in Wirtschaftsstrafsachen**	445
I.	**Mandatsverhältnis**	446
1.	Honorierung	447
	a) Pflichtverteidiger	447

			Seite
		b) Wahlverteidiger	447
		c) Strafrechtsschutzversicherung	453
	2.	Interessenwiderstreit zwischen Auftraggeber und Mandant	454
	3.	Ermittlungsverfahren gegen „Verantwortliche"	455
		a) Verfahrensrechtliche Aspekte	455
		b) Materiell-rechtliche Fragen	456
	4.	Zeugenbeistand	458
	5.	Vertretung des Unternehmensträgers	461
II.	**Verteidigungsstrategien**		462
	1.	Organisation einer Unternehmensverteidigung	462
	2.	Fragen der Verteidigungstaktik	465
		a) Ermittlungsverfahren	465
		b) Zwischenverfahren	467
		c) Hauptverfahren	468
		d) Vollstreckungsverfahren	469
		e) Verfahrensverständigung	470
	3.	Grenzen zulässiger Verteidigungstätigkeit	470
III.	**Einflussnahme auf Sanktionen**		472
	1.	Zum Strafmaß	472
		a) Verwarnung mit Strafvorbehalt	473
		b) Übernahme von Geldstrafen und -auflagen	473
	2.	Zu den Nebenfolgen	475
		a) Strafrechtliche Nebenfolgen	475
		b) Außerstrafrechtliche Nebenfolgen	477
	3.	Strafe und zivilrechtliche Haftung	481
	4.	Zur Unternehmensgeldbuße	482
C.	**Zivilrechtliche Haftung des Verteidigers**		483
I.	**Grundlagen**		483
	1.	Haftung gegenüber Mandanten	484
		a) Pflichtverletzung	484
		b) Nachteil	486
		c) Kausalzusammenhang	488
		d) Abweichende Haftungsstandards	492
		e) Andere Mandatspflichten	493
	2.	Haftung gegenüber Dritten	494
	3.	Versicherungsschutz	494
II.	**Besondere Gefahrenquellen**		495
	1.	In Steuerstrafverfahren	495
	2.	Bei Verfahrensverständigungen	497

3. Kapitel
Wirtschaftsstrafrecht – Allgemeiner Teil

§ 17
Allgemeine Voraussetzungen straf- und bußgeldrechtlicher Sanktionen

	Seite
A. Tatbestandsmäßigkeit	501
I. Handlung und Unterlassung	502
II. Gesetzlicher Straftatbestand	503
1. Auslegung und Analogieverbot	504
2. Blankettgesetze	505
III. Kausalität	507
IV. Unterlassungsdelikte	509
V. Vorsatz und Fahrlässigkeit	512
1. Vorsatz	512
2. Fahrlässigkeit	514
B. Rechtswidrigkeit	515
C. Schuld	516
I. Schuldfähigkeit	517
II. Fahrlässigkeit	517
III. Unrechtsbewusstsein	517
IV. Schuldausschließungsgründe	518
D. Weitere Voraussetzungen	518
I. Objektive Sanktionsbedingungen	518
II. Persönliche Sanktionsausschließungs- und -aufhebungsgründe	518
III. Verjährung	519
1. Straftaten	520
2. Ordnungswidrigkeiten	524

§ 18
Irrtum und Versuch

A. Irrtum	526
I. Tatumstandsirrtum	527
II. Verbotsirrtum	528
1. Fallgestaltungen	528
2. Vermeidbarkeit	529
3. Grenzfälle	530
a) Subsumtionsirrtum	530
b) Irrtum bei Blankettgesetzen	531

	Seite
B. Versuch	532
I. Strafbarkeit des Versuches	532
II. Abgrenzungen	533
1. Vorbereitungshandlung	533
2. Vollendung und Beendigung	534
III. Untauglicher Versuch und Wahndelikt	534
IV. Rücktritt vom Versuch	535

§ 19
Täterschaft und Teilnahme

I. Überblick	538
II. Formen der Täterschaft	539
1. Alleintäterschaft	539
2. Mittelbare Täterschaft	540
3. Mittäterschaft	543
4. Nebentäterschaft	545
III. Formen der Teilnahme	545
1. Anstiftung	547
2. Beihilfe	547
3. Strafrahmen für Teilnehmer	548
4. Notwendige Teilnahme	549
IV. Beteiligung an Ordnungswidrigkeiten	550
1. Einheitstäterschaft	551
2. Verbandsgeldbuße	552

§ 20
Konkurrenzen

I. Mehrere Gesetzesverletzungen	553
1. Tateinheit	553
2. Tatmehrheit	555
3. Sonderformen	557
a) Tatbestandliche Tateinheit	557
b) Natürliche Tateinheit	558
II. Serienstraftaten	559
1. Problemfälle	559
2. Schätzung und Hochrechnung	560
3. Darstellung in Anklage und Urteil	561
III. Straftat und Ordnungswidrigkeit	563

§ 21
Rechtsfolgen der Tat

- **A. Strafen** 564
  - **I. Arten der Strafe** 565
    1. Freiheitsstrafe 565
    2. Geldstrafe 565
  - **II. Strafzumessung** 567
    1. Bestimmung des Strafrahmens 568
       - a) Minder schwere und besonders schwere Fälle 569
       - b) Besondere gesetzliche Milderungsgründe 569
       - c) Zusammentreffen von Milderungsgründen 570
    2. Bestimmung des Schuldrahmens 571
       - a) Strafzumessungsgründe 571
         - aa) Ausführung und Auswirkungen der Tat 572
         - bb) Vor- und Nachtatverhalten 573
         - cc) Wirkungen von Strafe und Verfahren 575
       - b) Verbot der Doppelverwertung 577
    3. Festsetzung der Strafe 577
       - a) Spezial- und Generalprävention 578
       - b) Strafzumessung bei mehreren Gesetzesverletzungen 579
    4. Strafaussetzung zur Bewährung 581
       - a) Freiheitsstrafen bis zu einem Jahr 581
       - b) Freiheitsstrafen bis zu zwei Jahren 582
       - c) Aussetzung des Strafrestes 583
    5. Verwarnung mit Strafvorbehalt 584
- **B. Weitere Sanktionen** 584
  - **I. Maßregeln der Besserung und Sicherung** 584
  - **II. Vermögensentziehung** 586
    1. Verfall 586
    2. Einziehung 590
- **C. Sanktionen nach Ordnungswidrigkeiten** 591
  - **I. Gegen natürliche Personen** 591
    1. Geldbuße 591
    2. Vorteilsabschöpfung 592
  - **II. Gegen Verbände** 593
    1. Sanktionsfähige Verbände 594
    2. Täterkreis 595
    3. Anknüpfungstat 596
       - a) Betriebsbezogene Pflichten 596
       - b) Vorteilsabschöpfung 597
    4. Arten der Verbandsgeldbuße 598
    5. Festsetzung der Verbandsgeldbuße 600
       - a) Bußgeldrahmen 600
       - b) Bemessung der Geldbuße 601
    6. Verfall 602
- **D. Außerstrafrechtliche Folgen** 603

2. Teil
Pflichtverstöße bei Gründung des Unternehmens

1. Kapitel
Allgemeines zum Unternehmen

§ 22
Adressaten des Wirtschaftsstrafrechts

		Seite
A.	Normadressaten	605
I.	Allgemeindelikte	606
II.	Sonderdelikte	607
B.	Kaufmann und Gewerbebetrieb	609
I.	Allgemeines	610
II.	Handels- und Unternehmensregister	611
1.	Funktion und Organisation	613
2.	Registerpflicht	617
3.	Bekanntmachung	619
III.	Kaufmann kraft Eintragung	620
1.	Kaufmann kraft Rechtsform	620
	a) Träger der Kaufmannseigenschaft	621
	b) Vorgesellschaft	622
	c) Zweigniederlassung	622
2.	Kaufmann kraft freiwilliger Eintragung	623
	a) Einzelkaufmann	624
	b) Personenhandelsgesellschaften	625
IV.	Kaufmann kraft Handelsgewerbes	626
1.	Gewerbe und Gewerbebetrieb	627
	a) Begriffliche Erfassung	627
	b) Grenz- und Ausnahmebereiche	629
2.	Handelsgewerbe	633
	a) Kaufmännische Einrichtung	633
	b) Modernisierung des Bilanzrechts	636
	c) Sonderfälle	639

§ 23
Unternehmen und Unternehmer

A.	Unternehmen als Wirtschaftseinheit	641
I.	Begriffliche Mehrdeutigkeit	642
1.	Zivilrecht	642
2.	Strafrecht	644
II.	Unternehmen und Unternehmensträger	647
1.	Unternehmensträger als Rechtssubjekt	647

			Seite
	2.	Unternehmen als Rechtsobjekt	653
	3.	Folgerungen für das Strafrecht	653
III.		Klassifizierungen der Unternehmensträger	655
B.		**Unternehmen als Adressat strafrechtlicher Normen**	658
I.		Geltendes Recht	660
	1.	Kriminalstrafrechtliche Sanktionen	660
	2.	Sanktionen nach dem OWiG	660
	3.	Sanktionen nach europäischem Recht	665
II.		Zur Reformdiskussion	667
C.		**Rechtsformspezifische Sanktionsnormen**	670
I.		Rechtsformzwang	670
II.		Publizität der Rechtsform	672
	1.	Angaben am Geschäftslokal	673
	2.	Angaben auf Geschäftsbriefen	674
	3.	Angaben bei Werbung und Vertrieb	676
III.		Gesellschaftsrechtliche Zuwiderhandlungtatbestände	678
	1.	Juristische Personen	678
		a) Gesellschaften mit beschränkter Haftung	679
		b) Aktiengesellschaften	682
		c) Genossenschaften	686
		d) Weitere juristische Personen	687
	2.	Personengesellschaften	689
	3.	Umwandlung	692
D.		**Ausländische Unternehmensträger**	693
I.		Sitztheorie und Niederlassungsfreiheit	695
II.		Strafrechtliche Auswirkungen	701
	1.	Relevanz der Rechtsform	702
		a) Rechtsform-neutrale Sanktionsvorschriften	702
		b) Rechtsform-spezifische Tatbestände	705
	2.	Reform durch das MoMiG	706

2. Kapitel
Beginn (und Änderung) des Unternehmens

§ 24
Anmeldepflichten

A.		**Gewerberecht**	711
I.		Stehendes Gewerbe	711
	1.	Allgemeines	711
	2.	Anzeigepflichtige Tatbestände	713
	3.	Sanktionen	715

		Seite
II.	Reisegewerbe	716
1.	Reisegewerbekarte	716
2.	Reisegewerbekartenfreie Tätigkeiten	718
3.	Verbotene Tätigkeiten	718
4.	Wanderlager	719
5.	Märkte und Messen	720
III.	Gewerbeuntersagung	720
B.	Handelsregister	721
I.	Anmeldepflicht	721
II.	Sanktionen	722
C.	Steuer	723
I.	Steuerrechtliche Anzeigepflichten	723
1.	Körperschaften u.a.	723
2.	Erwerbstätigkeit	724
3.	Auslandsbeteiligungen	724
4.	Anmeldung in besonderen Fällen	725
II.	Sanktionen	726
1.	Zwangsmittel	726
2.	Straftaten	726
3.	Ordnungswidrigkeiten	728
D.	Sozialversicherung	728
I.	Anmeldepflichten	728
II.	Zuwiderhandlungen	729

§ 25
Erlaubnispflichten

A.	Überblick	730
B.	Gewerberecht	733
I.	Gewerbeordnung	733
1.	Schwere Gewerberechts-Verletzung	733
2.	Gesundheitswesen	734
3.	Vergnügungsbetriebe	734
4.	Bewachungsgewerbe	735
5.	Pfandleiher und Pfandvermittler	736
6.	Versteigerungsgewerbe	737
7.	Makler, Bauträger, Baubetreuer	737
8.	Versicherungsvermittler, Versicherungsberater	739
9.	Finanzanlagenvermittler	740
10.	Überwachungsbedürftige Gewerbe und Anlagen	742
II.	Gewerberechtliche Nebengesetze	744
1.	Handwerk	744

	Seite
2. Arbeitsmarkt	745
3. Gaststätten	747
4. Verkehr	749
5. Umweltschutz	750
a) Abfall	750
b) Kerntechnik	751
c) Gentechnik	751
6. Sprengstoffe und Waffen	752
a) Sprengstoffgesetz	752
b) Waffengesetz	753
7. Apothekenwesen	754
C. Weitere Erlaubnispflichten	755
I. Kreditwesen	755
II. Versicherungs- und Rechtswesen	756

§ 26
Anlage des Rechnungswesens

A. Rechnungswesen im Überblick	758
B. Kaufmännische Buchführung	759
I. Begriffsbestimmung und Zielsetzung	759
II. Buchführungspflicht	765
1. Rechtsgrundlagen	765
2. Beginn und Ende	772
3. Verantwortlichkeit	775
4. Steuerliche Buchführungspflichten	776
III. Grundsätze ordnungsmäßiger Buchführung	776
1. Rechtsgrundlagen	776
2. Buchführungsmängel	785
3. Ort der Buchführung und Aufbewahrungsfristen	786
C. Eröffnungsbilanz	789
I. Rechtsgrundlagen	789
II. Sonderfall Unternehmensbeendigung	792
D. Jahresabschluss	797
I. Zielsetzung und Bestandteile	797
II. Aufstellung und Feststellung	803
1. Begriffsbestimmung	803
2. Rechtsformabhängige Aufstellungsfristen	805
3. Ende der werbenden Gesellschaft	807
4. Aufbewahrungsfristen	808

		Seite
III.	Aufstellungsgrundsätze, Ansatz und Bewertung	808
1.	Ansatzvorschriften	809
2.	Bewertungsvorschriften	818
3.	Besonderheiten bei Kapitalgesellschaften	825
IV.	Sonstige Rechtsvorschriften	833
V.	Nichtigkeit und Bilanzierungsmängel	838
E.	Internationale Rechnungslegung	841
I.	Grundlagen	841
II.	International Financial Reporting Standards (IFRS)	842
1.	Rechtsgrundlagen	842
2.	Quellen der IFRS	843
3.	Zielsetzung und Adressatenkreis	844
4.	Allgemeine Anforderungen an einen IFRS-Abschluss	845
5.	Rechnungslegungsstandards im Überblick	849
F.	Straftaten	856
I.	Allgemeine Tatbestände	857
II.	Handels- und gesellschaftsrechtliche Tatbestände	858

§ 27
Kapitalbeschaffung

A.	Formen der Kapitalaufbringung	860
I.	Eigenkapital	861
1.	Arten der Eigenkapitalaufbringung	861
2.	Kapitalgesellschaften	866
	a) GmbH	866
	b) Unternehmergesellschaft	871
	c) AG, KGaA und SE	872
3.	Umwandlungen	875
	a) Verschmelzung	877
	b) Spaltung	878
II.	Fremdkapital	879
1.	Kredite	879
2.	Schuldverschreibungen	880
3.	Sonderfall: Wandelanleihen	882
4.	Mezzanine-Finanzierung	884
III.	Liquiditätsbeschaffung	885
1.	„Cash Management"	885
2.	Factoring	886
B.	Kapitalbeschaffung mittels Prospekten	887
I.	Rechtsgrundlagen der Prospektpflicht	887
II.	Inhalt der Prospektpflicht	889
1.	Wertpapierprospekte	889

		Seite
	2. Prospekte für nicht verbriefte Anlagen	891
III.	Billigung von Prospekten	893
C.	Straftat- und Bußgeldtatbestände	894
I.	Kapitalanlagebetrug	894
	1. Erfasste Finanzmarktprodukte	895
	2. Vertriebsform	896
	3. Unrichtigkeit der Informationen	898
	4. Subjektiver Tatbestand, Rücktritt und Verjährung	901
II.	Gründungsschwindel	902
	1. GmbH und UG	902
	a) Allgemeines	902
	b) Falschangaben zum Stammkapital	906
	c) Falschangaben im Sachgründungsbericht	909
	2. Aktiengesellschaft	910
	a) Täterschaft	910
	b) Falschangaben zum Grundkapital	911
	c) Falschangaben im Gründungs- oder Prüfungsbericht	912
	d) Falschangaben gegenüber dem Gründungsprüfer	913
	e) Strafbarkeit des Gründungsprüfers	913
	f) Strafbarkeit bei KGaA und SE	913
III.	Ergänzende Bußgeldtatbestände	914
	1. Ausgabe von Prospekten	914
	2. Ausgabe von Aktien	914
IV.	Straftaten bei Umwandlungen	914
	1. Unrichtige Darstellung der Kapitalausstattung	914
	2. Erschleichen von Prüfungsberichten	915
	3. Verletzung von Prüferpflichten	915
V.	Untreue	915
VI.	Sonstige Straf- und Bußgeldtatbestände	918

§ 28
Kapitalanlagen

A.	Angebote des Kapitalmarktes	920
I.	Anlagen im „Grauen Kapitalmarkt"	921
II.	Vertriebsformen	924
	1 Vermittler	924
	2. Telefonvertrieb	929
	3. Direktvertrieb	930
III.	Angebote steuerorientierter Kapitalanlagen	931
	1. Kapitalanlagen mit negativen Einkünften	931
	2. Kapitalanlagen mit steuerfreien Erträgen	934
	3. Verlagerung von Einkünften	937
B.	Straftaten	938

		Seite
I.	Betrug	938
1.	Täuschung durch Initiatoren	938
2.	Täuschung durch Vermittler	940
3.	Irrtum	941
4.	Vermögensschaden	942
5.	Problematik der „Wiederanlage"	944
II.	Sonstige allgemeine Straf- und Bußgeldtatbestände	945
III.	Steuerhinterziehung	946

§ 29
Strohmann- und Scheingeschäfte

A.	Außerstrafrechtliche Normen	949
B.	Strafrechtlich relevante Gestaltungen	954
I.	Strohmann-Gestaltungen	954
1.	Allgemeines Strafrecht	954
2.	Steuerstrafrecht	958
II.	Scheingeschäfte	959
1.	Allgemeine Strafnormen	959
2.	Steuerstrafrecht	962
III.	Umgehungsgeschäfte	967
1.	Allgemeines	968
2.	Strafrechtliche Behandlung	968
C.	Insbesondere Briefkastenfirmen	970

3. Teil
Pflichtverstöße beim Betrieb des Unternehmens

1. Kapitel
Geschäftsleitung und Personalwesen

§ 30
Strafrechtliche Einstandspflichten

A.	Handeln im Unternehmen	978
I.	Überblick über die Haftungsformen	981
1.	Tatherrschaft durch Organisationsmacht	982
2.	Konstellationen der Teilnahme	985
3.	Weitere Zurechnungsregeln	986
II.	Haftung bei Gremienentscheidungen	989
1.	Gesamtverantwortung der Geschäftsleitung	989
2.	Entscheidungsvorgang	992
3.	Aufsichtsgremien	996

	Seite
III. Betriebsbeauftragte	997
B. Faktischer Geschäftsführer	1000
I. Tatbestandliche Voraussetzungen	1001
II. Anwendungsfälle	1006
III. Subjektiver Tatbestand	1009
C. Organ- und Vertreterhaftung	1010
I. Anwendungsbereich	1011
II. Fallgruppen der Vertretung	1014
1. Organe juristischer Personen	1014
2. Vertreter rechtsfähiger Personengesellschaften	1015
3. Gesetzliche Vertreter	1016
4. Handeln als Vertreter	1016
III. Fallgruppen der Beauftragung	1019
1. Leitung eines Betriebes	1019
2. Sonstige Beauftragte	1020
D. Garantenstellungen im Betrieb	1021
I. Strafrechtliche Haftungsbegründung	1022
II. Überwachung von Gefahrenquellen	1023
1. Eigener sächlicher Herrschaftsbereich	1023
2. Rechtswidriges Handeln weisungsgebundener Dritter	1024
3. Eigenes gefährdendes Tun	1025
III. Verteidigung von Rechtsgütern	1026
E. Verletzung der Aufsichtspflicht	1027
I. Täter	1031
II. Tathandlung	1032
1. Personalbezogene Aufsichtspflichten	1034
2. Betriebsmittelbezogene Aufsichtspflichten	1035
3. Organisationsbezogene Pflichten	1035
III. Zuwiderhandlung gegen betriebliche Pflichten	1037
IV. Ursächlicher Zusammenhang und Verschulden	1038
V. Sanktion und Verjährung	1039

§ 31
Compliance

A. Grundlagen	1041
I. Bedeutung und Zielsetzung	1042
II. Rechtliche Grundlagen	1044
1. Bank- und Kapitalmarktrecht	1044
2. Versicherungsrecht	1045
3. Gesellschaftsrecht	1045
4. Verwaltungsrecht	1046

		Seite
5.	Aufsichtspflicht i.S. von § 130 OWiG	1047
B.	**Compliance-Organisation**	1048
I.	**Erforderlichkeit**	1048
II.	**Ausgestaltung**	1049
1.	Verhaltenskodex und Verhaltensrichtlinien	1049
2.	Kommunikation	1050
3.	Kontrolle der Einhaltung	1051
4.	Überprüfung der Compliance-Organisation	1054
C.	**Straf- und ordnungswidrigkeitenrechtliche Verantwortlichkeit**	1055
I.	**Besonderheiten**	1055
1.	Compliance-Verantwortlichkeit	1056
2.	Entlastung durch Compliance	1056
II.	**Verantwortlichkeiten bei der Verletzung von Compliance-Standards**	1057
1.	Unternehmensleitung	1057
2.	Compliance-Beauftragte	1058
3.	Sonstige Unternehmensangehörige	1060
4.	Unternehmensexterne	1060
5.	Unternehmensträger	1060

§ 32
Treupflichtverletzungen

A.	**Allgemeines**	1064
I.	**Tatbestandsstruktur und Rechtsgut**	1065
II.	**Verfassungsmäßigkeit**	1066
B.	**Missbrauchstatbestand**	1072
I.	**Verfügungs- oder Verpflichtungsbefugnis**	1074
1.	Rechtsgrundlage der Befugnis	1074
2.	Fremdheit des Vermögens	1078
II.	**Vermögensbetreuungspflicht**	1080
1.	Unternehmensträger	1080
2.	Andere Vertragsverhältnisse	1086
III.	**Missbrauch**	1090
1.	Pflichtwidrigkeit im Innenverhältnis	1091
2.	Einzelfälle	1093
	a) Bevollmächtigte allgemein	1093
	b) Verbände	1094
3.	Verhältnis zwischen Innen- und Außenbefugnis	1098
IV.	**Tathandlung**	1102
V.	**Einwilligung**	1104
1.	Juristische Personen	1105
2.	Personengesellschaften	1113

				Seite
C.			**Treubruchstatbestand**	1114
	I.		**Vermögensbetreuungspflicht**	1115
		1.	Rechtliche Treueverhältnisse	1115
		2.	Tatsächliche Treueverhältnisse	1116
		3.	Ausweitung der Vermögensbetreuungspflicht	1119
		4.	Qualifiziertes Treueverhältnis	1120
		5.	Beispielsfälle	1122
			a) Zivilrecht	1122
			b) Arbeitsrecht	1128
			c) Handelsrecht	1129
			d) Gesellschaftsrecht	1130
			aa) Gesetzliche Vertreter	1130
			bb) Aufsichtsrat	1131
			e) Insolvenzrecht	1137
			f) Wahrnehmung öffentlicher Aufgaben	1138
	II.		**Pflichtverletzungen**	1141
		1.	Pflichtwidrigkeit	1141
		2.	Einzelfälle	1143
	III.		**Tathandlung**	1148
	IV.		**Einwilligung**	1151
D.			**Besondere Konstellationen**	1152
	I.		**Konzernuntreue**	1152
		1.	Konzernrecht	1153
		2.	Konzernfinanzierung	1155
		3.	Einzelfälle	1158
	II.		**Risikogeschäft**	1161
		1.	Allgemeines	1162
		2.	Fallgruppen	1164
		3.	Überschreiten des Risikobereichs	1171
E.			**Weitere gemeinsame Voraussetzungen**	1172
	I.		**Nachteilszufügung**	1172
		1.	Vermögensschaden	1172
		2.	Sonstige Nachteile	1179
		3.	Einzelfragen zum Schadenseintritt	1180
		4.	Schadensermittlung	1185
	II.		**Rechtswidrigkeit**	1190
	III.		**Schuld**	1190
		1.	Vorsatz	1190
		2.	Irrtum	1194
	IV.		**Sanktionen und Verfahren**	1196
		1.	Verjährung	1196
		2.	Strafzumessung	1197
		3.	Strafantrag	1199

	Seite
F. Haushaltsuntreue	1199
I. Überblick	1200
II. Vermögensschaden	1204
1. Vermögensminderung ohne Gegenleistung	1205
2. Vermögensminderung mit Gegenleistung	1208
3. Verstöße gegen den Grundsatz der Wirtschaftlichkeit und Sparsamkeit	1209
4. Ämterpatronage	1212

§ 33
Geheimnisverletzungen

A. Persönlicher Lebens- und Geheimbereich	1214
I. Vertraulichkeit des Worts	1214
II. Recht am eigenen Bild	1216
III. Briefgeheimnis	1217
IV. Ausspähen von Daten	1219
V. Post- und Fernmeldegeheimnis	1222
VI. Berufliche Schweigepflicht	1223
1. Geheimnisoffenbarung	1223
2. Geheimnisverwertung	1227
B. Geschäftsgeheimnisse	1228
I. Geschäftsgeheimnis	1228
II. Geheimnisverrat	1231
1. Täterkreis	1231
2. Tathandlung	1232
3. Subjektiver Tatbestand	1233
4. Sanktionen und Verfahren	1234
III. Geheimnisverschaffung	1234
1. Ausspähung	1235
2. Geheimnisverwertungen	1236
3. Sonstiges	1238
IV. Verwertung von Vorlagen	1239
1. Objektiver Tatbestand	1239
2. Sonstige Voraussetzungen	1240
V. Verleiten und Erbieten zum Verrat	1241
VI. Verrat durch Organe	1242
1. AG und GmbH	1242
2. Andere Unternehmensträger	1245
C. Datenschutz	1246
I. Allgemeines	1246
II. Straf- und Bußgeldvorschriften	1247
1. Ordnungswidrigkeiten	1248
2. Straftaten	1250
3. Konkurrenzen	1251

§ 34
Arbeitnehmerschutz

- **I. Einführung** 1251
  1. Entwicklung 1251
  2. Grundlagen 1253
- **II. Sanktionssystem** 1258
  1. Ordnungswidrigkeiten 1258
  2. Spezielle Straftatbestände 1261
  3. Insbesondere Schutz vor Gefahrstoffen 1264
  4. Insbesondere Arbeitszeitschutz 1266
  5. Erfolgsdelikte: Körperverletzung u.a. 1268

§ 35
Betriebsverfassung

- **I. Überblick** 1273
- **II. Straftaten gegen Betriebsverfassungsorgane und ihre Mitglieder** 1277
  1. Wahlbehinderung und Wahlbeeinflussung 1278
  2. Betriebsratsbehinderung 1280
  3. Verbotene Einflussnahme 1281
- **III. Geheimnisbruch** 1283
  1. Geheimnisse des Arbeitgebers 1284
  2. Geheimnisse des Arbeitnehmers 1285
  3. Verwertung von Geheimnissen 1286
- **IV. Verletzung von Informationspflichten** 1286

§ 36
Bekämpfung von illegaler Erwerbstätigkeit

- **I. Einführung** 1287
  1. Begrifflichkeiten 1287
  2. Wirtschaftlicher und sozialer Hintergrund 1289
  3. Rechtsgrundlagen 1290
- **II. Organisation der Bekämpfung** 1292
  1. Grundlage Schwarzarbeitsbekämpfungsgesetz 1292
  2. Aufbau der Bekämpfung 1293
  3. Datenaustausch 1295
- **III. Instrumente der Bekämpfung** 1296
  1. Prüfung 1296
  2. Ermittlung 1300
  3. Anklage und Ahndung 1301
  4. Vergabeausschluss 1302
  5. Zivilrechtliche Folgen 1303

§ 37
Illegale Beschäftigung und Schwarzarbeit

A.	**Nichtgewährung humaner Arbeitsbedingungen**	1304
I.	Ausbeutung der Arbeitskraft	1305
	1. Lohnwucher	1305
	2. Menschenhandel	1308
II.	Illegale Arbeitnehmerüberlassung	1311
	1. Begriff und Regelungszwecke	1311
	2. Ordnungswidrigkeiten	1318
III.	Nichtgewährung zwingender Mindestarbeitsbedingungen	1319
	1. Grundlagen	1319
	2. Ordnungswidrigkeiten	1322
B.	**Illegale Ausländerbeschäftigung**	1326
I.	Grundzüge des Erwerbstätigkeitsrechts	1326
II.	Ordnungswidrigkeiten	1333
	1. Abhängige Beschäftigung	1333
	2. Selbständige Tätigkeit	1335
III.	Straftaten nach dem Aufenthalts- und Asylverfahrensgesetz	1338
	1. Anwendungsbereich	1338
	2. Aufenthaltsrechtliche Tatbestände	1338
	a) Grundtatbestände	1338
	b) Sondertatbestand „Falsche Angaben"	1345
	c) Einschleusen von Ausländern	1346
	d) Subjektive Tatseite	1349
	3. Asylrechtliche Tatbestände	1350
IV.	Straftaten nach dem Schwarzarbeitsbekämpfungsgesetz	1351
	1. Überblick	1351
	2. Einzelne Tatbestände	1352
	a) Illegale Beschäftigung zu ungünstigen Arbeitsbedingungen	1352
	b) Illegale Beschäftigung von Opfern des Menschenhandels	1354
	c) Leichtere Erscheinungsformen der illegalen Beschäftigung	1355
	d) Konkurrenzen	1357
V.	Zuwiderhandlungen nach dem Arbeitnehmerüberlassungsgesetz	1357
	1. Straftaten	1358
	2. Ordnungswidrigkeiten	1360
VI.	Straftaten bei vorgeblicher Entsendung	1360
	1. Entsendung	1360
	2. Straftaten	1362
C.	**Weitere Zuwiderhandlungen**	1363
I.	Beim Bezug von Sozialleistungen	1363
	1. Straftaten	1364
	a) Betrug	1364
	b) Erschleichen von Sozialleistungen	1366

		Seite
	2. Ordnungswidrigkeiten	1367
II.	Gewerbe- und handwerksrechtliche Ordnungswidrigkeiten	1369
	1. Überblick	1369
	2. Einzelne Tatbestandsmerkmale	1371
III.	Verfahrenssichernde Ordnungswidrigkeiten	1372

§ 38
Beitragsvorenthaltung (samt Steuerstraftaten)

- A. **Beitragsvorenthaltung** 1375
  - I. Überblick 1375
    1. Wirtschaftliche Hintergründe 1376
    2. Schutzgut 1379
    3. Akzessorietät 1381
       - a) Verwaltungsrechtsakzessorietät 1381
       - b) Europäische Union 1382
    4. Zusammenarbeitsbehörden 1383
       - a) Deutsche Rentenversicherung 1383
       - b) Finanzkontrolle Schwarzarbeit 1384
       - c) Arbeitsinspektion? 1385
  - II. Fälle schlichter Nichtzahlung 1385
    1. Arbeitgeber 1386
       - a) Arbeitgeberstellung 1386
       - b) Abhängige Beschäftigung 1391
         - aa) Gesetzliche Umschreibung und Rechtsprechung . 1392
         - bb) Unterschied zum Arbeitsverhältnis 1393
         - cc) Feststellung abhängiger Beschäftigung . 1395
           - (1) Selbständige Tätigkeit 1396
           - (2) Nachbarschaftshilfe/Gefälligkeit ... 1405
           - (3) Familienhafte Mithilfe 1406
       - c) Sonderfälle des Arbeitgebers 1407
         - aa) Insolvenz 1407
         - bb) Illegale Arbeitnehmerüberlassung 1407
         - cc) Sonstige Zahlungspflichtige 1409
           - (1) Auftraggeber und Zwischenmeister ... 1409
           - (2) Weitere Zahlungspflichtige 1410
         - dd) Mittelbares Arbeitsverhältnis 1410
       - d) Betriebsnummer 1411
    2. Beiträge des Arbeitnehmers 1413
       - a) Beitragspflicht 1413
       - b) Auslandsberührung 1416
       - c) Arbeitsentgelt 1419
         - aa) Bestandteile 1419
         - bb) Bemessungsgrundlage 1421
         - cc) Mehrere Beschäftigungen 1422
       - d) Beitragshöhe 1423

				Seite
			aa) Beitragssatz	1423
			bb) Beitragsbemessungsgrenzen	1424
			cc) Gleitzone	1424
			dd) Gesamtsozialversicherungsbeitrag	1425
		e) Beitragsnachweis		1425
	3.	Einzugsstelle		1428
	4.	„Vorenthalten"		1429
		a) Fälligkeit		1430
		b) Zahlungen im Tatzeitraum		1430
		c) Unabhängigkeit von Entgeltzahlung		1431
		d) Unmöglichkeit der Zahlung		1432
			aa) Tatsächliche Unmöglichkeit	1432
			bb) Rechtliche Unmöglichkeit	1433
	5.	Subjektive Tatseite		1433
	6.	Rechtswidrigkeit		1435
III.	Täuschungsfälle			1435
	1.	Überblick		1435
	2.	Vom Arbeitgeber zu tragende Beiträge		1436
		a) Arbeitgeberanteile		1436
		b) Pauschalbeiträge		1437
		c) Umlagen		1438
		d) Sonderfall Sozialkassen		1439
		e) Zahlstellen		1439
	3.	Täuschungshandlungen		1440
		a) Falsche Angaben		1440
		b) Unterlassene Angaben		1441
		c) Meldung zur Sozialversicherung		1442
		d) DSRV-Auskunft („VdR-Auskunft")		1444
	4.	„Vorenthalten"		1445
		a) Fälligkeit		1445
		b) Kausalzusammenhang		1445
		c) Unmöglichkeit		1446
	5.	Subjektive Tatseite		1447
		a) Vorsatz		1447
		b) Verbotsirrtum		1449
		c) Bemessung von Schaden und Schuld		1451
			aa) Schätzung	1452
			bb) Summenbeitragsbescheid	1456
			cc) „Beitragsschätzung" durch die Einzugsstelle	1457
			dd) Hochrechnung der Bemessungsgrundlage	1457
IV.	Verjährung, Strafzumessung und Konkurrenzen			1461
	1.	Verjährung von Beitragspflicht und Strafverfolgung		1461
	2.	Strafrahmen und Strafzumessung		1463
	3.	Konkurrenzen		1466
	4.	Gesamtstrafenbildung		1467
	5.	Zuständigkeiten		1468

			Seite
B.	**Lohnsteuerhinterziehung**		1469
I.	Erhebung der Lohnsteuer		1469
	1. Allgemeines		1469
	2. Arbeitgeber und Arbeitnehmer		1471
		a) Begriffsbestimmung	1471
		b) Pflichten des Arbeitgebers	1473
		c) Dreiecksverhältnisse bei Arbeitnehmerüberlassung	1474
	3. Gegenstand der Besteuerung		1475
		a) Arbeitslohn	1475
		b) Arbeitslohnabsprachen	1476
		c) Pauschalbesteuerung	1478
		d) Schätzung der Steuer	1479
	4. Steuerliche Haftung		1480
II.	Hinterziehungshandlungen		1481
	1. Täuschung der Finanzbehörden		1481
	2. Verkürzung der Steuern		1482
	3. Subjektive Voraussetzungen		1485
	4. Beendigung		1486
	5. Strafzumessung		1486
III.	Auslandsfälle		1490
	1. Anmeldepflicht des Arbeitgebers		1490
	2. Doppelbesteuerungsabkommen		1492
	3. Steuerpflicht des Arbeitnehmers		1493
	4. Grenzüberschreitender Informationsaustausch		1494

2. Kapitel
Rechnungs- und Finanzwesen

§ 39
Schutz der Urkunde

		Seite
I.	**Allgemeine Urkundendelikte**	1495
	1. Urkundenfälschung	1496
	2. Fälschung technischer Aufzeichnungen	1500
	3. Fälschung beweiserheblicher Daten	1501
	4. Urkundenunterdrückung	1501
	5. Mittelbare Falschbeurkundung	1501
	6. Weitere Urkundendelikte	1502
II.	**Besondere Fälschungsdelikte**	1503
	1. Geld- und Wertzeichen	1503
	2. Zahlungsmittel des unbaren Zahlungsverkehrs	1503

§ 40
Buchhaltung und Bilanz

- A. Unordentliche Buchführung 1506
  - I. Erscheinungsformen 1506
  - II. Straftatbestände 1507
    1. Untreue 1507
    2. Urkundendelikte 1510
    3. Steuerdelikte 1512
    4. Weitere Delikte 1514
- B. Unrichtige und fehlende Bilanzen 1515
  - I. Erscheinungsformen 1516
  - II. Allgemeine Straftatbestände 1520
    1. Vermögensdelikte 1520
    2. Weitere Delikte 1520
  - III. Handelsrechtliche Tatbestände 1522
    1. Unrichtige Darstellung 1523
    2. Verletzung der Prüferpflichten 1529
    3. Ordnungswidrigkeiten 1531
  - IV. Gesellschaftsrechtliche Sonderstraftatbestände 1531
    1. GmbH 1531
    2. Aktiengesellschaften 1532
    3. Genossenschaft 1533

§ 41
Publizität der Rechnungslegung

- A. Offenlegungspflichten 1535
  - I. Rechtsquellen 1535
  - II. Handelsrechtliche Offenlegungspflichten 1538
    1. Inländische Kapitalgesellschaften 1538
    2. Konzerne 1539
    3. Ausländische Gesellschaften 1541
  - III. Durchführung der handelsrechtlichen Offenlegung 1542
    1. Offenlegungsverfahren 1542
    2. Ordnungsgeldverfahren 1544
- B. Sanktionen 1546
  - I. Ordnungswidrigkeiten 1546
    1. Bußgeldtatbestände des HGB 1546
    2. Bußgeldvorschriften anderer Gesetze 1548
  - II. Strafvorschriften 1548
    1. Straftatbestände des HGB 1548
       - a) Unrichtige Offenlegung 1548
       - b) Unrichtige Offenlegung im Konzern 1549

		Seite
2.	Straftatbestände anderer Gesetze	1550
3.	Allgemeine Strafvorschriften	1550

§ 42
Datenverarbeitung

A.	Computer und Datenverarbeitung	1553
I.	Erscheinungsformen der IuK-Kriminalität	1556
1.	Begriffsbestimmung	1556
2.	Input- und Outputmanipulationen	1559
3.	Programm-Manipulationen	1560
4.	IT als Werkzeug und Ziel	1561
II.	Haftung und Verantwortlichkeit	1564
1.	Kriminalität und Datennetze	1564
2.	Verantwortlichkeiten im Netz	1566
	a) Zivilrechtliche Haftung	1566
	b) Strafrechtliche Verantwortlichkeit	1571
B.	Strafrechtliche Erfassung	1571
I.	Allgemeine Normen des StGB	1571
1.	Betrug	1571
2.	Untreue	1572
3.	Urkundsdelikte und Fälschung technischer Aufzeichnungen	1573
4.	Diebstahl und Sachbeschädigung	1574
II.	IT-bezogene Strafnormen	1575
1.	Computerbetrug	1575
2.	Vorbereiten von Computerbetrug	1580
3.	Fälschung beweiserheblicher Daten	1581
4.	Computerspionage	1583
	a) Geheimnisverrat	1583
	b) Ausspähen von Daten	1585
	c) Abfangen von Daten	1587
	d) Strafbare Vorbereitungshandlungen	1588
5.	Computermanipulationen	1589
	a) Datenveränderung	1589
	b) Computersabotage	1591
6.	Gemeinsamkeiten	1592
	a) Versuch, Einziehung/Verfall	1592
	b) Beteiligung des Verletzten	1594
	c) Wirtschaftsstrafsache	1595
7.	Schutz besonderer technischer Vorrichtungen	1595
	a) Schutz von Zugangskontrolldiensten	1595
	b) Wegstreckenzähler und Geschwindigkeitsbegrenzer	1596
8.	IT-Tatkomplexe	1596
	a) Nutzung fremder Ressourcen	1596

	Seite
b) „Phishing"	1598
c) Online-Verbreitung von Informationen	1599
III. Sicherungs- und Aufdeckungsmaßnahmen	1600
1. Delinquenzprophylaxe	1600
2. Zusammenarbeit mit den Ermittlungsbehörden	1601
3. Staatliche Ermittlungen	1602

3. Kapitel
Abgaben

§ 43
Unternehmen und Steuerstrafrecht

	Seite
I. Steuerliche Pflichten	1605
1. Anzeigepflichten	1607
2. Buchführungs- und Aufzeichnungspflichten	1607
3. Informationspflichten	1608
4. Mitwirkungspflichten	1609
5. Sorgepflichten	1609
II. Gestaltungsfreiheit	1610
1. Maßgeblichkeit der Gestaltung	1610
2. Strafrechtliche Folgen missglückter Gestaltungen	1611

§ 44
Steuerstraftaten

	Seite
A. Steuerhinterziehung	1613
I. Tat	1613
1. Objektiver Tatbestand	1613
a) Täterkreis	1614
b) Tatbestandsmäßiges Verhalten	1614
aa) Unrichtige oder unvollständige Angaben	1614
bb) Unterlassene Angaben	1617
cc) Unterlassene Verwendung von Steuerzeichen oder Steuerstemplern	1621
c) Taterfolg	1621
aa) Verkürzung von Steuern	1621
bb) Nicht gerechtfertigte Steuervorteile	1626
cc) Kompensationsverbot	1627
dd) Zeitpunkt des Erfolgseintritts	1630
2. Subjektiver Tatbestand	1634
3. Unrechtsbewusstsein	1636
II. Versuch	1636
1. Objektiver Tatbestand	1637

	Seite
a) Unmittelbares Ansetzen zur Tat	1637
b) Straflose Vorbereitungshandlungen	1639
2. Subjektiver Tatbestand	1640
3. Rücktritt	1641
III. Beendigung der Tat	1642
IV. Konkurrenzen	1644
1. Tateinheit	1645
2. Tatmehrheit	1646
3. Gesetzeskonkurrenz	1647
4. Prozessualer Tatbegriff	1647
V. Rechtsfolgen	1648
1. Strafe	1648
2. Nebenfolgen	1651
VI. Strafverfolgungsverjährung	1651
B. Selbstanzeige	1651
I. Überblick	1652
II. Voraussetzungen der Straffreiheit	1655
1. Erklärung	1655
2. Adressat der Erklärung	1657
3. Zahlungspflicht	1657
III. Ausschluss der Straffreiheit	1660
1. Bekanntgabe einer Prüfungsanordnung	1660
2. Bekanntgabe der Einleitung eines Verfahrens	1661
3. Erscheinen eines Prüfers	1663
4. Entdeckung der Tat	1666
5. Betragsobergrenze	1669
6. Besonders schwere Fälle	1671
7. Erleichterungen bei Steueranmeldungen	1671
IV. Verhältnis zur Berichtigung	1672
V. Fremdanzeige	1673
C. Steuerstraftaten mit besonderem Unrechtsgehalt	1674
I. Bandenmäßige Steuerhinterziehung	1674
II. Gewerbs- oder bandenmäßige Schädigung des Umsatzsteueraufkommens	1675
D. Sonstige Steuerstraftaten	1676
I. Steuerhehlerei	1677
II. Bannbruch	1679
III. Schwerer Schmuggel	1680
IV. Steuerzeichenfälschung	1682
V. Begünstigung nach einer Steuerstraftat	1682

§ 45
Besondere Bereiche der Abgabenhinterziehung

- A. Zollhinterziehung 1684
  - I. Besonderheiten von Zollstraftaten 1684
  - II. Erscheinungsformen 1689
    1. Intelligenzschmuggel 1689
    2. Klassischer Schmuggel 1692
    3. Schmuggel im Reiseverkehr 1693
- B. Verbrauchsteuerhinterziehung 1694
  - I. Allgemeines 1694
  - II. Einzelne Formen 1695
    1. Tabaksteuerhinterziehung 1695
    2. Heizölverdieselung 1696
    3. Sonstige Formen 1697
- C. Abgaben zu Marktordnungszwecken 1699
  - I. Allgemeines 1699
  - II. Einzelne Abgaben 1700

§ 46
Steuerordnungswidrigkeiten

- A. Überblick 1702
- B. Einzeltatbestände 1704
  - I. Leichtfertige Steuerverkürzung 1704
    1. Tat 1704
       a) Objektiver Tatbestand 1704
       b) Subjektiver Tatbestand und Schuld 1705
    2. Buße 1706
    3. Selbstanzeige 1706
  - II. Steuergefährdungen 1707
    1. Allgemeine Steuergefährdung 1707
    2. Gefährdung der Abzugsteuern 1711
    3. Verbrauchsteuergefährdung 1712
    4. Gefährdung der Einfuhr- und Ausfuhrabgaben 1712
  - III. Unzulässiger Erwerb von Steuererstattungs- und Vergütungsansprüchen 1713
  - IV. Zweckwidrige Verwendung von Identifikationsnummern 1713
  - V. Tatbestände aus Einzelsteuergesetzen 1714
    1. Einkommensteuer 1714
    2. Umsatzsteuer 1715
       a) Bußgeld-Katalog 1715
       b) Schädigung des Umsatzsteueraufkommens 1716
    3. Erbschaftsteuer 1717

4. Kapitel
Beschaffung

§ 47
Schutz fremden Vermögens

		Seite
A.	Struktur des Betrugstatbestandes	1720
B.	Objektive Merkmale	1722
I.	Täuschungshandlung	1722
1.	Objekt der Täuschung	1722
2.	Arten der Täuschungshandlung	1726
	a) Ausdrückliche Täuschung	1726
	b) Täuschung durch konkludentes Verhalten	1727
	c) Täuschung durch Unterlassen	1729
II.	Irrtum	1734
III.	Vermögensverfügung	1737
IV.	Vermögensschaden	1740
1.	Vermögen	1740
2.	Schaden	1741
3.	Einzelne Fallgruppen	1745
C.	Subjektive Merkmale	1749
I.	Vorsatz	1749
II.	Bereicherungsabsicht	1750
1.	Absicht	1750
2.	Stoffgleichheit	1751
3.	Rechtswidriger Vermögensvorteil	1752
D.	Beendigung	1753
E.	Konkurrenzen, Strafzumessung	1753
I.	Konkurrenzen	1753
II.	Strafzumessung	1754

§ 48
Wareneinkauf

A.	Warenkredit- oder Lieferantenbetrug	1756
I.	Täuschung	1757
1.	Konkludentes Handeln	1757
	a) Üblicher Erklärungsinhalt der Bestellung	1757
	b) Sonderfälle	1758
	c) Prognose über Zahlungsfähigkeit	1759
	d) Entgegennahme der Leistung	1760
	e) Angebotspreis	1761

		Seite
2.	Mittelbare Täterschaft	1761
3.	Unterlassen	1762
4.	Irrtum	1762
	a) Aufgrund Bestellung	1762
	b) Kausalität der Täuschung	1763
II.	**Schaden**	1764
1.	Zeitpunkt des Vermögensvergleichs	1764
2.	Vermögensvergleich beim Eingehungsbetrug	1765
3.	Vermögensvergleich und Prognose	1766
4.	Grad der Vermögensgefährdung	1768
5.	Zulässiges Geschäftsrisiko	1770
6.	Stundung	1771
B.	**Umgang mit Sicherungsgut**	1772
I.	**Körperliche Gegenstände**	1772
1.	Fallgruppen	1773
2.	Zueignung	1774
II.	**Forderungen**	1776
C.	**Ware zweifelhafter Herkunft**	1777

§ 49
Bargeldloser Zahlungsverkehr

A.	**Überblick**	1783
B.	**Scheck und Wechsel**	1785
I.	**Scheckbetrug**	1785
1.	Betrug im Rahmen einer Geschäftsbeziehung	1785
2.	Betrug zum Nachteil einer Bank	1787
3.	Scheckreiterei	1788
II.	**Wechselbetrug**	1789
1.	Warenwechsel und Finanzwechsel	1789
2.	Wechselprolongation	1790
3.	Wechselreiterei	1791
C.	**Lastschriftverfahren**	1791
I.	**Banktechnische Abwicklung**	1791
1.	Rechtliche Grundlagen	1791
2.	Einzugsermächtigungsverfahren	1792
3.	Abbuchungsauftragsverfahren	1793
4.	SEPA-Lastschriftverfahren	1794
II.	**Missbrauchsvarianten**	1795
1.	Missbrauch der Einzugsermächtigung	1795
2.	Missbrauch des Abbuchungsauftrags	1796
3.	Missbrauch der SEPA-Lastschriftverfahren	1797
4.	Lastschriftkarussell und Lastschriftreiterei	1797
5.	Besonderheiten beim automatisierten Verfahren	1800

	Seite
D. Überweisung	1800
I. Banktechnische Abwicklung	1800
II. Missbrauchsvarianten	1801
1. Ausnutzung von Fehlbuchung und Fehlüberweisung	1801
2. Vorlage gefälschter Überweisungsträger	1802
E. Online-Banking und Homebanking	1804
I. Banktechnische Abwicklung	1804
II. Missbrauchsvarianten	1804
1. Missbrauch durch den Kontoinhaber	1804
2. Missbrauch durch einen Dritten	1807
F. Zahlungs- und ähnliche Karten	1811
I. Arten und Funktionsweise	1812
1. Kreditkarte	1812
2. Kundenkarte	1812
3. ec-Karte/girocard	1813
4. GeldKarte	1815
5. SparCard	1815
II. Missbrauch durch den Berechtigten	1815
1. Erschleichen der Karte	1815
2. Verwendung der Karte	1817
a) Missbrauch von Scheck- und Kreditkarten	1817
b) Verwendung der Kundenkarte	1818
c) Zahlung mit der Kreditkarte	1819
d) Zahlung mit der ec-Karte	1823
e) Geldabhebung am Automaten	1826
f) Missbrauch der Geldkarte	1829
3. Konkurrenzen	1830
III. Missbrauch durch den Nichtberechtigten	1830
1. Erlangung von Karte und Zugangsdaten	1830
2. Verwendung der Karte	1833
a) Geldabhebung am Automaten	1833
b) Zahlung mit ec-Karte oder Kreditkarte	1835
c) Nutzung von GeldKarte und SparCard	1838
3. Konkurrenzen	1839

§ 50
Kapitalbeschaffung

A. Änderung des Eigenkapitals	1841
I. Allgemeines	1841
1. Innenfinanzierung	1842
2. Umwandlung	1843
II. Kapitalerhöhung	1845
1. GmbH	1845

		Seite

   a) Kapitalerhöhung gegen Einlagen 1845
   b) Kapitalerhöhung aus Gesellschaftsmitteln 1847
   c) Sonderfall Unternehmergesellschaft 1847
  2. Aktiengesellschaft 1848
   a) Kapitalerhöhung gegen Einlagen 1848
   b) Kapitalerhöhung mit genehmigtem Kapital 1850
   c) Kapitalerhöhung aus Gesellschaftsmitteln 1852
   d) Bedingte Kapitalerhöhung 1852
  3. Börsengang 1854
 III. **Kapitalherabsetzung** 1856
  1. Aktiengesellschaft 1857
  2. GmbH 1859
 IV. **Straftaten** 1860
  1. Kapitaländerungsschwindel 1860
   a) GmbH und UG 1860
   b) Aktiengesellschaft 1862
  2. Unrichtige öffentliche Ankündigung 1863
  3. Straftaten bei Umwandlungen 1864
B. Kredite 1865
 I. **Kreditbetrug gem. § 263 StGB** 1865
  1. Einschlägige Tatbestandsmerkmale 1865
   a) Täuschungshandlung 1866
   b) Irrtum 1870
   c) Vermögensverfügung 1872
   d) Vermögensschaden 1872
   e) Vorsatz 1876
  2. Berücksichtigung von Sicherheiten 1877
  3. Stundung 1879
  4. Besondere Kredite 1879
   a) Usance-Kredite, Lastschrift und Wechsel 1879
   b) Bankbürgschaft 1881
  5. Beweisschwierigkeiten 1882
 II. **Kreditbetrug gem. § 265b StGB** 1882
  1. Kriminalpolitische Bedeutung 1882
  2. Tatbestand 1883
   a) Persönlicher Anwendungsbereich 1883
   b) Sachlicher Anwendungsbereich 1884
   c) Täuschungshandlung 1885
    aa) Kreditantrag 1885
    bb) Zusammenhang mit Kreditantrag 1886
    cc) Täuschungshandlungen 1887
   d) Vorsatz und Tätige Reue 1889
 III. **Konkurrenz zwischen § 263 und § 265b StGB** 1889
C. Besondere Finanzierungsformen 1890

	Seite
I. Factoring	1890
II. Leasing	1891
D. Versicherungsleistungen	1893

§ 51
Geldwäsche

I. Erscheinungsformen und Bekämpfung	1896
1. Kriminelle Praxis	1897
2. Zweck der Geldwäschebekämpfung	1898
3. Internationale Entwicklung	1899
4. Zweispurige Bekämpfungsstrategie	1900
II. Straftatbestand der Geldwäsche	1900
1. Objektiver Tatbestand	1900
a) Schutz- und Tatobjekte	1900
b) Herkunft aus Vortaten	1901
c) Tathandlungen	1906
2. Subjektiver Tatbestand	1908
3. Versuch	1909
4. Sanktionen	1910
III. Geldwäschegesetz	1912
1. Adressaten des Gesetzes	1912
2. Identifizierungs- und Dokumentationspflichten	1913
3. Meldepflichten	1914
4. Bußgeldbestimmungen	1916
IV. Zollverwaltungsgesetz	1917

§ 52
Subventionen

I. Einführung	1918
1. Allgemeines	1918
2. Begriff der Subvention	1920
II. Subventionsbetrug	1922
1. Tathandlungen	1922
2. Subventionserhebliche Tatsachen	1924
3. Subjektive Tatseite	1928
4. Beendigung und Verjährung	1929
5. Verhältnis zum Betrug	1930
6. Sanktionen	1931
a) Strafandrohungen	1931
b) Tätige Reue	1933
c) Gewinnabschöpfung	1934
7. Verfahrensfragen	1934
III. Subventionen nach EG/EU-Recht	1935

§ 53
Korruption

A.	Überblick	1939
B.	Im Amt	1943
I.	Gemeinsame Tatbestandsmerkmale	1944
1.	Täterkreis	1944
2.	Vorteil	1948
3.	Unrechtsvereinbarung	1950
4.	Subjektiver Tatbestand	1953
II.	Einzelne Tatbestände	1953
1.	Vorteilsannahme	1953
2.	Bestechlichkeit	1956
3.	Vorteilsgewährung und Bestechung	1957
III.	Strafandrohungen, Konkurrenzen, Verfahrensrecht	1957
C.	Im geschäftlichen Verkehr	1960
I.	Gemeinsame Tatbestandsmerkmale	1961
1.	Geschäftlicher Verkehr	1961
2.	Vorteil	1963
3.	Unrechtsvereinbarung	1964
4.	Unlautere Bevorzugung im Wettbewerb	1965
5.	Bezug von Waren oder gewerblichen Leistungen	1967
II.	Wirtschaftliche Bestechlichkeit	1968
1.	Täterkreis	1968
2.	Tathandlungen	1974
III.	Wirtschaftliche Bestechung	1974
IV.	Handeln im ausländischen Wettbewerb	1975
V.	Weitere Merkmale	1976
1.	Subjektiver Tatbestand	1976
2.	Versuch und Beendigung	1977
3.	Rechtsfolgen, Konkurrenzen, Verfahrensrecht	1978
D.	Ausblick	1980

5. Kapitel
Erzeugung

§ 54
Schutz der Umwelt

A.	Umweltverwaltungsrecht	1984
I.	Allgemeines Umweltverwaltungsrecht	1986
II.	Besonderes Umweltverwaltungsrecht	1989
1.	Gewässerschutz	1989
2.	Bodenschutz	1992

	Seite
3. Immissionsschutz	1994
4. Kreislaufwirtschaft	2000
a) Kreislaufwirtschaftsgesetz	2000
b) Abfallverbringung	2010
5. Kernenergie und Strahlenschutz	2011
6. Schutz vor gefährlichen Stoffen	2013
7. Gentechnik	2015
8. Natur-, Pflanzen- und Tierschutz	2017
B. Allgemeines zum Umweltstrafrecht	**2019**
I. Rechtsgrundlagen	**2019**
1. „Straftaten gegen die Umwelt"	2019
2. Nebenstrafrecht	2021
II. Geschützte Rechtsgüter und Deliktsnatur	**2022**
III. Verwaltungsakzessorietät	**2023**
1. Grundsatz	2023
2. Erfordernis einer Genehmigung	2026
3. Verstoß gegen Auflagen und Bedingungen	2030
4. „Informelles Verwaltungshandeln"	2032
5. Reichweite der Erlaubnis	2034
6. Europäische und ausländische Verwaltungsakzessorietät	2035
IV. Allgemeine Rechtfertigungsgründe	**2036**
V. Tätige Reue	**2036**
C. Strafrechtliche Normen für die einzelnen Schutzbereiche	**2037**
I. Gewässerschutz	**2037**
1. Gewässerverunreinigung	2037
2. Unerlaubter Betrieb wassergefährdender Anlagen	2041
3. Gefährdung schutzbedürftiger Gebiete	2042
4. Besonders schwerer Fall	2043
5. Störung öffentlicher Betriebe	2044
6. Ordnungswidrigkeiten	2044
7. Hinterziehung von Abwasserabgaben	2045
II. Bodenschutz	**2045**
1. Bodenverunreinigung	2045
2. Weitere Sanktionsnormen	2048
III. Immissionsschutz	**2049**
1. Luftverunreinigung	2049
a) Immissionen	2049
b) Emissionen	2052
c) Emissionen ohne Anlagenbezug	2053
d) Gemeinsames	2053
2. Verursachen von Lärm, Erschütterungen und nicht ionisierenden Strahlen	2054
3. Unerlaubtes Betreiben von Anlagen	2055

		Seite
4.	Besonders schwerer Fall	2058
5.	Ordnungswidrigkeiten	2058
IV.	**Kreislaufwirtschaft/Abfallentsorgung**	2059
1.	Unerlaubter Umgang mit Abfällen	2059
2.	Unerlaubte grenzüberschreitende Abfallverbringung	2069
3.	Unerlaubtes Betreiben einer Abfallentsorgungsanlage	2071
4.	Besonders schwerer Fall	2072
5.	Ordnungswidrigkeiten	2072
V.	**Kernenergie und Strahlenschutz**	2073
1.	Gemeingefährliche Straftaten	2073
2.	Unerlaubter Umgang mit radioaktiven Abfällen	2075
3.	Unerlaubtes Betreiben einer kerntechnischen Anlage	2075
4.	Unerlaubter Umgang mit Kernbrennstoffen	2075
5.	Besonders schwerer Fall	2076
6.	Strahlenschutzvorsorgegesetz	2077
7.	Ordnungswidrigkeiten	2077
VI.	**Schutz vor gefährlichen Stoffen**	2077
1.	Unerlaubter Umgang mit radioaktiven und anderen gefährlichen Stoffen	2077
2.	Unerlaubter Umgang mit gefährlichen Gütern	2079
3.	Besonders schwerer Fall	2080
4.	Schwere Gefährdung durch Freisetzen von Giften	2080
5.	Chemikaliengesetz	2081
6.	Ordnungswidrigkeiten	2082
VII.	**Gentechnik**	2082
1.	Gefährdungen durch Gentechnik	2082
2.	Ordnungswidrigkeiten	2082
3.	Unzureichende Deckungsvorsorge	2083
VIII.	**Naturschutz und Landschaftspflege**	2083
IX.	**Pflanzen- und Tierschutz**	2084
X.	**Umwelthaftung**	2085
D.	**Umweltstrafrechtliche Besonderheiten**	2085
I.	**Strafbarkeit von Amtsträgern**	2085
1.	Amtsträger als Anlagenbetreiber	2085
2.	Bedienstete der Genehmigungs- und Überwachungsbehörden	2086
3.	Verletzung von Anzeigepflichten	2089
II.	**Verantwortlichkeiten im Betrieb**	2090
1.	Verantwortungsverteilung	2090
2.	Strafbarkeit des Betriebsbeauftragten	2090
3.	Unternehmensstrafbarkeit?	2092
III.	**Verfahrensrechtliche Einzelfragen**	2094
1.	Verwertbarkeit von Erkenntnissen der Eigenüberwachung	2094
2.	Telefonüberwachung	2095
3.	Sonderzuständigkeiten	2096

		Seite
IV.	**Ahndungspraxis**	2096
1.	Strafverfolgungsstatistik	2096
2.	Verfahrenseinstellungen	2100
3.	Verständigung in Strafverfahren	2100
4.	Verfall	2101
5.	Ordnungswidrigkeiten	2102
6.	Reformbedarf?	2102

§ 55
Gewerbliche Schutzrechte

A.	**Schutzrechte und Wettbewerb**	2105
I.	**Überblick**	2106
II.	**Gemeinsamkeiten der gewerblichen Schutzrechte**	2110
1.	Grenzbeschlagnahme	2110
2.	Zivilrechtliche Maßnahmen	2112
3.	Erstreckungsgesetz	2114
B.	**Patent- und Musterrechte**	2115
I.	**Gemeinsamkeiten der technischen Schutzrechte**	2115
II.	**Patente**	2117
1.	Rechtsgrundlagen	2117
2.	Straftatbestände	2119
III.	**Musterrechte**	2121
1.	Gebrauchsmuster	2121
2.	Design	2123
3.	Halbleiterschutz	2124
4.	Sortenschutz	2126
C.	**Urheberrechte**	2127
I.	**Rechtsgrundlagen**	2127
1.	Geschützte Werke und verwandte Schutzrechte	2127
2.	Ausgestaltung des Urheberrechts	2131
II.	**Straftatbestände**	2135
1.	Urheberrechtsverletzung	2135
	a) Werk	2136
	b) Tathandlungen	2137
	c) Vorsatzfragen	2144
2.	Verletzung verwandter Schutzrechte	2144
3.	Eingriff in Kopierschutzmaßnahmen	2146
4.	Unzulässige Signierung	2150
D.	**Gemeinsamkeiten der Straftatbestände**	2150
I.	**Materiell-Rechtliches**	2150
1.	Strafrahmen	2150
	a) Regelstrafrahmen	2150
	b) Qualifikationstatbestand	2151

	Seite
2. Versuch	2152
II. Verfahrensrechtliches	2152
1. Beteiligung des Verletzten	2152
a) Beschränkung des Antragserfordernisses	2152
b) Nebenklagebefugnis	2153
2. Verjährung	2153
3. Einziehung	2153
4. Wirtschaftsstrafsache	2154

§ 56
Produkthaftung

A. Überblick	2157
I. Markante Fälle	2158
II. Europäische Normsetzung	2165
1. Richtlinien über Produktsicherheit	2165
2. Richtlinien zur Konformitätsbewertung von Produkten	2166
3. Verbraucherinformationen zu gefährlichen Produkten	2168
III. Zivilrechtliche Folgen	2169
1. Deliktsrechtliche Produzentenhaftung	2170
2. Produkthaftungsgesetz	2177
3. Handlungspflichten im Unternehmen	2179
B. Strafrecht	2180
I. Allgemeine Tatbestände	2181
1. Verantwortliche Personen	2181
2. Tatbegehung und Kausalität	2185
3. Produktbezogene Pflichten	2188
4. Subjektive Voraussetzungen	2192
II. Besondere Straftatbestände im StGB	2192
III. Produktschutzgesetze	2194
1. Produktsicherheit	2194
2. Elektromagnetische Verträglichkeit von Geräten	2197
3. Bauprodukte	2198
4. Medizinprodukte	2201

6. Kapitel
Absatz

§ 57
Wettbewerbsbeschränkungen

A. Überblick	2205
B. Europäisches Recht	2212

	Seite
I. Rechtsgrundlagen	2213
1. Primärrecht	2213
2. Sekundärrecht	2216
a) Kartell-Verordnung	2216
b) Ergänzende Verordnungen	2217
c) Fusionskontroll-Verordnung	2219
II. Materielles Wettbewerbsrecht	2220
1. Kartellverbot	2220
2. Marktmacht-Missbrauchsverbot	2222
3. Fusionskontrolle	2223
III. Wettbewerbsrechtliches Verfahren	2224
1. Europäische Kommission und nationale Wettbewerbsbehörden	2224
2. Europäisches Verfahren	2226
3. Einzelstaatliches Verfahren	2228
IV. Bußgeldtatbestände	2229
1. Allgemeines	2229
2. Verstöße gegen Verhaltenspflichten	2233
3. Wettbewerbsbeeinträchtigung	2234
4. Unerlaubter Zusammenschluss	2235
5. Sanktionen	2235
C. Deutsches Recht	2237
I. Allgemeines	2238
1. Rechtsentwicklung	2238
2. Grundzüge des GWB	2240
3. Zuwiderhandlungen	2243
II. Materiell-rechtliche Verstöße	2248
1. Gegen europäische Verbote	2248
2. Gegen deutsche Verbote	2249
a) Kartellverbot	2249
b) Marktmacht-Missbrauchsverbot	2251
c) Boykottverbot	2253
d) Verbot von Druck und Lockung	2253
e) Verbot von Organisationszwang und Repressalien	2254
f) Fusionsvollzugsverbot	2254
III. Verstöße gegen Verhaltenspflichten	2255
1. Schwere Behinderung der Kartellbehörden	2255
2. Einfache Behinderung der Kartellbehörden	2256
IV. Sanktionen	2257
1. Verfolgungsverjährung	2259
2. Bußgeld-Bemessung	2259

§ 58
Ausschreibungsabsprachen

A.	Submissionsbetrug	2264
I.	Einführung	2264
II.	Wettbewerbsbeschränkende Absprachen bei Ausschreibungen	2265
	1. Tatbestandsmerkmale	2266
	2. Tätige Reue	2268
	3. Strafrahmen und Verjährung	2268
	4. Konkurrenzen und Zuständigkeiten	2269
III.	Betrug	2269
	1. Gegenüber dem Ausschreibenden	2269
	2. Gegenüber Mitbewerbern	2271
B.	Kartellrechts-Ordnungswidrigkeiten	2272
I.	Deutsches Recht	2272
	1. Submissionsabsprache als Kartell	2272
	2. Unternehmensgeldbuße	2273
	3. Zuständigkeiten	2274
II.	Europäisches Recht	2275

§ 59
Betrügerische Verkaufsmethoden

A.	Betrug und Verbraucherschutz	2277
I.	Zum Verbraucherschutz	2279
	1. Zivilrechtlicher Schwerpunkt	2279
	2. Strafrechtliche Flankierung	2280
II.	Fragen des Betrugstatbestandes	2281
	1. Täuschungshandlung	2282
	2. Vermögensschaden	2284
	a) Eingehungsbetrug	2284
	b) Erfüllungsbetrug	2286
III.	Fallgruppen	2286
	1. Zeitschriftenwerbung	2286
	2. Unterschriftenerschleichung, Abo-Fallen im Internet	2287
	3. Zusendung von Scheinrechnungen	2289
	4. Provisionsvertreter	2290
	5. Fassadenbauer	2291
	6. Psychologischer Kaufzwang	2291
B.	Progressive Kundenwerbung	2293
I.	Allgemeines	2293
	1. Erscheinungsformen	2294
	2. Sozialschädlichkeit	2295
II.	Wettbewerbsrechtliche Strafvorschrift	2295
	1. Geschäftlicher Verkehr	2296
	2. Veranlassen zur Abnahme	2297

		Seite
3.	Abnahme von Waren, Dienstleistungen oder Rechten	2297
4.	Besondere Vorteile	2298
5.	Täterschaft und Teilnahme	2299
6.	Strafverfolgung	2299

§ 60
Werbung

				Seite
A.	Überblick			2300
B.	Strafbare Werbung			2304
	I.	Allgemeines		2305
	II.	Objektiver Tatbestand		2305
		1.	Täterschaft	2305
		2.	Bekanntmachung	2306
		3.	Unwahre Angaben	2308
		4.	Irreführende Werbung	2312
	III.	Subjektiver Tatbestand		2315
	IV.	Strafverfolgung		2318
C.	Geschäftliche Verleumdung			2319
D.	Marken und Geschäftsbezeichnungen			2320
	I.	Allgemeines		2320
	II.	Strafbare Zeichenverletzung		2323
		1.	Geschäftlicher Verkehr	2323
		2.	Kennzeichen	2324
			a) Marke	2324
			b) Geschäftliche Bezeichnungen	2328
		3.	Geografische Herkunftsangaben	2329
		4.	Europäische Zeichen	2330
		5.	Verletzungshandlungen	2331
			a) Marke	2331
			b) Geschäftliche Bezeichnungen	2334
			c) Geografische Herkunftsangaben	2334
		6.	Gemeinsamkeiten	2335
			a) Widerrechtlichkeit	2335
			b) Vorsatz und Versuch	2337
			c) Verfahrensfragen	2337
	III.	Missbrauch von Hoheitszeichen		2338
E.	Persönlichkeitsrechte			2339
	I.	Recht am eigenen Bild		2340
	II.	Schutz des höchstpersönlichen Lebensbereichs		2345

§ 61
Preisgestaltung

- A. **Wucher** 2348
  - I. **Allgemeiner Wuchertatbestand** 2348
    1. Allgemeines 2348
    2. Leistungen des Täters 2349
    3. Gegenleistung des Opfers 2349
    4. Schwächesituation des Opfers 2350
    5. Ausbeutung der Schwächesituation 2351
    6. Auffälliges Missverhältnis 2351
    7. Additionsklausel 2352
    8. Strafrahmen 2353
  - II. **Mietwucher** 2353
    1. Räume zum Wohnen 2353
    2. Auffälliges Missverhältnis 2354
  - III. **Kreditwucher** 2356
    1. Kreditbegriff 2356
    2. Schwächesituation des Opfers 2357
    3. Auffälliges Missverhältnis 2357
       - a) Strafrechtliche Rechtsprechung 2357
       - b) Grundsätze der Zivilrechtsprechung 2358
       - c) Vergleich von Vertrags- und Marktzins 2358
         - aa) Berechnung des effektiven Vertragszinses 2360
         - bb) Berechnung des Marktzinses 2362
- B. **Preisüberhöhung** 2363
  - I. **Mietpreisüberhöhung** 2363
    1. Anwendungsbereich und Bedeutung 2363
    2. Tathandlung 2364
  - II. **Preisüberhöhung in einem Beruf oder Gewerbe** 2365
- C. **Sonstige Preisregelungen** 2366
  - I. **Verstöße gegen die Preisregelung** 2367
    1. Allgemeines 2367
    2. Preisgesetz 2367
    3. Preisverordnungen 2367
    4. Preisangabenverordnung 2368
  - II. **Weitere Vorschriften** 2369

§ 62
Auslandsgeschäfte

- A. **Einführung** 2371
  - I. **Geschichte und Ziele des Außenwirtschaftsrechts** 2371
  - II. **Allgemeine Regeln im Außenwirtschaftsrecht** 2375
    1. Blankettechnik 2375
    2. Behördliche Genehmigung 2377

		Seite
3.	Einziehung und Verfall	2379
4.	Zeitliche Geltung	2381
5.	Auslandstaten	2382

B. Straftatbestände ... 2383
- **I. Kriegswaffen-Embargoverstöße** ... 2383
  1. Objektiver und subjektiver Tatbestand ... 2383
  2. Rechtswidrigkeit ... 2385
  3. Beteiligung, Qualifikationen und Versuch ... 2386
  4. Rechtsfolgen und Strafzumessung ... 2387
- **II. Sonstige Außenwirtschaftsstraftaten** ... 2388
  1. Verstöße gegen EU-Embargos ... 2388
  2. Verstöße gegen die Außenwirtschaftsverordnung ... 2390
  3. Verstöße gegen das „Blut-Diamanten"-Embargo ... 2392
  4. Verstöße gegen die EU-Anti-Folter-VO ... 2393
  5. Verstöße gegen die Dual-Use-VO ... 2394
  6. Versuch ... 2397

C. Bußgeldtatbestände ... 2397
- **I. Ordnungswidrigkeiten des AWG** ... 2397
  1. Fahrlässige Außenwirtschaftsverstöße ... 2398
  2. Sonstige Außenwirtschaftsverstöße ... 2398
- **II. Ordnungswidrigkeiten der AWV** ... 2400
  1. Verstöße gegen nationale Regelungen ... 2400
  2. Verstöße gegen EU-Regelungen ... 2401
- **III. Sanktionen** ... 2403
  1. Bußgeldrahmen ... 2403
  2. Selbstanzeige ... 2403

§ 63
Ausübung von Druck und Zwang

- **I. Nötigung und Erpressung** ... 2408
  1. Nötigungshandlung ... 2409
     - a) Gewalt ... 2409
     - b) Drohung ... 2412
     - c) Einsatz des Nötigungsmittels gegen Dritte ... 2415
  2. Abgenötigtes Verhalten ... 2416
  3. Verwerflichkeitsklauseln ... 2417
  4. Vermögensschaden und Bereicherungsabsicht ... 2421
  5. Besonderheiten bei juristischen Personen ... 2423
     - a) Drohung gegenüber einer juristischen Person ... 2423
     - b) Produkterpressung und Druckausübung auf Kunden ... 2424
     - c) Juristische Person als Vermögensinhaber ... 2425
- **II. Selbsthilfebetrug** ... 2426

§ 64
Sicherstellung im Notfall

I.	Sicherstellungsgesetze nach dem Wirtschaftsstrafgesetz	2427
II.	Andere Sicherstellungsgesetze	2429

7. Kapitel
Besondere Geschäftszweige

§ 65
Versicherungsunternehmen

I.	Versicherungsaufsicht	2433
II.	Sanktionen	2435
1.	Straftatbestände	2435
2.	Ordnungswidrigkeiten	2438
3.	Sanktionen nach dem HGB	2439

§ 66
Kreditinstitute und Finanzdienstleistungen

I.	Einführung	2440
1.	Kreditwesengesetz und europarechtliche Regelungen	2440
2.	Nationale und europäische Finanzmarktaufsicht	2444
II.	Kredit- und Finanzdienstleistungsinstitute	2445
III.	Unzulässiger Geschäftsbetrieb	2446
1.	Verstöße gegen Erlaubnispflichten	2446
	a) Unerlaubte Bankgeschäfte und Finanzdienstleistungen	2446
	b) Verbotene Zahlungsdienste	2448
	c) Unerlaubte Investmentgeschäfte	2449
2.	Betrug zum Nachteil der Einleger und Investoren	2449
3.	Bilanzdelikte	2450
4.	Verletzung der Insolvenzanzeigepflicht	2451
5.	„Bestandsgefährdung" eines Instituts	2452
IV.	Zum sog. Bankgeheimnis	2452
1.	Grundlagen	2452
2.	Strafvorschriften	2453
	a) Organmitglieder und Mitarbeiter von Banken	2453
	b) Externe Aufsichtspersonen	2454

§ 67
Kreditgeschäfte

A.	Untreue bei Kreditentscheidungen	2456
I.	Überblick	2456
II.	Untreue-relevante Pflichtverletzungen	2458

Seite

1. Kreditgeschäft als Risikogeschäft 2458
   a) Konkretisierung der Pflichten 2459
   b) „Evidente und gravierende" Pflichtverletzung? 2460
2. Formale und organisatorische Pflichten 2464
   a) Vorgaben des KWG 2465
   b) Weitere Vorgaben 2466
3. Materielle Pflichten bei Kreditvergabe 2467
   a) Risikobegrenzung durch Information und Pflicht zur Abwägung 2468
   b) Kreditwürdigkeitsprüfung 2469
   c) Kreditbesicherung 2472
   d) Anforderungen an Eigenmittelausstattung und Liquidität .. 2472
      aa) Eigenmittelausstattungs-Vorschriften 2473
      bb) Refinanzierung und Liquiditätsvorsorge 2474
   e) Risikostreuung 2474
   f) Sanierungskredite 2475
   g) Kreditbetrüger 2477
4. Pflichten bei der Kreditüberwachung 2477
5. Handel mit Kreditforderungen 2478
6. Strafrechtliche Verantwortlichkeit 2479
   a) Gesamtverantwortung 2480
   b) Verlagerung der Verantwortlichkeit 2481
7. Besondere Kreditinstitute 2481
   a) Sparkassen 2481
   b) Genossenschaftsbanken 2482
   c) Bausparkassen 2482

III. **Kausaler Vermögensschaden** 2483
   1. Schaden 2483
      a) Durchführung des Vermögensvergleichs 2483
         aa) Maßgeblicher Zeitpunkt 2483
         bb) Schaden und schadensgleiche Vermögensgefährdung .. 2484
         cc) Bewertung von Verlustrisiken 2488
         dd) Bedeutung von Sicherheiten 2489
      b) Sonderprobleme 2491
   2. Kausalität 2492

IV. **Vorsatz** 2492
   1. Vorsatz hinsichtlich Pflichtwidrigkeit 2493
   2. Vorsatz hinsichtlich Vermögensschädigung 2494
      a) Wissenselement 2494
      b) Willenselement 2495

V. **Besonders schwerer Fall** 2498

B. **Weitere Tatbestände** 2500

I. **Ordnungswidrigkeiten** 2500

II. **Unbefugte Offenbarung** 2500

§ 68
Börsengeschäfte

A.	Überblick	2502
B.	Verleitung zur Börsenspekulation	2504
I.	Allgemeines	2504
II.	Tathandlung	2505
C.	Marktmanipulation	2506
I.	Verbotsnorm	2507
1.	Anwendungsbereich	2508
2.	Täuschungshandlungen	2508
	a) Irreführende Angaben	2509
	b) Irreführende Signale	2510
	c) Sonstige Täuschungshandlungen	2510
II.	Sanktionen	2512
1.	Geldbuße	2512
2.	Strafe	2512
3.	Vermögensabschöpfung	2514
D.	Insiderhandelsverbot	2514
I.	Grundlagen	2515
1.	Grundstruktur der Tatbestände	2517
2.	Insiderpapier	2517
3.	Insiderinformation	2517
	a) Konkrete Information über Umstände	2517
	b) Unbekannter Umstand	2520
	c) Emittentenbezug	2520
	d) Kursrelevanz	2521
	e) Gesetzliche Beispiele	2522
4.	Adressaten	2523
II.	Einzelne Tatbestände	2523
1.	Verbotener Insiderhandel	2523
2.	Unbefugte Mitteilung von Insiderinformationen	2526
3.	Verleitung zum Insiderhandel	2526
III.	Sanktionen	2526
1.	Straftaten	2526
	a) Verbotener Insiderhandel	2526
	b) Unbefugte Mitteilung und Verleitung	2526
2.	Ordnungswidrigkeiten	2528
3.	Vermögensabschöpfung	2528

§ 69
Andere Bank- und Finanzgeschäfte

I.	Depotgeschäfte	2530
II.	Pfandbriefgeschäfte	2531
III.	Geschäfte von Investmentgesellschaften	2532

§ 70
Maklergeschäfte

- I. Gewerberechtliche Normen 2533
  1. Gewerbeordnung 2533
  2. Makler- und Bauträgerverordnung 2534
- II. Wohnungsvermittlung 2535

§ 71
Transportwesen

- A. Straßenverkehr 2536
  - I. Güterkraftverkehr 2537
    1. Allgemeines 2537
    2. Ordnungswidrigkeiten 2539
  - II. Maut 2540
  - III. Personenbeförderung 2540
  - IV. Fahrpersonal 2542
- B. Eisenbahn-, Schiffs- und Luftverkehr 2545
  - I. Eisenbahnverkehr 2545
  - II. Schiffsverkehr 2545
  - III. Luftverkehr 2546
- C. Beförderung gefährlicher Güter 2548
  - I. Grundlagen 2548
  - II. Straftaten und Ordnungswidrigkeiten 2550
    1. Unerlaubter Umgang mit gefährlichen Gütern 2550
    2. Straftatbestand des § 11 GGBefG 2551
    3. Bußgeldtatbestände 2552

§ 72
Lebensmittel- und Gesundheitswesen

- A. Lebensmittel, Futtermittel und Bedarfsgegenstände 2553
  - I. Lebensmittel- und Futtermittelrecht 2554
    1. Überblick 2554
    2. Gesundheitsschutz 2559
    3. Täuschungsschutz 2562
    4. Futtermittel, kosmetische Mittel und Bedarfsgegenstände 2568
    5. Lebensmittelüberwachung 2569
    6. Ein- und Ausfuhr 2570
    7. Zuwiderhandlungen 2571
        - a) Schwerere Straftaten 2572
        - b) Leichtere Straftaten 2577
        - c) Ordnungswidrigkeiten 2579
        - d) Ergänzende Normen 2579

	Seite
8. Verfahrensrecht	2580
II. Weinrecht	2580
1. Rechtsgrundlagen	2580
2. Zuwiderhandlungen	2585
a) Schwerere Straftaten	2585
b) Leichtere Straftaten	2587
c) Ordnungswidrigkeiten	2588
d) Ergänzende Normen	2588
B. Gesundheitswesen	2588
I. Arzneimittel	2589
1. Rechtsgrundlagen	2589
2. Straf- und Bußgeldvorschriften	2593
II. Medizin- und Blutprodukte	2595
III. Transplantationen	2596
IV. Embryonenschutz	2597
V. Gendiagnostik	2598
VI. Heilmittelwerbung	2599
1. Rechtsgrundlagen	2599
2. Zuwiderhandlungen	2601
VII. Betrug, Untreue und Korruption	2602
1. Abrechnungsbetrug	2602
2. Untreue zum Nachteil der Krankenkassen	2604
3. Vorteilsannahme und Bestechlichkeit	2605
4. Gesetzliche Anzeigepflicht	2607

§ 73
Kriegs- und Chemiewaffen

A. Einführung	2608
I. Geschichte und Ziele des Kriegswaffenkontrollrechts	2608
1. Kriegswaffenkontrollgesetz	2608
2. Chemiewaffenübereinkommen	2610
II. Begrifflichkeiten	2611
1. Kriegswaffen	2611
2. Ergänzende Begrifflichkeiten	2613
B. Straftatbestände	2614
I. Atomwaffen	2614
1. Objektiver Tatbestand	2615
a) Verbotene Tathandlungen	2615
b) Ausnahmen	2618
2. Subjektiver Tatbestand	2619
3. Strafrahmen und Versuch	2620
4. Auslandstaten, Konkurrenzen und Nebenfolgen	2620

	Seite
II. Biologische und chemische Waffen	2622
1. Objektiver Tatbestand	2622
a) Begrifflichkeiten	2622
b) Verbote	2623
c) Tathandlungen	2624
2. Subjektiver Tatbestand	2626
3. Strafrahmen und Versuch	2626
4. Auslandstaten, Konkurrenzen und Nebenfolgen	2627
III. Antipersonenminen und Streumunition	2628
1. Objektiver Tatbestand	2628
2. Subjektiver Tatbestand	2629
3. Strafrahmen und Versuch	2629
4. Auslandstaten, Konkurrenzen und Nebenfolgen	2629
IV. Sonstige Kriegswaffen	2630
1. Objektiver Tatbestand	2630
2. Subjektiver Tatbestand	2634
3. Strafrahmen und Versuch	2634
4. Auslandstaten, Konkurrenzen und Nebenfolgen	2636
C. Ordnungswidrigkeiten	2636
I. KWKG	2636
II. CWÜAG	2638

§ 74
Weitere Geschäftstätigkeiten

I. Diverse Produkte und Anlagen	2639
II. Sonstige Branchen und Betätigungen	2643

4. Teil
Pflichtverstöße bei Unternehmenssanierung und -beendigung

1. Kapitel
Unternehmenskrise

§ 75
Krise und Sanierung

I. Gläubigerschutz in der Krise	2649
II. Unternehmensfortführung	2651
1. Fortführungsgesellschaften	2653
2. Sanierungsmaßnahmen und -verfahren	2654
III. Unternehmensbeendigung	2655

	Seite
1. Liquidation	2655
2. Außergerichtlicher Vergleich	2658
3. Insolvenzverfahren	2659
IV. ESUG – Sanierung in der Insolvenz	2662
V. Zivilrechtsakzessorietät	2664
VI. Europäische Insolvenz	2666

§ 76
„Insolvenzstrafrecht" im Überblick

I. **Rechtsgüterschutz bei Unternehmensbeendigung**	2671
1. Kriminogene Wirkung der Krise	2671
2. Insolvenzstrafrecht in der Finanz- und Wirtschaftskrise	2674
II. **Ermittlungspraxis**	2676
1. Insolvenzverfahren und Strafverfolgung	2677
2. Insolvenzgeheimnis	2678
3. Verbraucherinsolvenz	2684
III. **Straftaten bei Unternehmensbeendigung**	2685
1. Rechtsgüter	2685
2. Straftaten im Überblick	2686
3. Europäische Insolvenz	2691
IV. **Folgen für Unternehmensverantwortliche**	2692
1. Strafrechtliche Sanktionen	2692
2. Organsperre	2694
3. Versagung der Restschuldbefreiung	2697

§ 77
Strafbarkeitsrisiken nach dem ESUG

I. **Strafrecht und Sanierung nach dem ESUG**	2700
II. **Akteure auf Schuldnerseite**	2701
1. Schuldner und Antragstellung	2701
2. Schuldner als Eigenverwalter	2704
3. Vorläufiger/endgültiger Sachwalter und Treuhänder	2705
4. „Bescheiniger" und Berater	2706
III. **Akteure auf Gläubigerseite**	2709

§ 78
Zahlungsunfähigkeit

I. **Liquidität aus betriebswirtschaftlicher und strafrechtlicher Sicht**	2711
1. Vermögen und Liquidität	2712
2. Definition der Zahlungsunfähigkeit	2714
3. Liquide Mittel und fällige Verbindlichkeiten	2717

LXIX

		Seite
4.	Wesentlichkeit und Dauerhaftigkeit	2720
II.	**Adaption durch das Strafrecht**	2722
1.	Zivilrechtsakzessorietät und Beweislast	2722
2.	Beweisführung im Insolvenzrecht	2723
3.	Beweisführung im Strafrecht	2725
	a) Betriebswirtschaftliches Liquiditätsdefizit	2726
	b) Warnzeichenhäufung	2727
4.	Besonderheiten der GmbH & Co. KG	2729
III.	**Weitere Liquiditätsbegriffe**	2729
1.	Drohende Zahlungsunfähigkeit	2729
2.	Zahlungseinstellung	2733

§ 79
Überschuldung

I.	**Überschuldung und deren strafrechtliche Relevanz**	2736
II.	**Bewertungsverfahren im normativen Wechsel**	2737
1.	Dynamische und statische Vermögensbetrachtung	2738
2.	Gesetzliche Vorgaben im Zeitablauf	2739
III.	**Fortführungsprognose**	2742
IV.	**Überschuldungsstatus**	2747
1.	Inhaltliche Anforderungen	2748
2.	Bewertung der Vermögensteile	2751
V.	**Subjektive Fragen**	2754
VI.	**Verhältnis zwischen Überschuldung und Zahlungsunfähigkeit**	2755

2. Kapitel
Pflichtverletzung bei Unternehmensbeendigung

§ 80
Insolvenzantragspflicht

I.	**Bedeutung im Spiegel der Reformen**	2758
II.	**Betroffene Unternehmensträger**	2762
1.	Juristische Personen	2762
2.	Gesellschaften ohne persönlich Haftenden	2764
3.	Ausländische Gesellschaften	2765
III.	**Antragspflichtige Personen**	2766
1.	Vertretungsorgane	2766
2.	Aufsichtsorgane, Gesellschafter und Dritte	2768
3.	Sonderfall der Führungslosigkeit	2770
IV.	**Frist und Inhalt des Antrags**	2771
1.	Insolvenzreife	2771

	Seite
2. Antragsfrist	2772
3. Inhaltliche Anforderungen	2777
V. Subjektiver Tatbestand	2779

§ 81
Bankrott

I. Grundlagen der Bankrottstraftaten	2783
1. Rechtsgut	2783
2. Normstruktur	2785
3. Tatbestandselemente	2788
4. Unternehmensgründung und -beendigung	2789
II. Unternehmensverantwortliche als Täter	2790
1. Bankrott als Sonderdelikt	2790
2. Zurechnungskriterien	2791
3. Zurechnungsadressaten	2792
4. Insbesondere: „Faktischer Geschäftsführer"	2795
5. Aufgabendelegation	2798
III. Organverantwortung und Interessentheorie	2798
1. Inhalt und Kritik	2798
2. Pflichtenzurechnung nach neuer Rechtsprechung	2801
IV. Objektive Strafbarkeitsbedingung	2803
1. Aufgaben und Ziele	2803
2. Die einzelnen Bedingungen	2804
V. „Zusammenhang" im Bankrottstrafrecht	2805
VI. Bankrottstraftaten nach Bedingungseintritt	2810

§ 82
Kapitalersatz

I. Rechtslage vor dem MoMiG	2813
1. Rechtsprechungsregelung	2814
2. Novellenregelung	2816
3. Adaption durch das Strafrecht	2818
II. Nach dem MoMiG	2819
1. Zivilrechtliche Regelungslage	2820
2. Adaption durch das Strafrecht	2821
III. Existenzvernichtung/Existenzgefährdung	2822
1. Zivilrechtliche Rechtsprechung	2823
2. Adaption durch das Strafrecht	2824
IV. Auswirkung auf die Überschuldung	2826

§ 83
Masseschmälerung

I. Systematische Stellung	2829
II. Geschütztes Vermögen	2830
1. Sachen, Rechte und Ansprüche	2830
2. Immaterielle und sonstige Vermögensteile	2831
3. Belastete Vermögensteile	2832
III. Tathandlungen	2833
1. Beiseiteschaffen	2833
2. Verheimlichen	2837
3. Vortäuschung von Rechten Dritter	2839
4. Unwirtschaftliche Geschäfte	2842
a) Verlust-, Spekulations- und Differenzgeschäfte	2843
b) Unwirtschaftliche Ausgaben, Spiel und Wette	2845
c) Schleudergeschäfte	2847
d) Sonstiges Verringern	2849
5. Weitere Handlungsformen	2850
6. Abgrenzung zur Gläubigerbegünstigung	2851
7. Weitere Einzelheiten	2852
a) Schuldformen	2852
b) Versuch und Teilnahme	2852
c) Konkurrenzen	2853
d) Sanktionen	2853
IV. Verschiebung von Baugeld	2855

§ 84
Begünstigung von Schuldner und Gläubiger

I. Begünstigung als Bankrottstraftat	2858
II. Schuldnerbegünstigung	2859
1. Täter und Begünstigte	2859
2. Tathandlungen und subjektive Erfordernisse	2861
3. Versuch, Strafbarkeitsvoraussetzungen und Rechtsfolgen	2862
III. Gläubigerbegünstigung	2862
1. Privilegierung inkongruenter Leistungen	2862
2. Begünstigte und Tatbeteiligte	2864
3. Tathandlungen	2867
a) Geschützte Vermögensmasse	2867
b) Befriedigung	2868
c) Sicherung	2869
d) Begünstigungserfolg	2869
4. Inkongruenz	2870
a) Wirksamkeit des Grundgeschäfts	2871
b) Einzelfälle	2872
5. Weitere Einzelheiten	2873
a) Sozialversicherungsbeiträge	2873

			Seite
	b)	Schuldformen und Versuch	2873
	c)	Konkurrenzen und Sanktionen	2874

§ 85
Rechnungslegung

I.	Praktische Bedeutung und Rechtsgut	2876
II.	Tathandlungen und ihre Pflichtengrundlage	2878
1.	Buchführungs- und Bilanzierungspflicht	2879
2.	Pflichtendelegation	2881
3.	Unmöglichkeit, Unzumutbarkeit und Irrtum	2884
III.	Einzelne Pflichtverstöße	2887
1.	Buchführungsverstöße	2887
2.	Bilanzierung	2889
	a) Inhaltliche Bilanzmängel	2889
	b) Verspätete und unterlassene Bilanzerstellung	2890
3.	Aufbewahrung	2894
IV.	Einzelfragen	2896
1.	Krise und Strafbarkeitsbedingung	2896
2.	Bankrotthandlung und objektive Bedingung	2898
3.	Konkurrenzen	2900

3. Kapitel
Weitere Pflichtverstöße

§ 86
Waren- und Kapitalbeschaffung in der Krise

I.	Praktische Bedeutung	2903
II.	Elemente des Betrugs	2906
1.	Täuschungshandlung	2906
2.	Kreditwürdigkeitsprognose	2907
	a) Managementfehler	2908
	b) Unternehmensbedingte Ursachen	2909
	c) Analyse der Rechnungslegung	2910
	d) Krisenindikatoren	2911
3.	Irrtum	2912
III.	Insbesondere: Vermögensschaden	2913
1.	Eingehungsbetrug	2913
2.	Vermögensvergleich	2914
3.	Unzulässiges Geschäftsrisiko	2915

§ 87
Gescheiterte Sanierung

I. Straftaten bei Unternehmensfortführung 2918
 1. Überblick 2918
 2. Sanierungsgesellschaften 2919
 3. Betriebsübernahme- und Auffanggesellschaften 2922
 4. Verwertungsgemeinschaften 2923
II. Straftaten bei Unternehmensbeendigungen 2924
 1. Scheinsanierungen 2924
 2. Weitere Beendigungsverfahren 2926
 3. Unternehmensbestatter 2930

§ 88
Zwangsvollstreckung

I. Einzelzwangsvollstreckung 2935
 1. Verhältnis zum Insolvenzverfahren 2935
 2. Vereiteln der Vollstreckung 2936
 3. Andere Beeinträchtigungen der Zwangsvollstreckung 2938
    a) Verstrickungsbruch 2938
    b) Siegelbruch 2939
    c) Pfandkehr 2940
II. Falsche Versicherung an Eides Statt 2941
 1. Im Zwangsvollstreckungsverfahren 2941
 2. Im Insolvenzverfahren 2942
 3. Gemeinsame Regelungen 2943

§ 89
Unternehmensnachfolge

I. Wirtschaftliche Ausgangslage 2946
 1. Allgemeines 2946
 2. Relevanz der Rechtsform 2947
 3. Unternehmensnachfolge durch Rechtsgeschäft 2951
 4. Änderung der Rechtsform 2953
 5. Unternehmensnachfolge in finanzieller Krise 2954
 6. Bewertung 2954
II. Strafrechtliche Risiken 2955
 1. Betrug 2955
 2. Untreue 2957
 3. Steuerdelikte 2960
    a) Erbschaftsteuer 2961
    b) Ertragsteuern 2962
 4. Weitere Delikte 2963

5. Teil
Berater im Wirtschaftsstrafrecht

1. Kapitel
Beraterberufe

§ 90
Einführung

	Seite
1. Zur Bedeutung der Berater	2965
2. Berater und Prüfer	2967
3. Zum Berufsethos	2972

§ 91
Staatlich gebundene Beraterberufe

A. Gemeinsame Grundlagen	2978
I. Berufspflichten und deren Verletzung	2979
1. Rechtsgrundlagen	2980
2. Berufspflichten	2983
3. Ahndung von Pflichtverletzungen	2988
II. Schutz der Berufsbezeichnungen	2993
B. Einzelne Berufe	2994
I. Rechtsanwälte	2994
1. Gesetzliches Berufsbild	2994
2. Rechtsanwälte als Verteidiger	2999
II. Patentanwälte	3007
III. Steuerberater	3009
1. Gesetzliches Berufsbild	3009
2. Zur Pflichtenstellung	3011
IV. Wirtschaftsprüfer	3014
1. Gesetzliche Grundlagen	3014
2. Berufspflichten	3018
3. Ordnungswidrigkeiten	3022
V. Notare	3023
1. Gesetzliche Grundlagen	3023
2. Berufspflichten	3025

§ 92
Sonstige Berufsgruppen als Berater

A. Berater gem. RDG	3029

	Seite
I. Grundsätze	3029
II. Erlaubte Rechtsdienstleistungen	3033
1. Rechtsdienstleistungsregister	3033
2. Nicht einzutragende Rechtsdienstleister	3033
3. Registrierte Personen und Stellen	3037
4. Sonderregelungen	3039
III. Bußgeldtatbestände	3040
IV. Rechtsdienstleistungen durch Rechtslehrer	3041
B. Sonstige Berater	3042
I. Hilfeleistung in Steuersachen	3042
1. Befugnis zur Hilfeleistung	3042
2. Bußgeldtatbestände	3044
II. Unternehmensberater	3045
III. Sonstige Beratungstätigkeiten	3048

2. Kapitel
Schutz des Beratungsverhältnisses

§ 93
Prozessuale Schutzbestimmungen

I. Geheimhaltungsrechte	3050
1. Vorbemerkungen	3050
2. Zeugnisverweigerungsrechte	3050
II. Beschlagnahmeverbot	3058
1. Grundsatz	3058
2. Grenzen des Beschlagnahmeverbots	3059
a) Weite Auffassung	3061
b) Engere Auffassung	3063
c) Wegfall der Beschlagnahmefreiheit	3069
III. Weitere Ermittlungsbeschränkungen	3074
1. Beschränkungen nach § 160a StPO	3074
2. Zum Bankgeheimnis	3079

§ 94
Strafrechtlicher Schutz von Mandanten

I. Verletzung von Privatgeheimnissen	3083
II. Verletzung von Prüferpflichten	3086
1. Geheimhaltungspflichtverletzungen	3086
2. Berichtspflichtverletzungen	3087
a) Nach Handelsrecht	3087
b) Nach Gewerberecht	3089

		Seite
III.	Weitere Straftatbestände	3090
1.	Gebührenüberhebung	3090
2.	Parteiverrat	3092
3.	Allgemeine Strafbestimmungen	3097

3. Kapitel
Teilnahme von Beratern an Wirtschaftsstraftaten ihrer Mandanten

§ 95
Anlässe und Formen der Tatbeteiligung

I.	Zur kriminogenen Situation der Berater	3099
II.	Beteiligungsformen	3104
1.	Täterschaft	3104
2.	Teilnahme	3105

§ 96
Häufige Fälle der Tatbeteiligung

A.	Insolvenzstraftaten	3110
I.	Bankrottdelikte	3110
II.	Gläubigerbegünstigung	3113
III.	Insolvenzverschleppung	3115
B.	Steuerdelikte	3120
I.	Steuerhinterziehung	3120
1.	Aktive Tatbeteiligung	3120
2.	Tatbeteiligung durch Unterlassen	3123
II.	Leichtfertige Steuerverkürzung	3127
III.	Steuergefährdung	3135
C.	Täuschungsdelikte	3135
I.	Prozessbetrug	3135
II.	Falsche Versicherung an Eides statt	3139
III.	Weitere Täuschungsstraftaten	3141
1.	Anlagebetrug	3141
2.	Gründungsschwindel	3147
3.	Sanierungsschwindel	3153

Schrifttumsverzeichnis

Das allgemeine Schrifttumsverzeichnis enthält eine Auswahl von wichtigen Werken mit übergreifender Relevanz. Spezielleres Schrifttum ist am Beginn eines Buch-Paragrafen oder bei den Untergliederungen genannt, während sich ganz spezielles Schrifttum in den Fußnoten findet.

I. Strafrecht

1. Wirtschaftsstrafrecht (ohne Teilbereiche)

Achenbach/Ransiek (Hrsg.)	Handbuch Wirtschaftsstrafrecht, 3. Aufl. 2012 (zit: *Bearbeiter* in A/R)
Böttcher (Hrsg.)	Wirtschaftsstrafrecht in der Praxis, 2011
Eidam	Unternehmen und Strafe – Vorsorge und Krisenmanagement, 4. Aufl. 2014
Graf/Jäger/Wittig (Hrsg.)	Wirtschafts- und Steuerstrafrecht – Kommentar, 2011 (zit: *Bearbeiter* in G/J/W)
Große Vorholt	Wirtschaftsstrafrecht – Risiken – Verteidigung – Prävention, 3. Aufl. 2013
Hellmann/Beckemper	Wirtschaftsstrafrecht, 4. Aufl. 2013
Hellmann/Beckemper	Fälle zum Wirtschaftsstrafrecht, 3. Aufl. 2013
Kasiske	Strafrecht II: Wirtschaftsstrafrecht, 2012
Kraatz	Wirtschaftsstrafrecht, 2013
Krekeler/Tiedemann/ Ulsenheimer/Weinmann	Handwörterbuch des Wirtschafts- und Steuerstrafrechts, Loseblatt, 2 Ordner, 1985–1990 (zit.: *Bearbeiter* in HWiStrR)
Krekeler/Werner	Verteidigung in Wirtschaftsstrafsachen, 2. Aufl. 2013 (1. Aufl.: Unternehmer und Strafrecht, 2006)
Kudlich/Oglakcioglu	Wirtschaftsstrafrecht, 2. Aufl. 2014
Momsen/Grützner (Hrsg.)	Wirtschaftsstrafrecht – Handbuch für die Unternehmens- und Anwaltspraxis, 2013
Saliger/von Saucken (Hrsg.)	Wirtschaftsstrafrecht – Vorschriftensammlung, 2013
Tiedemann	Wirtschaftsstrafrecht – Einführung und Allgemeiner Teil, 4. Aufl. 2014 (zit.: WiStrafR AT)
Tiedemann	Wirtschaftsstrafrecht – Besonderer Teil, 3. Aufl. 2011 (zit.: WiStrafR BT)
Tiedemann	Wirtschaftsstrafrecht und Wirtschaftskriminalität, 2 Bde. 1976 (zit.: WiStrafR I/II)

Többens	Wirtschaftsstrafrecht, 2006
Volk (Hrsg.)	Münchener Anwaltshandbuch Verteidigung in Wirtschafts- und Steuerstrafsachen, 2. Aufl. 2014
Wabnitz/Janovsky (Hrsg.)	Handbuch des Steuer- und Wirtschaftsstrafrechts, 4. Aufl. 2014 (zit.: *Bearbeiter* in W/J)
Wittig	Wirtschaftsstrafrecht, 3. Aufl. 2014

2. Speziell: Steuerstrafrecht (inkl. AO-Gesamtdarstellungen)

Flore/Tsambikakis	Steuerstrafrecht, 2012
Franzen/Gast/Joecks (Hrsg.)	Steuerstrafrecht, 7. Aufl. 2009 (zit.: *Bearbeiter* in F/G/J)
Hübschmann/Hepp/ Spitaler (Hrsg.)	Abgabenordnung, Finanzgerichtsordnung, Loseblatt, 14 Ordner (zit.: *Bearbeiter* in H/H/Sp)
Klein	Abgabenordnung, 12. Aufl. 2014
Kohlmann	Steuerstrafrecht, Loseblatt, 2 Ordner
Kühn/von Wedelstädt	Abgabenordnung und Finanzgerichtsordnung, 20. Aufl. 2011
Rolletschke	Steuerstrafrecht, 4. Aufl. 2012
Rolletschke/Kemper	Steuerstrafrecht, Loseblatt, 1 Ordner
Simon/Vogelberg	Steuerstrafrecht, 3. Aufl. 2011
Schwarz	Abgabenordnung, Kommentar, Loseblatt, 4 Ordner
Tipke	Steuerrechtsordnung, 2. Aufl., Bd. III (u.a. Steuerstrafrecht) 2013
Tipke/Kruse	Abgabenordnung – Finanzgerichtsordnung (ohne Steuerstrafrecht), Loseblatt, 3 Ordner
Tipke/Lang	Steuerrecht, 21. Aufl. 2012
Wannemacher (Hrsg.)	Steuerstrafrecht, Handbuch, 6. Aufl. 2013

3. Strafrechtliche Nebengebiete/Nebenstrafrecht (außer Steuerstrafrecht)

Bittmann (Hrsg.)	Insolvenzstrafrecht, 2004
Brüssow/Petri	Arbeitsstrafrecht, 2008
Buddendiek/Rutkowski	Lexikon des Nebenstrafrechts – Stichwortband zu *Erbs/Kohlhaas*, Strafrechtliche Nebengesetze, Loseblatt
Dannecker/Knierim/ Hagemeier	Insolvenzstrafrecht, 2. Aufl. 2012

Erbs/Kohlhaas	Strafrechtliche Nebengesetze, hrsg. von *Ambs*, Loseblatt, 5 Ordner (einschließlich RegisterBd., s. *Buddendiek/...*)
Frister/Lindemann/Peters	Arztstrafrecht, 2011
Gerke/Kraft/Richter	Arbeitsstrafrecht, 2012
Greeve/Leipold	Handbuch des Baustrafrechts, 2004
Hilgendorf/Valerius	Computer- und Internetstrafrecht, 2. Aufl. 2012
Ignor/Rixen	Handbuch Arbeitsstrafrecht, 2. Aufl. 2008
Kloepfer	Umweltstrafrecht, 2014
Otto	Aktienstrafrecht, Sonderausgabe aus Großkommentar Aktiengesetz, 4. Aufl. 1997
Park (Hrsg.)	Kapitalmarktstrafrecht, Handkommentar, 3. Aufl. 2013
Roxin/Schroth (Hrsg.)	Handbuch des Medizinstrafrechts, 4. Aufl. 2010
Sack	Umweltschutz-Strafrecht, Loseblatt, 1 Ordner
Saliger	Umweltstrafrecht, 2012
Schröder, Chr.	Handbuch Kapitalmarktstrafrecht, 2. Aufl. 2010
Ulsenheimer	Arztstrafrecht in der Praxis, 5. Aufl. 2014
Tiedemann	GmbH-Strafrecht (Sonderausgabe aus *Scholz*, GmbHG), 5. Aufl. 2010

4. Allgemeines Strafrecht

Arzt/Weber/Heinrich/ Hilgendorf	Strafrecht Besonderer Teil, 2. Aufl. 2009
Baumann/Weber/Mitsch	Strafrecht Allgemeiner Teil, 11. Aufl. 2003
Beck'scher Online-Kommentar	StGB, hrsg. von *von Heintschel-Heinegg* (zit.: *Bearbeiter* in BeckOK)
Bockemühl (Hrsg.)	Handbuch des Fachanwalts Strafrecht, 6. Aufl. 2014
Dölling/Duttge/Rössner (Hrsg.)	Gesamtes Strafrecht – StGB/StPO/Nebengesetze – Handkommentar, 3. Aufl. 2014
Fischer	Strafgesetzbuch mit Nebengesetzen, Kurzkommentar, 61. Aufl. 2014
Frister AT	Lehrbuch Strafrecht Allgemeiner Teil, 6. Aufl. 2013
Jakobs AT	Strafrecht Allgemeiner Teil, 2. Aufl. 1991
Jescheck/Weigend	Lehrbuch des Strafrechts, Allg. Teil, 5. Aufl. 1996
von Heintschel-Heinegg (Hrsg.)	Strafgesetzbuch Kommentar, 2010

Kindhäuser	Strafgesetzbuch – Lehr- und Praxiskommentar, 6. Aufl. 2014 (zit.: LPK)
Kindhäuser	Strafrecht Allgemeiner Teil, 6. Aufl. 2013
Kindhäuser	Strafrecht Besonderer Teil, Bd. I: 6. Aufl. 2014; Bd. II, 8. Aufl. 2014
Kühl	Strafrecht Allgemeiner Teil, 7. Aufl. 2012
Lackner/Kühl	Strafgesetzbuch, 28. Aufl. 2014
Leipold/Tsambikakis/ Zöller (Hrsg.)	AnwaltKommentar StGB, 2011 (zit.: *Bearbeiter* in AnwK)
Leipziger Kommentar	StGB - Großkommentar, 12. Aufl., hrsg. von *Laufhütte/Rissing-van Saan/Tiedemann*: Bd. 1: Einleitung, §§ 1–31, 2007; Bd. 2: §§ 32–55, 2006; Bd. 3: §§ 56–79b, 2008; Bd. 4: §§ 80–109k, 2007; Bd. 5: §§ 110–145d, 2009; Bd. 6: §§ 146–210, 2009; Bd. 8: §§ 242–262, 2010; Bd. 9/1: §§ 263-266b, 2012; Bd. 9/2: §§ 267–283d, 2009; Bd. 10: §§ 284–305a, 2008; Bd. 11: §§ 306–323, 2008; Bd. 13: §§ 331–358, 2009 (zit.: *Bearbeiter* in LK)
Matt/Renzikowski (Hrsg.)	Strafgesetzbuch Kommentar, 2013
Maurach/Zipf	Strafrecht Allgemeiner Teil, Teilbd. 1, 8. Aufl. 1992
Maurach/Gössel/Zipf	Strafrecht Allgemeiner Teil, Teilbd. 2, 7. Aufl. 1989
Maurach/Schröder/ Maiwald	Strafrecht Besonderer Teil, Teilbd. 1: 10. Aufl. 2009; Teilbd. 2: 10. Aufl. 2012
Münchener Kommentar	zum StGB (und Nebenstrafrecht), hrsg. von *Joecks/ Miebach*, 2. Aufl., Bd. 1: §§ 1–37, 2011; Bd. 2: §§ 38–79b, 2012; Bd. 3: §§ 80–184g, 2012; Bd. 4: §§ 185–262, 2012; Bd. 5: §§ 263–358, 2013; Bd. 6: Nebenstrafrecht I, 2013; Bd. 8: Nebenstrafrecht III, Völkerstrafgesetzbuch, 2013; – 1. Aufl.: Bd. 6/2: Nebenstrafrecht II, 2010 (zit.: *Bearbeiter* in MüKo)
Nomos-Kommentar	Strafgesetzbuch, hrsg. von *Kindhäuser/Neumann/ Päffgen*, 4. Aufl. 2013, Bd. 1: §§ 1–79; Bd. 2: §§ 80-231; Bd. 3: §§ 232-358 (zit.: *Bearbeiter* in NK)
Rengier	Strafrecht Allgemeiner Teil, 6. Aufl. 2014; Besonderer Teil, Bd. I Vermögensdelikte, 16. Aufl. 2014; Bd. II Delikte gegen die Person und gegen die Allgemeinheit, 15. Aufl. 2014
Roxin	Strafrecht Allgemeiner Teil, Bd. I: 4. Aufl. 2006; Bd. II: 2003
Roxin	Täterschaft und Tatherrschaft, 8. Aufl. 2006

Schönke/Schröder	Strafgesetzbuch, bearb. von *Eser* u.a., 29. Aufl. 2014 (zit.: *Bearbeiter* in S/S)
Satzger/Schluckebier/ Widmaier (Hrsg.)	StGB, 2. Aufl. 2014 (zit.: *Bearbeiter* in S/S/W)
Systematischer Kommentar	zum StGB, hrsg. von *Rudolphi/Horn/Samson*, Loseblatt, 5 Ordner (zit.: *Bearbeiter* in SK)
Wessels/Beulke	Strafrecht Allgemeiner Teil, 43. Aufl. 2014
Wessels/Hettinger	Strafrecht Besonderer Teil 1, 37. Aufl. 2014
Wessels/Hillenkamp	Strafrecht Besonderer Teil 2, 36. Aufl. 2014
Zieschang	Strafrecht Allgemeiner Teil, 3. Aufl. 2014

5. Ordnungswidrigkeitenrecht

Bohnert	OWiG – Kommentar zum Ordnungswidrigkeitengesetz, 3. Aufl. 2010
Göhler	Ordnungswidrigkeitengesetz, 16. Aufl. 2012
Karlsruher Kommentar	zum Gesetz über Ordnungswidrigkeiten, hrsg. von *Senge*, 4. Aufl. 2014 (zit.: *Bearbeiter* in KK)
Mitsch	Recht der Ordnungswidrigkeiten, 2. Aufl. 2005
Rebmann/Roth/ Herrmann	Gesetz über Ordnungswidrigkeiten, Loseblatt, 2 Ordner
Rosenkötter/Louis	Recht der Ordnungswidrigkeiten – Lehrbuch mit Fallbeispielen, 7. Aufl. 2011
Wieser	Handbuch des Bußgeldverfahrens, 6. Aufl. 2009

6. Strafverfahrensrecht

AnwaltKommentar	StPO, hrsg. von *Krekeler/Löffelmann/Sommer*, 2. Aufl. 2010 (zit.: *Bearbeiter* in AnwK)
Beulke	Strafprozessrecht, 12. Aufl. 2012
Bockemühl (Hrsg.)	Handbuch des Fachanwalts Strafrecht, 5. Aufl. 2012
Burhoff	Handbuch für das strafrechtliche Ermittlungsverfahren, 6. Aufl. 2012
Burhoff	Handbuch für die strafrechtliche Hauptverhandlung, 7. Aufl. 2012
Burhoff/Kotz (Hrsg.)	Handbuch für die strafrechtlichen Rechtsmittel und Rechtsbehelfe, 2013
Dahs	Handbuch des Strafverteidigers, 8. Aufl. 2015

Eisenberg	Beweisrecht der StPO – Spezialkommentar, 9. Aufl. 2014
Göbel	Strafprozess – Handbuch der Rechtspraxis, 8. Aufl. 2013
Graf	Strafprozessordnung mit GVG und Nebengesetzen, Kommentar, hrsg. von *Graf*, 2. Aufl. 2012
Grützner/Pötz/Kreß	Internationaler Rechtshilfeverkehr in Strafsachen, Loseblatt, 5 Ordner
Heghmanns	Das Arbeitsgebiet des Staatsanwalts, 4. Aufl. 2010
Heghmanns/Scheffler	Handbuch zum Strafverfahren, 2008
Heidelberger Kommentar	Strafprozessordnung, hrsg. von *Gercke/Julius/Temming/Zöller*, 5. Aufl. 2012 (zit.: *Bearbeiter* in HK)
Karlsruher Kommentar	zur Strafprozessordnung, hrsg. von *Hannich*, 7. Aufl. 2013 (zit.: *Bearbeiter* in KK)
KMR	Kommentar zur Strafprozessordnung, begründet von *Kleinknecht/Müller/Reitberger*, hrsg. von von *Heintschel-Heinegg/Stöckel*, Loseblatt, 5 Ordner (zit.: *Bearbeiter* in KMR)
Kühne	Strafprozessrecht, 8. Aufl. 2010
Löwe/Rosenberg	Die Strafprozessordnung und das Gerichtsverfassungsgesetz, 26. Aufl., hrsg. von *Erb/Esser* u.a.; Bd. 1: §§ 1–47, 2006; Bd. 2: §§ 48–93, 2008; Bd. 3: §§ 94–111p, 2013; Bd. 4: §§ 112–150, 2007; Bd. 5: §§ 151–212b, 2008; Bd. 6/1: §§ 213–255a, 2009; Bd: 6/2: §§ 256-295, 2013; Bd. 7/1: §§ 296–311a, 2013; Bd. 7/2: §§ 312-373a, 2013; Bd. 8: §§ 374–448, 2009; Bd. 9: §§ 449–495, EGStPO, 2010; Bd. 10: GVG, EGGVG; Bd. 11: EMRK, IPBPR, 2012; Bd. 12: Nachtrag, 2014; Bd. 13: Gesamtregister, 2014 (zit.: *Bearbeiter* in L/R)
Meyer-Goßner/Schmitt	Strafprozessordnung, 57. Aufl. 2014
Radtke/Hohmann (Hrsg.)	Strafprozessordnung, Kommentar, 2011
Roxin/Schünemann	Strafverfahrensrecht, 28. Aufl. 2014
Satzger/Schluckebier/ Widmaier (Hrsg.)	StPO, Kommentar, 2014
Schomburg/Lagodny/ Gleß/Hackner	Internationale Rechtshilfe in Strafsachen, 5. Aufl. 2012
Systematischer Kommentar	zur Strafprozessordnung – mit GVG und EMRK, hrsg. von *Wolter*, 4. Aufl. in 10 Bden., 2010 ff. (Voraufl. bis 2009: Loseblatt, 8 Ordner) (zit.: *Bearbeiter* in SK)

Vordermayer/von Heintschel-Heinegg (Hrsg.)	Handbuch für den Staatsanwalt, 4. Aufl. 2013

7. Europäisches und internationales Strafrecht

Ambos	Internationales Strafrecht, 3. Aufl. 2011
Böse (Hrsg.)	Europäisches Strafrecht (mit polizeilicher Zusammenarbeit), Bd. 9 der Enzyklopädie Europarecht (EnzEuR, hrsg. von *Hatje/Müller-Graff*), 2013
Esser (Hrsg.)	Europäisches und internationales Strafrecht – Vorschriftensammlung, 2. Aufl. 2012
Hecker	Europäisches Strafrecht, 4. Aufl. 2012
Satzger	Internationales und Europäisches Strafrecht, 6. Aufl. 2013
Sieber/Satzger/ von Heintschel-Heinegg (Hrsg.)	Europäisches Strafrecht, 2. Aufl. 2014
Wehrle	Völkerstrafrecht, 3. Aufl. 2012

II. Andere Rechtsgebiete

1. Handelsrecht

Baumbach/Hopt	Handelsgesetzbuch, 36. Aufl. 2014
Beck'scher Bilanz-Kommentar	Handels- und Steuerbilanz, hrsg. von *Förschle/ Grottel* u.a., 9. Aufl. 2014 (zit.: *Bearbeiter* in BeBiKo)
Brox/Henssler	Handelsrecht, 21. Aufl. 2011
Büchel/von Rechenberg (Hrsg.)	Handels- und Gesellschaftsrecht, Handbuch des Fachanwalts, 2. Aufl. 2011
Bülow	Handelsrecht, 6. Aufl. 2009
Canaris	Handelsrecht, 24. Aufl. 2006
Ebenroth/Boujong/Joost/ Strohn (Hrsg.)	Handelsgesetzbuch, 3. Aufl.: Bd. 1: §§ 1–342e, 2014; 2. Aufl.: Bd. 2: §§ 343–475h, 2009 (zit.: *Bearbeiter* in E/B/J/S)
Gemeinschaftskommentar	zum Handelsgesetzbuch, hrsg. von *Ensthaler*, 7. Aufl. 2007 (zit.: *Bearbeiter* in GK)
Haag/Löffler (Hrsg.)	Praxiskommentar zum Handelsrecht, 2. Aufl. 2013
Heidelberger Kommentar	zum Handelsgesetzbuch, hrsg. von *Glanegger/ Kirnberger/Kusterer*, 7. Aufl. 2007 (zit.: *Bearbeiter* in HK)

Jung	Handelsrecht, 10. Aufl. 2014
Kindler	Grundkurs Handels- und Gesellschaftsrecht, 6. Aufl. 2012
Koller/Roth/Morck	HGB, 7. Aufl. 2011
Lettl	Handelsrecht, 2. Aufl. 2011
Münchener Kommentar	zum HGB, hrsg. von *Karsten Schmidt*: 3. Aufl.: Bd. 1: §§ 1–104, 2010; Bd. 2: §§ 105–160, 2011; Bd. 3: §§ 161–237, 2011; Bd. 4: §§ 238–342e, 2012; Bd. 5: §§ 343–406, CISG, 2013; Bd. 6: Bankvertragsrecht, 2014; Bd. 7: §§ 407–475h, 2014 (zit.: *Bearbeiter* in MüKo)
Nomos-Kommentar	zum HGB, Handkommentar, hrsg. von *Heidel/Schall*, 2011
Oetker (Hrsg.)	Kommentar zum Handelsgesetzbuch, 3. Aufl. 2013
Oetker	Handelsrecht (Lehrbuch), 6. Aufl. 2010
Röhricht/Graf von Westphalen (Hrsg.)	HGB (ohne Bilanz-, Transport- und Seerecht), 4. Aufl. 2014
Saenger/Aderhold/ Lenkaitis/Speckmann (Hrsg.)	Handels- und Gesellschaftsrecht – Praxishandbuch, 2. Aufl. 2011
Schmidt, Karsten	Handelsrecht, 6. Aufl. 2014
Staub	Handelsgesetzbuch – Großkommentar, 4. Aufl. 1983–2004, hrsg. von *Canaris/Schilling/Ulmer*, 10 Bde.; 5. Aufl. 2008 ff., hrsg. von *Canaris/Habersack/Schäfer*, Bd. 1; 2009; Bd. 2: 2008; Bd. 3: 2009; Bd. 5: 2014; Bd. 6: 2011; Bd. 7/1: 2010; Bd. 7/2: 2012; Bd. 9: 2013; Bd. 12/1: 2014
Teichmann	Handelsrecht, 3. Aufl. 2013
Wachter (Hrsg.)	Praxis des Handels- und Gesellschaftsrechts, 2. Aufl. 2010

2. Gesellschaftsrecht

Baumbach/Hueck	GmbHG, 20. Aufl. 2013
Beuthien	Genossenschaftsgesetz, 15. Aufl. 2011
Centrale für GmbH (Hrsg.)	GmbH-Handbuch, Loseblatt, 4 Ordner
Ensthaler/Füller/Schmidt	GmbHG, 2. Aufl. 2009
Gehrlein/Ekkenga/Simon	GmbHG, 2012
Grigoleit (Hrsg.)	Aktiengesetz, Kommentar, 2013

Großkommentar	Aktiengesetz, hrsg. von *Hopt/Wiedemann*, 4. Aufl. 1992 ff., (8 Bde., in Lieferungen) (zit.: *Bearbeiter* in Großkomm.)
Grundmann	Europäisches Gesellschaftsrecht, 2. Aufl. 2011
Grunewald	Gesellschaftsrecht, 9. Aufl. 2014
Habersack/Schäfer	Das Recht der OHG, 2010
Habersack/Verse	Europäisches Gesellschaftsrecht, 4. Aufl. 2011
Hachenburg	Gesetz betreffend die Gesellschaften mit beschränkter Haftung, Großkommentar, 8. Aufl. 1989 ff., (Neubearbeitung s. Ulmer)
Hauschka (Hrsg.)	Corporate Compliance – Handbuch der Haftungsvermeidung im Unternehmen, 2. Aufl. 2010
Heidel (Hrsg.)	Aktienrecht und Kapitalmarktrecht, 4. Aufl. 2014
Heidelberger Kommentar	zum Aktiengesetz, hrsg. von *Bürgers/Körber*, 3. Aufl. 2014 (zit.: *Bearbeiter* in HK)
Heidelberger Kommentar	zum GmbH-Recht, bearb. von *Bartl/Bartl/Fichtelmann/Koch/Schlarb/Schmitt*, 7. Aufl. 2013
Henssler/Strohn	Gesellschaftsrecht, 2. Aufl. 2014
Hirte	Kapitalgesellschaftsrecht, 7. Aufl. 2012
Hölters (Hrsg.)	Aktiengesetz, 2. Aufl. 2014
Hüffer	Aktiengesetz, 11. Aufl. 2014
Kölner Kommentar	zum Aktiengesetz, hrsg. von *Zöllner/Noack*, 2. Aufl. 1986 ff., unvollständig; 3. Aufl. 2004 ff., 9 Bde. (zit.: *Bearbeiter* in KK)
Kölner Kommentar	zum Rechnungslegungsrecht (§§ 238–342e HGB), hrsg. von *Claussen/Scherer*, 2011 (zit.: *Bearbeiter* in KK-RLR)
Kübler/Assmann	Gesellschaftsrecht, 6. Aufl. 2006
Lang/Weidmüller	Genossenschaftsgesetz, 37. Aufl. 2011
Lutter/Hommelhoff	GmbH-Gesetz, 18. Aufl. 2012
Marsch-Barner/Schäfer	Handbuch Börsennotierte AG, 3. Aufl. 2014
Michalski	GmbHG, 2. Aufl. 2010, 2 Bde.
Münchener Handbuch	des Gesellschaftsrechts, 6 Bde., Bd. 1 u. 2: Personengesellschaftsrecht, 4. Aufl. 2014, hrsg. von *Gummert/Weipert*; Bd. 2: KG, 2014, hrsg. von *Gummert/Weipert*; Bd. 3: GmbH, 4. Aufl. 2012, hrsg. von *Priester* u.a.; Bd. 4: AG, 3. Aufl. 2007, hrsg. von *Hoffmann-Becking*; Bd. 5: Verein und

	Stiftung, 3. Aufl. 2009, hrsg. von *Beuthien/Gummert*; Bd. 6: Internationales Gesellschaftsrecht, 4. Aufl. 2013, hrsg. von *Leible/Reichert*
Münchener Kommentar	zum Aktiengesetz, hrsg. von *Goette/Habersack*, 3. Aufl. 2008-2012, 7 Bde. (zit.: *Bearbeiter* in MüKo)
Münchener Kommentar	zum GmbHG, hrsg. von *Goette/Fleischer*, Bd. 1: 2010, Bde. 2: 2012; Bd. 3: 2011 (zit.: *Bearbeiter* in MüKo)
Nirk/Ziemons/Binnewies	Handbuch der Aktiengesellschaft, Loseblatt, 2 Ordner
Raiser/Veil	Recht der Kapitalgesellschaften, 5. Aufl. 2010
Reichert	Vereins- und Verbandsrecht, 12. Aufl. 2009
Roth/Altmeppen	GmbHG, 7. Aufl. 2012
Rowedder/ Schmidt-Leithoff	GmbHG, 5. Aufl. 2013
Saenger	Gesellschaftsrecht, 2. Aufl. 2013
Saenger/Inhester	GmbHG, Handkommentar, 2. Aufl. 2013
Schmidt, Karsten/Lutter (Hrsg.)	AktG, 2008, 2 Bde.
Schmidt, Karsten	Gesellschaftsrecht, 4. Aufl. 2004
Scholz	GmbHG, 11. Aufl.: Bd. 1: §§ 1–34, 2012; Bd. 2: §§ 35–52, 2013; 10. Aufl. Bd. 3: §§ 53–85, MoMiG, 2010
Spindler/Stilz	AktienG, 2. Aufl. 2010, 2 Bde.
Stöber/Otto	Handbuch zum Vereinsrecht, 10. Aufl. 2012
Süß/Wachter	Handbuch des internationalen GmbH-Rechts, 2. Aufl. 2011
Ulmer/Habersack/Löbbe	GmbHG, 2. Aufl., Bd. 1: §§ 1-28, 2013; Bd. 2: §§ 29–52, 2013; Bd. 3: (§§ 53–85, 2014
Wachter (Hrsg.)	AktG – Kommentar, 2. Aufl. 2014
Westermann(/Wertenbruch) (Hrsg.)	Handbuch Personengesellschaften, Loseblatt, 2 Ordner
Wiedemann	Gesellschaftsrecht – Bd. 1: Grundlagen, 1980; Bd. 2: Personengesellschaften, 2004
Windbichler	Gesellschaftsrecht, 23. Aufl. 2013

3. Sonstiges Wirtschaftsrecht

Assies/Beule/Heise/ Strube	Bank- und Kapitalmarktrecht (Handbuch des Fachanwalts), 3. Aufl. 2012
Assmann/Pötsch/ Schneider (Hrsg.)	Wertpapiererwerbs- und Übernahmegesetz (WpÜG), Kommentar, 2. Aufl. 2013
Assmann/Schneider (Hrsg.)	Wertpapierhandelsgesetz, Kommentar, 6. Aufl. 2012
Assmann/Schütze (Hrsg.)	Handbuch des Kapitalanlagerechts, 3. Aufl. 2007
Bieneck (Hrsg.)	Handbuch des Außenwirtschaftsrechts, 2. Aufl. 2005 (zit.: *Bearbeiter* in Hdb. AWR)
Fikentscher	Wirtschaftsrecht, 2 Bde., 1983
Grunewald/Schlitt	Einführung in das Kapitalmarktrecht, 3. Aufl. 2014
Herdegen	Internationales Wirtschaftsrecht, 10. Aufl. 2014
Jaschinski/Hey/Kaeseler	Wirtschaftsrecht, 7. Aufl. 2013
Kilian	Europäisches Wirtschaftsrecht, 4. Aufl. 2010
Köhler/Bornkamm	Gesetz gegen den unlauteren Wettbewerb – UWG, 32. Aufl. 2014
Kronke/Melis/Schnyder (Hrsg.)	Handbuch Internationales Wirtschaftsrecht, 2005
Kümpel/Wittig	Bank- und Kapitalmarktrecht, hrsg. von *Wittig*, 4. Aufl. 2011
Landmann/Rohmer	Gewerbeordnung, Loseblatt, 2 Ordner
Langenbucher/Bliesner/ Spindler (Hrsg.)	Bankrechts-Kommentar 2013
Lutter/Bayer/Schmidt	Europäisches Unternehmens- und Kapitalmarktrecht, 5. Aufl. 2012
Rittner/Dreher	Europäisches und deutsches Wirtschaftsrecht, 3. Aufl. 2008
Schimansky/Bunte/ Lwowski (Hrsg.)	Bankrechts-Handbuch, 4. Aufl. 2011, 2 Bde. (zit.: *Bearbeiter* in BkR-Hdb.)
Schmider/Wagner/Loritz (Hrsg.)	Handbuch der Bauinvestitionen und Immobilienkapitalanlagen, Loseblatt, 5 Ordner (zit.: *Bearbeiter* in HdB)
Schwintowski (Hrsg.)	Bankrecht, 4. Aufl. 2014
Stober	Deutsches und internationales Wirtschaftsrecht, 2007
Tettinger/Wank/ Ennuschat	Gewerbeordnung, Kommentar, 8. Aufl. 2011
Veil (Hrsg.)	Europäisches Kapitalmarktrecht, 2. Aufl. 2014

4. Allgemeines Zivilrecht

Bamberger/Roth (Hrsg.)	Kommentar zum Bürgerlichen Gesetzbuch, 3. Aufl., 3 Bde., 2012
von Campenhausen/ Richter	Stiftungsrechts-Handbuch, hrsg. von *Richter*, 4. Aufl. 2014
Erman	BGB, Kommentar, hrsg. von *Westermann/Grunewald/Maier-Reimer*, 14. Aufl. 2014, 2 Bde.
Münchener Kommentar	zum BGB, hrsg. von *Säcker* u.a., Bde. 1–9: 6. Aufl. 2012 ff., Bde. 10; 11: 5. Aufl.
Nomos-Kommentar	zum BGB, hrsg. von *Dauner-Lieb/Heidel/Ring*, 6 Bde., (einschl. Rom-Verordnungen) 1./2./3/4. Aufl. 2005/2012/2013/2014
Palandt	Bürgerliches Gesetzbuch, 73. Aufl. 2014
Prütting/Wegen/ Weinreich (Hrsg.)	BGB, Kommentar, 9. Aufl. 2014
Soergel	Bürgerliches Gesetzbuch (mit EG und Nebengesetzen), 13. Aufl. in ca. 25 Bänden, 2000 ff.
Staudinger	(Groß-)Kommentar zum Bürgerlichen Gesetzbuch (in unzähligen Bänden), 13. Aufl. 1993 ff., danach in bandweiser Neubearbeitung

5. Zivilverfahrensrecht

Baumbach/Lauterbach/ Albers/Hartmann	Zivilprozessordnung, 72. Aufl. 2014
Geimer/Schütze	Europäisches Zivilverfahrensrecht, 3. Aufl. 2010
Keidel	FamFG – Gesetz über das Verfahren in Familiensachen und in den Angelegenheiten der freiwilligen Gerichtsbarkeit, 18. Aufl. 2014
Münchener Kommentar	zur ZPO mit GVG und Nebengesetzen, hrsg. von *Krüger/Rauscher*, 4. Aufl., 3 Bde. 2013/2012/2013
Musielak (Hrsg.)	Zivilprozessordnung – Kommentar, 11. Aufl. 2014
Prütting/Gehrlein (Hrsg.)	ZPO, Kommentar, 4. Aufl. 2012
Prütting/Helms (Hrsg.)	FamFG, 3. Aufl. 2014.
Stein/Jonas	Kommentar zur Zivilprozessordnung, 22. Aufl., 10 Bde., 2003 ff.
Thomas/Putzo	Zivilprozessordnung (mit FamFG, GVG, EGZPO, EU-ZivilVfR), 35. Aufl. 2014
Zöller	Zivilprozessordnung, 30. Aufl. 2014

6. Insolvenzrecht

Braun (Hrsg.)	Insolvenzrecht, 6. Aufl. 2014
Frankfurter Kommentar	zur InsO, hrsg. von *Wimmer*, 7. Aufl. 2013 (zit.: *Bearbeiter* in FK)
Haarmeyer/Wutzke/ Förster (Hrsg.)	Insolvenzordnung, Kommentar, 2. Aufl. 2012
Hess	Insolvenzrecht – Großkommentar, 2 Bde., 2.Aufl. 2013
Jaeger	Insolvenzordnung – Großkommentar, hrsg. von *Henckel/Gerhardt*; Bd. 1: 2004; Bd. 2: 2007; Bd. 3: 2014; Bd. 4: 2008; Bd. 6: 2010
Kübler/Prütting/Bork	InsO – Kommentar zur Insolvenzordnung, Loseblatt, 5 Ordner
Münchener Kommentar	zur InsO, hrsg. von *Kirchhof//Stürner/Eidenmüller*, 3. Aufl., Bd. 1: §§ 1–79, 2013; Bd. 2: §§ 80–216, 2014; Bd. 3: §§ 217–359, Internationales Insolvenzrecht, 2014
Nerlich/Römermann (Hrsg.)	Insolvenzordnung, Kommentar, Loseblatt, 1 Ordner
Schmidt, Karsten (Hrsg.)	Insolvenzordnung, 18. (völlig neue) Aufl. 2013
Uhlenbruck (Hrsg.)	Insolvenzordnung, Kommentar, 13. Aufl. 2010

7. Staats- und Verwaltungsrecht

Ehlers/Fehling/Pünder (Hrsg.)	Besonderes Verwaltungsrecht, 3. Aufl., 3 Bde. 2012/2013/2013
Erichsen/Ehlers (Hrsg.)	Allgemeines Verwaltungsrecht, 14. Aufl. 2010
Eyermann	Verwaltungsgerichtsordnung, Kommentar, bearb. von *Geiger, Happ* u.a., 14. Aufl. 2014
Fehling/Kastner/Störmer (Hrsg.)	Verwaltungsrecht – VwVfG, VwGO, Nebengesetze, Handkommentar, 3. Aufl. 2013
Hailbronner/Renner/ Maßen	Staatsangehörigkeitsrecht, 5. Aufl. 2010
Leibholz/Rinck	Grundgesetz, Kommentar, Loseblatt, 3 Ordner
Maunz/Dürig	Grundgesetz, Kommentar, Loseblatt, 7 Ordner
von Münch/Kunig	Grundgesetz, Kommentar, 6. Aufl., 2 Bde., 2012
Ossenbühl/Cornils	Staatshaftungsrecht, 6. Aufl. 2013
Renner/Beergmann/ Dienelt	Ausländerrecht, Kommentar, 10. Aufl. 2013
Sachs (Hrsg.)	Grundgesetz, Kommentar, 7. Aufl. 2014

Schmidt-Bleibtreu/Hofmann/Henneke (Hrsg.)	Grundgesetz, 13. Aufl. 2014
Stelkens/Bonk/Sachs (Hrsg.)	Verwaltungsverfahrensgesetz, 8. Aufl. 2014

8. Europarecht

Bieber/Epiney/Haag	Die Europäische Union, 11. Aufl. 2014
Frenz	Handbuch Europarecht, 6 Bde., 2006 ff.
Grabitz/Hilf/Nettesheim	Recht der Europäischen Union, Loseblatt, 3 Ordner
Hailbronner/Wilms (Hrsg.)	Recht der Europäischen Union, Loseblatt, 3 Ordner
Haratsch/Koenig/Pechstein	Europarecht, 9. Aufl. 2014
Herdegen	Europarecht, 16. Aufl. 2014
Lenz/Borchardt (Hrsg.)	EU-Verträge – Kommentar, 6. Aufl. 2012
Oppermann/Classen/Nettesheim	Europarecht, 6. Aufl. 2014
Schulze/Zuleeg/Kadelbach (Hrsg.)	Europarecht, Handbuch für die deutsche Rechtspraxis, 2. Aufl. 2010
Schwarze (Hrsg.)	EU-Kommentar, 3. Aufl. 2012
Streinz	EUV/AEUV, 2. Aufl. 2012
Vedder/von Heintschel-Heinegg (Hrsg.)	Europäisches Unionsrecht – Handkommentar, 2012

Abkürzungsverzeichnis

a.A.	anderer Ansicht
a.E.	am Ende
a.F.	alte Fassung
a.M.	anderer Meinung
A/R	Achenbach/Ransiek (s. Schrifttumsverzeichnis)
A/W	Achenbach/Wannenmacher (s. Schrifttumsverzeichnis)
AAG	Aufwendungsausgleichsgesetz
AbfG	Abfallgesetz
AbfklärV	Klärschlammverordnung
AbfVerbrG	Abfallverbringungsgesetz
Abk.	Abkommen
ABl.	Amtsblatt (in europarechtlichem Zusammenhang: der EG bzw der EU)
abl.	ablehnend
ABMG	Autobahnmautgesetz
Abs.	Absatz
abw.	abweichend
ADN	Europäisches Übereinkommen über die Beförderung von gefährlichen Gütern auf Binnenwasserstraßen
ADR	Europäisches Übereinkommen über internationale Beförderung gefährlicher Güter auf der Straße mit Anlagen A und B
ADS	Adler/Düring/Schmaltz, Rechnungslegung und Prüfung der Unternehmen
AdVermiG	Adoptionsvermittlungsgesetz
AEAO	Anwendungserlass zur Abgabenordnung
AEG	Allgemeines Eisenbahngesetz
AEntG	Arbeitnehmerentsendegesetz
AETR	Europäisches Übereinkommen betr Fahrpersonal im int Straßenverkehr
AEUV	Vertrag über die Arbeitsweise der Europäischen Union
AFG	Arbeitsförderungsgesetz (jetzt: SGB III)
AG	Amtsgericht; Aktiengesellschaft; auch Zeitschrift (Jahr, Seite)
AGB	Allgemeine Geschäftsbedingungen
AHiRL-UmsG	Amtshilferichtlinie-Umsetzungsgesetz
AiB	Arbeitsrecht im Betrieb (Jahr, Seite)
AkkStelleG	Gesetz über die Akkreditierungsstelle
AktG	Aktiengesetz
allg.	allgemein
Alt	Alternative
AMG	Arzneimittelgesetz
amtl.	amtlich
ANBA	Amtliche Nachrichten der Bundesagentur für Arbeit

ÄndG	Änderungsgesetz
ÄndV(O)	Änderungsverordnung
AnfG	Anfechtungsgesetz
Anh.	Anhang
Anl.	Anlage
Anm.	Anmerkung
AnSVG	Anlegerschutzverbesserungsgesetz
AnwBl	Anwaltsblatt (Jahr, Seite)
AO	Abgabenordnung
AöR	Archiv des öffentlichen Rechts (Jahr, Seite)
AP	Arbeitsgerichtliche Praxis (Nachschlagewerk des Bundesarbeitsgerichts) (Paragraph, Nr)
APAG	Abschlussprüferaufsichtsgesetz
APMAG	Ausführungsgesetz zum Verbotsübereinkommen für Antipersonenminen
ApoG	Apothekengesetz
ARB	Allgemeine Bedingungen für die Rechtsschutzversicherung
ArbGG	Arbeitsgerichtsgesetz
ArbnErfG	Gesetz über Arbeitnehmererfindungen
ArbSchG	Arbeitsschutzgesetz
ArbSiG	Arbeitssicherheitsgesetz
ArbuR	Arbeit und Recht (Jahr, Seite)
ArbZG	Arbeitszeitgesetz
ArEV	Arbeitsentgeltverordnung (jetzt Sozialversicherungsentgeltverordnung)
ArGV	Arbeitsgenehmigungverordnung
Art.	Artikel
ARUG	Gesetz zur Umsetzung der Aktionärsrechterichtlinie
ASG	Arbeitssicherstellungsgesetz
AStBV (St)	Anweisungen für das Straf- und Bußgeldverfahren (Steuer)
AStG	Außensteuergesetz
AsylVfG	Asylverfahrensgesetz
AT	Allgemeiner Teil
AufenthG	Aufenthaltsgesetz
AufenthV	Aufenthaltsverordnung
Aufl.	Auflage
AÜG	Arbeitnehmerüberlassungsgesetz
ausf.	ausführlich
ausf.	ausführlich
AuslG	Ausländergesetz
AuslInvG	Gesetz über den Vertrieb ausländischer Investmentanteile
AV	Allgemeine Verfügung/Ausführungsverordnung
AWG	Außenwirtschaftsgesetz
AW-Prax	Außenwirtschaftsrechtliche Praxis (Jahr, Seite)

AWR	Außenwirtschaftsrecht
AWV	Außenwirtschaftsverordnung
B	Bundes ...
BAFA	Bundesamt für Wirtschaft und Ausfuhrkontrolle
BaFin	Bundesanstalt für Finanzdienstleistungsaufsicht
BAG	Bundesarbeitsgericht
BAG	
BAnz	Bundesanzeiger
BÄO	Bundesärzteordnung
BApO	Bundes-Apothekerordnung
BARefG	Berufsaufsichtsreformgesetz
BArtSchV	Bundesartenschutzverordnung
BasisVO	EG-Verordnung zur Festlegung der allgemeinen Grundsätze und Anforderungen des Lebensmittelrechts, zur Errichtung der Europäischen Behörde für Lebensmittelsicherheit und zur Festlegung von Verfahren zur Lebensmittelsicherheit
BauFordSiG	Gesetz über die Sicherung der Bauforderungen
BauPG	Bauproduktengesetz
BauspKG	Gesetz über Bausparkassen
BayObLG	Bayerisches Oberstes Landesgericht
BayObLGSt	Bayerisches Oberstes Landesgericht, Sammlung von Entscheidungen in Strafsachen, Neue Folge (Jahr, Seite)
BB	Betriebs-Berater (Jahr, Seite)
BBergG	Bundesberggesetz
BBG	Bundesbeamtengesetz
BBK	Buchführung, Bilanz, Kostenrechnung (Fach/Seite)
BBodSchG	Bundes-Bodenschutzgesetz
BBodSchV	Bundes-Bodenschutz- und Altlastenverordnung
Bd./Bde.	Band/Bände
BDSG	Bundesdatenschutzgesetz
BeamtStG	Beamtenstatusgesetz
BeamtVG	Beamtenversorgungsgesetz
BeckHdR	Beck'sches Handbuch der Rechnungslegung, hrsg von Castan ua
BeckOK	Beck'scher Online-Kommentar
Begr.	Begründung
bek./Bek.	bekannt gemacht/Bekanntmachung
BergPG	Bergmannsprämiengesetz
BeschV	Beschäftigungsverordnung
BetrSichV	Betriebssicherheitsverordnung
BetrVG	Betriebsverfassungsgesetz
BeurkG	Beurkundungsgesetz
BFH	Bundesfinanzhof
BFH/NV	Sammlung amtlich nicht veröffentlichter Entscheidungen des Bundesfinanzhofs
BFHE	Sammlung der Entscheidungen des Bundesfinanzhofs

BFStrMG	BundesfernstraßenmautG
BGB	Bürgerliches Gesetzbuch
BGBl.	Bundesgesetzblatt (Teil I, Teil II)
BGH	Bundesgerichtshof
BGHR	BGH-Rechtsprechung (Loseblatt-Entscheidungssammlung) (Nr. und Stichwort zu §)
BGHSt	Bundesgerichtshof, Entscheidungen in Strafsachen (Band, Seite)
BGHZ	Bundesgerichtshof, Entscheidungen in Zivilsachen (Band, Seite)
BHO	Bundeshaushaltsordnung
BierStG	Biersteuergesetz
BierStV	Biersteuerverordnung
BilKoG	Bilanzkontrollgesetz
BilMoG	Bilanzmodernisierungsgesetz
BilReG	Bilanzrechtsreformgesetz
BilRUG	Bilanzrichtlinie-Umsetzungsgesetz
BImSchG	Bundes-Immissionsschutzgesetz
BImSchV	Verordnungen zur Durchführung des Bundes-Immissionsschutzgesetzes
BiRiLiG	Bilanzrichtliniengesetz
BJagdG	Bundesjagdgesetz
BKA	Bundeskriminalamt
BKAG	Bundeskriminalamtsgesetz
BKartA	Bundeskartellamt
BKorrG	Gesetz zur Bekämpfung der Korruption
BKR	Zeitschrift für Bank- und Kapitelmarktrecht
BkR-Hdb.	Bankrechts-Handbuch, hrsg von Schimansky/Bunte/Lwowski (s. Schrifttumsverzeichnis)
BMeldDÜV	Bundesmeldedatenübermittlungsverordnung
BMF	Bundesminister(ium) der Finanzen
BNatSchG	Bundesnaturschutzgesetz
BNotO	Bundesnotarordnung
BOKraft	Verordnung über den Betrieb von Kraftfahrtunternehmen im Personenverkehr
BOPatA	Berufsordnung der Patentanwälte
BORA	Berufsordnung der Rechtsanwälte
BörsG	Börsengesetz
BörsZulV	Börsenzulassungsverordnung
BOStB	Berufsordnung der Steuerberater
BR	Bundesrat
BRAO	Bundesrechtsanwaltsordnung
BRD	Bundesrepublik Deutschland
BR-Drs.	Drucksache des Bundesrats (Nummer/Jahr)
BReg.	Bundesregierung
BRRG	Beamtenrechtsrahmengesetz
BSG	Bundessozialgericht

BStBl.	Bundessteuerblatt (Jahr, Seite)
BSWP	Berufssatzung der Wirtschaftsprüfer(kammer)
BT	Bundestag
BT	Besonderer Teil
BT-Drs.	Drucksache des Bundestages (Wahlperiode/Nummer)
BtM	Betäubungsmittel
BtMG	Betäubungsmittelgesetz
BuW	Betrieb und Wirtschaft (Jahr/Seite)
BVerfG	Bundesverfassungsgericht
BVerfGE	Entscheidungen des Bundesverfassungsgerichts (Band, Seite)
BVerfSchG	BundesverfassungsschutzG
BVerwG	Bundesverwaltungsgericht
BVerwGE	Entscheidungen des Bundesverwaltungsgerichts (Band, Seite)
BVV	Beitragsverfahrensverordnung
BW	Baden-Württemberg
BWaldG	Bundeswaldgesetz
BWaStrG	Bundeswasserstraßengesetz
BWE	Bundesweite Erfassung von Wirtschaftsstraftaten
BZRG	Bundeszentralregistergesetz
CA	Companies Act
CCBE	Berufsregeln der Rechtsanwälte der EU
ChemG	Chemikaliengesetz
ChemStrOwiV	Chemikalien Straf- und Bußgeldverordnung
ChemVOCFarbVO	Lösemittelhaltige Farben- und Lack-Verordnung
CMLRev.	
COMI	centre of main interests
CoR	NJW-Computerreport (Jahr/Seite)
CR	Computer und Recht (Jahr, Seite)
CRD	Capital Requirements Directive
CWÜ	Chemiewaffenübereinkommen
CWÜAG	Ausführungsgesetz zum Chemiewaffen-Übereinkommen
CWÜV	Ausführungsverordnung zum Chemiewaffenübereinkommen
d.h.	das heißt
DB	Der Betrieb (Jahr, Seite)
DBA	Doppelbesteuerungsabkommen
DCGK	Deutscher Corporate Governance Kodex
DDR	(ehemalige) Deutsche Demokratische Republik
DDZ (F)	Der Deutsche Zollbeamte – Fachteil (Jahr, Seite)
DEÜV	Datenerfassungs- und übermittlungsverordnung
Die Justiz	Amtsblatt des Justizministeriums Baden-Württemberg (Jahr, Seite)
Diss	Dissertation
DJT	Deutscher Juristentag

DL-InfoV	Dienstleistungs-Informationspflichten-Verordnung
DoS	Denial of Service
DÖV	Die Öffentliche Verwaltung (Jahr, Seite)
DPMA	Deutsches Patent- und Markenamt
DPR	Deutsche Prüfstelle für Rechnungslegung
DRiG	Deutsches Richtergesetz
DrittelbG	Gesetz über die Drittelbeteiligung der Arbeitnehmer im Aufsichtsrat – Drittelbeteiligungsgesetz
DRiZ	Deutsche Richterzeitung (Jahr, Seite)
DRS	Deutsche Rechnungslegungs Standards
DRSC	Deutsches Rechnungslegungs Standards Committee
DSB	Datenschutzberater (Jahr/Nummer)
DSchG	Denkmalschutzgesetz
DStR	Deutsches Steuerrecht (Jahr, Seite)
DStZ	Deutsche Steuerzeitung (Jahr, Seite)
DSWR	Datenverarbeitung in Steuer, Wirtschaft und Recht
DtZ	Deutsch-Deutsche Rechts-Zeitschrift (Jahr, Seite)
DV	Datenverarbeitung
DVBl	Deutsches Verwaltungsblatt (Jahr, Seite)
DVO	Durchführungsverordnung
DZWIR	Deutsche Zeitschrift für Wirtschafts- und Insolvenzrecht (Jahr, Seite)
E/B/J/S	Ebenroth/Boujong/Joost/Stroh (s. Schrifttumsverzeichnis)
EAG/EAGV	(Vertrag über die) Europäische Atomgemeinschaft
EAGV	Vertrag zur Gründung der Europäischen Atomgemeinschaft
EBO	Eisenbahn- Bau- und Betriebsordnung
EBPG	Energiebetriebene-Produkte-Gesetz
E-Commerce	Electronic Commerce
ECOSOC	Wirtschafts- und Sozialrat der Vereinten Nationen
EDV	Elektronische Datenverarbeitung
EEA	Einheitliche Europäische Akte
EfBV	Verordnung über Entsorgungsfachbetriebe
EG	Einführungsgesetz; Europäische Gemeinschaft(en)
EGAHiG	EG-Amtshilfegesetz
EGAO	Einführungsgesetz zur Abgabenordnung
EGBGB	Einführungsgesetz zum Bürgerlichen Gesetzbuche
EGFinSchG	EG-Finanzschutzgesetz
EGGmbHG	Einführungsgesetz zum Gesetz betreffend die Gesellschaften mit beschränkter Haftung
EGGVG	Einführungsgesetz zum Gerichtsverfassungsgesetz
EGHGB	Einführungsgesetz zum Handelsgesetzbuch
EGInsO	Einführungsgesetz zur Insolvenzordnung
EGKSV	Vertrag über die Gründung der Europäischen Gemeinschaft für Kohle und Stahl
EGMR	Europäischer Gerichtshof für Menschenrechte

EGStGB	Einführungsgesetz zum Strafgesetzbuch
EGV	Vertrag über die Europäischen Gemeinschaften
EHB	Europäischer Haftbefehl
EHBG	Europäisches Haftbefehlsgesetz
EHUG	Elektronisches Handels- und Unternehmensregister-Gesetz
EIB	Europäische Investitionsbank
EigZulG	Eigenheimzulagengesetz
Einl.	Einleitung
EIS	Europäisches Informationssystem
EJG	Eurojust-Gesetz
EJN	Europäisches justizielles Netz
EMAS	Environmental Management and Audit Scheme
EMRK	Europäische Konvention zum Schutze der Menschenrechte und Grundfreiheiten
EMVG	Gesetz über die elektromagnetische Verträglichkeit von Betriebsmitteln
endg.	endgültig
EnergieStG	Energiesteuergesetz
EnergieStV	Verordnung zur Durchführung des Energiesteuergesetzes
EnSiG	Energiesicherstellungsgesetz
Entw.	Entwurf
EnWG	Energiewirtschaftsgesetz
EnzEurR	Enzyklopädie Europarecht
EPÜ	Europäisches Patentübereinkommen
EPVO	Einheitspatenverordnung
ErbStB	Der Erbschaft-Steuer-Berater (Jahr, Seite)
ErbStG	Erbschaftsteuer- und Schenkungsteuergesetz
ErstrG	Gesetz über die Erstreckung von gewerblichen Schutzrechten – Erstreckungsgesetz
ESAEG	Einlagensicherungs- und Anlegerentschädigungsgesetz
ESchG	Embryonenschutzgesetz
EStB	Der Ertrag-Steuer-Berater (Jahr, Seite)
EStDV	Einkommensteuerdurchführungsverordnung
EStG	Einkommensteuergesetz
EStR	Einkommensteuerrichtlinie (in der jeweils gültigen Fassung)
ESUG	Gesetz zur weiteren Erleichterung der Sanierung von Unternehmen
ETS	European Treaty Series
EU	Europäische Union
EuAlÜbk	Europäisches Auslieferungsübereinkommen
EUBestG	EU-Bestechungsgesetz
eucrim	European Criminal Law Associations' Forum
EuG	Europäisches Gericht 1. Instanz
EuGH	Gerichtshof der Europäischen Gemeinschaften

EuGHE	Entscheidungen des EuGH (Sammlung der Rechtsprechung des EuGH) (Jahr, Seite)
EuInsVO	Verordnung (EG) Nr 1346/2000 über Insolvenzverfahren
EURAG	Gesetz über die Tätigkeit europäischer Rechtsanwälte in Deutschland
EuRhÜbk	Europäisches Rechtshilfe-Übereinkommen v. 20.4.1959
EU-RhÜbk	Übereinkommen über die Rechtshilfe in Strafsachen zwischen den Mitgliedstaaten der EU v. 29.5.2000
EURLUmsG	Gesetz zur Umsetzung von EU-Richtlinien in nationales Steuerrecht – Richtlinien-Umsetzungsgesetz
europ.	europäisch
EUV	Vertrag über die Europäische Union
EU-VereinfAuslÜbk	Übereinkommen über das vereinfachte Auslieferungsverfahren
EuZW	Europäische Zeitschrift für Wirtschaftsrecht (Jahr, Seite)
EVG	Ernährungsvorsorgegesetz
EVPG	Energieverbrauchsrelevante-Produkte-Gesetz
EWG	Europäische Wirtschaftsgemeinschaft
EWGV	Vertrag über die Europäische Wirtschaftsgemeinschaft
EWG-VO	Verordnung auf der Grundlage des EWG-Vertrags
EWIV	Europäische Wirtschaftliche Interessenvereinigung
EWIV-AG	Gesetz zur Ausführung der EWG-Verordnung über die Europäische wirtschaftliche Interessenvereinigung – EWIV-Ausführungsgesetz
EWRAbk	Abkommen über den Europäischen Wirtschaftsraum
EZB	Europäische Zentralbank
F/G/J	Franzen/Gast/Joecks (s. Schrifttumsverzeichnis)
FachBO	Fachberaterordnung
FamFG	Gesetz über das Verfahren in Familiensachen und in den Angelegenheiten der freiwilligen Gerichtsbarkeit
FAO	Fachanwaltsordnung
FATCA	Foreign Account Tax Compliance Act
FG	Finanzgericht
FGG	Gesetz über die Angelegenheiten der freiwilligen Gerichtsbarkeit (jetzt FamFG)
FGO	Finanzgerichtsordnung
FinDAG	Gesetz über die Bundesanstalt für Finanzdienstleistungsaufsicht – Finanzdienstleistungsaufsichtsgesetz
FKVO	(Europäische) Fusionskontrollverordnung
FMFG	Finanzmarkt-Förderungsgesetz (2. und 4.)
FMStBG	Finanzmarktstabilisierungsbeschleunigungsgesetz
FMStErgG	Finanzmarktstabilisierungsergänzungsgesetz
FMStFG	Gesetz zur Errichtung eines Finanzmarktstabilisierungsfonds (auch „FondsG")
FMStG	Finanzmarktstabilisierungsgesetz
FondsG	Gesetz zur Errichtung eines Finanzmarktstabilisierungsfonds

C

FPersG	Gesetz über das Fahrpersonal von Kraftfahrzeugen und Straßenbahnen – Fahrpersonalgesetz
FR	Finanzrundschau (Jahr, Seite)
FRUG	Finanzmarktrichtlinien-Umsetzungsgesetz
FS	Festschrift (auch Gedächtnisschrift, Erinnerungsgabe etc.)
FTEG	Gesetz über Funkanlagen und Telekommunikationsendeinrichtungen
ftp	file transfer protocol (Internet)
FVG	Finanzverwaltungsgesetz
G/J/W	Graf/Jäger/Wittig (s. Schrifttumsverzeichnis)
G-10-Gesetz	Gesetz zur Beschränkung des Brief-, Post- und Fernmeldegeheimnisses – Artikel 10-Gesetz
GA	Goltdammer's Archiv für Strafrecht (ab 1953: Jahr, Seite)
GABl	Gemeinsames Amtsblatt (Baden-Württemberg) (Jahr, Seite)
GASP	Gemeinsame Außen- und Sicherheitspolitik
GastG	Gaststättengesetz
GATT	General Agreement on Tariffs and Trade
GAufzV	Gewinnabgrenzungsaufzeichnungsverordnung
GBl	Gesetzblatt
GbR	Gesellschaft bürgerlichen Rechts
GDPdU	Grundsätze zum Datenzugriff und zur Prüfbarkeit digitaler Unterlagen
geänd.	geändert
GebrMG	Gebrauchsmustergesetz
GEG	Gemeinsame Ermittlungsgruppe
GenDG	Gendiagnostikgesetz
GenG	Genossenschaftsgesetz
GenRegVO	Verordnung über das Genossenschaftsregister
GenTG	Gentechnikgesetz
GeschmMG	Gesetz über den rechtlichen Schutz von Mustern und Modellen – Geschmacksmustergesetz
GesR	Gesellschaftsrecht
GewA	Gewerbearchiv (Jahr, Seite)
GewO	Gewerbeordnung
GewStDV	Gewerbesteuer-Durchfürungs-Verordnung
GewStG	Gewerbesteuergesetz
GewStG	Gewerbesteuergesetz
GG	Grundgesetz
GGAV	Gefahrgut-Ausnahmeverordnung
GGBefG	Gesetz über die Beförderung gefährlicher Güter – Gefahrgutbeförderungsgesetz
GGVO	Verordnung (EG) Nr 6/2002 des Rates über das Gemeinschaftsgeschmackmuster
GGVSE	Gefahrgutverordnung – Straße und Eisenbahn

GGVSEB	Gefahrgutverordnung Straße, Eisenbahn und Binnenschiffahrt
GGVSee	Gefahrgutverordnung See
GK	Gemeinschaftskommentar (s. Schrifttumsverzeichnis)
GKG	Gerichtskostengesetz
GKV	Gesetzliche Krankenversicherung
GL	Gruppenleiter
GlüStV	Staatsvertrag zum Glücksspielwesen
GmbH	Gesellschaft mit beschränkter Haftung
GmbHG	Gesetz betreffend die Gesellschaften mit beschränkter Haftung
GmbHR	GmbH-Rundschau (Jahr, Seite)
GMBl	Gemeinsames Ministerialblatt (Jahr, Seite)
GMV	Gemeinschaftsmarkenverordnung
GoB	Grundsätze ordnungsmäßiger Buchführung
GPSG	Gesetz über technische Arbeitsmittel und Verbraucherprodukte – Geräte- und Produktsicherheitsgesetz
GPÜ	Gemeinschaftspatentübereinkommen
GRC	Charta der Grundrechte der Europäischen Union
Großkomm.	Großkommentar
GRUR	Gewerblicher Rechtsschutz und Urheberrecht (Jahr, Seite)
GRUR-RR	GRUR-Rechsprechungsreport (Jahr/Seite)
GS	Gedächtnisschrift; Geprüfte Sicherheit
GSB	Gesetz über die Sicherung der Bauforderungen (jetzt BauFordSiG)
GSG	Gerätesicherheitsgesetz
GÜG	Grundstoffüberwachungsverordnung
GüKG	Güterkraftverkehrsgesetz
GVG	Gerichtsverfassungsgesetz
GVO	Gruppenfreistellungsverordnung
GWB	Gesetz gegen Wettbewerbsbeschränkungen
GwG	Geldwäschegesetz
h.L./h.M.	herrschende Lehre/herrschende Meinung
H/H/Sp	Hübschmann/Hepp/Spitaler (s. Schrifttumsverzeichnis)
HABM	Harmonisierungsamt für den Binnenmarkt
HAG	Heimarbeitsgesetz
HandelsR	Handelsrecht
HdB	Handbuch der Bauinvestitionen, hrsg von Schmider ua
Hdb.	Handbuch
HdJ	Handbuch des Jahresabschlusses (in Einzeldarstellungen)
HFR	Höchstrichterliche Finanzrechtsprechung (Jahr, Seite)
HGB	Handelsgesetzbuch
HGrG	Gesetz über die Grundsätze des Haushaltsrechts des Bundes und der Länder – Haushaltsgrundsätzegesetz
HK	Heidelberger Kommentar (s. Schrifttumsverzeichnis)

HRefG	Handelsrechtsreformgesetz
HRR	Höchstrichterliche Rechtsprechung (Jahr, Seite)
HRRS	
Hrsg./hrsg.	Herausgeber/herausgegeben
HRV	Handelsregisterverordnung
http	hypertext transfer protocol (Internet)
HWG	Heilmittelwerbegesetz
HWiStR	Handwörterbuch des Wirtschafts- und Steuerstrafrechts, hrsg von Krekeler ua (s. Schrifttumsverzeichnis)
HwO	Handwerksordnung
HZA	Hauptzollamt
i.d.F.	in der Fassung
i.d.R.	in der Regel
i.S.	im Sinne
i.S.	im Sinne
i.V.m.	in Verbindung mit
IAS	International Accounting Standards
IFRS	International Financial Reporting Standards
IGH	Internationaler Gerichtshof
IHK	Industrie- und Handelskammer
INF	Information über Steuer und Wirtschaft (Jahr, Seite)
InsO	Insolvenzordnung
InsVV	Insolvenzrechtliche Vergütungsverordnung
Int./int.	International/international
IntBestG	Gesetz zur Bekämpfung internationaler Bestechung
IntVG	Gesetz über die Wahrnehmung der Integrationsverantwortung des Bundestages und des Bundesrates in Angelegenheiten der Europäischen Union – Integrationsverantwortungsgesetz
InvErl-/WohnbaulG	Investitionserleichterungs- und Wohnbaulandgesetz
InvG	Investmentgesetz
InvStG	Investmentsteuergesetz
InvZulG	Investitionszulagengesetz
IRG	Gesetz über die internationale Rechtshilfe in Strafsachen
ISP	Internet Service Provider (Internet)
IStGH	Internationaler Strafgerichtshof
IT	Informationstechnik
IuK	Informations- und Kommunikationstechnologie
IuKDG	Informations- und Kommunikationsdienstegesetz
JA	Juristische Arbeitsblätter (Jahr, Seite)
JArbSchG	Jugendarbeitsschutzgesetz
JBeitrO	Justizbeitreibungsordnung
JGG	Jugendgerichtsgesetz
JR	Juristische Rundschau (Jahr, Seite)
Jura	Juristische Ausbildung (Jahr, Seite)
JuS	Juristische Schulung (Jahr, Seite)

Justiz	s. Die Justiz
JVEG	Justizvergütungs- und Entschädigungsgesetz
JW	Juristische Wochenschrift (Jahr, Seite)
JZ	Juristenzeitung (Jahr, Seite)
KaffeeStG	Kaffeesteuergesetz
KaffeeVO	Verordnung zur Durchführung des Kaffeesteuergesetzes
KapAEG	Kapitalaufnahmeerleichterungsgesetz
KapCoGes	Kapitalgesellschaft & Co
KapCoRiLiG	Kapitalgesellschaften- und Co-Richtlinie-Gesetz
KartVO	Kartell-Verordnung 1/2003
KAV	Konzessionsabgabenverordnung
KG	Kammergericht/Kommanditgesellschaft
KGaA	Kommanditgesellschaft auf Aktien
KK	Karlsruher Kommentar (s. Schrifttumsverzeichnis)
KMR	Stöckel/von Heintschel-Heinegg, Kommentar zur StPO (s. Schrifttumsverzeichnis)
KMU	Kleine und mittlere Unternehmen
KO	Konkursordnung (jetzt: InsO)
Kölner Komm	Kölner Kommentar
Komm.	Kommentar
KommPraxBW	Kommunalpraxis Baden-Württemberg (Jahr, Seite)
KonTraG	Gesetz zur Kontrolle und Transparenz im Unternehmensbereich
krit.	kritisch
KritV	Kritische Vierteljahresschrift für Gesetzgebung und Rechtswissenschaft (Jahr, Seite)
KrW-/AbfG	Kreislaufwirtschafts-/Abfallgesetz
KrWG	Kreislaufwirtschaftsgesetz
KStG	Körperschaftsteuergesetz
KTS	Konkurs-, Treuhand- und Schiedsgerichtswesen (Jahr, Seite)
KUrhG	Gesetz betreffend das Urheberrecht an Werken der bildenden Künste und der Photographie
KWG	Gesetz über das Kreditwesen
KWKG	Kriegswaffenkontrollgesetz
KWL	Kriegswaffenliste
L/R	Löwe/Rosenberg (s. Schrifttumsverzeichnis)
LAN	Local Area Network (Vernetzung)
Lb.	Lehrbuch
LFGB	Lebensmittel-, Bedarfsgegenstände und Futtermittelgesetzbuch
LG	Landgericht
LiqV	Liquiditätsverordnung
LK	Leipziger Kommentar (s. Schrifttumsverzeichnis)
LM	Nachschlagewerk des Bundesgerichtshof, hrsg. von Lindenmayer/Möhring (Nr. zu §)
LMBG	Lebensmittel- und Bedarfsgegenständegesetz

LMIV	Verordnung betreffend die Information der Verbraucher über Lebensmittel
LRE	Sammlung lebensmittelrechtlicher Entscheidungen (Band, Seite)
LSA	Lastschriftabkommen
LStDV	Lohnsteuer-Durchführungsverordnung
LStR	Lohnsteuer-Richtlinien
LuftSiG	Luftsicherheitsgesetz
LuftVerkG	Luftverkehrsgesetz
LUG	Literatururhebergesetz
LZ	Leipziger Zeitschrift (Jahr, Seite)
MaBV	Makler- und Bauträgerverordnung
MAK	Mindestanforderungen an das Kreditgeschäft (jetzt MaRisk)
MaKonV	Marktmanipulations-Konkretisierungsverordnung
MaRisk	Anforderungen an das Risikomanagement von Kredit- und Finanzdienstleistungsinstituten
MDR	Monatsschrift für Deutsches Recht (Jahr, Seite)
MedR	Medizinrecht (Jahr, Seite)
MgVG	Gesetz über die Mitbestimmung der Arbeitnehmer bei einer grenzüberschreitenden Verschmelzung
MHA	Madrider Herkunftsabkommen
MiArbG	Mindestarbeitsbedingungengesetz
MicroBilG	Kleinstkapitalgesellschaften-Bilanzrechtsänderungsgesetz
MiFiD	Richtlinie 2004/39/EG über Märkte für Finanzinstrumente – Markets in Financial Instruments Directive
MiStra	Anordnung über Mitteilungen in Strafsachen
MitbestG	Gesetz über die Mitbestimmung der Arbeitnehmer – Mitbestimmungsgesetz
MiZi	Anordnung über Mitteilungen in Zivilsachen
MKapBG	Gesetz zur steuerlichen Förderung der Mitarbeiterkapitalbeteiligung
MKrim	Monatsschrift für Kriminologie und Strafrechtsreform (Jahr, Seite)
MMR	MultiMedia und Recht (Jahr, Seite)
MOG	Marktordnungsgesetz
MoMiG	Gesetz zur Modernisierung des GmbH-Rechts und zur Bekämpfung von Missbräuchen
MoRaKG	Gesetz zur Modernisierung der Rahmenbedingungen für Kapitalbeteiligungen
MPG	Medizinproduktegesetz
MPVertrVO	Verordnung über Vertriebswege für Medizinprodukte
MRG	Militärregierungsgesetz
MRK	(Europäische) Konvention zum Schutze der Menschenrechte und Grundfreiheiten
MüAnwHdb.	Münchener Anwaltshandbuch

MüKo	Münchener Kommentar (s. Schrifttumsverzeichnis)
MuSchArbV	Verordnung zum Schutz der Mütter am Arbeitplatz
MuW	Markenschutz und Wettbewerb (Jahr, Seite)
MZK	Modernisierter Zollkodex
n.F.	neue Fassung
NJ	Neue Justiz (Jahr, Seite)
NJW	Neue Juristische Wochenschrift (Jahr, Seite)
NJW-RR	NJW-Rechtsprechungs-Report (Jahr, Seite)
NK	Nomos Kommentar
NLV	Neuartige Lebensmittel- und Lebensmittel-Zutaten-Verordnung
NStE	Neue Entscheidungssammlung zum Strafrecht (Nr. zu §)
NStZ	Neue Zeitschrift für Strafrecht (Jahr, Seite)
NStZ-RR	NStZ-Rechtsprechungs-Report (Jahr, Seite)
NuR	Natur und Recht (Jahr, Seite)
NVwZ	Neue Zeitschrift für Verwaltungsrecht (Jahr, Seite)
NWB	Neue Wirtschafts-Briefe (Fach, Seite)
NZA	Neue Zeitschrift für Arbeitsrecht (Jahr, Seite)
NZA-RR	NZA-Rechtsprechungsreport (Jahr, Seite)
NZG	Neue Zeitschrift für Gesellschaftsrecht (Jahr, Seite)
NZI	Neue Zeitschrift für Insolvenzrecht (Jahr, Seite)
NZV	Neue Zeitschrift für Verkehrsrecht (Jahr, Seite)
NZWiSt	Neue Zeitschrift für Wirtschafts-, Steuer- und Unternehmensstrafrecht (Jahr, Seite)
O/C/N	Oppermann/Classen/Nettesheim, Europarecht
OECD	Organisation für wirtschaftliche Zusammenarbeit und Entwicklung
OECD-MA	OECD-Musterabkommen
OFD	Oberfinanzdirektion
OHG	Offene Handelsgesellschaft
OLAF	Europäische Betrugsbekämpfungs-Organisation
OLG	Oberlandesgericht
OLGSt	Entscheidungen der Oberlandesgerichte zum Straf- und Strafverfahrensrecht (§, Seite; ab 1982: §, Nummer)
OrgKG	Gesetz zur Bekämpfung ... der Organisierten Kriminalität
öst...	österreichisch...
OTC	Over The Counter – außerbörslicher Handel
OVG	Oberverwaltungsgericht
OWiG	Gesetz über Ordnungswidrigkeiten
PAngVO	Preisangabenverordnung
PartG	Parteiengesetz
PartGG	Gesetz über Partnerschaftsgesellschaften Angehöriger Freier Berufe – Partnerschaftsgesellschaftsgesetz
PatAO	Patentanwaltsordnung
PatG	Patentgesetz
PatKostenG	Patentkostengesetz

PatV	Verordnung zum Verfahren in Patentsachen vor dem Deutschen Patent- und Markenamt – Patentverordnung
PBefG	Personenbeförderungsgesetz
PC	Personal Computer
PCB/PCTAbfVO	Verordnung über die Entsorgung polychlorierter Biphenyle, polychlorierter Terphenyle und halogenierter Monomethyldiphenylemethane
PCT	Vertrag über die internationale Zusammenarbeit auf dem Gebiet des Patentwesens
PDA	Personal Digital Assistent
PfandBG	Pfandbriefgesetz
PflSchG	Pflanzenschutzgesetz
PIF-Übk.	Übereinkommen über den Schutz der finanziellen Interessen der Europäischen Gemeinschaften
PIN	Persönliche Identifikationsnummer
PKS	Polizeikriminalstatistik
POS	point of sale
ProdHaftG	Produkthaftungsgesetz
ProdSG	Produktsicherheitsgesetz
Prot.	Protokoll(e)
PrPG	Produktpirateriegesetz
PRV	Partnerschaftsregisterverordnung
PublG	Gesetz über die Rechnungslegung von bestimmten Unternehmen und Konzernen – Publizitätsgesetz
PVÜ	Pariser Verbandsübereinkunft
RAO	Reichsabgabenordnung (jetzt AO)
RB	Rahmenbeschluss
RBerG	Rechtsberatungsgesetz (jetzt RDG)
RBÜ	Revidierte Berner Übereinkunft
RDG	Rechtsdienstleistungsgesetz
RDGEG	Einführungsgesetz zum Rechtsdienstleistungsgesetz
RDV	Recht der Datenverarbeitung (Jahr/Seite)
REACH-VO	Verordnung (EG) Nr 1907/2006 des Europäischen Parlaments und des Rates zur Registrierung, Bewertung, Zulassung und Beschränkung chemischer Stoffe ...
Ref.	Referenten-
RegE	Regierungsentwurf
REITG	Gesetz über deutsche Immobilien-Aktiengesellschaften mit börsennotierten Anteilen
RennwLottG	Rennwett- und Lotteriegesetz
RG	Reichsgericht
RGBl	Reichsgesetzblatt
RGSt	Entscheidungen des Reichsgerichts in Strafsachen (Band, Seite)
RGZ	Entscheidungen des Reichsgerichts in Zivilsachen (Band, Seite)

RID	Ordnung für die internationale Eisenbahnbeförderung gefährlicher Güter
RiStBV	Richtlinien für das Strafverfahren und das Bußgeldverfahren (bundeseinheitlich)
RiVASt	Richtlinien für den Verkehr mit dem Ausland in strafrechtlichen Angelegenheiten (bundeseinheitlich)
RL	Richtlinie
RPflG	Rechtpflegergesetz
RPK	Recht und Praxis der Kapitalanlagen (Jahr, Heft-Nr)
Rspr.	Rechtsprechung
RVG	Rechtsanwaltsvergütungsgesetz
RVO	Reichsversicherungsordnung (jetzt SGB)
Rz.	Randzahl
s./S.	siehe; Seite; im Zusammenhang mit §: Satz
S/S	Schönke/Schröder (s. Schrifttumsverzeichnis)
S/S/W	Satzger/Schmitt/Widmaier, StGB (s. Schrifttumsverzeichnis)
SAG	Gesetz zur Bekämpfung der Schwarzarbeit (jetzt SchwarzArbG)
Satzger, Lb.	Satzger, Internationales und Europäisches Strafrecht
SCEAG	Gesetz zur Ausführung der Verordnung (EG) Nr 1435/2003 des Rates über das Statut der Europäischen Genossenschaft (SCE)
SCEBG	Gesetz über die Beteiligung der Arbeitnehmer und Arbeitnehmerinnen in einer Europäischen Genossenschaft
SCE-VO	Verordnung über das Statut der Europäischen Genossenschaft
SchaumwZwStG	Schaumwein- und Zwischenerzeugnissteuergesetz
SchwarzArbG	Schwarzarbeitsgesetz
SDÜ	Schengener Durchführungs-Übereinkommen
SE	Société européenne, Europäische (Aktien-)Gesellschaft
SEAG	Gesetz zur Ausführung der Verordnung (EG) Nr 2157/2001 des Rates v 8.10.2001 über das Statut der Europäischen Gesellschaft (SE) (SE-Ausführungsgesetz)
SEBG	Gesetz über die Beteiligung der Arbeitnehmer in einer Europäischen Gesellschaft
SEEG	Gesetz zur Einführung der Europäischen Gesellschaft
SE-VO	Verordnung (EG) Nr 2157/2001 des Rates über das Statut der Europäischen Gesellschaft
SGB	Sozialgesetzbuch, Übersicht über die einzelnen Bücher in den Erläuterungen § 36 Rz. 13
SIS	Schengener Informations-System
SK	Systematischer Kommentar (s. Schrifttumsverzeichnis)
SKS-Vertrag	Vertrag über Stabilität, Koordinierung und Steuerung in der Wirtschafts- und Währungsunion
SLC	Standby Letter of Credit

Slg	Sammlung der Rechtsprechung des EuGH (I/II Jahr, Seite)
SMG	Gesetz zur Modernisierung des Schuldrechts
sog.	so genannt
SolvV	Verordnung über die angemessene Eigenmittelausstattung von Instituten, Institutsgruppen und Finanzholding-Gruppen – Solvabilitätsverordnung
SortSchG	Sortenschutzgesetz
SprAuG	Gesetz über Sprecherausschüsse der leitenden Angestellten – Sprecherausschussgesetz
StA	Staatsanwaltschaft
StÄG	Strafrechtsänderungsgesetz
StB	Der Steuerberater (Jahr/Seite)
StBerG	Steuerberatungsgesetz
Stbg	Die Steuerberatung (Jahr/Seite)
StBp	Die steuerliche Betriebsprüfung (Jahr, Seite)
SteuerHBekG	Steuerhinterziehungsbekämpfungsgesetz
SteuerHBekV	Steuerhinterziehungsbekämpfungs-Verordnung
StGB	Strafgesetzbuch
StIDV	Verordnung zur Vergabe steuerlicher Identifikationsnummern
StPO	Strafprozessordnung
StraBEG	Gesetz über die strafbefreiende Erklärung
StraFo	Strafverteidiger Forum (Jahr, Seite)
StrBuDV	Dienstvorschrift für das Straf- und Bußgeldverfahren
StrEG	Gesetz über die Entschädigung für Strafverfolgungsmaßnahmen
StRK	Steuerrechtsprechung in Karteiform
StrR	Strafrecht
StrRG	Gesetz zur Reform des Strafrechts
StrSchVO	Strahlenschutzverordnung
StrVG	Strahlenschutzvorsorgegesetz
StuB	Steuern und Bilanz (Jahr, Seite)
StuW	Steuer und Wirtschaft (Jahr, Seite)
StV	Strafverteidiger (Jahr, Seite)
StVG	Straßenverkehrsgesetz
StVollzG	Strafvollzugsgesetz
StVZO	Straßenverkehrs-Zulassungs-Ordnung
SubvG	Gesetz gegen missbräuchliche Inanspruchnahme von Subventionen – Subventionsgesetz
SvEV	Verordnung über die sozialversicherungsrechtliche Beurteilung von Zuwendungen des Arbeitgebers als Arbeitsentgelt – Sozialversicherungsentgeltverordnung
SWIFT	Society for Worldwide Interbank Financial Telecommunication
TA	Technische Anleitung
TabStG	Tabaksteuergesetz

TDG	Telekommunikationsdienstleistungsgesetz
TEHG	Treibhausgas-Emissionshandelsgesetz
TierschG	Tierschutzgesetz
TKG	Telekommunikationsgesetz
TKO	Telekommunikationsordnung
TKÜV	Telekommunikations-Überwachungsverordnung
TMG	Telemediengesetz
TPG	Transplantationsgesetz
TranspR	Transportrecht (Jahr, Seite)
TransPuG	Transparenz- und Publizitätsgesetz
TRIPS	Übereinkommen über handelsbezogene Aspekte geistigen Eigentums
TUG	Transparenzrichtlinie-Umsetzungsgesetz
TVG	Tarifvertragsgesetz
u.a.	und anderem; und anderes
u.U.	unter Umständen
ÜAG	Überstellungsausführungsgesetz
UBGG	Gesetz über Unternehmenbeteiligungsgesellschaften
Übk.	Übereinkommen
UFITA	Archiv für Urheber-, Film-, Funk- und Theaterrecht (Band, Seite)
UGB	österreichisches Unternehmensgesetzbuch
UHG	Gesetz über die Umwelthaftung
UIG	Umweltinformationsgesetz
UKG, 1., 2.	1./2. Gesetz zur Bekämpfung der Umweltkriminalität
UMAG	Gesetz zur Unternehmensintegrität und Modernisierung des Anfechtungsrechts
UmwG	Umwandlungsgesetz
UmwStG	Umwandlungsteuergesetz
UN	United Nations
UNCTAD	Welthandels- und Entwicklungskonferenz
UNICITRAL	Kommission der Vereinten Nationen für internationales Handelsrecht
UPR	Umwelt- und Planungsrecht (Jahr, Seite)
UR	Umsatzsteuer-Rundschau (Jahr, Seite)
UrhG	Urheberrechtsgesetz
Urt.	Urteil
URV	Unternehmensregisterverordnung
USchadG	Gesetz über die Vermeidung und Sanierung von Umweltschäden – Umweltschadensgesetz
US-GAAP	Generally Accepted Accounting Principles (USA)
USK	Urteilssammlung für die gesetzliche Krankenversicherung
UStDV	Umsatzsteuer-Durchführungsverordnung
UStG	Umsatzsteuergesetz
UStR	Umsatzsteuerrichtlinie (in der jeweils gültigen Fassung)
UVPG	Gesetz über die Umweltverträglichkeitsprüfung

UVV	Unfallverhütungsvorschriften
UWG	Gesetz gegen den unlauteren Wettbewerb
UZK	Unionszollkodex
V	Verordnung
v.	von/vom
VAG	Versicherungsaufsichtsgesetz
VerkProspG	Wertpapier-Verkaufsprospektgesetz
VerkSichG	Verkehrssicherstellungsgesetz
VerlG	Gesetz über das Verlagsrecht
VermBG	Vermögensbildungsgesetz
VermVerkProspV	Vermögensanlagen-Verkaufsprospektverordnung
VerpackV	Verpackungsverordnung
VersR	Versicherungsrecht (Jahr, Seite)
VerstV	Verordnung über gewerbsmäßige Versteigerungen (Versteigererverordnung)
VG	Verwaltungsgericht; Vorteilhafte Geldanlagen (Loseblatt)
VGH	Verwaltungsgerichtshof
vgl.	vergleiche
VglO	Vergleichsordnung (durch InsO abgelöst)
VN	Vereinte Nationen
VO	Verordnung
VOB	Verdingungsordnung für Bauleistungen
VOF	Verdingungsordnung für freiberufliche Leistungen
VOL	Verdingungsordnung für Leistungen
Vorbem.	Vorbemerkung
VorstOG	Vorstandsvergütungs-Offenlegungsgesetz
VRS	Verkehrsrechtssammlung (Band, Seite)
VRV	Vereinsregisterverordnung
VSF	Vorschriftensammlung der Finanzverwaltung
VStGB	Völkerstrafgesetzbuch
VVaG	Versicherungsverein auf Gegenseitigkeit
VVE	Verfassungsvertrag für Europa
VVG	Versicherungsvertragsgesetz
VwGO	Verwaltungsgerichtsordnung
VwVfG	Verwaltungsverfahrensgesetz
VwVG	Verwaltungs-Vollstreckungsgesetz
W/J	Wabnitz/Janovsky (s. Schrifttumsverzeichnis)
WaffG	Waffengesetz
WAN	Wide Area Network (Vernetzung)
WEG	Wohnungseigentumsgesetz
WHG	Wasserhaushaltsgesetz
WiB	Wirtschaftsrechtliche Beratung (Jahr, Seite)
WiGBl	Gesetzblatt des Vereinigten Wirtschaftsgebiets (Bi-Zone 1948/49)
WIK	Wirtschaftskriminalität – Information und Warnung (Jahr, Seite)

WiKG, 1., 2.	1. bzw 2. Gesetz zur Bekämpfung der Wirtschaftskriminalität
WIPO	Übereinkommen zur Errichtung der Weltorganisation für geistiges Eigentum
WiR	Wirtschaftsrecht
WiSichG	Wirtschaftssicherstellungsgesetz
WiStG	Wirtschaftsstrafgesetz
wistra	Zeitschrift für Wirtschaft, Steuer und Strafrecht (Jahr, Seite)
WiStrafR/WiStrR	Wirtschaftsstrafrecht
WiVerw	Wirtschaft und Verwaltung (Jahr, Seite)
WKBG	Gesetz zur Förderung von Wagniskapitalbeteiligungen
WM	Wertpapiermitteilungen (Jahr, Seite)
WoPG	Wohnungsbauprämiengesetz
WoVermG	Gesetz zur Regelung der Wohnungsvermittlung
WpDVerOV	Wertpapierdienstleistungs-Verhaltens- und Organisationsverordnung
WPg	Wirtschaftsprüfung (Jahr, Seite)
WpHG	Wertpapierhandelsgesetz
WPO	Gesetz über eine Berufsordnung der Wirtschaftsprüfer – Wirtschaftsprüferordnung
WpPG	Wertpapierprospektgesetz
WpÜG	Wertpapiererwerbs- und Übernahmegesetz
WRMG	Gesetz über die Umweltverträglichkeit von Wasch- und Reinigungsmitteln (Wasch- und Reinigungsmittelgesetz)
WRP	Wettbewerb in Recht und Praxis (Jahr, Seite)
WuB	Wirtschafts- und Bankrecht (Jahr, Seite)
WÜK	Wiener Übereinkommen über konsularische Beziehungen
WuW	Wirtschaft und Wettbewerb (Jahr, Seite)
WuW/E	Entscheidungssammlung – Wirtschaft und Wettbewerb (Gericht, Nr)
www	World wide web (Internet)
WZG	Warenzeichengesetz (a.F.)
z.B.	zum Beispiel
ZAG	Zahlungsdiensteaufsichtsgesetz
ZAP	Zeitschrift für die Anwaltspraxis (Fach/Seite)
ZBB	Zeitschrift für Bankrecht und Bankwirtschaft (Jahr, Seite)
ZFdG	Zollfahndungsdienstgesetz
ZfW	Zeitschrift für Wasserrecht (Jahr, Seite)
ZfZ	Zeitschrift für Zölle und Verbrauchsteuern (Jahr, Seite)
ZGR	Zeitschrift für Unternehmens- und Gesellschaftsrecht (Jahr, Seite)
ZHR	Zeitschrift für das gesamte Handelsrecht (Band, Seite)
ZInsO	Zeitschrift für das gesamte Insolvenzrecht (Jahr, Seite)

ZIP	Zeitschrift für Wirtschaftsrecht und Insolvenzpraxis (Jahr, Seite)
ZIS	Zeitschrift für Internationale Strafrechtsdogmatik (Jahr, Seite)
ZIV	Zinsinformationsverordnung
ZK	Zollkodex
ZKA	Zollkriminalamt
ZKDSG	Zugangskontrolldiensteschutzgesetz
ZK-DVO	Durchführungsverordnung zum Zollkodex
ZLR	Zeitschrift für das gesamte Lebensmittelrecht (Jahr, Seite)
ZMV	Die Mitarbeitervertretung (Jahr/Seite)
ZollV	Zollverordnung
ZollVG	Zollverwaltungsgesetz
ZPO	Zivilprozessordnung
ZP-ÜberstÜbk	Zusatzprotokoll zum Überstellungsübereinkommen
ZRP	Zeitschrift für Rechtspolitik (Jahr, Seite)
ZSchG	Zeugenschutzgesetz
ZStW	Zeitschrift für die gesamte Strafrechtswissenschaft (Band, Seite)
zul.	zuletzt
ZUR	Zeitschrift für Umweltrecht (Jahr, Seite)
zust.	zustimmend
ZustG	Zustimmungsgesetz
ZVG	Gesetz über die Zwangsversteigerung und die Zwangsverwaltung
ZWH	Zeitschrift für Wirtschaftsstrafrecht und Haftung im Unternehmen (Jahr, Seite)

1. Teil
Einführung

1. Kapitel
Entwicklung und Bereich des Wirtschaftsstrafrechts

§ 1
Einführender Überblick
Bearbeiter: Christian Müller-Gugenberger

	Rz.		Rz.
A. Wirtschaftsstrafrecht als Aufgabe		**C. Zu den Grundbegriffen**	
I. Phänomen Wirtschaftskriminalität	1	I. Wirtschaftsrecht und Strafrecht	81
II. Vielfalt der Normen	10	II. Umschreibungen von Wirtschaftsstrafrecht	85
III. Konzeption der Darstellung		1. Gesetzliche Definitionsversuche	86
1. Zur Gliederung	18	2. Wirtschaftsstrafrecht als Zuständigkeitsregelung	90
2. Zur Stoffbegrenzung	24	3. Dogmatische Ansätze	97
B. Zur geschichtlichen Entwicklung	30	III. Strafen und andere Sanktionen	101
I. Ältere Epochen		1. Übersicht über die Sanktionsmöglichkeiten	102
1. Frühe Erscheinungsformen	31	2. Kriminalstrafen und Bußgelder	110
2. Industrialisierung	38	3. Ordnungs- und Zwangsmittel	124
3. Kriegs- und Verwaltungswirtschaft	43	4. Schadensersatz	131
II. Zeitraum seit 1949		**D. Rechtsquellen und Schrifttum**	
1. Erste Reformen	52	I. Bundesrecht	140
2. Neuausrichtung nach 1965	58	1. Materielles Strafrecht	143
a) Steuerstrafrecht	61	2. Verfahrensrecht	146
b) Gesetze zur „Bekämpfung der Wirtschaftskriminalität"	63	II. Landesrecht	149
c) Weitere Einzelgesetze	66	III. Übernationales Recht	154
3. Zwischenbilanz	76	IV. Zum Schrifttum	164

A. Wirtschaftsstrafrecht als Aufgabe

Schrifttum: *Achenbach*, Ordnungsfaktor Wirtschaftsstrafrecht, StV 2008, 324; *Achenbach*, Das Strafrecht als Mittel der Wirtschaftslenkung, ZStW 119 (2007), 789; *Dannecker/Bülte* in W/J, Kap. 1; *Dessecker* in Momsen/Grützner, Wirtschaftsstrafrecht, Kap. 1 A; *Eidam*, Unternehmen und Strafe, Kap. 1; *Grunst/Volk* in Volk, MüAnwHdb. Wirtschafts- und Steuerstrafsachen, § 1 Rz. 1 ff.; *Hefendehl*, Außerstrafrechtliche und strafrechtliche Instrumentarien zur Eindämmung der Wirtschaftskriminalität, ZStW 119

(2007), 816; *Schneider/John*, Das Unternehmen als Opfer von Wirtschaftskriminalität, 2013; *Schünemann*, Die großen wirtschaftsstrafrechtlichen Fragen der Zeit, GA 2013, 193; *Tiedemann*, WiStrafR AT, Einführung; *Wittig*, WiStrafR, § 1 Rz. 1 ff.; *Wittig* in G/J/W, Einführung.

I. Phänomen Wirtschaftskriminalität

1 Fast täglich kann man in den Wirtschaftsteilen der Tages- und Wochenzeitungen von **kriminellen Vorgängen „in der Wirtschaft"** lesen, von Straftaten in, durch oder gegen Wirtschaftsunternehmen, von Korruption und Bankrottdelikten, von Gründungsschwindel und Insolvenzverschleppung, von Börsenmanipulation und Subventionserschleichung, von Produktpiraterie, Geldwäsche und Internet-Kriminalität, von Schwarzen Kassen und Preisabsprachen, von Ausbeutung der Arbeitskraft und Hinterziehung von Steuern und immer wieder von zahllosen Varianten des Betrugs und der Untreue. Und selbst führende deutsche – und ebenso ausländische – Unternehmen, etwa Siemens und Volkswagen, Porsche und Daimler-Benz, Lufthansa und Thyssen-Krupp, Deutsche Bahn und Deutsche Bank, Landesbanken und genossenschaftliche Institute, UBS und Société Générale, Pamalat und Lehman Brothers – die Reihe ließe sich lange fortsetzen – sind an solchen Vorgängen beteiligt oder von ihnen betroffen. Weltumspannende Netze wirtschaftskrimineller Akteure bewirken durch die Manipulation etwa von Rohstoffpreisen, Wechselkursen, Referenzzinssätzen (z.B. LIBOR) die Schädigung von Millionen Betroffener.

2 Schon seit Langem ist dieses tatsächliche Phänomen als **„Wirtschaftskriminalität"** bezeichnet worden (dazu unten § 2) und später hat sich für die Gesamtheit der strafrechtlichen Normen, die der Ahndung dieser spezifischen Kriminalität dienen, der Ausdruck **„Wirtschaftsstrafrecht"** herausgebildet. Allerdings ist dieser Begriff weder gesetzlich noch wissenschaftlich eindeutig definiert; dies gilt nicht nur für Deutschland (dazu Rz. 81 ff.), sondern wohl weltweit (vgl. § 7). Die technische Entwicklung ermöglicht Vorgehensweisen, die früher undenkbar waren, und die zunehmende Komplexität der Verhältnisse erfordert rechtliche Reaktionen, damit das System „Wirtschaft" in einem rechtsstaatlichen Rahmen funktionsfähig bleibt. Es ist absehbar, dass diese Entwicklung (vgl. Rz. 52 ff.) sich mit der ihr eigenen Dynamik fortsetzt. Zu Recht ist deshalb das Wirtschaftsstrafrecht als *„die Wachstumsbranche des Strafrechts"* bezeichnet worden[1].

3 Zu diesem Wachstum auf einzelstaatlicher Ebene – sowohl in Deutschland als auch in den anderen Industriestaaten – kommt eine immer stärkere **Internationalisierung**. Nachdem sich die Wirtschaftskriminalität noch nie von Landesgrenzen hat aufhalten lassen und nun mit der Entwicklung der modernen Wirtschaft und des Welthandels („Globalisierung") erheblich zugenommen hat, ist – mit der unvermeidlichen Verzögerung – auch die Menge der einschlägigen Normen als Reaktion der nationalen und übernationalen Ordnungsmächte

---

[1] So das Zitat bei *Kudlich/Oglakcioglu*, WiStrafR, 1. Aufl. 2011, § 1 vor Rz. 1; ähnlich z.B. *Momsen/Grützner*, WiStrafR, Vorwort: „WirtschaftsstrafR hat Konjunktur"; *Kasiske*, StrafR II: WiStrafR, Vorwort: „Das WirtschaftsstrafR ist auf dem Vormarsch".

ständig angestiegen. Zwischenstaatliche Abkommen und multinatinale Übereinkommen im Rahmen der Vereinten Nationen (UNO), der WTO, der OECD oder des Europarats haben inzwischen die Grundlagen für eine Vielzahl neuer wirtschaftsrechtlicher Strafnormen geschaffen (Rz. 154 ff.; § 5). Die eigenständige Rechtsetzungsbefugnis der EU hat zunehmend auch den Bereich des Strafrechts – und damit primär des Wirtschaftsstrafrechts – erfasst (Rz. 157 f. und § 6).

Diese **„Internationalisierung"** der Strafnormen trägt maßgeblich dazu bei, dass sich die wirtschaftlichen Verhaltensweisen zunehmend angleichen und einheitliche Standards entstehen. Zu deren Durchsetzung ist allerdings auch eine intensive *verfahrensrechtliche Zusammenarbeit über die Grenzen hinweg* erforderlich (näher § 8). Hat diese Entwicklung auch noch einen langen Weg vor sich, so sind doch andererseits schon ermutigende Fortschritte erzielt worden. Besonders augenfällig ist dies bei der Bekämpfung der Krebsübel der Weltwirtschaft, der Korruption (dazu näher § 53), der Geldwäsche (§ 51) und der grenzüberschreitenden Abgabenhinterziehung (§§ 28, 44, 45); aber auch Internet-Kriminalität (§ 42), Menschen- und Waffenhandel (§§ 37, 62, 73) sind zu nennen.

4

Durch die weltweite Wirtschaftskriminalität werden alljährlich *enorme wirtschaftliche Schäden* hervorgerufen. Die **hohe Sozialschädlichkeit** der Wirtschaftsdelinquenz (vgl. § 2 Rz. 24 ff.) ist unbestritten, auch wenn deren Bezifferung nicht gesichert ist. Besonders die rechtstreuen Unternehmen haben unter der Wettbewerbsverzerrung zu leiden, die durch das wirtschaftskriminelle Verhalten einzelner Akteure hervorgerufen wird. Darüber hinaus ist eine unzureichende Durchsetzung wirtschaftsstrafrechtlicher Normen geeignet, das Vertrauen der Bürger in die Leistungsfähigkeit der rechtsstaatlichen Gesellschaftsordnung infrage zu stellen. Die steigende Komplexität der zunehmend grenzüberschreitenden wirtschaftlichen Tätigkeit führt indes zu erheblichen Problemen bei der Strafverfolgung. Neben oft schwer zu überwindenden Beweisproblemen bewirkt die Verschiedenheit der Rechtsordnungen und insbesondere der Zuständigkeiten, dass die Bekämpfung der internationalen Wirtschaftskriminalität zu den *großen Herausforderungen* unserer Zeit zu rechnen ist.

5

Eine Erkenntnis aus der letzten, keineswegs voll ausgestandenen weltweiten *Finanzkrise*[1] geht dahin, dass gerade in der globalisierten Welt ein schlanker Staat dennoch ein starker Staat sein muss, der in der Lage ist, die wirtschaftsrechtliche Ordnung auch mithilfe des Strafrechts konsequent durchzusetzen. Dass wirtschaftskriminelles Verhalten, wenn es z.B. im Rahmen von „systemrelevanten" Unternehmensträgern begangen wird, einen demokratischen

6

---

1 Vgl. dazu z.B. *Jahn*, Die strafrechtliche Aufarbeitung der Finanzmarktkrise, wistra 2013, 41; *Schünemann/Schröder, Chr./Wohlers/Fischer, T.*, Die strafrechtliche Bewältigung der Finanzkrise am Beispiel der Untreue, ZStW 123 (2011), 767 (771, 791, 816); *Strate*, Strafrechtliche Aufarbeitung der Finanzkrise, HHRS 2012, 416; *Lüderssen/Kempf/Volk* (Hrsg.), Die Finanzkrise, das WirtschaftsstrafR und die Moral, 2010; *Schünemann* (Hrsg.), Die sog. Finanzkrise – Systemversagen oder global organisierte Kriminalität?, 2010; aus zivilrechtlicher Sicht z.B. *Blaurock*, JZ 2012, 226.

Rechtsstaat sogar stärker gefährden kann als etwa die durch §§ 84 ff. StGB kriminalisierten Verhaltensweisen, signalisiert das Schlagwort von der „politischen Wirtschaftsstraftat"[1]. Eine auf **freier und** zugleich **sozialer Marktwirtschaft** beruhende Gesellschaft ist nicht nur auf eine funktionierende Aufsicht über risikoreiche Wirtschaftstätigkeit angewiesen, sondern auch auf ein *funktionierendes Sanktionssystem*, mit dessen Hilfe die Missachtung der Grenzen der wirtschaftlichen Handlungsfreiheit in einem rechtsstaatlichen Verfahren angemessen geahndet werden kann. Das Wirtschaftsstrafrecht richtet sich *nicht gegen* die Wirtschaft, sondern dient vielmehr ihrem *Schutz*. Wird nicht gegen „schwarze Schafe", die sich auf kriminelle Weise Vorteile verschaffen, wirkungsvoll vorgegangen, verliert die große Mehrheit der ordnungsgemäß wirtschaftenden Unternehmen das Vertrauen in die Rechtsordnung – bis schließlich rechtswidriges Verhalten zur allgemeinen Handlungsform wird und die soziale Wirklichkeit von Verbrechersyndikaten dominiert wird. Eine funktionierende unabhängige (rechtsstaatliche) Justiz, unterstützt von ausreichend qualifizierten Behörden, könnte dagegen mit der Durchsetzung von „Wirtschaftsstrafrecht" der Unterfinanzierung öffentlicher Haushalte spürbar entgegenwirken, ja sogar manche drohende „Staatspleite" vermeiden helfen.

7 Der **konsequente Kampf gegen** alle – alten und immer wieder neuen – Formen der **Wirtschaftskriminalität** gehört zu den ständigen Aufgaben einer verantwortungsvollen Politik – ebenso wie die (gleichfalls schwierige) Bekämpfung der (in ihren Erscheinungsformen viel leichter fassbaren) Gewaltkriminalität. Diese Bekämpfung stellt hohe Anforderungen an Sachkunde und Durchhaltevermögen der Ermittlungsbehörden und Gerichte. Diese müssen ständig – und leider vielfach vergeblich – gegen die *unzureichende personelle und sachliche Ausstattung* ankämpfen und sind deshalb oft geradezu gezwungen, sich auf einen „deal" einzulassen, der sowohl grundsätzlich als auch oft im Einzelfall problematisch ist (näher § 12 Rz. 39a). An sich berechtigte Forderungen nach einem „schlanken Staat" werden sich als kontraproduktiv erweisen, wenn in diesem sensiblen Bereich an der falschen Stelle gespart wird. Eine ausreichende Zahl qualifizierter Betriebsprüfer und Steuerfahnder etwa „rechnet sich" nicht nur in der Summe der Einzelfälle, sondern noch mehr im gesamten „System" – wie die Schwarzgelder in der Schweiz und deren Aufdeckung (im Zusammenhang mit der Selbstanzeige) anschaulich belegt haben.

8 Insbesondere der **Staatsanwaltschaft** ist in unserer Rechtsordnung die **Aufgabe** übertragen, bei konkretem Verdacht von Gesetzes wegen ihre (meist aufwendigen) Ermittlungen aufzunehmen – in Kenntnis der Möglichkeit, dass sich der Verdacht in tatsächlicher oder rechtlicher Hinsicht nicht erhärten lässt. Diese Pflicht ist Teil unseres rechtsstaatlichen Systems. Weder die herausgehobene Stellung des/der Verdächtigen noch die raffinierte Verdeckung der Spuren, etwa durch verschachtelte „Firmenimperien" oder neue „Bilanzkonstruktionen" (etwa Ausgliederung von Risiken in sog. Zweckgesellschaften) darf es rechtfertigen, einen Verdacht strafbaren Verhaltens achselzuckend hinzunehmen. Er-

---

1 Grundlegend *Naucke*, Der Begriff der politischen Wirtschaftsstraftat – Versuch einer Annäherung, 2012; *Kubiciel*, Die Finanzmarktkrise zwischen WirtschaftsstrafR und politischem StrafR, ZIS 2013, 53.

gibt sich am Ende des Ermittlungsverfahrens oder des Gerichtsverfahrens eine Einstellung (näher § 11 Rz. 129 ff.) oder ein Freispruch (§ 12 Rz. 47, 49), so ist das für die Anklagebehörde keine „Schlappe" – wie dann so oft in der Presse zu lesen ist, obwohl sie zuvor lautstark nach dem Staatsanwalt gerufen hat – sondern das Ergebnis eines notwendigen Klärungsprozesses. Zu den *Pflichtaufgaben einer rechtsstaatlichen Justiz* gehört es, in immer wieder neuen Sachverhaltskonstellationen die Grenze zwischen noch erlaubtem und schon verbotenem Verhalten auf der Grundlage des abstrakten Strafgesetzes im Einzelfall herauszuarbeiten. Auch in der Wirtschaft darf es keine Freiräume geben, die es ermöglichen, andere sanktionslos zu schädigen. Ohne engagierte Staatsanwälte unterbleibt diese gebotene (und arbeitsintensive) Klärung. Stattdessen ziehen dann – oft unwiderlegbare – Gerüchte von unerlaubter Einflussnahme, Mauschelei und Korruption immer größere Kreise und untergraben das Vertrauen der Allgemeinheit in die Rechtsordnung.

Die nachstehend (Rz. 10) umrissene Normenvielfalt ist nicht der einzige Grund dafür, dass bei uns die Verfolgung wirtschaftskriminellen Verhaltens insgesamt nicht mit der an sich gebotenen Effektivität und Konsequenz erfolgt[1], obwohl dies eine **staatliche Aufgabe mit Verfassungsrang** ist[2]. Falsche Sparsamkeit und falsch verstandene Liberalität, die letztlich der gesamten Wirtschaft schaden, sind geeignet, das Vertrauen in die freiheitliche Wirtschaftsordnung ebenso zu beeinträchtigen wie eine bürokratische Überregulierung. Es bleibt als Aufgabe, das politische und gesellschaftliche Bewusstsein auf allen Ebenen dafür zu schärfen, dass einerseits der wirtschaftliche Handlungsrahmen weit sein muss, andererseits die Überschreitung seiner Grenzen wirksame Sanktionen nach sich ziehen muss – und zwar nicht nur im Inland, sondern weltweit. *Gesetzgebung, Rechtsprechung und Wissenschaft* sind gehalten, in gemeinsamer Anstrengung die reichlich vorhandenen „Grauzonen" zu reduzieren und hinderliche geografische Grenzen zu überwinden.

II. Vielfalt der Normen

Das aktuelle Wirtschaftsstrafrecht in Deutschland ist zwar das Ergebnis einer historischen Entwicklung (Rz. 30 ff.). Es handelt sich jedoch nicht um ein „ausgewachsenes" Rechtsgebiet, das durch ein zentrales Gesetz oder gar eine Kodifikation geprägt ist. Das sog. *Wirtschaftsstrafgesetz* enthält – entgegen seinem irreführenden Kurztitel – nur noch einen minimalen Restbestand an wirtschaftsstrafrechtlichen Bestimmungen (Rz. 54). Vielmehr finden sich die einschlägigen Rechtsnormen **zerstreut in zahlreichen Gesetzen und** ergänzenden **Verordnungen**, die darüber hinaus von *unterschiedlichen Normsetzern* (Rz. 140 ff.) herrühren. Dass sowohl der Begriff des *Wirtschaftsrechts* als auch

---

1 Deutlich BGH v. 2.12.2005 – 5 StR 119/05 – Kölner Müllskandal I, BGHSt 50, 299, 308 = NJW 2006, 925 (929) = wistra 2006, 96.
2 BVerfG v. 19.3.2013 – 2 BvR 2628/10 u.a. – Rz. 56 f., 62, BVerfGE 133, 168 = NJW 2013, 1058 zum Verständigungsgesetz; die naheliegende Frage nach den Resourcen der Strafjustiz wurde nicht vertieft; dazu krit. *Trück*, ZWH 2013, 169 (175 ff.); vgl. auch *Knauer*, NStZ 2013, 433; *Landau*, NStZ 2014, 425.

der des Wirtschafts*straf*rechts nicht klar abgegrenzt ist (Rz. 81 ff.), macht die Rechtslage zusätzlich schwer überschaubar. Bedingt durch den fortgesetzten raschen wirtschaftlichen, technischen und politischen Wandel ist dieser Rechtsbereich *ständigen Veränderungen* unterworfen. Nahezu jeder wirtschaftliche Skandal löst den Ruf nach härteren strafrechtlichen Sanktionen aus und mancher darauf beruhende gesetzgeberische Akt lässt dann Qualität und Eindeutigkeit vermissen; häufige Änderungen – und die damit verknüpften Übergangsprobleme (vgl. auch unten § 3) – sind die Folge.

11 Dabei werden einerseits immer wieder Bestrebungen wirksam, diese Zersplitterung der Rechtsnormen wenigstens teilweise durch *Eingliederung in das* **Strafgesetzbuch** (StGB) abzubauen, wie etwa das 1. und 2. Gesetz zur Bekämpfung der Wirtschaftskriminalität (1. bzw. 2. WiKG), die Gesetze zur Bekämpfung der Umweltkriminalität (UKG) oder das Korruptionsbekämpfungsgesetz belegen (Nw.: Rz. 63 f., 70, 72). Andererseits gibt es auch immer wieder Bemühungen zur „*Entkriminalisierung*" mit der Folge, dass anstelle von kriminalstrafrechtlichen Sanktionen solche in Gestalt von Ordnungswidrigkeiten außerhalb des StGB (Rz. 113 ff.) oder gar Sanktionen außerhalb des Strafrechts im weiteren Sinne (Rz. 12 f.) treten (Rz. 101 ff.). Nach wie vor enthält eine Vielzahl von dem Wirtschaftsrecht zuzuordnenden Gesetzen – i.d.R. am Schluss – spezielle Straf- und/oder Bußgeldbestimmungen, die als sog. **Nebenstrafrecht** oft wenig bekannt sind und in ihrer praktischen Bedeutung vielfach unterschätzt werden; darüber hinaus gibt es für einzelne Rechtsbereiche sogar spezielle „Nebenstrafgesetze"[1]. Die Neigung des Gesetzgebers zu weitreichenden Sanktionsandrohungen insbesondere durch ausufernde, katalogartige Bußgeld-Tatbestände ist ungebrochen[2].

12 Schon in diesem Zusammenhang ist hervorzuheben, dass „Wirtschaftsstrafrecht" **Strafrecht im weiteren Sinne** bedeutet. Es umfasst zum einen *Straftaten im engen Sinne*, also die mit Kriminalstrafe (Freiheitsstrafe oder Geldstrafe; § 12 StGB) bedrohten Handlungen, zum anderen *auch die Ordnungswidrigkeiten*[3], die als „nicht kriminelle Handlungen" nur mit Geldbuße geahndet werden (§ 1 OWiG). Der Gegensatz zwischen krimineller Straftat und Ordnungswidrigkeit (näher Rz. 110 ff.) – der etwa auch im Verkehrsstrafrecht erhebliche Bedeutung hat – ist nicht so stark, als dass es sinnvoll wäre, die Behandlung von „Wirtschafts-Kriminalstraf-Recht" und „Wirtschafts-Ordnungswidrigkeiten-Recht" zu trennen. Deshalb ist es wohl einhellige Meinung, dass eine Darstellung des Wirtschaftsstrafrechts die Ordnungswidrigkeiten notwendiger-

---

1 Z.B. die „Lebensmittelrechtliche Straf- und Bußgeldverordnung" i.d.F. der Bek. v. 7.2.2012, BGBl. I 190 mit ÄnderungsVO v. 4.4.2013, BGBl. I 757 (vgl. § 72 Rz. 53) oder die „Weinrechtliche Straf- und Bußgeldverordnung (WeinSBV)" v. 20.2.2014, BGBl I 143 (vgl. § 72 Rz. 90).
2 Anschaulich der fortgesetzt erweiterte § 56 KWG (vgl. auch unten Rz. 121, 121b).
3 Vgl. z.B. *Förster* in Rebmann/Roth/Herrmann, vor § 1 OWiG Rz. 1; *Bohnert* in KK-OWiG, Einl. Rz. 2 f.; *Gürtler/Seitz* in Göhler, OWiG, Einl. Rz. 2, 14; *Klesczewski*, OWiR, § 1 Rz. 1; *Weigend* in LK, Einl. Rz. 19 f.

weise einbeziehen muss¹. Dies gilt auch, soweit es sich um europäisches Recht – genauer: um EG-Recht bzw. EU-Recht – handelt (Rz. 158; § 6).

13 Diese **Zusammenfassung aller Zuwiderhandlungen** – Straftaten und Ordnungswidrigkeiten² – im Bereich der Wirtschaft zum „Wirtschaftsstrafrecht" ist zum einen das Ergebnis einer historischen Entwicklung (Rz. 38 ff.). Sie rechtfertigt sich aber zum anderen auch daraus, dass zahlreiche Ordnungswidrigkeiten *in Straftaten „umschlagen"*, wenn bestimmte Folgen ein- oder einzelne Umstände hinzutreten (z.B. § 148 Nr. 1 GewO: beharrliche Wiederholung bestimmter Ordnungswidrigkeiten; dazu § 25 Rz. 12 f.). Die Ahndung all dieser Zuwiderhandlungen ist auch nur unter Einhaltung derselben verfassungsrechtlich garantierten Standards zugunsten der – mutmaßlichen – Täter zulässig (Rz. 116). – Andere Rechtsfolgen mit tatsächlicher Sanktionswirkung – vom Ordnungsgeld (Rz. 124 ff.) bis zum Schadensersatz (Rz. 131 ff.) – sind dagegen keine Sanktionen des „Wirtschaftsstrafrechts", auch wenn sie empfindlich oder gar existenziell treffen können; darauf kann in diesem Buch nur ganz vereinzelt und ergänzend hingewiesen werden.

14 Dass die *Strafbarkeit* eines Verhaltens – und ebenso die Ahndbarkeit bei Ordnungswidrigkeiten – auf einem förmlichen, parlamentarisch legitimierten **Gesetz** beruhen muss, ist ein rechtsstaatlicher, im Grundgesetz niedergelegter Grundsatz (Art. 103 Abs. 2 GG; § 1 StGB; § 3 OWiG; § 17 Rz. 5). In vielen Bereichen, die einer schnellen Entwicklung unterliegen oder komplexe, detaillierte Regelungen erfordern, ist es indes unvermeidbar, ziemlich allgemein gehaltene Straftatbestände durch **Verordnungen** oder andere Ausfüllungsakte (insbesondere der Verwaltungsbehörden) zu konkretisieren. Diese Verzahnung von die Straf- bzw. Ahndbarkeit anordnendem Gesetz – sog. *„Blankettgesetz"* – und tatbestandsausfüllender Verordnung beherrscht weite Teile des Wirtschaftsstrafrechts, insbesondere im Bereich des Nebenstrafrechts (vgl. § 3 Rz. 3, 10; § 17 Rz. 8 ff.). Dies wirft für die Bildung des gesetzlichen Tatbestands nicht nur rechtstheoretische, sondern auch praktische Probleme auf³, insbesondere,

---

1 H.M.; vgl. z.B. *Tiedemann*, WiStrafR AT, Rz. 2, 6 f., 86; *Tiedemann* in HWiStR, „Einführung ..." S. 2 ff. und schon *Tiedemann*, GA 1969, 71 ff.; *Achenbach* in A/R, I/1 Rz. 1 ff.; *Achenbach*, StV 2008, 324; *Dannecker/Bülte* in W/J, Kap. 1 Rz. 63 ff.; *Grunst/Volk* in Volk, MüAnwHdb. Wirtschafts- und Steuerstrafsachen, § 1 Rz. 23; *Többens*, WiStrafR, A 1; *Quedenfeld/Richter* in Bockemühl, Hdb. des FachAnw. StrafR, VI/5 Rz. 8; *Hellmann/Beckemper*, WiStrafR, Vorwort; *Kudlich/Ogliakcioglu*, WiStrafR, Rz. 12; *Wittig*, WiStrafR, § 1 Rz. 13; *Wittig* in G/J/W, Einf. Rz. 6.
2 „Zuwiderhandlung" ist auch in der aktuellen Gesetzgebung der maßgebliche Oberbegriff; vgl. z.B. die „VO zur Neuordnung der Straf- und Bußgeldvorschriften bei Zuwiderhandlungen gegen EG- und EU-Verordnungen auf dem Gebiet der Chemikaliensicherheit" v. 24.4.2013, BGBl. I 944.
3 Grundlegend *Tiedemann*, Tatbestandsfunktionen im NebenstrafR, bes. S. 88 ff.; *Tiedemann*, WiStrafR AT, Rz. 197 ff., 337 ff.; *Grunst/Volk* in Volk, MüAnwHdb. Wirtschafts- und Steuerstrafsachen, § 1 Rz. 112 f.; *Volk* in Volk, MüAnwHdb. Wirtschafts- und Steuerstrafsachen, § 2 Rz. 75 ff.; *Wittig* in G/J/W, Einf. Rz. 19 ff.; *Dannecker* in LK, § 1 StGB Rz. 148 ff.; *Rotsch* in Momsen/Grützner, WiStrafR, Kap. 1 B Rz.14 ff. *Hassemer/Kargl* in NK, § 1 StGB Rz. 22; *Eser/Hecker* in S/S, vor § 1 StGB Rz. 3, § 1 StGB Rz. 18.

wenn supranationale Sanktionsanordnungen in einzelstaatliches Strafrecht umzusetzen sind[1].

15 Außerdem ist es eine Besonderheit des Wirtschaftsstrafrechts (im weiteren Sinne), dass viele Zuwiderhandlungstatbestände den Verstoß gegen außerstrafrechtliche Normen, nämlich solche des Z*ivilrechts oder Verwaltungsrechts*, voraussetzen. Ob etwa eine Vermögensverfügung missbräuchlich ist (und damit den Tatbestand der Untreue – § 266 StGB – erfüllt), bestimmt jeweils konkret das zivilrechtliche Auftrags- und Vertretungsrecht; ob eine Einleitung von Abwasser unbefugt erfolgt und eine strafbare Gewässerverunreinigung (§ 324 StGB) darstellt, bestimmt sich nach den wasserrechtlichen Erlaubnissen der zuständigen Behörde. Man spricht insoweit von der **Akzessorietät des Strafrechts** im Verhältnis *zum Zivilrecht* oder *Verwaltungsrecht* (vgl. z.B. § 38 Rz. 14; § 54 Rz. 113 ff.)[2]. Das Gleiche gilt von der Maßgeblichkeit des materiellen *Steuerrechts* für die Steuerstraftaten und -ordnungswidrigkeiten (§ 44 Rz. 8 ff.) oder des *Insolvenzrechts* für das Insolvenzstrafrecht (§ 75 Rz. 49 ff.). Im Einzelnen ist häufig umstritten, wie eng diese Akzessorietät zu verstehen ist und ob bzw. inwieweit die Besonderheiten des Strafrechts Lockerungen gebieten oder zulassen. Diese – im Hinblick auf die Einheitlichkeit der Rechtsordnung zumindest grundsätzlich gebotene – Akzessorietät macht nicht nur die einzelnen Verfahren schwieriger und langwieriger, sondern erfordert auch spezielle Qualifikationen im Bereich der Strafverfolgungsorgane.

16 Andererseits steht außer Zweifel, dass das Strafrecht im engeren Sinne nur das *„letzte Mittel"* (*ultima ratio*; vgl. auch Rz. 110 f.) sein kann, um Überschreitungen des rechtlich Zulässigen zu ahnden. Die **Subsidiarität des Strafrechts** – oder auch der *fragmentarische* Charakter des Strafrechts – ist ein weithin, nicht nur in Deutschland, anerkannter Grundsatz. Auch wenn die praktische Umsetzung dieser reichlich unbestimmten Begrenzungsformel viele Fragen aufwirft[3], besteht wohl Einigkeit darin, dass die *gesamte* Rechtsordnung mit gestuften Reaktionen darauf ausgerichtet sein muss, einem Missbrauch wirtschaftlicher Freiheiten entgegenzutreten und schadensstiftenden Fehlentwicklungen angemessen entgegenzusteuern. Neben den Selbstregulierungsmechanismen einer freiheitlichen Wirtschaft ist es primär Aufgabe der *Privatrechtsordnung*, den notwendigen Interessenausgleich zu gewährleisten und

---

1 Dazu z.B. *Schuster, F.P.*, Das Verhältnis von Strafnormen und Bezugsnormen aus anderen Rechtsgebieten, 2012; *Schützendübel*, Die Bezugnahme auf EU-Verordnungen in Blankettstrafgesetzen, 2012; als Beispiel aus der Rspr.: BGH v. 20.11.13 – 1 StR 544/13, wistra 2014, 145; BGH v. 18.9.2013 – 2 StR 365/12, wistra 2014, 62 (zur „Doping-Liste").

2 *Tiedemann*, WiStrafR AT, Rz. 2 ff., 172 ff., 315 ff.; BT Rz. 26a; *Ransiek* in A/R, Teil 8/3 Rz. 3; *Walter, T.* in LK, vor § 13 StGB Rz. 4 f.; *Renzikowski* in Matt/Renzikowski, StGB, Einl. Rz. 15 ff.

3 Vgl. z.B. *Roxin*, AT I, § 2 Rz. 97 ff.; *Tiedemann*, WiStrafR AT, Rz. 187 ff.; *Kudlich* in S/S/W, vor § 13 StGB Rz. 5 ff.; *Rotsch* in *Momsen/Grützner*, WiStrafR Kap. 1B Rz. 28 f.; *Kühl*, Fragmentarisches und subsidiäres StrafR, in FS Tiedemann, 2008, S. 29 ff. (41 ff.); krit. z.B. *Prittwitz* in v. Kempf/Lüderssen/Volk, Die Handlungsfreiheit des Unternehmers – wirtschaftliche Perspektiven, strafrechtliche und ethische Schranken, 2009, S. 53, (56 ff.).

insbesondere über das Recht des Schadensersatzes Rechtsverletzungen möglichst zu verhindern (Rz. 131 ff.). Hoheitliche *Regulierung* und entsprechende staatliche *Aufsicht* müssen zum Zuge kommen, wenn die privatrechtliche Regelung nicht genügen kann (etwa im Finanz- und Versicherungsbereich). Greift auch das vielfältige verwaltungsrechtliche Instrumentarium nicht mehr hinreichend, dann erst stellt sich die Frage nach echten *hoheitlichen (repressiven) Sanktionen*, entweder in Gestalt einer „leichteren" Geldbuße oder zuletzt als Strafe im engeren Sinn (Kriminalstrafe) – letztlich mit der Konsequenz einer Freiheitsstrafe (Rz. 110).

Der häufig nach wirtschaftlichen Skandalen zu vernehmende Ruf nach strafrechtlichen Konsequenzen bedarf allerdings auf der Grundlage solider kriminologischer Forschung stets sehr kritischer Prüfung. Die Frage der *Kriminalisierung* bzw. *Entkriminalisierung* des Wirtschaftsrechts ist und bleibt ein „Dauerbrenner"[1]. Indes liegt es nicht in der Zielsetzung dieser Darstellung, hier die fortgesetzt notwendige Diskussion um die rechtspolitisch vernünftigen Grenzen des Wirtschaftsstrafrechts – einschließlich der „internen" Abgrenzung zwischen Wirtschafts-Kriminalstrafrecht und Wirtschafts-Ordnungswidrigkeitenrecht – voranzubringen oder gar kriminalpolitische Positionen zu formulieren – was indes kritische Äußerungen der Bearbeiter zur jeweiligen Rechtslage keineswegs ausschließt. Vielmehr ist – seit der ersten Auflage (1987) – das zentrale Anliegen aller Bearbeiter, mit dieser **Gesamtdarstellung des** in Deutschland **geltenden Wirtschaftsstrafrechts** einen praxisbezogenen Beitrag zu leisten, um damit in erster Linie künftigen Rechtsverletzungen vorzubeugen und in zweiter Linie die rechtsstaatlich gebotene Durchsetzung der Rechtsordnung in einem schwierigen Bereich zu erleichtern. Deshalb erfordert das von uns verfolgte Konzept eine einführende Erläuterung.

III. Konzeption der Darstellung

1. Zur Gliederung

Angesichts der schwer zu übersehenden Vielzahl unterschiedlichster Normen und der ungesicherten Abgrenzung des gängigen Begriffs „Wirtschaftsstrafrecht" (Rz. 81 ff.) ist das Hauptproblem seiner Behandlung das einer nachvollziehbaren *Gliederung und Begrenzung des riesigen Stoffes*. Von Anfang an liegt dieser Darstellung der Gedanke zugrunde, die Masse von Straf- und Bußgeldtatbeständen, die ein Unternehmer im Rahmen seiner wirtschaftlichen Tätigkeit zu beachten hat, die aber gleichzeitig auch seinem Schutz dienen, praxisnah nach **„Lebensabschnitten" eines Unternehmens** und nach den typischen Berei-

---

1 Dazu z.B. *Theile*, Rationale Gesetzgebung im Wirtschaftsstrafrecht, wistra 2012, 285; *Lindemann, Michael*, Voraussetzungen und Grenzen legitimen Wirtschaftsstrafrecht, 2012; *Nöckel, A.*, Grund und Grenzen eines Marktwirtschaftsstrafrechts, 2012 (Diss. Jena 2011); *Lüderssen*, Regulierung, Selbstregulierung und WirtschaftsstrafR – Versuch einer interdisziplinären Systematisierung, in Kempf/Lüderssen/Volk, Die Handlungsfreiheit des Unternehmers, 2009, S. 241 ff.; *Lüderssen*, Entkriminalisierung des WirtschaftsR, 1998/2007 (Aufsatzsammlung, 2 Bde.); vgl. auch die Nw. unten Rz. 97 ff.

chen unternehmerischer Betätigung zu gliedern. Das *Unternehmen* als „wirtschaftende Einheit" (näher § 23 Rz. 1 ff.) bietet sich als geeigneter Kristallisationspunkt an, um das Phänomen Wirtschaftskriminalität und die Normen zu deren Bekämpfung zu erfassen, auch wenn dies der herkömmlichen dogmatischen Denkweise im Strafrecht nicht entspricht (zur Sabotage § 23 Rz. 26).

19 Damit sind die **Unternehmer** bzw. *Unternehmensträger* – und damit die im Unternehmen Verantwortlichen (vgl. besonders unten § 30) in ihren vielfältigen Funktionen und Erscheinungsformen – als (potenzielle) Täter der *zentrale Orientierungspunkt* dieser Darstellung[1]. Primär sollen den *Adressaten* dieser Normen und deren *Beratern* die Strafbarkeitsrisiken und deren Vermeidung aufgezeigt werden, indem der Zugang zu den vielfältigen Bestimmungen und deren Anwendungsfragen erleichtert wird. Aber auch demjenigen, der mit der Aufarbeitung eventueller Normverletzungen befasst ist, soll eine breite Informationsgrundlage oder zumindest praxisnahe Einstiegshilfe geboten werden.

Andererseits bestand wegen tatsächlicher Sachnähe Anlass, die unternehmensbezogene Sicht bisweilen zu verlassen und in einzelnen Bereichen *auch Nicht-Unternehmer* als (potenzielle) Tätergruppe in die Behandlung einzubeziehen: Sowohl bei den Korruptionsdelikten (unten § 53) und der Haushaltsuntreue (§ 32 Rz. 212) als auch in den Bereichen, in denen hoheitliche Mitwirkung mit Unternehmenstätigkeit eng verknüpft sind, etwa im Umweltstrafrecht (unten § 54), konnten die Amtsträger nicht außer Betracht bleiben[2].

20 Eine solche gleichsam **betriebswirtschaftliche Ausrichtung** der Gliederung hat zwar in gesellschaftsrechtlichen Darstellungen Parallelen, steht aber in *Widerspruch zur* traditionellen Sichtweise der Strafrechtslehre und des Gesetzgebers. Denn diese ist bei Sanktionsnormen entweder auf das zu schützende Rechtsgut oder auf bestimmte Begehungsformen oder Rahmenbedingungen der konkreten Regelung gerichtet. Die hier gewählte Ausrichtung hat es einerseits ermöglicht, wirtschaftlich Zusammengehörendes im Zusammenhang zu behandeln, hat aber andererseits auch zu *Zuordnungsschwierigkeiten* geführt, deren Lösung nicht immer optimal sein mag.

Während sich einzelne Gruppen von Strafnormen relativ leicht einzelnen *„Betriebszuständen" eines Unternehmens* zuordnen lassen, etwa das Insolvenzstrafrecht der Beendigungsphase, entziehen sich gerade so zentrale Tatbestände wie Betrug und Untreue einer solchen Darstellungsweise. Dies hat entweder eine Behandlung an verschiedenen Stellen (so beim Betrug neben § 47 z.B. § 28 Rz. 72 ff.; § 48 Rz. 1 ff.; § 49 Rz. 4, 6 ff.; § 50 Rz. 102 ff.; § 59; § 86) oder eine forcierte Zusammenfassung (so bei der Untreue – § 32 –, ergänzt speziell für die Kreditinstitute durch § 67 Rz. 1 ff.) zur Folge.

---

[1] Vgl. auch *Tiedemann*, WiStrafR AT, Rz. 17 ff.; *Krekeler/Werner*, Verteidigung in Wirtschaftsstrafsachen, 2013, passim; ausgeprägt unternehmensbezogen sind z.B. auch die Darstellungen von *Eidam*, Unternehmen und Strafe, 4. Aufl. 2014, und von *Große Vorholt*, WiStrafR – Risiken – Verteidigung – Prävention, 3. Aufl. 2013.

[2] Anschaulich *Eidam*, Unternehmen und Strafe, Kap. 3 Rz. 93 ff.

Aber auch sonst sollten aus der Gliederung keine voreiligen Schlüsse gezogen werden: Wenn z.B. das Kartellrecht hier dem Bereich „Absatz" während der Betriebsphase zugeordnet wurde, so beruht das auf einer **praktischen Schwerpunktbildung**, soll aber nicht besagen, dass Kartellrechtsverstöße nicht auch bei der Beschaffung oder auch schon in der Gründungsphase vorkommen können. Oft hat es auch die sachliche Zusammengehörigkeit *spezialgesetzlicher Normen* aus Gründen der Übersichtlichkeit erforderlich gemacht, gegenüber der „betriebswirtschaftlichen" Grundkonzeption Kompromisse einzugehen. Solche Abstriche am Konzept erschienen uns akzeptabel, weil der Gewinn an Transparenz, den ein unternehmensbezogener Aufbau im Vergleich zu anderen Gliederungsmöglichkeiten insgesamt bietet, dadurch nicht erheblich geschmälert wird – zumal umfangreiche, nach Stichworten und Normen sortierte *Register* die Orientierung erleichtern. 21

Die gewählte Konzeption führt zu einer **weit gezogenen Umgrenzung** des Bereichs **des Wirtschaftsstrafrechts**, die inzwischen viel Gefolgschaft gefunden hat. Dazu gehört nicht nur das Steuerstrafrecht (unten §§ 43 ff.), das teilweise als gesonderter Bereich gesehen wird[1]. Vielmehr werden auch Tatbestandsgruppen erfasst, die nicht nur außerhalb der gesetzlichen Zuständigkeit der Wirtschaftsstrafkammer (Rz. 90 ff.) stehen, sondern früher nicht zum Wirtschaftsstrafrecht gerechnet wurden, etwa das (umfangreiche) Umweltstrafrecht (§ 54)[2] oder das *Arbeitnehmerschutzrecht* (§ 34) oder gar das Betriebsverfassungsrecht (§ 35). Uns erschien es geboten, solche Bereiche in die Darstellung mit einzubeziehen, denn aus praktischer Sicht lässt sich eine plausible Unterscheidung bei derartigen unternehmenstypischen Sachverhalten nicht machen, weder für den Unternehmer noch für die Strafverfolgungsbehörden. Spektakuläre Fälle aus jüngerer Zeit bestätigen diese Sichtweise[3]. 22

Die Betitelung des Werks als „*Unternehmensstrafrecht*"[4] wäre indessen zu eng und irreführend, denn dieser in jüngerer Zeit häufig verwendete Ausdruck nimmt insbesondere das alte Problem in den Fokus, ob Unternehmen – richtiger: Unternehmensträger – „als solche" mit strafrechtlichen Sanktionen belegt werden können oder sollten (dazu § 23 Rz. 34 ff.).

---

1 Die verbreitete Verwendung des Titels „Wirtschafts- und Steuerstrafrecht" – so z.B. die von *Wabnitz/Janovsky* sowie von *Volk* herausgegebenen Handbücher – signalisiert zwar oberflächlich eine begriffliche Verschiedenheit, ist jedoch im Ergebnis eine Zusammenfassung beider Bereiche; nur das von *Achenbach* herausgegebene „Handbuch Wirtschaftsstrafrecht" klammert das Steuerstrafrecht aus, nachdem das von *Achenbach/Wannemacher* herausgegebene Loseblattwerk „Beraterhandbuch zum Steuer- und Wirtschaftsstrafrecht" 1999 eingestellt wurde.
2 *Graf/Jäger/Wittig* bezeichnen im Vorwort zu G/J/W (2011) die Einbeziehung des UmwStrR als „zwingend"; vgl. *Grunst/Volk* in MüAnwHdb. Wirtschafts- und Steuerstrafsachen, § 1 Rz. 24 ff.
3 Etwa für das BetriebsverfassungsR: BGH v. 17.9.2009 – 5 StR 521/08 – VW/Volkert, BGHSt 54, 118 = NJW 2010, 92 m. Anm. *Bittmann*; BGH v. 13.9.2010 – 1 StR 220/09 – Siemens/Schelski, BGHSt 55, 288 = NJW 2011, 88.
4 Vgl. z.B. *Ransiek*, UnternehmensstrafR, 1996; *Mittelsdorf*, Unternehmensstrafrecht im Kontext, 2007; *Kempf/Lüderssen/Volk* (Hrsg.), UnternehmensstrafR, 2012; vgl. auch *Bartalyos*, Int. UnternehmensstrafR, 2012.

23 Die Entscheidung für diese Darstellungskonzeption fiel zu einem Zeitpunkt, als die Feststellung vom „ebenso notorischen wie beklagenswerten" Fehlen einer geschlossenen Abhandlung des deutschen Wirtschaftsstrafrechts[1] uneingeschränkt zutraf. Obwohl – und weil – inzwischen zahlreiche andere Darstellungen mit dem Titel „Wirtschaftsstrafrecht" vorliegen , haben wir uns für die **Beibehaltung dieser Konzeption** – unter bewusstem Verzicht auf den Ballast von zu vielen Details – entschlossen. Sie ist von Anfang an auf ein ganz überwiegend positives Echo gestoßen[2]. Dass ein „stärker materiell dominiertes Gliederungsschema"[3] wirklich zu größerer Transparenz und Benutzerfreundlichkeit geführt hätte, hat sich uns nicht erschlossen; der alternative Griff zu einem Kommentar der jeweils einschlägigen Gesetze stand – und steht – immer offen. Der Benutzer dieses Werks, der zur Bearbeitung eines konkreten Falles mehr „Material" sucht, wird es oft in den anderen Darstellungen des Wirtschaftsstrafrechts finden, auf die hier, auch zur Entlastung des Umfangs, vielfach verwiesen wird.

2. Zur Stoffbegrenzung

24 a) Auch bei dieser Sichtweise mussten zwecks **Stoffbeschränkung** Begrenzungen vorgenommen werden, die im Einzelfall anfechtbar sein mögen. Nicht näher behandelt sind danach die Normen, die sich an den Unternehmer in gleicher Weise wie an jeden Dritten wenden. Obwohl ein Unternehmer, der in seinem Unternehmen Kraftfahrzeuge einsetzt, zur Einhaltung der Vorschriften über Straßenverkehr und Zulassung von Fahrzeugen verpflichtet ist, erstreckt sich die Behandlung *nicht* auf das *Straßenverkehrsrecht*[4]. Ebenso bleibt der Bereich der *Betäubungsmittel* wegen ihrer Eigenheiten ausgegrenzt, obwohl der Drogenhandel eine enorme wirtschaftliche Dimension erreicht (auch § 74c Abs. 1 Nr. 3 GVG klammert diesen Bereich ausdrücklich aus). Dies gilt auch – ungeachtet aller wirtschaftlichen Bedeutung und mafiöser Täterstrukturen (dazu § 9) – für die *Prostitution*, *Pornografie* und den *„einfachen"* Waffenhandel (unterhalb der Kriegs- und Chemiewaffen – dazu § 73).

25 Auch das für **einzelne Berufsgruppen** oder Branchen maßgebliche Strafrecht, etwa für *Ärzte*[5] oder für die *Bauwirtschaft*[6], für den Kunsthandel oder den

---

1 *Tiedemann*, Vorwort zu „WirtschaftsstrafR und Wirtschaftskriminalität", Bd. 1, 1976.
2 Vgl. www.wirtschaftsstrafrecht.net/Rezensionen (1.-5. Aufl.); s. auch *Tiedemann*, WiStrafR AT, 3. Aufl. 2010, Rz. 35; *Satzger/Suchy*, JZ 2012, 307.
3 *Mansdörfer*, Zur Theorie des Wirtschaftsstrafrechts, 2011, Rz. 16.
4 Das von *Eidam*, Unternehmen und Strafe, Kap. 7 Rz. 1519 ff., unter vier Hauptrisikobereichen eines Unternehmens als viertes behandelte „Verkehrs- und Verkehrswirtschaftsrisiko" ist hier nur teilweise berücksichtigt (bes. unten § 71, § 34 Rz. 56 ff.).
5 Dazu z.B *Ulsenheimer*, ArztstrafR in der Praxis, 5. Aufl. 2014; *Roxin/Schroth* (Hrsg.), Hdb. des MedizinstrafR, 4. Aufl. 2010; *Frister/Lindemann/Peters*, ArztstrafR, 2011; *Kraatz*, ArztstrafR, 2013; *Sommer/Tsabikakis* in Terbille/Clausen/Schroeder-Printzen (Hrsg.), MüAnwHdb. MedizinR, 2. Aufl. 2013, § 3; *Zuck* in Quaas/Zuck, MedizinR, 3. Aufl. 2014, §§ 70–74.
6 Dazu bes. *Greeve/Leipold*, Hdb. des BaustrafR, 2004.

Sport¹, konnte nicht näher oder gar systematisch dargestellt, sondern allenfalls punktuell angerissen werden; nur die *Kreditinstitute und Versicherungsunternehmen* einschließlich Makler (§§ 65–70), das Transportwesen (§ 71) und das Lebensmittel- und Gesundheitswesen (§ 72) sind zumindest als Überblick behandelt. Zudem sind die für Unternehmen tätigen professionellen *Berater* wegen ihrer großen tatsächlichen Bedeutung Gegenstand des 5. Teils (§§ 90–96). Insgesamt waren für die getroffene Stoffauswahl nicht theoretische Erwägungen maßgebend, sondern praktische Gesichtspunkte aufgrund beruflicher Erfahrung.

26 Für die **Ausführlichkeit** der Darstellung war indessen nicht nur die größere oder geringere Nähe zu einem gedachten „Kernbereich" des Wirtschaftsstrafrechts maßgebend, sondern ebenfalls pragmatische, durch Erfahrung bestimmte Erwägungen. Tatbestände, die in den vorhandenen Kommentaren und Lehrbüchern ausführlich behandelt sind, wurden anders angegangen als Bereiche, in denen strafrechtlich orientierte Darstellungen knapp sind. Umfangreiche Spezialgebiete, die durch spezifisches Schrifttum gut erschlossen sind, werden regelmäßig nur in einem knappen *Überblick* dargestellt, etwa das große Gebiet des Steuerstrafrechts (§§ 43–46), das Lebensmittelrecht (§ 72) oder das Kartellrecht (§ 57).

27 **b)** Die im *1. Teil (Einführung)* angesprochenen **allgemeinen Themen** des Verfahrensrechts (§§ 10–16) und der allgemeinen Voraussetzungen und Folgen einer Sanktionierung (§§ 17–21) mussten aus Gründen des Umfangs knapp gehalten werden, schienen uns aber nicht verzichtbar². Damit soll dem nicht spezialisierten Leser zumindest ein knapper Abriss mit Hinweisen auf im Wirtschaftsstrafrecht relevante Schwerpunkte geboten werden. Zugleich dient dieser Teil der Entlastung der nachfolgenden vier Teile von Wiederholungen über Allgemeines.

28 Maßgeblicher Ausgangspunkt für die Stoffauswahl war für uns die (banal klingende) Feststellung, dass das Wirtschaftsstrafrecht *kein selbständiges Rechtsgebiet* ist, sondern – ebenso wie etwa das Verkehrsstrafrecht – **Teil des Strafrechts** (im weiteren Sinne – Rz. 12 f.). Auch die „Wirtschaftsstrafverfahren" werden nach den allgemeinen verfahrensrechtlichen Bestimmungen durchgeführt. Es war und ist nicht Ziel dieser Darstellung, „allgemeine Lehren" des Wirtschaftsstrafrechts zu entwickeln oder sich gar an dogmatischen Konzepten zu versuchen; das soll der Wissenschaft vorbehalten bleiben (Rz. 97 ff.).

29 Eine wichtige Leitlinie für den Umfang der Darstellung und die Auswahl der Sachfragen war die Bedeutung in der **Unternehmens- und Strafverfolgungspraxis**. Diese letztlich subjektive Erfahrung der Mitautoren ist trotz (unvermeidlicher) Lückenhaftigkeit bewusst über die dogmatische Geschlossenheit irgend-

---

1 Mag auch systematisches „Doping" ganze Zweige der „Sportbetriebs" erfasst haben, so fehlt doch der Unternehmensbezug; vgl. dazu die aktuelle Gesetzesvorlage sowie die Nw. in § 72 Rz. 105.
2 Entgegen dem Rat von *Stohrer*, Die Justiz 2011, 172 f.; anders *Schröder, Chr.*, Bankpraktiker 2012, 388.

eines Systems gestellt worden. Da in jüngerer Zeit das wirtschaftsstrafrechtliche Schrifttum erheblich reichhaltiger geworden ist, sowohl an (mehr oder weniger) umfassenden Darstellungen als auch an Abhandlungen über einzelne Bereiche, und dazu drei Spezialzeitschriften[1] für aktuelle Information sorgen, erlaubt dies im Hinblick auf die Stofffülle einerseits und auf die Beschränkung dieser Darstellung auf einen Band andererseits, sich im Folgenden auf das praktisch Wichtigste zu beschränken.

B. Zur geschichtlichen Entwicklung

Schrifttum: *Achenbach*, Zur Entwicklung des Wirtschaftsstrafrechts in Deutschland seit dem späten 19. Jh., Jura 2007, 342; *Achenbach*, Die wirtschaftsstrafrechtliche Reformbewegung – ein Rückblick, in FS Tiedemann, 2008, S. 47; *Dannecker/Bülte* in W/J, Kap. 1 Rz. 40 ff.; *Grunst/Volk* in Volk, MüAnwHdb. Wirtschafts- und Steuerstrafsachen, § 1 Rz. 38 ff., 46 ff.; *Rüping/Jerouschek*, Grundriss der Strafrechtsgeschichte, 6. Aufl. 2011; *Wittig* in G/J/W, Einf. Rz. 8 f.

30 Kürzere geschichtliche Überblicke über Erscheinungsformen und Entwicklungen des Wirtschaftsstrafrechts bzw. der Wirtschaftskriminalität sind vielfach Gegenstand der einschlägigen Handbücher und Kommentierungen[2]; zahlreiche Veröffentlichungen befassen sich mit einzelnen Aspekten oder Epochen. Eine umfassende historische Darstellung des Wirtschaftsstrafrechts liegt indessen bislang nicht vor; sie ist im Rahmen der vorstehend umrissenen Konzeption auch nicht zu leisten. Hier können nur einige **knappe Hinweise** zur geschichtlichen Entwicklung geboten werden[3]. Schon dabei zeigt sich, dass die hier behandelte Thematik stark von der jeweiligen Definition und Praxis des „Wirtschaftens" oder auch des „Wirtschaftsrechts" (näher Rz. 81 ff.) beeinflusst ist[4].

---

1 Neben der schon seit 1982 erscheinenden „wistra" die ZHW (seit Herbst 2011) und die NZWiSt (seit Anfang 2012).
2 Zur Entwicklung des WirtschaftsR allg. *Rittner/Dreher*, Europ. und dt. WiR, 3. Aufl. 2008, § 1 Rz. 1 ff., zum WiStrafR § 24 Rz. 48 ff.; vgl. auch *Keller/Steinke* in Stober, Dt. u. Int. WiR, 2007, N Kap. 1, Kap. 2; *Zacher*, Die Entstehung des Wirtschaftsrechts in Deutschland, 2002.
3 Der nachstehenden Darstellung (Rz. 30–80) liegt diejenige von *Hans Richter* in den Vorauflagen (1./2. Aufl.: § 3; 3.-5. Aufl.: § 2) zugrunde, die nur punktuell aktualisiert wurde.
4 *Tiedemann*, WiStrafR I, 1976, 16, 42 ff., 54 f.; *Schneider, H.J.*, Wirtschaftskriminalität in kriminologischer und strafrechtlicher Sicht, JZ 1972, 461; auch schon *Lindemann, C.*, Gibt es ein eigenes WirtschaftsstrafR?, 1932.

I. Ältere Epochen

1. Frühe Erscheinungsformen

Da Umfang und Ausgestaltung des Wirtschaftsstrafrechts von der *Wirtschaftsverfassung* des jeweiligen Gemeinwesens abhängig sind[1] und gerade hier besonders deutlich wird, wie sehr das Strafrecht von seinem Gegenstand bestimmt wird, weil es „dem Schutz einer bestimmten vorgegebenen Ordnung" dient, fallen die **Anfänge des Wirtschaftsstrafrechts** und der Wirtschaftskriminalität mit den Anfängen des Wirtschaftens zusammen, also mit Einzelbeziehungen zwischen den „wirtschaftenden" Personen, den Produzenten und Abnehmern sowie – etwas später – auch den Händlern als Bindeglied. Zutreffend hat *Middendorff*[2] ein Bibelzitat[3] vorangestellt: 31

„Ein Kaufmann kann sich schwer hüten vor Unrecht und ein Krämer vor Sünden. Denn um eitlen Gutes willen tun viele Unrecht; und die reich werden wollen, wenden die Augen ab."

Der hier angesprochene Vorwurf des Betrugs macht mit seinem individualschädigenden Inhalt deutlich, dass in einer Wirtschaftsordnung, in der es lediglich um **Individualbezüge** geht, nur das Vermögen des einzelnen Schutzobjekt sein kann. Der Schutz dieser Individualbeziehungen steht über die Jahrtausende – und auch bis heute – im Vordergrund. In diesem Sinne haben z.B. auch die Reichspolizeiordnungen den Verkauf „gefälschter Specereyen" (Ingwer u.a.), „schlecht behandelten Tuches" usw. als Betrugsfälle behandelt[4]. Die Grenzziehung zwischen strafbarem Betrug und kaufmännischer „Cleverness" hat sich über die Jahrhunderte als schwierig erwiesen. 32

Überindividuelle Bezüge sind jedoch ebenfalls seit Langem bekannt[5] und werden nur gelegentlich durch die Gleichsetzung mit dem Staatsinteresse (bzw. mit dem Vermögen der „Krone") verschleiert. Der Ahndung der auf Bestechung beruhenden Zusammenarbeit zwischen beamteten Friedhofswächtern, Priestern und Grabplünderern im alten Ägypten[6] liegt – über den individualschädigenden Charakter des Diebstahls der Grabgaben hinaus – der Bezug auf die Schädigung der (überindividuellen) Gemeinschaftsinteressen zugrunde: Zum einen richtet sich die Bestechung (s. auch Rz. 36 f.) direkt gegen das ordnungsmäßige *Funktionieren des Staatswesens*; zum anderen wird besonders der Totenkult, der mittelbar das Gemeinwesen wesentlich mitträgt, beeinträchtigt. – Mit dem Aufkommen der Geldwirtschaft rückt die Gruppe der Münzfälschungen in den Blickpunkt; dabei geht es weniger um den Schaden des Einzelnen, sondern vielmehr um das Vertrauen in die Währung und damit in die Wirtschaftsordnung insgesamt. 33

---

1 Zutreffend *Jescheck*, Das deutsche WirtschaftsstrafR, JZ 1959, 457.
2 *Middendorff*, Freiburger Universitätsblätter 77 (1982), 55.
3 Altes Testament, Buch Jesus Sirach, Kap. 26,29; 27,1; dieses Buch gehört zu den sog. Apokryphen und ist Bestandteil der Septuaginta, nicht aber der Luther-Bibel.
4 Hierzu *Mattes*, Untersuchungen zur Lehre von den Ordnungswidrigkeiten, 1977, 54.
5 *Tiedemann*, WiStrafR AT, Rz. 65 ff.
6 *Zirpens/Terstegen*, Wirtschaftskriminalität, 1963, 691; w. Hw. bei *Middendorff*, Freiburger Universitätsblätter 77 (1982), 55.

34 Dieser gesamtgesellschaftliche Bezug verstärkt sich insbesondere in früheren Normen und Entscheidungen über **Wucher-, Monopol- und Zwischenhandelsdelikte**. Geschützt wird vor allem die Verfügbarkeit, aber auch Verteilungsgerechtigkeit lebenswichtiger Güter, wie sie beispielhaft im *corpus iuris* über den Kornwucher erfasst sind[1]. Sozialethisch missbilligt und bestraft wird, wer seine Herrschaft über Existenzgrundlagen missbraucht, etwa durch Preistreiberei oder Hamsterei, und damit nicht nur einzelne Mitglieder der Volksgemeinschaft, sondern darüber hinaus deren gedeihliches Zusammenleben insgesamt gefährdet. Noch deutlicher wird der Zusammenhang mit den Gemeinwohlinteressen, wenn schon im klassisch-römischen Recht der Verstoß gegen Exportverbote für Waffen oder allgemein für Eisen mit Strafe geahndet wurde[2].

35 Vor allem die **Preisdelikte** werden in den Reichspolizeiordnungen mit drastischen Worten als „hochschädlicher umfressender Unrath" bezeichnet, durch den „Landen und Leuten mercklicher Schad zugefügt wird", der deshalb als „vnziemlich, sondern avch vnchristlich wider Gott vnd recht vnd wider die Göttliche Unsere Kayserl. beschriebene Recht" bezeichnet wird[3]. Mitte des 15. Jahrhunderts musste Monopolisierungstendenzen im Bereich von „Luxusgütern" entgegengewirkt werden[4]. Die Sicherstellung des „gerechten Preises", die auch im kanonischen Zinsverbot zum Ausdruck kommt[5], ist damit als das hinter dem Individual-Vermögensschutz stehende Prinzip zur Sicherung des Gemeinfriedens der damaligen Wirtschaft zu kennzeichnen.

36 In diesem Zusammenhang ist die Kriminalität der **Korruption** (näher § 53) besonders bedeutsam[6]. Wie die Verwaltung selbst überlebt sie die wechselhafte Ausgestaltung der (Volks-)Wirtschaften und erreicht jede hierarchische Stufe von den Kleinen zu den Großen und Mächtigen, solange diese nur irgendetwas zu „verwalten", also „zuzuteilen" haben: „Die ganze Umgebung des Papstes vom Türhüter bis hinauf zum Kardinal forderte vom Bittsteller gewissermaßen ihren Tribut"[7]. Hiervor waren und sind auch die höchsten Leitungsebenen nicht ausgenommen, wie Beispiele von Konsul *Marcus Crassus*, der das römische Bauwesen etwa 70 v. Chr korrumpierte, bis hin zu Minister *von Grumbkow*, dem ersten preußischen Minister des Soldatenkönigs *Wilhelm*, und zum Kronprinzen *Friedrich* selbst[8] beweisen. Die Linie lässt sich ohne Un-

---

1 *Vogel*, KartellR und Handelspolicey, JZ 1958, 111 ff., 112.
2 *Tiedemann*, WiStrafR AT, Rz. 69.
3 Zitiert nach *Mattes*, Untersuchungen zur Lehre von den Ordnungswidrigkeiten, 1977, 56.
4 Im Reichsabschied von 1512 heißt es z.B., dass „etwa viel große Gesellschafft in Kaufmannschafften in kurzen Jahren im Reich aufgestanden, auch etliche sondere Personen sind, die allerley waar und Kauffmanns-Güter, als Specerey, Ertz, Wöllen-Tuch und dergleichen in ihre Händ und Gewalt allein zu bringen unterstehen, Fürkauff damit zu treiben, setzen und machen ihnen zum Vortheil solcher Güter den Wehrt ihres Gefallens, fügen damit dem Reich und allen Ständen desselbigen mercklichen Schaden zu." Näher, auch zum Folgenden, *Vogel*, JZ 1958, 111.
5 *Mattes*, Untersuchungen, 57.
6 Vgl. dazu schon *Middendorff*, Freiburger Universitätsblätter 77 (1982), 56 f.
7 *Sohn*, Kirchengeschichte im Grundriss, 20. Aufl., 113 (zit. nach *Middendorff*, Freiburger Universitätsblätter 77 [1982], 56).
8 *Middendorff*, Freiburger Universitätsblätter 77 (1982), 56 f.

terbrechung bis in die heutige Zeit fortführen, wie die „Parteispenden" an Partei- und Regierungsmitglieder durch Verantwortliche großer Konzerne zeigen oder an Mitglieder des „Internationalen Olympischen Komitees" (IOC) oder des Internationalen Fußballverbands (FIFA) durch kommunale oder staatliche Würdenträger.

Das Zeitalter des **Merkantilismus** war gekennzeichnet einerseits durch den Ausbau von Handels- und Verkehrsstrukturen sowie die Entwicklung des Rechnungswesens und andererseits durch detaillierte, einengende Regelung des Handels, verbunden mit dem Aufbau von Überwachungsorganisationen und mit der Schaffung von staatsabgeleiteten Machtpositionen. Hier sind es ebenfalls die *Bestechungsdelikte*, die das staatliche Wirtschaftssystem besonders angreifen. Insofern ist die parallele Kriminalitätsstruktur in den artverwandten *planwirtschaftlichen Systemen* der Neuzeit[1] kein Zufall, sondern systembedingt.

2. Industrialisierung

Die Hemmungen, die der Merkantilismus für den weiteren Ausbau bzw. die Ausnutzung der in der Renaissance entstandenen weltumspannenden Verkehrs- und Handelsorganisationen brachte, verstärkte die Tendenzen zur Technisierung und Rationalisierung der Gewerbebetriebe, führte also zum *Entstehen von „Industriebetrieben"*. Diese Entwicklung war verbunden mit der Verbreitung des Gedankengutes des **Liberalismus** im 19. Jahrhundert und dessen Steigerung bis zum Hochliberalismus, der erst durch die Zwangswirtschaft des Ersten Weltkrieges abrupt endete. Der Zweck des Staates und seiner Rechtsordnung wurde in dieser Periode vorwiegend im Schutz des Individuums gesehen[2]. Dies führte zur Zurückdrängung des *„Polizei- und Verwaltungsstrafrechts"* als einem der „guten und gemeinen Ordnung" dienenden Mittel der Verwaltung und hin zur Unterscheidung zwischen individuellen *Schutzgütern* – Rechtsgüter, die mit Strafgewalt zu schützen seien – und *„Verwaltungsgütern"*, die lediglich „erstes und grundlegendes Fürsorgeobjekt der Verwaltung darstellen"[3]. Die Grundprinzipien eines derartigen Strafrechtsschutzes hat *Curt Lindemann* später dahin formuliert[4]:

„Die Wirtschaft muss sich ohne das Strafrecht fortbilden und entwickeln und kann von ihm höchstens eine gewisse Unterstützung, keinesfalls aber mehr verlangen [...] Wir müssen davon ausgehen, dass die Wirtschaft zwar durch Strafgesetze geschützt werden muss, dass sie aber nicht in ihrer Bewegungsfreiheit gehindert werden darf [...]"

---

1 *Tiedemann*, WiStrafR I, 16; *Tiedemann*, Wirtschaftsgesetzgebung und Wirtschaftskriminalität, NJW 1972, 657 ff., 661.
2 *Mattes*, Untersuchungen zur Lehre von den Ordnungswidrigkeiten, 1977, S. 38.
3 *Goldschmidt*, Das VerwaltungsstrafR – Eine Untersuchung der Grenzgebiete zwischen StrafR und VerwaltungsR auf rechtsgeschichtlicher und rechtsvergleichender Grundlage, 1902; *Wolf, Erik*, Die Typen der Tatbestandsmäßigkeit, 1931; zu der auf diese Autoren begründeten Lehre von den „Verwaltungswidrigkeiten" sowie zur Polizeistrafrechtslehre oder der sog. Merkel-Bindingschen Ungehorsamstheorie vgl. insbes. *Mattes*, Untersuchungen, 109 ff., 129 ff., 135 ff.; *Richter, Hans*, Die Diskriminierung als Kartellordnungswidrigkeit, 1982, 4 ff.
4 *Lindemann, C.*, Gibt es ein eigenes WirtschaftsstrafR?, 1932, 2.

39 Dem entsprach die in der *Naturrechtslehre* des 18. Jahrhunderts begründete Auffassung, wonach die Rechtsordnung im eigentlichen Sinne nur dem **Schutz der Rechtsstellung des Individuums** zu dienen habe, während die Pflichten des Einzelnen gegenüber der Gemeinschaft gar keine echten Rechtspflichten seien[1]. Dies führte zu einer Trennung von *Justizdelikt* und *Verwaltungsdelikt*: Straffolgen sollten nur bei Ersterem wegen der vorliegenden Rechtsgutsverletzung eintreten können; bei Letzterem sollte dagegen nur eine „Pflichtenmahnung" wegen der „Lässigkeit des Bürgers in der Erfüllung seiner Mitwirkungspflicht beim ordnungsgemäßen Funktionieren der Verwaltung" gegeben sein[2].

Hatte das *corpus iuris* hinsichtlich des Kornwuchers noch geregelt, dass der sozialethischen Missbilligung und deshalb der „Strafe" unterliegt, wer seine ausschließliche Herrschaft über wesentliche Güter der Gemeinschaft zum persönlichen Vorteil missbraucht[3], so zeigt der Entwurf von *Feuerbach*[4] für ein Bayerisches Strafgesetzbuch, wie eng nunmehr der individualistische (Straf-)Rechtsgüterschutz gesehen wurde: Wucher, Monopolmissbrauch, das Dardanariat (unerlaubte Verteuerung lebensnotwendiger Güter), ja selbst Bankrott sollten nicht „Verbrechen im engeren Sinne", sondern „Polizey-Übertretungen"[5] sein. Im Bayerischen StGB von 1813 wird durch die Einordnung sämtlicher „Bagatelldelikte" als *Rechtsübertretungen*, die „keine unmoralische Gesinnung" ausweisen und deshalb den sonstigen „Polizey-Übertretungen" gleichgestellt sind[6], die herrschende Wertung noch deutlicher. „Wirtschafts*straf*recht" über den Schutz des Einzelnen und seines Vermögens hinaus konnte es bei dieser Grundhaltung kaum geben.

40 Eine grundlegende Abkehr von der ständischen Wirtschaftsordnung brachte die **Gewerbeordnung vom 21.6.1869**[7] mit dem *Grundsatz der Gewerbefreiheit*. Jeder Staatsbürger hatte nun das Recht, jedes Gewerbe zu betreiben, soweit nicht durch das Gesetz Ausnahmen oder Beschränkungen vorgeschrieben sind (§ 1 GewO). Damit verbunden war auch der Grundsatz der Freiheit zur Einstellung von Arbeitnehmern aller Art (§ 41 GewO) und zur freien Vereinbarung von Arbeitsverträgen (§ 105 GewO). Die überragende Bedeutung dieser Reform wird auch nicht dadurch beeinträchtigt, dass in einer Vielzahl von Bereichen staatlich verliehene Berechtigungen (Privilegien, Konzessionen) zumindest zunächst beibehalten wurden. – Die (seither fortgesetzt geänderte[8]) GewO ist nicht nur das *älteste wirtschaftsstrafrechtliche* (Reichs- bzw. Bundes-) *Gesetz*,

---

1 Hierzu *Jescheck/Weigend*, AT, 461.
2 *Goldschmidt*, Das VerwaltungsstrafR – Eine Untersuchung der Grenzgebiete zwischen StrafR und VerwaltungsR auf rechtsgeschichtlicher und rechtsvergleichender Grundlage, 1902.
3 *Vogel*, JZ 1958, 113.
4 *Feuerbach*, Lehrbuch des gemeinen in Deutschland gültigen peinlichen Rechts, 1820, §§ 432 ff.
5 Vgl. die Kritik bei *Mattes*, Untersuchungen, 110 ff.
6 Zum wieder rezipierten Gedanken des „Bagatellstrafrecht" vgl. *Krümpelmann*, Die Bagatelldelikte – Untersuchungen zum Verbrechen als Steigerungsbegriff, 1966; zu dessen Rückführung auf *Goldschmidt* und *Frank* vgl. *Mattes*, Untersuchungen zur Lehre von den Ordnungswidrigkeiten, 1977, 133 m.Nw.
7 Lange maßgeblich war die Bek. v. 26.7.1900, RGBl. 871; vgl. *Kahl* in Landmann-Rohmer, GewO, Einl. Rz. 24; zur aktuellen GewO s. unten § 24 Rz. 1 ff.
8 Die Liste von *Kahl* in Landmann-Rohmer, GewO, Einl. Rz. 23 umfasst 283 Änderungen (Stand: März 2014).

das noch in Geltung ist[1], sondern zugleich ein Musterfall des sog. *Nebenstrafrechts*: der Titel X (§§ 143 ff. GewO) enthält eine Reihe recht verschiedenartiger (und wiederholt geänderter) Straf- und Bußgeldbestimmungen. Sie werden – der Konzeption dieses Buchs entsprechend – an unterschiedlichen Stellen behandelt, insbesondere in § 24, § 25 und § 74 (s. Gesetzesverzeichnis).

In den sog. „*Gründerjahren*" kam es nach Ablösung des Konzessionssystems 1870 und als Folge milliardenschwerer Kriegsentschädigungen Frankreichs 1871 zu übertriebenen Spekulationen, insbesondere zu einem Boom der Gründung von **Aktiengesellschaften**. Die hierbei aufgetretenen erheblichen Missstände und die in der Folge eingetretenen wirtschaftlichen Verluste waren Anlass der *Aktienrechtsreform 1884*, die nachhaltige Änderungen für die Gründung und „Verfassung" der AG gebracht hat[2]. Auch dieses Gesetz enthielt – wie das AktG 1937 und das heute geltende, wiederholt geänderte AktG 1965 – am Schluss einen Abschnitt mit Strafbestimmungen (vgl. § 23 Rz. 78 ff.).

41

Noch gravierender waren indes die tatsächlichen Beeinträchtigungen der wirtschaftlichen Freiheit durch den **Organisationszwang** des sich immer mehr ausweitenden **Kartellunwesens**, das durch eine Anwendung von Strafrechtsnormen – etwa Nötigung und Erpressung – nicht wirksam bekämpft werden konnte[3]. Es hat sich somit auch auf dem Gebiet des Wirtschaftens gezeigt, dass der Verzicht rechtlicher Kontrolle der staatlichen Organisation „Wirtschaft" i.S. des „laissez faire"[4] zur Bildung ökonomischer Macht und zur schrankenlosen Ausübung dieser Macht durch die Mächtigen im Wirtschaftsleben führt. Die *Steuerungsfunktion des Wettbewerbs*, die dem Gedanken des Liberalismus zugrunde liegt, kann nur durch die Herstellung und staatliche Garantie einer Rahmenordnung bewirkt werden (näher § 57). Dies stellt notwendig eine Beschränkung des Selbstregulierungsmechanismus und eine Ausweitung von Staatsfunktionen in diesem grundsätzlich privatautonom geregelten gesellschaftlichen Bereich dar[5]. In der Rolle des „Nachtwächters"[6] kann der Staat diese Aufgabe nicht leisten, die Korrektur fehlerhafter Marktabläufe durch politische Eingriffe ohne strafrechtlichen Einsatz nicht durchsetzen. Zu Recht hat *Helmut Arndt*[7] deshalb darauf hingewiesen, dass es stets eine der

42

---

1 In der – inzwischen mehrfach geänderten – Fassung der Bek. v. 22.2.1999, BGBl I 202.
2 2. Aktienrechtsnovelle v. 31.7.1884, RGBl. 123; näher zu Entwicklung und Hintergründen z.B. *Assmann* in Großkomm.-AktG, 4. Aufl. 1992/2004, Einl. Rz. 79 ff., 89 ff.; *Habersack* in MüKo-AktG, 3. Aufl. 2008, Einl. Rz. 16 f.
3 Ein diese Tatbestände im Grundsatz bejahendes Urteil des RG v. 29.11.1900, RGSt 34, 15 ff. ist vereinzelt geblieben.
4 Hierzu und zu den Rahmenbedingungen einer Wettbewerbsordnung i.S. von *Fuchs* und *Böhm* vgl. *Hart*, Zur Instrumentierung des Wirtschaftsrechts am Beispiel der Wirtschaftsverfassung, ZHR 140 (1976), 31 (33 f., 39, 41 f.)
5 *Hart*, ZHR 140 (1976), 31 (41).
6 Zu diesem von *Lassalle* abwertend gebrauchten Begriff vgl. *Böhm*, Ordo XXII, 1971, 11 ff., 14.
7 *Arndt*, Marktmacht auf der Nachfrageseite, WuW 1972, 84 ff.(85).

3. Kriegs- und Verwaltungswirtschaft

43 a) Haben die Auswüchse des Hochliberalismus bewiesen, dass private Macht den Einzelnen autoritativ beherrschen kann und diese dadurch zur Konkurrenz der Staatsgewalt wird[1], so bringt die nun folgende Entwicklung einen „Pendelschlag" in die Gegenrichtung. Die Not des **Ersten Weltkrieges** führt zur Notwendigkeit einer alle Ressourcen ausschöpfenden *Kriegswirtschaft*. Die zunehmende Regulierung der Wirtschaft durch normative Anordnungen der Wirtschaftsverwaltung und deren Unterstützung durch das immer breiter angewandte Mittel der Kriminalstrafe ist damit zur eigentlichen Geburtsstunde des deutschen Wirtschaftsstrafrechtes geworden.

44 Es ist kennzeichnend, dass ein so „merkantiles" – also auf Schutz der heimischen Wirtschaft gerichtetes – Gesetzeswerk wie das *Reichskaligesetz* vom 25.5.1910[2] damals als modernstes deutsches Wirtschaftsstrafgesetz bezeichnet werden konnte. Aufgabe dieses Strafrechts war allein, vor dem Verlust der Weltmonopolstellung zu schützen. Die Aufgabe dieses Strafrechts wurde als **Mittel des „Wirtschaftskrieges"** definiert, der „nicht nur eine Begleiterscheinung des militärischen Krieges, sondern der erbitterte und hartnäckige Kampf der Staaten um wirtschaftliche Macht" ist und der „auch im Frieden fortgeführt" wird, wobei nur die Mittel der „Kriegsführung" andere seien[3].

45 Die Rechtsgrundlage der nunmehr auswuchernden **strafbewehrten Kriegsverordnungen** bildete das schon am 4.8.1914 erlassene „*Gesetz über die Ermächtigung des Bundesrats zu wirtschaftlichen Maßnahmen [...] im Falle kriegerischer Ereignisse*"[4]. Es ermächtigte den Bundesrat, während der Zeit des Krieges gesetzliche Maßnahmen anzuordnen, „welche sich zur Abwendung wirtschaftlicher Schädigungen erforderlich erweisen" (§ 3 Abs. 1). Ausgehend von der „Bekanntmachung über den Verkehr mit Brotgetreide und Mehl aus dem Erntejahr 1915"[5], in dessen § 9 das unbefugte Beiseiteschaffen, Entfernen, Beschädigen [...] beschlagnahmter Vorräte u.a. mit Gefängnis bis zu einem Jahr oder mit Geldstrafe bis 10 000 Mark bestraft werden konnte, wurden Handel und Verkehr verwaltungsrechtlich immer stärker eingeengt. Dabei wurde jedermann mit Strafe bedroht, der sich dem Zwang nicht unterordnen wollte. Hier liegt auch die Herkunft des berühmten *Nachtbackverbots*, das – später losgelöst vom Anlass – als Arbeitsschutzvorschrift bis 1996 in Geltung war[6].

---

1 So zutr. *Krumbholz*, Kartell-Rdsch. 1931, 545 ff. unter Berufung auf *Böhm*, Das Problem der privaten Macht, in Die Justiz, Bd. III, 324.
2 RGBl. 1910, 775; vgl. hierzu *Tiedemann*, WiStrafR I, 43; *Dannecker/Bülte* in W/J, Kap. 1 Rz. 57.
3 *Lindemann, C.*, Gibt es ein eigenes WirtschaftsstrafR?, 1932, 1.
4 RGBl. 1914, 327 f.
5 V. 28.6.1915, RGBl. 1915, 363.
6 Vgl. 3. Aufl. § 34 Rz. 40; 2. Aufl. § 28 Rz. 51 m.w.Nw.

Beispiele sind die Bekanntmachungen über den Verkehr mit Kartoffeln, das Verbot der Verwertung von Kartoffelmehl zur Herstellung von Seife, die Regelungen über das Schlachten von Schweinen und Kälbern, das Verfüttern von Getreide, das Fernhalten unzuverlässiger Personen vom Handel und vor allem zur Beschränkung der freien Preisgestaltung, bis schließlich der Handel überhaupt durch die Verteilungs-„Kriegswirtschaft" gänzlich abgelöst war[1]. Die unterschiedslose Bewehrung der wirtschaftlichen Zwangsordnung wurde zu Recht als Missbrauch *des Strafrechts* gekennzeichnet[2]. 1918 wird von über 40 000 Strafbestimmungen berichtet[3], in deren Zentrum die *Kriegswuchergesetze* standen, mit deren Hilfe die Deckung lebenswichtigen Bedarfs gewährleistet werden sollte.

46

b) Auch nach Abschluss des Krieges musste der fortdauernde *Mangel an Gütern* verwaltet und insbesondere die ausufernde Inflation bekämpft werden, was zu einer erheblichen Verschärfung der Strafdrohung und Einführung von Sondergerichten (sog. „*Wuchergerichte*"[4]) führte. Daneben versuchte der Gesetzgeber der **Weimarer Republik** mit drastischen Strafdrohungen die *Kapitalflucht* ins Ausland zu stoppen[5] – allerdings mit wenig Erfolg.

47

Auch der allmähliche Abbau staatlicher Eingriffe in das Wirtschaftsgeschehen verhinderte in der Folge nicht den weiteren Ausbau der Sanktionen zur Durchsetzung des Verwaltungshandelns im wirtschaftlichen Bereich. Hierbei bediente man sich insbesondere der sog. „**Ordnungsstrafen**". Diese hatte schon das Vereinszollgesetz vom 1.7.1869[6] gekannt. Die Reichsabgabenordnung von 1919 (Rz. 61) hat sie als zentrales Sanktionsmittel etabliert und sie sind nunmehr nachgerade zum *typischen Sanktionsmittel* des Verwaltungs- und Überwachungsapparates der Wirtschaftsordnung geworden[7].

48

Von besonderer Bedeutung für die Entwicklung des Wirtschaftsstrafrechtes war die „*Verordnung gegen den Missbrauch wirtschaftlicher Machtstellung*" vom 2.11.1923 (sog. **Kartellverordnung**)[8], durch die Kartelle hinsichtlich der Ausübung von Organisationszwang einer Missbrauchskontrolle unterworfen wurden[9]. Einerseits wurde mit dieser Verordnung eine „Polizei-Aufsicht"[10] in der Wirtschaft eingeführt und die sog. „Ordnungsstrafe" erstmals bewusst als – ausschließliche – staatliche Sanktion für rein wirtschaftliche Delikte gebraucht. Andererseits war damit die – erneute (vgl. Rz. 39) – Zurückdrängung der Bestrafung im engeren Sinne aus diesem gesellschaftlichen Bereich einge-

49

---

1 Vgl. hierzu die Hinweise bei *Lindemann, C.*, Gibt es ein eigenes WirtschaftsstrafR?, 1932, 3 ff.
2 *Tiedemann*, WiStrafR I, 43.
3 *Meyer, K.*, LZ 1918, 185 ff.
4 VO über Sondergerichte gegen Schleichhandel und Preistreiberei (Wuchergerichte) v. 27.11.1919, RGBl. 1919, 1909.
5 Vgl. zur Kapitalfluchtgesetzgebung *Lindemann, C.*, Gibt es ein eigenes WirtschaftsstrafR?, 1932, 9 f.; *Tiedemann*, WiStrafR I, 43 f., je m.Nw.
6 RGBl. 1869, 371.
7 So zutr. *Tiedemann*, WiStrafR I, 44.
8 RGBl. I 1067.
9 Vgl. hierzu *Richter*, Die Diskriminierung als Kartellordnungswidrigkeit, 1982, 27 f. m.Nw.
10 So treffend *Schaper*, Das Werden und Wesen des staatlichen OrdnungsstrafR in der Wirtschaft, Diss. Jena 1939, 47.

leitet, nachdem für die Unterscheidung nicht mehr die Gefährlichkeit der Handlung, sondern allein der Charakter der Tat maßgebend war: *kriminalstrafrechtlicher Schutz* der Freiheit und des Vermögens von Einzelpersonen einerseits und *ordnungsstrafrechtliche Mittel* zur Durchsetzung der Anordnungen der Wirtschaftsverwaltung andererseits[1].

50 c) Zu weiterer Verbreitung des Einsatzes von wirtschaftsstrafrechtlichen Normen führte die straff gelenkte **nationalsozialistische Wirtschaftspolitik** im „Dritten Reich", insbesondere in Form des *Kriegswirtschaftsrechts*. Nicht nur das Preisstrafrecht erfuhr einen umfassenden Ausbau; fatal war die Schaffung immer allgemeinerer und unbestimmterer Tatbestände, die in ihrer Auswirkung von der Rechtsprechung nur unzulänglich eingegrenzt werden konnten[2]. Bagatellverstöße wurden mit der Todesstrafe bedroht und anstelle eines ordnungsgemäßen Verfahrens traten Stand- und Sondergerichte – bis hin zum „Volksgerichtshof" –, die oft in einem Schnellverfahren die sog. Volkschädlinge liquidiert haben[3].

51 Zusammenfassend kann für diese Epoche gesagt werden, dass „die **Gesamtwirtschaft des Volkes**" als ein *strafrechtlich zu schützendes* **Rechtsgut** gesehen wurde; danach sind Wirtschaftsdelikte strafbare Handlungen, auch wenn sie sich nicht gegen einzelne, sondern gegen die Gesamtwirtschaft oder ihre „funktionell wichtigen Zweige und Einrichtungen" richten[4]. Die hierauf folgende – zunächst strafbeschränkend gedachte – Zweiteilung der Sanktionsmittel in Kriminal- und Ordnungsstrafe führte im Ergebnis einerseits mit der Einrichtung einer von der Justiz nicht kontrollierten Ordnungsstrafgewalt der Verwaltungsbehörden zur *Preisgabe rechtsstaatlicher Sicherungen* und andererseits zur *Beschränkung des sozial-ethischen Vorwurfs* auf den Individualschutz im Unterschied zum Schutz der Wirtschaftsordnung oder ihrer essenziellen Teilgebiete.

II. Zeitraum seit 1949

1. Erste Reformen

52 Ausgehend von der Gesetzgebung des aus der amerikanischen und britischen Zone gebildeten „Vereinigten Wirtschaftsgebietes" und auf der Basis der Währungsreform von 1948 wurde mit dem *Grundgesetz der Bundesrepublik Deutschland* vom 23.5.1949 (GG) die verfassungsrechtliche Grundlage einer

---

1 Hierzu *Richter*, Diskriminierung, 28; *Tiedemann*, WiStrafR I, 44 f., je m.Nw.
2 Vgl. hierzu umfassend die Frankfurter Diss. von *Werner*, Wirtschaftsordnung und WirtschaftsstrafR im Nationalsozialismus, 1991; *Werner*, WirtschaftsstrafR im Nationalsozialismus, KritV 1991, 139 ff.; auch *Tiedemann*, WiStrafR I, 45 f. m.Nw.
3 Dazu näher z.B. *Jescheck* in LK, 11. Aufl. 1992, Einl. Rz. 50 f.; *Weigend* in LK, 12. Aufl. 2006, Einl. Rz. 29 f.; *Werle*, Justiz-Strafrecht und polizeiliche Verbrechensbekämpfung im Dritten Reich, 1989; *Vogel*, Einflüsse des Nationalsozialismus auf das Strafrecht, 2004; *Rüping/Jerouschek*, Grundriss der Strafrechtsgeschichte, Rz. 273 ff.
4 So schon *Lindemann, C.*, Gibt es ein eigenes WirtschaftsstrafR?, 1932, S. 13, 15 und 19; vgl. auch *Jescheck*, JZ 1959, 457 ff.

freien Wirtschaftsordnung geschaffen. Die neoliberalen Väter dieser Ordnung[1] ließen allerdings keinen Zweifel daran, dass eine Wiederholung des Hochliberalismus des 19. Jahrhunderts, also einer Wirtschaft ohne staatliche Lenkung, ausgeschlossen ist. „**Soziale Marktwirtschaft**" mit den Aufgaben der gerechten Verteilung des Volksvermögens und -einkommens sowie des Einsatzes wirtschaftslenkender staatlicher Maßnahmen zur Abwendung von Krisen lässt sich nicht mit den Mitteln der Selbststeuerung der Wirtschaft durch das „freie Spiel der Kräfte" bewältigen. Die Einhaltung der staatlich gesetzten Grenzen und Spielregeln sowie die Durchsetzung wirtschaftslenkender Maßnahmen des Staates zwingen dabei auch zum Einsatz des repressiven Strafrechts. Dieses sollte allerdings für alle Marktbeteiligten durchschaubar und berechenbar sein.

In Verfolgung dieser Zielsetzung war es zunächst Aufgabe des Gesetzgebers, das Dickicht strafbewehrter Normen zu lichten und überschaubar zu machen. Das noch vom Wirtschaftsrat der Zwei-Zonen-Verwaltung geschaffene erste **Wirtschaftsstrafgesetz von 1949**[2] brachte auf der Grundlage der Lehren von *Eberhard Schmidt*[3] die Zweiteilung in Straftaten und Ordnungswidrigkeiten und damit einen Abbau der umfassenden Ordnungsstrafgewalt der Verwaltung. Es zählte enumerativ das geltende Wirtschaftsstrafrecht auf und schuf sogar ein spezielles Verfahrensrecht mit Pönalisierungsfolgen wie Betriebsschließungen, Berufsverboten u.a.[4]. 53

Eine weitere erhebliche Reduzierung der kriegswirtschaftlichen Normen erfolgte durch das „**Gesetz zur weiteren Vereinfachung des Wirtschaftsstrafrechts**" vom 9.7.1954 (**WiStG 1954**)[5], dessen Geltung zunächst bis 1962 verlängert wurde und das seither in der *Neufassung von 1975* ohne Befristung gültig ist[6]. Gegenstand der strafrechtlichen und quasistrafrechtlichen Regelungen waren in erster Linie das *Preis- und Wucherstrafrecht* und das *Marktordnungs-* 54

---

1 Wirtschaft ist danach „Veranstaltung", d.h. staatliche Aufgabe, die niemals außerhalb der Rechtsordnung stattfinden kann; so insbes. *Eucken*, Grundsätze der Wirtschaftspolitik, 2. Aufl. 1955, S. 334 ff.; *Miksch*, Wettbewerb als Aufgabe – Die Grundsätze einer Wettbewerbsordnung, 2. Aufl. 1947, 11 ff.; *Böhm*, Ordo XXII, 1971, 11 ff.; auch *Arndt*, WuW 1972, 84 (85).
2 G zur Vereinfachung des WirtschaftsstrafR (WirtschaftsstrafG) v. 26.7.1949, WiGBl. 1949, 193; zuvor die VO über die Bestrafung von Verstößen gegen die Wirtschaftsordnung (WiStVO v. 23.9.1948); vgl. dazu *Tiedemann*, WiStrafR I, 47 f.; *Tiedemann*, WiStrafR AT Rz. 76; näher zur Entwicklung nach 1945 *Dannecker/Bülte* in W/J, Kap. 1 Rz. 60 ff.; *Grunst/Volk* in Volk, MüAnwHdb. Wirtschafts- und Steuerstrafsachen, § 1 Rz. 41 ff.
3 *Schmidt, E.*, Das neue westdeutsche WirtschaftsstrafR, 1950 (Beihefte zur DRZ Nr. 11); *Schmidt, E.*, JZ 1951, 101 ff.; *Schmidt, E.*, Ausscheidung des VerwaltungsR aus dem StrafR. Niederschriften über die Sitzungen der Großen Strafrechtskommission, Bd. 1, 1956, 333 ff.; krit. hierzu insbes. *Mattes*, ZStW 82 (1970), 26 ff.; *Mattes*, Untersuchungen zur Lehre von den Ordnungswidrigkeiten, 1977, 129 ff.; *Richter*, Die Diskriminierung als Kartellordnungswidrigkeit, 1982, 4 ff., je mit ausf. Nw.
4 *Tiedemann* in HWiStR, Einf., 1; *Dannecker/Bülte* in W/J, Kap. 1 Rz. 60 f.
5 WirtschaftsstrafG 1954, BGBl. I 175.
6 Nunmehr i.d.F. v. 3.6.1975 BGBl. I 1313; zul. geänd. durch G v. 8.12.2010, BGBl. I 1864.

strafrecht, das später weitgehend von den EG-Marktordnungen verdrängt wurde[1] (§ 45 Rz. 54 ff.). Das WiStG 1954/1975 enthält nur noch einen so geringen Rest dessen, was heute allgemein unter Wirtschaftsstrafrecht verstanden wird, dass der Kurzname „Wirtschaftsstrafgesetz" geradezu irreführend ist. Aus dieser Restregelung von gut zehn Paragraphen haben derzeit lediglich die Vorschriften über die *Mietpreisüberhöhung* (§ 5 WiStG; § 61 Rz. 74 ff.) und der besonderen, an die Stelle des Verfalls tretenden *Mehrerlösabschöpfung* (§ 8 WiStG; § 21 Rz. 92) eine – bescheidene – praktische Bedeutung.

55 Mit dem WiStG 1954 war allerdings der *Scheitelpunkt der Liberalisierung überschritten*[2]. Dies zeigen **neue Strafbestimmungen:** 1956 wurde eine allgemeine Strafvorschrift gegen Preisüberhöhungen (§ 2a WiStG) eingeführt, eine Folge der hektischen Preisentwicklung insbesondere auf dem Baumarkt. Dem folgten – in Erinnerung an das ursprüngliche Kriegswirtschaftsrecht – im Zuge des „Kalten Krieges" 1965 und 1968 Straf- und Bußgeldtatbestände zur Sicherstellung von Leistungen und gewerblichen Erzeugnissen in Krisenzeiten (§§ 1, 2 WiStG; unten § 64).

56 Die – im WiStG 1949 (Rz. 53) angelegte – grundsätzliche Unterscheidung zwischen – ethisch vorwerfbaren – Straftaten und sozialethisch „neutralen" Verstößen gegen die Rechtsordnung[3] wurde im **Gesetz über Ordnungswidrigkeiten** vom 25.3.1952 auf eine breite Grundlage gestellt[4]. Damit wurden die rechtsstaatlich problematischen „Ordnungsstrafen" (Rz. 48) abgelöst. Dieses Gesetz gilt zwar generell für alle Ordnungswidrigkeiten; seine Hauptbedeutung erlangte es aber zunächst im wirtschaftlichen Bereich. Von dort aus hat es nachgerade einen „Siegeszug" in andere Strafrechtsbereiche angetreten, insbesondere in das Verkehrsstrafrecht, und ist sogar zum „Exportschlager" der deutschen Strafrechtsdogmatik geworden[5] (vgl. auch Rz. 113 ff.). Schrittweise wurden sämtliche *Übertretungen* im Kern- und im Nebenstrafrecht in Ordnungswidrigkeiten umgewandelt, soweit sie nicht ausnahmsweise zu Straftaten hochgestuft wurden. Erst 1967 erklärte das BVerfG die noch fortbestehende Strafgewalt der Finanzbehörden (Erlass von „Strafbescheiden") für verfassungswidrig[6].

---

1 G zur Durchführung der gemeinsamen Marktorganisationen v. 31.8.1972 (MOG); vgl. *Tiedemann*, WiStrafR I, 31 und II, 192 ff.
2 So zutr. *Jescheck*, Das deutsche Wirtschaftsstrafrecht, JZ 1959, 457 (458).
3 *Tiedemann*, WiStrafR AT, Rz. 77 f.; *Richter*, Diskriminierung, 7 ff.
4 BGBl. I 177; im Rahmen der großen Strafrechtsreform erfolgte die Neufassung durch das OWiG v. 24.5.1968, BGBl. I, 481, das zuletzt am 19.2.1987, BGBl. I 602, neu bekannt gemacht wurde.
5 *Tiedemann* in HWiStR, Einf., 4; *Tiedemann*, JZ 1986, 865 ff., je m.Hw. auf ausländische Rezeptionen; vgl. aber auch *Karsten Schmidt*, wistra 1990, 131 (137 f.).
6 BVerfG v. 6.6.1967 – 2 BvR 375/60 u.a., BVerfGE 22, 49 ff.; hierzu *Tiedemann*, WiStrafR AT, Rz. 77; *Dannecker/Bülte* in W/J, Kap. 1 Rz. 63.

Von grundsätzlicher Bedeutung für die neu eingerichtete Wirtschaftsordnung ist das **Gesetz gegen Wettbewerbsbeschränkungen** (GWB/Kartellgesetz) vom 27.7.1957[1] (dazu § 57 Rz. 2, 91 ff.). Ihm obliegt der Schutz des freien Wettbewerbs und der freien Preisbildung als fundamentale Strukturprinzipien der sozialen Marktwirtschaft. Trotz der essenziellen Bedeutung dieses *„Grundgesetzes der Marktwirtschaft"* hat der Gesetzgeber – in „kaum glaublichem Maße"[2] – auf die kriminalpolitische Wirksamkeit hoher Bußgeldandrohungen vertraut und an dieser Einschätzung trotz offensichtlichen Misserfolgs – bei allerdings drastischer Heraufsetzung der Bußgeldhöhe – bis heute festgehalten[3]. Lediglich die – bereits von der Sachverständigenkommission (Rz. 60) vorgeschlagene – Pönalisierung des Ausschreibungsbetruges (Submissionsbetrug, § 299 StGB – dazu unten § 58) hat der Gesetzgeber 1997 mit dem Gesetz zur Bekämpfung der Korruption – endlich – umgesetzt (Rz. 72). Inzwischen ist der Schutz des freien Wettbewerbs überwiegend durch europäische Normen geprägt (§ 57 Rz. 2 ff., 16 ff.). Das ändert aber nichts an der Feststellung, dass die Sanktionsnormen des GWB um ein Vielfaches bedeutsamer waren als die des WiStG 1954/1975.

57

2. Neuausrichtung nach 1965

Im Laufe des sich entwickelnden „Wirtschaftswunders" hatte sich immer deutlicher herauskristallisiert, dass die Bekämpfung der zunehmenden Wirtschaftskriminalität mit den gegebenen Mitteln nicht zu leisten war. Dies führte zunächst zu **organisatorischen Maßnahmen** bei den Strafverfolgungsbehörden, nämlich der *Einrichtung sog. Schwerpunktstaatsanwaltschaften* zur Bekämpfung der Wirtschaftskriminalität, deren Rechtsgrundlage § 143 Abs. 4 GVG ist (näher Rz. 94, vgl. auch § 11 Rz. 2 ff.). 1971 folgte die Einrichtung der Wirtschaftsstrafkammern bei Landgerichten[4], was eine „Auflistung" der dem Wirtschaftsstrafrecht zuzuordnenden Tatbestände in § 74c GVG erforderte (näher Rz. 92 f.). Derartige organisatorische Maßnahmen konnten indes nur erste Schritte sein, haben sich jedoch schnell als unverzichtbar erwiesen.

58

Zur Bekämpfung der Kriminalität in der Wirtschaft waren vielmehr in erster Linie verbesserte materielle und prozessuale *gesetzliche Regelungen erforderlich*. Voraussetzung für eine sinnvolle Normsetzung ist eine auf kriminologischen Befunden aufbauende Strafrechtsdogmatik, die die tatsächlichen und rechtlichen Gegebenheiten und Möglichkeiten beachtet. Die notwendigen Be-

59

---

1 I.d.F. der Bek. v. 26.6.2013, BGBl. I 1750; zum (strafrechtlichen) Rechtsgut des KartellstrafR *Richter*, Die Diskriminierung als Kartellordnungswidrigkeit, 1982, 12 ff.; *Tiedemann*, Wettbewerb und StrafR, 1976, 8 ff.; *Dannecker/Biermann* in Immenga/Mestmäcker, 5. Aufl. 2014, vor § 81 GWB Rz. 37 ff.
2 So *Jescheck*, JZ 1959, 458.
3 Zu den Forderungen der Sachverständigenkommission (Rz. 60) zur Kriminalisierung einzelner Bußgeldtatbestände des GWB vgl. insbes. *Tiedemann*, Kartellrechtsverstöße und StrafR, 1976, Kap. 4; *Tiedemann*, Wettbewerb und StrafR, 1976, 12 ff. m.Nw.
4 Zur Zuständigkeitsregelung für Wirtschaftsstrafkammern und deren Geltung für die Schwerpunktstaatsanwaltschaften auch *Liebl*, wistra 1987, 13 ff.; aktuelle Nw. unten Rz. 90 ff.

mühungen, das im „Dritten Reich" so missbrauchte Strafrecht im Rahmen der **großen Strafrechtsreform** auf eine moderne rechtsstaatliche Grundlage zu stellen, haben lange im Mittelpunkt gestanden; das Ergebnis war nicht nur ein weitgehend erneuerter „Allgemeiner Teil"[1], sondern auch eine schrittweise „Durchforstung" des „Besonderen Teils"[2]. So begann die strafrechtliche Forschung und Lehre erst relativ spät und zunächst auch nur vereinzelt, sich intensiver mit dem Phänomen der Wirtschaftskriminalität zu beschäftigen[3].

60 Besondere Bedeutung hat der 49. *Deutsche Juristentag* im Jahr *1972* erlangt, der – auf der Grundlage des Gutachtens von *Tiedemann*[4] – eine umfassende Überprüfung des Wirtschafts- und Steuerstrafrechts gefordert hat. Dies hat noch im Jahre 1972 zur Einsetzung der „**Sachverständigenkommission zur Bekämpfung der Wirtschaftskriminalität**" geführt, die bis 1976 umfangreiche Empfehlungen und Beschlüsse zum materiellen Wirtschaftsstrafrecht, aber auch zu begleitenden organisatorischen sowie wirtschafts- und sozialrechtlichen Regelungen vorgelegt hat[5]. In der Folge haben sich auch die Autoren des *Alternativ-Entwurfes eines Strafgesetzbuches* (AE) in einem weiteren Teil – mit der Überschrift: „*Straftaten gegen die Wirtschaft*" – des „*Besonderen Teils*" dieses AE um Ausformulierung entsprechender Strafnormen bemüht[6].

a) Steuerstrafrecht

61 Für den Bereich der **Strafgesetzgebung** ist zunächst die – der Kommissionsarbeit vorgelagerte – Entwicklung des praktisch so bedeutsamen Steuerstrafrechtes zu erwähnen. Es wird geschätzt, dass bei konsequenter Durchsetzung der Steuerehrlichkeit alle Steuern um ein Drittel gesenkt werden könnten; allerdings geben die hierzu geführten Statistiken nur ungenügende Anhaltspunkte für derartige Schätzungen zum Dunkelfeld[7] (vgl. auch § 2 Rz. 22). Die einzelnen steuerstrafrechtlichen Regelungen waren zunächst in der *Abgabenordnung 1919*[8] zusammengefasst. Später wurde das *Zollstrafrecht* in die Abgabenordnung eingegliedert. Allerdings konnte dieses Teilstrafrecht erst nach Einführung des Schuldprinzips[9] rechtsstaatlichen Ansprüchen halbwegs genügen. Ernste Zweifel an der Rechtsstaatlichkeit blieben aber bestehen.

62 Erst die erwähnte (Rz. 56) Rechtsprechung des *BVerfG* zur Verfassungswidrigkeit der Strafbefugnis der Finanzbehörden führte zu der *Neugestaltung* des

---

1 2. StrRG v. 4.7.1969, BGBl. I 717.
2 3.–5. StrRG (1970–1974) nebst EGStGB v. 2.3.1974, BGBl. I 469; Neufassung durch Bek. v. 2.1.1975, BGBl. I 1.
3 Wegweisend die Habilitationsschrift von *Tiedemann*, Tatbestandsfunktionen im NebenstrafR, 1969.
4 *Tiedemann*, Welche strafrechtlichen Mittel empfehlen sich für eine wirksamere Bekämpfung der Wirtschaftskriminalität?, Gutachten für den 49. Deutschen Juristentag, 1972, C 1 ff.; s. auch *Dannecker/Bülte* in W/J, Kap. 1 Rz. 80 f.
5 BMJ (Hrsg.), Bekämpfung der Wirtschaftskriminalität, Kommissionsbericht, 1976.
6 Dazu *Achenbach* in FS Tiedemann, 2008, S. 50; *Tiedemann*, WiStrafR AT, Rz. 127.
7 Vgl. *Dannecker*, Steuerhinterziehung im internationalen Wirtschaftsverkehr, 1984, 1 f. m.Nw.; zu Recht krit. zu diesen Schätzungen *Damm*, wistra 1986, 43 ff.
8 RGBl. I 1993.
9 Durch G. v. 4.7.1939, RGBl. I 1181.

Steuerstrafrechts auch in formeller Hinsicht: Sie wurde durch das Gesetz vom 10.8.1967[1] beseitigt. Wenig später[2] wurden die leichten Steuervergehen in *Steuerordnungswidrigkeiten* umgewandelt. Diese steuerstrafrechtliche Entwicklung wurde in die neue **Abgabenordnung 1977**[3] – das praktisch wichtigste Gesetz des Nebenstrafrechts – übernommen (unten §§ 43–46). Mit fortgesetzten Änderungen – darunter das *Steuerverkürzungsbekämpfungsgesetz*[4], das *Steuerhinterziehungsbekämpfungsgesetz*[5] und das *Schwarzgeldbekämpfungsgesetz* (Rz. 75) – hat der Gesetzgeber in der Folge versucht, das Steuerstrafrecht den aktuellen Anforderungen entsprechend weiterzuentwickeln.

b) Gesetze zur „Bekämpfung der Wirtschaftskriminalität"

Konnte auch die *Sachverständigenkommission* (Rz. 60) auf die Neugestaltung des Steuerstrafrechtes keinen Einfluss mehr nehmen, so war ihre Tätigkeit doch Anstoß für eine vielfältige gesetzgeberische Aktivität. Im Jahr 1976 trat zunächst das „**Erste Gesetz zur Bekämpfung der Wirtschaftskriminalität**" (1. WiKG)[6] in Kraft. Entsprechend der Konzeption der Kommission[7], vor und neben strafrechtlichen Regelungen die wirtschafts- und verwaltungsrechtlichen Möglichkeiten auszuschöpfen, enthielt dieses Gesetz auch Änderungen des BGB sowie des Handels- und Konkursrechts. Von großer Reichweite war die Neuregelung des *Konkursstrafrechtes* und die Rückführung dieser Materie aus der Konkursordnung in das Strafgesetzbuch (§§ 283 ff. StGB); bei der grundsätzlichen Novellierung des materiellen Insolvenzrechtes – insbesondere die Einbeziehung der Verbraucher – durch die *InsO 1999*[8] wurde leider das StGB nicht angepasst. Daneben sind vor allem die neu geschaffenen Strafvorschriften des *Subventions- und Kreditbetruges* (§§ 264, 265b StGB; unten § 52 bzw. § 50 Rz. 150 ff.) und des *Wuchertatbestandes* (§ 302a StGB a.F., jetzt § 291 StGB; § 61 Rz. 1 ff.) zu erwähnen.

Ebenfalls auf den Vorarbeiten der Sachverständigenkommission beruht das „**Zweite Gesetz zur Bekämpfung der Wirtschaftskriminalität**" (2. WiKG) vom 15.5.1986[9]. Kernpunkt dieses Gesetzes ist zum einen die strafrechtliche Erfassung der *Computerkriminalität* (dazu unten § 42), der Kriminalität des bargeldlosen Zahlungsverkehrs mit *Eurocheques* und Eurocheque-Karten (§§ 6 Nr. 7,

---

1 BGBl. I 877.
2 Durch G. v. 12.8.1968, BGBl. I 953.
3 BGBl. I 613, nun i.d.F. der Bek. v. 1.10.2002, BGBl I 3866.
4 G. v. 19.12.2001, BGBl. I 3922.
5 G. v. 29.7.2009, BGBl. I 2302.
6 1. WiKG v. 29.7.1976, BGBl. I 2034; dazu auch *Dannecker/Bülte* in W/J, Kap. 1 Rz. 81 f.; zum Ganzen *Jung, Heike*, Bekämpfung der Wirtschaftskriminalität als Prüfstein des Strafrechtssystems, 1979.
7 BMJ (Hrsg.), Bekämpfung der Wirtschaftskriminalität, Kommissionsbericht und Schlussbericht, 1976, 1980.
8 EG zur InsO v. 5.10.1994, BGBl. I 2911, in Kraft ab 1.1.1999; dazu § 76 Rz. 16, 45 ff.; zur Entwicklung des InsolvenzstrafR *Tiedemann* in LK, vor §§ 283 ff. StGB Rz. 32 ff.
9 BGBl. I 721; vgl. dazu *Achenbach*, NJW 1986, 1835 ff.; *Schroth*, wistra 1986, 158 ff.; *Schlüchter*, 2. WiKG, 1987; *Dannecker/Bülte* in W/J, Kap. 1 Rz. 83 ff.

138 Abs. 1 Nr. 4, 152a und 266b StGB; § 49 Rz. 4 ff.) sowie des *Kapitalanlagebetruges* (§ 264a StGB; § 27 Rz. 110 ff.) mit entsprechenden Modifikationen der *Börsenstraftaten* (§§ 88, 89 BörsenG a.F.; unten § 68).

65 Das 2. WiKG brachte – über die Schaffung oder Änderung einzelner Straftatbestände hinaus – eine bedeutsame Erweiterung im *Allgemeinen Teil*: Durch die Novellierung des § 14 Abs. 2 S. 1 Nr. 2 StGB und der entsprechenden Regelung in § 9 Abs. 2 S. 1 Nr. 2 OWiG erfolgte eine erhebliche Ausdehnung der **Verantwortlichkeit im Unternehmen** (§ 30 Rz. 1 ff., 74 ff.). Ebenfalls von großer Bedeutung ist die Neuregelung der *„Geldbuße"* gegen *juristische Personen* und Personenvereinigungen in § 30 OWiG, die *nicht mehr* nur „als *Nebenfolge* der Straftat oder Ordnungswidrigkeit", sondern als Hauptsanktion qualifiziert wird[1]. Der Höchstsatz wurde damals für vorsätzliche Straftaten von 100 000 DM auf eine Mio. DM (und bei fahrlässigen Straftaten auf 500 000 DM) auf das Zehnfache erhöht, ebenso beim *Unterlassen von Aufsichtsmaßnahmen* (§ 130 OWiG). Damit war der Bereich der „Bagatelle" endgültig verlassen (zu weiteren Erhöhungen Rz. 119 ff.). Auch der *Verfall* von Vermögensvorteilen wurde neu geregelt (besonders §§ 29a, 33 Abs. 1, 87, 99 OWiG). Dies wurde durch Änderungen der GewO (§§ 35, 146 ff.), des Kreditwesengesetzes (KWG) und anderer Gesetze ergänzt.

65a Damit war aber die **Diskussion** *„Unternehmer- versus Unternehmensstrafrecht"* keinesfalls beendet. Vor allem seit der Einführung des § 25a KWG durch die 6. KWG-Novelle 1997[2] wird die Diskussion unter dem Stichwort der „Compliance-Verantwortung" – nicht nur für Kreditinstitute, sondern ganz allgemein für alle Unternehmen als Ausprägung ordnungsgemäßer Unternehmensführung – weitergeführt (näher unten § 31) und die Einführung eines echten *Unternehmensstrafrechts* bestimmt gerade den aktuellen Diskurs (§ 23 Rz. 50 ff.). – Ein früher gefordertes[3] 3. **WiKG** ist dagegen **nicht** (mehr) erlassen worden, dafür aber eine Menge diverser Einzelgesetze, darunter eine ganze Reihe von „Bekämpfungsgesetzen"[4]. Nur die wichtigsten sind nachstehend (Rz. 66 ff.) zur Veranschaulichung genannt. Die *Bekämpfung der Computerkriminalität* wurde nach dem 2. WiKG in Umsetzung von Vorgaben des Europarats und der EU insbesondere durch das *41. StrÄndG* fortgesetzt.[5]

c) Weitere Einzelgesetze

66 Seither finden sich in zahlreichen Einzelgesetzen fortgesetzt kleinere wirtschaftsstrafrechtliche Maßnahmen[6]. So wurde das Gesetz gegen den **unlauteren Wettbewerb** durch eine Sondernorm zur Bekämpfung der sog. „Schneeballsys-

---

1 Näher *Dannecker/Bülte* in W/J, Kap. 1 Rz. 65; *Grunst/Volk* in Volk, MüAnwHdb. Wirtschafts- und Steuerstrafsachen, § 1 Rz. 84.
2 Art. 1 des G zur Umsetzung von EG-RL zur Harmonisierung bank- und wertpapieraufsichtlicher Vorschriften v. 22.10.1997, BGBl. I 3399.
3 Vgl. z.B. *Weinmann* in FS Pfeiffer, 1988, S. 87 ff.; *Bottke*, wistra 1991, 1 ff., 54 ff.
4 S. die Zusammenstellung von *Hefendehl*, ZStW 119 (2007), 816.
5 G. v. 7.8.2007, BGBl. I 1786.
6 Ausf. der Überblick von *Dannecker/Bülte* in W/J, Kap. 1 Rz. 89 ff. und *Grunst/Volk* in Volk, MüAnwHdb. Wirtschafts- und Steuerstrafsachen, § 1 Rz. 46 ff.

teme" (§§ 6c und 13a UWG) erweitert und die Vorschrift über die Strafbarkeit des *Geheimnisverrats* (§ 17 UWG) modifiziert. Nach der isolierten Anhebung der Höchststrafe (von einem auf zwei Jahre) für unwahre Werbung nach § 4 UWG a.F.[1] ist die von der Sachverständigenkommission (Rz. 60) geforderte Reform des Werbestrafrechts erst mit der Novelle 2000[2] realisiert worden. 2004 wurden die verbliebenen Straf- und Bußgeldtatbestände in den §§ 16–20 UWG n.F. zusammengefasst (näher § 60 Rz. 8 ff.; § 59 Rz. 46 ff.; § 33 Rz. 52 ff.).

Im Bereich der gewerblichen Schutzrechte hat – in Fortführung der Ansätze der Urheberrechtsnovelle 1985 – das **Produktpirateriegesetz** vom 7.3.1990 eine deutliche Verbesserung der Verfolgungsmöglichkeiten gebracht (dazu § 55 Rz. 13 ff., 44 ff., 97 ff.). – Das *Gesetz zur Bekämpfung [...] der Organisierten Kriminalität* (**OrgKG**) vom 15.7.1992[3] (dazu unten § 9) und das dazugehörende „Verbesserungsgesetz" von 1998[4] – ergänzt durch das **Verbrechensbekämpfungsgesetz**[5] – sind erwartungsgemäß im Bereich der Wirtschaftskriminalität nur in Randbereichen wirksam geworden. Wegen der Verschärfung des **Geldwäsche**-Tatbestandes einerseits und einer Verfolgungsintensivierung insbesondere von Bank- und Börsendelikten im Hinblick auf die ausgedehnten Mitteilungspflichten der Banken hatte es jedoch zu erheblicher Verunsicherung (auch der Rechtsanwälte) geführt. Das *Geldwäschebekämpfungsergänzungsgesetz*[6] und das *Geldwäsche-Optimierungsgesetz*[7] belegen die Bemühungen, den schwierigen Tatbestand des § 261 StGB effektiver zu gestalten (näher unten § 51); durch das Geldwäsche-Ergänzungsgesetz vom 18.2.2013[8] soll insbesondere auch das Online-Glücksspiel erfasst werden. Der Vorschlag der EU-Kommission für eine 4. Geldwäsche-Richtlinie vom 5.2.2013[9] wird für weitere Bewegung in dieser Materie sorgen.

67

Demgegenüber hat das **Börsenstrafrecht** mit seinen beiden Teilbereichen – dem Manipulations- und dem Insiderstrafrecht – auf der Grundlage europäischer Richtlinien eine eher kontinuierliche Entwicklung erfahren (dazu unten § 68). Ausgangspunkt war das *Wertpapierhandelsgesetz vom 26.7.1994 (WpHG)*[10], das dem Börsenhandel – neben dem Schutz vor Manipulation des Preises durch § 88 BörsG a.F. – nach dem Scheitern der „Selbstregulierungskräfte" der Beteiligten mit dem *Insiderstrafrecht* einen strafrechtlichen Schutz auch für den Fall der Informationsausnutzung gebracht hat. 2002 wurde mit dem *4. Finanzmarktförderungsgesetz*[11] ein einheitlicher und europarechts-konformer Schutz

68

---

1 Durch Art. 8 ProduktpiraterieG v. 7.3.1990, BGBl. I 422.
2 BGBl. I 1374.
3 BGBl. I 1302.
4 BGBl. I 845.
5 G v. 28.10.1994, BGBl. I 3186.
6 G „zur Ergänzung der Bekämpfung der Geldwäsche und der Terrorismusfinanzierung" v. 13.8.2008, BGBl. I 1690.
7 G „zur Optimierung der Geldwäscheprävention" v. 22.12.2011, BGBl. I 2959.
8 BGBl. I 268; vgl. *Fischer*, § 261 StGB Rz. 1a.
9 COM (2013) 45 final, 2013/0025 (COD); näher *Dannecker/Bülte* in W/J, Kap. 1 Rz. 102a.
10 BGBl. I 1759 mit inzwischen zahlreichen Änderungen.
11 BGBl. I 2002, 2010.

des Kapitalmarktes „Börse" geschaffen. Das *Anlegerschutzverbesserungsgesetz* (AnSVG)[1] begreift diesen Kapitalmarkt als einheitliches Schutzgut, das durch Aufsicht einerseits und Strafrecht andererseits umfassend abgesichert wird. Das **Kapitalmarktstrafrecht** ist seither durch eine europarechtlich geprägte Normsetzung in ständiger Bewegung und hat sich fast zu einem speziellen Teilbereich des Wirtschaftsstrafrechts entwickelt (näher § 27 Rz. 82 ff., 190 ff.; § 66 Rz. 5 ff.; § 68 Rz. 1 ff.)[2].

69 Erhebliche praktische Bedeutung haben die seit 1992 wiederholt verschärften Vorschriften des **Verfalls**, der **Rückgewinnhilfe** und der **Gewinnabschöpfung** gewonnen. Zielrichtung des OrgKG (Rz. 67) war zwar nicht die Wirtschaftskriminalität; aber auf dessen Grundlage können vor allem im Bereich der Kapitalanlagebetrugsfälle erhebliche Vermögensteile bei Straftätern abgeschöpft werden. Vielfach kritisierte Lücken beim Einzug krimineller Erlöse, insbesondere im Hinblick auf die Sperrwirkung der Rückgewinnhilfe für den Verfall, wurden mit dem „Gesetz zur Stärkung der Rückgewinnhilfe und Vermögensabschöpfung aus Straftaten"[3] u.a. in § 111i Abs. 5 StPO mit dem Auffangrechtserwerb des Staates weitgehend geschlossen (näher § 21 Rz. 71 ff.).

70 Den **Schutz der Umwelt** hat bereits das *18. Strafrechtsänderungsgesetz* (= 1. UKG) vom 28.3.1980 zu stärken versucht[4]. Auf diesem Weg ist der Gesetzgeber – im Anschluss an den Juristentag 1988 – im *Zweiten Gesetz zur* Bekämpfung der Umweltkriminalität (2. UKG)[5] und dem Sechsten Gesetz zur Reform des Strafrechts (6. StrRG)[6] weiter fortgeschritten. Zudem mussten zahlreiche EG-Richtlinien umgesetzt werden[7] (zum Ganzen unten § 54). Nachdem zwei umweltstrafrechtliche EU-Rahmenbeschlüsse anlässlich eines grundsätzlichen Kompetenzkonflikts innerhalb der EU vom EuGH für nichtig erklärt worden waren[8], ist 2008 eine Richtlinie „über den strafrechtlichen Schutz der Umwelt" in Kraft getreten[9]; diese hat der deutsche Gesetzgeber Ende 2011 durch das *45. StrÄndG*[10] umgesetzt.

71 Die Bemühungen um die effektive **Bekämpfung illegaler Beschäftigung und Schwarzarbeit** (näher unten §§ 36–38) führten zu mehrfachen Änderungen des materiellen (Arbeits-)Straf- und Bußgeldrechts. Mit dem *Gesetz zur Erleichte-*

---

1 G v. 28.10.2004, BGBl. I, 1630; außerdem RegE für ein KleinanlegerschutzG v. 13.11.2014, www.bmjv.de/.
2 Vgl. bes. *Park* (Hrsg.), KapitalmarktstrafR, 3. Aufl. 2013; *Schröder, Chr.* (Hrsg.), Hdb. KapitalmarktstrafR, 3. Aufl. 2014 ; *Hohnel*, KapitalmarktstrafR, 2013; *Schork/Groß*, BankstrafR, 2013.
3 G v. 24.10.2006, BGBl. I 2350, 2353.
4 BGBl. I 373.
5 G v. 27.6.1994, BGBl. I 1440.
6 G v. 26.1.1998, BGBl. I 164, ber. 3.4.1998, BGBl. I 702.
7 G v. 27.7.2001 BGBl. I 1950.
8 EuGH v. 13.9.2005 – Rs. C-176/03, Slg. 2005 I 7879 = JZ 2006, 307 m. Anm. *Heger* = EuZW 2005, 632; EuGH v. 23.10.2007 – Rs. C-440/05, Slg. 2007 I 9097 = JZ 2008, 248; dazu auch unten § 6 Rz. 138.
9 RL 2008/99/EG v. 19.11.2008, ABl. EU Nr. L 328 v. 6.12.2008, 28.
10 G v. 6.12.2011, BGBl. I 2557; dazu *Pfohl*, Das 45. StrÄG, ZWH 2013, 95; unten § 54 Rz. 108b.

Einführender Überblick Rz. 73 § 1

rung der Bekämpfung von illegaler Beschäftigung und Schwarzarbeit vom 23.7.2002[1] bestätigte der Gesetzgeber in § 266a Abs. 1 StGB die sog. Lohnpflichttheorie. Mit Abs. 4 wurde darüber hinaus in Form von Regelbeispielen für besonders schwere Fälle eine neue unselbständige Strafzumessungsregel eingefügt. Das *Gesetz zur Intensivierung der Bekämpfung der Schwarzarbeit und damit zusammenhängender Steuerhinterziehung* (Schwarzarbeitsbekämpfungsgesetz – SchwarzarbeitsG)[2] vom 23.7.2004 führte zu einer weiteren Verschärfung der gesetzlichen Regelungen. Gegen die Ausbeutung der Arbeitskraft richten sich – neben dem Tatbestand des „Lohnwuchers" (§ 291 StGB; § 61 Rz. 1 ff.) – besonders die 2005 eingefügten Bestimmungen gegen *Menschenhandel* (§§ 233 ff. StGB[3]; § 37 Rz. 10 ff.).

Neben der auch auf internationaler Ebene vorangetriebenen *Bekämpfung der Geldwäsche* (Rz. 67; unten § 51) sind vor allem die Maßnahmen zur Bekämpfung der weltweiten **Korruption** durch das *Korruptionsbekämpfungsgesetz* von 1997[4] sowie durch das *EU-Bestechungsgesetz* und das „Gesetz zur Bekämpfung der internationalen Bestechung" (IntBestG) hervorzuheben (näher § 53 Rz. 1 ff.). Die ausdrückliche Erstreckung auf ausländische Sachverhalte (§ 299 Abs. 3 StGB) erfolgte 2002 durch das sog. EU-Rechtsinstrumente-Ausführungsgesetz[5], das außerdem den Bußgeldrahmen für die §§ 30, 130 OWiG auf eine Mio. Euro anhob und den Anwendungsbereich der Verbandsgeldbuße erweiterte (§ 23 Rz. 44). Die im Anschluss an den „Wuppertaler Korruptionsskandal"[6] in Gang gekommene Diskussion um eine verbesserte Bekämpfung der *Abgeordnetenbestechung* hat schließlich im Frühjahr 2014 durch Neufassung des § 108e StGB, der nun alle relevanten Mandatsträger erfasst, zunächst ihren Abschluss gefunden[7]. Nunmehr stehen zwei weitere Vorhaben auf der Tagesordnung: ein weiteres Gesetz „zur Bekämpfung der Korruption" in Umsetzung europäischer Vorhaben und ein „Gesetz zur Bekämpfung von Korruption im Gesundheitswesen". S. dazu § 53 Rz. 130 f.

72

Das am 1.11.2008 in Kraft getretene *Gesetz zur Modernisierung des GmbH-Rechts und zur Bekämpfung von Missbräuchen* (**MoMiG**[8]; vgl. dazu auch § 23 Rz. 76, § 26 Rz. 13 ff.) hat auch das **Insolvenzstrafrecht** (Überblick: § 76) novelliert. Die *Pflicht zur Insolvenzantragstellung* bei Zahlungsunfähigkeit und Überschuldung sowie die strafrechtlichen Folgen bei Missachtung fasst nun die InsO in § 15a für alle „juristische Personen" zusammen; auch die Verantwortlichen ausländischer juristischer Personen werden nun erfasst (näher § 23 Rz. 100 ff.; § 80 Rz. 12 ff.). Von noch weiterreichender Bedeutung für den straf-

73

---

1 BGBl. I 2787.
2 BGBl. I 1842.
3 37. StrRÄndG v. 11.2.2005, BGBl I 239; dazu RegE v. 28.1.2015 eines RL-UmsetzungsG zur Bekämpfung des Menschenhandels ... (www.bmjv.de).
4 G v. 13.8.1997, BGBl. I 2038, in Kraft seit 20.8.1997.
5 G v. 22.8.2002, BGBl. I 3387; dazu *Achenbach*, wistra 2002, 441.
6 BGH v. 9.5.2006 – 5 StR 453/05, BGHSt 51, 44 = NJW 2006, 2050 m. Bespr. *Feinendegen*, NJW 2006, 2014; vgl. *Dannecker/Bülte* in W/J, Kap. 1 Rz. 104b.
7 48. StrRÄndG v. 23.4.2014, BGBl. I 410; dazu z.B. *Francuski*, HRRS 2014, 220 ff.; vgl. auch *Hoven*, ZIS 2013, 33.
8 G v. 23.10.2008, BGBl. I 2026.

rechtlichen Schutz der Lieferanten, Arbeitnehmer und sonstigen Kreditgeber vor Vermögensverschiebungen in der Krise eines Unternehmens zugunsten ihrer Gesellschafter ist der (mindestens weitgehende) Wegfall des sog. Kapitalersatzrechts durch das MoMiG (dazu § 32 Rz. 143d, § 82 Rz. 17 ff.). – Änderungen bzgl. des Antrags auf Eröffnung des Insolvenzverfahrens hat das Gesetz „zur weiteren Erleichterung der Sanierung von Unternehmen" vom 7.12.2011[1] gebracht (näher dazu § 75 Rz. 46 ff., § 77).

74 Die weltweite **Finanzkrise** (s. auch Rz. 6) hat zu einer Vielzahl gesetzlicher Eingriffe geführt; weitere Maßnahmen stehen noch aus. Mit dem *Gesetz zur Umsetzung eines Maßnahmenpaktes zur Stabilisierung des Finanzmarktes* (Finanzmarktstabilisierungsgesetz – FMStG[2]; näher § 75 Rz. 4, § 79 Rz. 16 ff.) und dem *Gesetz zur Erleichterung der Sanierung von Unternehmen* (ESUG)[3] (dazu § 75 Rz. 46; § 77) ist der Gesetzgeber bei der Bestimmung des Überschuldungsbegriffes zur modifizierten zweistufigen Überschuldungsprüfung vor der InsO 1999 zurückkehrt; die zeitliche Befristung dieser Rückkehr – zunächst bis Ende 2010, dann bis Ende 2013 – ist Ende 2012 aufgehoben worden[4]. Die zahlreichen – oft von der EU vorgegebenen – Gesetze zur Kontrolle und Regulierung der Finanzmärkte konnten nicht ohne Rückgriff auf strafrechtliche Sanktionen (im weiteren Sinne – Rz. 12) erlassen werden; beispielhaft seien die neu eingeführten Straftatbestände der § 54a KWG/§ 142 VAG[5] sowie die Verschärfung und Erweiterung der (mehrere Seiten umfassenden) Bußgeldnorm des § 56 KWG[6] genannt.

75 Das – bereits seit Langem funktionierende – System der *internationalen „Steuervermeidung"*, das geeignet ist, die globalen wirtschaftlichen Ungleichgewichte zusätzlich zu verstärken, ist infolge der Finanzkrise nun endlich auf die „Agenda" der internationalen Politik gelangt. Als eine erste wichtige Maßnahme wurde 2011 das **„Schwarzgeldbekämpfungsgesetz"**[7] erlassen, das u.a. die strafbefreiende *Selbstanzeige im Steuerrecht* (§ 371 AO) deutlich eingeschränkt hat; eine weitere Einschränkung der Selbstanzeige ist Anfang 2015 in Kraft getreten[8] (dazu § 44 Rz. 119 ff.). Die internationalen Bemühungen um die „Trockenlegung" der weltweiten Steuer-Oasen (vgl. § 28 Rz. 67 ff.) und um die Beschränkung der nationalen Bankgeheimnisse (vgl. für Deutschland § 66 Rz. 35 ff.; § 93 Rz. 48 ff.) haben erste – aber noch ganz unzureichende – Erfolge gezeigt, sowohl auf Grund des Erwerbs von CDs mit Kundendaten ausländischer Banken als auch infolge der Strafverfahren der US-Justiz, insbesondere gegen Schweizer Banken.

---

1 G. v. 7.12.2011, BGBl. I 2582, in Kraft seit 1.3.2012.
2 G v. 17.10. 2009, BGBl. I 1982.
3 G v. 24. 9. 2009, BGBl. I 3151.
4 Durch Art. 18 des G „zur Einführung einer Rechtsbehelfsbelehrung im Zivilprozess und zur Änderung anderer Vorschriften" v. 5.12.2012, BGBl I 2418 (2424).
5 G „zur Abschirmung von Risiken und zur Planung der Sanierung und Abwicklung von Kreditinstituten und Finanzgruppen" v. 7.8.2013, BGBl. I 3090 (3104, 3106).
6 CRD IV-UmsetzungsG v. 28.8.2013, BGBl I 3395, 3441–3444.
7 G v. 28.4.2011, BGBl. I 676.
8 G zur Änderung der AO ... v. 22.12.2014, BGBl. I 2415.

3. Zwischenbilanz

Zusammenfassend kann die **jüngere wirtschaftsstrafrechtliche Entwicklung** dahin gehend gewürdigt werden, dass neoliberale und rechtsstaatliche Positionen nach dem Zweiten Weltkrieg zur *Abschaffung vieler Straftatbestände* im Bereich der Wirtschaftsverwaltung und zur Angleichung des Wirtschaftsstrafrechtes an die Dogmatik des allgemeinen Strafrechts geführt haben. Mit dem Abschluss der wirtschaftlichen Aufbauphase und dem Eintreten erster wirtschaftlicher Krisen setzte eine intensivere rechtsdogmatische Auseinandersetzung mit dieser Materie ein. Getragen von einer immer breiter werdenden Erkenntnis der Ungleichbehandlung von Straftätern in diesem Bereich im Vergleich zu „allgemeinen Straftätern" und der Unzulänglichkeit der Strafnormen führte dies zu einer *Überarbeitung, Systematisierung und Neukriminalisierung* **sozialschädlichen Verhaltens in der Wirtschaft** unter dem besonderen Aspekt der Schutzwürdigkeit dieser staatlichen Institution und der sie tragenden Funktionszusammenhänge[1]. Weite Bereiche wurden dabei als sog. Ordnungsunrecht außerhalb des Kriminalstrafrechts eingestuft, dessen quasistrafrechtliche Folge, *das Bußgeld,* allerdings die erwünschte präventive Wirkung nur eingeschränkt entfaltet hat. Ob durch dessen wiederholte Erhöhung und durch eine konsequentere Verfolgung eine Verbesserung der Wirksamkeit erzielt werden kann, muss sich erst erweisen.

76

Ließen die Normierungen des 1. und 2. WiKG und auch des Börsenstrafrechts zunächst erwarten, dass sowohl der Gesetzgeber als auch die Strafrechtswissenschaft auf dem eingeschlagenen Weg auch im **21. Jahrhundert** fortfahren würde, so sind hieran begründete Zweifel aufgekommen. Manche angesprochenen Einzelregelungen stützen zwar die Hoffnung, der Gesetzgeber werde auf dem von *Tiedemann* vorbezeichneten Weg, einzelne wirtschaftlich unverzichtbare Bereiche genauer zu definieren und als – auch strafrechtliche – Schutzgüter anzuerkennen, weiter voranschreiten. Indes erscheint der Elan des Gesetzgebers weitgehend erschöpft und beschränkt sich primär auf die Umsetzung europäischer und internationaler Anstöße.

77

Die These vom „funktionierenden" Wirtschaftsstrafrecht als *Vorteil des „Standorts Deutschland"* wird seit einiger Zeit diskutiert[2]. Andere meinen dagegen, darin eine „Wachstumsbremse" erkennen zu können[3]. Ein rationales und wirksames Wirtschaftsstrafrecht indessen ist – im Zusammenhang mit den vorgeschalteten verwaltungs- und zivilrechtlichen Handlungsanweisungen – geeignet, „die Wirtschaft" selbst vor den berühmten „schwarzen Schafen" und letztlich vor der Anarchie zu schützen.

Dass ungezügeltes und gieriges Wirtschaften auch in entwickelten Gesellschaften die Gefahr sozialer Verwerfungen auslösen kann, zeigen anschaulich

78

---

1 Zusammenfassend *Achenbach* in FS Tiedemann, 2008, S. 47 ff.
2 Z.B. *Bottke,* Standortvorteil WirtschaftskriminalR [...], wistra 1997, 241 ff.; *Schiedek/Rönnau* (Hrsg.), WirtschaftsstrafR, Plage oder Gewinn für den Standort Deutschland?, 2014., mit Beiträgen von *Jahn* u.a.
3 So z.B. *Schneider, Hendrik,* Neue Kriminalpolitk 2012, 30 ff.

die Ursachen und die Folgewirkungen der **Finanzkrise**. Diese Zweifel an unserer Wirtschaftsordnung werden noch verstärkt, wenn man die enormen Vermögenszuwächse einer kleinen Gruppe von Managern und Spekulanten vergleicht mit den immensen Schäden dieser Krise, die überwiegend vom Steuerzahler bzw. vom „kleinen Mann" getragen werden müssen[1]. Die 2009 erfolgte Beschneidung des Überschuldungsbegriffes – mit der Folge der Überwälzung von Haftungsrisiken auf ungesicherte Gläubiger von Unternehmen – durch das Finanzmarktstabilisierungsgesetzes (Rz. 74) gibt aber eher den Skeptikern recht.

79 Doch mehr noch als die Schaffung neuer Sanktionsnormen ist die **Intensität der Verfolgung** von entscheidender Bedeutung. Schon die Schwächen bei der Verfolgung der „*Vereinigungskriminalität*" hatten insbesondere bei den Bürgern der neuen Bundesländer Befürchtungen geweckt, die Strafverfolgungsbehörden seien nicht in der Lage, diesem *modernen Raubrittertum* wirksam und sozial ausgewogen zu begegnen[2] – was sich denn auch trotz erheblicher Bemühungen der Strafverfolgungsorgane weithin bestätigt hat. Die danach wieder stärker verbreitete Vorstellung, das Strafrecht „hänge den Kleinen und lasse den Großen laufen" – ganz allgemein, aber vor allem auch im Bereich des Wirtschaftsstrafrechts – muss widerlegt werden, wenn die erforderliche *Akzeptanz der Wirtschaftsordnung* selbst erhalten bleiben soll.

80 So ist auch zunehmend zweifelhaft geworden, ob die vom BGH mehrfach hervorgehobene Notwendigkeit, die **Strafverfolgungsbehörden** *zur gleichmäßigen Durchsetzung* des Wirtschaftsstrafrechts in der Praxis in die Lage zu versetzen[3], von der „Politik" tatsächlich in Angriff genommen wird. Dies würde nicht nur eine effiziente Ausbildung und Ausstattung in personeller und sächlicher Hinsicht, sondern auch gesetzestechnische Anstrengungen im Hinblick auf die Handhabbarkeit der Normen in der Strafrechtspraxis erfordern. Angesichts des gewaltigen Honorarpotenzials aufseiten der (potenziellen) Wirtschaftsstraftäter einerseits und den Sparzwängen der Haushalte des Bundes und der Länder andererseits ist die Gefahr der *Ungleichbehandlung* von Straftätern unterschiedlicher sozialer Schichten *deutlich gestiegen*.

---

1 Deutlich hierzu z.B. *Hetzer*, Finanzkrise: Mitverantwortung des Gesetzgebers – Das InvestmentmodernisierungsG als Einladung an die „Heuschrecken", Kriminalistik 2009, 387 ff.
2 Hierzu – aus der Sicht der Kriminalpolizei – *Kittlaus*, Regierungs-, Funktionärs- und Vereinigungskriminalität, in Hanns-Seidel-Stiftung (Hrsg.), Politische Studien, Sonderheft 10/1993, 32 ff.; und – speziell am Beispiel der Transferrubel-Fälle – *Fischer*, Systemtransformation und Wirtschaftskriminalität, 1996; sowie *Saenger*, Wirtschaftskriminalität im Zusammenhang mit der Wiedervereinigung, 1999.
3 Deutlich im Urt. zum „Kölner Müllskandal" BGH v. 2.12.2005 – 5 StR 119/05, BGHSt 50, 299 = NJW 2006, 925.

C. Zu den Grundbegriffen

Schrifttum: *Achenbach*, Wirtschaftsstrafrecht und Wirtschaftskriminalität, in FS Schwind, 2006, S. 177 ff.; *Achenbach*, Ahndung materiell sozialschädlichen Verhaltens durch bloße Geldbuße? – Zur Entwicklung und Problematik „großer" Wirtschaftsordnungswidrigkeiten, GA 2008, 1; *Dannecker/Bülte* in W/J, Kap. 1 Rz. 15 ff.; *Heinz*, Begriffliche und strukturelle Besonderheiten des Wirtschaftsstrafrechts, in Gropp (Hrsg.), Wirtschaftskriminalität und Wirtschaftsstrafrecht in einem Europa auf dem Wege zu Demokratie und Privatisierung, 1998, S. 13 ff.; *Lindemann, C.,* Gibt es ein eigenes Wirtschaftsstrafrecht?, 1932; *Lindemann, M.,* Voraussetzungen und Grenzen legitimen Wirtschaftsstrafrechts, 2012; *Mansdörfer*, Zur Theorie des Wirtschaftsstrafrechts, 2011; *Wittig* in G/J/W, Einführung Rz. 2 ff.

I. Wirtschaftsrecht und Strafrecht

Wie selbstverständlich geht der Titel dieses Werkes – wie auch inzwischen zahlreicher Konkurrenzwerke – von dem Begriff *„Wirtschaftsstrafrecht"* aus. Indes ist dieser Begriff weniger eindeutig, als es den Anschein hat. Schon ein **kurzer Überblick** ergibt, dass die zur Abgrenzung der behandelten Materie herangezogenen grundlegenden Begriffe nur vermeintlich eindeutig und jedenfalls in ihren Randbereichen unscharf und durchaus umstritten sind. Nicht der Klärung der hieraus resultierenden Fragen, sondern allein dem *Hinweis auf die Problematik* dienen die folgenden Ausführungen[1].

81

Auszugehen ist davon, dass die Sozialordnung allein nicht geeignet ist, das Zusammenleben der Menschen in der Gemeinschaft sicherzustellen. Es bedarf vielmehr der *Rechts*ordnung, die eine Allgemeinverbindlichkeit aller „als Recht" geltenden Normen gewährleisten muss[2]. Wenn somit das **Wirtschafts-Recht** denjenigen Teil dieser Ordnung meint, der das „Wirtschaften" der Rechtsgenossen untereinander regelt, und **„Straf-Recht"** die ultimative Durchsetzung und Einhaltung der rechtlichen Normen mittels staatlichen Zwangs zum Ziele hat, so folgt hieraus, dass **„Wirtschafts-Straf-Recht"** die *Verhinderung von Machtmissbrauch und Selbsthilfe im Bereich des Wirtschaftens* i.V.m. der Unverbrüchlichkeit dieser Rechtsnormen garantieren soll.

82

Vorstehend (Rz. 30 ff.) wurde skizziert, welch unterschiedliche Vorstellungen im geschichtlichen Zeitablauf – aber auch in den jeweiligen Sozialordnungen – hinsichtlich des Inhalts und der Normierung des *„Wirtschaftens"* bestanden und bestehen. Wird auch der Bereich der „Wirtschaft" sowohl umgangssprachlich (für manchen bedeutet es nur die Kneipe an der Ecke) als auch im Bereich der Wissenschaften durchaus unterschiedlich umschrieben, so lässt sich doch feststellen, dass das **„Wirtschaftsrecht"** solche allgemeinen Regelungen umfasst, die sich auf der Grundlage der Arbeitsteilung mit der Herstellung und der Verteilung, also der *„Zuordnung", von Gütern und Leistungen* befassen. Dabei herrscht Einigkeit, dass der Begriff durchaus offen ist, jedenfalls aber auch die

83

---

1 In diese erweiterten Ausführungen ist die Darstellung von *Hans Richter* in den Vorauflagen (1./2. Aufl.: § 2; 3–5. Aufl.: § 3) übernommen.
2 Statt aller *Jescheck/Weigend,* AT 2.

Realisierung der Wirtschaftspolitik umfassen muss[1]. Diese Definition vermag indes eine brauchbare Grundlage zur Abgrenzung des Wirtschaftsstrafrechts vom allgemeinen Vermögensstrafrecht nicht zu bieten.

84 Deutlicher wird der Normbereich, wenn der Wirtschaftsorganismus als Gesamtheit administrativer Maßnahmen zur Verwirklichung der **Wirtschaftspolitik und -lenkung** sowie der *„Wirtschaftspolizei"*, also der wirtschaftlichen Gefahrenabwehr, des *„Wirtschaftsverwaltungsrechts"* im weiteren Sinne, zusätzlich zum Wirtschaftsprivatrecht mit einbezogen wird[2]. Es besteht dennoch bislang keine Einigkeit darüber, wie „Wirtschaftsrecht" genau zu umschreiben ist und welche Rechtsgebiete ihm im Einzelnen zuzurechnen sind und welche nicht. Diese definitorische Unsicherheit macht sich vor allem in Grenzbereichen bemerkbar; für einen großen Teil der Normen besteht kein Streit, dass sie zum Wirtschaftsrecht gehören. Die Darstellungen zum *Wirtschaftsrecht* haben einen großen *gemeinsamen* „*Kernbestand*" von erfassten Normbereichen. Dabei lässt sich durchaus eine Tendenz zur Ausweitung beobachten. Beflügelt wird diese Diskussion auch durch den begrifflichen Gegensatz von *„Unternehmer"* und *„Verbraucher"* (vgl. auch § 14 BGB), ein Gegensatz, der durch die europäischen Normen zum Verbraucherschutz bestimmt wird (vgl. § 23 Rz. 3 f.).

II. Umschreibungen von Wirtschaftsstrafrecht

85 Diese **Schwierigkeiten der Definition** des „Wirtschaftsrechts" wirken sich notwendig auch auf das *„Wirtschaftsstrafrecht"* aus. Weitestgehende Einigkeit besteht deshalb darüber, dass es eine anerkannte Umschreibung des Wirtschaftsstrafrechts nicht gibt[3]. Auch die noch näher darzustellenden kriminologischen und kriminalistischen Überlegungen (unten § 2) haben nicht dazu geführt, die dem Wirtschaftsrecht zuzuordnenden Bereiche oder gar die darauf bezogenen strafrechtlichen Schutzbereiche eindeutig zu bestimmen.

1. Gesetzliche Definitionsversuche

86 Der Versuch, diesen Rechtsbereich im „Gesetz zur Vereinfachung des Wirtschaftsstrafrechts **(Wirtschaftsstrafgesetz)**" vom 26.7.1949 (Rz. 53) eigenständig zu kodifizieren, ist gescheitert. Nach § 6 WiStG 1949 sollte eine „Zuwiderhandlung" (Rz. 13) dann eine *„Wirtschaftsstraftat"* – und keine Ordnungswidrigkeit – sein, wenn die Handlung

---

1 Vgl. nur *Rittner/Dreher*, WiR, § 1 Rz. 45 ff.; *Rinck/Schwark*, WiR, 6. Aufl. 1986, 7 ff., je m.Nw.; *Fikentscher*, WirtschaftsR, Bd. 1, 1983, VII ff., 1.
2 *Tiedemann*, WiStrafR I, 54.
3 Vgl. dazu schon *Tiedemann*, GA 1969, 71 ff., 321 ff.; *Tiedemann*, WiStrafR AT, Rz. 59 ff.; *Dannecker/Bülte* in W/J, Kap. 1 Rz. 5 f.; *Heinrich* in Arzt/Weber/Heinrich/Hilgendorf, StrafR BT, § 19; *Hassemer*, Die Basis des Wirtschaftsstrafrechts, wistra 2009, 169 ff.; *Rotsch* in Momsen/Grützner, WiStrafR, Kap.1 B Rz. 1.; *Wittig* in G/J/W, Einf. Rz. 1.

„das Staatsinteresse an Bestand und Erhaltung der Wirtschaftsordnung im Ganzen oder in einzelnen Bereichen verletzt", weil sie entweder nach Umfang und Auswirkung „geeignet ist, die Leistungsfähigkeit der staatlich geschützten Wirtschaftsordnung zu beeinträchtigen" oder aber aus ihr die Bekundung des Täterwillens geschlossen werden kann, dass dieser „die staatlich geschützte Wirtschaftsordnung im Ganzen oder in einzelnen Bereichen missachtet", etwa weil er verantwortungslos oder verwerflich handelt oder Einzelhandlungen „hartnäckig wiederholt".

Dies wurde wegen Unbestimmtheit als rechtsstaatswidrig allgemein abgelehnt und bereits 1954 kam es zur Aufhebung dieser Bestimmung und zudem zum Wegfall zahlreicher Straftatbestände dieses Gesetzes (Rz. 54).

Die **Gesetze zur Bekämpfung der Wirtschaftskriminalität** (*1. und 2. WiKG*; Rz. 63 f.) brachten nur partielle Ergänzungen im Hinblick auf einzelne Straftatbestände oder Gruppen von Tatbeständen, enthalten jedoch *keine* generelle *Definition* der Materie. Auch in allen nachfolgenden Gesetzen mit wirtschaftsstrafrechtlichem Inhalt wurde – mit Absicht – auf jeden Versuch einer Definition verzichtet.

87

Auch soweit **gesetzliche Regelungen** an unten (§ 2 Rz. 3 ff.) dargestellte kriminologische Sachverhalte anknüpfen, gelang *keine materielle Definition*. In diesem Zusammenhang hervorzuheben ist *§ 30 Abs. 4 Nr. 5 Buchst. b AO*. Danach berechtigen „Wirtschaftsstraftaten" zur Durchbrechung des Steuergeheimnisses, wenn diese

88

„nach ihrer Begehungsweise oder wegen des Umfangs des durch sie verursachten Schadens geeignet sind, die wirtschaftliche Ordnung erheblich zu stören oder das Vertrauen der Allgemeinheit auf die Redlichkeit des geschäftlichen Verkehrs oder auf die ordnungsgemäße Arbeit der Behörden und der öffentlichen Einrichtungen erheblich zu erschüttern".

Auch diese weite Umschreibung enthält soviele unbestimmte Begriffe, dass sie nach ganz überwiegender Meinung als allgemeingültige Definition von „Wirtschaftsstrafrecht" nicht taugt[1].

Ebensowenig kann der wiederholt – zuletzt durch das MoMiG – erweiterte Katalog von Straftaten, der im Falle einer entsprechenden Verurteilung die *Eignung zum Vorstand* bzw. *Geschäftsführer* entfallen lässt (§ 76 Abs. 3 Nr. 3 AktG, § 6 Abs. 2 Nr. 3 GmbHG; dazu § 16 Rz. 119, § 21 Rz. 133), als brauchbare Zusammenstellung des Wirtschaftsstrafrechts angesehen werden. Dieser Katalog stellt nur eine kleine Auswahl wichtiger Wirtschaftsstraftaten dar, die einen engen Bezug zum Gläubigerschutz der Kapitalgesellschaften aufweisen[2].

Zusammenfassend ist deshalb festzuhalten, dass aus den bisherigen gesetzlichen Definitionen der *Normengesamtheit*, die „*Wirtschaftsstrafrecht*" darstellt, **kein materiell abgrenzbarer Inhalt** gegeben werden kann. Entsprechende Versuche wurden in der jüngeren Gesetzgebung auch bewusst unterlassen.

89

---

1 *Drüen* in Tipke/Kruse, § 30 AO Rz. 124; *Alber* in H/H/Sp, § 30 AO Rz. 194; *Bülte* in G/J/W, § 393 AO Rz. 94 f.
2 Vgl. *Fleischer* in Spindler/Stilz, § 76 AktG Rz. 121 ; *Tiedemann* in Scholz, § 82 GmbHG Rz. 122.

2. Wirtschaftsstrafrecht als Zuständigkeitsregelung

90 **a)** Dennoch war der Gesetzgeber aus *organisatorischen Gesichtspunkten*, nämlich der **Zuweisung** dieses Bereichs **an besondere**, mit qualifizierter Sachkunde ausgerüstete **Strafkammern** der Landgerichte (Rz. 58) zu einer Umschreibung gezwungen[1]. Er ging hierbei pragmatisch vor und zählte – wie auch bei den meisten anderen Zuständigkeitszuweisungen im GVG – *enumerativ* einzelne Normen bzw. Normbereiche auf. Bei der Auswahl ließ er sich insbesondere von *praktischen Überlegungen* leiten. Die 1971 erstmals geschaffene Aufzählung – an der sich inzwischen mehrere Darstellungen zum Wirtschaftsstrafrecht orientieren[2] – ist seither *wiederholt erweitert* worden[3].

91 Das **Rechtsgut**, nämlich der über individuelles Vermögen und Handlungsfreiheit hinausgehende Schutz der Wirtschaftsordnung als Ganzes bzw. einzelner Instrumente zur Steuerung und Sicherung dieser Ordnung, hat bei dieser gesetzgeberischen Lösung *keine* maßgebliche Rolle gespielt. Die hieraus folgenden *Abgrenzungsprobleme* enthalten nicht nur Gerechtigkeitsaspekte wegen der unterschiedlichen Beurteilungsweise von spezialisierten und nichtspezialisierten Gerichten, sondern vor allem auch solche des verfassungsmäßig garantierten „gesetzlichen Richters"[4].

92 § 74c GVG zählt als *Zuständigkeitsregelung für die* **Wirtschaftsstrafkammern** beim Landgericht *formal nach Sachgebieten* auf:

- den gewerblichen Rechtsschutz (unter Nennung der einzelnen Gesetze) (**Nr. 1**),
- das Handels- und Gesellschaftsrecht (einschließlich der europäischen Rechtsformen) (**Nr. 1**),
- die Insolvenzdelikte (**Nr. 1, 5**),
- das Bank- und Börsenrecht einschließlich Wertpapierhandel und Zahlungsdiensten sowie das Versicherungsaufsichtsrecht (**Nr. 2**),
- das Außenwirtschafts-, Steuer-, Zoll- und Finanzmonopolrecht (**Nr. 3**) (ausgenommen die Kraftfahrzeugsteuer und das Zusammentreffen mit dem Betäubungsmittelgesetz),
- das Lebensmittel- und Weinrecht (**Nr. 4**),
- die Tatbestände des Subventions-, Kredit- und Kapitalanlagebetrugs (**Nr. 5**),
- die wettbewerbsbeschränkenden Absprachen einschließlich Ausschreibungsbetrug sowie die Korruption im Geschäftsverkehr (**Nr. 5a**).

93 Über diese formale Aufzählung hinaus konnte aber auf ein **zusätzliches materielles Kriterium** doch nicht verzichtet werden. Denn auch *allgemeines Strafrecht*, nämlich vor allem die Tatbestände des Betrugs, des Computerbetrugs, der Untreue, des Wuchers und der sonstigen Korruption sowie der illegalen Arbeitnehmerüberlassung und Schwarzarbeit, soll nach **Nr. 6 Buchst. a und b** je-

---

1 G zur Änderung des GVG v. 8.9.1971, BGBl. I 1513;
2 Z.B. *Saliger* (Hrsg.), WirtschaftsstrafR – Vorschriftensammlung, 2013.
3 Letzte Änderung durch das G zur Modernisierung des Geschmacksmustergesetzes ... v. 10.10.2013, BGBl I 3799 (3809), mit Wirkung v. 1.1.2014; zum neuen DesignG unten § 55 Rz. 60 ff.
4 *Tiedemann*, Gutachten 49. Dt. Juristentag, 1972, Bd. I Teil C, 28.

denfalls dann als Wirtschaftsstrafrecht gelten, wenn „zur Beurteilung des Falles *besondere Kenntnisse des Wirtschaftslebens* erforderlich sind". Die einschlägige Rechtsprechung ist indes verhältnismäßig „dünn", obwohl die Frage des gesetzlichen Richters tangiert ist, weil es sich um ein sog. normatives Zuständigkeitsmerkmal handelt; dieses ist nur bis zur Eröffnung des Hauptverfahrens zu prüfen und einer Revision nicht zugänglich[1].

b) An diese für die *Landgerichte* – sowohl in erster als auch in zweiter Instanz – maßgebliche Zuständigkeitsregelung knüpft die Zuständigkeit der sog. **Schwerpunkt-Staatsanwaltschaften** an, deren gesetzliche Grundlage § 143 Abs. 4 GVG ist[2]. Dabei handelt es sich nicht um eigenständige Behörden, sondern um Spezial-Abteilungen der bestehenden Staatsanwaltschaften. Von dieser Möglichkeit zur räumlichen Konzentration haben fast alle Bundesländer Gebrauch gemacht. Die diesbezüglichen Organisationserlasse der einzelnen Landesjustizverwaltungen[3] nehmen regelmäßig § 74c GVG in Bezug, lassen aber auch Erweiterungen oder Einschränkungen zu[4]. Da am Anfang von Ermittlungen oft nicht zuverlässig beurteilt werden kann, welche Normenbereiche – möglicherweise – verletzt sind und ob dafür wirklich „besondere Kenntnisse des Wirtschaftslebens erforderlich" sind, hat der jeweilige Generalstaatsanwalt ein Weisungsrecht. Die wirtschaftsstrafrechtlichen Schwerpunktabteilungen sind nicht gehalten, nur bei Wirtschaftsstrafkammern anzuklagen, sondern ihnen steht bei Abschluss der Ermittlungen die gesamte Palette der von der StPO gebotenen Möglichkeiten offen (§ 11 Rz. 143, § 12 Rz. 1 ff.). Ebenso ist es zulässig, aber in der Praxis eher selten, dass eine nicht spezialisierte Abteilung einer Staatsanwaltschaft Anklage zu einer Wirtschaftsstrafkammer erhebt.

c) Bei den **Amtsgerichten** besteht dagegen – mit Ausnahme von Steuerstrafsachen (§ 391 Abs. 3 AO) – keine gesetzliche Spezialzuständigkeit für Wirtschaftsstrafsachen. Bisweilen besteht eine (örtliche) Konzentration bei dem Amtsgericht am Sitz des Landgerichts (z.B. § 391 Abs. 1 AO; § 22 Abs. 1 AWG n.F.), was ebenfalls zu größerer Sachkunde führt. Im Übrigen ist bei größeren

---

1 BGH v. 21.3.1985 – 1 StR 417/84, NStZ 1985, 464 (466); vgl. auch OLG Stuttgart v. 17.11.1981 – 1 Ws 339/81, MDR 1982, 252; näher *Diemer* in KK-StPO, 6. Aufl. 2008, § 74c GVG Rz. 4; *Kissel/Mayer*, 7. Aufl. 2013, § 74c GVG Rz. 4 f.; *Niesler* in G/J/W, § 74c GVG Rz. 27 ff., 37.
2 Abs. 4 angefügt durch StrVfÄndG 1979 v. 5.10.1978, BGBl. I 1645; näher *Kissel/Mayer*, § 143 GVG Rz. 8 f. Soweit *Burhoff* im Geleitwort zu *Böttcher*, WiStrafR in der Praxis, 2011, die Schaffung dieser Schwerpunktstaatsanwaltschaften auf 1999 datiert, hat er eine um fast 30 Jahre längere Entwicklung außer Acht gelassen.
3 Z.B. für Baden-Württemberg die Verwaltungsvorschrift des Justizministeriums v. 7.3.2012, Die Justiz 2012, 261, die die – im Wesentlichen gleichlautende – Vorgänger-Vorschrift v. 20.9.2004, Die Justiz 2004, 455, abgelöst hat.
4 Die in der vorstehenden Fn. genannte Anordnung „über die Errichtung von Schwerpunktstaatsanwaltschaften zur Bearbeitung von Wirtschaftsstrafsachen" nimmt ausdrücklich die Straftaten nach dem Weingesetz und dem Lebensmittelrecht" aus; nach Nr. 3 kann der Behördenleiter diesen Schwerpunkt-Abteilungen „auch andere Wirtschaftsstrafsachen als die in Nr. 2 bezeichneten" (= § 74c Abs. 3 GVG) zuteilen.

95a Die *erstinstanzliche*, am Staatsschutzrecht orientierte Zuständigkeit der **Oberlandesgerichte** ist in Wirtschaftssachen auf einen schmalen Bereich beschränkt: nur außenwirtschaftsrechtliche Verstöße (gegen AWG und KWKG – unten § 62 und § 73) können unter einengenden – staatsgefährdenden oder friedensgefährdenden – Umständen dort zur Anklage kommen (§ 120 Abs. 2 Nr. 4 GVG; § 15 Rz. 95 f.). Außerdem fällt seit September 2014 der neu gefasste Tatbestand der Abgeordneten-Bestechung (§ 108e StGB) in die Zuständigkeit des OLG (§ 120b GVG)[1]. Soweit das OLG als *zweite oder dritte Instanz* in Strafsachen zuständig ist (s. § 121 GVG), ist gesetzlich ebenfalls keine wirtschaftsstrafrechtliche Spezialzuständigkeit vorgesehen; allein der Geschäftsverteilungsplan kann hier für eine Spezialisierung sorgen.

Amtsgerichten eine den Wirtschaftsstrafkammern angenäherte richterliche Spezialisierung durch den Geschäftsverteilungsplan möglich und verbreitet.

96 Obwohl der Rechtszug von der Wirtschaftsstrafkammer direkt zum **BGH** als Revisionsinstanz geht (§ 12 Rz. 59 f.), spielt für dessen interne Geschäftsverteilung das „Wirtschaftsstrafrecht" als Rechtsgebiet keine maßgebliche Rolle. Vielmehr haben *alle* Strafsenate des BGH ständig wirtschaftsstrafrechtliche Fälle zu entscheiden; allein für das Steuer(straf)recht hat derzeit der 1. Strafsenat (früher der 5. Strafsenat) kraft Geschäftsverteilungsplan eine Spezialzuständigkeit (bzgl. Kartellsachen vgl. § 15 Rz. 136). Deshalb können auch wirtschaftsstrafrechtlich relevante Meinungsverschiedenheiten zwischen den Senaten entstehen. Soweit nicht über ein informelles Umfrageverfahren unter den fünf Strafsenaten Einvernehmen hergestellt werden kann, ist für die Auflösung solcher Divergenzen der „Große Senat für Strafsachen" (§ 132 GVG) zuständig[2].

3. Dogmatische Ansätze

97 Wenn auch der Gesetzgeber in § 74c GVG eine als Zuständigkeitsregelung durchaus praktikable Lösung gefunden hat, bleibt es eine **Aufgabe** insbesondere **der Wissenschaft**, inhaltliche Kriterien zu entwickeln, auf deren Grundlage die Materie des *Wirtschaftsstrafrechtes abgegrenzt* und *geordnet* werden kann. So ist weiter zu prüfen, ob für diesen Bereich besondere verfahrensrechtliche Regelungen, etwa im Hinblick auf Beweiserleichterungen, geschaffen werden sollten[3]; sogar ein spezieller „Allgemeiner Teil des Wirtschaftsstrafrechts" ist zur Diskussion gestellt[4]. Ein gesondertes Problem von hoher Aktualität bildet die – vielfach unter dem Stichwort „*Unternehmensstrafrecht*" diskutierte –

---

1 48. StRÄndG v. 23.4.2014, BGBl. I 410.
2 Anschauliche Beispiele aus jüngerer Zeit: BGH v. 17.1.2008 – GSSt 1/07, BGHSt 52, 124 = NJW 2008, 860 bzgl. Strafzumessung bei überlanger Verfahrensdauer; BGH v. 12.1.2011 – GSSt 1/10, BGHZ 56, 109 = NJW 2011, 1687 bzgl. Verlesung des Anklagesatzes; BGH v. 29.3.2012 – GSSt 2/11, BGHZ 57, 202 = NJW 2012, 3530 bzgl. Amtsträgereigenschaft von Kassenärzten.
3 Dazu z.B. *Schünemann*, Strafrechtliche Sanktionen gegen Wirtschaftsunternehmen?, in FS Tiedemann, 2008, S. 429 (445 f.).
4 So *Tiedemann*, WiStrafR AT, Rz. 10 f.; ähnlich *Rotsch* in Momsen/Grützner, Kap. 1 B Rz. 32.

Frage, ob strafrechtliche Folgen für juristische Personen und ähnliche Verbände geschaffen werden sollten (dazu § 23 Rz. 31 ff.). Die durch die Finanzmarktkrise sichtbar gewordenen Probleme haben auch eine Diskussion um die *„politische Wirtschaftsstraftat"* ausgelöst[1].

Nach beachtlichen Vorarbeiten um die letzte Jahrhundertwende[2] haben die **dogmatischen Bemühungen** um die Grenzen des Wirtschaftsstrafrechts in den letzten Jahren neuen Auftrieb erhalten[3]. In mehreren eingehenden Untersuchungen wird von unterschiedlichen Ansatzpunkten aus, insbesondere auch unter Einbeziehung wirtschaftswissenschaftlicher Erkenntnisse, versucht, tragfähige Elemente für einen „dogmatischen Unterbau" zu entwickeln[4]. Der breiten Diskussion um das jeweils maßgebliche Rechtsgut wird auch eine Abkehr von dieser Sichtweise entgegengesetzt und die marktwirtschaftlich legitimierte Regelverletzung als Anknüpfungspunkt propagiert[5]. Inwieweit allerdings diese theoretisch ausgerichteten Bemühungen wirklich geeignet sind, die beklagten Defizite abzubauen, muss sich erst noch zeigen. „Große Würfe" zeichnen sich nicht ab. Dem entspricht die verbreitete Erwartung, dass wohl auch der Gesetzgeber in Zukunft allenfalls punktuelle Maßnahmen zur Beseitigung von festgestellten Unzulänglichkeiten ergreifen werde.

98

Es gehört nicht zur Zielsetzung dieses Buches, im Bereich des Grundsätzlichen Fortschritte zu versuchen. Hervorzuheben ist indes, dass es bei der Frage nach den Grenzen des Wirtschaftsstrafrechts sachlich insbesondere um **zwei** zu unterscheidende **Problembereiche** geht, nämlich

99

– einmal um die *Grenzziehung* zwischen dem *allgemeinen Strafrecht* einerseits und dem „speziellen" Wirtschaftsstrafrecht andererseits und

– zum zweiten um die *Abgrenzung* des Wirtschaftsstrafrechts „nach unten", also zur *Straflosigkeit* bzw. „Ahndungslosigkeit". Auf dieser Ebene liegt etwa das Problem, ob und wie der Tatbestand der Untreue begrenzt oder wie

---

1 So *Naucke*, Der Begriff der politischen Wirtschaftsstraftat – Eine Annäherung, 2012; vgl. *Jahn*, wistra 2013, 41; *Kubiciel*, ZIS 2013, 53.
2 Z.B. im „Madrid-Symposium für Klaus Tiedemann" – *Schünemann/Gonzáles* (Hrsg.), Bausteine des europ. WirtschaftsstrafR, 1994; oder im „Freiburg-Symposion": *Tiedemann* (Hrsg.), WirtschaftsstrafR in der Europ. Union – Rechtsdogmatik, Rechtsvergleich, Rechtspolitik, 2002.
3 Vgl. *Alwart*, WirtschaftsstrafR im Übergang, JZ 2006, 546; *Alwart*, Modernes Wirtschaftsstrafrecht als Projekt, in FS Otto, 2007, S. 3 ff.; vgl. auch *Vogel*, WertpapierhandelsR – Vorschein eines neuen Strafrechtsmodells?, in FS Jakobs, 2007, S. 731 ff.
4 Z.B. *Mansdörfer*, Zur Theorie des Wirtschaftsstrafrechts – zugleich eine Untersuchung zur funktionalen Steuerungs- und Verantwortlichkeitsstrukturen bei ökonomischem Handeln, 2011, (Habil. Freiburg 2010); *Lindemann, Michael*, Voraussetzungen und Grenzen legitimen Wirtschaftsstrafrechts – eine Untersuchung zu materiell- und prozessrechlichen Problemen der strafrechtlichen Aufarbeitung von Wirtschaftskriminalität, 2012 (Habil. Düsseldorf 2011); *Nöckel, Anja*, Grund und Grenzen eines Marktwirtschaftsstrafrechts, 2012 (Diss. Jena 2011); *Schuster, F.P.*, Das Verhältnis von Strafnormen und Bezugsnormen aus anderen Rechtsgebieten – eine Untersuchung zum Allgemeinen Teil im Wirtschafts- und Steuerstrafrecht, 2012 (Habil. Mainz 2010).
5 So *Nöckel*, MarktwirtschaftsstrafR, S. 28 ff., 49 ff., 146 ff., 244 Rz. 472.

im Bereich des Risikogeschäfts die Grenze zwischen erlaubtem und verbotenem Unternehmerhandeln gezogen werden soll (näher § 32 Rz. 156 ff.) oder welche wettbewerbsbeschränkenden Verhaltensweisen als unzulässig und ordnungswidrig – oder gar strafwürdig – zu behandeln sind. Auf dieser zweiten Ebene stellen sich auch die (rechtspolitischen) Fragen nach eventuellen Sanktionslücken.

100 Auf der erstgenannten Problemebene dominieren dagegen eher praktische Fragen, nicht nur bezüglich gerichtlicher oder behördlicher Zuständigkeiten (Rz. 90 ff.) oder prozessualer Besonderheiten, sondern auch danach, was in einem Buch mit dem Titel „Wirtschaftsstrafrecht" zweckmäßigerweise aufzunehmen oder in einer so benannten Vorlesung zu behandeln sei. Demgemäß wird das Wirtschaftsstrafrecht hier – noch über die Zuständigkeitsregelung des § 74c GVG hinaus – in einem **weiten** und zugleich **praxisbezogenen Sinne** verstanden, nämlich als Summe der Straf- und Bußgeldnormen, die „den Unternehmer" im Hinblick auf seine *wirtschaftliche Betätigung typischerweise* angehen. Diese bereits seit der 1. Auflage verfolgte und oben (Rz. 18 ff., 24 ff.) näher umrissene Betrachtungsweise hat seither – trotz mancher Kritik – manche Gefolgschaft gefunden. – Die verschiedenen Ansätze der Kriminalwissenschaften zur Umschreibung der *Wirtschaftskriminalität* – und deren Rückwirkung auf die Konzeption von Wirtschaftsstrafrecht – sind in kompakter Form nachstehend in § 2 angesprochen.

III. Strafen und andere Sanktionen

101 Sicheren Boden vermeint man dann zu betreten, wenn die zweite Hälfte des Begriffes des „Wirtschafts-Strafrechts" angesprochen ist. Damit scheinen diejenigen Normen bezeichnet zu sein, welche *Angriffe* gegen den vorerwähnten, „Wirtschaft" genannten Ausschnitt der gesamten sozialen Ordnung mit der **Rechtsfolge der „Strafe"** bedrohen. Mit „Angriffen" sind dabei zunächst ganz allgemein *Pflichtverstöße* gemeint. Doch bereits die eingangs angesprochene (Rz. 12) notwendige Einbeziehung von Pflichtverstößen, die – nur – mit *Geldbuße* bedroht sind, verdeutlicht, dass auch insoweit weniger Eindeutigkeit vorliegt als erwartet. Da nicht zuletzt der allgemeine Sprachgebrauch mit dem Wort „Strafe" großzügig umgeht, sind zur Abgrenzung des behandelten Stoffes einige Klarstellungen geboten.

1. Übersicht über die Sanktionsmöglichkeiten

102 Versteht man als „Sanktion" jede nachteilige Folge, die die Rechtsordnung gegen die Verletzung von Normen bzw. für die Ahndung von Pflichtverstößen bereithält, so steht man vor einem ganzen **Arsenal von „Sanktionsinstrumenten"**, die – eventuell auch nebeneinander – zur Ahndung ("Bestrafung" im weiteren Sinne) herangezogen werden können. Für einige Instrumente hat das EGStGB[1] in Art. 5 eine begriffliche Vorklärung festgelegt:

---
1 G v. 2.3.1974, BGBl. I 469.

„**Bezeichnung der Rechtsnachteile.** In Vorschriften des Bundes- und des Landesrechts dürfen Rechtsnachteile, die nicht bei Straftaten angedroht werden, nicht als Freiheitsstrafe, Haftsstrafe, Ordnungsstrafe oder Geldstrafe bezeichnet werden."

a) Vorab auszugliedern sind die **nicht-staatlichen Sanktionen**, auch wenn diese – z.T. sogar in der Rechtssprache – mit „Strafe" bezeichnet werden, wie etwa *Vertragsstrafen* (§§ 339 ff. BGB) und *Vereins- oder Verbandsstrafen*. Die Sanktionen, die etwa nationale oder auch internationale Sportverbände mit gerichtsartig aufgebauten Spruchstellen bei Verletzung sportlicher Regelungen verhängen können, von erheblichen Geldbußen über die Aberkennung von Toren oder Medaillen bis zur befristeten oder sogar lebenslangen Sperre, können zwar für den oder die Betroffenen ebenso schmerzhaft oder sogar schmerzhafter sein als staatliche Sanktionen. Es handelt sich indes um „**Privatstrafen**", aber nicht um „Strafen" i.S. des Strafrechts. Dies gilt auch für *Unternehmens- oder Betriebsstrafen*, aber auch für *Kirchenstrafen*, selbst wenn die Kirche als Körperschaft des öffentlichen Rechts organisiert ist (vgl. Art. 140 GG i.V.m. Art. 137 Weimarer Verf.). Aufgrund des staatlichen Gewaltmonopols besteht allerdings weithin eine Verhältnismäßigkeitskontrolle, damit diese zulässigen privaten Sanktionen nicht gegen das Übermaßverbot verstoßen (vgl. z.B. bzgl. Vertragsstrafen § 343 BGB). Ebenso ist – zumindest im deutschen und kontinentaleuropäischen Recht – *Schadensersatz* kein staatliches Sanktionsmittel, auch wenn die Wechselwirkungen mit der „Bestrafung" im engeren Sinne nicht aus dem Blick zu verlieren sind (näher Rz. 131 ff.).

Selbst **Disziplinarstrafen**, wie sie etwa den *Beamten, Richtern und Soldaten* im Falle eines Verstoßes gegen dienst- oder berufsrechtliche Pflichten drohen, sind keine staatlichen „Strafen" i.S. des Strafrechts. Vielmehr belegt insoweit der staatliche Dienstherr – ähnlich wie ein privater Arbeitgeber im Rahmen eines Sonderrechtsverhältnisses – gleichsam interne Pflichtverstöße mit (oft nur ergänzenden) Sanktionen.

Dasselbe gilt auch für die **Berufsstrafen** – früher oft auch „Ehrenstrafen" genannt –, die den Angehörigen eines *freien Berufs* angedroht sind, soweit der Beruf einer berufsrechtlichen Regelung unterliegt (näher für die rechtsberatenden Berufe § 91 Rz. 2 ff., 23 ff.). Wegen des starken Eingriffs in das Persönlichkeitsrecht des Betroffenen müssen die staatlichen und freiberuflichen Disziplinarverfahren allerdings rechtsstaatlichen Anforderungen genügen und sind deshalb ähnlich wie ein Strafverfahren geregelt; der BGH als oberstes ordentliches Gericht (Rz. 96) wird – in spezieller, erweiterter Besetzung – auch als oberstes Berufsgericht für Notare, Anwälte und Steuerberater tätig.

b) Auch nach Abschichtung dieses durch besondere Rechtsbeziehungen bestimmten Bereichs bleibt für den Fall, dass ein Unternehmer gegen ihm durch Gesetz oder Verordnung auferlegte Pflichten verstößt, nach allgemeinem, jeden Staatsbürger treffenden Recht eine Palette **unterschiedlicher staatlicher Sanktionen**. Je nach Art und Schwere des Pflichtverstoßes sind – gleichsam in einer Stufenfolge – als „Hauptfolgen" allgemein zu unterscheiden:

– *Beugemaßnahmen*, nämlich *Zwangs- und Ordnungsmittel* (Rz. 124 ff.) als Folge von „Unbotmäßigkeiten",

– *Geldbußen* als Folge von Ordnungswidrigkeiten (Rz. 113 ff.),
– *Strafen* (Kriminalstrafen) als Folge von Straftaten (Rz. 110 f.).

107 **c)** Dazu treten noch eine Fülle möglicher **Nebenfolgen**, die nach strafrechtlichen Verurteilungen – mitunter auch stattdessen – unter bestimmten Voraussetzungen automatisch oder kraft besonderer Anordnung wirksam werden können (dazu die Übersicht in § 21 Rz. 132 ff.). Bei ihnen steht nicht die Sanktion für Pflichtverstöße im Vordergrund, sondern primär der Schutz vor künftigen Rechtsverletzungen.

108 Unter den *„Maßregeln der Sicherung und Besserung"* (§§ 61 ff. StGB) spielt in der wirtschaftsstrafrechtlichen Praxis das **Berufsverbot** (§§ 70–70b StGB) eine wichtige Rolle (§ 21 Rz. 66 ff.), während die *Entziehung der Fahrerlaubnis* (§§ 69–69b StGB) oder auch ein – als „Nebenstrafe" qualifiziertes – *Fahrverbot* (§ 44 StGB) eher selten zur Anwendung kommt. Dazu treten weitere, an sich dem Verwaltungsrecht zuzuordnende Nebenfolgen, vom Pass-Entzug über die Unternehmensschließung bis zur Unfähigkeit zur Ausübung von Geschäftsleitungsfunktionen (sog. Organsperre) oder zur Versagung der insolvenzrechtlichen Restschuldbefreiung (§ 21 Rz. 133 f.).

109 Von erheblicher Bedeutung im Wirtschaftsstrafrecht sind **Verfall und Einziehung** (§§ 73 ff. StGB, §§ 22 ff., 29a OWiG; § 21 Rz. 71 ff.). Im (schmalen) Anwendungsbereich des WiStG (Rz. 49) gilt anstelle des Verfalls die *Abschöpfung des Mehrerlöses* (§§ 8–10 WiStG). Mit diesen Instrumenten, die teilweise schuldunabhängig sind, soll primär der wirtschaftliche Anreiz zu Straftaten bzw. Normverletzungen wirksam reduziert werden.

2. Kriminalstrafen und Bußgelder

110 **a)** Die staatliche Sanktion der „**Strafe**" – zur Klarstellung oft als „Kriminalstrafe" bezeichnet – ist die „**ultima ratio**", das *letzte und einschneidendste* Mittel, das dem Staat zur Durchsetzung der Rechtsordnung und Sicherung des Rechtsfriedens zur Verfügung steht. Nach Abschaffung der Todesstrafe (Art. 102 GG) – und auch aller sonstigen mittelalterlichen Leibesstrafen – wird sie als *Freiheitsstrafe* (§§ 38 f. StGB) oder *Geldstrafe* (§§ 40 ff. StGB) verhängt (näher § 21 Rz. 1 ff.). Im Einzelfall kann sie durch – nicht als „Strafe" geltende -„*Maßregeln der Besserung und Sicherung*" (Rz. 105 f.; § 21 Rz. 65 ff.) ergänzt (oder bei fehlender Verantwortlichkeit auch ersetzt) werden.

111 Die Verhängung einer (Kriminal-)Strafe enthält – anders als die anderen genannten Sanktionen – ein **staatliches Unwerturteil**, eine *soziale Missbilligung*, die den Täter empfindlich treffen soll, damit weder er noch andere sich so verhalten. Art und Höhe der gesetzlich angedrohten Strafe spiegeln zunächst das Gewicht wider, das die Rechtsordnung einer bestimmten Rechtsverletzung zuordnet, während die individuelle Vorwerfbarkeit (Schuld) den Maßstab für die konkrete Strafe abgibt (näher zur Strafzumessung § 21 Rz. 10 ff.). Die „Strafe" als härteste Sanktion, die in einer rechtsstaatlichen Rechtsordnung verhängt werden kann, bildet somit den *stärksten Grundrechtseingriff*. Ihre Verhängung ist deshalb auch mit einer Vielzahl von rechtsstaatlichen Schutzmechanismen verknüpft, insbesondere auch verfahrensrechtlicher Art (unten §§ 10 ff.), für deren Einhaltung die Strafgerichte sorgen müssen; darüber wachen die Verfas-

sungsgerichte und schließlich der EGMR in Straßburg (näher § 5 Rz. 17 f.). Umgekehrt spiegelt der Umgang des Staates mit „seinen" Straftätern auch dessen rechtsstaatlichen Entwicklungsstand wider.

Allein diese Einordnung als „letztes Mittel" erfordert einen maßvollen Einsatz, wenn der Staat letztlich nicht seine Autorität und seine Akzeptanz durch die Bürger einbüßen will. Für diese **Beschränkung des Strafrechts** als Mittel gegen *schweres sozialschädliches* Verhalten spricht auch, dass in weiten Bereichen bereits die eben erwähnten „vorstrafrechtlichen" Rechtsfolgen von Rechtsnormverletzungen das Verhalten der Bürger wirksam steuern können. Die Wahl zwischen den einzelnen Sanktionsmöglichkeiten obliegt allein dem Gesetzgeber, der sich einer eindeutigen Bezeichnung zu bedienen hat. Der *Verhältnismäßigkeitsgrundsatz* als „Leitplanke" allen staatlichen Handelns gegenüber seinen Bürgern bindet das Ermessen des Gesetzgebers bei der Wahl von Sanktionen.

112

Schon früh hat jedoch *Tiedemann* zu Recht darauf hingewiesen, dass es – jedenfalls bei einer „Makrobetrachtung" – gerade im Wirtschaftsstrafrecht häufig als milder einzuschätzen sei, sozialschädliches Verhalten mit Strafe zu bedrohen, als ein umfassendes verwaltungsrechtliches Kontrollnetz für ganze Wirtschaftsbereiche zu installieren[1].

b) Die Charakterisierung der „Strafe" als *„ultima ratio"* führt zur Frage nach dem Verhältnis zwischen *Strafe und Geldbuße*, zwischen *Straftat und Ordnungswidrigkeit*. Dass die **Geldbuße** (gleichbedeutend: Bußgeld) nach dem Ordnungswidrigkeitsgesetz keine „Strafe" i.S. des StGB darstellt, macht das OWiG sowohl terminologisch als auch systematisch eindeutig klar: die *Geldbuße ist keine Strafe*. § 1 Abs. 1 OWiG spricht statt von „Bestrafung" nur von „Ahndung". *Kriminalpolitischer Hintergrund* des gesamten Ordnungswidrigkeitenrechts ist es, „leichtere" Rechtsverletzungen aus dem Bereich der Strafe (und damit aus dem StGB) herauszunehmen und mit einem geringeren Unwerturteil zu versehen.

113

Diese „**Entkriminalisierung**" von leichteren, aber oft auch häufig begangenen Normverletzungen zeigt sich am anschaulichsten im *Straßenverkehrsrecht*: Die große Masse der (festgestellten) Normverletzungen löst nur eine Sanktion nach dem OWiG aus, also als Äußerstes eine Geldbuße (und eventuell „Punkte" in Flensburg); „Strafe" droht nur noch bei schweren Rechtsverletzungen (wie z.B. Trunkenheit im Verkehr – § 316 StGB; Gefährdung des Straßenverkehrs – §§ 315b, 315c StGB u.a.). – Wie auch die Überführung der früher im StGB geregelten „Übertretungen" in das Ordnungswidrigkeitenrecht zeigt, ist damit der Bereich des *Bagatell-Stafrechts weitgehend reduziert* worden. Diese Entkriminalisierung war insbesondere auch für das frühere Wirtschaftsstrafrecht von großer Bedeutung (Rz. 52 f., 56).

114

Gleichwohl setzt eine Normverletzung, die zur Verhängung einer Geldbuße (oder auch nur eines Verwarnungsgelds, § 57 OWiG) führt, einen **vorwerfbaren Rechtsbruch** voraus; das Unwerturteil ist jedoch deutlich „milder" als bei Straftaten. Die Geldbuße ist lediglich als genereller Vorwurf eines Fehlverhaltens, als „Pflichtenmahnung" oder „präventiver Ordnungsruf" ausgestaltet

115

---

1 Zusammenfassend *Tiedemann*, WiStrafR AT, Rz. 187 ff.; vgl. auch *Kühl*, Fragmentarisches und subsidiäres StrafR, in FS Tiedemann, 2008, S. 29 (35 ff.).

worden[1], aber frei vom diskriminierenden Vorwurf einer Rechtsgutverletzung, der der „Strafe" zukommt. Damit ist ein durchaus eigenständiges Rechtsgebiet mit eigentümlichen repressiven Folgen geschaffen worden (zur geschichtlichen Entwicklung Rz. 56, 59), das einen wichtigen Beitrag leistet, das Strafrecht im engeren Sinne auf besonders zu missbilligende Verhaltensweisen zu beschränken.

116 Auch wenn das Ordnungswidrigkeitenverfahren im Vergleich zum Strafverfahren in vielerlei Hinsicht vereinfacht ist, so orientieren sich doch die **rechtsstaatlichen Garantien** einer Bußgeld-Ahndung[2] am Strafrecht (näher unten § 14). Zahlreiche Bestimmungen sind auch inhaltlich identisch, etwa bzgl. der Zurechnung von Verantwortung § 9 OWiG und § 14 StGB (§ 30 Rz. 74 ff.). Ein zentraler Unterschied im Verfahren liegt jedoch darin, dass die Verfolgung von Ordnungswidrigkeiten in die Zuständigkeit von *Verwaltungsbehörden* fällt (vgl. § 36 OWiG), während beim Verdacht auf Straftaten die Staatsanwaltschaft zuständig ist. – Auch die *Berechnung der Sanktion* ist unterschiedlich: Die Strafe wird relativ exakt nach dem Tagessatz-System (§§ 40 ff. StGB) berechnet, während die Verhängung von Bußgeld vielfach pauschal nach bestimmten Sätzen erfolgt (etwa nach Bußgeldkatalogen) und auf die individuellen Verhältnisse des Täters vielfach keine Rücksicht nimmt. Für hohe Geldbußen sind mitunter, etwa im Kartellrecht (§ 57 Rz. 88, 152), Leitlinien erlassen worden.

117 Das **Stufenverhältnis** *zwischen Straftat und Ordnungswidrigkeit*, das grundsätzlich im StGB und in der StPO einerseits und im OWiG andererseits angelegt ist und das auch das gesamte Nebenstrafrecht (Rz. 11, 145) durchzieht, hat zur Folge, dass nicht nur ein Übergang von einem Verfahren zum anderen möglich sein muss, sondern dass auch sich überschneidende Zuständigkeiten harmonisiert werden müssen. Erweist sich eine angeklagte Straftat als nicht nachweisbar, kann der Strafrichter gleichwohl eine Geldbuße für eine verbleibende Ordnungswidrigkeit verhängen (näher § 14 Rz. 26). – Somit ist festzuhalten, dass die Ordnungswidrigkeiten zwar im begrifflichen Gegensatz zum *Strafrecht im engeren Sinne* stehen, aber unter dem Überbegriff „Zuwiderhandlungen" (Rz. 13) einen wesentlichen Teil des *Strafrechts im weiteren Sinne* bilden[3]. „Wirtschaftsstrafrecht" ist Strafrecht im weiteren Sinne (Rz. 12).

118 Im Rahmen dieses Buches ist es wegen der (in Rz. 130 nur beispielhaft genannten) *Mischtatbestände* im HGB, die sich allerdings auch in vielen anderen Gesetzen gleichermaßen finden, sowie wegen der teilweise gravierenden Folgen für den Betroffenen einer Bußgeldtat *unerlässlich*, dieses Rechtsgebiet in die **Darstellung mit einzubeziehen** (Rz. 12). Hinzu kommt, dass die Entwicklung

---

1 Damit folgte der Gesetzgeber Empfehlungen von *Eberhard Schmidt*, Das neue westdeutsche WirtschaftsstrafR, 1950, insbes. 19 ff., 26 ff., und damit der Lehre von den „Verwaltungswidrigkeiten", die auf *James Goldschmidt* und *Erik Wolf* zurückzuführen ist; vgl. auch *Günther* in 40 Jahre BRD, in FS der Jur. Fak. Tübingen, 1989, S. 381 ff.; *Karsten Schmidt*, Zur Verantwortung von Gesellschaften und Verbänden im Kartell-OrdnungswidrigkeitenR, wistra 1990, 131 ff.
2 Dazu *Gaier*, Garantien des dt. VerfassungsR bei der Verhängung von Geldbußen, wistra 2014, 161.
3 Vgl. die Übersicht bei *Weigend* in LK, StGB, Einl. Rz. 19 f.; *Bohnert* in KK-OWiG, Einl. Rz. 1 ff., 82 ff.; und *Rogall* in KK, Vor § 1 OWiG Rz. 1 f.

des Wirtschaftsstrafrechts mit derjenigen des Ordnungswidrigkeitenrechts – ebenso wie umgekehrt – eng verknüpft ist (Rz. 52 ff.). Es ist nicht weiterführend, die Geldbuße nur als „verwaltungsrechtliche Sanktion" zu begreifen (zum europäischen Wettbewerbsrecht vgl. § 57 Rz. 72), auch wenn Verwaltungsbehörden im Ordnungswidrigkeitenverfahren eine zentrale Rolle spielen. Denn anders als die Zwangsmaßnahmen des Verwaltungsrechts hat das Bußgeld als Ahndung für begangenes Unrecht einen ausgeprägt repressiven Charakter, sodass dessen Verhängung auch rechtsstaatliche Schutzmechanismen erfordert, die den Schutzvorschriften im Strafverfahren ähnlich sind.

119 Die Tatsache, dass nach (derzeitigem) deutschen Recht nur natürliche Personen mit „Strafe" belegt werden können, während als Sanktion für **juristische Personen** *nur eine Geldbuße* möglich ist (näher § 23 Rz. 33 ff.), legt die Schlußfolgerung nahe, es bestehe ein tiefgreifender Unterschied zwischen Strafe und Geldbuße. Die Ahndungspraxis hat jedoch gezeigt, dass dieser Unterschied eher begrifflicher denn inhaltlicher Natur ist. Die wiederholt erhöhte Obergrenze der zulässigen Geldbuße hat vielmehr zur Folge, dass die Geldbußen für juristische Personen deutlich höher liegen als die Strafen für die daran beteiligten natürlichen Personen.

120 c) Als **Rechtsfolge** einer Ordnungswidrigkeit kann lediglich die *Geldbuße*, nicht aber eine Geldstrafe oder gar eine Freiheitsstrafe – auch nicht eine (Ersatz-)Freiheitsstrafe bei Uneinbringlichkeit der Geldbuße – verhängt werden. Bei Nichtzahlung der Geldbuße sieht allerdings § 96 OWiG die Verhängung von *Erzwingungshaft* vor (s. § 14 Rz. 10). Die Geldbuße stellt auch *keine „Vorstrafe"* dar, sodass keine Eintragung in das *„Bundeszentralregister"* erfolgt, möglicherweise aber in das Gewerbezentralregister (§ 13 Rz. 10).

121 Die **Höhe der Geldbuße** beträgt nach § 17 Abs. 1 OWiG grundsätzlich zwischen 5 und 1 000 Euro, woraus sich deren Bagatellcharakter ergibt. Hiervon abweichend sind jedoch nach den meisten der in diesem Buch behandelten Bußgeldvorschriften *weit höhere* Geldbußen möglich: z.B. nach §§ 144 ff. GewO vielfach bis 50 000 und vereinzelt bis 250 000 Euro, nach § 378 Abs. 2 AO (§ 46 Rz. 9 ff.) bis 50 000 Euro. Gerade in jüngerer Zeit ist ein deutliches – teilweise von der Finanzkrise ausgelöstes – Ansteigen der Bußgeld-Obergrenzen zu beobachten: In § 39 Abs. 4 WpHG beträgt der Höchstbetrag aktuell *1 Mio. Euro* (§ 68 Rz. 31, 83), ebenso in § 60 Abs. 3 WpÜG (§ 28 Rz. 95). In § 56 Abs. 6 KWG ist die bisherige Bußgeldobergrenze von 500 000 Euro auf *5 Mio. Euro* angehoben worden[1]. Die verhängten Geldbußen werden – anders als etwa die hohen Unternehmensgeldstrafen in den USA[2] – tatsächlich auch vollstreckt.

121a Für die **Verbandsgeldbuße** (näher § 21 Rz. 94 ff.) hat die *8. Kartellnovelle* den 2002 auf 1 Mio. erhöhten Höchstbetrag bei vorsätzlichen Straftaten auf **10 Mio. Euro** und bei Fahrlässigkeitstaten bis 5 Mio. erhöht (§ 30 Abs. 2 S. 1 OWiG)[3]. Handelt es sich bei der Anknüpfungstat „nur" um eine Ordnungswidrigkeit,

---

1 § 56 Abs. 6 KWG i.d.F. des CRD IV-UmsetzungsG v. 28.8.2013, BGBl. I 3395 (3443).
2 *Engelhart*, Sanktionierung von Unternehmen ..., 2. Aufl. 2012, S. 747, weist darauf hin, dass in den USA von den hohen verhängten Sanktionen nur geringe Prozentsätze – ca. 4 % – tatsächlich „einkassiert" werden.
3 Art. 4 Nr. 1 Buchst. a des 8. GWB-ÄndG v. 26.6.2013, BGBl I 1738, 1747.

ergibt sich der Höchstbetrag der Geldbuße zunächst aus dem jeweiligen Bußgeldtatbestand (S. 2) ; doch dieser dortige Höchstbetrag kann verzehnfacht werden (§ 30 Abs. 2 S. 3 OWiG), wenn das jeweilige Gesetz auf diese Norm verweist. – Um dieses reichlich abstrakte Erhöhungskonzept zu veranschaulichen, hat die 8. Kartellnovelle davon gleich Gebrauch gemacht: im OWi-Tatbestand der **Aufsichtspflichtverletzung** (§ 130 OWiG – § 30 Rz. 125 ff.) ist zwar der Höchstbetrag von 1 Mio. Euro[1] unverändert geblieben, aber eine Verweisung auf § 30 Abs. 2 S. 3 OWiG eingefügt worden. Das bedeutet im Ergebnis, dass eine natürliche Person als Täter im Falle von Vorsatz höchstens mit 1 Mio. Euro „bebußt" werden kann, während gegen den Unternehmensträger (daneben oder auch selbständig) eine Buße von 10 Mio. Euro verhängt werden kann.

121b   Im **Kartellrecht** – schon seit Langem der Bereich mit den höchsten Bußgeldern (näher § 57 Rz. 148 ff.) – beträgt der Höchstbetrag der Geldbuße seit 2005 unverändert 1 Mio. Euro (§ 81 Abs. 4 S. 1 GWB); daran hat auch die 8. Kartellnovelle nichts geändert. Für die Unternehmensträger gilt insweit aber nicht § 30 Abs. 2 OWiG (Rz. 121a), sondern eine besondere, aus dem europäischen Wettbewerbsrecht übernommene **Orientierung am Umsatz**: nach § 81 Abs. 4 S. 2, Abs. 5 GWB können bis zu *10 % des Jahresumsatzes* „abgeschöpft" werden.

Unter Hinweis auf die Entscheidung des BVerfG zur *Verfassungswidrigkeit* der Vermögensstrafe (ehem. § 43a StGB)[2] ist von namhaften Autoren die Ansicht vertreten worden, diese Regelung verstoße gegen das Bestimmheitsgebot des GG. Dabei wird jedoch übersehen, dass Adressat der Vermögensstrafe die natürliche Person war, während hier Adressat der Unternehmensträger ist; außerdem ist die Obergrenze der Sanktion durch die feste Verknüpfung (10 %) mit dem Jahresumsatz berechenbar begrenzt, während § 43a StGB keine solche Begrenzung kannte. Der BGH hat jene Meinung indes überzeugend zurückgewiesen[3].

121c   Inzwischen hat der Gesetzgeber diese Regelung auch auf andere Bereiche – zunächst die **Finanzwirtschaft** (unten §§ 66–69) – ausgedehnt: Auch § 56 Abs. 7, 8 KWG[4] ermöglicht gegenüber Unternehmensträgern die Festsetzung von Geldbußen bis zu 10 % des Nettoumsatzes des Vorjahres. Es ist zu erwarten, dass dieses Regelungsmodell angesichts der Größe der relevanten Unternehmensträger auch in weiteren Bereichen zum Zuge kommen wird, weil mit Festbeträgen eine sinnvolle Begrenzung der Sanktionshöhe nicht mehr möglich ist. Bis die BAFin auch hier entsprechende *Bußgeld-Leitlinien* – wie für den Bereich des WpHG[5] oder das BKartA im Kartellrecht (§ 57 Rz. 150) – herausgeben kann, wird allerdings noch einige praktische Erfahrung zu sammeln sein. *Mittelfristig* könnte sich dies zu einer für das *gesamte Wirtschaftsstrafrecht* gültigen Bemessungregel entwickeln, die in § 30 OWiG ihren passenden Platz finden könnte.

---

1   Eingeführt durch das sog. EU-RechtsinstrumenteAG v. 22.8.2002, BGBl. I 3387.
2   BVerfG v. 20.3.2002 – 2 BvR 794/95, BVerfGE 105, 135 = BGBl. I 1340 (unten § 21 Rz. 1).
3   BGH v. 26.2.2013 – KRB 20/12 – Grauzementkartell, s. unten § 57 Rz. 150a.
4   Angefügt durch Art. 1 Nr. 89 CRD IV-UmsetzungsG v. 28.8.2013, BGBl I 3495 (3441, 3443); vgl. auch unten § 66 Rz. 6e.
5   WpHG-Bußgeldleitlinien v. 29.11.2013; www.bafin.de/...

Im Ergebnis muss jedenfalls sichergestellt sein, dass die Sanktionen für Ordnungswidrigkeiten eine Höhe erreichen können, die auch große Unternehmen spürbar trifft. Dass dennoch die Abschreckungswirkung von Geldbußen auch in dreistelliger Millionenhöhe offenbar recht begrenzt ist, wie die Aufdeckung immer wieder neuer Preiskartelle belegt, ist ein Phänomen für die Kriminalwissenschaften. Ob eine „Um-Qualifikation" von einer Verbandsgeldbuße in eine Verbandsstrafe (vgl. § 23 Rz. 34 ff., 50) daran etwas ändern könnte, ist indes sehr umstritten.

122 Der lang andauernde *Streit* zwischen **„qualitativer" oder** lediglich **„quantitativer" Abgrenzung** zwischen Strafe und Bußgeld scheint nunmehr zugunsten der vor allem vom BVerfG geprägten „gemischt qualitativ-quantitativen Theorie" entschieden[1]. Manche treffen sogar – mit guten Gründen – eine Unterscheidung zwischen „großen" und „kleinen" Ordnungswidrigkeiten, weil mit zunehmendem Gewicht der angedrohten repressiven Folge auch die verfahrensrechtlichen Garantien zugunsten der Betroffenen steigen müssen. Dies weist im Übrigen auf ältere Überlegungen zur Schaffung eines „Bagatellstrafrechts" zurück[2].

123 Ungeachtet aller Diskussionen geht die h.M.[3] davon aus, dass der **Gesetzgeber** befugt ist, **unterschiedliche Rechtsfolgen** – also Kriminalstrafen oder Geldbußen – im Rahmen seines gesetzgeberischen Ermessens frei zu bestimmen. Allerdings dürfen *rechtsstaatliche Verfahrensgarantien* durch bloße Umbenennung der Rechtsfolge nicht beschränkt werden. Bei geringerem Eingriff in die Rechtssphäre des Betroffenen sind jedoch Verfahrensvereinfachungen zur Bewältigung von Massenproblemen unausweichlich.

3. Ordnungs- und Zwangsmittel

124 Der großen Strafrechtsreform ist es zu verdanken, dass die in den unterschiedlichsten Gesetzen angedrohten **Ordnungs- und Zwangsmittel** begrifflich aus dem Bereich der (Kriminal-)Strafe und auch aus dem Bereich der Geldbuße ausgegliedert worden sind[4] und damit auch nicht zum „Strafrecht im weiteren Sinne" (Rz. 12) gehören[5]. Dass sie dabei in die Art. 6-10 EGStGB eine allgemeine Minimalregelung erhalten haben, macht sie noch nicht zum Teil des Strafrechts (i.w.S.); darin wird vielmehr der substanzielle Unterschied deutlich. Ziel dieser Maßnahmen ist es primär, ein zukünftiges rechtskonformes Verhalten zu bewirken, während der Ahndungszweck zurücktritt. Ob Verhaltensweisen für die *Zukunft* verlangt und durch Zwangsgeld oder durch Ordnungsgeld er-

---

1 Vgl. *Gürtler* in Göhler, Vor § 1 OWiG Rz. 3 ff., 6 ff.; *Förster* in Rebmann/Roth/Herrmann, Vor § 1 OWiG Rz. 4 ff., 8 ff.; *Bohnert* in KK-OWiG, Einl. Rz. 82 ff. (aber krit. Rz. 107 ff.); eingehend *Mattes*, Untersuchungen zur Lehre von den Ordnungswidrigkeiten, 2 Bde. 1977/1982; vgl. auch *Richter*, Die Diskriminierung als Kartellordnungswidrigkeit, 1982, 7 ff. m.w.Nw.
2 *Tiedemann*, öJZ 1979, 618; *Richter*, Die Diskriminierung als Kartellordnungswidrigkeit, 1982, 10 f.; *Dannecker/Bülte* in W/J, Kap. 1 Rz. 63 ff.
3 Vgl. Nw. zu Rz. 13; außerdem *Tiedemann*, WiStrafR I, 127 ff.; *Günther*, Die Ordnungswidrigkeit [...], in FS Tiedemann, 2008, S. 165 ff.
4 *Gürtler* in Göhler, vor § 1 OWiG Rz. 40; *Maurach/Zipf*, AT 1, § 1 II A 1.
5 A.A. z.B. *Kießling*, Das Ordnungsgeldverfahren wegen Verletzung von Jahresabschlusspublizitätspflichten gemäß § 335 HGB, 2014, S. 220 ff., 232 f., 306.

zwungen werden sollen, oder ob in der *Vergangenheit* liegendes rechtswidriges Verhalten „repressiv" missbilligt wird, markiert einen wesensmäßigen, also *qualitativen Unterschied* gegenüber Strafe und Geldbuße.

125 Trotz gemeinsamer Einordnung in die Kategorie „Beugemittel" ist zwischen Zwangsmitteln einerseits und Ordnungsmitteln anderseits nochmals zu unterscheiden: **Zwangsgeld** und **Zwangshaft** (vgl. § 888 ZPO) sind reine Beugungsmittel, deren Verhängung *kein Verschulden* vorraussetzt[1]. **Ordnungsgeld** und **Ordnungshaft** (vgl. § 890 ZPO) enthalten dagegen bereits ein repressives Element, das als Sanktion gegen die Missachtung hoheitlicher Anordnungen (wie einer gerichtlichen Verurteilung zur Unterlassung) zu sehen ist. Deshalb hat das Ordnungsgeld einen „Doppelcharakter" und gilt auch als „strafähnliche" Sanktion[2]. Nicht nur *Verschulden* ist vorausgesetzt[3], sondern auch das BVerfG hält – zu Recht – auch das Bestimmtheitsgebot des Art. 103 Abs. 2 GG für einschlägig.

126 Solche Beugemittel kommen in ganz **verschiedenen Rechtsgebieten** zur Anwendung[4]. Auch das europäische Recht kennt seit Langem gleichartige Zwangsgelder (vgl. § 57 Rz. 64). Wenige Beispiele müssen hier genügen. Zum einen sind es die *Verfahrensordnungen*, die mithilfe dieser Beugemaßnahmen einen geordneten Verlauf garantieren wollen.

Beispiele: Bleibt ein *Zeuge* trotz ordnungsmäßiger Ladung dem Gerichtstermin fern oder verweigert er die Aussage ohne gesetzlichen Grund, so kann er vom Gericht zur Erzwingung des Zeugnisses zu Ordnungsgeld oder Ordnungshaft verurteilt werden (§ 70 StPO, § 380 ZPO); dies gilt im Wege der Verweisung auch im Ordnungswidrigkeitenverfahren (§ 71 Abs. 1 OWiG) sowie in den anderen Verfahrensordnungen (§ 29 Abs. 2 FamFG, § 46 Abs. 2 S. 1 ArbGG; § 98 VwGO). Bleibt im Zivilverfahren eine *Partei* oder ein Beteiligter trotz persönlicher Ladung dem Termin ohne ausreichende Entschuldigung fern, droht Ordnungsgeld (§ 141 Abs. 3 ZPO; § 33 Abs. 3 FamFG; § 95 VwGO). Das Gleiche gilt, wenn ein gerichtlich bestellter *Sachverständiger* nicht erscheint oder das Gutachten verweigert (§ 77 StPO; § 409 ZPO). Mit Ordnungsgeld oder Ordnungshaft kann das Gericht auch gegen ungebührliches Verhalten von Prozessbeteiligten oder von Zuhörern während der Sitzung vorgehen (§ 178 GVG).

127 Auch im Rahmen der **Zwangsvollstreckung** nehmen die Ordnungsmittel einen zentralen Platz ein: Im *Zivilverfahren* kann zur Zwangsvollstreckung von unvertretbaren Handlungen, zu denen ein Schuldner verurteilt worden ist (§ 888 ZPO), *Zwangsgeld* oder auch *Zwangshaft* angeordnet werden; der Durchsetzung von Unterlassungspflichten (§ 890 ZPO) dient die Verhängung von *Ordnungsgeld*. Die Abgabe der eidesstattlichen Versicherung zur Offenbarung der Vermögensverhältnisse kann durch Zwangshaft durchgesetzt werden (§ 901 ff.

---

1 Allg. M.; vgl. nur *Stöber* in Zöller, 30. Aufl. 2014, § 888 ZPO Rz. 7; *Gruber* in MüKo, 4. Aufl. 2012, § 888 ZPO Rz. 25.
2 Deutlich BVerfG v. 9.1.2014 – 1 BvR 299/13, GmbHR 2014, 366 bzgl. § 335 HGB (unten Rz. 128).
3 BVerfG v. 25.10.1966 – 2 BvR 506/63, BVerfGE 20, 323 = NJW 1967, 195; BVerfG v. 23.4.1991 – 1 BvR 1443/87, BVerfGE 84, 82 = NJW 1991, 3139; *Stöber* in Zöller, § 890 ZPO Rz. 5.
4 *Häger* in LK, Vor §§ 38 ff. StGB Rz. 81 ff.; *Joecks* in MüKo-StGB, Einl. Rz. 8; *Roxin*, AT I, § 1 Rz. 5 f.; *Jescheck/Weigend*, AT, 11 f.

ZPO). Das Gleiche gilt für das Verfahren in Familiensachen und Angelegenheiten der freiwilligen Gerichtsbarkeit (§§ 35, 89 FamFG).

Von besonderer praktischer Bedeutung sind die einschlägigen Bestimmungen des **Handelsrechts**. Der Unternehmer, der die erforderliche Anmeldung zum Handelsregister nicht vornimmt, kann vom Registergericht dazu durch *Zwangsgeld* angehalten werden (§ 14 HGB; dazu § 22 Rz. 39). Das Gleiche gilt für mangelhafte Angaben auf Geschäftsbriefen (§ 37a Abs. 4, § 125a Abs. 2 HGB; näher § 23 Rz. 65 ff.). Gegen unzulässigen Firmengebrauch ist *Ordnungsgeld* angedroht (§ 37 Abs. 1 HGB), ebenso gegen die Unterlassung der Offenlegung von Jahresabschlüssen der Kapitalgesellschaften (§ 335 HGB; § 41 Rz. 31); der bei Schaffung des EHUG erwogene OWi-Tatbestand ist nicht Gesetz geworden. Dagegen ist die unrichtige Übermittlung bestimmter Daten zum Unternehmensregister (§ 8b HGB) als *Bußgeldtatbestand* ausgestaltet (§ 104a HGB; § 22 Rz. 30a).

Anders als die Verhängung von Strafe oder Bußgeld kann die Festsetzung von Zwangs- und Ordnungsgeld grundsätzlich so oft **wiederholt** werden, bis das vorgeschriebene Verhalten durchgesetzt ist. Auch schließt die Festsetzung von Ordnungsmitteln eine zusätzliche Verhängung von Strafen oder Bußgeldern nicht grundsätzlich aus. Der Grundsatz des „Doppelstrafverbots" (§ 12 Rz. 75) gilt hier nicht[1].

Die **Stufenfolge** der Sanktionsmöglichkeiten zwischen Vor-, Quasi- und Kriminal-Strafrecht, also Ordnungsmittel, Bußgeld und (Kriminal-)Strafe, wird z.B. bei der *Rechnungslegung der Kapitalgesellschaften* (unten § 41) anschaulich sichtbar: Das Unterlassen der Offenlegung ist seit 2007 mit *Ordnungsgeld* (§ 335 HGB; zuvor nur Zwangsgeld) bedroht (wobei nunmehr das Bundesamt für Justiz über die Einhaltung wacht), während wesentliche Verstöße gegen Vorschriften der Rechnungslegung nach § 334 HGB mit *Geldbuße* nach dem OWiG bewehrt sind. Die Grundtatbestände des § 334 Abs. 1 Nr. 1–4 HGB wandeln sich, wenn sie den Erfolg der Verschleierung der Verhältnisse der Kapitalgesellschaft (bzw. des Konzerns) oder deren unrichtige Wiedergabe zur Folge haben, zur *Straftat* (§ 331 Nr. 1 und 2 HGB; näher § 40 Rz. 69 ff.).

4. Schadensersatz

Auch wenn die Verpflichtung zur Leistung von Schadensersatz wirtschaftlich durchaus als „Sanktion" wirken kann, hat sie grundsätzlich nichts mit strafrechtlichen Sanktionen zu tun, sondern ist eine rein **zivilrechtliche Folge**. Schadensersatz ist in der Palette zivilrechtlicher Folgen die weitaus wichtigste. Ziel des Schadensersatzes ist – wie der Ausdruck selbst schon deutlich macht – ausschließlich die *Wiedergutmachung*, also die Wiederherstellung des vor der Rechtsverletzung bestehenden Zustands beim Geschädigten (vgl. § 249 BGB). Da sich die Höhe des Ersatzanspruchs nach objektiven Kriterien richtet, nämlich der *Höhe des* angerichteten *Schadens*, und nicht nach dem Maß der Schuld wie im Strafrecht, können die zivilrechtlichen Folgen einer „Tat" wirtschaftlich weit belastender sein als ein Strafurteil und schnell bis zum Ruin führen.

---

1 Allg. M.; vgl. *Stöber* in Zöller, § 890 ZPO Rz. 7; *Gruber* in MüKo, 4. Aufl. 2012, § 890 ZPO Rz. 2.

132 Diese **scharfe Trennung** zwischen Zivil- und Strafrecht kann zwar im Einzelfall divergierende Ergebnisse zur Folge haben, insbesondere vor dem Hintergrund unterschiedlicher Verfahrensordnungen (ZPO/StPO). So kann eine Rechtsverletzung auf der „strafrechtlichen Schiene" etwa zur Einstellung (nach § 170 Abs. 2 oder § 153 StPO bzw. § 47 OWiG) führen, auf der „privatrechtlichen Schiene" aber gleichwohl zu hohen Schadensersatzleistungen. Die unterschiedliche Aufgabenstellung des Zivilrechts einerseits und des Strafrechts anderseits hat zur Folge, dass die Kriterien der Zurechnung nicht identisch sind; so gilt etwa für die Fahrlässigkeit im Zivilrecht ein objektiver Maßstab, während im Strafrecht subjektive Voraussetzungen den Schuldvorwurf bestimmen (vgl. auch § 17 Rz. 38). Auch wenn die Details der Rechtsfolge „Schadensersatz" durchaus differenziert sind – das Stichwort „Schmerzensgeld" soll hier genügen – so gilt der Grundsatz, dass Schadensersatz nicht die Aufgabe hat, gegenüber dem Schadensverursacher eine soziale Missbilligung oder auch nur eine hoheitliche Pflichtenmahnung zum Ausdruck zu bringen.

133 Sowohl die rechtlichen **Voraussetzungen** eines Schadensersatzanspruchs als auch dessen **Bemessung** sind im Vergleich zu einer Strafe durchaus verschieden. Neben der (hier nicht einschlägigen) Gruppe der Schadensersatz auslösenden Vertragsverletzungen (vgl. nur § 280 BGB) sind es vor allem die „*Unerlaubten Handlungen*" (§§ 823 ff. BGB), die zu Schadensersatz führen können. Schon ein geringes Verschulden (leichte Fahrlässigkeit, § 276 BGB) kann gewaltige Schadensersatzverpflichtungen begründen, wenn der Schaden nachweisbar sozialadäquat verursacht ist. Das Maß des Verschuldens ist – im Grundsatz – unerheblich für die Höhe des zu ersetzenden Schadens. Allerdings kann man sich gegen zivilrechtliche Folgen, soweit nicht Vorsatz oder teilweise auch nur „grobe Fahrlässigkeit" nachweisbar ist, weithin durch Versicherungen schützen; Strafen und Geldbußen lassen sich dagegen im Ansatz nicht durch Abschluss eines Versicherungsvertrags abwenden (zu den D&O-Versicherungen vgl. § 16 Rz. 42 ff.). Eine andere Frage ist es, inwieweit Unternehmen(sträger) die Strafen bzw. Bußgelder, die gegen die für sie handelnden Personen verhängt werden, erstatten dürfen (dazu § 16 Rz. 111).

134 Wegen der unterschiedlichen Zielsetzung ist das **Instrumentarium der Rechtsverfolgung** unterschiedlich ausgestaltet: Der *Zivilprozess* mit seinen komplexen Regelungen, etwa zur Beweislast, soll für einen Ausgleich zwischen den – grundsätzlich als gleich stark gedachten – Parteien führen. Dagegen ist der *Strafprozess* (einschließlich des Bußgeldverfahrens) darauf angelegt, dass der Staat mit seinen überlegenen Mitteln den Rechtsfrieden dadurch wiederherstellt, dass er das rechtswidrige Verhalten des Täters – nach dessen Nachweis – öffentlich missbilligt und mit zuvor angedrohten Sanktionen belegt.

135 Im (relativ selten praktizierten) strafprozessualen **Adhäsionsverfahren** (§§ 403 ff. StPO; vgl. § 12 Rz. 43) ist die Verurteilung des Täter zur Entschädigung des Verletzten nicht Teil der Strafe, sondern eine zusätzliche zivilrechtliche Folge, deren Ausspruch aus Gründen der Verfahrensvereinfachung dem Strafrichter übertragen ist.

136 Zur Steuerung menschlichen Verhaltens kann sich eine Rechtsordnung auf zivilrechtliche Folgen oder auf strafrechtliche Folgen beschränken oder beide parallel zur Verfügung stellen. Während im Zivilrechtsschutz der Verletzte darü-

ber disponieren kann, ob und in welchem Umfang er Entschädigung realisieren will bzw. kann – was auch durch die Leistungsfähigkeit des Verletzers beeinflusst wird –, ist der Schutz der strafrechtlich geschützten Rechtsgüter in die Hand des Staates gelegt, dem das Monopol der legalen Gewaltanwendung zukommt. Bei sehr vielen Rechtsverstößen greifen aber beide Schutzordnungen, was zu einer **Parallelität der Rechtsschutzmechanismen** führt. Dies gilt insbesondere bei Verletzungen von Leib und Leben, aber auch von anderen *absoluten Rechten* wie Eigentum, Freiheit oder Urheberrechten (§ 823 Abs. 1 BGB). Von praktischer Bedeutung ist besonders die Rückwirkung des Strafrechts auf das Zivilrecht, indem über § 823 Abs. 2 BGB die Verletzung eines *Schutzgesetzes* – und ein großer Teil der Strafnormen stellt ein solches Schutzgesetz dar – eine Schadensersatzpflicht begründet wird.

Eine bestimmte Strafnorm hat somit über das Strafrecht hinausgehende Wirkungen. Deshalb lässt sich aus der Zahl der strafrechtlichen Verurteilungen – oder auch nur der Verfahrenseinleitungen – allein nicht auf die Wirksamkeit (oder Unwirksamkeit) einer Strafnorm schließen. Die Schaffung neuer Straftatbestände, etwa des Kapitalanlagebetrugs (§ 27 Rz. 110 ff.) durch das 2. WiKG (Rz. 64), verbessert auch die zivilrechtliche Ausgangsposition des Geschädigten. Diese **Wechselwirkung zwischen Straf- und Zivilrecht**[1] bewirkt allerdings auch, dass ein – eventuell nur vermeintlich – Geschädigter versuchen kann, Beweisschwierigkeiten zur Durchsetzung seiner Ansprüche dadurch zu überwinden, dass er mittels Anzeige die Strafverfolgungsbehörden für sich „einspannt" – was diese nicht besonders schätzen (bei einigen Delikten kann die Staatsanwaltschaft aber den Anzeigeerstatter auf den Weg einer – nicht mit einer Zivilklage zu verwechselnden – Privatklage [§§ 374 ff. StPO] verweisen; vgl. § 10 Rz. 15 f.). Wenn auch in der folgenden Abhandlung diese Wechselbeziehung zwischen hoheitlicher Strafe und individualrechtlichem Schadensersatzanspruch nicht vertieft, sondern allenfalls punktuell gestreift werden kann, so dürfen doch ganz grundsätzlich die zivilrechtlichen Folgen von Rechtsverletzungen nicht außer Acht gelassen werden.

Der staatliche Anspruch auf Bestrafung des Täters und der Anspruch des Verletzten auf Schadensersatz führt bei zahlreichen Rechtsverstößen zu einer „**Konkurrenz**" zwischen dem *öffentlichen Strafanspruch* und dem *privaten Ersatzanspruch*. Dies ermöglicht es dem Gesetzgeber, durch die Ausgestaltung des jeweiligen materiell- rechtlichen und verfahrensrechtlichen Instrumentariums Einfluss auf die Wahl des Rechtsschutzes zu nehmen. So kann in manchen Bereichen des Wirtschaftsrechts die zivilrechtliche Sanktion die strafrechtliche in den Hintergrund drängen, während in anderen Bereichen der Zivilrechtsweg nur eine geringe Bedeutung hat. Auch rechtsvergleichend (vgl. unten § 7) lässt sich immer wieder feststellen, dass in den einzelstaatlichen Rechtsordnungen bezüglich der Wahl der Mittel ganz unterschiedliche Traditionen bestehen.

---

1 Anschauliches Beispiel: Bremer Vulkan, BGH v. 17.9.2001 – II ZR 178/99, BGHZ 149, 10 = NJW 2001, 3622; BGH v. 13.5.2004 – 5 StR 73/03, BGHSt 49, 147 = NJW 2004, 2248 = wistra 2004, 341; dazu z.B. *Fleischer*, NJW 2004, 2867.

139 **Beispiele:** Z.B. bewirken in Deutschland im Bereich der *gewerblichen Schutzrechte* die Möglichkeiten eines *präventiven Rechtsschutzes* durch vorbeugende Unterlassungsklagen und durch die Verfahrensform der *einstweiligen Verfügung*, dass der zivilrechtliche Rechtsschutz für den Geschädigten im Vergleich zu strafrechtlichen Maßnahmen – meist Privatklage-Delikte – attraktiver ist als eine Anzeige bei den Strafverfolgungsbehörden (vgl. § 55 Rz. 11, § 60 Rz. 2). Ähnliches gilt bei Ehrverletzungen oder Verletzungen des Rechts am eigenen Bild (§ 60 Rz. 113). In anderen Bereichen steht dagegen eine Anzeige bei der zuständigen Behörde ganz im Vordergrund, um gegen beeinträchtigende Rechtsverletzungen vorzugehen und ggf. die amtlichen Ermittlungen für die Realisierung eines Ersatzanspruchs zu benutzen, etwa im Bereich der *Wettbewerbsbeschränkungen* (unten § 15 Rz. 126; § 57 Rz. 99).

D. Rechtsquellen und Schrifttum

I. Bundesrecht

140 Die (bereits angesprochene – Rz. 10) „Konkurrenz" unterschiedlicher Normsetzer wirft diverse Probleme auf, die an vielen Stellen aufgegriffen werden. Zur Einführung genügt die Feststellung, dass die für das Wirtschaftsstrafrecht der Bundesrepublik Deutschland maßgebenden Rechtsnormen in erster Linie (deutsches) **Bundesrecht** sind. Denn sowohl das Strafrecht als auch der weitaus größte Teil des Wirtschaftsrechts gehört zum Bereich der sog. konkurrierenden Gesetzgebungskompetenz des Bundes (Art. 74 GG), soweit nicht einzelne Bereiche sogar von der ausschließlichen Bundeskompetenz (Art. 73 GG) erfasst sind[1]. Das nach 1949 fortgeltende *Reichsrecht* ist inzwischen praktisch vollständig durch (neues oder neu bekannt gemachtes) Bundesrecht ersetzt. Dass ein großer Teil dieses Bundesrechts in Umsetzung internationaler Abkommen oder europäischer Vorgaben erfolgt (dazu näher § 5 Rz. 1 ff.; § 6 Rz. 60 ff.), ändert an der Qualität als „Bundesrecht" formal nichts (Rz. 155).

141 Seit dem 3.10.1990 hat das bundesrepublikanische Wirtschaftsstrafrecht auch in der **ehemaligen DDR** Geltung erlangt. Die in den Anlagen zum Einigungsvertrag getroffenen Sonderregelungen und die festgelegten Übergangsfristen sind durch Zeitablauf hinfällig geworden. Im Übrigen sei auf die damaligen Vorauflagen verwiesen[2].

142 Die maßgebliche unmittelbare „Rechtsquelle" ist das (deutsche) **Bundesgesetzblatt** (BGBl.). Teil I enthält die nationalen Normen, Teil II die internationalen Verträge. Das bis 1963 im BGBl. Teil III gesammelte weitergeltende Reichs- und Besatzungsrecht ist primär von historischem Interesse. Der Erschließung der Teile I und II dienen die alljährlichen *Fundstellennachweise A und B*, seit 2012 nur noch als pdf-Datei. In der praktischen Arbeit bedient man sich der verschiedensten Gesetzessammlungen in gedruckter Form (oft Loseblatt-Aus-

---

1 Vgl. Art. 72 i.V.m. Art. 74 GG sowie bzgl. der ausschließlichen Zuständigkeit Art. 71 i.V.m. Art. 73 GG und Art. 1–4 EGStGB; näher z.B. *Weigend* in LK, StGB, Einl. Rz. 16; *Eser/Hecker* in S/S, Vor § 1 StGB Rz. 36 ff.; *Fischer*, Einl. StGB Rz. 2; *Satzger* in S/S/W, Vor §§ 1 StGB Rz. 22.
2 Bes. 2. Aufl. 1992, § 1 (Anh.) Rz. 72–94; 3. Aufl. 2000, § 1 Rz. 6, § 2 Rz. 45, § 6 Rz. 18–23.

gaben) oder in elektronischer Form (z.B. das „amtliche" Portal www.gesetze-im-internet.de; www.juris.de; www.beck-online.de u.a.).

1. Materielles Strafrecht

Der *wichtigste* (nicht: größte) Teil der wirtschaftsstrafrechtlichen Normen ist im **Strafgesetzbuch** (StGB)[1] zu finden, allerdings nicht in einem speziellen Abschnitt[2], sondern verteilt über mehrere Abschnitte. Im Zuge zahlreicher Einzelgesetze (Rz. 63 ff.) hat das StGB fortgesetzte Änderungen und insgesamt eine Aufwertung erfahren. – Insbesondere Übergangsbestimmungen, aber auch einige allgemeine Regeln über außerstrafrechtliche Sanktionen befinden sich im *Einführungsgesetz zum StGB* (EGStGB)[3]. 143

Die dogmatische *Abschichtung der Ordnungswidrigkeiten* von den Straftaten im engeren Sinne (Rz. 53, 56, 113 f.) hat dazu geführt, dass Zuwiderhandlungen mit leichterem Unrechtsgehalt aus dem StGB herausgenommen und Teil des „Nebenstrafrechts" wurden. Das **Gesetz über Ordnungswidrigkeiten** (OWiG)[4] enthält nicht nur die allgemeinen Bestimmungen über die Ordnungswidrigkeit und ihre Sanktion, die Geldbuße, sowie das diesbezügliche Verfahrensrecht (vgl. unten § 14), sondern im 3. Teil (§§ 111 ff. OWiG) auch einzelne Bußgeldtatbestände. Unter ihnen ist insbesondere § 130 OWiG – *Verletzung der Aufsichtspflicht in Unternehmen* (§ 30 Rz. 125 ff.) – zweifelsfrei dem Wirtschaftsstrafrecht zuzuordnen. Von besonderer Bedeutung ist die (bereits angesprochene – Rz. 65) *Unternehmensgeldbuße* (§ 30 OWiG – § 21 Rz. 94 ff., § 23 Rz. 38 ff.). 144

Nach wie vor der größte Teil des Wirtschaftsstrafrechts ist *außerhalb des StGB* geregelt in Bundesgesetzen, die die wirtschaftliche Betätigung und deren Grenzen regeln oder sich sonst im Schwerpunkt an „die Wirtschaft" wenden – wie etwa die alt gediente Gewerbeordnung (GewO; Rz. 40), das HGB und die sonstigen Gesellschaftsgesetze, der gewerbliche Rechtsschutz und das Wettbewerbsrecht sowie große Teile des Steuerrechts. Ein großer Teil des sog. **Nebenstrafrechts** ist Wirtschaftsstrafrecht. 145

2. Verfahrensrecht

Das Verfahren zur Verfolgung von Wirtschaftsstraftaten richtet sich in erster Linie nach der **Strafprozessordnung** (StPO)[5] (näher besonders unten §§ 10–13). Diese enthält trotz der regelmäßigen Langwierigkeit derartiger Verfahren bislang *keine* ausdrücklichen Sondervorschriften für Wirtschaftsstrafverfahren[6]. 146

---

1 I.d.F. der Bek. v. 13.11.1998, BGBl. I 3322 mit seither über 50 ÄnderungsG, zuletzt durch das 49. StRÄndG v. 21.1.2015, BGBl. I 10.
2 So der Alternativentwurf (AE) „Straftaten gegen die Wirtschaft" (1977) von *Lampe, Lenckner, Stree, Tiedemann* und *Weber*.
3 G v. 2.3.1974, BGBl. I 469, m. zahlreichen Änderungen (*Schönfelder*, vor Nr. 85a).
4 G v. 29.5.1969 i.d.F. der Bek. v. 19.2.1987, BGBl. I 602 (mit über 30 ÄnderungsG).
5 I.d.F. der Bek. v. 7.4.1987, BGBl. I 1074 (mit ca. 100 ÄnderungsG).
6 Zu den Grundfragen eingehend *Theile*, Wirtschaftskriminalität und Strafverfahren, 2009.

Auch wenn das „Verständigungsgesetz"[1] durch die Rechtspraxis primär in Wirtschaftsstrafsachen ausgelöst wurde, so sind die neuen Bestimmungen (insbesondere § 257c StPO) zu Recht nicht darauf beschränkt. – Hinsichtlich der Gerichtsorganisation wird die StPO ergänzt durch das *Gerichtsverfassungsgesetz* (GVG), in dem auch die Einrichtung der Wirtschaftsstrafkammern geregelt ist (§ 74c GVG; vgl. Rz. 92).

147 Für das Verfahren zur Verfolgung der mit Bußgeld bedrohten Taten ist das wiederholt genannte (besonders Rz. 12, 56, 144) **Ordnungswidrigkeitengesetz** (OWiG) maßgeblich. Das Bußgeldverfahren ist im Vergleich zum Strafverfahren in vielen Punkten vereinfacht, aber läuft gleichwohl weithin dem Strafprozess parallel und gewährt grundsätzlich auch die gleichen rechtsstaatlichen Garantien. Der augenfälligste Unterschied liegt darin, dass anstelle der Staatsanwaltschaft die jeweils benannten Verwaltungsbehörden als Ermittlungsorgane tätig werden (näher § 14 Rz. 6 ff.).

Für wichtige Teile des Nebenstrafrechts gibt es – sowohl für das Strafverfahren als auch für das Bußgeldverfahren – *verfahrensrechtliche Sondervorschriften*, insbesondere im Steuer- (und Zoll-)recht, im Außenwirtschaftsrecht und im Kartellrecht (näher § 15).

148 Keine Rechtsnormen im eigentlichen Sinne, aber dennoch von erheblicher praktischer Bedeutung sind die bundesweit einheitlichen „**Richtlinien für das Strafverfahren und das Bußgeldverfahren**" *(RiStBV)*, die als *interne Verwaltungsvorschriften* für die Strafverfolgungsbehörden, also primär für Staatsanwaltschaft und Polizei, zwischen den Justizministerien des Bundes und der Länder vereinbart wurden und die immer wieder angepasst werden[2]. Sie enthalten nach einem umfangreichen „Allgemeinen Teil" im „Besonderen Teil" auch Hinweise zum Vorgehen bei Delikten des Nebenstrafrechts. – Von den weiteren derartigen Richtlinien sind insbesondere zu nennen die *RiVASt* (§ 8 Rz. 21 f.) und die *MiStra* (§ 13 Rz. 11).

II. Landesrecht

149 Die den **16 Bundesländern** verbliebene Gesetzgebungskompetenz ist im Bereich des Wirtschaftsstrafrechts angesichts der Rechtsetzungstätigkeit des Bundes (Rz. 140) ausgesprochen schmal. Schon bisher enthielten manche **Normen der einzelnen Bundesländer**, die die wirtschaftliche Betätigung ergänzend regeln, auch strafrechtliche Sanktionsvorschriften[3]; sie gehören ebenfalls zum

---

1 G v. 29.7.2009, BGBl. I 2353 und dessen „Bestätigung" durch das BVerfG v. 19.3.2013 (oben Rz. 9); vgl. auch § 12 Rz. 39a; das einschlägige Schrifttum ist unübersehbar.
2 Derzeit Stand 1.9.2014, Bek v. 23.7.2014, BAnz. AT v. 18.8.2014 B 1; Text im Internet unter www.verwaltungsvorschriften-im-internet.de; abgedr. u.a. in *Schönfelder*, ErgänzungsBd., Nr. 90e.
3 Vgl. allg. Art. 1–4, insbes. Art. 4 Abs. 3–5 EGStGB.

„Nebenstrafrecht" (Rz. 11)[1]. Dabei haben Bußgeld-Androhungen bis zu 1,5 Mio. Euro im Recht des Denkmalschutzes vorübergehend einen Spitzenwert erreicht[2]. Baden-Württemberg, Bayern und Sachsen haben eigene Landes-Ordnungswidrigkeiten-Gesetze[3] erlassen, in denen zahlreiche Bußgeldtatbestände zusammengefasst sind; allerdings haben die wenigsten für Unternehmen eine besondere Relevanz. Außerdem können landesrechtliche Vorschriften, etwa ergänzende Verordnungen im Arbeitnehmerschutzrecht oder im Umweltrecht, für die Ausfüllung von strafrechtlichen Blankettbestimmungen erheblich sein[4].

Die nach langwierigen Verhandlungen verabschiedete **Föderalismusreform**, mit der eine Stärkung der Länderkompetenzen und eine Reduzierung der einer Zustimmung des Bundesrats bedürftigen Gesetzesvorhaben erstrebt wurde, hat die bisherige Kompetenzverteilung in Einzelbereichen verändert. Der Katalog des Art. 74 Abs. 1 GG bzgl. der konkurrierenden Gesetzgebungskompetenz wurde durch die sog. „Föderalismusreform I"[5] im Jahr 2006 zugunsten der Länder eingeschränkt; einige traditionell zum „Recht der Wirtschaft" gehörende Bereiche sind aus dem Zuständigkeitskatalog des Bundes herausgenommen worden mit der – oft fragwürdigen – Folge, dass dafür nun die Länder ausschließlich zuständig sind. Die „Föderalismusreform II", die die Finanzbeziehungen zwischen Bund und Ländern durch eine weitere GG-Änderung (insbesondere Art. 109, 115 GG) reformiert hat[6], ist hier dagegen nicht unmittelbar relevant.

150

Die **Föderalismusreform I** hat für folgende hier einschlägige Bereiche die Zuständigkeit der Länder begründet:

151

– Aus Art. 74 Nr. 1 GG ist der *Strafvollzug* – einschließlich des Untersuchungshaftvollzugs – herausgenommen worden (vgl. § 13 Rz. 5), was durchaus problematisch ist[7].

---

1 *Buddendiek/Rutkowski*, RegisterBd. zu *Erbs/Kohlhaas*, Einl. Rz. 21 ff.
2 § 26 Abs. 2 DSchG MV v. 6.1.1998, GVOBl. MV 1998, 12; vgl. auch § 33 Abs. 2 DSchG RP: 1 Mio. Euro.
3 BW: LOWiG v. 8.2.1978, GBl. 102 (mit nur noch wenigen Tatbeständen); Bay: LStVG i.d.F. v. 13.12.1982, GVBl. 1098; SächsOWiG v. 20.1.1994, GVBl. 174; andere Länder haben Ausführungsgesetze zum OWiG erlassen; w.Nw. bei *Buddendiek/Rutkowski*, Rz. 574 a.E.
4 Nw. bei *Buddendiek/Rutkowski*, Einf. Rz. 21 sowie nach Rz. 505, Rz. 574 a.E., 611, zum Ladenschluss Rz. 500.
5 Die „Föderalismusreform I" besteht aus einem G zur Änderung des GG v. 26.8.2006, BGBl. I 2034, und dem Föderalismusreform-BegleitG v. 11.9.2006, BGBl. I 2098; vgl. dazu *Ipsen, J.*, StaatsR I, 21. Aufl. 2009, Rz. 539 ff., 583 ff.; *Haratsch* in Sodan, GG Kompakt-Komm., 2009, Art. 74 GG Rz. 1, 3, 11; *Ipsen, J.*, NJW 2006, 2881; *Papier*, NJW 2007, 2145.
6 G v. 29.7.2009, BGBl. I 2247, dazu mehrere Begleitgesetze.
7 Vgl. nur *Calliess/Müller-Dietz*, StrVollzG, 11. Aufl. 2008, Einl. Rz. 52, 53; *Böhm/Jehle* in Schwind/Böhm/Jehle/Laubenthal, 6. Aufl. 2013, § 1 StrVollzG Rz. 2; *Laubenthal*, Strafvollzug, Loseblatt, Rz. 131 f.; *Feest* in Feest/Lesting, 6. Aufl. 2012, vor § 151 StVollzG Rz. 1; Überblick bei *Arloth*, StVollzG, 3. Aufl. 2011, Einl. Rz. 6b.

– In Art. 74 Nr. 11 GG ist das – durch einen unverändert gebliebenen Klammerzusatz konkretisierte – „Recht der Wirtschaft" eingeschränkt worden: „[...] ohne das Recht des Ladenschlusses, der Gaststätten, der Spielhallen, der Schaustellung von Personen, der Messen, der Ausstellungen und der Märkte".

Von besonderer Bedeutung ist das *Gaststättenrecht*[1], wie die Umsetzung des Rauchverbots anschaulich gemacht hat. Dies hat zur Folge, dass die Bußgeldnormen des zunächst fortgeltenden GastG in absehbarer Zeit durch entsprechende Normen der Länder ersetzt werden, soweit dies nicht schon geschehen ist (dazu § 25 Rz. 48 ff.). Auch die anderen bisher bundesrechtlich geregelten Bereiche werden wohl nach und nach durch Normen von 16 Ländern ersetzt; solange gilt das Bundesrecht weiter (Art. 125a GG). Ob diese Dezentralisierung wirklich als positive Fortentwicklung und insbesondere als Stärkung des föderalen Systems bewertet werden kann, ist zweifelhaft[2].

152 Trotz dieser Änderungen bleibt der Befund, dass die landesrechtlichen Bestimmungen in der Praxis von relativ **geringer Bedeutung** sind oder so sehr ins Detail gehen, dass es im Hinblick auf den beschränkten Platz unvermeidlich ist, sie in der folgenden Darstellung zu vernachlässigen. Es ist aber darauf hinzuweisen, dass bei einer sorgfältigen Prüfung der Rechtslage, insbesondere bei Unternehmen mit gefährdenden Auswirkungen oder bei Mitwirkungsbefugnissen von Behörden, auch das jeweilige Landesrecht auf spezielle Verbotsnormen „abzuklopfen" ist.

153 Normen **„unterhalb" des Landesrechts**, die von anderen öffentlich-rechtlichen Körperschaften, etwa von den Gebietskörperschaften (Regionen, Kommunen) oder Trägern der Sozialversicherung im Rahmen einer ausdrücklichen gesetzlichen Ermächtigung erlassen wurden, können im Hinblick auf das Gesetzlichkeitsprinzip (Rz. 14) nur als *tatbestandsausfüllende* Normen in Betracht kommen. Im Bereich des Wirtschaftsstrafrechts spielen sie eine relativ geringe – und deshalb hier vernachlässigte – Rolle. Das wohl wichtigste Beispiel sind im Bereich des Arbeitsschutzrechts die Unfallverhütungsvorschriften der Berufsgenossenschaften (§ 34 Rz. 27 f.).

III. Übernationales Recht

154 Die Normenvielfalt des deutschen Wirtschaftsstrafrechts wird seit einiger Zeit zunehmend durch übernationale Normen überlagert. Die mit den Schlagworten „Internationalisierung" und „Globalisierung" gekennzeichnete wirtschaftliche und politische Entwicklung hat verstärkt dazu geführt, dass in immer mehr Bereichen die maßgeblichen *Regelungen und deren Sanktionierung* nicht mehr durch den einzelstaatlichen (nationalen) Gesetzgeber festgelegt werden, sondern *grenzüberschreitend* durch zwei- oder mehrseitige **internationale Verträge** *oder* im Falle entsprechender Zuständigkeitsübertragungen unmittelbar

---

1 *Ambs* in Erbs/Kohlhaas, G 15 Vorbem. Rz. 3, § 1 GastG Rz. 1a; *Buddendiek/Rutkowski*, Rz. 310.
2 Dazu *Papier*, NJW 2007, 2145 m.w.Nw.

durch *internationale oder* **übernationale Organisationen**[1]. Die Art. 23-26 GG bilden das verfassungsrechtliche „Scharnier" zwischen internationalem und nationalem Recht.

Die völkerrechtlichen Verpflichtungen, die Deutschland bei Abschluss solcher internationalen Verträge eingeht, müssen durch ein *Zustimmungs- oder Beitrittsgesetz* **in deutsches Recht umgesetzt** werden; beides wird im BGBl. Teil II bekannt gemacht. Bedarf es ergänzender nationaler Bestimmungen in Gestalt eines Ausführungs- oder Durchführungsgesetzes, erfolgt dessen Bekanntmachung in Teil I des BGBl.

Erfordert das internationale Abkommen den Erlass von *strafrechtlichen* Normen, erlässt der deutsche Gesetzgeber ein entsprechendes **Ausführungsgesetz**, das i.d.R. andere Gesetze ergänzt oder ändert. In diesem Fall merkt man der durch konkrete Tatbestandsmerkmale ausformulierten Strafnorm – innerhalb oder außerhalb des StGB – nach ihrem Erlass nicht mehr an, dass sie auf einen „internationalen Gesetzgeber" zurückzuführen ist; sie ist normales Bundesrecht (Rz.140). Ganz ähnlich verhält es sich mit der Umsetzung von Richtlinien (oder früher auch Rahmenbeschlüssen) der EU. Für die Rechtsanwendung ist dann die internationale „Herkunft" der Norm regelmäßig ohne praktische Bedeutung. Allerdings kann immer die Frage aufgeworfen werden, ob einerseits die Zuständigkeitsübertragung auf die internationale Organisation vom Grundgesetz gedeckt ist und ob andererseits die Umsetzung in deutsches Recht durch die überstaatliche Vereinbarung (oder EU-Richtlinie) gedeckt ist (vgl. § 6 Rz. 39 ff.).

In anderen Fällen beschränkt sich dagegen die deutsche Strafnorm auf eine **Verweisung** auf das internationale Abkommen oder den übernationalen Rechtsakt. Deren Bestimmungen bilden dann unmittelbar die *Tatbestandsmerkmale* der nationalen Norm, füllen also die Strafnorm in gleicher Weise aus wie ergänzende Verordnungen die *Blankettgesetze* (Rz. 14; § 17 Rz. 8 ff.)[2]. Diese Normsetzungstechnik kommt vor allem dann zur Anwendung, wenn zu erwarten ist, dass die übernationalen Normen Änderungen unterworfen sein werden. Auch hier wird bisweilen die Frage aufgeworfen, ob es für den Erlass einer solchen Strafnorm eine ausreichende Legitimität gibt und ob das für die Verabschiedung von Strafnormen zuständige Parlament ausreichend beteiligt ist. Auch wenn formal die Voraussetzungen einer parlamentarischen Entscheidung erfüllt sind, ist tatsächlich die inhaltliche Kontrolle erheblich reduziert.

Die **unmittelbare Geltung supranationaler Sanktionsbestimmungen** stellt die weitestgehende Form der Internationalisierung dar. Sie ist für den Bereich der

---

1 Einen guten Einstieg in diesen (inzwischen vielfältig erörterten) Bereich vermitteln die Lehrbücher von *Satzger*, Int. und Europ. StrafR, 6. Aufl. 2013; *Ambos*, Int. StrafR, 4. Aufl. 2014; *Esser*, Europ. und Int. StrafR, 2013 (nebst gleichnamiger Vorschriftensammlung, 2. Aufl. 2012); umfassend *Sieber/Satzger/von Heintschel-Heinegg*, Europ. StrafR, 2. Aufl. 2014; *Böse* (Hrsg.), Europ. StrafR (Bd. 9 der EnzEuR), 2013; vgl. auch *Werle/Jeßberger* in LK, vor § 3 StGB Rz. 51–215; allgemein *Geiger*, Grundgesetz, und Völkerrecht mit Europarecht, 6. Aufl. 2013.
2 *Dannecker/Bülte* in W/J, Kap. 2 Rz. 299; *Satzger*, Int. und Europ. StrafR, § 8 Rz. 65 f.

Kriminalstrafen lange von den auf ihre Souveränität achtenden Nationalstaaten strikt gemieden worden. Zudem erfordert unser Gesetzlichkeitsprinzip (§ 1 StGB = Art. 103 Abs. 2 GG) für eine Strafanordnung ein förmliches Gesetz und damit die Mitwirkung des deutschen Parlaments[1]. Nachdem schon der Amsterdamer Vertrag eine erste Umorientierung gebracht hatte, hat durch den Lissabonner Vertrag nun mit der *EU* ein *zusätzlicher Strafgesetzgeber* die – genau begrenzte – Befugnis zum unmittelbaren Erlass von Strafnormen erhalten (dazu § 6 Rz. 76 ff.); die parlamentarische Kontrolle obliegt dem Europäischen Parlament.

158 Den größten und weitaus wichtigsten Teil des übernationalen Rechts bildet das **"Europäische Recht"**. Diese Bezeichnung ist jedoch ungenau; es ist klar zu unterscheiden, *welche* europäische Organisation das Recht gesetzt hat. Im Vordergrund steht das *Recht der EU* (bzw. früher EG bzw. EWG), das eine große Dynamik entfaltet hat, nicht zuletzt durch die vorrangige Rechtsprechung des EuGH in Luxemburg. Diesem *"Europäischen Recht im engeren Sinn"* ist in dieser Darstellung als Überblick ein gesonderter Paragraf gewidmet (§ 6 Rz. 1 ff.); außerdem ist es in der Behandlung der einzelnen Sachgebiete jeweils entsprechend seiner praktischen Bedeutung berücksichtigt.

159 Daneben steht das **Recht sonstiger europäischer Organisationen** ("Europäisches Recht im weiteren Sinne"). Diese Organisationen haben – anders als die EU – keine Kompetenz zu unmittelbarer Normsetzung. Neben der wirtschaftsrechtlich bedeutsamen *OECD* (näher § 5 Rz. 39) ist vor allem der *Europarat* (näher § 5 Rz. 13 ff.) zu nennen; er hat ein großes Wirkungsfeld im gesamten Strafrecht bis hin zur Vollstreckung, insbesondere auf der Grundlage der Europäischen Menschenrechtskonvention (EMRK) und des darauf beruhenden "Europäischen Gerichtshof für Menschenrechte" (EGMR) in Straßburg.

160 Weiter hat Deutschland eine Fülle von **multinationalen und bilateralen Verträgen** mit anderen Staaten abgeschlossen, die mitunter – unmittelbar oder nur mittelbar – auch wirtschaftsstrafrechtliche Bedeutung entfalten. Neben den vielfältigen Übereinkommen etwa im Bereich der *gewerblichen Schutzrechte* (unten § 55, § 60) oder der *Doppelbesteuerung* haben derartige Abkommen auch in anderen Bereichen, etwa im Transportrecht (§ 71), im Außenwirtschafts- und Kriegswaffenkontrollrecht (§ 62, § 73) oder zwecks Korruptionsbekämpfung (§ 53), international übereinstimmende Verhaltensregeln geschaffen. Insoweit bleibt es aber dabei, dass der für die Strafnormen verantwortliche Gesetzgeber seinen Sitz in Berlin hat (Rz. 155).

161 Besondere Bedeutung haben in einzelnen Bereichen auch die Übereinkommen im Rahmen der **Vereinten Nationen (UN/UNO)**[2] und mitunter sogar die Be-

---

1 Vgl. BVerfG v. 30.6.2009 – 2 BvE 2/08 u.a. – Lissabon, BVerfGE 123, 267 (408 ff., 413 f.); *Dannecker* in LK, § 1 StGB Rz. 114 ff.; *Hassemer/Kargl* in NK, § 1 StGB Rz. 10, 71; *Roxin*, AT I, § 5 Rz. 20 f.
2 Z.B. das UN-Übk v. 15.11.2000 gegen die grenzüberschreitende organisierte Kriminalität, gegen den Menschenhandel und gegen die Schleusung von Migranten zzgl. dt. ZustG v. 8.9.2005, BGBl. II 953; w.Nw. z.B. bei *Werle*, VölkerstrafR, 3. Aufl. 2012, Anh.; vgl. auch *Kirsch*, Völkerstrafrechtliche Risiken unternehmerischer Tätigkeit, NZWiSt 2014, 212.

schlüsse ihrer Organe (näher § 5 Rz. 26 ff.). Als wichtigstes Beispiel mit wirtschaftsstrafrechtlicher Relevanz sind die Verstöße gegen die vom UN-Sicherheitsrat verhängten *Embargo-Bestimmungen* (näher § 62 Rz. 40 ff.) zu nennen. Die Beschlüsse der UN und ihrer Unterorganisationen stehen hinter zahlreichen Initiativen, die dann meist durch gesonderte mehrseitige völkerrechtliche Verträge konkrete Gestalt erhalten. Der Schwerpunkt liegt nicht auf wirtschaftsstrafrechtlichem Gebiet, aber bereits die internationale Terrorismusbekämpfung hat auch wirtschaftliche Aspekte.

Diese Internationalisierung des Wirtschaftsstrafrechts beruht darauf, dass sich die Wirtschaftskriminalität schon seit langem immer stärker internationalisiert hat, während die Wirkung von traditionellem Strafrecht – als Kernbereich nationaler Souveränität verstanden – an der Staatsgrenze endet. Die **grenzüberschreitende Verfolgung** von Straftaten ist zum wechselseitigen Anliegen praktisch aller Staaten geworden, wie es denn auch in allen Staaten und Gesellschaftsordnungen Wirtschaftskriminalität gibt, wenn auch in unterschiedlichen Ausprägungen. Die sog. *Rechtshilfe* ist deshalb zu einem zentralen Instrument der grenzüberschreitenden Bekämpfung von Wirtschaftskriminalität (und auch allgemeiner Kriminalität) geworden (näher § 8). 162

Dadurch kommt auch der **Rechtsvergleichung** gerade im Bereich des Wirtschaftsstrafrechts eine immer wichtigere Aufgabe zu, zumal die sog. *Fremdrechtsanwendung* inzwischen auch im Strafrecht eine zunehmende Bedeutung bekommt. Deshalb wird auch das *Ausländische Wirtschaftsstrafrecht* verstärkt in den Blick genommen (dazu § 7). 163

IV. Zum Schrifttum

Sowohl das – deutsche – allgemeine strafrechtliche Schrifttum, insbesondere soweit es abgekürzt zitiert wird, als auch das wichtigste wirtschaftsrechtliche (zivilrechtliche und verwaltungsrechtliche) sowie das sonstige Schrifttum von allgemeiner Bedeutung ist im vorangestellten **Verzeichnis „Allgemeines Schrifttum"** genannt. Auch das spezielle *Schrifttum zum Wirtschaftsstrafrecht* ist dort aufgeführt; auf die bisherige erläuterte Literaturübersicht (in den Vorauflagen jeweils am Ende von § 1) wird angesichts der Fülle der einschlägigen Titel verzichtet, zumal im Zeitalter des Internet die entsprechenden Nachweise leicht zu finden sind. Hinsichtlich der Entscheidungssammlungen und Zeitschriften gibt das *Abkürzungsverzeichnis* Hilfestellung. 164

Hinweise zum Schrifttum über das **ausländische (Wirtschafts-)Strafrecht** enthält der neue § 7, während Literatur zum internationalen und supranationalen Wirtschaftsstrafrecht insbesondere in den §§ 4–6 zu finden ist. Doch auch verstreut in der gesamten Darstellung wird man bei konkretem Anlass auf Hinweise zur Lage im Ausland stoßen. 165

Die **speziellere Literatur** ist jeweils am *Anfang eines Paragrafen* oder auch am Anfang weiterer Untergliederungen innerhalb eines Paragrafen in Auswahl zusammengestellt, und zwar grundsätzlich (bei Personentiteln und Sachtiteln) in alphabetischer Reihenfolge, bei größerem Umfang auch nach Art oder Thema untergliedert; in den Fußnoten wird auch dieses Schrifttum nur abge- 166 kürzt zitiert. Ganz spezielles oder ergänzendes Schrifttum findet sich nur in den *Fußnoten*.

167 Alle Schrifttumsangaben wollen **nur** als **weiterführende Hinweise** zur Vertiefung der angesprochenen Fragen verstanden sein; *Vollständigkeit* ist *nicht*, auch nicht ansatzweise, angestrebt. Aus Gründen des beschränkten Raumes konzentrieren sich die Nachweise auf Titel von *aktueller Bedeutung*; wegen älteren Schrifttums sei auf die entsprechenden Angaben in den Vorauflagen verwiesen. Auf den Nachweis elektronischer Recherche-Möglichkeiten wird angesichts der schnellen Entwicklung und der Vielfältigkeit der unterschiedlichsten Angebote weitgehend verzichtet.

§ 2
Zur Wirtschaftskriminalität
Bearbeiter: Johannes Fridrich

	Rz.		Rz.
I. Zur Begriffsbestimmung	1	4. Weitere Ansätze	9
1. Kriminologische Betrachtungsweise	3	II. Wirtschaftskriminalistik	15
		1. Kriminalstatistik	16
2. Strafrechtsdogmatische Betrachtungsweise	5	2. Wirtschaftskriminalistik in der Praxis	35
3. Strafprozessual-kriminaltaktische Betrachtungsweise	7		

Schrifttum: (Älteres Schrifttum s. 4. Aufl.) **Lehr- und Handbücher:** *Ackermann/Clages/Roll*, Handbuch der Kriminalistik, 4. Aufl. 2011; *Bock*, Kriminologie, 4. Aufl. 2013; *Eisenberg*, Kriminologie, 6. Aufl. 2005; *Göppinger*, Kriminologie, 6. Aufl. 2008 (hrsg. von *Bock*); *Groß/Geerds*, Handbuch der Kriminalistik, 2 Bde., 10. Aufl. 1977/78; *Kaiser*, Kriminologie. Eine Einführung in die Grundlagen, 10. Aufl. 1997; *Kaiser/Schöch*, Kriminologie, Jugendstrafrecht, Strafvollzug, 7. Aufl. 2010; *Kempf/Lüderssen/Volk* (Hrsg.), Die Handlungsfreiheit des Unternehmers – wirtschaftliche Perspektiven, strafrechtliche und ethische Schranken, 2009; *Meier, B.-D.*, Kriminologie, 4. Aufl. 2010; *Nothoff*, Handbuch der Kriminalprävention, Loseblatt; *Schneider, H.J.* (Hrsg.), Internationales Handbuch der Kriminologie, 2 Bde. 2007/2009; *Schwind*, Kriminologie, 22. Aufl. 2013.

Monographien: *Lindemann, M.*, Voraussetzungen und Grenzen legitimen Wirtschaftsstrafrechts, Tübingen 2012; *Sutherland*, White collar crime, New York 1949; *Theile*, Wirtschaftskriminalität und Strafverfahren, Tübingen 2009.

Aufsätze: *Achenbach*, Wirtschaftskriminalität und Wirtschaftsstrafrecht – Gedanken zu einer terminologischen Bereinigung, in FS Schwind, 2006, S. 177; *Bottke*, Das Wirtschaftsstrafrecht in der Bundesrepublik Deutschland – Lösungen und Defizite, wistra 1991, 1 ff.; *Bussmann/Salvenmoser*, Internationale Studie zur Wirtschaftskriminalität, NStZ 2006, 203; *Heinz*, Kriminalstatistik – quo vadis?, in FS Tiedemann, 2008, S. 1547; *Kaiser*, Beständigkeit und Wandel wirtschaftskriminologischer Befunde, in FS N. Schmid, 2001, S. 45 ff.; *Kaiser*, Brennpunkte der Wirtschaftskriminologie, in FS Tiedemann 2008, S. 1583 ff.; *Kilias*, Von „White Collar Crime" zur organisierten Kriminalität: Zeitgenössische Inkarnation des Bösen, in FS N. Schmid, 2001, S. 71 ff.; *Schneider*, Das Leipziger Verlaufsmodell wirtschaftskriminellen Handelns, NStZ 2007, 555.

I. Zur Begriffsbestimmung

Obschon die Begriffe **Wirtschaftskriminalität** und **Wirtschaftsstrafrecht** (näher § 1 Rz. 85 ff.) oftmals synonym verwendet werden, sind sie nicht deckungsgleich[1]. Das Wirtschaftsstrafrecht ist die staatliche Reaktion auf die im Tatsächlichen stattfindende Wirtschaftskriminalität, mithin die Summe der Vorschriften, die Wirtschaftskriminalität sanktionieren (vgl. § 1 Rz. 2). Die begriffliche Umgrenzung der Wirtschaftskriminalität bedingt somit auch die Reichweite des Wirtschaftsstrafrechts. Umgekehrt bestimmen die Regelungen des Wirtschaftsstrafrechts, was vom Gesetzgeber als wirtschaftskriminell angesehen wird, und beeinflussen somit *de facto* auch den Begriff der Wirtschaftskriminalität.

Gemeinhin wird betont, dass es an einer **allgemein anerkannten Definition** des Begriffs der Wirtschaftskriminalität – und damit auch des Begriffs des Wirtschaftsstrafrechts – **fehle**[2]. Dies liegt nicht nur an der Komplexität des zu definierenden Gegenstandes[3], sondern hat in erster Linie seine Ursache in den unterschiedlichen Blickwinkeln der gewählten Ansätze. Zu unterscheiden sind hierbei kriminologische, strafrechtsdogmatische und strafprozessual-kriminaltaktische Betrachtungsweisen. Während die ersten beiden Sichtweisen von dem Erkenntnisinteresse ihrer jeweiligen Disziplin motiviert sind, zeichnet den strafprozessual-kriminaltaktischen Ansatz ein in der Praxis handhabbares Anwendungsinteresse aus[4]. Bei den unterschiedlichen Annahmen zum Begriff der Wirtschaftskriminalität handelt es sich nicht um einen Meinungsstreit im klassischen Sinne, sondern vielmehr um ein perspektivbedingtes Nebeneinander von Definitionsversuchen, die – je nach Untersuchungsinteresse – allesamt ihre Berechtigung haben.

1. Kriminologische Betrachtungsweise

Der Begriff der Wirtschaftskriminalität geht bereits auf die zweite Hälfte des 19. Jahrhunderts zurück[5]. Doch erst durch den von *Edwin H. Sutherland* geprägten Begriff des „**White-Collar Crime**" („Weiße-Kragen-Kriminalität")[6] ge-

---

1 *Geerds*, WirtschaftsstrafR und Vermögensschutz, 1991, S. 13.
2 *Tiedemann*, WiStrafR AT, Rz. 7, 39 ff.; *Dannecker/Bülte* in W/J, Kap. 1 Rz. 5 f.; *Grunst/Volk* in Volk, MüAnwHdb. Wirtschafts- und Steuerstrafsachen, § 1 Rz. 27 ff.
3 *Rotsch* in Momsen/Grützner, Kap.1 B Rz. 1; *Dannecker/Bülte* in W/J, Kap. 1 Rz. 5, der überdies den Grund in unterschiedlichen kriminalpolitischen Vorstellungen sieht.
4 Vgl. *Theile*, Wirtschaftskriminalität und Strafverfahren, S. 27.
5 Vgl. *Killias*, Von „White-Collar Crime" zur organisierten Kriminalität: Zeitgenössische Inkarnation des Bösen, S. 71; *Dannecker/Bülte* in W/J, Kap. 1 Rz. 6 m.w.Nw.
6 White-Collar Criminality, American Sociological Review 5 (1940), 1–12, veröffentlicht im Nachgang eines Kongresses der American Sociological Society im Jahr 1939.

lang eine erste Umgrenzung. Demnach handelt es sich bei Wirtschaftskriminalität um Straftaten, die Personen mit Ansehen und hohem sozialem Status im Rahmen ihrer beruflichen Tätigkeit begehen[1]. Diese täterbezogene Klassifizierung hat heute vornehmlich historischen Wert. Zum einen ist der Begriff zu eng, da Wirtschaftskriminalität auch von Tätern unterhalb der Ebene des Führungspersonals begangen wird; zum anderen ist er zu weit, da er auch klassische Eigentums- und Vermögenskriminalität umfasst, die innerhalb der Wirtschaft stattfinden, ohne jedoch einen Bezug zu ihr aufzuweisen („bei Gelegenheit")[2]. Vor allem ist er jedoch nicht mit dem das deutsche Strafrecht kennzeichnende Tatstrafrecht vereinbar, das – abgesehen von dem Spezialfall der Sonderdelikte (§ 22 Rz. 8) – unabhängig von der beruflichen Situation des Täters Rechtsgutverletzungen sanktioniert. Diese Tatbezogenheit findet auch in Art. 103 Abs. 2 GG ihren Niederschlag, wonach nicht das Täterprofil, sondern die Umschreibung der Tat maßgebend ist.

4 Den Schwächen des „White-Collar-Crime"-Konzepts zu begegnen versucht der in der modernen Kriminologie verfolgte Ansatz, der mehr auf das *besondere berufliche Umfeld* abstellt. Dabei wird zwischen „**Occupational Crime**" als berufsbezogener Betriebskriminalität und „**Corporate Crime**" als Unternehmens- und Verbandskriminalität unterschieden. Der Begriff „Occupational Crime" soll Straftaten zum Nachteil des Unternehmens umfassen, die der Täter aus persönlichem Interesse bei der Berufsausübung begeht, während „Corporate Crimes" von den Entscheidungsträgern im wirtschaftlichen Interesse des Unternehmens begangen werden. Bei diesem Ansatz wird bemängelt, dass unter die „Occupational Crimes" auch klassische Eigentums- und Vermögensdelikte ohne Bezug zur Wirtschaft fallen und das dem Begriff immer noch anhaftende personale Verständnis nicht der Komplexität der Wirtschaftskriminalität Rechnung trägt[3]. Die „Corporate Crimes" umfassen wiederum nur einen – wenn auch gewichtigen – Ausschnitt der Wirtschaftskriminalität. Die Einteilung berücksichtigt überdies nicht den Umstand, dass Wirtschaftskriminalität, etwa im Bereich des Kapitalanlagebetrugs und der Steuerhinterziehung, nicht nur im Rahmen eines Unternehmens stattfindet.

2. Strafrechtsdogmatische Betrachtungsweise

5 Die umgekehrte Perspektive verfolgen die strafrechtsdogmatischen Definitionsansätze, die auf die Auswirkungen wirtschaftskriminellen Verhaltens abstellen. Durch diese **rechtsgutbezogene Betrachtungsweise** wird versucht, einen Unrechtskern der Wirtschaftskriminalität zu bestimmen. Zu unterscheiden sind schadens- und systembezogene Definitionsvarianten:

– Die **systembezogene** Sichtweise betont die Auswirkungen von Wirtschaftskriminalität für das politisch-gesellschaftliche System, oftmals bezogen auf

---

1 *Sutherland*, White collar crime, S. 7.
2 Ausf. *Theile*, Wirtschaftskriminalität und Strafverfahren, S. 37 f.
3 Vgl. *Theile*, Wirtschaftskriminalität und Strafverfahren, S. 38 f. m.w.Nw.

die soziale Marktwirtschaft[1]. Bestimmendes Merkmal für Wirtschaftskriminalität ist demnach die abstrakte Gefährdung der Grundprinzipien der Wirtschaftsordnung und nicht die konkrete Gefährdung eines Individualinteresses[2].

– Nach dem **schadensbezogenen** Ansatz ist für die Wirtschaftskriminalität bezeichnend, dass über die Verletzung oder Gefährdung von Individualinteressen hinaus die „Volkswirtschaft in ihrem Ganzen" betroffen werde[3]. Der Definitionsansatz ist insoweit weiter als die rein systembezogene Definition, da neben dem abstrakten überindividuellen Belang auch der Missbrauch von Instrumenten des Wirtschaftslebens als Bestimmungsmerkmal hinzutritt. Damit werden auch Verhaltensweisen erfasst, die allein im Eigeninteresse des Täters begangen werden[4].

Den strafrechtsdogmatischen Betrachtungsweisen ist gemein, dass sie mit dem Abstellen auf die *sozialschädlichen Folgen* ein zentrales Merkmal von Wirtschaftskriminalität beschreiben. Ihre Schwäche liegt in ihrer *Unbestimmtheit*. Die Bezugnahme auf ein so allgemeines übergeordnetes Schutzgut ermöglicht – gerade in Grenzbereichen – keine für die Praxis handhabbare, trennscharfe Definition. Geeignet ist die Betrachtungsweise unter **rechtspolitischen** Aspekten. In diesem Bereich ist man auf eine über das geltende Recht hinausgehende Begriffsbestimmung angewiesen, um etwa neuartige Schutzbedürfnisse der Wirtschaft einzubinden[5]. 6

3. Strafprozessual-kriminaltaktische Betrachtungsweise

Bei der strafprozessual-kriminaltaktischen Betrachtungsweise handelt es sich nicht um eine klassische Definition, sondern vielmehr um eine **Kompetenzzuweisung**. Anknüpfungspunkt ist § 74c GVG (vgl. § 1 Rz. 90 ff.). Diese Norm regelt – bei sachlicher Zuständigkeit des Landgerichts (§§ 24, 74 Abs. 1, 3 GVG) – die funktionelle Zuständigkeit der *Wirtschaftsstrafkammern*. Dabei unterscheidet die Vorschrift zwischen Straftatbeständen, die aufgrund des Sachgebiets (z.B. Insolvenzdelikte) *per se* den Wirtschaftskammern zugeordnet sind (§ 74c Abs. 1 Nr. 1–5a GVG), und jenen, wie etwa dem Betrug und der Untreue, die gem. § 74c Abs. 1 Nr. 6 Buchst. a und b GVG nur die Zuständigkeit der Wirtschaftsstrafkammer begründen „soweit zur Beurteilung des Falles besondere Kenntnisse des Wirtschaftslebens erforderlich sind" (vgl. § 1 Rz. 93). 7

Diese, sich an der personellen und sachlichen Ressourcenausstattung orientierende Abgrenzung zeigt bereits, dass es nicht Intention des Gesetzgebers war, in § 74c Abs. 1 GVG eine Legaldefinition oder eine abschließende Aufzählung 8

---

1 *Bottke*, wistra 1991, 1 ff.; *Nöckel*, Grund und Grenzen eines MarktwirtschaftsstrafR, 2012, S. 7 ff.
2 *Bottke*, wistra 1991, 1 (4).
3 *Tiedemann*, WirtschaftsstrafR und Wirtschaftskriminalität, Bd. 1, S. 50 ff.
4 *Theile*, Wirtschaftskriminalität und Strafverfahren, S. 29.
5 Vgl. *Tiedemann*, WirtschaftsstrafR und Wirtschaftskriminalität, Bd. 1, S. 50.

aller zur Wirtschaftkriminalität gehörender Delikte zu schaffen. Vielmehr handelt es sich um eine an praktischen Bedürfnissen – wie einer effizienten Bekämpfung der Wirtschaftskriminalität – ausgerichteten, rein organisatorisch zu verstehenden **Verfahrensregelung**. Dies macht verständlich, dass nicht alle im 2. WiKG (vgl. § 1 Rz. 65) im Bereich der Wirtschaftskriminalität angesiedelten Delikte Einzug in den Katalog des § 74c GVG gefunden haben[1]. Ein praktischer Ansatzpunkt ist dabei, dass spezielle Kenntnisse bezüglich des Milieus und der meist komplexen Vorgänge für eine sachgerechte und wirksame Verfolgung notwendig sind. Die Kritik, diese Zuständigkeitsregelung würde zu wenig dem Rechtsgutgedanken Rechnung tragen[2], übersieht, dass dieser kein spezifisches Erkenntnisinteresse, sondern lediglich praktisch-organisatorische Gesichtspunkte zugrunde liegen[3], wie sie letztlich hinter allen Spezial-Zuständigkeiten stehen.

4. Weitere Ansätze

9 a) Teilweise werden die verschiedenen Definitionsansätze zu einer **Kombinationsformel** zusammengefasst. Demnach gehört zum Wirtschaftsstrafrecht – und damit auch zur Wirtschaftskriminalität (Rz. 1) – „die Gesamtheit der Straftaten und Ordnungswidrigkeiten, die bei wirtschaftlicher Betätigung unter Missbrauch des im Wirtschaftsleben nötigen Vertrauens begangen werden und über eine Schädigung individueller Rechtsgüter hinaus Belange der Allgemeinheit als Kollektivrechtsgüter beeinträchtigen"[4]. Eine solche Zusammenführung kriminologischer, strafrechtsdogmatischer und strafprozessual-kriminaltaktischer Gesichtspunkte ist jedoch angesichts der unterschiedlichen Intensionen der verschiedenen Ansätze auch wieder problematisch und führt weder zu einer handhabbaren Abgrenzung noch zu einem Erkenntnisgewinn.

10 b) Allerdings lassen sich aus den unterschiedlichen Definitionsansätzen **Merkmale** herausfiltern, die **typisch** für Wirtschaftskriminalität sind. Hierzu gehören:

- Täterprofil: sozial integriert mit hohem Status und Bildung (Rz. 3);
- Begehung „in der Wirtschaft"/„beim Wirtschaften" unter Beteiligung von Unternehmen (Rz. 4);
- Missbrauch von Vertrauens- und Entscheidungspositionen (Rz. 4);
- hoher materieller Schaden im Einzelfall (Rz. 5);
- über den Schaden im Einzelfall hinaus Schädigung der Volkswirtschaft im Ganzen (Rz. 5).

11 Die Aufzählung dieser Charakteristika der Wirtschaftkriminalität ist nicht abschließend. So lassen sich **weitere Merkmale** feststellen, die nicht unmittelbar

---

1 Kritisch *Theile*, Wirtschaftskriminalität und Strafverfahren, S. 33 m.w.Nw.
2 *Wittig* in G/J/W, Einf. Rz. 3.
3 Vgl. *Theile*, Wirtschaftskriminalität und Strafverfahren, S. 33.
4 *Rotsch* in Momsen/Grützner, Kap. B Rz. 7 m.w.Nw.

aus den dargestellten Definitionsansätzen hervorgehen, jedoch ebenfalls Aspekte der Wirtschaftskriminalität beschreiben. Zu nennen sind:

- Anonymität zwischen Täter und Opfer (nur ca. 10 % der registrierten Wirtschaftsstraftaten gehen aus Strafanzeigen der Opfer hervor);
- geringe Bedeutung der physischen Gewalt;
- große Bedeutung staatlicher und innerbetrieblicher Kontrolle;
- komplexe und schwer aufzudeckende Sachverhalte;
- internationale Verflechtung;
- Einsatz moderner Technologien (Internet etc.).

Dabei müssen nicht alle Kriterien kumulativ vorliegen, um eine Tat der Wirtschaftskriminalität zuzuordnen. Es lassen sich jedoch **Deliktsgruppen** finden, auf die typischerweise viele der unter Rz. 10 und 11 aufgeführten Merkmale zutreffen. Diese gehören per se zur Wirtschaftskriminalität. Diese Sichtweise steht hinter der Aufzählung in § 74 c Abs. 1 Nr. 1–5a GVG (Rz. 7). Darunter fallen insbesondere: 12

- Insolvenz- und Bilanzstrafrecht (z.B. § 15a InsO, §§ 283–283d StGB, §§ 331 ff. HGB, § 84 GmbHG etc.);
- Wettbewerbsstrafrecht (z.B. §§ 298–302 StGB, §§ 16–19 UWG, § 143 MarkenG);
- Banken- und Kapitalmarktstrafrecht (§ 38 WpHG, § 49 BörsG).

Daneben gibt es **allgemeine Vermögensdelikte** wie z.B. Betrug (§ 263 StGB) und Untreue (§ 266 StGB), die sowohl im Rahmen der allgemeinen Kriminalität (z.B. Einmietbetrug) als auch im Rahmen der Wirtschaftskriminalität (z.B. Betrug bei Kapitalanlagen) verwirklicht werden können. Dies hat sich in § 74c Abs. 1 Nr. 6 GVG niedergeschlagen. Es wäre jedoch verfehlt, Letztere als Randbereich der Wirtschaftskriminalität zu bezeichnen, machen doch etwa die Betrugsdelikte mengenmäßig über 50 % der Wirtschaftskriminalität aus (Rz. 20). Eine Abgrenzung in Kern- und Randbereich bzw. Wirtschaftskriminalität im weiten und engen Sinne ist damit ebenfalls nicht zielführend. 13

Eine Sonderstellung nehmen die **Steuerdelikte** ein. Diese werden traditionell zur Wirtschaftskriminalität gezählt, unabhängig davon ob die steuerlichen Pflichten eines Unternehmens (vgl. § 43 Rz. 1 ff.) oder einer Privatperson verletzt werden. In der Praxis wird die Sonderstellung oftmals hervorgehoben und von „Wirtschafts- und Steuerstrafrecht" gesprochen. 14

II. Wirtschaftskriminalistik

Vom Begriff der Wirtschaftskriminalität zu unterscheiden ist die Wirtschaftskriminalistik[1]. Hierunter versteht man die Lehre von den tatsächlichen **Erscheinungsformen wirtschaftskriminellen Verhaltens** und deren repressiver 15

---

1 Näher *Richter* in der 5. Aufl. dieses Handbuchs, § 7 Rz. 15.

und präventiver Bekämpfung durch die Strafverfolgungsorgane und ihre Helfer[1]. Ein wichtiger Teilbereich ist hierbei die *Kriminalstatistik* (Rz. 16 ff.)[2]. Darüber hinaus ist bei der Ermittlung von wirtschaftskriminellen Vorgängen der Einsatz von Personal mit wirtschaftskriminalistischen Kenntnissen erforderlich (Rz. 35 ff.). Schließlich sind die Erkenntnisse der Wirtschaftskriminalistik von zentraler Bedeutung für die *Kriminalpolitik*, deren Aufgabe es ist, rechtspolitische Weichenstellungen im Sinne einer Kriminalisierung oder auch Entkriminalisierung vorzubereiten.

1. Kriminalstatistik

16 Gewinnbringender als die Suche nach einer allumfassenden Definition für Wirtschaftskriminalität ist die Auswertung der empirischen Daten mittels der Kriminalstatistik. Auf Grundlage – und mit den Einschränkungen – der strafprozessual-kriminaltaktischen Betrachtungsweise (Rz. 7) lassen sich hierbei sowohl Aussagen über die **Quantifizierung** von Wirtschaftskriminalität als auch über ihre **besonderen Merkmale** treffen.

17 a) Seit 1993 weist die **Polizeiliche Kriminalstatistik (PKS)** für Gesamtdeutschland die quantitativen Zahlen der von der Polizei erfassten Wirtschaftsstraftaten gesondert aus[3]. Dass die PKS dabei kein getreues Spiegelbild der Kriminalitätswirklichkeit bieten kann[4], liegt an dem sog. *Dunkelfeld*, d.h. an den Straftaten, die der Polizei nicht bekannt werden. Gerade im Bereich der Wirtschaftskriminalität ist Hauptgrund hierfür, dass Straftaten nicht zur Anzeige gebracht werden (vgl. Rz. 21 ff.). Einschränkend ist auch zu berücksichtigen, dass nur etwa ein Viertel der Wirtschaftsstraftaten durch die Polizei, über 50 % direkt von der Staatsanwaltschaft eingeleitet werden[5]. Die letztgenannten Fälle finden gleichwohl zum Großteil in der PKS ihren Niederschlag, da die Staatsanwaltschaft diese zur Ermittlung an die Polizeibehörden weiterreicht, wodurch sie von der Statistik erfasst werden. Nicht erfasst werden in der Regel die Fälle, die durch die Steuer- und Zollfahndungsstellen[6] oder andere Verwaltungsbehörden[7] eingeleitet werden oder die von den Staatsanwaltschaften ohne Einschaltung der Polizei erledigt werden.

---

1 *Reulecke*, Wirtschaftskriminalistik als fachübergreifende Disziplin, wistra 1986, 21 ff.
2 *Groß/Geerds*, Kriminalistik, Bd. I, 55 ff.
3 Von 1984–1992 erfasste die PKS Wirtschaftskriminalität bereits für die alten Länder, 1991 und1992 einschließlich Gesamtberlin. Die PKS sind abrufbar unter „www.bka.de".
4 PKS 2012, 3, abrufbar unter www.bka.de.
5 Statistisches Bundesamt, Fachserie 10, Reihe 2.6 (2011), 96 (Polizei: 41.847, Staatsanwaltschaft 74.227 von 145.489), abrufbar unter www.destatis.de.
6 Statistisches Bundesamt, Fachserie 10, Reihe 2.6 (2011), 96 (24.770 von 145.489).
7 Statistisches Bundesamt, Fachserie 10, Reihe 2.6 (2011), 96 (4.645 von 145.489).

Die folgende **Tabelle** enthält ausgewählte Daten der **PKS** zur Wirtschaftskriminalität in den Jahren 1993–2013. Die Rubrik „Wirtschaftskriminalität insgesamt" (Spalte 1)[1] umfasst dabei die Gesamtheit der in § 74c Abs. 1 Nr. 1–6 Buchst. a–b GVG aufgeführten Straftaten mit Ausnahme des Computerbetrugs (Nr. 6 Buchst. a). Letzterer wird – wegen der Dominanz der Automatenmanipulationen – statistisch nicht zur Wirtschaftskriminalität gezählt. Die Einzelbereiche der Wirtschaftskriminalität werden über die Sonderkennung „Wikri" und die jeweiligen Straftatenschlüsselkennungen erfasst. Die *sechs Einzelrubriken* sind:

– Betrug als Wirtschaftsstraftat (Spalte2)[2];

– Insolvenzstraftaten gem. StGB und Nebengesetzen (Insolvenzstraftaten, Insolvenzverschleppung – Spalte 3)[3];

– Straftaten im Anlage- und Finanzbereich (Beteiligungs- und Kapitalanlagebetrug, Kreditbetrug gem. §§ 265b, 263 StGB, Wechselbetrug, Wertpapierbetrug, Taten i.V.m. Bankgewerbe und Wertpapierhandelsgesetz – Spalte 4)[4];

– Wettbewerbsdelikte (Wettbewerbsbeschränkende Absprachen bei Ausschreibung, Straftaten gegen Urheberrechtsbestimmungen, Straftaten nach dem UWG ohne § 17 – Spalte 5)[5];

– Wirtschaftskriminalität im Zusammenhang mit Arbeitsverhältnissen (Arbeitsvermittlungsbetrug, Betrug zum Nachteil von Sozialversicherern und Sozialversicherungsträgern, Vorenthalten und Veruntreuung von Arbeitsentgelt, Delikte im Zusammenhang mit illegaler Beschäftigung und Erschleichung von Sozialleistungen im Zusammenhang mit der Erbringung von Dienst- und Werkleistungen – Spalte 6)[6];

– sowie Betrug und Untreue in Zusammenhang mit Beteiligung an Kapitalanlagen (Prospektbetrug, Anlagebetrug, Betrug bei Börsenspekulationen, Beteiligungsbetrug, Untreue bei Kapitalanlagegeschäften – Spalte 7)[7].

Dabei ist bei den einzelnen Rubriken die mehrfache Zuweisung einer Straftat zulässig, sodass die Prozentzahlen nicht aufaddiert werden können. Lediglich bei der Wirtschaftskriminalität insgesamt (Spalte 1[8]) werden die Straftaten nur einmal gezählt.

---

1 Summenschlüssel 8930(00); der vierstellige Zifferncode wurde ab dem Jahr 2009 auf einen sechsstelligen Zifferncode umgestellt.
2 Straftatenschlüssel 510000.
3 Straftatenschlüssel: 560000, 712200.
4 Straftatenschlüssel: 513000, 514100, 514300, 514400, 514500, 714000.
5 Straftatenschlüssel: 656000, 715000, 719200.
6 Straftatenschlüssel: 517300, 517700, 522000, 713000.
7 Straftatenschlüssel: 513100, 513200, 513300, 513400, 521100.
8 Summenschlüssel 8930(00).

19

Jahr	Wirt-schafts-kri-minalität insgesamt (Prozent-angabe bezogen auf alle Straftaten) [Spalte 1]	Betrug als Wirtschafts-straftat (Prozentangabe bezogen auf Wikri-Delikte gem. Spalte 1; gilt auch für Spalten 3–7) [Spalte 2]	Insol-venz-straftaten [Spalte 3]	Delikte aus Anlage-/Finanz-bereich [Spalte 4]	Wett-bewerbs-delikte [Spalte 5]	Delikte im Zu-sammen-hang mit Arbeits-verhält-nissen [Spalte 6]	Betrug/Untreue im Zusam-menhang mit Betei-ligungen und Kapital-anlagen [Spalte 7]
1993	46.055 (0,68 %)	34.561 (75,0 %)	(-)	(-)	(-)	(-)	(-)
1994	62.037 (0,94 %)	45.815 (73,9 %)	4.096 (6,6 %)	23.456 (37,8 %)	1.738 (2,8 %)	12.326 (19,9 %)	20.583 (33,2 %)
1999	108.890 (1,72 %)	65.857 (60,5 %)	9.970 (9,2 %)	20.562 (18,9 %)	14.405 (13,2 %)	8.351 (7,7 %)	13.858 (12,7 %)
2008	84.550 (1,38 %)	46.808 (55,4 %)	11.186 (13,2 %)	7.179 (8,5 %)	5.139 (6,1 %)	10.646 (12,6 %)	5.833 (6,9 %)
2010	102.813 (1,73 %)	65.648 (63,9 %)	11.707 (11,4 %)	12.174 (11,8 %)	3.362 (3,3 %)	11.191 (10,9 %)	11.411 (11,1 %)
2011	78.515 (1,32 %)	41.612 (53,0 %)	12.392 (15,8 %)	7.792 (10,0 %)	2.619 (3,3 %)	10.711 (13,6 %)	7.094 (9,0 %)
2012	81.793 (1,36 %)	47.829 (58,4 %)	11.518 (14,0 %)	6.415 (7,8 %)	2.409 (2,9 %)	10.701 (13,0 %)	5.141 (6,3 %)
2013	71.633 (1,20 %)	38.357 (53,52 %)	11.087 (15,47 %)	7.527 (10,50 %)	2.381 (3,32 %)	10.041 (14,01 %)	6.503 (9,07 %)

Quelle: Polizeiliche Kriminalstatistik 1993, 1994, 1999, 2008, 2011, 2012, 2013[1]

20 Die von der PKS **erfassten Wirtschaftsstraftaten** sind von 46.055 im Jahr 1993 (erste Erfassung für Gesamtdeutschland) bis Ende des Jahrtausends (1999) auf 108.890 angestiegen. Bis ins Jahr 2013 (71.633) sind die registrierten Fälle – nach einem Zwischenhoch 2010[2] – tendenziell zurückgegangen. Mehr als die Hälfte der erfassten Fälle beinhalten zumindest auch Betrugsvorwürfe.

Noch deutlicher fiel die Entwicklung bei den Delikten aus dem *Anlage- und Finanzbereich* aus. Von 4.096 Fällen im Jahr 1994 sind sie im Jahr 1999 auf 20.562 (= 18,9 % der registrierten Fälle) angestiegen und sodann 2013 auf 7.527 (= 10,5 % der registrierten Fälle) gefallen. Auch bei den *Wettbewerbsdelikten* ist in den letzten Jahren ein deutlicher Rückgang – sowohl prozentual als auch bei den Fallzahlen – zu verzeichnen. Dagegen ist der prozentuale Anteil der *Insolvenzstraftaten* an den Wirtschaftsdelikten von 9,2 % (1999) auf 15,47 % (2013) angestiegen.

---

1 Abrufbar unter „www.bka.de".
2 Hauptgrund für den Anstieg im Jahr 2010 war ein in Niedersachsen abgeschlossenes Großverfahren wegen Betrugs mit allein 14.589 Taten, vgl. Bundeslagebild Wirtschaftskriminalität 2011, 7.

Zwar fällt insgesamt der Anteil der Wirtschaftsdelikte an den Gesamtstraftaten mit 1,20 % (2013) gering aus, jedoch sagt die schlichte Anzahl von Taten noch nichts über deren Wirkung, insbesondere über die hervorgerufenen Schäden, aus.

Bei der Beurteilung der Zahlen ist zu beachten, dass die **Dunkelziffer** um ein Vielfaches *höher* liegen dürfte[1], sodass die PKS nur einen Ausschnitt der Wirklichkeit darstellt[2]. Dies liegt zum kleineren Teil daran, dass Vergehen der Abgabenordnung, Ordnungswidrigkeiten[3] und von den Finanzbehörden und Schwerpunktstaatsanwaltschaften ohne Beteiligung der Polizei ermittelten Fällen nicht erfasst werden (Rz. 17). Ein Großteil der Wirtschaftkriminalität gelangt überhaupt nicht zur Kenntnis der Ermittlungsbehörden. Hauptgrund hierfür ist das **gering ausgeprägte Anzeigeverhalten**[4]. Die geschädigten Personen und Unternehmen verzichten häufig auf Strafanzeigen, da sie Rufschädigungen vermeiden wollen oder befürchten, dass sie selbst – etwa wegen Steuerdelikten im Zusammenhang mit Schwarzgeldern – in den Fokus der Ermittlungsbehörden geraten. Oftmals bemerken die Geschädigten aufgrund der professionellen Vorgehensweise der Täter erst sehr spät, dass sie Opfer einer Straftat geworden sind[5].

b) Wegen der vorgenannten Mängel und aufgrund einer Forderung des 49. Deutschen Juristentages (1972) haben die Justizverwaltungen des Bundes und der Länder im Jahr 1973 beschlossen, ab dem Jahr 1974 eine interne **Datensammlung der Staatsanwaltschaften** über Art und Erledigung der Verfahren schwerer Wirtschaftsstraftaten einzurichten, die sog. *„Bundesweite Erfassung von Wirtschaftsstraftaten nach einheitlichen Gesichtspunkten* (**BWE**)". Mit deren Aufbereitung und Auswertung wurde die kriminologische Forschungsgruppe des Max-Planck-Institutes in Freiburg im Breisgau unter der Leitung von *Günther Kaiser* beauftragt[6]. Diese Erfassung ist bis Ende 1985 geführt worden.

Danach geben die „Bundesweite Erfassung" und die umfangreichen und eingehenden Analysen von *Liebl*[7] bis heute nahezu die einzige Grundlage für Anhaltspunkte über **tatsächlichen Schäden** und deren Verteilungsstruktur im Bereich der Wirtschaftskriminalität. Doch auch diese Statistik war mit wesentlichen Mängeln behaftet. Bezugspunkt der Kritik ist u.a., dass die Einordnung als „Wirtschaftskriminalität" durch die Sachbearbeiter der Staatsanwaltschaften wegen der geschilderten Unklarheit der Definition nach jeweils eigenen, intersubjektiv nur schwer nachprüfbaren Kriterien vorgenommen wurde. Zu

---

1 Vgl. *Heinz*, Konzeption und Grundsätze des WirtschaftsstrafR (einschließlich Verbraucherschutz), ZStW 96 (1984), 417 (425); *Schwind*, § 21 Rz. 41.
2 Vgl. PKS 2013, 3, abrufbar unter www.bka.de.
3 Die Bußgeldverfahren werden in den Justizstatistiken erfasst; darüber hinaus geben auch Gewerbe- und Verkehrszentralregister Auskunft über spezifische Ordnungswidrigkeiten.
4 Wirtschaftskriminalität Bundeslagebild 2013, 5, abrufbar unter www.bka.de.
5 Ähnlich *Dessecker* in Momsen/Grützner, Kap. 1 A Rz. 17.
6 Vgl. *Kaiser*, Freiburger Universitätsblätter 1982, 41 ff.
7 Die bundesweite Erfassung von Wirtschaftsstraftaten nach einheitlichen Gesichtspunkten – Ergebnisse und Analysen für die Jahre 1974 bis 1981, Max-Planck-Institut, Freiburg 1984.

Recht hat deshalb *Damm*[1] die Kritik von *Kaiser* aus dem Jahr 1978[2] auch nach zehn Jahren BWE wiederholen müssen: „Dunkelfeld-Schätzungen" entbehren der wissenschaftlichen Grundlage, können jedenfalls nicht aus dem vorhandenen Statistikmaterial abgeleitet werden. Dass diese nunmehr über 20 Jahre geführte Kritik bis heute zu keiner erkennbaren Resonanz geführt hat, belegt aber doch das bestenfalls rudimentär ausgeprägte politische Interesse an belastbaren Erkenntnissen aus diesem Kriminalitätsfeld. Dies verwundert umso mehr, als wiederholt und zutreffend darauf hingewiesen worden ist, dass bei „Kontrolldelikten", wie dies Straftaten in der Wirtschaft regelmäßig sind, auch die Information der Öffentlichkeit den Bekämpfungserfolg bestimmt[3].

24 c) Auf Grundlage der von der PKS bezüglich der in § 74c Abs. 1 Nr. 1–6 Buchst. a–b GVG aufgeführten Wirtschaftsdelikte erhobenen Daten (Rz. 17 ff.) sowie des kriminalpolizeilichen Lageaustausches erstellt das *Bundeskriminalamt* zeitversetzt jährlich ein **Bundeslagebild zur Wirtschaftskriminalität**, das weitere Informationen über die Entwicklung der Wirtschaftskriminalität in der Bundesrepublik Deutschland enthält[4].

25 Demnach pendelte der **wirtschaftliche Gesamtschaden** in den Jahren 2007–2013 zwischen 3.425 und 4.665 Mio. Euro.

Schadensentwicklung Wirtschaftskriminalität 2007–2013

Jahr	Schadenshöhe (in Mio. Euro)
2007	4.124
2008	3.425
2009	3.425
2010	4.665
2011	4.106
2012	3.751
2013	3.820

Quelle: BKA Wirtschaftskriminalität Bundeslagebild 2013

Damit beträgt der Schaden, der auf die Wirtschaftskriminalität fällt, über die **Hälfte** des in der PKS für alle Straftaten angegebenen **Gesamtschadens** von ca. 8 Mrd. Euro[5]. Die Dunkelziffer liegt deutlich höher[6].

26 Problematisch ist im Zusammenhang mit der Schadensberechnung auch der Hinweis auf die besondere Schädlichkeit der Wirtschaftskriminalität wegen

---

1 *Damm*, Zur Problematik von Statistiken über Wirtschaftsdelikte, wistra 1986, 43 ff.
2 *Kaiser*, Kriminalistik 1978, 1 ff.; vgl. auch *Heinz*, ZStW 96 (1984), 428 f.
3 *Kaiser* in FS Tiedemann, 2008, S. 1584; *Sieber*, Grenzen des StrafR, ZStW 119 (2007), 1 ff (3 ff., 20).
4 Bundeslagebild Wirtschaftskriminalität 2013, 5 ff., abrufbar unter www.bka.de.
5 Bundeslagebild Wirtschaftskriminalität 2013, 6.
6 Vgl. *Richter* in der 5. Aufl. dieses Hdb., § 7 Rz. 22 m.w.Nw. in Fn. 30, wonach der durch Wirtschaftskriminalität angerichtete Schaden auf bis zu 702 Mrd. DM im Jahr geschätzt wird.

der ihr innewohnenden „**Sog- oder Spiralwirkung**". Hierunter wird die besondere Neigung zu Kettenreaktionen verstanden, die – von einzelnen Straftaten ausgehend – ganze Branchen erfassen sollen. Aber auch dies ist empirisch nicht nachweisbar[1] und kann auch nur in Teilbereichen, etwa bei Submissionsabsprachen, plausibel erklärt werden.

Kriminologie und Kriminalistik treffen sich allerdings in der von den Erhebungen gestützten Annahme, dass die **ökonomische Bedeutung** der Wirtschaftsstraftaten einerseits in der *besonderen Bedeutung des Einzelfalles* und andererseits im *hervorgehobenen Status der Täter* und deren Wirkungsmöglichkeiten in unserer Wirtschaftsordnung gesehen werden kann. 27

Eine Besonderheit liegt in dem **Täterprofil** (vgl. Rz. 3). Etwa ein Viertel der Täter stammt aus dem Topmanagement von Unternehmen und verfügt damit über einen hohen sozialen Status[2]. Laut Bundeslagebild 2013 wurden im Jahr 2013 insgesamt 31.459 Tatverdächtige registriert. Der Anteil der nicht-deutschen Tatverdächtigen betrug 18 % und ist damit niedriger als deren Anteil an den Gesamtstraftaten (26 %)[3]. 28

Die Anzahl der Wirtschaftskriminalitätsfälle, die durch Nutzung des **Tatmittels Internet** begangen wurden, betrug im Jahr 2013 ingesamt 8.942 und betraf damit 13 % aller Fälle von Wirtschaftskriminalität. Der Schwerpunkt lag dabei auf den Betrugsdelikten[4]. Hier ist auf Fünfjahressicht ein rückläufiger Trend zu beobachten[5]. 29

Die **Aufklärungsquote** der statistisch *erfassten Wirtschaftskriminalitätsfälle* liegt mit ca. 92 % (2012: 91,1 %[6]) deutlich über derjenigen der Gesamtkriminalität von ca. 55 %[7]. Hauptgrund hierfür ist, dass der Geschädigte den Täter in der Regel kennt, womit der Fall nach den Erfassungsrichtlinien der PKS als geklärt gilt[8]. Besonders hoch ist die Aufklärungsrate bei den Insolvenzdelikten (2013: 99,6 %) und bei der Wirtschaftskriminalität im Zusammenhang mit Arbeitsverhältnissen (2013: 99,7 %)[9]. Niedriger ist die Aufklärungsquote bei den Wettbewerbsdelikten (2013: 89,8 %)[10]. Die hohe Aufklärungsquote betrifft naturgemäß nur die den Ermittlungsbehörden zur Kenntnis gebrachten Fälle. Da viele Wirtschaftskriminalitätsdelikte nicht angezeigt werden (Rz. 21), ist die *Gesamtaufklärungsquote* von Wirtschaftskriminalität insgesamt jedoch deutlich *niedriger* und dürfte aufrund der hohen Dunkelziffer unter der durchschnittlichen Aufklärungsquote aller begangenen Delikte liegen. 30

---

1 Vgl. *Heinz*, Konzeption und Grundsätze des WirtschaftsstrafR (einschließlich Verbraucherschutz), ZStW 96 (1984), 435 f.; ebenso *Opp*, Soziologie der Wirtschaftskriminalität, München 1975, 98 ff.
2 *Schwind*, § 21 Rz. 21.
3 Bundeslagebild Wirtschaftskriminalität 2011, 6.
4 Bundeslagebild Wirtschaftskriminalität 2013, 7.
5 Bundeslagebild Wirtschaftskriminalität 2013, 7.
6 PKS 2012, 70.
7 Bundeslagebild Wirtschaftskriminalität 2013, 7.
8 Bundeslagebild Wirtschaftskriminalität 2013, 710.
9 PKS 2013, 81.
10 PKS 2013, 81.

31 **d)** Eine weitere Erkenntnisquelle sind die **Justizstatistiken**. In der Fachserie des *Statistischen Bundesamtes* zu den *Staatsanwaltschaften* finden sich Daten für das Sachgebiet „Wirtschafts- und Steuerstrafsachen, Geldwäschedelikte", aufgeschlüsselt nach Einleitungs- und Erledigungsarten[1]. Von den auf diese Weise im Jahr 2012 deutschlandweit erfassten 131.662 Verfahren wurden

- 7.967 = 6,1 % durch Anklageerhebung (davon 7.110 = 5,4 % bei den Amtsgerichten und 857 = 0,7 % bei den Landgerichten),
- 12.929 = 9,8 % durch Strafbefehle und
- 5.797 = 4,4 % durch Einstellung mit Auflage erledigt;
- insgesamt 26.058 = 19,8 % wurden durch Einstellung ohne Auflage (z.B. § 153 StPO) erledigt;
- 43.498 Verfahren = 33,0 % wurden nach § 170 Abs. 2 StPO eingestellt und
- 35.413 = 26,9 % auf sonstige Weise erledigt;
- 5.968 Verfahren = 4,5 % wurden an die Verwaltungsbehörden abgegeben.

32 Des Weiteren finden sich in der Statistik der Staatsanwaltschaften Daten zur **Verfahrensdauer**[2]. Demnach dauerte 2012 das durchschnittliche Strafverfahren im Bereich „Wirtschafts- und Steuerstrafsachen, Geldwäschedelikte" vom Tag des Eingangs bei der Staatsanwaltschaft bis zur Erledigung durch die Staatsanwaltschaft durchschnittlich 4,8 Monate (2011: 5,3). Die Verfahrensdauer von der Einleitung des Ermittlungsverfahrens – etwa durch die Polizei – bis zur Erledigung durch die Staatsanwaltschaft betrug im Jahre 2012 durchschnittlich 6,8 Monate. Verfahren, die zu einer Anklage führten, dauerten im Jahre 2012 vom Eingang bei der Staatsanwaltschaft bis zur Erledigung durch die Staatsanwaltschaft durchschnittlich 12 Monate.

33 Kaum aussagekräftige Daten zur Wirtschaftskriminalität enthalten die **Strafverfolgungsstatistiken** zu der *Verurteilungspraxis der Gerichte*. Insbesondere gibt es keine Differenzierung, ob es sich bei angeklagten Betrugs- und Untreuedelikten um Wirtschaftskriminalität handelt oder nicht[3].

34 Als – auch empirisch nachgewiesene – Besonderheit hat sich in den Wirtschaftstrafverfahren die überdurchschnittlich häufig vorkommende **Verfahrensbeendigung durch Verständigung** nach § 257c StPO (§ 12 Rz. 39a) etabliert[4]. Grund hierfür ist in erster Linie die überdurchschnittliche Stofffülle wirtschaftsrechtlicher Großverfahren und das Interesse der Angeklagten mit hohem sozialem Status an einer geräuschlosen Verfahrensbeendigung[5].

---

1 Statistisches Bundesamt, Fachserie 10, Reihe 2.6 (2012), 96 ff., abrufbar unter *www.destatis.de*.
2 Statistisches Bundesamt, Fachserie 10, Reihe 2.6 (2012), 100.
3 *Dessecker* in Momsen/Grützner, Kap. 1 A Rz. 21.
4 Ausf. *Lindemann, M.*, Voraussetzungen und Grenzen legitimen WirtschaftsstrafR, S. 16 ff. m.w.Nw.
5 *Lindemann, M.*, Voraussetzungen und Grenzen legitimen WirtschaftsstrafR, S. 17.

2. Wirtschaftskriminalistik in der Praxis

a) Nicht nur die kriminologischen Forschungseinrichtungen haben in jüngerer Zeit zunehmend ihr Augenmerk auf die *praktische Vorgehensweise von Wirtschaftsstraftätern* gelegt, sondern auch bei den **Ermittlungsbehörden** hat die Wirtschaftskriminalistik einen hohen Stellenwert. Die Aufgabe des Wirtschaftskriminalisten liegt im Schwerpunkt auf dem *betriebswirtschaftlichen* Sektor, weil wirtschaftskriminelles Handeln sich gerade dort aufdecken lässt. Für die Feststellung von Manipulationen in der Buchhaltung oder auch nur für die Feststellung des Überschuldungszeitpunkts bedarf es fundierter Kenntnisse in diesen Fachgebieten. Nur ergänzend ist mitunter auch die *Kriminaltechnik* heranzuziehen, etwa bei Fälschungsdelikten oder bei der Computerkriminalität oder auch bei Umwelt- und Lebensmittelvergehen. Die Strafverfolgungsbehörden haben dem Rechnung getragen und bei den Staatsanwaltschaften und bei den Vermögensabteilungen der Kriminalpolizei, insbesondere auch bei den Landeskriminalämtern und beim Bundeskriminalamt, bereits recht früh sog. „Schwerpunkt-Abteilungen" geschaffen, um dort das erforderliche Spezialwissen zu pflegen. Ab Ende der Sechziger Jahre wurden sog. Schwerpunkt-Staatsanwaltschaften (§ 1 Rz. 94) gebildet. Parallel hierzu wurden auf der Ebene der Landgerichte Wirtschaftsstrafkammern eingerichtet (§ 1 Rz. 90).

35

Die „Schwerpunktstaatsanwaltschaften" sind personell unterschiedlich ausgestattet. Sie sind indes insgesamt dadurch gekennzeichnet, dass ihnen sog. „**Wirtschaftsreferenten**" oder auch „Sachverständige für Buchprüfung" (teilweise auch als weitere Hilfskräfte „Buchhalter") zugeordnet sind, die ihrer Ausbildung nach Bilanzbuchhalter, Betriebs- oder Volkswirte sind und die als Sachverständige Fragen ihres Fachgebietes weisungsfrei bearbeiten[1] (vgl. § 11 Rz. 8). Ihre (ordnungsgemäße) Beauftragung durch den Staatsanwalt unterbricht i.d.R. die Verjährung[2]; sie ist zugunsten der jeweiligen Justizkasse als Verfahrenskosten nach dem JVEG abzurechnen[3], was ganz erhebliche Beträge ausmachen kann.

36

Insbesondere im Bereich der Buchhaltungsdelikte, der Bilanzmanipulationen, der Ermittlung von Zahlungs- und Kapitalflüssen u.Ä. kann somit heute auf ein weitreichendes kriminalistisches Fachwissen zurückgegriffen werden, das im Wesentlichen auf **interdisziplinärer betriebswirtschaftlich-strafrechtlicher Arbeit** unter besonderer Beachtung allgemein-kriminalistischer Erfahrungen beruht. In diesem Zusammenhang sei außerdem auf Berichte des Einsatzes der EDV zur Bekämpfung der Wirtschaftskriminalität verwiesen. Dabei werden

37

---

1 Vgl. *Richter*, Der Konkurs der GmbH aus der Sicht der Strafrechtspraxis, GmbHR 1984, 113 ff., 137 ff.
2 So BGH v. 2.7.1986 – 3 StR 87/86, wistra 1986, 257 f. = StV 1986, 465 bei hinreichend eindeutigem Gutachtenauftrag, nicht aber bei sonstiger Einbeziehung in die Ermittlungstätigkeit (wie im Fall BGH v. 4.10.1979 – g.E. 4 StR 127/79, BGHSt 28, 381); ebenso *Lackner/Kühl*, § 78c StGB Rz. 5; *Stree* in S/S, § 78c StGB Rz. 11; a.A. *Fischer*, § 78c StGB Rz. 13.
3 OLG Stuttgart v. 17.4.1991 – 1 Ws 51/91; OLG Stuttgart v. 28.11.1989 – 1 Ws 393/89 noch zum ZSEG; und schon OLG Stuttgart v. 19.6.1987 – 1 Ws 195/87, Die Justiz 1987, 465.

auch Erfahrungen sonstiger kriminalistischer Tätigkeit (etwa der EDV-gesteuerten Anlage von Spurenakten u.Ä.) – neben betriebswirtschaftlichen Erkenntnissen (etwa EDV-Buchhaltung und Berechnung von Liquiditätsparameter u.Ä.) – einbezogen.

38 **b)** Große praktische Bedeutung hat die **vorbeugende Bekämpfung** von Wirtschaftskriminalität. Neben den allgemeinen der Kriminalitätsbekämpfung verpflichteten Behörden haben zahlreiche *spezialisierte Aufsichtsbehörden* in ihrem Zuständigkeitsbereich die Aufgabe, drohende wirtschaftsrechtliche Verstöße zu erkennen und zu vermeiden sowie Informationen darüber zu sammeln und Anfragen dazu zu beantworten; die Strafverfolgungsbehörden sind zur Zusammenarbeit angehalten (vgl. Nr. 216, 238, 242, 265, 266 RiStBV). Zu nennen sind vor allem

- *Bundesanstalt für Finanzdienstleistungsaufsicht* (BaFin, in der die Aufgaben der früheren drei Bundesaufsichtsämter für Kreditwesen, Versicherungswesen und Wertpapierhandel zusammengeführt worden sind), Graurheindorfer Str. 108, 53117 Bonn (bzw. Postfach 1253, 53002 Bonn) und Marie-Curie-Str. 24–28, 60439 Frankfurt a.M. (bzw. Postfach 50 01 54, 60391 Frankfurt a.M.).
- *Bundesbank*, Wilhelm-Eppstein-Str. 14, 60431 (bzw. Postfach 10 06 02, 60006 Frankfurt a.M.) sowie deren Zweigniederlassungen in den größeren Bundesländern: Landeszentralbanken.
- *Bundeskartellamt*, Kaiser-Friedrich-Str. 16, 53113 Bonn (sowie die Landeskartellbehörden bei den jeweiligen Wirtschaftsministerien).
- *Bundesamt für Wirtschaft*, Postfach 5171, 65726 Eschborn.
- *Bundesamt für Wirtschaft und Ausfuhrkontrolle* (BAFA), Frankfurter Str. 29–35, Postfach 5160, 65726 Eschborn.
- *Bundesanstalt für Landwirtschaft und Ernährung* (BLE), Deichmanns Aue 29, 53179 Bonn.

39 Außerdem haben sich neben den **Selbstverwaltungsorganisationen** der Wirtschaft (wie IHK, DIHK, Handwerkskammern u.a.) verschiedene **privatrechtlich organisierte Verbände** dem Gedanken des Selbstschutzes verpflichtet. Sie haben sich als Haupt- oder Nebenzweck zum Ziel gesetzt, prophylaktisch gegen wirtschaftskriminelle Verhaltensweisen vorzugehen; sie sammeln einerseits Hinweise von Mitgliedern und Dritten und geben andererseits Auskünfte. Einige von ihnen sind befugt, gegen Rechtsverletzungen mit zivilrechtlichen Mitteln im Wege der **Verbandsklage** vorzugehen (vgl. §§ 2–4 UKlaG[1]). Auch die Strafverfolgungsbehörden sind angehalten, mit diesen Verbänden zusammenzuarbeiten (Nr. 236, 260c RiStBV).

Die wichtigsten sind:

- *Deutscher Schutzverband gegen Wirtschaftskriminalität e.V.*, Landgrafenstr. 24b, 61348 Bad Homburg (mail@dsw-schutzverband.de).
- *Zentrale zur Bekämpfung unlauteren Wettbewerbs e.V.*, Landgrafenstr. 24b, 61348 Bad Homburg (mail@wettbewerbszentrale.de).

---

1 UnterlassungsklagenG i.d.F. der Bek. v. 27.8.2002, BGBl. I 3422.

– *Pro Honore e.V.*, Am Sandtorkai 50, 20457 Hamburg (info@pro-honore.de).
– *Bundesverband der Verbraucherzentralen und Verbraucherverbände Verbraucherzentrale Bundesverband e.V.* (vzbv), Markgrafenstr. 66, 10969 Berlin (info@vzbv.de).

Dazu kommen die zahlreichen **Spitzenverbände** der einzelnen Branchen wie z.B. der Bundesverband Deutscher Banken, der Gesamtverband der Versicherungswirtschaft, der Ring Deutscher Makler, die Deutsche Schutzvereinigung für Wertpapierbesitz usw, außerdem die Wirtschaftsauskunfteien wie die Schufa Holding AG, Creditreform usw. (auf die Angabe von Adressen wird im Hinblick auf die Aktualität des Internets verzichtet). 40

Schließlich hat die *vorbeugende Bekämpfung* der Wirtschaftskriminalität *in den Unternehmen* selbst in den letzten Jahren einen neuen Stellenwert erhalten. Unter dem Stichwort **Compliance** hat sich geradezu eine eigenständige Disziplin entwickelt, deren Ziel es ist, wirtschaftskriminelles Verhalten im Unternehmen – gleichsam an der Quelle – zu verhindern (näher dazu unten § 31). Besonders Beauftragte oder auch ganze Abteilungen eines Unternehmens sollen dafür Sorge tragen, dass die gesetzlichen Vorgaben einer ordnungsgemäßen Wirtschaft eingehalten werden. Deren Existenz ist andererseits ein wichtiger Entlastungsgrund, wenn es um die Vermeidbarkeit eines aus dem Unternehmen heraus begangenen Gesetzesverstoßes geht, etwa im Rahmen der Verletzung der Aufsichtspflicht (§ 130 OWiG). 41

§ 3
Zeitliche Geltung

Bearbeiter: Klaus Heitmann

	Rz.		Rz.
I. Rückwirkungsverbot	1	2. Gesetzesänderung	5
1. Grundregel	2	**II. Zeitgesetz**	12

Schrifttum: (außer den Kommentaren zu § 2 StGB): *Dannecker,* Das intertemporale Strafrecht, 1993; *Gaede,* Zeitgesetze im Wirtschaftsstrafrecht und rückwirkend geschlossene Ahndungslücken, wistra 2011, 365; *Heckmann,* Geltungskraft und Geltungsverlust von Rechtsnormen, 1997; *Satzger,* Die zeitliche Geltung des Strafgesetzes – ein Überblick über das „intertemporale Strafrecht", Jura 2006, 746; *Schmitz,* Die Neufassung des § 19 Abs. 2 InsO durch das FMStG und seine Bedeutung für strafrechtliche Altfälle, wistra 2009, 369; *Tiedemann/Dannecker,* Die gesetzliche Milderung im Steuerstrafrecht, dargestellt am Beispiel der Abzugsfähigkeit von Parteispenden, 1985.

I. Rückwirkungsverbot

Das Recht der zeitlichen Geltung des Strafrechtes (sog. **intertemporales Strafrecht**) ist in § 2 StGB und im Wesentlichen gleichlautend in § 4 OWiG geregelt. 1

Die folgenden Ausführungen zu § 2 StGB gelten jeweils auch für die Vorschriften des § 4 OWiG. Ausgangspunkt dieser Rechtsmaterie, in der sich Strafrecht, Staatsrecht und allgemeine Rechtstheorie berühren[1], ist der althergebrachte Rechtssatz „Nulla poena sine lege" (Keine Strafe ohne Gesetz). Dieser fundamentale Grundsatz mit Verfassungsrang (Art. 103 Abs. 2 GG; ähnlich Art. 7 EMRK und Art. 49 Abs. 1 EuGrCh) steht nicht nur an der Spitze des StGB (§ 1), sondern auch im OWiG vorn (§ 3). Der für das Strafrecht im weiteren Sinne (§ 1 Rz. 12) normierte Gesetzesvorbehalt ist die Grundlage für das gesetzlich nicht besonders geregelte strafrechtliche *Bestimmtheitsgebot* sowie für das Verbot der *Analogie und des Gewohnheitsrechtes* zulasten des Täters. In der zeitlichen Dimension des Strafrechtes begründet er auch das *Rückwirkungsverbot* zulasten des Täters und damit ein weiteres Grundelement eines rechtsstaatlichen Strafrechtes.

1. Grundregel

2   In § 2 Abs. 1 StGB findet sich der Grundsatz „Nulla poena sine lege" in der Form, dass sich die Strafe und die Nebenfolgen nach dem Gesetz bestimmen, das *zur Zeit der Tat gilt*. Dies bedeutet in erster Linie, dass **nachträglich keine Strafbarkeit** für einen Sachverhalt begründet werden kann, der zuvor straflos war[2]. Das Gleiche gilt für Nebenfolgen wie Verfall, Einziehung und Unbrauchbarmachung (§§ 73–76 StGB). Auch insoweit greifen nur die Regelungen, die zum Zeitpunkt der Tat bereits in Kraft waren. Die Vorschrift schützt die (berechtigte) Erwartung des Rechtsunterworfenen hinsichtlich der strafrechtlichen Folgenlosigkeit seines Handelns. Da dies ein Ausfluss des rechtsstaatlichen Willkürverbotes ist, gilt diese Regel unabhängig davon, ob sich der Täter tatsächlich Gedanken über die Strafbarkeit seines Tuns gemacht hat.

3   **Gesetz** i.S. von § 2 StGB ist das materielle Strafrecht. Dies gilt für alle Absätze des § 2 StGB. „Gesetz" sind dabei nach inzwischen gefestigter Rechtsprechung auch die sachlich-rechtlichen Normen, die eine **Blankettstrafnorm**[3] (vgl. § 17 Rz. 8 ff., auch § 1 Rz. 14) ausfüllen[4]. Die Gesetzestechnik der Blanketts, bei der die Strafnorm das tatbestandliche Unrecht nicht wie bei der klassischen Strafnorm selbst beschreibt, sondern nur die Strafdrohung enthält, im Übrigen aber auf außerstrafrechtliche (Gebots- und Verbots-)Vorschriften eines Spezialgeset-

---

1   Vgl. *Tiedemann*, Zeitliche Grenzen des StrafR, in FS Peters, 1974, S. 193 f.; *Tiedemann*, WiStrafR AT, Rz. 157 f.; vgl. auch *Hassemer/Kargl* in NK, § 1 StGB Rz. 42 ff., § 2 StGB Rz. 6 f., 11 ff.; *Dannecker* in LK, § 1 StGB Rz. 360 ff., § 2 StGB Rz. 10 ff., 24 ff.; *Satzger* in S/S/W, § 1 StGB Rz. 49 ff., § 2 StGB Rz. 1 ff.
2   Zum Problem einer „Ahndungslücke" aufgrund verspäteter Verkündung und rückwirkendem Inkrafttreten im Falle der 7. GWB-Novelle 2005 instruktiv BGH v. 26.2.2013 – KRB 20/12 – Grauzementkartell, BGHSt 58, 158 = NJW 2013, 1972 = wistra 2013, 391; vgl. auch § 57 Rz. 111 f.
3   Zur grundsätzlichen Gleichartigkeit von Blankettstrafvorschriften und anderen Strafnormen vgl. BGH v. 8.1.1965 – 2 StR 49/64, BGHSt. 20, 177 (unter Aufgabe der Rspr. des RG).
4   Dies gilt nicht nur für § 2 Abs. 1 StGB, sondern für das gesamte intertemporale StrafR, vgl. Rz. 12.

zes Bezug nimmt, verwendet der Gesetzgeber aus Gründen der Vereinfachung der Tatbestandsformulierung und um die Änderung der Strafnorm zu erleichtern. Da wirtschaftsrechtliche Vorschriften ein Mittel der politischen Feinsteuerung sind und daher häufiger geändert werden und sie außerdem oft komplex und technisch sind, verwendet der Gesetzgeber Blankettnormen in besonderem Maße im Wirtschaftsstrafrecht. Werden Vorschriften des Wirtschaftsrechtes geändert, ergeben sich die jeweils gültigen Tatbestandsvoraussetzungen der Strafnorm daher aus der materiellrechtlichen Lage zur Tatzeit. Eine Blankettnorm ist etwa § 266 StGB, soweit die Strafbarkeit an einen Verstoß gegen gesetzliche Vorschriften anknüpft – so im Falle von Verstößen des Geschäftsführers einer GmbH gegen das GmbHG[1].

Kein Gesetz i.S. des intertemporalen Strafrechtes ist das **Verfahrensrecht**; auch dies gilt für alle Absätze des § 2 StGB. Daher findet hier jeweils das Recht Anwendung, das zum Zeitpunkt der Durchführung des Strafverfahrens gilt. Eine bloß verfahrensrechtliche Änderung ist etwa der Wegfall des Erfordernisses der Gegenseitigkeitsverbürgung bei der Verfolgung der Hinterziehung ausländischer Umsatzsteuern, den das Jahressteuergesetz 2010[2] normiert hat; trotz nunmehr erleichterter Strafverfolgung ist daher auch für Altfälle das neue strengere Recht anzuwenden[3]. – Die **Verjährungsvorschriften** werden von der Rechtsprechung[4] dem Verfahrensrecht zugeordnet, obwohl sie sich im StGB und nicht in der StPO befinden (§§ 78 ff. StGB)[5]. Auch über **Maßregeln der Sicherung und Besserung**, die ebenfalls im StGB geregelt sind (§§ 61 ff. StGB), ist nach dem Recht zu entscheiden, das zur Zeit der Entscheidung gilt (§ 2 Abs. 6 StGB). Dazu gehört u.a. das Berufsverbot[6]. In jüngerer Zeit hat insbesondere die – für das Wirtschaftsstrafrecht wenig bedeutsame – nachträgliche Verlängerung der **Sicherungsverwahrung** die Diskussion um das Rückwirkungsverbot belebt[7]. 4

Eine **Wandelung** in **der Interpretation** *des Rechtes* durch die Gerichte ist, wiewohl sie erhebliche Auswirkungen auf die Strafbarkeit und damit auch auf die Erwartungen der Rechtsunterworfenen haben kann, keine Änderung des „Gesetzes" (i.S. des intertemporalen Strafrechtes) mit der Folge, dass § 2 StGB da- 4a

---

1 OLG Stuttgart v. 14.10.2009 – 1 Ws 32/09, wistra 2010, 34.
2 BGBl. I 1768.
3 Näher dazu *Tully/Merz*, wistra 2011, 121.
4 So schon RGSt 76, 74 und BGH v. 22.4.1952 – 1 StR 622/51, BGHSt. 2, 305; vgl. auch BVerfG v. 26.2.1969 – 2 BvL 15, 23/68, BVerfGE 25, 286 unter Berufung darauf, dass der Grundsatz „nulla poena sine lege" abgesehen von der nachträglichen Strafbegründung nur verbiete, Zuwiderhandlungen gegen das Strafgesetz bei der Verurteilung höher zu bewerten, als dies zur Zeit der Tat der Fall war.
5 In der Literatur ist die Rechtsnatur der Verjährungsvorschriften umstritten; eine Verkürzung der Verjährungsfristen ist aber nach allen Meinungen rückwirkend zu berücksichtigen; vgl. *Dannecker* in LK, § 2 StGB Rz. 31 f.; *Hassemer/Kargl* in NK, § 1 StGB Rz. 61 ff., § 2 StGB Rz. 12, je m.w.Nw.
6 A.A. EGMR v. 17.12.2009 – 19359/09, rkr. seit 10.5.2010; das Urteil wird von den OLG inhaltlich nicht übernommen, vgl. OLG Karlsruhe v. 7.6.2010 – 1 Ws 108/10.
7 Dazu z.B. *Hassemer/Kargl* in NK, StGB § 2 Rz. 61a.

rauf insgesamt keine Anwendung findet[1]. Im Einzelfall kann mitunter über § 17 StGB – Verbotsirrtum – der Überraschungseffekt einer derartigen Rechtsprechungsänderung vermieden werden[2].

2. Gesetzesänderung

5 § 2 Abs. 2 StGB stellt klar, dass in den Fällen, in denen sich das *Recht während der Tat geändert* hat, das Recht anzuwenden ist, das bei Beendigung der Tat gilt. Hier kann es also zu einer Verschlechterung der Rechtssituation für den Täter kommen. Allerdings bleibt der Grundgedanke des Rückwirkungsverbotes insofern wirksam, als bei **Dauerstraftaten** den Tatteilen, die vor der Gesetzesänderung liegen, *zulasten* des Täters nicht das Gewicht gegeben werden darf, welches ihnen das neue Recht beilegt. § 2 Abs. 2 StGB setzt im Übrigen voraus, dass die Tat schon zu Beginn der Tat strafbar war. Ist das nicht der Fall, handelt es sich um den Grundfall des Rückwirkungsverbotes.

6 Eine wesentliche *Ausnahme vom Rückwirkungsverbot* des § 2 Abs. 1 StGB enthält § 2 Abs. 3 StGB. Danach ist für den Fall, dass sich das Recht zwischen der Tat und der Entscheidung geändert hat, das jeweils **mildeste Recht** anzuwenden (sog. *Meistbegünstigungsklausel*). Milderes Recht ist etwa mit der Neufassung des Tatbestandes des Vorenthaltens und Veruntreuens von Arbeitsentgelten (§ 266a StGB) durch das Schwarzarbeitsbekämpfungsgesetz (näher § 36 Rz. 1 ff.) entstanden; damit wurde § 266a StGB im Verhältnis zu § 263 StGB zur lex spezialis, mit der Folge, dass die Möglichkeit einer Verurteilung wegen der Qualifikationstatbestände des § 263 Abs. 3 StGB, die weiter sind als die des §§ 266a StGB, entfällt[3]. Im Ergebnis hat dies ein Rückwirkungs*verbot für neues härteres Recht* und ein Rückwirkungs*gebot* für milderes Recht zur Folge. Danach haben die nachträgliche Erhöhung des Unrechtsgehaltes oder nachträglich verschärfte Rechtsfolgen bei der Aburteilung einer Tat, die vor der Rechtsänderung begangen wurde, außer Acht zu bleiben.

7 Dies hat folgende **Konsequenzen**: Eine Tat, die zwischen ihrer Begehung und der Aburteilung von einer Ordnungswidrigkeit zu einer Straftat hochgestuft wird, ist weiter als Ordnungswidrigkeit abzuurteilen[4]. Bei Verringerung des Tatbestandsumfangs, etwa dergestalt, dass nachträglich die Strafbarkeit des Versuchs entfällt, kann wegen der Tat nur noch verurteilt werden, wenn sie vollendet wurde. Auch § 2 Abs. 3 StGB betrifft nur Handlungen, die zum Tatzeitpunkt bereits unter Strafe gestellt waren. War dies nicht der Fall, greift ebenfalls § 2 Abs. 1 StGB ein.

---

1 Zur „Mauerschützen"-Problematik vgl. BGH v. 20.3.1995 – 5 StR 111/94, BGHSt. 41, 101, 111; BVerfG v. 24.10.1996 – 2 BvR 1851/94 u.a., BVerfGE 95, 96 (113) = NJW 1997, 929; EGMR, Urt. der Großen Kammer v. 22.3.2001 – 34044/96 u.a., NJW 2001, 3035; vgl. auch *Dannecker* in LK, § 1 StGB Rz. 432 ff.; *Hassemer/Kargl* in NK, § 1 StGB Rz. 50 ff.

2 Vgl. *Hassemer/Kargl* in NK, § 1 StGB Rz. 57 f.; *Dannecker* in LK, § 1 StGB Rz. 437, 445.

3 G v. 23.7.2004, BGBl. I S. 1842; vgl. BGH v. 7.3.2012 – 1 StR 662/11, wistra 2012, 235.

4 BGH v. 24.11.1958 – KRB 2/58, BGHSt. 12, 148.

Die *äußerste Milderung* ist der **Wegfall der Strafbarkeit**[1]. Frühere Strafbarkeit ist damit grundsätzlich unbeachtlich, wenn sie zum Zeitpunkt der Aburteilung nicht mehr besteht. Bei Blankettnormen ist dies etwa bei Änderung der blankettausfüllenden Tatbestandsmerkmale der Fall – so bei der Neugestaltung des Rechts der kapitalersetzenden Gesellschafterdarlehen durch das MoMiG (vgl. § 32 Rz. 143d), das die Rückzahlung solcher Darlehen nunmehr unter gewissen Voraussetzungen erlaubt[2]. Eine Ausnahme gilt nur für Zeitgesetze (dazu Rz. 12 ff.). 7a

Das *Milderungsgebot* gilt auch für Gesetze, die (nur) *zwischen* der Tat und ihrer Aburteilung wirksam waren (sog. **Zwischengesetze**[3]). Hier können daher Gesetze anzuwenden sein, die weder zum Zeitpunkt der Tat galten noch zum Zeitpunkt der Entscheidung gelten. 8

Zur Feststellung, welches Recht das mildere Recht ist, ist ein **Vergleich der verschiedenen Rechtszustände** – bei Zwischengesetzen also aller Rechtszustände zwischen Tat und Aburteilung – vorzunehmen. Grundvoraussetzung dafür ist dabei, dass die betroffenen Normen „*dasselbe Rechtsgut* oder wenigstens übereinstimmende wesentliche Komponenten des jeweiligen Rechtsgutes schützen."[4] 9

Die Frage, ob dies der Fall sei, stellte sich etwa bei der Änderung der Bußgeldvorschrift des § 1 Schwarzarbeitsgesetz im Jahr 1994. Nach dem alten Recht war Voraussetzung für ordnungswidriges Handeln, dass der Täter durch Schwarzarbeit „wirtschaftliche Vorteile in erheblichem Umfang durch die Ausführung von Dienst- und Werkleistungen" erzielte. Nach dem neuen Recht fiel die Voraussetzung „wirtschaftliche Vorteile in erheblichem Umfang" weg und für die Annahme von Schwarzarbeit reichte schon aus, dass „Dienst- und Werkleistungen in erheblichem Umfang" erbracht wurden. Außerdem war der Bußgeldrahmen von 50 000 auf 100 000 DM erhöht worden. Trotz des deutlich erweiterten Strafbereiches wurde entschieden, dass sich das Wesen der Ordnungswidrigkeit nicht verändert habe[5].

Fehlt es an einer solchen **Unrechtskontinuität**, ist die alte Vorschrift mit Erlass der neuen ersatzlos weggefallen mit der Folge, dass für die neue Vorschrift das Rückwirkungsverbot gilt. Unrechtskontinuität und damit weiter bestehende Strafbarkeit des Geschäftsführeres einer GmbH wegen Untreue auch nach der Neugestaltung des Rechtes der kapitalersetzenden Gesellschafterdarlehen durch das MoMiG wurde angenommen, wenn die Rückzahlung solcher Darlehen für die GmbH existenzvernichtend war[6]. An der Unrechtskontinuität kann es nicht nur dann fehlen, wenn sich die Tat nicht unter den Wortlaut des neuen Rechtes subsumieren lässt. Daran mangelt es auch, wenn das neue Recht einem bestehenden Tatbestand eine *neue Schutzrichtung* gibt[7]. Der „gemeinsame Unrechtskern" kann etwa dann berührt sein, wenn alte Qualifikations- 9a

---

1 BGH v. 1.12.1964 – 3 StR 35/64, BGHSt. 20, 116.
2 G v. 23.10.2008, BGBl. I 2026; vgl. OLG Stuttgart v. 14.10.2009 – 1 Ws 32/09, wistra 2010, 34.
3 Vgl. BGH v. 20.10.1993 – 5 StR 473/93 – Mauerschützen, BGHSt. 39, 354 (370).
4 BGH v. 26.11.1992 – 3 StR 319/92 – Wahlfälschung in der DDR, BGHSt. 39, 54 (68).
5 So OLG Düsseldorf v. 6.5.1996 – 5 Ss (OWi) 66/96, wistra 1996, 279.
6 OLG Stuttgart v. 14.10.2009 – 1 Ws 32/09, wistra 2010, 34.
7 Die Frage der Unrechtskontinuität ist vor allem im Hinblick auf den Rechtsübergang nach der deutschen Einigung aufgetreten; vgl. dazu die 3. Aufl., § 6 Rz. 18 ff.

merkmale eines Straftatbestandes aufgehoben und neue geschaffen werden. Dann ist jeweils zu prüfen, ob das neue Recht einen neuen Unrechtstyp und damit ein neues „Strafgesetz" geschaffen hat.

10 Nicht zu berücksichtigen sind bei der Prüfung nach § 2 Abs. 3 StGB die (mittelbaren) strafrechtlichen Folgen von **außerstrafrechtlichen Rechtsänderungen**, es sei denn, es handelt sich um die Änderung der strafrelevanten Elemente blankettausfüllender Vorschriften (Rz. 3). Für die Abgrenzung ist auch hier entscheidend, ob der Schutzzweck und/oder die Angriffsrichtung des Straftatbestandes in seiner Substanz tangiert werden. § 2 Abs. 3 StGB ist anzuwenden, wenn durch die Rechtsänderung zugleich die Tatbestandsmäßigkeit einer Tat wegfällt. Dies wäre etwa dann der Fall, wenn aufgrund einer nachträglichen Änderung der Buchführungsregeln der Tatbestand einer Insolvenzstraftat entfällt[1]. Nicht gemildert wird hingegen, wenn die Voraussetzungen der Strafbarkeit nur modifiziert werden. Dies gilt etwa für die vorübergehende Änderung der Kriterien für Überschuldung, die das Finanzmarktstabilisierungsgesetz vom 28.10.2008[2] in Hinblick auf die plötzliche wirtschaftliche Destabilisierung an sich gesunder Unternehmen vorsieht.

10a Hingegen hat der Wegfall der Strafbarkeit, der sich nach neuem Recht etwa daraus ergibt, dass eine strafbare Handlung des betroffenen Typs *rein* **tatsächlich** *nicht mehr vorkommen* kann, nicht zur Folge, dass milderes Recht entsteht. Dementsprechend bleibt die Geldfälschung strafbar, wenn gefälschte Banknoten nachträglich außer Kurs gesetzt werden. Das Gleiche gilt, wenn die Strafbarkeit für bestimmte ungenehmigte Devisengeschäfte nach dem Devisenstrafgesetz nachträglich nicht mehr praktisch wird, weil für die betroffenen Geschäfte nach dem neuen Recht eine generelle Erlaubnis erteilt wird[3].

11 Der *Vergleich* zwischen dem neuen und dem alten Recht ist nicht abstrakt, sondern bezogen auf den **konkreten Einzelfall** vorzunehmen. Zu prüfen ist, nach welchem Recht die geringste Bestrafung zu erfolgen hat. Hierbei ist jeweils der gesamte Rechtszustand zu berücksichtigen. Zur Rangfolge der Prüfungskriterien (Hauptstrafe, Nebenstrafe und Nebenfolgen, Verjährung etc) hat sich eine umfangreiche Judikatur entwickelt; insofern muss auf die einschlägigen Werke zum Allgemeinen Teil des StGB verwiesen werden.

II. Zeitgesetz

12 Eine *Ausnahme* vom Milderungs*gebot* in den Fällen der Rechtsänderung zwischen Tat und Aburteilung (§ 2 Abs. 3 StGB) enthält § 2 Abs. 4 StGB. Danach ist eine Tat, sofern gesetzlich nichts anderes bestimmt ist, **nach Tatzeitrecht zu beurteilen**, wenn dieses Recht von vornherein nur für eine bestimmte Zeit

---

1 Dazu *Tiedemann*, NJW 1986, 2475 (2476).
2 BGBl. I 2008, 1982.
3 BGH v. 5.4.1955 – 2 StR 552/54, BGHSt. 7, 294; vgl. auch BGH v. 28.1.1984 – 3 StR 373/86 – verdeckte Parteifinanzierung, BGHSt. 34, 272 (284); dazu *Tiedemann*, WiStrafR AT, Rz. 162.

gelten sollte¹. Die Ausnahme ist dadurch gerechtfertigt, dass derartige Zeitgesetze nicht dem Schutz von Grundwerten des sozialen Zusammenlebens unter Aspekten der sozialen Gerechtigkeit dienen, der notwendigerweise durch Regelungen von unbestimmter Dauer erfolgt. In (Straf-)Gesetzen mit zeitlich begrenzter Geltung werden vielmehr in aller Regel Probleme transitorischen Charakters unter Gesichtspunkten der bloßen *Zweckmäßigkeit* geregelt und strafbewehrt. Neben Vorschriften zur Bewältigung von außergewöhnlichen Krisen (Nachkriegszeit, Finanzkrise) gehören dazu insbesondere Regelungen zur *Steuerung der Wirtschaft*.

Die **materielle Berechtigung** für die Nichtgeltung des Milderungsgebotes bei Zeitgesetzen wird überwiegend darin gesehen, dass solche Gesetze andernfalls gegen Ende ihrer Geltungsdauer ihre Autorität verlören². Derjenige, der gegen ein (Straf-)Gesetz verstößt, soll nicht darauf spekulieren können, dass es zum Zeitpunkt der Ahndung außer Kraft ist und daher nicht mehr angewandt werden kann.

Da sich nicht immer absehen lässt, wann ein außergewöhnliches Problem gelöst oder eine vorübergehende Regelung obsolet sein wird, hat der Gesetzgeber des geltenden Allgemeinen Teiles des StGB³ nach langer rechtspolitischer Diskussion darauf verzichtet, Zeitgesetze formal zu definieren. Daher sind Zeitgesetze nicht nur solche, deren Außerkrafttreten von vornherein oder später kalendarisch oder durch ein bestimmtes künftiges Ereignis festgelegt ist (**Zeitgesetz im engeren Sinne**), sondern auch solche, die erkennbar nur als vorübergehende Regelung für sich ändernde wirtschaftliche oder sonstige zeitbedingte Verhältnisse gedacht sind (**Zeitgesetz im weiteren Sinne**).

Ob ein **Zeitgesetz im weiteren Sinne** vorliegt, ist durch *Auslegung* zu ermitteln. Es ist insbesondere dann anzunehmen, wenn dem Gesetz „nach seinem Zweck und erkennbarem Willen nur vorübergehende Bedeutung zukommt. Dies ist dann der Fall, wenn der Gesetzgeber keine ihrer Natur nach auf Dauer angelegte Regelung trifft, sondern wechselnden Verhältnissen und Zeitnotwendigkeiten überwiegend nach Zweckmäßigkeit durch Bestimmungen gerecht werden will, die erkennbar von vornherein Übergangscharakter haben"⁴: Das Kriterium der *Erkennbarkeit der Zeitbedingtheit* ist vor allem deswegen wichtig, weil der Bürger bei Annahme eines Zeitgesetzes das Privileg des Milderungsgebotes des § 2 Abs. 3 StGB verliert⁵. An der Erkennbarkeit der Zeitbedingtheit mangelt es, wenn Anlass für eine Rechtsänderung ein Wandel von Grundanschauungen ist: Ein solcher ist für den Einzelnen angesichts möglicher unterschiedlicher Rechtsauffassungen nicht sicher festzustellen. Daher liegt kein Zeitgesetz vor, wenn die Gesetzesänderung ihren Grund nicht in ei-

---

1 Zu eventuellen Einschränkungen des insoweit relativ flexiblen deutschen Rechts durch das Europarecht, insbesondere die EU-Grundrechts-Charta, s. *Gaede*, wistra 2011, 365.
2 Vgl. dazu *Dannecker*, S. 443 ff. m.w.Nw.
3 Insoweit in Kraft seit 1969 (2. StRÄndG v. 4.7.1969).
4 BGH v. 9.3.1954 – 3 StR 12/54, BGHSt. 6, 30; vgl. auch BGH v. 17.8.1961 – 4 StR 40/62, BGHSt. 18, 12.
5 So schon BGH v. 9.3.1954 – 3 StR 12/54, BGHSt. 6, 30 (37).

ner Änderung der tatsächlichen Verhältnisse sondern in der rechtspolitischen Bewertung hat, die dem Gesetz zugrunde liegt.

16 **Beispiele:** Beispiele für **Zeitgesetze** sind das *Mineralölgesetz*, bei dessen zahlreichen Änderungen der Gesetzgeber immer wieder andere ordnungspolitische und fiskalische Ziele verfolgte[1], die *Erstattungsverordnungen* der EG-Kommission[2] und das *3. Euro-Einführungsgesetz* vom 19.12.1999[3].
Kein Zeitgesetz war nach dem BayObLG[4] § 98 *GüKG a.F.*, mit dem die Tarifbindung aufgehoben wurde, die bis dato im Speditionsgewerbe galt. Die Novellierung erfolgte nicht auf Grund zeitbedingt geänderter tatsächlicher Verhältnisse, sondern im Rahmen der europäischen Rechtsharmonisierung. Damit habe ihr ein Wandel der Rechtsanschauung zugrunde gelegen.
Steuergesetze können, müssen aber nicht Zeitgesetze sein[5]. Wie bei allen Blankettgesetzen ist im Einzelfall zu prüfen, welcher Art die Zielsetzung der jeweiligen Vorschrift eines Steuergesetzes ist[6].

17 Keine Rückwirkung i.S. eines Milderungsgebotes haben **sich ablösende Zeitgesetze**[7]. Diese finden sich vor allem dort, wo die Effizienz eines bereits bestehenden Zeitgesetzes bei im Wesentlichen unveränderter Zielsetzung durch eine neue Regelung erhöht werden soll. Der Grund hierfür liegt auch hier darin, dass der „Verbesserung" eines Zeitgesetzes i.d.R. keine absehbare Änderung der tatsächlichen Verhältnisse, sondern ein Wandel der Rechtsauffassung zugrunde liegt, den der Bürger nicht voraussehen kann (Beispiel: Es wird zur Lösung eines weiter bestehenden Zeitproblems eine höhere Sanktion für erforderlich gehalten). Im *Verhältnis der Zeitgesetze zueinander* ist daher das Milderungsgebot des § 2 Abs. 3 StGB zu berücksichtigen. Von den verschiedenen infrage kommenden Gesetzes ist jeweils das anzuwenden, welches die für den Täter günstigste Regelung enthält. Das Gleiche gilt, wenn ein ursprüngliches **Zeitgesetz über lange Zeit bestehen** bleibt. In diesen Fällen kann ein Gesetz, das anfangs als Zeitgesetz gedacht war, im Nachhinein zum Dauergesetz werden, mit der Folge, dass bei einer Änderung ggf. auch hier das mildere Recht anzuwenden ist, welches zum Zeitpunkt der Entscheidung gilt[8].

18 Die durch den Beitritt der **ehemaligen DDR** zur Bundesrepublik aufgeworfenen Fragen des intertemporalen Strafrechts sind inzwischen durch Zeitablauf erledigt. Insoweit wird auf die Vorauflagen[9] verwiesen.

---

1 So BGH v. 8.1.1965 – 2 StR 49/64, BGHSt. 20, 177, 178.
2 BGH v. 5.9.1989 – 1 StR 291/89, BGHR § 2 Abs. 4 Zeitgesetz 1.
3 BGBl. I 2402.
4 BayObLG v. 12.8.1994 – 3 ObOWi 70/94, wistra 1994, 355.
5 Str., vgl. *Fischer*, § 2 StGB Rz. 13a, b m.w.Nw.
6 Vgl. *Eser* in S/S, § 2 StGB Rz. 37 f.; *Schmitz* in MüKo, § 2 StGB Rz. 47 f.; *Satzger* in S/S/W, § 2 StGB Rz. 33, je m.w.Nw.
7 H.M., vgl. *Eser* in S/S, § 2 StGB Rz. 40 m.w.Nw.
8 So BGH v. 9.3.1954 – 3 StR 12/54, BGHSt. 6, 30 (39) im Falle einer „vorübergehenden" Straßenverkehrsregel, die 13 Jahre galt.
9 3. Aufl. 2000, Rz. 18 ff.; 2. Aufl. 1992, Anhang zu § 1.

§ 4
Räumliche Geltung

Bearbeiter: Marc Engelhart

	Rz.		Rz.
I. Strafanwendungsrecht („Internationales Strafrecht")	1	3. Schutzgrundsatz und Weltrechtsgrundsatz	10
1. Territorialprinzip	6	II. Internationalisierung des Wirtschaftsstrafrechts	13
2. Personalitätsprinzip	8		

Schrifttum: (Zu älterem Schrifttum s. 1.–4. Aufl.) *Böse*, Die Stellung des sog. Internationalen Strafrechts im Deliktsaufbau und ihre Konsequenzen für den Tatbestandsaufbau, in FS Maiwald, 2010, S. 61; *Jeßberger*, Der transnationale Geltungsbereich des deutschen Strafrechts, 2011; *Sieber*, Grenzen des Strafrechts, ZStW 119 (2007), 1; außerdem die Kommentare zu §§ 3 ff. StGB.

Textsammlung: *Esser* (Hrsg.), Europäisches und Internationales Strafrecht, 2. Aufl. 2013.

Lehrbücher: *Ahlbrecht/Böhm* u.a., Internationales Strafrecht in der Praxis, 2008; *Ambos*, Internationales Strafrecht, 3. Aufl. 2011; *Esser*, Auf dem Weg zu einem europäischen Strafverfahrensrecht, 2002; *Esser*, Europäisches und Internationales Strafrecht, 2014; *Grützner/Pötz*, Internationaler Rechtshilfeverkehr in Strafsachen, Loseblatt; *Hecker*, Europäisches Strafrecht, 4. Aufl. 2012; *Safferling*, Internationales Strafrecht, 2011; *Oehler*, Internationales Strafrecht, 2. Aufl. 1983; *Satzger*, Internationales und Europäisches Strafrecht, 6. Aufl. 2013; *Schomburg/Lagodny/Gleß/Hackner*, Internationale Rechtshilfe in Strafsachen, 5. Aufl. 2012; *Schramm*, Internationales Strafrecht, 2011; *Werle*, Völkerstrafrecht, 3. Aufl. 2012; weitere Nw. unten §§ 5, 6 und 8.

I. Strafanwendungsrecht („Internationales Strafrecht")

Es ist rechtstatsächlich ungeklärt, ob Wirtschaftskriminalität, wie von *Otto* angenommen[1], im Wesentlichen *grenzüberschreitende Kriminalität* ist.[2] Jedenfalls führt die starke und weiter zunehmende **Verflechtung des internationalen Wirtschaftsverkehrs** dazu, dass für Wirtschaftsstraftäter nationale Grenzen weniger ein Hemmnis für Aktivitäten bedeuten, sondern – im Gegenteil – ein etwaiges Gefälle beim Ausbau des Wirtschaftsstrafrechts oder auch der praktischen Verfolgung von Wirtschaftsstraftaten nachgerade bewusst eingeplant und ausgeschöpft wird. Aus diesem Grund ist es erforderlich, die Grenzen des nationalen (Wirtschafts-)Strafrechts aufzuzeigen, die nationalen Anstrengungen auf diesem Gebiet international in Einklang zu bringen und die Zusammenarbeit auf allen Ebenen auszubauen.

1

---

[1] *Otto*, ZStW 96 (1984), 339 (373).
[2] Die empirische Forschung ist diesbezüglich genauso begrenzt wie hinsichtlich der Wirtschaftskriminalität allgemein, vgl. *Boers*, MSchrKrim 84 (2001), 335; *Schneider* in Kempf u.a. (Hrsg.), Die Handlungsfreiheit des Unternehmers, 2009, S. 61 (79).

2 Zunächst ist damit der Geltungsbereich des nationalen Strafrechts im Falle der **Auslandsberührung** angesprochen, der vielfach als „*Internationales Strafrecht*" bezeichnet wird (Rz. 3 ff.). Der Begriff „international" bezieht sich dabei (missverständlicherweise) allein auf einen ausländischen Berührungspunkt von Tat oder Täter, nicht jedoch auf eine unmittelbare Herkunft oder Verortung im supranationalen Recht. Die Bezeichnung als „Strafanwendungsrecht" oder auch „transnationales Strafrecht" ist daher treffender.[1] Das *deutsche* Strafanwendungsrecht findet sich primär im StGB in den §§ 3–7 und § 9. Es legt fest, ob deutsches Strafrecht auf einen Sachverhalt mit Auslandsberührung überhaupt anwendbar ist oder nicht; als Konturierung des sachlichen Geltungsbereichs des deutschen Strafrechts ist es damit kein echtes Kollisionsrecht[2]. Im Anschluss an die Übersicht zum Strafanwendungsrecht wird kurz die *Internationalisierung* des Wirtschaftsstrafrechts skizziert (Rz. 13 ff.). Die vertiefende Darstellung des Strafrechts der internationalen Organisationen sowie der EU bleibt § 5 bzw. § 6 vorbehalten; das ausländische Wirtschaftsstrafrecht wird in § 7 behandelt und die grenzüberschreitende Strafverfolgung ist Gegenstand des § 8.

3 Die Beantwortung der Frage, wie weit der **Geltungsbereich des deutschen Strafrechts** reicht – also ob unser innerstaatliches Recht auf einen Sachverhalt überhaupt Anwendung findet –, setzt in einem ersten Schritt bei dem *geschützten Rechtsgut* an. Erst danach wird an weitere Gegebenheiten angeknüpft: Beschränkt sich die Geltung auf das (deutsche) Staatsgebiet, so spricht man vom *Territorialprinzip* (Gebietsgrundsatz). Nach dem sog. *Personalitätsprinzip* hingegen gilt das Strafrecht für alle Staatsangehörigen, unabhängig davon, ob die Tat im In- oder Ausland begangen wurde. Nach dem *Schutzgrundsatz* unterliegen dem deutschen Strafrecht solche Taten, die gegen die Interessen des Staates oder inländische Rechtsgüter gerichtet sind. Der *Weltrechtsgrundsatz* (Universalitätsprinzip) schließlich besagt, dass jede Straftat zu bestrafen ist, gleichgültig wo und von wem sie begangen wurde.

4 Grundsätzlich beschränkt sich das deutsche Strafrecht auf den **Schutz inländischer Rechtsgüter**. Aber dieses Prinzip erfährt mehr Ausnahmen, als es Regelfälle enthält. Da ist zunächst der Schutz von *Individualrechtsgütern*. Auch das Leben eines Ausländers genießt selbstverständlich unseren Schutz, weil es im Ausland allgemein und nicht nur zur Verfolgung staatlicher Interessen unter Strafrechtsschutz steht. Aus demselben Grund scheidet andererseits z.B. der Schutz fremder Steuern regelmäßig und derjenige der (ausländischen) Verkehrssicherheit gelegentlich aus (nämlich wenn nicht Eigentum, Leib oder Leben betroffen ist). Im Einzelfall wird hier lediglich der Blick in eine Auflistung in den Standardkommentaren zum StGB (vor oder zu § 3) weiterhelfen.

5 Im Übrigen erschließt sich das sog. **Strafanwendungsrecht** aufgrund zweier Prinzipien, dem *Selbstschutz des Staates*, aus dem Territorial-, Schutz- und passives Personalitätsprinzip abzuleiten sind, und der *Solidarität der Staaten* mit dem Kompetenzverteilungsprinzip, dem aktivem Personalitätsprinzip,

---

1 *Werle/Jeßberger* in LK, Vor § 3 StGB Rz. 2 ff.
2 Dazu *Satzger*, Int. und Europ. StrafR, § 2 Rz. 4, §§ 3–6; *Ambos*, Int. StrafR, § 1 Rz. 1–5; zum Ganzen anschaulich *Vogel* in Volk, Münchener AnwHdb. Wirtschafts- und Steuerstrafsachen, § 14 Rz. 1 ff., 46 ff.

dem Prinzip der stellvertretenden Strafrechtspflege und dem Weltrechtspflegeprinzip[1]. Im Rahmen dieses Beitrags muss es hierbei allerdings bei wenigen grundsätzlichen Anmerkungen verbleiben.

1. Territorialprinzip

Das geltende Recht geht vom Territorialprinzip (**Gebietsgrundsatz**) aus. Nach § 3 StGB gilt das deutsche Strafrecht für Taten, die im Inland begangen werden. „*Begangen*" i.S. des § 3 StGB ist eine Tat sowohl an dem Ort, an dem der Täter *gehandelt* hat („Tun") oder im Falle des Unterlassens hätte handeln sollen („Unterlassen"), als auch dort, wo der tatbestandsmäßige *Erfolg eingetreten* ist oder nach der Vorstellung des Täters eintreten sollte (§ 9 Abs. 1 StGB). Probleme bereitet die Bestimmung des Inlands insbesondere in Fällen der Cyberkriminalität.[2] Eine ergänzende Regelung für den Teilnehmer enthält § 9 Abs. 2 StGB.

Beispiel: Der im Ausland Getäuschte verfügt irrtumsbedingt zum Nachteil seines Kontos im Inland.

Das Territorialprinzip gilt auch in Bußgeldsachen, d.h. **Ordnungswidrigkeiten** können grundsätzlich nur dann geahndet werden, wenn sie im räumlichen Geltungsbereich der Bundesrepublik oder – bei Ordnungswidrigkeiten nach *Landesrecht* – innerhalb der Landesgrenzen begangen wurden (§ 5 OWiG)[3].

2. Personalitätsprinzip

Neben dem Territorialprinzip gilt in eingeschränkter Form auch das Personalitätsprinzip. Den praktisch bedeutsamsten Fall regelt § 7 Abs. 2 Nr. 1 StGB: Deutsches Strafrecht gilt danach für **Auslandsstraftaten eines Deutschen**, wenn die Tat am Tatort mit Strafe bedroht ist oder der Tatort keiner Strafgewalt unterliegt (aktives Personalitätsprinzip).

Beispiel: Der im Ausland Getäuschte verfügt irrtumsbedingt und schadensbegründend im Ausland, er ist aber Deutscher; Betrug ist im Land der Tatbegehung strafbar.

Weitere Fälle des Personalitätsprinzips sind in § 5 Nr. 3 Buchst. a, 5 Buchst. b, 8, 9, 11a, 12, 13, 14a und 15 StGB geregelt.

Außerdem kann deutsches Strafrecht bei einer Auslandsstraftat zur Anwendung kommen, wenn das **Opfer** zur Zeit der Tatbegehung ein **Deutscher** ist (§ 7 Abs. 1 StGB – passives Personalitätsprinzip). Dies gilt allerdings nur, wenn am Tatort die Handlung ebenfalls mit Strafe bedroht ist, auch wenn dies unter anderen rechtlichen Gesichtspunkten erfolgt.

Beispiel: Die Tat stellt im Ausland einen Diebstahl dar, ist in Deutschland jedoch als Betrug zu werten.

---

1 Hierzu eingehend *Werle/Jeßberger* in LK, Vor § 3 StGB Rz. 216 ff., 257 ff.; *Böse* in NK, Vor § 3 StGB Rz. 15 ff.; *Ambos* in MüKo, Vor §§ 3–7 StGB Rz. 25 ff.
2 Vgl. *Eser* in S/S, § 9 StGB Rz. 7 ff., 257 ff.
3 Zu Bußgeldvorschriften nach LandesR vgl. § 1 Rz. 149; *Gürtler* in Göhler, § 5 OWiG Rz. 13; *Rogall* in KK, § 5 OWiG Rz. 40 f.

3. Schutzgrundsatz und Weltrechtsgrundsatz

10 Für das Wirtschaftsstrafrecht von besonderer Bedeutung ist die in § 5 Nr. 7 StGB enthaltene – auf dem *Schutzgrundsatz* beruhende – *Ausdehnung der* **deutschen** *Strafgewalt* für **im Ausland begangene Verletzungen** im Hinblick auf die *Geheimnisschutz*vorschriften insbesondere der §§ 202a–204 StGB, §§ 17–19 UWG (dazu unten § 33) sowie der allgemeinen Strafrechtsnormen des *Diebstahls*, der *Unterschlagung* und der *Untreue* (§§ 242, 246, 263 und 266 StGB), soweit sie dem Schutz von *Betriebs- und Geschäftsgeheimnissen* dienen.

11 Auch hinsichtlich des **Umweltschutzes** ist auf eine überterritoriale Ausdehnung des Strafrechts zum Schutz von Gewässern und im Bereich der umweltgefährdenden Abfallbeseitigung gem. § 5 Nr. 11 StGB hinzuweisen. Dabei ist insbesondere der Schutz des gesamten Meeres der nationalen Strafrechtsordnung unterstellt worden (§ 330d Nr. 1 StGB; s. § 54 Rz. 156). Weit gezogen ist zudem der Schutzbereich für unzulässige *Insidergeschäfte*, da die Vorschrift in § 14 WpHG entsprechende ausländische Verbote ebenfalls erfasst; dies gilt jedoch nicht für die Kurspreismanipulation gem. §§ 38 Abs. 2, 39 Abs. 1 Nr. 1, 20a WpHG, deren Geltung nicht über die EU (bzw. den EWR) hinausgeht[1].

12 Schließlich ist das sog. Weltrechts- oder **Universalitätsprinzip** im Hinblick auf den *Subventionsbetrug* gem. § 264 StGB in § 6 Nr. 8 StGB sowie bezüglich des Schutzes der *Geld- und Wertzeichen* in § 6 Nr. 7 StGB verankert.

II. Internationalisierung des Wirtschaftsstrafrechts

13 Lange vorbei sind die Zeiten, in denen *Curt Lindemann*[2] sein grundlegendes Werk über das Wirtschaftsstrafrecht mit Hinweisen auf zwei (damals zentralverwaltungswirtschaftliche) Wirtschaftsordnungen des Auslandes (Russland und Italien) beschränken konnte. Nicht nur die Fragen der kriminellen Verstrickungen multinationaler Unternehmen[3] und der – nach wie vor aktuellen – internationalen Steuerflucht[4], sondern auch die **Ausdehnung des Wirkungsbereichs** von Wirtschaftsstraftätern bei „normaler" Wirtschaftskriminalität über die Landesgrenzen hinaus führen zu intensiven Diskussionen. Dies bezog sich zunächst vor allem auf den *Anlagebetrug* (insbesondere Kapitalanlage- bzw. Warentermingeschäfte), die *Untreue* (durch Verlagerung von Vermögenswerten auf ausländische verbundene Unternehmen), die *strafbare Werbung* und *illegale Arbeitnehmerüberlassung* (durch vom Ausland gesteuerte Organisationen). Eine weitere Dimension hat die Internationalisierung mit der Diskussion um die *„Scheinauslandsgesellschaften"* angenommen, nachdem die

---

1 Zutr. *Möhrenschlager* in W/J, Kap. 3 Rz. 16 m.Nw.
2 *Lindemann, C.*, Gibt es ein eigenes WirtschaftsstrafR?, 1932, S. 41 ff.
3 Eingehend hierzu schon *Tiedemann* (Hrsg.), Multinationale Unternehmen und StrafR, 1979.
4 Dazu schon *Dannecker*, Steuerhinterziehung im internationalen Wirtschaftsverkehr, 1984; vgl. auch *Ransiek* in Kohlmann, § 370 AO Rz. 79 ff., 380 ff.; *Joecks* in F/G/J, § 370 AO Rz. 215 ff.

Anerkennung ausländischer juristischer Personen im Inland die rechtliche Frage aufwirft, inwieweit das jeweilige Gesellschaftsrecht des Gründerstaates zur Grundlage des deutschen Strafrechts gemacht werden muss oder kann (näher § 80 Rz. 21; § 23 Rz. 100 ff.).

Nachdem 1984 der **XIII. Internationale Strafrechtskongress** in Kairo auf der Grundlage entsprechender Vorarbeiten erstmals die Möglichkeiten der einheitlichen Bekämpfung der Wirtschaftskriminalität diskutiert hatte, ist diese Arbeit für den europäischen Strafrechtsraum in vielfältiger Weise fortgesetzt worden; darunter 1992 im „Madrid-Symposium"[1], 2002 im „Freiburg-Symposium"[2] (s. auch § 1 Rz. 98) und 2004 in Peking auf dem XVII. Internationalen Strafrechtskongress zu Korruption und verwandten Delikten im Geschäftsverkehr. 2014 stand auf dem XIX. Internationalen Strafrechtskongress in Rio de Janeiro unter dem Thema „Informationsgesellschaft und Strafrecht" wiederum ein wichtiger Bereich des Wirtschaftsstrafrechts im Mittelpunkt. Die Thematik ist auch im Rahmen der Strafrechtslehrertagungen 2007 in Osnabrück („Strafrecht – Regelungsinstrument der Wirtschaft?")[3] und 2013 in Zürich („Strafrechtliche Probleme des Finanzplatzes") eingehender behandelt worden. 14

Die **Parallelität der Deliktstypen** in diesem Raum einheitlicher *wettbewerbswirtschaftlicher Systeme* mit enger Verflechtung der nationalen Volkswirtschaften ist ebenso deutlich wie der hieraus erwachsende Zwang zur *Harmonisierung des Strafrechts*, vor allen Dingen bei Korruption, Wettbewerbsverstößen, Kartellabsprachen, Geheimnisverrat, Kapitalanlagebetrug u.Ä. Der im EU-Vertrag i.d.F. des Vertrags von Amsterdam (§ 6 Rz. 11) erstmals angesprochene „Raum der Freiheit, der Sicherheit und des Rechts" (Art. 2, 29 EUV a.F.) hat erste Voraussetzungen für eine derartige Harmonisierung geschaffen, die im Vertrag von Lissabon festgeschrieben wurden (dazu § 6 Rz. 4, 12). 15

Soweit einzelne **kommunistische Nachfolgestaaten** noch an mehr oder weniger *verwaltungswirtschaftlich* ausgerichteten *Wirtschaftssystemen* festhalten, stehen die Bereiche „Bestechung/Korruption" und „gegen Preisvorschriften und Reglementierungen verstoßende privatwirtschaftliche Produktion und Absatz" im Vordergrund[4]. Allerdings gilt dies heute nur noch für weiter ostwärts gelegene Staaten, während unsere Nachbarstaaten durch die Osterweiterung 2004 in die Entwicklung der EU eingebunden wurden. Dies gilt ebenso seit Anfang 2007 für Bulgarien und Rumänien und seit Juli 2013 für Kroatien. Da ohnehin weder rein planwirtschaftliche noch rein marktwirtschaftliche Systeme existieren, sind in den jeweiligen *Teilsystemen* die vergleichbaren Deliktsarten anzutreffen. Deshalb ist – auch aufgrund zunehmender wissenschaftlicher Zusammenarbeit – ein Prozess der *Vereinheitlichung des Strafrechts* im Gange. 16

Schon seit Mitte der 70er Jahre sind Beschlüsse von *internationalen Institutionen* wie der Organisation für wirtschaftliche Zusammenarbeit und Entwicklung (**OECD**), des Wirtschafts- und Sozialrates der Vereinten Nationen (**ECOSOC**), der Welthandels- und Entwicklungskonferenz (**UNCTAD**) und der Internationalen Arbeitsorganisation (**ILO**) im Bereich wettbewerbsbeschränkender 17

---

1 Vgl. *Schünemann/Gonzáles* (Hrsg.), Bausteine des europ. WirtschaftsstrafR, 1994.
2 Vgl. *Tiedemann* (Hrsg.), WirtschaftsstrafR in der EU – Rechtsdogmatik, Rechtsvergleich, Rechtspolitik, 2002.
3 S. dazu *Achenbach*, ZStW 119 (2007), 789; *Hefendehl*, ZStW 119 (2007), 816; *Böse*, ZStW 119 (2007), 848; *Rönnau*, ZStW 119 (2007), 887.
4 Hierzu *Buchholz*, wistra 1990, 207.

Praktiken, arbeitsrechtlicher Verstöße und generell kriminellen Missbrauchs von Macht *multinationaler Unternehmen* gefasst worden[1] (näher unten § 5).

18 Vor allem die internationale Korruptionsbekämpfung ist hier Wegbereiter[2]. Die zunächst erarbeiteten Grundsätze oder Vorschläge für internationale Vereinbarungen, wie z.B. das Modell eines **Antikorruptionskodexes** der UNO, waren zwar in ihrer Allgemeinheit nicht geeignet, mit strafrechtlichen oder quasi-strafrechtlichen Sanktionen durchgesetzt zu werden, haben aber später zu einem effektiven Übereinkommen im Bereich der Korruptionsbekämpfung geführt[3] (vgl. auch § 5 Rz. 19). Der 2002 erfolgten Erstreckung des § 299 StGB auf ausländische Sachverhalte (§ 1 Rz. 72) sollen weitere auf internationalen Vorgaben beruhende gesetzgeberische Maßnahmen folgen. Insbesondere eine umfassende Regelung der vielfach diskutierten Abgeordnetenbestechung harrt hier aber noch der Umsetzung.[4]

19 Auch die Bekämpfung der **Geldwäsche** ist seit Längerem ein internationales Anliegen. Das *Zusammenspiel internationaler Bekämpfungsversuche* kann für diesen Bereich gut dargestellt werden: Ausgehend von der Empfehlung Nr. 80 des Ministerkomitees des Europarates vom 27.6.1980 hat die UNO mit dem Wiener Übereinkommen vom 20.12.1988[5] Teilbereiche geregelt, was zur EU-RL vom 10.6.1991[6] und sodann zum UN-Übereinkommen zur Bekämpfung der Finanzierung des Terrorismus vom 9.12.1999 führte, die wiederum in die EU-RL vom 4.12.2001[7] einging; die *Geldwäsche-RL* von 2005 (sog. Dritte Geldwäsche-RL)[8] ist 2008 durch das „Geldwäschebekämpfungsergänzungsgesetz" umgesetzt worden[9] (dazu § 51 Rz. 2, 51). Die Europäische Kommission hat am 5.2.2013 einen RL-Vorschlag (Vierte Geldwäsche-RL) für eine weitere Harmonisierung der Geldwäsche unterbreitet.[10]

20 Die Einrichtung eines Ständigen **Internationalen Strafgerichtshofs** (IStGH), wie ihn die Diplomatische Staatenkonferenz der Vereinigten Nationen am

---

1 Vgl. hierzu etwa *Oppenheimer* in Sieber (Hrsg.), Europ. Einigung und Europ. StrafR, 1999, S. 103 ff.; *Nielsson* in Sieber, S. 586 ff.; *Vogler* in Sieber, S. 128 f.; *Dannecker* in W/J, Kap. 2 Rz. 215; *Delmas-Marty* in FS Tiedemann, 2008, S. 1291 ff.; sowie schon *Tiedemann* (Hrsg.), Multinationale Unternehmen und StrafR, 1980, 3. Umfassend *Meyer*, Strafrechtsgenese in Internationalen Organisationen, 2012, S. 87 ff.
2 *Tiedemann* in LK, Vor § 298 StGB Rz. 4, 22 ff., § 299 StGB Rz. 63 ff.; *Werle/Jeßberger* in LK, Vor § 3 StGB Rz. 210; *Greeve/Dörr* in Volk, Münchener AnwHdb. Wirtschafts- und Steuerstrafsachen, § 19 Rz. 240 ff.
3 Strafrechtliches Übk. zur Korruptionsbekämpfung v. 4.11.1998, geschlossen von allen 40 Staaten des Europarates und von Japan, Kanada, Mexiko und den USA.
4 Vgl. zur aktuellen Diskussion *Hoven*, ZIS 2013, 33; *Jäckle*, ZRP 2012, 97; *Peek*, ZStW 120 (2008), 785.
5 Übk. der Vereinigten Nationen gegen den unerlaubten Verkehr mit Betäubungsmitteln v. 20.12.1988, vgl. BGBl. II 1993, 1136.
6 RL des Rates 1991/308/EWG zur Verhinderung der Nutzung des Finanzsystems zum Zwecke der Geldwäsche v. 10.6.1991.
7 RL des Rates v. 4.12.2001 zur Änderung der RL 1991/308/EWG.
8 Geldwäsche-RL 2005/60/EG v. 26.10.2005, ABl. EU Nr. L 309 v. 25.11.2005, 15.
9 G. v. 13.8.2008, BGBl. I 1690 (ber. BGBl. I 2009, 816).
10 RL-Vorschlag der Europ. Kommission v. 5.2.2013, KOM(2011) 45 endg., 2013/0025 (COD).

17.7.1998 für Völkerstraftaten geschaffen hat (§ 5 Rz. 37), liegt derzeit für Wirtschaftsstraftaten in weiter Ferne. Was bleibt, sind allerdings Harmonisierungsbestrebungen insbesondere seitens der EU sowie Verträge zur *internationalen Zusammenarbeit bei der Strafverfolgung*, die in §§ 5, 6 und 8 näher dargestellt werden.

Zusammenfassend kann deshalb festgehalten werden, dass sich das Wirtschaftsstrafrecht in den letzten Jahrzehnten nicht nur in Deutschland, sondern auch im Ausland und auf internationaler Ebene stark entwickelt hat. Dabei weisen die Fragestellungen und die gesetzlichen Regelungen in den einzelnen Systemen oftmals große *Parallelitäten* auf. Ein verstärkter wissenschaftlicher Austausch und auch eine zunehmende Internationalisierung der Strafrechtswissenschaft haben dazu geführt, klarer die Unterschiede und Gemeinsamkeiten herauszuarbeiten und übergreifende Modelle zu entwickeln. Damit bildet sich langsam eine internationale Strafrechtswissenschaft heraus. Dieser kommt bei der insbesondere durch die EU angestoßenen Harmonisierung, die sich in Zukunft noch weiter verstärken wird, große Bedeutung zu. Ob die Entwicklung in ein originär supranationales Strafrecht und/oder sogar in ein europäisches Strafgesetzbuch (ggf. auch nur für Wirtschaftsstraftaten) münden wird, ist derzeit aber noch nicht abzusehen, jedoch zumindest in naher Zukunft nicht zu erwarten[1].

21

§ 5
Wirtschaftsstrafrecht der Internationalen Organisationen

Bearbeiter: Marc Engelhart

	Rz.		Rz.
I. Überblick	1	a) Strafrechtsaktivitäten der Hauptorgane	27
II. Europäische Organisationen	10	b) Strafrechtsaktivitäten der Sonderorganisationen	36
1. EU und EWR	11		
2. Europarat	13	2. Internationaler Strafgerichtshof	37
3. OSZE	23	3. OECD und FATF	39
III. Weltweite Organisationen	25	4. WTO	43
1. Vereinte Nationen	26		

Schrifttum: (zur EU/EG s. unten § 6) *Macke*, UN-Sicherheitsrat und Strafrecht, 2010; *Meyer, Frank*, Strafrechtsgenese in Internationalen Organisationen, 2012; *Schmidt, Martin*, Externe Strafpflichten. Völkerstrafrecht und seine Wirkungen im deutschen Strafrecht, 2002; *Werthes*, Die Sanktionspolitik der Vereinten Nationen, 2013; *Wolf*, Der Beitrag internationaler und supranationaler Organisationen zur Korruptionsbekämpfung in den Mitgliedsstaaten, 2007.

---

1 Zur Frage einer Kodifikation auf EU-Ebene s. *Sieber/Engelhart*, RW 2012, 364 (402 ff.).

Textsammlungen: *Esser* (Hrsg.), Europäisches und Internationales Strafrecht – Vorschriftensammlung, 2. Aufl. 2013 (zit.: *Esser*); *Sartorius II*, Internationale Verträge – Europarecht, Loseblatt; *Schwartmann*, Völker- und Europarecht – Textsammlung, 9. Aufl. 2013; *Tomuschat* (Hrsg.), Völkerrecht, 5. Aufl. 2012; *Wasmeier/Möhlig*, Strafrecht der EU, 2. Aufl. 2008.

Lehr- und Handbücher (allg.; zur EU/EG s. unten § 6): *Ahlbrecht/Böhm u.a.*, Internationales Strafrecht in der Praxis, 2. Aufl. 2014; *Ambos*, Internationales Strafrecht, 3. Aufl. 2011; *Arndt/Fischer/Fetzer*, Europarecht, 10. Aufl. 2010; *von Bogdandy/Bast* (Hrsg.), Europäisches Verfassungsrecht, 2. Aufl. 2009; *Callies/Ruffert* (Hrsg.), EUV/AEUV, 4. Aufl. 2011; *Ehlers* (Hrsg.), Europäische Grundrechte und Grundfreiheiten, 4. Aufl. 2014 (zit.: EuGR); *Esser*, Auf dem Weg zu einem europäischen Strafverfahrensrecht, 2002; *Esser*, Europäisches und Internationales Strafrecht, 2014; *Frenz*, Handbuch Europarecht, 2004–2010; *Geiger*, Grundgesetz und Völkerrecht, 6. Aufl. 2013; *Grabitz/Hilf/Nettesheim* (Hrsg.), Das Recht der Europäischen Union, Loseblatt; *Häberle*, Europäische Verfassungslehre, 7. Aufl. 2011; *Haratsch/Koenig/Pechstein*, Europarecht, 9. Aufl. 2014; *Hecker*, Europäisches Strafrecht, 4. Aufl. 2012; *Herdegen*, Europarecht, 16. Aufl. 2014; *Herdegen*, Völkerrecht, 13. Aufl. 2014; *Hobe*, Europarecht, 7. Aufl. 2012; *Ipsen, K.*, Völkerrecht, 6. Aufl. 2014; *Kilian*, Europäisches Wirtschaftsrecht, 4. Aufl. 2010; *Oehler*, Internationales Strafrecht, 2. Aufl. 1983; *Oppermann/Classen/Nettesheim*, Europarecht, 6. Aufl. 2014; *Safferling*, Internationales Strafrecht, 2011; *Satzger*, Internationales und Europäisches Strafrecht, 6. Aufl. 2013; *Schramm*, Internationales Strafrecht, 2011; *Schulze/Zuleeg/Kadelbach* (Hrsg.), Europarecht – Handbuch für die deutsche Rechtspraxis, 2. Aufl. 2010; *Schwarze* (Hrsg.), EU-Kommentar, 3. Aufl. 2012; *Schweitzer*, Staatsrecht III – Staatsrecht, Völkerrecht, Europarecht, 10. Aufl. 2010; *Schweitzer/Hummer/Obwexer*, Europarecht, 2007; *Schweitzer/Weber*, Handbuch der Völkerrechtspraxis der BRD, 2004; *Sieber/Satzger/von Heintschel-Heinegg* (Hrsg.), Europäisches Strafrecht, 2. Aufl. 2014; *Stein/von Butlar*, Völkerrecht, 13. Aufl. 2012; *Streinz*, Europarecht, 9. Aufl. 2012; *Wagener/Eger*, Europäische Integration – Wirtschaft und Recht/Geschichte und Politik, 2. Aufl. 2009; *Werle*, Völkerstrafrecht, 3. Aufl. 2012.

Lehr- und Handbücher (EMRK): *van Dijk/van Hoof/van Rijn/Zwaak*, Theory and practice of the European Convention on Human Rights, 4. Aufl. 2006; *Frowein/Peukert*, EMRK-Komm., 3. Aufl. 2009; *Grabenwarter/Pabel*, EMRK, 5. Aufl. 2012; *Grabenwarter*, European Convention on Human Rights, Commentary, 2014; *Grote/Maraukn* (Hrsg.), EMRK/GG-Konkordanzkommentar, 2006; *Karl/Pabel* (Hrsg.), Internationaler Kommentar zur EMRK, Loseblatt; *Merten/Papier/Bernhardt* (Hrsg.), Handbuch der Grundrechte in Deutschland und Europa, Bd. 6/1: Europäische Grundrechte Bd. 1, 2010; *Meyer-Ladewig*, EMRK-Handkommentar., 3. Aufl. 2011; *Peters/Altwicker*, Europäische Menschenrechtskonvention ..., 2. Aufl. 2012; *Renucci*, Introduction to the European Convention on Human Rights, 2005; *Schilling*, Internationaler Menschenrechtsschutz, 2. Aufl. 2010.

Einschlägige aktuelle Informationen enthalten auch die **Online-Zeitschriften:** eucrim, hrsg. vom Max-Planck-Institut für Strafrecht (Freiburg/Br.) – www.mpicc.de/eucrim (seit 2006); HöchstRichterliche Rechtsprechung im Strafrecht (HRRS) – www.hrr-strafrecht.de (seit 2004); Zeitschrift für Internationale Strafrechtsdogmatik (ZIS) – www.zis-online.com (seit 2006).

I. Überblick

1 Die gesellschaftlichen, wirtschaftlichen und politischen Entwicklungen der letzten Jahrzehnte haben zu weitreichenden Änderungen der Welt-, Informations- und Risikogesellschaft geführt. Mit der Globalisierung geht die Internationalisierung des Wirtschaftsverkehrs, aber auch eine zunehmende Transnationalisierung der Kriminalität und die Veränderung der Risiken komplexer Kriminalitätsformen, wie insbesondere der Wirtschaftskriminalität, einher. In der

Folge ist daher eine vermehrte internationale Rechtssetzungstätigkeit und damit eine **Internationalisierung des Wirtschaftsstrafrechts** zu beobachten (s. auch § 1 Rz. 154 ff.). Dabei hat das „*Europäische Recht*" inzwischen für alle Rechtsbereiche zentrale Bedeutung erlangt und nimmt auf internationaler Ebene eine hervorgehobene Stellung ein. Es hat bereits zu einer weitreichenden **Europäisierung des Wirtschaftsstrafrechts** geführt.

Der internationale Einfluss ist von zwei Seiten her wirksam, nämlich über das *Strafrecht* und über das *Wirtschaftsrecht* – einschließlich des allgemeinen Zivilrechts –, das in weiten Bereichen die Voraussetzungen strafwürdigen Verhaltens im Einzelnen umschreibt. Die Internationalsierung, die dem Benutzer im weiteren Verlauf der Darstellung immer wieder begegnen wird, vollzieht sich auf rechtlich unterschiedliche und deshalb oft verwirrende Weise. Ein Blick auf die Entwicklung der Institutionen, der von ihr erlassenen Regelungen und ihre Auswirkungen tragen zum besseren Verständnis bei. Daher wird im Folgenden ein – wenn auch stark vereinfachter – Abriss gegeben. Zur Vertiefung muss auf die *Spezialliteratur* verwiesen werden, die zumindest für die europäische Entwicklung inzwischen sehr umfangreich ist und diesbezüglich gut lesbare Übersichts- und Einführungswerke bietet[1].

Wesentlichen Einfluss auf die Entwicklung des **Strafrechts** *einschließlich des Strafverfahrensrechts* im supranationalen Bereich hat die Anerkennung von unveräußerlichen *Menschenrechten* und deren Schutz durch strafrechtliche Instrumentarien[2] (vgl. auch § 4 Rz. 20). Die internationale Bekämpfung insbesondere von Terrorismus und anderem organisierten Verbrechen wie Drogenkriminalität, Geldwäsche und Menschenhandel trägt hier zur fortgesetzten „Internationalisierung" des deutschen Strafrechts bei. Besonders weit ist auch in diesem Bereich die *gesamteuropäische Rechtsentwicklung*, die durch die gemeinsamen Wertvorstellungen von einem demokratischen Rechtsstaat befördert wird.

Noch intensiver als das Strafrecht, das zum Kern nationalstaatlicher Souveränität und Identität zählt und das eine Internationalisierung unter Wahrung der nationalen Eigenheiten erforderlich macht, ist das **Wirtschaftsrecht** durch supranationale Vorgaben beeinflusst. Insbesondere wird dieses durch den aufgrund des Vertrags von Lissabon (§ 6 Rz. 13 ff.) weiterentwickelten EWG-Vertrags europarechtlich geformt. Das Ziel, allen Bürgern der Mitgliedstaaten über die Menschenrechte hinaus weitreichende „Freiheiten" zu gewähren, die ihre grenzüberschreitende Selbstentfaltung sichern und dadurch wirtschaftliches Wohlergehen und Frieden unter den europäischen Völkern gewährleisten sol-

---

1 Eine hilfreiche Quellen- und Literatur-Übersicht für das EuropaR allgemein bietet die „Einführung" bei *Oppermann/Classen/Nettesheim*, EurR (O/C/N), S. XLIX ff.; zur Darstellung des Europ. StrafR s. nunmehr *Esser*, Europ. und Int. StrafR, 2014 sowie die Neuauflage des Lehrbuchs von *Satzger* von 2013 und die Lehrbücher von *Ambos, Safferling* und *Schramm* von 2011.
2 Vgl. nur die UN-Charta zum Schutz der Menschenrechte sowie die UN-Resolutionen über die Einrichtung von internationalen Gerichtshöfen zur Ahndung von Kriegsverbrechen und das damit im Zusammenhang stehende Völkerstrafgesetzbuch (VStGB) v. 26.6.2002, BGBl. I 2254; dazu ausf. *Werle*, VölkerstrafR, 2. Aufl. 2007.

len, hat einen intensiven *Integrationsprozess* in Gang gesetzt. Die Schaffung eines Binnenmarktes, die Einführung des Euro, die Abschaffung der Grenzkontrollen und die fortgesetzte Erweiterung markieren eine eindrucksvolle Entwicklung, die sich nach dem Zweiten Weltkrieg mit dem Ziel einer dauerhaften Friedenssicherung unter den europäischen Demokratien vollzogen hat und trotz wiederholter Rückschläge ständig weiter vollzieht.

4 In Europa wird aufgrund des Binnenmarkts die Notwendigkeit, Verstöße gegen die einzelstaatliche Rechtsordnung durch **grenzüberschreitend handelnde Täter**, die sich den Abbau der innereuropäischen Grenzen zunutze machen, effektiver zu verfolgen, besonders deutlich. Das im Vertrag von Maastricht (§ 6 Rz. 11) erstmals festgeschriebene Ziel, die EU zu einem *„Raum der Freiheit, der Sicherheit und des Rechts"* zu entwickeln, hat weitreichende Impulse zur „Europäisierung" des Strafrechts gesetzt (§ 6 Rz. 116 ff.). Ebenso besteht das unabweisbare Bedürfnis, den *Verletzungen des Gemeinschafts-* bzw. *Unionsrechts* ebenfalls mit wirksamen Sanktionen zu begegnen, zumal dieses mit seinen komplexen Bestimmungen insbesondere im Bereich der Subventionen, Beihilfen und Ausgleichszahlungen erhebliche Anreize zu Straftaten geboten hat und bietet (sog. *Schutz der Finanzinteressen;* § 6 Rz. 104 ff.).

5 Diese **Internationalisierung** des (Wirtschaftsstraf-)Rechts vollzieht sich im Wesentlichen **durch drei** unterschiedliche **Mechanismen**, die sich schlagwortartig als *„Harmonisierung", „Supranationalisierung"* und *„Governing"* bezeichnen lassen. Der erste, klassische Weg der **Harmonisierung** besteht darin, dass sich die Staaten als souveräne Subjekte des Völkerrechts untereinander verpflichten, in ihrem Gebiet nationale Normen mit dem vereinbarten Inhalt zu setzen, um so eine Angleichung des Rechts zu erreichen. Der zweite Mechanismus der **Supranationalisierung** setzt dagegen auf die Schaffung einer gemeinschaftlichen Organisation, der dann ein bestimmter Teil der eigenen nationalen Hoheitsbefugnisse, insbesondere zur Setzung *vorrangiger gemeinschaftlicher Rechtsnormen*, übertragen werden. Ein dritter Mechanismus, der in den letzten Jahren zunehmend an Bedeutung gewonnen hat, ist die **Vereinbarung nicht verbindlicher Vorgaben („soft law")** wie z.B. im Rahmen der Financial Action Task Force (FATF) oder auch der OECD, die dann jedoch faktisch vielfach zu einer Harmonisierung auf nationaler Ebene führen. Dieser Art weicher Steuerung kann als Form supranationalen *„Governings"* bezeichnet werden. Insbesondere durch ein supranationales Monitoring und die Veröffentlichung von Berichten zum Stand der nationalen Umsetzung (wie durch die OECD, Rz. 41) wird „sanfter" Druck auf die einzelnen Staaten ausgeübt.

6 In der Realität finden sich häufig **Mischformen** zwischen der *„Harmonisierung"* und *„Supranationalisierung"*, da auch völkerrechtliche Verträge meist einen „Träger" oder eine „Organisation" – zumindest in Gestalt eines ständigen Sekretariats – zur Vorbereitung, zur Überwachung und zur Weiterentwicklung benötigen[1]. Die Einrichtung eines eigenen Rechtsprechungsorgans ist ein entscheidender Schritt für die rechtliche Verselbstständigung von zunächst nur

---

1 Z.B. die (eigenständige) „Europ. Kommission zur Bekämpfung der Maul- und Klauenseuche" gem. (mehrfach geänderter) Satzung v. 11.12.1953, vgl. BGBl. II 1975, 625, BGBl. II 1995, 490.

zwischenstaatlichem Recht. Die Erfahrung hat gezeigt, dass insbesondere eine *supra*national ausgerichtete Gemeinschaft eine besondere Eigendynamik entwickelt und sich mit der Befugnis zur eigenen Rechtssetzung eine eigenständigen Rechtsgemeinschaft ausbildet, die nicht nur die Staaten, sondern auch direkt deren Bevölkerung erfasst.

Von den zahlreichen „internationalen" Organisationen mit wirtschaftsstrafrechtlicher Bedeutung sind hier zu nennen: 7

– Den bedeutendsten Zusammenschluss von Staaten stellen die **Vereinten Nationen (UN)** mit ihren zahlreichen Untereinheiten und teilweise rechtlich selbständigen Unterorganisationen dar (Rz. 26). Deren Tätigkeiten sind vielfach strafrechtlicher Art. Dem besonderen Bereich des Völkerstrafrechts widmet sich der *Internationale Strafgerichtshof* (Rz. 37).

– Daneben sind insbesondere die **OECD** (Rz. 39 ff.), aber auch die **WTO** (Rz. 43) von großer wirtschaftlicher Bedeutung.

– In Europa gehört zu den hier relevanten „internationalen" Organisationen – neben der *OSZE* (Rz. 23) – vor allem der **Europarat** (Rz. 13). Mit dem „*Europäischen Gerichtshof für Menschenrechte*" (Rz. 17) weist dieser ein wichtiges Element von „Supranationalität" auf.

– Die *aus der Europäischen Wirtschaftsgemeinschaft* (EWG) über die *Europäische Gemeinschaft* (EG) hervorgegangene **Europäische Union (EU)** in der „Verfassung" des Vertrags von Lissabon ist dagegen eine stark integrierende „supranationale" und zugleich komplexe Organisation (Rz. 11, unten § 6).

Neben der zunehmenden Rechtsetzung in den geregelten Politikbereichen durch die Organe der EU bleibt den Mitgliedstaaten als Vertragspartnern der Grundlagenverträge grundsätzlich die rechtliche Möglichkeit, aufgrund der ihnen verbliebenen Souveränität zwischenstaatliche (intergouvernementale) **Übereinkommen** mit allen oder auch nur mehreren Mitgliedstaaten oder auch darüber hinaus mit Drittstaaten zu schließen[1]. Soweit allerdings der alte EU-Vertrag den Abschluss solcher Übereinkommen als normale Handlungsform der Union vorgesehen hatte, ist dies im Vertrag von Lissabon aufgegeben worden (§ 6 Rz. 18 f.).

Alle internationalen Organisationen haben im Ausgangspunkt **keine eigene Zwangsgewalt** zur Durchsetzung der von ihnen gesetzten Rechtsnormen – weshalb sie kein „Staat" sind –, weder gegenüber den Mitgliedstaaten noch gegenüber deren Bürgern. Sie sind also darauf angewiesen, dass jeder einzelne (Mitglied-)Staat die in den Verträgen eingegangenen Verpflichtungen freiwillig (bzw. auf politischen Druck der anderen Vertragspartner) erfüllt und ggf. gegenüber seinen Bürgern durchsetzt bzw. umsetzt. Umsetzungs- und Vollzugsdefizite sind daher immer wieder ein Problem des internationalen Rechts. In Europa hat allerdings das Selbstverständnis der Mitgliedstaaten, ein Rechtsstaat zu sein, der die von ihm eingegangenen völkerrechtlichen Verpflichtungen 8

---

[1] Z.B. Europ. Fahrzeug- und Führerschein-Informationssystem „EUCARIS", gegründet mit Vertrag v. 29.6.2000 von fünf EU-Staaten (ZustG v. 13.12.2003, BGBl. II 1786); in Kraft seit 1.5.2009, BGBl. II 2009, 1128; derzeit sind schon 17 Staaten beteiligt; näher www.eucaris.net. Der Prümer Vertrag zur Vernetzung von DNA-, Fingerabdruck- sowie Fahrzeugdatenbanken (unten § 6 Rz. 49) band auch das EUCARIS-System ein. Da das Prümer Abkommen in den EU-Rechtsrahmen überführt wurde, gelten die EUCARIS-Regelungen nunmehr für alle EU-Mitgliedstaaten.

auch einhält, bisher die Beachtung dieses übernationalen Rechts in weitem Umfang gesichert. Krisenhafte Entwicklungen der jüngeren Zeit verdeutlichen aber, dass bessere Zwangs- und Sanktionsmöglichkeiten wegen Vertragsverletzungen im Einzelfall sinnvolle Ergänzungen sein könnten.

9 Selbst die **EU** in der Ausgestaltung des am 1.12.2009 wirksam gewordenen *Vertrags von Lissabon* hat nicht den Charakter eines Bundesstaats mit eigener Vollzugsgewalt. Sie ist jedoch weit mehr als ein traditioneller Staatenbund, wie dies auch vom BVerfG anerkannt wird, das in der EU einen *Staatenverbund*[1] sieht. Einer Entwicklung zu einem Bundesstaat hin, sieht das BVerfG jedoch in seinem Urteil zum Lissabon-Vertrag (§ 6 Rz. 21) – durchaus diskussionswürdige – verfassungsrechtliche Grenzen gesetzt. Jedenfalls ist die EU aufgrund weitreichender Übertragung von Hoheitsrechten seitens der Mitgliedstaaten als eigenständige *Rechtsgemeinschaft*[2] befugt, supranationales Recht zu setzen, das mittelbar und immer mehr auch unmittelbar gegenüber allen Bürgern der Union Geltung beansprucht und über dessen Anwendung und Auslegung in Gestalt des EuGH und des EuG (§ 6 Rz. 56) eine eigene supranationale Gerichtsbarkeit wacht.

Ein wirksames Mittel zur Sicherung des gemeinschaftlichen Rechts ist die Vertragsverletzungsklage beim EuGH (Art. 258 AEUV = Art. 226 EGV); sie ist nun auch für den Bereich der früheren EU eröffnet. Die Missachtung von EuGH-Urteilen seitens einzelner Mitgliedstaaten hat bewirkt, dass im Vertrag von Maastricht die Möglichkeit geschaffen wurde, gegen Mitgliedstaaten Sanktionen in Gestalt von Pauschalzahlungen und *Zwangsgeld* zu verhängen (Art. 228 Abs. 2 EGV = Art. 260 Abs. 2 AEUV)[3]. Die im Vertrag von Amsterdam erstmals vorgesehene Möglichkeit, gegen schwere Vertragsverletzungen mit der Aussetzung von Mitgliedschaftsrechten vorzugehen, hat der Vertrag von Lissabon festgeschrieben (Art. 7 EUV a.F./n.F. und Art. 309 EGV/354 AEUV).

II. Europäische Organisationen

10 Der bedeutendste Teil supranationalen Rechts, das für Deutschland relevant ist, entstammt dem „**Europäischen Recht**". Dieser nicht genau definierte Begriff kann umfassend auf das Recht aller europäischen Organisationen bezogen werden (Europäisches Recht im weiteren Sinne; s. auch § 1 Rz. 158). Im Vordergrund steht jedoch das *Recht der EU* (bzw. früher EG bzw. EWG), das „Europäische Recht im engeren Sinn" (Rz. 11). Daneben steht das *Recht sonstiger europäischer Organisationen* wie des *Europarats* (Rz. 13) und der *OSZE* (Rz. 23).

---

1 BVerfG v. 12.10.1993 – 2 BvR 2134/92 u.a. – „Maastricht", BVerfGE 89, 155 ff. (184 ff.) = NJW 1993, 3047 (3051 f.); ebenso im Lissabon-Urt. (unten § 6 Rz. 41); vgl. *Oppermann* in O/C/N, § 4 Rz. 3 ff.; *Kirchhof, P.,* Der europ. Staatenverbund, in von Bogdandy/Bast, Europ. VerfassungsR, 2009, S. 1009 ff.
2 Zur EG als Rechtsgemeinschaft grundlegend *Hallstein*, Europ. Gemeinschaft, 5. Aufl. 1979, 51 ff.; vgl. weiter z.B. *Oppermann* in O/C/N, § 4 Rz. 21; *Nettesheim* in O/C/N, § 10 Rz. 5 ff.; *Nettesheim* in Grabitz/Hilf, Art. 249 EGV Rz. 1 ff. (EL 20, August 2002); *Schwarze* in Schwarze, EU-Komm., Art. 251 AEUV Rz. 1 ff.
3 Vgl. *Nettesheim* in O/C/N, § 12 Rz. 44 ff.; *Karpenstein/Karpenstein* in Grabitz/Hilf, Art. 228 EGV Rz. 23 ff. (EL 32, Apr. 2007); *Schwarze* in Schwarze, EU-Komm., Art. 260 AEUV Rz. 8 ff.; *Cremer* in Calliess/Ruffert, Art. 260 AEUV Rz. 9.

1. EU und EWR

Die bedeutendste Setzung von Strafrecht im supranationalen Bereich findet sich in der **Europäischen Union (EU)**. Der inzwischen etablierte Begriff des „Europäischen Strafrechts" wird daher vielfach nur auf dieses Unionsrecht bezogen. Die ursprünglich wirtschaftlich ausgerichtete Gemeinschaft hat sich zu einer allgemeinen Rechtsgemeinschaft, eines „*Raums der Freiheit, der Sicherheit und des Rechts*" (Art. 67 AEUV) entwickelt, die in zunehmendem Maße und in vielfacher Weise das nationale materielle Strafrecht, aber auch das Verfahrensrecht, beeinflusst. Der 2009 in Kraft getretene Vertrag von *Lissabon* hat die zuvor im Vertrag zur Gründung der Europäischen Gemeinschaft (EGV) geregelte strafrechtliche Zusammenarbeit in den Vertrag über die Arbeitsweise der Europäischen Union integriert. Die Kompetenz der EU ist dabei grundsätzlich auf besonders schwere Kriminalität mit grenzüberschreitender Dimension beschränkt und zielt primär auf eine Harmonisierung nationaler Vorschriften. Aufgrund der Komplexität des Rechtsgebiets wird dieses in einem eigenen Kapitel behandelt (unten § 6).

11

Der „**Europäische Wirtschaftsraum**" (**EWR**) gehört zwar rechtlich zu den außerhalb der EU stehenden europäischen Organisationen. Der Sache nach handelt es sich für die derzeit noch verbliebenen drei „EWR-Staaten" Norwegen, Island und Liechtenstein um eine deutlich abgeschwächte, auf einzelne Bereiche reduzierte Form der EU-Mitgliedschaft (näher § 6 Rz. 23).

12

2. Europarat

a) Der 1949 gegründete, in *Straßburg* ansässige **Europarat** (*Conseil de l'Europe – Council of Europe*) ist die **umfassendste** völkerrechtliche **Organisation** in Europa, der die Bundesrepublik Deutschland bereits 1950/51 beigetreten ist[1]. Maßgebliches Beschlussorgan ist das „Ministerkomitee", während die – vom „Parlament der EU" zu unterscheidende – „Parlamentarische Versammlung" nur beratende Funktion hat. Der anfangs zehn Mitglieder zählende Staatenbund hat den Kreis der EG- bzw. EU-Staaten stets weit übertroffen und umfasst nunmehr 47 Staaten in ganz Europa, von Andorra über die Schweiz bis Zypern, einschließlich Russland, Ukraine, Armenien, Aserbaidschan, Georgien und der Türkei. Er ist zugleich Regionalorganisation nach Art. 52 f. UN-Charta. Auf vielen Gebieten hat er *wichtige internationale Übereinkommen* (Konventionen) und ergänzende Protokolle erarbeitet und zur Zeichnung aufgelegt[2]. Ne-

13

---

1 G. v. 8.7.1950, BGBl. II 263; zum Ganzen *Grabenwerter/Pabel*, EMRK, § 1 Rz. 1 ff.; *Herdegen*, EurR, § 2 Rz. 1 ff.; *Hobe*, EurR, § 4 Rz. 79; *Satzger*, Lb., § 11 Rz. 2 ff.; *Ambos*, Int. StrafR, § 10.

2 Die Abkommen sind mit Ratifikationsstand und zumeist mit deutscher Übersetzung online abrufbar unter http://conventions.coe.int/. Sie sind mit der Abkürzung „SEV" („Sammlung der Europäischen Verträge", seit 2004 „Sammlung der Europaratsverträge"; auf Englisch: „ETS" bzw. seit 2004 „CETS"für „European Treaty Series" bzw. „Council of Europe Treaty Series") und eine fortlaufende dreistellige Nr. bezeichnet; soweit sie Deutschland betreffen, sind sie auch im Fundstellenverzeichnis B zum BGBl. erfasst.

ben Abkommen für die Bereiche Soziales, Kultur und Umwelt sind auch mehrere Abkommen mit Bedeutung für das *Strafrecht* abgeschlossen worden (Rz. 19).

14 Viele dieser Konventionen stehen auch **Dritt-Staaten** auf Einladung des Europarats zum Beitritt offen, weshalb die Geltung mancher „Europäischen Übereinkommen" weit über das geografische Europa hinausreicht[1]. Diese Vereinbarungen haben die internationale Rechtsentwicklung maßgeblich befördert und hatten oftmals Schrittmacherfunktion für andere Weltregionen oder Verträge auf UN-Ebene. Das Konventionsrecht steht vielfach in sachlicher Konkurrenz zum Recht der EG bzw. EU, das meist später entstand und i.d.R. Vorrang genießt. Hierbei dienten die Konventionen des Europarats häufig als Vorbild, weshalb verbreitet von *„Mutterkonventionen"* gesprochen wird. Dem nur in größeren Abständen zusammentretenden Ministerkomitee als maßgebendem Beschlussorgan des Europarats steht ein als Initiator und Koordinator tätiger „Europäischer Ausschuss für Strafrechtsfragen" (*„European Committee on Crime problems"*) zur Seite. Dieser hat zwei beratende Expertenausschüsse für Fragen der Kooperation in Strafrechtsfragen (*„Committee of Experts on the Operation of European Conventions on Co-Operation in Criminal Matters [PC-OC]"*) sowie für die Kooperation im Strafvollzug (*„Council for Penological Co-operation [PC-CP]"*) eingerichtet.

15 **b)** Das bedeutendste Abkommen, das der Europarat verabschiedet hat, ist die *„Konvention zum Schutze der Menschenrechte und Grundfreiheiten"*, kurz die **Europäische Menschenrechtskonvention (EMRK)**[2]. Deutschland hat die Konvention durch Zustimmungsgesetz[3] in deutsches Recht transformiert mit der Folge, dass sie den Rang eines einfachen Bundesgesetzes hat (Art. 59 Abs. 2 GG)[4]. Sie wird durch bislang *14 Protokolle* ergänzt, die jeweils auch der Ratifizierung durch die Mitgliedstaaten bedürfen. Während die bisherigen EU-Verträge nur festgeschrieben hatten, dass die EU die in der EMRK niedergelegten Grundrechte als „allgemeine Grundsätze des Gemeinschaftsrechts" „achtet" (Art. F Abs. 2 bzw. Art. 6 Abs. 2 EUV a.F.), hat die „neue" EU als völkerrechtliche Einheit (Art. 47 EUV n.F.) die Möglichkeit erhalten, ihren Beitritt zur

---

1 So ist z.B. das Überstellung-Übk. (unten Rz. 16) v. 21.3.1983, BGBl. II 1991, 1006, in 64 Staaten anwendbar, darunter Kanada und die USA, Russland (seit Dez. 2007), Japan, (Süd-)Korea, Australien.
2 EMRK v. 4.11.1950 mit zahlreichen Änderungen/Ergänzungen durch Zusatzprotokolle (ZP); Bek. der ab 1.11.1998 geltenden Neufassung: BGBl. II 2002, 1054; Bek. der ab 1.6.2010 geltenden Neufassung v. 22.10.2010, BGBl. II 1198.
3 G. v. 7.8.1952, BGBl. II 685, 953; die EMRK ist am 3.9.1953 für die BRD in Kraft getreten (BGBl. II 1954, 14); bzgl. der ZP jeweils gesonderte ZustimmungsG; vgl. BGBl. II 2010: FundstellenNw. B 2009, S. 364 ff.
4 Überblick über die EMRK und ihre Wirkungen z.B. bei *Haratsch/Koenig/Pechstein*, Rz. 43 ff.; *Herdegen*, EurR, § 3 Rz. 1 ff., 52 ff.; *Classen/Nettesheim* in O/C/N, § 17 Rz. 20 ff.; *Nelles/Tinkl/Lauchstädt* in Schulze/Zuleeg/Kadelbach, § 42 Rz. 66 ff.; *Satzger*, Lb., § 11 Rz. 7 ff.; *Ambos*, § 10 Rz. 6 ff.

EMRK zu erklären (Art. 6 Abs. 2 EUV n.F.)[1]. Dazu ist der Abschluss eines völkerrechtlichen Vertrags notwendig. Die Verhandlungen darüber haben 2010 begonnen, der Mitte 2011 vorgestellte Entwurf wurde am 5.4.2013 finalisiert und lag dem EuGH zur Prüfung vor[2]. Der EuGH hält den Entwurf allerdings für nicht vereinbar mit dem EUV[3]. Darüber hinaus ist die EMRK zusammen mit den „gemeinsamen Verfassungsüberlieferungen der Mitgliedstaaten" in Gestalt „allgemeiner Grundsätze" Teil des Unionsrechts (Art. 6 Abs. 3 EUV n.F.).

Von der EMRK zu unterscheiden ist die – sachlich über die EMRK hinausgehende – „*Charta der Grundrechte der Europäischen Union*" (§ 6 Rz. 14), die im Jahr 2000 in Nizza von den EU-Mitgliedstaaten feierlich proklamiert worden ist und die durch den Lissabonner Vertrag in ihrer Rechtsverbindlichkeit dem EU-Vertrag gleichgestellt worden ist (Art. 6 Abs. 1 EUV n.F.). Der angestrebte Beitritt der EU zur EMRK hat indes auch deren Änderung erfordert; das diesbezügliche 14. Zusatzprotokoll[4] ist Mitte 2010 in Kraft getreten[5].

16 Die EMRK verbietet nicht nur Folter und unmenschliche Behandlung sowie die Todesstrafe – woraus sich Folgerungen für Auslieferung und Abschiebung ergeben –, sondern enthält u.a. auch detaillierte Bestimmungen zum Schutz der Familie und der Privatsphäre, der Meinungsfreiheit und des Eigentums. Neben dem ausführlichen *Art. 5 EMRK* – Recht auf Freiheit und Sicherheit – zur Verhütung willkürlicher Freiheitsentziehungen ist von besonderer praktischer Bedeutung gerade für *Verfahren in Wirtschaftsstrafsachen* **Art. 6 EMRK**. Das als Ausdruck der Menschenrechte konzipierte **Recht auf ein faires Verfahren** vor einem unabhängigen Gericht gewährt im Rahmen weitreichender Garantien für alle gerichtlichen Verfahren auch einen Anspruch auf Entscheidung in angemessener Frist[6] (näher § 10 Rz. 9, § 21 Rz. 40). Die strafrechtlichen Verfahrensgarantien des Art. 6 Abs. 1, Abs. 3 EMRK gelten nicht etwa nur im Falle schwerer Straftaten (die z.B. in Deutschland mit Kriminalstrafe bedroht sind), sondern auch im Falle von *Ordnungswidrigkeiten* und vergleichbaren „Verwaltungsstrafen"; die Voraussetzung eines „strafrechtlichen" Verfahrens wird nicht nach einzelstaatlichem Recht bestimmt, sondern im Wege autonomer

---

1 Dazu *Callewaert*, Der Beitritt der EU zur EMRK [...], StV 2014, 504; *Iliopolous-Strangas/Pereira da Silva/Potacs* (Hrsg.), Der Beitritt der Europäischen Union zur EMRK, 2013; *Spiekermann*, Die Folgen des Beitritts der EU zur EMRK ..., 2013; *Vondung*, Die Architektur des europäischen Grundrechtsschutzes nach dem Beitritt der EU zur EMRK, 2012; s. auch *Huber*, Der Beitritt der EU zur EMRK, 2008; *Pache/Rösch*, Die neue Grundrechtsordnung der EU nach dem Vertrag von Lissabon, EuR 2009, 769 ff.; *Stock, S.*, Der Beitritt der EU zur EMRK als Gemischtes Abkommen?, 2010.
2 Vgl. zum Beitrittsverfahren *Obwexer*, EuR 2012, 115 ff.
3 EuGH, Gutachten 2/13 v. 18.12.2014.
4 V. 13.5.2004 = *Esser*, A 40g; ZustG v. 21.2.2006, BGBl. II 2006, 138.
5 Bek. v. 1.10.2010, BGBl. II 1196 (v. 29.10.2010), in Kraft seit 1.6.2010; dazu *Satzger*, Lb., § 11 Rz. 14; *Herdegen*, EuRR, § 3 Rz. 58 ff.
6 Vgl. auch *Ambos*, Der EGMR und die Verfahrensrechte, ZStW 115 (2003), 583 ff.; Europ. Anwaltsvereinigung *DACH*, Tagungsbericht „Das faire Verfahren nach Art. 6 EMRK", 2005; *Grabenwarter/Pabel*, EMRK, § 24 Rz. 16 ff.; *Grabenwarter* in Ehlers, EuGR, § 6 Rz. 54 ff.; *Esser* in L/R, Art. 6 EMRK Rz. 1 ff.

europäischer Auslegung¹. *Art. 7 EMRK* normiert – ähnlich wie Art. 103 Abs. 2 GG/§ 1 StGB – den Grundsatz, dass die Strafbarkeit einer Handlung vor einer entsprechenden Verurteilung bestimmt gewesen sein muss.

17 Was die EMRK von anderen gleichartigen Konventionen, insbesondere auch von der (rechtlich unverbindlichen) UN-Menschenrechtsdeklaration von 1948, unterscheidet, ist das *eigenständige Rechtsschutzsystem* durch einen eigenen internationalen Gerichtshof (Art. 19–51 EMRK)², den **Europäischen Gerichtshof für Menschenrechte (EGMR)** mit Sitz in *Straßburg*³. Mit der sog. *Individualbeschwerde* kann jeder Bürger der Mitgliedstaaten die Verletzung der Konventionsrechte durch einen Mitgliedstaat rügen. Das anfänglich zweistufige Verfahren (mit der vorgeschalteten „Europäischen Kommission für Menschenrechte" [EKMR]) ist nach dem Beitritt der mittel- und osteuropäischen Staaten im Anschluss an die „Wende" zur Bewältigung der immens angestiegenen Zahl von Verfahren grundlegend reformiert worden. Das am 10.6.2010 in Kraft getretene 14. Zusatzprotokoll⁴ hat zu einer weiteren Reform geführt, um der Masse von Beschwerden Herr zu werden. Neu sind die Schaffung einer Einzelrichterzuständigkeit und die Erweiterung der Zuständigkeit der Dreier-Ausschüsse; zudem wurden die Unzulässigkeitsgründe neu gefasst (Rz. 18).

18 Seit November 1998 tagt der EGMR ständig und judiziert nach einer – von ihm selbst erlassenen – **Verfahrensordnung**, die zuletzt 2012 aufgrund der Reformen des 14. Zusatzprotokolls angepasst wurde⁵. Ist eine Beschwerde von einem Einzelrichter oder einem aus drei Richtern bestehenden „Ausschuss" für zulässig befunden worden, entscheidet grundsätzlich eine Kammer aus sieben Richtern oder die Große Kammer mit 17 Richtern, darunter immer ein Vertreter des von der Rüge betroffenen Mitgliedstaats, über die Begründetheit.⁶ Zwar kann der EGMR ein nationales Gerichtsurteil nicht wegen Verstoßes gegen die EMRK aufheben; er kann jedoch dem Verletzten eine vom betreffenden Staat zu zahlende Entschädigung zusprechen und Hinweise zur Beseitigung des Konventionsverstoßes geben⁷. Der EGMR hat durch seine Rechtsprechung entscheidend zur Entwicklung eines gemein-europäischen Grundrechtsschutzes beigetra-

---

1 *Satzger*, Lb., § 11 Rz. 19, 59; *Classen/Nettesheim* in O/C/N, § 17 Rz. 83; *Herdegen*, EurR, § 3 Rz. 24 ff.
2 Neu gefasst durch das 11. ZusProt. v. 11.5.1994, BGBl. II 1995, 579.
3 Vgl. *Meyer-Ladewig/Petzold*, 50 Jahre EGMR, NJW 2009, 3749; *Meyer-Ladewig*, Der EMGR und der Kampf gegen Terrorismus [...], NVwZ 2009, 1531.
4 V. 13.5.2004 mit dt. ZustimmungsG v. 21.2.2006, BGBl. II 2006, BGBl. I 138.
5 Verfahrensordnung v. 4.11.1998, Bek. 17.5.2002, BGBl. II 2002, 1080, i.d.F. v. 2.4.2012, die seit dem 1.9.2012 in Kraft; die dt. Übersetzung ist abrufbar unter www.egmr.org/emrk/verfo.html.
6 Ist die Frage bereits Gegenstand der st. Rspr. gewesen, kann der Dreier-Ausschuss über die Begründetheit entscheiden, näher *Grabenwarter/Pabel*, EMRK, § 8 Rz. 1 ff.
7 Näher *Classen/Nettesheim* in O/C/N, § 17 Rz. 95; ausf. *Esser* in Ahlbrecht/Böhm u.a., Int. StrafR, Rz. 144 ff., 261 ff.; *Meyer-Ladewig/Petzold*, Die Bindung dt. Gerichte an Urteile des EGMR, NJW 2005, 15 ff.

gen[1]. Dass der EGMR in Einzelfällen auch schon mit dem EuGH und mit Verfassungsgerichten der Mitgliedstaaten in Konflikt geraten ist und dass es im Verhältnis dieser Gerichte untereinander auch strittige Fragen gibt, steht dem nicht entgegen,[2] sondern ist Ausdruck der Suche allgemein akzeptierter Standards in Europa.

Anschaulich ist der Konflikt um die nachträglich verhängte Sicherungsverwahrung, die der Gerichtshof zunächst in Abweichung von der Haltung des BVerfG als „Strafe" qualifiziert hat[3], worauf dann das BVerfG 2011 die deutsche Regelung neu überdacht und für verfassungswidrig erklärt hat[4]. Inzwischen hat der deutsche Gesetzgeber diesen Bereich durch das „Gesetz zur bundesrechtlichen Umsetzung des Abstandsgebotes im Recht der Sicherungsverwahrung" neu geregelt[5], das im Juni 2013 in Kraft getreten ist.

c) Von den über 200 **weiteren Europarats-Übereinkommen** sind viele von strafrechtlicher Relevanz und haben rechtspolitische Impulse gesetzt.[6] Genannt seien hier als „Mutterkonventionen" das *Europäische Auslieferungs-Übereinkommen*, das *Europäische Rechtshilfe-Übereinkommen* und das *Europäische Überstellungs-Übereinkommen* (Nachweise § 8 Rz. 7) sowie als Beispiel aus der Vielzahl anderer Übereinkommen die Europäische Antifolter-Konvention[7], die Europäische Terrorismus-Konvention[8], die Datenschutzkonvention[9] oder die sog. Cybercrime-Konvention[10]. Von besonderer Bedeutung ist auch das

---

1 Dazu z.B. *Diehm*, Die Menschenrechte der EMRK und ihr Einfluss auf das dt. StGB, 2006; *Haß*, Die Urteile des EMGR, 2006; *Heckötter*, Die Bedeutung der EMRK und der Rspr. des EGMR für die dt. Gerichte, 2007; *Mellech*, Die Rezeption der EMRK sowie der Urteile des EGMR in der französischen und deutschen Rechtsprechung, 2012; *Satzger*, Der Einfluss der EMRK auf das dt. und europ. StrafR, Jura 2009, 759.
2 *Esser*, Die Umsetzung der Urteile des EMGR im nationalen Recht ..., JZ 2005, 348 ff.; vgl. auch *Wiethoff*, Das konzeptionelle Verhältnis von EuGH und EGMR, 2008.
3 EGMR v. 17.12.2009 – Nr. 19359/04 (5. Kammer) – M 99 Dtl., NStZ 2010, 263 m. Anm. *Kinzig* = StV 2010, 181 = HRRS 2010 Nr. 1/65; BVerfG v. 19.5.2010 – 2 BRv 769/10, HRRS Nr. 464 (S. 266).
4 BVerfG v. 4.5.2011 – 2 BvR 2365/09; dazu *Drenkhahn/Morgenstern*, ZStW 124 (2013), 132; *Grabenwarter*, EuGRZ 2012, 507.
5 G. v. 11.12.2012, BGBl. I 2425. Im StGB wurde ein neuer § 66c eingefügt, außerdem wurden die §§ 67a, 67c, 67d, 67e und 68c StGB geändert.
6 Zur strafrechtlichen Rechtsetzung s. *Hecker*, Europ. StrafR, § 3 Rz. 10 ff.; *Meyer*, Strafrechtsgenese, S. 273 ff.; *Sieber/Satzger/Heintschel-Heinegg* (Hrsg.), Europ. StrafR, §§ 3, 4.
7 Europ. Übk. v. 26.11.1987 zur Verhütung von Folter und unmenschlicher oder erniedrigender Behandlung oder Strafe (ETS 126); ZustG v. 29.11.1989, BGBl. II 946, in Kraft seit 1.6.1990, und zwei Änderungsprotokollen v. 4.11.1993, ZustG v. 17.7.1996, BGBl. II 1114.
8 Europ. Übk. v. 27.1.1977 zur Bekämpfung des Terrorismus (ETS 090) m. ZustG v. 28.3.1978, BGBl. II 321, in Kraft seit 4.8.1978. S. auch *Afsali*, Der Beitrag des Europarats zur Terrorbekämpfung ..., 2014.
9 Übk. v. 28.1.1981 zum Schutz des Menschen bei der automatischen Verarbeitung personenbezogener Daten (ETS 108) mit ZustG v. 13.3.1985, BGBl. II 538, in Kraft seit 1.10.1985.
10 Übk. v. 23.11.2001 über Computerkriminalität (ETS 185) m. ZustG v. 5.11.2008, BGBl. II 1242, in Kraft seit 1.7.2004.

Strafrechtsübereinkommen über Korruption, das am 1.7.2002 in Kraft trat.[1] Dieses wurde von Deutschland bislang allerdings – insbesondere wegen Vorbehalte zur Abgeordnetenbestechung – noch nicht ratifiziert. Über die Durchführung des Abkommens zur Korruption wacht die so genannte „Staatengruppe gegen Korruption" (*Groupe d'Etats contre la Corruption*, GRECO). Diese hat durch ihre Evaluationsberichte Einfluss auf die nationale Gesetzgebung. Angesichts der Langwierigkeit der nationalen Ratifizierungsverfahren nimmt insgesamt aber vielfach die praktische Bedeutung der Europarats-Abkommen im Vergleich zu den von der EU beschlossenen Regelungen ab.

20 Diese Europarats-Übereinkommen stehen rechtlich eigenständig „neben" der Konvention über den Europarat und neben der EMRK. Deshalb ist es für die Mitgliedstaaten des Europarats eine rein politische Zweckmäßigkeitsfrage, ob sie ein Abkommen zeichnen und zur Ratifizierung bringen. Es handelt sich um „**normales**" **Völker-Vertragsrecht**. Der Europarat hat keine Befugnis, in den einzelnen Staaten unmittelbar wirksames Recht zu setzen. Erst das einzelstaatliche Zustimmungsgesetz (Ratifizierung), das sehr häufig mit erheblicher zeitlicher Verzögerung zur Verabschiedung kommt, verschafft einer solchen Konvention die Qualität einer gültigen Rechtsnorm.

21 **d)** Obwohl „Europarat" und „EU" – ebenso wie EGMR und EuGH – völlig *verschiedene Institutionen* sind, besteht in vielen Bereichen eine **enge Vernetzung** zwischen beiden, da *alle EU-Mitgliedstaaten* auch *Mitgliedstaaten des Europarats* sind. Ist eine Europarats-Konvention von allen Mitgliedstaaten der EU ratifiziert worden, gehört sie auch innerhalb der EU zum gemeinsamen rechtlichen Besitzstand (*acquis communautaire*) mit der Folge, dass ein Beitritt zur EU das neue Mitglied verpflichtet, auch dem entsprechenden Europarats-Übereinkommen beizutreten. Dies gilt sowohl für die EMRK als auch für zahlreiche weitere Übereinkommen und Zusatzprotokolle, etwa im Bereich der Rechtshilfe (unten § 8).

22 Auch wenn ein Europarats-Abkommen (Rz. 19) nicht von allen EU-Mitgliedstaaten übernommen worden ist, war bzw. ist es häufig ein **Vorbild** für eine entsprechende – oder meist weitergehende – Regelung *innerhalb der EU*. Angesichts der langwierigen Ratifizierungsverfahren in nunmehr 28 EU-Staaten und 47 Mitgliedstaaten des Europarats besteht allerdings seit geraumer Zeit die Tendenz, den Rechtsetzungsinstrumenten der EG/EU (§ 6 Rz. 48 ff.) den Vorzug zu geben. Dies hat zur Folge, dass ältere Übereinkommen inhaltlich und verfahrensrechtlich „überholt" werden und mancher eingeleitete Ratifizierungsprozess nicht mehr zum Abschluss gelangt. Unter der Geltung des Vertrags von Lissabon wird sich diese Tendenz verstärken, zumal die völkerrechtliche Handlungsform der EU-Übereinkommen nach dem bisherigen EU-Vertrag (Art. 34 Abs. 2d) zugunsten originär supranationaler Rechtsetzung entfallen ist.

Z.B. ist das (vom Europarat aufgelegte) *Europäische Auslieferungs-Übereinkommen* von 1957 (EuAlÜbk) von allen 28 EU-Staaten ratifiziert; das am 10.3.1995 zwischen den EU-Staaten in Brüssel vereinbarte „Übereinkommen über das vereinfachte Auslieferungsverfahren" (EU-VereinfAuslÜbk) und das am 27.9.1996 in Dublin gezeichnete „Überein-

---

1 StrafrechtsÜbk. über Korruption v. 27.1.1999 (ETS 173), in Kraft seit 1.7.2002.

kommen über die Auslieferung zwischen den Mitgliedstaaten der EU" (EU-AuslÜbk), die bis Mitte 2005 nur von 12 EU-Staaten ratifiziert wurden und von diesen Staaten vorzeitig angewandt werden konnten, sind durch den EU-Rahmenbeschluss zum Europäischen Haftbefehl vom 13.6.2002 (§ 6 Rz. 173; § 8 Rz. 60) in weiten Bereichen überholt worden.

3. OSZE

Die **„Organisation für Sicherheit und Zusammenarbeit in Europa"** (OSZE) mit Sitz in Wien ist 1995 aus der 1973 in Helsinki begonnenen „Konferenz für Sicherheit und Zusammenarbeit in Europa" (KSZE) hervorgegangen, die ihrerseits unter Mitwirkung der USA, Kanadas und des Vatikans blockübergreifend die Bereiche der Friedenssicherung, der wirtschaftlichen Zusammenarbeit und der Menschenrechte verhandelt und 1975 die „Schlussakte von Helsinki" verabschiedet hatte[1]. Dieser Ost und West umfassende Verhandlungsprozess mit mehreren langjährigen Nachfolge-Konferenzen hat wesentlich zur Überwindung der Ost-West-Konfrontation und zum Zusammenbruch der kommunistisch-totalitären „Ostblock-Staaten" beigetragen.

Trotz ihrer 1995 erfolgten Reform ist die OSZE keine zu einem Subjekt des Völkerrechts verfestigte Institution, sondern ein **dynamisches Instrument der internationalen Politik**. Daran ändert auch die Existenz diverser Organe (Parlamentarische Versammlung [in Kopenhagen], Ministerrat, Ständiger Rat, Sekretariat [in Wien] Vergleichs- und Schiedsgerichtshof [in Genf], Hoher Kommissar für nationale Minderheiten [in Den Haag] u.a.) nichts. Ihr gehören derzeit 57 Mitgliedstaaten an, darunter auch alle Nachfolgestaaten der ehemaligen UdSSR. So bemüht sich die OSZE – neben der NATO – weiter um Friedenssicherung, Durchsetzung der Menschenrechte und insbesondere um Minderheitenschutz, wofür das erweiterte Europa noch manches Aufgabenfeld bietet. Die Beobachtung von Wahlen ist zu einer Hauptaufgabe geworden. Im Zentrum der strafrechtlich relevanten Bereiche stehen derzeit der Menschenhandel und der Terrorismus, im Kontext der Wirtschafts- und Umweltdimension kümmert sich die Organisation aber auch um die Bekämpfung von Korruption, Geldwäsche und Internetkriminalität. Als primär politisches Forum ist die OSZE jedoch bislang für das Wirtschaftsstrafrecht ohne größere Bedeutung geblieben.

III. Weltweite Organisationen

Von den „internationalen" Organisationen, die weltweit und im strafrechtlichen Bereich tätig sind, haben die Vereinten Nationen (UN) die größte Bedeutung (Rz. 26). Aufgrund ihrer wirtschaftlichen Ausrichtung nimmt zudem die OECD auf das Wirtschaftsstrafrecht großen Einfluss (Rz. 39); ähnliches gilt für die WTO im Bereich des Urheberrechts (Rz. 43). Originär supranationales Strafrecht mit einem eigenen Gerichtshof ist schließlich im Statut des Internationalen Strafgerichtshof zu finden (Rz. 37).

---

1 Dazu *Herdegen*, EurR, § 30 Rz. 1 ff.; *Oppermann* in O/C/N, § 4 Rz. 18 ff.; näher www.osce.org.

1. Vereinte Nationen

26 Die Vereinten Nationen (UN) wurden von 50 Staaten am Ende des 2. Weltkriegs in San Francisco auf der Gründungskonferenz vom 25.4.–26.6.1945 als Nachfolgeorganisation des gescheiterten Völkerbundes gegründet. Gründungsdokument ist die bis heute geltende **Charta der Vereinten Nationen (UN-Charta)**. Nach der UN-Charta sind die *Wahrung des Weltfriedens* und *der internationalen Sicherheit* und die Gewährleistung humaner Lebensbedingungen für die Völker der Erde Hauptziele der Organisation. Diese erhebt nach Art. 1 UN-Charta Anspruch auf Universalität. Mit derzeit 193 Mitgliedstaaten ist sie auch tatsächlich die führende weltumspannende Institution der internationalen Staatengemeinschaft. Mit ihren zahlreichen Organen und Einrichtungen bietet sie für alle Fragen der Weltgemeinschaft ein Diskussionsforum und vielfach auch Verfahren, um politische und/oder rechtliche Lösungen – einschließlich strafrechtlicher[1] – zu schaffen.

a) Strafrechtsaktivitäten der Hauptorgane

27 Nach Art. 7 UN-Charta bestehen sechs **Hauptorgane**:[2] die Generalversammlung, der Sicherheitsrat, das Sekretariat, der Wirtschafts- und Sozialrat (ECOSOC), der Internationale Gerichtshof (IGH) und der (weitgehend bedeutungslose) Treuhandrat. Zusätzlich existieren unzählige Nebenorgane, die den jeweiligen Hauptorganen zugeordnet sind und diese in ihrer Arbeit unterstützen. Das Sekretariat ist die Zentrale der UN-Verwaltung. Es wird vom UN-Generalsekretär geführt, der nicht nur oberster Verwaltungsbeamter, sondern auch diplomatischer Brückenbauer ist. In der Generalversammlung sind alle Mitgliedstaaten vertreten. Sie dient als internationales Diskussionsforum und kann Empfehlungen aussprechen. Bindungswirkung gegenüber den Mitgliedsstaaten oder anderen Organen haben solche Beschlüsse jedoch nicht, sodass sie vor allem rechtspolitische Funktion haben.

28 Anders ist die Situation beim **Sicherheitsrat**, dem die Hauptverantwortung für die Wahrung des Weltfriedens und der internationalen Sicherheit obliegt. Er besteht lediglich aus 15 Mitgliedern, fünf ständigen (China, Frankreich, Großbritannien, Russland, USA) und zehn nichtständigen, die im Zwei-Jahres-Turnus gewählt werden. Der Sicherheitsrat kann wie die Generalversammlung unverbindliche Empfehlungen aussprechen, wenn Gefahren für Frieden und Sicherheit bestehen. Soweit er jedoch einen Bruch oder eine Bedrohung des Weltfriedens oder eine Aggressionshandlung feststellt, kann er nach Kap. VII UN-Charta auch *bindende Zwangsmaßnahmen* anordnen. Diese Maßnahmen binden die Mitgliedsstaaten, entfalten allerdings keine unmittelbare Wirkung in den Mitgliedsstaaten. Das Spektrum verbindlicher wie unverbindlicher Ab-

---

1 Zu den strafrechtlichen Aktivitäten s. *Meyer*, Strafrechtsgenese, S. 202 ff.; speziell zum Sicherheitsrat *Macke*, UN-Sicherheitsrat, S. 14 ff.; s. auch *Schmidt*, Externe Strafpflichten, S. 137 ff.
2 Näher *Klein/Schmahl* in Graf Vitzthum (Hrsg.), VölkerR, 4. Abschn. Rz. 126 ff.; *Epping* in Ipsen, Völkerecht, § 32 Rz. 37 ff.

hilfemöglichkeiten ist weit gezogen und umfasst exekutive, legislative und auch zum Teil judizielle Maßnahmen (näher Rz. 31 ff.).

Auch der **Wirtschafts- und Sozialrat** mit 54 aus der Mitte der Generalversammlung gewählten Mitgliedern hat große politische Bedeutung. Seine Aufgabe ist die Verwirklichung der internationalen Zusammenarbeit auf wirtschaftlichem und sozialem Gebiet, wobei er primär Empfehlungen aussprechen kann. Dies umfasst jedoch auch den Entwurf internationaler Übereinkommen, sodass seine Bedeutung nicht zu unterschätzen ist. Die Arbeit wird dabei primär über Nebenorgane wahrgenommen. Im strafrechtlichen Bereich hatte zunächst das „UN Committee on Crime Prevention and Control" große Bedeutung. Dieses Gremium wurde 1992 aufgrund einer Resolution des ECOSOC durch die „UN Commission on Crime Prevention and Criminal Justice" abgelöst, die das internationale Vorgehen gegen nationale und transnationale Kriminalität zur Aufgabe hatte. Um die Aufgabe der Kommission zu unterstützen, wurde das „Centre for International Crime Prevention" geschaffen. Dieses ging 1997 im heute bestehenden *„United Nations Office on Drugs and Crime"* (UNODC) auf. Das UNODC begleitet insbesondere die Implementierung von UN-Verträgen, fördert die technische Zusammenarbeit, erstellt empirische Studien und kriminalpolitische Reformentwürfe.

Der – ebenfalls in Den Haag ansässige, aber vom IGStGH (Rz. 37) zu unterscheidende – **Internationale Gerichtshof** ist schließlich für die Streitigkeiten zwischen den Mitgliedsstaaten zuständig, soweit diese ihm generell durch einseitige Staatenerklärung nach der sog. Fakultativklausel des Art. 36 Abs. 2 IGH, durch Unterwerfung in internationalen Abkommen oder im Einzelfall ad hoc bzw. durch rügelose Einlassung (sog. „forum prorogatum") eine Zuständigkeit eingeräumt haben. Das Gericht hat jedoch keine Kompetenz, Akte der UN-Organe zu überprüfen. Es kann allenfalls von der Generalversammlung oder dem Sicherheitsrat um Gutachten zu völkerrechtlichen Fragen gebeten werden. Damit ist seine Tätigkeit im strafrechtlichen Bereich bislang kaum ausgeprägt.[1]

Ein Schwerpunkt der strafrechtlichen Tätigkeit der Vereinten Nationen der letzten Jahrzehnte bildet die **Bekämpfung des Terrorismus**. Hier wurden zahlreiche Abkommen geschlossen, wie beispielsweise zur Finanzierung des Terrorismus im Jahr 1999[2] oder zur Unterdrückung von nuklearem Terrorismus im Jahr 2005[3]. Hinzu kommen Resolutionen des Sicherheitsrats wie zur Bekämpfung der Finanzierung des Terrorismus[4] oder zu terroristischen Angriffen mit Massenvernichtungswaffen[5], die oftmals über internationale Verträge hinaus-

---

1 Eine Ausnahme ist bspw. das Urteil des IGH v. 26.2.2007 in der Sache „Application of the Convention on the Prevention and Punishment of the Crime of Genocide (Bosnia and Herzegovina v. Serbia and Montenegro)" zur Völkermordkonvention, vgl. *Meyer, F.*, HRRS 2007, 218 ff.
2 Übk. zur Bekämpfung der Finanzierung von Terrorismus v. 9.12.1999, 2178 U.N.T.S. 229.
3 Übk. zur Unterdrückung von nuklearem Terrorismus v. 13.4.2005, 2445 U.N.T.S. 89.
4 SR/Res Nr. 1373 (2001) v. 28.9.2001.
5 SR/Res Nr. 1540 (2004) v. 28.4.2004.

gehende Pflichten zur Prävention und strafrechtlichen Sanktionierung enthalten.

32 Zum strafrechtlichen Bereich sind auch die Wirtschaftssanktionen mit der Erstellung von sog. **Terrorlisten** zu rechnen, die für den Außenwirtschaftshandel von großer Bedeutung und oftmals Anknüpfungspunkt für das nationale *(Außenwirtschafts-)Strafrecht* sind (s. auch § 62 Rz. 9 f., 52 ff.)[1]. Die Resolutionen Nr. 1267 (1999), Nr. 1333 (2000) und Nr. 1390 (2002) behandeln Gelder und Finanzmittel der Taliban, von Al Qaida sowie deren Unterstützern. Ein Sanktionsausschuss auf UN-Ebene bestimmt den Kreis der Personen und Institutionen, die der Listung unterliegen (sog. *UN-Terrorliste*). Diese Resolutionen wurden in der EU durch die VO Nr. 881/2002 umgesetzt, die in einigen Punkten inzwischen durch die VO Nr. 286/2009 geändert wurde.[2] Die UN-Terrorliste ist der VO Nr. 881/2002 als Anhang I angefügt und wird fortlaufend durch die EU-Kommission aktualisiert.[3] Zusätzlich erließ der Sicherheitsrat die Resolution Nr. 1373 (2001), die von den Mitgliedsstaaten verlangt, alle Finanzmittel von sonstigen Personen und Institutionen zu sperren, die terroristische Straftaten begehen oder unterstützen. Die Auswahl der betroffenen Personen und Institutionen ist den Mitgliedstaaten überlassen. Diese Resolution wurde durch die EG-VO Nr. 2580/2001 umgesetzt.[4] Art. 2 Abs. 3 der VO sieht vor, dass der Rat der EU betroffene Personen und Organisationen in eine eigenständige Sanktionsliste aufzunehmen hat (*EU-Terrorliste I*), für deren laufende Aktualisierung der Rat ebenfalls zuständig ist. Aufgrund der Entwicklung in Afghanistan erließ der UN-Sicherheitsrat zur weiteren Bekämpfung von terroristischen Personen und Einrichtungen zudem die Resolution Nr. 1988 (2011), die durch die europäische VO Nr. 753/2011 umgesetzt wurde.[5] Auch hier führt und aktualisiert der Rat die Sanktionsliste (*EU-Terrorliste II*).

33 Neben dem Terrorismus bilden die Bekämpfung der Organisierten Kriminalität, der Schutz der Umwelt und die Menschenrechte weitere **strafrechtliche Schwerpunkte** der Arbeit der Vereinten Nationen. Neben zahlreichen Beschlüssen der Generalversammlung gelang hier auch die Verabschiedung wesentlicher internationaler Verträge. Dabei hat das strafrechtliche Vorgehen gegen *Organisierte Kriminalität* inzwischen einen bedeutenden Umfang erlangt. Im Zentrum stand zunächst der *Drogenhandel*, dessen Bekämpfung durch drei

---

1 *Däubler-Gmelin*, DuD 2011, 455; *Engelhart* in Rotsch (Hrsg.), Criminal Compliance, § 31 C Rz. 11 ff.; *Roeder/Buhr*, BB 2012, 19; *Roeder/Buhr*, BB 2011, 1134; *Meyer/Macke*, HRRS 2007, 445; eingehend *Bartmann*, Terrorlisten, 2011.
2 SR/Res Nr. 1267 (1999) und SR/Res Nr. 1333 (2000) wurden zunächst durch VO (EG) Nr. 467/2001 in das europäische Gemeinschaftsrecht inkorporiert, dann jedoch im Anschluss an SR/Res Nr. 1390 (2002) durch die nunmehr geltende VO (EG) Nr. 881/2002 v. 27.5.2002, ABl. EG Nr. L 139, S. 9 aufgehoben, die wiederum durch die VO (EU) Nr. 1286/2009 v. 22.12.2009, ABl. EU Nr. L 346, S. 42 geändert wurde.
3 Bis Anfang September 2014 wurde 219 mal aktualisiert. Zu den Aktualisierungen s. die Übersicht der BAFA www.ausfuhrkontrolle.info/ausfuhrkontrolle/de/embargos/terrorismus/alquaida/durchfuehrungsverordnung/index.html [Stand: 1.9.2014].
4 VO (EG) Nr. 2580/2001 v. 27.12.2001, ABl. EG Nr. L 344 v. 28.12.2001, 70.
5 VO (EU) Nr. 753/2011 v. 1.8.2011, ABl. EG Nr. L 199 v. 2.8.2011, 1.

zentrale Konventionen geregelt wird.¹ Zum umfassenderen Vorgehen gegen die Organisierte Kriminalität wurde im Jahr 2000 schließlich ein Abkommen zur Bekämpfung transnationaler Kriminalität geschlossen, das vor allem verfahrensrechtliche Regelungen u.a. zur Rechtshilfe, aber auch Kriminalisierungspflichten enthält.² Es wird durch drei Zusatzprotokolle zum Menschenhandel, zum Schmuggel von Auswanderern und zur unerlaubten Herstellung und Transport von Schusswaffen, Waffenteilen und Munition ergänzt.

2003 folgte die **UN-Konvention gegen Korruption**, die neben der des Europarats (Rz. 19) und der der OECD (Rz. 41) zu den drei zentralen Instrumenten internationaler *Korruptionsbekämpfung* zählt.³ Hilfe bei der effektiven Umsetzung sowie der Überwachung wird durch das UNODC (Rz. 29) geleistet. Der *Schutz der Umwelt* als grenzüberschreitendes globales Anliegen hat sich ebenfalls in mehreren Abkommen niedergeschlagen, die wesentliche strafrechtliche Vorgaben enthalten: Hierzu zählen die *UN-Seerechtskonvention* und weitere Abkommen zum Schutz der Meere, das *Washingtoner-Artenschutzabkommen* zur Schutz bestimmter Tier- und Pflanzenareten und das *Basler Übereinkommen* zur Kontrolle gefährlicher Abfälle.⁴

34

Schließlich ist der internationale Schutz der **Menschenrechte**, auch als Aspekt der Friedenssicherung, zentrales Anliegen der Vereinten Nationen. Hierzu zählen die (strafrechtlich abgesicherte) Bekämpfung von Kinder- und Frauenhandel oder von (Kinder-)Pornografie, aber auch das Vorgehen gegen Sklavenhandel, Folter und Rassendiskriminierung sowie gegen *Piraterie*, bei dem die Wahrung des Weltfriedens im Vordergrund steht.⁵ Neben diesen einzelnen Aspekten des Menschenrechtsschutzes haben sich die Vereinten Nationen seit ihrer Gründung für eine strafrechtliche Ahndung schwerster Menschenrechtsverletzungen eingesetzt.⁶ Die zahlreichen Resolutionen und Einzelabkommen in diesem Bereich haben zur Herausbildung des sog. *Völkerstrafrechts* – völkerrechtliche Strafrechtsnormen, die unmittelbar anwendbar (und damit nicht erst von den einzelnen Staaten umgesetzt werden müssen) – entscheidend beigetragen.⁷ Mit den Tribunalen für das ehemalige Jugoslawien und Ruanda wurde 1993 und 1994 erstmals seit den Nürnberger Prozessen nach dem Zweiten Weltkrieg wieder Völkerstrafrecht durch internationale Gerichte angewandt. Grundlage der Gerichtshöfe sind Resolutionen des Sicherheitsrats nach Kap. VII UN-Charta. Diese Gerichtshöfe waren ein wesentlicher Schritt auf dem Weg zur

35

---

1 Einheits-Übk. über Suchtstoffe v. 1961, 976 U.N.T.S. 105; Übk. über psychotrope Stoffe v. 21.2.1971, 1019 U.N.T.S. 175; Übk. gegen den unerlaubten Verkehr mit Suchtstoffen und psychotropen Stoffenv. 20.12.1988, 1582 U.N.T.S. 95.
2 Übk. der Vereinten Nationen über die Bekämpfung der transnationalen Kriminalität, 15.11.2000, 2225 U.N.T.S. 209.
3 Übk. der Vereinten Nationen gegen Korruption v. 20.12.1988; 2349 U.N.T.S. 41.
4 Vgl. den Überblick bei *Höpfel* in FS-Triffterer, S. 425, 429 ff.; *Meyer*, Strafrechtsgenese, S. 216 ff.; *Schmidt*, Externe Strafpflichten, S. 178 ff.
5 Vgl. näher *Schmahl*, AöR 136 (2011), 44; *Schomburg/Suomin-Picht*, ZStW 124 (2012), 578; sowie *Schmidt*, Externe Strafpflichten, S. 136 ff.
6 Zur Entwicklung s. *Ahlbrecht*, Geschichte der völkerrechtlichen Strafgerichtsbarkeit, 1999, S. 138 ff.; *Engelhart*, Jura 2004, 734 (738 ff.).
7 Zum Begriff vgl. *Ambos*, Int. StrafR, § 5 Rz. 1.

Schaffung eines ständigen internationalen Gerichtshofs für Völkerrechtsverbrechen, was mit der Verabschiedung des Vertrags über den „Internationalen Strafgerichtshof" (IStGH) durch die internationale Staatengemeinschaft im Jahr 1998 gelang (Rz. 37).

b) Strafrechtsaktivitäten der Sonderorganisationen

36 Neben den Hauptorganen der Vereinten Nationen und ihren Untereinheiten bestehen zahlreiche **Sonderorganisationen**. Diese Organisationen sind in das System der UN eingegliedert, rechtlich aber selbstständige „internationale" Organisationen. Sie setzen in ihrem spezifischem Zuständigkeitsbereich ebenfalls in großem Umfang internationales Recht. Bedeutung im strafrechtlichen Bereich haben insbesondere erlangt:

- die United Nations Educational, Scientific and Cultural Organization (UNESCO) beim strafrechtlichen Schutz von *Kulturgütern*,
- die International Civil Aviation Organisation (ICAO) hinsichtlich des Schutzes des *Luftverkehrs*,
- die International Maritime Organization (IMO) beim Schutz der *Seeschifffahrt*,
- der Weltpostverein (UPU) beim strafrechtlichen Schutz von *Postsendungen* sowie
- die Internationale Atomenergie-Organisation (IAEA) bei der Kontrolle *nuklearen Materials*.

2. Internationaler Strafgerichtshof

37 Mit der Verabschiedung des *Statuts des Internationalen Strafgerichtshofs* **(IStGH-Statut)** im Jahr 1998 in Rom (daher auch „Rom-Statut" oder „Römisches Statut"), das am 1.7.2002 in Kraft trat, hat das Völkerstrafrecht eine feste Verankerung auf internationaler Ebene erhalten.[1] Die Bemühungen reichen zurück bis zur Haager Landkriegsordnung von 1899 und bedurften einer fast hundertjährigen Entwicklung über den Versailler Vertrag, die Nürnberger Prozesse, die Völkermordkonvention der Vereinten Nationen von 1948 bis hin zu den Tribunalen für das ehemalige Jugoslawien und Ruanda (s. auch Rz. 35). Deutschland hat aufgrund des IStGH-Statuts das deutsche Völkerstrafgesetzbuch (VStGB) erlassen.[2] 122 Staaten haben den Vertrag ratifiziert, allerdings weder die USA noch Russland oder China.

38 **Materiell** ist der Gerichtshof auf die Tatbestände *Völkermord*, *Verbrechen gegen die Menschlichkeit* und *Kriegsverbrechen* beschränkt. Hinzu kommt der Tatbestand der *Aggression*, der 1998 noch nicht definiert wurde, über den aber auf der Versammlung der Mitgliedsstaaten im Jahr 2010 Einigkeit erzielt wur-

---

1 Näher *Ambos*, Int. StrafR, § 7; *Safferling*, Int. StrafR, § 6; *Satzger*, Lb, § 14; *Werle*, VölkerstrafR, S. 181 ff. S. auch *Safferling* (Hrsg), Völkerstrafrechtspolitik, 2014, S. 1 ff.

2 Zur internationalen Entwicklung und dem Erlass des VStGB *Engelhart*, Jura 2004, 734.

de;[1] diese Ergänzung des Statuts trat allerdings noch nicht in Kraft. Der IStGH ist nur zuständig, wenn das nationale Strafrecht keine Völkerrechtsverbrechen ankennt oder der Mitgliedsstaat unfähig oder unwillig ist, eine Strafverfolgung einzuleiten (sog. *Komplementaritätsprinzip*). Das Statut enthält neben der Definition der Verbrechen erstmals auf internationaler Ebene ausführlichere Regelungen eines „Allgemeinen Teils" und Vorgaben für ein Völkerstrafverfahrensrecht. Die Zusammenarbeit zwischen Deutschland und dem IStGH ist in einem eigenständigen Gesetz, dem IStGH-Gesetz, geregelt.[2]

3. OECD und FATF

a) Die älteste, ursprünglich europäische Organisation, mit wirtschaftlicher Bedeutung ist die *„Organisation für wirtschaftliche Zusammenarbeit und Entwicklung"* (**OECD – Organisation for Economic Cooperation and Development**), die 1960 aus der 1948 zur Verteilung der Finanzmittel des Marshall-Plans gegründeten OEEC (Organisation for European Economic Cooperation)[3] hervorgegangen ist[4]. Nach Gründung der EWG hat sich diese internationale Wirtschaftsorganisation mit Sitz in Paris *weltweit* geöffnet. Nach dem Beitritt der USA und von Kanada, Australien, Japan und (Süd-)Korea hat sie sich zu einer Vereinigung der wichtigsten „westlichen" Industriestaaten entwickelt und umfasst derzeit 34 Mitgliedstaaten. Um die Organisation weltweit zu verankern, werden mit mehreren Staaten, darunter Russland, Beitrittsverhandlungen geführt und mit weiteren Staaten, darunter Brasilien und China, eine Zusammenarbeit im Hinblick auf eine künftige Mitgliedschaft verstärkt. Der OECD sind verschiedene **Sonderorganisationen** angegliedert, so u.a. die *„Internationale Energie-Agentur" (IEA)*, die *„Kernenergieagentur" (NEA)*, die u.a. Trägerin des Kernforschungszentrums CERN in Genf ist, oder das *Zentrum für Bildungsforschung und Innovation (CERI)*, das die vergleichenden Bildungsberichte („PISA-Studien") erstellt.

Die OECD agiert zumeist ohne eigene Regulierungsbefugnisse durch **weitgehend informelle Maßnahmen** (Beschlüsse oder Empfehlungen). Diese sind i.d.R. unverbindlich, bereiten aber vielfach weitere Abkommen oder Regelungen anderer Organisationen vor, sodass deren politisches Gewicht nicht gering zu achten ist. Großen Einfluss haben beispielsweise die *„Leitsätze für multinationale Unternehmen"* im Bereich Corporate Governance und Business Ethics[5]. Zudem setzt die Organisation stark auf gegenseitige Beobachtung und

---

1 Resolution RC/Res. 6 der „Review Conference of the Rome Statute" v. 11.6.2010; s. dazu *Ambos, K*, Das Verbrechen der Aggression nach Kampala, ZIS 2010, 649.
2 Sog. IStGH-Gesetz (IStGHG) v. 21.9.2002, BGBl. 2002 I, S. 2144, in Kraft seit 1.7.2002; dazu *MacLean*, ZRP 2002, 260; *Meißner*, HuV-I 2002, 35; *Wilkitzki*, International Criminal Law Review 2 (2002), 195.
3 OEEC-Vertrag v. 16.4.1948, geschlossen von 16 europ. Staaten; vgl. *Oppermann* in O/C/N, § 4 Rz. 2 ff.; *Herdegen*, EurR, § 1 Rz. 11.
4 OECD-Vertrag v. 14.12.1960, BGBl. II 1961, 1151; aktuelle Informationen unter www.oecd.org.
5 Erstmals 1976 verfasst (dazu *Großfeld/Hübner*, ZGR 1978, 156), die aktuelle Fassung ist von 2011.

Evaluierung der einzelnen Mitglieder („Peer Review") und zeigt dadurch politische Handlungsmöglichkeiten auf und spricht Empfehlungen aus. Diese Aktivitäten umfassen eine Vielzahl von Untersuchungen und Berichte unterschiedlichster Art von der Währungspolitik bis hin zu den „PISA-Studien". Die Empfehlungen sind auch im Wirtschaftsstrafrecht von praktischer Bedeutung: So ist das „Musterabkommen zur Beseitigung der Doppelbesteuerung des Einkommens und des Vermögens" (*OECD-MA*)[1] im Rahmen des internationalen Steuerrechts eine „Quelle", die bei der Verfolgung von Steuerhinterziehungen relevant werden kann[2] (vgl. § 38 Rz. 389 ff.).

41 In Einzelfällen hat die OECD auch verbindliche Regelwerke initiiert. Diese sind dann **echte internationale Übereinkommen**.[3] Das bedeutendste im strafrechtlichen Bereich ist das *OECD-Antikorruptionsabkommen* zur Bekämpfung der Bestechung ausländischer Amtsträger im internationalen Geschäftsverkehr vom 17.12.1997, das am 15.2.1999 auch für Deutschland in Kraft getreten ist[4] (näher § 53 Rz. 5). Dieses hat international und national zu einem Umdenken und einer radikalen Umkehr bei der Bekämpfung der Korruption geführt. Das Abkommen, das nur die aktive aber nicht die passive Bestechung umfasst, wurde seitdem nicht weiter überarbeitet, jedoch durch flexible und politisch einfacher durchsetzbare Empfehlungen flankiert. Dazu zählen Leitfäden, Handbücher und Baukästen für konkrete Implementierungsmaßnahmen. Ein engmaschiger *Peer-Review-Mechanismus* mit entsprechendem „peer pressure" führt oftmals zu dem notwendigen politischen Druck für nationale Reformen.

42 b) Eine bedeutende Rolle in strafrechtlicher Hinsicht kommt zudem der **Financial Action Task Force** („**FATF**") zu, die organisatorisch bei OECD angesiedelt ist. Diese wurde urspünglich von den Staats- und Regierungschefs der G7-Staaten und der EG-Kommission 1989 gegründet, um die internationale Bekämpfung der *Geldwäsche* voranzutreiben (vgl. § 51 Rz. 17). Inzwischen ist sie auf 36 Mitglieder angewachsen. Sie ist weder eine eigene internationale Organisation noch formelles Organ der OECD, sondern wird regelmäßig von den nationalen Fachministerien neu mandatiert. Die organisatorische Anbindung an die OECD ermöglicht flexible Handlungsstrukturen, die vor allem von *soft law* in der Form von Empfehlungen geprägt sind. „Harte" Verpflichtungen treten hier zugunsten „weicher" Steuerung (als Form moderner „Governance") zurück. Am bedeutendsten sind die *40 Empfehlungen* zur Bekämpfung der Geldwäsche

---

1 Die (seit 1955 ständig weiterentwickelte) aktuelle Fassung ist von Juli 2012; das Abkommen ist abgedr. und umfangreich kommentiert bei *Wassermeyer* (Hrsg.), Doppelbesteuerungsabkommen, Loseblatt (122. EL, März 2013); *Schönfeld/Ditz* (Hrsg.), DBA, 2013; dazu auch *Vogel/Lehner* (Hrsg.), Doppelbesteuerungsabkommen, 5. Aufl. 2008.
2 Allg. *Joecks* in F/G/J, § 370 AO Rz. 215 ff., 218.
3 S. *Meyer*, Strafrechtsgenese, 2012, S. 501 ff.
4 ZustG (IntBestG) v. 10.9.1998, BGBl. II 2327; vgl. *Zieschang*, NJW 1999, 105 (106 f.).

und der Terrorismusfinanzierung.¹ Die nationale Umsetzung wird wie bei der OECD durch ein intensives Monitoring beobachtet und bewertet.

4. WTO

Schrifttum: *van den Bossche*, The Law and Policy of the World Trade Organization, 3. Aufl. 2013; *Herrmann/Weiß/Ohler*, Welthandelsrecht, 2. Aufl. 2007; *Hilf/Oeter* (Hrsg.), WTO-Recht, Rechtsordnung des Welthandels, 2. Aufl. 2010; *Krajewski*, Wirtschaftsvölkerrecht, 3. Aufl. 2012; *Lowenfelds*, International Economic Law, 2. Aufl. 2008; *Tietje*, Internationales Wirtschaftsrecht, 2009; *Trebilock/Howse*, The Regulation of International Trade, 4. Aufl. 2012; *Wouters/De Meester*, The World Trade Organization, A Legal and Institutional Analysis, 2007.

Die Welthandelsorganisation (**WTO – World Trade Organiszation**) wurde 1994 durch den Abschluss des Übereinkommens zur Errichtung der Welthandelsorganisation (WTO-Übereinkommen)² gegründet. Sie hat ihre Vorläufer in den Handelskonferenzen, die nach dem Zweiten Weltkrieg zur Ordnung des Welthandels- und des internationalen Währungssystems stattfanden und in das Allgemeine Zoll- und Handelsabkommen mündeten (*GATT – General Agreement on Tariffs and Trade*). Die WTO ist eine internationale Organisation, deren primäres Ziel der Abbau von Handelshemmnissen und die Liberalisierung des Welthandels ist. Das Herzstück der WTO ist das detaillierte *Streitbeilegungssystem* (Dispute Settlement Understanding – DSU)³. Dieses stellt als obligatorisches und effektives Verfahren zur Beilegung zwischenstaatlicher Streitigkeiten eine Besonderheit im Völkerrecht dar. Es hat jedoch keinen strafrechtlichen Charakter. 43

Von strafrechtlicher Bedeutung ist dagegen das **Übereinkommen über die Rechte des geistigen Eigentums (TRIPS** – *Trade-Related Aspects of Intellectuel Property Rights*)⁴. TRIPS stellt neben dem GATT-Übereinkommen und dem Übereinkommen über den Handel mit Dienstleistungen (GATS) die dritte Säule des mulitlateralen Welthandelssystems der WTO dar. Diese Übereinkommen sind nach Art. II Abs. 2 WTO-Übereinkommen Bestandteil der Welthandelsorganisation und somit für alle Mitglieder verbindlich. Das Hauptziel von TRIPS ist die weltweite *Verstärkung und Harmonisierung des Schutzes des geistigen Eigentums*. Zur Durchsetzung der Rechte des geistigen Eigentums enthält das Übereinkommen zahlreiche detaillierte Vorschriften bezüglich der Mindestanforderungen der Ausgestaltung der nationalen Rechtsdurchsetzung. So gibt es neben Anforderungen an die nationalen Verwaltungs- und Gerichtsverfahren (Art. 42–50 TRIPS) und der Grenzbeschlagnahme (Art. 51– 44

---

1 FATF, International Standards on Combating Money Laundering and the Financing of Terrorsim & Proliferation. The FATF Recommendations (Februar 2012). Näher www.fatf-gafi.org.
2 Übk. v. 15.4.1994, es trat am 1.1.1995 in Kraft (Bek. v. 18.5.1995, BGBl. II 456).
3 Näher *Hilf/Salomon*, Das Streitbeilegungssystem der WTO, in Hilf/Oeter (Hrsg.), WTO-Recht, 2. Aufl. 2010, S. 165 ff.
4 *Michaelis/Bender*, Handelsrelevante Aspekte des geistigen Eigentums (TRIPS), in Hilf/Oeter (Hrsg.), WTO-Recht, Rechtsordnung des Welthandels, 2. Aufl. 2010, S. 507.

60 TRIPS) die Verpflichtung, *Straftatbestände* zu schaffen, um bestimmte Schutzrechtsverletzungen zu sanktionieren (Art. 61 TRIPS). Beispielsweise sind „zur Abschreckung ausreichende Haft- und/oder Geldstrafen" für die gewerbsmäßige vorsätzliche Nachahmung oder Herstellung von Markenwaren oder anderer urheberrechtlich geschützter Waren vorzusehen[1]. Diese Mindestanforderungen an die nationale Rechtsdurchsetzung gehen weit über die Verpflichtungen aus dem GATT oder dem GATS hinaus und haben damit zu einer verstärkten Harmonisierung geführt. Das deutsche Recht (§ 55 Rz. 9, 17 ff.) erfüllt diese Anforderungen.

§ 6
Europäisches Strafrecht
Bearbeiter: Marc Engelhart

	Rz.		Rz.
A. Einleitung	1	2. Kriminalstrafen	
B. Grundlagen		a) Entwicklung bis zum Vertrag von Lissabon	73
I. Institutionelle Grundlagen	4	b) Rechtslage seit dem Vertrag von Lissabon	76
1. Gründungs- und Erweiterungsverträge	8	II. Mittelbare Sanktionsnormen	80
a) Entwicklung	10	1. Unionswidriges nationales Strafrecht	81
b) Vertrag von Lissabon	13	2. Unionsrechtskonforme Auslegung	85
c) Europäischer Wirtschaftsraum und Schweiz	23	3. Blankettausfüllende europäische Normen	89
2. Europa der „verschiedenen Geschwindigkeiten"	25	4. Anweisungskompetenz der Union	92
a) „Schengen"	26	III. Schutz der finanziellen Unionsinteressen	104
b) Währungsunion	33	IV. Innere Sicherheit	116
c) Raum der Freiheit, der Sicherheit und des Rechts	38	1. Erweiterte Ermächtigungsgrundlagen	117
II. Rechtsetzungskompetenz	39	2. Europäische Sicherheits- und Kriminalpolitik	123
1. Instrumente der Rechtsetzung	48	3. Maßnahmen zu einzelnen Deliktsgruppen	132
2. Rechtsprechung	55	4. Doppelstrafverbot (ne bis in idem)	141
C. Sanktionsnormen im Unionsrecht	60		
I. Unmittelbare Sanktionsnormen			
1. Geldbußen	68		

---

1 Dazu *Dreier*, GRUR Int 1996, 205; *Krieger*, GRUR Int 1997, 421; s. auch *Kretschmer*, Transnationalisierung des strafrechtlichen Schutzes geistigen Eigentums, in Bosch/Bung/Klippel (Hrsg.), Geistiges Eigentum und Strafrecht, 2011, S. 9 ff.

	Rz.		Rz.
5. Organisatorische Maßnahmen		7. Weitere Verfahrensanordnungen	
a) Überblick über die Rechtsakte	146	a) Erlangung von Beweismitteln	177
b) Europol	152	b) Fahndung und gegenseitige Information	180
c) Europäisches Justizielles Netz	159	c) Rechte des Beschuldigten	189
d) Eurojust	161	d) Opferschutz	193
e) Europäische Staatsanwaltschaft	167	e) Vollstreckungshilfe	197
6. Europäischer Haftbefehl	173	**V. Perspektiven**	198

Schrifttum: (speziell zum Strafrecht vor Rz. 60 sowie vor Rz. 104, 141, 167, 173) **Textsammlungen:** *Bieber* (Hrsg.), Europarecht. Textausgabe mit Einführung, 22. Aufl. 2012; *Bieber/Knapp*, Recht der EU, 2. Aufl. 2010; *Classen* (Hrsg.), Europarecht, 25. Aufl. 2013; *Ehlermann/Bieber* (früher *Groeben/Thiesing/Ehlermann*), Handbuch des Europäischen Rechts, Loseblatt; *Esser* (Hrsg.), Europäisches und Internationales Strafrecht – Vorschriftensammlung, 2. Aufl. 2013, *Hufeld/Epiney*, Europäisches Verfassungsrecht, 2. Aufl. 2010; *Klip*, Materials on European Criminal Law, 2012; *Sartorius II*, Internationale Verträge – Europarecht, Loseblatt; *Schwartmann*, Völker- und Europarecht – Textsammlung, 9. Aufl. 2013.

Lehrbücher: *Ahlt/Dittert*, Europarecht, Examenskurs, 4. Aufl. 2011; *Arndt/Fischer/Fetzer*, Europarecht, 10. Aufl. 2010, *Bieber/Epinay/Haag*, Die Europäische Union, 10. Aufl. 2013; *Bischof*, Europarecht für Anfänger, 2. Aufl. 1996; *Bleckmann*, Europarecht, 6. Aufl. 1997; *von Bogdandy/Bast* (Hrsg.), Europäisches Verfassungsrecht, 2. Aufl. 2009, *Borchardt*, Die rechtlichen Grundlagen der EU, 4. Aufl. 2010; *Doerfert*, Europarecht. Die Grundlagen der EU mit ihren politischen und wirtschaftlichen Bezügen, 4. Aufl. 2010; *Ehlers* (Hrsg.), Europäische Grundrechte und Grundfreiheiten, 4. Aufl. 2014; *Emmert*, Europarecht, 1996; *Esser*, Europäisches und Internationales Strafrecht, 2014; *Fastenrath/Groh*, Europarecht, 3. Aufl. 2012; *Hakenberg*, Grundzüge des Europäischen Gemeinschaftsrechts, 3 Aufl. 2003; *Hakenberg*, Europarecht, 6. Aufl. 2012; *Haratsch/Koenig/Pechstein*, Europarecht, 9. Aufl. 2014; *Herdegen*, Europarecht, 16. Aufl. 2014; *Hobe*, Europarecht, 7. Aufl. 2012; *Huber*, Recht der Europäischen Integration, 2. Aufl. 2002; *Hummer/Vedder/Lorenzmeier*, Europarecht in Fällen – Die Rechtsprechung des EuGH, EuG u.a., 5. Aufl. 2012; *Ipsen, H. P.*, Europäisches Gemeinschaftsrecht, 1972; *Jochum*, Europarecht, 2. Aufl. 2012; *Kilian*, Europäisches Wirtschaftsrecht, 4. Aufl. 2010; *Lecheler*, Einführung in das Europarecht, 3. Aufl. 2013; *Nicolaysen*, Europarecht I, 2. Aufl. 2002; *Oppermann/Classen/Nettesheim*, Europarecht, 6. Aufl. 2013; *Pechstein*, EU-Prozessrecht, 4. Aufl. 2011; *Rohde/Lorenzmeier*, Europarecht schnell erfasst, 3. Aufl. 2004; *Schroeder*, Grundkurs Europarecht, 3. Aufl. 2013; *Schweitzer*, Staatsrecht III – Staatsrecht, Völkerrecht, Europarecht, 10. Aufl. 2010; *Streinz*, Europarecht, 9. Aufl. 2012.

Kommentare und Handbücher: *Calliess*, Die neue Europäische Union nach dem Vertrag von Lissabon, 2010; *Calliess/Ruffert*, Verfassung der EU, 2006, *Calliess/Ruffert* (Hrsg.), EUV/AEUV, 4. Aufl. 2011; *Dauses* (Hrsg.), Handbuch des EU-Wirtschaftsrechts, Loseblatt; *Fischer*, Der Vertrag von Lissabon. Text und Kommentar zum europäischen Reformvertrag, 2. Aufl. 2010; *Fischer/Keller* (Hrsg.), Justiz und innere Sicherheit im EU-Recht, 2014; *Frenz*, Handbuch Europarecht, 2004–2010; *Geiger/Khan/Kotzur*, EUV – AEUV, 6. Aufl. 2013; *Grabenwarter* (Hrsg.), Europäischer Grundrechteschutz (Enzyklopädie Europarecht – EnzEuR – Bd. 2), 2014; *Grabitz/Hilf/Nettesheim* (Hrsg.), Das Recht der Europäischen Union, Loseblatt; *von der Groeben/Schwarze*, Kommentar zum EU-/EG-Vertrag, 6. Aufl. 2003/2004; *Häberle*, Europäische Verfassungslehre, 7. Aufl. 2011, *Hailbronner/Wilms*, Recht der Europäischen Union , Loseblatt; *Hellmann, V.*, Der Vertrag von Lissabon, 2009; *Hummer/Obwexer* (Hrsg.), Der Vertrag von Lissabon, 2009; *Lenz/*

Borchardt (Hrsg.), EU-Verträge Kommentar, EUV, AEUV, GRCh, 6. Aufl. 2012, *Nowak*, Europarecht nach Lissabon, 2011; *Schulze/Zuleeg/Kadelbach* (Hrsg.), Europarecht – Handbuch für die deutsche Rechtspraxis, 2. Aufl. 2010; *Schwarze* (Hrsg.), EU-Kommentar, 3. Aufl. 2012; *Schwarze/Hatje*, Der Reformvertrag von Lissabon, 2009; *Schweitzer/Hummer/Obwexer*, Europarecht, 2007; *Streinz* (Hrsg.), EUV/AEUV, 2. Aufl. 2012; *Streinz/Ohler/Herrmann*, Der Vertrag von Lissabon, 3. Aufl. 2010; *Terhechte* (Hrsg.), Verwaltungsrecht der EU, 2011; *Vedder/Heintschel von Heinegg* (Hrsg.), Europäisches Unionsrecht, EUV/AEUV/Grundrechte-Charta, 2. Aufl. 2012.

A. Einleitung

1 Die Internationalisierung des Rechts ist in Europa im Rahmen der EU im weltweiten Vergleich der supranationalen Organisationen (dazu § 5) am weitesten fortgeschritten. Dies rechtfertigt es, diesem **„Europäischen Recht im engeren Sinne"** (§ 5 Rz. 10) und damit auch dem *„Europäischen Strafrecht"* bzw. dem *„Strafrecht der EU"* (dazu Rz. 60 ff.) eine eigene, tiefgehendere Darstellung zu widmen. Aufgrund der inzwischen erreichten Komplexität des Gebiets muss sie allerdings immer noch skizzenhaft bleiben und kann nur *einige Grundlinien* der allgemeinen Rechtsentwicklung sowie des Strafrechts für die wirtschaftsstrafrechtliche Praxis aufzeigen (s. auch zur Rechtshilfe § 8).

2 Aus der ursprünglich wirtschaftlich ausgerichteten Europäischen Gemeinschaft hat sich eine allgemeine Rechtsgemeinschaft, ein **„Raum der Freiheit, der Sicherheit und des Rechts"** (Art. 3 Abs. 2 EUV n.F., Art. 67 AEUV), entwickelt. Im Laufe von über 60 Jahren ist dabei ein *vielschichtiges Geflecht europäischer Normen und Einrichtungen* entstanden, sodass es nicht immer leicht ist, den Überblick zu behalten. Dieses supranationale Recht beeinflusst die nationalen Rechtsordnungen inzwischen auf allen Rechtsgebieten. Dazu gehört somit auch das Strafrecht, das naturgemäß zu Beginn der Entwicklung mit der Konzentration auf das Wirtschaftsrecht nur vereinzelt Gegenstand einer europäischen Regelung war und erst allmählich in deren Fokus rückte[1]. Seit Mitte der 1980er Jahre hat sich dies langsam gewandelt[2]. Insbesondere spektakuläre Kriminalfälle zulasten der Gemeinschaft haben den Ruf nach einem europäischen Strafrecht laut werden lassen, und bald konnte man von einer „europäischen Überlagerung" des nationalen Strafrechts sprechen[3].

3 Eingeleitet durch den 1. **EU-Vertrag** (*Maastricht* 1992) und fortgeführt durch den 2. EU-Vertrag (i.d.F. von *Amsterdam* 1997) ist das Strafrecht im Rahmen der Bestimmungen „über die polizeiliche und justizielle Zusammenarbeit in Strafsachen" schrittweise zu einem eigenständigen Bereich europäischer Politik geworden. Der 2009 in Kraft getretene *Vertrag von Lissabon* (Rz. 4, 13 ff.) hat für die Gemeinschaft eine solide Rechtsgrundlage geschaffen und auch

---

1 Zu den seltenen frühen Darstellungen gehören die Beiträge *Johannes*, Das StrafR im Bereich der Europ. Gemeinschaften, EuR 1968, 63 ff.; *Johannes*, Neue Tendenzen im StrafR der Europ. Gemeinschaften, RevTrimDrPen. 1971, 317 ff.
2 Erwähnenswert die Beiträge von *Oehler* in FS Jescheck, 1985, Bd. II, S. 1399 ff.; und *Tiedemann* in FS Jescheck, 1985, Bd. II, S. 1411 ff.
3 So z.B. *Bleckmann*, Die Überlagerung des nationalen StrafR durch das Europ. GemeinschaftsR, in FS Stree/Wessels, 1993, S. 107 ff.

dem Strafrecht einen eigenständigen Platz im Rechtssystem der EU zugewiesen (Rz. 60 ff.). Zwar sind die Mitgliedstaaten nach wie vor bedacht, Verluste einzelstaatlicher „Strafrechts-Kultur" zu vermeiden. Durch die durch innereuropäische Integration geförderte Annäherung oder gar Angleichung hat die EU jedoch großen Einfluss sowohl auf das einzelstaatliche materielle Strafrecht (Rz. 104, 132 f.) als auch auf das Verfahrensrecht und auf die Verfolgungspraxis (Rz. 146 ff.). Entstanden ist dadurch ein komplexes, mehrschichtiges Normsystem, das das einzelstaatliche Strafrecht ergänzt, überlagert und in Teilen auch ersetzt[1].

B. Grundlagen

I. Institutionelle Grundlagen

Heutige rechtliche Grundlage der EU ist der **Vertrag von Lissabon**[2], der am 13.12.2007 unterzeichnet wurde und am 1.12.2009 in Kraft getreten ist. Dieser enthält den *institutionellen Rahmen* der Gemeinschaft, der auch der Prüfung durch das BVerfG standgehalten hat (zum Urteil Rz. 21). Das ehrgeizigere und weitergehende Vorhaben des 2004 unterzeichneten „*Vertrags über eine Verfassung für Europa*" (VVE)[3], der eine völlig neue rechtliche Basis bilden sollte, ist wegen negativer Volksabstimmungen in Frankreich und den Niederlanden gescheitert. Inhaltlich sind jedoch zahlreiche auf lange Frist konzipierte Teile des Verfassungsvertrags in das bescheidenere – und deshalb nur in Irland eine Volksabstimmung erfordernde – Vertragswerk von Lissabon „hinübergerettet" worden. Insbesondere beseitigte der Lissabonner Vertrag die massiven rechtlichen Unzulänglichkeiten, die der *Vertrag von Nizza* (2001) unter Fortführung der Verträge von *Maastricht* (1992) und *Amsterdam* (1997) angesichts der damaligen politischen Situation notgedrungen festgeschrieben hatte.

4

Mit der Reform von Lissabon ist insbesondere die schwierige und teilweise auch widersprüchliche Vertragskonstruktion, die 1992 mit Abschluss des EU-Vertrags *neben* dem EWG-Vertrag entstanden ist und die beschönigend mit einer „**Drei-Säulen-Architektur**" umschrieben wurde[4], durch eine weit bessere, in sich rechtlich schlüssige Grundlage **abgelöst** worden (näher Rz. 13 ff.). Es ist zu erwarten, dass diese Rechtsgrundlage in ihrer grundlegenden Struktur über einen längeren Zeitraum Bestand haben wird, da sie zentralistische Bestrebungen und berechtigte nationale Interessen zu einen insgesamt doch plausiblen Kompromiss zusammengeführt hat. Damit besteht auch eine solide Basis für die noch anstehenden geografischen Erweiterungen (wie Island und – abgesehen von Kroatien, das zum 1.7.2013 Mitglied wurde – die noch nicht aufgenommenen Balkanstaaten). Ob und ggf. inwieweit die Wirtschafts- und Finanzkrise, die sicherlich die größte aktuelle Herausforderung für die Gemein-

5

---
1 Anschaulich *Meyer*, Eine Geologie des Strafrecht, ZStW 123 (2011), 1.
2 ABl. EU Nr. C 306 v. 17.12.2007, 1; dt. ZustG v. 8.10.2008, BGBl. II 2008, 1038 und GG-ÄnderungsG v. 8.10.2008, BGBl. I 1926 i.V.m. Bek. v. 13.11.2009, BGBl. II 2009, 1223.
3 ABl. EU Nr. C 310 v. 16.12.2004, 1.
4 Vgl. 4. Aufl., § 5 Rz. 29 ff.

schaft ist, die Konstruktion an ihre Grenzen führt, ist derzeit noch nicht abzusehen (zu den ergriffenen Maßnahmen Rz. 37).

6 Auch wenn mit dem Lissabonner Vertrag eine klarere Rechtsgrundlage geschaffen wurde, so wirkt die **bisherige Entwicklung** – einschließlich ihrer Unzulänglichkeiten – in vielerlei Hinsicht weiter. Das – zum Lissabonner Vertrag gehörende – *Protokoll Nr. 36* „über die Übergangsbestimmungen" bestimmt in Art. 9 ausdrücklich, dass die bisher erlassenen Rechtsakte so lange wirksam bleiben, bis sie in Anwendung des Lissabonner Vertrags „aufgehoben, für nichtig erklärt oder geändert werden".

Eine 2001 erlassene „EG-VO" wird also nicht deshalb zur „EU-VO", weil die *„Union [...] an die Stelle der Europäischen Gemeinschaft"* getreten ist (Art. 1 Abs. 3 S. 3 EUV n.F.), denn die „EU" hatte 2001 keine Kompetenz zum Erlass von „VO". Ebenso beantwortet sich die Frage, ob ein 2004 oder 2008 erlassener „RB" durch die primärrechtliche Ermächtigungsgrundlage gedeckt ist oder nicht, nach altem Recht, also etwa nach Art. 34 Abs. 2 Buchst. b des alten EU-Vertrags in der Fassung von Nizza (EUV a.F.). Zahlreiche Rechtsakte, die auf der Grundlage des Maastrichter EU-Vertrags etwa als „Gemeinsame Maßnahme" erlassen oder als „Übereinkommen" geschlossen worden waren, sind – in Kenntnis des kommenden Lissabonner Vertrags – noch auf der bis Ende November 2009 gültigen Grundlage der Verträge von Amsterdam/Nizza modernisiert und etwa als „Beschluss des Rates" neu gefasst worden, so z.B. bezüglich Europol (Rz. 152) oder des Europäischen Justiziellen Netzes (Rz. 159); diese sind inzwischen aufgrund der regen Tätigkeit der EU im strafrechtlichen Bereich teilweise wiederum durch neue Rechtsakte abgelöst worden.

7 Der **jeweilige Stand des europäischen Rechts** muss somit die historische Entwicklung im Blick behalten, aufgrund derer sich im Übrigen auch viele Rechtsakte nur vollständig nachvollziehen oder verstehen lassen. Das bestehende, schwierige Nebeneinander ähnlicher, aber doch unterschiedlicher Instrumente und divergierender Kompetenzen wirkt somit solange nach, bis alle alten Rechtsakte durch neue Rechtsakte abgelöst (oder ungültig geworden) sind. – *Terminologisch* wird im Folgenden i.d.R. die vereinfachende Bezeichnung „EU" bevorzugt und deshalb überwiegend von „EU-Recht" oder „Unionsrecht" gesprochen, auch wenn es als „EG-Recht" oder „Gemeinschaftsrecht" erlassen wurde und als solches weitergilt.

1. Gründungs- und Erweiterungsverträge

8 Die Gründungs- und Erweiterungsverträge einschließlich aller Beitrittsverträge und aller Vertragsrevisionen bis hin zum Vertrag von Lissabon – unter Einschluss aller Anhänge, Zusatzprotokolle und Erklärungen – bilden das sog. **Europäische Primärrecht**, das von den Vertragspartnern durch *völkerrechtliche* Vereinbarung und anschließende Ratifikation in allen Mitgliedstaaten gesetzt worden ist[1]. Mit diesen Vereinbarungen haben die vertragsschließenden Staaten einen näher umgrenzten Teil ihrer eigenen Rechtsetzungsbefugnisse – die Kraft ihrer (fortbestehenden) Souveränität umfassend sind – auf die gemeinschaftlichen Organe übertragen (vgl. Art. 23 GG[2], auch Art. 24 GG). Hinzu kommen ergänzend die allgemeinen Rechtsgrundsätze als ungeschriebenes Pri-

---

1 Näher dazu *Nettesheim* in O/C/N, § 9 Rz. 19 ff.; *Herdegen*, EurR, § 8 Rz. 4 ff.; *Haratsch/Koenig/Pechstein*, Rz. 153 ff.
2 Zul. geänd. durch G v. 8.10.2008, BGBl. I 1926; vgl. Nw. Rz. 41.

märrecht. Soweit die durch das Primärrecht geschaffenen europäischen Organe im Rahmen der erfolgten Kompetenzübertragung neues europäisches Recht setzen, wird dieses als europäisches *Sekundärrecht* bezeichnet (Rz. 39). Ebenfalls um Sekundärrecht handelt es sich, soweit die Mitgliedstaaten zur Realisierung der im Primärrecht vorgesehenen gemeinschaftlichen Ziele (völkerrechtliche) Übereinkommen geschlossen haben (vgl. Art. 34 Abs. 2 Buchst. d EUV a.F., nicht übernommen), genau so, wie wenn die EU im Rahmen ihrer Außenbeziehungen völkerrechtliche Vereinbarungen mit Drittstaaten schließt.

Unter dem Schlagwort *„Europa der verschiedenen Geschwindigkeiten"* (Rz. 25) hat sich – zunächst außerhalb der Gemeinschaftsverträge, später in ihrem Rahmen – eine Vorgehensweise entwickelt, die es ermöglicht, dass einzelne Mitgliedstaaten Integrationsschritte vollziehen, zu denen andere Mitgliedstaaten (noch) nicht gewillt oder in der Lage sind. Die wichtigsten Beispiele sind „Schengen" (Rz. 26), die Währungsunion (Rz. 33) und der Raum der Freiheit, der Sicherheit und des Rechts (Rz. 38). Diese **„Verstärkte Zusammenarbeit"** ist nun unter Zusammenfassung verschiedener älterer Bestimmungen in Art. 20 EUV n.F. und Art. 326–334 AEUV näher geregelt. Gleichwohl gibt es noch diverse weitere völkerrechtliche Verträge zwischen einzelnen Mitgliedstaaten, etwa den für die grenzüberschreitende Kriminalitätsbekämpfung relevanten *Vertrag von Prüm* (Rz. 31). 9

a) Entwicklung

Ein stark geraffter **Überblick** über die *Entwicklung des Primärrechts* muss hier für das Nachfolgende genügen. 10

1951 (18.4.)	Gründung der *Europäischen Gemeinschaft für Kohle und Stahl* (*EGKS = Montan-Union*) auf 50 Jahre zwischen Deutschland, Frankreich, Italien, Belgien, den Niederlanden und Luxemburg; in Kraft seit 23.7.1952.
1957 (25.3.)	Abschluss der *„Römischen Verträge"*: 6 Mitgliedstaaten (= MS) – wie EKGS – Vertrag zur Gründung der *Europäischen Wirtschaftsgemeinschaft* (EWGV) und – Vertrag zur Gründung der *Europäischen Atomgemeinschaft* (EAGV/Euratom) mit ergänzendem Abkommen über gemeinsame Organe (besonders Parlament, EuGH); Parallelität von drei eigenständigen Gemeinschaften; in Kraft seit 1.1.1958.
1965	Fusion weiterer Organe (Rat/Kommission).
1973	Beitritt von Großbritannien, Irland und Dänemark (vorher Mitglieder der EFTA).
1978	Europäisches Währungssystem (EWS).

1979	1. Direktwahl zum Europäischen Parlament; seither im Fünf-Jahres-Rhythmus.
1981	Beitritt von Griechenland.
1985	Vertrag „Schengen I" bezüglich Abbau der Binnengrenzen.
1986	Einheitliche Europäische Akte (EEA – in Kraft seit 1.7.1987): Änderungsvertrag mit Zielsetzung „Binnenmarkt" bis 1992. Beitritt von Spanien und Portugal – 12 Mitgliedstaaten (MS).
1990	„Schengen II" – Schengener Durchführungsabkommen (SDÜ).

11 Nach der weitgehenden, aber nicht vollständigen Erreichung des Ziels „Binnenmarkt 1992" setzte mit dem Vertrag von **Maastricht** eine *neue Phase* der europäischen Integration ein, die durch den Vertrag von **Amsterdam** weiterentwickelt wurde:

1992	(7.2.) In *Maastricht* Abschluss des zusätzlichen *„Vertrags über die Europäische Union"* (EUV) als gemeinsames „Dach" für die EG/EAG/EGKS mit neuen Regelungen für – die „Gemeinsame Außen- und Sicherheitspolitik" (GASP) und – die „Zusammenarbeit in den Bereichen Justiz und Inneres" (ZBJI oder nur JI) und „Umwandlung" der EWG in die EG; in Kraft seit 1.11.1993.
1992/1993	Assoziationsvertrag mit sieben EFTA-Staaten – nach negativer Volksabstimmung in der Schweiz nur noch mit sechs – zum „Europäischen Wirtschaftsraum" (EWR – Rz. 23).
1995	Beitritt von Finnland, Schweden und Österreich (vorher EFTA) zur EG/EU: 15 MS; Inkrafttreten des SDÜ.
1997	(2.10.) *Vertrag von Amsterdam*: Änderungsvertrag mit neuer Artikel-Zählung von EU- und EG-Vertrag; Einbeziehung des sog. „Schengen-Besitzstandes" (Rz. 26) in den EG-Vertrag (Art. 61 ff. EGV), ebenso der Zusammenarbeit in Zivil- und Handelssachen; Ausbau des EU-Vertrags: Neugestaltung – der „GASP" (Art. 11–28) und – der „Polizeilichen und Justiziellen Zusammenarbeit in Strafsachen" (PJZ – Art. 29–42 EUV i.d.F. Amsterdam); in Kraft seit 1.5.1999.
1998	(3.5.) Beschluss des Europäischen Rats über Währungsunion: 1. Stufe ab 1.1.1999 – „Euro" als „Buchgeld".

Europäisches Strafrecht   Rz. 13 § 6

Trotz der politischen Veränderungen seit der „Wende" 1989/1990 gelang die 12
allseits für erforderlich erachtete Erneuerung der EU, insbesondere die Reform
der Institutionen, nicht. Der (fast gescheiterte) **Vertrag von Nizza**, der bis
30.11.2009 als Grundlage für EU und EG gedient hat, hatte die bestehenden
Unzulänglichkeiten im Wesentlichen fortgeschrieben.

2001	(26.2.)	*Vertrag von Nizza*: Weitere (aber ungenügende) Änderung der Gründungsverträge, in Kraft seit 1.2.2003;
		Proklamation der *„Charta der Grundrechte der EU"* (noch ohne Einbindung in die Verträge).
		Einberufung eines Europäischen Verfassungskonvents (bis 2003)
2002	(1.1.)	Einführung des Euro als Zahlungsmittel (2. Stufe der Währungsunion).
	(23.7.)	Auslaufen des EGKS-Vertrags; Integration der EGKS in die EG.
2003	(16.4.)	*Vertrag von Athen*:
		Erneute Änderung der Gründungsverträge zur Aufnahme von zehn weiteren Staaten (Estland, Lettland, Litauen, Polen, Tschechien, Slowakei, Ungarn, Slowenien, Malta und Zypern).
2004	(1.5.)	Erweiterung der EU/EG von 15 auf 25 MS.
	(29.10.)	In Rom Unterzeichnung des „Vertrags über eine Verfassung für Europa" (VVE) durch 25 MS.
2005		Ablehnung des VVE durch Volksabstimmungen in Frankreich und den Niederlanden.
2007	(1.1.)	Beitritt von Bulgarien und Rumänien: 27 MS.
	(13.12.)	*Vertrag von Lissabon*:
		grundlegende Erneuerung von EU- und EG-Vertrag.
2008/2009		Schrittweise Ratifizierung des Lissabonner Vertrags in 26 MS.
2008	(12.6.)	Ablehnung in der einzigen unvermeidlichen Volksabstimmung in Irland.
2009	(2.10.)	Annahme durch erneute Abstimmung in Irland.
	(1.12.)	*Inkrafttreten des Lissabonner Vertrags* und der *„Charta der Grundrechte der EU"*.
2013	(1.1.)	Beitritt von Kroatien: 28 MS

b) Vertrag von Lissabon

Der Vertrag von Lissabon (Rz. 4) besteht nicht – wie der gescheiterte „Vertrag 13
über eine Verfassung für Europa" – aus einem einheitlichen, ganz neu formulierten Vertrag, sondern wie bisher aus *zwei getrennten Verträgen*:

Engelhart | 119

- aus dem neu gefassten, 55 Artikel umfassenden „**Vertrag über die Europäische Union**" (EUV n.F.), der die Grundsätze enthält und wie eine Art „Grundgesetz" gleichsam die Basis bildet,
- und dem 358 Artikel umfassenden „**Vertrag über die Arbeitsweise der Europäischen Union**" (AEUV), der mit inhaltlichen Erweiterungen an die Stelle des bisherigen EG-Vertrags getreten ist und den EUV konkretisiert.

Beide Verträge sind „gleichrangig" und nehmen fortgesetzt aufeinander Bezug. Dazu kommen als weitere Vertragsbestandteile 37 (zum Teil wichtige) Protokolle und zwei Anhänge sowie 50 gemeinsame „Erklärungen" und 15 weitere „Erklärungen" einzelner (oder auch mehrerer) Mitgliedstaaten.

Die daneben seit 1958 fortbestehende „*Europäische Atomgemeinschaft*" (EAG) ist inhaltlich von der geschilderten Entwicklung weitgehend unberührt geblieben; nur die Organe sind seit 1965 mit denen der EWG/EG identisch. Daran hat auch der Lissabonner Vertrag nichts geändert (vgl. die „Erklärung Nr. 54"). Die Organe der neuen EU verwalten die EAG nebenbei auf der alten Vertragsgrundlage mit. Im Folgenden bleibt die EAG außer Betracht.

14 Neben dem EUV und dem AEUV steht gleichrangig als gleichsam dritter Vertrag die „**Charta der Grundrechte der Europäischen Union**" (GRC), die als zweiter Teil des VVE vorgesehen war. Zwecks besserer Akzeptanz und Überwindung verfassungsrechtlicher Bedenken in verschiedenen Mitgliedstaaten ist sie nicht mehr unmittelbarer Teil der beiden Grundlagenverträge. Vielmehr wurde die am 7.12.2000 in Nizza proklamierte und am 12.12.2007 in angepasster Fassung erneut vom Europäischen Rat beschlossene Grundrechts-Charta[1] nur durch Art. 6 Abs. 1 EUV n.F. und die „Erklärung Nr. 1" als Anlage mit den Reformverträgen verknüpft. Großbritannien und Polen haben es für nötig erachtet, Vorbehalte durchzusetzen (Protokoll Nr. 30)[2]. Diese Charta ist nicht mit der EMRK – der die EU als weiteres Mitglied beitreten möchte (Art. 6 Abs. 2 EUV n.F.) – zu verwechseln (vgl., auch zum Beitritt der EU, § 5 Rz. 15), sondern steht eigenständig daneben und ist teilweise weitreichender[3]. Die GRC wendet sich primär an die EU und ihre Organe, bindet aber als konkreter Ausdruck der gemeinsamen Verfassungsüberzeugungen auch alle Mitgliedstaaten. Anders als die EMRK gewährt die Grundrechte-Charta jedoch den Unionsbürgern *keine* (zusätzliche) *Individualbeschwerde*. Der EuGH zieht – nicht unumstritten[4] – den Anwendungsbereich der GRC weit: Die Grundrechte sind

---

1 ABl. EG Nr. C 364 v. 18.12.2000, 1; ABl. EU Nr. C 303 v. 14.12.2007, 1; Bek. v. 8.10.2008, BGBl. II 2008, 1165.
2 Vgl. *Frenz*, IV, § 1 Rz. 19 ff.; *Walter* in Ehlers, EuGR, § 1 Rz. 38.
3 Schrifttum: *Meyer, Jürgen,* Charta der Grundrechte der EU, 4. Aufl. 2014; *Peers/Hervey/Kenner/Ward*, The EU Charter of Fundamental Rights, 2014; *Nusser*, Die Bindung der Mitgliedsstaaten an die Unionsgrundrechte, 2011; *Schneiders*, Die Grundrechte der EU und die EMRK, 2010; *Frenz*, Hdb. EuropaR, Bd. 4: Europ. Grundrechte, 2009; *Ehlers* (Hrsg.), Europ. Grundrechte und Grundfreiheiten, 3. Aufl. 2009; *Ziegenhorn*, Der Einfluss der EMRK im Recht der EU-Grundrechtecharta, 2009; *Heselhaus/Nowak* (Hrsg.), Hdb. der Europ. Grundrechte, 2006; *Tettinger/Stern* (Hrsg.), Europ. Grundrechte-Charta, 2006. S. zudem *Grabenwarter* (Hrsg.), EnzEuR Bd. 2, 2014.
4 Krit. zur Rspr. des EuGH das BVerfG v. 24.4.2013 – 1 BvR 1215/07, NJW 2013, 1499 (1500 f.). Dazu *Arzt*, NVwZ 2013, 1328; *Gärditz*, JZ 2013, 633.

von den Mitgliedstaaten immer dann zu beachten, „wenn eine nationale Regelung in den Geltungsbereich des Unitonsrecht fällt. Mit anderen Worten umfasst die Anwendbarkeit des Unionsrechts die Anwendbarkeit der durch die GRC garantierten Grundrechte"[1].

aa) *Formal* ist der **neue EU-Vertrag** (EUV n.F.) im Wesentlichen eine *Überarbeitung* des EU-Vertrags von Maastricht, wie sowohl die Präambel als auch Art. 54 EUV n.F. (= Art. 52 EUV a.F.) im Hinblick auf dessen Inkrafttreten verdeutlichen. *Materiell* handelt es sich jedoch – trotz annähernd gleicher Länge – um einen fast völlig neuen Vertrag, insbesondere hinsichtlich der Stärkung des Europäischen Parlaments und damit der demokratischen Legitimation der EU. Nur sehr wenige Bestimmungen sind aus dem EU-Vertrag i.d.F. von Amsterdam bzw. Nizza (= EUV a.F.) übernommen worden – etwa Art. 7 EUV n.F über Maßnahmen bei schwerwiegenden Vertragsverletzungen oder Art. 49 EUV n.F. über Beitritte oder Art. 53 EUV n.F. (= Art. 51 EUV a.F.) über die Geltung auf unbegrenzte Zeit. Im Wesentlichen enthält der EUV n.F. die Teile I und IV des VVE, „bereinigt" um Bestimmungen und Begriffe, die auf bundesstaatliche Attribute hinweisen könnten. Die in Art. I-8 VVE genannten „Symbole der Union" (*Flagge* mit einem Kreis von zwölf goldenen Sternen auf blauem Hintergrund, die *Hymne* aus der „Ode an die Freude" der Neunten Symphonie von Ludwig van Beethoven, der *Leitspruch* „In Vielfalt geeint", der *Euro* als Währung der Europäischen Union und der *Europatag* am 9. Mai) sind nun – getragen nur noch von 16 Mitgliedstaaten – Gegenstand der „Erklärung Nr. 52". 15

Die im alten EUV für die EU fehlende, im VVE an prominenter Stelle platzierte Bestimmung „*Die Union besitzt* **Rechtspersönlichkeit**" findet sich nun – wie schon im EG-Vertrag für die alte EG (Art. 281) – als „Schlussbestimmung" in Art. 47 EUV n.F.[2]. Die Bestimmungen über die „*Zusammenarbeit in Strafsachen*" (Art. 29–42 EUV a.F.) stehen nun nicht mehr im EU-Vertrag, sondern als „normale" Aufgabe der EU im AEUV (Rz. 17, 116). 16

bb) Der „**Vertrag über die Arbeitsweise der Europäischen Union**" (**AEUV**) stellt sich primär als ein neuer Name für den früheren EG-Vertrag und damit auch für den ursprünglichen EWG-Vertrag dar. Unmittelbar erkennbar macht dies allerdings nur noch die (seit 1957 nur in einem Punkt erweiterte) Präambel. Die nachfolgenden, in sieben Teile gegliederten, teilweise umfangreichen 358 Artikel enthalten – gleichsam als *Ausführungsbestimmungen zum EU-Vertrag* (Rz. 15) – die früher im EG-Vertrag enthaltenen Detail-Regelungen in verbesserter und aktualisierter Reihenfolge und neuer Zählung. Sie entsprechen weithin dem Teil III des VVE. Manche Bereiche sind neu eingefügt, etwa die Bestimmungen über „das auswärtige Handeln der Union" (Art. 205–222 AEUV) 17

---

1 EuGH v. 26.9.2013 – Rs. C-418/11 – Texdata. So auch EuGH v. 26.2.2013 – Rs. C-617/10 – Åkerberg Fransson; dazu *Bülte/Krell*, StV 2013, 713; *Dannecker*, JZ 2013, 616; *Eckstein*, ZIS 2013, 220; *Kingreen*, JZ 2013, 801; *Rabe*, NJW 2013, 1407; *v. Danwitz*, EuGRZ 2013, 253; *Wegner*, HRRS 2013, 126.
2 Vgl. *Classen* in O/C/N (4. Aufl.), § 6 Rz. 7 ff.; *Oppermann* in O/C/N, § 4 Rz. 8, 25; *Nettesheim* in O/C/N, § 38 Rz. 8; *Herdegen*, EurR § 5 Rz. 1 ff.; ausführlich *Dörr* in Grabitz/Hilf/Nettesheim, Art. 47 EUV Rz. 1 ff.; *Terhechte* in Schwarze, Art. 47 EUV Rz. 3 ff.

oder die „*Justizielle Zusammenarbeit in Strafsachen*" und die „*Polizeiliche Zusammenarbeit*" (Art. 82–89 AEUV – Rz. 116 ff.). Andere Bereiche sind inhaltlich praktisch unverändert geblieben, etwa die Bestimmungen über die Wettbewerbsregeln (dazu § 57 Rz. 16 ff.).

18 **cc)** Trotz des Fortbestands von zwei im Ausgangspunkt alten Verträgen liegt ein entscheidender Vorteil darin, dass das problematische Nebeneinander von zwischenstaatlich konzipierter EU und überstaatlich angelegter EG bzw. EWG mit all den damit verbundenen Problemen[1] beendet ist. Nun gibt es nur noch **eine EU** mit einem zwar differenzierten, aber gleichwohl *einheitlichen* Normsetzungsverfahren. Ein Kompetenzstreit zwischen EU und EG – wie er anlässlich des strafrechtlichen Schutzes der Umwelt und der Weltmeere ausgebrochen war (Rz. 58, 97) – ist damit künftig ausgeschlossen. Der „*Europäische Rat*" – die Staats- und Regierungschefs der Mitgliedstaaten nebst EU-Repräsentanten als grundsätzlich einstimmig beschließende Impulsgeber (Art. 15 EUV n.F., Art. 235 f. AEUV) – ist in seiner Kompetenz klar vom „*Rat*" der EU (vielfach auch als „Ministerrat" bezeichnet; Art. 16 EUV n.F.; Art. 237–243 AEUV) abgegrenzt. Die Neuordnung lässt alle bisherigen Maßnahmen unberührt. Das heißt, erlassene Rechtsakte sind auch unter Geltung des Lissabonner Vertrags weiterhin geltendes Recht, bis sie durch neue Akte auf Grundlage des neuen Primärrechts ersetzt werden.

19 Diese **Klärung der Rechtslage** stärkt einerseits die EU und beschränkt sie andererseits zugleich. Denn durch die relativ klare Kompetenzverteilung und durch den Ausbau des *Subsidiaritätsprinzips* zu einem gerichtlich kontrollierbaren Rechtsinstitut (Rz. 41) wird auch die Position der Mitgliedstaaten gesichert. Die machtvollere Stellung des *Europäischen Parlaments* wird durch eine bessere Einbindung der nationalen Parlamente ergänzt (Art. 12 EUV n.F. und Protokoll Nr. 1). Aber auch die Position der Bürger und Bürgerinnen der EU ist unmittelbar sowohl durch die Grundrechts-Charta (Rz. 14) und die *Unionsbürgerschaft* (besonders Art. 20–23 AEUV) als auch durch verbesserte Mitwirkungsrechte (Art. 10, 11 EUV n.F., Art. 24 AEUV) gestärkt.

Die „Tempel"-Konstruktion der EU als „Dach" über der (starken) EG-„Säule" und zwei (schwachen) Säulen (GASP und PJZ) ist nun durch eine klare, statisch *tragfähige* und durchschaubare *Konstruktion* ersetzt worden. Der EU-Vertrag bildet nunmehr das solide „Sockelgeschoss" (mit einer „Tiefgaragen-Ausfahrt" für Auslandseinsätze), auf dem das „Haus" des AEUV mit seinen zahlreichen (durchaus unterschiedlichen) „Stockwerken" (der einzelnen „Politiken") errichtet ist und in dem die diversen Organe und Institutionen ihren Platz haben.

20 Die in den Römischen Verträgen postulierten **vier Grundfreiheiten** – Freiheit des Warenverkehrs, Freizügigkeit der Personen und Niederlassungsfreiheit, Dienstleistungsfreiheit und Freiheit des Kapital- und Zahlungsverkehrs –, deren Verwirklichung der europäischen Entwicklung die maßgeblichen Impulse gegeben hat, bilden nach wie vor den Kern der EU. Diese primär wirtschaftlich orientierten Freiheiten haben seit dem Vertrag von Maastricht aber durch die Bestimmungen über den **„Raum der Freiheit, der Sicherheit und des Rechts"** eine grundlegende Ergänzung erhalten. Anders als Art. 2 EUV a.F. stellt Art. 3

---

1 Vgl. 4. Aufl., § 5 Rz. 29.

EUV n.F. diesen Raum der Sicherheit und die damit angestrebte „Verhütung und Bekämpfung der Kriminalität" in Abs. 2 noch vor das Ziel des Binnenmarktes (Abs. 3). Damit hat sich die anfänglich begrenzte Wirtschaftsgemeinschaft zu einer umfassenden *Rechts- und Wertegemeinschaft* weiterentwickelt. Die neu gefassten Bestimmungen über die innere Sicherheit (Art. 67–89 AEUV) haben dem Strafrecht einen bedeutenderen Platz im Rechtssystem der EU zugewiesen und für die EU klarere Kompetenzen (aber auch Kompetenz-Schranken) geschaffen (näher Rz. 64, 73 ff., 116 ff.).

dd) Die Frage, ob die von *Deutschland* im Vertrag von Lissabon[1] vereinbarten Zuständigkeitsübertragungen auf die EU mit dem *Grundgesetz vereinbar* sind, hat das **BVerfG** in seiner umfangreich begründeten „**Lissabon-Entscheidung**" vom 30.6.2009 – unter Vorbehalten – bejaht[2]. Diese Entscheidung hat ein breites Echo hervorgerufen, zumal das Strafrecht in der Argumentation des Gerichts eine wichtige Stellung einnimmt[3]. Soweit der Inhalt der *deutschen Begleitgesetze*[4] beanstandet und eine stärkere „Integrationsverantwortung" der deutschen gesetzgebenden Organe angemahnt wurde, ist diesen verfassungsgerichtlichen Anforderungen durch das „Integrationsverantwortungsgesetz (IntVG)" Ende 2009 Rechnung getragen worden[5].

21

ee) Territorial erfasst die EU nicht nur das Hoheitsgebiet aller derzeitigen 28 *Mitgliedstaaten* (Art. 52 EUV n.F.), sondern auch *überseeische Hoheitsgebiete*, wie die Kanarischen Inseln, die Azoren und Madeira, Guadeloupe, Französisch-Guyana, Martinique, Réunion u.a. (Art. 349, 355 Abs. 1 AEUV). Für andere überseeische Gebiete Frankreichs, Großbritanniens, Dänemarks und der Niederlande ist ein Assoziierungsstatus vorgesehen (Art. 198–204 AEUV mit Anhang II, der 25 Gebiete umfasst, von Grönland über St. Helena,

22

---

1 Nach dem BT-Beschl. v. 24.4.2008 und der Zustimmung des BR v. 23.5.2008 ist das dt. ZustimmungsG zum Vertrag von Lissabon erst am 8.10.2008 ausgefertigt und im BGBl. II 1038 v. 14.10.2008 verkündet worden, das G zur Änderung des GG v. 8.10.2008 im BGBl. I 1926.
2 BVerfG v. 30.6.2009 – 2 BvE 2/08 u.a., BVerfGE 123, 267 = NJW 2009, 2267 = JZ 2009, 890 = EuR 2010, 89; zurückhaltender aber jetzt BVerfG v. 6.7.2010 – 2 BvR 2661/06 betr. das „Mangold-Urteil" des EuGH v. 22.11.2005, Slg. 2005 I-9981.
3 Z.B. *Ambos/Rackow*, ZIS 2009, 397; *Böse*, ZIS 2010, 76; *Braum*, ZIS 2009, 418; *Folz*, ZIS 2009, 427; *Frenz/Wübbenhorst*, wistra 2009, 449; *Heger*, ZIS 2009, 406; *Kubiciel*, GA 2010, 99; *Landau*, DVBl. 2012, 1329; *Meyer*, NStZ 2009, 657; *Schünemann*, ZIS 2009, 393; *Spemann*, StraFo 2009, 499; *Suhr*, ZEuS 2009, 678; *Terhechte*, EuZW 2009, 724; *Zimmermann*, Jura 2009, 844; vgl. auch *Satzger*, Lb., § 9 Rz. 7, 35, 38, 50.
4 Die Ausfertigung des sog. AusweitungsG (G über die Ausweitung und Stärkung der Rechte des Bundestages und des Bundesrates in Angelegenheiten der EU) i.d.F. der BT-Drs. 16/8489 v. 11.3.2008 war wegen dieser Verfahren vom Bundespräsidenten zurückgestellt worden.
5 G über die Wahrnehmung der Integrationsverantwortung des Bundestages und des Bundesrates in Angelegenheiten der EU (IntegrationsverantwortungsG – IntVG) v. 22.9.2009, BGBl. I 3022, geänd. durch G zur Umsetzung der Grundgesetzänderungen für die Ratifizierung des Vertrags von Lissabon v. 1.12.2009, BGBl. I 3822; vgl. dazu *von Arnaud/Hufeld*, Systematischer Komm. zu den Lissabon-Begleitgesetzen, 2010.

Bermuda, die Jungfern- und die Falklandinseln bis in die Antarktis). Während *Monaco* und *San Marino* aufgrund ihrer Verträge mit Frankreich bzw. Italien weitgehend eingebunden sind, ohne den Status eines Mitgliedstaats zu haben (Art. 355 Abs. 3 AEUV), gilt vor allem für die (bei Wirtschaftsstraftätern beliebten) *Kanalinseln* und die *Isle of Man* ein Sonderstatus (vgl. Art. 355 Abs. 5 Buchst. c AEUV), der sie – trotz Anwendbarkeit einzelner Regelungen – im Ergebnis als nicht zur EU gehörend erscheinen lässt. Der Beitritt weiterer Staaten, insbesondere – nachdem Kroatien zum 1.7.2013 beigetreten ist – aus dem Bereich des Balkans, ist absehbar (vgl. Art. 49 EUV). Anders als in den früheren Verträgen ist die Möglichkeit eines (einseitigen) Austritts vorgesehen (Art. 50 EUV n.F.).

c) Europäischer Wirtschaftsraum und Schweiz

23 Die EU ist (Haupt-)Teil des **Europäischen Wirtschaftsraums (EWR)** (s. § 5 Rz. 12), der außerdem die restlichen drei EFTA-Staaten *Norwegen*, *Island* und *Liechtenstein* umfasst. Das EWR-Abkommen von 1992/93[1], das rechtlich ein Assoziierungsabkommen nach Art. 310 EGV (bzw. nun Art. 217 AEUV) ist, und eine Freihandelszone (aber keine Zollunion) begründet, hat die Besonderheit, dass es die vier Grundfreiheiten der EG auf diese weiteren EWR-Staaten ausgedehnt und diese zugleich verpflichtet hat, einen großen Teil des (damals) geltenden EG-Rechts (sog. *acquis communautaire* – Rz. 18) zu übernehmen. Die von der EU betriebene rechtliche Harmonisierung geht also über die EU hinaus und die Angehörigen dieser weiteren EWR-Staaten sind weitgehend den EU-Bürgern gleichgestellt. Die Finanzkrise hat Island veranlasst, 2009 einen Beitrittsantrag an die EU zu stellen; die Verhandlungen wurden jedoch nach dem Regierungswechsel im Frühjahr 2013 auf Eis gelegt, da die neue Regierung einen Beitritt ablehnt.

24 Die **Schweiz** hat es nach einer Volksabstimmung 1992 abgelehnt, dem EWR-Abkommen beizutreten. Allerdings hat sie einen Beobachtungsstatus in den EWR-Gremien und ist somit jeweils auf dem aktuellen Stand der Entwicklungen. Für zahlreiche Bereiche hat die Schweiz jedoch *bilaterale Abkommen* mit der EU und den Mitgliedstaaten getroffen, die die Personenfreizügigkeit, Forschung, Land- und Luftverkehr, Öffentliche Aufträge, technische Handelshemmnisse und Landwirtschaft (sog. „Bilaterale Abkommen I") sowie etwa die polizeiliche und justizielle Zuammenarbeit in den Bereichen Asyl und Migration, die Zusammenarbeit zur Aufklärung von Betrugsfällen oder die Umwelt (sog. „Bilaterale Abkommen II") betreffen.[2] Zudem übernimmt die Schweiz in weitem Umfang freiwillig EU-Recht (*„autonomer Nachvollzug"*). In vielen Bereichen ist die Schweiz damit auf Stand der europäischen Gesetzgebung (zu Schengen s. Rz. 28).

---

1 Abk. v. 2.5.1992, BGBl. II 1993, 266 und Anpassungsprotokoll v. 17.3.1993, BGBl. II 1993, 1294 samt EWR-AusführungsG v. 27.4.1993, BGBl. I 512 bzw. v. 27.9.1993, BGBl. I 1666.
2 Näher *Breuss/Cottier/Müller-Graff*, Die Schweiz im Europ. Integrationsprozess, 2008.

2. Europa der "verschiedenen Geschwindigkeiten"

Wie bereits angesprochen (Rz. 9), hat es sich mit der wachsenden Zahl von Mitgliedstaaten als erforderlich erwiesen, manche Integrationsschritte – zumindest vorübergehend – **nur zwischen einzelnen Mitgliedstaaten** zu gehen. Damit wurde den anderen Mitgliedstaaten das Recht zugebilligt, zunächst oder auch dauerhaft *auf bestimmte Regelungen zu verzichten.* Teilweise erwies es sich auch als notwendig, bestimmte Voraussetzungen für einzelne Integrationsschritte vorzusehen, die (noch) nicht von allen Mitgliedstaaten erfüllt werden. Wichtige Fälle dieser differenzierten Entwicklung sind zunächst die Abkommen von *Schengen* (Rz. 26 ff.) und die *Währungsunion* („Euro-Land"; Rz. 33 ff.). Später sind diese rechtlich gesonderten Übereinkommen in den EG-Vertrag integriert worden, wie auch die vertraglich ursprünglich nicht vorgesehene Gestaltungsmöglichkeit als „Verstärkte Zusammenarbeit" (Rz. 9) in die Grundlagenverträge aufgenommen wurde. Auch im Rahmen des *Raums der Freiheit, der Sicherheit und des Rechts* (Rz. 38), insbesondere für den relevanten Bereich der „Justiziellen Zusammenarbeit in Strafsachen" (Rz. 116 ff.), sowie im Bereich der Sicherheits- und Verteidigungspolitik im Rahmen der GASP ist die Möglichkeit zu einer intensiveren Zusammenarbeit zwischen einzelnen Staaten bzw. der Abwesenheit einzelner Staaten eröffnet (Art. 42 Abs. 6, Art. 46 EUV n.F.).

a) „Schengen"

Ein zentrales Anliegen zur Schaffung echter Binnenmarktverhältnisse war der *Abbau der Grenzkontrollen* an den Binnengrenzen. Dieser Prozess wurde eingeleitet durch das zunächst nur zwischen Frankreich, Deutschland und den Benelux-Staaten am 14.6.1985 auf völkerrechtlicher Basis abgeschlossene Übereinkommen „Schengen I", das 1990 durch ein Durchführungsübereinkommen (**„Schengener Durchführungsübereinkommen"** [SDÜ] oder: *Schengen II*") realisiert wurde und im Wesentlichen 1995 in Kraft getreten ist[1]. Das SDÜ enthält u.a. in den Art. 54–58 die erstmalige Festschreibung des bisher nur innerstaatlich geltenden Grundsatzes „ne bis in idem", also eines Doppelstrafverbots, das für mehrere Staaten gilt (näher Rz. 141). Der Verzicht auf *Personenkontrollen* an den Grenzen – Warenkontrollen bleiben zulässig – hat den europäischen Einigungsprozess für jeden EU-Bürger besonders sichtbar gemacht und die Integration auf eine neue Ebene gehoben.

Die Verwirklichung dieses Zieles erforderte nicht nur eine „Vergemeinschaftung" der Bereiche *Asyl und Einwanderung,* sondern auch eine engere polizeiliche Zusammenarbeit zur *Kriminalitätsbekämpfung.* Nachdem in den Maastrichter EU-Vertrag erste Bestimmungen über die „Zusammenarbeit in den Bereichen Justiz und Inneres" (ZBJI) aufgenommen worden waren, brachte der Vertrag von Amsterdam die Einbeziehung des sog. *Schengen-Besitzstandes,* teils in den EG-Vertrag (Art. 61–69), teils – soweit das Strafrecht betroffen war – in den EU-Vertrag (Art. 29–42). In Art. 29 EUV a.F. war erstmals als Ziel der

---
1 Übk. v. 19.6.1990, G v. 15.7.1993, BGBl. II 1993, 1010 m. mehrfachen Änderungen (= *Esser,* A 7).

Union formuliert, einen **„Raum der Freiheit, der Sicherheit und des Rechts"** zu schaffen und neben den gemeinsamen Institutionen *„Europol"* (Rz. 152) und *„Eurojust"* (Rz. 161) auch die „Annäherung der Strafvorschriften der Mitgliedstaaten", „soweit dies erforderlich ist", zu betreiben. Der Vertrag von Lissabon hat den Sicherheitsraum im Anschluss an die Bestimmungen über die vier Grundfreiheiten und noch vor den Regeln über Verkehr und Wettbewerb als Titel V des III. Teils – Interne Politiken der Union – in den **Art. 67–89 AEUV** neu geregelt; im 4. Kapitel (Art. 82–86 AEUV) ist die „Justizielle Zusammenarbeit in Strafsachen" (entsprechend den Vorgaben der Art. III-270 ff. VVE) festgeschrieben (näher Rz. 116 ff.).

28 **Territorial** ist „Schengen" zu einer Erfolgsgeschichte geworden: Inzwischen gelten die Schengen-Regeln grundsätzlich in *allen Mitgliedstaaten* (jedoch meist ohne überseeische Territorien). Nur *Großbritannien und Irland* haben sich durch Vorbehalte teilweise verweigert und beschränken sich auf eine partielle (Rz. 38) Beteiligung an der justiziellen und polizeilichen Zusammenarbeit. *Bulgarien* und *Rumänien* sind am 1.1.2007 dem Schengen-Raum beigetreten. Der für den 15.10.2010 terminierte Wegfall der Personenkontrollen wurde indes – auch aufgrund deutscher Intervention – mehrfach verschoben. Nun soll in einem Zwei-Punkte-Programm dieses Ziel schrittweise erreicht werden. Zunächst sollen die Personenkontrollen zu Luft und Wasser in Bulgarien und Rumänien abgeschafft werden und daraufhin schließlich auch die Kontrollen an den Landesgrenzen. *Zypern* kann erst nach Überwindung der Teilung am Schengen-Raum teilnehmen. Über Assoziationsabkommen sind vier Nicht-EU-Staaten in den Schengen-Raum einbezogen, nämlich die EWR-Staaten *Norwegen, Island* und (seit dem 19.12.2011) *Lichtenstein* sowie – nach positiver Volksabstimmung – seit Dezember 2008 sogar die *Schweiz*.

29 Von praktischer Wichtigkeit ist das auf Art. 92 SDÜ beruhende **„Schengener Informations-System"** (SIS, teilweise wegen der Integration des Schengen-Besitzstandes in den Rechtsrahmen der EU auch „Europäisches Informationssystem" – EIS genannt), eine Gemeinschaftseinrichtung mit Sitz in Straßburg, in der die polizeilichen Daten zur Sicherung der Außengrenzen verwaltet werden und insbesondere Ausschreibungen zur Personenfahndung erfasst werden (§ 8 Rz. 49 ff.). Die Zentralstelle in Straßburg firmiert unter dem Namen *„Central Schengen Information System"* (C.SIS) und wird in jedem Mitgliedsstaat durch nationale Systeme (*„National Schengen Information System"* – N.SIS) ergänzt. Jedes Land hat nationale Büros, sog. SIRENE-Büros (Supplementary Information Request at the National Entry), als zentrale innerstaatliche Kontaktstellen zu errichten. In Deutschland ist dies das BKA in Wiesbaden. Der fortgesetzt ausgebaute Verbund von Datenbanken hat sich trotz mancher Kritik bewährt. Im April 2013 ging das erweiterte Informationssystem (SIS II) in Betrieb, das auch die Verarbeitung biometrischer Daten ermöglicht (s. auch Rz. 185).

30 Eine große Herausforderung für den Schengen-Raum stellt die steigende Anzahl der *illegalen Immigranten* nach Europa und der hohe Umfang der *grenzüberschreitenden Kriminalität* dar. Infolgedessen haben die europäischen Institutionen Verhandlungen über die Errichtung eines **Europäischen Grenzüberwachungssystems** (European Border Surveillance System – EUROSUR) begonnen. Dessen Ziel ist eine verbesserte Kommunikation zwischen den Mit-

gliedstaaten sowie der „Europäischen Agentur für die operative Zusammenarbeit an den Außengrenzen der Mitgliedstaaten der Europäischen Union" *Frontex*, insbesondere um die Bekämpfung illegaler Immigration und grenzüberschreitender Straftaten zu intensivieren. Frontex wurde bereits 2004 mit Sitz in Warschau zur Sicherung der Außengrenzen und der besseren Koordination der Zusammenarbeit der Mitgliedstaaten errichtet[1].

Ergänzt werden die Schengener Maßnahmen durch den **Vertrag von Prüm** – teilweise deswegen auch „Schengen III" genannt –, den zunächst sieben EU-Staaten (Belgien, Deutschland, Frankreich, Luxemburg, Österreich, Niederlande und Spanien) am 27.5.2005 geschlossen haben[2]. Inzwischen sind Finnland, Slowenien und Ungarn sowie Norwegen beigetreten; weitere EU-Staaten hatten zudem ihre Beitrittsabsicht bekundet (die wegen der Integration des Vertrags in das Unionsrecht – s. unten sowie Rz. 184 – jedoch weitgehend obsolet wurde). Das deutsche Umsetzungsgesetz datiert vom 10.7.2006[3]. Rechtlich ist der Prümer Vertrag außerhalb der EG/EU geschlossen worden, stand allerdings allen EU-Staaten zum Beitritt offen (Art. 1 Abs. 2) und sah bei Bewährung eine Übernahme in die EG/EU vor; die Vertragspartner wollten ausweislich der Präambel eine Vorreiterrolle übernehmen. Es wurde ein eigenständiges Ministerkomitee gegründet, das zur Durchführung des Vertrages Mehrheitsbeschlüsse fassen kann. Zwischenzeitlich ist eine **Überführung** des wesentlichen (aber nicht gesamten) Vertragsinhalts **in den Rechtsrahmen der EU** durch *Ratsbeschluss* vom 23.6.2008[4] erfolgt (Rz. 184). Soweit der Vertrag weitergehende Verpflichtungen zwischen den Vertragsparteien enthält, gelten diese weiterhin. So sieht beispielsweise Art. 25 des Prümer Vertrags als Maßnahme bei gegenwärtiger Gefahr vor, dass Beamte einer Vertragspartei in dringenden Eilfällen ohne vorherige Zustimmung der anderen Vertragspartei die gemeinsame Grenze überschreiten dürfen, um im grenznahen Raum vorläufige Maßnahmen zur Abwehr einer gegenwärtigen Gefahr für Leib oder Leben zu treffen. Aufgrund der Vorbehalte des Vereinigten Königreichs und Irlands wurde diese Regelung nicht in das EU-Recht überführt.

Inhaltlich schafft das Prümer Abkommen vor allem eine *Rechtsgrundlage für* einen **Datenaustausch**: Es ermöglicht den Ermittlungsbehörden eines Vertragsstaats den unmittelbaren Zugriff auf Datenbanken der anderen Vertragsstaaten, um insbesondere *Fingerabdrücke*, *DNA-Muster* und *Kfz-Daten* automatisch abzugleichen und damit die tatsächliche Grundlage für den weiteren Austausch von Personendaten zu schaffen (Rz. 184; § 8 Rz. 110). Die ersten erfolgreichen Anwendungen laufen – ungeachtet datenschutzrechtlicher Kritik – seit 2008. Daneben enthält der Prümer Vertrag Regelungen „über die *Vertiefung der grenzüberschreitenden Zusammenarbeit*, insbesondere zur Bekämpfung des Terrorismus, der grenzüberschreitenden Kriminalität und der illegalen Mi-

---

1 Vgl. VO (EG) 2007/2004 v. 26.10.2004, ABl. EU Nr. L 349 v. 25.11.2004, 1, geändert durch VO (EG) 1168/2011 v. 25.11.2011, ABl. EU Nr. L 304 v. 22.11.2011, 1. Dazu *Seehase*, Die Grenzschutzagentur FRONTEX, 2013.
2 Dt. ZustG v. 10.7.2006, BGBl. II 2006, 626; vgl. Satzger, Lb., § 9 Rz. 49 ff.
3 BGBl. I 1458; dazu *Papayannis*, ZEuS 2008, 219.
4 Ratsbeschl. 2008/615/JI, ABl. EU Nr. L 210 v. 6.8.2008, 1.

gration", über Flugsicherheitsbegleiter, Dokumentenberater, gemeinsame Polizei-Einsätze, Katastrophenhilfe usw.

b) Währungsunion

33 **aa)** Eine besondere Ausprägung einer „Verstärkten Zusammenarbeit" innerhalb der EU ist die **„Europäische Währungsunion"** (EWU), die ihren Anfang ebenfalls außerhalb des EWG-Vertrags genommen hatte. Die in Maastricht in den EG-Vertrag eingefügten[1] und in Amsterdam modifizierten Regelungen[2] sind in Lissabon (ohne die überholten Übergangsvorschriften) nun in die Art. 3 Abs. 4 EUV n.F., Art. 5 Abs. 1, 119–144 AEUV übernommen worden.

Die innerhalb der EG/EU am 1.1.1999 in Kraft getretene Währungsunion zwischen zunächst 11 Mitgliedstaaten[3], zu denen 2001 Griechenland (unter falschen Voraussetzungen) als 12. Mitglied getreten ist, hat dazu geführt, dass – nach Durchlaufen mehrerer Vorbereitungsstufen seit 1989 – Anfang 2002 anstelle der bisherigen nationalen Währungen die Gemeinschaftswährung „**Euro**" als *gesetzliches Zahlungsmittel* eingeführt wurde. Inzwischen hat sich die „Euro-Zone" auf 17 Mitgliedstaaten erweitert[4].

34 Die **„Vergemeinschaftung"** der Geldpolitik unter einer *Europäischen Zentralbank* ist zweifelsohne ein besonders weitreichender Schritt der europäischen Integration. Der Schutz der Gemeinschaftswährung hat auch *gemeinsame strafrechtliche Maßnahmen* erforderlich gemacht (Rz. 134).

Die Ersetzung der DM durch den Euro hatte zur Folge, dass nicht nur zahllose zivil- und wirtschaftsrechtliche und steuer-, sozial- und verfahrensrechtliche Regelungen auf die neue Währung *umgestellt* werden mussten; auch in fast *allen Straf- und Bußgeldbestimmungen* musste die angedrohte Sanktion geändert werden. Die auf mehrere Gesetze verteilte Umstellungsgesetzgebung ist in Deutschland seit 2003 abgeschlossen.

35 **bb)** Wesentliches Element und zentrale Institution der Währungsunion ist die selbstständige **„Europäische Zentralbank"** (**EZB**) mit Sitz in Frankfurt/Main – was die subsidiäre Anwendbarkeit deutschen Rechts auf deren internen Rechtsverhältnisse zur Folge hat. Die EZB bildet zusammen mit den – ebenfalls unabhängigen – Zentralbanken aller Mitgliedstaaten der „Euro-Zone" das „Europäische System der Zentralbanken" (ESZB) und hat über die Stabilität der Gemeinschaftswährung im Gebiet der gemeinsamen Währung zu wachen. Zur Sicherung ihrer Unabhängigkeit ist die EZB, wie die davon zu unterscheidende, seit 1958 bestehende *Europäische Investitionsbank* (EIB) in Luxemburg (Art. 9, 266 f. EGV/Art. 308 f. AEUV), kein originäres Organ der EU, sondern eine „eingegliederte unabhängige *EU-Sondereinrichtung*"[5] mit eigener Rechtspersönlichkeit.

36 Im Rahmen der ihr übertragenen währungspolitischen Aufgaben hat auch die EZB **eigene Rechtsetzungsbefugnisse**, kann also nicht nur verbindliche Beschlüsse, sondern auch eigene (abstrakte) VO (mit unmittelbarer Geltung in al-

---

1 Art. B Spiegelstrich 1 EUV i.d.F. v. 1992; Art. 3a, 4a, 102a–109m EGV.
2 Art. 2 Spiegelstrich 1 EUV i.d.F. von 1997; Art. 4, 8, 98–124 EGV.
3 Die sechs EWG-Gründerstaaten Belgien, Niederlande, Luxemburg, Frankreich, Deutschland, Italien sowie Irland, Spanien, Portugal, Österreich und Finnland.
4 Slowenien (2007), Malta und Zypern (2008), Slowakei (2009), Estland (2011).
5 So *Nettesheim* in O/C/N, § 18 Rz. 14, 15.

len Mitgliedstaaten) erlassen (Art. 132 AEUV, zuvor Art. 110 EGV). Zu deren Durchsetzung kann sie *Bußgelder* verhängen und hat damit Sanktionsgewalt (Rz. 72). Die gleichsam exterritoriale Rechtsstellung der EZB im Verhältnis zur Bundesrepublik ist durch einen gesonderten (völkerrechtlichen) Vertrag geregelt[1]. Die Rechtsakte der EZB unterliegen wie die Akte der originären Organe der EU der Kontrolle durch den EuGH (Art. 263 AEUV; früher Art. 230 EGV).

cc) Die *Finanzkrise* hat die Wirtschafts- und insbesondere die Währungsunion vor große Herausforderungen gestellt. Als Reaktion auf die anhaltende Finanz- und Wirtschaftskrise im europäischen Raum hat die EU verschiedene Maßnahmen zur Stabilitätssicherung erlassen.[2] Über den „*Europäischen Stabilitätsmechanismus*" (ESM), dem eine völkerrechtliche Vereinbarung der Mitgliedstaaten zugrunde liegt, können in Not geratenen Mitgliedstaaten Finanzhilfen gewährt werden.[3] Diese Vereinbarung löst die befristeten Maßnahmen der „Europäischen Finanzstabilisierungsfazilität" als langfristig gedachter „Rettungsschirm" ab. Besondere Bedeutung hat auch der am 2.3.2012 beschlossene und am 1.1.2013 in Kraft getretene „**Vertrag über Stabilität, Koordinierung und Steuerung in der Wirtschafts- und Währungsunion**" (SKS-Vertrag)[4]. Da das Vereinigte Königreich und die Tschechische Republik ihre Mitwirkung verweigerten, wurde die Maßnahme von den (damals) übrigen 25 Mitgliedstaaten als völkerrechtlicher Vertrag als Sonder-Unionsrecht unter Inanspruchnahme von Unionsorganen im Rahmen der verstärkten Zusammenarbeit (Art. 20 EUV, Art. 326 ff. AEUV, Rz. 9) geschlossen. Die Zustimmung zum SKS-Vertrag ist Voraussetzung, um Darlehen aus dem ESM-Mechanismus beziehen zu können. Der Vertrag unterscheidet zwischen den 17 Staaten der Euro-Zone, für die die Regelungen vollumfänglich gelten, sowie den übrigen Staaten der EU (denen allen, auch dem Vereinigten Königreich und der Tschechischen Republik, der Beitritt offensteht), für die die Regelungen nur eingeschränkte Geltung haben. Die im Vertrag vorgesehenen Maßnahmen und Inhalte (auch als „*Europäischer Fiskalpakt*" bezeichnet) basieren auf dem Vertrag von Maastricht (maximales jährliches Haushaltsdefizit von 3 %; maximale Staatsverschuldung von 60 % gemessen am BIP) und sollen die Ausgaben und Schulden begrenzen (Einführung von „Schuldenbremsen"); als Neuerung ist ein automatischer Sanktionsmechanismus vorgesehen (Art. 3 SKS-Vertrag).

c) Raum der Freiheit, der Sicherheit und des Rechts

Eine **gesplittete Entwicklung** besteht auch im Bereich des Titel V des Lissabonner Vertrags zum Raum der Freiheit, der Sicherheit und Rechts (Rz. 20, 116 ff.).

---

1 Abk. v. 18.9.1998 m. ZustG v. 19.12.1998, BGBl. II 2995 und ergänzendem Abk. v. 24.8.2007, in Kraft seit 4.2.2008, BGBl. II 2008, 240.
2 Vgl. näher *Antpöhler*, ZaöRV 72 (2012), 352; *Müller-Franken*, NVwZ 2012, 1201; *Ruffert*, CMLRev. 48 (2011), 1777. Zu Maßnahmen der EZB *Thiele*, Das Mandat der EZB und die Krise des Euro, 2013.
3 Vgl. zum dt. ZustG die Entscheidung des BVerfG v. 12.9.2012 – 2 BvE 6/12 u.a. = BVerfGE 132, 195 = NJW 2012, 3145 im Eilsacheverfahren, das Hauptsacheverfahren ist noch nicht abgeschlossen.
4 BGBl. II 2012, 1006.

Das *Vereinigte Königreich* hat sich – neben den Vorbehalten bei der Grundrechtscharta (Rz. 14) – für die Erweiterung der Gemeinschaft im straf- und polizeirechtlichen Bereich sowie insbesondere im Asylbereich ein weitgehendes Opt-Out ausbedungen, um im Wesentlichen den Rechtsstand des Maastrichter Vertrags festzuschreiben. Zum einen nimmt es grundsätzlich nicht am Raum der Freiheit, Sicherheit und des Rechts teil[1]. Zudem konnte das Land bis zum 31.5.2014 darüber entscheiden[2], ob es an die im Bereich der polizeilichen Zusammenarbeit und der justiziellen Zusammenarbeit in Strafsachen vor Inkrafttreten des Lissabonner Vertrags vom Rat einstimmig erlassenen Regeln, die bis zum 1.12.2014 noch nicht der Jurisdiktion des EuGH unterlagen[3], gebunden sein oder ob das Land sich diesen Regeln (und damit der europäischen Gerichtsbarkeit) entziehen möchte[4]. Bereits am 24.7.2013 hat die britische Regierung dem Rat mitgeteilt, dass sie das Opt-Out wahrnimmt, und bis zum Ablauf der Frist daran festgehalten. Allerdings hat sie sich zugleich dafür entschieden, einzelnen Maßnahmen wieder beizutreten (selektives Opt-In). Da dieses Opt-In die wichtigsten Maßnahmen wie Schengen und den Europäischen Haftbefehl umfassen soll,[5] wäre das Opt-Out vor allem ein politisches Signal mit begrenzten rechtlichen Wirkungen. Ähnlich wie das Vereinigte Königreich ist *Irland* grundsätzlich nicht am Raum der Freiheit, Sicherheit und des Rechts beteiligt[6]. *Dänemark*, das wie bereits vor dem Lissabonner Vertrag nicht am Raum der Freiheit, Sicherheit und des Rechts beteiligt ist, kann sich wie das Vereinigte Königreich und Irland für ein einzelfallbezogenes Opt-In entscheiden[7]. Dieses „Europa à la carte" macht nicht nur die Rechtslage unübersichtlich und verkompliziert die Rechtsanwendung, sondern führt auch zu einer Renationalisierung des Rechts, die der Idee eines einheitlichen Rechtsraums zuwiderläuft.

II. Rechtsetzungskompetenz

39 Das, was die EU von anderen internationalen Institutionen in besonderem Maße abhebt, ist die ihr übertragene Befugnis zur eigenen Rechtsetzung durch Unionsorgane und zur Auslegung dieses Rechts mithilfe einer eigenen Gerichtsbarkeit. Dadurch kennzeichnet sich die EU – wie früher schon die EG – als „Rechtsgemeinschaft". Das europäische Primärrecht (Rz. 8) bestimmt im Einzelnen, in welchen Sachgebieten, in welcher Form und unter welchen Voraussetzungen und vor allem mit welchen Rechtswirkungen die Unionsorgane eigenes „Europäisches Recht" – das sog. europäische Sekundärrecht – setzen dürfen. Dieses gemeinschaftliche (supranationale) Recht bestimmt in weiten

---

1 Art. 3 f. Protokoll Nr. 21 zum Lissabonner Vertrag.
2 § 10 Protokoll Nr. 36 zum Lissabonner Vertrag.
3 Vgl. die Liste der erfassten Maßnahmen im Dokument der Kommission SWD(2014) 109 final v. 14.3.2014.
4 Dazu *Hinarejos/Spencer/Peers*, Opting out of EU Criminal law. What is actually involved?, CELS Working Paper, New Series, No. 1 (September 2012), www.cels.law.cam.ac.uk/publications/working_papers.php; *Zeder*, EuR 2013, 454.
5 Vgl. zum Stand der Opt-In-Überlegungen Ratsdok. 10168/14 v. 16.6.2014.
6 Art. 3 f. Protokoll Nr. 21 zum Lissabonner Vertrag.
7 Art. 4 Protokoll Nr. 22 zum Lissabonner Vertrag.

Teilen meist mittelbar, vereinzelt aber auch unmittelbar das deutsche (Wirtschafts-)Strafrecht (im weiteren Sinne) (näher Rz. 60 ff.).

a) Für diese Europäische Rechtsetzung gilt – von Anfang an – das **Prinzip der begrenzten Einzelermächtigung** (Art. 5 Abs. 1, 2 EUV n.F. und Art. 7 AEUV; vorher Art. 5 EGV). Der europäische Gesetzgeber ist für einen bestimmten Bereich nur dann zuständig, wenn ihm ausdrücklich eine Ermächtigung eingeräumt wurde, sodass nicht wie in den nationalen Rechten üblich eine Allzuständigkeit (des Parlaments) besteht. Dies hat auch zur Folge, dass jede europäische Maßnahme die zugrunde liegende Ermächtigungsnorm ausdrücklich benennen muss. In den Ermächtigungsnormen der Verträge ist jeweils geregelt, in welchem Verfahren und unter welchen Voraussetzungen die EU-Organe Rechtsakte erlassen dürfen. Die Wahl des Instruments ist oft freigestellt („Maßnahmen", „RL oder VO", z.B. Art. 46, 103 AEUV; vgl. dazu auch Art. 296 Abs. 1 AEUV).

40

Diese Kompetenzbeschränkung wird ergänzt zum einen durch das – im Lissabonner Vertrag erheblich ausgebaute und nun *gerichtlich überprüfbare* – **Subsidiaritätsprinzip** (Art. 5 Abs. 2, 3 EUV n.F.; Protokoll Nr. 2). Darüber hinaus sind Bundestag und Bundesrat gemäß dem erwähnten (Rz. 21) *Integrationsverantwortungsgesetz* berechtigt und ggf. verpflichtet, auch aufgrund einer Minderheit von 25 %, gegen einen gegen das Subsidiaritätsprinzip verstoßenden Unions-Rechtsakt Klage zum EuGH zu erheben (Art. 23 Abs. 1a GG, Art. 12 IntVG). Zum anderen wird die Rechtsetzungskompetenz der EU durch das **Prinzip der Verhältnismäßigkeit** (Art. 5 Abs. 4 EUV n.F.; Protokoll Nr. 2, besonders Art. 8) sachlich beschränkt. Auch dieses Kriterium unterliegt der Kontrolle des EuGH.

41

Allerdings hat der EuGH zur Bestimmung der Reichweite der primärrechtlichen Ermächtigung schon früh **Auslegungsmaßstäbe** entwickelt, die unter den Schlagworten *„effet utile"* und *„implied powers"* eine Kompetenzerweiterung durch Lückenfüllung über den Wortlaut des Vertrages hinaus bewirkt haben[1]. Auch wenn diese Auslegungsargumente dem EuGH weiterhin zur Verfügung stehen, wird die Neuregelung der Kompetenzverteilung und der Gesetzgebungsverfahren durch den Lissabonner Vertrag wohl dazu führen, dass sie seltener bemüht werden müssen als früher.

42

Das auf diese Weise gesetzte Gemeinschafts- bzw. Unionsrecht hat ohne Weiteres **Vorrang vor dem einzelstaatlichen Recht** (näher Rz. 81 ff.), auch vor dem einzelstaatlichen Verfassungsrecht samt Grundrechten. Dieser vom EuGH stets betonte Vorrang des gemeinschaftlichen Rechts als unverzichtbares – und daher den Verträgen immanentes – Mittel zur Erreichung der Vertragsziele ist eine entscheidende Ursache für die Effektivität des bisher vollzogenen Integrationsprozesses[2], aber auch Quelle schwieriger verfassungsrechtlicher Fragen,

43

---

1 Vgl. *Nettesheim* in O/C/N, § 11 Rz. 8, 11; *Haratsch/Koenig/Pechstein*, Rz. 171, 180; *Lienbacher* in Schwarze, EU-Komm., Art. 5 EUV Rz. 9; *Schwarze* in Schwarze, EU-Komm., Art. 19 EUV Rz. 30 ff., 38.
2 Vgl. *Kulms*, Der Effktivitätsgrundsatz, 2013.

die immer wieder dem BVerfG zur Entscheidung vorlagen[1]. Auch nachträglich von einem Mitgliedstaat gesetztes Recht, das in sachlichem Widerspruch zum Unionsrecht steht, ist unwirksam. Die in Art I-6 VVE vorgesehene ausdrückliche Festschreibung dieses Grundsatzes ist zwar so nicht in den Lissabonner Vertrag übernommen worden, aber gilt gleichwohl, wie in der Erklärung Nr. 17 zum Vertrag ausdrücklich festgehalten ist[2].

44 b) Darüber hinaus wird das Prinzip der Einzelermächtigung durch eine **subsidiäre Generalermächtigung** – auch „Abrundungsklausel" oder „Flexibilitätsklausel" (so § 8 IntVG) genannt – zur Vertragslückenfüllung ergänzt[3]. Die ursprünglich in Art. 235 EWGV, dann in Art. 308 EGV und nun in *Art. 352 Abs. 1 AEUV* vereinbarte – im alten EUV nicht vorhandene – Regelung ermächtigt den Rat, für den Fall, dass zur Verwirklichung der Vertragsziele ein Tätigwerden der Union „erforderlich" erscheint, der Vertrag die dafür vorausgesetzten Befugnisse aber nicht enthält, auf Vorschlag der Kommission und mit Zustimmung (früher: nur Anhörung) des Europäischen Parlaments *einstimmig* „die geeigneten Vorschriften" zu erlassen (dazu Erklärungen Nr. 41 und 42)[4].

45 Auf dieser – politisch oft umstrittenen, aber weitsichtigen – Rechtsgrundlage sind in der Vergangenheit **wichtige Gemeinschaftsakte** erlassen worden[5], etwa die VO über den „Regionalen Entwicklungsfonds" und das „Europäische Währungssystem" (als Vorläufer der EWU – Rz. 33), über Europäische Gesellschaftsformen (§ 23 Rz. 77, 82, 89, 96), die Fusionskontrolle (§ 57 Rz. 37, 48), die Gemeinschaftsmarke (§ 60 Rz. 52a, 76) oder den Schutz finanzieller Interessen (Rz. 104). Der Lissabonner Vertrag hat – in Fortführung des VVE (Art I-18) einige Beschränkungen (Abs. 2–4) angefügt. – Das *BVerfG* hat im Anschluss an seine Erwägungen im „Maastricht-Urteil" in seiner „Lissabon-Entscheidung" (Rz. 21) herausgestellt, dass diese Ermächtigungsnorm im Lissabonner Vertrag umfassender und dadurch auch unbestimmter geworden sei, weshalb der deutsche Vertreter einem solchen EU-Rechtsakt nur zustimmen dürfe, wenn zuvor Bundestag und Bundesrat ein entspre-

---

1 Dazu schon die „Solange"-Rspr. des BVerfG; vgl. *Nettesheim* in O/C/N, § 9 Rz. 14 ff. m.Nw.; vgl. auch *Böse*, Vorrang des UnionsR?, in FS Tiedemann, 2008, S. 1321 ff.; s. zudem die Lissabon-Entscheidung BVerfG v. 30.6.2009 – 2 BvE 2/08 u.a., BVerfGE 123, 267 (Rz. 21); sowie BVerfG v. 6.7.2010 – 2 BvR 2661/06 – Honeywell/Mangold, BVerfGE 126, 286 und die einstweilige Anordnung BVerfG v. 12.9.2012 – 2 BvR 1824/12 zum ESM-Vertrag.
2 Das BVerfG stellt im Lissabon-Urt. (Rz. 21) heraus, dass der Anwendungsvorrang ein „völkervertraglich übertragenes, demnach abgeleitetes Institut" sei und die „verfassungsrechtlich gebotene Reservekompetenz des BVerfG" nicht tangiert werde (Tz. 339, 341); vgl. den Überblick bei *Nettesheim* in O/C/N, § 9 Rz. 24 ff.
3 Vgl. *Nettesheim* in O/C/N, § 11 Rz. 8 f.; *Herdegen*, EurR, § 8 Rz. 63 f.; *Haratsch/Koeing/Pechstein*, Rz. 169 f.
4 Eine Ausdehnung von Art. 308 EGV auf den EUV (GASP) hatte der EuGH (in Abweichung zum EuG) abgelehnt: EuGH v. 3.9.2008 – Rs. C-402/05 – Kadi/Nichtigkeit der VO 881/2002 zu Umsetzung der Resolution 1390 (2002) des UN-Sicherheitsrats betr. Sanktionen gegenüber Al-Quaida/Taliban, NVwZ 2009, 295 (Ls).
5 Ausführlich *Streinz*, EUV/AEUV, Art. 352 Rz. 40, 56 ff.; *Winkler* in Grabitz/Hilf/Nettesheim, Art. 352 AEUV Rz. 1 ff. (Stand 10/2011); *Geiss* in Schwarze, EU-Komm., Art. 352 EGV Rz. 1 ff. S. auch *Schwartz* in v. der Groeben/Schwarze, Art. 308 EGV, bes. Rz. 61 ff., 216 ff.

chendes Gesetz gem. Art. 23 Abs. 1 Satz 2 GG beschlossen haben[1]. Diese Vorgabe ist nunmehr in § 8 IntVG gesetzlich geregelt. Dies wirft Probleme auf, etwa bei der geplanten Europäischen Privatgesellschaft SPE (§ 23 Rz. 77).

c) Gemeinschafts- bzw. Unionsrecht ist auch immer wieder durch den Abschluss weiterer **völkerrechtlicher Verträge** entstanden. Dabei sind die Mitgliedstaaten einerseits als „Herren der Verträge" kraft ihrer (verbliebenen) Souveränität befugt, auch ohne jede vorherige Ermächtigung neue Verpflichtungen untereinander einzugehen und weitere Befugnisse auf die Unionsorgane zu übertragen. Der *Vertrag von Prüm* (Rz. 31) sowie die verschiedenen *Rettungspakte zur Bekämpfung der Finanzkrise* (Rz. 37) sind nur ein Beispiel aus jüngerer Zeit. Dazu kommen zahlreiche Verträge, an denen Drittstaaten beteiligt sind. Außerdem hat die EG von Anfang an und nunmehr die EU im Rahmen ihrer Zielsetzung eine eigene *Zuständigkeit* für die Gestaltung ihrer *Außenbeziehungen* in Anspruch genommen und ist selbst Vertragspartner vieler internationaler Verträge geworden. Diese durch die Verträge von Maastricht und Amsterdam gestärkte Zuständigkeit ist nun im 5. Teil des AEUV (Art. 205–222) näher geregelt.

46

d) **Maßgebliches Veröffentlichungsorgan** des Gemeinschaftsrechts bzw. nun Unionsrecht war das *Amtsblatt der Europäischen Gemeinschaft*, das sich seit dem 1.2.2003 „*Amtsblatt der Europäischen Union*" (ABl.) nennt. Alle Gesetzgebungsakte werden hierin veröffentlicht (Art. 297 Abs. 1 AEUV). Es erscheint in nunmehr 24 Amtssprachen der Union[2].

47

Die *Ausgabe „L"* (= Leges/Gesetze) enthält die verbindlichen Rechtsakte, während in der *Ausgabe „C"* (Communicationes/Bekanntmachungen) die sonstigen amtlichen Verlautbarungen der Europäischen Organe – Aktionsprogramme, Stellungnahmen, Entschließungen, Erklärungen, Empfehlungen usw. (sog. *soft law*) – einschließlich der völkerrechtlichen Übereinkommen und der amtlichen Verordnungs- und RL-Entwürfe veröffentlicht werden. Die Ausgabe „S." (Supplement) enthält gesellschaftsrechtliche Bekanntmachungen und europaweite Ausschreibungen. Alle Dokumente sind inzwischen auf elektronischem Wege einsehbar.

1. Instrumente der Rechtsetzung

Wie bereits angesprochen (Rz. 6), haben sich die *Rechtsinstrumente* des alten EU-Vertrags von denen des EG-Vertrags in ihrer Benennung – und teilweise auch in ihren Voraussetzungen und Wirkungen – unterschieden[3]. Der Vertrag von Lissabon hat diese Instrumente – im Anschluss an den VVE – wieder **vereinheitlicht** und ist dabei im Wesentlichen zu den im EWG-Vertrag gewählten Bezeichnungen zurückgekehrt.

48

Damit sind die besonderen Bezeichnungen für Rechtsakte im bisherigen EU-Vertrag, insbesondere die „Gemeinsame Aktion" und der „Gemeinsame Standpunkt" im Rahmen der GASP (Art. 12–14 EUV a.F.) und der „Gemeinsame Standpunkt" und „RB" im Rah-

---

1 BVerfG v. 30.6.2009 – 2 BvE 2/08 u.a., BVerfGE 123, 267 (oben Rz. 21), Rz. 327, 328, 417; eine begrenzte Tragweite dieser Einschränkung befürwortet *Basedow*, EuZW 2010, 41.
2 Näher *Nettesheim* in O/C/N, § 5 Rz. 8 ff. sowie die Kommentare zu Art. 290 EGV bzw. Art. 342 AEUV.
3 Näher 4. Aufl., § 5 Rz. 53 ff., 59.

men der PJZ (Art. 34 Abs. 2 EUV a.F.)[1] entfallen, ebenso die dort vorgesehene Handlungsform des „Übereinkommens". Während die bisherigen Verträge für die Europäische Normsetzung den Begriff der „*Gesetzgebung*" vermieden und immer nur von „Maßnahmen" oder „Rechtsakten" gesprochen haben, ist diese Zurückhaltung im Lissabonner Vertrag teilweise überwunden worden: Fortgesetzt ist – wie im VVE – vom „Gesetzgeber", von „Gesetzgebungsakten" und vom (ordentlichen oder besonderen) „Gesetzgebungsverfahren" die Rede. Dagegen sind die in Art. I-33 VVE vorgesehenen neuen Begriffe „Europäisches Gesetz" und „Europäisches Rahmengesetz" nicht in den Lissabonner Vertrag übernommen worden; vielmehr hat man es in Art. 288 AEUV insoweit bei der Terminologie des Art. 249 EGV belassen.

49 *Art. 288 AEUV* stellt – in Übereinstimmung mit Art. 249 EGV – den Unionsorganen zur eigentlichen Rechtsetzung mit Außenwirkung *drei unterschiedliche Instrumente* zur Verfügung:

- die **Verordnung** (VO), die in allen Teilen allgemeine *Geltung unmittelbar* in jedem Mitgliedstaat beansprucht und damit auch für jeden einzelnen Marktbürger bzw. nunmehr Unionsbürger verbindlich ist (Art. 288 Abs. 2 AEUV), der Sache nach also den Rang eines *Europäischen Gesetzes* hat,

- die **Richtlinie** (RL), die sich (zunächst) nur an die Mitgliedstaaten richtet und diesen innerhalb der vorgegebenen Umsetzungsfrist die Wahl hinsichtlich der Form und der Mittel überlässt, mit denen das verbindlich vorgegebene Ziel erreicht werden soll (Art. 288 Abs. 3 AEUV) – also ein Europäisches *Rahmengesetz* – und

- den ebenfalls verbindlichen **Beschluss** (Abs. 4), der an die Stelle der „Entscheidung" und vieler anders genannten Handlungsformen (Gemeinsamer Standpunkt, Gemeinsame Aktion usw.) des alten EU-Vertrags getreten ist. Er dient primär der internen Steuerung, indem die Organe damit ihr weiteres Verhalten festlegen; häufig richtet er sich aber auch an alle (oder einzelne) Mitgliedstaaten und bedarf dann regelmäßig ebenfalls einer Umsetzung in innerstaatliches Recht.

Ergänzt wird dieses Instrumentarium wie bisher durch die – unverbindlichen – *Empfehlungen* und *Stellungnahmen* (Abs. 5).

50 Der Ausdruck „VO" für das unmittelbar geltende Unionsrecht ist insofern irreführend, weil er leicht die Vorstellung einer dem Gesetz untergeordneten Rechtsverordnung (i.S. von Art. 80 GG) hervorruft. Tatsächlich handelt es sich um ein allen nationalen Rechtsnormen vorgehendes *„EU-Gesetz"*, das entgegenstehendes nationales Recht außer Kraft setzt und ab Inkrafttreten Beachtung durch alle Behörden und Gerichte jedes Mitgliedstaats beansprucht. Die VO bedarf keiner „Umsetzung" – wie die RL und (früheren) RB –, sehr oft aber einzelstaatlicher *Ausführungsbestimmungen*, damit sie in der Praxis wirksam werden kann; für deren Erlass setzt der europäische Gesetzgeber ebenfalls regelmäßig Fristen. Diese nationalen Ausführungsgesetze enthalten häufig – entweder europarechtlich gefordert oder autonom – auch Bestimmungen, in denen ein Verstoß gegen die Europäischen Normen mit Strafen oder Bußgeldern *sanktioniert* wird.

51 Auch wenn die **RL** nur ein Rahmengesetz ist, enthält sie in der bisherigen Rechssetzungspraxis meist sehr detaillierte Regelungen, um den unterschiedlichen Situationen in den Mitgliedstaaten Rechnung zu tragen. Nicht beim materiellen Inhalt der Regelung, sondern nur bei der Art ihrer Durchführung haben die Mitgliedstaaten Gestaltungsmöglichkeiten. Entspricht die Rechtslage in einem Mitgliedstaat bereits der europarechtlich

---

1 Zuvor „Gemeinsame Maßnahme" bzw. „Gemeinsamer Standpunkt" gem. Art. K. 3 EUV i.d.F. von Maastricht.

vorgegebenen Regelung, ist eine Umsetzungsmaßnahme entbehrlich. Darüber hinaus hat der EuGH unter bestimmten Voraussetzungen eine *Direktwirkung* der RL angenommen, um dadurch eine *frist- und normgerechte Umsetzung* in den Mitgliedstaaten zu fördern.

– Zum einen kann jeder Unionsbürger, wenn eine RL hinreichend bestimmte Rechte gewährt, sich seinem Staat gegenüber dann auf die Maßgeblichkeit dieser Normen berufen, wenn die RL nicht fristgemäß oder unzureichend in innerstaatliches Recht umgesetzt worden ist; die Behörden und Gerichte dieses Staats sind in diesem Falle gehalten, hinreichend konkrete und inhaltlich unbedingte Richtlinienbestimmungen als unmittelbar wirksam zu behandeln, (sog. *vertikale unmittelbare Wirksamkeit*). Nach neuerer Rechtsprechung gilt dies auch, wenn sich durch die unmittelbare Wirkung negative Auswirkungen auf Rechte Dritter ergeben[1]. Eine horizontale unmittelbare Wirksamkeit unter den Bürgern hat der EuGH den nicht umgesetzten RL immer abgesprochen[2]. Allerdings macht er in neuerer Zeit Ausnahmen, wenn die RL einen allgemeinen Rechtsgrundsatz konkretisiert, wie im Fall des Diskriminierungsverbots[3]. Eine unmittelbare Drittwirkung zulasten eines EU-Bürgers ist jedoch ausgeschlossen.

– Zum anderen begründet die verspätete oder unzureichende Richtlinienumsetzung eine *Staatshaftung* des betreffenden Mitgliedstaats gegenüber dem dadurch benachteiligten Unionsbürger[4].

– Schließlich verlangt eine RL – ebenso wie ein RB (nach dem EUV a.F.) – auch schon vor ihrer Umsetzung eine *richtlinienkonforme Auslegung* des einzelstaatlichen Rechts (Rz. 85 ff.)[5].

Die in Art. 288 AEUV genannten Instrumente der Rechtssetzung sind grundsätzlich dem *Parlament und* dem *Rat* vorbehalten und setzen einen Vorschlag der Kommission voraus. Das – auf dem Prinzip der qualifizierten Mehrheit beruhende – **„ordentliche Gesetzgebungsverfahren"** (Art. 289 Abs. 1, 294 AEUV) ist aus dem früheren Mitentscheidungsverfahren (Art. 251 EGV) hervorgegangen; allerdings wurden die Rechte des Europäischen Parlaments deutlich gestärkt. Dieses Verfahren ist für die Mehrzahl der strafrechtlich relevanten Rechtsakte vorgesehen (z.B. Art. 82 Abs. 1, 2, 3, Art. 83 Abs. 1, Art. 84, 85, 88 AEUV). Das **„besondere Gesetzgebungsverfahren"** (Art. 289 Abs. 2 AEUV) setzt im hier behandelten Bereich als Ausnahme meist einen *einstimmigen* Ratsbeschluss voraus (z.B. Art. 86 AEUV – Europäische Staatsanwaltschaft – Rz. 167; Art. 87 Abs. 3, Art. 89 AEUV – polizeiliche Zusammenarbeit). 52

Die *Kommission* hat darüber hinaus die Befugnis, aufgrund ausdrücklicher Ermächtigung im Gesetzgebungsakt **Ergänzungs-** oder **Durchführungsbestim-** 53

---

1 Vgl. EuGH v. 17.7.2008 – Rs. C-152/07 u.a. – Arcor II, Slg. 2008 I-5959, Rz. 36 ff. Im Einzelnen sind hier zahlreiche Punkte noch ungeklärt.
2 Anschaulich z.B. EuGH v. 1.6.1999 – Rs. C-319/97 – Kortas, EuZW 1999, 476 bzgl. eines Lebensmittel-Strafverfahrens; vgl. *Nettesheim* in O/C/N, § 9 Rz. 100 ff.; *Herdegen*, EurR, § 8 Rz. 45 ff.; *Biervert* in Schwarze, EU-Komm., Art. 288 AEUV Rz. 29 f.; *Nettesheim* in Grabitz/Hilf/Nettesheim, Art. 288 AEUV Rz. 134 ff.
3 EuGH v. 22.11.2005 – Rs. C-144/04 – Mangold, Slg. 2005, I-9981, Rz. 55 ff.; EuGH v. 19.1.2010 – Rs. C-555/07 – Kücükdeveci, Slg. 2010 I-365, Rz. 27 ff.
4 Grundlegend EuGH v. 19.11.1991 – Rs. C 6/90 – Francovich, Slg. 1991 I-5357, 5403 = NJW 1992, 165; weiter z.B. EuGH v. 10.7.1997 – Rs. C-373/95, EuZW 1997, 530; EuGH v. 15.6.1999 – Rs. C-140/97, EuZW 1999, 468 m. Anm. *Tonner* (bzgl. unzureichender Umsetzung der Pauschalreise-RL 90/314 durch Österreich); vgl. *Nettesheim* in O/C/N, § 9 Rz. 100.
5 Z.B. EuGH v. 14.9.1994 – Rs. C-91/92 – Dori, Slg. 1994 I-3325 = NJW 1994, 2473 m.Nw. der älteren Rspr.

mungen zu erlassen (Art. 290, 291 AEUV). Diese von Anfang an gängige Praxis (vgl. Art. 202 EGV) wurde mit dem Lissabonner Vertrag explizit festgeschrieben. Solche – den „Rechtsverordnungen" des Art. 80 GG vergleichbaren – Regelungen sind jetzt als „Rechtsakte ohne Gesetzescharakter" bezeichnet. Da auch diese Rechtsakte „VO", „RL" oder „Beschluss" genannt werden, müssen sie künftig zur besseren Unterscheidung mit dem Zusatz *„delegiert"* oder *„Durchführungs-"* gekennzeichnet werden.

54 Alle Rechtsakte bedürfen einer **Begründung** (Art. 296 Abs. 2 AEUV, früher Art. 253 EGV), die als sog. *Erwägungsgründe* vorangestellt werden und für die Auslegung von großer Bedeutung sind; darin werden die in Anspruch genommenen Ermächtigungsnormen ausdrücklich angegeben. Diese Erwägungsgründe sind nicht der „amtlichen Begründung" deutscher Gesetzesentwürfe gleich zu achten, sondern sind originärer Teil des gemeinschafts- bzw. unionsrechtlichen Rechtsaktes und unterliegen damit auch der Nachprüfung durch den EuGH. Wiederholt hat der EuGH einen Rechtsakt wegen unzureichender Begründung für nichtig erklärt (Art. 230, 231 EGV = Art. 263, 264 AEUV)[1].

2. Rechtsprechung

55 Eine herausragende Rolle bei der Entwicklung und Kontrolle des europäischen Rechts spielt die eigenständige Rechtsprechung des *„***Gerichtshof der Europäischen Union***"* in Luxemburg (Art. 19 EUV n.F., Art. 251–281 AEUV, zuvor Art. 220–245 EGV). Diesem ist das *Auslegungsmonopol* für das primäre und sekundäre Gemeinschafts- bzw. Unionsrecht übertragen. Auch wenn es sich „nur" um „Rechtsanwendung" oder auch „Rechtsfindung" handelt, ist unbestritten, dass zahlreiche wegweisende Urteile des Gerichtshofs das europäische Recht erst richtig zur Entfaltung gebracht haben. Kritiker werfen dem Gerichthsof daher immer wieder eine Kompetenz-Überschreitung vor[2].

56 Der **Aufbau** des „Gerichtshofs der Europäischen Union" ist dreigliedrig und besteht aus dem eigentlichen *Gerichtshof* („EuGH"), dem *Gericht* („EuG") sowie den *Fachgerichten*. Das EuG (vor dem Lissabonner Vertrag: *„Gericht 1. Instanz"*) ist seit 1989 ist dem EuGH vorgeschaltet. Damit wurde für die „Massenverfahren" – einschließlich der wettbewerbsrechtlichen Verfahren – ein *zweistufiger* Rechtszug eingeführt. Für bestimmte Bereiche können „Fachgerichte" errichtet werden, gegen deren Urteile ein auf Rechtsfragen beschränktes Rechtsmittel zum EuG statthaft ist (Art. 257 AEUV). Bislang wurde von dieser Kompetenz nur für den öffentlichen Dienst – „Gericht für den öffentlichen Dienst der Europäischen Union" (EUGöD) – Gebrauch gemacht, das für Streitigkeiten nach Art. 270 AEUV zuständig ist.

57 Organisation und **Verfahren** der europäischen Rechtsprechungsorgane sind auf der Basis von Art. 281 AEUV durch eine von den Mitgliedstaaten beschlossene

---

1 Z.B. EuGH v. 14.2.1984 – Rs. C 325/82 – Butterfahrten, Slg. 1984, 777 ff.; vgl. *Nettesheim* in O/C/N, § 11 Rz. 83 ff.; *Schoo* in Schwarze, EU-Komm., Art. 296 AEUV Rz. 4 ff.
2 Vgl. BVerfG v. 6.7.2010 – 2 BvR 2661/06 zum Mangold-Urt. des EuGH.

und (nun mit Änderungen) im Protokoll Nr. 3 zum Lissabonner Vertrag niedergelegte *Satzung*[1] geregelt; dazu kommen die von den Gerichten selbst beschlossenen und vom Rat genehmigten *Verfahrensordnungen*. In dem stark vom französischen Recht geprägten Verfahren ist von besonderer Bedeutung die Einrichtung eines *Generalanwalts* beim Gerichtshof (Art. 19 Abs. 2 EUV n.F. und Art. 252 AEUV, zuvor Art. 222 EGV), dessen oft gesondert veröffentlichte Schlussanträge für das Verständnis der gerichtlichen Entscheidung vielfach hilfreich sind.

Zu den **Aufgaben des EuGH** gehört es, darüber zu wachen, dass die Organe der Gemeinschaft bzw. der Union ihre jeweiligen Kompetenzen nicht überschreiten. Diese Tätigkeit umfasst – aus deutscher Sicht betrachtet – sowohl verfassungs- wie verwaltungsrechtliche Aspekte. 58

Ein immer noch markantes Beispiel ist der – unter Geltung des Lissabonner Vertrags so nicht mehr mögliche – *Organstreit* über die maßgebliche Rechtsgrundlage für den Erlass von Vorgaben zum Umweltstrafrecht: Den *RB* des Rates von 2003 hat die große Kammer des EuGH – auf Klage der Kommission gegen den Rat – 2005 für *nichtig* erklärt, weil die sich aus dem EG-Vertrag ergebende Annexkompetenz vorrangig sei und damit eine RL hätte erlassen werden müssen (Rz. 138)[2]. Ebenso ist es dem RB zum strafrechtlichen Schutz der Weltmeere ergangen (Rz. 138).

Die Zuständigkeit des EuGH erstreckt sich auch auf rechtlich selbstständige Institutionen wie EZB oder EIB (Rz. 35). Vielfach ist ihm auch die Kompetenz übertragen, über die Auslegung und Durchsetzung von Vereinbarungen zwischen den Mitgliedstaaten zu befinden[3].

Neben dem (gegen Mitgliedstaaten gerichteten) *Vertragsverletzungsverfahren* und dem als Nichtigkeitsverfahren bezeichneten *Anfechtungsverfahren* ist das **Vorabentscheidungsverfahren** nach Art. 267 AEUV (Art. 234 EGV a.F.) für die Entwicklung des gemeinschaftlichen Rechts von wesentlicher Bedeutung[4]. Danach sind alle Gerichte der Mitgliedstaaten berechtigt und alle letztinstanzlichen (was die überwiegende Ansicht zutreffend nach der Nichtanfechtbarkeit im Einzelfall bestimmt[5]) verpflichtet, bei ihnen anhängige entscheidungserhebliche Fragen zur Auslegung des Unionsrechts dem EuGH zur (für sie verbindlichen) Vorabentscheidung *vorzulegen*. Nach ständiger Rechtsprechung des BVerfG ist der EuGH gesetzlicher Richter i.S. von Art. 101 Abs. 1 S. 2 GG und 59

---

1 Konsolidierte Fassung: ABl. EU Nr. C 83 v. 30.3.2010, 210.
2 Dazu *Skouris*, Rechtsschutz durch den EuGH, in Schwarze (Hrsg.), Rechtsschutz und Wettbewerb [...], 2010, S. 81 ff.
3 Z.B. auch über das Übk. zum Schutz der finanziellen Interessen der EG, wofür ein gesondertes Protokoll v. 29.11.1996 beschlossen wurde (ABl. EG Nr. C 151 v. 20.5.1997, 2 = *Wasmeier/Möhlig*, S. 288); vgl. auch das „EuGH-G" v. 6.8.1998, BGBl. I 2035.
4 Dazu neu gefasste Hinweise des EuGH, ABl. EU Nr. C 297 v. 5.12.2009, 1; vgl. *Ambos*, Int. StrafR, § 11 Rz. 44 f.; *Hugger* in Ahlbrecht/Böhm u.a., Int. StrafR, Rz. 562 ff.
5 Sog. konkrete Theorie (in Abgrenzung zur abstrakten Theorie, nach der nur die obersten Gerichte zur Vorlage verpflichtet sind), näher *Herdegen*, EurR, § 9 Rz. 28 f.

eine Nichtvorlage stellt einen Entzug des gesetzlichen Richters dar, wenn es um die Auslegung europäischen Rechts geht[1]. Das kann selbstverständlich auch strafrechtliche Verfahren betreffen. Zur *unmittelbaren Anwendung* des vorrangigen Unionsrechts durch ein nationales Gericht bedarf es dagegen keiner Vorlage (vgl. Rz. 82).

C. Sanktionsnormen im Unionsrecht

Schrifttum zum Strafrecht: (s. auch: vor Rz. 104, 141, 167, 173; allgemein zum Europarecht: vor Rz. 1): **Textsammlungen:** *Esser* (Hrsg.), Europäisches und Internationales Strafrecht – Vorschriftensammlung, 2. Aufl. 2013; *Klip*, Materials on European Criminal Law, 2012; *Wasmeier/Möhlig*, Das Strafrecht der EU – Textsammlung mit Erläuterungen, 2. Aufl. 2008.

Lehrbücher: *Ahlbrecht/Böhm u.a.*, Internationales Strafrecht in der Praxis, 2. Aufl. 2013; *Ambos*, Internationales Strafrecht, 3. Aufl. 2011; *Flore*, Droit Pénal Européen, 2009; *Hecker*, Europäisches Strafrecht, 4. Aufl. 2012; *Klip*, European Criminal Law, 2. Aufl. 2012; *Mitsilegas*, EU Criminal Law, 2009; *Oehler*, Internationales Strafrecht, 2. Aufl. 1983; *Safferling*, Internationales Strafrecht, 2011; *Satzger*, Internationales und Europäisches Strafrecht, 6. Aufl. 2013 (zit.: *Satzger*, Lb); *Schramm*, Internationales Strafrecht, 2011; *Vervaele*, El Derecho Penal Europeo, 2010.

Kommentare, Handbücher und Sammelbände: *Ambos* (Hrsg.), Europäisches Strafrecht post-Lissabon, 2011; *Böse* (Hrsg.), Europäisches Strafrecht mit polizeilicher Zusammenarbeit (Enzyklpädie Europarecht – EnzEuR – Bd. 9), 2013; *Breitenmoser/Gless/Lagodny* (Hrsg.), Rechtsschutz bei Schengen und Dublin, 2013; *Sieber/Brüner/Satzger/Heintschel-Heinegg* (Hrsg.), Europäisches Strafrecht, 2. Aufl. 2014.

Monografien: *Albrecht*, Die vergessene Freiheit – Strafrechtsprinzipien in der europäischen Sicherheitsdebatte, 2003; *Bitter*, Die Sanktion im Recht der Europäischen Union, 2011; *Blomsma*, Mens rea and defences in European Criminal Law, 2012; *Böse*, Strafen und Sanktionen im Europäischen Gemeinschaftsrecht, 1996; *Böse*, Der Grundsatz der Verfügbarkeit von Informationen in der strafrechtlichen Zusammenarbeit der Europäischen Union, 2007; *Braum*, Europäische Strafgesetzlichkeit, 2003; *Dannecker*, Strafrecht der EG (Strafrechtsentwicklung in Europa, hrsg. von Eser und B. Huber, Bd 4.3) 1995; *Deutscher*, Die Kompetenzen der Europäischen Gemeinschaften zur originären Strafgesetzgebung, 2000; *Dorra*, Strafrechtliche Legislativkompetenzen der Europäischen Union, 2013; *Esser*, Auf dem Weg zu einem europäischen Strafverfahrensrecht, 2002; *Filopoulos*, Europarecht und nationales Strafrecht, 2004; *Gómez-Jara Díez*, European Federal Criminal Law, 2013; *Hecker*, Strafbare Produktwerbung im Lichte des Gemeinschaftsrechts, 2001; *Heger*, Die Europäisierung des deutschen Umweltstrafrechts, 2009; *Heise*, Europäisches Gemeinschaftsrecht und nationales Strafrecht, 1998; *Heitzer*, Punitive Sanktionen im Gemeinschaftsrecht, 1997; *Hugger*, Strafrechtliche Anweisungen der EG, 2000; *Kreuzer/Scheuing/Sieber* (Hrsg.), Die Europäisierung der mitgliedstaatlichen Rechtsordnungen in der EU, 1997; *Mansdörfer*, Das Prinzip des ne bis in idem im Europäischen Strafrecht, 2004; *Mavany*, Die Europäische Beweisanordnung und das Prinzip der gegenseitigen Anerkennung, 2012; *Meyer, Frank*, Demokratieprinzip und europäisches Strafrecht, 2009; *Moll*, Europäisches Strafrecht durch nationale Blankettstrafgesetzgebung, 1998; *Pradel/Corstens/Vermeulen*, Droit pénal européen, 3. Aufl. 2009; *Satzger*, Die Europäisierung des Strafrechts, 2001; *Schaut*, Europäische Strafrechtsprinzipien, 2012; *Schermuly*, Grenzen funktionaler Integration [...], 2013; *Schröder, Ch.*, Europäische Richtlinien und deutsches Strafrecht, 2002; *Schünemann* (Hrsg.), Ein Gesamtkonzept für die europäische Strafrechtspflege, 2006; *Schünemann*, Die Europäisierung der Strafrechtspflege [...], 2014;

---

1 Aktuell zur Vorlagepflicht des BAG: BVerfG v. 25.2.2010 – 1 BvR 230/09, NJW 2010, 1268 m. Anm. *Reinhard, B.*

Sieber (Hrsg.) Europäische Einigung und Europäisches Strafrecht, 1993; *Tiedemann* (Hrsg.), Wirtschaftsstrafrecht in der Europäischen Union – Rechtsdogmatik, Rechtsvergleich, Rechtspolitik (Freiburg-Symposium), 2002.

Einzelbeiträge: *Beukelmann*, Europäisierung des Strafrechts – Die neue strafrechtliche Ordnung nach dem Vertrag von Lissabon, NJW 2010, 2081; *Böse*, Die Zuständigkeit der EG für das Strafrecht, GA 2006, 211; *Brodowski*, Strafrechtsrelevante Entwicklungen in der Europäischen Union – ein Überblick, ZIS 2010, 376 u. 749; ZIS 2011, 940; ZIS 2012, 558; ZIS 2013, 455; *Dannecker*, Das materielle Strafrecht im Spannungsfeld des Rechts der EU, Jura 2006, 95; *Engelhart*, Unternehmensstrafbarkeit im europäischen und internationalen Recht, eucrim 2012, 110; *Folz*, Karlsruhe, Lissabon und das Strafrecht [...], NStZ 2009, 427; *Grünewald*, Zur Frage eines europäischen Allgemeinen Teils des Strafrechts, JZ 2011, 972; *Heger*, Perspektiven des Europäischen Strafrechts nach dem Vertrag von Lissabon, ZIS 2009, 406; *Heger*, Rechtsraum Europa – Zur Anpassung der Rechtssysteme im Strafrecht, Recht und Politik 2012, 88; *Kaifa-Gbandi*, Das Strafrecht in der Unionsgrundsordnung: [...], KritV 2011, 153; *Kretschmer*, Europol, Eurojust, OLAF [...], Jura 2007, 169; *Lagodny*, Überlegungen zu einem menschengerechten transnationalen Straf- und Strafverfahrensrecht, in FS Eser, 2005, S. 777; *Krüger*, Unmittelbare EU-Strafkompetenzen aus Sicht des deutschen Strafrechts, HRRS 2012, 311; *Kubiciel*, Das „Lissabon"-Urteil und seine Folgen für das Europäische Strafrecht, GA 2010, 99; *Kubiciel*, Strafrechtswissenschaft und europäische Kriminalpolitik, ZIS 2010, 742; *Landau*, Strafrecht in seinen europäischen Bezügen – Gemeinsamkeiten, Diskrepanzen, Entscheidungen und Impulse, NStZ 2013, 194; *Mansdörfer*, Das europäische Strafrecht nach dem Vertrag von Lissabon, HRRS 2010, 11 (mit anschließender Synopse des Primärrechts S. 24–33); *Meyer*, Das Strafrecht im Raum der Freiheit, der Sicherheit und des Rechts, EuR 2011, 169; *Mylonopoulos*, Strafrechtsdogmatik in Europa nach dem Vertrag von Lissabon [...], ZStW 123 (2011), 634; *Nelles/Tinkl/Lauchstädt* in Schulze/Zuleeg, Europarecht, 2006, § 42 – Strafrecht; *Nilsson*, 25 Years of Criminal Justice in Europe, EuCLR 2012, 106; *Noltenius*, Strafverfahrensrecht als Seismograph der Europäischen Intergration [...], ZStW 122 (2010), 604; *Pastor Muñoz*, Europäisierung des Strafrechts und mitgliedsstaatliche nationae Besonderheiten in der Europäischen Union, GA 2010, 84; *Polakiewicz*, Verfahrensgarantien im Strafverfahren: Fortschritte und Fehltritte in der Europäischen Rechtssetzung, ZEuS 2010, 1; *Rönnau/Wegner*, Grund und Grenzen der Einwirkung des europäischen Rechts auf das nationale Strafrecht, GA 2013, 561; *Rosenau*, Zur Europäisierung im Strafrecht – Vom Schutz finanzieller Interessen der EG zu einem gemeineuropäischen Strafgesetzbuch?, ZIS 2008, 9; *Satzger*, Das Strafrecht als Gegenstand europäischer Gesetzgebungstätigkeit, KritV 2008, 17; *Sieber*, Die Zukunft des Europäischen Strafrechts, ZStW 121 (2009), 1; *Sturies*, Ermächtigt der Vertrag von Lissabon wirklich zum Erlass supranationaler Wirtschaftsstrafgesetze?, HRRS 2012, 273; *Suhr*, Strafrechtsharmonisierung in der EU – Neue Grenzziehungen und zusätzliche Kontrollaufträge, ZEuS 2008, 45; *Vogel*, Strafrecht und Strafrechtswissenschaft im internationalen und europäischen Rechtsraum, JZ 2012, 25; *Walter, T.*, Inwieweit erlaubt die Europäische Verfassung ein europäisches Strafgesetz?, ZStW 117 (2005), 912 ff.; *Weigend*, Der Entwurf einer Europäischen Verfassung und das Strafrecht, ZStW 116 (2004), 275; *Zeder*, Europastrafrecht, Vertrag von Lissabon und Stockholmer Programm: Mehr Grundrechtsschutz?, EurR 2012, 34; *Zieschang*, Der Einfluss der EU auf das deutsche Strafrecht – eine Bestandsaufnahme, in FS Tiedemann, 2008, S. 1303; *Zimmermann*, Tendenzen der Strafrechtsangleichung in der EU – dagestellt anhand der Bestrebungen zur Bekämpfung von Terrorismus, Rassismus und illegaler Beschäftigung ZIS 2009, 1; *Zimmermann*, Die Auslegung künftiger EU-Strafrechtskompetenzen nach dem Lissabon-Urteil des BVerfG, Jura 2009, 844; *Zöller*, Europäische Strafgesetzgebung, ZIS 2009, 340.

60 Die europäischen Sanktionsnormen haben im Laufe der letzten drei Jahrzehnte über die verschiedenen Verträge hinweg eine starke Wandlung und **vielschichtige Entwicklung** durchgemacht. Bereits im sog. *griechischen Maisskandal* hatte der *EuGH* im Jahr 1989 aus dem primären Gemeinschaftsrecht, nämlich

aus dem Grundsatz der Gemeinschaftstreue (Art. 10 EGV; jetzt Art. 4 EUV n.F.), die Verpflichtung der Mitgliedstaaten hergeleitet, den gemeinschaftsrechtlichen Rechtsgütern keinen geringeren Schutz zukommen zu lassen als gleichartigen nationalen Rechtsgütern[1]. Dies bedeutet, dass es unionsrechtlich geboten sein kann, in Angleichung an die nationale Rechtsordnung auch (kriminal-)strafrechtliche Sanktionen gegen Verletzungen von (Gemeinschafts- bzw.) Unionsrecht einzusetzen. Denn aus dieser – seit 1992 im Primärrecht festgeschriebenen (Rz. 104) – Verpflichtung der Mitgliedstaaten, gemeinschaftliche Rechtsgüter in gleicher Weise wie nationale Rechtsgüter zu schützen, ergibt sich, dass der *Einsatz kriminalstrafrechtlicher Sanktionen als „äußerstes Mittel"* zur Rechtsdurchsetzung nicht auf nationale Sachverhalte beschränkt bleiben kann. Die früher aus der unzureichenden parlamentarischen Kontrolle solcher gemeinschaftsrechtlichen Vorgaben hergeleiteten Bedenken haben angesichts der fortgesetzten Stärkung des Europäischen Parlaments deutlich an Gewicht verloren.

61 Nachdem der *Mastrichter EU-Vertrag* (Rz. 11) auch eine verstärkte Zusammenarbeit im strafrechtlichen Bereich zum Ziel der EU bestimmt hatte und nachdem die schrittweise Verwirklichung des *Schengener Durchführungsübereinkommens* (Rz. 26) eine neue Tatsachenlage geschaffen hatte, haben Kommission und Rat eine beachtliche *rechtsetzende Aktivität* auf dem Gebiet des Strafrechts entwickelt und zahlreiche Einzelmaßnahmen ergriffen[2]. Auch die *Strafrechtswissenschaft* hat sich der **Europäisierung** des nationalen Strafrechts in ihren vielfältigen Erscheinungsformen seit einiger Zeit auf breiter Front angenommen. Damit hat auch langsam *die Europäisierung der Strafrechtswissenschaft* begonnen.[3] Inhaltlich stehen neben den Fragen des *materiellen* Strafrechts vorrangig *verfahrensrechtliche* Aspekte im Vordergrund, die in der Praxis (grenzüberschreitender Strafverfolgung) von besonderer Bedeutung sind. Hier können nur einige Grundlinien der Entwicklung skizziert werden[4].

62 Wenn das europäische Recht durch eine **unmittelbar anwendbare Norm**, konkret durch eine „VO" (Rz. 49 f.), bestimmt, dass ein hinreichend genau beschriebener Verstoß gegen eine bestimmte Norm des gemeinschaftlichen (Primär- oder Sekundär-)Rechts *repressive Sanktionen* zur Folge hat, ohne dass es eines Normsetzungsakts des Mitgliedstaats bedarf, lässt sich von einem **Europäischen Strafrecht** *im eigentlichen Sinne* sprechen[5]. Wenn sogar die *Durchsetzung* dieser Sanktionsnormen direkt den Organen der EU und nicht den Insti-

---

1 EuGH v. 21.9.1989 – Rs. 68/88, Slg. 1989, 2965 = NJW 1990, 2245 m. Anm. *Tiedemann*, EuZW 1990, 99.
2 Das „Hdb. des Europ. Rechts" (HER) enthält unter I A 14 (Art. 29 ff. EUV – politische und justizielle Zusammenarbeit in Strafsachen) und unter A 100/11 (Schengener Übk.) nahezu zwei Ordner mit einschlägigen Texten; die Inhaltsverzeichnisse umfassen über 25 Seiten.
3 Vgl. dazu *Vogel*, JZ 2012, 25; *Kubiciel*, ZIS 2010, 742; *Hirsch*, ZStW 116 (2004), 835; *Kühl*, ZStW 109 (1997), 777; *Vogel*, GA 2002, 517.
4 Zu Einzelheiten der Entwicklung s. die Darstellung der 3. und 4. Aufl. (jew. § 5).
5 Vgl. *Satzger*, Lb., § 7 Rz. 2, 8, § 8 Rz. 9 ff.; *Ambos*, Int. StrafR, § 9 Rz. 4, 7; *Hecker*, Europ. StrafR, § 1 Rz. 4 ff.; *Ambos* in MüKo, vor §§ 3–7 StGB Rz. 7 ff.; *Tiedemann*, ZStW 116 (2004) 945; *Zieschang* in FS Tiedemann, 2008, S. 1305.

tutionen des einzelnen Mitgliedstaats übertragen ist – wie es früher beim Europäischen Wettbewerbsrecht (Rz. 68 ff.) der Fall war –, stellt dies die „unmittelbarste" Form des europäischen (Wirtschafts-)Strafrechts dar. Wie indes gerade das Kartellrecht gezeigt hat, besteht dadurch auch die Gefahr der Überlastung der Unionsorgane, sodass eine weitgehende Verlagerung der Durchsetzung auf die Mitgliedstaaten stattgefunden hat (§ 57 Rz. 28, 66).

Breit und vielschichtig ist dagegen der Bereich, in dem das europäische Recht **mittelbare Sanktionsnormen** vorgibt und die Mitgliedstaaten verpflichtet, diese im Wege ihrer einzelstaatlichen Normsetzung zu anwendbaren Strafnormen auszugestalten. Die Frage, ob und inwieweit die EG bzw. EU befugt ist, die Mitgliedstaaten zur Strafgesetzgebung anzuweisen und dabei auch inhaltliche Vorgaben zu machen, hat, beginnend mit dem EU-Vertrag von Maastricht, nach intensiver Diskussion in den jüngsten Reformverträgen zu neuen Antworten geführt. Diese *mittelbare Einflussnahme* des Gemeinschaftsrechts auf das nationale Strafrecht wird treffend als **„Europäisierung des Strafrechts"** bezeichnet[1]. Die Bedeutung dieses Einflusses ist nicht zu unterschätzen und betrifft inzwischen nicht nur einzelne Tatbestände des Besonderen Teils, sondern hat auch immer mehr Auswirkungen auf den allgemeinen Teil und das Verfahrensrecht. 63

Der **Vertrag von Lissabon** (Rz. 4, 13 ff.) hat – in Fortführung des in Maastricht und Amsterdam eingeschlagenen Wegs unter weitgehender Übernahme der vom VVE vorgeschlagenen Lösungen – die *Kompetenzen der EU im Strafrecht* neu festgelegt und damit die breite Diskussion um die Strafrechtskompetenzen auf europäischer Ebene zu einem gewissen Abschluss gebracht. Er regelt den *Bereich des Strafrechts*: 64

– einmal explizit unter dem – in Art. 3 Abs. 2 EUV n.F. als Ziel genannten – Titel **„Raum der Freiheit, der Sicherheit und des Rechts"** (Art. 67–89 AEUV) (verkürzt: Innere Sicherheit – Rz. 27, 116 ff.); dessen 4. Kapitel normiert in den Art. 82–86 die *„Justizielle Zusammenarbeit in Strafsachen"*, während das 5. Kapitel (Art. 87–89) der *„Polizeilichen Zusammenarbeit"* gewidmet ist;

– zum anderen – ohne das Strafrecht explizit zu nennen und daher strittig – in Art. 325 AEUV (der dem früheren Art. 280 EGV entspricht) unter der Überschrift *„Betrugsbekämpfung"* im Rahmen des Schutzes der gemeinschaftlichen **Finanzinteressen** (Rz. 78, 104 ff.) und im *Zollwesen* (Art. 33 AEUV, vorher Art. 135 EGV; Rz. 78).

Allerdings wird der **Begriff des Strafrechts** nicht in den Verträgen definiert. Auch hat er bislang in der europäischen Rechtsprechung keine klaren Konturen erfahren. Klar ist allein, dass der Begriff des Strafrechts keiner nationalen Definition folgt, sondern – wie im übrigen Europarecht auch – *autonom unionsrechtlich* zu bestimmen ist. Allgemein werden die vorgenannten Kompetenzen (Rz. 64) auf den – aus deutscher Sicht – Bereich des Kriminalstraf- 65

---

1 *Satzger*, Lb., § 7 Rz. 3, § 9 Rz. 1; *Hecker*, Europ. StrafR, § 1 Rz. 5 f.; *Ambos*, Int. StrafR, § 9 Rz. 4; allgemein: *Satzger*, Die Europäisierung des StrafR, 2001.

rechts bezogen.¹ Die vom Lissabonner Vertrag unverändert übernommenen europäischen *Geldbußen* (Rz. 68)., insbesondere des Wettbewerbsrechts, sind nicht diesem engeren Bereich des Strafrechts zuzuordnen. Als einschneidende punitive Sanktionen gehören sie jedoch zum Bereich des europäischen Strafrechts im weiteren Sinne (Rz. 70; § 1 Rz. 158 f.), sodass ihnen z.B. die Gewährleistungen von Art. 6 Abs. 1 EMRK zukommen. – Für die weiteren Maßnahmen (s. Rz. 69) gilt: *Zwangsgelder*, die in Art. 103 Abs. 2 Buchst. a sowie Art. 132 Abs. 3 AEUV neben Geldbußen genannt werden, zählen grundsätzlich aufgrund ihrer primär präventiven Zielsetzung (Erzwingung eines bestimmten Verhaltens) nicht zu diesem strafrechtlichen Bereich.² Auch die *Maßnahmen des „Europäischen Verwaltungssanktionsrechts"* wie Subventionskürzungen, Subventionssperren, Abzüge, Strafzuschläge und Kautionsverfall sind – insbesondere nach Rechtsprechung des EuGH³ – nicht dem Strafrecht zuzurechnen.

66 Mit der klarstellenden Regelung zur strafrechtlichen Kompetenz der Union im Lissabonner Vertrag haben auch die Bemühungen um eine originär **europäische Kriminalpolitik** neuen Auftrieb erhalten (näher Rz. 123 ff.). Da das Strafrecht vor allem unter dem Titel des Raums der Freiheit, der Sicherheit und des Rechts verankert ist, ist die Kriminalpolitik eng mit der umfassenderen *Sicherheitspolitik* verwoben. Seit Inkrafttreten des Lissabonner Vertrags haben sowohl die Kommission als auch der Rat *zahlreiche strafrechtspezifische Initiativen* ergriffen (näher unten, insbes. Rz. 132 ff., Rz. 150 f.).

67 Im *Folgenden* werden zunächst die allgemeineren Fragen des europäischen Strafrechts angesprochen (Rz. 68 ff., 92 ff.). Dem folgen die im AEUV näher geregelten Bereiche des Schutzes der finanziellen Interessen der Union (Rz. 104) und der „Inneren Sicherheit" (Rz. 116). Dabei ist es zweckmäßig, den Blick nicht allein auf ein „Europäisches **Wirtschaftsstrafrecht**" zu richten, um die europäische Gesamtentwicklung und ihre Ausdifferenzierung zu erfassen. Unter der Geltung des alten EWG-Vertrags konnten alle darauf beruhenden strafrechtlichen Sanktionen nur „Wirtschaftsstrafrecht" sein. Auch der strafrechtliche Schutz der finanziellen Gemeinschaftsinteressen fällt ganz natürlich in diesen Bereich. Mit der erweiterten Zielsetzung einer „Europäischen Union", insbesondere in Gestalt des „Raums der Freiheit, der Sicherheit und des Rechts", ist nunmehr das Strafrecht in seiner gesamten Breite – einschließlich des Verfahrensrechts – zum Gegenstand europäischer Normsetzung geworden. Dieses erfasst auch Bereiche, die traditionell und zu Recht nicht mehr der Wirtschaftskriminalität zugeordnet, sondern als „allgemeine Kriminalität" und insbesondere als „organisierte Kriminalität" (vgl. unten § 9) angesehen werden. Die Überschneidungen zwischen allgemeinem Strafrecht und Wirt-

---

1 Näher, auch zu möglichen Kriterien der Abgrenzung, *Deutscher*, Kompetenzen, S. 165 ff.; *Hecker*, Europ. StrafR, § 4 Rz. 47 ff.; *Satzger*, Die Europäisierung des StrafR, 2001, S. 58 ff. Umfassend zu Sanktionsnormen im EU-Recht *Bitter*, Sanktion, S. 91 ff.
2 Zur Ausnahme des Einsatzes als repressive Sanktion *Satzger*, Die Europäisierung des StrafR, 2001, S. 81.
3 Vgl. zum Ausschluss von der Gewährung von Beihilfen EuGH v. 5.6.2012 – Rs. C-489/10, Ziff. 31 ff.

schaftsstrafrecht sind dabei zahlreich und machen deutlich, wie schwierig eine schlüssige Abgrenzung des Wirtschaftsstrafrechts vom Strafrecht insgesamt ist (vgl. dazu auch § 1 Rz. 1, 14, § 3 Rz. 1 ff.).

I. Unmittelbare Sanktionsnormen

1. Geldbußen

a) Von Anfang an hat das *primäre* Gemeinschaftsrecht Bestimmungen zur *Verhängung direkter Sanktionen* zwecks Durchsetzung der Gemeinschaftsziele enthalten: Schon der (2002 ausgelaufene) Vertrag über die Montanunion (Rz. 10) hatte ausdrücklich die Möglichkeit vorgesehen, bei näher bestimmten Sachverhalten Geldbußen gegen Unternehmen festzusetzen[1]. Während die im Euratom-Vertrag vorgesehenen Bestimmungen über Zwangsbefugnisse der Kommission[2] von sehr begrenzter Tragweite geblieben sind, hat die im EWG-Vertrag eingeräumte Befugnis der Gemeinschaftsorgane, im Bereich des *Wettbewerbsrechts* **Geldbußen gegen Unternehmen** verhängen zu können, eine große Bedeutung erlangt. Durch *eigene Ermittlungskompetenzen* der Gemeinschaftsorgane und durch die Höhe der – an den Umsatz gekoppelten – Geldbußen hat das europäische Wettbewerbsrecht eine hohe Wirksamkeit entfaltet (näher § 57 Rz. 16 ff.). Diese Effizienz hat allerdings auch dazu geführt, dass sich die Kommission zunehmend weniger in der Lage sah, allein für die Durchsetzung des europäischen Wettbewerbsrechts zu sorgen: Ein „Systemwechsel" durch grundlegende Änderungen des Sekundärrechts hat dazu geführt, dass die Wettbewerbsbehörden und Gerichte der Mitgliedstaaten verpflichtet wurden, das materielle europäische Wettbewerbsrecht nach ihrem einzelstaatlichen Recht durchzusetzen (näher § 57 Rz. 30 f., 66 ff.).

68

„Unterhalb" der Geldbußen kennt das primäre Unionsrecht **weitere Maßnahmen mit Sanktionscharakter** gegenüber dem *Einzelnen*, die entweder von der Kommission oder von den Verwaltungsbehörden/-gerichten der Mitgliedstaaten verhängt werden:

69

– *Zwangsgelder* (zur Erzwingung eines dem Gemeinschaftsrecht entsprechenden Verhaltens; vgl. § 57 Rz. 64);

– Verfall von *Kautionen* und *Zuschlägen*[3], die – insbesondere im Agrarrecht – neben der Rückzahlung von durch „Unregelmäßigkeiten" erlangten Leistungen verlangt werden, sowie Verzugszuschläge;

– *Leistungsausschlüsse*, Zahlungskürzungen insbesondere von Subventionen usw.[4].

Auch wenn diese Sanktionen wegen ihres wenig ausgeprägtem Repressionsgehalt[5] nicht zum Wirtschaftsstrafrecht, sondern den Verwaltungsmaßnahmen zuzurechnen sind

---

1 Besonders Art. 58 § 4, Art. 59 § 7, Art. 65 § 5, Art. 66 § 6 EGKSV und Art. 85/86 i.V.m. Art. 87 EWGV, dann Art. 81/82 i.V.m. Art. 83 EGV, jetzt Art. 101/102 i.V.m. Art. 103 AEUV.
2 Besonders Art. 83 EAGV zur Überwachung der Sicherheit.
3 *Dannecker* in W/J, Kap. 2 Rz. 90 f.; *Böse*, S. 258 ff.; *Heitzer*, 47 ff.
4 Dazu *Heitzer*, 93 ff., 105 ff.; *Böse*, S. 270 ff.; *Dannecker* in W/J, Kap. 2 Rz. 90.
5 Dazu eingehend *Heitzer*, Punitive Sanktionen im GemeinschaftsR, 1997, passim; *Böse*, S. 46 ff., 253 ff.; *Dannecker*, StrafR EG, S. 43 ff.; *Dannecker* in W/J, Kap. 2 Rz. 89 ff.; *Satzger*, Lb., § 8 Rz. 7 f.; zu den Sanktionsmöglichkeiten gegen einen Mitgliedstaat (Art. 228, 229 EGV bzw. Art. 260, 261 AEUV) vgl. auch Rz. 96.

(Rz. 65), so darf ihre „punitive" Wirkung nicht unterschätzt werden. Soweit Deutschland den Versuch unternommen hatte, der EG unter Hinweis auf deren fehlende Strafgewalt die Kompetenz zum Ausspruch von Leistungsausschlüssen und Zinszuschlägen abzusprechen, ist es damit gescheitert, denn der EuGH hat solche Maßnahmen dem Verwaltungsrecht zugeordnet[1].

70 **b)** Die in Art. 83 EGV bzw. Art. 103 AEUV genannten wettbewerbsrechtlichen **Geldbußen** sind im sekundären Gemeinschafts- bzw. Unionsrecht zwar (ebenfalls) als *„nicht-strafrechtlich"* bezeichnet und damit formal dem Verwaltungsrecht zugeordnet. Dies dient zwar der leichteren politischen Durchsetzbarkeit, ist aber im Hinblick auf die gebotenen rechtsstaatlichen Verfahrensgarantien verfehlt. Unstreitig setzt die Verhängung dieser Geldbußen ein *Verschulden* i.S. einer Vorwerfbarkeit der Rechtsverletzung voraus (s. § 57 Rz. 73). Nach ganz h.M. entsprechen diese europäischen Bußgeldtatbestände weitgehend den deutschen *Ordnungswidrigkeiten* (Nw. § 57 Rz. 72) und gehören damit zum **Strafrecht im weiteren Sinne** (§ 1 Rz. 12). Für das europäische *Wettbewerbsrecht* (Kartellrecht einschließlich Fusionskontrolle) ist dies unbestritten[2]. Gleichermaßen greift der von Art. 6 EMRK gewährte Schutz für „strafrechtliche Verfahren" (§ 5 Rz. 16). Nach dem angestrebten Beitritt der EU zur EMRK ist absehbar, dass sich bald auch der EuGH an den vom EGMR entwickelten Maßstäben, etwa zur Verfahrensdauer, messen lassen muss.

Ob sich darüber hinaus etwa für den Agrar- und Fischerei-Bereich aus Art. 40 Abs. 2, Art. 43 Abs. 2, 3 i.V.m. Art. 261 AEUV (= Art. 34 Abs. 2, Art. 37 Abs. 2, 3 i.V.m. Art. 229 EGV) ebenfalls eine Kompetenz zum Erlass von Bußgeld-Normen herleiten lässt, war lange umstritten[3], dürfte aber heute nicht mehr zweifelhaft sein.

71 Der *EuGH* hat in seiner umfangreichen Rechtsprechung zu den Geldbußen des Wettbewerbsrechts – unter Einbeziehung der einschlägigen VO – dafür gesorgt, dass den gemeinsamen rechtsstaatlichen Mindest-Erfordernissen Rechnung getragen wird. Damit ist das *europäische Wettbewerbsrecht* zum **Prototyp** für ein *unmittelbares* **Europäisches Wirtschaftsstrafrecht** geworden[4]. Die Frage, ob dieses „Verwaltungsstrafrecht" wirklich nur verwaltungsrechtlicher oder – richtigerweise – nicht doch strafrechtlicher Natur ist, hat angesichts der konkreten Ausgestaltung der verfahrensrechtlichen Anforderungen durch den EuGH und der autonomen Auslegung der EMRK durch den EGMR keine große praktische Bedeutung mehr.

72 **c)** Durch den Vertrag von Maastricht hat auch die – rechtlich unabhängige – **Europäische Zentralbank** (Rz. 35) die Befugnis erhalten, „Unternehmen bei Nichteinhaltung der Verpflichtungen, die sich aus ihren VO und Beschlüssen ergeben, mit **Geldbußen** oder in regelmäßigen Abständen zu zahlenden **Zwangsgeldern** zu belegen" (Art. 132 Abs. 3 AEUV – Hervorhebungen nicht im Original; zuvor Art. 110 Abs. 3 EGV). Zur Festlegung der Sanktionen und des

---

1 EuGH v. 27.10.1992 – Rs. C-240/90, NJW 1993, 47 m. krit. Anm. *Tiedemann*, S. 49; dazu *Pache*, EuR 1993, 173 ff.; *Dannecker*, StrafR EG, 49 ff.; vgl. zum Ganzen *Schwarze*, Europ. VerwaltungsR, 2. Aufl. 2005, § 11.
2 Statt aller *Tiedemann*, WiStrafR AT, Rz. 252, 258 ff.
3 Vgl. *Böse*, S. 256 ff. m.Nw. der zahlreichen einschlägigen (oft nur befristeten) VO-en; *Dannecker* in W/J, Kap. 2 Rz. 88.
4 Vgl. auch *Sieber*, ZStW 212 (2009), 22.

Verfahrens ist eine gesonderte Rats-VO ergangen[1], die wiederum die EZB zum Erlass von Ausführungsverordnungen ermächtigt.

Die VO der EZB[2] „über das Recht der Europäischen Zentralbank, **Sanktionen** zu verhängen" regelt das – grundsätzlich vertrauliche – Übertretungsverfahren (einschließlich eines vereinfachten Verfahrens) im Einzelnen. Die Nicht-Einhaltung der Mindestreservepflicht[3], die Nicht-Lieferung statistischer Pflicht-Daten[4] und die Verweigerung der Zusammenarbeit mit der EZB seitens des vom Verfahren betroffenen Unternehmens erscheinen als die greifbarsten Tatbestände, auf die die EZB mit der Verhängung von Bußgeld oder Zwangsgeld reagieren kann. – Ein gesonderter Beschluss der EZB regelt das Verfahren, wenn OLAF (Rz. 113) gegen Bedienstete der EZB ermittelt[5].

Auch wenn diese Kompetenz der EZB bisher noch nicht zu aufsehenerregenden Verfahren geführt hat, ist festzuhalten, dass hier den europäischen Organen durch konkrete Einzelermächtigungen eine *eigene Bußgeldgewalt* zugestanden worden ist, die nach deutschem (und europäischem) Verständnis als eine Sanktionsbefugnis strafrechtlicher Art (im weiteren Sinne) einzustufen ist.

2. Kriminalstrafen

a) Entwicklung bis zum Vertrag von Lissabon

Während das Gemeinschaftsrecht Geldbußen von Anfang an vorgesehen hat (Rz. 68), galt dies nicht gleichermaßen für *unmittelbare Sanktionsnormen*, die dem Kriminalstrafrecht, also dem Strafrecht im engeren Sinne, zuzuordnen sind, die also nach gängiger Ansicht einen besonderen Unwertgehalt voraussetzen und vor allem durch die Möglichkeit zur Verhängung von Freiheitsstrafen gekennzeichnet sind (s. auch Rz. 65). Da das Kriminalstrafrecht als äußerstes Mittel der Ausübung hoheitlicher Gewalt gegenüber dem einzelnen Bürger nach herkömmlichem Verständnis die staatliche Souveränität in besonderem Maße berührt, war den europäischen Organen *von Beginn an* **keine Kompetenz** übertragen worden, **Kriminalstrafen** zur Durchsetzung ihrer Normen anzudrohen, geschweige denn zu verhängen. Diesen Grundsatz hat auch der EuGH wiederholt bestätigt[6]. Auch die Reformverträge von Maastricht und Amster-

73

---

1 VO 2532/98 v. 23.11.1998, ABl. EG Nr. L 318 v. 27.11.1998, 4.
2 VO (EG) Nr. 2157/1999 der EZB v. 23.9.1999 (EZB/1999/4), ABl. EG Nr. L 264 v. 12.10.1999, 21, geänd. durch VO (EG) Nr. 985/2001 der EZB v. 10.5.2001, ABl. EG Nr. L 137 v. 19.5.2001, 24.
3 Dazu Art. 11 der VO Nr. 2157/1999 der EZB.
4 Dazu die Mitteilung der EZB „über die Verhängung von Sanktionen auf Grund von Übertretungen bilanzbezogener statistischer Berichtspflichten", ABl. EU Nr. C 195 v. 31.7.2004, 8.
5 Beschl. der EZB v. 3.6.2004 (EZB/2004/11 = 2004/525/EG), ABl. EU Nr. L 230 v. 30.6.2004, 56.
6 Z.B. EuGH v. 11.11.1981 – Rs. 203/80 – Casati, Slg. 2595; EuGH v. 16.6.1998 – Rs. C 226/97 – Lemmens = Alkoholtestgerät, Slg. 1998 I-3711 = EuZW 1998, 569 m. Anm. *Abele* = StV 1999, 130 m. Anm. *Satzger*; EuGH v. 13.9.2005 – Rs. C-176/03 – Umweltstrafrecht, Slg. 2005 I-7879 (s. oben Rz. 58, unten Rz. 97 und § 54 Rz. 358 ff.).

dam hatten daran nichts geändert, weshalb es auch herrschende Ansicht war[1], dass die EG nicht befugt war, unmittelbar geltendes Strafrecht zu setzen.

74 Der Vertrag von **Maastricht** hatte zwar – im Anschluss an die Rechtsprechung des EuGH im griechischen Maisskandal (Rz. 60) – die Mitgliedstaaten verpflichtet, gegen Betrügereien zulasten der finanziellen Interessen der Gemeinschaft dieselben „Maßnahmen" zu ergreifen wie gegen Betrügereien zulasten der eigenen nationalen Finanzinteressen – also ggf. auch strafrechtliche Sanktionen vorzusehen – und ihre diesbezügliche Tätigkeit zu koordinieren (**Art. 209a EGV**; Rz. 104). Von einer eigenen Kompetenz der Gemeinschaft zum Erlass von Strafnormen war indessen – noch – nicht die Rede.

75 Der **Amsterdamer Vertrag** hatte im neugefassten **Art. 280 EGV** zwar in Abs. 1 eine *gemeinsame Aufgabe* formuliert:

„Die Gemeinschaft und die Mitgliedstaaten bekämpfen Betrügereien und sonstige gegen die finanziellen Interessen der Gemeinschaft gerichtete rechtswidrige Handlungen mit Maßnahmen nach diesem Artikel, die abschreckend sind und in den Mitgliedstaaten einen effektiven Schutz bewirken."

Im Anschluss an die Abs. 2 und 3, die dem vorherigen Art. 209a EGV entsprachen, hatte der neue Abs. 4 des Art. 280 EGV darüber hinaus den *Rat ermächtigt*, „zur Gewährleistung eines effektiven und gleichwertigen Schutzes in den Mitgliedstaaten" „die erforderlichen Maßnahmen" zur Verhütung und Bekämpfung solcher Betrügereien im Mitentscheidungsverfahren (Art. 251 EGV) zu beschließen. Diese Ermächtigung enthielt aber folgende Einschränkung (Satz 2):

„Die Anwendung des Strafrechts der Mitgliedstaaten und ihrer Strafrechtspflege bleiben von diesen Maßnahmen unberührt".

Die wortgleiche Einschränkung enthielt *Art. 135 EGV* bezüglich der Zusammenarbeit im *Zollwesen*. War die Tragweite dieses Vorbehalts auch nicht unbestritten, so hat die h.M. darin zu Recht die Festschreibung des Grundsatzes gesehen, dass das Strafrecht ausschließlich „Sache der Mitgliedstaaten" bleiben solle[2].

b) Rechtslage seit dem Vertrag von Lissabon

76 Der **Vertrag von Lissabon** hat im Unterschied zu den vorherigen Verträgen dem Strafrecht eine eigene und klarere Stellung eingeräumt. Das Strafrecht ist zentraler Bestandteil des **Bereichs der Inneren Sicherheit** (Rz. 116 ff.). Vor die einzelnen Tätigkeitsbereiche der Union zur Gewährleistung eines *„Raums der Freiheit, der Sicherheit und des Rechts"* ist ein Kapitel mit „Allgemeinen Be-

---

1 Vgl. *Tiedemann*, WiStrafR AT, Rz. 82 f.; *Dannecker* in W/J, Kap. 2 Rz. 68 ff.; *Nelles/Tinkl/Lauchstädt* in Schulze/Zuleeg, § 42 Rz. 9; *Satzger*, Lb., § 8 Rz. 18 ff.; *Hecker*, Europ. StrafR, § 4 Rz. 75 ff.; *Zieschang* in FS Tiedemann, 2008, S. 1306 ff.; 4. Aufl., § 5 Rz. 65 ff.

2 Vgl. *Magiera* in Grabitz/Hilf/Nettesheim, Art. 325 AEUV Rz. 71 ff., 74; *Schoo* in Schwarze, EU-Komm., Art. 325 AEUV Rz. 10 f.; *Waldhoff* in Calliess/Ruffert, Art. 325 AEUV Rz. 18. S. auch die vorherigen Kommentierungen zum EGV: *Magiera* in Grabitz/Hilf, Art. 280 EGV Rz. 71 ff., 74; *Voß* in Grabitz/Hilf, Art. 135 EGV Rz. 17; *Schoo* in Schwarze, EU-Komm., Art. 280 EGV Rz. 11 f.; *Terhechte* in Schwarze, EU-Komm., Art. 135 EGV Rz. 2; *Jochum* in Hailbronner/Wilms, Art. 280 EGV Rz. 12; *Waldhoff* in Calliess/Ruffert, Art. 280 EGV Rz. 19.

stimmungen" gestellt (Art. 67–76 AEUV), durch die die Unionsinteressen und die Belange der Mitgliedstaaten ins Gleichgewicht gebracht werden sollen. **Art. 67 Abs. 3 AEUV** enthält folgende *allgemeine Zielsetzung* zur Gewährleistung der „Inneren Sicherheit", die den Rahmen der nachfolgend genannten Einzelkompetenzen bildet:

„Die Union wirkt darauf hin, durch Maßnahmen zur Verhütung und Bekämpfung von *Kriminalität* sowie von Rassismus und Fremdenfeindlichkeit, zur Koordinierung und Zusammenarbeit von Polizeibehörden und Organen der *Strafrechtspflege* und den anderen zuständigen Behörden sowie durch die gegenseitige *Anerkennung strafrechtlicher Entscheidungen* und erforderlichenfalls durch die *Angleichung der strafrechtlichen Rechtsvorschriften* ein hohes Maß an Sicherheit zu gewährleisten."[1]

Darüber hinaus hat der *Lissabonner Vertrag* die „**Justizielle Zusammenarbeit in Strafsachen**" im Rahmen des „*Raums der Freiheit, der Sicherheit und des Rechts*" zu einer „normalen" Aufgabe der Union gemacht. In den – teilweise sehr ausführlichen – **Art. 82–86 AEUV**, die weitgehend den Art. III-270–274 VVE entsprechen, haben die Organe der Union beträchtliche Kompetenzen im Bereich des Strafrechts erhalten. In Art. 82 AEUV finden sich die Kompetenzen vor allem für die *verfahrensrechtlichen Fragen* der Zusammenarbeit in Strafsachen (näher Rz. 118 ff.). Art. 83 regelt im Anschluss daran die *grenzüberschreitende Strafverfolgung*. Allerdings ist die Union im Wesentlichen *nicht* zur Setzung *unmittelbar* wirksamer Strafnormen befugt. Vielmehr hat die Angleichung strafrechtlicher Normen und die Festlegung von verfahrensrechtlichen und materiell-rechtlichen Mindestanforderungen durch **Richtlinien** zu erfolgen (Art. 82 Abs. 2 S. 1, Art. 83 Abs. 1, 2 AEUV). Dabei ist jedoch der Bereich, in dem die Union nun *mittelbar* Einfluss auf das einzelstaatliche Strafrecht nehmen kann (Rz. 80, 92 ff.), ziemlich breit: Die aufgezählten neun Kriminalitätsbereiche erfassen die wichtigsten Bereiche schwerer grenzüberschreitender Kriminalität vom Terrorismus über Geldwäsche und Korruption bis hin zur Computerkriminalität. In einem vereinfachten Verfahren kann dieser Bereich erweitert und dadurch die Bekämpfung neuer Kriminalitätsformen einheitlich geregelt werden. Über die RL hinaus kann die Union aber auch bei einzelnen verfahrensrechtlichen Aspekten nach Art. 82 Abs. 1 AEUV (Sicherstellung der Anerkennung von Urteilen, Verhinderung von Kompetenzkonflikten, Weiterbildung sowie Zusammenarbeit der Justizbehörden) **Verordnungen** erlassen, da die Regelung zum Erlass von „Maßnahmen" ermächtigt. Hier ist die Grundlage für ein, wenn auch begrenztes, echtes supranationales Strafverfahrensrecht gelegt.

Mit dem Lissabonner Vertrag ist – ebenso wie schon im VVE (Art II-415) – zudem der *Vorbehalt* des Amsterdamer Vertrags in Art. 280 EGV zugunsten der Mitgliedstaaten, Strafrecht zu setzen (Rz. 75), ersatzlos *entfallen*, obwohl der Artikel ansonsten der Sache nach unverändert als **Art. 325 AEUV** übernommen worden ist. Dasselbe gilt für für das Zollwesen *Art. 33 AEUV*, der an die Stelle des Art. 135 EGV getreten ist. Ob aus dieser Streichung zu folgern ist, dass nunmehr auch die Union unmittelbar wirksame strafrechtliche Maßnahmen gegen Betrügereien ergreifen kann, also im „ordentlichen Gesetzgebungs-

---

1 Hervorhebungen nicht im Original.

verfahren" durch eine *VO* Strafnormen setzen kann, wenn sie dies für „erforderlich" hält, ist umstritten. Vielfach wird in dieser Norm ein punktueller, auf den Schutz der finanziellen Unionsinteressen beschränkter, aber gleichwohl grundsätzlicher „Durchbruch" für ein „Europäisches Strafrecht" gesehen[1]. Dem ist zuzustimmen, auch wenn die Regelung bedauerlicherweise vom Wortlaut her nicht eindeutig ist, da sie weder das Strafrecht explizit als Maßnahme benennt, noch ihr Verhältnis zu dem auf eine mittelbare Strafrechtssetzung beschränkten Art. 83 Abs. 1, 2 AEUV, der damit auch eine Kompetenzschranke für Art. 325 AEUV darstellen könnte[2], klarstellt (s. Rz. 104).

79 Zu dem „Raum der Freiheit, der Sicherheit und des Rechts" gehört auch eine gemeinsame Politik im Bereich **„Grenzkontrollen, Asyl und Einwanderung"** (Art. 77–80 AEUV). **Art. 79** AEUV verpflichtet die EU ausdrücklich auch zur „Verhütung und verstärkte(n) *Bekämpfung von illegaler Einwanderung und Menschenhandel"* (Abs. 1) und ermächtigt „gemäß dem ordentlichen Gesetzgebungsverfahren" zu „Maßnahmen" gegen „illegale Einwanderung und illegalen Aufenthalt" sowie zur „Bekämpfung des Menschenhandels, insbesondere des Handels mit Frauen und Kindern" (Abs. 2 Buchst. c und d). Wie bei Art. 325 AEUV stellt sich somit die Frage, ob damit strafrechtliche Maßnahmen erfasst sind, insbesondere da der Menschenhandel auch in Art. 83 Abs. 1 AEUV genannt wird. Um das Ziel einer effektiven rechtlichen Normierung des Menschenhandels zu erreichen, spricht viel dafür, hier nicht nur die Ermächtigung zur Setzung zivil- und verwaltungsrechtliche Maßnahmen, sondern auch zu kriminalstrafrechtlichen Normen zu sehen.[3] Da keine Beschränkung auf „Richtlinien" erfolgt ist, können wie beim Schutz der finanziellen Interessen und beim Zollwesen (Rz. 78) auch *unmittelbare* Strafnormen im Wege einer EU-VO erlassen werden.

II. Mittelbare Sanktionsnormen

80 Dass die mittelbare Gestaltung des einzelstaatlichen Strafrechts durch gemeinschaftsrechtliche bzw. unionsrechtliche Vorgaben sich seit längerem auf unterschiedliche Weise vollzogen hat und weiter vollzieht, wurde bereits angesprochen (Rz. 63). Einige „Wege" dieser **„Europäisierung" des Strafrechts** sollen kurz genannt sein. Allein die zuletzt behandelte Anweisungskompetenz (Rz. 92) hat durch den Vertrag von Lissabon konkretere Konturen erhalten; die anderen Wege stehen daneben als Folge des Vorrangs des Unionsrechts weiterhin offen.

---

1 Vgl. *Ambos*, Int. StrafR, § 11 Rz. 13; *Mansdörfer*, HRRS 2010, 18; *Safferling*, Int. StrafR, § 10 Rz. 41 f.; *Satzger*, Lb., § 8 Rz. 24 ff., 27; ähnlich *Tiedemann*, WiStrafR AT, Rz. 85b, 250; *Zieschang* in FS Tiedemann, 2008, S. 1306 ff. (1309); *Zimmermann*, Jura 2009, 844 (846); vgl. auch *Schoo* in Schwarze, EU-Komm., Art. 325 AEUV Rz. 15; *Heger*, ZIS 2009, 415 (zurückhaltend); anders *Böse* in EnzEuR, Bd. 9, § 4 Rz. 24 m.w.Nw.; *Zöller*, ZIS 2009, 340 (342 ff.); s. auch die Kommentierung zum EGV *Magiera* in Grabitz/Hilf, Art. 280 EGV Rz. 78 f.
2 *Böse* in EnzEuR, Bd. 9, § 4 Rz. 23, 24.
3 So auch *Satzger*, Lb., § 8 Rz. 26; zurückhaltend *Mansdörfer*, HRRS 2010, 18, abl. *Böse* in EnzEuR, Bd. 9, § 4 Rz. 25.

1. Unionswidriges nationales Strafrecht

Unmittelbar aus dem *Vorrang des* Gemeinschaftsrechts bzw. *Unionsrechts* (Rz. 43) ergibt sich eine Rechtsfolge, für die es keiner primärrechtlichen Einzelermächtigung bedarf: Hat die EU bzw. die EG im Rahmen ihrer Kompetenz Rechtsnormen erlassen, kann deren Geltung auch **nicht** durch **einzelstaatliches Strafrecht** begrenzt werden. Das nationale Strafrecht tritt im Ergebnis außer Kraft, wenn es im *Widerspruch zum Gemeinschafts-/Unionsrecht* steht[1]. Ein Mitgliedstaat ist daran gehindert, seine Sanktionsnormen zur Anwendung zu bringen, wenn sie mit dem vorrangigen Gemeinschafts-/Unionsrecht unvereinbar sind. Denn es geht nicht an, die gemeinschaftlichen Ziele durch die Anwendung von Strafnormen zum Schutz nationaler Abgeschlossenheit zu unterlaufen[2].

Dabei bedarf es *keines förmlichen Rechtsakts* der EG/EU zur Aufhebung von gemeinschaftswidrigem Recht; vielmehr ist es den nationalen Behörden und Gerichten **von Rechts wegen** untersagt, den Vorrang des europäischen Rechts zu missachten. Ist der Widerspruch zum gemeinschaftlichen Recht hinreichend eindeutig, ist der nationale Richter nicht nur berechtigt, sondern aufgrund seiner Bindung an Recht und Gesetz *verpflichtet*, das einzelstaatliche Recht *nicht anzuwenden*, und zwar *ohne Vorlage* an den EuGH (oder etwa an das BVerfG), denn es handelt sich um „Anwendung" geltenden höherrangigen Rechts. Nur dann, wenn der Widerspruch von der *Auslegung* des Gemeinschaftsrechts abhängt, ist der Richter gehalten, eine Vorabentscheidung des EuGH (Rz. 59) einzuholen. Dagegen sind Sanktionsnormen des nationalen Rechts, die *strenger* sind als die gemeinschaftsrechtlichen Vorgaben für eine Sanktion, regelmäßig rechtlich unbedenklich[3].

Beispiele: Der **BGH** hat eine Verurteilung wegen *Umsatzsteuerhinterziehung* aufgehoben, weil der Einwand des Angeklagten nicht berücksichtigt worden war, die ihm zur Last gelegten Kreditvermittlungsgeschäfte seien nach der (damals noch nicht umgesetzten) 6. Mehrwertsteuer-RL nicht (mehr) umsatzsteuerpflichtig. Unter Bezugnahme auf die einschlägige EuGH-Rechtsprechung hat der BGH betont: *„Rechtsakte des Gemeinschaftsrechts verdrängen entgegenstehendes nationales Recht. Ihre Durchsetzung ob-*

---

1 Vgl. z.B. EuGH v. 11.7.1974 – Rs. 8/74 – Dassonville, Slg. 1974, 837 (eine Leitentscheidung anlässlich eines Strafverfahrens in Belgien); EuGH v. 15.12.1976 – Rs. 41/76 – Donckerwolcke, Slg. 1976, 1921; EuGH v. 9.3.1978 – Rs. 106/7 – Simmenthal, Slg. 1978, 629 = NJW 1978, 1741; EuGH v. 22.10.1998 – Rs. C-10/97, EuZW 1998, 719 bzgl. Abgaben von Kapitalgesellschaften; *Nettesheim* in O/C/N, § 10 Rz. 32 ff.; *Gärditz*, wistra 1999, 293 (294 ff.); *Dannecker* in W/J, Kap. 2 Rz. 109 ff.; *Nelles/Tinkl/Lauchstädt* in Schulze/Zuleeg, § 42 Rz. 9.

2 Anschaulich der Fall Auer: EuGH v. 22.9.1983 – Rs. 271/83, Slg. 1983, 2727: Die Bestrafung der Berufsausübung eines Veterinärs in Frankreich, der nicht das vorgeschriebene französische Diplom, sondern ein italienisches hatte, stand im Widerspruch zur – von Frankreich damals noch nicht umgesetzten – RL über die wechselseitige Anerkennung von Hochschuldiplomen; die französische Strafnorm war als gemeinschaftswidriges Recht unanwendbar; ähnlich z.B. EuGH v. 10.7.1984 – Rs. 63/83 – Kirk, Slg. 1984, 2689; vgl. auch EuGH v. 9.9.2003 – Rs. C 198/01 – Ital. Zündholz-Konsortium, NJW 2004, 351.

3 Vgl. z.B. EuGH v. 10.7.1990 – Rs. C-326/88 – Hansen, Slg. 1990 I-2911; dazu *Heise*, S. 35 ff.

liegt auch dem nationalen Richter, der im Zweifelsfall bei der Auslegung des Gemeinschaftsrechts [...] eine Vorabentscheidung des EuGH einholen kann bzw. muss"[1].

Als Beispiel für einen Fall der Vorlage sei die Entscheidung des **EuGH** genannt, in dem ein Bußgeld nach dem SchwarzarbeitsG wegen Nicht-Eintragung eines portugiesischen Verputz-Unternehmens in die deutsche Handwerksrolle als europarechtswidrig beurteilt wurde[2].

84 Problematisch sind insbesondere Fälle, in denen die vorrangige Gemeinschaftsnorm nicht in Form einer konkreten Regelung des Sekundärrechts vorliegt, sondern die Gestalt eines abstrakten Grundsatzes des Gemeinschafts- bzw. Unionsrechts (in der maßgeblichen Auslegung durch den EuGH) hat. Wie weit das europäisches Recht unter dem rechtlichen Gesichtspunkt des *Diskriminierungsverbots*[3] in die einzelstaatlichen Sanktionsbefugnisse eingreift, zeigt eine weitere **EuGH-Entscheidung**[4]:

Der Pächter von in Vorarlberg gelegenen Bodensee-Ufergrundstücken hatte die Genehmigung zum Betrieb eines Bootsliegeplatzes 1990 unter der Auflage erhalten, nicht mehr als 60 von insgesamt 200 Plätzen an Bootseigner „mit Wohnsitz im Ausland" zu vergeben. Nachdem er diese Kontingentierung überschritten und zwei Plätze an in Deutschland bzw. Liechtenstein wohnhafte Bootseigner vergeben hatte, waren gegen ihn 1996 vom Vorarlberger Verwaltungsgericht wegen Verwaltungsübertretung nach dem Landschaftsschutzgesetz zwei Geldbußen von rund je 10 000 DM verhängt worden. Auf Vorlage des Verwaltungsgerichtshofs in Wien hat der EuGH festgestellt, dass Art. 59 EGV am 1.1.1995 in Österreich geltendes Recht geworden ist, weshalb ein gegen die Dienstleistungsfreiheit verstoßendes Verbot nicht mehr die Verhängung einer „Geldstrafe"[5] rechtfertigen könne; der Anwendungsvorrang des Gemeinschaftsrechts erstrecke sich auch auf rechtskräftige Verwaltungsakte (aus der Zeit vor Beitritt Österreichs zur EU) als Grundlage einer nun verhängten Sanktion.

2. Unionsrechtskonforme Auslegung

85 Der vorstehenden Wirkungsweise nahe steht eine weitere allgemeine Verpflichtung der Rechtsanwender in den Mitgliedstaaten, nämlich die auf der ständigen Rechtsprechung des EuGH[6] beruhende Verpflichtung der einzelstaatlichen Gerichte zur gemeinschaftsrechtskonformen bzw. nun **unionsrechtskonformen Auslegung** des nationalen Rechts, insbesondere in Gestalt der

---

1 BGH v. 17.5.1977 – 3 StR 459/87, BGHSt. 37, 168 (175) = NJW 1991, 1622 = NStZ 1991, 48 = wistra 1991, 68; dazu *Thomas*, NJW 1991, 2233.
2 EuGH v. 11.12.2003 – Rs. C-215/01 – Schnitzer, NJW 2004, 435.
3 Anschaulich auch die verfahrensrechtliche Entscheidung des EuGH v. 24.11.1998 – Rs. C-274/96, EuZW 1999, 83 m. Anm. *Novak* = EuR 1999, 87 bzgl. Sprachenregelung im Strafverfahren (in Südtirol).
4 EuGH v. 23.12.2009 – Rs. C-45/08 – Spector Foto Group, mit Anm. *Begemeier*, HRRS 2013, 179; EuGH v. 29.4.1999 – Rs. C-224/97, NJW 1999, 2355 = EuZW 1999, 405 (m.Nw. der Rspr-Entwicklung) m. krit. Anm. *Schilling*.
5 Weil das österreichische VerwaltungsstrafR (gem. „VerwaltungsstrafG [VStG] 1991", öst. BGBl. 1991 Nr. 52) nicht unseren Begriff der Geldbuße kennt, ist im EuGH-Urt. wiederholt von „Geldstrafe" und „Strafverfolgung" die Rede; das EuGH-Urt. dürfte sachlich aber für alle Sanktionen gleichermaßen gelten.
6 Grundlegend EuGH v. 10.4.1984 – Rs. 14/83 – von Colson, Slg. 1984, 1891; vgl. z.B. auch EuGH v. 29.10.1998 – Rs. C-230/94 – Awoyemi, EuZW 1999, 52 bzgl. Führerschein-RL 91/439.

richtlinienkonformen, der *rahmenbeschlusskonformen* und der *verordnungskonformen* Auslegung. Diese Verpflichtung ist ebenfalls Ausfluss des Vorrangs des Gemeinschafts- bzw. Unionsrechts[1]. Aus dem Prinzip der (wechselseitigen) Gemeinschafts-/Unionstreue (Art. 4 Abs. 3 EUV n.F.; früher Art. 10 EGV) erwächst die Pflicht, das nationale Recht so auszulegen, dass das einschlägige europäische Recht möglichst effektiv zur Geltung kommt.

Dabei ist zwischen der – unter bestimmten Voraussetzungen eintretenden (Rz. 51) – unmittelbaren Wirkung von RL und der RL-konformen Auslegung zu *unterscheiden*, auch wenn die Grenzen vielfach fließend sind[2]. Die **unmittelbare Wirkung** von RL – nicht aber von RB – ist gleichsam eine *Sanktion gegen den Mitgliedstaat*, der die RL nicht fristgemäß oder inhaltlich nicht ordnungsgemäß umgesetzt hat – ähnlich wie die vom EuGH begründete Staatshaftung. Sie wirkt nur zugunsten des Bürgers und stellt ihn deshalb im Einzelfall von einer einzelstaatlichen Sanktion (Strafe, Geldbuße) frei. Eine solche RL kann aber nicht aus sich heraus eine strafrechtliche Verantwortung eines Unionsbürgers begründen oder erweitern; allgemeine, unionsweit anerkannte strafrechtliche Grundsätze wie das Bestimmtheitsgebot und das Rückwirkungsverbot stehen dem entgegen[3].

86

Die Verpflichtung zur **unionsrechtskonformen Auslegung** zielt dagegen darauf, dem Unionsrecht inhaltlich zur Geltung zu verhelfen und unionswidriges einzelstaatliches Recht zurückzudrängen. Diese Verpflichtung gilt grundsätzlich *auch* für den Bereich des *Straf- und Strafverfahrensrechts*[4], wird aber durch allgemeine, also ebenfalls unionsweit gültige Rechtsgrundsätze eingeschränkt, insbesondere das Gebot der Tatbestandsbestimmtheit strafbaren Verhaltens, das Analogieverbot und das Rückwirkungsverbot[5].

87

Beispiele: Das wohl bekannteste Beispiel ist die Übernahme der gemeinschaftsrechtlichen Umschreibung von „Abfall"[6] zur Definition des Abfall-Begriffs in § 326 StGB

---

1 Dazu z.B. *Hecker*, Europ. StrafR, § 10 Rz. 1; *Heger* in EnzEuR, Bd. 9, § 5 Rz. 101 ff.; *Nettesheim* in Grabitz/Hilf/Nettesheim, Art. 288 AEUV Rz. 133; *Dannecker* in W/J, Kap. 2 Rz. 16 ff.; umfassend *Gänswein*, Der Grundsatz unionsrechtskonformer Auslegung nationalen Rechts, 2009; *Röcker*, Die Pflicht zur rahmenbeschlusskonformen Auslegung nationalen Rechts, 2013; s. zudem *Martens*, Methodenlehre des Unionsrechts, 2013. Als Beispiel für den Anspruch auf die rahmenbeschlusskonforme Auslegung nationalen Rechts in Strafverfahren sei genannt EuGH (Große Kammer) v. 16.6.2005 – Rs. C-105/03 – Maria Pupino, NJW 2005, 2839 = EuZW 2005, 433 m. Anm. *Hermann* = JZ 2005, 838 m. Anm. *Hillgruber*.
2 EuGH v. 13.11.1990 – Rs. C-106/89 – Marleasing, Slg. 1990 I-4135; vgl. *Streinz*, EuR, Rz. 405; *Dannecker*, StrafR EG, 18.
3 Deutlich EuGH v. 8.10.1987 – Rs. 80/86 – Kolpinghuis Nijmegen, Slg. 1987, 3969; *Heise*, 162 ff.
4 Vgl. *Dannecker* in W/J, Kap. 2 Rz. 117 ff.; *Ambos*, Int. StrafR, § 11 Rz. 42 ff.; *Hecker*, Europ. StrafR, § 10 Rz. 39 ff.; *Satzger*, Lb., § 9 Rz. 75 ff., 86 ff.
5 Vgl. zu den Grenzen der Auslegung EuGH v. 23.12.2009 – Rs. C-45/08 – Spector Foto Group, mit Anm. v. *Begemeier*, HRRS 2013, 179.
6 RL 75/442 und 78/319; EuGH v. 28.3.1990 – Rs. C-207/88 – Zanetti, Slg. 1990 I-1461.

durch den BGH[1] (vgl. auch § 54 Rz. 53, 227). Im Recht des unlauteren Wettbewerbs hatte der Wettbewerbssenat des BGH seine vorherige Rechtsprechung zur Unzulässigkeit der vergleichenden Werbung angesichts einer noch nicht umgesetzten EG-RL aufgegeben[2]. Dies kann sich – wenn nicht im konkreten Fall ein allgemeiner strafrechtlicher Rechtsgrundsatz entgegensteht – auch dahin auswirken, dass aufgrund der richtlinienkonformen Auslegung eine einzelstaatliche Sanktion zu verhängen ist, die bei gegenteiliger Auslegung nicht zu verhängen wäre. Allerdings hat der BGH einer zu weiten Auslegung auch Schranken gezogen: Bei § 129 StGB sah er eine Anwendung des Begriffs der „kriminellen Vereinigung" i.S. „europarechtsfreundlicher Modifikation" auch auf Zwei-Personen-Verhältnisse als nicht mehr vereinbar an mit wesentlichen Grundgedanken des Systems der Strafbarkeit mehrerer zusammenwirkender Personen in Deutschland, auch wenn dies der entsprechende RB zur Bekämpfung organisierter Kriminalität so fordere; eine derartige Korrektur sei Aufgabe des Gesetzgebers.[3]

88 Von der verpflichtenden unionrechts*konformen* Auslegung ist die **unionsrechtsfreundliche Auslegung** zu unterscheiden. Diese stellt eine zulässige Methode im Rahmen der Auslegung dar. Sie ist ist nicht verpflichtend vom Unionsrecht vorgegeben und kann daher – muss aber nicht – insbesondere dann zur Begründung herangezogen werden, wenn von *mehreren* infrage kommenden Ergebnissen eines dem Unionsrecht *eher* entspricht. Wenn die Umsetzungsfrist für einen Rechtsakt abgelaufen ist, kann sich die unverbindliche unionsrechtsfreundliche Auslegung in eine verpflichtende unionsrechtskonforme wandeln.

3. Blankettausfüllende europäische Normen

89 Bei der Umsetzung gemeinschafts- bzw. unionsrechtlicher Vorgaben im Wege von RL oder Beschlüssen – früher auch Rahmenbeschlüssen – hat der nationale Gesetzgeber neben der Formulierung eigenständiger Sanktionstatbestände die Möglichkeit, zur Umschreibung des zu sanktionierenden Verhaltens direkt auf **die EG- bzw. EU-Normen zu verweisen**[4]. Es handelt sich dabei um dieselbe „Technik", wie sie im (nationalen) Nebenstrafrecht gängig ist (§ 1 Rz. 14; § 17 Rz. 8 ff.). Auch die Frage der *Tatbestandsbestimmtheit* ist grundsätzlich nicht anders zu beantworten als bezüglich der sonstigen Blankettstraf- oder -bußgeldnormen[5]. Die praktische Handhabung ist allerdings vielfach schwieriger, zumal die europäischen Normen aufgrund der Einflussnahme der vielen Mitgliedstaaten und ihrer oft divergierenden Rechtstraditionen regelmäßig noch komplizierter sind als das (oft genug auch schon schwierige) nationale Recht. Hinzu

---

1 BGH v. 26.2.1991 – 5 StR 440/90, BGHSt. 37, 333 = NJW 1991, 1621 = JZ 1991, 885 m. Anm. *Horn*.
2 BGH v. 5.2.1998 – I ZR 211/95, BGHZ 138, 55 = NJW 1998, 2208 = EuR 1999, 110; vgl. *Ehricke*, EuZW 1999, 553.
3 BGH v. 3.12.2009 – 3 StR 277/09, BGHSt 54, 216 = NJW 2010, 1979 m. Anm. *Zöller*, JZ 2010, 908.
4 Vgl. *Satzger*, Lb., § 9 Rz. 1 ff.; *Ambos*, Int. StrafR, § 11 Rz. 19, 26 ff.; *Hecker*, Europ. StrafR, § 7 Rz. 83 ff.; *Dannecker* in W/J, Kap. 2 Rz. 123; *Nelles/Tinkl/Lauchstädt* in Schulze/Zuleeg, § 42 Rz. 20; *Dannecker*, Jura 1998, 85 f.; *Böse*, 436 ff.
5 Vgl. BVerfG v. 13.10.1973 – 2 BvR 618/68, BVerfGE 29, 198 (210); anschaulich BGH v. 16.8.1996 – 1 StR 745/95, wistra 1997, 25 zu § 30a BNatSchG sowie BGH v. 18.9.2013 – 2 StR 535/12 zu § 6a AMG.

kommt, dass die zeitliche Koordination der Normsetzungsverfahren, besonders bei Änderung der europäischen Normen, Probleme aufwerfen kann. Angesichts der Regeln über die zeitliche Anwendbarkeit von Sanktionsnormen, insbesondere des Rückwirkungsverbots (oben § 3), bleiben praktische Schwierigkeiten nicht immer aus[1].

Nahezu **alle Bereiche des Wirtschaftsstrafrechts** sind von solchen Verweisungen auf EG/EU-Recht durchzogen, vom Außenwirtschaftsrecht (unten § 62 sowie zu den Terrorlisten oben § 5 Rz. 32) über das Bilanzrecht (unten § 26, § 40, § 41), das Lebensmittelrecht (unten § 72), das Transportrecht (unten § 34, § 71) bis zum Umweltrecht (unten § 54) und Zollrecht (unten § 45). Eine auch nur exemplarische Aufzählung konkreter europäischer Rechtsakte würde nicht nur den Rahmen dieser Darstellung sprengen, sondern wäre auch nicht weiterführend. 90

Beispiele: Als Beispiel für das Ausmaß der Europäisierung mancher Lebensbereiche sei hier der – im Übrigen hier nicht näher behandelte – Sektor der *Hochseefischerei* genannt: Das in Umsetzung des gemeinschaftlichen Fischereirechts erlassene SeefischereiG[2] wird ergänzt durch die „Seefischerei-BußgeldVO", deren eigentlicher Name lautet: „VO zur Durchsetzung des Fischereirechts der Europäischen Union"[3]; sie enthält zahlreiche, überwiegend lange Bußgeld-Kataloge, die auf EG-Normen Bezug nehmen. Ähnlich verhält es sich z.B. mit der „VO zur Durchsetzung gemeinschaftsrechtlicher VO über Stoffe und Zubereitungen (*Chemikalien-Straf- und Bußgeldverordnung* – ChemStrOwiV)" (s. § 54 Rz. 291, 294). Ein weiteres aktuelles Beispiel ist die EU-VO über OTC-Derivate etc.[4], deren Umsetzungsgesetz in § 39 WpHG einen neuen Abs. 2e mit zehn Nummern von Bußgeldtatbeständen eingefügt hat, die jeweils auf Bestimmungen der EU-VO verweisen.[5]

Eine besondere Schwierigkeit der Blanketttatbestände liegt darin, dass **unterschiedliche Arten der Verweisung** vorliegen können[6], die im Einzelfall jeweils sorgfältig zu klären sind. Als *statische Verweisung* (z.B. in § 96 Nr. 20 AMG) 91

---

1 Vgl. z.B. BGH, v. 17.3.2011 – 5 StR 543/10; dazu *Satzger/Langheld*, HRRS 2011, 460; BVerfG v. 29.11.1989 – BvR 1491/87, NJW 1990, 1103; BayObLG v. 18.1.1999 – 3 ObOWi 115/98, NStZ-RR 1999 bzgl. FPersG, 153; OLG Koblenz v. 26.1.1989 – 1 Ss 567/88, NStZ 1989, 188; OLG Stuttgart v. 28.8.1989 – 3 Ss 589/88 – Weinrecht, NStZ 1990, 88. Vgl. auch den Fall EuGH v. 16.6.1998 – Rs. C-226/97 – Lemmens oder Alkoholtestgerät, Slg. 1998 I-3711 = EuZW 1998, 569 m. Anm. *Abele* = JZ 1998, 1068 m. Anm. *Kühne* = StV 1999, 130 m. Anm. *Satzger*; dazu auch *Gärditz*, Der Strafprozess unter dem Einfluss europ. Richtlinien, wistra 1999, 293. S. auch *Heger*, Die Beeinflussung des deutschen Strafrechts durch EU-Recht und der Gedanke des Rechtsmissbrauchs, ZIS 2013, 289.
2 V. 12.7.1984, BGBl. I 876 i.d.F. der Bek. v. 6.7.1998, BGBl. I 1791 (zul. geänd. durch Art. 2 des G v. 7.8.2013, BGBl. I 3118), das in § 18 einen Katalog von Ordnungswidrigkeiten enthält und durch die (mehrfach geänderte) SeefischereiVO (SeefiV) v. 18.7.1989, BGBl. I 1485 (zul. geänd. durch Art. 1 des G v. 5.12.2012, BGBl. I 2546) ergänzt wird, die ihrerseits in § 22 zahlreiche Bußgeldtatbestände enthält.
3 V. 16.6.1998, BGBl. I 1355, zul. geänd. durch Art. 1 des G v. 6.6.2012, BGBl. I 1286.
4 VO (EU) Nr. 648/2012 v. 4.7.2012 über OTC-Derivate, zentrale Gegenparteien und Transaktionsregister, ABl. EU Nr. L 201 v. 27.7.2012, S. 1.
5 Vgl. Art. 2 Nr. 4 Buchst. b. des AusführungsG zur VO (EU) Nr. 648/2012 über OTC-Derivate, zentrale Gegenparteien und Transaktionsregister (EMIR-AusführungsG) v. 13.2.2013, BGBl. I 174.
6 *Heger* in EnzEuR, Bd. 9, § 5 Rz. 56 f.; *Hecker*, Europ. StrafR, § 7 Rz. 79.

bezieht sich der Tatbestand auf einen exakt bezeichneten, bestehenden Rechtsakt. Wird dieser geändert und soll das im Blanketttabestand zum Ausdruck kommen, muss die Verweisung im nationalen Tatbestand angepasst werden. Als *dynamische Verweisung* (z.B. § 6 EG-Gentechnik-Durchführungsgesetz) bezieht sich der Blanketttatbestand dagegen auf den jeweils zur Tatzeit geltenden europarechtlichen Rechtsakt und muss daher bei Anpassung der europarechtlichen Lage nicht mehr im nationalen Recht geändert werden. Zwischen beiden Formen können Mischformen existieren: Die *verdeckt statische Verweisung*, bei der der nationale Tatbestand dynamisch auf einen europarechtlichen Akt verweist, der wiederum eine statische Verweisungen enthält, ist dabei aufgrund der festen Weiterverweisung weniger problematisch als der umgekehrte Fall; denn bei der *verdeckt dynamischen Verweisung* kann der statische Verweis auf einen europarechtlichen Rechtsakt, der dann eine dynamische Weiterverweisung enthält, leicht übersehen werden.

4. Anweisungskompetenz der Union

92 Angesichts der herkömmlichen Sichtweise, dass der Erlass (kriminal-)strafrechtlicher Normen ausschließlich Sache der Mitgliedstaaten sei (Rz. 73), war es Gegenstand intensiver Diskussionen, ob und inwieweit die den Gemeinschaftsorganen übertragenen Rechtsetzungskompetenzen auch die Kompetenz umfasst, den Mitgliedstaaten eine **Anweisung zum Erlass strafrechtlicher Normen** zu erteilen und ihnen insoweit bindende Vorgaben zu machen. Allerdings hat sich spätestens seit Mitte der 1990er Jahren doch die Erkenntnis durchgesetzt, dass der EG eine solche Kompetenz letztlich nicht abzusprechen war[1]. Sie bedurfte dabei keiner speziellen Ermächtigungsnorm im Primärrecht, sondern ergab sich als (ungeschriebene) „*Annexkompetenz*" zur jeweiligen Rechtsetzungskompetenz. Die Durchsetzung des Rechts mithilfe von Sanktionen gegen Missachtung ist „wesentlicher Bestandteil" von Recht. Diese Anweisungskompetenz ist Ausfluss des Vorrangs des Gemeinschafts- bzw. Unionsrechts vor dem einzelstaatlichen Recht. Im Lissabonner Vertrag hat diese Kompetenz nunmehr in Art. 83 AEUV eine ausdrückliche Regelung und Konkretisierung erfahren (Rz. 98 f.), besteht allerdings als allgemeine Kompetenz für den Binnenmarkt weiter fort (Art. 114, 115 AEUV = Art. 95, 94 EGV; dazu Rz. 101)

93 **a)** Die Gemeinschaftsorgane hatten sich früher in ihren Rechtsakten regelmäßig darauf beschränkt, zur Durchsetzung des Gemeinschaftsrechts die Mitgliedstaaten – nur – dazu zu verpflichten, nach innerstaatlichem Recht „**geeignete Maßnahmen**" zu treffen; diese müssen allerdings „*wirksam, verhältnismäßig und abschreckend*" sein. Die Anforderungen dieser sog. „*Mindesttrias*"[2] – konnten allerdings zur Folge haben, dass allein (kriminal-)strafrechtliche Maßnahmen als gemeinschaftsrechtskonform angesehen werden konnten.

---

1 Vgl. *Hugger*, Strafrechtliche Anweisungen der EG, 2000, passim; *Dannecker*, StrafR EG, S. 59 f.; *Dannecker* in W/J, Kap. 2 Rz. 96 ff.; *Satzger*, Lb., § 9 Rz. 31 ff.
2 *Dannecker* in W/J, Kap. 2 Rz. 96; *Ambos*, Int. StrafR, § 11 Rz. 39; *Hecker*, Europ. StrafR, § 7 Rz. 24 ff., 36, 60 ff.

Grundsätzlich war – und ist – es dabei dem **Mitgliedstaat** überlassen, welche Instrumente seiner Rechtsordnung er einsetzt, um die Geltung des Gemeinschafts-/Unionsrechts zu gewährleisten, ob er Kriminalstrafen oder Bußgelder oder nur Ordnungsgelder oder Zwangsgelder oder sonstige verwaltungsrechtliche oder zivilrechtliche Durchsetzungsmechanismen androht. Dies gilt nicht nur für RL und RB, sondern auch für die *EG/EU-VO*, die insoweit einer einzelstaatlichen Ausführungsgesetzgebung bedürfen und damit materiell ein Element einer RL enthalten (Rz. 50 f.). 94

Bei **Umsetzung dieser Verpflichtung** zu „geeigneten Maßnahmen" gegen die Verletzung von Gemeinschaftsrecht bzw. Unionsrecht kann der nationale Gesetzgeber den Sanktionstatbestand entweder selbst *vollständig formulieren* oder aber nur „dem Grunde nach" normieren und zur Ausfüllung des Tatbestands auf die jeweiligen europäische Normen *verweisen*. Im ersten Falle unterscheidet sich der europäisch vorgegebene Tatbestand in nichts von einem „normalen" einzelstaatlichen Straftatbestand. Allerdings kann sich die Frage stellen, ob die einzelstaatliche Sanktionsnorm die gemeinschaftsrechtliche Vorgabe ausreichend erfüllt. Die Beantwortung dieser Frage fällt im Zweifelsfall in die Zuständigkeit des EuGH. Im zweiten – durchaus häufigen – Fall ist die zuvor angesprochene Konstellation der blankettausfüllenden europäischen Normen gegeben (Rz. 89 ff.). 95

Hält die Kommission (oder auch ein anderer Mitgliedstaat) die von einem Mitgliedstaat getroffenen „Maßnahmen" zur Durchsetzung des Unionsrechts für **unzureichend**, kann der *EuGH* im *Vertragsverletzungsverfahren* (Art. 258–260 AEUV, zuvor Art. 226–228 EGV) angerufen werden, um die Feststellung zu treffen, der beklagte Mitgliedstaat habe gegen seine sich aus dem Gemeinschafts-/Unionsrecht ergebenden Pflichten verstoßen. Ebenso kann von einem mit der Verhängung einer solchen Sanktion befassten einzelstaatlichen Gericht diese Frage dem EuGH im *Vorabentscheidungsverfahren* (Art. 267 AEUV = Art. 234 EGV – Rz. 59) vorgelegt werden. So hat der EuGH z.B. nach beiden Verfahren entschieden, dass die vom deutschen Gesetzgeber in Umsetzung der Bilanzrichtlinien vorgesehenen Sanktionen zur Offenlegung der Jahresabschlüsse nicht den europarechtlichen Anforderungen entsprochen haben (vgl. 5. Aufl. § 41 Rz. 8). 96

Der **EuGH** hat diese Anweisungskompetenz als **Annexkompetenz** zur Rechtsetzungsbefugnis bereits im Urteil zum griechischen Maisskandal (Rz. 60) angesprochen, sie jedoch erst nach der Jahrtausendwende in den Mittelpunkt gerückt: Im (bereits in Rz. 58 erwähnten) *Organstreit* zwischen der *Kommission* einerseits und *Rat/Parlament* andererseits hat die große Kammer sowohl den auf den EUV a.F. gestützten RB zum strafrechtlichen *Schutz der Umwelt*[1] als auch den RB zum Schutz vor *Meeresverschmutzung*[2] – gegen die Position aller am Verfahren beteiligten Mitgliedstaaten – für *nichtig* erklärt[3], weil die sich aus dem EG-Vertrag ergebenden Kompetenzen den Vorrang vor den Zuständigkeiten aus dem EU-Vertrag (a.F.) haben und weil die Rechtsetzungs-Kompetenz aus dem EG-Vertrag als Annex auch die Befugnis zur Setzung von Strafrecht 97

---

1 RB 2003/80/JI v. 27.1.2003, ABl. EU Nr. L 29 v. 5.2.2003, 55.
2 RB 2005/667/JI v. 12.7.2005, ABl. EU Nr. L 255 v. 30.9.2005, 164.
3 EuGH v. 13.9.2005 – Rs. C-176/03, Slg. 2005 I-7879 = NJW 2006, 281 (L) = EuZW 2005, 632 = wistra 2005, 455 = NStZ 2008, 702; zust. *Böse*, GA 2006, 211; *Suhr*, ZEuS 2008, 57; *Frenz/Wübbenhorst*, wistra 2009, 450; EuGH v. 23.10.2007 – Rs. C-440/05, Slg. 2007 I-9097 = NStZ 2008, 703.

umfasst. Diese beiden *EuGH-Entscheidungen* haben massive Kritik hervorgerufen,[1] auch weil damit inhaltlich die verfolgten Gesetzgebungsanliegen über Jahre zurückgeworfen wurden (Rz. 138). Die Rechtsprechung ist nunmehr allerdings überholt, da im Vertrag von Lissabon nicht nur der Kompetenzkonflikt zwischen (alter) EG und (alter) EU entfallen ist, sondern auch die Kompetenzen der Union im strafrechtlichen Bereich *neu und explizit geregelt* worden sind[2]. Die Klarstellung der Annexkompetenz in Art. 83 Abs. 2 AEUV ist daher vor allem i.S. der Rechtssicherheit zu begrüßen. In Zukunft werden sich die Konflikte damit auf die Auslegung, insbesondere die Reichweite und die Schranken, der neu gefassten primärrechtlichen Ermächtigungsnorm konzentrieren.

98 b) Nach **Art. 83 Abs. 1 AEUV** kann die Union – wie im Rahmen der Dritten Säule zuvor auch – **strafrechtliche Mindestvorschriften** festlegen, soweit dies für die Bekämpfung grenzüberschreitender Kriminalität erforderlich ist. Es muss sich zudem um *„besonders schwere Kriminalität"* handeln. Der *Katalog* der genannten Straftaten umfasst „Terrorismus, Menschenhandel und und sexuelle Ausbeutung von Frauen und Kindern, illegaler Drogenhandel, illegaler Waffenhandel, Geldwäsche, Korruption, Fälschung von Zahlungsmitteln, Computerkriminalität und organisierte Kriminalität". Diese Aufzählung ist enger als vor dem Lissabonner Vertrag, da die h.M. nach Art. 29, 31 EUV a.F. *grundsätzlich alle* Kriminalitätsbereiche als erfasst ansah. Allerdings können „je nach Entwicklung der Kriminalität" *weitere Kriminalitätsbereiche* einbezogen werden, wozu ein einstimmiger Beschluss des Rats und die Zustimmung des Parlaments notwendig ist. Inwieweit hiervon Gebrauch gemacht werden wird, hängt maßgeblich davon ab, wie weit die aufgezählten Deliktsbereiche (die sich an keinem konkreten Tatbestand orientieren) interpretiert werden. Der RB zu Fremdenfeindlichkeit und Rassismus (Rz. 139) wäre heute jedoch wohl nur über die Erweiterung der Katalogbereiche noch möglich.

99 Die **Regelung des Art. 83 Abs. 2 AEUV** sieht ergänzend vor, dass die Union die Mitgliedstaaten zum Erlass von Strafvorschriften verpflichten kann, wenn dies für die wirksame Durchführung der Politik der Union auf einem Gebiet auf dem Harmonisierungsmaßnahmen erfolgt sind, „unerlässlich" ist. Damit ist der Anwendungsbereich auf die Bereiche mit *Kompetenzen zur Harmonisierung* begrenzt, was umgekehrt alle Bereiche ausschließt, in denen die Union wie im Bereich des Tourismus (Art. 195 AEUV) oder des Katastrophenschutzes (Art. 196 AEUV) lediglich ergänzende, unterstützende oder koordinierende Maßnahmen unternehmen kann. Kompetenzrechtlich zentrale Frage ist, wann eine Harmonisierung durch Strafrecht *„unerlässlich"* ist. Dies wird teilweise – im Anschluss an die Lissabon-Entscheidung des BVerfG (Rz. 21) – dahin gehend interpretiert, dass ein Vollzugsdefizit hinsichtlich der unionsrechtlichen Vorschriften nachweisbar sein muss[3]. Auch wenn man unzweifelhaft von *erhöh-*

---

1 Z.B. *Heger*, JZ 2006, 310; *Hefendehl*, ZIS 2006, 161; *Braum*, wistra 2006, 121; *Pohl*, ZIS 2006, 213; *Fromm*, ZIS 2008, 168; *Satzger*, KritV 2008, 22; *Zöller*, ZIS 340, 344 ff.
2 Vgl. *Satzger*, Lb., § 9 Rz. 39, 40; *Heger*, ZIS 2009, 406 (413).
3 Vgl. *Ambos/Rackow*, ZIS 2009, 397, 403; *Satzger*, Lb., § 9 Rz. 41.

ten Anforderungen an die Erforderlichkeit ausgehen kann, dürfte dies jedoch eine zu strenge (und tatsächlich kaum zu leistende) Anforderung sein, sodass dem europäischen Gesetzgeber, und damit zumindest in Ansätzen dem nationalen Gesetzgeber ähnlich, ein nicht unerheblicher *Beurteilungsspielraum* zuzubilligen ist[1]. Freilich ist dabei zu fordern, dass dem (eine in der Praxis bislang nur in Ansätzen vorhandene) Prüfung und Begründung zugrunde liegt, warum eine europäische Regelung gegenüber den nationalen Lösungen vorzugswürdig ist. Ohne eine sinnvolle *rechtsvergleichende* Analyse und ein schlüssiges europäisches *kriminalpolitisches Konzept* ist dies nicht zu leisten.

Im Rahmen der Begrenzung der Anweisungskompetenz ist dabei auch besonders zu beachten, dass das **Subsidiaritätsprinzip** und der *Grundsatz der Verhältnismäßigkeit* im Lissabonner Vertrag einen höheren Stellenwert als zuvor erhalten haben und gerichtlich überprüfbar sind (Rz. 41). Das BVerfG hat im Lissabon-Urteil (Rz. 21) gerade für den Bereich des Strafrechts eine zurückhaltende Handhabung der europäischen Kompetenzen eingefordert. Das Subsidiaritätsprinzip und auch der Grundsatz der Verhältnismäßigkeit in Ergänzung des Erfordernisses der „Unerlässlichkeit" nach Art. 83 Abs. 2 AEUV bieten hier zumindest theoretisch ausreichenden Schutz nationaler Kompetenzen und Interessen.

c) Die **allgemeinen Harmonisierungsbefugnisse** zur Verwirklichung des Binnenmarkts sind in Art. 114, 115 AEUV (= Art. 95, 94 EGV) geregelt. Eine – höchst subsidiäre Regelung – zum Erlass von Normen sieht schließlich noch Art. 352 AEUV vor, wenn der Vertrag zwar keine Kompetenznorm enthält, eine Regelung jedoch für die Union unerlässlich ist (Rz. 44). Mit der Schaffung des Art. 83 Abs. 2 AEUV stellt sich nunmehr die Frage, ob dieser den Bereich des Strafrechts abschließend regelt, oder aber doch insbesondere Art. 114 AEUV weiterhin als strafrechtliche Kompetenzgrundlage infrage kommt[2]. Die Kommission stützt sich nach wie vor – etwa beim Entwurf der 4. Geldwäscherichtlinie (Rz. 135)[3] – auf die Annexkompetenz des Art. 114 AEUV. Dies begründet jedoch angesichts der klaren Regelung des Art. 83 Abs. 2 AEUV zu strafrechtlichen Annexkompetenzen in Bezug auf nicht in Art. 83 Abs. 1 AEUV genannte Sachverhalte rechtliche Bedenken.

d) Daneben wird verbreitet ein aus dem Primärrecht insgesamt hergeleitetes „**Assimilierungsprinzip**" herangezogen, das eine Gleichstellung der gemeinschaftlichen Rechtsgüter mit einzelstaatlichen Rechtsgütern zum Ziel hat und sich in einer Verweisung des Gemeinschafts- bzw. Unionsrechts auf nationales Recht realisiert[4]. Einzelstaatliche Strafvorschriften sollen bei Ähnlichkeit der

---

1 S. auch *Böse* in Schwarze, EU-Komm., Art. 83 AEUV Rz. 28; *Vogel* in Grabitz/Hilf/Nettesheim, Art. 83 EGV Rz. 83.
2 Dagegen *Herrnfeld* in Schwarze, EU-Komm., Art. 114 AEUV Rz. 15; *Vogel* in Grabitz/Hilf/Nettesheim, Art. 83 EGV Rz. 75; ähnlich *Böse* in EnzEuR, Bd. 9, § 4 Rz. 48. Anders bspw. *Hecker*, Europ. StrafR, § 8 Rz. 47.
3 KOM(2013) 45 endg. v. 5.2.2013. Dieser Apekt wurde auch vom Parlament nicht beanstandet, s. angenommenen Text P7_TA(2014)0191 im Verfahren 2013/0025(COD).
4 Vgl. *Dannecker* in W/J, Kap. 2 Rz. 103 ff.; *Ambos*, Int. StrafR, § 11 Rz. 20 ff.; *Satzger*, Lb., § 9 Rz. 27.

Rechtsverletzung auf gemeinschaftsrechtliche Sachverhalte ausgedehnt werden. Damit hat der Ansatz, der der Rechtsprechung zum „griechischen Maisskandal" zugrunde liegt (Rz. 60), Eingang ins Primärrecht gefunden, insbesondere im Rahmen des Schutzes der finanziellen Unionsinteressen (Rz. 104). Der als weiterer Anwendungsfall genannte Bereich von Sanktionen für *Aussagedelikte* vor dem EuGH[1] hat sich inzwischen durch den 2008 eingeführten § 162 StGB erledigt[2]. Im Rahmen des Lissabonner Vertrags wird das Assimilierungsprinzip nur noch im absoluten Ausnahmefall tragfähige Kompetenzgrundlage sein können.

103 e) Seit ihrer Gründung haben die Organe der EWG bzw. EG/EU im Rahmen der ihnen übertragenen Ermächtigungen eine **Fülle von Rechtsakten** erlassen, die den deutschen Gesetzgeber veranlasst haben, im Rahmen der Ausführungs- oder Umsetzungs-Gesetzgebung *Straf- und Bußgeldvorschriften* zu verabschieden. Die Palette reicht vom Abfall- und Außenwirtschaftsrecht bis zu Zahlungsverkehr und Zuwanderung. Sie erfasst inzwischen praktisch den gesamten Bereich des Wirtschaftsstrafrechts, vom Handels- und Gesellschaftsrecht über das Beschäftigungsrecht, das Lebens- und Futtermittelrecht oder das Transport- und Kommunikationsrecht bis zum Recht des gewerblichen Rechtsschutzes oder dem Rechts der Kreditinstitute und Versicherungen (vgl. auch Rz. 90). In den folgenden Paragrafen ist i.d.R. auf diese gemeinschaftsrechtlichen Vorgaben hingewiesen.

III. Schutz der finanziellen Unionsinteressen

Schrifttum (außer vor Rz. 1, 60, 141, 167, 173): *Berner*, Die Untersuchungsbefugnisse des Europäischen Amtes für Betrugsbekämpfung (OLAF) gegenüber dem Europäischen Parlament, 2004; *Dannecker*, Die Bedeutung des Schutzes der finanziellen Interessen der EU für die Harmonisierung des Strafrechts in der EU, ZStW 115 (2003), 280 ff.; *Dannecker*, Bekämpfung der Steuerdelinquenz auf europäischer Ebene, in FS Kirchof, P., 2013, S. 1809; *Delmas-Marty* (Hrsg.), Corpus iuris der strafrechtlichen Regelungen zum Schutz der finanziellen Interessen der Europäischen Union (mit Einführung von *Sieber*), 1998; *Fleckenstein*, Schutz der finanziellen Interessen der EG, 2004; *Fromm*, Der Schutz der Finanzinteressen der EG, 2004; *Krüger*, Unmittelbare EU-Strafkompetenzen aus Sicht des deutschen Strafrechts, HRRS 2012, 311 ff.; *Pache*, Der Schutz der finanziellen Interessen der Gemeinschaft, 1994; *Prieß/Spitzer*, Die Betrugsbekämpfung in der EG, EuZW 1994, 297 ff.; *Reisner*, Die Strafbarkeit von Schein- und Umgehungshandlungen in der EG, 1995; *Rosenau*, Zur Europäisierung im Strafrecht – Vom Schutz finanzieller Interessen der EG zu einem gemeineuropäischen StGB?, ZIS 2008, 9; *Tiedemann*, Der Strafschutz der Finanzinteressen der EG, NJW 1990, 2226 ff.; *Tiegs*, Betrugsbekämpfung in der EG, 2006; *Weitendorf*, Die internationale Betrugsbekämpfung in den Europäischen Gemeinschaften durch [...] OLAF, 2007; *Zieschang*, Das Übereinkommen zum Schutz der finanziellen Interessen der EG und seine Auswirkungen auf das deutsche Strafrecht, EuZW 1997, 78 ff.

---

1 *Ambos*, Int. StrafR, § 11 Rz. 20 ff.; *Hecker*, Europ. StrafR, § 7 Rz. 8 ff.; *Dannecker* in W/J, Kap. 2 Rz. 104 m.Nw.
2 Durch G zur Umsetzung des RB zur Bekämpfung der sex. Ausbeutung von Kindern und der Kinderpornographie v. 31.10.2008, BGBl. I 2149; vgl. dazu *Satzger*, Lb., § 8 Rz. 10 ff.

Wie erwähnt (Rz. 60), hatten massive Betrügereien mit hohen Schadenssummen zulasten der Gemeinschaftskasse – der „griechische Maisskandal" ist nur ein Extremfall – es unausweichlich gemacht, zum Schutz der finanziellen Interessen der EG im *Vertrag von Maastricht* eine Sonderbestimmung mit strafrechtlichem Gehalt in den EG-Vertrag aufzunehmen (Art. 209a EGV a.F., Rz. 74). Die im *Amsterdamer Vertrag* (Art. 280 EGV) erheblich erweiterte Regelung ist in den **Lissabonner Vertrag** als **Art. 325 AEUV** übernommen und als eigenständiges Kapitel herausgestellt worden. Dabei wurde der Vorbehalt des Amsterdamer Vertrags zugunsten des Strafrechts der Mitgliedstaaten (Rz. 75) gestrichen, was die Frage aufwirft, ob damit nunmehr eine originäre EU-Kompetenz zum Erlass von Strafnormen besteht (Rz. 78). Die Anwort hierauf ist umstritten, sodass Klarheit wohl erst durch die Rechtsprechung geschaffen werden wird. Um einen effektiven und gleichmäßigen Schutz der Finanzinteressen sicherzustellen, dürfte die Vorschrift jedoch gerade auch im Hinblick auf den Wegfall des Vorbehalts zugunsten der Mitgliedstaaten richtigerweise dahin gehend zu verstehen sein, dass sie grundsätzlich auch eine Kompetenz zur Strafrechtssetzung umfasst, die neben der Anweisungskompetenz in Form von RL auch die zur Schaffung eines eigenen EU-Strafrechts im Verordnungswege beinhaltet[1]. Für diese Sicht der Kommission (s. Rz. 112) spricht auch die Kompetenz der EU zur Schaffung der *Europäischen Staatsanwaltschaft* nach Art. 86 AEUV, die prozessual für die für die Verfolgung von Straftaten zulasten der Unionsfinanzinteressen zuständig sein soll.

104

Besteht eine originäre EU-Strafrechtssetzungskompetenz, so stellt sich die Frage, inwieweit die **Interessen der Mitgliedstaaten** zu berücksichtigen sind. Zum Teil wird die sog. *Notbremsenregelung* zugunsten der nationalen Rechtssysteme in Art. 83 Abs. 3 AEUV, die sich nicht gleichermaßen in Art. 325 AEUV wiederfindet, analog zumindest auf strafrechtsangleichende RL nach Art. 325 Abs. 4 AEUV angewandt[2]. Dies überzeugt jedoch nicht, da es an einer „planwidrigen Regelungslücke" für die klar eng konzipierte Regelung des Art. 83 Abs. 3 AEUV fehlt und die Nationalstaaten im Bereich der finanziellen Interessen der Union zu einem besonders effektiven Schutz verpflichtet sind. Zu starken zentralistischen Bestrebungen der Union kann indes durch entsprechende Berücksichtigung des *Subsidiaritäts-* und *Verhältnismäßigkeitsprinzips* ausreichender Einhalt geboten werden. Im diesem Rahmen ist dann beispielsweise auch zu berücksichtigen, dass die bisher ergriffenen Maßnahmen nicht völlig erfolglos verlaufen sind. So ist etwa die Anzahl der Betrugsfälle in den letzten

105

---

1 So auch *Dannecker* in EnzEuR, Bd. 9, § 8 Rz. 27 f.; *Satzger*, Lb., § 8 Rz. 24 f.; *Vogel* in Ambos (Hrsg.), EU-StrafR, S. 41 (48); *Grünewald*, JZ 2011, 672 ff.; *Mansdörfer*, HRRS 2010, 11 (12, 17); *Krüger*, HRRS 2012, 311; s. auch *Meyer*, EuR 2011, 169 (184 f.). Restriktiver *Sieber*, ZStW 121 (2009), 1 (59) der nur den Erlass von Richtlinien für zulässig hält. Abl. bspw. *Schoo* in Schwarze, EU-Komm., Art. 325 AEUV Rz. 25; *Sturies*, HRRS 2012, 273 (276 ff.).

2 So *Dannecker* in EnzEuR, Bd. 9, § 8 Rz. 28; *Hecker*, Europ. StrafR, § 8 Rz. 46; *Satzger*, Lb., § 9 Rz. 54; *Vogel* in Ambos (Hrsg.), EU-StrafR, S. 41 (48); *Mansdörfer*, HRRS 2010, 11 (12, 17).

beiden Jahren deutlich unter dem Niveau von 2010 und früher.[1] Viel dürfte daher über eine effizientere Verfolgung, auch durch die Neuordnung von *OLAF* (Rz. 113) sowie die geplante Schaffung einer *Europäischen Staatsanwaltschaft* (Rz. 167), zu erreichen sein. Die Kommission hält es allerdings aufgrund der divergenten Regelungen in den Mitgliedstaaten auch geboten, die nationalen Regelungen weiter anzugleichen (näher Rz. 123 ff.).

106 Neben Art. 325 AEUV wird zudem im Rahmen der **Haushaltsgrundsätze** in Art. 310 Abs. 6 AEUV auf die Aufgabe der Betrugsbekämpfung besonders hingewiesen. Außerdem kommt dem erst durch den Maastrichter Vertrag angemessen geregelten (Art. 246 ff. EGV; jetzt Art. 285 ff. AEUV) *Rechnungshof* der Gemeinschaft bzw. Union, dem die Kontrolle des Finanzgebarens der EG/EU obliegt, eine wichtige Rolle bei der Bekämpfung der Betrügereien zum Nachteil des Unionshaushalts zu.

107 **a)** Auf der Basis des Maastrichter Vertrags ist zunächst die **Rats-VO Nr. 2988/95** *vom 18.12.1995*[2] *„über den Schutz der finanziellen Interessen der Gemeinschaften"* erlassen worden, die ergänzend auf Art. 235 EGV (a.F. = Art. 308 EGV; Rz. 59) gestützt wurde[3]. Darin sind insbesondere allgemeine, nicht auf den Agrarbereich beschränkte, verwaltungsrechtliche Vorschriften für den Fall von „Unregelmäßigkeiten" enthalten. Auf der Rechtsfolgenseite wird zwischen „verwaltungsrechtlichen Maßnahmen" und „verwaltungsrechtlichen Sanktionen" unterschieden; dabei ist bei Letzteren auch die Geldbuße genannt. Für deren Verhängung werden rechtsstaatliche Mindestvoraussetzungen festgelegt. Die VO bildet damit eine Art Allgemeiner Teil des Verwaltungssanktionsrechts. Die VO gilt zwar unmittelbar, enthält aber keine unmittelbar anwendbaren Sanktionsvorschriften, sondern beschränkt sich insoweit auf Vorgaben an die Mitgliedstaaten[4].

108 Sie wird ergänzt durch **RatsVO Nr. 2185/96** *über die Kontrollbefugnisse der Kommission im Bereich der Betrugsbekämpfung* vom 11.11.1996, die ebenfalls für „alle Tätigkeitsbereiche der Gemeinschaften" gilt; danach können – in Ergänzung der Befugnisse nationaler Ermittlungsbehörden – ähnlich wie in Wettbewerbssachen Kontrolleure der Kommission vor Ort die „Wirtschaftsteilnehmer" unter die Lupe nehmen[5].

109 **b)** Strafrechtlich bedeutsamer ist das von den Mitgliedstaaten – aufgrund einer Empfehlung des Rates – am 26.7.1995 geschlossene **„Übereinkommen** über den Schutz der finanziellen Interessen der Europäischen Gemeinschaften" (sog. PIF-Übereinkommen)[6], das nach Ratifizierung durch sämtliche (damals 15) Mitgliedstaaten am 17.10.2002 in Kraft getreten ist. Es enthält eindeutig *kriminalstrafrechtliche Bestimmungen*, von Tatbestandsvoraussetzungen über Vorsatzfragen bis zum Mindestmaß der vorzusehenden Sanktionen. Art. 3 macht Vorgaben für die „strafrechtliche Verantwortung der Unternehmensleiter". Das deutsche Ausführungsgesetz, das *„EG-Finanzschutzgesetz"*[7], konnte

---

1 Vgl. den Bericht der Kommission zum Schutz der finanziellen Interessen der EU im Jahr 2012 v. 24.7.2013, Kom (2013) 548 final.
2 ABl. EG Nr. L 312 v. 23.12.1995, 1.
3 Dazu näher *Heitzer*, 121 ff.; *Gröblinghoff*, 149 ff.; *Magiera* in Grabitz/Hilf/Nettesheim, Art. 325 AEUV Rz. 18.
4 Näher *Dannecker* in W/J, Kap. 2 Rz. 157 ff.; *Wolffgang/Ulrich*, EuR 1998, 633.
5 Dazu *Kuhl/Spitzer*, EuZW 1998, 37 ff.; *Dannecker*, Jura 1998, 79 (86 f.).
6 ABl. EG Nr. C 316 v. 27.11.1995, 49 = *Wasmeier/Möhlig*, S. 274 ff. = *Esser*, A 50; dazu *Zieschang*, EuZW 1997, 78 ff.; *Hecker*, Europ. StrafR, § 14 Rz. 4, 22 ff.
7 EGFinSchG v. 10.9.1998 BGBl. II 2322.

sich im Wesentlichen darauf beschränken, die § 264 StGB und § 370 AO geringfügig zu ergänzen (vgl. § 52 Rz. 51 ff.; § 45 Rz. 2 ff.).

In Ergänzung dazu haben die Mitgliedstaaten 1996 ein ähnlich aufgebautes *Erstes Protokoll* zum vorstehend genannten Übereinkommen bezüglich **Bestechung und Bestechlichkeit** von nationalen und „*Gemeinschaftsbeamten*" verabschiedet[1]. Auch hier wird die Androhung von „wirksamen, verhältnismäßigen und abschreckenden Strafen" festgelegt, die in schweren Fällen eine zur Auslieferung berechtigende Freiheitsstrafe (Art. 5) sein muss. In Umsetzung dieses Protokolls ist das als „*EU-Bestechungsgesetz*" (EU-BestG) bezeichnete, alsbald in Kraft getretene deutsche Ausführungsgesetz vom 10.9.1998[2] ergangen, das bei Bestechungshandlungen eine Gleichstellung von ausländischen mit inländischen Amtsträgern normiert und die Strafbarkeit von Auslandstaten begründet (vgl. § 53 Rz. 5). Das Protokoll wird ergänzt durch ein weiteres Übereinkommen vom 26.5.1997 „über die Bekämpfung der Bestechung"[3], das am 28.9.2005 in Kraft getreten ist[4]. 110

Das „*Zweite Protokoll* zum Übereinkommen über den Schutz der finanziellen Interessen" der EG vom 19.6.1997[5] verpflichtet die Mitgliedstaaten, die **Geldwäsche** von Erträgen aus Betrügereien und Bestechungstaten zum Nachteil der Gemeinschaft(en) unter Strafe zu stellen. Art. 3 enthält nähere Bestimmungen über die Verantwortlichkeit juristischer Personen[6] (neben der Verantwortung natürlicher Personen), während Art. 4 Vorgaben über die gegen juristische Personen zu verhängenden Sanktionen macht (allgemein dazu § 23 Rz. 33 ff.). Das Protokoll ist aufgrund der schleppenden Ratifikation erst am 19.5.2009 in Kraft getreten.[7] Die Umsetzung in deutsches Recht ist jedoch bereits durch das am 31.8.2002 in Kraft getretene sog. EU-Rechtsinstrumente-Ausführungsgesetz[8] (vgl. auch Rz. 133 f.) erfolgt. 111

c) Zur Weiterentwicklung des Schutzes der Finanzinteressen der Union hat die Kommission im Juli 2012 einen neuen **RL-Vorschlag** über die Bekämpfung von gegen die finanziellen Interessen der Europäischen Union gerichteten Betrug unterbreitet[9]. Die Richtline zielt darauf ab, die Voraussetzungen der Strafbar- 112

---

1 Übk. v. 27.9.1996, ABl. EG Nr. C 313 v. 23.10.1996, 2 = *Wasmeier/Möhlig*, S. 281 = *Esser*, A 51.
2 BGBl. II 2340 = *Esser*, A 52; es ist vom IntBestG (ebenfalls v. 10.9.1998, BGBl. II 2327), das ein OECD-Übk. transformiert (Rz. 18), zu unterscheiden; dazu *Zieschang*, NJW 1999, 105; *Hetzer*, Korruptionsbekämpfung in Europa, NJW 2004, 3746; vgl. auch § 53 Rz. 5.
3 ABl. EG Nr. C 195 v. 25.6.1997, 2 = *Esser*, A 53 = *Wasmeier/Möhlig*, S. 323; zum RB zur Bekämpfung der Bestechung im privaten Sektor 2003/568/JI v. 22.7.2003 vgl. Rz. 133.
4 ZustG v. 21.10.2002, BGBl. II 2002, 2727; Bek. v. 6.9.2006, BGBl. II 2006, 954.
5 ABl. EG Nr. C 221 v. 19.7.1997, 12 = *Wasmeier/Möhlig*, S. 292 = *Esser*, A 54; ZustG v. 21.10.2002, BGBl. II 2722.
6 Vgl. *Engelhart*, eucrim 2012, 110 ff.; *Korte*, NJW 1998, 1464 (1465); *Nelles/Tinkl/Lauchstädt* in Schulze/Zuleeg, § 42 Rz. 36 ff.
7 Mitteilung der Kommission, ABl. EU Nr. C 219 v. 12.9.2009, 1.
8 V. 22.8.2002, BGBl. I 3387; dazu *Achenbach*, wistra 2002, 441.
9 Vorschlag v. 11.7.2012, KOM(2012) 363 final.

keit und die Sanktionen für Straftaten, die gegen den EU-Haushalt gerichtet sind, *weiter zu harmonisieren*. Straftäter sollen nicht länger von den unterschiedlichen Regelungen in den EU-Mitgliedstaaten profitieren können. Die Kommission zieht als *Rechtsgrundlage* für die RL Art. 325 Abs. 4 AEUV heran und sieht damit in dieser Norm auch die Befugnis zur Strafrechtssetzung enthalten. Hiergegen richtet sich ein Gutachten des Juristischen Dienstes des Rats der EU, das allein Art. 83 Abs. 2 AEUV als passende Grundlage für die RL erachtet[1]. Dieser Position hat sich inzwischen das Parlament angeschlossen, das auch den ursprünglichen Entwurf in Einzelpunkten abgeändert hat[2].

113 **d)** Außerdem hat die *Kommission* zur Unterstützung der Betrugsbekämpfung eine **eigene Ermittlungseinheit** geschaffen. Anlass hierfür waren die Betrugsvorwürfe, die im Frühjahr 1999 zum geschlossenen Rücktritt der Kommission geführt hatten. Diese haben zur Umwandlung der zuvor „UCLAF" genannten Einrichtung in „**OLAF**" („Office de lutte anti-fraude"/„Europäisches Amt für Betrugsbekämpfung") mit einer deutlich unabhängigeren Stellung geführt[3]. OLAF wurde 1999 durch einen Kommissionsbeschluss geschaffen,[4] der 2013 ergänzt wurde[5]. Das Amt hat die Aufgabe, die finanziellen Interessen der Union zu schützen und *Betrug, Korruption* und sonstige Unregelmäßigkeiten einschließlich *Dienstvergehen* innerhalb der EU-Organe und EU-Einrichtungen zu bekämpfen. Seit 2013 gehört auch der *Schutz des Euro* zu den Aufgaben des Amtes. Durch mehrere Rechtsakte sind die Befugnisse näher geregelt. Zuletzt wurden sie 2013 durch eine VO, die am 1.10.2013 in Kraft getreten ist, neu gefasst und hinsichtlich der Beschaffung von Informationen erweitert; zudem wurde die Zusammenarbeit zwischen OLAF und Eurojust, Europol und Drittländern ausgebaut[6]. OLAF kann innerhalb und außerhalb der Organe der EU *unabhängige Ermittlungen* durchführen, über deren Ergebnisse die zuständigen Behörden der Mitgliedstaaten zur Einleitung von Straf- und Bußgeldverfahren unterrichtet werden.

114 In Zukunft soll auf europäischer Ebene der Schutz der finanziellen Interessen der Union nicht nur durch OLAF, sondern auch durch die Schaffung einer „**Europäischen Staatsanwaltschaft**" (EuStA) als gemeinschaftliche Strafverfolgungsbehörde erfolgen. Zunächst hatte die Kommission in einem Grünbuch

---

1 Rat der EU, Gutachten des Juristischen Dienstes v. 22.10.2012, Dok.-Nr. 15309/12.
2 Ergebnis der ersten Lesung des Parlaments, Ratsdok. 9024/14 v. 29.4.2014.
3 Vgl. *Hetzer*, NJW 2004, 3746 (3748 f.); *Magiera* in Grabitz/Hilf/Nettesheim, Art. 325 AEUV Rz. 42 ff.; *Dannecker* in W/J, Kap. 2 Rz. 144 ff.; *Ambos*, Int. StrafR, § 13 Rz. 1 ff.; *Satzger*, Lb., § 10 Rz. 18 ff.; *Ahlbrecht* in Ahlbrecht/Böhm u.a., Int. StrafR, Rz. 1055 ff.; vgl. auch *Niestedt/Boeckmann*, Verteidigungsrechte bei internen Untersuchungen des OLAF [...], EuZW 2009, 70 ff.; *Strobel*, Die Untersuchung des europäischen Amts für Betrugsbekämpfung [...], 2012.
4 Beschl. 1999/352/EG v. 28.4.1999, ABl. EG Nr. L 136 v. 31.5.1999, 20.
5 Beschl. 2013/478/EU v. 27.9.2013, ABl. EU Nr. L 257 v. 28.9.2013, 19. S. zu den Entwürfen *Lingenthal*, Die OLAF-Reform [...], ZEuS 2012, 195.
6 S. insbes. VO (EU, Euratom) Nr. 883/2013 v. 11.9.2013, ABl. Nr. L 248 v. 18.9.2013, 1.

ihre Vorstellungen konkretisiert¹ und diese im Rahmen eines weiteren Grünbuchs über „Verfahrensgarantien in Strafverfahren innerhalb der Europäischen Union" ergänzt². Der Vertrag von Lissabon hat mit Art. 86 AEUV eine solide Rechtsgrundlage zur Schaffung einer solchen Einrichtung gelegt. Im Juli 2013 hat die Kommission den *Vorschlag für eine VO* „über die Errichtung der Europäischen Staatsanwaltschaft" vorgelegt (Rz. 167). Neben einer Neustrukturierung von Eurojust (Rz. 161) soll damit auch eine weitere Reform von OLAF einhergehen³. OLAF soll dann nur noch in den Straftaten ermitteln, die nicht in den Bereich der EuStA fallen. 250 Personalstellen sollen dabei von OLAF zur EuStA gehen. Die Ermittlungen sollen ähnlichen *Standards* unterliegen, denen auch die EuStA unterworfen ist. Ein unabhängiger *Kontrollbeauftragter* für Verfahrensgarantien soll die Ermittlungstätigkeiten von OLAF stärker rechtlich überwachen; zudem sollen grundrechtsrelevante Ermittlungsmaßnahmen, die OLAF in den EU-Organen vornimmt, zuvor von dem Kontrollbeauftragten genehmigt werden.

e) Im Auftrag des Europäischen Parlaments hat um die Jahrtausendwende eine internationale Expertenkommission den Vorschlag eines „**Corpus iuris** *der strafrechtlichen Regelungen zum Schutz der finanziellen Interessen der EU*" erarbeitet, der neben materiellrechtlichen Normen auch Bestimmungen zum Allgemeinen Teil des Strafrechts und zum Beweis- und Verfahrensrecht enthält und damit den Kern eines *einheitlichen* europäischen Strafrechts bilden soll⁴. Die Frage der Umsetzung dieser Vorschläge war Gegenstand einer weiteren Studie⁵. Auch weitere Vorschläge aus der Wissenschaft zur Entwicklung eines europäischen Strafrechts haben den evident notwendigen Schutz der gemeinschaftlichen Finanzinteressen zum Ausgangspunkt genommen, aber den Horizont noch weiter gespannt⁶. Auch wenn manche diese Überlegungen und eine umfassendere europäische Strafrechtskodifikation (Rz. 204) noch Zukunftsmusik sind⁷, haben diese Arbeiten jedoch die Diskussion um die Europäische Staatsanwaltschaft entscheidend mitbeeinflusst.

115

---

1 Grünbuch der Kommission v. 11.12.2001, KOM(2001) 715 endg.; dazu z.B. *Brüner/Spitzer*, NStZ 2002, 393; *Dannecker* in W/J, Kap. 2 Rz. 207; *Satzger*, Lb., § 10 Rz. 21 ff.; *Ambos*, Int. StrafR, § 13 Rz. 19 ff.
2 Grünbuch v. 19.2.2003, KOM(2003) 075 endg.; dazu der Vorschlag eines RB KOM(2004) 328 endg. v. 28.4.2004; vgl. *Satzger*, Lb., § 10 Rz. 56.
3 Mitteilung der Europ. Kommission v. 17.7.2013, KOM(2013) 533 final.
4 An der von *Mireille Delmas-Marty* geleiteten Kommission hat von deutscher Seite *Tiedemann* mitgewirkt; dt. Übersetzung (Hrsg.: *Delmas-Marty*) mit Einführung von *Sieber*, 1998; Auszug auch bei *Tiedemann*, WiStrafR AT, 151 ff.; vgl. *Dannecker* in W/J, Kap. 2 Rz. 203 ff.; *Braum*, JZ 2000, 493; *Satzger*, Lb., § 8 Rz. 33 ff.; *Hecker*, Europ. StrafR, § 1 Rz. 11, § 14 Rz. 28 ff.
5 *Delmas-Marty/Vervaele* (Hrsg.), The implementation of the Corpus Juris in the Member States, 2000; dazu *Dannecker* in W/J, Kap. 2 Rz. 206.
6 Bes. *Tiedemann* (Hrsg.), WirtschaftsstrafR in der EU (Freiburg-Symposion), 2002.
7 S. zu den Fragen einer Kodifikation *Sieber/Engelhart*, RW 2012, 364 (402).

IV. Innere Sicherheit

Schrifttum: vor Rz. 60, sowie vor Rz. 104, 141, 167, 173.

116 Die strafrechtlich relevanten Regelungen im Bereich der EU haben nach den ersten Schritten im Schengener Durchführungsübereinkommen (SDÜ – Rz. 26) über die „Zusammenarbeit im Bereich Justiz und Inneres" (Art K des 1. EUV von Maastricht) und die „Polizeiliche und justizielle Zusammenarbeit in Strafsachen" (Art. 29–42 EUV i.d.F. von Amsterdam) bis zu den Regelungen des *Lissabonner Vertrags* unter der Überschrift **„Raum der Freiheit, der Sicherheit und des Rechts"** (Art. 67–89 AEUV; Rz. 20, 27, 38, 64) eine erhebliche Weiterentwicklung erfahren. Die *grenzüberschreitende Kriminalitätsbekämpfung* ist seit Beginn des Abbaus der Grenzkontrollen zu einer echten *Unionsaufgabe* geworden. Verkürzt wird dieser Kompetenzbereich der Union als Bereich der „inneren Sicherheit" bezeichnet, in dem der Justizellen *Zusammenarbeit in Strafsachen* und der *Polizeilichen Zusammenarbeit* zentrale Bedeutung zukommen. Allerdings nehmen nicht alle Mitgliedstaaten gleichermaßen an dieser Rechtsgemeinschaft teil (s. Rz. 38).

1. Erweiterte Ermächtigungsgrundlagen

117 Die **neugefassten Art. 82–89 AEUV** über die *Justizielle Zusammenarbeit in Strafsachen* und die *Polizeiliche Zusammenarbeit* haben die bisherige Entwicklung nicht nur in eine primärrechtlichen Grundlage gegossen, sondern auch weitgehend den berechtigten Souveränitätsinteressen der Mitgliedstaaten einerseits und den Unionsinteressen an der Schaffung eines harmonisierten Standards in den Mitgliedstaaten bezüglich Sicherheit und Rechtstaatlichkeit andererseits Rechnung getragen. Die Kompetenzen der Unionsorgane sind zum einen angesichts der Erfordernisse *erweitert*, zum anderen aber auch *begrenzt* worden. Während das im alten EU-Vertrag bevorzugte Instrument strafrechtlicher Übereinkommen – also ein völkerrechtliches Instrument – nicht mehr genannt und somit als regelmäßige Handlungsform aufgegeben ist, sind die „normalen" Instrumente zur Europäischen Rechtsetzung (insbesondere RL, z.T. aber auch VO; vgl. Rz. 50 f., 119) auf den strafrechtlichen Bereich ausgedehnt worden. Damit können die Unionsorgane mit ihrem gewohnten Instrumentarium dahin wirken, dass sich die Lebensverhältnisse in Europa auch hinsichtlich der Regelung der Kriminalität angleichen und Unterschiede in den Möglichkeiten ihrer Bekämpfung nicht das Ziel eines umfassenden Binnenmarkts beeinträchtigen[1].

118 a) Zentraler Ansatzpunkt dieser Entwicklung ist der **Grundsatz der gegenseitigen Anerkennung** von gerichtlichen Entscheidungen, der vom Europäischen Rat bereits 1999 in Tampere zum „Eckstein" einer europäischen Sicherheits-

---

1 Näher zum Ganzen *Heger*, ZIS 2009, 406 ff.; *Mansdörfer*, HRRS 2010, 11 ff. – mit Synopse der einschlägigen Normen, HRRS 2010, 24 ff.; *Sieber*, ZStW 121 (2009), 1, 53 ff.; *Satzger*, Lb., § 8 Rz. 24 ff., § 9 Rz. 1 ff., 31 ff., § 10 Rz. 1, 24 ff.

politik erhoben wurde[1]. Dieser – auch in anderen Politikbereichen angewandte[2] – Grundsatz hat seinen aktuellen Niederschlag in **Art. 82 AEUV** (entspricht Art III-270 VVE) gefunden. Die Durchsetzung dieses Grundsatzes verlangt ein wechselseitiges Vertrauen jedes Mitgliedstaats in die Rechtsstaatlichkeit und Unabhängigkeit der Justiz jedes anderen Mitgliedstaats (vgl. § 8 Rz. 38, 42).

Diesem nun an die Spitze des Art. 82 AEUV gestellten Grundsatz folgt sofort die **Befugnis** der Unionsorgane zur „**Angleichung** der Rechtsvorschriften der Mitgliedstaaten" auch im Straf- und Strafverfahrensrecht in näher bezeichneten Bereichen, soweit dies erforderlich ist. **Art. 82** AEUV nennt in Abs. 1 und 2 eine breite Palette strafverfahrensrechtlicher Maßnahmen, während **Art. 83** AEUV die Bereiche des materiellen Strafrechts bezeichnet, in denen die Union harmonisierend tätig werden kann. Als zulässiges Instrument der Angleichung sind im Wesentlichen *RL* – anstelle der früheren „Gemeinsamen Maßnahmen" bzw. Rahmenbeschlüsse – vorgesehen. Unmittelbar wirksame *VO* können nur bei bestimmten Verfahrensaspekten nach Art. 82 Abs. 1 AEUV oder im Rahmen der Kriminalprävention nach Art. 84 AEUV (Rz. 119) erlassen werden (zu Art. 85: Rz. 162; zu Art. 86: Rz. 168).

119

Außerdem hat jeder Mitgliedstaat bei der Harmonisierung des materiellen Strafrechts nach Art. 83 Abs. 3 AEUV das Recht, das Verfahren zum Erlass einer derartigen RL durch Anrufung des Europäischen Rates (Art. 15 EUV, Art. 235 f. AEUV) zur obersten „Chefsache" zu machen; dieser als „**Notbremse**" bezeichnete Mechanismus hat in § 9 IntVG (Rz. 21) Niederschlag gefunden[3]. Danach ist unter näher bestimmten Voraussetzungen auch eine „Verstärkte Zusammenarbeit" der stärker integrationswilligen Mitgliedstaaten (Rz. 9) zulässig (Art. 82 Abs. 3, Art. 83 Abs. 3 AEUV).

Neben diesen Befugnissen im materiellen und prozessualen Bereich gewährt der neue **Art. 84** AEUV – der Art III-272 VVE entspricht – den Unionsorganen nunmehr explizit eine Kompetenz zur **vorbeugenden Kriminalitätsbekämpfung** durch Erlass entsprechender „Maßnahmen", „um das Vorgehen der Mitgliedstaaten im Bereich der Kriminalprävention zu fördern und zu unterstützen". Voraussetzung ist, dass damit *keine Angleichung* der einzelstaatlichen Rechtsvorschriften einhergeht. Damit dürften der Erlass von RL zur Harmonisierung ausgeschlossen, alle anderen Maßnahmen – auch der Erlass von VO – jedoch möglich sein. Die Prävention war bereits seit Längerem insbesondere im Rah-

120

---

1 Näher *Andreou*, Gegenseitige Anerkennung von Entscheidungen in Strafsachen in der EU, 2009; *Braum*, Das Prinzip der gegenseitigen Anerkennung [...], GA 2005, 681; *Erbežnik*, The Principle of Mutual Recognition as a Utilitarian Solution, and the Way Forward, EuCLR 2012, 3; *Fuchs*, Bemerkungen zur gegenseitigen Anerkennung justizieller Entscheidungen, ZStW 116 (2004), 368; *Gleß*, Zum Prinzip der gegenseitigen Anerkennung, ZStW 116 (2004), 353; *Juppe*, Die gegenseitige Anerkennung strafrechtlicher Entscheidungen in Europa, 2007; *Nalewajko*, Grundsatz der gegenseitigen Anerkennung: Eckstein der justiziellen Zusammenarbeit in Strafsachen in der EU?, 2010; *Peers*, Mutual Recognition and Criminal Law in the European Union [...], CMLR 2004, 5; *Suominen*, The principle of mutual recognition in cooperation in criminal matters, 2011.
2 S. den Überblick bei *Müller-Graff*, Gegenseitige Anerkennung im Europ. Unionsrecht, ZVglRWiss 111 (2012), 72.
3 Vgl. *Satzger*, Lb., § 9 Rz. 47 ff., § 10 Rz. 63; *Heger*, ZIS 2009, 413 f.; *Mansdörfer*, HRRS 2010, 11 (20); *Calliess*, Neue EU, S. 435.

men des „*Europäischen Netzes für Kriminalprävention* (ENKP)", das den Wissensaustausch in der Praxis und der Wissenschaft sowie eine Koordinierung von Maßnahmen fördert, Bestandteil der europäischen Kriminalpolitik. Im Jahr 2009 wurde das Netzwerk mit einem festen *Direktorium* und *Sekretariat* noch weiter institutionalisiert[1]. Im Stockholmer Programm (Rz. 122) hat der Europäische Rat die Kommission ersucht, einen Vorschlag für die Einrichtung einer *Beobachtungsstelle für Kriminalprävention* (OPC) vorzulegen, die das Netzwerk ergänzen oder ersetzen soll[2]. Eine Entscheidung darüber ist noch nicht getroffen worden.

121 **b)** Die neu gefassten Bestimmungen über die **Polizeiliche Zusammenarbeit** umfassen eine *allgemeine Regelung* über die Zusammenarbeit der nationalen Polizeibehörden vom Datenaustausch bis zur operativen Zusammenarbeit (**Art. 87 AEUV**), die Grundlage für *Europol* (**Art. 88** AEUV – Rz. 152) und eine ergänzende Normsetzungsbefugnis für die Tätigkeit von Ermittlungsbehörden jenseits der Binnengrenzen (**Art. 89** AEUV). Auch diese Bestimmungen, die ebenfalls eine Verstärkte Zusammenarbeit (Rz. 9) vorsehen (Art. 87 Abs. 3 AEUV), sind aus dem Verfassungsvertrag (Art III-275–277 VVE) übernommen.

Diese Regelungen werden ergänzt durch die knappe Bestimmung über die **Zusammenarbeit der Zollbehörden** (Art. 33 AEUV – früher Art. 135 EGV; Art III-152 VVE), wobei auch hier der frühere Vorbehalt zugunsten der Strafrechtssysteme der Mitgliedstaaten (Rz. 78, 79) entfallen ist.

122 Diese primärrechtlichen *Einzelermächtigungen* des Lissabonner Vertrags sind nicht nur die Grundlage für eine Vielzahl neuer Rechtsakte mit strafrechtlichem Inhalt, sondern auch die Basis für die Weiterentwicklung bereits auf der Grundlage der **alten EU-Verträge** getroffenen Maßnahmen verfahrensrechtlicher Art oder mit materiell-strafrechtlichem Inhalt. Denn alle bisherigen Maßnahmen sind – wie schon angesprochen (Rz. 18) – auch unter dem Lissabonner Vertrag weiterhin geltendes Recht, bis sie durch neue Rechtsakte ersetzt werden. Einige wichtige Maßnahmen seien im Folgenden (Rz. 133–139, 147–151) kurz näher genannt.

2. Europäische Sicherheits- und Kriminalpolitik

123 **a)** Mit der Verankerung der Inneren Sicherheit im Lissabonner Vertrag besteht nunmehr auch eine festere Basis für eine europäische Sicherheitspolitik und damit auch für eine umfassendere europäische Kriminalpolitik[3]. Kurz nach Inkrafttreten des Lissabonner Vertrags hat der *Europäische Rat* – in Fortführung des *Haager Programms* von 2004 – das sog. **Stockholmer Programm** für „ein offenes und sicheres Europa im Dienste und zum Schutze der Bürger" beschlossen, das für den Zeitraum 2010–2014 die vorgesehenen Maßnahmen und

---

[1] Beschl. 2009/902/JI des Rates v. 30.11.2009 zur Einrichtung eines Europ. Netzes für Kriminalprävention (ENKP) und zur Aufhebung des Beschl. 2001/427/JI.
[2] Näher dazu der Bericht der Kommission an den Rat v. 30.11.2012, KOM(2012) 717 final.
[3] Dazu *Acosta Aracarazo/Murphy* (Hrsg.), EU security and justice law after Lisbon and Stockholm, 2014.

Grundsätze für deren Realisierung umfasst[1]. Ausdrückliches Ziel ist eine größere Kohärenz der bisherigen und neuer Maßnahmen; dabei soll nicht nur der Subsidiarität und Verhältnismäßigkeit (Rz. 41) maßgebliche Bedeutung zukommen, sondern auch der Ermittlung des Bedarfs und der Folgenabschätzung. Ziel ist es, mittelfristig eine *„echte europäische Strafverfolgungskultur"* zu schaffen. Im Mittelpunkt stehen eine weitere Umsetzung des Grundsatzes der gegenseitigen Ankennung sowie vorrangig die Bekämpfung von Terrorismus, Menschenhandel, illegalem Drogenhandel, sexueller Ausbeutung von Frauen und Kindern sowie von Kinderpornografie und Computerkriminalität[2].

Zur Realisierung des Stockholmer Programms hat die *EU-Kommission* im April 2010 einen 68 Seiten umfassenden **Aktionsplan** vorgelegt[3]. Dieser entwickelt die bereits bestehenden Maßnahmen anhand der Stockholmer Vorgaben weiter und zeigt die Schwerpunkte neuer Maßnahmen auf. Auch wenn weder der Begriff der Inneren Sicherheit noch der des Strafrechts genau definiert und getrennt werden, versteht das Stockholmer Programm den Aspekt der Inneren Sicherheit als den umfassenderen (s. auch Rz. 126), der nicht nur *repressiv*, sondern auch *präventiv* orientiert ist und sich grundsätzlich an den europäischen Grundrechten orientiert. Zentraler Bestandteil der Maßnahmen der inneren Sicherheit ist das *Strafrecht*. Dabei stehen Projekte im Rahmen der *Strafverfolgung*, also verfahrensrechtlicher Art, im Vordergrund (Rz. 150 f.). Der Aktionsplan der Kommission sieht hier etwa Maßnahmen für *Opfer* (Rz. 193) bezüglich der Rechte des Einzelnen im *Strafverfahren* (Rz. 189) oder zur *Beweiserlangung* (Rz. 179) vor. Maßnahmen bezüglich des *materiellen* Strafrechts beziehen sich auf die im Stockholmer Programm benannten (Rz. 123) einzelnen Deliktsgruppen (näher Rz. 132 ff.). Diese enthalten zumeist auch verfahrensrechtliche Bestimmungen, etwa bei der Geldwäsche über die Einziehung.

124

Die **Zwischenevaluation** („Halbzeitbilanz") zur Umsetzung des Stockholmer Programms durch *den Rat* im November 2012[4], die auch eine Auflistung der vom Rat seit 2010 angenommenen Instrumente im Bereich des Raumes der Freiheit, der Sicherheit und des Rechts enthält[5], ist bezüglich der erreichten strafrechtlichen Maßnahmen weitgehend positiv. Die Ratspräsidentschaft sieht insbesondere große Fortschritte im Bereich der *Harmonisierung des materiellen Strafrechts* (zu den einzelnen Maßnahmen Rz. 132 ff.). Sie bemängelt allerdings die schleppenden Beitrittsverhandlungen zur EMKR (dazu § 5 Rz. 15) und mahnt die Einhaltung des Fahrplans zur Stärkung der Beschuldigtenrechte an (dazu Rz. 189), der zumindest um eine Maßnahme hinsichtlich der Unschuldsvermutung einer Ergänzung bedürfe. Das *Parlament* sieht in seiner Stellungnahme über die Halbzeitbilanz des Stockholmer Programms große Fortschritte im Bereich Inneres und Justiz, mahnt jedoch eine vollständige Um-

125

---

1 Sitzung v. 11.12.2009 – Ratsdok. 17024/09; näher *Brodowski*, ZIS 2010, 376 (377 f.); *Beukelmann*, NJW 2010, 2081 (2083); *Zeder*, EuR 2012, 34.
2 Ratsdok. 17024/09, S. 22, 28.
3 KOM(2010) 171 v. 20.4.2010; näher *Brodowski*, ZIS 2010, 376 (379 f.).
4 Ratsdok. 15921/12 v. 13.11.2012.
5 Ratsdok. 15921/12 ADD 1 v. 13.11.2012.

setzung der Maßnahmen an und fordert eine umfassende Fortsetzung des Programms zur inneren Sicherheit[1]. Die im ersten Entwurf noch vorgesehene Rüge der *mangelnden Beteiligung des Parlaments* und die Forderung nach einer stärkeren Rolle der Kommission[2] wurden nach mehreren *Änderungsanträgen* relativiert und der Schwerpunkt mehr auf die Inblicknahme einzelner strafrechtlicher Maßnahmen gegen Rassismus und Fremdendfeindlichkeit oder eines besseren Datenschutzes gelegt[3].

126 b) Neben dem Aktionsplan der Kommission zum Stockholmer Programm hat der *Rat der EU* – Justiz und Inneres – im Februar 2010 ein Konzept für ein „**Europäisches Sicherheitsmodell**" angenommen[4], das den Gesamtrahmen des grundsätzlich breit angelegten Bereichs der inneren Sicherheit noch einmal umreißt[5]. Zur Umsetzung dieses Strategiepapiers sieht eine Mitteilung der Kommission *„Fünf Handlungsschwerpunkte für mehr Sicherheit in Europa"* vor[6], die auch vom Rat gebilligt wurden[7]: Diese umfassen (1) die Schwächung internationaler krimineller Netzwerke, (2) Maßnahmen gegen Terrorismus, Radikalisierung und die Rekrutierung von Terroristen, (3) einen besseren Schutz der Bürger und Unternehmen im Cyberspace, (4) die Erhöhung der Sicherheit durch Maßnahmen an den Außengrenzen und (5) die Verbesserung der Widerstandsfähigkeit Europas gegenüber Krisen und Katastophen. Die in diesen Schwerpunkten vorgesehenen Maßnahmen setzen neben *strafrechtlichen Ansätzen* vor allem auch auf eine *Prävention*.

127 In ihren **Zwischenberichten** 2011 und 2013[8] sowie in ihrem Abschlussbericht im Juni 2014[9] über die Durchführung der EU-Strategie der inneren Sicherheit im Zeitraum 2010–2014 sieht die Kommission im Bereich der Schwächung internationaler krimineller Netzwerke, Bekämpfung des Terrorismus, Cybercrime und Sicherheit der Außengrenzen wesentliche Ziele durch die vorgenommenen und eingeleiteten strafrechtlichen Maßnahmen erreicht. Als *offene Schwerpunkte* sieht sie etwa eine verstärkte Korruptionsbekämpfung (auch in den Politikbereichen der EU) oder die Umsetzung der neuen Drogenstrategie 2013–2020, die den veränderten Bedingung des Drogenmarktes (wie durch neue Handelsrouten sowie durch die Nutzung neuer Kommunikationstechnologien) Rechnung tragen will[10]. Im Bereich der Terrorismusbekämpfung sollen der Schutz kritischer Gefahrenstoffe und Infrastrukturen sowie die Ver-

---

1 Parlamentsdok. A7-0153/2014, PE514.784v02-00 v. 4.3.2014.
2 S. die Arbeitsdokumente des Parlaments PE514.74v01-00 v. 11.7.2013 sowie PE510.744v01-00 v. 13.5.2013.
3 Vgl. die Änderungsanträge PE516.857v01-00 v. 10.9.2013.
4 Ratsdok. 7120/10 v. 8.3.2010 (Entwurf: Ratsdok. 5842/2/10 Rev. 2); dazu *Brodowski*, ZIS 2010, 376 (378 f.).
5 Zum Konzept der Inneren Sicherheit in der EU s. auch *Brodowski*, Jura 2013, 492.
6 KOM(2010) 673 endg. v. 22.11.2010.
7 Ratsdok. 6699/11 v. 21.11.2011.
8 Kommission, Zweiter Bericht über die Durchführung der EU-Strategie der inneren Sicherheit, KOM(2013) 179 v. 10.4.2013; s. auch den ersten Jahresbericht, KOM(2011) 790 v. 25.11.2011.
9 KOM(2014) 365 v. 20.6.2014.
10 KOM(2014) 365 v. 20.6.2014, S. 14 ff.

hinderung von Radikalisierung und Rekrutierung verstärkt werden. Im Herbst 2013 hatte die Ratspräsidentschaft mit den Planungen für die *Zeit nach dem Stockholmer Programm* nach 2014 begonnen und die Diskussion über die weitere Ausrichtung eröffnet; der Rat sah dabei das Thema Sicherheit in der nunmehr auf 28 Mitgliedstaaten angewachsenen Gemeinschaft (weiterhin) als einen zentralen Aspekt an, warf aber auch die Frage nach kosteneffizienten Maßnahmen auf[1]. Nach intensiver Diskussion mit den Mitgliedsstaaten[2] hat die Kommission im März 2014 vorgeschlagen, Schwerpunkte auf die Konsolidierung der bisherigen Maßnahmen mit einzelner Kodifizierung und Ergänzung[3], auf die Stärkung des Rechtsstaatsprinzips[4] und auf das Ziel eines sicheren Europas hinsichtlich Migration, Außengrenzen, Terrorismus und Cybercrime[5] zu legen. Der Rat hat nunmehr im Juni 2014 die strategischen Leitlinien für den Raum der Freiheit, der Sicherheit und des Rechts für die nächsten fünf Jahre verabschiedet, die im Grundsatz eine Fortführung der bisherigen Politikbereiche vorsehen[6]. Die bessere Steuerung der Migration, die Verhütung und Bekämpfung von Kriminalität (insbesondere Menschenhandel, Schleuser- und Cyberkriminaltität sowie Korruption) und Terrorismus, sowie die Verbesserung der justiziellen Zusammenarbeit zwischen den Mitgliedstaaten hat er als Hauptprioritäten festgelegt[7].

c) Das Strafrecht ist Teil der Strategie der inneren Sicherheit in der EU. **Kriminalpolitik** ist damit vielfach Sicherheitspolitik. Vermehrt wird jedoch auch eine eigenständige europäische Kriminalpolitik betrieben. Zwar fehlt es hier noch an einem stringenten und übergreifenden *politischen Leitbild*; das Strafrecht als Politikbereich gewinnt aber immer mehr an Kontur und wird auch in der Literatur zunehmend reflektiert[8]. Erste Schritte in die Richtung einer europäischen Kriminalpolitik unternahm der Rat Ende 2009 mit dem Enwurf von Schlussfolgerungen über „*Musterbestimmungen als Orientierungspunkte für*

128

---

1 Vgl. die Ratsdok. 13340/13 und 13341/13 v. 5.9.2013; s. auch Ratsdok. 14898/13 v. 16.10.2013. S. zudem *Brodowski*, ZIS 2013, 455 (457 ff.).
2 Vgl. die Stellungnahmen der einzelnen Mitgliedstaaten in Ratsdok. 17808/1/13 Rev. 1 v. 23.12.2013.
3 KOM(2014) 144 v. 11.3.2014.
4 KOM(2014) 158 v. 11.3.2014.
5 KOM(2014) 154 v. 11.3.2014.
6 Ratsdok. EUCO 79/14 v. 27.6.2014, S. 2 (s. auch ABl. EU Nr. C 240 v. 24.7.2014, 13). Zur Diskussion s. zudem *Nilsson*, eurcim 2014, 19; *Salazar*, eurcim 2014, 22; *Herlin-Karnell*, eucrim 2014, 27.
7 Ratsdok. EUCO 79/14 v. 27.6.2014, S. 19.
8 Vgl. die Initiative von 14 Strafrechtswissenschaftlern aus 10 EU-Staaten: *European Criminal Policy Initiative* (ECPI), Manifest zur Europ. Kriminalpolitik, ZIS 2009, 697; dazu auch *Satzer*, ZRP 2010, 137. Im November 2013 folgte ein Manifest zum Strafverfahrensrecht: ECPI, ZIS 2013, 412; dazu *Satzger/Zimmermann*, ZIS 2013, 406. S. auch *Brodowski*, ZIS 2011, 940 (942); *Heger*, Rechtsraum Europa – Zur Anpassung der Rechtssysteme im Strafrecht, Recht und Politik 2012, 88; *Kubiciel*, ZIS 2010, 742; *Meyer*, EuR 2011, 169; *Muñoz de Morales Romero*, El legislador penal europeo, legitimidad y racionalid, 2011; *Pastor Muñoz*, GA 2010, 84 (90 ff.); *Prittwitz* in Ambos (Hrsg.), Europ. StrafR post-Lissabon, 2011, S. 29; *Satzger*, ZIS 2009, 691.

die Beratungen des Rats im Bereich des Strafrechts"[1]. Danach soll das Strafrecht nur als letztes Mittel eingesetzt werden und auch eine Folgenabschätzung stattfinden. Vorrangig sollen Handlungen erfasst werden, die einen *tatsächlichen Schaden* verursachen oder die die zu schützenden Rechte bzw. Interessen *ernsthaft gefährden*. Dadurch soll vermieden werden, dass eine Handlung unverhältnismäßig früh unter Strafe gestellt wird. Zudem wird die Bedeutung des Bestimmtheitsgrundsatzes betont. Die Kommission äußerte sich kritisch zu diesen Festlegungen, die sie als verfrüht ansah[2].

129 Im Juni 2011 gab der Rat ein (kurzes) Positionspapier „**Der Weg zu einer EU-Kriminalpolitik**" bekannt[3]. Dieses betonte die Notwendigkeit der „Einheitlichkeit und Kohärenz" von Strafrechtsvorschriften innerhalb der EU. Dies sei vor allem über die Setzung von Mindeststandards zu erreichen. Die Kommission legte ihrerseits im September 2011 eine Mitteilung *„Auf dem Weg zu einer europäischen Strafrechtspolitik: Gewährleistung der wirksamen Durchführung der EU-Politik durch das Strafrecht"* vor[4]. Dieses sieht wie der Rat die Aufgabe auf europäischer Ebene in der Schaffung von „Einheitlichkeit und Kohärenz" durch Mindestvorschriften, um damit die Grundlage für die Stärkung gegenseitigen Vertrauens insbesondere bei der Verfolgung grenzüberschreitender Straftaten zu schaffen. Gleichzeitig betont das Papier die Bedeutung einer wirksamen Durchführung getroffener Maßnahmen. Wie bereits der Rat (s. Rz. 128) hebt die *Kommission* die Funktion des Strafrechts als „ultima ratio" hervor. Hinsichtlich der Bestimmtheit sieht die Kommission allerdings größere Flexibilität als der Rat, da in der Regel nur RL erlassen werden. *Mindestvorschriften* könnten hierbei Tatbestände sowie auf die Tat angepasste Sanktionen und die gerichtliche Zuständigkeit festlegen. Neben den Bereichen, die in Art. 83 AEUV genannt sind, könnte sich die Kommission auch strafrechtliche Vorschriften *in harmonisierten Bereichen* vorstellen. Hier benennt sie u.a. den Finanzsektor, den Straßenverkehr, Datenschutz, Zollbestimmungen, Umweltschutz, Fischereipolitik und die Binnenmarktpolitik (hinsichtlich schwerwiegender illegaler Praktiken wie Nachahmung und Fälschung, Korruption, Verschweigen von Interessenkonflikten im öffentlichen Auftragswesen). Damit ist der Bereich möglicher Strafrechtssetzung eher weit gezogen. Das *Europäische Parlament* schließlich knüpft mit einer Entschließung im Mai 2012 an die Positionspapiere von Rat und Kommission an und unterstützt deren Ausrichtung[5].

---

1 Ratsdok. 16542/2/09 v. 27.11.2009; s. auch die teilweise abweichenden Vorentwürfe Ratsdok. 16542/09 v. 23.11.2009; Ratsdok. 15936/09 v. 12.11.2009; Ratsdok. 14162/09 v. 9.10.2009.
2 Vgl. die Stellungnahme der Kommission in Ratsdok. 16798/09 v. 27.11.2009.
3 Ratsdok. 11155/11 v. 7.6.2011 (Non-Paper für die Tagung des Rates am 10.6.2011 – Mittagessen der Justizminister – Der Weg zu einer EU-Kriminalpolitik).
4 KOM(2011) 573 endg. v. 20.9.2011.
5 Entschließung des Europ. Parlaments v. 22.5.2012 zum EU-Ansatz zum Strafrecht, 2010/2310 [INI]; s. auch den Bericht des Ausschusses für bürgerliche Freiheiten, Justiz und Inneres v. 24.4.2012, Dok. A7-0144/2012.

130 Um die weitere **Arbeit der Kommission** im Strafrechtsbereich zu unterstützen, hat diese im Februar 2012 eine 20-köpfige *Expertengruppe* für die EU-Strafrechtspolitik eingesetzt[1]. Die Kommission hat zudem die Öffentlichkeit eingeladen, sich über ein Forum *„Assises de la Justice"* mit (auch schriftlichen) Diskussionsbeiträgen an der Ausarbeitung zukünftiger kriminalpolitischer Schwerpunkte zu beteiligen[2]. Die Kommission hat diesbezüglich ein *Diskussionspapier* erstellt, das als Ziel die Entwicklung einer kohärenten Kriminalpolitik vorsieht, die das Prinzip des gegenseitigen Vertrauens, ausreichende Opfer- und Beschuldigtenrechte umfassen solle[3]. Zudem soll die *Effektivierung* des geltenden EU-Rechtsrahmens Schwerpunkt sein wie auch eine mögliche Erweiterung der in Art. 83 Abs. 1 AEUV genannten *„Europa-Delikte"*, wobei die Kommission beispielhaft den Marktmissbrauch (s. hierzu den Vorschlag Rz. 133), das Lebensmittelstrafrecht sowie den Schutz des geistigen Eigentums nennt. Dies deckt sich teilweise mit dem *Arbeitsprogramm der Kommission für 2014* vom Oktober 2013. Dieses nennt als wichtiges Ziel die Umsetzung der Europäischen Staatsanwaltschaft sowie inhaltlich Maßnahmen im Bereich der Korruption, des Terrorismus, des Menschenhandels (insbesondere der Schutz von Flüchtlingen), des Lebensmittelstrafrechts und Maßnahmen zum Schutz kritischer Infrastrukturen[4]. Der Rat hat im Juli 2013 die „Prioritäten der EU bei der *Bekämpfung schwerer und organisierter Kriminalität* 2014–2017" veröffentlicht[5]. Er betont vor allem die Umsetzung des europäischen Rechtsrahmens in den Mitgliedstaaten, die Finanzierung der Bekämpfung der organisierten Kriminalität sowie die Nutzung „alternativer und komplementärer Ansätze"[6]. In den Zielsetzungen der Kommission und des Rats für die Zeit nach dem Stockholmer Programm (s. Rz. 127 a.E.) steht das Strafrecht (bedauerlicherweise) allein im Kontext der mehr thematisch orientierten Aspekte und wird nicht als eigene übergreifende Kriminalpolitik thematisiert. Ein klar umrissenes kriminalpolitisches Konzept fehlt damit bislang ebenso wie eine klarer konturierte Beschreibung des Bereichs der Inneren Sicherheit in der EU.

131 Neben den vorgenannten umfassenderen Ansätzen für eine europäische Sicherheits- und Kriminalpolitik hat die Kommission seit Inkrafttreten des Lissabonner Vertrags **zahlreiche Einzelinitiativen** gestartet und teilweise bereits umgesetzt. Diese betreffen das materielle Recht (Rz. 132–139) sowie zahlreiche verfahrensrechtliche Aspekte (Rz. 150–151).

---

1 Entscheidung 2012/C 53/05 v. 21.2.2012, ABl. EU Nr. C 53 v. 23.2.2012, 9. Deutsche Mitglieder der Gruppe sind Prof. *Helmut Satzger* und RAin Dr. *Margarete von Galen*.
2 Die letzte Konferenz fand am 21./22.11.2013 in Brüssel statt; schriftliche Diskussionsbeiträge konnten bis Ende 2013 eingereicht werden. S. die Homepage http://ec.europa.eu/justice/events/assises-justice-2013/index_en.htm.
3 http://ec.europa.eu/justice/events/assises-justice-2013/files/criminal_law_en.pdf.
4 KOM(2013) 739 endg. v. 22.10.2013.
5 Ratsdok. 12095/13 v. 26.7.2013.
6 S. auch Ratsdok. 10899/11 sowie 13283/12 (nicht öffentlich).

3. Maßnahmen zu einzelnen Deliktsgruppen

132 Die Rechtsakte der EU beziehen sich schwerpunktmäßig auf folgende **Deliktsgruppen**:

- Bestechung und Betrug,
- Fälschung von Zahlungsmitteln,
- Terrorismus,
- Geldwäsche,
- Organisierte Kriminalität,
- Menschenhandel, Schleuserkriminalität, sexuelle Ausbeutung von Frauen und Kindern,
- Drogenkriminalität,
- Umweltschutz,
- Cyberkriminalität,
- Rassismus und Fremdenfeindlichkeit.

Die meisten dieser Rechtsakte enthalten in ähnlicher Weise im Anschluss an Begriffsbestimmungen und Vorgaben für Tatbestandsmerkmale auch *allgemein-strafrechtliche* Regelungen, etwa über Anstiftung/Beihilfe, Höhe der Sanktionen (Mindest-/Höchststrafe), die Verantwortlichkeit juristischer Personen und deren Sanktionierung[1]. Von den bisherigen Maßnahmen der EU zum **materiellen Strafrecht** einschließlich der in Planung befindlichen RL und VO (zu weiteren Initiativen Rz. 140) seien hier kurz genannt:

133 - Die Gemeinsame Maßnahme betreffend die **Bestechung** im privaten Sektor vom 22.12.1998[2], umgesetzt durch das EU-Rechtsinstrumente-Ausführungsgesetz[3] (vgl. § 23 Rz. 19), ist abgelöst durch den weitgehend inhaltsgleichen RB vom 22.7.2003 zur Bekämpfung der Bestechung im privaten Sektor[4].
- Die RL vom 28.1.2003 hat erste Regelungen zur Sanktionierung von **Insider-Geschäften** und **Marktmanipulationen** getroffen[5]. Diese Regelungen wurden nunmehr durch die „MarkmissbrauchsVO" vom 16.4.2014 aufgehoben[6]. Diese VO, die verwaltungsrechtliche Sanktionen enthält (Art. 30), wird durch die „MarktmissbrauchsRL" über strafrechtliche Sanktionen bei Marktmanipulation vom 16.4.2014 ergänzt[7]. Diese Regelungen werden durch die umfangreiche Neuordnung der Marktaufsicht für Finanz-

---

1 S. dazu *Engelhart*, eucrim 2012, 110 ff.
2 ABl. EG Nr. L 358 v. 31.12.1998, 2.
3 G v. 22.8.2002, BGBl I 3387.
4 RB 2003/568/JI, ABl. EU Nr. L 192 v. 31.7.2003, 54 = *Wasmeier/Möhlig*, S. 331 = *Esser*, A 55. S. den Bericht der Kommission KOM(2014) 38 endg. v. 3.2.2014 zum Stand der Korruptionsbekämpfung in der EU.
5 RL 2003/6/EG, ABl. EU Nr. L 96 v. 12.4.2003, 16.
6 VO (EU) Nr. 596/2014, ABl. EU Nr. L 173 v. 12.6.2014, 1; Entwürfe: KOM(2012) 421 endg. v. 25.7.2012 sowie KOM(2011) 651 endg. v. 20.10.2011,
7 RL 2014/57/EU, ABl. EU Nr. L 173 v. 12.6.2014, 179; Entwurf: KOM(2011) 654 endg. v. 20.10.2011; geänd. aufgrund des Libor-Skandals KOM(2012) 420 endg. v. 25.7.2012 sowie Ratsdok. 17642/12 v. 12.12.2012. Zu den Entwürfen *Schork/Reichling*, StraFo 2012, 125.

instrumente in der sog. „MIFIR-VO" und der „MIFID-II-RL", die umfangreiche Compliance-Vorgaben enthalten, ergänzt[1].

- Zu den verschiedenen Maßnahmen zum **Schutz der finanziellen Interessen der EU** s. bereits Rz. 107–112.
- Der RB des Rates vom 29.5.2000 „über die Verstärkung des mit strafrechtlichen und anderen Sanktionen bewehrten Schutzes gegen **Geldfälschung** im Hinblick auf die Einführung des Euro"[2] ist in Deutschland durch das EU-Rechtsinstrumente-AG vom 22.8.2002 umgesetzt worden[3]. Aufgrund der anhaltenden Probleme bezüglich der Fälschung des Euro ist der RB am 15.5.2014 durch eine neue RL mit strengeren Mindestvorschriften für Geldfälschungen ersetzt worden[4].

134

- Der „RB des Rates vom 28.5.2001 zur Bekämpfung von Betrug und Fälschung im Zusammenhang mit **unbaren Zahlungsmitteln**"[5] hat zum Erlass des 35. StRÄndG geführt, das den § 152a StGB geändert und einen neuen § 152b StGB eingeführt hat[6] (vgl. § 39 Rz. 35 ff.).
- In Fortführung verschiedener älterer Maßnahmen hat der Rat am 13.6.2002 einen RB zur **Terrorismusbekämpfung** erlassen[7]; Art. 3, 4 wurden geändert durch RB vom 9.12.2008[8].

135

- Die RL vom 26.10.2005 „zur Verhinderung der Nutzung des Finanzsystems zum Zwecke der **Geldwäsche** und der Terrorismusfinanzierung" (*3. GeldwäscheRL*)[9], die eine entsprechende RL von 1991 (*1. GeldwäscheRL*) mit ihrer Änderung von 2001 (*2. GeldwäscheRL*) abgelöst hat[10] und durch eine Durchführungs-RL der Kommission ergänzt wurde[11], ist durch das „Geldwäschebekämpfungsergänzungsgesetz" umgesetzt worden (dazu § 51 Rz. 2, 19)[12]. Die *3. GeldwäscheRL* und ihre Durchführungs-RL sollen nach

---

1 VO (EU) Nr. 600/214 v. 15.5.2014, ABl. EU Nr. L 173 v. 12.6.2014, 84 sowie RL 2014/65/EU, ABl. EU Nr. L 173 v. 12.6.2014, 349; dazu *Butlar*, BB 2014, 451; *Engelhart* in Rotsch (Hrsg.), Criminal Compliance, § 31 C Rz. 28 ff.; *Geier/Schmitt*, WM 2013, 915; *Möllers/Poppele*, ZGR 2013, 437.
2 RB 2000/383/JI, ABl. EG Nr. L 140 v. 14.6.2000, 1; geänd. durch RB v. 6.12.2001, ABl. EG Nr. L 329 v. 14.12.2001, 3; darin wird auf ein int. Abkommen v. 20.4.1929 Bezug genommen; vgl. *Wasmeier/Möhlig*, S. 306, 312 = *Esser*, A 9.
3 BGBl. I 3387; dazu *Achenbach*, wistra 2002, 441.
4 RL 2014/62/EU, ABl. EU Nr. L 151 v. 21.5.2014, 1; Kommissions-Vorschlag, KOM(2013) 42 endg. v. 5.2.2013, geänd. vom Rat, Ratsdok. 14085/1/13 v. 3.8.2013.
5 RB 2001/413/JI, ABl. EG Nr. L 149 v. 2.6.2001, 1 = *Wasmeier/Möhlig*, S. 315 = *Esser*, A 11.
6 G v. 22.12.2003, BGBl. I 2838; dazu auch *Husemann*, NJW 2004, 104.
7 RB 2002/475/JI, ABl. EG Nr. L 164 v. 22.6.2002, 3 = *Esser*, A 14 = *Wasmeier/Möhlig*, S. 359 ff.; dazu Beschl. des Rates 2003/48/JI v. 19.12.2002, ABl. EG Nr. L 16 v. 22.1.2003, 68 sowie RatsVO 2580/2001/EG v. 27.12.2001, ABl. EG Nr. L 344 v. 28.12.2001, 70.
8 RB 2008/919/JI, ABl. EU Nr. L 330 v. 28.11.2008, 21 = *Esser*, A 31.
9 RL 2005/60/EG des Europ. Parl. und des Rates, ABl. EU Nr. L 309 v. 25.11.2005, 15 (gestützt auf Art. 95 und 47 Abs. 2 EGV), geänd. durch die RL 2007/64/EG v. 13.11.2007, ABl. EU Nr. L 319 v. 5.12.2007, 1.
10 RL 91/308/EWG des Rates v. 10.6.1991, ABl. EG Nr. L 166 v. 28.6.1991, 77, geänd. durch RL 2001/97/EG, ABl. EG Nr. L 344 v. 28.12.2001, 76.
11 RL 2006/70 der Komm. v. 1.8.2006, ABl. EU Nr. L 214/29.
12 GwBekErgG v. 13.8.2008, BGBl. I 1690; die Umsetzungsfrist endete am 15.12.2007; dazu *Hetzer*, EuZW 2008, 560.

dem Vorschlag der Kommission vom 5.2.2013 durch eine neue RL zur Verhinderung der Nutzung des Finanzsystems zum Zwecke der Geldwäsche und der Terrorismusfinanzierung (*4. GeldwäscheRL*) abgelöst werden.[1]

– Der „RB des Rates vom 26.6.2001 über *Geldwäsche* sowie Ermittlung, Einfrieren, Beschlagnahme und Einziehung von Tatwerkzeugen und Erträgen aus Straftaten"[2] führt – unter Bezugnahme auf das Europaratsabkommen – die Vorgaben einer früheren Gemeinsamen Maßnahme von 1998 fort.

– Der RB vom 24.2.2005 über die **Einziehung** von Erträgen, Tatwerkzeugen und Vermögensgegenständen aus Straftaten[3] verpflichtet die Mitgliedstaaten, materiell-rechtliche Vorschriften (insbesondere für die in bis 2005 erlassenen Rahmenbeschlüssen genannten Straftaten) über die Einziehung zu erlassen[4]; er ist nicht mit dem als Ergänzung zwecks grenzüberschreitender Verfolgung konzipierten „RB Einziehungsentscheidungen" vom 6.10.2006 (Rz. 197) zu verwechseln. Am 3.4.2014 hat die EU eine neue RL über die Sicherstellung und Einziehung von Tatwerkzeugen und Erträgen aus Straftaten in der Europäischen Union erlassen[5]. Die RL ersetzt in weiten Teilen den RB vom 24.2.2005 sowie die entsprechenden Regelungen des vorgenannten RB vom 26.6.2001 über die Einziehung im Rahmen der Geldwäsche und harmonisiert damit die Voraussetzungen der Einziehung noch weiter. Die Vorgaben sind bis zum 4.10.2016 umzusetzen.

136 – Der RB vom 19.7.2002 „zur **Bekämpfung des Menschenhandels**"[6] hat die entsprechenden Bestimmungen einer Gemeinsamen Maßnahme von 1997 abgelöst und zur Neufassung der §§ 232 ff. StGB geführt[7] (vgl. § 37 Rz. 10 ff.); inzwischen sind diese Regelungen durch eine überarbeitete RL zum Menschenhandel v. 5.4.2011[8] ersetzt worden.

– Zur Bekämpfung der **Schleuserkriminalität** hat der Rat zur Wahrung der Kompetenzverteilung zwischen EG und EU am 28.11.2002 zwei Maßnahmen auf unterschiedlicher Rechtsgrundlage verabschiedet, nämlich die „RL zur Definition der Beihilfe zur unerlaubten Ein- und Durchreise und zum unerlaubten Aufenthalt"[9] und den RB „be-

---

1 KOM(2013) 45 endg. v. 5.2.2013. Zur Abänderung im Parlament s. Text P7_TA(2014)0191 im Verfahren 2013/0025(COD).
2 RB 2001/500/JI, ABl. EG Nr. L 182 v. 5.7.2001, 1 = *Wasmeier/Möhlig*, S. 336 = *Esser*, A 12, in Fortführung einer Gemeinsamen Maßnahme 98/699/JI v. 3.12.1998, ABl. EG Nr. L 133 v. 9.12.1998, 1 unter Verweis auf das Europarats-Übk. v. 8.11.1990 über Geldwäsche (ETS 141); vgl. auch die 3. GelwäscheRL v. 26.10.2005 sowie unten § 51.
3 RB 2005/212/JI, ABl. EU Nr. L 68 v. 15.3.2005, 49 = *Wasmeier/Möhlig*, S. 213 = *Esser*, A 19.
4 Nach Erlass des G „zur Stärkung der Rückgewinnungshilfe und der Vermögensabschöpfung bei Straftaten" v. 24.10.2006, BGBl. I 2350 war eine weitere Umsetzung nicht erforderlich; vgl. *Fischer*, § 73 StGB Rz. 1.
5 RL 2014/42/EU, ABl. EU Nr. L 127 v. 29.4.2014, 39 mit Berichtigung in ABl. EU Nr. L 138 v. 13.5.2014, 114. S. auch Kommissionsvorschlag in KOM(2012) 85 endg. v. 12.3.2012 in der Fassung des Rats in Ratsdok. 14603/13.
6 RB 2002/629/JI, ABl. EG Nr. L 203 v. 1.8.2002, 1 = *Wasmeier/Möhlig*, S. 372.
7 37. StrafRÄndG v. 11.2.2005, BGBl. I 239; vgl. *Eisele* in S/S, § 232 StGB Rz. 2, 4.
8 RL 2011/36/EU, ABl. EU Nr. L 101 v. 15.4.2011, 1 = *Esser*, A 40. Dazu *Lindner*, Die Effektivität transnationaler Maßnahmen gegen Menschenhandel in Europa, 2014, S. 144 ff.
9 RL 2002/90/EG, ABl. EG Nr. L 328 v. 5.12.2002, 17 = *Wasmeier/Möhlig*, S. 387.

treffend die Verstärkung des strafrechtlichen Rahmens für die Bekämpfung der Beihilfe zur unerlaubten Ein- und Durchreise und zum unerlaubten Aufenthalt"[1] (vgl. § 37 Rz. 65, 83, 96).

- Der RB vom 22.12.2003 zur Bekämpfung der sexuellen Ausbeutung von Kindern und Kinderpornografie[2] wurde durch die RL zur **Bekämpfung des sexuellen Missbrauchs und der sexuellen Ausbeutung von Kindern sowie der Kinderpornografie** vom 13.12.2011 ersetzt[3].

- Die RL vom 18.6.2009 „über Mindeststandards für Sanktionen und Maßnahmen gegen Arbeitgeber, die Drittstaatsangehörige ohne rechtmäßigen Aufenthalt beschäftigen"[4] dient der Bekämpfung **rechtswidriger Einwanderung** und illegaler Beschäftigung und wurde durch Änderungen im AufenthG umgesetzt[5] (unten §§ 36–37).

- Der RB vom 25.10.2004 hat die Festlegung von Mindestvorschriften über die Tatbestandsmerkmale und Strafen im Bereich des illegalen **Drogenhandels**[6] zum Gegenstand. Ein Vorschlag vom September 2013 sieht vor, diesen RB durch eine RL in einzelnen Bereichen neuzufassen[7].

137

- Der RB vom 24.10.2008 zur Bekämpfung der **Organisierten Kriminalität**[8] ist an die Stelle der Gemeinsamen Maßnahme vom 21.12.1998 „betreffend die Strafbarkeit der Beteiligung an einer kriminellen Vereinigung in den Mitgliedstaaten der EU"[9] getreten.

- Der RB des Rates vom 27.1.2003 „über den **Schutz der Umwelt** durch das Strafrecht"[10] – dessen Umsetzungsgesetzgebung in Deutschland schon eingeleitet war (§ 54 Rz. 108a) – ist auf Klage der Kommission vom EuGH durch das Urteil vom 13.9.2005 in vollem Umfang für *nichtig* erklärt worden[11], obwohl der Generalanwalt in seinen Schlussanträgen vom 26.5.2005 nur eine Teil-Nichtigkeit beantragt hatte. Das Gericht entschied, dass dem sachlich teilweise übereinstimmenden RL-Vorschlag der Kommission vom März 2001[12] der Vorzug gebühre, weil sich die erforderliche Kompetenz bereits aus

138

---

1 RB 2002/946/JI, ABl. EG Nr. L 328 v. 5.12.2002, 1 = *Wasmeier/Möhlig*, S. 390.
2 RB 2004/68/JI, ABl. EU Nr. L 13 v. 20.1.2004, 44 = *Wasmeier/Möhlig*, S. 378 = *Esser*, 1. Aufl., A 13.
3 RL 2011/92/EU [berichtigt zu: 2011/93/EU], ABl. EU Nr. L 335 v. 17.12.2011, 1 = *Esser*, A 42.
4 RL 2009/52/EG, ABl. EU Nr. L 168 v. 30.6.2009, 24.
5 2. RichtlinienumsetzungsG v. 25.11.2011, BGBl. I S. 2258.
6 RB 2004/757/JI, ABl. EU Nr. L 335 v. 11.11.2004, 11 = *Wasmeier/Möhlig*, S. 396 = *Esser*, A 17.
7 KOM(2013) 618 endg. V. 17.9.2013. Zum Stand nach der ersten Lesung im Parlament vgl. Ratsdok. 9046/14 v. 7.5.2014. Zugleich soll eine VO der Kommission administrative Maßnahmen ermöglichen, KOM(2013) 619 endg. V. 17.9.2013 sowie Ratsdok. 9045/14 v. 7.5.2014.
8 RB 2008/841/JI, ABl. EU Nr. L 300 v. 11.11.2008, 42 = *Esser*, A 25.
9 Gemeinsame Maßnahme 98/733/JI, ABl. EG Nr. L 351 v. 29.12.1998, 1, ber. ABl. EG Nr. L 57 v. 5.3.1999, 36.
10 RB 2003/80/JI, ABl. EU Nr. L 29 v. 5.2.2003, 55; abgedr. bei *Wasmeier*, StrafR der EU, S. 357.
11 EuGH v. 13.9.2005 – Rs. C-176/03 – „Umweltstrafrecht", Slg. 2005 I-7879 (vgl. Rz. 58, 97).
12 ABl. EG Nr. C 180 E/238 v. 26.6.2001, geänd. im Okt. 2002.

dem EG-Vertrag (Art. 175 Abs. 1) ergebe (s. auch Rz. 58, 97). Die entsprechende RL über den strafrechtlichen *Schutz der Umwelt*[1] ist im Anschluss deran erst am 19.11.2008 verabschiedet worden.

– Die RL vom 7.9.2005 „über die **Meeresverschmutzung** durch Schiffe und die Einführung von Sanktionen für Verstöße"[2], geändert durch die RL vom 21.10.2009[3], hat den konkurrierenden RB vom 12.7.2005 „zur Verstärkung des strafrechtlichen Rahmens zur Bekämpfung der Verschmutzung durch Schiffe"[4] verdrängt, nachdem letzterer vom EuGH[5] ebenfalls wegen der fehlenden Kompetenzgrundlage für nichtig erklärt worden war (Rz. 58).

139 – Der RB vom 24.2.2005 über **Angriffe auf Informationssysteme**[6] war das erste Element einer gemeinsamen Bekämpfung der sog. Cyber-Kriminalität. Er wurde inzwischen durch eine RL vom 13.8.2013 ersetzt[7].

– Der RB vom 28.11.2008 „zur strafrechtlichen Bekämpfung bestimmter Formen und Ausdrucksweisen von **Rassismus und Fremdenfeindlichkeit**"[8] hat eine gleichartige Gemeinsame Maßnahme aus dem Jahre 1996[9] ersetzt.

140 Neben den vorgenannten Rechtsakten haben Rat und Kommission weitere **Initiativen** gestartet, die noch nicht in einen Gesetzesvorschlag gemündet sind. Hierzu zählt beispielsweise das „Grünbuch zur Anwendung der EU-Strafrechtsvorschriften im Bereich des *Freiheitsentzugs*" der Kommission von 2011[10], das die Frage einer Harmonisierung des Freiheitsentzugs insbesondere im Bereich der (europaweit sehr unterschiedlich gehandhabten) Untersuchungshaft aufwirft. Die Mitgliedstaaten stehen hier einer Vereinheitlichung aber eher kritisch gegenüber[11]. Darüber hinaus hat die Kommission im Oktober 2013 eine Mitteilung bezüglich Maßnahmen zur Unterbindung des illegalen

---

1 RL 2008/99/EG des Europ. Parl. und des Rates, ABl. EU Nr. L 328 v. 6.12.2008, 28 = *Esser*, A 26; dazu *Zimmermann*, ZRP 2009, 74.
2 RL des Europ. Parl. und des Rates 2005/35/EG, ABl. EU Nr. L 255 v. 30.9.2005, 11 (mit zwei Berichtigungen) = *Wasmeier/Möhlig*, S. 416; dazu auch die Vorlage-Entscheidung des EuGH v. 3.6.2008 – Rs. C 308/06, Slg. 2008 I-4057, wonach die RL nicht zu (vorrangigem) internat. Recht im Widerspruch stehe und der Begriff der „groben Fahrlässigkeit" auch ohne nähere Definition nicht gegen den Grundsatz der Rechtssicherheit verstößt.
3 RL des Europ. Parl. und des Rates 2009/123/EG, ABl. EU Nr. L 280 v. 27.10.2009, 52 = *Esser*, A 36.
4 RB 2005/667/JI, ABl. EU Nr. 255 v. 30.9.2005, 164 (also in der gleichen ABl.-Nr. wie der konkurrierende Rechtsakt!).
5 EuGH v. 23.10.2007 – Rs. C 440/05, Slg. 2007 I-9097.
6 RB 2005/222/JI, ABl. EU Nr. L 69 v. 16.3.2005, 67 = *Wasmeier/Möhlig*, S. 402 = *Esser*, A 18.
7 RL 2013/40/EU, ABl. EU Nr. L 218 v. 14.8.2013, 8.
8 RB 2008/913/JI, ABl. EU Nr. L 328 v. 6.12.2008, 55 = *Esser*, A 30. Zur Umsetzung allg. s. den Bericht der Kommission KOM(2014) 27 endg. v. 27.1.2014; zur Umsetzung in Dtl. s. *Hellmann/Gärtner*, NJW 2011, 961.
9 Gemeinsame Maßnahme 96/443/JI v. 15.7.1996, ABl. EG Nr. L 185 v. 24.7.1996, 5.
10 Grünbuch Stärkung des gegenseitigen Vertrauens im europäischen Rechtsraum – Grünbuch zur Anwendung der EU-Strafrechtsvorschriften im Bereich des Freiheitsentzugs, KOM(2011) 327 endg. v. 14.6.2011.
11 Vgl. die Analyse der Antworten unter http://ec.europa.eu/justice/newsroom/criminal/opinion/files/110510/summary_gpreplies_ms_ongs_en.pdf.

Handels mit *Schusswaffen* vorgelegt[1]. Neben einer einheitlichen verwaltungsrechtlichen Kontrolle der Waffenherstellung, des Waffenhandels und -besitzes erwägt das Papier auch Mindestvorgaben für strafrechtliche Sanktionen in diesen Bereichen. Schließlich hat der Rat die „Prioritäten der EU bei der *Bekämpfung schwerer und organisierter Kriminalität* 2014–2017" veröffentlicht[2]. Hier steht vor allem die Umsetzung des europäischen Rechtsrahmens in den Mitgliedstaaten, die Finanzierung der Bekämpfung der organisierten Kriminalität sowie die Nutzung „alternativer und komplementärer Ansätze" im Mittelpunkt[3]. Das seit langem diskutierte Thema des strafrechtlichen Schutzes von *Immaterialgütern* hat die Kommission 2010, nachdem sie es 2009 noch einmal weiter verfolgt hat, wieder aufgegeben und bislang nicht neu aufgegriffen[4].

4. Doppelstrafverbot (ne bis in idem)

Schrifttum (außer vor Rz. 1, 60, 104, 167, 173): *Agnostopoulos*, Ne bis in idem in der Europäischen Union, in FS Hassemer, 2010, S. 1121; *Biehler*, Konkurrierende nationale und internationale strafrechtliche Zuständigkeit und das Prinzip ne bis in idem, ZStW 116 (2004), 256; *Bockel*, The Ne Bis In Idem principle in EU law, 2010; *Böse*, der Grundsatz „ne bis in idem" in der Europäischen Union, GA 2003, 744; *Böse*, Der Grundsatz „ne bis in idem" und der Europäische Haftbefehl: europäischer ordre public vs. gegenseitige Anerkennung, HRRS 2012, 19; *Brammer*, Ne bis in idem im europäischen Kartellrecht – Neue Einsichten zu einem alten Grundsatz, EuZW 2013, 617; *Burchard/Brodowski*, Art. 50 Charta der Grundrechte der Europäischen Union und das europäische ne bis in idem nach dem Vertrag von Lissabon, StraFo 2010, 179; *Eckstein*, Grund und Grenzen transnationalen Schutzes vor mehrfacher Strafverfolgung in Europa, ZStW 2012, 490; *Hackner*, Das teileuropäische Doppelverfolgungsverbot insbesondere in der Rechtsprechung des Gerichtshofs der Europäischen Union, NStZ 2011, 425; *Kniebühler*, Transnationales „ne bis in idem", 2005; *Liebau*, „Ne bis in idem" in Europa, 2005; *Mansdörfer*, Das Prinzip ne bis in idem im europäischen Strafrecht, 2004; *Merkel/Scheinfeld*, Ne bis in idem in der Europäischen Union – Zum Streit um das Vollstreckungselement, ZIS 2012, 206; *Radtke*, Der Grundsatz „Ne bis in idem" und Jurisdiktionskonflikte, EnzEuR, Bd. 9, 2013, S. 459; *Satzger*, Auf dem Weg zu einer europäischen Rechtskraft, in FS Roxin, 2011, S. 1515; *Schomburg/Suominen-Picht*, Verbot der mehrfachen Strafverfolgung, Kompetenzkonflikte und Verfahrenstransfer, NJW 2012, 1190; *Vogel*, Internationales und euroäpisches ne bis in idem, in FS Schroeder, 2006, S. 877; *Yomere*, Die Problematik der Mehrfachsanktionierung von Unternehmen im EG-Kartellrecht, 2010; *Zimmermann*, Strafgewaltkonflikte in der Europäischen Union, 2014.

Eine Schlüsselrolle im europäischen Strafrecht kommt dem rechtsstaatlichen Grundsatz des „ne bis in idem" zu, also dem an sich nur innerstaatlich (= rechtsordnungsintern) maßgebenden **Verbot einer wiederholten Bestrafung wegen desselben Sachverhalts** (Art. 103 Abs. 3 GG; ebenso Art. 4 des 7. Zusatz- 141

---

1 Kommission, Schusswaffen und die innere Sicherheit der EU: Schutz der Bürger und Unterbindung des illegalen Handels, KOM(2013) 716 endg. v. 21.10.2013.
2 Ratsdok. 12095/13 v. 26.7.2013, vgl. auch den Entwurf der Schlussfolgerungen v. 28.5.2013, Ratsdok. 9849/13.
3 S. auch Ratsdok. 10899/11 sowie 13283/12 (nicht öffentlich).
4 Der letzte Vorschlag für eine RL datierte bereits von 2006, KOM(2006) 168 endg. v. 26.4.2006, diesen nahm die Kommission zurück, vgl. Dok. 2010/C 252/04, ABl. EU Nr. C 252 v. 18.9.2010, 7 (9). Dazu *Böxler*, Europ. Immaterialgüterrecht?, wistra 2011, 11.

protokolls zur EMRK). Im Verhältnis von *Staaten zu einander* hat dieser Grundsatz indes keine Geltung; vielmehr bestimmt jeder Staat die Reichweite seines Strafrechts aufgrund seines *Gewaltmonopols* eigenständig[1]. Das – auch europarechtlich anerkannte – **Verhältnismäßigkeitsprinzip** gebietet indes eine Anrechnung einer ausländischen Verurteilung (vgl. § 51 Abs. 3 StGB). Anrechnung und Anerkennung bilden hier also einen Gegensatz: eine „Anrechnung" ist ausgeschlossen, wenn die ausländische Entscheidung „anzuerkennen" und die Fortführung einer Strafverfolgung wegen eines Prozesshindernisses (Verfolgungshindernisses) unzulässig ist. Die Festschreibung eines Doppelstrafverbots zwischen mehreren Staaten stellt sich somit als spezifische Ausprägung des Prinzips der gegenseitigen Anerkennung dar[2].

142 Deshalb ist das Doppelstrafverbot Gegenstand **diverser Übereinkommen** geworden.

Das *EG-Übereinkommen* vom 25.5.1987 über das Verbot der doppelten Strafverfolgung (*EG-ne-bis-in-idem-Übk.*)[3] ist nur von zehn Mitgliedstaaten, darunter Deutschland, ratifiziert worden und deshalb nicht in Kraft getreten, auch wenn einige Mitgliedstaaten das Abkommen vorzeitig angewendet haben. Nach dem Inkrafttreten des Schengener Durchführungsübereinkommen (Rz. 26, 143), das in weiten Teilen mit dem *EG-ne-bis-in-idem-Übk.* (insbesondere in den Art. 54–58 SDÜ) übereinstimmt, ist mit einer Umsetzung nicht mehr zu rechnen.

143 Das ab 1995 schrittweise in Kraft getretene **Schengener Durchführungs-Übereinkommen** (SDÜ; Rz. 26) enthält in den Art. 54–58 die erste verbindliche und praktisch bedeutsam gewordene Regelung über ein grenzüberschreitendes Doppelbestrafungsverbot. Art. 54 SDÜ bestimmt:

„Wer durch eine Vertragspartei rechtskräftig abgeurteilt worden ist, darf durch eine andere Vertragspartei wegen derselben Tat nicht verfolgt werden, vorausgesetzt, dass im Fall einer Verurteilung die Sanktion bereits vollstreckt worden ist, gerade vollstreckt wird oder nach dem Recht des Urteilsstaats nicht mehr vollstreckt werden kann".

Durch die – im Vertrag von Amsterdam vollzogene – Einbeziehung des „Schengen-Besitzstandes" in die EG ist das SDÜ Teil des sekundären Gemeinschaftsrechts (und nun des sekundären Unionsrechts) geworden und unterliegt seitdem der Rechtsprechung des EuGH. Insbesondere das „Vollstreckungselement" in Art. 54 SDÜ, aber auch die Kriterien „derselben Tat" und der „rechtskräftigen Aburteilung" haben zahlreiche Detailfragen aufgeworfen, die der EuGH einer einheitlichen Auslegung zugeführt hat (Rz. 145).

144 Die 2000 von allen Mitgliedstaaten proklamierte, aber zunächst unverbindlich gebliebene „**Charta der Grundrechte der Europäischen Union**" (Rz. 14) hat erst mit Wirksamkeit des Lissabonner Vertrags, also ab 1.12.2009 Rechtsverbindlichkeit erlangt. Der dortige Art. 50 lautet:

---

1 Näher *Satzger*, Lb., § 3 Rz. 11, § 10 Rz. 65 ff.; *Ambos*, Int. StrafR, § 10 Rz. 105; *Hecker*, Europ. StrafR, § 13 Rz. 2 f.
2 Zum Ganzen näher *Satzger*, Lb., § 10 Rz. 64 ff.; *Hugger* in Ahlbrecht/Böhm u.a., Int. StrafR, Rz. 1112 ff.; *Ambos*, Int. StrafR, § 10 Rz. 106 ff.
3 ZustG v. 7.9.1998, BGBl. II 2226; die Bestimmungen entsprechen weitgehend den Art. 54–58 SDÜ; vgl. *Hecker*, Europ. StrafR, § 13 Rz. 10 f.

„Niemand darf wegen einer Straftat, derentwegen er bereits in der Union nach dem Gesetz rechtskräftig verurteilt oder freigesprochen worden ist, in einem Strafverfahren erneut verfolgt oder bestraft werden."

Da hier die Bezugnahme auf jedes *„Vollstreckungselement"* fehlt, ist diese Bestimmung inhaltlich umfassender als die SDÜ-Regelung. Es stellt sich damit die Frage, ob nach Art. 50 GRC mangels Vollstreckung (bei bestehendem Urteil) wie nach Art. 54 SDÜ eine weitere Strafverfolgung möglich ist. Bislang ist das Verhältnis dieser beiden Regelungen umstritten[1]. Der BGH bejaht die Anwendung der Vollstreckungsklausel auch im Rahmen der Grundrechtecharta[2]. Der EuGH hat sich diesbezüglich noch nicht explizit geäußert. Bei der Lösung dürfte wohl sachlich zu differenzieren sein: Die beiden Regelungen überschneiden sich allein im Bereich des Ausschlusses der Mehrfachverfolgung wegen derselben Strafsache im Verhältnis zwischen den Mitgliedstaaten (*horizontal-transnationaler* Strafklageverbrauch), sodass sich nur hier das Konkurrenzverhältnis stellt. Im Verhältnis zwischen Unionsrecht und nationalem Recht (*vertikal-transnationaler* Strafklageverbrauch) sowie beim Schutz vor mehrfacher innerstaatlicher Strafverfolgung gilt allein Art. 50 GRC, nicht aber Art. 54 SDÜ. Hinsichtlich des horizontal-transnationalen Strafklageverbrauchs dürfte die Lösung des BGH kaum überzeugen, da sie sich über den Wortlaut der Regelung hinwegsetzt und damit deren Schutzbereich verkürzt[3].

Die Umsetzung des Grundsatzes „ne bis in idem" zwischen den Mitgliedstaaten hat bereits manche Detailfrage aufgeworfen, die die **Rechtsprechung des EuGH** insbesondere zu Art. 54 SDÜ zu lösen hatte. Vereinfacht lässt sich die Rechtsprechung dahin gehend zusammen fassen, dass immer dann, wenn eine verhängte Sanktion innerstaatlich zu einem *Strafklageverbrauch* geführt hat, auch im Verhältnis der Mitgliedstaaten zueinander das Doppelstrafverbot greift. So führt auch eine Einstellung mit einer Geldauflage durch die Strafverfolgungsbehörde ohne Mitwirkung des Gerichts zu einem Verfolgungshindernis in einem anderen Mitgliedstaat[4]. Auch wenn der EuGH damit das Doppel-

145

---

1 Vgl. *Eckstein*, ZStW 124, (2012), 490 (509 ff.); *Radtke* in EnzEuR, Bd. 9, § 12 Rz. 14 ff.; *Satzger*, Lb., § 10 Rz. 70; vgl. auch *Bender*, Der Transitschmuggel im europ. „ne bis in idem", wistra 2009, 176 (unten § 45 Rz. 10).
2 BGH v. 1.12.2010 – 2 StR 420/10 (= NJW 2011, 1014); vorgehend LG Aachen v. 8.1.2009 – 52 Ks 9/08, StraFo 2010, 190, dazu *Burchard/Brodowski*, StraFo 2010, 179; *Hecker*, JuS 2012, 261.
3 Ebenso *Böse*, GA 2011, 504 (506 ff.); *Merkel/Scheinfeld*, ZIS 2012, 206 (208 ff.); *Schomburg/Suominen-Picht*, NJW 2012, 1190 (1191); für Anwendung der Vollstreckungsklausel *Burchard/Brodowski*, StraFo 2011, 179 (181 f.); *Radtke* in EnzEuR, Bd. 9, § 12 Rz. 14 ff.; *Satzger* in FS Roxin, 1515 (1523 f.). S. auch *Eckstein*, ZStW 124 (2012), 490 (514 ff.).
4 EuGH v. 11.2.2003 – Rs. C-187/01 – Gözütok und Brügge, NJW 2003, 1173 (dazu *Stein*, NJW 2003, 1162) = NStZ 2003, 332 (dazu *Radtke/Busch*, NStZ 2003, 281) = wistra 2003, 137; vgl. auch EuGH v. 9.3.2006 – Rs. C-436/04 – Van Esbroeck, NStZ 2006, 690 m. Anm. *Radtke*, NStZ 2008, 162; EuGH v. 28.9.2006 – Rs. C-467/04 – Gasparini u.a., NStZ 2007, 408; EuGH v. 28.9.2006 – Rs. C-150/05 – Van Straaten, NStZ 2007, 410 (LS); EuGH v. 18.7.2007 – Rs. C-367/05 – Kraaijenbrink, NStZ 2008, 164; EuGH v. 18.7.2007 – Rs. C-288/05 – Kretzinger, NStZ 2008, 166 (LS); EuGH v. 11.12.2008 – Rs. C297/07 – Bourquain, NStZ 2009, 454.

bestrafungsverbot weit zieht, hat er jedoch Überdehnungen in Einzelfällen immer wieder abgelehnt[1].

5. Organisatorische Maßnahmen

a) Überblick über die Rechtsakte

146 Besondere praktische Bedeutung für eine verbesserte Bekämpfung der grenzüberschreitenden Kriminalität haben Maßnahmen, die das Verfahren zur **Verfolgung von Straftätern** erleichtern, sowohl auf polizeilicher als auch auf justizieller Ebene. Zum Teil noch auf der Grundlage des *Maastrichter* Unionsvertrags (Art. K.3) beruhend, überwiegend aber auf Art. 34 EUV i.d.F. von Amsterdam basierend haben die Mitgliedstaaten einerseits wichtige *Übereinkommen* abgeschlossen; andererseits haben die Unionsorgane zahlreiche Rechtsakte, insbesondere *Rahmenbeschlüsse*, mitunter auch RL erlassen. Übereinkommen hat der Lissabonner Vertrag wegen ihrer Schwerfälligkeit nicht mehr als interne Handlungsform vorgesehen, sodass ihre Ablösung nunmehr durch RL und VO erfolgt. Dadurch sind sowohl *eigene Institutionen* (Rz. 152 ff.) geschaffen als auch *vereinfachte Verfahrensweisen* in der grenzüberschreitenden Kriminalitätsbekämpfung entwickelt (Rz. 173 ff.) worden. Wie insbesondere die Ausführungen unten in § 8 näher belegen, haben diese Maßnahmen – teilweise auch erst nach gewissen Anlaufproblemen – inzwischen in der Praxis eine erhebliche Bedeutung erlangt, die sicherlich noch weiter zunehmen wird.

147 Außer den zum Schutz der finanziellen Interessen (Rz. 109 f.) genannten Abkommen sind folgende **EU-Übereinkommen** von aktueller Bedeutung:

– das *EU-Auslieferungs-Übereinkommen* vom 27.9.1996[2], das das vom Europarat getragene „Europäische Auslieferungsübereinkommen" von 1957 (§ 5 Rz. 19; § 8 Rz. 51 ff.) ergänzt und verschiedene Auslieferungshindernisse zwischen den Mitgliedstaaten beseitigt;

– das EU-Übereinkommen über das *vereinfachte Auslieferungsverfahren* vom 10.3.1995[3] (§ 8 Rz. 59);

– das *EU-Rechtshilfe-Übereinkommen* vom 29.5.2000[4], das ebenfalls das entsprechende Europarats-Abkommen (§ 5 Rz. 19; § 8 Rz. 12, 79 ff.) ergänzt, mit einem „Erläuternden Bericht" der Kommission[5] und einem Protokoll vom 16.10.2001[6] nebst Zustimmungsgesetzen und Ausführungsgesetz je vom 22.7.2005[7];

---

1 Z.B. EuGH v. 10.3.2005 – Rs. C-469/03, NJW 2005, 1337; EuGH v. 22.12.2008 – Rs. C-491/07 – Turansky, StV 2009, 169 (LS); vgl. zur EuGH-Rspr. *Ambos*, Int. StrafR, § 10 Rz. 108 ff.; *Satzger*, Lb., § 10 Rz. 71 ff.; *Hecker*, Europ. StrafR, § 13 Rz. 21 ff.; *Radtke* in EnzEuR, Bd. 9, § 12 Rz. 33 ff.
2 Dt. ZustG v. 7.9.1998, BGBl. II 2253.
3 ABl. EG Nr. 78 v. 30.3.1995, 2; dt. ZustG v. 7. 9. 1998, BGBl. II 2229; zu beidem *Schomburg*, NJW 1999, 541.
4 ABl. EG Nr. C 197 v. 12.7.2000, 3 mit Erläut. Bericht, ABl. EG Nr. C 379 v. 29.12.2000, 7 und Zusatzprotokoll v. 16.10.2001 (= *Esser*, A 8).
5 V. 30.11.2000, ABl. EG Nr. C 379 v. 29.12.2000, 7.
6 ABl. EG Nr. C 326 v. 21.11.2001, 1 mit „Erläut. Bericht" der Komm. v. 14.10.2002, ABl. EG Nr. C 257 v. 24.10.2002, 1.
7 BGBl. II 650 und 661 sowie BGBl. I 2189.

- das *Europol-Übereinkommen* vom 26.7.1995 samt zwei ergänzenden Protokollen, das 2009 durch einen Ratsbeschluss abgelöst worden ist (Rz. 152 f.).

Dazu kommen verschiedene *Rechtshilfe-Abkommen*, die die EU mit Drittstaaten für ihre Mitgliedstaaten geschlossen hat[1], insbesondere mit den USA[2] – darunter auch das sog. SWIFT-Abkommen über den Austausch von Daten des Zahlungsverkehrs[3], die die USA zum Aufspüren von Terrorismusfinanzierung im Rahmen des Terrorist Finance Tracking Program (TFTP) verwenden – und Japan[4].

Vom *Rat* sind auf der Grundlage des EU-Vertrags in seinen früheren Fassung auf Initiative der Kommission durch einstimmigen Beschluss mit Stellungnahme des Parlaments die nachfolgenden (in zeitlicher Reihenfolge genannten) **Rechtsakte** verabschiedet worden. Ihre Umsetzung in den Mitgliedstaaten ist teilweise mit erheblicher zeitlicher Verzögerung erfolgt. Einzelne Rechtsakte konnten unter der Geltung der Regelungen vor dem Lissabonner Vertrag nicht mehr verabschiedet werden[5]. Die wichtigsten Maßnahmen neben denen zum Schutz der finanziellen Interessen der Union (Rz. 107 ff.) umfassen im Zeitraum von 1996 bis Ende 2006:

148

- Gemeinsame Maßnahme vom 22.4.1996 betreffend den Austausch von *Verbindungsrichtern/-staatsanwälten* (Rz. 159);
- Gemeinsame Maßnahme vom 29.6.1998 zur Schaffung eines *Europäischen Justiziellen Netzes* (Rz. 159);
- RB vom 15.3.2001 über die Stellung des *Opfers* im Strafverfahren (Rz. 193);
- Beschluss vom 28.2.2002 über die Einrichtung von *Eurojust* (Rz. 161);
- RB vom 13.6.2002 über *gemeinsame Ermittlungsgruppen* (Rz. 157);
- RB über den „*Europäischen Haftbefehl*" vom 13.6.2002 (Rz. 173 ff.);
- RB *Sicherstellung* vom 22.7.2003 (Rz. 177);
- RL vom 29.4.2004 zur *Entschädigung der Opfer* von Straftaten (Rz. 193);
- Ratsbeschluss über den *Austausch von Informationen* aus dem Strafregister vom 21.11.2005 (Rz. 183);
- RB *Geldsanktionen* vom 24.2.2005 (Rz. 197);
- RB *Einziehungsentscheidungen* vom 6.10.2006 (Rz. 197; vgl. auch Rz. 135);
- RB *Informationsaustausch* vom 18.12.2006 (Rz. 183).

Von Anfang 2007 **bis** zum Inkrafttreten des **Lissabonner Vertrags** am 1. Dezember 2009 wurden folgende Rechtsakte erlassen:

149

- Ratsbeschluss „*Prüm*" vom 13.6.2008 (Rz. 184);
- RB *Vorverurteilungen* vom 24.7.2008 (Rz. 181);
- RB *Europäische Vollstreckungsanordnung (Freiheitsstrafen)* vom 27.11.2008 (Rz. 197);

---

1 Vgl. *Brodowski*, New Journal of European Criminal Law 2011, 21 ff.
2 Abk. über Auslieferung und über Rechtshilfe, ABl. EU Nr. L 181 v. 19.7.2003, 27 u. 34 (mit Zusatzverträgen USA – Deutschland, BGBl. II 2007, 1620, 1634, 1637).
3 SWIFT-Abk. über die Verarbeitung von Daten des Zahlungsverkehrs, zunächst Beschl. v. 30.9.2009, ABl. EU Nr. L 8 v. 13.1.2010, 9, nunmehr Abk. v. 28.6.2010, ABl. EU Nr. L 195 v. 27.7.2010, 5. S. auch die Berichte der Kommission hierzu KOM(2013), 843 v. 27.11.2013; KOM(2014) 513 v. 11.8.2014.
4 ABl. EU Nr. L 39 v. 12.2.2010, 19; vgl. zum Ganzen *Brodowski*, ZIS 2010, 385 f.
5 Z.B. der RB zur Vollstreckung von Abwesenheitsentscheidungen; vgl. dazu *Klitsch*, ZIS 2009, 11.

- RB *Bewährungsmaßnahmen* vom 27.11.2008 (Rz. 197);
- RB Schutz *personenbezogener Daten* bei der polizeilichen und justiziellen Zusammenarbeit vom 27.11.2008 (Rz. 187);
- RB zur *Stärkung von Eurojust* vom 16.12.2008 (Rz. 161);
- RB *Europäische Beweisanordnung* vom 18.12.2008 (Rz. 178);
- Ratsbeschluss *Europäisches Justizielles Netz* vom 24.12.2008 (Rz. 159);
- RB *Abwesenheitsentscheidungen* vom 26.2.2009 (Rz. 197);
- RB *Strafregister* vom 26.2.2009 (Rz. 183);
- Ratsbeschluss *Europol* vom 6.4.2009 (Rz. 153);
- Ratsbeschluss *Einrichtung Europäisches Strafregisterinformationssystem (ECRIS)* vom 6.4.2009 (Rz. 183);
- RB *Europäische Überwachungsanordnung* vom 23.10.2009 (Rz. 180);
- RB *Kompetenzkonflikte* vom 30.11.2009 (Rz. 182).

150 **Nach** Inkrafttreten des **Lissabonner Vertrags** sind, nunmehr in Form der RL und VO, die folgenden Maßnahmen erlassen worden[1]:
- RL *Dolmetscherleistungen und Übersetzung* vom 20.10.2010 (Rz. 189);
- RL *Informationsaustausch Verkehrsdelikte* vom 25.10.2011 (Rz. 183);
- RL *Europäische Schutzanordnung* vom 13.12.2011 (Rz. 196);
- RL *Belehrung und Unterrichtung im Strafverfahren* vom 22.5.2012 (Rz. 190);
- RL *Rechte, Unterstützung und Schutz von Opfern* vom 25.10.2012 (Rz. 194);
- VO *Errichtung Europäische Agentur für das Betriebsmanagement von IT-Großsystemen* vom 25.11.2011 (Rz. 185);
- VO *Anerkennung Schutzmaßnahmen in Zivilsachen* vom 12.6.2013 (Rz. 195);
- VO *Errichtung Eurodac* Datenbank vom 26.6.2013 (Rz. 186);
- RL *über das Recht auf Rechtsbeistand in Strafverfahren und das Recht auf Kontaktaufnahme bei der Festnahme* (Rz. 191).

151 Die folgenden Projekte mit Relevanz für das Strafverfahren befinden sich in (unterschiedlichen Stadien) der **Planung bzw. Normsetzung** und sind daher noch nicht endgültig abgeschlossen:
- Vorschlag für eine VO *Europäische Staatsanwaltschaft* (Rz. 167);
- Vorschlag für eine RL *über die Europäische Ermittlungsanordnung in Strafsachen* (Rz. 179);
- Vorschlag für eine RL *über die Verwendung von Fluggastdatensätzen* (Rz. 188);
- Überlegungen für ein *EU-System zum Aufspüren der Terrorismusfinanzierung* (Rz. 188);
- Vorschlag für eine VO *Übermittlung von Angaben bei Geldtransfers* (Rz. 188);
- Vorschlag für eine VO über *europäische Kriminalstatistiken* (Rz. 188).

b) Europol

152 **aa)** In Fortführung erster Ansätze bei der Umsetzung der Zielvorstellungen der Verträge von Schengen (Rz. 26 f.) ist durch ein gesondertes „*Übereinkommen*

---

1 Einen Überblick geben *Brodowski*, ZIS 2010, 383; ZIS 2011, 940; ZIS 2012, 558; ZIS 2013, 455; *Dettmers/Dimter*, SchlHA 2011, 349; *Dettmers*, SchlHA 2012, 361.

über ein **Europäisches Polizeiamt**" namens „*Europol*"[1] eine auf intergouvernementaler Zusammenarbeit beruhende Polizei-Institution mit eigener Rechtspersönlichkeit und Sitz in Den Haag geschaffen worden.

Diese Konvention war – nach einer Vorlaufzeit ab 1994 mit Schwerpunkt Drogenkriminalitätsbekämpfung – am 1.10.1998 in Kraft getreten[2] und am 1.7.1999 hat Europol seine Arbeit aufgenommen. Durch den Amsterdamer Vertrag ist die Europol-Konvention über Art. 30 Abs. 2 EUV a.F. mit der EU enger verknüpft worden.

Da sich dieses Übereinkommen im Hinblick auf erforderliche Änderungen und Ergänzungen wegen der Notwendigkeit einer *Ratifizierung* in allen Mitgliedstaaten als zu schwerfällig erwies, wurde Europol auf eine *neue* (sekundärrechtliche) *Rechtsgrundlage* gestellt: Das genannte Übereinkommen wurde durch den Beschluss des Rates vom 6.4.2009 (**Europol-Beschluss**) – also noch vor Inkrafttreten des Lissabonner Vertrags – ersetzt[3]. Dieser Beschluss, der durch die Neufassung des *Europol-Gesetzes* vom 31.7.2009 in deutsches Recht umgesetzt wurde[4], ist Anfang 2010 wirksam geworden. Dadurch ist Europol zu einer Agentur der EU geworden, die auch aus dem Haushalt der EU – und nicht mehr durch gesonderte Beiträge der Mitgliedstaaten – finanziert wird[5]. 153

§ 8 EuropolG enthält eine *spezielle Strafvorschrift*, durch die die StGB-Bestimmungen über den *Geheimnisschutz* auf Europol-Bedienstete erstreckt werden.

Nunmehr hat „Europol" in **Art. 88 AEUV** im Rahmen der „Polizeilichen Zusammenarbeit" eine neue und breitere **primärrechtliche Grundlage** erhalten. Damit wurde die Aufgabe der Wahrung öffentlicher Sicherheit auch zu einer *supranationalen Aufgabe*. Die zunächst auf internationalen Terrorismus, Drogenhandel und Handel mit Nuklearmaterial sowie Menschenhandel und Schleuserkriminalität beschränkte Zuständigkeit von Europol ist schrittweise auf nunmehr praktisch alle schwerwiegenden Kriminalitätsformen mit grenzüberschreitender Dimension erweitert worden; dazu gehören auch Korruption, Computerkriminalität und Betrug. Obwohl der Europol-Beschluss erst Anfang 2010 in Kraft getreten ist, hat die Kommission nach Art. 88 Abs. 2 AEUV im März 2013 einen *Vorschlag für eine VO* unterbreitet, die den Europol-Beschluss 154

---

1 V. 26.7.1995, ABl. EG Nr. C 316 v. 27.11.1995, 1 (ZustG v. 16.12.1997, BGBl. II 2150) m. Änderungsprotokoll v. 20.11.2002 (und ZustG v. 16.8.2002, BGBl. II 2138) i.d.F. des Änderungsprotokolls v. 28.11.2002 (ZustG v. 31.1.2004, BGBl. II 2004, 84); vgl. *Ambos*, Int. StrafR, § 13 Rz. 4 ff.; *Hecker*, Europ. StrafR, § 5 Rz. 59 ff.; *Satzger*, Lb., § 10 Rz. 3; *Dannecker* in W/J, Kap. 2 Rz. 177; vgl. auch unten § 8 Rz. 161 f.
2 Bek. v. 9.10.1998, BGBl. II 2930.
3 Beschl. 2009/371/JI, ABl. EU Nr. L 121 v. 15.5.2009, 37 = *Esser*, A 70. S. auch *Nils*, EuR 2012, 230.
4 BGBl. I 2504 = *Esser*, A 71; das frühere „Europol-AuslegungsprotokollG" (vgl. 4. Aufl., § 5 Rz. 103) ist aufgehoben worden.
5 S. *Albrecht/Janson*, Die Kontrolle des Europ. Polizeiamtes durch das Europ. Parlament nach dem Vertrag von Lissabon und dem Europol-Beschl., Europarecht 2012, 230; *de Moor/Vermeulen*, The Europol Council Decision: Transforming Europol Into An Agency of the European Union, CMLR 2010, 1089; *Schoppa*, Europol im Verbund der Europ. Sicherheitsagenturen, 2013. Zum Status der EU-Agenturen s. *Orator*, Möglichkeiten und Grenzen der Einrichtung von Unionsagenturen, 2013.

von 2009 ersetzen soll[1]. Der neue Rechtsrahmen sieht vor, die Europäische Polizeiakademie (CEPOL, Rz. 155) und deren Tätigkeiten zu Europol zu verlagern. Europol soll dabei noch stärker als bisher als *Schnittstelle* für einen *Informationsaustausch* dienen. Der präventiv straftatverhütende wie auch repressiv strafverfolgend orientierte Tätigkeitsbereich von Europol wird in Art. 3 Abs. 1 des Entwurfs nur umrissen und in einem Anhang durch eine umfangreiche Liste von Delikten und Deliktsbereichen detailliert, die im Wesentlichen den bisherigen Bereichen entspricht. Europol soll insbesondere das Recht haben, *Informationen* zu erheben, zu speichern, zu verarbeiten, zu analysieren und auszutauschen. Dazu werden umfassende *Mitteilungspflichten* der Mitgliedstaaten vorgesehen, da Europol nicht selbst beim Betroffenen Daten erheben darf. Die Daten sollen vor allem für operative und strategische Analysen zur Verfügung stehen.

155 Anders als das US-amerikanische FBI hat Europol auch unter Geltung des Europol-Beschlusses (Rz. 153) **keine** eigenen **Verfolgungs-** oder **Zwangsbefugnisse** erhalten, sondern das Amt bleibt – wie Art. 88 Abs. 3 AEUV festschreibt – darauf beschränkt, die *Information und Koordination* der Polizeidienststellen der Mitgliedstaaten zu verbessern und kann allenfalls operative Maßnahmen in Verbindung und Absprache mit nationalen Behörden ergreifen[2]. Neben eigenen (EU-)Beamten umfasst Europol nationale Beamte, die jedes Mitgliedsland als *Verbindungsbeamte* an Europol abstellt, um den Kontakt zu den Strafverfolgungsbehörden der Mitgliedstaaten zu erleichtern. Kontaktbehörde (*„Nationale Stelle für Europol"*) auf deutscher Seite ist nach § 1 EuropolG das *Bundeskriminalamt* (BKA). Zentrales Instrument von Europol ist ein automatisiertes Informationssystem, in dem Daten gesammelt, analysiert und den Mitgliedstaaten zur Verfügung gestellt werden. Von praktischer Bedeutung ist die Möglichkeit zur Mitarbeit in *„Gemeinsamen Ermittlungsgruppen"* (vgl. Rz. 157, § 8 Rz. 157). Eigenständig existiert auch – zunächst als ein Netzwerk, seit 2006 mit dem Status einer Europäischen Agentur – eine *Europäische Polizeiakademie* (EPA/CEPOL)[3]. Überlegungen, die Polizeiakademie mit Europol zusammenzulegen, wurden 2014 verworfen. Der Sitz von CEPOL wurde Ende Mai 2014 nach Budapest (Ungarn) verlegt, nachdem das Vereinigte Königreich eine Fortführung am bisherigen Standort in England abgelehnt hatte[4]. Am 16.7.2014

---

1 Vgl. den Entwurf der VO v. 27.3.2013, KOM(2013) 173 endg., der auch der Aufhebung der Beschlüsse 2009/371/JI und 2005/681/JI des Rates dienen soll. S. zudem die Mitteilung der Kommission über ein Europ. Fortbildungsprogramm für den Bereich Strafverfolgung, KOM(2013) 174 endg. S. zur Reformüberlegungen auch *Dick*, Entwicklungsperspektiven der polizeilichen Zusammenarbeit und des Polizeirechts in der EU, ZRP 2013, 117;.
2 S. zum Umfang der Maßnahmen *Hauck*, Heimliche Ermittlungsmaßnahmen im Prozessrecht der internationalen Strafgerichtsbarkeit (EU- und Völkerstrafrecht), ZStW 124 (2012), 473 (474 ff.).
3 Ratsbeschl. 2005/681/JI v. 20.9.2005, ABl. EU Nr. L 256 v. 1.10.2005, 63, der den Ratsbeschl. 2000/820/JI v. 22.12.2000, ABl. EG Nr. L 336 v. 30.12.2000, 1 ersetzt hat; näher www.cepol.europa.eu.
4 VO (EU) Nr. 543/2014 v. 15.5.2014, ABl. EU Nr. L 163 v. 29.5.2014, 5.

hat die Kommission den Entwurf einer VO vorgelegt, die den Rechtsrahmen der Agentur neu regeln soll[1].

Nach Art. 23 Europol-Beschluss hat Europol zahlreiche **bilaterale Verträge** mit *Drittstaaten* wie der Schweiz oder den USA und Kanada sowie mit *internationalen Organisationen* wie Interpol zum Austausch von Informationen und zur engeren Kooperation abgeschlossen. Unabhängig davon sind vielfach in den Regionen an den *Binnengrenzen* zwei- oder auch mehrseitige Zentren der polizeilichen Zusammenarbeit, etwa mit Frankreich oder Polen, zur Koordination der praktischen Strafverfolgung eingerichtet worden, die lokal effektive Arbeit leisten. 156

bb) Von großer praktischer Bedeutung haben sich inzwischen **gemeinsame Ermittlungsgruppen** (GEG bzw. Joint Investigation Team – JIT) erwiesen[2]. Nach Ansicht der Kommission sind diese Gruppen, bei denen sich die meisten auf Drogen- und Menschenhandel konzentrieren, ein wirksames Instrument, um Kriminelle aufzuspüren[3]. Eingeführt wurden sie durch das EU-RhÜbK von 2000 (§ 8 Rz. 12) und den *RB* von 2002 über gemeinsame Ermittlungsgruppen[4]. Die GEG kommt durch die Vereinbarung der beteiligten Mitgliedstaaten und Europol zustande, für die eine Mustervorlage besteht[5]. Der Europol-Beschluss (Art. 5 Abs. 1, Art. 6; s. Rz. 153) wie auch der aktuelle Vorschlag für eine VO (Art. 5, s. Rz. 154) gehen auf die GEG nur insoweit am Rande ein, als sie vorsehen, dass Europol sich an solchen Gruppen beteiligen kann. Oftmals ist auch Eurojust eingebunden, sie hat in den letzten Jahren zahlreiche Ermittlungsgruppen finanziell unterstützt (Rz. 165). Die Eingriffsbefugnisse der Mitglieder der GEG richten sich allein nach nationalem Recht. Problematisch ist vor allem die Frage des Datenaustauschs zwischen den beteiligten Mitgliedern und damit der Datenschutz. Für die Arbeit der GEG besteht ein eigenes Handbuch, das von Europol und Eurojust ausgearbeitet wurde[6]. 157

In der Arbeit von Europol wird der Bekämpfung von **Cyberkriminalität** inzwischen eine bedeutende Stellung eingeräumt. Um diesen Schwerpunkt zu fördern, wurde das Europäische Zentrum zur Bekämpfung der Cyberkriminalität (European Cybercrime Center, EC3) eingerichtet, das am 11.1.2013 offiziell eröffnet wurde[7]. Es ist eine Einrichtung der EU, die bei Europol in Den Haag angesiedelt ist. Das EC3 soll die grenzübergreifende Strafverfolgung in der EU in diesem Bereich koordinieren. Es soll sich zunächst auf illegale Online-Tätigkeiten organisierter krimineller Gruppen konzentrieren, insbesondere im Zusammenhang mit e-banking und anderen Online-Finanztätigkeiten sowie mit der sexuellen Ausbeutung von Kindern im Internet. Hinzu kommen Straftaten, die kritische Infrastrukturen und das Informationssystem in der EU beeinträchtigen. Das Zentrum soll zudem die weitere Forschung erleichtern und 158

---

1 KOM(2014) 465 v. 16.7.2014.
2 Dazu *Zurkinden*, Joint Investigation Teams, 2013.
3 Vgl. Mitteilung der Kommission, Zweiter Bericht über die Durchführung der EU-Strategie der inneren Sicherheit, KOM(2013) 179 v. 10.4.2013, S. 6.
4 RB 2002/465/JI v. 13.6.2002, ABl. EG Nr. L 162 v. 20.6.2002, 1 = *Wasmeier/Möhlig*, S. 165 = *Esser*, A 72.
5 Für einen Musterbeschl. s. die Resolution des Rats 2010/C 70/01 v. 26.2.2010, ABl. EU Nr. C 70 v. 19.3.2010, 1 sowie bereits RB 2002/465/JI.
6 Ratsdok. 15790/1/11 Rev. 1 v. 4.11.2011.
7 Näher unter https://www.europol.europa.eu/ec3.

auch der spezifischen Schulung von Strafverfolgern, Richtern und Staatsanwälten sowie der Bewertungen von Bedrohungen dienen. Es soll die relevanten Daten sammeln und verarbeiten und über ein Helpdesk für Cyberkriminalität den Strafverfolgungsbehörden zur Verfügung stellen.

c) Europäisches Justizielles Netz

159 Aus einem 1996 erlassenen EU-Rechtsakt „betreffend den Rahmen für den Austausch von *Verbindungsrichtern/-staatsanwälten* zur Verbesserung der justiziellen Zusammenarbeit zwischen den Mitgliedstaaten" der EU[1] ist 1998 das ebenfalls als „*Gemeinsame Maßnahme*" verabschiedete und alsbald aktiv gewordene „**Europäische Justizielle Netz**" **(EJN)**[2] hervorgegangen. Ein Beschluss des Rates vom 16.12.2008 hat der Einrichtung eine neue Rechtsgrundlage gegeben[3]. Der Beschluss wurde durch das Gesetz zur Änderung des Eurojust-Gesetzes (EJÄG) umgesetzt und ist am 15.5.2012 in Kraft getreten[4]. Primärrechtlich ist das EJN im Zusammenhang mit den Aufgaben von Eurojust (Rz. 162) in Art. 85 Abs. 1 Buchst. c AEUV geregelt[5].

160 Das EJC ist nicht – wie „Europol" (Rz. 152) oder „Eurojust" (Rz. 161) – eine eigenständige Institution, sondern ein **Netzwerk** von über 300 zentralen Strafverfolgungsbehörden (*Kontaktstellen*) in den 28 Mitgliedstaaten[6]. Jeder Mitgliedstaat benennt unter den Kontaktstellen eine *nationale* Anlaufstelle (die vor allem für die Koordinierung zuständig ist) und richtet eine *technische* Anlaufstelle (die aktuelle Informationen zur Verfügung stellt) für das EJC ein. Ein – ebenfalls in Den Haag angesiedeltes, von Eurojust aber sachlich unabhängiges – *Sekretariat* sorgt für die „Infrastruktur" dieses Netzwerkes. Die Vernetzung erfolgt zum einen durch regelmäßige Sitzungen der nationalen Vertreter, zum anderen durch ein spezielles Telekommunikationssystem. Der ständige Zugang zu den entsprechenden Kontaktstellen der anderen Mitgliedstaaten und zu diesbezüglichen Informationen eröffnet eine praktisch wichtige Erleichterung für die Gewährung von Rechtshilfe (§ 8 Rz. 155). Die Aufgabe der nationalen Kontaktstelle nimmt in Deutschland primär das *Bundesamt für Justiz* in Bonn wahr, aber auch der Generalbundesanwalt und viele Generalstaatsanwaltschaften der Länder können für den Abbau der herkömmlichen Hindernisse im unmittelbaren Behördenkontakt sorgen.

---

1 Gemeinsame Maßnahme v. 22.4.1996 (96/227/JI), ABl. EG Nr. L 105 v. 27.4.1996, 1 = *Wasmeier/Möhlig*, S. 103.
2 Gemeinsame Maßnahme 98/428/JI, ABl. EG Nr. L 191 v. 7.7.1998, 4 = *Wasmeier/Möhlig*, S. 97; vgl. *Dannecker* in W/J, Kap. 2 Rz. 187 f.; *Ambos*, Int. StrafR, § 13 Rz. 13 f.; *Satzger*, Lb., § 10 Rz. 12.
3 Ratsbeschl. 2008/976/JI, ABl. EU Nr. L 348 v. 24.12.2008, 130 = *Esser*, A 76; in Kraft am Tag der Verkündung.
4 G v. 24.2.2012, BGBl. I S. 1270.
5 Erstmals sah der Vertrag von Nizza in Art. 31 Abs. 2 Buchst. EUV a.F. eine Regelung vor.
6 Näher www.ejn-crimjust.europa.eu.

Außerdem gibt es noch ein aus Anlass der letzten Balkankriege geschaffenes, gesondertes „Europäisches Netz von Anlaufstellen für die Verfolgung von *Kriegsverbrechern*"[1]. Zum „Europäischen Netz für *Kriminalprävention* (ENKP)" s. Rz. 120. Das „Europäische Netz für die *Aus- und Fortbildung* von Richtern und Staatsanwälten" (EJTN) ist dagegen ein privatrechtlicher Zusammenschluss der EU-Mitgliedstaaten, das sich mit Unterstützung der EU Fragen der Fort- und Weiterbildung widmet[2].

d) Eurojust

Die nächste Stufe der Zusammenarbeit der Mitgliedstaaten auf strafrechtlichem Gebiet nach der Etablierung des Europäischen Justiziellen Netzes (Rz. 159) war 2002 – nunmehr auf der Grundlage des Amsterdamer Vertrages – der „*Beschluss des Rates*" „über die Errichtung von Eurojust zur Verstärkung der Bekämpfung der schweren Kriminalität" (**Eurojust-Beschluss**)[3]. Dabei handelt es sich um eine von Europol unabhängige, rechtlich verselbständigte Organisation mit der Aufgabe, die nationalen Staatsanwaltschaften bei der Bekämpfung insbesondere grenzüberschreitender Schwerkriminalität zu koordinieren und zu unterstützen (vgl. § 8 Rz. 156). Damit soll – gleichsam als „Gegengewicht" zu Europol – die justizielle Seite der Kriminalitätsbekämpfung gestärkt werden. Eurojust hat die Struktur einer *internationalen Behörde* mit eigener Geschäftsordnung[4]. Sie hat ihre Arbeit im Dezember 2002 aufgenommen; Sitz ist ebenfalls Den Haag. Die Umsetzung des Ratsbeschlusses in deutsches Recht ist (erst) durch das im Mai 2004 in Kraft getretene „*Eurojust-Gesetz*" (EJG) erfolgt[5]. Im Dezember 2008 hat der Rat die Kompetenzen von Eurojust erweitert und insbesondere die Befugnisse der nationalen Mitglieder klargestellt[6]. In Deutschland wurde der Beschluss durch eine Änderung des EJG mit Wirkung zum 15.6.2012 umgesetzt[7].

161

Durch den Vertrag von *Lissabon* hat auch diese Einrichtung in **Art. 85 AEUV** eine primärrechtliche Grundlage erhalten. Darin werden die – auf die Bekämpfung von „schwerer Kriminalität" beschränkten – Aufgaben und die Art ihrer Bewältigung festgeschrieben und durch eine Ermächtigung zum Erlass von VO im ordentlichen Gesetzgebungsweg abgerundet. Zusammen mit dem Vor-

162

---

1 Beschl. des Rates (2002/494/JI) v. 13.6.2002, ABl. EU Nr. L 167 v. 26.6.2002, 1, ergänzt durch Ratsbeschl. 2003/335/JI v. 8.5.2003, ABl. EU Nr. L 118 v. 14.5.2003, 12 = *Wasmeier/Möhlig*, S. 105.
2 Näher unter http://www.ejtn.eu. Vgl. auch *Wasmeier/Möhlig*, S. 58, Vorbem.
3 Beschl. des Rates 2002/187/JI v. 28.2.2002, ABl. EG Nr. L 63 v. 6.3.2002, 1 i.d.F. des Ratsbeschl. 2003/659/JI v. 18.6.2003, ABl. EU Nr. L 245 v. 29.9.2003, 44 = *Wasmeier/Möhlig*, S. 58 = *Esser*, A 73; vgl. *Ambos*, Int. StrafR, § 13 Rz. 15 ff.; *Dannecker* in W/J, Kap. 2 Rz. 183 ff.; *Herrnfeld* in Arndt (Hrsg.), Jurisdiktionskonflikte, 2012, S. 141; *Satzger*, Lb., Rz. 11, 13 ff.
4 ABl. EG Nr. C 286 v. 22.11.2002, 1 = *Wasmeier/Möhlig*, S. 85 = *Esser*, A 75.
5 G v. 12.5.2004, BGBl. I 902, in Kraft seit 18.5.2004 = *Esser*, A 74; es wird – für die Terrorismus-Bekämpfung – ergänzt durch die Eurojust-Anlaufstellen-VO (EJTAnV) v. 17.12.2004, BGBl. I 3520; *Esser/Herbold*, NJW 2004, 2421.
6 RB 2009/426/JI v. 16.12.2008 zur Stärkung von Eurojust und zur Änderung des Beschl. 2002/187/JI über die Errichtung von Eurojust zur Verstärkung der Bekämpfung der schweren Kriminalität, ABl. EU Nr. L 138 v. 4.6.2009, 14.
7 G zur Änd. des Eurojust-G v. 15.6.2012, BGBl. I S. 1270.

schlag zur Einführung einer Europäischen Staatsanwaltschaft (Rz. 167) hat die Europäische Kommission im Juli 2013 einen solchen VO-Vorschlag zur *Umstrukturierung von Eurojust* veröffentlicht[1]. Die Neustrukturierung soll durch eine Neufassung der operativen Befugnisse von Eurojust die Effizienz der Arbeit verbessern. Insbesondere ist vorgesehen, den *nationalen Mitgliedern* von Eurojust mehr *Kompetenzen* zu geben, damit eine bessere Zusammenarbeit mit den einzelnen Mitgliedstaaten, aber auch mit der europäischen Staatsanwaltschaft gewährleistet werden kann. Zudem sollen das Europäische Parlament und die nationalen Parlamente in die *Evaluierung* der Aktivitäten von Eurojust einbezogen werden.

163 Ähnlich wie Europol (Rz. 155) ist auch Eurojust als **Koordinationsstelle** *ohne eigene Vollzugsgewalt* konzipiert. Jeder Mitgliedstaat entsendet einen Vertreter (der durch mindestens eine weitere Person unterstützt werden muss) in das gemeinsame Gremium, das die Strafverfolgung über die Grenzen hinweg wirksamer gestalten bzw. koordinieren soll. Die „nationalen Mitglieder" bleiben Beamte ihres Entsendestaates und haben damit auch die *Befugnisse*, die den *nationalen* Ermittlungsbehörden zukommen.

164 Die zentralen **Aufgaben** von Eurojust sind nach Art. 3 Abs. 1 Eurojust-Beschluss[2]:

– Förderung und Verbesserung der *Koordinierung* der in den Mitgliedstaaten laufenden Ermittlungen und Strafverfolgungsmaßnahmen und

– Verbesserung der *Zusammenarbeit* zwischen den zuständigen Behörden, insbesondere durch die Erleichterung von Rechtshilfeersuchen und Auslieferungsverfahren.

165 Die **Zuständigkeit** von Eurojust erstreckt sich auf die in Art. 4 Abs. 1 Eurojust-Beschluss *genannten Straftaten und Kriminalitätsformen*. Diese umfassen nicht nur die Delikte, die zunächst den Zuständigkeitsbereich von Europol gebildet haben, sondern auch Computerkriminalität, Geldwäsche, Umweltkriminalität sowie Betrug, Korruption und sonstige Straftaten zum Nachteil der Gemeinschaft und alle damit in Zusammenhang stehenden Straftaten. Wenn Eurojust von einer zuständigen Behörde eines Mitgliedstaats um Unterstützung ersucht wird, bestehen nach Art. 4 Abs. 2 Eurojust-Beschluss *keine Beschränkungen auf bestimmte Arten von Straftaten*. Eurojust kann auch von sich aus nationale Behörden ersuchen, in bestimmten Fällen Ermittlungen aufzunehmen, gemeinsame Ermittlungsgruppen (Rz. 157) einzurichten etc. (Art. 5–7 Eurojust-Beschluss). In den letzten Jahren konnte Eurojust zahlreiche Ermittlungsgruppen auch finanziell unterstützen[3]. Es bestehen ermittlungsbezogene Initiativ- und Vorschlagsrechte, denen Auskunftspflichten der betroffenen Behörden in den Mitgliedstaaten gegenüberstehen. Zu den wesentlichen Arbeitsmitteln von Eurojust gehören auch entsprechende *Datenbanken*.

---

1 Vorschlag der Kommission v. 17.7.2013, KOM(2013) 535 final. Zum Sachstand s. Ratsdok. 11233/14 v. 27.6.2014.

2 S. auch die Broschüre des BMJ, „Praktische Hinweise zur Zusammenarbeit mit Eurojust", abrufbar unter www.bmj.bund.de.

3 Vgl. Eurojust, 2012 Annual Report, S. 35, wonach 135 Ermittlungsgruppen 2012 Unterstützung erhielten.

Soll Eurojust in einem Strafverfahren um **Unterstützung** gebeten werden, kann mit der deutschen Vertretung bei Eurojust *unmittelbar und formlos* Kontakt aufgenommen werden (§ 3 EurojustG). Die deutsche Vertretung wird sich mit den Vertretern der betroffenen Mitgliedstaaten in Verbindung setzen, um eine Klärung der Angelegenheit herbeizuführen. Bei komplexeren Sachverhalten besteht die Möglichkeit, multinationale Koordinierungstreffen – in der Regel am Sitz von Eurojust – abzuhalten. § 6 EurojustG enthält verbindliche *Informationspflichten* der nationalen Behörde, etwa bei der beabsichtigten Bildung einer Gemeinsamen Ermittlungsgruppe, bei bestimmten grenzüberschreitenden Strafverfahren oder bei kontrollierten Lieferungen mit Beteiligung von mindestens drei Staaten. Eurojust arbeitet nicht nur mit den nationalen Behörden zusammen, sondern auch mit dem Europäischen Justiziellen Netz (Rz. 159), mit Europol (Rz. 157) und OLAF (Rz. 113). Mit diesen wie auch mit weiteren europäischen (z.B. Frontex, Rz. 30) und internationalen Einrichtungen (z.B. Interpol) sowie mehreren Drittstaaten (darunter die USA, die Schweiz und Norwegen) hat Eurojust *Kooperationsabkommen* geschlossen.

166

e) Europäische Staatsanwaltschaft

Schrifttum (außer vor Rz. 1, 60, 104, 141, 173): *Biehler/Gleß/Parra/Zeitler,* Analyse des Grünbuchs zum Schutz der finanziellen Interessen der EG [...], 2002; *Böse,* Ein europäischer Ermittlungsrichter [...], RW 2012, 172; *Brüner/Spitzer,* Der europäische Staatsanwalt [...], NStZ 2002, 393; *Esser,* Der europäische Staatsanwalt [...], StV 2014, 494; *Grünewald,* Eine europäische Staatsanwaltschaft [...], HRRS 2013, 508; *Hamran/Szabova,* European Public Prosecutor's Office – Cui Bono?, New Journal of European Criminal Law 4 (2013) 40; *Kahlke,* Eurojust – Auf dem Weg zu einer Europäischen Staatsanwaltschaft?, 2004; *Kaufmann,* Europäische Staatsanwälte überall, DRiZ 2013, 390; *Ligeti* (Hrsg.), Toward a prosecutor for the European Union, 2 Bde., 2013; *Ligeti/Simonato,* The European Public Prosecutor's Office [...], New Journal of European Criminal Law 4 (2013), 7; *Lingenthal,* Eine Europäische Staatsanwaltschaft „ausgehend von Eurojust", ZEuS 2010, 79; *Nürnberger,* Die zukünftige europäische Staatsanwaltschaft [...], ZJS 2009, 494; *Radtke,* Der Europäische Staatsanwalt [...], GA 2004, 1; *Rheinbay,* Die Errichtung einer Europäischen Staatsanwaltschaft, 2014; *Satzger,* Die potentielle Errichtung einer Europäischen Staatsanwaltschaft [...], NStZ 2013, 206; *Scheuermann,* Das Prinzip der gegenseitigen Anerkennung [...], 2009; *Schneiderhan,* Der Europäische Staatsanwalt [...], DRiZ 2013, 100; *Schramm,* Auf dem Weg zur Europäischen Staatsanwaltschaft, JZ 2014, 749; *Stiegel,* Grünbuch der Kommission [...], ZRP 2003, 172; *Weertz,* Der Schutz der finanziellen Interessen der EG [...], 2008; *White,* Towards a Decentralised European Public Prosecutor's Office?, New Journal of European Criminal Law 1 (2013), 22; *Zöberlein,* Auf dem Weg zu einer gemeinsamen europäischen Strafverfolgung [...], 2004.

Der seit Juli 2013 vorliegende Vorschlag der Kommission (Rz. 169) für eine **Europäische Staatsanwaltschaft** blickt auf eine längere Entstehungsgeschichte zurück[1]. Den – zunächst von den Verfassern des *„Corpus iuris"* (Rz. 115) unter-

167

---

1 Vgl. etwa *Brüner/Spitzer,* NStZ 2002, 393; *Kahlke,* Eurojust – Auf dem Weg zu einer Europ. Staatsanwaltschaft?, 2004; *Lingenthal,* ZEuS 2010, 79; *Nürnberger,* ZJS 2009, 494; *Radtke,* GA 2004, 1; *Scheuermann,* Das Prinzip der gegenseitigen Anerkennung [...], 2009; *Weertz,* Der Schutz der finanziellen Interesssen der EG [...], 2008; *Zöberlein,* Auf dem Weg zu einer gemeinsamen europäischen Strafverfolgung [...], 2004. S. auch die Beiträge in StV 2003, 115 zum 3. Strafverteidigersymposium 2002.

breiteten – Entwurf einer „Europäischen Staatsanwaltschaft", insbesondere zur Verfolgung von Straftaten zum Nachteil der finanziellen Interessen der Union, hatte die Kommission in einem „Grünbuch" als Forderung aufgegriffen (Rz. 114)[1]. In der Folge ist auch ein *Europäischer Strafgerichtshof* vorgeschlagen worden, ebenso die Schaffung einer europäischen Verteidigerorganisation[2]. Da der alte EU-Vertrag jedoch nach verbreiteter Ansicht für die Errichtung einer solchen Verfolgungsbehörde keine ausreichende Ermächtigung enthielt, unterblieb eine Realisierung. Der Vertrag von Lissabon hat insoweit Abhilfe geschaffen: In Übernahme der im *Verfassungsvertrag* (Art III-274) vorgesehenen Regelung enthält nun Art. 86 AEUV eine primärrechtliche *Ermächtigungsgrundlage* zur Schaffung einer Europäischen Staatsanwaltschaft.

168 **Art. 86 AEUV** bestimmt, dass der Rat im „besonderen Gesetzgebungsverfahren", also einstimmig nach Zustimmung des Europäischen Parlaments, durch *VO* – „ausgehend von Eurojust" (Rz. 161) – eine solche Staatsanwaltschaft als mit rechtlicher Unabhängigkeit ausgestattete Behörde schaffen kann. Ist Einstimmigkeit nicht erreichbar, kann unter näher bestimmten Voraussetzungen auch im Wege einer „Verstärkten Zusammenarbeit" (Art. 86 Abs. 1 Unterabs. 2 AEUV; vgl. Rz. 9) vorgegangen werden. Die Bestimmung wurde nicht im Rahmen der „Betrugsbekämpfung" nach Art. 325 AEUV in den Vertrag eingefügt, sondern in den Abschnitt über die innere Sicherheit. Der Grund liegt in Art. 86 Abs. 4 AEUV, der vorsieht, dass die Zuständigkeit dieser Behörde über die finanziellen Interessen der Union hinaus einvernehmlich auch auf *„schwere Kriminalität mit grenzüberschreitender Dimension"* ausgeweitet werden kann. Art. 86 Abs. 3 AEUV ermächtigt zudem dazu, die „für die Tätigkeit geltenden *Verfahrensvorschriften* sowie die Regeln für die Zulässigkeit von Beweismitteln und für die gerichtliche Kontrolle" im Wege der VO zu erlassen. Damit sind die Kompetenzen für Regelungen geschaffen, die etwa auf Basis des Prinzips der gegenseitigen Anerkennung (Rz. 118) „Keimzelle eines supranationalen europäischen Strafprozessrechts" wären[3].

169 Der Vorschlag der Kommission vom Juli 2013 für eine 75 Artikel umfassende **VO** „über die Errichtung der Europäischen Staatsanwaltschaft (VO-E)", der auch eine Reform von Eurojust (Rz. 162) und OLAF (Rz. 114) zur Folge hätte, stützt sich nunmehr auf die Ermächtigung in Art. 86 AEUV und schafft damit tatsächlich die erste Grundlage eines europäischen Strafprozessrechts[4]. Dem Vorschlag vorausgegangen waren umfangreiche *Konsultationen* (auch der Mit-

---

1 *Biehler/Gleß/Parra/Zeitler*, Analyse des Grünbuchs [...], 2002; *Stiegel*, ZRP 2003, 172.
2 „Eurodefensor", vgl. *Schünemann*, ZStW 116 (2004), 376 ff.; *Schünemann*, GA 2004, 193 (202); vgl. auch *Nitschmann*, Strafverteidigung in Europa, GA 2004, 655 ff.
3 *Satzger*, Lb., § 10 Rz. 22.
4 KOM(2013) 534 final v. 17.7.2013. Dazu *Brodowski*, ZIS 2013, 460; *Grünewald*, HRRS 2013, 508; *Kaufmann*, DRiZ 2013, 390; *Schramm*, JZ 2014, 749. S. auch European Criminal Policy Initiative, ZIS 2013, 412 ff.

gliedstaaten) und die wissenschaftliche Begleitung der Vorarbeiten[1], die etwa eine *Modellverfahrensordnung* für eine Europäische Staatsanwaltschaft auf rechtsvergleichender Basis hervorgebracht hat[2]. Der VO-Vorschlag ergänzt den *RL-Vorschlag* zum Schutz der finanziellen Interessen der Union (Rz. 112), der die relevanten Straftatbestände und Sanktionen formuliert. Der Entwurf wurde in Deutschland vom Bundesrat und Bundestag[3], aber etwa auch von der Bundesrechtsanwaltskammer und dem Deutschen Anwaltverein in Einzelpunkten kritisch aufgenommen[4], als Gesamtprojekt jedoch nicht infrage gestellt. Mehrere Mitgliedstaaten haben dagegen grundsätzliche Bedenken bezüglich der Einhaltung des Subsidiaritätsprinzips geäußert (und die sog. Gelbe Karte gezeigt)[5]. Die Bedenken werden allerdings von der Kommission nicht geteilt[6]. Im Frühjahr 2014 hat der Rat nach intensiven Diskussionen eine überarbeitete Fassung der ersten 19 Artikel der Verordnung (VO-E ü.F.) vorgelegt[7]. Es ist damit zu rechnen, dass sich das Gesetzgebungsverfahren noch über einen längeren Zeitraum hinziehen wird[8]. Der Entwurf sieht vor, dass die Europäische Staatsanwaltschaft als *neue Einrichtung* der Union mit Rechtspersönlichkeit errichtet wird (Art. 3 VO-E/VO-E ü.F.). Sie soll – anders als grundsätzlich die nationalen Staatsanwaltschaften – weitgehend unabhängig sein, allerdings dem Parlament, dem Rat und der Kommission für die „allgemeinen Tätigkeiten" rechenschaftspflichtig sein (Art. 5 VO-E, Art. 6 VO-E ü.F.). Die Einrichtung sollte nach dem ursprünglichen Entwurf einen „*Europäischen Staatsanwalt*" und vier *Stellvertreter*, die vom Rat mit Zustimmung des Parlaments ernannt werden, sowie mindestens je einen nationalen „*Abgeordneten Europäischen Staatsanwalt*", die der Europäische Staatsanwalt aus einer national erstellten Liste von mindestens drei Bewerbern auswählt, umfassen (Art. 6, 8–10 VO-E). Dieser Ansatz wurde im überarbeiteten Entwurf zugunsten eines egalitäreren Kollegiumsmodells verändert (Art. 7–12 VO-E ü.F.), das auf zentraler Ebene aus einem Kollegium, den sog. Europäischen Staatsanwälten, besteht und je Mitgliedstaat ein Mitglied und den Europäischen Generalstaatsanwalt und seine Stellvertreter umfasst. Auf dezentraler Ebene besteht die Behörde aus „Europäischen Delegierten Staatsanwälten", die in den Mitgliedstaaten (je Mitgliedstaat

---

1 S. etwa *Böse*, RW 2012, 172; *Hamran/Szabova*, New Journal of European Criminal Law 4 (2013), 40; *Ligeti/Simonato*, New Journal of European Criminal Law 4 (2013), 7; *Satzger*, NStZ 2013, 206; *Schneiderhan*, DRiZ 2013, 100; *White*, New Journal of European Criminal Law 4 (2013), 22. S. auch den Konferenzbericht Ratsdok. 13863/13 v. 20.9.2013.
2 Die Ergebnisse der Studie sind publiziert in *Ligeti* (Hrsg.), Toward a prosecutor for the European Union, 2 Bde., 2013, sowie in Teilen auf der Internetseite des Projekts abrufbar: http://www.eppo-project.eu/. S. zum Thema auch *Weber*, Der europäische Staatsanwalt: ein Modell für die Zukunft?, Diss. Bonn 2008.
3 BR-Drs. 631/13 v. 11.10.2013 bzw. BT-Drs. 18/1658 v. 4.6.2014.
4 Vgl. BRAK (Stellungnahme Nr. 22/2013)/DAV (Stellungnahme Nr. 48/2013) v. Oktober 2013.
5 Vgl. Ratsdok. 16642/13 v. 28.11.2013.
6 KOM(2013) 851 v. 27.11.2013.
7 Ratsdok. 9834/1/14 Rev. 1 v. 21.5.2014.
8 Vgl. zum Verfahrenstand Ratsdok. ST 11376/14 v. 26.6.2014 sowie 11255/14 v. 27.6.2014.

mindestens zwei) angesiedelt sind. Diese können neben Ihrem europäischen „Hut" auch noch den eines rein nationalen Staatsanwalts tragen.

170 Die Europäische Staatsanwaltschaft soll die ausschließliche **Zuständigkeit** für die Ermittlung und Verfolgung der *Straftaten gegen die finanziellen Interessen der Union* erhalten, wie sie im Richtlinienvorschlag zum Schutz der finanziellen Interessen der Union (Rz. 112) formuliert sind (Art. 11 Abs. 4, 12 VO-E, Art. 17 VO-E ü.F.). Dabei ist noch offen, ob es eine dynamische oder statische Verweisung ist. Bei anderen Straftaten, die untrennbar mit den in der RL genannten verbunden sind, ist die Europäische Staatsanwaltschaft zuständig, wenn die *europäischen Delikte den Schwerpunkt* bilden. Wenn dies nicht der Fall ist, ist die nationale Behörde zuständig, auch für die Straftaten zulasten der Union (Art. 13 Abs. 1 VO-E, Art. 18 Abs. 2 VO-E ü.F.). Bei Kompetenzstreitigkeiten entscheidet *der Mitgliedstaat*, ohne dass diese Entscheidung überprüft werden kann (Art. 13 Abs. 4 VO-E, Art. 18 Abs. 6 VO-E ü.F.). Die Zuständigkeit knüpft sowohl an die Begehung in den Mitgliedstaaten (*Territorialitätsprinzip*) oder durch einen Staatsangehörigen der Mitgliedstaaten, einen Bediensteten der Union bzw. ein Mitglied der Organe (*aktive Personalitätsprinzip*) an (Art. 14 VO-E, Art. 19 VO-E ü.F.). Die Ermittlungen werden vorrangig von der Europäischen Staatsanwaltschaft geführt, deren Tätigkeit schließt ein nationales Tätigwerden aus (Art. 19 Abs. 2 VO-E ü.F.). Bereits eingeleitete nationale Verfahren können (müssen aber nicht, wie etwa in Bagatellfällen) durch ein Evokationsrecht an den Europäischen Staatsanwalt übergeleitet werden (Art. 19 Abs. 3 VO-E ü.F.). Damit besteht ein differenziertes Modell konkurrierender Zuständigkeiten. Die Europäische Staatsanwaltschaft arbeitet eng mit den anderen *europäischen Behörden* zusammen, insbesondere mit Eurojust (Art. 57 VO-E), aber auch mit Europol (Art. 58 Abs. 1, 2 VO-E) und OLAF (Art. 58 Abs. 3, 66 VO-E). Mit Drittländern und internationalen Organisationen können Arbeitsvereinbarungen getroffen und Kontaktstellen errichtet werden (Art. 59 VO-E).

171 Die **Ermittlungsbefugnisse** der Europäischen Staatsanwaltschaft sollen die gängigen nationalen Maßnahmen von der Zeugenvernehmung über die verdeckte Kommunikationsüberwachung bis hin zur Durchsuchung umfassen (Art. 26 VO-E). Die Voraussetzungen der Maßnahmen richten sich allerdings vollumfänglich nach dem *nationalen* Recht; es wurden also keine eigenen unionseinheitlichen Maßnahmen definiert und damit auf eine entsprechende Harmonisierung oder einheitliche europäische Standards verzichtet. Die Ermittlungen werden grundsätzlich dezentral durch einen Europäischen Delegierten Staatsanwalt, aber im Namen und nach Anweisung eines Europäischen Staatsanwalts geführt (Art. 12 Abs. 1 VO-E ü.F.). Bedauerlicherweise ist die Frage grenzüberschreitender Ermittlungen nicht explizit geregelt. Neben der Ermittlung ist die Europäische Staatsanwaltschaft auch für die *gerichtliche Verfolgung* zuständig (Art. 27 VO-E). Hierbei hat sie die gleichen Befugnisse wie die nationalen Staatsanwälte. Das gerichtliche Verfahren findet vor den nationalen Gerichten statt, es wird also keine eigene europäische Gerichtsbarkeit geschaffen. Allerdings ist damit der EuGH auch nicht zuständig (vgl. Art. 36 VO-E). Besonders geregelt ist die *Einstellung des Verfahrens*, etwa wegen mangelnder Beweise oder auch Geringfügigkeit (Art. 28 VO-E). Eigens geregelt ist auch der

sog. „*Vergleich*" (Art. 29 VO-E), der eine Einstellung gegen Zahlung einer „pauschalen Geldstrafe" nach Begleichung des Schadens (allerdings wohl ohne Schuldeingeständnis) vorsieht.

Neben den Befugnissen der Staatsanwaltschaft sieht der VO-Entwurf auch einzelne Regelungen zum **Schutz des Beschuldigten** vor (Art. 11 VO-E, Art. 5 VO-E ü.F.), überlässt aber ansonsten diese Regelungen dem nationalen Recht (Mischmodell). Die Staatsanwaltschaft ist, anders als etwa in England, aber ähnlich wie in Deutschland, als objektive Behörde konstruiert, die unparteiisch belastende wie entlastende Beweise ermittelt. Sie ist bei der Vornahme von Ermittlungen explizit (Art. 11 Abs. 2, 26 VO-E, Art. 5 Abs. 2 VO-E ü.F.) an die *Verhältnismäßigkeit* gebunden. Die Ermittlungen müssen unter Einhaltung der *Grundrechtecharta* erfolgen, sodass insbesondere über Art. 47–50 GRC beispielsweise die Unschuldsvermutung oder das Recht auf Prozesskostenhilfe gelten. Dabei greift die VO in einem eigenen Kapitel über *Verfahrensgarantien* diese und weitergehende Rechte noch einmal (konkretisierend) explizit auf (Art. 32–35 VO-E). Der Datenschutz ist eingehend geregelt und auch diesem ein eigenes Kapitel gewidmet (Art. 37–47 VO-E). Keine näheren Regelungen enthält der Entwurf zur Stellung, den Aufgaben und Möglichkeiten der Verteidigung, sodass etwa die Frage eines *Europäischen Verteidigers* weiter offenbleibt[1]. Der Vorschlag folgt insgesamt einem hybriden Modell[2] zwischen supranationaler Einrichtung und Kooperationsmechanismus. Allerdings steht die Kooperationsfunktion – wie bei Europol, Eurojust und dem EJN – stark im Vordergrund. Es wurde nicht der von Art. 86 AEUV intendierte große Wurf einer Behörde gewagt, die unter einem einheitlichen supranationalen Rechtsregime und vor einem europäischen Gericht agieren kann. Damit entsteht auch kein geschlossenes europäisches Strafprozessrecht. Allerdings werden die nationalen Rechtsordnungen durch das hybride national-überstaatliche Modell aufgebrochen und damit stellt der Entwurf einen der großen Meilensteine des europäischen Strafrechts dar.

6. Europäischer Haftbefehl

Schrifttum (außer vor Rz. 1, 60, 104, 141, 167): *de Amicis*, Initial Views of the Court of Justice on the European Arrest Warrant [...], EuCLR 2012, 47; *Böhm*, Das neue Europäische Haftbefehlsgesetz, NJW 2006, 2529; *von Bubnoff*, Der Europäische Haftbefehl, 2005; *Globke*, Die Wirkung eines Europäischen Haftbefehls, GA 2011, 412; *Heintschel-Heinegg/Rohlff*, Der Europäische Haftbefehl, GA 2003, 44; *Pohl*, Der Europäische Haftbefehl zwischen Grundgesetz und europäischem Primärrecht, 2009; *Rohlff*, Der Europäische Haftbefehl, 2003; *Schomburg*, NJW 2003, 3392.

---

1 S. dazu *Rackow* in EnzEuR, Bd. 9, § 23 Rz. 1 ff. S. auch *Arnold*, Auf dem Weg zu einem Europ. Strafverteidiger, StraFo 2013, 54; *Gless*, Europa –eine Herausforderung für die Stafverteidigung, StV 2010, 400; *Lagodny*, Verteidigung im international-arbeitsteiligen Strafverfahren, NJW 2012, 348; *Nestler* in Schünemann (Hrsg.), Ein Konzept für die Europ. Strafrechtspflege, 2006, S. 166; *Satzger* in FS Widmaier, 2008, S. 551.
2 Vgl. zu Mischformen zwischen supranationalem Modell und Kooperationsmodellen *Sieber*, ZStW 121 (2009), 1 (23 ff.).

173 Keine „Institution", sondern ein wichtiges Verfahrenselement der Europäisierung der Strafverfolgung (hier: die Erleichterung der grenzüberschreitenden Zusammenarbeit in Strafsachen) ist der *„Europäische Haftbefehl"*. Er beruht auf dem **RB** *des Rates* vom 13.6.2002[1] (RB EHB), der Anfang 2004 in Kraft getreten ist und der – neben den üblichen Erwägungsgründen – aus 35 teilweise ausführlichen Artikeln besteht. Entgegen seinem Namen stellt er keine eigenständige Rechtsgrundlage für eine (europäische) Freiheitsentziehung dar, sondern setzt einen einzelstaatlichen Haftbefehl voraus und ist damit ein wirksames Instrument einer vereinfachten *Rechtshilfe*. Er ist – wie der „Internationale Haftbefehl" – ein Instrument zur Vollziehung eines nationalen Haftbefehls jenseits der einzelstaatlichen Grenzen durch Fahndung und schnelle Auslieferung. Grundgedanke der Regelung ist, dass die Strafverfolgungsmaßnahmen in allen EU-Staaten nach gleichen rechtsstaatlichen Grundsätzen vorgenommen werden und deshalb – als besondere Ausprägung des Grundsatzes der gegenseitigen Anerkennung – wechselseitig ohne nochmaliges Prüfungsverfahren anzuerkennen sind. Damit wird das bisherige – trotz aller Übereinkommen häufig langwierige – Auslieferungsverfahren erheblich beschleunigt (dazu § 8 Rz. 60 ff.).

174 Der RB verpflichtet jeden Mitgliedstaat grundsätzlich, einen in einem anderen Mitgliedstaat erlassenen, die formalen Voraussetzungen erfüllenden Haftbefehl ohne Weiteres zu vollstrecken und den Gesuchten nach Identitätsprüfung ohne Überprüfung in der Hauptsache im sog. **Übergabe-Verfahren** dem ersuchenden Mitgliedstaat zu überstellen. Vorausgesetzt ist eine Straftat aus einem Katalog von 32 Positionen, der nicht nur Terrorismus, Menschenhandel, Drogenhandel und Geldwäsche umfasst, sondern auch den Handel mit gestohlenen Kraftfahrzeugen, illegale Beschäftigung, Kinderpornografie und Produktpiraterie – aber auch „Cyberkriminalität", „Sabotage", „Rassismus" und „Fremdenfeindlichkeit" (Art. 2 Abs. 2 RB EHB).

175 Der Europäische Haftbefehl hat in **Deutschland** zum einen eine kontroverse Grundsatz-Debatte über die Frage ausgelöst, ob nicht das Streben nach Sicherheit und Effektivität der Strafverfolgung die – im 19. und 20. Jahrhundert mühsam erreichten – Fortschritte eines an den Freiheitsrechten des Bürgers ausgerichteten liberalen Strafrechts zunichte mache[2]. Zum anderen hat das Urteil des BVerfG[3] über die Nichtigkeit des (ersten) *Europäischen Haftbefehlsgesetzes* (EHBG) vom 21.7.2004[4] zu einem neuen EHBG[5] geführt, das den verfassungsrechtlichen Bedenken Rechnung trägt, aber das Verfahren wieder komplizierter gestaltet (näher § 8 Rz. 67). Die Judikatur des *EuGH* zum RB EHB, darunter

---

1 RB 2002/584/JI, ABl. EG Nr. L 190 v. 18.7.2002, 1 = *Wasmeier/Möhlig*, S. 221 = *Esser*, A 13; punktuell geänd. durch RB Abwesenheitsentscheidungen 2009/299/JI v. 26.2.2009 (Rz. 197 a.E.); vgl. auch EuGH v. 1.12.2008 – Rs. C-388/08 – *Leymann*, EuZW 2009, 226.
2 Vgl. *Schünemann* (Hrsg.), Alternativ-Entwurf Europ. Strafverfolgung, 2004; dazu *Hecker*, Europ. StrafR, § 1 Rz. 11.
3 BVerfG v. 18.5.2005 – 2 BvR 2236/04, NJW 2005, 2289 = StV 2005, 505; dazu *Vogel*, JZ 2005, 801; *Schünemann*, StV 2005, 681; *Kretschmer*, Jura 2005, 780.
4 BGBl. I 1748; vgl. *Schünemann*, StV 2003, 531; *Seitz*, NStZ 2004, 546; *Ahlbrecht*, StV 2005, 40.
5 G v. 20.7.2006, BGBl. I 1721, in Kraft am 2.8.2006.

auch zum belgischen Umsetzungsgesetz[1], neigt dazu, den Haftbefehl vor allem als *Beschleunigungsinstrument* zu sehen und in diesem Sinne einer effizienten Verfahrensdurchführung durchweg den Vorrang einzuräumen[2]. Der RB – der wohl als der effektivste aller bisher erlassenen strafprozessualen Maßnahmen angesehen werden kann – ist zum *Vorbild* diverser *weiterer Rahmenbeschlüsse* geworden (Rz. 177 ff.),[3] wobei die Umsetzung des Mechanismus der gegenseitigen Anerkennung weiter ausdifferenziert und fortentwickelt wurde.

Alle Mitgliedstaaten haben die europäischen Vorgaben inzwischen in **nationales Recht** umgesetzt. Die Kommission wertet die Umsetzung insgesamt als Erfolg[4]. Defizite sieht die Kommission noch teilweise bei der *rechtlichen Vertretung* des Beschuldigten und den (unterschiedlichen) Bedingungen der – unterschiedlich ausgestalteten, gehandhabten und teilweise sehr lang andauernden – Untersuchungshaft (s. hier auch die Initiative der Kommission Rz. 140).

7. Weitere Verfahrensanordnungen

a) Erlangung von Beweismitteln

aa) Der RB vom 22.7.2003 *„über die Vollstreckung von Entscheidungen über die Sicherstellung von Vermögensgegenständen oder Beweismitteln in der EU"* – **RB Sicherstellung**[5] –, dessen Umsetzungsfrist am 2.8.2005 geendet hat, ist in Deutschland erst durch Gesetz vom 6.6.2008[6] umgesetzt worden (zur Sicherstellung und Einziehung s. Rz. 135 a.E., zu Einziehungsentscheidungen Rz. 197)[7]. Die Neufassung der §§ 84 ff. IRG ist am 30.6.2008 in Kraft getreten. Gegenstand des RB ist die wechselseitige Anerkennung von Entscheidungen über die *vorläufige* Sicherstellung von Beweismitteln in Ermittlungsverfahren wegen näher bezeichneter Katalog-Taten entsprechend dem RB Europäischer Haftbefehl. Nicht geregelt ist der (endgültige) Transfer dieser Beweismittel über die Grenze; dafür gelten noch die traditionellen Regeln der Rechtshilfe (vgl. § 8 Rz. 97 ff.).

bb) Der ergänzende RB bezüglich der Übergabe von Beweismitteln, den die Kommission 2003 unter der Bezeichnung „**Europäische Beweisanordnung** zur

---

1 EuGH v. 3.5.2005 – Rs. C-303/05 – Advocaten voor de Wereld, Slg. 2005 I-3633 = NJW 2007, 2237 = EuZW 2007, 373; dazu *Streinz*, JuS 2007, 854.
2 S. insbesondere zu der strittigen Frage, inwieweit der Vollstreckungsstaat die Entscheidung des Ausstellungsstaats (z.B. hinsichtlich der Einhaltung der Grundrechte) kontrollieren kann, EuGH v. 29.1.2013 – Rs. C-391/11 – Radu; EuGH v. 26.2.2013 – Rs. C 399/11 – Melloni; dazu *Böhm*, StraFo 2013, 177; *Brodowski*, HRRS 2013, 54; *Burchard* in EnzEuR, Bd. 9, § 14 Rz. 49; *Gaede*, NJW 2013, 1279; *Streinz*, JuS 2013, 661. S. zudem *de Amicis*, Initial Views of the Court of Justice on the European Arrest Warrant [...], EuCLR 2012, 47; sowie *Mansell*, The European Arrest Warrant and Defence Rights, EuCLR 2012, 36.
3 Vgl. *Satzger*, Lb., § 10 Rz. 44.
4 S. den Bericht der Kommission v. 11.4.2011, KOM(2011) 175 endg.
5 RB 2003/577/JI, ABl. EU Nr. L 196 v. 2.8.2003, 45 = *Wasmeier/Möhlig*, S. 186 = *Esser*, A 15.
6 G zur Umsetzung des RB [...], BGBl. I 2008, 955.
7 Zur Umsetzung in den einzelnen Ländern s. Ratsdok. 9617/14 v. 14.5.2014.

Erlangung von Sachen, Schriftstücken oder Daten zur Verwendung im Strafverfahren" vorgeschlagen hatte[1], ist erst nach langen Diskussionen am 18.12.2008 vom Rat angenommen worden[2]. Der RB Beweisanordnung, der sich auf bereits vorhandene und unmittelbar verfügbare Beweismittel bezieht, ist ganz ähnlich wie der RB Europäischer Haftbefehl aufgebaut: Mithilfe eines einzigen Dokuments soll die Ermittlungsbehörde des ersuchenden EU-Staats die verfügbaren Beweismittel im ersuchten Staat erlangen können. Auch hier ist ein Katalog von Straftaten festgelegt, für die es auf eine beiderseitige Strafbarkeit nicht ankommt. Hinsichtlich der Umschreibung dieser Delikte ist Deutschland – aufgrund der entsprechenden Diskussion beim Europäischen Haftbefehl – eine Ausnahmeklausel für sechs vage gefasste Deliktsbereiche (u.a. Sabotage und Rassismus) zugestanden worden, in denen Deutschland doch das Erfordnis beiderseitiger Strafbarkeit vorsehen kann[3]. Die Umsetzungsfrist lief bis zum 19.1.2011, eine Umsetzung in Deutschland ist jedoch bislang nicht erfolgt, da die Regierung (des 17. Bundestags) zunächst die weitere Entwicklung im Bereich des Beweistransfers (s. Rz. 179) abwarten wollte[4].

179 Um die weitere Entwicklung voranzutreiben, hat die Kommission 2009 ein *Grünbuch* „Erlangung verwertbarer Beweise in Strafsachen aus einem anderen Mitgliedstaat" vorgelegt, das insbesondere auch die **Erlangung von Beweismitteln**, die noch nicht vorliegen, aber (unproblematisch) erhoben werden könnten, erfassen soll[5]. Dieses wurde überwiegend kritisch aufgenommen und bislang nicht weiter verfolgt[6]. Mehrere *Mitgliedstaaten* haben 2010 unter der Bezeichnung **„Europäische Ermittlungsanordnung in Strafsachen"** über die Europäische Beweisanordnung (Rz. 178) hinausgehende Vorschläge unterbreitet[7], die nach intensiven Beratungen nunmehr am 3.4.2014 als RL erlassen worden ist (vgl. auch § 8 Rz. 46 f.)[8]. Die RL ersetzt ab 22.5.2017 die Europäische Be-

---

1 KOM(2003) 688 endg. v. 14.11.2003; dazu *Ahlbrecht*, NStZ 2006, 70; *Heger*, ZIS 2007, 547; *Kotzurek*, ZIS 2006, 123; *Krüßmann*, StV 2008, 458; *Mavany*, Die Europ. Beweisanordnung und das Prinzip der gegenseitigen Anerkennung, 2012; *Stefanopoulou*, JR 2011, 54.
2 RB 2008/978/JI, ABl. EU Nr. L 350 v. 30.12.2008, 45 = *Esser*, A 32; dazu *Krüßmann*, StraFo 2008, 458; *Roger*, Europäisierung des Strafverfahrens – oder nur der Strafverfolgung?, GA 2010, 27; *Satzger*, Lb., § 10 Rz. 38 f.
3 Näher *Satzger*, Lb., § 10 Rz. 39, 65 ff.; *Hecker*, Europ. StrafR, § 12 Rz. 11 ff.; *Ambos*, Int. StrafR, § 12 Rz. 68.
4 S. die Antwort der BReg auf eine kleine Anfrage, BT-Drs. 17/1543 v. 3.5.2010.
5 KOM(2009) 624 endg. v. 11.11.2009.
6 S. *Allegrezza*, ZIS 2010, 569; *Ambos*, ZIS 2010, 557; *Bachmaier Winter*, ZIS 2010, 580; *Busemann*, ZIS 2010, 552; *Lelieur*, ZIS 2010, 590; *Schierholt*, ZIS 2010, 567; *Schünemann/Roger*, ZIS 2010, 92; *Spencer*, ZIS 2010, 602.
7 S. Ratsdok. 7805 LIMITE/13 v. 26.3.2013; Ratsdok. 9288/10 v. 3.6.2010; Ratsdok. 9145/10 v. 29.4.2010. Dazu *Ahlbrecht*, StV 2013, 114; *Brodowski*, ZIS 2012, 558 (568 f.); *Brodowski*, ZIS 2010, 749 (755 ff.); *Dicker*, Kriminalistik 2012, 195; *Dicker*, KritV 2012, 417; *Hauck* in EnzEuR, Bd. 9, § 11 Rz. 68 ff.; *Heydenreich*, StraFo 2012, 439; *Rackow* in Kugelmann (Hrsg.), Prävention und Repression [...], 2014, S. 117; *Ruggeri*, ZStW 125 (2013), 407; *Zimmermann/Glaser/Motz*, EuCLR 2011, 56.
8 RL 2014/41/EU, ABl. EU Nr. L 130 v. 1.5.2014, 1; dazu *Böse*, ZIS 2014, 152; *Schneiderhan*, DRiZ 2014, 176.

weisanordnung. Sie sieht eine Regelung für grundsätzlich alle strafprozessualen Ermittlungsmaßnahmen vor. In weitem Umfang folgt sie noch den bisherigen Grundsätzen der internationalen Beweisrechtshilfe (Meistbegünstigungsprinzip mit Schutz durch lex fori und lex loci) und stellt daher nur Teile der Rechtshilfe auf das Prinzip der *gegenseitigen Anerkennung* um[1]. Wesentliche Neuerung ist daher vor allem die Standadisierung und Beschleunigung des Verfahrens.

b) Fahndung und gegenseitige Information

aa) Der Erleichterung von grenzüberschreitenden Ermittlungen dient auch die „**Europäische Überwachungsanordnung**", die durch RB vom 23.10.2009 erlassen wurde[2] und deren Umsetzungsfrist bis 1.12.2012 lief. Danach sollen Überwachungsmaßnahmen „*unterhalb*" der Untersuchungshaft, also Meldeauflagen, Reiseverbote, Betretungs- und Kontaktverbote auch jenseits der Binnengrenzen vollziehbar sein; auch Fahr- oder Berufsverbote können die Mitgliedstaaten dieser Regelung unterstellen. Damit soll auch der schnellen Annahme einer Fluchtgefahr (§ 112 Abs. 2 Nr. 2 StPO – § 11 Rz. 59) entgegengewirkt werden[3]. Deutschland hat den Beschluss bislang noch nicht umgesetzt[4]. 180

bb) Bedeutsam ist weiter der RB „*über die Berücksichtigung der in den anderen EU-Mitgliedstaaten ergangenen Verurteilungen in einem neuen Strafverfahren*" – **RB Vorverurteilungen** – vom 24.7.2008[5]. Damit soll eine Vorverurteilung in einem anderen Mitgliedstaat bei einen neuen Strafverfahren ebenso berücksichtigt werden *wie eine inländische* Vorverurteilung, insbesondere bei der Strafzumessung, aber auch schon im Ermittlungsverfahren. Deutschland hat diesen RB bereits durch das am 22.10.2009 in Kraft getretene Gesetz vom 2.10.2009 umgesetzt[6]. 181

cc) Einen ähnlichen Ansatzpunkt wie der RB Vorverurteilung (Rz. 181) hat der RB vom 30.11.2009 „*zur Vermeidung und Beilegung von Kompetenzkonflikten in Strafverfahren*" – **RB Kompetenzkonflikte**[7] –, der frühzeitig dem Eintritt ei- 182

---

1 *Böse*, ZIS 2014, 152, 163.
2 RB 2009/829/JI, ABl. EU Nr. L 294 v. 11.11.2009, 20. = *Esser*, A 37.
3 Dazu *Morgenstern*, ZIS 2014, 216; *Satzger*, Lb., § 10 Rz. 34; *Brodowski*, ZIS 2010, 283 f.
4 S. den Umsetzungsbericht der Kommission v. 5.2.2014, KOM(2014) 57 final.
5 RB 2008/675/JI, ABl. EU Nr. L 220 v. 15.8.2008, 32 = *Esser*, A 24. Dazu *Peters*, § 154 StPO im Hinblick auf ausländische Strafverfahren und Verurteilungen, NStZ 2012, 76. Zur Umsetzung in den Mitgliedstaaten s. den Bericht der Kommission in KOM(2014) 312 endg. v. 2.6.2014.
6 BGBl. I 3214. S. den geänd. § 56 Abs. 2 StGB.
7 RB 2009/948/JI, ABl. EU Nr. L 328 v. 15.12.2009, 42 = *Esser*, A 38; dazu jew. kurz *Brodowski*, ZIS 2010, 384; *Hecker*, Statement: Jurisdiktionskonflikte in der EU, ZIS 2011, 60; *Sinn*, Die Vermeidung von strafrechtlichen Jurisdiktionskonflikten in der EU, ZIS 2013, 1. Zur Umsetzung in den Mitgliedstaaten s. den Bericht der Kommission in KOM(2014) 313 endg. v. 2.6.2014.

ner „ne bis in idem"-Konstellation (s. Rz. 141) entgegenwirken soll und die beteiligten Mitgliedstaaten zur wechselseitigen Information und möglichst zu einer Konzentration veranlassen soll. Der RB, der nicht auf bestimmte Straftaten beschränkt ist, sieht allerdings keine materielle Regelung zum Problem der Doppelbestrafung vor, sondern regelt allein Mechnismen des Informationsaustausches und der Konsultation. Die Umsetzungsfrist lief bis zum 15.6.2012. In Deutschland wurde der RB vor allem durch eine Änderung des BZRG (u.a. §§ 56b, 57a) mit Gesetz vom 15.12.2011, in Kraft seit 27.4.2012, umgesetzt[1].

183 Neben dem RB Kompetenzkonflikte hat die EU weitere Maßnahmen mit registerrechtlicher Bedeutung getroffen. Der *„Austausch von Informationen aus dem Strafregister"* war zunächst Gegenstand eines Ratsbeschlusses vom 21.11.2005[2], der in Zusammenhang mit dem *RB Vorverurteilungen* (Rz. 181), aber auch mit dem RB über den Schutz personenbezogener Daten (Rz. 187) stand. Er ist abgelöst worden durch den weiter gehenden **RB Strafregister** vom 26.2.2009[3], der bis zum 27.4.2012 umzusetzen war und der – auf Grundlage eines weiteren Beschlusses des Rates vom 6.4.2009[4] – zur Einrichtung des *Europäischen Strafregisterinformationssystems (ECRIS)* geführt hat (näher § 8 Rz. 105 f.). Der RB wurde durch das Gesetz, das auch der Umsetzung des RB Kompetenzkonflikte diente, in das deutsche Recht übernommen[5], ein europäischer Entwurf für ein Handbuch (Manual) enthält zahlreiche Hinweise für Praktiker[6]. Daneben hat der **RB Informationsaustausch** vom 18.12.2006 die Verbesserung des Informationsflusses zwischen den Strafverfolgungsbehörden der Mitgliedstaaten zum Ziel[7]. Der RB, der insbesondere die polizeiliche Arbeit wesentlich erleichtert (näher § 8 Rz. 123), wurde mit dem Gesetz vom 21.7.2012 in das deutsche Recht implementiert[8] (zum Datenaustausch und -schutz s. auch Rz. 185 ff.). Dem – neben dem verwaltungsrechtlich auch strafrechtlich relevanten Datenaustausch – dient zudem die RL zur Erleichterung des grenzüberschreitenden Austauschs von Informationen über die *Straßenverkehrssicherheit gefährdende Verkehrsdelikte* vom Oktober 2011[9]. Der *Vorschlag* eines RB über die **Übertragung von Strafverfahren** ist unter Geltung der

---

1 G zur Verbesserung des Austauschs von strafregisterrechtlichen Daten zwischen den Mitgliedstaaten der EU und zur Änderung registerrechtlicher Vorschriften v. 15.12.2011, BGBl. I S. 2714.
2 Beschl. des Rates 2005/876/JI, ABl. EU Nr. L 322 v. 9.12.2005, 33 = *Wasmeier/Möhlig*, S. 445 = *Esser*, A 21.
3 RB 2009/315/JI über die Durchführung und den Inhalt des Austauschs von Informationen aus dem Strafregister zwischen den Mitgliedstaaten, ABl. EU Nr. L 93 v. 7.4.2009, 23 = *Esser*, A 34.
4 Beschl. 2009/316/JI v. 6.4.2009, ABl. EU Nr. L 93 v. 7.4.2009, 23 = *Esser*, A 35.
5 G v. 15.12.2011, BGBl. I S. 2714.
6 S. Ratsdok. 9061/2/13 Rev. 2 v. 19.7.2013, mit dem überarbeiteten Entwurf des ursprünglich bereits 2011 vorgelegten Vorschlags.
7 RB 2006/960/JI über die Vereinfachung des Austauschs von Informationen und Erkenntnissen zwischen den Strafverfolgungsbehörden der Mitgliedstaaten der EU, ABl. EU Nr. L 386 v. 29.12.2006, 89 = *Esser*, A 23.
8 G. v. 21.07.2012, BGBl. I S. 1566.
9 RL 2011/82/EU v. 25.10.2011, ABl. EU Nr. L 288 v. 5.11.2011, 1 = *Esser*, A 41.

früheren Verträge nicht mehr realisiert und bislang noch nicht wieder als Vorschlag für eine eigene RL aufgegriffen worden[1].

dd) Der Zugriff auf strafrechtlich relevante Daten steht auch beim **„Ratsbeschluss Prüm"** „zur Vertiefung der grenzüberschreitenden Zusammenarbeit, insbesondere zur Bekämpfung des Terrorismus und der grenzüberschreitenden Kriminalität" vom 13.6.2008[2] im Mittelpunkt. Er löst in der Sache den – zunächst außerhalb der EU geschlossenen – Vertrag von Prüm (Rz. 31 f.; § 8 Rz. 110) ab und ermöglicht den Ermittlungsbehörden einen Online-Zugriff zur Erhebung von DNA-Profilen, Fingerabdrücken und Daten aus Fahrzeugregistern; darüber hinaus regelt er grenzüberschreitende Einsatzformen der Ermittlungskräfte. Der am 27.8.2008 wirksam gewordene Beschluss war innerhalb eines Jahres umzusetzen; in Deutschland ist dies im Wesentlichen bereits durch das Umsetzungsgesetz zum Prümer Vertrag erfolgt. Allerdings sieht die Kommission europaweit noch Umsetzungdefizite insbesondere hinsichtlich des Zugriffs auf Fingerabdruck- und Fahrzeugdaten[3].

ee) Neben den vorgenannten Maßnahmen sind mittlerweile zahlreiche weitere Regelungen zum Bereich Daten, Datenübermittlung und Datenschutz ergangen. Die EU hat 2011 mit der *Europäischen Agentur für das Betriebsmanagement von IT-Großsystemen* eine europäische Einrichtung geschaffen, die die technischen Voraussetzungen für die Errichtung und den dauerhaften und sicheren Betrieb von **europaweiten Datenbanken** schafft[4]. Die Einrichtung, die am 1.12.2012 ihren Betrieb aufgenommen hat, hat ihren Sitz in Tallinn (Estland), die Systeme werden aber in Straßburg mit einem Backup in Sankt Johann im Pongau (Österreich) betrieben. Die Agentur ist vor allem für das erweiterte Schengen-Informationssystem (SIS II, Rz. 29), das Visa- Informationssystem (VIS) und die EURODACDatenbank (Rz. 186) zuständig.

Durch eine VO vom Juni 2013 wurde eine neue **Datenbank** mit dem Namen **„Eurodac"** geschaffen[5]. In dieser werden die *Fingerabdruckdaten von Asylbewerbern* zentral in den Computersystemen der Europäischen Agentur für das Betriebsmanagement von IT-Großsystemen (Rz. 185) gespeichert. Auf diese Fingerabdruckdaten dürfen von den Mitgliedstaaten benannte Behörden, „die für die Verhütung, Aufdeckung oder Untersuchung von terroristischen oder sonstigen schweren Straftaten zuständig sind" (Art. 5 VO) über eine „nationale Prüfstelle" (Art. 6 VO) zugreifen. Auch Europol ist zum Zugriff befugt (Art. 21 VO). Das Eurodac-System dient dem Informationsaustausch, der zunächst durch das 1990 von den damals zwölf EG-Mitgliedstaaten unterzeichnete und 1997 in Kraft getretene *Dubliner Übereinkommen*[6] geschaffen wurde. Das Ab-

---

1 Zuletzt Ratsdok. 16437/09 v. 24.11.2009; vgl. auch BR-Drs. 655/09; dazu *Brodowski*, ZIS 2010, 376 (384 f.); *Hecker*, ZIS 2011, 60 (62).
2 Beschl. des Rates 2008/615/JI, ABl. EU Nr. L 210 v. 6.8.2008, 1.
3 S. den Bericht der Kommission v. 7.12.2012, KOM(2012) 732 sowie die Übersicht des Rats in Ratsdok. 5074/6/14 REV 6 v. 1.10.2013.
4 VO (EU) Nr. 1077/2011 v. 25.11.2011, ABl. EU Nr. L 286 v. 1.11.2011, 1.
5 VO (EU) Nr. 603/2013 v. 26.6.2013, ABl. EU Nr. L 18 v. 29.6.2013, 1.
6 Übereinkommen über die Bestimmung des zuständigen Staates für die Prüfung eines in einem Mitgliedstaat der EG gestellten Asylantrags (Dubliner Übereinkommen) v. 15.6.1990, ABl. EU Nr. C 254 v. 19.08.1997, 1.

kommen hat Regelungen zur Bestimmung des zuständigen Staates für die Prüfung eines in einem Mitgliedstaat der EG sowie in weiteren europäischen Staaten gestellten Asylantrages getroffen. Dessen Kernregelung sieht vor, dass der Staat, in den der Asylbewerber nachweislich zuerst eingereist ist, auch das Asylverfahren durchführen muss. Das Dubliner Übereinkommen ist innerhalb der EU 2003 durch die *Dublin-II-VO*[1] ersetzt worden, die wiederum 2013 von der *Dublin-III-VO*[2] abgelöst worden ist.

187 Der **Schutz personenbezogener Daten,** die im Rahmen der polizeilichen und justiziellen Zusammenarbeit verarbeitet werden, erfolgt bislang durch einen gleichnamigen RB vom 27.11.2008[3]. Im Januar 2012 hat die Kommission zwei Vorschläge unterbreitet, die den Datenschutz insgesamt auf eine neue Grundlage stellen sollen. Zum einen soll eine VO zum Schutz natürlicher Personen bei der Verarbeitung personenbezogener Daten und zum freien Datenverkehr (sog. *Datenschutz-GrundVO*) erlassen werden[4]. Zum anderen soll eine *RL für den Schutz personenbezogener Daten,* die im Rahmen der polizeilichen und justiziellen Zusammenarbeit verarbeitet werden, erlasssen werden, die den bestehenden RB ersetzt[5]. Die Vorhaben wurden zum Teil mit großer Skepsis – z.B. seitens des Bundestags bezüglich der Wahrung des Subsidiaritätsgrundsatzes[6] – aufgenommen[7], sodass noch nicht absehbar ist, ob und in welcher Form diese Rechtsakte erlassen werden[8]. Mit der Nichtigerklärung der RL zur Vorratsdatenspeicherung hat der EuGH schließlich klargestellt, dass er einen europäischen Datenschutz auch unmittelbar aus der Grundrechtecharta entwickelt[9].

188 Die weiter **geplanten Maßnahmen** haben ihren Schwerpunkt in der *Informationsgewinnung* und weniger im Bereich des Informationsaustauschs. So hält die Kommission in einem Bericht vom Dezember 2012 zur Strategie der inneren Sicherheit (Rz. 126) den bestehenden Informationsfluss für ausreichend und erachtet „weder neue Strafverfolgungsdatenbanken noch neue Instrumente für den Informationsaustausch" für erforderlich, sondern sieht allein Defizite in

---

1 VO (EG) Nr. 343/2003 v. 18.2.2003, ABl. EG Nr. L 50 v. 25.2.2003, 1.
2 VO (EU) Nr. 604/2013 v. 26.6.2013, diese ist am 19.7.2013 in Kraft getreten und ist ab 1.1.2014 unmittelbar anwendbar.
3 RB 2008/977/JI, ABl. EU Nr. L 350 v. 30.12.2008, 60 = *Esser,* A 29.
4 KOM(2012) 11 endg. v. 25.1.2012.
5 KOM(2012) 10 endg. v. 25.1.2012. Vgl. *Hornung,* Zeitschrift für Datenschutz 2012, 99; *Kugelmann,* DuD 2012, 581.
6 Vgl. eucrim 2012, 58 f.
7 Vgl. z.B. Ratsdok. 6002/13 v. 6.2.2013; Ratsdok. 16525/12 v. 26.11.2012; Ratsdok. 18072/12 v. 26.11.2012. Zur Stellungnahme der Agentur der EU für Grundrechte s. eucrim 2012, 150; s. auch eucrim 2013, 10. S. auch *Giurgiu/Lommel,* A New Approach to EU Data Protection, KritV 2014, 10.
8 Zum Sachstand s. Ratsdok. 9873/1/14 v. 26.5.2014.
9 EuGH v. 8.4.2014 – Rs. C 293/12 und C 594/12. S. auch *Cole/Boehm,* EU Data Retention – Finally abolished?, KritV 2014, 58; *Roßnagel/Moser-Knierim/Schweda,* Interessenausgleich im Rahmen der Vorratsdatenspeicherung, 2013.

der Umsetzung wie etwa des Prüm-Beschlusses (Rz. 184)[1]. Im Bereich der Informationsgewinnung verfolgt die Kommission dagegen mehrere Projekte:

– Seit mehreren Jahren besteht ein Vorschlag, zunächst für einen RB[2], nunmehr für eine RL über die Verwendung von **Fluggast-Datensätzen** (PRN-Daten) für Zwecke der Verhütung, Aufdeckung, Aufklärung und strafrechtlichen Verfolgung von terroristischen Straftaten und schwerer Kriminalität[3].

– Ebenfalls der Terrorismusbekämpfung soll ein **EU-System zum Aufspüren der Terrorismusfinanzierung** dienen[4], das in Anlehnung an das US-amerikanische „Terrorist Finance Tracking Program" (TFTP) erlauben soll, elektronisch abgewickelte Finanztransaktionen entweder anlasslos laufend oder nach bestimmten, auffälligen Suchkriterien zu durchforsten oder anlassbezogen die Finanzbeziehungen zwischen Verdächtigen oder „Gefährdern" zu analysieren. Die Hoffnung der Kommission ist, dass ein effektives europäisches System Datentransfers in die USA, die derzeit vor allem aufgrund des SWIFT-Abkommens (Rz. 147) erfolgen, überflüssig macht[5]. Ende November 2013 hat die Kommission Überlegungen für drei verschiedene Umsetzungswege, alle als hybrid national-europäische Systeme, vorgelegt[6].

– Im Februar 2013 hat die Kommission einen Vorschlag für eine VO über die **Übermittlung von Angaben bei Geldtransfers** vorgelegt[7]. Dadurch sollen in Ergänzung der vorgenannten Maßnahmen grundlegende Angaben zum Auftraggeber bei Geldtransfers den zuständigen Strafverfolgungs- bzw. Justizbehörden sofort zur Verfügung stehen und ihnen die Aufdeckung, Untersuchung und strafrechtliche Verfolgung von Terroristen und anderen Straftätern sowie die Rückverfolgung ihres Vermögens erleichtern.

– Darüber hinaus hatte die Kommission einen Vorschlag für eine VO über europäische Statistiken über den Schutz vor Kriminalität (**Eurostat**) vorgelegt[8]. Die Statistiken sollten auf einer Haushalts-/Personenerhebung beruhen und Erkenntnisse über Viktimisierungsraten und über andere das Sicherheitsgefühl der Bürger betreffende Aspekte als Ergänzung der vorhandenen Kriminalstatistiken liefern. Nach der Ablehnung durch das Parlament möchte die Kommission das Projekt anderweitig weiterverfolgen.

c) Rechte des Beschuldigten

Ein Schwerpunkt der letzten Jahre im verfahrensrechtlichen Bereich war die Festlegung von Mindeststandards für **Beschuldigte im Strafverfahren**[9], für die

---

1 S. die Mitteilung „Stärkung der Zusammenarbeit der Strafverfolgungsbehörden in der EU: Das Europ. Modell für den Informationsaustausch", KOM(2012) 735 endg. v. 7.12.2012.
2 KOM(2007) 654 endg. v. 6.11.2007 sowie Dokument KOM(2010) 171 endg. v. 20.4.2010, S. 30; *Brodowski*, ZIS 2010, 383.
3 KOM(2011) 32 v. 2.2.2011 i.d.F. des Ratsdok. 8916/12 v. 23.4.2012.
4 KOM(2011) 429 v. 13.7.2011.
5 Zum Stand und zur Bewertung des Austauschs von Daten mit den USA s. die Dokumente SEC(2013), 630 final, KOM(2013) 843 final und KOM(2013) 844 final, jew. v. 27.11.2013.
6 KOM(2013) 842 final v. 27.11.2013.
7 KOM(2013) 44/2 v. 5.2.2013.
8 KOM(2011) 335 endg. v. 8.6.2011.
9 *Ahlbrecht*, Strukturelle Defizite Europ. Verteidigung [...], StV 2012, 491; *Blackstock*, Procedural Safeguards in the European Union [...], EuCLR 2012, 20; *Kirsch*, Schluss mit lustig! Verfahrensrechte im Europ. StrafR, StraFo 2008, 449; *Leutheusser-Schnarrenberger*, Der Europ. Beschuldigte, StraFo 2007, 267.

die Kommission einen eigenen „Fahrplan" verabschiedet hat[1]. Zunächst erließ die EU im Oktober 2010 eine *RL zu Dolmetscherleistungen und Übersetzungen*[2]. Diese sieht vor, dass Beschuldigte in Strafverfahren und Verfahren zur Vollstreckung des europäischen Haftbefehls (Rz. 173) das Recht auf einen Dolmetscher und auf Übersetzung wesentlicher Verfahrensunterlagen hat.[3] Die Kosten dieser Übersetzungen sind von der öffentlichen Hand zu tragen. Die RL war bis zum 27.10.2013 umzusetzen und wurde mit dem Gesetz zur Stärkung der Verfahrensrechte von Beschuldigten im Strafverfahren vom 2.7.2013 mit Wirkung vom 6.7.2013 in das deutsche Recht übernommen[4].

190 Im Mai 2012 folgte sodann die RL über das Recht auf **Belehrung und Unterrichtung** im Strafverfahren[5]. Auch diese Regelungen gelten für Strafverfahren sowie für Verfahren zur Vollstreckung des europäischen Haftbefehls. Verdächtige oder Beschuldigte haben danach das *Recht auf Rechtsbelehrung*. Die Rechtsbelehrung bezieht sich z.B. auf das Recht, einen Rechtsanwalt hinzuziehen und ggf. unentgeltliche Rechtsberatung erhalten können, über den Tatvorwurf unterrichtet werden zu müssen, Dolmetscher- und Übersetzungsleistungen in Anspruch nehmen und das Recht auf Aussageverweigerung ausüben zu können. Die Rechte sind den Personen (auch) in einer *schriftlichen Erklärung*, die sie behalten können, mitzuteilen. Die RL ist bis zum 2.6.2014 umzusetzen. Deutschland, das nur in wenigen Punkten Änderungsbedarf hatte, hat sie bereits mit der RL zu Dolmetscherleistungen und Übersetzungen (Rz. 189) zum 6.7.2013 in das deutsche Recht übernommen. Zusätzlich zur RL hat die Kommission auf ihrem **Internetportal e-Justice** zusammenfassende Informationen über die Rechte von Beschuldigten in Strafverfahren *für alle 28 Mitgliedstaaten* der Europäischen Union veröffentlicht, die in alle Amtssprachen der EU übersetzt werden sollen. Die Informationen sind nicht nur für den Beschuldigten eine erste Informationsquelle, sondern können auch für Verteidiger, Strafverfolger und Gerichte bei der Bearbeitung transnationaler Sachverhalte nützlich sein[6].

191 Als dritte Maßnahme wurde nunmehr im Oktober 2013 eine RL über das Recht auf **Rechtsbeistand** in Strafverfahren und das **Recht auf Kontaktaufnahme bei der Festnahme** verabschiedet[7]. Diese sieht einen EU-weiten Mindeststandard

---

1 S. hierzu den Ratsbeschl. 2009/C 295/01 (Fahrplan zur Stärkung der Verfahrensrechte von Verdächtigen oder Beschuldigten in Strafverfahren) v. 30.11.2009, ABl. EU Nr. C 295 v. 4.12.2009, 1.
2 RL 2010/64/EU v. 20.10.2010, ABl. EU Nr. L 280 v. 26.10.2010, 1 = *Esser*, A 39.
3 *Cras/de Mateis*, The Directive on the Right to Interpretation and Translation, eucrim 2010, 153.
4 G v. 2.7.2013, BGBl I S. 1938.
5 RL 2012/13/EU v. 22.5.2012, ABl. EU Nr. L 142 v. 1.6.2012, 1 = *Esser*, A 44.
6 https://e-justice.europa.eu/content_rights_of_defendants_in_criminal_proceedings_-169-de.do.
7 RL 2013/48/EU v. 22.10.2013, ABl. EU Nr. L 294 v. 6.11.2013, 1. S. auch Kompromisstext in Ratsdok. 10190/13 v. 31.5.2013; allgemeine Ausrichtung in Ratsdok. 10908/12 v. 8.6.2012; Kommissionsvorschlag in KOM(2011) 326 endg. v. 8.6.2011. Dazu *Cras*, eucrim 2014, 32.

für den Zugang zum Anwalt im Strafverfahren vor. Verdächtige sollen demnach grundsätzlich die Möglichkeit haben, sich *mithilfe eines Anwalts* gegen strafrechtliche Beschuldigungen zu verteidigen. Die *Vertraulichkeit* der Anwalt-Mandanten-Kommunikation ist dabei ausnahmslos zu respektieren. Auch besteht ein Recht des Rechtsanwalts auf eine *aktive Beteiligung* am Prozess und nicht – wie von einigen Mitgliedstaaten gefordert – nur ein Anwesenheitsrecht. Zudem muss der Rechtsanwalt mindestens bei polizeilichen Gegenüberstellungen und Nachstellungen der Tat anwesend sein. Personen, die mit einem Europäischen Haftbefehl festgenommen wurden, können Rechtsberatung sowohl im *Vollstreckungs-* als auch im *Ausstellungsstaat* in Anspruch nehmen. Zusätzlich hat ein festgenommener Verdächtiger das Recht, dass etwa ein *Familienangehöriger* über die Festnahme informiert wird und er Gelegenheit erhält, Kontakt zu seiner Familie aufzunehmen. Ausländische Tatverdächtige dürfen Kontakt mit dem *Konsulat* ihres Landes aufnehmen und Besuche erhalten. Die RL ist bis 27.11.2016 umzusetzen. Die Kommission hat zudem zwei Empfehlungen „*über Verfahrensgarantien in Strafverfahren für verdächtige oder beschuldigte schutzbedürftige Personen*" sowie „*zum Recht auf Prozesskostenhilfe in Strafverfahren für Verdächtige oder Beschuldigte*" erlassen, die weitere konkrete Schutzmaßnahmen vorsehen[1].

Über die vorgenannten Rechtsakte hinaus hat die Kommission **weitere Maßnahmen** für Beschuldigte vorgeschlagen. Hierzu gehören (entsprechend der Maßnahme E des sog. Fahrplans – Rz. 189) drei Vorschläge für RL mit Garantien für besonders *schutzbedürftige Verdächtige oder Angeklagte* in Strafverfahren[2]: RL zur Stärkung bestimmter Aspekte der Unschuldsvermutung und des Rechts auf Anwesenheit in der Verhandlung in Strafverfahren[3], RL über besondere Garantien für verdächtige oder beschuldigte Kinder in Strafverfahren[4], RL über vorläufige Prozesskostenhilfe für Verdächtige oder Beschuldigte, denen die Freiheit entzogen ist, sowie über Prozesskostenhilfe in Verfahren zur Vollstreckung eines Europäischen Haftbefehls[5]. Auch will die Kommission den (vor allem verwaltungsrechtlichen) Rechtsrahmen und den Rechtsschutz für die Listung auf den sog. *Terrorlisten* (dazu § 5 Rz. 32) auf Grundlage des Art. 75 AEUV neu fassen.

---

1 Empfehlung 2013/C 378/02 v. 27.11.2013, ABl. EU Nr. C 378 v. 24.12.2013, 8 sowie Empfehlung 2013/C 378/03 v. 27.11.2013, ABl. EU Nr. C 378 v. 24.12.2013, 11.
2 S. die Ankündigung im Arbeitsprogramm für 2013: KOM(2012) 629 endg. v. 23.10.2012; Diese findet sich allerdings im Programm für 2014 so nicht wieder: KOM(2013) 739 final v. 22.10.2013.
3 Vorschlag der Kommission KOM(2013) 821 endg. v. 27.11.2013. Zum Sachstand s. Ratsdok. 12196/1/14 Rev. 1 v. 4.8.2014.
4 Vorschlag der Kommission KOM(2013) 822 endg. v. 27.11.2013. Zum Sachstand s. Ratsdok. 10065/14 v. 22.5.2014.
5 Vorschlag der Kommission KOM(2013) 824 endg. v. 27.11.2013. Zum Sachstand s Ratsdok. 11997/14 v. 18.7.2014.

d) Opferschutz

193 Neben den Beschuldigtenrechten hat die Kommission zudem den Opferschutz in den Mittelpunkt der Entwicklung der letzten Jahre gestellt[1]. Der Opferschutz ist dabei kein gänzlich neues Thema auf europäischer Ebene, sondern wurde insbesondere schon in einem RB von 2001 über die **Stellung des Opfers im Strafverfahren**[2] und in einer RL von 2004 zur **Entschädigung der Opfer** von Straftaten[3] aufgegriffen. Mit ihrer Initiative wollte die Kommission die Opferrechte in der EU durch Mindeststandards stärken, um das gegenseitige Vertrauen in die Strafrechtsordnungen der Mitgliedstaaten zu untermauern; dazu sei insbesondere eine Anerkennung und respekt- und würdevolle Behandlung des Opfers, Schutz und Unterstützung, Zugang zum Recht sowie zu Entschädigung und Schadensersatz notwendig[4]. Als konkrete Maßnahmen unterbreitete die Kommission zwei Legislativvorschläge für strafrechtliche Mindestmaßnahmen beim Opferschutz (Rz. 194) sowie für die gegenseitige Anerkennung von zivilrechtlichen Schutzmaßnahmen (Rz. 195). Darüber hinaus hat sie eine Europäische Schutzanordnung eingeführt (Rz. 196).

194 Die RL über Mindeststandards für die Rechte, die Unterstützung und den **Schutz von Opfern von Straftaten** vom 25.10.2012 ersetzt den RB von 2001 (Rz. 193)[5]. Die RL sieht umfangreiche *Informationsrechte* für Opfer über die Arten möglicher Unterstützung, das Verfahren zur Erstattung von Anzeigen, Schutzmaßnahmen, Entschädigungen, Dolmetscherleistungen etc. vor. Darüber hinaus sieht die RL Rechte auf Mitteilung von Verfahrensentscheidungen, Dolmetscher- und Übersetzungsleistungen und Zugang zu „Opferunterstützungsdiensten" vor. Auch sind Vorgaben zum *rechtlichen Gehör* vorgesehen, sodass etwa Opfer gehört werden und Beweismittel beibringen können. Opfern wird des Weiteren das Recht einräumt, eine Entscheidung über den Verzicht auf Strafverfolgung überprüfen zu lassen. Eingehende Vorgaben bestehen hinsichtlich einer Regelung des *Schutzes* von Opfern vor allem während des Strafverfahrens. Die RL ist bis zum 16.11.2015 umzusetzen.

195 Neben der RL zum Opferschutz (Rz. 194), die strafrechtliche Maßnahmen betrifft, hat die EU im Juni 2013 eine VO über die Anerkennung von **Schutzmaßnahmen in Zivilsachen** erlassen[6]. Schutzmaßnahmen wie *Aufenthalts-, Annäherungs- und Kontaktverbote*, die ab dem 11.1.2015 von Behörden oder Gerichten zum Schutz von Personen erlassen werden, wenn deren körperliche oder seelische Unversehrtheit gefährdet sein könnte, sind bei grenzüberschreiten-

---

1 S. die Mitteilung der Kommission KOM(2011) 274 endg. v. 18.5.2011. Dazu *Bock*, ZIS 2013, 201.
2 RB 2001/220/JI v. 15.3.2001, ABl. EG Nr. L 82 v. 22.3.2001, 1 = *Esser*, A 10 = *Wasmeier/Möhlig*, S. 425.
3 RL 2004/80/EG v. 29.4.2004, ABl. EU Nr. 261 v. 6.8.2004, 15 = *Esser*, A 16 (gestützt auf Art. 308 EGV – Rz. 59).
4 S. KOM(2011) 274 endg. v. 18.5.2011.
5 RL 2012/29/EU v. 25.10.2012, ABl. EU Nr. L 315 v. 14.11.2012, 57. S. *Bock*, ZIS 2013, 201 (203 ff.).
6 VO (EU) Nr. 606/2013 v. 12.6.2013 über die gegenseitige Anerkennung von Schutzmaßnahmen in Zivilsachen, ABl. EU Nr. L 181 v. 29.6.2013, 4; s. *Bock*, ZIS 2013, 201 (210).

den Fällen in einem anderen Mitgliedstaat ohne besonderes Verfahren *anzuerkennen* und sind *vollstreckbar*, ohne dass es einer Vollstreckbarkeitserklärung etc. bedarf. Die geschützte Person bedarf zur Anerkennung und Vollstreckung einer (von der Kommission) standardisierten *Bescheinigung*, die der Anordnungsstaat erlässt. Die Maßnahme ist dann im Vollstreckungsstaat maximal zwölf Monate durchsetzbar. Nach dem lex loci ist nur aufgrund von faktischen Gegebenheiten eine Anpassung der Schutzmaßnahme möglich, eine *Nachprüfung in der Sache* ist hingegen explizit *ausgeschlossen*. Dieses strenge Prinzip der gegenseitigen Anerkennung wird allein durch eine Versagungsmöglichkeit der Anerkennung bzw. Vollstreckung bei Verstößen gegen den nationalen *ordre public* und bei einem Widerspruch zu Gerichtsentscheidungen im Vollstreckungsstaat gemildert.

Der besondere Bereich des Schutzes von gefährdeten Personen vor möglichen strafbaren Handlungen, ohne dass diese bereits Opfer einer Straftat sein müssen, ist Gegenstand einer RL über die **Europäische Schutzanordnung**, die 2011 erlassen wurde[1]. Diese sieht vor, dass national ergangene Maßnahmen zum Schutz vor strafbaren Handlungen wie Aufenthalts-, Annäherungs- und Kontaktverbote durch den Erlass der sog. Europäischen Schutzanordnung ergänzt und dadurch auch in einem anderen Mitgliedsstaat (Vollstreckungsstaat) fortgeführt werden können. Da die RL auf dem Grundsatz der gegenseitigen Anerkennung basiert, erkennt der Vollstreckungsstaat die Maßnahme grundsätzlich an (die Ablehnungsgründe sind einzeln normiert) und trifft die in seinem Hoheitsgebiet erforderlichen Vorkehrungen. Die RL ist bis zum 11.1.2015 umzusetzen.

196

e) Vollstreckungshilfe

Im Bereich der Vollstreckungshilfe (§ 8 Rz. 125 ff.) hat der Rat inzwischen mehrere Rahmenbeschlüsse erlassen, die sich in ihrer Struktur ebenfalls am RB Europäischer Haftbefehl ausrichten.

197

– Der RB vom 6.10.2006 *„über die Anwendung des Grundsatzes der gegenseitigen Anerkennung auf Einziehungsentscheidungen"* – **RB Einziehungsentscheidungen**[2] soll die grenzüberschreitende Vollstreckung von Entscheidungen über die Einziehung von Gegenständen einschließlich aller Erträge – also auch Finanzmittel – und Tatwerkzeugen erleichtern (vgl. § 8 Rz. 143 ff.; er ist nicht mit dem RB von 2005 über die Einziehung – Rz. 135 – zu verwechseln). Die Umsetzung ist durch dasselbe Gesetz erfolgt, das auch den RB Vorverurteilungen (Rz. 181) umgesetzt hat.

– Der RB vom 24.2.2005 *„über die Anwendung des Grundsatzes der gegenseitigen Anerkennung von Geldstrafen und Geldbußen"* – **RB Geldsanktionen**[3] – will die Vollstreckung von Entscheidungen, die Geldsanktionen verhängen, jenseits der Binnengrenzen sicherstellen (vgl. § 8 Rz. 148 ff.). Dies betrifft nicht nur Geldsanktionen bei schwerer Kriminalität, sondern z.B. auch bei Verkehrsdelikten. Obwohl die Umset-

---

1 RL 2011/99/EU v. 13.12.2011, ABl. EU Nr. L 338 v. 21.12.2011, 2 = *Esser*, A 43.
2 RB 2006/783/JI, ABl. EU Nr. L 328 v. 24.11.2006, 59 = *Wasmeier/Möhlig*, S. 196 = *Esser*, A 22.
3 RB 2005/214/JI, ABl. EU Nr. L 76 v. 22.3.2005, 16 = *Esser*, A 20 = *Wasmeier/Möhlig*, S. 261; vgl. *Krumm/Lempp/Trautmann*, Das neue GeldsanktionenG, 2010. Zur Umsetzung in den einzelnen Mitgliedstaaten s. Ratsdok. 9549/14 v. 14.5.2014.

zungsfrist am 22.3.2007 geendet hat, wurde das deutsche Umsetzungsgesetz (EuGeldG) erst im Herbst 2010 erlassen und ist am 28.10.2010 in Kraft getreten[1]; der Schwerpunkt der Änderungen liegt im IRG (insbes. der Einfügung der §§ 86–87p).

- Der RB vom 27.11.2008 „über die Anwendung des Grundsatzes der gegenseitigen Anerkennung auf Urteile in Strafsachen, durch die eine freiheitsentziehende Strafe oder Maßnahme verhängt wird, für die Zwecke ihrer Vollstreckung in der EU" – **RB Europäische Vollstreckungsanordnung (Freiheitsstrafen)**[2] – soll die Vollstreckung insbesondere im Heimatland des Verurteilten erleichtern, auch um die Chancen einer Resozialisierung zu verbessern. Umsetzungsfrist war bis zum 5.12.2011. In Deutschland wurde der RB noch nicht umgesetzt[3]. Die *Übertragung* der Vollstreckung *von Freiheitsstrafen* ist daher weiter allein Gegenstand der Art. 67–69 SDÜ (Rz. 26), das ergänzend auf das (vom Europarat erarbeitete) Übereinkommen über die Überstellung verurteilter Personen[4] (§ 5 Rz. 19; § 8 Rz. 127 ff.) Bezug nimmt.

- Ein weiterer RB vom 27.11.2008 „über die Anwendung des Grundsatzes der gegenseitigen Anerkennung auf Urteile und Bewährungsentscheidungen im Hinblick auf die Überwachung von Bewährungsmaßnahmen und alternativen Sanktionen" – **RB Bewährungsmaßnahmen**[5] – war von den Mitgliedstaaten bis zum 6.12.2011 umzusetzen. In Deutschland wurde der RB noch nicht umgesetzt[6].

- Der RB vom 26.2.2009 „[...] zur Stärkung der Verfahrensrechte von Personen und zur Förderung der Anwendung des Grundsatzes der gegenseitigen Anerkennung auf Entscheidungen, die im Anschluss an eine Verhandlung ergangen sind, zu der die betroffene Person nicht erschienen ist" – **RB Abwesenheitsentscheidungen**[7] – hat punktuell die Rahmenbeschlüsse „Europäischer Haftbefehl", „Geldsanktionen", „Einziehung", „Vollstreckungsanordnung" und „Bewährungsmaßnahmen" hinsichtlich der Ablehnungsgründe in Abwesenheitsentscheidungen und des diesbezüglich gewährten Rechtsschutzes geändert.

V. Perspektiven

198 Der *Lissabonner Vertrag* hat dem Strafrecht einen zentralen Platz in der Europäischen Union eingeräumt und damit die Grundsatzfrage, ob **europäisches Strafrecht** denn überhaupt sein darf, klar zugunsten einer supranationalen Strafgesetzgebung entschieden. Die Frage, *wie viel* Strafrecht es sein darf und *in welcher Form*, ist jedoch nur teilweise geklärt, da die Ermächtigungsnormen wie bei Art. 325 AEUV (Rz. 78, 104) viel Interpretationsspielraum lassen. Die neugeschaffene umfangreiche Justiziabilität auch der Strafgesetzgebung ermöglicht jedoch die insoweit gebotene und sinnvolle Klärung durch den EuGH. Inhaltlich verfügt die EU nunmehr über das notwendige Instrumentarium, um grenzüberschreitende Kriminalität wirksam zu bekämpfen und dabei einerseits

---

1 G v. 18.10.2010, BGBl. I 1408 v. 27.10.2010 (die nicht offizielle Abkürzung findet sich in der Pressemitteilung des BMJ); krit. dazu *Schünemann/Rogers*, ZIS 2010, 515; dagegen mit guten Gründen *Böse*, ZIS 2010, 607.
2 RB 2008/909/JI, ABl. EU Nr. L 327 v. 5.12.2008, 27 = *Esser*, A 27.
3 S. den Umsetzungsbericht der Kommission v. 5.2.2014, KOM(2014) 57 final.
4 BGBl. II 1991, 1006, BGBl. II 1992, 98 und AusführungsG BGBl. I 1991, 1954.
5 RB 2008/947/JI, ABl. EU Nr. L 337 v. 16.12.2008, 102 = *Esser*, A 28.
6 S. den Umsetzungsbericht der Kommission v. 5.2.2014, KOM(2014) 57 final.
7 RB 2009/299/JI zur Änderung der RB 2002/584/JI, 2005/214/JI, 2006/783/JI, 2008/909/JI und 2008/947/JI, zur Stärkung [...], ABl. EU Nr. L 81 v. 27.3.2009, 24 = *Esser*, A 33.

ein hohes Niveau der öffentlichen Sicherheit zu erreichen und andererseits die Freiheitsrechte (insbesondere durch die GRC, aber dann auch durch den Beitritt zur EMRK) effektiv zu gewährleisten und zu schützen[1].

Die **europäische Kriminalpolitik**, die in Ansätzen z.B. mit den Schwerpunkten auf verfahrensrechtlichen Fragen der Beschuldigten- und Opferrechten bereits vorhanden ist, hat erste wertvolle Impulse gesetzt. Größeres Gewicht wird sie noch erlangen, soweit sie klarer – auch mit entsprechenden Leitbildern – konturiert und als selbständiger Teil der Politik der inneren Sicherheit konzipiert wird.[2]. Einer zu weitgehenden Europäisierung hat der Lissabonner Vertrag durch das Subsidiaritätsprinzip und den Verhältnismäßigkeitsgrundsatz deutliche Grenzen gezogen. Dies erfordert jedoch – noch stärker als bisher – die Herausarbeitung der Bereiche des Strafrechts, die für das jeweilige nationale bzw. kulturelle Selbstverständnis essentiell sind, um sie dann auch vor einer umfassenden Vereinheitlichung bewahren zu können.

Die Verankerung der Strafrechtskompetenz im Lissabonner Vertrag hat sich in einer regen Tätigkeit des Gesetzgebers niedergeschlagen. Die vier Bereiche **strafrechtsrelevanter Rechtssetzung** (Angleichung im materiellen Strafrecht, Intensivierung der Zusammenarbeit insbesondere durch den Grundsatz der gegenseitigen Anerkennung, Zusammenarbeit durch europäische Institutionen und Angleichung im Strafverfahren)[3], die sich in Grundzügen schon längere Zeit herausgebildet hatten, wurden dabei zum Teil deutlich und in Bezug auf neue Aspekte ausgebaut. Auch wenn nach diesem ersten „Hoch" der Rechtssetzungstätigkeit, die ja auch noch die Implementierungsphase nach sich zieht, ein gewisser Rückgang zu erwarten ist, dürften dennoch – auch angesichts der immer neuen Formen und Ausprägungen grenzüberschreitender Kriminalität wie im Bereich des Internets oder der Kapitalmärkte – in den nächsten Jahren weiterhin *zahlreiche* europäische *Rechtsakte* ergehen. Diese werden bevorzugt *RL* sein; es ist fraglich, ob die EU ihre diesbezügliche Kompetenz zur Verordnungssetzung – etwa auf der Basis von Art. 325 AEUV – einer gerichtlichen Überprüfung aussetzen möchte. Sicherlich werden *verfahrensrechtliche Maßnahmen* noch weiterhin im Vordergrund stehen, da hier eine schrittweise Angleichung der rechtsstaatlichen Standards vom ersten Ermittlungsschritt bis zum Ende des Vollzugs nach wie vor als ein erstrebenswertes Ziel des einheitlichen Rechtsraums erscheint[4].

Ein neues Kapitel der Europäischen Strafrechtssetzung könnte durch die Schaffung der **Europäischen Staatsanwaltschaft** (Rz. 167 ff.) eingeläutet werden. Auch wenn der vorliegende Vorschlag noch stark auf *nationale Strukturen* und *Rechtsvorschriften* rekurriert und damit keine umfassende und mit weitreichenden eigenen Kompetenzen ausgestattete europäische Behörde geschaffen werden soll, würde eine *supranationale Struktur* entstehen, die die nationalen

---

1 Dazu *Sieber*, Die Zukunft des Europ. StrafR, ZStW 121 (2009), 1 ff., 62 ff.
2 Vgl. auch *Jescheck* in FS Eser, 2005, S. 991 ff. sowie *Vogel*, Transkulturelles StrafR, GA 2010, 1 ff.
3 Vgl. auch *Zeder*, EuR 2012, 34.
4 S. auch *European Criminal Policy Initiative* (ECPI), Manifest zum Europ. Strafverfahrensrecht, ZIS 2013, 412; dazu *Satzger/Zimmermann*, ZIS 2013, 406 (407 ff.).

Strafverfahrensinstitutionen und -regelungen in Teilen überlagert. Da dies allgemeine institutionelle und verfahrensrechtliche Festlegungen zur Folge hätte, würden die *Grundsteine* für ein originär europäisches Strafverfahrensrecht gelegt. Der jetzige Entwurf würde wegen seinesSchwerpunkts im nationalen Recht zudem *Harmonisierungsbestrebungen* vor allem im Verfahrensrecht fördern, um die Arbeitsabläufe reibungsloser zu gestalten und Diskrepanzen zwischen den mitgliedsstaatlichen Regelungen zu beseitigen.

202 Eine Europäische Staatsanwaltschaft wird des Weiteren die Frage aufwerfen, ob nicht auch eine stärkere **Harmonisierung der Allgemeinen Teile** der nationalen Strafrechtsordnungen notwendig wird, um die hier doch bestehenden großen Unterschiede anzugleichen. Es ist inzwischen nahezu unbestritten, dass die verschiedenen Regelungen in Bezug auf den Allgemeinen Teil, die die bestehenden europäischen Rechtsakte zu Materien des Besonderen Teils enthalten, einer wirklichen Harmonisierung abträglich sind[1]. Die bestehenden Kompetenzen lassen inhaltlich auch etwa eine Regelung von AT-Fragen wie der Zurechnung, des Vorsatzes, der Irrtümer, der Beteiligungsregelungen und der Verantwortlichkeit juristischer Personen zu. Diese Aspekte könnten für alle Sachgebiete, für die eine europäische Strafrechtskompetenz besteht, *übergreifend in einer RL* geregelt werden[2]. Wird zukünftig dann eine neue Sachmaterie im europäischen Recht erschlossen, könnte einfach auf diese Regelungen rekurriert werden und somit langfristig ein einheitlicher Allgemeiner Teil herausgebildet werden.

203 Voraussetzung für die Schaffung eines solch harmonisierten Allgemeinen Teils ist dabei eine ausreichend vertiefte **europäische Strafrechtsdogmatik**, die eine europäische Strafrechtswissenschaft voraussetzt[3]. Hier gilt es, eine rechtssystemübergreifend *originär europäische Systembildung* zu betreiben, die die strafrechtlich relevanten Prinzipien benennt, diese an europäische Grundrechte anbindet und herausarbeitet, inwieweit diese von deutschen und anderen nationalen Ansätzen abweichen oder mit diesen übereinstimmen[4]. Diese – vor allem *rechtsvergleichende* – Arbeit dient auch der Beseitigung von im europäischen Recht bereits bestehenden Wertungswidersprüchen und würde eine Kohärenzbildung insgesamt befördern. Die Vertiefung und Systematisierung sollte dabei nicht – wie bislang häufig der Fall – der Rechtsprechung überlassen werden, sondern proaktiv dieser voranschreiten.

204 Diese Forderung nach einer inhaltlichen Vereinheitlichung des Strafrechts in der Union ist nicht neu, sondern wurde – auch mit umfangreichen und fundierten rechtsvergleichenden Untersuchungen wie dem „Corpus iuris"-Projekt (Rz. 115) – bereits im Rahmen des Schutzes der finanziellen Interessen der Ge-

---

1 Vgl. nur *Grünewald*, JZ 2011, 976; *Schünemann*, GA 2004, 193; s. auch bereits *Kühl*, ZStW 109 (1997), 777 (805); *Sieber*, ZStW 103 (1991), 957 (975); *Tiedemann*, ZStW 110 (1998), 497 (500); *Vogel*, JZ 1993, 331 (333).
2 So bzgl. der Regelung für juristische Personen *Engelhart*, Eucrim 2012, 110 (122).
3 S. etwa *Mylonopoulos*, ZStW 123 (2011), 634 (650); *Vogel*, JZ 2012, 25.
4 Vgl. bspw. *Landau*, NStZ 2013, 194 (196 ff.) zu Diskrepanzen beim Schuldprinzip und Verhältnismäßigkeitsgrundsatz.

meinschaft durchgeführt[1]. Auch ein *europäisches Modell-Strafgesetzbuch*[2] sowie neuerdings eine *Modellverfahrensordnung*[3] sind bereits befürwortet worden. Auf diesen Ansätze können weitere Ideen aufbauen. Diese Projekte werfen zudem die Frage auf, inwieweit eine **europäische Strafrechtskodifikation**, also insbesondere ein *EU-Strafgesetzbuch* oder eine *EU-Strafprozessordnung*, anzustreben ist. In absehbarer Zeit ist damit zwar *nicht* zu rechnen, da derzeit – wie im Lissabon-Urteil des BVerfG (Rz. 21) – mehr die Bedeutung des Strafrechts für die Eigenstaatlichkeit der Nationalstaaten betont wird. Dies muss als „Wettbewerb der Rechtsordnungen" zwischen den Mitgliedstaaten auch in der Kriminalitätsbekämpfung nicht nachteilig sein, sondern ist Ausdruck einer pluralistischen europäischen Rechtsordnung. Allerdings ist nicht zu verkennen, dass der „Flickenteppich" des europäischen Strafrechts durch eine Kodifikation aufgrund der damit einhergehenden Kompilierungs- und Systematisierungsleistung an Rechtsklarheit, Rechtssicherheit und auch im Hinblick auf die „Sichtbarkeit" deutlich gewinnen würde[4]. Die Schaffung einer Kodifikation sollte daher als Ziel der europäischen Strafrechtswissenschaft wie -politik nicht aus den Augen verloren werden.

§ 7
Ausländisches Wirtschaftsstrafrecht
Bearbeiter: Marc Engelhart

	Rz.		Rz.
I. Rechtsvergleichung	1	4. Belgien	28
II. Ausländische Rechtsordnungen		5. Vereinigtes Königreich	30
1. Österreich	11	6. Vereinigte Staaten von Amerika	43
2. Schweiz	15	7. Russland	57
3. Frankreich	22		

I. Rechtsvergleichung

Mit der fortschreitenden Internationalisierung der Wirtschaftskriminalität und des Wirtschaftsstrafrechts (s. auch § 1 Rz. 154 ff., § 4 Rz. 13 ff., § 5 Rz. 1 ff.) ist 1

---

1 Vgl. – außer dem „Corpus Juris" (oben Rz. 115) – *Schünemann/Gonzales* (Hrsg.), Bausteine des Europ. WirtschaftsstrafR, Madrid-Symposion für Tiedemann, 1995; *Schünemann* (Hrsg.), Ein Gesamtkonzept für die europäische Strafrechtspflege, 2006; *Tiedemann* (Hrsg.), WirtschaftsstrafR in der EU (Freiburg-Symposion), 2002; *Tiedemann*, Lehren von der Straftat im Allg. Teil der Europ. Rechtssysteme, GA 1998, 107 ff.; *Tiedemann*, Grunderfordernisse des Allg. Teils für ein europ. SanktionenR, ZStW 110 (1998), 497.
2 *Sieber*, Plädoyer für ein Europ. Modell-Strafgesetzbuch, JZ 1997, 369; *Dannecker* in W/J, Kap. 2 Rz. 213 f.
3 S. *Ligeti* (Hrsg.), Toward a prosecutor for the European Union, Bd. 2 (2013) sowie bereits Rz. 169.
4 Dazu *Sieber/Engelhart*, RW 2012, 364 (402).

der **Blick auf das Ausland** und das dort bestehende Recht in vielen Fällen unentbehrlich geworden. Die sich stetig wandelnden Phänomene der (grenzüberschreitenden) Wirtschaftskriminalität fordern auch im Ausland zu fortlaufenden rechtspolitischen Reaktionen und gesetzgeberischen Maßnahmen heraus, die eine Abstimmung zwischen den Staaten oder auch nur eine gegenseitige Information sinnvoll erscheinen lassen. Darüber hinaus zwingt die zunehmende Verrechtlichung auf europäischer und internationaler Ebene (§ 5 und § 6) insbesondere bei der *supranationalen Normsetzung* zur Suche nach einer für alle beteiligten Staaten passenden Lösung unter Berücksichtigung der verschiedenen nationalen Rechtssysteme. Schließlich ist auch in der *unmittelbaren Rechtsanwendung* – etwa wenn im Rahmen der Täuschung über die Eignung von Geschäftsführern oder Vorstandsmitgliedern auch gleichartige Verurteilungen im Ausland zu berücksichtigen sind (§ 23 Rz. 130) – die Beschäftigung mit ausländischem Recht unerlässlich[1]. Die *Rechtsvergleichung* unter Einschluss der *Auslandsrechtskunde* ist hierbei das zentrale Instrumentarium, um das ausländische Recht zu erschließen, mit dem deutschen zu vergleichen und in Ergänzung der Rechtsdogmatik eine Modellbildung für Reformvorschläge zu ermöglichen.

2 Der (modernen) Rechtsvergleichung, deren Anfänge in das 19. Jahrhundert zurückreichen[2], haben sich zahlreiche **wissenschaftliche Einrichtungen** und Organisationen[3] in vielen Ländern verschrieben, die untereinander auch einen regen Austausch pflegen[4]. In Deutschland ist an erster Stelle das *„Max-Planck-Institut für ausländisches und internationales Strafrecht"* in Freiburg[5] zu nennen, das mit den anderen juristischen Max-Planck-Instituten gut vernetzt ist. Zudem haben sich inzwischen auch zahlreiche Universitäten der Strafrechtsvergleichung angenommen, etwa die Franz-von-Liszt-Institute an der Humboldt-Universität in Berlin und an der Justus-Liebig-Universität Gießen[6]. Zahlreiche strafrechtliche und strafprozessuale Lehrstühle oder angegliederte Institute – quer durch ganz Deutschland – widmen sich der Strafrechtsvergleichung, was insbesondere auch zu einer Zunahme rechtsvergleichender Disser-

---

1 Anschauliches Beispiel: BGH v. 13.4.2010 – 5 StR 428/09, wistra 2010, 268 = GmbHR 2010, 819, m. zust. Anm. *Beckemper*, ZJS 2010, 554; dazu auch *Schramm/Hinderer*, ZIS 2010, 494; vgl. auch *Tiedemann*, WiStrafR AT, Rz. 8 ff., 68.
2 Genannt sei hier nur *Franz von Liszt* (1851–1919) mit seinen wegweisenden Werken zur Strafrechtsvergleichung: *Franz von Liszt*, Die Strafgesetzgebung der Gegenwart in rechtsvergleichender Darstellung – Das Strafrecht der Staaten Europas, Berlin 1894; sowie die von 1906 bis 1909 in 16 Bänden u.a. von *Franz von Liszt* auf Anregung des Reichsjustizamtes herausgegebene „Vergleichende Darstellung des deutschen und ausländischen Strafrechts: Vorarbeiten zur deutschen Strafrechtsreform, Berlin.
3 Neben der strafrechtlichen Fachgruppe der deutschen „Gesellschaft für Rechtsvergleichung" (www.gfr.uni-freiburg.de) sei hingewiesen auf die seit 2001 im Zweijahresabstand veranstalteten „Europ. Juristentage" (s. www.djt.de/die-tagungen/europaeische-juristentage/).
4 Zu nennen sind insbes. die „Association Internationale de Droit Pénal" (AIDP) und die „Société internationale de Défense Sociale" (SiDS).
5 Informationen unter www.mpicc.de.
6 S. fli.rewi.hu-berlin.de bzw. fb01-intlaw.recht.uni-giessen.de.

tationen geführt hat. Die Arbeiten dieser Institutionen – Untersuchungen, Gutachten, Tagungsberichte u.a. – haben auf die jeweiligen normsetzenden nationalen und supranationalen Organe eine nicht zu unterschätzende Wirkung; im besonderen Maße gilt das für die EU (§ 6 Rz. 119, 169). Auch manche berufsständische Organisation hat sich grenzüberschreitend ausgerichtet, etwa die „European Criminal Bar Association" (ECBA).

In **methodischer Hinsicht** ist auch die Strafrechtsvergleichung Rechtsvergleichung und wendet die Methoden an, die in den Bereichen des Zivilrechts (und teilweise des öffentlichen Rechts) vorherrschend sind. Dies gilt grundsätzlich ebenfalls für die wirtschaftsstrafrechtliche Vergleichung. Da im Wirtschaftsstrafrecht die ergriffenen Maßnahmen in den einzelnen Ländern häufig noch divergenter als im Kernstrafrecht und oftmals auch nicht nur im Strafrecht zu finden sind, genügt bei der Vergleichung jedoch meist nicht der Blick auf einzelne Normen, sondern nur der auf das Gesamtpaket der nationalen Lösungsstrategien. Dies ist ohne Einbeziehung des Kontexts der anderen Rechtsordnung (der nationalen Rechtskultur) oft nicht möglich. Unterschiedliche organisatorische Instrumente, abweichende soziale und rechtliche Traditionen und divergierende Mentalitäten machen einen effektiven Rechtsvergleich oft aufwendig und schwierig. Der Wahl der passenden Methode kommt somit große Bedeutung zu[1]. 3

Die vorherrschende **funktionale Rechtsvergleichung** bietet mit ihrem Ansatz, das soziale Problem – und nicht die rechtliche Konstruktion – als Ausgangspunkt zu wählen und so auch außer(straf)rechtliche Regelungen und den kulturellen Kontext zu erfassen, in den meisten Fällen ein adäquates Instrumentarium[2]. In der (gerichtlichen) Praxis – die das Ausland bspw. im Zivilprozess, in dem seit 1.9.2009 auch das ausländische Recht revisibel ist, einbeziehen muss –[3] wird ein eingehender Vergleich oftmals nicht vorgenommen – und ist bedauerlicherweise bei den zur Verfügung stehenden Ressourcen oftmals kaum 4

---

1 S. zur Methode der Rechtsvergleichung *Constantinesco*, Rechtsvergleichung, Band II: Die rechtsvergleichende Methode, 1975; *Fikentscher*, Methoden des Rechts in vergleichender Darstellung, 4 Bde., 1975–77; *Reitz*, 46 Am. J. Comp. L. (1998), S. 617 ff.; *Zweigert/Kötz*, Rechtsvergleichung, S. 31 ff. sowie aus der Zeit der Anfänge der Rechtsvergleichung *Kohler*, Über die Methode der Rechtsvergleichung, Zeitschrift für das Privat- und öffentliche Recht der Gegenwart XXVIII (1901), 273 ff.; *v. Liszt*, Das „Richtige Recht" in der Strafgesetzgebung, ZStW 26 (1906), 553; *Rabel*, Aufgabe und Notwendigkeit der Rechtsvergleichung, in Leser (Hrsg.), Ernst Rabel: Gesammelte Aufsätze. Bd. III, 1967, S. 1 ff.; *Radbruch*, Über die Methode der Rechtsvergleichung, Monatsschrift für Kriminalpsychologie und Strafrechtsreform 2 (1905/06), 422; *Zitelmann*, Aufgaben und Bedeutung der Rechtsvergleichung, Deutsche Juristen-Zeitung V (1900), 329 ff.
2 Vgl. zur Methodik der Strafrechtsvergleichung *Eser* in FS Kaiser, S. 1499 (1521 ff.); *Jescheck*, ZStW 86 (1974), 761 (771 ff.); *Sieber* in Sieber/Albrecht (Hrsg.), Strafrecht und Kriminologie unter einem Dach, 2006, S. 78 (100 ff.). S. zudem, auch zur rechtsvergleichenden Durchführung, *Engelhart*, Sanktionierung von Unternehmen und Compliance, 2. Aufl. 2012, S. 10 ff.
3 Neufassung von § 445 ZPO durch Art. 29 FGG-RG v. 17.12.2008, BGBl. I 2586; dazu *Geimer* in Zöller, § 293 ZPO Rz. 28.

möglich; vielmehr begnügt man sich mit wenigen kursorischen Hinweisen auf das ausländische Recht.[1]

5 Die Strafrechtsvergleichung steht zwar, was die Dichte und Vielfalt der **Publikationen** betrifft, im Schatten der Arbeiten auf dem Gebiet des Zivilrechts, insbesondere des Wirtschaftsrechts, und zum Teil auch des Öffentlichen Rechts. Dennoch ist die Forschung und Publikationstätigkeit so reichhaltig, dass eine Nennung auch in Auswahl den vorliegenden Rahmen sprengen würde. Neben der durchaus umfassenden allgemeinen Literatur zur Rechtsvergleichung sind es insbesondere Festschriften und einzelne Sammelbände, die sich als wahre Fundgruben für strafrechtsvergleichende Überlegungen erweisen.

6 Nur beispielhaft genannt seien hier die „Klassiker" unter den **Festschriften** für *H. H. Jescheck* „Festschrift für Hans-Heinrich Jescheck zum 70. Geburtstag" (2 Bd. 1985)[2] und für *Günther Kaiser* „Internationale Perspektiven in Kriminologie und Strafrecht" (1998)[3] sowie aus neuerer Zeit für *Klaus Tiedemann* „Strafrecht und Wirtschaftsstrafrecht" (2008) und für *Wolfgang Frisch* „Grundlagen und Dogmatik des gesamten Strafrechtssystems" (2013).

Von den **Sammelbänden** sei auf die nach wie vor in vielen Punkten aktuellen Beiträge in *H. H. Jescheck*, „Strafrecht im Dienste der Gemeinschaft" (1980) und „Beiträge zum Strafrecht" (1998) sowie auf *H. J. Hirsch*, „Strafrechtliche Probleme" Band 1 und 2 (1999/2009) hingewiesen. Auch der Tagungsband „Die Vergleichung als Methode der Strafrechtswissenschaft und der Kriminologie", herausgegeben von *Jescheck* und *Kaiser* (1980), ist keineswegs überholt. Aus neuerer Zeit sind zudem die Titel „Strafrechtsvergleichung als Problem und Lösung", herausgegeben von *S. Beck/Burchard/Fateh-Moghadam* (2011) sowie „Strafrechtsvergleichung als Kulturvergleich", herausgegeben von *Streng/Kett-Straub* (2012), zu nennen.

7 Das umfassendste rechtsvergleichende **Forschungsvorhaben**, das einen Vergleich der allgemeinen Strukturen und Prinzipien des Strafrechts (des „Strafrechts allgemeiner Teil") zum Gegenstand hat, findet sich derzeit am Freiburger *Max-Planck-Institut für ausländisches und internationales Strafrecht*. (Teil-)Ergebnisse zu 12 Rechtsordnungen[4] sind inzwischen auf Deutsch unter dem Titel „Nationales Strafrecht in rechtsvergleichender Darstellung", herausgegeben von *Sieber* und *Cornils* (fünf Bände 2008/2009/2010), und auf Englisch zu 11 weiteren Ländern[5] unter dem Titel „National Criminal Law in a Comparative Legal Context", herausgegeben von *Sieber/Forster/Jarvers* (zwei Bände 2011), erschienen.

An *Einsteiger* richtet sich die – zunächst in Italien erschienene – Darstellung von *Pradel/Cadoppi*, „Fälle und Lösungen zur Strafrechtsvergleichung", 2009.

---

1 Aus der Rspr. s. etwa zum Beweisverwertungsverbot bei unterbliebener Beschuldigtenbelehrung BGH v. 27.2.1992 – 5 StR 190/91, BGHSt 38, 214 (228 ff.) oder zum Schadenersatz für eine fehlgeschlagene indizierte Abtreibung BGH v. 18.1.1983 – VI ZR 114/81, BGHZ 86, 240 (250 f.).
2 S. zudem die FS zum 90. Geburtstag: *Sieber/Albrecht* (Hrsg.), Strafrecht und Kriminologie unter einem Dach, FS Jescheck, 2006, mit u.a. dem Beitrag von *Sieber*, Strafrechtsvergleichung im Wandel – Aufgaben, Methoden und Theorieansätze der vergleichenden Strafrechtswissenschaft, S. 78–141.
3 Darin u.a. der Beitrag von *Eser*, Funktionen, Methoden und Grenzen der Strafrechtsvergleichung, in FS Kaiser, 1998, S. 1499–1529.
4 China, Côte d'Ivoire, England und Wales, Frankreich, Italien, Korea, Österreich, Polen, Schottland, Schweden, Spanien und Türkei.
5 Australien, Bosnien und Herzegovina, Indien, Iran, Japan, Rumänien, Russland, Schweiz, Ungarn, Uruguay und die Vereinigten Staaten von Amerika.

Speziell das Wirtschaftsstrafrecht ist Gegenstand des von *Giudicelli-Delage* herausgegebenen Werks „Droit pénal des affaires en Europe" (Allemagne, Angleterre, Espagne, France, Italie), erschienen 2006 (530 S.).

Umfangreich ist die Zahl der einschlägigen Veröffentlichungen in **Zeitschriften**. Neben verschiedenen allgemeinen rechtsvergleichenden Zeitschriften (etwa „Zeitschrift für Vergleichende Rechtswissenschaft" [ZVglRWiss] oder „Recht der Internationalen Wirtschaft" [RIW] und „Europäische Zeitschrift für Wirtschaftsrecht" [EuZW]), in denen das Strafrecht nur eine Nebenrolle spielt, enthält die „Zeitschrift der gesamten Strafrechtswissenschaft" (ZStW – seit 1881) seit Langem einen umfangreichen Auslandsteil. 8

International ausgerichtet ist die seit 2006 als Online-Publikation erscheinende „Zeitschrift für Internationale Strafrechtsdogmatik" (ZIS), europäisch orientiert die gleichfalls 2006 begründete Zeitschrift „eucrim" („European Criminal Law Associations' Forum"). Auch die seit 2004 erscheinende HRRS („HöchstRichterliche Rechtsprechung im Strafrecht") enthält Beiträge insbesondere zum supranationalen Recht.

Aus dem reichhaltigen **ausländischen Zeitschriftenangebot** seien hier nur genannt: die „Revue Internationale de Droit Pénal" (RIDP), die „International and Comparative Law Quarterly" (ICLQ), das American Journal of Comparative Law (AJCL), der „Criminal Law Report" (CrimLR), das „European Journal of Crime, Criminal Law und Criminal Justice" (EJCCLCJ oder EurJCr), die „International Criminal Law Review" (ICLR) und das „Journal of European Criminal Law" (JECL). 9

Die Erstellung eines einführenden Überblicks über das Wirtschaftsstrafrecht unserer wichtigsten Nachbarstaaten, Rechts- und Handelspartner kann im Rahmen dieser Darstellung nicht geleistet werden. Im Folgenden werden nur – als ein kleiner „Blick über den Zaun" – **einige Hinweise** für *Österreich*, die *Schweiz*, *Frankreich* und *Belgien*, das *Vereinigte Königreich*, *Russland* und die *USA* als wichtige deutsche Rechts- und Handelspartner gegeben, die einen Einstieg in das dortige (Wirtschaftsstraf-)Recht erleichtern sollen. Unter a) finden sich jeweils allgemeine Hinweise zum Rechtssystem und zum Juristischen Arbeiten, unter b) Informationen zum Wirtschaftsstrafrecht, unter c) Informationen zur Strafbarkeit von Unternehmen, unter d) Informationen zum Strafverfahren und – soweit relevant – unter e) zusätzliche Aspekte. Speziell zum europäischen Strafrecht wird auf die Schrifttumshinweise oben in § 6 und für das Strafrecht der internationalen Organisationen oben in § 5 verwiesen. 10

II. Ausländische Rechtsordnungen

1. Österreich

Schrifttum: Textsammlungen: *Bacher-Foregger*, StGB, 25. Aufl. 2013; *Pleischl/Soyer* (Hrsg.), Strafrecht, 13. Aufl. 2013.

Kommentare: *Fabrizy*, StPO – Kurzkommentar, 11. Aufl. 2011; *Fabrizy*, StGB – Kurzkommentar, 11. Aufl. 2013; *Fuchs/Ratz*, „Wiener Kommentar" zur StPO, Loseblatt, 4 Ordner; *Höpfel/Ratz* (Hrsg.), „Wiener Kommentar" zum StGB samt ausgewählten Nebengesetzen, 2. Aufl., Loseblatt, 5 Ordner; *Mayerhofer* (Hrsg.), Nebenstrafrecht, 2 Bde., 5. Aufl. 2005; *Mayerhofer* (Hrsg.), StGB, 6. Aufl. 2009; *Mayerhofer* (Hrsg.), StPO, 2 Bde., 6. Aufl. 2011; *Schwaighofer*, Die neue StPO – Einleitung – Gesetzestext – Anmerkungen, 2008; *Seiler/Seiler*, Finanzstrafgesetz, Kommentar, 4. Aufl. 2014; *Stärker* Unternehmensstrafrecht/Verbandsverantwortlichkeitsgesetz (VbVG) – Kommentar, 2007; *Steininger*, Verbandsverantwortlichkeitsgesetz – Kommentar, 2006; *Triffterer/Rosbaud/Hinterhofer* (Hrsg.), „Salzburger Kommentar" zum StGB, Loseblatt, 5 Ordner.

Lehrbücher (AT): *Fuchs, H.,* Öst. Strafrecht, Allg. Teil I, 8. Aufl. 2012; *Kienapfel/Höpfel,* Strafrecht, Allg. Teil, 14. Aufl. 2013; *Maleczky,* Strafrecht, Allg. Teil I, 10. Aufl. 2013, Allg. Teil II, 16. Aufl. 2014; *Seiler,* Strafrecht, Allg. Teil I, 2. Aufl. 2011, Allg. Teil II, 5. Aufl. 2012; *Steininger,* Strafrecht, Allg. Teil, Band 1 2008, Band 2, 2012.

Lehrbücher (BT): *Bertel/Schwaighofer,* Öst. Strafrecht, Besonderer Teil I, 12. Aufl. 2012, Besonderer Teil II, 10. Aufl. 2012; *Birklbauer/Hilf/Tipold,* Strafrecht, Besonderer Teil I, 2. Aufl. 2012; *Fuchs, H./Reindl-Krauskopf,* Strafrecht, Besonderer Teil I, 4. Aufl. 2014, Besonderer Teil II, 2012; *Hinterhofer/Rosbaud,* Strafrecht – Besonderer Teil II, 5. Aufl. 2012; *Kienapfel/Schmoller,* Strafrecht, BesondererTeil I, 3. Aufl. 2012, Besonderer Teil II, 2. Aufl. 2014, Besonderer Teil III, 2. Aufl. 2009; *Maleczky,* Besonderer Teil I, 11. Aufl. 2013, Besonderer Teil II, 12. Aufl. 2013; *Wegscheider,* Strafrecht„Besonderer Teil, 4. Aufl. 2012.

Weiteres: *Boller,* Die strafrechtliche Verantwortlichkeit von Verbänden nach dem VbVG, 2007; *Dannecker/Leitner* (Hrsg.), Handbuch Korruption, 2012; *Eder-Rieder,* Einführung in das Wirtschaftsstrafrecht, 3. Aufl. 2014; *Hotter/Lunzer/Schick/Soyer* (Hrsg.), Unternehmensstrafrecht – eine Praxisanleitung, 2010; *Fuchs, H./Keppert* (Hrsg.), Grundfragen des Kridastrafrechts, 2001; *Hilf,* Verbandsverantwortlichkeitsgesetz – Textausgabe mit Anmerkungen, 2006; *Hilf/Pateter/Schick/Soyer* (Hrsg.), Unternehmensverteidigung und Prävention im Strafrecht, 2007; *Keplinger/Stamminger* Strafrechtliche Nebengesetze, 5. Aufl. 2014; *Köck,* Wirtschaftsstrafrecht – eine systematische Darstellung, 2. Aufl. 2010; *Leitner* (Hrsg.), Finanzstrafrecht 2012, 2013; *Leitner/Plückhahn,* Finanzstrafrecht kompakt, 2. Aufl. 2013; *Leitner/Toifl/Brandl,* Österreichisches Finanzstrafrecht, 3. Aufl. 2008; *Lewisch* (Hrsg.), Wirtschaftsstrafrecht und Organverantwortlichkeit, Jahrbuch 11, 2011; *Lewisch* (Hrsg.), Wirtschaftsstrafrecht und Organverantwortlichkeit, Jahrbuch 12, 2012; *Lewisch* (Hrsg.), Zauberwort Compliance?, 2012; *Lewisch* (Hrsg.), Wirtschaftsstrafrecht und Organverantwortlichkeit, Jahrbuch 13, 2013; *Marek/Jerabek,* Korruption und Amtsmissbrauch, 6. Aufl. 2014; *Radinsky/Bauer,* Unternehmensstrafrecht – kompakt, 2010; *Skribe* (Hrsg.), Das neue Unternehmensstrafrecht, Loseblatt, 1 Ordner; *Studiengesellschaft für Wirtschaft und Recht* (Hrsg.), Wirtschaftsstrafrecht, 2008 (mit Beiträgen von *Eilmannsberger, Hilf, Schick* u.a.); *Thaler,* Sanktionen bei Marktmissbrauch, 2014; *WEKA-Verlag* (Hrsg.) ,Unternehmensstrafrecht, 2005, Loseblatt; *Zeder,* VbVG – Unternehmensstrafrecht, 2006.

11 **a)** Der Zugang zur Rechtsvergleichung ist in Bezug auf **Österreich** weitgehend unproblematisch. Dies ist nicht nur der Sprache geschuldet, sondern auch der Tatsache, dass die Normenlage in wichtigen Bereichen über geraume Zeit identisch war und zudem die Rechtswissenschaft in beiden Ländern in engem Kontakt und Austausch steht. So ist das 1938 eingeführte deutsche HGB (das sich nach 1945 aber eigenständig weiterentwickelt hat) erst mit Wirkung vom 1.1.2007 durch ein neues „Unternehmensgesetzbuch" (UGB) abgelöst worden (§ 22 Rz. 17). Dieses ist uns in Gliederung und Begrifflichkeit gleichwohl in hohem Maße vertraut, wie dies auch für zahlreiche – ähnlich wie in Deutschland benannte und strukturierte Gesetze (z.B. AktG, UWG) – und auch für das *Strafrecht* einschließlich vieler Bereiche des Nebenstrafrechts gilt. Allerdings hat Österreich – wie beispielsweise mit der Einführung der Einheitstäterschaft – im Einzelnen vielfach andere Wege beschritten. Rechtswissenschaftliches Denken und Arbeiten ist in beiden Ländern aber grundsätzlich ähnlich, die gesetzlichen Regelungen werden über die zahlreichen Kommentare wie auch die Lehrbücher gut erschlossen.

b) Wie in Deutschland ist in Österreich das **Wirtschaftsstrafrecht** nicht zusammenfassend geregelt, sondern über verschiedene Gesetzwerke verstreut.[1] Der klassische *Kernbereich* des Wirtschaftsstrafrechts ist im *österreichischen StGB* (öStGB) im 6. Abschnitt des Besonderen Teils – Strafbare Handlungen gegen fremdes Vermögen (§§ 125–168b öStGB) – zu finden. Neben dem Betrug (§ 146 öStGB) nebst „schwerem" und „gewerbsmäßigem Betrug" (§§ 147, 148 öStGB) und „Betrügerischem Datenverarbeitungsmissbrauch" (§ 148a öStGB) steht auch hier die „Untreue" (§ 153 öStGB), die allerdings auf den Missbrauchstatbestand (§ 31 Rz. 32 f.) beschränkt ist. Die vorsätzliche Gläubigerschädigung ist unter dem eigentümlichen Ausdruck „Betrügerische Krida" in § 156 öStGB geregelt, während die „fahrlässige Krida" (§ 159 öStGB) 2000/2001 neu gefasst und auf die „grob fahrlässige Beeinträchtigung von Gläubigerinteressen" beschränkt wurde. Die Korruptionsdelikte (§§ 304–309 öStGB) wurden durch das Korruptionsstrafrechtsänderungsgesetz 2012 wesentlich umgestaltet.[2] Zahlreiche Straf- und Bußgeldtatbestände finden sich als *Nebenstrafrecht* in Einzelgesetzen wie dem AktG, dem GmbHG, dem UrhG, dem PatG oder dem KartG. Das Abgabenstrafrecht ist – mit 265 Paragrafen – detailliert und weitgehend vollständig im *Finanzstrafgesetz* (FinStrG) von 1958 (mit fortgesetzten Änderungen) geregelt.

c) Die *europäische Normsetzung* führt in Österreich wie in Deutschland zu einer fortschreitenden Harmonisierung, die sich auch auf das Strafrecht auswirkt. Aus deutscher Sicht ist eine *Besonderheit* des österreichischen Rechts das Anfang 2006 in Kraft getretene, 30 Paragrafen umfassende **Verbandsverantwortlichkeitsgesetz** (VbVG 2005)[3]. Dieses setzt internationale und europäische Vorgaben anders um als in Deutschland, indem es die Strafbarkeit juristischer Personen einführt (vgl. auch § 23 Rz. 33)[4]. Die supranationalen Rechtsakte haben die Frage, welche Unternehmen einer strafrechtlichen Verantwortlichkeit unterstellt werden sollen, dem jeweiligen nationalen Recht überlassen.[5] Der österreichische Gesetzgeber bezieht unter dem Begriff des *Verbandes* (§ 1 Abs. 2 VbVG) auch Gesellschaften ein, die keine volle Rechtspersönlichkeit besitzen (so insbesondere die OHG, KG sowie die EWIV). So können – wie in Deutschland im Rahmen von § 30 OWiG – neben juristischen Personen auch weniger verselbständigte Personenvereinigungen belangt werden. Mit dem Abgabeänderungsgesetz 2005[6] wurden die Regelungen des VbVG zur Verbandsverantwortlichkeit, die nicht die Finanzstraftaten umfassen, auch weitgehend in das *Finanzstrafrecht* übernommen (§ 28a FinStrG). Durch diese Regelungen ei-

---

1 Einen guten Überblick vermittelt *Eder-Rieder*, Einf. in das WirtschaftsstrafR, 3. Aufl. 2014.
2 Dazu *Eder-Rieder*, Strafrechtliche und strafprozessuale Aspekte der neuen Korruptionsbestimmungen im österreichischen StrafR, ZIS 2014, 71.
3 BGBl I 151/2005.
4 Die maßgeblichen Motive (einschließlich des Vergleichs mit benachbarten Rechtsordnungen) sind in den „Erläuternden Bemerkungen der Regierungsvorlage" wiedergegeben.
5 Vgl. bspw. Art. 1 Buchst. d Zweites Protokoll zum Übk. über den Schutz der finanziellen Interessen der EG, ABl. EG Nr. C 221 v. 19.7.1997, 12.
6 BGBl I 161/2005.

nes originären Unternehmensstrafrechts haben Fragen der Prävention von Rechtsverstößen in Unternehmen durch *Compliance-Maßnahmen* zunehmend Bedeutung erlangt.[1]

14 **d)** Das Strafverfahrensrecht ist in der **österreichischen Strafprozessordnung** (öStPO) geregelt, die durch das *Strafprozessreformgesetz 2007* umfassend modernisiert worden ist. Wirtschaftsstraftaten fallen nach § 20a öStPO, der einen eigenen Deliktskatalog der Wirtschaftsstraftaten enhält, in die Sonderzuständigkeit der „Zentralen Staatsanwaltschaft zur Verfolgung von Wirtschaftsstrafsachen und Korruption" (*WKStA*) am Sitz der Oberstaatsanwaltschaft in Wien. Zudem kann diese nach § 20b öStPO weitere Verfahren, die besondere Kenntnisse des Wirtschaftslebens erfordern, an sich ziehen. Es gilt wie in Deutschland der Amtsermittlungs- und Anklagegrundsatz. Bei leichteren Straftaten kann die Staatsanwaltschaft das Verfahren gegen Zahlung eines Geldbetrags einstellen (§§ 198, 200 öStPO). Beim Landesgericht für Strafsachen Wien sind seit 1.9.2011 *besondere Gerichtsabteilungen* für Wirtschaftsstrafsachen und Korruption eingerichtet, die für das gesamte Bundesgebiet zuständig sind (§ 32a Gerichtsorganisationsgesetz – GOG). Bringt die WKStA die Anklage ein, ist dieses Gericht automatisch zuständig; sonst kann in jedem Verfahren durch Delegation (§ 39 Abs. 1a öStPO) auf Antrag der Staatsanwaltschaft und des Beschuldigten die Zuständigkeit der Spezialkammern beim Landesgericht Wien beantragt werden.

2. Schweiz

Schrifttum: Textsammlungen: *Niggli* (Hrsg.), Texto StGB/StPO (Schweiz) – Schweizerisches Strafgesetzbuch, Strafprozessordnung und Nebenerlasse, 5. Aufl. 2013.
Kommentare: *Corboz*, Les infractions en droit suisse, 2 Bde., 3. Aufl. 2010; *Donatsch/Flachsmann* (Hrsg.), Schweizerisches StGB – Kommentar, 19. Aufl. 2013; *Dupuis* et al. (Hrsg.), Petit Commentaire Code pénal, 2012; *Goldschmid/Maurer/Sollberger*, Kommentierte Textausgabe zur schweizerischen Strafprozessordnung, 2008; *Niggli/Wipächtiger*, „Basler Kommentar" StPO, 2011; *Niggli/Wiprächtiger* (Hrsg.), „Basler Kommentar" Strafrecht, 2 Bde., 3. Aufl. 2013; *Roth/Moreillon* (Hrsg.), Commentaire romand, Code pénal I, Art. 1–110 CP, 2009; *Stratenwerth/Wohlers*, Schweizerisches Strafgesetzbuch – Handkommentar, 3. Aufl. 2013; *Trechsel/Pieth*, Schweizerisches Strafgesetzbuch – Praxiskommentar, 2. Aufl. 2012.
Lehrbücher (AT): *Donatsch*, Strafrecht III, 10. Aufl. 2013, *Hurtado Pozo*, Droit pénal – Partie générale, 2. Aufl. 2013, *Killias/Kuhn/Dongois/Aebi*, Précis de droit pénal général, 3. Aufl. 2008; *Killias/Kuhn/Dongois/Aebi*, Grundriss des Allgemeinen Teils des Schweizerischen Strafgesetzbuches, 2009; *Riklin*, Schweizerisches Strafrecht, Allg. Teil I, 3. Aufl. 2007; *Schwarzenegger/Hug/Jositsch*, Strafrecht II, 8. Aufl. 2007; *Seelmann*, Strafrecht Allg. Teil, 5. Aufl. 20012; *Stratenwerth*, Schweizerisches Strafrecht, Allg. Teil I, 4. Aufl. 2011, Allg. Teil II, 2. Aufl. 2006.
Lehrbücher (BT): *Donatsch/Tag*, Strafrecht I, 9. Aufl. 2013, *Donatsch/Wohlers*, Strafrecht IV, 4. Aufl. 2011, *Hurtado Pozo*, Droit pénal – Partie spéciale, 2009; *Stratenwerth/Bommer*, Schweizerisches Strafrecht, Besonderer Teil II, 6. Aufl. 2008; *Stratenwerth/Jenny*, Schweizerisches Strafrecht, Besonderer Teil I, 7. Aufl. 2010.
Lehrbücher (StPO): *Donatsch/Schwarzenegger/Wohlers*, Strafprozessrecht, 2010; *Hauser/Schweri/Hartmann*, Schweizerisches Strafprozessrecht, 6. Aufl. 2005; *Jositsch*, Grundriss

---

1 Zu Compliance s. bei *Lewisch* (Hrsg.), Zauberwort Compliance?, 2012.

des schweizerischen Strafprozessrechts, 2. Aufl. 2013; *Pieth*, Schweizerisches Strafprozessrecht, Grundriss für Studium und Praxis, 2. Aufl. 2012; *Piquerez/Macaluso*, Procédure pénale suisse, 3. Aufl. 2011; *Schmid*, Handbuch des schweizerischen Strafprozessrechts, 2. Aufl. 2013.
Weiteres: *Ackermann/Heine* (Hrsg.), Wirtschaftsstrafrecht der Schweiz, 2013; *Ackermann/Wohlers* (Hrsg.), Umfangreiche Wirtschaftsverfahren in Theorie und Praxis (2. Zürcher Tagung zum Wirtschaftsstrafrecht), 2008; *Bertossa*, Unternehmensstrafrecht – Strafprozess und Sanktionen, 2003; *Forster*, Die strafrechtliche Verantwortlichkeit des Unternehmens nach Art. 102 StGB, 2006; *Geiger*, Organisationsmängel als Anknüpfungspunkt im Unternehmensstrafrecht, 2006; *Jean-Richard-dit-Bressel*, Das Desorganisationsdelikt, 2013; *Niggli*, Strafrecht – Kompendium (einschließlich Nebenstrafrecht), 2. Aufl. 2006; *Niggli/Amstutz* (Hrsg.), Verantwortlichkeit im Unternehmen, 2007.

a) Ähnlich wie mit Österreich verhält es sich mit der **Schweiz**, auch wenn hier ein Angleichungsdruck seitens der EU nicht unmittelbar wirkt; aufgrund der engen Verbindung der Schweiz zur EU durch zahlreiche besondere Vereinbarungen übt diese jedoch in vielfacher Weise indirekt einen erheblichen Einfluss auf das gesamte Recht und auch auf das Strafrecht aus. Der Kontakt und der Austausch mit der (insbesondere deutschsprachigen) Schweiz ist im Bereich des Strafrechts seit jeher eng, sodass dem Deutschen viele Strukturen und Denkansätze bekannt vorkommen. Dies gilt – allerdings abhängig vom Rechtsgebiet – auch über das Strafrecht hinaus, vor allem im Bereich des Wirtschaftsrechts.

Rechtswissenschaftliches Arbeiten ist in der deutschsprachigen Schweiz dem deutschen ähnlich, die Regelungen sind über Kommentare und Lehrbücher gut erschlossen. Im Grundsatz gilt dies auch für die französischsprachige und eingeschränkt auch für die italienischsprachige Schweiz, wobei hier die Arbeit mit dem Recht schon stark durch den Einfluss Frankreichs und Italiens mitgeprägt ist. Die Nähe zum deutschen Recht sollte jedoch nicht zu vorschnellen Schlüssen verführen, denn im Detail finden sich zahlreiche vom deutschen Recht abweichende Ansätze, die es oftmals erfordern, auch einen zweiten Blick auf die Rechtslage zu werfen.

Neben den verschiedenen Sprachregionen ist die Schweiz stark durch ihre *kantonale Struktur* geprägt, die teilweise eine jeweils eigene kantonale Rechtssetzung bedingt. Im Strafrecht hat jedoch der Bund seit 1942 ein einheitliches Bundesrecht im materiellen Strafrecht, das Schweizerische **Strafgesetzbuch** (chStGB), und seit 2011 auch im Prozessrecht (Rz. 21), die Schweizerische **Strafprozessordnung** (chStPO), geschaffen. Kantonale Regelungen sind damit im Wesentlichen ausgeschlossen. Eigenständig geregelt ist das Militärstrafrecht auf Bundesebene im Militärstrafgesetz und der dazugehörigen Prozessordnung („Militärstrafprozess").

b) Wie in Deutschland und Österreich gibt es auch in der Schweiz **kein** einheitlich **kodifiziertes Wirtschaftsstrafrecht**. Vielmehr sind neben verschiedenen wirtschaftsstrafrechtlichen Normen im chStGB zahlreiche Tatbestände in den diversen Einzelgesetzen normiert. Insgesamt wird das Wirtschaftsstrafrecht auch nur vereinzelt systematisch und zusammenhängend erschlossen, daher gewinnt es im Schrifttum, das sich vorwiegend auf Teilaspekte bezieht, erst langsam einen eigenen Stellenwert. Die *zentralen Vorschriften* zum Wirtschaftsstrafrecht finden sich in Art. 125–172ter des Zweiten Titels des Besonderen Teils des chStGB („Strafbare Handlungen gegen das Vermögen"). Neben dem Betrug (Art. 146 chStGB), der „Betrügerischem Missbrauch einer Datenverabeitungsanlage" (Art. 147 chStGB) und der „Veruntreuung" (Art. 138 chStGB) sind auch unternehmensspezifische Straftaten wie die „Unwahre Angabe über kaufmännische Gewerbe" (Art. 152 chStGB) oder der „Missbrauch von Lohnabzügen" (Art. 159 chStGB) erfasst. Wichtige Regelungen des *Nebenstrafrechts* finden sich beispielsweise im Gesetz über die Börsen und den Effektenhandel (Börsengesetz – BEHG) mit dem „Ausnützen von Insiderinformationen" (Art. 40 BEHG) und der „Kursmanipulation" (Art. 40a BEHG) oder im Gesetz gegen unlauteren Wettbewerb (chUWG) mit der aktiven und passiven Privatbestechung (Art. 4a, 23 chUWG).

18 Die Diskussion um die Schweiz (und Liechtenstein) als **Steuerparadies**(e) verdeutlicht, dass sich die Interessen der einzelnen Staaten bei der Bekämpfung von Wirtschaftskriminalität nicht notwendigerweise decken.[1] Vor allem im Bereich der Fiskaldelikte sind noch Vorstellungen wirksam, die auf einer vielfach als überholt angesehenen Idee von Souveränität basieren. Aktuelle Verhandlungen und Bestrebungen einer internationalen Harmonisierung werden aber immer mehr zu einer Annäherung führen.

19 c) Auch in der Schweiz wurde – wie in Österreich – ein **Unternehmensstrafrecht** eingeführt. So können „Unternehmen", was neben juristischen Personen und Gesellschaften auch Einzelunternehmen einschließt, seit 2003 für Delikte, die sich im Zusammenhang mit ihrem Betrieb ereignen, mit einer Sanktion in Höhe von bis zu 5 Mio. Franken bestraft werden (Art. 102 chStGB). Der Verantwortlichkeit liegt die Idee zugrunde, dass das Unternehmen für *betriebliche Organisationsmängel*, von denen ein besonderes Gefährdungspotenzial ausgeht, einzustehen hat.

20 Das Gesetz sieht **zwei** verschiedene **Konstellationen** vor:

- Nach Art. 102 Abs. 1 chStGB ist das Unternehmen nur verantwortlich, wenn eine Handlung „*wegen mangelhafter Organisation*" des Unternehmens keiner natürlichen Person zugerechnet werden kann. Damit ist die Unternehmensstrafe insbesondere subsidiär zu einer strafrechtlichen Haftung des oder der Geschäftsherren.
- Nach Art. 102 Abs. 2 chStGB ist das Unternehmen zudem bei bestimmten Straftaten (Korruption, Kriminelle Orginsation, Terrorismusfinanzierung) veranwortlich, wenn es keine adäquaten „*organisatorischen Vorkehren*" zur Prävention dieser Maßnahmen getroffen hat. Die Anknüpfung an einer „mangelhaften Organisation" bzw. „organisatorischen Vorkehren" soll das Unternehmen motivieren, präventive *Compliance-Maßnahmen* einzuführen[2], um eine Verantwortlichkeit zu vermeiden.

21 d) Seit dem 1.1.2011 ersetzen die *einheitliche* Schweizerische **Strafprozessordnung** (chStPO) und die Schweizerische Jugendstrafprozessordnung (JStPO) die 26 kantonalen Strafprozessordnungen sowie den Bundesstrafprozess. Zuvor be-

---

1 Zum Schweizer SteuerstrafR *Untersander*, Fiskalstrafrecht Schweiz: Ein Über- und Ausblick, StraFo 2013, 353.
2 Näher *Pieth*, Anti-Korruptions-Compliance, 2011.

saßen die einzelnen Kantone die Zuständigkeit über das Strafverfahrensrecht, was zum Teil zu erheblichen Unterschieden in der Ausgestaltung der Strafprozessrechtsordnungen führte. Die mit der einheitlichen Strafprozessordnung einhergehende Beseitigung der Rechtszersplitterung dient der Rechtsgleichheit und der Rechtssicherheit und soll zu einer wirksameren Bekämpfung der Kriminalität führen. Die Kantone treffen allerdings nach wie vor Regeln zur Behörden- bzw. Gerichtsorganisation, sodass hier die Unterschiede zwischen den einzelnen Kantonen, beispielsweise bei der Frage der Einrichtung einer Wirtschaftsstrafkammer, bestehen geblieben sind.

3. Frankreich

Schrifttum: Textsammlungen: *Dalloz-Sirey* (Hrsg.), Code de procédure pénal, 55. Aufl. 2014; Code pénal, 111. Aufl. 2014; *Max-Planck-Institut für Ausländisches und Internationales Strafrecht*, Das französische Strafgesetzbuch – Code pénal (dt. Übers. v. *Bauknecht*, aktualisiert v. *Lüdicke*, Einf. v. *Jung*), 2. Aufl. 2009.

Literatur (Strafrecht): *Bouloc*, Droit pénal général, 23. Aufl. 2013; *Delmas-Marty*, Droit pénal des affaires, 5. Aufl. 2000 (Thémis); *Desportes/Le Gunehec*, Droit pénal general, 16. Aufl. 2009; *Giudicelli-Delage*, Droit pénal des affaires, 6. Aufl. 2006; *Jeandidier*, Droit pénal des affaires, 2005; *Larguier/Conte*, Droit pénal des affaires, 11. Aufl. 2004; *Lepage/du Chambon/Salomon*, Droit pénal des affaires, 3. Aufl. 2013; *Lucas de Leyssac*, Droit pénal des affaires, 2009; *Pradel*, Manuel de droit pénal spécial, 5. Aufl. 2010; *Pradel*, Droit pénal général, 19. Aufl. 2012; *Stasiak*, Droit pénal des affaires, 2. Aufl. 2009; *Stefani/Levasseur/Bouloc*, Droit pénal general, 20. Auf. 2007; *Véron*, Droit pénal des affaires, 10. Aufl. 2013.

Literatur (Strafverfahren): *Herzog-Evans/Gildas Roussel*, Procédure pénale, 3. Aufl. 2012; *Pfefferkorn*, Einführung in das französische Strafverfahren, 2006; *Pradel*, Procédure pénale, 17. Aufl. 2013; *Renault-Brahinsky*, Procédure pénale: la poursuite, l'enquête et l'instruction, le jugement, le mineur, 14. Aufl. 2013/14; *Stefani/Levasseur/Bouloc*, Procédure pénale, 24. Aufl. 2014; *Vergès*, Procédure pénale, 3. Aufl. 2011; *Verny*, Procédure pénale, 3. Aufl. 2012.

Weiteres: *Anders*, Das französische Recht der Untreue zum Nachteil von Kapitalgesellschaften insbesondere im Konzern, ZStW 114 (2002), 467-506; *Bremer*, Das deutsche und französische Steuerstrafrecht und Verfahrensrecht im Vergleich, 2003; *Foffani*, Untreuestrafbarkeit im französischen und italienischen Strafrecht, ZStW 122 (2010), 374-385; *Franke*, Rechtsvergleich der Korruptionsstrafbarkeit in Frankreich und Deutschland, 2011; *Hartan*, Unternehmensstrafrecht in Deutschland und Frankreich, 2006; *Huff*, Die Freizeichnung von strafrechtlicher Verantwortlichkeit durch Pflichtdelegation im Unternehmen, 2008; *Jacobi*, Die Haftung für Bestandteile und Produkte des menschlichen Körpers nach französischen und deutschen Produkthaftungsnormen, 2009; *Nolte*, Verständigung im Strafprozess in Deutschland und Frankreich, 2010; *Pereira*, La responsabilité pénale des entreprises et de leurs dirigeants, 2011; *Pfefferkorn*, Grenzen strafbarer Fahrlässigkeit im französischen und deutschen Recht, 2006; *Wallmann*, Verantwortlichkeit für fehlerhafte Unternehmensleitung als Instrument des Gläubigerschutzes in Frankreich, 2008; *Walter, T.*, Betrugsstrafrecht in Frankreich und Deutschland, 1999.

a) Während der Austausch zwischen den deutschsprachigen Ländern sehr eng ist, gilt dies nicht in gleichem Maße für das Nachbarland Frankreich, auch wenn der „Ancien Code Pénal" (CP) von 1810 als bedeutendes Napoleonisches Kodifikationswerk großen Einfluss auf die deutsche Rechtsentwicklung genommen hat. Dieses Gesetzbuch wurde zum 1.4.1994 durch den „**Nouveau Code Pénal**" (**NCP**) abgelöst, der im Vergleich zum „Ancien Code Pénal" (CP) eine völlig neue Zählung der Artikel und zahlreiche Neuerungen wie die Einführung der Strafbarkeit juristischer Personen gebracht hat. Beibehalten wurde die Einteilung der Straftaten in „crimes", „délits" und „contraventions", die insbesondere prozessuale Bedeutung haben: Für „crimes" ist der „cour d'assises", für „délits"das „tribunal correctionnel" und für „contraventions" das „tribunal de police" zuständig.

23 **Juristisches Arbeiten** in Frankreich unterscheidet sich in mancher Hinsicht vom deutschen Arbeitstil.[1] Insbesondere die *Begründungen der Urteile*, allen voran die des „cour de cassation", sind oftmals kryptisch; die tatsächlichen Entscheidungsgründe werden hinter knappen, manchmal geradezu stereotypen Formulierungen verborgen. Hier vermag es oft erst das Schrifttum in den sog. „notes", eine Einordnung vorzunehmen und Strukturen offenzulegen. In neuerer Zeit veröffentlicht der „cour de cassation" allerdings – wie die europäischen Gerichte – zunehmend die „rapports" des Berichterstatters wie auch die „observations" des „avocat général" und erleichtert dadurch das Verständnis der Urteile.

24 Neben dem Stil der Urteile ist die *Art der* **Literatur** teilweise unterschiedlich. Während es zahlreiche Hand- und Lehrbücher (Traité, Manuel, Précis etc) und auch Praktiker-Werke (Guide u.a.) zum „Code pénal" und zum „Code de procédure pénale" gibt, sind (Groß-)Kommentare bei weitem nicht so verbreitet wie im deutschsprachigen Raum. Größte Bedeutung haben noch die unter der Marke *„Dalloz"* alljährlich herausgegebenen roten Textsammlungen „Code pénal" (110. Aufl. 2013) und „Code de procédure pénale" (54. Aufl. 2013), die aufgrund der beigefügten Anmerkungen Kurz-Kommentaren nahekommen. Umfangreicher kommentiert ist der „Code Dalloz Expert", der beide „Codes" umfasst. Auch die monografische Literatur ist nicht so vielfältig wie in Deutschland, insbesondere da zahlreiche Dissertationen nicht veröffentlicht werden. Insgesamt ist das wissenschaftliche Arbeiten weniger als in Deutschland an dogmatischer Durchdringung als an kriminalpolitischer Weichenstellung orientiert.

25 **b)** Das **Wirtschaftsstrafrecht** ist in Frankreich ebenfalls nicht zusammenhängend geregelt, sondern auf Normen im „Code Pénal" sowie auf zahlreiche weitere Gesetze verteilt. Indes ist dieser Bereich schon lange unter der Bezeichnung „Droit pénal des affaires" auch Gegenstand der Ausbildung und Prüfung, weshalb es zahlreiche Lehrbücher und Grundrisse gibt. Der *Kernbereich* des Wirtschaftsstrafrechts ist im „Code Pénal" zu finden, der wichtige Regelungen wie zum Betrug (Art. 313-1 NCP) und zur Untreue (Art. 314-1 NCP) enthält, die sich aber zum Teil erheblich von den unter diesen Namen im deutschen Recht vorzufindenden Tatbeständen unterscheiden. – Eine Besonderheit in Frankreich ist die große Zahl der *Sondertatbestände* etwa im Gesellschaftsrecht. So sind im Code de commerce (Ccom) im 4. Titel (Art. 241-2 bis Art. 249-1 Ccom) zahlreiche Tatbestände zur Gründung, zum Betrieb und zur Beendigung des Unternehmens wie bspw. die der gesellschaftsrechtlichen Untreue (Art. 241-3 Abs. 4 bzw. Art. 242-6 Abs. 3 Ccom) zusammengefasst. Auch

---

1 Zur Rechtsterminologie s. *Nautré*, Französische Rechtssprache, 2013.

in anderen Bereichen des Wirtschaftsrechts hat es lange Tradition, Fehlverhalten detailliert mit strafrechtlichen Sanktionen zu regulieren.

c) Das mit der Strafrechtsreform 1994 eingeführte **Unternehmensstrafrecht** (Art. 121-2 NCP) bestimmt, dass juristische Personen als Täter oder Teilnehmer strafbar sein können, wenn eine Straftat von ihren Organen oder ihren Vertretern zugunsten der juristischen Person begangen wurde und der jeweilige Tatbestand die Unternehmensstrafbarkeit ausdrücklich regelt. Ein Großteil der im „Code Pénal" wie auch im Nebenstrafrecht geregelten „crimes", „délits" und „contraventions" sieht inzwischen eine Anwendung auf Unternehmen vor. Die Sanktionen (geregelt in Art. 131–37 bis Art. 131–49 NCP) sehen grundsätzlich eine Geldstrafe in Höhe des fünffachen Maximalsatzes der für natürliche Personen vorgesehenen Strafe vor. Weitere mögliche Sanktionen sind das endgültige bzw. zeitlich begrenzte Verbot der Ausübung wirtschaftlicher Tätigkeiten, der Ausschluss öffentlicher Leistungen oder – als letztes Mittel – die Auflösung des Unternehmens.

26

d) Das **Strafverfahren** ist im Wesentlichen im „Code de procédure pénale" (CPP) geregelt. Kenzeichen des französischen Verfahrens ist die Trennung in zwei große, eigenständige Abschnitte: das Ermittlungsverfahren („phase préparatoire") und das Hauptverfahren („phase décisoire"). Das Ermittlungsverfahren gliedert sich wiederum in die polizeilichen Vorermittlungen („enquête"), die unter Kontrolle der Staatsanwaltschaft stattfinden, und die deliktsabhängig fakultative oder obligatorische richterliche Ermittlungsphase („instruction"). Die richterliche Ermittlungsarbeit wird von einem eigens dafür eingerichteten „tribunal d'instruction" übernommen. Dieser „Ermittlungsrichter" ist für die Untersuchung aller Fälle zuständig, die vor den drei Strafgerichten erster Instanz („cour d'assises", „tribunal correctionnel" und „tribunal de police") wie auch vor dem Berufungsgericht in Strafsachen („cour d'appel") verhandelt werden. Für bestimmte Wirtschafts- und Finanzstrafsachen sind bei jeder „cour d'appel" ein oder mehrere spezielle Tribunale („tribunaux de grande instance") eingerichtet, die die Verfolgung, Ermittlung und Verhandlung der in Art. 704 CPP aufgezählten Straftaten übernehmen. Diese Zuständigkeit tritt konkurrierend neben die allgemeine territoriale Zuständigkeit, wenn die Straftaten von besonderer Komplexität sind.

27

4. Belgien

Schrifttum: Textsammlungen: *Beernaert/Tulkens/Vandermeersch* (Hrsg.), Code pénal, 16. Aufl. 2014; *Clesse/Lecocq* (Hrsg.), Code Droit de l'Entreprise 2013. Sanctions Penales et Administratives, 2013; *Jacobs/Masset* (Hrsg.), Droit pénal, 2011.

Literatur: Strafrecht en strafvordering (ohne Herausgeber), Loseblatt, 5 Bde.; *Bocken/De Bondt* (Hrsg.), Introduction to Belgian Law, 2001; *Bosly/Vandermeersch/Beernaert*, Droit de la procédure pénale, 6. Aufl. 2010; *Delrue*, Tax Fraud in Belgium, 2009; *De Nauw*, Les Métamorphoses administratives du droit pénal de l'entreprise, 1994; *De Nauw*, Fiscaal strafrecht en strafprocesrecht, 2007; *Lecocq* (Hrsg.), Droit pénal de l'entreprise, Bd. 1 2010, Bd. 2 2013; *Lecocq* (Hrsg.), Ondernemingsstrafrecht, 2. Aufl. 2012; *Lagasse/Palumbo*, Manuel de droit pénal social, 2. Aufl. 2011; *Maus/De Meulenaer*, Everest Handboek Fiscaal Strafrecht, 2010; *Speecke*, Fiscaal straf- en strafprocesrecht, 2013; *Spreutels*, Droit pénal des affaires, 2006; *Vincke*, The fight against corrpution in belgium – good corporate practice, 2008; *Vandermeersch*, Eléments de droit pénal et de procédure pénale, 4. Aufl. 2012; *Waeterinckx/Van Steenwinckel* (Hrsg.), Strafrecht in de onderneming, 2. Aufl. 2004.

28 Das **belgische** Strafrecht zeigt enge Verbindungen zum französischen Recht auf. Nach der Unabhängigkeit Belgiens 1830 war zunächst das französische Strafgesetz anzuwenden. 1867 schließlich wurde das belgische Strafgesetzbuch (Code Pénal) eingeführt, das weiterhin stark unter französischem Einfluss stand. Auch das Strafprozessrecht (Code d'instruction criminelle) hat seine Wurzeln in dem napoleonischen „Code d'instruction criminelle" von 1808. Der französische Einfluss hat zwar seit Beginn des 20ten Jahrhunderts nachgelassen, da insbesondere die Niederlande für die Rechtsentwicklung Belgiens an Bedeutung gewonnen haben.[1] Dennoch bleiben das Strafrecht wie auch das rechtliche Denken und Arbeiten noch stark französisch beeinflusst.

29 Klassisch im Stil des französischen „Code pénal" wird im belgischen Strafrecht zwischen **drei Arten von Verstößen** unterschieden: Verstöße, die zu einer Kriminalstrafe führen, werden als Straftaten (peine criminelle) bezeichnet. Daneben gibt es Vergehen, die ebenfalls zu einer Bestrafung führen, aber keine Straftaten sind (peine correctionnelle) sowie Verstöße, die nur von der Polizei verfolgt und bestraft werden (peine de police).

1999 wurde die *Strafbarkeit juristischer Personen* in das belgische Wirtschaftsstrafrecht integriert[2]. Anknüpfungspunkt der Verantwortlichkeit sind Organisationsmängel innerhalb des Unternehmens.

5. Vereinigtes Königreich

Schrifttum: England und Wales (General Criminal Law): *Allen*, Textbook on Criminal Law, 12. Aufl. 2013; *Ashworth*, Principles of Criminal Law, 7. Aufl. 2013; *Card*, Card Cross & Jones Criminal Law, 20. Aufl. 2012; *Fortson*, Blackstone's Guide to The Serious Crime Act 2007, 2008; *Gibson/Cavadino*, The Criminal Justice System, An Introduction, 3. Aufl. 2008; *Jefferson* (Hrsg.), Criminal Law, 11. Aufl. 2013; *Ormerod*, Smith and Hogan's Criminal Law, 13. Aufl. 2012; *Padfield*, Criminal Law, 9. Aufl. 2014; *Slapper/Kelly*, English Law, 3. Aufl. 2010; *Wheeler*, Essentials of the English Legal System, 2. Aufl. 2006.

England und Wales (Corporate Criminal Liability): *Almond*, Corporate Manslaughter and Regulatory Reform, 2013; *Gobert/Punch*, Rethinking Corporate Crime, 2003; *Matthews*, Blackstone's Guide to The Corporate Manslaughter and Corporate Homicide Act 2007, 2008; *Pinto/Evans*, Corporate Criminal Liability, 3. Aufl. 2013; *Welham*, Corporate Manslaughter and Corporate Homicide: A Manager's Guide to Legal Compliance, 2. Aufl. 2008; *Wells*, Corporations and Criminal Responsibility, 2. Aufl. 2001.

England und Wales (Offenses): *Ashe/Reid*, Anti-money laundering: risks, compliance and governance, 2013; *Barrister* (Hrsg.), Arlidge and Parry on Fraud, 4. Aufl. 2013; *Brown*, Bribery Act 2010, 2011; *Comer*, Investigating Corporate Fraud, 2003; *Farrall/Yeo/Ladenburg*,

---

1 Zur Einführung s. *Bocken/De Bondt* (Hrsg.), Introduction to Belgian law, S. 16; 401 ff.
2 Vgl. Art. 5 Code Pénal. S. dazu *Verstraeten/Franssen*, Collective Entities as Subjects of Criminal Law. The Case of Belgium and the Netherlands, in Fiorella/Stile (Hrsg.), Corporate criminal liability and compliance programs: first colloquium, 2012, S. 253 ff.

Blackstone's Guide to The Fraud Act 2006, 2007; *Griew*, The Theft Acts, 7. Aufl. 1995; *Harrison/Ryder*, The Law Relating to Financial Crime in the United Kingdom, 2013; *Kielwein*, Straftaten gegen das Vermögen im englischen Recht, 1955; *MacQueen*, Money Laundering, 1993; *Nicholls/Daniel/Bacarese/Hatchard*, Corruption and Misuse of Public Office, 2. Aufl. 2011; *O'Kane*, The Law of Criminal Cartels, 2009; *Ormerod/Williams*, Smith's Law of Theft, 9. Aufl. 2007; *Penny*, Corporate Fraud: Prevention and Dectection, 2002; *Phillips/Walsh/Dobsen*, Law relating to theft, 2001; *Smith*, Property Offences, 1994; *Srivastava/Mason/Keltie*, Law and Regulation of Financial Crime, 2010; *Raphael*, Blackstone's Guide to The Bribery Act 2010, 2010.

England und Wales (Criminal Procedure): *Atkinson/Moloney*, Blackstone's Guide to the Criminal Procedure Rules, 2. Aufl. 2011; *Ingman*, The English Legal Process, 12. Aufl. 2008; *Padfield*, Text and Materials on the Criminal Justice Process, 4. Aufl. 2008; *Sharpley*, Criminal Litigation 2012/2013 – Practice and Procedure, 2012; *Sprack*, A practical Approach to Criminal Procedure, 14. Aufl. 2012; *Vogler*, Konsensuale Elemente im Strafprozess in England und Wales sowie in den USA, ZStW 121 (2004), 129.

England und Wales (Weitere Literatur): *Brazel*, Der Diebstahl nach section 1 (1) des Theft Act 1968 im Rechtsvergleich mit § 242 Abs. 1 StGB, 2012; *Fisher/Waters*, The Law of investor protection, 2. Aufl. 2003; *Graf von Bernstorff*, Einführung in das englische Recht, 4. Aufl. 2011; *Hörster*, Die strict liability des englischen Strafrechts – Zugleich eine Gegenüberstellung mit dem deutschen Straf- und Ordnungswidrigkeitenrecht, 2009; *Och*, Der strafrechtliche Schutz gegen ungerechtfertigte Vermögensverschiebungen in England und Wales im Vergleich mit dem deutschen Strafrecht, 2004; *Pattberg*, Die strafrechtliche Verantwortlichkeit des Directors einer englischen Limited in Krise und Insolvenz, 2010; *Pike*, English law and legal language: Criminal Law, Eine Einführung in die Fachsprache und das System des englischen Strafrechts, 2006; *Wagner-von Papp*, Kartellstrafrecht in den USA, dem Vereinigten Königreich und Deutschland, WuW 2009, 1236; *Watzek*, Rechtfertigung und Entschuldigung im englischen Strafrecht, Eine Strukturanalyse der allgemeinen Strafbarkeitsvoraussetzungen aus deutscher Perspektive, 1997.

Schottland: *Christie*, Introduction to Scots Criminal Law, 2003; *Ferguson/McDiarmid*, Scots Criminal Law, 2. Aufl. 2013; *Gordon*, The Criminal Law of Scotland, 3. Aufl., Bd. 1 2000 (Supplement 2005), Bd. 2 2001 (Supplement 2010); *Green*, Criminal Law, 5. Aufl. 2013; *Hamilton/Harper*, A fingertip guide to Scots criminal law, 6. Aufl. 2013; *Jones/Christie*, Criminal law, 5. Aufl. 2012; *Sheehan/Dickson*, Criminal Procedure, 2. Aufl. 2003; *McCall Smith/Sneddon*, Scots Criminal Law, 2. Aufl. 2003; *Shiels/Bradley/Ferguson/Brown* (Hrsg.), Criminal Procedure (Scotland) Act 1995, 12. Aufl. 2013; *White/Willock*, The Scottish Legal System, 4. Aufl. 2007; *Willock*, The Origins and Development of the Jury in Scotland, 1966.

Nordirland: *Dawson/Greer/Ingram* (Hrsg.), One Hundred and Fifty Years of Irish Law, 1996; *Dickson*, The Legal System of Northern Ireland, 5. Aufl. 2005; *Dickson*, Law in Northern Ireland, 2. Aufl. 2013; *O'Neill/Bagnall*, Criminal practice and procedure in the Magistrates' Courts of Northern Ireland, 2013; *Valentine*, Booklet of criminal offences in Northern Ireland, 5. Aufl. 2008.

a) Das Rechtssystem des *Vereinigten Königreichs* **Großbritannien und Nordirland** unterscheidet sich in vielerlei Hinsicht von den kontinentaleuropäischen Systemen, sodass dem Rechtsanwender manches fremd und schwer zugänglich erscheint. Die Europäisierung hat jedoch auch hier – bei allen Sonderregelungen für das Land – in vielen Fällen zu einer Angleichung und/oder besseren Kenntnis des dortigen Rechtssystems beigetragen. Klassischerweise wird das Vereinigte Königreich als *Common-law-Land* bezeichnet und damit Bezug auf das seit 1066 (Eroberung durch die Normannen) entstandene *gemeine Recht* genommen. Dieses hat sich über Jahrhunderte ohne größere Brüche entwickelt und dazu geführt, dass Kodifikationen lange Zeit die Ausnahme blieben und gerichtlichen Entscheidungen zum common law, die als eigene

Rechtsquelle angesehen werden (*case law*), große Bedeutung zukam und immer noch zukommt.

31 Jedoch hat das Parlament seit langem **auch Gesetze** (*statutes*) erlassen und heutzutage ist praktisch kein Bereich ohne gesetzliche Regelungen. Die Gesetze sind jedoch weniger als im kontinentaleuropäischen Recht umfassende und abschließende Regelungen. Der Rechtsanwender ist daher mit dem Problem konfrontiert, Lösungen zwischen neueren und älteren Gesetzen (wie dem Treason Act von 1351) und einer jahrhundertelangen Rechtsprechung zu finden. Dies gilt insbesondere für das *Strafrecht*, da es bis heute weder gelungen ist, das materielle noch das prozessuale Recht zu kodifizieren. Allgemeine Prinzipien der Strafbarkeit sind daher vielfach noch dem common law und seiner richterlichen Ausprägung zu entnehmen, während die einzelnen Tatbestände oder Tatbestandsgruppen zumeist gesetzlich geregelt sind.

32 Zu den unterschiedlichen Rechtsquellen kommt noch hinzu, dass Großbritannien kein einheitliches (Straf-)Recht besitzt, sondern **regional unterschiedliche Rechte**. Für die Landesteile England und Wales gilt das englische Recht (*English Law*), für Schottland das schottische Recht (*Scots Law*) und für Nordirland das nordirische Recht (*Northern Ireland law* oder *Northern Irish law*). Diese regionale Aufteilung hat dazu geführt, dass sich die einzelnen Regionen selbständig entwickelt haben. Beispielsweise wurde das schottische Strafrecht stark durch das römische und kanonische Recht geprägt und steht damit näher an den kontinentalen Rechten als das englische. So entstanden schließlich unterschiedliche Rechtssysteme mit einem unterschiedlichen (Wirtschafts-)Strafrecht, auch wenn Ähnlichkeiten im Bereich des common law bestehen oder Gesetze des Parlaments in London teilweise für alle Regionen gelten und damit einheitliches Recht schaffen. Die Einräumung vermehrter Autonomie in Schottland durch den Scotland Act 1998 und in Nordirland durch die Festigung des Friedensprozesses wird dagegen die Regionalisierung noch weiter verstärken.

33 Angesichts dieser Ausdifferenzierung in regionale Rechte und verschiedenste Rechtsquellen verwundert es nicht, dass sich auch das **juristisches Arbeiten** von Deutschland unterscheidet. Die starke Stellung der Rechtsprechung bedingt, dass rechtliche Probleme primär in *Präjudizien* und Fallgruppen und oftmals vom Ergebnis her gedacht werden. Systematik und Dogmatik, auch allgemeine Theoriebildung mit Ableitungen, haben nicht den großen Stellenwert wie in Deutschland. Dies gilt auch für die Strafrechtswissenschaft, deren Einfluss auf die Rechtsprechung und Rechtsentwicklung eher gering ist, soweit die Autoren nicht selbst auch in der Praxis tätig sind oder waren. Allerdings ist durch einen stärkeren Austausch in den letzten Jahrzehnten hier eine Annäherung an das kontinentale Arbeiten mit dogmatischer Orientierung zu beobachten. Die starke Praxisorientierung schlägt sich auch in der Literatur nieder. Hier eröffnen zwar zahlreiche Lehrbücher einen Zugang zum Strafrecht, diese sind jedoch in hohem Maße Auflistungen relevanter Präjudizien und Rechtsregeln. Unentbehrlich sind daher die *Sammlungen zum case law*, wie etwa die Law Reports (L.R. seit 1865, für Entscheidungen von 1220-1865 die Englisch Reports – E.R.), die Weekly Law Reports (W.L.R.) oder die All England Law Reports (All E.R.); eine Online-Recherche bieten etwa die Datenbanken „Justis",

"Westlaw" oder "LexisNexis". Kommentare, die Gesetze nach Paragraphen kommentieren, gibt es fast keine. Vereinzelt gibt es Monografien zu (neueren) Gesetzen, wie bspw. zum Bribery Act 2010 (Rz. 36). Die Anzahl der Monografien ist ingesamt aber geringer als in Deutschland. Primär werden Beiträge, auch in einer Länge, in der man in Deutschland eine Monografie herausbringen würde, in Zeitschriften veröffentlicht. Diese sind am besten über die Online-Datenbanken zu recherchieren.

b) Wie das Strafrecht allgemein, ist auch das **Wirtschaftsstrafrecht** nicht zusammenfassend geregelt. Überhaupt ist der Begriff des Wirtschaftsstrafrechts (als "economic crime" oder "business crime") nicht geläufig; allein die Begriffe des "corporate crime" (zumeist auf das Unternehmensstrafrecht bezogen, s. Rz. 37) und des "white collar crime" (in kriminologischer Hinsicht) finden häufiger Verwendung. In neuer Zeit wird der Begriff des "financial crime" vermehrt gebraucht. Da damit das Gebiet des Wirtschaftsstrafrechts nicht systematischer erschlossen ist, finden sich einschlägige Tatbestände weit verstreut zumeist in den inzwischen sehr zahlreichen Gesetzen als *statue law*. Diese weisen oftmals einen hohen Detailgrad auf; genauso oft treffen sie allerdings keine eindeutigen und klar abgegrenzten Regelungen und überlassen zahlreiche Fragen dem gerichtlichen Verfahren. Eine Besonderheit ist die bedeutende Anzahl an Tatbeständen, die weitgehend auf ein subjektives Element verzichten und die Sanktion an das Vorliegen objektiver Elemente anknüpfen (**strict liability**).[1] Neben diesen schriftlich fixierten Straftaten sind heute nur noch wenige leichtere Vergehen dem common law/Richterrecht zu entnehmen. Insgesamt sind damit die Unterschiede zwischen deutschem und englischem Recht gerade im Bereich des Wirtschaftsstrafrechts kaum bedeutender als zwischen anderen kontinentaleuropäischen Rechtssystemen.

Von den erlassenen Gesetzen spielen der 1968 für England und Wales erlassene **Theft Act 1968** und dessen Änderung durch den Theft Act 1978 sowie den Theft (Amendment) Act 1996 eine große Rolle, da sie zahlreiche Vorschriften über Eigentums- und Vermögensdelikte (property offences) erstmals umfassend gesetzlich normiert haben. Allerdings blieben viele Anforderungen an die Strafbarkeit wie z.B. mit dem Erfordernis von "dishonesty" als Tatbestandsmerkmal sehr unbestimmt. Der **Fraud Act 2006**, der für England, Wales und Nordirland gilt, erneuerte daher viele Teile der vorherigen Gesetze.[2] Insbesondere wurde ein *neuer Tatbestand des Betrugs* geschaffen, der drei Begehungsmöglichkeiten vorsieht: "Fraud by false representation", "Fraud by failing to disclose information" und "Fraud by abuse of a position". Eine wesentliche inhaltliche Änderung ist dabei der weitgehende Übergang von einem Erfolgsdelikt zu einem Tätigkeitsdelikt.

---

1 Näher s. *Hörster*, Die strict liability des englischen Strafrechts, 2009.
2 S. *du Bois-Pedain*, ZStW 122 (2010), 325 ff.; *Grau/Airey/Frick*, BB 2009, 1426 ff.; *Rönnau*, ZStW 122 (2010), 299 (307 ff.); speziell zur Strafbarkeit des "Directors" einer Limited *Ladiges*, wistra 2012, 170.

36 Vielbeachtet wurde weiterhin der **UK Bribery Act 2010**, der 2011 als neues Antikorruptionsgesetz in Kraft trat.[1] Das Gesetz schafft aktive und passive Bestechungstatbestände für natürliche und juristische Personen, die für natürliche Personen Freiheitsstrafen von bis zu zehn Jahren und im Bereich der Unternehmensstrafbarkeit Geldstrafen in unbegrenzter Höhe vorsehen. Aufgrund der auch extraterritorialen (also weltweiten) Anwendbarkeit und seiner Regelung zur Unternehmensstrafbarkeit, bei der eine Verantwortlichkeit durch effektive *Compliance-Maßnahmen* ausgeschlossen werden kann, hat das Gesetz auch außerhalb Großbritanniens große Aufmerksamkeit erfahren.

37 c) Die **Unternehmensstrafbarkeit** findet sich jedoch nicht nur im Korruptionsstrafrecht des UK Bribery Act 2010.[2] Sie hatte sich bereits in der Rechtsprechung seit dem 19. Jahrhundert entwickelt und ist fester Bestandteil des Strafrechts geworden. Für einzelne Bereiche sind gesetzliche Regelungen erlassen worden, wie im arbeits(straf)rechtlichen *Health & Safety at Work Act 1974*, im *Companies Act 2006* oder im bereits erwähnten *Fraud Act 2006* (Rz. 35). Eine Besonderheit ist der sich auf das Vereinigte Königreich erstreckende **Corporate Manslaughter and Corporate Homicide Act 2007**, der in Folge der gescheiterten Strafverfolgung gegen den Betreiber der gesunkenen Fähre „MS Herald of Free Enterprise" wegen fahrlässiger Tötung erlassen wurde. Ein Unternehmen macht sich demnach strafbar, wenn die Organisation der Führungsebene zu dem Tod einer Person führt und dies eine grobe Pflichtverletzung darstellt (*amounts to a gross breach of the duty of care it owes to the deceased*). Unternehmen können damit für eine Tötung strafrechtlich verantwortlich gemacht werden, auch wenn kein individuelles Fehlverhalten einer natürlichen Person nachgewiesen werden kann. Wie im UK Bribery Act 2010 sind dabei präventive *Compliance-Maßnahmen* von großer Bedeutung, da diese – bei effektiver Gestaltung – eine Verantwortlichkeit ausschließen können.

38 d) Das **Strafverfahrensrecht** im Vereinigten Königreich unterscheidet sich wesentlich von den kontinentalen Systemen. Es basiert auf einem dualistischen System, bei dem auf der einen Seite der „Monarch" für die Gemeinschaft und auf der anderen Seite der Beschuldigte steht („*trial*"). Das Verfahrensrecht ist inzwischen auch weitgehend gesetzlich geregelt. Umfangreiche Reformen in England brachten der Modernising Justice Act 1998, der Acess to Justice Act 1999 und insbesondere der Courts Act 2003. Die englische Strafgerichtsbarkeit untergliedert sich zum einen in die Eingangsinstanzen des Magistrate Courts für weniger gravierende Delikte und dem Crown Court für schwerwiegendere

---

1 Vgl. aus dem deutschen Schrifttum *Kappel/Lagodny*, StV 2012, 695; *Daniel/Rubner*, NJW-Spezial 2011, 335; *Engelhardt*, GmbHR 2011, R17 f.; *Hugger/Pasewaldt*, CCZ 2012, 23; *Hugger/Röhrich*, BB 2010, 2643; *Scheint*, NJW-Spezial 2011, 440; *Pörnbacher/Mark*, NZG 2010, 1372; *Walther/Zimmer*, RIW 2011, 199; s. auch *Kappel/Ehling*, BB 2011, 2115 und *Teicke/Mohsseni*, BB 2012, 911 im Vergleich zu den USA. Zu Deferred Prosecution Agreements *Schorn/Sprenger* CCZ 2013, 104 ff.; zu M&A-Fragen *Schwarz*, BB 2012, 136 ; zu Compliance-Aspekten *Klengel/Dymek*, HRSS 2011, 22.
2 S. auch die einschlägigen Beiträge in *Gobert/Pascal* (Hrsg.), European Developments in Corporate Criminal Liability, 2011; *Pieth/Ivory* (Hrsg.), Corporate Criminal Liability, Emergence, Convergence, and Risk, 2010.

Delikte und zum anderen in die Rechtsmittelinstanzen des High Courts und des *Supreme Courts* (der das frühere House of Lords ersetzt).[1] In Strafsachen ist der Supreme Court oberstes Gericht für England, Wales und Nordirland. Schottland hat ein eigenes Gerichtssystem, in dem der *High Court of Justiciary* das höchste Strafgericht ist.

Die Einbindung einer **Jury** ist ein Charakteristikum des englischen, aber auch des schottischen und nordirischen Strafverfahrens. Die Jury ist mit 12 Laienrichtern besetzt und entscheidet allein über die Schuldfrage. Den Berufsrichtern obliegt dabei nur die Sitzungsleitung und die (allerdings nicht ganz unwichtige) Klärung rechtlicher Fragen. Nach einem Schuldspruch wird in einem eigenen Verfahrensabschnitt– je nach zuständigem Gericht – von einem oder mehreren Berufsrichter(n) das Strafmaß festgesetzt. Indes ist die quantitative Bedeutung des Jury-Systems eher gering. So findet etwa in England die große Mehrzahl (ca. 95 %) der Verfahren vor dem Magistrates' Court statt, an welchem regelmäßig ohne Jury verhandelt wird. Letztlich werden etwa nur 1 % aller Verfahren vor einer Jury durchgeführt. Gleichwohl hat dieses System das englische Strafverfahren (und dessen weltweiten Ruf) eingehend geprägt und ist gerade bei schweren Delikten, insbesondere bei Kapitalverbrechen, noch von großer Bedeutung. In Wirtschaftsstrafsachen kommt es eher selten zur Anwendung. 39

Die **Strafverfolgung** in England obliegt dem durch den Prosecution of Offences Act 1985 gegründeten *Crown Prosecution Service* (CPS). In Schottland bestehen mit dem *Crown Office* sowie in Nordirland mit dem *Public Prosecution Service* vergleichbare Einrichtungen. Die Verantwortung des CPS liegt in den Händen des „Director of Public Prosecutions (DPP)". Das Amt des DPP besteht bereits seit 1879, seine Zuständigkeit wurde durch den Prosecution of Offences Act 1985 erheblich ausgeweitet und umfasst nunmehr die gesamte Organisation der Strafverfolgungsmaßnahmen nach Tätigwerden der Polizei. Innerhalb des CPS bestehen derzeit fünf eigene Abteilungen mit besonderen Zuständigkeiten ("Central Fraud Division", „International Division", „Organised Crime Division", „Special Crime and Counter Terrorism Division" – zuständig für die Unternehmensstrafbarkeit nach dem Corporate Manslaughter and Homicide Act 2007 (Rz. 37) – und „Welfare, Rural and Health Division"). 40

In besonderen Fällen wird die Strafverfolgung nicht durch das CPS durchgeführt, sondern durch *spezielle Behörden*. Die bedeutendste findet sich auf dem Gebiet des Wirtschaftsstrafrechts mit dem **Serious Fraud Office** (SFO). Dieses wurde durch den Criminal Justice Act 1987 errichtet und ist für England, Wales und Nordirland zuständig. Seine Aufgabe besteht in der Verfolgung besonders schwerer Betrugs- und Korruptionsfälle durch Spezialisten im Bereich der Betrugsbekämpfung, größtenteils Juristen und Wirtschaftsprüfer. Anders als das CPS, das die Verfahren von der ermittelnden Polizei übernimmt und dann die Anklage erhebt, führt das SFO auch die Untersuchungen durch und leitet bei ausreichenden Verdachtsmomenten selbst die Klage ein. Das bis 2010 für die Verfolgung von Steuerstraftaten zuständige *Revenue and Customs* 41

---

1 Ein Überblick gibt *Smartt*, ZfStrVo 2006, 82.

Prosecution Office (RCPO) wurde kürzlich in das CPS integriert, bei dem eine eigene Abteilung für Steuerdelikte eingerichtet wurde.

42 e) Eine Besonderheit des englischen Rechts ist zudem die große Anzahl **präventiver Maßnahmen**, die an Straftaten anknüpfen können. Der *Serious Crime Act 2007*, der für England, Wales und Nordirland gilt, hat hier weitgehende Verbote und Beschränkungen gegen straffällig gewordene Personen ermöglicht. Notwendig ist der Nachweis, dass die entsprechenden Personen in ein schweres Delikt („*serious crime*") verwickelt sind und begründete Anhaltspunkte bestehen, dass die Öffentlichkeit durch die Beschränkungen geschützt wird. Unter „serious crime" fallen zahlreiche wirtschaftsstrafrechtliche Tatbestände wie Geldwäsche, Betrug, Korruption oder Urheberrechtsverletzugnen. Befugt zum Erlass der präventiven Maßnahmen ist der – sonst primär als Rechtsmittelgericht tätige (Rz. 38) – *High Court of Justice*. Die Beschränkungen können sich bei *natürlichen Personen* auf finanzielle Geschäfte (z.B. Kreditgewährung), die Freizügigkeit, Ausreisefreiheit, mögliche Arbeitsverhältnisse oder den Zutritt zu öffentlichen Einrichtungen beziehen. Bei *juristische Personen* können zudem die Bereitstellung öffentlicher Güter und Dienstleistungen, die Beschäftigung von Angestellten und die Benutzung von Geschäftsräumen beschränkt werden.

6. Vereinigte Staaten von Amerika

Schrifttum: Literatur (Criminal Law): *Anderson/Mell*, Criminal Law, Cases, Commentary, and Questions, 2007; *Carlan/Nored/Downey*, An Introduction to Criminal Law, 2011; *LaFave*, Criminal Law, 5. Aufl. 2010; *LaFave*, Modern Criminal Law, 5. Aufl. 2011; *Lee*, Criminal Law, Cases and Materials, 2. Aufl. 2009; *Podgor*, Criminal Law, concepts and practice, 3. Aufl. 2013; *Podgor/Henning/Taslitz/Garcia*, Criminal Law, Concepts and Practice, 2005; *Robinson/Cahill*, Criminal Law, 2. Aufl. 2012; *Signorelli*, Criminal Law, Procedure, and Evidence, 2011; *Weaver/Abramson/Burkoff/Hancock*, Criminal Law, Cases, Materials & Problems, 3. Aufl. 2009; *Weaver/Burkoff/Hancock*, Criminal Law, A Contemporary Approach, 2011.

Literatur (Corporate Criminal Liability): *Barkow/Barkow*, Prosecutors in the Boardroom, Using Criminal Law to Regulate Corporate Conduct, 2011; *Brickey*, Corporate criminal liability, 3 Bde., 2. Aufl. 1992-94, Annual Supplement 2011-2012; *Brickey*, Corporate and White Collar Crime, Selected Cases and Material, 5. Aufl. 2011; *Engelhart*, Sanktionierung von Unternehmen und Compliance: eine rechtsvergleichende Analyse des Straf- und Ordnungswidrigkeitenrechts in Deutschland und den USA, 2. Aufl. 2012; *Gruner*, Corporate Criminal Liability and Prevention, Loseblatt; *Kaplan/Murphy*, Compliance Programs and the Corporate Sentencing Guidelines: Preventing Criminal and Civil Liability, Loseblatt; *Laufer*, Corporate Bodies and Guilty Minds, 2006; *Oded*, Corporate Compliance – New Approaches to Regulatory Enforcement, 2013; *Orland*, Corporate Criminal Liability, Regulation and Compliance, 2004; *Pape*, Corporate Compliance – Rechtspflichten zur Verhaltenssteuerung von Unternehmensangehörigen in Deutschland und den USA, 2011; *Rakoff/Sack*, Federal Corporate Sentencing. Compliance and Mitigation, Loseblatt.

Literatur (Economic and Business Crime): *Androphy*, White Collar Crime, 4 Bde., 2. Aufl. 2002; *Arkin* (Hrsg.), Business crime, Loseblatt; *Arkin*, Trading on Inside Information, 1984; *Arshadi/Eyssell*, The Law and Finance of Coporate Insider Trading, Theory and Evidence, 1993; *Bucy*, White Collar Crime, 3. Aufl. 2005; *Crane*, The Institutional Structure of Antitrust Enforcement, 2011; *Hazen*, The law of securities regulation, 2009; *Heminway*, Martha Stewart's Legal Troubles, 2006; *Henderson/Twerski*, Products Liability, Problems and Process, 7. Aufl. 2011; *Israel/Podgor/Borman/Henning*, White Collar Crime: Law and Practice, 3. Aufl. 2009; *Koch*, Ermittlung und Verfolgung von strafbarem Insiderhandel: eine vergleichende Untersuchung des U.S.-amerikanischen und deutschen Rechts, 2005; *Kohn*, The whistleblower's handbook, 2011; *Kohn/Kohn/Colapinto*, Whistleblower Law, 2004; *Martin*, Criminal Securities and Commodities Fraud, Kapitalanlagebetrug im US-amerikanischen und deutschen Recht, 1993; *McNeil*, Internal corporate investigations, 3. Aufl. 2008; *Miller*, The Executive's Guide to Understanding the Laws Behind White Collar Crime, Leading Lawyers on the Most Important Issues Executives Need to Understand, 2006; *Mizell*, Masters of Deception, The Worldwide White-Collar Crime Crises and Ways to Protect Yourself, 1997; *Obermaier/Morvillo*, White collar crime, Loseblatt; *O'Reilly*, Punishing corporate crime, 2009; *O'Sullivan*, Federal White Collar Crime, cases and materials, 5. Aufl. 2012; *Podgor/Henning/Israel/King*, White Collar Crime, 2013; *Podgor/Israel*, White collar crime in a nutshell, 4. Aufl. 2009; *Salinger* (Hrsg.), Encyclopedia of White-Collar and Corporate Crime, 2 Bde., 2. Aufl. 2013; *Sänger*, Whistleblowing in der börsennotierten Aktiengesellschaft, 2011; *Samson/Tiedemann* (Hrsg.), Das US-amerikanische Kartellstrafrecht, 1984; *Strader*, Understanding White Collar Crime, 3. Aufl. 2011; *Strader/Jordan*, White Collar Crime, Cases, Materials, and Problems, 2. Aufl. 2009; *Wagner-von Papp*, Kartellstrafrecht in den USA, dem Vereinigten Königreich und Deutschland, WuW 2009, 1236; *Wang*, Insider trading, 3. Aufl. 2010; *Webb/Tarun/Molo*, Corporate internal investigations, Loseblatt; *Wessing/Dann* (Hrsg.), Deutsch-Amerikanische Korruptionsverfahren, 2013; *Zagrosek*, Kronzeugenregelungen im U.S.-amerikanischen, europäischen und deutschen Recht der Wettbewerbsbeschränkungen, 2006; *Zahner*, Steuerfahndung in den USA, 2005; *Zahner*, Das Steuerstrafrecht der USA, in Dannecker/Jansen, Steuerstrafrecht in Europa und den Vereinigten Staaten, 2007, S. 509.

Literatur (FCPA): *Deming*, The Foreign Corrupt Practices Act and the new international norms, 2. Aufl. 2010; *Greanias/Windsor*, The Foreign Corrupt Practices Act, 1982; *O'Melveny & Myers LLP* (Hrsg.), Foreign Corrupt Practices Act, An O'Melveny Handbook, 7. Aufl. 2013; *Partsch*, The Foreign Corrupt Practices Act (FCPA) der USA. Das amerikanische Bestechungsverbot und seine Auswirkungen auf Deutschland, 2007; *Tarun*, The foreign corrupt practices act handbook, a practical guide for multinational general council, transactional lawyers and white collar criminal practitoners, 2. Aufl. 2012; *Zierenberg*, Der Foreign Corrupt Practices Act (FCPA) in deutschen Verträgen am Beispiel der Pharmaindustrie, 2011.

Literatur (RICO): *U.S. Dept. of Justice*, Criminal RICO: 18 U.S.C. 1961–1968: A Manual for Federal Prosecutors, 5. Aufl. 2009; *Floyd*, RICO state by state a guide to litigaton under the state racketeering statutes, 2. Aufl. 2011; *Rakoff* (Hrsg.), RICO. Civil and criminal law and strategy, Loseblatt; *Witte*, Der US-amerikanische RICO Act und deutsche Unternehmen, 1998.

Literatur (Criminal Procedure): *LaFave/Israel/King/Kerr*, Principles of Criminal Procedure: Post-Investigation, 2. Aufl. 2009; *Signorelli*, Criminal Law, Procedure, and Evidence, 2011; *Vogler*, Konsensuale Elemente im Strafprozess in England und Wales sowie in den USA, ZStW 121 (2004), 129; *Weaver/Abramson/Burkoff/Hancock*, Principles of Criminal Procedure, 4. Aufl. 2012.

Weiteres: *Abikoff*, Corporate governance, Loseblatt; *Bainbridge*, The new corporate governance in theory and practice, 2008.

a) Das Strafrechtssystem der **Vereinigten Staaten von Amerika** stellt für den Rechtsanwender aufgrund seiner Komplexität eine große Herausforderung dar. Die stark föderalistische Struktur führt dazu, dass *Bundes- und Landesstrafrecht* nebeneinander existieren. Dabei steht im Grundsatz den Bundesstaaten die Gesetzgebungskompetenz für das Strafrecht zu; der Bund ist nur in bestimmten, in der Verfassung aufgezählten Bereichen zur Strafgesetzgebung befugt. Es existieren somit über 50 verschiedene Strafrechtssysteme¹. Bundesstrafrecht und das Strafrecht der Einzelsstaaten stehen grundsätzlich nebeneinander, sodass ein krimineller Akt nach beiden Systemen verfolgt werden kann (*dual sovereignty rule*). Da der Bund nach der Verfassung die Kompetenz für den Wirtschaftshandel hat (sog. commerce clause), ist die strafrechtliche Gesetzgebung des Bundes in diesem Bereich besonders ausgeprägt und in den letzten Jahrzehnten sehr umfangreich geworden. Die folgende Darstellung konzentriert sich daher im wesentlichen auf das Bundesrecht.

44 Neben dieser föderalen Zersplitterung des Strafrechts, entstammt das Recht auch unterschiedlichen *Rechtsquellen*. Das amerikanische Recht wird traditionell der Rechtsfamilie des **common law** zugeordnet, da die 13 Gründungsstaaten zunächst das englische common law übernommen hatten. Dadurch hat das case law der Gerichte als *Präjudizien* (precedents) große Bedeutung. Dies gilt insbesondere in den Bereichen, in denen noch keine gesetzlichen Regelungen bestehen. Im Bereich des Bundesstrafrechts gilt dies vor allem für die Voraussetzungen und die Folgen der Strafbarkeit, da es dem Gesetzgeber (im Gegensatz zu den meisten Bundesstaaten) bis heute nicht gelungen ist, ein Strafgesetzbuch einzuführen.

45 Von diesen (bedeutenden) Ausnahmen abgesehen, wird allerdings das heutige Recht vor allem durch *gesetztes Recht der Legislative* (**statutory law**) geprägt. Wie im englischen Recht gilt aber auch hier, dass Gesetze weniger als in römisch-rechtlichen Rechtstraditionen eine systematische Gesamtregelung, sondern vielmehr eine punktuelle Regelung von Rechtsfragen darstellen. Die meisten Rechtsakte sind zunächst unter ihrem Namen bekannt, der sich nach dem Urheber des Gesetzes, einem oder mehreren Kongressabgeordneten, richtet (z.B. der *Sarbanes-Oxley-Act* nach Paul Sarbanes und Michael Oxley). Rechtstechnisch werden die einzelnen Gesetze mit ihren Artikeln dann jedoch in den *United States Code* (U.S.C.) integriert, der die umfassende Sammlung des Bundesrechts darstellt und nach dessen Systematik sich dann auch die Zitierung richtet. Zahlreiche Normen des Bundesstrafrechts sind im 18. Titel des United States Code zusammengefasst, der über 1.200 Straftatbestände sowie verfahrensrechtliche Vorgaben enthält und daher auch als „Federal Criminal Code" bezeichnet wird. Von großer Bedeutung sind zudem die Strafzumessungsrichtlinien (*United States Sentencing Guidelines*), die seit 1987 detaillierte Vorgaben für die Sanktionsbemessung beinhalten.

46 Das **Juristische Arbeiten** orientiert sich einserseits stark an der Rechtsprechung, anderseits an einzelnen Normen oder Rechtsakten. Mehr als die Systematisierung, Abstrahierung und Dogmatisierung steht die pragmatische Suche nach einer passenden Lösung im Einzelfall im Vordergrund. Diese „Freiheit" bietet oftmals Gelegenheit zu kreativen und innovativen Lösungen, die im „Korsett" der deutschen Dogmatik so nur bedingt möglich wären. Der Einfluss der Wissenschaft auf die Gesetzgebungspraxis und die Gerichte ist eher als ge-

---

1 Neben dem Bund und den Einzelstaaten besitzen auch der eigenständige District of Columbia, der Commonwealth of Puerto Rico und die Territorien der Virgin Islands und von Guam ihr eigenes Strafrechtssystem; zusätzlich existieren teilweise in den Territorien der American Indians eigene Strafgesetzbücher.

ring einzuschätzen. Allerdings sind die juristischen Berufe durchlässiger als in Europa. Es ist nicht unüblich, dass ein Anwalt zuvor in der Wissenschaft tätig war und davor als prosecutor oder als Verwaltungsbeamter (wie in der Securities and Exchange Commission – SEC) auf Staatsseite gearbeitet hat, sodass hierdurch ein Transport von „Know how" ermöglicht wird.

Der **Einstieg in das Recht** erfolgt zumeist über Lehrbücher. Diese sind jedoch deutlich weniger systematisch und dogmatisch orientiert als in Deutschland, sondern stellen zumeist thematisch geordnete Rechtsprechungübersichten dar. Kommentierungen von Gesetzen nach Paragraphen sind selten. Monographien existieren in einzelnen Bereichen, sind jedoch weniger verbreitet als im deutschsprachigen Raum. Die juristische Diskussion erfolgt vor allem über die sehr zahlreichen Zeitschriften (law reviews/law journals), die oftmals auch sehr umfangreiche Beiträge mit weit über 100 Seiten beinhalten. Für umfassende Recherchen sind am besten die gut ausgebauten *Datenbanken* mit ausgefeilten Recherchemöglichkeiten zu empfehlen (allen voran *LexisNexis* und *Westlaw*), die die Gesetzgebung, aufbereitete Rechtsprechung, Zeitschriftenliteratur (regelmäßig im Volltext) und Lehrbücher/Monografien (da die Anbieter oftmals auch Verleger dieser Publikationen sind) anbieten. Hinzu kommen Anbieter wie *HeinOnline*, die Zeitschriftenbeiträge als Pdf-Datei der Druckversion zumeist zurück bis zur ersten Ausgabe der jeweiligen Publikation anbieten. Zunehmend sind die aktuellen Beiträge der juristische Zeitschriften, insbesondere der renommierten law schools, auch online ohne Gebühr abrufbar (open access). 47

b) Wie das sonstige Strafrecht ist auch das **Wirtschaftsstrafrecht** nicht zusammenfassend geregelt, sondern über zahlreiche Gesetze verteilt. Das Wirtschaftsstrafrecht wird als eigenes Gebiet behandelt, zumeist unter dem von *Sutherland* geprägten Begriff des „White Collar Crime", der auch für die einschlägige Literatur verwendet wird. Geläufig sind zudem die Begriffe „business crimes", „economic crimes" oder „financial crimes". Wie in Deutschland ist damit aber kein genau umrissenes Rechtsgebiet beschrieben; die einbezogenen Tatbestände variieren von Darstellung zu Darstellung. 48

Zentrale Normen des Bundesstrafrechts sind die „*fraud*"-Delikte (vor allem mail, wire, bank, securities fraud), die eine große Bandbreite von täuschungsbedingten Handlungen kriminalisieren. Zahlreiche Straftatbestände erfassen die *falsche Darstellung der Unternehmenssituation* durch Führungskräfte. Eine allgemeine Regelung in 18 U.S.C § 1001 erfasst die wissentlich falsche Angaben der Unternehmenslage gegenüber staatlichen Behörden. Darüber hinaus bestehen besondere Tatbestände wie nach § 906 Sarbanes-Oxley Act, der die die falsche Versicherung des Vorstandsvorsitzenden und des Finanzvorstands, die Finanzlage des Unternehmens im Abschlussbericht sei zutreffend (sog. Bilanzeid; vgl. § 40 Rz. 68), unter Strafe stellt. Ein in der Praxis bedeutendes Gesetz ist der *Racketeer Influenced and Corrupt Organizations Act* (RICO, geregelt in 18 U.S.C. §§ 1961 ff.). Das Gesetz, das eine Vielzahl unterschiedlichster Tatbestände enthält, erfasst bspw. die Beteiligung von Mitarbeitern des Unternehmens an ungesetzlichen Tätigkeiten, die wie Betrug oder Geldwäsche einzeln im Gesetz aufgezählt sind (18 U.S.C. § 1962 (c)). Dadurch wird eine 49 umfangreiche Strafbarkeit von Unternehmensmitarbeitern, insbesondere im Managementbereich, erreicht.

50 Vor allem für ausländische Unternehmen von besonderer Bedeutung ist der **Foreign Corrupt Practices Act 1977** (FCPA)[1], der die Bestechung außerhalb der USA unter Strafe stellt[2]. Das im Zuge der Aufarbeitung des Wartegate-Skandals erlassene Gesetz stand in den letzten Jahren zunehmend im Fokus des für die Verfolgung zuständigen US Department of Justice (DoJ). Der FCPA gliedert sich in die eigentlichen Antikorruptionsbestimmungen[3] und Buchführungs- und Bilanzierungsvorgaben mit der Errichtung eines internen Kontrollsystems[4]. Bei der *Bestechung* ist im Unterschied zum deutschen Recht allein die aktive Bestechung, nicht aber die Annahme von Leistungen unter Strafe gestellt. Als taugliche Täter Emittenten („issuer"), Inlandspersonen („domestic concerns") und sonstige ausländische Personen („any person"), die weder „issuer" noch „domnestic concerncs" sind, in Frage. Unter „domnestic concern" sind alle US-Staatsbürger, nach US-amerikanischem Recht gegründete juristische Personen, Ausländer mit ständigem Wohnsitz in der USA sowie ausländische Unternehmen, deren Tätigkeitsschwerpunkt in den USA liegt, zu verstehen. Der Tatbestand verbietet die Zahlung, das Anbieten, Genehmigen oder Zusichern einer Geldleistung oder einer anderen geldwerten Leistung in direkter oder (über einen Dritten) in indirekter Weise an einen ausländischen Amtsträger („foreign officials"), eine ausländische Partei oder einen anderen. Damit ist der Amtsträgerbegriff des FCPA weiter als der deutsche i.S. des § 11 Abs. 1 Nr. 2 StGB, insbesondere da er auch ausländische Parteien, Parteifunktionäre und Kandidaten erfasst. Als subjektives Element verlangt der FCPA eine willentliche Verwirklichung des Tatbestandes, Vorsatz bezüglich einer unlauteren Beeinflussung („corruptly") sowie Vorteilsgewährungsabsicht. Buchführungs- und Bilanzierungsvorgaben ergänzen die Bestechungstatbestände, indem sie Maßnahmen vorschreiben, die Korruption verhindern oder aufdecken hätten können. Ein Verstoß gegen den „Buchführungstatbestand" liegt vor, wenn Geschäftsunterlagen und Bilanzen nicht ordnungegemäß geführt werden (und regelmäßig – jedoch nicht zwingend – korruptive Verhaltensweisen verschleiert werden). Zudem sind Emittenten durch die Verpflichtung, ein System interner Buchhaltungskontrollen zu entwerfen, gehalten, ein effizientes Compliance-Programm zu errichten. Der FCPA sieht für natürliche Personen Geldstrafen in Höhe von bis zu 5 000 000 $ und Haftstrafen bis zu 20 Jahren vor, für Unternehmen beträgt die Geldstrafe bis zu 2 500 000 $.

51 **c) Die Unternehmensstrafbarkeit** ist im amerikanischen Strafrecht fest verankert. Als im 19. Jahrhundert Unternehmen durch die schnell fortschreitende Industrialisierung an Bedeutung gewannen, wurde ihnen von der Rechtsprechung nicht nur eine uneingeschränkte Rechtsfähigkeit zuerkannt, sondern sie wurden auch der strafrechtlichen Verantwortung unterworfen. Wegweisend

---
1 15 U.S.C. §§ 78dd-1 bis 78dd-3 sowie § 78m.
2 Neben den im Literaturverzeichnis zitierten Monografien s. auch *Grau/Meshulam/ Blechschmidt*, BB 2010, 652; *Rübenstahl*, NZWiSt 2012, 401, NZWiSt 2013, 6.
3 15 U.S.C. §§ 78dd-1 bis 78dd-3.
4 15 U.S.C. § 78m.

war das Urteil des Supreme Court im Fall *New York Central & Hudson River RailRoad Co.*[1] v. United States, 212 U.S. 481 (1909), das eine generelle Verantwortlichkeit der Unternehmen auch ohne explizite gesetzliche Regelung begründete. Dieses Urteil wurde in der Folge vielfach bestätigt und ist bis heute Grundlage der strafrechtlichen Sanktionierung. Von wenigen gesetzlichen Tatbeständen abgesehen, die sich explizit an Unternehmen richten, ist dieses Rechtsgebiet daher von *case law* geprägt.

Nach den in der Rechtsprechung herausgebildeten Grundsätzen ist ein **Unternehmen verantwortlich**, wenn (1) eines seiner Mitglieder (agent) eine Straftat begeht, (2) die Begehung im Rahmen des Beschäftigungsverhältnisses erfolgt und (3) das Mitglied die Absicht hat, dem Unternehmen dadurch einen Vorteil zu verschaffen. Die Strafbarkeit stellt damit einen Fall der stellvertretenden Verantwortlichkeit (sog. *vicarious liability*) dar. Alle Merkmale werden weit ausgelegt, sodass praktisch jedes Unternehmen für jede Art von Straftat (ausgenommen sind nur Straftaten wie Meineid oder Vergewaltigung) eines seiner Mitarbeiter (unabhängig von dessen Stellung im Unternehmen, teilweise sind sogar Vertragspartner einbezogen) belangt werden kann. Aufgrund dieser extensiven Auslegung wird immer wieder gefordert, dass sich das Unternehmen durch den Nachweis ordnungsgemäßen Verhaltens (insbesondere durch ein effektives Compliance-Programm) entlasten können soll (sog. *due diligence defense*). Die Rechtsprechung lehnt dies bisher allerdings ab. Auch in den meisten Bundesstaaten existiert ein Unternehmensstrafrecht.

Einige Staaten haben sich am System des Bundes orientiert (so bspw. Massachusetts und Oklahoma); andere verlangen dagegen einschränkend, dass eine Führungsperson (*high managerial agent*) des Unternehmens involviert war (so etwa Delaware oder Texas).

Die **Strafzumessung für Unternehmen** richtet sich nach den 1991 erlassenen *Sentencing Guidelines for Organizational Offenders*, die als 8. Kapitel in die Richtlinien für natürliche Personen integriert wurden. Zwar hat der U.S. Supreme Court deren verbindliche Geltung im Urteil *Booker* für verfassungswidrig erklärt[2]; die Richtlinien können jedoch von den Gerichten als unverbindliche Empfehlungen weiterhin angewendet werden. Als Sanktionen gegen Unternehmen sind Geldstrafen, Wiedergutmachungsanordnungen und eine Art Bewährungsstrafe vorgesehen. Von zentraler Bedeutung ist die *Geldstrafe*. Diese bestimmt sich unter anderem nach der Schuld des Unternehmens (*Culpability Score*). Die Beteiligung einer Führungsperson bei der Straftat wirkt sich dabei straferhöhend aus. Das Vorhandensein eines effektiven Compliance-Programms oder die Kooperation mit den Ermittlungsbehörden ist dagegen strafmildernd. Neben der Geldstrafe hat die *Wiedergutmachungsanordnung* eigenständige Bedeutung. Sie dient allein dem Zweck, den eingetretenen Schaden auszugleichen und ist unabhängig vom Verschulden des Unternehmens. Schließlich sehen die Richtlinien eine Bewährungsstrafe vor (*Organizational Probation*), die neben oder anstatt der Geldstrafe möglich ist. Die Art Sanktion

---

1 New York Central & Hudson River RailRoad Co. v. United States, 212 U.S. 481 (1909).
2 United States v. Booker, 125 S. Ct. 738 (2005).

steht weitgehend im Ermessen des Gerichts. Die Vorschläge der Richtlinien reichen von einfachen Auflagen (Zahlung von Geldbeträgen an soziale Einrichtungen) über Berichtspflichten (regelmäßige Vorlage von Geschäftsbüchern) bis hin zur Verpflichtung, ein Compliance-Programm mit Restrukturierungsvorgaben im Unternehmen umzusetzen. Der Compliance-Ansatz der Richtlinien hat als präventiv orientiertes Anreizsystem große Aufmerksamkeit erfahren und wurde in den USA vor allem von Bundesbehörden und außerhalb der USA von zahlreichen Ländern übernommen (s. auch § 30 Rz. 3 ff.).

54 d) Das amerikanische **Strafverfahren** ist wie das materielle Strafrecht nur teilweise zusammenfassend geregelt. Eine eigentliche Strafprozessordnung existiert auf Bundesebene nicht, grundsätzliche Fragen sind jedoch in den *Federal Rules of Criminal Procedure* geregelt. Darüber hinaus enthält das *United States Attorneys' Manual*, das eine interne Richtlinie für die Staatsanwaltschaft darstellt, zahlreiche Hinweise auf die Verfolgungspraxis. Ermittlungen in Wirtschaftsstraftaten werden entweder vom Federal Bureau of Investigations (FBI) oder den Fachbehörden wie der Securities Exchange Commission (SEC), dem Internal Revenue Service (IRS) oder der Food and Drug Administration (FDA) durchgeführt. Bei größeren Fällen schalten sich die Staatsanwaltschaft frühzeitig ein, insbesondere wenn vor einer grand jury, die für die Bestätigung der Anklage bei schwereren Delikten zuständig ist, Beweise gesammelt werden sollen.

55 Ein wesentlicher Unterschied zu kontinentaleuropäischen Rechtsordnungen ist die starke Stellung der **Staatsanwaltschaft**. Sie hat die alleinige Befugnis, über eine Anklage zu entscheiden. Hierzu ist sie nicht verpflichtet, sondern sie kann aufgrund des herrschenden *Opportunitätsprinzips* auch Verfahren einstellen. In der Praxis führt dies dazu, dass die Staatsanwaltschaft regelmäßig einen *Deal* anstrebt. Deutlich über 90 % der Verfahren werden auf diese Weise durch ein „non-prosecution agreement" oder ein „deferred prosecution agreement" beendet. Für den Verzicht auf die Durchführung eines Strafverfahrens verlangt die Staatsanwaltschaft zumindest ein Geständnis und die Bereitschaft, Auflagen (i.d.R. Geldzahlungen) zu erfüllen. Bei der Strafverfolgung von Unternehmen ist die Staatanwaltschaft in den letzten Jahren dazu übergegangen, die „Sanktionen" zu „verhängen", die auch die Sentencing Guidelines vorsehen. Hierbei stellt insbesondere die Verpflichtung, ein Unternehmen durch ein Compliance-Programm zu restrukturieren, eine gängige wie einschneidende Sanktion dar. Zentrales Kriterium für einen Deal ist heutzutage zumeist auch eine umfangreiche *Kooperation* des Beschuldigten. Die Erwartung seitens der Behörden zur Kooperation übt auf die Betroffenen einen nicht unerheblichen Druck aus. Die Frage zulässigen Drucks und inwieweit dadurch *Schweigerechte* des Betroffenen oder etwa die vertrauliche Kommunikation zwischen Anwalt und Beschuldigten (*attorney-client-privilege*) umgangen werden, bestimmen die Diskussion seit Jahren. Bei Unternehmen kann auch ein grundsätzlich effektives Compliance-Programm positiv honoriert werden und den Abschluss eines Deals befördern.

56 Soweit das Verfahren nicht vorab beigelegt wird, kommt es zur **Anklageerhebung** und -eröffnung. In Wirtschaftsstrafverfahren stützt sich die Anklage häufig auf Delikte wie falsche Bestätigungen oder Behinderung der Justiz, die

einfacher nachzuweisen sind als die eigentlich ermittelten „fraud"-Delikte. Bekennt sich der Angeklagte bei der Anklageeröffnung schuldig (was oft auch aufgrund eines vorherigen Deals geschieht), findet keine Hauptverhandlung mehr statt, sondern nur noch das getrennt erfolgende Sanktionsverfahren. Wird ein Hauptverfahren durchgeführt, findet dieses bei leichteren Delikten vor einem Richter (*bench trial*), bei schwereren Delikten vor einer Jury statt (*jury trial*). Das Verfahren ist adversatorisch geprägt: Die Staatsanwaltschft hat – nur – die belastenden Umstände zu beweisen, während der Angeklagte entlastende Umstände nicht nur darlegen, sondern auch beweisen muss.

7. Russland

Schrifttum: Textsammlungen: *Butler*, Russian criminal law and procedure, 2011; *Max-Planck-Inst. für Ausländisches und Internat. Strafrecht*, Strafgesetzbuch der Russischen Föderation. Nach dem Stand vom 1.1.2007 (dt. Übers. u. Einf. v. F.-Chr. Schroeder.), 2. Aufl. 2007.

Literatur (Materielles Strafrecht): *Kropačev*, Ugolovnoe pravo Rossii (Russisches Strafrecht), 2006; *Kruglikov*, Kommentarij k ugolovnomu kodeksu Rossijskoj Federacii (Kommentar zum Russischen Strafgesetzbuch), 2005; *Lammich*, Das neue russische Strafgesetzbuch von 1996, ZStW 109 (1997), 417; *Lammich*, Korruption und organisierte Kriminalität sowie deren Behandlung im neuen russischen Strafrecht, OstEuR 1998, 43; *Lebedev*, Kommentarij k Ugolovnomu Kodeksu Rossijskoj Federacii (Kommentar zum Russischen Strafgesetzbuch), 9. Aufl. 2010; *Markuncov/Umansky*. „Inflation" des russischen Strafrechts?, Aktuelle Entwicklungen des Besonderen Teils des Strafgesetzbuchs der Russischen Föderation, Osteuropa Recht 2012, 30; *Rarog*, Grundlegende Probleme des russischen Strafrechts, ZStW 120 (2008), 626; *Schroeder, F.-Chr.*, Das neue russische Strafgesetzbuch, JZ 1997, 19; *Schroeder, F.-Chr.*, Das neue Strafgesetzbuch von Belarus im Vergleich zum russischen und dem GUS-Modellstrafgesetzbuch, Kontinuität und Neubeginn. Staat und Recht in Europa zu Beginn des 21. Jahrhunderts, in FS Georg Brunner, 2001, S. 324; *Schroeder, F.-Chr.*, Die Änderungen des russischen Strafgesetzbuchs seit 1996, Osteuropa Recht 2004, 256; *Schroeder, F.-Chr.*, Die Sprache des russischen Strafgesetzbuchs, in FS Roggemann, 2006, S. 207; *Schroeder, F.-Chr.*, Die scheinbare Wiedereinführung der Vermögenskonfiskation in Russland, ZStW 119 (2007), 450; *Schroeder, F.-Chr.*, Die Strafausschließungsgründe des russischen Rechts im Lichte der deutschen Strafrechtsdogmatik, ZStW 123 (2011), 82; *Utkin*, Alternative sanctions in Russia, 2013; *Žuravlev*, Ugolovnoe pravo: obščaja i osobennaja čast (Strafrecht, Allgemeiner und Besonderer Teil), 2004.

Literatur (Wirtschaftsstrafrecht): *Ivanov*, Die Verantwortlichkeit von Unternehmen im russischen Ordnungswidrigkeitenrecht – de lege lata und de lege ferenda, ZStW 123 (2011), 347; *Golovnenkov*, Das transnationale Insolvenzstrafrecht im Verhältnis zu Russland, 2012; *Hellmann/Esakov/Golovnenkov*, Bestimmungen des Sondersubjekts bei Wirtschaftsstraftaten im russischen und deutschen Recht, 2010; *Komissarov* (Hrsg.), Verantwortlichkeit Juristischer Personen: Tagungsband zum Deutsch-Juristischen Strafrechtsseminar, 2013; *Melnikov*, Das russische Wirtschaftsstrafrecht, Eine rechtsvergleichende Darstellung vor dem Hintergrund des deutschen Rechts, 2011; *Schroeder, F.-Chr.*, Das neue russische Wirtschaftsstrafrecht, ZStW 114 (2002), 215; *Uhr*, Straftaten im Bereich der wirtschaftlichen Betätigung in Rußland, 2001.

Literatur (Strafverfahrensrecht): *Endol'ceva*, Ugolovnyj process (Strafprozessrecht), 2008; *Hussner*, Die Umsetzung von Art. 6 Abs. 3 EMRK in der neuen Strafprozessordnung Russlands, 2008; *Kudratov*, Konsensuale Elemente im Strafprozess der Russischen Föderation, ZStW 125 (2013), 729; *Markunzow*, Die Entscheidungen des Plenums des Obersten Gerichts der Russischen Föderation (OGRF) und ihre Bedeutung in der Auslegung strafrechtlicher Normen, OstEuR 2013, 433; *Paramonova*, Status der EMRK und der

Rechtsprechung des EGMR sowie deren Rolle bei der Gestaltung des russischen Strafverfahrens, KritV 2013, 188; *Paramonova /Gleb*, Neue Entwicklungen im Strafprozessrecht Russlands, ZStW 125 (2013), 703; *Radčenko*, Kommentarij k ugolovno-processual'nomu kodeksu Rossijskoj Federacii (Kommentar zum russischen Strafverfahrensrecht) 2007; *Schroeder, F.-Chr.*, Die neue russische Strafprozessordnung, Forschungsverbund Ost-und Südosteuropa (forost), Arbeitspapier Nr. 10, 2002; *Schroeder, F.-Chr.*, Fabrizierte Anklagen in Russland, Jahrbuch für Ostrecht, Bd. 43, 2002, S. 59.

Weiteres: *Hellmann*, Berührungspunkte in der deutschen und russischen Strafrechtswissenschaft, 2013; *Nußberger* (Hrsg.),Einführung in das russische Recht, 2010.

57 a) Das **russische Strafrecht** erscheint dem interessierten Ausländer und Rechtsvergleicher, auch aufgrund der *kyrillischen* Schrift, auf den ersten Blick als besondere Herausforderung. Anders aber als das common law weist das russische Strafrecht seit Langem inhaltlich und strukturell viele Ähnlichkeiten mit den (anderen) kontinentaleuropäischen Rechtssystemen auf. Dies ist auf einen relativ engen Austausch zwischen zwischen Russland und den (mittel- und west-)europäischen Staaten Ende des 19. und zu Beginn des 20. Jahrhunderts zurückzuführen. Dieser hat insbesondere auf wissenschaftlicher Ebene auch während der Zeit des Kommunismus stattgefunden, kam in der Übergangszeit der 1990er Jahre dann zwar weitgehend zum Erliegen, wird aber seit nunmehr gut zehn Jahren wieder vermehrt fortgeführt. In der kommunistischen Zeit stand natürlich die Ideologie über dogmatischen und systematischen Erwägungen. Im Bereich der Wirtschaftsstraftaten stand der Schutz der staatlich gelenkten Wirtschaft im Mittelpunkt. Verstöße gegen die sozialistische Wirtschaftsordnung wurden mehr als Delikte gegen den Staat denn als normale Straftaten gegen das Eigentum etc. gesehen.

58 Mit dem Übergang zur freien Marktwirtschaft hat ein grundlegender Systemwechsel stattgefunden, der auch eine Anpassung des Strafrechts, insbesondere im Bereich der Wirtschaftsstraftaten erforderte. Um ein modernes Strafrecht zu schaffen und die ideologischen Bestandteile zu entfernen, wurde daher zum 1.1.1997 ein neues, das heute geltende **Strafgesetzbuch der Russischen Föderation** („Ugolovnij Kodeks Rossijskoj Federacii"– UK) erlassen. Dieses ist noch einer steten Anpassung unterworfen; in den ersten 15 Jahren wurde es bereits mehr als 600 Mal – auch substanziell – geändert, was die Rechtsanwendung erheblich erschwert. Die einscheidensten Änderungen gingen einher mit der Finanz- und Wirtschaftskrise und beziehen sich auf Wertpapierdelikte mit dem Verbot von Insiderhandel und Marktmanipulation (vgl. Art. 178, 185, 185-1, 186, 185-6 UK), die Geldwäsche (Art. 174 UK) sowie auf Steuerstraftaten (Art. 198, 199 ff. UK).

59 Die **strafrechtliche Literatur** orientiert sich eng am UK. Lehrbücher und Grundrisse sowie Kommentierungen, die wie in Deutschland nach Paragraphen erfolgen, oftmals aber (noch) nicht so ausführlich und tiefgründig sind, erschließen das Gesetz. Es gibt zahlreiche Monografien ebenso wie eine umfangreiche Zeitschriftenliteratur. Der deutsche Rechtsanwender bewegt sich also insoweit auf bekanntem Terrain. Die Anzahl der Publikationen in deutscher Sprache zum russischen (Straf-)Recht ist bedauerlicherweise sehr überschaubar. Da Russland Mitglied des *Europarats* (§ 5 Rz. 13) ist und auch der *Europäischen Menschenrechtskonvention* (§ 5 Rz. 15) beigetreten ist, ist die Rechtspre-

chung des Europäischen Gerichtshofs für Menschenrechte von großer Bedeutung für das russische Recht und (auch) für strafrechtspolitische Reformen.[1]

b) Eine Besonderheit des russischen Strafrechts ist die starke (und auf eine lange Tradition zurückblickende) Umsetzung der *Kodifikationsidee*. Diese hat zur Folge, dass grundsätzlich das gesamte Strafrecht im Strafgesetzbuch geregelt ist und insbesondere neue Tatbestände durch den Gesetzgeber dort zu regeln sind (Art. 1 Abs. 1 UK). Dies gilt damit auch für das **Wirtschaftsstrafrecht**, das folglich nicht auf Spezialgesetze bzw. ein Nebenstrafrecht verteilt ist. Das Wirtschaftsstrafrecht besitzt in Russland eine lange Tradition als eigenständiges Gebiet. Während der Begriff des „Wirtschaftsstrafrechts" in Deutschland bis in 1930er Jahre nahezu unbekannt war, besaßen bereits das Strafgesetzbuch der Russisch Sozialistischen Föderativen Sowjetrepublik von 1922 sowie das russische Strafgesetzbuch von 1926 ein eigenes Kapitel der „Wirtschaftsstraften". 60

Im heutigen UK ist der VIII. Abschnitt (von 12 insgesamt) den „**Straftaten im Bereich der Wirtschaft**" gewidmet. Der Abschnitt ist wiederum unterteilt in die klassischeren „*Straftaten gegen das Eigentum*" (21. Kapitel), die eigentlichen Bestimmungen eines modernen Wirtschaftsstrafrechts über „*Straftaten im Bereich wirtschaftlicher Betätigung*" (22. Kapitel) und schließlich in „*Straftaten gegen die Interessen des Dienstes in kommerziellen und sonstigen Organisationen*" (23. Kapitel). Geregelt sind beispielsweise die Behinderung rechtmäßiger Unternehmenstätigkeit, die Beinträchtigung des Wettbewerbs oder der Verrat von Wirtschaftgeheimnissen. Die meisten Tatbestände sind Blankettstraftaten, die auf Regelungen des Wirtschaftsrechts Bezug nehmen. Eine häufig vorzufindende Besonderheit ist dabei auch die Kombination von einerseits weit gefassten Verhaltensanforderungen mit unbestimmten oder generalklauselartigen Umschreibungen (typisch auch „ungesetzlich" bzw. „wo dies gesetzlich erforderlich ist"), die dann einschränkend etwa auf den Eintritt eines „großen" bzw. „bedeutenden" Schadens oder auf eine bestimmte Personengruppe beschränkt sind. Gesetzliche „Anmerkungen" im Anschluss an die Tatbestände konkretisieren vielfach die unbestimmten Tatbestandsmerkmale. 61

Eine Besonderheit des russischen Strafgesetzbuchs ist die große Vielfalt an möglichen **Rechtsfolgen** (Art. 44 UK). Diese umfassen nicht nur die *Geld-* und *Freiheitsstrafen* (von grundsätzlich 2 Monaten bis 20 Jahren), sondern auch *Freiheitsbeschränkungen* (vor allem Hausarrest) sowie den (praktisch derzeit nicht relevanten) *Arrest*. Des Weiteren sind verschiedene Tätigkeitspflichen vorgesehen wie die *Besserungs-* und *Pflichtarbeit* (entspricht teilweise der Leistung sozialer Dienste) sowie seit 2011 (u.a. mit dem gesetzgeberischen Ziel der 62

---

[1] Die Urteile bieten teilweise einen guten Überblick zu einzelnen Rechtsgebieten. S. etwa zum Steuerstrafrecht EGMR v. 25.7.2013 – Nr. 11082/06 u. 13772/05 – Khodorkovskiy and Lebedev v. Russia, oder zur Unternehmensgeldbuße EGMR v. 20.9.2011 – Nr. 14902/04 – OAO Neftyanaya Kompaniya Yukos v. Russia. S. zur Thematik *Paramonova/Gleb*, Neue Entwicklungen im Strafprozessrecht Russlands, ZStW 125 (2013), 703; *Paramonova*, Status der EMRK und der Rechtsprechung des EGMR sowie deren Rolle bei der Gestaltung des russischen Strafverfahrens, KritV 2013, 188.

Humanisierung des Strafrechts[!] begründet) auch *die Zwangsarbeit*.[1] Zudem sind *Amts-* und *Tätigkeitsverbote* vorgesehen. Die Todesstrafe ist noch für Straftaten gegen das Leben vorgesehen, wird jedoch derzeit nicht verhängt. Als Maßnahme „strafrechtlichen Charakters" besteht darüber hinaus die sog. *Vermögenskonfiskation*, die in der Sache aber mehr dem deutschen Verfall bzw. der Einziehung als einer umfassenden Vermögensstrafe entspricht. Die Vielzahl dieser Rechtsfolgen eröffnet dem Richter große Flexibilität auf der Rechtsfolgenseite.

63 Im materiellen Strafrecht – und nicht wie in Deutschland im Prozessrecht in den §§ 153 ff. StPO – sind die Möglichkeiten eines **Absehens von Strafe** in bestimmten Fällen geregelt. Dies gilt etwa für leichtere und mittelschwere Taten im Fall *tätiger Reue und Gutmachung des Schadens* (Art. 75 UK). Eine Befreiung von Strafe ist auch möglich, wenn infolge der *Veränderung der Umstände* (wie etwa einer Änderung des Steuerrechts) weder der Täter noch die Tat weiter sozialschädlich sind (Art. 80.1 UK). Damit wird ein großer richterlicher Spielraum (aber auch ein Missbrauch) eröffnet. Die gleiche Folge ist als Form des Täter-Opfer-Ausgleichs bei einer *Einigung mit dem* Opfer vorgesehen, das neben Individuen auch Organisationen und sogar den Staat umfasst (Art. 76 UK). Der neu geschaffene Art. 76.1 UK sieht zudem eine spezielle Vorschrift für das Wirtschaftsstrafrecht vor: Nach Abs. 1 ist die Befreiung von der Strafe bei einer Steuerstraftat nach Art. 198, 199.1 UK möglich, wenn der Täter dem russischen Staat den *Steuerschaden ersetzt*. Nach Abs. 2 gilt dies für eine Vielzahl weiterer Wirtschaftsstraftaten (nicht allerdings im Fall der Geldwäsche), wenn der Täter den entstandenen *Schaden ersetzt* und das *Fünffache des Schadens an den Staat zahlt*; damit ist eine Art Einstellung gegen Geldauflage geschaffen.

64 c) Eine strafrechtliche **Verantwortlichkeit von Unternehmen** kennt das russische Recht bislang nicht, da sich das russische Strafgesetzbuch an natürliche Personen richtet (Art. 19 UK). In den letzten Jahren wurde die Einführung des Unternehmensstrafrechts allerdings immer wieder diskutiert und es wurden entsprechende Gesetzesvorschläge in das Parlament eingebracht, aber bislang nicht verabschiedet.

65 Die Sanktionierung von Unternehmen ist bislang im Jahr 2002 neu geschaffenen *Kodex für administrative Verantwortlichkeit* („Kodex ob administrativnyh pravonarušenijah" – KoAP) geregelt, der dem deutschen **Ordnungwidrigkeitengesetz** vergleichbar ist, aber weitergehend auch zahlreiche verwaltungsrechtliche Vorgaben enthält. Dieser sieht eine eigene Verantwortlichkeit von Unternehmen für die meisten Ordnungswidrigkeiten vor (Art. 2.1 Abs. 2, 3, Art. 2.10 KoAP). Ein Unternehmen ist grundsätzlich dann verantwortlich, wenn eine Ordnungswidrigkeit begangen wurde und das Unternehmen nicht alle Maßnahmen ergriffen hat, um die Beachtung der Vorschriften zu gewährleisten. Das bedeutet, dass präventive Maßnahmen (wie durch Compliance-Program-

---

[1] Dazu *Utkin*, Alternative sanctions in Russia: status, problems and prospects, 2013. Abrufbar unter: http://www.penalreform.org/wp-content/uploads/2013/09/Alternative-sanctions-in-Russia_English.pdf.

me) großen Einfluss auf die Verantwortlichkeit des Unternehmens haben können.

Nach Art. 3.5 KoAP kann gegen das Unternehmen eine **Geldsanktion** von bis zu 1 Mio. Rubel verhängt werden; da die Sanktion jedoch auch alternativ (beispielsweise nach dem Wert des Objekts der Rechtsverletzung) berechnet werden kann, kann sie auch höher ausfallen. Die Unternehmenssanktion ist von großer praktischer Bedeutung. Im Jahr 2009 wurden über 100 000 Unternehmen belangt, wobei der Anteil dieser Sanktionen 80 % der insgesamt eingetriebenen Bußgelder ausmachte. Neben dem Bußgeld sind weitere Sanktionen wie eine Verwarnung oder eine zeitliche Suspendierung von der wirtschaftlichen Tätigkeit möglich (Art. 3.2 KoAP). Der Unterschied zwischen der Verwaltungssanktion und dem Strafrecht ist daher nicht sehr groß. Schon das Gesetz spricht von „Strafe"; auch der EGMR stuft die Sanktionen als „Strafe" iSd. der EMRK ein[1]. Der wesentliche Unterschied besteht im Verfahren, das gegenüber dem Strafverfahren wesentlich vereinfacht ist und deutlich geringere prozessuale Garantien bietet. 66

d) Deutlich später als auf dem Gebiet des materiellen Strafrechts, nämlich erst am 1.7.2002 trat im Bereich des **Strafverfahrensrechts** das „Strafprozessgesetzbuch" der Russischen Föderation („Ugolovno-processual'nij Kodeks Rossijskoj Federacii" – UPK) in Kraft. Dieses wurde noch häufiger als russische Strafgesetzbuch geändert. Oftmals waren Urteile des Verfassungsgericht Anlass hierfür. Auch wenn das UPK strukturell den klassisch kontinentaleuropäischen Kodifikationen folgt, hat es inhaltlich doch zahlreiche Anleihen beim angloamerikanischen Strafprozessrecht genommen, beispielsweise mit der Einführung des kontradiktorischen Verfahrens, der Möglichkeit eines Schwurgerichts mit 12 Geschworenen oder dem Verwertungsverbot für alle unter Verletzung der UPK gewonnenen Beweismittel. 67

Für die Verhandlung von Straftaten sind in Russland die ordentlichen **Gerichte** zuständig (Art. 126 Verfassung der russischen Föderation). I.d.R. ist in erster Instanz ein *Einzelrichter* zuständig, auch bei großen Wirtschaftsstrafverfahren. Für zahlreiche Wirtschaftssachen bestehen sog. *Arbitragegerichte* mit zumeist spezialisierten Richtern (Art. 127 Verfassung der russischen Föderation), deren wirtschaftsrechtliche Rechtsprechung oft für die Auslegung im Wirtschaftsstrafrecht relevant ist. Große Bedeutung haben zudem die sog. *Plenumsbeschlüsse* des Obersten Gerichts,[2] die vielfach zu wirtschaftsstrafrechtlichen und prozessualen Fragen ergangen sind. Die Rechtsnatur dieser Beschlüsse ist zwar umstritten, formal sind sie lediglich eine Auslegungshilfe, faktisch werden sie jedoch von der unterinstanzlichen Rechtsprechung wie Gesetzesakte behandelt. 68

Neben dem normalen Strafverfahren sieht das Strafprozessgesetzbuch mit dem **Unterwerfungsverfahren** (Abschnitt X, Kap. 40 UPK) für leichtere und mittel- 69

---

[1] Vgl. das Urteil EGMR v. 20.9.2011 – Nr. 14902/04 – OAO Neftyanaya Kompaniya Yukos v. Russia.
[2] *Markunzow*, Die Entscheidungen des Plenums des Obersten Gerichts der Russischen Föderation (OGRF) und ihre Bedeutung in der Auslegung strafrechtlicher Normen, OstEuR 2013, 433.

schwere Delikte ein Hauptverfahren ohne Beweisaufnahme und ohne weitere Rechtsmittel vor, wenn der Angeklagte und die anderen Beteiligten der Anklage zustimmen. Damit besteht ein dem *amerikanischen plea bargaining* ähnliches System.

70 Das 2009 neu eingeführte **Verfahren der vorgerichtlichen Vereinbarung** (Kap. 40.1 UPK) führt diesen Ansatz noch weiter[1]. Dieses Institut der vorgerichtlichen Kooperationsvereinbarung mit der Justiz, das für alle Straftaten gilt, ist eine Verständigung zwischen der Staatsanwaltschaft und der Verteidigung über die Verantwortung des Beschuldigten unter Berücksichtigung seines Verhaltens nach der Anzeige einer Straftat oder nach der Anklageerhebung. Die Strafverfolgungsbehörden haben damit die Möglichkeit, den Beschuldigten unter der Voraussetzung einer signifikanten Reduktion ihrer Strafe zur Kooperation zu motivieren. Der Beschuldigte teilt den Ermittlungsbehörden wichtige Informationen über die Straftat mit. Als „Gegenleistung" stellen diese vor Gericht den Antrag, die Kooperation zu genehmigen, was bedeutet, dass die verhängte Strafe nicht mehr als die Hälfte der maximal angedrohten Strafe für entsprechende Verbrechen sein darf. Allerdings ist das Gericht nicht verpflichtet, die Kooperation tatsächlich zu billigen. Bei einer Ablehnung der Kooperation durch das Gericht hat der Beschuldigte dennoch bereits kooperiert und sich damit der Bestrafung ausgesetzt; die Motivation zum Abschluss solcher Vereinbarungen ist deshalb gemindert und mit einem hohen Risiko belastet.

§ 8
Grenzüberschreitende Bekämpfung

Bearbeiter: Sandra Bischoff/Alexander Nogrady

	Rz.		Rz.
A. Grundlagen der Rechtshilfe	1	2. Innerstaatliche Rechtsgrundlagen	
I. Rechtshilfe und Amtshilfe	2	a) Gesetz über die internationale Rechtshilfe in Strafsachen	19
II. Rechtsgrundlagen			
1. Internationale Rechtsgrundlagen	4	b) RiVASt	21
a) Internationale Übereinkommen	5	III. Zuständigkeiten und Geschäftswege	
b) Bilaterale Verträge	14	1. Delegation der Befugnisse	24
c) Vertragslose Rechtshilfe	15	2. Bewilligungs-, Prüf- und Vornahmeverfahren	27
d) Fundstellen	17	3. Geschäftswege	32

---

1 *Kudratov*, Konsensuale Elemente im Strafprozess der Russischen Föderation, ZStW 125 (2013), 729.

	Rz.		Rz.
IV. Rechtshilfe innerhalb der EU	36	6. Überwachung der Telekommunikation	106
1. Rahmenbeschlüsse	37	7. Fingerspuren- und DNA-Abgleich	110
a) Grundsatz der gegenseitigen Anerkennung	38	8. Gemeinsame Ermittlungsgruppen	114
b) Grundsatz des Vertrauens in andere Rechtsordnungen	42	9. Übernahme der Strafverfolgung	119
2. Richtlinien nach dem Vertrag von Lissabon	44	10. Polizeiliche Rechtshilfe	122
B. Bereiche der Rechtshilfe		**III. Vollstreckungshilfe**	125
I. Auslieferungsersuchen	48	1. Vollstreckung von Freiheitsstrafen	127
1. Internationale Fahndung	49	a) Überstellungsübereinkommen	128
2. Rechtsgrundlagen	51	b) Zusatzprotokoll zum Überstellungsübereinkommen	134
3. Vereinfachte Auslieferung	59	c) Vollstreckungshilfe und Europäischer Haftbefehl	136
4. Europäischer Haftbefehl	60	2. Vollstreckung von Einziehungsentscheidungen	
a) Neuerungen durch den RB	61	a) Multi- und bilaterale Übereinkommen	141
b) Umsetzung im nationalen Recht	67	b) EU	143
c) Anwendungsprobleme	72	3. Vollstreckung von Geldsanktionen	148
II. Rechtshilfe im engeren Sinn	77	**C. Zusammenarbeit mit zwischenstaatlichen Organisationen**	155
1. Zustellungen	78		
2. Vernehmungen	84		
3. Durchsuchung und Beschlagnahme	92		
4. Vorübergehende Überstellung	103		
5. Elektronische Auskunft aus Verfahrensregistern	104		

Schrifttum: Vgl. auch die Nw. oben in §§ 4, 5 und 6.

Kommentare und Monografien: *von Bubnoff,* Der Europäische Haftbefehl – Ein Leitfaden für die Auslieferungspraxis, 2005; *Grützner/Pötz/Kreß,* Internationale Rechtshilfe in Strafsachen, Loseblatt; *Hackner/Schierholt,* Internationale Rechtshilfe in Strafsachen, 2. Aufl. 2012; *Innenministerium Baden-Württemberg* (Hrsg.), Internationale polizeiliche Zusammenarbeit – Handbuch für die Polizei Baden-Württemberg, Loseblatt; *Krumm/Lempp/Trautmann,* Das neue Geldsanktionengesetz – Handkommentar, 2010; *Schomburg/Lagodny/Gleß/Hackner,* Internationale Rechtshilfe in Strafsachen, 5. Aufl. 2012.

Aufsätze: *Ahlbrecht*; Der Rahmenbeschluss-Entwurf der Europäischen Beweisanordnung – eine kritische Bestandsaufnahme, NStZ 2006, 70; *Antor,* Das Europäische Justizielle Netz, DRiZ 2002, 330; *Bär,* Transnationaler Zugriff auf Computerdaten, ZIS 2011, 53; *Böhm,* Das neue Europäische Haftbefehlsgesetz, NJW 2006, 2592; *Böhm,* Der Europäische Haftbefehl im Lichte des Grundsatzes der gegenseitigen Anerkennung und die praktische Umsetzung im nationalen Auslieferungsrecht, StraFo 2013, 177; *Böse,* Die Verwertung im Ausland gewonnener Beweismittel im deutschen Strafverfahren, ZStW 114 (2002), 148; *Brodowski,* Strafrechtsrelevante Entwicklungen in der Europäischen Union – ein Überblick, ZIS 2010, 76; *von Bubnoff,* Der Europäische Haftbefehl, Kriminalistik 2007, 531; *Gazeas,* Die Europäische Beweisanordnung – Ein weiterer Schritt in die falsche Richtung?, ZRP 2005, 18; *Gercke,* Zur Zulässigkeit sog. Transborder Searches – Der strafprozessuale Zugriff auf im Ausland gespeicherte Daten, StraFo 2009, 271; *Gleß,* Beweisverwertungsverbote in Fällen mit Auslandsbezug, JR 2008; 317; *Gleß/Eymann,* Nachträgliches Verwertungsverbot und internationale Beweisrechtshilfe, StV 2008, 318;

Gleß/Spencer, Effizienz und Individualrechtsschutz im Dreiecksverhältnis der sonstigen Rechtshilfe, StV 2006, 269; *Hackner/Schomburg/Lagodny/Gleß*, Das 2. Europäische Haftbefehlsgesetz, NStZ 2006, 663; *Hackner/Trautmann*, Die Vollstreckung ausländischer Geldstrafen und Geldbußen nach dem Gesetzesentwurf der Bundesregierung zu einem Europäischen Geldsanktionsgesetz, DAR 2010, 71; *Heger*, Europäische Beweissicherung – Perspektiven der strafrechtlichen Zusammenarbeit in Europa, ZIS 2007, 547; *Karitzky/Wannek*, Die EU-weite Vollstreckung von Geldstrafen und Geldbußen, NJW 2010, 3393; *Krapf*, Audiovisuelle Zeugenvernehmung, Kriminalistik 2002, 309; *Krüßmann*, Grenzüberschreitender Beweistransfer durch Europäische Beweisanordnung?, StraFo 2008, 458; *Mansdörfer*, Das europäische Strafrecht nach dem Vertrag von Lissabon – oder: Europäisierung des Strafrechts unter nationalstaatlicher Mitverantwortung, HRRS 2010, 11; *Morgenstern*, Strafvollstreckung im Heimatstaat – der geplante EU-Rahmenbeschluss zur transnationalen Vollstreckung von Freiheitsstrafen, ZIS 2008, 76; *Nehm*, Zusammenarbeit der Strafverfolgungsorgane in Europa, DRiZ 2000, 255; *Obenhaus*, Cloud Computing als neue Herausforderung für Strafverfolgungsbehörden und Rechtsanwaltschaft, NJW 2010, 651; *Oppong*, Brauchen wir ein Europäisches Strafregister?, GA 2008, 575; *Qubain/Kattge/Wandl/Gamma*, Europol – das Europäische Polizeiamt, Kriminalistik 2007, 363; *Radtke/Busch*, Transnationaler Strafklagevorbrauch in der Europäischen Union, NStZ 2003, 281; *Ratzel*, Europol – das Europäische Polizeiamt, Kriminalistik 2007, 284; *Riegel*, Gemeinsame Ermittlungsgruppen – Herausforderungen und Lösungen, eucrim 2009, 99; *Rose*, Auslandszeugen im Strafprozess: Aktuelle Gesetzeslage und jüngere Rechtsprechung, wistra 2001, 290; *Rübenstahl*, Verbot der Doppelbestrafung im Rahmen des Art. 54 SDÜ, NJW 2008, 2934; *Rübenstahl/Schilling*, Doppelter Verfall? – Zur Frage mehrfacher Vermögensabschöpfung bei Straftaten mit Auslandsbezug, HRRS 2008, 492; *Sankol*, Verletzung fremdstaatlicher Souveränität durch ermittlungsbehördliche Zugriffe auf E-Mail-Postfächer, K&R 2008, 279; *Scherer*, Das Schengener Informationssystem, Kriminalistik 2009, 176; *Schmid/Winter*, Vermögensabschöpfung in Wirtschaftsstrafverfahren – Rechtsfragen und praktische Erfahrungen, NStZ 2002, 8; *Schomburg*, Justitielle Zusammenarbeit im Bereich des Strafrechts in Europa: EUROJUST neben Europol!, ZRP 1999, 237; *Schomburg*, Internationale vertragliche Rechtshilfe in Strafsachen, NJW 2005, 3262; *Schwörer*, Schranken grenzüberschreitender Beweisnutzung im Steuer- und Strafverfahren, wistra 2009, 452; *Suhr*, Die Polizeiliche und Justizielle Zusammenarbeit in Strafsachen nach dem „Lissabon"-Urteil des Bundesverfassungsgerichts, ZEuS 2009, 687.

A. Grundlagen der Rechtshilfe

1 Längst wird auch der Bereich der Wirtschaftskriminalität durch zunehmende internationale Verflechtungen geprägt. Deshalb kommt der **grenzüberschreitenden Tätigkeit der Strafverfolgungsbehörden** besondere Bedeutung zu. Dabei steht die *Souveränität der Staaten* der Vornahme eigener Amtshandlungen auf dem Gebiet eines anderen Staates entgegen. So stellt z.B. bereits der im Rahmen einer Durchsuchung im Inland beabsichtigte Zugriff auf Computerdaten, die auf einem Server im Ausland gespeichert sind, einen Eingriff in die Souveränität des anderen Staates dar[1]. Deshalb bedarf es bei Ermittlungsmaßnahmen, die im Ausland vorgenommen werden sollen, der Mitwirkung durch den ausländischen Staat. Problematisch ist aus Sicht des Strafverfolgers, dass das

---

1 Vgl. hierzu das Übk. des Europarates über Computerkriminalität v. 23.11.2001 (sog. Cybercrime-Convention), das für Deutschland am 1.7.2009 in Kraft getreten ist (CETS 185, www.coe.int (Tätigkeiten/Verträge des Europarates/Gesamtverzeichnis/Nr. 185).

Vorgehen im Wege der Rechtshilfe die Kenntnis einer Vielzahl unübersichtlicher Rechtsgrundlagen und Formalia voraussetzt und sich nicht selten als *schwerfällig* und *langwierig* darstellt. Allerdings hat es in den letzten Jahren zahlreiche Initiativen – insbesondere auf EU-Ebene – gegeben, die auf eine Vereinfachung und Beschleunigung der zwischenstaatlichen Rechtshilfe abzielen.

I. Rechtshilfe und Amtshilfe

Rechtshilfe in Strafsachen ist jede **Unterstützung**, die auf ein Ersuchen **für ein ausländisches Strafverfahren gewährt** oder **vom Ausland für ein inländisches Strafverfahren erbeten** wird[1]. Der Begriff der „strafrechtlichen Angelegenheiten" wird in § 1 Abs. 2 IRG näher definiert[2]. Die Rechtshilfe ist damit von der rein *innerstaatlichen Amtshilfe* abzugrenzen (vgl. §§ 156–168 GVG; soweit dort noch von „Rechtshilfe" gesprochen wird, ist dies überholt und aus der Entstehungszeit des Gesetzes [1877] zu erklären). Um Amtshilfe und nicht um Rechtshilfe handelt es sich auch, wenn Zeugen oder Beschuldigte im Ausland durch die dortigen deutschen *diplomatischen oder konsularischen Vertretungen* vernommen werden oder diese Zustellungen durchführen. Wegen der staatlichen Souveränität ist diese Form der Amtshilfe jedoch nur zulässig, wenn der ausländische Staat den deutschen Vertretungen ein solches Recht ausdrücklich eingeräumt hat.

Der Begriff der *Amtshilfe* wird darüber hinaus im Bereich des *Informationsaustauschs der Finanz- und Zollverwaltungen*[3] auch für zwischenstaatliche Sachverhalte verwendet und insoweit in einigen zwischenstaatlichen Übereinkommen und supranationalen Rechtsakten übernommen.

Zu nennen sind insoweit etwa das sog. Neapel-II-Übereinkommen über die gegenseitige Amtshilfe und Zollzusammenarbeit der Zollverwaltungen aus dem Jahr 1997[4], das Betrugsbekämpfungsabkommen zwischen der Europäischen Gemeinschaft und ihren Mitgliedstaaten mit der Schweiz aus dem Jahr 2004[5] sowie die neue **EU-Amtshilfe-Richtlinie**[6]. Die Richtlinie ist inzwischen durch das *Amtshilferichtlinie-Umsetzungsgesetz* (AHiRL-UmsG) in Deutschland anwendbar geworden[7] und enthält in Art. 1 das „Gesetz über die Durchführung der gegenseitigen Amtshilfe in Steuersachen zwischen den Mitgliedstaaten der Europäischen Union (EU-Amtshilfegesetz – EUAHiG)".

---

1 *Hackner/Schierholt*, Rz. 1.
2 S. hierzu auch *S/L/G/H*, § 1 IRG Rz. 2 ff.
3 Vgl. etwa § 117 AO.
4 Übk. v. 18.12.1997 auf Grund von Art. K. 3 des Vertrages über die gegenseitige Amtshilfe und Zollzusammenarbeit der Zollverwaltungen, BGBl. 2002 II 1387.
5 Abk. v. 26.10.2004 über die Zusammenarbeit zwischen der EG und ihren Mitgliedstaaten einerseits und der Schweizerischen Eidgenossenschaft andererseits zur Bekämpfung von Betrug und sonstigen rechtswidrigen Handlungen, die ihre finanziellen Interessen beeinträchtigen, ABl. EU Nr. L 46 v. 17.2.2009, 8.
6 RL 2011/16/EU des Rates v. 15.2.2011, ABl. EU Nr. L 64 v. 11.3.2011, 1; mit DurchführungsVO (EU) Nr. 1156/2012 der Kommission v. 6.12.2012, ABl. EU Nr. L 335 v. 7.12.2012, 42.
7 V. 26.6.2013, BGBl. I 1809; das EUAHiG hat das EGAHiG bereits mit Wirkung v. 1.1.2013 ersetzt (Art. 31 Abs. 3 AHiRL-UmsG).

Diese zwischenstaatliche Amtshilfe erfasst jedoch grundsätzlich nur die Ermittlung der Besteuerungsgrundlagen in einem Steuer- oder Zollverfahren[1], während die grenzüberschreitende Zusammenarbeit bei der *Verfolgung* von Steuer- und Zollstraftaten sich weiterhin nach den für die *Rechtshilfe in Strafsachen* geltenden Regelungen richtet.

3 Traditionell werden **drei Bereiche der Rechtshilfe** unterschieden:

- der *Auslieferungsverkehr*, der die Übergabe von Straftätern betrifft, die zur Strafverfolgung oder zur Strafvollstreckung von einem anderen Staat gesucht werden;
- die sog. *sonstige Rechtshilfe*, die die Unterstützung eines anderen Staates durch Vornahme von Ermittlungshandlungen regelt;
- der *Vollstreckungshilfeverkehr*, mit dem die Vollstreckung einer rechtskräftigen Entscheidung eines Staates in einem anderen Staat gemeint ist.

II. Rechtsgrundlagen

1. Internationale Rechtsgrundlagen

4 Eine Schwierigkeit für den Rechtsanwender besteht darin, im Rechtshilfeverkehr mit einem bestimmten Staat den **Überblick über die anwendbaren Regelungen** zu gewinnen. Diese hängen zunächst davon ab, ob mit dem Staat eine völkerrechtliche Übereinkunft über die gegenseitige Leistung von Rechtshilfe getroffen wurde. Eine solche Vereinbarung kann insbesondere in Form eines *internationalen Übereinkommens* geschlossen worden sein, das für alle Beitrittsstaaten anwendbar ist. Infrage kommt daneben ein *zweiseitiger Vertrag*. Schließlich kann Rechtshilfe auch *auf vertragsloser Grundlage* geleistet werden.

a) Internationale Übereinkommen

5 Eine **Systematisierung** der einschlägigen internationalen Übereinkommen ist nicht einfach, da die Verträge zum Teil speziell den Bereich Auslieferungsverkehr, Rechtshilfeverkehr oder Vollstreckungshilfe betreffen, zum Teil aber auch an bestimmte strafbare Verhaltensweisen anknüpfen, zum Beispiel an Korruption oder Geldwäsche. Zudem sind Übereinkommen des *Europarates* einerseits und der *EU* andererseits auseinanderzuhalten.

6 **aa)** Besonders praxisrelevant sind zunächst die **Übereinkommen des Europarates**, die häufig nicht nur von den 47 Mitgliedstaaten gezeichnet wurden, sondern auch zum Beitritt von Nicht-Mitgliedstaaten aufgelegt wurden (§ 5 Rz. 13). Da der Europarat es als sein Hauptziel betrachtet, einen gemeinsamen demokratischen und rechtlichen Raum auf dem gesamten Kontinent zu schaffen, sind grundlegende Rechtshilfeübereinkommen von ihm ausgegangen. Einen guten Überblick über alle Verträge, die *Vertragsstaaten* und den jeweiligen *Ratifizierungsstand* bietet die Internetseite des Europarates[2].

---

1 Das EUAHiG ermöglicht darüber hinaus auch gemeinsame Steuerprüfungen.
2 www.coe.int (Tätigkeiten/Verträge des Europarates/Gesamtverzeichnis).

Erhebliche Relevanz haben die folgenden – die drei Bereiche der Rechtshilfe abdeckenden – Europarats-Übereinkommen, die auch als „**Mutterkonventionen**" bezeichnet werden:

- das *Europäische Auslieferungsübereinkommen vom 13.12.1957* (**EuAlÜbk**)[1], das durch das *2. Zusatzprotokoll* (**2. ZP-EuAlÜbk**) vom 17.3.1978 ergänzt wird[2] und die Beitrittsstaaten zur Auslieferung zum Zweck der Strafverfolgung oder zur Vollstreckung einer Strafe oder Maßregel verpflichtet;
- das Europäische Übereinkommen vom 20.4.1959 über die Rechtshilfe in Strafsachen (*Europäisches Rechtshilfeübereinkommen* – **EuRhÜbk**)[3], das durch das *Zusatzprotokoll* (**ZP-EuRhÜbk**) vom 17.3.1978[4] ergänzt wird und die allgemeine Verpflichtung zur Leistung von sonstiger Rechtshilfe enthält;
- das *Übereinkommen über die Überstellung verurteilter Personen* vom 21.3.1983 (**ÜberstÜbk**)[5], das durch das *Zusatzprotokoll* vom 18.12.1997 (**ZP-ÜberstÜbk**)[6] ergänzt wird und die Übernahme der Vollstreckung einer in einem anderen Staat verhängten Freiheitsstrafe regelt.

Als Beispiel für ein Übereinkommen, das auf die Bekämpfung einer bestimmten *Kriminalitätsform* gerichtet ist, kann das Übereinkommen über Geldwäsche sowie Ermittlung, Beschlagnahme und Einziehung von Erträgen aus Straftaten (*Europäisches Geldwäsche-Übereinkommen* – **EuGeldwäscheÜbk**) vom 8.11.1990[7] genannt werden.

bb) Eine engere Zusammenarbeit begründeten die „**Schengen-Staaten**" im Zusammenhang mit dem Abbau der innereuropäischen Grenzkontrollen. Das Übereinkommen vom 19.6.1990 zur Durchführung des Übereinkommens von Schengen vom 14.6.1985 – (*Schengener Durchführungsübereinkommen* – **SDÜ**)[8] gilt inzwischen für alle EU-Staaten außer Irland, allerdings wenden Bulgarien, Kroatien, Rumänien und Zypern den Schengen-Besitzstand bislang nur teilweise an. Dänemark und das Vereinigte Königreich haben sich Sonderregelungen vorbehalten, wobei die Vorschriften über die justizielle und polizeiliche Zusammenarbeit hier gelten. Island und Norwegen wenden aufgrund eines Assoziierungsabkommens den Schengener Besitzstand voll an. Außerdem ist das SDÜ seit dem 12.12.2008 in der Schweiz und seit dem 19.7.2011 in Liechtenstein in Kraft (vgl. § 6 Rz. 28).

Für die Strafverfolgung ist insbesondere der *Titel II – Polizei und Sicherheit* – bedeutsam: Kap. 2 (Art. 48–53 SDÜ) regelt die Rechtshilfe in Strafsachen,

---

1 CETS 024, BGBl. II 1964, 1369, abgedr. bei *S/L/G/H*, II A.
2 CETS 098, BGBl. II 1990, 118, abgedr. bei *S/L/G/H*, II A 2; das 1. Zusatzprotokoll v. 15. 10. 1975 – CETS 086 – ist von Deutschland bislang nicht ratifiziert worden, die Ratifizierung des 3. Zusatzprotokolls v. 10.11.2010 – CETS 209 – in Deutschland steht dagegen kurz bevor
3 CETS 030, BGBl. II 1964, 1369, abgedr. bei *S/L/G/H*, II B.
4 CETS 099, BGBl. II 1990, 124, abgedr. bei *S/L/G/H*, II B 1; die Ratifizierung des 2. Zusatzprotokolls v. 12.3.2001 – CETS 182 – in Deutschland steht kurz bevor.
5 CETS 112, BGBl. II 1991, 1006, abgedr. bei *S/L/G/H*, II C.
6 CETS 167, BGBl. II 2002, 2866, abgedr. bei *S/L/G/H*, II C 1.
7 CETS 141, BGBl. II 1998, 519, abgedr. bei *S/L/G/H*, II D 2.
8 BGBl. II 1993, 1013, auszugsweise abgedr. bei *S/L/G/H*, III E 1.

Kap. 4 (Art. 59–66 SDÜ) die Auslieferung und Kap. 5 (Art. 67–69 SDÜ) die Übertragung der Vollstreckung von Strafurteilen, während das 3. Kap. (Art. 54–58 SDÜ) das Verbot der Doppelbestrafung (ne bis in idem) festschreibt. Titel IV (Art. 92–119 SDÜ) enthält die Vereinbarungen über das **Schengener Informationssystem (SIS)**. In diese „Datenbank" werden u.a. Ausschreibungen zur Fahndung nach Personen und Sachen eingestellt. Am 9.4.2013 ist Titel IV des SDÜ durch das *Schengener Informationssystems* **der zweiten Generation (SIS II)** abgelöst worden[1].

11 **cc)** Innerhalb der **EU** wurde durch den *Vertrag von Maastricht* sowie den *Vertrag von Amsterdam* die justizielle Zusammenarbeit in Strafsachen auf eine neue Grundlage gestellt (§ 6 Rz. 11). Als Maßnahmen für ein gemeinsames Vorgehen sah der EU-Vertrag ausdrücklich die *Erstellung von Übereinkommen* vor, die den Mitgliedstaaten zur Annahme empfohlen wurden. Diese Form der Rechtsangleichung ist im Lissabonner Vertrag zugunsten effektiverer Instrumente aufgegeben worden (Rz. 44).

12 Im Bereich der Rechtshilfe sind folgende **Übereinkommen** bedeutsam, die die „Mutterkonventionen" des Europarates ergänzen:

- Das Übereinkommen über die Rechtshilfe in Strafsachen zwischen den Mitgliedstaaten der EU (**EU-RhÜbk**) vom 29.5.2000[2], das durch das Protokoll vom 16.10.2001 (**ZP-EU-RhÜbk**)[3] ergänzt wird, erweitert und vereinfacht den Rechtshilfeverkehr erheblich. Das Übereinkommen sowie das Protokoll sind für Deutschland am 2.2.2006 in Kraft getreten[4].

- Das Übereinkommen vom 13.11.1991 zwischen den Mitgliedstaaten der EG über die Vollstreckung ausländischer strafrechtlicher Verurteilungen (**EG-VollstrÜbk**)[5] erweitert die Möglichkeiten der Vollstreckung einer Freiheitsstrafe in einem anderen Staat. Das Übereinkommen ist bislang lediglich zwischen Deutschland, Lettland und den Niederlanden anwendbar.

13 **dd)** Schließlich sind auch auf Ebene der **Vereinten Nationen** deliktsbezogene Verträge geschlossen worden, die rechtshilferechtliche Sonderregelungen enthalten[6]. Praktische Bedeutung hat vor allem die Übereinkommen der Vereinten Nationen vom 20.12.1988 gegen den unerlaubten Verkehr mit Suchtstoffen

---

1 Rechtsgrundlagen: Beschluss 2007/533/JI des Rates v. 12. 6. 2007 über die Einrichtung, den Betrieb und die Nutzung des Schengener Informationssystems der zweiten Generation, ABl. EU Nr. L 205 v. 7.8.2007; VO (EG) Nr. 1987/2006 des Europ. Parl. und des Rates v. 20.12.2006 über die Einrichtung, den Betrieb und die Nutzung des Schengener Informationssystems der zweiten Generation, ABl. EU Nr. L 381 v. 28.12.2006.
2 ABl. EU Nr. C 197 v. 12.7.2000, 1; BGBl. II 2005, 650, abgedr. bei *S/L/G/H*, III B 1.
3 ABl. EU Nr. 326 v. 21.11.2001, 1; BGBl. II 2005, 661, abgedr. bei *S/L/G/H*, III B 1 a.
4 Für welche Mitgliedstaaten das Übk. bereits in Kraft ist, kann der Internetseite des Rates entnommen werden: www.consilium.europa.eu (Politik/Abkommen/Datenbank für Abkommen).
5 BGBl. II 1997, 1351, abgedr. bei *S/L/G/H*, III C 1.
6 Ein Überblick über die wichtigsten Verträge, ihren Wortlaut, die Vertragsstaaten und den jeweiligen Ratifizierungsstand findet sich im Internet unter www.unodc.org (Resources/Treaties).

und psychotropen Stoffen (*VN-Suchstoffübereinkommen 1988*)[1] und vom 15.11.2000 gegen die grenzüberschreitende organisierte Kriminalität (*VN-Org-Krim-Übk*)[2] erlangt.

b) Bilaterale Verträge

Die deutsche Regierung hat mit einer **Vielzahl von Staaten** zweiseitige Verträge geschlossen, die die Vereinbarung über die gegenseitige Leistung von Rechtshilfe enthalten (Nw. Rz. 17 f.). Häufig existieren für die Bereiche Auslieferungen, Vollstreckungshilfe und Rechtshilfe gesonderte Verträge. Erleichterungen im Auslieferungs- und Rechtshilfeverkehr hat man sich beispielsweise von den Verträgen mit den *Vereinigten Staaten von Amerika* erhofft, die zwar teilweise bereits im Jahr 2003 geschlossen wurden, aber erst im Jahr 2009 bzw. 2010 in Kraft getreten sind[3]. Als weiteres Beispiel können hier die Verträge mit der Regierung der *Sonderverwaltungsregion Hongkong* der Volksrepublik China genannt werden[4].

14

c) Vertragslose Rechtshilfe

Das Fehlen einer völkerrechtlichen Grundlage bedeutet nicht, dass Rechtshilfe nicht infrage kommt. Vielmehr kann Rechtshilfe auch **ohne vertragliche Grundlage** geleistet werden. Nicht selten wird im vertragslosen Bereich Hilfe oft *unkomplizierter* und *schneller* geleistet als von Staaten, im Verhältnis zu denen komplexe Vertragswerke gelten. So wurden gerade in Wirtschaftsstrafverfahren Ermittlungsmaßnahmen in vermeintlichen „Oasen" wie der Dominikanischen Republik oder den Vereinigten Arabischen Emiraten erfolgreich durchgeführt. Allerdings kommt im Bereich der vertragslosen Rechtshilfe der Frage nach den *rechtshilferechtlichen Befugnissen* besondere Bedeutung zu (Rz. 24 ff.).

15

---

1 BGBl. II 1993, 1136, auszugsweise abgedr. bei *S/L/G/H*, IV A.
2 BGBl. II 2005, 956, abgedr. bei *S/L/G/H*, IV B.
3 Auslieferungsvertrag zwischen der Bundesrepublik Deutschland und den Vereinigten Staaten von Amerika v. 20.6.1978 i.d.F. des Zusatzvertrages v. 21.10.1986 und des 2. Zusatzvertrags v. 18.4.2006, BGBl. II 2007, 1634, in Kraft seit 1.2.2010 (abgedr. bei *S/L/G/H*, V A c); Vertrag v. 14.10.2003 zwischen der Bundesrepublik Deutschland und den Vereinigten Staaten von Amerika über die Rechtshilfe in Strafsachen i.d.F. des Zusatzvertrags v. 18.4.2006, BGBl. II 2007, 1620, beide in Kraft seit 18.10.2009 (abgedr. bei *S/L/G/H*, V B a). Die Zusatzverträge dienen der Anpassung an die zwischenzeitlich zwischen der EU und den Vereinigten Staaten von Amerika geschlossenen Verträgen: Abkommen v. 25.6.2003 zwischen der EU und den Vereinigten Staaten von Amerika über Rechtshilfe, BGBl. II 2007, 1652 und über Auslieferung, BGBl. II 2007, 1643.
4 Abkommen zwischen der Regierung der Bundesrepublik Deutschland und der Regierung der Sonderverwaltungsregion Hongkong der Volksrepublik China v. 26.5.2006 über die Überstellung flüchtiger Straftäter, BGBl. II 2009, 62, 75, 497 (abgedr. bei *S/L/G/H*, V A e) und über die gegenseitige Rechtshilfe in Strafsachen, BGBl. II 2009, 62, 64, 497 (abgedr. bei *S/L/G/H*, V B d).

16 Erhebliche Relevanz hat hier zudem der **Grundsatz der Gegenseitigkeit**[1]. Aufgrund dieses Grundsatzes soll Rechtshilfe im Ausland nur in Anspruch genommen werden, wenn gewährleistet ist, dass einem entsprechenden eingehenden Ersuchen ebenfalls nachgekommen werden könnte. Da dies eine Strafverfolgungsbehörde nicht verbindlich für andere Behörden zusichern kann, sollte bereits vor Stellung eines Ersuchens eine Kontaktaufnahme mit der obersten Justizbehörde erfolgen.

d) Fundstellen

17 Welche vertragliche Grundlage gegeben ist, ergibt sich zunächst aus dem **Länderteil** der *Richtlinien für den Verkehr mit dem Ausland in strafrechtlichen Angelegenheiten* (**RiVASt**), der in elektronischer Form auf der Internetseite des Bundesministeriums der Justiz eingestellt ist[2]. Hier werden *für jeden Staat* getrennt nach Auslieferungs-, Rechtshilfe- und Vollstreckungshilfeverkehr die *völkervertraglichen Grundlagen* mit Fundstellen in den Bundesgesetzblättern angegeben[3]. Daneben wird auf *Vorbehalte und Erklärungen* hingewiesen, die häufig von den Staaten zu einzelnen Artikeln eines Vertrages oder Übereinkommens abgegeben worden sind. Zudem werden die sich hieraus ergebenden wesentlichen Anforderungen, die es bei ausgehenden Ersuchen zu beachten gilt, sowie die aus praktischen Erfahrungen gewonnenen Erkenntnisse hierzu aufgeführt. Der Länderteil in elektronischer Form stellt damit eine *unentbehrliche Hilfe* dar, auf die zuallererst zugegriffen werden sollte.

18 Wird der **Wortlaut** des völkerrechtlichen Vertragswerks oder der hierzu abgegebenen *Vorbehalte und Erklärungen* benötigt, gestaltet sich der Zugriff weniger komfortabel. Eine große Übersicht in Papierform gewähren hier die Werke von *Schomburg/Lagodny/Gleß/Hackner* sowie von *Grützner/Pötz/Kreß*. Der Wortlaut der Übereinkommen des Europarates sowie der dazu abgegebenen Erklärungen und Vorbehalte ist ebenfalls auf der *Internetseite des Europarates* abrufbar[4]. Notfalls muss auf das *Bundesgesetzblatt* und ggf. auf dessen Fundstellenverzeichnis B zugegriffen werden; dieses ist ebenfalls in elektronischer Form verfügbar[5].

2. Innerstaatliche Rechtsgrundlagen

a) Gesetz über die internationale Rechtshilfe in Strafsachen

19 Wesentliche **innerstaatliche Rechtsgrundlage** ist das *Gesetz über die internationale Rechtshilfe in Strafsachen* (**IRG**)[6]. Aus dem in § 1 Abs. 3 IRG normierten *Vorrang völkerrechtlicher Vereinbarungen* ergibt sich zwar, dass das IRG

---

1 Vgl. für Auslieferungsersuchen § 5 IRG.
2 www.bmjv.bund.de (Service/Fachinformationen, Statistiken und Informationen/Fachinformationen/RiVASt).
3 Die anwendbaren deliktsspezifischen Abkommen, etwa des Europarats und der Vereinten Nationen, werden allerdings nicht aufgeführt.
4 www.coe.int (Tätigkeiten/Verträge des Europarates/Gesamtverzeichnis).
5 www.bundesgesetzblatt.de (Internetseite des Bundesanzeiger Verlages).
6 IRG i.d.F. der Bek. v. 27.6.1994, BGBl. I 1537; zul. geänd. durch Art. 1 des G v. 21.7.2012, BGBl. I 1566.

nur einschlägig ist, soweit in einer völkerrechtlichen Vereinbarung keine Regelung zu der in Rede stehenden Frage enthalten ist. Häufig werden allerdings Regelungen aus völkerrechtlichen Vereinbarungen durch das IRG *in nationales Recht umgesetzt*, sodass dem IRG auch im Bereich der vertraglichen Rechtshilfe Bedeutung zukommt. Für rechtshilferechtliche Vorgaben der EU ist dies sogar ausdrücklich in § 1 Abs. 4 IRG vorgesehen. Besonderes Gewicht hat das IRG zudem im Bereich der *vertragslosen Rechtshilfe*.

Im **Aufbau des IRG** spiegelt sich die Aufteilung der Rechtshilfe in die drei Bereiche *Auslieferungen, Rechtshilfeverkehr und Vollstreckungshilfeverkehr* wider (Rz. 3). Als innerstaatliches Anwendungsrecht regelt das IRG überwiegend *eingehende Ersuchen*, sodass sich nur der 6. Teil zusammenfassend mit *ausgehenden Ersuchen* beschäftigt. Die zahlreichen Regelungen und Initiativen auf EU-Ebene haben dementsprechend zur Einführung von drei neuen *EU-Teilen* geführt, die ausschließlich den Rechtshilfeverkehr mit den Mitgliedstaaten betreffen.

Somit enthält das IRG folgende – zur Erleichterung des Einstiegs hier wiedergegebene – Abschnitte:

– 1. Teil: Anwendungsbereich (§ 1 IRG),
– 2. Teil: Auslieferung an das Ausland (§§ 2–42 IRG),
– 3. Teil: Durchlieferung (§§ 43–47 IRG),
– 4. Teil: Rechtshilfe durch Vollstreckung ausländischer Erkenntnisse (§§ 48–58 IRG),
– 5. Teil: Sonstige Rechtshilfe (§§ 59–67a IRG),
– 6. Teil: Ausgehende Ersuchen (§§ 68–72 IRG),
– 7. Teil: Gemeinsame Vorschriften (§§ 73–77b IRG),
– 8. Teil: Auslieferungs- und Durchlieferungsverkehr mit Mitgliedstaaten der EU (§§ 78–83i IRG),
– 9. Teil: Vollstreckungshilfeverkehr mit den Mitgliedstaaten der EU (§§ 84–90 IRG),
– 10. Teil: Sonstiger Rechtshilfeverkehr mit den Mitgliedstaaten der EU (§§ 91–97 IRG),
– 11. Teil: Schlussvorschriften (§§ 98–99).

b) RiVASt

Praktische Hilfestellung bei der Abfassung und Erledigung von Ersuchen bietet der allgemeine Teil der in Rz. 17 genannten *Richtlinien für den Verkehr mit dem Ausland in strafrechtlichen Angelegenheiten (RiVASt)*. Die RiVASt ist eine **bundeseinheitlich gleichlautende Verwaltungsvorschrift**, die von der Bundesregierung und den Landesregierungen jeweils für ihren Geschäftsbereich erlassen und einheitlich in Kraft gesetzt wurde. Zuletzt erfolgte dies zum 1.1.2013. Insoweit musste eine Anpassung an neue Rahmenbeschlüsse erfolgen[1]. Darüber hinaus wurden Regelungen zu der in den neu erlassenen §§ 56b

---

1 Bes. RB v. 22.7.2003 über die Vollstreckung von Entscheidungen über die Sicherstellung von Vermögensgegenständen oder Beweismitteln in der EU; RB v. 6.10.2006 über die Anwendung des Grundsatzes der gegenseitigen Anerkennung auf Einziehungsentscheidungen; RB v. 24.2.2005 über die Anwendung des Grundsatzes der gegenseitigen Anerkennung von Geldstrafen und Geldbußen.

und 71a IRG vorgesehenen Möglichkeit eingefügt, mit dem Ausland allgemein eine Vereinbarung über die Teilung von abgeschöpften Vermögen abzuschließen (sog. „asset sharing"). Der allgemeine Teil der RiVASt ist im aktuellen Wortlaut ebenfalls auf der Internetseite des Bundesministeriums der Justiz abrufbar[1].

22 Die RiVASt enthält **umfassende Richtlinien** für den Umgang mit *ein- und ausgehenden Ersuchen*. Dabei trifft zunächst der Abschnitt „Allgemeines" Regelungen, die für alle Arten von Ersuchen relevant sind. Hilfreich sind z.B. Vorschriften über die Form von Ersuchen, beizufügende Übersetzungen und den Inhalt zu fertigender Berichte sowie über die Kosten der Rechtshilfe. Sodann folgen *besondere Richtlinien* für Ersuchen um Auslieferung, Durchlieferung und Weiterlieferung, Ersuchen um Vollstreckungshilfe sowie sonstige Rechtshilfe. Ein besonderer Abschnitt betrifft die internationale Fahndung. Zudem enthält die RiVASt Richtlinien zum Rechtshilfeverkehr der Polizei- und Finanzbehörden, zum Verkehr mit diplomatischen und konsularischen Vertretungen, über die Teilnahme an Amtshandlungen im ersuchten Staat, für Ersuchen um Übernahme der Strafverfolgung sowie für Mitteilungen über Auslandsverurteilungen. Ein *gesondertes Kapitel* ist dem Verkehr mit den *Mitgliedstaaten der EU* gewidmet.

23 Als Teil II der RiVASt wurden **Muster** veröffentlicht, die die Anwendung der Richtlinien erleichtern und Hinweise für die Ausgestaltung der einzelnen Schriftstücke geben sollen und somit als Vordrucke verwendet werden können. Diese Muster sind zudem *in einer Vielzahl von Sprachen* als elektronische Dokumente verfügbar[2] und stellen damit eine *erhebliche Erleichterung* bei der Abfassung gängiger Ersuchen dar.

III. Zuständigkeiten und Geschäftswege

1. Delegation der Befugnisse

24 Rechtshilfe ist Teil der Pflege auswärtiger Beziehungen, die gem. Art. 32 Abs. 1 GG der *Bundesregierung* obliegt. Dementsprechend entscheidet nach § 74 Abs. 1 IRG über ausländische Rechtshilfeersuchen und über die Stellung von Ersuchen an ausländische Staaten der *Bundesminister der Justiz* im Einvernehmen mit dem Auswärtigen Amt und mit anderen Bundesministern, deren Geschäftsbereich von der Rechtshilfe betroffen wird. Seit 1.1.2007 nimmt die Aufgaben im Bereich der Rechtshilfe das *Bundesamt für Justiz* (BfJ) in Bonn wahr. § 74 Abs. 2 IRG ermöglicht die Übertragung der Befugnisse an die Landesregierungen, die ihrerseits das Recht zur weiteren Übertragung haben. Somit sind sämtliche Befugnisse, die einem Landesjustizministerium oder einer Justizbehörde im Bereich der Rechtshilfe obliegen, *abgeleitete Befugnisse*.

---

1 www.bmjv.bund.de (Service/Fachinformationen, Statistiken und Informationen/Fachinformationen/RiVASt//RiVASt Textfassung).
2 Z.B. auf den Intranet-Seiten zahlreicher Landesjustizverwaltungen.

Die Übertragung von Befugnissen vom Bund auf die Länder erfolgte zuletzt durch die Vereinbarung zwischen der Bundesregierung und den Landesregierungen über die Zuständigkeit im Rechtshilfeverkehr mit dem Ausland vom 28.4.2004 (*Zuständigkeitsvereinbarung 2004*)[1]. Danach wurde den Landesregierungen die Ausübung der Befugnis zur Entscheidung über eingehende und ausgehende Ersuchen mit einem Mitgliedstaat der *EU* übertragen. Darüber hinaus erfolgte eine Übertragung vor allem in den Fällen, in denen eine völkerrechtliche Übereinkunft den *Geschäftsweg über eine Landesbehörde* vorsieht. In Fällen von besonderer Bedeutung in politischer, tatsächlicher oder rechtlicher Beziehung ist stets das Einvernehmen mit der Bundesregierung herzustellen. Diese hat sich ihrer Kompetenzen also nicht vollständig begeben. 25

Die Weiterübertragung der Befugnisse von den Landesregierungen auf die Justizbehörden erfolgt durch die sog. *Delegationserlasse*. Da die Delegationserlasse Ländersache sind, sind sie nicht einheitlich ausgestaltet. 26

Baden-Württemberg: Gemeinsame Verwaltungsvorschrift des Justizministeriums und des Innenministeriums zur Regelung der Zuständigkeiten und Weiterübertragung der Ausübung von Befugnissen auf nachgeordnete Justiz- und Polizeibehörden v. 9.12.1994 – 9350-III/359 –, Die Justiz 1995, 3;

Bayern: VO über die Zuständigkeit im Rechtshilfeverkehr mit dem Ausland in strafrechtlichen Angelegenheiten v. 29. 6. 2004, BayGVBl. Nr. 13/2004, 260;

Berlin: Allgemeine Verfügung über die Zuständigkeit im Rechtshilfeverkehr mit dem Ausland in strafrechtlichen Angelegenheiten vom 31.1.2005, ABl., 480, geänd. durch Anordnung der Senatsverwaltung für Justiz und Verbraucherschutz vom 1.7.2013 – II C-9350/1/4;

Bremen: Allgemeine Verfügung des Senators für Justiz und Verfassung zur Übertragung der Ausübung von Befugnissen im Rechtshilfeverkehr mit dem Ausland in strafrechtlichen Angelegenheiten v. 19.8.2004 – 9352 –;

Brandenburg: Gemeinsamer Runderlass des Ministeriums der Justiz und des Ministeriums des Innern zur Ausübung der Befugnisse im Rechtshilfeverkehr mit dem Ausland in strafrechtlichen Angelegenheiten v. 30.3.2012 – 9350-III.20 –, JMBl. Nr. 5 v. 15.5.2012, 42;

Hamburg: Allgemeine Verfügung zum Rechtshilfeverkehr mit dem Ausland in strafrechtlichen Angelegenheiten Nr. 9/2005 v. 28.4.2005 – 9350/1/1, HmbJVBl. 5/2005, 39, geänd. durch die Allgemeine Verfügung Nr. 1/2010 v. 6.1.2010 – 9350/1/1, HmbJVBl. 1/2010 S. 4;

Hessen: VO zur Bestimmung von Zuständigkeiten nach § 74 Abs. 2 S. 2 des G. über die internationale Rechtshilfe in Strafsachen v. 14.9.2004, GVBl. Teil I Nr. 16 v. 27.9.2004, 285;

Mecklenburg-Vorpommern: Verwaltungsvorschrift über die Zuständigkeiten im Rechtshilfeverkehr mit dem Ausland in strafrechtlichen Angelegenheiten v. 13.8.2004, ABl., 846;

Niedersachsen: Beschluss des Landesministeriums über Zuständigkeiten im Rechtshilfeverkehr mit dem Ausland in strafrechtlichen Angelegenheiten v. 13.12.1983 – MJ-9350-305.73, MBl. 1984, 58;

---

1 Abgedruckt bei *S/L/G/H*, Anhang 8.

Nordrhein-Westfalen: Ausübung der Befugnisse im Rechtshilfeverkehr mit dem Ausland in strafrechtlichen Angelegenheiten, Gemeinsamer Runderlass des Justizministeriums – 9350-III.19 und des Innenministeriums v. 1.7.2004 – 42.1-int-1431.11, JMBl. NRW, 171, geänd. durch Runderlass v. 22.8.2007, JMBl. NRW, 225;

Rheinland-Pfalz: Verwaltungsvorschrift des Ministeriums der Justiz zum Rechtshilfeverkehr mit dem Ausland in strafrechtlichen Angelegenheiten, hier: Übertragung von Bewilligungsbefugnissen auf Justizbehörden v. 9.8.2004 – 9350-4-62, JBl. v. 16.8.2004, 205, geänd. durch Verwaltungsvorschrift v. 20.12.2010 – 9350-4-62, JBl. v. 17.1.2011, 2;

Saarland: VO über die Übertragung von Zuständigkeiten und die Errichtung von Prüfungsbehörden im Rechtshilfeverkehr mit dem Ausland in strafrechtlichen Angelegenheiten v. 23.2.2005, ABl., 500;

Sachsen: VO der Sächsischen Staatsregierung über die Zuständigkeit im Rechtshilfeverkehr mit dem Ausland in strafrechtlichen Angelegenheiten v. 9.11.2004, SächsGVBl., 580;

Sachsen-Anhalt: Beschluss der Landesregierung über die Ausübung der Befugnis, über ausländische Rechtshilfeersuchen in Strafsachen zu entscheiden und ausländische Staaten um Rechtshilfe in Strafsachen zu ersuchen v. 13.7.1993, MBl. LSA Nr. 50/1993, 1934;

Schleswig-Holstein: Allgemeine Verwaltungsvorschrift des MJF zu den Zuständigkeiten im Rechtshilfeverkehr mit dem Ausland in strafrechtlichen Angelegenheiten v. 2.11.2004 – II 303/9350-38 SH, SchlHA 2005, 14;

Thüringen: VO zur Bestimmung von Zuständigkeiten nach § 74 Abs. 2 S. 2 des G über die Internationale Rechtshilfe in Strafsachen v. 30.1.2013, GVBl., 62.

Im Wesentlichen wurde eine Übertragung der Befugnis in den Fällen vorgenommen, in denen eine völkerrechtliche Übereinkunft den *Geschäftsweg über eine Landesjustizbehörde* erlaubt.

2. Bewilligungs-, Prüf- und Vornahmeverfahren

27 Soweit hier von Kompetenzen im Bereich der Rechtshilfe die Rede ist, ist zwischen **drei Verfahrensabschnitten** – vom Eingang eines Ersuchens (bzw. der Stellung eines Ersuchens) bis zu dessen Erledigung – zu differenzieren.

28 Zunächst ist die Entscheidung zu treffen, ob ein eingehendes Rechtshilfeersuchen erledigt oder ein Ersuchen an das Ausland gerichtet werden kann. Hierüber entscheidet die **Bewilligungsbehörde**. Bewilligungsbehörde ist das *Bundesamt für Justiz*, soweit nicht entsprechend Rz. 25, 26 eine *Delegation* auf die Landesjustizministerien oder die Landesjustizbehörden stattgefunden hat. Dementsprechend bestimmt Nr. 7 Abs. 2 RiVASt, dass sich die Befugnis zur Bewilligung der Rechtshilfe aus § 74 IRG, der Zuständigkeitsvereinbarung und ihren Ergänzungen sowie den hierzu ergangenen Regelungen ergibt. Bei eingehenden Ersuchen ist zu beachten, dass die Bewilligungsbehörde im Bewilligungsverfahren einen *eingeschränkten Prüfungsmaßstab* anlegt. Sie prüft, ob die Bundesrepublik Deutschland gegenüber dem ersuchenden Staat grundsätzlich zur Leistung von Rechtshilfe ermächtigt ist[1]. Dabei besteht auch ein wei-

---

1 Zum Bewilligungsverfahren ausf. *S/L/G/H*, Einl. Rz. 155.

tes *außenpolitisches Grundsatzermessen*, ob Rechtshilfe geleistet werden soll oder nicht[1].

Die **Prüfungsbehörde** prüft bei ausgehenden Ersuchen, ob sie gestellt werden dürfen und ordnungsgemäß abgefasst sind. Eingehende Ersuchen leitet sie an die Vornahmebehörde weiter und prüft nach Erledigung des Ersuchens durch die Vornahmebehörde, ob das Ersuchen ordnungsgemäß erledigt wurde. Die Prüfungsbehörden der Länder werden nach *Nr. 7 Abs. 2 RiVASt* durch landesrechtliche Vorschriften bestimmt[2]. 29

Die **Vornahmebehörde** führt eingehende Ersuchen aus. Vornahmebehörde ist i.d.R. die *Staatsanwaltschaft*, es sei denn, es geht um richterliche Vernehmungen oder Zustellungen, die von den *Amtsgerichten* erledigt werden. Nicht schon im Bewilligungsverfahren, sondern im Vornahmeverfahren wird die *Zulässigkeit der* einzelnen erbetenen *Rechtshilfemaßnahme* nach innerstaatlichem Recht geprüft. Die Vornahmebehörde muss also z.B. beurteilen, ob die innerstaatlichen Voraussetzungen für die vom ausländischen Staat erbetene Durchsuchung einer Wohnung erfüllt sind und ggf. den Erlass eines nationalen Durchsuchungsbeschlusses beim zuständigen Amtsgericht beantragen. Welche innerstaatlichen Voraussetzungen gegeben sein müssen, richtet sich nach dem IRG, das zum Teil Spezialregelungen enthält, sowie nach der StPO, auf die das IRG in § 77 verweist. 30

Eine Behörde kann **in Personalunion** zugleich Bewilligungs-, Prüfungs- und Vornahmebehörde sein. Dies kommt infrage, wenn die Bewilligungsbefugnis auf die Justizbehörden *delegiert* ist, sodass z.B. eine Staatsanwaltschaft zunächst ein Ersuchen bewilligen und es dann – ggf. unter Einschaltung der Polizeibehörden – auch selbst erledigen kann. 31

3. Geschäftswege

Von der Frage, wer ein Ersuchen bewilligt, ist die Frage des Geschäftsweges zu unterscheiden, auf dem ein Ersuchen übermittelt werden darf. Als Teilbereich der Pflege auswärtiger Beziehungen ist der „klassische" Übermittlungsweg der diplomatische Geschäftsweg. Allerdings ist offensichtlich, dass im Rahmen der grenzüberschreitenden Strafverfolgung ein einfacherer und schnellerer Weg wünschenswert ist. Hier korrespondiert die Annahme, dass nicht mehr jedes Rechtshilfeersuchen von der Bundesregierung bewilligt werden muss, mit der Schaffung eines möglichst unmittelbaren Geschäftsweges zwischen den Justizbehörden. 32

---

1 *S/L/G/H*, Einl. Rz. 19.
2 In Baden-Württemberg beispielsweise sind die Prüfbehörden grundsätzlich bei den Generalstaatsanwaltschaften oder den Landgerichten angesiedelt, soweit das BfJ oder das Landesjustizministerium Bewilligungsbehörde ist.

33 Es kommen folgende Geschäftswege in Betracht (vgl. Nr. 5 *RiVASt*):

- der *diplomatische Geschäftsweg*, bei dem die Regierung eines der beiden beteiligten Staaten und die diplomatische Vertretung des anderen Staates miteinander in Verbindung treten,

- der *ministerielle Geschäftsweg*, bei dem die obersten Justiz- oder Verwaltungsbehörden in den beteiligten Staaten miteinander in Verbindung treten,

- der *konsularische Geschäftsweg*, bei dem eine konsularische Vertretung im Gebiet des ersuchten Staates und die Behörden dieses Staates miteinander in Verbindung treten,

- der *unmittelbare Geschäftsweg*, bei dem die ersuchende und die ersuchte Behörde unmittelbar miteinander in Verbindung treten.

34 Der diplomatische Geschäftsweg muss eingehalten werden, wenn nicht ein anderer Geschäftsweg *vertraglich zugelassen* ist. Das *EuRhÜbk* (Rz. 7) enthält als Regelfall den ministeriellen Geschäftsweg, das *SDÜ* (Rz. 9) sowie das *EU-RhÜbk* (Rz. 12) den unmittelbaren Geschäftsweg. Welcher Geschäftsweg gilt, lässt sich für jeden einzelnen Staat ebenfalls dem *Länderteil der RiVASt* (Rz. 17) entnehmen.

35 Wenn der unmittelbare Geschäftsweg zwischen den Justizbehörden gegeben ist, stellt sich die Frage nach Adressverzeichnissen der Justizbehörden in den einzelnen Staaten. Nachdem die früher existierenden Ortsbücher nicht mehr weiter gepflegt werden, ist hier der *Atlas des Europäischen Justiziellen Netzes* (Rz. 155) eine unentbehrliche Arbeitshilfe, mit dem – sortiert nach Staaten und erbetenen Ermittlungsmaßnahmen – die zuständige ausländische Justizbehörde ermittelt werden kann[1]. Der Atlas ist auch in deutscher Sprache verfügbar.

IV. Rechtshilfe innerhalb der EU

36 Die EU bezeichnet die Bekämpfung der grenzüberschreitenden Kriminalität als eine ihrer größten Herausforderungen im 21. Jahrhundert. Das organisierte Verbrechen wird in einem Atemzug mit Problemen wie dem Klimawandel und der Energieversorgung genannt, weshalb es nicht verwundert, dass die EU das Strafrecht verstärkt in den Blick genommen hat. Nach dem Inkrafttreten des Vertrages von *Amsterdam* bildete die „polizeiliche und justizielle Zusammenarbeit in Strafsachen" die „dritte Säule" innerhalb des EU-Vertrages (§ 6 Rz. 11). Als Ziel dieser Zusammenarbeit wurde benannt, dem Bürger in einem Raum der Freiheit, der Sicherheit und des Rechts ein hohes Maß an Sicherheit zu bieten (Art. 29 EUV aF). Im Vertrag von *Lissabon* wurde das dafür vorgesehene Instrumentarium geändert (Rz. 44).

---

1 www.ejn-crimjust.europa.eu/ejn/ (Werkzeuge für die internationale Rechtshilfe/Atlas).

1. Rahmenbeschlüsse

Als Maßnahme zur Erreichung dieses Ziels wurde – neben den oben bereits erwähnten Übereinkommen (Rz. 12) – insbesondere der Erlass von *Rahmenbeschlüssen* vorgesehen (Art. 34 Abs. 2 Buchst. b EUV aF). Diese waren – ähnlich wie die Richtlinien des EGV – für die Mitgliedstaaten hinsichtlich des zu erreichenden Ziels verbindlich und mussten innerhalb einer bestimmten Frist umgesetzt werden; ein Vertragsverletzungsverfahren gegen einen säumigen Mitgliedstaat war allerdings nicht vorgesehen. Durch den Erlass zahlreicher Rahmenbeschlüsse auf dem Gebiet der grenzüberschreitenden Zusammenarbeit in Strafsachen und deren Umsetzung durch die Mitgliedstaaten hat sich der Rechtshilfeverkehr innerhalb der EU erheblich verändert.

a) Grundsatz der gegenseitigen Anerkennung

Die größten Veränderungen erfuhr der Rechtshilfeverkehr durch Rahmenbeschlüsse zur Umsetzung des Grundsatzes der gegenseitigen Anerkennung. Der Europäische Rat hatte am 15. und 16.10.1999 in *Tampere* ein Arbeitsprogramm vereinbart, um die Bestimmungen des Amsterdamer Vertrags über den Aufbau eines Raums der Freiheit, der Sicherheit und des Rechts umzusetzen. Hierbei wurde der *Grundsatz der gegenseitigen Anerkennung* zum Eckpfeiler der justiziellen Zusammenarbeit erklärt. Zur Fortführung des Tampere-Prozesses wurde 2004 unter der Bezeichnung „*Haager Programm*" ein Fünf-Jahres-Programm aufgestellt, das 10 Prioritäten der EU zur Stärkung von Freiheit, Sicherheit und Recht auflistet und in dem wiederum der Grundsatz der gegenseitigen Anerkennung betont wird. Ebenso wird im Nachfolgeprogramm, dem „*Stockholmer Programm*" vom 10.12.2009, der Grundsatz der gegenseitigen Anerkennung als Schwerpunkt aufgeführt[1].

Kerngedanke dieses Grundsatzes ist, die rechtlichen Voraussetzungen für eine unmittelbare Umsetzung oder Vollstreckung justizieller Entscheidungen eines Mitgliedstaates in den anderen Mitgliedstaaten zu schaffen. Es soll ein „*System des freien Verkehrs strafrechtlicher justizieller Entscheidungen*" errichtet werden[2]. Der Grundsatz kam erstmals im Rahmenbeschluss über den Europäischen Haftbefehl zur Anwendung, der wesentlich von den Terroranschlägen am 11.9.2001 beeinflusst wurde. Nach dem Auslieferungsrecht widmete sich die EU dem Komplex der Vermögensabschöpfung, zu dem zwei Rahmenbeschlüsse erlassen wurden.

---

1 „Das Stockholmer Programm – Ein offenes und sicheres Europa im Dienste und zum Schutz der Bürger", ABl. EU Nr. C 115 v. 4.5.2010, 1.
2 So Erwägungsgrund 5 zum RB EHB.

40 Folgende Rahmenbeschlüsse zur Umsetzung des Grundsatzes der gegenseitigen Anerkennung sind zu nennen:

RB	vom	über/zur	Abkürzung
2002/584/JI	13.6.2002	über den Europäischen Haftbefehl und die Übergabeverfahren zwischen den Mitgliedstaaten[1]	RB EHB
2003/577/JI	22.7.2003	über die Vollstreckung von Entscheidungen über die Sicherstellung von Vermögensgegenständen oder Beweismitteln in der EU[2]	RB Sicherstellung
2005/214/JI	24.2.2005	über die Anwendung des Grundsatzes der gegenseitigen Anerkennung von Geldstrafen und Geldbußen[3]	RB Geldsanktionen
2006/783/JI	6.10.2006	über die Anwendung des Grundsatzes der gegenseitigen Anerkennung auf Einziehungsentscheidungen[4]	RB Einziehung
2008/675/JI	24.7.2008	zur Berücksichtigung der in anderen Mitgliedstaaten der EU ergangenen Verurteilungen in einem neuen Strafverfahren[5]	RB Verurteilungen
2008/909/JI	27.11.2008	über die Anwendung des Grundsatzes der gegenseitigen Anerkennung auf Urteile in Strafsachen, durch die eine freiheitsentziehende Strafe oder Maßnahme verhängt wird, für die Zwecke ihrer Vollstreckung in der EU[6]	RB Freiheitsstrafen
2008/978/JI	18.12.2008	über die Europäische Beweisanordnung zur Erlangung von Sachen, Schriftstücken oder Daten zur Verwendung im Strafverfahren[7]	RB Beweisanordnung
2009/829/JI	23.10.2009	über die Anwendung – zwischen den Mitgliedstaaten der EU – des Grundsatzes der gegenseitigen Anerkennung auf Entscheidungen über Überwachungsmaßnahmen als Alternative zur Untersuchungshaft[8]	RB Überwachungsanordnung

---

1 ABl. EU Nr. L 190 v. 18.7.2002, 1; 2. UmsetzungsG für Deutschland am 2.8.2006 in Kraft getreten, BGBl. I 1721.
2 ABl. EU Nr. L 196 v. 2.8.2003, 45; UmsetzungsG für Deutschland am 30.6.2008 in Kraft getreten, BGBl. I 995.
3 ABl. EU Nr. L 76 v. 22.3.2005, 16; UmsetzungG für Deutschland am 28.10.2010 in Kraft getreten, BGBl. I 1408.
4 ABl. EU Nr. L 328 v. 24.11.2006, 59; UmsetzungsG für Deutschland am 22.10.2009 in Kraft getreten, BGBl. I 3214.
5 ABl. EU Nr. L 220 v. 15.8.2008, 32; UmsetzungsG für Deutschland am 22.10.2009 in Kraft getreten, BGBl. I 3214.
6 ABl. EU Nr. L 327 v. 5.12.2008, 27; Umsetzungsfrist: 5.12.2011, in Deutschland bislang nicht umgesetzt; zwischenzeitlich liegt ein erster Referenten-Entwurf des BMJV vor.
7 ABl. EU Nr. L 350 v. 30.12.2008, 72; Umsetzungsfrist: 19.1.2011, in Deutschland bislang nicht umgesetzt; s. hierzu *Krüßmann*, Grenzüberschreitender Transfer durch Europäische Beweisanordnung?, StraFo 2008, 458.
8 ABl. EU Nr. L 294 v. 11.11.2009, 20; Umsetzungsfrist: 1.12.2012, in Deutschland bislang nicht umgesetzt.

41 Eine gute Übersicht über die Rahmenbeschlüsse bietet die Internetseite der Forschungsstelle für Europäisches Straf- und Strafprozessrecht der Universität Tübingen[1]. Der jeweilige Umsetzungsstand in den anderen Mitgliedstaaten kann auf den Seiten des EJN (Rz. 155) abgerufen werden[2].

b) Grundsatz des Vertrauens in andere Rechtsordnungen

42 Der Grundsatz der gegenseitigen Anerkennung von in einem anderen Staat ergangenen Entscheidungen setzt ein gewisses Vertrauen in die anderen Rechtsordnungen voraus. Um dieses Vertrauen zu fördern, sollte ein *einheitlicher Standard* in den Mitgliedstaaten erreicht werden. Auf dieser Basis erlassene Rahmenbeschlüsse bezwecken somit eine Angleichung der nationalen Rechtsordnungen (so ausdrücklich Art. 34 Abs. 2 Buchst. b EUV a.F.).

43 Neben *Themenkomplexen* wie *Rassismus und Fremdenfeindlichkeit* oder *Menschenhandel* kann hier als Beispiel die Schaffung „gleicher" nationaler Strafvorschriften zur Bekämpfung der Geldwäsche sowie zur Intensivierung der Vermögensabschöpfung genannt werden:

RB	vom	über
2001/500/JI	26.6.2001	*Geldwäsche* sowie Ermittlung, Einfrieren, Beschlagnahme und Einziehung von Tatwerkzeugen und Erträgen aus Straftaten[3]
2005/212/JI	24.2.2005	die *Einziehung* von Erträgen, Tatwerkzeugen und Vermögensgegenständen aus Straftaten[4]

2. Richtlinien nach dem Vertrag von Lissabon

44 Zum 1.12.2009 wurde die justizielle Zusammenarbeit in Strafsachen in den einheitlichen Rechtsrahmen der Union überführt (Art. 81–89 AEUV; § 6 Rz. 17, 116 ff.). Damit gelten geänderte Entscheidungswege und -formen. Während bisher Rahmenbeschlüsse im Rat *einstimmig* gefasst werden mussten, werden Richtlinien nunmehr im sog. „ordentlichen Gesetzgebungsverfahren" erlassen, wobei im Rat das *qualifizierte Mehrheitsprinzip* zur Anwendung kommt (Art. 289 Abs. 1, Art. 294 AEUV).

45 Dabei räumt der *Vertrag über die Arbeitsweise der EU* (AEUV) dieser nicht nur Kompetenzen in „Randbereichen" ein. Der Raum der Freiheit, der Sicherheit und des Rechts (*Titel V*) zählt zum Bereich der „geteilten Zuständigkeit", in dem der EU ein Vorrang zukommt. *Kap. 4* betrifft die justizielle Zusammenarbeit in *Strafsachen*. Diese beruht auf dem *Grundsatz der gegenseitigen Anerkennung* gerichtlicher Urteile und Entscheidungen und umfasst die Angleichung der Rechtsvorschriften der Mitgliedstaaten in bestimmten Fällen. Ausdrücklich erwähnt wird der Erlass von *Mindestvorschriften* zur Festlegung von bestimmten Straftaten und Strafen, im Bereich des Strafverfahrensrechts sowie zur „Zulässigkeit von Beweismitteln auf gegenseitiger Basis zwischen den Mit-

---

1 http://eurocrim.jura.uni-tuebingen.de.
2 www.ejn-crimjust.europa.eu/ejn/ (Bibliothek/Umsetzungsstand).
3 ABl. EU Nr. L 182 v. 5.7.2001, 1.
4 ABl. EU Nr. L 68 v. 15.3.2005, 49.

gliedstaaten". Bei diesen Mindestvorschriften sollen die Unterschiede zwischen den Rechtsordnungen und -traditionen der Mitgliedstaaten berücksichtigt werden.

46 Die EU hat umgehend eine Initiative für eine RL auf dem Gebiet der strafrechtlichen Zusammenarbeit zum Thema „Beweismittelerhebung" gestartet. Auf der Grundlage von Art. 82 AEUV ist nach langen Verhandlungen am 21.5.2014 mit der RL über die Europäische Ermittlungsanordnung[1] ein *einheitliches Instrument* zur grenzüberschreitenden Beweiserhebung in Kraft getreten, das für fast alle Ermittlungsmaßnahmen gilt und die bisherigen – teilweise noch gar nicht umgesetzten – Instrumente auf dem Gebiet ersetzen soll. Die RL ist bis zum 21.5.2017 in das nationale Recht der Mitgliedstaaten umzusetzen.

47 Der Bundesrat hatte im Rahmen der Verhandlungen zur RL eine *kritische Stellungnahme* abgegeben, da vor Einführung eines neuen umfassenden Rechtsinstruments der Bedarf im Hinblick auf den aktuellen RB Beweisanordnung (Rz. 40) gründlich geprüft werden müsse[2]. Außerdem drohe eine Beeinträchtigung des Rechts auf ein faires Verfahren, solange die Mitgliedstaaten noch nicht über einheitliche verfahrensrechtliche Mindeststandards verfügten. In der Tat kann man inzwischen angesichts der Menge an Initiativen im Bereich der strafrechtlichen Zusammenarbeit die Frage stellen, ob diese überhaupt aufeinander abgestimmt und an den Bedürfnissen der Praxis ausgerichtet sind. Außerdem ist die strikte Umsetzung des Grundsatzes der gegenseitigen Anerkennung angesichts unserer ausdifferenzierten Prozessordnung, die überwiegend dem Schutz des Bürgers dient und durch die Rechtsprechung des BVerfG konkretisiert wird, schwer durchführbar. Wie die Umsetzung der RL in deutsches Recht angesichts dieser Vorgaben erfolgen wird, bleibt abzuwarten.

B. Bereiche der Rechtshilfe

I. Auslieferungsersuchen

48 Die **Flucht ins Ausland** ist für Straftäter, die zur Strafverfolgung oder zur Vollstreckung eines rechtskräftigen Urteils gesucht werden, nicht zuletzt angesichts offener Grenzen in Europa regelmäßig keine Schwierigkeit. Diesen einfachen Weg zu erschweren ist ein zentrales Anliegen aller Staaten in Europa und darüber hinaus.

1. Internationale Fahndung

49 Ausführliche Regelungen über die internationale Fahndung sind zunächst in der RiStBV (Art. 39–43; § 1 Rz. 148) enthalten. Dort wird bestimmt, dass bei auslieferungsfähigen Straftaten gleichzeitig mit der Einleitung der nationalen Fahndung zur Festnahme einer Person auch international in allen Mitgliedstaaten der EU, Island, Liechtenstein, Norwegen und der Schweiz gefahndet werden soll, es sei denn, es liegen Anhaltspunkte vor, dass sich die gesuchte Per-

---

1 RL 2014/41/EU des Europ. Parl. und des Rates v. 3.4.2014 über die Europ. Ermittlungsanordnung in Strafsachen, ABl. EU Nr. L 130 v. 1.5.2014, 1.
2 BR-Drs. 280/10 (B) v. 4.6.2010. Der Rechtsausschuss des BT hatte sich ebenfalls krit. geäußert, BT-Drs. 17/3234 v. 6.10.2010.

son im Inland aufhält[1]. Damit soll – natürlich unter Berücksichtigung des Grundsatzes der Verhältnismäßigkeit – die internationale Fahndung durch Ausschreibung im *Schengener Informationssystem (SIS)* zum „Regelfall" erhoben werden[2]. Bisher überwiegen deutlich die rein nationalen Ausschreibungen[3].

Die in Anlage F zur RiStBV enthaltenen *Richtlinien über die internationale Fahndung* nach Personen, einschließlich der Fahndung nach Personen im Schengener Informationssystem und aufgrund eines Europäischen Haftbefehls, wurden im Zusammenhang mit der Änderung der RiVASt (Rz. 21) im Jahr 2009 neu gefasst. Die überarbeitete und zwischen Bund und Ländern abgestimmte Fassung wurde in den meisten Bundesländern durch Verwaltungsvorschrift mit Wirkung zum 1.1.2009 in Kraft gesetzt[4].

50

2. Rechtsgrundlagen

a) Zunächst ist hier das Europäische Auslieferungsübereinkommen vom 13.12.1957 (*EuAlÜbk*)[5] zu nennen, das derzeit im Verhältnis zu 50 Staaten anwendbar ist[6]. Die Vertragsstaaten verpflichten sich zur Auslieferung wegen Handlungen, die sowohl nach dem Recht des ersuchenden als auch nach dem des ersuchten Staates mit einer Freiheitsstrafe oder die Freiheit beschränkenden Maßregel der Sicherung und Besserung im *Höchstmaß von mindestens einem Jahr* bedroht sind (Art. 2 Abs. 1 S. 1 EuAlÜbk). Bei der Auslieferung zur Strafvollstreckung muss die Strafe oder Maßregel *mindestens vier Monate* betragen (Art. 2 Abs. 1 S. 2 EuAlÜbk). Das Übereinkommen gilt nicht für politische oder militärische Delikte (Art. 3, 4 EuAlÜbk). Bei fiskalischen Delikten wird die Auslieferung nur dann bewilligt, wenn dies zwischen den Vertragsparteien vereinbart worden ist (Art. 5 EuAlÜbk).

51

Das Übereinkommen sieht verschiedene Ablehnungsgründe vor. Jede Vertragspartei ist berechtigt, die Auslieferung ihrer *eigenen Staatsangehörigen* abzulehnen (Art. 6 EuAlÜbk). Eine Ablehnung kann auch erfolgen, wenn die Handlung ganz oder zum Teil *auf eigenem Hoheitsgebiet begangen* worden ist (Art. 7 EuAlÜbk) oder wenn im ersuchten Staat ein *Strafverfahren wegen derselben Handlung anhängig* ist (Art. 8 EuAlÜbk). Außerdem enthält das Übereinkommen eine *Ne-bis-in-idem*-Regelung (Art. 9 EuAlÜbk). Die *Verjährung* der Strafverfolgung oder Strafvollstreckung nach den Rechtsvorschriften des ersuchenden oder des ersuchten Staates steht der Auslieferung entgegen (Art. 10 EuAlÜbk). Die Auslieferung kann abgelehnt werden, wenn die zugrunde liegende

52

---

1 Art. 41 Abs. 2 RiStBV.
2 Vgl. Art. 95 SDÜ und Art. 26–31 Beschluss SIS II (Ausschreibung zur Auslieferung) und Art. 98 SDÜ und Art. 34–35 Beschluss SIS II (Ausschreibung zur Aufenthaltsermittlung).
3 Bundesweit erfolgt nur in weniger als 5 % der Fälle, in denen national in INPOL gefahndet wird, auch eine Fahndung im SIS.
4 S. für Baden-Württemberg Verwaltungsvorschrift v. 17.12.2008 (9350 – 305), Die Justiz 2009 S 58.
5 CETS 024, BGBl. II 1964, 1369, abgedr. bei *S/L/G/H*, II A.
6 www.coe.int (Tätigkeiten/Verträge des Europarates/Gesamtverzeichnis/Nr. 024).

Handlung nach dem Recht des ersuchenden Staates mit der *Todesstrafe* bedroht ist (Art. 11 EuAlÜbk).

53 Zu beachten ist der Grundsatz der Spezialität, wonach der Ausgelieferte nur wegen der Taten verfolgt werden darf, wegen der die Auslieferung bewilligt worden ist. Wegen einer anderen, vor der Übergabe begangenen Handlung nur darf er nur verfolgt, abgeurteilt, in Haft gehalten oder einer sonstigen Beschränkung seiner persönlichen Freiheit unterworfen werden, wenn der Staat, der ihn ausgeliefert hat, *zustimmt* (Art. 14 EuAlÜbk). Zu diesem Zweck ist ein sog. *Nachtragsersuchen* unter Beifügung eines gerichtlichen Protokolls über die Erklärung des Ausgelieferten zu stellen[1].

54 Hinzuweisen ist zudem auf die strengen Fristen: Das Auslieferungsersuchen muss dem ersuchten Staat innerhalb von *18 Tagen* nach der Verhaftung vorliegen, wobei die Frist auf *40 Tage* vom Zeitpunkt der Verhaftung an verlängert werden kann (Art. 16 Abs. 4 EuAlÜbk). Erfolgt aufgrund einer Fahndungsausschreibung die Mitteilung über eine im Ausland erfolgte Festnahme (sog. Treffermeldung) sollte deshalb die zuständige Strafverfolgungsbehörde unverzüglich über das zuständige Landeskriminalamt (auf dem sog. Interpol-Weg, Rz. 124) um Verlängerung der Frist auf 40 Tage ersuchen. Dies gilt insbesondere in den Fällen, in denen das Auslieferungsersuchen auf dem diplomatischen Geschäftsweg, der einige Zeit in Anspruch nimmt, gestellt werden muss.

55 *Ergänzungen* des EuAlÜbk erfolgten durch das 2. Zusatzprotokoll (2. ZP-EuAlÜbk) vom 17.3.1978[2], das im Verhältnis zu 42 Staaten anwendbar ist[3]. Erleichterungen bringt das Zusatzprotokoll bei fiskalischen strafbaren Handlungen. Zudem sieht es den justizministeriellen Geschäftsweg vor. Änderungen ergeben sich zudem aus dem *Europäischen Übereinkommen zur Bekämpfung des Terrorismus* vom 27.1.1977[4], das die Möglichkeit einschränkt, die Auslieferung von Personen allein mit der Begründung zu verweigern, es handele sich um eine politische Straftat[5]. – Innerhalb der *EU* erfolgte eine komplette Neugestaltung des Auslieferungsverkehrs durch den RB EHB (Rz. 60 ff.).

56 **b)** Schließlich kommen als Rechtsgrundlage für die Stellung eines Auslieferungsersuchens zweiseitige Verträge in Betracht, die die Bundesregierung abgeschlossen hat (Rz. 14). Zudem wurden bilaterale Verträge über die *Ergänzung* des Europäischen Auslieferungsübereinkommens (Rz. 51) und die Erleichte-

---

1 Näher dazu Nr. 100 RiVASt.
2 CETS 098, BGBl. II 1990, 118, abgedr. bei *S/L/G/H*, II A 2; das 1. Zusatzprotokoll v. 15.10.1975, CETS 086, und das 3. Zusatzprotokoll v. 10.11.2010, CETS 209, sind von Deutschland bislang nicht ratifiziert worden.
3 www.coe.int (Tätigkeiten/Verträge des Europarates/Gesamtverzeichnis/Nr. 098).
4 CETS 090, BGBl. II 1978, 321, abgedr. bei *S/L/G/H*, II A 4.
5 Das Übk. wird aktualisiert und ergänzt durch das Protokoll v. 15.5.2003 zur Änderung des Europ. Übk. v. 27.1.1977 zur Bekämpfung des Terrorismus, CETS 190, abgedr. bei *S/L/G/H*, II A 4a. Das Protokoll ist zwar von Deutschland ratifiziert worden, aber noch nicht in Kraft getreten.

rung seiner Anwendung zwischen Deutschland und Italien[1], den Niederlanden[2], Österreich[3], der Schweiz[4], Tschechien[5] sowie Polen[6] geschlossen[7].

c) Das *Fehlen einer völkervertraglichen Regelung* bedeutet allerdings nicht, dass Straftäter sich in den entsprechenden Staaten unbehelligt fühlen können. Die vertragslose Rechtshilfe (Rz. 15), bei der häufig der Gesichtspunkt der politischen Zweckmäßigkeit eine Rolle spielt, funktioniert oft besser als manche ausgefeilte rechtliche Regelung. Viele Staaten, die befürchten, als Zufluchtstätte für Straftäter zu gelten, ergreifen ausländerrechtliche Maßnahmen und schieben Straftäter in ihren Heimatstaat ab. Als Grundlage für solche *kontrollierten Abschiebungen* genügt diesen Staaten häufig der nationale oder der Europäische Haftbefehl. Zu empfehlen ist, vor Durchführung einer solchen Maßnahme Kontakt mit der obersten Justizbehörde aufzunehmen, da vermieden werden soll, die Kompetenzen der Bundesregierung im Bereich der Rechtshilfe zu umgehen. 57

d) Was die nationalen Rechtsgrundlagen (Rz. 19) betrifft, so regelt das *IRG* ausführlich die *eingehenden Auslieferungsersuchen*. Für diese sind die Generalstaatsanwaltschaften zuständig. Wertvolle praktische Hinweise für die Anfertigung *ausgehender Ersuchen* enthalten Nr. 86 bis 104 RiVASt. 58

3. Vereinfachte Auslieferung

Das Auslieferungsverfahren wird wesentlich verkürzt, wenn der Verfolgte nach Belehrung über sein Recht auf Durchführung eines förmlichen Auslieferungsverfahrens in einem gerichtlichen Protokoll seine Zustimmung zur Auslieferung erklärt. Die vereinfachte Auslieferung, die in Übereinkommen[8] und § 41 IRG vorgesehen ist, erfolgt dann, ohne dass zuvor eine (gerichtliche) Entscheidung über die Zulässigkeit der Auslieferung getroffen wird. Zugleich kann der Verfolgte entscheiden, ob er auf den ihm aufgrund des *Spezialitätsgrundsatzes* zustehenden Schutz verzichtet. 59

4. Europäischer Haftbefehl

Der RB Europäischer Haftbefehl (RB EHB, Rz. 40) war der erste Rahmenbeschluss zur Umsetzung des Grundsatzes der gegenseitigen Anerkennung 60

---

1 Vertrag v. 24.10.1979, BGBl. II 1982, 106.
2 Vertrag v. 30.8.1979, BGBl. II 1981, 1153.
3 Vertrag v. 31.1.1972, BGBl. II 1975, 1162.
4 Vertrag v. 13.11.1969, BGBl. II 1975, 1176; Änderungsvertrag v. 8.7.1999, BGBl. II 2001, 946, abgedr. bei *S/L/G/H*, II a d.
5 Vertrag v. 2.2.2000, BGBl. II 2001, 726.
6 Vertrag v. 17.7.2003, BGBl. II 2004, 522.
7 Die bilateralen Abkommen mit EU-Staaten sind jedoch nur noch dann anwendbar, wenn der RB EHB nicht greift.
8 Art. 66 SDÜ; 3. Zusatzprotokoll zum EuAlÜbk v. 10.11.2010, CETS 209 (von Deutschland bislang nicht ratifiziert), abgedr. bei *S/L/G/H*, II A 3.

(Rz. 38). Der RB enthält *drei Besonderheiten*, die auch die folgenden RB zur Umsetzung des Grundsatzes der gegenseitigen Anerkennung prägen:

- Zum einen ist dem RB ein *Formblatt* angehängt, mittels dessen das Ersuchen (hier um Auslieferung) gestellt wird und das in den verschiedenen Sprachen zur Verfügung steht.
- Zum anderen enthält der RB eine Liste von *Katalogtaten*, hinsichtlich derer die beiderseitige Strafbarkeit nicht mehr im Einzelfall geprüft wird, da davon ausgegangen wird, dass es sich um Handlungen handelt, die in jedem Mitgliedstaat unter Strafe stehen.
- Schließlich sieht der RB den *unmittelbaren Geschäftsweg* (Rz. 33) zwischen den Mitgliedstaaten vor.

a) Neuerungen durch den RB

61 Durch den RB, der eine Pflicht zur Auslieferung statuiert und ein *„System der Übergabe zwischen Justizbehörden"* vorsieht, sollte das bisherige Auslieferungsverfahren effektiviert und beschleunigt werden. So wurden Zahl und Umfang der *Zulässigkeitskriterien* für die Auslieferung *verringert*. Es genügt nunmehr, dass die Handlung im ersuchenden Staat mit einer Freiheitsstrafe im Höchstmaß von mindestens einem Jahr bestraft wird (Art. 2 Abs. 1 RB EHB). Einer Auslieferung steht nicht entgegen, dass dem Haftbefehl eine *militärische* oder *politische* Straftat zugrunde liegt. Die *beiderseitige Strafbarkeit* als Voraussetzung für eine Auslieferung bleibt zwar erhalten, jedoch unterbleibt eine Prüfung im Einzelfall für die weit überwiegende Mehrzahl der in der Praxis relevanten Straftaten, die abschließend in einer *Positivliste* aufgeführt sind (Art. 2 Abs. 2 RB EHB)[1].

62 Als wesentliche Neuerung besteht nunmehr die Verpflichtung zur Auslieferung eigener Staatsangehöriger zum Zwecke der Strafverfolgung und -vollstreckung, wobei diese jedoch an enge Voraussetzungen geknüpft werden kann. So kann eine Auslieferung zur Strafvollstreckung abgelehnt werden, wenn sich der ersuchte Staat verpflichtet, die Strafe nach seinem innerstaatlichen Recht zu vollstrecken (Art. 4 Nr. 6 RB EHB). Außerdem ermöglicht der RB EHB die Bewilligung eines Ersuchens unter einer bestimmten *Bedingung* bzw. nach einer entsprechenden *Zusicherung* des ersuchenden Staates (Art. 5 RB EHB).

63 So kann die Auslieferung eigener Staatsbürger zur Strafverfolgung an die Bedingung geknüpft werden, diesen nach rechtskräftiger Verurteilung zur Strafvollstreckung an den Heimatstaat zurückzuüberstellen. Die Bewilligung eines Ersuchens, dem ein Abwesenheitsurteil zugrunde liegt, kann davon abhängig gemacht werden, dass dem Verfolgten nach Überstellung die Möglichkeit eingeräumt wird, eine *Wiederaufnahme* des Verfahrens zu betreiben und einer entsprechenden Gerichtsverhandlung beizuwohnen. Im Falle der Auslieferung zur Vollstreckung einer lebenslangen Freiheitsstrafe kann zur Bedingung gemacht werden, dass die Frage der weiteren Vollstreckung der verhängten Freiheitsstrafe spätestens nach 20 Jahren *überprüft* wird.

---

1 S. dazu EuGH (Große Kammer) v. 3.5.2007 – Rs. C-303/05 – Advokaten voor de Wereld, ABl. EU Nr. C 140 v. 23.6.2007, 3.

Schließlich sieht der RB EHB bestimmte Ablehnungsgründe und fakultative Verweigerungsgründe vor. So *kann* die Auslieferung verweigert werden, 64

- wenn die Person im ersuchten Staat bereits wegen derselben Tat verfolgt wird,
- wenn der ersuchte Staat wegen derselben Tat ein Ermittlungsverfahren eingestellt hat,
- wenn Verjährung eingetreten ist und gleichzeitig die eigene Gerichtsbarkeit gegeben war sowie dann,
- wenn die Tat im eigenen Hoheitsgebiet begangen wurde (Art. 4 RB EHB).

Die Auslieferung *ist abzulehnen*, wenn die verfolgte Person in einem Mitgliedstaat wegen derselben Tat bereits rechtskräftig verurteilt wurde oder sie wegen ihres Alters strafrechtlich nicht zur Verantwortung gezogen werden kann (Art. 3 RB EHB).

Hinsichtlich der Fahndung ist vorgesehen, dass diese grundsätzlich durch Ausschreibung im *Schengener Informationssystem* (Rz. 10) erfolgt (Art. 9 Abs. 2 RB EHB). Wenn der Aufenthaltsort der gesuchten Person bekannt ist, sollte allerdings der Europäische Haftbefehl als Festnahmeersuchen direkt an die zuständige Justizbehörde im Ausland übersandt werden (Art. 9 Abs. 1 RB EHB). Dabei soll das gesamte Fahndungs- und Auslieferungsverfahren zukünftig nur noch auf Grundlage des *Formulars*, das dem Anhang des RB EHB zu entnehmen ist und als „Europäischer Haftbefehl" bezeichnet wird, durchgeführt werden (Art. 8 RB EHB)[1]. Es handelt sich danach beim Europäischen Haftbefehl *nicht* um den *nationalen Haftbefehl* selbst, sondern vielmehr um *dessen Bescheinigung*, mittels derer die Ausschreibung zur Fahndung erfolgt bzw. das Ersuchen um Auslieferung gestellt wird. Die Übersendung des nationalen Haftbefehls – der gleichwohl vorliegen muss – an den anderen Mitgliedstaat ist grundsätzlich nicht mehr erforderlich. 65

Der RB EHB normiert für das gesamte Aus- und Durchlieferungsverfahren strikte Fristen. Im Falle des Einverständnisses des Verfolgten mit seiner Auslieferung ist eine Bewilligungsentscheidung innerhalb von zehn Tagen nach Erteilung der Zustimmung vorgesehen (Art. 17 Abs. 2 RB EHB). Im anderen Fall soll eine Entscheidung über die Bewilligung innerhalb von 60 Tagen nach Festnahme ergehen (Art. 17 Abs. 3 RB EHB). Überdies wird eine Frist von zehn Tagen zur Übergabe nach der Bewilligungsentscheidung normiert (Art. 23 Abs. 2 RB EHB). Diese Regelungen haben dazu geführt, dass einige Mitgliedstaaten die Übersendung einer Übersetzung des Europäischen Haftbefehls innerhalb ganz kurzer Frist nach der Festnahme einer gesuchten Person verlangen. 66

b) Umsetzung im nationalen Recht

Die Umsetzung des RB EHB in deutsches Recht erfolgte durch Änderung des IRG sowie der RiVASt (Rz. 19 ff.). Das erste Umsetzungsgesetz zum RB EHB hat das BVerfG für verfassungswidrig erklärt, weil dem Grundrecht des Art. 16 67

---

1 S. dazu Muster Nr. 40 der RiVASt und die entsprechenden Vorlagen in den Amtssprachen.

Abs. 2 GG nicht ausreichend Rechnung getragen worden sei[1]. Das zweite Umsetzungsgesetz[2], das den Anforderungen des BVerfG Rechnung trägt, ist am 2.8.2006 in Kraft getreten.

68 In das IRG wurde ein neuer EU-Teil eingefügt. Der *achte Teil des IRG* regelt nunmehr den Auslieferungs- und Durchlieferungsverkehr mit den Mitgliedstaaten der EU. Dementsprechend enthält *Kap. B der RiVASt* besondere Richtlinien für den Verkehr mit den Mitgliedstaaten der EU, wobei der zweite Teil den Europäischen Haftbefehl betrifft. Für den Praktiker besonders relevant ist Nr. 153 RiVASt, worin Fundstellen für *Materialien und Muster* zum Europäischen Haftbefehl benannt werden.

69 Die Vorschriften des IRG beschäftigen sich als nationales Anwendungsrecht überwiegend mit eingehenden Ersuchen (Abschnitte 2 und 3, §§ 80–83g IRG). Konkretisierende Richtlinien zu eingehenden Auslieferungsersuchen mittels Europäischen Haftbefehls enthalten Nr. 155–161 RiVASt. Für ein eingehendes Auslieferungsersuchen ist die Generalstaatsanwaltschaft zuständig, die nach § 79 IRG zunächst eine Entscheidung darüber herbeizuführen hat, ob sie Bewilligungshindernissse geltend macht (sog. *Vorabentscheidung*). Kommt die Bewilligungsbehörde hierbei zu dem Ergebnis, dass voraussichtlich keine Bewilligungshindernisse i.S. von § 83b IRG geltend zu machen sind, wird diese vorläufige Entscheidung, die zu begründen ist, gemeinsam mit dem Antrag, über die Zulässigkeit der Auslieferung zu entscheiden, dem *Oberlandesgericht* vorgelegt und von diesem überprüft. Nach Abschluss des gerichtlichen Zulässigkeitsverfahrens erfolgt dann die endgültige Bewilligung der Auslieferung, die ihrerseits nicht zu begründen ist.

70 Die Auslieferung eines Deutschen zum Zwecke der *Strafverfolgung* ist nach § 80 IRG nur zulässig, wenn gesichert ist, dass die verfolgte Person zur Strafvollstreckung zurücküberstellt werden wird und die Tat einen *maßgeblichen Bezug* zum ersuchenden Mitgliedstaat aufweist. Kann dieser Bezug nicht festgestellt werden, darf ausgeliefert werden, wenn auch kein maßgeblichen Bezug zum Inland vorliegt, die Tat auch nach deutschem Recht strafbar ist und bei konkreter Abwägung der widerstreitenden Interessen das schutzwürdige Vertrauen des Verfolgten in seine Nichtauslieferung nicht überwiegt. Diese detaillierten Regelungen orientieren sich eng an dem Prüfprogramm des BVerfG (Rz. 67). Die Auslieferung eines Deutschen zum Zwecke der *Strafvollstreckung* ist nur zulässig, wenn der Verfolgte nach Belehrung zu richterlichem Protokoll zustimmt. Hinsichtlich der Auslieferung von ausländischen Staatsangehörigen mit gewöhnlichem Aufenthalt im Bundesgebiet sieht § 83b Abs. 2 IRG ein fakultatives Bewilligungshindernis vor, sofern die Auslieferung eines deutschen Staatsangehörigen in einem vergleichbaren Fall gem. § 80 IRG unzulässig wäre.

71 Zu ausgehenden Ersuchen enthält das IRG nur zwei Regelungen: Zum einen enthält § 83h Vorschriften zum *Spezialitätsgrundsatz*. Nach § 83i IRG unterrichtet die Bundesregierung den Rat der EU, wenn es wiederholt zu *Verzöge-*

---

1 BVerfG v. 18.7.2005 – 2 BvR 2236/04, BVerfGE 113, 273 = NJW 2005, 2289 = StV 2005, 505 = NStZ 2006, 104.
2 G. zur Umsetzung des RB über den Europ. Haftbefehl und die Übergabeverfahren zwischen den Mitgliedstaaten der EU v. 20.7. 2006, BGBl. I 1721.

rungen bei der Auslieferung durch einen anderen Mitgliedstaat gekommen ist. Wichtiger für den Praktiker sind *Nr. 162–165 RiVASt* die RL

- zur *Verwendung des Vordrucks* zum Europäischen Haftbefehl,
- zum *Verfahren nach der Festnahme* im Ausland,
- zur *Zusicherung der Rücküberstellung* sowie
- zur besonderen *Berichtspflicht* gegenüber der obersten Justizbehörde enthalten.

Die Berichtspflicht ist insofern von Bedeutung, als beim *Bundesamt für Justiz* eine statistische Auswertung aller Auslieferungsersuchen erfolgt, die mittels Europäischen Haftbefehls gestellt worden sind. Hieraus können Erkenntnisse über Schwierigkeiten gezogen werden, die im Verhältnis zu einigen Staaten weiterhin bestehen. So nimmt z.B. Großbritannien oftmals nur dann eine Festnahme vor, wenn der Europäische Haftbefehl dort bereits in englischer Sprache vorliegt.

c) Anwendungsprobleme

Bei Einführung des Europäischen Haftbefehls wurde insbesondere die Regelung der Listendelikte kritisiert. 72

In Art. 23 Abs. 4 RB Beweisanordnung (Rz. 40) hat Deutschland sich deshalb das Recht vorbehalten, die Vollstreckung einer Europäischen Beweisanordnung bei den Listendelikten Terrorismus, Cyberkriminalität, Rassismus und Fremdenfeindlichkeit, Sabotage, Erpressung und Schutzgelderpressung sowie Betrug von der Überprüfung des Vorliegens der beiderseitigen Strafbarkeit abhängig zu machen, sofern für die Vollstreckung der Europäischen Beweisanordnung eine Durchsuchung oder Beschlagnahme erforderlich ist, es sei denn, die Anordnungsbehörde hat erklärt, dass die betreffende Straftat nach dem Recht des Anordnungsstaats die in der Erklärung Deutschlands enthaltenen Kriterien erfüllt.

In der Praxis bereitet allerdings weniger die Anwendung der Katalogtaten Probleme. Vielmehr scheinen nicht alle Mitgliedstaaten den Grundsatz der Verhältnismäßigkeit zu berücksichtigen, was bei *eingehenden Ersuchen* zunehmend Schwierigkeiten aufwirft. Dieser Grundsatz findet im RB EHB keine Erwähnung. 73

Das OLG Stuttgart hat allerdings entschieden, dass auch im Auslieferungsverkehr auf der Grundlage des RB EHB der aus dem Rechtsstaatsprinzip und – auf europäischer Ebene – aus Art. 49 Abs. 3 GrCh abzuleitende Grundsatz der Verhältnismäßigkeit zu beachten ist[1]. 74

Hierbei greift es die Kritik der Generalstaatsanwaltschaften auf, wonach manche Mitgliedstaaten den Europäischen Haftbefehl offenbar nur dazu nutzen, um die nach ihrem Recht ggf. notwendige Verfügbarkeit und Anwesenheit des Verfolgten für eine dortige Hauptverhandlung i.S. eines „*Europäischen Vor-* 75

---

1 OLG Stuttgart v. 18.11.2009 – 1 Ausl 1302/09; OLG Stuttgart v. 25.2.2010 – 1 Ausl (24) 1246/09, NJW 2010, 1617.

führbefehls" sicherzustellen[1]. Immerhin hat man inzwischen auch innerhalb der EU hinsichtlich dieses Themas Handlungsbedarf erkannt[2].

76 Ein weiteres Problem ergibt sich für den Fall, dass der Verfolgte ein eigener Staatsangehöriger des ersuchten Staates ist oder in diesem einen verfestigten Aufenthaltsstatus hat[3]. In diesem Fall kann die Auslieferung unter der Bedingung der Rücküberstellung zur weiteren Strafvollstreckung bewilligt werden. Die Rücküberstellung ist im Rahmenbeschluss nicht weiter geregelt. Deshalb kommt es zwischen den Mitgliedstaaten zu erheblichen praktischen Problemen, die bereits damit beginnen, dass umstritten ist, auf welcher Grundlage die Rücküberstellung stattfindet (Rz. 136 ff.).

II. Rechtshilfe im engeren Sinn

77 Derzeit erscheint die Vorstellung, die Zulässigkeit von im Wege der Rechtshilfe **erbetenen Ermittlungsmaßnahmen** könnte sich aus einigen *wenigen Regelungen* ergeben, noch als Utopie (Rz. 46 f.). Dies beruht auch schon darauf, dass nach nationalem Recht für unterschiedliche Ermittlungsmaßnahmen unterschiedliche Voraussetzungen erfüllt sein müssen. Dementsprechend lassen sich bei *eingehenden Ersuchen* besondere Anforderungen an die Zulässigkeit der erbetenen Maßnahme dem IRG sowie der StPO entnehmen. Besondere Voraussetzungen müssen vor allem bei eingriffsintensiven Ermittlungsmaßnahmen wie Durchsuchungen oder Telefonüberwachungen erfüllt sein. Für *ausgehende Ersuchen* ist zunächst von dem Grundsatz auszugehen, dass sie immer dann zulässig sind, wenn die erbetene Maßnahme nach innerstaatlichem Recht rechtmäßig ist[4]. Anschließend ist zu prüfen, ob eine völkerrechtliche Übereinkunft spezielle Regelungen zu der beabsichtigten Ermittlungsmaßnahme enthält. Daneben können sich besondere Anforderungen aus dem jeweiligen nationalen Recht des ersuchten Staates ergeben. Hilfreich sind auch hier die Richtlinien der RiVASt (Rz. 17, 21 ff.).

1. Zustellungen

78 Die Zustellung eines Schriftstücks im Ausland kann – vorbehaltlich der im Einzelfall zu prüfenden völkerrechtlichen Zulässigkeit (Rz. 4 ff.) – grundsätzlich auf **drei Arten** bewirkt werden:

– *unmittelbare* Übersendung durch die Post (Nr. 115 Abs. 3, 121 Abs. 2 RiVASt),
– *förmliches* Rechtshilfeersuchen an die ausländische Behörde (Nr. 115 Abs. 1, 2 RiVASt),
– *konsularische* Zustellung durch die deutsche Auslandsvertretung (Nr. 130 Abs. 1 RiVASt).

---

1 S. hierzu auch *Böhm*, StraFo 2013, 177.
2 So sieht z.B. die überarbeitete Fassung des Handbuchs des Rates mit Hinweisen zum Ausstellen eines Europ. Haftbefehls v. 17.12.2010 (Ratsdok. Nr. 8216/2/08) ausdrücklich ein Kapitel zur Verhältnismäßigkeit vor.
3 Vgl. hierzu EuGH (Große Kammer) v. 17.7.2008 – Rs. C-66/08 – Kozlowski, ABl. EU Nr. C 223 v. 30.8.2008, 18; s. dazu die Anm. *Böhm*, NJW 2008, 3183.
4 *S/L/G/H*, vor § 68 IRG Rz. 27.

79 *Innerhalb der EU* und der Schengen-Assoziierungsstaaten ist die **unmittelbare postalische Zustellung** – dh durch Einschreiben mit Rückschein (§ 77 Abs. 1 IRG, § 37 Abs. 1 StPO, § 183 Abs. 1 S. 2 ZPO) – die Regel. Für die Vertragsstaaten des *EU-RhÜbk* (Rz. 12) ergibt sich dies aus Art. 5 Abs. 1 EU-RhÜbk, der Art. 52 SDÜ ersetzt (vgl. Art. 2 Abs. 2 EU-RhÜbk). Für diejenigen EU-Mitgliedstaaten, die das EU-RhÜbk bislang nicht ratifiziert haben, sowie für die Schengen-Assoziierungsstaaten verbleibt es bei *Art. 52 Abs. 1 SDÜ* (Rz. 9). Deutschland hat in einer *Liste zu Art. 52 Abs. 1 SDÜ* die Schriftstücke benannt, die unmittelbar durch die Post übersandt werden dürfen[1]. Auf diese Liste kann auch im Anwendungsbereich des EU-RhÜbk – insoweit allerdings nicht abschließend – zurückgegriffen werden. Im Übrigen unterscheiden sich Art. 5 EU-RhÜbk und Art. 52 SDÜ in ihrem Regelungsgehalt kaum. Das zuzustellende Schriftstück oder zumindest sein wesentlicher Inhalt ist in die Sprache des Zustellungsempfängers zu *übersetzen*, wenn Anhaltspunkte dafür vorliegen, dass dieser der deutschen Sprache unkundig ist (Art. 5 Abs. 3 EU-RhÜbk, Art. 52 Abs. 2 SDÜ).

80 Eine **unmittelbare Kontaktaufnahme** mit einer im Ausland wohnenden Person ist darüber hinaus nur zulässig, wenn nicht damit zu rechnen ist, dass der ausländische Staat dieses Verfahren als einen *unzulässigen Eingriff in seine Hoheitsrechte* beanstandet. Unbedenklich sind z.B. Eingangsbestätigungen, Terminsabstimmungen und Mitteilungen über die Einstellung eines Ermittlungsverfahrens an Beschuldigte und Antragsteller (Nr. 121 Abs. 1 RiVASt). Unzulässig sind dagegen – vorbehaltlich der Gestattung in einer völkerrechtlichen Übereinkunft – die Androhung von Zwangsmaßnahmen oder Rechtsnachteilen, die Herbeiführung von Rechtswirkungen (z.B. Inlaufsetzen einer Frist) sowie die Aufforderung zu einem Tun oder Unterlassen (Nr. 121 Abs. 4 RiVASt).

81 Für **förmliche Zustellungsersuchen** enthält die RiVASt – teilweise mehrsprachige – Muster (Muster Nr. 31–31d). Der ausländische Staat soll *nur im Ausnahmefall*, z.B. wenn eine unmittelbare postalische Zustellung nicht durchführbar war, auf dem förmlichen Rechtshilfeweg um Zustellung ersucht werden (vgl. Art. 5 Abs. 2 EU-RhÜbk, Art. 52 Abs. 5 SDÜ).

82 **Amtshilfeersuchen** (Rz. 2) an die *deutsche Auslandsvertretung* werden dagegen nur dann in Betracht kommen, wenn der Zustellungsempfänger zur Entgegennahme des Schriftstücks freiwillig bereit ist und der ausländische Staat der deutschen Vertretung das Recht, Zustellungen vorzunehmen, eingeräumt hat[2].

83 Besonderheiten sind bei der **Zustellung von Ladungen** zu beachten (Nr. 116 RiVASt). Insbesondere dürfen *Zwangsmaßnahmen* gegenüber Zeugen und Sachverständigen überhaupt nicht[3] und gegenüber beschuldigten Personen nur dann

---

1 Anlage III zu Anhang II der RiVASt mit Hinweisen zur erforderlichen Form der Zustellung (formlose Mitteilung/Einschreiben), abrufbar im Internet unter www.bmj.bund.de (Service/Studien und Statistiken/Fachinformationen/RiVASt/ RiVASt Anhänge und weitere Dokumente).
2 S. dazu Nr. 130 Abs. 1 RiVASt.
3 Muster Nr. 31c der RiVASt enthält die Vorlage einer entsprechenden Zeugenladung.

angedroht werden, wenn zugleich darauf hingewiesen wird, dass diese im Hoheitsgebiet des ersuchten Staates nicht vollstreckt werden können (Nr. 116 Abs. 1 RiVASt); dies muss insbesondere auch für die in § 216 Abs. 1 S. 1 StPO vorgesehene Warnung des Angeklagten vor den Folgen des Nichterscheinens gelten[1]. Der Zustellungsadressat ist auf das nach einem völkerrechtlichen Übereinkommen bestehende[2] oder nach § 295 StPO erteilte *sichere Geleit* hinzuweisen (Nr. 116 Abs. 4 RiVASt).

2. Vernehmungen

84 Wie bei der Zustellung von Schriftstücken bestehen auch bei der Vernehmung von Zeugen und der Anhörung von Beschuldigten im Ausland grundsätzlich **verschiedene Möglichkeiten**:

– *unmittelbare* schriftliche Anhörung (Nr. 121 Abs. 2 RiVASt),

– Vernehmung im Wege der *Videokonferenz*,

– *förmliches* Rechtshilfeersuchen an die ausländische Behörde (Nr. 117 RiVASt),

– *konsularische* Vernehmung durch die deutsche Auslandsvertretung (Nr. 130 Abs. 2 RiVASt).

85 Im Anwendungsbereich des EU-RhÜbk und des SDÜ sollte zunächst geprüft werden, ob die Aufforderung an den Zeugen zu **schriftlichen Zeugenauskünften** (§ 161 Abs. 1 StPO, Nr. 67 RiStBV) oder eine *schriftliche Anhörung* des Beschuldigten (§ 163a Abs. 1 S. 2 StPO) ausreichend erscheint. Insoweit kann mit der betroffenen Person gem. Art. 5 EU-RhÜbk bzw. Art. 52 SDÜ eine *unmittelbare Kontaktaufnahme* erfolgen[3].

86 Zunehmend praktische Bedeutung hat die **Videokonferenzvernehmung** gewonnen, da die technischen Voraussetzungen mittlerweile in fast allen EU-Mitgliedstaaten geschaffen wurden[4]. Die Frage einer audiovisuellen Vernehmung gem. § 247a StPO ist im Rahmen der richterlichen Aufklärungspflicht zu berücksichtigen[5]. Wichtigste Rechtsgrundlage für solche Videokonferenzen ist

---

1 Vgl. *Meyer-Goßner* in Meyer-Goßner/Schmitt, § 216 StPO Rz. 4 m.w.Nw.; a.A. OLG Rostock v. 29.2.2008 – I Ws 40/08, NStZ 2010, 412; *S/L/G/H*, vor § 68 IRG Rz. 30.
2 Insbes. Art. 12 EuRhÜbk.
3 S. Abschnitt B Nr. 4 und 5 der Anlage III zu Anhang II der RiVASt.
4 Über den Atlas auf der Internetseite des EJN (www.ejn-crimjust.europa.eu) können die jeweils zuständigen Behörden in Erfahrung gebracht werden.
5 Zur fehlerhaften Ablehnung eines Beweisantrags um Vernehmung eines Auslandszeugen wegen Unerreichbarkeit, ohne die Möglichkeit einer audiovisuellen Vernehmung in Erwägung zu ziehen, BGH v. 9.10.2007 – 5 StR 344/07, NStZ 2008, 232; zu den Anforderungen an die Ablehnung einer beantragten kommissarischen oder audiovisuellen Zeugenvernehmung wegen völliger Ungeeignetheit des Beweismittels BGH v. 28.1.2010 – 3 StR 274/09, juris; s. auch *S/L/G/H*, Art. 10 EU-RhÜbk Rz. 27 ff.; *Hackner/Schierholt*, Rz. 209.

bislang *Art. 10 EU-RhÜbk*[1]; sie können aber auch vertragslos durchgeführt werden[2].

Art. 10 EU-RhÜbk regelt ausdrücklich nur die Vernehmung von **Zeugen und Sachverständigen** im Wege der Videokonferenz. Unter den Voraussetzungen des Art. 9 EU-RhÜbk können jedoch auch **Beschuldigte** – mit ihrer Zustimmung – vernommen werden[3]. Der Vorteil der Videokonferenzvernehmung liegt vor allem darin, dass die Vernehmung von der ersuchenden Behörde nach ihrem Verfahrensrecht durchgeführt wird, während die ersuchte Behörde lediglich die Identität der zu vernehmenden Person feststellt und auf die Einhaltung der Grundprinzipien der Rechtsordnung des ersuchten Staates achtet (Art. 10 Abs. 5 Buchst. a EU-RhÜbk). Die Kosten der Vernehmung trägt der ersuchende Staat (Art. 10 Abs. 7 EU-RhÜbk)[4].

87

Für ein **förmliches Rechtshilfeersuchen** kann auf die Muster Nr. 32 (Beschuldigtenvernehmung) und Nr. 32a (Zeugenvernehmung) der RiVASt zurückgegriffen werden. Die *inhaltlichen Anforderungen* an das Ersuchen sind Nr. 117 RiVASt zu entnehmen. Insbesondere soll mitgeteilt werden, ob die Vernehmung durch ein Gericht – eidlich oder uneidlich – oder durch eine andere Behörde erfolgen soll. Auf etwaige Rechte zur Verweigerung der Aussage, der Auskunft oder der Eidesleistung ist unter Anführung der gesetzlichen Bestimmungen hinzuweisen[5]. Vielfach bietet es sich an, für die Vernehmung einen Fragenkatalog beizufügen. Steht Verfahrensbeteiligten das Recht zur Teilnahme an der Beweisaufnahme zu, ist Nr. 29 Abs. 2 RiVASt zu beachten.

88

Besonderheiten bestehen im Rechtshilfeverkehr mit den **USA**. Ersuchen um Vernehmung von Zeugen können von den USA auf unterschiedliche Weise erledigt werden: Ist der Zeuge zur Mitwirkung bereit, kann er *polizeilich vernommen* werden. Der Ermittlungsbeamte erstellt anschließend einen zusammenfassenden Ermittlungsbericht, der von dem Zeugen unterschrieben werden kann. Das Erscheinen eines Zeugen zur Vernehmung kann dagegen nur von einem US-Staatsanwalt erzwungen werden, der den Zeugen unter Zwangsandrohung lädt. Anschließend setzt der Staatsanwalt eine eidesstattliche Erklärung auf (*„affidavit"*), die die Aussage des Zeugen zusammenfasst und die der Zeuge unter Strafandrohung für Meineid unterschreibt. Wird dagegen eine *wörtliche Protokollierung* der Zeugenaussage benötigt, ist zu der staatsanwaltschaftlichen Vernehmung ein Gerichtsschreiber beizuziehen, der ein Wortprotokoll erstellt. Für die wörtliche Protokollierung können nicht unerhebliche Kosten entstehen, die die ersuchende Behörde zu tragen hat. Es sollte daher in dem Ersuchen stets klargestellt werden, welche Vernehmungsmethode gewünscht wird.

89

---

1 S. auch Art. 9 des 2. ZP-EuRhÜbk (in Deutschland bislang nicht in Kraft), Art. 4 des Zusatzvertrags v. 18.4.2006 zum deutsch-amerikanischen Rechtshilfevertrag v. 14.10.2003.
2 Für eingehende Ersuchen s. § 61c IRG, Nr. 77 Abs. 2 RiVASt.
3 *S/L/G/H*, Art. 10 EU-RhÜbk Rz. 23 f.
4 Unter https://e-justice.europa.eu/ (Arbeitshilfen für Gerichte und Juristen/Videokonferenzdienste) ist sowohl die Informationsbroschüre des Generalsekretariats des Rates der EU „Leitfaden für den Einsatz von Videokonferenzen in grenzüberschreitenden Gerichtsverfahren" wie auch eine Übersicht der über eine Videokonferenzanlage verfügenden Gerichte in den Mitgliedstaaten der EU abrufbar.
5 Gem. Art. 4 Abs. 1 EU-RhÜbk sollen Rechtshilfeersuchen grundsätzlich nach dem Verfahrensrecht des ersuchenden Staates erledigt werden („forum regit actum").

90 Sofern deutschen Auslandsvertretungen die Befugnis zu **konsularischen Vernehmungen** eingeräumt ist, können diese nur ausnahmsweise bei Vorliegen besonderer Gründe um Amtshilfe ersucht werden (Nr. 130 Abs. 2 RiVASt).

91 In komplexeren Verfahren wird es regelmäßig zweckmäßig sein, dass um Gestattung der **Teilnahme des** sachbearbeitenden **Ermittlungsbeamten** an der Vernehmung gebeten wird, um durch die Anregung von Fragen auf eine sachgerechte Erledigung des Ersuchens hinwirken zu können. Insoweit bedarf es gem. Nr. 140–142 RiVASt der Genehmigung der obersten Justiz- oder Verwaltungsbehörde[1].

3. Durchsuchung und Beschlagnahme

92 **a)** Ersuchen um Durchsuchung, Beschlagnahme und Herausgabe von Beweisgegenständen stehen wegen der besonderen Eingriffsintensität grundsätzlich unter dem **Vorbehalt der beiderseitigen Strafbarkeit** des zugrunde liegenden Tatvorwurfs im ersuchenden und ersuchten Staat sowie der Vereinbarkeit des Ersuchens mit dem Recht des ersuchten Staates[2].

93 **Ausgehende Ersuchen** müssen daher den Grund für die Maßnahme angeben und die Beweisgegenstände möglichst genau bezeichnen (Nr. 114 Abs. 1 RiVASt), damit der ersuchte Staat in die Lage versetzt wird, die Tatvorwürfe am Maßstab seines eigenen Rechts zu prüfen. Außerdem ist dem Ersuchen der richterliche *Durchsuchungs- und Beschlagnahmebeschluss*[3] beizufügen (Nr. 114 Abs. 2 RiVASt). Das Ersuchen soll sich an den Mustern Nr. 28 und 29 RiVASt orientieren.

94 Im Verhältnis zu den **USA** sind weitere Besonderheiten zu beachten. Der Erlass eines Durchsuchungsbeschlusses setzt in den USA voraus, dass ein *hinreichender Tatverdacht* („probable cause") besteht. Hierzu genügt es regelmäßig nicht, in dem Ersuchen das Ergebnis der Ermittlungen zusammenzufassen oder auf die Gründe des beigefügten Durchsuchungsbeschlusses Bezug zu nehmen. Es ist vielmehr erforderlich, in dem Ersuchen so weit wie möglich die einzelnen Beweisquellen (z.B. Zeugenaussagen, Urkunden, Lichtbilder) mitzuteilen, damit der in den USA zuständige Ermittlungsrichter eine eigene Bewertung des Tatverdachts vornehmen kann. Dieses Verfahren führt in der Praxis zu nicht unerheblichen Schwierigkeiten. Vielfach empfiehlt es sich daher, den Inhalt eines entsprechenden Ersuchens vorab mit der zuständigen Landesjustizverwaltung abzuklären.

95 Schwierigkeiten können auftreten, wenn bei einer Durchsuchung im Inland festgestellt wird, dass relevante **Daten auf einem ausländischen Server** abgelegt sind. § 110 Abs. 3 StPO, der die Durchsicht externer Speichermedien im Inland und die Datenspeicherung gestattet, ist auf diesen Fall nicht (analog) anwendbar. Ob die *vorläufige Sicherung* der Daten vor Ort gleichwohl zulässig ist oder ob es zunächst eines förmlichen Rechtshilfeersuchens bedarf, ist um-

---

1 In Baden-Württemberg wurde die Genehmigung gem. Nr. 140 Abs. 1 RiVASt für Ersuchen an einen EU-Mitgliedstaat allgemein erteilt, Abschnitt IV Nr. 3 Buchst. b des Delegationserlasses v. 9.12.1994 (oben Rz. 26).
2 So die Vorbehaltsmöglichkeiten in Art. 5 Abs. 1 Buchst. a und c EuRhÜbk i.V.m. Art. 51 SDÜ, von denen Deutschland für eingehende Ersuchen Gebrauch gemacht hat (vgl. §§ 66 Abs. 2 Nr. 1, 67 Abs. 2 IRG).
3 Muster Nr. 30 RiVASt.

stritten[1]. Im Geltungsbereich der Cybercrime-Konvention (Rz. 1) können Daten beim Provider im Ausland über das sog. *24/7-Netzwerk*, das in Deutschland beim BKA angesiedelt ist, vorläufig gesichert werden.

Sollen an einen ausländischen Staat **Auskunftsersuchen zu Bankgeschäften** gerichtet werden, sollten stets entsprechende Beschlagnahmebeschlüsse beigefügt werden. Zwar sind Kreditinstitute innerstaatlich bereits gem. §§ 95, 161 StPO zur Auskunftserteilung und Vorlage von Kontounterlagen verpflichtet. Nach dem Recht des ersuchten Staates wird dagegen vielfach eine richterliche Beschlagnahmeanordnung erforderlich sein[2]. 96

b) Mit dem **RB Sicherstellung** (Rz. 40) wurde für die EU-Mitgliedstaaten ein neues Instrument zur *grenzüberschreitenden Sicherstellung von Beweisgegenständen und Vermögenswerten* geschaffen. Der RB Sicherstellung regelt, nach welchen Vorschriften ein Mitgliedstaat eine Sicherstellungsentscheidung in seinem Hoheitsgebiet anerkennt und vollstreckt, die von einer Justizbehörde eines anderen Mitgliedstaates im Rahmen eines Ermittlungs- oder Strafverfahrens erlassen wurde. 97

Allerdings hat der RB Sicherstellung nur einen sehr *begrenzten Anwendungsbereich*, da er lediglich die **vorläufige Sicherung** betrifft. Für die anschließende Herausgabe der Beweismittel oder die Vollstreckung einer etwaigen Einziehungsentscheidung bedarf es eines gesonderten Ersuchens. Während mit der Umsetzung des RB Einziehung für die Vollstreckung rechtskräftiger Einziehungs- und Verfallsentscheidungen hierfür ein weiteres Instrument zur Verfügung gestellt wurde (Rz. 143 ff.), verbleibt es hinsichtlich der Herausgabe von Beweismitteln bis zur Umsetzung des RB Beweisanordnung (Rz. 40) bei den allgemeinen rechtshilferechtlichen Regelungen. Ob sich der RB Sicherstellung angesichts dieser schwerfälligen Zweistufigkeit des Verfahrens in der Praxis bewähren wird, bleibt abzuwarten. Die RL über die Europäische Ermittlungsanordnung in Strafsachen möchte daher die bisherigen lückenhaften Regelungen durch ein neuartiges, praktisch alle Ermittlungsmaßnahmen erfassendes Rechtsinstrument ersetzen (Rz. 46 f.) 98

Sicherstellungsentscheidung ist dabei jede von einer zuständigen Justizbehörde des Entscheidungsstaates getroffene Maßnahme, mit der vorläufig jede Vernichtung, Veränderung, Verbringung, Übertragung oder Veräußerung von Vermögensgegenständen verhindert werden soll, deren Einziehung angeordnet werden könnte oder die ein Beweismittel darstellen könnten (Art. 2 Buchst. c 99

---

1 Die sog. Cybercrime-Konvention (oben Rz. 1) gestattet in Art. 32 lediglich den grenzüberschreitenden Zugriff ohne Rechtshilfeersuchen auf öffentlich zugängliche Daten oder mit „rechtmäßige(r) und freiwillige(r) Zustimmung der Person, [...] die rechtmäßig befugt ist, die Daten mittels dieses Computers [...] weiterzugeben". *S/L/G/H*, vor § 68 IRG Rz. 37c und *Schmitt* in Meyer-Goßner/Schmitt, § 110 StPO Rz. 7a halten eine vorläufige Sicherung vor Ort für unzulässig; a.A. aber *Bär*, ZIS 2011, 53.

2 Gem. Art. 1 Abs. 5 und 2 Abs. 4 ZP-EU-RhÜbk können die Mitgliedstaaten die Erledigung von Auskunftsersuchen zu Bankkonten und -geschäften von den gleichen Bedingungen abhängig machen, die für Ersuchen um Durchsuchung oder Beschlagnahme gelten.

RB Sicherstellung). Nach Art. 3 RB Sicherstellung ist die *beiderseitige Strafbarkeit* für insgesamt 32 abschließend aufgezählte Deliktsgruppen *nicht mehr zu prüfen*. Hierbei handelt es sich um dieselben Katalogtaten, die bereits Inhalt des RB EHB (Rz. 60 ff.) waren. Aus Art. 4 i.V.m. Art. 9 RB Sicherstellung ergibt sich, dass künftig die Sicherstellungsentscheidung zusammen mit einer *Bescheinigung* zu übersenden ist, die im Anhang zum RB Sicherstellung abgedruckt ist[1].

100 Die **Übermittlung** erfolgt *unmittelbar* zwischen den Justizbehörden. Art. 5 Abs. 1 RB Sicherstellung bestimmt ausdrücklich, dass die Sicherstellungsentscheidung des Vollstreckungsstaates unmittelbar anerkannt wird. Allerdings richten sich die anzuwendenden Zwangsmaßnahmen nach dem *Recht des Vollstreckungsstaates* (Art. 5 Abs. 2 RB Sicherstellung). Eine Entscheidung über die Anerkennung der ausländischen Sicherstellungsentscheidung soll möglichst innerhalb von 24 Stunden nach Erhalt ergehen (Art. 5 Abs. 3 RB Sicherstellung).

101 Die **Vollstreckung** kann aus den in Art. 7 RB Sicherstellung genannten *Versagungsgründen* verweigert werden, u.a. wenn die vorgelegte Bescheinigung fehlerhaft ist oder der Grundsatz ne bis in idem entgegensteht. Art. 8 RB Sicherstellung regelt die Gründe für den *Aufschub der Vollstreckung*, z.B. die Beeinträchtigung laufender Ermittlungen oder das Vorliegen einer Entscheidung über den zu sichernden Gegenstand in einem anderen Verfahren. Bezüglich eines – sich an die Sicherstellung anschließenden – Ersuchens um Herausgabe eines Beweismittels ist gem. Art. 10 Abs. 3 RB Sicherstellung die beiderseitige Strafbarkeit bei Vorliegen eines Listendelikts ebenfalls nicht mehr zu prüfen.

102 Bei der **Umsetzung** des RB Sicherstellung ins deutsche Recht wurde in den §§ 94–97 IRG lediglich die Behandlung *eingehender Ersuchen* geregelt[2]. Regelungen für *ausgehende Ersuchen*, insbesondere über den Geschäftsweg und das fakultativ zu verwendende Formblatt, finden sich in Nr. 199, 200 RiVASt.

4. Vorübergehende Überstellung

103 Wird *eine im Ausland inhaftierte Person* als **Zeuge** für ein *deutsches Strafverfahren* benötigt, kann sie gem. § 69 IRG aus dem Ausland nach Deutschland vorübergehend überstellt werden[3]. Die Anforderungen an ein entsprechendes Ersuchen ergeben sich aus Nr. 119 RiVASt. Vor Stellung des Ersuchens sollte zunächst die *Bereitschaft des Zeugen*, nach Deutschland vorübergehend überstellt zu werden, geklärt werden (Nr. 119 Abs. 3 RiVASt), da zahlreiche Staaten die Überstellung von der Zustimmung der inhaftierten Person abhängig ge-

---

1 Die Bescheinigung ist auf der Internetseite des Bundesamts für Justiz unter www.bundesjustizamt.de (Dienstleistungen für Gerichte und Behörden/Internationale Rechtshilfe in Strafsachen) in ausfüllbarer Form und in mehreren Sprachen unter www.ejn-crimjust.europa.eu (Bibliothek/Formulare/Sicherstellung) verfügbar.
2 Darüber hinaus auch in Nr. 195–198 RiVASt.
3 Art. 11 EuRhÜbk (s. auch Art. 3 des für Deutschland noch nicht in Kraft getretenen 2. ZP-EuRhÜbk); demgegenüber spielt die vorübergehende Überstellung einer in Deutschland inhaftierten Person in das Ausland für ein deutsches Ermittlungsverfahren praktisch kaum eine Rolle (§ 70 IRG, Art. 9 EU-RhÜbk). Für eingehende Ersuchen gelten §§ 62, 63 IRG.

macht haben¹. Für die Zeit der Überstellung ist ein *Haftbefehl* nach § 69 Abs. 2 IRG zu erlassen. Das Ersuchen ist i.d.R. mit einem Ersuchen um Zustellung der *Terminsladung* zu verbinden (Nr. 119 Abs. 1 RiVASt). Die Stellung des Ersuchens erfolgt i.d.R. auf dem justizministeriellen Geschäftsweg². Die anschließende Durchführung der Überstellung obliegt der zuständigen Generalstaatsanwaltschaft (§§ 69 Abs. 3, 62 Abs. 2 S. 1 IRG, Nr. 119 Abs. 2 RiVASt).

5. Elektronische Auskunft aus Verfahrensregistern

Die Frage, ob eine Person bereits im Ausland verurteilt wurde, gewinnt in der Praxis immer mehr an Bedeutung. Um hier schnelle und verständliche Antworten zu ermöglichen, hatten sich im Jahr 2003 einige Staaten zu einer **europäischen Strafregistervernetzung (NJR** – *Network of Judicial Registers*) zusammengeschlossen³. Auf der Grundlage des EuRhÜbk wurde eine sichere elektronische Kommunikationsmöglichkeit geschaffen, die es ermöglichte, Auskunftsersuchen an die Strafregister der Partnerstaaten des Projekts – neben Deutschland Frankreich, Spanien, Belgien, Tschechien, Luxemburg, Polen, Bulgarien und die Slowakei – und die Antworten *elektronisch* zu übermitteln.

104

Mit dem RB 2009/315/JI vom 26.2.2009 über die Durchführung und den Inhalt des Austauschs von Informationen aus dem Strafregister zwischen den Mitgliedstaaten und dem Beschluss 2009/316/JI vom 6.4.2009 zur Einrichtung des Europäischen Strafregisterinformationssystems (ECRIS)⁴ erfolgte eine *umfassende Neuregelung und Fortentwicklung des NJR*. Diese Veränderungen betreffen den Strafnachrichtenaustausch, die Speicherung von mitgeteilten strafgerichtlichen Verurteilungen sowie die Erteilung von Auskünften aus den Strafregistern der Mitgliedsstaaten (**ECRIS** – **European Criminal Register Information System**). Wesentlichste Änderung zur bisherigen Situation ist, dass alle ausländischen Strafurteile im Strafregister des Mitgliedstaats gespeichert werden, dessen Staatsangehörigkeit die verurteilte Person besitzt. Bisher konnte der Herkunftsmitgliedstaat darüber entscheiden, ob und was gespeichert wird. Der Informationsaustausch soll in Zukunft ausschließlich in automatisierter Form erfolgen und ein Europäisches Führungszeugnis eingeführt werden.

105

In **Deutschland** baut der Informationsaustausch wie auch schon die Strafregistervernetzung auf der bereits bestehenden elektronischen Kommunikation der

105a

---

1 S. Art. 11 Abs. 1 Buchst. a EuRhÜbk; für eingehende Ersuchen § 62 Abs. 1 S. 1 Nr. 1 IRG. In dringenden Fällen kann die Abklärung der Überstellungsbereitschaft auf dem IP-Weg über das BKA, im Rahmen der EU auch über Eurojust erfolgen.
2 Art. 15 Abs. 1, 2 EuRhÜbk, im Eilfall auch unmittelbar; Art. 6 Abs. 8 Buchst. a EURhÜbk sieht die Übermittlung über zentrale Behörden vor.
3 Das Bundesministerium der Justiz, Referat für Informationstechnik, übersendet den Landesjustizverwaltungen hierzu regelmäßig „Aktuelle Informationen zur europ. Strafregistervernetzung". S. auch die Informationen unter www.bundesjustizamt.de (Themen/Zentrale Register/Europäische Vernetzung).
4 ABl. EU Nr. L 93 v. 7.4.2009, 23; ABl. EU Nr. L 93 v. 7.4.2009, 33, abgedr. bei *S/L/G/H*, III B 3 eb und ec. UmsetzungsG in Deutschland am 27.4.2012 in Kraft getreten, BGBl. I 2011, 2714.

nationalen Behörden mit dem Bundeszentralregister auf, weshalb das *Bundeszentralregister* insoweit als deutsche Kopfstelle fungiert. Die Ersuchen sind auf *elektronischem* Weg an das Bundeszentralregister zu richten, das die Ersuchen an die ausländischen Register weitersteuert. Soweit die Staaten das Europäische Strafregisterinformationssystem technisch noch nicht umgesetzt haben, verbleibt es bei dem Erfordernis, ein förmliches Ersuchen in Papierform an den ersuchten Staat zu richten.

6. Überwachung der Telekommunikation

106 Technisch relativ moderne Ermittlungsmethoden wie die Überwachung der Telekommunikation sind in den meisten rechtshilferechtlichen Abkommen noch nicht berücksichtigt. Als einziges multilaterales Übereinkommen enthält das jüngere **EU-RhÜbk** in Art. 17–22 detaillierte Regelungen[1].

107 Das EU-RhÜbk geht davon aus, dass künftig der **zu überwachende Telekommunikationsverkehr** an den ersuchenden Mitgliedstaat *unmittelbar* weitergeleitet wird (Art. 18 Abs. 1 Buchst. a EU-RhÜbk), während die Aufzeichnung des Telekommunikationsverkehrs durch den ersuchten Staat und die anschließende Weitergabe an den ersuchenden Staat – so die derzeitige Rechtshilfepraxis – die Ausnahme bilden soll (Art. 18 Abs. 1 Buchst. b i.V.m. Abs. 6 EU-RhÜbk). Eine Verschriftung der Aufnahme durch den ersuchten Staat soll nur bei Vorliegen besonderer Gründe möglich sein (Art. 18 Abs. 8 EU-RhÜbk). Darüber hinaus enthält des EU-RhÜbk Vorschriften für die Überwachung der Telekommunikation im eigenen Hoheitsgebiet durch den unmittelbaren Zugang zu einer im Ausland gelegenen Bodenstation (Art. 19 EU-RhÜbk) und die Überwachung im Ausland ohne technische Hilfe des anderen Mitgliedstaates (Art. 20 EU-RhÜbk). Bislang haben diese Konstellationen keine praktische Relevanz gewonnen.

108 Ein **ausgehendes Ersuchen** um Telekommunikationsüberwachung setzt zunächst voraus, dass eine nationale Überwachungsanordnung gem. §§ 100a, 100b StPO ergangen ist. Die anschließende Durchführung der Maßnahme richtet sich zwar nach dem Recht des ersuchten Staates. Dies entbindet die deutschen Ermittlungsbehörden jedoch nicht von den *innerstaatlichen Bedingungen der Maßnahme*. So haben die Ermittlungsbehörden den Schutz des Kernbereichs privater Lebensführung (§ 100a Abs. 4 StPO) sowie Benachrichtigungs- und Löschungspflichten (§ 101 StPO) zu beachten. Hierauf sollte bereits in dem Ersuchen um Durchführung der Telekommunikationsüberwachung hingewiesen werden. Innerhalb der EU und des Schengen-Raums können entsprechende Benachrichtigungen unmittelbar mit der Post übersandt werden. Im Übrigen bedarf es eines ergänzenden Ersuchens an den ersuchten Staat. Ggf. ist vor der Übersendung entsprechender Benachrichtigungen Kontakt mit dem ersuchten Staat aufzunehmen, um dortige Ermittlungen nicht zu gefährden.

109 Für **eingehende Ersuchen** sind die ausführlichen Regelungen in Nr. 77a RiVASt zu beachten. Da auch bei der Erledigung eines Ersuchens für einen ausländischen Staat die nationalen Voraussetzungen erfüllt sein müssen, sind dort insbesondere die *Zusicherungen* (insbesondere zur Löschung übermittelter Daten) aufgeführt, die von dem ersuchenden Staat einzuholen sind.

---

[1] Eingehend hierzu *Schuster* NStZ 2006, 657; *S/L/G/H*, Art. 17–22 EU-RhÜbk.

7. Fingerspuren- und DNA-Abgleich

Zur Vereinfachung und Beschleunigung des Abgleiches vorliegender Fingerspuren und DNA-Daten haben sieben Staaten im Jahr 2005 den **Prümer Vertrag**[1] geschlossen (§ 6 Rz. 31). Mit dem **Ratsbeschluss Prüm**[2] wurden die Regelungen inhaltsgleich in den Rechtsrahmen der EU überführt, soweit die Regelungsgegenstände der Dritten Säule (polizeiliche und justizielle Zusammenarbeit in Strafsachen) zuzuordnen waren.

110

Im Einzelnen sieht der Beschluss wie der Vertrag den **automatisierten Datenaustausch** von *DNA-Daten, Fingerabdruckdaten* und *Daten aus Kraftfahrzeugregistern* zwischen allen Mitgliedstaaten der EU vor. Im Falle der Kfz-Registerdaten wird der volle lesende Online-Zugriff ermöglicht. Bei DNA- und Fingerabdruckdaten erfolgt der Zugriff auf anonymisierte Indexdatenbanken im sog. *hit-/no-hit-Verfahren*, bei dem persönliche Daten nur aufgrund eines rechtshilferechtlichen Ersuchens übermittelt werden. Der Abgleich der Daten erfolgt zunächst automatisiert zwischen den jeweils zuständigen zentralen Behörden (in Deutschland das BKA). Erfolgt eine Treffermeldung, ist ein *förmliches Rechtshilfeersuchen* um Übermittlung der zu dem Treffer gehörenden personenbezogenen Daten zu stellen.

111

Im Verhältnis zu Staaten, auf die der *Ratsbeschluss Prüm* **nicht anwendbar** ist, muss ein *förmliches Ersuchen* um Vornahme eines Vergleiches der Fingerabdrücke/DNA-Spuren gestellt werden. Für *Ersuchen um Entnahme von DNA-Material* bei im Ausland befindlichen Beschuldigten sind die sich aus der StPO ergebenden nationalen Voraussetzungen zu beachten[3].

112

Zwischenzeitlich wurde ein Abkommen mit den **USA** geschlossen, um den Informationsaustausch zwischen den deutschen und den US-amerikanischen Behörden nach dem Vorbild des Vertrags von Prüm zur Bekämpfung schwerwiegender Kriminalität, insbesondere des Terrorismus, zu intensivieren[4]. Gegenstand des Abkommens ist u.a. der auto-

113

---

1 Vertrag v. 27.5.2005 zwischen dem Königreich Belgien, der Bundesrepublik Deutschland, dem Königreich Spanien, der Französischen Republik, dem Großherzogtum Luxemburg, dem Königreich der Niederlande und der Republik Österreich über die Vertiefung der grenzüberschreitenden Zusammenarbeit, insbesondere zur Bekämpfung des Terrorismus, der grenzüberschreitenden Kriminalität und der illegalen Migration, abrufbar unter www.bmjv.bund.de (Ministerium/Abteilungen/Strafrecht/Internationales Strafrecht/Internationale strafrechtliche Zusammenarbeit/Prümer Vertrag); VertragsG BGBl. II 2006, 626, AusführungsG v. 10.7.2006, BGBl. I 1458.
2 Beschluss des Rates v. 23.6.2008 zur Vertiefung der grenzüberschreitenden Zusammenarbeit, insbes. zur Bekämpfung des Terrorismus und der grenzüberschreitenden Kriminalität, ABl. EU Nr. L 210 v. 6.8.2008; UmsetzungsG v. 31.7.2009, BGBl. I 2507.
3 Näher *S/L/G/H*, vor § 68 IRG Rz. 35.
4 Abk. v. 1.10.2008 zwischen der Regierung der Bundesrepublik Deutschland und der Regierung der Vereinigten Staaten von Amerika über die Vertiefung der Zusammenarbeit bei der Verhinderung und Bekämpfung schwerwiegender Kriminalität; VertragsG v. 1.9.2009, BGBl. II 1010; UmsetzungsG v. 11.9.2009, BGBl. I 2998. Das Abk. ist – mit Ausnahme der Vorschriften zum DNA-Abruf – am 19.4.2011 in Kraft getreten.

matisierte Austausch von DNA- und Fingerabdruckdatenim sog. hit-/no-hit – Verfahren. Die Regelungen zum automatisierten Abruf von DNA-Daten finden derzeit allerdings noch keine Anwendung.

8. Gemeinsame Ermittlungsgruppen

114 *Gemeinsame Ermittlungsgruppen* (GEG)[1] sind ein modernes Rechtshilfeinstrument zur Intensivierung der grenzüberschreitenden Zusammenarbeit[2]. Ihr Hauptvorzug liegt darin, dass innerhalb einer GEG für die Beantragung von Ermittlungsmaßnahmen – einschließlich Zwangsmaßnahmen – oder für die Erlangung von Ermittlungserkenntnissen **keine förmlichen Rechtshilfeersuchen** erforderlich sind, wenn die übrigen Voraussetzungen nach nationalem Recht vorliegen; z.B. setzt eine Durchsuchung nach wie vor einen entsprechenden richterlichen Beschluss voraus. Die Mitglieder der GEG können bei Hausdurchsuchungen oder Vernehmungen in allen vereinbarten Einsatzbereichen zugegen sein und zur Überwindung von Sprachbarrieren beitragen. Durch die Teilnahme von Eurojust und Europol kann die GEG unterstützt werden.

115 Zu beachten ist allerdings, dass die GEG eine **Maßnahme der justiziellen Rechtshilfe** darstellt, weshalb über die Einrichtung einer GEG die rechtlichen Möglichkeiten der internationalen strafrechtlichen Zusammenarbeit grundsätzlich nicht erweitert oder anderen Zulässigkeitsvoraussetzungen unterworfen werden können. So sind beispielsweise Bedingungen, die im Rahmen der „klassischen" Rechtshilfe an die Weitergabe von TKÜ-Protokollen geknüpft werden, auch bei der Weitergabe im Rahmen einer GEG zu beachten. Eine GEG kann daher auch nicht losgelöst von einem konkreten Ermittlungsverfahren zur Bekämpfung allgemeiner grenzüberschreitender Kriminalitätsphänomene installiert werden.

116 Praktisch wichtigste **Rechtsgrundlage** ist *Art. 13 EU-RhÜbk*[3]. Eine GEG kann durch eine zwei- oder mehrseitige *Vereinbarung* für einen bestimmten Zweck und einen begrenzten Zeitraum errichtet werden (Art. 13. Abs. 1 EU-RhÜbk)[4]. Dies kommt insbesondere dann in Betracht, wenn in dem Ermittlungsverfahren eines Mitgliedstaats zur Aufdeckung von Straftaten schwierige und aufwändige Ermittlungen mit Bezügen zu anderen Mitgliedstaaten durchzuführen sind oder wenn mehrere Mitgliedstaaten Ermittlungen zur Aufdeckung von

---

1 Internationale Bezeichnung: Joint Investigation Team (JIT).
2 Ausführlich zu den bisherigen Erfahrungen *Riegel*, eucrim 2009, 99; *Riegel*, Die Kriminalpolizei 2008, 80; s. auch *Sensburg*, Kriminalistik 2008, 661; nützliche Hinweise enthält das von Europol/Eurojust herausgegebene „Hdb. für Gemeinsame Ermittlungsgruppen", abrufbar unter www.eurojust.europa.eu (Document library/Joint Investigation Teams/JITs manual/Manual DE).
3 Weitere Rechtsgrundlagen: Art. 19 des Übk. der VN v. 15.11.2000 gegen die grenzüberschreitende organisierte Kriminalität (Rz. 13); Art. 24 des Übk. v. 18.12.1997 aufgrund von Art. K.3 des Vertrags über die EU über die gegenseitige Amtshilfe und Zollzusammenarbeit der Zollverwaltungen (Neapel II), ABl. EG Nr. C 24 v. 23.1.1998, 1; Art. 20 des 2. ZP-EuRhÜbk (Ratifikation in Deutschland wird derzeit vorbereitet).
4 Die Errichtungsvereinbarung sollte sich an der aktualisierten Modellvereinbarung des Rates der EU, ABl. EU Nr. C 70 v. 19.3.2010, 1, orientieren. Daneben haben Deutschland und Frankreich in einer gemeinsamen Erklärung v. 12.10.2006 eine Modellvereinbarung für eine dt.-französische GEG beschlossen, die über die Landesjustizverwaltungen verfügbar ist.

Straftaten durchführen, die infolge des zugrundeliegenden Sachverhalts ein koordiniertes und abgestimmtes Vorgehen in den beteiligten Mitgliedstaaten erforderlich machen. Die Teilnehmer der GEG sind in der Vereinbarung zu benennen.

Auf **deutscher Seite** muss die *Staatsanwaltschaft* als Herrin des Ermittlungsverfahrens die Leitungsfunktion übernehmen. Die Leitung der Gruppe obliegt jeweils dem Behördenvertreter desjenigen Mitgliedstaates, auf dessen Hoheitsgebiet die Gruppe tätig ist. Der Einsatz richtet sich nach dem Recht des jeweiligen Einsatzstaates (vgl. Art. 13 Abs. 3 EU-RhÜbk). Die entsandten Mitglieder können bei Ermittlungsmaßnahmen im Einsatzstaat grundsätzlich anwesend sein und ggf. mit der Durchführung bestimmter Ermittlungsmaßnahmen betraut werden (vgl. Art. 13 Abs. 5, 6 EU-RhÜbk). Die im Rahmen der GEG erlangten Informationen dürfen – mit Ausnahme der im EU-RhÜbk ausdrücklich genannten Fälle – grundsätzlich nur für die Zwecke der GEG verwendet werden (Art. 13 Abs. 10 EU-RhÜbk). 117

Innerstaatlich richtet sich die Errichtung und Tätigkeit einer GEG nach §§ 61b, 93 IRG und Nr. 142c RiVASt. Die Errichtung einer GEG stellt eine **Angelegenheit von besonderer Bedeutung** i.S. der Zuständigkeitsvereinbarung (Rz. 25) dar, die gem. Nr. 13 RiVASt der obersten Justizbehörde zu berichten ist. Dabei ist die *Notwendigkeit* der Bildung einer gemeinsamen Ermittlungsgruppe zu begründen. Eine solche Maßnahme soll nur angeregt werden, wenn schwierige und aufwendige Ermittlungen zu führen sind, die eine über Nr. 142b RiVASt (Gemeinsame Koordinierungsgruppen) hinausgehende abgestimmte Vorgehensweise erfordern (Nr. 142c Abs. 2 RiVASt). Die Unterrichtung von Eurojust gem. § 6 EurojustG ist bis zur Äußerung der Bundesregierung zurückzustellen (Nr. 142c Abs. 1 RiVASt). 118

9. Übernahme der Strafverfolgung

Nicht zur Rechtshilfe im eigentlichen Sinn gehören an das Ausland gerichtete Ersuchen um Übernahme der Strafverfolgung bzw. **Anzeigen zum Zwecke der Strafverfolgung**, da sie nicht der Förderung eines innerstaatlichen Ermittlungsverfahrens dienen. Sie unterliegen daher auch teilweise anderen Verfahrensvorschriften als Rechtshilfeersuchen. Ausgehende Ersuchen werden in Nr. 145–147 RiVASt geregelt[1]. Danach soll die Stellung eines Ersuchens insbesondere dann geprüft werden, wenn ein Auslieferungs- oder Vollstreckungshilfeersuchen nicht in Betracht kommt, wobei der Verhältnismäßigkeitsgrundsatz zu beachten ist (Nr. 145 Abs. 1, 2 RiVASt). Hinweise zu Form und Inhalt des Ersuchens enthält Nr. 146 RiVASt. 119

Sonderregelungen zum **Geschäftsweg** sind zu beachten (Nr. 146 Abs. 1 RiVASt)[2]. Um der ausländischen Behörde die Prüfung der eigenen Zuständigkeit zu ermöglichen, ist dem Ersuchen eine *Sachverhaltsdarstellung* und im Regelfall eine Mehrfertigung der Akten 120

---

1 Muster 34, 34a, 35 RiVASt.
2 Art. 21 EuRhÜbk, Art. 53 Abs. 5 SDÜ, Art. 6 Abs. 1 S. 3 EU-RhÜbk; so ist z.B. im Verhältnis zu einigen EU-Mitgliedstaaten, in denen das EU-RhÜbk noch nicht in Kraft ist (Griechenland, Italien, Irland und Kroatien), noch der justizministerielle Geschäftsweg vorgesehen (s. RiVASt Länderteil). Das Europ. Übk. über die Übertragung der Strafverfolgung v. 15.5.1972 (CETS 073) wurde von Deutschland nicht ratifiziert.

oder wesentlicher Aktenteile beizufügen (Nr. 146 Abs. 2 und 3 RiVASt). Eine ggf. erforderliche Übersetzung kann sich auf die Sachverhaltsdarstellung beschränken[1].

121 Ob das Ersuchen (oder ggf. erst die verfahrensabschließende Entscheidung im ersuchten Staat) ein **Verfolgungshindernis** im ersuchenden Staat auslöst, richtet sich nach den einschlägigen völkerrechtlichen Übereinkommen (Nr. 146 Abs. 4 RiVASt)[2]. Sollte das zugrunde liegende Ermittlungsverfahren daher nicht bereits gem. § 170 Abs. 2 StPO einzustellen sein, wird i.d.R. eine Einstellung gem. § 153c StPO in Betracht kommen.

10. Polizeiliche Rechtshilfe

122 Gem. Nr. 123 und 124 RiVASt können das Bundeskriminalamt und andere **Polizeibehörden** in dem dort angegebenen Umfang **eigenständig** Rechtshilfeersuchen erledigen und stellen. Im Rahmen der polizeilichen Ermittlungsbefugnis gem. § 163 Abs. 1 StPO gilt dies jedoch nur, sofern eine Erledigung polizeilicher Ersuchen in einer völkerrechtlichen Übereinkunft vorgesehen ist (Nr. 123 Abs. 3 Buchst. a, 124 Abs. 3 Buchst. a RiVASt).

123 Insoweit ist die wichtigste **Grundlage** für die *grenzüberschreitende polizeiliche Zusammenarbeit* das **SDÜ (Art. 39–47)**[3]. Der in Art. 39 SDÜ vorgesehene polizeiliche Informationsaustausch ist durch den RB 2006/960/JI vom 18.12.2006 über die *Vereinfachung des Austauschs von Informationen und Erkenntnissen* zwischen den Strafverfolgungsbehörden der Mitgliedstaaten der EU[4] auf eine neue Grundlage gestellt worden. Nach dem durch den RB zum Ausdruck kommenden *Grundsatz der Verfügbarkeit* soll die Datenweitergabe an das Ausland keinen strengeren Bedingungen unterliegen als der nationale Datenaustausch.

---

1 Art. 21 Abs. 3 i.V.m. Art. 16 EuRhÜbk. Dennoch bitten die Behörde des ersuchten Staates gelegentlich auch um eine Übersetzung der Ermittlungsakten. Obwohl hierzu keine Pflicht besteht, wird man im Einzelfall abwägen müssen, ob das Interesse an einer Verfolgungsübernahme die Übersetzungskosten rechtfertigt.

2 Zu beachten ist insbes. Art. 54 SDÜ (zum Verhältnis von Art. 54 SDÜ zu Art. 50 GrC s. BGH v. 25.10.2010 – 1 StR 57/10, NJW 2011, 1014; BVerfG v. 15.12.2011 – 2 BvR 148/11, NJW 2012, 1202; *Hackner*, NStZ 2011, 425). Ein Verfolgungshindernis kann aber auch bereits aufgrund der *Verfahrenseinleitung* im ersuchten Staat entstehen, wie dies einige bilaterale Ergänzungsverträge zum EuRhÜbk vorsehen; s. hierzu *S/L/G/H*, Art. 21 EuRhÜbk Rz. 1.

3 S. die nach Ländern gegliederte Zusammenstellung „Rechtsgrundlagen für polizeiliche Rechtshilfemaßnahmen", Anlage IV zu Anhang II der RiVASt, die auch die jeweiligen bilateralen Abkommen berücksichtigt. Von besonderer praktischer Bedeutung sind der Vertrag zwischen der Bundesrepublik Deutschland und der Schweizerischen Eidgenossenschaft über die grenzüberschreitende polizeiliche und justizielle Zusammenarbeit, BGBl. II 2001, 946, abgedr. bei *S/L/G/H*, II B fa; und der Vertrag zwischen der Bundesrepublik Deutschland und der Republik Österreich über die grenzüberschreitende Zusammenarbeit zur polizeilichen Gefahrenabwehr und in strafrechtlichen Angelegenheiten, BGBl. II 2005, 858, abgedr. bei *S/L/G/H*, II B ea. Abzuwarten bleibt die Umsetzung des RB 2006/960/JI v. 18.12.2006 über die Vereinfachung des Austauschs von Informationen und Erkenntnissen zwischen den Strafverfolgungsbehörden der Mitgliedstaaten der EU, ABl. EU Nr. L 386 v. 29.12.2006, 89.

4 ABl. EU Nr. L 386 v. 29.12.2006, 89; UmsetzungsG v. 21.7.2012, BGBl. I 1566.

Sind die erbetenen Daten allerdings nur durch Zwangsmaßnahmen zu erlangen, ist ein Informationsersuchen abzulehnen (§ 92 Abs. 3 Nr. 2 IRG). Außerdem setzt die Verwertung polizeilicher Informationen als Beweismittel in einem Strafverfahren zudem die Zustimmung der für die Weitergabe der Daten zuständigen nationalen Bewilligungsbehörde voraus (§ 92 Abs. 2 IRG). Ob die Polizei eigenständig Rechtshilfeersuchen stellen und erledigen kann, richtet sich daher danach, in welchem Umfang die Befugnisse im Rechtshilfeverkehr von der Justiz auf die Polizeibehörden delegiert wurden. Hierfür sind die jeweiligen Vorschriften der Länder maßgebend (Rz. 26)[1].

Von der originären polizeilichen Rechtshilfe ist die *bloße Übermittlung* eines justiziellen Ersuchens auf dem **Interpol-Geschäftsweg** unter Vermittlung des Bundeskriminalamts zu unterscheiden, sofern diese Möglichkeit aufgrund völkerrechtlicher Übereinkunft eröffnet ist (Nr. 123 Abs. 4 S. 2 RiVASt)[2]. In Eilfällen kann auf diese Weise der aufwendige diplomatische Geschäftsweg vermieden werden. Voraussetzung ist jedoch stets, dass zuvor die Bewilligung der zuständigen inländischen Justizbehörde eingeholt wurde.

III. Vollstreckungshilfe

Unter dem Begriff der Vollstreckungshilfe versteht man die **Übernahme der Vollstreckung** einer *im Ausland* verhängten strafrechtlichen Sanktion im Wege der Rechtshilfe. Die Vollstreckungshilfe konzentrierte sich lange Zeit auf die Überstellung ausländischer Verurteilter in ihren Heimatstaat aus humanitären Gründen. Mit der Zunahme grenzüberschreitender Sachverhalte und einer erhöhten Mobilität der Täter ist jedoch eine effektive Strafverfolgung in besonderem Maß auf die grenzüberschreitende Vollstreckung von gerichtlichen Entscheidungen – z.B. bei der Vermögensabschöpfung – angewiesen. Daher wurde dieser Bereich zu einem *Hauptschwerpunkt des EU-Gesetzgebers*.

Innerstaatlich ist die Vollstreckungshilfe im IRG geregelt, wobei zwischen eingehenden Ersuchen um Übernahme der Vollstreckung eines ausländischen Straferkenntnisses (§§ 48–58 IRG) und ausgehenden Ersuchen (§ 71 IRG) unterschieden wird. Spezielle Regelungen für den Vollstreckungshilfeverkehr innerhalb der EU enthalten §§ 84–90 IRG. Für Überstellungsverfahren gilt darüber hinaus das Überstellungsausführungsgesetz (ÜAG)[3]. Wichtige Verfahrenshinweise enthält die RiVASt in Nr. 64–74a (eingehende Ersuchen) und Nr. 105–113a (ausgehende Ersuchen).

1. Vollstreckung von Freiheitsstrafen

Das *Überstellungsübereinkommen vom 21.3.1983 (ÜberstÜbk)* stellt als „Mutterkonvention" des Europarats die derzeit wichtigste **völkerrechtliche**

---

1 Für Baden-Württemberg s. Abschnitt III des sog. Delegationserlasses v. 9.12.1994.
2 ZB Art. 15 Abs. 5 EuRhÜbk.
3 G. zur Ausführung des Übk. v. 21.3.1983 über die Überstellung verurteilter Personen v. 26.9.1991, BGBl. I 1954, zul. geänd. durch Art. 5 des G v. 29.7.2009, BGBl. I 2274.

Grundlage für die Übertragung der Vollstreckung von Freiheitsstrafen dar. Es wird ergänzt durch das *Zusatzprotokoll vom 18.12.1997* (ZP-ÜberstÜbk) und *Art. 67–69 SDÜ* (Rz. 7 ff.). Demgegenüber hat sich das Übereinkommen vom 13.11.1991 zwischen den Mitgliedstaaten der EG über die Vollstreckung ausländischer Verurteilungen (EG-VollstrÜbk, Rz. 12) bislang nicht durchsetzen können[1]. Künftig wird der *RB Freiheitsstrafen* (Rz. 40) den Vollstreckungshilfeverkehr innerhalb der EU auf eine neue rechtliche Grundlage stellen und an die Stelle der bisherigen Übereinkommen treten[2].

a) Überstellungsübereinkommen

128 Das ÜberstÜbk regelt den Fall, dass ein *ausländischer Verurteilter* mit seiner Zustimmung in seinen **Heimatstaat überstellt** wird, da dort i.d.R. günstigere Wiedereingliederungschancen bestehen. Der Vollstreckungsstaat kann grundsätzlich wählen, ob er die Vollstreckung der Sanktion fortsetzt (*Fortsetzungsverfahren* gem. Art. 9 Abs. 1 Nr. 1 Buchst. a, Art. 10 ÜberstÜbk) oder ob die ausländische Sanktion in eine Sanktion nach seinem eigenen Recht umgewandelt wird (*Umwandlungsverfahren* gem. Art. 9 Abs. 1 Nr. 1 Buchst. b, Art. 11 ÜberstÜbk). Bei Anwendung des Umwandlungsverfahrens kann der Vollstreckungsstaat die Höhe der zu vollstreckenden Sanktion aufgrund einer eigenen Strafzumessung neu festsetzen. Mit der Übernahme der Vollstreckung setzt der Urteilsstaat die Vollstreckung aus (Art. 8 Abs. 1 ÜberstÜbk).

129 **Nach der Überstellung** richtet sich die weitere Vollstreckung – also insbesondere auch die Frage einer vorzeitigen oder bedingten Entlassung – allein nach dem *Vollstreckungsrecht des Heimatstaates* (Art. 9 Abs. 3 ÜberstÜbk). Dem Urteilsstaat verbleibt allerdings die Möglichkeit eines Gnadenerweises oder einer Amnestie (Art. 12 ÜberstÜbk). Erachtet der Vollstreckungsstaat die Vollstreckung für abgeschlossen – z.B. bei einer vorzeitigen Entlassung des Verurteilten – darf der Urteilsstaat die Sanktion nicht weiter vollstrecken (Art. 8 Abs. 2 ÜberstÜbk).

130 Bei **eingehenden Ersuchen** ist Voraussetzung der Vollstreckungsübernahme, dass die Strafvollstreckungskammer des zuständigen Landgerichts die Vollstreckung des ausländischen Erkenntnisses im sog. *Exequaturverfahren* für zulässig erklärt und zugleich die im Ausland verhängte Sanktion in die ihr im deutschen Recht am meisten entsprechende Sanktion umwandelt. Die Zulässigkeitsvoraussetzungen ergeben sich – vorbehaltlich vorrangiger Bestimmungen

---

1 BGBl. II 1997, 1351, abgedr. bei *S/L/G/H*, III C 1; aktuell haben nur fünf Mitgliedstaaten das EG-VollstrÜbk notifiziert, lediglich im Verhältnis zu den Niederlanden und zu Lettland ist es gem. Art. 21 Abs. 3 vorläufig anwendbar. Das Europ. Übk. über die internationale Geltung von Strafurteilen vom 28.5.1970 (CETS 070) ist von Deutschland nicht ratifiziert worden.

2 Obwohl den Mitgliedstaaten eine Frist zur Umsetzung des RB Freiheitsstrafen in nationales Recht bis spätestens 5.12.2011 eingeräumt worden war, ist eine Umsetzung in Deutschland bislang nicht erfolgt. Zwischenzeitlich liegt jedoch ein erster Referentenentwurf des BMJV vor.

des ÜberstÜbk (vgl. § 1 Abs. 3 IRG) – aus §§ 48 f. IRG. Für die Höhe der festzusetzenden Sanktion ist das ausländische Strafverkenntnis maßgebend; sie darf jedoch das Höchstmaß der die für die Tat im Inland angedrohten Strafe nicht überschreiten (§ 54 Abs. 1 IRG). Der im Ausland vollstreckte Teil der Sanktion ist auf die festzusetzende Sanktion anzurechnen (§ 54 Abs. 4 IRG). Nach Art. 11 Abs. 1 Buchst. c ÜberstÜbk fällt hierunter auch die erlittene *Untersuchungshaft*, während im vertragslosen Bereich die Entscheidung über die Anrechnung von Untersuchungshaft ausschließlich dem Urteilsstaat zusteht[1]. Die Anrechnung erfolgt stets im *Verhältnis 1:1*, die Vorschrift des § 51 Abs. 4 S. 2 StGB findet im Bereich der Vollstreckungshilfe keine Anwendung.

Bei **ausgehenden Ersuchen** unterscheidet § 71 IRG danach, ob die im Ausland zu vollstreckende Sanktion gegen einen Ausländer oder einen Deutschen verhängt wurde. Einer vorherigen Entscheidung des OLG über die Zulässigkeit der Vollstreckung im Ausland (§ 71 Abs. 4 IRG) bedarf es bei Überstellungen auf der Grundlage des ÜberstÜbk generell nicht (§ 2 Abs. 1 ÜAG).

Praktische Schwierigkeiten hinsichtlich der **Vollstreckungsdauer** stellen sich vor allem dann, wenn zu erwarten ist, dass die verhängte Sanktion im Heimatstaat in eine – aus Sicht des Urteilsstaats – *unangemessen milde Sanktion* umgewandelt wird. Um das zu verhindern, kann in diesen Fällen der Urteilsstaat die Zustimmung zur Überstellung mit der Bedingung versehen, dass die Vollstreckung der Freiheitsstrafe gem. Art. 10 ÜberstÜbk fortgesetzt wird und das Umwandlungsverfahren nicht zur Anwendung kommt (zur Rücküberstellung Rz. 138). Bedenken gegen die Einleitung eines Überstellungsverfahrens können aber auch dann bestehen, wenn das Strafvollstreckungsrecht des Heimatstaates die Möglichkeit einer bedingten oder vorzeitigen Entlassung zu einem Zeitpunkt vorsieht, der aus Sicht des Urteilsstaats zu einer *unangemessen kurzen Vollstreckungsdauer* führt. In diesen Fällen ist zu prüfen, ob der Vollstreckungsstaat in der Lage ist, eine bestimmte Mindestverbüßungsdauer für den Einzelfall zuzusichern.

Gem. der Erklärung der Bundesregierung zur Art. 2 Abs. 2 S. 2 ÜberstÜbk begründet das Übereinkommen Rechte und Pflichten zwar ausschließlich zwischen den Vertragsparteien, während verurteilten Personen hieraus *keine* Ansprüche oder *subjektive Rechte* erwachsen. Allerdings hat das BVerfG entschieden, dass der verurteilten Person aus Art. 2 Abs. 1 i.V.m. Art. 1 Abs. 1 GG ein Anspruch auf Resozialisierung zukommt, der im Bereich des Strafvollzugs zu einem **Anspruch des Verurteilten** *auf pflichtgemäße Ermessensausübung* der Behörden führt[2]. Bei der Entscheidung über das Überstellungsgesuch einer verurteilten Person sind daher die Interessen des Verurteilten an seiner sozialen Wiedereingliederung und die Belange der Rechtspflege – auch im Hinblick auf die Vollstreckungspraxis des Aufnahmestaates – vollstreckungsrechtlich zu würdigen. Gegen die ablehnende Ermessensentscheidung der Vollstreckungsbehörde bzw. der Landesjustizverwaltung kann der Verurteilte einen *Antrag auf gerichtliche Entscheidung gem. § 23 EGGVG* stellen[3]. Demgegenüber steht dem Verurteilten hinsichtlich der im Bewilligungsverfahren zu berücksichtigenden allgemein- oder außenpolitischen Belange ein Recht auf fehlerfreie Ermessensentscheidung nicht zu.

---

1 *S/L/G/H*, § 54 IRG Rz. 14, Art. 11 ÜberstÜbk Rz. 4.
2 BVerfG v. 18.6.1997 – 2 BvR 483/95, 2 BvR 2501/95, 2 BvR 2990/95, E 96, 100 = NJW 1997, 3013.
3 *S/L/G/H*, § 71 IRG Rz. 14j.

b) Zusatzprotokoll zum Überstellungsübereinkommen

134 Das ZP-ÜberstÜbk *erweitert* den **Anwendungsbereich** des ÜberstÜbk in zwei Richtungen:

– Art. 2 ZP-ÜberstÜbk ermöglicht die Übernahme der Vollstreckung in **Fluchtfällen**, in denen sich eine verurteilte Person der Vollstreckung durch Flucht in ihren Heimatstaat entzieht. Auf diese Fälle ist das ÜberstÜbk nicht anwendbar, da es die Übergabe der verurteilten Person an den Heimatstaat voraussetzt. Für die Schengen-Staaten konnten Fluchtfälle bereits nach Art. 67–69 *SDÜ* sowie im Verhältnis zu den Niederlanden und Lettland aufgrund des *EG-VollstrÜbk* gelöst werden[1]. Im Übrigen kam eine Übernahme der Vollstreckung nur im Wege der vertragslosen Vollstreckungshilfe in Betracht. Das ZP-ÜberstÜbk sieht nunmehr eine Regelung vor, die im Wesentlichen der des SDÜ entspricht. Einer vorherigen gerichtlichen Entscheidung über die Zulässigkeit des Ersuchens bedarf es nicht (§ 2 Abs. 1 ÜAG).

135 – Art. 3 ZP-ÜberstÜbk regelt die **Überstellung** eines ausgewiesenen Verurteilten **ohne** dessen **Zustimmung** in seinen Heimatstaat. Voraussetzung ist, dass wegen der Straftat, die der Verurteilung zugrunde liegt, eine bestandskräftige und vollziehbare *Ausweisungsverfügung* ergangen ist und die verurteilte Person sich nach abgeschlossener Strafverbüßung nicht weiter im Urteilsstaat aufhalten darf. Allerdings besteht keine Verpflichtung des ausländischen Staates, eigene Staatsangehörige zu übernehmen.

Vor der Stellung eines entsprechenden Ersuchens hat das *OLG* gem. § 2 Abs. 2 ÜAG i.V.m. § 71 Abs. 4 IRG über dessen Zulässigkeit zu entschieden. Dabei ist zu prüfen, ob bei Abwägung aller persönlichen Umstände eine Überstellung gegen den Willen der verurteilten Person in Betracht kommt, ob angesichts der Vollzugs- und Vollstreckungspraxis im Vollstreckungsstaat eine Vollstreckung überhaupt zulässig ist und ob ernstliche Gründe für die Annahme bestehen, dass die verurteilte Person im Fall ihrer Überstellung politisch verfolgt wird. Daneben sind die übergeordneten Wertungen des § 73 IRG (ordre public) zu beachten.

c) Vollstreckungshilfe und Europäischer Haftbefehl

136 Im Zusammenhang mit der **Ablehnung der Vollstreckung** *eines Europäischen Haftbefehls* können sich praktisch schwierige Fragen der Vollstreckungshilfe stellen. Die Vollstreckung eines Europäischen Haftbefehls zum Zwecke der Strafvollstreckung kann gem. Art. 4 Nr. 6 RB EHB (Rz. 60 ff.) abgelehnt werden, wenn sich die gesuchte Person im Vollstreckungsstaat aufhält, dessen Staatsangehöriger ist oder dort ihren Wohnsitz hat und der Staat sich verpflichtet, die Strafe der Sanktion zu vollstrecken (vgl. §§ 80 Abs. 3, 83b Abs. 2 Buchst. b IRG).

137 Unter den **Mitgliedstaaten** bestehen **unterschiedliche Auffassungen** darüber, ob der RB EHB insoweit eine eigenständige Vollstreckungsgrundlage darstellt oder ob – so die von Deutschland vertretene Auffassung – grundsätzlich auf die bestehenden völkerrechtlichen Übereinkommen in diesem Bereich zurückgegriffen werden muss. So wird z.B. in

---

1 Zur Auslegung des Fluchtbegriffs in Art. 68 SDÜ bzw. Art. 2 ZP-ÜberstÜbk s. OLG Rostock v. 8.6.2010 – I Ws 128/10, juris; KG v. 16.7.2007 – 1 AR 105/06-2/5 Ws 53/06, NJW 2008, 673 mit Anm. *Böhm* NJW 2008, 677.

Polen nach der Ablehnung eines Europäischen Haftbefehls unmittelbar mit der Vollstreckung der zugrunde liegenden Entscheidung begonnen, während es nach deutscher Ansicht eines gesonderten Ersuchens um Übernahme der Strafvollstreckung bedarf (vgl. § 80 Abs. 4 S. 1 IRG). Allerdings decken die bisherigen Übereinkommen diesen Bereich nur lückenhaft ab. So sehen Art. 68 SDÜ und Art. 2 ZP-ÜberstÜbk die Vollstreckungsübernahme nur für den Fall vor, dass die verurteilte Person in ihren eigenen Heimatstaat flieht. Je nach Fallkonstellation wird die Vollstreckungsübernahme daher nur auf vertragsloser Grundlage in Betracht kommen.

Eine ähnliche Problematik stellt sich bei der **Rücküberstellung zur Strafvollstreckung** von Personen, die zunächst zur Strafverfolgung ausgeliefert wurden. Die Auslieferung eigener Staatsangehöriger oder einer Person, die im Vollstreckungsstaat wohnhaft ist, zur Strafverfolgung kann gem. Art. 5 Nr. 3 RB EHB von der *Bedingung* abhängig gemacht werden, dass die Person in den Vollstreckungsstaat rücküberstellt wird. Auf welcher völkerrechtlichen Grundlage die Rücküberstellung erfolgen soll, ist unter den Mitgliedstaaten umstritten. Nach deutscher Auffassung kommt eine Rücküberstellung nur nach den Regelungen des ÜberstÜbk – d.h. mit Zustimmung des Verurteilten – in Betracht (vgl. Nr. 164 Abs. 1 RiVASt). Dies setzt jedoch voraus, dass die zu überstellende Person die Staatsangehörigkeit des Aufnahmestaates hat. 138

In Fällen, in denen dagegen ein **ausländischer Staatsangehöriger** mit gewöhnlichem Aufenthalt im Inland unter der Bedingung der Rücküberstellung ausgeliefert wird (vgl. § 83b Abs. 2 Buchst. a IRG), ist nur eine vertragslose Überstellung möglich. Generell ist bei Auslieferungen nach Deutschland unter der Bedingung der Rücküberstellung zu beachten, dass im Rücküberstellungsverfahren regelmäßig keine Möglichkeit besteht, das Umwandlungsverfahren (Art. 11 ÜberstÜbk) im Heimatstaat durch eine entsprechende Bedingung auszuschließen (Rz. 132; vgl. Nr. 164 Abs. 2 RiVASt). Es ist daher in Kauf zu nehmen, dass die verhängte Sanktion im Heimatstaat – unter Umständen deutlich – reduziert wird. Dies erfolgt z.B. regelmäßig bei Rücküberstellungen in die Niederlande nach einer Verurteilung wegen Betäubungsmittelstraftaten. 139

Es ist zu *erwarten*, dass die beschriebenen Unsicherheiten mit der **Umsetzung des RB Freiheitsstrafen** (Rz. 40), der ausdrücklich auf die Vollstreckung von Sanktionen aufgrund eines Europäischen Haftbefehls anwendbar ist, behoben werden. 140

2. Vollstreckung von Einziehungsentscheidungen

a) Multi- und bilaterale Übereinkommen

Die **grenzüberschreitende Gewinnabschöpfung** im Wege der Vollstreckungshilfe ist in mehreren *mehrseitigen Übereinkommen* vorgesehen: 141

– Art. 7 ff. EuGeldwäscheÜbk (Rz. 8),

– Art. 5 VN-Suchtstoffübereinkommen (Rz. 13),

– Art. 13 f. VN-Org-Krim-Übk (Rz. 13).

Daneben ist die Vollstreckung von Einziehungs- und Verfallsentscheidungen Gegenstand *bilateraler Verträge*:

– Art. 13 deutsch-amerikanischer Rechtshilfevertrag vom 14.10.2003 (Rz. 14),
– Art. 6 deutsch-kanadischer Rechtshilfevertrag vom 13.5.2002[1].

142 §§ 56b, 71a IRG ermöglichen der zuständigen Bewilligungsbehörde, mit der zuständigen Behörde des ausländischen Staates eine Vereinbarung über die **Aufteilung des** erzielten **Erlöses** zu treffen (sog. *asset sharing*). Allerdings stellt der Abschluss einer derartigen Vereinbarung nach Ansicht der Bundesregierung eine *Angelegenheit besonderer Bedeutung* gem. Nr. 8 der Zuständigkeitsvereinbarung (Rz. 25) dar, weshalb auch in den Fällen, in denen die Bewilligungsbefugnis delegiert ist, zunächst das Benehmen mit der Bundesregierung herzustellen ist (vgl. Nr. 74b RiVASt).

b) EU

143 Innerhalb der EU wurde durch den *Rahmenbeschluss* über die Einziehung von Erträgen, Tatwerkzeugen und Vermögensgegenständen aus Straftaten (Rz. 43) zunächst das *materielle* Recht der Mitgliedstaaten harmonisiert. Der **RB Einziehung** (Rz. 40) bezweckt demgegenüber die Verbesserung der Zusammenarbeit bei der Vollstreckung von strafrechtlichen Entscheidungen, die zum *endgültigen Entzug von Tatwerkzeugen oder Erträgen aus Straftaten* führen. Die vorläufige Sicherstellung von Vermögensgegenständen ist dagegen Gegenstand des RB Sicherstellung (Rz. 97 ff.).

144 Für die Vollstreckung von Einziehungs- oder Verfallsentscheidungen wird durch den RB Einziehung ein **vereinfachtes Verfahren** zwischen den Mitgliedstaaten geschaffen. Der ersuchende Mitgliedstaat übersendet die zu vollstreckende Entscheidung zusammen mit einer *Bescheinigung* (vgl. den Vordruck im Anhang zum RB Einziehung[2]) an die zuständige Behörde des ersuchten Mitgliedstaates (Art. 4 RB Einziehung). Dieser erkennt die Einziehungsentscheidung an und trifft unverzüglich alle erforderlichen Maßnahmen, um die Entscheidung nach seinem eigenen Recht zu vollstrecken (Art. 7, 12 RB Einziehung). Fällt die Tat unter eine der bereits aus dem RB EHB bekannten 32 Deliktskategorien, wird die *beiderseitige Strafbarkeit nicht geprüft* (Art. 6 RB Einziehung).

145 Ausnahmsweise kann der Vollstreckungsstaat das Ersuchen aus im RB Einziehung abschließend aufgeführten **Ablehnungsgründen** zurückweisen, z.B. wenn die Tat in seinem Hoheitsgebiet begangen wurde oder Rechte Dritter der Vollstreckung entgegenstehen (Art. 8 RB Einziehung). Die Erledigung des Ersuchens kann aufgeschoben werden, wenn die Vollstreckung laufende Strafverfahren beeinträchtigen könnte oder die Vermögensgegenstände bereits Gegenstand eines Einziehungsverfahrens im Vollstreckungsstaat

---

1 Vertrag zwischen der Bundesrepublik Deutschland und Kanada über die Rechtshilfe in Strafsachen, BGBl. II 2004, 962, 1564.
2 Die Bescheinigung ist auf der Internetseite des Bundesamts für Justiz unter www.bundesjustizamt.de (Dienstleistungen für Gerichte und Behörden/Internationale Rechtshilfe in Strafsachen) in ausfüllbarer Form und in englischer, französischer und spanischer Sprache unter www.ejn-crimjust.europa.eu (Bibliothek/Formulare/Einziehungsentscheidungen) verfügbar.

sind (Art. 10 RB Einziehung). Liegt der *Vollstreckungserlös über 10 000 Euro*, wird der gesamte Betrag zwischen den beteiligten Staaten *hälftig geteilt*, im Übrigen fließt er dem Vollstreckungsstaat vollständig zu (Art. 16 RB Einziehung).

Der RB Einziehung wurde durch eine Änderung des IRG in **innerstaatliches Recht** umgesetzt. Für *eingehende Ersuchen* nach Maßgabe des RB Einziehung enthalten die §§ 88–89 IRG und Nr. 181–189 RiVASt vorrangige Regelungen. Subsidiär bleiben die Vorschriften des Vierten Teils des IRG (§§ 48 ff. IRG) sowie die allgemeinen Bestimmungen des Ersten und Siebenten Teils des IRG anwendbar. Die Entscheidung über die Vollstreckbarkeit der ausländischen Entscheidung obliegt gem. § 50 IRG nach wie vor dem Landgericht, wobei insbesondere die Ermessensentscheidung der Vollstreckungsbehörde, von den in § 88c Nr. 1–3 IRG benannten fakultativen Ablehnungsgründen keinen Gebrauch zu machen, auf Ermessensfehler geprüft wird (§ 88d Abs. 3 IRG). *Ausgehende Ersuchen* werden in § 90 IRG und in Nr. 190–193 RiVASt geregelt, wobei an die Zulässigkeit entsprechender Ersuchen keine besonderen rechtshilferechtlichen Anforderungen gestellt werden. 146

Sowohl bei ein- als auch ausgehenden Ersuchen kann über die **Aufteilung des Vollstreckungserlöses** eine von der Grundregel des RB Einziehung *abweichende Vereinbarung* getroffen werden (§§ 88f, 56b IRG bzw. §§ 90 Abs. 4, 71a, 56b IRG), sofern zunächst das Benehmen mit der Bundesregierung hergestellt wurde. 147

3. Vollstreckung von Geldsanktionen

a) Der **RB Geldsanktionen** (Rz. 40) stellt ein weiteres Rechtsinstrument zur Umsetzung des Grundsatzes der gegenseitigen Anerkennung dar (Rz. 38 ff.). Er sieht vor, dass eine Entscheidung über die Zahlung einer Geldstrafe oder Geldbuße von dem Entscheidungsstaat nebst einer im Anhang des RB Geldsanktionen abgedruckten *Bescheinigung* an den Vollstreckungsstaat übermittelt wird (Art. 4 RB Geldsanktionen). Dieser prüft die *gegenseitige Strafbarkeit* bei bestimmten „Katalogtaten" nicht mehr. 148

Bei den **Katalogtaten** handelt es sich zunächst um die *schweren Straftaten*, die bereits Inhalt des RB EHB waren. Darüber hinaus werden weitere Katalogtaten benannt, insbesondere Verhaltensweisen, die gegen die den *Straßenverkehr* regelnden Vorschriften verstoßen (Art. 5 RB Geldsanktionen). Der Staat, dem die Entscheidung übermittelt wurde, kann die Vollstreckung nur aus bestimmten Gründen verweigern, beispielsweise wenn die Geldsanktion nicht mindestens 70 Euro beträgt (Art. 7 RB Geldsanktionen). 149

b) Durch das **Umsetzungsgesetz** zum RB Geldsanktionen wurden §§ 86–87p neu in das IRG aufgenommen[1]. Als zentrale Bewilligungsbehörde für eingehende und ausgehende Ersuchen fungiert das *Bundesamt für Justiz (BfJ*; § 74 Abs. 1 S. 4 IRG). Praktische Hinweise enthalten Nr. 167–180 RiVASt. 150

Das BfJ prüft **bei eingehenden Ersuchen** zunächst die zwingenden Zulässigkeitsvoraussetzungen (u.a. 70-Euro-Grenze, § 87b IRG) sowie fakultative Bewilligungshindernisse (§ 87d IRG) und gewährt dem Betroffenen rechtliches Gehör (§ 87c IRG). Sodann trifft es eine Bewilligungsentscheidung (§ 87f IRG). Wird gegen die Bewilligungsentscheidung innerhalb von zwei Wochen Ein- 151

---

1 G. v. 18.10.2010, BGBl. I 1408, das am 28.10.2010 in Kraft getreten ist. Ausführlich hierzu *Krumm/Lempp/Trautmann*, Das neue Geldsanktionengesetz, 2010.

spruch eingelegt, muss eine gerichtliche Entscheidung erfolgen (§§ 87g, 87h IRG). Die Bewilligungsbehörde muss allerdings in bestimmten Fällen (insbesondere, wenn der Betroffene ein Jugendlicher oder Heranwachsender oder eine juristische Person ist) von sich aus einen Antrag auf gerichtliche Entscheidung stellen (§ 87i IRG).

152 Die Zuständigkeit für die **gerichtliche Entscheidung** wird wegen der Sachkompetenz im Bereich von Massenverfahren mit Geldsanktionen den *Amtsgerichten* übertragen. Diese prüfen, ob die Vollstreckung zulässig ist, ob die Bewilligungsbehörde ihr Ermessen, keine Bewilligungshindernisse geltend zu machen, fehlerfrei ausgeübt hat und ob die Geldsanktion fehlerfrei umgewandelt wurde. Gegen die Entscheidung des Amtsgerichts ist die Rechtsbeschwerde eröffnet, wenn diese zugelassen wird (§§ 87j, 87k IRG). Das Amtsgericht legt die Akten über die Generalstaatsanwaltschaft vor. Über die Zulassung und über die Rechtsbeschwerde entscheidet ein Bußgeldsenat des *OLG*, der mit einem Richter, in bestimmten Fällen mit drei Richtern besetzt ist (§ 87l IRG).

153 Die **Vollstreckung** erfolgt durch das Bundesamt für Justiz, soweit keine gerichtliche Entscheidung erforderlich wurde. Ansonsten wird die Vollstreckung von der Staatsanwaltschaft bei dem Landgericht, in dessen Zuständigkeitsbereich das Amtsgericht seinen Sitz hat, durchgeführt (87n IRG). Die Vollstreckung erfolgt unabhängig von der Sanktion entsprechend den Vorschriften des Ordnungswidrigkeitenrechts und der Justizbeitreibungsordnung. Der Erlös fließt in die Bundeskasse, wenn das Bundesamt als Vollstreckungsbehörde tätig geworden ist. Ansonsten fließt er dem Bundesland zu, in dem das Amtsgericht seinen Sitz hat. Die Kosten der Vollstreckung trägt der Betroffene.

154 Bei **ausgehenden Ersuchen** entscheidet das Bundesamt, ob die rechtskräftige Entscheidung (in deutscher Sprache) nebst der vom Bundesamt anzufertigenden Übersetzung der Bescheinigung zwecks Vollstreckung in einen anderen Mitgliedstaat übermittelt wird.

C. Zusammenarbeit mit zwischenstaatlichen Organisationen

155 **a)** Die nationalen Kontaktstellen des **Europäischen Justiziellen Netzes** (abgekürzt **EJN**) (dazu § 6 Rz. 159 f.) sind aktive Vermittler, die untereinander und mit den Behörden der Mitgliedstaaten in unmittelbaren Kontakt treten können. In Deutschland verfügt jedes Bundesland über eine auf der Ebene der Generalstaatsanwaltschaften angesiedelte Kontaktstelle. Je eine weitere besteht bei dem Bundesamt für Justiz und bei der Bundesanwaltschaft. Das EJN bietet den nationalen Behörden und Gerichten zum einen Hilfestellung bei konkreten Rechtshilfeersuchen. Darüber hinaus hält das Netzwerk Informationen zur strafrechtlichen Zusammenarbeit bereit, die auch elektronisch auf der Internetseite des EJN[1] abgerufen werden können. Unter anderem können hier die im Rahmen des unmittelbaren Geschäftsweges jeweils zuständigen Justizbehörden der Mitgliedstaaten ermittelt werden.

156 **b)** Soll **Eurojust** (vgl. § 6 Rz. 161 ff.) in einem Strafverfahren um Unterstützung gebeten werden, kann mit der deutschen Vertretung bei Eurojust *unmittelbar und formlos* Kontakt aufgenommen werden (§ 3 EurojustG). Die deutsche Vertretung setzt sich mit den Vertretern der betroffenen Mitgliedstaaten in Verbindung, um eine Klärung der Angelegenheit herbeizuführen. Bei komplexeren

---

1 www.ejn-crimjust.europa.eu.

Sachverhalten besteht die Möglichkeit, multinationale Koordinierungstreffen – i.d.R. am Sitz von Eurojust in Den Haag – abzuhalten. Um Eurojust zu ermöglichen, die *Zusammenarbeit* zwischen den Mitgliedstaaten bei grenzüberschreitender Kriminalität zu *fördern* und zu *verbessern*, sind die nationalen Behörden verpflichtet, Eurojust in bestimmten Fällen, etwa bei der beabsichtigten Bildung einer Gemeinsamen Ermittlungsgruppe, bei bestimmten grenzüberschreitenden Strafverfahren oder bei kontrollierten Lieferungen mit Beteiligung von mindestens drei Staaten, zeitnah zu *unterrichten* (§ 6 EurojustG)[1].

c) Zu den *Hauptaufgaben* des **Europäischen Polizeiamtes (Europol**, vgl. § 6 Rz. 152 ff.) gehören u.a. die Sammlung, Analyse und der Austausch von Informationen und Erkenntnissen zur Unterstützung nationaler Ermittlungsverfahren (vgl. Art. 5 Europol-Beschluss). Darüber hinaus kann Europol die zuständigen Behörden der Mitgliedstaaten um die Einleitung, Durchführung oder Koordinierung von Ermittlungen ersuchen sowie in bestimmten Fällen die Einsetzung gemeinsamer Ermittlungsgruppen empfehlen. Europol unterhält ein *Europol-Informationssystem*, das u.a. von den nationalen Stellen genutzt werden kann (Art. 11–13 Europol-Beschluss). Zu Zwecken der Kriminalitätsanalyse kann Europol sog. Analysedateien erstellen (Art. 14–16 Europol-Beschluss). Die Kommunikation mit Europol wird in den Mitgliedstaaten jeweils über eine von diesen benannte „*Nationale Stelle für Europol*" geführt. Für die Bundesrepublik Deutschland nimmt das *Bundeskriminalamt* diese Zentralstellenfunktion wahr und dient damit als zentraler Informationsknoten zwischen Europol und den Polizeien der Länder, den Behörden der Bundespolizei und des Zollfahndungsdienstes[2].

157

§ 9
Organisierte Kriminalität

Bearbeiter: Peter Holzwarth

Schrifttum: *Böhme*, Überwachung der Telekommunikation gemäß § 100a StPO bei fortgesetzt begangenen Straftaten – Eine Untersuchung am Beispiel des § 298 StGB, NStZ 2014, 69; *Falk*, Erfassung, Beschreibung und Analyse von OK, Kriminalistik 1997, 15; *Fromm*, Finanzermittlungen – Ein Herzstück der OK-Bekämpfung?, Kriminalistik 1998, 463; *Gusy*, Organisierte Kriminalität zwischen Polizei und Verfassungsschutz, GA 1999, 319; *Hartmann*, Die Mafia und ihre Strukturen, Kriminalistik 2000, 644; *Hetzer*, Wirtschaftsform Organisierte Kriminalität, wistra 1999, 126; *Hetzer*, Organisierte Kriminalität – Definitionen und Befunde, Kriminalistik 2001, 762; *Hetzer*, Produktpiraterie und OK, Kriminalistik 2002, 326; *Kilchling*, Die vermögensbezogene Bekämpfung der Organisierten Kriminalität, wistra 2000, 241; *Kramer*, Telekommunikationsüberwachung und Verkehrsdatenabfrage bei Verdacht auf Steuerhinterziehung, NJW 2014, 1561; *Lampe*, Or-

---

1 Ausf. Hinweise zur praktischen Zusammenarbeit mit Eurojust enthält eine Broschüre des BMJ (Stand Januar 2014), die elektronisch unter www.bmjv.de (Ministerium/Abteilungen/Strafrecht/Internationales Strafrecht/Eurojust) abrufbar ist.
2 Weitere Informationen zur praktischen Zusammenarbeit mit Europol sind unter www.europol.europa.eu abrufbar.

ganisierte Kriminalität unter der Lupe, Kriminalistik 2001, 465; *Niewald/Kasecker*, Aktuelle Erscheinungsformen und strategische Aspekte der OK-Bekämpfung, Kriminalistik 2008, 4; *Rübenstahl*, Kriminelle Vereinigungen im Wirtschaftsstrafrecht?, wistra 2014, 166; *Schaefer*, Organisierte Kriminalität aus Sicht der Justiz, Kriminalistik 1997, 23; *Sieber*, Internationale Organisierte Kriminalität, Kriminalistik 1998, 97.

1 **a)** Das Verhältnis zwischen **Organisierter Kriminalität (OK)** und **Wirtschaftskriminalität** lässt sich beschreiben mit dem Bild zweier sich teilweise überschneidender Kreise. In der *Anlage E* der Richtlinien für das Strafverfahren und das Bußgeldverfahren (*RiStBV* – s. § 1 Rz. 148) werden u.a. Rauschgifthandel, Waffenhandel, Kriminalität im Zusammenhang mit dem Nachtleben, Schutzgelderpressung, Schleusung, Kfz-Verschiebung, Geld- und Zahlungskartenfälschung, Versicherungsbetrug und Wohnungseinbrüche mit zentraler Beuteverwertung als *Erscheinungsformen der OK* genannt. Es sind dort also überwiegend Kriminalitätsbereiche erwähnt, die üblicherweise zum Betätigungsfeld von Organisationen nach Art der italienischen Mafia gerechnet werden. Daneben können zur OK aber **auch Wirtschaftsstraftaten**[1], einschließlich Ausschreibungsbetrug, Warenterminbetrug, Steuerhinterziehung[2], Markenpiraterie und Umweltstraftaten[3] sowie die Korruption gehören. Im Hinblick auf das Kriterium der *Infrastruktur*[4] werden namentlich Kartelle zum Zwecke des Ausschreibungsbetruges, auf Betrug angelegte Geldanlagegeschäfte und die organisierte illegale Beschäftigung zur OK zu zählen sein. Die Gefährlichkeit und Gewaltbereitschaft der Täter ist häufig kennzeichnend für den Zigaretten- und Alkoholschmuggel, welcher dann ebenfalls als OK anzusehen ist. Mit den Kriterien der Struktur und Gewaltbereitschaft sind zugleich zwei der nach Anlage E der RiStBV alternativ geforderten speziellen Definitionsmerkmale der OK angesprochen (s. Rz. 4).

2 **b)** Der **Begriff** der *„Organisierten Kriminalität"* (OK) ist gesetzlich nicht definiert und kriminologisch nur begrenzt aufgeklärt[5]. Auch Art. 83 Abs. 1 AEUV, der die „organisierte Kriminalität" als letzten der aufgezählten Kriminalitätsbereiche nennt, für die die europäischen Organe Mindestvorschriften erlassen dürfen (näher § 6 Rz. 77), enthält keine nähere Begriffsbestimmung. – Die *materiellen* Strafvorschriften verwenden diesen Begriff nicht. Die dort aufgeführten Tatbestandsmerkmale der *Bande* und der *Gewerbsmäßigkeit* (etwa in §§ 260, 260a, § 261, § 263 Abs. 3 S. 2 Nr. 1, § 266 Abs. 2, § 291, § 300, § 335 StGB, § 370 Abs. 3 S. 2 Nr. 5, § 373 AO, § 17 Abs. 2, § 18 Abs. 7 AWG) können zwar auch Ausprägungen von OK sein, reichen aber als solche noch nicht aus (zur „Gewerbsmäßigkeit" vgl. § 22 Rz. 66 f.).

2a Der Begriff der **Bande** setzt nach den Worten des *Großen Senats* für Strafsachen des BGH den *Zusammenschluß von mindestens drei Personen* voraus, die sich mit dem Willen verbunden haben, künftig für eine gewisse Dauer mehrere

---

1 BGH v. 5.6.1996 – 5 StR 275/95 und BGH v. 3.7.1996 – 5 StR 179/96.
2 BGH v. 26.2.2003 – 5 StR 423/02 – Zigarettenschmuggel, BGHSt. 48, 240; BGH v. 16.3.2004 – 5 StR 364/03 – Umsatzsteuerkarussell, wistra 2004, 229.
3 BGH v. 6.4.2001 – 2 StR 356/00, BGHR StGB § 129 Gruppenwille 3.
4 BT-Drs. 12/989, 19 ff.
5 BVerfG v. 20.3.2002 – 2 BvR 794/95 – Vermögensstrafe, NJW 2002, 1779; BVerfG v. 3.3.2004 – 1 BvR 2378/98 und 1 BvR 1084/99 – Lauschangriff, NJW 2004, 999.

selbständige, im Einzelnen noch ungewisse Straftaten des im Gesetz genannten Deliktstyps zu begehen. Ein „gefestigter Bandenwille" oder ein „Tätigwerden in einem übergeordneten Bandeninteresse" ist nicht erforderlich[1]. Die Begehung einer Straftat „als Bande" stellt regelmäßig ein *Qualifikationsmerkmal* dar, das zu einem deutlich höheren Strafrahmen führt; teilweise wird dadurch ein Vergehen zu einem Verbrechen (vgl. § 12 StGB) hochgestuft. Mitunter führt die *Kumulation* der Kriterien von Bande und Gewerbsmäßigkeit zu einer gesteigerten Qualifikation, etwa beim Betrug (§ 263 Abs. 5 StGB) oder im Außenwirtschaftsrecht (§ 18 Abs. 8 AWG n.F; näher § 62 Rz. 49). Eine „Bande" kann z.B. auch durch den Zusammenschluss von bestechlichen Amtsträgern und Vorteilsgebern begründet werden[2].

Anlässlich der Änderung der StPO durch das Gesetz zur Bekämpfung des illegalen Rauschgifthandels und anderer Erscheinungsformen der Organisierten Kriminalität (OrgKG)[3] hat der Gesetzgeber[4] in Anlehnung an die Entscheidung des Großen Senats für Strafsachen des BGH vom 17.10.1983[5] als **Merkmale der OK** genannt:

– Die Aktivitäten der Täter sind so angelegt, dass Hauptpersonen nach Möglichkeit nach außen nicht hervortreten müssen. Die Randtäter sind beliebig austauschbar und ersetzbar.

– Mitwisser werden durch Schweigegelder, Schweigegebote, Drohungen und Einschüchterung davon abgehalten, Aussagen zu machen. Wird ein Einzeltäter gefasst, so übernimmt die Organisation dessen Unterstützung.

Nach der **Definition** in **RiStBV** *Anlage E* ist OK die von Gewinn- oder Machtstreben bestimmte planmäßige Begehung von Straftaten, die einzeln oder in ihrer Gesamtheit von erheblicher Bedeutung sind, wenn mehr als zwei Beteiligte auf längere oder unbestimmte Dauer arbeitsteilig a) unter Verwendung gewerblicher oder geschäftsähnlicher Strukturen oder b) unter Anwendung von Gewalt oder anderer zur Einschüchterung geeigneter Mittel oder c) unter Einflussnahme auf Politik, Medien, öffentliche Verwaltung, Justiz oder Wirtschaft zusammenwirken (vgl. Anlage E Nr. 2.1 RiStBV). Die Verwendung gewerblicher oder geschäftsähnlicher Strukturen ist dem Wortlaut nach bei Wirtschaftsstraftaten regelmäßig gegeben. Allerdings benutzen OK-Täter legale Geschäfte (z.B. Speditionen) im Wesentlichen zur Tarnung und Erleichterung ihres von vornherein kriminellen Tuns, während der „normale" Wirtschaftskriminelle seine Einkünfte im Ausgangspunkt hauptsächlich aus legalen wirtschaftlichen Tätigkeiten bezieht, die durch kriminelle Aktivitäten gefördert werden sollen. An das Bild der sich überschneidenden Kreise sei freilich an dieser Stelle erinnert. Typisch ist eine gewisse Verfestigung des Zusammenwirkens unabhängig von der Zugehörigkeit einzelner Beteiligter. Der gewerblichen und geschäftsähn-

---

1 BGH v. 22.3.2001 – GSSt 1/00, BGHSt 46, 321 = NJW 2001, 2266.
2 BGH v. 13.12.2012 – 1 StR 522/12, wistra 2013, 107.
3 G v. 15.7.1992, BGBl. I 1302.
4 BT-Drs. 12/989, 19 ff.
5 BGH v. 17.10.1983 – GSSt 1/83, BGHSt. 32, 115 (120); zur Strafzumessung bei OK vgl. BGH v. 29.1.1992 – 2 StR 427/91 – Generalprävention, NStZ 1992, 275; BGH v. 7.9.1993 – 4 StR 498/93 – Gesamtstrafe.

lichen Struktur steht es gleich, wenn der Zusammenhalt der Beteiligten durch ein Netz von Informationen und Absprachen oder durch Sanktionen bzw. Belohnungen (*Infrastruktur*) gewährleistet und dadurch das Verhalten unter den Beteiligten abgestimmt wird[1].

5 c) Rechtlich relevant ist die OK für das **Strafverfahren**, insbesondere für *strafprozessuale Eingriffsmaßnahmen* im Ermittlungsverfahren (vgl. § 98a Abs. 1 S. 1 Nr. 6 StPO: Rasterfahndung; § 110a Abs. 1 Nr. 4 StPO: Verdeckter Ermittler). Diese Bestimmungen verwenden den Begriff „organisiert" und meinen damit die OK[2].

6 Die **strafprozessualen Eingriffsbefugnisse** zur *Verfolgung schwerwiegender Wirtschaftskriminalität* (vgl. auch unten § 11 Rz. 51 ff.) sind mit dem Gesetz zur Neuregelung der Telekommunikationsüberwachung vom 21.12.2007[3] erweitert worden. Insbesondere der *Straftatenkatalog* der praktisch besonders bedeutsamen **Überwachung der Telekommunikation** nach § 100a StPO umfasst nunmehr zahlreiche Delikte des Wirtschaftsstrafrechts. Telekommunikation ist der technische Vorgang des Aussendens, Übermittelns und Empfangens von Nachrichten jeglicher Art mittels technischer Einrichtungen oder Systeme, die elektromagnetische oder optische Signale übertragen können. Um dem Bedürfnis nach einer effektiveren Verfolgung von Straftaten aus dem Bereich der Wirtschaftskriminalität Rechnung zu tragen, wurden die besonders schweren Fälle sowie die Qualifikationstatbestände des Betrugs, des Computerbetrugs, des Subventionsbetrugs und des Bankrotts in den Katalog aufgenommen[4]. Weitere wirtschaftsstrafrechtliche Anlasstaten sind die besonders schweren Fälle der Geldwäsche (§ 261 Abs. 4 StGB; s. § 51 Rz. 47), die wettbewerbsbeschränkenden Absprachen bei Ausschreibungen nach § 298 StGB und die besonders schweren Fälle der Bestechlichkeit und Bestechung im geschäftlichen Verkehr nach §§ 299, 300 S. 2 StGB. Aus der AO wurden die bandenmäßige fortgesetzte Hinterziehung von Umsatz- oder Verbrauchssteuern nach § 370 Abs. 3 S. 2 Nr. 5 AO, der gewerbsmäßige, gewaltsame oder bandenmäßige Schmuggel nach § 373 AO sowie die gewerbs- oder bandenmäßige Steuerhehlerei nach § 374 Abs. 2 AO in den Straftatenkatalog aufgenommen. Die Sicherstellung und Beschlagnahme von auf dem Mailserver eines Providers gespeicherten E-Mails sind am Grundrecht auf Gewährleistung des Fernmeldegeheimnisses aus Art. 10 Abs. 1 GG zu messen; die Sicherstellung und Beschlagnahme solcher E-Mails erfolgt als offene Maßnahme nach §§ 94 ff. StPO[5]; bei Vorliegen einer Katalogtat kann die Erhebung auch verdeckt erfolgen.

7 Durch Bezugnahmen auf § 100a Abs. 2 StPO gelten die erwähnten Weiterungen auch für die **akustische Überwachung** außerhalb von Wohnungen nach § 100f StPO und die Ermittlung von Mobilfunkendgeräten nach § 100i StPO. Die Be-

---

1 *Nack* in KK, § 110a StPO Rz. 20.
2 *Nack* in KK, § 110a StPO Rz. 3.
3 G zur Neuregelung der Telekommunikationsüberwachung und anderer verdeckter Ermittlungsmaßnahmen sowie zur Umsetzung der RL 2006/24/EG, BGBl. I 3198.
4 Entwurfsbegründung zum vorstehend genannten Gesetz, BT-Drs. 16/5846, 40.
5 BVerfG v. 16.6.2009 – 2 BvR 902/06, NJW 2009, 2431.

deutung der akustischen *Wohnraumüberwachung* nach § 100c StPO ist aufgrund der äußerst aufwendigen praktischen Umsetzung gering; ferner sind die genannten Wirtschaftsstraftaten (s. Rz. 6) ohnehin ganz überwiegend nicht im Straftatenkatalog dieser Norm enthalten.

Für weitere verdeckte Ermittlungsmaßnahmen wie die **Observation** nach § 163f StPO und ihre Unterstützung durch *technische Hilfsmittel* nach § 100h Abs. 1 Nr. 2 StPO reicht es aus, wenn Gegenstand der Untersuchung eine Straftat von erheblicher Bedeutung ist. Die retrograde Erhebung von Verkehrsdaten nach § 100g StPO darf sich nur auf solche Daten beziehen, die der Diensteanbieter wegen betrieblicher Notwendigkeiten oder zu Abrechnungszwecken gespeichert hat (§ 96 TKG)[1]. Die Erhebung von Vorratsdaten nach § 113a TKG ist verfassungswidrig, die Norm nichtig.

Auch der **Einsatz verdeckter Ermittler** kommt nur bei Straftaten erheblicher Bedeutung in Betracht, wobei § 110a Abs. 1 S. 1 Nr. 3 und 4 StPO zusätzlich eine gewerbs-, gewohnheits- oder bandenmäßige oder in anderer Weise organisierte Begehung voraussetzen. Informanten oder – falls im Auftrag der Ermittlungsbehörden handelnd – Vertrauenspersonen sind im Gegensatz zum verdeckten Ermittler keine Beamten. Ihre Inanspruchnahme ist grundsätzlich auf die Schwerkriminalität, die OK, den illegalen Waffen- und Betäubungsmittelhandel, die Falschgeldkriminalität sowie die Staatsschutzdelikte beschränkt. Im Bereich der mittleren Kriminalität bedarf ihr Einsatz sorgfältiger Prüfung. Häufig handelt es sich bei diesen Personen um Angehörige des betreffenden kriminellen Milieus, weswegen die Ermittlungsbehörden an die Zusage der Geheimhaltung der Identität dieser Personen dann nicht gebunden sind, wenn sich deren Beteiligung an der Tat herausstellt. In Betracht kommen aber auch gesetzestreue Mitarbeiter von Unternehmen, die auf interne erhebliche strafrechtliche Gesetzesverstöße hinweisen möchten, jedoch aus Furcht vor gravierenden beruflichen Nachteilen zu offenen Angaben nicht bereit sind. Eine gesetzliche Regelung dieses Bereichs existiert nicht; Richtlinien gibt die Anlage D der RiStBV vor.

d) Statistisch (vgl. dazu allgemein § 2 Rz. 17 ff.) liegt die „Kriminalität im Zusammenhang mit dem Wirtschaftsleben" (überwiegend Anlagedelikte) seit 2008 hinter der Rauschgiftkriminalität und in etwa Gleichauf mit der Eigentumskriminalität an zweiter Stelle der OK-Kriminalitätsbereiche[2]. Im Hinblick auf die gemeldeten Schadenssummen (2011: 576 Mio. Euro; 2013: 407 Mio. Euro) und die geschätzten Gewinne (2011: 172 Mio. Euro; 2013: 346 Mio. Euro) rangiert dieser Kriminalitätsbereich an der Spitze. Zählt man die in den *Bundeslagebildern* gesondert ausgewiesenen Steuer- und Zolldelikte (überwiegend Zigarettenschmuggel), aber auch etwa den Handel mit CO_2-Zertifikaten) hinzu, liegt der Anteil der Wirtschaftskriminalität an der OK seit 2001 konstant bei deutlich über 20 % und stellt damit unangefochten den zweitgrößten Kriminalitätsbereich mit OK-Relevanz dar.

---

1 BVerfG v. 2.3.2010 – 1 BvR 256/08, NJW 2010, 833.
2 Bundeslagebilder Organisierte Kriminalität 2008–2013, www.bka.de.

11 e) Der – mitunter problematische[1] – Rückgriff auf das Organisationsdelikt des § 129 StGB – **Bildung krimineller Vereinigungen** – hat angesichts der erwähnten erweiterten Möglichkeiten verdeckter Ermittlungen in dieser Hinsicht an Bedeutung verloren. Gleichwohl können Gruppierungen von Wirtschaftsstraftätern auch kriminelle Vereinigungen i.S. des § 129 StGB sein[2].

12 Erforderlich ist aber stets ein **Gruppenwille** i.S. des § 129 StGB. Diesen definiert der BGH[3] so:

„Die Vereinigung setzt die Unterordnung des Einzelnen unter den Willen der Gesamtheit voraus. Wenn sich der Einzelne nur dem Willen eines anderen Individuums unterordnet, repräsentiert der andere hier immer nur einen eigenen Willen, nicht den einer hinter ihm stehenden Mehrheit. Die für eine organisierte Vereinigung typische besondere Gefährlichkeit, die gerade in der Bildung eines von der individuellen Einzelmeinung losgelösten Gruppenwillens liegt, ist hier noch nicht erreicht (vgl. BGHSt 28, 147, 149). Der bloße Wille mehrerer Personen, gemeinsam Straftaten zu begehen, verbindet diese, weil der Wille des Einzelnen maßgeblich bleibt und die Unterordnung unter einen Gruppenwillen unterbleibt, noch nicht zu einer kriminellen Vereinigung, und zwar auch dann nicht, wenn eine Person als Anführer eingesetzt wird, nach dem sich die anderen richten. [...]

Zum mitgliedschaftlichen Zusammenwirken gehört deshalb die subjektive Einbindung in die kriminellen Ziele der Organisation und in deren entsprechende Willensbildung. Erforderlich ist ein durch die Art der Organisation gewährleisteter Gesamtwille, dem sich die einzelnen Mitglieder als für sie maßgeblich unterordnen, nämlich der für die Beteiligten verbindlich übergeordnete Gruppenwille (vgl. BGHSt 31, 202, 206). Das schließt nicht aus, dass dieser Gruppenwille darauf gerichtet ist, einem der Mitglieder die Entscheidungsbefugnisse zuzuweisen, mit der Folge, dass die anderen Mitglieder sich dessen Willen unterordnen. Maßgeblich bleibt auch hier der Gruppenwille."

Für die *Wirtschaftskriminalität* ist insbesondere der letzte Satz der genannten Entscheidung von Bedeutung. Sind sich die Mitglieder einig, dass der *„Chef"* die Entscheidungsbefugnisse hat, so liegt ein Gruppenwille vor, auch wenn dann die konkreten Entscheidungen nicht (mehr) von der Gruppe getroffen werden.

---

1 Vgl. *Walischewski*, § 129 StGB – Die kriminelle Vereinigung, Wunderwaffe der Strafverfolgung?, StV 2000, 583.
2 BGH v. 1.10.1991 – 5 StR 390/91, NStZ 1992, 82; BGH v. 10.3.1992 – 5 StR 22/92, HFR 1993, 547; BGH v. 16.3.2004 – 5 StR 364/03, NStZ 2004, 574.
3 BGH v. 1.10.1991 – 5 StR 390/91, NStZ 1992, 82; s. auch BGH v. 20.4.1999 – 5 StR 604/98, StV 1999, 424; BGH v. 16.3.2004 – 5 StR 364/03, NStZ 2004, 574 = wistra 2004, 229.

2. Kapitel
Verfahren in Wirtschaftsstrafsachen

§ 10
Einführung

Bearbeiter: Jürgen Niemeyer

	Rz.		Rz.
A. Überblick	1	4. Untersuchungsgrundsatz	22
B. Verfahrensgrundsätze	5	5. Freie Beweiswürdigung	23
I. Allgemeine Verfahrensgrundsätze	6	6. Unschuldsvermutung	24
II. Strafverfahrensrechtliche Grundsätze		III. Grundsätze der Hauptverhandlung	
1. Offizialprinzip	11	1. Mündlichkeit	25
a) Antragsdelikte	12	2. Unmittelbarkeit	27
b) Privatklagedelikte	15	3. Öffentlichkeit	28
2. Legalitätsprinzip	17	4. Zweifelsgrundsatz	33
3. Anklagegrundsatz	21	C. Prozessvoraussetzungen	34

A. Überblick

Das Verfahren in *Wirtschaftsstrafsachen* richtet sich grundsätzlich nach den **allgemeinen strafrechtlichen Verfahrensvorschriften**. Weder die StPO noch das OWiG enthalten spezielle Vorschriften für Wirtschaftssachen. Allein das GVG regelt die sachliche und funktionelle Zuständigkeit der Wirtschaftsstrafkammer (§ 1 Rz. 90 ff., § 12 Rz. 1–8, 10). Damit sich der nicht ständig mit Strafprozessen befasste Benutzer eine gewisse Orientierung verschaffen kann, werden im Folgenden (§§ 10–14) nur die *Grundlinien* des Verfahrens skizziert und die wichtigsten praktischen Besonderheiten in Wirtschaftssachen angesprochen. Im Übrigen ist auf die umfangreiche Kommentar- und Lehrbuchliteratur zum Strafverfahrens- und zum Ordnungswidrigkeitenrecht zu verweisen.

Das in der StPO geregelte **Strafverfahren** kommt zum Zuge, wenn der Verdacht einer vom Gesetz als *Straftat* eingeordnete Rechtsverletzung besteht. Darauf sind die nachstehenden Ausführungen der Rz. 2 ff. und auch der §§ 11–13 zugeschnitten. Auf inhaltlich gleichartige Bestimmungen des OWiG wird jeweils hingewiesen.

1a

Liegt der Verdacht einer *Ordnungswidrigkeit* vor, richtet sich das **Bußgeldverfahren** nach dem OWiG. Dieses ist ein vereinfachtes Strafverfahren, in dem mit Abweichungen die Grundsätze des Strafverfahrens gelten. Die wichtigsten verfahrensrechtlichen Besonderheiten des Bußgeldverfahrens sind in § 14 dargestellt. In § 21 Rz. 87–131 finden sich Ausführungen zu den Rechtsfolgen von Ordnungswidrigkeiten. Mit Geldbußen wird in Deutschland auch die Frage ei-

1b

1

ner „Unternehmensstrafe" gelöst (hierzu grundsätzlich § 23 Rz. 31–53; zur sog. „Verbandsgeldbuße" § 21 Rz. 94–130; zum Entwurf eines Verbandstrafgesetzbuches § 23 Rz. 51).

1c Da nicht selten der Verdacht sowohl von Straftaten als auch von Ordnungswidrigkeiten besteht, bedarf das **Verhältnis beider** einer gesetzlichen Regelung. Im Grundsatz verdrängt die Straftat die Ordnungswidrigkeit (§ 21 OWiG; näher hierzu § 20 Rz. 33–36). Straf- und Bußgeldverfahren laufen i.d.R. unabhängig voneinander, jedoch gibt es Berührungspunkte (hierzu § 14 Rz. 8, 9, 26)

2 Das strafrechtliche **Ermittlungsverfahren** (unten § 11) dient der Ermittlung des Sachverhalts und der Klärung der Frage, ob öffentliche Klage (Anklage) zu erheben oder das Verfahren einzustellen ist. Es liegt in der Hand der *Staatsanwaltschaft*, die meist mit der Polizei, aber auch der Steuerfahndung, der Zollfahndung und den Beamten der Zollverwaltung zusammenarbeitet (dazu § 11 Rz. 6–11).

3 Das **gerichtliche Verfahren** (unten § 12) beginnt mit Eingang der Anklage bei Gericht, welches sodann im *„Zwischenverfahren"* prüft, ob der Angeschuldigte der Straftat, die ihm die Staatsanwaltschaft zur Last legt, hinreichend verdächtig ist. Ist dies der Fall, *eröffnet* es das *Hauptverfahren* durch Beschluss und lässt die Anklage zur Hauptverhandlung zu (näher § 12 Rz. 11–18).

Die *Hauptverhandlung* stellt den Kern des Strafverfahrens dar: In ihr wird abschließend festgestellt, ob der Angeklagte schuldig ist, und es werden gegen ihn die gesetzlich vorgesehenen Rechtsfolgen, deren wichtigste die Strafe ist, festgesetzt. Das gerichtliche Verfahren ist mit Eintritt der *Rechtskraft* der Entscheidung abgeschlossen (näher § 12 Rz. 20 ff.).

4 Das **Vollstreckungsverfahren** (§ 13 Rz. 1 ff.) dient der Durchsetzung der rechtskräftigen gerichtlichen Entscheidung. Die Vollstreckungsbehörde – i.d.R. die Staatsanwaltschaft – trifft die hierfür erforderlichen Maßnahmen, etwa den Erlass eines Haftbefehls zur Vollstreckung einer Freiheitsstrafe, wenn der Verurteilte zum Strafantritt nicht erschienen ist (§ 457 StPO; dazu § 13 Rz. 3).

B. Verfahrensgrundsätze

Schrifttum: *Fischer* in KK-StPO, Einleitung Rz. 5–168; *Roxin/Schünemann*, Strafverfahrensrecht, 27. Aufl. 2012, §§ 10–16; *Volk*, Prozessprinzipien im Wirtschafts- und Steuerstrafrecht, in FS Streck, 2011, S. 597.

5 Für das Strafverfahren gelten im Wesentlichen die folgenden allgemeinen **Grundsätze** (wobei die nachstehende Reihenfolge keine Rückschlüsse auf deren Stellenwert zulässt):

I. Allgemeine Verfahrensgrundsätze

Schrifttum: *Eschelbach/Geipel/Weiler*, Anhörungsrügen, StV 2010, 325; *Hartmann/Apfel*, Das Grundrecht auf ein faires Strafverfahren, Jura 2008, 495; *Krehl*, Der verfassungsrechtliche Schutz rechtlichen Gehörs im Strafverfahren, in FS Hassemer, 2010, S. 1055; *Otto*, Grundfälle zu den Justizgrundrechten – Art. 103 I GG – Der Anspruch auf rechtliches Gehör vor Gericht, JuS 2012, 412; *Theile*, Flexible Fallzuweisung und gesetzlicher

Richter (Art. 101 I 2 GG) – eine Problemskizze am Beispiel der Wirtschaftsstrafkammern, in FS Heinz, 2012, S. 892.

a) Der Grundsatz des **rechtlichen Gehörs** (Art. 103 Abs. 1 GG), der für alle gerichtlichen Verfahren gilt, gebietet, den Beteiligten vor einer Entscheidung Gelegenheit zur Äußerung zu geben und ihnen zu ermöglichen, Anträge zu stellen. In der StPO wird diesem verfahrensrechtlichen Grundsatz an verschiedenen Stellen Rechnung getragen (vgl. etwa §§ 33, 33a, 230, 243 Abs. 5, 257, 258, 356a StPO). Eine besondere Ausprägung hat er im Recht des Angeklagten auf das letzte *Wort* (§ 258 Abs. 2 StPO) erfahren. Zum rechtlichen Gehör s. weiter § 11 Rz. 17.

b) Der Grundsatz der **Unabhängigkeit des Richters** ergibt sich aus Art. 97 Abs. 1 GG (vgl. auch § 1 GVG). Danach ist der Richter nur dem Gesetz unterworfen. Weisungen der Justizverwaltung, die den Bereich der richterlichen Unabhängigkeit (also die rechtsprechende Tätigkeit) betreffen, sind unzulässig. So darf etwa der Präsident des Landgerichts eine Strafkammer nicht anweisen, ein Urteil bestimmten Inhalts zu verkünden.

Art. 101 Abs. 1 S. 2 GG gewährleistet den „**gesetzlichen Richter**"; Ausnahmegerichte sind nicht statthaft (Art. 101 Abs. 1 S. 1 GG; § 16 S. 1 GVG). Dies bedeutet, dass der im Einzelfall zuständige Richter möglichst eindeutig anhand einer allgemeinen Norm bestimmbar sein muss[1]. Hierdurch soll der Gefahr vorgebeugt werden, dass durch Manipulationen Einfluss auf die Zuständigkeit eines Gerichts genommen wird. Ausfluss des Grundsatzes des gesetzlichen Richters sind die Geschäftsverteilungspläne der Gerichte und deren Spruchkörper (§§ 21e, 21g GVG)[2], in denen zu Beginn eines Jahres anhand allgemeiner Kriterien bestimmt wird, welcher Richter oder Spruchkörper für welchen Fall zuständig ist.

c) Der aus Art. 2 Abs. 1 GG i.V.m. dem *Rechtsstaatsprinzip* (Art. 20 Abs. 3 GG) abgeleitete **Grundsatz des fairen Verfahrens** besagt, dass jedermann einen Anspruch auf ein an den Grundsätzen von Recht und Gerechtigkeit orientiertes Verfahren hat, wie es in Art. 6 EMRK seinen besonderen Ausdruck gefunden hat[3]. Er liegt der *gesamten Verfahrensordnung* zugrunde. Durch ihn soll dem Beschuldigten die Befugnis verliehen werden, prozessuale Rechte und Möglichkeiten mit der erforderlichen Sachkunde wahrzunehmen und Übergriffe der staatlichen Stellen oder anderer Verfahrensbeteiligter angemessen abzuwehren[4]. Ferner stellt er Mindestanforderungen für eine zuverlässige Sachverhaltsaufklärung auf[5]. Aus ihm werden auch verschiedene prozessuale Rechte abgeleitet, die sich nicht unmittelbar aus den einzelnen Bestimmungen der StPO

---

1 BVerfG v. 26.1.1971 – 2 BvR 443/69, BVerfGE 30, 149 (152 f.); BVerfG v. 3.12.1975 – 2 BvL 7/74, BVerfGE 40, 356 (360 f.).
2 Zu Letzterem s. BGH v. 5.5.2004 – 2 StR 383/03, BGHSt 49, 130.
3 BGH v. 17.3.1971 – 3 StR 189/70, BGHSt 24, 125 (131).
4 BVerfG v.19.3.2013 – 2 BvR 2628/10, 2 BvR 2883/10, 2 BvR 2155/11, NJW 2013, 1058. Hierzu *Höll*, NZWiSt 2013, 134; *Kudlich*, NStZ 2013, 379; *Trück*, ZHW 2013, 169.
5 BVerfG v. 5.3.2012 – 2 BvR 1464/11, wistra 2012, 261 m. Anm. *Bauer*, StV 2012, 648; *Niemöller*, StV 2012, 387.

ergeben. So ist das Gericht verpflichtet, dem Angeklagten und seinem Verteidiger Gelegenheit zur Kenntnisnahme von Ergebnissen solcher Ermittlungen zu geben, die während des Laufs einer Hauptverhandlung, aber außerhalb von dieser im Auftrag des Gerichtes durchgeführt worden sind[1]. Auch das Gebot, Strafverfahren innerhalb eines *angemessenen Zeitraumes* abzuschließen, zählt zu den Geboten des fairen Verfahrens (s. Art. 6 Abs. 1 S. 1 EMRK; weiter hierzu § 21 Rz. 40 ff.). Darüber hinaus darf dem Angeklagten keine hohe Freiheitsstrafe angedroht werden, die sich dann erheblich ermäßigt, wenn er ein Geständnis ablegt (sog. „Sanktionsschere")[2]. Wird eine Absprache getroffen (hierzu § 12 Rz. 39a–39g), muss der Angeklagte bei einer zur Bewährung ausgesetzten Freiheitsstrafe (hierzu § 21 Rz. 53–60) auf die in Betracht kommenden Bewährungsauflagen (§ 56b StGB) hingewiesen werden[3]

10   d) Der Beschuldigte hat das **Recht zu schweigen**. Er ist nicht gehalten, gegen sich auszusagen (*„nemo tenetur se ipsum accusare"* – sog. *Nemo-tenetur-Prinzip*). Ihm steht es frei, an der Aufklärung der ihm angelasteten Tat mitzuwirken. Über dieses Recht ist er zu belehren (vgl. §§ 136 Abs. 1 S. 2, 163a Abs. 4 S. 2, 243 Abs. 5 S. 1 StPO; weiter hierzu § 11 Rz. 30, 32, § 12 Rz. 23).

II. Strafverfahrensrechtliche Grundsätze

1. Offizialprinzip

11   Das Offizialprinzip besagt, dass die Strafverfolgung durch **Organe des Staates** und nicht durch Privatpersonen erfolgt. Sie wird nicht dadurch eingeschränkt, dass ein Dritter, mag er auch Geschädigter sein, hieran ein Interesse hat.

Beispiel: Die Bank B zeigt den Unternehmer U an. Dieser hatte sich durch Vorlage „geschönter" Bilanzen Kredite erschlichen, die nunmehr wegen der (verborgen gebliebenen) katastrophalen finanziellen Situation des U nicht zurückbezahlt werden. Die Staatsanwaltschaft leitet daraufhin gegen U ein Ermittlungsverfahren wegen Betruges ein. Später einigt sich die Bank mit U und schreibt der Staatsanwaltschaft, sie habe an der „Strafverfolgung kein Interesse mehr" und „nehme die Anzeige zurück". Die Staatsanwaltschaft kann die Ermittlungen jedoch nicht einstellen, da der Verfolgungszwang grundsätzlich nicht von privaten Interessen beeinflusst werden kann.

Das Offizialprinzip erfährt **Einschränkungen** bei den Antrags- und den Privatklagedelikten:

a) Antragsdelikte

Schrifttum: *Bosch*, Der Strafantrag, Jura 2012, 368; *Mitsch*, Strafantragsdelikte, JA 2014, 1; *Roggan*, Die nachträgliche Bejahung des (besonderen) öffentlichen Interesses als Rechtsmissbrauch, StraFo 2013, 231.

12   Antragsdelikte sind nur dann verfolgbar, wenn ein **Strafantrag**, i.d.R. des *Verletzten* der Straftat, vorliegt (§ 77 Abs. 1 StGB).

---

1 BGH v. 29.11.1989 – 2 StR 264/89, BGHSt 36, 305.
2 BGH v. 22.3.2012 – 1 StR 618/11, wistra 2012, 271.
3 BGH v. 29.1.2014 – 4 StR 254/13, wistra 2014, 238 m. Anm. *Bachmann*, JR 2014, 357.

Beispiel: Entnimmt der Gesellschafter und Geschäftsführer einer GmbH dem Vermögen der Gesellschaft unerlaubt und ohne Wissen der Mitgesellschafter, mit denen er verwandt ist, Gelder und sind dadurch ausschließlich diese und nicht die Gesellschaft geschädigt, so ist eine Untreue (§ 266 StGB) nur dann verfolgbar, wenn sie Strafantrag gestellt haben (§ 266 Abs. 2 i.V.m. §§ 247, 11 Abs. 1 Nr. 1 StGB; dazu § 32 Rz. 208 ff., § 89 Rz. 40)[1]. Entsprechendes gilt für die KG, mit deren Gesellschaftern der Täter verwandt ist[2].

Teilweise steht dieses Antragsrecht auch anderen Personen oder Personengruppen zu (z.B. Wettbewerbern, Verbänden und Kammern; vgl. § 301 Abs. 2 StGB). Nach Stellung des Antrages sind Staatsanwaltschaft und Polizei wie bei Offizialdelikten zum Einschreiten *verpflichtet*. Der Strafantrag kann jedoch bis zum rechtskräftigen Abschluss des Verfahrens *zurückgenommen* werden (§ 77d StGB). Dies hat zur Folge, dass keine Strafverfolgung mehr möglich ist.

Bei vielen Antragsdelikten kann die Strafverfolgungsbehörde allerdings *trotz fehlenden oder zurückgenommenen Antrages* **von Amts wegen** einschreiten, wenn sie dies wegen des *„besonderen öffentlichen Interesses"* für geboten hält (s. z.B. §§ 205 Abs. 1, 230, 248a, 301 Abs. 1, 303c StGB, wobei zu beachten ist, dass § 248a StGB über Diebstahl und Unterschlagung hinaus bei weiteren Delikten gilt, vgl. §§ 259 Abs. 2, 263 Abs. 4, 266 Abs. 2 StGB). 13

Für das **Wirtschaftsstrafrecht** sind Antragsdelikte, die **außerhalb des StGB** geregelt sind, von Bedeutung. So sind bestimmte Verstöße gegen das UWG i.d.R. nur auf Antrag verfolgbar (§§ 17 Abs. 5, 18 Abs. 3, 19 Abs. 4 UWG). Gleiches gilt auch für Straftaten nach dem UrhG, dem MarkenG und dem PatG (vgl. § 109 UrhG, §§ 143 Abs. 4, 143a Abs. 2 MarkenG, § 142 Abs. 4 PatG; unten § 55, § 60). Die Strafverfolgung ist aber auch bei Annahme eines besonderen öffentlichen Interesses durch die Staatsanwaltschaft möglich. 14

b) Privatklagedelikte

Im Unterschied zu den Antragsdelikten muss der **Verletzte** bei Privatklagedelikten die Strafverfolgung nicht nur durch einen Antrag veranlassen, sondern **selbst** bei Gericht *Anklage* – die sog. *Privatklage* – **erheben**. Die Privatklagedelikte sind in § 374 Abs. 1 StPO aufgezählt; im Wirtschaftsstrafrecht können die dort unter Nr. 7 und 8 aufgeführten Straftatbestände (Unlauterer Wettbewerb, Verstöße gegen das Patentgesetz, Sortenschutzgesetz uä) von Bedeutung sein. 15

Die Staatsanwaltschaft kann bei Privatklagedelikten selbst **öffentliche Klage** erheben, wenn dies im *öffentlichen Interesse* liegt (§ 376 StPO). Häufig sind Privatklagedelikte *zugleich Antragsdelikte*, sodass zusätzlich ein *Strafantrag* vorliegen muss. 16

2. Legalitätsprinzip

Schrifttum: *Nestler*, Strafverfahren zwischen Wirtschaftlichkeit und Legalitätsprinzip, JA 2012, 88; *Pommer*, Das Legalitätsprinzip im Strafprozess, Jura 2007, 662; *Wimmer*, Die

---

1 S. näher BGH v. 30.9.2004 – 4 StR 381/04, wistra 2005, 105.
2 BGH v. 23.2.2012 – 1 StR 586/11, wistra 2012, 233; hierzu *Soyka/Voß*, ZWH 2012, 348.

Verwertung unternehmensinterner Untersuchungen – Aufgabe oder Durchsetzung des Legalitätsprinzips?, in FS Imme Roxin, 2012, S. 537.

17 Das Legalitätsprinzip verpflichtet die Strafverfolgungsbehörde, bei Vorliegen zureichender tatsächlicher Anhaltspunkte wegen aller verfolgbarer Straftaten die Ermittlungen aufzunehmen (§§ 152 Abs. 2, 163 Abs. 1 S. 1 StPO). Der **Verfolgungszwang** umfasst notwendigerweise auch einen *Anklagezwang:* Die Staatsanwaltschaft muss gegen den Beschuldigten Anklage erheben, sofern die Ermittlungen hierfür genügenden Anlass bieten (§ 170 Abs. 1 StPO). Dabei ist grundsätzlich ohne Bedeutung, auf welche Weise Staatsanwaltschaft oder Polizei vom Verdacht einer Straftat Kenntnis erlangt haben. Sowohl eigene Wahrnehmungen der Ermittlungsorgane wie auch Anzeigen von Dritten verpflichten zum Einschreiten (§ 160 Abs. 1 StPO).

18 Für *Wirtschaftsstrafsachen* ist die von den Landesjustizverwaltungen und vom Bundesjustizministerium vereinbarte Anordnung über **Mitteilungen in Zivilsachen** (*MiZi*)[1] von Bedeutung. Danach haben Gerichte den Staatsanwaltschaften u.a. sämtliche Entscheidungen über die Abweisung von *Insolvenzanträgen* mitzuteilen und die zugrunde liegenden Schriftstücke zu übersenden[2]. Ergibt sich aus den übersandten Unterlagen der Verdacht strafbarer Handlungen – in Betracht kommen insbesondere Insolvenzstraftaten –, so ist die Staatsanwaltschaft zur Einleitung eines Ermittlungsverfahrens verpflichtet.

19 Wird die Strafverfolgungsbehörde bei dem Verdacht einer Straftat nicht tätig, sondern stellt das Verfahren ein, so kann derjenige, der durch die Straftat *verletzt* wurde und aus diesem Grund Anzeige erstattet hat, im Rahmen eines förmlichen Verfahrens die **Erhebung der öffentlichen Klage erzwingen** (§§ 171 ff. StPO). Darüber hinaus macht sich ein zur Strafverfolgung berufener Beamter, der vorsätzlich das Legalitätsprinzip verletzt, eines Vergehens der *Strafvereitelung im Amt* schuldig (§ 258a StGB).

20 Das Legalitätsprinzip gilt **nicht uneingeschränkt**. Die Strafverfolgungsbehörden können in einer Reihe von Fällen aus Gründen der Opportunität von einer Anklageerhebung absehen oder die Ermittlungen erst gar nicht weiterführen (Opportunitätsprinzip). Diese Ausnahmen vom Legalitätsprinzip werden im Zusammenhang mit dem Abschluss des Ermittlungsverfahrens behandelt (vgl. § 11 Rz. 132–142).

20a Im **Bußgeldverfahren** findet das Legalitätsprinzip keine Anwendung. Vielmehr gilt hier das *Opportunitätsprinzip* (§ 47 OWiG). Allerdings dürfen die Verwaltungsbehörden bei der Ausübung des ihnen insoweit eingeräumten Ermessens nicht willkürlich handeln, sondern müssen hiervon in sachgerechter Weise Gebrauch machen.

3. Anklagegrundsatz

Schrifttum: *Ambos,* Zum heutigen Verständnis von Akkusationsprinzip und -verfahren aus historischer Sicht, Jura 2008, 586.

---

1 Neufassung in Kraft getreten am 1.6.1998, zul. geänd. zum 1.10.2009; s. für Baden-Württemberg Justiz 2009, 233.
2 Vgl. Zweiter Teil, 3. Abschnitt Nr. XII 2 und Erster Teil Nr. 5 Abs. 2 Nr. 1 MiZi.

Der Anklagegrundsatz besagt, dass das **Strafgericht nicht von sich aus**, sondern nur auf eine Anklage eines nicht zum Gericht gehörenden Verfahrensbeteiligten hin tätig wird. Die Ermittlung des Sachverhaltes bis zur Erhebung der Anklage und dessen „endgültige" Feststellung sind *voneinander unabhängigen* Organen der Justiz zugewiesen.

4. Untersuchungsgrundsatz

Der Untersuchungsgrundsatz oder **Amtsermittlungsgrundsatz** verpflichtet das (Straf-)Gericht, den Sachverhalt innerhalb der durch die öffentliche Klage bezeichneten Tat von sich aus zu ermitteln, *ohne* hierbei – anders als im Zivilprozess – an Anträge und Erklärungen der Prozessbeteiligten *gebunden* zu sein (§§ 155 Abs. 2, 244 Abs. 2 StPO).

5. Freie Beweiswürdigung

Schrifttum: *Geipel*, Ist freie Beweiswürdigung willkürliche Beweiswürdigung?, StraFo 2005, 135; *Walter*, Die Beweislast im Strafprozess, JZ 2006, 340.

Der Grundsatz der freien Beweiswürdigung besagt in erster Linie, dass das Gericht bei der Urteilsfindung **nicht an Beweisregeln** (früher etwa: „nur zweier Zeugen Mund tut die Wahrheit kund") **gebunden** ist (vgl. § 261 StPO). Er gilt indes nicht nur für das Urteil, sondern auch für andere richterliche Entscheidungen, so etwa bei der Frage, ob ein Haftbefehl zu erlassen ist. Als Ausnahmen sind die Bestimmungen über die Beweiskraft des Hauptverhandlungsprotokolls (§ 274 StPO) und einer strafgerichtlichen Entscheidung im Rahmen der Beleidigungstatbestände (§ 190 StGB) anzusehen. Auch auf §§ 165, 415–419 ZPO ist in diesem Zusammenhang hinzuweisen. Ferner darf das Schweigen des Angeklagten (Rz. 10) nicht zu dessen Nachteil verwertet werden[1].

6. Unschuldsvermutung

Schrifttum: *Lilie*, Unschuldsvermutung und Beweislastumkehr, in FS Schroeder, 2006, S. 829.

Nach dem Grundsatz der Unschuldsvermutung (Art. 6 Abs. 2 EMRK) ist der Beschuldigte so lange als **unschuldig** anzusehen, wie seine Schuld nicht *rechtskräftig festgestellt* ist. Er verbietet zum einen, gegen ihn im *konkreten Strafverfahren* ohne Schuldnachweis Maßnahmen zu verhängen, die in ihrer Wirkung einer Strafe gleichkommen, und ihn als schuldig zu behandeln. Zum an-

---

1 BGH v. 26.10.1965 – 5 StR 515/65, BGHSt 20, 281.

deren darf ihm im *Rechtsverkehr* eine Schuld nicht ohne deren rechtskräftigen Nachweis vorgehalten werden[1].

III. Grundsätze der Hauptverhandlung

1. Mündlichkeit

25 Nur für die *Hauptverhandlung* gilt der **Grundsatz der Mündlichkeit**. Ausschließlich das, was mündlich vorgetragen worden ist, darf dem Urteil zugrunde gelegt werden (§ 261 StPO). Dies bedeutet auch, dass Urkunden, die das Gericht für wesentlich hält, zu verlesen sind (§ 249 Abs. 1 S. 1 StPO). Für Wirtschaftsstrafsachen ist von Bedeutung, dass von der Verlesung von Urkunden unter den Voraussetzungen des § 249 Abs. 2 StPO *abgesehen* werden kann, und zwar vor allem dann, wenn umfangreiche Urkunden zu verlesen wären (was Tage dauern kann). Dies trägt zur Beschleunigung des Verfahrens bei. Ferner kann den Verfahrensbeteiligten aufgegeben werden, Anträge und Anregungen zu Verfahrensfragen (insbesondere also Beweisanträge) schriftlich zu stellen (§ 257a StPO). Hierdurch soll bei einer Vielzahl von Anträgen oder bei Anträgen außerordentlichen Umfangs das Verfahren gestrafft werden.

26 In *anderen Abschnitten des Strafverfahrens*, also insbesondere im Ermittlungsverfahren, herrscht weitgehend **Schriftlichkeit**. So beurteilt der Staatsanwalt letztlich anhand der Akten, ob Anklage zu erheben ist, und zwar selbst dann, wenn er an den Ermittlungen (z.B. der Vernehmung von Zeugen) mitgewirkt hat, was in Wirtschaftsstrafsachen häufig der Fall ist.

2. Unmittelbarkeit

Schrifttum: *Frister*, Die Entwicklung des Prinzips der Unmittelbarkeit im deutschen Strafverfahren, 2005; *Rieß*, Zur Entwicklung der Vorschriften über die Unmittelbarkeit in der Strafprozessordnung, in FS Maiwald, 2010, S. 661; *Rolinski*, Der Grundsatz der Unmittelbarkeit: Garant der Wahrheitsermittlung?, in FS Kühne, 2013, S. 297; *Stüber*, Plädoyer für die Streichung der Vorschriften über die Unmittelbarkeit der Beweisaufnahme, in FS Fezer, 2008, S. 211.

27 Auch der Grundsatz der Unmittelbarkeit gilt nur für die Hauptverhandlung. Das Gericht muss, um zur Urteilsfindung einen eigenen Eindruck zu bekommen, grundsätzlich **selbst** den **Angeklagten vernehmen** und die **Beweise erheben**. Insbesondere darf die Vernehmung von Zeugen nicht durch Verlesung früherer (polizeilicher) Protokolle ersetzt werden (§ 250 S. 2 StPO). Indes lässt das Gesetz insbesondere in §§ 247, 247a, 251, 253–256, 232–234, 325 StPO vielfältige *Ausnahmen* von diesem Grundsatz zu. – Für das *Bußgeldverfahren* gibt es in § 77a OWiG weitergehende Regelungen.

---

1 EGMR v. 30.3.2010 – 44418/07 – Poncelet/Belgien; BVerfG v. 19.3.2013 – 2 BvR 2628/10, 2 BvR 2883/10, 2 BvR 2155/11, NJW 2013, 1058. Hierzu *Höll*, NZWiSt 2013, 134; *Kudlich*, NStZ 2013, 379; *Trück*, ZHW 2013, 169.

3. Öffentlichkeit

Schrifttum: *Fink*, Bild- und Tonaufnahmen im Umfeld der strafgerichtlichen Hauptverhandlung, 2007; *Fischer*, Die Medienöffentlichkeit im strafrechtlichen Ermittlungsverfahren. Unter besonderer Berücksichtigung der Informationsfreiheitsgesetze, 2014; *Gierhake*, Zur Begründung des Öffentlichkeitsgrundsatzes im Strafverfahren, JZ 2013, 1030; *Kaulbach*, Verfassungskonformität des § 169 Satz 2 GVG, JR 2011, 51; *Stieper*, Bildberichterstattung über Prozessbeteiligte, JZ 2014, 271.

Der Grundsatz der Öffentlichkeit (§ 169 S. 1 GVG) gebietet, dass die Hauptverhandlung als Kernstück des Strafverfahrens grundsätzlich nicht hinter verschlossenen Türen stattfinden darf. Die Strafjustiz soll der **Kontrolle durch die Allgemeinheit** unterzogen sein; dies gehört zu den grundlegenden Einrichtungen des Rechtsstaates[1]. 28

Die §§ 171b, 172 GVG enthalten **Ausnahmetatbestände**, die den (teilweisen) Ausschluss der Öffentlichkeit gestatten. In Wirtschaftsstrafverfahren kann dies bei wichtigen *Geschäfts-, Betriebs- oder Steuergeheimnissen* der Fall sein, sofern durch deren öffentliche Erörterung „überwiegende schutzwürdige Interessen" verletzt würden (vgl. § 172 Nr. 2 GVG). Das Gericht muss abwägen, ob das Interesse des Einzelnen an Geheimhaltung dem Interesse der Allgemeinheit an der Öffentlichkeit der Hauptverhandlung vorgeht. 29

Gem. § 169 S. 2 GVG dürfen in der Hauptverhandlung weder für den Rundfunk noch für das Fernsehen **Ton- oder Filmaufnahmen** gemacht werden. Diese Regelung ist verfassungsgemäß. Das BVerfG[2] weist zu Recht darauf hin, dies diene den Belangen des Persönlichkeitsschutzes von Angeklagten und Zeugen, die sich im Strafverfahren unfreiwillig der emotional nicht selten angespannten Situation der Verhandlung und damit auch der Öffentlichkeit stellen müssten. Auch werde hierdurch einem fairen Verfahren und der Sicherung einer ungestörten Wahrheits- und Rechtsfindung Rechnung getragen. Viele Menschen würden nämlich ihr Verhalten in Anwesenheit von Medien verändern, und die Fairness des Verfahrens sei gefährdet, wenn Angeklagte und Zeugen sich scheuen würden, infolge der Medienaufnahmen etwa ihnen peinliche Dinge vorzutragen, die aber für die Wahrheitsfindung wichtig seien. Auch könnten Beteiligte versucht sein, ihr Verhalten an der zu erwartenden Medienwirkung auszurichten. Dem kann nur beigepflichtet werden. 30

Das **Aufnahmeverbot** gilt **nicht** für die Zeit *vor* der Hauptverhandlung, die *Verhandlungspausen* und die Zeit *nach* Unterbrechung oder Schluss der Hauptverhandlung[3]. In Verfahren, auf die ein besonderes Informationsinteresse der Öffentlichkeit gerichtet ist, hat der Vorsitzende im Rahmen seiner sitzungspolizeilichen Verfügung (§ 176 GVG) zu bestimmen, inwieweit in diesem Zeitraum Beschränkungen der Berichterstattung durch die Medien in Betracht kommen. Das ihm dabei eingeräumte Ermessen hat er „unter Beachtung der Bedeutung der Rundfunkberichterstattung für die Gewährleistung öffentlicher 31

---

1 BVerfG v. 24.1.2001 – 1 BvR 622/99, BVerfGE 103, 44; BGH v. 18.12.1968 – 3 StR 297/68, BGHSt 22, 297 (301).
2 BVerfG v. 24.1.2001 – 1 BvR 622/99, BVerfGE 103, 44.
3 Vgl. etwa BVerfG v. 19.12.2007 – 1 BvR 620/07, BVerfGE 119, 309; krit. hierzu *Schäfer*, JR 2008, 119.

Wahrnehmung und Kontrolle von Gerichtsverhandlungen sowie einer Berichterstattung entgegenstehenden Interessen auszuüben und dabei zu gewährleisten, dass der Grundsatz der Verhältnismäßigkeit gewahrt ist"[1]. Zu bedenken sind dabei insbesondere der Gegenstand der Strafsache (die Schwere der Straftat), der Grad der öffentlichen Aufmerksamkeit, die die Sache gefunden hat, die Person des Angeklagten, aber auch die Persönlichkeitsrechte der Beteiligten, der Anspruch des Angeklagten auf ein faires Verfahren und die Funktionstüchtigkeit der Rechtspflege (ungestörte Wahrheits- und Rechtsfindung)[2].

32 Im Ergebnis werden i.d.R. Aufnahmen von den **Verfahrensbeteiligten** – *Richter* einschließlich Schöffen, *Staatsanwalt und Verteidiger* – gemacht werden dürfen, es sei denn, sie könnten infolge der Verbreitung der Bilder im Fernsehen erheblichen Beeinträchtigungen oder Gefährdungen ausgesetzt sein. Ihr Persönlichkeitsrecht tritt demgegenüber zurück, denn sie stehen aufgrund des ihnen übertragenen Amtes im Blickpunkt der Öffentlichkeit[3]. Auch *Angeklagte* und *Zeugen* können gefilmt werden. Allerdings ist hier zu berücksichtigen, dass sie unfreiwillig vor Gericht stehen und dies für sie eine ungewohnte und belastende Situation ist; auch eine mögliche Prangerwirkung ist zu berücksichtigen[4]. Hier wird eine Anonymisierung der Bilder („verpixeln") in Betracht kommen[5]. Sofern der Angeklagte „prominent" ist oder die Straftat in hohem Maße öffentliches Aufsehen erregt hat, muss beim Angeklagten auf diese Schutzmaßnahme ggf. verzichtet werden[6]. Diesen Grundsätzen kommt in *Wirtschaftsstrafverfahren* eine erhebliche Bedeutung zu, denn immer wieder stehen Wirtschaftsstrafprozesse im Blickpunkt der Öffentlichkeit.

32a **Verständigungen im Strafverfahren** (näher § 12 Rz. 39a ff.) sollen für die Öffentlichkeit transparent und durch diese kontrollierbar sein. Deshalb müssen die eine Verständigung (die stets in öffentlicher Hauptverhandlung zu erfolgen hat) vorbereitenden Gespräche außerhalb der Hauptverhandlung in dieser mitgeteilt werden (§ 243 Abs. 4 StPO)[7].

4. Zweifelsgrundsatz

33 Nach dem Grundsatz **„in dubio pro reo"** („*im Zweifel für den Angeklagten*") darf das Gericht den Angeklagten nur dann verurteilen, wenn es von dessen Schuld überzeugt ist. Bleiben Zweifel, ist freizusprechen. Indes gilt dieser Grundsatz nur für *Tatsachen*, nicht aber für Rechtsfragen und die Gesetzes-

---

1 So BVerfG v. 19.12.2007 – 1 BvR 620/07, BVerfGE 119, 309.
2 BVerfG v. 19.12.2007 – 1 BvR 620/07, BVerfGE 119, 309.
3 So BVerfG v. 19.12.2007 – 1 BvR 620/07, BVerfGE 119, 309; BVerfG v. 30.3.2012 – 2 BvR 711/12, NJW 2012, 2178.
4 BVerfG v. 19.12.2007 – 1 BvR 620/07, BVerfGE 119, 309.
5 BVerfG v. 19.12.2007 – 1 BvR 620/07, BVerfGE 119, 309; BVerfG v. 27.11.2008 – 1 BvQ 46/08, NJW 2009, 350; BVerfG v. 3.4.2009 – 1 BvR 654/09, NJW 2009, 2117; OLG Düsseldorf v. 14.9.2012 – III – 6 – StS 1/12, StraFo 2012, 30.
6 S. BVerfG v. 10.6.2009 – 1 BvR 1107/09, NJW 2009, 3357.
7 BVerfG v. 19.3.2013 – 2 BvR 2628/10, 2 BvR 2883/10, 2 BvR 2155/11, NJW 2013, 1058 (Rz. 88 f.). Hierzu *Höll*, NZWiSt 2013, 134; *Kudlich*, NStZ 2013, 379; *Trück*, ZHW 2013, 169.

anwendung. Er bezieht sich auf alle Merkmale des Tatbestandes, sämtliche Schuld- und Rechtswidrigkeitsumstände und auf die persönlichen Strafaufhebungs- und Ausschließungsgründe, auch auf die Verjährung[1]. Letzteres kann in Wirtschaftsstrafsachen, bei denen die Taten mitunter weit zurückliegen, durchaus von Bedeutung sein.

C. Prozessvoraussetzungen

Schrifttum: *Meyer-Goßner*, Prozesshindernisse und Einstellung des Verfahrens, in FS Eser, 2005, S. 373; *Meyer-Goßner*, Prozessvoraussetzungen und Prozesshindernisse, 2011.

Die Prozessvoraussetzungen sind Umstände, von denen die *Zulässigkeit* des Strafverfahrens abhängt. Sie beschreiben die Bedingungen, die erfüllt sein müssen, damit das Gericht zulässigerweise in einem bestimmten Verfahren – vor diesem Gericht unter Mitwirkung dieser Beteiligten – zu einem Sachurteil in einer bestimmten Sache gelangen kann[2]. Als **Verfahrenshindernisse (Prozesshindernisse)** kommen solche Umstände in Betracht, die so schwer wiegen, dass von ihrem (Nicht-)Vorhandensein die Zulässigkeit des gesamten Verfahrens abhängig gemacht werden muss[3]. Sie sind – auch im Revisionsverfahren – von Amts wegen zu beachten. Liegt ein Prozesshindernis vor, ist das Verfahren einzustellen. Die Prozessvoraussetzungen sind dem Verfahrensrecht zuzuordnen und deshalb ganz überwiegend in den Verfahrensgesetzen (insbesondere StPO und GVG) geregelt. Ausnahmen gelten für den Strafantrag und die Verjährung; die entsprechenden Normen finden sich im StGB (§§ 77 ff., 78 ff. StGB). 34

Zu den **wichtigsten Verfahrensvoraussetzungen** (-hindernissen) zählen insbesondere: 35

– Der Beschuldigte muss der deutschen Gerichtsbarkeit unterworfen sein. Er darf also keine *diplomatische Immunität* genießen (§§ 18–20 GVG).

– Der Strafverfolgung darf keine *parlamentarische Immunität* entgegenstehen (s. Art. 46 Abs. 2 GG und die entsprechenden Bestimmungen der Verfassungen der Länder, z.B. Art. 38 der Landesverfassung Baden-Württemberg, § 152a StPO; zu den Abgeordneten des Europäischen Parlaments vgl. Nr. 192b RiStBV).

– *Verhandlungsfähigkeit* des Beschuldigten muss gegeben sein (hierzu § 11 Rz. 20–22).

– Die Tat muss dem *räumlichen Geltungsbereich* des StGB unterliegen (s. §§ 3 ff. StGB; § 4 Rz. 3 ff.)[4].

---

1 BGH v. 19.2.1963 – 1 StR 318/62, BGHSt 18, 274.
2 BGH v. 10.1.1957 – 2 StR 575/56, BGHSt 10, 74 (75).
3 St. Rspr., vgl. etwa BGH v. 9.12.1987 – 3 StR 104/87, BGHSt 35, 137 (140); BGH v. 31.10.1989 – 1 StR 501/89, BGHSt 36, 294 (295). S. ferner *Fischer* in KK-StPO, Einl. Rz. 409; *Meyer-Goßner* in Meyer-Goßner/Schmitt, StPO, Einl. Rz. 142.
4 So BGH v. 22.1.1986 – 3 StR 472/85, BGHSt 34, 1 (3); BGH v. 7.2.1995 – 1 StR 681/94, NStZ 1995, 440 (441).

- Die Tat darf nicht bereits durch ein anderes inländisches Gericht abgeurteilt worden sein („*ne bis in idem*", Art. 103 Abs. 3 GG). Art. 54 SDÜ erweitert diesen Grundsatz auf Gerichte von Ländern, die dem Schengener Abkommen beigetreten sind (§ 12 Rz. 76), und Art. 50 GRC bestimmt Ähnliches für Staaten der Europäischen Union.
- In den Fällen des § 153a StPO darf die *Strafklage* nicht durch einen gerichtlichen Einstellungsbeschluss oder eine staatsanwaltschaftliche Einstellungsverfügung *verbraucht* sein (s. § 153a Abs. 1 S. 5, Abs. 2 S. 2 StPO). Gleiches gilt bei § 153 StPO bezüglich eines gerichtlichen Einstellungsbeschlusses[1].
- Es darf keine *Verfolgungsverjährung* eingetreten sein (hierzu § 17 Rz. 48–62).
- Es muss – sofern erforderlich – ein *Strafantrag* gestellt worden sein (Rz. 12 ff.).
- Die *öffentliche Klage* muss *wirksam* erhoben sein (s. §§ 170 Abs. 1, 407 Abs. 1 S. 4 StPO). Dies ist nicht der Fall, wenn sie gravierende Fehler aufweist, z.B. nur eine „nebulöse" Umschreibung des Tatvorwurfes enthält (§ 11 Rz. 144, § 12 Rz. 12).

§ 11
Ermittlungsverfahren
Bearbeiter: Jürgen Niemeyer

	Rz.		Rz.
A. Beteiligte	1	b) Verbotene Vernehmungsmethoden	33
I. Ermittlungsbehörden		2. Zeugen	
1. Staatsanwaltschaft	2	a) Pflicht zum Erscheinen und zur Aussage	38
2. Polizei, Steuer- und Zollfahndung, Zollverwaltung	6	b) Zeugnis- und Auskunftsverweigerungsrechte	41
II. Ermittlungsrichter	12	c) Geheimnisvorschriften	47
III. Beschuldigter	13	3. Sachverständige und Augenschein	50
1. Rechtsstellung	16		
2. Verhandlungsfähigkeit	20	**III. Zwangsmaßnahmen**	51
IV. Verletzter	23	1. Untersuchungshaft	
B. Verfahrensgang		a) Voraussetzungen	55
I. Allgemeines	25	b) Anordnung, Vollstreckung und Vollzug	66
II. Vernehmungen		c) Aussetzung des Vollzuges	70
1. Beschuldigter		d) Haftprüfung und Haftbeschwerde	75
a) Allgemeines	28		

---

1 BGH v. 26.8.2003 – 5 StR 145/03, BGHSt 48, 331.

	Rz.		Rz.
e) Beschleunigungsgebot	76a	c) Beendigung	128a
2. Vorläufige Festnahme und Hauptverhandlungshaft	77	C. Verfahrensabschluss	129
3. Durchsuchung	80	I. Einstellung mangels Tatverdachts	130
a) Anordnung und Vollzug	81		
b) Rechtsbehelfe	87	II. Einstellung aus Opportunitätsgründen	132
4. Beschlagnahme	94		
a) Anordnung und Vollzug	95	1. Geringfügigkeit	133
b) Begrenzungen	107	2. Gegen Auflagen	136
5. Weitere Überwachungsmaßnahmen	111	3. Relative Unerheblichkeit	138
6. Sicherstellung für Einziehung und Verfall	114	4. Sonstige Ausnahmen vom Verfolgungszwang	142
		III. Erhebung der öffentlichen Klage	143
a) Sicherstellung von Gegenständen	116	IV. Nebenklage	148
b) Dinglicher Arrest	123		

A. Beteiligte

Im Ermittlungsverfahren sind im Wesentlichen die Ermittlungsbehörden (insbesondere Staatsanwaltschaft und Polizei, Rz. 2 ff.), der Ermittlungsrichter (Rz. 12), der Beschuldigte (Rz. 13 ff.) sowie der Verletzte (Rz. 23 f.) zu den **Beteiligten** zu zählen. Ebenso gehört der Verteidiger hierher, auf den unten in § 16 eingegangen wird.

1

I. Ermittlungsbehörden

Schrifttum: *Arenhövel*, Die Unabhängigkeit der Staatsanwälte, in FS Nehm, 2006, S. 231; *Backes*, Alle Macht dem Staatsanwalt! Zu neueren Entwicklungen im Wirtschaftsstrafrecht, StV 2006, 712; *Bittmann*, Rechtsfragen um den Einsatz des Wirtschaftsreferenten, wistra 2011, 47; *Bölter*, Der Staatsanwalt frei von ministerieller Weisung: Vision und Wirklichkeit, in FS Strafrechtsausschuss der Bundesrechtsanwaltskammer, 2006, S. 293; *Büttner*, Unzulässige Ermittlungen der Zolldienststellen „Finanzkontrolle Schwarzarbeit" in Fällen des Sozialabgabenbetruges, wistra 2006, 251; *Burhoff* (Hrsg.), Handbuch für das strafrechtliche Ermittlungsverfahren, 6. Aufl. 2013; *Eisenberg*, Zur Unterrichtungspflicht der Finanzbehörden gegenüber der Staatsanwaltschaft zwecks Ermöglichung der Ausübung des Evokationsrechts, in FS Geppert, 2011, S. 81; *Heghmanns*, Das Arbeitsgebiet des Staatsanwalts, 4. Aufl. 2010; *Hentschel*, Staatsanwalt und Polizist in Personalunion? – Zur Abschaffung fundamentaler Prinzipien des Strafverfahrensrechts bei der Verfolgung von Steuerstrafsachen, NJW 2006, 2300; *Kelker*, Die Rolle der Staatsanwaltschaft im Strafverfahren, ZStW 118 (2006), 389; *Lilie*, Staatsanwaltschaft als Verwaltungsbehörde, als Organ der Rechtspflege, als Teil der Justiz-Zuordnung zur 3. Gewalt?, in FS Mehle, 2009, S. 359; *Markwardt*, Brauchen wir eine „unabhängige" Staatsanwaltschaft? – Zur Stellung der Staatsanwaltschaft im demokratischen Rechtsstaat, in FS Böttcher, 2007, S. 93; *Meding*, Der Wirtschaftsreferent bei der Staatsanwaltschaft – Rechtsstellung und Befugnisse im Strafverfahren, 2012; *Metz*, Rangverhältnis der Staatsanwaltschaft zu ihren Ermittlungspersonen bei Gefahr im Verzug, NStZ 2012, 242; *Rieß*, Die Entwicklung der gesetzlichen Aufgabenverteilung im Ermittlungsverfahren im deutschen Strafprozess, in FS Volk, 2009, S. 559; *Rautenberg*, Die deutsche Staatsanwaltschaft: „Objektivste Behörde" mit viel Macht, aber geringem Ansehen – was ist zu tun?,

DRiZ 2014, 214; *Schaefer*, Die Staatsanwaltschaft – ein politisches Instrument?, in FS Hamm, 2008, S. 643; *Vordermayer/v. Heintschel-Heinegg*, Handbuch für den Staatsanwalt, 4. Aufl. 2013; *Wagner*, Die Bundespolizei – wer ist das, was darf und was macht sie?, Jura 2009, 96; *Wohlers*, Kritische Anmerkungen zur Konzeption einer weisungsunabhängigen Staatsanwaltschaft, in FS Schroeder, 2006, S. 735.

1. Staatsanwaltschaft

2 Die Staatsanwaltschaft, ein von den Gerichten *unabhängiges* und ihnen gleichgestelltes *Organ der Rechtspflege*, **leitet das Ermittlungsverfahren**. Einzelheiten über Aufbau und Organisation der Staatsanwaltschaft regeln §§ 141 ff. GVG: Danach sind den Landgerichten, den Oberlandesgerichten sowie dem BGH Staatsanwaltschaften zugeordnet (§§ 141, 142 GVG). Die staatsanwaltschaftliche Tätigkeit bei den Amtsgerichten wird von der Staatsanwaltschaft bei dem jeweils übergeordneten Landgericht wahrgenommen. Die Staatsanwaltschaften bei Land- und Oberlandesgerichten unterstehen den jeweiligen Landesjustizministerien, die Bundesanwaltschaft dem BMJ (§ 147 GVG). Die einzelnen Staatsanwälte einer Behörde sind an *Anweisungen* ihrer Vorgesetzten gebunden (§ 146 GVG), sofern nicht das ihnen aufgetragene Verhalten erkennbar rechtswidrig ist[1].

3 Zur effektiveren Bekämpfung der Wirtschaftskriminalität ist die Strafverfolgung in Wahrnehmung der in §§ 74c Abs. 3, 143 Abs. 1 GVG vorgesehenen **Konzentrationsmöglichkeit** insoweit teilweise auf einzelne Staatsanwaltschaften konzentriert (z.B. in Baden-Württemberg auf die Staatsanwaltschaften Mannheim und Stuttgart). Der Generalstaatsanwalt beim OLG kann jedoch gem. § 145 Abs. 1 GVG einen Angehörigen der örtlichen Staatsanwaltschaft mit der Strafverfolgung (einschließlich der Vertretung vor Gericht) beauftragen, wobei auch die Beauftragung „der Staatsanwaltschaft" möglich ist[2].

4 Bei den für die Verfolgung von Wirtschaftsstraftaten zuständigen Staatsanwaltschaften sind vielfach **Schwerpunktabteilungen** (vgl. § 1 Rz. 94) eingerichtet worden. Sie sind mit Staatsanwälten besetzt, die über besondere Kenntnisse des Wirtschaftsrechts, der Buchhaltung und der Bilanzkunde verfügen und in diesen Gebieten auch laufend fortgebildet werden. Sie werden unterstützt durch sog. *Wirtschaftsreferenten*, zumeist Betriebs- oder Volkswirte (zu deren Rechtsstellung s. Rz. 8).

5 Die **Finanzbehörden** haben die Rechte und Pflichten der Staatsanwaltschaft, solange sie das steuerstrafrechtliche Ermittlungsverfahren selbständig durchführen (§§ 399 Abs. 1, 386 Abs. 2 AO). So können sie beim Amtsgericht den Antrag auf Erlass eines Strafbefehls stellen (näher hierzu § 15 Rz. 46)[3].

---

1 *Franke* in L/R, StPO, § 146 GVG Rz. 18.
2 BGH v. 3.12.1997 – 2 StR 267/97, wistra 1998, 155; anders OLG Stuttgart v. 21.2.1997 – 1 Ws 20+21/97, Justiz 1997, 222.
3 Zum Zusammenwirken von Finanzbehörden und Staatsanwaltschaften BGH v. 30.4.2009 – 1 StR 90/09, BGHSt 54, 9.

2. Polizei, Steuer- und Zollfahndung, Zollverwaltung

Die Staatsanwaltschaft leitet zwar das Verfahren, sie besitzt jedoch keinen eigenen Vollzugsapparat. Aus diesem Grund sieht das Gesetz vor, dass sie **Ermittlungen** jeder Art **durch die** (den Innenministerien unterstellten) **Polizeibeamten** vornehmen lassen kann, und die Behörden und Beamten des Polizeidienstes *verpflichtet* sind, den Aufträgen der Staatsanwaltschaft zu genügen (§ 161 Abs. 1 S. 2 StPO). Dies ist gerade in Fällen der Wirtschaftskriminalität von Bedeutung, in denen die Staatsanwaltschaft vielfach die Polizei detailliert anleitet, in welchem Umfang das Verfahren zu führen ist (ob etwa auf die Verfolgung einzelner Taten oder Tatteile verzichtet wird, §§ 154, 154a StPO, s. dazu Rz. 138–141) und welche Ermittlungen (Vernehmung von Zeugen, Durchsuchungen etc.) durchzuführen sind. In der Praxis ist das Verhältnis von Staatsanwaltschaft und Polizei – zumindest auf dieser Ebene – weniger durch eine Über-/Unterordnung als durch ein Miteinander geprägt.

Darüber hinaus kann bzw. muss die Polizei **auch ohne Auftrag** der Staatsanwaltschaft handeln (§ 163 Abs. 1 StPO); auch insoweit bilden ihre Ermittlungen und die Tätigkeit der Staatsanwaltschaft rechtlich eine Einheit. In Fällen der sog. Alltagskriminalität führt die Polizei das Ermittlungsverfahren in aller Regel selbst zu Ende und legt die Akten der Staatsanwaltschaft nur noch zur Fertigung einer Abschlussverfügung (Anklage oder Einstellung) vor.

Die StPO unterscheidet die sog. **Ermittlungspersonen der Staatsanwaltschaft** von den übrigen Polizeibeamten (§ 152 GVG). Sie haben im Verhältnis zu anderen Polizeibeamten weitergehende Zwangsbefugnisse (vgl. z.B. §§ 98 Abs. 1, 105 Abs. 1, 110 Abs. 1 StPO). Welche Polizeibeamten Ermittlungspersonen sind, ist durch Rechtsverordnungen der Länder festgelegt[1]. Darauf hinzuweisen ist, dass die bei den sog. Schwerpunktabteilungen tätigen *Wirtschaftsreferenten* ab einer bestimmten Besoldungsgruppe ebenfalls Ermittlungspersonen der Staatsanwaltschaft sind. Dies ändert nichts daran, dass sie in der Hauptverhandlung grundsätzlich als Sachverständige zu hören sind (vgl. § 12 Rz. 29).

In bestimmten Fällen, insbesondere der organisierten Kriminalität, können mit Zustimmung der Staatsanwaltschaft **Verdeckte Ermittler** der Polizei oder der Zollfahndung (zur Definition § 110a Abs. 2 StPO) eingesetzt werden (vgl. §§ 110a–110c StPO). Da diese in Wirtschaftsstrafverfahren keine größere Rolle spielen, wird auf die Darstellung der hiermit zusammenhängenden Fragen verzichtet.

Die **Beamten der Steuer- und Zollfahndung** sind für die Verfolgung von *Steuerstraftaten* (zu diesem Begriff § 369 AO; unten § 44) zuständig. Sie haben als Ermittlungspersonen der Staatsanwaltschaft (§ 404 AO) dieselben Rechte und Pflichten wie Polizeibeamte.

Der **Zollverwaltung** obliegen neben der Grenzüberwachung (§ 1 ZollVG) u.a. Aufgaben zur Bekämpfung der *Schwarzarbeit* und zur Überprüfung der Arbeitsbedingungen. So ist sie zuständig für die Verfolgung von Straftaten und Ordnungswidrigkeiten nach dem SchwarzArbG (näher unten § 36, § 37). Sie überprüft ferner, ob die Arbeitgeber ihren sich aus § 28a SGB IV ergebenden Melde-

---

1 Nw. bei *Schönfelder*, Deutsche Gesetze, Fn. zu § 152 GVG. Vgl. für Baden-Württemberg die VO der Landesregierung über die Ermittlungspersonen der Staatsanwaltschaft v. 12.2.1996, GBl., 184.

pflichten gegenüber den Einzugstellen der Sozialversicherung nachkommen (§ 2 Abs. 1 S. 1 Nr. 1 SchwarzArbG). Dabei stehen ihren Mitarbeitern dieselben Befugnisse wie den Polizeivollzugsbeamten nach der StPO und dem OWiG zu; insoweit sind sie Ermittlungspersonen der Staatsanwaltschaft (§ 14 Abs. 1 S. 1und 2 SchwarzArbG, § 17a AÜG), und zwar auch im Hinblick auf Straftaten nach §§ 263, 266a StGB[1].

11 Bei der Verfolgung von Straftaten nach dem AWG haben die **Beamten der Hauptzollämter** und der **Zollfahndungsämter** die Stellung von Ermittlungspersonen der Staatsanwaltschaft (§ 21 Abs. 3 S. 2 AWG; s. § 15 Rz. 91 ff.). Gleiches gilt für die Zollfahndungsämter und deren Beamte bezüglich der Verfolgung von Straftaten im Zusammenhang mit international organisierter Geldwäsche (vgl. §§ 1 Abs. 3c, 12b ZollVG; vgl. unten § 51) sowie für die Hauptzollämter hinsichtlich der Verfolgung von Ordnungswidrigkeiten nach § 31a ZollVG (Schmuggel von Bargeld im grenzüberschreitenden Verkehr, § 31a Abs. 5 ZollVG; § 15 Rz. 71 ff.).

II. Ermittlungsrichter

Schrifttum: *Schäfer*, Vom Umgang mit dem Ermittlungsrichter, in FS Roxin, 2011, S. 1299; *Wohlers*, Die Nichtbeachtung des Richtervorbehalts, StV 2008, 434.

12 Obgleich die Staatsanwaltschaft das Ermittlungsverfahren leitet, hat das Gesetz eine Reihe besonders einschneidender Entscheidungen dem Ermittlungsrichter vorbehalten. Erachtet die Staatsanwaltschaft die Vornahme einer solchen **richterlichen Maßnahme** (z.B. eine Durchsuchung oder eine Beschlagnahme) für erforderlich, so stellt sie die entsprechenden Anträge beim zuständigen *Amtsgericht*. Dies ist das Amtsgericht, in dessen Bezirk die StA ihren Sitz hat (§ 162 Abs. 1 S. 1 StPO). Dieses Gericht ist auch zuständig, wenn neben einer solchen richterlichen Untersuchungshandlung der Erlass eines Haftbefehls in Betracht kommt. In diesem Fall ist daneben gem. § 162 Abs. 1 S. 2 StPO das nach der allgemeinen Vorschrift des § 125 StPO bestimmte Amtsgericht zuständig, insbesondere also das Gericht, in dessen Bezirk die Tat begangen ist (§ 125 Abs. 1 i.V.m. § 7 StPO). Vernehmungen (vor allem von Zeugen und Beschuldigten) können unter den Voraussetzungen des § 162 Abs. 1 S. 3 StPO von dem Ermittlungsrichter des Amtsgerichts durchgeführt werden, in dessen Bezirk der Zeuge etc. wohnt. Die Prüfung des Ermittlungsrichters, ob dem Antrag der Staatsanwaltschaft auf Vornahme einer richterlichen Untersuchungshandlung zu entsprechen ist, ist auf deren gesetzliche Zulässigkeit beschränkt (§ 162 Abs. 2 StPO). Zweckmäßigkeitserwägungen darf das Gericht demnach nicht anstellen.

III. Beschuldigter

Schrifttum: *Geppert*, Nochmals, doch immer wieder: Zum Begriff der „Beschuldigten"-Eigenschaft, in FS Schroeder, 2006, S. 675; *Hellmann*, Anfangsverdacht und Begründung der Beschuldigteneigenschaft, in FS Kühne, 2013, S. 235; *Rogall*, Die Beschuldigten-

---

1 A.A. *Büttner*, wistra 2006, 251.

stellung im Strafverfahren. Objektivismus und Subjektivismus bei der Statusbegründung, in FS Frisch, 2013, S. 1199; *Roxin*, Beschuldigtenstatus und qualifizierte Belehrung, JR 2008, 16; *Roxin*, Zur Beschuldigteneigenschaft im Strafprozess, in FS Schöch, 2010, S. 823.

Der **Begriff des Beschuldigten** beinhaltet subjektive und objektive Elemente: Der *Verfolgungswille* der Strafverfolgungsbehörde, der sich *objektiv* in einem Willensakt (z.B. in der Einleitung eines Ermittlungsverfahrens, Vernehmung des Beschuldigten, Beantragung des Erlasses eines Haftbefehls) manifestiert hat[1]. Ob ein *Ermittlungsverfahren* einzuleiten ist, ist – subjektiv – nach pflichtgemäßem Ermessen zu entscheiden; es kommt auf die Stärke des Tatverdachts an.

Hat sich allerdings ein *Tatverdacht* so *verdichtet*, dass die Person „ernstlich als Täter der untersuchten Straftat in Betracht kommt", ist sie unabhängig vom Verfolgungswillen der Strafverfolgungsbehörde **als Beschuldigter zu behandeln** und darüber zu belehren, dass sie die Aussage zur Sache verweigern kann (§§ 163a Abs. 3 S. 2, Abs. 4 S. 2, 136 Abs. 1 S. 2 StPO)[2].

Die StPO kennt neben dem Begriff des Beschuldigten auch den des **Verdächtigen** (§§ 102, 163b StPO). Hier wird vom Gesetz nur ein vager, also noch nicht durch bestimmte Tatsachen konkretisierter Tatverdacht vorausgesetzt.

1. Rechtsstellung

Der Beschuldigte steht im Mittelpunkt des Strafverfahrens. Um ihn geht es, da es zu ermitteln gilt, ob er einer Straftat schuldig ist. Er ist **Prozesssubjekt** und darf deshalb nicht zum „Objekt" des Verfahrens gemacht werden; dies folgt aus der Achtung der Menschenwürde (Art. 1 Abs. 1 GG)[3]. Die Prozessordnung gewährt ihm Gestaltungs- und Beteiligungsrechte, mit denen er auf das Verfahren Einfluss nehmen kann.

Hervorzuheben ist der Anspruch des Beschuldigten auf **rechtliches Gehör** (s. § 10 Rz. 6), der als *Grundrecht* in Art. 103 Abs. 1 GG gewährleistet ist. Dieses Grundrecht konkretisiert sich in mehreren prozessualen Einzelregelungen: Sowohl im Ermittlungsverfahren als auch in der Hauptverhandlung ist dem Beschuldigten Gelegenheit gegeben, sich *zur Sache zu äußern, Beweisanträge* sowie *Fragen* zu stellen (§§ 163a Abs. 1 und 2, 243 Abs. 5, 244 Abs. 3–6, 240 Abs. 2 StPO).

Ergänzt wird der Anspruch auf rechtliches Gehör durch **Anwesenheitsrechte** in der Hauptverhandlung (§ 230 Abs. 1 StPO) sowie bei bestimmten Ermittlungshandlungen (§ 168c Abs. 2, 168d Abs. 1 StPO). Auch das Recht des Beschuldigten, sich in jeder Lage des *Beistands eines Verteidigers* zu bedienen (§ 137 StPO), dient der Verwirklichung des rechtlichen Gehörs.

---

1 BGH v. 27.2.1992 – 5 StR 190/91, BGHSt 38, 214 (228); BGH v. 3.7.2007 – 1 StR 3/07, BGHSt 51, 367 (370) m. Anm. *Mitsch*, NStZ 2008, 49; hierzu *Roxin*, JR 2008, 16.
2 BGH v. 31.5.1990 – 4 StR 112/90, BGHSt 37, 48 (51 f.).
3 Vgl. etwa BVerfG v. 21.6.1977 – 1 BvL 14/76, BVerfGE 45, 187 (228).

19 Hinzuweisen ist auf ein gerade in *Wirtschaftsstrafsachen* bedeutsames Recht des Beschuldigten. Ermittlungs- und Strafverfahren ziehen sich oft jahrelang hin. Art. 6 Abs. 1 S. 1 EMRK[1] (vgl. auch § 5 Rz. 15 f.) gewährt jedoch dem Beschuldigten das Recht auf eine **angemessene Verfahrensdauer**. Weiter hierzu und zu den Konsequenzen im Falle eines Verstoßes gegen diesen Grundsatz § 21 Rz. 40–42.

2. Verhandlungsfähigkeit

20 Die Verhandlungsfähigkeit des Beschuldigten gehört – wie in § 10 Rz. 35 dargelegt – zu den **Prozessvoraussetzungen**. Zeigt sich, dass der Beschuldigte verhandlungsunfähig ist, so ist das Verfahren von Gericht oder Staatsanwaltschaft *vorläufig oder endgültig einzustellen*, je nachdem, ob es sich um einen vorübergehenden oder dauernden Zustand handelt (s. §§ 154, 154a, 205 S. 1, 206a Abs. 1 StPO).

21 **Verhandlungsfähigkeit** setzt weder strafrechtliche Schuldfähigkeit noch bürgerlich-rechtliche Geschäftsfähigkeit voraus. Verhandlungsfähig ist, wer in oder außerhalb der Verhandlung seine Interessen vernünftig wahrnehmen, seine Verteidigung in verständiger und verständlicher Form führen sowie Prozesserläuterungen abgeben und entgegennehmen kann[2]. Besteht die naheliegende, konkrete Gefahr, dass der Beschuldigte bei Durchführung der Hauptverhandlung sein Leben einbüßen oder einen schwerwiegenden, irreparablen Schaden an seiner Gesundheit nehmen werde, würde die Durchführung des Strafverfahrens das Grundrecht des Beschuldigten aus Art. 2 Abs. 2 S. 1 GG (Recht auf Leben und körperliche Unversehrtheit) verletzen[3]. In Wirtschaftsstrafverfahren berufen sich Beschuldigte immer wieder auf Verhandlungsunfähigkeit, da sie nicht selten vorgerückten Alters und bei nicht guter Gesundheit sind. Die Gerichte überprüfen diesen Einwand jedoch sehr sorgfältig unter Einholung amtsärztlicher Gutachten.

22 Vor der Einstellung eines Strafverfahrens wegen Verhandlungsunfähigkeit sind zunächst **andere Maßnahmen** in Betracht zu ziehen, z.B. Verkürzung der Sitzungsdauer, größere Verhandlungs-Intervalle oder Anwesenheit eines Arztes während der Hauptverhandlung.

IV. Verletzter

Schrifttum: *Anders*, Straftheoretische Anmerkungen zur Verletztenorientierung im Strafverfahren, ZStW 124 (2012), 374; *Böttcher*, Opferinteressen im Strafverfahren und verfahrensbeendende Absprachen, in FS Müller, 2008, S. 87; *Dölling*, Zur Stellung des Verletzten im Strafverfahren, in FS Jung, 2007, S. 77; *Hilger*, Über den Begriff des Verletzten im Fünften Buch der StPO, GA 2007, 287; *Lauterwein*, Akteneinsicht und -auskünfte für den Verletzten, Privatpersonen und sonstige Stellen: §§ 406e und 475 StPO, 2011; *Meier/*

---

1 Europ. Konvention zum Schutze der Menschenrechte und Grundfreiheiten v. 4.11.1950; G v. 7.8.1952, BGBl. II 685, 953; abgedr. und kommentiert etwa bei *Schmitt* in Meyer-Goßner/Schmitt, StPO, Anh. 4.
2 BVerfG v. 8.6.2004 – 2 BvR 785/04, NJW 2005, 2382.
3 BVerfG v. 19.6.1979 – 2 BvR 1060/78, BVerfGE 51, 324 (346 f.); BVerfG v. 20.9.2001 – 2 BvR 1349/01, NJW 2002, 51 (52).

Dürre, Das Adhäsionsverfahren, JZ 2006, 18; *Rieß*, Zur Beteiligung des Verletzten im Strafverfahren, in FS Jung, 2007, S. 751; *Schroth*, Die Rechte des Opfers im Strafprozess, 2005; *Schünemann*, Der Ausbau der Opferstellung im Strafprozess – Fluch oder Segen?, in FS Hamm, 2008, S. 687; *Walther*, Interessen und Rechtsstellung des Verletzten im Strafverfahren, JR 2008, 405.

Der *durch eine Straftat Verletzte* hat eine Reihe von **Informations- und Mitwirkungsrechten:** Ihm steht gegen Einstellungsverfügungen der Staatsanwaltschaft ein Beschwerderecht zu (hierzu näher Rz. 131). Auf Antrag sind ihm die Einstellung sowie der Ausgang eines gerichtlichen Verfahrens und – soweit er befugt ist, sich dem Verfahren als Nebenkläger anzuschließen (hierzu Rz. 148 f.) – der Termin zur Hauptverhandlung mitzuteilen (§§ 214 Abs. 1 S. 2, 406d Abs. 1, 406g Abs. 1 S. 4 StPO). Unter den Vorraussetzungen des § 406d Abs. 2 StPO ist er davon in Kenntnis zu setzen, ob gegen den Beschuldigten oder Verurteilten freiheitsentziehende Maßnahmen angeordnet und (noch) vollzogen werden. Für ihn kann ein Rechtsanwalt die Akten einsehen (§ 406e Abs. 1 StPO). Bei Vernehmungen des Verletzten ist einem *anwaltlichen Beistand* oder einer Vertrauensperson die Anwesenheit gestattet (vgl. im Einzelnen § 406 f. StPO). Ist er außerstande, einen Rechtsanwalt zu bezahlen, so kann ihm Prozesskostenhilfe gewährt werden (§ 406g Abs. 3 Nr. 2 i.V.m. § 397a StPO). Er ist auf seine Befugnisse *hinzuweisen* (§ 406h StPO). 23

Unter den Vorraussetzungen der §§ 403, 404 StPO kann der Verletzte auch seine *zivilrechtlichen Entschädigungsansprüche* im Strafverfahren geltend machen (sog. **Adhäsionsverfahren**). In der Praxis wird davon selten Gebrauch gemacht. Zur Befugnis des Verletzten, sich dem Strafverfahren als Nebenkläger anzuschließen s. Rz. 148 f., zur Privatklage § 10 Rz. 15 f. 24

B. Verfahrensgang

Schrifttum: *Bach*, Der Verdacht im Strafverfahren, Jura 2007, 12; *Backes/Lindemann*, Staatlich organisierte *Anonymität* als Ermittlungsmethode bei Korruptions- und Wirtschaftsdelikten, 2006; *Ballo*, Beschlagnahmeschutz im Rahmen von Internal Investigations – zur Reichweite und Grenze des § 160a StPO, NZWiSt 2013, 46; *Bertheau*, § 160a StPO neuer Fassung – doch offene Fragen bleiben, StV 2012, 303; *Brunhöber*, Die Privatisierung des Ermittlungsverfahrens im Strafprozess, GA 2010, 571; *Burhoff* (Hrsg.), Handbuch für das strafrechtliche Ermittlungsverfahren, 7. Aufl. 2013; *Greeve*, Privatisierung behördlicher Ermittlungen, StraFo 2013, 89; *Gross*, Zur Notwendigkeit des strafrechtlichen Anfangsverdachts – keine falschen Umkehrschlüsse aus § 152 Abs. 2 StPO, in FS Dahs, 2005, S. 249; *Heghmanns*, Das Arbeitsgebiet des Staatsanwalts, 4. Aufl. 2010; *Hoven*, Die Grenzen des Anfangsverdachts – Gedanken zum Fall Edathy, NStZ 2014, 361; *Kasiske*, Mitarbeiterbefragungen im Rahmen interner Ermittlungen – Auskunftspflichten und Verwertbarkeit im Strafverfahren, NZWiSt 2014, 262; *Kaspari*, Strafprozessuale Verwertbarkeit nach rechtswidriger privater Beweisbeschaffung, GA 2013, 206; *Knauer*, Interne Ermittlungen, ZWH 2012, 41, 81; *Knierim/Rübenstahl/Tsambikakis*, Internal Investigations, 2013; *Krause*, Allgemeine Rechtsfragen von „Vorermittlungen", Vorprüfungen und „AR"-Verfahren, in FS Strafrechtsausschuss der Bundesrechtsanwaltskammer, 2006, S. 351; *Kühne*, Das „outsourcing" von Leistungen der Staatsanwaltschaft, GA 2013, 553; *de Lind/van Wijngaaden/Egler*, Der Beschlagnahmeschutz von Dokumenten aus unternehmensinternen Untersuchungen, NJW 2013, 3549; *Raum*, Die Verwertung unternehmensinterner Ermittlungen, NZWiSt 2012, 395; *Reeb*, Neue Tendenzen privater Ermittlungen, 2011; *Reichling*, Strafprozessuale Ermittlungen bei Kreditinstituten – ein Überblick, JR 2011, 12; *Senge*, Zur Zulässigkeit staatsanwaltschaftlicher Vorermittlungen, in FS Hamm, 2008, S. 701; *Siegrist*, Ermittlungen in Steuer- und Wirtschaftsstrafsachen – Quo vadis?, wistra 2012, 253; *Taschke*, Zur Entwicklung der Verfolgung von Wirtschaftsstrafsachen in der BR Deutschland, Teil 3: Auf dem Weg zur Privatisierung der Strafverfolgung, NZWiSt 2012, 89; *Tscherwinka*, Interne Ermittlungen zwischen Selbstbelastung des Arbeitnehmers und Fürsorgepflicht des Arbeitgebers, in FS Imme Roxin, 2012, S. 521; *Wehnert*, Die Verwertung unternehmensinterner Ermittlungen, StraFo 2012, 253; *Wimmer*, Die Verwertung unternehmensbezogener Untersuchungen – Aufgabe oder Durchsetzung des Legalitätsprinzips?, in FS Imme Roxin, 2012, S. 537; *Zerbes*, Unternehmensinterne Untersuchungen, ZStW 125 (2013), 551.

I. Allgemeines

25 Das Ermittlungsverfahren ist gemäß dem Legalitätsprinzip einzuleiten, sobald zureichende tatsächliche Anhaltspunkte dafür vorliegen, dass eine Straftat begangen wurde (§ 152 Abs. 2 StPO, hierzu § 10 Rz. 17–19). Sein Ziel ist die Erforschung des Sachverhalts. Dies ist Voraussetzung dafür, dass die Staatsanwaltschaft eine **Entscheidung** darüber treffen kann, **ob** gegen den Beschuldigten **öffentliche Klage** erhoben werden muss (§§ 160 Abs. 1, 170 StPO). Es sind *nicht nur* die den Beschuldigten *belastenden*, sondern *auch* die seiner *Entlastung* dienenden *Umstände* zu ermitteln (§ 160 Abs. 2 StPO). § 160a StPO schränkt Ermittlungsmaßnahmen zugunsten derjenigen ein, denen aus beruflichen Gründen (§§ 53, 53a StPO) ein Zeugnisverweigerungsrecht zusteht. Darüber hinaus kann die Staatsanwaltschaft mit den Beteiligten den Stand des Verfahrens erörtern, was aktenkundig zu machen ist (§ 160b StPO).

26 Sind gegen den Beschuldigten weitere Ermittlungsverfahren anhängig, können diese mit den bereits laufenden Ermittlungsverfahren verbunden und, sofern ein hinreichender Tatverdacht besteht, bei *einem* Gericht zur Anklage gebracht werden. Über die *zentrale Namenskartei*, die bei seiner Behörde geführt wird, erfährt der Staatsanwalt aber lediglich, ob *hier* ein anderes Verfahren anhängig ist. Über Verfahren bei *anderen* Ermittlungsbehörden gibt diese Kartei keine Auskunft, da zwischen den Staatsanwaltschaften der Bundesrepublik – dies sind immerhin über 100 – kein systematisch angelegter Informationsaustausch stattfindet. Dem soll durch das **Zentrale Verfahrensregister**, welches beim *Bundesamt für Justiz* geführt wird (§ 492 Abs. 1 StPO), entgegengewirkt werden. Eingetragen werden in das Register insbesondere die Personendaten des Beschuldigten, die Staatsanwaltschaft, die das Verfahren führt, die Tatzeiten, die Tatvorwürfe sowie die Einleitung des Ermittlungsverfahrens und dessen Erledigung bei der Staatsanwaltschaft und bei Gericht (§ 492 Abs. 2 StPO). Die Einzelheiten ergeben sich aus den §§ 492–495 StPO und der ergänzenden Verordnung über den Betrieb des Zentralen Staatsanwaltschaftlichen Verfahrensregisters vom 23.9.2005[1]. – Ferner gestattet § 483 Abs. 1 StPO den mit der Strafrechtspflege befassten Stellen (insbesondere Gericht und Staatsanwaltschaft) die *Speicherung und Nutzung von personenbezogenen Daten*, soweit dies für Zwecke des Strafverfahrens erforderlich ist. Die Einzelheiten ergeben sich aus §§ 483–491 StPO.

---

1 BGBl. I 2885.

Die **Gestaltung** des Ermittlungsverfahrens liegt **im Ermessen der Staatsanwaltschaft** (Grundsatz der freien Gestaltung des Ermittlungsverfahrens). Sie kann zum Zwecke der Sachverhaltsaufklärung von allen öffentlichen Behörden Auskunft verlangen und *Ermittlungen jeder Art* selbst vornehmen oder durch Polizeibeamte vornehmen lassen (§ 161 Abs. 1 S. 1 StPO). Gänzlich frei bei der Gestaltung des Ermittlungsverfahrens ist sie freilich nicht, sondern rechtsstaatlichen Beschränkungen unterworfen. Zum einen können Zwangsmittel *nicht beliebig*, sondern nur unter bestimmten Voraussetzungen und unter Einhaltung bestimmter Förmlichkeiten angewendet werden. Zum anderen sind bestimmte Vorgehensweisen zwingend vorgeschrieben, z.B. die Vernehmung des Beschuldigten (§ 163a Abs. 1 S. 1 StPO).

27

Das BVerfG[1] hält es für statthaft, dass **in rechtswidriger** oder sogar strafbarer **Weise erlangte Beweismittel** zur Begründung des Tatverdachts für eine Durchsuchung herangezogen werden dürfen. Dies ist mehr als zweifelhaft, denn der Staat darf auch dann nicht mit Kriminellen zusammenarbeiten, wenn es darum geht, berechtigte Steueransprüche durchzusetzen und sich die Betreffenden „nur" nach ausländischem und nicht nach deutschem Recht strafbar gemacht haben sollten[2].

27a

In den letzten Jahren sind vielfach **unternehmensinterne Untersuchungen** zur Aufdeckung von Straftaten in den Blickpunkt der Öffentlichkeit getreten. Hierbei geht es um Delikte, die Mitarbeiter zum Nachteil des Unternehmens begangen haben, aber auch – und dies vor allem – um solche, die mit Wissen der Unternehmensleitung im Interesse des Unternehmens verübt worden sind. Durch **„Compliance"** – näher hierzu § 31 – soll Letzteren entgegengewirkt werden[3], wobei dieser Begriff schlicht die Einhaltung von Gesetzen bedeutet[4]. Da die Untersuchungen der Privatrechtsordnung zuzuordnen sind, gilt die StPO nicht, insbesondere nicht die Belehrungspflicht bezüglich des Beschuldigten (s. Rz. 28 ff.) und § 136a StPO (verbotene Vernehmungsmethoden, s. Rz. 33 ff.)[5]. Deshalb können die Strafverfolgungsbehörden auf die Ergebnisse der privaten Untersuchungen (z.B. Berichte und Protokolle über Vernehmungen) im Wege

27b

---

1 BVerfG v. 9.11.2010 – 2 BvR 2101/09, NJW 2011, 2417.
2 Krit. auch VerfGH Rh-Pf. v. 24.2.2014 – VGH B 26/13, wistra 2014, 240. Zur „Liechtensteiner Steueraffaire" der Jahre 2007/2008 *Bruns*, StraFo 2008, 189; *Godenzi*, GA 2008, 500; *Kelnhofer/Krug*, StV 2008, 660; *Göres/Kleinert*, NJW 2008, 1353; *Kölbel*, NStZ 2008, 241; *Schünemann*, NStZ 2008, 305; *Schünemann*, GA 2008, 314; *Sieber*, StraFo 2008, 189; *Trüg/Habetha*, NStZ 2008, 481. – Zum Ankauf illegal erlangter Steuerdaten-CDs aus der Schweiz und aus Liechtenstein und ihrer Verwertung im Strafverfahren *Coen*, NStZ 2011, 433; *Erb* in FS Roxin, 2011, S. 1103; *Gössel* in FS Puppe, 2011, S. 1377; *Heine* in FS Roxin, 2011, S. 1087; *Hellmann* in FS Samson, 2010, S. 661; *Ignor/Jahn*, JuS 2010, 390; *Jahn* in FS Stöckel, 2010, S. 259; *Kaiser*, NStZ 2011, 383; *Kauffmann*, JA 2010, 597; *Kühne* in FS Roxin, 2011, S. 1269; *Kudlich*, ZWH 2011,35; *Samson/Langrock*, wistra 2010, 201; *Satzger* in FS Imme Roxin, 2012, S. 421; *Satzger* in FS Achenbach, 2011, S. 447; *Spatscheck* in FS Volk, 2009, S. 771; *Spernath*, NStZ 2010, 307; *Trüg*, StV 2011, 111.
3 *Raum*, StraFo 2012, 395.
4 *Schneider*, ZIS 2011, 573.
5 BGH v. 31.3.2011 – 3 StR 400/10, wistra 2011, 350 m. Anm. *Eisenberg*, JR 2011, 409; *Roxin*, StV 2012, 131; *Schumann*, JZ 2011, 265.

der Beschlagnahme zugreifen und sie verwerten. Die Grenze dürfte dort bestehen, wo sich der private Ermittler die Information durch eine Straftat verschafft hat, etwa durch unbefugtes Abhören (§ 201 StGB) oder durch Nötigung (§ 240 StGB)[1], oder wenn er die Menschenwürde in krasser Weise verletzt hat[2]. Ferner besteht ein Verwertungsverbot bei solchen Informationen, die dem geschützten Kernbereich der Persönlichkeit zuzurechnen sind[3].

27c Den Belangen des **Opferschutzes** ist in besonderer Weise Rechnung zu tragen. So soll die Staatsanwaltschaft in jedem Stadium des Verfahrens – also insbesondere im Ermittlungsverfahren – die Möglichkeit prüfen, einen Ausgleich zwischen dem Beschuldigten und dem Verletzten zu erreichen (**Täter-Opfer-Ausgleich**; im Einzelnen s. §§ 155a, 155b StPO). Wird ein solcher Ausgleich erfolgreich durchgeführt, kann das entweder Einstellung des Verfahrens gem. § 153a Abs. 1 S. 2 Nr. 5 StPO zur Folge haben (s. hierzu Rz. 136 f.) oder im Rahmen der Zumessung der Strafe Berücksichtigung finden (§ 46a Nr. 1 StGB, s. § 21 Rz. 19, 29). Auch darf die Staatsanwaltschaft von der Erhebung der öffentlichen Klage absehen (§ 153b Abs. 1 StPO i.V.m. § 46a Nr. 1 StGB, s. Rz. 142). Nicht selten wird damit eine Anwaltskanzlei beauftragt; dann darf auf die in deren Gewahrsam befindlichen Unterlagen nicht zurückgegriffen werden (§§ 160a Abs. 1, 97 Abs. 1 StPO)[4].

II. Vernehmungen

1. Beschuldigter

Schrifttum: *Bittmann/Molkenbur*, Private Ermittlungen, arbeitsrechtliche Aussagepflicht und strafprozessuales Schweigerecht, wistra 2009, 373; *Eisenberg*, Unfreiwillig falsches Geständnis und Widerruf aus empirisch-beweisrechtlicher Sicht, JA 2013, 775; *Erb*, Verbotene Vernehmungsmethoden als staatlich veranlasste Beeinträchtigungen der Willensfreiheit, in FS Otto, 2007, S. 863; *Esser*, Rechtsfolgen eines Verstoßes gegen die Belehrungspflicht aus Art. 36 WÜK, JR 2008, 271; *Jahn*, Strafprozessrecht als geronnenes Verfassungsrecht – Hauptprobleme und Streitfragen des § 136a StPO, JuS 2005, 1057; *Mansdörfer*, Das Recht des Beschuldigten auf Selbstdarstellung im Ermittlungsverfahren, ZStW 123 (2011), 570; *Kasiske*, Die Selbstbelastungsfreiheit im Strafprozess, JuS 2014, 15; *Kasiske*, Die Selbstbelastungsfreiheit bei verdeckten Befragungen des Beschuldigten, StV 2014, 423; *Neuhaus*, Ungeschriebene Belehrungspflichten im Rahmen des § 136 Abs. 1 S. 2 StPO und die Folgen ihrer Verletzung, StV 2010, 45; *Queck*, Die Geltung des nemo-tenetur-Grundsatzes zugunsten von Unternehmen, 2005; *Rogall*, Grund und Grenzen der „qualifizierten" Belehrung im Strafprozess, in FS Geppert, 2011, S. 519; *Sahan*, Keine Steuererklärungspflicht bei Gefahr strafrechtlicher Selbstbelastung, 2006; *Schomburg/Schuster*, Unterlassene Information nach Art. 36 WÜK – Anmerkungen zur aktuellen Rechtsprechung, NStZ 2008, 593; *Spatscheck*, Steuerliche Mitwirkungspflicht während Fahndungs- und Prüfungsmaßnahmen – Richterliche Verwertungs- und Verwendungsverbote im Steuerstrafrecht, in FS Richter II, 2006, S. 513.

---

1 *Raum*, StraFo 2012, 395 (398).
2 *Schmitt* in Meyer-Goßner/Schmitt, § 136a StPO Rz. 3.
3 BGH v. 22.11.2011 – 2 StR 509/10, BGHSt 57, 71.
4 LG Mannheim v. 3.7.2012 – 24 Qs 1,2/12, wistra 2012, 400 m. Anm. *Schuster*, NZWiSt 2012, 431; zur Problematik *Ballo*, NZWiSt 2013, 46; *Bittmann/Molkenbur*, wistra 2009, 373; *Böhm*, WM 2009, 1923; *Raum*, NZWiSt 2012, 395; *Wimmer* in FS Imme Roxin, 2012, S. 537.

a) Allgemeines

Der **Beschuldigte muss** spätestens vor Abschluss des Ermittlungsverfahrens **vernommen** werden, es sei denn, das Verfahren führt zur *Einstellung*. In einfachen Sachen genügt es, wenn ihm Gelegenheit zur *schriftlichen* Äußerung gegeben wird (§ 163a Abs. 1 StPO).

Der Beschuldigte ist **verpflichtet**, auf Ladung vor der Staatsanwaltschaft **zu erscheinen** (§ 163a Abs. 3 S. 1 StPO). Soll er bereits im Ermittlungsverfahren *richterlich* vernommen werden, so ist er auch hier zum Erscheinen verpflichtet (§ 133 Abs. 2 StPO). Bleibt er zum anberaumten Vernehmungstermin unentschuldigt aus, können Staatsanwaltschaft und Richter einen *Vorführungsbefehl* erlassen und ihn vorführen lassen (§§ 133 Abs. 2, 163a Abs. 3 S. 2 StPO). Bei *polizeilicher* Vorladung besteht hingegen *keine* Erscheinenspflicht.

Bei *Beginn* der *ersten Vernehmung* müssen Polizei, Staatsanwalt und Richter *eröffnen, welche Tat* ihm zur Last gelegt wird. Staatsanwalt und Richter sind außerdem gehalten, auf die in Betracht kommenden Strafvorschriften hinzuweisen (§§ 163a Abs. 4, Abs. 3 S. 2, 136 Abs. 1 StPO). Nach Mitteilung des Vorwurfs ist der Beschuldigte über seine Rechte **zu belehren:** Er muss darauf hingewiesen werden, dass es ihm *freisteht*, sich zur Beschuldigung zu äußern oder nicht zur Sache auszusagen oder vor seiner Vernehmung einen von ihm zu wählenden Verteidiger zu befragen. Er ist ferner darüber zu belehren, dass er zu seiner Entlastung einzelne Beweiserhebungen beantragen kann (§§ 136 Abs. 1 S. 2 und 3, 163a Abs. 4 S. 2 und Abs. 3 S. 2 StPO). Ausländische Beschuldigte sind darüber hinaus über ihr Recht aus Art. 36 Abs. 1 Buchst. b WÜK (Recht auf konsularischen Beistand) zu belehren[1]; § 114 Abs. 2 S. 3 StPO sieht dies für Belehrungen bei Verhaftungen (hierzu Rz. 55 ff.) ausdrücklich vor.

Ist der Beschuldigte nicht belehrt worden, darf seine Aussage grundsätzlich – etwa durch Anhörung des vernehmenden Polizeibeamten in der Hauptverhandlung – **nicht verwertet** werden. Der BGH[2] hat hiervon Ausnahmen zugelassen, etwa dann, wenn der Beschuldigte sein Recht zu schweigen kannte[3]. Gleiches soll gelten, wenn er nach Belehrung eine Rücksprache mit einem Verteidiger wünscht, diese ihm aber versagt wird[4]. Ist hiernach eine erste Aussage des Beschuldigten unverwertbar, ist er bei einer späteren Vernehmung nicht nur über sein Schweigerecht, sondern auch über die Unverwertbarkeit der früheren Aussage zu belehren. Hierdurch soll verhindert werden, dass er nur deshalb Anga-

---

1 Näher hierzu BVerfG v. 19.9.2006 – 2 BvR 2115/01, NJW 2007, 499; BVerfG v. 8.7.2010 – 2 BvR 2485/07, 2 BvR 2513/07, 2 BvR 2548/07, NJW 2011, 206; BGH v. 11.9.2007 – 1 StR 273/07, BGHSt 52, 38; BGH v. 25.9.2007 – 5 StR 116/01 und 5 StR 475/02, BGHSt 52, 48; BGH v. 20.12.2007 – 3 StR 318/07, BGHSt 52, 114; *Walter*, JR 2007, 99; *Weigend*, StV 2008, 39.
2 BGH v. 27.2.1992 – 5 StR 190/91, BGHSt 38, 214.
3 Vgl. die differenzierte Rspr. des BGH: BGH v. 27.2.1992 – 5 StR 190/91, BGHSt 38, 214; fortführend BGH v. 12.1.1996 – 5 StR 756/94, BGHSt 42, 15; BGH v. 21.5.1996 – 1 StR 154/96, BGHSt 42, 170; BGH v. 22.11.2001 – 1 StR 220/01, BGHSt 47, 172; BGH v. 5.2.2002 – 5 StR 588/01, BGHSt 47, 233; BGH v. 8.11.2006 – 1 StR 454/06, wistra 2007, 230 m. Anm. *Wohlers*, JR 2007, 126.
4 BGH v. 27.6.2013 – 3 StR 435/12, BGHSt 58, 301 m. Anm. *Wohlers*, JR 2014, 131; hierzu *Britz*, NStZ 2013, 607; *Eisenberg*, StV 2013, 773.

ben macht, weil er meint, die frühere Aussage, mit der er sich belastet hat, sei für ihn zwar nachteilig, aber unabänderlich (sog. *qualifizierte* Belehrung)[1].

32 Wichtig ist, dass sich das **Schweigerecht** des Beschuldigten **nur** auf die **Angaben zur Sache**, also auf alles, was mit dem Schuld- und Strafvorwurf zu tun hat, bezieht. Über seine *Personalien* muss er Auskunft geben, damit seine Identität festgestellt werden kann (s. § 111 OWiG). Bei seiner Vernehmung durch Staatsanwaltschaft oder Gericht muss seinem Verteidiger grundsätzlich die Anwesenheit gestattet werden (§§ 168c Abs. 1, 163a Abs. 3 S. 2 StPO). Das Schweigerecht kann mit Aussagepflichten auf anderen Rechtsgebieten kollidieren. So ist nach §§ 97 Abs. 1, 98 Abs. 2, 3 InsO der Schuldner zur Aussage verpflichtet, und er kann hierzu durch Zwangsmittel angehalten werden. Dies gilt auch dann, wenn er durch seine Aussage Straftatbestände offenbaren muss. Allerdings kann die Aussage gegen seinen Willen nicht in einem Strafverfahren verwertet werden[2]. Auch im Wirtschaftsverwaltungsrecht bestehen Auskunfts- und Mitwirkungspflichten, vgl. etwa § 23 AWG, § 44 KWG, § 44 Abs. 2 LFGB, § 5 SchwarzArbG. Hier ist ein Auskunftsverweigerungsrecht vorgesehen, sofern durch seine Angaben die Gefahr einer Verfolgung wegen einer Straftat oder einer Ordnungswidrigkeit herbeigeführt würde.

32a Mit der Kollision des Schweigerechts im **Steuerstrafverfahren** und der Pflicht zur Abgabe wahrheitsgemäßer Steuererklärungen befasst sich § 393 AO (vgl. § 15 Rz. 33 ff.). Dessen Abs. 1 S. 2 und 3 verbieten die Anwendung von Zwangsmitteln (§ 328 AO) gegen den Steuerpflichtigen zur Abgabe von Erklärungen im *Besteuerungsverfahren*, mit denen er von ihm begangene Steuerstraftaten offenbaren müsste. Dies gilt insbesondere dann, wenn gegen ihn wegen einer Steuerstraftat bereits ein Strafverfahren eingeleitet worden ist. Hiermit wird im Besteuerungsverfahren Rücksicht auf das Recht des Beschuldigten im *Strafverfahren* genommen, sich nicht selbst belasten zu müssen. Mit dem Verbot der Anwendung von Zwangsmitteln ist der Steuerpflichtige aber noch nicht von der Pflicht zur Abgabe einer Steuererklärung befreit, sodass, wenn eine Erklärung nicht abgegeben wird, eine Strafbarkeit wegen Steuerhinterziehung (§ 370 Abs. 1 Nr. 2 AO) vorliegt. Da dies dem Schweigerecht des Beschuldigten im Strafverfahren zuwiderläuft, ist die Erklärungspflicht im Besteuerungsverfahren in diesen Fällen für die Dauer des Strafverfahrens suspendiert. Andererseits darf der Beschuldigte gegenüber anderen Steuerpflichtigen nicht ungerechtfertigt bessergestellt werden. Deshalb ist die Suspendierung von der Erklärungspflicht als Ausnahme auf das Notwendigste zu beschränken.

Ergänzt wird der Schutz des Steuerpflichtigen, der im Besteuerungsverfahren Angaben gemacht hat, durch das *Steuergeheimnis* des § 30 AO und ein be-

---

1 S. BGH v. 3.7.2007 – 1 StR 3/07, BGHSt 51, 367 (376) m. Anm. *Roxin*, JR 2008, 16 (18); BGH v. 18.12.2008 – 4 StR 455/08, BGHSt 53, 112 m. Anm. *Gless/Wennekers*, JR 2009, 383.
2 So bereits BVerfG v. 13.1.1981 – 1 BvR 116/77, BVerfGE 56, 37 zu §§ 100, 101 Abs. 2 KO. Zu § 97 InsO unten § 75 Rz. 55 ff.; ferner OLG Jena v. 12.8.2010 – 1 Ss 45/10, NJW 2010, 3673.

grenztes strafrechtliches *Verwertungsverbot* hinsichtlich anderer Straftaten als Steuerstraftaten (§ 393 Abs. 2 AO)[1].

b) Verbotene Vernehmungsmethoden

Den **Ermittlungsbehörden** ist zur Erzielung eines Geständnisses oder zur Überführung des Beschuldigten keinesfalls jedes taktisch zweckmäßig erscheinende Mittel erlaubt. Die wichtige Vorschrift des **§ 136a StPO** über verbotene Vernehmungsmethoden bestimmt nämlich, dass die *Freiheit der Willensentscheidung und Willensbetätigung* weder durch körperliche Eingriffe (Misshandlung, Ermüdung, Verabreichung von Mitteln, unzulässiger Zwang) noch durch seelische Beeinflussung (Täuschung, Hypnose, Drohung mit unzulässigen Maßnahmen, Versprechen nicht vorgesehener Vorteile, Maßnahmen, die das Erinnerungsvermögen oder die Einsichtsfähigkeit mindern) beeinträchtigt werden darf. 33

Das Verbot bestimmter Vernehmungsmethoden wird durch ein **Verwertungsverbot** ergänzt: Aussagen, die unter *Verletzung des § 136a StPO* zustande gekommen sind, dürfen selbst dann nicht verwertet werden, wenn der Beschuldigte zustimmt (§ 136a Abs. 3 StPO). Zu den in § 136a StPO enthaltenen Bestimmungen gibt es eine Reihe von *Zweifelsfragen*, die hier freilich nur kurz angesprochen werden können: 34

Beispiel: Ein Buchhalter steht im Verdacht, größere Geldbeträge veruntreut zu haben. Der Geschäftsführer und der Prokurist des Unternehmens verhören ihn in einem verschlossenen Raum mit der Drohung, ihn nicht vor Ablegung eines Geständnisses freizulassen. Der Buchhalter gesteht die Tat. 35

Das Geständnis scheidet als Beweismittel nicht aus, da sich § 136a StPO **nur** an die **Strafverfolgungsorgane**, nicht jedoch an Privatpersonen wendet[2]. Allerdings haben sich Geschäftsführer und Prokurist in obigem Beispiel der Freiheitsberaubung und der Nötigung schuldig gemacht.

Anders sähe es jedoch aus, wenn der Geschäftsführer und der Prokurist den Buchhalter im Auftrag der Ermittlungsbehörden vernommen, dies aber nicht aufgedeckt hätten. Hierin läge zwar kein Verstoß gegen §§ 136 Abs. 1, 136a Abs. 1, 163a StPO; wohl wären einem solchen Vorgehen aber rechtsstaatliche Grenzen gesetzt. Der Große Senat für Strafsachen des BGH[3] hält derartige Vernehmungsmethoden nur dann für zulässig, wenn es um die Aufklärung einer Straftat von erheblicher Bedeutung geht und die Erforschung des Sachverhalts unter Einsatz anderer Ermittlungsmethoden erheblich weniger erfolgversprechend oder wesentlich erschwert gewesen wäre. Zumindest die erste Voraussetzung wäre vorliegend nicht erfüllt.

---

1 S. hierzu BVerfG v. 27.4.2010 – 2 BvL 13/07, wistra 2010, 341; BGH v. 26.4.2001 – 5 StR 587/00, BGHSt 47, 8; BGH v. 5.5.2004 – 5 StR 548/03, BGHSt 49, 136; *Dierlamm* in FS Krey, 2010, S. 27; *Eidam*, wistra 2006, 11; *Joecks* in FS Kohlmann, 2003, S. 451; *Rogall* in FS Rieß, 2002, S. 951; *Rogall* in FS Kohlmann, 2003, S. 465; *Rolletschke*, StV 2005, 355.
2 BGH v. 31.3.2011 – 3 StR 400/10, wistra 2011, 350 m. Anm. *Eisenberg*, JR 2011, 409; *Roxin*, StV 2012, 131; *Schumann*, JZ 2011, 265.
3 BGH v. 13.5.1996 – GSSt 1/96, BGHSt 42, 139; hierzu BVerfG v. 27.4.2000 – 2 BvR 1990/96, NStZ 2000, 488.

36 Weitgehend anerkannt ist, dass der Begriff der **Täuschung** in § 136a StPO *einengend* auszulegen ist. Er verbietet nicht etwa jedes taktische oder listige Vorgehen des Verfolgungsbeamten, sondern nur bewusste Lügen wie etwa die unrichtige Behauptung, ein Mitbeschuldigter habe die Tat schon gestanden[1]. Eine unbeabsichtigte Irreführung ist deshalb keine Täuschung i.S. des § 136a StPO[2].

36a Ein **Versprechen eines nicht im Gesetz vorgesehenen Vorteils** ist anzunehmen, wenn eine Entlassung aus der Untersuchungshaft unter der Bedingung in Aussicht gestellt wird, dass ein Geständnis abgelegt und hierdurch der Haftgrund der Fluchtgefahr nicht ausgeräumt wird[3].

37 Die **Aufzählung** der verbotenen Vernehmungsmethoden in § 136a StPO ist **nicht abschließend**, da diese Vorschrift die Freiheit der Willensentschließung und Willensbetätigung des Beschuldigten schlechthin gewährleistet[4]. Über den Wortlaut des § 136a StPO hinaus ist so z.B. die Verwendung eines *Lügendetektors* jedenfalls dann unzulässig, wenn der Beschuldigte nicht freiwillig mitwirkt[5].

2. Zeugen

Schrifttum: *Beulke,* Rechtliche Probleme der Entbindung von Rechtsbeiständen juristischer Personen von der Schweigepflicht (§ 53 Abs. 2 S. 1 StPO) bei personellem Wechsel innerhalb der Vertretungsorgane, in FS Achenbach, 2011, S. 39; *Bittmann,* Zur Befreiung eines für eine juristische Person tätigen Berufsgeheimnisträgers von der Schweigepflicht, wistra 2012, 173; *Bosch,* Die strafprozessuale Regelung von Zeugnis- und Auskunftsverweigerungsrecht, Jura 2012, 33; *Krause,* Die Befugnis zur Entbindung von der beruflichen Verschwiegenheitspflicht bei Mandatsverhältnissen juristischer Personen mit Wirtschaftsprüfern (§ 53 Abs. 1 Ziff 3, Abs. 2 StPO), in FS Dahs, 2005, S. 349; *Krause,* Befugnis zur Entbindung von der Schweigepflicht bei juristischen Personen nach personellen Wechseln in den Organen, NStZ 2012, 663; *Kretschmer,* Das Bankgeheimnis in der deutschen Rechtsordnung – ein Überblick, wistra 2009, 180; *Lohberger,* Zur Auslegung des § 55 StPO – wann erstarkt das Auskunftsverweigerungsrecht zu einem umfassenden Schweigerecht?, in FS Müller, 2008, S. 411; *Madauß,* Entbindung eines Berufsgeheimnisträgers vom Zeugnisverweigerungsrecht durch eine juristische Person, NZWiSt 2013, 262; *Nack,* Der Zeugenbeweis aus aussagepsychologischer und juristischer Sicht, StraFo 2001, 1; *Neumann,* Zeugnisverweigerungsrechte und strafprozessuale Ermittlungsmaßnahmen, 2005; *Park,* Der Zeugenbeistand im Strafverfahren, in FS Dencker, 2012, S. 233; *Peters/Klingberg,* Die Entbindung von der Schweigepflicht bei Wirtschaftsprüfern und gemischten Sozietäten durch juristische Personen, ZWH 2012, 11; *Reichling,* Der staatliche Zugriff auf Bankkundendaten im Strafverfahren, 2010; *Rinio,* Das Auskunftsverweigerungsrecht des tatbeteiligten Zeugen, JuS 2008, 600; *Schröder/Kroke,* Erosion der strafprozessualen Stellung des Wirtschaftsprüfers durch das Berufsaufsichtsrecht?, wistra 2010, 466; *Stoffers,* Anwesenheitsrechte des Verteidigers bei Zeugenvernehmungen im Ermittlungsverfahren, NJW 2013, 1495; *Tsambikakis,* Strafprozessuale Zeugnisverweigerungsrechte aus beruflichen Gründen, 2011; *Tully/Kirch-Heim,* Zur Entbindung von Rechtsbeiständen juristischer Personen von der Verschwiegenheitspflicht gemäß § 53

---

1 BGH v. 7.1.1997 – 1 StR 666/96, wistra 1997, 150; *Schmitt* in Meyer-Goßner/Schmitt, § 136a StPO Rz. 12, 14, 15.
2 S. BGH v. 17.3.2005 – 5 StR 328/04, wistra 2005, 228.
3 S. OLG Köln v. 24.6.2013 – 2 Ws 264/13, NStZ 2014, 172.
4 BGH v. 16.2.1954 – 1 StR 578/53, BGHSt 5, 332.
5 BGH v. 17.12.1998 – 1 StR 156/98, BGHSt 44, 308.

Abs. 2 Satz 1 StPO, NStZ 2012, 657; *Wessing*, Zeugnisverweigerungsrechte ausländischer Strafverteidiger, wistra 2007, 171; *Widmaier*, Zum Zeugnisverweigerungsrecht der Berufsgeheimnisträger – Grenzen und Grenzüberschreitungen, in FS Dahs, 2005, S. 543.

a) Pflicht zum Erscheinen und zur Aussage

Zeugen werden im Ermittlungsverfahren von den Beamten des Polizeidienstes, von der Staatsanwaltschaft oder vom Gericht (Ermittlungsrichter) vernommen (§§ 163 Abs. 3, 161a Abs. 1, 48 StPO). Auf Ladung vor *Gericht und Staatsanwaltschaft* ist der Zeuge zum Erscheinen sowie zur **Aussage verpflichtet**; bei unentschuldigtem Ausbleiben sowie bei Verweigerung der Aussage können *Zwangsmittel* verhängt werden (§§ 48 Abs. 1, 161a Abs. 2, 51, 70 StPO). Gegenüber der *Polizei* besteht weder eine Erscheinens- noch eine Aussagepflicht. § 58b StPO gestattet die Vernehmung von Zeugen außerhalb der Hauptverhandlung mithilfe der Videotechnik. 38

Diese Grundsätze gelten auch gegenüber Mitarbeitern von **Banken**. Nicht selten sind diese im Hinblick auf § 161a StPO bereit, gegenüber der Staatsanwaltschaft als Zeugen auszusagen, wegen der fehlenden Verpflichtung nicht aber gegenüber der Polizei. I.d.R. genügen auch schriftliche Auskünfte. Die Entschädigung richtet sich dann nach § 23 JVEG. 39

Immer – also auch vor der Polizei – trifft den Zeugen die **Pflicht zu wahrheitsgemäßer Aussage**. Wer vor Verfolgungsbehörden falsche Angaben macht, kann sich der Strafvereitelung (§ 258 StGB) schuldig machen. Darüber hinaus ist eine Falschaussage vor Gericht nach §§ 153 ff. StGB strafbar. 40

b) Zeugnis- und Auskunftsverweigerungsrechte

Die Aussagepflicht von Zeugen gilt **nicht uneingeschränkt**. Vier Fallgruppen sind zu unterscheiden: 41

aa) Nahe **Angehörige** des Beschuldigten, also Verlobte, Ehegatten und Lebenspartner (auch nach Scheidung/Trennung) sowie nahe Verwandte und Verschwägerte haben ein *uneingeschränktes Zeugnisverweigerungsrecht*, worüber sie vor der Vernehmung zu belehren sind (§§ 52, 161a Abs. 1 S. 2 StPO). Bei unterbliebener Belehrung darf die Aussage nicht verwertet werden[1], es sei denn, der Zeuge kannte seine Rechte und hätte auch nach Belehrung ausgesagt[2]. 42

bb) Bestimmte Berufsgruppen (in Wirtschaftsstrafverfahren kommen insbesondere Rechtsanwälte, Patentanwälte, Notare, Wirtschaftsprüfer, vereidigte Buchprüfer, Steuerberater und Steuerbevollmächtigte in Betracht) sowie ihre „Helfer" haben als Vertrauenspersonen ein Zeugnisverweigerungsrecht über das, was ihnen in ihrer *beruflichen Eigenschaft anvertraut* worden ist (§§ 53, 53a StPO). Allerdings sind viele von ihnen, darunter die vorgenannten, dann zur Aussage verpflichtet, wenn sie von ihrer Verschwiegenheit entbunden worden sind (§ 53 Abs. 2 StPO). Zur *Entbindung* von der Schweigepflicht ist be- 43

---

1 St. Rspr., vgl. etwa BGH v. 2.3.1960 – 2 StR 44/60, BGHSt 14, 159 (160); BGH v. 27.1.1970 – 1 StR 591/69, BGHSt 23, 221 (223).
2 BGH v. 15.11.1994 – 1 StR 461/94, BGHSt 40, 336 (339).

rechtigt, zu dessen Gunsten diese begründet ist. Hat eine GmbH mehrere Geschäftsführer, müssen alle, auch die faktischen Geschäftsführer, die Entbindung erklären[1]. Tritt ein Wechsel in der Geschäftsführung ein, müssen nur die ehemaligen Geschäftsführer (die beispielsweise den Steuerberater mit der Erstellung der Bilanz beauftragt haben) und – wegen der höchstpersönlichen Natur des Vertrauensverhältnisses – nicht die neuen Geschäftsführer zustimmen (also auch nicht der Insolvenzverwalter)[2].

44 Eine **Belehrungspflicht** über das Weigerungsrecht besteht in aller Regel nicht, weil davon ausgegangen werden kann, dass der Betreffende seine Rechte kennt. Wird indes falsch belehrt und sagt der Zeuge deshalb – trotz des bestehenden Weigerungsrechtes, welches durchweg mit einer strafbewehrten Verschwiegenheitspflicht korrespondiert (vgl. § 203 Abs. 1 Nr. 3 StGB) – aus, so darf die Aussage nicht verwertet werden[3].

45 cc) Angehörige des **öffentlichen Dienstes** dürfen über Umstände, auf die sich ihre Amtsverschwiegenheit bezieht, nur mit *Aussagegenehmigung* Angaben machen (§ 54 StPO). Die Ausnahmegenehmigung darf nach den Beamtengesetzen nur in bestimmten Fällen versagt oder beschränkt werden; so etwa, wenn die Aussage dem Wohl der Bundesrepublik oder eines Landes Nachteil bereiten würde (§ 37 Abs. 4 BeamtStG, § 68 Abs. 1 BBG).

46 dd) Eine für die Praxis wichtige Einschränkung der Aussagepflicht enthält § 55 StPO. Nach dieser Bestimmung kann jeder Zeuge die **Auskunft** auf **solche Fragen verweigern**, deren Beantwortung ihm oder einem der in § 52 StPO genannten Angehörigen (Rz. 42) die Gefahr zuziehen würde, wegen einer Straftat oder Ordnungswidrigkeit *verfolgt* zu werden. Die Straftat oder Ordnungswidrigkeit muss *vor* der Aussage begangen sein, sodass es nicht genügt, wenn erst durch die Beantwortung der Frage die Strafbarkeit begründet wird[4]. Bloße Vermutungen oder rein denktheoretische Möglichkeiten reichen für die Annahme der Gefahr nicht aus[5]. Über dieses Recht ist der Zeuge zu belehren (§ 55 Abs. 2 StPO). Unterbleibt dies, ist die Aussage dennoch verwertbar, da hierdurch der

---

1 OLG Celle v. 2.8.1985 – 1 Ws 194/85, wistra 1986, 83; *Schmitt* in Meyer-Goßner/Schmitt, § 53 StPO Rz. 46a.
2 LG Berlin v. 5.3.1993 – 505 AR 2/93, wistra 1993, 278; *Bittmann*, wistra 2012, 173; *Schmitt*, wistra 1993, 9; s. auch OLG Düsseldorf v. 14.12.1992 – 1 Ws 1155/92, wistra 1993, 120 m. Anm. *Münchhalffen*, StV 1993 347; LG Saarbrücken v. 26.5.1995 – 8 Qs 73/95, wistra 1995, 239 m. Anm. *Weyand*; a.A. OLG Oldenburg v. 28.5.2004 – 1 Ws 242/04, NJW 2004, 2176; OLG Nürnberg v. 18.6.2009 – 1 Ws 289/09, NJW 2010, 690 m. Anm. *Dierlamm*, StV 2011, 144; LG Bonn v. 13.2.2012 – 27 Qs 410 Js 511/10 – 21/11, wistra 2012, 450 m. Anm. *Bittmann*, ZWH 2012, 518; LG Hamburg v. 6.8.2001 – 616 Qs 41/01, NStZ-RR 2002, 12; *Madauß*, NZWiSt 2012, 262; *Schmitt* in Meyer-Goßner/Schmitt, § 53 StPO Rz. 46a (nur die „neuen" zur Vertretung berechtigten Personen müssen die Entbindungserklärung erteilen); *Beulke* in FS Achenbach, 2011, S. 39 (51) – sowohl der frühere als auch der jetzige Vertreter müssen zustimmen.
3 BGH v. 7.3.1996 – 4 StR 737/95, BGHSt 42, 73 (77).
4 BGH v. 15.12.2005 – 3 StR 281/04, BGHSt 50, 318 (322) m. Anm. *Eisenberg/Reuther*, JR 2006, 346; BGH v. 22.3.2012 – 1 StR 359/11, NStZ 2013, 238 m. Anm. *Widmaier*, NStZ 2013, 239.
5 BGH v. 4.9.2009 – StB 44/09, NStZ 2010, 287.

„Rechtskreis" des Beschuldigten nicht berührt ist[1]. Allerdings ist das Auskunftsverweigerungsrecht beschränkt auf die Beantwortung *verfänglicher* Fragen. Im Einzelfalle kann der Zeuge jedoch die gesamte Aussage verweigern, wenn nichts übrig bleibt, was er ohne Gefahr der Strafverfolgung bezeugen könnte[2].

c) Geheimnisvorschriften

In Wirtschaftsstrafsachen kommt es häufig vor, dass zur Ermittlung des Sachverhalts *Auskünfte von Banken* über Konten, Depots u.a. eingeholt werden müssen. In solchen Fällen berufen sich Bankangestellte gerne auf das **Bankgeheimnis**, das ihnen angeblich Auskünfte verbiete. Ein solches Auskunftsverweigerungsrecht gibt es nicht[3]. Dies wird zwar teilweise bestritten. In § 53 StPO sind aber Angehörige von Banken nicht genannt. Eine entsprechende Anwendung dieser Bestimmung verbietet sich schon deswegen, weil das Tätigkeitsgebiet des Bankangestellten nicht mit der Vertrauensfunktion der in § 53 Abs. 1 Nr. 1–5 StPO genannten Berufsträger vergleichbar ist. Nur für den Zivilprozess sieht § 383 Abs. 1 Nr. 6 ZPO ein Zeugnisverweigerungsrecht vor[4]. Zum Bankgeheimnis s. § 66 Rz. 35 ff., § 93 Rz. 48 ff.

47

Ferner können die Strafverfolgungsbehörden über die *Bundesanstalt für Finanzdienstleistungsaufsicht* (BaFin) bei Kreditinstituten die Nummer eines Kontos, Name und Geburtstag des Kontoinhabers und des Verfügungsberechtigten sowie die Tage der Einrichtung und der Auflösung des Kontos aus den Dateien abrufen, die die Kreditinstitute zu führen haben (§ 24c Abs. 1, Abs. 3 S. 1 Nr. 2 KWG). Diese Regelung ist verfassungsgemäß[5]. Über weitergehende Auskünfte (etwa über Geldbewegungen und Kontostände) sind die Mitarbeiter der Banken der Staatsanwaltschaft gegenüber nach § 161a StPO auskunftspflichtig.

Nicht zur Auskunft verpflichtet ist der Zeuge, wenn das **Steuergeheimnis** des § 30 AO (dazu § 15 Rz. 40 ff.) entgegensteht[6].

48

Daten, die bei den *Sozialbehörden* zum Zwecke der Strafverfolgung zu erheben sind, unterliegen dem **Sozialgeheimnis** des § 35 Abs. 1 SGB I. Sie dürfen nur nach Maßgabe der §§ 67 ff. SGB X erhoben werden; andernfalls besteht weder eine Auskunftspflicht noch eine Verpflichtung zur Vorlage der Sozialdaten (§ 35 Abs. 2, 3 SGB I). In Wirtschaftsstrafverfahren können Sozialdaten etwa bei Straftaten nach § 266a StGB (Nichtabführen der Beiträge an die Sozialversicherung) von Bedeutung sein. Hier ist die zuständige Stelle (etwa die AOK) gem. § 69 Abs. 1 Nr. 1, 2 SGB X gegenüber der Staatsanwaltschaft auskunftspflichtig. Zu weiteren Auskunftspflichten gegenüber den Strafverfolgungs-

49

---

1 St. Rspr., vgl. BGH v. 21.1.1958 – GSSt 7/57, BGHSt 11, 213.
2 BGH v. 13.4.1962 – 3 StR 6/62, BGHSt 17, 245 (247).
3 S. *Kretschmer*, wistra 2009, 180 (182).
4 Vgl. BGH v. 24.1.2006 – XI ZR 384/03, BGHZ 166, 84; BGH v. 27.2.2007 – XI ZR 195/05, BGHZ 171, 180.
5 BVerfG v. 13.6.2007 – 1 BvR 1550/03, BVerfGE 118, 168.
6 Hierzu *Blesinger*, wistra 1991, 239, 294.

behörden s. insbesondere §§ 68 Abs. 1, 73 SGB X; nach der letztgenannten Bestimmung ist eine richterliche Anordnung erforderlich[1].

49a Auch der Mitarbeiter eines Unternehmens, der einen Kollegen wegen Verletzung von Pflichten, die eine Straftat beinhalten, beim Vorgesetzten – oder auch bei einem Presseorgan oder einem Amt – „verpfeift" (sog. **„Whistleblowing"**[2]), muss in einem Strafverfahren gegen den Angezeigten aussagen. Ein Zeugnis- oder Auskunftsverweigerungsrecht zugunsten des Hinweisgebers besteht nicht.

3. Sachverständige und Augenschein

Schrifttum: *Brüning*, Privatisierungstendenzen im Strafprozess – Chancen und Risiken der Mitwirkung sachverständiger Privatpersonen im strafrechtlichen Ermittlungsverfahren, StV 2008, 100; *Dierlamm*, Das rechtliche Gehör vor der Auswahl eines Sachverständigen im Ermittlungsverfahren, in FS Müller, 2008, S. 117.

50 Zur Erforschung des Sachverhalts können Ermittlungsbehörden nicht nur Vernehmungen durchführen, sondern auch **Sachverständige** beauftragen oder einen **Augenschein** einnehmen. Zweifelsfragen in diesem Bereich treten in der Praxis nur in der Hauptverhandlung auf; Einzelheiten werden deshalb später erörtert (vgl. § 12 Rz. 28–32).

III. Zwangsmaßnahmen

Schrifttum: *Benfer*, Rechtseingriffe von Polizei und Staatsanwaltschaft, 4. Aufl. 2010; *Jahn*, Strafprozessuale Eingriffsmaßnahmen im Lichte der aktuellen Rechtsprechung des BVerfG, NStZ 2007, 255; *Leitner/Michalke*, Strafprozessuale Zwangsmaßnahmen (Strafverteidigerpraxis Bd. 9), 2007; *Malek/Wohlers*, Zwangsmaßnahmen und Grundrechtseingriffe im Ermittlungsverfahren, 2. Aufl. 2001; *Park*, Der Anspruch auf rechtliches Gehör im Rechtsschutzverfahren gegen strafprozessuale Zwangsmaßnahmen, StV 2009, 276.

51 Zur ordnungsgemäßen Durchführung des Strafverfahrens sind **Eingriffe in die rechtlich geschützte Sphäre des Beschuldigten** (z.B. Freiheit, Eigentum, Wohnung) oftmals unerlässlich. Die von der StPO hierfür vorgesehenen Zwangsmittel lassen sich nach dem jeweils verfolgten Zweck in folgende Gruppen aufteilen:

52 a) Die ordnungsgemäße **Durchführung des Strafverfahrens** und die sich anschließende Strafvollstreckung sollen vor allem durch *Untersuchungshaft* (§ 112 StPO), vorläufige *Festnahme* (§ 127 StPO) und *Auslieferung* sichergestellt werden. Vorrangig der Sicherung der Strafvollstreckung dienen Maßnahmen wie die Sicherstellung für Verfall und Einziehung (§ 111b StPO) oder der Erlass eines Vollstreckungshaftbefehls (§ 457 StPO).

53 b) Der **Beweissicherung** dienen vor allem: *Durchsuchung* (§§ 102 ff. StPO), *Beschlagnahme* (§§ 94 ff. StPO) sowie die in Rz. 111 genannten Maßnahmen.

54 c) In bestimmten Fällen macht die Gefährlichkeit des Täters schon *vor* seiner Verurteilung einen **Schutz der Allgemeinheit** erforderlich. Diesem Zweck dienen das *vorläufige Berufsverbot* (§ 132a StPO, § 70 StGB) und die Verhängung von Untersuchungshaft wegen *Wiederholungsgefahr* (§ 112a StPO).

---

1 Vgl. *Schmitt* in Meyer-Goßner/Schmitt, § 161 StPO Rz. 6 m.w.Nw.
2 Hierzu *Göpfert/Wiegandt*, ZWH 2011, 19; *Willert*, ZWH 2013, 135.

1. Untersuchungshaft

Schrifttum: *Bittmann*, Änderungen im Untersuchungshaftrecht, JuS 2010, 510; *Graf*, Die Untersuchungshaft, JA 2012, 262; *Grau*, Der Haftgrund der Fluchtgefahr bei Beschuldigten mit ausländischem Wohnsitz, NStZ 2007, 10; *Grube*, Gerichtlicher Rechtsschutz gegen Maßnahmen im Untersuchungshaftvollzug, StV 2013, 534; *Hamm*, Apokryphes Strafrecht, in FS Volk, 2009, 193; *Herrmann*, Untersuchungshaft, 2008; *Herrmann*, Neue Umstände i.S.d. § 116 Abs. 4 Nr. 3 StPO, StRR 2013, 12; *Keller/Meyer-Mews*, Anforderungen an das Beschleunigungsgebot in Haftsachen während der Hauptverhandlung und nach dem Urteil, StraFo 2005, 353; *Knauer*, Untersuchungshaft und Beschleunigungsgrundsatz, StraFo 2007, 309; *Köhne*, Die gesetzlichen Regelungen des Untersuchungshaftvollzuges, JR 2010, 198; *Köhne*, Fünf Landesstrafvollzugsgesetze – ein „Wettbewerb der besten Praxis"?, JR 2012, 14; *Lemme*, Apokryphe Haftgründe im Wirtschaftsstrafrecht?, wistra 2004, 288; *Marhöfer*, Die Ausgestaltung des Vollzugs der Untersuchungshaft aus der Sicht des Haftrichters, in FS Mehle, 2009, S. 373; *Münchhalffen/Gatzweiler*, Das Recht der Untersuchungshaft, 3. Aufl. 2009; *Neumann*, Der „Haftausschließungsgrund" der Unverhältnismäßigkeit der Untersuchungshaft (§ 112 Abs. 1 Satz 2 StPO) – eine apokryphe Figur der Strafprozessrechtsdogmatik, in FS Imme Roxin, 2012, S. 659; *Nobis*, „U-Haft schafft Fakten" – Verteidigung gegen Untersuchungshaft, StraFo 2012, 45; *Nobis*, Plädoyer für die Abschaffung des Haftgrundes der Fluchtgefahr, StraFo 2013, 318; *Ostendorf*, Untersuchungs-/Abschiebehaft, 2012; *Peters*, Immer häufiger Untersuchungshaft bei § 370 AO?, ZWH 2014, 1, 48; *Pieroth/Hartmann*, Das verfassungsrechtliche Beschleunigungsgebot in Haftsachen, StV 2008, 276; *Püschel*, Vermeidung von Untersuchungshaft, StraFo 2009, 134; *Rottländer*, Zuständigkeit des Vorsitzenden bei Maßnahmen gegen Inhaftierte, DRiZ 2014, 180; *Schlothauer/Weider*, Untersuchungshaft, 4. Aufl. 2010; *Schweckendiek*, § 116 StPO und Rechtskraft, NStZ 2010, 10; *Theile*, Apokryphe Haftgründe in Wirtschaftsstrafverfahren, wistra 2005, 327; *Weigend*, Der Zweck der Untersuchungshaft, in FS Müller, 2008, S. 739; *Wiesneth*, Die Untersuchungshaft, 2010.

a) Voraussetzungen

§§ 112, 112a StPO bestimmen, unter welchen **Voraussetzungen** gegen einen Beschuldigten Untersuchungshaft angeordnet werden kann. Vorliegen müssen ein dringender *Tatverdacht* und ein *Haftgrund*. Der Grundsatz der Verhältnismäßigkeit ist zu wahren. 55

aa) Ein **dringender Tatverdacht** liegt vor, wenn die Wahrscheinlichkeit groß ist, dass der Beschuldigte eine Straftat begangen hat. Das OLG Karlsruhe[1] sieht richtigerweise den dringenden Tatverdacht dann nicht als gegeben an, wenn die Ermittlungen trotz einer „nicht unerheblichen Verdachtslage" lückenhaft sind, weil notwendige Untersuchungen nicht durchgeführt wurden, sodass mit einer Verurteilung ohne weitere zeitaufwändige Nachforschungen nicht gerechnet werden kann. 56

bb) Haftgründe sind Flucht, Fluchtgefahr, Verdunkelungsgefahr und Wiederholungsgefahr. Darüber hinaus darf es keine „apokryphen" Haftgründe – wie Förderung der Geständnisbereitschaft durch Inhaftierung – geben[2]. 57

(1) Flucht liegt vor, wenn der Beschuldigte flüchtig ist oder sich verborgen hält (§ 112 Abs. 2 Nr. 1 StPO). 58

---
1 OLG Karlsruhe v. 1.9.2003 – 1 Ws 235/03, wistra 2004, 276.
2 S. *Münchhalffen*, StraFo 1999, 332; hierzu *Peters*, ZWH 2014, 1 (7).

59 **(2) Fluchtgefahr** (§ 112 Abs. 2 Nr. 2 StPO) ist der praktisch häufigste Haftgrund. Sie liegt vor, wenn aufgrund bestimmter Tatsachen festgestellt wird, dass bei Würdigung der Umstände des Einzelfalls die *Gefahr* besteht, der Beschuldigte werde sich dem Strafverfahren entziehen. Die Straferwartung allein kann im Allgemeinen keine Fluchtgefahr begründen; es müssen weitere Tatsachen hinzukommen (z.B. die Lebensverhältnisse des Beschuldigten; etwaige Verbindungen ins Ausland, die ein Absetzen dorthin erleichtern können; sein Verhalten nach der Tat; eine etwaige charakterliche Labilität; der Umstand, dass er – über den Haftbefehl hinaus – weiterer Straftaten dringend verdächtig ist oder den Widerruf von Strafaussetzungen zu befürchten hat).

60 Für Fluchtgefahr ist nicht immer eine **Ortsveränderung** – etwa durch Untertauchen – erforderlich. Es genügt, wenn ein aktives Verhalten des Beschuldigten bewirkt, dass das Strafverfahren nicht fortgesetzt werden kann, weil er für Ladungen und Vollstreckungen nicht zur Verfügung steht[1]. So mag – wenn auch mit Bedenken – ein Sich-Entziehen auch dann angenommen werden, wenn der im Ausland wohnhafte Beschuldigte erklärt, er werde sich dem Strafverfahren nicht stellen[2]. Bloßes Untätigsein (passives Verhalten) reicht demgegenüber nicht aus (Beispiel: Nichtbefolgen einer Ladung; dies gilt auch für einen im Ausland aufhältlichen Ausländer, der sich dem Strafverfahren in Deutschland nicht stellt)[3]. Auch ein Haftbefehl nach § 230 StPO kann in diesen Fällen grundsätzlich nicht ergehen[4]. Umgekehrt bedeutet dies, dass keine Fluchtgefahr vorliegt, wenn der im Ausland aufhältliche Beschuldigte bereit ist, Ladungen zur Hauptverhandlung Folge zu leisten[5].

61 Bei **Wirtschaftsstraftätern** liegen etwa dann Anhaltspunkte für eine Flucht ins Ausland vor, wenn der Verdacht besteht, dass *Gelder ins Ausland* geschafft wurden, oder wenn es um Delikte geht, wegen derer der Beschuldigte in manchen Staaten keine Auslieferung zu befürchten hat (so erfolgt aus der Schweiz keine Auslieferung bei Steuerhinterziehung).

62 **(3) Verdunkelungsgefahr** besteht, wenn das Verhalten des Beschuldigten den dringenden Verdacht begründet, er werde *Beweismittel* vernichten oder verändern oder in unlauterer Weise etwa auf Zeugen einwirken oder andere zu einem solchen Verhalten veranlassen, und wenn deshalb die Gefahr droht, dass die Wahrheitsermittlung erschwert werde (näher § 112 Abs. 2 Nr. 3 StPO). Keine Einwirkung in „unlauterer Weise" ist es, wenn der Beschuldigte einen

---

1 BGH v. 4.11.1970 – 4 ARs 43/70, BGHSt 23, 380 (384).
2 Vgl. OLG Hamm v. 15.4.2004 – 2 Ws 111/04, NStZ-RR 2004, 278 m. Anm. *Hilger*, StV 2005, 36; OLG Stuttgart v. 11.3.1998 – 1 Ws 28/98, NStZ 1998, 427; *Schmitt* in Meyer-Goßner/Schmitt, § 112 StPO Rz. 17a; a.A. *Schlothauer/Weider*, Rz. 494; *Lagodny*, StV 1999, 35.
3 BGH v. 4.11.1970 – 4 ARs 43/70, BGHSt 23, 380 (384); OLG Köln v. 18.3.2005 – 2 Ws 32/05, StV 2006, 25; *Böhm*, NStZ 2001, 636; anders – auch passives Verhalten genügt – OLG Köln v. 7.8.2002 – 2 Ws 358/02, NStZ 2003, 219; *Grau*, NStZ 2007, 10.
4 Vgl. im Einzelnen OLG Köln v. 18.10.2005 – 2 Ws 488/05, NStZ–RR 2006, 22; *Grau*, NStZ 2007, 11; krit. *Hilger*, StV 2005, 36.
5 OLG Karlsruhe v. 1.3.2004 – 3 Ws 44/04, Justiz 2004, 268 m. Anm. *Hilger*, StV 2005, 36.

Zeugen zu bewegen versucht, von seinem Zeugnis- oder Auskunftsverweigerungsrecht Gebrauch zu machen, es sei denn, er wendet hierbei verwerfliche Mittel – z.B. Drohungen oder Nötigung – an[1].

Verdunkelungsgefahr setzt **bestimmte Tatsachen** voraus, aus denen sich das in § 112 Abs. 3 StPO beschriebene Verhalten des Beschuldigten ergibt. Vermutungen genügen nicht. Hieran scheitert in der Praxis nicht selten die Annahme dieses Haftgrundes. Streitig ist, ob sich die Beweisanzeichen auch aus der dem Beschuldigten angelasteten Tat ergeben können[2]. Allein aus der Eigenart des vorgeworfenen Delikts der Steuerhinterziehung lässt sich Verdunkelungsgefahr nicht ableiten[3]. 63

(4) Wiederholungsgefahr (§ 112a StPO): Bei einzelnen Straftaten, die erfahrungsgemäß häufig von Serientätern begangen werden – u.a. auch Betrug (§ 263 StGB) und gewerbsmäßige Hehlerei (§ 260 StGB) – kann unter bestimmten Voraussetzungen der Haftgrund der Wiederholungsgefahr gegeben sein, der jedoch bei Vorliegen anderer Haftgründe zurücktritt (§ 112a Abs. 2 StPO). 64

cc) Der **Verhältnismäßigkeitsgrundsatz** gebietet, dass Untersuchungshaft nicht angeordnet werden darf, wenn sie zu der „Bedeutung der Sache und zu der erwarteten Strafe oder Maßregel der Sicherung oder Besserung *außer Verhältnis steht"* (§ 112 Abs. 1 S. 2 StPO). In Ergänzung hierzu bestimmt § 113 StPO, dass in Fällen der Kleinkriminalität Untersuchungshaft wegen Verdunkelungsgefahr überhaupt ausgeschlossen ist und bei Fluchtgefahr nur unter engen Voraussetzungen in Betracht kommt. 65

b) Anordnung, Vollstreckung und Vollzug

Die Untersuchungshaft wird durch einen schriftlichen **Haftbefehl** des zuständigen *Richters* angeordnet (§§ 114, 125 StPO). Der Haftbefehl muss die Tatsachen und Umstände, die die Untersuchungshaft rechtfertigen, enthalten (§ 114 Abs. 2 StPO). 66

Vollstreckt wird der Haftbefehl durch die Festnahme des Beschuldigten. Ist dieser flüchtig oder hält er sich verborgen, können der Richter oder die Staatsanwaltschaft die Ausschreibung des Beschuldigten zur Festnahme veranlassen (§ 131 Abs. 1 StPO). Von praktischer Bedeutung ist die Ausschreibung im polizeilichen *Informationssystem INPOL* und – im Zuge eines zusammenwachsenden Europa – im Schengener *Informationssystem SIS* (s. Nr. 40–43 RiStBV; vgl. § 6 Rz. 29, § 8 Rz. 10, 49)[4]. 67

Bei der **Verhaftung** ist dem Beschuldigten eine Abschrift des Haftbefehls auszuhändigen. Ist dies nicht möglich, ist ihm mitzuteilen, weshalb er inhaftiert wird; die Aushändigung der Abschrift ist dann sobald möglich nachzuholen (§ 114a StPO). Über seine Rechte, insbesondere auf unverzügliche Vorführung 68

---

1 Vgl. *Schmitt* in Meyer-Goßner/Schmitt, § 112 StPO Rz. 33.
2 Bejahend etwa OLG Koblenz v. 28.1.1976 – 1 Ws 35/76, OLGSt StPO § 112 S. 37; *Schmitt* in Meyer-Goßner/Schmitt, § 112 StPO Rz. 30; verneinend etwa OLG Köln v. 20.9.1996 – 2 Ws 492/96, StraFo 1997, 28 (29).
3 OLG Hamm v. 6.2.2002 – 2 Ws 27/02, wistra 2002, 236.
4 S. weiter *Heghmanns*, Arbeitsgebiet, Rz. 537 ff.

vor den Haftrichter, sein Schweigerecht und sein Recht auf Benachrichtigung eines Angehörigen und – bei ausländischen Beschuldigten – des Konsulates ist er zu belehren (s. § 114b StPO). Spätestens am Tag nach der Verhaftung muss der Beschuldigte dem Gericht vorgeführt werden, das ihn zu vernehmen und anschließend über die Aufrechterhaltung des Haftbefehls zu entscheiden hat (vgl. im Einzelnen §§ 115, 115a StPO). Dies gilt auch dann, wenn der Haftbefehl erweitert wird, was nach Anklageerhebung nicht selten vorkommt. Es genügt nicht, dem Angeschuldigten den neugefassten Haftbefehl zu übersenden; vielmehr muss dieser mündlich eröffnet werden[1]. Ordnet das Gericht die Vollstreckung der Untersuchungshaft an, ist dem Beschuldigten in allen Fällen ein *Verteidiger* zu bestellen (§ 140 Abs. 1 Nr. 4 StPO).

69 Das Recht des **Vollzugs der Untersuchungshaft** fällt nach Art. 74 Abs. 1 Nr. 1 GG in die Kompetenz der Länder. Der Bundesgesetzgeber vertritt gleichwohl die mehr als fragwürdige Ansicht, dass er solche Maßnahmen regeln kann, die der Zweck der Untersuchungshaft erfordert[2]. Dies ist in § 119 StPO geschehen, wonach z.B. angeordnet werden kann, dass Besuche überwacht werden können und die Übergabe von Gegenständen bei Besuchen der Erlaubnis bedarf, sofern dies der Haftzweck erfordert. Auch ist es statthaft, den Beschuldigten von anderen Inhaftierten zu trennen. Die entsprechenden Anordnungen trifft das nach § 126 StPO zuständige Gericht. Die Länder regeln die „Art und Weise" (= das „Wie") der Durchführung der Untersuchungshaft.

c) Aussetzung des Vollzuges

70 Nach § 116 StPO **muss** der Richter den Haftbefehl **außer Vollzug** setzen, wenn der Zweck der Untersuchungshaft durch *weniger einschneidende Maßnahmen* erreicht werden kann. In Betracht kommen hier vor allem:

– bei **Fluchtgefahr** die Leistung einer angemessenen *Sicherheit* (Kaution), die Auferlegung einer *Meldepflicht* oder eine *Aufenthaltsbeschränkung* (im Einzelnen § 116 Abs. 1 S. 2 Nr. 1–4 StPO),

– bei **Verdunkelungsgefahr** die *Anweisung*, mit Mitbeschuldigten und Zeugen keinen Kontakt aufzunehmen (§ 116 Abs. 2 StPO).

71 In **Wirtschaftsstrafsachen** spielt die Aussetzung des Haftbefehls gegen Leistung einer Sicherheit (§ 116 Abs. 1 S. 2 Nr. 4 StPO) eine große Rolle, sind doch die Beschuldigten nicht selten wohlhabend. Der Richter kann bestimmen, in welcher Weise sie zu leisten ist (§ 116a Abs. 1, 2 StPO). In der Praxis wird sie häufig durch Beibringung einer selbstschuldnerischen Bürgschaft einer Bank erbracht.

72 Praktisch wichtig ist die Frage, ob ein außer Vollzug gesetzter Haftbefehl *zeitgleich mit dem Urteil*, welches auf Freiheitsstrafe lautet, **in Vollzug gesetzt** werden kann. Das hängt davon ab, ob in der Verurteilung ein neu hervorgetretener Umstand zu sehen ist, der die Verhaftung erforderlich macht (§ 116

---

1 H.M.; vgl. OLG Stuttgart v. 14.7.2005 – 4 HEs 59/05, NStZ 2006, 588.
2 So Begründung des Gesetzentwurfs der Bundesregierung zur Änderung des UntersuchungshaftR v. 21.1.2009, BT-Drs. 16/11644, 1. Zu diesem Entwurf *Paeffgen*, GA 2009, 450.

Abs. 4 Nr. 3 StPO). Das BVerfG[1] macht dies davon abhängig, inwieweit die Verurteilung zu einem Wegfall der Vertrauensgrundlage geführt hat, die der Haftverschonung zugrunde lag. Danach muss die verhängte Strafe für den Angeklagten „unerwartet streng" sein. Rechnete dieser mit der ausgesprochenen Strafe und hat er die ihm erteilten Auflagen befolgt, scheidet eine Invollzugsetzung aus.

War der Vollzug des Haftbefehls gegen die **Leistung einer Sicherheit** ausgesetzt, so wird diese frei, wenn der Haftbefehl aufgehoben wird (§ 120 Abs. 1 S. 1 StPO), etwa weil das Gericht den Angeklagten lediglich zu einer Freiheitsstrafe verurteilt, deren Vollstreckung es zur Bewährung aussetzt, vgl. § 123 Abs. 2 i.V.m. Abs. 1 Nr. 1 StPO. Der Anspruch auf Herausgabe der Sicherheit kann wegen der Geldstrafe oder wegen der Verfahrenskosten in Vollziehung des dinglichen Arrests des § 111d StPO gepfändet werden[2]. Auch andere Gläubiger (etwa das Finanzamt[3]) können den Anspruch pfänden; hingegen ist es dem Fiskus versagt, die Forderung auf Rückzahlung einer Kaution mit einer Steuerforderung aufzurechnen[4].

73

Entzieht sich der Beschuldigte dem Strafverfahren, **verfällt** die Sicherheit (§ 124 Abs. 1 StPO).

74

d) Haftprüfung und Haftbeschwerde

Der Verhaftete kann durch zwei verschiedene **Rechtsbehelfe** die Überprüfung des Haftbefehls und ggf. dessen Aufhebung oder Außervollzugsetzung erreichen:

75

– die *Haftprüfung* (dabei kann er eine mündliche Verhandlung beantragen (§§ 117 Abs. 1, 118 Abs. 1 StPO); über den Haftprüfungsantrag entscheidet der Haftrichter) *oder*

– die *Haftbeschwerde*, über die die Beschwerdekammer des Landgerichts befindet (§ 304 Abs. 1 StPO, § 73 Abs. 1 GVG); gegen deren Entscheidung ist die weitere Beschwerde an das Oberlandesgericht zulässig (§ 310 Abs. 1 Nr. 1 StPO, § 121 Abs. 1 Nr. 2 GVG).

Die **Überprüfung der Haftfortdauer** erfolgt darüber hinaus dann *ohne Antrag des Verhafteten*, wenn sich der Beschuldigte *sechs Monate* in Untersuchungshaft befindet. Das *Oberlandesgericht* überprüft dann in einem besonderen Verfahren, ob die Schwierigkeiten und der Umfang der Ermittlungen es rechtfertigen, den Vollzug des Haftbefehls aufrechtzuerhalten (§ 121 StPO). Von Amts wegen muss das Gericht auch bei der *Eröffnung des Hauptverfahrens* sowie bei der *Urteilsfällung* über die Haftfortdauer entscheiden (§§ 207 Abs. 4, 268b StPO). Schließlich bestimmt § 120 StPO, dass ein Haftbefehl jederzeit aufzuheben ist, wenn die Voraussetzungen der Untersuchungshaft nicht mehr vorliegen oder die Staatsanwaltschaft die Aufhebung vor Klageerhebung beantragt.

76

---

1 BVerfG v. 11.7.2012 – 2 BvR 1092/12, wistra 2012, 429; BVerfG v. 27.9.2012 – 2 BvR 1874/12, wistra 2013, 59.
2 Vgl. *Schmitt* in Meyer-Goßner/Schmitt, § 123 StPO Rz. 5.
3 Vgl. BGH v. 24.6.1985 – III ZR 219/83, BGHZ 95, 109 (115).
4 BGH v. 24.6.1985 – III ZR 219/83, BGHZ 95, 109.

e) Beschleunigungsgebot

76a Insbesondere in Haftsachen sind die Strafverfolgungsbehörden und die Gerichte dem Beschleunigungsgebot unterworfen. Nach Art. 5 Abs. 3 S. 1 EMRK – einer Sondervorschrift im Verhältnis zu Art. 6 Abs. 1 EMRK – hat der Inhaftierte einen Anspruch auf ein **innerhalb einer angemessenen Frist** ergehendes Urteil. Dies folgt auch aus Art. 2 Abs. 2 S. 2 GG[1]: Dem Interesse des Staates an einer effektiven Strafverfolgung, das zur Sicherung des Verfahrens die Inhaftierung des Beschuldigten erforderlich machen kann, steht dessen Freiheitsgrundrecht entgegen. Zwischen beiden ist abzuwägen[2]. Danach darf die Haft nur aufrechterhalten werden, wenn alles Mögliche und Zumutbare getan wurde, die Ermittlungen zügig durchzuführen und sobald möglich eine gerichtliche Entscheidung über die Tatvorwürfe herbeizuführen. Das BVerfG hat in den letzten Jahren eine Vielzahl von Haftentscheidungen aufgehoben, weil nach seinem Dafürhalten die Verfahren nicht genügend gefördert worden sind. Sicher trifft die Annahme des BVerfG zu, dass sich für die Beantwortung der Frage, ob eine genügende Förderung angenommen werden kann, keine allgemeingültigen Kriterien aufstellen lassen. Welcher Zeitraum für die Erledigung einer Strafsache angemessen ist, hängt von deren Umfang und Schwierigkeit ab. So kann ein Zeitraum von neun Monaten zwischen Erhebung der Anklage und Beginn der Hauptverhandlung oder von drei Monaten zwischen dem Eröffnungsbeschluss und dem Beginn der Hauptverhandlung zu lang sein[3]. Knapp mehr als ein Sitzungstag pro Woche im Durchschnitt kann u.U. nicht ausreichen[4].

76b Gerade in **Wirtschaftsstrafsachen** kommt dem eine erhebliche praktische Bedeutung zu. Wegen der Einzelheiten sei auf die umfangreiche Judikatur des BVerfG verwiesen[5]. Angesichts der chronischen Überlastung der Strafjustiz und insbesondere der Wirtschaftsstrafkammern ist es allerdings schwer, den – teilweise völlig überzogenen – Ansprüchen des BVerfG zu entsprechen. Die Schwierigkeiten, mit denen die Wirtschaftsstrafkammern zu kämpfen haben, werden plastisch vom 1. Strafsenat des BGH beschrieben[6]. Der Eindruck drängt sich auf, dass das BVerfG nicht immer über die erforderliche Kenntnis des praktischen Ablaufs von Strafverfahren verfügt. Das BVerfG räumt dem Freiheitsgrundrecht des Einzelnen gegenüber dem Gebot einer effektiven Strafverfolgung einen viel zu hohen Stellenwert ein.

---

1 BVerfG v. 13.10.1977 – 2 BvR 1309/76, BVerfGE 46, 194 (195).
2 Vgl. etwa BVerfG v. 6.2.1980 – 2 BvR 1070/79, BVerfGE 53, 152 (158 f.); BVerfG v. 5.12.2005 – 2 BvR 1964/05, NJW 2006, 672; BVerfG v. 17.1.2013 – 2 BvR 2098/12, StraFo 2013, 640.
3 BVerfG v. 5.12.2005 – 2 BvR 1964/05, NJW 2006, 672.
4 BVerfG v. 17.1.2013 – 2 BvR 2098/12, StraFo 2013, 640.
5 Vgl. aus neuerer Zeit etwa BVerfG v. 17.1.2013 – 2 BvR 2098/12, StraFo 2013, 160; BVerfG v. 14.11.2012 – 2 BvR 1164/12; BVerfG v. 4.5.2011 – 2 BvR 2781/10, StRR 2011, 246; BVerfG v. 29.3.2007 – 2 BvR 489/07, NStZ-RR 2008, 18; BVerfG v. 19.9.2007 – 2 BvR 1847/07, DRiZ 2008, 60.
6 BGH v. 20.3.2008 – 1 StR 488/07, NStZ 2008, 457.

2. Vorläufige Festnahme und Hauptverhandlungshaft

Schrifttum: *Bülte,* § 127 Abs. 1 S. 1 StPO als Eingriffsbefugnis für den Bürger und als Rechtfertigungsgrund, ZStW 121 (2009), 377; *Giring,* Haft und Festnahme gemäß § 127b StPO im Spannungsfeld von Effektivität und Rechtsstaatlichkeit, 2005; *Kargel,* Inhalt und Begründung der Festnahmebefugnis nach § 127 StPO, NStZ 2000, 8; *Meyer-Mews,* Das Festnahmerecht – Ein Überblick, JA 2006, 206; *Otto,* Probleme der vorläufigen Festnahme, § 127 StPO, Jura 2003, 685; *Wenske,* 10 Jahre Hauptverhandlungshaft (§ 127b Abs. StPO), NStZ 2009, 63.

Staatsanwaltschaft und **Polizei** können bei *Gefahr im Verzug* Tatverdächtige ohne Haftbefehl *vorläufig festnehmen,* sofern die Voraussetzungen eines Haftbefehls vorliegen (§ 127 Abs. 2 StPO). Der Festgenommene muss spätestens am Tage nach der Festnahme dem zuständigen *Richter* vorgeführt werden, der über den Erlass eines Haftbefehls entscheidet (§ 128 StPO). 77

Privatpersonen dürfen vorläufige Festnahmen nur dann durchführen, wenn jemand auf *frischer Tat* betroffen oder verfolgt wird, der Flucht verdächtig ist und seine Identität nicht sofort festgestellt werden kann (§ 127 Abs. 1 S. 1 StPO). 78

Das Institut der „**Hauptverhandlungshaft**" (§ 127b StPO) ermöglicht unter bestimmten Voraussetzungen die vorläufige Festnahme und die Inhaftierung des Beschuldigten in den Fällen, in denen eine Entscheidung im beschleunigten Verfahren (§§ 417 ff. StPO) in Betracht kommt. In Wirtschaftsstrafsachen ist dies ohne Bedeutung. 79

3. Durchsuchung

Schrifttum: *Beulke/Ruhmannseder,* Strafprozessuale Zwangsmaßnahmen in der Verteidigungssphäre, StV 2011, 180; *Gusy,* Grundgesetzliche Anforderungen an Durchsuchungsbeschlüsse i.S.d. Art. 13 II GG, NStZ 2010, 353; *Herrmann/Soine,* Durchsuchung persönlicher Datenspeicher und Grundrechtsschutz, NJW 2011, 2922; *Heuchemer,* Die Praxis der Hausdurchsuchung und Beschlagnahme und die Wirksamkeit von Rechtsbehelfen im Wirtschaftsstrafrecht, NZWiSt 2012, 137; *Huber,* Grundwissen – Strafprozessrecht: Durchsuchung, JuS 2013, 408; *Kemper,* Die Voraussetzungen einer Wohnungsdurchsuchung in Steuerstrafsachen, wistra 2007, 249; *Kretschmer,* „Legen Sie das Telefon weg!" – oder: Telefonsperre bei der strafprozessualen Durchsuchung, StRR 2013, 164; *Meyer/Rettenmaier,* Die Praxis des nachträglichen Rechtsschutzes gegen strafprozessuale Zwangsmaßnahmen – Rückkehr der prozessualen Überholung?, NJW 2009, 1238; *Michalke,* Wenn der Staatsanwalt klingelt – Verhalten bei Durchsuchung und Beschlagnahme, NJW 2008, 1490; *Michalke,* Durchsuchung und Beschlagnahme – Verfassungsrecht im Alltag, StraFo 2014, 89; *Mosbacher,* Verwertungsverbot bei Durchsuchungsanordnung durch den Staatsanwalt, NJW 2007, 3686; *Münchhalffen,* Zur Verwertbarkeit auf der Grundlage rechtswidriger Durchsuchungsmaßnahmen erlangter Beweismittel, in FS Mehle, 2009, S. 445; *Park,* Durchsuchung und Beschlagnahme, 2. Aufl. 2009; *Rau,* Durchsuchungs- und Beschlagnahmemaßnahmen im Zusammenhang mit Rechtsanwalts- und Notaranderkonten, wistra 2006, 410; *Schmidt,* Die unzureichende Begründung ermittlungsrichterlicher Anordnungen und deren Auswirkung auf die Beweisverwertung im Strafprozess, StraFo 2009, 448; *Schneider,* Zur Berücksichtigung hypothetischer Ermittlungsverläufe in Fällen grob fehlerhafter Annahme von Gefahr im Verzug bei Wohnungsdurchsuchungen, NStZ-Sonderheft 2009, 46; *Trück,* Mündliche Entscheidung des Ermittlungsrichters ohne Akten? – Überlegungen zu Zweck und Tragweite des strafprozessualen Richtervorbehalts am Beispiel von Durchsuchung und Blutprobenentnahme, JZ 2010, 1106; *Valerius,* Ermittlungsmaßnahmen im Internet, JR 2007, 275; *Vogelberg,* Durchsuchung und Beschlagnahme im Steuerrecht, 2010.

80 Die Durchsuchung dient der **Auffindung von Beweismitteln** sowie der **Ergreifung des Beschuldigten**. Die Voraussetzungen richten sich danach, ob

– beim Tatverdächtigen (§ 102 StPO) oder
– bei anderen Personen (§ 103 StPO)

durchsucht werden soll.

Beim *Verdächtigen* genügt für eine Durchsuchung, dass sie vermutlich zur Auffindung von Beweismitteln führen wird oder zum Zwecke der Ergreifung des Verdächtigen erfolgt (§ 102 StPO). Im Hinblick auf das Grundrecht aus Art. 13 Abs. 1 GG (Unverletzlichkeit der Wohnung) müssen für die Durchsuchung Verdachtsgründe vorliegen, die über vage Anhaltspunkte und bloße Vermutungen hinausgehen[1]. *Strenger* sind die Voraussetzungen für eine Durchsuchung bei *anderen Personen*. In *Wirtschaftsstrafsachen* betrifft dies zumeist Berater des Beschuldigten sowie Banken: Hier müssen Tatsachen vorliegen, aus denen zu schließen ist, dass die gesuchte Person, Spur oder Sache sich in den zu durchsuchenden Räumen befindet (§ 103 Abs. 1 S. 1 StPO)[2]. Sowohl beim Verdächtigen wie auch beim Unverdächtigen darf zur Nachtzeit nur bei Gefahr im Verzug durchsucht werden (§ 104 StPO). Bei beschuldigten Rechtsanwälten, Ärzten und Mitarbeitern der Presse ist bei der Anordnung von Durchsuchungen Zurückhaltung geboten[3]. Richtet sich die Durchsuchung gegen einen nach § 53 StPO zeugnisverweigerungsberechtigten Dritten (§ 103 StPO), ist zu prüfen, ob sie nach § 160a StPO statthaft ist[4]

80a Eine sog. verdeckte **Online-Durchsuchung,** bei der ein hierfür konzipiertes Computerprogramm auf den Computer oder den Laptop des Beschuldigten ohne dessen Wissen zugespielt wird, um dort gespeicherte Daten zu kopieren und zum Zweck der Durchsicht auf Computer der Ermittlungsbehörden zu übertragen, kann nicht auf §§ 102 f. StPO gestützt werden, da Durchsuchungen *offen* durchgeführt werden. Für derartige Ermittlungsmaßnahmen gibt es derzeit (noch) keine Rechtsgrundlage; sie sind deshalb nicht statthaft[5]. Unberührt hiervon können Datenträger einschließlich der hierauf gespeicherten Daten gem. §§ 94, 102 ff. StPO durchsucht und beschlagnahmt werden; §§ 100a ff. StPO gelten nicht[6].

---

1 Vgl. etwa BVerfG v. 24.1.2013 – 2 BvR 376/11, StraFo 2013, 609; BVerfG v. 13.3.2014 – 2 BvR 974/12, wistra 2014, 266.
2 S. BVerfG v. 3.7.2006 – 2 BvR 299/06, NJW 2007, 1804; OLG Düsseldorf v. 26.2.2008 – III 5 Ss 203/07 – 93/07 I, wistra 2008, 318.
3 S. BVerfG v. 18.3.2009 – 2 BvR 1036/08 – Rechtsanwalt, NJW 2009, 2518; BVerfG v. 21.1.2008 – 2 BvR 1219/07 – Arzt, NStZ-RR 2008, 176; BVerfG v. 27.2.2007 – 1 BvR 538, 2045/06 – Presse, wistra 2007, 177.
4 Näher LG Saarbrücken v. 12.3.2013 – 2 Qs 15/13, NZWiSt 2013, 153 m. Anm. *Kirsch*, NZWiSt 2013, 154.
5 BGH v. 31.1.2007 – StB 18/06, BGHSt 51, 211 = wistra 2007, 155 m. Anm. *Fezer*, NStZ 2007, 535; *Hamm*, NJW 2007, 932; *Harrendorf*, StraFo 2007, 149. Weiter hierzu *Beukelmann*, StraFo 2008, 1; *Beulke/Meininghaus* in FS Widmaier, 2008, S. 63; *Gercke*, CR 2007, 245; *Kutscha*, NJW 2007, 1169; *Schlegel*, GA 2007, 648; *Sokol* in FS Hamm, 2008, S. 719; *Valerius*, JR 2007, 275.
6 BVerfG v. 2.3.2006 – 2 BvR 2099/04, BVerfGE 115, 116 m. Anm. *Gercke*, StV 2006, 454; *Günther*, NStZ 2006, 643.

a) Anordnung und Vollzug

Durchsuchungen werden *grundsätzlich* durch den **Richter** und *nur* bei Gefahr im Verzug auch durch die **Staatsanwaltschaft** und ihre Ermittlungspersonen angeordnet (§ 105 Abs. 1 StPO).

81

Insbesondere im Hinblick auf die „grundrechtssichernde Schutzfunktion" des Richtervorbehaltes – die Durchsuchung greift in das Grundrecht der Unverletzlichkeit der Wohnung aus Art. 13 Abs. 1 GG ein – ist der Begriff „**Gefahr im Verzug**" eng auszulegen[1]. Sie liegt vor, wenn eine richterliche Anordnung nicht eingeholt werden kann, ohne dass der Zweck der Maßnahme gefährdet wird[2]. Sie „muss mit Tatsachen begründet werden; eine Spekulation, hypothetische Erwägungen oder lediglich auf kriminalistische Alltagserfahrung gestützte, fallunabhängige Vermutungen reichen nicht aus"[3]. Die Gerichte sind verpflichtet, Vorkehrungen zu treffen, damit in der Praxis die Regelzuständigkeit des Richters gewahrt bleibt[4].

82

Hieraus ergibt sich ihre Verpflichtung, einen **Bereitschaftsdienst** jedenfalls zur Tageszeit einzurichten. So muss in einer Stadt der Größe Münchens um 18.00 Uhr ein Richter erreichbar sein[5], zur Nachtzeit nur, wenn hierfür ein praktisches Bedürfnis besteht[6]. § 22c Abs. 1 GVG ermöglicht es, durch Rechtsverordnung zu bestimmen, dass für mehrere Amtsgerichte ein gemeinsamer Bereitschaftsdienst eingerichtet wird oder ein Amtsgericht für andere Amtsgerichte den Bereitschaftsdienst wahrnimmt. Auch die Landgerichte können in den amtsgerichtlichen Bereitschaftsdienst einbezogen werden (§ 22c Abs. 1 S. 3 GVG)[7].

82a

Weigert sich ein Richter, wegen fehlender Akten (Nachtzeit) einen Durchsuchungsbeschluss zu erlassen, können Staatsanwaltschaft oder Polizei wegen Gefahr im Verzug die Durchsuchung anordnen, es sei denn, der Richter ist von der Staatsanwaltschaft unvollständig unterrichtet worden, um eine Ablehnung eines richterlichen Beschlusses zu provozieren und dadurch die Eilkompetenz der Staatsanwaltschaft oder der Polizei zu begründen[8]. Eine bewusste Missachtung oder eine grobe Verkennung der Voraussetzungen des Richtervorbehaltes durch die Ermittlungsbehörden kann zu einem Verwertungsverbot der erlangten Beweismittel führen[9].

82b

---

1 BVerfG v. 20.2.2001 – 2 BvR 1444/00, BVerfGE 103, 142 = wistra 2001, 137.
2 BVerfG v. 3.4.1979 – 1 BvR 994/76, BVerfGE 51, 97 (111); BVerfG v. 20.2.2001 – 2 BvR 1444/00, BVerfGE 103, 142 (161).
3 BVerfG v. 20.2.2001 – 2 BvR 1444/00, BVerfGE 103, 142 LS 1b.
4 BVerfG v. 20.2.2001 – 2 BvR 1444/00, BVerfGE 103, 142 LS 2.
5 BVerfG v. 28.9.2006 – 2 BvR 876/06, NJW 2007, 1444.
6 Vgl. BVerfG v. 10.12.2003 – 2 BvR 1481/02, NJW 2004, 1442. S. im Übrigen *Bittmann*, wistra 2001, 451; *Krehl*, JR 2001, 492; *Krehl*, wistra 2002, 294; *Krehl*, NStZ 2003, 461.
7 Vgl. etwa für Baden-Württemberg § 29 ZuständigkeitsVO Justiz.
8 BGH v. 11.8.2005 – 5 StR 200/05, NStZ 2006, 114 m. Anm. *Beulke/Barrisch*, StV 2006, 569.
9 BVerfG v. 2.7.2009 – 2 BvR 2225/08, wistra 2009, 425; BGH v. 18.4.2007 – 5 StR 546/06, BGHSt 51, 285.

83 Der Durchsuchungsbeschluss hat *schriftlich* zu ergehen, es sei denn, es liegt ein Eilfall vor[1], und muss **inhaltlich** schon aus Gründen der Rechtsstaatlichkeit die *Art des Tatverdachts*, die *Beweismittel*, nach denen gesucht wird, und *die zu durchsuchenden Räume* bezeichnen sowie dem Grundsatz der *Verhältnismäßigkeit* entsprechen[2]. Soweit möglich sollten in der gebotenen Kürze auch die Gründe, aus denen sich der Tatverdacht ergibt, mitgeteilt werden, auch wenn dies von Verfassungs wegen nicht notwendig ist[3]. Dem von der Durchsuchung Betroffenen ist eine Ausfertigung des Durchsuchungsbeschlusses mit Gründen auszuhändigen[4].

84 Bei der **Durchführung der Durchsuchung** hat der Inhaber der Räume ein Anwesenheitsrecht (§ 106 StPO). Durchsucht die Polizei ohne Beisein eines Richters oder Staatsanwalts, ist ein Gemeindebeamter beizuziehen (§ 105 Abs. 2 StPO). Zu beachten ist, dass ein richterlicher Durchsuchungsbeschluss innerhalb von sechs Monaten zu vollziehen ist; anderenfalls verliert er seine „rechtfertigende Kraft"[5]. Dies bedeutet aber nicht, dass eine Durchsuchung nicht statthaft ist, wenn die Verdachtsgründe, die dem Beschluss zugrunde liegen, mehr als sechs Monate zurückliegen[6].

85 Für die **Durchsicht der** bei der Durchsuchung sichergestellten **Papiere** sind die Staatsanwaltschaft und auf deren Anordnung ihre Ermittlungspersonen zuständig (§ 110 Abs. 1 StPO); dies gilt auch für aufgefundene Datenträger und Datenspeicher (etwa CD-ROMs, USB-Sticks und Festplatten)[7]. Mit der Durchsicht sollen die Papiere daraufhin überprüft werden, ob sie als Beweismittel in Betracht kommen und sicherzustellen sind. Wendet sich der Beschuldigte hiergegen, ist – sofern die Voraussetzungen erfüllt sind – die richterliche Bestätigung der vorläufigen Sicherstellung der Papiere zum Zwecke der Durchsicht auszusprechen[8]. § 110 Abs. 3 StPO ermöglicht unter bestimmten Voraussetzungen die Durchsicht auch solcher elektronischer Speichermedien, die sich nicht bei dem von der Durchsuchung Betroffenen befinden.

86 Dem von einer Durchsuchung **Betroffenen** ist es gestattet, sich mit einem *Rechtsanwalt* in Verbindung zu setzen. Ein Anwesenheitsrecht hat der Anwalt

---

1 BGH v. 13.1.2005 – 1 StR 531/04, wistra 2005, 182 m. Anm. *Mittag*, JR 2005, 386; weiter hierzu *Harms*, StV 2006, 215; LG Tübingen v. 1.10.2007 – 1 Qs 38/07, NStZ 2008, 589.
2 S. etwa BVerfG v. 29.2.2012 – 2 BvR 1954/11, ZWH 20012, 473 (Durchsuchung beim Notar); BGH v. 24.11.2009 – StB 48/09, wistra 2010, 230 (keine Beschlagnahme des gesamten E-Mail-Bestandes beim Provider).
3 BVerfG v. 24.3.2003 – 2 BvR 180/03, NStZ 2004, 160; BVerfG v. 29.1.2002 – 2 BvR 1245/01, NStZ-RR 2002, 172.
4 BGH v. 3.9.1997 – StB 12/97, BGHR StPO § 105 Zustellung 1; BGH v. 7.11.2002 – 2 BJs 27/02-5 – StB 16/02, wistra 2003, 69.
5 BVerfG v. 27.5.1997 – 2 BvR 1992/92, wistra 1997, 223; hierzu *Hoffmann/Wißmann*, NStZ 1998, 443.
6 So aber LG Berlin v. 24.9.2002 – 508 Qs 115/02, NStZ 2004, 102 m. abl. Anm. *Heghmanns*.
7 BVerfG v. 12.4.2005 – 2 BvR 1027/02, BVerfGE 113, 29.
8 BGH v. 7.11.2002 – StB 16/02, wistra 2003, 432.

Ist im Durchsuchungsbeschluss bereits die Art und Weise von deren Vollzug geregelt (etwa die Zuziehung von Angestellten bei der Durchsicht von EDV-Anlagen), kommt als Rechtsmittel die Beschwerde in Betracht[1].

91 Gegen Durchsuchungsanordnungen der **Staatsanwaltschaft und ihrer Ermittlungspersonen** sieht das Gesetz *keinen Rechtsbehelf* vor. Nach h.M.[2] kann entsprechend § 98 Abs. 2 S. 2 StPO beim zuständigen Gericht (im Regelfall also beim Amtsgericht, §§ 98 Abs. 2 S. 3, 162 Abs. 1 S. 1 StPO) der Antrag auf gerichtliche Entscheidung gestellt werden. Solange die *Durchsuchung nicht abgeschlossen* ist, entspricht der Prüfungsumfang dem Fall des richterlichen Durchsuchungsbeschlusses.

92 Nach **Abschluss der Durchsuchung** kann schon im Hinblick auf Art. 19 Abs. 4 GG eine gerichtliche Überprüfung der Rechtmäßigkeit von deren Anordnung nicht versagt werden. Das hierfür notwendige Rechtsschutzinteresse wird entsprechend der Rechtsprechung des BVerfG[3] bei „tief greifenden Grundrechtseingriffen" anzunehmen sein. Für die Entscheidung hierüber ist im Regelfall das Amtsgericht zuständig[4].

93 Die Überprüfung der **Art und Weise des Vollzuges** der Durchsuchung obliegt gleichfalls diesem Gericht[5]. Voraussetzung ist, dass ein Rechtsschutzinteresse im vorgenannten Sinn besteht.

4. Beschlagnahme

Schrifttum: *Ballo*, Beschlagnahmeschutz im Rahmen von Internal Investigations – zur Reichweite und Grenze des § 160a StPO, NZWiSt 2013, 46; *Beulke/Ruhmannseder*, Strafprozessuale Zwangsmaßnahmen in der Verteidigungssphäre, StV 2011, 180; *Brodowski*, Strafprozessualer Zugriff auf E-Mail-Kommunikation, JR 2009, 402; *Burhoff*, Durchsuchung und Beschlagnahme, StraFo 2005, 140; *Erb*, Die Beschlagnahme von Unterlagen bei Rechtsanwälten außerhalb einer Vertrauensbeziehung zum Beschuldigten, in FS Kühne, 2013, S. 171; *Goeckenjan*, Neues aus dem Irrgarten von Zeugnisverweigerungsrecht und Beschlagnahmefreiheit, in FS Samson, 2010, S. 641; *Graulich*, Die Sicherstellung von während einer Durchsuchung aufgefundenen Gegenständen – Beispiel Steuerstrafverfahren, wistra 2009, 299; *Heuchemer*, Die Praxis der Hausdurchsuchung und Beschlagnahme und die Wirksamkeit von Rechtsbehelfen im Wirtschaftsstrafrecht, NZWiSt 2012, 137; *Huber*, Grundwissen – Strafprozessrecht: Sicherstellung und Beschlagnahme, JuS 2014, 215; *Huber-Lotterschmid*, Verschwiegenheitspflichten, Zeugnisverweigerungsrechte und Beschlagnahmeverbote zugunsten juristischer Personen, 2006; *Jahn*, Die Grenzen der Editionspflicht des § 95 StPO – Ein Beitrag zur Systematik der strafprozessualen Vorschriften über die Beschlagnahme, in FS Roxin, 2011, S. 1357; *Kemper*, Rückgabe beschlagnahmter Gegenstände – Bringschuld oder Holschuld?, NJW 2005, 3679; *Kemper*, Die Beschlagnahme von Beweisgegenständen bei fehlender Beschlagnahmeanordnung, wistra 2006, 171; *Kemper*, Das Beschlagnahmeverzeichnis nach § 109

---

1 Vgl. BGH v. 25.8.1999 – 5 AR (VS) 1/99, BGHSt 45, 183 m.w.Nw.
2 BGH v. 21.11.1978 – StB 210/78, BGHSt 28, 206 (209); OLG Karlsruhe v. 20.9.1990 – 2 VAs 1/90, NStZ 1991, 50; OLG Stuttgart v. 5.5.1977 – 4 VAs 234/76, NJW 1977, 2276; vgl. *Schmitt* in Meyer-Goßner/Schmitt, § 105 StPO Rz. 16 m.w.Nw.
3 BVerfG v. 30.4.1997 – 2 BvR 817/90, 728/92, 802, 1065/95, BVerfGE 96, 27 = wistra 1997, 219.
4 BGH v. 21.11.1978 – StB 210/78, BGHSt 28, 57 (58).
5 BGH v. 7.12.1998 – 5 AR (VS) 2/98, BGHSt 44, 265.

jedoch nicht[1]. Ein *„Stubenarrest"* gegenüber dem Beschuldigten oder Angestellten des durch die Durchsuchung betroffenen Betriebes – also das Verbot, die zu durchsuchenden Räume zu verlassen – ist nur dann gerechtfertigt, wenn die Gefahr besteht, dass Beweismittel beiseite geschafft werden (vgl. § 164 StPO). Ähnliches gilt hinsichtlich der *„Telefonsperre"*. Auch hier müssen Anhaltspunkte dafür vorliegen, dass die Absicht besteht, unlautere Gespräche zu führen[2]. Entsprechendes gilt für die Frage, ob der Beschuldigte im Vorfeld der Durchsuchung festgenommen werden darf, um ein Beiseiteschaffen von Beweismitteln zu verhindern. Hierfür müssen konkrete Tatsachen vorliegen[3].

b) Rechtsbehelfe

Der **Rechtsweg** bei der Beanstandung von Durchsuchungsanordnungen und deren Vollziehung stellt sich wie folgt dar: 87

Gegen die **richterlich angeordnete Durchsuchung** ist Beschwerde (§ 304 StPO) statthaft. Dies gilt unzweifelhaft bis zu deren Beendigung. Bei der Beschlagnahme von Geschäftsunterlagen ist dies erst dann der Fall, wenn die Durchsicht der Papiere abgeschlossen ist[4]. Das Beschwerdegericht überprüft – je nach Rüge – sowohl die Rechtmäßigkeit des Durchsuchungsbeschlusses als auch die Art und Weise von dessen Ausführung[5]. 88

Nach Abschluss der Durchsuchung kann der Betroffene beim Beschwerdegericht beantragen, dass deren *Rechtswidrigkeit festgestellt* wird, sofern hierin ein „tief greifender Grundrechtseingriff" liegt[6]; bei der Durchsuchung von Wohnungen ist dies der Fall. Jedoch fehlt nach Ansicht des BVerfG[7] das Rechtsschutzbedürfnis für einen solchen Antrag, wenn die verspätete Anrufung des Gerichts gegen „Treu und Glauben" verstößt. Maßgebend hierfür sollen ein „Zeitmoment" (wieso jetzt erst geltend gemacht?) und ein „Umstandsmoment" (eine frühere Geltendmachung wäre zu erwarten gewesen) sein. Eine solch unbestimmte Rechtsprechung dürfte jedoch nicht allzu hilfreich sein. 89

In gleicher Weise kann bei dem Gericht, welches die Durchsuchung angeordnet hat, dann die Feststellung beantragt werden, dass die **Art und Weise der Ausführung** der Durchsuchung rechtswidrig gewesen ist, wenn diese nicht „ausdrücklicher und evidenter Bestandteil der richterlichen Anordnung war"[8]. 90

---

1 S. *Schmitt* in Meyer-Goßner/Schmitt, § 106 StPO Rz. 3 m.w.Nw.
2 *Kretschmer*, StRR 2013, 164.
3 S. LG Frankfurt v. 26.2.2008 – 5/26 Qs 6/08, NJW 2008, 2201.
4 BVerfG v. 29.1.2002 – 2 BvR 94/01, NStZ-RR 2002, 144 (145); BGH v. 5.8.2003 – StB 7/03, NStZ 2003, 670.
5 BGH v. 21.11.1978 – StB 210/78, BGHSt 28, 206 (209); OLG Karlsruhe v. 28.9.1994 – 2 VAs 12/94, NStZ 1995, 48.
6 BVerfG v. 30.4.1997 – 2 BvR 817/90, 728/92, 802, 1065/95, BVerfGE 96, 27 = wistra 1997, 219; BVerfG v. 24.3.1998 – 1 BvR 1935/96, 1945/96, 1946/96, wistra 1998, 221; ihm folgend BGH v. 3.9.1997 – StB 12/97, BGHR StPO § 304 Abs. 5 Durchsuchung 1; anders noch BVerfG v. 11.10.1978 – 2 BvR 1055/76, BVerfGE 49, 329.
7 BVerfG v. 4.3.2008 – 2 BvR 2111, 2112/07, NStZ 2009, 166.
8 BGH v. 25.8.1999 – 5 AR (VS) 1/99, BGHSt 45, 183 m. Anm. *Amelung*, JR 2000, 479; BGH v. 13.10.1999 – StB 7/99, StB 8/99, 2 BJs 112/97 – 2 – StB 7/99, 2 BJ 112/97 – 2 – StB 8/99, wistra 2000, 26.

StPO in Wirtschafts- und Steuerstrafverfahren, wistra 2008, 96; *Kemper*, „Die Mitnahme zur Durchsicht" – Ein vom Gesetz nicht vorgesehenes Instrumentarium, wistra 2010, 295; *Klein*, Offen und (deshalb) einfach – Zur Sicherstellung und Beschlagnahme von E-Mails beim Provider, NJW 2009, 2996; *Kraatz*, Die Gebäudedurchsuchung, JA 2012, 510; *Kutzner*, Die Beschlagnahme von Daten bei Berufsgeheimnisträgern, NJW 2005, 2652; *Meyer/Rettenmaier*, Die Praxis des nachträglichen Rechtsschutzes gegen strafprozessuale Zwangsmaßnahmen – Rückkehr der prozessualen Überholung?, NJW 2009, 1238; *Park*, Durchsuchung und Beschlagnahme, 2. Aufl. 2009; *Michalke*, Durchsuchung und Beschlagnahme – Verfassungsrecht im Alltag, StraFo 2014, 89; *Rau*, Durchsuchungs- und Beschlagnahmemaßnahmen im Zusammenhang mit Rechtsanwalts- und Notaranderkonten, wistra 2006, 410; *Schulte*, Das Konkurrenzverhältnis von Insolvenzbeschlag und strafprozessualer Beschlagnahme, 2007; *Spatscheck*, Beschlagnahme von Computerdaten und E-Mails beim Berater, in FS Hamm, 2008, S. 733; *Taschke*, Zum Beschlagnahmeschutz der Handakten des Unternehmensanwalts, in FS Hamm, 2008, S. 751; *Valerius*, Ermittlungsmaßnahmen im Internet, JR 2007, 275; *Vogelberg*, Durchsuchung und Beschlagnahme im Steuerrecht, 2010; *Zimmermann*, Der strafprozessuale Zugriff auf E-Mails, JA 2014, 321.

Die sachgerechte Aufklärung von Wirtschaftsstraftaten erfordert in vielen Fällen eine umfassende und sorgfältige **Auswertung von schriftlichen Unterlagen**. Insbesondere bei Insolvenzstraftaten ist die Sicherstellung von *Buchhaltungs- und Kontounterlagen* – etwa zur Feststellung des Zeitpunkts der Zahlungsunfähigkeit oder Überschuldung – regelmäßig unerlässlich. Aber auch sonst zeigt die Erfahrung, dass Wirtschaftsstraftaten ohne Sichtung von Geschäftsunterlagen zumeist nicht ordnungsgemäß ermittelt werden können.

a) Anordnung und Vollzug

§ 94 Abs. 1 StPO bestimmt hierzu, dass Gegenstände, die „als Beweismittel für die Untersuchung von Bedeutung sein können", in *Verwahrung zu nehmen* oder auf andere Weise sicherzustellen sind. Sofern solche Gegenstände *nicht freiwillig* herausgegeben werden, bedarf es der **Beschlagnahme** (§ 94 Abs. 2 StPO); der Beschuldigte ist im Beschlagnahmebeschluss oder – falls ein solcher (noch) nicht vorliegt – bei der Durchsuchung auf diese *Abwendungsbefugnis* hinzuweisen. Zuständig für die *Anordnung* der Beschlagnahme ist der Richter, bei Gefahr im Verzug auch die Staatsanwaltschaft und ihre Ermittlungspersonen (§ 98 Abs. 1 StPO). Im letzteren Falle kann der Betroffene allerdings eine richterliche Entscheidung herbeiführen (im Einzelnen § 98 Abs. 2 StPO). Gegen die richterlich angeordnete oder bestätigte Beschlagnahme ist *Beschwerde* statthaft (§§ 304, 305 S. 2 StPO).

Wer einen Gegenstand, der beschlagnahmt werden soll, in seinem Gewahrsam hat, ist verpflichtet, ihn auf Anforderung **herauszugeben** (§ 95 Abs. 1 StPO). Kommt er dem nicht nach, können gegen ihn Ordnungs- und Zwangsmittel festgesetzt werden (§ 95 Abs. 2 S. 1 StPO). Dies gilt jedoch nur für Dritte, gegen die sich das Verfahren nicht richtet; der Beschuldigte ist nicht verpflichtet, am Verfahren mitzuwirken[1]. Von Bedeutung ist dies, wenn der Gegenstand, nach dem gesucht wird, von den Strafverfolgungsbehörden nicht gefunden wird. Die

---

1 *Schmitt* in Meyer-Goßner/Schmitt, § 95 StPO Rz. 5.

Anordnung, die Sache herauszugeben, kann auch die Staatsanwaltschaft treffen; Gefahr im Vollzug ist nicht notwendig[1].

97 Sicherstellungen in **Wirtschaftsstrafsachen** sind häufig dadurch gekennzeichnet, dass die den Beschluss vollstreckende Staatsanwaltschaft oder die von ihr beauftragten Ermittlungspersonen die gesamten *Buchhaltungsunterlagen mehrerer Jahre* und umfangreiche Geschäftsunterlagen sichern. Da dies häufig schwerwiegende Beeinträchtigungen für den Betroffenen und seinen Geschäftsbetrieb mit sich bringt, ist im Einzelfall zu untersuchen, ob der Umfang der Beschlagnahme gerechtfertigt ist. Maßgeblich ist zunächst der *Inhalt* des richterlichen Beschlagnahmebeschlusses, sofern im Zeitpunkt der Durchsuchung ein solcher vorliegt (was in der Praxis häufig nicht der Fall ist, s. Rz. 104)[2].

98 Ein Beschlagnahmeschluss kann angesichts des weiten Gesetzeswortlauts („für die Untersuchung von Bedeutung sein können") schon ergehen, wenn die nicht fernliegende **Möglichkeit** besteht, dass der zu beschlagnahmende Gegenstand **Beweisbedeutung** erlangen kann[3]. Es kommt weder darauf an, ob der Gegenstand später beweiserheblich wird, noch, ob er überhaupt als Beweismittel benutzt wird[4].

99 **Behördenakten** können beschlagnahmt werden, wenn die oberste Dienstbehörde keine Sperrerklärung (vgl. § 96 StPO) abgibt[5]. Wird keine Sperrung verfügt, sind die Akten für das Strafgericht auch dann verwertbar, wenn sie mit der Bitte um vertrauliche Behandlung übersandt werden[6].

99a Bei der Beschlagnahme von Unterlagen bei **Rechtsanwälten** und **Steuerberatern** ist das Ausmaß der mittelbaren Beeinträchtigung in Bezug auf deren berufliche Tätigkeit zu berücksichtigen[7].

100 Der **Grundsatz der Verhältnismäßigkeit** macht es erforderlich, dass von Geschäftsunterlagen Kopien gefertigt und dem Betroffenen die Originale zur Fortführung seines Betriebes wieder zurückgegeben werden, sofern hierdurch der Zweck der Beschlagnahme erreicht wird[8]. Im Übrigen kann der Verhältnismäßigkeitsgrundsatz es auch gebieten, von einer Beschlagnahme gänzlich abzusehen, etwa wenn die Schwere des Eingriffs in keinem Verhältnis zum Gewicht des Vorwurfs steht. In solchen Fällen führt der Verstoß gegen den Verhältnismäßigkeitsgrundsatz sogar zu einem *Beschlagnahmeverbot*[9].

---

1 So zutr. *Schmitt* in Meyer-Goßner/Schmitt, § 95 StPO Rz. 2 m.w.Nw.
2 Zur Beschlagnahme von umfangreichem Material (40 000 Belege) bei einer Großbank BVerfG v. 13.12.1994 – 2 BvR 894/94, wistra 1995, 139. Vgl. im Übrigen BVerfG v. 3.9.1991 – 2 BvR 279/90, NStZ 1992, 91.
3 BGH v. 20.10.1995 – StB 81/95, BGHR StPO § 94 Beweismittel 3; *Menges* in L/R, § 94 StPO Rz. 30.
4 *Schmitt* in Meyer-Goßner/Schmitt, § 94 StPO Rz. 6.
5 BGH v. 18.3.1992 – I BGs 90/92, BGHSt 38, 237.
6 BGH v. 7.3.1996 – 1 StR 688/95, BGHSt 42, 71.
7 Im Einzelnen BVerfG v. 12.4.2005 – 2 BvR 1027/02, BVerfGE 113, 29; hierzu *Kutzner*, NJW 2006, 2652.
8 Vgl. BGH v. 26.9.1995 – StB 56/95, BGHR StPO § 94 Verhältnismäßigkeit 2.
9 BVerfG v. 24.5.1977 – 2 BvR 988/75, BVerfGE 44, 353 (373, 383); *Menges* in L/R, § 94 StPO Rz. 51.

Werden von den Ermittlungsbeamten Unterlagen gesichert, die **nicht** in dem richterlichen Beschlagnahmebeschluss **bezeichnet** sind, so ist zu unterscheiden: 101

Handelt es sich um Unterlagen, die mit den dem Beschuldigten **vorgeworfenen Straftaten im Zusammenhang** stehen und als Beweismittel in Betracht kommen, kann der Ermittlungsbeamte anstelle des Richters die *Beschlagnahme anordnen*, sofern *Gefahr im Verzug* vorliegt (§§ 94 Abs. 1, 98 Abs. 1 StPO). Dies wird in solchen Fällen regelmäßig anzunehmen sein: Es liegt nahe, dass der Beschuldigte, der nunmehr von den Ermittlungen Kenntnis hat, danach streben wird, weitere belastende Unterlagen zu vernichten oder beiseite zu schaffen. 102

Werden anlässlich einer Durchsuchung Gegenstände gefunden, die in *keiner Beziehung zu der Untersuchung* stehen, aber auf die Verübung einer anderen Straftat hindeuten, so sind sie als „**Zufallsfunde**" einstweilen in Beschlag zu nehmen (§ 108 StPO). Die „andere Straftat" muss bisher unbekannt gewesen oder Gegenstand eines anderen Strafverfahrens sein[1]. Voraussetzung ist jedoch immer, dass solche Gegenstände „bei Gelegenheit" der Durchsuchung in anderer Sache, also zufällig aufgefunden wurden. Dies ist auch möglich, wenn der Durchsuchungsbeschluss auf die Sicherstellung bestimmter, im Einzelnen aufgeführter Unterlagen beschränkt ist[2]. Keineswegs dürfen Ermittlungsbeamte planmäßig nach „Zufallsfunden" suchen[3]. Solchermaßen erlangte Gegenstände können bei einem schwerwiegenden Verstoß einem *Verwertungsverbot* unterliegen[4]. 103

In der wirtschaftsstrafrechtlichen Praxis ist es häufig nicht möglich, schon *vor* der Durchsuchung die Unterlagen, die sichergestellt werden sollen, so genau zu bezeichnen, wie dies für einen Beschlagnahmebeschluss notwendig ist. Deshalb wird zunächst **nur ein Durchsuchungsbeschluss** erlassen, in dem die Unterlagen, die benötigt werden, nur allgemein bezeichnet sind. Werden sie aufgefunden und widerspricht der Beschuldigte oder der Dritte ihrer Sicherstellung, ist *nunmehr* ein richterlicher **Beschlagnahmebeschluss** zu erwirken (§ 98 Abs. 2 StPO). 104

Auf **E-Mails**, die auf der Festplatte gespeichert sind, kann in der Weise zugegriffen werden, dass Letztere gem. § 94 StPO beschlagnahmt wird. Dem Recht auf informationelle Selbstbestimmung aus Art. 2 Abs. 1 GG wird hierdurch Genüge getan[5]. Im Übrigen richtet sich der Zugriff auf E-Mails nach §§ 100a, 100b StPO, soweit der Bereich der Nachrichtenübermittlung betroffen ist[6]; für die Beschlagnahme beim Provider ist § 99 StPO (Postbeschlagnahme) entsprechend anzuwenden[7]. Nach § 94 StPO sind *beschlagnahmefähig* neben Festplatten 105

---

1 S. *Schmitt* in Meyer-Goßner/Schmitt, § 108 StPO Rz. 2.
2 *Hentschel*, NStZ 2000, 274; *Schmitt* in Meyer-Goßner/Schmitt, § 108 StPO Rz. 1; a.A. LG Freiburg v. 4.3.1999 – VIII Qs 17/98, NStZ 1999, 582.
3 S. *Schmitt* in Meyer-Goßner/Schmitt, § 108 StPO Rz. 1 m.w.Nw.
4 S. *Bruns* in KK, § 108 StPO Rz. 1 m.w.Nw.
5 BVerfG v. 2.3.2006 – 2 BvR 2099/04, BVerfGE 115, 166.
6 S. *Bruns* in KK, § 100a StPO Rz. 16f.
7 S. BGH v. 31.3.2009 – 1 StR 76/09, NJW 2009, 1828 = wistra 2009, 280 m. Anm. *Bär*, NStZ 2009, 398. Abweichend BVerfG v. 16.6.2009 – 2 BvR 902/06, NJW 2009, 2431, wonach § 94 StPO als Grundlage genügt. Hierzu *Kasiske*, StraFo 2010, 228.

auch Computerausdrucke, Datenträger wie CD-ROMs und USB-Sticks sowie andere verkörperte Informationsspeicher[1]. Der Grundsatz der Verhältnismäßigkeit kann es gebieten, den Originaldatenbestand zu kopieren und die Kopie sicherzustellen[2]. Die Beschlagnahme des gesamten E-Mail-Bestands auf dem Server des Providers ist in der Regel unverhältnismäßig[3]. Es ist nicht statthaft, den Beschuldigten zur Mitwirkung an der Erhebung von Daten (Nennen eines Passwortes, Hinweise zur Bedienung des Gerätes) anzuhalten, und zwar auch dann nicht, wenn er als Kaufmann gem. § 261 HGB zum Ausdruck von Unterlagen verpflichtet ist.

106 **Andere Personen**, die Zugriff auf die Daten haben (etwa der Mitarbeiter des Kreditinstitutes, bei dem die Kontounterlagen des Beschuldigten gespeichert sind), sind *verpflichtet*, als Zeugen Angaben etwa darüber zu machen, wie das Gerät zu bedienen ist oder wie ein Passwort lautet. In Anlehnung an den Rechtsgedanken des § 95 Abs. 1 StPO, wonach derjenige, der einen beschlagnahmten Gegenstand in seinem Besitz hat, diesen auf Verlangen vorzulegen und auszuhändigen hat, wird man denjenigen, der Zugriff auf die Daten hat, für verpflichtet ansehen müssen, einen Ausdruck jedenfalls dann zu erstellen, wenn dies den Strafverfolgungsbehörden nicht möglich ist. Zur Kostenerstattung vgl. §§ 23 Abs. 1, 2; 19 Abs. 1 S. 1 Nr. 3; 7 JVEG[4]. Für Kaufleute gilt § 261 HGB (erforderlichenfalls Ausdrucken von Unterlagen auf deren Kosten)[5].

b) Begrenzungen

107 Bei einer Reihe von Gegenständen besteht nach § 97 StPO in Anknüpfung an das Zeugnisverweigerungsrecht ein **Beschlagnahmeverbot**. Häufig befinden sich *Buchhaltungsunterlagen* von Beschuldigten bei deren Steuerberater oder Wirtschaftsprüfer. Zwar begründet § 97 Abs. 1 Nr. 3 StPO ein Beschlagnahmeverbot hinsichtlich solcher Gegenstände, auf die sich das Zeugnisverweigerungsrecht der in § 53 Abs. 1 Nr. 1–3a StPO Genannten erstreckt. Nach zutreffender Ansicht sind damit jedoch nur solche Beweismittel gemeint, die innerhalb des Vertrauensverhältnisses zwischen dem Beschuldigten und dem Zeugnisverweigerungsberechtigten entstanden sind. Dies trifft auf Buchhaltungsunterlagen nicht zu. Außerdem kann die Zulässigkeit der Beschlagnahme nicht davon abhängen, ob der Beschuldigte Unterlagen an Zeugnisverweigerungsberechtigte weitergibt (näheres hierzu § 93 Rz. 15 ff.). Anders mag dies bei einem Bericht über interne Untersuchungen in einem Unternehmen sein, den Rechtsanwälte in dessen Auftrag gefertigt haben[6].

108 Zum „**Bankgeheimnis**" Rz. 47 sowie § 66 Rz. 35 ff., § 93 Rz. 41 ff.

---

1 *Greven* in KK, § 94 StPO Rz. 4.
2 BVerfG v. 12.4.2005 – 2 BvR 1027/02, BVerfGE 113, 29.
3 BGH v. 24.11.2009 – StB 48/09a, NJW 2010, 1297.
4 Zum Ganzen s. *Greven* in KK, § 94 StPO Rz. 4.
5 OLG Koblenz v. 8.9.2005 – 2 Ws 514/05, wistra 2006, 73 (bzgl. Mikrofiches).
6 LG Hamburg v. 15.10.2010 – 608 Qs 18/10, NZWiSt 2012, 26 m. Anm. *Schuster*, NZWiSt 2012, 28; LG Mannheim v. 3.7.2012 – 24 Qs 1,2/12, wistra 2012, 400 m. Anm. *Schuster*, NZWiSt 2012, 431.

Gegen die Beschlagnahme kann der Beschuldigte, solange die Gegenstände nicht an ihn zurückgegeben worden sind, **Beschwerde** (§§ 304 ff. StPO) einlegen. 109

Nach rechtskräftigem Abschluss des Verfahrens **endet** die Beschlagnahme, ohne dass es einer förmlichen Entscheidung hierüber bedarf, es sei denn, der beschlagnahmte Gegenstand unterliegt der Einziehung u.Ä.[1]. Die Sache ist i.d.R. an den letzten Gewahrsamsinhaber oder an den Verletzten einer Straftat herauszugeben (vgl. im Einzelnen Nr. 75 RiStBV und § 111k StPO). 110

5. Weitere Überwachungsmaßnahmen

Als weitere **Ermittlungsinstrumente** kommen in Betracht: 111

- die *Überwachung des* Telekommunikationsverkehrs des Beschuldigten (§ 100a StPO),
- das *Abhören* des in einer Wohnung oder außerhalb nicht öffentlich gesprochenen Wortes (§§ 100c, 100f StPO),
- die *Erhebung* von Telekommunikationsverbindungsdaten (§ 100g StPO), wobei allerdings die Erhebung von Verkehrsdaten nach § 113a TKG verfassungswidrig ist[2],
- die *Herstellung* von Bildaufnahmen und die *Verwendung* bestimmter technischer Mittel für Observationszwecke (z.B. Nachtsichtgeräte oder Peilsender[3]), § 100h StPO,
- die Ermittlung der *Geräte- und Kartennummer* sowie des *Standortes* eines Mobilfunkendgerätes (§ 100i StPO).

Maßnahmen dieser Art können in Fällen **schwerer Wirtschaftskriminalität** rechtlich geboten sein. Im Einzelnen gilt: 112

Schwere Fälle des Betruges, des Computerbetruges, des Subventionsbetruges und des Bankrotts sowie Straftaten nach § 298 StGB (wettbewerbsbeschränkende Absprachen bei Ausschreibungen), schwere Fälle von Bestechung im geschäftlichen Verkehr (§§ 299 Abs. 2, 300 S. 2 StGB), bandenmäßige Hinterziehung von Umsatz- oder Verbrauchssteuern (§ 370 Abs. 3 S. 2 Nr. 5 AO), schwere Fälle des Schmuggels und der Steuerhehlerei (§§ 373, 374 Abs. 2 AO) sowie vorsätzliche Straftaten nach §§ 17, 18 AWG können Maßnahmen nach **§§ 100a, 100f StPO** rechtfertigen (s. § 100a Abs. 1, Abs. 2 Nr. 1 Buchst. n, o, q, r, Nr. 2, Nr. 6; § 100f Abs. 1 StPO).

Maßnahmen nach **§§ 100g, 100i StPO** kommen bei Straftaten „von erheblicher Bedeutung" und insbesondere bei solchen in Betracht, die in § 100a Abs. 2 StPO genannt sind. Maßnahmen nach § 100h StPO sind allgemein bei Straftaten „von erheblicher Bedeutung" möglich (hier ohne Hinweis auf § 100a Abs. 2 StPO). 113

---

1 OLG Stuttgart v. 27.8.2001 – 2 Ws 165/2001, wistra 2002, 38, auch zu der Frage, welche Rechte der von der Beschlagnahme Betroffene hat, wenn die Herausgabe verweigert wird.
2 BVerfG v. 2.3.2010 – 1 BvR 256, 263, 586/08, NJW 2010, 833.
3 S. *Schmitt* in Meyer-Goßner/Schmitt, § 100h StPO Rz. 2.

Auf eine nähere Darstellung dieser komplexen Materie, bei der *keine wirtschaftsstrafrechtlichen Besonderheiten* bestehen, muss aus Raumgründen verzichtet werden.

6. Sicherstellung für Einziehung und Verfall

Schrifttum: *Bach,* Arrest bei mehreren Tatbeteiligten, StV 2006, 446; *Bach,* Beschränkung des Einsatzbereichs der Zurückgewinnungshilfe durch Gesichtspunkte der Strafverfahrensökonomie, JR 2008, 230; *Bach,* Verhältnis vom strafprozessualen dinglichen Arrest und steuerrechtlichem dinglichen Arrest im Steuerstrafverfahren i.S.v. § 386 Abs. 2 AO, JR 2010, 286; *Bittmann,* Bedeutung des § 111g StPO für die Rückgewinnungshilfe – Wirkung, Voraussetzung, Rang, wistra 2013, 218; *Bohne/Boxleitner,* Eins vor und zwei zurück – wie das deutsche Recht Straftätern weiterhin die Tatbeute belässt – Anmerkungen zum Gesetz zur Stärkung der Rückgewinnungshilfe und Vermögensabschöpfung bei Straftaten, NStZ 2007, 552; *Borggräfe/Schütt,* Grundrechte und dinglicher Arrest, StraFo 2006, 133; *Hansen,* Die Rückgewinnungshilfe – Die Vermögensabschöpfung gemäß § 111b ff. StPO zugunsten des Geschädigten unter besonderer Berücksichtigung des Spannungsverhältnisses zwischen Strafprozess und Insolvenzrecht in der Insolvenz des Täters, 2013; *Janssen,* Gewinnabschöpfung im Strafverfahren, 2008; *Kempf,* Verfall von Taterlösen versus Verfall von Grundrechten im Ermittlungsverfahren, in FS Müller, 2008, S. 329; *Kempf/Schilling,* Vermögensabschöpfung, 2007; *Lohse,* Ermessen, Gesamtschuld und Härteklausel beim staatlichen Auffangrechtserwerb, JR 2011, 243; *Madauß,* Vermögensabschöpfung im Steuerstrafverfahren – Verhältnis von StPO-Arrest und AO-Arrest, NZWiSt 2013, 128; *Podolsky/Brenner,* Vermögensabschöpfung im Straf- und Ordnungswidrigkeitenverfahren, 5. Aufl. 2012; *Rönnau,* Zum Konkurrenzverhältnis von strafprozessualer Vermögens- und insolvenzrechtlicher Massesicherung, in FS Achenbach, 2011, S. 385; *Roth,* Der StPO-Arrest im Steuerstrafverfahren – Ausschluss des Steuerfiskus von der Rückgewinnungshilfe nach § 111b Abs. 2 und 5 StPO?, wistra 2010, 335; *Schlachetzki,* Das Ermessen bei der Zurückgewinnungshilfe, wistra 2011, 41; *Theile,* Art. 14 GG und der strafprozessuale dingliche Arrest, StV 2009, 161; *Wehnert/Mosiek,* Untiefen der Vermögensabschöpfung in Wirtschaftsstrafsachen aus Sicht des Strafverteidigers, StV 2005, 568; *Willsch,* Die Zulassung der privilegierten Zwangsvollstreckung gemäß § 111g Abs. 2 StPO, wistra 2013, 9; *Wilk/Stewen,* Rückgewinnungshilfe in der staatsanwaltschaftlichen Praxis, wistra 2013, 409.

114 Bestehen Gründe für die Annahme, dass Gegenstände für verfallen erklärt oder eingezogen werden (§§ 73 ff., 74 ff. StGB; hierzu § 21 Rz. 71–86), können sie bereits *vor* dem rechtskräftigen Urteil **sichergestellt** werden (§§ 111b Abs. 1, 111c StPO). Gleiches gilt, um die Schadensersatzansprüche des Verletzten zu sichern (§ 111b Abs. 5 StPO i.V.m. § 73 Abs. 1 S. 2 StGB); hierzu Rz. 118. Kommt nicht der Verfall oder die Einziehung der Gegenstände selbst, sondern nur von deren Wertersatz in Betracht (§§ 73a, 74c StGB), kann zu deren Sicherung der **dingliche Arrest** in Vermögensgegenstände angeordnet werden (§§ 111b Abs. 2, 111d StPO; hierzu Rz. 123 ff.). Diese Sanktion hat darüber hinaus auch bei der Sicherung einer Geldstrafe sowie der voraussichtlich entstehenden Verfahrenskosten Bedeutung (§ 111d Abs. 1 StPO). §§ 111g–111k StPO enthalten Bestimmungen betreffend den Vorrang des Verletzten der Straftat. Zur Beendigung der Sicherungsmaßnahmen s. Rz. 128a ff.

115 Da zunehmend auf das Vermögen des Täters Zugriff genommen werden soll, kommt auch der **einstweiligen Sicherung** des Vermögens oder von Teilen davon Bedeutung zu. In Wirtschaftsstrafverfahren werden deshalb in den letzten

Jahren verstärkt „Finanzermittlungen" durchgeführt[1]. Hierdurch sollen die Vermögensvorteile, die dem Täter durch die Tat zugeflossen sind, abgeschöpft werden. Allerdings gehen Ansprüche des durch die Straftat Geschädigten vor (§ 73 Abs. 1 S. 2 StGB). Zu dessen Gunsten kommt jedoch die „Rückgewinnungshilfe" nach § 111b Abs. 5 StPO in Betracht (dazu nachfolgend Rz. 118).

a) Sicherstellung von Gegenständen

Die Anordnung der Sicherstellung einer **beweglichen Sache** gem. § 111b Abs. 1 StPO setzt nur einen *einfachen* Tatverdacht sowie Gründe dafür voraus, dass sie für verfallen erklärt oder eingezogen wird. Soll die Sicherstellung jedoch über sechs Monate hinaus aufrechterhalten werden, muss der Tatverdacht *dringend* sein, und *dringende* Gründe bezüglich Verfall oder Einziehung müssen vorliegen, andernfalls ist die Anordnung aufzuheben (§ 111b Abs. 3 S. 1 StPO). Insbesondere in größeren Wirtschaftsstrafverfahren können die Sicherungsanordnungen jedoch ausnahmsweise auch dann bestehen bleiben, wenn dringende Gründe (noch) nicht bestehen (s. im Einzelnen § 111b Abs. 3 S. 2 StPO). Haben sich nach Ablauf von 12 Monaten immer noch keine dringenden Gründe ergeben, ist die Maßnahme aufzuheben (§ 111b Abs. 3 S. 3 StPO). Ferner muss für die Sicherstellung ein Bedürfnis bestehen, welches dann fehlt, wenn die Vollstreckung des Verfalls etc. nicht gefährdet ist[2].

116

Bei der Sicherstellung ist das **Grundrecht** des Betroffenen aus Art. 14 GG (*Eigentum*) zu bedenken. Es ist zu berücksichtigen, dass lediglich ein Tatverdacht besteht. Wird das (nahezu) gesamte Vermögen des Beschuldigten sichergestellt, gebietet es der Verhältnismäßigkeitsgrundsatz, dass die tatsächlichen und rechtlichen Anordnungen besonders sorgfältig geprüft und dargelegt werden, damit der Betroffene dagegen um Rechtsschutz nachsuchen kann[3].

117

Die Sicherstellung ist nicht mehr möglich, wenn dem *Verletzten* ein *Entschädigungsanspruch* zusteht, welcher seinen Ursprung in der Tat hat (§ 111b Abs. 1 S. 1 StPO, § 73 Abs. 1 S. 2 StGB). Dabei kommt es allein auf die Existenz dieses Anspruches und nicht darauf an, ob er geltend gemacht wird[4]. In diesen Fällen können jedoch zugunsten des Verletzten Gegenstände sichergestellt werden (§ 111b Abs. 5 StPO, sog. **Rückgewinnungshilfe**). In der Praxis kommt dem eine erhebliche Bedeutung zu, so bei Anlagebetrügereien, in denen die geschädigten Anleger auf diese Weise versuchen, ihr Geld zurückzuerhalten. Auch der durch eine Steuerhinterziehung geschädigte Fiskus ist „Verletzter" i.S. des § 73 Abs. 1 S. 2 StGB, sodass auch er die Steueransprüche gem. § 111b Abs. 5 StPO sichern kann; ein Verfall scheidet deshalb insoweit aus[5]. Eine Berechtigung für die Finanzbehörde, ihre Steueransprüche auf diese Weise zu sichern, liegt i.d.R. nicht vor, weil sie die Möglichkeit hat, dieses Ziel über § 324 AO (Anordnung eines Arrestes in das Vermögen des Vollstreckungsschuldners)

118

---

1 Ausführlich hierzu *Schmid/Winter*, NStZ 2002, 8.
2 BVerfG v. 7.6.2005 – 2 BvR 1822/04, StraFo 2005, 338.
3 So BVerfG v. 29.5.2006 – 2 BvR 820/06, wistra 2006, 337.
4 H.M., vgl. etwa BGH v. 11.5.2006 – 3 StR 41/06, wistra 2006, 380; abweichend OLG München v. 19.4.2004 – 2 Ws 167, 168/04, wistra 2004, 353.
5 BGH v. 28.11.2000 – 5 StR 371/00, wistra 2001, 96.

zu erreichen[1]. Der durch die Straftat Verletzte kann im Fall der Insolvenz des Beschuldigten nicht im Wege der Rückgewinnungshilfe auf dessen Vermögen zugreifen, denn § 89 Abs. 1 InsO verbietet während der Dauer des Insolvenzverfahrens „für einzelne Insolvenzgläubiger" Zwangsvollstreckungen. Zwar ist er auf die Mitwirkung der Staatsanwaltschaft als Vollstreckungsbehörde angewiesen, jedoch erfolgt die Zwangsvollstreckung in seinem Interesse, sodass die Anwendung des § 89 Abs. 1 InsO gerechtfertigt ist[2]. Streitig ist, ob ein vor Eröffnung des Insolvenzverfahrens im Wege der Rückgewinnungshilfe erlangter und vollzogener dinglicher Arrest in das Vermögen einer juristischen Person und die hierauf beruhenden Pfändungsmaßnahmen nach Eröffnung des Insolvenzverfahrens aufzuheben sind[3]. Ebenso ist fraglich, ob „umgekehrt" auch der Insolvenzverwalter als Verletzter anzusehen ist[4]. Eine angeordnete Rückgewinnungshilfe lässt das Sicherungsbedürfnis des Arrestgläubigers nicht entfallen[5].

119 Die Sicherstellung erfolgt durch **Beschlagnahme**, die vom Richter, bei Gefahr im Verzug auch von der Staatsanwaltschaft oder deren Ermittlungspersonen angeordnet wird (§§ 111c Abs. 1, 111e Abs. 1 StPO). *Vollzogen* wird die Beschlagnahme durch die Staatsanwaltschaft (hier durch den Rechtspfleger, § 31 Abs. 1 Nr. 2 RPflG) oder deren Ermittlungspersonen (§ 111f Abs. 1 StPO).

120 Die Voraussetzungen für die **Beschlagnahme einer Forderung** – dies dürfte in Wirtschaftsstrafsachen der praktisch wichtigere Fall sein – sind dieselben wie bei der beweglichen Sache. Sie wird entsprechend den Vorschriften der ZPO durch *Pfändung* bewirkt (§ 111c Abs. 3 StPO). Hierzu ist nur der Richter, bei Gefahr im Verzug auch die Staatsanwaltschaft, die dann aber innerhalb einer Woche eine richterliche Bestätigung einholen muss, nicht aber die Polizei befugt (§ 111e Abs. 1, 2 StPO).

---

1 S. OLG Celle v. 20.5.2008 – 2 Ws 155/08, wistra 2008, 359; OLG Oldenburg v. 26.11.2007 – 1 Ws 554/07, wistra 2008, 119; LG Berlin v. 6.3.2006 – 526/Qs 47-49/2006, wistra 2006, 358; LG Mannheim v. 21.12.2005 – 25 Qs 14/06, StraFo 2007, 115; LG Saarbrücken v. 19.3.2008 – 2 Qs 5/08, wistra 2008, 240 m. Anm. *Kunz*, BB 2006, 1198; *Reichling*, StraFo 2008, 425. Anders LG Halle v. 20.8.2008 – 22 Qs 15/08, wistra 2009, 39; *Roth*, wistra 2010, 335; einschränkend OLG Nürnberg v. 22.9.2010 – 1 Ws 504/10, NStZ 2011, 173.

2 LG Saarbrücken v. 19.5.2003 – 8 Qs 86/03, NStZ-RR 2004, 274; *Moldenhauer/Momsen*, wistra 2001, 456; *Schmitt* in Meyer-Goßner/Schmitt, § 111b StPO Rz. 6.

3 S. OLG Karlsruhe v. 27.11.2013 – 3 Ws 327/13, ZWH 2014, 236 m. Anm. *Bittmann*, ZWH 2014, 238; OLG Nürnberg v. 15.3.2013 – 2 Ws 561/12, 2 Ws 590/12, ZWH 2013, 225 m. Anm. *Mahler/Tekin*, ZWH 2013, 2013, 227 und *Rathgeber*, NZWiSt 2013, 306; OLG Nürnberg v. 8.11.2013 – 2 Ws 508/13, wistra 2014, 116 einerseits; OLG Hamm v. 20.6.2013 – 2 Ws 80/13, NStZ 2014, 344; KG v. 10.7.2013 – 2 Ws 190/13 – 141 ARs 168/13, wistra 2013, 445 andererseits; hierzu *Bittmann*, ZWH 2014, 135.

4 S. einerseits OLG Frankfurt v. 15.5.2006 – 3 Ws 466,507/06, NStZ 2007, 168; OLG Frankfurt v. 9.6.2006 – 3 Ws 508/06, NStZ-RR 2006, 342 m. Anm. *Hansen*, NStZ 2007, 587; andererseits OLG Celle v. 8.10.2007 – 2 Ws 296/07, wistra 2008, 37; hierzu *Schork*, wistra 2008, 198.

5 OLG Bamberg v. 8.10.2009 – 8 W 84/09, NStZ 2010, 348; OLG Frankfurt v. 20.3.2012 – 8 W 14/12, ZWH 2012, 470; KG v. 7.1.2010 – 23 W 1/10, wistra 2010, 116. Hierzu *Bülte*, ZWH 2012, 453.

Vollzogen wird die Pfändung durch den Rechtspfleger bei der Staatsanwaltschaft (§ 111f Abs. 1 S. 1 StPO, § 31 Abs. 1 Nr. 2 RPflG). Er erlässt das Zahlungsverbot an den Drittschuldner, das Verfügungsverbot an den Schuldner (Beschuldigten) sowie die Aufforderung zur Abgabe der in § 840 Abs. 1 ZPO bezeichneten Erklärungen[1]. Eine Überweisung der Forderung gem. § 835 ZPO findet nicht statt[2].

121

Die Voraussetzungen für die **Beschlagnahme von Grundstücken** *und grundstücksgleichen Rechten* (etwa Wohnungseigentum) sind dieselben wie bei der Forderung. Sie erfolgt durch die Eintragung eines entsprechenden Vermerks in das Grundbuch (§ 111c Abs. 2 S. 1 StPO), der von der Staatsanwaltschaft oder dem Gericht veranlasst wird (§ 111f Abs. 2 S. 1 StPO); auch hier wird der Rechtspfleger tätig (§§ 22 Nr. 1, 31 Abs. 1 Nr. 1 RPflG).

122

Über **Einwendungen** gegen Maßnahmen, die in Vollziehung der Beschlagnahme oder des Arrestes getroffen worden sind (z.B. die Pfändung eines Pkw), entscheidet im Strafverfahren der Richter (§ 111f Abs. 5 StPO), und zwar auch, soweit der Rechtspfleger tätig geworden ist (§§ 11 Abs. 1, 22, 31 Abs. 1, 6 RPflG). Dies gilt auch, wenn es sich der Sache nach um zwangsvollstreckungsrechtliche Rechtsbehelfe nach §§ 766, 771 ZPO handelt[3].

122a

b) Dinglicher Arrest

Von Bedeutung in Wirtschaftsstrafsachen kann die **Anordnung** des dinglichen Arrestes in das Vermögen des Beschuldigten sein, weil nicht selten das durch eine Straftat erlangte Geld ausgegeben, also nicht mehr in seinem Vermögen vorhanden ist. Sie setzt neben dem „einfachen" Tatverdacht, der insbesondere bei schwerwiegenden Eingriffen in das Vermögen des Beschuldigten nicht auf Vermutungen gestützt sein darf[4], und dem Vorliegen von Gründen bezüglich Verfall oder Einziehung die Besorgnis voraus, dass anderenfalls die Vollstreckung der Einziehung etc. erschwert würde (§ 111d Abs. 2 StPO i.V.m. § 917 Abs. 1 ZPO)[5]. Unzulässig sind Anordnung und Vollzug des Arrestes, wenn das Insolvenzverfahren über das Vermögen des Schuldners eröffnet worden ist[6]. Soll der Arrest über sechs Monate aufrechterhalten werden, müssen ebenso wie bei der Sicherstellung von Gegenständen i.d.R. *dringender* Tatverdacht und *dringende* Gründe bezüglich Einziehung oder Wertersatz vorliegen (§ 111b Abs. 3 S. 1 StPO, im Übrigen s. Rz. 116).

123

In die **Formel des Beschlusses** sind die Anordnung des Arrestes in das Vermögen des Beschuldigten (oder in Teile davon) sowie die Bezeichnung des zu sichernden Anspruchs aufzunehmen. Ferner ist der Geldbetrag anzugeben, durch dessen Hinterlegung die Vollziehung des Arrestes gehemmt werden

124

---

1 *Schmitt* in Meyer-Goßner/Schmitt, § 111f StPO Rz. 4.
2 *Mayer* in KMR, § 111c StPO Rz. 14.
3 S. OLG Hamburg v. 23.7.2008 – 1 Ws 47/08, NStZ-RR 2008, 347; *Schmitt* in Meyer-Goßner/Schmitt, § 111f StPO Rz. 15.
4 BVerfG v. 14.6.2004 – 2 BvR 1136/03, wistra 2004, 378.
5 Vgl. hierzu *Schmitt* in Meyer-Goßner/Schmitt, § 111d StPO Rz. 8.
6 KG v. 6.7.2005 – 5 Ws 299-307, 334/05, wistra 2005, 475.

kann (§ 111d Abs. 2 StPO i.V.m. § 923 ZPO)[1]. Die Darlegung der genannten Voraussetzungen für die Anordnung des Arrestes gehört in die **Gründe** des Beschlusses[2].

125 Zur Anordnung des dinglichen Arrestes ist ebenso wie bei der Beschlagnahme von Forderungen nur der Richter, bei Gefahr im Verzug auch die Staatsanwaltschaft, die dann innerhalb einer Woche eine richterliche Bestätigung zu beantragen hat, **zuständig** (§ 111e Abs. 1 S. 1, Abs. 2 S. 1 StPO).

126 Die **Vollziehung** des dinglichen Arrestes **in eine bewegliche Sache** erfolgt durch den Gerichtsvollzieher, die Gerichtskasse, die Staatsanwaltschaft oder deren Ermittlungspersonen (§ 111f Abs. 3 S. 1 StPO). Die Staatsanwaltschaft kann aber auch dem Vollziehungsbeamten einen Pfändungsauftrag erteilen (§ 111f Abs. 3 S. 1 StPO i.V.m. § 1 Abs. 1 Nr. 1, 2a, 4, § 2 Abs. 1 JustizbetreibungsO i.V.m. §§ 451 Abs. 1, 459, 459g StPO)[3].

127 Bei der Vollstreckung in **Grundstücke** etc. stellt der Rechtspfleger des Gerichts oder der Staatsanwaltschaft (je nachdem, wer den Arrest angeordnet hat) den Antrag auf Eintragung einer Sicherungshypothek (§ 111f Abs. 3 S. 2, Abs. 2 S. 1 StPO, §§ 22 Nr. 1, 31 Abs. 1 Nr. 1 RPflG).

128 Praktisch wichtig ist die Vollstreckung des Arrestes in **Forderungen**, die gepfändet werden müssen. Für den Erlass des Pfändungsbeschlusses ist die Staatsanwaltschaft oder auf deren Antrag das Gericht, das den Arrest angeordnet hat, zuständig (§ 111f Abs. 3 S. 3 StPO). Auch insoweit wird der Rechtspfleger tätig (§§ 22 Nr. 2, 31 Abs. 1 Nr. 2 RPflG).

c) Beendigung

128a Wird das Strafverfahren, in dem Sicherstellungen nach §§ 111b ff. StPO erfolgt sind, **rechtskräftig abgeschlossen**, ist hinsichtlich des Schicksals der getroffenen Maßnahmen zu unterscheiden:

128b Erkennt das Gericht **im Urteil** auf **Verfall oder Einziehung** eines Gegenstandes, ist die Sicherungsmaßnahme gegenstandslos, da das Eigentum an der Sache oder das Recht mit der Rechtskraft der Entscheidung auf den Staat übergeht (§§ 73e, 74e StGB).

Wird im Urteil *Wertersatz* für verfallen erklärt oder eingezogen (§§ 73a, 74c StGB), müssen die Sicherungsmaßnahmen bestehen bleiben, da sich der Verfall des Wertersatzes nicht auf einen bestimmten Gegenstand bezieht, der nach §§ 111b ff. StPO einstweilen gesichert worden ist. Sie sind erst dann gegenstandslos, wenn der für verfallen erklärte oder eingezogene Geldbetrag beigetrieben oder Vollstreckungsmaßnahmen (z.B. eine Pfändung) vorgenommen worden sind (s. §§ 459g Abs. 2, 459 StPO, § 6 Abs. 1 Nr. 1 JustizbeitreibungsO, §§ 829 ff. ZPO)[4].

---

1 Nach *Johann* in L/R, § 111d StPO Rz. 30, 31 genügen auch andere Sicherheiten als die Hinterlegung, etwa eine Bankbürgschaft.
2 S. *Johann* in L/R, § 111d StPO Rz. 31.
3 Vgl. *Schmitt* in Meyer-Goßner/Schmitt, § 111f StPO Rz. 6–9.
4 S. *Spillecke* in KK, § 111e StPO Rz. 14.

Wird **im Urteil** ein Verfall oder eine Einziehung **nicht ausgesprochen**, ist die vorläufige Sicherungsmaßnahme gegenstandslos; der dingliche Arrest und damit verbundene Beschlagnahmen von Vermögensgegenständen erlöschen[1]. Gleichwohl empfiehlt es sich, die Maßnahmen (deklaratorisch) aufzuheben oder dies zumindest festzustellen[2]. 128c

Wird von der Anordnung eines Verfalls *abgesehen*, weil dem **Ansprüche des Verletzten** entgegenstehen (§ 73 Abs. 1 S. 2 StGB), kann das Gericht die Beschlagnahme und den dinglichen Arrest für drei Jahre aufrechterhalten, um dem Verletzten zu ermöglichen, zivilrechtlich im Wege der Zwangsvollstreckung gegen den Angeklagten vorzugehen. In der Urteilsformel ist dann festzustellen, dass und in welcher Höhe von der Anordnung des Verfalls abgesehen worden ist. Hat der Verletzte innerhalb dieser Frist nicht zumindest im Wege des Arrestes in das Vermögen des Angeklagten vollstreckt, erwirbt der Staat die Vermögensgegenstände. Sie fallen somit nicht dem Angeklagten zu (sog. **Auffangrechtserwerb des Staates**, s. die komplizierte Regelung in § 111i StPO). 128d

Ein *dinglicher Arrest*, der im Hinblick auf eine **Geldstrafe** oder die **Kosten** des Verfahrens angeordnet worden ist (§ 111d Abs. 1 S. 2 StPO), bleibt über die Rechtskraft des Urteils hinaus so lange bestehen, bis der Gerichtskasse ein vollstreckbarer Kostenansatz vorliegt[3]. 128e

Bereits *vor* rechtskräftigem *Abschluss* des Verfahrens sind die Sicherungsmaßnahmen **aufzuheben**, wenn die Voraussetzungen hierfür nicht mehr vorliegen. 128f

C. Verfahrensabschluss

Schrifttum: *Brete/Thomsen,* Anspruch auf Beendigung des steuerstrafrechtlichen Ermittlungsverfahrens, wistra 2008, 367; *Heghmanns,* Das Arbeitsgebiet des Staatsanwalts, 4. Aufl. 2010; *Heinz,* Die Staatsanwaltschaft. Eine Sanktionsinstanz mit zunehmend ausgebauter, aber regional extrem ungleich gehandhabter und nicht hinreichend kontrollierter Sanktionsmacht, in FS Kühne, 2013, S. 213; *Jahn,* Die Ermittlungsanfechtungs-„klage". Der Rechtsschutz des Beschuldigten gegen die Einleitung und Fortführung eines Ermittlungsverfahrens nach geltendem Strafprozessrecht, in FS Strafrechtsausschuss der Bundesrechtsanwaltskammer, 2006, S. 335; *Weitner,* Die Abschlussverfügung, JA 2014, 295.

Nach der Aufklärung des Sachverhalts muss sich die Staatsanwaltschaft darüber klar werden, ob sie gegen den Beschuldigten öffentliche **Klage erhebt oder** das Verfahren **einstellt**. § 170 Abs. 1 StPO bestimmt, dass öffentliche Klage dann zu erheben ist, wenn die Ermittlungen hierzu genügenden Anlass bieten, d.h. ein *hinreichender Tatverdacht* gegen den Beschuldigten besteht (§ 203 StPO) *und* ein *Absehen* von der Klageerhebung nach dem Opportunitätsprinzip – z.B. wegen geringer Schuld (§ 153 StPO) – *nicht* in Betracht kommt. Haben dagegen die Ermittlungen einen hinreichenden Tatverdacht gegen den Beschuldigten nicht ergeben, so muss die Staatsanwaltschaft das Verfahren nach § 170 StPO einstellen. 129

---

1 OLG Stuttgart v. 17.11.2004 – 1 Ws 252/04, NStZ 2005, 401.
2 *Spillecke* in KK, §111e StPO Rz. 12.
3 OLG Stuttgart v. 17.11.2004 – 1 Ws 252/04, NStZ 2005, 401.

I. Einstellung mangels Tatverdachts

Schrifttum: *von der Heide,* Zur Benachrichtigungspflicht der Ermittlungsbehörden gegenüber einem nicht „als solchem" vernommenen Beschuldigten bei Einstellung des Verfahrens, NStZ 2008, 677; *Krumm,* Begründungsanforderungen an den Klageerzwingungsantrag, StraFo 2011, 205; *Krumm,* Klageerzwingungsanträge richtig stellen, NJW 2013, 2948; *Kruse,* Aus der Praxis: Die Rechtsmittelbelehrung im staatsanwaltlichen Einstellungsbescheid, JuS 2007, 822; *Tiedemann,* Zur Klageerzwingungsbefugnis von Aktionären und GmbH-Gesellschaftern, insbesondere bei Organuntreue, in FS Mehle, 2009, S. 625.

130 Stellt die Staatsanwaltschaft das Verfahren **mangels hinreichenden Tatverdachts**[1] nach § 170 Abs. 2 StPO *ein*, verbleibt es hierbei in aller Regel, obgleich sie von sich aus die Ermittlungen jederzeit *wieder aufnehmen* kann.

131 Der durch die Tat Verletzte kann jedoch im sog. **Klageerzwingungsverfahren** die *Einhaltung des Legalitätsprinzips* überprüfen lassen. Hierzu muss er innerhalb von zwei Wochen nach Bekanntmachung der Einstellungsverfügung *Beschwerde* bei der vorgesetzten Stelle der Staatsanwaltschaft – also der Generalstaatsanwaltschaft – einlegen. Gegen deren ablehnenden Bescheid kann der Verletzte innerhalb eines Monats die Entscheidung des zuständigen *Oberlandesgerichts* verlangen (§ 172 Abs. 2 StPO). In dem *Antrag*, der von einem Rechtsanwalt zu unterzeichnen ist, sind die Tatsachen, welche die Erhebung der öffentlichen Klage begründen sollen, und die Beweismittel anzugeben (§ 172 Abs. 3 S. 1 und 2 StPO). Hierzu gehört, dass der Antragsteller detailliert darlegt, aus welchen Gründen aus seiner Sicht die Verfügung der Staatsanwaltschaft und der Beschwerdebescheid der Generalstaatsanwaltschaft unzutreffend sind[2]. Hieran scheitern fast alle Anträge im Klageerzwingungsverfahren. Nur selten kommt es vor, dass das Oberlandesgericht die Erhebung der öffentlichen Klage anordnet, wobei dann die Staatsanwaltschaft diesen Beschluss – auch gegen ihre Überzeugung – durchführen muss (§ 175 StPO). Fehlt dagegen ein hinreichender Tatverdacht, so verwirft das Oberlandesgericht den – ohnehin selten zulässigen – Antrag als unbegründet (§ 174 StPO).

II. Einstellung aus Opportunitätsgründen

Schrifttum: *Beulke,* Die unbenannten Auflagen und Weisungen des § 153a StPO, in FS Dahs, 2005, S. 209; *Böttcher,* § 154 StPO und die belange des Opfers, in FS Volk, 2009, S. 61; *Böttcher,* Rücksichtnahme auf Opferinteressen bei der Verfahrenseinstellung nach § 153a StPO, in FS Stöckel, 2010, S. 161; *Heim,* Die Einstellung des Strafverfahrens aus Opportunitätsgründen, JuS 2013, 899; *Klein/Koll,* Keine unbeschränkte Wiederaufnahme staatsanwaltschaftlich eingestellter Verfahren nach § 154 Abs. 1 StPO, StraFo 2011, 78; *Magnus,* Das „öffentliche Interesse" in § 153 Abs. 1 StPO – Analyse anhand eines aktuellen Falls, GA 2012, 621; *Peters,* § 154 StPO im Hinblick auf ausländische Strafverfahren und Verurteilungen, NStZ 2012, 76; *Rettenmaier,* Außerstrafrechtliche Folgen der Verfahrenseinstellung nach Erfüllung von Auflagen, NJW 2013, 123; *Rose,* Der Rechtsschutz des Beschuldigten gegen die Einstellung des Strafverfahrens nach den Opportunitätsvorschriften der StPO, 2006; *Saldit,* § 153a StPO und die Unschuldsvermutung, in FS Müller,

---

1 Hierzu ausführlich *Heghmanns,* Arbeitsgebiet, Rz. 223 ff.
2 *Schmitt* in Meyer-Goßner/Schmitt, § 172 StPO Rz. 27a m.w.Nw. Vgl. i.Ü. etwa OLG Schleswig v. 12.6.2012 – 1 Ws 203/12, NStZ 2013, 302.

2008, S. 611; *Schäfer*, Praxis der Strafzumessung, 5. Aufl. 2012, Rz. 29–87; *Scheinfeld*, Die Verfahrenseinstellung in großen Wirtschaftsstrafsachen. Zu den Voraussetzungen des § 153a StPO, in FS Herzberg, 2008, S. 843; *Schroeder*, Absehen von Strafen und Absehen von der Strafverfolgung, in FS Fezer, 2008, S. 543; *Schulz*, Die Anfechtbarkeit des Beschlusses nach § 154 Abs. 2 StPO, StraFo 2006, 444.

Auch dann, wenn eine Verfahrenseinstellung nach § 170 Abs. 2 StPO nicht in Betracht kommt, da nach den Ermittlungen ein *hinreichender Tatverdacht* vorliegt, muss es nicht in jedem Fall zu einer Anklageerhebung kommen. In bestimmten Fällen hat der Gesetzgeber *aus Zweckmäßigkeitsgründen* **Ausnahmen vom Legalitätsprinzip** vorgesehen, die die Staatsanwaltschaft *trotz des Verdachts strafbarer Handlungen* berechtigen, von einer *Anklageerhebung abzusehen* oder die *Ermittlungen* erst gar *nicht weiterzuführen* (sog. **Opportunitätsprinzip**). Die gesetzgeberischen *Motive* hierfür sind unterschiedlich. Im Vordergrund steht das Anliegen, die Strafverfolgungsbehörden und Gerichte zu entlasten. Hinzu kommt aber auch, dass die Verfolgung einer strafbaren Handlung für den Beschuldigten in vielen Fällen eine unangemessene Härte darstellen würde. Die einzelnen Durchbrechungen des Legalitätsprinzips sind *zahlreich*. Hier soll nur auf die für Wirtschaftsstrafverfahren bedeutsamen Ausnahmeregelungen hingewiesen werden. 132

1. Geringfügigkeit

Ein Ermittlungsverfahren wegen eines Vergehens kann von der Staatsanwaltschaft *mit Zustimmung des Gerichts* **eingestellt** werden, wenn die Schuld des Täters als gering anzusehen wäre und kein öffentliches Interesse an der Verfolgung besteht (§ 153 Abs. 1 S. 1 StPO). Der Zustimmung des Gerichts bedarf es nicht, wenn das Vergehen nicht mit einer im Mindestmaß erhöhten Strafe bedroht ist und die durch die Tat verursachten Folgen gering sind (§ 153 Abs. 1 S. 2 StPO). 133

Die **Schuld** ist **gering**, wenn sie im Vergleich mit ähnlichen Vergehen nicht unerheblich unter dem Durchschnitt liegt[1]. Hierbei sind zwar auch die Auswirkungen der Tat – also z.B. der verursachte Schaden – zu berücksichtigen; maßgeblich ist jedoch die *Gesamtheit der schuldbestimmenden Umstände* (§ 46 StGB). In bestimmten Fällen kann deshalb auch bei hoher Schadensverursachung eine Einstellung wegen Geringfügigkeit in Betracht gezogen werden. 134

Beispiel: Ein 60-jähriger Buchhalter wird von seinem Chef unter Androhung der Kündigung gezwungen, zum Zwecke der Steuerhinterziehung private Entnahmen als Betriebsausgaben zu verbuchen. Hier wird eine Einstellung nach § 153 StPO auch dann in Erwägung zu ziehen sein, wenn die Summe der hinterzogenen Steuern beträchtlich ist.

Das Vorliegen einer geringen Schuld reicht für eine Einstellung nach § 153 StPO allein nicht aus. Hinzukommen muss, dass *an* der *Verfolgung* der Tat **kein öffentliches Interesse** besteht. Ein solches Interesse kann trotz geringer Schuld vorliegen, wenn eine Strafverfolgung und Verurteilung des Täters zur 135

---

1 *Schmitt* in Meyer-Goßner/Schmitt, § 153 StPO Rz. 4.

Einwirkung auf ihn selbst deshalb erforderlich erscheint oder wenn ein Interesse der Allgemeinheit an der Verfolgung dieser Straftat besteht[1].

In manchen Bereichen des Wirtschaftslebens haben sich Ungesetzlichkeiten so eingebürgert, dass eine Verfolgung auch dann geboten erscheint, wenn das Verschulden im Einzelfall als gering anzusehen wäre. Zu denken ist hier z.B. an Straftaten wegen Nichtabführung von Sozialabgaben. Allerdings sind insoweit Relativierungen angezeigt. Vergibt die öffentliche Hand Arbeiten im Baugewerbe, erscheint die Nichtabführung von Sozialabgaben in einem milderen Licht, wenn die Stundenlöhne so niedrig sind, dass niemand – auch nicht die staatliche Vergabestelle – damit rechnen konnte, dass die Sozialabgaben gezahlt werden.

2. Gegen Auflagen

136 § **153a Abs. 1 StPO** ermöglicht eine Verfahrenseinstellung, wenn ein Vergehen (§ 12 Abs. 2 StGB) Gegenstand des Verfahrens ist, der Beschuldigte bestimmten **Auflagen oder Weisungen** nachkommt und diese geeignet sind, das öffentliche Interesse an der Strafverfolgung zu beseitigen, sofern die Schwere der Schuld nicht entgegensteht. Damit ist diese Bestimmung nicht nur in Fällen der Klein-, sondern auch der mittleren Kriminalität anwendbar[2]. Als Auflage kommen vor allem eine *Schadenswiedergutmachung*, die Zahlung eines *Geldbetrages* zugunsten einer gemeinnützigen Einrichtung oder der Staatskasse oder die Erbringung gemeinnütziger Leistungen (etwa in Altersheimen oder im Bereich des Umweltschutzes für Beschuldigte, die zur Zahlung einer Geldbuße nicht in der Lage sind) in Betracht. Bezüglich des Erfordernisses der gerichtlichen Zustimmung gilt dasselbe wie bei § 153 StPO (vgl. § 153a Abs. 1 S. 7 StPO). Erfüllt der Beschuldigte die Auflagen und Weisungen, kann die Tat nur dann weiterverfolgt werden, wenn sich herausstellt, dass nicht ein Vergehen, sondern ein Verbrechen (§ 12 Abs. 1 StGB) vorliegt, § 153a Abs. 1 S. 5 StPO.

137 Die Anwendung des § 153a StPO bietet sich vor allem dort an, wo zwar eine *Sanktion unumgänglich* ist, dem Beschuldigten jedoch ein Strafverfahren, insbesondere eine Vorstrafe erspart werden soll. Eine Eintragung in das Bundeszentralregister erfolgt nicht. – Diese Verfahrensweise hat sich **in der Praxis** trotz aller Kritik **bewährt** und wird sehr häufig angewendet[3].

3. Relative Unerheblichkeit

138 Ein besonderes Augenmerk sollten sämtliche Verfahrensbeteiligte auf die Beschränkungsmöglichkeiten nach **§§ 154, 154a StPO** richten.

139 Nach § 154 Abs. 1 Nr. 1 StPO kann die Staatsanwaltschaft von der *Verfolgung* einer Tat *absehen*, wenn die Strafe oder Maßregel, zu der die Verfolgung führen kann, **neben** einer Strafe oder Maßregel, die gegen den Beschuldigten wegen einer **anderen Tat** verhängt worden oder zu erwarten ist, *nicht beträchtlich ins Gewicht fällt*. Wann dies der Fall ist, ist unter Berücksichtigung aller Umstände zu entscheiden[4]. Eine Verfahrensbeschränkung kommt erst dann nicht mehr in Betracht, wenn die Verurteilung wegen der einzustellenden Tat zu ei-

---

1 Vgl. hierzu *Heghmanns*, Arbeitsgebiet, Rz. 654.
2 S. *Schmitt* in Meyer-Goßner/Schmitt, § 153a StPO Rz. 1.
3 Zur Praxis in den einzelnen Bundesländern DRiZ 1999, 212.
4 *Schmitt* in Meyer-Goßner/Schmitt, § 154 StPO Rz. 7.

ner *wesentlichen Erhöhung* der gesamten Strafe führen würde[1]. Gerade in Wirtschaftsstrafverfahren mit einer Vielzahl von Tatvorwürfen kommt dieser Bestimmung eine erhebliche Bedeutung zu, denn sie erlaubt eine Beschränkung des Verfahrensstoffes auf das Wesentliche und trägt daher erheblich zur Beschleunigung des Verfahrens bei.

Aber selbst dann, wenn die einzustellende Tat gegenüber der zu verfolgenden oder bereits abgeurteilten Tat *beträchtlich* ins Gewicht fällt, kann noch eine Verfahrensbeschränkung nach § 154 Abs. 1 Nr. 2 StPO in Betracht kommen. Nach dieser Vorschrift kann von der Verfolgung einer Tat abgesehen werden, wenn ein Urteil wegen dieser Tat in angemessener Frist nicht zu erwarten ist und wenn eine wegen einer anderen Tat zu erwartende oder bereits rechtskräftig **verhängte Sanktion** zur Einwirkung auf den Täter und zur Verteidigung der Rechtsordnung **ausreichend** erscheint. Diese speziell auf *Großverfahren* – und damit insbesondere auch auf umfangreiche Wirtschaftsstrafverfahren – zugeschnittene Bestimmung verzichtet somit auf jeden quantitativen Vergleich zwischen einzustellender und zu verfolgender Tat. Damit bietet sie gegenüber § 154 Abs. 1 Nr. 1 StPO die Möglichkeit einer noch weitergehenden Verfahrenskonzentration[2]. 140

Eine dem § 154 StPO entsprechende Regelung enthält § 154a StPO, nur dass es hier nicht um die **Ausklammerung** ganzer Taten im prozessualen Sinn (§ 264 StPO), sondern um **Tatteile** geht: Einzelne abtrennbare Teile einer Tat oder einzelne von mehreren Gesetzesverletzungen können nach den in § 154a StPO niedergelegten Kriterien ausgeklammert werden. 141

4. Sonstige Ausnahmen vom Verfolgungszwang

Hingewiesen werden soll hier auf: 142

- § 153b StPO: Absehen von der Erhebung der öffentlichen Klage, wenn das Gericht von Strafe absehen könnte, z.B. bei erfolgreicher Durchführung des Täter-Opfer-Ausgleiches unter den Voraussetzungen des § 46a Nr. 1 StGB[3],
- § 153c StPO: Absehen von der Verfolgung bei bestimmten Auslandstaten,
- § 154c StPO: Ermessensfreiheit bei Nötigung und Erpressung,
- § 154d StPO: Klärung einer zivil- oder öffentlich-rechtlichen Vorfrage und
- § 154f StPO: vorläufige Einstellung des Verfahrens insbesondere bei Abwesenheit oder Verhandlungsunfähigkeit des Beschuldigten.

III. Erhebung der öffentlichen Klage

Schrifttum: *Ziegert*, Der Anklagesatz. Novellierung durch Rechtsprechung?, in FS Schöch, 2010, S. 879.

Bieten die Ermittlungen genügenden Anlass zur Erhebung der öffentlichen Klage und liegt ein Fall des Opportunitätsprinzips nicht **vor**, so sieht das Gesetz 143

---

1 Vgl. *Kurth*, NJW 1978, 2481 (2482).
2 Vgl. *Kurth*, NJW 1978, 2481 (2482 f.).
3 S. *Heghmanns*, Arbeitsgebiet, Rz. 736 ff.

als Regelfall vor, dass die Klage durch „**Einreichung einer Anklageschrift**" bei dem zuständigen Gericht (zu Letzterem § 12 Rz. 1–10) erhoben wird, verbunden mit dem Antrag, „das Hauptverfahren zu eröffnen" (§§ 170 Abs. 1, 199 Abs. 2 StPO).

144 Der **Zweck** der Anklage besteht darin, den *Angeschuldigten* (so heißt der Beschuldigte ab Anklageerhebung, § 157 StPO) über den gegen ihn erhobenen Vorwurf zu unterrichten (**Informationsfunktion**) und die ihm zur Last gelegte Tat genau zu umschreiben, sodass sie ggf. von anderen strafbaren Handlungen desselben Täters unterschieden werden kann (**Umgrenzungsfunktion**)[1]. Mängel der Anklage, die die Umgrenzungsfunktion betreffen, führen zu einem Prozesshindernis, sodass das Verfahren einzustellen ist (s. § 10 Rz. 35), während Mängel der Informationsfunktion in der Hauptverhandlung durch einen Hinweis nach § 265 StPO behoben werden können[2].

145 Der notwendige **Inhalt der Anklageschrift** ergibt sich aus § 200 StPO. Der Anklagesatz muss den Angeschuldigten, die Tat, die ihm zur Last gelegt wird, Zeit und Ort ihrer Begehung, die gesetzlichen Merkmale der Straftat und die anzuwendenden Strafvorschriften bezeichnen (§ 200 Abs. 1 S. 1 StPO – Umgrenzungsfunktion; zum notwendigen Inhalt des Anklagesatzes bei Serienstraftaten vgl. § 20 Rz. 29–30). Ferner sind in ihr die Beweismittel, das nach Beurteilung der Staatsanwaltschaft zuständige Gericht, vor dem die Hauptverhandlung stattfinden soll, und der Verteidiger anzugeben (§ 200 Abs. 1 S. 2 StPO). Bei Anklagen, die vor dem Schöffengericht und vor der Strafkammer erhoben werden, ist das wesentliche *Ergebnis der Ermittlungen* darzustellen (§ 200 Abs. 2 StPO), insbesondere also auszuführen, aufgrund welcher Beweismittel die dem Angeschuldigten angelastete Tat aus der Sicht der Staatsanwaltschaft nachgewiesen werden wird.

146 Die Erhebung der öffentlichen Klage kann ferner dadurch erfolgen, dass die Staatsanwaltschaft beim Amtsgericht den **Antrag auf Erlass eines Strafbefehls** stellt (§ 407 Abs. 1 S. 4 StPO). Durch das Strafbefehlsverfahren soll in einfachen Sachen die *Hauptverhandlung erspart* werden. Der Inhalt des Antrages entspricht dem des Strafbefehls (im Einzelnen § 409 Abs. 1 StPO). Ebenso wie bei der Anklageschrift müssen in ihm die Tat, die dem Angeschuldigten zur Last gelegt wird, Zeit und Ort ihrer Begehung und die gesetzlichen Merkmale der Straftat aufgeführt sein (§ 409 Abs. 1 S. 1 Nr. 3 StPO), darüber hinaus enthält er auch die Rechtsfolgen (§ 409 Abs. 1 S. 1 Nr. 6 StPO). I.d.R. wird die Verhängung einer Geldstrafe beantragt, möglich ist aber auch eine Freiheitsstrafe bis zu einem Jahr, sofern deren Vollstreckung zur Bewährung ausgesetzt wird. Allerdings muss der Angeschuldigte in diesem Fall einen Verteidiger haben (§ 407 Abs. 2 S. 2 StPO). Dies kommt auch in Wirtschaftsstrafsachen vor, wobei dann nicht selten eine *Absprache* zwischen Staatsanwaltschaft und Angeklagtem bzw. dessen Verteidigung (Einigung über die beantragte Strafe) getroffen wurde.

---

1 BGH v. 11.11.1994 – 5 StR 682/93, BGHSt 40, 44; *Meyer-Goßner* in Meyer-Goßner/Schmitt, § 200 StPO Rz. 2.
2 BGH v. 28.1.2012 – 1 StR 412/11, BGHSt 57, 88 m. Anm. *Trück*, ZWH 2012, 384; *Wenske*, NStZ 2013, 351; BGH v. 8.8.2012 – 1 StR 296/12, wistra 2012, 489 m. Anm. *Trück*, ZWH 2012, 472; *Rolletschke*, NZWiSt 2012, 397.

Erlässt das Gericht den Strafbefehl und wird gegen ihn kein Einspruch eingelegt, steht dieser einem *rechtskräftigen Urteil* gleich (§ 410 Abs. 3 StPO; zum Strafbefehlsverfahren § 12 Rz. 70–72).

Richtet sich die öffentliche Klage gegen *bestimmte Personen* (etwa Beamte, Rechtsanwälte, Steuerberater), ist hiervon den Stellen, die zur Erfüllung der ihnen obliegenden Aufgaben darauf angewiesen sind, von der Klageerhebung zu erfahren (z.B. zwecks Prüfung, ob ein Disziplinarverfahren oder ein berufsgerichtliches Verfahren einzuleiten ist), auf der Grundlage von §§ 12 ff. EGGVG i.V.m. den Bestimmungen der MiStra **Mitteilung** zu machen. Näheres hierzu § 13 Rz. 11 f. 147

IV. Nebenklage

Schrifttum: *Barton*, Die Reform der Nebenklage: Opferschutz als Herausforderung für das Strafverfahren, JA 2009, 753; *Barton*, Nebenklagevertretung im Strafverfahren, StraFo 2011, 161; *Baumhöfener*, Informationsrechte der Nebenklage – Gefährdung des Grundsatzes der Wahrheitsermittlung, StraFo 2012, 2; *Jahn/Bung*, Die Grenzen der Nebenklagebefugnis, StV 2012, 754; *Klinger*, Die Nebenklage bei strafbaren Wettbewerbsverstößen – strategisches Rüstzeug oder „stumpfes Schwert"?, NZWiSt 2013, 412.

In bestimmten Fällen kann sich der durch eine Straftat Verletzte der *öffentlichen Klage* **als Nebenkläger** anschließen (§ 395 StPO). Bereits vor diesem Zeitpunkt kann er der Staatsanwaltschaft oder dem (voraussichtlich zuständigen) Gericht seine Anschlusserklärung zuleiten. Diese wird indes erst wirksam, wenn die öffentliche Klage erhoben wird (§ 396 Abs. 1 S. 2 StPO); Besonderheiten gelten insoweit bei Strafbefehlen (§ 396 Abs. 1 S. 3 StPO). Der Nebenkläger hat selbständige – also vom Prozessverhalten des Staatsanwalts unabhängige – Rechte, die in § 397 Abs. 1 StPO aufgezählt sind: Akteneinsicht, Anspruch auf Beistand durch einen Rechtsanwalt, Terminsnachricht, rechtliches Gehör, Anwesenheit in der Hauptverhandlung, Ablehnungsrecht, Fragerecht, Beanstandungsrecht, Beweisantragsrecht und Erklärungsrecht. Ferner kann er gegen das Urteil, soweit er hierdurch beschwert ist, Rechtsmittel einlegen (vgl. §§ 395 Abs. 4 S. 2, 400 Abs. 1 StPO). 148

In **Wirtschaftsstrafsachen** hat die Nebenklagebefugnis eine gewisse Bedeutung bei Straftaten nach dem Gesetz gegen den *unlauteren Wettbewerb* sowie dem *Patentgesetz, Sortenschutzgesetz, Urheberrechtsgesetz* u.a. (vgl. § 395 Abs. 1 Nr. 6 StPO; vgl. § 55 Rz. 138; § 60 Rz. 99). Zwar eröffnet § 395 Abs. 3 StPO die Nebenklage für *alle* Delikte, somit auch für Vermögensdelikte, sofern der Anschluss als Nebenkläger aus besonderen Gründen, insbesondere wegen der schweren Folgen der Tat, geboten erscheint. Bei Taten nach §§ 242, 263, 266 StGB ist dies in aller Regel nicht der Fall[1]. 149

---

1 BGH v. 9.5.2012 – 5 StR 523/11, NJW 2012, 2601 m. Anm. *Schiemann*, JR 2012, 393; hierzu *Jahn/Bung*, StV 2012, 754.

§ 12
Gerichtliches Verfahren

Bearbeiter: Jürgen Niemeyer

	Rz.		Rz.
A. Zuständigkeiten	1	4. Urteil	45
B. Zwischenverfahren	11	D. Rechtsmittel	
C. Hauptverfahren		I. Allgemeines	50
I. Vorbereitung der Hauptverhandlung	19	1. Form und Frist	51
		2. Beschwer	53
II. Hauptverhandlung	20	3. Verschlechterungsverbot	54
1. Überblick über den Ablauf	21	II. Berufung	55
2. Vernehmung des Angeklagten	23	III. Revision	
3. Beweisaufnahme		1. Wesen und Zulässigkeit	59
a) Zeugen	26	2. Revisionsgründe	62
b) Sachverständige	28	IV. Beschwerde	65
c) Augenschein und Urkundenbeweis	33	E. Strafbefehlsverfahren	70
d) Umfang der Beweisaufnahme	36	F. Rechtskraft und ihre Durchbrechungen	
e) Verständigung	39a	I. Urteile	73
f) Hinweispflichten des Gerichts	40	II. Beschlüsse	79
g) Verletzter	43		

A. Zuständigkeiten

Schrifttum: *Hannich*, Die Zuständigkeitsregelungen für die Strafverfolgung von Prolieferation – Staatsschutz oder Wirtschaftsstraftat?, in FS Nehm, 2006, S. 139; *Helm*, Grundzüge des Strafverfahrensrechts: Die sachliche Zuständigkeit, JA 2006, 389; *Kissel/Mayer*, GVG, 7. Aufl. 2013; *Rieß*, Über Zuständigkeitskonzentrationen – eine Skizze, in FS Böttcher, 2007, S. 145.

1 **a)** Die **sachliche Zuständigkeit** besagt, welcher Spruchkörper der in einem Rangverhältnis zueinander stehenden Gerichte für die Entscheidung einer Sache *in erster Instanz* berufen ist. Dies richtet sich im Wesentlichen nach der Höhe der zu erwartenden Strafe, dem Umfang und der Bedeutung des Falles.

2 So ist der **Strafrichter** beim Amtsgericht zuständig, wenn keine höhere Strafe als zwei Jahre Freiheitsstrafe zu erwarten ist (§§ 24, 25 Nr. 2 GVG). Das **Schöffengericht** beim Amtsgericht ist zuständig, wenn keine höhere Strafe als Freiheitsstrafe bis zu vier Jahren zu erwarten ist. Keinesfalls darf das Amtsgericht auf eine höhere Strafe als vier Jahre Freiheitsstrafe erkennen (§ 24 Abs. 2 GVG).

3 In kleineren und mittleren Wirtschaftsstrafsachen kommt dem **erweiterten Schöffengericht** (§ 29 Abs. 2 GVG) teilweise Bedeutung zu.

Die **große Strafkammer beim Landgericht** ist in den übrigen Fällen zuständig (§ 74 GVG). In Wirtschaftsstrafsachen entscheiden als besondere Strafkammern die *Wirtschaftsstrafkammern* (§ 74c GVG); hierzu Rz. 10.

4

Die Staatsanwaltschaft kann jedoch in Verfahren, in denen die Strafgewalt des Amtsgerichts ausreicht, also keine Freiheitsstrafe über vier Jahre in Betracht kommt, wegen der besonderen Schutzbedürftigkeit von Verletzten der Straftat, die als Zeugen in Betracht kommen (was in Wirtschaftsstrafverfahren kaum von Bedeutung sein wird), wegen des **besonderen Umfangs** (wichtig in Wirtschaftsstrafsachen) oder wegen der *besonderen Bedeutung* des Falles Anklage zur *großen Strafkammer* beim *Landgericht* erheben (§ 24 Abs. 1 Nr. 3 GVG).

5

In den beiden letztgenannten Fällen muss sich die Sache aus tatsächlichen oder rechtlichen Gründen aus der Masse der durchschnittlichen Strafsachen „nach oben" herausheben, also klar **überdurchschnittlich** sein. Hierfür können das Ausmaß der Rechtsverletzung, die Auswirkungen der Straftat sowie der Umstand von Bedeutung sein, dass der Beschuldigte mit der Wahrnehmung öffentlicher Aufgaben betraut ist[1]. Auch kann, wenn auch nur ausnahmsweise, das große Interesse der Medien und der Öffentlichkeit an dem Verfahren berücksichtigt werden[2].

6

Ferner darf beim *Landgericht* angeklagt werden, wenn die rasche Klärung einer grundsätzlichen, für eine Vielzahl gleichartiger Fälle **bedeutsamen Rechtsfrage** durch den BGH ermöglicht werden soll[3]. Die Gründe, die nach Ansicht der Staatsanwaltschaft für die Anklage vor der Strafkammer sprechen, sind aktenkundig zu machen (Nr. 113 Abs. 2 S. 1 RiStBV), damit ihre Entscheidung gerichtlich überprüfbar ist. Dem Staatsanwalt steht dabei kein Ermessensspielraum und kein echtes Wahlrecht zu; vielmehr handelt es sich bei der „besonderen Bedeutung" um einen unbestimmten Rechtsbegriff. Dies gebietet die verfassungskonforme Auslegung des § 24 Abs. 1 Nr. 3 GVG[4].

7

Bei bestimmten Straftaten nach dem AWG, die geeignet sind, die Interessen der Bundesrepublik Deutschland oder das friedliche Zusammenleben der Völker zu stören, sind die **Strafsenate der Oberlandesgerichte** erstinstanzlich zuständig (§ 120 Abs. 2 Nr. 4 GVG). Diese Zuständigkeit wurde durch das 2. JustizmodernisierungsG v. 22.12.2006[5] geschaffen. Sie ist sachgerecht, da in diesen Fällen Belange des Staatsschutzes berührt sind; allerdings ist sie infolge der restriktiven Auslegung durch den BGH[6] nahezu bedeutungslos.

8

---

1 Vgl. BGH v. 10.2.1998 – 1 StR 760/97, NStZ-RR 1998, 336; BGH v. 10.2.1998 – 1 StR 760/97, BGHR GVG § 24 Abs. 1 Bedeutung 3; *Meyer-Goßner* in Meyer-Goßner/Schmitt, StPO, § 24 GVG Rz. 7, 8 m.w.Nw.
2 Vgl. BGH v. 12.2.1998 – 4 StR 428/97, BGHSt 44, 34 (36 f.); OLG Karlsruhe v. 18.10.1999 – 2 Ws 51/99, NStZ-RR 2000, 60 (62); OLG Saarbrücken v. 30.11.2001 – 1 Ws 151/01, wistra 2002, 118.
3 BGH v. 22.4.1997 – 1 StR 701/96, BGHSt 43, 53; BGH v. 10.5.2001 – 1 StR 504/00, BGHSt 47, 16 (19); BGH v. 20.5.2001 – 1 StR 504/00, NStZ 2001, 495.
4 Vgl. BVerfG v. 19.3.1959 – 1 BvR 295/58, BVerfGE 9, 223.
5 BGBl. I 3416.
6 BGH v. 13.1.2009 – AK 20/08, BGHSt 53, 128; hierzu *Bieneck/Schäfer*, wistra 2011, 89.

9 b) Die **örtliche Zuständigkeit** regelt, welches von mehreren Gerichten gleicher Rangfolge in räumlicher Hinsicht zuständig ist (sog. *Gerichtsstand*). Der Gerichtsstand bestimmt sich in erster Linie nach dem Tatort (§ 7 StPO), aber auch nach dem Wohnsitz oder dem Aufenthaltsort des Beschuldigten (§ 8 StPO) sowie nach dem Ergreifungsort (§ 9 StPO); zu weiteren Gerichtsständen vgl. §§ 10, 11 StPO. Der Staatsanwaltschaft steht hier die Wahl zu, bei welchem Gericht sie Anklage erhebt[1].

10 c) Unter den Begriff der **funktionellen Zuständigkeit** fallen alle Zuständigkeiten, die weder zur sachlichen noch zur örtlichen Zuständigkeit gehören. Hierzu zählt die Zuständigkeit der besonderen Strafkammern wie der **Wirtschaftsstrafkammer**[2] (§ 1 Rz. 90 ff.). Bei bestimmten Straftatbeständen des Wirtschaftsstrafrechts ist sie ohne Weiteres zuständig, so insbesondere bei Steuerhinterziehung (§ 370 AO), Bankrott (§ 283 StGB) und Verletzung der Buchführungspflicht (§ 283b StGB), vgl. § 74c Abs. 1 Nr. 1–5a GVG. Bei Betrug und Untreue und weiteren in § 74c Abs. 1 Nr. 6 GVG aufgeführten Delikten ist dann Anklage zur Wirtschaftsstrafkammer zu erheben, wenn zur Beurteilung des Falles *besondere Kenntnisse des Wirtschaftslebens* erforderlich sind[3]. Ist dies nach Ansicht der Staatsanwaltschaft der Fall, hat sie die Umstände, aus denen sich das Erfordernis der besonderen Kenntnisse ergibt, aktenkundig zu machen (Nr. 113 Abs. 2 S. 2 RiStBV). Einer nicht ausgelasteten Wirtschaftsstrafkammer können allgemeine Strafsachen im Umfang eines Viertels zugewiesen werden; diese fallen gegenüber den 75 % Wirtschaftsstrafsachen nicht ins Gewicht[4]. § 74c Abs. 3 GVG erlaubt den Ländern, Wirtschaftsstrafsachen bei einigen Landgerichten zu *konzentrieren*. Hiervon ist reichlich Gebrauch gemacht worden[5].

B. Zwischenverfahren

Schrifttum: *Deutscher*, Die Zweier-Besetzung in der Hauptverhandlung als dauerhafter Regelfall – Zur Neuregelung der §§ 76 GVG, 33b JGG, StRR 2012, 10; *Eisenberg*, Kriterien der Eröffnung des strafprozessualen Hauptverfahrens, JZ 2011, 672; *Heghmanns*, Das Arbeitsgebiet des Staatsanwalts, 4. Aufl. 2010; *Pott*, Folgen einer fehlerhaften Anklageschrift, StRR 2012, 444; *Schlothauer*, Die Besetzung der großen Straf- und Jugendkammern in der Hauptverhandlung, StV 2012, 749.

11 Im Zwischenverfahren überprüft das Gericht anhand der von der Staatsanwaltschaft eingereichten Anklageschrift und der vorgelegten Akten und Beweismittel, **ob das Hauptverfahren zu eröffnen ist** (vgl. § 199 Abs. 1 StPO). Vor der Entscheidung hierüber ist dem *Angeschuldigten* Gelegenheit zu geben, zu den gegen ihn erhobenen Vorwürfen Stellung zu nehmen. Zu diesem Zweck teilt ihm der Vorsitzende die Anklageschrift mit und fordert ihn auf zu erklären, ob er die Erhebung von Beweisen beantragen oder Einwendungen gegen die Eröff-

---

1 Hierzu OLG Frankfurt v. 24.1.2014 – 3 Ws 2 3114 – 5 KLs 4424 Js 11790/12, NZWiSt 2014, 109 m. Anm. *Trüg*, NZWiSt 2014, 111.
2 S. *Erb* in L/R, vor § 1 StPO Rz. 3, 4.
3 S. hierzu OLG Saarbrücken v. 19.6.2007 – 1 Ws 111/07, wistra 2007, 360.
4 BGH v. 29.5.1987 – 3 StR 242/86, BGHSt 34, 379.
5 Vgl. *Schönfelder*, Deutsche Gesetze, Fn. 1 zu § 74c Abs. 3 GVG.

nung des Hauptverfahrens vorbringen möchte (§ 201 Abs. 1 StPO). In Wirtschaftsstrafverfahren wird hiervon nicht selten ergiebig Gebrauch gemacht.

Stellt sich heraus, dass bereits die Anklageschrift **Mängel** enthält, die die *Umgrenzungsfunktion* (§ 11 Rz. 144) betreffen (z.B. ist die dem Angeschuldigten zur Last gelegte Tat nicht in der Weise hinreichend konkretisiert, dass sie sich von anderen, ihm angelasteten strafbaren Handlungen unterscheidet[1] [zu Serienstraftaten § 20 Rz. 29–30]), gibt der Vorsitzende die Akten an die Staatsanwaltschaft zurück, damit dieser *Mangel behoben* wird. Beharrt die Staatsanwaltschaft auf ihrer Anklage (was praktisch allerdings kaum vorkommt), ist mangels einer wirksamen Anklageschrift – dies ist ein Verfahrenshindernis – die *Eröffnung* des Hauptverfahrens aus Rechtsgründen *abzulehnen*[2]. Fraglich ist, ob der Mangel der Anklageschrift in dem Beschluss, mit dem das Gericht das Hauptverfahren eröffnet, oder in der Hauptverhandlung durch einen Hinweis behoben werden kann[3]. 12

Hält das Gericht zur Aufklärung der Sache die **Erhebung weiterer Beweise** (etwa die Vernehmung von Zeugen oder die Einholung eines Sachverständigengutachtens, auch um die genaue Höhe einer Steuerverkürzung, die bislang auf einer Schätzung beruhte, festzustellen) für erforderlich, ordnet es dies durch Beschluss an (§ 202 StPO). Es kann die Staatsanwaltschaft bitten, die Ermittlungen selbst zu erledigen oder durch die Polizei durchführen zu lassen. Diesem Ersuchen wird die Staatsanwaltschaft in der Praxis regelmäßig entsprechen. Eine rechtliche Verpflichtung, die Ermittlungen durchzuführen, dürfte ihr jedenfalls dann nicht obliegen, wenn es sich um einzelne Beweiserhebungen handelt. Anders liegt es, wenn erhebliche Teile des Ermittlungsverfahrens nachgeholt werden müssen und sich erst hieraus ein hinreichender Tatverdacht ergibt. Dann muss die Staatsanwaltschaft dem Ersuchen des Gerichts entsprechen, und zwar unabhängig von § 202 StPO, der restriktiv auszulegen ist und für diesen Fall nicht gilt. Entspricht die Staatsanwaltschaft dem Ersuchen nicht, ist das Gericht nicht verpflichtet, die Ermittlungshandlung vorzunehmen, sondern kann die Eröffnung des Hauptverfahrens ablehnen[4]. Es kann nicht angehen, dass die Strafverfolgungsbehörden die ihnen obliegenden Aufgaben durch eine „schnelle" Erhebung der Anklage auf die Gerichte abwälzen. 13

Erwägt das Gericht, die Eröffnung des Hauptverfahrens zu beschließen, kann es ebenso wie die Staatsanwaltschaft im Vorverfahren (§ 11 Rz. 25) mit den Beteiligten **den Stand des Verfahrens erörtern**, wobei der wesentliche Inhalt der Besprechung aktenkundig zu machen ist (§ 202a StPO). 13a

---

1 Vgl. etwa BGH v. 11.1.1994 – 5 StR 682/93, BGHSt 40, 44 (45) m.w.Nw.
2 BGH v. 14.6.1993 – 4 StR 288/93, BGHR StPO § 200 Abs. 1 S. 1 Anklagesatz 4.
3 S. *Meyer-Goßner* in Meyer-Goßner/Schmitt, § 200 StPO Rz. 26, § 207 StPO Rz. 11 m.w.Nw.
4 OLG Celle v. 19.7.2011 – 1 Ws 247/11, wistra 2011, 434; OLG Karlsruhe v. 1.9.2003 – 1 Ws 235/03, wistra 2004, 276 (278 f.); a.A. *Meyer-Goßner* in Meyer-Goßner/Schmitt, § 202 StPO Rz. 3; vermittelnd *Schneider* in KK, § 202 StPO Rz. 8; *Stuckenberg* in L/R, § 202 StPO Rz. 16; *Rieß*, StV 2007, 572, wonach die Grundsätze der Amtshilfe gelten.

14 Das Gericht beschließt die **Eröffnung des Hauptverfahrens**, wenn der Angeschuldigte, aus dem damit der *Angeklagte* wird (s. § 157 StPO), der Straftat hinreichend verdächtig erscheint (§ 203 StPO). Dieser Beschluss ist *nicht anfechtbar* (§ 210 Abs. 1 StPO). Die Eröffnung des Hauptverfahrens ist die Regel, wobei die Anklage hin und wieder mit *Änderungen und Ergänzungen* zugelassen wird (im Einzelnen § 207 Abs. 2 StPO).

15 Zusammen mit der Eröffnung des Hauptverfahrens befindet das Gericht darüber, ob **Untersuchungshaft** anzuordnen ist oder fortzudauern hat (§ 207 Abs. 4 StPO).

16 Die Strafkammer beschließt darüber hinaus über ihre **Besetzung** in der Hauptverhandlung (zwei oder drei Berufsrichter, vgl. § 76 Abs. 2 S. 1 GVG). In Wirtschaftsstrafsachen ist i.d.R. die Mitwirkung eines dritten Richters notwendig (§ 76 Abs. 3 GVG). Eine Besetzung mit nur zwei Berufsrichtern mag bei einem einfach gelagerten Sachverhalt und einem geständigen Angeklagten in Betracht kommen, sofern dann ohnehin nicht das Amtsgericht zuständig ist (s. Rz. 2, 3.).

17 Selten wird die **Eröffnung abgelehnt;** der entsprechende Beschluss, den die Staatsanwaltschaft und unter bestimmten Voraussetzungen auch der Nebenkläger (vgl. im Einzelnen § 400 Abs. 2 StPO) mit der sofortigen Beschwerde *anfechten* können (§ 210 Abs. 2 StPO), muss ergeben, ob dies auf tatsächlichen oder auf Rechtsgründen beruht (§ 204 Abs. 1 StPO).

18 Es *empfiehlt* sich, die **Möglichkeiten**, die das Zwischenverfahren bietet, entgegen der weitläufigen Praxis **auszuschöpfen**. Hierzu gehört, plausiblen Einwendungen des Angeklagten nachzugehen und ggf. Beweise einzuholen. Dies ist gerade in komplexen Wirtschaftsstrafverfahren von Bedeutung. Zwar enthebt eine Beweiserhebung nicht von der Verpflichtung, die Zeugen oder Sachverständigen erneut in der Hauptverhandlung zu hören, falls dies notwendig ist. Jedoch ist man dann vor unliebsamen Überraschungen sicher. Es ist eine „Binsenweisheit", dass sich die Dauer der Hauptverhandlung verkürzen lässt, wenn sie sorgfältig vorbereitet wird; ein „Anverhandeln" einer Sache, um dann zu sehen, wie es weitergehen kann, verbietet sich.

C. Hauptverfahren

I. Vorbereitung der Hauptverhandlung

Schrifttum: *Deiters*, Kritik an der gegenwärtigen Deutung des § 219 StPO, in FS Dencker, 2012, S. 53; *Eschelbach*, Von der Eröffnung des Hauptverfahrens durch die Strafkammer, in FS Richter II, 2006, S. 113; *Kretschmer*, Begriff und Bedeutung des Beweisantrages außerhalb der Hauptverhandlung, StraFo 2013, 184; *Krumm*, Terminierung, Verhinderung und Terminsverlegung, StV 2012, 177.

19 Der *Eröffnungsbeschluss* leitet vom Zwischenverfahren in das **Hauptverfahren** über. Dieses zerfällt in die Vorbereitung der Hauptverhandlung und in die Hauptverhandlung selbst.

Die Vorbereitung der Hauptverhandlung ist im Wesentlichen Sache des Vorsitzenden: Er beraumt den Hauptverhandlungstermin an (§ 213 StPO) und ordnet die *Ladungen* an (§ 214 StPO). Daneben haben jedoch auch der Angeklagte und die Staatsanwaltschaft das Recht, unmittelbar Zeugen und Sachverständige zu laden (§§ 220, 214 Abs. 3 StPO). Damit kann der Angeklagte das Gericht auch gegen dessen Willen zwingen, bestimmte Zeugen zu vernehmen (§ 245 StPO). Gem. § 219 Abs. 1 S. 1 StPO kann der Angeklagte bereits in diesem Stadium des Verfahrens Beweisanträge stellen, über die der Vorsitzende durch Verfügung befindet (§ 219 Abs. 1 S. 2 StPO). Unterbleibt eine Entscheidung – dies dürfte in der Praxis die Regel sein –, ist der Angeklagte in der Hauptverhandlung zu befragen, ob er den Antrag stellen möchte[1]. Das Gericht kann mit den Beteiligten den Stand des Verfahrens erörtern (§ 212 i.V.m. § 202a StPO, s. Rz. 13a)[2].

II. Hauptverhandlung

Schrifttum: *Artkämper*, Die „gestörte" Hauptverhandlung – Eine praxisorientierte Fallübersicht, 4. Aufl. 2013; *Britz*, Die Verlesung des Anklagesatzes nach § 243 Abs. 3 S. 1 StPO: eine reformbedürftige Vorschrift?, in FS Müller, 2008, S. 107; *Burhoff*, Handbuch für die strafrechtliche Hauptverhandlung, 7. Aufl. 2013; *Eichel*, Wann Schweigen wirklich Gold ist – die Unterschiede der Verwertung früherer Aussagen von Angeklagten und Zeugen bei Aussageverweigerung in der Hauptverhandlung, JA 2008, 631; *Gerst*, Fang- und Suggestivfragen in der Hauptverhandlung – Alltägliches Prozessgeschehen im Brennglas von Rechtsprechung, Literatur und Praxis, StRR 2011, 408; *Ott*, Das Fragerecht in der Hauptverhandlung, JA 2008, 529; *Schünemann*, Die Hauptverhandlung im Strafverfahren, StraFo 2010, 90; *Volk*, Die Anwesenheitspflicht des Angeklagten – ein Anachronismus, in FS Böttcher, 2007, S. 213.

Die Hauptverhandlung ist der *bedeutendste* Verfahrensabschnitt, da hier über die Schuld und Unschuld des Angeklagten entschieden wird. Unabhängig von früheren Ermittlungen werden in der Hauptverhandlung (nochmals) sämtliche Beweise erhoben; das Urteil darf allein auf dem **Ergebnis der Hauptverhandlung** beruhen (§ 261 StPO). 20

Dies sollte jedoch *Beschuldigte und Verteidiger* nicht veranlassen, erst in der Hauptverhandlung aktiv tätig zu werden. Insbesondere in umfangreichen Wirtschaftsstrafsachen empfiehlt es sich, im Ermittlungs- und spätestens im Zwischenverfahren den Sachverhalt aus der Sicht des Beschuldigten darzulegen, um so Einfluss auf den weiteren Gang des Verfahrens zu nehmen.

1. Überblick über den Ablauf

Die Hauptverhandlung, die der Vorsitzende leitet (§ 238 Abs. 1 StPO)[3], beginnt mit dem **Aufruf** zur Sache und der Feststellung, ob die Beteiligten anwesend und die Beweismittel herbeigeschafft sind (§ 243 Abs. 1 StPO). Nachdem die Zeugen den Sitzungssaal verlassen haben (sofern sie überhaupt bereits jetzt schon anwesend sind, was in Verfahren vor der Wirtschaftsstrafkammer kaum vorkommt) und der Vorsitzende den Angeklagten über seine persönlichen Verhältnisse vernommen hat, folgt die **Verlesung des Anklagesatzes** durch den Staatsanwalt (§ 243 Abs. 2, 3 StPO). Hierdurch sollen die Richter, die die An- 21

---

1 Vgl. *Meyer-Goßner* in Meyer-Goßner/Schmitt, § 219 StPO Rz. 5 m.w.Nw.
2 Hierzu BGH v. 20.10.2010 – 1 StR 400/10, NStZ 2011, 592.
3 S. hierzu BGH v. 5.11.2003 – 1 StR 368/03, BGHSt 48, 372.

klage bislang nicht kennen (insbesondere also die Schöffen), über deren Inhalt informiert werden[1]. Ihnen darf im Anschluss daran eine Kopie des Anklagesatzes ausgehändigt werden, was insbesondere in umfangreichen und schwierigen Verfahren sinnvoll ist[2]. Enthält der Anklagesatz wie insbesondere bei Serienstraftaten seitenlange Tabellen, müssen diese nicht verlesen werden[3].

21a Ist der *Angeklagte* nach Belehrung über sein Aussageverweigerungsrecht bereit, sich zu äußern, wird er *zur Sache* vernommen (§ 243 Abs. 5 StPO). Im Anschluss daran folgt die **Beweisaufnahme** (Rz. 26 ff.), also insbesondere die Vernehmung von Zeugen und Sachverständigen (§ 244 Abs. 1 StPO). Nach Abschluss der Beweisaufnahme erhalten Staatsanwalt, Verteidiger und der Angeklagte zu ihren Ausführungen und Anträgen das Wort (§ 258 StPO), wobei dem Angeklagten *das letzte* Wort gebührt (§ 258 Abs. 2 StPO). Nach geheimer Beratung und – sofern nicht der Einzelrichter entscheidet – Abstimmung wird sodann durch Verlesen der Urteilsformel und Mitteilung des wesentlichen Inhalts der Urteilsgründe das **Urteil** verkündet (Rz. 46 ff.), wobei der Angeklagte, soweit er verurteilt wurde, auch über die möglichen Rechtsmittel zu belehren ist (§ 35a StPO).

22 Von dieser gesetzlich bestimmten Reihenfolge sind mit Zustimmung der Prozessbeteiligten **Abweichungen** zulässig. Dies kann sich empfehlen, wenn zu einzelnen Punkten der Aussage des Angeklagten Urkunden verlesen werden sollen, die sachlich damit im Zusammenhang stehen. Darüber hinaus darf von § 243 StPO in Verfahren mit einer Vielzahl von Einzelfällen (sog. *Punktesachen*) abgewichen werden. Derartige Verfahren sind gerade in Wirtschaftsstrafverfahren recht häufig.

Beispiel: Unternehmer U führt nach Eintritt der Zahlungsunfähigkeit seine Geschäfte weiter und bestellt bei einer Vielzahl von Lieferanten Waren. Er wird deshalb wegen Betruges in x Fällen angeklagt. Hier kann in der Weise verfahren werden, dass sich der Angeklagte jeweils zu dem Einzelfall äußert und hierzu sogleich die Beweisaufnahme erfolgt (im Beispielsfall etwa die Vernehmung des Geschädigten und die Verlesung der Rechnungen als Urkunden[4].

2. Vernehmung des Angeklagten

Schrifttum: *Beulke,* Äußerungen des Strafverteidigers in der Hauptverhandlung als Einlassung des Angeklagten selbst?, in FS Strafrechtsausschuss der Bundesrechtsanwaltskammer, 2006, S. 87; *Dencker,* Die Form der Vernehmung des Angeklagten, in FS Fezer, 2008, S. 115; *Detter,* Einlassung mit oder durch den Verteidiger – Ein notwendiges Instrument effektiver Strafverteidigung?, in FS Rissing-van Saan, 2011, S. 97; *Gillmeister,* Die Verteidigererklärung als Einlassung des Angeklagten, in FS Mehle, 2009, S. 233; *Olk,* Die

---

1 Vgl. BGH v. 13.12.1994 – 1 StR 641/94, NStZ 1995, 200 m. Anm. *Krekeler,* NStZ 1995, 299. Zu den Folgen, wenn die Verlesung unterblieben ist, BGH v. 7.12.1999 – 1 StR 494/99, NStZ 2000, 214.
2 BGH v. 12.1.2011 – GSSt 1/10, BGHSt 56, 109 (118) m. Anm. *Gössel,* JR 2011, 546; hierzu *Börner,* NStZ 2011, 436.
3 BGH v. 12.1.2011 – GSSt 1/10, BGHS. 56, 109.
4 Vgl. im Einzelnen *Meyer-Goßner* in Meyer-Goßner/Schmitt, § 243 StPO Rz. 2 m.w.N.

Abgabe von Sacherklärungen des Angeklagten durch den Verteidiger, 2006; *Pfister*, Neue Formen der Einlassung des Angeklagten in der Hauptverhandlung – neue Chancen, neue Risiken, NStZ-Sonderheft 2009, 25; *Rode*, Das Geständnis in der Hauptverhandlung, StraFo 2007, 38; *Schäfer*, Die Einlassung zur Sache durch den Verteidiger, in FS Dahs, 2005, S. 441.

Die Vernehmung des Angeklagten zu seinen **persönlichen Verhältnissen** (§ 243 Abs. 2 S. 2 StPO) dient nur der *Feststellung seiner Identität*. Sie erschöpft sich deshalb auf die in § 111 Abs. 1 OWiG aufgeführten Daten (Name, Ort und Tag der Geburt, Beruf, Wohnung etc.). Hierzu muss er Angaben machen. Die darüber hinausgehende Befragung gehört bereits zur Vernehmung zur Sache[1]. 23

Gerade in Wirtschaftsstrafsachen hängen die persönlichen Verhältnisse des Angeklagten – etwa seine beruflichen und wirtschaftlichen Verhältnisse – häufig eng mit den ihm zur Last gelegten Straftaten zusammen. Deshalb ist er *vor* der Befragung hierzu gem. § 243 Abs. 5 S. 1 StPO über sein **Schweigerecht zu belehren**. Unterbleibt die Belehrung, so liegt hierin ein Verfahrensfehler, der dann zur Aufhebung des Urteils durch das Revisionsgericht führt, wenn er bei Kenntnis seines Schweigerechtes die Aussage verweigert hätte und das Urteil hierauf beruht[2].

Ist der Angeklagte aussagebereit, ist ihm Gelegenheit zu geben, sich möglichst **im Zusammenhang zu äußern**[3]; zulässig ist aber auch die Vernehmung in Form von Frage und Antwort[4]. Im Anschluss daran können die Mitglieder des Gerichts, Staatsanwaltschaft und Verteidiger Fragen an den Angeklagten stellen (§§ 240 ff. StPO). Die Einlassung muss **mündlich** erfolgen. Das Gericht braucht sich nicht darauf verweisen zu lassen, dass der *Verteidiger* den Angeklagten vertritt und an seiner Stelle „aussagt" (i.d.R. dann einen Schriftsatz verliest) oder dass der Angeklagte eine von ihm verfasste *schriftliche Erklärung* übergibt, die dann verlesen werden soll[5]. Lässt es das Gericht zu, dass der Verteidiger für den Angeklagten Angaben zur Sache macht, können diese nur dann als Einlassung des Angeklagten angesehen werden, wenn er auf Frage erklärt, er mache sich das Gesagte zu eigen. Die Schriftsätze werden sodann dem Protokoll als Anlage beigefügt. Gegenstand der Einlassung des Angeklagten und damit des Urteils (§ 261 StPO) ist nur das, was verlesen wurde; dies weicht möglicherweise von dem Geschriebenen insbesondere dann ab, wenn der Angeklagte auf Zwischenfragen des Gerichts antwortet. Deshalb kann der Angeklagte im Revisionsverfahren nicht mit der Behauptung gehört werden, die im Urteil wiedergegebene Einlassung decke sich nicht mit dem, was im Schriftsatz steht[6]. 24

---

1 *Meyer-Goßner* in Meyer-Goßner/Schmitt, § 243 StPO Rz. 10–12.
2 BGH v. 14.5.1974 – 1 StR 366/3, BGHSt 25, 325 (330 f.).
3 BGH v. 9.12.1959 – 2 StR 265/59, BGHSt 13, 358 (360).
4 Vgl. BGH v. 6.6.2000 – 1 StR 212/00, NStZ 2000, 549.
5 Hierzu BGH v. 20. 6.2007 – 2 StR 84/07, NStZ 2008, 349; krit. hierzu *Schlösser*, NStZ 2008, 310 und *Schlothauer*, StV 2007, 623; BGH v. 27.3.2008 – 3 StR 6/08, BGHSt 52, 175.
6 Vgl. BGH v. 14.8.2003 – 3 StR 17/03, NStZ 2004, 163; BGH v. 15.1.2004 – 3 StR 481/03, NStZ 2004, 392; anders ist es, wenn gem. § 273 Abs. 3 S. 1 StPO die Einlassung des Angeklagten wörtlich protokolliert worden ist, vgl. BGH v. 3.7.1991 – 2 StR 45/91, BGHSt 38, 14.

25 Das Verbot des § 136a StPO (**unzulässige Vernehmungsmethoden**, § 11 Rz. 33–37) gilt auch für das Gericht. So ist ein vom Angeklagten abgelegtes Geständnis wegen unstatthafter Drohung unverwertbar, wenn der Richter zum Ausdruck gebracht hat, er werde in Haft genommen, wenn er nicht gestehe und stattdessen einen angekündigten Beweisantrag stelle[1]. Gleiches gilt, wenn der Angeklagte durch Drohung mit einer höheren Strafe oder durch das Versprechen einer schuldunangemessenen niedrigen Strafe („Sanktionsschere") zu einem Geständnis gedrängt wird[2].

3. Beweisaufnahme

Schrifttum: *Ambos*, Beweisverwertungsverbote. Grundlagen und Kasuistik – internationale Bezüge – ausgewählte Probleme, 2010; *Beulke*, Die Unmittelbarkeit der Beweisaufnahme in der Hauptverhandlung, §§ 250 ff. StPO, JA 2008, 758; *Börner*, Die Diskursfunktion des Beweisantrages, StraFo 2014, 133; *Bülte*, Verwertung von im Ausland erlangten Beweismitteln und Anwendungsvorrang des Unionsrechts als Grenze von Verfahrensrechten im nationalen Strafprozess, ZWH 2012, 219; *Conen*, Zur Disziplinierung der Strafverfolgungsorgane durch Beweisverwertungsverbote, in FS Eisenberg, 2009, S. 459; *Effer-Uhe*, Die Entwicklung der Lehre von den Beweisverboten, Jura 2008, 335; *Eisenberg*, Beweisrecht der StPO, 8. Aufl. 2013; *El Ghazi/Merold*, Die Vernehmung des Richters als Verhörsperson vor dem Hintergrund des § 252 StPO, StV 2012, 250; *El Ghazi/Merold*, Die Reichweite des Beweisverwertungsverbotes des § 252 StPO, JA 2012, 44; *Großkopf*, Beweissurrogate und Unmittelbarkeit der Hauptverhandlung, 2007; *Huber*, Grundwissen – Strafprozessrecht: Beweismittel in der Hauptverhandlung, JuS 2010, 1056; *Jäger*, Beweiserhebungs- und Beweisverwertungsverbote als prozessuale Regelungsinstrumente im strafverfolgenden Rechtsstaat, GA 2008, 473; *Jahn*, Beweiserhebungs- und Beweisverwertungsverbote im Spannungsfeld zwischen Garantien des Rechtsstaates und der effektiven Bekämpfung von Kriminalität und Terrorismus, Generalgutachten zum 67. DJT 2008, Bd. I S. C 1, hierzu die Gutachten von *Becker*, *Griesbaum* und *Müller*, Bd. II/1 S. L 9; *Jahn*, Strafverfolgung um jeden Preis? Die Verwertbarkeit rechtswidrig erlangter Beweismittel, StraFo 2011, 117; *Knauer/Gaul*, Internal investigations und fair trial, NStZ 2013, 192; *Kraatz*, Das Beweisverbot des § 252 StPO, Jura 2011, 170; *Kröpil*, Beweisverwertungsverbot (§ 136 I 2 StPO) mit Widerspruchslösung als Spiegelbild des Verfahrenszielkonfliktes, JR 2012, 451; *Löffelmann*, Die Lehre von den Verwertungsverboten oder die Freude am Hindernislauf auf Umwegen, JR 2009, 10; *Mitsch*, Strafprozessuale Beweisverbote im Spannungsfeld zwischen Jurisprudenz und realer Gefahr, NJW 2008, 2295; *Paul*, Unselbständige Beweisverwertungsverbote in der Rechtsprechung, NStZ 2013, 489; *Roxin*, Zur Reichweite von Verwertungsverboten bei Beeinträchtigung des Aussageverweigerungsrechts und der Verteidigung, in FS Kühne, 2013, S. 317; *Schmitt*, Zum Verzicht auf das Verwertungsverbot des § 252 StPO, NStZ 2013, 213; *Schneider*, Zum Kriterium der Konnexität im Beweisantragsrecht, in FS Eisenberg, 2009, S. 609; *Sowada*, Beweisverwertungsverbote im Spannungsfeld zwischen nemo-tenetur-Grundsatz und fair-trial-Prinzip, in FS Geppert, 2011, S. 689; *Wendler/Hoffmann*, Technik und Taktik der Befragung im Gerichtsverfahren, 2009.

a) Zeugen

Schrifttum: *Brause*, Zum Zeugenbeweis in der Rechtsprechung des BGH, NStZ 2007, 505; *Diehm*, Die Entscheidung über die (Nicht-)Vereidigung des Zeugen im Strafprozess, StV 2007, 444; *Feser*, Die Zeugenvereidigung im Strafprozess, JuS 2008, 229; *Kirchmann/*

---

1 BGH v. 16.9.2004 – 4 StR 84/04, wistra 2004, 472 m. Anm. *Eidam*, StV 2005, 201.
2 BGH v. 14.8.2007 – 3 StR 266/07, NStZ 2008, 170.

Petzold, Der Umgang mit dem Vorhalt – oder: Strafverteidigung bei Vorhalten, StRR 2013, 444; *Rose*, Beweisanträge und Vernehmung von Auslandszeugen: Entwicklung und Tendenzen in der neueren Rechtsprechung, NStZ 2012, 18; *Rostek*, Die ständige Missachtung des § 69 StPO, StraFo 2011, 386; *Schlothauer*, Darf, sollte, muss sich ein Zeuge auf seine Vernehmung in der Hauptverhandlung vorbereiten?, in FS Dahs, 2005, S. 457; *Schmitt*, Das Zeugnisverweigerungsrecht des Angehörigen im Verfahren gegen mehrere Beschuldigte, in FS Kühne, 2013, S. 333; *Schmitt*, Der Ermittlungsführer als (Universal-)Zeuge der Anklage?!, NZWiSt 2014, 121.

Der Zeuge ist zum **Erscheinen** vor Gericht **verpflichtet** (§ 48 Abs. 1 S. 1 StPO). Erscheint er unentschuldigt nicht, können gegen ihn Ordnungsmaßnahmen verhängt werden (vgl. im Einzelnen § 51 StPO). Sofern ihm kein umfassendes Zeugnisverweigerungsrecht (§§ 52–54 StPO) oder kein auf einzelne Fragen bezogenes Auskunftsverweigerungsrecht (§ 55 StPO) zusteht, muss er sich zur Sache äußern. Tut er das grundlos nicht, werden ebenfalls *Ordnungsmaßnahmen* gegen ihn festgesetzt (näher § 70 StPO; bei einer offensichtlich falschen oder unvollständigen (lückenhaften) Aussage kommt diese Bestimmung jedoch nicht zur Anwendung). 26

Zeugen werden nur dann **vereidigt**, wenn es das Gericht wegen der ausschlaggebenden Bedeutung der Aussage für notwendig erachtet (§ 59 Abs. 1 S. 1 StPO). Dies wird nur in seltenen Ausnahmefällen geschehen. Tatverdächtige Zeugen dürfen nicht vereidigt werden (§ 60 Nr. 2 StPO). Da die Nichtvereidigung die Regel ist, bedarf es einer Entscheidung hierüber nur dann, wenn ein entsprechender Antrag gestellt worden ist[1]. 27

b) Sachverständige

Schrifttum: *Brammsen*, Der abgelehnte vorbefasste Privatgutachter – zweierlei Maß im Strafprozess?, ZStW 119, 2007, S. 93; *Dippel*, Ausgewählte Themen des Beweises durch Sachverständige im Strafverfahren, in FS Müller, 2008, S. 125; *Erb*, Die Abhängigkeit des Richters vom Sachverständigen, ZStW 121, 2009, 882; *Lehmann*, Der Anspruch auf Einsicht in die Unterlagen des Sachverständigen, GA 2005, 639; *Nack*, Abhängigkeit des Richters vom Sachverständigen, GA 2009, 201; *Ulrich*, Der gerichtliche Sachverständige, 12. Aufl. 2007; *Wolf*, Der Sachverständige im Wirtschaftsstrafverfahren, ZWH 2012, 125.

Sachverständiger ist, wer *im Auftrag* des Gerichts, der Staatsanwaltschaft oder der Polizeibehörden aufgrund seiner *Sachkunde* Erfahrungssätze mitteilt, Tatsachen ermittelt oder aus bestimmten, vorgegebenen Tatsachen Schlussfolgerungen zieht[2]. Zu *unterscheiden* ist der Sachverständige vom Zeugen, insbesondere **vom sachverständigen Zeugen:** Letzterer besitzt zwar ebenfalls Sachkunde, jedoch hat er bei seinen Wahrnehmungen nicht im Auftrag des Gerichts gehandelt. 28

Beispiel: In einem Strafverfahren wegen Bankrottdelikten gegen den früheren Geschäftsführer D der Firma F wird der frühere Buchhalter B über den Zeitpunkt der Zahlungsunfähigkeit befragt: B ist Zeuge und nicht Sachverständiger, da er seine Wahrnehmungen nicht im Auftrag des Gerichts oder einer Strafverfolgungsbehörde gemacht hat. Anders ist es, wenn ein erfahrener Bilanzbuchhalter anhand der beschlagnahmten Unterlagen im

---

1 BGH v. 16.11.2005 – 2 StR 457/05, BGHSt 50, 282.
2 S. *Schmitt* in Meyer-Goßner/Schmitt, § 85 StPO Rz. 2 f.

Auftrag des Gerichts Ausführungen über den Zeitpunkt der Zahlungsunfähigkeit oder Überschuldung machen soll: In diesem Falle wird er als Sachverständiger tätig.

Zwar finden auf den Sachverständigen grundsätzlich die für Zeugen geltenden Vorschriften entsprechende Anwendung (§ 72 StPO). Eine Unterscheidung ist insbesondere aus folgenden Gründen dennoch von Bedeutung:

29 Zunächst kann der Sachverständige – anders als der Zeuge – wie ein Richter **abgelehnt** werden (§ 74 StPO). In Wirtschaftsstrafverfahren werden Gutachten über Zahlungsunfähigkeit oder Überschuldung einer Firma häufig von *Wirtschaftsreferenten der Staatsanwaltschaft* (vgl. § 11 Rz. 4, 8) oder Sachbearbeitern für Buchprüfung der Polizei erstellt. Was die bei der Staatsanwaltschaft tätigen Wirtschaftsreferenten angeht, so hat der BGH[1] ausdrücklich darauf hingewiesen, dass allein ihre Zugehörigkeit zu dieser Dienststelle einer Tätigkeit als Sachverständiger nicht entgegensteht, sofern die Gutachten eigenverantwortlich und frei von Beeinflussung erstattet werden können. Dieser Grundsatz müsste auch für polizeiliche Sachbearbeiter für Buchprüfung gelten[2]. Ein Ablehnungsgrund ist jedoch dann zu bejahen, wenn der betreffende Angehörige der Strafverfolgungsbehörde durch eigene Ermittlungen aktiv tätig geworden ist (§ 22 Nr. 4 StPO)[3].

Dies kann der Fall sein, wenn der Sachbearbeiter für Buchprüfung, der bei der Polizei tätig ist, bei Durchsuchungen im Ermittlungsverfahren entscheidet, welche Unterlagen als Beweismittel in Betracht kommen und sicherzustellen sind. Unschädlich dürfte es sein, wenn er sich bei der Durchführung der Durchsuchung auf eine beratende Tätigkeit beschränkt. Um sich nicht der Gefahr der Ablehnung wegen Befangenheit auszusetzen, sollte deshalb der Beamte, der bei Durchsuchungen zugegen war, nicht als Sachverständiger auftreten.

30 Ein Sachverständiger kann dem Gericht *nur* über solche Tatsachen berichten, die er im *Auftrag des Gerichts* aufgrund **seiner Sachkunde** wahrgenommen hat (sog. Befundtatsachen). Über Umstände, die auch das Gericht hätte feststellen können, kann er nur als Zeuge berichten (sog. Zusatztatsachen). Die Unterscheidung zwischen Befundtatsachen und Zusatztatsachen kann von erheblicher Bedeutung sein.

Beispiel: Der Geschäftsführer der Firma F wird verdächtigt, größere Geldsummen veruntreut zu haben. Der polizeiliche Sachbearbeiter für Buchprüfung B erstellt in den Geschäftsräumen der Firma F ein Gutachten über Geldbewegungen, Kontierungen, Verbuchungen u.a. Die in der Firma noch tätige Verlobte des G, die Sekretärin V, berichtet B über wertvolle Immobilien, die sich G in der Schweiz gekauft habe. Hier handelt es sich um eine Zusatztatsache, über die B nur als Zeuge vernommen werden kann. Verweigert V jedoch in der Hauptverhandlung die Aussage, so können die Angaben des B über die Bemerkungen der V nach den von der Rechtsprechung entwickelten Grundsätzen zu § 252 StPO nicht verwertet werden[4].

---

1 BGH v. 10.4.1979 – 4 StR 127/79, BGHSt 28, 381 (384).
2 Vgl. auch BGH v. 11.1.1963 – 3 StR 52/62, BGHSt 18, 214.
3 Vgl. *Wiegmann*, StV 1996, 571.
4 Vgl. BGH v. 13.2.1959 – 4 StR 470/58, BGHSt 13, 1 (4 f.); BGH v. 26.10.1962 – 4 StR 318/62, BGHSt 18, 107 (109); BGH v. 20.3.1990 – 1 StR 693/89, BGHSt 36, 384 (386).

Im Gegensatz zum Zeugen hat der Sachverständige **besondere Rechte:** Ihm kann gestattet werden, die *Akten einzusehen,* der Vernehmung von Zeugen oder des Beschuldigten beizuwohnen und an sie unmittelbare Fragen zu stellen (§ 80 StPO). 31

Besitzt das **Gericht** selbst die **erforderliche Sachkunde,** so kann es auf die Vernehmung eines Sachverständigen verzichten (§ 244 Abs. 4 StPO). Dies sollte bei *Wirtschaftsstrafkammern* der Fall sein, wenn es um Fragen der Buchhaltung oder der Bilanzkunde geht. 32

c) Augenschein und Urkundenbeweis

Schrifttum: *Artkämper/Sotelsek,* Möglichkeiten und Grenzen des § 253 StPO, Jura 2008, 579; *Gubitz/Bock,* Aus der Praxis: Die „ergänzende" Verlesung eines Vernehmungsprotokolls – Ein revisibler Verstoß gegen § 250 S. 2 StPO, JuS 2007, 130; *Keller,* Zur prozessualen Verwertbarkeit von im Ausland abgelegten Geständnissen, in FS Fezer, 2008, S. 227; *Knierim/Rettenmaier,* Das Selbstleseverfahren gem. § 249 Abs. 2 StPO in Wirtschaftsstrafsachen – Verfahrensbeschleunigung oder unzulässiger Verstoß gegen das Recht auf ein faires Verfahren?, StV 2006, 155; *Meyer-Lohkamp,* Beweisaufnahme short to go – Überlegungen zum Selbstleseverfahren, StV 2014, 121; *Mosbacher,* Zur Zulässigkeit vernehmungsergänzender Verlesung, NStZ 2014, 1; *Ventzke,* Neues zum Selbstleseverfahren, StV 2014, 114; *Welp,* Strafurteile als Beweismittel im Strafprozess, in FS Müller, 2008, S. 765.

Der **Augenschein** hat in Wirtschaftsstrafsachen keine größere Bedeutung. Zu *unterscheiden* ist er vom *Urkundenbeweis:* Geht es um den gedanklichen Inhalt einer Urkunde, so muss ein Urkundenbeweis durchgeführt werden. Äußerlichkeiten einer Urkunde – z.B. Schriftvergleiche, Beschädigungen – werden dagegen durch Augenschein festgestellt. Bruchstückhafte Regelungen über den Augenschein finden sich in §§ 86, 249 Abs. 1, 244 Abs. 5 S. 1 StPO. 33

Urkunden, d.h. verlesbare Schriftstücke, werden nach § 249 Abs. 1 StPO durch *Verlesung* in der Hauptverhandlung als Beweismittel verwertet. Es ist allerdings nicht ausgeschlossen, Urkunden im Wege des Vorhaltes an einen Zeugen, der deren Inhalt dann bestätigt, in die Hauptverhandlung einzuführen. Beweisgrundlage ist dann nicht die Urkunde, sondern die Aussage des Zeugen. Dem sind allerdings in den Fällen Grenzen gesetzt, in denen es auf den Wortlaut der Urkunde ankommt und es sich um einen längeren oder um einen schwer zu verstehenden Text handelt[1]. Die Verlesung kann unterbleiben, sofern die Beteiligten von der Urkunde Kenntnis genommen haben bzw. hierzu Gelegenheit hatten (vgl. § 249 Abs. 2 StPO und § 10 Rz. 25). Fehlt es an einer verlesbaren Schrift (z.B. bei Lichtbildern), so liegt keine Urkunde vor. Solche Beweismittel müssen im Wege der Augenscheinseinnahme in das Verfahren eingeführt werden. 34

Nicht in jedem Fall ist es zulässig, den Inhalt einer Urkunde durch Verlesen in das Strafverfahren einzuführen. Aus §§ 250–254, 256 StPO ergibt sich, dass **Protokolle** über Aussagen und Erklärungen von Zeugen, Sachverständigen und Mitbeschuldigten *nur in Ausnahmefällen* verlesen werden dürfen. I.d.R. ist die 35

---

1 S. näher BGH v. 5.4.2000 – 5 StR 226/99, wistra 2000, 219; BGH v. 30.8.2000 – 2 StR 85/00, wistra 2001, 25; BGH v. 17.7.2003 – 1 StR 34/03, wistra 2004, 31.

betreffende Person in der Hauptverhandlung zu vernehmen, es sei denn, alle Beteiligten sind mit einer Protokollverlesung einverstanden (§ 251 Abs. 1 Nr. 1, Abs. 2 Nr. 3 StPO). § 251 Abs. 1 Nr. 3 StPO erlaubt die Verlesung einer Niederschrift über die Aussage eines Zeugen oder einer schriftlichen Erklärung von diesem, soweit es um das Bestehen und die Höhe eines Vermögensschadens geht. Dies mag die Beweisaufnahme etwa in Fällen des Kapitalanlagebetruges mit vielen Geschädigten erleichtern: Zu anderen Fragen (etwa zum Irrtum) muss aber i.d.R. nach wie vor der Geschädigte gehört werden. § 250 StPO darf allerdings nicht dahin missverstanden werden, dass grundsätzlich nur der tatnächste Zeuge als Beweismittel in Betracht kommt, also z.B. eine Vernehmung des „Zeugen vom Hörensagen" unzulässig wäre[1].

d) Umfang der Beweisaufnahme

Schrifttum: *Alsberg*, Der Beweisantrag im Strafprozess, 6. Aufl. 2013; *Basdorf*, Elemente des Beweisantrags – Konnexität und anderes –, in FS Widmaier, 2008, S. 51; *Beulke*, Der Beweisantrag, JuS 2006, 597; *Foth*, Die Entwicklung des Beweisantragsrechts, in FS Widmaier, 2008, S. 223; *Gleß*, Beweisverbote in Fällen mit Auslandsbezug, JR 2008, 317; *Gleß*, Sachverhaltsaufklärung durch Auslandszeugen, in FS Eisenberg, 2009, S. 499; *Günther*, Der Beweisantrag auf Vernehmung eines Auslandszeugen im Lichte des Art. 6 Abs. 3 lit. d EMRK, in FS Widmaier, 2008, S. 253; *Habetha/Trüg*, Erosion des Beweisantragsrechts – Aktuelle Entwicklungen in der Rechtsprechung des BGH, GA 2009, 406; *Hadamitzki*, Anträge auf Beweiserhebung in der neueren Rechtsprechung des Bundesgerichtshofs, StraFo 2012, 297; *Hamm*, Fristenregelung für Beweisanträge?, in FS Hassemer, 2010, S. 1017; *Hamm/Hassemer/Pauly*, Beweisantragsrecht, 3. Aufl. 2013; *Jahn*, Konnexitätsdoktrin und „Fristenlösungsmodell" – Die verfassungsrechtlichen Grenzen der Fremdkontrolle im Beweisantragsrecht der Verteidigung durch den Bundesgerichtshof, StV 2009, 663; *Junker*, Beweisantragsrecht im Strafprozess, 2007; *Kempf*, Der (zu) späte Beweisantrag, StraFo 2010, 316; *Knauer*, Anträge auf Beweiserhebungen in der neueren Rechtsprechung des Bundesgerichtshofs, StraFo 2012, 473; *Krell*, Der Beweisantrag und seine Ablehnung im Strafprozess, Jura 2012, 355; *Mosbacher*, Zur Bescheidung auf Beweiserhebung gerichteter Anträge, NStZ-Sonderheft 2009, 20; *Niemöller*, Zum exzessiven Gebrauch des Beweisantragsrechts, JR 2010, 332; *Rose*, Wieso soll der benannte Zeuge dazu etwas sagen können? Der aktuelle Diskussionsstand zur Konnexität als Voraussetzung für einen strafprozessualen Beweisantrag, NStZ 2014, 128; *Schuster*, Verwertbarkeit im Ausland gewonnener Beweise im deutschen Strafprozess, 2006; *Trüg*, Beweisantragsrecht – Disziplinierung der Verteidigung durch erhöhte Anforderungen?, StraFo 2010, 139; *Weslau*, Der blinde Fleck. Eine Kritik der Lehre vom Beweisantragsrecht, in FS Fezer, 2008, S. 289; *Witting*, Die Fristsetzung bei „missbräuchlicher" Beweisantragstellung – eine akzeptable Präklusion des Beweisantragsrechts?, in FS Volk, 2009, 885.

Das Gericht hat zur „Erforschung der Wahrheit die Beweisaufnahme von Amts wegen auf alle Tatsachen und Beweismittel zu erstrecken, die für die Entscheidung von Bedeutung sind" (§ 244 Abs. 2 StPO). Die **gerichtliche Aufklärungspflicht** bedeutet jedoch nicht, dass der *Angeklagte* keinen Einfluss auf die Beweisaufnahme nehmen könnte. Durch sein Recht, *Beweisanträge* zu stellen, kann er die Hauptverhandlung entscheidend mitgestalten, und zwar grundsätzlich zeitlich unbefristet, also äußerstenfalls bis zur Verkündung des Urteils[2].

---

1 BGH v. 1.8.1962 – 3 StR 28/62, BGHSt 17, 382.
2 Vgl. *Meyer-Goßner* in Meyer-Goßner/Schmitt, § 244 StPO Rz. 33 m.w.Nw.

Allerdings hat der Vorsitzende – verfassungsrechtlich unbedenklich[1] – die Befugnis, zur Stellung von Beweisanträgen eine Frist zu setzen; danach angebrachte Anträge können dann unter bestimmten Voraussetzungen wegen Prozessverschleppung abgelehnt werden[2]. Gerade in umfangreichen Wirtschaftsstrafverfahren kann dies von Bedeutung sein. Prozessverschleppung ist ein Grund, der die Ablehnung eines Beweisantrages rechtfertigt (im Übrigen s. § 244 Abs. 3 S. 2 StPO). Die Ablehnung erfordert einen Gerichtsbeschluss (§ 244 Abs. 6 StPO).

Beispiel: Anlässlich der Beweisaufnahme erklären fünf Zeugen glaubhaft und widerspruchsfrei, der Angeklagte habe als Geschäftsführer der Firma F kurz vor deren Insolvenz die Vernichtung von Teilen der Buchhaltung angeordnet (§ 283 Abs. 1 Nr. 6 StGB). Beruft sich der Angeklagte auf seine Ehefrau zum Beweis dafür, dass die Vernichtung der Unterlagen vom Buchhalter B eigenmächtig vorgenommen worden war, kann das Gericht diesen Beweisantrag auch dann nicht ablehnen, wenn es aufgrund der Aussagen der fünf Zeugen von der Unwahrheit der Behauptung des Angeklagten überzeugt ist, denn ein Ablehnungsgrund des § 244 Abs. 3 StPO liegt nicht vor[3].

An die Ablehnungsgründe des § 244 Abs. 3 und 4 StPO ist das Gericht jedoch dann nicht gebunden, wenn es sich bei dem Antrag überhaupt nicht um einen Beweisantrag handelt. Ein **Beweisantrag** ist das ernsthafte – unbedingte oder an eine Bedingung geknüpfte – Verlangen eines Beteiligten, über eine die Schuld oder die Rechtsfolgen betreffende Behauptung durch bestimmte, nach der StPO zugelassene Beweismittel Beweis zu erheben[4]. Zwischen dem Beweismittel und der Beweistatsache muss ein „Konnex" bestehen[5]. Ein solcher Antrag liegt etwa dann *nicht* vor, wenn der Zeuge zu dem im Antrag genannten Thema bereits gehört worden ist[6], wenn eine Tatsache nicht bestimmt behauptet wird, sondern der Zeuge darüber aussagen soll, „ob" sie eingetreten ist[7], wenn keine bestimmte Tatsache oder nur das, was sich aus der Aussage des Zeugen ergeben soll, behauptet wird.

---

1 BVerfG v. 6.10.2009 – 2 BvR 2580/08, NStZ 2010, 155; *Knauer*, JR 2011, 359.
2 BGH v. 23.9.2008 – 1 StR 484/08, BGHSt 52, 355 m. Anm. *Eidam*, JZ 2009, 318; BGH v. 10.11.2009 – 1 StR 162/09, wistra 2010, 67; *Fezer*, HRRS 2009, 17; *Gaede*, NJW 2009, 608.
3 Vgl. etwa BGH v. 21.3.1989 – 5 StR 120/88, BGHR StPO § 244 Abs. 6 Beweisantrag 9; weiter – auch zur Zulässigkeit von antizipierenden (vorwegnehmenden) Wertungen – *Fischer* in KK, § 244 StPO Rz. 127–129.
4 *Meyer-Goßner* in Meyer-Goßner/Schmitt, § 244 StPO Rz. 18.
5 S. BGH v. 10.6.2008 – 5 StR 38/08, BGHSt 52, 284 m. Anm. *Beulke/Witzigmann*, StV 2009, 58; weiter hierzu *Pfister*, StV 2009, 550; *Beulke*, StV 2009, 554; *Sturm*, StraFo 2009, 407; BGH v. 3.11.2010 – 1 StR 497/10, wistra 2011, 116; hierzu *Kröpil*, Jura 2012, 459.
6 St. Rspr., vgl. etwa BGH v. 2.2.1999 – 1 StR 590/98, NStZ 1999, 312.
7 BGH v. 5.7.1955 – 2 StR 159/55, BGHSt 8, 76; allerdings muss, bevor ein solchermaßen formulierter Antrag abgelehnt wird, der Antragsteller gefragt werden, ob er ihn falsch gefasst hat.

Beispiel nach BGH[1]: Es wird in das Wissen eines Zeugen gestellt, der Angeklagte habe „planmäßig, zielgerichtet und situationsangepasst" gehandelt. Damit wird nicht behauptet, welche Tatsache der Zeuge wahrgenommen haben soll[2].

38 In all diesen Fällen liegen lediglich **Beweisermittlungsanträge** vor, über die nach Maßgabe der Aufklärungspflicht (§ 244 Abs. 2 StPO) zu befinden ist.

39 Beweisanträge, die auf die Vernehmung eines **im Ausland** zu ladenden **Zeugen** gerichtet sind, können unter den erleichterten Voraussetzungen des § 244 Abs. 5 S. 2 StPO abgelehnt werden; insoweit gilt das Verbot der Beweisantizipation nicht[3]. Diese Regelung ist verfassungsgemäß[4].

Hält das Gericht zur Erforschung der Wahrheit die Vernehmung des Zeugen für geboten, hat es diesen im Ausland zu laden, es sei denn, entsprechende Bemühungen waren bislang erfolglos und werden es auch in Zukunft sein. Erscheint der Zeuge nicht, ist seine *kommissarische Vernehmung im Ausland* (s. §§ 223 f. StPO) insbesondere dann in Betracht zu ziehen, wenn es nicht auf den persönlichen Eindruck von ihm ankommt. In diesem Fall wird die Niederschrift über die Vernehmung gem. § 251 Abs. 1 Nr. 2 StPO verlesen[5]. Kann auf den persönlichen Eindruck vom Zeugen nicht verzichtet werden, ist dessen Vernehmung im Ausland sinnlos. Der Zeuge ist dann unerreichbar oder ein völlig ungeeignetes Beweismittel (§ 244 Abs. 3 S. 2 StPO). Bevor aber ein Beweisantrag, der auf die Vernehmung des Zeugen gerichtet ist, abgelehnt werden kann, ist zu prüfen, ob eine audiovisuelle Vernehmung (Übertragung aus dem Ausland) infrage kommt[6]. Diese Art der Vernehmung ist allerdings nur dann geboten, wenn von ihr eine weitergehende oder bessere Aufklärung zu erwarten ist als durch die Verlesung des richterlichen Vernehmungsprotokolls über die Vernehmung im Ausland[7].

e) Verständigung

Schrifttum: (in Auswahl ab 2010, da unüberschaubar) *Altvater*, Überprüfung der Verständigung durch die Revision, StraFo 2014, 221; *Bittmann*, Übersicht über die Rechtsprechung zum Verständigungsgesetz seit 2010, ZWH 2013, 260; *Bittmann*, Die kommunikative Hauptverhandlung im Strafprozess, NJW 2013, 3017; *Bittmann*, Das Verständigungs-

---

1 Nach BGH v. 1.11.1994 – 5 StR 276/94, BGHR StPO § 244 Abs. 6 Beweisantrag 31.
2 Vgl. hierzu weiter BGH v. 29.8.1990 – 3 StR 184/90, BGHSt 37, 162; BGH v. 6.7.1993 – 5 StR 279/93, BGHSt 39, 251 und *Widmaier*, NStZ 1993, 602; BGH v. 8.12.1993 – 3 StR 446/93, BGHSt 40, 3; BGH v. 9.3.1999 – 1 StR 693/98, NStZ 1999, 362.
3 BGH v. 9.6.2005 – 3 StR 269/04, NJW 2005, 2322. Zu den im Einzelnen abzuwägenden Umständen BGH v. 14.6.2000 – 3 StR 26/00, wistra 2002, 387 m. Anm. *Julius*, NStZ 2002, 654.
4 BVerfG v. 21.8.1996 – 2 BvR 1304/96, NJW 1997, 999.
5 S. näher *Meyer-Goßner* in Meyer-Goßner/Schmitt, § 244 StPO Rz. 63, 65.
6 BGH v. 15.9.1999 – 1 StR 286/99, BGHSt 45, 188 m. Anm. *Duttge*, NStZ 2000, 158; *Vassilaki*, JZ 2000, 474; *Rose*, JZ 2000, 77.
7 Vgl. BGH v. 18.5.2000 – 4 StR 647/99, BGHSt 46, 73 m. Anm. *Sinn*, JZ 2001, 51; *Rose*, JR 2001, 345. S. weiter BGH v. 26.8.2003 – 1 StR 282/03, NStZ 2004, 347 zu der Frage, ob ein Auslandszeuge für eine audiovisuelle Vernehmung „völlig ungeeignet" i.S. des § 244 Abs. 3 S. 2 StPO ist.

gesetz in der Rechtsprechung seit dem Urteil des Bundesverfassungsgerichts vom 19.3.2013, ZWH 2014, 249; *Brocke*, Justiz unter Beobachtung – das Urteil des BVerfG zur Verständigung in Strafsachen und seine Auswirkungen auf die staatsanwaltschaftliche und strafgerichtliche Praxis, StraFo 2013, 441; *Ceffinato*, Die Regelung der Verständigung im Strafprozess im Lichte der Rechtsprechung der Bundesgerichte, Jura 2013, 873; *Deutscher*, Fünf Jahre Verständigungsgesetz – Rechtsprechungsübersicht zum Transparenzgebot, StRR 2014, 288; *Erhard*, Sind aus der Sicht der Praxis nach dem Verständigungsurteil des BVerfG Reformen des Strafprozesses erforderlich? Anmerkungen eines Tatrichters, StV 2013, 655; *Fischer*, Die Deal-Entscheidung. Polemik über die rasselnden Federn der Justiz, in FS Kühne, 2013, S. 203; *Globke*, Die Verständigung im Strafprozess nach der Entscheidung des BVerfG oder „Da stelle uns mal janz dumm", JR 2014, 9; *Hamm*, Urteil oder Vergleich? – § 257c StPO und die Wahrheitssuche, in FS Dencker, 2012, S. 147; *Hamm*, Wie kann das Strafverfahren jenseits der Verständigung künftig praxisgerechter gestaltet werden – sind Reformen des Strafprozesses erforderlich? – Vorgeschichte und Folgen der BVerfG-Entscheidung zu § 257c StPO, StV 2013, 652; *Kempf*, Das Absprachen-Urteil des BVerfG und die Aktualität legislatorischer Alternativen, StraFo 2014, 105; *Knauer*, Die Entscheidung des BVerfG zur strafprozessualen Verständigung (Urteil vom 19.3.2013) – Paukenschlag oder Papiertiger?, NStZ 2013, 433; *Krawczyk/Schüler*, Fünf Jahre Verständigungsgesetz – Rechtsprechungsübersicht zum zulässigen Verständigungsinhalt, Rechtsmittelverzicht und Verständigungsverfahren, StRR 2014, 284; *Krey/Windgätter*, Vom unhaltbaren Zustand des Strafrechts – Wider die Überlastung, Überforderung und Überdehnung der Strafrechtspflege, in FS Achenbach, 2011, S. 233; *Landau*, Das Urteil des Zweiten Senats des BVerfG zu den Absprachen im Strafprozess vom 19. März 2013, NStZ 2014, 425; *Meyer*, Die faktische Kraft des Normativen – Das BVerfG und die Verständigung im Strafverfahren, NJW 2013, 1850; *Moldenhauer/Wenske*, Die Verständigung in Strafsachen in der Berufungsinstanz, NStZ 2012, 184; *Moosbacher*, Praktische Auswirkungen der Entscheidung des BVerfG zur Verständigung – zugleich eine Anmerkung zu BVerfG, Urteil v. 19.3.2013, NZWiSt 2013, 202; *Murmann*, Probleme der gesetzlichen Regelung der Absprachen im Strafverfahren, in FS Roxin, 2011, S. 1385; *Niemöller*, Rechtsmittelverzicht und -zurücknahme nach Verständigung, NStZ 2013, 19; *Niemöller*, Zum Geltungsanspruch und -umfang des Verständigungsgesetzes, GA 2014, 179; *Niemöller/Schlothauer/Wieder*, Gesetz zur Verständigung im Strafverfahren, 2010; *Sauer*, Absprachen im Strafprozess, 2. Aufl. 2013; *Schneider*, Überblick über die höchstrichterliche Rechtsprechung zur Verfahrensverständigung im Anschluss an das Urteil des BVerfG vom 19. März 2013, NStZ 2014, 192, 252; *Schuster*, Schuld, Strafe, Rechtsfolge und das BVerfG, StV 2014, 109; *Trück*, Konkludente Urteilsabsprache als Anzeichen eines Klimawandels in der Rechtsprechung zur Verständigung, ZWH 2014, 179; *Tsambikakis*, Die Zukunft der strafprozessualen Verständigung, ZWH 2013, 209; *Venzke*, Die Verständigung in der Revision – „... ist insoweit nichts erwiesen", StraFo 2012, 212; *Wenske*, Die Verständigung im Strafverfahren, DRiZ 2011, 393, DRiZ 2012, 123, 198; *Ziegert*, Die revisionsrechtliche Überprüfung von Absprachen in der aktuellen Rechtsprechung des Bundesgerichtshofs, StraFo 2014, 228.

§ 257c StPO enthält Regeln über die **Verständigung im Strafverfahren**, die in Wirtschaftsstrafsachen eine herausragende Rolle spielt. Der *Grund* dafür, weshalb der Verständigung ein so hoher Stellenwert zukommt, liegt vor allem in dem massiven Personalstellenabbau in den letzten Jahren bei gleichbleibender Belastung[1]. Die Verfahren werden zudem immer komplexer und umfangreicher, sodass zur Aufklärung der Taten ein hoher Zeitaufwand erforderlich ist, zumal die Bereitschaft der Beschuldigten, an der Aufklärung des Sachverhalts mitzuwirken, zwar nicht durchgängig, aber doch häufiger als früher abnimmt. Vielfach wird „nachhaltig" verteidigt, sodass der zeitliche Aufwand für die Ver-

39a

---

1 Hierzu instruktiv *Krey/Windgätter* in FS Achenbach, 2011, S. 233.

fahren zunimmt. Eine Verständigung erspart allen Beteiligten eine möglicherweise lang andauernde Hauptverhandlung; das Verfahren wird – je zeitiger die Absprache getroffen wird, umso nachhaltiger – abgekürzt. Hieran haben alle Verfahrensbeteiligten ein Interesse. Diese Abkürzung erspart allerdings nicht nur die aufwendige Feststellung von Tatsachen, sondern verhindert häufig auch die Klärung strittiger Rechtsfragen, da durch die Verständigung das gesamte Verfahren einer Kontrolle durch das Revisionsgericht entzogen wird. § 257c StPO ist im Zusammenhang mit der grundlegenden Entscheidung des BVerfG[1] zu dieser Bestimmung, die verfassungsgemäß ist, zu sehen. Hiernach ergibt sich Folgendes:

39b **Absprachen sind verfassungsrechtlich zulässig**, obgleich in einer repräsentativen empirischen Untersuchung, die das BVerfG in Auftrag gegeben hatte[2], 58,9 % der befragten Richter angegeben hatten, mehr als die Hälfte ihrer Absprachen „informell", also ohne Anwendung des § 257c StPO durchgeführt zu haben[3]. Dem Gesetzgeber wurde deshalb aufgegeben, „durch hinreichende Vorkehrungen sicherzustellen, dass die verfassungsrechtlichen Anforderungen gewahrt bleiben", denn diese Praxis sei nicht verfassungskonform.

Dem Urteil des BVerfG ist zu entnehmen, dass es der Verständigung sehr kritisch gegenübersteht. Es werden an Gericht und Staatsanwaltschaft bis ins Detail gehende Anforderungen gestellt, deren Erfüllung viel Zeit und Sorgfalt erfordert. So sollen Absprachen erschwert und damit unattraktiv gemacht werden.

39c **Gegenstand einer Verständigung** dürfen nur die *Rechtsfolgen* sein (§ 257c Abs. 2 S. 1 StPO), also insbesondere die Strafe, nicht aber der Schuldspruch und auch nicht Maßregeln der Besserung und Sicherung (§ 61 StGB, s. § 21 Rz. 65), § 257c Abs. 2 S. 3 StPO. Auch über eine Strafrahmenverschiebung (etwa nach §§ 23 Abs. 2, 27 Abs. 2 S. 2, 28 Abs. 1, 49 Abs. 1 StGB) und über minder schwere und besonders schwere Fälle (s. § 21 Rz. 15 ff.) darf ebenso wenig wie über Regelbeispiele (z.B. § 263 Abs. 3 S. 2 StGB, § 370 Abs. 3 S. 2 Nr. 1 AO; s. § 21 Rz. 17) eine Absprache getroffen werden[4]. Andererseits kann die Fortdauer der Untersuchungshaft nach Urteilsverkündung Gegenstand einer Absprache sein[5]; allerdings sind die Grenzen des § 136a StPO zu beachten (s. § 11 Rz. 36a). Die Verständigung muss sich auf den Gegenstand des Verfahrens beschränken, in dem sie getroffen wird; Zusagen der Staatsanwaltschaft, in einer anderen Sache nach § 154 Abs. 1 StPO zu verfahren (s. § 11 Rz. 138–140), sind nicht statthaft[6].

---

1 BVerfG v. 19.3.2013 – 2 BvR 2628/10, 2 BvR 2883/10, 2 BvR 2155/11 – Deal im Strafprozess, NJW 2013, 1058 m. Anm. *Löffelmann*, JR 2013, 333. Hierzu *Höll*, NZWiSt 2013, 134; *Kudlich*, NStZ 2013, 379; *Niemöller*, StV 2013, 420; *Trück*, ZHW 2013, 169; *Weigend*, StV 2013, 424.
2 *Altenhain/Dietmeier/May*, Die Praxis der Absprachen in Strafverfahren, 2013; krit. hierzu *Grube*, StV 2013, 794.
3 BVerfG – Deal im Strafprozess (oben Rz. 39a a.E), Rz. 49.
4 BVerfG – Deal im Strafprozess (oben Rz. 39a a.E), Rz. 74.
5 BGH v. 3.12.2013 – 2 StR 410/13, NStZ 2014, 219.
6 BVerfG – Deal im Strafprozess (oben Rz. 39a a.E), Rz. 79.

Bestandteil einer Verständigung soll ein **Geständnis** sein (§ 257c Abs. 2 S. 2 StPO), und zwar nicht ein inhaltsleeres Formalgeständnis[1]. Das Gericht ist aufgrund der nach wie vor bestehenden Aufklärungspflicht (§§ 257c Abs. 1 S. 2, 244 Abs. 2 StPO; s. § 10 Rz. 22) gehalten, es auf seine Richtigkeit durch Beweiserhebung in der Hauptverhandlung zu überprüfen; ein Abgleich anhand der Akten genügt nicht[2]. Es kann für die Strafe eine Ober- und eine Untergrenze zusagen (§ 257c Abs. 3 S. 2 StPO). Eine genaue Strafe darf nicht in Aussicht gestellt werden[3].

39d

Die StPO sieht für Absprachen in §§ 160b S. 2, 202a S. 2, 212, 243 Abs. 4, 273 Abs. 1 S. 2 und Abs. 1a umfangreiche **Informations- und Protokollierungspflichten vor**. Über jedes Gespräch auch außerhalb der Hauptverhandlung, das als Vorbereitung einer Verständigung verstanden werden kann, ist in der Hauptverhandlung zu informieren, und zwar auch dann, wenn eine Verständigung vor der Hauptverhandlung gescheitert ist[4]. Einer Mitteilung zu Beginn der Hauptverhandlung gem. § 243 Abs. 4 S. 1 StPO bedarf es allerdings dann nicht, wenn es außerhalb der Hauptverhandlung keine derartigen Gespräche gegeben hat[5]. Die Verständigung selbst ist der Hauptverhandlung vorbehalten. Beides ist im Protokoll festzuhalten (§ 273 Abs. 1a StPO). Ein Verstoß gegen die Informations- und Protokollierungspflicht soll zur Rechtswidrigkeit der Verständigung führen, was i.d.R. die Revision begründen soll; dies ist revisionsrechtlich bei bloßer Nichteinhaltung der Protokollierungspflicht höchst fragwürdig[6]

39e

Der Angeklagte und die Staatsanwaltschaft sind an die Verständigung **gebunden**[7]. Allerdings steht es dem Angeklagten frei (s. § 243 Abs. 5 S. 1 StPO), entgegen seiner Zusage kein Geständnis abzulegen. Dann ist die Absprache hinfällig[8]. Das Gericht kann von ihr abweichen, wenn rechtlich oder tatsächlich bedeutsame Umstände übersehen worden sind oder sich neu ergeben haben und deshalb der in Aussicht gestellte Strafrahmen nicht mehr tat- oder schuldangemessen ist (§ 257c Abs. 4 S. 1 StPO). Gleiches gilt, wenn das Verhalten des Angeklagten nicht den Erwartungen entspricht (§ 257c Abs. 4 S. 2 StPO). Der Angeklagte ist hierüber mit der Bekanntgabe des Verständigungsvorschlags zu belehren (§ 257c Abs. 5 StPO). Unterbleibt dies, soll das Geständnis „regelmäßig"

39f

---

1 BVerfG – Deal im Strafprozess (oben Rz. 39a a.E), Rz. 70.
2 BVerfG – Deal im Strafprozess (oben Rz. 39a a.E), Rz. 71; anders BGH v. 3.3.2005 – GSSt 1/04, BGHSt 50, 40 (49).
3 BGH v. 17.2.2011 – 3 StR 426/10, NStZ 2011, 648.
4 BGH v. 29.11.2013 – 1 StR 200/13, NStZ 2014, 221.
5 BVerfG – Deal im Strafprozess (oben Rz. 39a a.E), Rz. 98; BGH v. 10.7.2013 – 2 StR 47/13, BGHSt. 58, 315.
6 S. zum Ganzen aus der Rechtsprechung des BVerfG und des BGH BVerfG – Deal im Strafprozess (oben Rz. 39a a.E), Rz. 97; BGH v. 10.7. 2013 – 2 StR 195/12, BGHSt. 58, 310 m. Anm. *Radke*, NStZ 2013, 669; BGH v. 3.9.2013 – 1 StR 237/13, wistra 2013, 476 m. Anm. *Grube*, StraFo 2013, 513. BGH v. 8.10.2013 – 4 StR 272/13, StV 2014, 67; BGH v. 29.1.2014 – 1 StR 523/13, wistra 2014, 193; BGH v. 13.2.2014 – 1 StR 423/13, wistra 2014, 284; BGH v. 9.4.2014 – 1 StR 612/13, NStZ 2014, 416; BGH v. 15.4.2014 – 3 StR 89/14, NStZ 2014, 418; *Schneider*, NStZ 2014, 255 f.
7 BGH v. 21.6.2012 – 4 StR 623/11, BGHSt 57, 273 m. Anm. *Kudlich*, NStZ 2013, 119.
8 S. *Schneider*, NStZ 2014, 252 (259).

hierauf beruhen, sodass eine Revision erfolgreich wäre[1]. Allein auf einer fehlenden oder fehlerhaften Protokollierung über die Belehrung kann das Urteil aber nicht beruhen[2].

39g **„Informelle"** Absprachen außerhalb der Hauptverhandlung und Verständigungen, die nicht mit § 257c StPO in Einklang stehen, sind unzulässig[3]. Ein **Rechtsmittelverzicht** kann nach einer Verständigung nicht zugesagt werden (§ 302 Abs. 1 S. 2 StPO), und zwar auch dann nicht, wenn sich die Beteiligten unter Verstoß gegen § 257c StPO verständigt haben[4]. Ein **Urteil**, das gegen nahezu alle Vorgaben des § 257c StPO und die vom BVerfG aufgestellten Grundsätze verstößt, kann nach Ansicht des OLG München[5] nicht nur anfechtbar, sondern sogar *nichtig* sein. Das geht zu weit.

f) Hinweispflichten des Gerichts

Schrifttum: *Huber*, Grundwissen – Strafprozessrecht: Umgestaltung der Strafklage und Nachtragsanklage, JuS 2011, 1076.

40 Ergibt sich im Laufe der Beweisaufnahme, dass sich der Angeklagte nach einem anderen Strafgesetz schuldig gemacht haben kann als in der Anklage und im Eröffnungsbeschluss angenommen (etwa statt Betrug Untreue), muss der Vorsitzende hierauf **hinweisen** (§ 265 Abs. 1 StPO), und zwar auch dann, wenn dem eine Verständigung i.S. des § 257c StPO vorausgegangen ist[6]. Gleiches gilt gem. § 265 Abs. 2 StPO, wenn sich straferhöhende Umstände ergeben, die im Strafgesetz besonders hervorgehoben sind (hierzu zählen auch die vielen Regelbeispiele[7]); z.B. stellt sich heraus, dass ein Vermögensverlust großen Ausmaßes herbeigeführt worden ist (§ 263 Abs. 3 S. 2 Nr. 2, § 266 Abs. 2 StGB).

41 Die Hauptverhandlung ist **auszusetzen** (also Neubeginn erforderlich, eine Unterbrechung genügt nicht, s. §§ 228 f. StPO), wenn sich *neue Umstände* ergeben, die nicht aus der Anklageschrift, dem Eröffnungsbeschluss oder einer früheren Hauptverhandlung bekannt sind, bezüglich derer der Angeklagte behauptet, nicht genügend zur Verteidigung vorbereitet zu sein. Diese Umstände

---

1 BVerfG – Deal im Strafprozess (oben Rz. 39a a.E), Rz. 99; BVerfG v. 30.6.2013 – 2 BvR 85/13, StV 2013, 674; zu Recht krit. *Kudlich*, NStZ 2013, 381. S. hierzu ferner BGH v. 7.8.2013 – 5 StR 253/13, StV 2013, 682; BGH v. 15.1.2014 – 1 StR 302/13, wistra 2014, 322; OLG Rostock v. 5.8.2013 – 1 Ss 86/12, wistra 2013, 447.
2 BGH v. 12.12.2013 – 3 StR 210/13, wistra 2014, 324.
3 BVerfG – Deal im Strafprozess (oben Rz. 39a a.E), Rz. 75, 115; s. ferner BGH v. 4.8.2010 – 2 StR 205/10, NStZ 2011, 107; BGH v. 22.2.2012 – 1 StR 349/11, NStZ 2013, 353 m. Anm. *Kudlich*, NStZ 2013, 356; *Niemöller*, GA 2014, 179.
4 BVerfG – Deal im Strafprozess (oben Rz. 39a a.E), Rz. 78; ebenso BGH v. 24.9.2013 – 2 StR 267/13, wistra 2014, 148 m. Anm. *Kudlich*, JZ 2014, 471; *Norouzi*, NJW 2014, 874 und *Niemöller*, JR 2014, 216; hierzu *Trück*, ZWH 2014, 179; OLG München v. 31.5.2013 – 1 Ws 469/13, StV 2013, 493.
5 OLG München v. 17.5.2013 – 2 Ws 1149, 1150/12, NJW 2013, 2371 m. Anm. *Förschner*, StV 2013, 502 und *Meyer-Goßner*, StV 2013, 614. Hierzu *Kudlich*, NJW 2013, 3216.
6 BGH v. 11.5.2011 – 2 StR 590/10, BGHSt 56, 235 m. Anm. *Jahn/Rückert*, NStZ 2012, 48.
7 BGH v. 30.6.1987 – 1 StR 242/87, NJW 1988, 501.

müssen die Anwendung eines schwereren Strafgesetzes zulassen als in der Anklage und im Eröffnungsbeschluss aufgeführt (§ 265 Abs. 3 StPO). Eine Tatsache dürfte auch dann „neu" sein, wenn sie zwar aus den Akten, nicht aber aus der Anklage, dem Eröffnungsbeschluss oder einer früheren Hauptverhandlung ersichtlich ist[1]. Liegen die Voraussetzungen des § 265 Abs. 3 StPO vor, *ist* die Hauptverhandlung auszusetzen; dem Gericht steht kein Ermessen zu, sodass die Hauptverhandlung **nicht unterbrochen** werden kann, was vielfach genügen würde[2]. Dies kann verheerende Wirkungen gerade in lang andauernden Wirtschaftsstrafsachen haben, wo dann nach vielen Verhandlungstagen die Hauptverhandlung „platzt"[3]. § 265 Abs. 3 StPO sollte deshalb geändert werden (statt „ist" „kann").

Schließlich hat das Gericht die Hauptverhandlung auch dann **auszusetzen**, wenn dies infolge der veränderten Sachlage zur genügenden Vorbereitung de Anklage oder der Verteidigung erforderlich erscheint (§ 265 Abs. 4 StPO). Gerade in Wirtschaftsstrafverfahren ändert sich nicht selten der Sachverhalt gegenüber der zugelassenen Anklage; dies gilt allerdings i.d.R. nur für solche Tatsachen, die die Merkmale des gesetzlichen Straftatbestandes ausfüllen und nicht für Feststellungen, die die Planung und Vorbereitung der Tat betreffen[4]. Ferner kommt es immer wieder vor, dass der Verteidiger das Mandat niederlegt (Krankheit oder Zerwürfnis mit seinem Mandanten insbesondere in lang andauernden Verfahren) oder dass die Staatsanwaltschaft neue Akten mit neuen Beweismitteln vorlegt. Maßgebend dafür, ob die Hauptverhandlung auszusetzen ist, sind die Umstände des Eizelfalls. Insoweit steht dem Gericht ein Ermessen zu[5]. 42

Stellt sich in der Hauptverhandlung heraus, dass der Angeklagte einer **anderen** als der in der Anklageschrift bezeichneten **Tat** i.S. des § 264 StPO (hierzu Rz. 47d) schuldig ist, ist es mit einem Hinweis nach § 265 StPO nicht getan, vielmehr ist Nachtragsanklage (§ 266 StPO) zu erheben. Stimmt der Angeklagte nicht zu (s. § 266 Abs. 1 StPO), ist wegen dieser (neuen) Tat ein weiteres Strafverfahren einzuleiten. Wird in diesem (neuen) Verfahren Anklage erhoben und soll diese Sache in der noch laufenden Hauptverhandlung zu der bereits anhängigen Sache verbunden werden, ist mit der Hauptverhandlung von Neuem zu beginnen; eine Verbindung „zur gemeinsamen Verhandlung und Entscheidung in der bereits laufenden Hauptverhandlung" ist nicht statthaft[6]. 42a

---

1 Vgl. BGH v. 24.1.2003 – 2 StR 215/02, BGHSt 48, 183 m. Anm. *Mitsch*, NStZ 2004, 395; hierzu ferner *Kästner*, JuS 2003, 849; *Kudlich/Kraemer*, JA 2004, 108.
2 BGH v. 24.1.2003 – 2 StR 215/02, BGHSt 48, 183; vgl. weiter *Stuckenberg* in L/R, § 265 StPO Rz. 89.
3 Vgl. BGH v. 24.1.2003 – 2 StR 215/02, BGHSt 48, 183: Dort hatte die Hauptverhandlung 26 Tage gedauert.
4 BGH v. 15.9.1999 – 2 StR 530/98, NStZ 2000, 48.
5 BGH v. 30.8.2012 – 4 StR 108/12, NStZ 2013, 122 m. Anm. *Wohlers*, JR 2013, 376.
6 BGH v. 11.12.2008 – 4 StR 318/08, BGHSt 53, 108.

g) Verletzter

Schrifttum: *Feigen,* Adhäsionsverfahren auch in Wirtschaftsstrafsachen?, in FS Otto, 2007, S. 879; *Grau/Blechschmidt/Frick,* Stärken und Schwächen des reformierten Adhäsionsverfahrens, NStZ 2010, 662; *Haller,* Das „kränkelnde" Adhäsionsverfahren, NJW 2011, 970; *Krey/Wilhelmi,* Ausbau des Adhäsionsverfahrens – Holzweg oder Königsweg? – Kritische Analyse mit rechtshistorischen und rechtsvergleichenden Hinweisen, in FS Otto, 2007, S. 933; *Kuhn,* Das „neue" Adhäsionsverfahren, JR 2006, 397; *Loos,* Probleme des neuen Adhäsionsverfahrens, GA 2006, 195; *Rieß,* Einige Bemerkungen über das sog. Adhäsionsverfahren, in FS Dahs, 2005, S. 425; *Stoffers/Möckel,* Beteiligtenrechte im strafprozessualen Adhäsionsverfahren, NJW 2013, 830; *Wallau,* Rechtsschutz gegen die Akteneinsicht des „Verletzten", in FS Dahs, 2005, S. 509.

43 Soweit sich der durch die Straftat Verletzte der öffentlichen Klage als **Nebenkläger** angeschlossen hat (§§ 395 ff. StPO), sind dessen Rechte in der Hauptverhandlung in § 11 Rz. 148 dargestellt.

Steht dem **Verletzten** gegen den Beschuldigten aus der Straftat ein vermögensrechtlicher Anspruch zu, kann er diesen – die Zuständigkeit der ordentlichen Gerichte und keine anderweitige Anhängigkeit des Anspruches vorausgesetzt – im Wege des **Adhäsionsverfahrens** (§§ 403–406a StPO) im Strafverfahren geltend machen (§ 403 StPO). Dies könnte zwar auch in Wirtschaftstrafverfahren theoretisch von Bedeutung sein (Kapitalanlagebetrug mit vielen Geschädigten); praktisch fristet dieses Rechtsinstitut aber deshalb ein Mauerblümchendasein, weil sich die Strafgerichte zur Beurteilung der zivilrechtlichen Ansprüche nicht für hinreichend kompetent ansehen. Vor allem aber kann das Gericht von einer Entscheidung über den Schadensersatzanspruch absehen, wenn seine Prüfung das Verfahren erheblich verzögern würde (§ 406 Abs. 1 S. 5 StPO). Nur wenn es um Schmerzensgeld geht – in Wirtschaftsstrafverfahren ohne Bedeutung –, ist dies nicht möglich (§ 406 Abs. 1 S. 6 StPO).

44 In der **Hauptverhandlung** kann sich der **Verletzte** bei seiner Vernehmung als Zeuge des Beistandes eines Rechtsanwaltes oder einer Person seines Vertrauens bedienen (§ 406f StPO). Ist er nebenklageberechtigt, steht ihm hier ebenso wie seinem Rechtsanwalt auch dann ein Anwesenheitsrecht zu, wenn er als Zeuge vernommen werden soll (§ 406g Abs. 1 S. 2, Abs. 2 S. 1 StPO).

4. Urteil

Schrifttum: *Appl,* Über die „Kunst des Urteilschreibens", in FS Rissing-van Saan, 2011, S. 35; *Bleicher,* Das „letzte Wort", StRR 2013, 404; *Ellbogen,* Grundzüge der strafrechtlichen Urteilsfindung, JA 2010, 137; *Fischer,* Schätzungen in der Rechtsprechung des Bundesgerichtshofs, StraFo 2012, 429; *Gehm,* Problemfeld Schätzung im Steuer- und Steuerstrafverfahren, NZWiSt 2012, 408; *Grosse/Wilde,* Strafklageverbrauch nach rechtskräftiger Verurteilung wegen Insolvenzverschleppung?, wistra 2014, 130; *Gubitz/Bock,* Letztes Wort und Schlussvortrag des Angeklagten – ein Fallstrick mit Konsequenzen für die Revision, JA 2009, 136; *Jäger,* Anforderungen an die Sachdarstellung im Urteil bei Steuerhinterziehung, StraFo 2006, 477; *Lohr,* Schätzungen im Steuer- und Steuerstrafrecht, in FS Volk, 2009, S. 323; *Meyer-Goßner/Appl,* Die Urteile in Strafsachen, 29. Aufl. 2014; *Ranft,* Der Tatbegriff im Strafprozessrecht, JuS 2003, 417; *Rösch,* Das Urteil in Straf- und Bußgeldsachen, 2. Aufl. 2010; *Salditt,* Das letzte Wort des schweigenden Angeklagten, in FS Samson, 2010, S. 699; *Steinberg/Rüping,* „Kumpane im Gerichtssaal? – Bemerkungen zur stilistischen Fassung von Strafurteilen, JZ 2012, 182; *Steinberg/Stam,* Der strafprozessuale Tatbegriff, Jura 2010, 907; *Stuckert,* Schadensermittlung bei Schwarzarbeit am Bau, wistra 2014, 289.

Nach Abschluss der Beweisaufnahme nehmen Staatsanwalt, Verteidiger und Angeklagter zum Ergebnis der Beweisaufnahme *Stellung* (vgl. im Einzelnen § 258 StPO). Der Angeklagte hat das letzte **Wort** (§ 258 Abs. 2 Hs. 2, Abs. 3 StPO). Tritt das Gericht, nachdem dem Angeklagten das letzte Wort gewährt worden war, erneut in die Beweisaufnahme ein (dies kommt in Wirtschaftsstrafverfahren recht häufig vor), muss ihm erneut das letzte Wort erteilt werden[1]. Beabsichtigt das Gericht hingegen, vor dem Urteil einen Beschluss über die teilweise Einstellung von Anklagevorwürfen (§ 154 Abs. 2 StPO) oder über die Beschränkung der Strafverfolgung (§ 154a Abs. 2 StPO) zu verkünden, braucht es dem Angeklagten nach der Bekanntgabe des Beschlusses, aber vor Verkündung des Urteils nicht erneut das letzte Wort zu gewähren, denn der Beschluss ist Teil der abschließenden Entscheidung des Gerichts[2]. 45

Nach dem letzten Wort des Angeklagten folgt die **Beratung**, die nicht Teil der Hauptverhandlung ist. Das Gericht entscheidet über das Ergebnis der Hauptverhandlung nach seiner freien, aus dem Inbegriff der Verhandlung geschöpften Überzeugung (§ 261 StPO). An Beweisregeln ist es nicht gebunden, und die Schlussfolgerungen müssen nicht zwingend sein. Andererseits dürfen diese sich nicht als bloße Vermutungen erweisen. Die erforderliche persönliche Gewissheit des Richters setzt objektive Grundlagen voraus. Deshalb muss die Beweiswürdigung auf einer tragfähigen, verstandesmäßig einsehbaren Tatsachengrundlage beruhen[3]. 45a

Hieraus ergibt sich, dass **Schätzungen** zur Höhe des Schadens oder des Nachteils (§§ 263, 266 StGB) statthaft sind, sofern deren Höhe nicht exakt festgestellt werden kann. Unter Beachtung des Zweifelssatzes (s. § 10 Rz. 33) ist ein Mindestschaden zu ermitteln[4]. Dabei ist die Schätzungsmethode zu wählen, die dem Ziel, der Wirklichkeit durch Wahrscheinlichkeitsüberlegungen möglichst nahe zu kommen, am besten gerecht wird[5]. Auch die Höhe von an Arbeitnehmer ausgezahltem Schwarzlohn, Steuersätze, Besteuerungsgrundlagen sowie die Höhe der hinterzogenen Lohnsteuer und der vorenthaltenen Sozialversicherungsbeiträge können geschätzt werden[6] (vgl. § 38 Rz. 248 ff., 342). 45b

---

1 BGH v. 4.6.2013 – 1 StR 193/13, NStZ 2013, 613.
2 BGH v. 27.3.2001 – 4 StR 414/00, wistra 2001, 275; zust. *Ingelfinger*, JR 2002, 120; *Meyer-Goßner* in Meyer-Goßner/Schmitt, § 258 StPO Rz. 30; krit. *Julius*, NStZ 2002, 104.
3 BGH v. 24.11.1992 – 5 StR 456/92, BGHR StPO § 261 Vermutung 11.
4 BVerfG v. 23.6.2010 – 2 BvR 2559/08, 2 BvR 105/09, 2 BvR 491/09, BVerfGE 126, 170 = wistra 2010, 380; BGH v. 10.10.2012 – 2 StR 59/11, ZWH 2013, 195 m. Anm. *van Galen*, ZHW 2013, 198.
5 BGH v. 10.11.2009 – 1 StR 283/09, wistra 2010, 148 mit grundlegenden Ausführungen zur Statthaftigkeit von Schätzungen.
6 BGH v. 8.2.2011 – 1 StR 651/10, BGHSt 56, 153; BGH v. 10.11.2009 – 1 StR 283/09, wistra 2010, 148; BGH v. 8.6.2011 – 1 StR 213/11, wistra 2011, 344; BGH v. 6.2.2013 – 1 StR 577/12, wistra 2013, 277; BGH v. 29.1.2014 – 1 StR 561/13, NStZ 2014, 337.

46 Die Hauptverhandlung schließt mit der **Verkündung des Urteils** (§ 260 StPO), was innerhalb der Frist des § 268 Abs. 3 S. 2 StPO (am 11. Tag nach dem Schluss der Verhandlung) und nicht innerhalb der Dreiwochenfrist des § 229 Abs. 1 StPO zu geschehen hat[1]. Vorab muss das Gericht jedoch *beraten* und, sofern es sich um Kollegialgerichte handelt, über das Ergebnis abstimmen (§§ 192 ff. GVG, § 263 StPO). Die Urteilsverkündung erfolgt durch Verlesung der Urteilsformel und mündliche Eröffnung der wesentlichen Urteilsgründe (§ 268 Abs. 2 StPO). Zum Abschluss ist der Angeklagte über die zulässigen Rechtsmittel nebst den einschlägigen Fristen zu *belehren* (§ 35a StPO). Schriftlich muss das Urteil fünf Wochen nach Verkündigung niedergelegt werden; bei länger dauernder Hauptverhandlung verlängert sich die Frist; dies ist etwa in solchen Wirtschaftsstrafsachen der Fall, in denen die Hauptverhandlung länger als drei Tage dauert, weil keine Absprache erfolgt ist; vgl. § 275 Abs. 1 S. 2 StPO).

47 Die in der *Urteilsformel* zum Ausdruck kommende **Entscheidung** kann lauten auf Verurteilung, Freispruch und Verfahrenseinstellung.

Die *Verurteilung* zu einer Strafe ist die Regel, weil die Verfahren, in denen eine Verurteilung nicht wahrscheinlich ist, bereits von der Staatsanwaltschaft eingestellt werden oder ihre Eröffnung vom Gericht abgelehnt wird. Im Fall der Verurteilung enthält die Urteilsformel die rechtliche Bezeichnung der Tat und die Rechtsfolgen (vgl. im Einzelnen § 260 Abs. 4 StPO). Ein *Freispruch* erfolgt, wenn der Angeklagte der Tat nicht überführt werden kann (§ 267 Abs. 5 StPO). Liegt ein Prozesshindernis vor (z.B. Verjährung), so erfolgt kein Freispruch, sondern eine *Verfahrenseinstellung* durch ein sog. Prozessurteil (§ 260 Abs. 3 StPO). Jedes Urteil enthält eine *Kostenentscheidung* (§ 464 Abs. 1 StPO).

47a **Gegenstand des Urteils** ist die in der Anklageschrift bezeichnete **Tat** wie sie sich nach dem Ergebnis der Hauptverhandlung darstellt (§ 264 Abs. 1 StPO). Der Begriff der Tat in diesem Sinn ist zwar weiter als der der Handlung i.S. von § 52 Abs. 1 StGB, gleichwohl sind materiell-rechtlich selbständige Taten i.d.R. auch prozessual selbständig, falls nicht besondere Umstände die Annahme *einer* prozessualen Tat rechtfertigen. Eine solche ist anzunehmen, wenn die Handlungen innerlich so verknüpft sind, dass nur ihre gemeinsame Würdigung sinnvoll ist, eine getrennte Würdigung und Aburteilung in verschiedenen Verfahren mithin als eine unnatürliche Aufspaltung eines einheitlichen Lebensvorgangs empfunden würde[2]. Danach stellen etwa die Abgabe einer unrichtigen Steuererklärung durch aktives Tun (§ 370 Abs. 1 Nr. 1 AO) und die Steuerhinterziehung durch Unterlassen (§ 370 Abs. 1 Nr. 2 AO) wegen Nichtberichtigung einer nachträglich als unrichtig erkannten Steuererklärung eine Tat i.S. des § 264 StPO dar[3]. Gleiches gilt für die monatlichen Umsatzsteuervoranmel-

---

1 BGH v. 30.11.2006 – 4 StR 452/06, wistra 2007, 119; anders BGH v. 9.11.2006 – 5 StR 349/06, wistra 2007, 74.
2 BGH v. 15.3.2012 – 5 StR 288/11, BGHSt 57, 175 m. Anm. *Rübenstahl*, ZWH 2012, 295; *Schmidt*, NZWiSt 2013, 221; *Waßmer*, NStZ 2012, 706.
3 BGH v. 11.9.2007 – 5 StR 213/07, wistra 2008, 22; hierzu *Bauer*, wistra 2008, 374; *Leplow*, wistra 2008, 384.

dungen und die Umsatzsteuerjahreserklärung[1]; in diesem Fall liegen jedoch materiellrechtlich zwei Handlungen (§ 53 StGB) vor[2]. Vorenthalten von Arbeitsentgelt (§ 266a StGB) und die Ordnungswidrigkeit des Unterschreitens von Mindestlöhnen (§ 23 Abs. 1 Nr. 1 AEntG) sind demgegenüber verschiedene Taten i.S. des § 264 StPO[3].

Zu Inhalt und Aufbau der **Gründe des** strafgerichtlichen **Urteils** sei auf § 267 StPO und auf die angegebene Literatur verwiesen. Jedoch sei darauf hingewiesen, dass nach der Rechtsprechung des BGH[4] in Verfahren wegen Steuerhinterziehung in den Urteilsgründen zunächst die *Besteuerungsgrundlagen*, also die steuerlich erheblichen Tatsachen, festzustellen sind. Bei Abgabe einer unrichtigen Steuererklärung (dem praktisch häufigsten Fall) ist auch darzulegen, wann welche Erklärung mit welchem Inhalt abgegeben worden ist und welche Steuern die Behörde festgesetzt hat. Darauf aufbauend ist die *Steuerberechnung* mitzuteilen. Eine bloße Bezugnahme auf Betriebs- oder Fahndungsprüfungsberichte ist dabei nicht statthaft; das Urteil muss erkennen lassen, dass das Gericht eine eigene Steuerberechnung durchgeführt hat (wobei dann eine Übernahme der vorliegenden Berechnung möglich ist). In Fällen des Vorenthaltens und Veruntreuens von Arbeitsentgelt (§ 266a StGB) sind regelmäßig Feststellungen über die Anzahl der Beschäftigten, deren Beschäftigungszeiten, das zu zahlende Arbeitsentgelt, den Beitragssatz der Krankenkasse sowie die Höhe der geschuldeten, aber nicht gezahlten Beiträge zu treffen. Dies gilt jedoch dann nicht, wenn die Tathandlung im bloßen Nichtzahlen der Beiträge besteht; hier genügt die Mitteilung der Höhe der Gesamtsozialversicherungsbeiträge und der darin enthaltenen Arbeitnehmeranteile, der geschädigten Krankenkasse und der Beitragsmonate, für die nicht gezahlt wurde[5]. Andererseits sollen die Urteilsgründe nicht eine Wiedergabe der gesamten Beweisaufnahme enthalten (etwa Schilderung des Inhalts aller verlesenen Urkunden und aller Zeugenaussagen). Mitzuteilen ist nur das, was für die Feststellung des Sachverhaltes und die Würdigung der Beweise relevant ist[6].

Das gerichtliche Verfahren muss nicht in jedem Falle durch Urteil beendet werden. Das Gericht kann mit Zustimmung der Staatsanwaltschaft und des Angeklagten das Verfahren aus *Opportunitätsgründen* ebenso **einstellen**, wie die Staatsanwaltschaft dies im Ermittlungsverfahren tun kann (vgl. § 11 Rz. 132–142).

---

1 BGH v. 24.11.2004 – 5 StR 206/04, BGHSt 49, 359 m. Anm. *Kudlich*, JR 2005, 170 und *Otto*, NStZ 2005, 515; BGH v. 12.6.2013 – 1 StR 6/13, NZWiSt 2013, 478.
2 BGH v. 17.3.2005 – 5 StR 328/04, NStZ 2005, 517.
3 BGH v. 15.3.2012 – 5 StR 288/11, BGHSt 57, 175.
4 BGH v. 12.5.2009 – 1 StR 718/08, wistra 2009, 398.
5 BGH v. 20.3.1996 – 2 StR 4/96, NStZ 1996, 543; BGH v. 7.10.2010 – 1 StR 424/10, wistra 2011, 69.
6 BGH v. 16.12.2003 – 3 StR 417/03, wistra 2004, 150; BGH v. 9.12.2008 – 5 StR 412/08, NStZ 2009, 468.

D. Rechtsmittel

I. Allgemeines

Schrifttum: *Altmann*, Die Teilanfechtung von Urteilen im Strafprozess, JuS 2008, 790; *Burhoff/Kotz* (Hrsg.), Handbuch für die strafrechtlichen Rechtsmittel und Rechtsbehelfe, 2013; *Meyer-Goßner*, Zweifelssatz und Verschlechterungsverbot bei Verfahrenshindernissen, in FS Jung, 2007, S. 543.

50 **Rechtsmittel** sind *Berufung, Revision* und *Beschwerde*. Sind der Angeklagte und/oder die Staatsanwaltschaft mit dem Urteil nicht einverstanden, so stehen ihnen *Berufung* und *Revision* zur Verfügung; Beschlüsse können sie mit der *Beschwerde* anfechten. Dies gilt unter bestimmten Voraussetzungen auch für den Nebenkläger (vgl. im Einzelnen §§ 400 f. StPO). Über Rechtsmittel *entscheidet die nächsthöhere Instanz* (sog. Devolutiveffekt); durch sie wird die Vollstreckbarkeit der Entscheidung gehemmt (sog. Suspensiveffekt; vgl. §§ 316 Abs. 1, 343 Abs. 1 StPO; dies gilt allerdings nicht für die Beschwerde, § 307 Abs. 1 StPO). Die Einlegung von Rechtsmitteln ist jedoch an gewisse Zulässigkeitsvoraussetzungen geknüpft. Außerdem gelten für die Rechtsmittel bestimmte gemeinsame Grundsätze.

1. Form und Frist

51 **Berufung** und **Revision** sind nur zulässig, wenn sie innerhalb der *gesetzlich bestimmten Frist* und in der gesetzlich bestimmten *Form* eingelegt werden: Beide Rechtsmittel müssen bei dem Gericht, dessen Entscheidung angefochten wird, *innerhalb einer Woche* nach Verkündung des Urteils zu Protokoll der Geschäftsstelle oder schriftlich *eingelegt* werden (§§ 314, 341 StPO). Die Revision muss zusätzlich form- und fristgerecht *begründet* werden (§§ 344, 345 StPO); eine Begründung der Berufung hingegen ist möglich, jedoch nicht vorgeschrieben (§ 317 StPO).

52 Die **Beschwerde** ist ebenfalls bei dem Gericht, das die angefochtene Entscheidung erlassen hat, schriftlich oder zu Protokoll der Geschäftsstelle einzulegen (§ 306 Abs. 1 StPO). Im Gegensatz zur *sofortigen Beschwerde*, die innerhalb einer Woche ab Bekanntmachung der Entscheidung einzulegen ist (§ 311 Abs. 1, 2 StPO), ist die *„einfache"* Beschwerde nicht fristgebunden.

2. Beschwer

53 *Zulässigkeitsvoraussetzung* eines Rechtsmittels ist eine Beschwer, d.h. eine **Beeinträchtigung der Rechte** oder der schutzwürdigen Interessen des Beteiligten durch die Entscheidung[1]. Die Staatsanwaltschaft ist durch *jede* unrichtige Entscheidung beschwert – also unabhängig davon, ob diese zugunsten oder zuungunsten des Angeklagten ergangen ist. Der Angeklagte hingegen ist nur bei einer Verurteilung beschwert.

---

1 BGH v. 18.1.1955 – 5 StR 499/54, BGHSt 7, 153.

Beispiel: A ist wegen Untreue angeklagt. Das Gericht stellt das Verfahren durch Prozessurteil (§ 260 Abs. 3 StPO) ein mit der Begründung, die Veruntreuungen seien verjährt. A legt Berufung ein mit dem Begehren, von dem Tatvorwurf freigesprochen zu werden, da er sich überhaupt keiner Straftat schuldig gemacht habe. Das Rechtsmittel ist mangels einer Beschwer unzulässig, da der staatliche Strafanspruch durch das Einstellungsurteil beseitigt wurde[1].

3. Verschlechterungsverbot

Das Verschlechterungsverbot bedeutet, dass ein *Urteil* in Art und Höhe der Rechtsfolgen **nicht zum Nachteil des Angeklagten** abgeändert werden darf, wenn lediglich der Angeklagte, zu seinen Gunsten die Staatsanwaltschaft oder sein gesetzlicher Vertreter Berufung oder Revision eingelegt hat (§§ 331, 358 Abs. 2 StPO). Damit soll niemand von der Einlegung von Rechtsmitteln durch die Befürchtung abgehalten werden, in einer weiteren Instanz härter bestraft zu werden[2]. Das Verschlechterungsverbot bezieht sich allerdings nach dem eindeutigen Gesetzeswortlaut *nur* auf die *Strafe*, nicht auf den Schuldausspruch. 54

Beispiel: A wird vom Amtsgericht wegen Verletzung der Buchführungspflicht (§ 283b Abs. 1 Nr. 1 StGB) zu einer Geldstrafe von 20 Tagessätzen verurteilt. Er legt gegen das Urteil Berufung ein. Im Berufungsverfahren stellt sich heraus, dass die Tat als Bankrott (§ 283 Abs. 1 Nr. 5 StGB) anzusehen ist. A kann vom Berufungsgericht wegen dieses Deliktes verurteilt werden; nur eine Erhöhung der vom Amtsgericht verhängten *Strafe* ist wegen des Verschlechterungsverbotes ausgeschlossen.

Bei der *Beschwerde* gilt das Verschlechterungsverbot grundsätzlich nicht[3].

II. Berufung

Schrifttum: *Schulz,* Zur Berufung im Strafverfahren, in FS Schwind, 2006, S. 431.

Die Berufung ist nur zulässig **gegen Urteile des Amtsgerichts**, also des Strafrichters und des Schöffengerichts (§ 312 StPO), wobei Berufungsgericht die kleine Strafkammer des Landgerichts ist, ggf. die Wirtschaftsstrafkammer (vgl. §§ 74 Abs. 3, 74c Abs. 1 a.E., 76 Abs. 1, 3 GVG). Sie muss innerhalb einer Woche nach Verkündung des Urteils beim Amtsgericht (dem „iudex a quo") eingelegt werden (vgl. § 314 Abs. 1 StPO; zur Ausnahme hiervon vgl. § 314 Abs. 2 StPO). 55

Bei Verurteilung bis zu einer Geldstrafe von 15 Tagessätzen ist die Berufung nur zulässig, wenn sie **angenommen** wird (vgl. im Einzelnen § 313 StPO). Hierüber entscheidet die kleine Strafkammer durch unanfechtbaren Beschluss (§ 322a S. 1, 2 StPO). 56

Die Berufung führt als zweite Tatsacheninstanz zu einer *nochmaligen Überprüfung der Sache* in **tatsächlicher und rechtlicher Hinsicht**. Im Berufungsver- 57

---

1 BGH v. 26.3.1959 – 2 StR 566/58, BGHSt 13, 75 (77); BGH v. 25.4.1996 – 5 StR 54/96, BGHR StPO § 333 Beschwer 2.
2 Vgl. etwa BGH v. 7.5.1980 – 2 StR 10/80, BGHSt 29, 269 (270).
3 Zu den Ausnahmen vgl. *Meyer-Goßner* in Meyer-Goßner/Schmitt, vor § 304 StPO Rz. 5.

fahren können neue Beweismittel geltend gemacht und auch neu eingetretene Tatsachen berücksichtigt werden. Die Berufung kann auf bestimmte Beschwerdepunkte *beschränkt* werden.

Beispiel: A wurde vom Schöffengericht wegen Steuerhinterziehung zu einer Freiheitsstrafe von einem Jahr ohne Bewährung verurteilt. Mit einer Berufung will er ausschließlich eine Aussetzung der Vollstreckung der Freiheitsstrafe zur Bewährung erreichen. In einem solchen Fall bietet sich eine auf das Strafmaß beschränkte Berufung an. Der Schuldspruch, d.h. die Verurteilung wegen Steuerhinterziehung, erwächst dann in Teilrechtskraft und wird vom Berufungsgericht nicht mehr überprüft, vorausgesetzt, die Beschränkung der Berufung ist wirksam. Dies ist – was leider nicht selten vorkommt – etwa dann nicht der Fall, wenn die Feststellungen des Amtsgerichts zum Schuldspruch so dürftig sind, dass sie keine taugliche Grundlage für die Zumessung der Strafe darstellen[1].

58 Einer Berufungseinlegung, die zum **Zwecke der Verzögerung** des Strafverfahrens eingelegt wurde, wirkt § 329 Abs. 1 S. 1 StPO entgegen: Ist bei Beginn der Hauptverhandlung *weder* der Angeklagte *noch* in den Fällen, in denen dies zulässig ist, ein Vertreter des Angeklagten *erschienen* (vgl. §§ 232 ff. StPO) und das Ausbleiben auch nicht genügend entschuldigt, so hat das Gericht seine Berufung ohne Verhandlung zur Sache *zu verwerfen*. Nach Ansicht des EGMR[2] stellt Letzteres einen Verstoß gegen Art. 6 Abs. 3 c EMRK (Recht auf Verteidigung) dar.

III. Revision

Schrifttum: *Altvater*, Überprüfung der Verständigung durch die Revision, StraFo 2014, 221; *Barton*, Absolute Revisionsgründe, Rechtspraxis und Verfahrensgerechtigkeit, in FS Mehle, 2009, S. 17; *Barton*, Beschlussverwerfung durch den BGH – effektiver Rechtsschutz?, in FS Kühne, 2013, S. 139; *Basdorf*, Was darf das Revisionsgericht?, NStZ 2013, 186; *Beulke*, Schuldspruchersetzung – Berichtigung oder Benachteiligung?, in FS Schöch, 2010, S. 963; *Dahs/Dahs*, Die Revision im Strafprozess, 8. Aufl. 2012; *Fezer*, Revisionsrechtliche Freiräume, in FS Frisch, 2013, S. 1325; *Fischer*, Zum Verhältnis zwischen tatrichterlicher Beweiswürdigung und revisionsrechtlicher Kontrolle, in FG Paulus, 2009, S. 53; *Fischer/Krehl*, Strafrechtliche Revision, „Vieraugenprinzip", gesetzlicher Richter und rechtliches Gehör, StV 2012, 550; *Fischer/Krehl*, Das Zehn-Augen-Prinzip – zur revisionsrechtlichen Beschlusspraxis in Strafsachen, StV 2013, 395; *Hamm*, Die Revision in Strafsachen, 7. Aufl. 2010; *Kudlich*, Wie absolut sind die absoluten Revisionsgründe?, in FS Fezer, 2008, S. 435; *Leipold*, Die Hauptverhandlung vor dem Revisionsgericht, StraFo 2010, 353; *Lips*, Die strafprozessuale Verfahrensrüge, JA 2006, 719; *Nack*, Die Abfassung der Revisionsbegründung, in FS Müller, 2008, S. 519; *Neuhaus*, Zur Revisibilität strafprozessualer Soll-Vorschriften, in FS Herzberg, 2008, S. 871; *Norouzi*, Die Angriffsrichtung der Verfahrensrüge – Grund und Grenzen, NStZ 2013, 203; *Pauly*, Mündlichkeit der

---

1 S. im Einzelnen *Meyer-Goßner* in Meyer-Goßner/Schmitt, § 318 StPO Rz. 16–17a; Beispielsfälle: BayObLG v. 28.7.1998 – 4 St RR 100/98, wistra 1999, 39; BayObLG v. 16.11.1998 – 4 St RR 201/98, wistra 1999, 119.
2 EGMR – 30804/07 – Rs. Neziraj ./. Deutschland; Zusammenfassung des Urteils bei *Gerst*, NStZ 2013, 350; hierzu *Gerst*, NStZ 2013, 310; *Mosbacher*, NStZ 2013, 312; a.A. OLG München v. 17.1.2013 – 4 StRR (A) 18/12, NStZ 2013, 358 m. Anm. *Esser*, StraFo 2013, 253; OLG Bremen v. 10.6.2013 – 2 Ss 11/13, StV 2014, 211; OLG Celle v. 19.3.2013 – 32 Ss 29/13, NStZ 2013, 615; hierzu *Hüls/Reichling*, StV 2014, 242.

Hauptverhandlung und Revisionsrecht – Zu den Grenzen des Rekonstruktionsverbots, in FS Hamm, 2008, S. 557; *Radke*, Notwendigkeiten und Grenzen eigener Strafzumessung durch Revisionsgerichte, in FS Maiwald, 2010, S. 643; *Rieß*, Zum Verhältnis von Tatrichter und Revisionsrichter, in FS Fezer, 2008, S. 455; *Rieß*, Bemerkungen zum „Erfolg" der Revision im Strafverfahren, in FS Eisenberg, 2009, S. 569; *Rissing-van Saan*, Die Hauptverhandlung vor dem Revisionsgericht, StraFo 2010, 359; *Rönnau*, Aktuelles zum Wirtschaftsstrafrecht in der Revision – oder: Zum sachgerechten Umgang der Straf- und Zivilsenate mit Divergenzen auf dem Feld des Wirtschaftsstrafrechts, StraFo 2014, 265; *Rosenau*, Die Revision – Qualitätskontrolle und Qualitätssicherung im Strafverfahren –, in FS Widmaier, 2008, S. 521; *Rosenau*, Die offensichtliche Ungesetzlichkeit der „ou"-Verwerfung nach § 349 Abs. 2 StPO in der Spruchpraxis des BGH, in FS Imme Roxin, 2012, S. 669; *Sander*, Die Strafzumessung in der Revision, StraFo 2010, 365; *Schnarr*, Rechtsschutzgarantie und formelle Voraussetzungen für den Zugang zum Revisionsgericht (§ 344 Abs. 2 S. 2 StPO), in FS Nehm, 2006, S. 327; *Widmaier*, Anforderungen an die Verfahrensrüge nach § 344 Abs. 2 S. 2 StPO, StraFo 2006, 437; *Wohlers*, Rechtliches Gehör im strafrechtlichen Revisionsverfahren, JZ 2011, 78; *Ziegert*, Die revisionsrechtliche Überprüfung von Absprachen in der aktuellen Rechtsprechung des Bundesgerichtshofs, StraFo 2014, 228.

1. Wesen und Zulässigkeit

Im Gegensatz zur Berufung führt die Revision nur zu einer **Überprüfung** des Urteils in **rechtlicher Hinsicht**. Aus §§ 333, 335 StPO ergibt sich, dass Revision zulässig ist gegen

– Urteile der Amtsgerichte,
– Berufungsurteile des Landgerichts,
– erstinstanzliche Urteile des Landgerichts,
– erstinstanzliche Urteile des Oberlandesgerichts.

Einen **doppelten Instanzenweg** hat ein Angeklagter somit nur gegen Urteile des *Amtsgerichts*. Dabei kann er entweder Berufung zum Landgericht und anschließend gegen das Berufungsurteil Revision zum Oberlandesgericht oder sofort Revision zum Oberlandesgericht – sog. *Sprungrevision* – einlegen (vgl. §§ 312, 333, 335 Abs. 1, 2 StPO). Gegen *alle anderen Urteile* findet *nur* die **Revision** statt.

Revisionsgerichte sind der *BGH* (zuständig für die Überprüfung der erstinstanzlichen Urteile der Land- und Oberlandesgerichte) und die *Oberlandesgerichte* (zuständig für die Entscheidung über Revisionen gegen Berufungsurteile der Landgerichte und – auf Sprungrevision hin – gegen Urteile der Amtsgerichte).

Die Revision ist binnen einer Woche bei dem Gericht, dessen Urteil angefochten wird, einzulegen (§ 341 StPO). Im Gegensatz zur Berufung muss die Revision **begründet** werden (§ 344 StPO), und zwar innerhalb eines Monats, gerechnet ab Zustellung des schriftlich abgefassten Urteils – dies ist in der Praxis die Regel – oder ab dem Zeitpunkt, in dem die Frist zur Einlegung der Revision (§ 341 Abs. 1 StPO; zur Ausnahme hiervon vgl. § 341 Abs. 2 StPO) abgelaufen ist (§ 345 Abs. 1 StPO). Letzteres setzt jedoch voraus, dass das Urteil zu diesem Zeitpunkt bereits zugestellt war, was praktisch nur in den Fällen vorkommt, in denen der Angeklagte bei der Urteilsverkündung nicht anwesend war (§ 341 Abs. 2 StPO). Macht der Beschuldigte die Verletzung des materiellen Rechts geltend (sog. *Sachrüge*), so genügt für die Begründung, wenn allgemein der Verstoß gegen materielles Recht gerügt wird; wird hingegen ein Verstoß gegen das Verfahrensrecht gerügt (sog. *Verfahrensrüge*), so müssen die den Verstoß begründenden Tatsachen *genau* angegeben werden; anderenfalls ist die Rüge unzulässig, sodass das Revisionsgericht nicht in eine Prüfung der Begründetheit eintritt (vgl. §§ 344 Abs. 2 S. 2, 352 Abs. 1 StPO). Eine Verfahrensrüge in rechtlich zulässiger Weise zu erheben, ist nicht einfach.

2. Revisionsgründe

62 Mit der Revision kann nach § 337 StPO nur geltend gemacht werden, „dass das Urteil auf einer **Verletzung des Gesetzes** beruhe". Aus dieser Bestimmung kann zunächst entnommen werden, dass die Tatsachenfeststellungen der Vorinstanz nicht überprüft werden können und somit für das Revisionsgericht bindend sind.

Beispiel: Der wegen umfangreicher Veruntreuungen verurteilte Geschäftsführer G begründet die von ihm eingelegte Revision damit, nicht er, sondern der Buchhalter B habe die Veruntreuungen begangen; das erstinstanzliche Gericht hätte verschiedene Zeugenaussagen anders würdigen müssen. Hiermit kann G im Revisionsverfahren nicht gehört werden, denn die Beweiswürdigung betrifft die Tatsachenfeststellung und ist daher grundsätzlich Sache des Instanzgerichtes. *Anders* wäre es, wenn G vorbringen würde, aufgrund des festgestellten Sachverhalts liege überhaupt keine strafbare Handlung vor: Aus den Urteilsgründen ergebe sich nämlich, dass die ihm zur Last gelegten Entnahmen mit Einwilligung des Geschäftsinhabers erfolgt seien.

63 Die **Abgrenzung** zwischen *Tatsachenfeststellungen* und *Gesetzesverletzung* kann allerdings im Einzelfall Schwierigkeiten bereiten. Die Rechtsprechung lässt nämlich im Revisionsverfahren eine Überprüfung daraufhin zu, ob die Beweiswürdigung in sich widersprüchlich, lückenhaft oder unklar ist oder gegen Denkgesetze oder Erfahrungssätze verstößt[1]. Revisionen sind teilweise erfolgreich, weil dem Gericht im Bereich der Beweiswürdigung Fehler unterlaufen.

Beispiel: Im Beispiel Rz. 62 hat der Zeuge B bekundet, G habe die Veruntreuungen begangen. Der Zeuge A hingegen hat behauptet, B sei der Täter. Führt das Urteil bei der Beweiswürdigung ohne weitere Begründung aus, B sei glaubhaft, so ist die Beweiswürdigung lückenhaft, da nicht dargelegt wird, *wieso* das Gericht ihm geglaubt hat. Die Revision hätte dann mit der Sachrüge Erfolg.

64 Bei den genannten **relativen** Revisionsgründen ist es erforderlich, dass das Urteil auf der Gesetzesverletzung *beruht*, wobei nach einhelliger Meinung die Möglichkeit eines ursächlichen Zusammenhangs ausreicht[2]. Bei den **absoluten** Revisionsgründen muss der *Kausalzusammenhang* nicht geprüft werden, sondern wird unwiderlegbar *vermutet* (§ 338 StPO).

IV. Beschwerde

Schrifttum: *Schlicht/Leipold*, Zur praktischen Anwendung des § 307 Abs. 2 StPO, StraFo 2005, 90; *Vormbaum*, Beschwerde gegen freiheitsbeschränkende Beschlüsse im Strafverfahren, in FS Dencker, 2012, S. 343.

---

1 Vgl. *Meyer-Goßner* in Meyer-Goßner/Schmitt, § 337 StPO Rz. 27 m.w.Nw.
2 *Meyer-Goßner* in Meyer-Goßner/Schmitt, § 337 StPO Rz. 37 m.w.Nw.

Während sich Berufung und Revision gegen Urteile richten, ist die Beschwerde zulässig **gegen Beschlüsse und Verfügungen** des Gerichts und des Richters (im Einzelnen § 304 StPO). Zur Einlegung der Beschwerde sind nicht nur der Beschuldigte oder die Staatsanwaltschaft, sondern jeder durch die gerichtliche Maßnahme Betroffene befugt (§ 304 Abs. 2 StPO). 65

Ausgeschlossen ist die Beschwerde allerdings bei allen Entscheidungen des erkennenden Gerichts, die der Urteilsfällung *vorausgehen* (§ 305 S. 1 StPO). Hierdurch sollen Verfahrensverzögerungen vermieden werden, die auftreten würden, wenn Entscheidungen sowohl auf Beschwerde als auch auf das Rechtsmittel gegen das Urteil hin überprüft würden; dies wäre auch prozessunwirtschaftlich. Auch bestünde die Gefahr widersprüchlicher Entscheidungen[1]. Deshalb sind von diesem Ausschluss solche Maßnahmen nicht betroffen, die rückwirkend weder beseitigt noch nachgeholt werden können[2]; dies sind etwa Entscheidungen betreffend Verhaftungen oder Beschlagnahmen (im Einzelnen § 305 S. 2 StPO). 66

Eine **Untätigkeitsbeschwerde** etwa der Staatsanwaltschaft wegen Nichtentscheidung des Gerichts über die Eröffnung des Hauptverfahrens ist nur dann statthaft, wenn die bisher getroffene Entscheidung anfechtbar ist und in der Unterlassung eine endgültige Ablehnung und nicht nur eine bloße Verzögerung der zu treffenden Entscheidung zu sehen ist[3]. 66a

Anders als bei Berufung und Revision hat das Gericht, dessen Entscheidung angefochten wird, zu prüfen, ob es der Beschwerde **abhilft**, d.h., seine Entscheidung ändert oder aufhebt (§ 306 Abs. 2 Hs. 1 StPO). Geschieht dies nicht, legt es die Sache dem Beschwerdegericht vor. 67

Eine **weitere Beschwerde** (zum OLG) gibt es nur in den in § 310 Abs. 1 StPO genannten Fällen, die die Verhaftung, die einstweilige Unterbringung oder die Anordnung eines dinglichen Arrestes (s. § 11 Rz. 123 ff.) über mehr als 20 000 Euro betreffen. Die aufgrund eines Arrestes ausgebrachte Pfändung fällt nicht hierunter[4]. Fraglich ist, ob die Staatsanwaltschaft eine weitere Beschwerde auch dann einlegen kann, wenn das Landgericht als Beschwerdegericht den vom Amtgericht angeordneten Arrest aufgehoben hat[5]. 68

Eine „**außerordentliche Beschwerde**" gegen Beschlüsse, die nicht mit der weiteren Beschwerde angefochten werden können, ist auch dann nicht statthaft, wenn eine „greifbare Gesetzwidrigkeit" geltend gemacht wird[6]. 68a

---

1 Vgl. *Matt* in L/R, § 305 StPO Rz. 2.
2 *Meyer-Goßner* in Meyer-Goßner/Schmitt, § 305 StPO Rz. 6.
3 Vgl. BGH v. 22.12.1992 – StB 15/92, NJW 1993, 1279; OLG Dresden v. 20.6.2005 – 2 Ws 182/05, wistra 2005, 478; OLG Frankfurt v. 29.10.2001 – 3 Ws 986/01, NStZ 2002, 220 m. Anm. *Wirriger*, NStZ 2002, 389; *Hoffmann*, NStZ 2006, 256.
4 OLG Hamburg v. 13.3.2008 – 3 Ws 32-35/08, NJW 2008, 1830.
5 Dafür OLG Braunschweig v. 5.5.2014 – 1 Ws 103/14, wistra 2014, 327 m. Anm. *Burghart*, ZWH 2014, 324; OLG Celle v. 20.5.2008 – 2 Ws 155/08, wistra 2008, 359; OLG Jena v. 15.4.2011 – 1 Ws 129/11, wistra 2011, 399; KG v. 16.4.2010 – 1 Ws 171/09, wistra 2010, 317; dagegen OLG München v. 6.7.2011 – 1 Ws 545/11, wistra 2011, 400.
6 BGH v. 19.3.1999 – 2 ARs 109/99, BGHSt 45, 37.

69 Mit **sofortiger Beschwerde**, die innerhalb einer Woche einzulegen ist, sind Beschlüsse anfechtbar, wenn das Gesetz dies *ausdrücklich bestimmt*. Praktisch wichtig sind die Bestimmungen der §§ 453 Abs. 2 S. 3, 454 Abs. 3 S. 1 StPO betreffend den Widerruf der Aussetzung der Vollstreckung einer Freiheitsstrafe zur Bewährung (§ 56f StGB) und die Aussetzung der Vollstreckung des Restes einer Freiheitsstrafe gem. § 57 StGB. Bei der sofortigen Beschwerde ist eine Abhilfeentscheidung (§ 306 Abs. 2 Hs. 1 StPO) grundsätzlich nicht statthaft, § 311 Abs. 3 S. 1 StPO.

E. Strafbefehlsverfahren

Schrifttum: *Loos*, Bemerkungen zum Prinzip „in dubio pro reo" im Strafbefehlsverfahren, in FS Küper, 2007, S. 313.

70 In *einfacheren Strafsachen* ist ein Verfahren mit einer Hauptverhandlung zu aufwendig. Deswegen kann in Strafsachen, die in die Zuständigkeit des Strafrichters und des Schöffengerichts fallen, bei Vergehen die Strafe durch *schriftlichen Strafbefehl* **ohne Hauptverhandlung** festgesetzt werden (§§ 407 ff. StPO; s. bereits § 11 Rz. 146). Voraussetzung ist, dass die Staatsanwaltschaft dies beantragt und das Gericht keine Bedenken gegen den Erlass des Strafbefehls hat (§§ 407, 408 Abs. 3 S. 1 StPO).

71 Ein Strafbefehl, gegen den nicht innerhalb von zwei Wochen **Einspruch** erhoben wird, erlangt die Wirkung eines *rechtskräftigen Urteils* (§ 410 StPO). Der Einspruch kann auf bestimmte Beschwerdepunkte beschränkt werden (§ 410 Abs. 2 StPO). Wer sich also für schuldig hält, die Strafe jedoch für überhöht ansieht, kann erklären, lediglich gegen den *Rechtsfolgenausspruch* Einspruch einlegen zu wollen.

72 Auch das Strafbefehlsverfahren bietet eine Möglichkeit für *Beschuldigte* und *Verteidiger*, bereits frühzeitig mit dem Ziel einer **Verfahrensvereinfachung** tätig zu werden: Scheut der Beschuldigte eine Hauptverhandlung, glaubt jedoch, den Tatvorwurf einräumen zu können, so empfiehlt sich eine Anregung an den zuständigen Staatsanwalt, einen Strafbefehl bei Gericht zu beantragen. Bei schweren Delikten freilich kommt eine solche Verfahrenserledigung deswegen nicht in Betracht, da durch den Strafbefehl im Wesentlichen nur *Geldstrafen* und, soweit der Beschuldigte einen Verteidiger hat, *Freiheitsstrafen bis zu einem Jahr*, deren *Vollstreckung zur Bewährung* ausgesetzt wird, festgesetzt werden können (§ 407 Abs. 2 StPO).

F. Rechtskraft und ihre Durchbrechungen

Schrifttum: *Anagnostopoulos*, Ne bis in idem in der Europäischen Union: Offene Fragen, in FS Hassemer, 2010, S. 1121; *Bock/Eschelbach/Geipel/Hettinger/Röschke/Wille*, Die erneute Wiederaufnahme des Strafverfahrens, GA 2013, 328; *Böse*, Ausnahmen vom grenzüberschreitenden „Ne bis in idem"? Zur Fortgeltung der Vorbehalte nach Art. 55 SDÜ, in FS Kühne, 2013, S. 519; *Eisenberg*, Aspekte des Verhältnisses von materieller Wahrheit und Wiederaufnahme des Verfahrens gemäß §§ 359 ff. StPO, JR 2007, 360; *Eschelbach*, Wiederaufnahmefragen, in FS Stöckel, 2010, S. 199; *Formauf*, Die Neuheit bereits erörterter Tatsachen im Wiederaufnahmeverfahren, StraFo 2013, 235; *Grünewald*, Die Wiederaufnahme des Strafverfahrens zuungunsten des Verletzten, ZStW 120 (2008), 545; *Heyer*, Das europäische Doppelbestrafungsverbot aus Art. 50 GRC, in FS Kühne, 2013, S. 565; *Kerner/Karnowski*, „Res Judicata" und „ne bis in idem". Überlegungen zur Rechtskraftdurchbrechung nach verfahrenserledigenden Entscheidungen in Strafsachen, in FS Kühne, 2013, S. 579; *Letzgus*, Wiederaufnahme zu Ungunsten des Angeklagten, in FS Geppert, 2011, S. 785; *Marxen/Tiemann*, Die Wiederaufnahme in Strafsachen, 3. Aufl. 2013; *Meyer-Goßner*, Wiedereinsetzung in den vorigen Stand und Rechtsmittel, in FS Hamm, 2008, S. 443; *Radke*, Der Begriff der „Tat" im prozessualen Sinn in Europa, in FS Seebode, 2008, S. 297; *Schomburg*, Konkurrierende nationale und internationale Strafgerichtsbarkeit und der Grundsatz „ne bis in idem", in FS Eser, 2005, S. 829; *Vogel*, Internationales und europäisches ne bis in idem, in FS Schroeder, 2006, S. 877; *Vogel*, Europäisches „ne bis in idem" – Alte und neue Fragen nach dem Vertrag von Lissabon, StRR 2011, 135.

I. Urteile

Werden innerhalb *einer* Woche gegen das Urteil *keine Rechtsmittel* (Berufung oder Revision) eingelegt, erwächst dieses in **Rechtskraft**. 73

Die **formelle** Rechtskraft bedeutet, dass die Entscheidung von den Verfahrensbeteiligten nicht mehr mit einem Rechtsmittel angefochten werden kann und daher in diesem Verfahren nicht abänderbar ist. 74

Wichtigstes Merkmal der **materiellen** Rechtskraft ist, dass ein neues Strafverfahren gegen den Verurteilten wegen derselben Tat ausgeschlossen ist. Eine für den Beschuldigten positive Auswirkung der Rechtskraft – das Verbot der Doppelbestrafung – hat den Rang eines Grundrechts erhalten (Art. 103 Abs. 3 GG). Daneben schließt die Rechtskraft aber auch die nachträgliche Freisprechung eines rechtskräftig Verurteilten ebenso aus wie umgekehrt die Verurteilung eines bereits rechtskräftig Freigesprochenen. Dabei bestimmt sich die *Reichweite der Rechtskraft* nach der *Tat* i.S. des § 264 StPO, die Gegenstand des Urteils ist (hierzu Rz. 47a). 75

Die Strafklage ist nur insoweit verbraucht, als ein inländisches Gericht die Sanktion verhängt hat. Die von einem **ausländischen Gericht** festgesetzte Strafe wird i.d.R. auf die inländische Strafe angerechnet (§ 51 Abs. 3 StGB). Hiervon macht vor allem Art. 54 SDÜ (s. § 6 Rz. 26, 141 ff.) eine Ausnahme: Wer in einem der Vertragsstaaten rechtskräftig abgeurteilt worden ist, kann wegen derselben Tat nicht mehr in einem anderen Vertragsstaat verfolgt werden, vorausgesetzt, dass im Fall einer Verurteilung die Sanktion bereits vollstreckt worden ist, gerade vollstreckt wird oder nach dem Recht des Staates, in dem das „erste" Urteil ergangen ist, nicht mehr vollstreckt werden kann. Dies gilt auch dann, wenn die Vollstreckung der Sanktion zur Bewährung ausgesetzt 76 worden ist[1]. Auch ein rechtskräftiger Freispruch hat einen Strafklageverbrauch i.S. des Art. 54 SDÜ zur Folge[2]. Einen ähnlichen Schutz wie Art. 54 SDÜ gewährleistet Art. 50 GRC; im Gegensatz zu Art. 54 SDÜ fehlt hier das Vollstreckungselement (s. § 6 Rz. 144)[3].

77 Der Grundsatz der Unabänderlichkeit rechtskräftiger Urteile gilt nicht uneingeschränkt. Sowohl zugunsten als auch zuungunsten des Verurteilten kann es im Wege des **Wiederaufnahmeverfahrens** (§§ 359 ff. StPO) zu einer *Durchbrechung der Rechtskraft* kommen. Das Verfahren ist nur zulässig, wenn ganz bestimmte, im Gesetz abschließend aufgezählte *Wiederaufnahmegründe* vorliegen. Dabei ist der Katalog der Wiederaufnahmegründe *zugunsten* des Verurteilten umfangreicher als derjenige *zuungunsten* des Verurteilten. Insbesondere das Beibringen neuer Tatsachen und Beweismittel, der praktisch häufigste Wiederaufnahmegrund, der zugunsten des Verurteilten geltend gemacht werden kann, ist kein gesetzlich vorgesehener Grund für eine Wiederaufnahme zuungunsten des Verurteilten (vgl. im Einzelnen §§ 359, 362 StPO).

78 Ein besonderer Rechtsbehelf greift bei *Nichteinhaltung prozessualer Fristen* ein: Versäumt jemand ohne Verschulden eine Frist – z.B. die Frist zur Einlegung von Rechtsmitteln – so kann ihm auf Antrag **Wiedereinsetzung in den vorigen Stand** gewährt werden (§§ 44 ff. StPO). Voraussetzung ist, dass der Betroffene einen frist- und formgerechten Antrag beim zuständigen Gericht stellt und dabei die Tatsachen zur Begründung des Antrags – gemeint sind damit die Umstände, aus denen sich das fehlende Verschulden ergibt – glaubhaft macht (§ 45 StPO). Wird dem Antrag stattgegeben, so führt auch dieser Rechtsbehelf zu einer Durchbrechung der Rechtskraft.

II. Beschlüsse

79 Beschlüsse sind der **formellen Rechtskraft** fähig, wenn sie entweder gar nicht oder mit dem Rechtsmittel der (befristeten) sofortigen Beschwerde anfechtbar sind. In **materielle Rechtskraft** können sie etwa dann erwachsen, wenn sie eine das Verfahren beendigende Sachentscheidung enthalten; allerdings ist meist der Umfang der Rechtskraft beschränkt[4].

Beispiele: Das Gericht stellt das Verfahren wegen Fehlens des notwendigen Strafantrages außerhalb der Hauptverhandlung durch Beschluss gem. § 206a StPO ein, was damit für

---

1 BGH v. 3.11.2000 – 2 StR 354/00, BGHSt 46, 187.
2 BGH v. 28.2.2001 – 2 StR 458/00, BGHSt 46, 307; BGH v. 28.12.2006 – 1 StR 534/06, wistra 2007, 154. Zu Art. 54 SDÜ s. weiter EuGH v. 18.7.2007 – Rs. C-288/05 – Kretzinger, NJW 2007, 3412; hierzu Anfragebeschluss des BGH v. 30.6.2005 – 5 StR 342/04, wistra 2005, 461; EuGH v. 27.5.2014 – Rs C 129/14 PPU, StV 2014, 449; BGH v. 9.6.2008 – 5 StR 342/04, BGHSt 52, 275 m. Anm. *Kische*, wistra 2009, 162 und *Lagodny*, NStZ 2009, 459; BGH v. 12.12.2013 – 3 StR 531/12, NJW 2014, 1025 m. Anm. *Hecker*, StV 2014, 461; s. ferner *Bender*, wistra 2009, 176; *Zöller* in FS Krey, 2010, S. 501; *Petropoulos* in FS Schöch, 2010, S. 857.
3 S. hierzu BGH v. 25.10.2010 – 1 StR 57/10, BGHSt 56, 11; ferner *Böse*, GA 2011, 504; *Heyer* in FS Kühne, 2013, S. 565; *Jarass*, NStZ 2012, 611.
4 *Meyer-Goßner* in Meyer-Goßner/Schmitt, StPO, Einl. Rz. 182.

dieses Strafverfahren feststeht (formelle Rechtskraft). Wird später ein wirksamer Strafantrag gestellt, kann das Verfahren fortgesetzt oder ein neues eingeleitet werden[1].

Beschränkt rechtskäftig sind Einstellungen nach § 153a StPO; eine Strafverfolgung wegen derselben Tat im prozessualen Sinn (§ 12 Rz. 47a) ist nur möglich, wenn sich herausstellt, dass ein Verbrechen vorliegt (§ 153a Abs. 1 S. 5 StPO; s. § 11 Rz. 136). Gleiches gilt für die *gerichtliche* Einstellung nach § 153 Abs. 2 StPO[2]. Einstellungen durch die Staatsanwaltschaft nach § 153 Abs. 1 StPO verbrauchen die Strafklage nicht[3].

§ 13
Urteilsfolgen

Bearbeiter: Jürgen Niemeyer

	Rz.		Rz.
I. Durchsetzung des Urteils	1	2. Gewerbezentralregister	10
1. Strafvollstreckung	2	3. Sonstige Mitteilungen	11
2. Strafvollzug	5	**IV. Entschädigung für Strafverfolgungsmaßnahmen**	12
II. Kosten und Auslagen	6		
III. Mitteilungen und Eintragungen		**V. Begnadigung**	17
1. Bundeszentralregister	7		

I. Durchsetzung des Urteils

Schrifttum: *Arloth,* Strafvollzugsgesetz, 3. Aufl. 2011; *Calliess/Müller-Dietz,* Strafvollzugsgesetz, 11. Aufl. 2008; *Feest/Lesting,* Strafvollzugsgesetz, 6. Aufl. 2012; *Kamann,* Handbuch für die Strafvollstreckung, 2. Aufl. 2008; *Klaus,* Vollstreckung und Vollzug von Freiheitsstrafen, StRR 2010, 324, 369, 404; *Laubenthal,* Entsprechende Anwendbarkeit der Vorschriften der Strafprozessordnung im gerichtlichen Verfahren nach dem Strafvollzugsgesetz, in FS Kühne, 2013, S. 723; *Röttle/Wagner,* Strafvollstreckung, 8. Aufl. 2009; *Schwind/Jehle/Laubenthal,* Strafvollzugsgesetz, 6. Aufl. 2013; *Seebode,* Wer regelt den Justizvollzug?, Forum Strafvollzug 2009, 7; *Seifert,* 20 ausgewählte Fragen zu den Voraussetzungen der Strafvollstreckung, JA 2008, 880; *Wagner,* Strafvollstreckung, 2. Aufl. 2009.

Nach Rechtskraft des Urteils muss, sofern dieses nicht auf Freispruch lautet, die Strafe (zu den einzelnen Strafen und deren Zumessung unten § 21) vollstreckt werden. Dies geschieht im Wege der **Strafvollstreckung** und des **Strafvollzugs**. Dabei betrifft die Strafvollstreckung die Einleitung und die generelle Überwachung der Urteilsdurchsetzung, der Strafvollzug die Ausgestaltung der Vollziehung. 1

---

1 *Meyer-Goßner* in Meyer-Goßner/Schmitt, § 206a StPO Rz. 11; *Stuckenberg* in L/R, § 206a StPO Rz. 114.
2 BGH v. 26.8.2003 – 5 StR 145/03, BGHSt 48, 331.
3 *Schmitt* in Meyer-Goßner/Schmitt, § 153 StPO Rz. 37.

1. Strafvollstreckung

2 Regelungen über die Strafvollstreckung enthalten die **§§ 449–463d StPO**, die insbesondere durch die *Strafvollstreckungsordnung* vom 1.4.2001[1], einer Verwaltungsvorschrift, die zwischen dem BMJ und den Landesjustizverwaltungen vereinbart worden ist, ergänzt werden.

3 **Vollstreckungsbehörde** ist für Freiheits- und Geldstrafen (nicht für Sanktionen des JGG) die *Staatsanwaltschaft* (§ 451 Abs. 1 StPO). Es ist ein anerkannter Grundsatz, dass die Strafvollstreckung unverzüglich nach Urteilsrechtskraft einzuleiten ist. Dies ergibt sich daraus, dass das Gesetz den *Vollstreckungsaufschub* an enge Voraussetzungen knüpft (§§ 455–456 StPO). So darf z.B. ein Strafaufschub den Zeitraum von vier Monaten nicht überschreiten und nur gewährt werden, wenn die sofortige Vollstreckung erhebliche, außerhalb des Strafzwecks liegende Nachteile mit sich bringen würde (§ 456 Abs. 1 und 2 StPO). Leistet der Verurteilte der Ladung zum Strafantritt keine Folge, kann die Staatsanwaltschaft einen Vollstreckungshaftbefehl erlassen (§ 457 Abs. 2 S. 1 StPO).

4 Auch im Rahmen der Strafvollstreckung sind **gerichtliche** Entscheidungen erforderlich, die, wenn der Verurteilte eine Strafe verbüßt, von der Strafvollstreckungskammer beim Landgericht getroffen werden (vgl. §§ 78a, 78b GVG); ansonsten ist das Gericht des ersten Rechtszuges zuständig (§ 462a Abs. 1, 2 StPO). In der Praxis am häufigsten ist über den Widerruf einer Strafaussetzung zur Bewährung (§ 56f StGB, § 453 StPO) sowie die Aussetzung der Vollstreckung eines Strafrestes zur Bewährung (§ 57 StGB, § 454 StPO) zu befinden.

2. Strafvollzug

5 Von der Strafvollstreckung ist der **Strafvollzug** zu unterscheiden. Dort geht es um die *Durchführung* (den „Vollzug") einer Freiheitsstrafe. Vorschriften hierüber sowie über den Vollzug der freiheitsentziehenden Maßregeln der Besserung und Sicherung enthalten das **Strafvollzugsgesetz** (StVollzG)[2] sowie die Vollzugsgesetze der Länder, die nach der Änderung des Art. 74 Abs. 1 Nr. 1 GG durch das Gesetz zur Föderalismusreform[3] nunmehr für diesen Bereich zuständig sind. Landesgesetze gibt es bislang in Baden-Württemberg, Bayern, Hamburg und Niedersachsen; in den übrigen Ländern gilt das StVollzG weiter (Art. 125a Abs. 1 GG). Die Vollzugsgesetze regeln umfassend die *Rechte und Pflichten des Gefangenen* sowie die Gestaltung des Strafvollzugs. Erleichtert werden kann die Vollstreckung einer Freiheitsstrafe durch den sog. *offenen Vollzug* (§ 10 StVollzG). Dieser ist dadurch gekennzeichnet, dass keine oder nur verminderte Vorkehrungen gegen Entweichungen vorgesehen sind (§ 141 Abs. 2 StVollzG).

---

1 Abgedr. etwa in *Schönfelder*, Deutsche Gesetze, Ergänzungsbd., Nr. 90d.
2 G v. 16.3.1976, BGBl. I 581, zul. geänd. durch G v. 29.7.2009, BGBl. I 2274.
3 G v. 28.8.2006, BGBl. I 2034.

II. Kosten und Auslagen

Der wegen einer Straftat Verurteilte hat neben seinen **eigenen Auslagen** (vor allem die Aufwendungen für seinen Verteidiger) die **Kosten** des Verfahrens zu tragen (§ 465 Abs. 1 StPO); dies sind die Gebühren und Auslagen der Staatskasse (§ 3 Abs. 2 GKG i.V.m. Nr. 3110 ff., 9000 ff. der Anlage 1 zum GKG). Wird der Angeklagte freigesprochen, trägt die Staatskasse die Kosten des Verfahrens und die notwendigen Auslagen des Angeklagten (§ 467 Abs. 1 StPO). Bei *teilweisem* Freispruch fällt der entsprechende Teil der Verfahrenskosten und der notwendigen Auslagen des Angeklagten der Staatskasse zur Last (§§ 465, 467 StPO).

III. Mitteilungen und Eintragungen

Schrifttum: *Bellinghausen,* Nebenfolgen eines Strafverfahrens, ZWH 2013, 395; *Krumm,* Praxisprobleme des Bundeszentralregisters, StraFo 2012, 165; *Küppers,* Die Bedeutung des Bundeszentralregisters in der anwaltlichen Beratungspraxis, StRR 2014, 128, 164; *Parigger,* Urteilsfolgen neben der Strafe, StraFo 2012, 447; *Vollkommer,* Aus der Praxis: Zwei Vorstrafen im Bundeszentralregister und doch kein Eintrag im Führungszeugnis?, JuS 2007, 536.

1. Bundeszentralregister

Rechtskräftige Verurteilungen wegen einer Straftat werden im Bundeszentralregister, das aus einem Zentralregister und einem Erziehungsregister besteht, eingetragen. Es wird vom Bundesamt für Justiz geführt (§ 1 Abs. 1 BZRG), das seinen Sitz in Bonn hat.

Die **Auswirkungen** einer Eintragung für den Betroffenen sind beim *Führungszeugnis* und bei der *unbeschränkten Auskunft* aus dem Zentralregister verschieden: Führungszeugnisse können von Privatpersonen und von Behörden angefordert werden (§§ 30–31 BZRG). Geringfügige Strafen – z.B. Geldstrafen von nicht mehr als 90 Tagessätzen – werden in das Führungszeugnis nicht aufgenommen (§ 32 Abs. 2 Nr. 5 Buchst. a BZRG). Unbeschränkte Auskunft aus dem Zentralregister wird insbesondere den in § 41 Abs. 1 BZRG genannten Behörden (vor allem Staatsanwaltschaften und Gerichten) erteilt (vgl. im Einzelnen §§ 41–43 BZRG).

Nach Ablauf einer gestaffelten Frist, die sich an Art und Höhe der im Urteil verhängten Strafen orientiert – sie beträgt zwischen fünf und 20 Jahren –, werden die Eintragungen im Register **getilgt** (§§ 45 f. BZRG; zu weiteren Details §§ 47–50 BZRG). Danach darf die Verurteilung dem Betroffenen weder vorgehalten werden noch – insbesondere bei der Zumessung der Strafe wegen einer später verübten Tat – zu seinem Nachteil verwertet werden (§ 51 Abs. 1 BZRG). Er darf sich als *unbestraft* bezeichnen. So braucht er bei einer Stellenbewerbung den der Verurteilung zugrunde liegenden Sachverhalt nicht zu offenbaren, wenn die Verurteilung nicht mehr in ein Führungszeugnis aufzunehmen ist (§ 53 Abs. 1 Nr. 1 BZRG). Getilgte Vorverurteilungen dürfen auch nicht als Beweisindiz gegen den Angeklagten verwertet werden[1].

---

1 BGH v. 23.3.2006 – 4 StR 36/06, StraFo 2006, 296.

2. Gewerbezentralregister

10 Im Gewerbezentralregister, das auch vom Bundesamt für Justiz geführt wird, werden u.a. rechtskräftige Verurteilungen wegen einer **Straftat** nach §§ 10, 11 SchwarzArbG, §§ 15, 15a AÜG, § 266a Abs. 1, 2, 4 StGB zu mehr als drei Monaten Freiheitsstrafe oder mehr als 90 Tagessätzen Geldstrafe eingetragen (§ 149 Abs. 2 S. 1 Nr. 4 GewO; zur Eintragung von Bußgeldentscheidungen wegen einer Ordnungswidrigkeit s. § 14 Rz. 36). Den Umfang der Auskunftserteilung sowie die Tilgung der Eintragungen regeln §§ 150 ff. GewO in Anlehnung an das BZRG.

3. Sonstige Mitteilungen

11 Ebenso wie bei der Erhebung der öffentlichen Klage (s. § 11 Rz. 143 ff.) ist in Verfahren gegen Angehörige bestimmter Berufe (etwa Beamte, Steuerberater), von dessen Ausgang den Stellen, die hiervon Kenntnis haben müssen, um ggf. tätig zu werden (z.B. Ahndung der Straftat im Rahmen eines Disziplinarverfahrens oder eines berufsgerichtlichen Verfahrens), **Mitteilung** zu machen. Die gesetzliche Grundlage hierfür findet sich in den §§ 12 ff. EGGVG und/oder den Gesetzen, die den jeweiligen Personenkreis betreffen (z.B. § 10 Abs. 2 StBerG). Die einzelnen Mitteilungspflichten sind in der **MiStra** aufgeführt, einer bundeseinheitlich ergangenen Verwaltungsvorschrift, die das BMJ und die Landesjustizverwaltungen jeweils für ihren Bereich erlassen haben[1].

11a In **Wirtschaftsstrafsachen** können Mitteilungen insbesondere in Verfahren gegen Wirtschaftsprüfer, vereidigte Buchprüfer, Steuerberater, Steuerbevollmächtigte oder bestimmte Angehörige einer Wirtschaftsprüfungs-, Steuerberatungs- oder Buchprüfungsgesellschaft, Inhaber und Geschäftsleiter von Kredit- und Finanzdienstleistungsinstituten, Wertpapierdienstleistungs- oder Versicherungsunternehmen, Gewerbetreibende, Rechtsanwälte oder Beamte in Betracht kommen. Mitzuteilen ist durchweg der Haftbefehl, die das Verfahren abschließende Entscheidung oder der Ausgang des Verfahrens, i.d.R. also das rechtskräftige Urteil (vgl. im Einzelnen Nr. 15, 23–25b, 39 MiStra).

IV. Entschädigung für Strafverfolgungsmaßnahmen

Schrifttum: *Bub*, Die „unangemessene Verfahrensdauer" im Sinne von § 198 Abs. 1 GVG, DRiZ 2014, 94; *Burhoff*, Verfahrensverzögerung, überlange Gerichtsverfahren und Verzögerungsrüge – die Neuregelungen im GVG, StRR 2012, 4; *Gehm*, Entschädigungsanspruch im Hinblick auf Steuerstrafverfahren nach dem Gesetz über den Rechtsschutz bei überlangen Gerichtsverfahren und strafrechtlichen Ermittlungsverfahren, NZWiSt 2013, 441; *Gercke/Heinisch*, Auswirkungen der Verzögerungsrüge auf das Strafverfahren, NStZ 2012, 300; *Graf*, Das neue Gesetz über den Rechtsschutz bei überlangen Gerichtsverfahren und strafrechtlichen Ermittlungsverfahren, NZWiSt 2012, 121; *Kunz*, Gesetz über die Entschädigung für Strafverfolgungsmaßnahmen (StrEG), 4. Aufl. 2010; *Meyer*, Strafrechtsentschädigung, 8. Aufl. 2011; *Meyer-Goßner* in Meyer-Goßner/Schmitt, Anhang 5: Gesetz über die Entschädigung für Strafverfolgungsmaßnahmen; *Marx/Roderfeld*, Rechtsschutz bei überlangen Gerichts- und Ermittlungsverfahren, 2013; *Sommer*, Die Verzögerungsrüge: „Auf der Suche nach der verlorenen Zeit", StV 2012, 107; *Steinbeiß-Winkelmann/Ott*, Rechtsschutz bei überlangen Gerichtsverfahren, 2013; *Steinbeiß-Winkelmann/Sporrer*, Rechtsschutz bei überlangen Gerichtsverfahren, NJW 2014, 177.

---

1 G v. 8.3.1971, abgedr. etwa in *Schönfelder*, Deutsche Gesetze, Ergänzungsbd. Nr. 90c.

a) Für den *unschuldig* in ein Strafverfahren verwickelten Beschuldigten stellt sich die Frage, ob er *Anspruch auf Ersatz des Schadens* hat, der durch das gegen ihn gerichtete Verfahren entstanden ist. Maßgeblich hierfür ist das **Gesetz über die Entschädigung für Strafverfolgungsmaßnahmen** (StrEG)[1]: 12

Nach § 1 Abs. 1 StrEG wird ein rechtskräftig Verurteilter aus der Staatskasse entschädigt, soweit die Verurteilung im **Wiederaufnahmeverfahren** oder auf sonstige Weise fortfällt oder gemildert wird. 13

Für die Praxis von größerer Bedeutung ist § 2 StrEG: Ist ein Beschuldigter **freigesprochen** oder das Verfahren gegen ihn eingestellt worden oder hat das Gericht die Eröffnung des Hauptverfahrens gegen ihn abgelehnt, so kann er Entschädigung für den Schaden verlangen, den er durch die *Untersuchungshaft* oder durch eine andere, in § 2 Abs. 2 StrEG erwähnte Strafverfolgungsmaßnahme erlitten hat. In Betracht kommen hierbei in Wirtschaftsstrafverfahren insbesondere Durchsuchungen und Beschlagnahmen (§ 2 Abs. 2 Nr. 4 StrEG). 14

Nach dem StrEG haben Anspruch auf Entschädigung nur der Beschuldigte sowie Personen, denen der Beschuldigte unterhaltspflichtig war (§ 11 StrEG). Häufig führen Strafverfolgungsmaßnahmen – etwa Durchsuchungen oder die Beschlagnahme von Geschäftsunterlagen – zu **Schäden bei Dritten**, wobei es sich sowohl um natürliche wie auch um juristische Personen (z.B. eine GmbH) handeln kann. Diesen steht grundsätzlich kein Entschädigungsanspruch zu[2]. In solchen Fällen kann sich ein Entschädigungsanspruch jedoch aus anderen Bestimmungen (z.B. § 74f StGB, § 28 OWiG) oder aus Amtspflichtverletzung (§ 839 BGB, Art. 34 GG) ergeben[3]. 15

Das Gericht hat in dem – i.d.R. freisprechenden – Urteil oder in dem Beschluss, der das Verfahren abschließt, darüber zu entscheiden, ob **dem Grunde nach** eine Entschädigung zu gewähren ist (§ 8 Abs. 1 S. 1 StrEG). Hat die Staatsanwaltschaft das Verfahren eingestellt, befindet hierüber das an ihrem Sitz befindliche Amtsgericht (§ 9 Abs. 1 S. 1 StrEG; zu den Einzelheiten und den Ausnahmen s. §§ 8, 9 StrEG). Dem Berechtigten obliegt es dann, die **Höhe des Schadens** innerhalb von sechs Monaten ab rechtskräftiger Feststellung der Entschädigungspflicht bei der zuständigen Staatsanwaltschaft geltend zu machen (§ 10 Abs. 1 S. 1 StrEG). Zum weiteren Verfahren vgl. §§ 10 Abs. 2, 13 Abs. 1 StrEG. 16

b) Hat das **Strafverfahren unangemessen lange gedauert**, steht demjenigen, der infolgedessen einen Nachteil erlitten hat (dies ist i.d.R. im Ermittlungsverfahren der Beschuldigte und im gerichtlichen Verfahren der Angeklagte), ein Anspruch auf angemessene Entschädigung zu (§ 198 Abs. 1 GVG). Voraussetzung ist, dass er die Dauer des Verfahrens gerügt hat (§§ 198 Abs. 3, 199 Abs. 2 GVG). Wegen immaterieller Nachteile kann gem. §§ 199 Abs. 3 S. 1, 198 Abs. 2 S. 2 GVG dann kein Ersatz verlangt werden, wenn Staatsanwaltschaft oder Gericht die Dauer des Verfahrens – das Gericht vor allem bei der Bemessung der 16a

---

1 BGBl. I 157, zul. geänd. durch G v. 30.7.2009, BGBl. I 2478.
2 BGH v. 23.8.1989 – StB 29/89, BGHSt 36, 236; OLG Frankfurt v. 19.7.2002 – 3 Ws 737/02, NStZ-RR 2003, 320; OLG Nürnberg v. 26.8.2002 – 4 Ws 2125/02, NStZ-RR 2003, 62.
3 Vgl. *Meyer-Goßner* in Meyer-Goßner/Schmitt, StPO, vor § 1 StrEG Rz. 3.

Strafe – zugunsten des Beschuldigten oder des Angeklagten berücksichtigt haben (hierzu § 21 Rz. 41). Zuständig für eine Klage auf Entschädigung ist das OLG (§ 201 Abs. 1 GVG). Einzelheiten ergeben sich aus §§ 198–201 GVG.

V. Begnadigung

Schrifttum: *Birkhoff/Lemke*, Gnadenrecht, 2012; *Freuding*, Das Gnadenrecht – Ein Überblick des Gnadenverfahrens am Beispiel der Gnadenordnung für das Land Nordrhein-Westfalen (GesO NW), StraFo 2009, 491; *Meier*, Vertraulich, aber unspektakulär: die Gnadenpraxis in Deutschland, in FS Schwind, 2006, S. 1059.

17 Durch die Begnadigung **verzichtet** der Staat **auf** die **Durchsetzung** der Strafverfolgung. Dies kann zum einen dadurch geschehen, dass von der Vollstreckung eines rechtskräftigen Urteils abgesehen wird (Begnadigung im engeren Sinne). Daneben kann aber auch bereits auf die Durchführung eines noch nicht rechtskräftig abgeschlossenen Ermittlungs- oder Strafverfahrens verzichtet werden (sog. Niederschlagung oder Abolition).

18 § 452 S. 1 StPO bestimmt, dass der *Bund* das **Begnadigungsrecht** ausübt, soweit es um solche Straftaten geht, in denen im ersten Rechtszug in Ausübung der Gerichtsbarkeit des Bundes entschieden worden ist. Dies sind Staatsschutzsachen, für die die Oberlandesgerichte nach Anklage durch den Generalbundesanwalt zuständig sind (Art. 96 Abs. 5 GG, §§ 120 Abs. 1, 2, 6; 142a GVG). Das Begnadigungsrecht übt der Bundespräsident aus (Art. 60 Abs. 2 GG). Ansonsten steht das Begnadigungsrecht den *Ländern* zu[1].

§ 14
Verfahren in Ordnungswidrigkeiten
Bearbeiter: Jürgen Niemeyer

	Rz.		Rz.
A. Allgemeines	1	III. Rechtmittel	29
B. Ermittlungsverfahren		IV. Rechtskraft und ihre Durchbrechungen	33
I. Beteiligte	5	D. Folgen rechtskräftiger Bußgeldentscheidungen	
II. Verfahrensgang			
1. Einleitung und Durchführung	15	I. Vollstreckung und Mitteilungen	35
2. Abschluss	17		
C. Gerichtliches Verfahren		II. Kosten	38
I. Einspruch und Zwischenverfahren	21	III. Entschädigungen und Begnadigung	40
II. Hauptverfahren	23		

---

1 Eine Zusammenstellung der landesrechtlichen Gnadenregelungen findet sich in *Schönfelder*, Deutsche Gesetze, Fn. 2 zu § 452 StPO.

Schrifttum: *Achenbach*, Ahndung materiell sozialschädlichen Verhaltens durch bloße Geldbuße? Zur Entwicklung und Problematik „großer" Wirtschafts-Ordnungswidrigkeiten, GA 2008, 1; *Gaier*, Garantien des deutschen Verfassungsrechts bei Verhängung von Kartellgeldbußen, wistra 2014, 161; *Mitsch*, Grundzüge des Ordnungswidrigkeitenrechts, JuS 2008, 409; s. außerdem das Allgemeine Literaturverzeichnis.

A. Allgemeines

Das Verfahren in Ordnungswidrigkeiten ist gegenüber dem Strafverfahren **vereinfacht**. Dies ist konsequent, da die Geldbuße gegenüber der (Kriminal-)Strafe die weniger einschneidende Sanktion ist (vgl. § 1 Rz. 113 ff.). Im Gegensatz zu einer Strafe können gegen juristische Personen und Personenvereinigungen Geldbußen festgesetzt werden (§ 30 OWiG; hierzu § 21 Rz. 94 ff.; § 23 Rz. 33 ff.). 1

Das Verfahren ist **entsprechend dem Strafverfahren** ausgestaltet. Daher gelten, soweit nichts anderes bestimmt ist, die allgemeinen Gesetze über das Strafverfahren, also insbesondere die StPO und das GVG (§ 46 Abs. 1 OWiG), und – selbstverständlich – auch die rechtsstaatlichen Verfahrensgarantien. Die zweite „Generalverweisung" im OWiG findet sich in § 71 Abs. 1 OWiG, wonach sich das Verfahren nach zulässigem *Einspruch gegen einen Bußgeldbescheid* (Rz. 18) nach den Vorschriften der StPO richtet, die nach zulässigem Einspruch gegen einen *Strafbefehl* (dazu § 12 Rz. 71) gelten. 2

Gegenüber dem Strafverfahren hebt sich das Bußgeldverfahren insbesondere durch folgende **Besonderheiten** ab: 3
- Es gilt nicht das Legalitäts-, sondern das **Opportunitätsprinzip** (§ 47 OWiG; § 10 Rz. 17 ff.).
- Für die Verfolgung von Ordnungswidrigkeiten ist in erster Linie nicht die Staatsanwaltschaft, sondern die **Verwaltungsbehörde** zuständig (§ 35 Abs. 1 OWiG), die grundsätzlich dieselben Rechte wie die Staatsanwaltschaft im Ermittlungsverfahren hat (§ 46 Abs. 2 OWiG). Gleichwohl ist auch die Staatsanwaltschaft in nicht geringem Umfang mit Ordnungswidrigkeiten befasst (näher Rz. 8 ff.).

Das **Bußgeldverfahren** ist im *2. Teil des OWiG* in den §§ 35–110 OWiG geregelt; die wichtigsten Grundlinien werden nachstehend angesprochen. Der 1. Teil (§§ 1–34 OWiG) enthält allgemeine **materiell-rechtliche Vorschriften**, die ihre Entsprechung im Allgemeinen Teil des StGB (§§ 1–79b StGB) haben. Der 3. Teil des OWiG (§§ 111–131 OWiG) beinhaltet **einzelne Ordnungswidrigkeiten**, die strukturell dem Besonderen Teil des StGB (§§ 80 ff. StGB) entsprechen und teilweise – im Zuge der angestrebten Entkriminalisierung (§ 1 Rz. 56) – aus den früheren Übertretungen herrühren. Anders als im StGB umfassen diese Bestimmungen aber keineswegs den wichtigsten Teil der Ordnungswidrigkeiten, sondern nur ergänzende Tatbestände, deren Bedeutung in der Praxis eher gering ist; unter diesen ist der Auffangtatbestand der „Aufsichtspflichtverletzung in Unternehmen" (§ 130 OWiG; § 30 Rz. 125 ff.) der wichtigste. Die weitaus meisten und praktisch bedeutsamen Bußgeldtatbestände finden sich demgegenüber meist am Ende einer unüberschaubaren *Vielzahl von Gesetzen*, die 4 jeweils eine bestimmte Materie regeln. Dies können sowohl Bundesgesetze (z.B. GWB, AktG, HGB, AWG, LFGB usw.) als auch Landesgesetze sein.

B. Ermittlungsverfahren

I. Beteiligte

5 Beteiligte sind zum einen die **Ermittlungsbehörden**, also die Verwaltungsbehörden (Rz. 6), die sich der Mitwirkung der Polizei (Rz. 7) bedienen können, die Staatsanwaltschaft (Rz. 8–10) und der Ermittlungsrichter (Rz. 11), zum anderen der Betroffene (Rz. 12) und ggf. Nebenbeteiligte (Rz. 13).

6 a) Welche **Verwaltungsbehörde** *sachlich* für die Verfolgung von Ordnungswidrigkeiten **zuständig** ist, ergibt sich gem. § 36 Abs. 1 Nr. 1 OWiG in erster Linie jeweils aus den speziellen Gesetzen. I.Ü. sind für den wichtigen Bereich des Landesrechts auf der Grundlage von § 36 Abs. 2 OWiG Zuständigkeitsverordnungen erlassen worden[1]. § 37 OWiG enthält Regelungen zur *örtlichen Zuständigkeit*. Abs. 1 hebt auf den Ort der Begehung oder der Entdeckung der Ordnungswidrigkeit und auf den Wohnsitz des Betroffenen ab.

7 Die **Polizei** wird bei der Erforschung und Ermittlung von Ordnungswidrigkeiten als Ermittlungsorgan der Verwaltungsbehörde tätig[2]. Sie hat grundsätzlich deren Ersuchen zu entsprechen (§ 161 Abs. 1 S. 2 StPO i.V.m. § 46 Abs. 1 OWiG)[3]. Daneben steht ihre Pflicht, von sich aus nach pflichtgemäßem Ermessen Ordnungswidrigkeiten zu ermitteln (§ 53 Abs. 1 OWiG) und den jeweiligen Verwaltungsbehörden mitzuteilen. Soweit die Polizeibeamten *Ermittlungspersonen der Staatsanwaltschaft* (§ 11 Rz. 8) sind, können sie bei Gefahr im Verzug u.a. Beschlagnahmen und Durchsuchungen anordnen (§ 53 Abs. 2 OWiG) und vollziehen. Die Beamten der *Steuer- und Zollfahndung*, haben bei der Verfolgung von Ordnungswidrigkeiten dieselben Aufgaben wie bei der Ermittlung von Straftaten (s. § 11 Rz. 9 ff.; § 15 Rz. 7 ff, 55 ff., 73 ff., 92 ff.).

8 b) Die **Staatsanwaltschaft** ist für die Verfolgung von Ordnungswidrigkeiten zuständig, wenn Gegenstand der Tat im prozessualen Sinn (§ 12 Rz. 47a), bezüglich derer ermittelt wird, *neben der Straftat* (im engeren materiell-rechtlichen Sinn) eine Ordnungswidrigkeit ist. Deshalb ist sie für die Verfolgung der („gesamten") Tat auch unter dem rechtlichen Gesichtspunkt einer Ordnungswidrigkeit berufen (§ 40 OWiG). Erhebt sie wegen der Straftat die öffentliche Klage (§ 11 Rz. 143 ff.), wird sie vielfach von der Verfolgung der Ordnungswidrigkeit gem. § 47 Abs. 1 OWiG absehen. Stellt sie das Verfahren bezüglich der Straftat ein, gibt sie die Sache im Hinblick auf die Ordnungswidrigkeit an die Verwaltungbehörde ab (§ 43 OWiG). Diese wiederum ist verpflichtet, die Sache an die Staatsanwaltschaft *abzugeben*, wenn sich bei der Ermittlung der Ordnungswidrigkeit Anhaltspunkte für eine Straftat ergeben (§ 41 OWiG). Dies kommt z.B. in Betracht, wenn sich im Laufe des Ermittlungsverfahrens wegen Verstoßes gegen einen in § 60 Abs. 1 LFGB genannten Bußgeldtatbestand herausstellt,

---

1 S. *Göhler*, Anhang B.
2 *Gürtler* in Göhler, § 53 OWiG Rz. 4.
3 *Wache* in KK, § 53 OWiG Rz. 4.

dass der Betroffene nicht nur fahrlässig, sondern vorsätzlich gehandelt hat, sodass statt einer Ordnungswidrigkeit eine Straftat nach § 59 LFGB vorliegt (dazu § 72 Rz. 49 ff.).

Die Staatsanwaltschaft ist für die Verfolgung einer Ordnungswidrigkeit auch dann zuständig, wenn zwar keine einheitliche Tat (Rz. 8) vorliegt, aber ein **Zusammenhang** *mit einer Straftat* besteht und sie zudem erklärt, die Verfolgung zu übernehmen (§ 42 Abs. 1 S. 1 OWiG). Der Zusammenhang kann persönlicher oder sachlicher Art sein (§ 42 Abs. 1 S. 2 OWiG). – Auch im Falle eines Einspruchs gehen die Aufgaben der Verfolgungsbehörde von der Verwaltungsbehörde auf die Staatsanwaltschaft über (Rz. 22). 9

Die Staatsanwaltschaft ist ferner für die Verfolgung einer Ordnungswidrigkeit in den Fällen berufen, in denen die Verhängung einer **Verbandsgeldbuße** (§ 30 OWiG) – neben der Bestrafung einer natürlichen Person – in Betracht kommt (hierzu § 21 Rz. 94 ff., § 23 Rz. 33 ff.). Hat z.B. der Geschäftsführer einer GmbH oder der vertretungsberechtigte Gesellschafter einer OHG oder KG eine Straftat verübt, durch die der Gesellschaft obliegende Pflichten verletzt worden sind, so ist neben (oder gar anstelle) der Leitungsperson auch das Unternehmen mit einer Sanktion in Gestalt einer Geldbuße zu belegen. Die Staatsanwaltschaft hat dann im Ermittlungsverfahren die Vertreter der Gesellschaft zu hören (§§ 444 Abs. 2 S. 2, 432 Abs. 1 StPO; Nr. 180a Abs. 1 S. 2 RiStBV). – Ist der Leitungsperson nur eine Ordnungswidrigkeit vorzuwerfen, kann auch die Verwaltungsbehörde eine Verbandsgeldbuße verhängen. 10

c) Ebenso wie im Strafverfahren sind auch im Ordnungswidrigkeitenverfahren *einzelne Maßnahmen*, etwa Durchsuchung und Beschlagnahme, der Anordnung durch den **Ermittlungsrichter** vorbehalten (§ 11 Rz. 12). Diese Maßnahmen können direkt von der Verwaltungsbehörde beim Amtsgericht beantragt werden, wenn nicht wegen des Zusammenhangs mit einer Straftat Anlass besteht, die Sache an die Staatsanwaltschaft abzugeben (Rz. 8–10). 11

d) Gegen den **Betroffenen** (so heißt – neutralisierend – der *Beschuldigte* hier) richtet sich das Bußgeldverfahren. Das ist die Person, die eine Ordnungswidrigkeit begangen hat oder derer verdächtig ist und gegen die ein Bußgeldverfahren eingeleitet worden ist[1]. Sie ist vor Erlass eines Bußgeldbescheides durch die Verwaltungsbehörde nach Maßgabe des § 55 OWiG zu belehren und anzuhören. 12

Nebenbeteiligte sind Personen, in deren Rechte im Bußgeldverfahren eingegriffen werden kann. Sie sind deshalb am Verfahren zu beteiligen. In Betracht kommen Einziehungs- und Verfallbeteiligte (Einziehung und Verfall sind auch hier möglich, §§ 22 ff., 29a OWiG) und die juristische Person oder Personenvereinigung, gegen die gem. § 30 OWiG eine Geldbuße verhängt werden kann (§ 21 Rz. 96 f.)[2]. 13

Eine Beteiligung des **Verletzten** (§ 11 Rz. 23 f.) ist im Ordnungswidrigkeitenverfahren mit Ausnahme von Akteneinsicht (§ 406e StPO) nicht vorgesehen 14

---

1 *Seitz* in Göhler, vor § 59 OWiG Rz. 49.
2 *Seitz* in Göhler, vor § 87 OWiG Rz. 2 ff.

(§ 46 Abs. 3 S. 4 OWiG). Ebenso wenig gibt es gem. § 46 Abs. 3 S. 3 OWiG ein Klageerzwingungsverfahren (§ 11 Rz. 131), weil das Opportunitätsprinzip (Rz. 3) – und nicht das Legalitätsprinzip – gilt.

II. Verfahrensgang

1. Einleitung und Durchführung

15 Die Verfolgungsbehörde entscheidet nach **pflichtgemäßem Ermessen**, ob ein Bußgeldverfahren einzuleiten und durchzuführen ist (§ 47 Abs. 1 OWiG). Hierbei sind sämtliche Umstände des Einzelfalls zu berücksichtigen, insbesondere die Bedeutung und die Auswirkungen der Tat, der Grad des Verschuldens des Betroffenen, die Gefahr einer Wiederholung der Tat durch andere und die Häufigkeit derartiger Verstöße[1].

16 Die **Aufklärung des Sachverhaltes** erfolgt entsprechend den *Regeln im Strafverfahren* (§ 11 Rz. 25 ff.). Angesichts der geringeren Bedeutung der Ordnungswidrigkeiten gegenüber Straftaten sind jedoch Verhaftung (§ 11 Rz. 55 ff.), vorläufige Festnahme (§ 11 Rz. 77) und Maßnahmen nach §§ 99, 100 StPO (§ 11 Rz. 111) nicht statthaft (§ 46 Abs. 3 S. 1 OWiG). Möglich sind Durchsuchung[2] und Beschlagnahme (§ 11 Rz. 80 ff., 94 ff.), wobei ebenso wie im Strafverfahren dem Grundsatz der Verhältnismäßigkeit Rechnung zu tragen ist und konkrete Anhaltspunkte für eine Ordnungswidrigkeit vorliegen müssen; bloße Vermutungen genügen nicht[3]. Unverzichtbar ist die Gewährung rechtlichen Gehörs in Gestalt einer – schriftlichen oder mündlichen – Anhörung (§ 55 Abs. 1 OWiG).

Auch **vorläufige Maßnahmen** zur Sicherung von *Einziehung und Verfall* (§§ 22 ff., 29a OWiG) sind statthaft, etwa gem. § 46 Abs. 1 OWiG i.V.m. § 111b Abs. 1 StPO die Beschlagnahme von Gegenständen (§ 11 Rz. 114 ff.)[4].

2. Abschluss

17 **a)** Hat sich der Verdacht einer Ordnungswidrigkeit nicht erhärtet, hat die Verfolgungsbehörde die **Einstellung des Verfahrens** zu verfügen (§ 46 Abs. 1 OWiG i.V.m. § 170 Abs. 2 StPO; s. § 11 Rz. 130). Hält sie in Ausübung ihres Ermessens eine Ahndung der festgestellten Tat nicht für erforderlich, erfolgt die Einstellung des Verfahrens auf der Grundlage von § 47 Abs. 1 OWiG. Für eine Anwendung der sonstigen Einstellungsmöglichkeiten der StPO (§§ 153 ff., 154 ff. StPO; § 11 Rz. 132 ff.) ist – trotz der umfassenden Verweisung in § 46 Abs. 1 OWiG – daneben richtigerweise kein Raum[5].

---

1 *Seitz* in Göhler, § 47 OWiG Rz. 10.
2 Hierzu BVerfG v. 4.3.2008 – 2 BvR 103/04, wistra 2008, 339.
3 *Wache* in KK, vor § 53 OWiG Rz. 65, 71, 36, 39.
4 *Wache* in KK, vor § 53 OWiG Rz. 96.
5 OLG Düsseldorf v. 8.2.1965 – 2 Ws (B) 400/64, JMBl. NW 1965, 102; *Hannich* in Rebmann/Roth/Herrmann, § 47 OWiG Rz. 1; *Seitz* in Göhler, § 47 OWiG Rz. 1; a.A. *Wache* in KK, § 47 OWiG Rz. 107.

b) Sind die Voraussetzungen für eine Verfahrenseinstellung nicht erfüllt, erlässt die *Verwaltungsbehörde* einen **Bußgeldbescheid** (§ 65 OWiG). Dieser enthält neben den notwendigen verfahrensrechtlichen Angaben, insbesondere der Bezeichnung der Tat (Rz. 19), und diversen Belehrungen (§ 66 OWiG) die Geldbuße. – Ist die *Staatsanwaltschaft* für die Verfolgung der Ordnungswidrigkeit zuständig (Rz. 8–10) und stellt sie im Hinblick auf diese das Verfahren nicht ein, erhebt sie die **öffentliche Klage** (§ 11 Rz. 143 ff.) sowohl bezüglich der Straftat als auch der Ordnungswidrigkeit.

18

Besonderes Augenmerk ist auf § 66 Abs. 1 Nr. 3 OWiG zu lenken, wonach die dem Betroffenen angelastete **Tat** einschließlich Zeit und Ort ihrer Begehung **zu bezeichnen** ist. Umschreibt der Bußgeldbescheid das Tatgeschehen so unzureichend, dass unklar ist, was dem Betroffenen angelastet wird, ist der Bußgeldbescheid unwirksam, sodass das weitere *Verfahren* wegen Fehlens einer Verfahrensvoraussetzung *einzustellen* ist[1].

19

Wird gem. § 30 Abs. 4 OWiG gegen eine juristische Person oder eine Personenvereinigung eine *Verbandsgeldbuße* festgesetzt (näher § 21 Rz. 94 ff.), stellt der Bußgeldbescheid jedoch auch dann eine ausreichende Verfahrensgrundlage dar, wenn hierin zwar weder das Organ, das für den Verband gehandelt hat, bezeichnet ist noch zu dessen Handlung und zur Tatzeit Angaben erfolgen, die Tat als geschichtlicher Vorgang aber zweifelsfrei gekennzeichnet und die Betriebsbezogenheit der Pflichtverletzung erkennbar ist (Beispiel: Errichtung eines Gebäudes „durch die Gesellschaft" unter Verstoß gegen baurechtliche Bestimmungen)[2].

Die Staatsanwaltschaft beantragt in der Anklageschrift (§ 11 Rz. 143 ff.) oder im Antrag auf Erlass eines Strafbefehls (§ 11 Rz. 146) gegen den Vertreter der Gesellschaft, der einer *Straftat* hinreichend verdächtig ist, die Beteiligung der Gesellschaft. Sie kündigt an, eine **Verbandsgeldbuße** zu beantragen oder beziffert diese im Antrag auf Erlass eines Strafbefehls (Nr. 180a Abs. 2 RiStBV). Stellt sie das Strafverfahren gegen den Vertreter der Gesellschaft gem. §§ 153, 153a StPO ein (§ 11 Rz. 132 ff.), beantragt sie beim zuständigen Gericht, gegen die Gesellschaft im „selbständigen Verfahren" (§ 30 Abs. 4 OWiG; hierzu § 21 Rz. 111 ff.) eine Geldbuße festzusetzen (§ 444 Abs. 3 i.V.m. § 440 StPO; Nr. 180a Abs. 3 RiStBV).

20

Fällt dem Vertreter der Gesellschaft eine *Ordnungswidrigkeit* zur Last, setzt die Verwaltungsbehörde auch gegen die Gesellschaft die Verbandsgeldbuße fest. Wird das Bußgeldverfahren gegen den Gesellschafter nach § 47 Abs. 1 OWiG eingestellt, kann sie gegen die Gesellschaft eine „selbständige" Geldbuße verhängen. Für das Verfahren gilt § 88 OWiG.

---

1 BGH v. 8.10.1070 – 4 StR 190/70, BGHSt 23, 336.
2 OLG Hamburg v. 15.4.1998 – II - 35/98 - 3 Ss 7/98, wistra 1998, 278; a.A. OLG Stuttgart v. 1.2.1993 – 4 Ss 573/92, MDR 1993, 572; abl. hierzu *Göhler*, NStZ 1994, 72.

C. Gerichtliches Verfahren

I. Einspruch und Zwischenverfahren

21 Der *Rechtsbehelf* gegen den Bußgeldbescheid der Verwaltungsbehörde ist der **Einspruch**, der Voraussetzung für den Übergang in das gerichtliche Verfahren ist. Der Betroffene kann innerhalb von zwei Wochen ab Zustellung des Bußgeldbescheides Einspruch einlegen (§ 67 Abs. 1 OWiG), und zwar ausschließlich bei der Behörde, die den Bescheid erlassen hat. Ein Einspruch bei einer übergeordneten Behörde ist ebenso unwirksam wie bei einem Gericht.

Der Einspruch kann auf bestimmte Beschwerdepunkte *beschränkt* werden (§ 67 Abs. 2 OWiG), so im Falle mehrerer selbständiger Handlungen, die voneinander abtrennbar sind, auf *eine* Handlung[1] oder auf die Rechtsfolgen (etwa die Höhe der Geldbuße). Eine solche Beschränkung ist aber nur dann wirksam, wenn die Tat im Bußgeldbescheid hinreichend konkret umschrieben ist (sofern der Bußgeldbescheid dann überhaupt wirksam ist, Rz. 19). Anderenfalls stellt er keine genügende Grundlage für die Festsetzung der Höhe der Geldbuße dar.

22 Ist der Einspruch nicht wirksam, insbesondere verspätet eingelegt, verwirft ihn die Verwaltungsbehörde als unzulässig (§ 69 Abs. 1 S. 1 OWiG). Nach zulässigem Einspruch prüft sie unter Berücksichtigung des Vorbringens des Betroffenen im **Zwischenverfahren**, ob sie den Bußgeldbescheid aufrechterhält oder zurücknimmt (§ 69 Abs. 2 S. 1 OWiG). Ggf. veranlasst sie ergänzende Ermittlungen (§ 69 Abs. 2 S. 2 OWiG). Hält sie den Bußgeldbescheid aufrecht, übersendet sie die Akten der Staatsanwaltschaft, die ab deren Eingang die Aufgaben der Verfolgungsbehörde wahrnimmt (§ 69 Abs. 3 S. 1, Abs. 4 S. 1 OWiG). Die Staatsanwaltschaft kann weiter ermitteln und das Verfahren einstellen (was selten vorkommt)[2]. Im Regelfall leitet sie die Akten formularmäßig an das gem. § 68 OWiG zuständige Amtsgericht weiter (§ 69 Abs. 4 S. 2 OWiG), welches bei aus seiner Sicht ungenügender Aufklärung der Sache den Vorgang an die Verwaltungsbehörde zurückgeben kann (im Einzelnen § 69 Abs. 5 OWiG).

II. Hauptverfahren

23 Das **weitere Verfahren** entspricht im Wesentlichen dem Strafverfahren nach einem zulässigen Einspruch gegen den **Strafbefehl** (§ 71 Abs. 1 OWiG i.V.m. § 411f StPO). Das Gericht beraumt i.d.R. Termin zur *Hauptverhandlung* an. Nur selten wird im schriftlichen Verfahren im Beschlussweg entschieden (§ 72 OWiG), weil notwendige weitere Aufklärungen, zu deren Ergebnis der Betroffene zu hören ist, zweckmäßigerweise in der Hauptverhandlung erledigt werden. Die *Aufklärungspflicht* des Gerichts (§ 12 Rz. 36) ist durch § 77 Abs. 1 S. 2 OWiG eingeschränkt, weil auch die Bedeutung der Sache in den Blick zu nehmen ist.

24 **Beweisanträge** können unter den erleichterten Voraussetzungen des § 77 Abs. 2 OWiG abgelehnt werden. Insbesondere von der Möglichkeit, einen Antrag zu-

---

1 BGH v. 26.2.2013 – KRB 20/12, NZWiSt 2013, 180 (182).
2 *Seitz* in Göhler, § 69 OWiG Rz. 46–48.

rückzuweisen, weil die Beweiserhebung zur Erforschung der Wahrheit nicht erforderlich ist (§ 77 Abs. 2 Nr. 1 OWiG), wird in der Praxis reichlich Gebrauch gemacht, zumal eine nähere Begründung für eine solche Ablehnung nicht notwendig ist (§ 77 Abs. 3 OWiG). Sie setzt aber voraus, dass überhaupt eine Beweisaufnahme stattgefunden hat und das Gericht den Sachverhalt für geklärt hält, was den Urteilsgründen zu entnehmen sein muss[1].

Darüber hinaus gibt es **weitere Verfahrenvereinfachungen:** Mit Einverständnis aller Verfahrensbeteiligter dürfen insbesondere Niederschriften über polizeiliche Vernehmungen von Zeugen und Erklärungen von Behörden verlesen werden (im Einzelnen § 77a OWiG). Rechtskräftig gewordene Urteile brauchen nicht begründet zu werden (§ 77b OWiG). 25

Das Gericht hat die Tat, die Gegenstand des Bußgeldverfahrens ist, unter allen rechtlichen Aspekten zu würdigen (§ 81 Abs. 1 S. 1 OWiG). Stellt sich heraus, dass es sich nicht um eine Ordnungswidrigkeit, sondern um eine **Straftat** handelt, ist der Betroffene hierauf hinzuweisen. Mit dem Hinweis rückt er in die Rechtstellung eines Angeklagten (§ 81 Abs. 1 S. 2, Abs. 2 S. 2 OWiG). Ab diesem Zeitpunkt ist nach den allgemeinen Regeln des **Strafverfahrens** zu verhandeln und zu urteilen (§ 81 Abs. 3 S. 1 OWiG). Grund für dieses Prozedere ist, dass das rechtskräftige *Urteil* über die Ordnungswidrigkeit eine nachträgliche Verfolgung als Straftat unmöglich macht (§ 84 Abs. 2 S. 1 OWiG – Rz. 33). Umgekehrt ist das Strafgericht gehalten, die angeklagte Tat auch unter dem rechtlichen Gesichtspunkt einer Ordnungswidrigkeit zu beurteilen (§ 82 Abs. 1 OWiG), was dann relevant wird, wenn nicht die angeklagte Straftat, wohl aber eine Ordnungswidrigkeit nachweisbar ist. Dies ist aber nur dann von Bedeutung, wenn es sich um dieselbe Tat im prozessualen Sinn (§ 12 Rz. 47a) handelt. Anderenfalls können nachträglich Straftat und Ordnungswidrigkeit uneingeschränkt verfolgt werden, da dann kein Strafklageverbrauch eintritt. 26

Besondere Regelungen für die Anordnung von **Nebenfolgen**, die von den über § 46 Abs. 1 OWiG geltenden strafprozessualen Bestimmungen der §§ 430 ff. StPO abweichen, enthält § 87 OWiG bezüglich Einziehung und Verfall. 27

Ist die Verhängung einer **Verbandsgeldbuße** gegen die Gesellschaft beantragt – sei es im Straf- oder im Bußgeldverfahren gegen den Gesellschafter neben einer Strafe oder einer Geldbuße oder selbständig ohne diese – (§ 30 OWiG; Rz. 10, 19 f., § 21 Rz. 94 ff.), ordnet das Gericht deren Beteiligung am Verfahren an, soweit sie von der Tat betroffen ist (§ 46 Abs. 1, § 88 OWiG i.V.m. § 444 Abs. 1 StPO)[2]. 28

III. Rechtmittel

Gegen das Urteil kann *nicht Berufung*, sondern nur **Rechtsbeschwerde** eingelegt oder der *Antrag auf Zulassung der Rechtsbeschwerde* gestellt werden (§§ 79, 80 OWiG). Die Rechtsbeschwerde ist wie die Revision im Strafverfahren (§ 12 Rz. 59 ff.) ausgestaltet (§ 79 Abs. 3 OWiG). Für die Frage, ob die 29

---

1 *Seitz* in Göhler, § 77 OWiG Rz. 11, 26.
2 S. OLG Celle v. 26.11.2004 – 1 Ws 388/04, NStZ-RR 2005, 82.

Rechtsbeschwerde der Zulassung bedarf, ist in erster Linie die Höhe der verhängten Geldbuße maßgebend: Bei Geldbußen über (nur!) 250 Euro ist die Rechtsbeschwerde immer statthaft (§§ 79 Abs. 1 S. 1 Nr. 1 OWiG). Werden wegen verschiedener Taten im verfahrensrechtlichen Sinn (§ 12 Rz. 47a) mehrere Geldbußen verhängt, die teilweise über und teilweise bis 250 Euro liegen, verbietet sich eine Addition; vielmehr ist die Rechtsbeschwerde nur bezüglich des höheren Betrages zulässig; im Übrigen bedarf sie gem. § 80 OWiG der Zulassung (§ 79 Abs. 2 OWiG). Nebenfolgen wie Verfall und Einziehung sind der Geldbuße gleichgestellt (§ 79 Abs. 1 S. 1 Nr. 2 OWiG). Der niedrige Schwellenwert von 250 Euro zeigt, dass der Gesetzgeber dabei nur die Bagatell-Bußgelder, bei denen eine Geldbuße bis zu 1 000 Euro verhängt werden kann (§ 17 Abs. 1 OWiG), im Blick gehabt hat, nicht aber die im Bereich der Wirtschaft angedrohten und verhängten Geldbußen. Die in diesem Buch angesprochenen Ordnungswidrigkeiten führen regelmäßig zu weitaus höheren Bußgeldern (vgl. § 1 Rz. 121).

30 Die Voraussetzungen für die – in Wirtschaftssachen ganz seltene – **Zulassung der Rechtsbeschwerde** sind in § 80 OWiG geregelt. Der Betroffene muss zugleich mit dem Zulassungsantrag innerhalb der für das Rechtsbeschwerdeverfahren geltenden Fristen die Rechtsbeschwerde begründen (§ 80 Abs. 3 OWiG). Er kann nicht zuwarten, bis die Rechtsbeschwerde zugelassen ist.

31 Wird im **Strafverfahren** wegen einer Ordnungswidrigkeit nur eine Geldbuße verhängt, weil die Straftat nicht nachweisbar ist, kann gegen dieses Urteil nicht Rechtsbeschwerde, sondern es muss Berufung oder Revision eingelegt werden, da für die Wahl des Rechtsmittels nicht der Inhalt des Urteils, sondern die Verfahrensart maßgebend ist[1]. Eine Ausnahme hiervon gilt allerdings, wenn das Verfahren mehrere Taten im prozessualen Sinn zum Gegenstand hat, von denen eine als Straftat und die andere als Ordnungswdrigkeit verfolgt wird; dann gilt bezüglich letzterer teilweise das OWiG (§ 83 Abs. 1 OWiG), sodass das Urteil insoweit mit der Rechtsbeschwerde anfechtbar ist (§ 83 Abs. 2 OWiG).

32 Über die Rechtsbeschwerde und ggf. den vorgeschalteten Zulassungsantrag entscheidet der **Senat für Bußgeldsachen beim Oberlandesgericht.** Dieser ist im Regelfall nur mit *einen* Richter besetzt. Nur bei Geldbußen und vermögensrechtlichen Nebenfolgen von über 5000 Euro sind drei Richter zur Entscheidung berufen (§§ 79 Abs. 3 S. 1, 46 Abs. 7, § 80a OWiG, § 121 Abs. 1 Nr. 1 Buchst. a GVG).

IV. Rechtskraft und ihre Durchbrechungen

33 Rechtskräftige **Urteile** über eine Ordnungswidrigkeit werden ebenso wie Strafurteile uneingeschränkt rechtskräftig (§ 84 Abs. 2 S. 1 OWiG), sodass eine spätere Verfolgung dieser Tat im prozessualen Sinn nicht mehr möglich ist (§ 12 Rz. 75). – Hingegen sperrt der rechtskräftige **Bußgeldbescheid** nur die erneute Verfolgung der Tat als Ordnungswidrigkeit (§ 84 Abs. 1 OWiG). Stellt sich nach

---

1 BGH v. 19.5.1988 – 1 StR 359/87, BGHSt 35, 290; OLG Bamberg v. 27.9.2012 – 2 Ss OWi 1189/12, NStZ 2013, 182.

Rechtskraft des Bußgeldbescheides heraus, dass in Wahrheit eine Straftat vorliegt, kann diese verfolgt und geahndet werden; der Bußgeldbescheid wird dann im Strafverfahren aufgehoben (§ 86 Abs. 1 OWiG) und die gezahlte Geldbuße zumindest auf die Verfahrenskosten angerechnet (§ 86 Abs. 2 OWiG). – Hat das *Gericht* das Verfahren durch **Beschluss** eingestellt, weil es eine Ahndung nicht für geboten gehalten hat (§ 47 Abs. 2 OWiG), kann dieselbe prozessuale Tat i.S. des § 264 StPO (§ 12 Rz. 47a) danach weder als Straftat noch als Ordnungswidrigkeit verfolgt werden[1]. Dagegen hindert die Einstellung gem. § 47 Abs. 1 OWiG die *Verfolgungsbehörde* nicht, das Verfahren jederzeit wieder aufzunehmen, auch dann nicht, wenn keine neuen Tatsachen vorliegen[2].

Ebenso wie im Strafverfahren (§ 12 Rz. 77) ist auch im Bußgeldverfahren ein förmliches **Wiederaufnahmeverfahren** möglich, allerdings mit den in § 85 OWiG beschriebenen Einschränkungen. Insbesondere kommt dann keine Wiederaufnahme zugunsten des Betroffenen in Betracht, wenn nur eine Geldbuße bis zu 250 Euro festgesetzt worden ist. – Für die **Wiedereinsetzung in den vorigen Stand** gilt das zum Strafverfahren Gesagte entsprechend (§ 12 Rz. 78).   34

D. Folgen rechtskräftiger Bußgeldentscheidungen

I. Vollstreckung und Mitteilungen

Ebenso wie Strafurteile sind Bußgeldbescheide vollstreckbar, sobald sie rechtskräftig sind (§ 89 OWiG). **Vollstreckungsbehörde** der Bußgeldbescheide ist die *Verwaltungsbehörde* (§§ 92, 90 OWiG), gerichtliche Bußgeldentscheidungen vollstreckt die *Staatsanwaltschaft* (§ 91 OWiG i.V.m. § 451 Abs. 1 StPO). Zahlt der Betroffene die Geldbuße nicht, kann – sofern er seine Zahlungsunfähigkeit nicht dargelegt hat – durch das Amtsgericht *Erzwingungshaft* bis zu sechs Wochen (bei mehreren Geldbußen bis zu drei Monaten) angeordnet werden (§ 96 OWiG). Bei Geldbußen gegen juristische Personen richtet sich die Haft gegen das vertretungsberechtigte Organ (§ 99 Abs. 1 OWiG)[3]. Die Vollstreckung der Erzwingungshaft befreit nicht von der Pflicht zur Zahlung der Geldbuße. Wegen Verfalls, Einziehung und der Verfahrenskosten darf keine Erzwingungshaft verhängt werden (s. § 96, § 99 Abs. 1, § 108 Abs. 2 OWiG)[4]. Die Vollstreckungsbehörde ist nicht gehalten, Erzwingungshaft zu beantragen; vielmehr kann sie die Geldbuße zwangsweise beitreiben[5].   35

Ordnungswidrigkeiten, die im Zusammenhang mit der Ausübung eines Gewerbes oder beim Betrieb eines sonstigen wirtschaftlichen Unternehmens begangen worden sind (im Einzelnen § 149 Abs. 2 S. 1 Nr. 3, 4 GewO), werden im **Gewerbezentralregister eingetragen**, sofern die Geldbuße mehr als 200 Euro be-   36

---

1 BGH v. 26.8.2003 – 5 StR 145/03, BGHSt. 48, 331 zu § 153 Abs. 2 StPO; OLG Düsseldorf v. 20.3.2012 – III 3 RVs 28/12, JR 2012, 479 m. Anm. *Kröpil*, JR 2012, 481; *Seitz* in Göhler, § 47 OWiG Rz. 60 f.
2 Näher und zu evtl. Ausnahmen *Seitz* in Göhler, § 47 OWiG Rz. 30.
3 *Mitsch* in KK, § 99 OWiG Rz. 5.
4 S. auch *Reichert* in Rebmann/Roth/Herrmann, § 96 OWiG Rz. 3.
5 *Seitz* in Göhler, § 96 OWiG Rz. 19.

trägt. Den Umfang der Auskunftserteilung sowie die Tilgung der Eintragungen regeln §§ 150 ff. GewO in Anlehnung an das BZRG (§ 13 Rz. 10).

37 Die *MiStra* (§ 13 Rz. 11) gilt im Bußgeldverfahren nicht[1]. Besondere **Mitteilungspflichten** über Einleitung und Ausgang des Bußgeldverfahrens finden sich aber z.B. in § 118a HandwO, § 6 SchwarzArbG, § 18 AÜG. Die *Übermittlung personenbezogener Daten* des Bußgeldverfahrens an Gerichte, Staatsanwaltschaften und andere Verwaltungsbehörden (etwa zum Zweck der Verfolgung anderer Ordnungswidrigkeiten oder von Straftaten) ist in § 49a OWiG geregelt.

II. Kosten

38 Bezüglich der **Gebühren und Auslagen** enthält das OWiG einige besondere Bestimmungen (§§ 105 ff. OWiG für das Verfahren der Verwaltungsbehörde, § 108a OWiG für das Verfahren der Staatsanwaltschaft), die im Übrigen weitgehend auf die für das Strafverfahren geltenden Vorschriften verweisen. Im gerichtlichen Verfahren gilt über § 46 Abs. 1 OWiG das Gerichtskostengesetz (GKG) mit seinem Kostenverzeichnis (KV)[2].

39 Die **Höhe der Gebühren** hängt grundsätzlich von der *Höhe der Geldbuße* ab: im Verwaltungsverfahren beträgt sie – innerhalb eines Rahmens von 25 bis 7 500 Euro – 5 % der Buße (§ 107 Abs. 1 S. 3 OWiG). Im Gerichtsverfahren beträgt die Regelgebühr 10 % der Buße, mindestens aber 50 Euro und höchstens 15 000 Euro (Nr. 4110 KV/GKG). Daneben können die *notwendigen Auslagen*, die im Ermittlungs- und eventuell auch im Gerichtsverfahren etwa für chemische oder technische Untersuchungen anfallen (vgl. § 107 Abs. 3 OWiG), ganz erheblich sein.

III. Entschädigungen und Begnadigung

40 Die **Entschädigung für** ungerechtfertigte **Verfolgungsmaßnahmen** im Rahmen eines Bußgeldverfahrens richtet sich nach denselben Bestimmungen wie im Strafverfahren (§ 13 Rz. 12 ff.). Das StrEG gilt gem. § 46 Abs. 1 OWiG auch im Bußgeldverfahren[3]. Ergänzende Bestimmungen enthält § 110 OWiG.

41 Außerdem kann bei **überlanger Dauer** des *gerichtlichen* Bußgeldverfahrens (nicht des Verfahrens vor der Verwaltungsbehörde!) – was praktisch kaum vorkommen wird – ein Anspruch auf angemessene Entschädigung gegeben sein. Die §§ 198–201 GVG (§ 13 Rz. 16a) gelten auch insoweit[4].

42 Ebenso wie im Strafverfahren (§ 13 Rz. 17 ff.) ist auch im Bußgeldverfahren eine **Begnadigung** möglich. Der Bund übt sie aus, wenn eine Bundesbehörde den rechtskräftigen Bußgeldbescheid erlassen hat; im Übrigen steht sie den Ländern zu[5]. Praktische Fälle dürften allerdings sehr selten sein.

---

1 *Seitz*, in Göhler, vor § 89 OWiG Rz. 19.
2 *Schmehl* in KK, § 105 OWiG Rz. 1–3.
3 *Reichert* in Rebmann/Roth/Herrmann, vor § 110 OWiG Rz. 1.
4 *Meyer-Goßner* in Meyer-Goßner/Schmitt, StPO, § 199 GVG Rz. 1.
5 Vgl. *Mitsch*, in KK, § 89 OWiG Rz. 24.

§ 15
Besondere Verfahren

Bearbeiter: Manfred Muhler (A); Alexander Retemeyer (B);
Thorsten Alexander/Wolfgang Winkelbauer (C);
Christian Müller-Gugenberger (D)

	Rz.
A. Steuerstrafsachen	
I. Steuerstraftaten	
1. Geltung von Verfahrensvorschriften	1
2. Zuständigkeiten	
a) Ermittlungsbehörde	
aa) Funktionelle Zuständigkeit	7
bb) Sachliche Zuständigkeit	15
cc) Örtliche Zuständigkeit	17
b) Zuständiges Gericht	
aa) Ermittlungsverfahren	21
bb) Zwischen- und Hauptverfahren	25
3. Steuerstrafrechtliche Besonderheiten des Ermittlungsverfahrens	
a) Einleitung des Strafverfahrens	28
b) Verhältnis zum Besteuerungsverfahren	33
c) Stellung der Finanzbehörde im Steuerstrafverfahren	
aa) Von der Finanzbehörde selbständig betriebene Verfahren	44
bb) Steuerfahndung	51
d) Gerichtliches Verfahren	52
e) Aussetzung des Verfahrens	54
II. Steuerordnungswidrigkeiten	55
1. Zuständigkeiten	56
2. Steuerrechtliche Besonderheiten des Bußgeldverfahrens	59
a) Stellung der Finanzbehörde	61
b) Gerichtliches Verfahren	65
B. Zoll- und Verbrauchsteuerstrafsachen	71
I. Ermittlungsbehörden	73
II. Bagatellverstöße	76
III. Amts- und Rechtshilfe	80
C. Außenwirtschaftssachen	91
I. Strafverfahren	
1. Strafverfolgungsbehörden	95
2. Ermittlungsbehörden	100
3. Gerichte	105
II. Bußgeldverfahren	
1. Verwaltungsbehörden	106
2. Ermittlungsbehörden	107
3. Gerichte	110
III. Besondere Ermittlungsmöglichkeiten	
1. Überwachungsmaßnahmen	111
2. Präventive Sicherstellung	116
3. Sonstige Informationsgewinnung	118
D. Kartellsachen	121
I. Besondere Behörden	
1. Kartellbehörden	123
2. Kartellamtliches Verfahren	125
II. Besonderer Rechtszug	
1. Kartellgerichte	135
2. Besondere Rechtsbehelfe	137

A. Steuerstrafsachen

Schrifttum: *Flore/Tsambikakis*, Steuerstrafrecht, 2013; *Franzen/Gast/Joecks*, Steuerstrafrecht, 7. Aufl 2009; *Haas/Müller*, Steuerstrafrecht und Steuerstrafverfahren, 2009; *Hübschmann/Hepp/Spitaler*, Kommentar zur Abgabenordnung, Loseblatt; *Klein*, Abgabenordnung, Kommentar, 12. Aufl. 2014; *Kohlmann*, Steuerstrafrecht, Kommentar, Loseblatt; *Peter/Kramer*, Steuerstrafrecht, 2009; *Rolletschke*, Steuerstrafrecht, 4. Aufl 2012; *Webel*, Steuerfahndung – Steuerstrafverteidigung, 2. Aufl 2013.

I. Steuerstraftaten

1. Geltung von Verfahrensvorschriften

1 **Steuerstraftaten** sind Taten, die nach den Steuergesetzen strafbar sind (§ 369 Abs. 1 Nr. 1 AO), die Wertzeichenfälschung und deren Vorbereitung, soweit die Tat Steuerzeichen betrifft (§ 369 Abs. 1 Nr. 3 AO; Beispiel: Tabaksteuer, § 45 Rz. 39 f.), sowie die Begünstigung einer Person, die eine der vorgenannten Taten begangen hat (§ 369 Abs. 1 Nr. 4 AO – s. § 44 Rz. 217). Weil der Begriff der Steuerstraftaten auch die Zollstraftaten umfasst, gehören dazu auch der Bannbruch (§ 369 Abs. 1 Nr. 2 AO; dazu § 44 Rz. 206), die Begünstigung einer Person, die einen solchen begangen hat, – über § 369 Abs. 1 Nr. 1 AO – die Hinterziehung von Einfuhr- oder Ausfuhrabgaben (§ 370 Abs. 5 und 6 AO), gewerbsmäßiger, gewaltsamer und bandenmäßiger Schmuggel (§ 373 AO) und die Steuerhehlerei nach § 374 AO. *„Nach den Steuergesetzen strafbar"* sind auch die Steuerhinterziehung gem. § 370 AO, die gewerbsmäßige oder bandenmäßige Schädigung des Umsatzsteueraufkommens gem. § 26c UStG und der Vertrieb unversteuerter ausländischer Lose (§ 23 RennwettLottG).

2 **Klassische Steuerstraftaten** sind die nach § 370 AO strafbaren Taten der *Hinterziehung* von Einkommensteuer, Lohnsteuer, Kapitalertragsteuer, Körperschaftsteuer, Gewerbesteuer, Umsatzsteuer, Erbschaftsteuer, Schenkungsteuer, Grunderwerbsteuer sowie die Hinterziehung von Verbrauchsteuern. Auch vorsätzlich falsche Angaben beim *Kindergeld* führen zu einer Steuerstraftat nach § 370 AO, weil das Kindergeld nach § 31 S. 3 EStG eine Steuervergütung ist.

3 Nach **§ 385 Abs. 1 AO** gelten für das Strafverfahren wegen Steuerstraftaten grundsätzlich die *allgemeinen* Gesetze über das Strafverfahren. Als solche nennt § 385 Abs. 1 AO namentlich die StPO, das GVG und das JGG. Dazu gehören ferner die Gesetze, Übereinkommen und Verträge über den Amts- und Rechtshilfeverkehr mit dem Ausland sowie die EMRK, die z.B. durch ihren Art. 6 Abs. 1 vor überlanger Verfahrensdauer schützt. Die Besonderheiten des Steuerrechts machen **Abweichungen vom gewöhnlichen Strafverfahren** notwendig. Sie finden sich in den §§ 386–408 AO. Nach § 385 Abs. 1 AO sind diese Vorschriften anstelle der allgemeinen Gesetze über das Strafverfahren anzuwenden. Sie werden im Folgenden näher dargestellt.

3a Auch im Strafverfahren wegen Steuerstraftaten ist selbstverständlich das Rechtsstaatsprinzip (Art. 20 Abs. 3 GG) zu beachten. In der Verwertung von Daten einer „Steuer-CD" mit Angaben zu Kunden liechtensteinischer Finanzinstitute im strafrechtlichen Ermittlungsverfahren hat das BVerfG keinen grundsätzlichen Verstoß gegen das Rechtsstaatsprinzip gesehen und sie im konkreten Falle für zulässig erachtet.[1]

4 Einzelne Gesetze verweisen hinsichtlich strafbarer Verhaltensweisen auf das Steuerstrafrecht. Diese **gleichgestellten Straftaten** werden ebenfalls von der Fi-

---

1 BVerfG v. 9.11.2010 – 2 BvR 2101/09, NJW 2011, 2417.

nanzbehörde verfolgt. Wer im Zusammenhang mit der *Arbeitnehmer-Sparzulage* unrichtige Angaben macht oder solche pflichtwidrig unterlässt, wird gem. § 14 Abs. 3 S. 1 5. VermBG entsprechend § 370 AO bestraft. Für das Strafverfahren wegen einer solchen Tat gelten gem. § 14 Abs. 3 S. 2 5. VermBG die Vorschriften der §§ 385–408 AO entsprechend. Nach § 5a Abs. 2 S. 2 BergPG ist dies auch bei der *Bergmannsprämie* und nach § 8 Abs. 2 S. 2 WoPG bei der *Wohnungsbauprämie* der Fall.

Für die Verfolgung von **Betrugstaten mit steuerlichem Einschlag**, also Straftaten nach § 263 und § 264 StGB, die sich auf die *Investitionszulage* beziehen, sowie die Begünstigung einer Person, die eine solche Straftat begangen hat, gelten nach § 15 InvZulG 2010 die Vorschriften der AO über die Verfolgung von Steuerstraftaten entsprechend. Gleiches gilt nach § 15 Abs. 2 EigZulG bei einer Straftat nach § 263 StGB, die sich auf die *Eigenheimzulage* bezieht.

Nach § 385 Abs. 2 AO sind die meisten Vorschriften über das Steuerstrafverfahren entsprechend anzuwenden, wenn der Verdacht einer Straftat besteht, die unter **Vorspiegelung eines steuerlich erheblichen Sachverhaltes** gegenüber der Finanzbehörde oder einer anderen Behörde auf die Erlangung von Vermögensvorteilen gerichtet ist und kein Steuerstrafgesetz verletzt. Mit dieser Vorschrift hatte der Gesetzgeber auf frühere *Rechtsprechung* reagiert, die in solchen Fällen nicht Steuerhinterziehung, sondern *Betrug* angenommen hatte[1]. Inzwischen werden diese Fälle als Steuerhinterziehung bestraft[2].

2. Zuständigkeiten

a) Ermittlungsbehörde

aa) Funktionelle Zuständigkeit

Bei dem Verdacht einer Steuerstraftat ermittelt gem. § 386 Abs. 1 S. 1 AO die **Finanzbehörde** den Sachverhalt. Finanzbehörde in diesem Sinne sind nach § 386 Abs. 1 S. 2 AO das *Hauptzollamt*, das *Finanzamt*, das *Bundeszentralamt für Steuern* und – in Kindergeldsachen – die *Familienkasse*. Die Finanzbehörde verfügt nicht nur über die beste Sachkunde, sondern auch über die Akten.

Nach § 386 Abs. 2 AO sind der selbständigen Ermittlungsbefugnis der Finanzbehörde aber **Grenzen** gesetzt. Sie darf die Ermittlungen nur dann ohne Mitwirkung der Staatsanwaltschaft führen, wenn die Tat *ausschließlich eine Steuerstraftat* darstellt oder zugleich andere Strafgesetze verletzt und deren Verletzung *Kirchensteuern oder andere öffentlich-rechtliche Abgaben* betrifft, die an Besteuerungsgrundlagen, Steuermessbeträge oder Steuerbeträge anknüpfen. Ist bei Verstößen gegen Prämien- und Zulagengesetze die entsprechende Geltung der Vorschriften über das Steuerstrafverfahren angeordnet (wie z.B. in § 15 Abs. 2 EigZulG) so besteht entsprechend § 386 Abs. 2 AO eine eigenständige Ermittlungsbefugnis der Finanzbehörde.

---

1 So noch BGH v. 28.1.1986 – 1 StR 611/85, wistra 1986, 172.
2 BGH v. 1.2.1989 – 3 StR 179/88, wistra 1989, 226; BGH v. 3.11.1989 – 1 StR 372/89, wistra 1990, 58; BGH v. 23.3.1994 – 5 StR 91/94, wistra 1994, 194; BGH v. 21.10.1997 – 5 StR 328/97, NStZ 1998, 91.

9 Treffen eine **Steuerstraftat und** ein **Allgemeindelikt** zusammen, verliert die Finanzbehörde nach § 386 Abs. 2 Nr. 1 AO ihre selbständige Ermittlungskompetenz. Dann ist nach § 385 Abs. 1 AO i.V.m. § 152 StPO die *Staatsanwaltschaft* für die Ermittlungen zuständig, und zwar auch wegen der Steuerhinterziehung. Erfährt die Finanzbehörde im Zuge ihrer zunächst nur wegen einer Steuerstraftat geführten Ermittlungen vom Vorliegen eines mit der Steuerstraftat zu einer „Tat" verbundenen Allgemeindeliktes, muss sie ihre Ermittlungsherrschaft unverzüglich an die Staatsanwaltschaft abgeben. Hat die Finanzbehörde den Fall an die Staatsanwaltschaft übertragen, wird Letztere zweckmäßigerweise die Finanzbehörde anweisen, *für sie* weiter zu ermitteln. Dann hat die Finanzbehörde nach § 402 Abs. 1 AO dieselben Rechte und Pflichten wie die Behörden des Polizeidienstes nach der StPO und die Befugnisse nach § 399 Abs. 2 S. 2 AO.

10 *Streitig* ist, ob die lediglich mit der unselbständigen Ermittlungskompetenz des § 402 Abs. 1 AO ausgestattete Finanzbehörde von sich aus oder im Auftrag der Staatsanwaltschaft die **Ermittlungen auf das Allgemeindelikt erstrecken** darf, wenn dieses mit der Steuerstraftat in Tateinheit gem. § 52 StGB steht oder wenn Allgemeindelikt und Steuerstraftat eine prozessuale Tat i.S. des § 264 StPO bilden.

Im Falle einer Tateinheit zwischen Steuerhinterziehung und Diebstahl hat der **BGH**[1] ausgeführt, dass die Zollfahndungsämter und ihre Beamten im Strafverfahren wegen Steuerstraftaten dieselben Rechte und Pflichten wie die Behörden und Beamten des Polizeidienstes nach den Vorschriften der StPO (§ 404 S. 1 AO) hätten. Führe die Staatsanwaltschaft die Ermittlungen, so könne sie das Zollfahndungsamt zu dem in § 160 StPO bezeichneten Zweck um die Vornahme von Ermittlungen ersuchen (§ 161 StPO). Das Zollfahndungsamt habe dem Ersuchen zu genügen und in dem dadurch vorgegebenen Rahmen die Steuerstraftaten in ihrem ganzen tatsächlichen Umfang zu erforschen. Das gelte auch dann, wenn die verfolgte Tat zugleich andere Strafgesetze verletze. Eine Beschränkung der Ermittlungsbefugnis auf Fälle, in denen nur eine Steuerstraftat vorliege, sei der AO nicht zu entnehmen. § 386 AO regle nicht die Ermittlungsbefugnisse der Zoll- und Steuerfahndung, sondern die Frage, ob die Staatsanwaltschaft oder die Finanzbehörde das Verfahren durchzuführen habe. Schließlich sprächen gewichtige praktische Erwägungen gegen die genannte restriktive Ansicht. Häufig sei der Verdacht, dass der Beschuldigte auch eine allgemeine Straftat begangen hat, bei Beginn der Ermittlungen wegen der Steuerstraftat noch nicht erkennbar, sondern ergebe sich erst im Laufe der Ermittlungen. Wenn in diesen Fällen den Zoll- und Steuerfahndungsämtern eine Ermittlungskompetenz abzusprechen wäre, müsste die Staatsanwaltschaft in Steuerstrafsachen ihre Ermittlungsersuchen grundsätzlich an die Kriminalpolizei richten; die hierfür fachlich vorgebildete Zoll- und Steuerfahndung schiede aus der Ermittlungstätigkeit weitgehend aus.

Noch einen Schritt weiter geht das **OLG Braunschweig**[2]. Zu einer die Strafverfolgung unterbrechenden Handlung gem. § 78c Abs. 1 S. 1 Nr. 1 StGB seien in Steuerstrafsachen auch die Finanzbehörden befugt. Die Finanzbehörde bleibe für Ermittlungstätigkeiten auch dann noch zuständig, wenn die Tat nicht ausschließlich eine Steuerstraftat darstelle, sondern wenn sich im Rahmen der Ermittlungen wegen des Verdachts einer Steuerstraftat auch der Verdacht einer weiteren nicht tateinheitlich begangenen allgemeinen Straftat (im Entscheidungsfall: einer Urkundenfälschung) ergebe, soweit es sich um dieselbe Tat i.S. des § 264 StPO handle.

---

1 BGH v. 24.10.1989 – 5 StR 238-239/89, wistra 1990, 59.
2 OLG Braunschweig v. 24.11.1997 – Ss (S.) 70/97, wistra 1998, 71.

Die **Kritiker** halten diesen Entscheidungen entgegen, dass § 386 Abs. 1 AO die Ermittlungsbefugnis der Finanzbehörde auf Steuerstraftaten begrenze[1]. Die Auffassung des OLG Braunschweig dehne die Ermittlungsbefugnis der Finanzbehörden zu weit aus.

Der Auffassung des **BGH kann gefolgt werden**, der des *OLG Braunschweig* nicht. Führt die Staatsanwaltschaft das Ermittlungsverfahren durch, so hat die sonst zuständige Finanzbehörde nach § 402 Abs. 1 AO dieselben Rechte und Pflichten wie die Behörden des Polizeidienstes nach der StPO. Es ist zwar üblich, dass Allgemeindelikte von der Polizei ermittelt werden, doch nicht zwingend. Sind Steuerstraftat und Allgemeindelikt so eng wie durch § 52 StGB miteinander verbunden, erscheint es sogar zweckmäßig, den Fall *insgesamt* von der Behörde ermitteln zu lassen, die über das dafür notwendige Spezialwissen verfügt. Durch § 386 AO ist die Staatsanwaltschaft in dieser Möglichkeit nicht beschränkt. Dem Zusammenspiel von § 386 Abs. 1 und Abs. 2 Nr. 1 AO ist nur zu entnehmen, dass bei gleichzeitigem Vorliegen eines Allgemeindeliktes die Ermittlungskompetenz auf die Staatsanwaltschaft übergeht; es folgt daraus nicht, dass mit der Ermittlung des Allgemeindeliktes die Polizei beauftragt werden muss. Hingegen geht die Auffassung des OLG Braunschweig zu weit. Im dortigen Falle hat die Finanzbehörde ihre Ermittlungskompetenz überschritten, weil nach Hinzutritt des Allgemeindeliktes gem. § 386 Abs. 2 Nr. 1 AO die Ermittlungskompetenz auf die Staatsanwaltschaft übergegangen war. Diesbezügliche Ermittlungsmaßnahmen hätten unverzüglich mit der *Staatsanwaltschaft abgesprochen* werden müssen. Wäre dies allerdings geschehen, hätte nach der hier vertretenen Auffassung die dort vorhandene prozessuale Tatidentität (§ 264 StPO) zwischen Steuerhinterziehung und Urkundenfälschung *ausgereicht*, um die Finanzbehörde mit den *gesamten* Ermittlungen zu beauftragen. Mit weniger als prozessualer Tatidentität i.S. des § 264 StPO zwischen Allgemeinstraftat und Steuerstraftat wird man sich aber nicht begnügen dürfen, da sonst nicht mehr von einem den Verdacht auf eine Steuerstraftat begründenden „Sachverhalt" i.S. des § 386 Abs. 1 S. 1 AO gesprochen werden kann.

Nach § 386 Abs. 2 Nr. 2 AO führt die Finanzbehörde das Ermittlungsverfahren auch dann selbständig durch, wenn zugleich andere Strafgesetze verletzt werden und deren Verletzung Kirchensteuern oder andere **öffentlich-rechtliche Abgaben** betrifft, die an Besteuerungsgrundlagen, Steuermessbeträge oder Steuerbeträge anknüpfen. Die Verfolgung von Kirchensteuerhinterziehung findet in der Praxis nicht statt, Beispiele für die genannten anderen *öffentlich-rechtlichen Abgaben* sind Beiträge zu Industrie- und Handelskammern, Handwerkskammern, Landwirtschaftskammern und die Steuerberaterkammern[2].

Sobald gegen einen Beschuldigten wegen der Tat ein **Haftbefehl oder Unterbringungsbefehl** erlassen ist, darf die Finanzbehörde nicht mehr selbständig ermit-

---

1 *Reiche*, Die strafrechtliche Ermittlungskompetenz der Zollfahndung, wistra 1990, 90; *Hilgers-Klautzsch* in Kohlmann, § 386 AO Rz. 96 m.Nw. (Lfg. 41 Oktober 2009).
2 *Hilgers-Klautzsch* in Kohlmann, § 386 AO Rz. 81 (Lfg. 41 Oktober 2009).

teln (§ 386 Abs. 3 AO). Dies ist dann Sache der nach § 385 Abs. 1 AO i.V.m. § 160 Abs. 1 StPO allgemein dafür zuständigen *Staatsanwaltschaft*.

Auch sonst kann die Finanzbehörde nach § 386 Abs. 4 S. 1 AO die Strafsache *jederzeit* an die **Staatsanwaltschaft abgeben**. Die Staatsanwaltschaft kann die Strafsache jederzeit an sich ziehen (§ 386 Abs. 4 S. 2 AO). In beiden Fällen kann die Staatsanwaltschaft im Einvernehmen mit der Finanzbehörde die Strafsache wieder an die Finanzbehörde abgeben (§ 386 Abs. 4 S. 3 AO). Die Staatsanwaltschaft ist jederzeit Herrin des Verfahrens. In der Praxis beschränkt sie sich meist auf die förmliche Leitung der Ermittlungen, die praktische Ermittlungsarbeit wird von den Finanzbehörden vorgenommen. Der BGH mahnt einen frühzeitigen Informationsaustausch zwischen Finanzbehörde und Staatsanwaltschaft an; erfolge ein solcher verspätet, könne dies strafzumessungsrelevant sein[1].

bb) Sachliche Zuständigkeit

15 Sachlich zuständig ist nach § 387 Abs. 1 AO die Finanzbehörde, welche die betroffene Steuer oder Abgabe verwaltet. Dies richtet sich nach dem Finanzverwaltungsgesetz (FVG). Im Regelfall liegt die sachliche Zuständigkeit beim **Finanzamt**, § 17 Abs. 2 S. 1 FVG. Für die Verwaltung der Zölle, der Einfuhrumsatzsteuer und der bundesgesetzlich geregelten Verbrauchsteuern sind die **Hauptzollämter** zuständig, § 12 Abs. 2 FVG. Soweit Kindergeld von den **Familienkassen** verwaltet wird, liegt die Zuständigkeit für die Strafverfolgung von Kindergeldverstößen bei ihnen.

16 Nach § 387 Abs. 2 AO kann die Zuständigkeit für strafrechtliche Ermittlungen durch Rechtsverordnung einer Finanzbehörde für den Bereich mehrerer Finanzbehörden übertragen werden. Von dieser *Konzentrationsermächtigung* haben der Bund und alle Länder Gebrauch gemacht. In den meisten Bundesländern sind die **Strafsachenstellen** auf wenige Finanzämter konzentriert. In Niedersachsen, Berlin, Hamburg und Nordrhein-Westfalen gibt es Finanzämter „für Steuerstrafsachen und Steuerfahndung"[2]. Trotz länderunterschiedlicher Organisationsstrukturen und Bezeichnungen haben die Strafsachenstellen bundesweit die gleichen Aufgaben und Befugnisse.

cc) Örtliche Zuständigkeit

17 Örtlich zuständig ist die Finanzbehörde, in deren Bezirk die Steuerstraftat **begangen** oder **entdeckt** worden ist (§ 388 Abs. 1 Nr. 1 AO), die zur Zeit der Einleitung des Steuerstrafverfahrens für die Abgabenangelegenheiten (§ 347 Abs. 2 AO) zuständig ist (§ 388 Abs. 1 Nr. 2 AO) oder in deren Bezirk der Beschuldigte zur Zeit der Einleitung des Strafverfahrens seinen **Wohnsitz** hat (§ 388 Abs. 1 Nr. 3 AO). *Ändert sich der Wohnsitz* des Beschuldigten nach Einleitung des

---

1 BGH v. 30.4.2009 – 1 StR 90/09, BGHSt 54, 9 = wistra 2009, 363.
2 Kritisch dazu *Hilgers-Klautzsch* in Kohlmann, § 385 AO Rz. 98 (Lfg. 49 Oktober 2013): Die in der AO und der StPO vorgesehene strenge Aufgabenteilung zwischen Finanzbehörde/Staatsanwaltschaft einerseits und Steuerfahndung/Polizei andererseits werde durch diese „Einheitssachgebiete" unterlaufen.

Strafverfahrens, so ist auch die Finanzbehörde örtlich zuständig, in deren Bezirk der neue Wohnsitz liegt. Entsprechendes gilt, wenn sich die *Zuständigkeit* der Finanzbehörde für die Abgabenangelegenheit ändert (§ 388 Abs. 2 AO).

Hat der Beschuldigte im räumlichen Geltungsbereich der AO **keinen Wohnsitz**, so wird die Zuständigkeit auch durch den *gewöhnlichen Aufenthaltsort* bestimmt (§ 388 Abs. 3 AO). Bei Personen und Gesellschaften, die in Deutschland **nicht ansässig** sind, kann das Bundeszentralamt für Steuern das für die Besteuerung örtlich zuständige Finanzamt bestimmen (§ 5 Abs. 1 Nr. 7 FVG). 18

Für **zusammenhängende Straftaten**, die einzeln nach § 388 AO zur Zuständigkeit verschiedener Finanzbehörden gehören würden, ist nach § 389 S. 1 AO jede dieser Finanzbehörden zuständig. Ein solcher Zusammenhang ist nach § 389 S. 2 AO i.V.m. § 3 StPO gegeben, wenn eine Person mehrerer Steuerhinterziehungen beschuldigt wird (z.B. in mehreren Veranlagungszeiträumen), wenn mehrere Personen an einer Steuerstraftat beteiligt sind oder diese der Begünstigung beschuldigt werden. 19

Ergeben sich für **mehrere Finanzbehörden** Zuständigkeiten, so gebührt der Vorzug der Finanzbehörde, die wegen der Tat *zuerst ein Strafverfahren* eingeleitet hat (§ 390 Abs. 1 AO). Auf deren Ersuchen hat eine andere zuständige Finanzbehörde die Strafsache zu übernehmen, wenn dies für die Ermittlungen sachdienlich erscheint. In Zweifelsfällen entscheidet die Behörde, der die ersuchte Finanzbehörde untersteht (§ 390 Abs. 2 AO). 20

b) Zuständiges Gericht

aa) Ermittlungsverfahren

Im Ermittlungsverfahren ist die Zuständigkeitsregelung des § 391 AO im Wesentlichen nur von Bedeutung, wenn mit Zustimmung des Gerichts nach § 153 Abs. 1 StPO von der Verfolgung der Steuerstraftat abgesehen oder nach § 153a Abs. 1 StPO von der Erhebung der Klage vorläufig abgesehen werden soll. **Örtlich zuständig** ist nach § 391 Abs. 1 S. 1 AO das Amtsgericht, in dessen Bezirk *das Landgericht seinen Sitz* hat. Die sachliche Zuständigkeit des Amtsgerichts folgt aus § 24 GVG. 21

Soweit **Durchsuchungsbeschlüsse** beantragt werden müssen, ergibt sich die Zuständigkeit der Amtsgerichte aus § 385 Abs. 1 AO i.V.m. den Vorschriften der StPO. Ein *Durchsuchungsbeschluss* ist nach § 162 Abs. 1 S. 1 StPO bei dem Amtsgericht zu beantragen, in dessen Bezirk die Staatsanwaltschaft ihren Sitz hat. Führt die Finanzbehörde das Ermittlungsverfahren nach § 386 Abs. 2 AO selbständig durch und nimmt sie damit gem. § 399 Abs. 1 AO die der Staatsanwaltschaft zustehenden Rechte und Pflichten wahr, so bestimmt sich die örtliche Zuständigkeit für den Durchsuchungsbeschluss gem. § 162 Abs. 1 S. 1 StPO nach ihrem Sitz. Hält die Staatsanwaltschaft neben dem Antrag auf eine gerichtliche Untersuchungshandlung schon den Antrag auf Erlass eines **Haftbefehls** für erforderlich, so kann sie den Haftbefehlsantrag ebenfalls bei dem in § 162 Abs. 1 S. 1 StPO bezeichneten Gericht stellen. In allen übrigen Fällen folgt die sachliche und örtliche Zuständigkeit des Amtsgerichts für den Erlass eines *Haftbefehls* aus § 125 Abs. 1 StPO. Zuständig ist das Amtsgericht, in des- 22 sen Bezirk nach §§ 7 ff. StPO ein Gerichtsstand begründet ist oder der Beschuldigte sich aufhält.

23 Die *Länderregierungen* können in den Grenzen des § 391 Abs. 2 AO von § 391 Abs. 1 AO abweichende Zuständigkeitsregelungen treffen. Einzelne Bundesländer haben dies getan[1]. Innerhalb des nach § 391 Abs. 1 oder Abs. 2 AO zuständigen Amtsgerichts sollen Steuerstraftaten aber stets einer **bestimmten Abteilung** zugewiesen werden, § 391 Abs. 3 AO.

24 Nach § 391 Abs. 4 AO gelten die Abs. 1-3 dieser Vorschrift auch, wenn das Verfahren *nicht nur Steuerstraftaten* zum Gegenstand hat. Das ist jedoch nicht der Fall, wenn dieselbe Handlung eine *Straftat nach dem BtMG* darstellt. Grund für diese **Ausnahme** ist, dass der Sachkompetenz der auf Betäubungsmitteldelikte spezialisierten Spruchkörper Vorrang gegeben werden soll. Auch Steuerstraftaten, welche die *Kraftfahrzeugsteuer* betreffen, verlangen nicht nach einer Spezialzuständigkeit; sie bergen typischerweise keine großen rechtlichen Schwierigkeiten.

bb) Zwischen- und Hauptverfahren

25 Wenn nach § 24 GVG die sachliche Zuständigkeit des Amtsgerichts gegeben ist, ist nach § 391 Abs. 1 AO die **Anklage** bei dem Amtsgericht zu erheben, in dessen Bezirk das Landgericht seinen Sitz hat. In der Praxis der Steuerstrafverfolgung ist die Anklage zum Amtsgericht, zumal zum Strafrichter (§ 25 GVG), eher die Ausnahme. Meist wird dort ein **Strafbefehl** beantragt werden (näher Rz. 46).

26 Bei *Steuerstraftaten von besonderer Bedeutung* ist die Staatsanwaltschaft nach § 24 Abs. 1 Nr. 3 GVG gehalten, beim **Landgericht** Anklage zu erheben. Dies gilt auch, wenn im Einzelfall eine höhere Strafe als vier Jahre Freiheitsstrafe zu erwarten ist (§ 24 Abs. 1 Nr. 2 GVG). Für Straftaten nach dem Steuer- und Zollrecht und in Fällen, wo dessen Strafvorschriften nach anderen Gesetzen anwendbar sind, ist nach § 74c Abs. 1 Nr. 3 GVG eine Strafkammer als **Wirtschaftsstrafkammer** zuständig. Nach § 74c Abs. 1 Nr. 3 Hs. 2 GVG gilt dies allerdings nicht, wenn dieselbe Handlung eine Straftat nach dem BtMG darstellt, und nicht für Steuerstraftaten, welche die Kraftfahrzeugsteuer betreffen. Die Wirtschaftsstrafkammer hat nach § 74c Abs. 2 i.V.m. § 73 GVG auch über Beschwerden gegen Verfügungen des Richters beim Amtsgericht und gegen Entscheidungen des Richters beim Amtsgericht und der Schöffengerichte (z.B. gegen Durchsuchungsbeschlüsse oder Haftbefehle in Steuerstrafverfahren) zu entscheiden. Soll in einer Steuerstrafsache erst nach Anklageerhebung zur Wirtschaftsstrafkammer ein *Haftbefehl* erlassen werden, ist dafür nach § 385 Abs. 1 AO i.V.m. § 125 Abs. 2 StPO die Wirtschaftsstrafkammer zuständig. Das gilt auch, wenn nach Anklageerhebung noch eine *Durchsuchung* durchgeführt werden soll[2].

---

1 S. dazu die Übersicht bei *Hilgers-Klautzsch* in Kohlmann, § 391 AO Rz. 68–73 (Lfg. 42 März 2010).
2 OLG Düsseldorf v. 27.7.1981 – 2 Ws 289/81, NJW 1981, 2133.

§ 74c Abs. 3 GVG ermächtigt die *Landesregierungen*, zur sachdienlichen Förderung oder schnelleren Erledigung der Verfahren durch Rechtsverordnung einem Landgericht für die **Bezirke mehrerer Landgerichte** ganz oder teilweise Steuer- und Zollstrafsachen zuzuweisen. Von dieser Ermächtigung haben einige Landesregierungen Gebrauch gemacht[1].

27

3. Steuerstrafrechtliche Besonderheiten des Ermittlungsverfahrens

a) Einleitung des Strafverfahrens

Obwohl nach § 78c Abs. 1 Nr. 1 StGB die Bekanntgabe der Einleitung des Ermittlungsverfahrens an den Beschuldigten oder die Anordnung der Bekanntgabe die Strafverfolgungsverjährung unterbricht, bleiben die in § 385 AO erwähnten allgemeinen Gesetze über das Strafverfahren eine Begriffsbestimmung schuldig. **§ 397 AO** schließt diese Lücke. Danach ist das Strafverfahren *eingeleitet*, sobald die Finanzbehörde, die Polizei, die Staatsanwaltschaft, eine ihrer Ermittlungspersonen oder der Strafrichter eine Maßnahme trifft, die *erkennbar* darauf abzielt, gegen jemanden wegen einer Steuerstraftat *strafrechtlich vorzugehen*. Die Einleitung des Strafverfahrens ist eine *rein tatsächliche Handlung*. Der nach § 397 Abs. 2 AO vorgeschriebene unverzügliche Vermerk in den Akten hat lediglich Dokumentationsfunktion.

28

Die Einleitung des Strafverfahrens macht den Tatverdächtigen zum **Beschuldigten**. Nach § 397 Abs. 3 AO muss ihm die Einleitung des Strafverfahrens aber erst *mitgeteilt* werden, wenn er dazu aufgefordert wird, Tatsachen darzulegen oder Unterlagen vorzulegen, die im Zusammenhang mit der Straftat stehen, derer er verdächtig ist. In der Praxis besteht die Einleitung des Strafverfahrens häufig in Ermittlungshandlungen zur Vorbereitung einer Durchsuchung. Die *Bekanntgabe* der Einleitung des Strafverfahrens an den Beschuldigten i.S. des § 397 Abs. 3 AO erfolgt dann mit der Aushändigung des Durchsuchungsbeschlusses.

29

Entsprechend dem Aufgabenbereich der Finanzbehörden ist ihre **Einleitungskompetenz** grundsätzlich auf Steuerdelikte begrenzt. Besteht der Verdacht, dass ein Allgemeindelikt wie z.B. eine Urkundenfälschung und ein Steuerdelikt tateinheitlich begangen wurden oder dass beide eine prozessuale Tat[2] i.S. des § 264 StPO bilden, so ist die Einleitung durch die Finanzbehörde auch für das Allgemeindelikt wirksam. Man kann die Einleitung der Staatsanwaltschaft zurechnen, von der die Finanzbehörde ihre Befugnis gem. § 402 Abs. 1 AO ableitet[3].

30

Für die Unterbrechung der **Verfolgungsverjährung** auch in Bezug auf das Allgemeindelikt reicht nach § 78c Abs. 1 Nr. 1 StGB schon die bloße *Anordnung* aus, dem Beschuldigten die Einleitung des Ermittlungsverfahrens bekannt zu geben. Die Anordnung der Bekanntgabe und diese selbst müssen aber hinreichend bestimmt sein. Das ist nicht der Fall, wenn ein Schreiben des Finanzamtes nur einen allgemeinen formelhaften Text ohne tatsächliche Spezifizie-

31

---

1 S. die Hinweise in *Schönfelder*, Deutsche Gesetze, Fn. 1 zu § 74c Abs. 3 GVG.
2 Zum Begriff BGH v. 21.12.1983 – 2 StR 578/83, BGHSt 32, 215.
3 *Matthes* in Kohlmann, § 397 AO Rz. 15.3 (Lfg. 48 – April 2013).

rung und ohne Hinweis auf eine tatsächliche Grundlage enthält[1]. Es muss angegeben werden, welche Steuerarten in welchen Veranlagungszeiträumen hinterzogen worden sein sollen. Soweit dem Beschuldigten die Einleitung des Straf- oder Bußgeldverfahrens wegen einer Tat bekannt gegeben worden ist, kann bei einer **Selbstanzeige** nach § 371 Abs. 2 Nr. 1 Buchst. b AO *keine Straffreiheit mehr* eintreten (§ 44 Rz. 149).

32 Es ist zweckmäßig, den Beschuldigten bereits bei Bekanntgabe der Einleitung des Strafverfahrens darauf hinzuweisen, dass er auch seinen **Steuerberater als Verteidiger** hinzuziehen kann. Nach **§ 392 AO** können zu Verteidigern auch Steuerberater, Steuerbevollmächtigte, Wirtschaftsprüfer und vereidigte Buchprüfer gewählt werden, soweit die Finanzbehörde das Strafverfahren nach § 386 Abs. 2 AO selbständig durchführt. Im Übrigen können sie die Verteidigung nur *in Gemeinschaft* mit einem Rechtsanwalt oder einem Rechtslehrer an einer deutschen Hochschule führen. Die gesetzlichen Gebühren und Auslagen des genannten Personenkreises gehören nach **§ 408 AO** zu den Kosten des Verfahrens.

b) Verhältnis zum Besteuerungsverfahren

33 Der einer Straftat Beschuldigte darf zum Tatvorwurf **schweigen** (sog. Nemo-tenetur-Prinzip)[2]. Dagegen hat, wer steuerpflichtig ist, die für die *Besteuerung* erheblichen Tatsachen vollständig und wahrheitsgemäß offenzulegen und die ihm bekannten Beweismittel anzugeben (§ 90 Abs. 1 AO). Da ein laufendes Steuerstrafverfahren nichts daran ändert, dass der Beschuldigte weiterhin steuerpflichtig bleibt, entsteht ein *Konflikt*. Bei wahrheitsgemäßen und vollständigen Angaben könnte sich der Steuerpflichtige wegen der von ihm begangenen Steuerstraftat oder Steuerordnungswidrigkeit belasten. **§ 393 AO** versucht das Problem zu lösen.

34 § 393 Abs. 1 S. 1 AO stellt klar, dass **Steuerstrafverfahren und Besteuerungsverfahren nebeneinander** herlaufen. Dementsprechend erforscht die Steuerfahndung nach § 208 Abs. 1 Nr. 1 AO nicht nur Steuerstraftaten und Steuerordnungswidrigkeiten, sondern ermittelt nach § 208 Abs. 1 Nr. 2 AO auch die *Besteuerungsgrundlagen*. Die Rechte und Pflichten der Steuerpflichtigen und der Finanzbehörde im Besteuerungsverfahren und im Strafverfahren richten sich nach den für das jeweilige Verfahren geltenden Vorschriften. § 393 Abs. 1 S. 2 AO verbietet jedoch die Androhung und Anwendung der in § 328 AO vorgesehenen *Zwangsmittel*, wenn der Steuerpflichtige durch die Erfüllung seiner steuerlichen Pflichten gezwungen würde, sich wegen einer von ihm begangenen Steuerstraftat oder Steuerordnungswidrigkeit zu belasten. Faktisch kann der Beschuldigte deshalb Angaben im Besteuerungsverfahren verweigern.

---

1 OLG Hamburg v. 24.3.1987 – 2 Ss 134/86, wistra 1987, 189.
2 Dieses Recht ist zwar nicht ausdrücklich gesetzlich geregelt, sein Bestehen ist aber in den Belehrungspflichten in §§ 136 Abs. 1 S. 2, 243 Abs. 4 S. 1 StPO und § 55 OWiG vorausgesetzt und hat Verfassungsrang, BVerfG v. 8.10.1974 – 2 BvR 747/73, BVerfGE 38, 105 (113); vgl. § 10 Rz. 10 sowie § 76 Rz. 22 ff. (sog. Insolvenzgeheimnis).

Der Wortlaut des § 393 Abs. 1 S. 2 AO lässt Zwangsmittel gegen den Steuerpflichtigen trotz eines bereits eingeleiteten Steuerstrafverfahrens auch dann zu, wenn er dadurch gezwungen würde, sich wegen einer **Allgemeinstraftat** zu belasten. Da die Schutzvorschrift des § 393 Abs. 2 AO auf diese Fälle nicht zugeschnitten ist, ergeben sich auf den ersten Blick Bedenken. Doch dürfte die Finanzbehörde in der Praxis regelmäßig am *Einsatz von Zwangsmitteln* gehindert sein. Seiner Aufgabenstellung entsprechend müsste sich das Finanzamt von vornherein auf die Erzwingung solcher Auskünfte beschränken, die einen steuerlichen Bezug haben. Wurden im Zusammenhang mit Allgemeindelikten stehende Einnahmen bisher verschwiegen, so leitet sich regelmäßig schon daraus ein Versuch der Steuerhinterziehung ab; durch entsprechende Angaben würde sich der Steuerpflichtige auch „wegen einer von ihm begangenen Steuerstraftat" belasten. Wurden solche Einnahmen neben anderen Einnahmen verschwiegen, die nicht aus Allgemeinstraftaten herrühren, so scheidet eine Offenbarungspflicht aus, weil unter „Steuerstraftat" i.S. des § 393 Abs. 1 S. 2 AO die Abgabe der unrichtigen Erklärung *insgesamt* bzw. in den Fällen des § 370 Abs. 1 Nr. 2 AO der *gesamte* Vorgang der Nichtabgabe der Steuererklärung zu sehen ist[1]. Maßgebend ist der strafprozessuale Begriff der Tat i.S. der §§ 155, 264 Abs. 1 StPO.

Wird der Steuerpflichtige entgegen dem Verbot in § 393 Abs. 1 S. 2 und 3 AO zur Mitwirkung im Besteuerungsverfahren gezwungen, sind die getroffenen Tatsachenfeststellungen **im Steuerstrafverfahren nicht verwertbar**[2]. Nach § 393 Abs. 1 S. 3 AO gilt das Zwangsmittelverbot *stets*, wenn gegen den Steuerpflichtigen wegen einer von ihm begangenen Steuerstraftat oder Steuerordnungswidrigkeit das *Strafverfahren eingeleitet worden ist*. In diesem Falle ist für die Finanzbehörde ohne Weiteres erkennbar, dass das Strafverfahren bereits begonnen hat und deshalb damit gerechnet werden muss, dass sich der Steuerpflichtige durch Angaben im Besteuerungsverfahren belasten könnte.

§ 393 Abs. 1 S. 3 AO ist aber *nicht* zu entnehmen, dass *vor Einleitung des Strafverfahrens* der Einsatz von Zwangsmitteln im Belieben der Finanzbehörde stünde. Die Finanzbehörde darf die Einleitung des Strafverfahrens nicht hinausschieben, um vorher noch Zwangsmittel einsetzen zu können. Die Androhung und der Einsatz von **Zwangsmitteln** sind vielmehr **verboten**, sobald zureichende tatsächliche Anhaltspunkte für sämtliche objektive und subjektive Tatbestandsmerkmale einer Steuerstraftat vorliegen. Dann nämlich muss die Finanzbehörde nach § 385 Abs. 1 AO i.V.m. § 399 Abs. 1 AO und § 152 Abs. 2 StPO die Steuerstraftat verfolgen. Für die Finanzbehörde besteht jetzt „Anlass" i.S. des § 393 Abs. 1 S. 4 AO, den Steuerpflichtigen darüber zu *belehren*, dass er sich Zwangsmittel nicht gefallen zu lassen braucht, wenn er sich durch die Offenbarung von Tatsachen wegen einer Steuerstraftat oder Steuerordnungswidrigkeit selbst belasten müsste. Wenn sie vom Beschuldigten weitere Angaben haben möchte, muss sie diese unter Verzicht auf Zwangsmittel i.S. des § 328

---

1 Ebenso *Joecks* in F/G/J, § 393 AO Rz. 34; *Hilgers-Klautzsch* in Kohlmann, § 393 AO Rz. 96 (Lfg. 48 – April 2013).
2 Ebenso *Hilgers-Klautzsch* in Kohlmann, § 393 AO Rz. 155 m.w.Nw. (Lfg. 48 – April 2013).

AO z.B. im Wege einer Beschuldigtenvernehmung zu gewinnen suchen. Vor einer solchen aber ist der Beschuldigte gem. § 385 Abs. 1 AO i.V.m. §§ 163a Abs. 4, 136 Abs. 1 S. 2 StPO darauf hinzuweisen, dass es ihm freistehe, sich zu der Beschuldigung zu äußern oder nicht zur Sache auszusagen und jederzeit, auch schon vor seiner Vernehmung, einen von ihm zu wählenden Verteidiger zu fragen. Würde die Finanzbehörde bei bereits feststehendem Tatverdacht die Ahnungslosigkeit des Steuerpflichtigen ausnützen und ihn zur „Verbesserung" der Beweislage weiter ausfragen, käme dies einer Täuschung i.S. des § 136a Abs. 1 S. 1 StPO gleich und hätte im Steuerstrafverfahren gem. § 136a Abs. 3 S. 2 StPO ein **Verwertungsverbot** der so gewonnenen Angaben zur Folge[1].

38 Grundsätzlich **kein Zwangsmittel** i.S. des § 393 AO ist die *Schätzung von Besteuerungsgrundlagen* (§ 162 AO). Von ihr wird die Finanzbehörde im Besteuerungsverfahren regelmäßig Gebrauch machen, wenn sich der Steuerpflichtige auf sein sich aus § 393 Abs. 1 S. 2 AO ergebendes faktisches Aussageverweigerungsrecht beruft. Allerdings darf eine Schätzung nicht dermaßen überhöht ausfallen, dass sich die „Strafsteuer" wie ein nach § 393 Abs. 1 S. 2 AO verbotenes Zwangsmittel zur Abgabe richtiger Erklärungen auswirkt[2].

Ebenso stehen das *Betreten* von Grundstücken und Räumen (§§ 99, 200 Abs. 3 S. 2 AO), die *Nachschau* (§ 210 AO, § 27b UStG) und die *Aufforderung* zur Abgabe einer eidesstattlichen Versicherung (§ 95 AO) Zwangsmitteln i.S. des § 328 AO nicht gleich[3].

39 Einen Zwang zur Selbstbelastung kann auch die Pflicht zur **Abgabe einer Steuererklärung** bewirken. Denn die Verletzung dieser Pflicht ist nach § 370 Abs.1 Nr. 2 AO grundsätzlich als Steuerhinterziehung strafbewehrt. Befindet sich der Steuerpflichtige in der Zwangslage, entweder mit der Abgabe einer unrichtigen *Umsatzsteuerjahreserklärung* seine unrichtigen Voranmeldungen aufdecken zu müssen oder den steuerlichen Schaden zu perpetuieren, so ist die strafbewehrte Pflicht zur Abgabe der Jahreserklärung *desselben Veranlagungszeitraumes* während der Dauer des Strafverfahrens suspendiert[4]. Ein vergleichbares Spannungsverhältnis besteht, wenn der Steuerpflichtige dadurch in das Stadium des Versuchs der Einkommensteuerhinterziehung gem. § 370 Abs. 1 Nr. 2, Abs. 2 AO eingetreten ist, dass er innerhalb der Erklärungsfrist (§ 149 Abs. 2 AO) keine *Einkommensteuererklärung* abgegeben hat. Da nach der Bekanntgabe der Einleitung des Strafverfahrens die Möglichkeiten eines strafbefreienden freiwilligen Rücktritts und einer Selbstanzeige wegfallen, bleibt für den Steuerpflichtigen nur die Wahl, entweder durch die Abgabe einer Steuerer-

---

1 *Hilgers-Klautzsch* in Kohlmann, § 393 AO Rz. 164 m.w.Nw. (Lfg. 48 – April 2013). Ob auch ein steuerliches Verwertungsverbot besteht, ist umstritten; BFH v. 23.1.2002 – XI R 10, 11/01, BStBl. II 2002, 328 meint nicht; a.A. z.B. *Hilgers-Klautzsch* in Kohlmann, § 393 AO Rz. 167 m.w.Nw. (Lfg. 48 – April 2013).
2 *Jäger* in Klein, § 393 AO Rz. 21.
3 A.A. *Hilgers-Klautzsch* in Kohlmann, § 393 AO Rz. 66 (Lfg. 48 – April 2013). Zur Abgabe der eidesstattlichen Versicherung BGH v. 21.8.2012 – 1 StR 26/12, wistra 2012, 482. *Rübenstahl*, Beschränkung von Selbstbelastungsfreiheit und Strafklageverbrauch durch den BGH, PStR 2013, 17, lehnt die Entscheidung des BGH ab und befürwortet eine entsprechende Anwendung des § 393 Abs. 1 S. 2 AO.
4 BGH v. 26.4.2001 – 5 StR 587/00, wistra 2001, 341 = NJW 2001, 3638.

klärung praktisch den Hinterziehungsumfang selbst aufzudecken oder durch die fortdauernde Nichtabgabe der Steuererklärung den rechtwidrigen Zustand aufrechtzuerhalten. Um dem Steuerpflichtigen eine Pflicht zur Selbstbelastung zu ersparen, wird die Strafbewehrung der Erklärungspflicht suspendiert, so lange für *dieses* Veranlagungsjahr ein Strafverfahren anhängig ist[1]. Ein anhängiges Strafverfahren rechtfertigt aber weder die Nichtabgabe noch die Abgabe unrichtiger Steuererklärungen für *nachfolgende* Veranlagungszeiträume[2]. Allerdings besteht für die zutreffenden Angaben des Steuerpflichtigen, soweit sie zu einer mittelbaren Selbstbelastung für die zurückliegenden strafbefangenen Besteuerungszeiträume führen, ein strafrechtliches Verwendungsverbot[3].

Nach § 40 AO ist es für die Besteuerung unerheblich, ob ein Verhalten, das den Tatbestand eines Steuergesetzes ganz oder zum Teil erfüllt, gegen ein **gesetzliches Gebot oder Verbot** oder gegen die guten Sitten verstößt. Der Steuerpflichtige muss der Finanzbehörde deshalb auch solche Handlungen offenbaren. Im Gegenzug schützt ihn das *Steuergeheimnis des § 30 AO* davor, dass das Finanzamt seine Angaben offenbart. Die Verletzung des Steuergeheimnisses ist gem. § 355 StGB strafbewehrt. **40**

Wegen Verletzung des **Steuergeheimnisses** wird nach **§ 355 StGB** bestraft, wer unbefugt Verhältnisse eines anderen, die ihm als Amtsträger in einem Verwaltungsverfahren oder in einem gerichtlichen Verfahren wegen Steuersachen, in einem Strafverfahren wegen einer Steuerstraftat oder in einem Bußgeldverfahren wegen einer Steuerordnungswidrigkeit oder aus anderem Anlass durch Mitteilung einer Finanzbehörde oder durch die gesetzlich vorgeschriebene Vorlage eines Steuerbescheides oder einer Bescheinigung über die bei der Besteuerung getroffenen Feststellungen bekannt geworden sind, offenbart oder verwertet[4]. In bestimmten Fällen gibt zwar § 30 Abs. 4 AO die Befugnis zur Offenbarung in solcher Weise erlangter Kenntnisse. Die Offenbarung der in einem Verwaltungsverfahren erlangten Kenntnisse zur Durchführung einer Allgemeinstraftat ist nach § 30 Abs. 4 Nr. 4 Buchst. a AO allerdings nur zulässig, wenn die Kenntnisse in einem Verfahren wegen einer Steuerstraftat oder Steuerordnungswidrigkeit erlangt worden sind, und dies auch nur dann, wenn der Steuerpflichtige die Angaben in Kenntnis der Einleitung des Straf- oder Bußgeldverfahrens gemacht hat oder diese erst nach Einleitung des Strafverfahrens oder Bußgeldverfahrens im Besteuerungsverfahren bekannt geworden sind. **41**

§ 393 Abs. 2 S. 1 AO schützt den Steuerpflichtigen in § 30 Abs. 4 Nr. 4 Buchst. a AO entsprechender Weise vor der Verfolgung von Allgemeinstraftaten. Soweit der Staatsanwaltschaft oder dem Gericht in einem Strafverfahren aus den Steuerakten Tatsachen oder Beweismittel bekannt werden, die der Steuerpflichtige der Finanzbehörde vor Einleitung des Strafverfahrens oder in Unkenntnis der Einleitung des Strafverfahrens in Erfüllung steuerrechtlicher Pflichten offenbart hat, dürfen diese **Kenntnisse** gegen ihn **nicht** für die Verfolgung einer Tat **verwendet** werden, die *keine Steuerstraftat* ist. Nach § 393 **42**

---

1 BGH v. 23.1.2002 – 5 StR 540/01, wistra 2002, 150 = NJW 2002, 1733.
2 BGH v. 10.1.2002 – 5 StR 452/01, wistra 2002, 149 = NJW 2002, 1134.
3 BGH v. 12.1.2005 – 5 StR 191/04, wistra 2005, 148 = NJW 2005, 763.
4 Dazu *Beck*, Grundzüge des Steuergeheimnisses, BuW 2002, 9.

Abs. 2 S. 2 AO gilt dies allerdings nicht für Straftaten, an deren Verfolgung ein zwingendes öffentliches Interesse besteht. Ein solches besteht nach § 30 Abs. 4 Nr. 5 AO z.B. bei Verbrechen oder schwersten Wirtschaftsstraftaten. Ein zwingendes öffentliches Interesse an der Offenbarung im Besteuerungsverfahren erlangter Kenntnisse schließt auch eine Bestrafung wegen Verletzung des Steuergeheimnisses aus.

43 Das BayObLG wollte § 393 Abs. 2 S. 1 AO ein Verwertungsverbot für das Allgemeindelikt einer Urkundenfälschung sogar für den Fall entnehmen, dass die **Steuerhinterziehung durch Vorlage gefälschter Belege** begangen wurde[1]. Der BGH lehnt diese Ansicht zu Recht ab[2]. Die Schutzvorschrift des § 393 Abs. 2 AO soll den Ausgleich dafür bilden, dass steuererhebliche Angaben auch über gesetzeswidrige Geschäfte gemacht werden müssen. Nicht aber sollen zum Zwecke von Steuerhinterziehungen begangene Urkundenfälschungen durch Straflosigkeit privilegiert werden. Der Wortlaut des § 393 Abs. 2 AO geht davon aus, dass die Einleitung des Strafverfahrens aus *anderen* Gründen erfolgt und nicht wegen der in Tateinheit mit der Urkundenfälschung begangenen Steuerhinterziehung, deretwegen das Strafverfahren überhaupt erst eingeleitet werden musste.

c) Stellung der Finanzbehörde im Steuerstrafverfahren

aa) Von der Finanzbehörde selbständig betriebene Verfahren

44 (1) Führt die **Finanzbehörde** das Ermittlungsverfahren aufgrund des § 386 Abs. 2 AO **selbständig** durch (Rz. 8), so nimmt sie gem. § 399 Abs. 1 AO die Rechte und Pflichten wahr, die der Staatsanwaltschaft im Ermittlungsverfahren zustehen. Diese Befugnisse ergeben sich aus § 161 StPO. Zur Aufklärung einer Steuerstraftat darf sie *Ermittlungen* verschiedenster Art *selbst vornehmen* oder durch die Beamten der Steuerfahndung vornehmen lassen. Die Straf- und Bußgeldsachenstelle, der die Ermittlungsaufgaben innerhalb der Finanzbehörde regelmäßig aufgetragen sind, wird zur Beweisgewinnung Durchsuchungen und Beschlagnahmen beantragen und spätestens am Ende der Ermittlungen den Beschuldigten von den Beamten der Steuerfahndung vernehmen lassen.

45 Auch wenn einer Finanzbehörde nach § 387 Abs. 2 AO die Zuständigkeit für den Bereich mehrerer Finanzbehörden übertragen ist, bleibt Letzteren nach § 399 Abs. 2 AO eine **Eilzuständigkeit** erhalten. Sie dürfen beim Verdacht einer Steuerstraftat den Sachverhalt erforschen und alle unaufschiebbaren Anordnungen treffen, um die Verdunkelung der Sache zu verhüten. Dazu können sie Beschlagnahmen, Notveräußerungen, Durchsuchungen, Untersuchungen und sonstige Maßnahmen nach den für Ermittlungspersonen der Staatsanwaltschaft geltenden Vorschriften der StPO anordnen (vgl. § 163 StPO).

---

1 BayObLG v. 6.8.1996 – 4 St RR 104/96, MDR 1997, 88; zust. *Spriegel*, Steuergeheimnis und nicht steuerliche Straftat, wistra 1997, 325; a.A. *Maier*, Reichweite des Verwertungsverbots nach § 393 Abs. 2 Satz 1 AO, wistra 1997, 53; *Jarke*, Das Verwertungsverbot des § 393 Abs. 2 Satz 1 AO, wistra 1997, 325.
2 BGH v. 5.5.2004 – 5 StR 548/03, wistra 2004, 309.

Bieten die Ermittlungen genügend Anlass zur Erhebung der öffentlichen Klage, so beantragt die Finanzbehörde beim Richter den Erlass eines **Strafbefehls**, wenn die Strafsache zur Behandlung im Strafbefehlsverfahren geeignet erscheint. Die Grenze hierfür ergibt sich aus § 407 Abs. 2 S. 2 StPO, wonach bei Vorhandensein eines Verteidigers sogar eine – allerdings zur Bewährung auszusetzende – Freiheitsstrafe bis zu einem Jahr verhängt werden kann. Die Finanzbehörde darf die Rechte und Pflichten der Staatsanwaltschaft solange wahrnehmen, als nicht nach § 408 Abs. 3 S. 2 StPO Hauptverhandlung anberaumt oder Einspruch gegen den Strafbefehl erhoben wird. Die Erhebung einer **Anklage** ist der Finanzbehörde nicht gestattet; erscheint eine solche notwendig, hat sie die Akten nach § 400 Hs. 2 AO der Staatsanwaltschaft vorzulegen. 46

Bieten die Ermittlungen keinen Anlass zur öffentlichen Klage, stellt die Finanzbehörde das Verfahren nach § 170 Abs. 2 StPO ein. Nach § 398 AO kann eine Einstellung auch erfolgen, wenn nur eine geringwertige Steuerverkürzung eingetreten ist oder nur geringwertige Steuervorteile erlangt sind und wenn die Schuld des Täters als gering anzusehen wäre und kein öffentliches Interesse an der Verfolgung besteht. Einer Zustimmung des für die Eröffnung des Hauptverfahrens zuständigen Gerichts bedarf es nicht. Von der weiteren Verfolgung der Steuerstraftat zwingend abzusehen ist in Fällen der Selbstanzeige (§ 371 AO) unter den Voraussetzungen des § 398a AO, dazu Rz. 165b. Weitere Einstellungsmöglichkeiten bestehen nach §§ 153 ff. StPO. Feste Grenzen für die Geringfügigkeit i.S. des § 398 AO und des § 153 StPO gibt es ebenso wenig wie für die Anwendung des § 153a StPO, wo die Einstellung gegen Auflagen und Weisungen erfolgt (dazu § 11 Rz. 136 f.). 47

(2) Die **Staatsanwaltschaft** betreibt das Steuerstrafverfahren, wenn mit der Steuerstraftat auch Allgemeinstraftaten verbunden sind (§ 386 Abs. 2 AO), gegen einen Beschuldigten wegen der Tat ein Haftbefehl oder ein Unterbringungsbefehl erlassen ist (§ 386 Abs. 3 AO), die Finanzbehörde die Strafsache nach § 386 Abs. 4 S. 1 AO an die Staatsanwaltschaft abgegeben hat, diese die Strafsache nach § 386 Abs. 4 S. 2 AO an sich gezogen hat oder wenn sich von vornherein wegen der Schwere des Falles abzeichnet, dass eine Anklage zu erheben sein wird (§ 400 Hs. 2 AO; vgl. Rz. 8–14). 48

Führt die Staatsanwaltschaft die Ermittlungen durch, so hat die sonst zuständige **Finanzbehörde** nach § 402 Abs. 1 AO dieselben Rechte und Pflichten **wie** die **Behörden des Polizeidienstes** nach der StPO. Sowohl die Finanzbehörde, der die Zuständigkeit zur Ermittlung von Steuerstraftaten für den Bereich mehrerer Finanzbehörden übertragen ist, als auch die mit dem Steuerfall zunächst befassten Finanzbehörden dürfen nach § 402 Abs. 2 AO i.V.m. § 387 Abs. 2 AO beim Verdacht einer Steuerstraftat den Sachverhalt erforschen und alle in § 399 Abs. 2 S. 2 AO näher bezeichneten *unaufschiebbaren Anordnungen* treffen, um eine Verdunkelung der Sache zu verhüten. 49

Betreffen Ermittlungshandlungen der Staatsanwaltschaft oder der Polizei Steuerstraftaten, darf gem. § 403 Abs. 1 AO die **Finanzbehörde teilnehmen**. Ort und Zeit der Ermittlungshandlungen sind ihr deshalb rechtzeitig mitzuteilen. Ihrem Vertreter ist zu gestatten, Fragen an Beschuldigte, Zeugen und Sachverständige zu stellen. Das Teilnahme- und Mitwirkungsrecht gilt nach § 403 Abs. 2 AO auch für solche richterlichen Handlungen, bei denen der Staats- 50 anwaltschaft die Anwesenheit gestattet ist. Die Finanzbehörde ist nach § 395 AO befugt, *Akteneinsicht* zu nehmen sowie beschlagnahmte oder sonst sichergestellte Gegenstände zu besichtigen. Der Finanzbehörde sind die Anklageschrift und der Antrag auf Erlass eines Strafbefehls mitzuteilen (§ 403 Abs. 3 AO). Erwägt die Staatsanwaltschaft, das Verfahren *einzustellen*, so hat sie die sonst zuständige Finanzbehörde zu *hören* (§ 403 Abs. 4 AO).

bb) Steuerfahndung

51 Die Beamten der Steuerfahndung haben nach § 404 S. 1 AO im Strafverfahren wegen Steuerstraftaten *dieselben Rechte und Pflichten wie* die Behörden und Beamten des *Polizeidienstes* nach den Vorschriften der StPO. Nach § 404 S. 2 AO i.V.m. § 399 Abs. 2 S. 2 AO dürfen sie in Eilfällen Beschlagnahmen, Notveräußerungen, Durchsuchungen, Untersuchungen und sonstige Maßnahmen anordnen. Die Beamten der Steuerfahndung sind **Ermittlungspersonen der Staatsanwaltschaft** (vgl. § 11 Rz. 6 ff.). Im Gegensatz zu Beamten des Polizeidienstes dürfen die Beamten der Steuerfahndung bei einer Durchsuchung aufgefundene Papiere nach § 404 S. 2 AO ohne die Einschränkungen des § 110 StPO (Genehmigung des Inhabers) durchsehen.

d) Gerichtliches Verfahren

52 Ergeht ein von der Finanzbehörde erstellter **Strafbefehl** wie beantragt und legt der Beschuldigte keinen Einspruch ein, kann das Steuerstrafverfahren ohne Einschaltung der Staatsanwaltschaft abgewickelt werden. Beraumt allerdings das Gericht nach § 408 Abs. 3 S. 2 StPO eine *Hauptverhandlung* an, weil es Bedenken hat, ohne eine solche zu entscheiden, oder erhebt der Beschuldigte gem. § 410 Abs. 1 StPO gegen den Strafbefehl Einspruch, so geht der Fall in die Hände der *Staatsanwaltschaft* über (§ 406 Abs. 1 AO). Entsprechendes gilt nach § 406 Abs. 2 AO, wenn die Finanzbehörde den Antrag gestellt hat, die Einziehung oder den Verfall selbständig anzuordnen oder eine Geldbuße gegen eine juristische Person oder eine Personenvereinigung selbständig festzusetzen (§ 401 AO).

53 Nach § 407 Abs. 1 AO hat das Gericht die Finanzbehörde am Verfahren **zu beteiligen**; es hat ihr Gelegenheit zu geben, die *Gesichtspunkte vorzubringen*, die von ihrem Standpunkt für die Entscheidung von Bedeutung sind. Dies gilt auch, wenn das Gericht erwägt, das Verfahren einzustellen. Der Vertreter der Finanzbehörde erhält in der Hauptverhandlung auf Verlangen das Wort. Ihm ist zu gestatten, Fragen an Angeklagte, Zeugen und Sachverständige zu richten. Das Urteil und andere das Verfahren abschließende Entscheidungen sind nach § 407 Abs. 2 AO der Finanzbehörde mitzuteilen.

e) Aussetzung des Verfahrens

54 Das Vorliegen einer Steuerhinterziehung hängt davon ab, dass ein Steueranspruch besteht, dass Steuern verkürzt oder nicht gerechtfertigte Steuervorteile erlangt sind. Ob dies der Fall ist, kann und muss das Strafgericht selbst entscheiden, ohne dabei an die Rechtsauffassung der Finanzbehörde oder eines

Finanzgerichts gebunden zu sein. Faktisch ist es jedoch selbstverständlich, dass die für die Beurteilung einer Tat als Steuerhinterziehung maßgeblichen **steuerrechtlichen Vorfragen** von Strafgericht und Verwaltungsbehörde nicht widersprüchlich entschieden werden sollten[1]. Bei schwierigen steuerlichen Sachverhalten kann es sich deshalb empfehlen, den *rechtskräftigen Abschluss des Besteuerungsverfahrens* abzuwarten. **§ 396 Abs. 1 AO** eröffnet diese Möglichkeit, die nach § 396 Abs. 2 AO bereits im Ermittlungsverfahren von der *Staatsanwaltschaft* oder erst nach Anklageerhebung vom zuständigen *Gericht* ergriffen werden kann. Obwohl nach § 396 Abs. 3 AO während der Aussetzung die Strafverfolgungsverjährung ruht[2] und die Aussetzung jederzeit widerrufen werden kann[3], wird von ihrer Möglichkeit wegen der oftmals langen Dauer von Finanzgerichtsverfahren eher selten Gebrauch gemacht. Ob unter der zu beurteilenden Tat i.S. des § 396 AO die prozessuale *Tat* i.S. des § 264 StPO zu verstehen ist, die neben der Steuerhinterziehung auch Allgemeindelikte umfassen kann, oder ob sich diese auf die Steuerhinterziehung beschränkt, ist streitig. Wäre Letzteres der Fall, könnte im Hinblick auf den nicht ausgesetzten Teil - *Verfolgungsverjährung* eintreten oder es könnte – bei rechtzeitiger Entscheidung über diesen Teil – beim ausgesetzten Teil *Strafklageverbrauch* eintreten. Es spricht mehr dafür, das Tatgeschehen im Hinblick auf Verjährung und Strafklageverbrauch als Einheit zu behandeln, da es durch das Vorliegen der Steuerhinterziehung insgesamt geprägt wird[4].

II. Steuerordnungswidrigkeiten

Steuerordnungswidrigkeiten sind Zuwiderhandlungen, die nach den Steuergesetzen mit Geldbuße geahndet werden können (§ 377 Abs. 1 AO). Steuergesetze in diesem Sinne sind die AO (s. §§ 378–383 AO) und die Einzelsteuergesetze (§§ 26a, 26b UStG; §§ 50e, 50f EStG, § 33 ErbStG und verschiedene Verbrauchsteuergesetze wie z.B. § 64 EnergieStG). Nach *§ 410 Abs. 1 AO* gelten für das Bußgeldverfahren außer den verfahrensrechtlichen Vorschriften des OWiG die meisten der in den §§ 388–408 AO enthaltenen Vorschriften über das Steuerstrafverfahren entsprechend. Mit den im Einvernehmen mit dem BMF und den obersten Finanzbehörden der Länder ergangenen *Anweisungen für das Straf- und Bußgeldverfahren (AStBV [St])* bestehen Regeln, die eine einheitliche Rechtsanwendung gewährleisten sollen[5]. Für die Zollverwaltung gibt

---

1 Dazu *Wisser*, Die Aussetzung des Strafverfahrens gem. § 396 AO und die Bindung des Strafrichters, 1992; *Muhler*, Möglichkeiten der Zusammenarbeit zwischen Finanzgericht und Strafjustiz, ZWH 2012, 489.
2 Nach h.M. auch die absolute Verjährung, z.B. *Jäger* in F/G/J, § 396 AO Rz. 57.
3 *Jäger* in F/G/J, § 396 AO Rz. 47 m.w.Nw.
4 Für diese Lösung *Jäger* in Klein, Rz. 19 AO m.w.Nw.; a.A. *Brenner*, Zur Verfahrensaussetzung nach § 396 der Abgabenordnung, BB 1980, 1321, *Schauf* in Kohlmann, § 396 AO Rz. 95 m.w.Nw. (Lfg. 42 – März 2010).
5 Gleich lautende Erlasse der obersten Finanzbehörden der Länder Anweisungen für das Straf- und Bußgeldverfahren (Steuer) – AStBV (St) 2014 – v. 1.11.2013, BStBl. I 2013, 1395.

es mit der Dienstvorschrift für das Straf- und Bußgeldverfahren (StrBuDV)[1] eine entsprechende Regelung. Beide binden allerdings nur die Finanzverwaltung.

1. Zuständigkeiten

56 Für die Verfolgung von Steuerordnungswidrigkeiten ist nach § 35 Abs. 1 OWiG die *Verwaltungsbehörde* **sachlich zuständig**, soweit nicht hierzu nach dem OwiG die Staatsanwaltschaft oder an ihrer Stelle für einzelne Verfolgungshandlungen der Richter berufen ist. Bei Steuerordnungswidrigkeiten ist zuständige Verwaltungsbehörde i.S. des § 36 Abs. 1 Nr. 1 OWiG die Finanzbehörde, welche die betreffende Steuer verwaltet (§ 409 S. 1 AO i.V.m. § 387 Abs. 1 AO). Die Verfolgung von Steuerordnungswidrigkeiten obliegt in der Praxis den *Straf- und Bußgeldsachenstellen*, die gem. § 409 S. 2 AO i.V.m. § 387 Abs. 2 AO für den Bereich mehrerer Finanzbehörden tätig sein können.

57 Die **örtliche Zuständigkeit** der Finanzbehörden ist nach § 410 Abs. 1 Nr. 1 AO i.V.m. §§ 388–390 AO entsprechend dem Steuerstrafverfahren ausgestaltet (dazu Rz. 17–20).

58 Nach § 35 Abs. 2 OWiG ist die Verwaltungsbehörde auch für die Ahndung von Ordnungswidrigkeiten zuständig, soweit nach dem OWiG nicht das Gericht dazu berufen ist. Nach § 68 OWiG entscheidet bei einem Einspruch gegen den Bußgeldbescheid das Gericht. Die **Zuständigkeit des Gerichts** ist nach § 410 Abs. 1 Nr. 2 AO i.V.m. § 391 AO entsprechend dem Steuerstrafverfahren geregelt (dazu Rz. 21).

2. Steuerrechtliche Besonderheiten des Bußgeldverfahrens

59 Hinsichtlich der **Einleitung des Steuerordnungswidrigkeitenverfahrens** ist nach § 410 Abs. 1 Nr. 6 AO die für das Strafverfahren geltende Vorschrift des *§ 397 AO* entsprechend anwendbar (dazu Rz. 28 ff.). Nach § 410 Abs. 1 Nr. 3 i.V.m. *§ 392 AO* kann sich der Betroffene auch im Steuerordnungswidrigkeitenverfahren von seinem *Steuerberater verteidigen lassen*. Die gesetzlichen Gebühren und Auslagen der Steuerberater, Steuerbevollmächtigten, Wirtschaftsprüfer und vereidigten Buchprüfer gehören nach § 410 Abs. 1 Nr. 12 AO i.V.m. *§ 408 AO* zu den Kosten des Steuerordnungswidrigkeitenverfahrens.

60 Für das **Verhältnis** des Steuerordnungswidrigkeitenverfahrens **zum Besteuerungsverfahren** gilt nach § 410 Abs. 1 Nr. 4 i.V.m. § 393 AO das zum Steuerstrafverfahren Ausgeführte entsprechend (Rz. 33–43).

a) Stellung der Finanzbehörde

61 Im Steuerordnungswidrigkeitenverfahren ist die Stellung der Finanzbehörde ähnlich ausgestaltet wie im Steuerstrafverfahren. Auch wenn einer Finanzbehörde nach § 409 S. 2 AO i.V.m. § 387 Abs. 2 AO die Zuständigkeit für den Bereich mehrerer Finanzbehörden übertragen ist, bleibt jeder Behörde nach § 410 Abs. 1 Nr. 7 i.V.m. § 399 Abs. 2 AO die **Eilzuständigkeit** erhalten. Sie sind ermächtigt, beim Verdacht einer Steuerordnungswidrigkeit den Sachverhalt selb-

---

1 Bundesanzeiger-Verlag, 2007.

ständig zu erforschen und alle unaufschiebbaren Anordnungen zu treffen, um die Verdunkelung der Sache zu verhüten.

Verfolgt die Finanzbehörde eine *Steuerstraftat*, die mit einer Steuerordnungswidrigkeit *zusammenhängt*, so kann sie nach § 410 Abs. 2 AO den beantragten **Strafbefehl** auf die Steuerordnungswidrigkeit erstrecken. 62

Die **Staatsanwaltschaft** führt das Steuerordnungswidrigkeitenverfahren in solchen Fällen durch, in denen mit der Steuerordnungswidrigkeit auch Allgemeinstraftaten verbunden sind oder der Betroffene gegen den Bußgeldbescheid gem. § 67 OWiG Einspruch eingelegt hat. Gem. § 410 Abs. 1 Nr. 8 i.V.m. § 402 AO hat die sonst zuständige Finanzbehörde dann dieselben Rechte und Pflichten wie die Behörden des Polizeidienstes nach der StPO; sowohl die Finanzbehörde, der die Zuständigkeit zur Ermittlung von Steuerordnungswidrigkeiten für den Bereich mehrerer Finanzbehörden übertragen ist, als auch die mit dem Steuerfall zunächst befassten Finanzbehörden dürfen beim Verdacht einer Steuerordnungswidrigkeit den Sachverhalt erforschen und alle in § 387 Abs. 2 AO näher bezeichneten *unaufschiebbaren Anordnungen* treffen, um eine Verdunkelung der Sache zu verhüten. Führt die Staatsanwaltschaft oder die Polizei Ermittlungen durch, die Steuerordnungswidrigkeiten betreffen, so ist die sonst zuständige Finanzbehörde nach § 403 Abs. 1 AO befugt, daran *teilzunehmen*. Insoweit gilt das Gleiche wie bei den Steuerstraftaten (Rz. 50). 63

Die Beamten der **Steuerfahndung** haben nach § 410 Abs. 1 Nr. 9 AO i.V.m. § 404 S. 1 AO im Verfahren wegen Steuerordnungswidrigkeiten dieselben Rechte und Pflichten *wie* die Behörden und Beamten des *Polizeidienstes* nach den Vorschriften des § 46 Abs. 1 OWiG und der StPO. Nach § 410 Abs. 1 Nr. 9 AO i.V.m. § 404 S. 2 Hs. 1 AO und § 399 Abs. 2 S. 2 AO dürfen sie in Eilfällen Beschlagnahmen, Notveräußerungen, Durchsuchungen, Untersuchungen und sonstige Maßnahmen anordnen. Auch im Steuerordnungswidrigkeitenverfahren dürfen Beamte der Steuerfahndung die bei einer Durchsuchung aufgefundenen Papiere ohne Einverständnis des Betroffenen durchsehen. 64

b) Gerichtliches Verfahren

Hat der **Richter** am Amtsgericht im Falle des **Einspruchs** gegen den Bußgeldbescheid zu entscheiden (§ 410 Abs. 1 AO i.V.m. § 68 Abs. 1 OWiG), so muss er nach § 410 Abs. 1 Nr. 11 i.V.m. § 407 Abs. 1 AO der Finanzbehörde Gelegenheit geben, die Gesichtspunkte vorzubringen, die von ihrem Standpunkt für die Entscheidung von Bedeutung sind. Im Einzelnen sind die Beteiligungs- und Informationsrechte der Finanzbehörde wie im Steuerstrafverfahren ausgestaltet (dazu Rz. 53). 65

Zur Klärung steuerrechtlicher Vorfragen kann nach § 410 Abs. 1 Nr. 5 AO i.V.m. § 396 AO auch im Verfahren wegen Steuerordnungswidrigkeiten eine **Aussetzung** erfolgen, bis das Besteuerungsverfahren rechtskräftig abgeschlossen ist. Die Ausführungen von oben (Rz. 54) gelten entsprechend. 66

Bevor gegen einen Rechtsanwalt, Steuerberater, Steuerbevollmächtigten, Wirtschaftsprüfer oder vereidigten Buchprüfer wegen einer Steuerordnungswidrigkeit, die er in Ausübung seines Berufs bei der **Beratung in Steuersachen** began- 67 gen hat, ein Bußgeldbescheid erlassen wird, gibt die Finanzbehörde der *zuständigen Berufskammer* Gelegenheit, ihre Gesichtspunkte vorzubringen, § 411 AO[1].

68–70 Einstweilen frei.

B. Zoll- und Verbrauchsteuerstrafsachen

Schrifttum: *Bender*, Steueranspruch im Straf- und im Besteuerungsverfahren, AWPrax 2004, 140; *Bender*, Neuigkeiten im Zoll- und Verbrauchsteuerstrafrecht 2008, ZfZ 2008, 145; *Bender*, Der Transitschmuggel im europäischen Ne bis in idem, wistra 2009, 176; *Bender/Möller/Retemeyer*, Das Zoll- und Verbrauchsteuerstrafrecht mit Verfahrensrecht, Loseblatt; *Brünner/Spitzer*, Die EU-Staatsanwaltschaft, NStZ 2002, 393; *Hellmann*, Zum Verfahren der Einziehung von zurückgelassenem Schmuggelgut, ZfZ 2002, 2; *Hetzer*, Zollamtliche Mitteilungsbefugnisse und Postgeheimnis, ZfZ 1987, 226; *Hetzer*, Europäische Staatsanwaltschaft, ZfZ 2002, 295; *Hetzer*, Beweissammlung aus der Sicht der OLAF, ZfZ 2003, 32; *Klinkhammer*, Amts- und Rechtshilfe im Bereich der Steuerhinterziehung und des Subventionsbetruges, ZfZ 1996, 27; *Kramer*, Zur Zulässigkeit gemeinsamer Ermittlungsgruppen Polizei/Zollfahndung zur Bekämpfung der BTM-Kriminalität, wistra 1990, 169, mit Erwiderung *Bender* wistra 1990, 285; *Reiche*, Die strafrechtliche Ermittlungskompetenz der Zollfahndung, wistra 1990, 90; *Retemeyer/Möller*, Zum Verbot der Doppelbestrafung in der EU (Anm. zu BGH v. 9.6.2008 – 5 StR 342/04), ZfZ 2010, 20; *Retemeyer/Möller*, Strafrechtliche Bekämpfung von gegen die finanziellen Interessen der EU gerichtetem Betrug – Neues für das Zollrecht?, ZfZ 2013, 29; *Ricke*, Hinweis- und Belehrungspflichten bei Vernehmungen durch die Zollfahndung im Strafverfahren, ZfZ 1987, 2; *Thomas*, Die Anwendung europäischen materiellen Rechts im Strafverfahren, NJW 1991, 2233; *Vögele*, Die StraBuDV, AWPrax 2000, 246; *Wamers*, Vorfeldermittlungen, DDZ 1994 F. 29; *Wamers*, Das Zollfahndungsdienstgesetz, ZfZ 2003, 259; *Wewel*, Schutz der Union durch Zusammenarbeit im Zollwesen, ZfZ 1995, 226; *Zieschang*, Das Übereinkommen zum Schutz der finanziellen Interessen der EG und seine Auswirkungen auf das deutsche Strafrecht, EuZW 1997, 78.

71 Die vorstehenden Erläuterungen über das Steuerstrafverfahren gelten auch für das **Verfahren in Zoll- und Verbrauchsteuerstrafsachen**; Finanzbehörden i.S. von § 386 AO sind auch die *Hauptzollämter* (HZÄ). Die Gleichung Zollstraftaten = Steuerstraftaten (§ 369 Abs. 1 AO) gilt, obgleich sonst die allgemeinen Vorschriften der AO weitgehend durch europäisches Recht, insbesondere durch den Zollkodex (ZK), überlagert sind[2], weiterhin uneingeschränkt. Denn dem *europäischen Gesetzgeber* stehen keine unmittelbaren strafrechtlichen Kompetenzen zu; mittelbar allerdings nimmt er, soweit es um den Schutz der finanziellen Interessen der Gemeinschaft Union geht (also um die Bekämpfung der Zollhinterziehung und des Subventionsbetruges zulasten der Gemeinschaft), aufgrund von Art. 325 AEUV und der darauf aufbauenden Rechtsakte nachdrücklich Einfluss auf die nationalen Gesetzgeber, ihre Rechtssysteme den EG-Vorgaben anzupassen[3]. Außerdem weist das Zoll- und Verbrauchsteuerstrafrecht traditionell einige materielle und verfahrensrechtliche Besonderheiten

---

1 Zweck der Vorschrift ist es, den Sachverstand der Berufskammer für das Bußgeldverfahren nutzbar zu machen (BT-Drs. 7/4292, 48).
2 § 1 S. 2 AO; vgl. hierzu *Henke/Huchatz*, ZfZ 1996, 226.
3 Hierzu *Möller/Retemeyer* in Bender/Möller/Retemeyer, A Rz. 49 ff.; *Thomas*, NJW 1991, 2233; s. auch unten § 45 Rz. 2.

auf, die durch die besonderen Tätertypen und Erscheinungsformen dieser Straftaten bedingt sind.

Dem Verfahren in Zollstrafsachen nachgebildet sind die Besonderheiten im Strafverfahren wegen **Außenwirtschafts- und Marktordnungszuwiderhandlungen**. Auch hier sind die Zollbehörden, ähnlich wie im sog. unselbständigen Verfahren nach §§ 386 Abs. 1, 402 AO, nach Maßgabe von § 21 Abs. 3 AWG und §§ 37, 38 MOG als Hilfsorgane der Staatsanwaltschaft in die Ermittlungen eingeschaltet; die Beamten der Hauptzollämter und Zollfahndungsämter (ZFÄ) haben insoweit die Rechte und Pflichten von Polizeibeamten und sind Ermittlungspersonen der Staatsanwaltschaft i.S. von § 152 GVG; wegen der Einzelheiten vgl. Rz. 92 und § 52 Rz. 58. 72

I. Ermittlungsbehörden

Neben den Hauptzollämtern als Finanzbehörden (§ 386 Abs. 1 AO) und den Zollfahndungsämtern ist das **Zollkriminalamt (ZKA)**, das keine Finanzbehörde i.S. von § 386 AO ist, nach Maßgabe des Zollfahndungsdienstgesetzes (ZFdG) in die Ermittlungen umfangreicher Tatkomplexe eingeschaltet. Das Zollkriminalamt ist die *Zentralstelle für den Zollfahndungsdienst*, unterstützt und koordiniert die Ermittlungen der Zollfahndungsämter und führt in Fällen von besonderer Bedeutung die Ermittlungen selbst, wozu es gem. § 16 ZFdG die Befugnisse der Zollfahndungsämter (s. Rz. 74) hat. Es führt kriminalwissenschaftliche Untersuchungen durch und ist die Zentralstelle der Zollverwaltung für die Amts- und Rechtshilfe nach Maßgabe der bestehenden völkerrechtlichen Vereinbarungen und des europäischen Unionsrechts. Über die Befugnisse zur Strafverfolgung hinaus hat das Zollkriminalamt ähnlich wie die Polizei weitergehende Befugnisse zur präventiven Verbrechensbekämpfung sowie zur Eigensicherung und zum Schutz gefährdeter Personen nach §§ 18–23 f. ZFdG, wozu innerhalb gesetzlich bestimmter Grenzen auch der Einsatz technischer Mittel wie Abhörmaßnahmen innerhalb von Wohnungen (§ 22a ZFdG) und Telekommunikations- und Postüberwachung (§§ 23a–23g ZFdG) gehört. Die Vorschriften sind insoweit weitgehend inhaltsgleich mit §§ 99–101 StPO, beziehen sich jedoch nur auf Maßnahmen der Prävention und Eigensicherung, während für Zwecke der Strafverfolgung die Zollfahndung ebenso wie Polizei und Staatsanwaltschaft nach der StPO vorgehen muss. 73

Die **Zollfahndungsämter** besitzen über die in der AO bezeichneten Kompetenzen (§§ 208, 404 AO) hinaus wichtige Zuständigkeiten außerhalb der Verfolgung von Steuerstraftaten, nämlich für die international organisierte grenzüberschreitende *Geldwäsche* einschließlich der damit im Zusammenhang stehenden Straftaten (§ 1 Abs. 3c und § 12b ZollVG), wozu insbesondere grenzüberschreitende Bargeldtransporte gehören können (§ 31a ZollVG). Sie sind ferner zuständig für die Ermittlung von *Außenwirtschafts- und Marktordnungsstraftaten* (hierzu Rz. 92 und § 45 Rz. 60). Da Zollstraftaten besonders oft mit Allgemeinstraftaten in materieller oder prozessualer Tateinheit verbunden sind, ist für die Zollfahndungsämter in besonderem Maße die Frage akut, ob, inwieweit und mit welchen Rechtswirkungen sie diese „durchermitteln" können bzw. müssen (hierzu Rz. 10 ff.). Darüber hinaus haben die Zollfahndungs- 74 ämter als „Kriminalpolizei des Zolls" weitergehende Befugnisse zur präventiven Verbrechensbekämpfung und zur Eigensicherung gem. §§ 26–32b ZFdG ähnlich wie das Zollkriminalamt[1].

75 Die Rechte und Pflichten von **Ermittlungspersonen** der Staatsanwaltschaft haben nicht nur die Hauptzollämter im Verfahren der Staatsanwaltschaft (§§ 402 Abs. 1, 399 Abs. 2 S. 2 AO) und die Beamten des Zollkriminalamts und der Zollfahndungsämter (§ 404 AO, §§ 16, 26 Abs. 1 ZFdG, dazu auch die von Polizeibeamten), sondern nach den übereinstimmenden Verordnungen der Bundesländer über die Ermittlungspersonen der Staatsanwaltschaft[2] auch *die Zollbeamten des Grenzaufsichtsdienstes, des Grenzabfertigungsdienstes*, bei der *Steueraufsicht* und bei der *Außenprüfung*. Damit kann z.B. ein Außenprüfer der Zollverwaltung, wenn er bei einer Prüfung den Verdacht einer Steuerstraftat gewinnt, bei Gefahr im Verzug diesem Verdacht nach entsprechender Belehrung des Betroffenen sofort im Wege der strafrechtlichen Durchsuchung nachgehen und die dabei gefundenen Unterlagen beschlagnahmen[3]. Damit ist dann auch eine strafbefreiende Selbstanzeige nicht mehr möglich, weil die Tat von einer Finanzbehörde entdeckt ist. Von besonderer Bedeutung ist an dieser Stelle der Nemo-tenetur-Grundsatz (§ 10 Rz. 10). Dem Steuerpflichtigen muss der Übergang vom Prüf- zum Strafverfahren eindringlich verdeutlicht werden. Zudem ist der Übergang in den Ermittlungsakten sicher zu dokumentieren, damit später gewonnene Beweismittel auch verwertet werden können.

II. Bagatellverstöße

76 Für **kleine Zollstraftaten und -ordnungswidrigkeiten im Reiseverkehr** gilt das Verfahrenshindernis des § 32 Abs. 1 ZollVG, das sog. *Schmuggelprivileg*, das im Gegensatz zu der im Ermessen der Staatsanwaltschaft/der Finanzbehörde/der Gerichte stehenden Einstellung nach § 398 AO, §§ 153 und 153a StPO ein zwingendes Verfahrenshindernis ist. Als kleine Zollstraftaten gelten solche, durch die Einfuhrabgaben *um nicht mehr als 130 Euro* verkürzt oder zu verkürzen versucht worden sind. Weitere Voraussetzung ist, dass die Ware nicht zum Handel oder zur gewerblichen Verwendung bestimmt ist, sie auch nicht durch besonders angebrachte Vorrichtungen verheimlicht oder an schwer zugänglichen Stellen versteckt gehalten wird und dass durch die Tat nicht der Tatbestand einer Zollstraftat innerhalb von sechs Monaten wiederholt verwirklicht wird.

77 Als ausgleichende **Ersatzsanktion** kann bei Nichtverfolgung einer Zollstraftat oder -ordnungswidrigkeit im Reiseverkehr nach § 32 Abs. 1 ZollVG oder § 398 AO (also nicht bei einer Einstellung nach §§ 153, 153a StPO) ein *Zuschlag bis zur Höhe der Einfuhrabgaben*, höchstens 130 Euro, erhoben werden (§ 32 Abs. 3 ZollVG), was praktisch bedeutet, dass der doppelte Zoll zu bezahlen ist. Damit folgt das Zollrecht einer im Strafrecht allgemein zu beobachtenden Ent-

---

1 Eingehend zu Organisation und Aufgaben des Zollkriminalamts und des Zollfahndungsdienstes *Harder* in W/J, Kap. 20 S. 1309 ff.
2 Fundstellen bei *Meyer-Goßner* in Meyer-Goßner/Schmitt, StPO, § 152 GVG Rz. 6.
3 Hierzu PrüfDV-ZuV VSF S. 1310 Abs. 25–33.

wicklung, massenhaft vorkommende Fälle der Kleinkriminalität zu entkriminalisieren und spezifisch auf den Tätertyp abgestellten einfach zu realisierenden Sanktionen zu unterwerfen[1].

Die Bekämpfung des vor allem in den neuen Bundesländern grassierenden **Schwarzhandels mit Zigaretten** wird durch § 37 TabStG radikal vereinfacht. Um ein schnelles „Abstrafen" der Käufer unversteuerter Zigaretten zu ermöglichen und dadurch den Schwarzhandel auch von der Nachfrageseite her auszutrocknen, ist anstelle der an sich verwirkten Strafverfolgung wegen Steuerhehlerei (§ 374 AO) ein *Bußgeldverfahren* durchzuführen, wenn der Täter nicht mehr als 1000 Zigaretten zum eigenen Verbrauch erworben hat. Zugleich genügt für die Erfüllung des objektiven Tatbestandes dieser Vorschrift das – leicht feststellbare – Fehlen von Steuerzeichen, womit die für die Steuerhehlerei typischen Beweisschwierigkeiten hinsichtlich des subjektiven Tatbestandes ausgeräumt sind, und außerdem genügt einfache Fahrlässigkeit anstelle des für Hehlerei erforderlichen Vorsatzes. 78

Dem Zweck des § 37 TabStG, das beschleunigte „Abstrafen" von kleinen Schwarzmarktkäufern in großer Zahl, dient auch das entsprechend **vereinfachte Verfahren**. Nach der durch Erlassregelung vorgegebenen Praxis der Zollverwaltung wird der Erwerb von bis zu zwei Stangen (= 400 Stück) Zigaretten mit einem *Verwarnungsgeld* von 15–35 Euro geahndet; darüber hinaus bis 1 000 Stück mit Bußgeld bis zu 125 Euro; die Zigaretten sind einzuziehen. Nach § 37 Abs. 5 TabStG sind auch Polizeibeamte ermächtigt, für das zuständige Hauptzollamt Verwarnungen auszusprechen und Verwarnungsgelder zu kassieren. 79

III. Amts- und Rechtshilfe

Mehr als in anderen Bereichen des Strafrechts besteht bei der Bekämpfung von Zollstraftaten eine enge **internationale Zusammenarbeit**. Innerhalb der EU ist diese durch das sog. *Abkommen von Neapel*[2] *und die sog. UnterstützungVO*[3] geregelt. Nach diesen Abkommen erteilen sich die Zollverwaltungen der Union alle der Erfüllung ihrer Aufgaben dienenden Auskünfte, stellen Dokumente, amtliche Bücher, Listen usw. zur Verfügung, wobei das Steuergeheimnis nicht entgegensteht. Sie nehmen auf Ersuchen auch besondere Ermittlungen vor, z.B. Außenprüfungen oder Durchsuchungen bei Unternehmen, die von der anfragenden Zollverwaltung verdächtigt werden, unrichtige Ausfuhrdokumente ausgestellt zu haben. Durch Rechtsakt des Rates vom 29.5.2000[4] wurden diese Grundsätze über Zollstraftaten hinaus auf alle Straftaten aus- 80

---

1 Im Einzelnen zu Schmuggelprivileg und Zollzuschlag *Möller/Retemeyer* in Bender/Möller/Retemeyer, Rz. C 1224 ff., 1242 f.; *Alexander*, Zollzuschlag im grünen Ausgang, DDZ 2007, F 55.
2 Abkommen v. 7.9.1967, BGBl. II 1969, 66; eine erweiterte Neufassung des Abkommens („Neapel II") ist durch Rechtsakt des Rates v. 18.12.1997, ABl. EG Nr. C 24 v. 23.1.1998, 1 formuliert und den Mitgliedstaaten zur Annahme empfohlen worden, in Deutschland ratifiziert am 3.2.2000, BGBl. II 1387.
3 VO(EG) 515/97, ABl. EG Nr. L 82 v. 22.3.1997, 1.
4 ABl. EG Nr. C 197 v. 12.7.2000, 1.

geweitet und in Deutschland durch Gesetz vom 22.7.2005[1] in das IRG eingearbeitet. Neben diesen Handlungen auf Ersuchen unterrichten sich die Zollverwaltungen wechselseitig spontan über Fakten, die in den Partnerländern für zollstrafrechtliche Ermittlungen interessant sein könnten[2] (§ 61a IRG); zur Verfolgung grenzüberschreitender Straftaten können gemeinsame Ermittlungsgruppen gebildet werden (§§ 61b, 93, IRG, Nr. 142c RiVASt; s. § 8 Rz. 114).

81 *Über den Rahmen der EU hinaus* bestehen **bilaterale Abkommen** der Bundesrepublik, die inhaltlich im Wesentlichen den EG-Abkommen entsprechen, mit folgenden Staaten:

- USA vom 23.8.1973[3],
- Jugoslawien vom 2.4.1974, gilt für folgende Nachfolgestaaten Jugoslawiens weiter:[4]
  - Kroatien[5],
  - Bosnien-Herzegowina[6],
  - Makedonien[7],
- Norwegen vom 11.7.1974[8],
- Island vom 11.10.1977[9],
- Kanada vom 10.9.1984[10],
- Russland vom 16.12.1992[11].

82 Über den Rahmen der EU und der vorgenannten bilateralen Abkommen hinaus bestehen für die **weltweite Zusammenarbeit der Zollverwaltungen** die *Empfehlungen des Brüsseler Zollrats* (heute: der Weltzollorganisation) für die Zusammenarbeit auf dem Gebiet des Zollwesens vom 5.12.1953[12], die in fast allen für den Außenhandel der Bundesrepublik wichtigen Ländern (einzige Ausnahme: die Schweiz[13]) ratifiziert worden sind. Sie sehen eine weltweite gegenseitige Unterstützung durch Auskünfte aus allen den Zollverwaltungen zur Verfügung stehenden Unterlagen, nicht jedoch besondere Ermittlungen und auch keine Spontanmitteilungen vor. In Deutschland laufen die wechselseitigen Ersuche über das Zollkriminalamt.

---

1 BGBl. I 2189.
2 Im Einzelnen vgl. hierzu *Möller/Retemeyer* in Bender/Möller/Retemeyer, Rz. D 152 ff.; *Klinkhammer*, ZfZ 1996, 27; *Wewel*, ZfZ 1995, 226.
3 BGBl. II 1975, 446.
4 BGBl. II 1975, 410.
5 BGBl. II 1992, 1146.
6 BGBl. II 1992, 1196.
7 BGBl. II 1994, 326.
8 BGBl. II 1975, 758.
9 BGBl. II 1978, 853, 1248.
10 BGBl. II 1985, 826.
11 BGBl. II 1994, 1053.
12 BGBl. II 1959, 1500.
13 Zur Zusammenarbeit EU – Schweiz im Zollwesen s. Ratsbeschl. v. 2.6.1997, ABl. EG Nr. L 169 v. 27.6.1997, 76, die jedoch keine Strafsachen umfasst. Hier kann die Schweiz in Fällen eines sog. Abgabenbetruges (entspricht in etwa § 370 Abs. 3 Nr. 4 AO) nach nationalem schweizerischen Recht Rechtshilfe leisten – vgl. hierzu *Möller/Retemeyer* in Bender/Möller/Retemeyer, ZuVStR Rz. D 181 f.; *Spiegel/Wiese*, wistra 2000, 409.

Alle vorgenannten Abkommen beschränken sich auf den sog. **kleinen Rechts-** 83
hilfeverkehr, d.h. die Unterstützung durch wechselseitige Ermittlungen und
Auskünfte, während der sog. große Rechtshilfeverkehr zwischen den Justizbehörden – die Auslieferung von Personen und die Herausgabe von Gegenständen
– nach den allgemeinen Regeln des IRG abläuft; das Gleiche gilt bei vertrags-
losem Zustand (hierzu vgl. oben § 8).

Einstweilen frei. 84–90

C. Außenwirtschaftssachen

Schrifttum: Vgl. die Nachweise zu § 62 und § 73.

Die **staatliche Überwachung des Außenwirtschaftsverkehrs** erfolgt durch ein 91
verwaltungsrechtliches Genehmigungsverfahren, ein außenwirtschaftsrecht-
liches Prüfungsverfahren, ein zollrechtliches Abfertigungs- und Über-
wachungsverfahren sowie das unten in § 62 sowie § 73 beschriebene straf- und
ordnungswidrigkeitsrechtliche Sanktionssystem.

Letzteres enthält in §§ 21 und 22 AWG einige – zum Teil dem Steuerstraf- und
-bußgeldverfahrensrecht ähnelnde – *Besonderheiten für das straf- und ordnungswidrigkeitenrechtliche Verfahren*, um eine möglichst einheitliche und
kompetente Sachbehandlung in dieser unübersichtlichen nebenstrafrecht-
lichen Spezialmaterie durch die Ermittlungsbehörden, Staatsanwaltschaften
und Gerichte zu gewährleisten.

§ 21 Abs. 1 und 2 AWG enthält **Zuständigkeitsregelungen** für die Zollbehörden 92
(Hauptzollämter, Zollfahndungsämter und Zollkriminalamt) in Verfahren zur
Verfolgung von Straftaten oder Ordnungswidrigkeiten nach dem *Außenwirtschaftsgesetz (AWG;* §§ 17–19 AWG)[1]. Die Ermittlungsbefugnisse der Zollbehörden in solchen Verfahren sind in § 21 Abs. 3 und 4 AWG genannt.

Auch für die Ermittlung von Verstößen gegen das *Kriegswaffenkontrollgesetz
(KWKG)* ergibt sich aus § 21 AWG eine Regelung für die Zuständigkeit der
Zollfahndungsbehörden.

Entsprechendes gilt für Verstöße gegen das *Ausführungsgesetz zum Chemiewaffenübereinkommen (CWÜAG)*. Auch hier weist § 20 CWÜAG – wie bei
§ 21 AWG – den Zollfahndungsbehörden polizeiliche Befugnisse zu.

§ 22 AWG regelt für die Verfolgung von Straftaten und Ordnungswidrigkeiten 93
nach dem AWG (nicht für das KWKG oder das CWÜAG) **Sonderzuständigkeiten** im gerichtlichen Verfahren sowie die **Zuständigkeiten** der Verwaltungsbehörde im Ordnungswidrigkeitenbereich und deren Rechte und Pflichten, soweit sie von den allgemeinen Regelungen abweichen.

Spezielle Zuständigkeitsvorschriften für die **Generalbundesanwaltschaft** in be- 94
stimmten schwerwiegenden Fällen von Verstößen gegen das AWG und das
KWKG enthält § 120 Abs. 2 S. 1 Nr. 4 GVG (vgl. Rz. 97, 105).

---

1 Vgl. hierzu *Wolffgang/Simonsen*, AWR-Komm., Bd. 2, § 21 AWG 2013.

I. Strafverfahren

1. Strafverfolgungsbehörden

95 Zuständige Strafverfolgungsbehörden in Außenwirtschaftsstrafsachen sind zunächst die jeweils nach der StPO und dem GVG allgemein berufenen örtlichen Staatsanwaltschaften und ggf. – da es sich regelmäßig um Wirtschaftsstrafsachen i.S. von § 74c GVG handeln wird – die sog. Schwerpunktstaatsanwaltschaft für Wirtschaftsstrafsachen.

96 Neben dieser generellen Zuständigkeit kann die **Generalbundesanwaltschaft** gem. § 142a Abs. 1 S. 1 GVG i.V.m. § 120 Abs. 2 S. 1 Nr. 4 GVG in *besonders bedeutsamen Fällen* die Strafverfolgung an sich ziehen (*Evokationsrecht*). Dies gilt bei Straftaten nach dem AWG (und bestimmten Verstößen nach dem KWKG), die geeignet sind, die äußere Sicherheit oder die auswärtigen Beziehungen der Bundesrepublik Deutschland erheblich zu gefährden, oder bestimmt und geeignet sind, den Völkerfrieden zu stören. Dabei eröffnet das Zuständigkeitsmerkmal der *besonderen Bedeutung des Falles* keine Ermessensentscheidung des Generalbundesanwalts, sondern es handelt sich um einen unbestimmten Rechtsbegriff, welcher der Nachprüfung durch die Gerichte unterliegt[1]. Eine Zuständigkeit des Generalbundesanwalts ist dagegen stets gegeben, wenn AWG- oder KWKG-Straftaten mit Straftaten nach § 99 StGB – *nachrichtendienstliche Agententätigkeit* – konkurrieren (§§ 120 Abs. 1 Nr. 3, 142a Abs. 1 S. 1 GVG).

97 Zwar ist die durch die **Evokation** begründete Zuständigkeit der Generalbundesanwaltschaft wegen der Politikabhängigkeit des Außenwirtschaftsstrafrechts sowie seiner Relevanz für bedeutende staatliche Rechtsgüter und für die Terrorismusbekämpfung, aber auch zur Fortentwicklung des Rechts zu begrüßen. Sie darf aber nicht zu einer Aushöhlung der grundsätzlichen Kompetenz der Bundesländer für die Strafrechtspflege nach Art. 96 Abs. 5 GG führen und hat den Grundsatz des gesetzlichen Richters nach Art. 101 GG zu beachten.

98 Aus diesem Grund ist das Evokationsrecht des Generalbundesanwalts tendenziell restriktiv zu handhaben. Ein **Fall von besonderer Bedeutung** liegt daher erst dann vor, wenn es sich unter Beachtung des Ausmaßes der Rechtsgutsverletzung um ein staatsgefährdendes Delikt von erheblichem Gewicht handelt, das seine besondere Bedeutung dadurch gewinnt, dass es die Schutzgüter des Gesamtstaates in einer derart spezifischen Weise angreift, dass ein Einschreiten des Generalbundesanwalts und eine Aburteilung durch ein Bundesgerichtsbarkeit ausübendes Gericht geboten ist[2].

99 Die **Schwere der Tat** und das Ausmaß der von ihr hervorgerufenen Beeinträchtigung der geschützten Rechtsgüter vermögen für sich allein die besondere Bedeutung nicht zu begründen; allerdings können die konkrete Tat- und Schuldschwere den Grad der Gefährdung bundesstaatlicher Belange durchaus mit-

---

1 OLG München v. 19.3.2009 – 6 St 10/08, unter Hinweis auf BGH v. 22.12.2000 – 3 StR 378/00, BGHSt 46, 238 (254) = NJW 2001, 1359 (1363).
2 BGH v. 13.1.2009 – AK 20/08, BGHSt 53, 128 (140 ff.; Rz. 33 ff.) = NJW 2009, 1681 (1685 f.); OLG München v. 19.3.2009 – 6 St 10/08.

bestimmen. Von Bedeutung kann auch sein, ob aufgrund der Erheblichkeit des Delikts eine Verfolgung mit besonderer Sachkunde geboten und angesichts des Auslandsbezuges ein spezieller Ermittlungsaufwand erforderlich erscheint. Bei der Beurteilung der besonderen Bedeutung ist zudem zu erwägen, inwieweit die konkrete Tat den Gesamtstaat etwa durch eine Schädigung des Ansehens Deutschlands in der Staatengemeinschaft zu beeinträchtigen vermag[1].

2. Ermittlungsbehörden

Zuständige Ermittlungsbehörde für die Aufklärung und Verfolgung von Außenwirtschaftsstraftaten im ersten Zugriff ist nach § 163 StPO zunächst die **Polizei** eines Landes (§ 21 Abs. 2 S. 3 AWG). Sie kann zudem nach allgemeinen Grundsätzen vom Staatsanwalt nach §§ 152 GVG, 161 StPO mit der Durchführung von Ermittlungen beauftragt werden. 100

Strafrechtliche Ermittlungen kann die Staatsanwaltschaft jedoch nach § 21 Abs. 1 AWG auch durch die **Zollfahndungsämter** bzw. das **Zollkriminalamt** (ZKA) in Köln vornehmen lassen. Das ist in der Praxis der Normalfall. Auch im ersten Zugriff und bei Gefahr im Verzug können diese Ermittlungsbehörden des Zolls Außenwirtschaftsstraftaten erforschen und verfolgen, wenn es – wie meist – um die Ausfuhr, Einfuhr, Verbringung oder Durchfuhr von Waren geht (§ 21 Abs. 2 AWG). In ihrem Tätigkeitsbereich haben die Beamten der Zollfahndungsämter und des ZKA die Rechte und Pflichten der Polizeibeamten nach der StPO und sind *Ermittlungspersonen der Staatsanwaltschaft*. Sie können daher Beschlagnahmen, Durchsuchungen und sonstige Maßnahmen nach den für Ermittlungspersonen der Staatsanwaltschaft geltenden Vorschriften der StPO vornehmen (§ 21 Abs. 3 AWG). Die örtliche Zuständigkeit der Zollfahndungsämter für Außenwirtschaftsverstöße ist stark konzentriert worden, sodass insoweit ein Zollfahndungsamt in mehreren Bundesländern zuständig sein kann. Die Zahl der für Außenwirtschaftsstrafsachen zuständigen Zollfahndungsämter ist inzwischen auf nur noch vier, nämlich die Zollfahndungsämter Berlin, Essen, Hamburg und Stuttgart, reduziert worden. 101

Die vorgenannten Zuständigkeitsregeln gelten auch für die in Rz. 92 genannten Fälle des *Kriegswaffenkontrollstrafrechts*, sodass für die Erforschung und Verfolgung jener Straftaten jedenfalls bei Aus- und Einfuhren praktisch in erster Linie die Zollfahndungsämter und das ZKA neben den Polizeibehörden zuständig sind.

Der Staatsanwalt entscheidet zwar nach seinem Ermessen, ob er in Verfahren wegen Verstößen gegen das AWG Polizei- oder Zollbehörden mit der Durchführung der Ermittlungen beauftragt (vgl. Nr. 265 RiStBV). Obwohl die Formulierung in § 21 Abs. 1 AWG für eine primäre Zuständigkeit der Polizei zu sprechen scheint, werden bei Außenwirtschaftsstrafsachen aus den vorgenannten Gründen (Rz. 101) **in der Praxis** fast ausschließlich die *Zollbehörden* eingeschaltet. Da die überwiegende Zahl der Verfahren an die Ausfuhr, Einfuhr, Verbringung oder Durchfuhr von Waren anknüpft, haben die Ermittlungsbehörden des Zolls die größere Nähe zum Geschehen, das größere Spezialwissen und die 102

---

1 BGH v. 19.1.2010 – StB 27/09, Rz. 53 (insoweit in BGHSt 54, 275 ff. nicht abgedr.).

reichere Erfahrung gegenüber den allgemeinen Polizeibehörden. Die Zollbehörden erhalten die fachliche Unterstützung und Koordinierung durch das Zollkriminalamt als zentrales vorgesetztes Fahndungsamt. Außerdem haben sie auch den direkten Zugang zu den Informationen des Bundesamts für Wirtschaft und Ausfuhrkontrolle (BAFA) (§ 24 AWG), zu den Erkenntnissen aus der präventiven Kommunikationsüberwachung (§§ 23a ff. ZFDG – vgl. Rz. 111) und den Ergebnissen von Außenwirtschaftsprüfungen der Zollbehörden.

103 Eine Ausnahme bildet das **Bundeskriminalamt (BKA)**, das nach § 4 Abs. 2 S. 1 Nr. 1 und 2 BKAG aus „schwerwiegenden Gründen" mit den Ermittlungen beauftragt werden kann. Dies geschieht vor allem, wenn die *Generalbundesanwaltschaft* das Ermittlungsverfahren führt (vgl. Rz. 96 ff.). Eine originäre Zuständigkeit des BKA und der Landeskriminalämter besteht jedoch nur in Fällen des Waffenhandels, zu denen neben den Gegenständen, die von der Kriegswaffenliste erfasst sind, allerdings auch Güter des Abschnitts A der Ausfuhrliste gehören können.

104 In Strafverfahren wegen Außenwirtschaftsverstößen haben die für die Verfolgung und Ahndung von Ordnungswidrigkeiten zuständigen Verwaltungsbehörden (§ 22 Abs. 3 AWG; vgl. Rz. 106), also die jeweils sachlich und örtlich zuständigen Hauptzollämter, die sich aus dem allgemeinen Bußgeldverfahren ergebenden **Beteiligungsrechte** der Bußgeldbehörden (§ 22 Abs. 2 AWG). Im Einzelnen sind dies das Recht auf *Akteneinsicht* (§ 49 OWiG), der Anspruch auf Übersendung von *Strafbefehlsantrag* und *Anklageschrift* (§ 63 Abs. 2 OWiG), auf *Anhörung vor Verfahrenseinstellung* (§ 63 Abs. 3 S. 1 OWiG), auf *Terminsmitteilung* und *Gelegenheit zur Äußerung in der Hauptverhandlung* (§ 76 Abs. 1 OWiG) sowie auf *Übersendung des Urteils* und *anderer verfahrensabschließender Entscheidungen* (§ 76 Abs. 4 OWiG).

Diese Rechte stehen der Verwaltungsbehörde auch zu, wenn nur Straftaten Verfahrensgegenstand sind. Mit diesen in der Praxis gelegentlich nicht beachteten Vorschriften soll sichergestellt werden, dass die Kenntnisse und die praktischen Erfahrungen der Verwaltungsbehörde für das Strafverfahren genutzt werden können. Während diese Beteiligung zwar nach § 76 Abs. 2 OWiG im allgemeinen Ordnungswidrigkeitenverfahren nicht zwingend vorgeschrieben ist, sind diese Beteiligungsrechte mangels Bezugnahme des § 22 Abs. 2 AWG auf § 76 Abs. 2 OWiG bei Außenwirtschaftsverfahren jedoch zwingend.

3. Gerichte

105 Nach § 22 Abs. 1 AWG ist, ähnlich der Regelung bei den Steuerstrafverfahren, die örtliche gerichtliche Zuständigkeit im Hauptverfahren auf der Ebene der **Amtsgerichte** auf dasjenige am Sitz des jeweiligen Landgerichts *konzentriert*. Damit soll der besonderen Sachkunde spezialisierter Richter Rechnung getragen werden.

Da es sich bei Außenwirtschaftsstrafverfahren auf der Ebene der **Landgerichte** um Wirtschaftsstrafsachen nach § 74c Abs. 1 S. 1 Nr. 3 GVG handelt, ist die *Wirtschaftsstrafkammer* zuständig.

In den von der Generalbundesanwaltschaft evozierten Fällen ist das jeweils örtlich berufene **Oberlandesgericht** erstinstanzlich zuständig. Es handelt sich dabei gem. § 120 Abs. 1 und Abs. 2 S. 1 Nr. 4 GVG um dasjenige Oberlandesgericht, in dessen Bezirk die jeweilige Landesregierung ihren Sitz hat.

II. Bußgeldverfahren

1. Verwaltungsbehörden

Die nach § 35 OWiG für die Ermittlung und Ahndung von Ordnungswidrigkeiten im *Außenwirtschaftsrecht* zuständige Verwaltungsbehörde ist das jeweils sachlich und örtlich zuständige (vgl. § 37 OWiG) **Hauptzollamt** als Bundesbehörde (§ 22 Abs. 3 S. 1 AWG)[1]. Der BMF kann durch Rechtsverordnung eine abweichende örtliche Zuständigkeitsregelung treffen (§ 22 Abs. 3 S. 2 AWG), was auch i.S. einer weitgehenden Aufgabenkonzentration erfolgt ist.

106

Im Bereich der *Kriegswaffenkontrolle* sind Verwaltungsbehörden in Bußgeldverfahren nach § 23 S. 1 *KWKG* die jeweiligen **Ministerien** (heutige BMWi, BMVI und BMF). Eine Übertragung der Zuständigkeit ist in den Fällen des § 14 KWKG (das Ministerium ist zugleich Überwachungsbehörde) nach § 1 der 3. DVO zum KWKG[2] vom BMWi auf das **BAFA** und vom BMF auf die örtlich zuständigen **Hauptzollämter** erfolgt. Im Rahmen des *CWÜAG* (§ 73 Rz. 59 ff., 114 ff.) sind die wesentlichen Zuständigkeiten dem BAFA zugewiesen (besonders §§ 5 Abs. 1, 6 Abs. 2, 9 Abs. 1, 13, 14 Abs. 2 und 15 Abs. 3 CWÜAG). Nach der Einleitung eines Straf- oder Bußgeldverfahrens kommen den *Hauptzollämtern* und *Zollfahndungsämtern* gem. § 20 CWÜAG – wie bei § 21 AWG – die polizeilichen Befugnisse zu.

Eine *Verwarnung* kann jeweils auch ein Beamter des Hauptzollamts im Außendienst aussprechen (§ 57 Abs. 1 OWiG).

2. Ermittlungsbehörden

Die Verwaltungsbehörde (Hauptzollamt) oder Staatsanwaltschaft kann für die Ermittlung von Ordnungswidrigkeiten nach dem Außenwirtschaftsgesetz (oder dem KWKG) den (ggf. auch anderen) **Hauptzollämtern** und den **Zollfahndungsämtern** Aufträge erteilen (§ 21 Abs. 1 AWG). Unabhängig davon haben Hauptzollämter und Zollfahndungsstellen *selbständig* solche Ordnungswidrigkeiten aufzudecken und zu ermitteln, wenn es sich – wie meist – um die Ausfuhr, Einfuhr, Verbringung oder Durchfuhr von Waren handelt (§ 21 Abs. 2 S. 1 AWG) oder Gefahr im Verzug ist (§ 21 Abs. 2 S. 2 AWG).

107

Die vorgenannten Zuständigkeiten gelten auch für bestimmte *Bußgeldverstöße nach dem KWKG* (vgl. § 73).

Daneben besteht die Zuständigkeit der **Polizeibehörden**, bei allen Ordnungswidrigkeiten selbständig ein Verfahren einzuleiten und unaufschiebbare Ermittlungen durchzuführen (§ 21 Abs. 2 S. 3 AWG, § 53 Abs. 1 OWiG). Als Er-

108

---

1 Vgl. *Igelmann/Richter*, Die neue Struktur der Zollverwaltung und ihre Bedeutung für die Wirtschaftsbeteiligten, AW-Prax 2010, 79.
2 VO v. 11.7.1969, BGBl. I 1969, 841, zul. geänd. durch VO v. 31.10.2006, BGBl. I 2006, 2407.

mittlungsbehörde haben sie die Akten unverzüglich der Verwaltungsbehörde vorzulegen (§ 53 Abs. 1 S. 3 OWiG). Die Polizeibehörden sind also nach dem Gesetz (§ 21 Abs. 2 S. 3 AWG i.V.m. § 53 OWiG), wenn auch nicht in der Praxis (vgl. Rz. 100 f.), neben den Zollbehörden gleichrangig für die Ermittlungen von Außenwirtschafts-Ordnungswidrigkeiten zuständig. Dies gilt für die Ausführung von Ermittlungsaufträgen der Verwaltungsbehörde (oder Staatsanwaltschaft) sowie die selbständige Ermittlungstätigkeit.

109 Im Rahmen ihrer Zuständigkeit zur Ermittlung von Außenwirtschafts-Ordnungswidrigkeiten haben die Beamten der Hauptzollämter und Zollfahndungsstellen die **Rechte und Pflichten der Polizeibeamten** gem. § 53 OWiG, ggf. i.V.m. §§ 163 ff. StPO (§ 21 Abs. 3 AWG). Sie sind z.B. befugt, Beschlagnahmen, Durchsuchungen und Identitätsfeststellungen (§§ 163b, 163c StPO) vorzunehmen und können Störer von Amtshandlungen festnehmen (§ 164 StPO). Auch haben sie die Anhörung des Betroffenen nach § 55 OWiG vorzunehmen.

3. Gerichte

110 Für die **gerichtlichen Zuständigkeiten** bestehen im Außenwirtschaftsrecht keine Besonderheiten. Die örtliche Zuständigkeit des über den Einspruch gegen einen Bußgeldbescheid zur Entscheidung berufenen *Amtsgerichts* richtet sich nach dem *Sitz der Verwaltungsbehörde* (§ 68 Abs. 1 OWiG). In Außenwirtschaftssachen wird dies i.d.R. das Amtsgericht *am Sitz eines Landgerichts* sein, da die Hauptzollämter bei entsprechenden Zentralorten konzentriert sind.

III. Besondere Ermittlungsmöglichkeiten

1. Überwachungsmaßnahmen

111 **a)** Die §§ *23a ff. ZFdG (Zollfahndungsdienstgesetz)*[1] regeln das Instrument der **Vorfeldüberwachung** im Außenwirtschaftsrecht. Hiernach sind Beschränkungen des *Brief-, Post- und Fernmeldegeheimnisses* zulässig, wenn Tatsachen die Annahme rechtfertigen, dass in § 23a Abs. 1 ZFdG näher genannte Straftaten nach dem KWKG vorbereitet werden bzw. die öffentliche Sicherheit und Ordnung durch in § 23a Abs. 3 ZFdG in Bezug genommene Verstöße gegen das AWG erheblich gefährdet wird.

112 Bestehen tatsächliche Anhaltspunkte dafür, dass jemand eine in § 23a Abs. 1, 3 ZFdG genannte Straftat nach dem KWKG bzw. AWG plant, begeht oder begangen hat, darf der **Bundesnachrichtendienst** gem. § 3 Abs. 1a des Gesetzes zu Art. 10 GG *(Artikel 10-Gesetz)*[2] die Telekommunikation von Anschlüssen auf deutschen Schiffen außerhals deutscher Hoheitsgewässer überwachen und aufzeichnen. Diese Maßnahmen sollen der *Prävention*, aber auch der *Strafverfolgung* dienen, da die erlangten personenbezogenen Daten gem. § 7 Abs. 4 S. 1

---

1 ZFdG v. 16.8.2002, BGBl. I 2002, 3202; zul. geänd. durch G v. 20.6.2013, BGBl. I 2013, 1602; vgl. *Ricke* in Wolffgang/Simonsen, AWR-Komm., §§ 23a ff. ZFdG.
2 G v. 26.6.2001, BGBl. I 2001, 1254, zul. geänd. durch G v. 6.6.2013, BGBl. 2013, 1482.

Nr. 1 Buchst. b, S. 2 Artikel 10-Gesetz auch zur Verfolgung von vorsätzlichen Straftaten nach §§ 17, 18 AWG bzw. §§ 19-21, 22a Abs. 1 Nr. 4, 5 und 7 KWKG an die Strafverfolgungsbehörden weitergegeben werden können, soweit sie auf einen konkreten Verdacht der Begehung der genannten Straftaten schließen lassen[1].

b) **Vorsätzliche Außenwirtschaftsstraftaten** erlauben die Überwachung und Aufzeichnung der Telekommunikation auch im **strafrechtlichen Ermittlungsverfahren** (§ 100a Abs. 2 Nr. 6 StPO). Voraussetzung ist der Verdacht, dass ein solcher vorsätzlicher Außenwirtschaftsverstoß begangen oder versucht wurde. Der Überwachung unterliegen neben dem leitungsgebundenen und leitungsfreien *Telefonverkehr* (einschließlich Internet-Verbindungen) der *Fernschreib- und Faxverkehr*[2]. Auch der Mobiltelefonverkehr kann überwacht werden, wobei über eingeschaltete Geräte auch eine Funkpeilung zur Aufenthaltsermittlung möglich ist.

Die vom **Ermittlungsrichter** oder – bei Gefahr im Verzug – vom Staatsanwalt anzuordnende Maßnahme (vgl. § 100b Abs. 1 S. 1, 2 StPO) richtet sich gegen den *Beschuldigten* oder solche *Dritte*, von denen aufgrund bestimmter Tatsachen anzunehmen ist, dass sie für den Beschuldigten bestimmte oder von ihm herrührende Mitteilungen entgegennehmen oder weitergeben oder dass der Beschuldigte ihren Anschluss benutzt (§ 100a Abs. 3 StPO). Sie ist auf drei Monate mit Verlängerungsmöglichkeit um jeweils weitere drei Monate befristet (§ 100b Abs. 1 S. 4, 5 StPO). Im Übrigen können auch *einzelne Verbindungsdaten* nach § 5 Abs. 1 TKÜV[3] erhoben werden.

Weiter besteht, *auch bei dem Verdacht fahrlässiger* Außenwirtschaftsstraftaten, die Möglichkeit der **Postbeschlagnahme** (§§ 99, 100 StPO). Die gegen den Beschuldigten gerichtete Maßnahme, die der *Auffindung von Beweismitteln* dient, besteht in der Verpflichtung der Personen und Unternehmen, die geschäftsmäßig Post- und Telekommunikationsdienstleistungen erbringen oder daran mitwirken, Briefe, Pakete, Telegramme usw., die an den Beschuldigten adressiert sind, nach den Umständen von ihm herrühren oder für ihn bestimmt sind (Benutzung einer Deckadresse), an die Strafverfolgungsbehörden herauszugeben.

2. Präventive Sicherstellung

Ergänzend zu den Präventivmaßnahmen bei der Überwachung der Telekommunikation (Rz. 111) wurde im Jahr 2007 eine präventive **Sicherstellungsmöglichkeit** der möglicherweise illegal für die Ausfuhr vorgesehenen Güter durch den Zollfahndungsdienst geschaffen. Ziel des neu geschaffenen § 32b ZFdG[4] ist die Abwendung einer gegenwärtigen Gefahr im Vorfeld eines strafrechtlichen

---

1 BVerfG v. 5.7.1995 – 1 BvR 2226/94, NStZ 1995, 503 = NJW 1996, 114 m. Anm. *Größl*, 100; BVerfG v. 5.7.1995 – 1 BvR 2226/94, CR 1995, 750 m. Anm. *Schmittmann*; vgl. auch BVerfG v. 14.7.1999 – 1 BvR 2226/94, 2420/95 und 2437/95, n.v.
2 *Schmitt* in Meyer-Goßner/Schmitt, § 100a StPO Rz. 6.
3 Telekommunikations-ÜberwachungsVO v. 3.11.2005, BGBl. I 2005, 3136.
4 Art. 1 Nr. 24 des G zur Änderung des ZFdG und anderer Gesetze v. 12.6.2007, BGBl. I 1037.

Ermittlungsverfahrens. Es soll also ein Zugriff bereits rechtlich möglich sein, wenn die Zollbehörden „zureichende Anhaltspunkte" für einen beabsichtigten Exportverstoß im straflosen Vorbereitungsstadium der Tat haben, da die Zeitspanne zwischen dem Beginn des dann strafbaren Versuchs und seiner Vollendung durch Grenzüberschreitung in der Praxis oft so kurz ist, dass die Zollfahndungsbehörden mit der Vorbereitung und Durchführung des (dann nach der StPO erlaubten) Zugriffs überfordert sind.

117 Da diese durch § 32b ZFdG geschaffene Arbeitserleichterung für die Ermittlungsbehörden auf der anderen Seite einen schwerwiegenden Grundrechtseingriff darstellt, bedarf es im konkreten Einzelfall jeweils einer sorgfältigen Prüfung nach dem **Verhältnismäßigkeitsgrundsatz**. Gegen konkrete Sicherstellungen ist der *Verwaltungsrechtsweg* gegeben.

3. Sonstige Informationsgewinnung

118 Eine wichtige Erkenntnisquelle sind die Außenwirtschaftsprüfungen (§ 23 AWG) und die sonstigen Prüfungsmaßnahmen der Zollbehörden im Fracht-, Post- und Reiseverkehr (§ 27 AWG[1]). Die **Außenwirtschaftsprüfung**, die sich *ähnlich einer steuerlichen Betriebsprüfung* nach der Abgabenordnung auf die schriftlichen Unterlagen des Unternehmers und dessen Auskünfte erstreckt, kann nach § 23 Abs. 4 AWG auch durch Abruf von Daten aus dem *Datenverarbeitungssystem* des Ausführers zur automatisierten Auswertung auf seine Kosten erfolgen. Sie spielt eine nicht unbedeutende Rolle bei der Aufdeckung von Straftaten und vor allem Ordnungswidrigkeiten. Mit der AWG-Novelle 2013 wurde mit § 23 Abs. 2 AWG dem Bediensteten des BAFA das Recht eingeräumt, die Geschäftsräume des Auskunftspflichtigen zu betreten, um die Voraussetzungen für die Erteilung von Genehmigungen oder Zertifikaten zu überprüfen[2]. Dagegen haben die sonstigen Prüfungsmaßnahmen mangels praktischer Durchführung wenig Relevanz.

119 Der *nationale und internationale* **Informationsaustausch** des BAFA als Genehmigungsbehörde und die Weitergabe dieser Erkenntnisse an die Strafverfolgungsbehörden (§§ 24 f. AWG) kann zu wertvollen Erkenntnissen über illegale Waffenexporte führen. Dies gilt vor allem dann, wenn sie mit Daten des Zollkriminalamts und Erkenntnissen der Vorfeldüberwachung zusammengeführt werden[3].

120 § 24 Abs. 3 AWG enthält eine *Ermächtigung des BAFA* zur Weitergabe seiner Informationen an die Strafverfolgungsbehörden, soweit das zur Verfolgung von Straftaten erforderlich ist. Das Zollkriminalamt ist berechtigt, solche Daten in einem **automatisierten Verfahren** online abzurufen (§ 25 Abs. 1 AWG). Dies gibt die Möglichkeit, verdeckte Waffenbeschaffungsbemühungen fremder Staaten und Umgehungsgeschäfte festzustellen. Ein allgemeiner, vom konkreten Fall unabhängiger Datenabgleich ist jedoch nicht zulässig.

---

1 Vgl. im Einzelnen *Ricke* in Bieneck, Hdb. AWR, § 19.
2 Vgl. BT-Drucks. 17/11127, S. 29.
3 Vgl. im Einzelnen *Ricke* in Bieneck, Hdb., §§ 20, 21.

D. Kartellsachen

Schrifttum: Vgl. die Nachweise zu § 57 vor Rz. 1, 16 und 91.

Die sachlichen Besonderheiten des Rechts zur **Sicherung eines freien Wettbewerbs** (unten § 57), das in erster Linie europäisch geprägt ist (§ 57 Rz. 16 ff.) und ergänzend vom GWB geregelt wird (§ 57 Rz. 91 ff.), waren von Anfang an Anlass, neben **besonderen Behörden** auch **besondere Verfahrensvorschriften** zu schaffen. Letztere beziehen sich nicht nur auf die – hier im Vordergrund stehende – Ahndung von Zuwiderhandlungen, sondern auch auf das verwaltungsrechtliche und zivilrechtliche Verfahren. Die grundlegende, seit 2004 wirksame Neuordnung des europäischen Wettbewerbsrechts und die nachfolgende Anpassung des deutschen Rechts durch die 7. GWB-Novelle von 2005 (§ 57 Rz. 92) haben das Verhältnis zwischen unionsrechtlichem und einzelstaatlichem Recht in materieller und verfahrensrechtlicher Hinsicht nachhaltig verändert. Die 8. GWB-Novelle von 2013 (§ 57 Rz. 93) hat diese Entwicklung fortgesetzt. Die deutschen Kartellbehörden sind seit 2005 auch zur Durchsetzung des *europäischen Kartellrechts* berufen (§ 50 GWB[1]); dabei bedienen sie sich ausschließlich des deutschen Verfahrensrechts (§ 57 Rz. 66 ff.). 121

Der folgende knappe Abriss des kartellrechtlichen Verfahrens beschränkt sich auf das **deutsche Verfahrensrecht**, das durch die 7. und 8. Novelle – trotz zahlreicher Detail-Änderungen – nicht grundsätzlich verändert wurde. Soweit die Europäische Kommission als *Europäische Wettbewerbsbehörde* eigene, unmittelbar auf europäischem Recht beruhende Befugnisse zur Ermittlung und Sanktionierung von Verstößen gegen das europäische Wettbewerbsrechts hat, gilt ausschließlich europäisches Recht; insoweit wird auf § 57 Rz. 59 ff. verwiesen. 122

I. Besondere Behörden

1. Kartellbehörden

Zur Durchsetzung der kartellrechtlichen Verbote und zur Ausübung der sonstigen Aufsichts- und Genehmigungsrechte, etwa im Bereich der Fusionskontrolle, sind in Deutschland schon 1957 ff. besondere **Kartellbehörden** (§§ 48–53 GWB) geschaffen worden. 123

– Praktisch und rechtlich im Vordergrund steht das (seit 1999 in Bonn ansässige) *Bundeskartellamt (BKartA)* als selbständige Bundesoberbehörde (§§ 48 Abs. 1, 51 GWB) im Geschäftsbereich des Bundeswirtschaftsministeriums; diesem ist auch die Aufgabe übertragen, das europäische Wettbewerbsrecht zu vollziehen (§ 50 GWB n.F.). Es ist verpflichtet (§ 53 GWB), alle zwei Jahre einen *Tätigkeitsbericht (TB)* vorzulegen (näher § 57 Rz. 10).

– Übergeordnet ist das *Bundesministerium für Wirtschaft und Technologie*, das im Wesentlichen auf allgemeine Weisungen (§ 52 GWB) beschränkt ist; außerdem steht ihm im Rahmen der Fusionskontrolle die unter besonderen (wirtschaftspolitischen) Bedingungen mögliche Ministererlaubnis (§ 42 GWB) zu.

---

1 Geänd. bzw. erweitert durch die 8. GWB-Novelle; vgl. BGBl. I 2013, 1738 (1744).

– Die *Landeskartellbehörden* – zugeordnet den obersten Landesbehörden (regelmäßig den Wirtschaftsministerien oder -senatoren der Länder) – sind im Regelfall nur dann zuständig, wenn das zu prüfende oder zu ahndende Verhalten nicht über den Bereich des jeweiligen Bundeslandes hinausreicht (§ 48 Abs. 2 GWB); keinerlei Zuständigkeit besteht bei der Fusionskontrolle.

Keine Kartellbehörde ist die in den §§ 44–47 GWB geregelte unabhängige *Monopolkommission*, die wettbewerbspolitische Gutachten zu erstatten hat. – Auch die (hier nicht zu erörternden) *Nachprüfungsbehörden* bei der Vergabe von öffentlichen Aufträgen (§§ 102 ff. GWB; § 57 Rz. 101) sind keine Kartellbehörden i.S. von §§ 48 ff. GWB, auch nicht, soweit das BKartA tätig wird (§ 106 Abs. 1 GWB).

124 Große Bedeutung kommt der **behördlichen Zusammenarbeit** und der wechselseitigen Information zu, damit einerseits vermeidbare Doppelarbeit, andererseits verfehlte Untätigkeit unterbleiben. § 49 Abs. 1 GWB normiert eine wechselseitige Berichtspflicht zwischen Landeskartellbehörden und BKartA, § 49 Abs. 2 GWB die Verfahrensabgabe. Ein Zuständigkeitsstreit kann durch ein Vorabentscheidungsverfahren (§ 55 GWB) geklärt werden. Besonders bedeutsam sind die 2005 eingefügten Bestimmungen über die „Zusammenarbeit im *Netzwerk der europäischen Wettbewerbsbehörden*" (§ 50a GWB) und über die „Sonstige Zusammenarbeit mit ausländischen Wettbewerbsbehörden" (§ 50b GWB). § 50c GWB gibt den Rahmen für die innerdeutsche Zusammenarbeit der Kartellbehörden mit den diversen Regulierungsbehörden, der „BAFin" und der Bundesbank, und verschiedenen anderen Behörden, deren fachliche Sicht nicht selten in einem Spannungsverhältnis zur kartellrechtlichen Sichtweise steht[1].

2. Kartellamtliches Verfahren

125 Dem BKartA und den Landeskartellbehörden stehen zur Durchführung ihrer gesetzlichen Aufgabe **zwei Verfahren** zur Verfügung, die trotz äußerlicher Gemeinsamkeiten strikt zu unterscheiden sind:

– das *Verwaltungsverfahren* (§§ 54–62, 77–80 GWB), das einem justiziellen Verfahren stärker angenähert ist als andere Verwaltungsverfahren (etwa nach dem VwVfG), und

– das *Bußgeldverfahren* (§§ 81–86 GWB), dem zwar vielfach, aber keineswegs immer die Einleitung oder Durchführung eines Verwaltungsverfahren vorausgeht.

126 Die Möglichkeit, gegen Wettbewerbsverletzungen auch mithilfe des **Zivilrechts** (vgl. §§ 33, 87 ff. GWB) vorzugehen, hat bislang – anders als etwa im Bereich des UWG oder auch in den USA[2] – nur eine sehr untergeordnete Rolle gespielt. Nachdem auf europäischer Ebene eine entsprechende RL verabschiedet wurde[3], sind auch auf nationaler Ebene

---

1 *Rittner/Dreher/Kulka*, WbKartR, 8. Aufl. 2014, § 15 Rz. 1601 f.; näher *Schneider* in Langen/Bunte, KartR I, § 50c GWB Rz. 1 ff., 17 ff.
2 *Fort* in Mäger, Europ. KartR, 2. Aufl. 2011, Kap. 11 Rz. 20 ff. (24).
3 RL 2014/104/EU v. 26.11.2014 „über bestimmte Vorschriften für Schadensersatzklagen nach nationalem Recht wegen Zuwiderhandlungen gegen wettbewerbsrechtliche Bestimmungen der Mitgliedstaaten und der EU", ABl EU Nr. L 349 v. 5.12.2014, 1.

Änderungen zu erwarten (näher § 57 Rz. 99). Ein aktuell lebhaft diskutiertes Problem ist in diesem Zusammenhang die Frage nach dem Umfang in das Einsichtsrecht in die Ermittlungsakten, insbesondere bzgl. eines Hinweisgebers (Rz. 132). – Das *BKartA* hat jedenfalls bei allen zivilrechtlichen Streitigkeiten nach europäischem oder deutschem Wettbewerbsrecht einen Anspruch auf Benachrichtigung und Beteiligung (§ 90 GWB); geht es um die Anwendung europäischen Wettbewerbsrechts, ist auch die Europäische Kommission zu beteiligen (§ 90a GWB).

a) Das **Verwaltungsverfahren** enthält einerseits gleichsam strafverfahrensrechtliche Elemente: Die Kartellbehörden sind verpflichtet, bei einem konkreten kartellrechtlichen „Anfangsverdacht" von Amts wegen Ermittlungen einzuleiten (§§ 54 Abs. 1, 57 Abs. 1 GWB). Dazu haben sie gegenüber Unternehmen ein umfassendes *Auskunftsrecht*, ergänzt durch Einsichts- und Prüfungsrechte (§ 59 GWB). Darüber hinaus können sie auch – mit richterlicher Genehmigung – *Durchsuchungen* durchführen und Gegenstände *beschlagnahmen*, wobei teilweise auch auf Normen der StPO verwiesen ist (§§ 58 Abs. 4, 59 Abs. 4, 5 GWB). Voraussetzung solcher Maßnahmen ist ein förmlicherr Verwaltungsakt, i.d.R. ein förmlicher *Beschluss* einer dreiköpfigen „Beschlussabteilung" (§ 59 Abs. 6, 7, § 51 Abs. 3 GWB). Im Übrigen ist dieses Verfahren dem Zivilverfahren angenähert, insbesondere die förmliche Beweisaufnahme (vgl. § 57 Abs. 2 GWB). 127

Zur vorläufigen Regelung eines Zustands können die Kartellbehörden *einstweilige Anordnungen* treffen (§§ 32a, 60 GWB). Weiter haben sie die Befugnis, ein verbotenes Verhalten im sog. *objektiven Verfahren* zu untersagen (§ 32 GWB) oder *Verpflichtungszusagen* zu erwirken (§ 32b GWB), Rechtsvorteile einer Gruppenfreistellung zu entziehen (§ 32d GWB) oder festzustellen, dass ein Anlass zum Tätigwerden nicht besteht (§ 32c GWB). Bestandteil des Verwaltungsverfahrens kann auch die Verhängung von **Zwangsgeld** – von mindestens 1000 Euro und höchstens 10 Mio. Euro – zur Erzwingung eines bestimmten Verhaltens sein; dessen Vollstreckung obliegt den Kartellbehörden (§ 86a GWB). 128

Erhebliche praktische Bedeutung hat das – gesetzlich nicht geregelte – **informelle Verfahren**, in dem – ähnlich wie in einem staatsanwaltschaftlichen Vorermittlungsverfahren – geprüft wird, ob ein förmliches Verfahren einzuleiten ist. Häufig führt bereits eine mündliche oder schriftliche Erörterung der Sache mit den Betroffenen zur Abstellung eines Missstands oder zur Zurückstellung kartellamtlicher Bedenken. 129

b) Für das **Bußgeldverfahren** zur Verfolgung der in § 81 GWB aufgeführten Ordnungswidrigkeiten enthält das GWB vergleichsweise wenige Sonderbestimmungen. Neben den Sondernormen zur Zuständigkeit (§§ 82–86 GWB) ist die 2013 neu eingeführte besondere Auskunftspflicht von Verbandspersonen zu Umsätzen und ähnlichen Faktoren, die für die Bußgeldbemessung bedeutsam sind (§ 81a GWB n.F.), zu nennen (§ 57 Rz. 141a). Grund für die geringe Zahl solcher Normen im GWB ist, dass das **OWiG** und ergänzend die in Bezug genommene *StPO* die notwendigen Vorschriften bereitstellen (vgl. oben § 14). – *Bußgeldbehörde* i.S. von §§ 35, 36 OWiG ist das BKartA oder im Rahmen ihrer Zuständigkeit die Landeskartellbehörden (§ 81 Abs. 10 GWB; Rz. 123). 130

c) Ob die Kartellbehörden bei einem Verdacht auf ein mit Bußgeld bedrohtes Verhalten überhaupt Ermittlungen aufnehmen und ob sie zunächst im Verwaltungsverfahren oder sofort im Bußgeldverfahren vorgehen, bestimmt sich 131 grundsätzlich nach Zweckmäßigkeitserwägungen (**Opportunitätsprinzip**; § 54 Abs. 1 GWB, § 47 OWiG)[1]. Allerdings ist das behördliche Ermessen durch die ihnen gesetzlich übertragene Aufgabe gebunden. Die Forderung, Leitlinien über die Ausübung des Verfolgungsermessens herauszugeben, ist bis jetzt nicht erfüllt worden[2]. Jederzeit kann die Kartellbehörde ein Verwaltungsverfahren in ein Bußgeldverfahren *überleiten*.

132 Große praktische Bedeutung für die Aufdeckung von Wettbewerbsbeschränkungen hat die **Kronzeugen-Regelung** bzw. „kartellrechtliche Selbstanzeige"[3]. Legt ein Kartellbeteiligter sein Fehlverhalten gegenüber der Kartellbehörde offen, kann er mit einer niedrigeren Geldbuße oder auch mit der Freistellung von jeglichen Sanktionen rechnen. Solche Bonus-Regelungen sind inzwischen europäischer Standard (vgl. § 57 Rz. 9, 88, 153) und haben seither viel zur Aufdeckung von massiven Wettbewerbsbeschränkungen beigetragen. Umstritten ist, wie solche Hinweise zu behandeln sind, wenn die Betroffenen während oder nach dem Verfahren ihr Recht auf Akteneinsicht geltend machen. Inzwischen ist beim BKartA ein automatisiertes Hinweisgeber-Verfahren eingerichtet.

133 Die **Rechte des Betroffenen** sind in beiden Verfahren unterschiedlich:

– Im *Verwaltungsverfahren* ist der Betroffene verpflichtet, auf Anforderung umfassend und richtig Auskunft zu geben (§ 59 GWB). Diese Auskunftsverpflichtung – die sich auch auf Betriebs- und Geschäftsgeheimnisse erstreckt (§§ 56 Abs. 3, 72 Abs. 2 GWB) – ist durch ein Auskunftsverweigerungsrecht (neuerdings nicht mehr nach ZPO, sondern) nach § 55 StPO begrenzt (§ 59 Abs. 5 GWB n.F.). Andererseits ist die Verletzung dieser Verpflichtung mit Geldbuße bedroht (§ 81 Abs. 2 Nr. 6 GWB; unten § 57 Rz. 140).

– Im *Bußgeldverfahren* darf der Betroffene dagegen, soweit er eine natürliche Person ist, nach dem sog. Nemo-tenetur-Prinzip (§ 10 Rz. 10) sanktionslos schweigen. Juristische Personen und ihnen gleichgestellte Personengesellschaften (vgl. § 23 Rz. 95), für die das verfassungsrechtliche Verbot des Selbstbelastungszwangs nicht gilt, sind dagegen verpflichtet, durch ihre Organe Auskunft zu erteilen; diese dürfen aber Auskünfte verweigern, durch die sie sich selbst oder Angehörige (§ 52 StPO) belasten würden. Ein neu eingefügter § 81a GWB normiert eine zusätzliche Auskunftspflicht von Verbandspersonen bzgl. Umsätzen und ähnlicher für die Bußgeldbemessung relevanter Faktoren. Dies soll die Amtsermittlungen erleichtern und insbesondere zusätzliche Durchsuchungen vermeiden helfen. Die vorsätzliche

---

1 Näher *Bechtold*, § 32 GWB Rz. 4; *Jaeger* in FK-KartR, § 32 GWB Rz. 11 (Stand 5/2014); *Wrage-Molkenthin/Bauer* in FK-KartR, vor §§ 81-86 GWB Rz. 2 ff. (Stand 5/2010); *Karsten Schmidt* in I/M, § 54 GWB Rz. 7; *Becker* in Loewenheim/Meessen/Riesenkampff, § 54 GWB Rz. 3; *Ost* in MüKo, § 54 GWB Rz. 2; *Staebe* in Schulte/Just, KartR, § 32 GWB Rz. 5; *Seitz* in Mäsch, Praxiskommentar KartR, § 81 GWB Rz. 34.
2 Vgl. *Achenbach*, wistra 2013, 369 (374).
3 Bek. Nr. 9/2006 v. 7.3.2006 – Bonusregelung; abgedr. auch bei *Bechtold*, GWB, Anh. C4; vgl. *Achenbach* in A/R, Teil 3 Kap. 5 Rz. 70; *Dannecker/Müller* in W/J, Kap. 18 Rz. 157 ff.; *Prechtel/Schulz* in Momsen/Grützner, WiStrR, Kap. 7/1 Rz. 140 ff.; *Böse* in G/J/W, § 81 GWB Rz. 87.

Verletzung dieser neuen Auskunftsverpflichtung wird durch einen neuen Bußgeltatbestand sanktioniert[1] (§ 57 Rz. 141a).

Bedeutsam ist die von §§ 40–44 OWiG abweichende **Zuständigkeitsregelung des § 82 GWB**, die 1997 durch das Korruptionsbekämpfungsgesetz als § 81a GWB a.F. im Zusammenhang mit dem neuen § 298 StGB betreffend die *Ausschreibungsabsprachen* (dazu unten § 58) eingeführt worden ist. Danach ist die Kartellbehörde *ausschließlich zuständig* für die Verhängung von Geldbußen gegen juristische Personen oder Personenvereinigungen nach § 30 OWiG auch in den Fällen, in denen eine Straftat zugleich auch eine Ordnungswidrigkeit nach § 81 Abs. 1–3 GWB ist oder eine entsprechende Aufsichtspflichtverletzung nach § 130 OWiG vorliegt. Ziel dieser – im Einzelnen problematischen – Regelung ist es, die gegen Unternehmen zu verhängenden Sanktionen im Schwerpunkt dem BKartA vorzubehalten und insoweit möglichst einheitliche, ggf. auch wettbewerbspolitisch bestimmte Maßstäbe zur Geltung zu bringen[2]. 134

II. Besonderer Rechtszug

1. Kartellgerichte

Die Spezialität des Kartellrechts wird schließlich auch dadurch sichtbar, dass ein **besonderer Rechtsweg** und darüber hinaus ein abweichender **Rechtszug** zu höherrangigen Gerichten gegeben ist. Sowohl die Verwaltungsverfahren als auch die Bußgeldverfahren und die bürgerlich-rechtlichen Streitigkeiten (§§ 87 ff. GWB) in Kartellsachen werden im Interesse einer möglichst einheitlichen und kompetenten Rechtsanwendung bei spezialisierten Spruchkörpern („*Kartellgerichten*") zusammengeführt. Gegen die von den Kartellbehörden im Verwaltungsverfahren erlassenen Entscheidungen ist also nicht der Weg zu den Verwaltungsgerichten gegeben, sondern der Rechtsweg zu den *ordentlichen Gerichten*; maßgebend dafür ist nicht die (1957 noch nicht existente) VwGO, sondern (ergänzend) die ZPO (§ 73 Nr. 2 GWB). 135

Wegen der besonderen Kompetenz der Kartellbehörden beginnt der Rechtsweg sowohl im Verwaltungsverfahren als auch im Bußgeldverfahren beim **Oberlandesgericht** und führt in zweiter und letzter Instanz zum **BGH**. Dabei ist sowohl bei den Oberlandesgerichten am Sitz einer Kartellbehörde (§§ 63 Abs. 4, 83, 91, 92 GWB) als auch beim BGH (§§ 74 Abs. 1, 84, 94 GWB) jeweils ein *Kartellsenat* ausschließlich (§ 95 GWB) dazu berufen, über die Kartellsachen zu entscheiden. Das Zivilverfahren beginnt bei Spezialkammern am Landgericht (§§ 87, 89 GWB; § 95 Abs. 2 GVG)[3] und wird dann ebenfalls bei den Kartellsenaten des OLG bzw. BGH fortgeführt. Das Verfahren richtet sich dabei – soweit das GWB nicht eigene Bestimmungen trifft (vgl. §§ 63–78, 83–86 GWB) – 136

---

1 Näher zum Ganzen *Achenbach*, wistra 2013, 369 (370 f.); *Bosch/Fritzsche*, NJW 2013, 2225 (2229); *Yomere*, WuW 2013, 1187 (1188 ff.).
2 Näher *Achenbach* in A/R, Teil 3 Kap. 5 Rz. 69; *Dannecker/Müller* in W/J, Kap. 18 Rz. 53 ff.; *Böse* in G/J/W, § 82 GWB Rz. 1 ff.; vgl. auch unten § 57 Rz. 110, 142 ff.
3 Kammern für Handelssachen – mit Ausnahme von Schadensersatzklagen, die die 8. GWB-Novelle den allgemeinen Zivilkammern übertragen hat (Art. 5 Abs. 7 des 8. GWB-ÄndG).

je nach der von den Kartellbehörden gewählten Verfahrensart entweder nach ZPO oder nach OWiG/StPO.

2. Besondere Rechtsbehelfe

137 **a)** Gegen die förmlichen *Entscheidungen* der Kartellbehörden *in Verwaltungsverfahren* haben die Beteiligten nur den Rechtsbehelf der **Beschwerde**. Dabei handelt es sich um ein primär im GWB selbst (§§ 63–72 GWB) geregeltes Rechtsmittel, das wegen der Maßgeblichkeit des Amtsermittlungsgrundatzes (§ 70 GWB) mehr dem Verfahren der Freiwilligen Gerichtsbarkeit als dem der ZPO entspricht[1]. Das OLG entscheidet als Rechts- und Tatsacheninstanz im Beschlussverfahren regelmäßig nach mündlicher Verhandlung.

138 Gegen die Beschwerdeentscheidungen des OLG im *Verwaltungsverfahren* ist die (einer Revision vergleichbare) innerhalb eines Monats einzulegende **Rechtsbeschwerde** zum BGH eröffnet, und zwar nur nach *Zulassung* (vgl. § 574 ZPO), soweit nicht gravierende Verfahrensverstöße gerügt werden (§ 74 Abs. 4 GWB). Die – zu begründende – Nichtzulassung der Rechtsbeschwerde kann mit der Nichtzulassungsbeschwerde angegriffen werden (§ 75 GWB).

139 **b)** Das Rechtsmittel gegen **Bußgeldbescheide** der Kartellbehörden ist dagegen der **Einspruch**, wie er in §§ 67–78 OWiG unter ergänzender Verweisung auf die StPO geregelt ist. Anstelle des Amtsgerichts entscheidet jedoch der *Kartellsenat des OLG* (§ 83 GWB); diesem sind auch die sonstigen richterlichen Entscheidungen im Ordnungswidrigkeitenverfahren (§ 62 OWiG) – einschließlich der Vollstreckung (§ 86 GWB) – übertragen. Problematisch kann diese Zuständigkeitsregelung werden, wenn Straftaten mit Kartell-Ordnungswidrigkeiten konkurrieren. Zeigt sich erst im Verfahren vor dem Kartellsenat, dass ein hinreichender Verdacht (auch) auf eine Straftat besteht, muss die Sache vom OLG an die Strafkammer des Landgerichts oder an das Amtsgericht als Strafgericht verwiesen werden[2].

140 Gegen die Entscheidungen der OLG-Kartellsenate im *Bußgeldverfahren* ist – ebenfalls – die **Rechtsbeschwerde** zum Kartellsenat des BGH eröffnet. Dieses „strafrechtliche" Rechtsmittel ist dem gleichnamigen zivilrechtlichen Rechtsbehelf (Rz. 138) inhaltlich verwandt, aber gleichwohl verfahrensrechtlich zu unterscheiden. Es handelt sich um das innerhalb einer Woche (§ 341 StPO) einzulegende Rechtsmittel der **§§ 79, 80 OWiG** (§ 84 GWB). Es ist schon deshalb durchweg ohne ausdrückliche Zulassung zulässig, weil die verhängten Geldbußen nicht unter 250 Euro liegen.

---

1 Vgl. §§ 26 ff. FamFG (früher § 12 FGG) und andererseits §§ 567–577 ZPO.
2 BGH v. 20.4.1993 – KBR 15/92, BGHSt 39, 202 = NJW 1993, 2325; *Achenbach* in A/R, Teil 3 Kap. 5 Rz. 74.

§ 16
Verteidigung in Wirtschaftsstrafsachen

Bearbeiter: Thorsten Alexander/Wolfgang Winkelbauer

	Rz.
A. Vorbemerkungen	
I. Zur Auswahl des geeigneten Anwalts	1
1. Qualifikations-Bezeichnungen	3
2. Anwaltslisten	8
3. Hinzuziehung weiterer Spezialisten	9
II. Der Anwalt als „Krisenmanager"	10
III. Präventive strafrechtliche Beratung	16
B. Besonderheiten der Verteidigung in Wirtschaftsstrafsachen	
I. Mandatsverhältnis	17
1. Honorierung	21
a) Pflichtverteidiger	22
b) Wahlverteidiger	23
c) Strafrechtsschutzversicherung	42
2. Interessenwiderstreit zwischen Auftraggeber und Mandant	46
3. Ermittlungsverfahren gegen „Verantwortliche"	
a) Verfahrensrechtliche Aspekte	51
b) Materiell-rechtliche Fragen	56
4. Zeugenbeistand	62
5. Vertretung des Unternehmensträgers	70
II. Verteidigungsstrategien	
1. Organisation einer Unternehmensverteidigung	76
2. Fragen der Verteidigungstaktik	82
a) Ermittlungsverfahren	83
b) Zwischenverfahren	91
c) Hauptverfahren	97
d) Vollstreckungsverfahren	101
e) Verfahrensverständigung	102
3. Grenzen zulässiger Verteidigungstätigkeit	103
III. Einflussnahme auf Sanktionen	
1. Zum Strafmaß	104
a) Verwarnung mit Strafvorbehalt	106
b) Übernahme von Geldstrafen und -auflagen	111
2. Zu den Nebenfolgen	113
a) Strafrechtliche Nebenfolgen	114
b) Außerstrafrechtliche Nebenfolgen	118
3. Strafe und zivilrechtliche Haftung	122
4. Zur Unternehmensgeldbuße	124
C. Zivilrechtliche Haftung des Verteidigers	
I. Grundlagen	126
1. Haftung gegenüber Mandanten	128
a) Pflichtverletzung	129
b) Nachteil	134
c) Kausalzusammenhang	139
d) Abweichende Haftungsstandards	147
e) Andere Mandatspflichten	152
2. Haftung gegenüber Dritten	153
3. Versicherungsschutz	155
II. Besondere Gefahrenquellen	
1. In Steuerstrafverfahren	158
2. Bei Verfahrensverständigungen	163

A. Vorbemerkungen

Schrifttum: *Barton,* Mindeststandards der Strafverteidigung, 1994; *Bockemühl* (Hrsg.), Handbuch des Fachanwalts Strafrecht, 5. Aufl. 2012; *Brüssow/Gatzweiler/Krekeler/Mehle,* Strafverteidigung in der Praxis, 4. Aufl. 2007; *Cramer/Cramer,* Anwalts-Handbuch Strafrecht, 2002; *Dahs,* Handbuch des Strafverteidigers, 8. Aufl. 2015; *Pfordte/Degen-*

hard, Der Anwalt im Strafrecht, 2005; *Strafrechtsausschuss der Bundesrechtsanwaltskammer (BRAK)*, Thesen zur Strafverteidigung, BRAK-Schriftenreihe, Bd. 8, 1992; *Wahle* (Red.), Mandant und Verteidiger, Symposium für Egon Müller, BRAK-Schriftenreihe, Bd. 12, 2000; *Volk* (Hrsg.), Münchener AnwaltsHandbuch Verteidigung in Wirtschafts- und Steuerstrafsachen, 2. Aufl. 2014; *Widmaier/Müller/Schlothauer* (Hrsg.), Münchener AnwaltsHandbuch Strafverteidigung, 2. Aufl. 2014.

I. Zur Auswahl des geeigneten Anwalts

1 Angesichts der Jahr für Jahr deutlich steigenden Anzahl zugelassener Rechtsanwälte[1] wird das Finden des „geeigneten" Verteidigers immer mehr zu einem unübersichtlichen Vorhaben für denjenigen Bürger, der sich damit konfrontiert sieht, Beschuldigter in einem strafrechtlichen Ermittlungsverfahren zu sein. In ähnlicher Weise gilt dies auch für die Justiz, soweit Pflichtverteidiger gesucht oder vorgeschlagen werden. Zusätzliche Bedeutung erlangt die **Verteidigerauswahl** vor dem Hintergrund, dass angesichts der Vielzahl von Rechtsanwälten die Zahl derer zunimmt, die ihr Handwerk nicht mehr beherrscht (und auch nicht mehr beherrschen kann), weil es an der erforderlichen Fall-Praxis fehlt und die anwaltliche Tätigkeit zum Teil nur noch im Nebenberuf ausgeübt wird, der Lebensunterhalt aber (notgedrungen) mit nichtanwaltlicher Tätigkeit bestritten wird.

2 Nach wie vor *weit verbreitet und bewährt* ist, dass Verteidiger auf **Empfehlung** – sei es aus dem Bekannten- und Verwandtenkreis, sei es von Kollegen, Steuerberatern und Wirtschaftsprüfern oder anderen beruflich mit dem Beschuldigten verbundenen Personen – gefunden werden. Aus Sicht des Anwalts stellt die mit seiner qualifizierten Arbeit verbundene „Mund-zu-Mund-Propaganda" dementsprechend die beste Werbung dar[2]. Empfehlungen aus Justiz- und Ermittlerkreisen sind ebenfalls nicht selten, zugleich aber auch nicht unproblematisch. Zumindest bei richterlichen Empfehlungen ist Zurückhaltung geboten, gilt es doch einem möglichen Missverständnis, das Gericht empfehle „willfährige und pflegeleichte" Verteidiger, vorzubeugen.

1. Qualifikations-Bezeichnungen

3 **a)** Die Anwaltschaft hat auf die Situation des ständigen Wachsens ihrer Mitgliederzahl durch verstärkte Spezialisierung reagiert und *Fachanwaltstitel* eingeführt. Im Bereich des Strafrechts hat die Satzungsversammlung (§§ 191a ff. BRAO) den Titel „**Fachanwalt für Strafrecht**" geschaffen (§ 1 S. 2 FAO). Er wird von den *Rechtsanwaltskammern* „als höchste Qualifikationsstufe"[3] an diejenigen Rechtsanwälte *verliehen*, die dies beantragen und besondere theoretische

---

1 S. die Angaben der Bundesrechtsanwaltskammer (BRAK), BRAK-Mitt. 2014, 143 (143 f.): Mit Stand v. 1.1.2014 gab es 162 695 im Bundesgebiet zugelassene Rechtsanwälte, was einer Steigerung von 1,01 % gegenüber dem Vorjahr entspricht. Darüber hinaus können gem. § 138 Abs. 1 StPO Rechtslehrer an deutschen Hochschulen als Verteidiger gewählt werden.
2 *Bockemühl* in Bockemühl, Hdb. FA StrafR, 2. Teil 1. Kap. Rz. 17.
3 *Johnigk* in Brüssow/Gatzweiler/Krekeler/Mehle, § 1 Rz. 149.

Kenntnisse (§§ 4, 13 FAO) sowie praktische Erfahrungen (§§ 3, 5 Abs. 1 Buchst. f FAO) auf dem Gebiet des Strafrechts vorweisen können[1]. I.d.R. werden die besonderen theoretischen Kenntnisse durch das erfolgreiche Absolvieren eines Fachanwaltskurses nachgewiesen, an dessen Ende Leistungsnachweise erbracht werden müssen. Regelmäßig befasst sich eine von drei bzw. fünf obligatorischen Abschlussklausuren mit einem wirtschaftsstrafrechtlichen Thema. Auch wenn in den Fachanwaltskursen i.d.R. mindestens 20 Zeitstunden Wirtschafts- und Steuerstrafrecht gelehrt werden, bietet der Fachanwaltstitel zwar nicht die Gewähr für eine Spezialisierung im Wirtschaftsstrafrecht. Der Titel ist aber doch ein Hinweis auf *„geprüfte Qualität",* was bei einer bloßen Selbsteinschätzung durch den jeweiligen Rechtsanwalt (vgl. Rz. 4 ff.) nicht der Fall ist.

b) Rechtsanwaltskammern, Anwaltvereine und insbesondere auch der Deutsche Anwaltverein[2] führen Listen, in denen **Spezialisierungen** und Tätigkeitsschwerpunkte aufgeführt sind. Diese *Spezialisten-Listen* beruhen auf (ungeprüften) Selbsteinschätzungen der Rechtsanwälte, die diese gegenüber der jeweiligen Organisation abgegeben haben. Die Listen werden in höchst unterschiedlichem Maße aktualisiert, sodass zu ihrer Brauchbarkeit keine generelle Aussage getroffen werden kann.

aa) Nach § 7 Abs. 1 S. 1 BORA ist unabhängig von Fachanwaltsbezeichnungen eine **Benennung von Teilbereichen der Berufstätigkeit** (ohne Verwendung qualifizierender Zusätze) zulässig, wenn den Angaben entsprechende Kenntnisse (z.B. aufgrund von Lehrgängen, Aufbaustudiengängen, langjähriger Fachpraxis) zugrunde liegen[3]. Andernfalls ist der Anwalt auf die Angabe eines Interessengebietes verwiesen, woraus sich somit allerdings nicht zwingend Schlüsse auf die Qualifikation des Anwalts ziehen lassen. Generell darf es nach § 7 Abs. 2 BORA jedoch nicht zur Gefahr einer Verwechslung mit Fachanwaltschaften oder Irreführung des Ratsuchenden kommen.

bb) Daneben besteht nach § 7 Abs. 1 S. 2 BORA die Möglichkeit, **qualifizierende Zusätze** (z.B. Spezialist, Spezialgebiet, Experte, Prädikatsanwalt[4] etc.) zu verwenden. Hierzu muss der Anwalt jedoch (zusätzlich zu den Voraussetzungen des § 7 Abs. 1 S. 1 BORA) über dem qualifizierenden Zusatz entsprechende theoretische Kenntnisse verfügen und auf dem betreffenden Gebiet in erheblichem Umfang tätig gewesen sein. In Bezug auf qualifizierende Zusätze besteht die durch § 7 Abs. 2 BORA zu verhindernde Gefahr einer Verwechslung mit Fachanwaltschaften oder Irreführung des Ratsuchenden in noch stärkerem Maße.

---

1 S. die Angaben der BRAK, BRAK-Mitt. 2014, 143 (144): Am 1.1.2014 gab es 3087 Fachanwälte für StrafR, eine Steigerung von 5,32 % gegenüber dem Jahr 2013.
2 Deutscher Anwaltverein, Littenstr. 11, 10179 Berlin, www.anwaltverein.de; www.anwaltauskunft.de.
3 BRAK, Begründung für die Änderungen der §§ 7, 6 Abs. 2 und § 3 BORA, BRAK-Mitt. 2006, 212.
4 Vgl. hierzu nur OLG Nürnberg v. 13.7.2009 – 3 U 525/09, NJW-Spezial 2009, 558 (559) (Zusammenfassung).

7 **cc) Die frühere Verwendung** der Begriffe „*Tätigkeitsschwerpunkt*" (Nachweis besonderer Kenntnisse auf dem benannten Gebiet und nach der Zulassung mindestens zweijährige Tätigkeit auf diesem Gebiet in erheblichem Umfang, § 7 Abs. 2 S. 2 BORA a.F.) und „*Interessenschwerpunkt*" (lediglich Nachweis besonderer Kenntnisse auf dem benannten Gebiet ohne Erfordernis einer entsprechenden nachhaltigen Tätigkeit, § 7 Abs. 2 S. 1 BORA a.F.) wurde hingegen mit der Neufassung des § 7 BORA **aufgegeben**.

2. Anwaltslisten

8 Seit einigen Jahren hat sich ein Markt an **Handbüchern und Zeitschriften** etabliert, die Spezialisten benennen und sog. Rankings aufstellen. Marktführer dürfte das *JUVE Handbuch*[1] sein, in dessen redaktionellem Teil – das Handbuch finanziert sich durch Anzeigen von Rechtsanwaltskanzleien – auch Spezialisten im Wirtschaftsstrafrecht vorgestellt und empfohlen werden[2]. Im JUVE Handbuch wird der „Markt" an Wirtschaftsstrafverteidigern einigermaßen umfassend dargestellt. Die abgegebenen Wertungen sind allerdings für den Leser nicht objektivierbar. Auch ist nicht ausreichend transparent, wie es zu den Bewertungen kam. Gleiches gilt für die *Focus-Anwaltslisten*, die Empfehlungen sowohl für Strafverteidiger als auch für im Wirtschaftsstrafrecht spezialisierte Kanzleien enthalten[3]. Sämtliche Angaben können daher nur als eine erste Orientierung dienen, ohne aber Anspruch auf eine abschließende und objektive Darstellung zu haben.

3. Hinzuziehung weiterer Spezialisten

9 In Abhängigkeit vom Inhalt des strafrechtlichen Vorwurfs kann es für eine effektive Strafverteidigung angezeigt sein, **kompetente Dritte**, wie z.B. Steuerberater, Wirtschaftsprüfer oder qualifizierte Wirtschaftsanwälte, hinzuzuziehen. Unabhängig davon können ggf. Steuerberater, Steuerbevollmächtigte, Wirtschaftsprüfer und vereidigte Buchprüfer in Steuerstrafverfahren neben einem Rechtsanwalt (oder Hochschullehrer) oder – soweit die Finanzbehörde das Strafverfahren selbständig durchführt – auch eigenständig als Verteidiger tätig werden (§ 392 AO). Ein solches Bedürfnis muss nicht von vornherein als eine Schwäche des Strafverteidigers ausgelegt werden, sondern resultiert häufig aus der zunehmenden Spezialisierung und Komplexität der unterschiedlichen Rechtsgebiete. Umgekehrt kann es aber problematisch sein, einen auf dem einschlägigen Rechtsgebiet ausgewiesenen Anwalt ohne forensische Erfahrung direkt und ausschließlich mit der Verteidigung zu beauftragen, da eine effektive Verteidigung nur bei Kenntnis und Beachtung der strafrechtlichen und strafprozessualen Besonderheiten möglich ist. Ebenso wie bei Verteidiger-Teams[4] ist je-

---

[1] JUVE Hdb. 2013/2014, Wirtschaftskanzleien – Rechtsanwälte für Unternehmen, 16. Aufl.
[2] Vgl. JUVE Hdb. 2013/2014, S. 616 ff.
[3] Vgl. FOCUS-Spezial „Deutschlands Top-Anwälte", Oktober/November 2014, S. 72 ff. und 118.
[4] Vgl. *Dahs*, Hdb., Rz. 167.

doch eine sorgfältige Auswahl und Koordination der Gruppe der Mitwirkenden vorzunehmen, damit sie eine optimale Leistung bringen und dem Mandanten auch wirklich zum Vorteil gereichen kann.

II. Der Anwalt als „Krisenmanager"

Wenn ein Unternehmen – i.d.R. überraschend – mit einem gegen Verantwortliche oder sonstige Mitarbeiter des Unternehmens gerichteten Ermittlungsverfahren konfrontiert wird, diese Konfrontation möglicherweise mit einer Durchsuchungs- und Beschlagnahmeaktion und dies eventuell auch mit einer Pressemeldung einhergeht, ist der anwaltliche Berater oftmals zunächst als **„Krisenmanager"** gefragt. Dabei ist vom beratenden Rechtsanwalt – immer vor dem Hintergrund möglicher späterer Konsequenzen im Ermittlungs- oder Strafverfahren – vieles zu bedenken. Zwangsläufig nur unvollständig ist hier insbesondere auf die folgenden Aspekte hinzuweisen: 10

Von nicht zu überschätzender Bedeutung für ein solches Krisenmanagement ist die möglichst zeitnahe **Gewinnung von Informationen** über den Ermittlungsvorwurf und die diesem zugrunde liegenden Ereignisse. Ohne weitgehende und detaillierte Kenntnis des mit dem Ermittlungsverdacht korrespondierenden Lebenssachverhalts ist eine seriöse Beratung des betroffenen Unternehmens kaum möglich. Oftmals sind – jedenfalls in größeren Unternehmen – diese notwendigen Informationen nicht nur beim Beschuldigten – wenn er überhaupt schon benannt ist – und auch nicht nur in der „Chefetage" zu gewinnen. Es kann deshalb angezeigt sein, eine *zentrale Anlaufstelle* im betroffenen Betrieb zu installieren, bei der Informationen gebündelt werden, die aber auch für Fragen im Zusammenhang mit dem Ermittlungsverfahren für die Angehörigen des Unternehmens zur Verfügung steht. Diese zentrale Anlaufstelle sollte aber zweckmäßigerweise – jedenfalls aus Verteidigersicht – bei einer Person angesiedelt sein, die ihrerseits zur beruflichen Verschwiegenheit verpflichtet und zeugnisverweigerungsberechtigt ist. Andernfalls könnte durch Vernehmung der nicht zeugnisverweigerungsberechtigten Personen einer zentralen Anlaufstelle eine Situation entstehen, bei der den Ermittlungsbehörden (möglicherweise belastende) Informationen bereits durch die zentrale Anlaufstelle aufbereitet „geliefert" würden[1]. Dabei ist insbesondere zu bedenken, dass die unternehmensinterne Informationsgewinnung regelmäßig nicht nach den Regeln der StPO erfolgt (fehlende Belehrung, keine ordentliche Protokollierung), sodass die Strafverfolgungsbehörden auf mehr Informationen zugreifen könnten, als wenn sie die Ermittlungen innerhalb des Unternehmens selbst geführt hätten. 11

I.d.R. sind unbedachte **Äußerungen von Mitarbeitern** (als Zeugen) wenig hilfreich. Dies gilt im Besonderen aber auch für Äußerungen, die quasi „en passant" während Durchsuchungsmaßnahmen abgegeben werden. Oftmals werden in einer solchen Situation Vermutungen und Spekulationen geäußert, die 12

---

1 *Winkelbauer* in Foerste/Graf von Westphalen, Produkthaftungshdb., 3. Aufl. 2012, § 83 Rz. 8.

dann möglicherweise von Ermittlungsbeamten falsch aufgefasst oder fehlinterpretiert werden und regelmäßig nur in Vermerken, nicht aber in ordnungsgemäßen Vernehmungsprotokollen festgehalten werden. Deshalb ist daran zu denken, potenzielle „Mitarbeiter-Zeugen" möglichst frühzeitig auf ihre Rechte und Pflichten als Zeugen *hinzuweisen*[1]. Dies gilt in besonderem Maße, soweit es sich um sog. *gefährdete Zeugen* handelt, weil vor solchen informatorischen Gesprächen oftmals keine Belehrung gem. § 55 StPO erfolgt, da der durchsuchende bzw. vernehmende Beamte vielleicht selbst noch keine Anhaltspunkte für eine mögliche „Selbstgefährdung" des Zeugen besitzt.

13 Wichtig für das betroffene Unternehmen kann es sein, wenn zeitnah **Kontakt zu Kunden und Lieferanten**, möglicherweise auch zu kreditgebenden *Banken*, mit dem Ziel aufgenommen wird, überstürzte Reaktionen (Beendigung der Geschäftsbeziehung, Darlehenskündigungen u.a.) zu vermeiden. Hinweise auf die gesetzlich geltende Unschuldsvermutung sowie eine klare Darstellung der Ermittlungsvorwürfe, des jeweiligen Verfahrensstadiums und des weiteren Verfahrensgangs können dabei hilfreich sein. Es ist aber dringend eine *schriftliche* (und vorsichtig formulierte) Darstellung bzw. *Information* zu empfehlen, schon um das Risiko zu vermeiden, später von Dritten mit dem Argument, man habe auf eine entsprechend positive Darstellung des Anwalts vertraut und deshalb beispielsweise einen Kredit nicht gekündigt, als Rechtsanwalt persönlich in Anspruch genommen zu werden[2]. Eine schriftliche Information an Dritte ist auch zur Vermeidung von Missverständnissen hilfreich, die dazu führen könnten, in diesen Informationen Verdunkelungs- oder Strafvereitelungshandlungen zu vermuten.

14 Eine weitere Aufgabe des Anwalts als Krisenmanager besteht regelmäßig darin, dem betroffenen Unternehmen *Zurückhaltung* im **Umgang mit der Presse** zu empfehlen. Gerade dann, wenn Presseabteilungen bestehen, deren Intention normalerweise eine häufige (und positive) Medienpräsenz des Unternehmens ist, ist es oftmals nicht leicht zu vermitteln, dass im Zusammenhang mit einem publik gewordenen Ermittlungsverfahren „weniger mehr ist" und Presseaktivitäten häufig mehr schaden als nützen. Gleiches gilt für den eigenen Umgang des Anwalts mit den Medien, der häufig kontraproduktiv ist und von dem daher ebenfalls zurückhaltend Gebrauch zu machen ist. Eine Äußerung über Pressemedien wird nur in Ausnahmefällen zur Wahrung der Interessen des Mandanten angezeigt sein[3], wobei in derartigen Situationen zur Vermeidung von Fehlmeldungen oder auch nur Akzentverschiebungen eine *schriftliche Presseerklärung* herausgegeben werden sollte[4]. Eine Selbstverständlichkeit ist in jedem Fall die Absprache mit dem Mandanten, um dessen Interessenschutz es letztlich geht, sowie eine entsprechende vorherige Entbindung von der

---

1 *Winkelbauer* in Foerste/Graf von Westphalen, Produkthaftungshdb., § 83 Rz. 12.
2 Vgl. dazu *Zugehör* in Zugehör/Fischer, G./Vill/Fischer, D./Rinkler/Chab, Hdb. der Anwaltshaftung, 3. Aufl. 2011, Rz. 1738 ff.
3 Vgl. auch *Dahs*, Hdb., Rz. 99 ff.. Zu Reaktionsmöglichkeiten auf Verdachtsberichterstattungen vgl. *Hohmann*, NJW 2009, 881 ff.; *Lehr* in Widmaier/Müller/Schlothauer, MüAnwHdb. Strafverteidigung, § 21 Rz. 28 ff.
4 *Dierlamm* in W/J, Kap. 27 Rz. 13 f.

Schweigepflicht. Eigenmächtigkeiten des Rechtsanwalts sind nicht nur standeswidrig (§§ 43, 43a Abs. 2 BRAO), sondern verwirklichen den Straftatbestand des § 203 StGB und können wegen Verletzung des Persönlichkeitsrechts des Mandanten Schadensersatzverpflichtungen auslösen.

Zu den **weiteren Aufgaben** des anwaltlichen Krisenmanagements können auch das Herstellen von Kontakten zu (Mit-)Verteidigern, das Gestalten einer sog. *Sockelverteidigung* (vgl. Rz. 77) und das Organisieren von *anwaltlichen Zeugenbeiständen* (vgl. Rz. 62 ff.) gehören. Ebenso ist der *Kontakt zu Ermittlungsbehörden* etwa mit dem Ziel zu pflegen, dass wichtige Unterlagen, die sichergestellt wurden, zeitnah wieder herausgegeben bzw. für den weiteren Betrieb des Unternehmens kopiert werden. Ganz allgemein ist auf einen möglichst sachlichen und nüchternen Umgang mit der Situation eines Ermittlungsverfahrens hinzuwirken, auch wenn dies den Beschuldigten aufgrund der sie persönlich treffenden Vorwürfe oftmals (und in Teilen nachvollziehbar) schwerfällt.

15

III. Präventive strafrechtliche Beratung

In den letzten Jahren hat das Thema „**Compliance**" (vgl. hierzu unten § 31) insbesondere auf dem Gebiet des Wirtschaftsstrafrechts zu vielen Aktivitäten (und oftmals auch zu unnötigem Aktionismus) geführt. Um dem Gebot der Einhaltung der geltenden Rechtsvorschriften (und ggf. auch unternehmensinternen Richtlinien sowie ethischen Grundsätzen) gerecht zu werden, können verschiedenste Aufgaben zu erfüllen sein. Hierzu zählen insbesondere das Aufzeigen der dem materiellen Recht entsprechenden Geschäftsabläufe und ein Hinwirken auf die Einhaltung solcher Standards, die Ausarbeitung und Verbreitung von Notfallplänen sowohl für Unfall- und Gefahrensituationen als auch bei Kontakten mit Ermittlungsbehörden, das Hinwirken auf klare und geeignete Organisationsstrukturen und Mitarbeiterschulungen. An dieser Stelle wird von Unternehmen häufig auf die Unterstützung durch strafrechtlich spezialisierte Anwälte zurückgegriffen, die – zumal als Berufsgeheimnisträger nach § 53 Abs. 1 S. 1 Nr. 3 StPO – oftmals auch dann zum Einsatz kommen können, wenn es insbesondere bei größeren Unternehmen darum geht, für Mitarbeiter eine Anlaufstelle (*Ombudsmann*) einzurichten, der gegenüber sie anonymisiert über Gesetzesverstöße im Unternehmensbetrieb berichten können[1].

16

B. Besonderheiten der Verteidigung in Wirtschaftsstrafsachen

Schrifttum: (außer vor Rz. 1) *Brockhaus*, Die Übernahme der Kosten für die Strafverteidigung durch das Unternehmen aus strafrechtlicher Perspektive, ZWH 2012, 169 ff.; *Hoffmann/Wißmann*, Die Erstattung von Geldstrafen, Geldauflagen und Verfahrenskosten im Strafverfahren durch Wirtschaftsunternehmen gegenüber ihren Mitarbeitern, StV 2001, 249 ff.; *Otto*, Untreue durch Übernahme der mit einem Strafverfahren verbunde-

---

1 Vgl. hierzu nur *Eidam*, Unternehmen und Strafe, Kap. 14 Rz. 76, 95; *Lampert* in Hauschka, Corporate Compliance, § 9 Rz. 32.

nen Aufwendungen für Unternehmensangehörige durch ein Unternehmen, in FS Tiedemann, 2008, S. 693 ff.; *Poller*, Untreue durch Übernahme von Geldsanktionen, Verfahrenskosten und Verteidigerhonoraren?, StraFo 2005, 274 ff.; *Richter II*, Sockelverteidigung, NJW 1993, 2152 ff.; *Spatscheck/Ehnert*, Übernahme von Geldsanktionen und Verteidigerhonorar, StraFo 2005, 265 ff.; *Strafrechtsausschuss der Bundesrechtsanwaltskammer*, Reform der Verteidigung im Ermittlungsverfahren, BRAK-Schriftenreihe, Bd. 13, 2004.

I. Mandatsverhältnis

17 Rechtlich gesehen unterscheidet sich das Verhältnis zwischen Mandant und Verteidiger in Wirtschaftsstrafsachen nicht von einem anderen strafrechtlichen Mandatsverhältnis. Tatsächlich weisen aber viele Mandatsverhältnisse in Wirtschaftsstrafverfahren **Besonderheiten** auf.

18 Bei Ermittlungsverfahren gegen Verantwortliche oder Mitarbeiter einer GmbH oder einer AG ist zunächst zu klären, ob das Mandatsverhältnis mit einer **natürlichen Person oder** mit der **juristischen Person** besteht, die zwar nicht Beschuldigte sein, wohl aber im Verlauf eines Verfahrens (z.B. wegen einer Verfallsanordnung) Beteiligte werden kann. Da von dieser Grundfrage vieles abhängt, muss sie bereits zu Beginn des Mandats bewusst beantwortet werden. Dies gilt insbesondere mit Blick darauf, dass die Interessen des Unternehmens und die des beschuldigten Unternehmensangehörigen im Verlauf eines Ermittlungsverfahrens nicht selten an Deckungsgleichheit verlieren. Wird der Rechtsanwalt von einem Geschäftsführer beauftragt, der zugleich Beschuldigter ist, muss eindeutig sein, zwischen wem das Mandatsverhältnis besteht. Sobald die Interessen des Geschäftsführers und die der Gesellschaft an Parallelität verlieren, besteht bei unklarem Mandatsverhältnis ansonsten die reale *Gefahr des Parteiverrats* (§ 356 StGB). Zumindest droht, dass der Rechtsanwalt – zur Vermeidung der Wahrnehmung widerstreitender Interessen (§ 43a Abs. 4 BRAO) – sein Mandat beenden muss.

19 Sollte deshalb im Verlauf eines Verfahrens das Unternehmen beispielsweise als Verfallsbeteiligter in das Verfahren einbezogen werden, muss hierfür wegen des **Verbots der Mehrfachverteidigung** (§ 146 StPO) ein eigener Rechtsanwalt als Verfahrensbevollmächtigter des Unternehmens bestellt werden[1]. Stets ist daneben zu bedenken, dass der Verteidiger für Kontakte mit der Unternehmensführung, zu Mitverteidigern oder mit Dritten (wie beispielsweise Steuerberatern und Wirtschaftsprüfern) von seinem Mandanten von der anwaltlichen *Schweigepflicht* entbunden werden muss.

---

1 OLG Düsseldorf v. 4.2.1988 – 2 Ws 128/87, NStZ 1988, 289 (299); *Kiethe* in Radtke/Hohmann, § 434 StPO Rz. 5; *Laufhütte* in KK, § 146 StPO Rz. 4; *Meyer-Goßner* in Meyer-Goßner/Schmitt, § 434 StPO Rz. 5; *Schmidt* in KK, § 434 StPO Rz. 3; anders freilich BVerfG v. 21.6.1977 – 2 BvR 70, 361/75, BVerfGE 45, 272 (288) = NJW 1977, 1629 für den Fall der Vertretung eines Betroffenen im (Kartell-)Ordnungswidrigkeitenverfahren und der von ihm vertretenen juristischen Person als Verfallsbeteiligte; vgl. auch BGH v. 14.10.1976 – KBR 1/76, NJW 1977, 156 (157).

In größeren Wirtschaftsstrafverfahren ist zu beobachten, dass Wirtschaftsstrafkammern gelegentlich vor der Hauptverhandlung **zur Verfahrenssicherung** *Pflichtverteidiger* bestellen und den Angeklagten beiordnen, obwohl diese durch Wahlverteidiger verteidigt werden. Hintergrund solcher Maßnahmen ist (entsprechend der Handhabung des Gerichts, in der Besetzung mit Ergänzungsrichtern und Ergänzungsschöffen zu verhandeln) die Befürchtung, ein Hauptverfahren könne wegen des Ausscheidens des (Wahl-)Verteidigers „platzen". Da es sich bei Wirtschaftsstrafverfahren regelmäßig um Fälle der *notwendigen Verteidigung* (§ 140 StPO) handelt, kann gegen unverteidigte Angeklagte nicht verhandelt werden. Durch einen solchen Verfahrenssicherungsverteidiger wird vermieden, dass bei Krankheit und Tod des Wahlverteidigers oder bei dessen Mandatsbeendigung[1] nach vielen Hauptverhandlungstagen und einer weitgehend durchgeführten Beweisaufnahme ein Verfahren nicht zu Ende gebracht werden kann, sondern in Gänze neu verhandelt werden muss.

1. Honorierung

Die *Vergütung des Rechtsanwalts* in Wirtschaftsstrafsachen unterscheidet sich in ihren gesetzlichen Voraussetzungen nicht von der Rechtsanwaltsvergütung in anderen Strafsachen. Tatsächlich weisen Wirtschaftsstrafsachen aber nicht selten **Besonderheiten** auf, die jedoch nur beim *Wahlverteidiger* zum Tragen kommen.

a) Pflichtverteidiger

Soweit in Wirtschaftsstrafsachen Pflichtverteidiger bestellt werden, gilt für die Voraussetzungen der Bestellung (§ 141 StPO) und für die Vergütung (Vergütungsverzeichnis zu § 2 Abs. 2 RVG, Teil 4; § 51 RVG) *nichts anderes als in jedem anderen Strafverfahren*, wobei hier freilich häufig ein Pauschvergütungsantrag nach § 42 RVG begründet sein dürfte. Insbesondere sind vom Verteidiger bei der Geltendmachung seiner **gesetzlichen Vergütungsansprüche** gegenüber der Staatskasse Zahlungen Dritter (also etwa des Unternehmens) anzugeben (§ 58 Abs. 3 RVG). Diese Verpflichtung bezieht sich nicht auf solche Zahlungen Dritter (also etwa des Unternehmens), die der Rechtsanwalt, der zugleich Verteidiger ist, für eine zivilrechtliche Tätigkeit aufgrund eines gesonderten Auftrags vom Unternehmen erhalten hat, er also beispielsweise mit der Abwehr von Schadensersatzansprüchen betraut und dafür honoriert wurde.

b) Wahlverteidiger

aa) Da Wirtschaftsstrafsachen oft einen außergewöhnlichen Umfang und besondere Schwierigkeiten aufweisen, wäre eine Vergütung des Verteidigers, die

---

[1] Vgl. hierzu OLG Hamburg v. 17.2.1997 – 2 Ws 26 - 27/97, NStZ-RR 1997, 203 (204) = StV 2000, 409 (410) m. Anm. *Sieg*; LG Koblenz v. 5.1.1994 – 103 Js 51.358/92 – 11 KLs, NStZ 1995, 250 m. Anm. *Wasserburg*; *Schmitt* in Meyer-Goßner/Schmitt, § 141 StPO Rz. 1a.

sich an der *gesetzlichen* Vergütung orientiert, unangemessen und teilweise nicht einmal annähernd kostendeckend. Deshalb werden häufig **Vergütungsvereinbarungen** geschlossen, was grundsätzlich zulässig ist (§ 3a Abs. 1 S. 1 RVG). Die Höhe der Vergütung ist bis zur Grenze der Unangemessenheit frei vereinbar und hängt in der Praxis von vielen Faktoren (z.B. Fähigkeiten, Reputation und Spezialisierung des Anwalts, Bedeutung der Angelegenheit für den Mandanten, regionale Gepflogenheiten) ab[1].

24 Zunächst hatte der **BGH** – in Bezug auf eine kombinierte Pauschal- und Zeithonorarvereinbarung – entschieden, dass im Zweifel dann von einer Unangemessenheit auszugehen sei, wenn die gesetzlich vorgesehene Vergütung um mehr als das Fünffache überschritten wird[2]. Allerdings wird in Wirtschaftsstrafsachen häufig gerade der Ausnahmefall vorliegen, in dem „ganz ungewöhnliche, geradezu extreme einzelfallbezogene Umstände" vorliegen, sodass selbst nach dieser Rechtsprechung des BGH von der Regel, dass mehr als das Fünffache der gesetzlichen Vergütung unangemessen sei, wird abgewichen werden können. Eine Überschreitung dieser Grenze wird sich seltener auf die vereinbarte Vergütung für die Verteidigung in der Hauptverhandlung beziehen, regelmäßig aber bei einer aktiven Verteidigung im Ermittlungs- und gerichtlichen Zwischenverfahren in Betracht kommen[3].

25 Zwischenzeitlich hat das **BVerfG** mit Blick auf einen Ausgleich zwischen schutzwürdigen Gemeinwohlbelangen und der Garantie der *Berufsausübungsfreiheit* aus Art. 12 GG jedoch klargestellt, dass die Überschreitung der gesetzlichen Gebühren um das Fünffache nicht den zwingenden Schluss auf eine korrekturbedürftige Äquivalenzstörung zulässt[4]. Vielmehr kommt es auf die Angemessenheit der Vergütung im konkreten Fall und unter Berücksichtigung sämtlicher Umstände (z.B. Leistungen und Aufwand des Rechtsanwalts, Einkommens- und Vermögensverhältnisse des Auftraggebers) an[5]. Nachdem der BGH bereits angedeutet hatte, Ausnahmen zukünftig großzügiger zu handhaben[6], hat er nunmehr entschieden, dass eine Überschreitung der Grenze des fünffachen Satzes der gesetzlichen Gebühren nicht nur auf „Extremfälle" beschränkt sein soll[7].

---

1 *Hommerich/Kilian*, NJW 2009, 1569 (1571 f.); *Hommerich/Kilian*, BRAK-Mitt. 2009, 223 (224 ff.); *Beukelmann*, NJW-Spezial 2009, 584.
2 Vgl. BGH v. 27.1.2005 – IX ZR 273/02, BGHZ 162, 98 (107) = NJW 2005, 2142 (2144).
3 Auch der BGH v. 27.1.2005 – IX ZR 273/02, BGHZ 162, 98 (107) = NJW 2005, 2142 (2144) erkennt an, dass die „eigentliche Arbeit [häufig] außerhalb der Hauptverhandlung" stattfindet.
4 BVerfG v. 15.6.2009 – 1 BvR 1342/07, NJW-RR 2010, 259 (262) = StraFo 2009, 323 (326). Bereits zuvor ergingen die Rspr. des BGH kritisierende Entscheidungen, vgl. nur OLG Hamm v. 13.3.2008 – 28 U 71/07, AnwBl. 2008, 546 (546 f.); KG v. 22.5.2007 – 21 U 216/05, AnwBl. 2008, 549. Vgl. allg. zur richterlichen Kontrolle der Angemessenheit von Vergütungsvereinbarungen *Kilian*, BB 2009, 2098 ff.
5 Vgl. nunmehr auch BGH v. 4.2.2010 – IX ZR 18/09, NJW 2010, 1364 (1368).
6 BGH v. 12.2.2009 – IX ZR 73/08, AnwBl. 2009, 389.
7 BGH v. 4.2.2010 – IX ZR 18/09, NJW 2010, 1364 (1368).

Generell gilt, dass bei **Streitfragen** über die Angemessenheit oder Unangemessenheit der vereinbarten Vergütung ein *Gutachten der* örtlich zuständigen *Rechtsanwaltskammer* einzuholen ist (§ 3a Abs. 2 S. 2 RVG). Bei einem reinen Zeithonorar hat z.B. das OLG Hamm einen Stundensatz von 300 Euro („für einen besonders renommierten und erfahrenen Strafverteidiger") als angemessen angesehen[1]; der BGH hat – in Übereinstimmung mit der RAK Frankfurt – selbst einen Stundensatz von 500 Euro („ein bundesweit renommierter Anwalt mit dem Hintergrund einer Großkanzlei in einem besonders schwierigen Mandat") als nicht unangemessen qualifiziert[2]. Nach einer aktuellen Markteinschätzung sei strafrechtlicher Rat unter einem Stundenhonorar von 350 Euro „kaum mehr zu bekommen"[3].

bb) Es ist grundsätzlich zulässig, eine **Vergütungsvereinbarung mit einem Dritten** (also beispielsweise mit dem Arbeitgeber des Mandanten) zu schließen.

Die Zahlung des Verteidigerhonorars für einen Mitarbeiter durch ein Unternehmen erfüllt hierbei bei den Geschäftsführern etc. **nicht** den Tatbestand der **Untreue** (§ 266 StGB), soweit sie sich im Rahmen einer ordnungsgemäßen Geschäftsführung bewegt[4]. Dies ist insbesondere dann zu bejahen, wenn das Unternehmen aus Fürsorge zur Übernahme der Kosten verpflichtet ist oder die freiwillig übernommene Zahlung ökonomisch sinnvoll ist und den Grundsätzen ordnungsgemäßer Wirtschaftsführung entspricht[5]. Mit Blick auf das Unternehmensinteresse sollte aber die Übernahme der Verteidigungskosten unter einen Rückforderungsvorbehalt für den Fall gestellt werden, dass sich die Vorwürfe – jedenfalls bei Vorsatzdelikten – als berechtigt erweisen[6].

Im Bereich des Wirtschaftsstrafrechts wird in diesem Zusammenhang regelmäßig auch eine (über den gesetzlichen Gebühren liegende) **Vergütungsabrede** erforderlich und dementsprechend auch zulässig sein[7]. Häufig haben Unternehmen zudem für ihre Mitarbeiter auch spezielle Strafrechtsschutzversicherungen abgeschlossen (vgl. Rz. 42 ff.).

Die Übernahme der Anwaltskosten stellt auch **keine Strafvereitelung** (§ 258 Abs. 1 StGB) dar, weil es dem Beschuldigten lediglich ermöglicht wird, sich im Strafverfahren gegen die erhobenen Vorwürfe möglichst effektiv zu verteidigen[8]. Daher wird durch Übernahme des Verteidigerhonorars nicht i.S. von

---

1 OLG Hamm v. 13.3.2008 – 28 U 71/07, AnwBl. 2008, 546 (547).
2 BGH v. 4.2.2010 – IX ZR 18/09, NJW 2010, 1364 (1372 f.); vgl. auch BGH v. 8.11.2007 – IX ZR 5/06, BGHZ 174 (186, 187) = NJW 2008, 1307.
3 Vgl. JUVE Hdb. 2013/14, S. 616.
4 *Brockhaus*, ZWH 2012, 169 (170 ff.); *Spatscheck/Ehnert*, StraFo 2005, 265 (267).
5 BGH v. 7.11.1990 – 2 StR 439/90, NJW 1991, 990 (991 f.) (insoweit in BGHSt 37, 226 ff. nicht abgedr.); *Hoffmann/Wißmann*, StV 2001, 249 (250); *Otto* in FS Tiedemann, 2008, S. 693 (700, 704 ff.); *Poller*, StraFo 2005, 274 (275 ff.).
6 *Kempf/Schilling* in Volk, MüAnwHdb. Wirtschafts- und Steuerstrafsachen, § 10 Rz. 215.
7 So *Spatscheck/Ehnert*, StraFo 2005, 265 (267) im Hinblick auf die Forderungen des BAG v. 16.3.1995 – 8 AZR 260/94, NJW 1995, 2372 (2373). S. auch *Otto* in FS Tiedemann, 2008, S. 693 (700, 707 f.); *Poller*, StraFo 2005, 274 (282).
8 BGH v. 7.11.1990 – 2 StR 439/90, BGHSt 37, 226 (229 ff.) = NJW 1991, 990 (992 f.); *Hoffmann/Wißmann*, StV 2001, 249 (250).

§ 258 Abs. 1 StGB vereitelt, dass der Täter „dem Strafgesetz gemäß wegen einer rechtswidrigen Tat [...] bestraft [...] wird".

30 Allerdings ist zu beachten, dass die Zahlung des Verteidigerhonorars durch den Arbeitgeber – erst recht, wenn der Arbeitgeber den Arbeitnehmer lediglich von den Kosten seiner Verteidigung freistellt, ohne selbst Vertragspartner der Vergütungsvereinbarung zu sein – von der Finanzverwaltung **steuerlich** beim verteidigten Arbeitnehmer als *Arbeitslohn* qualifiziert werden kann und in diesem Fall vom Arbeitgeber Lohnsteuer abzuführen ist[1]. Demgegenüber wird jedoch teilweise vertreten, dass die Übernahme von Verteidigungskosten in Fällen, in denen der den Gegenstand des Verfahrens bildende Schuldvorwurf durch ein beruflich bedingtes Fehlverhalten des Arbeitnehmers veranlasst ist, keinen für den Arbeitnehmer steuerpflichtigen Arbeitslohn darstellt[2]. Aufseiten des Unternehmens sind bei betrieblichem Bezug die übernommenen Verteidigerkosten jedenfalls *Betriebsausgaben*[3]. Im Falle einer Verteidigung gegen Korruptionsvorwürfe soll es sich allerdings um dem Abzugsverbot unterliegende Aufwendungen i.S. des § 4 Abs. 5 S. 1 Nr. 10 EStG handeln[4]. Ein Vorsteuerabzug ist hingegen selbst bei unternehmerisch veranlassten Strafverteidigungskosten versagt[5], solange sich das Verfahren nicht zugleich auch gegen das Unternehmen richtet[6].

31 Die Tatsache, dass ein Dritter die Vergütungsverpflichtung gegenüber dem Verteidiger übernommen hat, ändert nichts daran, dass der Verteidiger **ausschließlich seinem Mandanten gegenüber** verpflichtet ist und beispielsweise seine Verschwiegenheitsverpflichtung auch für den Vertragspartner einer Vergütungsvereinbarung gilt.

32 **cc)** In Wirtschaftsstrafsachen ist die Vereinbarung eines **Erfolgshonorars** ebenso wie in anderen gerichtlichen Angelegenheiten zwischenzeitlich *in begrenztem Umfang zulässig* (§ 49b Abs. 2 S. 1 Alt. 1 BRAO i.V.m. § 4a RVG): Dies ist etwa dann der Fall, wenn das Vermögen eines wegen einer Wirtschaftsstraftat Verdächtigen gem. § 111d StPO arrestiert ist und dieser Mandant im Falle eines Freispruchs wieder über sein Vermögen verfügen kann. Demgegenüber bleibt das *reine Erfolgshonorar unzulässig*. Der (zulässigerweise) vereinbarte Erfolg[7] muss daneben gem. § 4a Abs. 2 Nr. 2 RVG in der Vertragsurkunde angegeben sein.

---

1 Vgl. hierzu *Kempf/Schilling* in Volk, MüAnwHdb. Wirtschafts- und Steuerstrafsachen, § 10 Rz. 217; *Stetter* in Widmaier/Müller/Schlothauer, MüAnwHdb. Strafverteidigung, § 44 Rz. 111 ff.; im Grundsatz hingegen verneinend *Beckschäfer*, ZWH 2012, 345 ff.
2 *Spatscheck/Ehnert*, StraFo 2005, 265 (271).
3 BFH v. 18.10.2007 – VI R 42/04, DStR 2007, 2254; *Spatscheck/Ehnert*, StraFo 2005, 265 (272); *Stetter* in Widmaier/Müller/Schlothauer, MüAnwHdb. Strafverteidigung, § 44 Rz. 111 ff.
4 BFH v. 14.5.2014 – X R 23/12 – Rz. 56 ff. in der Revisionsentscheidung zu FG Hamburg v. 18.6.2012 – 6 K 181/11, DStRE 2013, 961 (962 f.).
5 EuGH (1. Kammer) v. 21.2.2013 – Rs. C-104/12, NSW 2013, 1585 (1586 f.); BFH v. 11.4.2013 – VR 29/10, wistra 2013, 355 (356).
6 *Kaiser*, PStR 2013, 84 (85); ähnlich *Bürger*, BB 2013, 2406.
7 Vgl. dazu näher *Henke*, AGS 2008, 265 (268).

dd) Nachdem über Jahre die Frage, unter welchen Umständen die Annahme be- 33
makelten Geldes als Strafverteidigerhonorar den Verdacht der **Geldwäsche**
(dazu unten § 51) gegen den Verteidiger begründet, in Rechtsprechung und Literatur höchst umstritten war[1], herrscht seit der Entscheidung des *BVerfG*[2] aus dem Jahr 2004 Klarheit: Ein Verteidiger macht sich wegen Geldwäsche im Zusammenhang mit der Entgegennahme seiner Vergütung nur dann strafbar, wenn er im Zeitpunkt der Annahme sicher weiß, dass die Vergütung aus bemakeltem Vermögen erfolgt[3]. Zu eigenen Nachforschungen über die Herkunft des Honorars ist der Verteidiger hierbei nicht verpflichtet[4].

Damit hat das BVerfG den Überlegungen und Erwägungen, ein Geldwäscheverdacht könne schon bestehen, wenn die Übernahme eines Wahlmandats wegen einer Katalogtat erfolgt, eine Absage erteilt[5]. Vielmehr sind auf Tatsachen beruhende, **greifbare Anhaltspunkte** dafür erforderlich, dass der Strafverteidiger zum Zeitpunkt der Honorarannahme **bösgläubig** war[6]. Diese Rechtsprechung hat nicht nur das Strafbarkeitsrisiko begrenzt, sondern auch die Stellung des Verteidigers gestärkt; denn die Gefahr, aufgrund eines von der Staatsanwaltschaft eingeleiteten Verfahrens wegen Verdachts der Geldwäsche in der Verteidigung behindert zu werden, ist nunmehr auf die Fälle beschränkt, bei denen die Staatsanwaltschaft zur Begründung eines Anfangsverdachts Anhaltspunkte für eine positive Kenntnis des Verteidigers von der Bemakelung des Honorars hat. Andernfalls ist der Verteidiger vor strafprozessualen Eingriffsmaßnahmen wie beispielsweise einer Durchsuchung der Kanzlei (§ 102 StPO)[7] geschützt. 34

Soweit es aber *nicht* speziell um die Frage der Annahme bemakelten Geldes als 35
Vergütung geht[8], ist der Verteidiger in Wirtschaftsstrafsachen (wie jeder Verteidiger) verpflichtet, (auch) die **gesetzlichen Vorschriften** zur Bekämpfung von

---

1 Vgl. einerseits OLG Hamburg v. 6.1.2000 – 2 Ws 185/99, NJW 2000, 673 ff. = NStZ 2000, 311 ff., das im Regelfall bereits den objektiven Tatbestand der Geldwäsche verneinen wollte; andererseits BGH v. 4.7.2001 – 2 StR 513/00, BGHSt 47, 68 ff. = NJW 2001, 2891 ff., der sich gegen eine einschränkende Auslegung des § 261 Abs. 2 Nr. 1 StGB aussprach; s. zudem *Lackner/Kühl*, § 261 StGB Rz. 5a m.w.Nw. Vgl. insgesamt *Müller/Leitner* in Widmaier/Müller/Schlothauer, MüAnwHdb. Strafverteidigung, § 39 Rz. 169 ff.
2 Vgl. BVerfG v. 30.3.2004 – 2 BvR 1520, 1521/01, BVerfGE 110, 226 ff. = NJW 2004, 1305 ff.
3 BVerfG v. 30.3.2004 – 2 BvR 1520, 1521/01, BVerfGE 110, 226 (267) = NJW 2004, 1305 (1311).
4 So nach der in Leitsatz 1 geäußerten Ansicht des Einsenders *Ritsch* bezüglich LG Gießen v. 23.4.2004 – 7 KLs 701 Js 4820/03, NJW 2004, 1966 (1967 f.).
5 BVerfG v. 30.3.2004 – 2 BvR 1520, 1521/01, BVerfGE 110, 226 (269) = NJW 2004, 1305 (1312); *Dahs/Krause/Widmaier*, NStZ 2004, 261; *Gräfin von Galen*, NJW 2004, 3304 (3307).
6 BVerfG v. 30.3.2004 – 2 BvR 1520, 1521/01, BVerfGE 110, 226 (269) = NJW 2004, 1305 (1312).
7 Vgl. hierzu BVerfG v. 14.1.2005 – 2 BvR 1975/03, NJW 2005, 1707 (1708) = NStZ 2005, 443 (444).
8 Vgl. zur Hinterlegung bemakelten Geldes als Kautionszahlung durch Verteidiger in eigenem Namen OLG Frankfurt v. 10.3.2005 – 2 Ws 66/04, NJW 2005, 1727 (1732) = StV 2007, 533 (538).

Geldwäsche (z.B. die Europäischen Richtlinien zur Bekämpfung von Geldwäsche) zu beachten. So können den Strafverteidiger beispielsweise nach § 2 Abs. 1 Nr. 7 i.V.m. §§ 3, 4 GwG *Identifizierungspflichten* und ggf. nach § 11 Abs. 1, 3 und 4 GwG *Anzeigepflichten* treffen.

36 **ee)** Ist der Verteidiger in einem Wirtschaftsstrafverfahren beauftragt, mit dem parallel der **wirtschaftliche Niedergang des Mandanten** verbunden ist, muss der Verteidiger bei der Regelung und Sicherung seines Honoraranspruches gewisse Mindeststandards beachten, um nicht in den Verdacht einer *Beteiligung* an einer *Gläubigerbegünstigung* (§ 283c StGB) und/oder auch an einer *Untreue* (§ 266 StGB) zu geraten.

37 **(1)** Eine **Beteiligung** des Verteidigers an dem Sonderdelikt der **Gläubigerbegünstigung** gem. § 283c StGB setzt voraus, dass dieser bei seinem in der wirtschaftlichen Krise befindlichen Mandanten oder Auftraggeber Zahlungen oder die Einräumung von Sicherheiten geltend macht, die er nicht oder jedenfalls nicht in der Art und nicht zu dieser Zeit beanspruchen kann (dazu § 84 Rz. 39 ff., § 96 Rz. 10 ff.)[1]. Dagegen ist die bloße passive Entgegennahme eines zu dieser Zeit nicht geschuldeten Honorars oder einer nicht geschuldeten Sicherheit durch den Verteidiger nicht tatbestandsrelevant; hierbei handelt es sich lediglich um den Fall einer *straflosen (notwendigen) Teilnahme*[2]. Dies bedeutet in der Praxis Folgendes:

38 Die Abrechnung und die Geltendmachung eines Honorars für eine erbrachte Leistung gegenüber dem Auftraggeber sind selbstverständlich auch dann **zulässig**, wenn sich letzterer in einer wirtschaftlichen Krise befindet. Ebenfalls rechtmäßig ist die Geltendmachung eines Gebührenvorschusses in Höhe der zu erwartenden und zu beanspruchenden Honorare für das Gesamtverfahren; denn auch die Geltendmachung von (angemessenen) Vorschüssen durch den Anwalt ist gesetzlich zulässig (vgl. § 9 RVG).

39 **Nicht zulässig** ist dagegen die Anforderung eines die gesetzlichen Gebühren überschreitenden Honorars ohne entsprechende (wirksame und deshalb schriftliche) Vergütungsvereinbarungen (vgl. § 3a Abs. 1 RVG). Denn eine solche Honorierung ist nicht geschuldet, sodass ihre Zahlung *inkongruent* i.S. des § 283c StGB ist. Allein der Umstand, dass der Mandant eine solche freiwillig (weil ohne wirksame Gebührenvereinbarung) erbrachte Zahlung nicht mehr zurückfordern könnte (vgl. § 4b S. 2 RVG i.V.m. § 814 BGB), führt nicht dazu, dass der Verteidiger bereits von vornherein einen Anspruch auf diese Vorschuss- oder Gebührenzahlung gehabt hätte. Die Honoraranforderung stellt eine über die bloße Annahme des nicht geschuldeten Honorars hinausgehende Handlung dar und ist deshalb als eine Beihilfe zur Gläubigerbegünstigung zu qualifizieren[3].

40 **(2)** Um eine abzusehende mangelnde Liquidität des Mandanten oder Honorarschuldners abzusichern, ist bei der Mandatsübernahme eine (schriftliche) Ver-

---

1 Vgl. *Lackner/Kühl*, § 283c StGB Rz. 5; *Hoyer* in SK, § 283c StGB Rz. 14; *Heine* in S/S, § 283c StGB Rz. 8 ff.
2 BGH v. 19.1.1993 – 1 StR 518/92, NJW 1993, 1278 (1279) = NStZ 1993, 239 (240); vgl. *Lackner/Kühl*, § 283c StGB Rz. 8; *Hoyer* in SK, § 283c StGB Rz. 20; *Heine* in S/S, § 283c StGB Rz. 21.
3 Vgl. hierzu RG v. 2.6.1927 – III 238/27, RGSt 61, 314 (315 f.); BGH v. 19.1.1993 – 1 StR 518/92, NJW 1993, 1278 (1279) = NStZ 1993, 239 (240); *Heine* in S/S, § 283c StGB Rz. 21; *Fischer*, § 283c StGB Rz. 10.

einbarung darüber zu treffen, dass der Verteidiger die **Einräumung von Sicherheiten** für bereits verdiente, aber auch zu bevorschussende Honorare beanspruchen kann. Denn andernfalls ist die Anforderung einer Sicherheitsgestellung durch den säumigen Honorarschuldner ein Fall einer inkongruenten Leistung. In der Praxis findet man häufig den Fall der Abtretung von *Kautionsrückzahlungsansprüchen* an den Verteidiger. Die Vornahme einer solchen Abtretung während der Krise des Mandanten oder des Honorarschuldners ist somit nur zulässig und dem Vorwurf einer Gläubigerbegünstigung entzogen, wenn bereits bei Mandatsbeginn im Rahmen einer Honorierungsvereinbarung das Recht des Verteidigers, Sicherheiten zu verlangen, geregelt ist.

(3) Der Abschluss einer Honorierungsvereinbarung ist zwingend erforderlich, wenn das **Honorar von einem Dritten**, etwa dem Arbeitgeber des Mandanten, bezahlt werden soll. Denn gegenüber diesem Dritten hat der Verteidiger ohne wirksame Vereinbarung weder einen Honorierungsanspruch für angefallene Honorare noch das Recht, sich ausstehende oder künftige Honorare besichern zu lassen. Erfolgt ein solches Verlangen des Verteidigers dennoch, ist dies als Anstiftung zur Gläubigerbegünstigung und ggf. zur Untreue zu qualifizieren, wenn die Zahlung oder Sicherheitseinräumung zulasten eines Dritten (etwa einer sich in der Krise befindlichen GmbH) erfolgt.

41

c) Strafrechtsschutzversicherung

Während die allgemeine Rechtsschutzversicherung zumindest in Wirtschaftsstrafverfahren kaum weiterhilft, weil deren Leistung auf die gesetzlichen Gebühren beschränkt ist und sie von vornherein nur leistungspflichtig ist, wenn das dem Mandanten (also dem Versicherungsnehmer bzw. der mitversicherten Person) vorgeworfene Delikt zumindest auch fahrlässig begehbar ist (§ 2 S. 2 Buchst. i Doppelbuchst. bb ARB), sind die heute bereits weitgehend verbreiteten **Spezialstrafrechtsschutzversicherungen** durchaus nützlich[1]. Dies gilt auch für die sog. D&O-Versicherungen[2], die Regelungen über die Übernahme von Verteidigerkosten vorsehen, wenn der Beschuldigte neben dem Strafverfahren mit entsprechenden zivilrechtlichen (vom Versicherungsschutz umfassten) Ansprüchen konfrontiert wird.

42

Beide Versicherungsarten zeichnen sich zum einen dadurch aus, dass Versicherungsschutz **auch** dann gewährt wird, wenn der Ermittlungsvorwurf auf eine **Vorsatztat** gerichtet ist. Lediglich bei einer rechtskräftigen Verurteilung wegen Vorsatzes werden die bezahlten Honorare von der versicherten Person (aber gerade nicht vom Verteidiger) zurückgefordert. Zum anderen decken solche Spezialstrafrechtsschutzversicherungen auch die über die gesetzlichen Gebühren hinausgehenden *vereinbarten Honorare* bis zur Grenze der Angemessenheit oder bis zu einem vertraglich vereinbarten Satz (wie z.B. das Vierfache der gesetzlichen Gebühren) ab. Regelmäßig ist im Versicherungsvertrag die Gesamtleistung je Versicherungsfall der Höhe nach begrenzt. Wenn die Gebührenhöhe

43

---

1 Vgl. hierzu nur *Eidam*, Unternehmen und Strafe, Kap. 14 Rz. 118 ff.
2 „Directors-and-Officer"-Versicherung, eine Vermögensschadenhaftpflichtversicherung; vgl. hierzu *Pant* in Hauschka, Corporate Compliance, § 13 Rz. 2 ff.; *Scharf* in Widmaier/Müller/Schlothauer, MüAnwHdb. Strafverteidigung, § 43 Rz. 15 ff.

im Versicherungsvertrag nicht ausdrücklich geregelt ist, erweist es sich als zweckmäßig, die mit dem Mandanten getroffene Honorierungsvereinbarung vom Versicherer „genehmigen" zu lassen; denn dadurch werden spätere Streitigkeiten über die Angemessenheit der vereinbarten Honorierung vermieden.

44 Probleme bei der Inanspruchnahme einer solchen Strafrechtsschutzversicherung oder D&O-Versicherung können sich allerdings dann ergeben, wenn Versicherungsnehmer einer solchen Versicherung ein Dritter (meist der Arbeitgeber) und der Mandant lediglich **(mit-)versicherte Person** ist. In solchen Fällen setzt die Leistung des Versicherers an die versicherte Person die Zustimmung des Versicherungsnehmers voraus. Diese wird häufig dann nicht erteilt, wenn zwischenzeitlich Interessenkollisionen zwischen Versicherungsnehmer und (mit-)versicherter Person bestehen.

45 Besteht das Mandatsverhältnis mit einem **Angehörigen des öffentlichen Dienstes** und stehen die Vorwürfe im Zusammenhang mit dessen dienstlicher Tätigkeit, besitzt der Mandant einen Rechtsschutzgewährungsanspruch gegen seinen Dienstherrn, der sich gleichfalls regelmäßig nicht lediglich auf die gesetzlichen Gebühren beschränkt[1].

2. Interessenwiderstreit zwischen Auftraggeber und Mandant

46 Die **Treuepflicht** gegenüber dem Mandanten bildet die Grundlage des Anwaltsberufes[2]. Die Verletzung dieser Treuepflicht durch die Wahrnehmung widerstreitender Interessen (§ 43a Abs. 4 BRAO) ist nicht nur durch das Berufsrecht (§ 3 BORA), sondern auch strafrechtlich (§ 356 StGB) sanktioniert[3]. Die StPO versucht, Interessenkollisionen des Verteidigers von vornherein zu vermeiden, indem eine Vertretung mehrerer Mandanten durch einen Verteidiger in ein und demselben Verfahren ausgeschlossen ist (§ 146 StPO).

47 **a)** Gerade bei Wirtschaftsstrafverfahren sind trotz dieser Bestimmungen die *Gefahren von Interessenkollisionen* existent. Dies ist dann der Fall, wenn der Verteidiger von einem Dritten (nämlich dem Arbeitgeber) beauftragt wird, die Verteidigung eines Mitarbeiters zu übernehmen. Dass in solchen Fällen die Treuepflicht dem verteidigten Mitarbeiter und nicht dem den Verteidiger beauftragenden (und honorierenden) Arbeitgeber gehört, sollte ernsthaft nicht diskutiert werden. Dies bedeutet aber auch, dass der Verteidiger gegenüber dem ihn beauftragenden Arbeitgeber **schweigepflichtig** ist (§ 43a Abs. 2 BRAO, § 2 BORA, § 203 Abs. 1 Nr. 3 StGB) und *nur bei Einverständnis* seines Mandanten dem Auftraggeber Bericht über den Stand des Verfahrens erteilen darf. Auf diese Situation sollte der Verteidiger den beauftragenden Dritten von Anfang an mit der gebotenen Deutlichkeit hinweisen[4].

---

1 Vgl. dazu für Bundesbedienstete das Rundschreiben des BMI v. 2.12.2005, GMBl 2006, 38 ff.; zu entspr. Bestimmungen der Länder vgl. beispielhaft für Baden-Württemberg die VwV LBG v. 18.7.2003, GABl. 2003, 502 (519 ff.) = Die Justiz 2003, 511 (530 f.).
2 *Dahs*, Hdb., Rz. 83.
3 Hierbei geht die anwaltliche Berufspflicht über die Strafbestimmung hinaus, vgl. BT-Drucks. 12/4993, S. 27; *Böhnlein* in Feuerich/Weyland, 8. Aufl. 2012, § 43a BRAO Rz. 54.
4 *Pfordte/Degenhard*, § 1 Rz. 9.

48 In der Praxis kann es zudem dann zu Problemen kommen, wenn der Verteidiger gegenüber dem Auftraggeber gemäß der getroffenen Vereinbarung nach **Arbeitszeitaufwand** abrechnet und der Auftraggeber einen detaillierten *Nachweis* für den abgerechneten Zeitaufwand durch Darlegung des Inhalts der Tätigkeit verlangt. Es ist deshalb zweckmäßig, von vornherein das Einverständnis des Mandanten für solche Berichte einzuholen oder im Verhältnis zum Auftraggeber einen Nachweis- und Belegverzicht für das Zeithonorar zu vereinbaren. Dies gilt auch im Verhältnis zum Strafrechtsschutz- bzw. D&O-Versicherer.

49 **b)** Zwischen beschuldigtem Angestellten und dem gleichfalls beschuldigten Geschäftsherrn (z.B. Geschäftsführer des Arbeitgebers) wird häufig ein **latenter Interessenkonflikt** angelegt sein. Deshalb gilt es bereits bei Mandatsübernahme durch *Rechtsanwälte einer Sozietät* sowohl für den Mitarbeiter als auch den Geschäftsherrn, diese latente Interessenkollision zu beachten und das erforderliche Problembewusstsein zu besitzen.

Denn während beispielsweise bei einem Arbeitsunfall mit tödlichem Ausgang der Verteidiger des Geschäftsherrn dessen Interessenlage dadurch wahrzunehmen hat, eine Mitverantwortlichkeit des Geschäftsherrn wegen Aufsichtspflicht- oder Organisationsmängel zu bestreiten, dürfte das Interesse des Arbeitnehmers dahin gehen, den Pflichtverstoß (zur Widerlegung bzw. Relativierung des gegen ihn erhobenen persönlichen Schuldvorwurfes) damit zu erklären, dass keine ausreichende Instruktion durch den Arbeitgeber erfolgt ist oder die Arbeitsbedingungen eine fehlerfreie Tätigkeit gar nicht ermöglicht haben.

50 Solche und ähnliche Konstellationen sollten deshalb die Verteidigung von Vorgesetzten und Untergebenen bezogen auf ein und dasselbe schadenstiftende Ereignis durch Anwälte einer Sozietät eher als den Ausnahmefall erscheinen lassen. Teilweise wird diskutiert, bei latenten Interessenkollisionen eine *Vereinbarung* zwischen den Mandanten und den Verteidigern über ein zukünftiges Verteidigerverhalten zu treffen, damit mögliche Interessenkollisionen nicht „aufbrechen"[1]. Dies würde also etwa bedeuten, dass der Mandatsauftrag an den Verteidiger durch den Untergebenen dahin gehend eingeschränkt ist, diesen nicht zulasten hierarchisch übergeordneter Stellen zu verteidigen. Dass dies nicht nur wegen des im Strafverfahren geltenden Amtsermittlungsgrundsatzes, sondern vor allem wegen der **Treuepflicht des Verteidigers** gegenüber seinem Mandanten ein mehr als problematisches Unterfangen ist, liegt auf der Hand. Wir halten es deshalb *allein für zulässig*, bei solchen latenten Interessenkollisionen die Verteidigung mit dem ausdrücklichen Hinweis zu übernehmen, dass bei Aufbrechen der Kollisionen beide Verteidiger der Sozietät ihr *Mandat beenden*. Eine von vornherein bessere Lösung mag daher eine *Sockelverteidigung* unter sozietätsfremden Anwälten sein (vgl. Rz. 77).

3. Ermittlungsverfahren gegen „Verantwortliche"

a) Verfahrensrechtliche Aspekte

51 Ermittlungen in Wirtschaftsstrafverfahren werden oftmals zunächst nicht gegen **namhaft gemachte Beschuldigte**, sondern gegen *„Verantwortliche" eines Unternehmens* geführt, sei es, weil den Ermittlungsbehörden selbst noch nicht hinreichend klar ist, wer wofür im Unternehmen tatsächlich verantwortlich

---

1 *Dahs*, Hdb., Rz. 87.

war, oder eine entsprechende Formulierung eines Anzeigeerstatters übernommen wird. Solche Ermittlungsverfahren werfen folgende *Sonderprobleme* auf:

52 **aa)** Das **Akteneinsichtsrecht** steht grundsätzlich dem gewählten oder bestellten Verteidiger zu (§ 147 StPO). Wenn Ermittlungsverfahren gegen nicht namhaft gemachte Beschuldigte geführt werden, hat dies zur Folge, dass *kein konkretes Mandatsverhältnis* zu einem Verteidiger (mangels einer konkret beschuldigten Person) begründet werden kann. Dem Rechtsanwalt als Vertreter des Unternehmens kann zwar auch als Vertreter eines Dritten Akteneinsicht gewährt werden (§ 475 StPO), jedoch ist dieses Akteneinsichtsrecht eines Dritten nicht in dem Maße wie das des Verteidigers normiert und damit nicht in gleicher Weise durchsetzbar.

53 In der Praxis wird in einer solchen Situation nicht selten bei den Ermittlungsbehörden darauf gedrängt, möglichst zeitnah eine **Personalisierung der Vorwürfe** vorzunehmen. Auch ist zu beobachten, dass ein Rechtsanwalt sich als Verteidiger des Geschäftsführers oder des Vorstands des betroffenen Unternehmens legitimiert, und zwar unter Hinweis darauf, als Organ des Unternehmens sei die betreffende Person nach der gesetzlichen Definition in jedem Fall „Verantwortlicher" (was aber gerade für die strafrechtliche Verantwortlichkeit in dieser Pauschalität nicht zutrifft).

54 **bb)** Wenn sich in einer Situation, in der gegen namentlich nicht benannte Verantwortliche ermittelt wird, ein Verteidiger für einen namentlich noch nicht konkretisierten Beschuldigten legitimiert, ist allerdings zu bedenken, dass dieser Verteidiger – wegen des **Verbots der Mehrfachverteidigung** – von der Verteidigung eines möglicherweise später namhaft gemachten anderen (Haupt-)Beschuldigten ausgeschlossen ist (§ 146 StPO).

55 **cc)** Solange nur gegen „Verantwortliche" ermittelt wird, ist zudem fraglich, welchen Status **Mitarbeiter** des Unternehmens haben. Bei allen Mitarbeitern ist zunächst – jedenfalls theoretisch – nicht ausgeschlossen, dass sie verantwortlich für einen von den Ermittlungsbehörden vermuteten Gesetzesverstoß sein könnten. Dies muss dazu führen, dass *jeder Mitarbeiter* gem. § 55 StPO zu belehren ist, was zur Folge hat, dass Mitarbeiter jedenfalls Fragen nach ihrer Stellung und ihrem Verantwortungsbereich im Unternehmen sowie Fragen nach Entscheidungsprozessen nicht beantworten müssen. Allerdings bleiben Mitarbeiter eines Unternehmens, gegen dessen Verantwortliche ermittelt wird, *Zeugen* und werden erst durch ausdrückliche Bezeichnung der Ermittlungsbehörden zu Beschuldigten.

b) Materiell-rechtliche Fragen

56 Die unterlassene Individualisierung bzw. die Nichtnamhaftmachung eines Beschuldigten eröffnet der Verteidigung allerdings auch **neue** – andernfalls verschlossene – **Verteidigungsmöglichkeiten**:

57 **aa)** Die richterliche *Beschlagnahme- und Durchsuchungsanordnung* (§§ 98, 100, 111e StPO bzw. § 105 StPO) in einem Verfahren gegen einen noch nicht individualisierten Beschuldigten (also beispielsweise in einem Verfahren gegen „Verantwortliche der XY-GmbH") bewirkt **keine Verjährungsunterbrechung** gem. § 78c Abs. 1 Nr. 4 StGB bezogen etwa auf die in Betracht kommenden

Mitarbeiter dieser Gesellschaft. Denn § 78c Abs. 1 Nr. 4 StGB setzt – wie sämtliche anderen Unterbrechungssachverhalte des § 78c StGB – voraus, dass sich die Maßnahme gegen eine individuell bestimmte Person richtet (§ 78c Abs. 4 StGB), auch wenn z.B. deren wirklicher Name nicht bekannt sein sollte[1]. Keine ausreichende Individualisierung liegt hingegen vor, wenn sich Maßnahmen nur gegen die „Verantwortlichen" eines Unternehmens, eines Vereins etc. richten[2].

bb) Für die **strafbefreiende Selbstanzeige (§ 371 AO)** und deren Ausschlussgründe in Abs. 2 gilt bei nicht namhaft gemachten Beschuldigten Folgendes: 58

Straffreiheit tritt bei einer Selbstanzeige gem. § 371 Abs. 2 Nr. 1 Buchst. b AO nicht ein, wenn dem Täter oder seinem Vertreter vor Berichtigung, Ergänzung oder Nachholung der Angaben die **Einleitung** des Straf- oder Bußgeldverfahrens wegen der Tat **bekannt gegeben** worden ist (vgl. § 44 Rz. 142 ff.). Auch in diesem Zusammenhang stellt die bloße Einleitung eines steuerstrafrechtlichen Ermittlungsverfahrens gegen „Verantwortliche" eines Unternehmens, Vereins etc. aber keine Einleitung i.S. dieses Ausschlusstatbestands dar, sodass eine solche Einleitung keine Sperrwirkung für eine Selbstanzeige durch einen Mitarbeiter dieses Unternehmens usw. begründet[3]. 59

Allerdings existiert neben dem Ausschlusstatbestand der Einleitungsbekanntgabe die Sperre der **Tatentdeckung** (§ 371 Abs. 2 Nr. 2 AO; vgl. § 44 Rz. 155 ff.). Danach ist eine Selbstanzeige dann nicht mehr strafbefreiend, wenn die Tat ganz oder zum Teil entdeckt ist und der Täter dies wusste oder bei verständiger Würdigung der Sachlage damit rechnen musste. Anders als bei der Einleitung eines steuerstrafrechtlichen Verfahrens, das zwangsläufig eine personale Individualisierung voraussetzt, muss hier lediglich die Tat und nicht auch noch deren Täter entdeckt sein[4]. Dies führt deshalb regelmäßig dazu, dass nach Bekanntgabe eines steuerstrafrechtlichen Ermittlungsverfahrens gegen z.B. „Verantwortliche einer GmbH" wegen der bekannt gegebenen und damit entdeckten Tat die Selbstanzeige ausgeschlossen ist. Da nach der Rechtsprechung aber eine vorläufige Tatbewertung i.S. der Wahrscheinlichkeit eines verurteilenden 60

---

1 BGH v. 12.3.1991 – 1 StR 38/91, wistra 1991, 217; OLG Karlsruhe v. 10.4.1987 – 3 Ss 190/86, NStZ 1987, 331 (332); *Krekeler* in Brüssow/Gatzweiler/Krekeler/Mehle, § 21 Rz. 108; *Lackner/Kühl*, § 78c StGB Rz. 22; *Sternberg-Lieben/Bosch* in S/S, § 78c StGB Rz. 24; vgl. auch OLG Hamm v. 7.9.1987 – 2 Ss OWi 1048/87, VRS 74 (1988), 121 (122); OLG Hamm v. 7.4.1998 – 4 Ss OWi 365/98, NZV 1998, 340.
2 Vgl. LG Dortmund v. 7.11.1990 – 14 (III) K 5/88, wistra 1991, 186 (187); *Schmitt* in Cramer/Cramer, AnwHdb. StrafR, Kap. O Rz. 74; *Fischer*, § 78c StGB Rz. 14; *Heuer*, wistra 1987, 170 (172 f.) m.w.Nw.; *Schäfer* in FS Dünnebier, 1982, S. 541 (549); *Rudolphi/Wolter* in SK, § 78c StGB Rz. 6; *Sternberg-Lieben/Bosch* in S/S, § 78c StGB Rz. 24 m.w.Nw.; zu einem an eine juristische Person gerichteten Anhörungsbogen, der nicht zu einer Verjährungsunterbrechung nach § 33 Abs. 1 S. 1 Nr. 1 OWiG führt, vgl. OLG Brandenburg v. 10.4.1997 – 2 Ss (OWi) 22B/97, NZV 1998, 424 m. Anm. *Huppertz*.
3 Vgl. zu dieser Problematik im Hinblick auf eine häufige Konkretisierung durch Durchsuchungs- und Beschlagnahmebeschlüsse *Kohlmann* in Kohlmann, § 371 AO Rz. 179 ff.
4 BGH v. 13.5.1983 – 3 StR 82/83, NStZ 1983, 415 = wistra 1983, 197.

Erkenntnisses erforderlich ist[1], verlangt eine starke Gegenauffassung eine *einschränkende Auslegung* des § 371 Abs. 2 Nr. 2 AO dahin gehend, dass die Person des möglichen Täters identifiziert[2] oder zumindest bestimmbar[3] sein muss.

61 **cc)** Wird gegen Verantwortliche eines Unternehmens ein Steuerstrafverfahren eingeleitet und liegen den Ermittlungsbehörden bezogen auf die Tat hinreichende Erkenntnisse vor, sodass man von einer Tatentdeckung sprechen kann, ist zwar eine Selbstanzeige derjenigen Verantwortlichen, die individuell für die Steuerhinterziehung strafrechtlich verantwortlich sind, mit strafbefreiender Wirkung ausgeschlossen. In solchen Fällen kann es jedoch zweckmäßig oder gar notwendig sein, dass für und zugunsten aller Verantwortlichen des Unternehmens von den persönlich für die Steuerverkürzungen nicht verantwortlichen Unternehmensorganmitgliedern eine **Berichtigungserklärung gem. § 153 AO** abgegeben wird. Mithilfe einer solchen Berichtigungserklärung kann zum einen bei einer späteren Individualisierung der Beschuldigten – zumindest bezogen auf einzelne Beschuldigte – mit dem Vorliegen einer strafbefreienden Selbstanzeige argumentiert werden; zum anderen würde das Unterlassen einer Anzeige gem. § 153 AO durch die bislang nicht belasteten Organmitglieder auch zu deren strafrechtlicher Verantwortlichkeit führen[4]. Dabei ist darauf zu achten, dass für den die Berichtigung Erklärenden die Bevollmächtigungen aller Betroffenen vorliegen oder zumindest dokumentiert sind.

4. Zeugenbeistand

62 **a)** Spätestens seit der Entscheidung des BVerfG[5] aus dem Jahr 1974 steht fest, dass jeder **Zeuge das Recht hat**, sich eines anwaltlichen *Zeugenbeistands* zu bedienen. Durch das Zeugenschutzgesetz[6] fand die Figur des anwaltlichen Zeugenbeistands auch Eingang in die StPO (§ 68b StPO).

63 Die *Beiordnung als Zeugenbeistand* (§ 68b Abs. 2 StPO) spielt in der wirtschaftsstrafrechtlichen Praxis kaum eine Rolle. Die Bedeutung im wirtschaftsstrafrechtlichen Verfahren besteht in erster Linie darin, dass das **Unternehmen** im Rahmen seiner **Fürsorgepflicht** als Arbeitgeber betroffenen Mitarbeitern (Zeugen in einem Ermittlungsverfahren gegen „Verantwortliche" des Unternehmens) anbietet, anwaltliche Zeugenbeistände für Vernehmungen (auf Kosten des Unternehmens) zur Verfügung zu stellen. Von diesem Angebot machen

---

1 Vgl. BGH v. 13.5.1983 – 3 StR 82/83, NStZ 1983, 415 = wistra 1983, 197; BGH v. 24.10.1984 – 3 StR 315/84, NStZ 1985, 126 = wistra 1985, 74 (75); BGH v. 27.4.1988 – 3 StR 55/88, NStZ 1988, 413 (414) = wistra 1988, 308.
2 Vgl. nur *Baur*, BB 1983, 498 (500); *Dörn*, wistra 1993, 169 (170); *Kohlmann* in Kohlmann, § 371 AO Rz. 210.
3 S. hierzu beispielsweise *Füllsack* in Quedenfeld/Füllsack, Verteidigung in Steuerstrafsachen, Rz. 513.
4 Vgl. auch *Seer* in Tipke/Kruse, § 153 AO Rz. 18; sowie zum Verhältnis von § 371 AO zu § 153 AO *Füllsack* in Quedenfeld/Füllsack, Verteidigung in Steuerstrafsachen, Rz. 609 ff.
5 BVerfG v. 8.10.1974 – 2 BvR 747/73 u.a., BVerfGE 38, 105 ff. = NJW 1975, 103 ff.
6 ZSchG v. 30.4.1998, BGBl. I 820.

betroffene Mitarbeiter i.d.R. gerne Gebrauch, ist es doch geeignet, ihnen die Unsicherheit einer Vernehmungssituation abzunehmen und die Sicherheit zu geben, über Rechte und Pflichten informiert zu sein[1]. In besonderem Maße kommt dem anwaltlichen Zeugenbeistand die Aufgabe zu, den Zeugen sachkundig zu beraten, wenn eine Gefährdung i.S. des § 55 StPO (Auskunftsverweigerungsrecht) besteht.

Auch beim anwaltlichen Zeugenbeistand gilt, dass das **Mandatsverhältnis zum Zeugen** (und nicht zum Unternehmen) besteht. § 146 StPO findet auf anwaltliche Zeugenbeistände jedoch keine Anwendung, sodass der Rechtsanwalt mehreren Zeugen im selben Verfahren Beistand leisten kann. Wird ein Zeuge zum Beschuldigten, scheidet sein Zeugenbeistand allerdings als möglicher Beistand für weitere Zeugen aus.

Aus Verteidigersicht haben Zeugenbeistände insbesondere **zwei Vorteile**: Zum einen bieten sie Gewähr dafür, dass *Vernehmungen rechtsstaatlich* verlaufen und Vernehmungsprotokolle regelmäßig das wiedergeben, was der Zeuge tatsächlich zum Ausdruck bringen wollte. Zum anderen können sich Verteidiger, denen wegen Gefährdung des Ermittlungszwecks Akteneinsicht noch nicht gewährt wurde, anhand der *Berichte von Zeugenbeiständen* ein Bild über den Gang und die Zielrichtung der Ermittlungen machen. Voraussetzung dafür ist allerdings, dass der jeweilige Zeuge seinen anwaltlichen Beistand insoweit von der anwaltlichen Schweigepflicht entbindet[2]. Hierbei ist zu bedenken, dass eine – insbesondere von Unternehmensseite „angewiesene" – Informationsweitergabe aufseiten der Ermittlungsbehörden zumindest „Irritationen" hervorrufen oder sogar Überlegungen zu einer möglichen Verdunkelungsgefahr bewirken kann[3].

b) Die **rechtliche Stellung** des Zeugenbeistands leitet sich aus der Rechtsstellung des Zeugen ab, sodass dem Beistand keine weitergehenden Befugnisse als dem Zeugen zustehen[4]. Diese Befugnisse sind – wegen der Unterschiedlichkeit der Position und der Rechte eines Beschuldigten – mit denen des Verteidigers jedoch nicht vergleichbar.

Das „Grundrecht" des Zeugenbeistands ist sein **Recht auf Anwesenheit** bei jeder Vernehmung des Zeugen, dem er beisteht. Dies gilt auch im Stadium des Ermittlungsverfahrens für polizeiliche Vernehmungen, was daraus hergeleitet wird, dass das BVerfG von einer „richterlichen oder sonstigen Vernehmung" spricht[5].

Ob dem Zeugenbeistand ein Anwesenheitsrecht in der *Hauptverhandlung* bei der **Vernehmung anderer Zeugen** (als dem Zeugen, dem er beisteht) zusteht, ist *umstritten*.

---

1 *Winkelbauer* in Foerste/Graf von Westphalen, Produkthaftungshdb., § 83 Rz. 12.
2 Vgl. hierzu auch *Krekeler* in Brüssow/Gatzweiler/Krekeler/Mehle, § 21 Rz. 96.
3 *Wessing* in Volk, MüAnwHdb. Wirtschafts- und Steuerstrafsachen, § 12 Rz. 184.
4 BVerfG v. 8.10.1974 – 2 BvR 747/73 u.a., BVerfGE 38, 105 (116) = NJW 1975, 103 (104); *Pfordte/Degenhard*, § 3 Rz. 2. Vgl. dazu aber auch (weitergehend) VerfGH Saarland v. 2.4.2003 – Lv 6/02, LVerfGE 14, 311.
5 So *Pfordte/Degenhard*, § 3 Rz. 9 m. Hinweis auf BVerfG v. 8.10.1974 – 2 BvR 747/73 u.a., BVerfGE 38, 105 (112) = NJW 1975, 103.

Gegen ein solches **Anwesenheitsrecht** spricht einerseits, dass der Zeuge selbst beispielsweise gem. § 243 Abs. 2 StPO den Sitzungssaal zu verlassen hat und das Recht des Zeugenbeistands sich aus dem Recht des Zeugen ableitet[1]. *Andererseits* ist zu sehen, dass § 243 Abs. 2 StPO die Unbefangenheit der Zeugenaussage sichern soll. Diese ist nicht dadurch beeinträchtigt, dass die Person des Zeugenbeistands Kenntnis von dem Aussageverhalten des Angeklagten oder anderer Zeugen hat, denn Funktion des Zeugenbeistands ist es nicht, den Zeugen inhaltlich bei seiner Zeugenaussage zu beraten.

68a Der *Zeuge* ist – ob mit oder ohne anwaltlichen Zeugenbeistand – zu vollständigen und *wahrheitsgemäßen Angaben verpflichtet*. Im Gegensatz zum Verteidiger, der den Beschuldigten aussagegestaltend (in Bezug auf sein Schweigerecht) beraten darf, hat der Zeugenbeistand diese Funktion nicht. Deshalb – und weil der Zeugenbeistand den Zeugen ausschließlich bei der Ausübung und Wahrung seiner Rechte unterstützt[2] – ist dem Zeugenbeistand die **Anwesenheit** in der Hauptverhandlung bei der Vernehmung anderer Zeugen und bei der Einlassung des Angeklagten **gestattet**. Die umfassende Beratung eines Zeugen setzt die Anwesenheit des beratenden Anwalts während der gesamten Dauer der Hauptverhandlung vielmehr voraus[3]. Die gebotene Sachaufklärung wird trotz seiner Anwesenheit wegen der Stellung des anwaltlichen Zeugenbeistands als Organ der Rechtspflege nicht beeinträchtigt[4]. Es geht somit auch nicht um die Anerkennung eines besonderen Anwesenheitsrechts; dem Zeugenbeistand werden lediglich seine durch das Öffentlichkeitsprinzip in § 169 S. 1 GVG gewährleisteten Rechte nicht aberkannt[5]. Hierin liegt auch ein entscheidender Unterschied zum Beschluss des BVerfG[6], das sich mit einer nichtöffentlichen Beweiserhebung im Rahmen eines Disziplinarverfahrens befasst hat.

69 Soweit ein berechtigtes Interesse des Zeugen dargetan wird, besitzt der Zeugenbeistand unter den Voraussetzungen des § 475 Abs. 1, 2 StPO ein **Auskunfts- und Akteneinsichtsrecht**. Hierzu braucht der Zeuge nicht die Verfahrensstellung eines Beschuldigten, Privatklägers, Nebenklägers, Verletzten oder Einziehungsbeteiligten innezuhaben, denn für diese gelten speziell vorgesehene (regelmäßig weitergehende) prozessuale Rechte (z.B. § 406e StPO)[7].

---

1 Vgl. BVerfG v. 8.10.1974 – 2 BvR 747/73 u.a., BVerfGE 38, 105 (116) = NJW 1975, 103 (104); *Meyer-Goßner* in Meyer-Goßner/Schmitt, § 243 StPO Rz. 7; *Otte* in Radtke/Hohmann, § 48 StPO Rz. 13.
2 *Pfordte/Degenhard*, § 3 Rz. 8.
3 AG Neuss v. 9.11.1998 – 14 Ls 375/96, StraFo 1999, 139 (140).
4 LG Heilbronn v. 3.2.2003 – 3 Ks 17 Js 23 416/01, NStZ 2004, 100 (101) m. abl. Anm. *Wagner*; Hammerstein, NStZ 1981, 125 (127 f.).
5 OVG Berlin v. 27.8.2001 – OVG 2 S. 5.01, NJW 2002, 313 (315) = StraFo 2001, 375 (377); LG Heilbronn v. 3.2.2003 – 3 Ks 17 Js 23 416/01, NStZ 2004, 100 (101); *Rode* in Bockemühl, Hdb. FA StrafR, 7. Teil 4. Kap. Rz. 28.
6 BVerfG v. 8.10.1974 – 2 BvR 747/73 u.a., BVerfGE 38, 105 (119) = NJW 1975, 103 (105).
7 BGH v. 4.3.2010 – StB 46/09, NStZ-RR 2010, 246 (247); OLG Hamburg v. 3.1.2002 – 2 Ws 258/01, NJW 2002, 1590 (1591) = StV 2002, 297; *Hohmann* in Radtke/Hohmann, § 475 StPO Rz. 1; *Pfordte/Degenhard*, § 3 Rz. 7.

Dem Zeugen steht über den Inhalt der Beratungsgespräche mit seinem Zeugenbeistand ein **Auskunftsverweigerungsrecht** zu[1]. 69a

5. Vertretung des Unternehmensträgers

Bei der Vertretung des Unternehmens, dessen Organe, Arbeitnehmer oder sonst tätige Personen als Beschuldigte in Betracht kommen, ist dessen Interessenlage zu beachten. Denn die **Interessenlage des Unternehmensträgers** kann in solchen Fällen *unterschiedlichste Richtungen* aufweisen. Sie kann der Interessenlage eines reinen Opfers entsprechen, wenn es durch seine Mitarbeiter geschädigt wurde; sie kann aber auch bis hin zur Deckung mit der Interessenlage eines „Täters" reichen. Naturgemäß können – abhängig von der Positionierung des Unternehmensträgers – die Aufgaben des vertretenden Anwalts völlig unterschiedlich sein. 70

a) Klar und einfach zu definieren sind die Aufgaben des anwaltlichen Vertreters eines Unternehmens, das sowohl aus der Sicht der Strafverfolgungsbehörden **Opfer** kriminellen Handelns seiner Mitarbeiter geworden ist als auch selbst aus dem eigenen Blickwinkel bzw. dem Blickwinkel seiner Organe davon ausgeht, von Mitarbeitern usw. geschädigt worden zu sein. 71

Bei solchen Konstellationen obliegt es dem anwaltlichen Vertreter des Unternehmens, die Unternehmensleitung bei der Erstattung einer **Strafanzeige** zu unterstützen oder sie gar zu vertreten. Hierher gehört insbesondere auch die Unterrichtungspflicht gegenüber dem Auftraggeber, bei sog. Antragsdelikten (vgl. z.B. §§ 299, 301 Abs. 1 StGB) darauf hinzuweisen und hinzuwirken, dass (in einer Strafanzeige) innerhalb der Frist des § 77b StGB ein **Strafantrag** gem. § 77 StGB gestellt wird. Da es sich hierbei um eine Ausschlussfrist und zudem nicht um eine Prozessfrist handelt, ist im Fall einer Fristversäumung eine Wiedereinsetzung in den vorherigen Stand (§ 44 StPO) nicht möglich. Davon sind die Fälle einer ungewöhnlichen Antragsbehinderung aufseiten des Opfers zu unterscheiden, bei denen eine Fristverlängerung (vor Ablauf der Antragsfrist) gestattet werden kann bzw. ein Lauf der Frist schon gar nicht angenommen wird[2]. 72

Im Weiteren wird es in solchen Fällen für den anwaltlichen Vertreter darum gehen, den **Kontakt mit den Ermittlungsbehörden** herzustellen und aufrechtzuerhalten, um von dort die Informationen zu erhalten, die ggf. für die Geltendmachung und Durchsetzung zivilrechtlicher Ansprüche gegen die Beschuldigten erforderlich sind. Es wäre dabei fehlerhaft, wenn der Geschädigtenvertreter sich völlig passiv verhalten und lediglich sein Akteneinsichtsgesuch gem. 73

---

1 OLG Düsseldorf v. 29.1.1991 – V 21/88, NStZ 1991, 504 = StV 1991, 150 (150 f.); LG Berlin v. 28.9.1993 – 531-1/93, StV 1994, 533 (Ls); LG Lübeck v. 28.10.1992 – 3 KLs 14/92, StV 1993, 516; *Senge* in KK, Vor § 48 StPO Rz. 18a.
2 BGH v. 25.1.1994 – 1 StR 770/93, NJW 1994, 1165 (1165 f.) = NStZ 1994, 281 (281 f.); OLG Bremen v. 13.1.1956 – Ws 7/56, NJW 1956, 392; *Fischer*, § 77b StGB Rz. 11; *Lackner/Kühl*, § 77b StGB Rz. 1; *Mitsch* in MüKo, § 77b StGB Rz. 55 f.; *Rudolphi/Wolter* in SK, § 77b StGB Rz. 1; *Sternberg-Lieben/Bosch* in S/S, § 77b StGB Rz. 1, 19.

§ 406e StPO[1] geltend machen würde. Vielmehr hat der Geschädigtenvertreter zum Nutzen seines Mandanten den Dialog mit den Ermittlungsbehörden zu führen und Maßnahmen anzuregen, die seinem Auftraggeber nützen können. Hierzu gehört insbesondere, bei Vermögensstraftaten Finanzermittlungen zum Bestand und dem Verbleib des Tätervermögens und ggf. Sicherstellungsmaßnahmen zum Zweck der Rückgewinnungshilfe (zugunsten des Verletzten) anzuregen (vgl. dazu Rz. 116).

74 b) Ebenfalls vergleichsweise klar definiert sind die Aufgaben des anwaltlichen Vertreters eines Unternehmensträgers, wenn sich dieser faktisch in einer **Täterrolle** befindet und nur der Grundsatz „societas non potest delinquere" unmittelbare Sanktionen gegen das Unternehmen verhindert (vgl. Rz. 113 ff. sowie § 23 Rz. 33 f.). In diesen Fällen hat der Unternehmensvertreter im Rahmen des gesetzlich Zulässigen die Verteidigung der Unternehmensmitarbeiter ebenso zu organisieren wie die Zeugenbeistandschaften für (insbesondere) gefährdete Unternehmenszeugen. Daneben hat der Unternehmensvertreter auch die eigene Interessenlage des Unternehmensträgers wegen selbständiger Unternehmenssanktionen gem. § 30 OWiG sowie wegen Verfalls gem. §§ 73 ff. StGB bzw. § 29a OWiG nebst damit verbundener vorläufiger Maßnahmen gem. § 111d StPO im Auge zu behalten (vgl. Rz. 124, 114 ff.).

75 c) Schließlich gibt es diejenigen Konstellationen, in denen das Unternehmen normativ zwar von den Ermittlungsbehörden als Verletzter qualifiziert wird, das Unternehmen jedoch bei seinen Mitarbeitern keinen relevanten Verstoß gegen die Bestimmungen des Anstellungs- oder Dienstvertrages erkennen kann. Diese **Zwitterstellung** des Unternehmensträgers ist häufig bei Vorwürfen einer sog. *ungetreuen Geschäftsführung* (§ 266 StGB) anzutreffen. In materieller Hinsicht gehen die Pflichten und Aufgaben des anwaltlichen Unternehmensberaters bei diesen Konstellationen dahin, zu helfen, Sanktionen gegen die Unternehmensmitarbeiter zu vermeiden oder gering zu halten. Insgesamt entsprechen seine Aufgaben deshalb weitgehend denjenigen bei einem Unternehmen in Täterrolle (vgl. Rz. 74). Hierzu gehört insbesondere auch, durch geeignete Maßnahmen im Rahmen des zulässigen Anwaltshandelns den Kreis der von den Ermittlungsbehörden beschuldigten Unternehmensmitarbeiter möglichst begrenzt zu halten und gegenseitige Schuldzuschreibungen mit der zwangsläufigen Folge einer personellen Ausweitung der Ermittlungen im Kreise der Unternehmensmitarbeiter zu vermeiden[2].

II. Verteidigungsstrategien

1. Organisation einer Unternehmensverteidigung

76 a) Als Verteidiger in Wirtschaftsstrafsachen bzw. als beratender oder das Unternehmen vertretender Rechtsanwalt, der eine Unternehmensverteidigung zu or-

---

1 Vgl. hierzu *Wagner* in W/J, Kap. 28 Rz. 53 ff.
2 Vgl. *Winkelbauer* in Foerste/Graf von Westphalen, Produkthaftungshdb., § 83 Rz. 9.

ganisieren hat, hat der Anwalt regelmäßig Veranlassung, ständig zu überprüfen, ob nicht **Interessenkollisionen** bestehen oder sich entwickeln könnten. Die Konsequenz einer Interessenkollision, die sich in der Person eines Rechtsanwalts einstellt, ist die sofortige *Beendigung des Mandats* bzw. sämtlicher Mandate, die betroffen sind. Werden Verteidigung und Unternehmensvertretung innerhalb einer Sozietät geführt, führt eine sich auch nur *abzeichnende* Interessenkollision zur Niederlegung beider Mandate.

Nur beispielhaft sei auf einige häufiger anzutreffende **Fallkonstellationen** hingewiesen: 76a

Beispiele: Gegen einen Mitarbeiter des Unternehmens wird wegen des Verdachts der Bestechung (§ 334 StGB) ermittelt. Das Unternehmen steht zunächst – aus welchen Gründen auch immer – hinter dem Mitarbeiter. Es stellt sich heraus, dass der Verdacht begründet ist. Im Interesse des Unternehmens, das andernfalls von öffentlichen Ausschreibungen ausgeschlossen würde, ist nunmehr allerdings eine Distanzierung und Trennung vom Mitarbeiter erforderlich.

Es wird gegen einen Unternehmensmitarbeiter wegen des Verdachts der Steuerhinterziehung (zugunsten des Unternehmens) ermittelt. Der Verdacht ist begründet. Dem Unternehmen entstand per Saldo ein Schaden (Hinterziehungszinsen, Rufschaden und Folgeschäden).

Der Untreuevorwurf gegen einen Mitarbeiter wird von diesem zunächst bestritten. Die Unternehmensleitung glaubt dem bestreitenden Mitarbeiter. Im Verlauf des Verfahrens stellt sich heraus, dass der Verdacht der Ermittlungsbehörden begründet war.

Mehrere Geschäftsführer sind sich in der Abwehr von Ermittlungsvorwürfen einig. Im Verlauf des Ermittlungsverfahrens gesteht allerdings einer von ihnen und erklärt die Ermittlungsvorwürfe – jedenfalls in Bezug auf seine Person – für begründet.

b) Bei einer **Sockelverteidigung** kooperieren die Verteidiger mehrerer Beschuldigter mit *gleichgerichteten Verteidigungszielen* bzw. Teilzielen, sodass es sich um eine strategische und taktische Gemeinsamkeit in der Verteidigung mehrerer Personen handelt[1]. Dies ist nicht nur grundsätzlich zulässig[2], sondern kann zur Sicherstellung einer effizienten Verteidigung im Interesse des einzelnen Beschuldigten sogar geboten sein[3]. Tragende Elemente einer Sockelverteidigung sind insbesondere die Bündelung von Sach- und Spezialwissen, die Arbeitsteilung unter den Verteidigern sowie die Entwicklung und Verfolgung einer *gemeinsamen Verteidigungskonzeption*[4]. Der rechtliche Rahmen einer Sockelverteidigung unterscheidet sich nicht von den für die Verteidigung allgemein geltenden Grundsätzen. Im Konfliktfall hat – selbstverständlich – das Individualinteresse des jeweiligen Mandanten Vorrang, da es sich nach wie vor um 77

---

1 *Gatzweiler/Mehle* in Brüssow/Gatzweiler/Krekeler/Mehle, § 9 Rz. 24; BRAK-Strafrechtsausschuss, Bd. 13, These 70 (S. 113). Vgl. hierzu auch *Kempf/Schilling* in Volk, MüAnwHdb. Wirtschafts- und Steuerstrafsachen, § 10 Rz. 179 ff.; *Pfordte/Tsambikakis* in Widmaier/Müller/Schlothauer, MüAnwHdb. Strafverteidigung, § 17.
2 Vgl. bereits OLG Frankfurt v. 10.11.1980 – (2) 3 Ws 800/80, NStZ 1981, 144 ff.
3 *Richter II*, NJW 1993, 2152 (2154); BRAK-Strafrechtsausschuss, Bd. 13, These 70 (S. 113).
4 BRAK-Strafrechtsausschuss, Bd. 13, These 70 (S. 113). Vgl. auch *Dahs*, Hdb., Rz. 72; *Dierlamm* in W/J, Kap. 27 Rz. 18.

eine Individualverteidigung handelt[1]. Auch bei Sockelverteidigungen gilt dementsprechend, dass die anwaltliche Verschwiegenheitspflicht zu wahren ist bzw. der Verteidiger durch seinen Mandanten (auch im Verhältnis zu den Mitverteidigern) entbunden werden muss.

78 c) Eine Hauptaufgabe des anwaltlichen **Vertreters von Unternehmensinteressen** – soweit er den Unternehmensträger nicht auch vertritt, weil dieser verfahrensbeteiligt wird (etwa als Adressat einer Verfallsanordnung) – besteht in der *Koordination* der Verteidigung betroffener Mitarbeiter, aber auch in der Wahrung der Interessen der juristischen Person.

79 Dies erfolgt teilweise losgelöst von den Interessen der Geschäftsleitung des Unternehmensträgers, also etwa im Auftrag von Gesellschaftern oder des Aufsichtsrats. Der **Unternehmensanwalt** ist häufig der Ansprechpartner für Ermittlungsbehörden, der Letzteren Informationen erteilt, sich aber auch mit Bitten des Unternehmens (etwa um Herausgabe wichtiger sichergestellter Unterlagen oder wenigstens um die Erlaubnis, Kopien sichergestellter Unterlagen fertigen zu dürfen) an die Ermittlungsbehörden wendet. Darüber hinaus können der Firmenanwalt und der Syndikus jedoch oftmals eine nutzbringende Koordinations- und Mittlerfunktion zwischen Unternehmensleitung und Verteidigung erfüllen[2].

80 Soweit der Firmenanwalt unternehmensinternen **Schriftverkehr** bzw. auch Schriftverkehr mit Verteidigern führt, ist zu bedenken, dass solcher Schriftverkehr zwar beim Verteidiger und beim Beschuldigten *beschlagnahmefrei* ist, nach h.M. jedoch *nicht* beim Unternehmen als Mandant des Unternehmensanwalts. Hierbei ist allerdings durchaus vertretbar, eine Schutzwürdigkeit auch der beim Unternehmen befindlichen Korrespondenz dann anzunehmen, wenn der Firmenanwalt bei funktionaler Betrachtungsweise Verteidigeraufgaben (ggf. auch schon vor der Konkretisierung des Verdachts auf einzelne Beschuldigte) wahrnimmt[3]. Gleiches gilt, wenn der Unternehmensanwalt als „Verteidiger" des Unternehmens agiert, weil das Unternehmen beispielsweise (auch nur potenziell) als Verfalls- oder Einziehungsbeteiligte in Betracht kommt oder eine Unternehmensgeldbuße nach § 30 OWiG drohen könnte[4].

80a Für die Akten des **Syndikusanwalts** ist eine Beschlagnahmefreiheit jedenfalls dann gegeben, wenn sich die Akten im Alleingewahrsam des Syndikus befinden, der zudem bei der Rechtsberatung des Unternehmens als Anwalt (mit allen Rechten und Pflichten) tätig geworden ist[5]. Ein *Beschlagnahmeverbot* besteht aber dann *nicht*, wenn der Syndikus nicht als Rechtsanwalt zugelassen

---

1 *Köllner* in Bockemühl, Hdb. FA StrafR, 1. Teil Rz. 94; BRAK-Strafrechtsausschuss, Bd. 8, Thesen 13 (S. 39), Bd. 13, Thesen 70 (S. 114); *Richter II*, NJW 1993, 2152 (2154); *Dierlamm* in W/J, Kap. 27 Rz. 19.
2 *Dann*, AnwBl. 2009, 84 (88); *Minoggio*, ZAP Fach 23, S. 859 (863).
3 Vgl. *Dierlamm* in W/J, Kap. 27 Rz. 28.
4 *Taschke* in FS Hamm, 2008, S. 751 (761 ff.).
5 *Dahs*, Hdb., Rz. 397; *Kempf/Schilling* in Volk, MüAnwHdb. Wirtschafts- und Steuerstrafsachen, § 10 Rz. 150 ff.

ist[1] oder Mitglieder der Unternehmensleitung bzw. andere Unternehmensangehörige nach eigener Entscheidung Zugang zu den Akten haben[2].

Das *Verbot der Mehrfachverteidigung* (§ 146 StPO) führt zwar nicht dazu, dass der Firmenanwalt nicht zugleich als Verteidiger eines beschuldigten Unternehmensangehörigen tätig sein kann[3]; allerdings ist erneut auf die Gefahr von **Interessenskollisionen** zu achten. Wird das Unternehmen allerdings Verfalls- oder Einziehungsbeteiligte, kommt wiederum das Verbot der Mehrfachverteidigung zum Tragen (vgl. aber auch Rz. 19). 81

2. Fragen der Verteidigungstaktik

Verteidigungstaktische Überlegungen können hier nur umrissweise ohne umfassende Lösungen aufgezeigt werden, weil es auf diesem Gebiet **keine allgemein gültigen Empfehlungen**, Richtlinien oder gar Handlungsanweisungen geben kann. Die Entscheidung, welche Verteidigungstaktik in welchem Verfahrensstadium einzuschlagen ist, welche Überlegungen zielführend sind oder welche Handlungsalternative mit welchen Risiken behaftet ist, kann stets nur getroffen werden, wenn die – sich nie absolut identisch darstellenden – konkreten Umstände des Einzelfalls bekannt sind. Das Augenmerk ist stets auf die individuelle *Interessenlage des Mandanten* zu richten, wobei beachtet werden muss, dass sich diese im Verlauf eines Verfahrens durchaus ändern kann. Auch ist in die taktischen Überlegungen einzubeziehen, welches Ziel mit der Verteidigung angestrebt werden soll und ob die Erreichung dieses Ziels realistisch ist. Die Beurteilung der Situation kann während des Verfahrens insoweit *Veränderungen* erfahren. Zeitablauf, Verjährungsfristen, das Aussageverhalten Mitbeschuldigter oder von Zeugen, Beweislage, Rechtslage und Faktoren außerhalb des strafrechtlichen Ermittlungsverfahrens (wie die familiäre, berufliche oder gesundheitliche Situation des Mandanten) sind einem ständigen Entwicklungsprozess unterworfen, der dazu zwingt, das angestrebte *Verfahrensziel* und den eingeschlagenen Weg fortwährend zu überdenken. 82

a) Ermittlungsverfahren

Da das Ermittlungsverfahren (näher oben § 11) gerade in Wirtschaftsstrafsachen eine das gesamte Strafverfahren prägende Stellung einnimmt[4], sind vom Verteidiger auch während des Ermittlungsverfahrens eine Vielzahl von Überlegungen anzustellen und – stets in Abstimmung mit dem Mandanten – Entscheidungen zu treffen. Ziel ist es regelmäßig, auf eine **Einstellung des Verfahrens** hinzuwirken, um eine Hauptverhandlung zu vermeiden[5]. Sollte eine der- 83

---

1 *Hassemer*, wistra 1986, 1 (6); *Roxin*, NJW 1992, 1129.
2 *Dahs*, Hdb., Rz. 397; *Kempf/Schilling* in Volk, MüAnwHdb. Wirtschafts- und Steuerstrafsachen, § 10 Rz. 151.
3 *Dierlamm* in W/J, Kap. 27 Rz. 26.
4 Vgl. nur *Bockemühl* in Bockemühl, Hdb. FA StrafR, 2. Teil 1. Kap. Rz. 1; *Gillmeister* in Brüssow/Gatzweiler/Krekeler/Mehle, § 2 Rz. 1; *Krause/Caspary* in Cramer/Cramer, AnwHdb. StrafR, Kap. E Rz. 11; *Dierlamm* in W/J, Kap. 27 Rz. 29.
5 *Bockemühl* in Bockemühl, Hdb. FA StrafR, Teil B Kap. 1 Rz. 2; *Gatzweiler/Mehle* in Brüssow/Gatzweiler/Krekeler/Mehle, § 9 Rz. 1; *Dahs*, Hdb., Rz. 246.

artige Verfahrensbeendigung nicht möglich sein, so muss jedenfalls eine optimale Ausgangsposition für das Zwischen- und Hauptverfahren erzielt werden. Allerdings kann nahezu jede „taktische Entscheidung" aus Sicht des Beschuldigten sowohl positive als auch negative Auswirkungen haben:

84 Wird frühzeitig mit Ermittlungsbehörden **kooperiert**, kann dies zu einem reibungsloseren und damit „stillen" Verfahren führen, das dem Beschuldigten negative Publicity erspart. Auch kann eine frühzeitige geständige Einlassung zu einem nicht geringen „Strafrabatt" führen. Dabei kann u.U. auch die Kronzeugenregelung des § 46b StGB eine Rolle spielen. Andererseits ist zu bedenken, dass „die Zeit Wunden heilt", oftmals der Verfolgungseifer von Ermittlungsbehörden mit zunehmender Zeitdauer abnimmt oder sachbearbeitende Ermittlungsbeamte ausgetauscht werden, was zu erheblichen Verzögerungen führen kann. Zudem wird sich eine lange Verfahrensdauer bei der Strafzumessung oftmals (zumindest noch faktisch) strafmildernd auswirken (vgl. auch § 21 Rz. 39 ff.)[1], wobei der BGH für Fälle rechtsstaatswidriger Verfahrensverzögerungen die (ursprüngliche) Strafabschlagslösung durch das Vollstreckungsmodell[2] (in der Urteilsformel ist auszusprechen, dass als Ausgleich für die überlange Verfahrensdauer ein konkret bezifferter Teil der – in voller Höhe – verhängten Strafe als vollstreckt gilt) ersetzt hat. Schließlich werden begangene Straftaten ohne eine solche Kooperation des Beschuldigten manchmal auch nicht aufgedeckt oder können jedenfalls nicht nachgewiesen werden.

85 Teilgeständige Einlassungen sind zwiespältig zu beurteilen: Sie können dazu führen, dass sich Ermittlungsbehörden mit einem **Teilgeständnis** begnügen und im Übrigen (wegen anderer, nicht ausermittelter Vorwürfe) gem. §§ 154 ff. StPO verfahren wird. Denkbar ist aber auch, dass der Beschuldigte bei einem bloßen Teilgeständnis letztlich nicht in den Genuss der Strafmilderung kommt, die bei einem umfänglichen Geständnis gewährt worden wäre.

86 Eine Herausgabe nicht sichergestellter Unterlagen kann zur Entkräftung von Ermittlungsvorwürfen beitragen. Es sind aber auch Konstellationen denkbar, bei denen ihre Herausgabe den Ermittlungsbehörden die Überführung eines Tatverdächtigen erleichtert oder gar erst ermöglicht. **Entlastende Unterlagen** verfehlen manchmal ihre Wirkung während des Ermittlungsverfahrens, erzielen diese aber, wenn sie nach Anklageerhebung (im gerichtlichen Zwischenverfahren oder gar erst während der Hauptverhandlung) eingesetzt werden. Denkbar ist aber umgekehrt auch, dass entlastende Unterlagen ihre Wirkung in einem späteren Verfahrensstadium verfehlen, weil belastende Aussagen und Indizien bereits zu einer Vorprägung von Ermittlungsbehörden bzw. Gericht geführt haben, die nicht mehr korrigiert werden kann.

---

1 S. z.B. *Schäfer* in Schäfer/Sander/van Gemmeren, Praxis der Strafzumessung, Rz. 436 ff.
2 BGH v. 17.1.2008 – GSSt 1/07, BGHSt 52, 124 (134 ff.) = NJW 2008, 860 (862 ff.) m. Anm. *Kraatz*, JR 2008, 189 ff.; *Leipold*, NJW-Spezial 2008, 152.

Eigene Ermittlungen des Verteidigers können hilfreich sein[1], können aber auch – wenn sie nicht das erhoffte bzw. erwartete Ergebnis bringen – kontraproduktiv wirken. Jedenfalls gilt, dass beispielsweise eigene Sachverständigengutachten vom Verteidiger (und nicht vom Mandanten) in Auftrag gegeben werden sollten und darauf hingewirkt werden sollte, dass lediglich ein Exemplar des Gutachtens unmittelbar dem Verteidiger zugeht, weil es nur dort beschlagnahmefrei ist. 87

Problematisch sind auch **Beweisanregungen** gegenüber den Strafverfolgungsbehörden, wenn das Ergebnis der Beweiserhebung für den Verteidiger nicht vorhersehbar ist[2]. Bei solchen Konstellationen sind zunächst (mit der gebotenen Vorsicht) eigene Ermittlungen anzustellen, um die Relevanz und Bedeutung eines bestimmten Beweismittels zu erfahren. 88

Eventuell **bestehende Irrtümer** der Ermittlungsbehörden können frühzeitig ausgeräumt werden und möglicherweise zu einer zeitnahen Verfahrenseinstellung führen. Es sind aber auch Konstellationen denkbar, bei denen es nicht schadet, Irrtümer bestehen zu lassen und diese erst in einem späteren Verfahrensstadium auszuräumen, wenn etwa andere denkbare Ermittlungsvorwürfe im Hinblick auf einen vermeintlich leicht begründbaren, aber letztlich nicht begründeten Ermittlungsvorwurf nicht ausermittelt wurden. 89

Ob während des Ermittlungsverfahrens **aktiv** oder **passiv verteidigt** wird, ist nicht zuletzt auch eine Frage des Gewichts der Ermittlungsvorwürfe und der (aus Sicht der Verteidigung zu beurteilenden) Begründetheit oder Unbegründetheit, d.h. guten oder schlechten Nachweisbarkeit eines Ermittlungsverdachts. Um hierfür eine zutreffende Einschätzung zu gewinnen, kann es geboten sein, den Verfahrensstand mit der Staatsanwaltschaft i.S. des § 160b StPO zu erörtern. 90

b) Zwischenverfahren

Was zum Ermittlungsverfahren ausgeführt wurde, gilt prinzipiell auch für das Stadium des **gerichtlichen Zwischenverfahrens** (§ 12 Rz. 11 ff.). 91

aa) Aktivitäten im Zwischenverfahren können höchst hilfreich und sogar zwingend geboten sein, wenn die Möglichkeit besteht, mit ihrer Hilfe die **Eröffnung des Hauptverfahrens** und damit die mit einer öffentlichen Hauptverhandlung regelmäßig einhergehende Stigmatisierung des Mandanten zu **verhindern**. In umfangreichen und komplizierten Wirtschaftsstrafverfahren kann u.U. durch *Einreichung einer Verteidigungsschrift* erreicht werden, dass die Eröffnung des Hauptverfahrens ganz oder teilweise abgelehnt wird (§ 204 StPO) bzw. die Anklage nur mit Abänderungen zugelassen wird (§ 207 Abs. 2 StPO)[3]. Umgekehrt besteht jedoch im Falle der Erfolglosigkeit das Risiko, dass mit der Einreichung der Verteidigungsschrift das Verteidigungsvorbringen bereits vor 92

---

1 Vgl. dazu *Leipold*, NJW-Spezial 2005, 375. Der BRAK-Strafrechtsausschuss, Bd. 8, Thesen 25–32 (S. 12 f.), spricht in diesem Zusammenhang von Erhebungen des Verteidigers; vgl. dort auch die empfohlenen Verhaltensmaximen.
2 *Bockemühl* in Bockemühl, Hdb. FA StrafR, 2. Teil 1. Kap. Rz. 80.
3 *Bandisch* in Brüssow/Gatzweiler/Krekeler/Mehle, § 8 Rz. 44.

der Hauptverhandlung preisgegeben wird und möglicherweise „verpufft"[1]. Dieser Problemkreis ist im jeweiligen Einzelfall individuell zu beachten.

93 **bb)** Kann nach Einschätzung der Verteidigung eine *Eröffnung des Hauptverfahrens* **nicht verhindert** werden, sollten Verteidigungsaktivitäten effektiver im Hauptverfahren entwickelt werden. Deshalb kann es sinnvoll sein, erfolgversprechende Anträge bewusst erst in der Hauptverhandlung zu stellen[2]. Daneben kann es zweckmäßig sein, auf einen Erörterungstermin i.S. des § 202a StPO hinzuwirken.

94 Zu bedenken ist, dass bei **Zeugenvernehmungen**, die auf Antrag der Verteidigung *im Zwischenverfahren* durchgeführt werden, regelmäßig – sofern die Vernehmung nicht durch das Gericht selbst oder einen beauftragten oder ersuchten Richter stattfindet – in der Praxis *kein Teilnahmerecht* (und damit auch kein eigenes Fragerecht) der Verteidigung gewährt wird, das aber bestünde, wenn ein entsprechender Antrag erst in der Hauptverhandlung gestellt würde. Entgegen dieser landläufigen Praxis wird freilich jedoch auch bei durch die Polizei im Auftrag des Gerichts vorgenommenen Vernehmungen im Zwischenverfahren ein Anwesenheits- und Fragerecht des Verteidigers zu bejahen sein[3].

95 Falls im gerichtlichen Zwischenverfahren (Entsprechendes gilt naturgemäß auch für das Hauptverfahren) die Einholung eines **Sachverständigengutachtens** beantragt wird, ist stets auch zu bedenken, dass damit oftmals nicht unerhebliche Kosten anfallen, die im Falle einer Verurteilung vom Angeklagten zu tragen sind. Gerade bei Insolvenzdelikten wird bei weniger gravierenden Vorwürfen abzuwägen sein, ob die Einholung eines Überschuldungs- oder Zahlungsunfähigkeitsgutachtens, das Kosten im oberen fünfstelligen Bereich auslösen kann, beantragt oder ob nicht stattdessen eine Verständigungslösung angestrebt werden soll.

96 Stellungnahmen im gerichtlichen Zwischenverfahren können bewirken, dass das erkennende **Gericht** frühzeitig die Sichtweise der Verteidigung kennt und sich möglicherweise auf diese Sichtweise einlässt. Denkbar ist aber auch, dass die Berufsrichter des erkennenden Gerichts sich aufgrund einer Stellungnahme der Verteidigung mit den wesentlichen Argumenten der Verteidigung bereits auseinandergesetzt und diese verworfen haben, was solchen in der Hauptverhandlung erneut vorgebrachten Argumenten den erwarteten Effekt nimmt. Jedenfalls muss ins Kalkül gezogen werden, dass ausschließlich in der Hauptverhandlung auch **Laienrichter** beteiligt sind und alle Aktivitäten im Zwischenverfahren, werden sie in der Hauptverhandlung nicht wiederholt, von den Laienrichtern regelmäßig nicht zur Kenntnis genommen werden (können).

c) Hauptverfahren

97 Wenn ein Hauptverfahren (näher § 12 Rz. 19 ff.) unvermeidlich ist, sind insbesondere folgende **Aspekte** zu bedenken:

98 Ein **schweigender Angeklagter** kann seine Überführung bzw. Verurteilung einerseits sehr erschweren und möglicherweise auch unmöglich machen. Während die Umstände von bestreitenden Einlassungen des Angeklagten im Urteil

---

1 *Dahs*, Hdb., Rz. 440.
2 Vgl. auch *Seidl* in Bockemühl, Hdb. FA StrafR, 2. Teil 2. Kap. Rz. 5. S. ferner *Dierlamm* in W/J, Kap. 27 Rz. 86 zur Abgabe von Stellungnahmen.
3 *Hamm/Hassemer/Pauli*, BeweisantragsR, 2. Aufl. 2007, Rz. 484; a.A. *Stuckenberg* in L/R, § 202 StPO Rz. 19.

zur Begründung der richterlichen Überzeugungsbildung herangezogen werden können, dürfen bei einem vollumfänglichen Schweigen des Angeklagten keine schuldbegründenden oder auch nur strafschärfenden Aspekte zu seinen Lasten gewonnen werden. Vom schweigenden Angeklagten kann deshalb ein gewisser „Verständigungsdruck" auf Gericht und Staatsanwaltschaft ausgehen. Allerdings ist zu bedenken, dass ein schweigender Angeklagter regelmäßig bewirkt, dass sich die Hauptverhandlung – mit den für ihn oftmals negativen Kostenfolgen – deutlich in die Länge zieht. Auch das Für und Wider einer *Teileinlassung*, die möglicherweise schriftlich fixiert und vom Verteidiger vorgetragen wird, ist ebenso zu bedenken wie die zu erwartende nicht unerhebliche Strafmilderung, die einem nicht geständigen Angeklagten im Falle einer Verurteilung regelmäßig versagt wird. Es kann daher oftmals angezeigt sein, im Vorfeld einer Hauptverhandlung auf einen *Erörterungstermin* gem. §§ 212, 202a StPO hinzuwirken.

Eine spezifische Fragestellung, die in Hauptverfahren in Wirtschaftsstrafsachen oftmals auftritt, betrifft den Umgang mit der Fülle von Beweismitteln. Es ist zu überlegen, ob diese Beweise im sog. **Selbstleseverfahren** eingeführt werden sollen oder können (§§ 257a S. 3, 249 Abs. 2 S. 1 StPO) oder ob auf einer Verlesung in der Hauptverhandlung bestanden wird. 99

Angesichts der oftmals langen Dauer wirtschaftsstrafrechtlicher Hauptverhandlungen kommt der Entscheidung, *zu welchem Zeitpunkt* **Beweisanträge** gestellt werden, besondere Bedeutung zu. In diesem Zusammenhang sei jedoch auf die (kritikwürdige) Entscheidung des BGH[1] aus dem Jahr 2008 verwiesen, wonach der Vorsitzende in der Hauptverhandlung eine Frist zur Stellung von Beweisanträgen setzen darf und bei zeitlich nach Fristablauf erfolgenden Beweisanträgen (indiziell) auf die innere Tatsache der Verschleppungsabsicht geschlossen werden kann, falls der Antragsteller keine Gründe für die Verspätung nachvollziehbar und substantiiert darlegen kann. 100

Schließlich zeichnen sich Wirtschaftsstrafverfahren regelmäßig dadurch aus, dass die Angeklagten nicht gerichtserfahren sind. Deshalb bedürfen sie regelmäßig einer besonders intensiven und ausführlichen **Vorbereitung** auf die **Hauptverhandlungssituation** und die Atmosphäre eines Strafverfahrens. 100a

d) Vollstreckungsverfahren

Sollte das Wirtschaftsstrafverfahren mit einer Verurteilung des Beschuldigten zu einer *Freiheitsstrafe* enden, deren Vollstreckung nicht mehr zur Bewährung ausgesetzt wird, so ist zu bedenken, dass der Mandant besonders strafempfindlich sein wird. Oftmals werden die Voraussetzungen für die Verbüßung im **offenen Vollzug** gegeben sein. Maßnahmen, die spätere Anträge auf Straferlass nach Verbüßung der Hälfte der Freiheitsstrafe vorbereiten (insbesondere Maßnahmen der Schadenswiedergutmachung), sind deshalb frühzeitig vorzubereiten und zu bedenken. Auch für einen zu erwartenden *Freigängerstatus* sollten rechtzeitig Vorüberlegungen (etwa über einen Arbeitsplatz) angestellt werden. 101

---

1 BGH v. 23.9.2008 – 1 StR 484/08, BGHSt 52, 355 (358 ff.) = NJW 2009, 605 (606 ff.) m. Anm. *Gaede*.

e) Verfahrensverständigung

102 Neben Betäubungsmittelstrafsachen sind Wirtschaftsstrafverfahren häufigster Ausgangspunkt für sog. Verfahrensverständigungen (§ 12 Rz. 39a ff.), die in *jedem Verfahrensstadium* erfolgen können. Für Verfahrensverständigungen in Wirtschaftsstrafverfahren galten hierbei lange Zeit – wie in allen Verfahren – die von der *Rechtsprechung* entwickelten Regeln bzw. Bedingungen[1]. Der **Gesetzgeber** hat im Jahr 2009 mit **§ 257c StPO** eine Regelung geschaffen, die eine Einigung des Gerichts mit sämtlichen Prozessbeteiligten über die Rechtsfolgen (insbesondere den Strafausspruch, aber nicht bezogen auf eine konkrete Strafe), sonstige verfahrensbezogene Maßnahmen (insbesondere Verfahrensbeschränkungen nach §§ 154, 154a StPO und das Absehen von Beweiserhebungen) und das Prozessverhalten der Verfahrensbeteiligten (z.B. Verzicht auf weitere Anträge; Ablegen eines Geständnisses, das nach § 257c Abs. 2 S. 2 StPO Bestandteil einer jeden Verständigung sein *soll*) auf gesetzliche Grundlagen stellt[2]. Dabei wurden im Wesentlichen freilich nur die von der Rechtspraxis entwickelten *Standards kodifiziert*.

102a Der teilweise anzutreffenden Praxis, von diesen gesetzlichen Vorgaben und Standards abzuweichen, hat das **BVerfG** einen Riegel vorgeschoben. Es hat in seinem Urteil vom 19.3.2013[3] die Einhaltung der gesetzlichen Regelungen nachdrücklich angemahnt und sog. informellen Absprachen (außerhalb dieser Regelungen mit einem entsprechenden Inhalt) wegen Verstoßes gegen das Rechtsstaatsprinzip als unzulässig angesehen[4]. Innerhalb dieses gesetzlichen Korsetts sind vom Verteidiger vor allem bei Verfahrensverständigungen in Wirtschaftsstrafverfahren die zivilrechtlichen Konsequenzen zu beachten, die mit einer verständigten Verfahrenserledigung einhergehen und teilweise auch gestaltet werden können (vgl. Rz. 123).

3. Grenzen zulässiger Verteidigungstätigkeit

103 Wie auch bei der Verteidigung im Bereich des allgemeinen Strafrechts ist es für den Wirtschaftsstrafverteidiger von Wichtigkeit, die Grenzen rechtlich zulässiger Verteidigung zu (er)kennen, um regelkonform im Interesse des Mandanten tätig zu werden.

103a **a)** Zum einen ist eine Strafbarkeit des Verteidigers wegen Taten **zulasten des Mandanten** denkbar, beispielsweise wegen *Verletzung von Privatgeheimnissen* gem. § 203 Abs. 1 Nr. 3 StGB („Schwatzhaftigkeit und Renommiersucht"[5]),

---

1 Vgl. hierzu die grundlegende Entscheidung BGH v. 28.8.1997 – 4 StR 240/97, BGHSt 43, 195 ff. = NJW 1998, 86 ff.; sowie BGH (Großer Senat) v. 3.3.2005 – GSSt 1/04, BGHSt 50, 40 ff. = NJW 2005, 1440 ff. = JZ 2005, 628 ff. m. Anm. *Seher*.
2 Vgl. hierzu nur *Ambos/Ziehn* in Radtke/Hohmann, § 257c StPO Rz. 18 ff.; *Meyer-Goßner* in Meyer-Goßner/Schmitt, § 257c StPO Rz. 8 ff.; *Jahn/Müller*, NJW 2009, 2625 ff.; *Leipold*, NJW-Spezial 2009, 520 f; *Schlothauer/Wieder*, StV 2009, 600 ff.
3 BVerfG v. 19.3.2013 – 2 BvR 2628/10, 2 BvR 2883/10, 2 BvR 2155/11, NJW 2013, 1058 ff.
4 Vgl. hierzu nur *Beulke/Stoffer*, JZ 2013, 662 ff.; *König*, AnwBl. 2013, 321 ff.; *Knauer*, NStZ 2013, 433 ff.; *Kudlich*, ZRP 2013, 162 ff.
5 *Dahs*, Hdb., Rz. 1181.

Unterschlagung gem. § 246 StGB (Unkorrektheit im Umgang mit fremden Geldern und Gegenständen; vgl. auch § 94 Rz. 27), *Betruges* gem. § 263 StGB (z.B. Honorarangelegenheiten; vgl. auch § 94 Rz. 16, 27), *Untreue* gem. § 266 StGB (vgl. § 94 Rz. 25), *Gebührenüberhebung* gem. § 352 StGB (vgl. § 94 Rz. 15 ff.) oder *Parteiverrats*[1] nach § 356 StGB (vgl. Rz. 18 sowie § 94 Rz. 17 ff.).

b) Zum anderen bestehen vor allem Strafbarkeitsrisiken wegen Taten, die (im weitesten bzw. vermeintlichen Sinne) **zugunsten des Mandanten** begangen werden. Hierbei ist in erster Linie an den Tatbestand der *Strafvereitelung* nach § 258 StGB zu denken[2], der jedoch bei prozessordnungsgemäßem Verteidigerhandeln nicht verwirklicht werden kann. Die Übermittlung von Informationen über Maßnahmen an den Mandanten, die von den Ermittlungsbehörden geheim gehalten werden, tangiert den Bereich der Strafvereitelung nur dann, wenn der Verteidiger die Informationen auf unzulässige Weise (z.B. durch Täuschung) erlangt hat[3], nicht jedoch, wenn der Verteidiger diese Informationen im Zuge einer „regulären" Akteneinsicht erhält[4].

103b

Ein in der Praxis typischer Risikobereich sind – in Bezug auf Aussagen von Zeugen – Vorwürfe gegen den Verteidiger wegen **Anstiftung oder** (psychischer) **Beihilfe** zur *falschen uneidlichen Aussage* gem. § 153 StGB bzw. zum *Meineid* gem. § 154 StGB[5]. Während der Verteidiger Zeugen, von denen er sicher weiß, dass sie falsch aussagen werden, nicht zur Aussage auffordern darf[6], genügt allein der Umstand, dass der Verteidiger eine falsche Aussage für möglich hält, nicht für eine Strafbarkeit[7]. Vielmehr ist der Verteidiger in derartigen Situationen aufgrund seiner Beistandsfunktion gegenüber dem Mandanten zur Benennung des Zeugen sogar verpflichtet[8]. Ebenso wenig braucht der Verteidiger einzuschreiten, wenn er bemerkt, dass ein von ihm benannter Zeuge die Unwahrheit sagt bzw. sagen wird[9]. Wird dem Zeugen hingegen für eine Aussage ein wirtschaftlicher Vorteil angeboten, kommt es für eine Straflosigkeit des Verteidigers richtigerweise allein darauf an, dass er nicht positiv davon ausgeht, die Aussage werde wahrheitswidrig erfolgen. Entscheidend ist insofern die Gefahr einer Trübung der Beweisquelle, wobei das Bestehen einer Anspruchsgrundlage

103c

---

1 BGH v. 25.6.2008 – 5 StR 109/07, BGHSt 52, 307 (310 ff.) = NJW 2008, 2723 (2724) m. zust. Anm. *Gillmeister*; *Dahs*, Hdb., Rz. 83 ff.
2 Vgl. hierzu im Einzelnen *Knierim* in Volk, MüAnwHdb. Wirtschafts- und Steuerstrafsachen, § 7 Rz. 338 ff.; *Müller/Leitner* in Widmaier/Müller/Schlothauer, MüAnwHdb. Strafverteidigung, § 39 Rz. 4 ff.; sowie den Überblick bei *Hassemer* in Hamm/Leipold, Beck'sches Formularbuch für den Strafverteidiger, Kap. I.C.
3 BVerfG v. 17.6.2006 – 2 BvR 1085/05, 2 BvR 1189/05, NJW 2006, 3197 (3198) = StV 2006, 522.
4 *Dahs*, Hdb., Rz. 59.
5 Vgl. nur OLG Köln v. 14.10.2002 – 2 Ws 508-509/02, StV 2003, 15 (17).
6 BGH v. 3.10.1979 – 3 StR 264/79 (S.), BGHSt 29, 99 (107) = NJW 1980, 64 (65); vgl. auch BGH v. 17.3.1982 – 2 StR 314/81, BGHSt 31, 10 = NJW 1982, 1600.
7 *Lüderssen/Jahn* in L/R, § 138a StPO Rz. 50.
8 *Müller/Leitner* in Widmaier/Müller/Schlothauer, MüAnwHdb. Strafverteidigung, § 39 Rz. 97.
9 BGH v. 20.8.1953 – 1 StR 88/53, BGHSt 4, 327 (328 f.).

für die Zuwendung[1] zumindest ein Indiz gegen eine unzulässige Beeinträchtigung der Entscheidungsfreiheit des Zeugen ist[2].

103d Des Weiteren können die **Tatbestände** der *falschen Verdächtigung* gem. § 164 StGB sowie der *Beleidigungsdelikte* nach den §§ 185 ff. StGB bei *eigenen Äußerungen des Verteidigers* von Bedeutung sein. Der Vollständigkeit halber ist außerdem auf die *Geldwäsche* gem. § 261 StGB (vgl. Rz. 33 f.), die *Hehlerei* gem. § 259 StGB und den als Ordnungswidrigkeitentatbestand gem. § 115 Abs. 1 Nr. 1 OWiG ausgestalteten *Kassiberschmuggel* hinzuweisen.

103e Verteidiger, die der Beteiligung an den Taten ihrer Mandanten oder der Begünstigung, Strafvereitelung oder Hehlerei (nicht: Geldwäsche) qualifiziert verdächtig sind, können gem. § 138a StPO als Verteidiger *ausgeschlossen* werden. Neben einer strafrechtlichen Verfolgung drohen Verteidigern (ebenso wie anderen „verkammerten" Beratern wie z.B. Steuerberatern und Wirtschaftsprüfern) bei entsprechenden Verstößen *daneben* **berufsrechtliche Verfahren**. Hierbei ist zu beachten, dass im Rahmen des anwaltsgerichtlichen Verfahrens die tatsächlichen Feststellungen des Urteils im Strafverfahren oder Bußgeldverfahren, auf denen die Entscheidung des Gerichts beruht, bindend sind (§ 118 Abs. 3 S. 1 BRAO), wenn nicht die Richtigkeit durch die Mitglieder des Anwaltsgerichts mit Stimmenmehrheit bezweifelt wird (§ 118 Abs. 3 S. 2 BRAO). Erfolgt hingegen die Verurteilung „nur" im Strafbefehlsweg, sind die die Entscheidung tragenden tatsächlichen Feststellungen für das anwaltsgerichtliche Verfahren nicht bindend[3].

III. Einflussnahme auf Sanktionen

1. Zum Strafmaß

104 Wegen der *Haupt- und Nebenstrafen* ist zunächst auf die Ausführungen unten in § 21 zu verweisen, wobei der Nebenstrafe des Fahrverbots in Wirtschaftsstrafsachen keine Bedeutung zukommt. Wenn kein Freispruch zu erreichen ist, so ist es das Strafmaß, an dem die Qualität einer Verteidigung oder auch des Verteidigers gemessen wird. Deshalb sind einige ergänzende Hinweise angezeigt.

105 In der Tat hängt vom Strafmaß für den Mandanten viel ab. Strafrichter, Staatsanwälte und Verteidiger kennen die *„magischen"* **Strafgrenzen**, an deren Erreichen bzw. Unterschreiten für den Betroffenen häufig so viel hängt: Die 90-Tages-Grenze für die Eintragung einer Verurteilung in das Führungszeugnis (§ 32 Abs. 2 Nr. 5 BZRG mit einer Einschränkung in Hs. 2); die Freiheitsstrafe von bis zu zwei Jahren, deren Vollstreckung noch zur Bewährung ausgesetzt werden kann (§ 56 Abs. 1, 2 StGB); die Verurteilung wegen einer vorsätzlichen Tat zu einer Freiheitsstrafe von weniger als einem Jahr (bzw. – bei Bestechlichkeit in Bezug auf eine Diensthandlung im Hauptamt – von weniger als sechs Mona-

---

1 BGH v. 9.5.2000 – 1 StR 106/00, BGHSt 46, 53 (57) = NJW 2000, 2433 (2435).
2 Vgl. hierzu auch *Müller/Leitner* in Widmaier/Müller/Schlothauer, MüAnwHdb. Strafverteidigung, § 39 Rz. 45 ff., 95 ff.
3 BGH v. 12.4.1999 – AnwSt (R) 11/98, BGHSt 45, 46 (47 ff.) = NJW 1999, 2288 (2289).

ten) für einen Beamten, die ihm die Chance auf Erhalt seines Beamtenstatus wahrt (§ 41 Abs. 1 BBG).

a) Verwarnung mit Strafvorbehalt

Wenn und soweit es darum geht, dass eine Strafsanktion nicht mehr zu vermeiden ist, wird nur *zu selten* das Rechtsinstitut der *Verwarnung mit Strafvorbehalt* (§ 59 StGB), gleichsam eine **„Geldstrafe auf Bewährung"**, in Betracht gezogen, obwohl der Gesetzgeber mit dieser Vorschrift ein flexibles Ahndungsinstrumentarium geschaffen hat. 106

Die Verwarnung mit Strafvorbehalt wird **nicht** in das polizeiliche Führungszeugnis **eingetragen** (vgl. § 32 Abs. 2 Nr. 1 BZRG) und auch aus dem Bundeszentralregister (§ 4 Nr. 3 BZRG) bereits nach Ablauf der Bewährungszeit (vgl. § 59a Abs. 1 S. 2 StGB), also nach längstens zwei Jahren, wieder getilgt (§ 12 Abs. 2 S. 2 BZRG). Zudem werden mit dieser Rechtsfolge auch keine außerstrafrechtlichen Folgen ausgelöst, die mit einer Verurteilung bereits zu einer geringen Geldstrafe verbunden sind (vgl. Rz. 118 ff.). Allerdings hat der Beschuldigte – anders als etwa bei einer Verfahrenseinstellung nach § 153a StPO – die Kosten des Verfahrens zu tragen (§ 465 Abs. 1 S. 2 StPO). 107

Ohne dieses vielfach unbekannte, jedenfalls aber ungeliebte Institut der „Geldstrafe auf Bewährung" zu strapazieren, sollte der Verteidiger vor allem bei **zwei Sachverhaltskonstellationen** an diese Vorschrift denken und deren Anwendung anregen. 108

Insbesondere in **Steuerstrafsachen** existieren ausgehend von der Höhe der hinterzogenen Steuer weitgehend „feste Tarife" für die Strafsanktion, von der insbesondere die Straf- und Bußgeldsachenstellen keine Ausnahmen machen wollen. Wenn deshalb also wegen der Höhe des hinterzogenen Steuerbetrages eine Verurteilung von maximal 90 Tagessätzen nicht mehr in Betracht kommt, kann man häufig erfolgreich über eine vorbehaltene Geldstrafe von bis zu 180 Tagessätzen und eine entsprechende Bewährungsauflage nach § 59a Abs. 2 StGB diskutieren. 109

Der zweite Hauptanwendungsfall dieses Instituts betrifft diejenigen Fälle, bei denen im gerichtlichen Verfahren die **Verfahrenseinstellung** gem. § 153a Abs. 2 StPO durch das Gericht angeregt wird, diese aber daran *scheitert*, dass die Staatsanwaltschaft ihre notwendige Zustimmung verweigert. In diesen Fällen kann der Verteidiger – häufig erfolgreich – bei Gericht ein Vorgehen gem. § 59 StGB anregen[1]. 110

b) Übernahme von Geldstrafen und -auflagen

Während es früher gekünstelter Konstruktionen bedurfte, um den Mitarbeiter eines Unternehmens von der gegen ihn verhängten Geldstrafe durch den Arbeitgeber zu entlasten, ohne gleichzeitig mit dem Vorwurf der **Vollstreckungsvereitelung** gem. § 258 Abs. 2 StGB konfrontiert zu werden, bestehen diese Bedenken seit einer Entscheidung des BGH aus dem Jahr 1990 nicht mehr[2]. Das heißt freilich nicht, dass deshalb Unternehmen Geldstrafen ihrer Mitarbeiter 111

---

1 *Stree/Kinzig* in S/S, § 59 StGB Rz. 14 m.w.Nw.
2 BGH v. 7.11.1990 – 2 StR 439/90, BGHSt 37, 226 ff. = NJW 1991, 990 ff. Dies wird z.B. von *Lackner/Kühl*, § 258 StGB Rz. 13 als kriminalpolitisch bedauerlich angesehen.

ohne jegliche Einschränkung bezahlen könnten. Zu beachten ist zunächst, dass die Bezahlung einer solchen Geldstrafe gegenüber dem Mitarbeiter eine lohngleiche Zuwendung darstellt und deshalb bei der *Lohnsteuer* und bei den abzuführenden *Sozialversicherungsbeiträgen* zu berücksichtigen ist[1].

111a Unabhängig davon geht jedoch die entscheidende Frage dahin, ob ein Unternehmensleiter (der nicht alleiniger Inhaber oder Gesellschaftergeschäftsführer ist) Vermögen des Unternehmens zur Bezahlung fremder Geldstrafen einsetzen darf oder ob dies als **Untreue** zum Nachteil der von ihm vertretenen Kapitalgesellschaft oder der anderen Personengesellschafter zu qualifizieren ist[2]. Jedenfalls für von mehrheitlich durch die *öffentliche Hand* beherrschte Unternehmen hat der BGH in der vorgenannten Entscheidung (dort ging es um eine Stadtwerke-GmbH) das Vorliegen einer Untreue bei Bezahlung der gegen einen Mitarbeiter verhängten Geldstrafe bejaht, auch wenn die Strafe (für eine vorsätzliche Gewässerverunreinigung) aus Anlass der dienstlichen Tätigkeit verwirkt wurde[3]. Im Gegensatz zu Körperschaften des öffentlichen Rechts besteht bei *privatwirtschaftlichen Unternehmen* jedoch keine derart strenge Mittelbindung. Daher kann von einem Unternehmen zugesagt werden, noch nicht rechtskräftig festgesetzte Geldstrafen zu übernehmen, wenn eine schnelle und „geräuschlose" Beendigung des Strafverfahrens im wohl verstandenen Interesse des Unternehmens (z.B. zur Verhinderung von Imageschäden und personellen sowie finanziellen Belastungen im Falle eines Verfahrensfortgangs) liegt[4]. Eine Übernahme bereits rechtskräftig festgesetzter Geldstrafen ist gleichfalls zulässig, wenn die Durchführung des (u.U. langwierigen und den Beschuldigten schwer belastenden) Verfahrens im Interesse des Unternehmens lag (z.B. zur Vermeidung zivilrechtlicher Klagen oder zur Widerlegung erhobener Verdächtigungen)[5]. Etwas anderes ergibt sich freilich dann, wenn solche Übernahmen von Strafen den Compliance-Standards eines Unternehmens widersprechen.

112 Eine bislang noch nicht abschließend geklärte und entschiedene Frage geht dahin, ob für den Ausgleich von gegen Unternehmensmitarbeiter gem. **§ 153a StPO** angeordneten **Geldauflagen** dieselben Grundsätze wie für die Übernahme von Geldstrafen gelten. Nachdem die Auferlegung einer solchen Geldzahlung die Unschuldsvermutung nicht infrage stellt, hat die Übernahme von solchen Auflagen durch den Arbeitgeber sicherlich eine andere Qualität als die Erstattung von Geldstrafen. Deshalb ist die Zulässigkeit jedenfalls dann zu bejahen, wenn die Zustimmung durch den Mitarbeiter zur Einstellung des Verfahrens im ausschließlichen Interesse des Unternehmens liegt und sich der Mitarbeiter nur deshalb auf die Zustimmung zu einer Zahlung eingelassen hat[6]. Aber auch

---

1 *Spatscheck/Ehnert*, StraFo 2005, 265 (269 f.).
2 Vgl. nur *Poller*, StraFo 2005, 274 (275 ff.); *Spatscheck/Ehnert*, StraFo 2005, 265 m.w.Nw.
3 S. hierzu BGH v. 7.11.1990 – 2 StR 439/90, NJW 1991, 990 (991 f.) (insoweit in BGHSt 37, 226 ff. nicht abgedr.).
4 *Otto* in FS Tiedemann, 2008, S. 693 (709 f.).
5 *Otto* in FS Tiedemann, 2008, S. 693 (710).
6 Vgl. auch *Poller*, StraFo 2005, 274 (277 ff.); *Spatscheck/Ehnert*, StraFo 2005, 265 (268 f.).

wenn die Verfahrensbeendigung durch Einstellung gegen Geldauflage beiden Interessenlagen dient, ist die Übernahme der Zahlung – weil auch im Unternehmensinteresse – nicht pflichtwidrig. Dies gilt vor allem dann, wenn der Arbeitgeber von der Unschuld des Mitarbeiters ausgeht. Für die *steuerliche* Behandlung solcher Zahlungen gilt Folgendes: Sofern die Erfüllung durch das Unternehmen nicht aus ganz überwiegend betrieblichen Interessen – die Zustimmung erfolgt ausschließlich aus betrieblichem Interesse oder solche betrieblichen Interessen stehen zumindest im Vordergrund der Entscheidung, ohne dass zugleich auch ein nicht unerhebliches Interesse des Arbeitnehmers gegeben ist – erfolgt, unterliegt die vom Arbeitgeber erbrachte Zahlung der Lohnsteuer, ist aber beim Unternehmen als Betriebsausgabe steuerlich abzugsfähig[1]. Liegt dagegen die Einstellung des Verfahrens im ganz überwiegenden Arbeitgeberinteresse, ist die Zahlung der Geldauflage durch das Unternehmen zwar nicht als Lohnzuwendung gegenüber dem Arbeitnehmer lohnzuversteuern. In diesen Fällen entfällt jedoch i.d.R. wegen § 12 Nr. 4 EStG der Betriebsausgabenabzug. Etwas anderes gilt danach nur dann, wenn die Geldauflage der Schadenswiedergutmachung dient (vgl. § 153a Abs. 1 S. 2 Nr. 1 StPO).

2. Zu den Nebenfolgen

Eine besondere Bedeutung kommt in Fällen der **Wirtschaftskriminalität** den Nebenfolgen zu. Sieht man nämlich vom Ordnungswidrigkeitenrecht (§ 30 OWiG; § 21 Rz. 94 ff., § 23 Rz. 36 ff.) und insbesondere von den Bußgeldbestimmungen wegen Verstoßes gegen das Europäische Wettbewerbsrecht (Art. 101, 102 AEUV; vgl. § 57 Rz. 102 ff.) ab, sind unmittelbare Sanktionen (im engeren Sinne) gegen juristische Personen und Personengesamtheiten *de lege lata* nicht möglich (§ 23 Rz. 31 ff.). Dessen ungeachtet sind Straftaten von Unternehmensmitarbeitern für den Unternehmensträger mit hohen Risiken verbunden, weil sie ihn treffende Nebenfolgen auslösen können.

a) Strafrechtliche Nebenfolgen

Dass neben der Verhängung einer Strafe im engeren Sinn die „instrumenta et producta sceleris" eingezogen (§§ 74 ff. StGB) bzw. die Vorteile aus einer Tat für verfallen erklärt werden können (§§ 73 ff. StGB), sollte angesichts des Schlagwortes „Verbrechen darf sich nicht lohnen" nicht verwundern. Allerdings sind die Maßnahmen der **Einziehung** und des **Verfalls** (dazu § 21 Rz. 71 ff.) nicht lediglich auf den Täter beschränkt, sondern erstrecken sich auch auf den Unternehmensträger, sofern der Täter (in Fällen der Einziehung) eine hervorgehobene Stellung im Unternehmen besaß (vgl. § 75 StGB) oder in Fällen des Verfalls das Unternehmen als Dritter aus der Straftat des Mitarbeiters etwas erlangt hat (vgl. § 73 Abs. 3 StGB sowie für das Bußgeldrecht § 29a

---

1 BFH v. 14.11.2013 – VI R 36/12; BFH v. 22.7.2008 – VI R 47/06, NJW 2009, 1167; *Spatscheck/Ehnert*, StraFo 2005, 265 (270).

Abs. 2 OWiG). Dieser sog. Dritt-Verfall[1] hat spätestens seit Einführung des *Bruttoprinzips* im Jahr 1992 konfiskatorische und strafähnliche Bedeutung erlangt[2].

114a **Beispiel:** Hat etwa der Mitarbeiter eines Unternehmens die bei diesem angefallenen Sonderabfälle einem unzuverlässigen Entsorger überlassen und entsorgt jener diese Abfälle illegal, stellt sich die Situation des Verfalls wie folgt dar: Das vertretene Unternehmen hat durch die Straftat seines Mitarbeiters als „etwas" die Entsorgung seiner Sonderabfälle erlangt. Da dieser Vorteil in Natur nicht mehr herauszugeben ist, schuldet das Unternehmen als aus der Straftat drittbegünstigt (§ 73 Abs. 3 StGB) im Wege des Wertersatzes (§ 73a StGB) die mit einer ordnungsgemäßen Entsorgung dieser Abfälle entstandenen Kosten. Wegen des sog. Bruttoprinzips kann das Unternehmen die an den unzuverlässigen Entsorger bezahlten Kosten ebenso wenig gegenrechnen wie die Kosten für eine ggf. zwischenzeitlich vorgenommene Beseitigung der illegal entsorgten Abfälle und die Unternehmenssteuern, die aufgrund der kostengünstigen Entsorgung angefallen sind und bereits bezahlt wurden. In diesen Fällen ist das Unternehmen darauf angewiesen, dass die Härtevorschrift des § 73c StGB Anwendung findet.

115 Die mit dem Verfall einhergehenden Risiken und Gefahren für das vertretene Unternehmen potenzieren sich, weil wegen eines Tatverdachts, mit dem ein (Dritt-)Verfall verbunden sein könnte, häufig vorläufige Sicherungsmaßnahmen einhergehen (§§ 111d ff. StPO). Zwar setzt auch der **strafprozessuale (dingliche) Arrest** – ebenso wie das zivilprozessuale Arrestverfahren – einen Arrestgrund voraus (§ 917 Abs. 1 ZPO); indes dürfen aber keine übertriebenen Hoffnungen darauf gesetzt werden, dass ein Arrestantrag deshalb zurückgewiesen würde. Denn auch beim zivilprozessualen Arrest des § 917 Abs. 1 ZPO ist weitgehend anerkannt, dass strafdeliktisches Verhalten des Arrestschuldners einen Arrestgrund darstellt[3]. Entsprechendes gilt bei strafdeliktischem Verhalten eines Organs des Arrestschuldners. In der Praxis wird deshalb Arrestanträgen der Staatsanwaltschaft vom Ermittlungsrichter regelmäßig entsprochen. Dass mit dem *Arrestvollzug* (z.B. einer Kontenpfändung) häufig die Insolvenz kleinerer Unternehmen vorprogrammiert ist, lässt sich leicht nachvollziehen. Die Aufgabe und die Pflicht des anwaltlichen Beraters eines Unternehmens bzw. eines Verteidigers besteht deshalb in diesen Fällen – ähnlich den Maßnahmen zur Vermeidung eines möglicherweise drohenden Haftbefehls – darin, durch vertrauensbildende Maßnahmen gegenüber den Ermittlungsbehörden eine Situation zu schaffen, die solche vorläufigen Zwangsmaßnahmen für die Ermittlungsbehörden entbehrlich erscheinen lässt.

116 Der Verfall des Tatvorteils ist dann *unzulässig*, wenn der beim Täter oder beim Dritten angefallene Vorteil dazu dient, den **Schaden** des durch die Tat individuell Verletzten **zu kompensieren** (§ 73 Abs. 1 S. 2 StGB). Dies bedeutet in der

---

1 Vgl. zu dessen Voraussetzungen BGH v. 19.10.1999 – 5 StR 336/99, BGHSt 45, 235 ff. = NJW 2000, 297 ff.; BGH v. 21.8.2002 – 1 StR 115/02, BGHSt 47, 369 (370 f., 377) = NJW 2002, 3339 (3340 f.); *Rönnau*, Vermögensabschöpfung in der Praxis, 2003, Rz. 262 ff.
2 *Michalke*, Unternehmens-Verfall, in Nelles (Hrsg.), Money, money, money [...], 2004, S. 107.
3 Vgl. nur *Baumbach/Lauterbach/Albers/Hartmann*, § 917 ZPO Rz. 11; *Vollkommer* in Zöller, § 917 ZPO Rz. 6 m.w.Nw.

Konsequenz, dass bei allen Vermögens- und Eigentumsdelikten ein (Dritt-)Verfall ausscheidet, weil dem Geschädigten insoweit Schadensersatzansprüche (über §§ 278, 831 BGB) i.d.R. auch gegen den Arbeitgeber des Täters zustehen. Vorläufige Zwangsmaßnahmen sind dadurch aber nicht ausgeschlossen. Vielmehr ist auch in Fällen des § 73 Abs. 1 S. 2 StGB ein strafprozessualer Arrest als sog. **Rückgewinnungshilfe** zulässig (§ 111b Abs. 5 StPO)[1].

Diese strafprozessuale Arrestanordnung ist regelmäßig eigenen zivilprozessualen Maßnahmen des Verletzten bei weitem überlegen. Denn im Unterschied zum (privaten) Verletzten haben die Ermittlungsbehörden einen umfangreichen Einblick in die Vermögenswerte des Beschuldigten und des Dritten. Durchsuchungsmaßnahmen beschränken sich heute nämlich nicht mehr darauf, Beweismittel für einen Tatnachweis zu beschaffen, sondern im Rahmen der **Finanzermittlungen**[2] geht es auch um Beweismittel für Arrest- und Verfallsanordnungen.

117

b) Außerstrafrechtliche Nebenfolgen

In Wirtschaftsstrafverfahren sind stets auch die mit einer Verurteilung möglicherweise einhergehenden **mittelbaren Nebenfolgen** zu bedenken. Für viele solcher Nebenfolgen knüpft das Gesetz an einen strafrechtlichen *Schuld- oder Rechtsfolgenausspruch* an.

118

Beispiele: Während nach § 6 GmbHG a.F. lediglich Verurteilungen wegen (vorsätzlicher und fahrlässiger) Bankrottdelikte nach den §§ 283–283d StGB eine Inhabilität für einen Geschäftsführer nach sich zogen, führt gem. § 6 Abs. 2 S. 2 Nr. 3 GmbHG (in der durch das MoMiG zum 1.11.2008 eingeführten Fassung) jede rechtskräftige Verurteilung bei vorsätzlicher Begehung folgender Straftaten zur **fünfjährigen Amtsunfähigkeit**: Insolvenzverschleppung (§ 15a Abs. 4 InsO), Insolvenzstraftaten nach den §§ 283–283d StGB, falsche Angaben nach § 82 GmbHG oder § 399 AktG, unrichtige Darstellung nach § 400 AktG, § 331 HGB, § 313 UmwG oder § 17 PublG sowie – allerdings nur im Falle einer Verurteilung zu einer Freiheitsstrafe von mindestens einem Jahr – Taten nach den §§ 263–264a, 265b–266a StGB. In letztgenannter Fallgruppe werfen Konstellationen konkurrierender Verurteilungen (insbesondere auch mit Nicht-Katalogtaten) strittige Fragen auf[3]. Die Verurteilung zu einer Gesamtfreiheitsstrafe von mindestens einem Jahr reicht jedenfalls dann nicht aus, wenn diese Schwelle nicht bereits durch Katalogtaten des § 6 Abs. 2 S. 2 Nr. 3 Buchst. e GmbHG, sondern erst gemeinsam mit Einsatzstrafen für Nicht-Katalogtaten erreicht wird[4]. Einzelgeldstrafen in Bezug auf Katalogtaten dürfen zudem bei der Prüfung der Voraussetzungen des § 6 GmbHG nicht in eine Freiheitsstrafe „umgerechnet" werden[5]. Bei Tateinheit ist ein „Herausrechnen" der Nicht-Katalogtaten hingegen nicht möglich, sodass die Verurteilung zu einer Freiheitsstrafe von mindestens

119

---

1 *Thode*, Die Rückgewinnungshilfe in der staatsanwaltlichen Praxis, in Nelles (Hrsg.), Money, money, money [...], S. 65 ff. m.Hw. zur Amtspflichtverletzung wegen nicht gewährter Rückgewinnungshilfe (vgl. dort S. 90 ff.).
2 Vgl. hierzu *Rönnau*, Vermögensabschöpfung in der Praxis, 2003, Rz. 114 ff.
3 Vgl. *Weiß*, wistra 2009, 209 (211 ff.).
4 *Altmeppen* in Roth/Altmeppen, § 6 GmbHG Rz. 12; *Fastrich* in Baumbach/Hueck, § 6 GmbHG Rz. 13; *Oetker* in Henssler/Strohn, § 6 GmbHG Rz. 25.
5 OLG Hamm v. 20.12.2010 – 15 W 659/10, NJW-RR 2011, 772 (773); *Oetker* in Henssler/Strohn, GesR, § 6 GmbHG Rz. 25.

einem Jahr ausreichen muss[1]. Nicht (bzw. nicht mehr) erfasst sind somit die fahrlässige Insolvenzverschleppung nach § 15a Abs. 5 InsO, der leichtfertige Subventionsbetrug gem. § 264 Abs. 4 StGB sowie die Fahrlässigkeitstaten der §§ 283 Abs. 4, 5 und 283b Abs. 2 StGB. Gleiches gilt für die Funktion des Vorstands einer AG (§ 76 Abs. 3 S. 2 Nr. 3 AktG).

119a Wird ein **Beamter** wegen einer vorsätzlichen Tat zu einer Freiheitsstrafe von mindestens einem Jahr verurteilt, endet das Beamtenverhältnis automatisch nach § 41 Abs. 1 S. 1 Nr. 1 BBG mit der Rechtskraft des Urteils (und nicht lediglich eines Strafbefehls[2]). Gleiches gilt nach § 41 Abs. 1 S. 1 Nr. 2 BBG bei rechtskräftiger Verurteilung zu einer Freiheitsstrafe von mindestens sechs Monaten wegen näher bezeichneter Staatsschutzdelikte oder wegen Bestechlichkeit, wenn sich die Tat der Bestechlichkeit auf eine Diensthandlung im Hauptamt (und nicht im Neben- oder Ehrenamt) bezieht. Nach Beendigung des Beamtenverhältnisses besteht gem. § 41 Abs. 2 BBG sodann regelmäßig kein Anspruch auf Besoldung und Versorgung mehr. Entsprechendes gilt für die Beamten in den Ländern (vgl. z.B. § 24 Abs. 1 BeamtStG). Entsprechendes gilt (außer bei jenen Staatsschutzdelikten) für Soldaten nach § 54 Abs. 2 Nr. 2 SG i.V.m. § 48 S. 1 Nr. 2, 3 SG.

Eine **Ruhestandsbeamter** verliert mit der Rechtskraft einer strafrechtlichen Entscheidung seine Rechte als Ruhestandsbeamter, wenn wegen einer vor Beendigung des Beamtenverhältnisses begangenen Tat eine Verurteilung i.S. des § 41 Abs. 1 BBG erfolgt (§ 59 Abs. 1 S. 1 BeamtVG) oder es wegen einer nach Beendigung des Beamtenverhältnisses begangenen Tat zu einer Verurteilung wegen einer Vorsatztat zu einer Freiheitsstrafe von mindestens zwei Jahren (§ 59 Abs. 1 S. 1 Nr. 2 Buchst. a BeamtVG) oder wegen näher bezeichneter Staatsschutzdelikte zu einer Freiheitsstrafe von mindestens sechs Monaten (§ 59 Abs. 1 S. 1 Nr. 2 Buchst. b BeamtVG) kommt. Bei Soldaten gilt Entsprechendes nach § 53 Abs. 1 S. 1 Nr. 1, 2 Buchst. a, b SG.

Eine Verurteilung wegen eines Verbrechens zu einer Freiheitsstrafe von mindestens einem Jahr führt nach § 45 Abs. 1 StGB zwangsläufig zum Verlust der **Amtsfähigkeit** und des **passiven Wahlrechts**.

119b Gem. § 14 Abs. 2 Nr. 2 BRAO ist die **Anwaltszulassung** zu widerrufen, wenn der Rechtsanwalt infolge strafgerichtlicher Verurteilung die Fähigkeit zur Bekleidung öffentlicher Ämter (nach § 45 Abs. 1, 2 StGB) verloren hat.

Nach § 5 Abs. 1 Nr. 1, § 45 Abs. 2 WaffG wird die Erteilung von **Waffenbesitzkarte** und **Waffenschein** versagt bzw. widerrufen, wenn eine rechtskräftige Verurteilung wegen eines Verbrechens oder wegen eines vorsätzlichen Vergehens zu einer Freiheitsstrafe von mindestens einem Jahr erfolgt.

Bei einer rechtskräftigen Verurteilung wegen einer (vorsätzlichen oder fahrlässigen) Straftat nach §§ 283–283c StGB ist zu beachten, dass – bei entsprechendem Antrag eines Insolvenzgläubigers – eine **Restschuldbefreiung** versagt wird (vgl. §§ 290 Abs. 1 Nr. 1, 297 InsO). Dies gilt auch dann, wenn die Verurteilung in einer Verwarnung mit Strafvorbehalt gem. § 59 StGB besteht[3].

119c Des Weiteren führen gem. § 149 Abs. 2 S. 1 Nr. 3 GewO unternehmensbezogene Geldbußen von mehr als 200 Euro sowie nach § 149 Abs. 2 S. 1 Nr. 4 GewO Verurteilungen wegen einer genannten Katalogtat zu Freiheitsstrafe von mehr als drei Monaten oder Geldstrafe von mehr als 90 Tagessätzen zu einer Eintragung im **Gewerbezentralregister**.

Daneben ist in verschiedenen Bundesländern eine Eintragung in ein **Korruptionsregister** (z.B. nach dem Korruptionsbekämpfungsgesetz NRW v. 16.12.2004, dem Korruptions-

---

1 *Altmeppen* in Roth/Altmeppen, § 6 GmbHG Rz. 12.
2 BVerwG v. 8.6.2000 – 2 C 20/99, NJW 2000, 3297.
3 BGH v. 16.2.2012 – IX ZB 113/11, NJW 2012, 1215 (1215 f.); a.A. (aber ohne Begründung) *Stephan* in MüKo, § 290 InsO Rz. 24; *Vallender* in Uhlenbruck, 13. Aufl. 2010, § 290 InsO Rz. 21.

registergesetz Berlin v. 19.4.2006, dem Hamburger Gesetz zur Einrichtung eines Registers zum Schutz fairen Wettbewerbs v. 17.9.2013 oder dem Gesetz zur Einrichtung eines Registers zum Schutz fairen Wettbewerbs Schleswig-Holstein v. 13.11.2013) sogar bereits vor rechtskräftigem Abschluss des Strafverfahrens vorgesehen, selbst wenn es zu einer Verfahrenseinstellung nach § 153a StPO kommt (vgl. § 5 Abs. 2 Nr. 4 KorruptionsbG NRW; § 3 Abs. 2 Nr. 3 KRG Berlin; § 2 Abs. 3 Nr. 3 Var. 1 GRfW Hamburg sowie GRfW Schleswig-Holstein) bzw. „keine vernünftigen Zweifel" an einer Tatbegehung bestehen (vgl. § 3 Abs. 2 Nr. 4 KRG Berlin; § 2 Abs. 3 Nr. 3 Var. 2 GRfW Hamburg bzw. GRfW Schleswig-Holstein) oder es nicht einmal um den Vorwurf eines Korruptionsdeliktes geht, solange – insoweit bedarf es auch hier einer Bewertung – der Verstoß „von Bedeutung" ist (vgl. § 5 Abs. 1 KorruptionsbG NRW)[1] oder es sich um einen sonstigen Rechtsverstoß im Geschäftsverkehr oder mit Bezug zum Geschäftsverkehr handelt (vgl. § 3 Abs. 1 KRG Berlin; § 2 Abs. 2 GRfW Hamburg bzw. GRfW Schleswig-Holstein).

Nach § 53 AufenthG kommt es im Falle einer Verurteilung wegen einer dort genannten Straftat bzw. Strafhöhe zwingend zu einer **Ausweisung aus dem Bundesgebiet**.

In anderen Fällen wird gesetzlich eine **Ermessensentscheidung** der zuständigen Stellen eröffnet, an eine Verurteilung (oder teilweise auch Verfahrenseinstellung) Nebenfolgen zu knüpfen, weil entweder ein bestimmter Schuld- oder Rechtsfolgenausspruch als solcher eine Ermessensausübung zulässt oder aus einer bestimmten Verurteilung bzw. Verfahrenseinstellung Rückschlüsse auf die sonstige Zuverlässigkeit oder Würdigkeit des Verurteilten oder Beschuldigten gezogen werden können. 120

Beispiele: Bei Taten, die nicht nur anlässlich der Berufsausübung, sondern unter Missbrauch des Berufs oder Gewerbes bzw. unter grober Verletzung der mit Beruf und Gewerbe verbundenen Pflichten begangen werden, kann das Gericht im Falle einer Verurteilung (oder bei wegen erwiesener oder nicht auszuschließender Schuldunfähigkeit unterlassener Verurteilung) gegen den Täter nach § 70 StGB für die Dauer von bis zu fünf Jahren ein **Berufsverbot** anordnen, wenn aufgrund einer Gesamtwürdigung von Täter und Tat andernfalls mit weiteren erheblichen berufs- oder gewerbebezogenen Taten zu rechnen ist.

Ist gegen einen Arzt ein Strafverfahren wegen des Verdachts einer Straftat, aus der sich seine Unwürdigkeit oder Unzuverlässigkeit zur Ausübung des ärztlichen Berufs ergeben kann, eingeleitet, so kann die zuständige Behörde gem. §§ 5, 6 BÄO die **Approbation** widerrufen oder – als mildere Maßnahme – deren Ruhen anordnen. Gleiches gilt im Hinblick auf Apotheker nach §§ 6, 8 BApO. Daneben ist nach §§ 95 Abs. 6, 72 Abs. 1 SGB V im Falle einer Verurteilung, die sich auf eine gröbliche Verletzung der vertragsärztlichen Pflichten bezieht (z.B. bei Falschabrechnungen), die **kassenärztliche Zulassung** zu entziehen[2].

Eine Eintragung im Register nach dem Schwarzarbeitsbekämpfungsgesetz (§ 21 Abs. 1 SchwarzArbG), die bis zu drei Jahre einen bundesweiten Ausschluss von der **Vergabe öffentlicher Bauaufträge** zur Folge hat, ist neben Verurteilungen wegen einer dort genannten Katalogtat zu Freiheitsstrafe von mehr als drei Monaten oder Geldstrafe von mehr als 90 Tagessätzen bzw. der Auferlegung einer Geldbuße von mindestens 2.500 Euro bereits vor rechtskräftigem Abschluss des Strafverfahrens gegen die Unternehmensverantwort- 120a

---

1 Vgl. beispielsweise für den Vorwurf des Betruges VG Düsseldorf v. 13.4.2006 – 26 L 464/06. Zu den Korruptionsregistern vgl. auch *Pananis* in Ignor/Rixen, Hdb. ArbeitsstrafR, § 6 Rz. 48.
2 Vgl. z.B. LSG Berlin v. 29.11.2006 – L 7 KA 21/06.

lichen möglich („sollen")¹, wenn „im Einzelfall angesichts der Beweislage kein vernünftiger Zweifel" an einer entsprechenden Verfehlung besteht.

Die Verwirklichung eines Bußgeldtatbestandes des § 23 AEntG kann im Falle einer Geldbuße in Höhe von mindestens 2500 Euro zum Ausschluss von der **Vergabe öffentlicher Liefer-, Bau- oder Dienstleistungsaufträge** der in § 98 GWB genannten öffentlichen Auftraggeber führen (§ 21 Abs. 1 S. 1 AEntG). Nach § 21 Abs. 1 S. 2 AEntG ist hierbei nicht einmal die Durchführung eines Bußgeldverfahrens, geschweige denn dessen rechtskräftiger Abschluss erforderlich, wenn „im Einzelfall angesichts der Beweislage kein vernünftiger Zweifel" an einer entsprechenden Verfehlung besteht.

Da eine strafrechtliche Verurteilung eine schwere Verfehlung i.S. des § 6 Abs. 3 Nr. 2 Buchst. g VOB/A darstellt und ggf. zugleich zu einer nicht ordnungsgemäßen Erfüllung einer Zahlungspflicht in Bezug auf Steuern, Abgaben oder Sozialversicherungsbeiträge nach § 6 Abs. 3 Nr. 2 Buchst. h VOB/A geführt hat, sind entsprechende Bewerber bei **öffentlichen Ausschreibungen für Bauleistungen** regelmäßig als nicht zuverlässig anzusehen.

120b Nach § 35 Abs. 1 S. 1 GewO untersagt die zuständige Behörde die Ausübung eines **Gewerbes**, wenn Tatsachen (z.B. strafrechtliche Verurteilungen) die Unzuverlässigkeit des Gewerbetreibenden dartun.

Ein (faktisches) Berufsverbot betreffend die Ausübung des **Reisegewerbes** ist zu bedenken, wenn eine strafrechtliche Verurteilung den Rückschluss auf eine fehlende Zuverlässigkeit für die beabsichtigte Tätigkeit rechtfertigt (§ 57 Abs. 1 GewO).

In Bezug auf **Entsorgungsfachbetriebe** ist die erforderliche persönliche Zuverlässigkeit des Betriebsinhabers bzw. seiner zur Vertretung oder Geschäftsführung Berechtigten i.d.R. nicht gegeben, wenn er wegen Verletzung „der Vorschriften des Strafrechts über gemeingefährliche Delikte oder Delikte gegen die Umwelt" oder Verletzung der Vorschriften weiterer genannter Rechtsgebiete, die in mehr oder weniger engem Zusammenhang mit der Entsorgungstätigkeit stehen (z.B. Abfall- und Wasserrecht, aber auch Betäubungsmittel- und Waffenrecht) mit einer Geldbuße von mehr als 5000 Euro bzw. einer Strafe belegt wurde oder – unabhängig von der Höhe der Rechtsfolge – wiederholt oder grob pflichtwidrig gegen die genannten Vorschriften verstoßen hat (§ 57 S. 1, 2 Nr. 2 KrWG i.V.m. § 8 Abs. 2 EfbV – Verordnung über Entsorgungsfachbetriebe).

120c Verurteilungen wegen einer Vorsatztat (gleich welcher Art, also auch z.B. einer Steuerhinterziehung) oder einer fahrlässigen Tat im Zusammenhang mit Waffen, Munition etc. zu Geldstrafen von mindestens 60 Tagessätzen (bzw. unabhängig von der Anzahl der verhängten Tagessätze bei Mehrfachverurteilungen) oder zu jeglicher Freiheitsstrafe führen i.d.R. zur waffenrechtlichen Unzuverlässigkeit und gefährden daher **Waffenbesitzkarte** und **Waffenschein** (§ 5 Abs. 2 Nr. 1, § 45 Abs. 2 WaffG)².

Verurteilungen wegen eines Verbrechens bzw. – insbesondere bei Annahme einer missbräuchlichen oder leichtfertigen Verwendung von Waffen oder Munition – eines vorsätzlichen Vergehens sowie wegen einer fahrlässigen Tat im Zusammenhang mit Waffen, Munition oder Sprengstoff bzw. Straftaten gegen näher genannte Vorschriften zu Geldstrafe von mindestens 60 Tagessätzen (bzw. unabhängig von der Anzahl der verhängten Tagessätze bei Mehrfachverurteilungen innerhalb von fünf Jahren) oder zu jeglicher Freiheitsstrafe gefährden – da i.d.R. auf eine Waffenunzuverlässigkeit zu schließen ist – den **Jagdschein** (§ 17 Abs. 4 Nr. 1, § 18 S. 1 BJagdG).

Pilotenscheine sind gefährdet, wenn aus einer Verurteilung oder auch nur aus einer Verfahrenseinstellung nach § 153a StPO (!) in einem Strafverfahren auf fehlende bzw. man-

---

1 Vgl. *Greeve/v. Grießenbeck* in Hauschka, Corporate Compliance, § 41 Rz. 33; *Minoggio*, ZAP Fach 23, S. 859 (869).
2 Vgl. BVerwG v. 16.5.2007 – 6 C 24/06, NVwZ 2007, 1203 (1204 f.) = GewArch 2007, 485 (486 f.).

gelnde Zuverlässigkeit als Luftfahrtpersonal geschlossen wird (§ 24 Abs. 2 S. 2 Nr. 1, S. 3, § 29 Abs. 1 Luftverkehrs-ZulassungsO).

Die Entziehung von verliehenen **Titeln**, **Orden** und **Ehrenzeichen** kann erfolgen, wenn aus einer strafrechtlichen Verurteilung die Unwürdigkeit des Trägers abzuleiten ist (§ 4 Abs. 1 S. 1 OrdenG). 120d

Ausländischen Beschuldigten droht nach den Vorschriften des § 54 AufenthG („im Regelfall") bzw. § 55 AufenthG (Ermessensausweisung: „kann") im Falle eines dort genannten Verstoßen zudem eine **Ausweisung** aus dem Bundesgebiet. Hierbei ist z.T. nicht einmal erforderlich, dass es zu einer entsprechenden Verurteilung gekommen ist[1]. 120e

Des Weiteren können wirtschaftsstrafrechtliche Verurteilungen die Erteilung einer Aufenthalts- bzw. *Arbeitserlaubnis* im **Ausland** (beispielsweise in den USA) erschweren, wenn nicht sogar verhindern, und insofern faktische Auswirkungen haben. 121

3. Strafe und zivilrechtliche Haftung

a) Seit Langem gilt der Grundsatz, dass ein Strafurteil **keine Bindungswirkung** für den Zivilprozess hat (und umgekehrt). Trotz aller Versuche in der jüngsten Vergangenheit, durch ein umfangreiches „Justizmodernisierungsgesetz" zum Zwecke der „Verfahrensverschlankung" die Bindungswirkung eines Strafurteils für ein wegen desselben Lebenssachverhalts geführtes Zivilverfahren zu schaffen, sind solche Reformvorhaben – von wenigen Ansätzen abgesehen[2] – noch nicht (traurige) Realität geworden[3]. Freilich darf man die *Selbständigkeit* beider Verfahren *nicht überschätzen*: Ein in einem Strafverfahren festgestellter Sachverhalt wird regelmäßig in einem Zivilprozess nicht anders gewertet werden, denn das Zivilgericht kann die Tatsache einer rechtskräftigen strafrechtlichen Verurteilung im Rahmen seiner Beweiswürdigung gem. § 286 ZPO berücksichtigen. Allerdings kommen Ausnahmen durchaus vor, beispielsweise wenn das (strafrechtliche) Schulderkenntnis auf der Grundlage einer zweifelhaften „Verständigung" und einem pauschalen Geständnis beruht. Auch in rechtlicher Hinsicht können im Zivilverfahren Erfolge gegenüber einem früheren Strafverfahren erzielt werden. Manch kühner Rechtsinterpretation der Ermittlungsbehörden und der Strafgerichtsbarkeit auf wirtschafts- und gesellschaftsrechtlichem Gebiet sind Zivilgerichte mitunter nicht zu folgen bereit. 122

b) Ein umsichtiger Verteidiger muss und wird bei seinen Verteidigungsaktivitäten deshalb nicht nur strafrechtliche, sondern auch eventuelle **zivilrechtliche Konsequenzen** einer Verurteilung für seinen Mandanten in Betracht ziehen. Entsprechendes gilt auch für sozial- und steuerrechtliche Folgen, die sich aus einem Strafverfahren ergeben können[4]. Der Verteidiger muss in diesen Fällen 123

---

1 Vgl. nur OVG Münster v. 1.10.1997 – 17 A 1888/92, NVwZ-RR 1998, 398. S. hierzu allg. *Pfaff/Otto-Hanschmann* in Widmaier/Müller/Schlothauer, MüAnwHdb. Strafverteidigung, § 34.
2 Vgl. dazu das JuMoG v. 1.9.2004, das z.B. das in einem Strafverfahren eingeholte Gutachten für das Zivilverfahren für verwertbar erklärt, § 411a ZPO.
3 Vgl. jedoch auch *Foerster*, Transfer der Ergebnisse von Strafverfahren in nachfolgende Zivilverfahren, 2008; *Foerster*, JZ 2013, 1143 ff.
4 Vgl. hierzu auch *Minoggio*, ZAP Fach 23, S. 859 (865 ff.).

versuchen, Ermittlungsvorwürfe, die nicht nur theoretisch, sondern auch faktisch mit *hohen Schadensersatzansprüchen* Dritter verbunden sind, zumindest einer Erledigung gem. §§ 154, 154a StPO zuzuführen, sofern ein Tatverdacht nicht ausgeräumt werden kann. Denn ohne (ansonsten u.U. gar geständige) strafrechtliche Verurteilung gelingt in einem Zivilprozess nur wenigen Geschädigtenvertretern ein schlüssiger Klagvortrag nebst zulässigen Beweisantritten. Häufig beschränkt sich vielmehr der Beweisantritt in solchen Schadensersatzprozessen – auch wenn ein umfangreiches Wirtschaftsstrafverfahren mit entsprechendem Aktenumfang vorausgegangen ist – auf den unzulässigen Beweisantritt der Beiziehung der Strafakten. Dabei wird übersehen, dass der Kläger den zum Schadensersatz verpflichtenden Sachverhalt darlegen und für den Beweisantritt genau bezeichnen muss, aus welchen Teilen der Strafakte sich die klagebegründenden Tatsachen ergeben[1]. Ein pauschaler Verweis auf die Strafakten, die u.U. unzählige Aktenordner umfassen können, genügt diesen Anforderungen nicht.

4. Zur Unternehmensgeldbuße

124 Im Gegensatz zum materiellen Strafrecht sieht das Ordnungswidrigkeitenrecht auch Sanktionen gegen juristische Personen und Personenvereinigungen vor (vgl. § 21 Rz. 94 ff., § 23 Rz. 31 ff.). § 30 OWiG ermöglicht nicht nur die Verhängung einer Geldbuße gegen die juristische Person oder eine Personenvereinigung neben einer Geldbuße gegen eine natürliche Person, sondern auch die **selbständige Festsetzung** einer **Geldbuße**, wenn wegen einer Straftat oder Ordnungswidrigkeit ein Verfahren gegen eine natürliche Person nicht eingeleitet oder eingestellt wird (§ 30 Abs. 4 OWiG). Im Rahmen einer GWB-Novelle wurde 2013 der Bußgeldrahmen bei den dem Bußgeldverfahren zugrunde liegenden vorsätzlichen Taten in § 30 Abs. 2 S. 1 Nr. 1 OWiG von 1 Mio. Euro auf 10 Mio. Euro sowie bei Fahrlässigkeitstaten in Nr. 2 von 500.000 Euro auf 5 Mio. Euro angehoben[2] (§ 1 Rz. 121a). Bei der Bemessung der konkreten Geldbuße sind neben dem Unrechtsgehalt der Bezugstat auch unternehmensbezogene Umstände maßgebend. Im Rahmen der allgemeinen Zumessungsgrundsätze sind die wirtschaftlichen Verhältnisse des Unternehmens zu berücksichtigen[3]. Zu beachten sind dabei auch die Maßnahmen und Anstrengungen eines Unternehmens zur Vermeidung solcher Verstöße durch die Implementierung eines effektiven Compliance-Systems (§ 31 Rz. 6)[4]. Dabei darf jedoch nicht übersehen werden, dass auf die Geldbuße gem. § 30 OWiG auch § 17 Abs. 4 OWiG Anwendung findet (vgl. § 30 Abs. 3 OWiG), was erlaubt, den gesetzlich vorgesehenen Bußgeldrahmen bei der Verhängung der Geldbuße um ein Vielfa-

---

1 BGH v. 10.10.2002 – III ZR 205/01, NJW 2002, 3769 = MDR 2003, 26 (27); *Baumbach/Lauterbach/Albers/Hartmann*, § 253 ZPO Rz. 36.
2 8. GWB-ÄndG v. 26.6.2013, BGBl. I 1747 f.
3 *Gürtler* in Göhler, § 30 OWiG Rz. 36a.
4 *Petermann*, Die Bedeutung von Compliance-Maßnahmen für die Sanktionsbegründung und -bemessung im Vertragskonzern, 2013, S. 226 ff.; *Petermann* in Eisele/Koch/Theile, Der Sanktionsdurchgriff im Unternehmensverbund, 2014, S. 99 (114). Vgl. auch *Rogall* in KK, § 30 OWiG Rz. 118.

ches zu überschreiten, wenn dies dazu erforderlich ist, dass das Bußgeld den wirtschaftlichen Vorteil übersteigt.

Geldbußen gem. § 30 OWiG sind, auch wenn sie gegen eine juristische Person festgesetzt werden, **steuerlich** *nicht als Betriebsausgaben* absetzbar, soweit es um den Ahndungs- und nicht um den Abschöpfungsteil geht (vgl. § 4 Abs. 5 S. 1 Nr. 8 S. 2 EStG i.V.m. §§ 8 Abs. 1, 10 Nr. 3 KStG). Im Gegensatz dazu sind Vermögenswerte, deren *Verfall* nach § 29a OWiG angeordnet wurde – was auch in selbständigen Verfahren erfolgen kann – als Betriebsausgaben *steuerlich absetzbar*, was hingegen wegen des Abzugsverbots des § 4 Abs. 5 S. 1 Nr. 10 EStG nicht gelten soll, wenn das Erlangte aus einem Korruptionsdelikt stammt[1]. Es ist deshalb bei Verständigungsgesprächen zur Vermeidung nachfolgender steuerrechtlicher Auseinandersetzungen zu beachten, dass der Vorteil aus der Tat nicht über § 30 OWiG, sondern über § 29a OWiG „abgeschöpft" wird.

125

C. Zivilrechtliche Haftung des Verteidigers

Schrifttum: (außer vor Rz. 1 und vor Rz. 17) *Borgmann/Jungk/Schwaiger*, Anwaltshaftung, 5. Aufl. 2014; *Chab*, Neue Regressprobleme im strafrechtlichen Mandat, AnwBl 2005, 497 f.; *Gräfe/Lenzen/Schmeer*, Steuerberaterhaftung, 5. Aufl. 2014; *Jungk*, Haftung in strafrechtlichen Mandaten, AnwBl 1998, 152 ff.; *Köllner*, Die Haftung des Strafverteidigers, ZAP Fach 23, S. 303 ff.; *Krause*, Die zivilrechtliche Haftung des Strafverteidigers, NStZ 2000, 225 ff.; *Fahrendorf/Mennemeyer/Terbille*, Die Haftung des Rechtsanwalts, 8. Aufl. 2010; *Schäfer*, Zur Frage der zivilrechtlichen Haftung des Verteidigers, in Wahle (Red.), Mandant und Verteidiger, Symposium für Egon Müller, BRAK-Schriftenreihe, Bd. 12, 2000, S. 63 ff.; *Schlecht*, Die zivilrechtliche Haftung des Strafverteidigers, 2006; *Strafrechtsausschuss der Bundesrechtsanwaltskammer*, Reform der Verteidigung im Ermittlungsverfahren, BRAK-Schriftenreihe Bd. 13, 2004, Zivilrechtliche Haftung des Verteidigers, S. 121 ff.; *Zugehör/Fischer, G./Vill/Fischer, D./Rinkler/Chab*, Handbuch der Anwaltshaftung, 3. Aufl. 2011; *Zwiehoff*, Haftung des Strafverteidigers?, StV 1999, 555 ff.

I. Grundlagen

Die *zivilrechtliche Haftung* des Strafverteidigers spielt bislang eine *Außenseiterrolle*, die sich sicherlich nicht damit erklären lässt, dass Strafverteidigung stets fehlerfrei betrieben wird[2]. Es steht eher zu vermuten, dass die Schadensersatzpflicht des Strafverteidigers ein noch weitgehend unbekanntes Rechtsinstitut ist, auch wenn sich die Instanzgerichte in den wenigen publizierten Fällen teilweise durchaus großzügig verhalten haben, als es darum ging, dem Anspruchsteller zu Ersatzansprüchen zu verhelfen. **Strafverteidigung** ist deshalb **kein haftungsfreier Raum**. Gerade im Steuer- und Wirtschaftsstrafverfahren ist ein erhebliches Haftungspotenzial angelegt, insbesondere im Zusammenhang mit einer Verständigung (Rz. 102 f., 163 ff.).

126

Die anwaltliche Haftung im Zusammenhang mit der Strafverteidigung gewinnt vor allem in der Literatur, zunehmend aber auch in der gerichtlichen Praxis an **Bedeutung**[3]. Mag es zunächst auch befremdlich wirken, dass „die Zi-

127

---

1 FG Hamburg v. 18.6.2012 – 6 K 181/11, DStRE 2013, 961 (964 f.). Das Revisionsverfahren ist beim BFH (X R 23/12) anhängig.
2 Vgl. dazu nur *Barton*, Mindeststandards, S. 269 (272).
3 Vgl. dazu die Nw. bei *Chab*, AnwBl. 2005, 497 (497 f.); *Schlecht*, S. 1.

viljustiz in gewisser Weise das letzte Wort über das Strafverfahren und die Strafverteidigung spricht"[1], so verhält es sich hierbei vom Grundsatz her nicht anders als in den sonstigen Berufshaftpflichtprozessen, die sich ebenfalls mit der Tätigkeit anderer Berufsgruppen (als der der Ziviljustiz) befassen.

1. Haftung gegenüber Mandanten

128 Das Vertragsverhältnis zwischen Mandant und **(Wahl-)Verteidiger** ist ein entgeltlicher **Geschäftsbesorgungsvertrag** (§§ 675, 611 BGB), aufgrund dessen der beauftragte Anwalt eine den *Regeln der Kunst* entsprechende Leistung schuldet[2]. Nichts anderes gilt jedoch auch für den **Pflichtverteidiger** gem. §§ 140, 141 StPO. Zwar besteht zwischen dem Pflichtverteidiger und dem Beschuldigten kein zivilrechtliches Vertragsverhältnis, denn der Verteidiger steht in einem öffentlich-rechtlichen Pflichtverhältnis zum Staat. Diese Struktur ändert an der Pflichtenstellung des Verteidigers gegenüber dem Beschuldigten nichts, sodass ihm aus diesem *gesetzlichen Schuldverhältnis* bei Verletzung der Pflichtenstandards Ersatzansprüche in gleicher Weise zustehen können[3].

a) Pflichtverletzung

129 Weicht die vom Anwalt erbrachte Leistung negativ vom Standard eines kunstgerechten Verteidigerverhaltens ab, stellt dies eine Pflichtverletzung gem. § 280 BGB dar. Bereits die Konkretisierung **ordnungsgemäßen Verteidigerverhaltens** wird freilich häufig erhebliche Probleme aufweisen, weil Verteidigerverhalten nicht nur durch prozessuale Regeln, sondern vor allem auch durch Taktik in einem komplexen und dynamischen Prozess der Wahrheitsfindung bestimmt ist[4]. Da Zweckmäßigkeitsfragen und verteidigungsstrategischen Einschätzungen ein hohes Maß an prognostischer Unsicherheit zukommt, steht dem Verteidiger ein breiter Handlungsspielraum zur Verfügung, innerhalb dessen ein pflichtwidriges Verhalten nicht gegeben ist[5]. Pflichtwidrig handelt der Verteidiger auch dann nicht, wenn er trotz der ihm zukommenden Verteidigerrechte entsprechend den Weisungen seines Mandanten handelt, wenn dieser zuvor vom Verteidiger über die Prozesssituation zutreffend aufgeklärt wurde[6].

---

1 Vgl. *Barton*, StV 1991, 322 (326).
2 S. zu den Pflichten des Verteidigers z.B. *Krause*, NStZ 2000, 225 (226 ff.); *Schlecht*, S. 84 ff.
3 Vgl. OLG Düsseldorf v. 23.6.1998 – 24 U 161/97, NJW-RR 1999, 785 (786) = StV 2000, 430 m. Anm. *Jahn*; *Barton*, Mindeststandards, S. 270; *Barton*, StV 1991, 322 (323); *Jungk* in Borgmann/Jungk/Schwaiger, § 12 Rz. 46; *Meixner*, NJW 2009, Heft 30 S. LX; *Pfordte/Degenhard*, § 1 Rz. 42; *Schäfer*, Haftung, S. 63 (69); BRAK-Strafrechtsausschuss, Bd. 13, These 76 (S. 122).
4 Vgl. dazu BRAK-Strafrechtsausschuss, Bd. 13, These 76 (S. 122). Einen Überblick über die wesentlichen Verteidigerpflichten bietet *Barton* in Widmaier/Müller/Schlothauer, MüAnwHdb. Strafverteidigung, § 41 Rz. 13 ff.
5 *Krause*, NStZ 2000, 225 (228); *Fahrendorf* in Fahrendorf/Mennemeyer/Terbille, Rz. 1938; *Schäfer*, Haftung, S. 63 (72); BRAK-Strafrechtsausschuss, Bd. 13, These 76 (S. 122 f.).
6 Vgl. dazu im Einzelnen *Schlecht*, S. 40 ff.

130 Der Verteidiger hat jedenfalls darauf hinzuwirken, dass das Gericht **nicht zum Nachteil seines Mandanten** *ein fehlerhaftes Urteil* fällt. Hierzu gehört, dass auf eventuelle Verfahrenshindernisse hingewiesen wird und sämtliche *zugunsten* des Mandanten sprechenden Aspekte rechtzeitig vorgebracht werden, damit sie bei der Entscheidungsfindung berücksichtigt werden können. Dabei hat der Anwalt dem Aufkommen von Irrtümern und Versehen des Gerichts bzw. bereits der Strafverfolgungsbehörden nach Kräften entgegenzuwirken[1]. Hierbei ist jedoch die Prozesstaktik zu berücksichtigen.

130a **Beispiel:** Falls z.B. ein Strafrichter einen sich aus den Akten ergebenden möglichen Entlastungszeugen im Rahmen des Amtsermittlungsgrundsatzes nicht hört, muss es keineswegs pflichtwidrig sein, wenn der Verteidiger einen *Beweisantrag* auf Vernehmung jenes Entlastungszeugen unterlässt. Insbesondere wenn der Verteidiger davon ausgehen muss, dass jener Zeuge nicht ausschließlich entlastende Angaben machen wird oder vom Gericht als nicht glaubwürdig qualifiziert wird, kann es den Regeln der Kunst entsprechen, einen solchen Beweisantrag zu unterlassen, um hierauf im Revisionsverfahren eine *Aufklärungsrüge* stützen zu können.

131 Übersieht ein Verteidiger jedoch, dass wegen des seinem Mandanten gemachten Vorwurfs bereits **Verfolgungsverjährung** eingetreten ist, und weist er nicht auf diesen Umstand hin, so liegt eine relevante Pflichtverletzung vor[2]. Gerade solche Verjährungssituationen sind bei größeren Wirtschaftsstrafverfahren nicht selten anzutreffen, sodass die sachgerechte Prüfung der Verjährungslage zu den Pflichten des Verteidigers gehört. Gleiches gilt für andere Verfahrenshindernisse, sodass der Anwalt pflichtwidrig handelt, der einer Einstellung nach § 153a StPO zustimmt, obwohl kein wirksamer Strafantrag vorliegt[3]. Schließlich liegt auch in umgekehrter Hinsicht ein Beratungsfehler vor, wenn der Anwalt fehlerhaft eine Strafverfolgungsverjährung annimmt und daher dem im Ausland befindlichen, im Inland aber mit Haftbefehl gesuchten Mandanten suggeriert, dass eine Einreise ohne Bedenken möglich sei[4].

132 Mit einem erheblichen Haftungspotenzial verbunden ist das Mandat zur Prüfung und ggf. Einlegung eines *Einspruchs* gegen einen **Strafbefehl**, da nach § 411 Abs. 4 StPO bei diesem Rechtsbehelf das Verschlechterungsverbot („reformatio in peius") nicht existiert. Somit besteht deshalb die Gefahr, dass in der Hauptverhandlung eine *höhere Strafe* verhängt wird, entweder durch Erhöhung der Tagessatzanzahl oder durch Anhebung der Tagessatzhöhe. Der Anwalt ist deshalb verpflichtet, die Einkommensverhältnisse des Mandanten zu prüfen, um die im Strafbefehl angesetzte Tagessatzhöhe bewerten zu können. Darüber hinaus muss er eine Prognosebeurteilung vornehmen über das Verurteilungsrisiko und eine ggf. zu verhängende Tagessatzzahl, die häufig im Ein-

---

1 BGH v. 18.12.2008 – IX ZR 179/07, NJW 2009, 987 ff.; *Meixner*, NJW 2009, Heft 30 S. LX.
2 Inzident hat der BGH v. 17.9.1964 – III ZR 215/63, NJW 1964, 2402 (2403 f.) eine Schadensersatzpflicht des Verteidigers bejaht. Vgl. hierzu auch *Schäfer*, Haftung, S. 63 (72 f.); *Zwiehoff*, StV 1999, 555 (557).
3 *Jungk*, AnwBl. 1998, 152 (153).
4 OLG Braunschweig v. 26.10.2000 – 1 U 19/00, StraFo 2002, 94 (95 f.).

spruchsverfahren höher ausfällt als im Strafbefehl[1]. Denn oftmals wird bei der Festsetzung der Geldstrafe im Strafbefehl damit argumentiert, diese Strafe habe bereits ein strafmilderndes Geständnis berücksichtigt, das in der Akzeptanz eines Strafbefehls zu sehen sei, was bei einem durchgeführten Einspruchsverfahren jedoch entfalle. Dementsprechend kann eine Pflichtverletzung angenommen werden, wenn ein Verteidiger seinem Mandanten die *Rücknahme eines Einspruchs* gegen einen Strafbefehl nicht rät, obwohl nach Lage der Dinge nicht zu erwarten ist, dass eine Hauptverhandlung zu einem Freispruch oder wenigstens zu einer Herabsetzung der Geldstrafe führt[2].

133 Besteht im Ermittlungsverfahren eine greifbare **Möglichkeit zur Verfahrenseinstellung** nach § 170 Abs. 2 StPO und wirkt der Verteidiger erfolgreich auf diese hin, so entsteht das Dilemma, dass der Mandant seine bisherigen notwendigen Auslagen selbst zu tragen hat. Dennoch ist hierin – zumindest bei Aufklärung durch den Anwalt – keine Pflichtverletzung zu sehen, selbst wenn im Falle der Nichteröffnung des Verfahrens bzw. bei Rücknahme der öffentlichen Klage und Einstellung des Verfahrens die notwendigen Auslagen des Beschuldigten der Staatskasse zur Last gefallen wären[3].

b) Nachteil

134 Weitere Voraussetzung für eine Ersatzpflicht des Verteidigers ist das Vorliegen eines Schadens aufseiten des Mandanten. Hierbei stellt sich die zentrale Frage, ob eine *verhängte Strafe* überhaupt als finanziell **ausgleichbarer Schaden** qualifiziert werden kann[4].

135 Grundsätzlich liegt ein Schaden des Mandanten vor, wenn sein **Vermögen geringer** ist als es ohne die Pflichtverletzung des Verteidigers wäre. Vergleichsweise unproblematisch können die mit einer Bestrafung einhergehenden *Aufwendungen*, wie z.B. verlorene Ansprüche, Mehraufwendungen, Verdienstausfall oder *entgangener Gewinn* sowie Eigentums- oder Vermögensverluste durch Einziehung oder Verfall (§§ 73 ff. StGB), als Vermögensschaden angesehen werden[5]. Gleiches gilt – ggf. in unterschiedlichem Umfang – für das *Strafverteidigerhonorar* als (teilweise) fehlgeschlagene Aufwendungen[6].

136 **Geldauflagen** nach § 153a StPO stellen ebenfalls erstattungsfähige Schadenspositionen dar, weil es sich bei ihnen um wirtschaftliche Einbußen ohne Sank-

---

1 Vgl. OLG Düsseldorf v. 26.9.1985 – 8 U 248/84, StV 1986, 211 (212).
2 Vgl. OLG Düsseldorf v. 26.9.1985 – 8 U 248/84, StV 1986, 211 ff.; *Kuhn*, NJW-Spezial 2006, 279.
3 Auf diese Konstellation verweist *Gillmeister* in Brüssow/Gatzweiler/Krekeler/Mehle, § 7 Rz. 12.
4 Bejahend *Krause*, NStZ 2000, 225 (229 f.); *Trüg*, JZ 2008, 727; krit. *Schäfer*, Haftung, S. 63 (74).
5 Vgl. *Zwiehoff*, StV 1999, 555 (557).
6 *Bandisch*, AnwBl. 2002, 44 (45); *Krause*, NStZ 2000, 225 (230 f.); *Zwiehoff*, StV 1999, 555 (558).

tionscharakter handelt und sie deshalb nicht unter den Begriff der Strafe i.S. des § 258 StGB fallen[1].

Aber auch **Bußgelder** und **Geldstrafen** können als erstattungsfähige Vermögenseinbußen angesehen werden, obwohl diese Sanktionen den Täter persönlich treffen sollen[2]. Dies scheint zunächst gegen einen – jedenfalls im normativen Sinne – Schaden zu sprechen. Dennoch ist eine Abwälzung auf den Rechtsanwalt jedenfalls in Konstellationen denkbar, in denen der Anwalt durch eine schuldhafte Pflichtverletzung eine fahrlässige Tatbegehung seines Mandanten veranlasst hat[3] oder er beispielsweise seinem Mandanten nicht die Erstattung einer Selbstanzeige nach § 371 AO empfiehlt, sodass es zu einer Bestrafung wegen Steuerhinterziehung kommt[4]. Des Weiteren kann der Verteidiger die Verhängung einer vermeidbaren (ggf. zu hohen) Geldstrafe oder -buße und damit einen Schaden des Mandanten verursacht haben[5]. 137

Im Hinblick auf eine **Freiheitsstrafe** kommt neben den konkret nachzuweisenden materiellen Schäden der Ersatz eines immateriellen Schadens i.S. des § 253 BGB (Schmerzensgeld) in Betracht[6]. Bejaht man die grundsätzliche Schadenseigenschaft dieser Strafe, stellt sich die weitere Frage nach dem Inhalt der Entschädigung: Begründet die (dem Verteidiger zurechenbare) fehlerhafte Verhängung mit Vollstreckung einer Freiheitsstrafe oder Anordnung anderer freiheitsentziehender Maßnahmen eine Entschädigung nach dem Strafrechtsentschädigungsgesetz (StrEG) oder ist die Haft nach den Grundsätzen über eine rechtswidrige Freiheitsentziehung durch Schmerzensgeld zu entschädigen? Während die Entschädigung nach § 7 Abs. 3 StrEG mit (mittlerweile) 25 Euro je angefangenem Tag der Freiheitsentziehung marginale Beträge zum Gegenstand hätte, führt die Anwendung allgemeinen Schmerzensgeldrechts zu erheblich höheren Ersatzansprüchen. 138

Beispiel: Das *KG*[7] hat eine Verteidigerin zu materiellem und immateriellem *Schadensersatz* verurteilt, weil sie ihren Mandanten im Zusammenhang mit einem Terminsverlegungsgesuch nicht darauf hingewiesen habe, dass er im Falle der Nichtverlegung des 138a

---

1 BGH v. 13.11.1978 – AnwSt (R) 13/78, BGHSt 28, 174 (176) = NJW 1979, 770; OLG Braunschweig v. 26.10.2000 – 1 U 19/00, StraFo 2002, 94 (97); *Krause*, NStZ 2000, 225 (230); *Barton* in Widmaier/Müller/Schlothauer, MüAnwHdb. Strafverteidigung, § 41 Rz. 64; *Zwiehoff*, StV 1999, 555 (557).
2 LG Bonn v. 27.8.1996 – 13 O 226/96, NJW 1997, 1449; vgl. dazu auch *Schlecht*, S. 171 ff.
3 BGH v. 15.4.2010 – IX ZR 189/09, wistra 2010, 354 (355) = DB 2010, 1171 (1172); LG Bonn v. 27.8.1996 – 13 O 226/96, NJW 1997, 1449 unter Hinweis auf BGH v. 31.1.1957 – II ZR 41/56, BGHZ 23, 222 (225 f.) bezüglich der Geldbuße für eine fahrlässig begangene Ordnungswidrigkeit.
4 *Schmitt* in Cramer/Cramer, AnwHdb. StrafR, Kap. O Rz. 144.
5 So die Konstellation bei OLG Düsseldorf v. 26.9.1985 – 8 U 248/84, StV 1986, 211 ff.
6 Pauschal bejahend *Bandisch*, AnwBl. 2002, 44 (45); *Barton* in Widmaier/Müller/Schlothauer, MüAnwHdb. Strafverteidigung, § 41 Rz. 64.
7 KG v. 17.1.2005 – 12 U 302/03, NJW 2005, 1284 (1284 f.) = StV 2005, 449 (449 f.) m. Anm. *Barton*.

Termins bei seinem Ausbleiben mit hoher Wahrscheinlichkeit mit einem Haftbefehl rechnen müsse. Obwohl dem Mandanten die Nichtverlegung des Termins bekannt war, blieb er diesem Termin fern, um nach Afrika zu fliegen und dort zu heiraten. Nach Rückkehr in die Bundesrepublik Deutschland wurde der Mandant in Untersuchungshaft genommen, in der er 76 Tage blieb. Das KG war überzeugt, dass bei einer Aufklärung des Mandanten über das hohe Risiko eines Haftbefehls dieser die Reise nach Afrika nicht angetreten hätte und zum Termin erschienen wäre. Da der Beschuldigte zu einer Freiheitsstrafe zur Bewährung verurteilt wurde, wurde die vollzogene Untersuchungshaft der Verteidigerin zugerechnet mit der Folge, dass sie wegen der erlittenen Freiheitsbeeinträchtigung zur Zahlung von Schmerzensgeld verurteilt wurde.

138b Das *KG*[1] hielt trotz eines erheblichen Mitverschuldens des Mandanten ein **Schmerzensgeld** von circa 92 Euro je Hafttag für angemessen, sodass bei einem alleinigen Verschulden des Strafverteidigers unter Beachtung der Umstände des Einzelfalles durchaus *Beträge von 200 Euro je Hafttag* in Betracht kommen können. Bei der Bestimmung der Höhe sind insbesondere die konkreten Lebensbeeinträchtigungen des Mandanten, wie der eingeschränkte Kontakt zur Familie und die Schädigung seines Ansehens, sowie die Gesamtdauer der Freiheitsentziehung zu berücksichtigen.

c) Kausalzusammenhang

139 Eine festgestellte Pflichtverletzung erlangt nur dann schadensersatzrechtliche Bedeutung, wenn zwischen ihr und dem Nachteil des Mandanten ein Kausalzusammenhang (und zwar eine **haftungsbegründende** und **haftungsausfüllende Kausalität**) besteht.

140 aa) Die Kausalität ist nicht bereits deshalb ausgeschlossen, weil eine **richterliche Entscheidung** in einem dem Amtsermittlungsgrundsatz unterliegenden Verfahren und nicht ein Verhalten des Verteidigers letztendlich zum Nachteil (Bestrafung) des Mandanten geführt hat. Das Strafgericht wird nämlich regelmäßig bei gehöriger Sorgfalt und pflichtgemäßer Prüfung des Sachverhalts auch unter Beachtung des Vorbringens des Verteidigers zu einer ordnungsgemäßen Entscheidung kommen[2]. Daher wird der Ursachenzusammenhang zwischen einer Pflichtverletzung des Verteidigers (*Verstoß gegen die Fehlerverhütungspflicht*)[3] und einem Nachteil des Mandanten nicht automatisch durch eine fehlerhafte Entscheidung des Gerichts unterbrochen. Vielmehr hat der Rechtsanwalt generell und damit auch der Strafverteidiger die Pflicht, fehlerhaftem gerichtlichem Verhalten im Interesse seines Mandanten entgegenzutreten[4]. Eine Ausnahme gilt für den Fall, dass es sich um ganz ungewöhnlich schwere Fehlgriffe des Gerichts handelt, die außerhalb jeder realitätsgerechten

---

1 KG v. 17.1.2005 – 12 U 302/03, NJW 2005, 1284 (1285) = StV 2005, 449 (450) m. Anm. *Barton*; ebenso *Schlecht*, S. 225. Für einen Rückgriff auf das StrEG hingegen *Köllner*, ZAP Fach 23, S. 303 (304); wohl ebenso *Barton*, Mindeststandards, S. 273.
2 Vgl. BGH v. 17.9.1964 – III ZR 215/63, NJW 1964, 2402 (2404).
3 Vgl. hierzu *Krause*, NStZ 2000, 225 (228).
4 Vgl. dazu nur *Borgmann* in Borgmann/Jungk/Schwaiger, § 28 Rz. 74 ff.

Vorstellung eines durchschnittlich erfahrenen, sorgfältigen und vorsichtigen Rechtsanwalts liegen[1].

Die Prüfung der Kausalität wirft bei der Frage der Haftung des Strafverteidigers jedoch deshalb erhebliche Probleme auf, weil der prozessuale Nachweis der Kausalität einer Pflichtverletzung voraussetzt, dass im Haftungsprozess der **Strafprozess nachvollzogen** und beurteilt werden muss. Wenn jedoch im (zivilrechtlichen) Schadensersatzprozess ein Strafprozess nachzuvollziehen ist, ergeben sich naturgemäß bereits Friktionen aus den unterschiedlichen Verfahrensordnungen für den Ausgangsprozess (Strafprozess) mit dem dort geltenden Amtsermittlungsgrundsatz einerseits und den Darlegungs- und Beweislastprinzipien im Haftpflichtprozess andererseits[2].

bb) Ein Weiteres kommt hinzu: Da der Schaden aus einer Pflichtverletzung des Verteidigers im Strafprozess – zumindest meistens – in einer vom Mandanten als ungerecht empfundenen Strafe gesehen wird, deren Verhängung der Verteidiger pflichtwidrig nicht verhindert haben soll, wäre im Haftpflichtprozess nachzuvollziehen, **welche Strafe** bei Erfüllung der Standards ordnungsgemäßer Verteidigung verhängt worden wäre[3]. Dass dies – jedenfalls in Grenzfällen – für den Kläger bereits nicht darzulegen, geschweige denn zu beweisen ist, liegt auf der Hand[4]. Umgekehrt könnte aber auch der in Anspruch genommene Verteidiger weder substanziert darlegen noch beweisen, dass bei ordnungsgemäßer Verteidigung nicht auf eine geringere Strafe erkannt worden wäre[5]. Die *Verteilung der Beweislast* entscheidet bei dieser Konstellation somit regelmäßig über den Ausgang des Haftungsprozesses. Deshalb erscheint es auch bedenklich, wenn eine Beweislastumkehr damit begründet wird, dass der Mandant aufgrund der Singularität eines Strafzumessungsaktes und der Unmöglichkeit, einen solchen nachträglich mit hinreichender Wahrscheinlichkeit zu reproduzieren, ansonsten in die ungewöhnlich schwierige Lage versetzt wäre, den hypothetischen Ausgang einer richterlichen Strafzumessung ex post beweisen zu müssen[6]. Dass der Mandant durch ein pflichtwidriges Verhalten des Verteidigers in eine besondere Beweisnot gebracht wurde und die Durchsetzung seines (auch grundrechtlich geschützten) Schadensersatzanspruchs daher äußerst schwierig wäre[7], kann allein aber nicht die Umkehr der Beweislast begründen.

---

1 OLG Nürnberg v. 29.6.1995 – 8 U 4041/93, StV 1997, 481 (485). Offengelassen bei BGH v. 28.6.1990 – IX ZR 209/89, NJW-RR 1990, 1241 (1242) unter Hinweis auf RG v. 15.5.1936 – III 273/35, RGZ 151, 259 (264 f.), das eine schiedsgerichtliche Entscheidung zum Gegenstand hatte.
2 Vgl. insbes. *Krause*, NStZ 2000, 225 (233).
3 Vgl. dazu *Schäfer*, Haftung, S. 63 (73); s. auch *Köllner*, ZAP Fach 23, S. 303 (306), der auf die hypothetische Entscheidung des tätig gewesenen Strafgerichts abstellt.
4 Ebenso spricht OLG Nürnberg v. 29.6.1995 – 8 U 4041/93, StV 1997, 481 (484) davon, dass die Durchsetzung der Schadensersatzforderung „geradezu chancenlos" wäre.
5 S. auch *Pfordte/Degenhard*, § 1 Rz. 42.
6 So aber OLG Nürnberg v. 29.6.1995 – 8 U 4041/93, StV 1997, 481 (484).
7 S. erneut OLG Nürnberg v. 29.6.1995 – 8 U 4041/93, StV 1997, 481 (484).

143 **cc)** Die erste Frage lautet deshalb, ob der Mandant die **Darlegungs- und Beweislast** trägt, dass eine geringere Strafe verhängt worden wäre, oder der Verteidiger zu beweisen hat, dass unabhängig von seinem Fehler zumindest dieselbe Strafe verhängt worden wäre. Eine *Beweiserleichterung* in Form der Vermutung eines beratungskonformen Verhaltens führt nicht weiter, wenn es um die Frage geht, welches Urteil verhängt worden wäre, wenn sich der Verteidiger pflichtgemäß verhalten hätte. In Anlehnung an die Rechtsprechung zum Arzthaftungsrecht wird bei schweren Pflichtverletzungen teilweise – allerdings zu Unrecht – eine *Beweislastumkehr* zugunsten des Mandanten angenommen[1].

143a **Beispiel:** In einem nicht rechtskräftig gewordenen (im Revisionsverfahren verglichenen) Verfahren vor dem *OLG Nürnberg*[2] hat das Gericht den ehemaligen Verteidiger eines wegen mehrfachen Betruges und Urkundenfälschung angeklagten Ruhestandsbeamten zum Schadensersatz verurteilt, weil jener Verteidiger im Rahmen einer Verständigung für seinen Mandanten zwar eine Freiheitsstrafe zur Bewährung in Höhe von zwei Jahren erreichen konnte, aber bei diesen Verständigungsgesprächen weder vom Verteidiger noch vom Gericht gesehen wurde, dass gem. § 59 Abs. 1 S. 1 Nr. 2 Buchst. a BeamtVG der Ruhestandsbeamte bei einer solchen Verurteilung seiner Ruhestandsbezüge verlustig gehen würde (vgl. Rz. 119a). Der Verteidiger wurde deshalb verurteilt, die Differenz zwischen der aufgrund der Verurteilung nur noch (wegen der Nachversicherung) bezahlten Rente und den fiktiven Ruhestandsbezügen zu ersetzen. Das OLG Nürnberg begründete dies damit, dass bei solchen Fällen einer Pflichtverletzung (nämlich bei einer Absprache nicht alle Konsequenzen einer Verurteilung in Betracht gezogen zu haben) den Verteidiger die Beweislast treffe, dass bei Berücksichtigung dieses Aspekts keine geringere (die negative Folge vermeidende) Strafe hätte erreicht werden können.

144 Folgt man dem OLG Nürnberg, ist die **Haftung** des Verteidigers **vorprogrammiert**. Allerdings würde eine solche Sicht der Dinge zu dem bedenklichen Ergebnis führen, faktisch bereits eine Pflichtverletzung des Verteidigers als schadensersatzbegründend zu qualifizieren, ohne jemals festzustellen, dass ein günstigeres Ergebnis zu erreichen gewesen wäre. Dass ein solches, dem allgemeinen Schadensersatzrecht widersprechendes Ergebnis nicht erträglich ist, erscheint naheliegend. Es hat deshalb bei dem allgemeinen Grundsatz des Anwaltshaftungsprozesses zu verbleiben, dass der Mandant die Beweislast für die Ursächlichkeit der Pflichtverletzung für den geltend gemachten Schaden trägt[3]. Da jedoch der hypothetische Ausgang des Vorprozesses auch bei einem dort geltenden Amtsermittlungsgrundsatz zur haftungsausfüllenden Kausalität gehört, gelten hierfür die Beweisgrundsätze des § 287 ZPO[4].

---

1 In diesem Sinne *Köllner*, ZAP Fach 23, S. 303 (310); wohl auch *Barton*, StV 1998, 606 (607); *Jahn*, StV 2000, 431 (432); a.A. und zutreffend OLG München v. 30.12.2005 – 15 U 4753/05 mit Anm. *Grams*, BRAK-Mitt. 2006, 74; *Jungk*, AnwBl. 1998, 152 (154); *Krause*, NStZ 2000, 225 (233 f.); BRAK-Strafrechtsausschuss, Bd. 13, These 76 (S. 124 f.); offengelassen bei LG Berlin v. 3.5.1990 – 7.0.390/89, StV 1991, 310 (312). Überlegungen zur Bestimmung grober Pflichtverstöße finden sich bei *Barton*, StV 1991, 322 (325).
2 OLG Nürnberg v. 29.6.1995 – 8 U 4041/93, StV 1997, 481 ff.
3 BGH v. 9.6.1994 – IX ZR 125/93, BGHZ 126, 217 (221 f.) = NJW 1994, 3295 (3298); a.A. OLG Nürnberg v. 29.6.1995 – 8 U 4041/93, StV 1997, 481 (484).
4 OLG Stuttgart v. 24.7.2007 – 12 U 220/06.

Darüber hinaus stellt sich im Rahmen der Beweiserhebung nach teilweise vertretener Ansicht das Problem, wie hinsichtlich der nicht reproduzierbaren Interaktionen in und außerhalb der Hauptverhandlung sowie mit Blick auf das *Beratungsgeheimnis* nach §§ 43, 45 Abs. 1 S. 2 DRiG die Kausalität überhaupt festgestellt werden soll[1]. Dabei handelt es sich jedoch – jedenfalls häufig – um ein Scheinproblem. Denn richtigerweise ist nicht maßgeblich, wie das Ausgangsgericht bei pflichtgemäßem Verteidigerhandeln geurteilt hätte, sondern es ist ausschlaggebend, welche **Entscheidung das Gericht** bei pflichtgemäßem Vorgehen des Verteidigers *zu treffen gehabt hätte*[2]. Hierüber hat allein das Haftungsgericht zu entscheiden. Dementsprechend ist über die Beratung des Gerichts im Vorprozess nicht Beweis zu erheben, sodass das Beratungsgeheimnis nicht berührt wird[3]. Eine hypothetische fehlerhafte (!) Entscheidung des Vorgerichts zugunsten des Mandanten kann diesem keinen Schadensersatzanspruch verschaffen. Es kommt vielmehr darauf an, ob das Gericht die behauptete hypothetische Entscheidung von Rechts wegen *hätte treffen können*[4]. Dies gilt dann, wenn es um die Frage des Schuldspruchs geht.

145

Beispiel: Das *OLG Düsseldorf*[5] hat in diesem Sinne argumentiert und eine Pflichtverletzung des (Pflicht-)Verteidigers zwar bejaht, eine Schadensersatzpflicht allerdings wie folgt verneint: „Eine Berufung gegen das Urteil des [Schöffengerichts] [...] hätte keinen Erfolg gehabt. Dabei kommt es nicht darauf an, ob das LG rechtskräftig [...] eine Freiheitsstrafe von unter einem Jahr verhängt hätte, sondern darauf, ob es dies von Rechts wegen hätte tun können."

145a

Schwieriger ist die Frage zu beantworten, ob das **Zivilgericht** über die im Ausgangsprozess (Strafprozess) – ohne Anwaltsfehler – richtigerweise zu verhängen gewesene Strafe eine eigene (freilich nur fiktive) **Strafzumessungskompetenz** besitzt[6]. Hierbei ist zu beachten, dass das Strafgericht bei der Strafzumessung bereits einen relativ weiten Strafzumessungsspielraum hat, bei dessen Ausfüllung auch das Verhalten des Angeklagten im (Straf-)Prozess eine Rolle spielen kann[7]. Richtigerweise wird das Haftungsgericht unter Würdigung und Prüfung der vom Strafgericht getroffenen Feststellungen für die Strafzumessung, korrigiert um die durch fehlerhaftes Verteidigerverhalten unzureichend zugunsten

146

---

1 Vgl. auch OLG München v. 30.12.2005 – 15 W 2574/05, 15 U 4753/05, BRAK-Mitt. 2006, 74 (Ls) m. Anm. *Grams*; OLG Nürnberg v. 29.6.1995 – 8 U 4041/93, StV 1997, 481 (484); LG Berlin v. 3.5.1990 – 7.0.390/89, StV 1991, 310 (311); *Schäfer*, Haftung, S. 63 (73 f.).
2 OLG Nürnberg v. 29.6.1995 – 8 U 4041/93, StV 1997, 481 (483); BRAK-Strafrechtsausschuss, Bd. 13, These 76 (S. 124); *Krause*, NStZ 2000, 225 (231).
3 OLG München v. 30.12.2005 – 15 U 4753/05 mit Anm. *Grams*, BRAK-Mitt. 2006, 74; *Krause*, NStZ 2000, 225 (231).
4 OLG Düsseldorf v. 23.6.1998 – 24 U 161/97, NJW-RR 1999, 785 (786) = StV 2000, 430 (431) m. Anm. *Jahn*.
5 OLG Düsseldorf v. 23.6.1998 – 24 U 161/97, NJW-RR 1999, 785 (786) = StV 2000, 430 (431) m. Anm. *Jahn*.
6 So wohl BGH v. 20.1.1994 – IX ZR 46/93, NJW 1994, 1211 (1212 f.); OLG Düsseldorf v. 26.9.1985 – 8 U 248/84, StV 1986, 211 (212); OLG Düsseldorf v. 23.6.1998 – 24 U 161/97, NJW-RR 1999, 785 (787) = StV 2000, 430 (431) m. Anm. *Jahn*.
7 *Jungk*, AnwBl. 1998, 152.

des Mandanten oder fehlerhaft zu seinen Lasten berücksichtigten Strafzumessungserwägungen, die fiktive schuldangemessene Strafe gem. § 46 StGB feststellen[1].

d) Abweichende Haftungsstandards

147 Über diese herkömmlichen, ihrerseits bereits komplexen allgemeinen Fragen der Anwaltshaftung hinaus wird diskutiert, ob für den Strafverteidiger angesichts seiner Funktion als **Organ der Rechtspflege** und nicht eines bloßen Parteivertreters andere Haftungsstandards als für den Zivilanwalt zu gelten haben.

148 Normativ ist dies sicherlich zu bejahen, weil aufgrund der **Besonderheiten des Strafprozesses** gegenüber dem Zivilprozess die Haftungsrisiken zunächst erheblich geringer sind. Da der Verteidiger anders als der Prozessvertreter im Zivilverfahren (vgl. § 85 Abs. 2 ZPO) *nicht Vertreter des Beschuldigten* ist, muss sich der Mandant bei einer Fristversäumnis das Verschulden seines Strafverteidigers jedenfalls im strafrechtlichen Erkenntnisverfahren nicht zurechnen lassen, solange der Mandant nicht durch eigenes Verschulden zur Versäumung der Frist beigetragen hat[2]. Somit besteht ein Haftungsrisiko aufgrund Fristversäumnis regelmäßig nicht und die Wiedereinsetzung in den vorherigen Stand (§ 44 StPO) ist für eine vom Verteidiger versäumte Frist zu gewähren. Des Weiteren trägt der *Amtsermittlungsgrundsatz* des Strafprozesses dazu bei, dass Haftungsrisiken wegen mangelhaften oder verspäteten Vortrags in der *Tatsacheninstanz* regelmäßig *nicht* bestehen. Generell hat der Strafrichter nämlich auch bei Fehlern und Versäumnissen des Verteidigers den Sachverhalt aufzuklären und unabhängig von Verteidigungsanträgen die materiell richtige Entscheidung zu treffen[3]. Allerdings entbindet der Amtsermittlungsgrundsatz den Verteidiger aber nicht von seiner Pflicht, sich selbst eine umfängliche Kenntnis von dem maßgeblichen Sachverhalt zu verschaffen[4]. Deshalb besteht für den Verteidiger die Verpflichtung, das Strafgericht und die Strafverfolgungsbehörden auf die für den Beschuldigten vorteilhaften Sachverhaltsaspekte hinzuweisen und erkennbaren Fehlern entgegenzuwirken[5].

149 Etwas *anderes* gilt freilich für die Verfahrensrüge im **Revisionsverfahren**. Dass die vom Revisionsgericht verworfene – weil nicht ordnungsgemäß erhobene – Verfahrensrüge Anlass gibt, die Frage einer Pflichtverletzung des Verteidigers

---

1 Vgl. *Schlecht*, S. 213 ff.; ähnlich wohl OLG Nürnberg v. 29.6.1995 – 8 U 4041/93, StV 1997, 481 (483).
2 BGH v. 25.5.1960 – 4 StR 193/60, BGHSt 14, 306 (308 f.) = NJW 1960, 1774 (1775); BGH v. 21.12.1972 – 1 StR 267/72, BGHSt 25, 89 (92) = NJW 1973, 521; BGH v. 13.8.2008 – 1 StR 162/08, wistra 2009, 33 (34) = NJW-Spezial 2008, 665 (Zusammenfassung); *Barton*, Mindeststandards, S. 271 f; *Krause*, NStZ 2000, 225; *Meixner*, NJW 2009, Heft 30 S. LX.
3 *Barton*, Mindeststandards, S. 275.
4 *Schlecht*, S. 87 ff.
5 Vgl. BGH v. 17.9.1964 – III ZR 215/63, NJW 1964, 2402 (2403) unter Hinweis auf „das nur unvollkommene menschliche Erkenntnisvermögen und die niemals auszuschließende Möglichkeit menschlicher Irrtümer" auch aufseiten der Staatsanwaltschaft und der Gerichte; s. ferner OLG Nürnberg v. 29.6.1995 – 8 U 4041/93, StV 1997, 481 (483).

zu untersuchen, liegt auf der Hand[1]. Allein die Feststellung des Haftungsgerichts, dass das Strafurteil aufgrund einer ordnungsgemäß erhobenen Verfahrensrüge hätte aufgehoben werden müssen, reicht jedoch für sich allein noch nicht aus, um einen durch die Pflichtverletzung des Verteidigers entstandenen Schaden anzunehmen[2]. Darüber hinaus wäre die Feststellung erforderlich, dass nach Zurückverweisung das Instanzgericht (zumindest) eine geringere Strafe hätte verhängen müssen.

Über diese *verfahrensimmanenten* Haftungsbeschränkungen hinaus werden jedoch Überlegungen einer **systemimmanenten Haftungsbeschränkung** erwogen mit der Begründung, dass der Verteidiger als Organ der Rechtspflege im Strafverfahren auch der materiellen Wahrheit und nicht ausschließlich dem Interesse seines Mandanten verpflichtet ist. 150

Indes ändert die Einordnung des Verteidigers als Organ der Rechtspflege nichts daran, dass er als Beistand des Beschuldigten den **Verteidigungsinteressen** seines Mandanten und nicht einer von wem auch immer zu bestimmenden materiellen Wahrheit verpflichtet ist. Seine Aufgabe geht deshalb dahin, im Rahmen eines justizförmigen Verfahrens eine Bestrafung seines Mandanten gänzlich zu vermeiden oder ein möglichst geringes Straferkenntnis – und nicht etwa eine schuldangemessene Strafe – anzustreben. Dies bedeutet, dass eine Pflichtwidrigkeit des Verteidigerverhaltens nicht bereits mit der Begründung ausgeschlossen ist, der Anwaltsfehler habe es dem Gericht lediglich ermöglicht, gegenüber dem ehemaligen Mandanten eine schuldangemessene Strafe zu verhängen. Allerdings wird es in solchen Fällen regelmäßig an der Schadenskausalität fehlen. Denn in einer *schuldangemessenen Strafe* liegt regelmäßig *kein Schaden* (vgl. Rz. 137, Rz. 159). Etwas anderes gilt freilich, wenn bei pflichtgemäßem Verteidigerverhalten eine Strafe in einem justizförmigen Verfahren nicht hätte verhängt werden können. Dies ist etwa dann der Fall, wenn der Verteidiger der Verwertung verfahrensfehlerhaft erhobener Beweise in der Hauptverhandlung nicht widerspricht[3] und dies zur Verurteilung führt. 151

e) Andere Mandatspflichten

Dass einem Rechtsanwalt im Rahmen eines Strafverfahrens auch andere Aufgaben als die eines Verteidigers zukommen können, insbesondere als *Zeugenbeistand* oder als *Nebenkläger- und Geschädigtenvertreter*, wurde bereits angesprochen (vgl. Rz. 62 ff., 70 ff.). Das Mandatsverhältnis und die Mandatspflichten bestimmen sich in diesen Fällen **nach den zwischen den Parteien getroffenen Vereinbarungen** und den sich hieraus ergebenden Pflichtenstandards. Soweit etwa ein Rechtsanwalt im Rahmen eines Strafverfahrens von einem Geschädigten zum Zwecke der Geltendmachung von Schadensersatzansprüchen mandatiert wurde, gelten beispielsweise die allgemeinen Pflichtenstandards eines in sonstigen zivilrechtlichen Angelegenheiten beauftragten Anwalts. 152

---

1 Vgl. hierzu *Schäfer*, Haftung, S. 63 (73).
2 LG Berlin v. 3.5.1990 – 7.O.390/89, StV 1991, 310 (312).
3 Vgl. dazu z.B. *Tondorf/Tondorf* in Hamm/Leipold (Hrsg.), Beck'sches Formularbuch für den Strafverteidiger, Kap. VII.A.15; *Laufhütte* in KK, Vor § 137 StPO Rz. 6.

2. Haftung gegenüber Dritten

153 In diese Kategorie gehören zunächst die Fälle, in denen der Vertragspartner des Anwaltsvertrages nicht der Beschuldigte, sondern dessen **Arbeitgeber** (oder Angehöriger usw.) ist. Bereits oben wurde darauf hingewiesen (vgl. Rz. 18), dass bei solchen Mandatsstrukturen die anwaltlichen Pflichten als Verteidiger aus dem Vertrag zugunsten Dritter gegenüber dem beschuldigten Mandanten erwachsen. Gegenüber dem Auftraggeber bestehen *daneben* Pflichten aus der Mandatsabwicklung. Hierzu gehören die ordnungsgemäße Honorarabrechnung, die pflichtgemäße Verwendung zur Verfügung gestellter Kautionsgelder oder die Sicherung des Rückerhalts der zur Verfügung gestellten Kaution nach Erledigung des Sicherungszwecks. Verletzt der Verteidiger insoweit seine Pflichten, ist er dem Auftraggeber zum Ersatz verpflichtet[1].

154 Darüber hinaus werden es regelmäßig *deliktische Ansprüche* aus Verletzung eines Schutzgesetzes i.V.m. § 823 Abs. 2 BGB sein, die einem **Dritten** gegenüber einem Strafverteidiger zustehen. Die hierfür in Betracht kommenden Sachverhalte können vielfältig sein: Sie reichen von der Begünstigung (§ 257 StGB) und Vollstreckungsvereitelung (§ 258 Abs. 2 StGB) im Zusammenhang mit dem Versuch, Gläubigern den Zugriff auf das Mandantenvermögen oder staatliche Einziehungs- oder Verfallsanordnungen zu vereiteln, bis hin zur falschen Verdächtigung (§ 164 StGB) oder die Grenzen des § 193 StGB überschreitenden Verleumdung (§ 187 StGB), wenn ein Verteidiger aus falsch verstandener Loyalität gegenüber dem Mandanten einen Dritten der Begehung der seinem Mandanten vorgeworfenen Straftat bezichtigt oder einem Belastungszeugen eine Falschaussage oder einen Meineid vorwirft.

3. Versicherungsschutz

155 Gem. § 51 Abs. 1 BRAO gehört es zu den Berufspflichten des Rechtsanwalts, sich gegen Haftpflichtansprüche zu versichern. Die Anwaltshaftpflichtversicherung gehört deshalb zu den **Pflicht-Haftpflichtversicherungen** i.S. der §§ 113 ff. VVG. Die Mindestdeckungssumme der gesetzlichen Haftpflichtversicherung muss gem. § 51 Abs. 4 BRAO 250 000 Euro für jeden Versicherungsfall betragen.

156 Gegenstand der Anwaltshaftpflichtversicherung sind *Haftpflichtansprüche aus* **anwaltlicher Tätigkeit**. Nicht versichert sind daher Ansprüche aus Geldanlagegeschäften, Kapitalvermittlung, reinen Treuhandgeschäften und sonstigen kaufmännischen Betätigungen, bei denen juristische Aufgabenstellungen keine maßgebliche Bedeutung haben[2]. Deshalb ist für den Verteidiger besondere Vorsicht geboten, wenn er über seine Verteidigungstätigkeit hinaus für seinen inhaftierten Mandanten kaufmännische Angelegenheiten erledigt. In haftungs-

---

1 Vgl. BGH v. 22.4.2004 – 8 AZR 159/03, NJW 2004, 3630 (3632) = StV 2004, 661 (663) hinsichtlich der Möglichkeit der Verletzung einer Pflicht aus einem Auskunftsvertrag; hierzu auch *Chab*, AnwBl. 2005, 497 (497 f.).
2 Vgl. zum Versicherungsumfang auch *Böhnlein* in Feuerich/Weyland, 8. Aufl. 2012, § 51 BRAO Rz. 11; *Chab* in Zugehör/Fischer, G./Vill/Fischer, D./Rinkler/Chab, Rz. 2114 ff.

rechtlicher Hinsicht ist die Leistungspflicht der Versicherung gem. § 103 VVG bei wissentlicher Pflichtverletzung ausgeschlossen, während bloße grob fahrlässige Verstöße die Eintrittspflicht des Versicherers nicht infrage stellen[1]. Dem Mandanten steht – auch nach der VVG-Reform – jedoch (regelmäßig) kein Direktanspruch gegen die Versicherungsgesellschaft zu, da es sich bei der Berufshaftpflichtversicherung nicht i.S. von § 115 Abs. 1 S. 1 VVG um eine nach dem Pflichtversicherungsgesetz bestehende, sondern aus § 51 BRAO resultierende Versicherungspflicht handelt[2].

Die Berufshaftpflichtversicherungen decken bedingungsgemäß regelmäßig allerdings die haftpflichtverursachenden **Vermögensschäden**, nicht aber Personen- und Sachschäden ab. Deshalb empfiehlt sich – falls keine entsprechende Deckungserweiterung vorgesehen ist – der Abschluss einer sog. Bürohaftpflichtversicherung, die *Personen- und Sachschäden* im Rahmen der beruflichen Tätigkeit erfasst und somit auch mögliche, an den Verteidiger herangetragene Schmerzensgeldansprüche wegen einer verursachten Freiheitsentziehung (vgl. Rz. 138 ff.) abdeckt[3].

157

II. Besondere Gefahrenquellen

1. In Steuerstrafverfahren

Grundsätzlich kommt eine zivilrechtliche Haftung mit der Begründung, der Rechtsanwalt habe durch fehlerhaftes Verhalten die Grundlagen geschaffen, dass gegen seinen Mandanten eine **Strafe wegen Steuerhinterziehung** verhängt wird, nicht in Betracht. Denn dies würde voraussetzen, dass der anwaltliche Berater die zur strafrechtlichen Ahndung führenden Steuerverkürzungen durch berufsrechtswidriges Verhalten (mit-)verursacht hätte. Wenn jedoch *vorsätzliches* Verhalten des *Mandanten* im Steuerstrafverfahren festgestellt wird, bedeutet dies normativ, dass der Verurteilung eine vom Mandanten selbst zu verantwortende, dem Rechtsanwalt nicht zuzurechnende Entscheidung zugrunde liegt[4]. Der Rechtsanwalt mag in solchen Fällen (Mit-)Täter oder Beteiligter zur Tat des Mandanten sein; eine Ersatzpflicht diesem gegenüber begründet dies jedoch nicht. Besonderheiten gelten jedoch dann, wenn der Mandant im *Strafbefehlsverfahren* wegen (vorsätzlicher) Steuerhinterziehung verurteilt wurde. In diesen Fällen argumentiert der BGH mit dem summarischen Charakter des Strafbefehlsverfahrens, das deshalb im nachfolgenden Haftungsprozess keinen Beleg für ein tatsächlich strafbares Verhalten begründe. Deshalb müsse im zivilrechtlichen Haftungsprozess inzident geprüft werden, ob die Verurteilung

158

---

1 Vgl. zum Ganzen *Jungk* in Borgmann/Jungk/Schwaiger, § 39 Rz. 1 ff.
2 *Stobbe*, AnwBl. 2007, 853.
3 *Chab*, AnwBl. 2005, 497 (498); vgl. allerdings *Diller*, AVB-RSW, 2009, B Rz. 36, der aus S. 8 der Risikobeschreibungen zur Vermögensschaden-Haftpflichtversicherung für Rechtsanwälte auch Schmerzensgeldansprüche als versichert sieht.
4 Vgl. z.B. BGH v. 14.11.1996 – IX ZR 215/95, NJW 1997, 518 (519); BGH v. 15.4.2010 – IX ZR 189/09, wistra 2010, 354 (355) = DB 2010, 1171 (1172).

durch Strafbefehl zu Recht erfolgt ist oder nicht. Die Darlegungs- und Beweislast liegt bei dieser Konstellation allerdings beim Rechtsanwalt[1].

159 Etwas anderes kann allerdings bei **leichtfertiger Steuerverkürzung** gem. § 378 AO in Betracht kommen, denn hier sind Fälle denkbar, in denen eine Steuerverkürzung zwar auf leichtfertiges Handeln des Steuerpflichtigen zurückzuführen ist, der anwaltliche Berater allerdings diese grobe Sorgfaltswidrigkeit seines Mandanten hätte erkennen und verhindern können. Entsprechendes gilt, wenn der Anwalt seinem Mandanten *fehlerhafte Auskünfte* in steuerlicher Hinsicht erteilt und sich sein Mandant grob sorgfaltswidrig auf diese falschen Auskünfte verlassen hat[2]. In diesen Fällen kommt die zivilrechtliche Haftung des Beraters für die gegen den Mandanten verhängte Geldbuße und die mit dem Verfahren einhergehenden Aufwendungen (z.B. Verteidigungskosten) in Betracht[3].

160 Eine zivilrechtliche Verantwortlichkeit für die gegen den Mandanten verhängte Strafe wegen (vorsätzlicher) Steuerhinterziehung gem. § 370 AO besteht jedoch dann, wenn sich für den Mandanten die Möglichkeit einer **strafbefreienden Selbstanzeige** gem. § 371 AO – Entsprechendes gilt für den Fall einer leichtfertigen Steuerverkürzung – ergeben hätte und der Anwalt den Mandanten in diesem Zusammenhang *falsch beraten* oder ein entsprechendes Selbstanzeigemandat *fehlerhaft bearbeitet* hat. Denn es gehört zu den anwaltlichen Pflichten eines Verteidigers in Steuerstrafsachen, seinen Mandanten über die Möglichkeit einer Selbstanzeige und deren Voraussetzungen zu belehren, wenn ihn dieser wegen einer begangenen Steuerhinterziehung mandatiert[4]. Entsprechendes gilt, wenn der Mandant zwar beraten wird, der Verteidiger aber das von ihm übernommene Mandat zur Vorbereitung einer strafbefreienden Selbstanzeige fahrlässig nur mangelhaft erfüllt und damit die Wirkungen der Strafbefreiung dem Mandanten nicht zugutekommen.

161 Auch wenn die Voraussetzungen einer umfänglichen strafbefreienden Selbstanzeige nicht mehr vorliegen (weil z.B. eine Außenprüfung stattfindet), hat der Anwalt den Mandanten auf die Möglichkeit einer dennoch vorzunehmenden Selbstanzeige hinzuweisen, weil **„verunglückte" Selbstanzeigen** jedenfalls zur *Strafmilderung* führen können. Dies gilt insbesondere dann, wenn sich der Ausschluss der Selbstanzeige – im Anschluss an die Rechtsprechungsänderung des BGH[5] und die nachfolgende Neufassung des § 371 AO – lediglich auf bestimmte Steuerarten bezieht, während andere Steuerarten (z.B. wegen einer sachlich begrenzten Prüfungsanordnung) noch selbstanzeigefähig sind[6].

162 **Entscheidet** sich der aufgeklärte **Mandant** dazu, von einer Selbstanzeige Abstand zu nehmen, trifft den Anwalt selbstverständlich keine Haftung. Denn zur Abgabe einer strafbefreienden Selbstanzeige *gegen den Willen* des Mandan-

---

1 BGH v. 15.4.2010 – IX ZR 189/09, wistra 2010, 354 (355) = DB 2010, 1171 (1172).
2 Vgl. hierzu bei der Steuerberaterhaftung *Gräfe* in Gräfe/Lenzen/Schmeer, Rz. 647.
3 *Gräfe* in Gräfe/Lenzen/Schmeer, Rz. 580.
4 Vgl. *Gräfe* in Gräfe/Lenzen/Schmeer, Rz. 580 m.w.Nw.
5 BGH v. 20.5.2010 – 1 StR 577/09, BGHSt 55, 180 ff. = NJW 2010, 2146 ff.
6 Vgl. *Gräfe* in Gräfe/Lenzen/Schmeer, Rz. 274 f.; *Müller, J.R.*, Die Selbstanzeige im Steuerstrafverfahren, 2012, Rz. 356 ff.; allg. hierzu *Füllsack* in Quedenfeld/Füllsack, Verteidigung in Steuerstrafsachen, 4. Aufl. 2012, Rz. 413 f., 445, 465 ff.

ten ist der anwaltliche Berater nicht berechtigt, geschweige denn verpflichtet. Etwas anderes gilt allerdings dann, wenn der Berater eine (ihn selbst betreffende) Eigenanzeige für aus dem Mandatsverhältnis herrührende Sachverhalte, die auch eine Steuerverkürzung des Mandanten betreffen, zu erstatten beabsichtigt. Hier hat der Berater den Mandanten über seine beabsichtigte Anzeige zu unterrichten, um diesem gleichfalls die Möglichkeit einer Selbstanzeige zu eröffnen. Entsprechendes gilt für die Belehrung des Beraters für *Erklärungen gem. § 153 AO* (Rz. 61), wenn der Anwalt von seinem Mandanten mit der Frage nach Verhaltenspflichten konfrontiert wird, nachdem dieser von ihm bislang unbekannt gebliebenen Steuerverkürzungen Kenntnis erlangt hat.

2. Bei Verfahrensverständigungen

a) Die Verfahrensverständigung im Strafprozess nähert – jedenfalls faktisch – die Aufgaben und Pflichten des Strafverteidigers denen eines Zivilanwalts bei Abschluss eines Vergleiches an. Legt man diese **Standards aus dem Zivilverfahren** zugrunde[1], gilt aus haftungsrechtlicher Sicht Folgendes: Der Verteidiger ist zunächst verpflichtet, seinen Mandanten über die Vor- und Nachteile eines verständigten Verfahrens aufzuklären, damit sein Mandant eine autonome Entscheidung darüber treffen kann, ob er das gegen ihn anhängige Strafverfahren verständigt abschließen soll oder nicht. Eine solche sachgerechte Aufklärung kann ein Verteidiger nur dann leisten, wenn er den Aktenbestand aufarbeitet und damit die für und gegen den Mandanten sprechenden Aspekte auch für das weitere Verfahren bewerten kann. Dieser Pflicht ist der Verteidiger nicht dadurch entledigt, dass seinem Mandanten durch das Gericht eine verständigte Lösung empfohlen oder nahegelegt wird. Ebenso wenig wie der Zivilanwalt „eigenmächtig" zu einem Vergleichsschluss berechtigt ist, darf der Verteidiger eine Verständigung „hinter dem Rücken" seines Mandanten treffen oder ohne Abstimmung mit diesem ein schriftliches Geständnis abgeben oder in einer Hauptverhandlung verlesen[2]. Führt eine solche Verständigung zu einer nicht schuldangemessenen Sanktion des Mandanten, begründet dies nach den allgemeinen Grundsätzen einen Schadensersatzanspruch des Mandanten (vgl. Rz. 166). Darüber hinaus kann die Abgabe eines nicht autorisierten Geständnisses als Verletzung des allgemeinen Persönlichkeitsrechts des Mandanten einen Schmerzensgeldanspruch begründen[3]. Entsprechendes gilt, wenn der Verteidiger unautorisiert (und damit unter Verstoß gegen § 43a Abs. 2 BRAO) die Medien über Mandatsinterna unterrichtet oder in der Öffentlichkeit über noch nicht bekannte Umstände aus dem Verfahren berichtet.

b) Hat sich der Mandant „dem Grunde nach" für eine verständigte Erledigung eines Verfahrens entschieden, obliegt es dem Verteidiger, eine für den Mandanten **günstige Lösung** zu finden. Diese Verpflichtung hat der Verteidiger nicht bereits dadurch erfüllt, dass ein günstiges Strafmaß ausgehandelt wird. Vielmehr sind – gerade bei Wirtschaftsstrafverfahren – die mit einer Verurteilung einhergehenden (außerstrafrechtlichen) Konsequenzen für den Mandanten in

---
1 Vgl. dazu *Borgmann* in Borgmann/Jungk/Schwaiger, § 20 Rz. 112 ff.
2 Zweifelnd LG Hannover v. 27.10.2008 – 20 O 22/08.
3 LG Hannover v. 27.10.2008 – 20 O 22/08 (im konkreten Fall verneint).

die Erwägungen miteinzubeziehen. Hierzu gehört, dass der Verteidiger auch die *außerstrafrechtlichen Nebenfolgen* beachtet, die mit Verurteilungen verbunden sind, wobei die individuellen Interessenlagen des Mandanten Berücksichtigung finden müssen (vgl. Rz. 118 ff.).

Beispiel: Für einen Mandanten, der nicht beabsichtigt, in absehbarer Zeit die Geschäftsführung einer Gesellschaft zu übernehmen, ist das mit einer Verurteilung wegen Insolvenzstraftaten (§§ 283–283d StGB) einhergehende **„Berufsverbot"** (§ 6 Abs. 2 S. 2 Nr. 3 Buchst. b GmbHG, § 76 Abs. 3 S. 2 Nr. 3 Buchst. b AktG; vgl. Rz. 119) ohne großes Gewicht, während beispielsweise der Frage einer Verurteilung wegen der in § 6 Abs. 2 S. 2 Nr. 3 Buchst. a GmbHG, § 76 Abs. 3 S. 2 Nr. 3 Buchst. a AktG genannten Insolvenzverschleppung mit der damit (und neben dem „Berufsverbot") verbundenen persönlichen zivilrechtlichen Haftung für Gesellschaftsverbindlichkeiten (§ 823 Abs. 2 BGB i.V.m. § 15a Abs. 4 InsO) große Bedeutung zukommt.

165 Generell sollte der Strafverteidiger bei einem verständigten Wirtschaftsstrafverfahren die **zivilrechtliche Haftung** seines Mandanten aus dem den Gegenstand des Strafverfahrens bildenden Sachverhalt in Betracht ziehen. Dies bedeutet, dass eine nicht zu vermeidende Verurteilung möglichst auf diejenigen Sachverhalte zu beschränken ist, aus denen dem Mandanten keine weiteren Haftungsinanspruchnahmen drohen (weil etwa der Schaden bereits wieder gutgemacht ist oder lediglich ein Gefährdungsschaden den Gegenstand der Verurteilung bildet).

Beispiel: Steht z.B. in einem Verfahren wegen des Verdachts der Bestechlichkeit ein Ersatzanspruch des Dienstherrn im Raum, weil dieser aufgrund der Bestechlichkeit einen Nachteil erlitten hat, hat der Verteidiger darauf hinzuwirken, dass der Vorgang gleichzeitig unter dem Aspekt der Untreue gewürdigt und ggf. geahndet wird. Denn bei einer tateinheitlichen Verurteilung wegen Bestechlichkeit und Untreue verbietet sich der Verfall des durch die Bestechung erlangten Vorteils mit der Folge, dass die Bestechungsgelder zur Schadenswiedergutmachung eingesetzt werden können[1]. Dieses Beispiel belegt, dass es durchaus zu den Pflichten eines Strafverteidigers gehören kann, auf eine weitere Verurteilung des Mandanten (wegen Untreue) hinzuwirken.

166 **c)** Hat der Verteidiger im Rahmen von Verständigungsgesprächen seine Pflichten verletzt, setzt eine Ersatzpflicht voraus, dass bei Wahrung dieser Pflichten ein für den Mandanten **günstigeres Ergebnis** hätte **erzielt** und ggf. negative außerstrafrechtliche Folgen hätten vermieden werden können. Soweit die Verpflichtung des Verteidigers dahin gegangen ist, eine bestimmte Entscheidung eines Strafgerichts in einem verständigten Verfahren herbeizuführen, wird sich dies in einem zivilrechtlichen Haftungsprozess regelmäßig nicht mehr reproduzieren lassen, sodass sich die Schadensersatzklage erneut mit der Antwort auf die *Beweislastfrage* entscheidet (vgl. Rz. 143 ff.).

167 Zu erwägen wäre deshalb, eine solche **Beweislastumkehr** – ähnlich dem Arzthaftungsrecht – nur in Fällen einer groben Pflichtverletzung oder in Fällen

---

1 Vgl. dazu BGH v. 6.2.2001 – 5 StR 571/00, wistra 2001, 295 (297) = BGHR StGB § 73, Verletzter 4; BGH v. 11.5.2001 – 3 StR 549/00, BGHSt 47, 22 (31 f.) = NJW 2001, 2560 (2562); BGH v. 15.1.2003 – 5 StR 362/02, NStZ 2003, 423 = wistra 2003, 228; BGH v. 31.3.2008 – 5 StR 631/07, wistra 2008, 262 (262 f.); *Fischer*, § 73 StGB Rz. 21; *Joecks* in MüKo, § 73 StGB Rz. 53.

mangelhafter Dokumentation zuzulassen. Eine solche Anleihe bei der Haftpflicht des Arztes ist jedoch kaum weiterführend, weil für das verständigte Verfahren keine anerkannten Standards gelten, die der Verteidiger grob pflichtwidrig verletzen könnte. Dies gilt insbesondere auch für die Dokumentationspflichten. Denn eine Pflicht des Verteidigers, sämtliche von ihm in Erwägung gezogenen und in Verständigungsgesprächen vorgebrachten Argumente – in welcher Form auch immer – zu dokumentieren, besteht gerade nicht[1].

d) Als **Konsequenz** ergibt sich: Eine Haftung des Verteidigers im Rahmen der Verständigung bleibt deshalb im Wesentlichen für diejenigen Fälle vorbehalten, in denen sich der Verteidiger für den Mandanten auf eine verständigte Verurteilung einlässt, obwohl ein Schuldspruch bzw. das abgesprochene Strafmaß *nicht begründet* ist, oder Nebenfolgen (z.B. eine Verfallsanordnung) akzeptiert werden, obwohl deren Voraussetzungen *nicht vorliegen* und der Mandant über die Grundlagen der Verständigungslösung und die Chancen und Risiken einer alternativen Verteidigung nicht oder jedenfalls nicht zutreffend informiert wurde. **168**

In denjenigen Fällen, in denen das Fehlverhalten des Verteidigers darin lag, **zivilrechtliche Haftungskonsequenzen** nicht beachtet zu haben, kommt eine zivilrechtliche Inanspruchnahme des Verteidigers aus normativen Aspekten regelmäßig bereits deshalb nicht in Betracht, weil der Mandant einen kausalen Schaden nicht belegen kann. Zwar ist es faktisch durchaus zutreffend, dass zivilrechtliche Ersatzansprüche sich dann einfacher verfolgen und durchsetzen lassen, wenn der Kläger sich auf eine den Sachverhalt stützende strafrechtliche Verurteilung berufen kann. Dies allerdings begründet noch keinen kausalen Schaden. Denn abgesehen davon, dass aufgeklärt werden müsste, ob der Geschädigte nicht auch ohne diese Verurteilung die zivilrechtliche Schadensersatzklage gegen den Mandanten (erfolgreich) geltend gemacht hätte, beruht die zivilrechtliche Haftungsinanspruchnahme nicht auf der Pflichtverletzung des Verteidigers, sondern auf dem den *zivilrechtlichen Schadensersatzanspruch begründenden Verhalten* des Mandanten. Ob der Mandant aufgrund eines auch strafrechtlich relevanten Sachverhalts einem anderen Schadensersatz schuldet, ist originär – ohne erhebliche rechtliche Bindungswirkung des Strafprozesses (vgl. Rz. 122) – und selbständig im Zivilverfahren zu prüfen. Bestehen die Ansprüche gegen den Mandanten zu Recht, entsteht diesem durch die zivilrechtliche Verurteilung kein durch die Pflichtverletzung des Verteidigers verursachter Schaden. **169**

---

1 Vgl. BGH v. 4.6.1996 – IX ZR 246/95, NJW 1996, 2571 hinsichtlich der Pflichten eines Steuerberaters.

3. Kapitel
Wirtschaftsstrafrecht – Allgemeiner Teil

§ 17
Allgemeine Voraussetzungen straf- und bußgeldrechtlicher Sanktionen

Bearbeiter: Jürgen Niemeyer

	Rz.		Rz.
A. Tatbestandsmäßigkeit	1	II. Fahrlässigkeit	40
I. Handlung und Unterlassung	3	III. Unrechtsbewusstsein	41
II. Gesetzlicher Straftatbestand	5	IV. Schuldausschließungsgründe	44
1. Auslegung und Analogieverbot	6	D. Weitere Voraussetzungen	
2. Blankettgesetze	8	I. Objektive Sanktionsbedingungen	45
III. Kausalität	12	II. Persönliche Sanktionsausschließungs- und -aufhebungsgründe	46
IV. Unterlassungsdelikte	16		
V. Vorsatz und Fahrlässigkeit	22		
1. Vorsatz	24	III. Verjährung	48
2. Fahrlässigkeit	30	1. Straftaten	50
B. Rechtswidrigkeit	34	2. Ordnungswidrigkeiten	64
C. Schuld	38		
I. Schuldfähigkeit	39		

A. Tatbestandsmäßigkeit

Wie bereits erwähnt (§ 1 Rz. 27) sollen die nachfolgenden Ausführungen nicht der Herausarbeitung eines „Allgemeinen Teils des Wirtschaftsstrafrechts" dienen, sondern dem Benutzer, der nicht ständig mit strafrechtlichen Fragen befasst ist, einige **Grundlinien des Strafrechts/Allgemeiner Teil** vermitteln unter Hervorhebung der Bereiche, die bei Wirtschaftsstrafsachen besonderes Gewicht haben. Zugleich sollen durch diese „vor die Klammer" gezogenen Ausführungen die nachfolgenden vier Hauptteile von Allgemeinheiten entlastet werden; gleichwohl werden bei den einzelnen Tatbeständen der Teile zwei bis fünf immer wieder auch Fragen des „Allgemeinen Teils" angesprochen (zur Unternehmensstrafbarkeit vgl. § 23 Rz. 31 ff., zum NRW-Entwurf eines Verbandsstrafgesetzbuchs § 23 Rz. 51). 1

Eine **Straftat** liegt nur dann vor, wenn **drei Merkmale** erfüllt sind: 2
– *Tatbestandsmäßigkeit:* Es muss eine Handlung vorliegen, die die Merkmale eines gesetzlichen Straftatbestandes erfüllt.
– *Rechtswidrigkeit:* Die tatbestandsmäßige Handlung muss rechtswidrig sein.

- *Schuld:* Der Täter muss schuldhaft gehandelt haben, d.h. die tatbestandsmäßige und rechtswidrige Handlung muss dem Täter auch persönlich vorgeworfen werden können.

In der Strafrechtswissenschaft ist umstritten, ob der Vorsatz und die objektive Sorgfaltspflichtverletzung bei der Fahrlässigkeit bereits bei der Tatbestandsmäßigkeit im Rahmen der Handlung oder erst bei der Schuld zu berücksichtigen sind[1]. Dieser Meinungsstreit ist für die Praxis nur von untergeordneter Bedeutung, sodass hierauf nicht näher eingegangen werden soll. Der h.M. folgend werden der Vorsatz und die Fahrlässigkeit im beschriebenen Umfang im Rahmen des Tatbestandes erörtert.

Die Strafbarkeit einer solchen Straftat kann im Einzelfall zudem davon abhängen, dass *objektive Strafbarkeitsbedingungen* erfüllt sein müssen (s. Rz. 45). Ferner dürfen keine persönlichen Strafausschließungs- und -aufhebungsgründe vorliegen (Rz. 46 f.).

2a Für die Ahndbarkeit einer **Ordnungswidrigkeit** gilt im Wesentlichen dasselbe. Im Folgenden wird primär auf die Straftat abgestellt und nur ergänzend auf die Ordnungswidrigkeiten hingewiesen. Bei diesen können anders als im Strafrecht Geldbußen gegen juristische Personen und Personenvereinigungen verhängt werden (§ 30 OWiG; näher hierzu § 21 Rz. 94 ff. und § 23 Rz. 36 ff.). Auch wird im Ordnungswidrigkeitenrecht anders als im Strafrecht nicht zwischen Täterschaft und Teilnahme differenziert (sog. Einheitstäter, § 14 OWiG; hierzu § 19 Rz. 31).

I. Handlung und Unterlassung

Schrifttum: *Ambos,* Ernst Belings Tatbestandslehre und unser heutiger „postfinalistischer" Verbrechensbegriff, JA 2007, 1; *Herdegen,* Schuld und Willensfreiheit, in FS Richter II, 2006, S. 233; *Lampe,* Willensfreiheit und strafrechtliche Unrechtslehre, ZStW 118 (2006), 1.

3 Voraussetzung der Strafbarkeit ist zunächst das Vorliegen einer **Handlung**, d.h. eines *willensgetragenen menschlichen Verhaltens*. Diese Definition ermöglicht es, auch das *Unterlassen* eines bestimmten aktiven Tuns – z.B. das Unterlassen einer ordnungsgemäßen Buchführung – mit dem strafrechtlichen Handlungsbegriff zu erfassen: Bei der Begehungstat (aktives Tun) tut der Täter „etwas", bei der Unterlassungstat tut er „etwas nicht". Dieses Tun oder Nichttun muss zwar willensgetragen sein; welche Zwecke der Handelnde verfolgt, ist für das Vorliegen einer Handlung jedoch unerheblich (so zumindest die *kausale Handlungslehre*).

Beispiel: Der viel zitierte Patient, der nach einer Reizung eines Nervs den Arzt mittels einer Reflexbewegung verletzt, handelt nicht, da es an einem willensgetragenen Verhalten fehlt. Wer dagegen beim Finanzamt eine unrichtige Steuererklärung abgibt, handelt auch dann, wenn er guten Glaubens ist; ob der Betreffende vorsätzlich oder fahrlässig gehandelt hat, wird erst bei der Prüfung der Schuldfrage relevant.

---

1 Vgl. die Zusammenstellung bei *Eisele* in S/S, vor § 13 StGB Rz. 52, 53.

Der Handlungsbegriff ist in der Wissenschaft höchst **umstritten**[1]. Für die Praxis ist dieser Streit freilich ohne größere Bedeutung; er soll aus diesem Grund hier nicht erörtert werden[2]. 4

II. Gesetzlicher Straftatbestand

Schrifttum: *Böse*, Verweisungen auf das Gemeinschaftsrecht und das Bestimmtheitsgebot (Art. 103 Abs. 2 GG), in FS Krey, 2010, S. 7; *Brodowski*, Grundfälle zu den Justizgrundrechten – Art. 103 II, III GG – nulla poene sine lege, ne bis in idem, JuS 2012, 892; *Dannecker*, Nullum crimen, nulla poena sine lege und seine Geltung im Allgemeinen Teil des Strafrechts, in FS Otto, 2005, S. 25; *Dannecker*, Das Verbot unbestimmter Strafen: Der Bestimmtheitsgrundsatz im Bereich der Deliktsfolgen, in FS Roxin, 2011, S. 285; *Gaier*, Garantien des deutschen Verfassungsrechts bei Verhängung von Kartellgeldbußen, wistra 2014, 161; *Kudlich*, Konkretisierungsauftrag erfüllt? – Eine Zwischenbilanz nach der Untreue-Entscheidung des BVerfG, ZWH 2011, 1; *Kühl*, Anmerkungen zum Bestimmtheitsgrundsatz, in FS Seebode, 2008, S. 61; *Kuhlen*, Zum Verhältnis von Bestimmtheitsgrundsatz und Analogieverbot, in FS Otto, 2007, S. 89; *Otto*, Der Bestimmtheitsgrundsatz und die Überbrückung sog. Strafbarkeitslücken – zur Identität der Begriffe Steuerpflichtiger und Steuerberater, in Symposium Schünemann, 2005, S. 71; *Otto*, Die Bedeutung des Bestimmtheitsgrundsatzes für die Auslegung nicht strafrechtlicher Bezugsnormen, in FS Seebode, 2008, S. 81; *Ransiek*, Bestimmtheitsgrundsatz, Analogieverbot und § 370 AO, in FS Tiedemann, 2008, S. 171; *Schmitz*, Nullum crimen sine lege und die Bestrafung fahrlässigen Handelns, in FS Samson, 2010, S. 181; *Tiedemann*, Zur Gesetzgebungstechnik im Wirtschaftsstrafrecht, in FS Schroeder, 2006, S. 641; *Tiedemann*, Generalklauseln im Wirtschaftsstrafrecht – am Beispiel der Unlauterkeit im Wettbewerbsstrafrecht, in FS Rissing-van Saan, 2011, S. 685.

Die infrage stehende Handlung muss tatbestandsmäßig sein, d.h. sie muss *alle* im Strafgesetz *abstrakt beschriebenen Merkmale erfüllen*. Diese Merkmale müssen einerseits zwangsläufig allgemein gehalten, andererseits aber so genau sein, dass klar erkennbar ist, ob ein Verhalten unter Strafe gestellt ist. Sie müssen deshalb der durch das GG gesicherten **„Berechenbarkeitsfunktion des Strafrechts"** genügen. Nach Art. 103 Abs. 2 GG (= § 1 StGB) kann „eine Tat nur bestraft werden, wenn die Strafbarkeit gesetzlich bestimmt war, bevor die Tat begangen wurde". Hieraus folgt zunächst die Verpflichtung des Gesetzgebers, die Voraussetzungen der Strafbarkeit so *konkret* zu umschreiben, dass *Tragweite* und *Anwendungsbereich* der strafrechtlichen Bestimmungen zu erkennen sind: Das Gesetz muss eine „konkretisierbare Aussage darüber treffen, welche Verhaltensweisen mit Strafe bedroht sein sollen und wo die Grenze des Strafbaren verläuft" *(Bestimmtheitsgebot)*[3]. Der vollziehenden und der rechtsprechenden Gewalt ist es verwehrt, die normativen Voraussetzungen einer 5

---

1   Vgl. etwa *Eisele* in S/S, vor § 13 StGB Rz. 23 ff.
2   Ebenso *Többens*, WiStrafR, S. 13.
3   BVerfG v. 22.6.1988 – 2 BvR 234/87, BVerfGE 78, 374 (381 f.); s. ferner BVerfG v. 1.9.2008 – 2 BvR 2238/07, NStZ 2009, 83; BVerfG v. 17.11.2009 – 1 BvR 2717/08, NJW 2010, 754.

Bestrafung festzulegen[1]. Neben dem Erfordernis der hinreichenden Bestimmtheit von Straftatbeständen ergibt sich aus Art. 103 Abs. 2 GG das *Rückwirkungsverbot* (dazu § 3 Rz. 1 ff.). Auch die Bestimmung, wer Täter des verbotenen Verhaltens sein kann – jedermann oder nur der, der besondere Tätermerkmale erfüllt (vgl. § 22 Rz. 8 ff.) –, ist Teil des gesetzlichen Tatbestands.

5a Der Rechtsprechung obliegt es, ein Gesetz, welches gerade noch dem Bestimmtheitsgebot genügt, eng und konkretisierend auszulegen[2]. Diese Grundsätze finden auch im **Ordnungswidrigkeitenrecht** Anwendung (§ 3 OWiG). Das Bestimmtheitsgebot gilt auch für die Rechtsfolgen[3], wobei Strafrahmen (und Bußgeldrahmen) ohne Zweifel zulässig sind. Fragwürdig ist es aber, keine feste Obergrenze zu bestimmen, sondern diese – wie in § 81 Abs. 4 S. 2 GWB geschehen (vgl. § 57 Rz. 87, 149) – von der Höhe des Umsatzes des Unternehmens abhängig zu machen[4].

1. Auslegung und Analogieverbot

Schrifttum: *Albrecht*, Überlegungen zur Behandlung gesetzesergänzender Rechtsprechung, in FS Dannecker, 2012, S. 1; *Beckemper*, Ökonomische Auslegung im Wirtschaftsstrafrecht, in FS Achenbach, 2011, S. 29; *Duttge*, Gesetzesuntreue unter der Maske strafgerichtlicher Auslegung, in FS Krey, 2010, S. 39; *Kudlich*, „Gesetzesumgehung" und andere Fälle teleologischer Lückenschließung im Strafrecht. Zugleich ein Beitrag zur Ermittlung der sog. „Wortlautgrenze", in FS Stöckel, 2010, S. 93; *Kudlich*, „Regeln der Grammatik", grammatikalische Auslegung und Wortlautgrenze, in FS Puppe, 2011, S. 123; *Kuhlen*, Die verfassungskonforme Auslegung von Strafgesetzen, 2005; *Marinucci*, Analogie und „Ablösung der Strafbarkeit von der Tatbestandlichkeit", in FS Tiedemann, 2008, S. 189; *Saliger*, Grenzen normativer Auslegung im Strafrecht, JZ 2011, 723; *Schroeder*, Die normative Auslegung, JZ 2011, 187; *Simon*, Gesetzesauslegung im Strafrecht, 2005.

6 Bestimmtheitsgebot und Rückwirkungsverbot bedeuten *kein Auslegungsverbot*. Die **Auslegung** einer Strafnorm beginnt und endet beim *Wortsinn der Vorschrift*. Ist dieser – wie häufig – mehrdeutig, so ist nicht allein der Wille des Gesetzgebers entscheidend, sondern der Regelungszweck unter besonderer Berücksichtigung der gegenwärtigen Fragen, Interessen und Anschauungen *(objektive Auslegungstheorie)*. Ergänzend spielt im Wirtschaftsstrafrecht naturgemäß die *wirtschaftliche Betrachtungsweise* eine entscheidende Rolle. Ein Hauptbeispiel ist die wirtschaftliche Vermögenslehre beim Betrug (vgl. § 47

---

1 BVerfG v. 23.6.2010 – 2 BvR 2559/08, 2 BvR 105/09, 2 BvR 491/09, BVerfGE 126, 170 = wistra 2010, 380 m. Anm. *Leplow*, wistra 2010, 475; *Schuhr*, ZWH 2012, 105; hierzu *Böse*, Jura 2011, 617; *Hüls*, NZWiSt 2012, 12; *Kraatz*, JR 2011, 434; *Krüger*, NStZ 2011, 369; *Kudlich*, ZWH 2011, 1; *Kuhlen*, JR 2011, 246; *Safferling*, NStZ 2011, 376; *Schulz* in FS Roxin, 2011, S. 305; BVerfG v. 7.12.2011 – 2 BvR 2500/09, 2 BvR 1857/10, wistra 2012, 102; hierzu *Kraatz*, JR 2012, 329; *Saliger*, NJW 2010, 3195; *Schlösser*, NStZ 2012, 473.
2 So BGH v. 13.1.2009 – AK 20/08, BGHSt 53, 128 zu Straftatbeständen des AWG.
3 BVerfG v. 26.2.1969 – 2 BvL 15, 23/68, BVerfGE 25, 269 (285 ff.); BVerfG v. 20.3.2002 – 2 BvR 794/95, BVerfGE 105, 135 (153); *Dannecker* in FS Roxin, 2011, S. 285.
4 Hierzu BGH v. 26.2.2013 – KRB 20/12, wistra 2013, 391 m. Anm. *Lindemann*, NJW 2013, 1976; *Gürtler* in Göhler, § 3 OWiG Rz. 1a; *Heinichen*, NZWiSt 2013, 94, 161.

Rz. 47 ff.). Eine gesetzliche Auslegungsregel auf der Grundlage der wirtschaftlichen Betrachtungsweise findet sich beispielsweise in § 41 Abs. 1 AO, wonach das wirtschaftliche Ergebnis eines Rechtsgeschäfts für die Besteuerung maßgeblich ist und nicht dessen rechtliche Wirksamkeit (vgl. § 43 Rz. 23).

Die wirtschaftliche Betrachtungsweise findet jedoch ihre *Grenze* am möglichen *Wortsinn der Norm*[1]: So ist beispielsweise die Frage des Eigentums beim Tatbestand der Unterschlagung streng zivilrechtlich zu beurteilen[2]. Bei einer nicht vom Wortsinn gedeckten Interpretation eines Straftatbestandes spricht man nicht mehr von Auslegung, sondern von **Analogie**. Grundsätzlich gilt im Strafrecht das mit dem Rückwirkungsverbot verwandte *Analogieverbot*. Ein bestimmtes Verhalten ist dann nicht mehr strafbar, wenn es vom Wortsinn des Tatbestandes des Strafgesetzes nicht mehr erfasst wird, mag auch der Täter nach dem Grundgedanken des Strafgesetzes Bestrafung verdienen. Ebenso ist eine Auslegung einzelner Tatbestandsmerkmale nicht in der Weise statthaft, dass sie in anderen Merkmalen aufgehen, also von diesen mitumfasst werden („Verschiebung" oder „Entgrenzung" von Tatbestandsmerkmalen)[3]. Zugunsten des Täters ist Analogie jedoch auch im Strafrecht möglich.

2. Blankettgesetze

Schrifttum: *Dannecker*, Grundfragen der Steuerhinterhinterziehung durch Unterlassen: Pflichtwidriges In-Unkenntnis-Lassen als blankett-verweisendes Jedermansdelikt oder als abschließend geregeltes Sonderdelikt?, in FS Achenbach, 2011, S. 83; *Joecks*, Der Strafrichter und das Verfassungsrecht, wistra 2006, 401; *Juchem*, § 370 AO – ein normativer Tatbestand!, wistra 2014, 300; *Otto*, Die Auslegung von Blankettstraftatbeständen, JuS 2005, 538; *Walter*, Ist Steuerstrafrecht Blankettstrafrecht?, in FS Tiedemann, 2008, S. 969; *Weidemann*, Ist der Steuerhinterziehungstatbestand ein Blankettgesetz?, wistra 2006, 132.

Die Prüfung der Tatbestandsmäßigkeit kann bei den im Wirtschaftsstrafrecht häufigen **Blankettdelikten** Schwierigkeiten bereiten. Bei diesen ergibt sich die vollständige Beschreibung des strafbaren Verhaltens erst in der Zusammenschau mit der „ausfüllenden" Norm[4]. Nach § 283b Abs. 1 Nr. 3 StGB wird wegen Verletzung der Buchführungspflicht bestraft, wer „entgegen dem Handelsrecht" Bilanzen nicht oder nicht ordnungsgemäß erstellt. Die Tatbestandsmäßigkeit liegt hier also nur vor, wenn eine Verletzung der „blankettausfüllenden Normen", nämlich der einschlägigen handelsrechtlichen Bestimmungen (etwa §§ 1 ff., 242 ff. HGB), festgestellt wird. Ein Blankettstrafgesetz kann durch eine außergesetzliche Regelung ergänzt werden, wenn die Voraussetzungen der Strafbarkeit und Art und Maß der Strafe im Gesetz hinreichend deutlich umschrieben sind. Bei einer ergänzenden Einbeziehung eines konkretisierenden Rechtsaktes außerhalb des Gesetzes muss die „vorrangige Bestim-

---

1 St. Rspr., vgl. etwa BVerfG v. 17.11.2009 – 1 BvR 2717/08, NJW 2010, 754.
2 Vgl. etwa *Eser/Bosch* in S/S, § 246 StGB Rz. 4a.
3 BVerfG v. 1.11.2012 – 2 BvR 1235/11, wistra 2013, 56; hierzu BGH v. 22.11.2012 – 1 StR 537/12, ZWH 2013, 35 (LS) m. Anm. *Rübenstahl*, ZWH 2013, 235.
4 Vgl. BVerfG v. 17.11.2009 – 1 BvR 2717/08, NJW 2010, 754.

mungsgewalt" des Gesetzgebers erhalten bleiben[1]. „Blankettausfüllende Normen" haben sehr häufig nur die Qualität einer Rechtsverordnung, beruhen aber teilweise auch auf vorrangigem EG-/EU-Recht. Wird die EU-Norm geändert oder durch eine neue Bestimmung ersetzt, ist dem die Blankettvorschrift anzupassen; andernfalls fehlt es an einer genügenden Bestimmtheit der Strafnorm[2].

Beispiel: So macht sich nach der Blankettvorschrift des § 17 Abs. 1 AWG strafbar, wer einer aufgrund des AWG erlassenen Rechtsverordnung zuwiderhandelt, die der Durchführung einer vom Sicherheitsrat der Vereinten Nationen oder vom Rat der EU beschlossenen wirtschaftlichen Sanktionsmaßnahme dient (näher unten § 62). Als weiteres Beispiel sei das Verbot im Wertpapierhandel, irreführende Geschäfte vorzunehmen, genannt: Ordnungswidrigkeit nach § 39 Abs. 1 Nr. 1 i.V.m. § 20a Abs. 1 S. 1 Nr. 2, Abs. 5 S. 1 Nr. 2 WpHG; in § 3 der VO des BMF v. 1.3.2005[3] werden die einschlägigen Geschäfte näher bezeichnet[4].

9 Für die blankettausfüllenden Normen gelten i.d.R. die *gleichen Grundsätze* wie für das Blankettgesetz, insbesondere auch das **Rückwirkungsverbot**. Allerdings ist zu beachten, dass im Wirtschafts- und Steuerstrafrecht blankettausfüllende Normen häufig als *Zeitgesetz* anzusehen sind[5] (vgl. § 3 Rz. 12 ff.).

10 Der in der wirtschaftsstrafrechtlichen Praxis äußerst wichtige Tatbestand der **Steuerhinterziehung** (§ 370 AO; näher unten § 44) wird nach h.M. als ein Blankettstrafgesetz angesehen, das durch die Vorschriften des materiellen Steuerstrafrechts ausgefüllt wird[6]. In diesen ergänzenden Bestimmungen müssen die Voraussetzungen für eine Strafbarkeit hinreichend deutlich umschrieben sein[7]. Dies gilt auch für andere außerstrafrechtlichen Normen, die die strafrechtliche Blankettvorschrift ausfüllen[8]. Ferner sind die **Insolvenztatbestände** (§§ 283 ff. StGB; näher unten § 76 ff.) großenteils Blankettgesetze. Die ausfüllenden Normen finden sich u.a. im HGB, im GmbHG und im AktienG.

11 Abzugrenzen sind die Blankettgesetze von den **normativen Tatbestandsmerkmalen**, die im Gegensatz zu den deskriptiven Merkmalen (etwa „wegnimmt" in § 242 StGB) „wertausfüllungsbedürftig" sind[9] (etwa „fremd" in §§ 242, 246 StGB; „Urkunde" in § 267 StGB). So könnte § 370 AO als vollständige Straf-

---

1 BGH v. 18.9.2013 – 2 StR 365/12, wistra 2014, 62.
2 OLG Koblenz v. 26.1.1989 – 1 Ss 567/88, NStZ 1989, 188; OLG Stuttgart v. 28.8.1989 – 3 Ss 589/88, NJW 1990, 657.
3 Marktmanipulations-Konkretisierungsverordnung – MaKonV, BGBl. I 515.
4 S. *Tiedemann* in FS Schroeder, 2006, S. 643; *Tiedemann*, WiStrafR AT, Rz. 103.
5 S. BGH v. 28.1.1987 – 3 StR 373/86, BGHSt 34, 272 (282 f.); BGH v. 7.11.2001 – 5 StR 395/01, BGHSt 47, 138 (144).
6 BVerfG v. 8.5.1974 – 2 BvR 636/72, BVerfGE 37, 201 (208); BGH v. 28.1.1987 – 3 StR 373/86, BGHSt 34, 272 (282); BGH v. 7.11.2001 – 5 StR 395/01, BGHSt 47, 138 (141).
7 BGH v. 19.12.1990 – 3 StR 90/90, BGHSt 37, 266 (272).
8 St. Rspr., vgl. etwa BVerfG v. 21.7.1992 – 2 BvR 858/92, NJW 1993, 1909; *Dannecker* in LK, § 1 StGB Rz. 257; *Tiedemann*, WiStrafR AT, Rz. 101–108.
9 *Lackner/Kühl*, § 15 StGB Rz. 5.

norm begriffen werden, die durch die betreffende Norm des materiellen Steuerrechts „ausgefüllt" wird[1]. Konsequenzen können sich hieraus insbesondere für den Irrtum ergeben (§ 18 Rz. 13–17)[2].

III. Kausalität

Schrifttum: *Bosch*, Die Hypothese rechtmäßigen Verhaltens bei psychisch vermittelter Kausalität, in FS Puppe, 2011, S. 373; *Corell*, Strafbarkeitsrisiken trotz geheimer Abstimmungen, in FS Imme Roxin, 2012, S. 117; *Frisch*, Objektive Zurechnung des Erfolges, JuS 2011, 19, 116, 205; *Hild*, Die Verknüpfung zwischen Handlung und Erfolg beim Tatbestand der Steuerhinterziehung, StraFo 2008, 445; *Jäger*, Die notwendige Bedingung als ergebnisbezogener Kausalfaktor, in FS Maiwald, 2010, S. 345; *Kindhäuser*, Zurechnung bei alternativer Kausalität, GA 2012, 134; *Krause*, Strafrechtliche Haftung des Aufsichtsrates, NStZ 2011, 57; *Kudlich*, Objektive und subjektive Zurechnung von Erfolgen im Strafrecht – eine Einführung, JA 2010, 681; *Mansdörfer*, Die Verantwortlichkeit der Unternehmensleitung bei geheimen Abstimmungen. Zur Zurechnung auf der Grundlage von Leitungsmacht, in FS Frisch, 2013, S. 315; *Puppe*, Lob der Conditio-sine-qua-non-Formel, GA 2010, 551; *Rotsch*, Objektive Zurechnung bei „alternativer Kausalität", in FS Roxin, 2011, S. 377; *Roxin*, Streitfragen bei der objektiven Zurechnung, in FS Maiwald, 2010, S. 715; *Roxin*, Probleme psychisch vermittelter Kausalität, in FS Achenbach, 2011, S. 409; *Satzger*, Kausalität und Gremienentscheidungen, Jura 2014, 186; *Spendel*, Kausalität und Unterlassung, in FS Herzberg, 2008, S. 247; *Tsambikakis/Kretschmer*, Kausalität – Kollegialentscheidungen, in Böttger, Wirtschaftsstrafrecht in der Praxis, 2011, S. 982.

Zahlreiche Straftatbestände setzen voraus, dass das Verhalten des Täters einen bestimmten Erfolg verursacht (**Erfolgsdelikte** im Gegensatz zu schlichten **Tätigkeitsdelikten**). Nach der zumindest in der strafrechtlichen Praxis herrschenden *Äquivalenztheorie (Bedingungstheorie)* ist jede Handlung ursächlich, die nicht hinweggedacht werden kann, ohne dass der Erfolg entfiele[3]. Fehlt es an der Ursächlichkeit zwischen Handlung und Erfolg, so kommt allenfalls eine Bestrafung wegen *Versuchs* in Betracht. 12

Beispiel: Uhrengroßhändler U liefert an seinen Abnehmer A Uhren mit dem Markenzeichen „Rolex". In Wirklichkeit handelt es sich jedoch um fernöstliche Imitationen. Durchschaut A das Täuschungsmanöver nicht, nimmt er die Uhren aber ohne Rücksicht auf deren Qualität ab, so fehlt es beim Betrugstatbestand (§ 263 StGB) an der Kausalität zwischen Irrtum und Vermögensverfügung. U hat sich allerdings des versuchten Betruges (§§ 263, 22 StGB) schuldig gemacht.

Die *Bedingungstheorie* kann nahezu allen Fällen zugrunde gelegt werden. Auf folgende Besonderheiten soll aber hingewiesen werden: 13

Schwierigkeiten können die Fallgestaltungen bereiten, in denen ein **Gremium**, bestehend aus mehreren Personen, für den Eintritt eines Erfolges verantwortlich ist (dazu näher § 30 Rz. 25 ff.).

---

1 Vgl. BGH v. 19.12.1990 – 3 StR 90/90, BGHSt 37, 266 (272): Es könne sich dabei auch um eine vollständige Strafnorm handeln, die – ähnlich wie bei §§ 242, 246 StGB – anhand der geltenden Gesetze auszulegen sei. Dafür etwa *Dannecker* in LK § 1 Rz. 149; *Dannecker* in FS Achenbach, 2011, S. 83 (88); *Walter* in FS Tiedemann, 2008, S. 969 (972).
2 Näher zur Abgrenzung *Tiedemann*, WiStrafR AT, Rz. 100.
3 St. Rspr., vgl. etwa BGH v. 13.11.2003 – 5 StR 327/03, BGHSt 49, 1.

Beispiel: Es wird vom mehrköpfigen Vorstand einer AG beschlossen, einen falschen Jahresabschluss aufzustellen, um kreditwürdig zu erscheinen[1].

Wird bei der Beschlussfassung gerade mit der Stimme des Täters eine Mehrheit erreicht, liegt Kausalität i.S. der „Conditio-Formel" vor, und zwar i.S. einer sog. „*kumulativen Kausalität*", die dadurch gekennzeichnet ist, dass der Erfolg erst durch das Zusammenwirken mehrerer unabhängig voneinander vorgenommener Handlungen herbeigeführt wird[2]. Hatten sich die „befürwortenden" Mitglieder des Gremiums abgesprochen, bedarf es dieser Rechtsfigur nicht, denn dann müssen sich die Beteiligten das Verhalten des anderen als Mittäter zurechnen lassen (§ 25 Abs. 2 StGB). Anders liegt es, wenn es bei der Beschlussfassung auf die Ja-Stimme des Täters nicht ankommt, weil alle dafür gestimmt haben.

13a Im *Ergebnis* besteht Einigkeit darüber, dass sich der Betreffende nicht mit dem Einwand entlasten kann, er wäre **ohnehin überstimmt** worden, wenn er sich anders entschieden hätte. Indes versagt die Bedingungstheorie in diesem Fall; eine Kausalität kann nur mithilfe der Lehre vom „gesetzmäßigen Zusammenhang" zwischen Handlung und Erfolg begründet werden: Besteht zwischen dem Abstimmungsverhalten des Täters und der Beschlussfassung ein Zusammenhang? Auf das „Hinwegdenken" seiner Stimme kommt es nicht an[3]. Wird dieser Weg nicht gewählt, könnte der Täter für den Erfolg nur dann haften, wenn ihm das Verhalten der anderen im Wege Mittäterschaft (§ 25 Abs. 2 StGB) zugerechnet wird[4]. – Enthält sich der Täter oder ist er überstimmt worden, stellt sich die Frage, ob er unter dem Gesichtspunkt des *Unterlassens* (hierzu Rz. 17 f.) gehalten ist, die Ausführung des Beschlusses zu verhindern[5].

14 Bei der strafrechtlichen **Produkthaftung** genügt es für die Annahme von Kausalität zwischen Verletzungshandlung (Herstellen und Vertreiben des Produktes) und Verletzungserfolg (z.B. Atembeschwerden und Übelkeit bei Benutzung eines Ledersprays) im Rahmen des Tatbestandes (der fahrlässigen) Körperverletzung (§§ 223, 229 StGB), wenn feststeht, dass die gesundheitlichen Beeinträchtigungen auf den Gebrauch des Produktes zurückzuführen sind. Es kann offenbleiben, welche Substanz des Produktes dies bewirkt hat[6] (näher hierzu § 56 Rz. 77 ff.).

---

1 Hierzu im Einzelnen *Hilgendorf*, NStZ 1994, 561.
2 BGH v. 6.7.1990 – 2 StR 549/89, BGHSt 37, 106 (131); *Eisele* in S/S, vor § 13 StGB Rz. 83.
3 *Hilgendorf*, NStZ 1994, 564 f.; für die Annahme von Kausalität im Ergebnis auch *Montanés* in FS Roxin, 2001, S. 316. Ebenso BGH v. 6.7.1990 – 2 StR 549/89, BGHSt 37, 106 (131 f.); BGH v. 6.11.2002 – 5 StR 281/01, BGHSt 48, 77 (94) für den Bereich der Unterlassung; hierzu *Dreher*, JuS 2004, 17.
4 S. BGH v. 21.12.2005 – 3 StR 470/04, NJW 2006, 522 (527) (insoweit in BGHSt 50, 331 nicht abgedr.); *Röckrath*, NStZ 2003, 641 (645); *Eisele* in S/S, vor § 13 StGB Rz. 83a; *Tiedemann*, WiStrafR AT, Rz. 179b.
5 S. hierzu näher *Tiedemann*, WiStrafR AT, Rz. 179b, 186.
6 BGH v. 6.7.1990 – 2 StR 549/89 – Lederspray, BGHSt 37, 106; hierzu *Tiedemann*, WiStrafR AT, Rz. 172, 174.

Besonderheiten gelten beim **fahrlässigen Erfolgsdelikt**. Um die strafrechtliche 15
Haftung des Täters zu begrenzen, genügt es nicht, wenn die Handlung kausal
für den Erfolg ist. Vielmehr muss nach der Rechtsprechung zwischen *pflichtwidriger* Handlung und Erfolg Kausalität bestehen. Wäre der Erfolg auch bei pflichtgemäßem Verhalten eingetreten oder lässt sich dies nicht ausschließen, ist der Ursachenzusammenhang zu verneinen. Diese Frage ist im Hinblick gerade auf die *Sorgfaltswidrigkeit* zu beantworten, die als unmittelbare Erfolgsursache in Betracht kommt, während im Übrigen der tatsächliche Geschehensablauf zugrunde zu legen ist[1]. In der Literatur finden sich demgegenüber andere Lösungsansätze, insbesondere spielen hier die Lehre von der objektiven Zurechnung und die Risikoerhöhungstheorie eine Rolle[2].

IV. Unterlassungsdelikte

Schrifttum: (zur Compliance nur auszugsweise) *Bachmann/Eichinger*, Täterschaft beim Unterlassungsdelikt, JA 2011, 105; *Bachmann/Eichinger*, Teilnahme und Unterlassen, JA 2011, 509; *Basualto*, Die Betriebsbezogenheit der Garantenstellung von Leitungspersonen im Unternehmen, in FS Frisch, 2013, S. 333; *Beulke*, Der „Compliance Officer" als Aufsichtsgarant?, in FS Geppert, 2011, S. 23; *Böse*, Die gesellschaftsrechtlichen Regeln über die Geschäftsführung als Grenze von Garantenpflichten am Beispiel der strafrechtlichen Produktverantwortung, wistra 2005, 41; *Bringewat*, Sozialrechtliche Mitwirkungs"pflichten" und Sozial(leistungs)betrug, NStZ 2011, 131; *Fahl*, Zum (richtigen) Prüfungsstandort der Entsprechungsklausel in § 13 StGB, JA 2013, 674; *Freund*, Tatbestandsverwirklichung durch Tun und Unterlassung, in FS Herzberg, 2008, S. 225; *Kühl*, Die strafrechtliche Garantenstellung – Eine Einführung mit Hinweisen zur Vertiefung, JuS 2007, 497; *Kühl*, Das Unterlassungsdelikt, JA 2014, 507; *Kuhlen*, Zur Unterscheidung von Tun und Unterlassen, in FS Puppe, 2011, S. 669; *Kuhn*, Die Garantenstellung des Vorgesetzten, wistra 2012, 297; *Merkel*, Die Abgrenzung von Handlungs- und Unterlassungsdelikt. Altes, Neues, Ungelöstes, in FS Herzberg, 2008, S. 193; *Momsen*, Der"Compliance-Officer" als Unterlassungs-Garant. Ein neues Zurechnungsmodell oder ein weiterer Schritt auf dem Weg der Evaporation von Zurechnungsparametern?, in FS Puppe, 2011, S. 751; *Otto*, Die strafrechtliche Verantwortung für die Verletzung von Sicherungspflichten im Unternehmen, in FS Schroeder, 2006, S. 339; *Ransiek*, Das unechte Unterlassungsdelikt, JuS 2010, 490; *Rotsch*, Wider die Garantenpflicht des Compliance-Beauftragten, in FS Imme Roxin, 2012, S. 485; *Schmid*, Die Garantenpflicht des Compliance-Beauftragten zur Verhinderung fremder Straftaten, JA 2013, 835; *Schneider*, Überwachergaranten im Unternehmen, in Rom, Recht, Religion – Symposium für Udo Ebert, 2011, S. 349; *Schneider*, Offene Grundsatzfragen der strafrechtlichen Verantwortlichkeit von Compliance-Beauftragten in Unternehmen, ZIS 2011, 573; *Warnecke*, Die Garantenstellung von Compliance-Beauftragten, NStZ 2010, 312; *Weidemann/Weidemann*, Handeln und Unterlassen im Steuerstrafrecht, wistra 2005, 207.

a) In manchen Tatbeständen innerhalb und außerhalb des StGB wird nicht aktives Tun unter Strafe gestellt, sondern ein Unterlassen. Beispiel hierfür ist die 16

---

1 BGH v. 13.11.2003 – 5 StR 327/03, BGHSt 49, 1.
2 Vgl. hierzu die umfangreichen Literaturhinweise bei *Fischer*, vor § 13 StGB Rz. 22a, 30a; ferner *Hoyer* in FS Rudolphi, 2004, S. 95; *Gitzek* in FS Gössel, 2002, S. 117; *Jähnke* in FS Schlüchter, 2002, S. 99; *Kindhäuser*, ZStW 120 (2008), 481; *Kretschmer*, Jura 2008, 265; *Rönnau/Faust/Fehling*, JuS 2004, 113; *Schroeder* in Symposium Schünemann, 2005, S. 151; *Schumann*, Jura 2008, 408; *Weigend* in FS Gössel, 2002, S. 129.

unterlassene Buchführung (§ 283b Abs. 1 Nr. 1 StGB; § 85 Rz. 34 f.). In solchen Fällen, in denen bereits die Formulierung des Tatbestandes ein Unterlassen voraussetzt, handelt es sich um **echte Unterlassungsdelikte**.

17 Geht hingegen der Gesetzeswortlaut davon aus, dass die Tatbestandsmerkmale üblicherweise durch aktives Tun erfüllt werden, kann jedoch gleichwohl im Einzelfall der Erfolg durch Unterlassen herbeigeführt werden, so spricht man von **unechten Unterlassungsdelikten** (§ 13 StGB). Die Abgrenzung zwischen Tun und Unterlassen kann schwierig sein, so z.B. bei der Erstellung falscher Abrechnungen und der sich anschließenden pflichtwidrigen Nichtabführung von Überschüssen. Maßgeblich ist nach h.M. der Schwerpunkt der Vorwerfbarkeit[1]. Das Unterlassen ist nach der in der Rechtsprechung herrschenden Kausalformel dann kausal für den Erfolg, wenn es nicht „hinzugedacht" werden kann, ohne dass der Erfolg entfiele[2]. Ebenso wie beim „aktiven Tun" führt auch im Bereich des Unterlassens diese Formel in aller Regel zu befriedigenden Ergebnissen. Besonderheiten können sich bei Entscheidungen von Gremien ergeben. Hier ist entsprechend den o.a. Grundsätzen zu verfahren (Rz. 13 f.).

17a Anders als beim echten Unterlassungsdelikt muss beim *unechten Unterlassungsdelikt* hinzukommen, dass der Täter rechtlich dafür einzustehen hat, dass der Erfolg nicht eintritt. Eine solche **Garantenpflicht** kann sich vor allem aus Gesetz (etwa § 60 Abs. 1 S. 1 Nr. 2 SGB I: Pflicht des Empfängers von Sozialleistungen zur Mitteilung, wenn sich die Umstände geändert haben, die für die Leistungen erheblich sind[3]), tatsächlicher Übernahme der Gewähr für ein Rechtsgut (insbesondere durch Vertrag), besonderem Vertrauensverhältnis (z.B. Familie und Hausgemeinschaft), Herbeiführen einer Gefahrenlage (Ingerenz), Verantwortlichkeit für eine Gefahrenquelle (etwa Betreiben eines Betriebes), Geschäftsherren- und Produkthaftung ergeben[4]. Nähere Einzelheiten zur Garantenpflicht werden unter den „Strafrechtlichen Einstandspflichten" (§ 30 Rz. 112 ff.) und beim Schutz fremden Vermögens (§ 47 Rz. 21–30) erörtert.

18 Jedoch soll schon an dieser Stelle auf das bereits erwähnte „Lederspray-Urteil" des BGH[5] hingewiesen werden, wonach der **Hersteller oder Vertreiber eines Produktes**, dessen bestimmungsgemäße Verwendung die Gefahr von Gesund-

---

1 BGH v. 7.9.2011 – 2 StR 600/10, wistra 2012, 23 m. Anm. *Ufer*, ZWH 2012, 21.
2 S. BGH v. 6.7.1990 – 2 StR 549/89, BGHSt 37, 106 (126).
3 Hierzu instruktiv OLG München v. 31.10.2007 – 4 StRR 159/07, NStZ 2009, 156; *Hecker*, JuS 2010, 266; s. weiter OLG Düsseldorf v. 1.3.2012 – III - 3 RVs 31/12, wistra 2012, 357 m. Anm. *Bringewat*, StraFo 2012, 372; *Mandla*, NZWiSt 2012, 353; KG v. 27.7.2012 – 3 Ws 381/12 – 141 ARs 302/12, NZWiSt 2014, 65 m. Anm. *Zehetgruber*, NZWiSt 2014, 67.
4 So *Fischer*, § 13 StGB Rz. 17–74. Zum Betrieb BGH v. 20.10.2011 – 4 StR 71/11, BGHSt 57, 42 m. Anm. *Beckschäfer*, ZWH 2012, 339; *Roxin*, JR 2012, 441; hierzu weiter *Bülte*, NZWiSt 2012, 176; *Mansdörfer/Trüg*, StV 2012, 432; *Schramm*, JZ 2012, 969; zum GmbH-Geschäftsführer und zum Mitglied des Vorstandes einer AG BGH v. 10.7.2012 – VI ZR 341/10, wistra 2012, 380; hierzu *Dannecker*, NZWiSt 2012, 441; zum Mitglied des Aufsichtsrates einer AG OLG Braunschweig v. 14.6.2012 – Ws 44, 45/12, wistra 2012, 391 m. Anm. *Adick*, ZWH 2012, 496; *Corsten*, wistra 2013, 73; *Rübenstahl*, NZWiSt 2013, 267.
5 BGH v. 6.7.1990 – 2 StR 549/89, BGHSt 37, 106.

heitsschäden mit sich bringt, wegen gefahrbegründenden Verhaltens (des Herstellens oder Vertreibens des Produktes) verpflichtet ist, Schäden vom Verbraucher abzuwenden. Kommt er dieser Verpflichtung schuldhaft nicht nach, haftet er wegen Körperverletzung (§§ 223, 229 StGB) unter dem Gesichtspunkt des unechten Unterlassens (§ 13 Abs. 1 StGB).

Im **Umweltstrafrecht** kann der Bürgermeister einer Gemeinde der Gewässerverunreinigung (§ 324 StGB) schuldig sein, wenn der Gemeinde die Abwasserbeseitigung obliegt und er als Leiter der Verwaltung nicht dafür Sorge trägt, dass rechtswidrige, von ortsansässigen Grundstückseigentümern ausgehende Gewässerverunreinigungen unterbunden werden[1] (näher hierzu § 54 Rz. 315 ff.). 19

Den Leiter der **Innenrevision** einer Anstalt des öffentlichen Rechts kann eine Garantenpflicht aus dem Gesichtspunkt der Übernahme eines Pflichtenkreises treffen, betrügerische Abrechnungen zu verhindern, wenn er vom Unternehmen ausgehende Rechtsverstöße zu beanstanden und aufzudecken hat. Dies soll auch für den in Unternehmen der freien Wirtschaft tätigen „**Compliance Officer**" gelten[2] (ausführlich zur Compliance unten § 31). 19a

Sowohl beim echten als auch beim unechten Unterlassungsdelikt ist der Tatbestand nicht erfüllt, wenn es dem Täter **nicht möglich** ist, die von ihm geforderte Handlung zu erbringen oder den Erfolg abzuwenden. 20

So kann er nicht wegen *unterlassener Buchführung* oder unterlassener Bilanzierung (§§ 283 Abs. 1 Nr. 5, 7 Buchst. b; 283b Abs. 1 Nr. 1, 3 Buchst. b StGB) zur Verantwortung gezogen werden, wenn er aufgrund fehlender Kenntnisse die Buchhaltung und die Bilanz nicht selbst erstellen kann und nicht über die notwendigen Mittel verfügt, einen Dritten (zumeist einen Steuerberater) hiermit zu beauftragen[3]. Auch kann sich nicht nach § 266a Abs. 1, 2 Nr. 2 StGB schuldig machen, wer nicht in der Lage ist, zum Fälligkeitszeitpunkt die *Sozialabgaben* zu bezahlen[4]. Allerdings haftet er dann, wenn er es bei Anzeichen von Liquiditätsproblemen unterlässt, Vorkehrungen für die spätere Zahlung zu treffen, und dabei in Kauf nimmt, dass die Beiträge nicht entrichtet werden können. Hier wird der maßgebende Zeitpunkt vom Fälligkeitstag auf einen früheren Termin vorverlegt, sog. „omissio libera in causa"[5]. Dieser Gedanke muss auch im Rahmen der §§ 283, 283b StGB gelten.

b) Die Tatbestandsverwirklichung von Verstößen gegen **Ordnungswidrigkeitsvorschriften** durch Unterlassen ist in § 8 OWiG geregelt. Diese Bestimmung ist § 13 StGB nachgebildet, weshalb die vorstehenden Ausführungen in gleicher Weise für Bußgeldtatbestände gelten. – Ein *Auffangtatbestand* ist der – als ein 21

---

1 BGH v. 19.8.1992 – 2 StR 86/92, BGHSt 38, 325.
2 So BGH v. 17.7.2009 – 5 StR 394/08, BGHSt 54, 44; hierzu *Behling*, BB 2010, 892; *Campos Nave/Vogel*, BB 2009, 2546; *Dannecker/Dannecker*, JZ 2010, 981; *Knauer* in FS Imme Roxin, 2012, S. 465; *Kraft*, wistra 2010, 81; *Schneider* in Syposium für Udo Ebert, 2011, S. 349; *Schneider*, ZIS 2011, 573; *Spring*, GA 2010, 222; *Wybitul*, BB 2009, 2263.
3 BGH v. 20.10.2011 – 1 StR 354/11, NStZ 2012, 511; hierzu *Hagemeier*, JZ 2012, 105.
4 BGH v. 28.5.2002 – 5 StR 16/02, BGHSt 47, 318 (319 f.).
5 BGH v. 28.5.2002 – 5 StR 16/02, BGHSt 47, 318 m. Anm. *Radke*, NStZ 2003, 154; *Tag*, JR 2002, 521.

echtes Unterlassungsdelikt formulierte – Bußgeldtatbestand der Verletzung der Aufsichtspflicht in Betrieben und Unternehmen (§ 130 OWiG; hierzu § 30 Rz. 125 ff.).

V. Vorsatz und Fahrlässigkeit

22 Nach § 15 StGB ist nur vorsätzliches Handeln strafbar, wenn nicht das Gesetz fahrlässiges Handeln ausdrücklich mit Strafe bedroht. Damit ist klargestellt, dass eine Bestrafung wegen einer bestimmten Straftat *grundsätzlich* die **Feststellung des Vorsatzes** zur Voraussetzung hat. Ist vorsätzliches Täterhandeln nicht nachweisbar, so kommt eine Bestrafung nur dann in Betracht, wenn das Gesetz die **fahrlässige Begehungsweise** *ausnahmsweise* unter Strafe stellt. – Die Regelung im *Ordnungswidrigkeitenrecht* (§ 10 OWiG) stimmt mit der strafrechtlichen weitgehend überein.

23 Weder in § 15 StGB noch an anderer Stelle ist geregelt, *wie* Vorsatz und Fahrlässigkeit im Strafrecht zu **definieren** sind. Hier muss auf die von *Rechtsprechung* und Lehre entwickelten Grundsätze zurückgegriffen werden. Die Umschreibung der Fahrlässigkeit in § 276 Abs. 2 BGB als Außerachtlassung der im Verkehr erforderlichen Sorgfalt stimmt zwar insoweit mit dem Strafrecht überein, als ein Verstoß gegen eine Sorgfaltspflicht vorausgesetzt wird; im Zivilrecht werden jedoch objektive Anforderungen gestellt ("im Verkehr"), während im Strafrecht ein subjektiver Maßstab zum Zuge kommt (Rz. 32 f.).

1. Vorsatz

Schrifttum: *Henn*, Der subjektive Tatbestand der Straftat – Teil 1: Der Vorsatzbegriff, JA 2008, 699; *Jeßberger/Sander*, Der dolus alternativus, JuS 2006, 1065; *Ransiek/Hüls*, Zum Eventualvorsatz bei der Steuerhinterziehung, NStZ 2011, 678; *Rönnau*, Grundwissen – Strafrecht: Vorsatz, JuS 2010, 675; *Satzger*, Der Vorsatz – einmal näher betrachtet, Jura 2008, 112; *Sternberg-Lieben*, Vorsatz im Strafrecht, JuS 2012, 884, 976; *Witzigmann*, Mögliche Funktionen und Bedeutungen des Absichtsbegriffs im Strafrecht, JA 2009, 488.

24 Vorsatz wird herkömmlicherweise als „**Wissen und Wollen der Tatbestandsverwirklichung**" definiert[1]. Der Vorsatz setzt also voraus, dass der Täter bei der Handlung

– sämtliche Tatbestandsmerkmale entweder *kennt* oder sich ihren Eintritt vorstellt;

– sämtliche Tatbestandsmerkmale *verwirklichen* will.

Bei der *Steuerhinterziehung* (§ 370 AO; § 44 Rz. 67 ff.) muss der Täter also den angegriffenen Steueranspruch nach Grund und Höhe kennen und die Höhe der verkürzten Steuer für möglich halten, die er auch verkürzen will. Indes braucht er nicht zu wissen, wie sich die Steuer im Einzelnen errechnet. Bei Unterlassungsdelikten (Rz. 16 ff.) liegt Vorsatz nur dann vor, wenn der Täter das Bewusstsein eines möglichen Handelns hat[2].

---

1 BGH v. 4.11.1988 – 1 StR 262/88, BGHSt 36, 1 (9).
2 BGH v. 11.4.2001 – 3 StR 456/00, BGHSt 46, 373; BGH v. 8.9.2011 – 1 StR 38/11, wistra 2011, 465.

Die vorgenannte *Definition* bedarf allerdings in mehrfacher Hinsicht einer *Präzisierung*: 25

a) Für den Vorsatz ist nicht erforderlich, dass der Täter einen bestimmten Umstand als gesetzliches Tatbestandsmerkmal erkennt, ob er also den fraglichen Umstand strafrechtlich zutreffend wertet. Vielmehr muss er die Tatsachen kennen, die dem normativen Begriff zugrunde liegen, auf dieser Grundlage den sozialen Sinngehalt des Begriffes richtig erfassen und somit eine richtige „**Parallelwertung in der Laiensphäre**" vornehmen[1].

Beispiel: Wer Eingangsrechnungen fälscht, um zum Zwecke der Steuerverkürzung seine Betriebsausgaben zu erhöhen, handelt auch dann hinsichtlich einer Urkundenfälschung (§ 267 StGB) mit Vorsatz, wenn er irrigerweise glaubt, bei den fraglichen Rechnungen handele es sich mangels einer handschriftlichen Unterschrift um keine Urkunde.

b) Darüber hinaus ist für den Vorsatz grundsätzlich unbeachtlich, ob der Täter 26
weiß, dass sein Verhalten rechtswidrig ist; das sog. **Unrechtsbewusstsein** (hierzu Rz. 41–43) ist vielmehr als ein **neben dem Vorsatz** stehendes Schuldelement gesondert zu prüfen. Dies ergibt sich aus § 17 StGB[2].

Beispiel: Unmittelbar vor dem Gang zum Insolvenzgericht tritt K an seinen Hauptgläubiger H seine gesamten noch offenen Forderungen zur Sicherheit ab. Sollte K von der Strafbarkeit der Gläubigerbegünstigung tatsächlich nichts gewusst haben, so hat er zwar vorsätzlich, aber ohne Unrechtsbewusstsein gehandelt. Da jedoch ein solcher Irrtum i.d.R. vermeidbar ist, wird K dennoch nach § 283c StGB zu bestrafen sein (vgl. § 17 StGB; hierzu im Einzelnen § 18 Rz. 6–12).

c) Je nach Intensität des Wissens und Wollens wird zwischen **direktem** (unbedingtem) **und bedingtem Vorsatz** *(dolus eventualis)* unterschieden. In aller Regel *reicht* die schwächste Form – nämlich *der bedingte Vorsatz* – aus: Es genügt, dass sich der Täter die Tatbestandsverwirklichung als möglich vorstellt und sie „billigend in Kauf nimmt"[3]. Der bedingte Vorsatz enthält somit ein kognitives und ein voluntatives Element[4]. 27

Beispiel: Um in den Genuss der Versicherungssumme zu gelangen, setzt Unternehmer U seine Fabrikhalle in Brand. Er hält es für möglich, dass hierbei der Nachtwächter N in den Flammen umkommt, was dann auch geschieht. U hat sich u.a. auch eines vorsätzlichen Tötungsdelikts (§§ 211 ff. StGB) schuldig gemacht. Dass ihm der Tod des N unerwünscht war, ändert hieran nichts, da er ihn zur Erreichung seines Ziels billigend in Kauf genommen hat.

Der **direkte Vorsatz** tritt in *zwei Formen* auf: 28

Im ersten Fall ist der Handlungswille gerade auf den vom Gesetz umschriebenen *Erfolg* gerichtet, wobei unerheblich ist, ob dieser für den Bewegungsgrund der Tat bestimmend ist (Beispiel: Der Täter will einen Menschen töten, um an

---

1 H.M., s. etwa *Lackner/Kühl*, § 15 Rz. 14 m.w.Nw.
2 *Sternberg-Lieben/Schuster* in S/S, § 17 StGB Rz. 3.
3 BGH v. 4.11.1988 – 1 StR 262/88, BGHSt 36, 1 (9); BGH v. 18.10.2006 – 2 StR 499/05, BGHSt 51, 100 (121) zu § 266 StGB.
4 Zum voluntativen Element bei § 263 StGB s. BGH v. 18.2.2009 – 1 StR 731/08, BGHSt 53, 199; BGH v. 16.4.2008 – 5 StR 617/07, wistra 2008, 342.

dessen Erbe heranzukommen). Es genügt aber auch, wenn es dem Täter zwar auf den Erfolg nicht ankommt, er ihn aber als *notwendige Nebenfolge* seines Handelns sicher annimmt (in obigem Beispiel ist sich U sicher, dass N ums Leben kommen wird)[1].

29 Verlangt das Gesetz die *intensivere* Vorsatzform der **„Absicht"**, so soll damit nur der bedingte Vorsatz ausgeschlossen (so z.B. bei § 288 StGB – Vollstreckungsvereitelung) oder das auf den Erfolg gerichtete Wollen beschrieben werden (so z.B. bei §§ 242, 263 StGB – Diebstahl, Betrug)[2].

2. Fahrlässigkeit

Schrifttum: *Kaspar*, Grundprobleme der Fahrlässigkeitsdelikte, JuS 2012, 16, 112; *Struensee*, Individueller Maßstab der Fahrlässigkeit, in FS Samson, 2010, S. 199.

30 Ist dem Täter eine vorsätzliche Handlung nicht nachzuweisen, so ist zu überprüfen, ob er sich einer **Fahrlässigkeitstat** schuldig gemacht hat, *sofern das Gesetz diese Begehungsweise ausdrücklich unter Strafe* stellt (§ 15 StGB). Im Bereich des Wirtschaftsstrafrechts ist dies insbesondere der Fall bei bestimmten Insolvenzstraftaten (§§ 283 Abs. 5, 283b Abs. 2 StGB) und beim Subventionsbetrug (§ 264 Abs. 4 StGB; unten § 52). Der Straftatbestand der Steuerhinterziehung (§ 370 AO; unten § 44 Rz. 1 ff.) setzt zwar Vorsatz voraus, die leichtfertige (d.h. grob fahrlässige) Steuerverkürzung kann jedoch als Ordnungswidrigkeit geahndet werden (§ 378 AO; unten § 46 Rz. 9 ff.).

31 Nach *herkömmlicher Definition* ist zwischen der unbewussten und der bewussten Fahrlässigkeit zu trennen: **Unbewusst fahrlässig** handelt, wer die Sorgfalt außer Acht lässt, zu der er nach den Umständen und nach seinen persönlichen Verhältnissen verpflichtet und imstande ist und deswegen die Tatbestandsverwirklichung nicht erkennt. Bei der **bewussten Fahrlässigkeit** hält der Täter zwar die Tatbestandsverwirklichung für möglich, er hofft jedoch, dass diese nicht eintreten werde[3]. Anders als beim bedingten Vorsatz nimmt der Täter also hier die Tatbestandsverwirklichung nicht „billigend in Kauf", sondern er geht davon aus, dass das Risiko nicht eintreten werde[4]; ihm fehlt das „voluntative" Element des bedingten Vorsatzes.

32 **Merkmale der Fahrlässigkeitstat** – und zwar der unbewussten wie auch der bewussten – sind somit *Sorgfaltspflichtverletzung* und *Voraussehbarkeit* der Tatbestandsverwirklichung. Bei der Frage des Schuldvorwurfs ist immer auf die Kenntnisse und Fähigkeiten des *konkreten Täters* in der *konkreten Situation* abzuheben: Er persönlich muss in der Lage gewesen sein, den Erfolg vorauszusehen und ihn zu vermeiden.

33 Im Übrigen ist die Struktur der Fahrlässigkeitstat höchst umstritten[5]. Indes ist der Streit für die *Praxis von geringerer Bedeutung*, als man angesichts der Fülle von Diskussionsbeiträgen und divergierenden Meinungen annehmen möchte.

---

1 Zu allem vgl. *Sternberg-Lieben/Schuster* in S/S, § 15 StGB Rz. 65–71.
2 *Lackner/Kühl*, § 15 StGB Rz. 20.
3 *Lackner/Kühl*, § 15 StGB Rz. 35.
4 Zur Abgrenzung s. BGH v. 5.3.2008 – 2 StR 50/08, NStZ 2008, 451.
5 Vgl. *Sternberg-Lieben/Schuster* in S/S, § 15 StGB Rz. 110 ff.

Hingewiesen sei deswegen nur auf Folgendes: Nach h.M. ist die **Sorgfaltspflichtverletzung doppelt zu prüfen:** Fehlt es an einer *objektiven Pflichtverletzung*, so ist der Tatbestand des Fahrlässigkeitsdelikts *nicht* erfüllt. Im Rahmen der Schuld ist darüber hinaus zu untersuchen, ob der Täter nach seinen persönlichen Fähigkeiten *(subjektiv)* imstande war, die Sorgfaltspflicht zu erkennen und dementsprechend zu erfüllen. Ähnlich wird häufig zwischen objektiver und subjektiver (also individueller) Möglichkeit der Vorhersehbarkeit unterschieden[1].

B. Rechtswidrigkeit

Schrifttum: *Beckert*, Einwilligung und Einverständnis, JA 2013, 507; Normtheoretische Überlegungen zur Einwiligung im Strafrecht, GA 2010, 490; *Rönnau*, Grundwissen – Strafrecht: Einwilligung und Einverständnis, JuS 2007, 18; *Rosenau*, Die hypothetische Einwilligung im Strafrecht, in FS Maiwald, 2010, S. 683; *Streng*, Das subjektive Rechtfertigungselement und sein Stellenwert, in FS Otto, 2007, S. 469; *Yamanaka*, Kritisch-dogmatische Überlegungen zur hypothetischen Einwilligung, in FS Maiwald, 2010, S. 865.

Die tatbestandsmäßige Handlung muss rechtswidrig sein, d.h. mit der **Rechtsordnung im Ganzen in Widerspruch** stehen. I.d.R. folgt aus der Tatbestandsmäßigkeit einer Handlung auch deren Rechtswidrigkeit. Es kann daher gesagt werden, die *Erfüllung des Tatbestandes „indiziere"* die *Rechtswidrigkeit*. Das Unrecht einer tatbestandsmäßigen Handlung kann deswegen nur im *Ausnahmefall* durch einen Rechtfertigungsgrund *ausgeschlossen* werden. Da die gesamte Rechtsordnung eine Einheit bildet, können sich Rechtfertigungsgründe nicht nur aus den Strafgesetzen, sondern auch aus anderen Rechtsnormen ergeben. 34

Notwehr und *rechtfertigender Notstand* (§§ 32, 34 StGB; § 16 OWiG), die klassischen **Rechtfertigungsgründe** des allgemeinen Strafrechts, spielen im Wirtschaftsstrafrecht ebenso wie die entsprechenden Bestimmungen im Ordnungswidrigkeitenrecht nur in wenigen Fällen eine Rolle[2]. Die Erhaltung von Arbeitsplätzen wird immerhin bereits seit langem als Fall des Notstands diskutiert[3]. Beim sog. „Whistleblowing" (ein Mitarbeiter eines Unternehmens offenbart Informationen über ein – vermeintliches – gesetzwidriges Geschäftsgebahren) wird eine Straflosigkeit des Hinweisgebers etwa nach § 17 UWG teilweise mit fehlender Rechtswidrigkeit begründet, da die Voraussetzungen des § 34 StGB vorliegen würden[4]. Ferner kommen behördliche Genehmigungen als Rechtfertigungsgrund in Betracht, insbesondere bei Umweltdelikten[5] (vgl. § 54 Rz. 113 ff.). 35

---

1 *Lackner/Kühl*, § 15 StGB Rz. 36, 49.
2 Zu weiteren Fällen des rechtfertigenden Notstandes *Tiedemann*, WiStrafR AT, Rz. 193–196.
3 Vgl. *Dannecker* in G/J/W, § 34 StGB Rz. 5, 19, 25; *Wittig*, WiStrafR, § 7 Rz. 3 ff.; *Rengier* in KK, § 16 OWiG Rz. 5 ff.
4 S. *Engländer/Zimmermann*, NZWiSt 2012, 328.
5 Näher *Tiedemann*, WiStrafR AT, Rz. 201–209; *Wittig*, WiStrafR, § 7 Rz. 10 ff.

36 Auch die **Einwilligung** des durch die Tat Verletzten kann einen Rechtfertigungsgrund begründen, soweit nicht schon die Tatbestandsmäßigkeit durch die Einwilligung entfällt.

37 In Wirtschaftsstrafsachen ist die Einwilligung bei **Entnahmen aus dem Vermögen einer GmbH** (einer juristischen Person mit eigener Rechtspersönlichkeit) von Bedeutung, denn nicht selten sind die Gesellschafter hiermit einverstanden, was bei der Ein-Mann-GmbH mit einem Gesellschafter-Geschäftsführer stets der Fall ist. Da der Geschäftsführer der GmbH gegenüber treupflichtig ist[1], ist im Rahmen der Untreue (§ 266 StGB) zu prüfen, ob die Einwilligung in die Entnahme wirksam ist. Ist dies der Fall, entfällt mangels Pflichtwidrigkeit des Handelns bereits die Tatbestandsmäßigkeit[2]. Das Einverständnis der Mehrheit der Gesellschafter ist nur dann wirksam, wenn auch die Minderheitsgesellschafter mit der Billigung der Pflichtwidrigkeit befasst waren[3]. Die Rechtsprechung verneint die Wirksamkeit der Einwilligung, wenn die Vermögensverfügung gegenüber der Gesellschaft treuwidrig und damit wirkungslos ist. Dies ist der Fall, sofern sie geeignet ist, das Stammkapital der Gesellschaft zu beeinträchtigen, wenn der Gesellschaft durch die Verfügung ihre Produktionsgrundlagen entzogen werden oder wenn ihre Liquidität gefährdet wird, indem ihr das zur Erfüllung ihrer Verbindlichkeiten benötigte Vermögen entzogen wird[4]. Ähnlich liegt es bei der **Kommanditgesellschaft:** Zwar ist die Schädigung des Gesamthandsvermögens grundsätzlich möglich, sofern hierdurch zugleich das Vermögen des einzelnen Gesellschafters berührt wird. Willigen diese aber in die vermögensschädigende Handlung ein, scheidet eine Strafbarkeit wegen Untreue aus[5].

C. Schuld

Schrifttum: *Frister*, Der strafrechtsdogmatische Begriff der Schuld, JuS 2013, 1057; *Herzberg*, Überlegungen zum ethischen und strafrechtlichen Schuldbegriff, in FS Achenbach, 2011, S.157; *Koriath*, Zum Streit um den Schuldbegriff. Eine Skizze, GA 2011, 618; *Lampe*, Das Schuldmoment im deutschen Strafrecht, in FS Heinz, 2012, S. 778.

38 Liegt eine rechtswidrige Handlung vor, so muss außerdem noch die Schuld festgestellt werden. Ein Verschulden liegt nur dann vor, wenn die Tat dem konkreten Täter vorgeworfen werden kann: **Schuld ist Vorwerfbarkeit.** Diese ist zu bejahen, wenn *folgende Merkmale* erfüllt sind:

– Der Täter muss schuldfähig sein, d.h. er muss aufgrund seines Alters und seines geistig-seelischen Zustandes einsichtsfähig sein (Merkmal der *Schuldfähigkeit*).
– Der Täter hätte wissen müssen, was er tat (Merkmal der *Fahrlässigkeit*).

---

1 Vgl. etwa BGH v. 6.5.2008 – 5 StR 34/08, wistra 2008, 379.
2 BGH v. 15.5.2012 – 3 StR 118/11, BGHSt 57, 229.
3 BGH v. 27.8.2010 – 2 StR 111/09, BGHSt 55, 266.
4 BGH v. 31.7.2009 – 2 StR 95/09, BGHSt 54, 52; BGH v. 15.5.2012 – 3 StR 118/11, BGHSt 57, 229 m. Anm. *Adick*, ZWH 2012, 18; hierzu *Soyka/Voß*, ZWH 2012, 348; BGH v. 19.2.2013 – 5 StR 427/12, wistra 2013, 232.
5 BGH v. 30.8.20011 – 2 StR 652/10, ZWH 2012, 65 m. Anm. *Ufer*, ZWH 2012, 67.

- Der Täter wusste oder hätte zumindest wissen müssen, dass sein Tun Unrecht ist (Merkmal des *Unrechtsbewusstseins*).
- Besondere Schuldausschließungsgründe liegen nicht vor (Merkmal des *Fehlens von Schuldausschließungsgründen*).

I. Schuldfähigkeit

Schuldunfähig sind zunächst *Kinder* unter 14 Jahren (§ 19 StGB; § 12 Abs. 1 S. 1 OWiG). *Jugendliche* zwischen 14 und 18 Jahren sind bedingt schuldfähig (§ 3 JGG; § 12 Abs. 1 S. 2 OWiG). **Erwachsene** hingegen sind **grundsätzlich schuldfähig**. 39

Eine **Ausnahme** hiervon liegt nach § 20 StGB nur dann vor, wenn der Täter an bestimmten *seelischen* oder *geistigen Störungen* leidet. Gleiches gilt bei Ordnungswidrigkeiten (§ 12 Abs. 2 OWiG). Ist aus einem der in § 20 StGB genannten Gründe die Einsichtsfähigkeit zwar nicht ausgeschlossen, aber doch erheblich gemindert, so kommt eine Schuldminderung in Betracht (§ 21 StGB). Zur Feststellung dieser Ausnahme ist regelmäßig die Einschaltung eines Sachverständigen geboten. Wegen Einzelheiten hierzu wird auf die Literatur verwiesen[1].

II. Fahrlässigkeit

Schrifttum: *Beck*, Fahrlässiger Umgang mit der Fahrlässigkeit, JA 2009, 111, 268.

Hier ist zu prüfen, ob der Täter nach seinen Fähigkeiten in der Lage war, den Erfolg vorherzusehen und ihn zu vermeiden (s. Rz. 32 f.). 40

III. Unrechtsbewusstsein

Nach § 17 StGB ist das Unrechtsbewusstsein *neben Vorsatz und Fahrlässigkeit* **gesondert zu überprüfen**. Bei Vorsatzdelikten muss der Täter demnach wissen, dass sein Handeln rechtswidrig war; bei Fahrlässigkeit hätte er dies zumindest erkennen müssen. Normalerweise wird das (potenzielle) Unrechtsbewusstsein vorliegen: Wer einen Straftatbestand vorsätzlich erfüllt, weiß i.d.R., dass er Unrecht tut. Bei Fahrlässigkeitstaten ist darüber hinaus der Vorwurf der Sorgfaltspflichtverletzung meist identisch mit dem Vorwurf, die Rechtswidrigkeit nicht erkannt zu haben[2]. 41

Sollte das Unrechtsbewusstsein *ausnahmsweise* **fehlen**, so liegt ein Fall vor, auf den im Rahmen der *Irrtumsproblematik* eingegangen wird (§ 18 Rz. 6 ff.). 42

Das Unrechtsbewusstsein kann hinsichtlich mehrerer tateinheitlich begangener Verstöße „**teilbar**" sein. So ist es denkbar, dass es bezüglich Strafnormen des StGB gegeben ist, im Hinblick auf einen Verstoß gegen Embargonormen i.S. von § 17 Abs. 4 AWG aber fehlt[3]. 43

---

1 Vgl. das ausf. Literaturverzeichnis bei *Perron/Weißer* in S/S, § 20 StGB.
2 *Sternberg-Lieben/Schuster* in S/S, § 15 StGB Rz. 193.
3 Vgl. BGH v. 11.7.1995 – 1 StR 242/95, wistra 1995, 306.

IV. Schuldausschließungsgründe

44 Schuldausschließungsgründe – z.B. der **entschuldigende Notstand** nach § 35 StGB – spielen im *Wirtschaftsstrafrecht keine* größere Rolle. Auf sie wird deshalb nicht eingegangen.

D. Weitere Voraussetzungen

I. Objektive Sanktionsbedingungen

Schrifttum: *Rönnau*, Grundwissen – Strafrecht: Objektive Bedingungen der Strafbarkeit, JuS 2011, 697; *Satzger*, Die objektive Bedingung der Strafbarkeit, Jura 2006, 108.

45 In manchen Fällen setzt die Strafbarkeit – bzw. bei Ordnungswidrigkeiten die Ahndbarkeit[1] – noch zusätzlich bestimmte Bedingungen oder Umstände voraus, die von *Vorsatz und Fahrlässigkeit nicht erfasst* sein müssen: Ob der Täter sie kennt, kennen müsste, oder ihre Existenz irrigerweise annimmt, ist unerheblich; maßgeblich ist allein das **objektive Vorliegen** des vom Gesetz benannten Umstands. Fehlt es an dieser Bedingung, ist eine Sanktion ausgeschlossen.

45a Für das Wirtschaftsstrafrecht ist im Bereich der Straftaten vor allem die objektive Strafbarkeitsbedingung der Zahlungseinstellung etc. bei den **Insolvenzstraftaten** (§§ 283 Abs. 6, 283b Abs. 3, 283c Abs. 3 StGB; unten § 76) von Bedeutung. Im Bereich der Ordnungswidrigkeiten ist das praktisch wichtigste Beispiel einer objektiven Bedingung der Ahndbarkeit die Zuwiderhandlung gegen betriebliche Pflichten im Rahmen der **Aufsichtspflichtverletzung** (§ 130 Abs. 1 OWiG; § 30 Rz. 125 ff.).

II. Persönliche Sanktionsausschließungs- und -aufhebungsgründe

46 Trotz an und für sich strafbarer Handlung kann ein Täter in bestimmten Fällen **aus persönlichen Gründen straflos bleiben**. Liegen die hierfür maßgeblichen Umstände von vornherein vor, so handelt es sich um Strafausschließungsgründe bzw. Ahndungsaufhebungsgründe. Treten die Umstände dagegen erst *nach* Tatbegehung ein, so spricht man von Strafaufhebungsgründen bzw. Ahndungsaufhebungsgründen. Wie bei den objektiven Sanktionsbedingungen ist auch hier ein Irrtum unbeachtlich; entscheidend ist allein das tatsächliche Vorliegen der maßgeblichen Umstände. Zugute kommen diese Sanktionsausschließungs- und -aufhebungsgründe nur dem Täter, bei dem die Voraussetzungen vorliegen.

47 Hingewiesen werden soll hier auf drei Sanktionsausschließungs- und -aufhebungsgründe, die für das **Wirtschaftsstrafrecht** relevant sind:

– Wer eine Strafvereitelung (§ 258 StGB) *zugunsten eines Angehörigen* begeht, bleibt straffrei (§ 258 Abs. 6 StGB).

---

1 *Gürtler* in Göhler, § 11 OWiG Rz. 17; *Bohnert*, § 1 OWiG Rz. 16.

– Wegen des Versuchs einer Straftat bzw. Ordnungswidrigkeit wird nicht bestraft, wer vor Vollendung freiwillig die weitere Ausführung der Tat aufgibt oder die Vollendung verhindert (*Rücktritt* bzw. *tätige Reue* – § 24 StGB, § 13 Abs. 3, 4 OWiG; näher hierzu § 18 Rz. 31 ff.).

– Bei der Steuerhinterziehung ist durch die sog. *Selbstanzeige* sogar noch ein Rücktritt vom vollendeten Delikt möglich (§ 371 AO; Näheres hierzu § 44 Rz. 119 ff.). Dasselbe gilt bei Steuerordnungswidrigkeiten (unten § 46) und außenwirtschaftsrechtlichen Ordnungswidrigkeiten (§ 62 Rz. 128 ff.).

III. Verjährung

Schrifttum: *Bender,* Die Verfolgungsverjährung für Steuerhinterziehung nach dem Jahressteuerg 2009, wistra 2009, 215; *Bittmann,* Rechtsfragen um den Einsatz des Wirtschaftsreferenten, wistra 2011, 47; *Bock,* Die strafrechtliche Verfolgungsverjährung, JuS 2006, 12; *Cordes/Sartorius,* Der Verjährungsbeginn bei der Untreue – Notwendigkeit und Neubestimmung, NJW 2013, 2635; *Dallmeyer,* Tatbeendigung und Verjährungsbeginn bei Steuerdelikten – zugleich ein Beitrag zur Lehre vom nachtatbestandlichen Unrecht, ZStW 124 (2012), 711; *Gleß,* Zeitliche Differenz zwischen Handlung und Erfolg – insbesondere als Herausforderung für das Verjährungsrecht, GA 2006, 689; *Hellmich,* Zum Beginn der Verfolgungsverjährung bei Bestechungsdelikten (§§ 299, 331 ff. StGB), wistra 2009, 10; *Hüls/Reichling,* Der Verjährungsbeginn beim Vorenthalten von Sozialversicherungsbeiträgen gemäß § 266a StGB, StraFo 2011, 305; *Meyer,* Die strafrechtliche Verjährung, JA 2014, 342; *Mitsch,* Unterbrechung strafrechtlicher Verjährung durch Bußgeldverfahren, NZWiSt 2013, 1; *Reichling,* Die neuere (höchstrichterliche) Rechtsprechung zum Verjährungsbeginn bei ausgewählten Wirtschaftsstraftaten, JR 2014, 331; *Rolletschke,* Die Strafverfolgungsverjährung im Steuerstrafrecht, ZWH 2014, 129; *Samson/Brüning,* Die Verjährung der besonders schweren Fälle der Steuerhinterziehung, wistra 2010, 1; *Satzger,* Die Verjährung im Strafrecht, Jura 2012, 433; *Stoffers/Landowski,* Verjährung der Beihilfe zur Steuerhinterziehung, StraFo 2005, 228; *Wolters/Beckschäfer,* Zeitliches Auseinanderfallen von Handlung und Erfolg – ein Problem der Zurechnungslehre, in FS Herzberg, 2008, S. 141.

Bei der Verjährung handelt es sich um ein **Prozesshindernis**, das von Amts wegen zu prüfen und bei dessen Vorliegen das Verfahren einzustellen ist (vgl. § 10 Rz. 34)[1]. Da es im StGB und im OWiG im Zusammenhang mit den materiellrechtlichen Vorschriften geregelt ist, soll hierauf im Rahmen des materiellen Rechts eingegangen werden.

Zu unterscheiden ist zwischen Verfolgungsverjährung und Vollstreckungsverjährung. Die **Verfolgungsverjährung** schließt die Ahndung der Tat und die Anordnung von Maßregeln aus (§ 78 Abs. 1 S. 1 StGB; § 31 Abs. 1 S. 1 OWiG); die **Vollstreckungsverjährung** verbietet die Vollstreckung rechtskräftig verhängter Strafen bzw. Geldbußen oder Maßregeln (§ 79 Abs. 1 StGB, § 34 Abs. 1 OWiG). Die *Länge* der Verjährungsfristen richtet sich nach der Straf- bzw. Bußgeldandrohung (vgl. §§ 78 Abs. 3, 79 Abs. 3 StGB, §§ 31 Abs. 2, 34 Abs. 2 OWiG).

---

1 S. BGH v. 7.6.2005 – 2 StR 122/05, BGHSt 50, 138 (139).

1. Straftaten

50 a) Die Frist für die **Verfolgungsverjährung** beträgt – von Mord und Völkermord, die nicht verjähren (§ 78 Abs. 2 StGB), abgesehen – nach § 78 Abs. 3 StGB zwischen drei und 30 Jahren; die Verjährung für Vergehen nach dem Pressegesetz der Länder (etwa § 24 Abs. 1 PresseG Baden-Württemberg) tritt bereits nach sechs Monaten ein.

Ein Kapitalanlagebetrug (§ 264a StGB), der durch die Verbreitung von unrichtigen oder unvollständigen Angaben in gedruckten Prospekten begangen wird, unterliegt jedoch nicht der kurzen presserechtlichen Verjährung. Vielmehr gilt die fünfjährige Verjährungsfrist des § 78 Abs. 3 Nr. 4 StGB, da es sich bei den Prospekten um Druckwerke handelt, die nur den Zwecken des Gewerbes dienen, für die die Pressegesetze nicht gelten[1].

50a Die **Dauer der Verjährungsfrist** richtet sich nach der Strafandrohung des jeweiligen Gesetzes ohne Berücksichtigung von besonders schweren oder minder schweren Fällen (§ 78 Abs. 4 StGB). Abweichend hiervon bestimmt § 376 Abs. 1 AO, dass besonders schwere Fälle der Steuerhinterziehung (§ 370 Abs. 3 S. 2 Nr. 1–5 AO) erst in zehn und nicht bereits in fünf Jahren verjähren[2].

51 Nach § 78a StGB **beginnt** die Verfolgungsverjährung, sobald die *Tat beendet* ist. Tritt ein zum Tatbestand gehörender Erfolg später ein, so beginnt die Verjährung mit diesem Zeitpunkt. Die Verjährung beginnt also erst, wenn das strafbare Verhalten und der zum Tatbestand gehörende Erfolg abgeschlossen vorliegen[3]. Dies gilt auch für Beihilfe und Anstiftung. Auch insoweit setzt die Verjährung erst mit der Ausführung der Haupttat, i.d.R. also erst mit deren Beendigung ein[4].

52 **Beispiele:** Beim **Betrug** (§ 263 StGB) tritt Beendigung mit Erlangen des Vermögensvorteils und nicht bereits mit Eintritt des Vermögensschadens ein[5]; ist er auf die Erlangung von laufenden Leistungen (etwa Subventionen) gerichtet, erst dann, wenn die letzte Zahlung eingegangen ist[6]. Der **Subventionsbetrug** (§ 264 StGB) ist mit Erhalt der letzten Zuwendung beendet[7] **Untreue** (§ 266 StGB) ist mit Eintritt des Nachteiles beendet[8]. Entsteht der Nachteil durch verschiedene Ereignisse oder vergrößert er sich durch diese nach und nach, ist der Zeitpunkt des letzten Ereignisses maßgebend[9]. Das **Vorenthalten und Veruntreuen von Arbeitsentgelt** (§ 266a Abs. 1, Abs. 2 Nr. 2 StGB) ist als echtes Unterlas-

---

1 Vgl. etwa § 7 Abs. 3 Nr. 2 PresseG Baden-Württemberg; so BGH v. 21.12.1994 – 2 StR 628/94, BGHSt 40, 385.
2 Hierzu BGH v. 5.3.2013 – 1 StR 73/13, wistra 2013, 280 m. Anm. *Rolletschke*, ZWH 2013, 231; *Wolschläger*, NZWiSt 2013, 273; s. weiter *Bender*, wistra 2009, 215; *Dannecker*, NZWiSt 2014, 6; *Haas/Wilke*, NStZ 2010, 297.
3 Vgl. etwa *Fischer*, § 78a StGB Rz. 3.
4 Vgl. etwa BGH v. 10.1.1990 – 3 StR 460/89, wistra 1990, 146 (148); *Fischer*, § 78a StGB Rz. 4.
5 BGH v. 22.1.2004 – 5 StR 415/03, wistra 2004, 228; *Fischer*, § 78 StGB Rz. 8a m.w.Nw.
6 S. BGH v. 21.5.2008 – 5 StR 93/08, wistra 2008, 348.
7 OLG Rostock v. 17.1.2012 – 1 Ws 404/11, ZWH 2012, 239 m. Anm. *Kudlich*, ZWH 2012, 240; *Reimers*, NZWiSt 2012, 389.
8 BGH v. 7.7.2004 – 5 StR 412/03, wistra 2004, 429.
9 BGH v. 15.3.2001 – 5 StR 454/00, BGHR StGB § 78a S. 1 Untreue 2 (insoweit in BGHSt 46, 310 nicht abgedr.).

sungsdelikt (Rz. 16) erst mit Erlöschen der Beitragspflicht beendet, also durch Bezahlung oder mit Ausscheiden des Geschäftsführers aus der GmbH[1], u.U. aber erst mit Verjährung des Beitragsanspruchs, also nach 30 (!) Jahren (§ 25 Abs. 1 S. 2 SGB IV)[2]. Beim **Bankrott** (§ 283 StGB) ist auf den Eintritt der objektiven Bedingung der Strafbarkeit abzustellen, da erst dann der Tatbestand erfüllt ist[3]. Das **Ablagern von Abfällen** außerhalb einer dafür vorgesehenen Anlage (§ 326 Abs. 1 StGB) ist mit Abschluss der Ausführungshandlung (des Ablagerns) beendet; es ist unerheblich, wie lange der Abfall gelagert wird, da es sich um kein Dauerdelikt handelt[4] (s. § 54 Rz. 246). Bei **Bestechung** und **Bestechlichkeit** (§§ 332, 334 StGB) ist die Tat erst mit Vornahme der Diensthandlung beendet, sofern der Vorteil zuvor gewährt worden ist[5]. Wird ein Vorteil zwar versprochen oder gefordert, dieser aber nicht gewährt, ist die Tat beendet, wenn die Forderung oder das Versprechen sich endgültig als fehlgeschlagen erwiesen hat und der Täter mit einer Erfüllung nicht mehr rechnet[6]. In jedem Fall ist die Bestechlichkeit – nicht die Bestechung – mit dem Ausscheiden des Täters als Beamter beendet[7]. Bei der **kartellrechtswidrigen Absprache** (Ordnungswidrigkeit nach § 81 Abs. 2 Nr. 1 GWB) tritt die Beendigung erst mit der Durchführung des aufgrund der Absprache erteilten Auftrages ein, wozu die Erstellung der Schlussrechnung zählt[8]. Bei der **Hinterziehung von Veranlagungssteuern** (etwa der Einkommensteuer, § 370 AO i.V.m. den Vorschriften des EStG) ist die Tat mit der Bekanntgabe des Steuerbescheides beendet[9], im Fall des Unterlassens (Nichtabgabe einer Steuererklärung) mit Abschluss der Veranlagungsarbeiten des Finanzamtes für den maßgebenden Zeitraum[10]. Die Hinterziehung von Umsatzsteuer, einer **Fälligkeitssteuer**, findet ihre Beendigung i.d.R. im Zeitpunkt des Einganges der Jahressteuererklärung beim Finanzamt[11]. Gibt der Täter keine Umsatzsteuererklärungen (weder monatliche noch eine Jahreserklärung) ab, ist die Tat mit Ablauf des Zeitraumes beendet, in dem die Umsatzsteuerjahreserklärung eingegangen sein müsste[12].

aa) Der Zeitpunkt der Verjährung kann durch **Ruhen** hinausgeschoben werden. Die Verjährung ruht, wenn nach dem Gesetz die Verfolgung der Tat nicht oder nicht mehr möglich ist (§ 78b Abs. 1 StGB). Hauptanwendungsfall ist die *Immunität der Abgeordneten* des Bundestages oder von Landtagen (vgl. § 78b Abs. 2 StGB, Art. 46 Abs. 2 GG und z.B. Art. 38 Abs. 1 der Landesverfassung von Baden-Württemberg).

Einen praktisch bedeutsamen Fall des Ruhens regelt § 78b Abs. 3 StGB, wonach die **Verjährung gehemmt ist**, wenn ein *Urteil des ersten Rechtszuges* ergangen

---

1 BGH v. 17.12.2013 – 4 StR 374/13, wistra 2014, 180.
2 S. BGH v. 7.3.2012 – 1 StR 662/11, wistra 2012, 335 m. Anm. *Hüls*, ZWH 2012, 233.
3 *Fischer*, § 78a StGB Rz. 8a.
4 BGH v. 3.10.1989 – 1 StR 372/89, BGHSt 36, 255.
5 BGH v. 19.6.2008 – 3 StR 90/08, BGHSt 52, 300; hierzu *Gleß/Geth*, StV 2009, 183; *Kuhlen*, JR 2009, 53; *Mitsch*, Jura 2009, 534; krit. *Dann*, NJW 2008, 3078.
6 BGH v. 18.6.2003 – 5 StR 489/02, wistra 2003, 385.
7 BGH v. 6.9.2011 – 1 StR 633/10, NStZ 2012, 511 m. Anm. *Neiseke*, NZWiSt 2012, 233.
8 BGH v. 4.11.2003 – KRB 20/03, wistra 2004, 270.
9 BGH v. 1.2.1989 – 3 StR 450/88, BGHSt 36, 105 (116–118).
10 BGH v. 7.11.2001 – 5 StR 395/01, BGHSt 47, 138 m. Anm. *Haass*, NStZ 2002, 484; OLG München v. 1.10.2001 – 2 Ws 1070/01, wistra 2002, 34; anders OLG Hamm v. 2.8.2001 – 2 Ws 156/01, wistra 2001, 474: mit Beginn der Veranlagungsarbeiten.
11 BGH v. 17.3.2009 – 1 StR 627/08, BGHSt 53, 221 (227 f.).
12 BGH v. 31.5.2011 – 1 StR 189/11, wistra 2011, 346.

ist. § 78b Abs. 4 StGB erweitert dies auf die Fälle, in denen Gegenstand des Verfahrens Straftaten sind, für die das Gesetz strafschärfend für besonders schwere Fälle Freiheitsstrafen von mehr als fünf Jahren androht, auf den Zeitraum ab *Eröffnung des Hauptverfahrens*. Allerdings gilt dies nur für Verfahren, die vor dem Landgericht eröffnet worden sind. Ferner müssen die Taten der Verjährung des § 78 Abs. 3 Nr. 4 StGB unterliegen. Die Hemmung dauert bis zur Verkündung des erstinstanzlichen Urteils an (§ 78b Abs. 4 a.E. StGB), höchstens beträgt sie fünf Jahre. Diese (verfassungsgemäße[1]) Regelung ist für umfangreiche Wirtschaftsstrafverfahren gedacht. In Betracht kommen insbesondere Betrug, Subventionsbetrug, Untreue, teilweise Bankrott und Steuerhinterziehung (vgl. §§ 263 Abs. 3, 264 Abs. 2, 266 Abs. 2, 283a StGB, § 370 Abs. 3 AO). § 78b Abs. 4 StGB gilt allerdings nur dann, wenn sich die Tat nach dem *Ergebnis der Hauptverhandlung* als ein Delikt mit einem besonders schweren Fall (wie z.B. Betrug) darstellt. Nehmen etwa Anklage und Eröffnungsbeschluss Betrug (§ 263 StGB) an, erfolgt eine Verurteilung aber nur wegen Kreditbetruges (§ 265b StGB), tritt keine Hemmung der Verjährung ein[2].

55 Für **Steuerstraftaten** ist § 396 Abs. 3 AO von Bedeutung: Wird ein Strafverfahren wegen Steuerhinterziehung bis zum rechtskräftigen Abschluss des Besteuerungsverfahrens ausgesetzt, ruht während der Aussetzung die Verjährung[3].

56 Nach **Wegfall des Grundes** des Ruhens läuft die vorher verstrichene *Frist weiter*; es beginnt also keine neue Frist zu laufen.

57 **bb)** Von der Hemmung der Verjährung ist deren **Unterbrechung** zu unterscheiden. Kennzeichnend hierfür ist, dass nach jeder Unterbrechungshandlung (z.B. dem Erlass eines Durchsuchungsbeschlusses, s. im Einzelnen § 78c Abs. 1 StGB) die Verjährung *von Neuem* beginnt (§ 78c Abs. 3 StGB). Die Verfolgung ist jedoch dann spätestens endgültig verjährt *(absolute Verjährung)*, wenn das Doppelte der gesetzlichen Verjährungsfrist und, sofern die Verjährungsfrist nach besonderen Gesetzen kürzer ist als drei Jahre, mindestens drei Jahre verstrichen sind (§ 78c Abs. 3 S. 2 StGB).

58 Fragen der Verjährungsunterbrechung tauchen in **Wirtschaftsstrafverfahren** wegen deren langer Dauer häufig auf. Wichtig ist hierbei, dass die Untersuchungshandlung – also etwa der Durchsuchungsbeschluss (§ 78c Abs. 1 S. 1 Nr. 4 StGB) – die dem Beschuldigten zur Last gelegte Tat hinreichend bestimmt (hierzu Rz. 59 ff.) und sie sich auf einen bestimmten Täter bezieht (hierzu Rz. 62).

59 (1) Die „**Tat**" ist hier i.S. des § 264 StPO zu verstehen, die den gesamten Sachverhalt umfasst, dessen einzelne Teile nicht gesondert betrachtet werden können, ohne den *einheitlichen Lebensvorgang* unnatürlich aufzuspalten[4]. Hierun-

---

1 BVerfG v. 30.5.1994 – 2 BvR 746/94, NStZ 1994, 480.
2 BGH v. 8.2.2011 – 1 StR 490/10, BGHSt 56, 146 m. Anm. *Mitsch*, NStZ 2012, 508.
3 *Grezesch*, wistra 1990, 289 meint allerdings, die Aussetzung nach § 396 AO hindere die absolute Verjährung (§ 78c Abs. 3 S. 2 StGB) nicht.
4 Vgl. etwa BGH v. 12.3.1968 – 5 StR 115/68, BGHSt 22, 105 (106), 375 (384 f.).

ter können somit mehrere – in Tateinheit (§ 52 StGB) oder in Tatmehrheit (§ 53 StGB) stehende – Delikte mit unterschiedlichen Verjährungsfristen fallen[1]. Die verjährungsunterbrechende Wirkung umfasst deshalb grundsätzlich *alle* Straftatbestände, die im Rahmen des Lebenssachverhaltes (der „Tat" i.S. des § 264 StPO) verwirklicht sind, es sei denn, der Verfolgungswille der Strafverfolgungsbehörde ist erkennbar nur auf eine der Taten gerichtet[2]. Dies gilt auch für das Verhältnis von Steuerstraftat und „allgemeiner" Straftat nach dem StGB[3].

An die **hinreichende Bestimmtheit** einer Untersuchungshandlung sind – insbesondere im Anfangsstadium eines Ermittlungsverfahrens – keine allzu hohen Anforderungen zu stellen. Der Beschuldigte muss über den gegen ihn erhobenen Vorwurf „ins Bild gesetzt" werden. Es genügt eine zusammenfassende Kennzeichnung der Taten, wenn eine nähere Konkretisierung noch nicht möglich ist[4]. Der Lebenssachverhalt muss von anderen ähnlichen oder gleichartigen Vorkommnissen abgrenzbar sein[5]. 60

An der hinreichenden **Bestimmtheit** der Bezeichnung der Untersuchungshandlung **fehlt** es, wenn dem Beschuldigten die Einleitung des Strafverfahrens (§ 78c Abs. 1 S. 1 Nr. 1 StGB) lediglich mit einem allgemeinen formelhaften Text ohne Hinweis auf eine tatsächliche Grundlage und ohne Benennung eines Tatzeitraums mitgeteilt wird[6]. Ebenso wenig genügt die bloße Angabe der gesetzlichen Überschrift eines Straftatbestandes in einem Durchsuchungs- oder Beschlagnahmebeschluss (§ 78c Abs. 1 S. 1 Nr. 4 StGB)[7]. Ein Durchsuchungsbeschluss, der nicht den verfassungsrechtlichen Mindestanforderungen genügt (§ 11 Rz. 83), entfaltet keine verjährungsunterbrechende Wirkung[8]. Auch reicht ein allgemeiner Ermittlungsauftrag der Staatsanwaltschaft an die Polizei, in dessen Verlauf auch der Beschuldigte zu vernehmen ist, für die Unterbrechung nach § 78c Abs. 1 S. 1 Nr. 1 StGB nicht aus[9]. Genügend ist es hingegen, wenn dem Verteidiger die Akten ausgehändigt werden, aus denen hervorgeht, dass gegen seinen Mandanten ein Ermittlungsverfahren mit einem bestimmten Vorwurf geführt wird. Letzteres kann sich etwa aus der Vernehmung von Belas- 60a

---

1 S. BGH v. 10.1.1990 – 4 StR 631/89, wistra 1990, 146 (148).
2 BGH v. 5.4.2000 – 5 StR 226/99, wistra 2000, 219; BGH v. 14.6.2000 – 3 StR 94/00, wistra 2000, 383; BGH v. 7.11.2001 – 1 StR 375/01, wistra 2002, 57.
3 BGH v. 24.10.1989 – 5 StR 238-239/89, BGHSt 36, 283; OLG Braunschweig v. 24.11.1997 – Ss (S.) 70/97, wistra 1998, 71; *Schäfer* in FS Dünnebier, 1982, S. 546; a.A. OLG Frankfurt v. 5.9.1986 – 1 Ws 163/86, wistra 1987, 32; *Bender*, wistra 1998, 93; *Reiche*, wistra 1988, 329; *Fischer*, § 78c StGB Rz. 6a a.E.
4 BGH v. 6.10.1981 – 1 StR 356/81, BGHSt 30, 215 (217) für die Bekanntgabe der Einleitung des Ermittlungsverfahrens an den Beschuldigten; BGH v. 14.6.2000 – 3 StR 94/00, wistra 2000, 383.
5 BGH v. 20.5.1969 – 5 StR 658/68, BGHSt 22, 375 (385); BGH v. 14.6.2000 – 3 StR 94/00, wistra 2000, 383.
6 OLG Hamburg v. 24.3.1987 – 2 Ss 134/86, wistra 1987, 189.
7 *Schäfer* in FS Dünnebier, 1982, S. 548.
8 BGH v. 5.4.2000 – 5 StR 226/99, wistra 2000, 219 m. Anm. *Jäger*, wistra 2000, 227; BGH v. 27.5.2003 – 4 StR 142/03, wistra 2003, 382.
9 Vgl. BGH v. 14.8.1985 – 3 StR 263/85, NStZ 1985, 546.

tungszeugen¹ oder aus einem Vermerk der Polizei (z.B. eine Straftatenübersicht) ergeben.

61 Sind **mehrere selbständige Taten i.S.** des **§ 264 StPO** Gegenstand des Ermittlungsverfahrens, so erstreckt sich die verjährungsunterbrechende Handlung regelmäßig auf sämtliche Taten, es sei denn, der *Verfolgungswille* des tätig werdenden Strafverfolgungsorgans ist erkennbar auf eine oder auf einen Teil der Taten beschränkt². Maßgebend ist das *Ziel der Untersuchungshandlung*. So kann ein Gutachten (§ 78c Abs. 1 S. 1 Nr. 3 StGB) für die Beurteilung aller oder nur einzelner Taten, die Gegenstand des Verfahrens sind, von Bedeutung sein. Bei Durchsuchungs- und Beschlagnahmebeschlüssen sowie bei Haftbefehlen ist auf den mitgeteilten Sachverhalt abzustellen³.

62 (2) Die verjährungsunterbrechende Handlung muss gegen eine **bestimmte Person** als Täter oder Beteiligter gerichtet sein⁴. Sie braucht sich zwar nicht gegen den Täter unter seinem wirklichen Namen zu richten; dieser muss aber individuell *bestimmt sein*⁵. So ist ein Durchsuchungsbeschluss gegen die „Verantwortlichen" eines Unternehmens nicht geeignet, die Verjährung gegenüber einzelnen Geschäftsführern zu unterbrechen⁶. Bei *mehreren Tatbeteiligten* kann sich eine Unterbrechungshandlung, von der nur ein Beschuldigter unmittelbar betroffen ist, auf die übrigen Beteiligten beziehen, wenn sie erkennbar bezweckt, auch deren Tatbeitrag aufzuklären. Dies ist – anders als bei Beschuldigtenvernehmungen, die sich nur auf den unmittelbar Betroffenen beziehen – bei Durchsuchungs- und Beschlagnahmeanordnungen regelmäßig der Fall⁷.

63 b) Die **Vollstreckungsverjährung** ist in § 79 StGB geregelt. Auch hier kann ein *Ruhen* der Verjährung eintreten (§ 79a StGB). Außerdem kann das Gericht die Verjährungsfrist einmal um die Hälfte der gesetzlichen Frist *verlängern*, wenn die Auslieferung oder Überstellung des Verurteilten nicht erreicht werden kann (§ 79b StGB).

2. Ordnungswidrigkeiten

Schrifttum: *Wolter*, Zur dreijährigen Verjährungsfrist nach den §§ 130, 131 OWiG – ein Beitrag zur Gesetzesauslegung, GA 2010, 441.

64 a) Die Frist für die **Verfolgungsverjährung** beträgt, soweit das Gesetz nichts anderes bestimmt, zwischen sechs Monaten und drei Jahren. Maßgebend ist die

---

1 So im Fall BGH v. 14.2.2002 – 4 StR 272/01, NStZ 2002, 429.
2 BGH v. 23.5.1990 – 3 StR 163/89, wistra 1990, 304; BGH v. 12.12.1995 – 1 StR 491/95, wistra 1996, 101.
3 *Schäfer* in FS Dünnebier, 1982, S. 547 f.
4 Vgl. § 78c Abs. 4 StGB und BGH v. 29.1.2013 – 2 StR 510/12, wistra 2013, 227.
5 OLG Karlsruhe v. 10.4.1987 – 3 Ss 190/86 OWi 296/86, wistra 1987, 228; *Sternberg-Lieben/Bosch* in S/S, § 78c StGB Rz. 24.
6 OLG Karlsruhe v. 10.4.1987 – 3 Ss 190/86 OWi 296/86, wistra 1987, 228; *Heuer*, wistra 1987, 180; *Schäfer* in FS Dünnebier, 1982, S. 549; *Sternberg-Lieben/Bosch* in S/S, § 78c StGB Rz. 24.
7 BGH v. 3.5.2011 – 3 StR 33/11, wistra 2011, 298.

Höhe der angedrohten Geldbuße (§ 31 Abs. 2 OWiG). Wichtig ist in diesem Zusammenhang § 17 Abs. 2 OWiG, wonach bei nur fahrlässigem Handeln lediglich die Hälfte der angedrohten Geldbuße verhängt werden kann, wenn das Gesetz – was fast die Regel ist – für vorsätzliches und fahrlässiges Handeln eine gleich hohe Geldbuße androht. Dies wirkt sich auf die Verjährungsfrist aus. Ist z.B. ein Verstoß mit Geldbuße bis zu 5.000 Euro bedroht, tritt bei vorsätzlichem Handeln Verjährung nach zwei Jahren, bei fahrlässigem Handeln aber bereits nach einem Jahr ein (§ 31 Abs. 2 Nr. 2 und 3 i.V.m. § 17 Abs. 2 OWiG).

Ebenso wie bei der Straftat **beginnt** die Verjährung mit der Beendigung der Handlung oder mit dem Eintritt des Erfolges, sofern dieser sich danach einstellt (§ 31 Abs. 3 OWiG). 65

Beispiel: Beispielsweise ist die Ordnungswidrigkeit der unzulässigen Preisabsprache gem. § 81 Abs. 2 Nr. 1 GWB nicht bereits mit der Vereinbarung, sondern erst mit der Abwicklung der Verträge beendet, wobei die Schlussrechnung maßgebend ist[1].

Die Verjährung **ruht** ab dem Zeitpunkt, in dem vor deren Ablauf ein Urteil des ersten Rechtszuges oder ein Beschluss nach § 72 OWiG ergangen ist (§ 32 Abs. 2 OWiG; ebenso § 78b Abs. 3 StGB, Rz. 54). Weitere Fälle des Ruhens enthält § 32 Abs. 1 OWiG. 66

Von großer praktischer Bedeutung ist die **Unterbrechung** der Verjährung (zum Begriff Rz. 57). § 33 Abs. 1 S. 1 OWiG enthält einen Katalog von Unterbrechungstatbeständen, der im Grundsatz § 78c Abs. 1 S. 1 StGB entspricht. Der verfahrensrechtliche Unterschied zwischen Straftat und Ordnungswidrigkeit hat zur Folge, dass einzelne Unterbrechungsgründe des Strafgesetzes fehlen (z.B. Anordnung von Haft u.a.), andere dazu kommen (etwa die Abgabe der Sache von der Staatsanwaltschaft an die Verwaltungsbehörde gem. § 43 OWiG). Entsprechend § 78c Abs. 3 S. 2 StGB tritt die Verjährung spätestens dann ein, wenn seit dem in § 31 Abs. 3 OWiG bestimmten Zeitpunkt (Beginn der Verjährung) das Doppelte der Verjährungsfrist, mindestens aber zwei Jahre, verstrichen sind (§ 33 Abs. 3 S. 2 OWiG). 67

Die **Unterbrechungswirkung** bezieht sich ebenso wie im Strafrecht auf die Tat im prozessualen Sinn, die genügend konkretisiert sein muss (Rz. 59–61)[2]. Die Unterbrechung wirkt nur gegenüber demjenigen, auf den sich die Unterbrechungshandlung (etwa ein Durchsuchungsbeschluss) bezieht (§ 33 Abs. 4 OWiG). Das zu § 78c Abs. 4 StGB Gesagte (Rz. 62) gilt entsprechend. 68

b) Die **Vollstreckungsverjährung** ist in § 34 OWiG geregelt. Wie im Strafrecht (Rz. 63) gibt es auch hier ein Ruhen (§ 34 Abs. 4 OWiG). 69

---

1 BGH v. 9.7.1984 – KRB 1/84, BGHSt 32, 389.
2 *Gürtler* in Göhler, § 33 OWiG Rz. 56a f.

§ 18
Irrtum und Versuch
Bearbeiter: Jürgen Niemeyer

	Rz.		Rz.
A. Irrtum	1	**B. Versuch**	
I. Tatumstandsirrtum	3	I. Strafbarkeit des Versuches	18
II. Verbotsirrtum		II. Abgrenzungen	
1. Fallgestaltungen	6	1. Vorbereitungshandlung	21
2. Vermeidbarkeit	10	2. Vollendung und Beendigung	25
3. Grenzfälle	13	III. Untauglicher Versuch und Wahndelikt	28
a) Subsumtionsirrtum	14		
b) Irrtum bei Blankettgesetzen	15	IV. Rücktritt vom Versuch	31

A. Irrtum

Schrifttum: *Bülte*, Der Irrtum über das Verbot im Wirtschaftsstrafrecht, NStZ 2013, 65; *Eisele*, Die verwaltungsrechtliche Genehmigungsfiktion im Straf- und Ordnungswidrigkeitenrecht, NJW 2014, 1417; *Erb*, Zur Unterscheidung der aberratio ictus vom error in persona, in FS Frisch, 2013, S. 389; *Heinrich*, Der Irrtum über normative Tatbestandsmerkmale, in FS Roxin, 2011, S. 449; *Henn*, Der subjektive Tatbestand der Straftat – Teil 2: Überblick über die Irrtumskonstellationen, JA 2008, 854; *Herzberg*, Fahrlässigkeit, Unrechtseinsicht und Verbotsirrtum, in FS Otto, 2007, S. 265; *Herzberg*, vorsatzausssschließende Rechtsirrtümer, JuS 2008, 385; *Hinderer*, Tatumstandsirrtum oder Verbotsirrtum?, JA 2009, 864; *Kelker*, Erlaubnistatumstands- und Erlaubnisirrtum – eine systematische Erörterung, Jura 2006, 591; *Kirch-Heim/Samson*, Vermeidung der Strafbarkeit durch Einholung juristischer Gutachten, wistra 2008, 81; *Knierim*, Die Schuldtheorie und der Erlaubnistatbestandsirrtum, in FS Müller, 2008, S. 357; *Kudlich/Wittig*, Strafrechtliche Enthaftung durch juristische Präventionsberatung? Teil 1: Allgemeine Irrtumslehren, ZWH 2013, 253; *Latzel*, Rechtsirrtum und Betriebsratsbenachteiligung, wistra 2013, 334; *Leite*, Der Unrechtszweifel als Verbotsirrtum, GA 2012, 688; *Ludes/Pannenborg*, Der Erlaubnistatbestandsirrtum im Fahrlässigkeitsdelikt, Jura 2013, 24; *Müller*, Vorsatz und Erklärungspflicht im Steuerstrafrecht (Teil 2), 2007; *Neumann*, Regel und Sachverhalt in der strafrechtlichen Irrtumsdogmatik, in FS Puppe, 2011, S. 171; *Ransiek*, Blankettstraftatbestand und Tatumstandsirrtum, wistra 2012, 365; *Roxin*, Über Tatbestands- und Verbotsirrtum, in FS Tiedemann, 2008, S. 375; *Satzger*, Der irrende Garant – Zur Abgrenzung von Tatbestands- und Gebotsirrtum beim vorsätzlichen unechten Unterlassungsdelikt, Jura 2011, 432; *Sternberg-Lieben/Sternberg-Lieben*, Der Tatumstandsirrtum, JuS 2012, 289; *Streng*, Das „Wahndelikt" – ein Wahn? Überlegungen zum umgekehrten Irrtum über normative Tatbestandsmerkmale, GA 2009, 529; *Weidemann*, Der Irrtum über die Steuerrechtslage, in FS Herzberg, 2008, S. 299; *Weidemann*, Vorsatz und Irrtum bei Lohnsteuerhinterziehung und Beitragsvorenthaltung, wistra 2010, 463.

1 Die gesetzliche Regelung des Irrtums bei **Straftaten** (§§ 16, 17 StGB) stimmt im Wesentlichen mit der Regelung bei **Ordnungswidrigkeiten** (§ 11 OWiG) überein. Auch die damit verbundenen Rechtsfragen und Abgrenzungsprobleme sind soweit *identisch*, dass im Folgenden allein auf die strafrechtliche Regelung abgestellt werden kann.

2 Irrt der Täter über Umstände, die die Strafbarkeit begründen können, so ist für die rechtliche Beurteilung der sog. *Bezugspunkt* des Irrtums maßgebend, d.h. es ist zu untersuchen, *worüber* der Täter irrt: Kennt der Täter die Umstände nicht, die zum gesetzlichen Tatbestand gehören, so spricht man von **Tatumstandsirrtum**. Weiß er hingegen, was er tut, aber nicht, dass sein Tun strafbar – also verboten – ist, so liegt ein **Verbotsirrtum** vor. Beide Irrtumsarten sind nach unterschiedlichen rechtlichen Kriterien zu beurteilen: Wer sich in einem Tatbestandsirrtum befindet, kann allenfalls noch wegen einer Fahrlässigkeitstat bestraft werden (§ 16 Abs. 1 StGB). Der Verbotsirrtum hingegen lässt die Schuld nur entfallen, wenn er unvermeidbar (§ 17 StGB) war.

I. Tatumstandsirrtum

3 Die Merkmale des Straftatbestandes, die der Täter beim Tatumstandsirrtum nicht kennt, ergeben sich in erster Linie aus der jeweiligen Norm des Besonderen Teils des StGB oder anderer Gesetze, aber auch aus dem Allgemeinen Teil (**„geschriebene Tatbestandsmerkmale"**). So erfordert der Vorsatz der Steuerhinterziehung das Wissen, dass nach Grund und Höhe ein Steueranspruch entstanden ist, der verkürzt werden soll[1]. – Wegen Nichtabführens der Abgaben zur Sozialversicherung macht sich nur der *Arbeitgeber* schuldig (§ 266a StGB). Dies ist ein besonderes persönliches Merkmal i.S. des § 14 Abs. 1 Nr. 1 StGB. Der Vorsatz des Täters muss sich deshalb auch darauf erstrecken, dass er sich seiner Pflichtenstellung als Arbeitgeber bewusst ist[2]. Nach Ansicht des BGH[3] ist ein Wissen insoweit jedoch nicht notwendig. Die Kenntnis von der Arbeitgebereigenschaft festzustellen kann dann Schwierigkeiten bereiten, wenn die Abberufung als Geschäftsführer rechtlich unwirksam ist[4].

3a Darüber hinaus muss sich der Vorsatz auch auf die sog. **ungeschriebenen Tatbestandsmerkmale** erstrecken, die von Rechtsprechung und Lehre entwickelt worden sind (z.B. beim Betrug das Merkmal der Vermögensverfügung).

3b Bei den sog. **Erfolgsdelikten** muss auch die Verknüpfung von Handlung und Erfolg, nämlich die *Kausalität*, vom Vorsatz umfasst sein. Andernfalls handelt der Täter nicht vorsätzlich. Dabei ist jedoch ausreichend, wenn er den Geschehensablauf in seinen wesentlichen Zügen erkennt. *Unwesentliche Abweichungen* des tatsächlichen Kausalverlaufs von den Vorstellungen des Täters berühren den Vorsatz nicht, führen also zu *keinem* Tatumstandsirrtum. Nach der Rechtsprechung sind unwesentlich solche Abweichungen, die sich noch in den Grenzen des nach allgemeiner Lebenserfahrung Vorhersehbaren halten und

---

1 BGH v. 26.6.2012 – 1 StR 289/12, wistra 2012, 440 m. Anm. *Beckschäfer*, ZWH 2012, 504.
2 Ebenso LG Ravensburg v. 26.9.2006 – 4 Ns 24 Js 22865/03, StV 2007, 412; a.A. *Weidemann*, wistra 2010, 335.
3 BGH v. 7.10.2009 – 1 StR 478/09, wistra 2010, 29.
4 Vgl. den instruktiven Fall BGH v. 30.7.2003 – 5 StR 221/03, BGHR StGB § 16 Abs. 1 Umstand 4 (insoweit in BGHSt 48, 307 nicht abgedr.).

keine andere Bewertung der Tat rechtfertigen. Beide Kausalverläufe müssen gleichwertig sein[1].

Beispiel: Unternehmer U verlegt im Auftrag der Telekom Fernmeldekabel. Anlässlich einer Betriebsversammlung weist er seine Arbeiter an, ruhig mehr Kabel (als tatsächlich verlegt) in die Rapportzettel einzutragen, die Telekom werde dies schon nicht bemerken. Rechnet U sodann aufgrund der Rapportzettel ab, so ist für den Betrugsvorsatz (§ 263 StGB) nicht erforderlich, dass er weiß, welche Arbeiter in welchem Umfang zu viel Kabel verrechnet haben.

4 Eine **erhebliche Abweichung im Kausalverlauf** ist allerdings dann anzunehmen, wenn der Täter durch ein nicht vorhergesehenes Abweichen des Handlungsgeschehens ein *anderes* als das vorgesehene *Objekt* verletzt (sog. aberratio ictus). In solchen Fällen kommt nur *Versuch* (bezüglich des ursprünglich ins Auge gefassten Tatobjektes), ggf. auch eine *Fahrlässigkeit* (im Hinblick auf das dann verletzte Angriffsobjekt) infrage[2].

5 Liegt hingegen kein Fehlgehen des Tatverlaufs, sondern ein **Irrtum über die Identität des Angriffsobjekts** vor, so berührt dies den Vorsatz nicht. Der sog. error in objecto oder in persona ist nur ein *unbeachtlicher Motivirrtum*[3]. Fälle dieser Art sind im Wirtschaftsstrafrecht nicht häufig.

II. Verbotsirrtum

1. Fallgestaltungen

6 Beim Verbotsirrtum weiß der Täter zwar, was er tut, er weiß jedoch nicht, dass sein Tun verboten ist: Ihm fehlt – wie es § 17 StGB ausdrückt – „die Einsicht, Unrecht zu tun", also dass sein Tun gegen die durch verbindliches Recht erkennbare Wertordnung verstößt (**Unrechtsbewusstsein**)[4]. Dies ist nicht der Fall, wenn er mit der Möglichkeit rechnet, etwas Unrechtes zu tun und dies – wie beim bedingten Vorsatz – billigend in Kauf nimmt[5]. Hier sind folgende Fälle zu unterscheiden:

7 Der Täter kennt die **Existenz der Verbotsnorm** nicht. Ein Irrtum dieser Art kommt im Wirtschaftsstrafrecht deswegen mitunter vor, weil hier viele Straftatbestände in Nebengesetzen geregelt sind, die zum Teil selbst manchen Juristen unbekannt sind. In solchen Fällen ist § 17 StGB ohne Einschränkung anwendbar: Es ist also zu untersuchen, ob der Irrtum vermeidbar oder unvermeidbar war (Rz. 10–12).

8 Der Täter weiß, dass er den Tatbestand eines bestimmten Gesetzes verwirklicht. Er glaubt jedoch irrtümlich, es liege ein **Rechtfertigungsgrund** vor, der die Rechtswidrigkeit entfallen lässt. Nach der herrschenden eingeschränkten Schuldtheorie ist hier zu **unterscheiden:** Nimmt der Täter irrigerweise tatsächliche Umstände an, nach denen ein *gesetzlich vorgesehener* Rechtfertigungs-

---

1 BGH v. 15.2.2011 – 1 StR 676/10, BGHSt 56, 162.
2 *Lackner/Kühl*, § 15 StGB Rz. 12; *Fischer*, § 16 StGB Rz. 6.
3 *Lackner/Kühl*, § 15 StGB Rz. 13.
4 BGH v. 30.5.2008 – 1 StR 166/07, wistra 2008, 387 (391).
5 BGH v. 15.8.2002 – 3 StR 11/02, wistra 2002, 467 (469).

grund vorliegen würde, so handelt er nicht vorsätzlich; es bleibt allenfalls die Möglichkeit einer Fahrlässigkeitstat. Ein solcher Irrtum wird also nicht wie ein Verbots-, sondern wie ein Tatbestandsirrtum (§ 16 StGB) behandelt[1]. Irrt der Täter hingegen über die *Grenzen* eines Rechtfertigungsgrundes oder nimmt er einen *gesetzlich nicht existierenden* Rechtfertigungsgrund an, so ist § 17 StGB anwendbar: Es ist zu untersuchen, ob der Irrtum vermeidbar war.

Die beschriebenen Fallgestaltungen seien an einem Beispiel verdeutlicht: 9

Beispiel: Der Steuerbevollmächtigte S. teilt anlässlich einer Fahndungsprüfung bei seinem Mandanten M dem Steuerfahndungsbeamten auf Befragen mit, M verfüge über Bankkonten in der Schweiz. Gegen S. wird daraufhin ein Ermittlungsverfahren wegen Verletzung von Privatgeheimnissen (§ 203 StGB) eingeleitet. Lässt S. sich unwiderlegbar dahin ein, er habe von der Existenz des § 203 StGB nichts gewusst, so befand er sich in einem nach § 17 StGB zu beurteilenden Verbotsirrtum. Gleiches gilt, wenn S. zwar die Strafvorschrift des § 203 StGB kannte, aber der Auffassung war, er müsse auf die Fragen der Steuerfahnder wahrheitsgemäß antworten. S. ging dann von einem nicht existenten Rechtfertigungsgrund aus. Glaubte S. hingegen aufgrund eines Missverständnisses, sein Mandant habe erklärt, er dürfe seine Vermögensverhältnisse gegenüber der Steuerfahndung vollständig offenbaren, so nahm er irrtümlich die tatsächlichen Voraussetzungen des von der Rechtsordnung anerkannten Rechtfertigungsgrundes der Einwilligung an[2]. Analog § 16 Abs. 1 S. 1 StGB handelte S. damit ohne Vorsatz. Da § 203 StGB eine fahrlässige Begehensweise nicht unter Strafe stellt, bleibt er in diesem Falle straflos.

2. Vermeidbarkeit

Ein *Verbotsirrtum* führt nach § 17 StGB nur dann zum *Schuldausschluss*, 10 wenn er **unvermeidbar** war. Die Rechtsprechung verlangt hierbei eine „Gewissensanspannung" und entscheidet danach, inwieweit die „Gewissensanspannung zumutbar ist"[3]. *Vermeidbar* ist demnach ein Verbotsirrtum dann, wenn der Täter das Unrecht der Tatbestandsverwirklichung „bei der ihm zumutbaren Anspannung des Gewissens hätte erkennen können und sich trotzdem in Freiheit zu ihr entschloss". *Unvermeidbar* und damit zum Schuldausschluss führend ist der Verbotsirrtum nur, wenn er „unüberwindlich" ist[4].

Das Maß der erforderlichen Gewissensanpassung richtet sich nach den Umständen des Falles und nach dem *Lebens- und Berufskreis des Täters*. Geschäftsleuten ist nicht nur bei der Beurteilung eines Sachverhalts eine erhöhte Sorgfaltspflicht zuzumuten, sondern sie trifft im Zweifel auch eine **Erkundigungspflicht**, etwa bei einem Rechtsanwalt, einer Behörde, einem Berufsverband oder bei einer Berufskammer[5]. Ggf. kann es genügen, sich über die ein- 11

---

1 So zumindest die Rspr., die für diese Fälle den Irrtum über einen „Erlaubnistatbestand" wie einen Tatbestandsirrtum behandelt, vgl. BGH v. 6.7.1952 – 1 StR 708/51, BGHSt 3, 105; BGH v. 10.3.1983 – 4 StR 375/82, BGHSt 31, 264 (286 f.); zu Meinungen in der Literatur vgl. *Fischer*, § 16 StGB Rz. 20–22d m.w.Nw.
2 *Fischer*, § 203 StGB Rz. 31, 48.
3 BGH v. 18.3.1952 – GSSt 2/51, BGHSt 2, 194, 209.
4 BGH v. 18.3.1952 – GSSt 2/51, BGHSt 2, 194, 209.
5 BGH v. 27.1.1966 – KRB 2/65, BGHSt 21, 18; *Fischer*, § 17 StGB Rz. 8, 9, 9a m.w.Nw. Zum Irrtum im EU-Recht EuGH v. 18.6.2013 – Rs. C–681/11, ZWH 2013, 446.

schlägigen Vorschriften in den Verkündungsblättern zu informieren[1]. Andererseits darf sich der Geschäftsmann dann nicht auf die Auskunft einer juristisch geschulten Person verlassen, wenn an deren Kompetenz Zweifel bestehen. Nur die Rechtsauskunft einer kompetenten Person schließt i.d.R. die Vermeidbarkeit eines Verbotsirrtums aus; es muss sich um eine zuständige, sachkundige und unvoreingenommene Person handeln, die mit der Erteilung der Auskunft keinerlei Eigeninteresse verfolgt und die Gewähr für eine objektive, pflichtgemäße und verantwortungsbewusste Auskunftserteilung bietet[2]. Voraussetzung ist allerdings, dass dieser die „richtige" Frage gestellt wird[3]. Gefälligkeitsgutachten oder Auskünfte von Rechtsanwälten, die lediglich eine „Feigenblattfunktion" erfüllen sollen, genügen nicht[4]. Auf die Auskunft von Behörden darf sich der Täter jedoch verlassen[5]. Besteht in einer Rechtsfrage eine *widersprüchliche Rechtsprechung*, ist es eine Frage der Zumutbarkeit, ob der Täter mit der Handlung so lange zuwarten muss, bis die Frage geklärt ist. Eine fehlende Zumutbarkeit führt dann zur Unvermeidbarkeit des Irrtums; es liegt nicht ein selbständiger Entschuldigungsgrund der Unzumutbarkeit vor[6].

11a Ein Verbotsirrtum ist allerdings nicht schon dann vermeidbar, wenn es der Täter unterlassen hat, Auskünfte einzuholen. Vielmehr bedarf es der *weiteren Feststellung*, dass die Einholung von Auskünften dem Täter tatsächlich auch die **Erkenntnis verschafft** hätte, sein Handeln könne rechtswidrig sein[7].

12 Einen sicheren Maßstab für die Abgrenzung, wann ein Verbotsirrtum vermeidbar ist und wann nicht, bieten diese Grundsätze freilich kaum. Wegen des hohen Maßes an Sorgfalt, das die Rechtsprechung vom Täter bei der geforderten Gewissensanspannung verlangt, ist es ratsam, schon bei **geringen Zweifeln** an der Rechtmäßigkeit eines bestimmten Verhaltens alles zu tun, um die *Rechtslage umfassend zu klären*.

3. Grenzfälle

13 Die **Unterscheidung**, ob der Täter über einen Umstand irrt, der zum gesetzlichen Tatbestand gehört (§ 16 StGB), oder ob er sich nur in einem Verbotsirrtum (§ 17 StGB) befindet, kann zuweilen Schwierigkeiten bereiten. Folgende Fälle sind problematisch:

a) Subsumtionsirrtum

14 Es wurde bereits darauf hingewiesen, dass der Täter auch dann vorsätzlich handelt, wenn er ein Tatbestandsmerkmal zwar nicht nach seiner gesetzlichen Be-

---

1 BayObLG v. 13.10.1999 – 3 Ob OWi 88/99, wistra 2000, 117.
2 BGH v. 11.10.2012 – 1 StR 213/10, BGHSt 58, 15; BGH v. 3.4.2008 – 3 StR 394/07, BGHR StGB § 17 Vermeidbarkeit 8; BayObLG v. 22.5.2002 – 3 Ob OWi 22/02, wistra 2002, 396 (398).
3 Vgl. BGH v. 21.12.2005 – 3 StR 470/04, NJW 2006, 522 (529) (insoweit in BGHSt 50, 331 nicht abgedr.).
4 BGH v. 4.4.2013 – 3 StR 521/12, NStZ 2013, 461 m. Anm. *Dahs*, StV 2014, 14
5 OLG Stuttgart v. 26.6.2006 – 1 Ss 296/05, NJW 2006, 2422.
6 OLG Stuttgart v. 19.11.2007 – 2 Ss 597/07, NJW 2008, 243.
7 BayObLG v. 8.9.1988 – RReg 5 St 96/88, wistra 1989, 195.

zeichnung, wohl aber seinem *Wesen nach* kennt. Die **rechtlich richtige Subsumtion** ist für den Vorsatz **unerheblich:** Ausreichend ist eine zutreffende „Parallelwertung in der Laiensphäre" (vgl. § 17 Rz. 25). In solchen Fällen liegt deswegen auch kein Tatbestandsirrtum, sondern allenfalls ein Verbotsirrtum vor (sog. Subsumtionsirrtum).

b) Irrtum bei Blankettgesetzen

15 Zum Begriff der Blankettgesetze wird auf § 17 Rz. 8 verwiesen. Problematisch ist, wie ein Irrtum in Bezug auf die blankettausfüllende Norm zu beurteilen ist. Nach herrschender Ansicht in der Rechtsprechung gehören zum Tatbestand **auch die Merkmale einer blankettausfüllenden Norm,** d.h. das Blankettgesetz ist so zu lesen, als stünde die Ausfüllungsnorm im Strafgesetz[1]. Daraus ergibt sich: Kennt der Täter die Existenz der blankettausfüllenden Norm nicht, so liegt nur ein nach § 17 StGB zu beurteilender *Verbotsirrtum* vor. Gleiches gilt, wenn er sich über deren Inhalt und Reichweite irrt[2]. Irrt er hingegen über ein Tatbestandsmerkmal der Ausfüllungsnorm, so fehlt es am Vorsatz. Der Täter befindet sich also in einem *Tatbestandsirrtum* (§ 16 StGB).

Beispiel: Dem Geschäftsführer G einer insolvent gewordenen GmbH wird vorgeworfen, Bilanzen nicht innerhalb von sechs Monaten nach Ablauf des Geschäftsjahres erstellt zu haben (§ 283b Abs. 1 Nr. 3 Buchst. b StGB, §§ 242, 264 Abs. 1 S. 3 HGB). Beruft sich G darauf, er habe nichts von einer Bilanzierungspflicht gewusst, so befindet er sich in einem Irrtum über die Existenz einer blankettausfüllenden Norm (§ 242 HGB); es liegt also ein Verbotsirrtum vor (§ 17 StGB). Trägt G hingegen unwiderlegbar vor, er sei davon ausgegangen, sein Steuerberater werde die Bilanzen rechtzeitig erstellen, so fehlt es wegen eines Tatbestandsirrtums an einem vorsätzlichen Handeln (§ 16 StGB). Möglich ist jedoch eine Bestrafung wegen einer Fahrlässigkeitstat (§§ 283b Abs. 2, 16 Abs. 1 S. 2 StGB).

16 Bezüglich des Irrtums bei **Steuerstraftaten** gelten Besonderheiten. Auf Folgendes sei hingewiesen (näher § 44 Rz. 70): Zu den Tatbestandsmerkmalen, an die der Irrtum nach § 16 StGB anknüpft, gehören auch rechtliche Sachverhalte. Hierzu zählt etwa die Existenz des Steueranspruches. Unterlässt es der Täter, eine Umsatzsteuervoranmeldung abzugeben, weil er im Hinblick auf eine tatsächlich gegebene Vorsteuerabzugsberechtigung glaubt, es bestehe kein Steueranspruch, so befindet er sich in einem Tatumstandsirrtum nach § 16 Abs. 1 StGB, der den Vorsatz ausschließt, obgleich er den relevanten Sachverhalt kennt und sein Irrtum auf einer falschen steuerrechtlichen Beurteilung beruht[3].

17 Bei **Genehmigungserfordernissen** (etwa im Außenwirtschaftsrecht) ist zu unterscheiden: Dient die Genehmigung nur der Kontrolle eines „allgemeinen so-

---

1 Vgl. *Sternberg-Lieben/Schuster* in S/S, § 15 StGB Rz. 100, 101; *Tiedemann,* WiStrafR AT, Rz. 220–226.
2 BGH v. 15.11.2012 – 3 StR 295/12, wistra 2013, 153 m. Anm. *Krell,* NZWiSt 2013, 114.
3 BGH v. 24.10.1990 – 3 StR 16/90, NStZ 1991, 89; hierzu weiter *Tiedemann,* WiStrafR AT, Rz. 228. Zum Irrtum über die Steuerpflicht von Renditen, die im Zusammenhang mit einem Anlagebetrug erlangt sind, s. BGH v. 23.2.2000 – 5 StR 570/99, wistra 2000, 217.

zialadäquaten Verhaltens", gründet sich der Unrechtsgehalt der Tat auf das Fehlen der Genehmigung, sodass diese dem Tatbestand zuzurechnen ist. Meint der Täter, es sei keine Genehmigung erforderlich, liegt ein Tatbestandsirrtum (§ 16 StGB) vor. Ist hingegen das Verhalten allgemein verboten und nur ausnahmsweise aufgrund der Genehmigung erlaubt, ist bei einem Irrtum über das Erfordernis der Genehmigung von einem Verbotsirrtum (§ 17 StGB) auszugehen[1].

B. Versuch

Schrifttum: *Exner*, Versuch und Rücktritt vom Versuch eines Unterlassungsdelikts, Jura 2010, 276; *Haas*, Zum Rechtsgrund von Versuch und Rücktritt, ZStW 123 (2011), 226; *Kudlich*, Der Versuch des unechten Unterlassungsdelikts, JA 2008, 601; *Puppe*, Der Versuch des mittelbaren Täters, in FS Dahs, 2005, S. 173; *Putzke*, Der strafbare Versuch, JuS 2009, 894, 985, 1083.

I. Strafbarkeit des Versuches

18 Erfüllt das Verhalten des Täters *nicht sämtliche Tatbestandsmerkmale* einer Strafnorm, so kommt eine Strafbarkeit wegen Versuchs in Betracht. Nach der gesetzlichen Regelung liegt ein **Versuch** dann vor, wenn der Täter „nach seiner Vorstellung von der Tat zur Verwirklichung des Tatbestandes unmittelbar ansetzt" (§ 22 StGB). Allerdings ist der Versuch nur bei *Verbrechen* (§ 12 StGB) immer strafbar (etwa § 17 AWG n.F.); bei *Vergehen* bedarf es einer ausdrücklichen gesetzlichen Regelung (§ 23 Abs. 1 StGB).

19 Da im **Wirtschaftsstrafrecht** weit überwiegend *nur Vergehen* eine Rolle spielen, ist im Einzelfall zu überprüfen, ob die einschlägige Strafnorm die Versuchstat überhaupt unter Strafe stellt. Bei vielen Wirtschaftsstraftaten ist dies allerdings der Fall.

Beispiele: So ist der Versuch beispielsweise *strafbar* bei Bankrott (§ 283 Abs. 3 StGB), Gläubiger- und Schuldnerbegünstigung (§§ 283c Abs. 2, 283d Abs. 2 StGB), Betrug (§ 263 Abs. 2 StGB), Computerbetrug (§ 263a Abs. 2 StGB) und Steuerhinterziehung (§ 370 Abs. 2 AO). *Keine* Versuchsstrafbarkeit ist etwa gegeben bei Untreue (§ 266 StGB), Wucher (§ 291 StGB) oder Insolvenzverschleppung (§ 15a InsO).

20 Für den **Versuch von Ordnungswidrigkeiten** gelten die strafrechtlichen Bestimmungen entsprechend (§ 13 OWiG). Eine ausdrückliche Anordnung der Ahndbarkeit des Versuchs ist allerdings selten (so z.B. § 115 Abs. 3 OWiG). Die früher größte Fallgruppe im Außenwirtschaftsrecht ist durch die Neufassung 2013 entfallen (dazu unten § 62); doch im Sicherstellungsrecht (unten § 64) oder Marktordnungsrecht (§ 45 Rz. 54 ff.) finden sich solche Anordnungen (§ 2 Abs. 3 WiStG; § 36 Abs. 5 MOG)[2].

---

1 So BGH v. 11.9.2002 – 1 StR 73/02, wistra 2003, 65; BGH v. 22.7.1993 – 4 StR 322/93, NStZ 1993, 594; str., s. *Sternberg-Lieben/Schuster* in S/S, § 17 StGB Rz. 12a.

2 Näher die Zusammenstellung von *Rengier* in KK, § 13 OWiG Rz. 3 ff.; *Förster* in R/R/H, § 13 OWiG Rz. 12.

II. Abgrenzungen

1. Vorbereitungshandlung

Schrifttum: *Bosch*, Unmittelbares Ansetzen zum Versuch, Jura 2011, 909; *Ceffinato*, Zum Versuchsbeginn bei der Steuerhinterziehung durch Unterlassen, wistra 2014, 88; *Fad*, Die Abstandsnahme des Beteiligten von der Tat im Vorbereitungsstadium, 2005; *Jung*, Die Vorstellung von der Tat beim strafrechtlichen Versuch, JA 2006, 228; *Kühl*, Versuchsstrafbarkeit und Versuchsbeginn, in FS Küper, 2007, S. 289; *Rönnau*, Grundwissen – Strafrecht: Versuchsbeginn, JuS 2013, 879; *Rönnau*, Grundwissen – Strafrecht: Versuchsbeginn bei Mittäterschaft, mittelbarer Täterschaft und unechtem Unterlassungsdelikt, JuS 2014, 109.

Im Gegensatz zum Versuch ist die **bloße Vorbereitungshandlung** grundsätzlich *nicht strafbar*. Ausnahmen hiervon – vgl. etwa das Vorbereiten der Fälschung von amtlichen Ausweisen (§ 275 StGB) – haben im Wirtschaftsstrafrecht kaum eine Bedeutung. Wie bei der Versuchstat zielt die Vorbereitungshandlung zwar ebenfalls auf die Tatbestandsverwirklichung hin; hier fehlen jedoch die Erfordernisse des § 22 StGB, d.h. in der Vorbereitungshandlung ist noch *kein unmittelbares Ansetzen zur Verwirklichung* des Tatbestandes zu sehen.

Da im **Wirtschaftsstrafrecht** häufig komplizierte und vielschichtige Verhaltensweisen zu beurteilen sind, wird hier die Abgrenzung zwischen Vorbereitungshandlung und Versuch besonders problematisch. Dies gilt insbesondere für *Steuerstraftaten*, da dort Anfang und Ende der Tatbestandsausführung häufig weit auseinander liegen (vgl. § 44 Rz. 72 ff.) sowie – wegen des komplexen Tatbestandes – für den Bereich der *Betrugskriminalität*.

Auszugehen ist von der **Vorstellung des Täters** von der Tat, also vom Tatvorsatz bzw. vom Täterplan. Vom *(subjektiven)* Standpunkt des Täters aus ist sodann nach *objektiven Maßstäben* zu beurteilen, ob eine Handlung schon Versuch oder noch Vorbereitung ist, d.h. ob schon ein unmittelbares Ansetzen zur Tatbestandsverwirklichung zu bejahen ist. Ein solches unmittelbares Ansetzen liegt dann vor, wenn die Handlung im ungestörten Fortgang *unmittelbar zur Tatbestandserfüllung* führen soll oder wenn die Handlung in unmittelbarem räumlichen und zeitlichen Zusammenhang mit der Tatbestandsverwirklichung steht. Hat der Täter *ein* Tatbestandsmerkmal bereits *verwirklicht* – z.B. beim Betrug (§ 263 StGB) getäuscht, bevor ein Vermögensschaden eingetreten ist – so liegt i.d.R. Versuch und keine Vorbereitungshandlung mehr vor[1].

Mit den vorstehenden Grundsätzen lassen sich i.d.R. auch **problematischere Fallgestaltungen** interessengerecht lösen.

Beispiele: So liegt beispielsweise in dem unrichtigen Ausfüllen von Steuererklärungen noch keine versuchte Steuerhinterziehung, sondern nur eine straflose Vorbereitungshandlung, da es noch weiterer Akte des Täters – nämlich der Abgabe der Erklärung beim Finanzamt – bedarf. Ein strafbarer Versuch liegt dagegen vor, wenn die Steuererklärung beim Finanzamt abgegeben worden ist, mag dort die Bearbeitung auch noch nicht in An-

---

1 Vgl. zum Ganzen BGH v. 16.9.1975 – 1 StR 264/75, BGHSt 26, 201; BGH v. 16.1.1991 – 2 StR 527/90, BGHSt 37, 294 (296 ff.); BGH v. 12.8.1997 – 1 StR 234/97, BGHSt 43, 177 (179); BGH v. 9.10.2002 – 5 StR 42/02, BGHSt 48, 34 (35 f.); BGH v. 20.3.2014 – 3 StR 424/13, NStZ 2014, 447 m. Anm *Krehl*, NStZ 2014, 449.

griff genommen sein[1]. In diesem Fall bedarf es zur Tatbestandserfüllung keiner weiteren Zwischenakte des Täters mehr (Näheres § 44 Rz. 73). Bei der Hinterziehung von Einfuhrabgaben wird die Steuerhinterziehung durch Abgabe inhaltlich falscher Anmeldungen bei der zollamtlichen Abfertigung begangen. Die Ausführungshandlung beginnt deshalb erst mit der Vorlage der falschen Zollanmeldung; wird der Container, in dem sich die Schmuggelware befindet, in den Freihafen gebracht, liegt lediglich eine straflose Vorbereitungshandlung vor[2].

2. Vollendung und Beendigung

25 Eine Strafbarkeit *nur wegen Versuchs* kommt nicht mehr in Betracht, wenn die Tat **vollendet** ist. Dies ist dann der Fall, wenn der Täter *alle Merkmale* des gesetzlichen Tatumstandes erfüllt hat.

Beispiel: Bei der Hinterziehung von Umsatzsteuern genügt zur Vollendung die Abgabe einer falschen Voranmeldung, obgleich diese unter dem Vorbehalt der Nachprüfung steht (§ 168 S. 1 AO; s. § 370 Abs. 4 S. 1 Hs. 2 AO). Führt die Steueranmeldung jedoch zu einer Steuervergütung, tritt die Wirkung der Steuererklärung als Steuerfestsetzung unter Vorbehalt der Nachprüfung erst ein, wenn das Finanzamt zustimmt (§ 168 S. 2 AO). Erst mit dieser Zustimmung ist die Tat vollendet[3]. Lässt der Steuerpflichtige die Finanzbehörde über steuerlich erhebliche Tatsachen in Unkenntnis (§ 370 Abs. 1 Nr. 2 AO), tritt bei Veranlagungssteuern Vollendung spätestens dann ein, sobald das Finanzamt die Veranlagungsarbeiten für die betreffende Steuerart und den infrage stehenden Zeitraum im Wesentlichen abgeschlossen hat[4]. Bei Fälligkeitssteuern, die wie die Umsatzsteuer als Anmeldesteuern ausgestaltet sind, ist mit Ablauf der Fälligkeit Vollendung gegeben[5].

26 Von der Vollendung einer Tat ist deren **Beendigung** zu unterscheiden. Diese tritt erst ein, wenn das Tatgeschehen über die eigentliche Tatbestandserfüllung hinaus seinen *tatsächlichen* Abschluss gefunden hat, insbesondere wenn mit der Tat verknüpfte Absichten realisiert worden sind.

27 **Bedeutung** hat die Unterscheidung zwischen Voll- und Beendigung insbesondere für den *Beginn der Verjährung*, die von der Beendigung der Tat abhängt (§ 78a S. 1 StGB). Auch ist bis zur Beendigung die Beteiligung eines anderen in Form der (sukzessiven) Mittäterschaft und der Beihilfe möglich.

III. Untauglicher Versuch und Wahndelikt

Schrifttum: *Maier,* Die Objektivierung des Versuchsunrechts, 2005; *Roxin,* Zur Strafbarkeit des untauglichen Versuchs, in FS Jung, 2007, S. 829; *Timpe,* Untauglicher Versuch und Wahndelikt, ZStW 125 (2013), 755.

28 Da es auf die (subjektive) Vorstellung des Täters vom Tatgeschehen ankommt, ist es unerheblich, ob die Tat aus objektiven Gründen überhaupt vollendet werden konnte und für das geschützte Rechtsgut eine Gefahr bestand: Auch der

---

1 *Joecks* in F/G/J, § 370 AO Rz. 261.
2 BGH v. 19.6.2003 – 5 StR 160/03, wistra 2003, 389 (391).
3 BGH v. 24.11.2004 – 5 StR 220/04, NStZ 2005, 516.
4 BGH v. 22.8.2012 – 1 StR 317/12, wistra 2013, 65 m. Anm. *Madauß,* NZWiSt 2013, 36; *Rolletschke,* NZWiSt 2013, 35; BGH v. 19.1.2011 – 1 StR 640/10, wistra 2012, 484 m. Anm. *Wulf,* wistra 2012, 485.
5 BGH v. 19.1.2011 – 1 StR 640/10, wistra 2012, 484 m. Anm. *Wulf,* wistra 2012, 485.

sog. **untaugliche Versuch ist strafbar**[1]. Dies dürfte angesichts des Wortlautes des § 22 StGB nicht in Zweifel gezogen werden können.

Beispiel: Pelzgroßhändler P kauft einen größeren Posten wertvoller Felle, von denen er irrtümlich annimmt, sie seien gestohlen. P hat sich der versuchten Hehlerei (§ 259 StGB) schuldig gemacht.

Ein untauglicher Versuch liegt auch dann vor, wenn der Täter den von ihm im Wege des Betruges angestrebten Vermögensvorteil irrig für rechtswidrig hält (sog. „umgekehrter Tatumstandsirrtum")[2].

Der untaugliche Versuch ist vom nicht strafbaren **Wahndelikt** zu trennen. Während der Täter beim untauglichen Versuch irrtümlich glaubt, den gesetzlichen Tatbestand erfüllen zu können, irrt er beim Wahndelikt über die Strafbarkeit seines Tuns: Er kennt zwar den Sachverhalt, hält jedoch sein Handeln irrtümlich für strafbar.

29

Beispiel: Der Geschäftsführer G einer insolventen GmbH bezahlt von den letzten flüssigen Mitteln eine fällige Lieferantenrechnung. Er hält dies für Gläubigerbegünstigung. Da jedoch der Tatbestand des § 283c StGB voraussetzt, dass der befriedigte Gläubiger auf die erbrachte Leistung keinen fälligen Anspruch hat, liegt hier nur ein (strafloses) Wahndelikt vor.

Die Unterscheidung zwischen Wahndelikt und untauglichem Versuch wird allerdings dann **problematisch**, wenn der Täter *irrtümlicherweise* eine dem Straftatbestand *ausfüllende außerstrafrechtliche Norm* für *anwendbar* hält. Fälle dieser Art sind *vor allem im* **Steuerstrafrecht** anzutreffen: Der Täter glaubt irrtümlicherweise, Ausfuhrlieferungen seien umsatzsteuerpflichtig (vgl. §§ 4 Nr. 1 Buchst. a, 6 UStG), unterlässt jedoch eine Umsatzsteueranmeldung[3]. Die Rechtsprechung nimmt hier einen strafbaren untauglichen Versuch an[4]. Berücksichtigt man jedoch, dass zum Tatbestand auch die Merkmale der blankettausfüllenden Norm – hier also des Steuergesetzes – gehören (vgl. Rz. 15), so scheint es richtiger, hier einen Irrtum über die Strafbarkeit und damit ein strafloses Wahndelikt anzunehmen[5].

30

IV. Rücktritt vom Versuch

Schrifttum: *Amelung*, Zur Theorie der Freiwilligkeit eines strafbefreienden Rücktritts vom Versuch, ZStW 120 (2008), 205; *Brand/Wostry*, Kein Rücktritt vom beendeten „fehlgeschlagenen" Versuch?, GA 2008, 611; *Engländer*, Der Rücktritt vom versuchten Unterlassungsdelikt durch bloßes Untätigbleiben, JZ 2012, 130; *Exner*, Versuch und Rücktritt vom Versuch eines Unterlassungsdelikts, Jura 2010, 276; *Gössel*, Der fehlgeschlagene Versuch. Ein Fehlschlag, GA 2012, 65; *Heger*, Die neuere Rechtsprechung zum strafbefreienden Rücktritt vom Versuch (§ 24 StGB), StV 2010, 320; *Krack*, Die tätige Reue im Wirtschaftsstrafrecht, NStZ 2001, 505; *Murmann*, Rücktritt vom Versuch des Unterlassungsdelikts durch Verzicht auf aktive Erfolgsherbeiführung?, GA 2012, 711; *Mylonopoulos*, Die „Vernunft des rechtstreuen Bürgers" als Freiwilligkeitskriterium beim Rücktritt vom unbeendeten Versuch, in FS Imme Roxin, 2012, S. 165; *Noltesmeier/Henn*, Der

---

1 S. statt aller *Lackner/Kühl*, § 22 StGB Rz. 12.
2 S. BGH v. 17.10.1996 – 4 StR 389/96, wistra 1997, 62.
3 *Joecks* in F/G/J, § 370 AO Rz. 258 f.
4 BGH v. 17.10.1961 – 1 StR 130/61, BGHSt 16, 282 (285); KG v. 9.9.1981 – (1) Ss 277/80 (1/81), wistra 1982, 196.
5 *Burkhardt*, wistra 1982, 178.

Rücktritt vom Versuch nach § 24 Abs. 1 S. 2 StGB, JA 2010, 269; *Ostermeier*, Die Begrenzung der Aufgabevariante des § 24 Abs. 1 S. 1 StGB auf den unbeendeten Versuch, StraFo 2008, 102; *Rolletschke*, § 371 AO vs. § 24 StGB: Gibt es im Steuerstrafrecht noch einen Rücktritt vom Versuch?, ZWH 2013, 186; *Roxin*, Zum unbeendeten Versuch des Einzeltäters, in FS Herzberg, 2008, S. 341; *Roxin*, Der fehlgeschlagene Versuch – eine kapazitätsvergeudende, überflüssige Rechtsfigur?, NStZ 2009, 319; *Schroeder*, Die Verhinderung des Rücktritts vom Versuch, in FS Küper, 2007, S. 539; *Schroeder*, Rücktrittsunfähig und fehlerträchtig: Der fehlgeschlagene Versuch, NStZ 2009, 9; *Stein*, Beendeter und unbeendeter Versuch beim Begehungs- und Unterlassungsdelikt, GA 2010, 129; *Streng*, Teilrücktritt und Tatbegriff, JZ 2007, 1089.

31 Als persönlicher Strafaufhebungsgrund (§ 17 Rz. 46) verschafft der Rücktritt vom Versuch *Straffreiheit*. § 24 Abs. 1 S. 1 StGB unterscheidet zwischen dem unbeendeten und dem beendeten Versuch. Ein **unbeendeter Versuch** liegt vor, wenn der Täter zur Vollendung weitere Handlungen vornehmen muss. Hier reicht für den strafbefreienden Rücktritt aus, wenn der Täter die weitere Tatausführung aufgibt. Beim **beendeten Versuch** hingegen – der Täter hat bereits alles getan, was zur Tatbestandsvollendung erforderlich ist – ist es notwendig, dass die Vollendung *verhindert* wird.

32 Die Unterscheidung zwischen *unbeendetem* und *beendetem* Versuch ist wegen der zu erbringenden „**Rücktrittsleistung**" von großer Bedeutung. Maßgeblich für die Abgrenzung ist die **Vorstellung des Täters** nach der letzten Ausführungshandlung (*Rücktrittshorizont*). Beendet ist also der Versuch dann, wenn der Täter – möglicherweise in Verkennung der tatsächlichen Umstände – nach der letzten Ausführungshandlung den Erfolgseintritt für möglich hält[1]. Hier muss sich die "Rücktrittsleistung" als **tätige Reue** manifestieren.

Stets muss der Rücktritt freiwillig sein; unfreiwillig ist der Rücktritt immer dann, wenn der Täter die weitere Ausführung der beabsichtigten Straftat aufgibt, weil er an ihr durch Umstände gehindert wird, die von seinem Willen unabhängig sind. Entscheidend ist, ob er „Herr seines Entschlusses" blieb und die Ausführung seiner Straftat noch für möglich hielt, er also weder durch äußere Zwänge daran gehindert worden noch durch psychische Hemmungen unfähig geworden ist, die Tat zu vollenden[2].

33 Kein Rücktritt ist möglich, wenn der Versuch **fehlgeschlagen** ist. Dies ist dann der Fall, wenn der Erfolgseintritt objektiv – vom Täter erkannt – nicht mehr möglich ist oder der Täter ihn nicht mehr für möglich hält[3]. Ein fehlgeschlagener Versuch liegt beispielsweise vor, wenn der Geschäftspartner, den der Täter im Rahmen des Betruges zu täuschen trachtete, dessen Schwindeleien durchschaute, was dem Täter nicht verborgen geblieben ist.

34 Sind **mehrere** an der Tat **beteiligt**, richten sich die Voraussetzungen für den Rücktritt nach § 24 Abs. 2 StGB; entscheidend ist, ob es dem Täter gelingt, den Erfolg zu verhindern.

---

1 So die ausgesprochen „rücktrittsfreundliche" Rspr. des BGH, vgl. etwa BGH v. 19.5.1993 – GSSt 1/93, BGHSt 39, 221 (227).
2 BGH v. .6.5.2014 – 3 StR 134/14, NStZ 2014, 450 m. Kommentar *Engländer*.
3 BGH v. 19.5.1993 – GSSt 1/93, BGHSt 39, 221 (228); BGH v. 11.3.2014 – 1 StR 715/13, NStZ 2014, 396.

Ausnahmsweise kann auch bei **vollendeten Delikten** der Rücktritt strafbefreiend wirken. Im Wirtschaftsstrafrecht ist insbesondere die *Selbstanzeige* bei Steuerstraftaten nach § 371 AO von Bedeutung (hierzu § 44 Rz. 119 ff.). Aber auch beim Subventionsbetrug (§ 264 Abs. 5 StGB; § 52 Rz. 51 f.), beim Kapitalanlagebetrug (§ 264a Abs. 3 StGB; § 27 Rz. 134) oder beim Kreditbetrug (§ 265b Abs. 2 StGB; § 50 Rz. 183) führt die tätige Reue zur Straffreiheit[1].

35

§ 19
Täterschaft und Teilnahme

Bearbeiter: Johannes Häcker

	Rz.		Rz.
I. Überblick	1	2. Beihilfe	23
II. Formen der Täterschaft		3. Strafrahmen für Teilnehmer	24
1. Alleintäterschaft	4	4. Notwendige Teilnahme	26
2. Mittelbare Täterschaft	8	IV. Beteiligung an Ordnungswidrigkeiten	30
3. Mittäterschaft	13		
4. Nebentäterschaft	16	1. Einheitstäterschaft	31
III. Formen der Teilnahme	18	2. Verbandsgeldbuße	35
1. Anstiftung	21		

Schrifttum: *Ambos*, Tatherrschaft durch Willensherrschaft kraft organisatorischer Machtapparate, GA 1998, 226; *Ambos*, Beihilfe durch Alltagshandlung, JA 2000, 721; *Baumgarte*, Die Strafbarkeit von Rechtsanwälten und anderen Beratern wegen unterlassener Konkursanmeldung, wistra 1992, 41; *Behr*, Die Strafbarkeit von Bankmitarbeitern als Steuerhinterziehungsgehilfen, wistra 1999, 245; *Frisch*, Beihilfe durch neutrale Handlungen, in FS Lüderssen, 2002, S. 539; *Greco*, Organisationsherrschaft und Selbstverantwortungsprinzip, ZIS 2011, 9; *Herzberg*, Täterschaft, Mittäterschaft und Akzessorietät der Teilnahme, ZStW 99 (1987), 49; *Hoyer*, Kombination von Täterschaft und Teilnahme beim Hintermann, in FS Herzberg, 2008, S. 379; *Koch*, Grundfälle zur mittelbaren Täterschaft, JuS 2008, 399 ff., 496 ff.; *Koch/Wirth*, Grundfälle zur Anstiftung, JuS 2010, 203; *Krause*, Sonderdelikte im Wirtschaftsstrafrecht, 2008; *Maier*, Die mittelbare Täterschaft bei Steuerdelikten, MDR 1986, 358; *Mittelsdorf*, Zur Reichweite individueller strafrechtlicher Verantwortlichkeit im Unternehmen für Fehlverhalten von unterstellten Mitarbeitern, ZIS 2011, 123; *Nack*, Mittelbare Täterschaft durch Ausnutzung regelhafter Abläufe, GA 2006, 342; *Otto*, „Vorgeleistete Strafvereitelung" durch berufstypische oder alltägliche Verhaltensweisen als Beihilfe, in FS Lenckner, 1998, S. 193; *Otto*, Das Strafbarkeitsrisiko berufstypischen, geschäftsmäßigen Verhaltens, JZ 2001, 436; *Otto*, Täterschaft kraft organisatorischen Machtapparates, Jura 2001, 753; *Otto*, Die strafrechtliche Verantwortung für die Verletzung von Sicherungspflichten in Unternehmen, in FS Schröder, 2006, S. 339; *Paliero*, Das Organisationsverschulden, in FS Tiedemann, 2008, S. 503; *Rogat*, Die Zurechnung der Beihilfe: zugleich eine Untersuchung zur Strafbarkeit von Rechtsanwälten nach § 27 StGB, 1997; *Rotsch*, Tatherrschaft kraft Organisationsherrschaft?, ZStW 112 (2000), 518;

---

1 Zur tätigen Reue bei § 264 StGB s. BGH v. 9.11.2009 – 5 StR 136/09, wistra 2010, 100.

Rotsch, Neues zur Organisationsherrschaft, NStZ 2005, 13; *Roxin*, Täterschaft und Tatherrschaft, 8. Aufl. 2006; *Roxin*, Organisationsherrschaft und Tatentschlossenheit, in FS Schröder, 2006, S. 387; *Roxin*, Zur neuesten Diskussion über die Organisationsherrschaft, GA 2012, 395; *Samson/Schillhorn*, Beihilfe zur Steuerhinterziehung durch anonymen Kapitaltransfer?, wistra 2001, 1; *Schlösser*, Organisationsherrschaft durch Tun und Unterlassen, GA 2007, 161; *Schmucker*, Strafrechtliche Verantwortlichkeit der Unternehmensleitung durch innerbetriebliche Anweisungen, StraFo 2010, 235; *Schroeder, Fr. Chr.*, Der Täter hinter dem Täter, 1965; *Seher*, Grundfälle zur Mittäterschaft bzw. Beihilfe, JuS 2009, 304, 793; *Sowada*, Täterschaft und Teilnahme beim Unterlassungsdelikt, Jura 1986, 399; *Wohlers*, Hilfeleistung und erlaubtes Risiko, NStZ 2000, 169.

I. Überblick

1 Ihrem Wortlaut nach erfassen Strafbestimmungen grundsätzlich nur die Personen, welche die einzelnen objektiven und subjektiven Merkmale des jeweiligen Tatbestandes (vollständig) selbst verwirklicht haben (**Täter** gem. § 25 Abs. 1 Alt. 1 StGB). Damit entsprechen die früher vorherrschenden, vom RG begründeten und auch vom BGH früher vertretenen (mehr oder weniger extremen) subjektiven Theorien, die entscheidend auf den *Willen zur Tatherrschaft* abgestellt haben, nur noch beschränkt der 1969 geschaffenen Gesetzeslage[1]. Täter ist aber auch, wer die Tat durch einen anderen (*mittelbarer Täter*, § 25 Abs. 1 Alt. 2 StGB) oder mit anderen gemeinschaftlich begeht (*Mittäter*, § 25 Abs. 2 StGB). Sollen sonstige Personen, die einen *geringeren Beitrag* zur Erfüllung eines Tatbestandes geleistet haben, auch strafbar sein, so bedarf dies einer besonderen gesetzlichen Regelung. Diese findet sich für beide **Formen der Teilnahme**, nämlich die *Anstiftung* und die *Beihilfe*, in den §§ 26 ff. StGB.

2 Als *Oberbegriff* für Täterschaft und Teilnahme verwendet das StGB den Begriff der **Beteiligung** (§§ 28 Abs. 2, 29–31 StGB). Mit der Differenzierung zwischen Täterschaft, Anstiftung und Beihilfe, die sich auf Schuldspruch und Strafmaß auswirkt (§§ 27 Abs. 2, 28, 29 StGB), trägt das StGB grundsätzlich der *unterschiedlichen Intensität der Tatbeiträge* Rechnung. Die gesetzliche Regelung basiert somit auf einem „restriktiven" Täterbegriff[2]. Damit ist für das Gebiet des Strafrechts dem „Einheitstäter"[3] eine Absage erteilt.

Im Gegensatz dazu unterscheidet das *Ordnungswidrigkeitenrecht* nicht zwischen den verschiedenen Beteiligungsformen: Dort gibt es also nur *Täterschaft* (§ 14 Abs. 1 OWiG; Rz. 30 ff.)[4].

3 Ungeachtet der in den §§ 25–27 StGB enthaltenen gesetzlichen Definitionen der Beteiligungsformen ist für manche Fallkonstellationen[5] in Literatur und

---

1 2. StRG v. 4.7.1969; vgl. dazu im Einzelnen *Weber/Mitsch* in Baumann/Weber/Mitsch, AT, § 29 Rz. 32 ff.; *Jakobs*, Abschn. 21 Rz. 27 ff.; *Gössel/Zipf* in Maurach/Gössel/Zipf, § 47 Rz. 39 ff., 49 ff.; *Schmidhäuser*, Kap. 10 Rz. 157 ff.
2 *Heine/Weißer* in S/S, vor § 25 StGB Rz. 6; *Gössel/Zipf* in Maurach/Gössel/Zipf, § 47 Rz. 26–28.
3 Dazu *Gössel/Zipf* in Maurach/Gössel/Zipf, § 47 Rz. 4 ff.; *Jakobs*, Abschn. 21 Rz. 6; *Heine/Weißer* in S/S, vor § 25 StGB Rz. 11.
4 Vgl. *Gürtler* in Göhler, § 14 OWiG Rz. 1.
5 *Heine/Weißer* in S/S, vor § 25 StGB Rz. 63 ff.

Rechtsprechung *streitig* geblieben, nach welchen Kriterien Täterschaft und Teilnahme voneinander **abzugrenzen** sind, wenn mehrere Personen an einer Tat beteiligt waren[1]. Schwierigkeiten machen dabei insbesondere die Abgrenzungen zwischen Mittätern und Gehilfen, aber auch zwischen Anstiftern und mittelbaren Tätern (vgl. Rz. 4 ff.).

II. Formen der Täterschaft

1. Alleintäterschaft

Alleintäter ist, wer einen **Tatbestand** in objektiver und subjektiver Hinsicht *vollständig* und ohne Beteiligung eines anderen **selbst erfüllt** (unmittelbarer Täter). Dies gilt grundsätzlich auch, wenn er ohne (direktes) eigenes Tatinteresse für einen Dritten oder in dessen Interesse handelt[2]. Beteiligen sich *mehrere Personen*, so ist Täter grundsätzlich auch, wer, wie der Alleintäter, sämtliche Tatbestandsmerkmale persönlich erfüllt (§ 25 Abs. 1 Alt. 1 StGB)[3]. Bei Arbeitsteilung mehrerer Tatbeteiligter, die gerade (auch) im Wirtschaftsstrafrecht die Regel ist, stellt sich im Übrigen die Frage einer Abgrenzung der Täterschaft zur Teilnahme. 4

Für die **normalen Herrschaftsdelikte**[4] kommt nach h.M. dem Merkmal der **Tatherrschaft** unter Mitberücksichtigung der sonstigen objektiven und subjektiven Kriterien und des Tatinteresses entscheidende Bedeutung zu. *Täter* in den Formen des Alleintäters – oder auch Mittäters – ist danach, wer über das Ob und Wie der Tat maßgeblich mitbestimmt, wer den *Tathergang in Planung und Ausführung im Wesentlichen beherrscht*[5]. Entscheidende Ansatzpunkte für die *Abgrenzung* von Täterschaft und Teilnahme sind dabei regelmäßig das Interesse am Taterfolg, das Maß der Mitwirkung an Tatplanung und Tatausführung sowie die Tatherrschaft und der Wille dazu[6]. Bleibt bei festgestellter Tatbetei- 5

---

1 S./*Heine/Weißer* in S/S, vor § 25 StGB Rz. 51 ff.
2 Vgl. BGH v. 22.7.1992 – 3 StR 35/92, BGHSt 38, 316; BGH v. 13.10.1992 – 1 StR 517/92, NStZ 1993, 137; *Fischer*, § 25 StGB Rz. 2, 3.
3 Zur Bedeutung des Tatbestandes als konkreter Maßstab für das Vorliegen von Täterschaft vgl. *Gössel/Zipf* in Maurach/Gössel/Zipf, § 47 Rz. 48, 58 ff.; *Weber/Mitsch* in Baumann/Weber/Mitsch, § 29 Rz. 13 ff.
4 *Heine/Weißer* in S/S, vor § 25 StGB Rz. 73.
5 Zur Entwicklung der Rspr. von der primär auf subjektive Merkmale abstellenden Animus-Theorie bis zur heute vorherrschenden, allerdings recht unscharfen kombinierten Lehre, wonach für die Abgrenzung zwischen Täterschaft und Teilnahme eine wertende Betrachtung aller subjektiven und objektiven Umstände maßgeblich ist, vgl. im Einzelnen *Heine/Weißer* in S/S, vor § 25 StGB Rz. 50 ff.; *Fischer*, vor § 25 StGB Rz. 2 ff.; ferner *Schmidhäuser*, AT, Kap. 10 Rz. 157 ff., 163 ff.; *Jakobs*, Abschn. 21 Rz. 16 ff., 32 ff.; *Roxin*, Täterschaft und Tatherrschaft, S. 275 ff., 684 ff.
6 St. Rspr., z.B. BGH v. 15.1.1991 – 5 StR 492/90, BGHSt 37, 291. Zur Abgrenzung von Mittäterschaft und Beihilfe nach dem Beteiligungswillen des Teilnehmers s. BGH v. 12.6.2012 – 3 StR 166/12, NStZ 2013, 104; allg. *Fischer* § 25 StGB Rz. 12; *Heine/Weißer* in S/S, vor § 25 StGB Rz. 48 ff., je m.Nw.

ligung ungeklärt, ob ein Beteiligter täterschaftlich gehandelt hat, kann nur wegen Beihilfe bestraft werden.

6 Bei den sog. **Pflichtdelikten** ist derjenige, der *Garant* für ein Rechtsgut ist, also für dessen Bestand oder Unversehrtheit haftet und (deshalb) Gefahren vom Rechtsgut abzuwenden hat, unabhängig davon, ob und inwieweit er Inhaber der Tatherrschaft ist, als Täter (mindestens als *Täter durch Unterlassung*) anzusehen[1]. Ähnliche besondere Kriterien zur Bestimmung von Täter- oder Gehilfenschaft gelten für sonstige *Sonderdelikte* (z.B. nach §§ 266, 203, 331 ff. StGB)[2], bei denen eine besondere Schutzpflicht für ein Rechtsgut gegeben ist, und für *eigenhändige Delikte* wie etwa Aussagedelikte nach §§ 153, 154, 156, 160 StGB[3].

7 Welche Beteiligungsform gegeben ist, hängt im Übrigen vorrangig aber auch von der **Fassung des** jeweiligen **Straftatbestandes** ab. Demgemäß können zum Zwecke eines besonders umfassenden Rechtsgüterschutzes eigentliche Vorbereitungs- sowie bloße Unternehmens- und Unterstützungshandlungen vom Gesetzgeber zu Formen der Täterschaft hochgestuft sein. Dies ist z.B. bei § 30 Abs. 1 und 2, § 129 Abs. 1, § 129a Abs. 3, § 160, § 271 Abs. 1, § 357 Abs. 1 StGB geschehen (sog. Unternehmensdelikte; vgl. auch § 23 Rz. 8).

2. Mittelbare Täterschaft

8 Als mittelbarer Täter wird nach § 25 Abs. 1 Alt. 2 StGB bestraft, wer die Straftat *durch einen anderen* begeht. Letzteres ist nach herkömmlichem Verständnis der Fall, wenn der zumeist gutgläubige andere (Tatmittler) vom Täter (Hintermann) vorsätzlich als *Werkzeug* benutzt wird. Erforderlich ist Gutgläubigkeit des Tatmittlers allerdings nicht[4]. Insofern ist der mittelbare Täter nicht nur eine Art Anstifter (§ 26 StGB), sondern **Lenker des Tatgeschehens**, welches er kraft überlegenen Wissens oder Willens maßgeblich beherrscht[5]. Dies kann der Fall sein, wenn der Tatmittler vom Hintermann getäuscht oder gezwungen worden oder schuldunfähig gewesen ist[6]. Liegen beim unittelbar Handelnden keine solchen Defizite vor, hat er die Tat also ohne Zwang und Irrtum als Schuldfähiger in (wenigstens vorrangig) eigener Tatherrschaft begangen, kann ein etwaiger Hintermann im Prinzip nicht mittelbarer Täter sein[7] (vgl. aber die Ausführungen zur Organisationsherrschaft, Rz. 9 ff.). Im Wirtschaftsstrafrecht ist im Verhältnis von Leitungspersonen zu abhängig Beschäftigten oder Beauf-

---

1 Vgl. dazu, auch mit Beispielen, *Jakobs*, AT, Abschn. 21 Rz. 116 ff.; *Schünemann* in LK, § 25 StGB Rz. 39 ff.; *Heine/Weißer* in S/S, vor § 25 StGB Rz. 82 ff.; für Unterlassungsdelikte *Heine/Weißer* in S/S, vor § 25 StGB Rz. 90 ff, 102.
2 Z.B. nach §§ 266, 203, 331 ff. StGB; vgl. *Heine/Weißer* in S/S, vor § 25 StGB Rz. 82; *Krause*, Sonderdelikte im Wirtschaftsstrafrecht, S. 31 ff., 208 ff.
3 Z.B. §§ 153, 154, 156, 160 StGB; vgl. *Heine/Weißer* in S/S, vor § 25 StGB Rz. 85.
4 Vgl. *Heine/Weißer* in S/S, § 25 StGB Rz. 7 ff.; *Fischer*, § 25 StGB Rz. 4 ff., je mit zahlreichen Beispielen.
5 S. *Weber/Mitsch* in Baumann/Weber/Mitsch, § 29 Rz. 114 ff., 124 ff.; *Gössel/Zipf* in Maurach/Gössel/Zipf, § 48 Rz. 3, 7; *Schmidhäuser*, AT, Kap. 10 Rz. 49, 57 f.
6 Zu Abgrenzungsproblemen in Irrtumsfällen und bei sonstigen problematischen Fallgestaltungen vgl. *Fischer*, § 25 StGB Rz. 5 ff., 9.
7 *Fischer*, § 25 StGB Rz. 4 ff.

tragten problematisch, ob und unter welchen Gegebenheiten Abhängigkeiten, Weisungsgebundenheit und bewusste Unterordnung der Letztgenannten („Befehlsempfänger") als Defizite der genannten Art gewertet werden können (vgl. Rz. 9 sowie § 30 Rz. 8 ff.).

Fahrlässige mittelbare Täterschaft ist *nicht* möglich[1]. Mittelbare Täterschaft setzt neben Vorsatz weiterhin voraus, dass sämtliche Deliktsvoraussetzungen einschließlich etwa erforderlicher qualifizierender Merkmale (z.B. Beamteneigenschaft für Amtsdelikte, Schuldnerstellung für Bankrottdelikte, Vermögensfürsorgepflicht für Untreue) in der Person des Täters gegeben sind[2].

8a

Nach heute gesicherter, wenn auch nicht einheitlicher Rechtsprechung[3] ist mittelbare **Täterschaft** auch **kraft Organisationsherrschaft** möglich. Diese ursprünglich von *Roxin* entwickelte Rechtsfigur[4] wurde vom 5. Strafsenat des BGH zunächst zur Ahndung staatlichen Unrechts durch Verantwortliche im Machtapparat der früheren DDR, u.a. wegen des Schusswaffengebrauchs gegen Flüchtlinge an der innerdeutschen Grenze, herangezogen[5], wobei auch mittelbare Täterschaft *durch Unterlassen* angenommen worden ist[6]. Darüber hinaus hat die mittelbare Täterschaft kraft Organisationsherrschaft in teilweise veränderter Form auch *im Wirtschaftsstrafrecht* Bedeutung gewonnen, insbesondere für Großverfahren mit zahlreichen Einzelfällen, meist von Betrugs- und Untreuehandlungen. Dabei handelte es sich vor allem um Verfahren gegen verantwortliche Personen von hierarchisch strukturierten unternehmerischen Organisationen, in denen von der Geschäftsleitung initiierte regelhafte Strukturen und eingespielte Abläufe zu strafbaren Handlungen der Mitarbeiter oder von Beauftragten geführt haben, was von den – oft „tatfernen" – Geschäftsleitern als Hinterleuten wenigstens bewusst akzeptiert und für ihre Zwecke ausgenutzt wurde[7].

9

---

1 *Gössel/Zipf* in Maurach/Gössel/Zipf, § 48 Rz. 2; *Heine/Weißer* in S/S, § 25 StGB Rz. 7.
2 *Weber/Mitsch* in Baumann/Weber/Mitsch, § 29 Rz. 122; *Gössel/Zipf* in Maurach/Gössel/Zipf, § 48 Rz. 12 ff. Dabei erweitern § 14 StGB, § 9 OWiG (vgl. unten § 30 Rz. 74 ff.) den Täterkreis auf Personen, die – ohne entsprechende Täterqualitäten zu haben – für den Qualifizierten handeln, vgl. *Jakobs*, Abschn. 21 Rz. 10–15.
3 Vgl. z.B. einerseits BGH v. 26.7.1994 – 5 StR 98/94, BGHSt 40, 218 (236); BGH v. 26.8.2003 – 5 StR 145/03, BGHSt 48, 331 (341), andererseits BGH v. 2.11.2007 – 2 StR 384/07, wistra 2008, 57; s. zu diesen Unterschieden auch *Winkler*, jurisPR-StrafR 3/2008, Anm. 1; und unten Rz. 10, 11.
4 *Roxin*, GA 1963, 193; *Roxin*, Täterschaft und Tatherrschaft, S. 242 ff., 704 ff.
5 BGH v. 26.7.1994 – 5 StR 98/94, BGHSt 40, 218: Mitglieder des Nationalen Verteidigungsrats als eine Art „Schreibtischtäter", wobei bereits in dieser Grundentscheidung ausgesprochen wurde – S. 237: „Auch das Problem der Verantwortlichkeit beim Betrieb wirtschaftlicher Unternehmen lässt sich so lösen"; BGH v. 8.11.1999 – 5 StR 632/98, BGHSt 45, 270 (296 ff.).
6 BGH v. 6.11.2002 – 5 StR 281/01, BGHSt 48, 77 (91).
7 Vgl. BGH v. 11.12.1997 – 4 StR 323/97, NStZ 1998, 560 m. Anm. *Dierlamm*; BGH v. 22.6.2000 – 5 StR 268/99, StV 2002, 26; BGH v. 3.7.2003 – 1 StR 453/02, JZ 2004, 245 = wistra 2003, 424; BGH v. 26.8.2003 – 5 StR 145/03, BGHSt 48, 331 (Rz. 32 ff.) = NJW 2004, 375; BGH v. 13.5.2004 – 5 StR 73/03 – Bremer Vulkan, BGHSt 49, 147 = wistra 2004, 341 (347) m. Anm. *Tiedemann*.

9a In solchen Fällen stellt sich insbesondere die Frage, ob und wie an der Schaffung organisatorischer Strukturen beteiligte, an den einzelnen Taten nicht direkt mitwirkende **Hintermänner** strafrechtlich zur Verantwortung gezogen werden können[1]. Einem Anstifter muss u.a. nachgewiesen werden, dass hinreichend konkretisierte Taten[2] von Dritten begangen werden sollten; sowohl für Mittäterschaft als auch für mittelbare Täterschaft kann je nach den Umständen des Einzelfalles problematisch sein, ob die Hintermänner als *„Täter hinter dem Täter"* an der *Tatherrschaft* hinreichend beteiligt waren.

Beispiel: Erkennt der Geschäftsführer einer GmbH, dass sein Unternehmen vor der Insolvenz steht, und lässt er seine mehr oder weniger gutgläubigen Angestellten gleichwohl unverändert gegenüber der bisherigen Praxis Einkäufe auf Kredit vornehmen sowie gelieferte Waren entgegennehmen, so kann er mittelbarer Täter oder Mittäter von Betrugshandlungen sein (zu weiteren Einzelfällen vgl. § 30 Rz. 10 ff.).

Beschränkt sich ein Hintermann darauf, Organisationsstrukturen für Straftaten zur Verfügung zu stellen, wirkt er an den Taten selbst also nicht weiter mit, so stellt sein Tatbeitrag nur *eine einheitliche Handlung* dar. Hat er andererseits auch an einzelnen Taten, z.B. aus einer Tatserie, mitgewirkt, ist sein Handeln als Beteiligung (i.d.R. Mittäterschaft) in *Tatmehrheit* an den betreffenden Einzeltaten zu werten[3].

10 Welche Voraussetzungen für die Anwendung der Lehre von der Organisationsherrschaft im Einzelnen gegeben sein müssen, ist in der Literatur *streitig*[4] und auch in der **Rechtsprechung** noch nicht abschließend geklärt.

Der oben erwähnte 5. Strafsenat des BGH hat die Annahme mittelbarer Täterschaft durch Organisationsherrschaft damit begründet, dass mittelbare Täterschaft nur erfordere, dass ein Hintermann die Tat „gelenkt" habe; der Hintermann besitze selbst Tatherrschaft, wenn er mit den durch die Organisationsstrukturen geschaffenen Rahmenbedingungen das deliktische Geschehen maßgeblich beeinflussen könne. Dabei sei unerheblich, ob der Tatmittler gutgläubig oder dolos handle[5]. Demgegenüber will der 2. Senat des BGH die Figur der Organisationsherrschaft als Form der mittelbaren Täterschaft nur in den Fällen heranziehen, in denen in Bezug auf das Tatgeschehen zwischen den Geschäftsleitern einerseits und den die Taten ausführenden Personen andererseits bemerkenswerte *zeitliche, räumliche und hierarchische Abstände* gegeben sind, sodass sich die Voraussetzungen für Mittäterschaft der Geschäftsleiter nicht feststellen lassen[6].

11 Für die engere Auffassung des 2. Strafsenats spricht, dass rechtsdogmatisch **unmittelbare Täterschaft vorrangig** vor mittelbarer Täterschaft zu prüfen ist. Geht man hiervon aus, so hätten sich viele Fälle des Wirtschaftsstrafrechts, in

---

1 Vgl. *Schünemann* in LK, § 25 StGB Rz. 122 ff.
2 *Fischer*, § 26 StGB Rz. 6.
3 Z.B. BGH v. 11.12.4.1997 – 4 StR 323/97, wistra 1998, 148 = NStZ 1998, 560 m. Anm. *Dierlamm*; *Fischer*, vor § 52 StGB Rz. 3 ff., 11a.
4 Vgl. die ausf. Übersicht zum Diskussionsstand bei *Schünemann* in LK, § 25 StGB Rz. 122 ff., 125.
5 BGHSt 48, 331(348) v. 26.8.2003 – 5 StR 145/03; tendenziell ähnlich weitgehend BGH v. 3.7.2003 – 1 StR 453/02, JR 2004, 245= wistra 2003, 424.
6 BGH v. 2.11. 2007 – 2 StR 384/07, wistra 2008, 57 = NStZ 2008,89.

denen mittelbare Täterschaft durch Organisationsherrschaft angenommen wurde, über Mittäterschaft lösen lassen¹.

Wenn von der Geschäftsleitung eines Unternehmens eingerichtete Strukturen und innerbetrieblichen Abläufe zu mehrfachen, oft serienartigen Straftaten von Mitarbeitern führen, so ist schon allein ein solcher Ursachen- und Tatbeitrag und damit auch die Organisationsherrschaft der Geschäftsleitung von besonderem Gewicht. Kommen bei Personen der Geschäftsleitung, die in weitem Umfang ohnehin verpflichtet sind, Straftaten im Unternehmen zu unterbinden (vgl. § 30 Rz. 112 ff., 126 ff. m.Nw.; § 31 Rz. 3 ff., 17, 49 ff.), sonstige Merkmale der Tatbeteiligung hinzu, insbesondere auch die subjektive Tatseite, drängt sich im Regelfall die Annahme von Mittäterschaft auf . Im Ergebnis bedeutet das, dass die als Verantwortungsmerkmal zweifellos wichtige Organisationsherrschaft eher in Ausnahmefällen benötigt wird, um speziell über die Rechtsfigur der mittelbaren Täterschaft zu sachgerechten Ergebnissen zu kommen.

Bei **Sonderdelikten** (§ 22 Rz. 8 ff.) kommt mittelbare Täterschaft kaum in Betracht², bei echten *eigenhändigen Delikten* (z.B. Meineid) scheidet sie aus³. Viele Einzelfragen um die mittelbare Täterschaft, insbesondere hinsichtlich der erforderlichen Eigenschaften des Tatmittlers und der Bedeutung von Irrtümern beim Tatmittler sind noch stark umstritten⁴.

12

3. Mittäterschaft

Nach § 25 Abs. 2 StGB liegt Mittäterschaft vor, wenn **mehrere** eine Straftat **gemeinschaftlich** begehen, ohne jeweils selbst alle Tatbestandsmerkmale erfüllen zu müssen. Vorausgesetzt wird dabei regelmäßig, dass die Beteiligten einen *gemeinsamen Tatplan* bzw. gleichgerichteten Tatvorsatz *arbeitsteilig* verwirklichen und dabei jeweils an der *Ausübung der Tatherrschaft*, sei es auch nur durch Mitwirkung an Planung und Organisation, beteiligt sind⁵. Das bloße Wollen oder Billigen einer Tat oder die bloße Beobachtung oder Kenntnis des Tatvorhabens reichen dabei nicht aus⁶. Mittäter kann auch nur sein, wer die erforderlichen Tätereigenschaften besitzt⁷ und bei dem auch die subjektiven

13

---

1 Vgl. dazu z.B. den Fall BGH v. 2.11.2007 – 2 StR 384/07, wistra 2008, 57; *Schünemann* in LK, § 25 StGB Rz. 125.
2 *Heine/Weißer* in S/S, vor § 25 StGB Rz. 82 ff., § 25 StGB Rz. 48 ff.; s. auch *Gössel/Zipf* in Maurach/Gössel/Zipf, § 48 Rz. 12, 13.
3 *Heine/Weißer* in S/S, § 25 StGB Rz. 50; *Hoyer* in SK, § 25 StGB Rz. 25 ff.; differenzierend *Roxin*, Täterschaft und Tatherrschaft, 410 ff.
4 Vgl. dazu im Einzelnen *Hoyer* in SK, § 25 StGB Rz. 30 ff.; *Heine/Weißer* in S/S, § 25 StGB Rz. 14 ff.; *Weber/Mitsch* in Baumann/Weber/Mitsch, § 29 Rz. 124 ff.; *Jakobs*, Abschn. Rz. 21, Rz. 19 ff., 52 ff.; *Schmidhäuser*, AT, Kap. 10 Rz. 72 ff.
5 *Heine/Weißer* in S/S, vor § 25 StGB Rz. 77 ff., § 25 StGB Rz. 61 ff.; *Weber/Mitsch* in Baumann/Weber/Mitsch, § 29 Rz. 77 ff.
6 *Fischer*, § 25 StGB Rz. 12a; *Seher*, JuS 2009, 304 ff.
7 *Weber/Mitsch* in Baumann/Weber/Mitsch, § 29 Rz. 91 ff.; *Gössel/Zipf* in Maurach/Gössel/Zipf, § 49 Rz. 89 f.; *Heine/Weißer* in S/S, § 25 StGB Rn., 84 ff.

Voraussetzungen vorliegen[1] (zur Abgrenzung von Mittäterschaft und Beihilfe auch Rz. 5–7).

Beispiel: Ein Rechtsanwalt, der dem Geschäftsführer einer GmbH hilft, Gesellschaftsvermögen auf diesen zu übertragen, kann weder Mittäter einer Untreue noch eines Bankrotts, sondern nur Gehilfe sein, da er der GmbH nicht treupflichtig und in deren Insolvenz auch nicht Schuldner ist. Ebenso kann ein an einer Untreue gem. § 266 StGB Beteiligter, der selbst keine Treupflicht besitzt, nur Gehilfe, nicht Mittäter sein.

14 Mittätern werden die **Tatbeiträge der Tatgenossen** wie eigene Beiträge **zugerechnet** mit der Folge, dass die Mittäter jeweils als Täter zu bestrafen sind. Dabei müssen die mittäterschaftlichen Tatbeiträge zwar objektiv wesentlich sein, können aber auch in der Tatplanung und -vorbereitung bestehen. Ob ihnen täterschaftliches Gewicht zukommt, ist nach ständiger obergerichtlicher Rechtsprechung unter wertender Gesamtbetrachtung aller Umstände der Tat, einschließlich Tatinteresse und Willen zur Tatherrschaft, zu entscheiden[2].

14a Im Wirtschaftsstrafrecht kommt den von den Geschäftsleitungen geschaffenen Unternehmensstrukturen und organisatorischen Abläufen, die von Mitarbeitern zu Straftaten genutzt werden sollen (z.B. für Betrügereien zum Nachteil von Lieferanten oder Kreditgebern), in aller Regel erhebliches Gewicht zu. Deshalb liegt es nahe, Geschäftsleiter **kraft** ihrer **Organisationsherrschaft** auch dann als Mittäter anzusehen, wenn sie an den einzelnen Taten der Mitarbeiter nicht unmittelbar beteiligt sind (vgl. Rz. 11). In subjektiver Hinsicht müssen Mittäter allerdings in bewusstem und gewolltem Zusammenwirken handeln[3]. Nur bei Vorsatztaten kommt nach h.M. Mittäterschaft in Betracht[4]. Diese ist grundsätzlich aber *auch* durch *Unterlassen* möglich[5].

---

1 *Heine/Weißer* in S/S, vor § 25 StGB Rz. 82, § 25 StGB Rz. 71 ff. stellen – in weitgehender Übereinstimmung mit der h.M. in der Rspr. (vgl. BGH v. 10.3.1961 – 4 StR 30/61, BGHSt 16, 12 [13 f.]; BGH v. 13.3.1979 – 1 StR 739/78, BGHSt 28, 346 [348 f.] sowie w.Nw. bei *Jescheck/Weigend*, 602, 606 f.; *Schünemann* in LK, § 25 StGB Rz. 3 ff.) – die Bedeutung der subjektiven Seite bei den Tatbeteiligten bes. heraus; demgegenüber wird von anderen Autoren stärker auf das Kriterium der gemeinsamen (äußeren) Tatherrschaft abgestellt, z.B. *Schünemann* in LK, § 25 StGB Rz. 32 ff.; *Hoyer* in SK, § 25 StGB Rz. 47; eher vermittelnd *Gössel/Zipf* in Maurach/Gössel/Zipf, § 49 Rz. 24 ff., 39 ff.

2 BGH v. 15.1.1991 – 5 StR 492/90, BGHSt 37, 289 (291); BGH v. 14.11.2001 – 3 StR 379/01, NStZ 2002, 200; BGH v. 29.9.2005 – 4 StR 420/05, NStZ 2006, 94; BGH v. 6.4.2006 – 3 StR 87/06, NStZ 2006, 454; BGH v 10.12.2013 – 5 StR 387/13, juris; *Fischer*, § 25 StGB Rz. 13 ff.; demgegenüber fordern manche Autoren eine Beteiligung an der Tatherrschaft während der Tatausführung, um Mittäterschaft bejahen zu können, vgl. *Seher*, JuS 2009, 304 (307 f.).

3 BGH v. 8.7.1954 – 4 StR 350/54, BGHSt 6, 249; BGH v. 2.2.1972 – 2 StR 670/71, BGHSt 24, 288; *Jakobs*, Abschn. 21 Rz. 41, 42; *Heine/Weißer* in S/S, § 25 StGB Rz. 61 ff.; vom Willen zur Teilhabe an der kollektiven Täterschaft sprechen *Gössel/Zipf* in Maurach/Gössel/Zipf, § 49 Rz. 43.

4 Vgl. *Fischer*, § 25 StGB Rz. 5a.

5 *Fischer*, § 25 StGB Rz. 6.

Bei **Kollektiventscheidungen** für strafbares Verhalten, z.B. Mehrheitsentscheidungen eines Aufsichtsrats oder Vorstands, kann eine strafrechtliche Zurechnung grundsätzlich nur denjenigen treffen, der für die Entscheidung gestimmt oder sie wenigstens mit umgesetzt hat[1]. Im Übrigen wird bezüglich Gremienentscheidungen auf die Ausführungen in § 30 Rz. 25 ff. verwiesen.

Sukzessive Mittäterschaft liegt vor, wenn das Tatgeschehen bereits begonnen wurde und der nun dazu kommende Mittäter in Kenntnis und Billigung des bisherigen Geschehens die noch nicht beendete Tat gemeinschaftlich fortführt[2].

4. Nebentäterschaft

Wird ein Tatbestand von mehreren Personen verwirklicht, von denen jede alle Tatbestandsmerkmale erfüllt oder die gemeinsam einen Tatbestand erfüllen, dabei aber **nicht** bewusst und gewollt **zusammengewirkt** haben, liegt Nebentäterschaft vor[3]. Nebentäter werden *wie Alleintäter* behandelt. Entsprechende Fallgestaltungen sind besonders bei *Fahrlässigkeitsdelikten*[4] von praktischer Bedeutung.

Beispiel: Zwei Geschäftsführer einer GmbH gehen jeweils davon aus – ohne sich diesbezüglich zu verständigen –, der andere sorge für die rechtzeitige Erstellung der Jahresbilanz. Wird diese nicht erstellt, haben sich die Geschäftsführer (unter den übrigen Voraussetzungen der §§ 283b Abs. 1 Nr. 3 Buchst. b, 283 Abs. 1 Nr. 7 Buchst. b, Abs. 6 StGB) als fahrlässige Nebentäter strafbar gemacht.

Beachtenswert ist, dass die Erfüllung eines Tatbestandes durch Nebentäter bei dem **einen** *vorsätzlich*, bei dem **anderen** *fahrlässig* erfolgen kann[5]. Eine besondere Ausprägung von Nebentäterschaft kann sich aus der Fassung des *Wuchertatbestandes* (§ 291 Abs. 1 S. 2 StGB), insbesondere aus dessen Additionsklausel ergeben[6] (vgl. § 61 Rz. 20 ff.).

III. Formen der Teilnahme

Strafgrund für die Teilnahme ist nach h.M., dass Anstifter und Gehilfe die Tat eines Täters (oder von Mittätern) vorsätzlich veranlasst oder wenigstens gefördert haben (*Verursachungstheorie* im Gegensatz zur Schuldteilnahmetheorie,

---

1 Zu den vielschichtigen Einzelheiten dieser Problematik vgl. *Heine/Weißer* in S/S, § 25 StGB Rz. 77 ff. m.Nw.
2 *Fischer*, § 25 StGB Rz. 21.
3 Zu Einzelheiten vgl. *Weber/Mitsch* in Baumann/Weber/Mitsch, § 29 Rz. 4 ff.; *Heine/Weißer* in S/S, § 25 StGB Rz. 104.
4 *Weber/Mitsch* in Baumann/Weber/Mitsch, § 29 Rz. 5; *Gössel/Zipf* in Maurach/Gössel/Zipf, § 49 Rz. 75.
5 *Weber/Mitsch* in Baumann/Weber/Mitsch, § 29 Rz. 5, 6 ff.; *Gössel/Zipf* in Maurach/Gössel/Zipf, § 49 Rz. 75; s. auch *Schmidhäuser*, AT, Kap. 10 Rz. 70.
6 Vgl. *Fischer*, § 291 StGB Rz. 21.

welche mit § 29 StGB nicht vereinbar ist). Dabei setzen beide Formen der Teilnahme die Begehung einer rechtswidrigen und vorsätzlichen Haupttat voraus (§§ 26, 27 StGB)[1]. Diese Abhängigkeit wird als **Akzessorietät** bezeichnet. Sie ist insofern *„limitiert"*, als der Haupttäter nur rechtswidrig und nicht (auch) schuldhaft zu handeln braucht (vgl. § 29 StGB)[2].

19 Die **Vollendung der Haupttat** mit allen Tatbestandsmerkmalen ist Voraussetzung für eine vollendete Teilnahme[3]. Ist die Haupttat nur bis zum Versuch gediehen und ist dieser strafbar (s. § 18 Rz. 18 ff.), so kommt nur Anstiftung oder Beihilfe zur versuchten Haupttat in Betracht. Ist die Haupttat ganz unterblieben, ist die versuchte Beihilfe wie die versuchte Anstiftung (Rz. 21) nur im Zusammenhang mit Verbrechen strafbar (§ 30 Abs. 1 und 2 StGB).

20 Hinsichtlich der *subjektiven Voraussetzungen* muss der **Vorsatz des Teilnehmers**[4] sich darauf richten, dass eine *bestimmte Haupttat* tatsächlich *begangen* (vollendet) wird und dass er, der Teilnehmer, dies bewusst veranlasst (Anstifter) oder fördert (Gehilfe). Die Vorstellung des Anstifters muss die Haupttat in ihren wesentlichen Merkmalen umfassen[5]. Bei der *Beihilfe* sind dagegen geringere Anforderungen an die Kenntnis der Haupttat zu stellen; es genügt, wenn diese in ihren Grundzügen konkretisiert ist. So sah der BGH es als ausreichend an, dass der eine überhöhte Schätzurkunde erstellende Gehilfe damit rechnete, dass die Urkunde für *irgendein* Vermögensdelikt (Betrug, Kreditbetrug, Vorsteuererschleichung) verwendet werden konnte[6].

20a Geht der Teilnehmer davon aus, dass die Haupttat **nicht vollendet** wird, z.B. beim Einsatz von verdeckten Ermittlern oder polizeilichen Vertrauenspersonen, so ist er nicht strafbar (Fall des *agent provocateur*)[7]. Generell sind dem Teilnehmer nur *solche erschwerenden Umstände* beim Täter oder in der begangenen Haupttat zuzurechnen, die von seinem *Vorsatz* umfasst sind. Er haftet also insbesondere nicht für Exzesse des Täters[8].

---

1 *Weber/Mitsch* in Baumann/Weber/Mitsch, § 22 Rz. 43, § 30 Rz. 10 ff., § 31 Rz. 7 ff.; *Heine/Weißer* in S/S, vor § 25 StGB Rz. 21 ff.
2 *Weber/Mitsch* in Baumann/Weber/Mitsch, § 22 Rz. 43; *Jakobs*, Abschn. 22, Rz. 10 ff.; *Gössel/Zipf* in Maurach/Gössel/Zipf, § 53 Rz. 64 f.
3 Vgl. *Schmidhäuser*, AT, Kap. 10 Rz. 144; *Heine/Weißer* in S/S, vor § 25 StGB Rz. 26 ff.
4 *Heine/Weißer* in S/S, § 26 StGB Rz. 17 ff., § 27 StGB Rz. 28.
5 Vgl. schon BGH v. 4.1.1961 – 2 StR 534/60, BGHSt 15, 277; *Heine/Weißer* in S/S, § 26 StGB Rz. 18.
6 BGH v. 18.4.1996 – 1 StR 14/96, BGHSt 42, 135 = wistra 1996, 232 ; vgl. dazu *Roxin*, JZ 1997, 209; *Loos*, JR 1997, 296; *Heine/Weißer* in S/S, § 26 StGB Rz. 17, § 27 StGB Rz. 29.
7 So die ganz h.M. im Anschluss an RGSt 15, 317; 44, 174; BGH bei *Dallinger*, MDR 1976, 13; vgl. im Übrigen *Fischer*, § 26 StGB Rz. 8 m.w.Nw.
8 *Gössel/Zipf* in Maurach/Gössel/Zipf, § 51 Rz. 36 ff., 44 ff.; *Heine/Weißer* in S/S, § 26 StGB Rz. 25.

1. Anstiftung

Anknüpfungspunkt der Strafbarkeit (§ 26 StGB) ist, dass der Anstifter im Täter den **Entschluss** zu einer rechtswidrig-vorsätzlichen Tat wenigstens bedingt vorsätzlich **hervorruft**[1]. Auch eine strafbare Versuchstat ist eine solche Tat (Anstiftung zum Versuch). Gelingt es dem Anstifter nicht, den angestrebten Tatentschluss herbeizuführen (oder war der Täter ohnehin schon zur Tat fest entschlossen[2]), so liegt nur *versuchte Anstiftung* vor. Diese ist nur ausnahmsweise, nämlich bei Verbrechen, strafbar (§ 30 Abs. 1 StGB). – Bewirkt die versuchte Anstiftung allerdings, dass der zur Tat schon entschlossene Täter in seinem Entschluss bestärkt wird, kommt *psychische Beihilfe* zur Haupttat in Betracht[3]. Der Vorsatz des Anstifters muss sich auf eine in den wesentlichen Merkmalen und Grundzügen konkretisierte Haupttat beziehen[4]. Dabei ist Anstiftung auch zu eigenhändigen Straftaten und zu Sonderdelikten möglich[5].

Als **Mittel der Anstiftung** können *alle Arten der Einwirkung* dienen, etwa Raterteilung, Überredung, Versprechungen, Zuwendungen, aber auch Täuschung und Drohung[6]. Ein Rechtsrat kann nur ausnahmsweise Anstiftung sein, nämlich wenn der Ratgeber gerade durch seine Auskunft einen Tatentschluss herbeiführen will[7]. Die Anstiftung zur Anstiftung (sog. *Kettenanstiftung*) ist in gleicher Weise strafbar wie die gewöhnliche Anstiftung[8].

2. Beihilfe

Beihilfe (§ 27 Abs. 1 StGB) ist gegeben, wenn zu einer vorsätzlich begangenen rechtswidrigen Tat **vorsätzlich Hilfe geleistet** wird. Die Hilfe kann durch *Tat* (physische Beihilfe) *oder* durch *Rat* (psychische Beihilfe) gewährt werden[9]. Umstritten ist dabei, ob der Beitrag des Gehilfen den Erfolg der Haupttat mitverursacht haben muss[10] oder ob eine „bloße Förderung" ausreichend ist (sog. För-

---

1 So die vorherrschende Verursachungstheorie im Gegensatz zur Schuldteilnahmetheorie; gegen Letztere spricht insbes. § 29 StGB – vgl. dazu *Weber/Mitsch* in Baumann/Weber/Mitsch, § 29 Rz. 26 ff.; *Jakobs*, Abschn. 22 Rz. 1–5.
2 Sog. „omnimodo facturus".
3 Vgl. im Einzelnen *Fischer*, § 26 StGB Rz. 3; *Weber/Mitsch* in Baumann/Weber/Mitsch, § 30 Rz. 33.
4 BGH v. 25.10.1990 – 4 StR 371/90, BGHSt 37, 218; *Fischer*, § 26 StGB Rz. 5 ff. sowie Rz. 14 ff. zur Frage eines gegenüber dem vorgesehenen Plan (wesentlich) veränderten Verlaufs.
5 *Fischer*, § 26 StGB Rz. 2.
6 *Heine/Weißer* in S/S, § 26 StGB Rz. 3.
7 *Heine/Weißer* in S/S, § 26 StGB Rz. 12 ff.
8 Vgl. *Fischer*, § 26 StGB Rz. 3a; *Weber/Mitsch* in Baumann/Weber/Mitsch, § 30 Rz. 95. Dasselbe gilt für die Kettenbeihilfe, s. *Gössel/Zipf* in Maurach/Gössel/Zipf, § 50 Rz. 97 ff.
9 *Weber/Mitsch* in Baumann/Weber/Mitsch, § 31 Rz. 1, 32; *Heine/Weißer* in S/S, § 27 StGB Rz. 14 ff.
10 So z.B. *Heine/Weißer* in S/S, § 27 StGB Rz. 13; *Hoyer* in SK, § 27 StGB Rz. 9.

derungstheorie)[1]. Nach der Rechtsprechung kommt Beihilfe auch dann infrage, wenn die Tat ohne den Tatbeitrag des Gehilfen gleichermaßen begangen worden wäre[2]. *Berufstypisches Verhalten* oder sog. *Alltagshandlungen* bzw. *neutrale Handlungen* sind grundsätzlich nicht privilegiert[3] (zur evtl. Teilnahme von Beratern § 95 Rz. 15 ff., 18). Bei ihnen kommt es im Rahmen einer wertenden Betrachtung primär auf die subjektive Tatseite an, ob Beihilfe zu bejahen ist[4]. Beihilfe *durch Unterlassen* setzt eine Rechtspflicht zum Handeln voraus[5].

23a **Zeitlich** ist Beihilfe schon *vor* Tatbeginn, also in der Vorbereitungsphase[6], und bis zur Tatbeendigung möglich[7]. Fördert ein Gehilfe durch eine Handlung mehrere Haupttaten, so liegt im Rechtssinn nur **eine** Beihilfetat vor[8].

3. Strafrahmen für Teilnehmer

24 Der **Anstifter** wird gem. § 26 StGB *wie der Täter* bestraft. Für beide ist also derselbe Strafrahmen heranzuziehen. Innerhalb desselben Rahmens ist jeder Beteiligte nach seiner Schuld, also ohne Rücksicht auf die Schuld der anderen, zu bestrafen (§ 29, auch § 28 StGB)[9].

25 Letzteres gilt auch für den **Gehilfen**. Für diesen ist die Strafdrohung allerdings von vornherein gesetzlich herabgesetzt (§§ 27 Abs. 2 S. 2, 49 Abs. 1 StGB).

25a Strafmilderung ist für Anstifter und Gehilfen nach § 28 Abs. 1 StGB auch dann angeordnet, wenn strafbarkeitsbegründende **besondere persönliche Merkmale** bei ihnen nicht vorhanden sind[10].

Beispiel: Ehe Kaufmann A seine Zahlungen einstellt, unterrichtet er den Vorstand B seiner Bank von seiner Zahlungsunfähigkeit. Zur zusätzlichen Absicherung des von der Bank eingeräumten Kredits überredet B den A, der Bank noch eine Grundschuld zu bestellen. Da bei B die strafbarkeitsbegründenden persönlichen Merkmale der §§ 283c

---

1 So überwiegend die Rspr., z.B. schon BGH v. 21.12.1951 – 1 StR 431/51, BGHSt 2, 130; BGH bei *Dallinger*, MDR 1967, 173; BGH v. 1.8.2000 – 5 StR 624/99, BGHSt 46, 107; BGH v. 16.11.2006 – 3 StR 139/06, BGHSt 51, 144; BGH v. 16.1.2008 – 2 StR 535/07, NStZ 2008, 284; zust. *Baumann*, JuS 1963, 57, 136 und *Fischer*, § 27 StGB Rz. 14, 14a; zu eher vermittelnden Theorien vgl. *Jakobs*, Abschn. 22 Rz. 34 ff.; *Gössel/Zipf* in Maurach/Gössel/Zipf, § 52 Rz. 15 ff., 20 ff.
2 Vgl. *Weber/Mitsch* in Baumann/Weber/Mitsch, § 31 Rz. 13 ff.; zur Kritik daran *Heine/Weißer* in S/S, § 27 StGB Rz. 13
3 Vgl. *Fischer*, § 27 StGB Rz. 2a ff. m.Nw.
4 BGH v. 1.8.2000 – 5 StR 624/99, BGHSt 46, 107; BGH v. 20.9.1999 – 5 StR 729/98, NStZ 2000, 34; BGH v. 8.3.2001 – 4 StR 453/00, NStZ 2001, 364 f.; *Fischer*, § 27 StGB Rz. 16 ff. m.Nw.
5 *HeineWeißer* in S/S, § 27 StGB Rz. 19.
6 *Jakobs*, Abschn. 22 Rz. 38 ff.; *Heine/Weißer* in S/S, § 27 StGB Rz. 17.
7 *Heine/Weißer* in S/S, § 27 StGB Rz. 20; einschränkend *Jakobs*, Abschn. 22 Rz. 40.
8 BGH v. 17.10.1995 – 1 StR 372/95, wistra 1996, 141; BGH v. 22.11.2005 – 1 StR 571/04, wistra 2006, 105; BGH v. 21.2.2006 – 5 StR 558/05, wistra 2006, 226; BGH v. 6.12.2006 – 1 StR 556/06, wistra 2007, 100; BGH v. 14.3.2007 – 5 StR 461/06, wistra 2007, 262; *Fischer*, § 27 StGB Rz. 31.
9 S. dazu *Gössel/Zipf* in Maurach/Gössel/Zipf, § 53 Rz. 76 ff., 91 ff.
10 Zum Verhältnis von § 29 zu § 28 StGB vgl.*Heine/Weißer* in S/S, § 28 StGB Rz. 3 ff.

Abs. 3, 283 Abs. 6 StGB und der Zahlungsunfähigkeit fehlen, ist seine Strafe als Anstifter zur Gläubigerbegünstigung nach §§ 28 Abs. 1, 49 Abs. 1 StGB zu mildern.

Für *alle* Tatbeteiligten gilt, dass besondere persönliche Merkmale, die eine Strafe schärfen, mildern oder ausschließen, nur bei *dem Beteiligten* zu berücksichtigen sind, bei *dem* sie *vorliegen* (§ 29 StGB)[1].

4. Notwendige Teilnahme

Unter dieser Bezeichnung werden einige Fallgruppen erfasst, in denen der *Tatbestand* schon begrifflich nur im **Zusammenwirken mehrerer Personen** erfüllt wird. Dabei kann die Strafbarkeit nach dem Zweck des Gesetzes auf einzelne der Beteiligten beschränkt sein[2]. So ist der *Teilnehmer straflos*, der vom Gesetz gerade *geschützt* werden soll. Dies ist weitgehend unproblematisch, und zwar auch insoweit, als der zu Schützende nicht strafbar ist, wenn er den Täter angestiftet hat[3].

Beispiel: Der Kreditnehmer, der beim Zustandekommen eines wucherischen Kreditvertrags mitwirkt und dadurch zur Erfüllung des Tatbestandes des *Wuchers* nach § 291 StGB beiträgt, macht sich nicht strafbar, weil er durch diese Bestimmung geschützt werden soll.

Problematisch ist, inwieweit sonstige notwendig Beteiligte, die in sog. **Begegnungsfällen** nicht oder wenigstens nicht ausschließlich vom Gesetz geschützt werden sollen und die im Wesentlichen nicht mehr tun, als es zur Tatbestandserfüllung kommen zu lassen, straflos sind[4]. Dies sind Fälle, in denen die zur Deliktsbegehung notwendigen mehreren Personen nicht mit gemeinsamer Zielsetzung handeln (wie dies bei sog. *Konvergenzdelikten* der Fall ist, z.B. §§ 121, 231 StGB), sondern bei denen der notwendige Teilnehmer auch Objekt, meist Opfer der Tat ist[5].

Der *Gläubiger*, der unter den Voraussetzungen des § 283c StGB eine inkongruente Leistung des Schuldners entgegennimmt, ist nach h.M. nicht wegen Beihilfe zur **Gläubigerbegünstigung** strafbar[6]. Tut er allerdings mehr, als es bloß zur Tatbestandserfüllung kommen zu lassen, verhält er sich also nicht nur passiv, so ist er strafbar. Dies gilt etwa, wenn er an einem mit der Leistungsgewährung zusammenhängenden Rechtsakt, beispielsweise einer Übereignung oder

---

1 S. *Weber/Mitsch* in Baumann/Weber/Mitsch, § 32 Rz. 2 ff.
2 Näher dazu *Weber/Mitsch* in Baumann/Weber/Mitsch, § 32 Rz. 66 ff.; *Gössel/Zipf* in Maurach/Gössel/Zipf, 50 Rz. 6 ff.; *HeineWeißer* in S/S, vor § 25 StGB Rz. 41 ff.
3 Vgl. *Weber/Mitsch* in Baumann/Weber/Mitsch, § 32 Rz. 71 ff.; *Gössel/Zipf* in Maurach/Gössel/Zipf, § 50 Rz. 9.
4 Zu Einzelfällen vgl. *Weber/Mitsch* in Baumann/Weber/Mitsch, § 32 Rz. 73; *Jakobs*, Abschn. 24 Rz. 8 ff.
5 Vgl. dazu näher *Weber/Mitsch* in Baumann/Weber/Mitsch, § 32 Rz. 71 ff.; *Gössel/Zipf* in Maurach/Gössel/Zipf, § 50 Rz. 6.
6 *Gössel/Zipf* in Maurach/Gössel/Zipf, § 50 Rz. 10, 12; *Heine/Weißer* in S/S, vor § 25 StGB Rz. 45 .; *Heine/Schuster* in S/S, § 283c StGB Rz. 21; a.A. *Jakobs*, Abschn. 24 Rz. 12.

dem Abschluss eines Forderungsabtretungsvertrages oder der Bestellung einer Grundschuld tätig mitwirkt[1] (§ 84 Rz. 24).

29 Grundsätzlich muss im **Einzelfall** anhand der Strafzwecke, die mit der jeweils infrage stehenden Strafbestimmung verfolgt werden, geprüft werden, ob eine notwendige Teilnahme zu ahnden ist[2]. Ob ein Fall der straflosen notwendigen Teilnahme vorliegt, hängt entscheidend davon ab, welcher Straftatbestand erfüllt worden ist und welche *Schutzzwecke* durch diesen Tatbestand erreicht werden sollen[3]. Im Einzelnen sind die Grenzen der straflosen notwendigen Teilnahme überaus problematisch und in Rechtsprechung und Literatur noch nicht abschließend geklärt[4].

IV. Beteiligung an Ordnungswidrigkeiten

30 **Bußgeldvorschriften** sind für zahlreiche Rechtsgebiete in einer Vielzahl von gesetzlichen, insbesondere von verwaltungsgesetzlichen Regelungen des Bundes und der Länder enthalten. Sie erfassen, über die Fälle der §§ 111 ff. OWiG weit hinausgehend, z.B. *Zuwiderhandlungen* gegen gesetzliche Verbote oder gegen Ausübungsvorschriften für Beruf oder Gewerbe sowie gegen gewerberechtliche oder sonstige verwaltungsrechtliche Auflagen, aber auch pflichtwidrige *Unterlassungen*[5] bei der Erfüllung von Melde-, Kontroll-, Überwachungs-, Sicherheits- und Aufzeichnungspflichten. Meist geht es dabei um den Schutz der Mitbürger, um die Aufrechterhaltung von Recht und Ordnung oder um die Absicherung geordneter Rahmenbedingungen im System der sozialen Marktwirtschaft. Nur beispielhaft seien hier erwähnt: Bestimmungen des Jugend-, Sozial-, Arbeits-, Gesundheits-, Verbraucher- und Umweltschutzes sowie Regelungen im Individual- und Güterverkehrsrecht, im Außenwirtschaftsverkehr sowie im Recht der Banken, Finanzinstitute und Börsen usw. Von großer praktischer Bedeutung sind u.a. speziell auch das Gewerberecht mit Handwerks- und Gaststättenrecht (s. § 24 Rz. 13 ff., § 25 Rz. 11 ff., 36 ff.) sowie das Kartellrecht (dazu ausführlich § 57 Rz. 39 ff. 91 ff.).

So schwierig die dogmatische Unterscheidung zwischen Straftat und Ordnungswidrigkeit ist (§ 1 Rz. 110 ff., § 20 Rz. 33 ff.), so einfach ist die *Abgrenzung in der Praxis*: Die gesetzliche Festlegung der angedrohten Sanktion „Geldbuße" oder „(Geld-)Strafe" entscheidet über die Zuordnung.

---

1 Vgl. schon RGSt. 61, 314; 65, 416; *Jakobs*, Abschn. 24 Rz. 12; s. auch *Gössel/Zipf* in Maurach/Gössel/Zipf, § 50 Rz. 13 ff.; *Tiedemann* in LK, § 283c StGB Rz. 38.
2 Vgl. *Weber/Mitsch* in Baumann/Weber/Mitsch, § 32 Rz. 66 ff., 71 ff.; *Gössel/Zipf* in Maurach/Gössel/Zipf, § 50 Rz. 17–19; *Schmidhäuser*, AT, Kap. 10 Rz. 170; *Tiedemann* in LK, § 283 StGB Rz. 71, 80, 229 bei Bankrottdelikten.
3 Vgl. *Schünemann* in LK, vor § 25 StGB Rz. 6 ff.
4 Wegen der Einzelheiten vgl. die Ausführungen bei *Weber/Mitsch* in Baumann/Weber/Mitsch, § 32 Rz. 66 ff.; *Jakobs*, Abschn. 24 Rz. 7 f.; *Gössel/Zipf* in Maurach/Gössel/Zipf, § 50 Rz. 6 ff., 16 ff.; *Schünemann* in LK, vor § 26 StGB Rz. 24 ff.; *Hoyer* in SK, vor § 26 StGB Rz. 43 ff.; *Heine/Weißer* in S/S, vor § 25 StGB Rz. 41 ff., je m.w.Nw.
5 Vgl. dazu allg. *Gürtler* in Göhler, § 8 OWiG Rz. 1 ff.

1. Einheitstäterschaft

Die Abgrenzungsschwierigkeiten zwischen Täterschaft und Teilnahme an einer Straftat vermeidet das Recht der Ordnungswidrigkeiten: Dem OWiG liegt der sog. **Einheitstäter**[1] zugrunde. Die Vorschrift des § 14 Abs. 1 OWiG bestimmt, dass *jeder*, der sich – ob als Mittäter, Anstifter oder Gehilfe – an einer Ordnungswidrigkeit *beteiligt*, ordnungswidrig handelt.

Hintergrund der Regelung ist, dass bei Ordnungswidrigkeiten *kein Kriminalunrecht*, sondern weniger schwerwiegendes *Verwaltungsunrecht* geahndet wird, bei dem eine Differenzierung nach Teilnahmeformen entbehrlich erscheint. § 14 OWiG will die Rechtsanwendung erleichtern und vereinfachen; deshalb wird im Einzelfall – ohne Rücksicht auf die Fassung des jeweiligen Bußgeldtatbestandes – in Theorie und Praxis nicht geprüft, ob der Tatbeitrag des Beteiligten als Täterschaft oder (nur) als Teilnahme zu werten ist[2]. Selbstverständlich müssen aber Art und Gewicht des Tatbeitrages bei der konkreten *Bußgeldbemessung* maßgeblich mit berücksichtigt werden (§ 17 Abs. 1 OWiG). Täter können über die direkten Normadressaten hinaus gem. § 9 OWiG regelmäßig auch deren Vetreter oder Beauftragte sein[3] (dazu § 30 Rz. 74 ff.).

31

Die **Ahndung von Ordnungswidrigkeiten** setzt rechtswidriges und *schuldhaftes, meist vorsätzliches* Verhalten des Betroffenen voraus (§§ 12, 14 Abs. 3 OWiG). *Fahrlässigkeit* reicht nur, wenn dies im jeweiligen Tatbestand vorgesehen ist (§ 10 OWiG). Ob eine Ahndung erfolgt und in welcher Höhe innerhalb des jeweils vorgesehenen Bußgeldrahmens ein Bußgeld festgesetzt wird, hat die – grundsätzlich zuständige – Verwaltungsbehörde (§§ 35 ff., 131 OWiG) nach pflichtgemäßem Ermessen zu entscheiden (*Opportunitätsprinzip*, § 47 Abs. 1 OWiG). Bei der Bemessung der Buße (§ 17 OWiG)[4] soll grundsätzlich auch der wirtschaftliche Vorteil, den der Betroffene erlangt hat, abgeschöpft werden (§ 17 Abs. 4 OWiG, ausführlich § 21 Rz. 92, ff., 107 ff., 124).

32

Manche Bußgeldtatbestände sind bei Erfüllung zusätzlicher qualifizierender Merkmale **zu Straftatbeständen aufgewertet**[5], etwa bei beharrlicher Wiederholung gleichartiger Ordnungswidrigkeiten oder bei konkreter Gefährdung des Lebens oder der Gesundheit von Menschen oder auch von fremden Sachen bedeutenden Wertes (vgl. z.B. § 148 Nr. 1 und 2 GewO, § 20 GPSG, § 23 ArbZG, § 58 Abs. 1, 5 ArbSchG, § 21 Abs. 3, 4 MuSchG sowie § 28 Rz. 12, Rz. 13, Rz. 35 und § 34 Rz. 22, Rz. 53, Rz. 69, Rz. 74). In solchen Fällen geht die Verfahrenszuständigkeit von der Verwaltungsbehörde auf die Staatsanwaltschaft über.

33

---

1 *Dreher*, NJW 1970, 217 ff.; *Gürtler* in Göhler, § 14 OWiG Rz. 1; *Gössel/Zipf* in Maurach/Gössel/Zipf, § 47 Rz. 4 ff., je m.w.Nw.
2 Zu Einzelheiten vgl. *Gürtler* in Göhler, § 14 OWiG Rz. 2 ff.
3 Vgl. *Gürtler* in Göhler, § 9 OWiG Rz. 2 ff.
4 Vgl. *Gürtler* in Göhler, § 17 OWiG Rz. 1 ff., § 130 OWiG Rz. 28.
5 Manchmal wird eine fahrlässig begangene Tat als Ordnungswidrigkeit, bei vorsätzlicher Begehung aber als Straftat bewertet, z.B. § 378 AO im Verhältnis zu § 370 AO.

34 Einen wichtigen **Auffangtatbestand** *für Unternehmensverantwortliche* stellt die vorsätzliche oder fahrlässige *Verletzung der Aufsichtspflicht* nach § 130 OWiG dar. Auch hier bewirkt die Einheitstäterschaft eine erhebliche Vereinfachung, weil die unterschiedliche Verteilung von Verantwortung in einem Unternehmen (oder Unternehmensverbund) bei der Zuordnung der Tatanteile keine Abgrenzungsschwierigkeiten auslöst.

Sanktioniert ist das *Unterlassen von Aufsichtsmaßnahmen*[1], die erforderlich sind, um in einem Betrieb oder Unternehmen Zuwiderhandlungen gegen Pflichten zu verhindern, die den Inhaber treffen und mit Strafe oder Geldbuße bedroht sind, falls es zu derartigen Taten tatsächlich gekommen ist. Letzteres ist eine objektive Bedingung der Verfolgbarkeit. *Täter* können über den in § 130 OWiG genannten „Inhaber" des Betriebs oder Unternehmens hinaus gemäß der Haftungsregelung in § 9 OWiG weitere verantwortliche Personen sein, insbesondere Vertreter sowie Beauftragte für Aufsichts- und Überwachungsmaßnahmen (näher § 30 Rz. 135 ff.). Praktisch bedeutsam ist, dass auch eine Ordnungswidrigkeit nach § 130 OWiG Anknüpfungstat für eine Verbandsgeldbuße sein kann.

2. Verbandsgeldbuße

35 Von großer praktischer Bedeutung im Wirtschaftsleben ist die in § 30 OWiG geregelte Möglichkeit, sog. Verbandsgeldbußen (Unternehmensgeldbußen) zu verhängen (näher § 21 Rz. 107 ff., § 23 Rz. 36 ff.). Unter den in Abs. 1 dieser Bestimmung genannten Voraussetzungen können juristische Personen, rechtsfähige Personengesellschaften und nicht rechtsfähige Vereine („Verbände") als Vermögensträger gleichsam als Täter selbst mit Geldbußen belegt werden, wenn deren leitende oder beauftragte Personen (§ 30 Abs. 1 Nr. 1–5 OWiG) in ihrer Vertretungsfunktion eine Straftat oder Ordnungswidrigkeit begangen haben. Durch die sog. *Anknüpfungstat* muss entweder eine Pflicht verletzt worden sein, welche die juristische Person oder Personenvereinigung betroffen hat oder die Vereinigung ist durch die Tat bereichert worden bzw. sollte bereichert werden. Gerade die *Möglichkeit der Gewinnabschöpfung*, die besonders im Kartellrecht oft zu Geldbußen in Millionenhöhe führt[2] (vgl. zu Einzelheiten § 57 Rz. 102 ff., Rz. 108 ff., Rz. 148 ff.), begründet die große Bedeutung von Verbandsbußen. Auch in diesem Bereich führt das Konzept der Einheitstäterschaft zu erhöhter Effektivität.

---

1 Welche Aufsichtsmaßnahmen erforderlich sind, hängt entscheidend von den Umständen des Einzelfalles ab; vgl. *Gürtler* in Göhler, § 130 OWiG Rz. 10 ff.; *Schmucker*, StraFo 2010, 259; OLG Thüringen v. 2.11.2005 – 1 Ss 242/05, wistra 2006, 157.
2 Vgl. aus neuerer Zeit LG Düsseldorf v. 21.11.2011 – 10 Kls 14/11, wistra 2013, 80; gegen die Credit Suisse AG wurde wegen Beihilfe zu Steuerhinterziehungen eine Geldbuße von 149 Mio. Euro verhängt, aus gleichem Grund gegen die Bank UBS Geldbußen von rd. 300 Mio. Euro (lt. Frankfurter Allgemeine v. 20.9.2014). BGH v. 26.2.2013 – KRB 20/12, NJW 2013, 1972; gegen Unternehmen des „Grauzementkartells" wurden Bußgelder von rd. 280 Mio. Euro festgesetzt.

Grundsätzlich hat die Verfolgung und Ahndung von Leitungspersonen einerseits und die Verbandsperson als Vermögensträger andererseits wegen des Sachzusammenhangs in einem **einheitlichen Verfahren** zu erfolgen (vgl. § 23 Rz. 45). Aber auch ein *selbständiges Verfahren* gegen die Verbandsperson zur Verhängung einer Geldbuße ist unter den in § 30 Abs. 4 OWiG genannten Voraussetzungen möglich (dazu § 23 Rz. 45; § 21 Rz. 87 ff., Rz. 111 ff., Rz. 124, vgl. § 58 Rz. 46 ff.). 36

§ 20
Konkurrenzen

Bearbeiter: Jürgen Niemeyer

	Rz.		Rz.
I. Mehrere Gesetzesverletzungen		**II. Serienstraftaten**	23
1. Tateinheit	1	1. Problemfälle	25
2. Tatmehrheit	5	2. Schätzung und Hochrechnung	28
3. Sonderformen		3. Darstellung in Anklage und Urteil	29
a) Tatbestandliche Tateinheit	11		
b) Natürliche Tateinheit	15	**III. Straftat und Ordnungswidrigkeit**	33

Schrifttum: *Bader*, Schadensermittlung im Beitragsstrafrecht (§ 266a StGB), wistra 2010, 121; *Erb*, Überlegungen zur Neuordnung der Konkurrenzen, ZStW 117 (2005), 37; *von Heintschel-Heinegg*, Die Konsumtion als eigenständige Form der Gesetzeskonkurrenz, in FS Jakobs, 2007, S. 131; *Ott/Bundschuh*, Schätzung im Strafverfahren, JA 2005, 453; *Reiß*, Zum „Konkurrenzverhältnis" der Umsatzsteuerhinterziehung für Voranmeldungszeiträume und für das Kalenderjahr, in FS Samson, 2010, S. 571; *Rissing-van Saan*, Für betrügerische oder andere kriminelle Zwecke errichtete oder ausgenutzte Unternehmen: rechtliche Handlungseinheiten sui generis?, in FS Tiedemann, 2008, S. 391.

I. Mehrere Gesetzesverletzungen

1. Tateinheit

Verletzt der Täter durch *ein- und dieselbe Handlung mehrere Strafgesetze* oder dasselbe Strafgesetz *mehrmals*, liegt **Tat- oder Handlungseinheit** vor. Es wird dann nur auf *eine Strafe* erkannt, die dem Gesetz zu entnehmen ist, das die schwerste Strafe androht (§ 52 Abs. 1, 2 S. 1 StGB). 1

Beispiel nach BGH[1] für mehrere **Gesetzesverletzungen** („*ungleichartige Idealkonkurrenz*"): Der zahlungsunfähige A, der seine Zahlungen eingestellt hat, gibt in einer auf Antrag seiner Gläubiger geleisteten eidesstattlichen Versicherung die Höhe seiner Forderungen mit 140 000 Euro an, obgleich ihm in Wirklichkeit 340 000 Euro zustehen. 200 000 2

---

1 Nach BGH v. 20.8.1982 – 3 StR 282/82, wistra 1982, 231.

Euro will A selbst einziehen und dem Zugriff seiner Gläubiger entziehen. A hat sich des Bankrotts (§ 283 Abs. 1 Nr. 1 StGB) in Tateinheit mit falscher Versicherung an Eides statt (§ 156 StGB) schuldig gemacht. Die Strafe wird nach § 283 Abs. 1 StGB bestimmt, da diese Vorschrift die schwerere Strafe androht (§ 52 StGB). Freilich kann dabei die gleichzeitige Verletzung des milderen Gesetzes schärfend ins Gewicht fallen[1].

Nach ständiger Rechtsprechung liegt bei der Hinterziehung verschiedener Steuerarten dann Tateinheit vor, wenn die entsprechenden Steuererklärungen gleichzeitig beim Finanzamt eingereicht werden und diese in für die Steuerhinterziehung entscheidenden Punkten inhaltsgleich sind. Zumindest ein Teil der Handlung – nämlich der äußere Vorgang der Abgabe der Erklärung (nicht das Ausfüllen der verschiedenen Vordrucke) – erfolgt hier durch eine Handlung[2]. Bei Steuerhinterziehung durch Unterlassen ist dementsprechend von Tateinheit auszugehen, wenn die erforderlichen Angaben durch ein- und dieselbe Handlung zu erbringen gewesen wären; andernfalls liegt Tatmehrheit vor[3]

Zwischen der Hinterziehung von Lohnsteuer (§ 370 AO) und dem Nichtabführen von Beiträgen zur Sozialversicherung (§ 266a StGB) besteht Tatmehrheit (§ 53 StGB) auch dann, wenn sich die Abgaben auf identische Zeiträume beziehen[4].

3 **Beispiel** nach BGH[5] für **mehrfache Verletzung** eines Strafgesetzes durch *eine* Handlung (*"gleichartige Idealkonkurrenz"*): A bietet auf einer „Präsentation" in *einer* Offerte fünf wertvolle Gemälde zum Verkauf an. Hierbei gibt er wahrheitswidrig vor, diese seien echt. Fünf Käufer erwerben die Gemälde jeweils zu einem überhöhten Preis. A hat die fünf Käufer somit durch eine einheitliche Täuschungshandlung geschädigt; er ist des Betruges in fünf tateinheitlichen Fällen schuldig.

4 Nur scheinbar liegt Tateinheit vor in den Fällen der sog. **Gesetzeskonkurrenz**. Bei ihr sind durch die Tat dem Wortlaut nach mehrere Strafgesetze verletzt, jedoch wird der Unrechtsgehalt erschöpfend durch nur einen Straftatbestand erfasst.

Beispiel: Kaufmann A führt entgegen § 238 HGB keine Bücher, und zwar auch nicht nach Eintritt seiner Zahlungsunfähigkeit. Schließlich wird über sein Vermögen das Insolvenzverfahren eröffnet. Bis zum Eintritt der Zahlungsunfähigkeit hat sich A nach § 283b Abs. 1 Nr. 1 StGB und danach nach § 283 Abs. 1 Nr. 5 Alt. 1 StGB schuldig gemacht. Das Unterlassen der Buchführung ist als Dauerdelikt anzusehen[6]. Dabei geht die leichtere Form der Zuwiderhandlung (§ 283b StGB) in der nachfolgenden schwereren (§ 283 StGB) auf[7].

---

1 BGH v. 5.9.1990 – 2 StR 186/90, bei *Holtz*, MDR 1991, 104.
2 Grundlegend BGH v. 21.3.1985 – 1 StR 583/84, BGHSt 33, 163; vgl. weiter BGH v. 2.4.2008 – 5 StR 62/08, NStZ-RR 2008, 244.
3 BGH v. 28.10.2004 – 5 StR 276/04, wistra 2005, 30.
4 BGH v. 12.2.2003 – 5 StR 165/02, wistra 2003, 262 (266); BGH v. 21.9.2005 – 5 StR 263/05, wistra 2005, 458; hierzu *Rolletschke*, wistra 2005, 211.
5 Nach BGH v. 7.5.1996 – 4 StR 687/95, BGHR StGB § 52 Abs. 1 Handlung, dieselbe 30.
6 Vgl. *Fischer*, § 283 StGB Rz. 41.
7 BGH v. 16.5.1984 – 3 StR 162/84, NStZ 1984, 455; BGH v. 5.11.1997 – 2 StR 462/97, NStZ 1998, 192.

Wegen der einzelnen Formen der Gesetzeskonkurrenz, die im Übrigen nicht einheitlich beurteilt werden, und weiteren Einzelheiten sei auf die einschlägigen Kommentare verwiesen[1].

Verletzt im **Ordnungswidrigkeitenrecht** dieselbe Handlung mehrere Gesetze oder ein Gesetz mehrmals, wird ebenfalls nur auf *eine* Geldbuße erkannt, die dem Gesetz zu entnehmen ist, das die höchste Geldbuße androht (§ 19 Abs. 1, Abs. 2 S. 1 OWiG). 4a

2. Tatmehrheit

Verletzt der Täter durch **mehrere Handlungen** entweder *mehrere Strafgesetze* oder dasselbe Strafgesetz *mehrfach*, liegt **Tat- oder Handlungsmehrheit** vor. Werden diese Straftaten gleichzeitig abgeurteilt, so ist gem. §§ 53, 54 StGB eine *Gesamtstrafe* zu bilden, und zwar durch Erhöhung der verwirkten höchsten Strafe (vgl. im Einzelnen § 54 StGB). 5

Beispiel: Unternehmer U hat jahrelang seine Buchführungspflicht vernachlässigt. Nach Eintritt der Zahlungsunfähigkeit überträgt er seinem Hauptgläubiger seine letzten Vermögenswerte, um diesen zum Stillhalten zu bewegen. Außerdem bestellt er weiterhin bei seinen Lieferanten Waren auf Kredit, obgleich er weiß, diese nicht bezahlen zu können. Über das Vermögen U wird schließlich das Insolvenzverfahren eröffnet. U hat sich der Verletzung der Buchführungspflicht (§ 283b Abs. 1 Nr. 1 StGB), der Gläubigerbegünstigung (§ 283c StGB) und des Betruges (§ 263 StGB) schuldig gemacht. Die Straftaten stehen im Verhältnis der Tatmehrheit zueinander. Das Gericht muss für jede Straftat eine Einzelstrafe festsetzen und sodann die verwirkte höchste Strafe erhöhen. Dabei darf die Gesamtstrafe die Summe der Einzelstrafen nicht erreichen (§ 54 Abs. 1 S. 2, Abs. 2 S. 1 StGB).

Sind **mehrere Personen** an der Begehung von Straftaten beteiligt, ist bei der Frage, ob Tateinheit oder Tatmehrheit anzunehmen ist, bei *jedem Täter* gesondert auf die von ihm geleisteten Tatbeiträge abzustellen. Hieran ändert die „Zurechnungsnorm" des § 25 Abs. 2 StGB nichts[2]. 6

Beispiel: T erwarb ein Unternehmen, um deren Vorrat an gefälschten Bildern durch Vortäuschung von deren Echtheit zu vertreiben. In der Folgezeit verkaufte sein Angestellter A bei 41 Gelegenheiten 238 Bilder an gutgläubige Kunden. T konnte lediglich nachgewiesen werden, dass er am Aufbau des Vertriebssystems für die Bilder, nicht aber an deren Verkauf beteiligt war. In Anwendung des Grundsatzes „in dubio pro reo" (§ 10 Rz. 33) ist bei ihm deshalb von nur einer Handlung auszugehen, weshalb er des Betruges in 41 tateinheitlich (§ 52 Abs. 1 StGB) begangenen Fällen schuldig ist, während bei A insoweit Tatmehrheit (§ 53 StGB) vorliegt.

Diese Grundsätze gelten auch für die „uneigentlichen Organisationsdelikte", bei denen der Täter im Rahmen eines Geschäftsbetriebes unter Schaffung und Ausnutzung von Unternehmensstrukturen Straftaten, etwa nach § 263 StGB, durch andere verübt[3].

---

1 Etwa *Fischer*, vor § 52 StGB Rz. 39–46; *Rissing-van Saan* in LK, vor § 52 StGB Rz. 89–164; *Sternberg-Lieben/Bosch* in S/S, vor § 52 StGB Rz. 102–144.
2 BGH v. 18.10.2011 – 4 StR 346/11, wistra 2012, 67.
3 BGH v. 29.7.2009 – 2 StR 160/09, wistra 2009, 437.

7 Wegen der Akzessorietät der Teilnahme liegt beim Gehilfen nur *eine* Beihilfehandlung i.S. des § 52 StGB vor, wenn sich mehrere Unterstützungshandlungen auf dieselbe Haupttat beziehen[1]. Ist **nicht feststellbar**, ob eine oder mehrere Handlungen vorliegen, ist nach dem Zweifelssatz von Tateinheit auszugehen. Dies gilt allerdings nur dann, wenn danach das Unrecht und der Schuldgehalt des strafbaren Verhaltens insgesamt geringer erscheint[2].

8 Auch bei Tatmehrheit gibt es Fälle der **Gesetzeskonkurrenz**.

Beispiel: U, Inhaber eines Wohnungsbauunternehmens, errichtet ein Mehrfamilienhaus, dessen Wohnungen er vermieten will. Er lässt sich von M einen Mietkostenvorschuss auszahlen, den er – vorgefasster Absicht entsprechend – nicht zur Errichtung des Hauses, sondern anderweitig verwendet. Mit der Entgegennahme des Vorschusses hat U einen vollendeten Betrug begangen. Darüber hinaus erfüllt die vertragswidrige Verwendung des Geldes den Tatbestand der Untreue (§ 266 StGB). Da durch diese Handlung der bereits durch den Betrug eingetretene Schaden nicht vertieft worden ist, tritt die Untreue gegenüber dem Betrug als *straflose Nachtat* zurück[3]. Sie lebt allerdings dann wieder auf, wenn der Verfolgung des Betruges ein Verfahrenshindernis, etwa Verjährung, entgegensteht[4]. Gleiches gilt, wenn die Vortat nicht nachgewiesen werden kann[5].

9 Indes liegt eine **mitbestrafte Nachtat** dann *nicht* vor, wenn durch spätere Tat ein *neues Rechtsgut* verletzt wird.

Beispiel nach BGH[6]: Der zahlungsunfähige Unternehmer U hat sich der Steuerhinterziehung (§ 370 AO) schuldig gemacht. Kurz vor Eröffnung des Insolvenzverfahrens schafft er den verbliebenen Rest seines Vermögens beiseite, um ihn dem Zugriff des Finanzamtes zu entziehen. Das Vergehen des Bankrotts (§ 283 Abs. 1 Nr. 1 StGB) tritt schon deshalb nicht hinter die Steuerhinterziehung als mitbestrafte Nachtat zurück, weil es die Gesamtheit der Gläubiger[7] und darüber hinaus das gesamtwirtschaftliche Vermögen[8] oder die Funktionsfähigkeit der Kreditwirtschaft[9] schützt, während § 370 AO der Sicherung des Anspruchs des Staates auf den vollen Ertrag der Steuer dient[10].

10 Im **Steuerstrafrecht** wird eine straflose Nachtat dann *nicht* angenommen, wenn beide Handlungen sich zwar auf dieselbe Steuerart beziehen, der durch sie herbeigeführte Schaden aber nicht identisch ist. So stellt die Abgabe einer falschen Umsatzsteuerjahreserklärung (§ 18 Abs. 3 UStG) im Verhältnis zu den vorangegangenen falschen monatlichen Umsatzsteuervoranmeldungen (§ 18 Abs. 1 UStG) keine straflose Nachtat dar, und zwar auch dann nicht, wenn sich die Summe der zu niedrigen Vorauszahlungen mit der hinterzogenen

---

1 BGH v. 4.3.2008 – 5 StR 594/07, wistra 2008, 217.
2 Vgl. näher BGH v. 22.1.1997 – 2 StR 566/96, NStZ 1997, 233.
3 BGH v. 22.4.1954 – 4 StR 807/53, BGHSt 6, 67; s. ferner BGH v. 1.11.1995 – 5 StR 535/95, wistra 2001, 60.
4 So BGH v. 13.11.2008 – 5 StR 344/08, NStZ 2009, 203; sehr str., differenzierend *Sternberg-Lieben/Bosch* in S/S, vor § 52 StGB Rz. 136.
5 Hierzu *Sternberg-Lieben/Bosch* in S/S, vor § 52 StGB Rz. 135 m.w.Nw.
6 Nach BGH v. 24.9.1986 – 3 StR 348/86, BGHR StGB vor § 1 Gesetzeskonkurrenz, Nachtat, mitbestrafte 1.
7 BGH v. 4.4.1979 – 3 StR 488/78, BGHSt 28, 371 (373).
8 *Heine/Schuster* in S/S, vor § 283 StGB Rz. 1.
9 *Tiedemann* in LK, vor § 283 StGB Rz. 56.
10 Vgl. BGH v. 24.9.1986 – 3 StR 348/86, BGHR StGB vor § 1 Gesetzeskonkurrenz, Nachtat, mitbestrafte 1.

Steuer für das Kalenderjahr deckt. Die Abgabe der falschen Voranmeldungen führt nämlich grundsätzlich zu einer Steuerverkürzung auf Zeit, während die Jahreserklärung die endgültige Verkürzung bewirkt[1].

Im **Ordnungswidrigkeitenrecht** gibt es bei Tatmehrheit keine „Gesamtgeldbuße"; vielmehr werden für jede Handlung gesondert Geldbußen festgesetzt (§ 20 OWiG). 10a

3. Sonderformen

a) Tatbestandliche Tateinheit

Sie liegt dann vor, wenn nach der Formulierung des gesetzlichen Tatbestandes **mehrere natürliche Handlungen** *rechtlich als eine Handlung* anzusehen sind[2]. Als *Beispiele* aus dem Bereich der Wirtschaftsstraftaten sind zu nennen: 11

Beim **Subventionsbetrug** (§ 264 StGB) stellen der Finanzierungshilfeantrag und die dazugehörigen Mittelanforderungsanträge eine Bewertungseinheit und damit rechtlich *eine* Handlung dar[3]. 11a

Die **mangelhafte Buchführung**, die sich durch zahlreiche fehlerhafte Buchungen über einen längeren Zeitraum erstreckt, ist *ein* Delikt nach § 283 Abs. 1 Nr. 5 Alt. 2 StGB[4]. Gleiches gilt für § 283 Abs. 1 Nr. 2 StGB, wobei in der Praxis am ehesten die Variante des Verbrauchs übermäßiger Beträge durch unwirtschaftliche Ausgaben vorkommt[5]. Zur *unterlassenen Buchführung* (§ 283 Abs. 1 Nr. 5 Alt. 1 StGB) vgl. Rz. 4. 12

Dagegen bilden mehrere zeitlich nacheinander und unabhängig voneinander begangene Verstöße gegen die **Bilanzierungspflicht** (§ 283 Abs. 1 Nr. 7 StGB) i.d.R. rechtlich selbständige Taten. Sie werden auch nicht durch dieselbe Zahlungseinstellung, die ihre Strafbarkeit nach dieser Bestimmung erst begründet (§ 17 Rz. 45a), i.S. einer Bewertungseinheit zu einer einheitlichen Straftat zusammengefasst[6]. 13

Bei **Bestechlichkeit im geschäftlichen Verkehr** (§ 299 Abs. 1 StGB; § 53 Rz. 69 ff.) liegt eine Tat im Rechtssinn auch dann vor, wenn der Täter mehrfach Vorteile annimmt, sofern diese auf eine Unrechtsvereinbarung zurück- 14

---

1 BGH v. 10.12.1991 – 5 StR 536/91, BGHSt 38, 165 (171); BGH v. 22.11.1995 – 3 StR 478/95, wistra 1996, 105.
2 BGH v. 3.5.1994 – GSSt 2 und 3/93, BGHSt 40, 138 (164 f.); BGH v. 26.2.1997 – 3 StR 525/96, BGHSt 43, 1 (3); *Geppert*, NStZ 1996, 57 (59).
3 BGH v. 1.2.2007 – 5 StR 467/07, wistra 2007, 217.
4 BGH v. 17.6.1952 – 1 StR 668/51, BGHSt 3, 23 (26 f.); BGH v. 18.1.1995 – 2 StR 693/94, wistra 1995, 146.
5 Hierzu BGH v. 17.6.1952 – 1 StR 668/51, BGHSt 3, 23 (26).
6 BGH v. 17.6.1952 – 1 StR 668/51, BGHSt 3, 23 (26); BGH v. 5.11.1997 – 2 StR 462/97, NStZ 1998, 192.

gehen, die den Vorteil insgesamt genau umschreibt, mag er auch in Teilleistungen zu erbringen sein[1].

b) Natürliche Tateinheit

15 Nur *eine Handlung im Rechtssinn* liegt vor, wenn mehrere im Wesentlichen gleichartige Handlungen von einem einheitlichen Willen getragen werden und aufgrund ihres engen räumlichen und zeitlichen Zusammenhanges so miteinander verbunden sind, dass sich das gesamte Tätigwerden auch für einen Dritten als **einheitliches Geschehen** darstellt[2]. Dann verbietet sich die Annahme von Tatmehrheit in diesen Fällen. Diese Rechtsfigur ist in der Literatur indes nicht unumstritten[3].

16 Die **Abgrenzung** zwischen natürlicher Tateinheit und Tatmehrheit ist häufig schwierig. So bewertete es der BGH[4] *nicht* als eine Handlung im natürlichen Sinn, wenn der Täter unmittelbar hintereinander Überweisungsaufträge oder Schecks ausstellt und unterzeichnet, wodurch das Vermögen verschiedener Geldanleger geschädigt wird, da zwischen den einzelnen Handlungen eine innere Abhängigkeit nicht bestehe. Andererseits sei natürliche Handlungseinheit dann anzunehmen, wenn zeitlich unmittelbar nacheinander Autos verschiedener Eigentümer aufgebrochen und hieraus Gegenstände entwendet werden[5]. Schließlich sah er sogar in der Abgabe von falschen Steuererklärungen in einem zeitlichen Abstand von sieben Wochen(!) gegenüber verschiedenen Finanzämtern eine Handlung im natürlichen Sinn[6]. Das geht entschieden zu weit. Im Fall des Nichtabführens der Beiträge zur Sozialversicherung (§ 266a Abs. 1, 2 StGB) für mehrere Arbeitnehmer an dieselbe Einzugstelle liegt nur *eine* Unterlassung vor; der Rechtsfigur der natürlichen Handlungseinheit bedarf es nicht, um zur Annahme von Tateinheit zu gelangen[7]. Werden Abgaben an mehrere Einzugstellen nicht abgeführt, liegt Tatmehrheit vor[8]. Natürliche Handlungseinheit ist auch anzunehmen, wenn im Rahmen des betrügerischen Vertriebs von Kapitalanlagen mit einem Geschädigten an einem Tag mehrere Verträge abgeschlossen werden[9].

17 Soweit früher im Wirtschaftsstrafrecht bei Vorliegen von „Handlungsreihen", die sich über einen längeren Zeitraum erstrecken, etwa bei Steuerhinterzie-

---

1 BGH v. 13.10.1994 – 1 StR 614/93, NStZ 1995, 92; Gleiches gilt nach BGH v. 18.10.1995 – 3 StR 324/94, BGHSt 41, 292 (302); BGH v. 5.6.1996 – 3 StR 534/95 II, BGHR StGB vor § 1 Serienstraftaten, Bestechung 1 für die Bestechung nach § 334 StGB.
2 S. etwa BGH v. 14.9.2010 – 4 StR 422/10, wistra 2010, 476.
3 Abl. etwa *Sternberg-Lieben/Bosch* in S/S, vor § 52 StGB Rz. 22 m.w.Nw.
4 BGH v. 21.11.1991 – 1 StR 552/90, BGHR StGB vor § 1 natürliche Handlungseinheit, Entschluss, einheitlicher 6.
5 BGH v. 27.6.1996 – 4 StR 166/96, NStZ 1996, 493.
6 BGH v. 1.2.1989 – 3 StR 450/88, BGHSt 36, 105 (115 f.).
7 So zutr. *Gribbohm* in LK, § 266a StGB Rz. 108; a.A. OLG Frankfurt v. 22.9.1998 – 2 Ss 284/98, NStZ-RR 1999, 104; *Perron* in S/S, § 266a StGB Rz. 28.
8 BGH v. 30.7.2003 – 5 StR 221/03, BGHSt 48, 307; OLG Thüringen v. 26.8.2011 – 1 Ss 40/11, ZWH 2012, 116.
9 BGH v. 16.2.2000 – 1 StR 189/99, wistra 2000, 261.

hungen oder Betrügereien, durch die Rechtsfigur der **fortgesetzten Handlung** eine Zusammenfassung zu einer Straftat gängig war, hat dem der *Große Senat für Strafsachen* 1994 ein Ende bereitet[1].

Für das **Wirtschaftsstrafrecht** bleibt festzuhalten, dass es so gut wie *ausgeschlossen* ist, bei für diesen Bereich wichtigen Tatbeständen eine fortgesetzte Handlung anzunehmen. Über den Betrug hinaus ist dies entschieden insbesondere für Untreue[2], Vorenthalten von Arbeitsentgelt (§ 266a StGB)[3], Bankrott in Form der Verletzung der Buchführungspflicht (§ 283 Abs. 1 Nr. 5 StGB)[4], Steuerhinterziehung[5], Bestechung von Angestellten (§ 299 Abs. 1 StGB)[6] und für Ordnungswidrigkeiten nach § 81 Abs. 2 Nr. 1 GWB[7]. 18

Einstweilen frei. 19–22

II. Serienstraftaten

Die einzelnen Teilakte von Serienstraftaten sind als **rechtlich selbständige Handlungen** mit der Folge zu würdigen, dass neben der Gesamtstrafe eine Vielzahl von Einzelstrafen zu bilden sind (§§ 53, 54 StGB). Sofern die Voraussetzungen einer tatbestandlichen oder natürlichen Tateinheit (hierzu Rz. 11–16) erfüllt sind, liegt nur eine Handlung vor. 23

Beispiel: Teppichhändler T hat sein gesamtes Lager zur Sicherheit an die kreditgebende Bank übereignet. Obgleich ihm nur gestattet ist, die Teppiche im Rahmen ordnungsgemäßen Wirtschaftens zu veräußern, bringt er diese an einem Tag mit einem Lkw in fünf „Fuhren" zu seinem Freund F, bei dem er gleichfalls hoch verschuldet ist. F verwertet die Ware. Das Verladen auf den Lkw und der Abtransport der Teppiche mit *einer* „Fuhre" stellt *eine* Zueignungshandlung im Rahmen des § 246 StGB dar[8]. Zeitlicher und räumlicher Zusammenhang aller fünf Fuhren sind gegeben, ebenso ein einheitlicher Willensentschluss, sodass *insgesamt* die Annahme einer Handlung im natürlichen Sinne vertretbar ist[9]. 24

1. Problemfälle

Schwierigkeiten können sich insbesondere bei den Fallgestaltungen ergeben, bei denen wohl der in einem bestimmten Zeitraum herbeigeführte **Gesamtschaden** bekannt ist, die Anzahl der Einzeltaten dagegen nicht (erste Fallgruppe) oder nur teilweise (zweite Fallgruppe) aufgeklärt werden konnte. 25

---

1 BGH v. 3.5.1994 – GSSt 2 + 3/93, BGHSt 40, 138 = wistra 1994, 185 = NStZ 1994, 383.
2 BGH v. 20.12.1994 – 1 StR 593/94, BGHR StGB § 266 Abs. 1 Nachteil 33.
3 OLG Hamm v. 1.3.2001 – 2 Ss 44/01, wistra 2001, 238; OLG Frankfurt v. 22.9.1998 – 2 Ss 284/98, NStZ-RR 1999, 104.
4 BGH v. 18.1.1995 – 2 StR 693/94, NStZ 1995, 347.
5 BGH v. 20.6.1994 – 5 StR 595/93, BGHSt 40, 195.
6 BGH v. 13.10.1994 – 1 StR 614/93, NStZ 1995, 92.
7 BGH v. 19.12.1995 – KRB 33/95, NJW 1996, 1973 (1974 f.).
8 Vgl. *Sternberg-Lieben/Bosch* in S/S, § 52 StGB Rz. 29.
9 Vgl. BGH v. 27.6.1996 – 4 StR 166/96, NStZ 1996, 493.

26 **Erste Fallgruppe:** Es ist nur die *Summe* des Schadens oder der entwendeten oder unterschlagenen Sachen, *nicht* aber die *Anzahl der Einzeltaten* bekannt, mit denen der tatbestandliche Erfolg nach und nach herbeigeführt worden ist.

Beispiel: In dem Teppichbeispiel (Rz. 24) konnte nur ermittelt werden, dass T nach und nach innerhalb eines Monats insgesamt 100 Teppiche zu F gebracht hat; ungeklärt bleibt, wann er wie viele Teppiche im Einzelnen fortschaffte.

Es mag zur sachgerechten Würdigung des Gesamtunwertes sinnvoll erscheinen, unbeschadet des Beschlusses des Großen Senats für Strafsachen mit der Rechtsfigur der Fortsetzungstat zu arbeiten. Teilweise nimmt man eine natürliche Tateinheit an[1]. Beides ist jedoch problematisch. Bezüglich Letzterer kann es am zeitlichen Zusammenhang fehlen. Ist nicht zu ermitteln, wie viele Einzelhandlungen begangen wurden, ist zugunsten des Angeklagten grundsätzlich von einer Tat auszugehen[2]. Im Übrigen ist die Mindestzahl der festgestellten Handlungen zugrunde zu legen[3].

27 **Zweite Fallgruppe:** Bekannt sind der *Gesamtschaden* und *ein Teil* der Einzelakte, durch die ein Teil des Schadens verursacht worden ist. Weitere Einzeltaten sind nicht aufklärbar.

Beispiel: In dem o.a. Fall räumt T pauschal ein, mindestens 100 Teppiche unterschlagen zu haben. Durch die Aussage des F kann ermittelt werden, dass T an drei Tagen jeweils zehn Teppiche zu ihm gebracht hat. Mehr ist nicht aufklärbar.

Fraglich ist, ob T aufgrund seines Geständnisses wegen Unterschlagung von 100 Teppichen verurteilt werden kann oder ob ihm die Unterschlagung von nur 30 Teppichen anzulasten ist, wobei dann von drei rechtlich selbständigen Taten, begangen an den drei Tagen, auszugehen ist. Wer konkrete Feststellungen für unumgänglich hält, muss der letztgenannten Lösung den Vorzug geben. Die Unterschlagung der 100 Teppiche darf dann nicht in eine Gesamtstrafenbildung einfließen[4]. Demgegenüber ist nicht einsehbar, wieso dem insoweit geständigen T nicht die Unterschlagung der 100 Teppiche angelastet werden soll[5]. Ebenso wie bei der ersten Fallgruppe ist es ausreichend, wenn festgestellt wird, dass T in einem bestimmten Zeitraum 70 weitere Teppiche zu F geschafft hat, wobei die Einzelheiten offenbleiben können. Ggf. ist zugunsten des T davon auszugehen, dass dies in rechtlich einer Handlung geschah.

2. Schätzung und Hochrechnung

28 Auch bei Serienstraftaten kann der **Gesamtschaden** *geschätzt* werden, indem ein rechnerisch bestimmter Teil hiervon bestimmten strafrechtlich erheblichen Verhaltensweisen im Wege der Schätzung zugeordnet wird[6] (zur Schätzung allgemein s. § 12 Rz. 45b). Ebenso ist zur Bestimmung der Höhe des Gesamtschadens eine *Hochrechnung* statthaft[7].

---

1 So *Geppert*, NStZ 1996, 57 (60).
2 BGH v. 20.5.1994 – 2 StR 202/94, BGHR StGB § 266 Abs. 1 Nachteil 31; *Zschockelt*, JA 1997, 415.
3 So BGH v. 5.5.2004 – 5 StR 139/03, wistra 2004, 391 m. Anm. *Odenthal*, wistra 2004, 427 und *Zetsche*, wistra 2004, 428.
4 So *Zschockelt*, NStZ 1994, 361 (365).
5 So *Bittmann/Dreier*, NStZ 1995, 105 (107).
6 BGH v. 6.12.1994 – 5 StR 305/94, BGHSt 40, 374 (377); BGH v. 21.7.1995 – 2 StR 758/94, BGHR StGB vor § 1 Serienstraftaten, Betrug 1.
7 Vgl. BGH v. 14.12.1989 – 4 StR 419/89, BGHSt 36, 320.

Beispiel: Im Fall des Teppichhändlers (Rz. 24) ist aufgrund der Angaben des T bekannt, dass er innerhalb von vier Tagen 50 Teppiche zu F brachte. Wie viele Teppiche er insgesamt unterschlagen hat, kann er nicht sagen, jedoch weiß er, dass er noch weitere vier Tage damit beschäftigt war, sein Lager zu räumen, wobei seine „Arbeitsweise" gleichgeblieben sei. Hier ist eine Schätzung oder eine Hochrechnung mit dem Ergebnis statthaft, dass T 100 Teppiche zu F gebracht hat. Bezüglich der Anzahl der Einzelakte und der Verteilung der Teppiche ist nach dem Zweifelssatz zu verfahren[1].

Umgekehrt ist eine Schätzung auch dann statthaft, wenn der Gesamtschaden feststeht, aber dessen Verteilung auf die Einzeltaten nicht genau bestimmt werden kann[2].

3. Darstellung in Anklage und Urteil

Die **Anklageschrift** muss – nicht nur bei Serienstraftaten – die dem Angeschuldigten zur Last gelegten Taten sowie Zeit und Ort ihrer Begehung so genau bezeichnen, dass die Identität des geschichtlichen Vorgangs klargestellt und erkennbar wird, welche Taten gemeint sind[3] (zur Funktion der Anklageschrift allgemein § 11 Rz. 144). Diese Angaben sind grundsätzlich in den **Anklagesatz** und nicht erst in das wesentliche Ermittlungsergebnis aufzunehmen (hierzu § 11 Rz. 145). Indes beeinträchtigt es die Umgrenzungsfunktion des Anklagesatzes nicht, wenn in ihm bei Serienstraftaten, die im Verhältnis der Tatmehrheit stehen, nur die generelle Vorgehensweise des Angeschuldigten, die Gesamtzahl der Taten, der Gesamtschaden und der zeitliche Rahmen, in dem die Taten verübt worden sind, aufgeführt sind. Die näheren Angaben zu den einzelnen Taten, insbesondere, wann sie begangen worden sind und die Höhe des einzelnen Schadens können im „Wesentlichen Ermittlungsergebnis" oder in einer Anlage zur Anklage enthalten sein[4]. Zur Verlesung des Anklagesatzes in diesen Fällen s. § 12 Rz. 21. Erst recht gilt dies, wenn zwischen den einzelnen Taten *Tateinheit* besteht[5]. 29

Hat sich **nicht feststellen** lassen, wie viele Taten im Rahmen der „Serie" im Einzelnen begangen wurden, reicht es nach Ansicht des Großen Senats für Strafsachen aus, wenn deren *Mindestzahl* mitgeteilt wird[6]. Demgegenüber halten es andere Strafsenate des BGH für notwendig, die *Höchstzahl* anzugeben[7]. Letzteres ist im Hinblick auf die Begrenzung des Verfahrensgegenstandes sinnvoll. Empfehlenswert ist es, beide Zahlen mitzuteilen. 29a

Unumgänglich ist es, den **Zeitraum**, innerhalb dessen die Serientat begangen wurde, anzugeben. Andernfalls wäre der Gegenstand des Verfahrens nicht in 30

---

1 BGH v. 6.12.1994 – 5 StR 305/94, BGHSt 40, 374; BGH v. 8.11.2006 – 2 StR 384/06, wistra 2007, 143.
2 BGH v. 10.11.2009 – 1 StR 283/09, wistra 2010, 148 mit grundlegenden Ausführungen zur Statthaftigkeit von Schätzungen.
3 BGH v. 11.1.1994 – 5 StR 682/93, BGHSt 40, 44 (45).
4 BGH v. 12.1.2011 – GSSt 1/10, BGHSt 56, 109.
5 BGH v. 2.3.2011 – 2 StR 524/10, BGHSt 56, 183.
6 BGH v. 3.5.1994 – GSSt 2 und 3/93, BGHSt 40, 138 (161); ebenso *Meyer-Goßner* in Meyer-Goßner/Schmitt, § 200 StPO Rz. 9.
7 Vgl. BGH v. 11.1.1994 – 5 StR 682/93, BGHSt 40, 44 m. Anm. *Peters*, NStZ 1994, 59; BGH v. 26.4.1995 – 3 StR 48/95, BGHR StPO § 200 Abs. 1 S. 1 Tat 15; BGH v. 29.7.1998 – 1 StR 152/98, NStZ 1999, 42; BGH v. 22.12.2013 – 5 StR 297/13, NStZ 2014, 49 m. Anm. *Ferber*.

genügender Weise umgrenzt. Eine Verurteilung kann dann nur wegen der in diesem Zeitraum verübten Taten erfolgen; anders wäre es nur, wenn es sich um Straftaten handelte, die sich durch ihre individuellen Eigenheiten von anderen Taten abheben und unabhängig von der Tatzeit konkretisiert sind[1]. Dies ist bei Serienstraftaten im Bereich des Wirtschaftsstrafrechts in aller Regel aber nicht der Fall.

31 Ist die Staatsanwaltschaft nicht in der Lage, den **Sachverhalt** genau zu schildern, und ergibt sich dieser erst in der Hauptverhandlung, kann es erforderlich sein, dass das Gericht entsprechend § 265 StPO mitteilt, wovon es ausgeht, und Gelegenheit zur Äußerung gibt. Die Rechtsprechung des BGH hierzu ist nicht einheitlich: Teilweise wird ein solcher Hinweis stets für erforderlich gehalten[2], teilweise dann nicht, wenn sich im Laufe der Hauptverhandlung nähere Konkretisierungen von Einzelfällen durch genauere Beschreibungen von Tatmodalitäten oder Begleitumständen ergeben, es sei denn, durch einen Hinweis muss das Recht des Angeklagten auf rechtliches Gehör oder auf Schutz von Überraschungsentscheidungen gewährleistet werden[3]. Es empfiehlt sich, im Zweifel einen Hinweis zu geben.

32 Auch für das **Urteil** gilt allgemein: Jede Tat ist konkret festzustellen; insoweit gilt das zur Anklageschrift Gesagte auch hier. Nur vage oder ungenaue Feststellungen sind nicht zulässig[4]. Entscheidend ist die Überzeugung des Richters davon, dass eine *Mindestzahl* von Straftaten verübt wurde[5]. Dabei sind hinsichtlich der Anzahl der Straftaten Schätzungen statthaft (s. Rz. 28). Keinesfalls darf im Hinblick darauf, dass die genaue Anzahl der Einzeltaten nicht festgestellt werden kann, Freispruch erfolgen, sofern ein strafbares Verhalten vorliegt. Im Extremfall ist dann von *einer* Tat auszugehen[6]. Auch darf nicht, ohne dass Nachtragsanklage erhoben wurde, zu einer höheren Zahl von Einzeltaten verurteilt werden als angeklagt worden war[7]. Bei der Darlegung der Einzelfälle und bei der Strafzumessung in den Urteilsgründen sollte möglichst viel „vor die Klammer" gezogen werden. Das spart Schreibarbeit und erleichtert die Lesbarkeit des Urteils. Tatzeit, Tatort, Geschädigter und Höhe des Schadens können in einer Liste zusammengefasst werden, sofern die Fälle gleich gelagert sind[8].

---

1 Vgl. BGH v. 13.3.1996 – 3 StR 43/96, BGHR StPO § 200 Abs. 1 S. 1 Tat 19.
2 BGH v. 29.7.1998 – 1 StR 94/98, BGHSt 44, 153.
3 BGH v. 20.2.2003 – 3 StR 222/02, BGHSt 48, 221 m. Anm. *Maier*, NStZ 2003, 674; s. weiter BGH v. 17.8.2000 – 4 StR 245/00, BGHSt 46, 130 m. Anm. *Krack*, JR 2001, 423; BGH v. 29.7.1998 – 1 StR 94/98, wistra 1998, 357; BGH v. 29.7.1998 – 1 StR 152/98, NStZ 1999, 42.
4 Vgl. BGH v. 3.5.1994 – GSSt 2 und 3/93, BGHSt 40, 138 (159); BGH v. 25.3.1994 – 3 StR 18/94, NStZ 1994, 352.
5 BGH v. 27.3.1996 – 3 StR 518/95, BGHSt 42, 107; BGH v. 12.11.1997 – 3 StR 559/97, NStZ 1998, 208.
6 BGH v. 12.8.1999 – 5 StR 269/99, wistra 1999, 426.
7 BGH v. 2.10.1996 – 2 StR 289/96, NStZ 1997, 145.
8 BGH v. 18.10.2007 – 4 StR 481/07, wistra 2008, 109.

III. Straftat und Ordnungswidrigkeit

Die **Straftat** hat grundsätzlich gegenüber der Ordnungswidrigkeit **Vorrang**, sodass Letztere zurücktritt, wenn dieselbe Handlung gleichzeitig eine Straftat und eine Ordnungswidrigkeit ist (§ 21 Abs. 1 S. 1 OWiG). Eine bloße Gleichzeitigkeit der Handlung, ein einheitliches Motiv, die Verfolgung eines gemeinsamen Endzwecks oder eine Mittel-Zweck-Verknüpfung genügen aber nicht. Erforderlich ist vielmehr, dass die tatbestandlichen Ausführungshandlungen in einem für sämtliche Tatbestandsverwirklichungen notwendigen Teil zumindest teilweise identisch sind. Deshalb tritt die Dauerordnungswidrigkeit der unerlaubten Ausübung eines Handwerkes (§ 8 Abs. 1 Nr. 1 Buchst. e SchwarzArbG) gegenüber der zeitgleich verübten Straftat der Steuerhinterziehung (§ 370 AO) oder des Vorenthaltens von Arbeitsentgelt (§ 266a StGB) nicht zurück[1]. 33

Andererseits kann ein **Bußgeldtatbestand** als **Spezialvorschrift** gegenüber einer Strafnorm anzusehen sein, sodass er nicht gem. § 21 Abs. 1 S. 1 OWiG zurücktritt, etwa im Fall des Bannbruchs (§ 372 AO; § 44 Rz. 206 ff., 109) bei Einfuhr-, Ausfuhr- oder Durchfuhrverboten, die mit Geldbuße bedroht sind, gegenüber einer Straftat nach § 370 AO. Stuft das Gesetz eine vorsätzliche Begehungsweise als Straftat, fahrlässiges Zuwiderhandeln aber als Ordnungswidrigkeit ein (wie bei der Straftat der – vorsätzlichen – Steuerhinterziehung gem. § 370 AO und der – fahrlässigen – Steuerverkürzung gem. § 378 AO), tritt bei vorsätzlicher Begehung die Ordnungswidrigkeit als subsidiär zurück, ohne dass es des Rückgriffs auf § 21 Abs. 1 S. 1 OWiG bedarf[2]. 34

Kommt der Ordnungswidrigkeitentatbestand nicht zur Anwendung, können dennoch gem. § 21 Abs. 1 S. 2 OWiG **Nebenfolgen**, die in der Bußgeldvorschrift angedroht sind, verhängt werden (beispielsweise die Abführung des Mehrerlöses gem. § 8 WiStG 1954). 35

Wird eine **Strafe nicht verhängt**, kann gleichwohl gem. § 21 Abs. 2 OWiG eine *Geldbuße festgesetzt* werden. Dies kommt bei einer Einstellung des Strafverfahrens gem. § 153 Abs. 1 StPO (s. § 11 Rz. 133 ff.) oder gem. § 154 Abs. 1 StPO (s. § 11 Rz. 139 ff.) durch die *Staatsanwaltschaft* in Betracht. I.d.R. dürfte dann aber auch bezüglich der Ordnungswidrigkeit nach § 47 Abs. 1 OWiG verfahren werden (s. § 14 Rz. 17). Stellt das *Gericht* das Strafverfahren gem. § 153 Abs. 2 StPO ein, umfasst die Einstellung auch die Ordnungswidrigkeit, da es nach § 82 OWiG die Tat auch unter dem Gesichtspunkt einer Ordnungswidrigkeit zu beurteilen hat[3]. Dies dürfte auch für § 154 Abs. 2 StPO gelten. Einstellungen nach § 153a StPO (§ 11 Rz. 136 f.) umfassen stets auch die Ordnungswidrigkeit, sodass für eine Anwendung des § 21 Abs. 2 OWiG kein Raum bleibt, obwohl hier keine Strafe, wohl aber eine andere Sanktion verhängt wird[4]. 36

---

1 OLG Düsseldorf v. 3.8.2007 – IV-2 Ss (OWi) 28/07; (OWi) 16/07 III, NStZ-RR 2008, 51.
2 *Gürtler* in Göhler, § 21 OWiG Rz. 10.
3 OLG Oldenburg v. 20.3.1975 – 1 Ss (OWi) 74/75, NdsRPfl 1975, 126.
4 *Gürtler* in Göhler, § 21 OWiG Rz. 29; *Schmitt* in Meyer-Goßner/Schmitt, § 153a StPO Rz. 35.

§ 21
Rechtsfolgen der Tat

Bearbeiter: Jürgen Niemeyer

	Rz.
A. Strafen	1
I. Arten der Strafe	
1. Freiheitsstrafe	3
2. Geldstrafe	5
II. Strafzumessung	10
1. Bestimmung des Strafrahmens	15
a) Minder schwere und besonders schwere Fälle	16
b) Besondere gesetzliche Milderungsgründe	18
c) Zusammentreffen von Milderungsgründen	21
2. Bestimmung des Schuldrahmens	23
a) Strafzumessungsgründe	24
aa) Ausführung und Auswirkungen der Tat	25
bb) Vor- und Nachtatverhalten	32
cc) Wirkungen von Strafe und Verfahren	38
b) Verbot der Doppelverwertung	44
3. Festsetzung der Strafe	45
a) Spezial- und Generalprävention	46
b) Strafzumessung bei mehreren Gesetzesverletzungen	49
4. Strafaussetzung zur Bewährung	53
a) Freiheitsstrafen bis zu einem Jahr	54
b) Freiheitsstrafen bis zu zwei Jahren	57
c) Aussetzung des Strafrestes	61
5. Verwarnung mit Strafvorbehalt	64
B. Weitere Sanktionen	
I. Maßregeln der Besserung und Sicherung	65
II. Vermögensentziehung	
1. Verfall	71
2. Einziehung	83
C. Sanktionen nach Ordnungswidrigkeiten	
I. Gegen natürliche Personen	
1. Geldbuße	87
2. Vorteilsabschöpfung	92
II. Gegen Verbände	94
1. Sanktionsfähige Verbände	96
2. Täterkreis	98
3. Anknüpfungstat	101
a) Betriebsbezogene Pflichten	102
b) Vorteilsabschöpfung	107
4. Arten der Verbandsgeldbuße	109
5. Festsetzung der Verbandsgeldbuße	
a) Bußgeldrahmen	121
b) Bemessung der Geldbuße	124
6. Verfall	131
D. Außerstrafrechtliche Folgen	132

A. Strafen

Schrifttum: *Detter*, Strafzumessung, 2009; *Roxin*, Strafe und Strafzwecke in der Rechtsprechung des Bundesverfassungsgerichts, in FS Volk, 2009, S. 601; *Schäfer/Sander/van Gemmeren*, Praxis der Strafzumessung, 5. Aufl. 2012; *Schünemann*, Strafrechtliche Sanktionen gegen Wirtschaftsunternehmen?, in FS Tiedemann, 2008, S. 429; *Sonnen*, Systematisierung der Strafzumessung, in FS Puppe, 2011, S. 1007; *Stöckel*, Gedanken zur Reform des Sanktionenrechts, in FS Böttcher, 2007, S. 617.

Die Rechtsfolgen der (Kriminal-)**Straftat** richten sich nach einem *zweispurigen* System: 1

Als Ausgleich für die *Schuld* des Täters sieht das Gesetz **Strafen** vor, und zwar als *Hauptstrafen* Freiheits- und Geldstrafe (dazu Rz. 3–9) und in besonderen Fällen als Nebenstrafe das Fahrverbot; Letzteres spielt in Wirtschaftsstrafsachen keine Rolle. *Nebenstrafen* zeichnen sich dadurch aus, dass sie nur neben einer Hauptstrafe verhängt werden können.

Als weitere Nebenstrafe wurde durch Gesetz vom 15.7.1992[1] die *Vermögensstrafe* des § 43a in das StGB aufgenommen. Das BVerfG hat sie jedoch mit Urteil vom 20.3.2002 für verfassungswidrig und § 43a StGB für nichtig erklärt[2].

Die **Maßregeln der Besserung und Sicherung** (hierzu Rz. 65–70) können dagegen unabhängig von der Schuld angeordnet werden. Dies gilt teilweise auch für die vermögensrechtlichen Nebenfolgen wie *Verfall und Einziehung* (Rz. 71–86). Die Nebenfolgen des Verlustes der Wählbarkeit und des Wahlrechts (§§ 45–45b StGB) sind in Wirtschaftsstrafverfahren ohne Bedeutung. 2

I. Arten der Strafe

1. Freiheitsstrafe

Schrifttum: *Beulke,* Kurze Freiheitsstrafen bei Bagatelldelikten? Ein Plädoyer zugunsten einer restriktiven Auslegung des § 47 StGB, in FS Heinz, 2012, S. 594.

Die **Dauer** der zeitigen Freiheitsstrafe liegt zwischen einem Monat und 15 Jahren (§ 38 Abs. 2 StGB). 3

Kurze Freiheitsstrafen unter sechs Monaten dürfen gem. § 47 Abs. 1 StGB nur dann verhängt werden, wenn besondere Umstände, die in der Tat oder der Persönlichkeit des Täters liegen, dies rechtfertigen, und die Verhängung zur Einwirkung auf den Täter oder zur Verteidigung der Rechtsordnung unerlässlich erscheint. *Vollstreckt* werden darf eine Freiheitsstrafe bis zu sechs Monaten nur, wenn die Täterprognose nicht günstig ist (§ 56 Abs. 1 StGB); eine Vollstreckung der kurzen Freiheitsstrafe zur Verteidigung der Rechtsordnung ist nur bei Freiheitsstrafen von sechs Monaten und mehr möglich (§ 56 Abs. 3 StGB). Freiheitsstrafen bis zu drei Monaten werden nicht in das Führungszeugnis eingetragen (§ 32 Abs. 2 Nr. 5 Buchst. b BZRG; s. § 13 Rz. 8). 4

2. Geldstrafe

Geldstrafen werden nach dem **Tagessatzsystem** verhängt. Hierzu wird nach dem Maß des Verschuldens zunächst die **Anzahl der Tagessätze** festgelegt, und zwar mindestens fünf und höchstens 360 und bei mehreren Taten 720 (§§ 40 Abs. 1 S. 2, 54 Abs. 2 S. 2 StGB). Entsprechend der Regelung bei Freiheitsstrafen werden Geldstrafen bis zu 90 Tagessätzen nicht in das Führungszeugnis eingetragen (§ 32 Abs. 2 Nr. 5 Buchst. a BZRG). 5

---

1 BGBl. I 1302.
2 BGBl. I 1340; BVerfG v. 20.3.2002 – 2 BvR 794/95, BVerfGE 105, 135.

6 Sodann wird die **Höhe des Tagessatzes** bestimmt. Hierfür ist entsprechend den wirtschaftlichen und persönlichen Verhältnissen des Täters das *Nettoeinkommen* zu berechnen, das dieser durchschnittlich an einem Tag hat oder haben könnte. Dabei wird ein Tagessatz auf mindestens einen und höchstens 30 000 Euro[1] festgesetzt (§ 40 Abs. 2 S. 3 StGB).

7 Die **Berechnung des Nettoeinkommens** ist im Gesetz nicht definiert und umstritten. Einigkeit besteht allerdings darüber, dass das Nettoeinkommen i.S. des § 40 StGB ein strafrechtlicher und kein steuerrechtlicher Begriff ist. Umfasst werden alle Einkünfte aus selbständiger und unselbständiger Tätigkeit. Entscheidend ist der Gewinn nach Einkommensteuer; Abschreibungen, Werbungskosten etc. sind zu berücksichtigen[2]. Auch der Mietwert des „Wohnens im eigenen Hause" ist dem Nettoeinkommen hinzuzurechnen; allerdings sind dann auch die Aufwendungen zur Erhaltung des Gebäudes und Schuldzinsen mindernd in Ansatz zu bringen[3].

8 Ist der Verurteilte außerstande, die Geldstrafe sofort zu bezahlen, so kann ihm das Gericht *Zahlungserleichterungen* (Zahlungsfrist oder Ratenzahlung) bewilligen (§ 42 StGB). Erweist sich jedoch die Geldstrafe als **uneinbringlich**, so tritt an ihre Stelle Freiheitsstrafe, wobei einem Tagessatz ein Tag Freiheitsstrafe entspricht (§ 43 StGB).

9 Nach § 41 StGB kann **neben** einer **Freiheitsstrafe auch Geldstrafe** verhängt werden. Voraussetzung hierfür ist, dass sich der Täter durch die Tat *bereichert* oder zu bereichern versucht hat und dass die gleichzeitige Verhängung von Geld- und Freiheitsstrafe auch unter Berücksichtigung der persönlichen und wirtschaftlichen Verhältnisse des Täters angebracht ist. Die Bestimmung des § 41 StGB wird vorwiegend im Bereich der Wirtschafts- und Steuerkriminalität Anwendung finden, da es hier nicht selten angezeigt ist, den Täter nicht nur an der Freiheit, sondern auch am Vermögen zu treffen. Aber auch hier darf die zusätzliche Geldstrafe nicht dazu führen, dass die Einsatzfähigkeit und der Wille des Täters, seinen Verpflichtungen nachzukommen, gebrochen werden. Verhängt das Gericht eine zusätzliche Geldstrafe nach § 41 StGB, so kann dies bei der Bewertung der Freiheitsstrafe *mildernd* berücksichtigt werden[4]. Wird ein Verfall (hierzu Rz. 71–82) angeordnet und mithilfe dessen die Bereicherung abgeschöpft, ist für die Anordnung einer Geldstrafe nach § 41 StGB kein Raum[5].

---

1 Durch G v. 29.6.2009, BGBl. I 1658, ist der bisherige Höchstbetrag von 5 000 Euro durch 30 000 Euro ersetzt worden.
2 *Schäfer/Sander/van Gemmeren*, Praxis, Rz. 113; BayObLG v. 11.1.1977 – RReg. 1 St 452/76, NJW 1977, 2088 bezüglich Abschreibungen; einschränkend insoweit OLG Zweibrücken v. 5.2.1993 – 1 Ss 148/92, MDR 1993, 887.
3 BGH v. 26.9.2007 – 2 StR 290/07, wistra 2008, 19.
4 BGH v. 24.8.1983 – 3 StR 89/83, BGHSt 32, 60 (66) m. Anm. *Horn*, JR 1984, 211.
5 OLG Celle v. 18.6.2008 – 32 Ss 77/08, wistra 2008, 399 m. Anm. *Peglau*, wistra 2009, 124.

II. Strafzumessung

Schrifttum: *Hettinger*, Über „Fälle" als Vergleichsfälle und „Umstände" als Ausgangswerte oder Bezugpunkte zur Ermittlung der Bewertungsrichtung bei der Strafzumessung. Zugleich zu dem Satz, dass das Fehlen strafmildernder Umstände nicht strafschärfend und das Fehlen strafschärfender Umstände nicht strafmildernd berücksichtigt werden darf, in FS Frisch, 2013, S. 1153; *Matschke*, Strafzumessung im Steuerstrafrecht, wistra 2012, 457; *Meier*, Licht ins Dunkel: Die richterliche Strafzumessung, JuS 2005, 769, 879; *Rolletschke*, Rechtsprechungsgrundsätze zur Strafzumessung bei der Steuerhinterziehung, NZWiSt 2012, 18.

Grundlage für die Strafzumessung ist die **Schuld des Täters** (§ 46 Abs. 1 S. 1 StGB). Die Strafe hat demnach in erster Linie Schuldausgleich zu sein, also Sühne und Vergeltung für das begangene Unrecht. Dies mag fortschrittlichem Zweckmäßigkeitsdenken veraltet erscheinen, entspricht aber der gesetzlichen Regelung. Allerdings ist Strafe nicht nur Schuldausgleich, sondern auch **Mittel zum Zweck:** Sie soll präventiv wirken, also *vorbeugend* und *verhütend*.

Hier unterscheidet man die **Spezialprävention**, die die Resozialisierung des Täters im Auge hat, und die **Generalprävention**, die andere potenzielle Täter abschrecken soll. Die *Spezialprävention* kommt in § 46 Abs. 1 S. 2 StGB zum Ausdruck: Neben der Schuld sind die Wirkungen, die von der Strafe für das künftige Leben zu erwarten sind, zu berücksichtigen. Der Strafzumessungsgesichtspunkt der *Generalprävention* ist zwar in § 46 StGB nicht ausdrücklich erwähnt. Dass Strafe auch der Einwirkung auf die Rechtstreue der Bevölkerung dienen soll, ist jedoch allgemein anerkannt, zumal dieser Gesichtspunkt in anderen Bestimmungen (vgl. §§ 47 Abs. 1, 56 Abs. 3, 59 Abs. 1 S. 1 Nr. 3 StGB) anklingt: „Der Schutz der Allgemeinheit durch Abschreckung (nicht nur des Täters, sondern auch) anderer möglicher Rechtsbrecher ist einer der anerkannten Zwecke staatlichen Strafens"[1].

In welchem Verhältnis die drei *Strafzwecke* – Schuldausgleich, Spezialprävention und Generalprävention – zueinander stehen, wird seit Langem diskutiert. Nach der von der Rechtsprechung vertretenen **Spielraumtheorie** entspricht dem Maß der Schuld, das der Täter verwirkt hat, auf der Rechtsfolgenseite nicht eine bestimmte Strafe (so die *Theorie der Punktstrafe*), sondern ein „Spielraum", innerhalb dessen unter Berücksichtigung der vorgenannten Strafzwecke die festzusetzende Strafe zu finden ist[2]. In diesem „Spielraum" sind alle Strafen als schuldangemessen anzusehen[3].

Dabei ist die Strafe *gedanklich* in **drei Stufen** festzusetzen:

1. *Stufe:* Zunächst wird der **gesetzliche Strafrahmen** ermittelt, der die Strafe – schon von Gesetzes wegen – nach oben und unten begrenzt (hierzu Rz. 15 ff.).

2. *Stufe:* Sodann wird innerhalb des gesetzlich festgelegten Strafrahmens ein nach dem Maß der Schuld zu bestimmender engerer *Spielraum* oder – bes-

---

1 BGH v. 28.2.1979 – 3 StR 24/79, BGHSt 28, 318 (326).
2 Vgl. etwa BGH v. 17.9.1980 – 2 StR 355/80, BGHSt 29, 319 (320).
3 *Schäfer/Sander/van Gemmeren*, Praxis, Rz. 886.

ser – **Schuldrahmen** ermittelt. Innerhalb dieses Schuldrahmens erscheinen mehrere Strafen als gerecht, d.h. schuldangemessen (hierzu Rz. 23 ff.).

3. *Stufe:* Innerhalb dieses Schuldrahmens (= Spielraums) werden **generalpräventive** und **spezialpräventive Gesichtspunkte** berücksichtigt und auf diese Weise die *endgültige Strafe* festgesetzt (hierzu Rz. 45 ff.).

14 Das Ergebnis der Prüfung der 2. Stufe der Strafzumessung („schuldangemessen ist eine Freiheits-/Geldstrafe von ... bis ...") braucht nicht in die schriftlichen **Gründe des Strafurteils** aufgenommen zu werden; diese müssen aber erkennen lassen, dass dieser Schritt gedanklich vollzogen worden ist[1]. In den Urteilen wird – nachdem der Strafrahmen festgelegt worden ist (1. Stufe) – bei den Ausführungen zur Zumessung der im Einzelfall zu verhängenden Strafe durchweg nicht zwischen der 2. und der 3. Stufe differenziert.

1. Bestimmung des Strafrahmens

Schrifttum: *Bosch,* Wiedergutmachung und Strafe – Vollstreckungshilfe und Privilegierung überschuldeter Straftäter durch § 46a StGB?, in FS Otto, 2007, S. 845; *Detter,* Die Verteidigung und der Täter-Opfer-Ausgleich – Probleme des § 46a StGB, in FS Mehle, 2009, S. 157; *Eisele,* Die Regelbeispielmethode: Tatbestands- oder Strafzumessungslösung?, JA 2006, 309; *Kaspar/Wengenroth,* Die „neue" Kronzeugenregelung in § 46b StGB: Voraussetzungen, Kritikpunkte und straftheoretische Bedeutung, GA 2010, 453; *Kneba,* Die Kronzeugenregelung des § 46b StGB, 2011; *Kotz,* Beschränkung der Möglichkeit der Strafmilderung bei Aufklärungs- und Präventionshilfe, StRR 2013, 208; *Lermann,* Die fakultative Strafmilderung für die unechten Unterlassungsdelikte, GA 2008, 78; *Michaelis,* Mediation im Strafrecht – der Täter-Opfer-Ausgleich, JA 2005, 828; *Noltenius,* Kritische Anmerkungen zum Täter-Opfer-Ausgleich, GA 2007, 518; *Peglau,* Die neue „Kronzeugenregelung" (§ 46b StGB), wistra 2009, S. 409; *Peglau,* Neues zur „Kronzeugenregelung" – Beschränkung auf Zusammenhangstaten, NJW 2013, 1910; *Püschel,* Täter-Opfer-Ausgleich – Gestaltungsmöglichkeiten des Verteidigers, StraFo 2006, 261; *Ochs/Wargowske,* Zum „großen Ausmaß" bei der Steuerhinterziehung – § 370 Abs. 3 Satz 2 Nr. 1 AO, NZWiSt 2012, 369; *Rieß,* Die Behandlung von Regelbeispielen im Strafverfahren, GA 2007, 377; *Rose,* Das Verhältnis von zivilrechtlichen Zahlungen nach Vergleichsverhandlungen und strafrechtlicher Wiedergutmachung nach § 46a StGB, JR 2010, 189; *Schöch,* Die „unterbelichtete" Schadenswiedergutmachung gemäß § 46a StGB, in FS Rissing-van Saan, 2011, S. 639; *Streng,* Der Eintritt der Regelwirkung in Versuchskonstellationen: Ein Beitrag zum Umgang mit den „besonders schweren Fällen", in FS Puppe, 2011, S. 1025.

15 Nicht immer kann der Strafrahmen allein dem jeweiligen Straftatbestand im Besonderen Teil des StGB entnommen werden. **Strafrahmenverschiebungen** ergeben sich insbesondere bei *minder schweren* und *besonders schweren Fällen* (etwa §§ 249 Abs. 2, 263 Abs. 5 StGB als Beispiele für minder schwere Fälle, §§ 243, 263 Abs. 3, 266 Abs. 2, 283a StGB als Beispiele für besonders schwere Fälle) sowie bei besonderen gesetzlichen Milderungsgründen (§ 49 Abs. 1 StGB; hier sind §§ 13 Abs. 2, 21, 23 Abs. 2, 27 Abs. 2 S. 2, 28 Abs. 1, 46a StGB zu nennen).

---

1 *Schäfer/Sander/van Gemmeren,* Praxis, Rz. 892.

a) Minder schwere und besonders schwere Fälle

Die Frage, ob ein **minder schwerer Fall** vorliegt, ist durch eine *Gesamtwürdigung* aller strafzumessungserheblicher Umstände (vgl. § 46 Abs. 2 S. 2 StGB) zu beantworten[1]. 16

Die **besonders schweren Fälle** hat der Gesetzgeber meist als **Regelbeispiele** ausgestaltet. Hat etwa der Betrüger durch seine Tat einen Vermögensverlust großen Ausmaßes, also von mindestens 50 000 Euro[2], bei *einem* Geschädigten[3] (§ 263 Abs. 3 S. 2 Nr. 2 StGB), verursacht, besteht eine *gesetzliche Vermutung* dahin gehend, dass die Tat als besonders schwerer Fall einzustufen ist. Entsprechendes gilt für die Steuerhinterziehung: Hier ist nach § 370 Abs. 3 S. 2 Nr. 1 AO ein besonders schwerer Fall anzunehmen, wenn der endgültige Schaden des Fiskus 50 000 Euro übersteigt oder im Fall von § 370 Abs. 1 Nr. 2 AO eine Gefährdung des Steueranspruchs in Höhe von 100 000 Euro eingetreten ist[4]. Jedoch kann die Regelwirkung *ausnahmsweise* durch andere Umstände entfallen. Falls hierfür Anhaltspunkte vorliegen, ist im Urteil im Wege einer Gesamtwürdigung aller relevanten Strafzumessungserwägungen darzulegen, wieso es gleichwohl bei der Regelwirkung verbleibt oder der Normalstrafrahmen zugrunde gelegt wird[5]. 17

Umgekehrt kann auch außerhalb der Regelbeispiele ein besonders schwerer Fall angenommen werden, sofern dies eine Gesamtschau aller erheblichen Strafzumessungserwägungen ergibt[6].

b) Besondere gesetzliche Milderungsgründe

Soweit bei den besonderen gesetzlichen Milderungsgründen (§ 49 Abs. 1 StGB) nicht – wie bei § 27 Abs. 2 S. 2 StGB im Rahmen der Beihilfe – die Herabsetzung des Strafrahmens obligatorisch ist, darf sich die Prüfung nicht auf solche Umstände beschränken, die sich aus dem Milderungsgrund selbst ergeben (etwa beim Versuch die Nähe zur Vollendung). Vielmehr ist wiederum eine Gesamtwürdigung aller Tatumstände und der Täterpersönlichkeit notwendig[7]. 18

---

1 St. Rspr., vgl. etwa BGH v. 1.7.1992 – 5 StR 286/92, BGHR StGB vor § 1 minder schwerer Fall, Gesamtwürdigung, unvollständige 11.
2 BGH v. 7.10.2003 – 1 StR 274/03, BGHSt 48, 360; hierzu *Krüger*, wistra 2005, 247; *Stam*, NStZ 2013, 144.
3 BGH v. 21.12.2011 – 4 StR 453/11, wistra 2012, 149.
4 BGH v. 2.12.2008 – 1 StR 416/08, BGHSt 53, 71 = wistra 2009, 107; hierzu *Bilsdorfer*, NJW 2009, 476; *Joecks*, JZ 2009, 531; *Spatscheck/Zumwinkel*, StraFo 2009, 361; *Stam*, NStZ 2013, 144; BGH v. 7.2.2012 – 1 StR 525/11, BGHSt 57, 123; hierzu *Beckschäfer*, ZWH 2012, 151; *Brauns* in FS Samson, 2010, S. 515; *Jung* in FS Samson, 2010, S. 55; *Pflaum*, wistra 2012, 376; *Rolletschke/Roth*, wistra 2012, 216.
5 Vgl. etwa BGH v. 23.2.2010 – 1 StR 623/09, wistra 2010, 185.
6 Vgl. zu den Regelbeispielen die instruktive und zusammenfassende Darstellung bei *Fischer*, § 46 StGB Rz. 90–96a.
7 So die st. Rspr. des BGH, vgl. etwa BGH v. 17.11.1961 – 4 StR 292/61, BGHSt 16, 351; a.A. zum Teil die Literatur, vgl. *Schäfer/Sander/van Gemmeren*, Praxis, Rz. 920 Fn. 38.

Anerkannt ist jedoch, dass den Umständen, die einen Bezug zu dem Milderungsgrund aufweisen, besonderes Gewicht zukommt[1].

19 Hervorzuheben ist **§ 46a StGB**, der auch in Wirtschaftstrafsachen immer wieder von Bedeutung ist. Hiernach kann der Strafrahmen herabgesetzt werden, wenn der Täter in dem Bemühen, einen **Ausgleich mit dem Verletzten** zu erreichen, seine Tat ganz oder zum überwiegenden Teil wiedergutgemacht hat oder dies ernsthaft erstrebt (Nr. 1) oder in einem Fall, in dem die *Schadenswiedergutmachung* von ihm erhebliche persönliche Leistungen oder einen persönlichen Verzicht erfordert hat, das Opfer ganz oder zum überwiegenden Teil entschädigt (Nr. 2). Nr. 1 betrifft vor allem den Ausgleich immaterieller Schäden, während sich Nr. 2 – damit wichtig für Wirtschaftsstraftaten – auf den materiellen Schaden bezieht[2]. Die Anwendung der Nr. 2 setzt voraus, dass der Täter über die rechnerische Kompensation des Schadens hinaus (vollständige Wiedergutmachung ist nicht unbedingt erforderlich) einen Beitrag erbringt (eine bloße Zusage genügt nicht[3]), der Ausdruck einer Übernahme von Verantwortung ist und somit friedensstiftende Wirkung hat[4]. Bei *Steuerhinterziehungen* kommt § 46a Nr. 1 StGB folglich nicht in Betracht[5]; der Anwendung von Nr. 2 steht § 371 AO jedenfalls nicht entgegen[6].

20 **§ 46b StGB** sieht die Herabsetzung des Strafrahmens vor, wenn der Täter bei einer schweren Straftat, die in § 100a Abs. 2 StPO aufgeführt ist (s. hierzu § 11 Rz. 111 f.) und mit seiner Tat im Zusammenhang steht, **Aufklärungshilfe** leistet oder **Hinweise** gibt, aufgrund derer die Ausführung einer solchen Tat verhindert werden kann. In Wirtschaftsstrafsachen kann dies bei schweren Fällen von Steuerhinterziehung sowie bei Straftaten nach dem AWG (§ 100a Abs. 2 Nr. 2 Buchst. a, 6 StPO) in Betracht kommen[7].

c) Zusammentreffen von Milderungsgründen

21 Treffen ein minder schwerer Fall und ein besonderer gesetzlicher Milderungsgrund *zusammen*, bestimmt § 50 StGB, dass ein Umstand, der allein oder zusammen mit anderen Gesichtspunkten die Annahme eines minder schweren Falles begründet und der zugleich ein besonderer gesetzlicher Milderungsgrund ist, *nur einmal* berücksichtigt werden darf (sog. **Doppelberücksichtigungsverbot**).

Beispiel: T hat unter den Voraussetzungen des § 263 Abs. 5 StGB einen versuchten Betrug begangen. Zunächst ist unter Einbeziehung des Umstandes, dass die Tat im Versuchssta-

---

1 Vgl. BGH v. 4.11.1988 – 1 StR 262/88, BGHSt 36, 1 (18); BGH v. 23.9.1993 – 3 StR 430/93, BGHR StGB § 23 Abs. 2 Strafrahmenverschiebung 12 für den Versuch.
2 BGH v. 8.8.2012 – 2 StR 526/11, NJW 2013, 483.
3 BGH v. 19.10.1999 – 1 StR 515/99, wistra 2000, 17.
4 BGH v. 25.5.2001 – 2 StR 78/01, wistra 2001, 335; OLG München v. 2.8.2007 – 5 St RR 113/07, wistra 2007, 437.
5 BGH v. 18.5.2011 – 1 StR 209/11, NStZ-RR 2011, 315.
6 So zutr. *Briel*, NStZ 1997, 33; *Brauns*, wistra 1996, 214; *Schabel*, wistra 1997, 205 f; abweichend *Blesinger*, wistra 1996, 90.
7 Zur Auslegung von § 46b StGB BGH v. 30.8.2011 – 2 StR 141/11, ZHW 2012, 106 m. Anm. *Kudlich*, ZHW 2012, 107.

dium stecken geblieben ist, zu prüfen, ob ein minder schwerer Fall vorliegt. Ist dies vor allem deshalb zu bejahen, weil nur ein Versuch gegeben ist, verbietet § 50 StGB eine nochmalige Herabsetzung des Strafrahmens[1]. Im Wege der Gesamtwürdigung aller Umstände ist sodann zu untersuchen, ob statt des nach §§ 23 Abs. 1, 49 Abs. 1 StGB gemilderten Strafrahmens der in § 263 Abs. 5 StGB für den minder schweren Fall genannte Strafrahmen zugrunde zu legen ist[2].

Aus § 50 StGB ergibt sich auch, dass es **nicht** statthaft ist, einen Strafrahmen **mehrfach zu mildern**, wenn derselbe Umstand zu mehreren besonderen Milderungsgründen i.S. des § 49 Abs. 1 StGB führt[3]. 22

Beispiel: Täter einer Untreue (§ 266 StGB) kann nur der sein, der in der für den Missbrauchs- oder den Treubruchstatbestand erforderlichen Sonderbeziehung steht (Sonderdelikt); diese ist nach h.M. ein besonderes persönliches Merkmal i.S. des § 28 Abs. 1 StGB[4]. Beim Gehilfen darf der Strafrahmen nur dann gem. §§ 27 Abs. 2 S. 2, 28 Abs. 1 StGB doppelt herabgesetzt werden, wenn andere Umstände als die fehlende Sonderbeziehung in o.a. Sinn zur Annahme von Teilnahme geführt haben[5].

2. Bestimmung des Schuldrahmens

Bei der Festlegung des – gegenüber dem Strafrahmen engeren – Schuldrahmens, innerhalb dessen Grenzen alle Strafen schuldangemessen sind, sind alle Umstände zu berücksichtigen, die für den gerechten Schuldausgleich maßgebend sind, und zwar auch solche, die bereits bei der Bestimmung des Strafrahmens von Bedeutung waren (z.B. die „Nähe" des Versuchs zur Vollendung). § 50 StGB steht dem nicht entgegen. Unzulässig wäre es nur, den Umstand als solchen, der zu einer Strafrahmenverschiebung geführt hat (z.B. „Versuch"), erneut in Ansatz zu bringen[6]. Die Strafe muss sich auch im Vergleich zu Mittätern, die zugleich abgeurteilt werden, als gerechter Schuldausgleich darstellen[7]. 23

a) Strafzumessungsgründe

Zu den hier maßgeblichen Umständen zählen insbesondere die in § 46 Abs. 2 StGB aufgeführten Gesichtspunkte. Diese Bestimmung enthält einen **Katalog von Strafzumessungsgründen**, die das Maß der Schuld, aber auch die Spezialprävention betreffen. Die Aufzählung ist alles andere als erschöpfend; teilweise gehen die dort genannten Kriterien ineinander über oder überschneiden sich. Im Folgenden werden *gesetzlich ausdrücklich genannte* sowie *darüber hinaus* 24

---

1 Vgl. BGH v. 10.9.1986 – 3 StR 287/86, BGHR StGB vor § 1 minder schwerer Fall, Strafrahmenwahl 2.
2 Vgl. BGH v. 11.8.1987 – 3 StR 341/87, BGHR StGB vor § 1 minder schwerer Fall, Strafrahmenwahl 4; *Fischer*, § 50 StGB Rz. 5.
3 BGH v. 8.1.1975 – 2 StR 567/74, BGHSt 26, 53 (54); *Fischer*, § 50 StGB Rz. 7.
4 BGH v. 8.1.1975 – 2 StR 567/74, BGHSt 26, 53 (54); BGH v. 12.9.1996 – 1 StR 509/96, wistra 1997, 100; krit. *Perron* in S/S, § 266 StGB Rz. 52.
5 BGH v. 8.2.2011 – 1 StR 651/10, BGHSt 56, 153.
6 Vgl. BGH v. 17.11.1961 – 4 StR 292/61, BGHSt 16, 351 (354); BGH v. 6.9.1989 – 2 StR 353/89, BGHR StGB § 46 Abs. 2 Gesamtbewertung 5.
7 BGH v. 28.6.2011 – 1 StR 282/11, BGHSt 56, 262 m. Anm. *Streng*, JR 2012, 252.

anerkannte Strafzumessungsgründe aufgeführt, soweit sie für *Wirtschaftsstrafverfahren* von Bedeutung sind[1].

aa) Ausführung und Auswirkungen der Tat

Schrifttum: *Frank/Leu*, Opfermitverantwortung und Betrug, StraFo 2014, 198; *Rolletschke/Jope*, Die Grundsatzentscheidung des BGH zur Strafhöhe bei Steuerhinterziehung, wistra 2009, 219; *Schlösser*, Die schadensgleiche Vermögensgefährdung im Rahmen der Strafzumessung, StV 2008, 548.

25 Bei Vermögensdelikten ist für die Bemessung der Höhe der Strafe als **verschuldete Auswirkung der Tat** in erster Linie der verursachte *Schaden* maßgebend[2], bei Steuerhinterziehung die Höhe des Hinterziehungsbetrages[3]. Allerdings verbietet sich eine schematische Anwendung[4]. So kann die **Art der Ausführung der Tat** das Unrecht und damit die Strafe erhöhen oder herabsetzen. Eine Steuerhinterziehung durch eine raffiniert angelegte falsche Buchhaltung wird gewichtiger zu bewerten sein als eine solche, die durch bloßes Nichtanmelden von Umsätzen begangen wurde. Ebenso wird bei einem Betrug nicht nur die Schadenshöhe, sondern auch die Hartnäckigkeit der Täuschung für die Strafzumessung von Bedeutung sein[5]. Strafmildernd ist zu berücksichtigen, wenn der Schaden später weggefallen, er also nur zeitlich befristet ist; bei einer Steuerhinterziehung liegt die Verkürzung dann allein im Zinsschaden[6]. Bei der Hinterziehung von Umsatzsteuer ist es für die Frage der Erfüllung des Tatbestandes des § 370 AO zwar unerheblich, wenn der Täter tatsächlich angefallene Vorsteuern nicht geltend gemacht hat; dies kann jedoch zu einer Milderung der Auswirkungen der Tat und damit zu einer Herabsetzung der Strafe führen[7].

26 Ein **Mitverschulden des Geschädigten** (bei Steuerhinterziehungen auch des Finanzamts[8]) mindert sowohl das Erfolgsunrecht als auch das Handlungsunrecht und wirkt deshalb strafmildernd, z.B. bei besonderer Leichtgläubigkeit des Betrogenen[9]. Dies muss auch für den Fall gelten, dass der Geschädigte eines Lieferantenkreditbetruges die Zahlungsunfähigkeit des Bestellers unschwer hätte erkennen können.

---

1 Eine ausführlichere und deliktspezifische Darstellung findet sich bei *Schäfer/Sander/van Gemmeren*, Praxis, Rz. 1598 ff.
2 S. etwa *Tiedemann* in LK, § 263 StGB Rz. 293.
3 BGH v. 2.12.2008 – 1 StR 416/08, BGHSt 53, 71 = wistra 2009, 107; hierzu *Bilsdorfer*, NJW 2009, 476; *Joecks*, JZ 2009, 531; *Rolletschke/Jope*, wistra 2009, 219; BGH v. 7.2.2012 – 1 StR 525/11, BGHSt 57, 123 m. Anm. *Beckschäfer*, ZWH 2012, 151; *Kohler*, NZWiSt 2012, 199; hierzu *Peters*, NZWiSt 2012, 634.
4 BGH v. 6.11.2002 – 5 StR 361/02, NStZ-RR 2003, 72.
5 *Schäfer/Sander/van Gemmeren*, Praxis, Rz. 1688; grenzwertig OLG Stuttgart v. 18.4.2012 – 1 Ss 190/12, NStZ 2012, 633 m. Anm. *Schall*, NStZ 2012, 634.
6 BGH v. 11.7.2002 – 5 StR 516/01, BGHSt 47, 343 (350 f.).
7 S. BGH v. 11.7.2002 – 5 StR 516/01, BGHSt 47, 343 (351); BGH v. 8.1.2008 – 5 StR 582/07, wistra 2008, 153.
8 BGH v. 14.12.2010 – 1 StR 275/10, wistra 2011, 186 m. Anm. *Ransiek*, wistra 2011, 189.
9 *Schäfer/Sander/van Gemmeren*, Praxis, Rz. 592.

Nicht nur die **Schadenswiedergutmachung**, sondern bereits das *Bemühen* um 27
diese sind nach § 46 Abs. 2 StGB strafmildernd zu bewerten. Da durch die
Schadenswiedergutmachung der tatbestandsmäßige Erfolg reduziert wird, ist
nicht entscheidend, ob die Schadensbeseitigung ein Verdienst des Täters war
oder ob dieser lediglich eine Strafmilderung erreichen wollte[1].

Eine **unterbliebene Schadenswiedergutmachung** darf dem Täter nur dann ange- 28
lastet werden, wenn er aufgrund seiner wirtschaftlichen Verhältnisse den Schaden wiedergutmachen oder zumindest durch Teilleistungen sein Bemühen hie-
rum belegen kann. Allerdings muss feststehen, dass hierdurch seine Verteidi-
gungsposition im Strafverfahren nicht beeinträchtigt worden wäre, was beim
leugnenden Angeklagten der Fall ist[2].

Strafmildernd wirkt ferner das Bemühen des Täters, einen **Ausgleich mit dem** 29
Verletzten zu erreichen. Dies ist insbesondere dann von Bedeutung, wenn
§ 46a StGB (Rz. 19) nicht zum Zuge kommt[3].

Der Strafzumessungsfaktor der **Beweggründe** und **Ziele des Täters** wird in § 46 30
Abs. 2 StGB an erster Stelle genannt. *Niedrige Beweggründe* wirken regelmäßig
schärfend, *menschlich verständliche* mildernd.

Beispiel: Dies verdeutlicht der Vergleich des Betrügers, der die besonderen Gegebenheiten
des Wirtschaftslebens ausnutzt, um sich persönlich zu bereichern, mit dem Unternehmer, der in einer Krise eigenes Vermögen einsetzt und dabei einen Lieferantenkreditbetrug begeht[4].

In § 46 Abs. 2 StGB ist ferner die **Tatausführung** als Strafzumessungsfaktor ge- 31
nannt. Maßgebliche Kriterien sind vor allem *Dauer* und *Mittel der Tat* sowie
die *Beziehung zwischen Täter und Opfer*. So wird beim Betrug Art und Ausmaß der Täuschung entscheidend sein oder das Ausnutzen einer Vertrauens-
seligkeit des Opfers. Bei der Steuerhinterziehung kann sich beispielsweise
strafschärfend auswirken, dass der Täter mit aufwendigen Maßnahmen eine
falsche Buchhaltung angelegt hat[5].

bb) Vor- und Nachtatverhalten

Schrifttum: *Dölling*, Zur Bedeutung des Nachtatverhaltens des Täters für die Strafzumessung, in FS Frisch, 2013, S. 1181; *Hacker/Hoffmann*, Zur Frage der strafschärfenden Berücksichtigung eines Freispruchs aus einem früheren Strafverfahren, JR 2007, 452; *Hammerstein*, Das Geständnis und sein Wert – Lippenbekenntnisse in der Strafzumessung,
StV 2007, 48; *Heghmanns*, Strafmilderung für Geständnis oder Kooperation?, in FS Dencker, 2012, S. 155; *Möller*, Verfassungsrechtliche Überlegungen zum „nemo-tenetur"-Grundsatz und zur strafmildernden Berücksichtigung von Geständnissen, JR 2005,
314; *Stuckenberg*, Strafschärfende Verwertung früherer Einstellungen und Freisprüche –
doch ein Verstoß gegen die Unschuldsvermutung?, StV 2007, 655.

---

1 *Schäfer/Sander/van Gemmeren*, Praxis, Rz. 593.
2 BGH v. 16.12.2004 – 3 StR 362/04, BGHR StGB § 46 Abs. 2 Nachtatverhalten 26.
3 *Schäfer/Sander/van Gemmeren*, Praxis, Rz. 685.
4 *Schäfer/Sander/van Gemmeren*, Praxis, Rz. 609.
5 BGH v. 2.12.2008 – 1 StR 416/08, BGHSt 53, 71 = wistra 2009, 107.

32 Auch das **Verhalten** des Täters **vor und nach der Tat** kann die Strafzumessung beeinflussen, soweit es im Zusammenhang mit der Tat steht und Schlüsse auf den Täter und seine Tat zulässt. Folgende Umstände sind von Bedeutung:

33 **Straffreiheit und Vorstrafen:** Wirtschaftsstraftäter sind häufig Ersttäter. Dies darf nicht dazu verleiten, die bisherige straffreie Lebensführung als Normalfall anzusehen und unbeachtet zu lassen. Nach ständiger Rechtsprechung des BGH muss der Tatrichter die *„bisherige Rechtstreue"* eines Straftäters *mildernd* bewerten[1]. Liegen Vorstrafen vor, so ist zunächst zu prüfen, ob diese nicht im Bundeszentralregister getilgt oder zu tilgen sind, da sie dann nach §§ 51 Abs. 1, 63 Abs. 4 BZRG nicht mehr strafschärfend berücksichtigt werden dürfen (vgl. auch § 13 Rz. 9). Im Übrigen darf eine Vorstrafe nur dann strafschärfend berücksichtigt werden, wenn dem Täter vorgeworfen werden kann, dass er sich die frühere Verurteilung *nicht hat zur Warnung dienen lassen*. Dies kann nicht nur bei einschlägigen Vorstrafen der Fall sein[2].

34 Auch in Wirtschaftsstrafverfahren können **verjährte Straftaten** zulasten des *Täters* wirken, allerdings nur mit geringerem Gewicht als nicht verjährte Taten[3].

35 Ebenso dürfen Straftaten, bezüglich derer das Verfahren **eingestellt** worden ist (vgl. §§ 154, 154a StPO), strafschärfend berücksichtigt werden, sofern sie Rückschlüsse auf die Schuld und die Gefährlichkeit des Täters zulassen[4]. Dies setzt jedoch einen Hinweis nach § 265 StPO und – ebenso wie bei den verjährten Taten – ferner voraus, dass sie in der Hauptverhandlung ordnungsgemäß festgestellt worden sind[5]

35a Eine *nach* der Tat, die Gegenstand des anhängigen Strafverfahrens ist, verübte **weitere Tat** kann dann strafschärfend berücksichtigt werden, wenn sie Rückschlüsse auf eine Rechtsfeindlichkeit und Gefährlichkeit des Täters und damit auf die Gefahr künftiger Rechtsbrüche zulässt[6].

36 Das **Geständnis** des Angeklagten wirkt zumindest dann *strafmildernd*, wenn es von Reue oder Einsicht getragen ist. Ist dies nicht der Fall, fehlt es am Bezug zur Tat. Es bleibt dann bei der Zumessung der Strafe außer Betracht. Zu weitgehend ist es deshalb, ein nur aus prozesstaktischen Gründen abgelegtes Geständnis zugunsten des Angeklagten zu werten[7]. Auch wenn die Beweise bereits erhoben und die Schuld des Angeklagten erwiesen ist, sodass ein Bestreiten ohnehin sinnlos wäre, ist ein Geständnis nicht strafmildernd zu berück-

---

1 BGH v. 27.10.1987 – 1 StR 492/87, NStZ 1988, 70.
2 BGH v. 4.8.1971 – 2 StR 13/71, BGHSt 24, 198.
3 BGH v. 22.3.1994 – 4 StR 117/94, BGHR StGB § 46 Abs. 2 Vorleben 24.
4 BGH v. 19.11.2013 – 4 StR 448/13, NJW 2014, 645.
5 BGH v. 1.6.1981 – 3 StR 173/81, BGHSt 30, 147 (165); BGH v. 12.9.2012 – 5 StR 425/12, wistra 2012, 470.
6 BGH v. 9.11.2006 – 5 StR 338/06, wistra 2007, 116.
7 So aber BGH v. 28.8.1997 – 4 StR 240/97, BGHSt 43, 195 (209); BGH v. 12.12.2013 – 5 StR 444/13, NStZ 2014, 169.

sichtigen[1]. Auch ein im Rahmen einer Absprache abgegebenes Geständnis (s. § 12 Rz. 39d) darf strafmildernd in Ansatz gebracht werden[2].

Fehlerhaft ist es, das bloße **Leugnen** des Angeklagten erschwerend zu werten[3]. Der Angeklagte ist im Strafverfahren nämlich *nicht zur Wahrheit* verpflichtet (§ 10 Rz. 10). Leugnen ist *zulässige Verteidigung* gegen die erhobenen Vorwürfe und darf deswegen jedenfalls solange nicht straferschwerend wirken, als es nicht auf rechtsfeindliche Gesinnung[4] oder eine „zu missbilligende Einstellung" schließen lässt, etwa dadurch, dass der Angeklagte einen völlig Unschuldigen der Tatbegehung bezichtigt[5]. 37

cc) Wirkungen von Strafe und Verfahren

Schrifttum: *Beukelmann*, Erfahrungen mit der Vollstreckungslösung nach BGHSt 52, 124, StraFo 2011, 210; *Celik/Stief*, Kurze Freiheitsstrafen, § 47 StGB und die Vollstreckungslösung des BGH, StV 2010, 657; *Knauer*, Bestrafung durch die Medien? Zur strafmildernden Berücksichtigung von Medienberichterstattung, GA 2009, 541; *Kraatz*, Die „neue Vollstreckungslösung" und ihre Auswirkungen, JR 2008, 189; *Murmann*, Strafzumessung und Strafverfahren, in FS Frisch, 2013, S. 1131; *Roxin, Imme*, Die Entwicklung der Rechtsprechung zum überlangen Verfahren, in FS Volk, 2009, S. 617; *Streng*, Strafzumessung bei Tätern mit hohem Lebensalter, JR 2007, 271; *Streng*, Strafabschlag oder Anrechnung als Strafersatz? – Überlegungen zur Reichweite der „Vollstreckungslösung" des Großen Strafsenates, JZ 2008, 979; *Volkmer*, Geldentschädigung für überlange Verfahrensdauer?, NStZ 2008, 608.

Die **Strafempfindlichkeit** des Täters ist ein wichtiger Strafzumessungsfaktor. Weil die Strafe *gerechter Schuldausgleich* sein soll, ist sie *individuell* und nicht schematisch zu bestimmen; eine zu verbüßende Freiheitsstrafe kann dem einen gleichgültig sein, für den anderen hingegen eine Katastrophe bedeuten. Dabei muss jedoch der Eindruck von „Klassenjustiz" vermieden werden[6]. Die Strafempfindlichkeit als Strafmilderungsgrund kommt außerdem bei krankheitsbedingt *reduzierter Lebenserwartung* sowie bei *hohem Alter* in Betracht[7]. Allerdings gibt es keinen Rechtssatz, nach dem ein Täter die Gewissheit haben muss, das Strafende „zu erleben". Deshalb verbietet sich in Fällen von Tätern mit hohem Lebensalter die Annahme einer – statistisch ermittelten – Strafobergrenze[8]. 38

Die **Dauer** und die **Belastung** der Wirtschaftsstrafverfahren liegen häufig weit über dem Durchschnitt, insbesondere in den Fällen, in denen keine Absprache getroffen worden ist. Deshalb sind die mit einer langen Verfahrensdauer ver- 39

---

1 Überzeugend BGH v. 28.1.2014 – 4 StR 502/13, wistra 2014, 180.
2 BGH v. 28.8.1997 – 4 StR 240/97, BGHSt 43, 195 (210). Vgl. zum Ganzen *Schäfer/Sander/van Gemmeren*, Praxis, Rz. 679–681.
3 Vgl. BGH v. 29.1.2014 – 1 StR 589/13, NStZ 2014, 397.
4 BGH v. 29.1.2014 – 1 StR 589/13, NStZ 2014, 397.
5 BGH v. 22.3.2007 – 4 StR 60/07, NStZ 2007, 463.
6 Vgl. *Schäfer/Sander/van Gemmeren*, Praxis, Rz. 719.
7 Vgl. BGH v. 28.10.1994 – 3 StR 467/94 – schwere Krankheit, BGHR StGB § 46 Abs. 1 Schuldausgleich 31; BGH v. 27.4.2006 – 4 StR 572/05 – Alter, NJW 2006, 2129.
8 BGH v. 27.4.2006 – 4 StR 572/05, NJW 2006, 2129; hierzu *Streng*, JR 2007, 271.

bundenen Belastungen des Angeklagten ebenso wie ein *langer Zeitraum*, der zwischen Beendigung der Tat und dem Urteil verstrichen ist, *strafmildernd* zu berücksichtigen[1]. Für die Berechnung der Dauer des Verfahrens ist stets der Zeitpunkt zugrunde zu legen, in welchem dem Beschuldigten die Einleitung des Verfahrens mitgeteilt worden ist. In „wertender Betrachtung" ist zu entscheiden, ob und in welchem Umfang eine Strafmilderung vorzunehmen ist[2].

40 Darüber hinaus ist zu prüfen, ob eine **rechtsstaatswidrige Verfahrensverzögerung** und damit ein Verstoß gegen Art. 5 Abs. 3, Art. 6 Abs. 1 S. 1 EMRK (Anspruch auf Verhandlung und Entscheidung innerhalb angemessener Frist) vorliegt. Dies ist der Fall, wenn die Dauer des Verfahrens – einschließlich der Rechtsmittelinstanzen, nach dem EGMR[3] auch einschließlich eines Verfahrens über eine (einzelstaatliche) Verfassungsbeschwerde – gemessen an dessen Umfang und Schwierigkeit unter Würdigung des Verhaltens des Beschuldigten und des Vorgehens der Strafverfolgungsbehörden und der Gerichte unangemessen ist. Die Verzögerung muss ihre Ursache in der Sphäre der – deutschen[4] – Strafverfolgungsbehörden oder der Gerichte haben. Sie liegt nicht vor, wenn sie der Beschuldigte – sei es auch durch zulässiges Prozessverhalten – verursacht hat. Andererseits sind auch die mit dem Verfahren für den Beschuldigten verbundenen Belastungen in Ansatz zu bringen[5].

41 Nach dem Großen Senat für Strafsachen des BGH[6] ist zunächst zu prüfen, ob zur Kompensation der rechtsstaatswidrigen Verfahrensverzögerung die *Feststellung in den Urteilsgründen* genügt, das Verfahren sei in dieser Weise verzögert worden. Reicht dies nicht aus, ist in der *Urteilsformel* auszusprechen, dass ein bestimmter Teil der verhängten Strafe zur Entschädigung für die Verfahrensdauer als verbüßt gilt. Dies ist die sog. **„Vollstreckungslösung"** im Gegensatz zur früher praktizierten **„Strafzumessungslösung"**, bei der von der „an sich" verwirkten Strafe ein Abschlag vorgenommen worden ist; die „reduzierte" Strafe wurde dann in der Urteilsformel ausgesprochen. Mit dem jetzigen Modell soll ein Ausgleich für die Verzögerung des Verfahrens von den Zumessungserwägungen abgekoppelt werden, die an das Unrecht und an die Schuld anknüpfen. Ist ein solcher Ausgleich vorgenommen worden, scheidet ein Anspruch auf Ersatz immaterieller Schäden wegen überlanger Verfahrensdauer aus (s. § 13 Rz. 16a).

42 Nur in ganz außergewöhnlichen Fällen führen überlange Verfahrensdauer und unangemessene Verfahrensverzögerungen zu einem unmittelbar aus der Ver-

---

1 St. Rspr., vgl. *Fischer*, § 46 StGB Rz. 61 m.w.Nw.
2 BGH v. 17.1.2008 – GSSt 1/07, BGHSt 52, 124 = wistra 2008, 137.
3 EGMR v. 22.1.2009 – Nr. 45749/06 und Nr. 51115/06, JR 2009, 172 (Bericht *Krawczyk*).
4 BGH v. 23.8.2011 – 1 StR 153/11, BGHSt 57, 1.
5 BVerfG v. 30.6.2005 – 2 BvR 157/03, NStZ-RR 2005, 346; BVerfG v. 10.3.2009 – 2 BvR 49/09.
6 BGH v. 17.1.2008 – GSSt 1/07, BGHSt 52, 124 = wistra 2008, 137. Hierzu *Bußmann*, NStZ 2008, 236; *Gaede*, JZ 2008, 422; *Ignor/Bertheau*, NJW 2008, 2209; *Keiser*, GA 2008, 686; *Kraatz*, JR 2008, 189; *Peglau*, NJW 2007, 3298; *Roxin, I.*, StV 2008, 14; *Salditt*, StraFo 2007, 513; *Schmitt*, StraFo 2008, 313; *Ziegert*, StraFo 2008, 321.

fassung abzuleitenden *Verfahrenshindernis* und damit zur **Einstellung des Verfahrens**. Auch mag in Extremfällen eine Einstellung gem. §§ 153 ff. StPO oder die Anwendung der §§ 59, 60 StGB in Betracht kommen[1].

Darüber hinaus können **besondere**, den Beschuldigten belastende **Umstände** strafmildernd wirken. Hierzu gehören etwa Verlust des Arbeitsplatzes oder Vermögensverluste[2] sowie beamten- und standesrechtliche Folgen[3], nicht aber erlittene Untersuchungshaft (jedenfalls im Normalfall)[4]. 43

b) Verbot der Doppelverwertung

Schrifttum: *El-Ghazi,* Der Anwendungsbereich des Doppelverwertungsverbotes, JZ 2014, 180; *Fandrich,* Das Doppelverwertungsverbot im Rahmen von Strafzumessung und Konkurrenzen, 2010.

Aus § 46 Abs. 3 StGB ergibt sich das Verbot der Doppelverwertung: Umstände, die schon *Merkmale* des *gesetzlichen* Tatbestandes sind, dürfen bei der Strafzumessung nicht – nochmals – berücksichtigt werden. Dieses Doppelverwertungsverbot ist nicht mit dem Doppelberücksichtigungsverbot (Rz. 21) zu verwechseln. 44

Beispiele: Straferschwerend kann z.B. bei einem *Betrug* nicht berücksichtigt werden, dass das Opfer gutgläubig war, da dieser Umstand bereits Tatbestandsmerkmal ist[5].

Ein Verstoß gegen das Verbot der Doppelverwertung liegt auch vor, wenn das Gericht bei *Untreue* oder *Betrug* strafschärfend berücksichtigt, der Täter habe „mit Gewinnstreben" gehandelt. Das Streben nach wirtschaftlichen Vorteilen gehört nämlich im Regelfall bereits zum Tatbestand des Betrugs oder der Untreue[6].

Unzulässig ist es ferner, dem wegen Steuerhinterziehung Verurteilten anzulasten, er habe sich „in hohem Maße sozialschädlich" verhalten, da diese Wertung bereits dem geschützten Rechtsgut des § 370 AO (Anspruch des Steuergläubigers auf den vollen Ertrag der Steuer durch gleichmäßige Besteuerung aller Steuerpflichtiger) zugrunde liegt[7].

3. Festsetzung der Strafe

Nachdem (gedanklich) der „Schuldrahmen" bestimmt worden ist, ist unter **Berücksichtigung spezial- und generalpräventiver Gesichtspunkte** die zu verhängende Strafe festzusetzen. Diese muss sich innerhalb des „Schuldrahmens" = des „Spielraumes" bewegen, den sie nicht unter- oder überschreiten darf. Sie hat ihn dann verlassen, „wenn sie ein angemessenes Verhältnis zum Unrechtsgehalt der Tat, zum Grad der persönlichen Schuld des Täters und zu dessen Ge- 45

---

1 BGH v. 17.1.2008 – GSSt 1/07, BGHSt 52, 124 = wistra 2008, 137.
2 S. BGH v. 11.4.2013 – 2 StR 506/12, NStZ 2013, 522; *Schäfer/Sander/van Gemmeren,* Praxis, Rz. 736.
3 Vgl. BGH v. 16.12.1987 – 2 StR 527/87, BGHSt 35, 148; BGH v. 17.1.2008 – 3 StR 480/07, BGHR StGB § 46 Abs. 1 Schuldausgleich 43.
4 BGH v. 20.8.2013 – 5 StR 248/13, NStZ 2014, 31.
5 *Fischer,* § 46 StGB Rz. 77.
6 BGH v. 4.6.1981 – 4 StR 137/81, NStZ 1981, 343.
7 BGH v. 24.4.1996 – 5 StR 142/96, wistra 1996, 259.

fährlichkeit vermissen lässt"[1]. Sie hat den Anforderungen eines „gerechten Schuldausgleichs" zu entsprechen[2]. Deshalb kommt bei Steuerhinterziehung (§ 370 AO) und gewerbsmäßiger Hinterziehung von Einfuhr- oder Ausfuhrabgaben (§ 373 AO) in Millionenhöhe eine aussetzungsfähige Freiheitsastrafe bis zu zwei Jahren nur bei besonders gewichtigen Milderungsgründen in Betracht; bei Steuerhinterziehung ab einem Hinterziehungsbetrag von 100.000 Euro scheidet eine Geldstrafe i.d.R. aus[3]. Entscheidend sind aber immer die Umstände des Einzelfalls, sodass auch bei einem Hinterziehungsbetrag von unter 1 Mio. Euro eine nicht aussetzungsfähige Freiheitsstrafe möglich ist[4].

a) Spezial- und Generalprävention

Schrifttum: *Schneider*, Generalprävention im Wirtschaftsstrafrecht – Voraussetzungen von Normanerkennung und Abschreckung, in FS Heinz, 2012, S. 663.

46   Die Spezialprävention, bei der es um den Täter selbst geht, ist in § 46 Abs. 1 S. 2 StGB angesprochen: Hiernach sind die **Wirkungen auf den Täter**, die von der Strafe für sein künftiges Leben in der Gesellschaft zu erwarten sind, zu berücksichtigen. Dieser Aspekt kann schärfend wirken – z.B. bei *Rückfalltätern*. Er kann sich aber auch zugunsten des Täters auswirken: So ist stets zu berücksichtigen, „ob im Bereich des Schuldangemessenen Strafhöhen und Strafarten zur Verfügung stehen, die unerwünschte *entsozialisierende Folgen* einer Strafe" vermeiden können[5]. Dies gilt insbesondere bei der Verhängung von Strafen von einigem Gewicht, bei denen die persönlichen Verhältnisse des Täters zu würdigen sind[6].

46a   Um derartige Folgen zu vermeiden, verlangt der 5. Strafsenat des BGH[7], es bedürfe bei nach § 56 StGB nicht aussetzungsfähigen Freiheitsstrafen von knapp über einem oder zwei Jahren der Begründung, warum nicht eine aussetzungsfähige Strafe verhängt wird, wenn im Übrigen die Voraussetzungen einer Strafaussetzung auf der Hand liegen. Diese Anforderung ist zu weitgehend. Sie steht mit dem Postulat, dass Fragen der Strafaussetzung zur Bewährung mit der Festsetzung der schuldangemessenen Strafe nicht vermengt werden dürfen[8], nicht in Einklang. Anders mag es liegen, wenn Freiheits- und Geldstrafe zusammentreffen (§ 53 Abs. 2 StGB). Die Erhöhung der Freiheitsstrafe statt einer – nach § 53 Abs. 2 S. 2 StGB möglichen – gesonderten Verhängung einer Geldstrafe soll dann einer Begründung bedürfen, wenn sie als das schwerere Übel erscheint (sofern z.B. durch

---

1   BGH v. 21.5.1992 – 4 StR 577/91, BGHR StGB § 46 Abs. 1 Beurteilungsrahmen 13.
2   Vgl. etwa BGH v. 7.2.2012 – 1 StR 525/11, BGHSt 57, 123.
3   BGH v. 7.2.2012 – 1 StR 525/11, BGHSt 57, 123 m. Anm. *Beckschäfer*, ZHW 2012, 151; *Schwartz*, StV 2012, 477; BGH v. 22.5.2012 – 1 StR 103/12, wistra 2012, 350 m. Anm. *Beckschäfer*, ZWH 2012, 282; *Ochs/Wargowske*, NZWiSt 2012, 302.
4   BGH v. 26.9.2012 – 1 StR 423/12, NZWiSt 2914, 35 m. Anm. *Steinberg*, S. 36.
5   *Schäfer/Sander/van Gemmeren*, Praxis, Rz. 866.
6   BGH v. 29.11.2011 – 3 StR 378/11, wistra 2012, 106.
7   BGH v. 13.5.1992 – 5 StR 440/91, BGHR StGB § 46 Abs. 1 Begründung 18; BGH v. 23.7.1991 – 5 StR 298/91, Spezialprävention 3; BGH v. 10.8.1993 – 5 StR 462/93, NStZ 1993, 584; ihm folgend *Schäfer/Sander/van Gemmeren*, Praxis, Rz. 866.
8   BGH v. 24.8.1983 – 3 StR 89/83, BGHSt 32, 60 (65); BGH v. 19.12.2000 – 5 StR 490/00, NStZ 2001, 311.

die Erhöhung der Freiheitsstrafe die Zweijahresgrenze überschritten wird, sodass keine Strafaussetzung gewährt werden könnte)[1].

Nach der Rechtsprechung *kann* die **Abschreckung Dritter** ein *Strafschärfungsgrund* sein. Die sog. Abschreckungsprävention hat zum Ziel, „durch die Härte des Strafausspruchs bei möglichen künftigen Tätern ein Gegengewicht zu der Versuchung oder Neigung zu schaffen, Gleiches oder Ähnliches wie der Angeklagte zu tun"[2]. Der BGH lässt Strafschärfung aus generalpräventiven Gründen nur zu, „wenn bereits eine gemeinschaftsgefährliche Zunahme solcher oder ähnlicher Straftaten, wie sie zur Aburteilung stehen, festgestellt worden ist" oder wenn „die Tat die Gefahr der Nachahmung zu begründen geeignet ist". Nach der Spielraumtheorie ist – wie dargelegt – die generalpräventive Zumessung nur *im Rahmen der schuldangemessenen Strafe möglich*[3]. 47

In **Wirtschaftsstrafsachen** kann eine Strafschärfung aus generalpräventiven Gründen etwa bei Nichtversteuerung von Kapitalerträgen in Betracht kommen, sofern das Geld im Ausland angelegt war und festgestellt wird, dass sich in derartigen Fällen Steuerhinterziehungen häufen[4]. Hingegen kann nicht die Sozialschädlichkeit der Steuerhinterziehung unter generalpräventivem Aspekt strafschärfend gewertet werden[5] (Rz. 44). 48

b) Strafzumessung bei mehreren Gesetzesverletzungen

Schrifttum: *Arnoldi/Rutkowski*, Die nachträgliche Gesamtstrafenbildung und der Tatrichter – ein ewiger Händel, NStZ 2011, 493; *Klappstein/Kossmann*, Die Gesamtstrafenbildung, JuS 2011, 785; *Metz*, Gesamtstrafenbildung bei Einzelgeldstrafen unterschiedlicher Tagessatzhöhe, StraFo 2010, 403; *Nestler*, Die nachträgliche Bildung einer Gesamtstrafe, JA 2011, 248; *Vollkommer*, Aus der Praxis: Die nachträgliche Gesamtstrafe, JuS 2006, 805; *Wilhelm*, Die Konkurrenz der Regeln zur Gesamtstrafenbildung, NStZ 2008, 425.

Hier ist zunächst auf die Ausführungen § 20 Rz. 5 zu verweisen. Bei der **Bildung der Gesamtstrafe** wird in der Praxis vielfach von der Formel „höchste Einzelstrafe plus die Hälfte der Summe der übrigen Einzelstrafen" ausgegangen. Diese Berechnungsmethode kann indes allenfalls einen groben Anhalt für die Höhe der zu bildenden Gesamtstrafe geben, denn der Summe der Einzelstrafen kommt nur ein geringes Gewicht zu. Maßgebend ist die angemessene Erhöhung der höchsten Einzelstrafe unter zusammenfassender Würdigung der Person des Täters und der einzelnen Taten (§ 54 Abs. 1 S. 3 StGB)[6]. Die „Formel" versagt insbesondere in den Fällen, in denen dem Täter eine Vielzahl gleicharti- 49

---

1 S. BGH v. 2.8.2000 – 2 StR 172/00, BGHR StGB § 53 Abs. 2 Einbeziehung, nachteilige 6.
2 BayObLG v. 30.6.1988 – BReg. 3 St 97/88, StV 1988, 530.
3 BGH v. 23.8.1995 – 3 StR 241/95, BGHR StGB § 46 Abs. 1 Generalprävention 10.
4 Vgl. *Schäfer/Sander/van Gemmeren*, Praxis, Rz. 843 f.
5 S. BGH v. 24.4.1996 – 5 StR 142/96, wistra 1996, 259; s. aber BGH v. 28.1.1987 – 3 StR 373/86, BGHR StGB § 46 Abs. 1 Generalprävention 1.
6 S. BGH v. 25.8.2010 – 1 StR 410/10, wistra 2011, 19; hierzu *Reichenbach*, JR 2012, 9.

ger Delikte angelastet wird (etwa Serienbetrügereien); sie würde hier zu völlig unangemessen hohen Strafen führen[1].

50 Problematisch kann die **Bemessung der Einzelstrafen** in Verfahren sein, in denen sich der Täter wegen einer Vielzahl gleichartiger Straftaten schuldig gemacht hat (z.B. Serienbetrügereien, Kapitalanlagebetrug oder serienmäßige Steuerhinterziehung). Hier ist die Gesamtserie und der verursachte Gesamtschaden in den Blick zu nehmen[2]. Bei gravierenden Taten kommt eine Freiheitsstrafe von mindestens sechs Monaten in Betracht; bei Verfehlungen minderen Gewichts sollten gem. § 47 Abs. 1 StGB (dazu Rz. 4) „an sich" Geldstrafen verhängt werden. Indes drängt sich bei sachlich und zeitlich ineinander verschränkten Vermögensdelikten, bei denen die gewichtigeren die Verhängung von Einzelfreiheitsstrafen von sechs Monaten und mehr gebieten, die Verhängung von kurzfristigen Freiheitsstrafen gem. § 47 Abs. 1 StGB auf[3]. Sofern dennoch Einzelgeldstrafen festgesetzt werden, ist gem. § 53 Abs. 2 S. 1 StGB eine Gesamtfreiheitsstrafe zu bilden; die gesonderte Verhängung einer Geldstrafe (§ 53 Abs. 2 S. 2 StGB) liegt bei Serienstraftaten nicht nahe[4].

50a Bei der **Bildung der Einzelstrafe** für die *erste* von mehreren begangenen Taten können auch die zeitlich nachfolgenden Delikte dann strafschärfend in Ansatz gebracht werden, wenn sich aus diesen Hinweise auf den Unrechtsgehalt der früheren Tat oder auf die Einstellung des Täters hierzu ergeben[5]. Umgekehrt kann die Einzelstrafe auch für die *nachfolgenden* Taten mit Rücksicht auf die früher verübten Delikte höher ausfallen, sofern sie Ausdruck einer sich von Tat zu Tat steigernden kriminellen Energie ist[6]. Indes kann die erneute Begehung einer Straftat auch zugunsten des Täters ausschlagen, insbesondere bei einem engen zeitlichen, sachlichen und situativen Zusammenhang der Taten[7].

51 Ergänzend ist auf die in der Praxis – auch der Wirtschaftsstrafkammern – wichtige Bestimmung des **§ 55 StGB** bei der **Gesamtstrafenbildung** hinzuweisen. Hiernach ist in ein neues Urteil eine früher festgesetzte rechtskräftige Strafe, die weder vollstreckt noch verjährt noch erlassen ist, einzubeziehen, wenn die Tat, die jetzt zur Aburteilung ansteht, *vor* der früheren Verurteilung begangen worden ist. Damit soll der Täter so gestellt werden, wie wenn beide Taten gleichzeitig abgeurteilt worden wären, was zumindest theoretisch möglich gewesen wäre. Er soll keinen Nachteil dadurch erleiden, dass – aus welchen Gründen auch immer – die Taten in zwei verschiedenen Verfahren abgeurteilt worden sind.

---

1 BGH v. 29.11.2011 – 1 StR 459/11, wistra 2012, 151.
2 BGH v. 5.6.2013 – 1 StR 626/12, wistra 2013, 346.
3 BGH v. 17.3.2009 – 1 StR 627/08, BGHSt 53, 221 (232).
4 BGH v. 17.3.2009 – 1 StR 627/08, BGHSt 53, 221 (233).
5 Vgl. BGH v. 5.2.1998 – 4 StR 16/98, BGHR StGB § 46 Abs. 2 Nachtatverhalten 25; BGH v. 26.9.2001 – 2 StR 383/01, wistra 2002, 21.
6 BGH v. 15.5.1991 – 2 StR 130/91, BGHR StGB § 46 Abs. 2 Tatumstände 8; s. aber OLG Jena v. 20.6.1994 – 1 Ss 27/94, NStZ 1995, 90.
7 BGH v. 15.5.1991 – 2 StR 130/91, BGHR StGB § 46 Abs. 2 Tatumstände 8; BGH v. 26.9.2002 – 3 StR 278/02, wistra 2003, 19.

Beispiel: T begeht am 1.2. und am 10.2. jeweils einen Betrug. Da zunächst nur die Tat vom 1.2. aufgedeckt wird, wird er am 1.6. wegen dieses Vergehens zu einer Geldstrafe verurteilt. Am 1.10. muss er sich wegen des Betruges vom 10.2. vor Gericht verantworten. In die wegen dieser Tat zu verhängende Strafe ist die am 1.6. festgesetzte Geldstrafe einzubeziehen.

Scheitert eine Gesamtstrafenbildung daran, dass die frühere Strafe bereits vollstreckt ist (dies kommt in der Praxis nicht selten vor), ist bei der Festsetzung der neuen Strafe ein **Härteausgleich** vorzunehmen, indem der Umstand, dass es nicht zur Bildung der Gesamtstrafe kommen kann, mildernd in Ansatz gebracht wird. Nicht notwendig (aber möglich) ist es, eine fiktive Gesamtstrafe zu bilden, die dann um die vollstreckte Strafe gemindert wird; auf diese – „herabgesetzte" Strafe wird dann erkannt. Die „Vollstreckungslösung" (Rz. 41) kommt nur bei einer lebenslangen Freiheitsstrafe zur Anwendung[1].

4. Strafaussetzung zur Bewährung

Schrifttum: *Grube,* Strafaussetzung zur Bewährung, Jura 2010, 759; *Doleisch von Dolsperg,* Strafaussetzung zur Bewährung – Probleme aus der Praxis, StraFo 2005, 45.

Die Vollstreckung von Freiheitsstrafen bis zu zwei Jahren kann gem. § 56 StGB zur **Bewährung** ausgesetzt werden. Sie spielt gerade in Wirtschaftsstrafverfahren eine herausragende Rolle, handelt es sich doch häufig um Täter, die sich erstmals vor einem Strafgericht verantworten müssen. Gedanklich ist die Entscheidung über eine Strafaussetzung zur Bewährung von der Festsetzung der schuldangemessenen Strafe (Rz. 23 ff.) zu trennen.

a) Freiheitsstrafen bis zu einem Jahr

Bei Verurteilung zu Freiheitsstrafe von nicht mehr als **einem Jahr** setzt das Gericht die Vollstreckung der Strafe zur Bewährung aus, wenn zu erwarten ist, dass „der Verurteilte sich schon die Verurteilung zur Warnung dienen lässt und künftig auch ohne die Einwirkung des Strafvollzugs keine Straftaten mehr begehen wird" (§ 56 Abs. 1 S. 1 StGB). Voraussetzung für die Strafaussetzung ist vor allem die *günstige Täterprognose* über die künftige Lebensführung. Die Prognose setzt keine sichere Gewähr für die künftige straffreie Führung voraus; es genügt eine durch Tatsachen begründete Wahrscheinlichkeit[2].

Die **Täterprognose** erfordert eine *individuelle* Würdigung aller, insbesondere der in § 56 Abs. 1 S. 2 StPO aufgezählten Umstände. In der Praxis wird die Prognose dadurch entscheidend bestimmt, ob und wegen welcher Delikte der Täter *vorbestraft* ist. Dem nicht Vorbestraften wird die günstige Prognose i.d.R. nicht versagt werden können. Vorverurteilungen, die länger zurückliegen und nicht einschlägig sind, dürfen nur nach eingehender Begründung zu einer Versagung der günstigen Prognose[3] führen.

---

1 BGH v. 9.11.2010 – 4 StR 441/10, wistra 2011, 138; anders BGH v. 8.12.2009 – 5 StR 433/09, NStZ 2010, 385.
2 BGH v. 28.2.1990 – 3 StR 28/90, BGHR StGB § 56 Abs. 1 Sozialprognose 13; *Schäfer/Sander/van Gemmeren,* Praxis, Rz. 202 f.
3 Einzelheiten bei *Schäfer/Sander/van Gemmeren,* Praxis, Rz. 209.

56 Eine Freiheitsstrafe von *mindestens sechs Monaten* kann auch dann nicht zur Bewährung ausgesetzt werden, wenn die **Verteidigung der Rechtsordnung** die Vollstreckung gebietet (§ 56 Abs. 3 StGB). Dies ist dann der Fall, „wenn eine Aussetzung der Strafe zur Bewährung im Hinblick auf schwerwiegende Besonderheiten des Einzelfalles für das allgemeine Rechtsempfinden schlechthin unverständlich erscheinen müsste und das Vertrauen der Bevölkerung in die Unverbrüchlichkeit des Rechts und in den Schutz der Rechtsordnung vor kriminellen Angriffen dadurch erschüttert werden könnte"[1]. Diese Formel gilt bis heute[2]. Es bedarf daher der *Gesamtwürdigung* aller die Tat und den Täter kennzeichnenden Umstände; es kann nicht allein auf generalpräventive Momente abgehoben werden[3]. Deshalb ist es nicht statthaft, die Strafaussetzung bei Steuerhinterziehung mit der alleinigen Begründung zu versagen, dass dies in einer Zeit, in der die öffentlichen Haushalte in einem besonderen Maße belastet seien, für die rechtstreue Bevölkerung unverständlich erscheinen müsse. Dies liefe darauf hinaus, dass bei § 370 AO überhaupt keine Strafaussetzung mehr erfolgen könnte, was unzulässig sei[4]. Andererseits liegt es nahe, eine Strafaussetzung zu versagen, wenn durch die infrage stehende Tat große Steuerausfälle verursacht wurden und die Vorgehensweise des Täters Merkmale der Organisierten Kriminalität aufweist[5].

b) Freiheitsstrafen bis zu zwei Jahren

57 Für Wirtschaftsstrafsachen ist § 56 Abs. 2 StGB von besonderer Bedeutung. Diese Bestimmung erlaubt eine Aussetzung der Vollstreckung der Freiheitsstrafe **bis einschließlich zwei Jahren**, wenn unter den Voraussetzungen des § 56 Abs. 1 StGB „nach der Gesamtwürdigung von Tat und Persönlichkeit des Verurteilten besondere Umstände vorliegen", wobei dem Bemühen des Verurteilten um Schadenswiedergutmachung ein besonderer Stellenwert zukommt (§ 56 Abs. 2 S. 2 StGB). Dies bedeutet, dass Milderungsgründe vorliegen müssen, die *aus dem Durchschnitt herausragen*. Zu beachten ist allerdings, dass auch Umstände, die bei einer Einzelbewertung nur durchschnittliche Milderungsgründe wären, durch ihr Zusammentreffen das Gewicht besonderer Umstände erlangen können; entscheidend ist also immer erst die *Gesamtwürdigung* sämtlicher Milderungsgründe[6].

58 Dabei darf die Anwendung des § 56 Abs. 2 StGB *keinesfalls* auf **außergewöhnliche Konfliktslagen** *beschränkt* werden[7]. Allerdings müssen die besonderen

---

1 So grundlegend BGH v. 8.12.1970 – 1 StR 353/70, BGHSt 24, 40 (46).
2 S. etwa BGH v. 30.4.2009 – 1 StR 342/08, BGHSt 53, 311 (320).
3 St. Rspr., s. etwa BGH v. 15.12.1994 – 1 StR 656/94, BGHR StGB § 56 Abs. 3 Verteidigung 11; BGH v. 10.7.2001 – 5 StR 188/01, wistra 2001, 378.
4 BGH v. 30.11.1995 – 5 StR 554/95, wistra 1996, 141; BGH v. 11.1.2001 – 5 StR 580/00, wistra 2001, 216.
5 BGH v. 30.4.2009 – 1 StR 342/08, BGHSt 53, 311 (320).
6 St. Rspr., vgl. etwa BGH v. 18.8.2009 – 5 StR 257/09, NStZ 2010, 147.
7 BGH v. 30.4.2009 – 2 StR 112/09, NStZ 2009, 441.

Umstände umso gewichtiger sein, je mehr sich die Strafe der Höchstgrenze von zwei Jahren nähert[1].

Liegen jedoch erkennbar aus dem Rahmen fallende Milderungsgründe vor, so darf die Aussetzungsfrage vom Richter nicht übergangen oder lediglich mit einer formelhaften Wiederholung des Gesetzeswortlautes verneint werden[2]. Auch ein **erheblicher Schaden** schließt *allein* die Strafaussetzung noch *nicht* aus. 59

Zu beachten ist, dass vor der Prüfung, ob besondere Umstände i.S. von § 56 Abs. 2 StGB vorliegen, stets zu untersuchen ist, ob dem Täter eine **günstige Prognose** i.S. von § 56 Abs. 1 StGB gestellt werden kann. Denn diese Frage kann auch für die Beurteilung bedeutsam sein, ob Umstände i.S. von § 56 Abs. 2 StGB anzunehmen sind[3]. 60

c) Aussetzung des Strafrestes

Wer zu einer *nicht zur Bewährung* ausgesetzten Freiheitsstrafe verurteilt wurde, muss diese in der Mehrzahl der Fälle nicht vollständig verbüßen. § 57 StGB gibt nämlich die Möglichkeit der **Aussetzung eines Strafrestes**. 61

Hat der zu einer zeitigen Freiheitsstrafe Verurteilte **zwei Drittel** der verhängten Strafe **verbüßt**, so kann nach § 57 Abs. 1 StGB bei *günstiger Täterprognose* die Vollstreckung des Strafrestes zur Bewährung ausgesetzt werden. § 57 Abs. 1 S. 1 Nr. 2 StGB erfordert eine günstige, in ihren Anforderungen aber *weniger strenge* Täterprognose als § 56 Abs. 1 StGB. Es reicht aus, dass nach Überzeugung des Gerichts wegen der Wirkungen des Strafvollzugs eine *Bewährungschance* besteht und deswegen unter Berücksichtigung des Sicherheitsinteresses der Allgemeinheit eine vorzeitige Entlassung des Verurteilten verantwortet werden kann[4]. 62

Darüber hinaus eröffnet § 57 Abs. 2 StGB die Möglichkeit, schon nach der **Verbüßung der Hälfte** einer zeitigen Freiheitsstrafe die Vollstreckung des Restes der Strafe zur Bewährung auszusetzen. Diese Bestimmung hat – neben der günstigen Prognoseentscheidung nach § 57 Abs. 1 StGB – zur Voraussetzung, dass entweder der Verurteilte *erstmals eine Freiheitsstrafe* verbüßt und diese zwei Jahre nicht übersteigt oder die *Gesamtwürdigung* von Tat, Persönlichkeit des Verurteilten und seine *Entwicklung während des Strafvollzugs* ergibt, dass besondere Umstände vorliegen. Zur letzteren Variante – Vorliegen besonderer Umstände – gilt im Wesentlichen das zu § 56 Abs. 2 StGB Gesagte (Rz. 57–60). Die Voraussetzungen des § 57 Abs. 2 StGB, der eine Aussetzung der Halbstrafe ermöglicht, werden bei Wirtschaftsstraftätern nicht selten vorliegen. 63

---

1 BGH v. 27.8.1986 – 3 StR 265/86, NStZ 1987, 21 m.w.Nw.
2 BGH v. 11.6.1993 – 4 StR 244/93, BGHR StGB § 56 Abs. 2 Gesamtwürdigung 5.
3 BGH v. 30.4.2009 – 2 StR 112/09, NStZ 2009, 441.
4 Instruktiv *Lackner/Kühl*, § 57 StGB Rz. 7–10.

5. Verwarnung mit Strafvorbehalt

Schrifttum: *Müller,* Noch ein Plädoyer für die Verwarnung mit Strafvorbehalt, in FS Jung, 2007, S. 621.

64 Hat der Täter eine Geldstrafe bis zu 180 Tagessätzen verwirkt, so kann ihn das Gericht neben dem Schuldspruch verwarnen und die Verurteilung zu dieser Strafe vorbehalten, sofern ihm eine günstige Prognose gestellt werden kann, besondere Umstände in der Tat und seiner Persönlichkeit es angezeigt erscheinen lassen, ihn von der Verurteilung zu verschonen, und die Verteidigung der Rechtsordnung dem nicht entgegensteht (vgl. im Einzelnen § 59 Abs. 1 StGB). Aus der Begrenzung auf 180 Tagessätze ergibt sich, dass diese Sanktion nur für Fälle im unteren Bereich der Kriminalität gedacht ist. Das Erfordernis des Vorliegens besonderer Umstände verdeutlicht, dass ihr Ausnahmecharakter zukommt[1]. In der Praxis spielt diese **„Geldstrafe auf Bewährung"** keine allzu große Rolle, dennoch kommt sie auch in Wirtschaftsstrafverfahren gelegentlich vor, etwa dann, wenn die Staatsanwaltschaft einer Einstellung des Verfahrens nach § 153a StPO nicht zustimmt, das Gericht den Angeklagten aber von Strafe verschonen möchte[2]. I.d.R. wird die Verwarnung mit einer *Geldauflage* verbunden (§ 59a Abs. 2 S. 1 Nr. 3 StGB). Die Verwarnung wird wohl in das Zentralregister, nicht aber in das Führungsregister aufgenommen (§§ 4 Nr. 3, 32 Abs. 2 Nr. 1 BZRG).

B. Weitere Sanktionen

I. Maßregeln der Besserung und Sicherung

65 Die vom Maß des Verschuldens abhängige Strafe ist häufig nicht ausreichend oder geeignet, um die **Allgemeinheit** vor dem Straftäter **zu schützen** oder diesen zu resozialisieren. Aus diesem Grund sieht das Gesetz eine Reihe von sog. Maßregeln der Besserung und Sicherung vor, die *unabhängig vom Verschulden* verhängt werden können. Eine Übersicht über die Maßregeln enthält § 61 StGB. Im *Wirtschaftsstrafrecht* ist von größerer Bedeutung nur das Berufsverbot (§ 61 Nr. 7 StGB). Ein Eingehen auf die übrigen Maßregeln der Besserung und Sicherung erübrigt sich daher.

66 Das **Berufsverbot** setzt eine rechtswidrige – nicht notwendigerweise schuldhafte – Tat voraus, die der Täter unter *Missbrauch seines Berufes* oder unter Verletzung der mit dem Beruf verbundenen Pflichten begangen hat (§ 70 Abs. 1 S. 1 StGB). Die Straftat muss immer mit der Berufsausübung im inneren Zusammenhang stehen, d.h. Ausfluss der ausgeübten Tätigkeit sein; es muss ein

---

1 Näher etwa OLG Düsseldorf v. 6.3.2007 – 5 Ss 226/06 - 85/06 I, wistra 2007, 235; OLG Nürnberg v. 19.12.2006 – 2 St OLG Ss 180/06, NJW 2007, 526.
2 Zur Verwarnung mit Strafvorbehalt bei Untreue LG Berlin v. 28.9.1994 – (522) 56 Js F 41/91 Ns (30/94), wistra 1996, 72 m. Anm. *Hohmann/Sander.*

berufstypischer Zusammenhang erkennbar sein[1]. Dies ist bei Steuerhinterziehung dann möglich, wenn diese mit schwerwiegenden Verletzungen der Buchführungs- und Aufzeichnungspflichten einhergeht[2] oder die unternehmerische Tätigkeit systematisch auf Steuerhinterziehung angelegt ist und diese länger in einem großen Umfang zum betrieblichen Kalkulationsfaktor wird[3]. Dementsprechend kann auch die Pflicht, Arbeitnehmerbeiträge an die Krankenkasse abzuführen, eine Berufspflicht i.S. von § 70 StGB sein[4]. Unzweifelhaft ist die Verhängung eines Berufsverbots gerechtfertigt, wenn ein Kaufmann im Rahmen seines Gewerbes fortlaufend unter Verschweigen seiner Zahlungsunfähigkeit Waren bestellt[5]. In jedem Fall muss der Täter den Beruf oder das Gewerbe tatsächlich ausgeübt haben; es genügt nicht, wenn er das nur vorgetäuscht hat[6].

Bei der Verhängung eines Berufsverbotes ist in besonderem Maße der **Grundsatz der Verhältnismäßigkeit** (§ 62 StGB) zu beachten: „Eingriffe in die Berufswahl sind nach Rechtsprechung des BVerfG nur unter strengen Voraussetzungen zum Schutz wichtiger Gemeinschaftsgüter und unter strikter Beachtung des Grundsatzes der Verhältnismäßigkeit statthaft"[7]. Der Richter muss die Überzeugung gewonnen haben, dass die naheliegende Wahrscheinlichkeit künftiger ähnlicher Rechtsverletzungen besteht[8]. 67

Das Berufsverbot kann für die **Dauer** von einem bis zu *fünf Jahren*, in ganz seltenen Fällen *für immer* angeordnet werden (§ 70 Abs. 1 S. 1, 2 StGB). Solange das Verbot wirksam ist, darf der Täter den Beruf auch nicht für andere ausüben oder durch eine von seinen Weisungen abhängige Person für sich ausüben lasen (§ 70 Abs. 3 StGB). Verstöße gegen das Berufsverbot sind nach § 145c StGB strafbar. Das Berufsverbot kann nach § 70a StGB zur Bewährung ausgesetzt werden. Der Widerruf der Aussetzung und die Erledigung des Berufsverbots ist in § 70b StGB geregelt. 68

Das Gericht kann schon vor Verkündung des Urteils ein **vorläufiges Berufsverbot** verhängen, wenn dringende Gründe für die Annahme vorhanden sind, dass ein endgültiges Berufsverbot angeordnet werden wird (§ 132a Abs. 1 S. 1 StPO). Die Dauer des endgültigen Berufsverbots verkürzt sich dann um die Zeit, in der das vorläufige Verbot wirksam war (§ 70 Abs. 2 StGB). 69

---

1 BGH v. 17.5.1968 – 2 StR 220/68, BGHSt 22, 144; BGH v. 11.12.1987 – 2 StR 595/87, BGHR StGB § 70 Abs. 1 Pflichtverletzung 1; BGH v. 12.9.1994 – 5 StR 487/94, wistra 1995, 22; BGH v. 16.3.1999 – 4 StR 26/99, wistra 1999, 222 (nicht genügend, wenn die Berufstätigkeit nur beabsichtigt ist oder vorgetäuscht, aber nicht ausgeübt wird); BGH v. 6.6.2003 – 3 StR 188/03, wistra 2003, 423.
2 BGH v. 25.4.1990 – 3 StR 59/89, BGHR StGB § 70 Abs. 1 Pflichtverletzung 3; BGH v. 12.9.1994 – 5 StR 487/94, wistra 1995, 22.
3 BGH v. 12.9.1994 – 5 StR 487/94, wistra 1995, 22.
4 Vgl. *Hanack* in LK, § 70 StGB Rz. 28 f.
5 BGH v. 29.8.1989 – 1 StR 203/89, NStZ 1989, 571.
6 BGH v. 17.5.1968 – 2 StR 220/68, BGHSt 22, 144 (146); BGH v. 22.6.2000 – 5 StR 165/00, wistra 2001, 59.
7 BVerfG v. 2.3.1977 – 1 BvR 124/76, BVerfGE 44, 105.
8 S. *Hanack* in LK, § 70 StGB Rz. 35 m.w.Nw.

70 Eine weit über das in § 70 StGB normierte Berufsverbot hinausgehende Regelung bestimmt für **Kapitalgesellschaften**, dass nicht *Geschäftsführer* bzw. *Vorstand* für die Dauer von fünf Jahren sein kann, wer wegen einer Insolvenzstraftat oder einer näher bezeichneten Vermögensstraftat verurteilt worden ist (Rz. 133). Zum Gewerbeverbot nach § 35 GewO, dessen Anforderungen geringer sind als diejenigen für ein Berufsverbot nach § 70 StGB, vgl. § 24 Rz. 34 ff.

II. Vermögensentziehung

Schrifttum: *Bach*, Die steuerliche Seite des (strafrechtlichen) Verfalls, wistra 2006, 46; *Barreto da Rosa*, Gesamtschuldnerische Haftung bei der Vermögensabschöpfung, NJW 2009, 1702; *Barreto da Rosa*, Zum Verfall von Bestechungsgeld und Tatlohn, wistra 2012, 334; *Barreto da Rosa*, Staatliche Einziehung vs Opferschutz – Bereicherung des Staates auf Kosten Verletzter?, NStZ 2012, 419; *Brauch*, Die außergerichtliche Einziehung von Vermögenswerten im Strafverfahren, NStZ 2013, 503; *Brettschneider*, Der erweiterte Verfall: Scharfes Schwert oder stumpfe Waffe?, StRR 2013, 9; *Büttner*, Die Berücksichtigung einer Steuerbelastung von Taterlösen im Verfallsverfahren, wistra 2007, 47; *Büttner*, Berechnung des illegalen Vermögensvorteils, 2. Aufl. 2012; *Burghart*, Das erlangte „Etwas" (§ 73 I 1 StGB) nach strafbarer Vertragsanbahnung, wistra 2011, 241; *Hansen*, Die Rückgewinnungshilfe, 2013; *Hansen/Wolff-Rojczyk*, Effiziente Schadenswiedergutmachung für geschädigte Unternehmen der Marken- und Produktpiraterie, GRUR 2007, 468; *Hofmann*, Verfallsanordnung gegen tatunbeteiligte Unternehmen, wistra 2008, 401; *Hohn*, Abschöpfung der Steigerung des Firmenwertes als Bruttowertersatzverfall?, wistra 2006, 321; *Janssen*, Gewinnabschöpfung im Strafverfahren, 2. Aufl. 2014; *Korte*, Verfallsanordnung gegen juristische Personen – Abschöpfung oder Unternehmensstrafe?, in FS Samson, 2010, S. 65; *Lindemann/Ordner*, Die Bestimmung des Verfallsgegenstandes bei Wirtschaftsdelikten, Jura 2014, 18; *Lohse*, Ermessen, Gesamtschuld und Härteklausel beim staatlichen Auffangrechtserwerb, JR 2011, 242; *Lose*, Verfall (von Wertersatz) bei Vertragsschluss aufgrund Korruption, JR 2009, 188; *Madauß*, Steuerstrafverfahren und Verfall gemäß § 73 Abs.1 Satz 1 StGB, NZWiSt 2014, 89; *Odenthal*, Zur Anrechnung von Steuern beim Verfall, wistra 2002, 246; *Pelz*, Verfall bei Handeln ohne behördliche Genehmigung, in FS Imme Roxin, 2012, S. 181; *Podolsky/Brenner*, Vermögensabschöpfung im Straf- und Ordnungswidrigkeitenverfahren, 5. Aufl. 2012; *Rhode*, Der Verfall nach § 73 Abs. 3 StGB, wistra 2012, 85; *Schilling*, Aktuelles zur Vermögensabschöpfung oder der Verfall hat die Wirklichkeit des Strafverfahrens erreicht, StraFo 2011, 128; *Schlösser*, Die Bestimmung des erlangten Etwas i.S.v. § 73 I 1 StGB bei in Folge von Straftaten abgeschlossenen gegenseitigen Verträgen, NStZ 2011, 121; *Schmidt*, Gewinnabschöpfung im Straf- und Bußgeldverfahren, 2006; *Schmidt*, Möglichkeiten und Grenzen der Vermögensabschöpfung bei Bestechlichkeit im geschäftlichen Verkehr (§ 299 Abs.1 StGB), wistra 2011, 321; *Schnabl* in Vordermayer/v. Heintschel-Heinegg (Hrsg.), Handbuch für den Staatsanwalt, 4. Aufl. 2013, Teil 2 Kapitel 12; *Tsambikakis/Kretschmer*, Vermögensabschöpfung, in Böttger, Wirtschaftsstrafrecht in der Praxis, 2011, S. 991; *Wächter*, Zivilrechtliche Zweifelsfragen und Unklarheiten beim Verfall, StraFo 2005, 640; *Walter*, Sanktionen im Wirtschaftsstrafrecht, JA 2011, 481.

1. Verfall

71 Die Anordnung des Verfalls bezweckt die **Beseitigung eines Vermögensvorteils**, den der Täter oder Teilnehmer unmittelbar aus einer rechtswidrigen – nicht notwendigerweise auch schuldhaften – Tat erlangt hat (§ 73 Abs. 1 StGB). Der Verfall umfasst auch gezogene *Nutzungen* und *Ersatzgegenstände* (§ 73 Abs. 2 StGB). Letztere liegen etwa dann vor, wenn der Täter unter Verstoß gegen das AWG ohne Anspruch auf eine Ausfuhrgenehmigung eine Sache verkauft und

das als Kaufpreis erhaltene Geld auf sein Sparkonto eingezahlt hat oder den vom Käufer erhaltenen Scheck seinem Girokonto hat gutschreiben lassen[1]. An die Stelle des Anspruchs gegen den Käufer ist der Anspruch gegen die Bank getreten. Hat sich der Täter dann das Geld von seinem Giro- oder Sparkonto auszahlen lassen, liegt kein Surrogat mehr vor; ein Verfall ist dann nur über § 73a StGB (Verfall des Wertersatzes) möglich.

Soweit der Täter nicht für sich selbst, sondern **für einen anderen gehandelt** hat, dem dann der Vorteil zugeflossen ist, bestimmt § 73 Abs. 3 StGB, dass sich der Verfall gegen den Dritten richtet. Dieser ist dann im Strafverfahren zu beteiligen (§ 442 Abs. 2 S. 1 StPO).   72

Hauptanwendungsbereich des § 73 Abs. 3 StGB sind die **Vertretungsfälle**: Der Geschäftsführer einer GmbH hat in strafbarer Weise für diese gehandelt, sodass der Gesellschaft („ein anderer" i.S. dieser Bestimmung) der Vorteil zugeflossen ist. § 73 Abs. 3 StGB kommt aber auch dann zum Zuge, wenn der Täter das Geld einem Dritten überlässt, um es dem Zugriff seiner Gläubiger zu entziehen oder um die Tat zu verschleiern (**Verschiebungsfälle**). Nicht aber greift diese Bestimmung in dem Fall, in dem der Täter den Vorteil einem *gutgläubigen* Dritten in Erfüllung einer rechtsgeschäftlichen Verpflichtung zuwendet, die mit der Tat in keinem Zusammenhang steht (**Erfüllungsfälle**)[2].   73

Bei der **Berechnung** des für verfallen erklärten Vermögensvorteils sind Beschaffungskosten, etwa der Einkaufspreis, nicht zu berücksichtigen; es gilt das *Bruttoprinzip*[3]. – Zu den Ordnungswidrigkeiten vgl. Rz. 93.   74

Ein Verfall kommt dann nicht in Betracht (auch nicht von Wertersatz[4]), wenn dem **Verletzten** aus der Tat ein **Anspruch erwachsen** ist, dessen Erfüllung dem Täter oder Teilnehmer den Wert des aus der Tat erlangten entziehen würde (§ 73 Abs. 1 S. 2 StGB). Hierdurch soll zum einen sichergestellt werden, dass die Abschöpfung der durch die Tat erlangten Vorteile nicht zulasten des Geschädigten erfolgt. Zum anderen gilt es zu verhindern, dass der Täter zweimal zahlen muss, nämlich über den für verfallen erklärten Betrag hinaus Schadens-   75

---

1 BGH v. 19.1.2012 – 3 StR 343/11, BGHSt 57, 79 m. Anm. *Kudlich*, ZHW 2012, 189; *Rönnau/Krezer*, NZWiSt 2012, 147; *Wagner*, NStZ 2012, 381.
2 So BGH v. 19.10.1999 – 5 StR 336/99, BGHSt 45, 235 m. krit. Anm. *Katholnigg*, JR 2000, 513; BGH v. 3.12.2013 – 1 StR 53/13, wistra 2014, 219 m. Anm. *Lepper*, ZWH 2014, 311.
3 Vgl. BGH v. 16.5.2006 – 1 StR 46/06, BGHSt 51, 65 m. Anm. *Dannecker*, NStZ 2006, 683. S. ferner BGH v. 27.1.2010 – 5 StR 224/09, wistra 2010, 142 (Insidergeschäfte) m. Anm. *Gehrmann*, wistra 2010, 345; *Vogel*, JZ 2010, 370; OLG Stuttgart v. 4.10.2011 – 2 Ss 65/11, wistra 2012, 80 (Straftat nach § 38 Abs. 2 Nr. 1 WpHG); hierzu *Woodtli*, NZWiSt 2012, 51; BGH v. 27.11.2013 – 3 StR 5/13, NJW 2014, 1399 (Markmanipulation nach dem WpHG) m. Anm. *Kudlich*, JZ 2014, 746; hierzu *Trüg*, NJW 2014, 1346. Zur Berücksichtigung von Steuern beim Verfall s. BGH v. 21.3.2002 – 5 StR 138/01, BGHSt 47, 260 (264 ff.) m. Anm. *Odenthal*, wistra 2002, 338; *Wohlers*, JR 2003, 160. S. ferner *Bach*, wistra 2006, 46; *Büttner*, wistra 2007, 47.
4 OLG Celle v. 18.6.2008 – 32 Ss 77/08, wistra 2008, 399.

ersatz an den Verletzten[1]. Hat der Täter etwas „für" die Tat erlangt (z.B. eine Belohnung), greift § 73 Abs. 1 StGB nicht[2].

Beispiel: Hat also der Geschäftsführer einer GmbH Veruntreuungen zum Nachteil der Gesellschaft begangen, so kann das Gericht nicht den Verfall des Erlangten anordnen, da der Gesellschaft Ersatzansprüche gegen den Täter zustehen; § 73 Abs. 1 S. 2 StGB gilt nämlich auch im Fall des § 73 Abs. 3 StGB[3]. Dabei kommt es allein auf die Existenz des Anspruchs an und nicht darauf, ob er voraussichtlich geltend gemacht wird[4] oder nicht geltend gemacht werden konnte, weil der Berechtigte unbekannt ist[5].

Allerdings kann ein Verfall angeordnet werden, wenn der Verletzte auf Schadensersatzansprüche verzichtet hat oder diese verjährt sind[6].

75a **Verletzter** i.S. dieser Bestimmung ist auch der durch eine Steuerhinterziehung geschädigte *Fiskus*[7]. Stellt das Unternehmen, das dem Amtsträger für die Erteilung eines Auftrages einen Bestechungslohn ausgezahlt hat, Letzteren der Behörde, für die der Amtsträger auftritt, (verdeckt) in Rechnung, entspricht der Bestechungslohn dem Vermögensnachteil i.S. des § 266 StGB[8]. Bei Bestechlichkeit im geschäftlichen Verkehr (§ 299 Abs. 1 StGB) ist Verletzter i.S. des § 73 Abs. 1 S. 2 StGB der Geschäftsherr des Bestochenen[9]. Bei verbotenem Insiderhandel kann Verletzter ein Dritter sein, der infolge der Manipulationen des Angeklagten Aktien zu einem erhöhten Preis ankauft[10]. Auch bei Delikten, die wie die §§ 324 ff. StGB (Straftaten gegen die Umwelt) nicht dem Individualschutz dienen, ist § 73 Abs. 1 S. 2 StGB anwendbar, denn auch durch die Begehung solcher Straftaten können Ersatzansprüche Dritter entstehen[11].

75b Wird nicht auf Verfall erkannt, weil Ansprüche des Verletzten entgegenstehen, **erwirbt** unter bestimmten, im Einzelnen in § 111i StPO beschriebenen Voraussetzungen **der Staat** die Vermögenswerte, die wegen § 73 Abs. 1 S. 2 StGB nicht für verfallen erklärt werden konnten. Das Gericht hält dann im Urteil, und zwar in der Formel[12], die Beschlagnahme (§ 111c StPO) oder den Arrest (§ 111d StPO) für drei Jahre aufrecht. Diese Frist beginnt mit dem Eintritt der Rechtskraft des Urteils. Der Verletzte kann dann während dieser Zeit auf die Vermögenswerte zugreifen; dann fallen sie nicht dem Staat zu (§ 111i StPO)[13]. Mit-

---

1 BGH v. 10.11.2009 – 4 StR 443/09, NStZ 2010, 633.
2 BGH v. 20.2.2013 – 5 StR 306/12, wistra 2013, 225..
3 BGH v. 7.12.2000 – 4 StR 485/00, wistra 2001, 143.
4 H.M., vgl. etwa BGH v. 1.12.2005 – 3 StR 382/05, NStZ-RR 2006, 138.
5 BGH v. 26.9.1989 – 1 StR 299/89, BGHR StGB § 73 Tatbeute 1.
6 BGH v. 30.5.2008 – 1 StR 166/07, BGHSt 52, 227 (244); hierzu *Lose*, JR 2009, 188.
7 BGH v. 28.11.2000 – 5 StR 371/00, wistra 2001, 96.
8 Vgl. BGH v. 11.5.2001 – 3 StR 549/00, BGHSt 47, 22.
9 Vgl. BGH v. 18.1.1983 – 1 StR 490/82, BGHSt 31, 207 (210); BGH v. 31.3.2008 – 5 StR 631/07, wistra 2008, 262.
10 BGH v. 27.1.2010 – 5 StR 254/10, wistra 2010, 141.
11 BGH v. 20.2.2013 – 5 StR 306/12, BGHS. 58, 152 m. Anm. *Bittmann*, wistra 2013, 309; *Mahler*, ZWH 2013, 190.
12 BGH v. 17.2.2010 – 2 StR 524/09, BGHSt 55, 62.
13 Krit. zu diesem „Monsterparagraf" *Mosbacher/Claus*, wistra 2008, 1; *Hansen/Wolff-Rojczyk*, GRUR 2007, 475.

täter, die gemeinsam über den aus der Tat erzielten Vermögenswert verfügt haben, haften als Gesamtschuldner[1].

Ebenso hat der Verfall zu unterbleiben, wenn er für den Betroffenen eine **unbillige Härte** wäre (§ 73c Abs. 1 S. 1 StGB). An das Vorliegen einer solchen Härte sind hohe Anforderungen zu stellen. Der Verfall müsste „ungerecht" sein und das Übermaßverbot verletzen[2]. Eine Härte kann nicht allein deshalb angenommen werden, weil nach dem Bruttoprinzip Aufwendungen bei der Berechnung des Verfallsbetrages nicht mindernd in Ansatz gebracht werden können[3]. Sie könnte dann vorliegen, wenn der Vorteil unentgeltlich an einen Dritten, der nicht unter § 73 Abs. 3, 4 StGB fällt, weitergegeben wurde.

Ein Verfall ist nicht deshalb ausgeschlossen, weil der Täter das Erlangte weitergegeben hat und es deshalb nicht mehr in seinem Vermögen vorhanden ist[4]. Jedoch wird dann gem. § 73c Abs. 1 S. 2 StGB die Anordnung des Verfalls in das Ermessen des Gerichts gestellt. Liegen diese Voraussetzungen vor, kann nicht auf § 73c Abs. 1 S. 1 StGB zurückgegriffen werden, sofern nicht weitere Umstände eine „unbillige Härte" begründen[5]. Bei der Frage, ob sich der Wert des Erlangten noch im Vermögen befindet, kommt es *nicht* darauf an, ob das vorhandene Vermögen einen konkreten oder unmittelbaren *Bezug zur Straftat* hat. Es sind also auch die Vermögenswerte zu berücksichtigen, die nicht mit aus Straftaten erlangten Geldern beschafft wurden[6]. Anders liegt es aber, wenn der infrage stehende Vermögenswert in keinerlei denkbarem Zusammenhang mit der abgeurteilten Straftat steht (etwa mehrere Jahre vor der Begehung der Tat im Wege der Erbfolge erlangtes Vermögen[7]). Der Wert des Erlangten befindet sich auch dann nicht mehr im Vermögen des Täters, wenn dieser mit dem Geld bestehende Schulden getilgt hat, es sei denn, ein Grundstück wurde entschuldet; in diesem Fall ist der Wert des Erlangten noch in Form eines schuldenfreien Grundstücks im Vermögen vorhanden[8]. Ist für den aus der Tat erlangten Vermögensvorteil bestandskräftig Steuer festgesetzt worden, so mindert sich der dem Verfall unterliegende Betrag um die gezahlte Steuer. Das Bruttoprinzip steht dem nicht entgegen. Hierdurch soll eine steuerliche Doppelbelastung vermieden werden; der dem Verfall unterliegende Betrag hätte steuermindernd geltend gemacht werden können (§ 12 Nr. 4 EStG)[9].

Wird die Anordnung des Verfalls **rechtskräftig**, so geht das Eigentum an der Sache oder das verfallene Recht auf den *Staat* über, wenn es dem Betroffenen zu dieser Zeit zusteht. Rechte Dritter bleiben jedoch bestehen (§ 73e Abs. 1 StGB).

---

1 BGH v. 28.10.2010 – 4 StR 215/10, BGHSt 56, 39; hierzu *Lohse*, JR 2011, 242.
2 BGH v. 26.3.2009 – 3 StR 579/08, NStZ 2010, 86.
3 BGH v. 10.6.2009 – 2 StR 76/09, wistra 2009, 391.
4 St. Rspr., s. etwa BGH v. 17.9.2013 – 5 StR 258/13, ZWH 2014, 105 m. Anm. *Adamski*.
5 BGH v. 12.7.2000 – 2 StR 43/00, wistra 2000, 379.
6 BGH v. 16.5.2006 – 1 StR 56/06, BGHSt 51, 65 (69).
7 BGH v. 27.10.2011 – 5 StR 14/11, wistra 2012, 108.
8 BGH v. 9.7.1991 – 1 StR 316/91, BGHSt 38, 23; BGH v. 16.5.2006 – 1 StR 56/06, BGHSt 51, 65 (70 f.).
9 BGH v. 21.3.2002 – 5 StR 138/01, BGH St 47, 260 m. Anm. *Odenthal*, wistra 2002, 338; BGH v. 18.2.2004 – 1 StR 296/03, wistra 2004, 227.

79 Der **erweiterte Verfall** (§ 73d StGB) kann in den Fällen, in denen eine Strafnorm § 73d StGB für anwendbar erklärt (aus dem Bereich des Wirtschaftsstrafrechts vgl. §§ 263 Abs. 7, 263a Abs. 2, 302, 338 StGB, § 20 Abs. 3 AWG) dann angeordnet werden, wenn zwar nicht erwiesen ist, dass die Gegenstände für rechtswidrige Taten oder aus ihnen erlangt sind, Umstände diese Annahme aber rechtfertigen. Ein Verfall ist danach – über § 73 StGB hinausgehend – möglich, wenn die Anknüpfungstat hierfür nicht Gegenstand des anhängigen Strafverfahrens ist[1]. Im Hinblick auf die Unschuldvermutung und die Eigentumsgarantie (Art. 14 Abs. 1 GG) legt der BGH § 73d StGB einschränkend dahin aus, dass die Verfallsanordnung die „uneingeschränkte tatrichterliche Überzeugung" von der deliktischen Herkunft der Gegenstände voraussetzt, ohne dass die Taten, aus denen sie erlangt sind, im Einzelnen festgestellt werden müssen[2]. Ob dieser Bestimmung dann noch ein über § 73 StGB wesentlich hinausgehender Anwendungsbereich verbleibt, erscheint fraglich. § 73 StGB geht § 73d StGB vor[3].

80 Da der (erweiterte) Verfall der Gewinnabschöpfung und damit dem Ausgleich unrechtmäßiger Vermögensverschiebung dient, braucht er bei der **Strafzumessung** i.d.R. nicht mindernd in Ansatz gebracht zu werden[4]. Das Bruttoprinzip hat hieran nichts geändert, denn auch die Abschöpfung über den Nettogewinn hinaus verfolgt primär einen Präventionszweck. Dies gilt ebenso, soweit der Verfall gegenüber einem Dritten angeordnet worden ist[5].

81 § 76a Abs. 1, 3 StGB lässt den Verfall in Form einer **selbständigen Anordnung** ohne gleichzeitige Verhängung einer Strafe auch dann zu, wenn „aus tatsächlichen Gründen" eine bestimmte Person nicht strafrechtlich verfolgt oder verurteilt werden kann, etwa wenn sie flüchtig ist. In diesem Fall ist ein „objektives Verfahren" gem. §§ 442, 440f StPO durchzuführen. Nach h.M. ist ein Verfall dann nicht möglich, wenn der Beschuldigte verstorben ist[6].

82 Besteht bei Verfall und bei Einziehung **Auslandsbezug**, sind die bestehenden Übereinkommen von Bedeutung[7].

2. Einziehung

83 Die Einziehung von **Gegenständen** hat zur Voraussetzung, dass diese durch eine vorsätzliche Straftat hervorgebracht oder zu ihrer Begehung oder Vorbereitung gebraucht worden oder bestimmt gewesen sind (§ 74 Abs. 1 StGB). Durch eine Straftat **hervorgebracht** ist z.B. Falschgeld, zur Begehung der Straftat **gebraucht** worden ist beispielsweise das Autotelefon, über das Verkaufsgespräche

---

1 S. *Schnabl* in Vordermayer/v. Heintschel-Heinegg, Hdb., Teil 2 Kap. 12, Rz. 20.
2 BGH v. 22.11.1994 – 4 StR 516/94, BGHSt 40, 371; BGH v. 9.5.2001 – 3 StR 541/00, NStZ 2001, 531; gebilligt von BVerfG v. 14.1.2004 – 2 BvR 564/95, wistra 2004, 255.
3 BGH v. 4.4.2013 – 3 StR 529/12, wistra 2013, 267.
4 BGH v. 1.3.1995 – 2 StR 691/94, wistra 1995, 221.
5 So BGH v. 21.8.2002 – 1 StR 115/02, BGHSt 47, 369 m. Anm. *Best*, JR 2003, 337.
6 OLG Frankfurt v. 10.10.2005 – 3 Ws 860/05, NStZ-RR 2006, 39; *Eser* in S/S, § 76a StGB Rz. 2; *Niesler* in G/JW, § 76a StGB Rz. 6; a.A. OLG Stuttgart v. 26.4.2000 – 4 Ws 65/00, NJW 2000, 2598 bzgl. einer Beschlagnahme gem. § 111b StPO im Fall des § 73d StGB.
7 Vgl. die Übersicht bei *Schmidt* in LK, vor § 73 StGB Rz. 19.

geführt wurden, die dem Abschluss eines betrügerischen Kaufvertrages dienten[1]. Die Gegenstände müssen entweder dem Täter oder Teilnehmer gehören oder allgemeingefährlich sein (§ 74 Abs. 2 StGB). Im letzteren Falle kommt eine Einziehung auch dann in Betracht, wenn der Täter ohne Schuld gehandelt hat (§ 74 Abs. 3 StGB). Die Einziehung von Gegenständen, die nicht dem Täter oder Teilnehmer gehören, ist nur unter engen Voraussetzungen möglich (§ 74a StGB).

Im Steuerstrafrecht ermöglicht § 375 Abs. 2 AO die Einziehung sog. **Beziehungsgegenstände**. Dies sind weder die vorstehend beschriebenen „producta" oder „instrumenta sceleris", sondern notwendige Gegenstände der Tat selbst, z.B. die geschmuggelte Ware[2]. Bei § 375 Abs. 2 AO handelt es sich um eine „besondere Vorschrift" i.S. des § 74 Abs. 4 StGB, sodass insbesondere die Einschränkungen des § 74 Abs. 2 StGB gelten[3]. 83a

§ 75 StGB bewirkt, dass **auch juristische Personen** oder vergleichbare Personenvereinigungen von einer Einziehung betroffen sein können, wenn ihre Organe oder leitende Mitarbeiter (vgl. im Einzelnen § 75 S. 1 Nr. 4 StGB) für sie gehandelt haben. 84

Wie beim Verfall geht das Eigentum an dem Gegenstand mit der Rechtskraft der Entscheidung auf den Staat über (vgl. im Einzelnen § 74e StGB).

Die Einziehung wertvoller Gegenstände muss dann im Rahmen der **Strafzumessung** (nur bei der Gesamtstrafe, nicht bei den Einzelstrafen) mildernd berücksichtigt werden, wenn der Täter hiervon betroffen ist (beispielsweise wenn ihm der einzuziehende Gegenstand gehört, § 74 Abs. 2 Nr. 1 StGB)[4]. 85

Die Einziehung ist – wie der Verfall – unter den gleichen Voraussetzungen auch im **objektiven Verfahren** möglich (vgl. § 76a StGB, § 440f StPO) möglich. 86

C. Sanktionen nach Ordnungswidrigkeiten

I. Gegen natürliche Personen

Schrifttum: *Labi*, Der gemäß § 29a OWiG abzuschöpfende Vorteil bei Verstößen gegen öffentlich-rechtliche Anzeige- und Genehmigungspflichten, NZWiSt 2013, 41; *Retemeyer*, Gewinnabschöpfung im Ordnungswidrigkeitenrecht, wistra 2012, 56.

1. Geldbuße

Als Rechtsfolge eines Verstoßes gegen Ordnungswidrigkeitenvorschriften sieht das Gesetz in erster Linie die Geldbuße vor. Der **Bußgeldrahmen** reicht von 2 Euro bis 1 000 Euro, sofern – was fast die Regel ist – das Gesetz, in dem die 87

---

1 Vgl. BGH v. 4.1.1994 – 4 StR 718/93, BGHR StGB § 74 Abs. 1 Ermessensentscheidung 1.
2 S. *Fischer*, § 74 StGB Rz. 10.
3 S. BGH v. 31.10.1994 – 5 StR 608/94, wistra 1995, 30.
4 BGH v. 6.6.2001 – 2 StR 205/01, BGHR StGB § 46 Abs. 1 Schuldausgleich 39.

jeweilige Ordnungswidrigkeit enthalten ist, nichts anderes bestimmt (§ 17 Abs. 1 OWiG); verschiedentlich beläuft sich bei vorsätzlichen Ordnungswidrigkeiten die Bußgeldobergrenze auf 1 Mio. Euro (z.B. § 130 OWiG), vereinzelt sogar auf 5 Mio. Euro (§ 56 KWG n.F.; vgl. auch § 1 Rz. 121).

88 Praktisch wichtig ist § 17 Abs. 2 OWiG, wonach bei **fahrlässiger Begehungsweise** der Bußgeldrahmen nur bis zur *Hälfte* der Obergrenze des im Gesetz festgelegten Rahmens reicht, sofern – was häufig der Fall ist – für vorsätzliche und fahrlässige Begehungsweise dieselbe Höchstgrenze gilt. Dies hat auch Auswirkungen auf die Verjährung (§ 17 Rz. 64).

89 Grundlage für die **Zumessung der Geldbuße** sind objektiv die Bedeutung der Ordnungswidrigkeit und subjektiv der Vorwurf, der den Täter trifft (§ 17 Abs. 3 S. 1 OWiG). Bei Ersterem sind insbesondere der Stellenwert des geschützten Rechtsgutes oder der geschützten Interessen oder das Ausmaß von dessen Gefährdung in Ansatz zu bringen. Auch die Häufigkeit gleichartiger Verstöße (generalpräventives Moment) und die Art der Ausführung der Tat können berücksichtigt werden[1]. Bei der Beurteilung des individuellen Schuldvorwurfes sind die in § 46 Abs. 1 und 2 StGB genannten Merkmale von Bedeutung, wobei auch das Doppelverwertungsverbot des § 46 Abs. 3 StGB (Rz. 44) gilt.

90 Die **wirtschaftlichen Verhältnisse** des Betroffenen spielen gem. § 17 Abs. 3 S. 2 Hs. 1 OWiG nur eine nachgeordnete Rolle („kommen in Betracht"). Bei geringfügigen Geldbußen bleiben sie i.d.R. unberücksichtigt (§ 17 Abs. 3 S. 2 Hs. 2 OWiG). Die Grenze der Geringfügigkeit liegt nach überwiegender Ansicht derzeit bei 250 Euro[2].

91 Richtlinien für die Bemessung von Geldbußen enthalten die **Bußgeld- und Verwarnungsgeldkataloge**. Soweit sie für das Wirtschaftrecht relevant sind, handelt es sich dabei um Verwaltungsvorschriften, die für die Gerichte nicht bindend sind.

2. Vorteilsabschöpfung

92 Für Ordnungswidrigkeiten auf dem Gebiet des *Wirtschaftsrechts* ist § 17 Abs. 4 OWiG von Bedeutung: Zum Zwecke der **Vorteilsabschöpfung** soll die Geldbuße den *wirtschaftlichen Vorteil*, den der Täter aus der Ordnungswidrigkeit gezogen hat, *übersteigen*. Zu diesem Zweck kann sogar das gesetzliche Höchstmaß der Geldbuße überschritten werden. Dabei umfasst der Begriff „wirtschaftlicher Vorteil" nicht nur einen Geldgewinn, sondern auch andere durch Ordnungswidrigkeiten erlangte Vorteile wie Verbesserung der Marktposition oder Ersparen sonst angefallener Kosten[3]. Aufwendungen sind abzuziehen. Nach Auffassung des BVerfG verlangt der allgemeine Gleichheitssatz (Art. 3 GG), dass entweder die Geldbuße mit dem Abschöpfungsbetrag bei der Ein-

---

1 *Gürtler* in Göhler, § 17 OWiG Rz. 16.
2 H.M., vgl etwa OLG Celle v. 16.7.2008 – 311 Ss Bs 43/08, NJW 2008, 3079; OLG Koblenz v. 3.1.2007 – 1 SS 289/06, ZfS 2007, 231; OLG Stuttgart v. 6.11.2012 – 4a Ss 635/12; *Gürtler* in Göhler, § 17 OWiG Rz. 24 m.w.Nw.
3 *Gürtler* in Göhler, § 17 OWiG Rz. 40.

kommensbesteuerung abgesetzt werden kann oder ihrer Bemessung nur der um die absehbare Einkommensteuer verminderte Betrag zugrunde gelegt wird[1]. Allerdings ergibt sich ein wirtschaftlicher Vorteil nicht allein daraus, dass ein Unternehmen „schwarz" gearbeitet hat[2].

Bei den im **WiStG** enthaltenen Zuwiderhandlungen (§ 61 Rz. 73 ff., 92 ff., § 64) bestimmt sich die *Abschöpfung des Mehrerlöses* nach §§ 8–11 WiStG. – Bei *Kartellverstößen* greift die Sondervorschrift des § 81 Abs. 5 GWB (§ 57 Rz. 152) ein.

Folge einer *Ordnungswidrigkeit* kann – neben der Verhängung der Geldbuße oder als selbständige Anordnung – die **Einziehung** von Gegenständen sein (§§ 22–29 OWiG). Diese Vorschriften stimmen mit den Einziehungsregeln des allgemeinen Strafrechts (Rz. 83 ff.) weitgehend überein. Auch ist unter den Voraussetzungen des § 29a OWiG die Anordnung des **Verfalls** möglich[3]. 93

II. Gegen Verbände

Schrifttum: *Achenbach,* Verbandsgeldbuße und Aufsichtspflichtverletzung (§§ 30 und 130 OWiG) – Grundlagen und aktuelle Probleme, NZWiSt 2012, 321; *Achenbach,* Das Schicksal der Verbandsgeldbuße nach § 30 OWiG nach Erlöschen des Täter-Unternehmensträgers durch Gesamtrechtsnachfolge, wistra 2012, 413; *Corell/von Sauken,* Verteidigungsansätze bei der Unternehmensgeldbuße, wistra 2013, 297; *Dannecker,* Die Ahndbarkeit von juristischen Personen im Wandel, in FS Böttcher, 2007, S. 465; *Eisele,* Gesamtschuldnerische Haftung – Eine neue Rechtsfigur im deutschen Sanktionsrecht?, wistra 2014, 81; *von Freier,* Zurück hinter die Aufklärung: Zur Wiedereinführung von Verbandsstrafen, GA 2009, 98; *Hartan,* Unternehmensstrafrecht in Deutschland und Frankreich, 2006; *Jäger,* Die Unternehmensstrafe als Instrument zur Bekämpfung der Wirtschaftsdelinquenz, in FS Imme Roxin, 2012, S. 43; *Kindler,* Das Unternehmen als haftender Täter. Ein Beitrag zur Frage der Verbandsstrafbarkeit im deutschen Strafrechtssystem, 2008; *Kirch-Heim,* Sanktionen gegen Unternehmen. Rechtsinstrumente zur Bekämpfung unternehmensbezogener Straftaten, 2007; *Kleszczewski,* Gewinnabschöpfung mit Säumniszuschlag – Versuch über die Rechtsnatur der Verbandsgeldbuße (§ 30 OWiG), in FS Seebode, 2008, S. 179; *Kretschmer,* Anmerkungen zur strafrechtlichen Verantwortlichkeit der Unternehmensleitung für das Verhalten von Mitarbeitern – Begründung und Vermeidung unter Berücksichtigung von Compliance, StraFo 2012, 259; *Pieth,* Strafverfahren gegen das Unternehmen, in FS Eser, 2005, S. 599; *Reichling,* Selbstanzeige und Verbandsgeldbuße, NJW 2013, 2233; *Röske/Böhmer,* Zur Haftung des Unternehmensträgers gem. § 30 Abs. 1 Nr. 5 OWiG für deliktisches Handeln auf Betriebsebene, wistra 2013, 48; *Schillo,* Der Einsatz des Ordnungswidrigkeitenrechts gegen Unternehmen – aktuelle Entwicklungen und Folgen, StRR 2011, 175; *Schmuck/Steinbach,* Geldbußen gegen juristische Personen und Personenvereinigungen gem. § 30 OWiG – Unzulässigkeit einer isolierten Festsetzung, StraFo 2008, 235; *Trüg,* Die Verbandsgeldbuße gegen Unternehmen – Ist-Zustand und Reformüberlegungen, ZWH 2011, 6; *Tsimbikakis/Kretschmer,* Verbandsgeldbuße, in Böttger, Wirtschaftsstrafrecht, 2011, S. 969; *Walter,* Sanktionen im Wirtschaftsstrafrecht, JA 2012, 481.

---

1 BVerfG v. 23.1.1990 – 1 BvL 4, 5, 6/87, BVerfGE 81, 228.
2 BayObLG v. 13.6.2003 – 3 Ob OWi 50/03, wistra 2003, 470.
3 Hierzu OLG Celle v. 30.8.2011 – Ss Bs 175/11, wistra 2012, 476 m. Anm. *Claus,* NZWiSt 2012, 194.

94 Gem. § 30 OWiG kann *gegen juristische Personen und Personenvereinigungen* eine Geldbuße verhängt werden (**Verbandsgeldbuße**, vgl. zum Grundsätzlichen § 23 Rz. 31 ff.). Dies ist möglich, wenn jemand als Vertreter des Verbandes eine Straftat oder Ordnungswidrigkeit begangen hat, wodurch Pflichten, die dem Verband obliegen, verletzt worden sind, oder durch den Pflichtenverstoß der Verband bereichert worden ist oder werden sollte. Die Vorschrift enthält keinen eigenen Ordnungswidrigkeitentatbestand, sondern knüpft an die Straftat oder Ordnungswidrigkeit des Verantwortlichen an[1]. Fraglich ist deshalb, ob damit lediglich das Verhalten von natürlichen Personen einem Verband zugeordnet wird oder ob schon eine eigene Verbandstäterschaft begründet wird[2].

95 § 30 OWiG will die **Vorteile abschöpfen**, die einer Organisation durch eine in ihrem Interesse begangene Straftat oder Ordnungswidrigkeit zugeflossen sind. Durch die Verbandsgeldbuße wird eine Besserstellung der juristischen Personen gegenüber natürlichen Personen vermieden. Zugleich sollen die gesetzlichen Vertreter der Organisation angehalten werden, dafür zu sorgen, dass es nicht zu Rechtsverstößen der Organisation kommt. Neben der Verhängung einer Verbandsgeldbuße ist ein *Verfall* nach § 29a Abs. 2 OWiG, §§ 73, 73a StGB nicht möglich (§ 30 Abs. 5 OWiG).

1. Sanktionsfähige Verbände

96 § 30 Abs. 1 OWiG sieht die Verbandsgeldbuße vor gegen
- **juristische Personen** (Nr. 1),
- *nicht rechtsfähige Vereine* (Nr. 2), z.B. Gewerkschaften, politische Parteien[3],
- **rechtsfähige Personengesellschaften** (Nr. 3) wie OHG (§§ 105 ff. HGB), KG (§§ 161 ff. HGB), GmbH & Co KG, Gesellschaften des Bürgerlichen Rechts (als rechtsfähige Außen-GbR[4]; §§ 705 ff. BGB), Partnerschaftsgesellschaften (§§ 1 Abs. 1 S. 2, Abs. 4, 7 Abs. 2 PartGG, § 124 HGB) und Europäische Wirtschaftliche Interessenvereinigungen (EWIV – § 23 Rz. 96).

Auch gegen *juristische Personen des öffentlichen Rechts* – öffentlich-rechtliche Körperschaften, Anstalten und Stiftungen – kann eine Verbandsgeldbuße verhängt werden[5].

97 **Ändert sich die Rechtsform** der Gesellschaft nach Beendigung der Bezugstat, kann gleichwohl eine Geldbuße gegen die *neue Gesellschaft* festgesetzt werden, wenn diese nach wirtschaftlicher Betrachtung mit der früheren identisch ist[6]. Ein Wechsel der Gesellschafter oder eine Änderung der Firmenbezeich-

---

1 BGH v. 5.12.2000 – 1 StR 411/00, NJW 2001, 1436; *Rogall* in KK, § 30 OWiG Rz. 2.
2 Für eine Verbandstäterschaft *Rogall* in KK, § 30 OWiG Rz. 2; a.A. *Müller, E.*, Die Stellung der juristischen Person im Ordnngswidrigkeitenrecht,1985, 16; *Schroth*, Unternehmen als Normadressaten und Sanktionssubjekte, 1993, S. 173; *Ransiek*, Unternehmensstrafrecht, 1996, S. 111.
3 *Achenbach* in A/W, Abschn. 2, Sanktionen gegen Unternehmen, Rz. 3.
4 BGH v. 29.1.2001 – II ZR 331/00, BGHZ 146, 342 = NJW 2001, 1056.
5 H.M., aber str.: OLG Frankfurt v. 30.1.1976 – 2 Ws (B) 356/75, NJW1976, 1296; OLG Hamm v. 27.2.1979 – 1 Ss OWi 1/79, NJW1979, 1312; *Rogall* in KK, § 30 OWiG Rz. 33; *Gürtler* in Göhler, § 30 OWiG Rz. 2.
6 BGH v. 11.3.1986 – KBR 8/85, wistra 1986, 221; *Gürtler* in Göhler, § 30 Rz. 38b.

nung nach Begehung der Ordnungswidrigkeit ist unschädlich, da damit die Identität der Gesellschaft nicht infrage gestellt wird [1]. Bei einer **Gesamtrechtsnachfolge** oder partieller Gesamtrechtsnachfolge durch Aufspaltung der Gesellschaft kann die Geldbuße gegen den Rechtsnachfolger verhängt werden (§ 30 Abs. 2a S. 1 OWiG)[2].

2. Täterkreis

Nach § 30 Abs. 1 Nr. 1–5 OWiG sind **taugliche Täter** Personen mit folgenden Leitungsfunktionen: 98

– Nr. 1: *vertretungsberechtigtes Organ* einer juristischen Person (AG, GmbH, Genossenschaft, KGaA, rechtsfähiger Verein) oder Mitglied eines solchen Organs,

– Nr. 2: Vorstand oder Vorstandsmitglied eines *nicht rechtsfähigen Vereins*,

– Nr. 3: *vertretungsberechtigter Gesellschafter* einer rechtsfähigen Personengesellschaft (OHG, KG, PartG, AußenGbR; bei der GmbH & Co KG i.V.m. Nr. 1 der GmbH-Geschäftsführer),

– Nr. 4: *Generalbevollmächtigter* oder in leitender Stellung als *Prokurist* oder *Handlungsbevollmächtigter* einer juristischen Person, eines nicht rechtsfähigen Vereins oder einer rechtsfähigen Personengesellschaft,

– Nr. 5: *sonstige Personen*, die für die *Leitung* des Betriebes oder Unternehmens einer juristischen Person, eines nicht rechtsfähigen Vereins oder einer rechtsfähigen Personengesellschaft verantwortlich handeln; dazu gehört auch „die Überwachung der Geschäftsführung oder die sonstige Ausübung von Kontrollbefugnissen in leitender Stellung".

Zu den entweder auf Betriebs- oder auf Unternehmensebene[3] leitenden Personen, die **Kontrollbefugnisse** ausüben (§ 30 Abs. 1 Nr. 5 OWiG), sind die Mitglieder eines Aufsichtsrats zu rechnen, aber auch die Leiter einzelner Unternehmensbereiche (interne Finanzkontrolle, Rechnungsprüfung) und die Umwelt- und Compliance-Beauftragten. Die Gruppe der Leitungspersonen ist nicht auf Personen mit Kontrollbefugnissen beschränkt; auch Insolvenzverwalter und faktische Geschäftsführer zählen dazu[4]. 99

Aus *anderen Gesetzen* ergibt sich ein **erweiterter Anwendungsbereich** der Verbandsgeldbuße. So gilt gem. § 59 KWG § 30 OWiG auch für Unternehmen i.S. des § 53b Abs. 1 S. 1 und Abs. 7 S. 1 KWG, also für Einlagenkreditinstitute, Wertpapierhandelsunternehmen, Unternehmen, die Bankgeschäfte oder Finanzdienstleistungen betreiben, und für Finanzunternehmen, die über eine Zweigniederlassung oder im Wege des grenzüberschreitenden Dienstleistungsverkehrs im Inland tätig sind. 100

---

1 Vgl. BGH v. 11.3.1986 – KBR 8/85, wistra 1986, 221; BGH v. 23.11.2004 – KRB 23/04, NJW 2005, 1381; *König* in Göhler, § 30 OWiG Rz. 38b.
2 Krit. zu einer gesamtschuldnerischen Haftung mehrerer Rechtsnachfolger *Eisele*, wistra 2014, 81.
3 Hierzu OLG Celle v. 29.3.2012 – 2 Ws 81/12, wistra 2012, 318 m. Anm. *Rübenstahl*, NZWiSt 2013, 71.
4 *Gürter* in Göhler, § 30 OWiG Rz. 14.

3. Anknüpfungstat

101 Die Festsetzung einer Geldbuße gegen einen Verband setzt voraus, dass ein Organ, Vertreter oder Bevollmächtigter rechtswidrig und schuldhaft eine Straftat oder Ordnungswidrigkeit begangen hat (**Anknüpfungstat**), durch die entweder

– Pflichten verletzt worden sind, welche den Verband treffen (1. Alternative) oder

– der Verband durch die Tat bereichert worden ist oder dies beabsichtigt war (2. Alternative).

a) Betriebsbezogene Pflichten

102 Bei den in der **1. Alternative** angesprochenen Pflichten handelt es sich in um betriebsbezogene Pflichten. Hierzu zählen

– *Aufsichtspflichten* gem. § 130 OWiG (vgl. § 30 Rz. 141);
– *Pflichten* im *Wirkungskreis* des Verbandes;
– Betriebsbezogene Pflichten zur Vermeidung von *Allgemeindelikten*.

103 **aa)** Die **Aufsichtspflichten** gehören zu den zentralen Pflichten[1], deren Verletzung durch Leitungspersonen gezielt sanktioniert werden soll. In der Praxis handelt es sich um die bedeutsamste Gruppe von Anknüpfungstaten. Nicht nur die Leitungsperson, sondern auch der Verband soll für die Verletzung der Aufsichtspflichten mit einer Buße belegt werden; ferner soll der durch den Verstoß erreichte oder beabsichtigte Vorteil abgeschöpft werden. Dies wäre nicht möglich, würde sich die Buße nur gegen die Leitungsperson richten.

Eine *Verletzung* der Aufsichtspflicht verlangt die *Feststellung*, dass die Leitungsperson die Mitarbeiter im Hinblick auf die Einhaltung der entsprechenden Vorschriften (z.B. abfall- und wasserrechtlicher Art) nicht hinreichend eingewiesen und überwacht hat. Im Urteil müssen das Ausmaß der Aufsichts- und Kontrollpflichten dargelegt werden. Dazu bedarf es u.a. Angaben zu Betriebsaufbau und -organisation, zur Aufgabenverteilung innerhalb des Betriebes sowie zu Art und Umfang der vom Täter durchgeführten Kontrollmaßnahmen[2].

104 **bb)** Pflichten im **Wirkungskreis** des Verbandes knüpfen an die jeweilige Funktion an; z.B. sind dies Pflichten als Arbeitgeber (Zahlung von Sozialversicherungsbeiträgen), Gewerbetreibender, Halter von Fahrzeugen, Einführer oder Ausführer, Erzeuger oder Vertreiber, Auskunfts- oder Meldepflichtiger.

105 **cc)** Die sich aus **Allgemeindelikten** ergebenden Pflichten müssen *betriebsbezogen* und durch eine Leitungsperson verletzt worden sein.

Beispiele: Produkthaftungspflichten[3] (vgl. unten § 56), Verkehrssicherungspflichten[4], Vorschriften zum Schutz der Arbeitnehmer (fahrlässige Körperver-

---

1 *Tiedemann*, NJW 1988, 1169 (1173).
2 OLG Jena v. 2.11.2005 – 1 Ss 242/05, NStZ 2006, 533.
3 *Tiedemann*, Juristische Studiengesellschaft Karlsruhe, Heft 221, 1996, 30 (45).
4 Vgl. z.B. BGH v. 14.3.1995 – VI ZR 34/94 – deutliche Warnung vor der Gefahr eines tödlichen Stromschlags, NJW 1995, 2631; OLG Köln v. 21.3.2003 – 19 U 102/02.

letzung oder fahrlässige Tötung¹), Pflichten zur Wahrnehmung fremder Vermögensinteressen² (Untreue, veruntreuende Unterschlagung, Betrug), Pflichten zum Schutz der Umwelt, Pflichten zur Vermeidung von Wettbewerbbeschränkungen.

Eine Betriebsbezogenheit des Handelns von Leitungspersonen liegt (nur) dann nicht vor, wenn die Person wie eine Privatperson und somit ohne spezifischen Bezug zu seiner Stellung als Organ der juristischen Person eine Zuwiderhandlung begeht³.

Da die Verletzung von Handlungspflichten betriebsbezogen sein kann, bildet auch die Nichterfüllung solcher Gebote als **Unterlassen** (§ 13 StGB, § 8 OWiG) eine ausreichende Grundlage für eine Verbandsgeldbuße. 106

b) Vorteilsabschöpfung

Bei der **2. Alternative** – Abschöpfung unrechtmäßiger Vorteile – kommt es auf die *Betriebsbezogenheit* der verletzten Pflicht *nicht* an. Vielmehr kommen alle Verstöße gegen geltendes Straf- und Ordnungswidrigkeitenrecht als Anknüpfungstat in Betracht. Allerdings muss der Täter als *Vertreter des Verbandes* handeln. Ob dies im Rahmen seiner Zuständigkeit geschieht, ist unerheblich. Handlungen, die ausschließlich aus *privatem* Interesse oder nur *bei Gelegenheit* begangen werden, fallen nicht hierunter. Jedoch genügt es, wenn ein innerer Zusammenhang zwischen dem Verhalten des Täters und seiner Stellung als Organ besteht und somit das Handeln des Täters für die juristische Person mit der Wahrnehmung von dessen eigenen Interessen verknüpft ist, was insbesondere bei einer „Ein-Mann-Gesellschaft" naheliegt⁴. 107

Beispiel: Ordnet das Vorstandsmitglied einer AG, die Transporte durchführt, einen Transport von Falschgeld an, das es sich persönlich verschafft hat, so kommt ein Zusammenhang zwischen der Organstellung des Täters und dem Befördern des Falschgeldes in Betracht, weil gewerbsmäßige Transporte im Rahmen des Gesellschaftszwecks liegen und der Täter auf die Geschäftsführung ausschlaggebenden Einfluss hat.

Unter **Bereicherung** ist jede *günstigere Gestaltung der Vermögenslage*, d.h. jede Erhöhung des wirtschaftlichen Wertes des Vermögens, zu verstehen. Auch ein mittelbarer Vorteil zählt dazu. Ersatzansprüche Dritter schließen die Bereicherung nicht aus⁵. Werden sie erfüllt, kann dies bei der Bemessung der Geldbuße mindernd berücksichtigt werden. Die Bereicherung muss *rechtswidrig* und entweder eingetreten oder zumindest beabsichtigt gewesen sein⁶. 108

---

1 RegE-OWiG – Verkehrssicherungspflicht des bauausführenden Unternehmens gegenüber Dritten für den Zustand des Bauzauns, BT-Drs. V/1269, 60.
2 *Rogall* in KK, § 30 OWiG Rz. 70; *König* in Göhler, § 30 OWiG Rz. 20.
3 OLG Celle v. 26.11.2004 – 1 Ws 388/04, NStZ-RR 2005, 82.
4 BGH v. 18.7.1996 – 1 StR 386/96, wistra 1997, 23 m. Anm. *Achenbach*, JR 1997, 205.
5 *Rogall* in KK, § 30 OWiG Rz. 70; *König* in Göhler, § 30 OWiG Rz. 23.
6 *Gürter* in Göhler, § 30 OWiG Rz. 22.

Beispiele: Das *LG Bielefeld* hat Strafverfahren gegen Vorstandsmitglieder von Banken wegen Beihilfe zur Steuerhinterziehung durch Bereitstellung eines geschlossenen Systems zum anonymisierten Transfer des Kapitals von Kunden nach Luxemburg und in die Schweiz gem. § 153a StPO unter der Auflage von hohen Geldbußen eingestellt. Zugleich wurde gegen die Banken eine isolierte Verbandsgeldbuße in Millionenhöhe verhängt[1].

Das *AG Düsseldorf* hat gegen eine Bank eine Verbandsgeldbuße in Höhe von 37 Mio. DM festgesetzt und gegen ein Vorstandsmitglied sowie gegen deren Geschäftsleiter in Luxemburg Strafbefehle wegen Beihilfe zur Steuerhinterziehung erlassen. Gegen vier Vorstandsmitglieder wurde das Verfahren gegen Geldauflagen gem. § 153a StPO eingestellt. Die Bereicherung der Banken ließ sich an dem Kapitalstrom der Kunden in die ausländischen Filialen und dem Zuwachs des Gewinns der Auslandstöchter errechnen; zumindest ein mittelbarer Vorteil konnte festgestellt werden[2].

4. Arten der Verbandsgeldbuße

109 § 30 OWiG sieht **drei Möglichkeiten** zur Festsetzung von Verbandsgeldbußen vor: die kumulative (verbundene, Rz. 110), die isolierte (selbständige, Rz. 111 ff.) und die anonyme (Rz. 118) Verbandsgeldbuße.

110 a) Die **kumulative Verbandsgeldbuße** wird in einem einheitlichen (verbundenen) Verfahren *gegen* den *Täter* der Anknüpfungstat *und* den *Verband* verhängt. Sie stellt den Grundfall der Verbandsgeldbuße dar.

111 b) Die **isolierte Verbandsgeldbuße** wird gem. § 30 Abs. 4 S. 1 OWiG selbständig festgesetzt, wenn eine Anknüpfungstat vorliegt, gegen den Täter wegen dieser Tat aber ein Straf- oder Bußgeldverfahren *nicht eingeleitet*, ein bereits eingeleitetes Verfahren *eingestellt* oder wenn *von der Strafe abgesehen* wird. Sie setzt somit voraus, dass eine Leitungsperson schuldhaft eine Zuwiderhandlung begangen hat, die im selbständigen Verfahren festgestellt werden muss[3]. Ferner kann eine isolierte Geldbuße verhängt werden, wenn dies das *Gesetz vorsieht* (§ 30 Abs. 4 S. 2 OWiG).

112 aa) Die Alternative „**Nichteinleitung** eines Straf- oder Bußgeldverfahrens" liegt vor, wenn die Verwaltungsbehörde gem. § 47 OWiG von der Verfolgung der Ordnungswidrigkeit absieht. Eine Nichteinleitung eines Verfahrens mangels Anfangsverdachts genügt nicht, da dann keine Anknüpfungstat vorliegt (s. aber Rz. 118 ff.).

113 bb) Die **Einstellung** umfasst folgende Fälle:

Gem. **§ 170 Abs. 2 StPO** wegen Fehlens eines Strafantrags, Abwesenheit, Tod oder Verhandlungsunfähigkeit[4], es sei denn, es liegen *rechtliche Verfolgungshindernisse* vor (§ 30 Abs. 4 S. 3 Hs. 1 OWiG), so insbesondere bei *Verjährung*

---

1 LG Bielefeld v. 16.3.1999 – 1 KLs W 1/99 I und 1 KLs D 2/99 I, n.v.; vgl. *Wegner*, NJW 2001, 1979.
2 Der Spiegel Nr. 15/99, S. 116.
3 *König* in Göhler, § 30 OWiG Rz. 40; BGH v. 8.2.1994 – KRB 25/93, NStZ 1994, 346; OLG Düsseldorf v. 16.11.1995 – 5 Ss (Owi) 387/95 – (Owi) 174/95 I, wistra 1996, 77; *Tiedemann*, NJW 1988, 1173.
4 *Rogall* in KK, § 30 OWiG Rz. 169 m.w.Nw.

der Anknüpfungstat vor Einleitung des selbständigen Verfahrens[1]. Hinsichtlich der Verbandsgeldbuße läuft eine – von der Anknüpfungstat unabhängige – Verjährung, die ihrerseits durch Verfolgungshandlungen unterbrochen werden kann (§ 30 Abs. 4 S. 3 Hs. 2 OWiG i.V.m. § 33 Abs. 1 S. 2 OWiG). Die verjährte Ordnungswidrigkeit bezüglich des Organs kann bei der Bemessung der Geldbuße gegen die juristische Person etc. erhöhend gewertet werden, soweit sie mit unverjährten Ordnungswidrigkeiten eines anderen Leitungsorgans aufgrund einer Bewertungseinheit zu einer prozessualen Tat zusammengefasst ist[2].

Gem. §§ 153, 153a, 153b StPO nach Opportunitätsgrundsätzen[3] (str.), nicht aber nach §§ 154, 154a StPO.

cc) Von **Strafe** wird **abgesehen**, wenn die Folgen der Tat, die den Täter getroffen haben, so schwer sind, dass die Verhängung einer Strafe offensichtlich verfehlt wäre (§ 60 StGB). 114

dd) Eine isolierte Verbandsgeldbuße kann ferner im selbständigen Verfahren verhängt werden, wenn das **Gesetz** dies **vorsieht** (§ 30 Abs. 4 S. 2 OWiG). Dies ist z.B. in § 96 EnWG und in § 82 GWB geschehen. 115

Nach **§ 96 EnWG** setzt die *Regulierungsbehörde* eine Verbandsgeldbuße fest, wenn eine Straftat, die auch den Tatbestand des § 95 Abs. 1 Nr. 4 EnWG erfüllt (Nr. 1), oder eine vorsätzliche oder fahrlässige Ordnungswidrigkeit nach § 130 OWiG zugrunde liegt, bei der eine mit Strafe bedrohte Pflichtverletzung auch den Tatbestand des § 95 Abs. 1 Nr. 4 EnWG verwirklicht. 116

Nach **§ 82 GWB** ist die zuständige *Kartellbehörde* (§ 48 GWB) für die Festsetzung einer Geldbuße gegen eine juristische Person oder Personenvereinigung in Fällen ausschließlich zuständig, denen 117

„1. eine Straftat, die auch den Tatbestand des § 81 Abs. 1, 2 Nr. 1 und Absatz 3 verwirklicht, oder

2. eine vorsätzliche oder fahrlässige Ordnungswidrigkeit nach § 130 des Gesetzes über Ordnungswidrigkeiten, bei der eine mit Strafe bedrohte Pflichtverletzung auch den Tatbestand des § 81 Abs. 1, 2 Nr. 1 und Absatz 3 verwirklicht,

zugrunde liegt. Dies gilt nicht, wenn die Behörde das § 30 des Gesetzes über Ordnungswidrigkeiten betreffende Verfahren an die Staatsanwaltschaft abgibt".

Im Kern geht es hier um **Submissionsabsprachen** gem. § 298 StGB (vgl. § 58 Rz. 7 ff.), deren Verfolgung als Straftat aber in die Zuständigkeit der Staatsanwaltschaft fällt (vgl. ergänzend § 58 Rz. 19). Abweichend vom Regelfall des § 40 OWiG (§ 14 Rz. 19) ist die Staatsanwaltschaft nicht für die Verfolgung der Ordnungswidrigkeiten nach § 96 EnWG, § 82 GWB zuständig. Dies erlaubt die Vorbehaltsklausel in § 40 a.E. OWiG. Andererseits hat die Verwaltungsbehörde nach § 41 OWiG die Sache an die Staatsanwaltschaft abzugeben, wenn Anhaltspunkte dafür vorhanden sind, dass die Tat eine Straftat ist. Daher ist die Kartellbehörde *gehalten*, trotz § 82 S. 2 GWB, wonach sie die Sache an die

---
1 BGH v. 5.7.1995 – KRB 10/95, wistra 1995, 314; OLG Frankfurt v. 18.11.1991 – 1 Ws 95/91, NStZ 1992, 193.
2 BGH v. 28.6.2005 – KRB 2/05, NJW 2006, 163 = NStZ 2006, 228.
3 *Rogall* in KK, § 30 OWiG Rz. 149 m.w.Nw.; *Wegener*, NJW 2001, 1979 (1981).

Staatsanwaltschaft abgeben *kann*, dieser den Vorgang vorzulegen, da andernfalls die Gefahr einer Strafvereitelung besteht[1].

118 **c)** Eine **anonyme Verbandsgeldbuße** kann verhängt werden, wenn der *Täter* der Anknüpfungstat *nicht* sicher *feststellbar* ist. Dies ist zwei Fällen möglich:

119 **Mehrere Personen**, die unter § 30 Abs. 1 Nr. 1–5 OWiG fallen, kommen als Täter in Betracht; es kann aber nicht festgestellt werden, wer die Anknüpfungstat begangen hat[2]. Allerdings müsste jeder von ihnen vorwerfbar gehandelt haben[3].

120 Entsprechendes gilt für eine **Aufsichtspflichtverletzung** nach § 130 OWiG (vgl. § 30 Rz. 125 ff.). Es muss nicht feststehen, welcher von mehreren infrage kommenden Verantwortlichen die Aufsichtspflicht nicht erfüllt hat, sondern es genügt, dass ein i.S. von § 30 OWiG Verantwortlicher die Zuwiderhandlung vorwerfbar begangen hat. Dabei ist gleichgültig, ob das Verfahren gegen den Verband von vornherein als selbständiges gem. § 30 Abs. 4 OWiG oder zunächst in einem einheitlichen Verfahren (Rz. 110) geführt wurde. Fahrlässiges Handeln der in Betracht kommenden Aufsichtspflichtigen genügt. Dies ist insbesondere von Interesse beim Unterlassen von Aufsichtsmaßnahmen gegenüber nachgeordneten Personen, um Zuwiderhandlungen gegen betriebs- und unternehmensbezogene Pflichten zu verhindern. Solche Verstöße fallen in den Anwendungsbereich von § 130 OWiG, welcher wiederum Anknüpfungstat nach der 1. Alternative des § 30 Abs. 1 OWiG (Rz. 103) ist.

5. Festsetzung der Verbandsgeldbuße

a) Bußgeldrahmen

121 Die **Höhe der Verbandsgeldbuße** richtet sich nach der *Anknüpfungstat* (Rz. 101 ff.).

122 Handelt es sich hierbei um eine **Ordnungswidrigkeit,** so gilt deren angedrohtes Höchstmaß auch für die Verbandsgeldbuße (§ 30 Abs. 2 S. 2 OWiG). Dieses Höchstmaß verzehnfacht sich gem. § 30 Abs. 2 S. 3 OWiG, wenn ein Gesetz auf diese Vorschrift verweist. In einzelnen Bereichen beträgt die Obergrenze 10 % des Jahresumsatzes des betroffenen Unternehmens(trägers) (§ 81 Abs. 4 GWB; § 56 Abs. 7, 8 KWG n.F.; vgl. § 1 Rz. 121b f.).

Besteht die Anknüpfungstat in einer *Aufsichtspflichtverletzung* nach § 130 OWiG, bei der die Pflichtverletzung mit Strafe bedroht ist, so beträgt die Höchstgrenze gem. § 130 Abs. 3 S. 1 OWiG eine Mio. Euro, wobei aber durch die Verweisung auf § 30 Abs. 2 S. 3 OWiG in § 130 Abs. 3 S. 2 OWiG eine höhere Buße möglich ist. Liegt als Pflichtverletzung eine Ordnungswidrigkeit

---

1 In diesem Sinne *König* in Göhler, § 30 OWiG Rz. 34, 34a; ferner *Achenbach* in FK-KartellR, § 82 GWB Rz. 8; *Achenbach*, wistra 1998, 168 ff.
2 BGH v. 8.2.1994 – KRB 25/93, NStZ 1994, 346 = wistra 1994, 232; OLG Hamm v. 28.6.2000 – 2 Ss OWi 604/99, wistra 2000, 393; OLG Hamm v. 5.7.2000 – 2 Ss OWi 462/00, wistra 2000, 433.
3 BGH v. 8.2.1994 – KRB 25/93, NStZ 1994, 346 = wistra 1994, 232 (233).

vor, so bestimmt sich das Höchstmaß der Geldbuße wegen der Aufsichtspflichtverletzung nach dem für die Pflichtverletzung angedrohten Höchstmaß der Geldbuße (§ 130 Abs. 3 S. 3 OWiG).

Stellt die Anknüpfungstat eine **Straftat** dar, so beträgt die Höchstgrenze bei vorsätzlicher Begehung bis zu zehn Mio. Euro, bei fahrlässiger Verwirklichung bis zu fünf Mio. Euro (§ 30 Abs. 2 S. 1 OWiG). Erfüllt die Anknüpfungstat *zugleich* den Tatbestand einer *Straftat und einer Ordnungswidrigkeit* (welche freilich gem. § 21 Abs. 1 S. 1 OWiG zurücktritt), so kann nach § 30 Abs. 2 S. 4 OWiG die Verbandsgeldbuße dem Höchstmaß der Ordnungswidrigkeit entnommen werden, wenn diese das Höchstmaß der Geldbuße aus § 30 Abs. 2 S. 1 OWiG übersteigt. Im Fall von Gesamtrechtsnachfolge (Rz. 97) ist die Höhe der Geldbuße durch den Wert des übernommenen Vermögens begrenzt; außerdem darf sie nicht höher sein, als sie dem Rechtsvorgänger gegenüber angemessen gewesen wäre (§ 30 Abs. 2a S. 2 OWiG). 123

b) Bemessung der Geldbuße

Die Geldbuße setzt sich im Grundsatz aus einem Abschöpfungsteil und einen Ahndungsteil zusammen. 124

Nach § 30 Abs. 3 OWiG i.V.m. § 17 Abs. 4 OWiG soll die Geldbuße den wirtschaftlichen Vorteil *übersteigen*, den der Verband aus der Tat gezogen hat. Dieser **Abschöpfungsteil** darf das gesetzliche Höchstmaß der Geldbuße sogar überschreiten (§ 17 Abs. 4 S. 2 OWiG). 125

Der **wirtschaftliche Vorteil** umfasst nicht nur nicht nur Faktoren, die in die Bilanz Eingang finden können, sondern auch sonstige Vorteile wirtschaftlicher Art, etwa solche, die die Position des Verbandes (Unternehmen) am Markt betreffen[1] oder den Erhalt von Bankkunden durch Bestechung seitens von Mitarbeitern der Bank. Sie können durch Schätzung bestimmt werden[2]. Aus ihr muss sich ergeben, welche Situation bestanden hätte, wenn der Verband nicht zu dem inkriminierten Verhalten (z.B. Schmiergeldzahlungen) gegriffen hätte. Dieser hypothetische Sachverhalt ist wirtschaftlich mit der nach der Tat tatsächlich eingetretenen Situation zu vergleichen[3]. Der sanktionierenden Stelle soll so eine einfache Handhabung der Gewinnabschöpfung ermöglicht werden[4]. 126

Die auf den *Abschöpfungsteil* entfallenden **Steuern** sind nur dann mindernd zu berücksichtigen, wenn das Besteuerungsverfahren abgeschlossen ist[5]. Streitig 127

---

1 BGH v. 24.4.1991 – KRB 5/90 – Bußgeldbemessung, WuW/E 2718, 2720.
2 BGH v. 25.4.2005 – KRB 22/04 – steuerfreier Mehrerlös, WUW 2005, 777 (DE-R 1487, 1488 f.).
3 Vgl. hierzu *Raum* in W/J, Kap. 4 Rz. 141 ff.
4 Vgl. zum kartellbedingten Mehrerlös BGH v. 25.4.2005 – KRB 22/04 – Transportbeton-Fall, NStZ 2006, 231 (steuerfreie Mehrerlösabschöpfung); Fortführung von BGH v. 24.4.1991 – KRB 5/90, NStZ 2006, 231 (Bußgeldbemessung).
5 BGH v. 25.4.2005 – KRB 22/04, NStZ 2006, 231 f. zu § 38 Abs. 4 GWB a.F., § 81 Abs. 2 GWB n.F.

ist, ob der wirtschaftliche Vorteil nach dem Netto-[1] oder dem Bruttoprinzip[2] (vgl. § 21 Rz. 92) zu erfolgen hat (zum Vorteil bei *Korruptionsdelikten* vgl. § 53 Rz. 22 ff., Rz. 77 ff.).

128 **bb)** Grundlage für die Zumessung des **Ahndungsteils** der Geldbuße sind die in § 46 StGB enthaltenen Strafzumessungskriterien (vgl. hierzu § 21 Rz. 24 ff.). Dabei muss von der Tat der verantwortlichen Leitungsperson ausgegangen werden. Deren Schuld bestimmt auch gegenüber dem Verband den Umfang der Vorwerfbarkeit[3]. Neben dem individuellen Verschulden der Leitungsperson können auch unternehmensbezogene Umstände ins Gewicht fallen[4].

129 **cc)** Für die am Schluss vorzunehmende **Gesamtabwägung** gilt: Der wirtschaftliche Vorteil, der dem Verband aus der Tat zugeflossen ist, stellt die *untere Grenze der Geldbuße* dar[5]; er kann um den Ahndungsteil *erhöht* werden. Der den Mehrerlös übersteigende Teil des Bußgeldes wird stets Ahndungscharakter haben. Liegt der Ahndungteil unterhalb des Mehrerlöses, wird bis zur Höhe des Mehrerlöses regelmäßig abzuschöpfen sein. Die Festsetzung eines Ahndungs- und eines Abschöpfungsteils ist allerdings nicht zwingend. Es kann angezeigt sein, entweder nur eine Ahndung auszusprechen und auf eine weitergehende Abschöpfung zu verzichten *oder* von einer Ahndung abzusehen und nur eine Abschöpfung vorzunehmen.

130 Es liegt im **Ermessen des Bußgeldrichters**, ob und in welchem Umfang eine Ahndung und/oder eine Abschöpfung erfolgt. Erforderlich ist, dass der Richter die hierfür maßgeblichen Gründe im Urteil darlegt und klarstellt, welcher Anteil Abschöpfungs- und welcher Ahndungsfunktion hat[6]. Wenn also die Geldbuße den aus der Ordnungswidrigkeit gezogenen wirtschaftlichen Vorteil unterschreitet, müssen die hierfür maßgebenden Erwägungen dargelegt werden[7].

6. Verfall

131 Neben der Verbandsgeldbuße gegen die juristische Person etc. ist gem. § 30 Abs. 5 OWiG ein Verfall nach § 29a Abs. 2 OWiG, §§ 73, 73a StGB *nicht* möglich[8]. Wenn jedoch eine Geldbuße nicht festgesetzt wird, darf ein Verfall angeordnet werden. Hierbei können alle Vorteile abgeschöpft werden, auch solche aus Geschäften, die durch Bestechung oder ohne Erlaubnis getätigt worden sind. Ebenso wie im Strafrecht gilt auch hier das Bruttoprinzip[9].

---

1 *Rogall* in KK, § 17 OWiG Rz. 122 m.w.Nw.
2 *Brenner*, NStZ 2004, 256; *König* in Göhler, § 17 OWiG Rz. 38.
3 *Gürtler* in Göhler, § 30 Rz. 36a.
4 *Gürtler* in Göhler, § 30 OWiG Rz. 36a. Zu weiteren Zumessungserwägungen vgl. *Rogall* in KK, § 17 OWiG Rz. 118 m.w.Nw.; *König* in Göhler, § 30 OWiG Rz. 36a.
5 BGH v. 19.9.1974 – KRB 2/74, NJW 1975, 269 (270).
6 BGH v. 25.4.2005 – KRB 22/04, NStZ 2006, 231.
7 OLG Karlsruhe v. 3.7.1974 – 3 Ss (B) 46/74, NJW 1974, 1883.
8 BGH v. 14.2.2007 – 5 StR 323/06, NStZ-RR 2008, 13.
9 OLG Stuttgart v. 10.1.2012 – 1 Ss 730/11, wistra 2012, 383.

D. Außerstrafrechtliche Folgen

Schrifttum: *Gerke,* Außerstrafrechtliche Nebenfolgen im Wirtschaftsstrafverfahren – ein Überblick, wistra 2012, 291; *Kretschmer,* Nichtstrafrechtliche Sanktionen bei wirtschaftskriminellem Handeln, ZWH 2013, 481; *Parigger,* Urteilsfolgen neben der Strafe, StraFo 2011, 447; *Röth,* Nebenfolgen strafrechtlicher Verurteilung, StraFo 2012, 354.

Die rechtskräftige Verurteilung zu einer Strafe, ggf. in bestimmter Mindesthöhe, oder bisweilen auch zu einem Bußgeld kann über die unmittelbaren Urteilsfolgen – zu denen auch Verfall und Einziehung sowie ein Berufsverbot gehören (Rz. 66 ff.) – hinaus noch weitere rechtliche Auswirkungen für den Verurteilten haben. Diese weiteren **Nebenfolgen** treten entweder kraft Gesetzes und ohne förmlichen Ausspruch ein (Rz. 133) oder erfordern ein gesondertes – meist verwaltungsrechtliches – Verfahren, in dem über diese Nebenfolge entschieden wird (Rz. 134). Nachstehend wird nur eine **Übersicht** über diese Nebenfolgen mit *Verweis* auf ihre nähere Behandlung gegeben. – Außer Betracht bleiben hier die zivil- und arbeitsrechtlichen Schadensersatzverpflichtungen etc., die der Verletzte ggf. gegen den Täter im gesonderten Zivilprozess (oder auch im Adhäsionsverfahren, § 11 Rz. 24) durchsetzen kann (vgl. auch § 1 Rz. 131 ff.). 132

Zu den **kraft Gesetzes oder Verwaltungsvorschrift eintretenden Folgen** gehören: 133

– Eintragung ins Bundeszentralregister (§ 13 Rz. 7 ff.),
– Eintragung ins Gewerbezentralregister (§ 13 Rz. 10; § 14 Rz. 36; § 16 Rz. 119c),
– Eintragung in ein Korruptionsregister (§ 16 Rz. 119c; § 53 Rz. 128 ff.),
– Mitteilungen an die Berufskammern der Angehörigen der Freien Berufe gem. MiStra (§ 13 Rz. 11),
– Mitteilung an den Dienstherrn bei Beamten gem. MiStra (§ 13 Rz. 11),
– Verlust des passiven Wahlrechts und der Fähigkeit zur Bekleidung öffentlicher Ämter bei Verurteilung wegen eines Verbrechens (§ 12 Abs. 1 StGB) zu einer Freiheitsstrafe von mindestens einem Jahr (§ 45 Abs. 1 StGB; § 16 Rz. 119a),
– Verlust der Beamteneigenschaft und der Rechte der Beamten im Ruhestand bei Verurteilung zu einer Freiheitsstrafe von mindestens einem Jahr bzw. bei Ruhestandsbeamten von zwei Jahren (§ 41 Abs. 1 S. 1 Nr. 1 BBG, § 24 Abs. 1 S. 1 Nr. 1 BeamtStG; § 59 Abs. 1 S. 1 Nr. 1, Nr. 2 Buchst. a BeamtVG; § 16 Rz. 119a),
– Verlust der Fähigkeit für fünf Jahre, *Geschäftsführer einer GmbH* oder Vorstand einer AG zu sein (sog. Inhabilität) gem. § 6 Abs. 2 S. 2 Nr. 3 GmbHG, § 76 Abs. 3 S. 2 Nr. 3 AktG bei Verurteilung wegen bestimmter Insolvenz- oder Vermögensstraftaten zu einer Freiheitsstrafe von mindestens einem Jahr (§ 16 Rz. 119; § 76 Rz. 64 ff.),
– Ausweisung gem. § 53 AufenthG (§ 16 Rz. 119c).

Als **gesonderte Maßnahmen** aufgrund einer eigenständigen Ermessensentscheidung anderer Entscheidungsträger seien folgende Nebenfolgen genannt: 134

- Einleitung eines Disziplinarverfahrens bei Beamten und Richtern (§ 77 Abs. 3 BBG, § 47 Abs. 3 BeamtStG; § 46 DRiG),
- Einleitung eines berufsrechtlichen Disziplinarverfahrens bei Angehörigen der freien Berufe (s. etwa für Steuerberater § 114 StBerG und für Wirtschaftsprüfer § 85 WPO ; § 91 Rz. 23 ff.),
- Gewerbeuntersagung (§ 35 GewO – für Reisgewerbe § 57 GewO) wegen Unzuverlässigkeit (§ 16 Rz. 120b; § 24 Rz. 34 ff.),
- Versagung oder Entziehung des Reisepasses (§ 7 Abs. 1, § 8 PassG),
- Ausweisung von ausländischen Beschuldigten gem. §§ 53, 54, 55 AufenthG, ggf. auch ohne rechtskräftige Verurteilung (§ 16 Rz. 119c, 120e),
- Versagung bzw. Entziehung von Waffenscheinen bzw. Waffenbesitzkarte und Jagdscheinen sowie Pilotenscheinen (§ 16 Rz. 120c),
- Entziehung von Orden und Ehrenzeichen (§ 4 OrdenG; § 16 Rn 120d),
- Ausschluss von der Teilnahme an Wettbewerben/Ausschreibungen (§ 21 SchwarzArbG; § 21 Abs. 1 S. 1 AEntG; § 16 Rz. 120a; § 36 Rz. 54 ff.; § 58 Rz. 35),
- Ausschluss von der Restschuldbefreiung (§ 290 Abs. 1 Nr. 1 InsO; § 76 Rz. 76 ff.).

2. Teil
Pflichtverstöße bei Gründung des Unternehmens

1. Kapitel
Allgemeines zum Unternehmen

§ 22
Adressaten des Wirtschaftsstrafrechts
Bearbeiter: Christian Müller-Gugenberger

	Rz.
A. Normadressaten	1
I. Allgemeindelikte	5
II. Sonderdelikte	8
B. Kaufmann und Gewerbebetrieb	
I. Allgemeines	16
II. Handels- und Unternehmensregister	20
1. Funktion und Organisation	22
2. Registerpflicht	31
3. Bekanntmachung	40
III. Kaufmann kraft Eintragung	
1. Kaufmann kraft Rechtsform	42
a) Träger der Kaufmannseigenschaft	44
b) Vorgesellschaft	47
c) Zweigniederlassung	49
2. Kaufmann kraft freiwilliger Eintragung	50
a) Einzelkaufmann	51
b) Personenhandelsgesellschaften	56
IV. Kaufmann kraft Handelsgewerbes	61
1. Gewerbe und Gewerbebetrieb	
a) Begriffliche Erfassung	62
b) Grenz- und Ausnahmebereiche	67
2. Handelsgewerbe	73
a) Kaufmännische Einrichtung	75
b) Modernisierung des Bilanzrechts	81
c) Sonderfälle	86

A. Normadressaten

Schrifttum: *Deichmann,* Grenzfälle der Sonderstraftat, 1994; *Krause, E.J.,* Sonderdelikte im Wirtschaftsstrafrecht, 2008 (Diss. Tübingen 2007); *Langer,* Die Sonderstraftat, 2007 (2. Aufl. von: Das Sonderverbrechen, 1972); *Martin,* Sonderdelikte im Umweltstrafrecht, 2006; zu Täterschaft und Teilnahme oben § 19.

Der Ausdruck „Wirtschaftsstrafrecht" legt die Annahme nahe, dieser Teil des Strafrechts wende sich an einen *besonderen Kreis von möglichen Tätern,* also an Normadressaten, die unter dem Begriff „*Wirtschaft*" zusammengefasst werden. Es gibt jedoch **keinen** juristisch **präzisen Adressatenkreis** des Wirtschaftsstrafrechts im Allgemeinen, schon weil der Begriff des „Wirtschaftsstrafrechts" nicht klar zu definieren ist (vgl. § 1 Rz. 81 ff.). Dazu kommt, dass sich die einschlägigen Verbotstatbestände in ganz unterschiedlichen Zusammenhängen entwickelt haben.

1

2 Der Begriff des **Unternehmens** bzw. des **Unternehmers** hat zwar gegenüber früher teilweise mehr juristische Präzision gewonnen und findet sich zunehmend häufiger als Tatbestandsmerkmal im außerstrafrechtlichen und auch im strafrechtlichen Bereich (näher § 23 Rz. 1 ff.). Dieses Begriffspaar taugt zwar dazu, daran eine Darstellung des Wirtschaftsstrafrechts auszurichten – wie es in diesem Buch (vgl. § 1 Rz. 18 ff.) und auch in anderen Werken geschieht –, aber es taugt nicht dazu, den Adressatenkreis der wirtschaftsstrafrechtlichen Normen mit der erforderlichen Genauigkeit allgemein zu umschreiben. Dies wird bereits daran deutlich, dass herkömmlicherweise zum Bereich des Wirtschaftsstrafrechts nicht nur Taten *von* Unternehmern oder *aus* Unternehmen oder *zwischen* Unternehmen gehören, sondern auch bestimmte Taten *gegen* Unternehmen bzw. Unternehmer, wie etwa der Verrat von Geschäftsgeheimnissen (§ 33 Rz. 45 ff.).

3 Indessen ist eine allgemeingültige Umschreibung des Adressatenkreises des Wirtschaftsstrafrechts i.S. einer rechtlichen Definition auch *entbehrlich*. Denn jede **einzelne Verbotsnorm** bestimmt selbst, an wen sie sich richtet bzw. wer bei ihrer Verletzung mit Strafe oder Buße belegt wird. Die einzelnen Normen des Wirtschaftsstrafrechts erweisen sich dabei als sehr vielgestaltig. Die Bezeichnung des tauglichen Täters ist deshalb immer ein *Bestandteil des objektiven Tatbestands* (vgl. § 17 Rz. 5).

4 Deshalb wird der taugliche Täter jeweils im Rahmen der Behandlung der *einzelnen* Verbotstatbestände erörtert. Nur wenige **Themenkreise** mit tatbestandsübergreifender Bedeutung werden hier vorab angesprochen: zum einen die Begriffe „Kaufmann" (Rz. 16 ff.) und „Unternehmen" (unten § 23), zum anderen die generelle Unterscheidung zwischen „Allgemeindelikten" (Rz. 5) und „Sonderdelikten" (Rz. 8). Diese Unterscheidung ergibt sich nicht aus einer bestimmten gesetzlichen Vorschrift, sondern ist dogmatischer Natur; gleichwohl ist sie – trotz Meinungsverschiedenheiten in Einzelfällen – dem Grunde nach unbestritten.

I. Allgemeindelikte

5 I.d.R. bestimmen die Tatbestände den potenziellen Täter nur mit „Wer" und fügen die Beschreibung der Tathandlung hinzu, die dann ggf. den wirtschaftsstrafrechtlichen Inhalt der Norm ersichtlich macht. Danach kann grundsätzlich „**jeder**", d.h. zunächst *jede natürliche Person* Täter eines solchen Delikts sein (zur Tätereignung von Verbandspersonen § 23 Rz. 31 ff.). Der wohl deutlich größere Teil der zum Wirtschaftsstrafrecht gerechneten Tatbestände ist nach dem Gesetzeswortlaut ein „*Jedermann-Delikt*" oder „*Allgemeindelikt*".

6 **Beispiele:** Täter einer *strafbaren Werbung* (§ 16 Abs. 1 UWG n.F.; § 60 Rz. 4, 8 ff.) kann jeder sein, nicht nur der Inhaber eines Geschäftsbetriebes, auch wenn es rein tatsächlich selten ist, dass ein Nicht-Geschäftsinhaber eine solche Tat begeht. Auch „*wettbewerbsbeschränkende Absprachen bei Ausschreibungen*" (§ 298 StGB) sind hinsichtlich des Täterkreises nicht auf „Unternehmer" beschränkt, sondern als Jedermann-Delikt formuliert (§ 58 Rz. 13). Im Kartellrecht kommt es dagegen auf den einzelnen Tatbestand an (§ 57 Rz. 107). Auch die praktisch so wichtigen Tatbestände, bei denen erst die äußeren

Umstände der Tatbegehung zur Einordnung als Wirtschaftsstraftat führen, wie *Betrug* oder *Untreue* (vgl. § 74c Abs. 1 Nr. 6 GVG; § 1 Rz. 93), sind Jedermann-Delikte.

Der Charakter eines solchen Allgemeindelikts wird nicht dadurch infrage gestellt, dass eine näher bestimmte dritte Person als „**notwendiger Teilnehmer**" (dazu § 19 Rz. 26) nicht Täter (oder Mittäter) sein kann, etwa bei der Bestechung der bestochene Amtsträger; für diesen allerdings ist das ihn betreffene Delikt – Bestechlichkeit – ein „Sonderdelikt". 7

II. Sonderdelikte

a) Im Gegensatz zu den Allgemeindelikten oder Jedermann-Delikten stehen als sog. Sonderdelikte die Straftaten, die nur von einem **gesetzlich begrenzten Täterkreis** begangen werden können. Da die Tätermerkmale dieser Sonderdelikte häufig durch einen außerstrafrechtlichen Pflichtenkreis bestimmt werden, der dem (möglichen) Täter eine besondere Verantwortung auferlegt (vgl. Rz. 11), wird teilweise auch von *„Pflichtdelikten"* gesprochen[1]. Auch hier bestimmt der einzelne Straftatbestand die erforderlichen besonderen Tätermerkmale, meist ausdrücklich, bisweilen auch durch den Sinnzusammenhang. So kann etwa Parteiverrat (§ 356 StGB) nur ein „Anwalt oder anderer Rechtsbeistand" begehen. Wer die gesetzlich näher bezeichnete besondere Eigenschaft („Merkmal") nicht hat, kann *nicht als Täter* – und somit auch nicht als Mittäter, Nebentäter oder mittelbarer Täter (§ 19 Rz. 7 ff.) – bestraft werden (sog. *echte Sonderdelikte*), sondern allenfalls als Anstifter oder Gehilfe. Danach ist „Teilnahme" (als Gegensatz zur „Täterschaft", vgl. §§ 25–27 StGB) an einem Sonderdelikt gewissermaßen ein Jedermann-Delikt. Ob allerdings dabei die Strafe zu mildern ist (§ 28 StGB), muss differenziert beantwortet werden, denn nach h.M. sind die einerseits in § 14 Abs. 1 StGB, andererseits in § 28 StGB genannten „besonderen persönlichen Merkmale" nicht gleichbedeutend[2]. 8

Soweit die Zugehörigkeit zu einem besonders bestimmten Täterkreis die Strafbarkeit zwar nicht begründet, aber in einen höheren Strafrahmen hebt („qualifiziert"), spricht man von *„unechten" Sonderdelikten*[3].

Von den Sonderdelikten zu *unterscheiden* sind die **eigenhändigen Delikte**, die nicht auf eine bestimmte Tätergruppe beschränkt sind, sondern – wie z.B. die 9

---

1 So bes. *Roxin*, AT, § 10 Rz. 129; *Roxin*, BT, § 25 Rz. 267 ff.; auch *Heine/Weißer* in S/S, vor § 25 Rn 83; *Schünemann* in LK, vor § 25 StGB, Rz. 42 ff.
2 Z.B. *Lackner/Kühl*, § 14 StGB Rz. 9, § 28 StGB Rz. 3; *Perron* in S/S, § 14 StGB Rz. 8 f.; *Heine/Weißer* in S/S, § 28 StGB Rz. 11; *Schünemann* in LK, § 14 StGB Rz. 9, § 28 StGB Rz. 51; *Radtke* in MüKo, § 14 StGB Rz. 49; *Joecks* in MüKo, § 28 StGB Rz. 19; *Böse* in NK, § 14 StGB Rz. 12; *Puppe* in NK, §§ 28, 29 StGB Rz. 4; *Bosch* in S/S/W, § 14 StGB Rz. 4 f.; *Murmann* in S/S/W, § 28 StGB Rz. 2, 3 f.
3 Vgl. zum Ganzen z.B. *Jescheck/Weigend*, AT, § 26 II 6, § 27 II 5; *Maurach/Zipf*, AT I, § 21 Rz. 8 ff.; *Roxin*, AT I, § 10 Rz. 54, 129 ff.; *Walter* in LK, vor § 13 StGB Rz. 58 ff.; *Kudlich* in S/S/W, vor § 13 StGB Rz. 29 f.; *Stree/Bosch* in S/S, vor § 13 StGB Rz. 131; *Heine/Weißer* in S/S, vor § 25 StGB Rz. 82; *Lackner/Kühl*, vor § 13 StGB Rz. 33; *Freund* in MüKo, vor § 13 StGB Rz. 178; *Renzikowski* in Matt/Renzikowski, vor § 13 StGB Rz. 29.

Aussagedelikte – nur vom Täter selbst begangen werden können, während mittelbare und Mittäterschaft ausscheiden. Sie spielen im Wirtschaftsstrafrecht nur am Rande eine Rolle.

Auch wenn Falschaussage und Meineid (§§ 153, 154, 161 StGB) durchaus nicht selten bei der Verfolgung von Wirtschaftsstraftaten vorkommen, fehlt doch der unmittelbare Bezug zur unternehmerischen Tätigkeit; dagegen liegt die *falsche eidesstattliche Versicherung* (§§ 156, 161 StGB) schon mehr im Bereich der Wirtschaftskriminalität (vgl. § 88 Rz. 24 ff.); der Charakter als „eigenhändiges Delikt" ergibt sich aus § 160 StGB.

10 **Beispiele:** Ein anschauliches Beispiel für die Unterscheidung von Allgemein- und Sonderdelikten bilden die *Korruptionsdelikte* (unten § 53): Die „Bestechung im geschäftlichen Verkehr" (§ 299 Abs. 2 StGB n.F. bzw. § 12 Abs. 1 UWG a.F.) ist ein „Jedermann-Delikt"; dagegen ist die „Bestechlichkeit im geschäftlichen Verkehr" (§ 299 Abs. 1 StGB n.F. bzw. § 12 Abs. 2 UWG a.F.) ein Sonderdelikt, denn Täter kann nur ein „Angestellter oder Beauftragter eines geschäftlichen Betriebes" sein. – Das meistgenannte Beispiel bilden die *Amtsdelikte*: Soweit sie nur von einem (eventuell auch näher eingegrenzten) „Träger eines öffentlichen Amtes" begangen werden können (Vorteilsannahme, Bestechlichkeit – §§ 331, 332 StGB – oder etwa Rechtsbeugung, Aussageerpressung, Verfolgung Unschuldiger, Abgabenüberhebung – §§ 339, 343, 344, 353 StGB), sind sie *„echte Sonderdelikte"*. Vorteilsgewährung und (aktive) Bestechung (§§ 333, 334 StGB) sind dagegen Jedermann-Delikte. Ebenso ist die „Falschbeurkundung im Amt" (§ 348 StGB) ein „echtes Sonderdelikt", während die „Mittelbare Falschbeurkundung" (§ 271 StGB) von Jedermann (außer vom Amtsträger) begangen werden kann. Dagegen ist die „Körperverletzung im Amt" (§ 340 StGB) ein *„unechtes Sonderdelikt"*, da ein „Amtsträger" danach „nur" strenger bestraft wird als ein Täter ohne dieses Tätermerkmal nach den allgemeinen Tatbeständen der Körperverletzung (§ 223 ff. StGB).

11 **Echte Sonderdelikte** sind im Wirtschaftsstrafrecht **häufig**[1]. Insbesondere im sog. Nebenstrafrecht finden sich zahllose Straf- und Bußgeldbestimmungen, die sehr differenziert den Adressaten der jeweiligen Verbotsnorm bestimmen. So ist der mögliche Täter *beispielsweise* gekennzeichnet:

– „Wer als Geschäftsführer ..." oder „Wer als Gesellschafter oder als Geschäftsführer ..." oder „... wer ... in seiner Eigenschaft als Geschäftsführer, Mitglied des Aufsichtsrats oder Liquidator ..." (§§ 82, 84, 85 GmbHG);

– „Wer als Gründer oder als Mitglied des Vorstands oder des Aufsichtsrats ..." (§ 399 Abs. 1 Nr. 1, 2 AktG); „... als Abwickler ..." (§ 399 Abs. 1 Nr. 5 AktG).

Vielfach ist die besondere Täterqualifikation auch durch ein *Tätigkeitswort* ausgedrückt, etwa: „Wer ohne die erforderliche Genehmigung ... eine kerntechnische Anlage betreibt ..." (§ 327 Abs. 1 StGB; ähnlich § 329 StGB). Mitunter ist der taugliche Täter auch als *Unternehmer* oder *Inhaber eines Unternehmens* bezeichnet; ein markantes Beispiel gibt § 130 OWiG (Aufsichtspflichtverletzung): „Wer als Inhaber eines Betriebes oder Unternehmens ..." (vgl. § 23 Rz. 39; § 30 Rz. 125 ff.).

12 Bei anderen Tatbeständen ergibt sich der Charakter als *Sonderdelikt* erst aus dem **Gesamtzusammenhang der Strafnorm**, etwa beim Bankrott (§ 283 StGB) oder der Gläubigerbegünstigung (§ 283c StGB) die Beschränkung des Täterkreises auf „Schuldner" (anders die Schuldnerbegünstigung, § 283d StGB; näher § 81 Rz. 28 ff., § 84 Rz. 4, 5). Bei den sog. Blankett-Straftatbeständen (§ 1 Rz. 11;

---

1 *Tiedemann*, WiStrafR AT, Rz. 159, 177; zu den dogmatischen Fragen näher *Krause*, Sonderdelikte, S. 81 ff.

§ 17 Rz. 8 ff.) ergibt sich häufig die maßgebliche Täterqualifikation nicht aus der Straf- oder Bußgeldnorm – diese ist wie ein Jedermann-Delikt formuliert – sondern erst aus der in Bezug genommenen materiell-rechtlichen Verhaltensnorm.

b) Für (gesetzliche oder rechtsgeschäftliche) **Vertretungsverhältnisse**, in denen die für die Täterschaft erforderlichen persönlichen Merkmale zwar nicht beim handelnden Vertreter, aber beim Vertretenen erfüllt sind, sorgen die *Zurechnungsnormen § 14 StGB/§ 9 OWiG* dafür, dass die Zielsetzung der Sonderdelikte nicht unterlaufen werden kann. Für den Bereich der Einziehung von Vermögensgegenständen (§ 21 Rz. 71 ff.) gelten § 75 StGB/§ 29 OWiG. Diese strafrechtliche Vertreterhaftung ist ein zentrales Thema des Wirtschaftsstrafrechts (vgl. § 30 Rz. 74 ff., auch § 23 Rz. 32, § 81 Rz. 33 ff.) und hat wiederholt Verschärfungen erfahren, insbesondere durch das sog. EU-Rechtsinstrumente-AG[1].

13

Von der Frage, welche persönlichen Merkmale den möglichen Täter eines Sonderdelikts kennzeichnen, ist die Frage zu unterscheiden, wie jemand zu behandeln ist, der die *formal-rechtlichen* Qualifikationsmerkmale *nicht* erfüllt, *tatsächlich* aber die Stellung des von der Strafnorm vorausgesetzten Täters einnimmt. Wichtigstes Beispiel, aber keineswegs der einzige Fall ist der „**faktische Geschäftsführer**", der ohne Eintragung im Handelsregister die Geschicke der GmbH lenkt (dazu § 30 Rz. 56 ff., § 81 Rz. 46 ff.).

14

c) Wenn sich somit auch eine allgemeine Umschreibung des Kreises von Rechtssubjekten, an den sich das Wirtschaftsstrafrecht wendet, verbietet, so gibt es gleichwohl mehrere, in diesem Buch an unterschiedlicher Stelle behandelte Straf- und Bußgeldtatbestände, die entweder am Begriff „Kaufmann" bzw. „Handelsgewerbe" anknüpfen oder an den Begriffen „Betrieb" und „Unternehmen" bzw. „Unternehmer". Deshalb erschien es zweckmäßig, **diese zentralen Rechtsfiguren** aus dem Adressatenkreis des Wirtschaftsstrafrechts i.S. eines „Vor-die-Klammer-Ziehens" vorab zu behandeln. Vorangestellt werden „Kaufmann" und „Gewerbebetrieb" (Rz. 16 ff.); es folgen „Unternehmen" und „Unternehmer" (unten § 23). Ergänzend ist auf unten § 30 zu verweisen.

15

B. Kaufmann und Gewerbebetrieb

Schrifttum: Kommentare, Lehr- und Handbücher zum Handels- und Gesellschaftsrecht s. allgemeines Schrifttumsverzeichnis; außerdem: Beck'sches Handbuch der Personengesellschaften, hrsg. von *Prinz/Hoffmann*, 4. Aufl. 2014; *Heckschen/Heidinger*, Die GmbH in der Gestaltungs- und Beratungspraxis, 3. Aufl. 2014; *Henn/Frodermann/Jannott*, Handbuch des Aktienrechts, 8. Aufl. 2009; *Ulmer/Schäfer*, Gesellschaft bürgerlichen Rechts und Partnerschaftsgesellschaft, 6. Aufl. 2013.

---

1 G v. 22.8.2002, BGBl. I 3387 (vgl. § 5 Rz. 133; § 23 Rz. 19, 40, 49); dazu *Achenbach*, wistra 2002, 441.

I. Allgemeines

16 **Traditioneller Prototyp** des Unternehmers ist in Deutschland (immer noch) der „*Kaufmann*", der den zentralen Anknüpfungspunkt für das gesamte Handelsrecht bildet[1]. In anderen Rechtsordnungen gibt es weder ein gesondert normiertes Handelsrecht noch den Rechtsbegriff des „Kaufmanns"[2]. Bei uns gehört der „Kaufmann" zweifelsfrei zum Adressatenkreis des Wirtschaftsstrafrechts. Die Qualifikation als Kaufmann führt nicht nur im Zivilrecht vielfach zu einem geringen Schutzniveau bzw. zu einem erweiterten Pflichtenkreis[3], sondern ist auch mittelbar oder unmittelbar *Merkmal verschiedener Straf- und Bußgeldtatbestände*. Dies ist insbesondere bei den Buchführungs- und Bilanzdelikten von praktischer Bedeutung (unten §§ 26, 40, 85). Beim Kreditbetrug (§ 265b StGB, § 50 Rz. 150) findet sich der „in kaufmännischer Weise eingerichtete Geschäftsbetrieb" als Tatbestandsmerkmal. Das Recht des „Kaufmanns" ist 1998 erheblich reformiert worden; dabei ist teilweise der „Unternehmer" an die Stelle des „Kaufmanns" getreten[4]. Einen weiteren wichtigen Reformschritt bezüglich der kaufmännischen Publizität hat das EHUG (Rz. 20) gebracht.

17 Das im Wesentlichen am 1.7.1998 in Kraft getretene **Handelsrechtsreformgesetz** (HRefG) vom 22.6.1998[5] hat zwar nicht zur (teilweise befürworteten) Abschaffung der gesetzlichen Kategorie „Kaufmann" geführt – anders als in *Österreich*, wo mit Wirkung vom 1.1.2007 das „Unternehmensgesetzbuch" (UGB) an die Stelle des HGB getreten ist[6]. Gleichwohl hat das HRefG eine seit Langem überfällige und in vielfacher Hinsicht begrüßenswerte *Modernisierung* gebracht[7], die auch Auswirkungen auf die strafrechtliche Behandlung hat.

---

1 Vgl. *Karsten Schmidt* in MüKo, vor § 1 HGB Rz. 1 ff., § 1 HGB Rz. 1; *Röhricht* in Röhricht/Graf v. Westphalen, HGB, Einl. Rz. 1 ff.; *Kindler* in E/B/J/S, vor § 1 HGB Rz. 1; *Oetker* in Staub, HGB, Einl. Rz. 19 f.; *Oetker* in Oetker, HGB, Einl. Rz. 12 f.; *Canaris*, HandelsR, § 1 I; *Brox/Henssler*, HandelsR, Rz. 1 f.

2 Dazu näher *Karsten Schmidt* in MüKo, vor § 1 HGB Rz. 4; *Oetker* in Staub, HGB, Einl Rz. 31; *Hopt* in Baumbach/Hopt, Einl vor § 1 HGB Rz. 25.

3 Z.B. Verbindlichkeit von Vertragsstrafe-Versprechen (§ 348 HGB); Gültigkeit mündlicher Bürgschaften usw. (§§ 350, 343 HGB); Zulässigkeit von Gerichtsstandsvereinbarungen (§ 38 Abs. 1 ZPO) usw.; vgl. *Karsten Schmidt*, HandelsR, § 1 Rz. 73 f., § 2 Rz. 40 ff.; *Kindler*, Grundkurs, § 1 Rz. 13 ff.; *Lettl*, HandelsR, § 1 Rz. 17 ff.; *Jung*, HandelsR, § 1 Rz. 6 ff.

4 So bes. § 310 Abs. 1 BGB i.d.F. des SchuldrechtmodernisierungsG i.V.m. § 14 Abs. 1 BGB im Vergleich zu § 24 Abs. 1 Nr. 1 AGBG i.d.F. vor dem HRefG.

5 G „zur Neuregelung des Kaufmanns- und Firmenrechts und zur Änderung anderer handels- und gesellschaftsrechtlicher Vorschriften", BGBl. I 1474; zu den Wirkungen z.B. *Karsten Schmidt*, Fünf Jahre „neues HandelsR", JZ 2003, 585; *Siems*, 5 Jahre neuer Kaufmannsbegriff – Bestandsaufnahme der Rspr., NJW 2003, 1296.

6 HaRÄG, öst. BGBl. I 2005/120; vgl. *Oetker* in Staub, HGB, Einl. Rz. 24; *Karsten Schmidt* in MüKo, § 1 HGB Rz. 104 ff.

7 Vgl. dazu *Karsten Schmidt* in MüKo, § 1 HGB Rz. 3 f.; *Karsten Schmidt*, HandelsR, § 10 Rz. 1 ff.; *Röhricht* in Röhricht/Graf v. Westphalen, HGB, Einl. Rz. 25 ff., 34 ff.; *Oetker* in Staub, HGB, Einl. Rz. 11 ff.; sowie eingehend die EntwBegr. (BT-Drs. 13/8444, 19, 20 ff.).

Beibehalten wurde die grundsätzliche *"Zweispurigkeit"* des *Kaufmanns-Begriffs* insoweit, als sich die Kaufmannseigenschaft entweder nach materiellen Kriterien *oder* nach formellen Kriterien bestimmt. Danach ist Kaufmann, 18

- wer im Handelsregister eingetragen ist („**Kaufmann kraft Eintragung**"; §§ 6, 2, 3 HGB) oder
- wer (auch ohne Eintragung im Handelsregister) ein Handelsgewerbe betreibt (§ 1 Abs. 2 HGB; „**Kaufmann kraft Handelsgewerbe**"), also ein „großgewerbliches" Unternehmen, das eine kaufmännische Einrichtung erfordert.

Dieser handelsrechtliche Begriff des Kaufmanns hat mit der Kategorie des „**ordentlichen Kaufmanns**" rechtlich *nichts* zu tun. Bei Letzterem handelt es sich nicht um ein besonderes Tätermerkmal, sondern um einen Pflichtenstandard, wie er auch beim „ordentlichen Geschäftsmann" (z.B. § 43 Abs. 1 GmbHG), beim „ordentlichen und gewissenhaften Geschäftsleiter" (z.B. §§ 93 AktG, 34 GenG) oder bei der „ordnungsgemäßen Wirtschaft" (§ 283 Abs. 1 Nr. 1, 3, 8 StGB; § 83 Rz. 49 ff.) angesprochen ist. Die „Ordentlichkeit" ist ein unbestimmter Rechtsbegriff und bezeichnet die erforderliche Sorgfalt[1]. Deren Verletzung spielt etwa beim Tatbestand der Untreue eine erhebliche Rolle. 18a

Schon bisher hat der „Kaufmann kraft Eintragung" in der Praxis und insbesondere in der Strafrechtspraxis die weitaus größere Bedeutung gehabt. Die Handelsrechtsreform hat die Abgrenzung des Kaufmanns vom Nicht-Kaufmann in noch weitaus stärkerem Maße an den formellen Sachverhalt der **Eintragung im Handelsregister** (in Österreich: Firmenbuch[2]) geknüpft. Deshalb erfordert dies einige Ausführungen vorab (Rz. 20 ff.). Aus dem gleichen Grund wird der *„Kaufmann kraft Eintragung"* vorangestellt (Rz. 42 ff.). Dagegen wird die Abgrenzung nach materiell-rechtlichen Kriterien (*„Kaufmann kraft Handelsgewerbe"*), die sowohl historisch als auch im Gesetzesaufbau (und in den meisten handelsrechtlichen Darstellungen) im Vordergrund steht, erst danach erörtert (Rz. 61 ff.). 19

II. Handels- und Unternehmensregister

Schrifttum: Außer den Kommentierungen zu §§ 8 ff. HGB: *Brandt/Marowski*, Die Registersachen in der gerichtlichen Praxis, 4. Aufl. 2012; *Böttcher/Ries*, Formularpraxis des Handelsregisterrechts, 2. Aufl. 2009; *Gassen/Wegerhoff*, Elektronische Beglaubigung und elektronische Handelsregisteranmeldung, 2. Aufl. 2009; *Gustavus*, Handelsregister-Anmeldungen, 8. Aufl. 2013; *Krafka*, Einführung in das Registerrecht, 2. Aufl. 2008; *Krafka/Kühn*, Registerrecht, 9. Aufl. 2013; *Müther*, Das Handelsregister in der Praxis, 2. Aufl. 2008; *Schmidt/Sikora/Tiedtke*, Praxis des Handelsregister- und Kostenrechts, 7. Aufl. 2013; *Schmidt-Kessel/Leutner/Müther*, Handelsregisterrecht, 2010.

---

1 Vgl. z.B. *Ischebeck*, Die Sorgfalt eines ordentlichen Geschäftsmanns und das StrafR in der Unternehmenskrise, wistra 2009, 95; *Krause*, Ordnungsgemäßes Wirtschaften und erlaubtes Risiko, 1995.
2 Das Anfang 1991 in Kraft getretene, wiederholt geänderte und durch mehrere Verordnungen ergänzte FirmenbuchG (FBG; öst. BGBl. 1991/10) weist trotz geänderter Begrifflichkeit nach wie vor große Ähnlichkeit mit dem deutschen Handelsregister auf.

20 Eine zentrale Einrichtung für das Recht des Kaufmanns ist das traditionsreiche, bei den Amtsgerichten eingerichtete **Handelsregister**. Aufgrund der technischen Entwicklung und Vorgaben der EU ist es mit Wirkung ab Anfang 2007 neu organisiert worden. Das „*Gesetz über elektronische Handelsregister und Genossenschaftsregister sowie das Unternehmensregister*" (**EHUG**)[1] hat eine überfällige, auch europarechtlich gebotene Reform gebracht (dazu auch § 41 Rz. 5). Das (nach wie vor dezentrale) Handelsregister wird nun durch ein unmittelbar dem Bundesjustizministerium unterstehendes *zentrales Unternehmensregister* (Rz. 29 f.) überlagert.

20a Die **grundsätzlichen Bestimmungen** enthalten die **§§ 8–16 HGB** im unmittelbaren Anschluss an die Umschreibung der Kaufleute, die ihrerseits in §§ 2–6 HGB die Existenz eines solchen Registers voraussetzen. Diese Bestimmungen sind durch das EHUG reformiert und seither wiederholt ergänzt oder geändert worden[2]. Die weiteren handelsrechtlichen Bestimmungen verweisen immer wieder auf das Handelsregister – von der Erstanmeldung der (Einzel-)Firma oder Gesellschaft bei *Gründung* (z.B. §§ 29 f., 33, 35, 106, 162 HGB) über die *Änderung* der wichtigen Rechtsverhältnisse (z.B. §§ 31 Abs. 1, 34, 53, 107, 175 HGB) bis zur (Voll-)*Beendigung* des kaufmännischen Unternehmens (z.B. §§ 31 Abs. 2, 32, 143, 148, 157 HGB) –, ebenso z.B. das AktG, das GmbHG und das UmwG. Das modernisierte Handelsregister bildet damit gleichsam das Rückgrat des gesamten Unternehmensrechts. Die – früher ebenfalls eng mit dem Handelsregister verknüpfte – *Publizität* der Rechnungslegung (unten § 41) ist dagegen von den Registergerichten auf den „Betreiber des Bundesanzeigers" verlagert worden.

21 Durch die **europäische Rechtsetzung**[3] hat das Handelsregister in allen EU-Mitgliedstaaten – trotz vielfach unterschiedlicher Organisation[4] – eine weitgehend übereinstimmende Aufgabe zur Information der Allgemeinheit über die Rechts- und Vermögensverhältnisse von Unternehmen erhalten. Obwohl Schwerpunkt der bisherigen EG-Richtlinien die Kapitalgesellschaften sind – in Deutschland also AG (samt KGaA) und GmbH –, haben die registerrechtlichen bzw. publizitätsrechtlichen Vorgaben „aus Brüssel" vielfach auf die anderen Unternehmensformen durchgeschlagen. Das Hauptgewicht der jüngeren Vor-

---

1 G v. 10.11.2006, BGBl. I 2553 mit inzwischen mehrfachen Änderungen.
2 So bes. durch das Transparenzrichtlinie-UmsetzungsG (TUG) v. 5.1.2007, BGBl I 10, das FamFG v. 17.12.2008, BGBl. I 2586, und das MicroBilG v. 20.12.2012, BGBl. I 2751 (unten § 23 Rz. 28b).
3 Bes. die 1. gesellschaftsrechtliche RL (sog. PublizitätsRL) v. 9.3.1968 i.d.F. der ÄnderungsRL 2003/58 v. 15.7.2003, ABl. EU Nr. L 221 v. 4.11.2003, 13, und die 11. RL über die Publizität von Zweigniederlassungen v. 21.12.1989; vgl. dazu und zur Umsetzung in nationales Recht im Überblick näher *Habersack/Verse*, Europ. GesR, § 5; *Grundmann*, Europ. GesR, §§ 8, 23; *Lutter/Bayer/Schmidt*, Europ. Unternehmens- und KapitalmarktR, §§ 7, 19, 28, 36; dazu kommt die kapitalmarktorientierte „Transparenzrichtlinie" 2004/109/EG v. 15.12.2004, ABl. EU Nr. L 390 v. 31.12.2004, 8, die zum „Transparenzrichtlinie-UmsetzungsG" (vorst. Fn.) geführt hat (vgl. unten Rz. 30); sowie die ÄnderungsRL 2012/6/EU v. 14.3.2012, die durch das MicroBilG (vorst. Fn.) umgesetzt wurde.
4 Vgl. *Leutner* in Schmidt-Kessel/Leutner/Müther, HandelsregisterR, Anh. S. 405 ff.

gaben lag auf der inzwischen abgeschlossenen „Elektronisierung" der Register und der Eröffnung des direkten Zugriffs auf den Datenbestand (s. Rz. 29a).

1. Funktion und Organisation

a) Die Bedeutung des deutschen **Handelsregisters** erschließt sich nicht allein daraus, dass bestimmte rechtlich erhebliche Vorgänge dorthin mitgeteilt werden müssen; vielmehr unterliegen zahlreiche Anmeldungen – die alle einer *notariellen Beglaubigung* bedürfen (§ 12 HGB) und nunmehr elektronisch vorzunehmen sind[1] – samt den beizufügenden Unterlagen in näher geregeltem Umfang vor Eintragung einer **gerichtlichen Überprüfung**. Diese rechtfertigt den öffentlichen Glauben in die Richtigkeit der registrierten Tatsachen. 22

Dieser **öffentliche Glaube** geht dahin, dass ein tatsächlich eingetretener, aber nicht angemeldeter Umstand als nicht eingetreten gilt (sog. *negative Publizität*, § 15 Abs. 1 HGB), während der Kaufmann einen angemeldeten, aber tatsächlich nicht eingetretenen Umstand als eingetreten gegen sich gelten lassen muss (sog. *positive Publizität*, § 15 Abs. 3 HGB). Dafür maßgebend ist die Bekanntmachung (Rz. 40).

Darüber hinaus ist vielfach der **Eintritt von Rechtswirkungen** an die Eintragung im Handelsregister geknüpft (sog. *konstitutive Eintragungen* – Rz. 36 f.), insbesondere im Hinblick auf das Entstehen der (vollen) Rechtsfähigkeit, auf den Eintritt von Haftungsbeschränkungen oder des Vermögensübergangs bei Umwandlungen (z.B. §§ 20, 131 UmwG). 23

Bei den *Kapitalgesellschaften* (AG und GmbH) sind zudem – neben der Pflicht zur Vorlage zahlreicher Unterlagen – **förmliche Versicherungen** über bestimmte Tatsachen abzugeben (§ 37 AktG, § 8 GmbHG), und *unrichtige Versicherungen* über die Kapitalaufbringung und über die persönliche Eignung eines Vorstandsmitglieds bzw. Geschäftsführers sind mit Strafe bedroht (vgl. § 16 Rz. 119a, § 21 Rz. 133, § 23 Rz. 74 f., 80, 98, § 76 Rz. 71 ff.). Insofern hat das Handelsregister eine *strafrechtliche Aufgabenstellung*, die bei der früheren Diskussion um eine „Privatisierung" des Registers meist unbeachtet geblieben war. 23a

Organisation, Funktion und Verfahren des Handelsregisters sind durch *zahlreiche Vorschriften* geregelt. Neben den erwähnten, durch das EHUG reformierten Bestimmungen des HGB sind ab 1.9.2009 die an die Stelle der §§ 125 ff. FGG getretenen §§ 374–399 FamFG[2] primär einschlägig. Ergänzend sind die *Handelsregisterverordnung* (HRV)[3] und die *Unternehmensregisterverordnung* (URV)[4] zu nennen. 24

---

1 Dazu näher *Krafka* in MüKo, 3. Aufl. 2010, § 12 HGB Rz. 13, 15 ff.; *Koch* in Staub, § 12 HGB Rz. 2 f., 26 ff., 69 ff.; *Ries* in Röhricht/Graf v. Westphalen, § 12 HGB Rz. 6 f., 17 ff.
2 G „über das Verfahren in Familiensachen und in den Angelegenheiten der freiwilligen Gerichtsbarkeit (FamFG)" v. 17.12.2008, BGBl. I 2586 mit inzwischen umfangreicher Kommentarliteratur.
3 HRV v. 12.8.1937 mit wiederholten Änderungen; Rechtsgrundlage war früher § 125 Abs. 3 FGG und ist jetzt § 387 Abs. 2 FamFG.
4 URV v. 26.2.2007, BGBl. I 217.

Aus der HRV ergibt sich die Gliederung in die **Abteilungen A** (für Einzelkaufleute und Personenhandelsgesellschaften einschließlich EWIV) **und B** (für Kapitalgesellschaften und VVaG). Der Umfang der Anmeldepflichten und der vorzulegenden Unterlagen ergibt sich aus den einzelnen Gesetzen betreffend die jeweiligen Unternehmensformen (HGB, GmbHG, AktG, VAG, UmwG, SEAG usw.)[1].

25 Das Handelsregister wird durch mehrere **gleichartige Register** ergänzt:
- das *Genossenschaftsregister* für alle eingetragenen Genossenschaften[2],
- das *Partnerschaftsregister* für die in dieser speziellen Rechtsform organisierten freiberuflichen Unternehmen[3] sowie
- das – vom EHUG nicht erfasste – *Vereinsregister* für alle eingetragenen (Ideal-)Vereine[4].

Zahlreiche *andere Register* – vom Strafregister (Bundeszentralregister; § 13 Rz. 7 ff.) und Gewerbezentralregister (§ 13 Rz. 10) über die Patent-, Muster- und Markenregister (§ 55 Rz. 4, 31 ff.; § 60 Rz. 58) bis zum Güterrechtsregister – haben durch die jeweiligen Spezialgesetze abweichende Regelungen erfahren.

26 Obwohl es sich im Kern um eine verwaltende Tätigkeit handelt, ist die *Führung* des Handelsregisters (und der gleichartigen Register) sowie die der Eintragung vorausgehende *Prüfung der Anmeldung* in Deutschland seit Langem **Sache der Zivilgerichte**. Diese haben im Verfahren der *Freiwilligen Gerichtsbarkeit* nach dem Grundsatz der Amtsermittlung (§ 26 FamFG) für die größtmögliche Richtigkeit der Register zu sorgen. Grund für diese Regelung ist – neben historischen Gegebenheiten – die Tatsache, dass die Eintragungen primär für den privaten Rechtsverkehr von Bedeutung sind, ähnlich wie die Grundbücher oder auch die Personenstandsbücher[5].

27 *Zuständig* sind die **Amtsgerichte** (§ 23a GVG, § 376 FamFG). Die Reformen der letzten Jahre haben zu einer starken Konzentration der Registergerichte geführt: Lag 2000 die Zuständigkeit noch bei 415 Gerichten, sind es seit 2007 im gesamten Bundesgebiet nur noch 117 Registergerichte[6]; in Baden-Württemberg wurde die Zahl von 53 auf vier Amtsgerichte reduziert[7]. Das Handelsregister und die ergänzenden Register werden bei jedem Registergericht elektronisch geführt[8]; die 2003 begonnene Umstellungsphase ist beendet.

Innerhalb des Amtsgerichts ist – ähnlich wie im Insolvenz- oder Vollstreckungsverfahren – die Führung des Handelsregisters im Wesentlichen dem **Rechtspfleger** übertragen (§ 17 RPflG); wichtige Entscheidungen, insbesondere die über das Entstehen einer juristischen

---

1 Instruktiv die alljährlichen Auswertungen von *Kornblum*, zuletzt GmbHR 2014, 694 ff.; GmbHR 2013, 693 ff.; GmbHR 2012, 728 ff., je mit Hinw. auf das Vorjahr.
2 § 10 GenG i.V.m. § 374 Nr. 2 FamFG und GenRegVO v. 11.7.1889 i.d.F. v. 16.10.2006, BGBl. I 2268, zul. geänd. durch G v. 25.5.2009, BGBl. I 1102.
3 §§ 4, 5 PartGG v. 25.7.1994, BGBl. I, 1744, i.V.m. § 374 Nr. 3 FamFG und die (wiederholt geänderte) PartnerschaftsregisterVO (PRV) v. 16.6.1995, BGBl. I 808.
4 §§ 21, 55 ff. BGB, geänd. durch G v. 24.9.2009, BGBl. I 3145; ergänzt durch die (mehrfach geänderte) VO über das Vereinsregister (VRV) v. 10.2.1999, BGBl. I 147.
5 Bei Letzteren geht der Rechtsweg vom Standesamt zu den Zivilgerichten, § 50 PStG v. 19.2.2007, BGBl. I 122.
6 *Kornblum*, GmbHR 2013, 694 (695 ff.) mit Aufteilung nach Bundesländern.
7 VO des (bw.) JuM v. 3.3.2005, (bw.) GBl. 292.
8 Für BW: VO des JuM „über die maschinelle Führung des Handels-, Genossenschafts-, Partnerschafts- und Vereinsregisters" v. 7.6.2005, GBl. 491.

Person, sind jedoch – zumindest formal – dem Richter vorbehalten. Dabei handelt es sich indes nicht um „Rechtsprechung" im engeren Sinne, sodass den Registergerichten (einschließlich der Rechtsmittelgerichte) eine Vorlage an den EuGH zur Klärung einer Rechtsfrage verwehrt ist[1].

Die **berufsständischen Organisationen**, insbesondere die *Industrie- und Handelskammern, Handwerks- und Landwirtschaftskammern und Kammern der Freien Berufe*, sind berechtigt und verpflichtet (§ 380 FamFG), die Registergerichte in ihrer Aufgabe zu unterstützen, ein inhaltlich richtiges und aktuelles Register zu führen. Gerichte, Staatsanwaltschaften, die Polizei- und Gemeindebehörden sowie die Notare sind gesetzlich verpflichtet, dem zuständigen Registergericht Unrichtigkeiten oder sonstige Mängel zu *melden* (§ 379 FamFG), denn nur allseitige Informationen können eine inhaltliche Richtigkeit der Register bewirken.

b) Das durch das EHUG neu geschaffene, zusätzliche und gleichsam übergeordnete **zentrale Unternehmensregister** (§ 8b HGB)[2] ist dagegen nicht bei einem bestimmten Gericht angesiedelt, sondern beim *Betreiber des elektronischen Bundesanzeigers*, der mit dieser Justizverwaltungsaufgabe beliehen wurde (§ 9a HGB). Er steht unter der Aufsicht des (neuen) *Bundesamts für Justiz* (BAfJ); wertpapierrechtliche Bekanntmachungen überwacht die BAFin. Dieses elektronische Zentralregister ist eine große Datenbank, die teils von den publizitätspflichtigen Unternehmen (Rz. 30; § 41 Rz. 6 ff., 24 ff.), teils aus den Datenbanken der „meldepflichtigen" Registergerichte gespeist wird. Über das *zentrale Registerportal der Länder*[3], das vom Land Nordrhein-Westfalen verwaltet wird und beim AG Hagen angesiedelt ist, besteht Zugriff auf die Datenbanken der einzelnen Registergerichte. Bei Letzteren liegt nach wie vor die rechtliche Verantwortung für die Richtigkeit der Eintragungen.

Dieses zentrale Unternehmensregister gewährleistet heute die **Öffentlichkeit des Handelsregisters** um ein Vielfaches effektiver als die früheren „Papier-Register". Allerdings kommt dem Unternehmensregister selbst nicht die Publizitäts- und Kontrollfunktion zu, die das Handelsregister hat, und es genießt keinen „öffentlichen Glauben"; Aufgabe des Unternehmensregisters ist nur, einen leichten Zugriff (auch) auf die Daten des Handelsregisters zu ermöglichen[4]. Das *allgemeine Einsichtsrecht* als rechtliche Grundlage besteht selbstverständlich fort (§ 9 HGB; vgl. § 385 FamFG) und erstreckt sich auch auf die nicht bekannt zu machenden, sondern nur hinterlegten Unterlagen (§ 8b Abs. 3 Nr. 1, § 9 Abs. 6 HGB n.F.).

Damit kann **jeder ohne zeitliche Einschränkung** auf die Inhalte der einzelnen Handelsregister (einschließlich Genossenschafts- und Partnerschaftsregister, teilweise auch Vereinsregister) und auf die Unternehmensbekanntmachungen „online" zugreifen. Diese Zugriffsmöglichkeit erstreckt sich nicht nur auf den eigentlichen Registereintrag, sondern auch auf viele Anlagen (Satzungen/Gesellschaftsverträge der Kapitalgesellschaften,

---

1 EuGH v. 10.7.2001 – Rs. C-86/00, RPfl 2002, 16 bzgl. innereurop. Sitzverlegung.
2 www.unternehmensregister.de; das Nähere regelt die Unternehmensregisterverordnung (URV) v. 26.2.2007, BGBl. I 217 sowie die VO v. 15.12.2006, BGBl. I 3202.
3 www.handelsregister.de; dazu z.B. Staatsvertrag zwischen BW und NRW v. 30.6.2006 mit ZustG v. 20.3.2007, (bw.) GBl. 183; vgl. auch *Ries* in Röhricht/Graf v. Westphalen, Vor § 8 HGB Rz. 1; *Krafka* in MüKo, § 8b HGB Rz. 1 f.
4 *Preuß* in Oetker, § 8b HGB Rz. 6, § 8 HGB Rz. 4 f.; *Hopt* in Baumbach/Hopt, § 8b HGB Rz. 3, 8; § 8 HGB Rz. 18; *Schaub* in E/B/J/S, § 8b HGB Rz. 5 ff, § 9 HGB Rz. 3 ff.

Gesellschafterliste und sonstige Teile des sog. „Sonderbands"). Ebenso sind dort die veröffentlichungspflichtigen Jahresabschlüsse (§ 41 Rz. 7), die ohne „Umweg" über das örtliche Handelsregister direkt über den Betreiber des Bundesanzeigers zum Unternehmensregister einzureichen sind, einsehbar. Die Einsicht in die Unternehmensträger-Daten ist kostenfrei; eine weitergehende Einsicht ist kostenpflichtig und erfordert eine vorherige Registrierung zwecks Abrechnung.

29c Die Vernetzung der Unternehmensregister der Mitgliedstaaten der EU (und auch des EWR) zu einem **Europäischen Unternehmensregister** ist durch eine *Richtlinie* vom 13.6.2012[1] geregelt worden; das deutsche Umsetzungsgesetz ist Anfang 2015 in Kraft getreten[2]. Darin ist auch die Entwicklung eines europäischen „E-Justiz-Portals" vorgesehen. Als Vorläufer – bis zur allseitigen Umsetzung der Richtlinie – betreibt die EU-Kommission auf der Grundlage von Vereinbarungen über einen Informationsaustausch ein inoffizielles europäisches Unternehmensregister unter der Bezeichnung *„European Business Register"* (EBR), in dem bereits die Daten von über 20 europäischen Staaten elektronisch zugänglich sind[3].

30 Die **Funktionen** des neuen (deutschen) Unternehmensregisters gehen über die des früheren Handelsregisters weit hinaus; dieses wird insbesondere auch für kapitalmarkt-relevante Bekanntmachungen umfangreich genutzt (§ 8b Abs. 2 Nr. 7–10 HGB n.F.), aber auch für insolvenzgerichtliche Verlautbarungen (Nr. 11). Zahlreiche *wertpapierrechtliche Pflichtveröffentlichungen*, die früher im (gedruckten) Bundesanzeiger publiziert wurden, werden nun über das elektronische Unternehmensregister abgewickelt. Dies war Anlass, in das 1. Buch des HGB („Handelsstand") einen *neuen* (9.) Abschnitt mit der Überschrift *„Bußgeldvorschriften"* einzufügen[4], derzeit bestehend aus (nur) einem kurzen Tatbestand (Rz. 30a).

30a Abs. 1 des **§ 104a HGB** bedroht mit **Geldbuße** bis zu 200 000 Euro, wer als veröffentlichungspflichtiger Unternehmensträger dem Unternehmensregister die in § 8b Abs. 3 S. 1 Nr. 2 HGB genannten Daten – vorsätzlich oder leichtfertig – „nicht, nicht richtig oder nicht vollständig" übermittelt. Davon erfasst werden aber nur die zahlreichen, in § 8b Abs. 2 Nr. 9 und 10 HGB aufgeführten Informationspflichten, die insbesondere das WpHG börsennotierten Unternehmen auferlegt[5]. Dabei überschneidet sich der Anwendungsbereich mit den (zahlreichen) Bußgeldbestimmungen des WpHG[6]. Bußgeldbehörde ist die BAFin (§ 104a Abs. 2 HGB). – Für die Durchsetzung der allgemeinen (handels-)*register-*

---

1 RL 2012/17/EU des Europ. Parl. und des Rates v. 13.6.2012 zur Änderung der RL 89/666/EWG, 2005/56/EG und 2009/101/EG [...] in Bezug auf die Verknüpfung von Zentral-, Handels- und Gesellschaftsregistern, ABl. EU Nr. L 156 v. 16.6.2012, 1; *Hopt* in Baumbach/Hopt, § 8 HGB Rz. 2b; *Preuß* in Oetker, § 8 HGB Rz. 14; *Ries*, ZIP 2013, 866.
2 G v. 22.12.2014, BGBl. I 2409 (mit neuem § 9b HGB).
3 www.ebr.org; organisiert ist diese Zusammenarbeit in der Rechtsform einer EWIV (= EEIG mit Sitz in Brüssel; vgl. § 23 Rz. 96 ff.); vgl.auch die Nw. ausländ. Register bei *Schaub* in E/B/J/S, § 9 HGB Rz. 11.
4 Eingefügt durch das TUG (Fn. zu Rz. 21) v. 5.1.2007, BGBl. I 10.
5 Näher *Ries* in Röhricht/Graf v. Westphalen, § 8b HGB Rz. 1 f., § 104a HGB Rz. 1 ff.; *Schaub* in E/B/J/S, § 8b HGB Rz. 10.
6 *Preuß* in Oetker, §104a HGB Rz. 2; *Krafka* in MüKo, § 104a HGB Rz. 2; *Strohn* in E/B/J/S, § 104a Rz. 2 f.

rechtlichen Pflichten ist es (bis jetzt) bei *Zwangs- und Ordnungsgeld* (Rz. 39) geblieben (vgl. auch § 24 Rz. 40 ff.).

2. Registerpflicht

Jeder Kaufmann hat die *öffentlich-rechtliche Pflicht*, bei Aufnahme seiner (kaufmännischen) Geschäftstätigkeit seine „**Firma**" – den Namen, unter dem er im Rechtsverkehr tätig wird (§ 17 Abs. 1 HGB) – *samt Rechtsformzusatz* im Handelsregister eintragen zu lassen (§ 29 HGB). Das Gleiche gilt für Änderungen und für *Löschungen* (§ 31 HGB). Alle Anmeldungen bedürfen der notariellen Form (§ 12 HGB); das frühere Erfordernis einer „Zeichnung der Unterschrift" ist mit Umstellung auf den elektronischen Rechtsverkehr entfallen. 31

Für alle kaufmännischen (und gleichgestellten) Unternehmen ist eine eindeutige **Angabe der Rechtsform** des Unternehmens in der Firma (oder im Namen) vorgeschrieben[1] – seit 1998 auch für den Einzelkaufmann[2]. Die Bestimmungen über die Anmeldung der *„Firma"* und ihres *Rechtsformzusatzes* werden ergänzt durch die Verpflichtung, diese Angaben (samt Angaben über gesetzliche Vertreter, Handelsregister-Nummer u.a.) auf *Geschäftsbriefen* fortgesetzt offenzulegen (dazu § 23 Rz. 65 ff.). Dies ist insbesondere auch für *ausländische* Unternehmensträger und deren *Niederlassungen* in Deutschland (Rz. 49, § 23 Rz. 66) von erheblicher Bedeutung; zu deren Pflichtangaben gehören auch Staat und Ort der Gründung bzw. Eintragung der Hauptniederlassung. 32

Je nach anzumeldendem Vorgang ist *unterschiedlich* geregelt, **wer** jeweils **anmeldepflichtig** und wer ggf. darüber hinaus anmeldeberechtigt ist. Anstelle der normalen vertretungsberechtigten Personen treten ggf. die Liquidatoren. Bei *Gründung* des Unternehmens ist die Anmeldepflicht am strengsten geregelt. Sie trifft regelmäßig alle Mitglieder des Vertretungsorgans, also alle Vorstandsmitglieder oder Geschäftsführer, bei Personengesellschaften[3] sogar alle Gesellschafter, bei einer KG somit auch die Kommanditisten. 33

Darüber hinaus sind die Eintragungspflichtigen gehalten, **wichtige Rechtsverhältnisse**, insbesondere *Vertretungsbefugnisse* – sowohl organschaftliche (Geschäftsführer, Vorstand, Aufsichtsrat usw.) wie rechtsgeschäftliche (Prokura, aber nicht Handlungsvollmacht) – beim Handelsregister anzumelden. Außerdem müssen sie – insbesondere bei Gründung, aber auch bei entsprechender Änderung – **wichtige Unterlagen** (wie z.B. GmbH-Gesellschaftsverträge und -Gesellschafterliste, Gründungs- und Prüfungsberichte, etc.) der Anmeldung beifügen[4] oder bei späterem Anlass einreichen. Zudem müssen sie vielfach förmliche Erklärungen bzw. Versicherungen abgeben (Rz. 23a). 34

Das Handelsregister erhält (ebenso wie die ergänzenden Register; Rz. 25) seine Informationswirkung insbesondere dadurch, dass die *Eintragung bestimmter* 35

---

1 Vgl. bes. § 19 HGB, § 4 GmbHG, §§ 4, 279 AktG, § 18 Abs. 2 VAG, § 3 GenG, § 2 PartGG, § 65 BGB.
2 § 19 Abs. 1 Nr. 1 HGB sieht insofern die Abkürzungen „e.K." (oder auch „e. Kfm." bzw. „e. Kfr.") für den „eingetragenen Kaufmann" (bzw. Kauffrau) vor.
3 Eine Ausnahme gilt für die EWIV mit Sitz in Deutschland: (nur) alle Geschäftsführer (§ 3 Abs. 1 EWIV-AG); anders bei Sitz in Österreich: alle Mitglieder (§ 2 Abs. 2 Nr. 1 öst. EWIVG).
4 Vgl. bes. §§ 12, 29 HGB für jeden Kaufmann, zusätzlich § 106 HGB für die OHG, § 162 HGB für die KG, § 8 GmbHG, § 37 AktG, §§ 11, 11a GenG, §§ 30, 31 VAG für den VVaG, §§ 4, 5 PartGG für die freiberufliche Partnerschaft, vgl. auch Art. 6, 7 EWIV-VO und §§ 2, 3 EWIV-AG; § 3 SEAG; § 3 SCEAG.

Tatsachen gesetzlich vorgegeben ist und damit zugleich die Eintragung *anderer Tatsachen* grundsätzlich *ausgeschlossen* ist. Hinsichtlich der **einzutragenden Tatsachen** wird üblicherweise unterschieden zwischen:

– *eintragungspflichtigen* Tatsachen; sie setzen immer eine Anmeldepflicht voraus und sind i.d.R. durch Gesetz bestimmt[1], vereinzelt auch im Wege der Analogie von der Rechtsprechung festgelegt worden[2];
– *eintragungsfähigen*, aber nicht eintragungspflichtigen Tatsachen; sie sind i.d.R. ebenfalls gesetzlich bestimmt (z.B. §§ 2, 3, 105 Abs. 2 HGB bezüglich kleingewerblicher, landwirtschaftlicher oder nicht-gewerblicher Unternehmen (dazu Rz. 50 ff.), §§ 25 Abs. 2, 28 Abs. 2 HGB bezüglich abweichender Haftungsregelungen);
– *nicht eintragungsfähigen Tatsachen*, also Rechtsverhältnissen, die von einer Eintragung ausgeschlossen sind (z.B. die Erteilung einer Handlungsvollmacht nach § 54 HGB oder das Bestehen einer Testamentsvollstreckung).

Zur Erleichterung der Identifizierung der im Register eingetragenen natürlichen Personen ist nicht mehr der „Stand" oder Beruf einzutragen, sondern das *Geburtsdatum*[3] und nunmehr auch eine *inländische Geschäftsanschrift*[4]. Für Änderungen besteht gleichermaßen Eintragungspflicht[5].

36 Hinsichtlich ihrer **Rechtswirkungen** sind die Eintragungen in die genannten Register zu einem Teil kraft ausdrücklicher gesetzlicher Regelung *rechtsbegründend* (konstitutiv), zu einem anderen Teil nur *rechtsbekundend* (deklaratorisch). Dabei kann eine konkrete Eintragung für bestimmte Rechtsfolgen konstitutiv und für andere Rechtsfolgen deklaratorisch sein[6].

37 **Konstitutiv** ist etwa die Eintragung für den *Erwerb der Rechtsfähigkeit* (juristischen Persönlichkeit) bei AG (und KGaA, SE), GmbH, Genossenschaft und Verein (eV) bzw. der eigenständigen Handlungsfähigkeit bei Partnerschaft und EWIV (§ 7 Abs. 1 PartGG; Art. 6 EWIV-VO, § 2 EWIV-AG). Auch die Haftungsbeschränkung für Kommanditisten tritt erst mit Eintragung in das Register ein (vgl. §§ 172 Abs. 1, 176 HGB). Soweit ein Unternehmer nicht schon materiell Kaufmann gem. § 1 HGB ist, begründet die Eintragung auch die Rechtsstellung als Kaufmann nach §§ 2, 3 und 105 Abs. 2 HGB (Rz. 51 ff., 56 ff.). Für solche rechtsbegründenden Eintragungen bedarf es *keiner zwangsweisen Durchsetzung* der Anmeldepflicht, weil die erwünschte Rechtsfolge ohne Anmeldung und nachfolgende Eintragung nicht eintritt.

Beispiele: Wer z.B. seine Geschäfte im Rahmen einer GmbH abwickeln will, ein anderes Unternehmen eingliedern (vgl. § 319 Abs. 4 AktG, ebenso z.B. für die Verschmelzung § 19 Abs. 1 S. 2 UmwG u.a.) oder die Vorteile eines Beherrschungsvertrags (vgl. ebenso

---

1 Z.B. §§ 7, 8, 10 GmbHG bzgl. Gründung, §§ 39, 40, 54, 57 GmbHG bzgl. Änderungen, §§ 65, 67 GmbHG bzgl. Auflösung i.V.m. § 78 GmbHG; vgl. auch §§ 29, 31, 33 HGB bzgl. Einzelkaufmann, § 106 HGB für die OHG, § 162 HGB für die KG, § 53 HGB für die Prokura; ergänzende Bestimmungen in §§ 40 ff. HRV.
2 Z.B. BGH v. 24.10.1988 – II Z.B. 7/88, BGHZ 105, 324 = NJW 1989, 295 bzgl. Unternehmensverträgen gem. §§ 291 ff. AktG.
3 Vgl. Art. 21–23 sowie Art. 3 Nr. 25, 34, Art. 5 Nr. 1, Art. 9 Nr. 3 HRefG.
4 §§ 13, 13d–13g, 15a, 29, 106, 107 HGB n.F., § 8 Abs. 4, § 10 GmbHG, §§ 37 Abs. 3, 39 AktG, eingeführt durch das MoMiG mit dem erklärten Ziel, Zustellungen zu erleichtern.
5 Insoweit hat der – durch das MoMiG ebenfalls ergänzte – § 31 HGB allgemeinere Bedeutung; vgl. *Ries* in Röhricht/Graf v. Westphalen, § 31 HGB Rz. 1; *Krafka* in MüKo, § 31 HGB Rz. 1 f.; *Burgard* in Staub, § 31 HGB Rz. 5.
6 Näher *Karsten Schmidt*, HandelsR, § 13 Rn. 13.

alle anderen Unternehmensverträge i.S. von §§ 291, 292 AktG: § 294 Abs. 2 AktG) nutzen will, muss die Eintragung durch formgerechte Anmeldung aller eintragungspflichtigen Angaben und Beseitigung eventueller Eintragungshindernisse bewirken; denn erst die Eintragung verleiht dem zugrunde liegenden Vorgang rechtliche Wirksamkeit.

Im Übrigen haben die Registereintragungen nur die Funktion der *Kundgabe*, sind also nur **deklaratorisch**. Dies gilt z.B. für die Handlungsfähigkeit der OHG nach § 105 Abs. 1 HGB oder für die Kaufmannseigenschaft nach § 1 HGB, aber z.B. auch für die Stellung eines Prokuristen oder eines GmbH-Geschäftsführers oder Vorstands einer AG usw. Insoweit kommt es auf die tatsächlichen zivilrechtlich maßgebenden Vorgänge an, also auf die entsprechenden Geschäftstätigkeiten bzw. Beschlüsse oder Ernennungen und deren jeweilige Wirksamkeit. Wann eintragungspflichtige Tatsachen einem *Dritten entgegengesetzt* werden können, hängt nicht von der Eintragung, sondern von der Bekanntmachung ab (Rz. 41). 38

Der Durchsetzung der Pflicht zur Anmeldung von nur kundzugebenden Tatsachen dient – allerdings nur in den vom Gesetz ausdrücklich geregelten Fällen – der sog. **Registerzwang**. Dieser besteht in der Androhung und ggf. – auch wiederholten – Verhängung von **Zwangsgeld** (§ 14 HGB, insbesondere i.V.m. § 29 HGB, vgl. § 1 Rz. 124 ff.), solange, bis die Pflicht erfüllt wird (oder sich anderweit erledigt). Dabei wird das Registergericht im Verfahren der Freiwilligen Gerichtsbarkeit grundsätzlich von Amts wegen tätig (§§ 388 ff. FamFG). *Bußgeld-Tatbestände* kennt das deutsche Recht insoweit (bisher) *nicht* (vgl. aber Rz. 30 f.). Auch *Löschungen* können von Amts wegen herbeigeführt werden (§ 31 S. 2 HGB, §§ 393 ff. FamFG). 39

Gegen den Gebrauch *unzulässiger Firmen* kann das Registergericht mit **Ordnungsgeld** vorgehen (§ 37 HGB, § 392 FamFG; vgl. § 1 Rz. 128). Die Durchsetzung der Offenlegung der Jahresabschlüsse mittels Ordnungsgeld obliegt seit 2007 nicht mehr den Registergerichten, sondern dem Bundesamt für Justiz in Bonn (§ 41 Rz. 32).

3. Bekanntmachung

Die durch das öffentliche Register geschaffene Publizität wird – soweit nicht die Hinterlegung der Unterlagen genügt – vervollständigt durch die *Bekanntmachung der Eintragungen*, die regelmäßig das Registergericht **von Amts wegen** zu veranlassen hat (§ 10 HGB, §§ 32–34 HRV). Auch hier hat das EHUG eine Vereinfachung (und Kostenreduzierung) gebracht. 40

Sie erfolgt zwingend im **Elektronischen Bundesanzeiger**; daneben ist eine Bekanntgabe in einem anderen Medium (etwa Tageszeitung) seit 2009 nicht mehr vorgeschrieben. Der Umfang der Veröffentlichung ist jeweils näher geregelt (vgl. z.B. § 162 Abs. 2 HGB für die Kommanditisten), wobei sich die Veröffentlichungspflicht im Regelfall auf den vollen Inhalt der eingereichten Unterlagen erstreckt, aber mitunter auch auf einen Auszug beschränkt.

Während bei rechtsbegründenden Eintragungen (Rz. 37) die Rechtswirkung mit dem Abschluss der Eintragung im Registerblatt eintritt, kommt es bei den *deklaratorischen* Eintragungen (Rz. 38) für den Eintritt der zivilrechtlichen **Rechtswirkungen** im Verhältnis zu Dritten auf die *Bekanntmachung* an. Dabei besteht zugunsten des Rechtsverkehrs noch eine 15tägige „Schonfrist" in der Form, dass dem Dritten in dieser Zeit der Nachweis eröffnet wird, dass er die eingetragene Tatsache weder kannte noch kennen musste (§ 15 Abs. 2 HGB). 41

Wenn die Wirklichkeit mit dem (bekannt gemachten) Registerinhalt nicht übereinstimmt, kommt § 15 Abs. 1 bzw. 3 HGB (Rz. 22) zum Zuge.

III. Kaufmann kraft Eintragung

1. Kaufmann kraft Rechtsform

42 Ob der Träger eines Unternehmens *Kaufmann* ist, ergibt sich hier unmittelbar aus der gewählten **rechtlichen Organisationsform** des Unternehmens (§ 6 Abs. 2 HGB). Es ist jeweils normiert, dass die betreffende Personenvereinigung *„als Handelsgesellschaft gilt"*, unabhängig davon, ob sie tatsächlich ein Handelsgewerbe betreibt. Sowohl die Frage, ob die ausgeübte Tätigkeit ein „Gewerbe" ist, als auch die Frage, ob die Schwelle zum „Handelsgewerbe" überschritten ist, stellt sich hier nicht. Damit wird die in der Strafrechtspraxis weitaus wichtigste Gruppe von Kaufleuten erfasst (vgl. Rz. 19).

42a Für alle

- *Aktiengesellschaften* (**AG**, § 3 Abs. 1 AktG) einschließlich der *Kommanditgesellschaften auf Aktien* (KGaA oder KAG, § 278 Abs. 3 AktG),
- *Gesellschaften mit beschränkter Haftung* (**GmbH**, § 13 Abs. 3 GmbHG) einschließlich *Unternehmergesellschaft (haftungsbeschränkt)* (**UG**, § 5a Abs. 1 GmbHG; dazu § 23 Rz. 76),
- *eingetragenen Genossenschaften* (**eG**, § 17 Abs. 2 GenG),
- *„Europäischen Gesellschaften"* (**SE**), *„Europäischen Genossenschaften"* (**SCE**) und *Europäische Wirtschaftliche Interessenvereinigungen* (**EWIV**, § 1 EWIV-AG), je mit Sitz in Deutschland,

sind sämtliche Zweifel über die Eigenschaft als Kaufmann ausgeräumt, da diese allein an die Rechtsform anknüpft[1]. Nicht nur alle „Kleinstkapitalgesellschaften" (s. Rz. 84) fallen in diese Gruppe, sondern auch die deutschen Niederlassungen entsprechender ausländischer Unternehmensträger (Rz. 49 f., § 23 Rz. 100 ff.). Alle diese Organisationsformen erhalten erst mit Eintragung im Handels- (oder Genossenschafts-)Register den *Status einer juristischen Person* (bzw. im Falle der EWIV Handlungsfähigkeit), den sie grundsätzlich erst durch Vollzug ihrer Löschung – nicht der Eintragung ihrer „Auflösung" – im Register wieder verlieren (§§ 394 ff. FamFG).

Der *Versicherungsverein auf Gegenseitigkeit* (**VVaG**) hat zwar eine äußerlich abweichende Regelung erfahren, die im Ergebnis aber für den großen Versicherungsverein darauf hinausläuft, dass er nach Eintragung im Handelsregister B wie ein Formkaufmann zu behandeln ist (vgl. § 16 VAG)[2].

43 Die Personenhandelsgesellschaften – **OHG und KG** – gehören zwar nach herkömmlicher Auffassung *nicht* zu den *Formkaufleuten*, weil sie auch ohne Eintragung im Handelsregister entstehen können. Dies gilt insbesondere für die

---

1 Unstr.; vgl. nur *Karsten Schmidt*, HandelsR, § 10 Rz. 14 ff.; *Hopt* in Baumbach/Hopt, § 6 HGB Rz. 1, 6; *Roth* in Koller/Roth/Morck, § 6 HGB Rz. 1 ff., 6; *Röhricht* in Röhricht/Graf v. Westphalen, § 6 HGB Rn 8.
2 Dazu *Oetker* in Staub, § 6 HGB Rz. 25; *Karsten Schmidt* in MüKo, § 6 HGB Rz. 11 f.

kraft Gesetzes entstehende OHG, wenn zwei oder mehr Personen ein gewerbliches Unternehmen betreiben, das eine kaufmännische Einrichtung erfordert (§ 105 Abs. 1 i.V.m. § 1 HGB). Gleichwohl sind OHG und KG unabhängig vom Gegenstand und vom Umfang ihres Geschäftsbetriebes *immer* Kaufleute, wenn sie *eingetragen* sind (§ 105 Abs. 2 HGB; Rz. 56 ff.). – Die für jeden *Kommanditisten* elementare Haftungsbeschränkung auf seine Einlage tritt erst ein, wenn sie im Handelsregister eingetragen ist (§ 172 Abs. 1 HGB).

a) Träger der Kaufmannseigenschaft

„Kaufmann" ist dabei der Verband, also der **Unternehmensträger** (§ 23 Rz. 15 f.), d.h. die jeweilige juristische Person oder rechtsfähige Personengesellschaft, *nicht* deren *Mitglieder* (Gesellschafter) oder deren *Organe*. Der Geschäftsführer einer GmbH ist, auch wenn er eine Ausbildung als Kaufmann hat und sich als Kaufmann bezeichnet, kein Kaufmann i.S. des Handelsrechts; als *Organ* der juristischen Person ist er jedoch für die Einhaltung der Pflichten verantwortlich, die die juristische Person als „Kaufmann" treffen (vgl. §§ 35, 41 GmbHG, § 73 AktG, § 24 GenG). Die strafrechtliche Verantwortung der Leitungsorgane stellen § 14 StGB, § 9 OWiG sicher (dazu § 30 Rz. 74 ff.).

44

Diese handelsrechtliche Regelung ist *unmittelbar* für die **strafrechtliche Behandlung** *maßgebend*: Der Handwerker, Freiberufler oder Vermögensverwalter, der für seine berufliche Tätigkeit eine GmbH in das Handelsregister eintragen lässt und die Geschäftsführung übernimmt, hat als Organ eines Formkaufmanns die Pflichten eines Kaufmanns zu erfüllen, auch wenn der Betrieb noch so klein ist und eine kaufmännische Einrichtung nicht erfordert. Das Gleiche gilt bei Verwendung dieser Rechtsformen für öffentliche, gemeinnützige, kooperative oder sog. ideelle Zwecke. Ein „Gewerbe" (Rz. 62 ff.), d.h. insbesondere Gewinnabsicht, ist *nicht vorausgesetzt*. Auch eine von einer anerkannten Kirche betriebene GmbH mit karitativen Zwecken oder eine von Bund und Ländern betriebene AG mit gemeinnützigen Zielen ist Kaufmann mit allen Konsequenzen.

45

Bei den rechtlich weitgehend verselbständigten **Personenhandelsgesellschaften** (OHG, KG) ist nach inzwischen h.M. Träger der Kaufmannseigenschaft ebenfalls die *Gesellschaft*[1]; dies ergibt sich bereits aus § 6 Abs. 1 HGB (vgl. auch § 14 Abs. 2 BGB). Ob auch die *Gesellschafter* jeweils Kaufmann sind, ist nach wie vor umstritten; die noch h.M. bejaht dies für die Gesellschafter einer OHG und die Komplementäre einer KG, verneint es für Kommanditisten[2]. Richtigerweise schlägt die Qualifikation der Gesellschaft grundsätzlich nicht auf den oder die Gesellschafter durch, denn es sind unterschiedliche Rechtsträger.

46

---

1 Deutlich *Karsten Schmidt* in MüKo, § 105 HGB Rz. 11 ff., auch § 6 HGB Rz. 17; *Karsten Schmidt*, HandelsR, § 4 Rz. 16; *Karsten Schmidt*, GesR, § 46 II; *Körber* in Oetker, § 6 HGB Rz. 21; *Haas* in Röhricht/Graf v. Westphalen, § 105 HGB Rz. 7.

2 Zum Streit bei der OHG vgl. – außer *Karsten Schmidt* in MüKo, § 105 HGB Rz. 11 ff.; *Karsten Schmidt*, HandelsR, § 5 I 1b; *Karsten Schmidt*, GesR § 46 II – *Roth* in Baumbach/Hopt, § 105 HGB Rz. 19 ff.; *Haas* in Röhricht/Graf v. Westphalen, § 105 HGB Rz. 7 f.; *Wertenbruch* in E/B/J/S, § 105 HGB Rz. 37 f.; *Schäfer* in Staub, § 105 HGB Rz. 77 ff.; *Körber* in Oetker, § 1 HGB Rz. 89 f., je m.w.Nw.

b) Vorgesellschaft

47 Da der Unternehmensträger rechtlich erst *mit der Eintragung* in das Handels- (bzw. Genossenschafts-)register *entsteht*, wird er auch erst zu diesem Zeitpunkt Kaufmann. Auch insoweit gilt folgerichtig eine förmliche Betrachtungsweise[1]. Obwohl die sog. Vorgesellschaft – zwischen Gründung und Eintragung – keineswegs nur eine BGB-Gesellschaft ist, sondern bereits weitgehend dem angestrebten Recht unterliegt, ist sie **noch kein Kaufmann**. Die an die Rechtsform geknüpften Pflichten eines Kaufmanns setzen erst mit Eintragung ein, auch wenn die Geschäftstätigkeit unter der gewählten Firma bereits aufgenommen wurde. Dies gilt insbesondere auch für die *strafrechtliche* Beurteilung. Der (gesetzlich nicht vorgesehene) Firmenzusatz „in Gründung" (i.G.) macht die fehlende Kaufmannseigenschaft erkennbar, verleiht aber nicht die Kaufmannseigenschaft (während der Zusatz „in Liquidation" [i.L.] trotz der Änderung des Gesellschaftszwecks in eine Abwicklungsgesellschaft an der Kaufmannseigenschaft nichts ändert). Die Kaufmannseigenschaft einer *Vorgründungsgesellschaft* (vor Abschluss des formgerechten Gesellschaftsvertrages) kommt noch weniger in Betracht.

47a Unterhält allerdings die Vorgesellschaft (oder gar die Vorgründungsgesellschaft) bereits einen **gewerblichen Geschäftsbetrieb**, der eine kaufmännische Einrichtung (§ 1 Abs. 2 HGB) erfordert, erfüllt sie damit bereits die Voraussetzungen eines Kaufmanns im materiell-rechtlichen Sinne (Rz. 61 ff.); hier tritt die Kaufmannseigenschaft von Gesetzes wegen und unabhängig von einer Eintragung ein[2].

48 Erfolgt die Eintragung, erstrecken sich die kaufmännischen Pflichten, insbesondere die Buchführungspflicht, mittelbar auch auf den Zeitraum *vor* der Eintragung, weil eine ordentliche Buchführung die lückenlose Erfassung sämtlicher Rechtsgeschäfte erfordert, die die Vorgesellschaft für den künftigen Rechtsträger gemacht hat[3]. **Unterbleibt** die Eintragung, ist dagegen zu prüfen, ob die materiellen Voraussetzungen eines *Kaufmanns kraft Handelsgewerbes* (Rz. 61 ff.) gegeben sind.

Soweit allerdings die **Ahndung** mit einem **Bußgeld** in Betracht kommt, etwa wegen einer Kartellordnungswidrigkeit oder wegen einer Aufsichtspflichtverletzung, kann sich die Frage stellen, ob auch schon die *Vorgesellschaft* mit einer Geldbuße nach § 30 OWiG (vgl. § 21 Rz. 94 ff.) belegt werden kann. Diese Frage, die mit der Kaufmannseigenschaft nichts zu tun hat, ist umstritten (s. § 23 Rz. 17a, 42).

c) Zweigniederlassung

49 Jeder Kaufmann, gleich ob kraft Rechtsform oder kraft freiwilliger Eintragung, hat zwingend eine *„Niederlassung"*, also eine Lokalität mit (im Register einzutragender) Anschrift, von der er aus seine Geschäfte betreibt. Bei Gesell-

---

1 H.M.; *Karsten Schmidt*, HandelsR, § 10 Rz. 19; *Hopt* in Baumbach/Hopt, § 6 HGB Rz. 3, 6; *Körber* in Oetker, § 6 HGB Rz. 10.
2 H.M.; vgl. BGH v. 17.6.1952 – 1 StR 668/51, BGHSt 3, 23 (26); *Heine/Schuster* in S/S, § 283 StGB Rz. 29; *Tiedemann* in LK, § 283 HGB Rz. 96; *Kindhäuser* in NK, § 283 HGB Rn 56.
3 Dabei ist es im Ergebnis unerheblich, ob „Identität" zwischen Vorgesellschaft und juristischer Person oder Gesamtrechtsnachfolge angenommen wird; dazu *Karsten Schmidt*, GesR, § 11 IV 2c, § 34 III 4; vgl. auch unten § 26 Rz. 24 f., 62.

schaften ist dies identisch mit dem „Sitz" i.S. des effektiven Verwaltungssitzes, der neuerdings nicht mehr zwingend mit dem „Satzungssitz" übereinstimmen muss (dazu § 23 Rz. 101 ff., 113). Jeder Kaufmann hat darüber hinaus das Recht, neben dieser „Hauptniederlassung" auch **eine oder mehrere Zweigniederlassungen** (Filialen) an anderen Orten (oder auch an anderen Örtlichkeiten innerhalb desselben Ortes) zu errichten. Die Errichtung einer Zweigniederlassung muss ebenfalls in das Handelsregister *eingetragen* werden (vgl. § 13 HGB), aber seit dem EHUG zur Vereinfachung nur noch beim Register der Hauptniederlassung, die das für den Ort der Zweigniederlassung zuständige Register informiert.

Nicht jede **Betriebsstätte** eines Kaufmanns hat die Qualität einer solchen Zweigniederlassung, sondern nur eine solche, in der eine kaufmännische Tätigkeit von einigem Umfang und mit einer *gewissen Selbständigkeit*, typischerweise unter eigener Leitung und häufig mit gesonderter Firma oder Firmenzusatz, betrieben wird[1]. Faktisch entsteht eine – über eine Betriebsstätte hinausgehende – Zweigniederlassung im Rechtssinne *durch Anmeldung und Eintragung*, auch wenn es sich rechtlich nicht um eine konstitutive Eintragung handelt. Das Registergericht kann eine Eintragung mit Zwangsgeld (§ 14 HGB) durchsetzen, vorausgesetzt, es erhält hinreichende Informationen über den Bestand einer solchen Zweigniederlassung.

49a

Eine solche Zweigniederlassung ist ein **rechtlich unselbständiger Teil** des Geschäftsbetriebs des Kaufmanns und hat *keine eigene Rechtsfähigkeit* (geschweige denn juristische Persönlichkeit). Gleichwohl bewirkt die räumliche Absonderung eine gewisse Verselbständigung, etwa mit der Folge, dass der Kaufmann auch dort seinen Gerichtsstand haben kann (§ 21 ZPO). Hat die Zweigniederlassung eine eigene Firma oder einen entsprechenden Firmenzusatz, kann auch die Prokura mit Außenwirkung auf die Niederlassung beschränkt werden (§ 50 Abs. 3 HGB); Ähnliches gilt für die Handlungsvollmacht. Das Merkmal einer eigenen Buchführung ist angesichts der Entwicklung der Kommunikationsmöglichkeiten nicht mehr aktuell (vgl. auch § 26 Rz. 17a).

49b

Solche Zweigniederlassungen können auch im *Ausland* errichtet werden. Innerhalb der EU (bzw. des EWR) kommt dabei die europäische Niederlassungsfreiheit ins Spiel (vgl. § 6 Rz. 20; § 23 Rz. 104). Die Zweigniederlassungs-Richtlinie hat hier eine Harmonisierung bewirkt (zu den Niederlassungen ausländischer Unternehmensträger in Deutschland § 23 Rz. 100 ff.).

2. Kaufmann kraft freiwilliger Eintragung

Durch das HRefG ist die Möglichkeit, durch eine freiwillig herbeigeführte *konstitutive* Eintragung die **Kaufmannseigenschaft zu erwerben**, erheblich erweitert worden. Wird eine solche Eintragung herbeigeführt, sind die Rechtswirkungen *ähnlich* wie bei einem *Formkaufmann*. Da der bisherige Nichtkauf-

50

---

1 Näher z.B. *Karsten Schmidt*, HandelsR, § 3 Rz. 30 ff.; *Hopt* in Baumbach/Hopt, § 13 HGB Rz. 3 f.; *Ries* in Röhricht/Graf v. Westphalen, § 13 HGB Rz. 1 ff.; *Koch* in Staub, § 13 HGB Rz. 19 ff.

mann mit der Eintragung Kaufmann wird, treffen ihn ab diesem Zeitpunkt auch alle kaufmännischen Rechte und Pflichten[1] – einschließlich eventueller strafrechtlicher Konsequenzen. Sie treffen ihn solange, wie seine „Firma" nicht im Handelsregister gelöscht ist. Zu dieser Gruppe gehört dem Grunde nach auch der sog. „Fiktivkaufmann" gem. § 5 HGB, der jedoch strafrechtlich irrelevant ist (näher Rz. 87 ff.). – Nur im Falle der völligen Betriebsaufgabe (oder der Umstellung auf eine zweifelsfrei freiberufliche Tätigkeit) entfällt die Kaufmannseigenschaft „kraft Gesetzes" und das Handelsrigister wird unrichtig[2].

a) Einzelkaufmann

51 **§ 2 HGB** eröffnet *jedem gewerblichen* (dazu Rz. 62 ff.) Unternehmensträger, der nicht unter § 1 Abs. 2 HGB fällt – für den also nach Art und Umfang ein in kaufmännischer Weise eingerichteter Geschäftsbetrieb (Rz. 75 ff.) *nicht erforderlich ist* –, die Möglichkeit, *durch Eintragung* in das Handelsregister **Kaufmann zu werden** (mit dem Firmenzusatz „eingetragener Kaufmann" oder „e.K." – Wahlkaufmann). Folgerichtig ist der Unternehmer auch berechtigt, wieder die *Löschung* im Register zu beantragen und mit deren Eintragung die Kaufmannseigenschaft wieder aufzugeben – es sei denn, inzwischen ist eine kaufmännische Einrichtung erforderlich geworden (§ 2 S. 3 HGB) und dadurch an die Stelle der freiwilligen Kaufmannseigenschaft die gesetzliche getreten. Die praktische Bedeutung dieser Regelung entfaltet sich aber weniger beim Einzelkaufmann, sondern vor allem bei OHG und KG (Rz. 56).

52 Die **Kleingewerbetreibenden**, die früher als *Minderkaufleute* (§ 4 HGB a.F.) nur teilweise dem Handelsrecht unterlagen und von vielen den „Vollkaufmann" treffenden Pflichten, insbesondere der Buchführungspflicht, verschont waren, können seit 1998 *frei wählen*, ob sie Kaufmann sein und sich damit den Rechten und Pflichten des Handelsrechts unterstellen wollen (Wahlkaufmann), oder ob sie es vorziehen, Nicht-Kaufmann zu bleiben mit der Folge, dass nur das allgemeine Zivilrecht gilt (zum BilMoG Rz. 82 ff.). In Anlehnung an die früher für § 3 HGB übliche Bezeichnung wird auch diese Gruppe verbreitet als „Kann-Kaufmann" bezeichnet. Im Rahmen des § 2 HGB gibt es weder für die Eintragung noch für die Löschung einen Registerzwang.

53 Ähnliches gilt nach **§ 3 HGB** für die Unternehmen der **Land- und Forstwirtschaft**, gleichgültig, ob es sich um den Hauptbetrieb oder einen Nebenbetrieb (Abs. 3) handelt (sog. *Kann-Kaufmann*). Auch wenn dieser Wirtschaftsbereich – trotz Gewerbe-Eigenschaft (Rz. 67) – grundsätzlich vom Handelsrecht ausgenommen ist, auch dann, wenn eine kaufmännische Einrichtung erforderlich ist (Rz. 86), gilt für einen land- oder forstwirtschaftlichen Unternehmer Handelsrecht, wenn er eine *Eintragung im Handelsregister* erwirkt hat.

---

1 H.M.; *Oetker* in Staub, § 2 HGB Rz. 25 f.; *Karsten Schmidt* in MüKo, § 2 HGB Rz. 2, 4, 17 ff.; *Hopt* in Baumbach/Hopt, § 2 HGB Rz. 1, 3; *Roth* in Koller/Roth/Morck, § 2 HGB Rz. 4; *Karsten Schmidt*, HandelsR, § 10 Rz. 67 f.

2 H.M.; *Hopt* in Baumbach/Hopt, § 2 HGB Rz. 3 a.E.; *Körber* in Oetker, § 2 HGB Rz. 6 f., 24; *Keßler* in Heidel/Schall, § 2 HGB Rz. 5; vgl. auch *Karsten Schmidt* in MüKo, § 2 HGB Rz. 9.

Die **Rechtswirkung** einer solchen **konstitutiven Eintragung** eines bisherigen 54
Nicht-Kaufmanns geht dahin, dass er damit *in jeder Hinsicht* die Rechtsstellung eines *Kaufmanns* erwirbt („Vollkaufmann" nach früherer Terminologie). Diese Rechtsstellung bleibt ihm erhalten, bis er – auf seinen Antrag – wieder aus dem Handelsregister gelöscht wird. Diese zivilrechtliche Qualifikation schlägt ohne Einschränkung auf die *strafrechtliche Beurteilung* durch; es gibt keinen sachlichen Grund, hier irgendwie zwischen Zivil- und Strafrecht zu differenzieren. Wer sich dafür entscheidet, im Rechtsverkehr berechtigterweise als „e.K." (eingetragener Kaufmann, Rz. 32) oder OHG teilzunehmen, muss sich daran auch in strafrechtlicher Hinsicht festhalten lassen (zum Sonderfall des § 241a HGB Rz. 82 ff.).

Bei der *Eintragung* eines solchen Wahlkaufmanns kann das **Registergericht nur prüfen**, 55
ob sich nicht aus den Anmeldeunterlagen ergibt, dass etwa eindeutig ein nicht-gewerbliches (Rz. 62), etwa freiberufliches, Unternehmen betrieben wird bzw. werden soll. Weitere Prüfungspflichten zu Art und Umfang des Geschäftsbetriebs bestehen nicht. Im Falle eines *Löschungsantrags* muss das Registergericht dagegen prüfen (d.h. von Amts wegen ermitteln, § 26 FamFG), ob gleichwohl eine kaufmännische Einrichtung erforderlich ist, also die Voraussetzungen des Kaufmanns kraft Handelsgewerbes erfüllt sind (Rz. 73). Dazu muss der löschungswillige Kaufmann dem Gericht alle von diesem angeforderten Angaben liefern und glaubhaft machen. Ergibt diese Prüfung, dass eine kaufmännische Einrichtung erforderlich ist, bleibt der bisherige Wahlkaufmann als „Istkaufmann" im Register eingetragen. Dabei ergibt sich aus dem Registereintrag keinerlei Hinweis darauf, aufgrund welcher Norm die Eintragung erfolgt ist bzw. fortbesteht.

b) Personenhandelsgesellschaften

Noch weiter geht die rechtsbegründende Wirkung der Eintragung in das Handelsregister bei den *Personenhandelsgesellschaften*, also **OHG** und **KG**. Der 56
durch das HRefG eingefügte **§ 105 Abs. 2 HGB** – der über § 161 Abs. 2 HGB für die KG entsprechend gilt – hat *zwei Erweiterungen* gebracht, die im Ergebnis bewirken, dass OHG und KG den Formkaufleuten stark angenähert sind (Rz. 60).

Zum einen können **kleingewerbliche** Gesellschaften, deren Betrieb eine kauf- 57
männische Einrichtung nach § 1 Abs. 2 HGB nicht erfordert, durch freiwillige Anmeldung und Eintragung OHG werden. Damit stehen die Personenhandelsgesellschaften auch der Gruppe der *früheren Minderkaufleute* als Rechtformen zum gemeinschaftlichen Betrieb eines Unternehmens zur Verfügung – und nicht nur die BGB-Gesellschaft (§ 4 Abs. 2 HGB a.F.).

Zum anderen besagt § 105 Abs. 2 HGB, dass eine OHG (und damit auch eine 58
KG) auch dann in das Handelsregister einzutragen ist, wenn sie „nur" die Verwaltung eigenen Vermögens zum Gegenstand hat. Damit sind die Personenhandelsgesellschaften ausdrücklich für *nicht-gewerbliche Tätigkeiten*, nämlich für die (ausschließliche) **Vermögensverwaltung** (Rz. 71), geöffnet worden; das frühere materielle Erfordernis des Betriebs eines *„gewerblichen Unternehmens"* ist für die Personenhandelsgesellschaften entfallen.

Erklärtes Ziel des Reformgesetzgebers war die Beseitigung einer problematischen Divergenz zwischen materiellem Recht und Rechtswirklichkeit: Die große Masse von *Besitz-* 59
gesellschaften oder **Holdinggesellschaften** in der Rechtsform der OHG und insbesondere der KG – die eigentlich alle mangels „Betrieb eines Handelsgewerbes" (§ 105 Abs. 1

HGB), genauer mangels Gewerblichkeit, von Amts wegen hätten gelöscht werden müssen[1] – sind nun in ihrer Existenz gesichert[2]. Damit ist ein zuvor materiell-rechtlich rechtswidriger Zustand legalisiert worden.

60 Durch diese Neuregelung sind OHG und KG zwar nicht rechtssystematisch, aber im Ergebnis den **Formkaufleuten** weitgehend gleichgestellt[3]. Sie fallen zwar nicht wie GmbH und AG unter § 6 Abs. 2 HGB (Rz. 42), sondern werden von § 6 Abs. 1 HGB erfasst. Eine OHG kann unbestritten nach wie vor nach § 105 Abs. 1 HGB auch ohne Eintragung von Gesetzes wegen, nämlich durch gemeinschaftlichen Betrieb eines eine kaufmännische Einrichtung erfordernden Gewerbes, entstehen. Sind aber OHG und KG im Handelsregister eingetragen, sind sie *aufgrund der eingetragenen Rechtsform* Kaufleute, gleichgültig, ob sie ein „Gewerbe" (Rz. 62) betreiben und ob dieses eine kaufmännische Einrichtung erfordert. Nur wenn der Geschäftsbetrieb tatsächlich nicht aufgenommen oder wieder ganz aufgegeben wird, kann das Fehlen der Kaufmannseigenschaft in Betracht kommen.

60a Ungeachtet mancher Meinungsverschiedenheiten im handelsrechtlichen Schrifttum – die auch mit der Funktion des § 5 HGB zu tun haben (Rz. 87) – ist es auch für die **strafrechtliche Beurteilung** im Hinblick auf das Erfordernis der *Tatbestandsbestimmtheit* geboten, vorzugsweise an klaren, formalisierten Kriterien anzuknüpfen und weniger an diffusen materiell-rechtlichen Unterscheidungen (Rz. 61 ff.). Ist also eine Eintragung als OHG oder KG erfolgt, hat diese auch im Hinblick auf die Insolvenzdelikte den Status eines „Kaufmanns" bzw. einer Handelsgesellschaft erlangt (s. § 85 Rz. 10 ff.).

IV. Kaufmann kraft Handelsgewerbes

61 Ist ein „Kaufmann kraft Eintragung" (Rz. 42–60) nicht gegeben, stellt sich in den verbleibenden – im Strafrecht eher seltenen – Fällen die Frage, ob die **materiell-rechtlichen Voraussetzungen der Kaufmannseigenschaft** festgestellt – und d.h. im Strafrecht: nachgewiesen[4] – werden können. Die (unverändert gebliebene) gesetzliche Definition des § 1 Abs. 1 HGB besagt, dass von Gesetzes wegen – und damit unabhängig von jeder Eintragung im Handelsregister – *Kaufmann* ist, wer ein *Handelsgewerbe* betreibt. Die Konkretisierung dieses Merkmals ist komplex; jedoch spielt dies in der strafrechtlichen Praxis eine weit geringere Rolle als die meisten Darstellungen vermuten lassen. Schon die zivilrechtliche Rechtsprechung ist erstaunlich dürftig (s. auch Rz. 74) und im Strafrecht finden sich ganz überwiegend alte Entscheidungen.

61a *Welche Gewerbe* als **Handelsgewerbe** anzusehen sind, bestimmt **§ 1 Abs. 2 HGB** (unter Verzicht auf den früheren Katalog der sog. Grundhandelsgewerbe) dahin, dass dies

– alle Gewerbebetriebe sind,

---

1 Deutlich *Karsten Schmidt*, HandelsR, § 9 Rz. 27 ff.
2 So ausdrücklich die EntwBegr. zum HRefG, BT-Drs. 13/8444, 40.
3 *Karsten Schmidt* in MüKo, § 105 HGB Rz. 9, 11.
4 Vgl. BGH v. 1.2.1963 – 5 StR 608/62, bei *Herlan*, GA 1964, 136; *Tiedemann* in LK § 283 StGB Rz. 96a; *Heine/Schuster* in S/S, § 283 StGB Rz. 29 a.E.

– die einen nach Art *und* Umfang (dazu Rz. 76) in kaufmännischer Weise eingerichteten Geschäftsbetrieb erfordern.

Dabei enthält die Umschreibung der zweiten Voraussetzung durch die negative Formulierung „es sei denn" eine (zivilrechtliche) *Vermutung* (dazu Rz. 80) für die Erforderlichkeit einer kaufmännischen Einrichtung. Somit ist vor der Klärung, ob eine kaufmännische Einrichtung erforderlich ist (Rz. 73 ff.), zuerst zu klären, ob überhaupt ein „*Gewerbebetrieb*" vorliegt. Lassen sich die Merkmale eines „Gewerbe(betrieb)s" nicht feststellen, kann es sich materiell-rechtlich (ganz unabhängig von der Erforderlichkeit einer kaufmännischen Einrichtung) auch nicht um ein kaufmännisches Unternehmen handeln.

1. Gewerbe und Gewerbebetrieb

a) Begriffliche Erfassung

aa) Obwohl „*Gewerbe*" bzw. „*Gewerbebetrieb*" in den traditionellen wirtschaftsrechtlichen Gesetzen, im HGB ebenso wie in der Gewerbeordnung (GewO), ein zentraler Begriff ist, gibt es **keine** allgemeingültige **gesetzliche Begriffsbestimmung**; er wurde gleichsam als vorgegeben angesehen und auch das HRefG hat daran absichtlich nichts geändert[1]. Indessen handelt es sich nicht um einen in der gesamten Rechtsordnung gleichbedeutenden Begriff; vielmehr bestimmt sich die Bedeutung nach dem jeweiligen gesetzlichen Zusammenhang[2]. So gilt im Gewerberecht eine andere Umschreibung als etwa in verschiedenen Steuergesetzen oder bei einzelnen Straftatbeständen (Rz. 66). 62

Die hier interessierende **handelsrechtliche Bedeutung** von „Gewerbe" ist von der traditionellen Rechtsprechung und Lehre – in variierenden Formulierungen – umschrieben als 63

„jede selbständige und berufsmäßige wirtschaftliche, nicht künstlerische, wissenschaftliche oder freiberufliche Tätigkeit, die auf Gewinnerzielung durch einen auf Dauer gerichteten Geschäftsbetrieb zielt"[3].

Von diesen Merkmalen ist das problematischste das der **Gewinnerzielungsabsicht**, an welcher der BGH im Anschluss an das RG über Jahrzehnte festgehalten hat[4]. Sowohl bei den genossenschaftlichen Unternehmen als auch bei denen der öffentlichen Hand führt dieses Erfordernis zu unzutreffenden Ergebnissen. Die inzwischen wohl überwiegende Meinung im Schrifttum hält dagegen 64

---

1 EntwBegr., BT-Drs. 13/8444, 24.
2 BGH v. 7.7.1960 – VIII ZR 215/59, BGHZ 33, 321 (327 f.); BGH v. 16.3.2000 – VII ZR 324/99, BGHZ 144, 86 (88); *Oetker* in Staub, § 1 HGB Rz. 14 ff., 16; *Karsten Schmidt* in MüKo, § 1 HGB Rz. 22 ff.; *Röhricht* in Röhricht/Graf v. Westphalen, § 1 HGB Rz. 17 ff.; *Kindler* in E/B/J/S, § 1 HGB Rz. 15 ff., je m.w.Nw.
3 *Karsten Schmidt* in MüKo, § 1 HGB Rz. 26.
4 Z.B. BGH v. 2.7.1985 – X ZR 77/84, BGHZ 95, 155 (157) = NJW 1985, 3063: „Jeder berufsmäßige Geschäftsbetrieb, der von der Absicht dauernder Gewinnerzielung beherrscht wird" (betreffend die „alte" Bundesbahn); w.Nw. zur Rspr. bei *Karsten Schmidt* in MüKo, § 1 HGB Rz. 31. Dies gilt auch für das GewerbeR; vgl. *Pielow*, § 1 GewO Rz. 146 ff.

dieses Erfordernis zu Recht für *verfehlt*[1] und auch der BGH hat inzwischen Distanz signalisiert[2]. Der deutsche *Gesetzgeber* des HRefG hat indes in Kenntnis der Problematik bewusst von einer Änderung abgesehen, weil angeblich ein „dringender praktischer Grund" für eine ausdrückliche Aufgabe dieses Erfordernisses nicht geltend gemacht worden sei[3].

Anders verhält es sich in *Österreich*: Dort hat das neue „Unternehmensgesetzbuch" (UGB; Rz. 17) nicht nur den „Kaufmann" ganz aufgegeben, sondern den stattdessen in § 1 Abs. 1 UGB genannten „Unternehmer" völlig vom „Gewerbe" und damit von der Gewinnerzielungsabsicht gelöst (Abs. 2; vgl. auch § 23 Rz. 6).

65 Im Übrigen ist die *Abgrenzung zwischen Gewerbe und Nicht-Gewerbe* in starkem Maße von der **Tradition** geprägt. Allerdings haben sich seit Mitte/Ende des 19. Jahrhunderts nachhaltige Wandlungen vollzogen mit der Folge, dass die vom Gewerbe ausgenommenen Bereiche im Laufe der Zeit immer kleiner geworden sind. Am besten lässt sich die Reichweite des „Gewerbes" durch die Konkretisierung der Grenz- und *Ausnahmebereiche* erfassen (Rz. 67 ff.).

66 **bb)** Zahlreiche **Straftatbestände** enthalten – vereinzelt als strafbegründendes (§ 180a StGB – Förderung der Prostitution), meist als strafschärfendes –*Tatbestandselement* die **„gewerbsmäßige" Begehung**. Neben Diebstahl, Hehlerei, Wilderei und Zuhälterei[4] sind dies auch zahlreiche dem Wirtschaftsstrafrecht zuzurechnende Tatbestände: etwa Betrug (§ 263 Abs. 3 Nr. 1 StGB), Wucher (§ 291 Abs. 2 Nr. 2 StGB; § 61 Rz. 25), Korruption (§§ 300 Nr. 2, 335 Abs. 2 Nr. 3 StGB; § 53 Rz. 49), Schmuggel und Steuerhinterziehung (§ 373 AO – § 44 Rz. 212 ff. – bzw. § 370 AO, § 26a UStG; § 44 Rz. 184, 194a), Schutzrechtsverletzungen (§ 108a UrhG u.a.; vgl. § 55 Rz. 131), Außenwirtschaftsverstöße (§ 17 Abs. 2 Nr. 2, Abs. 3, § 18 Abs. 7 AWG, § 19 Abs. 2, § 22a Abs. 2 KWKG; vgl. § 62 Rz. 49; § 73 Rz. 38, 103) und manche andere. Ähnlich wie die „gewohnheitsmäßige" und die „geschäftsmäßige" oder auch die „bandenmäßige" Tatbegehung (vgl. § 9 Rz. 2a; zum bandenmäßigen Schmuggel § 44 Rz. 186, 214) soll dieses Kriterium die besondere Intensität der Rechtsgutverletzung erfassen. Bisweilen führt das kummulative Erfordernis von Gewerbsmäßigkeit und Mitgliedschaft in einer Bande zu einer Qualifikation mit noch höherer Strafandrohung, etwa beim Betrug (§ 263 Abs. 5 StGB) oder im Außenwirtschaftsrecht (§ 18 Abs. 7 AWG; § 62 Rz. 49).

---

1 *Karsten Schmidt* in MüKo, § 1 HGB Rz. 31; *Röhricht* in Röhricht/Graf v. Westphalen, § 1 HGB Rz. 24, 48 ff.; *Hopt* in Baumbach/Hopt, § 1 HGB Rz. 16; *Kindler* in E/B/J/S, § 1 HGB Rz. 27 ff.; *Oetker* in Staub, § 1 HGB Rz. 39 ff.; *Körber* in Oetker, § 1 HGB Rz. 28 ff.; *Karsten Schmidt*, HandelsR, § 9 Rz. 37 ff.; *Canaris*, HandelsR, § 2 Rz. 14; *Jung*, HandelsR, § 5 Rz. 10; *Teichmann*, HandelsR, § 1 Rz. 138, 146 f.
2 Ausdrücklich offengelassen z.B. in BGH v. 24.6.2003 – XI ZR 100/02, BGHZ 155, 240 (245 f.) = NJW 2003, 2742 (2743); BGH v. 29.3.2006 – VIII ZR 173/05, NJW 2006, 2250 (2251).
3 EntwBegr., BT-Drs. 13/8444, 24.
4 § 243 Abs. 1 Nr. 3, §§ 260, 260a, § 292 Abs. 2 Nr. 1, §§ 181a Abs. 2, 184b Abs. 3 StGB.

66a Dabei handelt es sich um ein *speziell* **strafrechtliches Merkmal**, das die (Strafrechts-)Rechtsprechung unabhängig vom handelsrechtlichen oder gewerberechtlichen Begriff vom „Gewerbe" eigenständig konkretisiert hat. Dass eine Tat *im Rahmen* eines Gewerbebetriebs begangen worden ist, macht sie allein noch nicht zu einer „gewerbsmäßigen" Tat, wie andererseits auch ohne Gewerbebetrieb die genannten Straftaten „gewerbsmäßig" begangen werden können. Auch außerhalb der genannten Tatbestände kann die gewerbsmäßige Begehung nach allgemeiner Meinung im Rahmen der *Strafzumessung* nach § 46 StGB als strafschärfender Gesichtspunkt herangezogen werden[1].

66b Nach gefestigter *Rechtsprechung* handelt **gewerbsmäßig** im strafrechtlichen Sinne, wer in der Absicht handelt, sich durch wiederholte Tatbegehung eine fortlaufende Einnahmequelle von einiger Dauer und einigem Umfang zu verschaffen[2]. Dafür genügt bei verkehrsfähigen Waren auch die Absicht zur Erzielung von Einsparungen im Falle des Selbstverbrauchs[3]. Ein „kriminelles Gewerbe" wird nicht vorausgesetzt. Maßgebend ist die Absicht, nicht die Art und Weise der Tatbegehung. Im Rahmen dieser Absicht genügt schon die erstmalige Tatbegehung[4].

b) Grenz- und Ausnahmebereiche

67 **aa)** Lange Zeit standen „Handel und Gewerbe" im Gegensatz zur sog. Urproduktion, insbesondere zur **Land- und Forstwirtschaft**, mit der Folge, dass bäuerliche Betriebe keine Gewerbebetriebe waren; dies gilt heute noch im Gewerberecht[5]. Für den Bereich des Handelsrechts hat dagegen die *Gewerblichkeit* von Land- und Forstwirtschaft einschließlich Wein- und Gartenbau, soweit sie „berufsmäßig" betrieben wurde, erst in der Rechtsprechung, später in der Gesetzgebung Anerkennung gefunden[6]. Sie liegt auch dem neu gefassten § 3 HGB zugrunde (zur Kaufmannseigenschaft Rz. 86). Strafrechtlich tritt dieser Gewerbezweig kaum einmal in Erscheinung.

68 **bb)** Das **Handwerk**, das stark von der persönlichen und eigenverantwortlichen Leistung des Geschäftsinhabers geprägt wird, gehört trotz der „berufsrecht-

---

1 Vgl. nur *Fischer*, § 46 StGB Rz. 89.
2 BGH v. 11.9.2003 – 4 StR 193/03, NStZ 2004, 265 f.; BGH v. 4.7.2007 – 5 StR 132/07, NStZ 2007, 638; BGH v. 20.3.2008 – 4 StR 63/08, NStZ-RR 2008, 212 (§ 29 Abs. 3 BtMG verlange „nachhaltige Gewinnerzielungsabsicht von einigem Gewicht"); vgl. zum Ganzen *Lackner/Kühl*, vor § 52 StGB Rz. 20; *Fischer*, vor § 52 StGB Rz. 62; *Sternberg-Lieben/Bosch* in S/S, vor § 52 StGB Rz. 95 ff.; *Rissing-van Saan* in LK, vor § 52 StGB Rz. 80; *Jahn* in S/S/W, § 260 StGB Rz. 3.
3 OLG Stuttgart v. 10.6.2002 – 1 Ss 185/02, NStZ 2003, 40 (für Zigaretten); anders bei Drogen: *Fischer*, vor § 52 StGB Rz. 62a.
4 BGH v. 9.10.1974 – 2 StR 485/73, BGHSt 26, 4; BGH v. 11.10.1994 – 1 StR 522/94, NStZ 1995, 85; st. Rspr.
5 So heute noch das GewerbeR; vgl. *Kahl* in Landmann/Rohmer, GewO, Einl. Rz. 32, 62 ff., § 1 GewO Rz. 3; *Pielow*, § 1 GewO Rz. 170 ff.
6 BGH v. 7.7.1960 – VIII ZR 215/59, BGHZ 33, 321 = NJW 1961, 725; das G über die Kaufmannseigenschaft von Land- und Forstwirten, BGBl. I 1976, 1197, setzt die Gewerbe-Eigenschaft der landwirtschaftlichen Unternehmen voraus.

lichen" Regelung durch die reformierte Handwerksordnung[1] schon *traditionell* zum Bereich des *Gewerbes*, wie § 1 Abs. 2 und § 2 HGB a.F. belegen[2]. Nach Abschaffung des Katalogs der Grundhandelsgewerbe durch das HRefG konnte auf eine Erwähnung des Handwerks im HGB ganz verzichtet werden. Dass häufiger zweifelhaft ist, ob das handwerkliche Unternehmen bereits „nach Art und Umfang" die Schwelle zum kaufmännischen Unternehmen überschritten hat (Rz. 73 ff.), berührt die Frage der Gewerblichkeit nicht.

69 cc) Dagegen fallen die **„Freien Berufe"** – einschließlich *wissenschaftlicher* und *künstlerischer* Tätigkeiten – seit alters her nicht unter den handelsrechtlichen Gewerbebegriff; sie bilden die wichtigste Gruppe von Unternehmern, die kein Gewerbe betreiben und deshalb *keine Kaufleute* sind. Ihr Kennzeichen sind „Dienstleistungen höherer Art". Die Freien Berufe sind steuerrechtlich privilegiert, weil sie nicht der Gewerbesteuer unterliegen. Dieser Ausnahmebereich, der zahlreiche Abgrenzungsprobleme aufwirft, hat für die Praxis die größte Relevanz – soweit nicht auch hier inzwischen zunehmend Kapitalgesellschaften (= Formkaufleute) Verwendung finden (vgl. § 91 Rz. 10a ff.). So ist es z.B. *Rechtsanwälten* verwehrt, ihre Berufstätigkeit in einer OHG oder KG – und damit auch in einer GmbH & Co. KG – auszuüben, weil Rechtsberatung keine „gewerbliche" Tätigkeit ist[3].

69a Die rechtliche Grundlage der Abschichtung der freien Berufe von der gewerblichen Berufsausübung liegt dabei weniger in § 6 GewO, der nur eine unvollständige Aufzählung der Freiberufler enthält[4]. Auch die Aufzählung in § 18 EStG ist nicht allgemeingültig. Maßgebend sind – neben der *Tradition*[5] – primär die jeweiligen speziellen **berufsrechtlichen Vorschriften**, die den Kernbereich der anerkannten freien Berufe prägen und die ausdrücklich bestimmen, dass der Beruf „kein Gewerbe" oder „kein Handelsgewerbe" sei[6] (vgl. auch unten §§ 90, 91). Ein wichtiger, aber keineswegs ausreichender Hinweis auf die Freiberuflichkeit ist die Zusammenfassung der Berufsangehörigen zur Sicherung der Berufspflichten in einer speziellen „Kammer" (Architektenkammer, Anwaltskammer, Ärztekammer usw.). Neben einem Kernbereich von eindeutigen „Freien Berufen" gibt es einen – hier nicht zu vertiefenden – Überschneidungsbereich, in dem die Entscheidung vom Einzelfall abhängig gemacht wird[7].

---

1 Handwerksordnung i.d.F. v. 24.9.1998, BGBl. I 3074, m. wiederholten Änderungen, insbes. durch G v. 24.12.2003, BGBl. I 2934; vgl. § 25 Rz. 36 ff.
2 Vgl. G über die Kaufmannseigenschaft von Handwerkern v. 31.3.1953, BGBl. I 106; vgl. *Honig/Knörr*, 4. Aufl. 2008, § 1 HwO Rz. 82 ff.
3 BGH v. 18.7.2011 – AnwZ (Brfg) 18/10, NJW 2011, 3036 = ZIP 2011, 1664 = NZG 2011, 1063; dazu *Henssler*, NZG 2011, 1121 ff., der den Gesetzgeber gefordert sieht; krit. auch *Karsten Schmidt*, HandelsR, § 9 Rz. 21/22.
4 Ein Teil der Ausnahmen in § 6 Abs. 1 GewO ist schon nach dem Wortlaut „gewerblich", so die „gewerblichen Auswandererberater"; die Gewerblichkeit der Apotheken ist ebenfalls unbestritten.
5 Dazu *Röhricht* in Röhricht/Graf v. Westphalen, § 1 HGB Rz. 58.
6 Z.B. § 2 Abs. 2 BRAO; § 2 S. 3 BNotO; § 2 Abs. 2 PatAnwO; § 1 Abs. 2 WiPrüfO; § 32 Abs. 2 StBerG; § 1 Abs. 2 BÄrzteO; § 1 Abs. 3 ZahnheilkundeG.
7 Anschaulich BayObLG v. 21.3.2002 – 3 Z BR 57/02, FGPrax 2002, 133: Software-Entwicklung durch Ingenieure = gewerblich, deshalb KG eintragungsfähig, keine Beschränkung auf Partnerschaft.

Für zahlreiche „Freie Berufe" gibt es indes kein Berufsrecht, etwa für Künstler oder Schriftsteller, und die Zugehörigkeit zu einem bestimmten Berufsverband ist auch kein belastbares Kriterium.

Das 1994 speziell für die Angehörigen der freien Berufe geschaffene **Partnerschaftsgesellschaftsgesetz** (PartGG)[1] (vgl. dazu § 23 Rz. 76a, 94) enthält zwar in § 1 Abs. 2 PartGG eine auf der bisherigen Anschauung beruhende *Aufzählung von ca. 30 Berufsbildern*; diese kann jedoch ebenfalls weder Allgemeingültigkeit noch Ausschließlichkeit beanspruchen[2]. 70

Dieser „**Katalog**" reicht von den diversen Heilberufen über die rechts- und steuerberatenden Berufe, die Architekten und Ingenieure, Lotsen, Journalisten und Dolmetscher bis zu den Wissenschaftlern, Künstlern und Erziehern. Es handelt sich ganz überwiegend um Berufe, die eine Hochschulausbildung oder eine spezielle Fachschulausbildung voraussetzen und die – allein oder zu mehreren – in einer Praxis, einer Kanzlei oder einem Büro – und nicht in einem Ladengeschäft wie etwa im Fall des Apothekers – ausgeübt werden. Das 1. Änderungsgesetz zum PartGG[3] hat dem Katalog noch eine *abstrakte „Typus-Umschreibung"* in § 1 Abs. 2 S. 1 PartGG vorangestellt: *„Die Freien Berufe haben im allgemeinen auf der Grundlage besonderer beruflicher Qualifikation oder schöpferischer Begabung die persönliche, eigenverantwortliche und fachlich unabhängige Erbringung von Dienstleistungen höherer Art im Interesse der Auftraggeber und der Allgemeinheit zum Inhalt."* Allerdings ist auch diese Umschreibung nicht als Legaldefinition zu verstehen, wie sich bereits aus den Worten „im allgemeinen" ergibt[4].

§ 1 Abs. 2 PartGG enthält nach h.M. **keine verbindliche Grenzziehung** zwischen „Freien Berufen" und „Gewerbe" im handelsrechtlichen Sinne, sondern bestimmt nur den Kreis der *„partnerschaftsfähigen Berufe"*[5]. So fehlen im Katalog die – zweifellos zum Kreis der Freien Berufe gehörenden – Notare, weil deren Berufsrecht (bisher) einer gemeinsamen Berufsausübung und damit der Bildung einer Partnerschaft entgegensteht[6]. Auch ist dieser Kreis nicht identisch mit den „partnerschaftspflichtigen" und deshalb von OHG und KG ausgeschlossenen Berufen. Manches ist streitig, bedarf hier aber keiner weiteren Erörterung. Klargestellt ist aber, dass ein Zusammenschluss von Angehörigen der aufgezählten Berufe zur gemeinsamen Berufsausübung in der Rechtsform der Partnerschaftsgesellschaft *kein Gewerbe* betreibt und dass diese *nicht zu den Handelsgesellschaften* zählt[7] – obwohl fortgesetzt auf das HGB verwiesen wird. Sie wird nicht in das Handelsregister eingetragen, sondern in das gesonderte *Partnerschaftsregister* (Rz. 25). Sie ist vielmehr – neben der OHG – eine 70a

---

1 G „zur Schaffung von Partnerschaftsgesellschaften" v. 25.7.1994, BGBl. I 1744 mit mehrfachen Änderungen, insbes. durch das G „zur Einführung einer Partnerschaftsgesellschaft mit beschränkter Berufshaftung [...] ", v. 15.7.2013, BGBl. I 2386; in Kraft seit 19.7. 2013 (u. § 23 Rz. 76a, 94a).
2 *Henssler*, 2. Aufl. 2008, § 1 PartGG Rz. 98 ff.; *Schäfer* in MüKo-BGB, 6. Aufl. 2013, § 1 PartGG Rz. 41 ff.
3 G v. 22.7.1998, BGBl. I 1878, Art. 1a.
4 Vgl. dazu *Henssler*, § 1 PartGG Rz. 51 f; *Schäfer* in MüKo-BGB, § 1 PartGG Rz. 36; *Hirtz* in Henssler/Stohn, GesR, § 1 PartGG Rz. 24 ff.
5 *Schäfer* in MüKo-BGB, § 1 PartGG Rz. 41 ff.; *Henssler*, § 1 PartGG Rz. 56, 65 ff.
6 Vgl. § 9 BNotO, auch § 59a BRAO; *Görk* in Schippel/Bracker, 9. Aufl. 2011, § 9 BNotO Rz. 5; *Lerch* in Arndt/Lerch/Sandkühler, 7. Aufl. 2012, § 9 BNotO Rz. 3, 30 ff.
7 Treffend *Karsten Schmidt* in MüKo, § 1 HGB Rz. 36: „negativer Formkaufmann".

eigenständige „Verfestigung" der Gesellschaft bürgerlichen Rechts; die Abgrenzung zur „Sozietät" als Ausprägung der GbR zur freiberuflichen Berufsausübung vollzieht sich allein nach dem formellen Kriterium der Eintragung in das genannte Register. Die Partnerschaft(sgesellschaft) gehört zweifelsfrei zu den „rechtsfähigen Personengesellschaften" i.S. des § 14 Abs. 2 BGB und wird damit auch von § 14 Abs. 1 Nr. 2 StGB erfasst.

71 **dd)** Außerdem fällt die **Verwaltung eigenen Vermögens** (einschließlich Vermietung und Verpachtung) nach herrschender Ansicht grundsätzlich aus dem Bereich der gewerblichen Tätigkeit heraus, während die Verwaltung fremden Vermögens dann als gewerblich anerkannt ist, wenn sie mithilfe eines „Geschäftsbetriebs" betrieben wird[1]. Eine *Holding*-Gesellschaft oder eine „Besitzgesellschaft", die das Unternehmen an eine Betriebsgesellschaft verpachtet hat, übt grundsätzlich kein Gewerbe aus[2] – was zur Erweiterung des § 105 HGB (Rz. 58 f.) geführt hat.

72 **ee)** Schließlich wird den **Arbeitsgemeinschaften** – etwa im Baugewerbe – und den sonstigen kooperativen Gelegenheitsgesellschaften herkömmlicherweise aufgrund ihrer mangelnden Dauerhaftigkeit die Gewerblichkeit von der h.M. abgesprochen[3]. Auch wenn eine „gewisse Dauer" von Bau-„ArGen" – die oft über viele Jahre existieren und darüber hinaus haften – schwerlich verneint werden kann (zur Eigenschaft als Unternehmensträger vgl. § 23 Rz. 18a), wird nur vereinzelt die Konsequenz gezogen, eine ArGe sei als OHG eintragungspflichtig[4]; sie wird vielmehr ganz überwiegend als GbR qualifiziert[5]. Der richtige Kern der zuletzt genannten Ansicht liegt darin, dass eine „ArGe" ein Instrument zur vorübergehenden Kooperation durch selbständig wirtschaftende Unternehmensträger ist. Eine Planungs-ArGe unter Architekten ist zudem kraft der Freiberuflichkeit der Mitglieder (Rz. 69) auf jeden Fall eine GbR.

72a **ff)** Ebenso wenig bedarf die unterschiedlich beantwortete Frage, ob und welchen **öffentlichen Unternehmen** gewerblicher Charakter zuzuerkennen ist[6], hier einer Vertiefung. Obwohl öffentliche Unternehmen in einzelnen Tatbeständen ausdrücklich aufgeführt sind (insbesondere § 264 Abs. 7 S. 2 StGB,

---

1 Vgl. z.B. *Karsten Schmidt*, HandelsR, § 9 IV 2b aa; *Oetker* in Staub, 2009, § 1 HGB Rz. 23 ff.; *Röhricht* in Röhricht/Graf v. Westphalen, § 1 HGB Rz. 34 ff., 43; *Kindler* in E/B/J/S, § 1 HGB Rz. 32 f.
2 *Karsten Schmidt* in MüKo, § 1 HGB Rz. 28; *Röhricht* in Röhricht/Graf v. Westphalen, § 1 HGB Rz. 44 f.; *Hopt* in Baumbach/Hopt, § 1 HGB Rz. 18; vgl. auch EntwBegr., BT-Drs. 13/8444, 40 f.
3 Z.B. *Röhricht* in Röhricht/Graf v. Westphalen, § 1 HGB Rz. 30; *Oetker* in Staub, § 1 HGB Rz. 20 f.; *Ulmer* in MüKo, Vor § 705 BGB Rz. 43 ff.; ausf. *Bärwaldt* in BeckHdb. PersGes., § 17; vgl. auch BGH v. 29.1.2001 – II ZR 331/00, BGHZ 146, 341 = NJW 2001, 1056.
4 Z.B. OLG Dresden v. 20.11.2001 – 2 U 1928/01, NJW-RR 2003, 257 = DB 2003, 713 (insoweit abl. *Karsten Schmidt*, DB 2003, 703 m.Nw.); ähnlich OLG Frankfurt v. 10.12.2004 – 21 AR 138/04, ZIP 2005, 1559.
5 *Schäfer* in MüKo, vor § 705 BGB Rz. 43; *Baldringer* in Jagenburg/Schröder/Baldringer, ARGE-Vertrag, 3. Aufl. 2012, Rz. 13, 15 ff.
6 *Hopt* in Baumbach/Hopt, § 1 HGB Rz. 27; *Röhricht* in Röhricht/Graf v. Westphalen, § 1 HGB Rz. 51 ff.; *Canaris*, HandelsR, § 3 Rz. 37 ff.

§ 130 Abs. 2 OWiG), spielt ihre materiell-rechtliche Kaufmannseigenschaft im Strafrecht praktisch keine Rolle, zumal auch hier der „Kaufmann kraft Eintragung" (Rz. 42 ff.) im Vordergrund steht.

2. Handelsgewerbe

Welche Gewerbe als kaufmännische Gewerbe (*Handelsgewerbe*) dem Handelsrecht unterliegen bzw. welcher Inhaber eines Gewerbebetriebs die Rechtsstellung eines Kaufmanns mit den sich daraus ergebenden Rechten und Pflichten hat, ergibt sich aus § 1 Abs. 2 HGB. Danach bestimmt die objektive **Erforderlichkeit einer kaufmännischen Einrichtung** für den Gewerbebetrieb die materiell-rechtliche Kaufmannseigenschaft. Das Kriterium, das vor 1998 primär den Voll- vom Minderkaufmann unterschied, ist damit zum entscheidenden Abgrenzungsmerkmal zwischen kaufmännischem und nicht-kaufmännischem Gewerbebetrieb geworden[1].

73

Allerdings ist die **praktische Bedeutung** dieser Abgrenzung – abgesehen von der zunehmenden Bedeutung der Formkaufleute – durch die Erweiterung des „Kaufmanns kraft Eintragung" (Rz. 42, 50 ff.) *sehr gemindert*. Denn wer im Handelsregister steht, ist nach §§ 2, 3 oder § 105 Abs. 2 HGB auch dann Kaufmann, wenn die kaufmännische Einrichtung noch nicht oder nicht mehr objektiv erforderlich ist. Da bislang die neuere Rechtsprechung zu § 1 HGB überraschend dürftig ist[2], spricht dies dafür, dass die Probleme der materiell-rechtlichen Kaufmannseigenschaft in der Praxis wenig Gewicht haben.

74

a) Kaufmännische Einrichtung

Wann ein Gewerbebetrieb „einen nach Art und Umfang in kaufmännischer Weise eingerichteten Geschäftsbetrieb erfordert", ist im **Gesetz nicht geregelt**. Der Reformgesetzgeber hat auf eine gesetzliche *Konkretisierung* dieses Merkmals absichtlich *verzichtet*; er meinte, an die angeblich „seit langem bewährten, in der Rechtsprechung gefundenen Kriterien" anknüpfen zu sollen[3]. *Tatsächlich* ist dieses Kriterium der Erforderlichkeit einer kaufmännischen Einrichtung wenig präzise und insbesondere im Strafrecht nur schwer handhabbar, nahezu unbrauchbar. Anerkanntermaßen kommt es auf die *objektive Erforderlichkeit* und nicht auf das tatsächliche Vorhandensein oder Nichtvorhandensein einer kaufmännischen Einrichtung an[4].

75

Nach herkömmlicher handelsrechtlicher Auffassung hängt die Erforderlichkeit einer kaufmännischen Einrichtung nicht von einzelnen Grenzwerten ab, son-

76

---

1 Krit. dazu *Röhricht* in Röhricht/Graf v. Westphalen, § 1 HGB Rz. 15 f.; vgl. auch *Karsten Schmidt* in MüKo, § 1 HGB Rz. 5; *Kindler* in E/B/J/S, Vor § 1 HGB Rz. 12 ff., 22, § 1 HGB Rz. 42 ff.
2 Vgl. *Oetker* in Staub, § 1 HGB Rz. 93 ff.; *Röhricht* in Röhricht/Graf v. Westphalen, § 1 HGB Rz. 15 f., 98 ff., 106 ff. mit Zusammenstellung der älteren Rspr. Rz. 111 ff.; *Siems*, NJW 2003, 1296 m.w.Nw.; vgl. auch Nw. zu Rz. 76.
3 EntwBegr., BT-Drs. 13/8444, 24, 47 f.
4 *Röhricht* in Röhricht/Graf v. Westphalen, § 1 HGB Rz. 106; *Hopt* in Baumbach/Hopt, § 1 HGB Rz. 23; *Roth* in Koller/Roth/Morck, § 1 HGB Rz. 42 ff.; *Kindler* in E/B/J/S, § 1 HGB Rz. 47.

dern ergibt sich aus dem „**Gesamtbild des Unternehmens**"[1]. „Art *und* Umfang" – *kumulativ* – bestimmen die Erforderlichkeit[2]. Dieses Gesamtbild wird durch eine *Vielzahl von Faktoren* bestimmt wie z.B. Zahl der Beschäftigten, Zahl und Umfang der Betriebsstätten, Zahl der Geschäftsvorfälle, Größe des Anlage- und Betriebskapitals, Höhe des Umsatzes (die allein nicht maßgeblich ist; Rz. 78), Inanspruchnahme von Waren- und Geldkredit, Erfordernis langfristiger Dispositionen, Erfordernis komplexer Kalkulationen, Vielfalt der Geschäftsbeziehungen, Vielfalt der hergestellten oder vertriebenen Erzeugnisse oder Dienstleistungen, Tätigkeit auch im Ausland usw.[3]. Dabei müssen im Einzelfall nicht alle Faktoren positiv bewertet werden; vielmehr kommt es auf eine *typisierende* Betrachtung an, die es ermöglicht, die Erforderlichkeit einer kaufmännischen Einrichtung auch dann zu bejahen, wenn einzelne Faktoren nur niedrige, nicht-kaufmännische Werte erreichen.

77 Auch wenn es zunächst widersprüchlich erscheint, den „Kaufmann" durch eine „kaufmännische Einrichtung" und deren Erforderlichkeit zu definieren[4], steht dahinter eine auf Erfahrung zurückgreifende typologische Sichtweise. Im Zentrum der *„kaufmännischen Einrichtung"* steht das **kaufmännischen Rechnungswesen** (Buchführung und Bilanzierung; dazu unten §§ 26, 40, 85). Dieses ist *erforderlich*, wenn man seiner bedarf, um den Überblick über die Gesamtheit der Geschäftsvorfälle und deren Auswirkung auf den Vermögensstand des Kaufmanns bzw. Unternehmensträgers zu behalten[5].

78 Lässt sich die fortgesetzte Vermögensänderung nicht mehr durch eine einfache Einnahmen-/Ausgaben-Aufzeichnung ausreichend übersichtlich erfassen, hat der Geschäftsbetrieb einen Zuschnitt erreicht, der eine besondere Einrichtung zur Wahrung der Übersicht über den jeweiligen Vermögensstand „erfordert". Die **Erforderlichkeit** *einer kaufmännischen Buchführung* und Bilanzierung ist somit der zentrale Bezugspunkt einer kaufmännischen Einrichtung[6]. Das *Vorhandensein* einer solchen Buchführung ist ein Indiz für deren Erforderlichkeit. Die Höhe des *Umsatzes* für sich allein ist kein taugliches Kriterium, sondern

---

1 S. Nw. zu Rz. 75; aus der Rspr. BGH v. 2.6.1999 – VIII ZR 220/98, NJW 1999, 2967 (noch zu §§ 2, 4 HGB a.F.); OLG Dresden v. 26.4.2001 – 7 U 301/01, NJW-RR 2002, 33; auch BGH v. 18.7.2011 – AnwZ (Brfg)18/10, NJW 2011, 3036 (Rz. 9).
2 Wenn das Gesetz irreführend von „Art *oder* Umfang" spricht, ist dies Folge der negativen Formulierung (es sei denn, dass ... nicht ...); es ist ganz h.A., dass weder der Umfang allein noch die Art allein dafür bestimmend ist, ob eine kaufmännische Einrichtung erforderlich ist; *Röhricht* in Röhricht/Graf v. Westphalen, § 1 HGB Rz. 100 f.; *Kindler* in E/B/J/S, § 1 HGB Rz. 48; *Hopt* in Baumbauch/Hopt, § 1 HGB Rz. 23; *Karsten Schmidt*, HandelsR, § 10 Rz. 56, 58.
3 Dazu näher *Oetker* in Staub, § 1 HGB Rz. 99 ff.; *Karsten Schmidt* in MüKo, § 1 HGB Rz. 70 ff.; *Röhricht* in Röhricht/Graf v. Westphalen, § 1 HGB Rz. 102 ff.; *Kindler* in E/B/J/S, § 1 HGB Rz. 47 ff., je m.w.Nw.
4 Zu dieser Tautologie z.B. *Röhricht* in Röhricht/Graf v. Westphalen, § 1 HGB Rz. 15.
5 *Karsten Schmidt* in MüKo, § 1 HGB Rz. 72; *Körber* in Oetker, § 1 HGB Rz. 50; vgl. auch *Tiedemann* in LK, § 283 StGB Rz. 90 f.
6 Vgl. *Roth* in Koller/Roth/Morck, § 1 HGB Rz. 42; *Hopt* in Baumbach/Hopt, § 1 HGB Rz. 23; a.A. *Röhricht* in Röhricht/Graf v. Westphalen, § 1 HGB Rz. 105 ff.; *Oetker* in Staub, § 1 HGB Rz. 94; *Karsten Schmidt* in MüKo, § 1 HGB Rz. 70; *Kindler* in E/B/J/S, § 1 HGB Rz. 46 f.; *Canaris*, HandelsR, § 3 Rz. 9.

nur eine – wichtige – Position, die je nach Art des Geschäftsbetriebs Rückschlüsse auf die Vielzahl der Geschäftsvorfälle erlaubt[1]. Auch alle anderen genannten Kriterien sind allenfalls zusätzliche Merkmale, aus denen sich wieder die Erforderlichkeit der kaufmännischen Buchführung herleiten lässt.

Rechtsfolge des Eintritts der objektiven Erforderlichkeit einer kaufmännischen Einrichtung ist, dass der Gewerbetreibende **von Gesetzes wegen** und unabhängig von einer Handelsregistereintragung ab diesem Zeitpunkt „automatisch" zum **Kaufmann** wird („Ist-Kaufmann"; früher auch „Muss-Kaufmann"). Eine BGB-Gesellschaft wandelt sich von Rechts wegen in eine eintragungspflichtige OHG um. Der Eintragung im Handelsregister kommt nur rechtsbekundende (*deklaratorische*) Wirkung zu. Deshalb besteht für den Kaufmann nach § 1 HGB eine *Pflicht zur Anmeldung* zum Handelsregister, die mithilfe des sog. Registerzwangs (Rz. 39) durchgesetzt werden kann. 79

§ 1 Abs. 2 HGB macht darüber hinaus die Kaufmannseigenschaft des nicht eingetragenen Unternehmers nicht von der positiven Feststellung der Erforderlichkeit einer solchen kaufmännischen Einrichtung abhängig, sondern stellt eine aus der Gewerblichkeit des Geschäftsbetriebs (Rz. 62 ff.) hergeleitete **Vermutung für deren Erforderlichkeit** auf. Es ist der Unternehmensträger, der *zivilrechtlich* die Beweislast dafür hat, dass sein Geschäftsbetrieb eine kaufmännische Einrichtung *nicht* erfordert; es liegt in seiner Sphäre, durch entsprechende Angaben über sein Unternehmen darzutun und im Zivilprozess zu beweisen, dass die Schwelle zu einem kaufmännisch einzurichtenden Betrieb noch nicht überschritten ist[2]. 80

Diese Vermutung – deren Geltung bereits im Registerverfahren (§ 26 FamFG) eingeschränkt ist[3] – kann indes **nicht im Strafrecht** wirksam werden, weil nach allgemeinen Grundsätzen einem (potenziellen) Straftäter alle Voraussetzungen der ihm vorgeworfenen Normverletzungen *nachgewiesen* werden müssen. Bei der Vielzahl der relevanten Faktoren (Rz. 76) ist eine solche Beweisführung vielfach so schwierig, dass ein Staatsanwalt nur bei ganz eklatanten Fällen einen solchen Aufwand treiben wird bzw. kann; in Zweifelsfällen wird er der Einstellung den Vorzug geben. 80a

Der *Gesetzgeber* des HRefG hat den Rückgriff auf das diffizile Kriterium der Erforderlichkeit einer kaufmännischen Einrichtung angesichts der dagegen erhobenen Einwendungen damit gerechtfertigt, dass zivilrechtlich **nur bei nicht eingetragenen Einzelkaufleuten und Personengesellschaften** überhaupt Probleme bezüglich der Kaufmannseigenschaft entstehen können[4]. Im Umkehrschluss ergibt sich aus dieser zutreffenden Feststellung, dass sich bei *eingetragenen* Kaufleuten die Frage nach der Erforderlichkeit einer kaufmännischen Einrichtung überhaupt *nicht* stellt[5]. Dies gilt **auch für den Bereich des Straf-** 80b

---
1 *Karsten Schmidt* in MüKo, § 1 HGB Rz. 74; zu § 241a HGB unten Rz. 82 ff.
2 Vgl. EntwBegr., BT-Drs. 13/8444, 48; *Karsten Schmidt* in MüKo, § 1 HGB Rz. 76.
3 Die Einzelheiten sind strittig; vgl. *Röhricht* in Röhricht/Graf v. Westphalen, § 1 HGB Rz. 123 ff.; *Karsten Schmidt*, HandelsR, § 10 Rz. 56.
4 EntwBegr. zum HRefG, BT-Drs. 13/8444, 26.
5 In diesem Sinne deutlich *Karsten Schmidt*, ZHR 163 (1999), 87 (90 ff.); *Karsten Schmidt* in MüKo, § 2 HGB Rz. 4, 7, § 1 HGB Rz. 84.

rechts (zum Sonderfall des § 5 HGB s. Rz. 87 ff.). Dafür spricht, dass das HRefG die – erst durch das 1. WiKG (§ 1 Rz. 63) eingeführte – Verpflichtung der (früheren) Sollkaufleute (§ 2 HGB a.F.) zur Buchführung (zunächst § 47a, ab 1985 § 262 HGB) wieder gestrichen hat. Die Förderung von *Rechtssicherheit* war erklärtes Ziel der Reform, nicht nur für den privaten Rechtsverkehr, sondern umfassend.

b) Modernisierung des Bilanzrechts

81 Auf nationaler und europäischer Ebene hat das Bilanzrecht, das den rechtlichen Rahmen für das Rechnungswesen und damit auch für das zentrale Element der „kaufmännische Einrichtung" abgibt, in letzter Zeit **mehrere Modernisierungsmaßnahmen** erfahren, die derzeit noch nicht ganz abgeschlossen sind. Die jüngste gesetzliche Maßnahme, das *Bilanzrichtlinie-Umsetzungsgesetz*, wird voraussichtlich im Laufe des Jahres 2015, spätestens aber 2016 in Kraft treten; der wesentliche Inhalt der Neuregelung ist jedoch durch die Bilanzrichtlinie 2013 bereits festgeschrieben (Rz. 85). Diese gesetzlichen Maßnahmen zielen primär auf eine Vereinfachung, insbesondere für mittelständische Unternehmen, aber auch auf größere Transparenz, insbesondere bei börsennotierten Unternehmensträgern; dabei werden den Unternehmen des Rohstoff- bzw. Energiesektors zusätzliche Publizitätspflichten auferlegt.

82 **aa)** Das **Bilanzmodernisierungsgesetz** (BilMoG)[1] hat 2009 – als „Entbürokratisierungsmaßnahme" – in Anlehnung an die Regelung in § 141 AO einen neuen Weg eingeschlagen, der mit den Lösungen des HRefG systematisch eigentlich unvereinbar ist (vgl. auch § 26 Rz. 17a f.; § 85 Rz. 2)[2] und auch spezielle, strafrechtlich relevante Abgrenzungsfragen aufwirft. Nach **§ 241a HGB** n.F. sind **Einzelkaufleute** – also nicht Personenhandelsgesellschaften (und noch viel weniger Kapitalgesellschaften) – von der Verpflichtung zu einer *kaufmännischen Buchführung* nach §§ 238–240 HGB und zur Erstellung eines Jahresabschlusses nach § 242 HGB (gem. dessen neuen Abs. 4) *freigestellt*, wenn am Jahresabschluss-Stichtag bestimmte Werte nicht überschritten sind:

– ein Jahresumsatz von nicht mehr als 500 000 Euro und (zugleich)

– ein Jahresüberschuss von nicht mehr als 50 000 Euro.

82a Bei bestehenden Unternehmen dürfen diese Grenzwerte zwei Jahre hintereinander nicht überschritten sein, während bei einer Neugründung schon der 1. Abschluss-Stichtag maßgebend ist. Für die Feststellung dieser Beträge genügt eine einfache Einnahmen- und Ausgabenrechnung. Diese neue Befreiung wirkt

---

1 BilMoG v. 25.5.2009, BGBl. I 1102; vgl. dazu – außer den (neueren) HGB-Kommentaren – z.B. *Kessler/Leinen/Strickmann* (Hrsg.), Hdb. BilMoG, 2. Aufl. 2010; *Vinken/Seewald/Korth/Dehler*, Praxiskommentar für Steuerberater, 2. Aufl. 2011; *Zwirner/Froschhammer* in Petersen/Zwirner/Brösel (Hrsg.), Systematischer Praxiskommentar BilanzR, 2. Aufl. 2014, § 241a HGB, Rz. 1 ff.

2 Zu Recht krit. *Schulze-Osterloh*, DStR 2008, 63; *Kersting*, BB 2008, 792; *Kussmaul/Meyering*, DB 2008, 1446; *Budde/Heusinger-Lange* in Kessler/Leinen/Strickmann, Hdb. BilMoG, S. 111 ff., 113.

erst für Abschlüsse ab dem **Geschäftsjahr 2008**[1]. Wenn sich diese Regelung bewährt, soll sie – wie es schon der Regierungsentwurf vorgeschlagen hatte – auf OHG und KG übertragen werden[2].

Auch wenn die meisten anderen Neuerungen des BilMoG – einschließlich der Anhebung der Schwellenwerte (§ 23 Rz. 27 ff.) – zu begrüßen sind, verdient die Neuregelung des § 241a HGB grundsätzliche **Kritik**: Damit ist ein „Kaufmann" geschaffen worden, der vom in § 1 Abs. 2 HGB aufgestellten Erfordernis einer kaufmännischen Einrichtung unabhängig ist, also ein *Minderkaufmann neuer Art* (vgl. § 4 HGB a.F.). Denn was eine „kaufmännische Einrichtung" ohne kaufmännisches Rechnungswesen sein soll, bleibt ungeklärt. Dass der Gesetzgeber einen Unternehmer, der nach Größe und Umfang einer kaufmännischen Einrichtung bedarf und deshalb von Gesetzes wegen Kaufmann (§ 1 HGB) ist, von der Verpflichtung zur Unterhaltung dieser Einrichtung „befreit", entbehrt der Schlüssigkeit. Statt diese Grenzziehung zwischen Kleingewerbetreibendem und Kaufmann bei den gesetzlichen Voraussetzungen des Kaufmanns (§ 1 ff. HGB) vorzunehmen, hat der Gesetzgeber bei den Rechtsfolgen angesetzt und dort die kaufmännischen Pflichten verkürzt. Damit ist in diesem Bereich die Handelsrechtsreform von 1998 konterkariert worden. Weiter ist zu befürchten, dass künftig diese Schwellenwerte als angeblicher „Bürokratie-Abbau" immer wieder erhöht werden, obwohl damit die Insolvenzanfälligkeit von Unternehmen mangels Übersicht über die Finanzlage steigen wird[3]. Die Verpflichtung des Kaufmanns zur fortgesetzten Übersicht über sein der Gewerbstätigkeit gewidmetes und im Rechtsverkehr eingesetztes Vermögen hat indes mit „Bürokratie" wenig zu tun, sondern ist geradezu die Voraussetzung für eine nachhaltige wirtschaftliche Tätigkeit. Die praktische Bedeutung der Neuregelung ist bisher jedoch gering[4]; der veranschlagte Effizienzgewinn (von 1 Mrd. Euro) ist offenbar bis jetzt nicht eingetreten.

82b

Im Rahmen der **Strafverfolgung**[5] wird diese Freistellung von den Buchführungspflichten – die ohnehin nur eine kleine Gruppe von Kaufleuten trifft – angesichts der Dominanz der Formkaufleute (Rz. 42 ff.) nur eine *geringe Bedeutung* entfalten. Da die Personenhandelsgesellschaften nicht erfasst sind, ergeben sich im Hinblick auf die Insolvenzdelikte (vgl. unten §§ 75 ff., bes. § 85 Rz. 10 ff.) zwei **Fallgruppen**:

83

— Ist der **Einzelunternehmer** im Handelsregister **nicht eingetragen**, ist er also kein Kaufmann kraft Eintragung, kann er wegen Buchführungsdelikten nur bestraft werden, wenn eine kaufmännische Buchführung objektiv erforderlich war, aber nicht vorhanden ist. Wird festgestellt, dass beide Schwellenwerte des § 241a HGB n.F. nicht überschritten sind, bedarf es keiner weiteren Prüfung der objektiven „Erforderlichkeit" einer kaufmännischen Einrichtung; eine Strafbarkeit entfällt. Wird dagegen festgestellt, dass die genannten Grenzwerte überschritten sind, muss die materiell-rechtliche Voraussetzung der Kaufmannseigenschaft, also – neben der Gewerblichkeit (Rz. 62 ff.) – die Erforderlichkeit einer kaufmännischen Einrichtung nach dem „Gesamtbild des Unternehmens" (Rz. 75 ff.) (durch Sachverständige geklärt und) bejaht werden, um zu

---

1 Art. 66 Abs. 1 EGHGB; die weiteren Absätze und Art. 67 enthalten nähere Übergangsbestimmungen.
2 EntwBegr. zum BilMoG (BT-Drs. 16/10067), Besonderer Teil zu Nr. 2 (§ 241 HGB) a.E.; die Beschränkung auf Einzelkaufleute bezeichnet *Karsten Schmidt*, ZHR 177 (2013), 712 (729), ähnlich *Karsten Schmidt*, HandelsR, § 15 Rz. 21 Fn. 43, als „gesetzgeberischen Missgriff" im Hinblick auf § 105 Abs. 2 HGB (s. oben Rz. 56 ff.)
3 Zu Recht sieht *Ebner*, wistra 2010, 92 (96) die Gefahr einer „weiteren Verwahrlosung im Bereich der Buchführung und Bilanzierung".
4 *Graf* in Haufe HGB Bilanz Kommentar, 4. Aufl. 2013, § 241a HGB Rz. 5.
5 Dazu näher *Ebner*, wistra 2010, 92 ff.

einer Strafbarkeit zu gelangen. Die zivilrechtliche Vermutung für die Erforderlichkeit (Rz. 80) greift nicht.

– Ist der **Einzelunternehmer** im Handelsregister **eingetragen,** also Kaufmann kraft Eintragung, bleibt aber unter beiden Grenzwerten des § 241a HGB, entfällt eine Strafbarkeit wegen Verletzung der Buchführungspflicht aufgrund der neuen Freistellung. Sind die Grenzwerte dagegen überschritten, ist die „Erforderlichkeit" einer kaufmännischen Buchführung nicht zu prüfen (und durch aufwendige Sachverständigen-Gutachten positiv festzustellen), sondern wird für die Tatbestandsmäßigkeit der Buchführungsdelikte durch die Tatsache der Eintragung ersetzt. Die – sehr seltenen – Fälle einer irrtümlichen Eintragung sind im Rahmen des Verschuldens zu lösen.

83a Nur im – eher seltenen – Fall des *Zusammenbruchs* eines **nicht eingetragenen Unternehmens** ist also im Strafverfahren unter Einsatz der bei den Ermittlungsbehörden beschäftigten Sachbearbeiter für Buchprüfung oder externer Sachverständiger festzustellen, ob eine kaufmännische Buchführung nach Art und Umfang des Geschäftsbetriebs objektiv erforderlich war, ob also der Unternehmer buchhaltungspflichtiger Kaufmann ist bzw. war. Die Schwellenwerte des § 241a HGB erleichtern dem Staatsanwalt die „Aussortierung" der nicht buchführungspflichtigen Einzelunternehmer durch Ermittlung von Jahresumsatz und -überschuss, ohne deren Kaufmannseigenschaft weiter klären zu müssen.– Dieser positive Effekt der praktischen Art vermag allerdings die Kritik (Rz. 82b) nicht zu entkräften.

84 **bb)** Einen anderen Weg der Entbürokratisierung hat die EU bei Änderung der europaweiten Rechnungslegungsrichtlinien[1] beschritten. Zum einen hat sie für kleine und mittlere Kapitalgesellschaften weitere Erleichterungen eingeführt. Zum anderen hat sie „unterhalb" der „kleinen Kapitalgesellschaft" (§ 267 Abs. 1 HGB) die *zusätzliche Gruppe* der „**Kleinstkapitalgesellschaften**" geschaffen (§ 23 Rz. 28a), deren Buchhaltungs- und Offenlegungspflichten noch stärker reduziert wurden. Die Umsetzung in Deutschland ist durch das **MicroBilG**[2] erfolgt, das am 28.12.2012 in Kraft getreten ist und erstmals für Abschlüsse zu einem Bilanzstichtag nach dem 31.12.2012 gilt (s. § 26 Rz. 121a).– Da auch kleinste Kapitalgesellschaften Kaufleute kraft Rechtsform sind (Rz. 42 ff.), stellt sich die Frage nach der Erforderlichkeit einer kaufmännischen Einrichtung nicht. Dass der europäische Gesetzgeber für „ganz kleine" Kapitalgesellschaften solche Erleichterungen bei Rechnungslegung und Publizität eingeführt hat, kann als wirklicher Bürokratie-Abbau begrüßt werden. Dass diese Maßnahmen darüber hinaus mit dem deutschen Recht systematisch viel besser harmonieren als das deutsche BilMoG (Rz. 82 ff.), verdient hervorgehoben zu werden.

---

1 RL 2012/6/EU des Europ. Parl. und des Rates v. 14.3.2012 zur Änderung der RL 78/660/EWG des Rates über den Jahresabschluss von Gesellschaften bestimmter Rechtsformen hinsichtlich Kleinstbetrieben, ABl. EU Nr. L 81 v. 20.3.2012, S. 3; vgl. auch die RL 2012/17/EU (oben Rz. 29b) zur Änderung der Publizitätsanforderungen bei Zweigstellen; vgl. zudem Rz. 85.
2 G zur Umsetzung der RL 2012/6/EU [...] zur Änderung der RL 78/660/EWG [...] (Kleinstkapitalgesellschaften-BilanzrechtsänderungsG – MicroBilG) v. 20.12.2012, BGBl. I 2751.

cc) Weitere Erleichterungen sieht die europäische **Bilanzrichtline 2013**[1] vor, deren Umsetzung in einzelstaatliches Recht bis Mitte 2015 zu erfolgen hat; derzeit liegt ein *Regierungsentwurf* für das *Bilanzrichtlinie-Umsetzungsgesetz (BilRUG)* vor (dazu näher § 23 Rz. 28d; § 26 Rz. 2). Auch dieses Gesetz verändert die kaufmännischen Rechnungslegungspflichten nicht grundsätzlich, sondern nur im Detail. Getragen ist auch diese Reform von dem Bestreben, die durch die Anforderungen von Rechnungslegung (unten § 26, § 40) und Offenlegung (§ 41) entstehende Belastung insbesondere für kleine und mittlere Unternehmen in der Rechtsform einer Kapitalgesellschaft in angemessener Weise zu vermindern.

c) Sonderfälle

aa) § 3 HGB enthält für die **Land- und Forstwirtschaft** – die früher überhaupt nicht als Gewerbe angesehen wurde (Rz. 67) – eine Sonderregelung, die durch das HRefG geringfügig geändert wurde, im Kern aber unverändert blieb. Im Ansatz ist dieser Wirtschaftszweig vom Handelsrecht freigestellt (Abs. 1), was zum Teil mit guten Gründen als rechtspolitisch verfehlt angesehen wird[2].

Auch wenn für einen Landwirt ein in kaufmännischer Weise eingerichteter Geschäftsbetrieb erforderlich ist, steht es ihm frei, eine Eintragung im Handelsregister herbeizuführen und dadurch – *konstitutiv* – die Kaufmannseigenschaft zu erwerben (sog. *Kann-Kaufmann*). Dasselbe gilt für Gewerbebetriebe, die zum land- oder forstwirtschaftlichen Betrieb im Verhältnis eines *Nebenerwerbs* stehen (Abs. 3). Einzelheiten, etwa die Frage, ob auch Klein-Landwirten das Wahlrecht des § 3 Abs. 2 HGB zusteht, sind strittig[3], aber für das Strafrecht ohne praktische Relevanz.

Für das *Strafrecht* – das insoweit selten mit der Landwirtschaft zu tun hat – kann hier die Feststellung genügen, dass der Eintragung des landwirtschaftlichen Unternehmers im Handelsregister maßgebliche Bedeutung zukommt und die gleiche Behandlung wie die der „Kaufleute kraft Eintragung" (§ 2 HGB; Rz. 50) geboten ist. § 241a HGB greift auch hier (Rz. 82, 83).

bb) Die materiell-rechtliche Regelung der Kaufmannseigenschaft wird ergänzt durch den im Wesentlichen unverändert gebliebenen (nur um die Kategorie des Minderkaufmanns alter Art bereinigten) **§ 5 HGB**: Ist ein Unternehmensträger im Handelsregister eingetragen, muss er sich *als Kaufmann behandeln* lassen, auch wenn das „unter der Firma betriebene Gewerbe" tatsächlich kein Handelsgewerbe ist. Anstelle der irreführenden Bezeichnung „Scheinkaufmann" wird dafür verbreitet der Ausdruck **Fiktiv-Kaufmann**[4] benutzt; richtigerweise ist es ein weiterer Fall des „Kaufmanns kraft Eintragung" (Rz. 50)[5]. Nie war

---

1 RL 2013/34/EU des EuPuR v. 26.6.2013, ABl. EU L 182/19 v. 29.6.2013.
2 *Karsten Schmidt* in MüKo, § 3 HGB Rz. 4; *Karsten Schmidt*, HandelsR, § 10 Rz. 82 f.
3 Vgl. *Oetker* in Staub, § 3 HGB Rz. 34 ff.; *Röhricht* in Röhricht/Graf v. Westphalen, § 3 HGB Rz. 3, 19 ff.; *Kindler* in E/B/J/S, § 3 HGB Rz. 33 ff. je m.w.Nw.
4 Z.B. *Canaris*, HandelsR, § 3 Rz. 48, 52; *Roth* in Koller/Roth/Morck, § 5 HGB Rz. 2; *Saenger* in Saenger/Aderhold u.a., § 1 Rz. 26; *Oetker* in Staub, § 5 HGB Rz. 3; *Körber* in Oetker, § 5 HGB Rz. 1, 5; *Jung*, HandelsR, § 4 Rz. 3, § 6 Rz. 26.
5 Deutlich *Karsten Schmidt* in MüKo, § 5 HGB Rz. 10; *Karsten Schmidt*, HandelsR, § 10 Rz. 28 ff.

zweifelhaft, dass der Fiktivkaufmann für den Bereich des Formkaufmanns (§ 6 HGB; Rz. 42 ff.) ohne Relevanz ist[1].

88 Die dafür früher verwandte Bezeichnung als **„Schein-Kaufmann"** ist irreführend, weil es bei § 5 HGB auf einen hervorgerufenen Rechtsschein nicht ankommt[2]. Die – inzwischen weitgehend überholte – Lehre vom Scheinkaufmann hatte eine zusätzliche Art von Kaufmann gebracht: Wer zurechenbar den Anschein geschaffen hat, ein Kaufmann zu sein, muss sich gegenüber einem Gutgläubigen – im Rahmen der allgemeinen zivilrechtlichen Rechtsscheinlehre – daran festhalten lassen (Kaufmann kraft Rechtsscheins)[3]. Dieser Rechtsschein-Tatbestand ist strafrechtlich nicht relevant (allenfalls als Täuschungshandlung bei einem Betrug).

89 Der § 5 HGB hat seine **frühere Berechtigung** dadurch gehabt, dass er die schwierige materiell-rechtliche Abgrenzung zwischen Voll- und Minderkaufmann (§ 4 HGB a.F.) – Erforderlichkeit einer kaufmännischen Einrichtung – durch die Formalität der Eintragung abgefedert hat: Im Fall der Eintragung sollte der Geschäftsinhaber nicht geltend machen können, er sei kein (Voll-)Kaufmann. Diese *Bedeutung* hat sich – ungeachtet mancher Zweifelsfragen – mit der Handelsrechtsreform *geändert*. Welche Bedeutung dem § 5 HGB angesichts der neuen Regelung der §§ 2, 105 Abs. 2 HGB heute zukommen soll, ist umstritten[4].

90 Diese *zivilrechtlichen Differenzen* können indes hier auf sich beruhen. Denn nach ganz h.M. war § 5 HGB von Anfang an nur für den Bereich des Rechtsverkehrs einschlägig, wofür auch der Wortlaut der Norm spricht. Dagegen erstreckt sich der Anwendungsbereich des Fiktivkaufmanns nach gefestigter Rechtsprechung und Lehre *nicht* auf *öffentlich-rechtliche Pflichten*, weder auf die Buchführungspflichten noch etwa auf die „Briefkopf-Publizität" (§ 23 Rz. 65) und somit auch insgesamt **nicht** auf den Bereich des **Strafrechts**[5]. Für die Strafverfolgung bringt also § 5 HGB im Hinblick auf die schwierige Feststellung der materiell-rechtlichen Kaufmannseigenschaft (Rz. 62 ff., 75 ff.) keine Erleichterung.

---

1 Vgl. z.B. *Hopt* in Baumbach/Hopt, § 5 HGB Rz. 2; *Keßler* in Heidel/Schall, § 5 HGB Rz. 6; *Karsten Schmidt* in MüKo, § 5 HGB Rz. 15; *Oetker* in Staub, § 5 HGB Rz. 4.
2 H.M.; *Hopt* in Baumbach/Hopt, § 5 HGB Rz. 1; *Roth* in Koller/Roth/Morck, § 5 HGB Rz. 2, § 15 HGB Rz. 39; *Karsten Schmidt*, HandelsR, § 10 Rz. 26; *Kindler*, Handels- und GesR, § 2 Rz. 85 f.
3 Dazu näher *Oetker* in Staub, § 5 HGB Rz. 24 ff.; *Kindler* in E/B/J/S, § 5 HGB Rz. 49 ff.; *Hopt* in Baumbach/Hopt, § 5 HGB Rz. 9 ff.; *Körber* in Oetker, § 5 HGB Rz. 31 ff.; *Röhricht* in Röhricht/Graf v. Westphalen, Anh. zu § 5 HGB; *Karsten Schmidt* in MüKo, § 5 HGB Rz. 17 und Anh. nach Rz. 47; *Karsten Schmidt*, HandelsR, § 10 Rz. 113 ff.
4 Vgl. einerseits *Röhricht* in Röhricht/Graf v. Westphalen, § 5 HGB Rz. 8 ff., 12 ff.; *Oetker* in Staub, § 5 HGB Rz. 8 ff.; andererseits *Karsten Schmidt* in MüKo, § 5 HGB Rz. 6 ff., 21 ff.; *Karsten Schmidt*, HandelsR § 10 Rz. 26 ff.; vgl. auch *Kindler* in E/B/J/S, § 5 HGB Rz. 9 ff., 16.
5 Vgl. *Oetker* in Staub, § 5 HGB Rz. 61; *Karsten Schmidt* in MüKo, § 5 HGB Rz. 35, 44; *Kindler* in E/B/J/S, § 5 HGB Rz. 45, 48; *Röhricht* in Röhricht/Graf v. Westphalen, § 5 HGB Rz. 40; *Hopt* in Baumbach/Hopt, HGB § 5 Rz. 6; *Canaris*, HandelsR, § 3 Rz. 52, 57, je m.Nw.; ebenso z.B. *Heine/Schuster* in S/S, § 283 StGB Rz. 29; *Radtke* in MüKo, vor §§ 283 ff. StGB Rz. 38, § 283 StGB Rz. 43.

§ 23
Unternehmen und Unternehmer
Bearbeiter: Christian Müller-Gugenberger

	Rz.		Rz.
A. Unternehmen als Wirtschaftseinheit	1	**II. Publizität der Rechtsform**	62
I. Begriffliche Mehrdeutigkeit	2	1. Angaben am Geschäftslokal	64
1. Zivilrecht	3	2. Angaben auf Geschäftsbriefen	65
2. Strafrecht	8	3. Angaben bei Werbung und Vertrieb	69
II. Unternehmen und Unternehmensträger	13	**III. Gesellschaftsrechtliche Zuwiderhandlungstatbestände**	70
1. Unternehmensträger als Rechtssubjekt	14	1. Juristische Personen	71
2. Unternehmen als Rechtsobjekt	24	a) Gesellschaften mit beschränkter Haftung	73
3. Folgerungen für das Strafrecht	25	b) Aktiengesellschaften	78
III. Klassifizierungen der Unternehmensträger	27	c) Genossenschaften	86
B. Unternehmen als Adressat strafrechtlicher Normen	31	d) Weitere juristische Personen	90
I. Geltendes Recht		2. Personengesellschaften	94
1. Kriminalstrafrechtliche Sanktionen	34	3. Umwandlung	99
2. Sanktionen nach dem OWiG	36	**D. Ausländische Unternehmensträger**	100
3. Sanktionen nach europäischem Recht	47	I. Sitztheorie und Niederlassungsfreiheit	101
II. Zur Reformdiskussion	50	II. Strafrechtliche Auswirkungen	114
C. Rechtsformspezifische Sanktionsnormen	54	1. Relevanz der Rechtsform	
I. Rechtsformzwang	55	a) Rechtsform-neutrale Sanktionsvorschriften	116
		b) Rechtsform-spezifische Tatbestände	121
		2. Reform durch das MoMiG	125

A. Unternehmen als Wirtschaftseinheit

Während frühere wirtschaftsrechtliche Gesetze Begriffe wie „Gewerbebetrieb", „Erwerbsgeschäft" oder „Handelsgeschäft" bevorzugt hatten, ist in den letzten Jahrzehnten der – in den Wirtschaftswissenschaften gängige – **Begriff „Unternehmen"** immer stärker in die *Rechtssprache* eingedrungen und hat etwa im Kartellrecht, Konzernrecht, Mitbestimmungsrecht oder im Umsatzsteuerrecht jeweils eine zentrale Bedeutung erlangt. Anlässlich der Handelsrechtsreform von 1998 (§ 22 Rz. 17) ist das „*Unternehmen*" auch zu einem zentralen Begriff des Handelsrechts geworden (vgl. §§ 1 ff. HGB), und im Jahr 2000 hat – in Umsetzung mehrerer europäischer Richtlinien – der „Unternehmer" auch im Allgemeinen Teil des BGB als Gegenstück zum „*Verbraucher*" (§ 13 BGB) einen

1

"Spitzenplatz" erlangt (§ 14 Abs. 1 BGB)[1]. Das EU-Recht ist gleichsam genötigt, sich des „Unternehmers" als Adressaten des Wirtschaftsrechts zu bedienen, weil die Rechtsordnungen mehrerer Mitgliedstaaten kein kodifiziertes Handelsrecht und auch keinen „Kaufmann" als Normadressaten (vgl. § 22 Rz. 16) kennen[2]. – Das FamFG regelt „unternehmensrechtliche Verfahren" (§§ 402 ff. FamFG), während die zuvor vom FGG verwendete Bezeichnung „Handelssachen" Rechtsgeschichte ist (anders noch: GVG und ZPO). Auch im *Strafrecht* spielt dieser Begriff eine wichtige Rolle; trotz seiner Mehrdeutigkeit (Rz. 8 ff.) ist er geeignet, im Wirtschaftsstrafrecht den zentralen Anknüpfungspunkt zu bilden (s. § 1 Rz. 18 ff.).

I. Begriffliche Mehrdeutigkeit

2 Die in der Umgangssprache festzustellende **Mehrdeutigkeit des Ausdrucks** „Unternehmen" findet sich auch in der rechtlichen Terminologie wieder und durchzieht die ganze Rechtsordnung. Bisweilen kommt dem Begriff innerhalb eines Gesetzes oder sogar innerhalb eines einzelnen Paragraphen – je nach Finalität der Norm – eine unterschiedliche Bedeutung zu[3].

1. Zivilrecht

3 **a)** Im deutschen Zivilrecht und insbesondere im **Handels- und Wirtschaftsrecht** hat sich ein *einheitlicher Rechtsbegriff* „Unternehmen", selbst im engeren Sinne einer „wirtschaftenden Einheit", bis jetzt *nicht* herausbilden können[4]. Dass das BGB im Werksvertragsrecht als „Unternehmer" (nur) den Auftragnehmer bezeichnet, ist man seit Langem gewohnt. Obwohl der Begriff des „Unternehmens" vom HRefG (§ 22 Rz. 17) in § 1 Abs. 2 HGB als Oberbegriff für den Gewerbebetrieb an die Spitze des HGB gerückt wurde, worauf die §§ 2, 3 HGB aufbauen, hat sich der Gesetzgeber enthalten, diesen Begriff gesetzlich zu definieren; er wurde – wie der des Gewerbes (§ 22 Rz. 62) – als vorgegeben angesehen[5]. Die Definition in § 14 Abs. 1 BGB[6] ist durch den Gegensatz zum *Verbraucher* bestimmt und kann – zumal sie unionsrechtlich geprägt ist – selbst für

---

1 Eingefügt durch G v. 27.6.2000, BGBl. I 897.
2 *Oetker* in Staub, HGB, 2009, Einl. Rz. 22; vgl. auch *Karsten Schmidt*, HandelsR, § 1 Rz. 19 ff.
3 Anschaulich z.B. BGH v. 16.10.1959 – KZR 2/59, BGHZ 31, 109; BGH v. 8.5.1979 – KVR 1/78 – „WAZ", BGHZ 74, 359 für das GWB.
4 Vgl. nur *Karsten Schmidt*, HandelsR, § 1 Rz. 23 ff., § 3 Rz. 1; *Karsten Schmidt* in MüKo, Vor § 1 HGB Rz. 5 ff., § 1 HGB Rz. 19 ff.; *Kindler* in E/B/J/S, § 1 HGB Rz. 12 ff.; *Oetker* in Staub, HGB, Einl. Rz. 21 f.; *Jung*, HandelsR, § 18 Rz. 1.
5 Vgl. EntwBegr. zum HRefG, BT-Drs. 13/8444, 22 f.
6 „Unternehmer ist eine natürliche oder juristische Person oder eine rechtsfähige Personengesellschaft, die bei Abschluss eines Rechtsgeschäfts in Ausübung ihrer gewerblichen oder selbständigen beruflichen Tätigkeit handelt"; § 14 Abs. 2 BGB definiert die „rechtsfähige Personengesellschaft" (vgl. Rz. 17).

das BGB keine allgemeine Gültigkeit beanspruchen[1]. Während § 4 Abs. 2 UWG 2004 bezüglich des Begriffs „Unternehmer" auf § 14 BGB verwiesen hatte, hat die UWG-Novelle 2008[2] in Umsetzung einer EG-Richtlinie[3] in § 2 Abs. 1 Nr. 6 eine eigene – durchaus problematische – Definition gebracht[4]. – Im *Arbeitsrecht* hat das Unternehmen eine speziellere Bedeutung: Sie wird durch den Gegensatz zwischen „Betrieb" – als kleinster arbeitsorganisatorischer Einheit – und „Unternehmen" – als Zusammenfassung auch mehrerer Betriebe – bestimmt[5].

In **Österreich** dagegen hat der „Unternehmer" den „Kaufmann" und das „Unternehmen" den „kaufmännischen Gewerbebetrieb" ab Anfang 2007 komplett ersetzt (s. § 22 Rz. 17, 64 a. E.); aus dem HGB ist das UGB, das „Unternehmensgesetzbuch", geworden[6].

Das *„Gesetz zur Modernisierung des GmbH-Rechts und zur Bekämpfung von Missbräuchen – MoMiG"*[7] (näher Rz. 76, 112, 126) hat indes für die neue Sonderform der GmbH (§ 5a GmbHG n.F.; Rz. 76) mit der Bezeichnung „**Unternehmergesellschaft**" und der amtlichen Abkürzung „**UG**" – ungeachtet des nicht abkürzungsfähigen Zusatzes „haftungsbeschränkt" – eine ganz eigenwillige und darüber hinaus nichtssagende Verwendung des Begriffs „Unternehmer" gebracht, die auch nicht ansatzweise mit § 14 BGB harmoniert: Jede GmbH ist – wie jede AG, OHG oder PartG und manche GbR – in dem Sinne Unternehmergesellschaft, als sie Trägerin eines Unternehmens (Rz. 14) ist. Terminologische Klarheit war insoweit ersichtlich nicht Ziel des MoMiG-Gesetzgebers.

3a

b) Einigkeit besteht darüber, dass – wie auch sonst bei der Auslegung von Begriffen – die Funktion, die der Ausdruck „Unternehmen" bzw. „Unternehmer" im **jeweiligen Normzusammenhang** zu erfüllen hat, seine nähere Bedeutung im Einzelnen bestimmt. Deshalb beantwortet sich die Frage, ob das Tatbestandsmerkmal „Unternehmen" erfüllt ist, jeweils funktional nach dem konkreten Kontext der Norm. Allerdings werden die Unterschiede der jeweiligen Bedeutung regelmäßig nur in Randfragen oder bei einzelnen Abgrenzungen

4

---

1 Vgl. z.B. *Micklitz* in MüKo, 6. Aufl. 2012, § 14 BGB Rz. 1 f.; *Saenger* in Erman, § 14 BGB Rz. 1 f.; *Prütting* in Prütting/Wegen/Weinreich, § 14 BGB Rz. 5; ausf. *Habermann* in Staudinger, 2013, § 14 BGB Rz. 4 ff., 17 ff.
2 1. UWG-ÄndG v. 22.12.2008, BGBl. I 2949.
3 RL 2005/29/EG v. 11.5.2005 über unlautere Geschäftspraktiken (UGP-RL), ABl. EU Nr. L 149 v. 11.6.2005, 22.
4 Vgl. dazu *Sosnitza* in Ohly/Sosnitza, 6. Aufl. 2014, § 2 UWG Rz. 88 ff.; *Fezer* in Fezer (Hrsg.), 2. Aufl. 2010, § 2 UWG Nr. 6 Rz. 7 ff.
5 Vgl. *Linck* in Schaub, ArbeitsR-Hdb., 15. Aufl. 2013, § 18; *Fitting*, 27. Aufl. 2014, § 1 BetrVG Rz. 58 ff., 144 ff.; *Preis*, ArbeitsR – IndividualarbeitsR, 4. Aufl. 2012, § 11.
6 Das UGB (öst. BGBl. I 2005/120) ist am 1.1.2007 in Kraft getreten; § 1 Abs. 2 UGB definiert: „Ein Unternehmen ist jede auf Dauer angelegte Organisation selbständiger wirtschaftlicher Tätigkeit, mag sie auch nicht auf Gewinn gerichtet sein."
7 G v. 23.10.2008, BGBl. I 2026, in Kraft seit 1.11.2008.

sichtbar; im Kernbereich lässt sich weithin Übereinstimmung der variierenden Begriffsbestimmungen feststellen[1] (abgesehen vom MoMiG; Rz. 3a).

5 *Prägendes Merkmal* des Unternehmens ist die auf eine gewisse Dauer ausgerichtete **selbständige Ausübung einer wirtschaftlichen Tätigkeit**. Das Kriterium der *Selbständigkeit* dient der Abgrenzung von der Berufsausübung in abhängiger Stellung. Die wirtschaftliche Tätigkeit stellt sich dar als eine werbende Tätigkeit am Markt durch Anbieten von Waren oder Leistungen *gegen Entgelt*, was den planmäßigen Abschluss von Rechtsgeschäften bedingt. *Keine* Unternehmen sind dagegen – trotz ihrer Selbständigkeit – die privaten *Haushalte*, d.h. die Verbraucher (vgl. § 13 BGB), und die Träger *hoheitlicher* Gewalt im Rahmen von deren Ausübung.

6 **Kein Merkmal** des Unternehmens ist die Ausrichtung auf **Gewinnerzielung**[2].

Dies ist – anders als beim Gewerbetrieb (§ 22 Rz. 64) – weitestgehend *unstreitig*. Der gesamte Bereich der genossenschaftlichen und der öffentlichen Unternehmen würde andernfalls herausfallen. Das Gewinnstreben mag zwar für eine große Zahl von Unternehmen typisch und für börsennotierte Unternehmen wirtschaftlich unverzichtbar sein; es mag auch betriebswirtschaftlich ein wesentlicher Antrieb zu rationellem „Wirtschaften" sein; als rechtliches Unterscheidungskriterium im Unternehmensrecht ist die Gewinnerzielungsabsicht indes weit weniger tauglich als die traditionelle Ansicht (zum Gewerbe) annimmt.

7 Wie auch § 14 Abs. 1 BGB bestätigt, ist der Begriff „**Unternehmen**" im Vergleich zum „Gewerbebetrieb" (§ 22 Rz. 62 ff.) unstreitig *umfassender*. Daraus ergibt sich, dass jeder Gewerbebetrieb ein Unternehmen ist. Somit erfasst das „Unternehmen"

– sämtliche kaufmännischen Gewerbebetriebe (§ 22 Rz. 42 ff.);
– sämtliche nichtkaufmännischen Gewerbebetriebe (einschließlich Kleingewerbe, Land- und Forstwirtschaft und sonstiger Urproduktion);
– den gesamten Bereich der Freien Berufe (§ 22 Rz. 69 ff.);
– den gesamten Bereich der „auf Gegenseitigkeit", auf genossenschaftlicher oder gemeinnütziger Basis beruhenden Geschäftstätigkeiten;
– die wirtschaftlichen Tätigkeiten der „öffentlichen Hände", d.h. außerhalb des hoheitlichen Bereichs.

2. Strafrecht

8 a) Die *Mehrdeutigkeit* des Begriffs „Unternehmen" zeigt sich anschaulich *auch im StGB*. Eine ganz spezielle Bedeutung hat der im StGB vorweg definierte Ausdruck „**Unternehmen der Tat**" (§ 11 Nr. 6 StGB): Er ist ein Oberbegriff, der den Versuch und die Vollendung einer Tat zusammenfasst.

---

1 Vgl. z.B. *Hopt* in Baumbach/Hopt, Einl. § 1 HGB Rz. 31, 33; *Karsten Schmidt*, HandelsR, § 3 Rz. 1 ff.; *Rittner/Dreher*, WiR, § 7.
2 Vgl. statt vieler *Karsten Schmidt*, HandelsR, § 3 Rz. 9 f., § 9 Rz. 37; *Habermann* in Staudinger, § 14 BGB Rz. 37 f.; vgl. auch *Rittner/Dreher*, WiR, § 8 Rz. 8 f., 20.

Als „**Unternehmensdelikte**" werden im Strafrecht demgemäß nicht etwa von oder aus Unternehmen begangene Delikte bezeichnet, sondern solche, deren Tatbestandsverwirklichung dadurch eintritt, dass der Täter eine bestimmte Handlung „*unternimmt*"[1]. Für das normalerweise der Tatbestandsverwirklichung vorgelagerte Stadium des Versuchs ist kein Raum – mit der Folge, dass ein strafbefreiender Rücktritt vom Versuch grundsätzlich ausgeschlossen ist. Diese Unternehmensdelikte gehören zur Gruppe der *abstrakten Gefährdungsdelikte*, die für das Wirtschaftsstrafrecht insofern von Bedeutung sind, als sie einen Rechtsgüterschutz im Vorfeld der Schadensverursachung ermöglichen[2]. Allerdings ist eine solche – auch im politischen Strafrecht verbreitete – Vorverlagerung des Einsatzes strafrechtlicher Sanktionen sowohl rechts- als auch kriminalpolitisch vielfach problematisch[3].

Dagegen steht der (gesetzlich nicht definierte) Ausdruck „**Unternehmensstrafrecht**" ganz überwiegend für das Problem, ob und wie Unternehmen „als solche" „bestraft" werden können (näher Rz. 34 ff.), und sollte keinesfalls mit „Wirtschaftsstrafrecht" (§ 1 Rz. 22) gleichgesetzt werden. Als „Unternehmenskriminalität" werden indes oft ganz allgemein kriminelle Aktivitäten bezeichnet, die „aus einem Unternehmen heraus" begangen werden.

8a

b) In verschiedenen – dem Wirtschaftsstrafrecht zuzuordnenden – Normen verwendet das StGB den *Begriff „Unternehmen"* zwar ohne echte Definition, aber wiederholt mit erläuternden Zusätzen. Dadurch werden **Bedeutungsunterschiede** sichtbar.

9

– Im Zusammenhang mit der *Zurechnung der Verantwortung* spricht § 14 Abs. 2 S. 1 StGB (ebenso § 9 Abs. 2 S. 1 OWiG; vgl. § 30 Rz. 74 ff.) zunächst nur von „Betrieb" und seinem Inhaber, stellt dem aber in S. 2 ausdrücklich das „Unternehmen" gleich, ohne eine nähere Umschreibung zu geben.
– Der Tatbestand der *Aufsichtspflichtverletzung* (§ 130 OWiG; § 30 Rz. 125 ff.) wendet sich an den Inhaber „eines Betriebs oder Unternehmens" (ähnlich auch §§ 5 Nr. 7, 11 Abs. 1 Nr. 4 Buchst. b, 75 Nr. 5 StGB), während in der Überschrift von „Betrieben und Unternehmen" die Rede ist; in § 130 Abs. 2 OWiG ist das „öffentliche Unternehmen" ausdrücklich gleichgestellt.
– Im Rahmen des *Subventionsbetrugs* (unten § 52) nennt § 264 Abs. 7 StGB als Leistungsempfänger „Betriebe oder Unternehmen", wozu ebenfalls ausdrücklich öffentliche Unternehmen gezählt werden (vgl. zu Letzteren auch § 316b StGB).
– Für den Tatbestand des *Kreditbetrugs* (§ 265b StGB; § 50 Rz. 150 ff.) werden dagegen die als Nutznießer und als Opfer genannten „Betriebe und Unternehmen" in Abs. 3 Nr. 1 dahin einengend definiert, dass es sich „unabhängig von ihrem Gegenstand" nur um solche handelt, die „nach Art und Umfang einen in kaufmännischer Weise eingerichteten Geschäftsbetrieb erfordern" (dazu § 22 Rz. 73 ff.).
– Von einem „hochverräterischen Unternehmen" ist in § 83 StGB, von einem „bewaffneten Unternehmen" in § 100 StGB die Rede (während im Rahmen der Sabotage (§§ 87, 88 StGB) bestimmte Wirtschaftsunternehmen als Schutzobjekte genannt sind).

---

1 Vgl. bes. §§ 81, 82, 131 Abs. 1 Nr. 4 StGB.
2 Vgl. *Tiedemann*, WiStrafR AT, Rz. 181 ff.; *Wittig*, WiStrafR, § 6 Rz. 7 ff.
3 Näher *Eser/Hecker* in S/S, § 11 StGB Rz. 41 ff.; *Hilgendorf* in LK, § 11 StGB Rz. 81 ff.; *Radtke* in MüKo, § 11 StGB Rz. 109 ff.; *Satzger* in S/S/W, § 11 StGB Rz. 39 ff.; *Fischer*, § 11 StGB Rz. 28 ff.; *Saliger* in NK, § 11 StGB Rz. 56 ff.; ausf. *Wolter*, Das Unternehmensdelikt, 2001.

10 Durch die ausdrückliche Bestimmung im Allgemeinen Teil (§ 14 Abs. 2 S. 2 StGB, § 9 Abs. 2 S. 2 OWiG), dass dem „Betrieb" das „Unternehmen" „gleichstehe", aber auch durch die Formulierung **„Betrieb oder Unternehmen"** in anderen Normen (§§ 11 Abs. 1 Nr. 4 Buchst. b, 75 Nr. 5, 264 Abs. 6, 265b Abs. 1, 3 StGB, § 130 OWiG) ist zum Ausdruck gebracht, dass die in anderen Rechtsbereichen bestehenden Gegensätze oder Abgrenzungsfragen zwischen „Betrieb" und „Unternehmen" – etwa im Arbeitsrecht (Rz. 3) – *im Strafrecht keine Rolle* spielen sollen. Mit der ausdrücklichen Erwähnung des „Unternehmens" neben bzw. nach dem Betrieb hat der Gesetzgeber bezweckt, *Strafbarkeitslücken zu vermeiden*, die aufgrund einer möglicherweise zu engen Auslegung des „Betriebs" befürchtet wurden[1]. Obwohl das traditionelle „Betriebsgeheimnis" ohnehin schon ein weites Verständnis des „Betriebs" voraussetzt[2], sollte die Hinzufügung des „Unternehmens" Auffangfunktion haben. Daraus folgt ein weites Verständnis des Begriffs „Unternehmen".

11 Deshalb hat sich im Strafrecht sowohl für den „Betrieb" als auch für das „Unternehmen" eine einheitliche, **weite Begriffsbestimmung** herausgebildet, die im Wesentlichen unbestritten ist und nur in Nuancen differiert. Danach handelt es sich um

„eine planmäßig und meist auch räumlich zusammengefügte Einheit mehrerer Personen und Sachmittel unter einheitlicher Leitung zur Erreichung des auf eine gewisse Dauer gerichteten Zwecks, Güter oder Leistungen materieller oder immaterieller Art hervorzubringen oder zur Verfügung zu stellen"[3].

Soweit vereinzelt versucht wird, in Anlehnung an arbeitsrechtliche Vorgaben einen Gegensatz zwischen „Betrieb" und „Unternehmen" zu entwickeln[4], ist dies für das (Wirtschafts-)Strafrecht nicht weiterführend.

12 Demgemäß besteht auch im Strafrecht weithin Einigkeit darüber, dass **Gewinnerzielungsabsicht kein** maßgebliches Begriffsmerkmal weder des „Betriebs" noch des „Unternehmens" ist[5]. Dies bestätigt § 265b Abs. 3 Nr. 1 StGB dadurch, dass – trotz des Erfordernisses einer kaufmännischen Einrichtung – klargestellt wird, dass es auf den „Gegenstand" des Unternehmens und damit auch auf die Absichten des Unternehmensträgers nicht ankommt[6]. Auch die Erstreckung auf „öffentliche Unternehmen" (§ 130 Abs. 2 OWiG, § 264 Abs. 7 StGB) verdeutlicht, dass das „Unternehmen" nicht durch die Ausrichtung auf Gewinnerzielung bestimmt wird. Dieses weite *strafrechtliche* Verständnis

---

1 *Schünemann* in LK, § 14 StGB Rz. 57; *Perron* in S/S, § 14 StGB Rz. 27 f.; *Radtke* in MüKo, § 14 StGB Rz. 91 f.; *Böse* in NK, § 14 StGB Rz. 36; *Merz* in G/J/W, § 14 StGB Rz. 43; *Gürtler* in Göhler, § 9 OWiG Rz. 42, 44.
2 Dies signalisiert bereits der vom G benutzte Ausdruck „Betriebs- oder Geschäftsgeheimnis", z.B. in §§ 203, 204, 355 StGB, § 17 UWG; dazu § 33 Rz. 45 ff.
3 *Schünemann* in LK, § 14 StGB Rz. 56 f.; ähnlich *Fischer*, § 14 StGB Rz. 8; *Lackner/Kühl*, § 11 StGB Rz. 15; *Gürtler* in Göhler, § 9 OWiG Rz. 43 f.
4 So z.B. *Radtke* in MüKo, § 14 StGB Rz. 92 a.E.; ähnlich *Tag* in Dölling/Duttge/Rössner, 3. Aufl. 2013, § 14 StGB Rz. 12 f.; *Rogall* in KK, § 9 OWiG Rz. 74 f.
5 A.A. *Niesler* in G/J/W, § 130 OWiG Rz. 15, der von einen viel zu engen Begriff des Unternehmens ausgeht.
6 Vgl. z.B. *Perron* in S/S, § 265b StGB Rz. 7 f.; *Tiedemann* in LK, § 264 StGB Rz. 55, § 265b StGB Rz. 28.

vom Unternehmen stimmt im Ergebnis weitestgehend mit dem umfassenden *zivilrechtlichen* Begriff (Rz. 7) überein.

II. Unternehmen und Unternehmensträger

Einen erheblichen, auch für das Strafrecht nutzbar zu machenden Zuwachs an Klarheit bringt die Unterscheidung des Unternehmens dahin, ob es als **Objekt oder** als **Subjekt** angesprochen ist. Diese Unterscheidung von *Unternehmen* und *Unternehmensträger* ist in der Sache inzwischen weithin anerkannt[1] und hat sich auch terminologisch nach und nach stärker durchgesetzt.

1. Unternehmensträger als Rechtssubjekt

a) Unternehmensträger ist das *„Zuordnungssubjekt aller Rechte und Pflichten"*, die sich auf das Unternehmen beziehen[2]; das „Unternehmen" ist somit das dem Unternehmensträger zugeordnete Objekt. Der Unternehmensträger wird vielfach verkürzt auch als „Inhaber des Betriebs" oder „Geschäftsinhaber" bezeichnet[3]. Er ist als „Rechtsträger" derjenige, der das Unternehmen *betreibt*, d.h. in dessen Namen das Unternehmen geführt wird. Dies ist i.d.R. der Eigentümer, im Sonderfall aber auch der Treuhänder und der Unternehmenspächter. Im Falle der Insolvenz bleibt die Unternehmensträgerschaft unverändert; der Insolvenzverwalter ist zwar zivilrechtlich „Partei kraft Amtes", aber nicht selbst Unternehmensträger. Ebenso wenig ist ein Testamentsvollstrecker als Unternehmensträger anzusehen; dies ist der Erbe oder die Erben als Personenmehrheit[4].

Der Unternehmensträger ist auch angesprochen, wenn von **„Corporate Governance"** die Rede ist. Dieser aus dem anglo-amerikanischen Recht stammende Ausdruck, der sich – wie „Compliance" (unten § 31), oft auch „Corporate Compliance" – schlecht übersetzen lässt, hat seit der Jahrtausendwende auch bei uns Fuß gefasst. Die relativ wörtliche Übersetzung „Unternehmensführung" ist zu eng; gemeint ist der gesamte „rechtliche und faktische Ordnungsrahmen für die Leitung und Überwachung eines Unternehmens"[5], aber nicht in einem wertneutralen Sinne, sondern angefüllt mit inhaltlichen Anforderungen i.S. einer *„guten Unternehmensführung"*, die die Einhaltung der Vorgaben der Rechts- und Gesellschaftsordnung (verkürzt: Regeltreue) zu einem Unter-

---

1 Vgl. bes. *Karsten Schmidt*, HandelsR, § 3 Rz. 44 ff., § 4; *Karsten Schmidt* in MüKo, vor § 1 HGB Rz. 8, 9; *Rittner/Dreher*, WiR, §§ 8, 9; *Hopt* in Baumbach/Hopt, vor § 1 HGB Rz. 41; *Kindler*, Handels- und GesR, 6. Aufl. 2012, § 5 Rz. 1 ff.; *Jung*, HandelsR, § 18 Rz. 2; *Achenbach* in A/R, I/1 Rz. 6; auch *Tiedemann*, WiStrafR AT Rz. 17; *Niesler* in G/J/W, § 130 OWiG Rz. 18.
2 *Karsten Schmidt*, HandelsR, § 3 Rz. 44.
3 So in § 14 Abs. 2 StGB, §§ 9 Abs. 2, 130 OWiG; vgl. z.B. auch § 21 HGB.
4 Vgl. zum Ganzen *Karsten Schmidt* in MüKo, § 1 HGB Rz. 57 ff.; *Kindler* in E/B/J/S, § 1 HGB Rz. 88 ff.; *Oetker* in Staub, § 1 HGB Rz. 87 f.; *Röhricht* in Röhricht/Graf v. Westphalen, § 1 HGB Rz. 78 ff; zur Frage der Unternehmensträgerschaft von Rechtsgemeinschaften näher *Madaus*, ZHR 178 (2014), 98 ff.
5 So *Engelhart*, Sanktionierung, S. 45 (m.w.Nw., auch zur Entwicklung und zum DCGK).

nehmensziel erhebt. Dies überschneidet sich mit den traditionellen Vorstellungen vom „ordentlichen Kaufmann" bzw. „ordentlichen Geschäftsmann" oder „gewissenhaften Geschäftsleiter" (§ 22 Rz. 18a).

14b Niederschlag gefunden hat dieses Konzept im „**Deutschen Corporate Governance Kodex**" (*DCGK*)[1], der primär auf börsennotierte Aktiengesellschaften (und gewisse Wertpapierhandelsgesellschaften) zugeschnitten ist. Obwohl dort vor allem rechtlich unverbindliche Empfehlungen ausgesprochen werden, wird über die in § 161 AktG[2] und § 289a HGB[3] festgelegten Publikationspflichten für börsennotierte Unternehmensträger rein tatsächlich die Festigung von Standards bewirkt, die auch auf andere Unternehmensträger ausstrahlen (vgl. auch § 31 Rn.13).

15 Der Unternehmensträger kann **rechtlich unterschiedlich verfasst**[4] sein, was § 14 Abs. 1 BGB verdeutlicht:

- als *natürliche* Person (Einzelunternehmer),
- als organisierte *Mehrheit* von Personen (rechtsfähige Personengesellschaft – Rz. 17 ff.),
- als von ihren Mitgliedern verselbständigte *juristische* Person (privaten oder öffentlichen Rechts); die wichtigste Gruppe bilden die „Kapitalgesellschaften",
- als rechtlich verselbständigtes Vermögen (z.B. in Gestalt der Stiftung, §§ 80 ff. BGB).

Soweit Rechtsnormen auf bestimmte Eigenschaften oder Zustände eines „Unternehmens" abstellen, etwa auf die Bilanzsumme oder die Zahl der Arbeitnehmer, ist damit regelmäßig der Unternehmensträger gemeint (Rz. 27 ff.). – Kein eigenständiger Unternehmensträger, sondern nur ein Teil des vom Unternehmensträger betriebenen Unternehmens ist die *Zweigniederlassung* (§ 22 Rz. 49).

16 Der Begriff des *Unternehmensträgers* hat gegenüber dem im Ausgangspunkt gleichbedeutenden Ausdruck „**Unternehmer**" den Vorteil, dass er nicht die Vorstellung einer natürlichen Person auslöst, sondern für eine Vielzahl rechtlicher Organisationsformen steht. Zudem wird deutlich, dass die umgangssprachlich oft als Unternehmer bezeichneten Manager, also die – in einem Dienstverhältnis stehenden – *Führungskräfte* eines Unternehmens(trägers), *nicht* gemeint sind.

---

1 Aktuelle Fassung v. 13.5.2013, abrufbar unter www.corporate-governance-code.de; dazu z.B. *Wilsing* (Hrsg.), Kommentar DCGK, 2012.
2 Eingefügt durch das TrPublG v. 19.7.2002, BGBl. I 2681.
3 Eingefügt durch das BilMoG v. 25.5.2009, BGBl. I 1102.
4 Näher *Karsten Schmidt*, HandelsR, § 4 Rz. 4 ff.; zum Wechsel der Rechtsform durch Umwandlung s. unten Rz. 99.

Die Vorstandsmitglieder einer AG oder Genossenschaft sowie die Geschäftsführer einer GmbH sind keine Unternehmensträger, sondern die gesetzlichen Vertreter der juristischen Person, die ihrerseits Unternehmensträger (und Kaufmann, § 22 Rz. 44) ist. Auch bei einer *Ein-Mann-GmbH* ist folglich Unternehmensträger die juristische Person und nicht der Gesellschafter-Geschäftsführer. – Im *Arbeitsrecht* entspricht dem Unternehmensträger im Wesentlichen der Ausdruck „Arbeitgeber". Allerdings gibt es auch Unternehmensträger ohne Arbeitnehmer (etwa ein allein tätiger Makler oder Handelsvertreter) ebenso wie Arbeitsverhältnisse außerhalb von Unternehmensträgern (etwa eine Haushaltshilfe)[1].

b) § 14 Abs. 2 BGB enthält eine allgemeine Definition der „**rechtsfähigen Personengesellschaft**": Sie ist eine „Personengesellschaft, die mit der Fähigkeit ausgestattet ist, Rechte zu erwerben und Verbindlichkeiten einzugehen", ohne eine juristische Person zu sein. Darin steckt der wesentliche Inhalt der altbekannten Umschreibung des § 124 Abs. 1 HGB. Dazu gehören nicht nur OHG und KG (als herkömmliche Personenhandelsgesellschaften), sondern auch die *Partnerschaftsgesellschaft* (§ 7 PartGG) – einschließlich der neuen PartG mbB (Rz. 94a) –, die (Parten-)Reederei (§ 494 HGB a.F.)[2] und die EWIV (§ 1 EWIV-AG – Rz. 96 f.) sowie – seit Änderung der höchstrichterlichen Rechtsprechung 2001 – die *Gesellschaft bürgerlichen Rechts* (GbR = BGB-Gesellschaft; §§ 705 ff. BGB), soweit sie als *Außengesellschaft* am Rechtsverkehr teilnimmt[3].

17

Die **Vorgesellschaft**, insbesondere in Gestalt einer Vor-GmbH oder Vor-AG, ist nach h.M. vor der Eintragung in das Handelsregister weder eine juristische Person (und auch kein Kaufmann, § 22 Rz. 47) noch eine „rechtsfähige Personengesellschaft"; vielmehr ist bereits das Recht der angestrebten Rechtsform anwendbar, soweit es nicht die Eintragung und die daran geknüpfte Rechtsfähigkeit voraussetzt. Dass die Vorgesellschaft zwischen § 14 Abs. 1 Nr. 1 StGB/§§ 9 Abs. 1 Nr. 1, 30 Abs. 1 Nr. 1 OWiG einerseits und Nr. 2 bzw. 3 andererseits gleichsam „durchfällt", ist nach dem Sinn dieser Zurechnungsnormen nicht zu begründen, sondern allein einer konsequent begrifflichen Sicht (bzw. dem strafrechtlichen Analogieverbot) geschuldet. Demgemäß ist die Frage streitig[4]. In der Praxis kann diese Unzuträglichkeit über die Beauftragung (§ 14 Abs. 2 StGB bzw. §§ 9 Abs. 2, 30 Abs. 1 Nr. 5 OWiG) aufgefangen werden[5].

17a

Soweit sich die BGB-Gesellschaft auf das *Innenverhältnis* unter den Gesellschaftern beschränkt (sog. **Innengesellschaft**), fehlt ihr die Rechtsfähigkeit

18

---

1 *Linck* in Schaub, ArbR-Hdb., § 16 Rz. 1 ff.
2 Art. 2 Nr. 4 des Seehandelsrechts-ReformG v. 20.4.2013, BGBl. I 831, hat diese Rechtsform für die Zukunft beseitigt; der Bestand bleibt aber unberührt.
3 BGH v. 29.1.2001 – II ZR 331/00, BGHZ 146, 341 = NJW 2001, 1056; inzwischen st. Rspr., vgl. *Sprau* in Palandt, § 705 BGB Rz. 24, 24a; *Westermann* in Erman, vor § 705 BGB Rz. 17 ff.; *Ulmer/Schäfer* in MüKo, vor § 705 BGB Rz. 9 ff., § 705 BGB Rz. 303 ff.
4 Abl. z.B. *Gürtler* in Göhler, § 30 OWiG Rz. 7; *Radtke* in MüKo, § 14 StGB Rz. 76; bejahend z.B. *Rogall* in KK, § 30 OWiG Rz. 44; *Förster* in Rebmann/Roth/Herrmann, § 30 OWiG Rz. 8 f.; *Eidam*, Unternehmen und Strafe, Kap. 5 Rz. 362; vgl. auch *Bosch* in S/S/W, § 14 StGB Rz. 7.
5 Z.B. *Perron* in S/S, § 14 StGB Rn 15 a.E.; *Böse* in NK, § 14 StGB Rz. 22 Fn. 98.

(Rz. 17). Sie kann *kein Unternehmensträger* sein. So, wie im Falle der handelsrechtlichen *„Stillen Gesellschaft"* der nach außen auftretende Geschäftsinhaber (§ 230 Abs. 2 HGB) Unternehmensträger ist, so bleibt auch bei anderen Innengesellschaften eine (eventuelle) Unternehmensträgerschaft auf der Ebene des oder der einzelnen Gesellschafter. Angesichts der außerordentlichen Vielgestaltigkeit der von §§ 705 ff. BGB erfassten Organisationsformen gilt nach wie vor die Feststellung, dass eine BGB-Gesellschaft Unternehmensträger sein *kann*, etwa die (im Handelsregister nicht eingetragene) kleingewerbliche Gesellschaft oder die Sozietät von Freiberuflern, aber – anders als OHG und KG – *nicht* sein *muss*.

Die Unterscheidung von Innen- und Außengesellschaft knüpft nicht daran an, ob die Existenz der Gesellschaft außenstehenden Personen bekannt ist oder nicht, sondern daran, ob der oder die Vertreter der Gesellschaft offen *im Namen der Gesellschaft* Rechtsgeschäfte abschließen oder ob der einzelne Gesellschafter nur im *eigenen* Namen (aber für gemeinsame Rechnung) am Rechtsverkehr teilnimmt.

18a Ob eine auf die Realisierung eines Objekts beschränkte Außen-BGB-Gesellschaft, wie sie als **„Arbeitsgemeinschaft"** („ArGe") im Bauwesen, sowohl im Bereich der Planung als auch bei der Realisierung, gängig ist, als Unternehmensträger qualifiziert werden kann, ist richtigerweise zu bejahen[1]. Dass die Dauer der gemeinsamen Aktivität – die bei Großprojekten erheblich sein kann – von vornherein auf die Zweckerreichung (§ 726 BGB) beschränkt ist, steht nicht entgegen. Es war gerade die „ArGe Weißes Ross", die dem BGH Anlass gegeben hatte, die rechtliche Verselbständigung der GbR einen entscheidenden Schritt weiterzuentwickeln (Rz. 17 a.E.). Die – vom BGH gerade nicht gezogene – Schlussfolgerung, die ArGe sei deshalb als OHG zu behandeln und somit eintragungspflichtig (vgl. § 22 Rz. 72)[2], ist allerdings verfehlt. Entscheidend ist, dass die Verfestigung zur Ausübung eines eigenständigen Handelsgewerbes fehlt; die „kaufmännische Einrichtung" (§ 22 Rz. 75) ist nur für die weiterhin selbständig wirtschaftenden Gesellschafter erforderlich, aber regelmäßig nicht für das gemeinsame Bauvorhaben. Kennzeichen der befristeten Unternehmenskooperation ist die Dominanz der fortbestehenden Selbständigkeit der beteiligten Unternehmen. Im vorliegenden Zusammenhang genügt allerdings die Feststellung, dass die „ArGe" als Außengesellschaft regelmäßig eine „rechtsfähige Personengesellschaft" ist und somit von § 14 Abs. 1 Nr. 2 StGB/§ 9 Abs. 1 Nr. OWiG erfasst wird (Rz. 19).

19 Die Rechtsfähigkeit der **unternehmenstragenden BGB-Gesellschaft** (Rz. 17) hat der Gesetzgeber durch das *„EU-Rechtsinstrumente-Ausführungsgesetz"* vom

---

1 *Karsten Schmidt*, HandelsR, § 4 Rz. 16.
2 So z.B. OLG Dresden v. 20.11.2001 – 2 U 1928/01, DB 2003, 713; abl. *Karsten Schmidt*, DB 2003, 705 f.; *Ulmer/Schäfer* in MüKo, Vor § 705 BGB Rz. 43 ff.; *Westermann* in Erman, Vor § 705 BGB Rz. 35; *v. Ditfurth* in Prütting/Wegen/Weinreich, § 705 BGB Rz. 40; differenzierend *Oetker* in Staub, § 1 HGB Rz. 20 f.

22.8.2002¹ in das Strafrecht „transportiert"²: jeweils in Abs. 1 Nr. 2 von § 14 StGB/§ 9 OWiG (und § 75 Abs. 1 Nr. 3 StGB, §§ 29, 30 OWiG) ist der Begriff „Personenhandelsgesellschaft" durch *rechtfähige Personengesellschaft* ersetzt worden. Nach der Gesetzesbegründung sollte damit § 14 Abs. 2 BGB in Bezug genommen werden³. Mit dieser gesetzlichen Änderung ist nicht nur der Anwendungsbereich der § 14 StGB/§ 9 OWiG erweitert worden⁴, sondern ebenso der Adressatenkreis der Unternehmensgeldbuße (§ 30 OWiG; Rz. 36 ff.; § 21 Rz. 94 ff.) und der Aufsichtspflichtverletzung (§ 130 OWiG; dazu Rz. 39 sowie § 30 Rz. 125 ff.). Zugleich ist damit die Strafbarkeit der nichtvertretungsberechtigten Gesellschafter ausgeschlossen worden⁵. – Bei einer BGB-*Innengesellschaft* (Rz. 18) – die mangels Teilnahme am Rechtsverkehr keiner rechtlichen Verselbständigung bedarf und deshalb nicht zu den „rechtfähigen Personengesellschaften" gehört – besteht dagegen kein Bedürfnis nach der Geltung von Zurechnungsnormen.

Auch der **nicht im Vereinsregister eingetragene Verein** (Rz. 92) kann Unternehmensträger sein. Wenn er sich – was durchaus zulässig ist – wirtschaftlich betätigt, muss er sich im Außenverhältnis zumindest als BGB-Gesellschaft, im Falle der Erforderlichkeit einer kaufmännischen Einrichtung als OHG behandeln lassen⁶. Er ist nicht nur seit Langem passiv parteifähig (§ 50 Abs. 2 ZPO a.F.), sondern darf seit 2009 auch Aktivprozesse führen (§ 50 Abs. 2 ZPO⁷); desgleichen ist er insolvenzfähig (vgl. § 11 Abs. 1 S. 2 InsO). 20

Strafrechtlich ist der nicht eingetragene Verein *einerseits* den juristischen Personen ausdrücklich *gleichgestellt* (§ 75 Nr. 2 StGB bzw. § 29 Abs. 1 Nr. 2/§ 30 Abs. 1 Nr. 2 OWiG), sodass sowohl eine Einziehung von Vermögenswerten als 20a

---

1 G zur Ausführung des Zweiten Protokolls v. 19.6.1997 zum Übk. über den Schutz der finanziellen Interessen der EG, der Gemeinsamen Maßnahme betreffend die Bestechung im privaten Sektor vom 22.12.1998 und des RB v. 29.5.2000 „über die Verstärkung des mit strafrechtlichen und anderen Sanktionen bewehrten Schutzes gegen Geldfälschung im Hinblick auf die Einführung des Euro", BGBl. I 3387; in Kraft seit 30.8.2002; die von *Achenbach*, wistra 2002, 441 geprägte Kurzbezeichnung hat sich verbreitet durchgesetzt; vgl. z.B. *Tiedemann*, WiStrafR AT, Rz. 368.
2 *Achenbach* in A/R, I/2 Rz. 2, 5; *Dannecker/Bülte* in W/J, Kap. 1 Rz. 79, Kap. 2 Rz. 97; *Merz* in G/J/W, § 14 StGB Rz. 34.
3 *Achenbach*, wistra 2002, 442.
4 Vgl. z.B. *Radtke* in MüKo, § 14 StGB Rz. 83; *Joecks* in MüKo, § 75 StGB Rz. 4; *Perron* in S/S, § 14 StGB Rz. 22; *Hoyer* in SK, § 14 StGB Rz. 50; *Bosch* in S/S/W, § 14 StGB Rz. 8; *Böse* in NK, § 14 StGB Rz. 32; *Lackner/Kühl*, § 14 StGB Rz. 2; *Gürtler* in Göhler, § 30 OWiG Rz. 5; *Rogall* in KK, § 9 OWiG Rz. 51; *Bohnert*, § 9 OWiG Rz. 12.
5 *Achenbach*, wistra 2002, 442; *Böse* in NK, § 14 StGB Rz. 32; *Tiedemann* in LK, vor § 283 StGB Rz. 65.
6 Ob alle Mitglieder haften oder nur die Handelnden nach § 54 S. 2 BGB, ist eine Frage des Einzelfalls; vgl. *Karsten Schmidt*, GesR, § 25 I 2 b; *Ellenberger* in Palandt, § 54 BGB Rz. 4; *Schöpflin* in Prütting/Wegen/Weinrich, § 54 BGB Rz. 17 f.; vgl. auch *Westermann* in Erman, § 54 BGB Rz. 10 ff., 14 ff.
7 I.d.F. des Art. 3 des G zur Erleichterung elektronischer Anmeldungen zum Vereinsregister und anderer vereinsrechtlicher Änderungen v. 24.9.2009, BGBl. I 3145 (3147), in Kraft seit 30.9.2009.

auch die Verhängung einer Verbands-Geldbuße zweifelsfrei zulässig ist. *Andererseits* ist er in § 14 Abs. 1 StGB/§ 9 Abs. 1 OWiG nicht genannt, weil damals die Notwendigkeit einer Zurechnung nicht bejaht wurde, sodass die h.M. die Möglichkeit einer Zurechnung verneint[1]. Diese unterschiedliche Behandlung ist indes wenig einsichtig: Nimmt man die – in vieler Hinsicht überholte[2] – Bestimmung des § 54 BGB ernst, nach der ein solcher Verein als (Personen-)Gesellschaft zu behandeln sei, wird er zwanglos durch die 2002 erfolgte Erstreckung auf „rechtsfähige Personengesellschaften" erfasst. Die h.M. lässt sich allein mit dem unterschiedlichen Wortlaut der genannten Normen, einer damit gesetzgeberisch gewollten Lücke und dem Analogieverbot begründen. Im Hinblick auf die subsidiäre Zurechnungsmöglichkeit kraft Beauftragung (§ 14 Abs. 2 StGB/§ 9 Abs. 2 OWiG) und auf die tatsächlich geringe Bedeutung des „einfachen Vereins" bei der Verfolgung von Wirtschaftsstrafsachen führt die h.M. allerdings zu keinen eine baldige Reform erfordernden Unzuträglichkeiten.

21 c) **Rechtsfähige Wirtschaftsvereine** (§ 22 BGB) – zu denen systematisch sowohl die jeweils gesondert geregelten Kapitalgesellschaften (Rz. 73 ff., 78 ff.) als auch die genossenschaftlichen Zusammenschlüsse (Rz. 86, 90) gehören – sind immer Unternehmensträger. **Eingetragene (Ideal-)Vereine** (e.V.; § 21 BGB; vgl. Rz. 91) sind als juristische Personen immer dann Unternehmensträger, wenn sie wirtschaftlich tätig sind, sei es auch nur als Nebenzweck; als juristische Personen können sie jedenfalls nicht Verbraucher i.S. von § 13 BGB sein[3]. Das Gleiche gilt für *Stiftungen* (§§ 80 ff. BGB; Rz. 93)[4]; „Unternehmensträgerstiftungen" sind eine anerkannte Fallgruppe der rechtsfähigen Stiftung[5].

22 Weiter fragt sich, wer bei **verbundenen Unternehmen** als Unternehmensträger anzusehen ist, das rechtlich selbständige, aber wirtschaftlich abhängige *Konzernunternehmen* oder nur das *herrschende Unternehmen* oder gar der *Konzern* als Ganzes (s. auch Rz. 70a). Im vorliegenden Zusammenhang kann zugrunde gelegt werden, dass der Konzern mangels eigener Rechtsfähigkeit als Unternehmensträger regelmäßig ausscheidet[6]. Die *rechtliche* Selbständigkeit

---

1 *Fischer*, § 14 StGB Rz. 3; *Lackner/Kühl*, § 14 StGB Rz. 2; *Perron* in S/S, § 14 StGB Rz. 22; *Radtke* in MüKo, § 14 StGB Rz. 84 a.E.; *Bosch* in S/S/W, § 14 StGB Rz. 8; *Hoyer* in SK, § 14 StGB Rz. 50; *Schünemann* in LK, § 14 StGB Rz. 47, je mit dem Hinweis, dass allenfalls eine Zurechnung nach § 14 Abs. 2 StGB – Beauftragung – in Betracht komme; ebenso *Gürtler* in Göhler, § 9 OWiG Rz. 11; *Rogall* in KK, § 9 OWiG Rz. 51; *Förster* in Rebmann/Roth/Hermann, § 9 OWiG Rz. 22.
2 Vgl. z.B. *Westermann* in Erman, § 54 BGB Rz. 1, 8; *Reuter* in MüKo, § 54 BGB Rz. 14 ff.; *Ellenberger* in Palandt, § 54 BGB Rz. 1; *Karsten Schmidt*, GesR, § 25 II, III.
3 EuGH v. 22.11.2001 – Rs. C-541+542/99, NJW 2001, 205.
4 I.d.F. des G zur Stärkung des Ehrenamts v. 21.3.2013, BGBl. I 556.
5 Vgl. nur *Werner* in Erman, vor § 80 BGB Rz. 20, 21; *Ellenberger* in Palandt, § 80 BGB Rz. 9; *Richter* in v. Campenhausen/Richter, StiftungsR-Hdb., 4. Aufl. 2014, § 12; *Hoffmann-Becking*, Unternehmensverbundene Stiftungen zur Sicherung des Unternehmens, ZHR 178 (2014) 491 ff.
6 Zur abweichenden Sichtweise im europ. Wettbewerbsrecht s. unten § 57 Rz. 76; vgl. auch *Vogt*, Die Verbandsgeldbuße gegen eine herrschende Konzerngesellschaft, 2009.

der Tochterunternehmen reicht für die Begründung ihrer Eigenschaft als Unternehmensträger aus; wirtschaftliche Abhängigkeit steht einer Einordnung als Unternehmensträger nicht entgegen[1]. Soweit dem Konzern rechtliche Erleichterungen zugebilligt werden, etwa bei der Rechnungslegung im Konzern (vgl. §§ 291 ff., 315 HGB), ist primär auf den herrschenden Unternehmensträger abzustellen.

d) Die Abschichtung des Unternehmensträgers als *Rechtssubjekt* macht es leicht, das Unternehmen im Übrigen als *Objekt* zu verstehen. Für die Forderung, das Unternehmen „als solches" habe **eigene Rechtspersönlichkeit**[2], ist dann **kein Raum** mehr. Solange der natürlichen Person das Recht zugebilligt wird, ein Unternehmen zu betreiben, würde die Personifizierung des Unternehmens nur zu einer Verdoppelung von Rechtssubjekten führen, die sicher mehr Probleme schaffen als lösen würde[3]. Im Falle einer Ein-Mann-GmbH hätte man es dann mit drei Rechtssubjekten zu tun: der natürlichen Person als Inhaber aller Anteile, der GmbH als juristischer Person und dem personifizierten Unternehmen.

2. Unternehmen als Rechtsobjekt

Lässt man die Bedeutung des „Unternehmens" als Tätigkeit (i.S. des „Gewerbe-Treibens") außer Betracht, so stellt sich das Unternehmen als *„gegenständliches Substrat"* der Unternehmertätigkeit dar[4]. Als solches ist es zum einen **Schutzobjekt**. Insoweit mag der Hinweis auf das „Recht am eingerichteten und ausgeübten Gewerbebetrieb" im Rahmen des § 823 BGB genügen. – Außerdem ist das Unternehmen **Gegenstand des Rechtsverkehrs**. Die Frage, inwieweit das Unternehmen rechtlich als ein einheitliches Objekt (als Gesamtheit) oder als eine Vielzahl von Sachen und Rechten anzusehen ist, wird dabei unterschiedlich beantwortet: Während im Sachenrecht die letztgenannte Sicht maßgebend ist, ist im Schuldrecht die Einheitsbetrachtung anerkannt, wie die Stichworte „Unternehmensbewertung", „Unternehmensübertragung", „Unternehmenskauf" und „Unternehmenspacht" zeigen. Auch strafrechtlich ist „das Unternehmen" in verschiedenen Bestimmungen Schutzobjekt (Rz. 26).

3. Folgerungen für das Strafrecht

Die Unterscheidung von Unternehmen und Unternehmensträger erleichtert das Verständnis mancher **Straf- und Bußgeldvorschriften**.

– Wenn § 14 Abs. 2 StGB von „Betrieb" und „Unternehmen" spricht, ist, wie die ausdrückliche Erwähnung des „Inhabers" zeigt, das *Unternehmen als Objekt* gemeint. Das Gleiche gilt für § 9 Abs. 2 und § 130 OWiG.

---

1 *Karsten Schmidt*, HandelsR, § 4 Rz. 19 f.; *Karsten Schmidt*, GesR, §§ 17, 31, 39; ausf. *Emmerich* in Scholz, Anh. § 13 GmbHG Rz. 13 ff., 30 ff..
2 So z.B. *Thomas Raiser*, Das Unternehmen als Organisation, 1969, bes. 166 ff.; dagegen überzeugend *Karsten Schmidt*, HandelsR, § 3 Rz. 39 ff. m.Nw.
3 Zum Ganzen *Flume*, Juristische Person, 1983, 31 ff., 48 ff.; *Karsten Schmidt*, HandelsR, § 3 Rz. 40 ff., 61 ff.
4 So Gierke/*Sandrock*, HandelsR, 1975, § 13 III.

- Dagegen meint § 264 Abs. 6 StGB mit „Betriebe oder Unternehmen" den *Unternehmensträger* als Empfänger der Subvention.

- Der Tatbestand des *Kreditbetrugs* (§ 265b StGB) bietet ein Beispiel dafür, wie Unternehmen einmal als *Rechtssubjekt*, also als Unternehmensträger, zum anderen als *Objekt* verstanden werden muss: Als (potenzieller) Kreditgeber, der durch irreführende Angaben usw. getäuscht werden könnte, kommt nur der Kredit gewährende Unternehmensträger in Betracht, während für den Täter verlangt wird, dass der Kredit für sein Unternehmen als Objekt seiner Tätigkeit nachgesucht wird[1] (näher zum Kreditbetrug § 50 Rz. 150 ff.).

25a Soweit **Geldbuße** einem „Unternehmen" auferlegt wird, ist damit allein der *Unternehmensträger* gemeint, der den (bisweilen recht hohen) Betrag aus seinem Vermögen aufbringen muss. Die §§ 30, 88 OWiG bringen dies auch terminologisch klar („juristische Person oder Personenvereinigung") zum Ausdruck. Davon zu unterscheiden ist die Frage, ob und inwieweit überhaupt einem Unternehmensträger eine Sanktion auferlegt werden kann (dazu Rz. 31 ff.).

26 **Schutzobjekt** ist das Unternehmen als Sachgesamtheit oder auch in seinen Bestandteilen – und nicht der Unternehmensträger – in den diversen strafrechtlichen Normen, die eine *Sabotage* oder *Zerstörung/Beschädigung* von Unternehmensanlagen im allgemeinen oder von näher bestimmten Anlagen mit Strafe bedrohen, z.B.:

- § 87 Abs. 2 Nr. 2 StGB: Agententätigkeit zu Sabotagezwecken: „[...] für die Gesamtwirtschaft wichtiges Unternehmen";
- § 88 Abs. 1 Nr. 1, Nr. 3 StGB: Verfassungsfeindliche Sabotage: „dem öffentlichen Verkehr dienende Unternehmen"; „Unternehmen oder Anlagen, die der öffentlichen Versorgung [...] dienen";
- § 305a StGB: Zerstörung wichtiger Arbeitsmittel;
- § 306 StGB: Brandstiftung: Abs. 1 Nr. 2 (Betriebsstätten [...]), Nr. 3 (Warenlager oder -vorräte), ggf. i.V.m. § 306a Abs. 2, §§ 306b–306e StGB;
- § 306f StGB: Herbeiführen einer Brandgefahr: Nr. 1: feuergefährdete Betriebe oder Anlagen; Nr. 2: Anlagen oder Betriebe der Land- und Ernährungswirtschaft;
- § 312 StGB: Fehlerhafte Herstellung einer kerntechnischen Anlage;
- § 316b StGB: Störung öffentlicher Betriebe: „dem öffentlichen Verkehr dienendes Unternehmen" „[...] lebenswichtiges Unternehmen".

Zwar wurde in manchen früheren Zeiten (vgl. § 1 Rz. 43 ff.) die Sabotage als Teil des Wirtschaftsstrafrechts angesehen; richtigerweise ist sie jedoch als Teil des allgemeinen bzw. des politischen Strafrechts einzuordnen und wird jedenfalls in diesem Buch nicht näher behandelt. Soweit es um die in den §§ 327, 328 StGB genannten Anlagen und Betriebe geht, werden diese in § 54 Rz. 168, 211, 251 u.a. angesprochen.

---

1 Vgl. nur *Tiedemann* in LK, § 265b StGB Rz. 19 ff., 23; *Perron* in S/S, § 265b StGB Rz. 5 ff., 23, 26.

Wiederum ein anderes Thema ist die (alte) Streitfrage, ob ein als juristische Person oder Personenvereinigung organisierter *Unternehmensträger* Schutzobjekt der **Beleidigungstatbestände** (§§ 185 ff. StGB) sein kann[1]. Sie ist Teil der umfassenderen, aber außerhalb des Wirtschaftsstrafrechts anzusiedelnden und sehr differenziert zu beantworteten Frage der Beleidigungsfähigkeit (bzw. Ehre) von Kollektiven[2]. 26a

III. Klassifizierungen der Unternehmensträger

Unabhängig von der Rechtsform besteht immer wieder das Bedürfnis der **Differenzierung nach der Größe** der Unternehmensträger, denn Rechtsträger, die große Unternehmen betreiben, rufen andere Wirkungen im sozialen Gefüge hervor als die Betreiber kleiner Unternehmen. Wie jedoch die einzelnen Größenklassen voneinander zu trennen sind, ist nicht einheitlich, sondern unterschiedlich von Gesetz zu Gesetz bestimmt. Im Arbeitsrecht oder Mitbestimmungsrecht etwa bietet die *Zahl der Arbeitnehmer* ein naheliegendes Abgrenzungskriterium[3]. Bei der Fusionskontrolle oder der Kontrolle marktbeherrschender Unternehmen(sträger) markiert der *Umsatz* (oder bestimmte Umsatzverhältnisse) oder der *Marktanteil* den maßgeblichen „Schwellenwert"[4]. – Der bisher auf den Unternehmensträger konzentrierte Blick hat sich neuerdings (Bilanzrichtlinie 2013 – Rz. 28c) auf den *Konzern* („Gruppe") erweitert (Rz. 29). 27

Seit Längerem hat eine **Kombination mehrerer** gesetzlich genau festgelegter **Größenmerkmale** Raum gewonnen. Im Publizitätsgesetz und in den (früheren) Europäischen Richtlinien zur Rechnungslegung – und folglich auch in den Umsetzungsgesetzen – hat sich die Lösung durchgesetzt, dass *drei* Kriterien relevant sind: *Bilanzsumme, Jahresumsatz* und *Arbeitnehmerzahl*. Von diesen Merkmalen müssen wahlweise zwei Grenzwerte während einer näher bestimmten Dauer erfüllt bzw. über- oder unterschritten sein (§ 1 PublG, § 267 HGB). Soweit dabei bestimmte Geldbeträge den Maßstab bilden, bedarf es immer wieder Anpassungen an die Währungsentwicklung; diese werden im Bereich der Rechnungslegung *europarechtlich* vorgegeben. 28

Da sich die EWG/EG/EU bei Ausübung ihrer Richtlinien-Kompetenz[5] wegen der praktischen Bedeutung auf *Kapitalgesellschaften* konzentriert hat, spielt die konkrete **Rechtsform des Unternehmensträgers** (Rz. 55 ff.) eine entscheidende Rolle. „Bestimmte Personengesellschaften" – nämlich solche ohne haftende natürliche Person – sind seit 2000 gleichgestellt (§ 264a HGB). – Nicht europarechtlich bestimmt sind indes die Schwellenwerte nach dem *PublG*, das 28a

---

1 Pointiert *Kett-Straub*, Hat Porsche eine Ehre? [...], ZStW 120 (2008), 759.
2 Dazu z.B. *Fischer*, vor § 185 StGB Rz. 9, 12 f.; *Lenckner/Eisele* in S/S, vor § 185 StGB Rz. 3 f.; *Sinn* in S/S/W, vor § 185 StGB Rz. 7 ff., 12 ff.; *Regge/Pegel* in MüKo, vor § 185 StGB Rz. 46 ff., 55 ff.; *Hilgendorf* in LK, vor § 185 StGB Rz. 25 ff., 28 ff.; *Zaczyk* in NK, vor §§ 185 ff. StGB Rz. 12 ff.
3 So z.B. §§ 1, 9 BetrVG, § 1 Abs. 1 MitbestG.
4 §§ 19 Abs. 3, 35 Abs. 1, 2, 38 GWB, ebenso bei der Europ. Fusionskontrolle (§ 57 Rz. 50).
5 Art. 50 AEUV, ex-Art. 44 EGV, ex-Art. 54 EWGV.

sich auch nicht auf Kapitalgesellschaften beschränkt, sondern die „allergrößten" Unternehmensträger (fast) aller Rechtsformen erfasst (näher § 41 Rz. 3, 6 ff.). – Ohne europarechtliche Verpflichtung sind die *Genossenschaften* im Bereich der Rechnungslegung den Kapitalgesellschaften weitgehend gleichgestellt (§§ 336–339 HGB); die Erleichterungen für die „nicht großen" Gesellschaften gelten entsprechend.

Ebenfalls nicht europarechtlich bestimmt ist der neue – systematisch problematische – § 241a HGB (§ 22 Rz. 82), der kleine Einzelkaufleute von der kaufmännischen Rechnungslegung freistellt; er kombiniert nur zwei Merkmale, nämlich Umsatz und Gewinn (Einnahme-Überschuss).

28b Den bisherigen drei Größenklassen von Kapitalgesellschaften (groß – mittelgroß – klein) ist vor kurzem „unten" gleichsam eine 4. Klasse hinzugefügt worden[1], die Kategorie der **Kleinstkapitalgesellschaft**[2]. In Umsetzung dieser RL wurde Ende 2012 das *„Kleinstkapitalgesellschaften-Bilanzrechtsänderungsgesetz"* (**„MicroBilG"**)[3] erlassen (vgl. auch § 22 Rz. 84). Kapitalgesellschaften dieser Klasse (§ 267a HGB) – gesetzestechnisch handelt es sich nicht um eine eigenständige Klasse, sondern eine Untergruppe der „kleinen Kapitalgesellschaft" – können im Vergleich zur (normalen) „kleinen Kapitalgesellschaft" zusätzliche Erleichterungen sowohl bei der Bilanzierung (§ 26 Rz. 121a, 124) als auch bei der Bilanzpublizität (§ 41 Rz. 9) in Anspruch nehmen.

28c Die **Bilanzrichtlinie 2013**[4] – die bis Jahresmitte 2015 durch die Mitgliedstaaten umzusetzen ist – hat die alten Bilanzrichtlinien von 1978 und 1983 zusammengefasst, vereinfacht und modernisiert. Dabei wurden auch *neue Schwellenwerte* für Rechnungslegung und Publizität bestimmt. Sie gelten nicht nur für den einzelnen Unternehmensträger, sondern gleichermaßen auch für den Konzern mit konsolidierter Rechnungslegung. Danach gibt es nun nicht nur kleine, mittlere und große Unternehmen(sträger), sondern gleichermaßen kleine, mittlere und große *„Gruppen"* (Art. 3 Abs. 5–7 RL). Erstmals können die neuen Bestimmungen auf das ab 1.1.2016 beginnende Geschäftsjahr angewandt werden (Art. 53 RL).

---

1 RL 2012/6/EU des Europ. Parl. und des Rates v. 14.3.2012 zur Änderung der RL 78/660/EWG des Rates über den Jahresabschluss von Gesellschaften bestimmter Rechtsformen hinsichtlich Kleinstbetrieben, ABl. EU Nr. L 81 v. 20.3.2012, 3.
2 Der Entwurf der EU-Kommission (vgl. Voraufl., § 23 Rz. 29a) hatte höhere Schwellenwerte (500 000 bzw. 1 Mio. Euro) vorgesehen als nun die RL.
3 G. v. 20.12.2012, BGBl. I 2751; dazu *Theile*, Vereinfachte Jahresabschlüsse für Kleinstkapitalgesellschaften, GmbHR 2012, 1112; *Merkt* in Baumbach/Hopt, Einl. vor § 238 HGB Rz. 63, 69; § 267a HGB Rz. 1 f; *Böcking/Gros* in E/B/J/S, HGB § 267a Rz. 1 ff.
4 Die vollständige Bezeichnung der im ABl. EU L 182/19 v. 29.6.2013 veröffentlichten RL lautet: RL 2013/34/EU des Europ. Parl. und des Rates v. 26.6.2013 über den Jahresabschluss, den konsolidierten Abschluss und damit verbundene Berichte von Unternehmen bestimmter Rechtsformen und zur Änderung der RL 2006/43/EG des Europ. Parl. und des Rates und zur Aufhebung der RL 78/660EWG und 83/349/EWG des Rates"; Überblick bei *Verse/Wiersch*, EuZW 2014, 375 (378).

Inzwischen liegt ein – als besonders eilbedürftig bezeichneter – Regierungsentwurf für das **Bilanzrichtlinie-Umsetzungsgesetz** vor[1] (vgl. § 26 Rz. 2). Auch wenn derzeit nicht genau abschätzbar ist, wann dieser umfangreiche Entwurf das parlamentarische Verfahren durchlaufen haben wird, spricht vieles dafür, dass die Neuregelung im Laufe des Jahres 2015 in Kraft treten wird. Zum Einen war Deutschland beim Zustandekommen der reformierten Bilanzrichtlinie stark engagiert, denn die Erleichterungen sollen gerade hier eine breite Wirksamkeit entfalten; zudem ist die Thematik politisch inzwischen weitgehend außer Streit und schließlich sind die Vorgaben „aus Brüssel" so konkret, dass bei der Umsetzung wenig Gestaltungsspielraum bleibt, also das Konfliktpotenzial gering ist.

28d

Die für die **Klassifizierung der Unternehmensträger** – einschließlich der Konzerne – im Handelsrecht maßgeblichen *Schwellenwerte*, die nun direkt von Art. 3 RL festgelegt sind, werden hier im Hinblick auf die Übergangszeit in der bisherigen und der neuen Höhe (alt/neu) wiedergegeben:

29

		Bilanzsumme (Mio. Euro)	Jahresumsatz (Mio. Euro)	Arbeitnehmer
„Kleinstkapitalgesellschaft"	bis	0,35	0,7	10
„Kleine" Kapitalgesellschaft/Gruppe	bis	4,840/6,0	9,680/12,0	50
„Mittelgroße" Kapitalges./Gruppe	bis	19,250/20,0	38,500/40,0	250
„Große" Kapitalges./Gruppe	über	19,250/20,0	38,500/40,0	250
Publizitätspflichtige Unternehmensträger	über	65,0	130,0	5 000

Diese Werte gelten primär für die unternehmerische *Rechnungslegung* (vgl. unten § 26) und deren *Offenlegung* (vgl. unten § 41), werden aber mitunter auch in anderem Zusammenhang in Bezug genommen. Zwei dieser Merkmale müssen zwei Jahre lang überschritten sein, um eine höhere Einstufung zu bewirken (bzw. eine niedrigere zu verlieren). Die Einzelheiten ergeben sich aus §§ 267 Abs. 4, 5, 268 HGB bzw. §§ 1, 2 PublG.

Unabhängig von den genannten Größenmerkmalen ist eine *Kapitalgesellschaft* rechtlich immer eine „große", wenn ihre Aktien oder Schuldverschreibungen etc. an einer **Börse** innerhalb der EU amtlich oder im geregelten Freiverkehr gehandelt werden oder die Zulassung zum Börsenhandel beantragt ist (§ 267 Abs. 3 S. 2 HGB). – Sonderbestimmungen bestehen weiter für *Kreditinstitute* und *Versicherungsunternehmen*, die jeweils unabhängig von der Rechtsform im Wesentlichen großen Kapitalgesellschaften gleichgestellt sind (vgl. § 340a Abs. 1 bzw. § 341a Abs. 1 HGB; vgl. § 65 Rz. 27 ff.; § 66 Rz. 30 f.).

30

---

1 BR-DrS. 23/15 v. 23.1.2015, abrufbar über www.bmjv.de zum RefE v. 24.7.2014 z.B. *Lüdenbach/Freiberg*, BB 2014, 2219; *Oser/Orth/Wirtz*, DB 2014, 1877; speziell zu den Schwellenwerten *Müller, Stefan/Stawinoga*, BB 2014, 2411.

B. Unternehmen als Adressat strafrechtlicher Normen

Schrifttum: Monografien: *Albering*, Strafbarkeit von Verbänden de lege lata?, 2010; *Bahnmüller*, Strafrechtliche Unternehmensverantwortlichkeit im europäischen Gemeinschafts- und Unionsrecht, 2004; *Engelhart*, Sanktionierung von Unternehmen und Compliance, 2. Aufl. 2012; *Haeusermann*, Der Verband als Straftäter und Strafprozesssubjekt, 2003; *Heine*, Die strafrechtliche Verantwortlichkeit von Unternehmen, 1995; *Hettinger* (Hrsg.), Reform des Sanktionenrechts, Bd. 3: Verbandsstrafe, Bericht der Arbeitsgruppe „Strafbarkeit juristischer Personen" [...], 2002; *van Jeger*, Geldbuße gegen juristische Personen und Personenvereinigungen, 2002; *Kaufmann, A.*, Möglichkeiten der sanktionsrechtlichen Erfassung von (Sonder-)Pflichtverletzungen im Unternehmen, 2003; *Kempf/Lüderssen/Volk* (Hrsg.), Unternehmensstrafrecht, 2012; *Kindler, S.*, Das Unternehmen als haftender Täter, 2008; *Kirch-Heim*, Sanktionen gegen Unternehmen, 2007; *Mittelsdorf*, Unternehmensstrafrecht im Kontext, 2007; *Modlinger*, Brauchen wir zur Bekämpfung der Korruption ein Unternehmensstrafrecht? 2010; *Petermann*, Die Bedeutung von Compliance-Maßnahmen für die Sanktionsbegründung und -bemessung im Vertragskonzern, 2013; *Otto*, Die Strafbarkeit von Unternehmen und Verbänden, 1993; *Quante*, Sanktionsmöglichkeiten gegen juristische Personen und Personenvereinigungen, 2005; *Ransiek*, Unternehmensstrafrecht – Strafrecht, Verfassungsrecht, Regelungsalternativen, 1996; *Schmitt-Leonardy*, Unternehmenskriminalität ohne Strafrecht?, 2013; *Schünemann*, Unternehmenskriminalität und Strafrecht, 1979; *Seelmann*, Kollektive Verantwortung im Strafrecht, 2002; *Wuttke*, Straftäter im Betrieb, 2010.

Aufsätze: *Alwart*, Sanktion und Verantwortung, ZIS 2011, 173; *Böse*, Strafbarkeit juristischer Personen – Selbstverständlichkeit oder Paradigmenwechsel im Strafrecht?, ZStW 126 (2014), 132; *Dannecker/Dannecker*, Die Verteilung der strafrechtlichen Geschäftsherrnhaftung im Unternehmen, JZ 2010, 981; *von Freier*, Zurück hinter die Aufklärung – Zur Wiedereinführung von Verbandsstrafen, GA 2009, 98; *Kelker*, Die Strafbarkeit juristischer Personen unter europäischem Konvergenzdruck, in FS Krey, 2010, S. 221; *Laue*, Die strafrechtliche Verantwortlichkeit von Verbänden, Jura 2010, 339; *Ransiek*, Zur strafrechtlichen Verantwortung von Unternehmen, NZWiSt 2012, 45; *Schünemann*, Strafrechtliche Sanktionen gegen Wirtschaftsunternehmen?, in FS Tiedemann, 2008, S. 429; *Theile/Petermann*, Die Sanktionierung von Unternehmen nach dem OWiG, JuS 2011, 496; *Trüg*, Zu den Folgen der Einführung eines Unternehmensstrafrechts, wistra 2010, 241; *Vogel*, Unrecht und Schuld in einem Unternehmensstrafrecht, StV 2012, 427; *Zieschang*, Das Verbandsstrafgesetzbuch, GA 2014, 91.

31 Dass das „Unternehmen" als Objekt nicht nur Schutzgegenstand strafrechtlicher Normen ist (Rz. 26), sondern dass sich solche Normen auch an das „*Unternehmen*" als „*Subjekt*" richten, zeigen schon die in Rz. 25 genannten Beispiele. Das führt zu der seit Langem viel diskutierten Frage, ob und in welchem Umfang „**das Unternehmen**" – genauer: *der Unternehmensträger* – als Organisation „**Täter**" sein und mit einer strafrechtlichen Sanktion belegt werden kann. Während im Zivil- und Verwaltungsrecht nicht zweifelhaft ist, dass der Unternehmensträger „als solcher" für die Erfüllung seiner Pflichten einzustehen, also zu haften hat[1], wird diese Frage im deutschen Strafrecht (im weiteren Sinne) für Kriminalstrafen einerseits (Rz. 34) und für Geldbußen andererseits (Rz. 36 ff.) unterschiedlich beantwortet – anders als in der Mehrzahl der Auslandsrechte. Die Diskussion über eine Reform ist erneut in vollem Gange (Rz. 50 ff.).

---

1 Vgl. nur §§ 31, 89 BGB sowie den (durch G v. 28.9.2009, BGBl. I 3161, eingeführten) § 31a BGB.

Die für das Wirtschaftsstrafrecht zentrale Frage einer **strafrechtlichen Unternehmenshaftung** umfasst *zwei* zu unterscheidende *Fragenkreise:* 32

Einmal geht es um das – insbesondere durch § 14 StGB, § 9 OWiG (sowie im Hinblick auf die Einziehung durch § 75 StGB, § 29 OWiG) geregelte – Problem der **Organ- und Vertreterhaftung** einschließlich der Verletzung der Aufsichtspflicht, also um die Zurechnung von Taten, die im Rahmen der Verbandsorganisation begangen wurden, auf die verantwortliche(n) *natürliche(n)* Person(en). Erfüllt bei Sonderdelikten (§ 22 Rz. 9) nur der Verband (juristische Person oder rechtsfähige Personengesellschaft) die besonderen persönlichen Tatbestandsmerkmale (etwa „Schuldner" i.S. des Bankrotts, § 283 StGB), schlägt dies über die genannten allgemeinen Zurechnungsnormen auf die verantwortlichen natürlichen Personen durch. In diesem Zusammenhang stellt sich auch die Frage der persönlichen Verantwortung der Mitglieder von (leitenden) Beschlussorganen. Dies alles ist näher behandelt in § 30.

Zum anderen geht es um das (seit Langem diskutierte[1]) Problem einer **Strafbarkeit der** sog. **Verbandspersonen** „als solcher", also der Frage, ob ein Unternehmensträger, juristische Person oder rechtsfähige Personengesellschaft, mit einer strafrechtlichen Sanktion belegt werden kann. Diese Frage steht meist hinter dem Schlagwort „Unternehmensstrafrecht" (vgl. Rz. 8a, § 1 Rz. 22). 33

Dieser zweite Problemkreis ist durch den Einfluss des europäischen Rechts und durch das Vorbild ausländischer Rechtsordnungen, insbesondere der USA, in der Strafrechtsdogmatik von *ungebrochener Aktualität* und Gegenstand weltweiter Diskussionen[2] (vgl. auch die Nw. oben § 7). Ein aktueller Gesetzentwurf aus Nordrhein-Westfalen hat die rechtspolitische Diskussion in Deutschland neu entfacht (Rz. 51).

Damit hängt auch die weitere Frage zusammen, inwieweit solche Unternehmensträger/Verbandspersonen durch interne organisatorische Maßnahmen zur Verhinderung von Zuwiderhandlungen anstehende Sanktionen abwenden oder mildern können, sich gleichsam „entschuldigen" können; dies führt zum Stichwort *„Compliance"* (dazu näher unten § 31), das unverhüllt seine Herkunft aus einer anderen juristischen Begriffswelt demonstriert.

---

1 So hat *Lang-Hinrichsen* in FS Hellmuth Maier, 1966, S. 49 einleitend festgestellt: „Die Frage, ob und bejahendenfalls welche Sanktionen gegen Verbände [...] vorgesehen werden sollen, hat bekanntlich seit Jahrhunderten Rechtswissenschaft und Praxis beschäftigt. Die Ansichten haben im Laufe der Zeit wiederholt gewechselt. Die Argumente dafür und dagegen haben jedoch keine bedeutsamen Wandlungen erfahren [...]."
2 *Schünemann* in FS Tiedemann, 2008, S. 429, hat die Verbandsstrafbarkeit als ein Thema bezeichnet, „das sich [...] zu dem vielleicht meistdiskutierten Komplex des Wirtschaftsstrafrechts, wenn nicht der gesamten Strafrechtsdogmatik ausgeweitet hat, und zwar nicht nur in Deutschland, sondern weltweit und insbes. in der EU und ihren Mitgliedstaaten." Knapper instruktiver Überblick bei *Tiedemann*, Wi-StrafR AT, Rz. 368 ff.; ausf. *Rogall* in KK, § 30 OWiG Rz. 263 ff.

I. Geltendes Recht

1. Kriminalstrafrechtliche Sanktionen

34 Ausgehend von dem (aus dem kanonischen Recht stammenden[1]) Grundsatz „*societas delinquere non potest*" (eine Gesellschaft kann kein Unrecht tun) – existiert in Deutschland **keine** Norm, die es erlauben würde, eine *Verbandsperson* mit einer **Kriminalstrafe** zu belegen[2]. Soweit auf abweichende frühere Normen verwiesen wird, hängt dies mit der noch nicht entwickelten Trennung von Straftaten im eigentlichen Sinne und Ordnungswidrigkeiten zusammen (§ 1 Rz. 53 ff., 110 ff.). Auch die *Rechtsprechung* hat seit Langem dieselbe Position eingenommen[3]. Wiederholte Initiativen für eine Reform haben bis jetzt zu keiner Änderung geführt.

Dabei geht es um zentrale *rechtsgrundsätzliche Fragen*, wie das „Wesen" von (strafrechtlicher) Handlung und Schuld, Sinn und Bedeutung der Strafe, Verhältnis von (Kriminal-)Straftat, Ordnungswidrigkeit und Verwaltungsunrecht, aber auch um unterschiedliche sozial-ethische und kriminalpolitische Positionen. Gerade der hohe Stellenwert, den das Schuldstrafrecht bei uns einnimmt, erschwert eine „Gleichstellung" von natürlicher und juristischer Person. Dazu treten noch praktische verfahrensrechtliche Fragen, wie etwa der (bei Ordnungswidrigkeiten fehlende) Verfolgungszwang.

35 Unzutreffend ist allerdings der bisweilen durch die engagierte Diskussion hervorgerufene Eindruck, in Deutschland könnten – anders als im großen Rest der Welt – nach derzeit **geltendem Recht** gar keine „strafrechtlichen Sanktionen" verhängt werden. In den letzten Jahrzehnten hat sich durchaus – sowohl auf nationaler (Rz. 36 ff.) und als auch europäischer Grundlage (Rz. 47 f.) – ein Instrumentarium von *strafrechtlichen Sanktionen im weiteren Sinne* entwickelt, das auch großen Unternehmensträgern Respekt abverlangt. Dass diese Möglichkeiten bisher in manchen Bereichen noch nicht genügend genutzt werden, steht auf einem anderen Blatt (vgl. Rz. 46).

2. Sanktionen nach dem OWiG

36 **a)** Im Bereich des traditionellen Verwaltungsunrechts bestanden nie Bedenken, auch gegen Verbandspersonen/Unternehmensträger *Geldbußen* zu verhängen[4].

---

1 Näher *Tiedemann*, WiStrafR AT, Rz. 375; vgl. auch *Engelhart*, Sanktionierung, S. 320, mit dem Hinweis, dass die Tätereignung einer (stärker verselbständigten) „universitas" und ähnlicher „Organisationen" verbreitet bejaht wurde.
2 Zur Entwicklung näher *Engelhart*, Sanktionierung, S. 320 ff., der auch den starken Einfluss von *Otto v. Gierke* und seiner Theorie der realen Verbandstäterschaft auf die Diskussion im 19. Jh. betont.
3 Vgl. z.B. BGH v. 11.7.1952 – 1 StR 432/52, BGHSt 3, 130 (132); nur scheinbar abw. BGH v. 21.1.1959 – KRB 12/58, BGHSt 12, 295 (298) für Kartellverstöße.
4 So § 17 KartVO 1923; § 41 GWB a.F.; § 23 WiStG 1949, § 5 WiStG 1954; zum Ganzen *Jescheck/Weigend*, AT, § 23 VII; *Schünemann*, Unternehmenskriminalität, 156 f.; *Dannecker/Bülte* in W/J, Kap. 1 Rz. 74 ff.

Unter dem Einfluss der Rechtsprechung des BVerfG[1] und der Strafrechtsdogmatik wurde die früher in der Reichsabgabenordnung vorhandene Strafnorm für Verbandspersonen (§ 393 RAO) 1967 – noch vor Erlass der aktuellen AO – in einen Bußgeldtatbestand umgewandelt und in das modernisierte Recht der *Ordnungswidrigkeiten* integriert (vgl. § 1 Rz. 56, 61). Dabei hat das OWiG 1968 die persönliche Zurechenbarkeit bei Handeln für eine Verbandsperson in § 9 OWiG in gleicher Weise wie in § 14 StGB geregelt (Rz. 32; § 30 Rz. 74 ff).

Seit 1975 ermöglicht **§ 30 OWiG** – an Stelle des inhaltsgleichen § 26 OWiG 1968 – die Verhängung einer **Geldbuße gegen eine Verbandsperson** als solche (= *Unternehmensgeldbuße*), die im StGB keine Parallele hat. In § 88 OWiG ist das diesbezügliche Verfahren näher geregelt. Folge dieser Platzierung im OWiG ist, dass die Verhängung einer Verbandsgeldbuße in allen Konstellationen dem *Opportunitätsprinzip* (§ 47 OWiG; § 14 Rz. 17) – und nicht dem Legalitätsprinzip (§ 10 Rz. 17) – unterliegt[2]. Die praktischen Fragen der Verhängung einer Verbandsgeldbuße sind in § 21 Rz. 94 ff. näher dargestellt.

Im Ausgangspunkt handelte es sich bei der Verbandsgeldbuße um eine **zusätzliche Sanktion** – wie die damalige Bezeichnung als „Nebenfolge" zum Ausdruck brachte –, um die Sanktion gegen die handelnde natürliche Person zu flankieren. Dies harmoniert mit dem grundsätzlichen Konzept, dass ein Bußgeld nur eine „Pflichtenmahnung" sein soll, während die Kriminalstrafe gerade das sozialethische Unwerturteil gegen die natürliche Person zum Ausdruck bringen soll (vgl. § 1 Rz. 111). Um keine Sanktionslücken entstehen zu lassen, konnte seit Langem auch eine *selbständige Verbandsgeldbuße* (§ 30 Abs. 4, § 88 Abs. 2 OWiG) gegen den Unternehmensträger verhängt werden, wenn aus näher bestimmten Gründen eine Sanktion gegen natürliche Personen nicht ausgesprochen werden konnte (Rz. 44).   37

Vorausgesetzt für die Verhängung einer Unternehmensgeldbuße ist, dass aus dem Unternehmen heraus gegen **Pflichten** verstoßen wird, die den **Unternehmensträger** *als solchen* treffen, oder dass der Unternehmensträger durch die Tat (sog. Anknüpfungstat) bereichert worden ist oder werden sollte. Dabei genügt nicht die Zuwiderhandlung irgendeines Unternehmensangehörigen; vielmehr ist der *Täterkreis* durch eine Aufzählung auf die Personen *beschränkt*, die für das Unternehmen die *Verantwortung* tragen.   37a

Insbesondere im *Kartellrecht* (unten § 57) ist von dieser Möglichkeit von Anfang an reger Gebrauch gemacht worden, zumal die Geldbuße die „härteste" Sanktion des GWB war und immer noch ist. Dabei hat die (zunehmende) Höhe der Unternehmensgeldbuße im Verhältnis zur Höhe des Bußgelds gegen die verantwortlichen natürlichen Personen deutlich gemacht, dass die Sanktion gegen den Unternehmensträger eindeutig im Vordergrund steht und nicht nur eine „Nebenfolge" ist[3].

---

1 Vgl. BVerfG v. 6.6.1967 – 2 BvR 375, 53/60 u.a., BVerfGE 22, 49 (73); vgl. aber auch BVerfG v. 25.10.1966 – 1 BvR 506/63 – Bertelsmann-Lesering, BVerfGE 20, 323 (335).
2 Unstr., vgl. *Gürtler* in Göhler, § 30 OWiG Rz. 35; *Förster* in Rebmann/Roth/Herrmann, § 30 OWiG Rz. 42; *Rogall* in KK, § 30 OWiG Rz. 163 ff., 168 ff.
3 Vgl. bes. *Tiedemann*, Kartellrechtsverstöße, 1976, 183 ff.; *Dannecker/Müller, N.* in W/J, Kap. 18 Rz. 141 ff.; vgl. auch unten § 57 Rz. 108, 149.

38 Als **Anknüpfungstat** der aufgeführten Verantwortungsträger kommen *alle* Zuwiderhandlungen – *Straftaten und Ordnungswidrigkeiten* (§ 1 Rz. 13) – in Betracht, nicht etwa nur speziell unternehmensbezogene Taten oder bestimmte Sonderdelikte. Es genügt, dass der Täter „in Ausübung" seiner leitenden Tätigkeit – und nicht nur „bei Gelegenheit" – gehandelt hat (sog. Betriebsbezogenheit; näher § 21 Rz. 102).

39 Dazu kommt noch der gesonderte *Bußgeldtatbestand* der **Aufsichtspflichtverletzung** „in Betrieben und Unternehmen" (§ 130 OWiG; § 30 Rz. 125 ff.), der sich zunächst auch an den oder die Verantwortlichen im Unternehmen richtet[1]. Wenn eine Zurechnung einer Pflichtverletzung nach § 14 StGB/§ 9 OWiG (Rz. 32) nicht möglich ist, dann führt dies zur Folgerung, dass ein Pflichtverstoß bei der Unternehmensorganisation die Begehung von Zuwiderhandlungen aus dem Unternehmen heraus ermöglicht hat. Die dabei einschlägigen Erwägungen treten auch bei der aktuellen Diskussion um „Compliance" (unten § 31) in Erscheinung. Auch eine solche Aufsichtspflichtverletzung genügt als Anknüpfungstat für die Verhängung einer Unternehmensgeldbuße[2] und in der Praxis ist die Aufsichtspflichtverletzung sogar die wichtigste Anknüpfungstat[3]. Bei ihr greift auch schon die jüngste Erhöhung des Bußgeldrahmens durch die 8. GWB-Novelle (Rz. 43), weil in § 130 Abs. 3 OWiG die (erforderliche ausdrückliche) Verweisung auf § 30 Abs. 2 S. 3 OWiG gleich eingefügt wurde.

40 b) In einer mehrstufigen **Entwicklung** wurden die anfänglichen *Einschränkungen* des § 30 OWiG schrittweise – auch durch europäischen Einfluss – *abgebaut*. Die jüngste Weiterentwicklung hat Art. 4 der 8. GWB-Novelle (§ 57 Rz. 93) gebracht; neben einer weiteren Erhöhung der Sanktionsandrohung (Rz. 43) wurde auch eine *Haftung des Gesamtrechtsnachfolgers* eingeführt (§ 30 Abs. 2a OWiG n.F.), nachdem Fusionen und ähnliche unternehmensrechtliche Umstrukturierungen die Möglichkeit eröffnet haben, Sanktionen zu unterlaufen[4].

Die frühere Qualifizierung der Unternehmensgeldbuße als *„Nebenfolge"* hatte bereits das 2. WiKG (§ 1 Rz. 64) *gestrichen* und damit zum Ausdruck gebracht, dass es sich hierbei um eine eigenständige und vollwertige Sanktion handelt[5]. Die Beseitigung der letzten gesetzlichen Unstimmigkeiten dieser Gesetzesänderung – etwa die Überschrift vor § 87 OWiG – hat erst das erwähnte (Rz. 19) EU-Rechtsinstrumente-AG nachgeholt[6].

---

1 Dazu eingehend *Geismar*, Der Tatbestand der Aufsichtspflichtverletzung bei der Ahndung von Wirtschaftsdelikten, 2012.
2 *Gürtler* in Göhler, § 30 OWiG Rz. 15, 17; *Förster* in Rebmann/Roth/Herrmann, vor § 30 OWiG Rz. 8a, § 30 OWiG Rz. 27; *Dannecker/Bülte* in W/J, Kap. 1 Rz. 118; *Achenbach* in A/R, I 2 Rz. 9; *Eidam*, Unternehmen und Strafe, Kap. 5 Rz. 400; *Tiedemann*, WiStrafR AT Rz. 385.
3 *Rogall* in KK, § 30 OWiG Rz. 92; vgl. auch *Tiedemann*, WiStrafR AT Rz. 381.
4 Vgl. BGH v. 10.8.2011 – KRB 55/10 – Versicherungsfusion, ZWH 2012, 109 = WuW 2012, 18; BGH v. 10.8.2011 – KRB 2/10 – Transportbeton, ZWH 2012, 111; dazu *Werner*, Grenzen der Verbandsgeldbuße bei Gesamtrechtsnachfolge, ZWH 2012, 88 ff.
5 Dazu *Göhler*, wistra 1991, 134 (207); *Tiedemann*, NJW 1988, 1169 (1171 ff.); *Karsten Schmidt*, wistra 1991, 133; *Achenbach* in FS Stree/Wessels, 1993, S. 545 (547); *Förster* in Rebmann/Roth/Herrmann, vor § 30 OWiG Rz. 11.
6 *Achenbach*, wistra 2002, 444; *Achenbach* in A/R, I/2 Rz. 13.

aa) Zum einen erfolgte eine **Ausdehnung des Täterkreises** der vorausgesetzten Anknüpfungstat, also der verantwortlichen Leitungspersonen: 41

Zunächst war § 30 Abs. 1 OWiG auf drei Personengruppen *beschränkt*, nämlich handelnd „als *vertretungsberechtigtes Organ* einer juristischen Person oder als Mitglied eines solchen Organs", „als Vorstand eines nicht rechtsfähigen Vereins oder als Mitglied eines solchen Vorstands" oder „als vertretungsberechtigter Gesellschafter einer Personenhandelsgesellschaft."

Eine wichtige Erweiterung brachte das 2. UKG[1]: Auch ein Handeln als *Generalbevollmächtigter* oder in leitender Stellung als *Prokurist* oder Handlungsbevollmächtigter der genannten Unternehmensträger reichte als Voraussetzung für die Verhängung einer Unternehmensgeldbuße aus. Damit wurde im Wesentlichen auch die „*zweite Leitungsebene*" unterhalb der Unternehmensspitze erfasst.

Die (1994 noch abgelehnte) Erstreckung auf *alle mit Leitungsaufgaben betrauten Personen* verwirklichte schließlich das *EU-Rechtsinstrumente-Ausführungsgesetz* (Rz. 19). Nunmehr genügt auch ein Handeln „als sonstige Person, die für die Leitung des Betriebes oder Unternehmens einer juristischen Person oder einer der [...] genannten Personenvereinigung verantwortlich handelt, wozu auch die Überwachung der Geschäftsführung oder die sonstige Ausübung von Kontrollbefugnissen in leitender Stellung gehört".

Diese generalklauselartige[2] Erweiterung erfasst nun **alle Personen**, denen in einem Unternehmen verantwortliche **Leitungs- oder Kontrollbefugnisse** übertragen sind. Dazu gehören nicht nur die Mitglieder des Aufsichtsrats, sondern auch Betriebs- und Niederlassungsleiter oder Leiter des Rechnungswesens und der Finanzkontrolle. Mit dieser Ausdehnung sind spezialgesetzliche Sonderregelungen (z.B. § 59 KWG a.F.) entfallen. 41a

bb) Auch der in § 30 Abs. 1 OWiG abschließend aufgezählte **Kreis der Unternehmensträger** – der hier anders als in § 9 OWiG/§ 14StGB auch den nicht-eingetragenen Verein umfasst – wurde **erweitert**. Die Ersetzung von „Personenhandelsgesellschaft" durch „*rechtsfähige Personengesellschaft*" (Rz. 19, 94) hat bisherige Ungereimtheiten beseitigt: Auch BGB-(Außen-)Gesellschaften (Rz. 17) und freiberufliche Partnerschaftsgesellschaften sind einbezogen, also praktisch alle als Unternehmensträger in Betracht kommenden Rechtsformen. Ob auch *Vorgesellschaften* davon erfasst werden, ist – wie bei § 14 StGB – im Schrifttum nach wie vor strittig; praktisch lassen sich derartige Fälle auch hier über die Beauftragung mit der Leitung (§ 30 Abs. 1 Nr. 5 OWiG) lösen (s. Rz. 17a; § 22 Rz. 47). Da die Unternehmensträger hier nur als „Gattung" und nicht als konkrete Rechtsform aufgeführt sind, bestehen keine Bedenken dagegen, auch *ausländische* Unternehmensträger (Rz. 100 ff.) – deren Rechtsfähigkeit das deutsche Recht anzuerkennen hat – als Adressaten der Unternehmensgeldbuße anzusehen[3]. 42

cc) Erwähnenswert ist auch die *Entwicklung* der **Höhe der Geldbuße**: die Verbandsgeldbuße (§ 30 Abs. 2 OWiG) markierte immer den „Spitzensatz" (vgl. auch § 1 Rz. 121). 43

---

1 31. StÄG v. 27.6.1994, BGBl. I 1440.
2 So zutr. *Achenbach*, wistra 2002, 443.
3 Vgl. OLG Celle v. 30.11.2001 – 322 Ss 217/01 (OWiz), wistra 2002, 230; *Gürtler* in Göhler, § 30 OWiG Rz. 1; *Rogall* in KK, § 30 OWiG Rz. 33; *Niesler* in G/J/W, § 30 OWiG Rz. 8.

- 1968 war ihr Höchstbetrag im Falle einer vorsätzlichen Zuwiderhandlung auf 100 000 DM begrenzt, der nur mithilfe der Gewinnabschöpfungsregel des § 17 Abs. 4 OWiG überschritten werden konnte.

- Das 2. WiKG 1986 hatte die Obergrenze auf das Zehnfache, nämlich bei vorsätzlichen Handlungen auf 1 Mio. DM, bei fahrlässigen auf 500 000 DM angehoben.

- Das EU-Rechtsinstrumente-AG (Rz. 19) hat – nach formaler Halbierung der Beträge im Rahmen der Euro-Umstellung – den Höchstbetrag der angedrohten Sanktion nochmals verdoppelt und auf *1 Mio. Euro* erhöht. Eine erwogene Erhöhung auf 1,5 Mio. Euro hatte der Gesetzgeber damals abgelehnt mit der Erwägung, dass damit der Abstand zur höchsten Geldstrafe (1,8 Mio. Euro, § 40 Abs. 1, 2 StGB a.F.) zu gering geworden wäre[1] – ein Argument, das inzwischen durch die Erhöhung des Tagessatz-Höchstbetrags von 5 000 auf 30 000 Euro und damit der Maximal-Geldstrafe auf 10,8 Mio. Euro hinfällig geworden ist[2].

- Im Rahmen der 8. GWB-Novelle (§ 57 Rz. 93) ist die Höhe der Geldbuße für vorsätzliche (Anknüpfungs-)Taten auf *10 Mio. Euro* erneut verzehnfacht worden (s. § 1 Rz. 121a), soweit nicht die am Umsatz des Unternehmensträgers orientierte Bußgeld-Bemessung (ohne betragsmäßige Begrenzung) zum Zuge kommt (s. § 57 Rz. 149).

44 **dd)** Schließlich ist auch die Möglichkeit einer **selbständigen Verbandsgeldbuße** (§ 30 Abs. 4 OWiG; Rz. 36, § 21 Rz. 111) *wiederholt erweitert* worden. Sie kann verhängt werden, ohne dass eine natürliche Person zur Verantwortung gezogen sein muss. Voraussetzung für eine solche Sanktion *nur* gegen den Unternehmensträger ist,

- dass (mindestens) einer der genannten Unternehmensverantwortlichen vorwerfbar eine Zuwiderhandlung (i.S. des § 30 Abs. 1 OWiG) begangen hat,

- dass der Verfolgung dieser natürlichen Person keine rechtlichen Hindernisse (etwa Verjährung) entgegenstehen,

- dass aber diese Verfolgung aus tatsächlichen oder rechtlichen Gründen nicht erfolgt.

Auch hier muss feststehen, dass eine der in Abs. 1 aufgezählten Personen die Zuwiderhandlung begangen hat; offenbleiben aber kann der Nachweis, ob etwa Vorstandsmitglied A oder Vorstandsmitglied B oder Prokurist C oder Hauptabteilungsleiter D gehandelt (bzw. pflichtwidrig nicht gehandelt) hat – was jeweils die Verhängung einer Sanktion gegen A, B, C und D ausschließt[3].

---

[1] *Achenbach*, wistra 2002, 442; zur Problematik allgemeiner *Achenbach*, GA 2008, 1 ff.

[2] § 40 Abs. 2 StGB i.d.F. des 24. StrafRÄndG v. 29.6.2009, BGBl. I 1658.

[3] BGH v. 8.2.1994 – KRB 25/93, NStZ 1994, 346; *Gürtler* in Göhler, § 30 OWiG Rz. 40; *Rogall* in KK, § 30 OWiG Rz. 185 ff., je m.w. Rspr.-Nw.; *Hellmann/Beckemper*, WiStrafR, Rz. 1013 ff.

c) Praktisch bedeutsam ist, dass die Sanktionen gegen die verantwortlichen natürlichen Personen und gegen die Verbandsperson grundsätzlich in einem **einheitlichen Verfahren** zu verhängen sind[1]. Damit wird für den Regelfall sichergestellt, dass keine (scheinbare) „Doppelbestrafung" erfolgt, sondern eine schuldangemessene Verteilung der Sanktionen. Dass diese „Klammerwirkung" durch das Korruptionsbekämpfungsgesetz im Hinblick auf die Verfolgung von Submissionsabsprachen gelockert worden ist[2] (§ 82 GWB n.F.; vgl. § 15 Rz. 134; § 57 Rz. 110), wurde mit guten Gründen kritisiert, hat aber bisher die Wirksamkeit der Verbandsgeldbuße offenbar nicht beeinträchtigt.

Zusammenfassend kann festgestellt werden, dass sich die Normenlage im deutschen Recht so entwickelt hat, dass die Verbandsgeldbuße eine wirkungsvolle Sanktion mit breitem Anwendungsbereich ermöglicht[3]. Deshalb lässt sich mit guten Gründen die Ansicht vertreten, dass das derzeitige deutsche Sanktionensystem gegenüber Unternehmensträgern den europäischen Vorgaben nach einer „wirksamen, verhältnismäßigen und abschreckenden" Ahndung (sog. Mindesttrias; § 6 Rz. 93) genügt[4]. Die Möglichkeiten dieses Systems werden jedoch nach neueren *rechtstatsächlichen* Untersuchungen noch längst nicht ausreichend genutzt; deshalb sind Maßnahmen eingeleitet worden, die Wirksamkeit des vorhandenen Instrumentariums zu erhöhen[5].

Primär im Kartellrecht erfolgt – mangels anderer Möglichkeiten – ein konsequenter Einsatz der Verbandsgelbuße (§ 57 Rz. 148 ff.); dass gleichwohl immer wieder neue und eklatante Kartellabsprachen aufgedeckt werden, wirft allerdings auch die Frage auf, ob die Sanktion des Bußgelds wirklich ausreicht, derartige Verstöße wirksam zu bekämpfen (§ 57 Rz. 142 f.). Aber auch für die *BAFin* ist die Verbandsgeldbuße zu einem immer wichtigeren Instrument geworden[6]; dies wird weiter zunehmen, nicht nur im Bereich der Aufsicht über den Wertpapierhandel, sondern auch in den sonstigen Bereichen, in denen die *BAFin* infolge der Finanzkrise neue Aufsichtsaufgaben übertragen bekommen hat (vgl. § 56 KWG n.F.; § 67 Rz. 133 ff.).

3. Sanktionen nach europäischem Recht

a) Eine zusätzliche Dimension hat die Frage nach Sanktionen gegen Unternehmensträger durch das *europäische Recht* erhalten. Sowohl der EGKS-Vertrag als auch der EWG-Vertrag enthielten von Anfang an insbesondere im Wett-

---

1 Näher *Gürtler* in Göhler, § 30 OWiG Rz. 28 ff.; *Rogall* in KK, § 30 OWiG Rz. 162 ff.; *Förster* in Rebmann/Roth/Herrmann, § 30 OWiG Rz. 37 ff.
2 Art. 7 Nr. 1 G v. 13.8.1997, BGBl. I 2038; krit. dazu *Gürtler* in Göhler, § 30 OWiG Rz. 34, 34a; *Achenbach*, wistra 1998, 168 ff.; *Förster* in Rebmann/Roth/Herrmann, § 30 OWiG Rz. 40a.
3 Vgl. *Dannecker/Bülte* in W/J, Kap. 1 Rz. 76 ff., 114 ff.; *Achenbach* in A/R, I 2 Rz. 1 ff.; *Große Vorholt*, WiStrafR, Rz. 223 ff.
4 Vgl. *Többens*, NStZ 1999, 1 (7 f.); *Dannecker/Bülte* in W/J, Kap. 1 Rz. 123 ff.; *Rogall* in KK, § 30 OWiG Rz. 21.
5 So hat das Justizmin. Baden-Württemberg die Erarbeitung einer internen „Handreichung" mit Anwendungsmustern (Stand: 31.5.2013) veranlasst und an die zuständigen Stellen verteilen lassen; Angaben zur Praxis z.B. bei *Engelhart*, Sanktionen, § 13 (S. 487 ff.).
6 Vgl. *Canzler/Hammermaier*, Das kapitalmarktrechtliche Bußgeldverfahren, Die AG 2014, 57 ff.

bewerbsrecht Bestimmungen, die Geldbußen gegenüber **Unternehmen(strägern)** angedroht haben (§ 57 Rz. 70 ff.). Daran hat auch der *Vertrag von Lissabon* nichts geändert (§ 6 Rz. 4, 13, § 57 Rz. 22 f.). Liegt dem auch ein „verwaltungsrechtliches Konzept" zugrunde – mit dem ausdrücklichen Zusatz, es handle sich um eine „nichtstrafrechtliche" Sanktion (dazu § 57 Rz. 72) –, so ordnet sowohl die herrschende Ansicht in Deutschland als auch die Rechtsprechung des EuGH die Geldbußen des europäischen Rechts in dieselbe rechtliche Kategorie ein wie die nach dem OWiG verhängten Sanktionen, nämlich als *strafrechtliche Sanktion im weiteren Sinne*[1].

Allerdings beschränkt sich das europäische Recht insoweit auf Sanktionen gegen *Unternehmen*(sträger und Unternehmensvereinigungen), während Sanktionen unmittelbar gegen natürliche Personen, die Mitglied des verantwortlichen Organs sind, bis jetzt nicht vorgesehen sind. Dabei wird dem Unternehmensträger nicht nur das rechtswidrige Verhalten seiner Organmitglieder (oder einer genau umgrenzten Leitungsebene) zugerechnet, sondern die Zuwiderhandlung *aller Beschäftigten*, die im Rahmen ihrer Zuständigkeit für das Unternehmen handeln[2] (§ 57 Rz. 74 f.).

Die durch den Vertrag von Lissabon erweiterte Kompetenz zur Setzung von strafrechtlichen Normen (§ 6 Rz. 76 ff.) bewirkt einen zusätzlichen Druck zur Ausweitung von Sanktionen gegen Unternehmensträger[3].

48 **b)** Noch stärker als über die europäische Rechtsetzung hat die Forderung nach einer Sanktion juristischer Personen über eine andere „Schiene" des europäischen Strafrechts Deutschland erreicht, nämlich über **völkerrechtliche Verträge** zwischen den EG/EU-Mitgliedstaaten oder den Mitgliedstaaten des Europarats oder der OECD (§ 5 Rz. 11, 13, 23).

Bei der Vorbereitung des 1997 verabschiedeten *„Zweiten Protokolls" zum Schutz der finanziellen Interessen der EG* (vgl. § 6 Rz. 111), das nicht nur ergänzende Bestimmungen zur Geldwäsche, sondern auch zur „Verantwortlichkeit von juristischen Personen" enthält, zeigte sich, dass zehn der damals 15 Mitgliedstaaten in Übereinstimmung mit ihrem Recht eine Strafbarkeit (i.e.S.) der juristischen Person befürworteten. Die schließlich verabschiedete Fassung – die zum EU-Rechtsinstrumente-Ausführungsgesetz geführt (Rz. 19) hat – ist indes so formuliert, dass die erweiterte Fassung der §§ 9, 30 und 130 OWiG den Anforderungen des Übereinkommens entspricht (Rz. 46).

49 Das **OECD-Übereinkommen** vom 17.12.1997, das durch das „IntBestG" vom 10.9.1998 in deutsches Recht transformiert wurde[4] (vgl. § 5 Rz. 41, § 53 Rz. 5), bestimmt in Art. 2:

---

1 Näher *Tiedemann*, WiStrafR AT, Rz. 87 f., 408; *Satzger*, Int. u. Europ. StrafR, § 7 Rz. 3, § 8 Rz. 5 ff.; *Dannecker/Bülte* in W/J, Kap. 2 Rz. 168.
2 Vgl. nur *Achenbach* in A/R, III/6 Rz. 23; *Dannecker/Müller, N.* in W/J, Kap. 18 Rz. 205 f.
3 Vgl. Art. 8, 9 der RL 2014/57/EU v. 16.4.2014 über strafrechtliche Sanktionen bei Marktmanipulation (Marktmissbrauchs-RL), ABl. EU Nr. L 173 v. 12.6.2014, 183, umzusetzen bis 3.7.2016; zum Komm.-Vorschlag *Schork/Reichling*, StraFo 2012, 125 ff.; vgl. auch *Kelker*, Die Strafbarkeit juristischer Personen unter europ. Konvergenzdruck, in FS Krey, 2010, 221 ff.
4 Dazu *Zieschang*, NJW 1999, 106 f.

„Jede Vertragspartei trifft in Übereinstimmung mit ihren Rechtsgrundsätzen die erforderlichen Maßnahmen, um die Verantwortlichkeit juristischer Personen für die Bestechung eines ausländischen Amtsträgers zu begründen."

Auf dieser Grundlage haben die **Mitgliedstaaten der EU** 1998 die *„Gemeinsame Maßnahme betreffend die Bestechung im privaten Sektor"* beschlossen. Diese hat der deutsche Gesetzgeber zusammen mit einem weiteren EU-Rahmenbeschluss ebenfalls durch das erwähnte EU-Rechtsinstrumente-AG in innerstaatliches Recht transformiert (s. Rz. 19).

c) **Österreich** hat in Umsetzung europäischer Vorgaben zum 1.1.2006 ein 30 Paragrafen umfassendes „Bundesgesetz über die Verantwortlichkeit von Verbänden für Straftaten", das *Verbandsverantwortlichkeitsgesetz* (VbVG), erlassen (vgl. § 7 Rz. 13). Dieses sieht – neben anderen Maßnahmen – als „Hauptsanktion" nur eine nach Tagessätzen zu bemessende *Verbandsgeldbuße* bis höchstens 1,8 Mio. Euro vor[1], aber – anders als der Name des Gesetzes nahezulegen scheint – *keine Kriminalstrafe*.

II. Zur Reformdiskussion

a) Wie erwähnt (Rz. 33), haben zahlreiche **ausländische Rechtsordnungen** keine Probleme damit, Kriminalstrafen gegen juristische Personen/Personenvereinigungen zu verhängen. Das gilt vor allem für das undogmatische anglo-amerikanische Recht (§ 7 Rz. 51 ff.), das auf einem „quasi-zivilrechtlichen" Zurechnungsmodell beruht[2] und Grundlage war für die Entwicklung der unter Stichwort „Compliance" (unten § 31) zusammengefassten Maßnahmen zur Verhütung von Rechtsverletzungen. – Andererseits hat in den USA angesichts spektakulärer Unternehmenszusammenbrüche, die auch eine Unternehmensstrafbarkeit nicht verhindern konnte, eine gegenläufige Entwicklung eingesetzt, nämlich verstärkt natürliche Personen strafrechtlich zur Verantwortung zu ziehen[3]. Denn die Sanktionierung primär der Verbände hat zur Folge, dass die verantwortlichen Personen sich hinter dem Verband gleichsam verstecken und ihr Fehlverhalten „sozialisieren" können. Die generalpräventive Wirkung des Vollzugs von Freiheitsstrafen an den Leitungspersonen ist nicht gering zu achten.

Doch im Laufe der letzten Jahre haben auch **zahlreiche kontinental-europäische Rechtsordnungen** die Strafbarkeit im engen Sinne, also die Verhängung von Kriminalstrafen, durch entsprechende Gesetzesänderungen eingeführt; dies gilt nicht nur für Frankreich (§ 7 Rz. 26) und die Schweiz (§ 7 Rz. 19 f.), sondern auch für Belgien, die Niederlande, die skandinavischen Staaten. Dadurch ist Deutschland auch innerhalb der EU in eine Minderheitsposition geraten.

b) In **Deutschland** ist zwar der Ruf nach Einführung einer echten Verbands- bzw. Unternehmensstrafbarkeit immer wieder erhoben worden; trotz namhaf-

---

1 Näher *Eidam*, Unternehmen und Strafe, Kap. 5 Rz. 513 ff., 538f.
2 Ausführlich *Engelhart*, Sanktionierung, S. 57 ff.
3 Dazu *Schünemann* in FS Tiedemann, 2008, S. 443 ff. m.Nw.; vgl. auch *Engelhart*, Sanktionierung S. 86 f. und zur jüngeren Entwicklung S. 732 ff.

ter Befürworter einer solchen Sanktion gegen juristische Personen[1] ist aber bisher eine entsprechende Gesetzesänderung unterblieben.

Im Zusammenhang mit der Umsetzung europäischer Vorgaben hat eine entsprechende – später zurückgenommene – *Gesetzesinitiative des Landes Hessen*[2] zur Berufung einer *Kommission* zur Reform des strafrechtlichen Sanktionenrechts geführt. Die deutliche Mehrheit der Kommission hat sich im Jahre 2000 gegen eine „Unternehmensstrafe" im Bereich des Kriminalstrafrechts ausgesprochen[3].

Aktuell hat das *Land Nordrhein-Westfalen* eine **neue** an den Bundesrat gerichtete **Initiative** zur Einführung eines speziellen Unternehmensstrafrechts gestartet[4], die von der Justizministerkonferenz als gute Beratungsgrundlage begrüßt wurde und eine neuerliche Diskussion ausgelöst hat[5]. Obwohl sich der Entwurf stark am österreichischen VbVG (Rz. 49a) orientiert, sieht er weitergehend ausdrücklich eine (ebenfalls nach Tagessätzen zu bemessende) „Verbandsgeldstrafe" vor.

52 Eine **Diskussion** dieser Vorschläge an dieser Stelle verbietet sich, zumal zahlreiche kriminalpolitische und rechtspolitische Argumente gegeneinander abzuwägen sind. Es ist zu erwarten, dass der Austausch der Erwägungen nicht nur in Kommissionen und Ausschüssen stattfinden wird, sondern auf breiterer Ebene. So sind auch die Schwerpunkt-Staatsanwaltschaften aller Bundesländer zur Stellungnahme aufgefordert. Diese Diskussion wird zeigen, ob die bisher herrschende Ansicht, die heutige Regelung des § 30 OWiG in der Verknüpfung mit § 9 OWiG/§ 14 StGB einerseits und § 130 OWiG andererseits decke alle praktisch relevanten Sanktionsbedürfnisse ab, der Überprüfung standhält.

---

1 Z.B. *Tiedemann*, WiStrafR I, 1976, 205 f.; *Tiedemann*, WiStrafR AT, Rz. 374 m.w.Nw.; *Schünemann*, Unternehmenskriminalität, 1979, 155 ff., 232 ff., 254 f.; *Rogall* in KK, § 30 OWiG Rz. 1 ff., 6 ff. m.Nw.; w.Nw. bei *Engelhart*, Sanktionierung, S. 346 ff., 749 f.; *Radtke* in MüKo, § 14 StGB Rz. 128 ff.
2 Vorgeschlagen wurden – parallel zu § 30 OWiG – Bestimmungen im Allg. Teil (§§ 76b ff. StGB); dazu *Hamm*, NJW 1998, 662 (abl.); *Rogall* in KK, § 30 OWiG Rz. 259 ff.
3 Dazu ausf. *Hettinger* (Hrsg.), Verbandstrafe, 2002, m.w.Nw.; *Achenbach* in A/R, I 1 Rz. 7; *Eidam*, Unternehmen und Strafe, Kap. 5 Rz. 490 ff., 498 ff.; vgl. auch *Dannecker*, GA 2001, 101 ff.; *Trüg*, wistra 2010, 241 ff.
4 Entwurf eines G zur Einführung der strafrechtlichen Verantwortlichkeit von Unternehmen und sonstigen Verbänden (NRW VerbStGB-E), abrufbar unter www.jm.nrw.de bzw. www.justiz.nrw.de; dazu der Justizminister NRW, *Kutschaty*, UnternehmensstrafR: Deutschland debattiert, der Rest Europas handelt, DRiZ 2013, 16 f.
5 Z.B. *Rogall* in KK, § 30 OWiG Rz. 258 ff.; *Rübenstahl/Tsambikakis*, Neues UnternehmensstrafR: Der NRW-Gesetzentwurf [...], ZWH 2014, 8 ff.; *Römermann*, GmbHR 2014, 1 (3 ff.); *Hoven*, Der nordrhein-westfälische Entwurf eines Verbandsstrafgesetzbuches – Eine kritische Betrachtung ..., ZIS 2014, 19; *Hoven/Wimmer/Schwarz/Schumann*, NZWiSt 2014, 161, 201, 241; *Löffelmann*, Der Entwurf eines Gesetzes zur Einführung der strafrechtlichen Verantwortlichkeit von Unternehmen und sonstigen Verbänden, JR 2014, 185; *Schünemann*, Die aktuelle Forderung eines Verbandsstrafrechts – eine kriminalpolitische Bombe, ZIS 2014, 1; *Witte/Wagner*, Die Gesetzesinitiative Nordrhein-Westfalens zur Einführung eines UnternehmensstrafR, BB 2014, 643; *Zieschang*, Kritische Anmerkungen zu dem Entwurf eines Gesetzes ..., GA 2014, 91.

Wenn sich zeigt, dass – auch im Vergleich zum europäischen Ausland – nicht länger hinnehmbare Sanktionslücken bestehen, sollte der Gesetzgeber die bisherige Entwicklung weiterführen und vor einer Reform nicht zurückschrecken, zumal angesichts des vorhandenen „Anpassungsdrucks" innerhalb der EU. Ob allerdings dafür ein Sondergesetz angebracht ist[1], das (nur) dem Nebenstrafrecht zugeordnet werden kann, erscheint zweifelhaft; vorzuziehen ist m.E. – ähnlich wie im hessischen Vorschlag (Rz. 51) – eine Lösung innerhalb von StGB/StPO und OWiG.

Hier seien nur wenige **zentrale Gesichtspunkte** genannt: 52a

– Die – durch das Begriffspaar „natürliche Person/juristische Person" oder auch durch den Ausdruck „Verbandsperson" hervorgerufene – Vorstellung, die auf das *Individuum* zugeschnittenen Sanktionsvorschriften auf eine (wirtschaftliche oder auch sonstige) *Organisation* möglichst 1:1 zu übertragen, führt nicht weiter, denn sie missachtet deren unüberwindliche Wesensverschiedenheit.

– Wirksame Sanktionen gegen Verbandspersonen für (erhebliche) Gesetzesverstöße, die durch sie oder in ihrem (schützenden) Rahmen begangen werden, sind *unverzichtbar*, wenn vermieden werden soll, dass solche Organisationen von rechtsfreien, sanktionslosen Räumen profitieren.

– Gleichermaßen wirksam müssen aber auch die Sanktionsmöglichkeiten gegen die handelnden *natürlichen Personen* sein/bleiben, damit persönliche Verantwortungslosigkeit nicht prämiert wird.

– Sanktionen gegen Unternehmensträger (und ihre Verantwortlichen) schaden nicht „der Wirtschaft", sondern dienen dem *Schutz der Wirtschaft*, denn sie richten sich gegen die durch Regelverstöße bewirkten Wettbewerbsverzerrungen (was nicht nur Kartelle plastisch veranschaulichen, sondern ebenso etwa Korruption, Umweltschädigung oder Finanzmarktmanipulationen).

– Die dogmatische Einordnung solcher Sanktionen ist letztlich zweitrangig; vorrangige Bedeutung haben die hinreichende Bestimmung ihrer Voraussetzungen (*Tatbestandsbestimmtheit*) und ein gut handhabbares *Verfahren* zu ihrer Verhängung.

Ungeachtet aller rechtsdogmatischen Differenzen bezüglich individueller Schuld und kollektiver Verantwortung besteht wohl auch in Deutschland weithin Einigkeit darüber, dass die Bekämpfung von Wirtschaftskriminalität **wirksame Sanktionen** *auch gegen Unternehmensträger* erforderlich macht. Es bedarf eines effizienten Sanktionssystems, das sowohl die „Verbandspersonen" als auch die für diese handelnden natürlichen Personen gleichermaßen erfasst. Verbesserungen erscheinen möglich, auch wenn die aktuelle Rechtslage nicht so defizitär ist, wie bisweilen behauptet wird. 53

---

1 So auch *Engelhart*, Sanktionen, S. 689, der einen kompletten Entwurf für ein „Unternehmenssanktionsgesetz" erarbeitet hat (§ 29, S. 720 ff.); noch weitergehend *Schmitt-Leonardy*, Unternehmenskriminalität ohne Strafrecht?, die wegen der Problematik der Schuld für die Einführung eines „parastrafrechtlichen Systems" plädiert (Rz. 750 ff., 759 ff., 888 ff.).

C. Rechtsformspezifische Sanktionsnormen

Schrifttum: *Bittmann*, Strafrechtliche Folgen des MoMiG, NStZ 2009, 113; *Hanft*, Strafrechtliche Probleme im Zusammenhang mit der Einmann-GmbH, 2006; *Heßeler*, Amtsunfähigkeit von GmbH-Geschäftsführern, 2009; *Kiethe*, Gesellschaftsstrafrecht – Zivilrechtliche Haftungsgefahren für Gesellschaften und ihre Organmitglieder, WM 2007, 722; *Kohlmann/Reinhart*, Die strafrechtliche Verantwortlichkeit des GmbH-Geschäftsführers, 2. Aufl. 2013; *Müller-Gugenberger*, Glanz und Elend des GmbH-Strafrechts, in FS Tiedemann, 2008, S. 1003; *Müller-Gugenberger*, GmbH-Strafrecht nach der Reform, GmbHR 2009, 578; *Popp*, Kapitalgesellschaftsstrafrecht – eine Einführung, Jura 2012, 618; *Schmidt, K./Uhlenbruck* (Hrsg.), Die GmbH in Krise, Sanierung und Insolvenz, 4. Aufl. 2009; *Tiedemann*, GmbH-Strafrecht, 5. Aufl. 2010. Kommentare zu den Gesellschaftsgesetzen und zum HGB s. Allgemeines Schrifttumsverzeichnis.

54 Verschiedene Tatbestände des Wirtschaftsstrafrechts knüpfen **unmittelbar an die Rechtsform** an, in der ein Unternehmensträger organisiert ist. Diverse gesellschaftsrechtliche Gesetze enthalten – von Anfang an – spezielle Straftatbestände (und später auch Ordnungswidrigkeiten-Tatbestände), so das AktG, das GenG und das GmbHG. Ein bestimmtes Verhalten kann somit bei der einen Rechtsform den Staatsanwalt auf den Plan rufen, während bei einer anderen Organisationsform strafrechtliche Ermittlungen nicht zu befürchten sind. Die Entscheidung, in welcher Rechtsform ein Unternehmensträger organisiert wird, löst unterschiedliche rechtliche Pflichten aus, deren Verletzung *straf- oder bußgeldrechtliche Konsequenzen* haben kann, aber nicht muss. Auch wenn solche Konsequenzen bei Gründung des Unternehmens(-trägers) regelmäßig nicht näher bedacht werden, sei hier ein *Überblick* über die rechtsformabhängigen Zuwiderhandlungstatbestände gegeben. Diese sind auch für die strafrechtliche Beurteilung ausländischer Unternehmensträger von Bedeutung (dazu Rz. 100 ff.).

I. Rechtsformzwang

55 a) Die **Zahl der** von der Rechtsordnung zur Verfügung gestellten **Rechtsformen**, in denen ein Unternehmensträger für seine Geschäftstätigkeit organisieren werden kann, ist nach deutschem Recht (und nach den relevanten ausländischen Rechtsordnungen) **beschränkt**, damit im Interesse des Rechtsverkehrs die möglichen Arten von Rechtsträgern überschaubar bleiben. Der *Rechtsformzwang im Gesellschaftsrecht* begrenzt die Möglichkeiten, in denen ein Unternehmensträger – über die natürliche Person als Einzelunternehmer hinaus – organisiert werden kann, zwingt also zur Wahl einer bestimmten Rechtsform. Gleichwohl stellt die Rechtsordnung eine breite Palette unterschiedlich strukturierter Rechtsformen zur Verfügung, um den verschiedenen wirtschaftlichen Bedürfnissen Rechnung zu tragen. Im Interesse des Rechtsverkehrs muss die gewählte Rechtsform nach *außen erkennbar* gemacht werden (Rz. 62).

56 Innerhalb der bereitgestellten Rechtsformen sind die Mindestanforderungen zwingenden Rechts; darüber hinaus ist – in jeweils unterschiedlichem Maße – der individuellen Ausgestaltung der Organisationsform Raum gelassen. Das Ausmaß der **Gestaltungsfreiheit** erfährt innerhalb der Rechtsformen umso stärkere *Einschränkungen*, je größere Gefahren von einer Fehlsteuerung eines Un-

ternehmensträgers (oder gar von seiner missbräuchlichen Benutzung) typischerweise ausgehen. Je mehr zwingende Normen der Gesetzgeber für erforderlich hält, desto mehr ist auch damit zu rechnen, dass für ihre Verletzung *Bußgeld oder Strafe* angedroht ist.

Grundsätzlich ist die Wahl innerhalb der Palette der möglichen Rechtsformen frei. Nach diesem **Prinzip der Wahlfreiheit** ist es Sache der jeweiligen Initiatoren, die Vor- und Nachteile jeder Rechtsform im Hinblick auf Organisation, Haftung, Kapitalbeschaffung, Besteuerung, Formerfordernisse, Kosten usw. im Einzelfall gegeneinander abzuwägen. Die mit dem Grundsatz der Vertragsfreiheit und der Vereinigungsfreiheit in innerem Zusammenhang stehende freie Rechtsformwahl unterliegt allerdings in einzelnen Bereichen *Beschränkungen*, und zwar in zweifacher Weise: Zum einen sind einzelne Rechtsformen auf *bestimmte* gesetzlich vorgegebene *Zwecke* beschränkt; zum anderen dürfen bestimmte Arten von Geschäften nur in *bestimmter Rechtsform* betrieben werden. 57

b) Die praktisch wichtigsten (deutschen) Unternehmensrechtsformen, insbesondere *GmbH* (einschließlich UG) und *AG*, sind für **alle beliebigen Zwecke** einsetzbar (Kaufleute kraft Rechtsform; § 22 Rz. 42 ff.). Auch die Gesellschaft bürgerlichen Rechts (GbR) kann für alle Zwecke verwendet werden – nur nicht zum Betrieb eines Handelsgeschäfts, denn dafür sind die Personenhandelsgesellschaften (OHG/KG) vorgesehen, die im Gegenzug (grundsätzlich) auf den Betrieb eines Handelsgeschäfts beschränkt sind (§ 105 Abs. 1 HGB; § 22 Rz. 50 ff., 61 ff.) und für nicht-gewerbliche Tätigkeiten jedenfalls dann nicht benutzt werden dürfen, wenn berufsrechtliche Normen eine gewerbliche Tätigkeit ausschließen (etwa für Rechtsanwälte – § 22 Rz. 69). 58

Soweit verschiedene Gesellschaftsformen auf **bestimmte Zwecke beschränkt** sind – etwa die *Genossenschaft* auf die Förderung der Wirtschaft ihrer Mitglieder oder die *Partnerschaftsgesellschaft* auf die gemeinsame Ausübung eines freien Berufs oder auch der „eingetragene Verein" auf einen nicht-wirtschaftlichen Zweck – stellt jedenfalls eine – selbst vorsätzliche – Verfehlung dieses Zwecks als solche (anders als in früheren Zeiten) *keinen Straftatbestand* dar. Die nicht-strafrechtlichen Folgen einer solchen Zweckverfehlung bedürfen hier keiner Erörterung. Dass der Missbrauch einer konkreten Rechtsform mittelbar, etwa im Rahmen eines Betruges, bedeutsam sein kann, steht auf einem ganz anderen Blatt. 58a

Soweit die Rechtsordnung für die Vornahme bestimmter Geschäftstätigkeiten die Verwendung **bestimmter Gesellschaftsformen** *zwingend vorschreibt* oder aber auch verbietet, handelt es sich um zwei Ausnahmebereiche, die indes anderweit kontrolliert werden. Den einen Bereich bildet die Ausübung berufsrechtlich gebundener *freier Berufe*; der andere Sektor ist der *Kapitalmarkt* (im weiten Sinne) im Interesse des Anlegerschutzes. 59

– Die frühere Beschränkung zahlreicher *freier Berufe* auf die Rechtsform der BGB-Gesellschaft (sog. Sozietät) ist schrittweise aufgegeben worden. Die 1994 neu eingeführte und 2013 erweiterte Partnerschaftsgesellschaft (Rz. 76a, 94 f.) konnte nicht verhindern, dass auch in diesem Bereich seit geraumer Zeit Kapitalgesellschaften (und sogar ausländische Rechtsformen –

Rz. 94a) im Vordringen sind. Ein Zwang zur Partnerschaftsgesellschaft besteht nicht; nur OHG und KG sind versperrt, weil der freie Beruf kein (Handels-) Gewerbe sein kann (§ 22 Rz. 69).

– Dass eine *Bausparkasse* nur als AG (§ 2 Abs. 1 BauspKG), ein (größeres) *Versicherungsunternehmen* nur als AG oder VVaG (§ 7 Abs. 2 VAG) oder ein *Kreditinstitut* nicht als Einzelunternehmen (§ 2a KWG) betrieben werden kann, wird im Rahmen der zwingend vorgeschriebenen behördlichen Erlaubnis kontrolliert. Besonders zahlreich sind solche Vorgaben im neuen KAGB[1]. Strafrechtlich relevant ist nur das Betreiben der betreffenden Geschäfte *ohne Erlaubnis* (z.B. §§ 32, 54 KWG, § 339 KAGB; vgl. § 25 Rz. 74; § 66 Rz. 14 ff.).

60 c) Zu den verschiedenen Gesellschaftsformen treten als Unternehmensträger auch *rechtlich selbständige* **Sondervermögen**, deren Organisation den Gesellschaften ähnlich ist. Der wichtigste Fall ist die *rechtsfähige Stiftung* des bürgerlichen Rechts (§§ 80–88 BGB), die der behördlichen Anerkennung (§ 80 Abs. 2 BGB) unterliegt; rechtsform-spezifische Strafnormen bestehen (bisher) nicht (vgl. Rz. 93).

Diverse Sondervermögen sind im neuen *Kapitalanlagegesetzbuch* (KAGB) geregelt, durch das aufgrund europäischer Vorgaben auch Konsequenzen aus der Finanzkrise gezogen wurden. Die „Organismen gemeinsamer Anlagen in Wertpapieren" (OGAW), die „Alternativen Investmentfonds" (AIF) und die weiteren dort geregelten Sondervermögen unterliegen der Aufsicht der BAFin und können hier nicht näher behandelt werden.

61 Dieser herkömmliche, in den EU-Staaten gleichermaßen verbreitete Zwang, eine der bereitgestellten inländischen Rechtsformen für Unternehmensträger anzunehmen, hat durch die **europäische Integration** eine deutliche Veränderung erfahren. Zum einen sind zusätzliche Organisationsformen des *europäischen Rechts* dazugekommen (Rz. 106). Zum anderen hat die Rechtsprechung des EuGH zur europäischen *Niederlassungsfreiheit* der Unternehmen (Rz. 104) nachhaltige Änderungen der nationalen Gesellschaftsrechte und ihres Verhältnisses zum Ausland bewirkt (näher Rz. 100 ff.). Dadurch muss sich nicht nur der Rechtsverkehr, sondern auch das Strafrecht auf eine Vielzahl fremder Rechtsformen einstellen.

Die – inzwischen abgeflaute – Welle von Gründungen von in Deutschland tätigen Unternehmen in der Rechtsform der *britischen „Limited"* (Ltd.; Rz. 111) hat zum Erlass des MoMiG geführt, das nicht nur das deutsche Gesellschaftsrecht erheblich verändert hat, sondern auch für das Strafrecht bedeutsam ist (Rz. 112, **126** ff.).

II. Publizität der Rechtsform

62 Der Rechtsformzwang steht in engem sachlichen Zusammenhang mit der Publizität der Rechtsform. Die Benennung der Personen, die „hinter" einem Geschäftsbetrieb/Unternehmen stehen, ist schon seit Langem ein Anliegen der Rechtsordnung gewesen. Daraus hat sich sowohl das kaufmännische *Firmenrecht* als auch das Handelsregister entwickelt (zur Funktionsweise des moder-

---

[1] Kapitalanlagegesetzbuch v. 4.7.2013, BGBl. I 1981, z.B. § 18 Abs. 1 für Externe Kapitalverwaltungsgesellschaften, § 44 für Alternative Investmentfonds; vgl. auch §§ 91, 108, 139, 140 sowie §§ 124, 149 KAGB.

nisierten Handelsregisters und des ergänzenden Unternehmensregisters § 22 Rz. 20 ff.). Die Vorschriften der §§ 17 ff. HGB über die Bildung der „Firma" eines kaufmännischen Unternehmens waren in Deutschland seit dem ADHGB zentraler Ansatzpunkt für die **Offenlegung interner rechtlicher Verhältnisse**. Mit der Herausbildung immer weiterer Unternehmensformen hat sich das Bedürfnis nach Offenlegung der rechtlichen Verhältnisse gegenüber der Allgemeinheit und insbesondere gegenüber den Geschäftspartnern zunehmend gesteigert.

Mit der (inzwischen wiederholt geänderten) 1. gesellschaftsrechtlichen Richtlinie (sog. **Publizitätsrichtlinie**)[1] hat das EU-Recht schon früh einen wichtigen Impuls gesetzt und die nachfolgenden Umsetzungen dieser Richtlinie haben die diesbezüglichen Unterschiede in den Mitgliedstaaten deutlich reduziert. Auf diesen einheitlichen Standard innerhalb der EU (bzw. EWR) als entscheidenden Schutzmechanismus hat der EuGH bei seiner Bewertung der Niederlassungsfreiheit (Rz. 108) wiederholt hingewiesen. Dadurch ist die wirtschaftsstrafrechtliche Relevanz dieser Schutzbestimmungen zugunsten des Rechtsverkehrs noch verstärkt worden. Allerdings gibt es insoweit *keine speziellen Straftatbestände* und auch der durch Bußgeld-Tatbestände abgedeckte Bereich ist recht schmal; im Vordergrund steht die Durchsetzung der Publizitätsvorschriften mittels *Zwangs- oder Ordnungsgeld* (s. § 1 Rz. 128; § 22 Rz. 39). 63

1. Angaben am Geschäftslokal

Der – bereits 1900 eingeführte – frühere **§ 15a GewO**, der verlangt hatte, dass alle Unternehmer („Gewerbetreibende"), die „eine offene Verkaufsstelle haben, eine Gaststätte betreiben oder eine sonstige offene Betriebsstätte haben", am Eingang oder an der Außenseite „in deutlich lesbarer Schrift" ihren ausgeschriebenen Namen bzw. ihre Firma – also den Handelsnamen – angeben müssen, ist durch das 3. Mittelstandsentlastungsgesetz[2] 2009 als nicht mehr zeitgemäß und zudem entbehrlich ersatzlos gestrichen worden. Etwas blauäugig vermerkt die Begründung dazu, dass jeder Adressat dieser Norm schon im eigenen Interesse seinen Namen angebe[3]. Demgemäß ist auch der entsprechende *Bußgeldtatbestand* in § 146 Abs. 2 Nr. 2 GewO – von dem die zuständigen Behörden ersichtlich keinen nennenswerten Gebrauch gemacht haben – *entfallen* (zum stattdessen eingeführten Ordnungswidrigkeiten-Tatbestand Rz. 69a). An die Stelle des § 15a GewO sind schrittweise umfangreiche Informationspflichten nach europäischen Vorgaben getreten (Rz. 69 ff.). 64

Zugleich wurde eine ganz speziell für den **Betrieb von Automaten** *außerhalb eines Geschäftsbetriebs* – über die seit 1960 bestehende gewerbliche Anzeigepflicht (§ 14 Abs. 3 S. 1 GewO; § 24 Rz. 7) hinaus – die Verpflichtung begründet, am Automaten *Name* bzw. *Firma* des Betreibers anzugeben (§ 14 Abs. 3 64a

---

1 RL 68/151/EWG v. 9.3.1968, ABl. EG Nr. L 65 v. 14. 3. 1968.
2 G v. 17.3.2009, BGBl. I 550.
3 So die amtl. Begründung, zit. nach *Marcks* in Landmann/Rohmer I, 2009, § 15a GewO.

S. 2–4 GewO)¹. Die Verletzung dieser Pflicht steht unter der Bußgeldandrohung des § 146 Abs. 2 Nr. 3 GewO² (vgl. Rz. 69, 69a).

2. Angaben auf Geschäftsbriefen

65 Durch die Publizitäts-Richtlinie (Rz. 63) sind die Kapitalgesellschaften in der EWG verpflichtet worden, über die bestehende Pflicht zur Führung des Rechtsform-Zusatzes im Handelsnamen (Firma) hinaus auf *allen Geschäftsbriefen* die *Rechtsform* des Unternehmens und dessen Sitz anzugeben und die verantwortlichen Personen zu benennen (Rz. 66). Diese zunächst auf AG und GmbH beschränkte Verpflichtung³ ist 1980 auf die GmbH & Co KG⁴ und 1993 auf entsprechende Zweigstellen⁵ erstreckt worden. Eine gleichartige Offenlegungspflicht ist der Genossenschaft (§ 25a GenG), der EWIV (Art. 25 EWIV-VO) und der SE und SCE auferlegt. Das *Handelsrechtsreformgesetz* (§ 22 Rz. 17) hat zum Ausgleich für die Liberalisierung des Firmenrechts diese „**Geschäftsbrief-Publizität**" – ohne unmittelbare europarechtliche Verpflichtung – durch Einfügung von § 37a HGB und Erweiterung von § 125a HGB auf *alle kaufmännischen Unternehmensträger*⁶ – Einzelkaufmann (e.K.)/OHG/KG – und darüber hinaus auf die *Partnerschaftsgesellschaften*⁷ ausgedehnt.

Nur Unternehmen, die in einer der nicht genannten Unternehmensformen betrieben werden (z.B. *BGB-Gesellschaft* und nicht-eingetragener *Verein, Stiftung* sowie öffentliche Unternehmen außerhalb des Handelsrechts), werden von dieser kaufmännischen Geschäftsbrief-Publizität bisher nicht erfasst. Der eingetragene Verein hat zwar nach § 65 BGB ebenfalls den Rechtsformzusatz zu tragen, unterliegt aber nicht den Vorschriften über die Geschäftsbrief-Publizität; das (nun ebenfalls elektronisch geführte) Vereinsregister (§ 22 Rz. 25) erleichtert die Information⁸.

66 Diese Verpflichtung zur Rechtsform-Publizität auf Geschäftsbriefen gilt nicht nur für deutsche Kaufleute, sondern auch für **alle** anderen **Kapitalgesellschaften der EU** (und der EWR-Staaten)⁹, weil die Publizitätsrichtlinie von 1968 auch für die neu eingetretenen Mitgliedstaaten als sog. *acquis communautaire* (§ 5 Rz. 21; § 6 Rz. 23) verbindlich geworden ist. Es ist also europarechtlich vorgegeben, welche Angaben gemacht werden müssen, nämlich:

---

1 Art. 9 Nr. 2 des 3. MittelstandsentlastungsG (Rz. 64); näher dazu *Marcks* in Landmann/Rohmer I, § 14 GewO Rz. 50 f.
2 Art. 1 Nr. 19 Buchst. c des Dienstleistungs-RL-UmsetzungsG v.17.7.2009, BGBl. I 2091.
3 Einfügung von § 80 AktG und § 35a GmbHG durch G v. 15.8.1969, BGBl. I 1146.
4 Einfügung von § 125a HGB a.F. durch die GmbH-Novelle 1980.
5 G v. 22.7.1993, BGBl. I 1282 in Ausführung der 11. gesellschaftsrechtlichen RL.
6 Art. 3 Nr. 19, 28 HRefG.
7 Art. 11 Nr. 2 HRefG durch Anfügung eines Abs. 4, nunmehr Abs. 5, an § 7 PartGG.
8 G zur Erleichterung elektronischer Anmeldungen zum Vereinsregister und anderer vereinsrechtlicher Änderungen v. 24.9.2009, BGBl. I 3145.
9 Dazu z.B. *Karsten Schmidt* in Lutter (Hrsg.), Europ. AuslGesellschaften, S. 15 ff., 40 ff.; *Burgard* in Staub, 2009, § 37a HGB Rz. 31.

- die Firma (= Handelsname) samt der zwingend dazu gehörenden *Angabe der Rechtsform*,
- der Sitz (= Ort der Hauptniederlassung), im Ergebnis der Satzungssitz,
- das zuständige Registergericht einschließlich der Registernummer.

Bei Gesellschaften ohne haftende natürliche Person sind – zur Vermeidung der Anonymität – außerdem die *Namen* der Mitglieder der Geschäftsführung oder des Vorstands und – wenn vorhanden – des Vorsitzenden des Aufsichtsrats anzugeben; nähere Angaben zu den Kapitalverhältnissen sind dagegen fakultativ.

Ebenso ist vorgegeben, auf welchen *Verlautbarungen* des Unternehmens (oder der Zweigstelle) diese Angaben zu erfolgen haben: auf allen an einen bestimmten Empfänger gerichteten Schreiben, insbesondere auch auf Bestellscheinen. Rundschreiben etc. innerhalb einer bestehenden Geschäftsbeziehung sowie an die Allgemeinheit gerichtete Texte sind ausgenommen.

Deshalb ist eine englische **Limited** bereits nach ihrem Heimat-/Gründungsrecht verpflichtet, auf den Geschäftsbriefen ihre Rechtsform, das maßgebliche Handelsregister und die dahinterstehenden Personen offenzulegen – eine Verpflichtung, die bei der erwähnten Rechtsprechung des EuGH zur Auslandsgesellschaft (Rz. 108) von maßgeblicher Bedeutung war. Die Sanktion für Verstöße bestimmt sich nach dem Recht des jeweiligen Gründungsstaats, also nach englischem Recht. Außerdem gilt für deren *Niederlassung in Deutschland* die entsprechende Publizitätsverpflichtung aus § 37a i.V.m. § 13d Abs. 1, 2 HGB. Dagegen ist die rechtsformgebundene Norm des § 35a Abs. 4 GmbHG auf eine Ltd. nicht anwendbar. 67

Die *kaufmännischen* Unternehmensträger (§ 22 Rz. 42 ff.) einschließlich ihrer Niederlassungen sowie die Partnerschaftsgesellschaften unterliegen **nur** dem *Registerzwang* (§§ 37 Abs. 3, 14 S. 2 HGB, §§ 374 ff. FamFG) dergestalt, dass das Registergericht zur Durchsetzung der vorschriftsgemäßen „Geschäftsbrief-Publizität" – nach Androhung – **Zwangsgeld** bis zu 5000 Euro im Einzelfall festsetzen kann (§ 22 Rz. 39). Ein Antrag an das Registergericht ist nicht erforderlich; dieses kann von Amts wegen einschreiten. 68

Jede Zwangsgeldfestsetzung hat zugleich eine erneute Androhung eines weiteren Zwangsgelds zu enthalten, bis die gesetzliche Verpflichtung erfüllt ist, wenn nicht ein Einspruchsverfahren (§ 389 FamFG) Erfolg hat. Die Verhängung einer Geldbuße kommt dagegen *nicht* in Betracht. Rechtstatsächlich muss allerdings ein mangelhafter Geschäftsbrief dem Registergericht irgendwie zur Kenntnis gebracht werden. Ein eingespieltes „System" zur Kontrolle der Geschäftsbriefe ist indes bisher nicht vorhanden; ob die behördlichen Mitteilungspflichten gem. § 379 i.V.m. § 388 FamFG hier etwas bewirken können, bleibt abzuwarten.

In strafrechtlichen **Ermittlungsverfahren** hat sich indes angesichts der Vielzahl mangelhafter Geschäftsbriefe gezeigt, dass das Zwangsgeldverfahren regelmäßig zu spät kommt, um der Betätigung krimineller Unternehmensträger entgegenzuwirken. Das Fehlen der vorgeschriebenen Mindest-Angaben auf den Geschäftsbriefen ist vielfach bereits ein Hinweis darauf, es mit einem „schwarzen Schaf" zu tun zu haben (zur Wettbewerbswidrigkeit solcher Unterlassungen vgl. Rz. 69). 68a

Soweit der frühere **§ 15b GewO** auch die *nicht-kaufmännischen Gewerbetreibenden* (§ 22 Rz. 67 ff.) verpflichtet hatte, auf allen Geschäftsbriefen ihren Namen samt Vornamen anzugeben, ist diese – erst durch das HRefG aktualisierte, aber in der Praxis kaum durchgesetzte – Bestimmung ebenfalls 2009 (vgl. Rz. 64) zwecks Entbürokratisierung gestrichen worden. Damit ist auch der *Bußgeldtatbestand* des § 146 Abs. 2 Nr. 3 GewO a.F. 68b *entfallen.* Indes ist auch diese „Lücke" alsbald durch den neuen Bußgeldtatbestand bzgl. der notwendigen Angaben auf Automaten (Rz. 64a) ersetzt worden.

3. Angaben bei Werbung und Vertrieb

69 **a)** Die europäische *Richtlinie über unlautere Geschäftspraktiken* war Anlass, in das erst 2004 rundum erneuerte UWG in Ergänzung des Verbots der irreführenden Werbung Ende 2008 (Rz. 3; § 60 Rz. 7 ff.) einen neuen **§ 5a UWG** einzufügen, der in Abs. 3 **Mindestinformationen** über Waren und Dienstleistungen vorschreibt. Dazu gehört nach Nr. 2 *„die Identität und Anschrift des Unternehmers"* – eine Vorschrift, die sich mit den inzwischen aufgehobenen §§ 15a, 15b GewO überschneidet[1]. Zur Identität des Unternehmers gehört auch der *Rechtsformzusatz* als Bestandteil der Firma i.S. von § 17 HGB; selbst ein Einzelkaufmann muss den Zusatz „e.K." etwa bei Werbemaßnahmen hinzufügen. Ein Verstoß dagegen ist (bis jetzt) zwar keine Ordnungswidrigkeit (vgl. § 20 UWG; näher § 60 Rz. 7b), aber eine Wettbewerbswidrigkeit, gegen die mittels Unterlassungsklage vorgegangen werden kann[2].

Auch andere Verbraucherschutzgesetze, etwa bezüglich des Fernabsatzes, kennen seit geraumer Zeit die Verpflichtung des Unternehmers zur Offenlegung seiner Identität. Das Umsetzungsgesetz zur zusammenfassenden *Verbraucherrechte-Richtlinie*, das ab 13.6.2014 gilt, hat die entsprechenden Bestimmungen im BGB (§ 312 ff.) und im EGBGB (Art. 246–247) geändert. Pflichtverstöße sind aktuell jedoch nicht als Bußgeld-Tatbestände ausgestaltet.

69a **b)** Anders verhält es sich im Anwendungsbereich der *Europäischen Dienstleistungs-Richtlinie* vom 12.12.2006[3], die für den Bereich der Dienstleistungen die Niederlassungsfreiheit sicherstellen will. Auch hier werden bei Werbung und Vertrieb – neben verschiedenen weiteren Informationen – Angaben zur *Identität des Unternehmers* – einschließlich Rechtsform des Unternehmensträgers – verlangt. Im Rahmen des **Dienstleistungs-Richtlinien-Umsetzungsgesetzes**[4] hat sich der Gesetzgeber nicht auf zivilrechtliche Sanktionen beschränkt, sondern auch neue Bußgeldtatbestände eingeführt. In einem *neuen § 6c GewO* wurde eine *Ermächtigungsgrundlage* für den Erlass einer Rechtsverordnung über Informationspflichten geschaffen[5]. Zugleich wurde als Blankettnorm ein *neuer Bußgeldtatbestand* zur Ahndung von Verstößen gegen diese Verordnung normiert (**§ 146 Abs. 2 Nr. 1 GewO**). Der Geltungsbereich des § 6c GewO deckt sich nicht mit dem der GewO, sondern bestimmt sich nach der Richtlinie (§ 6 Abs. 1a GewO).

---

1 Näher z.B. *Peifer* in Fezer, § 5a UWG Rz. 49; *Sosnitza* in Ohly/Sosnitza, 6. Aufl. 2014, § 5a UWG Rz. 37 f.; *Alexander, C.* in MüKo, 2. Aufl. 2014, § 5a UWG Rz. 244 ff.
2 BGH v. 18.4.2013 – I ZR 180/12, DB 2013, 2327.
3 RL 2006/123/EG des Europ. Parl. und des Rates über Dienstleistungen im Binnenmarkt, ABl. EU Nr. L 376 v. 27.12.2006, 36; *Schlachter/Ohler* (Hrsg.), Europ. Dienstleistungs-RL, Handkomm., 2008.
4 G zur Umsetzung der DienstleistungsRL im GewerbeR und in weiteren Rechtsvorschriften v. 17.7.2009, BGBl. I 2091.
5 Näher dazu *Stenger* in Landmann/Rohmer I, § 6c GewO Rz. 10 ff.; *Ennuschat* in Tettinger/Wank/Ennuschat, § 6c GewO Rz. 1 ff.

Auf Grundlage dieser Ermächtigung ist die „Verordnung über Informationspflichten für Dienstleistungserbringer (**Dienstleistungs-Informationspflichten-Verordnung** – DL-InfoV)"[1] erlassen worden, die am 18.5.2010 in Kraft getreten ist (§ 7 DL-InfoV). *§ 6 DL-InfoV* enthält unter Bezugnahme auf § 146 Abs. 2 Nr. 1 GewO *drei konkrete Bußgeldtatbestände*.

69b

Danach handelt u.a. **ordnungswidrig**, wer die in der DL-InfoV näher bestimmten Informationen – vorsätzlich oder fahrlässig – „nicht, nicht richtig, nicht vollständig, nicht in der vorgeschriebenen Weise oder nicht rechtzeitig zur Verfügung stellt" (Nr. 1). Der Höchstbetrag dieser Geldbuße beläuft sich auf 1000 Euro (§ 146 Abs. 3 GewO). Bußgeldbehörde (§ 36 OWiG) sind die nach Landesrecht bestimmten *Gewerbeaufsichts-Behörden* (§ 155 GewO).

Zu den „stets zur Verfügung zu stellenden Informationen" gehören für alle Dienstleistungserbringer u.a. folgende **Angaben** (§ 2 Abs. 1 DL-InfoV), die sich bisher schon weithin auf den geschäftlichen Briefbögen finden:

69c

- Vor- und Familiennamen des Einzelunternehmers oder
- bei rechtsfähigen Personengesellschaften und juristischen Personen die „Firma unter Angabe der Rechtsform" (Nr. 1),
- die Anschrift der Niederlassung oder andere Adressen der Telekommunikation (Nr. 2),
- ggf. Registergericht und Nummer der Eintragung im Handels-, Partnerschafts-, Genossenschafts- und Vereins-(!)Register (Nr. 3),

Dazu kommen ggf. die Genehmigungsbehörde (Nr. 4), die Umsatzsteuer-Identifikationsnummer (Nr. 5) und die gesetzliche Berufsbezeichnung einschließlich Kammer- oder Verbandszugehörigkeit (Nr. 6). Darüber hinaus erstrecken sich diese Informationspflichten auf weitere Merkmale der angebotenen Dienstleistungen – von Allgemeinen Geschäftsbedingungen bis zur Berufshaftpflichtversicherung (Nr. 7–11) – und auf Anfrage auf weitere Informationen einschließlich des Preises (§§ 3, 4 DL-InfoV).

Adressat dieser Verpflichtungen sind alle, die *Dienstleistungen* i.S. von Art. 57 AEUV (früher Art. 50 EGV) gegen Entgelt innerhalb der EU *erbringen*. Art. 2 der Richtlinie enthält jedoch – auch im Hinblick auf anderweite europäische Regelungen – einen langen Ausnahmenkatalog, von Finanzdienstleistungen über Verkehrsdienstleistungen und näher bezeichnete Gesundheits- und Erziehungsdienstleistungen bis zur Veranstaltung von Glückspielen und der Tätigkeit von Notaren und Gerichtsvollziehern. Unternehmensträger, die *Waren* produzieren – also der gesamte Bereich der Industrie oder der Landwirtschaft –, werden also davon nicht erfasst (oder nur, soweit sie „nebenbei" auch Dienstleistungen erbringen). – Ob und inwieweit diese Vorschriften mehr Wirksamkeit entfalten als die früheren §§ 15a, 15b GewO, muss sich erst erweisen.

69d

Ebenfalls auf europäischen Vorgaben beruht das **Telemediengesetz** (TMG)[2], das für Anbieter solcher elektronischer Dienste die Pflicht zu entsprechenden Informationen begründet (§ 5 TMG), die im Falle kommerzieller Kommunikation noch erweitert ist (§ 6 TMG). § 16 Abs. 1, 2 TMG enthält sechs *Bußgeld-*

69e

---

1 DL-InfoV v. 12.3.2010, BGBl. I 267.
2 G v. 26.2.2007, BGBl. I, 179, geänd. durch G v. 31.5.2010, BGBl. I 692.

tatbestände. Täter kann nur der Diensteanbieter sein. Der Höchstbetrag des Bußgelds beträgt 50 000 Euro. Die allgemeinen Verwaltungsbehörden sollen die Funktion der Bußgeldbehörde ausüben.

III. Gesellschaftsrechtliche Zuwiderhandlungstatbestände

70 Für die **natürliche Person** als alleinigen Unternehmensträger gibt es *keine speziellen Straf- oder Bußgeldbestimmungen*, die auf anders verfasste Unternehmensträger nicht anwendbar wären. Die Frage der Verantwortlichkeit bereitet hier keine Schwierigkeiten; inwieweit statt des „Inhabers" von ihm beauftragte Leitungspersonen belangt werden können, bestimmt § 14 Abs. 2 StGB bzw. § 9 Abs. 2 OWiG (vgl. § 30 Rz. 74 ff.).

Nur organisierte Personenmehrheiten kommen als gesonderter Anknüpfungspunkt von Zuwiderhandlungsnormen in Betracht. Historisch sind es die **Juristischen Personen** mit Geschäftsbetrieb gewesen, die schon früh Anlass zur Normierung von rechtsform-spezifischen Tatbeständen gegeben haben; sie stehen hier im Vordergrund (Rz. 71 ff.). Bei den *Personengesellschaften* (Rz. 94) sind nur für ganz wenige und besondere Konstellationen Straftatbestände vorgesehen. Auch bei der *Umwandlung* (Rz. 99) gibt es derartige Normen.

70a *Keine* speziellen Sanktionsvorschriften gibt es für den **Konzern** als solchen, der „nur" ein wirtschaftlicher Verbund rechtlich selbständiger Unternehmensträger ist (vgl. §§ 15, 18 AktG; Rz. 22). Maßgebend ist vielmehr, in welcher Rechtsform die *einzelnen Konzernunternehmen* – einschließlich der Konzernspitze – organisiert sind. Eine andere Frage ist es, ob und unter welchen Voraussetzungen Rechtsverletzungen, die aus einem einzelnen Konzernunternehmen begangen worden sind, auch dem herrschenden Unternehmensträger zugerechnet werden können. Dies spielt nicht nur im europäischen Kartellrecht eine Rolle (s. § 57 Rz. 76), sondern auch im Rahmen der Verbandsgeldbuße und der Aufsichtspflichtverletzung (s. Rz. 36 ff.; § 30 Rz. 125 ff.).[1]

1. Juristische Personen

71 Da sich juristische Personen und darunter besonders die Kapitalgesellschaften mit der Möglichkeit der **Beschränkung der Haftung** auf ihr Vermögen für Missbräuche weit mehr eignen als Personengesellschaften mit persönlich haftenden Gesellschaftern, hat der deutsche Gesetzgeber seit Langem spezielle Straftatbestände geschaffen, um solchem Missbrauch zu begegnen. Solche Sanktionsnormen wurden nicht für alle „Juristischen Personen" gleichermaßen erlassen, sondern zunächst nur für die einzelne Rechtsform im *jeweiligen Spezialgesetz*, also im AktG, GenG und GmbHG. Der Vorteil der auf die Einlage bzw. auf das Gesellschaftsvermögen beschränkten Haftung hat *als Ausgleich* an anderer Stelle vermehrte Pflichten, deren Verletzung mit *strafrechtlichen Sanktionen* belegt ist („Haft statt Haftung").

---

1 Vgl. *Rogall* in KK, § 30 OWiG Rz. 87; näher z.B. *Vogt*, Die Verbandsgeldbuße gegen die herrschende Konzerngesellschaft, 2009; *Tschierschke*, Die Sanktionierung des Unternehmensverbundes, 2013.

Das MoMiG (Rz. 3a) hat die rechtsdogmatische Sammelbezeichnung „*Juristische Person*" erstmals zum Tatbestandsmerkmal einer Sanktionsnorm erhoben: Wegen **Insolvenzverschleppung** machen sich nach § 15a InsO die verantwortlichen Vertreter einer „juristischen Person" strafbar, wenn sie nach Eintritt von Zahlungsunfähigkeit oder Überschuldung nicht kurzfristig Insolvenz anmelden (näher § 80 Rz. 1 ff.; vgl. auch unten Rz. 91a). Die bisherigen – gleichartigen – Spezialtatbestände u.a. in § 84 Abs. 1 Nr. 2 GmbHG, § 401 Abs. 1 Nr. 2 AktG und § 148 Abs. 1 Nr. 2 GenG wurden aufgehoben, weil die Lockerung des Rechtsformzwangs durch die Rechtsprechung zur europäischen Niederlassungsfreiheit (Rz. 108) Lücken auch hinsichtlich der Strafbarkeit hervorgerufen hatte.

72

Nach der erklärten Absicht des Gesetzgebers sollen dadurch auch die Leitungspersonen **ausländischer juristischer Personen** (insbesondere der „Limited", Rz. 111) zur rechtzeitigen Insolvenzanmeldung verpflichtet und ggf. bestraft werden. Hinsichtlich der gesetzlichen Pflicht zur Insolvenzanmeldung ist die bisherige Anknüpfung an eine konkrete Gesellschaftsform durch eine umfassendere *insolvenzrechtliche Anknüpfung* abgelöst worden (Rz. 127), um auch die Verantwortlichen der ausländischen Unternehmensträger, die die Merkmale einer juristischen Person aufweisen und von der europäischen Niederlassungsfreiheit profitieren, strafrechtlich zur Verantwortung ziehen zu können. Ob diese Neuregelung als Vorbild wirkt für die Ablösung weiterer Spezialstraftatbestände in den Gesellschaftsgesetzen durch allgemeiner gefasste Tatbestände, muss abgewartet werden.

72a

Allerdings hat der Reformgesetzgeber seine neue Konzeption für die neu geregelte Konstellation der „**Führungslosigkeit**" (§ 15a Abs. 3 InsO) selbst *nicht durchgehalten* (dazu auch Rz. 129): Nur drei deutsche Gesellschaftsformen werden von der dort angeordneten Erweiterung des Täterkreises erfasst, nämlich *GmbH*, *AG* und *Genossenschaft*.

a) Gesellschaften mit beschränkter Haftung

aa) In der Praxis haben die wenigen, wiederholt geänderten Strafvorschriften im **GmbH-Gesetz** zahlenmäßig die bei weitem größte Rolle gespielt[1]. Das MoMiG (näher Rz. 126 ff.) hat nicht nur den am häufigsten angewandten Tatbestand der *Insolvenzverschleppung* aus dem GmbHG in die InsO verlagert (Rz. 72), also einen Abbau von GmbH-Strafrecht bewirkt, sondern auch im GmbHG verbliebene Strafnormen dahin erweitert, dass sie auch für vergleichbare ausländische Unternehmensformen gelten, so bei der sog. Eignungstäuschung.

73

Folgende **Straftatbestände des GmbHG** richten sich primär gegen die Geschäftsführer, teilweise auch gegen Gesellschafter, sowie ggf. gegen Aufsichtsräte und Liquidatoren:

74

---

1 Zur Verbreitung der GmbH (und den anderen Unternehmensträgerformen) *Kornblum*, GmbHR 2014, 694 ff.; *Kornblum*, GmbHR 2013, 693 ff.; *Kornblum*, GmbHR 2012, 728 ff.; zu den Gesellschafterstrukturen bei der GmbH aufschlussreich *Bayer/Hoffmann*, GmbHR 2014, 12.

- falsche Angaben bzgl. der Bildung oder Veränderung des Stammkapitals (§ 82 Abs. 1 Nr. 1, 2, 3 und 4, Abs. 2 Nr. 1 GmbHG); sog. *Gründungsschwindel* (dazu § 27 Rz. 17 ff.,136 ff.; § 50 Rz. 13 ff., 68 ff.);
- unrichtige Darstellung in Bilanzen, Lageberichten und anderen öffentlichen Mitteilungen über die Vermögenslage sowie bestimmte falsche Informationen an die Abschlussprüfer (§ 82 Abs. 2 Nr. 2 GmbHG, soweit nicht die vorrangige Strafnorm des *§ 331 HGB* (Rz. 75) eingreift; vereinfacht: *Bilanzschwindel*; näher § 26 Rz. 186 f., § 40 Rz. 50 ff.);
- falsche Versicherung an Eides statt über das Nichtbestehen eines „Berufsverbots" für den/die Geschäftsführer (§ 82 Abs. 1 Nr. 5 i.V.m. §§ 8 Abs. 3, 6 Abs. 2 bzw. §§ 39 Abs. 3 und 67 Abs. 3 GmbHG); sog. *Eignungstäuschung* (vgl. § 16 Rz. 119; § 24 Rz. 37, 42; § 76 Rz. 64 ff.);
- unterlassene *Kapitalschwundanzeige* (§ 84 Abs. 1, 2 GmbHG; zuvor Abs. 1 Nr. 1; dazu § 40 Rz. 80);
- *Geheimnisbruch* (§ 85 GmbHG; dazu § 33 Rz. 99 ff.).

74a Der Tatbestand der **Eignungstäuschung** ist ähnlich wie ein Delikt gegen die Rechtspflege ausgestaltet: Die Unrichtigkeit bestimmter Angaben, die die Gesellschafter oder Geschäftsführer dem Notar zur Weiterleitung an das Handelsregister zu machen haben, ist in gleichartiger Weise mit Strafe bedroht wie die Abgabe einer *falschen Versicherung* an Eides statt vor einer „zuständigen Behörde" (§ 156 StGB)[1]. Dieser Tatbestand ist durch das MoMiG auf die „Geschäftsleiter einer *ausländischen* juristischen Person" erweitert worden; zugleich ist auch der über § 8 GmbHG in Bezug genommene, stark erweiterte § 6 Abs. 2 GmbHG auf ausländische Verurteilungen erstreckt worden (vgl. Rz. 130).

75 Dazu kommen die **Zuwiderhandlungs-Tatbestände**, die das **HGB** für *alle* – in der Überschrift vor § 264 HGB aufgezählten – „*Kapitalgesellschaften*" zur Durchsetzung der Bestimmungen über das Rechnungswesen vorsieht. Dies ist einmal der *Straftatbestand* des **§ 331** HGB (§ 26 Rz. 186, § 40 Rz. 54 ff.), darunter der neu eingeführte „Bilanzeid"[2] (§ 40 Rz. 68).

Zum anderen besteht ein mehrere Nummern umfassender Katalog von *Ordnungswidrigkeiten* (**§ 334** HGB). So ist die Verletzung der in § 243 Abs. 1 und 2 HGB niedergelegten Verpflichtung, dass der Jahresabschluss nach den Grundsätzen ordnungsgemäßer Buchführung aufzustellen ist und klar und übersichtlich sein muss – eine Verpflichtung, die (fast) alle Kaufleute trifft –, für die GmbH mit *Bußgeld* (bis 50 000 Euro) bedroht (§ 334 Abs. 1 Nr. 1 Buchst. a Fall 1 HGB; vgl. § 40 Rz. 75). Bußgeldbehörde ist das Bundesamt für Justiz (Abs. 4).

Daneben bestehen noch – wie im PublG (§ 41 Rz. 3) – zwei weitere Straftatbestände, die sich (nur) an die *Abschlussprüfer* und deren Gehilfen richten: *§ 332 HGB*: Verletzung der Berichtspflichten (vgl. § 40 Rz. 71 ff., § 94 Rz. 8 ff.) und *§ 333 HGB*: Geheimnisbruch (vgl. § 33 Rz. 99; § 94 Rz. 5 ff.).

---

1 Näher dazu *Weiß*, Die Versicherung des GmbH-Geschäftsführers ..., GmbHR 2013, 1076.
2 § 331 Nr. 3a HGB i.d.F. des TransparenzRL-UmsetzungsG v. 5.1.2007, BGBl. I 10; dazu z.B. *Hefendehl* in FS Tiedemann, 2008, S. 1065 ff.

bb) Die für die GmbH geltenden Zuwiderhandlungsnormen gelten grundsätzlich in gleicher Weise auch für deren Variante „**Unternehmergesellschaft (haftungsbeschränkt)**"[1] – im Folgenden (da außerhalb des Rechtsverkehrs) entgegen § 5a Abs. 1 GmbHG nur als „UG" bezeichnet (vgl. Rz. 3a). Die – zur Abwehr der Ltd. geschaffene – UG ist nach ihrer gesetzlichen Konzeption keine eigenständige Gesellschaftsform, sondern nur eine „*besondere GmbH*" mit gewissen Erleichterungen bei der Aufbringung des Stammkapitals (§ 27 Rz. 32, 136, § 50 Rz. 68 ff.). Sie ist „Kapitalgesellschaft" i.S. von § 264 HGB und „juristische Person" i.S. von § 15a InsO. Allein der Straftatbestand der *unterlassenen Kapitalschwundanzeige* (§ 84 GmbH) passt nicht für die UG, weshalb dieser dahin modifiziert worden ist, dass er nur die „normale" GmbH mit einem Stammkapital von mindestens 25 000 Euro erfasst (§ 80 Rz. 13). Doch auch einige an sich geltende Tatbestände werden tatsächlich „leerlaufen", etwa Falschangaben über das Gründungskapital mangels Anreiz zu falschen Angaben; hinzu kommt, dass Sacheinlagen gesetzlich ausgeschlossen sind. Innerhalb von fünf Jahren sind fast 100 000 UG gegründet worden[2], während seither die Zahl der Ltd. ständig abnimmt (Rz. 111).

Nicht zu diesem Kreis von Gesellschaften gehört die im Sommer 2013 neu eingeführte[3] „*Partnerschaftsgesellschaft mit beschränkter Berufshaftung*", abgekürzt **PartG mbB**. Dabei handelt es sich trotz der Haftungsbeschränkung auf näher bestimmte Versicherungssummen nach wie vor um eine *Personengesellschaft* (Rz. 94 f.), für die kein gesetzliches Mindestkapital vorgesehen ist. Die Haftungsbeschränkung gilt auch nicht umfassend für alle Haftungsfälle, sondern nur für solche aus fehlerhafter Berufsausübung (Rz. 94a).

cc) Die (schon lange diskutierte) Idee einer zusätzlichen (neben der SE) – der GmbH entsprechenden – „**Europäischen Privatgesellschaft**" (*societas privata europaea* – *SPE*) hatte sich 2008 zu einem Verordnungsvorschlag der Kommission verdichtet[4], der vom Europäischen Parlament im März 2009 unter erheblichen Modifikationen gebilligt worden war[5]. Darin ist die Schaffung entsprechender Sanktionsnormen, die wirksam, verhältnismäßig und abschreckend sein müssen (§ 6 Rz. 93), den Mitgliedstaaten vorbehalten (Art. 44 des Kommissionsvorschlags). Allerdings ist der Verschlag – der wegen seiner Rechtsgrundlage (subsidiäre Generalermächtigung – Art. 352 AEUV; vgl. § 6 Rz. 44) der Einstimmigkeit bedarf – im Rat trotz zahlreicher Kompromissvorschläge 2011 nicht zuletzt am deutschen Widerstand vorerst endgültig gescheitert, insbeson-

---

1 Allg. Ansicht; vgl. nur *Tiedemann* in Scholz, § 82 GmbHG Rz. 1; *Kleindiek* in Lutter/Hommelhoff, § 82 GmbHG Rz. 1.
2 *Bayer/Hoffmann*, GmbHR 2013, R 358; vgl. auch *Kornblum*, GmbHR 2014, 694 (695, 703); *Miras*, NZG 2012, 486 ff., der eine hohe „Frühsterblichkeit" sieht; dazu *Bayer/Hoffmann*, NZG 2013, 887 ff.
3 G zur Einführung einer Partnerschaftsgesellschaft mit beschränkter Berufshaftung und zur Änderung des Berufsrechts der Rechtsanwälte, Patentanwälte, Steuerberater und Wirtschaftsprüfer v. 15.7.2013, BGBl. I 2386; gem. Art. 8 in Kraft seit 19.7.2013; w.Nw. Rz. 94a.
4 V. 25.6.2008, KOM(2008) 396; vgl. z.B. *Habighorst* in MüHdb. GesR III, 4. Aufl. 2012, § 76; *Hirte/Teichmann*, SPE, 3. Aufl. 2012.
5 Zur Ausgestaltung vgl. Voraufl. § 23 Rz. 77; näher z.B. *Teichmann/Limmer*, GmbHR 2009, 537; *Hommelhoff/Teichmann*, GmbHR 2010, 337.

dere auch an der Frage der Mitbestimmung[1]. – Allerdings sieht der aktuelle Koalitionsvertrag vor, die Realisierung des Vorhabens zu unterstützen[2]. Noch aber ist derzeit unklar, ob und wann dieser Vorschlag realisiert wird. Die „angedrohte" Alternative (Rz. 77a) sollte zur Folge haben, die bisherigen Bedenken zu überwinden.

77a Als Ersatz für die gescheiterte SPE hat die Kommission im April 2014 einen weit radikaleren Vorschlag zur Einführung einer *Europäischen Einpersonengesellschaft* mit dem lateinischen Namen **„Societas Unius Personae"**, (abgekürzt: **SUP**) vorgelegt[3]. Anstelle einer Verordnung nach Art. 352 AEUV wird eine *Richtlinie* zur Durchsetzung der Niederlassungsfreiheit (Art. 50 Abs. 2 Buchst. f AEUV) vorgeschlagen, für die nur eine qualifizierte oder gar einfache Mehrheit erforderlich ist. Ein Mindestkapital ist ebenso wenig vorgesehen wie eine notarielle Beurkundung; vielmehr soll die Gründung über ein europaweit zugängliches Internetportal innerhalb von drei Tagen erfolgen. Die Deregulierung geht noch deutlich über diejenige hinaus, zu sich der MoMiG-Gesetzgeber entschlossen hat. Dass sich diese Rechtsform nicht nur zur Vermeidung der Mitbestimmung gut verwenden lässt, sondern auch zu kriminellen Aktionen aller Art, liegt auf der Hand. Ob und wann dieser Kommissionsvorschlag Realität wird, ist allerdings nicht absehbar.

b) Aktiengesellschaften

78 **aa)** Die Unternehmens(träger)form mit den meisten Straf- und Bußgeldnormen ist die (deutsche) **Aktiengesellschaft**; sie sind durch das ARUG geringfügig geändert worden[4]. Während die in *§§ 331–334 HGB* für die Kapitalgesellschaften vorgesehenen Straf- und Bußgeldnormen für die AG ebenso gelten wie für die GmbH (Rz. 75), geht der Katalog der Zuwiderhandlungen im AktG über die Bestimmungen im GmbHG hinaus. Da die Rechtsform der AG nach deutscher Tradition auf große Unternehmen zugeschnitten ist, sind – ungeachtet der punktuellen Deregulierung für „kleine Aktiengesellschaften" in den 90er Jahren – im Vergleich zur GmbH viel weniger, dafür aber meist namhafte Unternehmen(sträger) als AG organisiert, von denen nur ein geringer Teil an der Börse notiert ist[5]. Deshalb kommen diese Strafvorschriften zwar relativ selten, dann aber meist in spektakulärer Weise zur Anwendung.

---

1 Dazu *Ulrich*, GmbHR 2011, R 241; vgl. auch *Schumacher/Stadtmüller*, Quo vadis, SPE?, GmbHR 2012, 682.
2 Vgl. *Noack*, GmbHR 2014, R 17; *Hommelhoff/Teichmann*, Die Wiederbelebung der SPE, GmbHR 2014, 177 ff.
3 Vorschlag für eine RL des Europ. Parl. und des Rates über Gesellschaften mit beschränkter Haftung mit einem einzigen Gesellschafter v. 9.4.2014, KOM(2014) 212 final; vgl. dazu *Schmidt, J.*, GmbHR 2014, R 129 f.; *Drygala*, EuZW 2014, 491; *Hommelhoff*, GmbHR 2014, 1065 ff.; zuvor trug das Projekt den Namen „Single Member Company" (SMC); vgl. *Hommelhoff*, AG 2013, 211 ff.
4 G zur Umsetzung der AktionärsRL v. 30.7.2009, BGBl. I 2479.
5 *Kornblum*, GmbHR 2014, 694 (695) hat für 2013 einen Rückgang von 16 367 auf 16 005 AG ermittelt.

Die *Sonderform* der **Kommanditgesellschaft auf Aktien** (KGaA oder auch Kommanditaktiengesellschaft/KAG, §§ 278–290 AktG), die neben den Aktionären aus (mindestens) einem persönlich haftenden Gesellschafter besteht, der anstelle des Vorstands die Geschäftsführungsbefugnisse ausübt, ist – auch – strafrechtlich der AG gleichgestellt (§ 408 AktG) und deshalb Kapitalgesellschaft i.S. der §§ 264 ff. HGB. Hier wurde – anders als bei der KG – die persönliche Haftung einer natürlichen Person angesichts der typischerweise gegebenen Größe des Unternehmens nicht als ausreichend angesehen, um gesetzmäßiges Verhalten sicherzustellen. 79

Diese als „Übergangsform" zur Kapitalgesellschaft früher bedeutsame Rechtsform war in der Praxis ziemlich bedeutungslos geworden; nachdem jedoch der BGH[1] 1997 das früher überwiegend verfochtene Erfordernis, Komplementär könne nur eine natürliche Person sein, aufgegeben und die *„Kapitalgesellschaft & Co KGaA"* für zulässig erklärt hat, ist die Zahl der KGaA auf 287 (Anfang 2014) gestiegen[2].

Folgende **Strafbestimmungen** richten sich an die Gründungsgesellschafter bzw. Mitglieder des Vorstands und des Aufsichtsrats, ggf. auch an „Gründergehilfen" (§ 47 Abs. 3 AktG) oder Abwickler: 80

– falsche Angaben bezüglich Bildung, Stand und Veränderung des Grundkapitals (**§ 399** Abs. 1 Nr. 1–5, Abs. 2 AktG); *„Gründungsschwindel"* (§ 27 Rz. 34 ff., 163 ff.; § 50 Rz. 25 ff., 74 ff.);

– *Eignungstäuschung* bezüglich der Vorstandsmitglieder (**§ 399** Abs. 1 Nr. 6 i.V.m. §§ 76 Abs. 3, 37 Abs. 2, 81 Abs. 3, 266 Abs. 3 AktG; vgl. § 16 Rz. 119; § 24 Rz. 37, 42; § 76 Rz. 74 ff.);

– unrichtige Darstellung der Vermögenslage bei der Rechnungslegung (*Bilanzschwindel*; **§ 400** AktG, soweit nicht durch § 331 HGB erfasst; § 26 Rz. 188, § 27 Rz. 176 f., § 40 Rz. 82 ff.);

– unterlassene *Kapitalschwundanzeige* (**§ 401** Abs. 1 Nr. 1 i.V.m. Abs. 2 AktG; § 40 Rz. 85);

– Falschausstellung oder Verfälschung von Bescheinigungen über die Hinterlegung von Aktien oder Zwischenscheinen (und deren Gebrauch; **§ 402** AktG)[3] – ein spezielles, subsidiäres Urkundendelikt zum Schutz der Hauptversammlung mit geringer praktischer Bedeutung;

– *Geheimnisbruch* (**§ 404** Abs. 1 Nr. 1 i.V.m. Abs. 2, 3 AktG; § 33 Rz. 99 ff.).

Der Tatbestand der *Eignungstäuschung* ist durch das MoMiG in gleicher Weise auf *ausländische* Gesellschaften erstreckt worden wie bei der GmbH (Rz. 74 a.E.; Rz. 130), wobei der gleichermaßen erweiterte Straftaten-Katalog auch gleichartige Vor-Verurteilungen im Ausland erfasst. Der Sondertatbestand der *Insolvenzverschleppung* (bisher § 401 Abs. 1 Nr. 2 AktG) ist ebenfalls in § 15a InsO verlagert (Rz. 72).

Außerdem sind die **Abschlussprüfer** und ihre Gehilfen – wie bei der GmbH – einer speziellen Strafandrohung ausgesetzt für den Fall, dass sie ihre Berichts-

---
1 BGH v. 24.2.1997 – II ZB 11/96, BGHZ 134, 392 = NJW 1997, 1923 = AG 1997, 370.
2 *Kornblum*, GmbHR 2014, 694 (702).
3 Geänd. durch das UMAG v. 22.9.2005, BGBl. I 2802.

pflicht verletzen (§ 332 HGB, § 403 AktG,) oder ihre Geheimhaltungspflicht missachten (§ 333 HGB; § 404 Abs. 1 Nr. 2 AktG; vgl. § 94 Rz. 5 ff.).

81 Ergänzend zum einschlägigen § 334 HGB (Rz. 75) enthält **§ 405** AktG in mehreren Absätzen einen speziell aktienrechtlichen, 17 Positionen umfassenden „Katalog" von **Bußgeld-Tatbeständen**. Der angedrohte Höchstbetrag beläuft sich – nach wie vor – auf 25 000 Euro. Zum einen sollen die Organmitglieder zur Einhaltung bestimmter „aktien-technischer" Schutzvorschriften angehalten werden. Zum anderen sollen Aktionäre und sonstige Dritte abgehalten werden, das Abstimmungsverhalten auf der Hauptversammlung zu manipulieren, etwa durch *„Stimmenkauf"*. Die erst 2002 eingeführte[1] Bußgeldnorm des § 406 *AktG* – Verletzung der Meldepflicht bezüglich eigener Aktien an die BAFin – ist dagegen durch das ARUG (Rz. 78) wieder aufgehoben worden.

Eine umfangreiche *Bußgeldvorschrift* regelt zudem den **Erwerb von Aktien** (und entsprechenden Wertpapieren), insbesondere im Falle eines (öffentlichen) *Übernahmeangebots (§ 60 WpÜG)*. – Die Ausgabe von und der *Handel* mit Aktien und ähnlichen *Wertpapieren* ist Gegenstand umfangreicher Regelungen, insbesondere, wenn sie an einer Börse notiert sind; diese Normen werden vereinzelt durch Straftatbestände *(§ 38 WpHG)* und auf breiter Front durch zahlreiche Bußgeldtatbestände (insbesondere § 39 *WpHG*; auch § 42b WpHG) flankiert (vgl. auch § 68 Rz. 30 ff., 75 ff.).

82 **bb)** Nach jahrzehntelangen Bemühungen ist Ende 2004 das Statut der *„Europäischen Gesellschaft"* (**Societas Europaea/SE**) wirksam geworden[2] – nach der EWIV (Rz. 96) die zweite gemeinschaftsrechtliche Gesellschaftsform. Sie ist als zusätzliche Unternehmensform neben die Aktiengesellschaften nach dem Recht der Mitgliedstaaten getreten. Grundlage ist die subsidiäre Generalermächtigung (Art. 308 EGV bzw. Art. 352 AEUV; vgl. § 6 Rz. 44 f.). Nachdem einige namhafte Großunternehmen oder Konzernspitzen (wie Allianz, VW, Porsche, EON) vorangegangen sind, nimmt die Anwendung dieser Rechtsform ständig zu; Anfang 2014 waren 297 SE mit Sitz in Deutschland registriert[3].

82a Es handelt sich um eine *Aktiengesellschaft* mit einem Gründungskapital von mindestens 120 000 Euro. Dabei stehen den Gründern **zwei Organisationsmodelle** zur Wahl, das uns vertraute *„dualistische System"* mit Vorstand und Aufsichtsrat und das vor allem im anglo-amerikanischen Rechtskreis übliche *„monistische System"* mit nur einem einheitlichen Leitungs- und Kontrollorgan („board"). Voraussetzung für die Gründung ist (derzeit noch), dass entweder die gründenden Kapitalgesellschaften in verschiedenen Mitgliedstaaten der EU (bzw. EWR) ihren Sitz haben oder jedenfalls Tochtergesellschaften oder Zweigniederlassungen in einem zweiten Mitgliedstaat vorhanden sind. Subsidiär gilt das Recht des jeweiligen Mitgliedstaats am effektiven Verwaltungssitz der SE.

---

1 Durch das 4. FinanzmarktförderungsG v. 21.6.2002.
2 VO 2157/2001 (EG) des Rates v. 8.10.2001, ABl. EG Nr. L 294 v. 10.11.2001, 1.
3 *Kornblum*, GmbHR 2014, 694 (695, 703); die (nicht amtliche) SE-Statistik von www.libertas-institut.com nennt zum 14.5.2014 europaweit 1524 Gründungen (und 73 Auflösungen); vgl. auch *Schuberth/von der Höh*, 10 Jahre „deutsche" SE – Eine Bestandsaufnahme, AG 2014, 439 ff.

Die unmittelbar geltende SE-Verordnung wird ergänzt durch die EG-Richtlinie 2001/86 hinsichtlich der **Beteiligung der Arbeitnehmer**, mit der das langjährige Haupthindernis für die SE, die deutsche *Mitbestimmung*, durch eine Kompromisslösung überwunden wurde. Das im Verhältnis zum MitbestG 1976 flexiblere Mitbestimmungsregime macht die SE für deutsche Unternehmensträger durchaus interessant. Letzteres lässt sich nicht einfach als „Flucht aus der paritätischen Mitbestimmung" einstufen; vielmehr läuft eine solche für das konkrete Unternehmen maßgeschneiderte Mitbestimmung zugleich auf einen „Export" des deutschen Konzepts der Einbindung der Arbeitnehmer in die Unternehmensführung hinaus.

82b

Um eine solche SE in der Rechtswirklichkeit gründen zu können, war es erforderlich, die EG-Verordnung durch ein *Ausführungsgesetz* zu ergänzen; zudem war die Mitbestimmungs-Richtlinie (Rz. 82b) gesetzlich umzusetzen. Dies ist in Deutschland geschehen durch das **Gesetz zur Einführung der Europäischen Gesellschaft (SEEG)** vom 22.12.2004[1]. Dieses Artikelgesetz enthält – neben einigen ergänzenden Änderungen anderer Gesetze – zwei Gesetze:

83

– das *SE-Ausführungsgesetz (SEAG)* zur Ausführung der genannten Verordnung (Rz. 82) und

– das *SE-Beteiligungsgesetz (SEBG)* zur Umsetzung der ergänzenden Richtlinie (Rz. 82b).

Beide Gesetze enthalten *Straf- und Bußgeldbestimmungen*[2], für deren praktische Anwendung bisher – soweit ersichtlich – noch kein Anlass bestand.

§ 53 Abs. 1 SEAG erklärt die **Straf- und Bußgeldbestimmungen** des AktG und des HGB über den Gründungschwindel und den Bilanzschwindel – unter Einbeziehung des monistischen Systems – für entsprechend anwendbar. Abs. 2 erstreckt die Strafvorschriften des AktG betreffend die Eignungstäuschung bezüglich der Leitungspersonen auf die SE mit dualistischem System, ebenso bezüglich der Unterlassung der Kapitalschwundanzeige. Die Abs. 3 und 4 schließen aus Gründen der Tatbestandsbestimmtheit für die monistische SE Strafbarkeitslücken durch eigenständige Strafnormen – Freiheitsstrafe bis zu drei Jahren. Insoweit ist auch die Zuständigkeit der Wirtschaftsstrafkammer (§ 1 Rz. 92) erweitert worden. Die Insolvenzverschleppung wird unmittelbar durch § 15a InsO erfasst (Rz. 71).

84

Die **Strafvorschrift** des § 45 SEBG greift die Strafbestimmungen des BetrVG zum Schutz der Arbeitnehmervertretung und ihrer Unabhängigkeit sowie zum Schutz der Geschäftsgeheimnisse auf (vgl. unten § 35), allerdings nicht in Gestalt einer Verweisung, sondern als eigenständige Tatbestände. Problematisch ist im Hinblick auf seine Bestimmtheit der Tatbestand der „missbräuchlichen Verkürzung" der unternehmerischen Mitbestimmung[3]. Auch hier handelt es

85

---

1 BGBl. I 3675, in Kraft getreten am 29.12.2004 (Art. 9 SEEG).
2 Näher *Schlösser*, Europ. AG und dt. StrafR, NZG 2008, 126; *Schröder* in Manz/Mayer/Schröder, Europ. AG, 2. Aufl. 2010, Art. 9 SE-VO Rz. 105 ff.; *Kleinmann/Kujath* in Manz/Mayer/Schröder, §§ 45 f. SEBG.
3 Näher, insbes. zur Grundlage in der RL, *Rehberg*, ZGR 2005, 859 (889).

sich um Antragsdelikte. § 46 SEBG bedroht – ähnlich wie § 121 BetrVG – die Verletzung von Informationspflichten mit *Bußgeld* bis zu 20 000 Euro.

c) Genossenschaften

86 **aa)** Die die **eingetragene Genossenschaft** (eG) betreffenden Strafbestimmungen, die vor geraumer Zeit „entrümpelt" wurden[1], sind weniger zahlreich (§§ 147–152 GenG), da das „Haftungskapital" und das Prüfungswesen eine spezifische Ausgestaltung erfahren haben. Dass diesen Strafvorschriften nicht nur eine rein präventive Funktion zukommt, haben die Vorgänge um manche der (zahlreichen) Genossenschaftsbanken gezeigt. Insgesamt spielen die Genossenschaften aber bei der Strafverfolgung eine geringe Rolle. In ihrer grundsätzlichen Zielrichtung entsprechen die Tatbestände denen des AktG, haben aber wegen der besonderen Organisationsstrukturen der eG eine spezielle Ausformung erhalten[2]. Die §§ 331–334 HGB gelten hier nicht, da die Genossenschaft keine Kapitalgesellschaft ist (vgl. §§ 336–339 HGB). Auch hier ist der frühere Straftatbestand der Insolvenzverschleppung (§ 148 Abs. 1 Nr. 2 GenG) durch die allgemeinere Bestimmung des § 15a InsO abgelöst worden (Rz. 72). Die – von der Rechtsform unabhängigen – *Sondervorschriften* für Kreditinstitute und Versicherungsunternehmen gehen vor (§§ 340m, 340n, 341m 341n HGB; vgl. § 65 Rz. 8 ff., § 66 Rz. 30 f.).

87 Im Einzelnen enthält das – 2006 reformierte[3] – GenG folgende an die Vorstandsmitglieder (ggf. auch an die Abwickler) und vereinzelt auch an die Aufsichtsratsmitglieder gerichtete **Straftatbestände**:

– *falsche Versicherung* bestimmter, dem Genossenschaftsregister mitzuteilender Tatsachen bezüglich des Genossenschaftsvermögens (§ 147 Abs. 1 GenG);

– *falsche Angaben* über Vermögensverhältnisse der eG gegenüber der Generalversammlung oder dem Prüfer (§ 147 Abs. 2 GenG; § 40 Rz. 87);

– unterlassene *Kapitalschwundanzeige* (§ 148 Abs. 1 Nr. 1 GenG; § 40 Rz. 88);

– *Geheimnisbruch* (§ 151 Abs. 1 Nr. 1, Abs. 2 GenG; § 33 Rz. 111).

An die gesetzlich vorgeschriebenen **Prüfer** (vgl. §§ 53 ff. GenG) richten sich die Strafbestimmungen des an die Stelle des § 332 HGB tretenden § 150 GenG (Verletzung der Berichtspflicht) und des an die Stelle des § 333 HGB tretenden § 151 Abs. 1 Nr. 2 GenG (Geheimnisbruch).

88 Dazu kommt der teils an die einzelnen Genossen, teils an jedermann gerichtete **Bußgeld**-Tatbestand des § 152 GenG mit der inoffiziellen (und ungenauen) Bezeichnung „*Stimmenkauf*". Dieser den Bestechungstatbeständen (unten § 53) nahestehende Tatbestand (mit einer Bußgeldandrohung bis 10 000 Euro) hat keine nennenswerte praktische Bedeutung.

---

1 G v. 9.10.1973, BGBl. I 1451.
2 Vgl. auch *Pfohl* in HWiStR, „GenossenschaftsstrafR", sowie die Kommentare zum GenG.
3 GenRefG v. 14.8.2006, BGBl. I 1911; GenG neu bek. am 16.10.2006, BGBl. I 2230.

bb) Inzwischen ist – nach dem Vorbild der SE (Rz. 82 ff.) und gleichsam in deren Windschatten – auch das Statut einer „**Europäischen Genossenschaft**" (SCE) durch Erlass einer Ratsverordnung und einer ergänzenden Richtlinie bezüglich der Arbeitnehmerbeteiligung gleichfalls auf der Rechtsgrundlage des Art. 308 EGV/Art. 352 AEUV (§ 6 Rz. 44 f.) geschaffen worden[1]. Das Genossenschaftsreformgesetz vom 14.8.2006 hat die Voraussetzungen für die Anwendbarkeit der ab 18.8.2006 geltenden Verordnung in Deutschland geschaffen. Dabei wurden – analog der SE (Rz. 83) – das SCEAG und das SCEBG als deutsche Aus- bzw. Durchführungsgesetze erlassen.

89

§ 36 Abs. 1 **SCEAG** enthält eine umfassende Verweisung auf die Straf- und Bußgeldtatbestände des GenG, während Abs. 2 näher bezeichnete unrichtige Versicherungen der Leitungspersonen bei grenzüberschreitender Verschmelzung bzw. Sitzverlegung und bezüglich ihrer Eignung bei der monistischen SCE eigenständig unter Strafe stellt. Die §§ 47, 48 **SCEBG** sanktionieren Fehlverhalten entsprechend dem BetrVG; einen eigenständigen Straftatbestand bildet der Missbrauch der SCE zur Verkürzung von Arbeitnehmerrechten.

89a

d) Weitere juristische Personen

aa) Beim (der Genossenschaft konzeptionell und historisch nahestehenden) **Versicherungsverein auf Gegenseitigkeit** (VVaG) haben die früheren Strafbestimmungen ebenfalls eine Verminderung erfahren (§§ 134–145 VAG). Das Schwergewicht der verbliebenen Strafnormen liegt dabei auf Vorschriften bezüglich des Betriebs des Versicherungsunternehmens im Hinblick auf die Sicherung der Versicherungsaufsicht. Wegen der Einzelheiten wird auf unten § 65 verwiesen. Hat der Versicherer die Rechtsform der AG gewählt, gelten sowohl die Vorschriften des AktG als auch des VAG, soweit nicht ein Vorrang einer der Normen erkennbar ist[2]. Für die Rechnungslegung gelten die aufgrund der Versicherungsbilanzrichtlinie eingeführten rechtsform-neutralen §§ 341–341o HGB, hinsichtlich der einschlägigen Sanktionsandrohungen also § 341n HGB. – Der Vorschlag einer *europäischen „société mutuelle" (ME)* ist noch nicht realisiert, steht aber wieder auf der Agenda der Kommission[3].

90

bb) Für den **eingetragenen Verein** (§ 21 BGB; Rz. 21) – und ebenso für den Konzessionsverein (§ 22 BGB) – bestehen trotz der auf das Vereinsvermögen beschränkten Haftung bemerkenswerterweise derzeit *keine speziellen* wirt-

91

---

1 VO 1435/2003 des Rates v. 22.7.2003, ABl. EU Nr. L 207 v. 18.8.2003, 1; RL 2003/72 des Rates v. 22.7.2003 (bzgl. Arbeitnehmer-Beteiligung), ABl. EU Nr. L 207 v. 18.8.2003, 25; Überblick bei *Kilian*, Europ. WiR, Rz. 619 ff.; *Habersack/Verse*, Europ. GesR, § 14; *Korte* in BeckGen-Hdb., 2009, § 16. – Die SCE-Statistik von www.libertas-institut.com nennt zum 14.5.2014 europaweit 27 Gründungen, davon 6 in Dtl. (davon eine wieder gelöscht).
2 *Wache* in Erbs/Kohlhaas, V 57, vor § 1 VAG Anm. 6 (Stand 11/2011).
3 Vgl. *Kilian*, Europ. WiR, Rz. 628; *Habersack/Verse*, Europ. GesR, § 4 Rz. 39; *Verse/Wiersch*, EuZW 2014, 375 (382).

schaftsrechtlichen *Strafbestimmungen*[1]. Dies erklärt sich beim e.V. durch die Beschränkung des verfolgbaren Zwecks auf „ideelle" Zielsetzungen und den (grundsätzlichen) Ausschluss eines „wirtschaftlichen Geschäftsbetriebs" nur unzureichend. Obwohl der e.V. vom Gesetzgeber nicht als Unternehmensträger konzipiert worden ist, betreiben zahlreiche Vereine tatsächlich ein Unternehmen, entweder als Nebenbetrieb oder unter dem Mantel einer ideellen Zweckbestimmung auch in der Hauptsache[2]. Dass die etwa beim ADAC bekannt gewordenen Vorgänge zu einer Änderung der allgemeinen Rechtslage führen werden, ist unwahrscheinlich.

91a Die **Insolvenzverschleppung** eines (deutschen) Vereins ist *nicht strafbar*, sondern begründet allenfalls Schadensersatzansprüche. Der – am 1.7.2014 in Kraft getretene – neue Abs. 6 des § 15a InsO[3] stellt nunmehr ausdrücklich klar, dass die voranstehende Antragspflicht einschließlich der Strafbewehrung keine Anwendung findet auf *Vereine und Stiftungen*, für die § 42 BGB gilt. Damit hat der Gesetzgeber den vielfach geäußerten Bedenken[4] Rechnung getragen und seine bei Erlass des MoMiG geäußerte Absicht[5] in einer ausdrücklichen Ausnahmevorschrift niedergelegt.

92 **cc)** Für den **nicht-eingetragenen Verein** – irreführend: nicht-rechtsfähigen Verein[6] – existieren ebenfalls keine speziellen Straf- und Bußgeldnormen. Er ist zwar keine juristische Person (Rz. 20, 71), wird aber (über § 54 BGB hinaus) einer juristischen Person weithin gleichgestellt, auch von § 30 OWiG, § 75 StGB/§ 29 OWiG sowie § 11 Abs. 1 S. 2 InsO. Die ggf. zum Zuge kommende persönliche Haftung der Handelnden wird als hinreichend wirksam angesehen. Da die Antragspflicht aus § 42 Abs. 2 BGB auf den nicht-eingetragenen Verein entsprechend angewandt wird[7], greift die neue Sonderregelung des § 15a Abs. 6 InsO, wonach die Verschleppung eines Insolvenzantrags nach BGB nicht strafbar ist (Rz. 91a), auch zugunsten des nicht-eingetragenen Vereins.

93 **dd)** Auch für die – eine behördliche Anerkennung voraussetzende – **Stiftung** bürgerlichen Rechts (§§ 80–88 BGB; Rz. 21) gibt es *keine* rechtsformspezifischen Strafbestimmungen. Der neue § 15a Abs. 6 InsO (Rz. 91a), stellt über

---

1 Die §§ 20, 21 des G zur Regelung des öffentlichen Vereinsrechts (VereinsG v. 5.8.1964) haben eine ganz andere, hier nicht zu behandelnde Zielrichtung, nämlich den Schutz der öffentlichen Ordnung; die §§ 30, 88 OWiG können auch in diesem Zusammenhang zum Zuge kommen.
2 Vgl. *Karsten Schmidt*, GesR, § 23 III, § 24 III; *Reichert*, VereinsR, 12. Aufl. 2010, Rz. 122 ff., 160 ff.; *Stöber/Otto*, Hdb. VereinsR, 10. Aufl. 2012, Rz. 62 ff.; *Brand/Reschke*, NJW 2009, 2343.
3 Eingefügt durch G „zur Verkürzung des Restschuldbefreiungsverfahrens und zur Stärkung der Gläubigerrechte" v. 15.7.2013, BGBl. I 2379; vgl. *Kleindiek* und *Ransiek* in HK, 7. Aufl. 2014, §15a InsO Rz. 5, 39 ff.; *Bußhardt* in Braun, 6. Aufl. 2014, § 15a InsO Rz. 5, 35 ff.; *Hirte*, ZinsO 2013, 171 (175).
4 Vgl. Voraufl., § 23 Rz. 91a, § 84 Rz. 15.
5 So ausdrücklich die Begr. des RegEntw. zum MoMiG (BR-Drs. 354/07 = BT-Drs. 16/6140), S. 127.
6 *Karsten Schmidt*, GesR, § 25 II; *Stöber/Otto*, Hdb. VereinsR, Rz. 1493 f.
7 *Westermann* in Erman, § 42 BGB Rz. 2; *Reuter* in MüKo, 6. Aufl. 2012, § 42 BGB Rz. 15 a.E.

die ausdrücklichen Verweisung (§ 86 BGB) auf § 42 BGB auch die (deutsche) Stiftung von der Strafbarkeit wegen Insolvenzverschleppung frei. Ob diese gesetzliche Privilegierung der Stiftungen (und Vereine) in der Sache auch dann gerechtfertigt ist, wenn es nicht um ehrenamtliche Tätigkeit geht, bleibt zweifelhaft. Auch ein karitativer oder gemeinnütziger Zweck ist keine ausreichende Rechtfertigung dafür, in der Krise auf Kosten außenstehender Gläubiger weiter zu „wirtschaften".

Ob für die vorgeschlagene[1] **Europäische Stiftung** (Fundatio Europaea, FE) im Falle ihrer Verwirklichung ebenfalls von der Schaffung strafrechtlicher Sanktionsvorschriften abgesehen wird, muss abgewartet werden.

2. Personengesellschaften

a) Für die nunmehr von § 14 Abs. 2 BGB als „**rechtsfähige Personengesellschaften**" zusammenfassten Unternehmensträger-Rechtsformen der *Offenen Handelsgesellschaft* (OHG), der *Kommanditgesellschaft* (KG), der *Gesellschaft bürgerlichen Rechts* (BGB-Gesellschaft, GbR – als sog. Außengesellschaft, Rz. 19), der *Partnerschaftsgesellschaft* (PartG) und der *Partenreederei* sind **keine rechtsformspezifischen Strafnormen** vorgesehen, solange einer der Gesellschafter (oder mehrere oder alle) als natürliche Person die grundsätzlich unbeschränkte *persönliche Haftung* übernimmt (zum anderen Fall Rz. 95). Diese zivilrechtliche Einstandspflicht beugt nicht nur strafrechtlich bedeutsamen Missbräuchen vor, sondern sorgt darüber hinaus hinsichtlich der strafrechtlichen Verantwortung regelmäßig für klare Verhältnisse. Die (erweiterten) Bestimmungen der § 14 Abs. 1 Nr. 2 StGB/§ 9 Abs. 1 Nr. 2 OWiG stellen die grundsätzliche persönliche Einstandspflicht der geschäftsführenden Gesellschafter klar (§ 30 Rz. 74 ff.). 94

Betreibt die OHG oder KG aber ein *Kreditinstitut* bzw. *Versicherungsunternehmen* (§§ 340m, 340n, 341m, 341n HGB), gelten auch für sie die – für Kapitalgesellschaften vorgesehenen – Straf- bzw. Bußgeldbestimmungen der §§ 331–333 und (im Ergebnis) § 334 HGB.

Auch die neue Variante der Partnerschaftsgesellschaft, der **PartG mbB** („*Partnerschaftsgesellschaft mit beschränkter Berufshaftung*" – Rz. 76a)[2], bei der die Haftung der Partner für *Berufsfehler* auf einen versicherungsrechtlich gedeckten Betrag beschränkt werden kann, bleibt eine reine Personengesellschaft (Rz. 94). Wirtschaftlich erfüllt diese Variante der PartG für die freien Berufe in etwa die gleichen Bedürfnisse wie die GmbH & Co KG für die gewerbliche Wirtschaft; zugleich dient sie der Abwehr ausländischer Partnerschaftsgesellschaften, insbesondere der (ebenfalls als Personengesellschaft zu qualifizierenden) britischen LLP[3]. Die maßgebliche Regelung beschränkt sich – ähnlich wie 94a

---

1 Kommissionsentwurf einer VO über das Statut einer Europ. Stiftung v. 8.2.2012, KOM (2012) 35 final; näher dazu *Weitemeyer*, NZG 2012, 1001; *Verse/Wiersch*, EuZW 2014, 375 (382).
2 Näher z.B. *Seibert*, DB 2013, 1710 ff.; *Römermann*, NJW 2013, 2305; *Kilian*, MDR 2013, 1137; *Henssler*, AnwBl 2014, 96; *Hirtz* in Henssler/Strohn, GesR, § 8 PartGG Rz. 28; zur praktischen Anwendung *Lieder/Hoffmann*, NZG 2014, 127 ff.
3 Dazu *Lieder/Hoffmann*, NZG 2014, 130 f., die von (nur) 63 eingetragenen ausl. Partnerschaften berichten.

bei der UG (Rz. 76) – auf wenige Bestimmungen, primär den neuen § 8 Abs. 4 PartGG, ergänzt durch § 4 Abs. 3 PartGG und Änderung in § 7 Abs. 5 PartGG.

Voraussetzung für dieses Haftungsprivileg ist der Abschluss einer entsprechenden *Berufshaftpflichtversicherung*, was durch Vorlage einer entsprechenden Bescheinigung des Versicherers bei Eintragung ins Partnerschaftsregister nachzuweisen ist. Soweit die Kompetenz für die Regelung der Berufsrechte bei den Ländern liegt (wie etwa für die Architekten und Ingenieure), müssen erst die entsprechenden Gesetze geändert werden, um eine PartG mbB gründen zu können. Die durch die jeweiligen Berufsgesetze (vgl. auch unten § 91) vorgesehenen Mindesthaftungssummen liegen auch für den Einzelfall im Millionenbereich und damit regelmäßig höher als das Privatvermögen der Partner[1]. Der schon bisher obligatorische Rechtsformzusatz (§ 2 Abs. 1 S. 1 PartGG; Rz. 65) muss um den Zusatz „mit beschränkter Berufshaftung" oder abgekürzt „mbB" erweitert werden.

94b *Alle* rechtsfähigen Personengesellschaften (Rz. 94, 94a) können allerdings **Adressaten** einer – möglicherweise auch selbständigen – *Unternehmensgeldbuße* sein (§ 30 Abs. 1, 4, § 88 OWiG; Rz. 42; § 21 Rz. 94 ff.).

94c *Nicht* in diesen Zusammenhang gehört die **Stille Gesellschaft** (§§ 230–236 HGB; Rz. 18), da es sich dabei um eine sog. Innengesellschaft ohne jegliche Rechtsfähigkeit handelt: Unternehmensträger bleibt der „Inhaber des Handelsgeschäfts", sei es als Einzelkaufmann oder als Handelsgesellschaft.

95 **b)** Rechtsformspezifische Strafnormen kommen für *Personenhandelsgesellschaften* (OHG und KG) allerdings dann zum Zuge, wenn ihnen **keine haftende natürliche Person** angehört. Unter diesen ist die GmbH & Co KG bei weitem die häufigste, doch auch diverse andere Konstellationen wie z.B. GmbH & GmbH OHG kommen vor. Es handelt sich wirtschaftlich um Kapitalgesellschaften in der äußeren Form einer Personengesellschaft. Dass die formal unbeschränkt, tatsächlich aber nur mit ihrem (meist geringen) Kapital haftende Gesellschafterin (GmbH, auch UG, Ltd., eher selten AG) als juristische Person speziellen Strafnormen ausgesetzt ist, hat sich als unzureichend erwiesen[2].

– Das 1. WiKG (1976) hatte durch die Einfügung der §§ 130b, 177a HGB die Verletzung der **Insolvenzantragspflicht** in gleicher Weise unter *Strafandrohung* gestellt wie bei den echten Kapitalgesellschaften. Das MoMiG hat diese Bestimmungen angesichts der Neuregelung in §§ 15, 15a InsO wieder aufgehoben. In § 15a Abs. 1 S. 2 InsO ist die Konstellation der „rechtsfähigen Personengesellschaft ohne unbeschränkt haftende natürliche Person" als weiterer Fall neben der „juristischen Person" präzise erfasst. Der Straftatbestand der *Insolvenzverschleppung* (unten § 80) gilt also auch für eine solche OHG/KG.

– Das KapCoRiLiG hat die mit dem *Rechnungswesen* und der Publizität verbundenen Sanktionsnormen der Kapitalgesellschaften auf die Personengesellschaften ohne haftende natürliche Person ausgedehnt (§ 335b i.V.m. §§ 331 ff. HGB). Das bedeutet, dass eine solche (OHG oder) KG denselben

---

1 So schreiben § 51a Abs. 2 BRAO und § 45a Abs. 2 PatO (i.d.F. des Art. 2 PartGÄndG) für Rechtsanwälte und Patentanwälte eine Mindestversicherungssumme im Einzelfall von 2,5 Mio. Euro vor, § 67 Abs. 2 StBerG, § 54 WPO für Steuerberater bzw. Wirtschaftsprüfer „nur" 1 Mio. Euro.
2 Ausf. *Maurer/Odörfer*, Strafrechtliche Aspekte der GmbH & Co KG in der Krise, GmbHR 2008, 351 ff., 412 ff.

Sanktionsandrohungen ausgesetzt ist wie eine GmbH oder AG (Rz. 75; vgl. auch § 40 Rz. 69; § 41 Rz. 6, 8, 17).

c) Einen **Sonderfall** bildet die **EWIV**, die *„Europäische Wirtschaftliche Interessenvereinigung"*[1]. Diese erste europäische Gesellschaftsform wurde auf der (erwähnten – Rz. 77, 82) Rechtsgrundlage des Art. 235 EWGV a.F. (= Art. 308 EGV = Art. 352 AEUV) durch Ratsverordnung vom 25.7.1985[2] nach dem Vorbild des französischen *„groupement d'intérêt économique"* (GIE) als Organisationsrahmen für die grenzüberschreitende Unternehmenskooperation geschaffen und ist seit Mitte 1989 einsetzbar. Auch hier war trotz unmittelbarer Geltung der EG-Verordnung (EWIV-VO) in jedem Mitgliedstaat deren Ergänzung durch einzelstaatliche Ausführungsbestimmungen erforderlich; in Deutschland erfolgte dies durch das EWIV-Ausführungsgesetz (EWIV-AG)[3]. Die EWIV ist nicht zu verwechseln mit dem neuen *„Europäischen Verbund für territoriale Zusammenarbeit (EVTZ)"*, der – ähnlich strukturiert wie die EWIV – die grenzüberschreitende Zusammenarbeit von öffentlich-rechtlichen Körperschaften erleichtern will[4].

96

Es handelt sich um eine der OHG nahestehende **Personengesellschaft** mit einigen Organisationselementen aus dem GmbH-Recht, insbesondere mit der Möglichkeit, Nicht-Gesellschafter zu Geschäftsführern zu bestellen (*Fremdorganschaft*). Die Gesellschafter müssen (mindestens) zwei verschiedenen Mitgliedstaaten der EG/EU (oder des EWR) angehören. Im Verhältnis zu ihren Gesellschaftern ist die EWIV auf *wirtschaftliche Hilfstätigkeiten* beschränkt, und es ist ihr verboten, die wirtschaftliche Haupttätigkeit ihrer Mitglieder zu ersetzen. Sie ist als solche *Formkaufmann* (§ 22 Rz. 42) und steht allen Unternehmensträgern, auch Freiberuflern und Landwirten, zur Verfügung. Sie kann auch ausschließlich aus juristischen Personen bestehen, ohne dass dies im (obligatorischen) Firmenzusatz zum Ausdruck kommen muss bzw. kann. Die Beschränkung der EWIV auf Hilfstätigkeiten für ihre Mitglieder steht ihrer Eigenschaft als Unternehmensträger nicht entgegen. Der wirtschaftliche Erfolg dieser Rechtsform ist zwar bescheiden – die Zahl derartiger Kooperationsgemeinschaften in Europa beträgt derzeit ca. 1900, davon in Deutschland knapp 300 –, kann aber auch nicht als völliger Misserfolg eingestuft werden[5]. Ihre größte Bedeutung liegt wohl in ihrer Pilotfunktion für die nachfolgenden euro-

97

---

1 Wiederholt wird der sperrige Name (dagegen schon *Müller-Gugenberger*, RIW/AWD 1972, 110 [118]) im strafrechtlichen Schrifttum unrichtig verkürzt auf „Europäische Wirtschaftliche Vereinigung", häufig auch i.V.m. der verfehlten Abkürzung „EWiV", z.B. *Schünemann* in LK, § 14 StGB Rz. 46; *Radtke* in MüKo, § 14 StGB Rz. 84; *Eser* in S/S, § 75 StGB Rz. 6; *Perron* in S/S, § 14 StGB Rz. 22.
2 Rats-VO/EG 2137/85 v. 25.7.1985, ABl. EG Nr. L 199 v. 31.7.1985; dazu *Müller-Gugenberger*, NJW 1989, 1449 ff.; aktueller Überblick: *Lutter/Bayer/Schmidt, J.*, Europ. UnternR, § 14 Rz. 3 f., § 40; *Habersack/Verse*, Europ. GesR, § 12; *Grundmann*, Europ. GesR, § 30 I Rz. 1099 ff.
3 G v. 14.4.1988, BGBl. I 514; vgl. dazu und zu den Ausführungsgesetzen anderer Mitgliedstaaten *Müller-Gugenberger/Schotthöfer* (Hrsg.), Die EWIV in Europa, 1995.
4 „Europaen Grouping for Territorial Cooperation (EGTC)", geschaffen durch VO (EG) Nr. 1082/2006 des Europ. Parl. und des Rates v. 5.7.2006, ABl. EU Nr. L 210 v. 31.7.2006, 19; näher dazu EWIV-Informationszentrum www.ewiv.eu; dort auch Übersicht über die bisherigen 34 Gründungen (seit 2008).
5 Nähere Angaben über Gründungen, Löschungen u.a. beim EWIV-Informationszentrum www.ewiv.eu; dort sind zum Stichtag 14.5.2014 2291 Gründungen und 385 Löschungen erfasst; *Kornblum*, GmbHR 2014, 694 f. hat für Deutschland in 2013 einen Rückgang von 291 auf 274 EWIV ermittelt.

päischen Rechtsformen. – Gegen die EWIV als rechtsfähige Personengesellschaft kann unbestritten nach § 30 Abs. 1 Nr. 2 OWiG eine Geldbuße festgesetzt werden.

98 Wegen der Übernahme einiger Elemente aus dem GmbH-Recht war die EWIV vom deutschen Gesetzgeber ursprünglich mit drei und ist nunmehr noch mit zwei **speziellen Straftatbeständen** ausgestattet:

– falsche Angaben über die *Geschäftsführereignung* (§ 13 i.V.m. § 3 Abs. 3 EWIV-AG), wobei nicht nur Eintragungshindernisse nach § 6 Abs. 2 GmbHG, § 76 Abs. 3 AktG zu beachten sind, sondern auch entsprechende Verbote nach ausländischem Recht (Art. 19 Abs. 1 S. 2 EWIV-VO) – eine Lösung, die das MoMiG verallgemeinert hat (Rz. 130);

– Verletzung der *Geheimhaltungspflicht* durch Geschäftsführer/Abwickler (§ 14 EWIV-AG; vgl. § 33 Rz. 114).

Die früher in § 15 EWIV-AG enthaltene Verletzung der *Insolvenzantragspflicht* für EWIV ohne natürliche haftende Person (vgl. Rz. 95) ist hat das MoMiG ebenfalls abgelöst durch den neuen § 15a InsO, der durch Abs. 1 S. 2, Abs. 2 alle Personengesellschaften erfasst, bei denen keine natürliche Person die persönliche Haftung übernommen hat (vgl. § 80 Rz. 17 ff.). § 16 Abs. 3 EWIV-AG hat die Zuständigkeit der *Wirtschaftsstrafkammer* (§ 74c GVG; § 1 Rz. 92) folgerichtig auf diese Delikte ausgedehnt.

Anlass für diese Strafnormen war zum einen die Zulässigkeit von Fremdorganschaft, zum anderen die mögliche Zusammensetzung nur aus Gesellschaften mit Haftungsbeschränkung. Diese Straftatbestände sind nicht europarechtlich vorgegeben, auch nicht mittelbar (vgl. Art. 39 Abs. 3 EWIV-VO), sondern zielen auf eine Anpassung an die sonstigen deutschen Strafnormen im Gesellschaftsrecht ab; das österreichische EWIVG enthält keine Strafbestimmungen.

3. Umwandlung

Schrifttum: s. im Einzelnen die Kommentare zum UmwG, z.B. *Kuhlen* in Lutter, 5. Aufl. 2014, §§ 313–315 UmwG; *Marsch-Barner* in Kallmeyer, 5. Aufl. 2013, §§ 313–315 UmwG.

99 Der Rechtsformzwang (Rz. 55) ist insofern gemildert, als die Unternehmensträger ihre Rechtsform in vielfältiger Weise ändern und dadurch veränderten wirtschaftlichen Anforderungen anpassen können. Die Einzelheiten sind für alle Rechtsträger im **Umwandlungsgesetz** (UmwG)[1] eingehend durch enumerative Behandlung (s. § 1 UmwG) geregelt. Außer dem schlichten *Formwechsel* (§§ 190–304 UmwG) besteht die Möglichkeit zu *Verschmelzungen* (Fusionen) verschiedener Art (§§ 2–122 UmwG) und *Spaltungen* (§§ 123–173 UmwG) sowie zur Vermögensübertragung (§§ 174–189 UmwG).

99a Neben einer umfangreichen Zwangsgeldvorschrift (§ 316 UmwG) enthält das UmwG zwar keine Bußgeldtatbestände, aber **drei spezielle Straftatbestände** für den Vorgang der Umwandlung. Diese lehnen sich eng an die §§ 331–333 HGB

---

1 G v. 28.10.1994, BGBl. I 3210, in Kraft seit 1.1.1995; mit zahlreichen Änderungen, insbes. durch das 2. UmwÄndG (s. Rz. 99a) und das G zur Umsetzung der AktionärsrechteRL (ARUG) v. 30.7.2009, BGBl. I 2479.

an und haben auch im sonstigen Gesellschaftsstrafrecht ihre Parallelen (vgl. § 27 Rz. 183 ff., § 50 Rz. 85 ff.) Im Einzelnen handelt es sich um die

- unrichtige Darstellung (*§ 313 UmwG*) in näher bezeichneten Berichten oder Erklärungen[1],
- Verletzung der Berichtspflicht durch die speziellen Prüfer (*§ 314 UmwG*)[2] und
- Verletzung der Geheimhaltungspflicht durch Organmitglieder oder Prüfer (*§ 315 UmwG*)[3]; diese Norm ist im Verhältnis zu den speziellen gesellschaftsrechtlichen Tatbeständen ausdrücklich subsidiär.

Mit Wirkung vom 20.4.2007 ist mit *§ 314a UmwG* ein **vierter Straftatbestand** hinzugekommen, der eine besondere *unrichtige* förmliche *Versicherung* zum Gegenstand hat – ähnlich wie die Versicherungen, die im Rahmen der Eignungsprüfung der Leitungspersonen von juristischen Personen gegenüber dem Handelsregister abzugeben sind (Rz. 74a, 80).

99b

Dieser sehr spezielle Tatbestand ist im Zusammenhang mit der Umsetzung der *Europäischen Verschmelzungsrichtlinie*[4] durch das 2. UmwÄndG[5] eingeführt worden: Für die *grenzüberschreitende Verschmelzung* von Kapitalgesellschaften (§§ 122a ff. UmwG) ist eine Sicherung der Gläubiger der übertragenden Gesellschaft vorgeschrieben (§ 121j UmwG)[6], deren ordnungsgemäße Erfüllung die Mitglieder des Vertretungsorgans der übertragenden Gesellschaft förmlich zu versichern haben (§ 121k Abs. 1 UmwG). Wer diese Versicherung vorsätzlich „nicht richtig" abgibt, macht sich strafbar. Der Umsetzung dieser Richtlinie dient weiter das „Gesetz über die *Mitbestimmung der Arbeitnehmer bei einer grenzüberschreitenden Verschmelzung*" (MgVG)[7], das in § 34 Strafbestimmungen und in § 35 eine Bußgeldnorm enthält, die den Sanktionsnormen des BetrVG und verwandter Gesetze (§ 35 Rz. 1 ff.) entspricht.

D. Ausländische Unternehmensträger

Schrifttum: Aus der Vielzahl von **Lehrbüchern zum IPR:** *von Hoffmann/Thorn*, IPR, 9. Aufl., 2007; *Kegel/Schurig*, IPR, 9. Aufl. 2004; *Koch/Magnus/Winkler von Mohrenfels*,

---

1 Ähnlich § 331 HGB, § 400 AktG, § 82 GmbHG, § 147 GenG, § 134 VAG, § 17 PublG.
2 Ähnlich § 332 HGB, § 403 AktG, § 150 GenG, § 137 VAG, § 18 PublG.
3 Ähnlich § 404 AktG, § 151 GenG, § 138 VAG (je für Organmitglieder und Prüfer); § 85 GmbHG (nur Organmitglieder); § 333 HGB, § 19 PublG (nur für Prüfer).
4 10. gesellschaftsrechtliche RL: RL 2005/56/EG des Europ. Parl. und des Rates v. 26.10.2005, ABl. EU Nr. L 310 v. 25.11.2005, 1; dazu z.B. *Neye*, ZIP 2005, 1893; *Lutter/Bayer/Schmidt*, Europ. UnternR, § 8 VIII, § 23.
5 Durch das 2. UmwRÄndG v. 19.4.2007, BGBl. I 542: Einfügung der §§ 122a ff. in das UmwG; dazu z.B. *Bayer* in Lutter, 5. Aufl. 2014, § 122a UmwG Rz. 1 ff.
6 Sowohl die sachliche Berechtigung als auch die Europarechts-Konformität dieser Regelung ist umstritten; vgl. dazu *Bayer* in Lutter, § 122j UmwG Rz. 4 ff. m.Nw.
7 Art. 1 des G zur Umsetzung der Regelungen über die Mitbestimmung der Arbeitnehmer bei einer Verschmelzung von Kapitalgesellschaften aus verschiedenen Mitgliedstaaten v. 21.12.2006, BGBl. I 3332, in Kraft seit 29.12.2006; dazu z.B. *Müller-Bonani*, NJW 2009, 2347.

IPR und Rechtsvergleichung, 4. Aufl. 2010; *Kropholler*, IPR, 6. Aufl. 2006; *Rauscher*, IPR, 4. Aufl. 2012; alle **Kommentare** zum EGBGB; umfassend: *Kindler*, IntGesR in MüKo-BGB, Bd 11: Int. Wirtschaftsrecht, 5. Aufl. 2011; *Sturm*, Einleitung zum EGBGB, in Staudinger, Ausg. 2013.

Gesellschaftsrecht: *Eidenmüller* (Hrsg.), Ausländische Kapitalgesellschaften im deutschen Recht, 2004; *Grundmann*, Europäisches Gesellschaftsrecht, 2. Aufl. 2011; *Habersack/Verse*, Europäisches Gesellschaftsrecht, 4. Aufl. 2011; *Hirte/Bücker* (Hrsg.), Grenzüberschreitende Gesellschaften, 2. Aufl. 2006; *Kahnert*, Rechtsetzung im Europäischen Gesellschaftsrecht, 2013; *Lutter* (Hrsg.), Europäische Auslandsgesellschaften in Deutschland, 2005; *Lutter/Bayer/Schmidt, J.*, Europäisches Unternehmens- und Kapitalmarktrecht, 5. Aufl. 2012; *Sandrock/Wetzler*, Deutsches Gesellschaftsrecht im Wettbewerb der Rechtsordnungen, 2004; *Spahlinger/Wegen*, Internationales Gesellschaftsrecht in der Praxis, 2005; *Wachter/Süß*, Handbuch des Internationalen GmbH-Rechts, 2. Aufl. 2011; *Wegen/Spahlinger/Barth* (Hrsg.), Gesellschaftsrecht des Auslands (in Einzeldarstellungen), 2013.

100 *Gesellschaften mit (Satzungs-)Sitz im Ausland* haben zwar schon lange als Werkzeug für grenzüberschreitende Wirtschaftskriminalität immer wieder einmal eine Rolle gespielt, sei es bei der Suche nach (oft fantastischen) Bodenschätzen oder bei der Beteiligung an Schiffsbauten oder Ferienzentren und Hotelanlagen in aller Welt. Dies war und ist primär ein Problem der räumlichen Geltung des deutschen Strafrechts (dazu oben § 4) und der Zusammenarbeit der Strafverfolgungsbehörden über die Grenzen hinweg (oben § 8). – Relativ neu ist jedoch die Entwicklung, dass sich **ausländische Unternehmensträger** als *Teilnehmer am Rechtsverkehr* **in Deutschland** in großer Zahl bemerkbar machen. Nach der Jahrtausendwende sind nicht nur viele Tausend in Großbritannien gegründete und auch eingetragene Unternehmensträger in der Rechtsform der „Limited" (Rz. 111) in Erscheinung getreten, sondern in jüngerer Zeit auch solche in der Rechtsform der LLP (= Limited Liability Partnership) im Bereich der Freien Berufe (Rz. 94a); dazu kommen noch Gesellschaften mit Haftungsbeschränkung auf das (meist minimale) Gesellschaftsvermögen aus den Niederlanden, Frankreich, Spanien und anderen europäischen oder auch überseeischen Standorten. Häufig wird dabei die gesamte wirtschaftliche Tätigkeit von einer „Niederlassung" in Deutschland durchgeführt, während im Gründungsstaat nur ein „Briefkasten" verbleibt (oft bezeichnet als *Scheinauslandsgesellschaften; pseudo-foreign corporations;* s. Rz. 108, 114; § 29 Rz. 19 f.). Auch wenn der Höhepunkt dieser Entwicklung derzeit deutlich überschritten ist und sich die Diskussionen darüber stark abgeschwächt haben, so wird das Phänomen ausländischer Rechtsträger die Strafverfolgungsorgane auch weiterhin begleiten.

100a Die Frage, ob und unter welchen Voraussetzungen bzw. mit welchen Folgen diese ausländischen Rechtsträger bei uns tätig werden dürfen, beantwortet das *deutsche „Internationale Gesellschaftsrecht"*, das ein wichtiger Teil des *deutschen* **Internationalen Privatrechts** (IPR) ist. Das sog. *Gesellschaftsstatut* – das unter Vorbehalt mit dem für natürliche Personen maßgebenden Personalstatut vergleichbar ist – bestimmt, welches von den in Betracht kommenden Rechten auf den jeweiligen Rechtsträger anwendbar ist. Dies wiederum hat direkte Auswirkungen auf die *strafrechtliche* Behandlung. Es ist nicht nur fraglich, ob die Strafbestimmungen des GmbHG oder AktG auf strukturell gleichartige Auslandsgesellschaften anwendbar sind, sondern auch, ob sie nach dem (deutschen) „Handelsrecht" verpflichtet sind, Handelsbücher zu führen und aufzubewahren oder Bilanzen zu erstellen (§ 283 Abs. 1 Nr. 5-7, § 283b Abs. 1 StGB) oder bei Zahlungsunfähigkeit Insolvenzantrag zu stellen. – Bei Beendigung eines ausländischen Unternehmensträgers ist darüber hinaus das – neu geregelte – *Internationale Insolvenzrecht* und insbesondere das *Europäische Insolvenzrecht* erheblich[1](vgl. § 75 Rz. 54 ff.).

I. Sitztheorie und Niederlassungsfreiheit

Ein unterschiedliches einzelstaatliches IPR bildet bei der Schaffung eines grenzüberschreitenden, einheitlichen „Raum des Rechts" (vgl. § 6 Rz. 2, 20, 27) ein zentrales Hindernis. Nachdem schon zahlreiche zwei- oder mehrseitige völkerrechtliche Abkommen eine Verminderung der Verschiedenheiten erstrebt bzw. bewirkt haben, war es von Anfang an auch ein zentrales **Anliegen der EWG**, die einem „Gemeinsamen Markt" hinderlichen Unterschiede der Rechtsordnungen abzubauen, sei es im Wege der Rechtsangleichung (Rz. 105), sei es im Wege eines übergeordneten europäischen Rechts (Rz. 106). 101

Während das sonstige IPR entweder schon *einheitlich europäisch* geregelt[2] ist oder wenigstens durch auf internationalen Abkommen beruhende nationale Normen bestimmt wird (insbesondere Art. 3–48 EGBGB), ist eine „Kodifizierung" des internationalen Gesellschaftsrechts bis jetzt noch nicht gelungen. Vielmehr wird das IPR der Gesellschaften bzw. juristischen Personen nach wie vor von Rechtsprechung und Lehre geprägt[3]. Während ein deutscher Gesetzesentwurf derzeit nicht weiterverfolgt wird, nachdem das MoMiG eine wichtige Änderung vorweggenommen hat (näher Rz. 113), sind weitere europäische Einzelschritte geplant (Rz. 105).

a) In Übereinstimmung mit vielen anderen kontinental-europäischen Rechten hat sich die *deutsche Rechtsprechung* seit Langem nahezu einhellig für die – auch von der Lehre überwiegend vertretene – sog. **Sitztheorie** ausgesprochen[4]. Danach ist auf eine Personenvereinigung (Verband) das Recht anwendbar, das am *tatsächlichen Sitz der Hauptverwaltung* gilt; die Wahl des effektiven (Verwaltungs-)Sitzes ist zugleich die Wahl der maßgeblichen Rechtsordnung. Eine Trennung zwischen Satzungssitz und effektivem Verwal- 102

---

1 §§ 335 ff. InsO, Art. 102 ff. EGInsO und die EuInsVO ; dazu alle Kommentare zur InsO; insbes. *Kindler* in MüKo-BGB, 5. Aufl. 2011, Bd. 11, IntInsR; *Reinhart* in MüKo, 3. Aufl. 2014, Vor §§ 335 ff., §§ 335 ff. InsO, Art. 102 EGInsO.
2 Bes. die seit 2009 geltenden „Rom I-VO" und „Rom II-VO" sowie die 2012 in Kraft getretene „Rom III-VO"; die VO „Rom IVa" und „Rom IVb" sind in Vorbereitung; dazu kommen z.B. die EuUnterhVO und die EuErbVO; Nw. bei *Thorn* in Palandt, BGB, Art. 3 EGBGB Rz. 8; die Zuständigkeit der EU für diese Rechtsvereinheitlichungsmaßnahmen ergibt sich aus Art. 81 Abs. 2 Buchst. c AEUV; Überblick bei *Rauscher*, IPR Rz. 89 ff.
3 Vgl. nur *Thorn* in Palandt, BGB, Anh. zu Art. 12 EGBGB Rz. 1; *Hohloch* in Erman, BGB, Anh. II zu Art. 12 EGBGB Rz. 1 f.; *Kindler* in MüKo-BGB, Bd. 11, IntGesR Rz. 4.
4 Vgl. z.B. BGH v. 1.7.2002 – II ZR 380/00, BGHZ 151, 204 = NJW 2002, 3539; BGH v. 29.1.2003 – VIII ZR 155/02, BGHZ 153, 353 (355) = NJW 2003, 1607; BGH v. 27.10.2008 – II ZR 158/06 – Trabrennbahn, BGHZ 178, 192 = NJW 2009, 289; w.Nw. bei *Kindler* in MüKo-BGB, IntGesR Rz. 5 Fn. 15, Rz. 358, 420 ff.

tungssitz ist unzulässig. Im Falle einer Sitzverlegung über die Grenze verliert der Verband seine bisherige Rechtsfähigkeit und muss sie nach dem Recht des neuen Sitzortes neu erwerben. Dies erlaubt eine gute Kontrolle ausländischer Verbandspersonen und bewirkt zugleich eine „Abschottung" gegen fremde Rechtsträger. Danach war es rechtlich ausgeschlossen, dass eine im Ausland gegründete Kapitalgesellschaft unter Wahrung ihrer rechtlichen Identität ihren Sitz nach Deutschland verlegt; die Handelnden einer ausländischen Kapitalgesellschaft haften ohne Eintragung im Handelsregister unbeschränkt persönlich (§ 11 Abs. 2 GmbHG)[1]. Dies macht(e) solche ausländischen Rechtsträger als Handlungsrahmen für wirtschaftliche oder auch kriminelle Tätigkeiten unattraktiv.

103 Dem gegenüber hält die – im anglo-amerikanischen Rechtskreis vorherrschende, aber auch in den Niederlanden, Dänemark und der Schweiz maßgeblich gewordene – sog. **Gründungstheorie** das Recht, nach dem der Verband gegründet und (soweit vorgesehen) in das entsprechende Register eingetragen ist, weiterhin auch dann für maßgeblich, wenn der Verband seinen (tatsächlichen) Verwaltungssitz ins Ausland verlegt. Maßgebend ist allein der *Satzungssitz*, der *vom effektiven Verwaltungssitz getrennt* werden kann. Diese – ursprünglich auf die Interessen eines Kolonialreiches zugeschnittene – Konzeption begünstigt den „Export" der eigenen Unternehmensformen; die Gefahren eines erleichterten „Imports" fremder Unternehmensträger konnten nach den tatsächlichen Gegebenheiten vernachlässigt werden[2]. – Der Gegensatz dieser beiden Theorien beschränkt sich nicht etwa nur auf die Dogmatik, sondern hat erhebliche praktische Auswirkungen – bis ins Strafrecht.

104 **b)** Das **Europäische Recht** hat auf mehreren Ebenen zu starken Veränderungen geführt. Bereits in den *Römischen Verträgen* ist die **Niederlassungsfreiheit** für Unternehmen innerhalb der Gemeinschaft als eine der zentralen europäischen Grundfreiheiten (§ 6 Rz. 20) festgeschrieben (Art. 58 EWGV, später Art. 48 EGV). Diese europäische Grundfreiheit ist uneingeschränkt in den *Lissabonner Vertrag* (Art. 54 AEUV i.V.m. Art. 49 AEUV) übernommen worden[3]. Eine gleichartige Niederlassungsfreiheit gewähren einzelne zweiseitige Abkommen, insbesondere das zwischen Deutschland und den USA[4].

Der Konflikt zwischen Niederlassungsfreiheit und dem IPR vieler Mitgliedstaaten war damals keineswegs übersehen worden; die zentralen Fragen einer wechselseitigen *Anerkennung* der Rechtsfähigkeit von ausländischen Unternehmensträgern sowie der *Sitzverlegung und Fusion* über die Grenzen waren vielmehr ausdrücklich künftigen (völkerrechtlichen) Abkommen unter den Mitgliedstaaten vorbehalten worden (Art. 220 EWGV= 293 EGV). Nachdem die diesbezüglichen Bemühungen nicht zu einem positiven Ergebnis geführt haben[5], hat der *Lissabonner Vertrag* diese Bestimmung nicht übernommen. Damit fallen auch diese Themen in die EU-Zuständigkeit zur Rechtsangleichung (Rz. 105).

---

1 BGH v. 8.10.2009 – IX ZR 227/09 – Ltd. aus Singapur, ZIP 2009, 2385 = GmbHR 2010, 211.
2 Eingehend (und krit.) *Kindler* in MüKo-BGB, IntGesR Rz. 359 ff.
3 Dazu z.B. *Müller-Graff* in Streinz, EUV/AEUV, 2. Aufl. 2012, Art. 54 AEUV Rz. 13 ff.; *Jung* in Schwarze, EU-Kommentar, 3. Aufl. 2012, Art. 54 AEUV Rz. 19 ff.
4 Dt.-US-amerik. Freundschafts-, Handels- und Schifffahrtsvertrag v. 29.10.1954 (Art. XXV Abs. 5), BGBl. II 1956, 487; vgl. BGH v. 29.1.2003 – VIII ZR 155/02, BGHZ 153, 353 = NJW 2003, 1607 = ZIP 2004, 1549.
5 Das von den sechs EWG-Gründerstaaten gezeichnete Anerkennungs-Übk. v. 29.2.1968 (m. dt. ZustG v. 18.5.1972, BGBl. II 269) samt Protokoll über EuGH-Zuständigkeit v. 3.6.1971 (m. dt. ZustG v. 14.8.1972, BGBl. II 858) ist mangels Ratifizierung durch die Niederlande (endgültig) nicht in Kraft getreten.

105 Da ein unterschiedliches Schutzniveau der einzelstaatlichen Gesellschaftsrechte angesichts der angestrebten Grundfreiheiten zu erheblichen Wettbewerbsverzerrungen führen würde, hatte schon der EWG-Vertrag die **Angleichung der Schutzvorschriften** im Gesellschaftsrecht durch *Richtlinien* vorgesehen (Art. 54 Abs. 3 Buchst. g EWGV; später Art. 44 Abs. 2 Buchst. g EGV; nun Art. 50 Abs. 2 Buchst. g AEUV). Auf dieser Rechtsgrundlage hat sich bislang durch eine *Vielzahl von Richtlinien* die Harmonisierung im Europäischen Gesellschaftsrecht vollzogen[1]. Manche frühere Richtlinie ist nach wiederholten Änderungen in konsolidierter Fassung neu verabschiedet worden[2]. Dadurch ist bereits teilweise ein einheitlicher „Raum des Rechts" entstanden, der durch gemeinsame Standards geprägt wird. Die Zusammenführung der bisherigen gesellschaftlichen Richtlinien in ein einziges Rechtsinstrument benennt der jüngste Aktionsplan der Kommission[3] als neue Zielvorgabe. Dort ist auch die Weiterführung der bisher noch nicht realisierten Bestrebungen zur grenzüberschreitenden Sitzverlegung genannt[4]. Diese spezielle Kompetenz der EU für das Gesellschaftsrecht geht der allgemeinen Kompetenz zur „Angleichung der Rechtsvorschriften" (Art. 114 ff. AEUV; vorher Art. 94 ff. EGV bzw. Art. 100 ff. EWGV) vor.

106 Auf die Vermeidung all dieser Probleme innerhalb der EU zielt die Schaffung unmittelbar **europäischer Gesellschaftsformen**. Auch ohne ausdrückliche primärrechtliche Einzelermächtigung wurden die EG-Verordnungen zunächst über die EWIV (Rz. 96), später über die SE (Rz. 82) und SCE (Rz. 89) auf der Grundlage der – Einstimmigkeit der Mitgliedstaaten erfordernden – subsidiären Generalermächtigung (Flexibilitätsklausel) (§ 6 Rz. 44 f.) verabschiedet. Ob die SPE (Rz. 77) und möglicherweise weitere Formen (Rz. 90, 93) folgen werden, ist derzeit offen. Der neue, sehr problematische Vorschlag einer SUP (Rz. 77a) ist als (einer Mehrheitsentscheidung zugängliche) Richtlinie nach Art. 114 AEUV (Rz. 105 a.E.) konzipiert. – Bei all diesen Rechtsformen ist die problemlose Sitzverlegung über die Grenze und – bei SE und SCE – auch die grenzüberschreitende Verschmelzung möglich.

107 Das Recht der **Zweigniederlassung** (§ 22 Rz. 49) hat aufgrund der (mehrfach geänderten) *Zweigniederlassungsrichtlinie*[5] eine eigenständige und umfassende

---

1 Aus dem umfangreichen Schrifttum z.B.: *Lutter/Bayer/Schmidt*, Europ. UnternR, 2012, § 2 Rz. 6 ff., § 3 Rz. 8 ff., §§ 19 ff.; *Habersack/Verse*, Europ. GesR, §§ 5 ff.; *Grundmann*, Europ. GesR, § 4 II Rz. 106 ff., §§ 7 ff.; *Kindler* in MüKo-BGB, IntGesR Rz. 32 ff.; Überblick bei *Kilian*, Europ. WiR, Rz. 576.
2 Z.B. die VerschmelzungsRL von 1978 durch die RL 2011/35/EU v. 5.4.2011, ABl. EU Nr. L 110 v. 29.4.2011, 1; vgl. *Habersack/Verse*, Europ. GesR, § 8 Rz. 1 ff., Rz. 72.
3 Aktionsplan Europ. Gesellschaftsrecht und Corporate Governance v. 12.12.2012, KOM(2012) 740/2) – zusammengefasst auch in EuZW 2013, 3; dazu *Verse*, EuZW 2013, 336; *Hopt*, EuZW 2013, 481 f.
4 Dazu *Behrens*, EuZW 2013, 121 f.; vgl. auch *Hopt*, ZGR 2013, 165 ff.
5 11. gesellschaftsrechtliche RL 89/66/EWG v. 22.12.1989, ABl. EG Nr. L 395 v. 30.12.1989, 36; dazu *Lutter/Bayer/Schmidt*, Europ. UnternR, § 28; *Habersack/Verse*, Europ. GesR, § 5 Rz. 46 ff.

Neuregelung erfahren. Die Verpflichtung, eine in Deutschland tätige Niederlassung zum Handelsregister anzumelden (§§ 13d–13h HGB)[1], gilt nicht nur für Unternehmensträger mit Sitz in der EU bzw. im EWR, sondern für die Niederlassungen *aller* ausländischen Unternehmensträger. Für Kreditinstitute, Versicherungsunternehmen und Unternehmen im Bereich der Kapitalanlage gelten ergänzende Sonderbestimmungen[2]. Ist die deutsche Niederlassung eines ausländischen Unternehmensträgers im (deutschen) Handelsregister vorschriftsgemäß angemeldet und eingetragen, ergibt sich daraus im Ergebnis, dass der (ausländische) Unternehmensträger jedenfalls im Rahmen seiner Niederlassung als Kaufmann i.S. des deutschen Rechts – in Gestalt eines *Kaufmanns kraft Eintragung* (§ 22 Rz. 42) – zu behandeln ist[3], auch dann, wenn das fremde Recht die Rechtsfigur des Kaufmanns überhaupt nicht kennt. Folglich unterliegen alle eingetragenen Niederlassungen ausländischer Rechtsträger der kaufmännischen Buchführungs- und Bilanzierungspflicht (§ 26, § 40, § 85).

108 **c)** Die erwähnte Abschottungswirkung bringt die *Sitztheorie* (Rz. 102) in Konflikt mit der europäischen *Niederlassungsfreiheit* (Rz. 104). Dieser Konflikt hat zu einer ganzen Reihe von folgenreichen und viel diskutierten **Urteilen des EuGH** geführt. Insbesondere in den Fällen „Centros"[4], „Überseering"[5], „Inspire Art"[6] und „SEVIC"[7] hat der EuGH den Restriktionen, die viele Mitgliedstaaten für den *Zuzug ausländischer Unternehmensträger* errichtet hatten, zugunsten der Niederlassungsfreiheit eine Absage erteilt, selbst dann, wenn es sich tatsächlich nur um „Briefkastenfirmen" (sog. Scheinauslandsgesellschaften) handelte. In Deutschland hat diese Hinwendung zur Gründungstheorie die erwähnte „Flut" von „Ltd." ausgelöst (Rz. 100, 111).

109 Bei nationalen *Wegzugsbeschränkungen* hat der **EuGH zurückhaltender** geurteilt[8]. In seiner im Sommer 2012 getroffenen Entscheidung

---

1 Dt. DurchführungsG v. 22.7.1993, BGBl. I 1282, in Kraft seit 1.11.1993; vgl. *Lutter* in Lutter, Europ. AuslGes, 2005, 1 ff., 8 f., 14.
2 Z.B. §§ 24a, 33a f., 53–53d KWG; §§ 110a ff. VAG; §§ 49, 51, 54, 66 KABG.
3 Folgerichtig *Karsten Schmidt* in Lutter, Europ. AuslGes, S. 15 ff., 20: „Die Auslandsgesellschaft ist gleichsam Formkaufmann".
4 EuGH v. 9.3.1999 – Rs. C 212/97, Slg. 1999 I-1459 = NJW 1999, 2027 = GmbHR 1999, 474 = BB 1999, 809 = GmbHR 1999, 474 = EuZW 1999, 216; vgl. dazu auch 3. Aufl. 2000, § 23 Rz. 89; Überblick über die Rspr. z.B.: *Westermann* in Scholz, Anh. § 4a GmbHG Rz. 17 ff.
5 Auf Vorlage des BGH: EuGH v. 5.11.2002 – Rs. C-208/00, Slg. 2002 I-9919 = NJW 2002, 2614 = GmbHR 2002, 1137 = ZIP 2002, 75 = BB 2002, 2402.
6 EuGH v. 30.9.2003 – Rs. C-167/01, Slg. 2003 I-10155 = NJW 2003, 3331 = GmbHR 2003, 1260 = ZIP 2003, 1885 = BB 2003, 2195.
7 EuGH v. 13.12.2005 – Rs. C-411/03, Slg. 2005 I-10805 = NJW 2006, 425 = GmbHR 2006, 140 = BB 2006, 11 bzgl. einer Verschmelzung.
8 EuGH v. 17.9.1988 – Rs. C-81/87 – Daily Mail, Slg. 1988 I-5483 = NJW 1989, 2186 = JZ 1989, 385 m. Anm. *Großfeld/Luttermann*; EuGH (Große Kammer) v. 16.12.2008 – Rs. C-210/06 – Cartesio, NJW 2009, 569 = GmbHR 2009, 86 m. Anm. *Meilicke* = BB 2009, 11.

„VALE"[1] hat er die Inanspruchnahme der Niederlassungsfreiheit an eine tatsächliche Ausübung einer wirklichen wirtschaftlichen Tätigkeit geknüpft, was auf eine nunmehr abweichende Beurteilung von „Briefkastenfirmen" in der Zukunft deutet. Demgemäß sind die Stellungnahmen dazu kontrovers[2].

Diese EuGH-Rechtsprechung hat zur Folge, dass bei uns ein „**gespaltenes**" **Internationales Gesellschaftsrecht** gilt: Im Verhältnis zu den *EU-/EWR-Staaten* (und den USA) kommt die „Gründungstheorie" zum Zuge, im Verhältnis zu *Drittstaaten* jedoch nach wie vor die „Sitztheorie"[3]. Da innerhalb der EU ein einheitliches Schutzniveau angestrebt und weithin erreicht ist (Rz. 105), hat diese Differenzierung ihre innere Berechtigung. Die Maßgeblichkeit der Gründungstheorie auch im Verhältnis zu (zahlreichen) Rechtsordnungen mit traditionell geringem Gläubiger- und Minderheitsschutz in der Karibik oder Südsee, im Kanal oder am Golf enthält ein hohes Gefährdungspotenzial[4] und würde auch der Kriminalität zusätzliche Möglichkeiten öffnen. Ausländische Rechtsträger – insbesondere mit Haftungsbeschränkung –, die am deutschen Rechtsverkehr teilnehmen, berühren nicht nur private, sondern auch öffentliche Interessen (einschließlich des Vertrauens in die Wirtschaftsordnung). 110

Mit dieser EuGH-Rechtsprechung – die im Ergebnis die Wirkung der Sitztheorie auf das Verhältnis zu den Nicht-EU/EWR-Staaten begrenzt hat – ist innerhalb der EU ein „*Wettbewerb der Gesellschaftsrechte*" eröffnet worden[5]. Dieser hat zu einem Boom von ausländischen Rechtsträgern in Deutschland geführt, vorzugsweise in der **Rechtsform einer „Limited"**. Diese nach englischem Recht gegründeten „*privates companies limited by shares*" (Ltd.) – eigentlich kleine Aktiengesellschaften mit der Funktion einer GmbH, aber ohne festes Mindestkapital, deren Registrierung im „House of Companies" in Cardiff zügig und (zunächst auch) preiswert zu bewirken ist – haben als (scheinbar) billigere und schnellere Alternative zur GmbH zunächst eine beträchtliche Attraktivi- 111

---

1 EuGH v. 12.7.2012 – Rs. C-378/10 – VALE, NJW 2012, 2715 (m. Bespr. *Böttcher/Kraft*, NJW 2012, 2701) = EuZW 2012, 621 m. Anm. *Behrens* = NZG 2012, 871; in dieser Richtung schon EuGH v. 12.9.2006 – Rs. C 196/04 – Cadburry-Schweppes, Slg. 2006 I-7995 = EuZW 2006, 663; vgl. auch EuGH v. 20.6.2013 – Rs. C 186/12, EuZW 2012, 664.
2 Vgl. *König/Bormann*, „Genuine Link" und freie Rechtsformwahl im Binnenmarkt, NZG 2012, 1241; *Kindler*, Der reale Niederlassungsbegriff nach dem VALE-Urteil des EuGH, EuZW 2012, 888; *Bayer/Schmidt, J.*, Das Vale-Urteil des EuGH: Die endgültige Bestätigung der Niederlassungsfreiheit als „Formwechselfreiheit", ZIP 2012, 1481; *Roth, G.H.*, Das Ende der Briefkastengründung?, ZIP 2012, 1744; *Drygala*, Europ. Niederlassungsfreiheit vor der Rolle rückwärts?, EuZW 2013, 569.
3 Vgl. BGH v. 27.10.2008 – II ZR 158/06 – Trabrennbahn, BGHZ 178, 192 = NJW 2009, 289 = GmbHR 2009, 138 = BB 2009, 14 (im Verhältnis zur Schweiz); BGH v. 8.10.2009 – IX ZR 227/09 – Ltd. aus Singapur, GmbHR 2010, 211 = ZIP 2009, 2385; *Kindler* in MüKo-BGB, IntGesR Rz. 144 ff., 358; *Hohloch* in Erman, BGB, Anh. II zu Art. 12 EGBGB Rz. 7, 11 ff.; *Westermann* in Scholz, Anh. § 4a GmbHG Rz. 2 f., 10 ff.
4 Näher z.B. *Kindler* in MüKo-BGB, IntGesR Rz. 368 ff.
5 Dazu z.B. *Sandrock/Wetzler*, Dt. GesR im Wettbewerb der Rechtsordnungen, 2004.

tät entwickelt[1]. Auch die – gesellschaftsrechtlich zulässige – Kombination der „*Ltd. & Co KG*" hat zwischenzeitlich nennenswerten Zuspruch gefunden[2]. – Inzwischen ist der *Höhepunkt* deutlich *überschritten*, weil zum einen der deutsche Gesetzgeber Alternativen eröffnet hat (Rz. 112) und weil das ausländische „Kostüm" aufgrund höherer Folgekosten auf Dauer doch weniger „kleidsam" ist als zunächst angenommen. Ungeachtet mancher überzogenen Hochrechnung in früheren Jahren sinken die im Handelsregister erfassten Bestandszahlen seit fünf Jahren kontinuierlich und flächendeckend ab[3]. Dafür haben sich aber auch andere ausländische Rechtsträger bei uns bemerkbar gemacht, etwa die (in strafrechtlicher Hinsicht eher unproblematische) britische LLP im Bereich der freien Berufe (Rz. 94a).

112 Der **deutsche Gesetzgeber** hat mit dem am 1.11.2008 in Kraft getretenen[4] „*Gesetz zur Modernisierung des GmbH-Rechts und zur Bekämpfung von Missbräuchen* (**MoMiG**)" reagiert. Dessen Schwerpunkt liegt auf dem Zivilrecht.

Die Schaffung einer speziellen Variante einer „unterkapitalisierten GmbH" in Gestalt der „**Unternehmergesellschaft** *(UG) (haftungsbeschränkt)*" (§ 5a GmbHG; Rz. 3a, 76) – bei gleichzeitiger Belassung des gesetzlichen Mindestkapitals von 25 000 Euro für die „Normal"-GmbH – stellt die markanteste Reformmaßnahme dar. Wenn sich auch die wirtschaftskriminelle Relevanz der UG bis jetzt noch nicht hinreichend einschätzen lässt[5], so hat sich jedenfalls die Attraktivität der „Limited" deutlich und nachhaltig reduziert, was als „Bewährung" des MoMiG zu bewerten ist[6]. Die UG hat die Ltd. bei den Neugründungen bei Weitem überholt[7].

---

1 Der damals maßgebende „Companies Act (CA) 1985" ist seit 2008 durch den CA 2006 abgelöst; aus dem umfangreichen Schrifttum z.B. *Bayer* in Lutter/Hommelhoff, Anh. II zu § 4a GmbHG; *Peschke* in Saenger/Aderhold, Handels- und GesR, § 8 Rz. 479 ff.; *Just*, Die englische Limited in der Praxis, 4. Aufl. 2012; *Ebert/Levedag* in Wachter/Süß, Hdb. Int. GmbH-Recht, Rz. 21 ff., 77 ff.
2 Vgl. *Bayer* in Lutter/Hommelhoff, Anh. II zu § 4a GmbHG Rz. 49 ff.; *Leible* in Michalski, GmbHG, I. Syst. Darst. 2 „Int. GesR" Rz. 198 ff.; *von Höhne*, Die Ltd. & Co. KG, 2011; *Teichmann*, Die Auslandsgesellschaft & Co, ZGR 2014, 220 ff.
3 Die – verdienstvollen, sehr detaillierten – Ermittlungen von *Kornblum* haben folgende Bestandszahlen ergeben: für Anfang 2010: 19 534 ausl. Kapitalgesellschaften, davon 17 551 brit. Ltd., davon 5038 als Komplementär einer dt. KG (GmbHR 2010 R 53, GmbHR 2010, 739 [746]); für Anfang 2014: 13 012 ausl. Kapitalgesellschaften, davon 10 491 brit. Ltd., davon 3117 Ltd. & Co KG (GmbHR 2014, 694 ff.).
4 BGBl. I 2026; nach umfangreicher Einführungs-Literatur sind inzwischen die meisten GmbH-Kommentare (vgl. Allg. Schrifttumsverz.) in Neubearbeitung erschienen.
5 *Bittmann*, wistra 2007, 321 (322): „Es ist absehbar, dass derartige Gesellschaften die Strafjustiz recht häufig beschäftigen werden"; zust. *Tiedemann* in Scholz, Vor § 82 GmbHG Rz. 3 a.E.; vgl. *Weiß*, Die Unternehmergesellschaft (haftungsbeschränkt) aus strafrechtlicher Sicht, wistra 2010, 361.
6 *Bayer/Hoffmann*, Fünf Jahre Unternehmergesellschaft, GmbHR 2013, R 358, berichten zum Stichtag 1.11.2013 von ca. 100 000 UG-Gründungen.
7 *Kornblum*, GmbHR 2014, 694 ff., hat zum Jahreswechsel 2013/2014 insgesamt 92904 eingetragene UG erfasst, davon 6640 UG & Co KG.

Zudem hat das MoMiG durch die Neufassung der § 4a GmbHG, § 5 AktG den **„Export" 113 deutscher Kapitalgesellschaften** ermöglicht: Unter *Aufgabe der Sitztheorie* kann nun eine AG oder GmbH ihren Satzungssitz in Deutschland behalten und gleichwohl ihren effektiven Verwaltungssitz im Ausland (auch in Nicht-EWR-Staaten) haben. Damit ist bereits ein zentraler Teil des erwähnten (Rz. 101) deutschen *Referenten-Entwurfs* für eine *Regelung des IPR der juristischen Personen und Gesellschaften*, der eine umfassende Aufgabe der Sitztheorie und die – auch im Schrifttum vielfach befürwortete – Übernahme der Gründungstheorie vorsieht[1], vorweggenommen worden.

II. Strafrechtliche Auswirkungen

Dass die EuGH-Rechtsprechung und das dadurch bedingte Erscheinen der Ltd. 114 in Deutschland (überwiegend in Gestalt von „Scheinauslandsgesellschaften") auch **Auswirkungen auf das Strafrecht** und die Strafrechtspraxis hat, löste mit einer gewissen Verzögerung[2] ebenfalls Diskussionen aus[3]. Angesichts der ersten Insolvenzen solcher EU-Auslandsgesellschaften wurden die Strafverfolgungsorgane vor zunächst ungewohnte Herausforderungen gestellt[4]. Die Feststellung gravierender Strafbarkeitslücken hat den Gesetzgeber veranlasst, im Rahmen des MoMiG (Rz. 112, 126 ff.) neben das Ziel der GmbH-Modernisierung auch die *Missbrauchsbekämpfung* zu stellen. Das hat zu Änderungen der *Sanktionsnormen* nicht nur für die GmbH, sondern auch für die AG und darüber hinaus geführt (Rz. 130 f.)[5]. Die Frage nach der Strafbarkeit des „director" einer Ltd. war schließlich Gegenstand mehrerer Monografien[6].

Es steht außer Zweifel, dass gegen die Verantwortlichen ausländischer Kapital- 115 gesellschaften in Deutschland **nicht** mit **ausländischem**, etwa englischem,

---

1 Abrufbar unter www.bmj.de; vorausgegangen ist der Entw. des Dt. Rats für IPR, RIW 2006 Beil 1; vgl. dazu *Bayer/Schmidt, J.*, BB 2010, 394 f.; *Leible* in Michalski, GmbHG, I. Syst. Darst. 2 „Int. GesR" Rz. 16 ff.
2 *Hoffmann*, Reichweite der Niederlassungsfreiheit: bis in das Strafrecht?, in Sandrock/Wetzler, Dt. GesR im Wettbewerb der Rechtsordnungen, 2004, S. 227 ff.; *Rönnau*, ZGR 2005, 832 (833): „vorsichtige Annäherung".
3 Vgl. insbes. *Schlösser*, wistra 2006, 81; *Gross/Schork*, NZI 2006, 10 ff.; *Vallender*, ZGR 2006, 425 (457); *Kienle*, GmbHR 2007, 696; *Schumann*, ZIP 2007, 1189; *Mankowski/Bock*, Fremdrechtsanwendung im StrafR [...], ZStW 120 (2008), 704; *Radtke*, GmbHR 2008, 729; *Radtke/Hoffmann*, EuZW 2009, 404.
4 Vgl. AG Stuttgart v. 18.12.2007 – 105 Ls 153 J2 47778/05, wistra 2008, 226; dazu *Schumann, A.*, wistra 2008, 229; *Richter*, „Scheinauslandsgesellschaften" in der deutschen Strafverfolgungspraxis, in FS Tiedemann, 2008, S. 1023 ff.
5 Zusammenfassend *Schäuble*, Die Auswirkungen des Gesetzes [...] (MoMiG) auf das GmbH-Strafrecht, 2012.
6 Z.B. *Weiß, U.*, Strafbare Insolvenzverschleppung durch den director einer Ltd., 2009 (Diss. Potsdam 2008); *Worm*, Die Strafbarkeit eines director einer engl. Ltd. nach dt. Strafrecht, 2009 (Diss. München 2008); *Hinderer*, Insolvenzstrafrecht und EU-Niederlassungsfreiheit am Beispiel der engl. Ltd., 2010 (Diss. Tübingen); *Labinski*, Zur strafrechtlichen Verantwortlichkeit des directors einer englischen Limited, 2010; *Pattberg*, Die strafrechtliche Verantwortlichkeit des Directors einer englischen Limited in Krise und Insolvenz, 2010; *Stärk*, Strafbarkeit des geschäftsführenden Organs einer [...] (Ltd.) in Deutschland, 2012; *Wilde*, Die Strafbarkeit des director einer engl. Ltd. wegen Insolvenzverschleppung, 2012.

Strafrecht vorgegangen werden kann. Dies ergibt sich aus dem strafrechtlichen Territorialitätsgrundsatz (§ 4 Rz. 6 f.) und ist allgemeine Meinung[1].

Davon zu unterscheiden ist die Frage, ob im Rahmen eines deutschen Straftatbestands auch ausländisches Recht, etwa ausländisches Gesellschaftsrecht, herangezogen werden darf bzw. muss (sog. **Fremdrechtsanwendung**). Diese Frage wird grundsätzlich bejaht[2], soweit es um die Ausfüllung von normativen Tatbestandsmerkmalen geht, für solche *Blankett-Tatbestände*, die erst durch „Zusammenlesen" verschiedener deutscher Normen ihren konkreten Inhalt erhalten, aber *verneint*. Kern des Problems ist somit die Frage, ob und inwieweit durch den Einsatz von Auslandsgesellschaften *deutsches* Strafrecht unterlaufen werden kann und mit welchen Maßnahmen dies andererseits am besten zu verhindern ist.

1. Relevanz der Rechtsform

a) Rechtsform-neutrale Sanktionsvorschriften

116 Keine grundsätzlichen Probleme bereiten die ausländischen Unternehmensträger für die Anwendung der Straf- und Bußgeldnormen, die **rechtsform-unabhängig** (*rechtsform-neutral*) sind. Dass die Vorschriften des StGB, die sich an *jedermann* wenden, auch auf die Verantwortlichen von ausländischen Rechtsträgern anwendbar sind, war nie ernstlich zweifelhaft. Auch bei den Sanktionsnormen, die sich als Sonderdelikte (§ 22 Rz. 8) nur an Personen mit näher bestimmten Merkmalen wenden, ist es meist unproblematisch, sie auf Personen zu erstrecken, die diese Merkmale im Rahmen eines ausländischen Rechtsträgers erfüllen.

117 **aa)** Zunächst erfassen die allgemeinen **strafrechtlichen Zurechnungsnormen** der § 14 StGB/§ 9 OWiG alle Auslandsgesellschaften: Ihre deutschen Niederlassungen sind in gleicher Weise „Unternehmen oder Betriebe" wie diejenigen von deutschen Unternehmensträgern (Rz. 13 ff.; § 30 Rz. 74 ff.). Das gilt auch für § 75 StGB/§ 29 OWiG, ebenso für die *Unternehmensgeldbuße* (§ 30 OWiG; Rz. 37 ff.; § 21 Rz. 94 ff.). Auch wenn der gesetzlich umschriebene Anwendungsbereich dieser Normen nicht identisch ist, fallen die relevanten ausländischen Unternehmensträger entweder in die Gruppe der „juristischen Personen" oder notfalls in die der „rechtsfähigen Personengesellschaften". Nach-

---

1 BGH v. 26.7.1967 – 4 StR 38/67, BGHZ 21, 277 (282); BGH v. 13.4.2010 – 5 StR 428/09 – Rz. 19, wistra 2010, 268 = GmbHR 2010, 819; *Werle/Jeßberger* in LK, Vor § 3 StGB Rz. 330 ff.; *Tiedemann* in LK, § 283 StGB Rz. 244 f.; *Ambos* in MüKo, Vor §§ 3–7 StGB Rz. 25 ff., 64 ff.; *Böse* in NK, Vor § 3 StGB Rz. 63; *Hoyer* in SK, Vor § 3 StGB Rz. 9, 36; *Tiedemann* in Scholz, Vor §§ 82 ff. GmbHG Rz. 64 a.E.; *Ransiek* in Ulmer/Habersack/Winter, Vor § 82 GmbHG Rz. 69; *Schlösser*, wistra 2008, 88; *Worm*, Strafbarkeit, S. 31 f.
2 Vgl. *Tiedemann* in Scholz, Vor §§ 82 ff. GmbHG Rz. 68; *Eser* in S/S, Vor §§ 3–7 StGB Rz. 13; *Hoyer* in SK, Vor § 3 StGB Rz. 42 f.; *Böse* in NK, Vor § 3 StGB Rz. 67; *Satzger*, Int. und Europ. StrafR, § 3 Rz. 4, 6., § 9 Rz. 58 ff.; *Walter, T.* in FS Tiedemann, 2008, S. 969 (985 f.); *Schumann*, ZIP 2007, 1189; *Mankowski/Bock*, ZStW 120 (2008), 704; *Kraatz*, Zu den Grenzen einer „Fremdrechtsanwendung" im Wirtschaftsstrafrecht [...], JR 2011, 58 ff.

dem die Niederlassungsfreiheit im Verständnis des EuGH (Rz. 108) bewirkt, dass die vom ausländischen Recht verliehene Rechtsträgerschaft im Inland ohne Weiteres fortbesteht, hat dies zur Folge, dass die für rechtsfähige Gesellschaften geltenden Zurechnungsnormen auch für die nach ausländischem Recht gegründeten Unternehmensträger gelten. Auch die Sanktionsnormen, die sich nur an den *Unternehmer* („Inhaber eines Betriebes oder Unternehmens") wenden (z.B. die Verletzung der Aufsichtspflicht – § 130 OWiG; § 30 Rz. 125 ff.), sind zwanglos auf die Verantwortlichen des ausländischen Unternehmensträgers bzw. seiner deutschen Niederlassung anwendbar.

bb) Desgleichen wirft die Ltd. für die **Untreue** (§ 266 StGB) keine unüberwindlichen Hindernisse auf. Auch wenn sich dieser Tatbestand als Sonderdelikt nur an Personen in besonderer Pflichtenstellung wendet, lässt sich diese Pflicht eines Organmitglieds auch nach ausländischem Gesellschaftsrecht bestimmen (Rz. 115), denn die Untreue ist keine Blankettnorm. Diese Pflichten etwa nach englischem Gesellschaftsrecht unterscheiden sich von denen nach deutschem Gesellschaftsrecht nicht grundsätzlich[1]. Deshalb ist der „*director*" einer Ltd. im Falle des Missbrauchs seiner Vertretungsmacht oder eines (sonstigen) Treubruchs (vgl. § 32 Rz. 9 ff., 93 ff.) in gleichem Maße strafbar wie der Geschäftsführer einer GmbH oder Vorstand einer AG[2]. – Begeht der „director" einer Ltd. einen *Betrug* (§ 263 StGB) oder eine *Urkundenfälschung* (§ 267 StGB), bereitet die Anwendung dieser Straftatbestände ebenso wenig rechtliche Schwierigkeiten wie bei vielen Sonderdelikten, etwa „als Arbeitgeber" im Rahmen einer *Beitragsvorenthaltung* (§ 266a StGB; § 38 Rz. 1 ff.)[3].

118

cc) Dies gilt schließlich auch für das allgemeine **Insolvenz-Strafrecht** (§§ 283 ff. StGB, unten §§ 76 ff.), wenn die Ltd. in die Lage einer „Schuldnerin" geraten ist (und die dort genannte objektive Bedingung einer Strafbarkeit erfüllt). Auch dann, wenn die *Kaufmannseigenschaft* vorausgesetzt ist oder wenn auf *Handelsrecht* verwiesen wird – wie bei den Buchführungsdelikten – kann die Rechtsform einer Auslandsgesellschaft die Verantwortlichen nicht vor der Strafbarkeit bewahren. Denn diese Strafnormen des StGB sind nicht rechtsformspezifisch[4]. Die Pflichten der Rechnungslegung (einschließlich der Offenlegung) sind den in Deutschland tätigen Kaufleuten als öffentlich-rechtliche

119

---

1 Vgl. z.B. *Hoffmann, N.* in Sandrock/Wetzler, S. 252 ff.; *Radtke*, Untreue [...] zu Lasten von ausländischen Gesellschaften, GmbHR 2008, 729; *Radtke/Hoffmann, M.*, Gesellschaftsakzessorietät bei der strafrechtlichen Untreue zu Lasten von Kapitalgesellschaften? – oder „Trihotel" und die Folgen, GA 2008, 335 ff.; *Livonius*, wistra 2009, 91 ff.
2 Näher *Worm*, Strafbarkeit, S. 96 ff., 180 ff.; *Tiedemann* in Scholz, Vor §§ 82 ff. GmbHG Rz. 67; ebenso BGH v. 13.4.2010 – 5 StR 428/09, wistra 2010, 268 m. Anm. *Beckemper*, ZIS 2010, 554 = GmbHR 2010, 819 m. Anm. *Mankowski/Bock*; dazu *Schramm*, ZIS 2010, 494.
3 *Richter* in FS Tiedemann, 2008, S. 1038 ff.; *Wilk/Stewen*, Die Insolvenz der Limited in der dt. Strafrechtspraxis, wistra 2011, 161.
4 Vgl. *Tiedemann* in LK, § 283 StGB Rz. 92, 242 ff.; *Tiedemann* in Scholz, Vor § 82 GmbHG Rz. 24 f., 26; *Radtke/Hoffmann*, EuZW 2009, 405; *Worm*, Strafbarkeit, S. 78 ff.; *Kienle*, GmbHR 2007, 697.

Pflichten auferlegt, sodass ein Unternehmer sich nicht durch privatrechtliche Gestaltung diesen Pflichten entziehen kann.

119a Die *Kaufmannseigenschaft* bestimmt sich – soweit deutsches Strafrecht anwendbar ist – grundsätzlich nach deutschem Recht, auch dann, wenn das ausländische Gründungsrecht die Kategorie des „Kaufmanns" überhaupt nicht kennt[1]. Die **Registerpflicht** gilt für alle Niederlassungen ausländischer Unternehmensträger, wenn diese nach deutschem Recht als Einzelkaufmann, als juristische Person oder als Handelsgesellschaft zu qualifizieren sind (§ 13d HGB); für Kapitalgesellschaften gelten noch ergänzende Bestimmungen (§§ 13e–13g HGB). Deshalb gehört die (eingetragene) Niederlassung eines ausländischen Unternehmensträgers zu den *„Kaufleuten kraft Eintragung"* (Rz. 107; § 22 Rz. 42 ff.). Die Eintragung ist, wenn die Anmeldung nicht freiwillig erfolgt, mithilfe des Registerzwangs (§ 14 HGB; § 22 Rz. 39) durchzusetzen.

120 **dd)** Soweit es um **EU-Auslandsgesellschaften** (in der Form von Kapitalgesellschaften – einschließlich solcher des EWR, § 5 Rz. 12; § 6 Rz. 23) geht, bestimmt sich die Rechnungs- und Offenlegungspflicht als Folge von Niederlassungsfreiheit und Gründungstheorie nach *harmonisierten europäischen* Vorschriften, sodass es im Ergebnis keinen erheblichen Unterschied macht, ob gegen die Vorschriften des deutschen Handelsrechts oder die des „Companies Act" verstoßen wurde[2]. Insoweit gilt EU-weit (bzw. EWR-weit) das Prinzip der Gleichwertigkeit und der „gegenseitigen Anerkennung", das auch sonst in Europa in vielen Bereichen maßgeblich ist.

120a Diese Rechtslage hat bezüglich der **Offenlegung** ihren Niederschlag in **§ 325a HGB** gefunden: Die EU-Auslandsgesellschaften haben das „Privileg", die Unterlagen der Rechnungslegung nach den ausländischen (aber europäisch harmonisierten) Vorschriften vorzulegen, ggf. auch in englisch (§ 41 Rz. 23). Insoweit erfassen die Tatbestandsmerkmale „Handelsrecht" und „Handelsbücher" (§§ 283 Abs. 1 Nr. 5–7, 283b Abs. 1 StGB) das *ausländische* Recht der Rechnungslegung. Sind diese EU-ausländischen Anforderungen im konkreten Fall erfüllt, entfällt eine Strafbarkeit. Entsprechen die Unterlagen etwa einer Ltd. sogar in vollem Umfang den Anforderungen des deutschen Handelsrechts, entfällt gleichermaßen eine Strafbarkeit, ohne dass es darauf ankommt, ob die Rechnungslegung auch englischen Anforderungen entspricht (und ob dort die Offenlegungspflichten erfüllt wurden). Denn § 325a HGB zielt auf eine Erleichterung der Rechnungs- und Offenlegungspflichten für EU-Gesellschaften, stellt aber gegenüber den „normalen" Pflichten keine zusätzlichen Erfordernisse auf; eine „Verdoppelung" der Rechnungslegungspflichten soll gerade ausgeschlossen sein.

---

1 Zum sog. Wirkungsstatut (und weiteren Anknüpfungen) näher *Kindler* in MüKoBGB, Int. GesR Rz. 148 ff., 174 ff.; *Leible* in Michalski, GmbHG, Syst. Darst. 2 „Int. GesR" Rz. 136, 228; *Westermann* in Scholz, GmbHG, Einl. Rz. 87 ff., 97 ff., 121; *Schmidt-Kessel*, HandelsregisterR, Einl. Rz. 55 ff., 70 f.; vgl. auch *Tiedemann* in LK, § 283 StGB Rz. 245 a.E.
2 Zu Recht offengelassen von AG Stuttgart v. 18.12.2007 – 105 Ls 153 Js 47778/05, wistra 2008, 226 m. zust. Anm. *Schumann*, 229 f.

b) Rechtsform-spezifische Tatbestände

aa) Nur dann, wenn die Sanktionsnorm – wie im herkömmlichen deutschen Gesellschaftsstrafrecht (Rz. 73 ff.) – mit einer bestimmten (deutschen) Unternehmensform verknüpft ist, wird der Rechtsträger in ausländischer Gestalt zum Problem. Die Feststellung, dass die speziellen **Tatbestände des GmbHG oder AktG** nur für Unternehmensträger in diesen Organisationsformen gelten können und nicht auf gleichartig strukturierte ausländische Unternehmensträger anwendbar sind, war nahezu einhellig[1] und ist nicht ernsthaft in Zweifel zu ziehen.

Das Gleiche gilt für die Straf- und Bußgeldnormen der **§§ 331–334 HGB**[2], die sich nur scheinbar allgemein an „Kapitalgesellschaften" wenden. In der Überschrift vor § 264 HGB hat sich die legislatorische Absicht i.S. einer gesetzlichen Definition niedergeschlagen, dass nur die dort genannten *deutschen Kapitalgesellschaften* gemeint sind. Eine englische Ltd., eine französische SARL oder eine spanische SLS gehören nicht zum Adressatenkreis dieser HGB-Vorschriften[3]; deren Ausdehnung auf EU-Auslandsgesellschaften würde gegen das strafrechtliche *Analogieverbot* verstoßen.

Diese Sicht bestätigt § 335b HGB, der die Anwendbarkeit der auf deutsche Kapitalgesellschaften zugeschnittenen Normen auf „**bestimmte Personengesellschaften**" – nämlich ohne persönlich unbeschränkt haftende natürliche Person (§ 264a HGB; Rz. 95) – ausdehnt. Diese (2000 eingefügte) Bestimmung verdeutlicht das Maß an Bestimmtheitsanforderungen, das Sanktionsnormen im Verhältnis zu den einzelnen Gesellschaftsformen aufweisen müssen, und belegt damit die Strenge des Analogieverbots.

Wird im Wege der (zulässigen, Rz. 111) *Rechtsform-Vermischung* die Ltd. (oder eine andere ausländische Kapitalgesellschaft) als persönlich haftender Gesellschafter einer **deutschen KG** eingesetzt, dann steht einer Anwendbarkeit der HGB-Straf- und Bußgeldnormen *auf die KG* nichts im Wege: Der in Bezug genommene § 264a HGB setzt weder nach dem Wortlaut noch nach dem Sinn eine deutsche Rechtsform (GmbH, auch UG, oder AG) als Komplementär voraus. Die KG ist uneingeschränkt deutschem Handelsrecht unterworfen; für

---

1 Z.B. *Schumann*, DB 2004, 743 (746); *Wachter*, GmbHR 2004, 88 (101); *Spindler/Berner*, RIW 2004, 7 (13); *Rönnau*, ZGR 2005, 839 f.; *Spahlinger/Wegen*, Int. GesR in der Praxis, 2005, Rz. 779; *Schlösser*, wistra 2006, 84 (88); *Gross/Schork*, NZI 2006, 10 (14 f., nicht wegen des Analogieverbots, sondern Maßgeblichkeit der Gründungstheorie); *Kienle*, GmbHR 2007, 697; *Bittmann*, GmbHR 2007, 70 (75); *Bittmann*, wistra 2007, 321; *Richter* in FS Tiedemann, 2008, S. 1032; *Tiedemann* in Scholz, Vor §§ 82 ff. GmbHG Rz. 64; *Ransiek* in Ulmer/Habersack/Winter, Bd. III, 2008, vor § 82 GmbHG Rz. 68; *Worm*, Strafbarkeit, S. 47 ff., 59; a.A. *Weiß, U.*, Insolvenzverschleppung, S. 140 ff., 212 ff.
2 Vgl. zum Folgenden *Müller-Gugenberger* in FS Tiedemann, 2008, S. 1003 (1009) m.w.Nw.; ebenso z.B. *Worm*, Strafbarkeit, S. 47 ff.
3 A.A. – gegen die h.M. – z.B. *Weiß, U.*, Insolvenzverschleppung, S. 21 f., 212 ff., dessen Argumentation, das dt. GmbHG erfasse grundsätzlich auch entsprechende ausländische Gesellschaften (S. 134 ff.), nicht überzeugt, zumal sich aus § 35a Abs. 4 GmbHG das Gegenteil ergibt.

den persönlich haftenden Gesellschafter in Gestalt einer Ltd. ist dagegen englisches Gesellschaftsrecht maßgebend[1].

124 **bb)** Besonders deutlich hat sich das Problem der Maßgeblichkeit der Rechtsform beim Tatbestand der **Insolvenzverschleppung** gezeigt, der bis zum Inkrafttreten des MoMiG in den einzelnen Gesellschaftsgesetzen geregelt war. Trotz ihrer strukturellen Verwandtschaft konnte die Strafnorm des § 84 Abs. 1 Nr. 2 (a.F) i.V.m. § 64 GmbHG nicht auf eine „Ltd." erstreckt werden. Für die *zivilrechtliche* Insolvenzverschleppungshaftung (§ 64 GmbHG – früher: Abs. 2) ist indessen eine solche Analogie nicht ausgeschlossen[2]. Wenn ein Verhalten, das bei Verwendung einer deutschen Organisationsform mit Strafe bedroht ist, bei Verwendung einer ähnlichen ausländischen Unternehmensform nicht strafbar ist, dann stellt dies eine unberechtigte *Bevorzugung ausländischer* Rechtsformen – und damit eine „Wettbewerbsverzerrung" – dar.

2. Reform durch das MoMiG

125 Der (unstrittige) Befund, dass nur die rechtsform-neutralen Zuwiderhandlungstatbestände auf Auslandsgesellschaften anwendbar sind, nicht aber die rechtsform-spezifischen, hat den **Gesetzgeber** zum Eingriff veranlasst. Das MoMiG (Rz. 112) hat die wichtigsten Ungleichgewichte beseitigt.

126 Für die **Beseitigung dieser Wettbewerbsvorteile** ausländischer Unternehmensformen gibt es für den strafrechtlichen Bereich *drei* Möglichkeiten: *Verzicht* auf eine Strafbarkeit auch für deutsche Rechtsformen oder *Ersetzung* von rechtsformspezifischen Straftatbeständen durch rechtsform-neutrale Tatbestände oder die ausdrückliche *Erstreckung* der rechtsformspezifischen Strafnormen auf gleichartige ausländische Rechtsformen. Das MoMiG hat teilweise den zweiten (Rz. 127) und teilweise den dritten Weg (Rz. 130) gewählt[3]. Von der erstgenannten Möglichkeit – was insbesondere für das (vorsätzliche und fahrlässige) Unterlassen der Kapitalschwund-Anzeige (§ 84 GmbHG, früher § 84 Abs. 1 Nr. 1, Abs. 2 GmbHG a.F.) zu erwägen gewesen wäre[4] – hat das MoMiG keinen Gebrauch gemacht.

127 **a)** Das MoMiG hat die wohl größte Unzuträglichkeit im strafrechtlichen Bereich, nämlich die Straflosigkeit der **Insolvenzverschleppung** bei der Ltd. und ihren „Schwestern", durch die Wahl einer rechtsform-übergreifenden *insolvenzrechtlichen* Lösung beseitigt. Die Verpflichtung der Unternehmensverantwortlichen zur Stellung des Insolvenzantrags bei Zahlungsunfähigkeit (§ 17 InsO) oder bei Überschuldung (§ 19 InsO) ist nun für *alle juristischen Personen* (vgl. Rz. 71) gleich welcher „Nationalität" in **§ 15a InsO** geregelt[5]. Ob aller-

---

1 Vgl. AG Stuttgart (oben Rz. 120) m. Anm. *Schumann*.
2 Z.B. KG v. 24.9.2009 – 8 U 250/08, GmbHR 2010, 99 m. Anm. *Mock*; LG Kiel v. 20.4.2006 – 10 S 44/05, ZIP 2006, 1248 m. Anm. *Just*.
3 *Müller-Gugenberger*, GmbHR 2009, 578 ff.; vgl. weiter *Weyand*, ZInsO 2008, 702 ff.; *Bittmann*, NStZ 2009, 113 ff.
4 *Tiedemann* in Scholz, § 84 GmbHG Rz. 1; *Müller-Gugenberger*, GmbHR 2009, 582.
5 Begr. zum RegEntw, BT-Drs. 16/6140, S. 55; *Preuß* in Kübler/Prütting/Bork, § 15a InsO Rz. 6 ff., 19 (Stand 9/12); *Schmerbach* in FK, § 15a InsO Rz. 1; *Karsten Schmidt/Herchen* in K. Schmidt, 18. Aufl. 2013, § 15a InsO Rz. 10; *Bußhardt* in Braun, § 15a InsO Rz. 2; *Mönning* in Nerlich/Römermann, § 15a InsO Rz. 20 ff. (Stand 3/2012).

dings diese Lösung europarechtlich tragfähig ist, wird teilweise bezweifelt und ist derzeit noch nicht abschließend geklärt[1]. Der eigentliche Straftatbestand für *vorsätzliches* Unterlassen steht in *Abs. 4*, für *fahrlässige* Nicht-Anmeldung in *Abs. 5* (näher § 80 Rz. 1 ff.). Die bisherigen rechtsform-spezifischen Straftatbestände im GmbHG, im AktG, im HGB, im GenG und im EWIV-AG wurden gestrichen.

Diese grundsätzlich zu begrüßende Lösung hat indes einen **systematischen Mangel**: Die Strafnormen bzgl. der Insolvenzverschleppung gehören *richtigerweise ins StGB* in dessen 24. Abschnitt – als § 282a[2] oder auch als § 283e[3] – und nicht gleichsam „nebenbei" in die InsO. Ohne hinreichenden Grund wurde der Weg des 1. WiKG (und zahlreicher nachfolgender Gesetze; § 1 Rz. 63 ff.), das die Strafbestimmungen der (damaligen) Konkursordnung aus allgemeinen und zutreffenden kriminalpolitischen Erwägungen ins StGB transferiert hatte, verlassen. Obwohl der wirtschaftliche und sachliche Zusammenhang mit den anderen Insolvenzstraftaten so evident ist, hat der Gesetzgeber durch Implantierung einer Strafnorm in die InsO einem systematischen Rückschritt den Vorzug gegeben. 128

Hervorzuheben ist, dass im Falle der **„Führungslosigkeit"** die strafbewehrte *Insolvenzantragspflicht* bei der GmbH auf *alle* Gesellschafter (§ 35 Abs. 1 S. 2 GmbHG) und bei der AG und Genossenschaft auf alle Mitglieder des Aufsichtsrats (§ 78 Abs. 1 S. 2 AktG; § 24 Abs. 1 S. 2 GenG) erstreckt worden ist (§ 15a Abs. 3 InsO; § 80 Rz. 35). Diese Erweiterung des Täterkreises bezweckt vor allem eine bessere Bekämpfung der sog. *Bestattungsfälle* (näher § 87 Rz. 44)[4]. Andere, insbesondere ausländische Unternehmensträger werden jedenfalls strafrechtlich von dieser Erweiterung nicht erfasst; das bedeutet nicht nur einen Bruch mit der Grundkonzeption der Reform, sondern ist auch rechtspolitisch fragwürdig. 129

b) Anders hat das MoMiG das zweite strafrechtliche Hauptproblem gelöst: Die *Strafbarkeit falscher Angaben* im Rahmen der **Eignungstäuschung** (§ 82 Abs. 1 Nr. 5 GmbHG, § 399 Abs. 1 Nr. 6 AktG; Rz. 74, 80) ist ausdrücklich auf jedes „Mitglied des Leitungsorgans einer ausländischen juristischen Person" erstreckt worden[5]. Ergänzt wird diese Erstreckung nicht nur durch einen erheblich verlängerten Katalog von Vortaten (§ 6 Abs. 2 S. 2 Nr. 3 GmbHG; § 76 Abs. 3 S. 2 Nr. 3 AktG), die zur Ungeeignetheit als Geschäftsführer oder Vorstand führen, sondern auch durch die Ausdehnung auf eine *„Verurteilung im Ausland"* wegen einer „vergleichbaren" Tat (jeweils Satz 3). Dabei gilt jede Auslandsverurteilung, nicht etwa nur eine innerhalb der EU. Mit dieser – rechtsstaatlich unbedenklichen – Lösung sind indes die Strafverfolgungsbehör- 130

---

1 Verneinend *Klöhn* in MüKo, 3. Aufl. 2013, § 15a InsO Rz. 50 ff., 56; zweifelnd *Hirte* in Uhlenbruck, § 15a InsO Rz. 2, 3; *Mitter* in Haarmeyer/Wutzke/Förster, § 15a InsO Rz. 9; *Bittmann/Gruber*, GmbHR 2008, 867.
2 So *Müller-Gugenberger* in FS Tiedemann, 2008, S. 1017 f.; *Müller-Gugenberger*, GmbHR 2009, 580.
3 So *Bittmann*, wistra 2007, 321 (322); *Bittmann*, NStZ 2009, 113 (115); ähnlich *Worm*, Strafbarkeit, S. 232.
4 Mit Recht skeptisch *Richter*, unten § 80 Rz. 36; ähnlich *Bittmann*, NStZ 2009, 113 (115): „[...] strafrechtlich bestenfalls theoretisch interessant."
5 Vgl. auch BGH v. 7.5.2007 – II ZB 7/06, ZIP 2007, 1306, zum Eintragungshindernis einer Gewerbeuntersagung auch für director einer Ltd.; auf Vorlage durch OLG Jena v. 9.3.2006 – 6 W 693/05, ZIP 2006, 708.

den und Strafgerichte vor eine nicht ganz einfache Aufgabe gestellt worden: Materiell-rechtliche Strafrechtsvergleichung (§ 7 Rz. 1 ff.) wird damit zur Tagesaufgabe. Das verstärkte Zusammenwirken der Mitgliedstaaten auch im Bereich des Strafrechts (§ 6 Rz. 76, 117 ff.) wird andererseits diesem Erschwernis entgegenwirken und dazu beitragen, dass sich zumindest innerhalb der EU bzw. des EWR gleichartige Maßstäbe herausbilden.

131 **c)** Das MoMiG bewirkt allerdings **keine völlige Gleichstellung** zwischen GmbH und Ltd. (u.a.) in strafrechtlicher Hinsicht. Die weiteren Tatbestände des § 82 GmbHG bzw. § 399 AktG bezüglich Falschangaben, (sonstiger) Gründungsschwindel u.a. sind ebenso wie die Bußgeldtatbestände in § 334 HGB oder in § 405 AktG (Rz. 74 f., 80 f.) – ausgeprägt auf die jeweiligen rechtsformspezifischen Regelungen bezogen, sodass eine analoge Anwendung ausscheidet. Die weitere Entwicklung wird zeigen, welches Gewicht die verbliebene Unterschiedlichkeit hat. Die umfassendere Strafbarkeit von Falschangaben könnte ja auch geeignet sein, das Vertrauen in eine deutsche Rechtsform im Vergleich zu einer ausländischen zu erhöhen.

132 Die Tatsache, dass z.B. die Strafbarkeit der **Verletzung von Geheimhaltungspflichten**, wie sie von § 85 GmbHG, § 404 AktG und § 151 GenG für das Führungspersonal normiert ist (dazu § 33 Rz. 99), nicht für Auslandsgesellschaften gilt, kann indes für Letztere auch als Wettbewerbs*nachteil* gesehen werden. Denn Schutzobjekt dieser Normen ist – wie das Antragserfordernis verdeutlicht – gerade die juristische Person selbst[1].

133 **d) Zusammenfassend** ist festzuhalten, dass Sanktionsnormen in den einzelnen Gesellschaftsgesetzen grundsätzlich *nur* für die nach diesem Gesetz gegründeten Rechtsträger gelten können, es sei denn, das Gesetz ordnet eindeutig eine Erstreckung auf gleichartige ausländische Rechtsträger und/oder deren Verantwortliche an – wie dies in § 82 Abs. 1 Nr. 5 GmbHG und § 399 Abs. 1 Nr. 5 AktG geschehen ist. Die abweichende Ansicht einer „ausdehnenden Auslegung"[2] verstößt gegen das strafrechtliche Analogieverbot. Dies bestätigen die Normen des § 335 Abs. 1 Nr. 2 i.V.m. § 325a HGB ebenso wie § 35 Abs. 4 i.V.m. § 79 GmbHG/§ 80 Abs. 4 i.V.m. § 407 AktG, die selbst bei Ordnungsgeld-Androhungen ausdrückliche Bestimmungen für die Niederlassungen ausländischer Rechtsträger treffen.

134 Die – schon in den Vorauflagen getroffene[3] – Feststellung, dass sich *ausländische Unternehmensträger*, insbesondere solche ohne haftende natürliche Person, **für wirtschaftskriminelle Aktivitäten** in besonderem Maße **eignen** und auch in der Praxis dafür verwendet werden[4], hat weiterhin ihre Berechtigung. Schon im deutschen Recht hat sich die GmbH als kriminalitätsanfälliger erwiesen als andere Unternehmensformen; die UG wird nicht das Gegenteil beweisen. Eine „Ltd." englischen Rechts bietet bei gleichartiger Struktur durch ihren Auslandsbezug noch mehr Möglichkeiten, als „Werkzeug" für kriminelle

---

1 Auch hier wäre künftig wohl eine rechtsform-neutrale Lösung vorzugswürdig; vgl. *Müller-Gugenberger* in FS Tiedemann, 2008, S. 1019.
2 Etwa *Weiß, U.*, Insolvenzverschleppung [...] (oben Rz. 121 a.E.).
3 3. Aufl. 2000: § 23 Rz. 90; 4. Aufl. 2006: § 23 Rz. 118 ff.; 5. Aufl. 2011: § 23 Rz. 133.
4 Näher *Richter* in FS Tiedemann, 2008, S. 1027 f.

Machenschaften zu dienen. Zwar ist es im Zuge einer fortschreitenden europäischen Integration und der Globalisierung verfehlt, jedem ausländischen Rechtsträger „kraft Rechtsform" wirtschaftskriminelle Absichten zu unterstellen. Gleichwohl ist es geboten, ausländischen Rechtsträgern gegenüber – je nach konkreter Lage des Kontakts – besonders dann, wenn ein echter Bezug zum Gründungsstaat fehlt, ein *gesundes Maß an Skepsis*, wenn nicht gar *Misstrauen* entgegenzubringen, insbesondere bei Kreditgewährung oder Vorleistungen ohne sofortige (vollwertige) Gegenleistung.

So kann es etwa angezeigt sein, Geschäfte nur gegen *Vorkasse* abzuwickeln. Die Gewährung von Geld- oder Sachkrediten sollte nur nach eingehender Prüfung der Bonität oder entsprechender Sicherung erfolgen, denn ein Forderungsausfall allein begründet i.d.R. noch keinen Betrug (dazu § 47 Rz. 2 ff.). Noch mehr Vorsicht ist geboten bei *Kapitalanlagen* aller Art. Denn *vertrauenserweckend* ist die Tatsache jedenfalls *nicht*, wenn ein Geschäftspartner sich nicht nur gescheut hat, das Mindestkapital für eine GmbH bereitzustellen, sondern – trotz UG – eine Auslandsgesellschaft bevorzugt.

2. Kapitel
Beginn (und Änderung) des Unternehmens

§ 24
Anmeldepflichten
Bearbeiter: Joachim Dittrich

	Rz.		Rz.
A. Gewerberecht		**C. Steuer**	
I. Stehendes Gewerbe		**I. Steuerrechtliche Anzeigepflichten**	
1. Allgemeines	1	1. Körperschaften u.a.	45
2. Anzeigepflichtige Tatbestände	7	2. Erwerbstätigkeit	48
3. Sanktionen	13	3. Auslandsbeteiligungen	51
II. Reisegewerbe		4. Anmeldung in besonderen Fällen	53
1. Reisegewerbekarte	19		
2. Reisegewerbekartenfreie Tätigkeiten	26	**II. Sanktionen**	
3. Verbotene Tätigkeiten	28	1. Zwangsmittel	55
4. Wanderlager	30	2. Straftaten	56
5. Märkte und Messen	33	3. Ordnungswidrigkeiten	65
III. Gewerbeuntersagung	34	**D. Sozialversicherung**	
B. Handelsregister		I. Anmeldepflichten	68
I. Anmeldepflicht	35	II. Zuwiderhandlungen	72
II. Sanktionen	40		

A. Gewerberecht

Schrifttum: *Friauf*, Gewerbeordnung, Loseblatt; *Landmann/Rohmer*, Gewerbeordnung und ergänzende Vorschriften, Loseblatt; *Robinski*, Gewerberecht, 2. Aufl. 2002 (zit.: GewR); *Stober*, Allgemeines Wirtschaftsverwaltungsrecht, 17. Aufl. 2011 (zit.: WiVwR I); *Stober*, Besonderes Wirtschaftsverwaltungsrecht, 15. Aufl. 2011 (zit.: WiVwR II); *Stober*, Entscheidungssammlung zum Gewerberecht EzGewR, Loseblatt; *Stollenwerk*, Praxishandbuch zur Gewerbeordnung, 2. Aufl. 2002; *Tettinger/Wank/Ennuschat*, Gewerbeordnung, 8. Aufl. 2011.

I. Stehendes Gewerbe

1. Allgemeines

Nach dem Prinzip der *Gewerbefreiheit* (§ 1 Abs. 1 GewO)[1] kann jeder ohne behördliche Erlaubnis ein stehendes Gewerbe beginnen, verändern oder beenden, mit Ausnahme der unten in § 25 behandelten Fälle, in denen eine besondere

---

1 Neufassung der GewO v. 22.2.1999, BGBl. I 202; vgl. allg. *Stober*, WiVwR II, § 45.

Erlaubnis Voraussetzung ist. Allerdings enthält § 14 GewO eine **allgemeine Anzeigepflicht** für alle **stehenden Gewerbe**. Diese besteht auch dann, wenn gleichzeitig eine *Erlaubnispflicht* besteht oder ein *Befähigungsnachweis* gefordert wird[1].

2 Die Anzeigepflicht dient vor allem der Überwachung der gewerblichen Tätigkeit, sie stellt das notwendige Korrelat zur Gewerbefreiheit dar[2]. Sie soll der Behörde die **Prüfung ermöglichen**, ob etwaige *gesetzliche Voraussetzungen* für den Betrieb des Gewerbes erfüllt sind oder ob *Bedenken gegen die Zuverlässigkeit* des Gewerbetreibenden bestehen[3]. Erlangt die zuständige Behörde auf andere Weise Kenntnis von dem Beginn eines Gewerbebetriebs, so entfällt dadurch die Anzeigepflicht nicht[4].

3 Die Gewerbebehörde stellt dem Anzeigenden innerhalb von drei Tagen eine **Bescheinigung** über den Empfang der Gewerbeanzeige aus (§ 15 Abs. 1 GewO). Außerdem *benachrichtigt* sie[5] die Industrie- und Handelskammer bzw. die Handwerkskammer, das Eichamt, den Hauptverband der gewerblichen Berufsgenossenschaft und das Registergericht, die für den Immissionsschutz zuständige Landesbehörde, die Bundesagentur für Arbeit, das Gewerbeaufsichtsamt (Arbeitsschutz), die Zollverwaltung und das Statistische Landesamt von der Anmeldung (§ 14 Abs. 9 GewO), ferner das Finanzamt (§ 138 AO i.V.m. § 14 Abs. 9 S. 2 GewO) und das Ausländeramt (§ 76 AufenthV).

4 Ein **Gewerbe** ist jede nicht sozial unwertige, auf *Gewinnerzielung* gerichtete und auf *Dauer* angelegte *selbständige Tätigkeit*[6], ausgenommen Urproduktion[7], freie Berufe[8] und Verwaltung eigenen Vermögens[9].

„Ein Gewerbe ist dann gegeben, wenn durch eine fortgesetzt ausgeführte oder doch auf Fortsetzung gerichtete Tätigkeit eine auf gewisse Dauer berechnete Einnahmequelle geschaffen werden soll und das Gesamtbild der zu beurteilenden Tätigkeit den allgemeinen Vorstellungen von Gewerbe entspricht"[10].

Freiberufliche Tätigkeiten sind deshalb nicht anmeldepflichtig, soweit nicht das (hier nicht behandelte) Berufsrecht den Zugang zur Berufstätigkeit regelt. So ist z.B. ein Unternehmensberater, der nach einem abgeschlossenen Studium in einem Hauptgebiet der Betriebswirtschaft beratend tätig ist, nicht anmelde-

---

1 *Marcks* in Landmann/Rohmer, § 14 GewO Rz. 9; *Ambs* in Erbs/Kohlhaas, G 59 § 14 GewO Vorbem. 1; *Berkenhoff*, Stehendes Gewerbe, NWB Fach 30, 625.
2 *Marcks* in Landmann/Rohmer, § 14 GewO Rz. 8; *Stober*, WiVwR II, § 45.
3 BVerwG v. 24.6.1976 – I C 56/74, NJW 1977, 772.
4 *Ambs* in Erbs/Kohlhaas, G 59 § 14 GewO Vorbem.; BVerwG v. 24.6.1976 – I C 56/74, NJW 1977, 772.
5 *Rudo*, Mitteilungsrechte der Gewerbebehörden gegenüber Dritten, GewA 1998, 224, 275.
6 *Marcks* in Landmann/Rohmer, § 14 GewO Rz. 13.
7 *Marcks* in Landmann/Rohmer, § 14 GewO Rz. 21; *Sprenger-Richter* in Robinski, GewR, B 48.
8 Vgl. § 1 Abs. 2 PartGG i.d.F. des G v. 22.1.1998.
9 *Marcks* in Landmann/Rohmer, § 14 GewO Rz. 28; BVerwG v. 24.6.1976 – I C 56/74, NJW 1977, 772.
10 BGH v. 29.1.1980 – 1 StR 348/79, BGHSt 29, 187 m.w.Nw. zu § 55 GewO a.F.

pflichtig[1]. Dagegen ist etwa die Tätigkeit eines Berufsbetreuers kein freier Beruf, sondern ein stehendes Gewerbe, und zwar auch dann, wenn der Betreuer Rechtsanwalt ist[2]. Ausnahmen von der Anmeldepflicht sind in § 6 GewO aufgezählt.

Die GewO findet keine Anwendung auf Fischerei, Apotheken, Erziehung von Kindern gegen Entgelt, Unterrichtswesen, Rechtsanwälte und Notare, Rechtsbeistände, Wirtschaftsprüfungsgesellschaften, vereidigte Buchprüfer und Buchprüfungsgesellschaften, Steuerberatungsgesellschaften sowie Steuerbevollmächtigten u.a.

Unter dem Begriff **stehendes Gewerbe** sind *alle* Formen eines selbständigen Gewerbebetriebs zu verstehen, die weder als Reisegewerbe nach Titel III GewO anzusehen sind (Rz. 19 ff.) noch unter den Titel IV GewO fallen, der Messen, Ausstellungen und Märkte (Rz. 33) regelt[3]. 5

Veranstalter von Privatmärkten betreiben ein stehendes Gewerbe und bedürfen der Gewerbeanzeige nach § 14 Abs. 1 S. 1 GewO[4]. Die Abgabe von Waren und die Erbringung von Dienstleistungen durch einen sich als Religionsgemeinschaft begreifenden Verein kann auch dann gewerblich sein, wenn sie gegenüber Mitgliedern der Gemeinschaft erfolgen[5]. Für die gewerberechtliche Beurteilung kommt es darauf an, ob die Betätigung auf Gewinn gerichtet ist, eine weitergehende Zielrichtung ist regelmäßig ohne Bedeutung.

Durch § 1 Abs. 1 GewO wird auch **Ausländern** Gewerbefreiheit gewährt[6]. Diese dürfen ein Gewerbe jedoch nur betreiben, wenn ausländerrechtliche Bestimmungen dem nicht entgegenstehen. Wegen der Einzelheiten muss auf das *Ausländerrecht* verwiesen werden. Im *Aufenthaltsgesetz* (AufenthG)[7], sind Einreise, Erwerbstätigkeit und Integration von Ausländern im Bundesgebiet geregelt, das *Freizügigkeitsgesetz* (FreizügG/EU)[8], befasst sich mit der allgemeinen Freizügigkeit von Unionsbürgern. Ausländer, die nicht Staatsangehörige eines Mitgliedstaates der EU sind, bedürfen einer Aufenthaltserlaubnis für eine selbständige Tätigkeit, die nur unter bestimmten Voraussetzungen erteilt wird (§ 21 AufenthG). Dagegen genießen Angehörige eines anderen Mitgliedstaates Freizügigkeit und benötigen keinen Aufenthaltstitel (§ 1 FreizügG/EU). Auch für die Ausübung einer selbständigen Erwerbstätigkeit gelten keine besonderen Regelungen mehr. Die gleiche Rechtsstellung haben Angehörige der EWR- und grundsätzlich auch der Beitrittsstaaten (§§ 12 und 13 FreizügG/EU). 6

2. Anzeigepflichtige Tatbestände

Nach § 14 Abs. 1 S. 1 GewO ist der **Beginn** des *selbständigen Betriebs* eines stehenden Gewerbes anzeigepflichtig; ferner der Beginn des Betriebs einer 7

---

1 OLG Celle v. 26.4.1996 – 2 Ss (Owi) 95/96, wistra 1996, 320 = GewA 1996, 333.
2 BVerwG v. 27.2.2013 – 8 C 7/12, NJW 2013, 2214, juris Rz. 16 ff., 19.
3 *Marcks* in Landmann/Rohmer, § 14 GewO Rz. 38 ff. mit einer großen Anzahl von Einzelfallentscheidungen, bei denen Abgrenzungsschwierigkeiten bestehen; *Sprenger-Richter* in Robinski, GewR, D 15.
4 *Schönleiter* in Landmann/Rohmer, GewO, Vorbem. zu Titel IV Rz. 6.
5 BVerwG v. 3.7.1998 – 1 B 114/97, GewA 1998, 416.
6 *Lange*, Die Ausübung selbständiger Erwerbstätigkeit durch Ausländer nach ausländerrechtlichen Regelungen, GewA 1996, 359; *Fuchs* in Robinski, GewR, P 4.
7 AufenthG i.d.F. v. 25.2.2008, BGBl. I 162.
8 FreizügG/EU v. 30.7.2004, BGBl. I 1950.

Zweigniederlassung, d.h. eines von der Hauptniederlassung getrennten Betriebs mit selbständiger Organisation, besonderem Geschäftsvermögen und gesonderter Buchführung, dessen Leiter Geschäfte derselben Art wie in der Hauptniederlassung selbständig abzuschließen und durchzuführen befugt ist[1]. Des Weiteren ist anzuzeigen der Beginn des Betriebs einer *unselbständigen Zweigstelle,* d.h. jeder festen örtlichen Anlage oder selbständigen Einrichtung, die der Ausübung eines stehenden Gewerbes dient und die Abwicklung der von der Hauptstelle aus geschlossenen Geschäfte erleichtern soll. Dies gilt z.B. für die Eröffnung eines Auslieferungslagers oder der Repräsentanz eines ausländischen Unternehmens[2]. Besonders hervorgehoben ist u.a. der Vertrieb von Lotterie-Losen etc. und die Aufstellung von Automaten (§ 14 Abs. 2, 3 GewO).

8 § 14 Abs. 1 S. 2 Nr. 1 GewO verlangt die Anzeige über die **Verlegung** des Betriebs innerhalb des Bereichs einer Behörde. Bei Verlegung des Betriebs in den Bereich einer anderen Behörde ist jeweils eine Ab- bzw. Anmeldung erforderlich[3].

9 Nach § 14 Abs. 1 S. 2 Nr. 2 GewO ist der **Wechsel des Gegenstands** oder die **Ausdehnung des Gewerbes** auf nicht geschäftsübliche Waren und Leistungen anzuzeigen. Ein Wechsel des Gegenstands liegt z.B. vor, wenn die Branche gewechselt wird oder ein Wechsel innerhalb der Handelsstufen stattfindet[4]. Eine Ausdehnung ist gegeben, wenn ein Unternehmen gleicher Art üblicherweise dieses erweiterte Sortiment nicht führt. Im Zweifelsfall ist die Industrie- und Handelskammer zu hören[5].

10 Nach § 14 Abs. 1 S. 2 Nr. 3 GewO ist die **Aufgabe** des Betriebs ebenfalls anzuzeigen. Nach § 14 Abs. 1 S. 3 GewO kann die Behörde die Abmeldung von Amts wegen vornehmen, wenn die Betriebsaufgabe eindeutig feststeht und die Abmeldung nicht innerhalb eines angemessenen Zeitraums erfolgt. Zudem verpflichtet § 14 Abs. 5 GewO die Finanzbehörden, steuerliche Abmeldungen den Gewerbeämtern mitzuteilen.

11 **Anzeigepflichtig** ist der selbständige Gewerbetreibende, d.h. die das Gewerbe ausübende natürliche oder juristische Person. Bei Übernahme eines Gewerbebetriebs können dies der Käufer, der Pächter oder der Erbe sein[6]. Bei Personengesellschaften (GbR, OHG, KG, GmbH & Co KG) ist jeder geschäftsführende Gesellschafter anzeigepflichtig[7]. Bei Kapitalgesellschaften (GmbH, AG, KGaA) ist zur Anmeldung der/die Geschäftsführer (Vorstandsmitglieder) als Vertreter der Gesellschaft verpflichtet[8].

---

1 *Marcks* in Landmann/Rohmer, § 14 GewO Rz. 44.
2 *Marcks* in Landmann/Rohmer, § 14 GewO Rz. 44; vgl. auch OLG Stuttgart v. 18.10.1984 – 4 Ss (15) 489/84, GewA 1985, 332.
3 *Marcks* in Landmann/Rohmer, § 14 GewO Rz. 46; *Ennuschat* in Tettinger/Wank/Ennuschat, § 14 GewO Rz. 38 ff.
4 *Marcks* in Landmann/Rohmer, § 14 GewO Rz. 47.
5 *Marcks* in Landmann/Rohmer, § 14 GewO Rz. 47 mit der Darstellung einer großen Anzahl von Einzelfällen.
6 *Marcks* in Landmann/Rohmer, § 14 GewO Rz. 54.
7 *Marcks* in Landmann/Rohmer, § 14 GewO Rz. 55.
8 *Ennuschat* in Tettinger/Wank/Ennuschat, § 14 GewO Rz. 82; *Sprenger-Richter* in Robinski, GewR, C 14 ff.

Der **Umfang der Anzeigepflicht** ergibt sich aus § 14 Abs. 4 GewO. Die Anzeige hat gleichzeitig mit der anzeigepflichtigen Handlung zu erfolgen, eine Anzeige vor dem Beginn des Gewerbebetriebs ist weder erforderlich noch zulässig[1]. Die Pflicht entfällt weder bei der Anmeldung noch bei der Abmeldung durch Zeitablauf[2].

Die Anzeige ist bei der für den betreffenden Ort zuständigen **Behörde** (Gewerbepolizeibehörde, Ordnungsamt, Amt für öffentliche Ordnung) zu leisten. Die Zuständigkeit der Behörde ergibt sich aus Landesverordnungen, die aufgrund von § 155 Abs. 2 GewO erlassen wurden[3]. *Örtlich zuständig* ist die Behörde am Betriebssitz oder Sitz der Zweigniederlassung, nicht die am Wohnsitz des Gewerbetreibenden.

3. Sanktionen

a) Unterbleibt die Anzeige, so ist die Behörde nicht berechtigt, deswegen die Fortsetzung des nicht angezeigten Betriebs zu verhindern[4]. Sie kann den Verpflichteten jedoch aufgrund landesrechtlicher Vorschriften durch Androhung oder Verhängung von **Zwangsgeldern** (Verwaltungszwangsmittel) zu Erstattung der Anzeige innerhalb einer gesetzlichen Frist zwingen.

b) Nach § 146 Abs. 2 Nr. 2 und 3 GewO handelt **ordnungswidrig**, wer die in § 14 Abs. 1–3 GewO enthaltenen *Anzeigepflichten* nicht, nicht richtig, nicht vollständig oder nicht rechtzeitig erfüllt. Zwangsgeld und Geldbuße können auch nebeneinander verhängt werden[5].

Die Unterlassung der in § 14 GewO geforderten Anzeigen stellt eine **Dauerordnungswidrigkeit** dar[6]. Diese ist vollendet, wenn bei Vorliegen des betreffenden Tatbestands die entsprechende Anzeige nicht rechtzeitig erfolgt. Beendet ist die Tat, wenn die Anzeigepflicht nicht mehr besteht. Dies ist erst dann der Fall, wenn die versäumte Pflicht nachgeholt worden ist[7]. Streitig ist, ob die *Beendigung* und damit der Verjährungsbeginn dann eintritt, wenn der Täter ohne Schuld seine Pflicht zum Handeln nicht mehr im Gedächtnis haben kann[8].

Die Einrichtung neuer Gewerbebetriebe an *verschiedenen Orten* ohne Anzeige bei der zuständigen Gewerbebehörde stellt jeweils ein neues *selbständiges Dauerdelikt* dar, denn nach § 14 Abs. 1 GewO ist jeder selbständige Betrieb eines stehenden Gewerbes, jeder Betrieb einer Zweigniederlassung wie auch jede unselbständige Zweigstelle bei der für den betreffenden Ort zuständigen Behörde anzuzeigen. Die nach Landesrecht örtlich zuständige Gewerbeaufsichtsbehörde trifft eine selbständige **Prüfungspflicht**, ob für die Ausübung des Ge-

---

1 *Marcks* in Landmann/Rohmer, § 14 GewO Rz. 53.
2 *Ambs* in Erbs/Kohlhaas, G 59 § 14 GewO Rz. 21; *Richter*, Bußgeldrechtliche Probleme gewerberechtlicher Meldungen, GewA 1984, 78; OLG Stuttgart v. 27.5.1983 – 1 Ss (25) 391/83, GewA 1984, 84.
3 Die einzelnen LandesVOen und deren Fundstellen sind angeführt bei *Marcks* in Landmann/Rohmer, § 155 GewO Rz. 16.
4 BGH v. 29.5.1963 – Ib ZR 155/61, GewA 1964, 55.
5 BVerwG v. 24.6.1976 – I C 56/74, NJW 1977, 772; *Papenberg*, Dauerordnungswidrigkeit und Verwaltungszwang, NJW 1982, 1977.
6 *Kahl* in Landmann/Rohmer, § 146 GewO Rz. 13.
7 *Richter*, GewA 1984, 79.
8 So OLG Stuttgart v. 27.5.1983 – 1 Ss (25) 391/83, GewA 1984, 84 für den Fall eines fahrlässigen Verstoßes gegen die Meldepflicht; a.A. *Richter*, GewA 1984, 79.

werbes die *erforderlichen Zulassungen* seitens des Gewerbetreibenden vorliegen und ob die Fortsetzung des Betriebes verhindert werden soll (§ 15 Abs. 2 GewO). Ebenso hat diese Behörde selbständig über die Gewerbeuntersagung wegen Unzuverlässigkeit gem. § 35 GewO zu entscheiden. Bei *mehreren Verstößen* gegen die gewerberechtlichen Vorschriften liegen deshalb notwendigerweise selbständige Taten vor, es beginnt jeweils ein selbständiges Dauerdelikt[1].

17 Der **Irrtum** über den Begriff des stehenden Gewerbes stellt einen Verbotsirrtum dar, wenn sich der Verpflichtete aller tatsächlichen Umstände bewusst war, die die Voraussetzungen seiner Anzeigepflicht begründen[2]. Der Irrtum über die Anzeigepflicht stellt ebenfalls einen Verbotsirrtum dar[3].

18 **c)** § 8 Abs. 1 Nr. 1 Buchst. d **SchwarzArbG** enthält den Tatbestand einer qualifizierenden Ordnungswidrigkeit. Wer Dienst- oder Werkleistungen in erheblichem Umfang erbringt, obwohl er der Verpflichtung zur Anzeige vom Beginn des selbständigen Betriebes eines stehenden Gewerbes (§ 14 GewO) nicht nachgekommen ist, kann mit Bußgeld bis zu 50 000 Euro belegt werden (näher § 37 Rz. 168 f.). Gegenüber dieser Ordnungswidrigkeit tritt ein zugleich gegebener Verstoß gegen § 14 Abs. 1 S. 1, § 146 Abs. 2 Nr. 1 GewO im Wege der Gesetzeskonkurrenz zurück[4].

II. Reisegewerbe

1. Reisegewerbekarte

19 **a)** Wer ein Reisegewerbe[5] ausübt, bedarf nach § 55 Abs. 2 GewO grundsätzlich einer gewerberechtlichen *Erlaubnis* in Gestalt einer Reisegewerbekarte. Ein **Reisegewerbe** übt nach § 55 Abs. 1 GewO aus, wer gewerbsmäßig ohne vorhergehende Bestellung außerhalb seiner gewerblichen Niederlassung oder ohne eine solche zu haben, Waren feilbietet oder Bestellungen aufsucht oder ankauft, Leistungen anbietet oder Bestellungen auf Leistungen aufsuchen will (Nr. 1), oder selbständig unterhaltende Tätigkeiten als Schausteller oder nach Schaustellerart ausübt (Nr. 2). Der Begriff „Aufsuchen" in Nr. 1 erfasst dabei Bemühungen, feste Aufträge für die künftige Lieferung von Waren oder Erbringung von Leistungen zu erhalten[6].

20 **Gewerbsmäßigkeit** setzt auch hier die Absicht voraus, sich eine Einnahmequelle von einer gewissen Dauer zu verschaffen[7]. Eine auf einen *kürzeren Zeit-*

---

1 BGH v. 25.2.1992 – 5 StR 528/91, NStZ 1992, 594 = wistra 1992, 184 = GewA 1992, 179.
2 OLG Hamburg v. 6.11.1962 – 2 Ss 130/62, VRS 25 (1963), 107.
3 *Ambs* in Erbs/Kohlhaas, G 59 § 146 GewO Anm. 9; zum Verbotsirrtum vgl. oben § 18 Rz. 6 ff. Zu berücksichtigen ist, dass ein Gewerbetreibender bei Fachverbänden oder Behörden Erkundigungen einzuholen hat.
4 OLG Düsseldorf v. 9.4.2001 – 2a Ss (Owi) 27/01 – (Owi) 17/01 II, GewA 2001, 346.
5 Zum ReisegewerbeR vgl. *Stober*, WiVwR II, § 46 V; *Stollenwerk*, GewO, 145 ff.; *Schönleiter* in Robinski, GewR, K 8 ff.
6 *Schönleiter* in Landmann/Rohmer, § 55 GewO Rz. 65, 82; vgl. auch BVerfG v. 27.9.2000 – 1 BvR 2176/98, GewA 2000, 480.
7 *Schönleiter* in Landmann/Rohmer, § 55 GewO Rz. 20; *Ambs* in Erbs/Kohlhaas, G 59 § 55 GewO Rz. 2.

raum beschränkte Tätigkeit erfüllt die Merkmale des Gewerbes (Rz. 4) daher nur, wenn der hierbei erzielte oder erstrebte Gewinn als so bedeutsam anzusehen ist, dass er unter Berücksichtigung des Einzelfalles die Bagatellgrenze der gewerberechtlich irrelevanten Vorgänge des täglichen Lebens übersteigt[1]. Erhält der Handelnde nichts oder nur eine ganz geringfügige Entlohnung, so betreibt er selbst kein Gewerbe[2]. Zu den Einzelfällen des Reisegewerbes gibt es eine umfangreiche Rechtsprechung[3].

Die früher in § 55 Abs. 1 Nr. 1 GewO enthaltene Einschränkung „**in eigener Person**", die bedeutete, dass nur derjenige ein Reisegewerbe betrieb, der die dort genannten Tätigkeiten selbst ausübte, ist mit der Neufassung des § 55 GewO durch das Zweite Mittelstandsentlastungsgesetz[4] *entfallen*. Hierin liegt ein Paradigmenwechsel[5], da es nicht mehr darauf ankommt, wer mit dem Kunden in Kontakt tritt, sondern, wie bei anderen gewerberechtlichen Erlaubnissen auch, darauf, wer *Inhaber* des Gewerbebetriebs ist. Somit unterliegen nunmehr juristische Personen ebenso wie Gewerbetreibende, die nicht selbst im Reisegewerbe tätig werden, sondern reisende Angestellte beschäftigen, der Reisegewerbekartenpflicht[6]. 21

Da in der Neufassung des § 55 Abs. 1 Nr. 1 GewO auch die Worte „**selbständig oder unselbständig**" gestrichen worden sind, benötigen *Angestellte* keine Reisegewerbekarte mehr. Allerdings ist im Interesse der Verbraucher der Inhaber der Reisegewerbekarte nach § 60c Abs. 2 GewO verpflichtet, seinen Angestellten eine Zweitschrift oder beglaubigte Kopie der Reisegewerbekarte *auszuhändigen*, wenn sie unmittelbar mit Kunden in Kontakt treten sollen, und die Angestellten sind verpflichtet, die Zweitschrift oder Kopie *bei sich zu führen* (§ 60c Abs. 2 S. 2 i.V.m. Abs. 1 S. 1 GewO). 22

Durch Einfügung eines neuen § 60 GewO ist allerdings die Möglichkeit geschaffen worden, dem Gewerbetreibenden die *Beschäftigung* einer unzuverlässigen Person im Reisegewerbe zu *untersagen*. Auf diese Weise soll verhindert werden, dass unzuverlässige Personen unter dem Deckmantel des Angestelltenverhältnisses in Abstimmung mit dem Prinzipal tätig werden[7].

b) Nach § 145 Abs. 1 Nr. 1 GewO macht sich einer **Ordnungswidrigkeit** schuldig, wer die in § 55 Abs. 1 GewO aufgeführten Tätigkeiten im Reisegewerbe *ohne* die hierfür erforderliche *Reisegewerbekarte* ausübt. Da die Reisegewerbekartenpflicht nicht mehr an eine persönliche Ausübung geknüpft ist und somit auch für juristische Personen gilt, kann ein Verstoß gegen die Reisegewerbekartenpflicht unter den weiteren Voraussetzungen des § 30 OWiG (vgl. hierzu § 23 Rz. 37a ff.) mit einer *Verbandsgeldbuße* geahndet werden. 23

---

1 BayObLG v. 27.2.1979 – 3 ObOWi 101/78, BayObLGSt 1979, 28.
2 BGH v. 29.1.1980 – 1 StR 348/79, BGHSt 29, 187 (191).
3 Zur Kasuistik vgl. *Schönleiter* in Landmann/Rohmer, § 55 GewO Rz. 43 ff.
4 V. 13.9.2007, BGBl. I 2246.
5 *Schönleiter* in Landmann/Rohmer, § 55 GewO Rz. 106.
6 *Schönleiter* in Landmann/Rohmer, § 55 GewO Rz. 106; *Stenger*, Zweites MittelstandsentlastungsG: Bericht aus dem GewerbeR, GewA 2007, 448 ff.
7 *Stenger*, GewA 2007, 448 ff.; *Lenski*, Die neue Beschäftigungsuntersagung im Reisegewerbe, GewA 2008, 388 ff.

23a Im Übrigen ist der Umgestaltung der Reisegewerbekartenpflicht durch das Zweite Mittelstandsentlastungsgesetz dadurch Rechnung getragen worden, dass nach § 145 Abs. 3 Nr. 3, 4, 10 und 11 GewO auch **Verstöße gegen § 60c GewO** (Rz. 22) als Ordnungswidrigkeit geahndet werden können.

Die Verantwortlichkeit des *Veranstalters eines Privatmarktes* erfordert es, dass dieser beim Einlass zum Privatmarkt darauf hinweist, dass gewerbliche Anbieter einer Reisegewerbekarte bedürfen. Unterlässt er dies, so kommt Unterlassen gem. § 8 OWiG oder Beteiligung an der Ordnungswidrigkeit des Gewerbetreibenden gem. § 14 OWiG in Betracht.

24 Wird ein Verstoß gegen § 55 GewO *beharrlich wiederholt*, so liegt eine **Straftat** vor (§ 148 Nr. 1 GewO), ebenso, wenn *Leben oder Gesundheit* eines anderen oder fremde Sachen von bedeutendem Wert (§ 148 Nr. 2 GewO) *gefährdet* werden (vgl. § 25 Rz. 12 f.).

25 Nach § 8 Abs. 1 Nr. 1 Buchst. d **SchwarzArbG** begeht eine *Ordnungswidrigkeit* (mit Bußgeld bis zu 50 000 Euro), wer Dienst- oder Werkleistungen in erheblichem Umfang erbringt, obwohl er die erforderliche Reisegewerbekarte (§ 55 GewO) nicht erworben hat.

2. Reisegewerbekartenfreie Tätigkeiten

26 Für Tätigkeiten nach §§ 55a und 55b GewO, darunter insbesondere Feilbieten von Waren auf Messen, Ausstellungen (Rz. 33), öffentlichen Festen sowie das Vertreiben eigener Erzeugnisse der Land- und Forstwirtschaft sowie von Milch und Milcherzeugnissen sowie Vermittlung von Versicherungs- und Bausparverträgen und Vermittlung von Finanzanlagen ist eine Reisegewerbekarte *nicht* erforderlich. Zudem ist durch das Zweite Mittelstandsentlastungsgesetz[1] die Reisegewerbekartenpflicht bei vorhandener Erlaubnis im stehenden Gewerbe *abgeschafft* worden: Nach § 55a Abs. 1 Nr. 7 GewO bedarf einer Reisegewerbekarte nicht, wer ein nach Bundes- oder Landesrecht erlaubnispflichtiges Gewerbe ausübt, für dessen Ausübung die Zuverlässigkeit erforderlich ist, und über die entsprechende Erlaubnis verfügt[2]. In den Fällen von § 55a Abs. 1 Nr. 3, 9, 10 GewO sind die Tätigkeiten der zuständigen Behörde **anzuzeigen**, wenn das Gewerbe nicht bereits nach § 14 Abs. 1–3 GewO anzumelden ist (§ 55c GewO).

27 **Ordnungswidrig** handelt, wer vorsätzlich oder fahrlässig entgegen § 55c GewO eine Anzeige nicht, nicht richtig, nicht vollständig oder nicht rechtzeitig erstattet (§ 145 Abs. 3 Nr. 1 GewO).

3. Verbotene Tätigkeiten

28 § 56 GewO enthält eine *im Laufe der Zeit immer kürzer gewordene*[3] Liste von *Tätigkeiten*, die **im Reisegewerbe verboten** sind. Wegen der Einzelheiten muss auf den Gesetzestext und die Kommentierungen[4] verwiesen werden.

---

1 V. 13.9.2007, BGBl. I 2246.
2 *Stenger*, GewA 2007, 448 ff.
3 Vgl. *Schönleiter/Viethen*, GewA 2003, 131 f.
4 *Schönleiter* in Landmann/Rohmer, § 56 GewO; *Ambs* in Erbs/Kohlhaas, G 59 § 56 GewO.

Erwähnt seien das Verbot des Vertriebs von Giften, Bruchbändern, elektromedizinischen Geräten sowie von Wertpapieren, Lotterielosen und Ähnlichem; ferner das Feilbieten und der Ankauf von Edelmetallen sowie das Verbot des Abschlusses und der Vermittlung von Rückkauf- und Darlehensgeschäften (§ 56 Abs. 1 Nr. 6 GewO), was jedoch nicht für Darlehensgeschäfte gilt, die im Zusammenhang mit einem Warenverkauf oder mit dem Abschluss eines Bausparvertrages stehen[1]. Der *Schutzzweck* der Norm besteht darin, den Verbraucher davor zu bewahren, dass seine wirtschaftliche Entschließungsfreiheit in bestimmten Situationen, z.B. bei Haustürgeschäften, durch irreführende mündliche Angaben und durch zudringliches Verhalten des Reisegewerbetreibenden beeinträchtigt wird[2].

Ordnungswidrig handelt nach § 145 Abs. 2 Nr. 2 und 6 GewO, wer die in § 56 GewO angeführten Gewerbe betreibt. Wer einen Verstoß nach § 145 Abs. 2 Nr. 2 oder 6 GewO beharrlich wiederholt, begeht eine **Straftat** (§ 148 Nr. 1 GewO). Dies gilt auch für den Fall, dass durch einen Verstoß gegen § 145 Abs. 2 Nr. 2 GewO Leben oder Gesundheit eines anderen oder fremde Sachen von bedeutendem Wert gefährdet werden (§ 148 Nr. 2 GewO). 29

4. Wanderlager

Ein Wanderlager (§ 56a GewO) liegt vor, wenn außerhalb der gewerblichen Niederlassung eines Gewerbetreibenden und außerhalb des Messe- und Marktverkehrs von einer Verkaufsstätte aus *vorübergehend* Waren vertrieben werden sollen. Diese Verkaufsstätte kann z.B. ein Laden sein, eine Verkaufsbude, ein Zelt, ein Kraftwagen, ein Schiff oder eine Gaststätte. I.d.R. ist bei den sog. *Kaffeefahrten* ein Wanderlager gegeben[3]. 30

Die Veranstaltung eines im Inland durchgeführten[4] Wanderlagers ist bei der für den Ort der Veranstaltung zuständigen Behörde **anzuzeigen** (§ 56a Abs. 1 GewO). Der Inhalt der Anzeige ist genau festgelegt (Abs. 1 Nr. 1–3). Der Grund für diese Anzeigepflicht besteht unter anderem darin, dass es bei diesen Tätigkeiten häufig zu irreführender Werbung kommt. Dabei ist auch der Veranstaltungsort anzuzeigen. Dies soll den Gewerbeämtern die Überprüfung von Wanderlagern erleichtern[5]. 31

Einer **Ordnungswidrigkeit** nach § 145 Abs. 3 Nr. 6 GewO macht sich schuldig, wer vorsätzlich oder fahrlässig die Anzeige nicht, nicht richtig, nicht vollständig oder nicht rechtzeitig erstattet. 32

---

1 Die sog. Haustürgeschäfte sind seit Inkrafttreten des SchuldrechtsmodernisierungsG v. 26.11.2001 in den §§ 312, 312a BGB geregelt.
2 BGH v. 22.5.1978 – III ZR 153/76, NJW 1978, 1970 zum Vertrieb von Waren im Schneeballsystem.
3 *Schönleiter* in Landmann/Rohmer, § 56a GewO Rz. 27; OLG Koblenz v. 24.11.1983 – 1 Ss 512/83, GewA 1984, 58; zur Kriminalität im Zusammenhang mit Kaffeefahrten vgl. *Solf* in W/J, Kap. 14 Rz. 33 ff. sowie BGH v. 10.10.1985 – I ZR 240/83, NJW-RR 1986, 395; OLG Celle v. 21.5.1997 – 13 U 143/96, OLGR 1997, 203; BGH v. 15.8.2002 – 3 StR 11/02, NJW 2002, 3415 = wistra 2002, 467.
4 OLG Oldenburg v. 25.8.1999 – Ss 205/99 II/116, GewA 2000, 67.
5 *Schönleiter/Viethen*, GewA 2003, 132.

5. Märkte und Messen

33 *Messen* und *Ausstellungen* sowie *Wochen-, Spezial-, Jahr- und Großmärkte*, die nach der Systematik der GewO neben dem Reisegewerbe einen gesonderten Ausnahmebereich von der Grundform des „stehenden Gewerbes" bilden, haben in den §§ 64–71b GewO eine **eigenständige Regelung** erfahren. Anders als beim Reisegewerbe besteht keine Erlaubnispflicht, sondern (aus dem Mittelalter herrührende) *Marktfreiheit*; mehrfach wird allerdings auf die reisegewerblichen Vorschriften verwiesen. Auf eine nähere Darstellung muss hier verzichtet werden[1]. Verstöße gegen im Einzelnen benannte Pflichten sind nach § 146 Abs. 2 Nr. 5–11a GewO mit **Bußgeld** bedroht, dessen Höchstbetrag zwischen 1 000 und 50 000 Euro liegt.

III. Gewerbeuntersagung

34 Als notwendigen *Ausgleich zur Gewerbefreiheit* eröffnet § 35 GewO die Möglichkeit, das (angemeldete) Gewerbe zu untersagen, wenn festgestellte Tatsachen die Annahme rechtfertigen, der Gewerbetreibende – oder der von ihm mit der Leitung des Betriebs Beauftragte (auch: Strohmann[2]) – sei *unzuverlässig* und die Untersagung sei zum Schutz der Allgemeinheit oder der Beschäftigten erforderlich[3]. Die Untersagung erfolgt im *eigenständigen Verwaltungsverfahren* durch die zuständige Gewerbeaufsichtsbehörde; Rechtsschutz gewähren die Verwaltungsgerichte. Die Untersagung kann sich auf sämtliche gewerbliche Tätigkeiten erstrecken oder auf ein bestimmtes Gewerbe beschränken[4]; der Wahrung des Verhältnismäßigkeitsgrundsatzes kommt dabei große Bedeutung zu.

34a Das Vorliegen von **Unzuverlässigkeit** lässt sich vielfach aus der Verurteilung wegen *Straftaten oder Ordnungswidrigkeiten* herleiten. Dabei genügt es im Untersagungsverfahren regelmäßig nicht, nur die Auszüge aus dem Straf- oder Gewerbezentralregister beizuziehen. Vielmehr muss sich die Behörde selbst – ggf. anhand der Strafakten – ein Bild von Art und Ausmaß der Gesetzesverstöße machen; dabei darf sie zum Nachteil des Gewerbetreibenden von den strafgerichtlichen Feststellungen zum Sachverhalt und zur Schuldfrage nicht abweichen. Gleiches gilt für Feststellungen im Ordnungswidrigkeitenverfahren (vgl. § 35 Abs. 3 GewO)[5].

34b Eine derartige rechtskräftige Verurteilung ist jedoch nicht notwendige Voraussetzung für eine Gewerbeuntersagung. Die Feststellung der Unzuverlässigkeit kann **auch unabhängig von einem Straf- oder Buß**geldverfahren getroffen werden. Sie ist zu bejahen, wenn der Gewerbetreibende nach dem Gesamteindruck seines Verhaltens nicht die Gewähr dafür bietet, dass er sein Gewerbe künftig ordnungsgemäß betreibt[6]. Unzuverlässig ist z.B.

---

1 Vgl. *Stober*, WiVwR II, § 46 VI; *Sprenger-Richter* in Robinski, GewR, D 9; *Fuchs* in Robinski, GewR, L 1 ff.
2 BVerwG v. 2.2.1982 – 1 C 3/81, BVerwGE 65, 12; *Diekersbach*, WuV 1982, 71 ff.
3 S. näher *Stober*, NWB Fach 30, 703; vgl. auch BVerwG v. 15.11.1967 – I C 43.67, BVerwGE 28, 202.
4 *Ambs* in Erbs/Kohlhaas, G 59 § 35 GewO Rz. 3, 6.
5 S. auch BVerwG v. 26.2.1997 – 1 B 34.97, GewA 1997, 242.
6 BVerwG v. 2.2.1982 – 1 C 146/80, BVerwGE 65, 1 = GewA 1982, 294.

auch, wer Steuern nicht bezahlt oder gar hinterzieht[1], wer Sozialversicherungsbeiträge nicht abführt, wer Arbeitnehmer-Schutzvorschriften oder Sicherheits- und Umweltschutz-Vorschriften nicht genügend beachtet. Dabei bestehen teilweise unterschiedliche Anforderungen für die verschiedenen Gewerbezweige. Bei der Verletzung öffentlicher Zahlungsansprüche ist nicht allein auf die Höhe der Rückstände abzustellen, sondern die gesamte Situation des Gewerbetreibenden zu berücksichtigen[2].

Der **Verstoß gegen** die (vollziehbare) **Untersagung** eines Gewerbes stellt seinerseits eine *eigenständige Ordnungswidrigkeit* nach § 146 Abs. 1 Nr. 1a GewO dar. Ein „beharrlicher" Verstoß gegen die Untersagung ist sogar eine *Straftat* (§ 148 Nr. 1 GewO; vgl. auch § 25 Rz. 12). 34c

Außerdem ist derjenige, gegen den ein Untersagungsverfahren nach § 35 GewO eingeleitet worden ist, den zuständigen Stellen gegenüber **auskunftspflichtig** (§ 29 Abs. 1 Nr. 4 GewO). Ein Verstoß gegen diese Pflicht ist mit einem *Bußgeld* bis zu 2500 Euro (§ 146 Abs. 2 Nr. 4 GewO) bedroht. 34d

B. Handelsregister

Schrifttum: Vgl. § 22 vor Rz. 16 und vor Rz. 20.

I. Anmeldepflicht

Jeder **Kaufmann** (§ 22 Rz. 16 ff.) unterliegt der *öffentlich-rechtlichen Pflicht*, die „Firma" (also den Namen, unter dem er seine Geschäfte betreibt [§ 17 HGB], samt einem für alle kaufmännischen Unternehmen obligatorischen Zusatz über dessen Rechtsform) beim Handelsregister **anzumelden**. Die Anmeldung hat weitere gesetzlich vorgeschriebene Angaben, unterschiedlich je nach Rechtsform, zu enthalten; sie bedarf der notariellen Beglaubigung (§ 12 Abs. 1 HGB) und erfolgt elektronisch entsprechend den Vorschriften des Anfang 2007 in Kraft getretenen EHUG (§ 22 Rz. 20 ff.). 35

Die Einzelheiten ergeben sich für den Einzelkaufmann (e.K.) aus § 29 HGB, für die OHG aus §§ 106–108 HGB, für die KG aus § 162 HGB, für die GmbH aus §§ 7, 8 GmbHG, für die AG (und KGaA) aus §§ 36, 37 AktG, für den (großen) Versicherungsverein aus §§ 30, 32 VAG. Für Genossenschaften erfolgt die Eintragung im gesonderten Genossenschaftsregister (§ 156 GenG, vgl. § 22 Rz. 25), außerdem für die freiberuflichen Partnerschaften im Partnerschaftsregister (§§ 4, 5 PartGG) und für (Ideal-)Vereine im Vereinsregister (§§ 59, 64 BGB).

Anmeldepflichtig sind – abgesehen vom einzelkaufmännischen Inhaber – bei OHG, KG und Partnerschaft *sämtliche Gesellschafter* (§§ 106, 161 Abs. 2 HGB, § 4 PartGG), also bei der KG auch sämtliche Kommanditisten. Bei der GmbH ist die Anmeldung von *sämtlichen Geschäftsführern* vorzunehmen (§ 78 GmbHG), bei der AG von sämtlichen Gründern, Vorstands- und Aufsichtsratsmitgliedern (§ 36 AktG). 36

---

1 VGH Baden-Württemberg v. 31.5.1972 – VI 505/71, GewA 1973, 62; *Hofmann*, DStR 1999, 201.
2 BVerwG v. 5.3.1997 – 1 B 56.97, GewA 1997, 244.

37 Bei den **Kapitalgesellschaften** (AG, GmbH) sind nicht nur *ergänzende Unterlagen* – wie Gründungsbericht und Gründungsprüfungsbericht (§§ 32, 34 AktG), Sachgründungsbericht, Gesellschafterliste (§ 5 Abs. 4, § 8 Abs. 1 Nr. 3, 4 GmbHG) – und Angaben über die Kapitalbildung einzureichen, sondern auch **förmliche Versicherungen** über die Kapitalaufbringung und die persönliche Eignung der Vorstandsmitglieder bzw. Geschäftsführer abzugeben (§ 8 Abs. 2, 3 GmbHG).

38 Das Registergericht hat eine **Prüfungspflicht**, die für die einzelnen Anmeldungen und insbesondere die einzelnen Unternehmensformen unterschiedlich geregelt ist; bei den Kapitalgesellschaften ist sie wesentlich weitgehender als beim Einzelkaufmann und den Personengesellschaften. Dabei ist das Erfordernis, dass bei der Anmeldung einer ein Handwerk ausübenden GmbH die Eintragung in die *Handwerksrolle* als Genehmigung i.S. von § 8 Abs. 1 Nr. 6 GmbHG vorzulegen ist, durch das MoMiG (vgl. § 23 Rz. 3a) entfallen. Sind die gesetzlichen Voraussetzungen für die Eintragung erfüllt, hat das Registergericht die *Eintragung* vorzunehmen und anschließend *bekannt zu machen* (§ 10 HGB).

39 Soweit die Registereintragung rechtsbegründend *(konstitutiv)* ist, wie beim Entstehen einer juristischen Person und Eintritt der Haftungsbeschränkung (§ 11 Abs. 1 GmbHG, § 41 Abs. 1 AktG), kommt es für den Eintritt der **Rechtsfolgen** auf den Zeitpunkt der Eintragung an. Soweit die Anmeldung nur rechtsbekundend *(deklaratorisch)* ist, knüpfen sich die zivilrechtlichen Rechtswirkungen erst an die Bekanntmachung (vgl. § 22 Rz. 38, 41).

II. Sanktionen

40 Die Verletzung der Verpflichtungen zur Handelsregisteranmeldung unterliegt dann **keinen Sanktionen**, wenn die Eintragung *rechtsbegründend* ist (vgl. § 79 Abs. 2 GmbHG, § 407 Abs. 2 AktG). Die förmliche (rechtsmittelfähige) Zurückweisung des Eintragungsantrags und damit der Nicht-Eintritt der erstrebten Rechtsfolge reicht zur Durchsetzung dieser Anmeldepflichten aus.

41 Soweit die Eintragung nur *deklaratorisch* ist, ist die Nicht-Erfüllung der Anmeldepflichten weder mit Strafe noch mit Bußgeld bedroht, sondern nur mit **Zwangsmittel** (§ 14 HGB, § 79 Abs. 1 GmbHG). Das zunächst anzudrohende und dann – ggf. wiederholt – zu verhängende Zwangsgeld kann im Einzelfall bis zu 5000 Euro betragen.

42 **Falsche Angaben** gegenüber dem Registergericht im Rahmen der Anmeldung sind dagegen unter bestimmten Voraussetzungen mit **Strafe** bedroht. Dies gilt insbesondere, soweit den Anmeldepflichtigen eine *förmliche Versicherung* abverlangt wird, wie bzgl. des Bereitstehens des Haftungskapitals oder der persönlichen Eignung des Geschäftsführers bzw. Vorstands. Wegen der Einzelheiten des „Gründungsschwindels" ist auf § 27 Rz. 136 ff. zu verweisen.

43 Außerdem kann das Registergericht gegen den Unternehmer, der eine den firmenrechtlichen Bestimmungen widersprechende Firma gebraucht, wegen **unzulässigen Firmengebrauchs** mit der Verhängung von **Ordnungsgeld** (§ 37 Abs. 1 HGB) vorgehen. „Gebrauch" einer Firma ist sowohl das Herbeiführen

oder Dulden ihrer Eintragung in das Handelsregister als auch die Verwendung der Firma im Geschäftsverkehr z.B. auf Briefköpfen oder bei der Briefunterzeichnung, im Adressbuch oder im Telefonbuch und in Zeitungsinseraten[1]. Das auf Unterlassung des Gebrauchs der unzulässigen Firma gerichtete „*Firmenmissbrauchsverfahren*" bestimmt sich nach § 392 i.V.m. §§ 388–391 FamFG. Ob eine Firma unbefugt gebraucht wird, ist allein nach objektiven Kriterien zu beurteilen; ein Verschulden ist nicht erforderlich[2]. Die Verhängung eines Ordnungsgelds setzt jedoch Verschulden des Kaufmanns bzw. der vertretungsberechtigten Organe voraus.

Schließlich kann der Gebrauch einer unzulässigen, vor allem einer *täuschenden Firma* sowohl den Tatbestand der **strafbaren Werbung** (§ 16 Abs. 1 UWG, näher § 60 Rz. 10 ff.) erfüllen als insbesondere auch ein zentrales Element eines **Betrugs** sein (näher unten § 47). Falsche Angaben im Firmennamen, etwa über die Fähigkeit zu bestimmten Leistungen, können eine Täuschung über Tatsachen sein[3]. Wird im Geschäftsverkehr das Wappen eines Fürstenhauses verwandt, um eine nicht vorhandene Bonität und Seriosität vorzutäuschen, kann betrügerisches Verhalten gegeben sein[4]. 44

C. Steuer

Schrifttum: Vgl. unten §§ 43–46.

I. Steuerrechtliche Anzeigepflichten

1. Körperschaften u.a.

Nach § 137 Abs. 1 AO haben Steuerpflichtige, die *nicht natürliche Personen* sind, dem nach § 20 AO zuständigen *Finanzamt* und den für die Erhebung der Realsteuern zuständigen Gemeinden die Umstände anzuzeigen, die für die steuerliche Erfassung von Bedeutung sind. Dies sind insbesondere die Gründung, der Erwerb der Rechtsfähigkeit, die Änderung der Rechtsform sowie die Verlegung der Geschäftsleitung oder des Sitzes und die Auflösung. Diese **Anzeigepflicht** hat den *Zweck*, das Auftreten und das Verschwinden von „künstlichen" Steuerpflichtigen im Inland zu überwachen. 45

Aus dem Hinweis auf § 20 AO ergibt sich, dass diese Anzeigepflicht sich nur gegen solche **Körperschaften, Vereinigungen und Vermögensmassen** richtet, die als solche nach dem Einkommen besteuert werden (§ 20 Abs. 1 AO). *Personengesellschaften* sind nur gegenüber der Gemeinde anzeigepflichtig, da sie nicht unter die Einkommensteuerpflicht fallen[5]. Für sie gilt jedoch ggf. § 138 AO[6]. 46

---

1 *Hopt* in Baumbach/Hopt, § 37 HGB Rz. 3.
2 BayObLG v. 6.2.1992 – BReg 3 Z 210/91, BB 1992, 943.
3 *Tiedemann* in LK, § 263 StGB Rz. 11; RGSt. 56, 227.
4 BGH v. 7.12.1979 – 2 StR 315/79, MDR 1980, 508.
5 *Schallmoser* in H/H/Sp., § 137 AO Rz. 5; *Cöster* in Pahlke/König, § 137 AO Rz. 2, 3.
6 *Schallmoser* in H/H/Sp., § 138 AO Rz. 7.

47 **Örtlich zuständig** ist das Finanzamt, in dessen Bezirk sich die Geschäftsleitung befindet (§ 20 Abs. 1 AO). Weitere Modalitäten bei Unklarheiten im Hinblick auf die Geschäftsleitung sind in § 20 Abs. 2–4 AO geregelt. Die Anzeige ist *innerhalb eines Monats* seit dem meldepflichtigen Ereignis zu erstatten (§ 137 Abs. 2 AO).

2. Erwerbstätigkeit

48 Die Rechtspflicht zur **Anmeldung** eines **Betriebs** bei den Finanzbehörden ergibt sich aus § 138 Abs. 1 AO. Danach muss derjenige, der einen gewerblichen *Betrieb* oder eine *Betriebsstätte* – ebenso einen Betrieb der Land- und Forstwirtschaft – *eröffnet*, dies der Gemeinde mitzuteilen, in der der Betrieb oder die Betriebsstätte eröffnet wird, die das nach § 22 Abs. 1 AO zuständige Finanzamt von der Mitteilung unterrichtet. Ferner muss nach dieser Vorschrift derjenige, der eine *freiberufliche Tätigkeit* (§ 18 EStG) aufnimmt, dies dem nach § 19 AO zuständigen Finanzamt mitteilen. Das Gleiche gilt für die *Verlegung* und die *Aufgabe* eines Betriebes, einer Betriebsstätte oder einer freiberuflichen Tätigkeit.

49 **Meldepflichtig** ist diejenige natürliche oder juristische Person, die die Erwerbstätigkeit ausübt. Dies kann auch der Pächter oder Nießbraucher eines Betriebs sein.

50 *Eröffnung eines Betriebs* ist der Beginn der steuerlich erheblichen Tätigkeit; durch **Vorbereitungshandlungen**, die der Eröffnung eines Betriebes, einer Betriebsstätte oder der Aufnahme einer freiberuflichen Tätigkeit dienen, wird die *Meldepflicht* noch *nicht begründet*[1]. Im Übrigen erfüllen nach Nr. 1 des Anwendungserlasses zur Abgabenordnung (AEAO)[2] Steuerpflichtige, die § 14 GewO unterfallen, mit der gewerberechtlichen Anzeige gleichzeitig ihre steuerliche Pflicht i.S. von § 138 AO[3]. Die Anzeigen sind *innerhalb eines Monats* seit dem meldepflichtigen Ereignis zu erstatten (§ 138 Abs. 3 AO).

3. Auslandsbeteiligungen

51 Steuerpflichtige (§ 33 AO) mit Wohnsitz (§ 8 AO), gewöhnlichem Aufenthalt (§ 9 AO), Geschäftsleitung (§ 10 AO) oder Sitz (§ 11 AO) im Geltungsbereich der AO haben jeweils dem nach §§ 18–20 AO zuständigen Finanzamt gem. § 138 Abs. 2 AO folgende **Sachverhalte mit Auslandsbezug** mitzuteilen:

– die Gründung und der Erwerb von Betrieben und Betriebsstätten im Ausland;

– die Beteiligung an ausländischen Personengesellschaften oder deren Aufgabe oder Änderung;

– den Erwerb von Beteiligungen an einer Körperschaft, Personenvereinigung oder Vermögensmasse i.S. des § 2 Nr. 1 KStG, wenn damit unmittelbar eine Beteiligung von mindestens 10 % oder mittelbar eine Beteiligung von mindestens 25 % am Kapital oder Vermögen der Körperschaft, Personenvereinigung oder Vermögensmasse erreicht wird oder wenn die Summe der Anschaffungskosten aller Beteiligungen mehr als 150 000 Euro beträgt.

---

1 *Schallmoser* in H/H/Sp., § 138 AO Rz. 9.
2 AEAO v. 31.1.2014, BStBl. I 290.
3 *Schallmoser* in H/H/Sp., § 138 AO Rz. 13.

Mit dieser Vorschrift soll die steuerliche **Überwachung bei Auslandsbeziehungen** erleichtert und insbesondere auf *Basisgesellschaften* in Steueroasenländern aufmerksam gemacht werden[1]. Über die Mitteilung soll die Finanzverwaltung Kenntnis von Steuerpflichtigen erhalten, auf die das Außensteuergesetz (AStG) zur Anwendung gelangen kann[2]. Ob eine unmittelbare oder eine nur mittelbare Beteiligung vorliegt, ist nach den Kriterien des § 7 Abs. 2 AStG zu beurteilen. Bei Treuhandverhältnissen liegt eine unmittelbare Beteiligung vor, anzeigepflichtig ist allein der Treugeber[3].

52

Nach früherem Recht waren die Anmeldungen spätestens dann zu erstatten, wenn nach dem meldepflichtigen Ereignis eine Einkommen- oder Körperschaftsteuererklärung oder eine Erklärung zur gesonderten Gewinnfeststellung einzureichen war; seit dem 1.1.2002[4] gilt auch hier die Monatsfrist des § 138 Abs. 3 AO.

4. Anmeldung in besonderen Fällen

In § 139 Abs. 1 AO sind für besondere Betriebe **Anmeldepflichten** gegenüber der zuständigen Finanzbehörde (dem Hauptzollamt) enthalten, die der besonderen Überwachung solcher Unternehmen dienen, in denen *verbrauchsteuerpflichtige Waren*[5] gewonnen oder hergestellt werden oder in denen besondere *Verkehrsteuern* anfallen.

53

Die *Einzelheiten* der Anmeldepflichten sind in den entsprechenden **Ausführungsbestimmungen** enthalten, insbesondere in

54

- § 15 Abs. 3 Kaffeesteuergesetz (KaffeeStG) i.V.m. § 22 Kaffeesteuerverordnung (KaffeeStV),
- §§ 9, 23a, 62, 78 EnergieStV,
- § 18 Abs. 3 Schaumwein- und Zwischenerzeugnissteuergesetz (SchaumwZwStG) i.V.m. § 32 Schaumwein- und Zwischenerzeugnissteuerverordnung (SchaumwZwStV),
- § 21 Abs. 3 Tabaksteuergesetz (TabStG) i.V.m. §§ 37, 38 Tabaksteuerverordnung (TabStV),
- § 18 Abs. 3 Biersteuergesetz (BierStG) i.V.m. § 33 Biersteuerverordnung (BierStV).

In den oben genannten Fällen ist jeweils auch der Wechsel der Inhaberschaft des Herstellungsbetriebes anzuzeigen, da die Pflicht an den Beginn der individuellen betrieblichen Tätigkeit anknüpft[6].

---

1 *Brosig*, Zur steuerlichen Behandlung von Basisgesellschaften, Unzulänglichkeiten im deutschen AußensteuerR, 1993; *Dannecker*, Steuerhinterziehung im internationalen Wirtschaftsverkehr, 1984; *Gramich*, Erfahrungen bei der Ermittlung von Domizilfirmen, wistra 1993, 41; *Dreßler*, Gewinn- und Vermögensverlagerungen in Niedrigsteuerländer und ihre steuerliche Überprüfung, 4. Aufl. 2007
2 *Schallmoser* in H/H/Sp., § 138 AO Rz. 5.
3 *Schallmoser* in H/H/Sp., § 138 AO Rz. 7.
4 Art. 9 G v. 19.12.2001, BGBl. I 3858.
5 Vgl. das Sechste G zur Änd. von Verbrauchssteuern v. 16.6.2011, BGBl. I 1090.
6 *Schallmoser* in H/H/Sp., § 139 AO Rz. 8.

II. Sanktionen

1. Zwangsmittel

55 Die Erfüllung der Anzeige- und Anmeldepflichten gegenüber dem Finanzamt kann nach den §§ 328 ff. AO **erzwungen** werden, und zwar durch *Zwangsgeld*, *Ersatzvornahme* und *unmittelbaren Zwang*.

2. Straftaten

56 Eines **Vergehens** der **Steuerhinterziehung** (vgl. im Einzelnen unten § 44) macht sich schuldig, wer den oben dargestellten Anzeige- und Anmeldevorschriften in §§ 137, 138, 139 AO nicht nachkommt, denn er verhindert, dass gegen ihn, soweit gesetzlich vorgesehen, entweder eine Vorauszahlung festgesetzt (§ 38 AO) oder die Abgabe einer Steueranmeldung erzwungen wird (§ 328 AO) oder die gesetzlich geschuldete Steuer erhoben bzw. aufgrund einer Schätzung festgesetzt und vollstreckt werden kann (§ 162 AO)[1].

57 Die **Nichtanmeldung** eines Gewerbebetriebes oder das Verheimlichen einer freiberuflichen Tätigkeit hat, bezogen auf die einzelnen Steuerarten, die nachstehend aufgeführten **Folgen**:

58 a) Bei **Veranlagungssteuern** (Einkommen-, Körperschaft- und Gewerbesteuer) tritt eine **Steuerverkürzung** ein, sobald das Finanzamt durch das Schweigen des Steuerpflichtigen davon abgehalten wird, einen *Vorauszahlungsbescheid* zu erlassen[2]. Dieser ist für die Einkommensteuer vorgesehen in § 37 EStG[3], für die Körperschaftsteuer in § 31 KStG i.V.m. § 37 EStG[4] und für die Gewerbesteuer in § 19 Abs. 4 GewStG[5]. In einem unrichtigen Antrag auf Herabsetzung der Vorauszahlung, dem von den Finanzbehörden stattgegeben wird, liegt eine Steuerhinterziehung, allerdings genügt die später abgegebene, richtige und vollständige Jahreserklärung für eine strafbefreiende Selbstanzeige[6]. Dagegen kann eine Teilselbstanzeige nicht zu einer Straflosigkeit führen[7]. Durch die Änderung des § 371 AO[8] ist dies nunmehr auch gesetzlich klargestellt. Zu den Konsequenzen vgl. unten § 44.

59 Gibt der Steuerpflichtige, der die Anmeldung eines Gewerbebetriebes oder einer freiberuflichen Tätigkeit unterlassen hat, fristgerecht eine **Jahressteuererklärung** ab, bevor das Finanzamt auf andere Weise von seiner steuerpflichtigen Betätigung erfahren hat, so kann hierin ebenfalls eine Selbstanzeige gem. § 371 AO liegen[9]. Spätestens mit unterlassener Abgabe der Jahressteuererklärungen

---

1 *Joecks* in F/G/J, § 370 AO Rz. 165.
2 *Joecks* in F/G/J, § 370 AO Rz. 165.
3 Vgl. im Einzelnen *Schmidt* in Hermann/Heuer/Raupach, Komm. zum EStG und KStG, § 37 EStG Anm. 21 ff.; *Loschelder* in Schmidt, 32. Aufl. 2013, § 37 EStG.
4 *Becht* in Hermann/Heuer/Raupach, § 31 KStG Anm. 18.
5 *Glanegger/Güroff*, 7. Aufl. 2009, § 19 GewStG.
6 OLG Stuttgart v. 21.5.1987 – 1 Ss 221/87, wistra 1987, 263.
7 BGH v. 20.5.2010 – 1 StR 577/09, BGHSt 55, 180 = wistra 2010, 304.
8 Durch das SchwarzgeldbekämpfungsG v. 28.4.2011, BGBl I 676.
9 *Joecks* in F/G/J, § 370 AO Rz. 165; OLG Stuttgart v. 21.5.1987 – 1 Ss 221/87, wistra 1987, 263.

wird die entstandene gesetzliche Jahressteuer verkürzt[1], die *Vollendung* dieser Steuerhinterziehung tritt an dem Tag ein, an welchem in dem Veranlagungsbezirk die Veranlagung abgeschlossen ist[2].

b) Bei **Fälligkeitssteuern** (Umsatz- und Lohnsteuer) gilt Folgendes: Eine **Umsatzsteuerhinterziehung**[3] begeht der Unternehmer (§ 2 UStG), der seine Tätigkeit *verheimlicht*[4], bereits dann, wenn er nach Ablauf eines Voranmeldungszeitraums weder eine Voranmeldung abgibt noch die selbst zu berechnende Umsatzsteuervorauszahlung entrichtet[5]. Die Pflicht zur Abgabe von Umsatzsteuervoranmeldungen ergibt sich aus § 18 Abs. 1 UStG, der Fälligkeitstag bei Monatszahlern ist jeweils der 10. des Folgemonats.

Die Unterlassung monatlicher oder vierteljährlicher **Umsatzsteuer-Voranmeldungen** führt zu einer Steuerverkürzung auf Zeit, bei der sich der tatbestandsmäßige Umfang aus den Hinterziehungszinsen errechnet; erst die Abgabe der falschen Jahreserklärung bewirkt die endgültige Steuerverkürzung, d.h. auf Dauer. Dies gilt auch dann, wenn nach unterlassenen (oder unrichtigen) Voranmeldungen keine Jahreserklärung abgegeben wird. Diese Grundsätze finden auch dann Anwendung, wenn es infolge der Einleitung eines steuerlichen Ermittlungsverfahrens vor Ablauf der nach den Steuergesetzen für Jahreserklärungen vorgesehenen Frist nicht mehr zur Abgabe einer Umsatzsteuerjahreserklärung kommt.

Beabsichtigt der Täter in einem solchen Fall allerdings *von Anfang an*, keine (zutreffende) Umsatzsteuerjahreserklärung abzugeben, sind seine Hinterziehungshandlungen durch die monatlichen oder vierteljährlichen Umsatzsteuervoranmeldungen vielmehr darauf angelegt, die zunächst bewirkte Hinterziehung auf Zeit später in eine solche *auf Dauer* übergehen zu lassen, so ist der gesamte jeweils monatlich oder vierteljährlich erlangte Vorteil als vom Vorsatz umfasstes Handlungsziel bei der Strafzumessung erschwerend zu berücksichtigen und in die Gesamtabwägung einzustellen[6].

Eine **Lohnsteuerhinterziehung** (dazu näher § 38 Rz. 301 ff.) liegt dann vor, wenn der Steuerpflichtige es entgegen § 41a EStG vorsätzlich unterlässt, die von ihm einzubehaltende Lohnsteuer rechtzeitig beim Finanzamt anzumelden, oder wenn er vorsätzlich zu niedrige Beträge anmeldet[7]. In Fällen, in denen stillschweigend oder ausdrücklich eine Vereinbarung zwischen Arbeitgeber und Arbeitnehmer besteht, das Arbeitsentgelt ohne Vorlage einer Lohnsteuerkarte und ohne Einbehalt der Lohnsteuer ungekürzt auszuzahlen, liegt keine Nettolohnvereinbarung im steuerrechtlichen Sinne vor[8]. Bei der Berechnung des Umfangs der verkürzten Steuern sind der den Arbeitnehmern ausbezahlte

---

1 *Joecks* in F/G/J, § 370 AO Rz. 165.
2 *Joecks* in F/G/J, § 370 AO Rz. 37a m.w.Nw.; *Hellmann* in H/H/Sp., § 370 AO Rz. 150.
3 *Wilke,* Erscheinungsformen der Hinterziehung von Umsatzsteuer, wistra 1989, 295.
4 *Joecks* in F/G/J, § 370 AO Rz. 165.
5 *Joecks* in F/G/J, § 370 AO Rz. 168; *Riehl,* wistra 1996, 130.
6 BGH v. 21.1.1998 – 5 StR 686/97, NStZ-RR 1998, 148 m.w.Nw.; vgl. auch *Joecks* in F/G/J, § 370 AO Rz. 169.
7 *Joecks* in F/G/J, § 370 AO Rz. 202.
8 BGH v. 13.5.1992 – 5 StR 38/92, BGHSt 38, 285 = wistra 1992, 259; BGH v. 26.1.1993 – 5 StR 605/92, wistra 1993, 148; sowie BFH v. 21.2.1992 – VI R 41/88, wistra 1992, 196; BFH v. 6.12.1991 – VI R 122/89, 1992, 229; zur Sozialversicherung vgl. jetzt aber § 14 Abs. 2 SGB IV.

Lohn als Bruttolohn und ihre persönlichen Besteuerungsmerkmale zugrunde zu legen. Liegt eine Lohnsteuerkarte nicht vor, ist nach § 39c Abs. 1 EStG von dem jeweils geltenden Eingangssteuersatz der Steuerklasse VI auszugehen[1].

64 Wird die **Existenz** eines Unternehmens nur **vorgetäuscht** und werden für dieses Unternehmen ohne Bezug auf reale Vorgänge fingierte Umsätze angemeldet und Vorsteuererstattungen begehrt, so ist dieses Verhalten nicht als Betrug, sondern als *Steuerhinterziehung* zu beurteilen[2]. Zur Steuerhinterziehung durch Gründung einer **Strohfirma**, die nicht selbst aktiv am Wirtschaftsleben teilnimmt[3], vgl. § 29 Rz. 32 f.

3. Ordnungswidrigkeiten

65 Für den Fall leichtfertigen (aber nicht vorsätzlichen) Handelns kann eine **leichtfertige Steuerverkürzung** gegeben sein (§ 378 AO). Ordnungswidrig handelt danach, wer als Steuerpflichtiger (oder bei Wahrnehmung der Angelegenheiten eines Steuerpflichtigen) eine der in § 370 Abs. 1 AO bezeichneten Taten mit einer besonders hohen Fahrlässigkeit (vgl. § 46 Rz. 16 ff.) begeht.

66 Die Ordnungswidrigkeit der **Verbrauchssteuergefährdung** nach § 381 AO erfasst Pflichten jeder Art, die der Vorbereitung, Sicherung oder Nachprüfung der Besteuerung dienen, namentlich Buchführungs- und Aufzeichnungspflichten[4]. Allerdings ist der Anwendungsbereich auf *Verbrauchssteuern* (vgl. § 46 Rz. 42) beschränkt. Eine Verletzung der in § 139 Abs. 1 AO enthaltenen Anmeldepflichten unterfällt daher nicht § 381 Abs. 1 Nr. 1 AO[5].

67 Wer vorsätzlich oder leichtfertig die *Meldepflicht* im Zusammenhang mit **Auslandsbezug** nach § 138 Abs. 2 AO nicht, nicht vollständig oder nicht rechtzeitig erfüllt, handelt ebenfalls ordnungswidrig (§ 379 Abs. 2 Nr. 1 AO).

D. Sozialversicherung

Schrifttum: Vgl. unten § 36, § 38.

I. Anmeldepflichten

68 Der dritte Abschnitt des SGB IV enthält im 1. Titel (§§ 28a–28c SGB IV) eine **einheitliche** gesetzliche **Regelung** der Meldungen des Arbeitgebers in den Versicherungszweigen. Nach § 28a Abs. 1 SGB IV hat der Arbeitgeber der Einzugstelle (vgl. Rz. 73) für *jeden* in der Kranken-, Pflege- und Rentenversicherung oder nach dem Arbeitsförderungsgesetz kraft Gesetzes beitragspflichtigen Arbeitnehmer bei Beginn der Beschäftigung (Nr. 1) sowie bei anderen Anlässen (Nr. 2–20) eine *Meldung* zu erstatten.

69 Für die **arbeitnehmerähnlichen Selbständigen** (§ 2 Nr. 9 SGB VI) besteht zumindest eine Rentenversicherungspflicht.

---

1 BGH v. 13.5.1992 – 5 StR 38/92, BGHSt 38, 285.
2 BGH v. 23.3.1994 – 5 StR 91/94, BGHSt 40, 109 = wistra 1994, 194.
3 BGH v. 2.12.1997 – 5 StR 404/97, NStZ 1998, 199 = wistra 1998, 152.
4 *Jäger/Lipsky* in F/G/J, § 381 AO Rz. 9.
5 Vgl. *Jäger/Lipsky* in F/G/J, § 381 AO Rz. 3; a.A. die Voraufl.

Zuständige **Einzugstelle**, an die die Meldungen zu erstatten sind, ist gem. § 28i 70
Abs. 1 SGB IV die *Krankenkasse*, von der die Krankenversicherung durchgeführt wird.

Die Krankenkasse entscheidet nach § 28h Abs. 2 SGB IV auch über die Versicherungspflicht und die Beitragshöhe in der Kranken-, Pflege- und Rentenversicherung sowie über die Beitragspflicht und Beitragshöhe nach dem Arbeitsförderungsgesetz; außerdem prüft sie die Einhaltung der Arbeitsentgeltgrenzen bei geringfügiger Beschäftigung.

Die **Einzelheiten** über die Durchführung der Meldung ergeben sich aus der Da- 71
tenerfassungs- und -übermittlungsverordnung (DEÜV)[1]. Der meldepflichtige Personenkreis ergibt sich aus § 2 DEÜV, die zu meldenden Personen sind in § 3 DEÜV aufgeführt. Die Prüfungspflichten liegen gem. § 28p Abs. 1 SGB IV bei den Rentenversicherungsträgern.

II. Zuwiderhandlungen

a) Nach § 111 Abs. 1 Nr. 2 SGB IV handelt **ordnungswidrig**, wer vorsätzlich 72
oder leichtfertig *gegen Meldepflichten* verstößt, d.h. diese nicht, nicht richtig, nicht vollständig oder nicht rechtzeitig erfüllt. § 111 Abs. 1 Nr. 8 SGB IV betrifft Zuwiderhandlungen gegen die DEÜV. Die Abs. 1–3 des § 111 SGB IV enthalten weitere Ordnungswidrigkeiten. Die Ordnungswidrigkeiten können – je nach Tatbestand – mit Geldbußen bis zu 25 000 Euro geahndet werden.

§ 112 Abs. 1 SGB IV regelt die **Zuständigkeit** für das Bußgeldverfahren. Danach 73
ist bei Ordnungswidrigkeiten im Zusammenhang mit den Melde- und Auskunftspflichten, der Lohnunterlagenführung und -vorlage sowie bei Verstößen gegen die DEÜV und die richtige Abführung der Gesamtsozialversicherungsbeiträge die Einzugstelle oder der Träger der Rentenversicherung zuständig (§ 112 Abs. 1 Nr. 4, 4a SGB IV)[2]. Wegen der Zuständigkeit bei den anderen Ordnungswidrigkeiten muss auf den Gesetzestext (§ 112 SGB IV) verwiesen werden. § 113 SGB IV verpflichtet die Behörden bei der Verfolgung und Ahndung zur Zusammenarbeit.

Die Nichtanmeldung von Arbeitnehmern kann eine **Strafbarkeit** wegen Vor- 74
enthaltens von Arbeitsentgelt, § 266a StGB, oder Betrugs begründen (näher § 36 Rz. 10 ff.; § 38 Rz. 209 ff.), aber auch wegen Umsatz- und Lohnsteuerhinterziehung (vgl. Rz. 63 f.). Der steuerstrafrechtliche Tatbestand und die Beitragsvorenthaltung bilden zwei *selbständige Deliktstatbestände*. Es handelt sich nicht um eine prozessuale Tat i.S. von § 264 StPO[3]. – Schließlich kann

---

1 VO über die Erfassung und Übermittlung von Daten für die Träger der Sozialversicherung, eingeführt aufgrund von Art. 1 der VO zur Neuregelung des Meldeverfahrens in der Sozialversicherung v. 10.2.1998, BGBl. 1998, I 343, zul. geänd. durch G v. 5.12.2012, BGBl. I 2474; vgl. *Seewald/Baumgartner*, Das Meldeverfahren in der Sozialversicherung nach der neuen Datenerfassungs- und -übermittlungsverordnung 1999, NJW 1999, 474.
2 Vgl. *Wache* in Erbs/Kohlhaas, S 104 § 112 SGB IV Rz. 5.
3 BGH v. 24.7.1987 – 3 StR 36/87, wistra 1987, 349; BayObLG v. 26.11.1985 – RReg 4 St 184/85, NStZ 1986, 173 = StV 1986, 532.

auch ein Verstoß gegen das *Schwarzarbeitsbekämpfungsgesetz* vorliegen (vgl. hierzu im Einzelnen § 37 Rz. 110 ff.).

§ 25
Erlaubnispflichten

Bearbeiter: Joachim Dittrich

	Rz.		Rz.
A. Überblick	1	II. Gewerberechtliche Nebengesetze	
B. Gewerberecht		1. Handwerk	36
I. Gewerbeordnung	11	2. Arbeitsmarkt	41
1. Schwere Gewerberechts-Verletzung	12	3. Gaststätten	48
2. Gesundheitswesen	14	4. Verkehr	51
3. Vergnügungsbetriebe	15	5. Umweltschutz	
4. Bewachungsgewerbe	17	a) Abfall	54
5. Pfandleiher und Pfandvermittler	19	b) Kerntechnik	59
6. Versteigerungsgewerbe	21	c) Gentechnik	60
7. Makler, Bauträger, Baubetreuer	22	6. Sprengstoffe und Waffen	61
8. Versicherungsvermittler, Versicherungsberater	27	a) Sprengstoffgesetz	62
		b) Waffengesetz	67
9. Finanzanlagenvermittler	30	7. Apothekenwesen	71
10. Überwachungsbedürftige Gewerbe und Anlagen	31	C. Weitere Erlaubnispflichten	
		I. Kreditwesen	74
		II. Versicherungs- und Rechtswesen	77

Schrifttum: Zur Gewerbeordnung vgl. oben § 24.

A. Überblick

1 **a)** Die *Gewerbefreiheit* wird nicht nur durch die allgemeine Anzeigepflicht nach § 14 GewO beschränkt (§ 24 Rz. 7 ff.), sondern auch durch **besondere Anzeigepflichten**, z.B. für Handwerker (§ 16 HwO; vgl. Rz. 36 ff.; zu den erlaubnisfreien, aber überwachungsbedürftigen Gewerbstätigkeiten Rz. 31 ff.).

2 In Ausnahmefällen macht das Gesetz jedoch die Ausübung eines Gewerbes oder den Betrieb einer Anlage von einer Zulassung (Erlaubnis, Genehmigung, Konzession, Bewilligung) abhängig und begründet so eine **Erlaubnispflicht**[1]. Diese ist in §§ 30 ff. GewO sowie in Spezialgesetzen geregelt. Die Ausübung

---

1 *Stober*, WiVwR II, § 46 III; *Marcks* in Robinski, GewR, J 1 ff.

des Gewerbes und der Betrieb der Anlage sind solange *verboten*, bis die *Erlaubnis erteilt* ist. Die Behörde prüft bereits *vor der Eröffnung* des Gewerbebetriebes, ob der Antragsteller das Gewerbe *ausüben* darf. Wer die Erlaubnis ordnungsmäßig beantragt hat und die gesetzlichen Voraussetzungen erfüllt, hat einen öffentlich-rechtlichen Anspruch auf Erteilung der Erlaubnis.

b) Je nachdem, worauf sich die Erlaubnis bezieht, **unterscheidet** man zwischen der *personengebundenen Erlaubnis* und der *raumbezogenen Erlaubnis*[1] sowie der *Anlagengenehmigung*.

Die **personengebundene Erlaubnis**, die auf die Person des Gewerbetreibenden abstellt, gilt z.B. für *Pfandleiher* (Rz. 19), für die Ausübung des *Bewachungsgewerbes* (Rz. 17), und des *Versteigerergewerbes* (Rz. 21), für *Makler, Bauträger und Baubetreuer* (Rz. 22) und für *Versicherungsvermittler und Versicherungsberater* (Rz. 30a); ferner gilt sie für die Zulassung zum selbständigen Betrieb eines *Handwerks* (§ 4 HwO). Diese Erlaubnis ist jeweils an den Inhaber des Gewerbebetriebes gebunden; sie ist nicht übertragbar[2].

Die **raumgebundene Erlaubnis**, die zu der persönlichen Erlaubnis hinzutreten muss, beschränkt die zulässige Tätigkeit auf *bestimmte Betriebsräume*. Hierbei handelt es sich um den Betrieb von *Privatkrankenanstalten* (Rz. 14), die Schaustellung von Personen (Rz. 15), den Betrieb von *Spielhallen* (Rz. 16) sowie von *Gaststätten* (Rz. 48). Die Erlaubnis erlischt, wenn der Inhaber wechselt oder die Betriebsräume gewechselt werden.

Die **Anlagegenehmigung** wird unabhängig von den persönlichen Eigenschaften eines Betreibers für eine Anlage erteilt. Ist die Anlage genehmigt, so bleibt die Genehmigung regelmäßig auch bestehen, wenn der *Inhaber wechselt*, da es nur auf den ordnungsgemäßen Zustand der Anlage ankommt, z.B. bei Dampfkesselanlagen, Aufzugsanlagen oder medizinisch technischen Geräten (Rz. 33).

c) Für die **Erteilung der Erlaubnis** ist ein *Antrag* erforderlich[3]. Die Erlaubnis ist insbesondere dann zu versagen, wenn der Antragsteller nicht die für den Gewerbebetrieb erforderliche *Zuverlässigkeit* besitzt, also unzuverlässig ist (vgl. z.B. §§ 30, 31, 33a, 33c, 34c GewO). Das Kriterium entspricht grundsätzlich dem Begriff der Unzuverlässigkeit i.S. von § 35 GewO (vgl. im Einzelnen § 21 Rz. 34 ff.). Zu beachten ist allerdings, dass es die Unzuverlässigkeit nicht schlechthin gibt, sondern nur in Bezug auf das konkret ausgeübte Gewerbe[4]. So sind Verkehrsstraftaten zwar im Falle eines Taxiunternehmers oder Spediteurs gewerbebezogene Tatsachen, bei anderen Gewerben dagegen kein Indiz für eine Unzuverlässigkeit[5].

Die **Unzuverlässigkeit** kann auch durch *mangelnde wirtschaftliche Leistungsfähigkeit* begründet werden[6]. Diese stellt bei einigen Gewerben auch einen selbständigen Versagungsgrund dar, etwa bei Pfandleihern (§ 34 Abs. 1 Nr. 2 GewO), Versteigerern (§ 34b

---

1 *Marcks* in Robinski, GewR, J 8 ff.; *Stober*, WiVwR I, § 34 III 1, WiVwR II, § 46 III 3.
2 *Marcks* in Robinski, GewR, J 8.
3 *Marcks* in Robinski, GewR, J 24; *Stober*, GewerbeerlaubnisR, NWB Fach 30, 638.
4 *Marcks* in Landmann/Rohmer, § 35 GewO Rz. 34.
5 Vgl. die umfangreiche Kasuistik bei *Marcks* in Landmann/Rohmer, § 35 GewO Rz. 34.
6 *Marcks* in Landmann/Rohmer, § 35 GewO Rz. 45 ff.

Abs. 4 Nr. 2 GewO), Maklern (§ 34c Abs. 2 Nr. 2 GewO) sowie Versicherungsvermittlern und -beratern (§§ 34d Abs. 2 Nr. 2, 34e Abs. 2 GewO). Im Übrigen setzt die Feststellung der Unzuverlässigkeit weder ein Verschulden noch einen Charaktermangel des Antragstellers voraus[1]. Sie kann daher auch auf Krankheiten sowie geistige oder körperliche Mängel gestützt werden[2].

Fehlende Sachkunde kommt als Versagungsgrund i.d.R. nur dann in Betracht, wenn Sachkunde ausdrücklich zur Zulassungsvoraussetzung erhoben worden ist[3]. Hierzu gehört die Meisterprüfung, die früher für alle, seit Anfang 2004 nur noch für bestimmte Handwerksberufe (Rz. 36) als Voraussetzung für den selbständigen Betrieb eines Handwerksunternehmens vorgeschrieben ist.

Ferner muss die *polizeiliche Ordnungsmäßigkeit* vorliegen; so müssen z.B. nach § 30 GewO Privatkrankenanstalten gesundheitspolizeilichen Anforderungen entsprechen, bei der Schaustellung von Personen nach § 33a GewO dürfen keine feuer-, gesundheits-, sitten- oder sicherheitspolizeilichen Gesichtspunkte entgegenstehen[4]. Bei raumbezogenen Erlaubnissen sind die räumlichen Verhältnisse zu überprüfen. Die Erlaubnis kann mit Nebenbestimmungen (Auflagen etc.) versehen werden.

8 Als **Träger der Erlaubnis** kommen *Einzelpersonen* und *Gesellschaften* in Betracht. Bei Personengesellschaften wie auch bei den Vorgesellschaften juristischer Personen bedarf der Erlaubnis jeder einzelne Gesellschafter[5]. Allerdings besteht bei den Vorgesellschaften die Möglichkeit der Duldung des Gewerbes nach § 15 Abs. 2 GewO, wenn der positive Ausgang des Erlaubnisverfahrens für die juristische Person bereits absehbar ist[6]. Die *Stellvertretung* des Inhabers eines Gewerbebetriebs ist in §§ 45, 47 GewO geregelt, die Fortführung in § 46 GewO.

9 Die personen- und raumgebundenen Erlaubnisse **erlöschen** mit dem Tod des Inhabers oder der Auflösung der juristischen Person, der die Erlaubnis zustand. Ferner erlischt eine Erlaubnis durch Rücknahme. Raumgebundene Erlaubnisse erlöschen bei einer wesentlichen Veränderung der genehmigten Räumlichkeiten oder durch einen Wechsel der Betriebsstätte[7].

10 Für alle erlaubnispflichtigen Gewerbe, für öffentlich bestellte Versteigerer oder Sachverständige, für die überwachungsbedürftigen Gewerbe (§ 38 GewO) sowie für das Untersagungsverfahren wurde in die GewO eine Vorschrift über **Auskunft und Nachschau** eingefügt (§ 29 GewO)[8]. Danach soll der Geschäftsbetrieb in unregelmäßigen Abständen kontrolliert werden. Durch Stichproben ist festzustellen, ob der Gewerbetreibende die ihm nach der GewO und den Ausführungsvorschriften obliegenden Pflichten erfüllt. Der Gewerbetreibende hat innerhalb der gesetzten Frist unentgeltlich *Auskunft zu erteilen*. Die Be-

---

1 *Marcks* in Landmann/Rohmer, § 35 GewO Rz. 30.
2 *Marcks* in Landmann/Rohmer, § 35 GewO Rz. 61.
3 *Marcks* in Landmann/Rohmer, § 35 GewO Rz. 60.
4 *Ambs* in Erbs/Kohlhaas, G 59 § 33a GewO Rz. 6.
5 *Marcks* in Landmann/Rohmer, § 35 GewO Rz. 64.
6 *Marcks* in Robinski, GewR, J 13.
7 *Marcks* in Robinski, GewR, J 37.
8 Art. 1 Nr. 9 des Zweiten G zur Änderung der Gewerbeordnung und sonstiger gewerberechtlicher Vorschriften v. 16.6.1998, BGBl I 1291; *Marcks*, Zweites G zur Änderung der Gewerbeordnung und sonstiger gewerblicher Vorschriften, GewA 1998, 353.

auftragten der zuständigen Behörde sind befugt, zum Zweck der Überwachung Geschäftsräume und *Grundstücke zu betreten*, Prüfungen vorzunehmen, sich geschäftliche Unterlagen vorlegen zu lassen und in diese Einsicht zu nehmen (Nachschau)[1]. Verstöße gegen die Auskunftspflicht nach § 29 GewO stellen eine **Ordnungswidrigkeit** gem. § 146 Abs. 2 Nr. 4 GewO dar.

B. Gewerberecht

I. Gewerbeordnung

Die §§ 144–147b GewO enthalten nach wie vor zahlreiche – teilweise recht allgemeine, teilweise aber auch sehr spezielle – **Bußgeld-Tatbestände**, vielfach in Gestalt langer Kataloge, die an verschiedenen Orten behandelt werden, nämlich

– § 144 GewO betreffend *erlaubnispflichtige* stehende Gewerbe (Rz. 14 ff.),
– § 145 GewO betreffend das *Reisegewerbe* (§ 24 Rz. 19 ff.),
– § 146 GewO betreffend
  – Verstöße gegen gewerberechtliche Auflagen (zur Gewerbeuntersagung § 24 Rz. 34 ff.),
  – Verletzung von Anzeigepflichten (§ 24 Rz. 7 ff.),
  – Verstöße gegen die Auskunftspflicht (Rz. 10; § 24 Rz. 34d),
– § 147 GewO betreffend Verletzung von Arbeitsschutzvorschriften (§ 34 Rz. 10),
– § 147a GewO betreffend Erwerb von Edelmetallen und -steinen (§ 74 Rz. 8) und
– § 147b GewO betreffend Pauschalreisen (§ 74 Rz. 32).

1. Schwere Gewerberechts-Verletzung

Einige dieser Bußgeld-Tatbestände steigern sich zum **Straftatbestand (§ 148 GewO)** mit einer Strafandrohung von Freiheitsstrafe bis zu einem Jahr, wenn entweder

– eine Zuwiderhandlung nach § 144 Abs. 1, § 145 Abs. 1 Nr. 2, 6, § 146 Abs. 1 GewO *beharrlich wiederholt* wird (Nr. 1) oder
– eine näher bezeichnete Zuwiderhandlung *Leben oder Gesundheit* eines anderen oder fremde Sachen von bedeutendem Wert *gefährdet* (Nr. 2)

Das Qualifikationsmerkmal der **beharrlichen Wiederholung** bedarf – gleichsam vor die Klammer gezogen – einer Erläuterung. Ein „beharrliches Wiederholen" einer der bezeichneten Zuwiderhandlungen ist erst dann anzunehmen, wenn die Wiederholung einen derart *schwerwiegenden Verstoß gegen die Rechtsordnung* darstellt, dass eine Ahndung mit den Mitteln des Strafrechts gerechtfertigt erscheint. Dies ist dann der Fall, wenn der Täter durch einen erneuten Verstoß seine rechtsfeindliche Einstellung gegenüber den in § 148 Nr. 1 GewO aufgeführten Vorschriften erkennen lässt, an seiner Einstellung also trotz einer

---

1 *Ziekow*, Das Zweite G zur Änderung der Gewerbeordnung und sonstiger gewerberechtlicher Vorschriften v. 16.6.1998, NJW 1998, 2654; BT-Drs. 13/1990.

etwaigen Ahndung, Abmahnung oder einer sonst hemmend wirkenden Erfahrung oder Erkenntnis festhält. Dazu bedarf es *keines* vorangegangenen *abgeschlossenen Bußgeldverfahrens* oder einer strafrechtlichen Sanktion wegen der gleichen Zuwiderhandlung. Es genügt die Wiederholung eines Verstoßes gegen die in der GewO bezeichneten Vorschriften, auch wenn die zuständige Behörde im Rahmen ihres pflichtgemäßen Ermessens wegen des früheren Verstoßes nach § 47 Abs. 1 OWiG von der Verhängung eines Bußgeldes abgesehen hat[1]. Voraussetzung für die Strafbarkeit ist jedoch ein schwerwiegender Verstoß. Bei einem *relativ geringen wirtschaftlichen Umfang* muss daher angenommen werden, dass die Schwelle zur Strafwürdigkeit nicht schon durch die Vorlage einer polizeilichen Anzeige bei der Verwaltungsbehörde überschritten wird, sondern erst durch den Abschluss des Bußgeldverfahrens.

2. Gesundheitswesen

14 Unternehmer von **Privatkranken- oder Privatentbindungsanstalten** sowie von **Privatnervenkliniken** bedürfen einer Konzession der zuständigen Behörde (§ 30 Abs. 1 GewO). Dadurch soll die Allgemeinheit vor Schäden geschützt werden, die durch schlecht eingerichtete, vernachlässigte oder sonst nicht ordnungsgemäß geführte Privatkrankenanstalten entstehen können.

Ob eine **Privatkrankenanstalt** vorliegt, ist aus den äußeren organisatorischen Umständen der Aufnahme von Patienten abhängig. Ein Krankenhaus dient der Durchführung einer stationären Heilbehandlung, die Unterbringungs- und Verpflegungsleistungen einschließt. Dagegen unterfallen ambulante Einrichtungen (Dialysestationen, Tageskliniken usw.) nicht § 30 GewO. Dessen Zweck ist nicht ein Schutz vor risikobehafteten ärztlichen Leistungen, sondern vor den Gefahren aus der Eingliederung des Patienten in ein betriebliches Organisationsgefüge[2].

Wer ohne die erforderliche Erlaubnis eine Privatkrankenanstalt betreibt, handelt nach § 144 Abs. 1 Nr. 1 Buchst. b GewO **ordnungswidrig**. Wer eine derartige Anstalt beharrlich ohne Erlaubnis betreibt, wird nach § 148 Nr. 1 GewO mit Freiheitsstrafe bestraft.

3. Vergnügungsbetriebe

15 Wer gewerbsmäßig **Schaustellungen von Personen** in seinen Geschäftsräumen veranstalten oder für deren Veranstaltung seine Geschäftsräume zur Verfügung stellen will, bedarf nach § 33a GewO der Erlaubnis der zuständigen Behörde. Die Erlaubnis ist zu versagen, wenn zu erwarten ist, dass die Schaustellungen den guten Sitten zuwiderlaufen werden (§ 33a Abs. 2 Nr. 2 GewO)[3]. Weitere Versagungsgründe ergeben sich aus § 33a Abs. 2 Nr. 1 und 3 GewO.

---

1 Vgl. BGH v. 25.2.1992 – 5 StR 528/91, NStZ 1992, 594 = wistra 1992, 184 = GewA 1992, 179.
2 BVerwG v. 18.10.1984 – 1 C 36/83, NJW 1985, 1414; a.A. OLG Frankfurt v. 23.1.1979 – 3 Ws (B) 171/78 OWiG, NJW 1979, 2361.
3 Vgl. Peep-Show-Entscheidungen des BVerwG v. 15.12.1981 – 1 C 232/79, BVerwGE 64, 274 = GewA 1982, 139; BVerwG v. 30.1.1990 – 1 C 26/87, BVerwGE 84, 314 = GewA 1990, 212; BVerwG v. 23.8.1995 – 1 B 46/95, NJW 1996,1423 = GewA 1996, 411; BVerwG v. 21.4.1998 – 1 B 43/98, GewA 1998, 419; vgl. auch BVerfG v. 29.5.1987 – 1 BvR 1135/86, NJW 1987, 3246; BVerfG v. 16.5.1990 – 1 BvR 450/90, GewA 1990, 275.

Nach § 144 Abs. 1 Nr. 1 Buchst. c GewO handelt *ordnungswidrig*, wer ohne die erforderliche Erlaubnis Vorführungen öffentlich veranstaltet oder dazu seine Räume benutzen lässt.

Die Erlaubnis für die *Aufstellung von* **Spielgeräten mit Gewinnmöglichkeit** ist in § 33c GewO geregelt. Die Voraussetzungen für die Erlaubnis zur Veranstaltung gewerbsmäßiger *anderer Spiele mit Gewinnmöglichkeit* sind in § 33d GewO enthalten[1]. Die §§ 33e–33g GewO enthalten weitere Vorschriften für die Spielgeräte, für die Regelung des Spielbetriebs und die Erlaubnispflichten. § 33i GewO regelt die Voraussetzungen der Erlaubnis für den Betrieb von *Spielhallen* und ähnlichen Unternehmen. Für Verstöße droht § 144 Abs. 1 Nr. 1 Buchst. d GewO *Bußgeld* an, im Falle beharrlicher Wiederholung Strafe (§ 148 Nr. 1 GewO).

16

4. Bewachungsgewerbe

Der Erlaubnis bedarf, wer gewerbsmäßig Leben oder Eigentum fremder Personen **bewachen**[2] will (34a Abs. 1 S. 1 GewO). Der Antragsteller muss einen Nachweis vorlegen, dass er über die für die Ausübung des Gewerbes notwendigen rechtlichen Vorschriften unterrichtet worden und mit ihnen vertraut ist (§ 34a Abs. 1 S. 3 Nr. 3 GewO). Für bestimmte Tätigkeiten (z.B. Kaufhausdetektive, Türsteher) ist der Nachweis einer erfolgreich abgelegten Sachkundeprüfung erforderlich (§ 34a Abs. 1 S. 5 GewO). Diese Anforderung betrifft allerdings das Personal, nicht den Gewerbetreibenden selbst[3]. Im Zuge der Einführung eines Zulassungsverfahrens für Bewachungsunternehmen auf Seeschiffen (Rz. 17a) sind die Voraussetzungen der Zuverlässigkeit in § 34a Abs. 1 S. 4 GewO konkretisiert worden. Danach führen die frühere Mitgliedschaft in einem verbotenen oder mit einem Betätigungsverbot belegten Verein oder in einer verfassungswidrigen Partei ebenso wie das Verfolgen von Bestrebungen gegen die freiheitliche demokratische Grundordnung i.S. von § 3 BVerfSchG zu der Regelvermutung der Unzuverlässigkeit. Damit sind die für das Wachpersonal gem. § 9 Abs. 2 der Verordnung über das Bewachungsgewerbe (BewachV)[4] geltenden Anforderungen auf den Gewerbetreibenden erstreckt worden. Hierdurch sollen Gefahren durch Gewerbetreibende abgewendet werden, die Zugang zu sabotageempfindlichen Bereichen haben oder haben können[5].

17

Die *BewachV* enthält u.a. Melde-, Aufzeichnungs- und Auskunftspflichten bezüglich der Daten des Bewachungspersonals und der Auftraggeber. Die zuständige Behörde, die bezüglich des Überwachungspersonals Auskünfte aus dem Bundeszentralregister eingeholt hat, kann das Ergebnis der Überprüfung und die für die Beurteilung der Zuverlässigkeit erforderlichen Daten gem. § 34a Abs. 3 GewO an den Gewerbetreibenden übermitteln.

---

1 Vgl. auch § 60a GewO; zum Ganzen *Marcks* in Robinski, GewR, J 59 ff.; *Ennuschat* in Tettinger/Wank/Ennuschat, § 33d GewO Rz. 3 ff.
2 *Marcks*, Neuerungen im BewachungsgewerbeR, GewA 1996, 144; *Fuchs*, Das Bewachungsgewerbe, NWB Fach 30, 1189.
3 *Marcks* in Landmann/Rohmer, § 34a GewO Rz. 31.
4 VO über das Bewachungsgewerbe v. 7.12.1995, BGBl. I 1602, i.d.F. v. 10.7.2003, BGBl. I 1378, ÄndG v. 4.3.2013, BGBl. I 362.
5 BT-Drs. 17/11887, 12.

17a Für das **Bewachungsgewerbe auf Seeschiffen** auf hoher See ist mit Wirkung vom 1.12.2013 ein eigenständiges Zulassungserfordernis durch das Gesetz vom 4.3.2013[1] und die auf ihm beruhende Seebewachungsverordnung (SeeBewachV)[2] geschaffen worden. Wie bereits die Einfügung als § 31 GewO zeigt, handelt es sich nicht um eine personenbezogene, sondern um eine *unternehmensbezogene* Regelung[3]. Zuständig für die Zulassung ist das BAFA (§ 31 Abs. 2 GewO). Die Zulassung ist zu befristen (§ 31 Abs. 2 S. 1 GewO), gem. § 3 SeeBewachV wird sie für die Dauer von zwei Jahren erteilt. Die Anforderungen des § 34a GewO für die Zuverlässigkeit gelten nach § 31 Abs. 2 S. 4 GewO ausdrücklich nicht[4]. Vielmehr enthalten §§ 8 und 9 SeeBewachV eigene Anforderungen an die Zuverlässigkeit und die persönliche Eignung sowohl für das eingesetzte Personal als auch für den Verantwortlichen des Unternehmens (§ 11 SeeBewachV). Dabei orientiert sich § 8 SeeBewachV an § 5 WaffG. Das ist schon deshalb sachgerecht, weil durch die gleichzeitig erfolgte Einführung des § 28a WaffG ein Bedürfnis für Schusswaffen anerkannt wird, wenn Bewachungsunternehmen eine Zulassung nach § 31 GewO besitzen. Die gewerberechtliche Zulassung ist also der waffenrechtliche Bedürfnisnachweis[5].

18 Wer ohne die erforderliche Erlaubnis das Bewachungs- oder Seebewachungsgewerbe betreibt, handelt **ordnungswidrig** (§ 144 Abs. 1 Nr. 1 Buchst. f., Nr. 2 GewO), ggf. auch strafbar (§ 148 Nr. 1 GewO). Das Fehlen der erforderlichen Erlaubnis für die Ausübung des Bewachungsgewerbes ist Tatbestandsmerkmal der Ordnungswidrigkeit. Ein Irrtum über die Erlaubnispflichtigkeit ist Tatbestandsirrtum[6] und schließt den Vorsatz aus. In diesem Fall kann die Zuwiderhandlung jedoch grundsätzlich wegen fahrlässiger Begehungsweise verfolgt werden (§ 11 Abs. 1 S. 2 OWiG)[7].

Verstöße gegen die Bestimmungen der BewachV können nach § 16 BewachV i.V.m. § 144 Abs. 2 Nr. 1 und 4 GewO als Ordnungswidrigkeit bzw. nach § 148 Nr. 2 GewO als Straftat geahndet werden (Rz. 12 f.), entsprechendes gilt nach § 16 SeeBewachV für Verstöße gegen die Seebewachungsverordnung.

5. Pfandleiher und Pfandvermittler

19 Nach § 34 GewO bedarf der behördlichen Erlaubnis, wer das Geschäft eines Pfandleihers oder Pfandvermittlers betreiben will. **Pfandleiher** ist, wer gewerbsmäßig Darlehen gewährt (§ 488 Abs. 1 BGB) und sich dafür zur Sicherung ein Pfand geben lässt[8]. Kreditgeschäfte im Zusammenhang mit Sicherungsübereignungen sind allerdings Bankgeschäfte, auf die das Kreditwesengesetz anzuwenden ist. Dies gilt auch für die Beleihung von Wertpapieren, Edelmetallen und

---

1 BGBl. I 362.
2 V. 11.6.2013, BGBl. I 1562.
3 *Heller/Soschinka*, Seepiraterie-Bekämpfung durch private Bewachungsunternehmen, NVwZ 2013, 476 (477).
4 A.A. *Heller/Soschinka*, NVwZ 2013, 477.
5 *Heller/Soschinka*, NVwZ 2013, 478.
6 *Rengier* in KK, § 11 OWiG Rz. 42.
7 OLG Düsseldorf v. 20.1.1998 – 5 Ss (Owi) 341/97 – (Owi) 176/97 I, GewA 1998, 199.
8 *Ambs* in Erbs/Kohlhaas, G 59 § 34 GewO Rz. 1.

Handelswaren und für die Gewährung von Hypothekendarlehen[1]. **Pfandvermittler** ist, wer in eigenem Namen mit dem Pfandleiher über das Pfand des Darlehensnehmers einen Verpfändungsvertrag abschließt[2].

Wer ohne die erforderliche Erlaubnis das Geschäft eines Pfandleihers oder Pfandvermittlers betreibt, handelt nach § 144 Abs. 1 Nr. 1 Buchst. e GewO **ordnungswidrig** und kann sich ggf. nach § 148 Nr. 1 GewO strafbar machen. Weitere Ordnungswidrigkeiten im Zusammenhang mit dem Betreiben des Pfandleihgewerbes sind in §§ 144 Abs. 2, 34 GewO aufgeführt.

6. Versteigerungsgewerbe

Das gewerbsmäßige **Versteigern fremder** beweglicher **Sachen**, fremder Grundstücke oder fremder Rechte bedarf der Erlaubnis der zuständigen Behörde (§ 34b Abs. 1 GewO). Die auf der Ermächtigungsgrundlage des § 34b Abs. 8 GewO beruhende Versteigererverordnung (VerstV[3]) enthält eine Reihe von Bestimmungen über die diesbezügliche Erlaubnis. Wird das Versteigerergewerbe ohne Erlaubnis betrieben, so liegt eine *Ordnungswidrigkeit* nach § 144 Abs. 1 Nr. 1 Buchst. g GewO vor. Weitere Bußgeld- bzw. Strafvorschriften wegen Verstößen gegen Vorschriften aus dem Versteigerergewerbe enthalten § 144 Abs. 2 Nr. 1 und 3, Abs. 3 Nr. 2 GewO sowie § 148 Nr. 1 und 2 GewO.

7. Makler, Bauträger, Baubetreuer

a) Einer Erlaubnis bedarf, wer sich gewerbsmäßig als **Makler** betätigen will (§ 34c Abs. 1 Nr. 1 und 2 GewO). Hierunter fällt, wer den Abschluss von Verträgen über Grundstücke, grundstücksgleiche Rechte, gewerbliche Räume oder Wohnräume oder Darlehen vermitteln oder die Gelegenheit zum Abschluss solcher Verträge nachweisen möchte (Nr. 1 und 2). Soweit bisher Makler auch war, wer den Abschluss von Verträgen über den Erwerb von Anteilscheinen einer Kapitalanlagengesellschaft, von ausländischen Investmentanteilen, von sonstigen öffentlich angebotenen *Vermögensanlagen*, die für gemeinsame Rechnung der Anleger verwaltet werden, oder von öffentlich angebotenen Anteilen an einer oder von verbrieften Forderungen gegen eine Kapitalgesellschaft oder KG vermitteln möchte (Nr. 2 a.F.), ist diese Tätigkeit nunmehr von § 34f GewO erfasst (Rz. 30 ff.).

b) Ferner bedarf der Erlaubnis, wer *gewerbsmäßig als Bauherr* (**Bauträger**) in eigenem Namen oder für eigene oder fremde Rechnungen *Bauvorhaben vorbereiten oder durchführen* will und dazu Vermögenswerte von Erwerbern, Mietern, Pächtern oder sonstigen Nutzungsberechtigten oder von Bewerbern um Erwerbs- und Nutzungsrechte verwenden will (§ 34c Abs. 1 Nr. 3 Buchst. a

---

1 *Marcks* in Landmann/Rohmer, § 34 GewO Rz. 5; *Ambs* in Erbs/Kohlhaas, G 59 § 34 GewO Rz. 1.
2 *Ambs* in Erbs/Kohlhaas, G 59 § 34 GewO Rz. 2; OVG Münster v. 11.5.1966 – IV A 1290/65, GewA 1967, 9.
3 V. 24.4.2003, BGBl. I 547, ÄndG v. 4.3.2013, BGBl. I 362.

GewO). Die Erlaubnispflicht besteht nur, wenn der Bauträger vor Abschluss des Bauvorhabens auf *fremde Vermögenswerte* zugreifen kann[1]. Voraussetzung ist weiter, dass der Bauherr/Bauträger bei Beginn der Bauarbeiten Eigentümer des Baugrundstücks ist. Gewerbetreibende, die im eigenen Namen und auf eigene Rechnung auf dem Grundstück des Bauherrn für diesen einen Bau errichten, sind daher keine Bauherren oder Baubetreuer und unterliegen weder § 34c GewO noch den Vorschriften der MaBV[2]. Dasselbe gilt für Generalbauunternehmer, Generalübernehmer[3], Lieferanten von Fertighäusern und Bauhandwerker[4].

24 Des Weiteren bedarf der Erlaubnis, wer gewerbsmäßig als **Baubetreuer** im fremden Namen für fremde Rechnung *Bauvorhaben wirtschaftlich vorbereiten* oder *durchführen* will (§ 34c Abs. 1 Nr. 3 Buchst. b GewO). Baubetreuer ist, wer für den Bauherrn in dessen Namen und für dessen Rechnung tätig sein will, z.B. durch Beschaffung des Baugrundstücks und der Baufinanzierung, durch Verwendung der Mittel, Vergabe von Bauaufträgen und Rechnungslegung gegenüber dem Bauherrn[5]. Baubetreuung wird auch im Rahmen der Bauherrenmodelle ausgeübt[6]. Die Erlaubnis zu den vorgenannten gewerbsmäßig ausgeübten Tätigkeiten muss erteilt werden, wenn besondere Anforderungen an die Zuverlässigkeit sowie an die geordneten Vermögensverhältnisse des Antragstellers erfüllt sind (§ 34c Abs. 2 GewO).

25 Aufgrund des § 34c Abs. 3 GewO wurde die **Makler- und Bauträgerverordnung** (MaBV)[7] erlassen, die die Pflichten der Berufsausübung näher regelt (dazu § 70 Rz. 6 ff.). Des Weiteren gibt es die „Allgemeine Verwaltungsvorschrift zum § 34c der Gewerbeordnung und zur Makler- und Bauträgerverordnung" (MABVwV)[8].

26 **c)** Wer ohne die erforderliche Erlaubnis nach § 34c Abs. 1 Nr. 1 oder 2 GewO den Abschluss von Verträgen der hierin bezeichneten Art *vermittelt* oder die Gelegenheit hierzu nachweist oder nach § 34c Abs. 1 Nr. 3 GewO als Bauherr oder Baubetreuer Bauvorhaben in der dort bezeichneten Weise vorbereitet oder durchführt, handelt **ordnungswidrig** (§ 144 Abs. 1 Nr. 1 Buchst. h und i GewO). Auch hier kann ein beharrliches Zuwiderhandeln eine **Strafbarkeit** begründen (§ 148 Nr. 1 GewO; Rz. 12 f.). Wer einer im Rahmen der Erlaubnis auferlegten vollziehbaren Auflage i.S. von § 34c Abs. 1 S. 2 GewO zuwiderhandelt, kann ebenfalls mit einer Geldbuße belegt werden (§ 144 Abs. 2 Nr. 3 GewO).

---

1 *Ambs* in Erbs/Kohlhaas, G 59 § 34c GewO Rz. 13; *Marcks* in Landmann/Rohmer, § 34c GewO Rz. 40.
2 BGH v. 26.1.1978 – VII ZR 50/77, NJW 1978, 1054; BVerwG v. 10.6.1986 – 1 C 9/85, NJW 1987, 511.
3 *Koeble*, Probleme des Generalübernehmermodells, NVwZ 1992, 1142.
4 *Marcks* in Landmann/Rohmer, § 34c GewO Rz. 37.
5 *Ambs* in Erbs/Kohlhaas, G 59 § 34c GewO Rz. 15; *Marcks* in Landmann/Rohmer, § 34c GewO Rz. 41.
6 *Marcks* in Landmann/Rohmer, § 34c GewO Rz. 42; zu Bauherrenmodellen vgl. *Basty*, Der Bauträgervertrag, 6. Aufl. 2008; *Messerschmidt/Voit*, Privates BauR, 2007.
7 Makler- und Bauträgerverordnung i.d.F. v. 7.11.1990, BGBl. I 2479.
8 Abgedr. in *Marcks*, MaBV, 343 ff. und *Landmann/Rohmer*, GewO, Bd. II, Nr. 251.

8. Versicherungsvermittler, Versicherungsberater

a) Das Gesetz zur Neuregelung der Versicherungsvermittlung[1] hat die §§ 34d und 34e in die GewO eingefügt. In Umsetzung der europäischen Richtlinie 2002/92/EG über die Versicherungsvermittlung sind die Tätigkeiten des **Versicherungsvermittlers** und des **Versicherungsberaters**, die zuvor nur der Anzeigepflicht nach § 14 GewO unterlagen[2], einer *Erlaubnis- und Registrierungspflicht* unterworfen worden. Zuständig für Erlaubniserteilung und Registrierung ist die jeweilige IHK (§ 34d Abs. 1 S. 1, Abs. 7 i.V.m. § 11a GewO). 27

Der Begriff „**Versicherungsvermittler**"[3] umfasst nach § 34d Abs. 1 GewO den Versicherungsvertreter und den Versicherungsmakler und greift damit auf die Legaldefinitionen des § 59 Abs. 2 und 3 VVG zurück: *Versicherungsvertreter* ist, wer von dem Versicherer oder einem Versicherungsvertreter damit betraut ist, gewerbsmäßig Versicherungsverträge zu vermitteln oder abzuschließen, *Versicherungsmakler*, wer gewerbsmäßig für den Auftraggeber die Vermittlung von Versicherungsverträgen übernimmt, ohne von einem Versicherer oder Versicherungsvertreter damit betraut zu sein. Nach dem Gesetzeswortlaut kann eine Erlaubnis nach § 34d GewO einem Gewerbetreibenden *nur für eine* der beiden Sparten erteilt werden. Eine Erlaubnis für beide Tätigkeiten zugleich ist im Hinblick auf den Interessenkonflikt zwischen dem für den Kunden tätigen Versicherungsmakler und dem für das Versicherungsunternehmen tätigen Versicherungsvertreter nicht möglich[4]. 28

Die Erlaubnispflicht besteht nur für eine gewerbsmäßige Tätigkeit. Im Bereich der Vermittlung liegt i.d.R. **keine Gewerbsmäßigkeit** vor, wenn *bis zu sechs* Versicherungen im Jahr vermittelt werden und/oder das jährliche Provisionsvolumen *nicht mehr als 1 000* Euro beträgt[5]. § 34d Abs. 9 GewO nimmt eine Reihe von Tätigkeiten, bei denen wegen des unbeachtlichen Umfangs, des geringen Risikos sowie der geringen Höhe der Versicherungsprämien die an einen Versicherungsvermittler zu stellenden Anforderungen unverhältnismäßig wären, von der Erlaubnis- und Registrierungspflicht aus. 29

Nach der Gesetzesbegründung[6] fallen hierunter z.B. regelmäßig

– Kredit-, Kreditkartenvermittler (z.B. Arbeitslosigkeitsversicherung);
– Brillenhändler (z.B. Kaskoversicherung);
– Reifenhändler (z.B. Reifenversicherung);
– Versand- und Einzelhandel (z.B. Garantieversicherung zur Verlängerung der Gewährleistung);
– Elektrohändler (z.B. Garantie- und Reparaturversicherung);
– Fahrradhändler, -hersteller (z.B. Unfall- und Diebstahlversicherung);
– Reisebüros (z.B. Reiserücktritts- und Reisekrankenversicherung).

---

1 V. 19.12.2006, BGBl. I 3232.
2 *Ambs* in Erbs/Kohlhaas, G 59 § 34d GewO Rz. 2.
3 Vgl. hierzu *Adjemian* u.a., Versicherungsvermittler, GewA 2009, 137 ff., 186 ff.
4 *Adjemian* u.a., GewA 2009, 138.
5 *Schönleiter* in Landmann/Rohmer, § 34d GewO Rz. 61; *Adjemian* u.a., GewA 2009, 137.
6 BT-Drs. 16/1935, 20.

29a **b) Versicherungsberater** ist nach § 34e Abs. 1 S. 1 GewO, wer gewerbsmäßig Dritte über Versicherungen beraten will, ohne von einem Versicherungsunternehmen einen wirtschaftlichen Vorteil zu erhalten oder von ihm in anderer Weise abhängig zu sein. Diese Definition entspricht weitgehend der früheren Regelung des § 1 Abs. 1 S. 2 RBerG[1]. Zum Berufsbild des Versicherungsberaters gehört die Beratung und außergerichtliche Vertretung von Dritten gegenüber Versicherungen, nicht aber die Vermittlung von Versicherungen[2]. Daher schließen eine Erlaubnis nach § 34d GewO und eine Erlaubnis nach § 34e GewO sich gegenseitig aus[3].

29b Nach § 34e Abs. 2 GewO gelten die **Erlaubnisvoraussetzungen** des § 34d GewO für Versicherungsvermittler für die Versicherungsberater entsprechend. Sie werden allerdings ergänzt um ein ausdrückliches *Provisionsannahmeverbot* (Abs. 3), damit sich der Kunde auf die Neutralität des Versicherungsberaters verlassen kann[4].

29c Verstöße gegen die Erlaubnispflichten nach §§ 34d und 34e GewO können nach § 144 Abs. 1 Nr. 1 Buchst. j und k GewO als **Ordnungswidrigkeiten** mit Geldbußen bis zu 5 000 Euro geahndet werden. Weitere Ordnungswidrigkeiten ergeben sich aus § 144 Abs. 2 Nr. 1, 3, 7 und 8 GewO, eine mögliche *Strafbarkeit* ergibt sich auch hier aus § 148 Abs. 1 Nr. 1 GewO.

9. Finanzanlagenvermittler

30 Durch das „Gesetz zur Novellierung des Finanzanlagenvermittler- und Vermögensanlagenrechts"[5] sind mit Wirkung vom 1.1.2013 die zuvor in § 34c Abs. 1 Nr. 2 und 3 GewO enthaltenen Erlaubnispflichten für **Finanzanlagenvermittler** aus dieser Vorschrift herausgelöst und in **§ 34f GewO** selbständig geregelt worden. Dabei gelten gegenüber § 34c GewO strengere Anforderungen: Finanzvermittler müssen nicht nur ihre Sachkunde nachweisen (§ 34f Abs. 2 Nr. 4 GewO), sondern auch über eine Berufshaftpflicht-Versicherung verfügen (§ 34f Abs. 2 Nr. 3 GewO). Damit sollen die Qualität der Beratung erhöht und Vermögensschäden, die dem Anleger durch fehlerhafte Beratung entstehen, abgedeckt werden[6]. Für die erlaubnispflichtige Tätigkeit enthält § 34 f Abs. 1 S. 1 GewO eine Legaldefinition, die die früher in § 34c GewO getrennt geregelten Tätigkeiten des Anlageberaters und des Anlagevermittlers zusammenfasst, sodass nur noch eine einheitliche Erlaubnis möglich und erforderlich ist[7].

30a Folgende Begriffe sind in diesem Zusammenhang von Bedeutung:
– *Anlageberatung* ist nach der weiteren Legaldefinition des § 1 Abs. 1a Nr. 1a KWG eine persönliche Empfehlung, die sich auf eine konkrete Finanzanlage beziehen und gegenüber Kunden oder deren Vertreter erfolgen muss[8]. Dage-

---

1 Vgl. 4. Aufl., § 92 Rz. 1 ff.
2 *Ambs* in Erbs/Kohlhaas, G 59 § 34e GewO Rz. 4.
3 *Adjemian* u.a., GewA 2009, 140.
4 BT-Drs. 16/1935, 21.
5 V. 6.12.2011, BGBl. I 2481.
6 BT-Drs. 17/6051, 43.
7 *Schönleiter* in Landmann/Rohmer, § 34f GewO Rz. 33.
8 *Schönleiter* in Landmann/Rohmer, § 34f GewO Rz. 34 ff.

gen ist *Vermittlung* eine gewerbsmäßige Tätigkeit, die den Abschluss eines Vertrags zur Anschaffung einer Finanzanlage umfasst, auf ihn abzielt oder zumindest die Möglichkeit eines späteren Vertragsschlusses eröffnet[1].
- Bei den Anteilscheinen einer *Kapitalanlagegesellschaft* (§ 34f Abs. 1 Nr. 1 GewO) handelt es sich um Urkunden, die von einer inländischen Kapitalanlagegesellschaft ausgestellt worden sind, in denen Ansprüche verbrieft werden, die den Anteilsinhabern aus der Beteiligung an dem von der Kapitalanlagegesellschaft verwalteten Sondervermögen zustehen (Investmentanteile)[2]. *Ausländische Investmentanteile* sind Anteile an einem ausländischem Recht unterstehenden Vermögen aus Wertpapieren, Forderungen aus Gelddarlehen, über die eine Urkunde ausgestellt ist, Einlagen oder Grundstücken, das nach dem Grundsatz der Risikomischung angelegt ist[3].
- Anteile an *geschlossenen Fonds in Form einer Kommanditgesellschaft* (§ 34f Abs. 1 Nr. 2 GewO) sind insbesondere Beteiligungen an Solar-, Windkraft oder Biogasanlagen, Schiffs-, Leasing-, Film- oder sonstigen geschlossenen Fonds[4].
- *Vermögensanlagen i.S. des § 1 Abs. 2 VermAnlG* (§ 34f Abs. 1 Nr. 3 GewO) sind nicht in Wertpapieren verbriefte Anlagen[5], z.B. Unternehmensbeteiligungen, Treuhandvermögen, Anteile an sonstigen geschlossenen Fonds, Genussrechte, Namensschuldverschreibungen und Genossenschaftsanteile[6].

Auch Finanzanlagenvermittler haben sich im **Vermittlerregister** nach § 11a GewO eintragen zu lassen (§ 34f Abs. 5 GewO). Ergänzt wird die Neuregelung durch § 34g GewO und die auf dessen Grundlage erlassene Finanzanlagenvermittlungsverordnung[7]. 30b

Soweit **Finanzdienstleistungsinstitute** (§ 1 Abs. 1a S. 1 KWG) Finanzdienstleistungen i.S. von § 1 Abs. 1a S. 2 KWG (z.B. Anlage- oder Abschlussvermittlung für die in § 1 Abs. 11 KWG abschließend aufgeführten Finanzinstrumente wie Aktien, Zertifikate, die Aktien vertreten, Schuldverschreibungen, Genussscheine, Optionsscheine) erbringen, wurde der Anwendungsbereich des KWG auf solche Institute erweitert[8]. Sie unterliegen somit der *Erlaubnispflicht nach dem KWG* (§ 32 Abs. 1 KWG). Allerdings wurde die Anlage- und Abschlussvermittlung von Investmentanteilen unter den Voraussetzungen des § 2 Abs. 6 Nr. 8 KWG vom Geltungsbereich des Gesetzes ausgenommen. Die sog. *gebundenen Agenten*, die die Anlage- oder Abschlussvermittlung eines beliebigen Finanzinstruments unter der Haftung des Vertreibers erbringen, wurden ebenfalls 30c

---

1 *Schönleiter* in Landmann/Rohmer, § 34f GewO Rz. 33.
2 *Marcks* in Landmann/Rohmer, § 34f GewO Rz. 63.
3 Das InvestmentG v. 15.12.2003, BGBl. I 2676 regelt auch den Vertrieb ausländischer Investmentanteile, vgl. §§ 128 ff. InvG.
4 *Schönleiter* in Landmann/Rohmer, § 34f GewO, Rz. 72.
5 *Schönleiter* in Landmann/Rohmer, § 34f GewO, Rz. 81.
6 *Schönleiter* in Landmann/Rohmer, § 34f GewO, Rz. 90.
7 V. 9.5.2012, BGBl. I 1006; vgl. i.Ü. *Glückert*, Das neue Finanzanlagenvermittlerrecht (§ 34 f GewO und Finanzanlagenvermittlungsverordnung), GewA 2012, 465; *Kurz*, Kreditwesen; Finanzprodukte; Vertrieb, DB 2013, 501.
8 G zur Umsetzung von EG-RL zur Harmonisierung bank- und wertpapieraufsichtsrechtlicher Vorschriften v. 22.10.1997 – 6. KWG-Novelle, BGBl. I 2518.

vom Geltungsbereich des KWG und über § 34f Abs. 3 Nr. 4 GewO auch von der Erlaubnispflicht nach dieser Vorschrift freigestellt. Aus dem Anwendungsbereich des § 34f GewO wurde damit wie schon bisher in § 34c GewO im Wesentlichen die Vermittlung von in- und ausländischen Aktien und Schuldverschreibungen sowie die Tätigkeit der sog. gebundenen Agenten herausgenommen[1].

30d Durch Art. 3 des „Gesetzes zur Förderung und Regulierung einer Honorarberatung über Finanzinstrumente"[2] ist außerdem mit Wirkung vom 1.8.2014 eine eigenständige Erlaubnispflicht für Honorar-Finanzanlagenberater in § 34h GewO geschaffen worden. Nach der Gesetzesdefinition fällt unter diesen Begriff der Finanzanlagenberater, der von einem Produktgeber weder eine Zuwendung erhält noch sonst von ihm abhängig ist und dessen Leistung allein von dem Anleger vergütet wird (§ 34h Abs. 3 GewO). Eine bestehende Erlaubnis nach § 34f GewO erleichtert zwar den Zugang zu einer Erlaubnis nach § 34h GewO (Abs. 1 S. 5), *erlischt* aber mit ihrer Erteilung (§ 34h Abs. 1 S. 6 GewO). Ergänzend bestimmt § 34h Abs. 2 GewO, dass neben einem Gewerbe nach Abs. 1 kein Gewerbe nach § 34f GewO betrieben werden darf.

30e Eine Betätigung ohne die erforderliche Erlaubnis nach §§ 34f und 34h GewO ist eine Ordnungswidrigkeit nach § 144 Abs. 1 Nr. 1 Buchst. l und m GewO, die nach § 144 Abs. 4 GewO mit einer Geldbuße bis zu 50 000 Euro geahndet werden kann. Unter den Voraussetzungen des § 148 Abs. 1 GewO kann auch hier eine Straftat vorliegen.

10. Überwachungsbedürftige Gewerbe und Anlagen

31 a) Nach § 38 Abs. 1 S. 1 Nr 1 GewO hat die zuständige Behörde bei An- und Verkaufsbetrieben, die sich auf den **Gebrauchtwarenhandel** mit hochwertigen Konsumgütern der in der Vorschrift genannten Art (Unterhaltungselektronik, Computer, Fotoapparate u.a.), Kraftfahrzeugen, Edelmetallen u.a. spezialisiert haben, nach der Anmeldung die *Zuverlässigkeit* des Gewerbetreibenden zu überprüfen. Es bedarf zwar keiner Erlaubnis wie bei den vorstehend genannten Tätigkeiten; die Anzeige nach § 14 GewO löst aber die behördliche Überwachung aus.

Dies gilt nach § 38 Abs. 1 S. 1 Nr. 2–6 GewO auch für

– Auskunfteien,
– Ehe-, Partnerschafts- und Bekanntschaftsvermittler,
– Reisebüros und Unterkunftsvermittler,
– den Vertrieb und Einbau von Gebäudesicherungseinrichtungen einschließlich der Schlüsseldienste und
– die Herstellung und den Vertrieb von diebstahlsbezogenen Öffnungswerkzeugen.

Auch bei anderen gewerblichen Tätigkeiten kann bei Gefahr der Verletzung wichtiger Gemeinschaftsgüter ein *Führungszeugnis* eingeholt werden (§ 38 Abs. 2 GewO).

---

1 *Marcks*, NWB Fach 30, 1181 Anm. II 1; *Marcks*, MaBV, Rz. 23–25 zu § 34c.
2 V. 15.7.2013, BGBl. I 2390.

Die Landesregierungen können zu den einzelnen Gewerbezweigen *Rechtsverordnungen* über die *Buchführung* erlassen (§ 38 Abs. 3 GewO). Der Verstoß gegen solche Verordnungen stellt nach § 144 Abs. 2 Nr. 1 GewO eine **Ordnungswidrigkeit** dar, soweit die Verordnung für einen bestimmten Tatbestand auf diese Bußgeldvorschrift verweist.

b) Die gewerberechtliche Behandlung **überwachungsbedürftiger Anlagen** war im Gerätesicherheitsgesetz (GSG) geregelt[1]. Dieses wurde mit Wirkung vom 1.5.2004 abgelöst durch das Geräte- und Produktsicherheitsgesetz (GPSG)[2], welches zum 1.12.2011 seinerseits dem *Produktsicherheitsgesetz* (ProdSG)[3] weichen musste. Das Gesetz dient dem Schutz der Beschäftigten und Dritter vor Gefahren durch Produkte und solche überwachungsbedürftigen Anlagen. Die Bundesregierung wird in § 34 ProdSG *ermächtigt*, durch *Rechtsverordnungen* Folgendes zu regeln: 32

– Nr. 1: Anzeigepflichten und Beifügung bestimmter Unterlagen für die Errichtung überwachungsbedürftiger Anlagen, für ihre Inbetriebnahme sowie für die Vornahme von Änderungen an bestehenden Anlagen und sonstige die Anlagen betreffenden Umstände;
– Nr. 2: Erlaubnis für die Errichtung überwachungsbedürftiger Anlagen, deren Betrieb sowie die Vornahme von Änderungen an bestehenden Anlagen;
– Nr. 3: Zulassung von überwachungsbedürftigen Anlagen oder von Teilen solcher Anlagen nach einer Bauartprüfung, Auflagen zum Betrieb und zur Wartung;
– Nr. 4: Erfüllung bestimmter Anforderungen an überwachungsbedürftige Anlagen;
– Nr. 5: Prüfung von überwachungsbedürftigen Anlagen vor Inbetriebnahme sowie regelmäßige wiederkehrende Prüfungen und Prüfungen aufgrund behördlicher Anordnung.

Bei den überwachungsbedürftigen **Anlagen** gem. § 2 Nr. 30 ProdSG handelt es sich um 33

– Dampfkesselanlagen (außer auf Seeschiffen),
– Druckbehälteranlagen außer Dampfkesseln,
– Anlagen zur Abfüllung von verdichteten, verflüssigten oder unter Druck gelösten Gasen,
– Leitungen unter innerem Überdruck für brennbare, ätzende oder giftige Gase, Dämpfe oder Flüssigkeiten,
– Aufzugsanlagen,
– Anlagen in explosionsgefährdeten Bereichen,
– Getränkeschankanlagen oder Anlagen zur Herstellung kohlensaurer Getränke,
– Acetylenanlagen und Calciumcarbidlager,
– Anlagen zur Lagerung, Abfüllung und Beförderung von brennbaren Flüssigkeiten.

Zu den aufgeführten überwachungsbedürftigen Anlagen war eine große Anzahl einzelner Vorschriften ergangen. Der Regelungszustand ist allerdings durch die Betriebssicherheitsverordnung[4] weitgehend vereinheitlicht worden.

Nach § 39 Abs. 1 Nr. 7 Buchst. a ProdSG handelt **ordnungswidrig**, wer eine *Anlage ohne* die *Erlaubnis*, die nach einer aufgrund des § 34 Abs. 1 Nr. 2 ProdSG 34

---

1 G über technische Arbeitsmittel i.d.F. der Bek. v. 11.5.2001, BGBl. I 866.
2 G v. 6.1.2004, BGBl. I 2.
3 V. 8.11.2011, BGBl. I 2178.
4 V. 27.9.2003, BGBl. I 3777.

erlassenen Rechtsverordnung erforderlich ist, *errichtet, betreibt oder ändert*, soweit die Rechtsverordnung für einen bestimmten Tatbestand auf diese Bußgeldvorschrift verweist. Ordnungswidrig handelt auch, wer gegen eine *Anzeigepflicht* nach § 34 Abs. 1 Nr. 1 ProdSG verstößt, soweit eine nach dieser Vorschrift erlassene Rechtsverordnung für einen bestimmten Tatbestand auf diese Bußgeldvorschrift verweist. § 39 Abs. 1 Nr. 7 Buchst. b, 8 Buchst. a, 14 ProdSG droht außerdem Bußgeld (bis 10 000 Euro) an für Zuwiderhandlungen gegen vollziehbare *Anordnungen* der Aufsichtsbehörde und bei Verhalten, das die *behördliche Überprüfung* der Anlagen erschwert.

35 Werden durch das Betreiben einer überwachungsbedürftigen Anlage ohne Erlaubnis *Leben oder Gesundheit* eines anderen oder fremde Sachen von bedeutendem Wert *gefährdet* oder wird der Verstoß beharrlich wiederholt, so ist der **Straftatbestand** des § 40 ProdSG erfüllt (Freiheitsstrafe bis zu einem Jahr oder Geldstrafe).

II. Gewerberechtliche Nebengesetze

1. Handwerk

Schrifttum: *Detterbeck*, Handwerksordnung, 4. Aufl. 2008; *Honig/Knörr*, Handwerksordnung, 4. Aufl. 2008.

36 Das Recht des Handwerks ist weitgehend im *Gesetz zur Ordnung des Handwerks*[1], der sog. **Handwerksordnung** (HwO), geregelt[2]. Zum 1.1.2004 hat dieses Recht eine grundlegende Neuordnung erfahren[3]. Das zuvor für *alle* handwerksmäßig betriebenen Gewerbe geltende Erfordernis des Eintrags in die Handwerksrolle (§ 1 Abs. 1 S. 1 HwO), das wiederum die Ablegung der Meisterprüfung oder einer vergleichbaren Prüfung voraussetzte (§ 7 Abs. 1 S. 1 HwO), beschränkt sich nunmehr auf das in der *Anlage A* der HwO aufgeführte *zulassungspflichtige* Handwerk und umfasst nur noch 41 Handwerksberufe. Für den selbständigen Betrieb eines zulassungsfreien Gewerbes gem. *Anlage B* (mit 53 handwerklichen und 57 handwerksähnlichen Berufen) normiert § 18 HwO nur noch eine Anzeigepflicht. Damit ist für zahlreiche „klassische" handwerkliche Gewerbe, etwa Fliesenleger, Uhrmacher, Schuhmacher, Schneider, Fotografen und Musikinstrumentenbauer, das Erfordernis der Meisterprüfung entfallen.

37 Ein Gewerbebetrieb ist nach § 1 Abs. 2 HwO **Handwerksbetrieb**, wenn er handwerksmäßig betrieben wird und ein Gewerbe vollständig umfasst, das in der Anlage A zur Handwerksordnung aufgeführt ist, oder Tätigkeiten ausgeübt werden, die für dieses Gewerbe wesentlich sind.

38 Der selbständige Betrieb eines **zulassungspflichtigen Handwerks** als stehendes Gewerbe ist nach § 1 Abs. 1 S. 1 HwO nur den in der *Handwerksrolle* eingetragenen natürlichen und juristischen Personen und Personengesellschaften (selbständige Handwerker) gestattet. Die Handwerksrolle wird von der Handwerkskammer geführt (§ 6 Abs. 1 S. 1 HwO). Eingetragen wird nur, wer Inhaber eines

---

1 G i.d.F. v. 24.9.1998, BGBl. I 3074.
2 *Ambs* in Erbs/Kohlhaas, H 14.
3 G v. 24.12.2003, BGBl. I 2934.

Betriebs ist, dessen Betriebsleiter die Eintragungsvoraussetzungen erfüllt (§ 7 Abs. 1 S. 1 HwO), wer die *Meisterprüfung* bestanden hat (§ 7 Abs. 1a HwO), wer Absolvent einer technischen Hochschule oder einer vergleichbaren Einrichtung ist oder wer eine der Meisterprüfung für die Ausübung des betreffenden Handwerks mindestens gleichwertige andere deutsche Prüfung erfolgreich abgelegt hat (§ 7 Abs. 2 HwO) oder wer eine Ausnahmebewilligung oder eine Gleichwertigkeitsbescheinigung nach § 50b HwO für eine im Ausland absolvierte Ausbildung besitzt (§ 7 Abs. 3 HwO). Die Voraussetzungen für die Meisterprüfung sind in den §§ 45 ff. HwO geregelt. Über die Inhaber eines Betriebs eines *zulassungsfreien* Handwerks hat die Handwerkskammer ein der Handwerksrolle ähnliches Verzeichnis zu führen (§ 19 HwO).

Der Schutz des Handwerks vor nichtqualifizierten Personen wird durch verschiedene **Bußgeldvorschriften** sichergestellt. Nach § 117 Abs. 1 Nr. 1 HwO handelt ordnungswidrig, wer ein zulassungspflichtiges Gewerbe als stehendes Gewerbe selbständig betreibt, ohne in die *Handwerksrolle eingetragen* zu sein; nach Nr. 2 handelt ordnungswidrig, wer die Bezeichnung „Meister/Meisterin" i.V.m. einem Handwerk führt, *ohne* die *Meisterprüfung* hierfür bestanden zu haben (§§ 51, 51d HwO).

Eine Ordnungswidrigkeit nach § 118 Abs. 1 Nr. 1 HwO begeht ein selbständiger Handwerker dann, wenn er nicht nach § 16 Abs. 2 HwO der Handwerkskammer, in deren Bezirk seine gewerbliche Niederlassung liegt, unverzüglich den **Beginn** (und die Beendigung) seines Betriebs **anzeigt;** dies gilt auch für die Bestellung und Abberufung des Betriebsleiters sowie bei juristischen Personen für die Namen der gesetzlichen Vertreter, bei Personengesellschaften für die Namen der für die technische Leitung Verantwortlichen und der vertretungsberechtigten Gesellschafter. Die unterlassene Anzeige des Beginns oder der Beendigung eines *zulassungsfreien* oder *handwerksähnlichen* Gewerbes stellt eine Ordnungswidrigkeit nach § 118 Abs. 1 Nr. 1 HwO i.V.m. § 18 Abs. 1 HwO dar. § 118 HwO enthält des Weiteren noch Ordnungswidrigkeiten im Zusammenhang mit der Verletzung von Überwachungs- und Ausbildungsvorschriften.

Das Erbringen erheblicher handwerklicher Leistungen ohne Eintragung in die Handwerksrolle wird durch § 8 Abs. 1 Buchst. e SchwarzArbG mit erhöhtem Bußgeld bedroht (näher dazu § 37 Rz. 161).

2. Arbeitsmarkt

a) Das Gesetz zur Regelung der **gewerbsmäßigen Arbeitnehmerüberlassung** (AÜG, vgl. im Einzelnen § 37 Rz. 16 ff.) regelt einen Teilbereich des Einsatzes betriebsfremder Arbeitnehmer in einem Unternehmen. Durch das Gesetz sollen unseriöse *Vermittler* ferngehalten und die arbeits- bzw. sozialversicherungsrechtlichen Interessen der Leiharbeitnehmer geschützt werden[1].

Nach § 1 Abs. 1 AÜG bedürfen Arbeitgeber, die als Verleiher Dritten *(Entleihern)* Arbeitnehmer *(Leiharbeitnehmer)* gewerbsmäßig zur Arbeitsleistung überlassen wollen, der **Erlaubnis**.

---

1 *Ambs* in Erbs/Kohlhaas, A 184 Vorbem. Rz. 4.

Für kleinere Betriebe mit weniger als 50 Beschäftigten, die zur Vermeidung von Kurzarbeit oder Entlassungen Arbeitnehmer an andere Arbeitgeber bis zu 12 Monaten überlassen, genügt eine vorherige schriftliche *Anzeige* an die Bundesagentur für Arbeit (§ 1a AÜG). Werden Arbeitnehmer Dritten zur Arbeitsleistung überlassen und übernimmt der Überlassende nicht die üblichen Arbeitgeberpflichten oder das Arbeitgeberrisiko (§ 3 Abs. 1 Nr. 1–3 AÜG), so wird gem. § 1 Abs. 2 AÜG *vermutet*, dass der Überlassende Arbeitsvermittlung betreibt. Ausnahmen enthält § 1 Abs. 3 AÜG. Auch Verleiher mit Sitz im *Ausland* bedürfen einer Verleiherlaubnis. Der Verleihvertrag muss schriftlich niedergelegt sein.

43 Die gewerbsmäßige *Arbeitnehmerüberlassung* ist in allen Wirtschaftsbereichen **zulässig**. Das bisher geltende Verbot für Betriebe des *Baugewerbes* für Arbeiten, die üblicherweise von Arbeitern verrichtet werden (§ 1b AÜG), ist weiter gelockert worden[1]. Schon bisher war die *Arbeitnehmerüberlassung* zwischen Betrieben des Baugewerbes gestattet, wenn diese Betriebe von denselben Rahmen- und Sozialkassentarifverträgen oder von deren Allgemeinverbindlichkeit erfasst werden. Nunmehr gilt eine Gestattung auch für ausländische Bauunternehmen, die seit mindestens drei Jahren überwiegend Tätigkeiten ausüben, die unter den Geltungsbereich derselben Rahmen- und Sozialkassentarifverträge fallen, von denen der Betrieb des Entleihers erfasst wird (§ 1b S. 3 AÜG). Auf deutsch-ausländische Gemeinschaftsunternehmen, sog. Joint Ventures, findet § 1b AÜG ebenfalls Anwendung. Zum illegalen Verleih von Arbeitnehmern vgl. § 37 Rz. 128 ff.

44 Die nach § 1 Abs. 1 AÜG für die gewerbsmäßige Arbeitnehmerüberlassung erforderliche *Erlaubnis* ist **personengebunden**. Die Erlaubnis ist nicht nur erforderlich bei Betrieben mit reiner Arbeitnehmerüberlassung, sondern auch bei *gemischten Unternehmen*, d.h. solchen, die auch andere gewerbliche Zwecke verfolgen[2]. Das Vorliegen einer Erlaubnis für ein anderes Gewerbe kann die Erlaubnis nach § 1 Abs. 1 AÜG nicht ersetzen.

45 **Erteilung und Erlöschen** der Erlaubnis sind in § 2 AÜG geregelt. In § 3 Abs. 1 AÜG sind die Gründe für die *Versagung* einer Erlaubnis enthalten. Zu den Versagungsgründen gehören z.B. fehlende Zuverlässigkeit und Unfähigkeit zur Übernahme von Arbeitgeberpflichten. Das Wiedereinstellungsverbot (Nr. 4 a.F.), das Synchronisationsverbot (Nr. 5 a.F.) und die Überlassungshöchstdauer (Nr. 6 a.F.) sind entfallen, ebenso das besondere Befristungsverbot (Nr. 3 a.F.). Statt Letzterem gilt nach Nr. 3 n.F. allerdings ein *Gleichbehandlungsgrundsatz*, nach dem der Verleiher dem Leiharbeitnehmer grundsätzlich ein Arbeitsentgelt gewähren muss, das der Entleiher einem vergleichbaren Arbeitnehmer seines Betriebs gewährt[3]. Weitere gewerbliche Sonderpflichten sind in § 7 AÜG (Anzeigen und Auskünfte) sowie § 8 AÜG (statistische Meldungen) enthalten.

---

1 G v. 23.12.2002, BGBl. I 4607.
2 *Ambs* in Erbs/Kohlhaas, A 184 § 1 Rz. 18.
3 G v. 23.12.2002, BGBl. I 4607; krit. hierzu *Bauer/Kretz*, Gesetze für moderne Dienstleistungen am Arbeitsmarkt, NJW 2003, 537 (538); *Lembke*, Die „Hartz"-Reform des AÜG, BB 2003, 98 (99); vgl. auch *Gaul/Otto*, Gesetze für moderne Dienstleistungen am Arbeitsmarkt, DB 2002, 2486 (2487).

Wer entgegen § 1 AÜG einen Leiharbeitnehmer einem Dritten ohne Erlaubnis überlässt, handelt nach § 16 Abs. 1 Nr. 1 AÜG **ordnungswidrig;** wer einen ihm von einem Verleiher ohne Erlaubnis überlassenen Leiharbeitnehmer tätig werden lässt, handelt ebenfalls ordnungswidrig (§ 16 Abs. 1 Nr. 1a AÜG). Weitere Ordnungswidrigkeiten enthalten § 16 Abs. 1 Nr. 2–9 AÜG.

Der Verstoß gegen das Verbot der Arbeitnehmerüberlassung im *Baugewerbe* ist in § 16 Abs. 1 Nr. 1b AÜG mit einem Bußgeld bedroht. Die Verletzung der *Anzeigepflicht* für die in § 1a AÜG genannten kleineren Betriebe ist mit einem Bußgeld bedroht (§ 16 Abs. 1 Nr. 2a AÜG).

Straftaten im Zusammenhang mit illegaler Arbeitnehmerüberlassung (§§ 15, 15a AÜG, Betrug zum Nachteil der Sozialversicherungsträger, Urkundenfälschung, Lohnsteuerhinterziehung, und Körperschaft- bzw. Einkommensteuerhinterziehung des illegalen Verleihers) sind unten in §§ 37, 38 behandelt. Zu beachten ist, dass die Strafdrohung des § 15 AÜG nur den Verleiher *mit* Erlaubnis trifft. Der Verleih ausländischer Arbeitnehmer ohne Arbeitserlaubnis durch Verleiher *ohne* Verleiherlaubnis ist nach §§ 10 und 11 SchwarzArbG **strafbar** (§ 37 Rz. 129).

b) Das unerlaubte Betreiben der *Vermittlung* für eine **Beschäftigung im Ausland** außerhalb der EU oder eines anderen Vertragsstaates des EWR oder aus diesem Ausland für eine Beschäftigung im Inland (§ 292 Abs. 2 S. 1 SGB III) stellt eine *Ordnungswidrigkeit* gem. § 404 Abs. 2 Nr. 9 SGB III dar.

3. Gaststätten

Schrifttum: *Metzner*, GaststättenG, 6. Aufl. 2002; *Michel/Kienzle/Pauly*, GaststättenG, 14. Aufl. 2003; *Pöltl/Seitter*, Gaststättenrecht, Komm zum GaststättenG mit den einschlägigen Vorschriften des Bundes und der Länder, 5. Aufl. 2003.

Das Gaststättenwesen ist in erster Linie im **Gaststättengesetz (GastG)**[1] geregelt. Ergänzend gilt die GewO (§ 31 GastG). Die einzelnen Bundesländer haben zur Durchführung des Gesetzes Gaststättenverordnungen erlassen[2]. Allerdings gehört das Recht der Gaststätten zu den Materien, die durch die Änderung des Art. 74 Abs. 1 Nr. 11 GG im Zuge der *Föderalismusreform*[3] von der konkurrierenden Gesetzgebung des Bundes ausgenommen worden sind[4]. Bislang haben *Brandenburg*[5], *Thüringen*[6], *Bremen*[7], *Baden-Württemberg*[8], das *Saarland*[9], *Sachsen*[10], *Niedersachsen*[11] und *Hessen*[12] eigene Gaststättengesetze erlassen.

---

1 V. 5.5.1970, BGBl. I 465, 1298, i.d.F. der Bek. v. 20.11.1998, BGBl. I 3418.
2 *Buddendiek/Rutkowski*, Rz. 310 m.w.Nw.
3 G v. 28.8.2006, BGBl. I 2034.
4 *Höfling/Rixen*, Die Landes-Gesetzgebungskompetenzen im GewerbeR nach der Föderalismusreform, GewA 2008, 1.
5 BbgGastG v. 2.10.2008, GVBl. I 218.
6 ThürGastG v. 9.10.2008, GVBl. 367.
7 BremGastG v. 24.2.2009, GBl. S. 45.
8 LGastG v. 10.11.2009, GBl. 628.
9 SGastG v. 14.4.2011, Amtsbl. I 206.
10 SächsGastG v. 3.7.2011, SächsGVBl. 198.
11 NGastG v. 10.11.2011, Nds. GVBl. 415.
12 HGastG v. 28.3.2012, GVBl. 50.

Während überwiegend das Betreiben einer Gaststätte generell nicht mehr erlaubnispflichtig, sondern nur noch anzeigepflichtig ist, hat Bremen (§ 2 BremGastG) an der Erlaubnispflicht festgehalten, sofern ein Ausschank alkoholischer Getränke erfolgen soll. Einen Sonderweg hat *Baden-Württemberg* beschritten, indem in § 1 LGastG die Fortgeltung des GastG als Landesrecht mit geringfügigen Ergänzungen festgelegt worden ist.

Nach § 1 GastG betreibt ein *Gaststättengewerbe*, wer

– im stehenden Gewerbe (Abs. 1)

– Getränke zum Verzehr an Ort und Stelle verabreicht,

– zubereitete Speisen zum Verzehr an Ort und Stelle verabreicht,

– im Reisegewerbe (Abs. 2) von einer für die Dauer der Veranstaltung ortsfesten Betriebsstätte aus Getränke oder zubereitete Speisen zum Verkehr an Ort und Stelle verabreicht, wenn der jeweilige Betrieb jedermann oder bestimmten Personenkreisen zugänglich ist.

Die bislang in § 1 Abs. 1 Nr. 3 GastG genannten *Beherbergungsbetriebe* sind durch das „Gesetz zur Umsetzung von Vorschlägen zu Bürokratieabbau und Deregulierung aus den Regionen"[1] aus der Legaldefinition des Gaststättengewerbes gestrichen worden und unterliegen damit keiner Erlaubnispflicht mehr[2], was andererseits die Frage aufwirft, ob die neue Gesetzgebungskompetenz der Länder für das Gaststättenrecht auch das Beherbergungsgewerbe umfasst[3].

49 Nach § 2 Abs. 1 GastG ist der Betrieb einer Gaststätte erlaubnisbedürftig. Ausnahmen sind in § 2 Abs. 2 GastG geregelt. Die **Gaststättenerlaubnis** wird nach § 3 Abs. 1 S. 1 GastG für eine bestimmte Betriebsart und für *bestimmte Räume* erteilt.

Gründe für eine *Versagung* der Erlaubnis sind die Unzuverlässigkeit (§ 4 Abs. 1 Nr. 1 GastG)[4], die mangelnde Eignung der Gaststättenräume (§ 4 Abs. 1 Nr. 2 GastG), öffentliche Interessen im Hinblick auf die örtliche Lage des Betriebs (§ 4 Abs. 1 Nr. 3 GastG) und das Fehlen einer Bescheinigung von der Unterrichtung über die notwendigen lebensmittelrechtlichen Kenntnisse (§ 4 Abs. 1 Nr. 4 GastG).

50 Wer *ohne die Erlaubnis* nach § 2 Abs. 1 GastG ein Gaststättengewerbe betreibt, handelt **ordnungswidrig** nach § 28 Abs. 1 Nr. 1 GastG.

§ 28 Abs. 1 Nr. 2–12 und Abs. 2 Nr. 1 und 4 GastG enthalten *weitere Ordnungswidrigkeiten* im Zusammenhang mit dem Betrieb einer Gaststätte. So handelt nach § 28 Abs. 1 Nr. 5 GastG ordnungswidrig, wer beim Wechsel der Vertretungsbefugnis bei juristischen Personen oder nichtrechtsfähigen Vereinen die Anzeige bei der Erlaubnisbehörde unterlässt (§ 4 Abs. 2 GastG) oder die Fortführung einer Gaststätte nach dem Tod des Erlaubnisinhabers durch Berechtigte nicht der Erlaubnisbehörde unverzüglich anzeigt (§ 10 S. 3 GastG).

---

1 V. 21.6.2005, BGBl. I 1666.
2 *Schönleiter*, Deregulierung im Gaststätten- und GewerbeR, GewA 2005, 369.
3 *Höfling/Rixen*, GewA 2008, 1.
4 Unzuverlässig ist auch derjenige, der für einen anderen als „Strohmann" fungiert, wenn der Hintermann unzuverlässig i.S. der gaststättenrechtlichen Vorschriften ist, BVerwG v. 2.2.1982 – 1 C 3/81, BVerwGE 65, 12, 14 = GewA 1982, 334.

4. Verkehr

a) Das *Personenbeförderungsgesetz*[1] (PBefG, vgl. § 71 Rz. 12 ff.) gilt gem. § 1 Abs. 1 PBefG für die entgeltliche oder geschäftsmäßige **Beförderung von Personen** auf der *Straße* mit Straßenbahnen, Hoch-, Untergrund- oder Schwebebahnen (§ 4 Abs. 1, 2 PBefG), Oberleitungsomnibussen (§ 4 Abs. 3 PBefG) und mit Kraftfahrzeugen (§ 4 Abs. 4 PBefG). Wer eine solche Personenbeförderung betreiben möchte, muss im Besitz einer Genehmigung sein (§ 2 Abs. 1 PBefG). Genehmigt werden muss auch jede Erweiterung oder wesentliche Änderung des Personenbeförderungsunternehmens (Abs. 2). Die Genehmigung ist im Einzelnen in §§ 9 ff. PBefG geregelt. Wer vorsätzlich oder fahrlässig Personen mit Straßenbahn, Oberleitungsomnibussen oder Kraftfahrzeugen ohne die nach dem PBefG erforderliche Genehmigung oder einstweilige Erlaubnis befördert, handelt ordnungswidrig; dasselbe gilt für den, der den Auflagen der Genehmigung zuwiderhandelt (§ 61 Abs. 1 Nr. 1 PBefG).

51

b) Der **Güterkraftverkehr** ist im Wesentlichen im *Güterkraftverkehrsgesetz*[2] (GüKG, vgl. § 71 Rz. 1 ff.) geregelt. Nach dem alten Güterkraftverkehrsrecht wurde zwischen Güternahverkehr, Güterfernverkehr und Umzugsverkehr unterschieden. Seit 1.7.1998 wird Güterkraftverkehr als geschäftsmäßige oder entgeltliche Beförderung von Gütern mit Kraftfahrzeugen, die einschließlich Anhänger ein höheres zulässiges Gesamtgewicht als 3,5 Tonnen haben, definiert (§ 1 Abs. 1 GüKG), wobei jeder Güterkraftverkehr, der nicht Werkverkehr i.S. von § 1 Abs. 2 und 3 GüKG ist, gewerblicher Güterkraftverkehr ist (§ 1 Abs. 4 GüKG). Dementsprechend gibt es nur noch die einheitliche *Güterkraftverkehrserlaubnis*, mit der jeder gewerbliche Güterkraftverkehr innerhalb Deutschlands betrieben werden kann (§ 3 GüKG). Daneben kann sie auch bei Beförderungen zwischen Deutschland und einem Staat, der weder Mitglied der EU oder des EWR ist (Drittlandsverkehre), für den deutschen Streckenteil verwendet werden. Für Verkehr im oder mit dem EU-Ausland gilt sie nicht. Hierzu benötigt man eine „*EU-Lizenz*"[3]. Inhaber einer solchen EU-Lizenz haben den Vorteil, dass sie Güterkraftverkehr innerhalb der EU einschließlich Deutschland durchführen können (§ 5 GüKG).

52

Das Fahrpersonal muss erforderliche Berechtigungen und Nachweise während der Fahrt mitführen und Kontrollberechtigten auf Verlangen zur Prüfung aushändigen (§§ 7 und 7a GüKG). Das *Bundesamt für Güterverkehr* führt Unternehmens- und Werkverkehrsdateien, nimmt Straßenkontrollen vor, prüft die Einhaltung der Lenk- und Ruhezeitregelungen des Fahrpersonals (§§ 11, 12 GüKG) und verfolgt hierbei Zuwiderhandlungen gegen das Güterkraftverkehrsgesetz (§ 20 GüKG).

Nach § 19 Abs. 1 Nr. 1b GüKG handelt **ordnungswidrig**, wer ohne Erlaubnis (§ 3 Abs. 1 GüKG) gewerblichen Güterkraftverkehr betreibt. Nach dem im Jahr 2001 neu eingeführten § 19 Abs. 1a GüKG[4] trifft eine entsprechende Verantwortlichkeit auch den Auftraggeber, der entgegen § 7c GüKG Leistungen erbringen lässt und weiß oder fahrlässig nicht weiß, dass der Unternehmer nicht

53

---

1 I.d.F. v. 8.8.1990, BGBl. I 1690.
2 V. 22.6.1998, BGBl. I 1485 ff.
3 VO (EWG) Nr. 881/92 Gemeinschaftslizenz.
4 G v. 2.9.2001, BGBl. I 2272.

Inhaber einer Erlaubnis nach § 3 GüKG ist. In beiden Fällen reicht der Bußgeldrahmen bis 20 000 Euro (§ 19 Abs. 7 S. 1 GüKG). § 19 Abs. 1 Nr. 1c GüKG ahndet Zuwiderhandlungen gegen eine aufgrund des § 3 Abs. 4 GüKG erlassene Bedingung, Auflage oder verkehrsmäßige Beschränkung einer Erlaubnis. Weitere Ordnungswidrigkeiten enthalten §§ 19 Abs. 1 Nr. 1–1a, 2–12e, Abs. 2–4 GüKG.

53a c) Das **Fahrlehrergesetz**[1] bestimmt, dass die Ausbildung von Personen, die eine Fahrerlaubnis nach § 2 StVG erwerben wollen, der Erlaubnis bedarf (§ 1 Abs. 1 FahrlG). Es regelt die Voraussetzungen und das Verfahren für die Erteilung der Fahrlehrererlaubnis (§§ 2 ff. FahrlG). In § 10 FahrlG wird die selbstständige Ausbildung von Fahrschülern unter den Vorbehalt einer Fahrschulerlaubnis gestellt. Die Voraussetzungen für Erteilung, Ruhen und Widerruf der Fahrschulerlaubnis sind in §§ 11 ff. FahrlG geregelt, wobei nach § 14 FahrlG das Betreiben von Zweigstellen einer gesonderten Erlaubnis bedarf.

53b Verstöße gegen §§ 1, 10 und 14 FahrlG sind in § 36 Abs. 1 Nr. 1, 5 und 6 FahrlG als **Ordnungswidrigkeiten** mit Geldbußen bis zu 2 500 Euro sanktioniert.

5. Umweltschutz

a) Abfall

54 Das Gesetz zur Förderung der Kreislaufwirtschaft und Sicherung der umweltverträglichen Beseitigung von Abfällen (Kreislaufwirtschafts- und Abfallgesetz [KrW-/AbfG])[2] ist zum 1.6.2012 durch das **Kreislaufwirtschaftsgesetz (KrWG)**[3] abgelöst worden. Das Gesetz gilt nunmehr für die Vermeidung, Verwertung und Beseitigung von Abfällen sowie für sonstige Maßnahmen der Abfallbewirtschaftung.

55 Das KrWG enthält in § 69 Abs. 1 eine Reihe von **Bußgeldtatbeständen**, die im Rahmen der *Aufnahme einer Tätigkeit* im Bereiche der Abfallwirtschaft bedeutsam sind. In Abs. 1 sind u.a. folgende Verstöße geregelt:

– Nr. 2: Behandeln, Lagern oder Ablagern von Abfällen zur Beseitigung (§ 3 Abs. 1 S. 2 Hs. 2 KrWG) außerhalb einer Abfallbeseitigungsanlage (§ 28 Abs. 1 S. 1 KrWG);

– Nr. 3: Errichtung oder wesentliche Änderung einer Deponie ohne Planfeststellungsbeschluss oder Plangenehmigung (§ 35 Abs. 2 S. 1, Abs. 3 S. 1 KrWG);

– Nr. 7: gewerbsmäßiges Einsammeln oder Befördern von gefährlichen Abfällen zur Beseitigung ohne Erlaubnis (§ 54 Abs. 1 S. 1 KrWG).

Nach § 69 Abs. 2 KrWG werden u.a. folgende Verhaltensweisen geahndet:

– Nr. 1: Verletzung der Pflicht zur Anzeige bestimmter Tätigkeiten;

– Nr. 3–6: Verletzung von Auskunfts-, Zutrittsgewährungs- oder Mitwirkungspflichten durch Erzeuger oder Besitzer von Abfällen, Entsorgungspflichtige, Betreiber von Verwertungs- und Abfallbeseitigungsanlagen u.a. (§§ 34, 41, 47 KrWG).

56 Wer **ortsfeste Abfallentsorgungsanlagen** zur Lagerung oder Behandlung von Abfällen oder Anlagen, die aufgrund ihrer Beschaffenheit oder ihres Betriebes in besonderer Maße geeignet sind, schädliche Umwelteinwirkungen hervorzuru-

---

1 V. 25.8.1969, BGBl. I 1336, ÄndG v. 28.8.2013, BGBl. I 3313.
2 V. 27.9.1994, BGBl. I 2705.
3 V. 24.2.2012, BGBl. I 212.

fen oder in anderer Weise die Allgemeinheit oder die Nachbarschaft zu gefährden, erheblich zu benachteiligen oder erheblich zu belästigen, ohne die nach § 4 Abs. 1 BImSchG erforderliche *Genehmigung* errichtet, begeht eine **Ordnungswidrigkeit** nach § 62 Abs. 1 Nr. 1 BImSchG (vgl. im Einzelnen § 54 Rz. 32 ff.). Die einzelnen genehmigungsbedürftigen Anlagen sind durch die aufgrund von § 4 Abs. 1 S. 3 BImSchG ergangene Vierte Verordnung zur Durchführung des Bundesimmissionsschutzgesetzes (*VO über genehmigungsbedürftige Anlagen*, 4. BImSchV[1]) abschließend festgelegt.

Das **Errichten** umfasst das Stadium des *Aufbaus* und des *Einrichtens* einer Anlage, sodass die gesamte technisch konstruktive Beschaffenheit der Anlage einschließlich ihrer Funktionsweise der Prüfung zu unterziehen ist[2]. Vorbereitende Bau- und Montagearbeiten gehören bereits zum Errichten[3], der Probelauf ist Teil des Betriebs. Auch das Wiedererrichten muss wegen des technischen Fortschritts neu genehmigt werden[4]. 57

Weitere Ordnungswidrigkeiten enthält § 62 Abs. 1 BImSchG:
– Nr. 4: Wesentliche Änderung der Lage, der Beschaffenheit oder des Betriebs einer genehmigungsbedürftigen Anlage ohne Genehmigung nach § 16 Abs. 1 BImSchG;
– Nr. 8: Errichten einer ortsfesten Anlage entgegen einer RechtsVO der Landesregierung nach § 49 Abs. 1 Nr. 2 BImSchG oder einer aufgrund einer solchen RechtsVO ergangenen vollziehbaren Anordnung.

Der **Betrieb** von *ungenehmigten Anlagen* stellt eine **Straftat** nach §§ 327 Abs. 2 Nr. 1 und 3, 329 Abs. 1, 325, 325a StGB dar. Ferner sind auch die übrigen Vorschriften des *Umweltstrafrechts* (vgl. §§ 324, 326, 330 StGB, dazu § 54 Rz. 155 ff.) zu berücksichtigen. 58

b) Kerntechnik

Die Errichtung und der Betrieb **kerntechnischer Anlagen** ist nach § 7 AtomG (vgl. § 54 Rz. 85 ff.)[5] genehmigungspflichtig. Neben dem Bußgeldtatbestand des § 46 Abs. 1 Nr. 2 AtomG enthalten die §§ 310b, 311a ff. StGB sowie die §§ 326, 327, 328, 330 StGB Straftatbestände, die unter § 54 Rz. 223 ff. behandelt sind. 59

c) Gentechnik

Das **Gentechnikgesetz** (GenTG, näher § 54 Rz. 93 ff.)[6] schreibt vor, dass gentechnische Arbeiten nur in gentechnischen Anlagen durchgeführt werden dürfen, deren Errichtung und Betrieb ebenso wie die vorgesehenen erstmaligen gentechnischen Arbeiten einer Anlagengenehmigung bedürfen (§ 8 Abs. 1 GenTG) bzw. anzumelden sind (§ 8 Abs. 2 GenTG). Das Gleiche gilt für eine wesentliche Änderung (§ 8 Abs. 4 GenTG). Ein Verstoß gegen diese Pflichten ist nach § 38 Abs. 1 Nr. 3–5 GenTG ordnungswidrig, der Betrieb einer Anlage ohne Genehmigung nach § 39 Abs. 2 Nr. 2 i.V.m. § 8 Abs. 1 S. 2 GenTG strafbar. 60

---

1 I.d.F. v. 2.5.2013, BGBl. I 973.
2 BT-Drs. 7/79, 31.
3 BayObLG v. 30.12.1985 – 3 ObOwi 150/85, NVwZ 1986, 695 = GewA 1986, 172.
4 *Steindorf/Wache* in Erbs/Kohlhaas, I 50 § 4 BImSchG Rz. 5.
5 AtomG i.d.F. v. 15.7.1985, BGBl. I, 1565.
6 I.d.F. v. 16.12.1993, BGBl. I 2066.

6. Sprengstoffe und Waffen

61 Der Umgang mit Sprengstoff und (zivilen) Waffen ist wegen deren Gefährlichkeit durch **zwei spezielle** – teilweise europarechtlich geprägte – **Gesetze** eingehend geregelt. Da dieser Bereich nur am Rande des Wirtschaftsstrafrechts anzusiedeln und durch Kommentare gut erschlossen ist, werden hier nur kurze Hinweise für den Beginn eines derartigen Unternehmens gegeben; weitere Ausführungen zum Betrieb müssen aus Raumgründen entfallen.

a) Sprengstoffgesetz

Schrifttum: *Apel/Keusgen*, Sprengstoffgesetz, Loseblatt; *Breitel*, Sprengstoff-Recht, Loseblatt; *Schmatz/Nöthlichs*, Sprengstoffgesetz, Loseblatt.

62 Das **Gesetz über explosionsgefährliche Stoffe** (Sprengstoffgesetz, SprengG)[1] dient unter sicherheitspolitischen Gesichtspunkten der Regelung des Erwerbs von explosionsgefährlichen Stoffen sowie des Verkehrs damit. *Explosionsgefährliche Stoffe* sind in § 1 Abs. 1 SprengG umfassend gesetzlich definiert. Ihnen stehen nach § 1 Abs. 2 und 3 SprengG *explosionsfähige Stoffe*, *Zündmittel*, *pyrotechnische* und *weitere Gegenstände* gleich. Gem. § 1 Abs. 4 gilt das SprengG nicht für die *Bundeswehr* und weitere *hoheitliche Institutionen*.

63 Nach § 7 SprengG bedarf einer **Erlaubnis**, wer gewerbsmäßig mit explosionsgefährlichen Stoffen umgehen oder den Verkehr mit explosionsgefährlichen Stoffen betreiben will. Die Gründe für die Versagung einer Erlaubnis sind in § 8 SprengG geregelt.

Der Inhaber einer Erlaubnis hat nach § 14 SprengG die *Aufnahme des Betriebs*, die Eröffnung einer Zweigniederlassung und einer unselbständigen Zweigstelle mindestens zwei Wochen vorher sowie die Einstellung und Schließung des Betriebs unverzüglich der zuständigen Behörde *anzuzeigen*. Ferner ist nach § 17 SprengG genehmigungsbedürftig die Errichtung und der Betrieb von *Lagern*, in denen explosionsgefährliche Stoffe zu gewerblichen Zwecken im Rahmen einer wirtschaftlichen Unternehmung oder eines land- oder forstwirtschaftlichen Betriebes oder bei der Beschäftigung von Arbeitnehmern aufbewahrt werden sollen.

64 Nach § 40 Abs. 1 SprengG wird mit **Freiheitsstrafe** bis zu drei Jahren oder mit Geldstrafe bestraft, wer entgegen § 7 Abs. 1 Nr. 1 SprengG ohne die erforderliche Erlaubnis mit explosionsgefährlichen Stoffen umgeht, entgegen § 7 Abs. 1 Nr. 2 SprengG den Verkehr mit explosionsgefährlichen Stoffen betreibt oder entgegen § 27 Abs. 1 SprengG explosionsgefährliche Stoffe erwirbt oder mit diesen Stoffen umgeht. Nach § 40 Abs. 2 Nr. 2 SprengG ist u.a. strafbar, wer ein Lager ohne Genehmigung nach § 17 Abs. 1 S. 1 Nr. 1 SprengG betreibt. Werden durch die angeführten Verstöße wissentlich Leib oder Leben eines anderen oder fremde Sachen von bedeutendem Wert gefährdet, kann eine Freiheitsstrafe bis zu fünf Jahren (oder Geldstrafe) verhängt werden (§ 40 Abs. 3 SprengG).

---

1 I.d.F. v. 10.9.2002, BGBl. I 3518; *Steindorf* in Erbs/Kohlhaas, S 169.

65 Eine Reihe von **Ordnungswidrigkeiten** ist in § 41 SprengG enthalten. Es handelt sich hierbei um Verstöße gegen Anzeigepflichten, Verwendung von Sprengstoffen ohne Zulassung, Verstöße gegen vollziehbare Auflagen und Aufzeichnungspflichten.

66 Daneben können bei einem unbefugten Sprengstoffgebrauch auch Tatbestände des **allgemeinen Strafrechts** erfüllt sein. In Betracht kommen insbesondere

– § 306f StGB: Herbeiführen einer Brandgefahr,
– § 308 StGB: Herbeiführen einer Sprengstoffexplosion und
– § 310 StGB: Vorbereitung eines Explosions- oder Strahlungsverbrechens.

b) Waffengesetz

Schrifttum: *Apel/Bushart*, Bd. 2: Waffengesetz, 3. Aufl. 2004; *Gade/Stoppa*, Waffengesetz, 2011; *Heller/Soschinka*, Waffenrecht: Handbuch für die Praxis, 3. Aufl. 2013; *Steindorf/ Heinrich/Papsthart*, Waffenrecht, 9. Aufl. 2010.

67 Das Waffengesetz (WaffG)[1] enthält eine bundeseinheitliche Regelung des Waffenrechts. Es betrifft allerdings **nur zivile** Waffen; für die Herstellung und das Inverkehrbringen von Kriegswaffen gilt das Gesetz über die Kontrolle von Kriegswaffen (s. dazu § 73 Rz. 1 ff.). Das WaffG ist durch das Gesetz zur Neuregelung des Waffenrechts[2] in seiner Systematik grundlegend verändert worden. Während zuvor Waffenherstellung und Waffenhandel an erster Stelle der Regelungen standen, stehen nunmehr der private Erwerb und Besitz von Waffen und Munition sowie ihr Gebrauch im Vordergrund, um auch sicherheitspolitischen Belangen Rechnung zu tragen[3]. Nach der neuen Systematik bestimmt § 1 Abs. 2 WaffG den Anwendungsbereich des Gesetzes und enthält die grundsätzliche Definition des Waffenbegriffs, während die Ausgestaltung dieses Begriffs und andere waffenrechtliche und waffentechnische Festlegungen um der Übersichtlichkeit willen[4] in die Anlage 1 zum WaffG verlegt worden sind.

68 Nach § 2 Abs. 2 WaffG erfordert der **Umgang mit** in der Anlage 2 Abschnitt 2 zum WaffG aufgeführten **Waffen** eine *Erlaubnis*, wobei zum „Umgang" auch Herstellen, Bearbeiten oder Handeltreiben mit Waffen gehören (§ 1 Abs. 3 WaffG). Darüber hinaus bedarf, wer gewerbsmäßig (oder selbständig im Rahmen einer wirtschaftlichen Unternehmung) *Schusswaffen* oder *Munition* herstellen, bearbeiten oder instand setzen will, einer *Waffenherstellungserlaubnis*, wer mit Schusswaffen oder Munition Handel treiben will, einer *Waffenhandelserlaubnis* (§ 21 Abs. 1 WaffG). Die Voraussetzungen für die Versagung bzw. Erteilung dieser Erlaubnis sind in § 21 Abs. 3 WaffG enthalten.

---

1 I.d.F. v. 11.10.2002, BGBl. I 3970; *Pauckstadt-Maihold* in Erbs/Kohlhaas, W 12.
2 V. 11.10.2002, BGBl. I 3970; vgl. hierzu *König/Papsthart*, Das neue WaffenR.
3 Vgl. *Soschinka/Heller*, Das neue WaffenR, NJW 2002, 2690; *Braun*, Das G zur Neuregelung des WaffenR, NVwZ 2003, 311.
4 BR-Drs. 596/01, 97.

69 § 21 Abs. 6 WaffG enthält **Anzeigepflichten** für die Aufnahme und Einstellung eines Betriebs sowie die Eröffnung und Schließung einer Zweigniederlassung oder einer unselbständigen Zweigstelle im Zusammenhang mit Waffen. Die Anmeldepflicht nach § 14 GewO bleibt wie in allen anderen Fällen einer Anzeigepflicht daneben selbständig bestehen.

70 Die für die Durchsetzung des Gesetzes erforderlichen **Straf- und Bußgeldvorschriften** sind in §§ 51 f. WaffG enthalten. Nach § 52 Abs. 1 Nr. 2 Buchst. c WaffG wird *bestraft*, wer *ohne* die erforderliche *Erlaubnis* entgegen § 2 Abs. 2 i.V.m. § 21 Abs. 1 S. 1 WaffG Schusswaffen oder Munition herstellt, bearbeitet, instand setzt oder damit Handel treibt. Ebenso wird bestraft, wer Schusswaffen oder Munition, zu deren Erwerb es der Erlaubnis bedarf, einführt oder sonst in den Geltungsbereich dieses Gesetzes verbringt oder durch einen anderen einführen oder verbringen lässt, ohne seine Berechtigung zum Erwerb oder zur Ausübung der tatsächlichen Gewalt nachgewiesen zu haben (§ 52 Abs. 1 Nr. 2 Buchst. d WaffG).

Die Anzeigepflicht nach § 21 WaffG ist in § 53 Abs. 1 Nr. 5 WaffG bußgeldrechtlich sanktioniert.

7. Apothekenwesen

Schrifttum: *Rixen/Krämer*, Apothekengesetz, 2013; *Wilson/Blanke/Gebler*, Apotheken- und Arzneimittelrecht, Loseblatt; *Schiedermair/Pieck*, Apothekengesetz, Loseblatt.

71 Das Apothekenwesen, das zum öffentlichen Gesundheitswesen gehört, ist bundeseinheitlich im **Gesetz über das Apothekenwesen**[1] geregelt. Die Apotheken haben eine öffentliche Aufgabe zu erfüllen (§ 1 Abs. 1 ApoG). Nach § 1 Abs. 2 ApoG bedarf einer *Erlaubnis*, wer eine Apotheke betreiben will. Die Voraussetzungen für die Erteilung der Erlaubnis sind in § 2 ApoG enthalten. Weitere Vorschriften über die Erlaubnis enthalten die §§ 3–13 ApoG.

72 Nach § 23 ApoG wird mit Freiheitsstrafe bis zu sechs Monaten (oder mit Geldstrafe) **bestraft**, wer vorsätzlich oder fahrlässig *ohne* die erforderliche *Erlaubnis* oder Genehmigung eine Apotheke, Krankenhausapotheke oder Zweigapotheke betreibt.

Der *Betreiber einer Apotheke* ist derjenige, der den Apothekenbetrieb in eigener Verantwortung und auf eigene Rechnung in Gang hält. Der Beginn setzt schon mit der Beschaffung oder der Herstellung apothekenpflichtiger Arzneimittel zu dem Zweck, sie im Einzelhandel abzugeben, ein. Zur Abgabe an einen Verbraucher muss es noch nicht gekommen sein[2]. Auch der Mitbetreiber[3], Pächter[4] oder Verwalter einer Apotheke sind Betreiber, ebenso wenn ein Apotheker mit Genehmigung als Strohmann eingesetzt wird, tatsächlich jedoch ein anderer ohne Genehmigung die Apotheke betreibt.

---

1 V. 5.10.1980, BGBl. I 1993.
2 *Senge* in Erbs/Kohlhaas, A 165 § 23 ApoG Rz. 5; a.A. *Schiedermair/Pieck*, § 23 ApoG Rz. 9.
3 Personen, die rechtlich befugt und/oder tatsächlich in der Lage sind, Betriebshandlungen vorzunehmen oder von ihrer Zustimmung abhängig zu machen, vgl. *Senge* in Erbs/Kohlhaas, A 165 § 23 ApoG Rz. 6.
4 In diesem Fall kann der Verpächter nur Anstifter oder Gehilfe sein.

Ordnungswidrigkeiten enthält § 25 ApoG. Danach handelt insbesondere ordnungswidrig, wer eine Apotheke durch eine Person verwalten lässt, der eine Genehmigung nach § 13 Abs. 1b S. 1 ApoG nicht erteilt worden ist (Nr. 3).

73

C. Weitere Erlaubnispflichten

I. Kreditwesen

Das **Kreditwesengesetz**[1] (KWG) unterstellt das Kreditwesen (zum Begriff und zum Schrifttum vgl. unten §§ 66, 67) einer materiellen Staatsaufsicht. Die Tätigkeit der Kredit- und Finanzdienstleistungsinstitute steht unter der Aufsicht der *Bundesanstalt für Finanzdienstleistungsaufsicht (BaFin)*, die 2002 aus dem Bundesaufsichtsamt für das Versicherungswesen, dem Bundesaufsichtsamt für das Kreditwesen und dem Bundesaufsichtsamt für den Wertpapierhandel hervorgegangen ist[2]. Kreditinstitute sind Unternehmen, die Bankgeschäfte betreiben, wenn der Umfang dieser Geschäfte einen in kaufmännischer Weise eingerichteten Geschäftsbetrieb erfordert (§ 1 Abs. 1 KWG). Finanzdienstleistungsinstitute sind Unternehmen, die Finanzdienstleistungen, z.B. Anlagevermittlung oder Finanzportfolioverwaltung, für andere geschäftsmäßig oder in einem Umfang erbringen, der einen in kaufmännischer Weise eingerichteten Geschäftsbetrieb erfordert, und die keine Kreditinstitute sind, § 1 Abs. 1a KWG. § 32 KWG bestimmt, dass der *Erlaubnis* bedarf, wer im Geltungsbereich des KWG gem. § 1 Abs. 1, 1a Bankgeschäfte betreiben oder Finanzdienstleistungen erbringen will[3]. Die Erlaubnis nach § 32 KWG muss vorliegen, bevor das Unternehmen mit dem Betreiben von Bankgeschäften in dem angegebenen Umfang beginnt.

74

Abgrenzungsschwierigkeiten können sich gegenüber sonstigen Geldgeschäften ergeben, wobei nicht die rechtliche Form dieser Geschäfte, sondern ihre wirtschaftliche Art und Bedeutung entscheidend sind[4].

§ 54 Abs. 1 Nr. 2 KWG stellt das **Betreiben von Bankgeschäften** oder das Erbringen von Finanzdienstleistungen *ohne* die nach § 32 KWG erforderliche *Erlaubnis* unter *Strafe* (näher § 66 Rz. 14 ff.).

75

Ferner ist in § 54 Abs. 1 Nr. 1 KWG das **Betreiben von Geschäften**, die gem. § 3 KWG verboten sind, unter Strafe gestellt. Verboten sind z.B. *Werkssparkassen*, Zwecksparunternehmen, Kredit- oder Einlagengeschäfte, bei denen durch Vereinbarungen oder geschäftliche Gepflogenheiten die Verfügung über den Kreditbetrag oder die Einlagen durch Barabhebung ausgeschlossen oder erheblich erschwert ist.

Seit einigen Jahren werden bestimmte Dienstleistungen, die regelmäßig, aber nicht ausschließlich von Kreditinstituten angeboten werden, außerhalb des

76

---

1 I.d.F. v. 9. 9. 1998, BGBl. I 2776.
2 § 1 FinanzdienstleistungsaufsichtsG v. 22.4.2002, BGBl. I 1310.
3 *Zerwas*, Zulassung zum Geschäftsbetrieb für Kredit- und Finanzdienstleistungsinstitute, BB 1998, 2481.
4 BGH v. 24.9.1953 – 5 StR 225/53, BGHSt 4, 347 = NJW 1953, 1680 = BB 1953, 871.

KWG in *besonderen Gesetzen* einem **Verbot mit Erlaubnisvorbehalt** unterstellt. Den Anfang haben *Kapitalanlagegesellschaften* (durch das Investmentgesetz, InvG[1], das mit Wirkung vom 22.7.2013 durch das Kapitalanlagegesetzbuch, KAGB[2] abgelöst worden ist) und *Pfandbriefbanken* (durch das Pfandbriefgesetz, PfandBG)[3] gemacht. Ihnen sind mit Wirkung vom 31.10.2009 die *Zahlungsinstitute* (durch das Zahlungsdiensteaufsichtsgesetz, ZAG)[4] und zuletzt durch Ergänzung des ZAG[5] die *E-Geld-Institute*[6] gefolgt. Alle Gesetze definieren die ihnen unterworfenen Dienstleistungen und Institute (§§ 1, 17 KAGB, § 1 PfandBG, §§ 1, 1a ZAG) und stellen sie unter den Vorbehalt einer Erlaubnis durch die BaFin (§ 20 Abs. 1 S. 1 KAGB, § 2 Abs. 1 S. 1 PfandBG, § 8 Abs. 1 S. 1, 8a Abs. 1 S. 1 ZAG).

76a **Verstöße gegen die Erlaubnispflicht** sind für die Kapital*verwaltungs*gesellschaften, wie sie vom Gesetz nunmehr genannt werden, in § 339 Abs. 1 Nr. 1 KAGB und für die Zahlungsinstitute und E-Geld-Institute in § 31 Abs. 1 Nr. 2 und 2a ZAG unter Strafe gestellt. Für die Pfandbriefbanken, bei denen es sich nach § 1 Abs. 1 S. 1 PfandBG nur um Kreditinstitute handeln kann, ergeben sich die strafrechtlichen Folgen eines solchen Verstoßes dagegen aus § 54 Abs. 1 Nr. 2 KWG.

II. Versicherungs- und Rechtswesen

77 Auch die (privaten) **Versicherungsunternehmen** und *Pensionsfonds* unterliegen der Aufsicht der BaFin. Gem. §§ 5 Abs. 1, 112 Abs. 2 VAG bedürfen Versicherungsunternehmungen und Pensionsfonds zum Geschäftsbetrieb der *Erlaubnis* der Aufsichtsbehörde. Verstöße gegen die Vorschriften des VAG können Ordnungswidrigkeiten oder Straftaten darstellen. Wegen der Einzelheiten wird auf unten § 65 verwiesen.

78 Das im Wesentlichen am 1.7.2008 in Kraft getretene *Rechtsdienstleistungsgesetz* (RDG) vom 7.12.2007 – das das aus dem Jahr 1935 stammende und wiederholt geänderte *Rechtsberatungsmissbrauchsgesetz* abgelöst hat – regelt, in welchen Bereichen (näher definierte) **Rechtsdienstleistungen** ohne Erlaubnis erbracht werden dürfen und für welche Rechtsdienstleistungen eine von der Erfüllung bestimmter Voraussetzungen abhängige *Registrierung* erforderlich ist. Näheres – einschließlich der Bußgeldbestimmung in § 20 RDG – ist in § 92 Rz. 1 ff., 24 ausgeführt.

---

1 V. 15.12.2003, BGBl. I 2676.
2 V. 4.7.2013, BGBl. I 1981.
3 V. 22.5.2005, BGBl. I 1373.
4 V. 25.6.2009, BGBl. I 1506; vgl. *Schäfer/Lang*, Die aufsichtsrechtliche Umsetzung der Zahlungsdiensterichtlinie und die Einführung des Zahlungsinstituts, BKR 2009, 11.
5 Durch G v. 13.2011, BGBl. I 288.
6 Vgl. hierzu *Lösing*, Das neue Gesetz zur Umsetzung der zweiten E-Geld-Richtlinie, ZIP 2011, 1944.

§ 26
Anlage des Rechnungswesens

Bearbeiter: Thomas Wolf (A–E); Heiko Wagenpfeil (F)

	Rz.
A. Rechnungswesen im Überblick.	1
B. Kaufmännische Buchführung	
I. Begriffsbestimmung und Zielsetzung	3
II. Buchführungspflicht	
1. Rechtsgrundlagen	17
2. Beginn und Ende	23
3. Verantwortlichkeit	27
4. Steuerliche Buchführungspflichten	30
III. Grundsätze ordnungsmäßiger Buchführung	
1. Rechtsgrundlagen	32
2. Buchführungsmängel	48
3. Ort der Buchführung und Aufbewahrungsfristen	52
C. Eröffnungsbilanz	
I. Rechtsgrundlagen	59
II. Sonderfall Unternehmensbeendigung	66
D. Jahresabschluss	
I. Zielsetzung und Bestandteile	71
II. Aufstellung und Feststellung	
1. Begriffsbestimmung	81
2. Rechtsformabhängige Aufstellungsfristen	87
3. Ende der werbenden Gesellschaft	94
4. Aufbewahrungsfristen	96
III. Aufstellungsgrundsätze, Ansatz und Bewertung	98
1. Ansatzvorschriften	99
2. Bewertungsvorschriften	110
3. Besonderheiten bei Kapitalgesellschaften	121
IV. Sonstige Rechtsvorschriften	130
V. Nichtigkeit und Bilanzierungsmängel	139
E. Internationale Rechnungslegung	
I. Grundlagen	146
II. International Financial Reporting Standards (IFRS)	
1. Rechtsgrundlagen	148
2. Quellen der IFRS	155
3. Zielsetzung und Adressatenkreis	157
4. Allgemeine Anforderungen an einen IFRS-Abschluss	160
5. Rechnungslegungsstandards im Überblick	167
F. Straftaten	180
I. Allgemeine Tatbestände	181
II. Handels- und gesellschaftsrechtliche Tatbestände	186

Schrifttum: Kommentare: Zum Handels- und Gesellschaftsrecht vgl. allgemeines Schrifttumsverzeichnis; *Adler/Düring/Schmaltz*, Rechnungslegung und Prüfung der Unternehmen, 6. Aufl. ab 1995 (zit.: ADS); *Baetge/Wollmert/Kirsch/Oser/Bischof*, Rechnungslegung nach IFRS, Loseblatt; Beck'scher Bilanzkommentar, 9. Aufl. 2014 (zit.: BeBiKo); *Blümich*, EStG/KStG/GewStG, Loseblatt; *Lüdenbach/Hoffmann/Freiberg*, IFRS Kommentar, 12. Aufl. 2014; *Tipke/Kruse*, AO/FGO, Loseblatt.

Handbücher: *Böcking u.a.* (Hrsg.), Beck'sches Handbuch der Rechnungslegung, Loseblatt (zit.: BeckHdR); *Budde/Förschle/Winkeljohann*, Sonderbilanzen, 4. Aufl. 2008; *IDW* (Hrsg.), IDW Prüfungsstandards/IDW Stellungnahmen zur Rechnungslegung, einschließlich IDW Prüfungs- und Rechnungslegungshinweise, Loseblatt (zit.: IDW PS/RS/S/PH/RH); *Schulze-Osterloh/Hennrichs/Wüstemann*, Handbuch des Jahresabschlusses in Einzeldarstellungen, Loseblatt (zit.: HdJ); Wirtschaftsprüfer-Handbuch, Bd. I, 2012 und Bd. II, 2014 (zit.: WP-Hdb.); *Winnefeld*, Bilanz-Handbuch, 4. Aufl. 2006.

Sonstiges Schrifttum: *Bunding*, Das Früherkennungssystem des § 91 Abs. 2 AktG in der Prüfungspraxis, ZIP 2012, 357; *Förschle/Deubert*, Entsprechende Anwendung allgemeiner Vorschriften über den Jahresabschluss in der Liquidations-Eröffnungsbilanz, DStR 1996, 1743; *Huth*, Grundsätze ordnungsmäßiger Risikoüberwachung, BB 2007, 2167; *Hüttche*, Virtual Close – Ordnungsmäßigkeit virtueller Jahresabschlüsse, BB 2002, 1639; *Hüttemann/Meinert*, Zur handelsrechtlichen Buchführungspflicht des Kaufmanns kraft Eintragung, BB 2007, 1436; *Joswig*, Der Stichtag der Gründungsbilanz von Kapitalgesellschaften, DStR 1996, 1907; *Kropp/Sauerwein*, Bedeutung des Aufstellungskriteriums für die Rückwirkung der neuen Größenklassenkriterien des § 267 HGB, DStR 1995, 70; *Leffson*, Die Grundsätze ordnungsmäßiger Buchführung, 7. Aufl 1987; *Mundt*, Rechnungslegungspflichten in der Insolvenz, DStR 1997, 620 und 664; *Petersen/Zwirner*, Noch schneller am Ziel? – Jahresabschlussprüfungen in 30 Tagen?, StuB 2007, 645; *Rodewald*, Der maßgebliche Zeitpunkt für die Aufstellung von GmbH-Eröffnungsbilanzen, BB 1993, 1693; *Sorgenfrei*, Zweifelsfragen zum „Bilanzeid" (§ 331 Nr. 3a HGB), wistra 2008, 329; *Wolf/Lupp*, Die Aufstellungsfrist der (Liquidations-)Eröffnungsbilanz, wistra 2008, 250; *Wolf/Nagel*, Die Aufstellung des Jahresabschlusses, StuB 2006, 621.

A. Rechnungswesen im Überblick

1   Das **Rechnungswesen** dient der Erfassung und Analyse quantifizierbarer Geld- und Leistungsströme, die Grundlage der Planung, Steuerung und Kontrolle von innerbetrieblichen Prozessen sind. Häufig wird das Rechnungswesen differenziert in die Zweige Buchführung und Bilanzierung, Kostenrechnung, Planungsrechnung sowie Statistik. Zu unterscheiden ist das interne (Kostenrechnung, Statistik und Planungsrechnung) und das externe (Buchführung) Rechnungswesen. Das interne Rechnungswesen verarbeitet vergangenheits- und zukunftsbezogene Größen und dient in erster Linie als Grundlage für Managemententscheidungen. Das externe Rechnungswesen ist auf den Adressatenkreis außerhalb der Unternehmung ausgerichtet und dient überwiegend der Information, Dokumentation und Rechenschaft. Sowohl für den internen als auch den externen Adressatenkreis ist eine zukunftsorientierte, auf Planungsrechnungen gestützte Informationsbasis notwendig, nicht zuletzt um Unternehmenskrisen rechtzeitig erkennen und bewältigen zu können. Fehlende bzw. nicht dokumentierte Unternehmensplanungen gehören bei kleinen und mittelgroßen Unternehmen zu den inhärenten Unternehmensrisiken[1]. Dabei kann sich eine Pflicht zur Unternehmensplanung bereits aus den allgemeinen Geschäftsleiterpflichten (§ 43 GmbHG, § 93 AktG) ergeben[2]. Eine solche Unternehmensgesamtplanung wird durch Teilpläne (z.B. Absatz-, Beschaffungs-, Personal-, Investitions- und Finanzplan) determiniert.

2   Die **Vorschriften zur Rechnungslegung** ergeben sich für *alle Kaufleute* aus den §§ 238 ff. HGB, rechtsformspezifische Vorschriften bleiben auch weiterhin den Einzelgesetzen vorbehalten (z.B. §§ 150 ff. AktG, § 42 GmbHG). Als *Rechnungslegung im engeren Sinne* wird dabei die Aufstellung und Publizität des

---

1 IDW PH 9.100.1.
2 *Groß/Amen*, Rechtspflicht zur Unternehmensplanung?, WPg. 2003, 1161.

Jahresabschlusses sowie ggf. des Lageberichts bezeichnet[1]. Das Bilanzrechtsmodernisierungsgesetz (BilMoG) v. 25.5.2009[2] als die umfassende Bilanzreform der letzten Jahre verfolgte die Zielsetzung, das Bilanzrecht zu einer dauerhaften und im Verhältnis zu internationalen Rechnungslegungsstandards vollwertigen, aber kostengünstigeren und einfacheren Alternative fortzuentwickeln. Am 29.6.2013 wurde die *Richtlinie 2013/34/EU* über den Jahresabschluss, den konsolidierten Jahresabschluss und damit verbundener Berichte veröffentlicht (vgl. § 23 Rz. 28c) und die bisherigen Richtlinien 78/660/EWG (Bilanzrichtlinie) und 83/349/EWG (Konzernbilanzrichtlinie) aufgehoben[3]. Die Richtlinie ist bis zum 20.7.2015 in nationales Recht umzusetzen; zwischenzeitlich liegt ein Regierungsentwurf eines Bilanzrichtlinie-Umsetzungsgesetz (BilRUG) vom 23.1.2015 vor[4]. In nationales Recht umgesetzt wurden bereits vorher Erleichterungen für sog. *Kleinstkapitalgesellschaften* (s. Rz. 121a).

B. Kaufmännische Buchführung

I. Begriffsbestimmung und Zielsetzung

Unter dem Begriff der **Buchführung** versteht man die vollständige, systematische, in Geldeinheiten ausgedrückte Aufzeichnung von Geschäftsvorfällen, die eine Veränderung der Höhe und/oder Struktur des Vermögens und der Schulden sowie des Eigenkapitals bewirken. Die Buchführung ist neben dieser Dokumentation von Vermögen und Schulden sowie von Erträgen und Aufwendungen auch Grundlage der Besteuerung und liefert Informationen für die anderen Zweige des Rechnungswesens. Zweckorientiert und organisatorisch erfolgt häufig eine weitere Differenzierung in die Begriffe *Betriebsbuchführung* (intern: Kosten- und Leistungsrechnung) und *Finanzbuchführung* (extern: Rechnungslegung). Häufig werden die Begriffe Buchhaltung und Buchführung synonym verwendet, bei der Buchhaltung handelt es sich i.S. eines Abgrenzungsmerkmals um die Betriebsorganisation (Organisationseinheit), *„die mit der Buchführung betraut ist"*[5], die Buchführung hingegen betrifft die Methodik der Rechnungslegung (s. auch § 238 HGB, der von der *„Buchführungspflicht"* spricht). 3

Die **Buchführungstechnik** unterscheidet die Buchung laufender Geschäftsvorfälle als Dokumentation der Handelsgeschäfte und sog. Abschlussbuchungen wie Abschreibungen, Vorratsinventur, Rückstellungen etc., die der Vorbereitung des Jahresabschlusses dienen. Buchführung und Bilanzierung ist ein in sich geschlossenes System, die Buchführung mündet in die Bilanz und geht von dieser wieder aus, weshalb beide eine Einheit darstellen, wobei aber von 4

---
1 Vgl. http://wirtschaftslexikon.gabler.de, Stichwort: Rechnungslegung.
2 BilMoG v. 25.5.2009, BGBl. I, 1102.
3 RL 2013/34/EU v. 26.6.2013, ABl. EG Nr. L 182 v. 29.6.2013.
4 BR-Drs. 23/15.
5 Vgl. http://wirtschaftslexikon.gabler.de, Stichwort: Buchhaltung.

zwei getrennt zu beurteilenden Verpflichtungen auszugehen ist[1]. Technisches Bindeglied zwischen Bilanz und Buchführung sind die Eröffnungs- und Schlussbilanzkonten der Buchführung. *Schwebende Geschäfte*, die noch von keiner Vertragspartei erfüllt worden sind, werden dabei, sofern von der Ausgeglichenheit von Leistung und Gegenleistung auszugehen ist, erst mit Leistungserbringung gebucht. Die Buchung drohender Verluste aus schwebenden Geschäften als Rückstellung (s. Rz. 107) ist hingegen erforderlich und durch entsprechende organisatorische Maßnahmen sicherzustellen.

5 *Aus den "Büchern"* muss die **Lage des Vermögens** ersichtlich sein (§ 238 Abs. 1 HGB). Ein derartiger Überblick ist allerdings nur zu erlangen, wenn die Vielzahl der Geschäftsvorfälle zu einem Ganzen zusammengefügt wird und Bewertungen stattfinden. Daher ordnen §§ 240 ff. HGB den periodischen Abschluss der Buchführung an, sodass sich bereits aus dem Gesetz eine Trennung zwischen der laufenden Buchführung und ihrem periodischem (Jahres-)Abschluss ergibt, für den die Buchführung die Grundlage darstellt[2]. Bewertung ist dabei die Wertbestimmung für Zwecke des (Jahres-)Abschlusses und nicht der laufenden Buchführung[3]. Die Unvollkommenheiten der Buchführung erlauben es daher nicht, alle Bilanzpositionen aus der laufenden Buchführung zu entwickeln[4]. Wohl aber fordert der Überblick über die Lage des Vermögens, dass auf der Grundlage der Buchführung jederzeit ein (Zwischen-)Abschluss abgeleitet werden kann[5]; dies gilt vor allem in Krisensituationen (z.B. § 92 Abs. 1 AktG, § 49 Abs. 3 GmbHG).

6 Die **Abschlussbuchungen** werden nur bei der Aufstellung von Zwischen- oder Jahresabschlüssen erfasst, da sonst eine ständige Bestandsfortschreibung und Bewertung erforderlich wäre, zumal § 252 Abs. 1 HGB auch nur eine Bewertung *im Jahresabschluss* fordert. Allerdings sind bei komplexen Unternehmensstrukturen in der Praxis durchgängig *Zwischenabschlüsse* (Monats- oder Quartalsabschlüsse) anzutreffen, ebenso zur Unterstützung der zeitlichen Optimierung der Abschlusserstellung (sog. *Fast-Close*). Zur Vorbereitung eines solchen Fast-Close wird bereits vor Ende des Geschäftsjahres ein erster Jahresabschluss erstellt und auf den Bilanzstichtag fortgeschrieben. Die Zwischenberichterstattung ist teilweise normiert (z.B. §§ 37v ff. WpHG, § 10 Abs. 3 KWG, § 340a Abs. 3 HGB, §§ 65 ff. Börsenordnung für die Frankfurter Wertpapierbörse) bzw. obligatorisch (s. auch Rz. 136 ff.). Der Zwischenabschluss ist ord-

---

[1] BFH v. 25.3.1992 – I R 69/91, BStBl. II 1992, 1010; RGSt. 13, 354; *Tiedemann* in LK, § 283 StGB Rz. 93.
[2] So auch *Bieg/Waschbuch* in BeckHdR, A 100 Rz. 43 ff.
[3] *Ruhnke/Schmidt*, Überlegungen zur Prüfung von beizulegenden Zeitwerten, WPg. 2003, 1043.
[4] BFH v. 20.5.1992 – X R 49/89, BStBl. II 1992, 904; Umkehrschluss aus BFH v. 12.12.1972 – VIII R 112/69, BStBl. II 1973, 555, der in der verspäteten Bilanzaufstellung trotz abschlussreifen Buchführungsarbeiten und Vorliegen einer ordnungsgemäßen Inventur mit Inventar einen Buchführungsmangel erkennt, weil die Aufstellung der Bilanz zahlreiche weitere Überlegungen im Hinblick auf die Bewertung und den Ansatz von Bilanzposten erfordert.
[5] BFH v. 26.3.1968 – IV 63/63, BStBl. II 1968, 527; *Pöschke* in Staub, § 238 HGB Rz. 57.

nungsgemäß aus den Büchern und sonstigen Unterlagen zu entwickeln. Abschlussbuchungen sind dann nicht erforderlich, wenn eine vollständige sonstige Ableitung gewährleistet ist; dann sind diese Ableitungen Bücher i.S. des HGB[1]. Da dem Zwischenabschluss keine rechtliche Bindung für Zwecke der Ausschüttung und Besteuerung zukommt, sind zur Aufstellung auch vereinfachte Verfahren zulässig, wenn dadurch die Darstellung der Vermögens-, Finanz- und Ertragslage nicht beeinträchtigt wird[2].

Zum *Bestandteil* einer ordnungsmäßigen Buchführung gehören die **Inventur** und das **Inventar**. Beide bilden das Mengengerüst für den Jahresabschluss, erst nach Kontrolle der aktiven und passiven Bestände auf Vollständigkeit können diese bewertet und in die Bilanz übergeleitet werden[3]. Beiden obliegt eine Überwachungsfunktion, insbesondere sollen Differenzen zwischen den Soll-Werten der Buchführung und den Ist-Werten aufgedeckt werden.

Unter **Inventur** als Bestandsaufnahme versteht man die art-, mengen- und wertmäßige Erfassung sämtlicher Vermögensgegenstände und Schulden des Unternehmens. Bei den Inventurverfahren gilt der Grundsatz der körperlichen Bestandsaufnahme durch Zählen, Messen und Wiegen, ergänzt um die sog. Buchinventur bei unkörperlichen Gegenständen (z.B. bei Forderungen und Verbindlichkeiten). Nach § 241 Abs. 1 HGB kann die Inventur auch mittels Stichproben auf der Grundlage anerkannter mathematisch-statistischer Methoden durchgeführt werden. Zur Inventur gehört auch die Erfassung von Risiken („Rückstellungsinventur"). Hinsichtlich des Zeitpunkts der Inventur unterscheidet man die Stichtagsinventur (R 5.3 EStÄR 2012), die zeitlich verlegte Inventur (§ 241 Abs. 3 HGB) und die permanente Inventur (§ 241 Abs. 2 HGB). Bei der vor- bzw. nachgelagerten Stichtagsinventur (§ 241 Abs. 3 HGB) wird das Mengengerüst der Aufnahme in einem vom Abschlussstichtag abweichenden besonderen Inventar verzeichnet und durch ein entsprechendes Fortschreibungs- bzw. Rückrechnungsverfahren auf den Abschlussstichtag transformiert.

Aus § 240 HGB ergibt sich die Verpflichtung zur Aufstellung eines **Inventars** zu Beginn des Handelsgewerbes und für den Schluss eines jeden Geschäftsjahres. Das Inventar ist ein Bestandsverzeichnis und zeigt das *Ergebnis der Inventur*. Im Gesetz finden sich keine Formvorschriften, wie das Inventar zu erstellen ist; es muss allerdings den Grundsätzen ordnungsmäßiger Buchführung (näher Rz. 32 ff.) entsprechen. Das Inventar ist kein einheitliches Verzeichnis, sondern setzt sich aus mehreren Bestandsnachweisen (Anlageverzeichnis, Debitoren- und Kreditorensaldenlisten, Lagerbücher etc.) zusammen[4] und umfasst sämtliche Vermögensgegenstände und Schulden, also auch immaterielle Vermögensgegenstände und Rückstellungen, nicht aber Rechnungsabgrenzungsposten sowie Sonderposten eigener Art[5] (s. auch R 5.4 EStÄR 2012).

---

1 WP-Hdb. I, M 159.
2 WP-Hdb. I, M 160.
3 *Leffson*, 221; *Hachmeister/Zeyer* in HdJ, Abt I/14 Rz. 391.
4 *Hachmeister/Zeyer* in HdJ, Abt I/14 Rz. 351.
5 *Winkeljohann/Philipps* in BeBiKo, § 240 HGB Rz. 1 ff. und Rz. 22.

10 Es gilt der **Grundsatz der Einzelbewertung**. Davon abweichend ist der Ansatz eines Festwertes (§ 240 Abs. 3 HGB) sowie die Zusammenfassung zu einer Gruppe und der Ansatz mit dem gewogenen Durchschnittswert (§ 240 Abs. 4 HGB) zulässig, was auch als Bewertungsvereinfachungsverfahren für den Jahresabschluss gilt (§ 256 S. 2 HGB). Die Anwendung bestimmter Verbrauchsfolgeunterstellungen gem. § 256 HGB (s. Rz. 119d) ist, obwohl die Norm zu den Bewertungsvorschriften des Jahresabschlusses gehört, auch im Inventar zulässig[1].

11 Das Inventar ist gem. § 240 Abs. 2 HGB innerhalb der einem ordnungsmäßigen Geschäftsgang entsprechenden Zeit **aufzustellen**. Im Regelfall ist auf die für die Aufstellung des Jahresabschlusses geltenden Fristen zurückzugreifen[2] (näher Rz. 87 ff.). Da das Inventar vor dem Jahresabschluss erstellt werden muss, können diese Fristen allerdings nicht voll ausgeschöpft werden, um eine zeitgerechte Aufstellung des Jahresabschlusses zu gewährleisten[3]. Es stellt einen schwerwiegenden Mangel dar, wenn im Inventar Mengenangaben fehlen[4].

12 Aus § 238 HGB leiten sich **kaufmännische und gesetzliche Ziele** ab, die dem Gläubigerschutz, der Beweissicherung und der Information dienen und gegenüber dem Kaufmann, den Gläubigern und Schuldnern sowie anderen Adressaten, insbesondere der Gesellschafter, den Arbeitnehmern, der Öffentlichkeit und des Fiskus gelten[5]. Die Zielverwirklichung wird durch die Dokumentation und Rechenschaftslegung sowie durch die Beweiskraft der Bücher mit dem Ziel der Nachvollziehung von Wirklichkeitssachverhalten erreicht[6], die Buchführung ist primär vergangenheitsbezogen.

13 Zur Selbstinformation und zum Gläubigerschutz gehört auch die Identifizierung und Steuerung von **Risiken der** (zukünftigen) **Geschäftsentwicklung**. Unter einem Risiko versteht man die Möglichkeit des Eintritts von negativen zukünftigen Entwicklungen, wobei zwischen internen und externen Risiken zu differenzieren ist. Dies erfordert bei entsprechenden Organisationsstrukturen ein *Risikomanagementsystem (RMS)*. Das RMS umfasst die Gesamtheit aller organisatorischer Regelungen und Maßnahmen zur Risikoerkennung und zum Umgang mit den Risiken[7]. Der **Risikomanagementprozess** besteht – grob strukturiert – aus folgenden Elementen: Risikoanalyse (Identifizierung und Bewertung von Risiken zur Schadenshöhe und Eintrittswahrscheinlichkeit, Klassizierung von Risiken in bestandsgefährdende, wesentliche, nachrangige Risiken), Formulierung von Strategien der Risikosteuerung (z.B. Risikovermeidung, Risikoakzeptanz, Risikoreduktion, Risikoüberwälzung), Risikokommunikation (Definition von hierarchischen Schwellenwerten) und Risikodokumentation (Risk Map). Dieses Risikomanagementsystem ist Teil

---

1 *Grottel/Krämer* in BeBiKo, § 256 HGB Rz. 15.
2 *Hachmeister/Zeyer* in HdJ, Abt I/14 Rz. 353 ff.
3 *Winkeljohann/Philipps* in BeBiKo, § 240 HGB Rz. 68; *ADS*, § 240 HGB Rz. 60 ff.
4 BFH v. 23.6.1971 – I B 6/71, BStBl. II 1971, 709.
5 *Leffson*, 42 und 169.
6 *Leffson*, 46.
7 IDW PS 340.

des **internen Kontrollsystems** (s. auch Rz. 45)[1]. Darunter versteht man alle organisatorischen Regelungen, Maßnahmen und Kontrollen zur Sicherung der Wirtschaftlichkeit und Wirksamkeit der Geschäftstätigkeit, zum Schutz des Unternehmensvermögens einschließlich der Verhinderung und Aufdeckung von dolosen Handlungen, zur Ordnungsmäßigkeit der internen und externen Rechnungslegung und zur Einhaltung der rechtlichen Vorschriften[2]. Die Überwachung der Regeleinhaltung erfolgt durch ein internes Überwachungssystem; ein Teilbereich davon ist die *interne Revision*.

Nach § 91 Abs. 2 AktG (§ 22 Abs. 3 SEAG) muss der Vorstand geeignete Maßnahmen treffen, „*insbesondere*" ein **Überwachungssystem** einrichten, damit den Fortbestand der Gesellschaft gefährdende Entwicklungen früh erkannt werden, also ausreichende Bestandssicherungsmaßnahmen der Risikoerkennung, Risikoanalyse, Risikodokumentation und Risikokommunikation treffen. Ziel ist die Erkennung einer Bestandsgefährung des Unternehmens. Zu diesen Risiken zählen insbesondere risikobehaftete Geschäfte, Unrichtigkeiten der Rechnungslegung und Verstöße gegen gesetzliche Vorschriften, die sich auf die Vermögens-, Finanz- und Ertragslage wesentlich auswirken, aber auch wirtschaftliche, technische oder gesetzliche Risiken[3]. Mit der Vorschrift des § 91 Abs. 2 AktG soll die Verpflichtung des Vorstands, für ein *angemessenes* Risikomanagement und für eine angemessene interne Revision (s. Rz. 13) zu sorgen, verdeutlicht werden, deren Ausgestaltung allerdings unternehmensspezifisch (nach Branche, Struktur, Größe usw) zu bestimmen ist; es handelt sich um eine gesetzliche Hervorhebung der allgemeinen Leitungsaufgabe des Vorstands gem. § 76 AktG[4] (zur Berichtspflicht im Lagebericht s. auch Rz. 128).

Vom „allgemeinen" Risikomanagementsystem soll sich die Verpflichtung gem. § 91 Abs. 2 AktG dadurch unterscheiden, dass § 91 Abs. 2 AktG *nur* auf die Früherkennung (**Risikofrüherkennungssystem**) bestandsgefährdender Risiken ausgerichtet ist[5]. Der Vorstand hat geeignete Strukturen zur Risikofrüherkennung einzurichten und deren Einhaltung durch ein Überwachungssystem sicherzustellen[6]. Allerdings bleibt unklar, wie bestandsgefährdende Risikozustände erkannt werden sollen, ohne sie zuvor dem Prozess der „allgemeinen" Risikoidentifizierung und Risikoanalyse unterzogen zu haben. Das Überwachungssystem kann Teil der Handelsbücher sein[7] und unterliegt der Dokumentationspflicht durch den Vorstand[8] sowie der Überwachung durch den

---

1 IDW PS 261.
2 IDW PS 261.
3 BT-Drs. 13/9712, 15.
4 BT-Drs. 13/9712, 15; s. auch Nr. 4.1.4 des Deutschen Corporate Governance Kodex (DCGK; s. Rz. 137).
5 IDW PS 340.
6 Zum „Frühwarnsystem" beim Treasury auch BGH v. 1.12.2008 – II ZR 102/07, DStR 2009, 234.
7 *Winkeljohann/Henckel* in BeBiKo, § 238 HGB Rz. 115.
8 LG München I v. 5.4.2008 – 5 HKO 15964/06, DStR 2008, 519; *Huth*, BB 2007, 2167; *Bunting*, ZIP 2012, 357; a.A. *Theusinger/Liese*, Besteht eine Rechtspflicht zur Dokumentation von Risikoüberwachungssystemen i.S. des § 91 II 1 AktG?, NZG 2008, 289.

Aufsichtsrat (§ 111 Abs. 1 AktG); ferner besteht Prüfungspflicht gem. §§ 317 Abs. 4, 321 Abs. 4 HGB. § 91 Abs. 2 AktG hat, je nach Größe und Komplexität des Unternehmens, auch auf die GmbH und andere Rechtsformen Ausstrahlungswirkung[1]. Diese Verpflichtung leitet sich aus den Sorgfaltspflichten eines ordentlichen Kaufmanns ab und gilt auch für kleine und mittelgroße Unternehmen (KMU)[2]. Der Geschäftsführer muss deshalb seiner Pflicht zur laufenden Beobachtung der wirtschaftlichen Lage und Prüfung im Falle krisenhafter Anzeichen hinreichend nachkommen, indem er für eine Organisation Sorge trägt, die ihm die zur Wahrnehmung seiner Pflichten erforderliche Übersicht über die wirtschaftliche und finanzielle Situation der Gesellschaft jederzeit ermöglicht[3]. Risikobewältigung und Gläubigerschutz kann hingegen allein durch eine vergangenheitsorientierte Datenaufbereitung, wie sie die Buchführung vermittelt, nicht vollständig gewährleistet werden. Hierzu sind Planungsrechnungen erforderlich (s. Rz. 1), es genügt nicht, zu wissen *„was war"*, sondern auch *„was sein wird"*.

16 Weitere Vorschriften zur Berichterstattung über das **interne Kontroll- und das Risikomanagementsystem, bezogen auf den Rechnungslegungsprozess**, ergeben sich aus § 171 Abs. 1 AktG und § 289 Abs. 5 HGB. Der Aufsichtsrat *kann* gem. § 107 Abs. 3 AktG einen *Prüfungsausschuss* bestellen (zur Pflichteinrichtung eines Prüfungsausschusses s. § 324 HGB), der sich auch mit der Überwachung des Rechnungslegungsprozesses, der Wirksamkeit des internen Kontrollsystems, des Risikomanagementsystems und des internen Revisionssystems befasst (s. auch Nr. 5.3.2 des *Deutschen Corporate Governance Kodex – DCGK*; hierzu Rz. 137). Allerdings schreiben § 107 Abs. 3 AktG und § 289 Abs. 5 HGB – über § 91 Abs. 2 AktG hinaus – weder die Einrichtung noch die inhaltliche Ausgestaltung eines umfassenden internen Kontroll- bzw. eines Risikomanagementsystems vor; besteht kein internes Kontroll- bzw. Risikomanagementsystems, so ist dies anzugeben, wobei die unzureichende Einrichtung eines internen Kontrollsystems und Risikomanagementsystems die Möglichkeit einer Sorgfaltspflichtverletzung begründen kann[4]. Darüber hinaus muss gem. § 100 Abs. 5 AktG bei Gesellschaften i.S. des § 264d HGB mindestens ein Mitglied des Aufsichtsrats über *Sachkunde* auf dem Gebiet der Rechnungslegung oder der Abschlussprüfung verfügen. Gleichfalls fordert der *Deutsche Corporate Governance Kodex*, dass der Vorstand den Aufsichtsrat zeitnah und umfassend über alle für das Unternehmen relevanten Fragen der Planung, der Geschäftsentwicklung, der Risikolage, des Risikomanagements und der Compliance informiert (Nr. 3.4 DCGK); der Vorstand sorgt dabei für ein angemessenes Risikomanagement und Risikocontrolling (Nr. 4.1.4 DCGK).

---

1 BT-Drs. 13/9712, 15.
2 IDW PH 9.100.1.
3 BGH v. 19.6.2012 – II ZR 243/11, DStR 2012, 1713.
4 BT-Drs. 16/10067, 76 und 102.

II. Buchführungspflicht

1. Rechtsgrundlagen

Die Buchführungspflicht bezieht sich auf **Bücher** (§ 238 Abs. 1 S. 1 HGB) und meint dabei Handelsbücher und sonst erforderliche Aufzeichnungen (§ 239 Abs. 1 S. 1 HGB). Buchführungspflichtig nach § 238 Abs. 1 HGB ist **jeder Kaufmann** (dazu § 22 Rz. 42 ff.). Die Eigenschaft als Kaufmann erwirbt man entweder durch Eintragung ins Handelsregister (Rz. 19), oder dadurch, dass das betriebene Handelsgewerbe nach Art oder Umfang einen in kaufmännischer Weise eingerichteten Geschäftsbetrieb erfordert (§ 1 Abs. 2 HGB). Letzteres ist dann der Fall, wenn der Zweck, die erforderliche Übersicht und Ordnung zu gewinnen, aus Sicht des Unternehmers oder Dritter den Einsatz der kaufmännischen Buchführung erforderlich macht, ob also der Betrieb nur mithilfe einer entsprechenden (Buchführungs-)Organisation überschaubar und beherrschbar ist (§ 22 Rz. 75 ff.)[1]. 17

Die Buchführungspflicht soll sich auch auf **Zweigniederlassungen** (§§ 13 ff. HGB) erstrecken[2]; unabhängig ist dabei aber der Ort der Buchführung (zentrale versus dezentrale Buchführung), sodass die Buchführung bei der Hauptniederlassung ausreicht[3]. Eine selbständige Zweigniederlassung setzt voraus, dass es sich um einen räumlich getrennten Teil eines Unternehmens handelt, der auf Dauer selbständig gegenüber der Hauptniederlassung Geschäfte tätigt und in sachlicher und personeller Hinsicht die hierfür erforderliche Organisation aufweist (s. auch Rz. 21)[4]. Als Voraussetzung dieser Selbständigkeit wird eine gesonderte „Buch-, Konten- und Kassenführung" angenommen[5]. Die Zweigniederlassung verfügt jedoch über keine eigene Rechtspersönlichkeit, ist also kein Kaufmann, zwischen Haupt- und Zweigniederlassung bestehen keine zivilrechtlichen Beziehungen[6] und „Gewinne" der Zweigniederlassung gehören ohne förmlichen Akt zum Vermögen des Kaufmanns[7]. Ob ein getrennter Bu- 17a

---

1 OLG Düsseldorf v. 6.6.2003 – 3 Wx 108/03, NJW-RR 2003, 1120; FG Rheinland-Pfalz v. 23.11.2005 – 3 K 2148/00, EFG 2006, 428; FG Sachsen v. 9.1.2014 – 8 V 1834/11, juris (mit Tendenz ab 250 000 Euro Jahresumsatz); *Kindler* in E/B/J/S, § 1 HGB Rz. 51.
2 BGH v. 8.5.1972 – II ZR 155/69, NJW 1972, 1859 (zu § 25 HGB); BayObLG v. 11.5.1979 – BReg 1 Z 21/79, BB 1980, 335 (zu § 13 HGB); OLG Dresden v. 28.4.1999 – 18 U 2884/98, NZG 2000, 32 (zu § 25 HGB); BFH v. 15.12.1999 – I R 16/99, BStBl. II 2000, 404; *Pöschke* in Staub, § 238 HGB Rz. 21.
3 BGH v. 8.5.1972 – II ZR 155/69, NJW 1972, 1859; BayObLG v. 11.5.1979 – BReg 1 Z 21/79, BB 1980, 335; *Hopt* in Baumbach/Hopt, § 13 HGB Rz. 4; *Pöschke* in Staub, § 238 HGB Rz. 21; *Pentz* in E/B/J/S, § 13 HGB Rz. 25, andererseits aber Rz. 63, wonach über die der Zweigniederlassung zugeordneten Vermögensgegenstände eine gesonderte Rechnungslegung grundsätzlich nicht erforderlich sein soll.
4 BayObLG v. 19.3.1992 – 3 Z BR 15/92, DStR 1992, 794.
5 BGH v. 8.5.1972 – II ZR 155/69, NJW 1972, 1859; BayObLG v. 11.5.1979 – BReg 1 Z 21/79, BB 1980, 335.
6 Nur etwa OLG Celle v. 7.6.1999 – 9 W 56/99, NZG 2000, 248; *Hopt* in Baumbach/Hopt, § 13 HGB Rz. 4.
7 EuGH v. 23.2.2006 – Rs. C-253/03 - CLT-UFA SA/Finanzamt Köln-West, DStR 2006, 418.

chungskreis (sog. Filialbuchführung) erforderlich ist, entscheidet sich entgegen der h.M. ausschließlich nach den Zwecken der Buchführung, ob also § 238 HGB den gesonderten Ausweis der Geschäfte der Zweigniederlassung bei der Hauptniederlassung – und nur dort – erforderlich macht, z.B. bei umfangreichen Filialbetrieben; ansonsten ist die gesonderte „Buch-, Konten- und Kassenführung" lediglich Kriterium der Eintragungsfähigkeit (§ 13 HGB) und der Haftung bei Unternehmensfortführung (§ 25 HGB). Eine gesonderte Buchführungspflicht der Zweigniederlassung besteht deshalb entgegen der h.M. nicht[1]. Auch inländische Zweigniederlassungen *ausländischer Kaufleute* (§§ 13d ff. HGB) sollen wie Hauptniederlassungen behandelt werden und deshalb nach h.M. ebenfalls buchführungspflichtig sein[2] (innerhalb der EU s. aber Rz. 21 ff.). Abweichende Regelungen ergeben sich aus § 53 KWG bzw. § 106 VAG, soweit dort die originäre Buch- und Rechnungslegungspflicht der Zweigniederlassung von Unternehmen mit Sitz im Ausland geregelt ist, was allerdings der Spezialität der Normen geschuldet ist[3].

17b **Einzelkaufleute**, die an den Abschlussstichtagen von zwei aufeinanderfolgenden Geschäftsjahren nicht mehr als 500 000 Euro Umsatzerlöse und einen Jahresüberschuss von nicht mehr als 50 000 Euro aufweisen, brauchen gem. § 241a Abs. 1 S. 1 HGB die §§ 238–241 HGB (Buchführung, Inventar) nicht anzuwenden, für sie gilt also eine optionale *Befreiung von der Pflicht zur Buchführung und Erstellung eines Inventars*. Dies setzt aber unverändert voraus, dass dem Grunde nach Buchführungspflicht besteht, also ein nach Art und Umfang in kaufmännischer Weise eingerichteter Geschäftsbetrieb erforderlich ist, was einen gewissen Widerspruch darstellt, denn die Buchführung ist wesentliches Element für die Begründung der Kaufmannseigenschaft (s. Rz. 17; § 22 Rz. 82 ff.).

---

1 LSG Nordrhein-Westfalen v. 15.11.2006 – L 10 B 14/06 KA ER, juris; *Hopt* in Baumbach/Hopt, § 13 HGB Rz. 8; bezogen auf inländische Zweigniederlassungen inländischer Kaufleute: *Winnefeld*, A 17; auch *Winkeljohann/Henckel* in BeBiKo, § 238 HGB Rz. 45, wonach die Ordnungsmäßigkeit der Gesamtbuchhaltung des Unternehmens unberührt bleibt, wenn die Zweigniederlassung keine eigenen Bücher führt.
2 *Heine/Schuster* in S/S, § 283 StGB Rz. 29; *Fischer*, § 283 StGB Rz. 19; *Radtke/Petermann* in MüKo, § 283 StGB Rz. 46; *Winnefeld*, A 17; *Pentz* in E/B/J/S, § 13d HGB Rz. 21; *Widmann* in E/B/J/S, § 238 HGB Rz. 10; *Drüen* in Tipke/Kruse, § 140 AO Rz. 11; *ADS*, § 238 HGB Rz. 18. Einschränkend *Winkeljohann/Henckel* in BeBiKo, § 238 HGB Rz. 46, dass nämlich keine „zusätzliche Buchführung" nach HGB erforderlich ist; ähnlich *Drouven/Mödl*, US-Gesellschaften mit Hauptverwaltungssitz in Deutschland im deutschen Recht, NZG 2007, 7; *Budde/Förschle/Winkeljohann*, B 10 ff.
3 So werden Zweigniederlassungen nach *Vahldiek* in Boos/Fischer/Schulte-Mattler, § 53 KWG Rz. 68, bankaufsichtsrechtlich als selbständige Institute fingiert.

Befreiung von der Buchführungspflicht

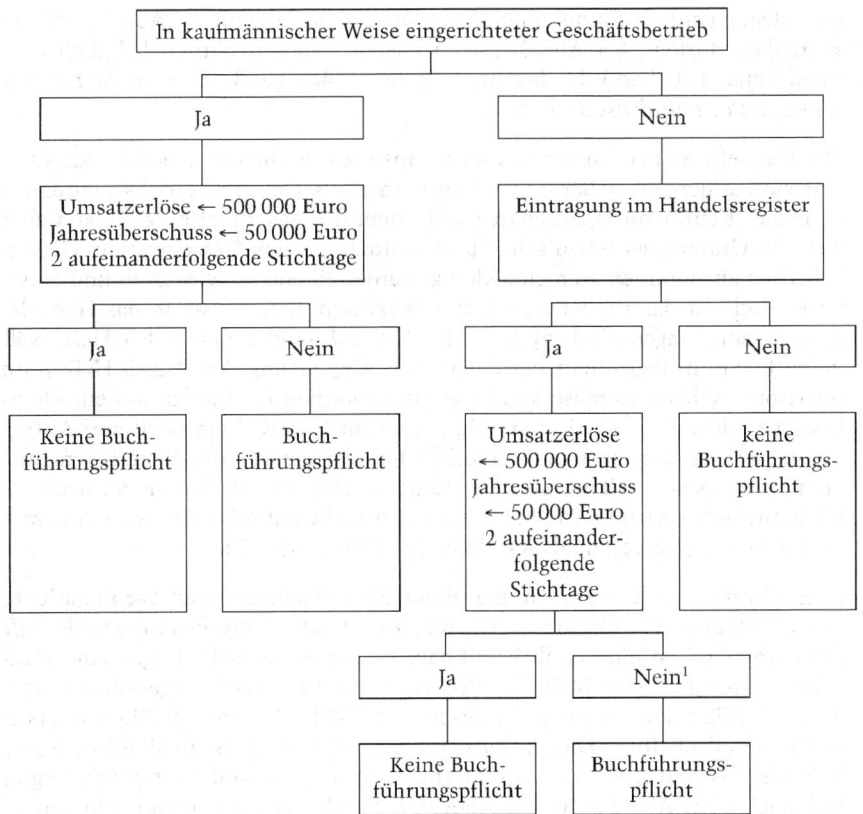

Im Jahr der **Neugründung** besteht gem. § 241a Abs. 1 S. 2 HGB keine Buchführungspflicht, wenn die Schwellenwerte am ersten Abschlussstichtag nach der Neugründung *nicht überschritten werden*. Fraglich bleibt, wie die Zeit von der Neugründung bis zum ersten Abschlussstichtag zu behandeln ist, wobei die Anwendung von § 241a HGB nach einer Ansicht rückwirkend nicht möglich sein soll[1]. Deutlich wird dies durch § 242 Abs. 4 HGB (s. Rz. 17d), da die Erleichterungen nach § 241a HGB auch für die Eröffnungsbilanz gelten, mit deren Aufstellung aber nicht bis zum ggf. ersten Abschlussstichtag zugewartet werden kann.

17c

Die in § 241a HGB genannten *Einzelkaufleute* sind gem. § 242 Abs. 4 HGB auch von der Aufstellung der **Eröffnungsbilanz** und des **Jahresabschlusses**, also der Bilanz und der Gewinn- und Verlustrechnung optional befreit, hinsichtlich

17d

---

1 *Winkeljohann/Lawall* in BeBiKo, § 241a HGB Rz. 8; *Merkt* in Baumbach/Hopt, § 241a HGB Rz. 3. Strafrechtlich *Ebner*, Insolvenzstrafrechtliche Konsequenzen der Erfüllung der §§ 241a, 242 Abs. 4 HGB zum 29.5.2009, wistra 2010, 92.

des Jahres der Neugründung gilt Rz. 17c. Nach der Gesetzesbegründung sollen die Kaufleute im Falle der Befreiung von der Buchführungspflicht ihre Rechnungslegung auf die *Einnahmen-Überschussrechnung* gem. § 4 Abs. 3 EStG beschränken dürfen[1]; § 4 Abs. 3 EStG ist jedoch steuerrechtlich lediglich eine Kann-Vorschrift. Die Erleichterungen gem. § 241a HGB gelten *nicht für Personen- und Kapitalgesellschaften.*

18 Die Darstellung der einzelnen **Kaufmannsarten** ergibt sich aus § 22 Rz. 42 ff. Angehörige der *freien Berufe* sind zwar mangels Gewerbebetriebs und damit fehlender Kaufmannseigenschaft nicht buchführungspflichtig[2], ggf. kann aber aus dem Umfang der technischen und kaufmännischen Gestaltung ein Gewerbebetrieb entnommen werden[3]. Kleingewerbetreibende sowie Land- und Forstwirte sind nur dann zur Buchführung verpflichtet, wenn sie in das Handelsregister eingetragen sind (§§ 2, 3 HGB). Für *Fiktivkaufleute* (§ 5 HGB) soll keine Buchführungspflicht bestehen[4]. Die Abgrenzung der §§ 2, 5 HGB wird insbesondere beim Herabsinken eines eingetragenen Kaufmanns auf ein Kleingewerbe relevant (s. Rz. 26): Strittig ist, ob für § 2 HGB ein (weiterer) Antrag des – noch – Eingetragenen erforderlich ist oder die ursprüngliche Eintragung zum Verbleiben im Handelsregister führt, er also nun als Kaufmann nach § 2 HGB buchführungspflichtig bleibt und sich nicht auf § 5 HGB berufen kann[5]. *Genossenschaften* gelten als Kaufleute (§ 17 Abs. 2 GenG).

19 Buchführungspflichtig sind ferner **Handelsgesellschaften** und **Formkaufleute** (§ 6 HGB), also AG, GmbH, OHG, KG, KGaA. Die *Unternehmergesellschaft* (§ 5a GmbHG) ist eine GmbH und damit buchführungspflichtig. Keine Handelsgesellschaften sind BGB-Gesellschaften, die Partnerschaftsgesellschaft (§ 1 Abs. 1 S. 2 PartGG), die stille Gesellschaft (§ 230 HGB)[6] einschließlich atypisch stiller Gesellschaften[7]. Die *Arbeitsgemeinschaft* (ARGE) ist in aller Regel eine BGB-Gesellschaft und gilt als Unternehmen, die Buchführungspflicht ergibt sich nach § 721 Abs. 2 BGB[8], für die ARGE-Mitglieder nach deren Rechtsform.

19a **Stiftungen** haben, neben den BGB-Vorschriften (§§ 80 ff. BGB) ggf. auch nach Landesrecht (z.B. gem. §§ 7 Abs. 3 und 9 Abs. 2 Nr. 3 StiftG-BW) nach den

---

1 BT-Drs. 16/10067, 46; BT-Drs. 16/12407, 109.
2 BayObLG v. 21.3.2002 – 3Z BR 57/02, NZG 2002, 718.
3 BGH v. 7.7.1960 – VIII ZR 215/59, BGHZ 33, 321; BayObLG v. 21.3.2002 – 3Z BR 57/02, NZG 2002, 718; *Budde/Förschle/Winkeljohann*, B 7, C 6 ff.; *Hopt* in Baumbach/Hopt, § 1 HGB Rz. 20.
4 OLG Celle v. 31.7.1968 – 1 Ws 37/68, NJW 1968, 2119; *Merkt* in Baumbach/Hopt, § 238 HGB Rz. 7; *Winnefeld*, A 30; *Winkeljohann/Henckel* in BeBiKo, § 238 HGB Rz. 23; *Tiedemann* in LK, § 283 StGB Rz. 96a; *Heine/Schuster* in S/S, § 283 StGB Rz. 29; a.A. *Pöschke* in Staub, § 238 HGB Rz. 8; *Hüttemann/Meinert*, BB 2007, 1436.
5 Zum Streitstand *Hopt* in Baumbach/Hopt, § 2 HGB Rz. 3 und Rz. 6; *Kindler* in E/B/J/S, § 5 HGB Rz. 12 ff.
6 *Hopt* in Baumbach/Hopt, § 6 HGB Rz. 1.
7 BFH v. 4.10.1991 – VIII B 93/90, BStBl. II 1992, 59; BFH v. 3.5.2000 – IV B 46/99, BStBl. II 2000, 376.
8 HFA 1/1993, WPg. 1993, 441; *Winnefeld*, L 183 ff. (zu Joint Ventures: L 295 ff.).

Anlage des Rechnungswesens Rz. 21 § 26

Grundsätzen ordnungsgemäßer Buchführung Rechnung zu legen. Stiftungen können daneben auch die Voraussetzungen nach § 1 HGB erfüllen und den Rechnungslegungsvorschriften des HGB (§§ 238 ff. HGB) unterliegen, z.b. wenn sie selbst ein Unternehmen betreiben (Unternehmensträgerstiftung) oder der von ihnen verwaltete Anteilsbesitz (Beteiligungsträgerstiftung) so umfangreich ist, dass dies einen in kaufmännischer Weise eingerichteten Geschäftsbetrieb erfordert[1]. Wird die Stiftung in der Rechtsform einer Stiftung & Co. KG oder Stiftung GmbH (z.B. Robert Bosch Stiftung GmbH) geführt, gelten die rechtsformabhängigen Regelungen. Die Rechnungslegung von **Vereinen** richtet sich zunächst nach bürgerlich-rechtlichen Vorschriften (§ 666 BGB; ergänzende Vorschriften ergeben sich aus §§ 259 ff. BGB). Dabei unterscheidet man den Idealverein einerseits (§ 21 BGB) und den wirtschaftlichen Verein (§ 22 BGB), der auf einen wirtschaftlichen Geschäftsbetrieb ausgerichtet ist, andererseits. Für den Idealverein gilt das „Nebentätigkeitsprivileg", wenn dieses dem Hauptzweck untergeordnet ist (z.B. Vereinsgaststätte). Betreibt der Verein (zusätzlich) ein Handelsgewerbe (§ 1 HGB), dann besteht Buchführungspflicht für diesen wirtschaftlichen Teil nach HGB[2]. Vereine und Stiftungen können auch unter das PublG fallen (§§ 1, 3 PublG).

Für die **Immobilien-AG** gilt das REITG. Das Grundkapital der REIT-AG (Real Estate Investment Trust) beträgt gem. § 4 REITG mindestens 15 Mio. Euro, die Aktien müssen zum Handel an einem organisierten Markt in einem Mitgliedstaat der EU oder in einem anderen Vertragsstaat des Abkommens über den Europäischen Wirtschaftsraum zugelassen sein (§ 10 REITG). – **Europarechtliche Gesellschaftsformen** sind die *Europäische wirtschaftliche Interessenvereinigung* (EWIV)[3] (s. dazu § 23 Rz. 96 ff.), die *Europäische Aktiengesellschaft* (Societas Europaea, abgekürzt: SE)[4] und die *Europäische Genossenschaft* (Societas Cooperativa Europaea, abgekürzt: SCE)[5] (dazu § 23 Rz. 82 ff.). Die SE unterliegt der Rechnungslegung nach dem Recht des Sitzstaates (Art. 61 VO [EG] Nr. 2157/2001), Gleiches gilt für die SCE (Art. 68 VO [EG] Nr. 1435/2003). 20

Trotz **Anerkennung der Niederlassungsfreiheit einer in einem Mitgliedstaat der EU** ordnungsgemäß gegründeten Gesellschaft[6], die ihre Tätigkeit bzw. den Verwaltungssitz unter Beibehaltung des statuarischen Sitzes in einen anderen Mitgliedstaat verlegt, ist strittig, nach welchen Normen Buchführungspflicht 21

---

1 IDW RS HFA 5; *Kussmaul/Meyering*, Die Rechnungslegung der Stiftung, DStR 2004, 371.
2 *Winkeljohann/Henckel* in BeBiKo, § 238 HGB Rz. 48; IDW RS HFA 14.
3 VO (EG) Nr. 2137/1985, ABl. EG Nr. L 199/1985.
4 VO (EG) Nr. 2157/2001, ABl. EG Nr. L 294 v. 10.11.2001, 1; SEEG v. 22.12.2004, BGBl. I, 3675.
5 VO (EG) Nr. 1435/2003, ABl. EG Nr. L 207 v. 18.3.2003, 1; SECAG v. 14.6.2006, BGBl. I, 2586.
6 EuGH v. 9.3.1999 – Rs. C-212/97 – Centros, NZG 1999, 298; EuGH v. 5.11.2002 – Rs. C-208/00 – Überseering, NZG 2002, 1164; EuGH v. 30.9.2003 – Rs. C-167/01 – Inspire, NZG 2003, 1064.

für die zugezogene „Ltd." im Sitzstaat besteht[1]. Das stellt allerdings kein ausschließlich „englisches Problem" dar, sondern gilt für alle vergleichbaren EU-Gesellschaften. Als **Zweigniederlassung** in einem Mitgliedstaat der EU gilt zunächst der Mittelpunkt geschäftlicher Tätigkeit, der auf Dauer als Außenstelle eines Stammhauses hervortritt, eine Geschäftsführung hat und sachlich so ausgestattet ist, dass er in der Weise Geschäfte mit Dritten betreiben kann, dass diese sich nicht unmittelbar an das im Ausland ansässige Stammhaus zu wenden brauchen, sondern Geschäfte an dem Mittelpunkt geschäftlicher Tätigkeit abschließen können[2]. Rein rechtlich handelt es sich bei der zugezogenen „Ltd." um eine Zweigniederlassung (§§ 13d, 13e HGB), wirtschaftlich betrachtet um die Hauptniederlassung; man könnte für viele Praxisfälle auch von einer *„Briefkastenfirma"* am Satzungssitz sprechen. Sieht man die Buchführungspflicht als öffentlich-rechtliche und nicht als privat- bzw. gesellschaftsrechtliche Verpflichtung[3] – nur für Letztere erteilte der EuGH einer einschränkenden inländischen Regelung eine Absage –, dann könnte vor dem Hintergrund eines Rechtsformvergleichs mit einer GmbH Buchführungspflicht der „zugezogenen" Gesellschaft nach HGB bestehen[4]. Andererseits hat der EuGH Gesellschaften das Recht zuerkannt, ihre Tätigkeit als *Zweigniederlassung* auszuüben, selbst wenn lediglich der satzungsmäßige Sitz im EU-Ausland verbleibt[5] und der Gläubigerschutz durch Auftreten als ausländische Gesellschaft und Beachtung der EU-Richtlinien (insbesondere zum Jahresabschluss, Publizität und zur Zweigniederlassung) gewährleistet ist[6] (näher § 23 Rz. 100 ff.).

22 § 325a HGB, der die 11. RL 89/666/EWG[7] umsetzte, verlangt von der Zweigniederlassung nur die **Offenlegung der Unterlagen der Rechnungslegung der Hauptniederlassung**, die nach dem für die Hauptniederlassung maßgeblichen (also ausländischem) Recht *erstellt*, geprüft und offengelegt worden sind (näher

---

1 Buchführungspflicht nach ausländischem Recht (jeweils statt vieler): *Schulze-Osterloh* in HdJ, Abt I/1 Rz. 140 ff.; *Tiedemann* in LK, § 283 StGB Rz. 245; *Wachter*, Die englische private limited company im deutschen SteuerR (Teil 2), FR 2006, 395; *Triebel/von Hase/Melerski*, Die Limited in Deutschland, 2006, Rz. 679; *Just*, Die englische Limited in der Praxis, 2008, Rz. 258 ff. Buchführungspflicht (auch) nach HGB: LG Freiburg v. 8.11.2010 – 8 Ns 420 Js 9168/09, juris; *Kessler/Eicke*, Die Limited – Fluch oder Segen für die Steuerberatung?, DStR 2005, 2101; *Dierksmeier*, Die englische Ltd. in Deutschland – Haftungsrisiko für Berater, BB 2005, 1516; *Pentz* in E/B/J/S, § 13d HGB Rz. 21; *Schumann*, Limited: Buchführung, Rechnungslegung und Strafbarkeit, ZIP 2007, 1189, mit Einschränkung, dass Pflichterfüllung eintritt, wenn Jahresabschluss nach ausländischem Recht aufgestellt wird.
2 EuGH v. 9.12.1987 – Rs. 218/86, NJW 1988, 625.
3 Für den öffentlich-rechtlichen Verpflichtungscharakter der Buchführungspflicht bspw. BGH v. 13.4.1994 – II ZR 16/93, DStR 1994, 1272; *Winkeljohann/Henckel* in BeBiKo, § 238 HGB Rz. 85; andererseits aber *Pöschke* in Staub, § 238 HGB Rz. 26 und *Schulze-Osterloh* in HdJ, Abt I/1 Rz. 28 und Rz. 144, die für die „Ltd." gerade von einer Begrenzung dieser öffentlich-rechtlichen Verpflichtung ausgehen.
4 *Ebert/Levedag*, GmbHR 2003, 1337, umfassende Anwendung der §§ 238 ff., 264 ff., 316 ff., 325 ff. HGB.
5 EuGH v. 9.3.1999 – Rs. C-212/97, NZG 1999, 298; EuGH v. 30.9.2003 – Rs. C-167/01, NZG 2003, 1064.
6 EuGH v. 30.9.2003 – Rs. C-167/01, NZG 2003, 1064.
7 RL 89/666/EWG v. 21.12.1989, ABl. EG Nr. L 395 v. 30.12.1989.

zur Offenlegung § 41 Rz. 18 ff.). Damit wird gerade keine Offenlegung eines Jahresabschlusses über die eigene Tätigkeit der Zweigniederlassung verlangt[1]. Darüber hinaus bestimmt sich für Offenlegungszwecke auch die Einstufung einer (ausländischen) Kapitalgesellschaft als Kleinstkapitalgesellschaft (s. Rz. 121a) gem. § 325a Abs. 3 HGB nach dem ausländischen Recht. Zwar wird reklamiert, § 325a HGB normiere lediglich Offenlegungspflichten. Hierzu gilt: Die Offenlegung des Jahresabschlusses dient hauptsächlich der Unterrichtung Dritter, die die buchhalterische und finanzielle Situation der Gesellschaft nicht hinreichend kennen oder kennen können[2]. Welchem Gläubigerschutz soll aber eine HGB-Buchführung dienen, die materiell gar nicht Grundlage der Offenlegung ist[3]? Fraglich erscheint deshalb, ob der EuGH einer „Doppelrechnungslegungspflicht", nämlich zwingend nach dem Recht des satzungsmäßigen Sitzstaats *und* zusätzlich nach HGB, zustimmen wird[4]. Im Übrigen können die Mitgliedstaaten nach Art. 9 der 11. RL 89/666/EWG nur bei Zweigniederlassungen von Gesellschaften aus *Drittländern* und auch nur dann, wenn die Unterlagen der Rechnungslegung nicht gem. den EU-Richtlinien zum Jahres- bzw. Konzernabschluss (s. Rz. 2) oder in gleichwertiger Form erstellt wurden, die *Erstellung* und Offenlegung der Unterlagen der Rechnungslegung, die sich *auf die Tätigkeiten der Zweigniederlassung* beziehen, verlangen.

Der EuGH hat außerdem bereits entschieden, dass Steuerausländer grds. *nicht* verpflichtet sind, über ihre *Tätigkeit als Zweigniederlassung* **getrennte** (eigene) **Bücher** zu führen[5]. Etwas anderes gilt nur, wenn die Maßnahme ein legitimes Ziel verfolgt, das mit dem EGV vereinbar und durch zwingende Gründe des öffentlichen Interesses gerechtfertigt ist sowie die Maßnahme zur Erreichung des fraglichen Ziels geeignet und nicht über das hinausgeht, was hierzu erforderlich ist[6]. Der EuGH hat zwar ein solches legitimes Ziel in der Wirksamkeit der Steueraufsicht gesehen, da die nationalen Vorschriften über die Ermittlung der Steuerbemessungsgrundlage noch nicht harmonisiert sind. Für die Rechnungslegung und damit dem Gläubigerschutz gilt jedoch, dass jedenfalls die Vorschriften über den Jahresabschluss europarechtlich harmonisiert sind[7]. Die

22a

---

1 RL 89/666/EWG v. 21.12.1989, ABl. EG Nr. L 395 v. 30.12.1989; *Grottel* in BeBiKo, § 325a HGB Rz. 2.
2 EuGH v. 4.12.1997 – Rs. C-97/96, DStR 1998, 214.
3 RL 89/117/EWG v. 13.2.1989, ABl. EG Nr. L 44 v. 16.2.1989: Zweigniederlassungsabschlüsse von Kreditinstituten und Finanzinstituten vermögen für die Gläubiger keinen ausreichenden Einblick in die finanzielle Situation zu geben, da der Teil eines Ganzen nicht isoliert betrachtet werden kann.
4 Auch *Wachter*, FR 2006, 395.
5 EuGH v. 15.5.1997 – Rs. C-250/95 – Futura sowie Schlussanträge des Generalanwalts *Lenz* v. 5.11.1996 (u.a. mit dem ablehnenden Kostenargument der „doppelten Buchführung" in zwei Ländern), jeweils juris.
6 EuGH v. 15.5.1997 – Rs. C-250/95 – Futura, juris.
7 Zwar soll diese Harmonisierung nach *Altmeppen/Ego* in MüKo-AktG, Bd. 7, Europäische Niederlassungsfreiheit Rz. 491, nicht für die Buchführung gelten, gleichwohl kann es geboten sein, soweit in die Buchführung der ausländischen Hauptniederlassung inländische Niederlassungen einbezogen sind, dies bei Gleichwertigkeit auf die Erfüllung der Buchführungspflichten anzuerkennen; s. auch *Schumann*, ZIP 2007, 1189.

Rechnungslegungspflicht der „zugezogenen Ltd." bestimmt sich deshalb nach dem Recht des Sitzes der Hauptniederlassung[1].

22b Wegen der inländischen Steuerpflicht gem. § 1 Abs. 1 KStG (Geschäftsleitung oder Sitz im Inland)[2] muss allerdings eine **deutsche Steuerbilanz** erstellt werden (§ 1 Abs. 1 i.V.m. § 8 KStG; s. auch Rz. 30). Aufgrund der voranschreitenden Verwässerung des Maßgeblichkeitsprinzips käme es dann sogar zu einer „Dreifachrechnungslegung": nach ausländischem Recht, nach HGB und nach Steuerrecht. Aus § 5 EStG, der mangels umfassender steuerlicher GoB lediglich auf § 238 HGB verweist, kann eine handelsrechtliche Buchführungspflicht ebenfalls nicht abgeleitet werden, faktisch bedeutet § 5 EStG in Bezug auf die „Limited" allerdings für steuerliche Zwecke die Anknüpfung an eine HGB-konforme Buchführung (s. auch Rz. 74).

22c *Beispielhaft* bezogen auf eine **englische Ltd.** bedeutet dies: laufende Buchführung (original accounting records), Jahresabschluss (annual account) und Statusbericht; ferner existieren größenabhängige Prüfungspflichten. Abweichend vom HGB beträgt gem. sec 442 companies act 2006 die Einreichungsfrist des Jahresabschlusses beim companies house sechs bzw. neun Monate, die Buchführung ist gem. sec 388 companies act 2006 in England drei bzw. sechs Jahre aufzubewahren. Wird die „Ltd." im **englischen Handelsregister gelöscht**, führt sie ihre Geschäfte aber im Inland werbend fort (sog. *Rest- oder Spaltgesellschaft*), dann entscheidet die Art und Weise der Geschäfte über die jetzt nach inländischem Recht zu qualifizierende Rechtsform und damit auch über die Buchführungspflicht[3]. Eine *Ltd. & Co. KG* ist demgegenüber eine deutsche KG mit einer englischen Kapitalgesellschaft als Komplementär. Die Buchführungspflicht ergibt sich daher nach den allgemeinen handelsrechtlichen Regelungen der KG. Durch die Möglichkeit der Gründung einer Unternehmergesellschaft (haftungsbeschränkt) als Unterform der GmbH (§ 5a GmbHG) verliert die „*Limited*" seit geraumer Zeit an Bedeutung.

2. Beginn und Ende

23 Die **Buchführungspflicht beginnt** bei *natürlichen Personen und Nicht-Kapitalgesellschaften* mit der Aufnahme des Handelsgewerbes. Hierzu zählen bei einem objektiv und zweifelsfrei erkennbaren Zusammenhang schon *Vorbereitungshandlungen*; diese können z.B. sein: Wareneinkauf vor Betriebseröffnung, Anmietung oder Errichtung von Büro- oder Produktionsgebäuden, Erwerb umfangreichen Inventars, Durchführung größerer Werbeaktionen, auch bereits die

---

1 Wie hier: *Pöschke* in Staub, § 238 HGB Rz. 26; *Schulze-Osterloh* in HdJ, Abt. I/1 Rz. 143 ff., *Bayer* in Lutter/Hommelhoff, Anh II zu § 4a GmbHG Rz. 49 ff.; *Tiedemann* in LK, § 283 StGB Rz. 245; wohl auch *Winkeljohann/Henckel* in BeBiKo, § 238 HGB Rz. 47 i.V.m. Rz. 46.
2 *Rengers* in Blümich, EStG/KStG/GewStG, § 1 KStG Rz. 142.
3 OLG Hamm v. 11.4.2014 – I-12 U 142/13, ZIP 2014, 1426; OLG Celle v. 29.5.2012 – 6 U 15/12, NZG 2012, 738.

Eröffnung eines Bankkontos¹. Für den Kaufmann i.S. von §§ 2, 3 HGB beginnt die Buchführungspflicht nicht vor der Eintragung in das Handelsregister.

Als Handelsgesellschaft gilt die **Kapitalgesellschaft** erst mit ihrer Eintragung in das Handelsregister (§§ 11 Abs. 1, 13 Abs. 3 GmbHG, §§ 3 Abs. 1, 41 Abs. 1 AktG). Davor fallen jedoch bereits Geschäftsvorfälle an, insbesondere die Kapitalaufbringung einschließlich der Notargebühren, ggf. auch Gehaltsansprüche der Vertretungsorgane. Daher beginnt die Buchführungspflicht dieser *Vorgesellschaft* mit Abschluss des notariellen Gesellschaftsvertrages; dem folgt auch das Steuerrecht, wobei das (Rumpf-)Wirtschaftsjahr der Vor-GmbH mit der Aufnahme der Geschäftstätigkeit beginnt². Strittig ist, ob für die Buchführungspflicht in diesem Gründungsstadium § 1 Abs. 2 HGB erfüllt sein muss oder die allgemeine Aufnahme des Geschäftsbetriebs („betreiben" i.S. von § 1 Abs. 1 HGB) ausreicht³. Bei „echten" Vorgesellschaften⁴ ist der notarielle Gründungsakt *rechtliche Vorbereitungshandlung* (s. Rz. 23) und zwar unabhängig davon, ob § 1 Abs. 2 HGB erfüllt ist oder nicht. Auch ein „Kiosk in der Rechtsform einer GmbH" ist gem. § 238 Abs. 1 i.V.m. §§ 1, 6 Abs. 1 HGB stets buchführungspflichtig, selbst wenn dessen Struktur keinen in kaufmännischer Weise eingerichteten Geschäftsbetrieb gem. § 1 Abs. 2 HGB erfordert. 24

Die **Vorgesellschaft** als Personenvereinigung besonderer Art ist als ein auf die künftige juristische Person hin angelegtes Rechtsgebilde bereits körperschaftlich strukturiert und daher fähig, durch ihren Geschäftsführer nach außen aufzutreten und Geschäfte einzugehen. Die Vorgesellschaft geht mit der Eintragung als GmbH in dieser auf und fällt damit als Vermögensträger weg, Aktiva und Passiva gehen, auch soweit sie aus nicht durch die Satzung gedeckten Rechtsgeschäften stammen, „nahtlos" (automatisch) auf die GmbH über⁵. Die ersten vorbereitenden Geschäftsvorfälle der künftigen juristischen Person (sog. „GmbH i.Gr."⁶) dürfen daher nicht ignoriert werden, sodass in diesem Stadium Fragen nach der Buchführung die Buchführungsform (Rz. 42) und nicht mehr die Buchführungspflicht betreffen. Ebenso ist die Vorgesellschaft als solche (Kapitalgesellschaft) bereits steuerpflichtig, wenn sie eine nach außen in Erschei- 24a

---

1 BGH v. 26.4.2004 – II ZR 120/02, DStR 2004, 1094; BGH v. 17.6.1953 – II ZR 205/52, NJW 1953, 1217; BMF v. 2.12.1996 – IV C 3 - S 7104-95/96, DB 1996, 2588.
2 BFH v. 14.10.1992 – I R 17/92, BStBl. II 1993, 352; BFH v. 3.9.2009 – IV R 38/07, DStR 2009, 2366. Bei mangelnder Eintragung FG Cottbus v. 2.7.2003 – 2 K 1666/01, ZIP 2004, 169.
3 *Merkt* in Baumbach/Hopt, § 238 HGB Rz. 16; *Haas* in Baumbach/Hueck, § 41 GmbHG Rz. 7; *Rodewald*, BB 1993, 1694; *Pöschke* in Staub, § 238 HGB Rz. 17; *Pentz* in MüKo, § 41 AktG Rz. 51; *Winnefeld*, N 124; *Roth* in Roth/Altmeppen, § 11 GmbHG Rz. 61; auf § 1 Abs. 2 HGB abstellend: *Bieg/Waschbusch* in BeckHdR, A 100 Rz. 7; *Heine/Schuster* in S/S, § 283 StGB Rz. 29; *Kindhäuser* in NK, § 283 StGB Rz. 56; *Tiedemann* in LK, § 283 StGB Rz. 96; BGH v. 17.6.1952 – 1 StR 668/51, BGHSt. 3, 23.
4 Zu sog. unechten Vorgesellschaften BGH v. 4.11.2002 – II ZR 204/00, ZIP 2002, 2309.
5 BGH v. 9.3.1981 – II ZR 54/80, NJW 1981, 1373; BGH v. 16.3.1992 – II ZB 17/91, NJW 1992, 1824.
6 *Fastrich* in Baumbach/Hueck, § 4 GmbHG Rz. 18.

nung tretende geschäftliche Tätigkeit aufgenommen hat[1]. Nach Aufgabe der Eintragungsabsicht ist eine Vor-GmbH nach den für die GmbH geltenden Regeln abzuwickeln oder besteht, wenn die Geschäfte fortgeführt werden, als GbR oder Personenhandelsgesellschaft weiter[2].

25 Vor diesem Gründungsakt handelt es sich um eine BGB-Gesellschaft oder, wenn die Gesellschaft auf den Betrieb eines Handelsgewerbe ausgerichtet ist[3], um eine OHG (**Vorgründungsgesellschaft**), ggf. auch um ein Einzelunternehmen, deren Rechnungslegungspflichten nach der jeweiligen Rechtsform zu beurteilen sind. Rechte und Pflichten gehen mit der Gründung nicht automatisch auf die Vorgesellschaft bzw. spätere Kapitalgesellschaft über, sondern müssen durch besonderes Rechtsgeschäft übertragen werden[4]; dies führt zu Schluss- und Eröffnungsbilanz von Vorgründungs- und Vorgesellschaft[5]. Wird im Namen einer GmbH & Co. KG ein nicht unter § 1 HGB fallender Geschäftsbetrieb eröffnet, bevor die Komplementär-GmbH und die KG eingetragen worden sind, so besteht zunächst eine Gesellschaft bürgerlichen Rechts[6].

26 Die **Buchführungspflicht endet** mit dem Verlust der Kaufmannseigenschaft nach § 1 Abs. 2 HGB, insbesondere der Einstellung des Gewerbebetriebs. Strittig ist hingegen, ob das Herabsinken auf ein Kleingewerbe die Löschung der Firma im Handelsregister voraussetzt, was zu bejahen ist (s. Rz. 18)[7]. Die Löschung ist alleinige Voraussetzung beim Kaufmann gem. §§ 2, 3 HGB. Bei Handelsgesellschaften endet die Buchführungspflicht mit Abschluss der Abwicklung (Liquidation), wenn das gesamte Vermögen verteilt ist und die Schulden beglichen sind, strittig ist auch hier, ob dies die Löschung im Handelsregister voraussetzt[8]. Buchführungspflichtig sind in diesem Stadium die *Liquidatoren* (s. § 71 Abs. 4 GmbHG, § 268 Abs. 2 i.V.m. § 91 Abs. 1 AktG). Im Insolvenzverfahren bleiben die Pflichten zur *Rechnungslegung des Schuldners* unberührt (§ 155 Abs. 1 S. 1 InsO). In Bezug auf die Insolvenzmasse hat diese Verpflichtung der Insolvenzverwalter als *eigene* Verpflichtung zu erfüllen (§§ 80 Abs. 1, § 155 Abs. 1 S. 2 InsO, § 34 Abs. 3 AO; näher Rz. 69)[9]. Gem. § 241a HGB kann die Buchführungspflicht auch optional bei Unterschreitung gewisser Größenmerkmale entfallen (s. Rz. 17b).

---

1 BFH v. 18.3.2010 – IV R 88/06, NZG 2011, 158; BFH v. 18.7.1990 – I R 98/87, DStR 1991, 30.
2 BGH v. 31.3.2008 – II ZR 308/06, NZG 2008, 466.
3 BGH v. 26.4.2004 – II ZR 120/02, DStR 2004, 1094.
4 BGH v. 7.5.1984 – II ZR 276/83, NJW 1984, 2164; BGH v. 9.3.1998 – II ZR 366/96, NJW 1998, 1645; OLG Hamm v. 20.1.1997 – 31 U 138/96, GmbHR 1997, 602.
5 *Winnefeld*, N 110.
6 BGH v. 13.6.1977 – II ZR 232/75, NJW 1977, 1683.
7 *Winkeljohann/Henckel* in BeBiKo, § 238 HGB Rz. 79; *Pöschke* in Staub, § 238 HGB Rz. 14; *Budde/Förschle/Winkeljohann*, M 8 ff.
8 *Merkt* in Baumbach/Hopt, § 238 HGB Rz. 17; *Winkeljohann/Henckel* in BeBiKo, § 238 HGB Rz. 80 ff.; *Haas* in Baumbach/Hueck, § 41 GmbHG Rz. 8; *Bieg/Waschbusch* in BeckHdR, A 100 Rz. 9; a.A. *Pöschke* in Staub, § 238 HGB Rz. 16 (mit Löschung im Handelsregister).
9 *Füchsl/Weishäuptl* in MüKo, § 155 InsO Rz. 4 ff.

3. Verantwortlichkeit

Die Buchführungspflicht ist eine **persönliche Pflicht**. Bei Personengesellschaften ist strittig, ob dies alle persönlich haftenden oder nur die geschäftsführenden Gesellschafter betrifft[1]. Letzter Auffassung ist wegen § 118 Abs. 1 HGB der Vorzug zu geben; dieser Vorschrift bedürfte es nicht, wenn auch die nicht geschäftsführenden Gesellschafter zur Buchführung verpflichtet wären. Bei Kapitalgesellschaften, einschließlich der Vorgesellschaft[2] und der eingetragenen Genossenschaft *sind die gesetzlichen Vertreter* (Geschäftsführer, Vorstand) sowie deren Stellvertreter zur Buchführung verpflichtet (z.B. §§ 41, 44 GmbHG, §§ 91, 94 AktG, §§ 33, 35 GenG), aber auch der *faktische Geschäftsführer*[3], im monistischen System der SE der Verwaltungsrat (§ 22 SEAG) und bei der „Limited" (s. Rz. 21 ff.) der *Director*[4]. Im Falle der Führungslosigkeit soll der **Gesellschafter**, wenn er nicht auch zugleich (faktischer) Geschäftsführer ist, grundsätzlich kein Adressat der Buchführungspflicht gem. § 41 GmbHG sein[5].

Eine interne und/oder externe **Delegation bzw. Ressortaufteilung** der Buchführungspflicht, z.B. zwischen kaufmännischen und technischen Geschäftsführern oder Delegation an angestellte Buchhalter, freiberufliche Steuerberater etc., ist zulässig und häufig sogar geboten. Dies bedeutet jedoch keine gänzliche Befreiung von der Buchführungspflicht. Es besteht vielmehr die *Pflicht* zur kontinuierlichen und angemessen *Überwachung* bzw. der sachgerechten Auswahl der beauftragten Personen (z.B. des Buchhalters)[6], ebenso deren angemessene Ausstattung in technischer, zeitlicher und finanzieller Hinsicht, wozu auch die zeitgerechte Übergabe von Belegen gehört. Kann der Geschäftsführer die Kontrollfunktion mangels eigener Sachkunde nicht erfüllen („der Techniker kontrolliert den Kaufmann"), so ist bei Zweifeln an der Ordnungsmäßigkeit die Einschaltung externen Rates notwendig.

Diese **Überwachung** setzt Terminüberwachung und regelmäßige Rückfragen voraus, wobei die Kontrolldichte bei Krisenindikatoren zunimmt und insbesondere dann ein Tätigwerden erfordert, sobald Anhaltspunkte vorliegen, dass eine ordnungsgemäße Erfüllung der Geschäfte durch den Dritten nicht mehr gewährleistet ist[7]. Die Überlastung des Beauftragten exkulpiert den Buch-

---

1 Alle Gesellschafter: *Merkt* in Baumbach/Hopt, § 238 HGB Rz. 8; *Winkeljohann/Henckel* in BeBiKo, § 238 HGB Rz. 57; *ADS*, § 238 HGB Rz. 10; *Kindhäuser* in NK, § 283 StGB Rz. 57; nur geschäftsführende Gesellschafter: *Bieg/Waschbusch* in BeckHdR, A 100 Rz. 5; *Pöschke* in Staub, § 238 HGB Rz. 22.
2 *Crezelius* in Scholz, § 41 GmbHG Rz. 4; *Haas* in Baumbach/Hueck, § 41 GmbHG Rz. 7.
3 *Haas* in Baumbach/Hueck, § 41 GmbHG Rz. 6.
4 LG Freiburg v. 8.11.2010 – 8 Ns 420 Js 9168/09, juris; AG Stuttgart v. 18.12.2007 – 105 Ls 153 Js 47778/05, wistra 2008, 226 („shadow director").
5 *Haas* in Baumbach/Hueck, § 41 GmbHG Rz. 5.
6 BGH v. 8.7.1985 – II ZR 198/84, NJW 1986, 54; BGH v. 26.6.1995 – II ZR 109/94, DStR 1995, 1639.
7 BGH v. 2.6.2008 – II ZR 27/07, ZIP 2008, 1275. Zum (Nicht-)Erfordernis zusätzlichen Rechtsrats OLG Stuttgart v. 28.10.1997 – 12 U 83/97, GmbHR 1998, 89. Zur Plausibilisierungspflicht der vom Beauftragten erstellten Jahresabschlüsse OLG Schleswig v. 11.2.2010 – 5 U 60/09, NZI 2010, 492.

führungspflichtigen nicht. In der Unternehmenskrise besteht Informationspflicht aufgrund aktueller Zahlen aus Quartals- bzw. Monatsberichten[1].

4. Steuerliche Buchführungspflichten

30 Steuerrechtlich gilt nach § 140 AO, dass, wer nach anderen Gesetzen (also insbesondere nach HGB) Bücher und Aufzeichnungen **zu führen verpflichtet** ist, diese Verpflichtung auch für die Besteuerung zu erfüllen hat (*abgeleitete Buchführungspflicht*). Gewerbliche Unternehmer sowie Land- und Forstwirte, die gewisse Größenmerkmale überschreiten, sind nach § 141 Abs. 1 AO auch dann zur Führung von Büchern und Erstellung von Abschlüssen verpflichtet, wenn sich die Buchführungspflicht nicht bereits aus § 140 AO ergibt (*originäre Buchführungspflicht*). Nicht zur Buchführung verpflichtete Steuerpflichtige können nach § 4 Abs. 3 EStG als Gewinn den Überschuss der Betriebseinnahmen über die Betriebsausgaben ansetzen (sog. *Einnahmeüberschussrechnung*).

31 **Beginn und Ende** der Buchführungspflicht, die maßgebend von der Mitteilung der Finanzbehörde abhängig ist, wird in § 141 Abs. 2 AO geregelt (vgl. auch § 43 Rz. 8 ff.). Die steuerliche Buchführungspflicht erstreckt sich bei Personengesellschaften auch auf das Sonderbetriebsvermögen der Gesellschafter; handelsrechtlich besteht Buchführungspflicht nur für das Gesamthandsvermögen[2].

III. Grundsätze ordnungsmäßiger Buchführung

1. Rechtsgrundlagen

32 Die zu führenden „Bücher" müssen gem. § 238 Abs. 1 HGB den **Grundsätzen ordnungsmäßiger Buchführung (GoB)** entsprechen. Dies erfordert Aufzeichnungen, aus denen sich die Grundlagen, der Inhalt und die Bedeutung jedes einzelnen Handelsgeschäfts nachprüfen lassen (s. auch Rz. 52). Die GoB gliedern sich in die Grundsätze ordnungsmäßiger Buchführung im engeren Sinn sowie der ordnungsmäßigen Inventarisierung und Bilanzierung[3].

33 Die GoB sind ein **unbestimmter Rechtsbegriff** und werden, wo sie nicht explizit normiert sind, aus den Hauptzwecken der Buchführung und des Jahresabschlusses abgeleitet. Nach der Rechtsprechung handelt es sich um die Regeln, nach denen der Kaufmann zu verfahren hat, um zu einer dem Gesetzeszweck entsprechenden Bilanz zu gelangen[4]. Durch das BilMoG (s. Rz. 2) findet eine moderate Annäherung an die IFRS statt, sodass zukünftig die Bedeutung der IFRS für Auslegungsfragen zunehmen könnte (s. auch Rz. 127a). Strittig ist dabei insgesamt die Methode zur Ermittlung der GoB, ohne dass dies hier dar-

---

1 BGH v. 23.2.2004 – II ZR 207/01, DStR 2004, 1053, für Gesellschafter; dann gilt dies für gesetzliche Vertreter erst recht; s. auch oben Rz. 14.
2 BFH v. 23.10.1990 – VIII R 142/85, BStBl. II 1991, 401; BFH v. 11.3.1992 – XI R 38/89, BStBl. II 1992, 797.
3 *Förschle/Usinger* in BeBiKo, § 243 HGB Rz. 1; BFH v. 12.12.1972 – VIII R 112/69, BStBl. II 1973, 555.
4 BFH v. 3.2.1969 – GrS 2/68, BStBl. II 1969, 291; BFH v. 31.5.1967 – I 208/63, BStBl. III 1967, 607.

gestellt werden kann. Konkretisierungen erfahren die GoB insbesondere durch die Rechtsprechung, und zwar vor allem die Finanzrechtsprechung, aber auch durch die Wissenschaft, Standardsetter (z.B. Institut der Wirtschaftsprüfer, Deutsches Rechnungslegungs Standards Committee – DRSC) und sonstige Interessengruppen.

Die Buchführung muss nach § 238 Abs. 1 HGB (§ 145 Abs. 1 AO) so beschaffen sein, dass sie einem **sachverständigen Dritten**, der nicht notwendig Wirtschaftsprüfer oder Steuerberater sein muss, innerhalb angemessener Zeit einen Überblick über die Geschäftsvorfälle und die Lage des Unternehmens vermittelt (Grundsatz der Nachvollziehbarkeit und Prüfbarkeit); die Lage des Vermögens (Abs. 1 S. 1) und die Lage des Unternehmens (Abs. 1 S. 2) ist dabei sinngleich[1]. Maßgebend ist, ob sich der sachverständige Dritte in der Buchführung in angemessener Zeit zurechtfinden kann[2]. Der Überblick muss sich ohne größere Schwierigkeiten bzw. Mühen und ohne aufwendiges Nachfragen *aus der Buchführung selbst ergeben*[3], weshalb die „Wissensbilanz" gerade nicht ausreichend ist; der erforderliche Zeitbedarf wird dabei vom Geschäftsumfang geprägt. Nach § 238 Abs. 1 S. 3 HGB, § 145 Abs. 1 S. 2 AO, müssen sich die Geschäftsvorfälle in ihrer *Entstehung* und *Abwicklung* nachprüfen lassen (Prüfkette Beleg – Journal – Konto und umgekehrt). Dies erfordert die Aufzeichnung eines jeden Handelsgeschäfts in dem Umfang, dass seine Grundlage, sein Inhalt (auch der Name des Geschäftspartners) und seine Bedeutung für das Unternehmen nachprüfbar sind[4]. Die progressive Prüfung beginnt beim Beleg, geht über die Grundbuchaufzeichnungen (s. Rz. 40a) zu den Konten und zur Bilanz sowie Gewinn- und Verlustrechnung; die retrograde Prüfung verläuft umgekehrt[5]. Diese Prüfungsschritte werden durch die Beleg-, Journal- und Kontenfunktion ermöglicht. 34

Die **Belegfunktion** durch Fremd- oder Eigenbelege erfüllt den Nachweis zwischen den Geschäftsvorfällen und dem Inhalt der Buchführung. Damit stellt die Belegfunktion die Basis für die Beweiskraft der Bücher dar[6]. Die Belegfunktion folgt dem Grundsatz: „Keine Buchung ohne Beleg". Liegt bspw. für eine Lieferung oder Leistung bis zur Bilanzaufstellung noch keine Rechnung vor, muss eine Rückstellung für ungewisse Verbindlichkeiten (s. Rz. 107) passiviert werden, deren Höhe ggf. zu schätzen ist. Wenn bereits Teilzahlungen an den Lieferanten erfolgt sind, führt die unzulässige Nichtpassivierung häufig zu einem sog. „debitorischen Kreditor", also buchtechnisch zu einer Forderung. 35

---

1 *Pöschke* in Staub, § 238 HGB Rz. 51.
2 *Winkeljohann/Henckel* in BeBiKo, § 238 HGB Rz. 100 ff.
3 *Winkeljohann/Henckel* in BeBiKo, § 238 HGB Rz. 102 (ganz überwiegend ohne weitere Auskünfte); RGSt. 47, 311; BFH v. 29.8.1969 – VI R 189/66, BStBl. II 1970, 40; BFH v. 24.11.1971 – I R 141/68, BStBl. II 1972, 400; BFH v. 22.9.1993 – X R 37/91, BStBl. II 1994, 172 (ohne weitere Erklärung).
4 BFH v. 12.5.1966 – IV 472/60, BStBl. III 1966, 371.
5 IDW RS FAIT 1.
6 IDW RS FAIT 1; Entwurf BMF v. 11.4.2014 – IV A 4 – S 0316/13/10003, Grundsätze zur ordnungsmäßigen Führung und Aufbewahrung von Büchern, Aufzeichnungen und Unterlagen in elektronischer Form sowie zum Datenzugriff (GoBD), abrufbar unter: http://www.wpk.de.

Der **Buchungsvorgang** ist mindestens wie folgt zu **dokumentieren**[1]: hinreichende Erläuterung des Vorgangs, Buchungsbetrag, Belegdatum, Belegaussteller und Belegempfänger. Diese Angaben, deren Inhalt weitgehend aus dem Beleg selbst stammen, sind zu ergänzen um die Kontierung („Kontiervermerk", also Konto und Gegenkonto), das Ordnungskriterium (Belegnummer) sowie das Buchungsdatum und die Autorisierung[2]. Die Finanzverwaltung differenziert bei den Ordnungskriterien nach solchen der Erfassung im Grundbuch und solchen der Verbuchung im Journal (s. auch Rz. 40a)[3]. Die Kontierung *auf dem Originalbeleg* ist dabei nicht zwingend für die Ordnungsmäßigkeit der Buchführung, sofern die progressive bzw. retrograde Prüfung (s. Rz. 34) anderweitig sichergestellt ist[4].

35a Bei **automatisierten IT-Prozessen**, denen keine konventionellen Belege und manuelle Eingaben zugrunde liegen (programminterne Buchungen, automatische Betriebsdatenerfassung, Buchungen auf Basis elektronischer Datentransfers, wie z.B. automatisch generierter Materialverbrauch und Abschreibungen), muss die *Belegfunktion* über den verfahrensmäßigen Nachweis des Zusammenhangs zwischen den einzelnen Transaktionen und ihrer Buchung oder durch Sammelbelege nebst Einzelnachweis bzw. durch den Ursprungsbeleg bei Dauersachverhalten (z.B. dem Anschaffungsbeleg zur Bestimmung der Abschreibungen) erfüllt werden[5]. Die Fortentwicklung der EDV und des Internets werfen hier neue Fragestellungen auf (s. Rz. 52)[6]. Der *Kontiervermerk* (s. Rz. 35) bei elektronisch erstellten und versandten Rechnungen, die im Originalzustand abgespeichert werden müssen und folglich Änderungen nicht mehr zulassen, gilt dann als erfüllt, wenn an die digitale Rechnung ein Datensatz mit den für die Buchung notwendigen Informationen angehängt und untrennbar verbunden wird oder im Einzelfall durch organisatorische Maßnahmen sichergestellt ist, dass die Geschäftsvorfälle auch ohne Kontierung auf den Belegen (s. Rz. 35) bzw. ohne erläuternden Datensatz an den elektronischen Belegen in angemessener Zeit nachprüfbar sind[7].

36 Handelsbücher (vgl. Rz. 40) sind in einer *lebenden Sprache* zu führen (§ 239 Abs. 1 HGB, § 146 Abs. 3 AO). **Tragende Ordnungsgrundsätze** folgen aus § 239 Abs. 2 HGB, § 146 Abs. 1 AO: Das *Gebot der Vollständigkeit* verlangt eine lückenlose Erfassung aller Geschäftsvorfälle; verdichtete Buchungen müssen in

---

1 IDW RS FAIT 1; Entwurf BMF v. 11.4.2014 – IV A 4 - S 0316/13/10003 (GoBD).
2 IDW RS FAIT 1.
3 Entwurf BMF v. 11.4.2014 – IV A 4 - S 0316/13/10003 (GoBD).
4 LG Münster v. 24.9.2009 – 12 O 471/07, juris; Entwurf BMF v. 11.4.2014 – IV A 4 - S 0316/13/10003 (GoBD).
5 IDW RS FAIT 1 und 2; Entwurf BMF v. 11.4.2014 – IV A 4 - S 0316/13/10003 (GoBD).
6 Eingehend IDW RS FAIT 1 und 2; zu Belegen via Internet OFD München v. 25.9.2003 – S 0317 – 29 St 324, StuB 2003, 1039; zum Kontoauszug beim Onlinebanking OFD München/Nürnberg v. 6.8.2004, DStR 2004, 1707; zur Prüfbarkeit elektronischer Abrechnungen BMF v. 29.1.2004 – IV B 7 – S 7280 – 19/04, BStBl. I 2004, 258.
7 Entwurf BMF v. 11.4.2014 – IV A 4 - S 0316/13/10003 (GoBD); Bayerisches Landesamt für Steuern, Vfg. v. 13.2.2012 – S 0316.1.1-5/1 St42, StuB 2012, 322.

ihren Einzelpositionen nachvollziehbar sein. *Richtigkeit* bedeutet die zutreffende Erfassung der Geschäftsvorfälle der Höhe und Sache nach und verbietet Scheinbuchungen. Das Führen einer „*Geheimbuchführung*", deren Merkmale die Trennung von den anderen Teilen der Buchführung und die begrenzte Zugriffsberechtigung sind[1], ist hingegen zulässig[2]. Unerlässlich ist aber ein strenger Zusammenhang mit der übrigen Buchführung sowie der Abschluss der Geheimbuchführung über das Hauptbuch. Es gelten dieselben Grundsätze wie für die anderen Teile der Buchführung. Kriterium ist somit die Beschränktheit des Zugriffs und nicht das Verschleiern des Inhalts der Buchungen.

Zeitgerecht meint den Zeitraum zwischen dem Geschäftsvorfall und seiner Verbuchung (Eintragung ins Grundbuch, hierzu Rz. 40a) und erfordert nach den GoB für den Kassenverkehr grundsätzlich eine tägliche Verbuchung (§ 146 Abs. 1 AO). Unbare Geschäftsvorfälle dürfen regelmäßig nicht länger als zehn Tage grundbuchmäßig unerfasst bleiben, bei Geschäftsvorfällen, die nicht laufend, sondern periodenweise gebucht werden, ist es allerdings nicht zu beanstanden, wenn die Erfassung der Geschäftsvorfälle eines Monats in den Büchern bis zum Ablauf des folgenden Monats erfolgt, sofern die Buchführungsunterlagen organisatorisch, z.B. durch laufende Nummerierung oder Abheften der Rechnungen in besonderen Mappen oder Ordnern oder durch elektronische Grundaufzeichnungen gegen Verlust geschützt sind[3]. Die Diskussion über die zulässige zeitliche Divergenz der Erfassung im Grund- und Hauptbuch verliert durch den Einsatz der EDV-Buchführung ebenso an Bedeutung wie die Differenzierung zwischen Grundbuch und Journal (s. Rz. 40a). Eine ordnungsmäßige *Kassenführung* erfordert, dass die Kasseneingänge und -ausgänge in einem Kassenbuch derart aufgezeichnet werden, dass es jederzeit möglich ist, den Sollbestand mit dem Ist-Bestand auf die Richtigkeit zu prüfen („Kassensturzfähigkeit")[4]. 37

Bei **Kreditgeschäften** muss *jederzeit* ein Überblick über die Forderungen (Debitoren) und Schulden (Kreditoren) der Höhe und der Zusammensetzung nach möglich sein. Auch wenn die Rechtsprechung hierzu weitgehend aus den Anfängen der EDV-Buchführung stammt, so gelten doch folgende Grundsätze: Erforderlich ist in aller Regel die Führung eines *Kontokorrentsachkontos* sowie die kontenmäßige Aufgliederung nach Geschäftspartnern unter Verwendung von Personenkonten (R 5.2 Abs. 1 EStÄR 2012; s. auch Rz. 40)[5], die mit den Bilanzkonten Forderungen bzw. Verbindlichkeiten aus Lieferung und Leistung verknüpft sind. Das *Bilanzkonto* (Kontokorrentsachkonto) zeigt dabei den Gesamtbestand, die *Personenkonten* „wer wie viel fordert bzw. schuldet". Dies 38

---

1 *Leffson*, 171.
2 *Leffson*, 171; *ADS*, § 239 HGB Rz. 19; *Winnefeld*, A 90 ff.
3 BFH v. 10.8.1978 – V R 17/73, BStBl. II 1979, 20; BFH v. 25.3.1992 – I R 69/91, BStBl. II 1992, 1010; R 5.2 Abs. 1 S. 4 EStÄR 2012; Entwurf BMF v. 11.4.2014 – IV A 4 S 0316/13/10003 (GoBD).
4 BFH v. 7.7.1977 – IV R 205/72, BStBl. II 1978, 307; BFH v. 23.12.2004 – III B 14/04, BFH/NV 2005, 667; FG Saarland v. 15.7.2003 – 1 K 174/00, EFG 2003, 1437. Zu Sonderkassen vgl. FG Berlin-Brandenburg v. 17.3.2009 – 6 K 4146/07, BeckRS 2009, 26027509.
5 BFH v. 29.8.1969 – VI R 189/66, BStBl. II 1970, 40.

gilt grundsätzlich auch dann, wenn nur jeweils ein Auftrag vom Auftraggeber erlangt wird, denn die Personenkonten erleichtern es, bei einer Vielzahl von Auftraggebern auf Anfragen, bei Mahnungen oder bei Überprüfung der Liquidität ohne umständliche Nachforschung die Höhe der einzelnen Forderungen festzustellen. Sie dienen ferner der Sicherung der Gläubiger und sollen durch Gegenkontrolle die Richtigkeit und Vollständigkeit der Buchungen des Kreditverkehrs im Sachkonto überwachen[1]. Eine Buchführung, die kein *Kontokorrentsachkonto* für den unbaren Geschäftsverkehr enthält, ist nur dann ordnungsmäßig, wenn die Ablage der Rechnungen so ausgestaltet ist, dass sie alle Voraussetzungen erfüllt, die an Grundbuchaufzeichnungen zu stellen sind[2]. Unzulässig ist die Buchung zahlreicher Kreditgeschäfte als Bargeschäfte. Entstehung und Bezahlung sind zwei getrennte Geschäftsvorfälle und daher gesondert darzustellen; Ausnahmen bestehen bei kurzen Zeitspannen, ohne dass der Bilanzstichtag tangiert ist[3]. Für seltene Geschäftspartner werden teilweise sog. **CpD-Konten** (Conto per Diverse) geführt. Dies führt zu Konflikten mit den GoB, wenn die Nachvollziehbarkeit der einzelnen Vorgänge nicht anderweitig innerhalb angemessener Zeit gewährleistet ist[4].

39 Aus dem Normziel der **Geordnetheit**, das eine „planlose" Belegsammlung verbietet, können die Unterziele der *Klarheit* und *Übersichtlichkeit* abgeleitet werden. Nach § 239 Abs. 3 HGB, § 146 Abs. 4 AO gilt der Grundsatz der Feststellbarkeit des ursprünglichen Inhalts der Buchführung sowie des Zeitpunkts von Änderungen (*„Radierungsparagraf"*). Materiell geht es um die Unveränderlichkeit der Eintragungen, Buchungsfehler sind durch Stornierung zu korrigieren und nicht durch „Überschreiben" der Daten. Sofern die Buchung der Geschäftsvorfälle nur vorläufig ist (sog. Stapelbuchung), erlangen sie erst mit ihrer *Festschreibung* ihre Unveränderbarkeit und gelten erst dann als gebucht[5]. Die Geschäftsvorfälle sind sachlich geordnet, systematisch nach einem *Kontenplan* gegliedert und nach Sach- und Personenkonten getrennt zu erfassen. Das Ordnungsschema der Konten wird neben dem betriebsindividuellen Kontenplan durch den überbetrieblichen *Kontenrahmen* vorgegeben, welcher der Zuordnung der Sachkonten dient. Zu differenzieren ist insbesondere in den Industriekontenrahmen (IKR) nach dem Abschlussgliederungsprinzip und den Gemeinschaftskontenrahmen (GKR) nach dem Prozessgliederungsprinzip.

40 Was als **Handelsbücher** gilt, bestimmt sich nach den GoB[6]. Obwohl der Einsatz der EDV-Buchführung obligatorisch ist, wären gleichwohl „gebundene" Bücher, z.B. die geordnete Ablage von Belegen oder die *Offene-Posten-Buchführung* der nicht ausgeglichenen Rechnungen mit Zahlungsvermerken (s. R 5.2 Abs. 1 EStÄR 2012) zulässig (§ 239 Abs. 4 HGB), was angesichts der Komplexi-

---

1 BFH v. 18.2.1966 – VI 326/65, BStBl. III 1966, 496.
2 BFH v. 26.8.1975 – VIII R 109/70, BStBl. II 1976, 210.
3 BFH v. 26.3.1968 – IV 63/63, BStBl. II 1968, 527; BFH v. 26.8.1975 – VIII R 109/70, BStBl. II 1976, 210; *Winkeljohann/Henckel* in BeBiKo, § 238 HGB Rz. 98 (sieben Tage); R 5.2 Abs. 1 S. 3 EStÄR 2012 (acht Tage).
4 Zu Risiken bei der Abschlussprüfung: WP-Hdb. I, R 476 und R 549.
5 So auch http://www.datev.de/portal/ShowPage.do?pid=dpi&nid=115017; s. auch Entwurf BMF v. 11.4.2014 – IV A 4 S 0316/13/10003 (GoBD).
6 *Winkeljohann/Henckel* in BeBiKo, § 238 HGB Rz. 90 ff.; *Winnefeld*, A 740.

tät der Geschäftsprozesse aber nur für relativ kleine Unternehmen GoB-konform zulässig sein wird. Zu den Handelsbüchern gehört das *Grund- und Hauptbuch* und damit die Erfüllung der Journal- und Kontenfunktion (s. Rz. 35)[1]. Obwohl die **Buchungsbelege** nicht Teil der Handelsbücher im engeren Sinn sind, wie sich aus § 257 Abs. 1 Nr. 4 i.V.m. Nr. 1 HGB ergibt, sind die Belege für die „Führung" der Handelsbücher (§§ 238, 239 HGB) und damit für die Übersicht über den Vermögensstand (§ 283 Abs. 1 Nr. 5 Alt. 2 StGB) von zentraler Bedeutung (s. Rz. 35)[2].

Folgende **Einteilung der Handelsbücher** hat sich in der Praxis durchgesetzt: 40a

- **Grundbuch**: Im Grundbuch werden die Geschäftsvorfälle mit den zur Erfüllung der Belegfunktion erforderlichen Angaben fortlaufend erfasst (Grundaufzeichnungs- bzw. *Grundbuchfunktion*). Ihr Zweck besteht in der vollständigen Belegsicherung, der Garantie der Unverlierbarkeit der Geschäftsvorfälle und der Erfassung aller Geschäftsvorfälle nach der zeitlichen Reihenfolge und materiell mit ihrem richtigen und erkennbaren Inhalt für die Konten des Hauptbuchs[3] (geordnete Belegzusammenstellung).

- **Journal**: Die *Journalfunktion* erfordert eine vollständige, zeitgerechte und formal richtige Erfassung, Verarbeitung und Wiedergabe der eingegebenen Geschäftsvorfälle, sie dient dem Nachweis der tatsächlichen und zeitgerechten Verarbeitung der Geschäftsvorfälle (zeitgerechte Zusammenstellung der Buchungen); überwiegend erfüllt das Journal auch bereits die Grundbuchfunktion[4]. Vom Grundverständis der Vergangenheit waren die (handschriftlichen) Eintragungen im Grundbuch sowie im Hauptbuch durch getrennte Arbeitsschritte gekennzeichnet[5], in der EDV-Buchführung ist die Zusammenfassung von Grund- und Hauptbuch und damit auch dem Journal häufig obligatorisch, weil mit der Erfassung (Verbuchung) des Geschäftsvorfalls im Grundbuch regelmäßig auch die Buchung im Journal und im Hauptbuch erfolgt[6]; daher werden Grundbuch und Journal häufig synonym bezeichnet.

- **Hauptbuch** (Sachkonten): Das Hauptbuch enthält die sachliche Gliederung des Buchungsstoffes auf Konten und erfordert auch Eröffnungs- und Abschlussbuchungen (*Kontenfunktion*). Diese Sachkonten werden – vereinfacht dargestellt – nach ihrer Herkunft differenziert in Bestandskonten (Aktiv- und Passivkonten, auch *Bilanzkonten* genannt) und Erfolgskonten (Aufwand- und Ertragskonten, auch *GuV-Konten* genannt). Die Konten werden am Jahresende abgeschlossen und in die Bilanz sowie Gewinn- und Verlustrechnung „übertragen" (technisch über ein Schlussbilanzkonto bzw. GuV-Konto). Das GuV-Konto, das den Gewinn oder Verlust ermittelt, ist dabei nichts anderes als ein passives Unterkonto des Eigenkapitals. Am Jahres-

---

1 *ADS*, § 239 HGB Rz. 5 ff.
2 *Tiedemann* in LK, § 283 StGB Rz. 94.
3 BFH v. 16.9.1964 – IV 42/61 U, BStBl. III 1964, 654; BFH v. 26.3.1968 – IV 63/63, BStBl. II 1968, 527; Entwurf BMF v. 11.4.2014 – IV A 4 S 0316/13/10003 (GoBD).
4 Entwurf BMF v. 11.4.2014 – IV A 4 S 0316/13/10003 (GoBD).
5 Zur Differenzierung zwischen Grundbuch und Journal: BFH v. 16.9.1964 –IV 42/61, BStBl. III 1964, 654; Entwurf BMF v. 11.4.2014 – IV A 4 S 0316/13/10003 (GoBD).
6 Entwurf BMF v. 11.4.2014 – IV A 4 S 0316/13/10003 (GoBD).

anfang werden die Bilanzkonten mit ihrem Schlussbilanzwert für die laufende Buchführung wieder eröffnet.

– **Nebenbuch**: Nebenbücher haben Ergänzungscharakter, sie sollen die Übersicht und Klarheit im Hauptbuch erhöhen. Beispiele sind z.B. Kontokorrentbuch (Personenkonten, unterteilt nach Kunden und Lieferanten; s. Rz. 38), Lager-, Wechsel- und Kassenbuch, Anlagekartei sowie die Lohnbuchhaltung.

41 **Nebenbücher** gelten als *Handelsbücher*, wenn ohne deren Führung der geforderte Überblick über die Handelsgeschäfte und die Lage des Vermögens beeinträchtigt wird[1], was insbesondere dann der Fall ist, wenn lediglich noch Sammelbuchungen in das Hauptbuch erfolgen, sodass allein aus den Sachkonten (Hauptbuch) der erforderliche Überblick nicht mehr zu gewinnen ist (s. Rz. 44a). Dies wird vor allem mit zunehmender Kontenintensität und Komplexität der Geschäftsvorfälle der Fall sein und kann auch für die *Betriebsbuchführung* gelten (näher Rz. 3), sofern sie beispielsweise Bewertungsgrundlage der Herstellungskosten (§ 255 HGB) ist[2], was regelmäßig der Fall sein wird. Als Handelsbuch gilt auch das Verwahrbuch nach § 14 DepotG, aber nicht das Aktienbuch gem. § 67 AktG[3]. Bei umfangreichen Kommissionsgeschäften ist ein Kommissionswarenkonto zu führen.

42 Das System der **doppelten Buchführung** – neben den Systemen der *einfachen* Buchführung ohne Erfolgskonten und der *Kameralistik* – dürfte für die meisten Kaufleute zwingend sein, weil gem. § 242 Abs. 2 HGB eine Gewinn- und Verlustrechnung zu erstellen ist, die nur bei einem begrenzten Geschäftsumfang statt auf Erfolgskonten durch Nebenrechnungen GoB-konform abgeleitet werden kann[4]. Die doppelte Buchführung ist ein geschlossener Systemkreislauf (s. Rz. 40a):

– Abbildung der Geschäftsvorfälle im Grundbuch (Journal) und dann im Hauptbuch;
– Buchung der Geschäftsvorfälle auf mindestens zwei Konten (keine Buchung ohne Gegenbuchung, also „per Konto Soll an Konto Haben");
– Trennung in Bestandskonten (Bilanz) und Erfolgskonten (Gewinn- und Verlustrechnung);
– Abschluss der Gewinn- und Verlustrechnung auf das Konto Eigenkapital in der Bilanz; Abschluss der Bestandskonten zur Bilanz.

43 Das **Jahresergebnis** (Gewinn oder Verlust) kann in der Bilanz durch Bestandsvergleich als Differenz des Eigenkapitals am Ende und am Anfang des Geschäftsjahres, vermehrt um (Privat-)Entnahmen und vermindert um (Privat-)Einlagen (näher Rz. 101), sowie in der Gewinn- und Verlustrechnung als Differenz zwischen Ertrag und Aufwand ermittelt werden. Obligatorisch ist der Bestandsvergleich insbesondere bei der einfachen Buchführung.

---

1 Umkehrschluss aus BGH v. 3.7.1953 – 2 StR 452/52, BGHSt. 4, 270; wohl auch *Winnefeld*, A 740 ff. und A 760; *ADS*, § 239 HGB Rz. 9 ff.
2 *Winkeljohann/Henckel* in BeBiKo, § 238 HGB Rz. 115; WP-Hdb. I, E 344.
3 *Winkeljohann/Henckel* in BeBiKo, § 238 HGB Rz. 114.
4 Auch *Pöschke* in Staub, § 239 HGB Rz. 7; *Haas* in Baumbach/Hueck, § 41 GmbHG Rz. 9.

Nach § 239 Abs. 4 HGB, § 146 Abs. 5 AO können die Handelsbücher und die sonst erforderlichen Aufzeichnungen auch in der geordneten Ablage von Belegen bestehen (s. Rz. 40) oder auf Datenträgern (**EDV-Buchführung**) geführt werden, sofern sie den GoB[1] entsprechen und sichergestellt ist, dass die Daten während der Dauer der Aufbewahrungsfrist verfügbar und innerhalb angemessener Frist lesbar gemacht werden können, § 146 Abs. 5 AO geht hingegen davon aus, dass die Bücher *jederzeit* verfügbar sind und *unverzüglich* lesbar gemacht werden können. 44

Unter einem **DV-System** versteht die Finanzverwaltung die zur elektronischen Datenverarbeitung eingesetzte Hard- und Software, mit denen Daten und Dokumente erfasst, erzeugt, empfangen, übernommen, verarbeitet, gespeichert und übermittelt werden, wozu das Hauptsystem sowie Vor- und Nebensysteme einschließlich der Schnittstellen zwischen den Systemen gehören[2]. Rechnungslegungsrelevante Daten sind Daten über Geschäftsvorfälle oder betriebliche Prozesse, die entweder direkt in die EDV-Buchführung einfließen oder als Grundlage für Buchungen zur Verfügung gestellt werden[3]. Diese „*EDV-Buchführung*" wird zunehmend komplexer, integrierte Systeme (Vor- und Nebensysteme) gehören zur Tagesordnung (z.B. Warenwirtschaftssysteme, elektronische Registrierkassen), in der „eigentlichen" EDV-Buchführung werden häufig nur noch summarische Buchungen erfasst (s. Rz. 41). Die Ordnungsmäßigkeit der Buchung verdichteter Zahlen erfordert deshalb den Nachweis der in den verdichteten Zahlen enthaltenen Einzelposten[4]. In solchen Vor- und Nebensystemen gelten Geschäftsvorfälle dann als gebucht, wenn sie mit allen erforderlichen Angaben gebucht und gespeichert werden und ihr Inhalt unveränderlich ist[5] und sie denselben Ordnungsmäßigkeitsvoraussetzungen wie die Buchführung unterstellt werden. 44a

Zum Nachweis der Ordnungsmäßigkeit DV-gestützter Buchführungssysteme ist ein **IT-Kontrollsystem**, jeweils abhängig von der Komplexität und Diversifikation der Geschäftstätigkeit sowie der Organisationsstruktur und des DV-Systems, zu installieren und tatsächlich auszuüben, welches Bestandteil des *internen Kontrollsystems* ist (s. auch Rz. 13)[6]. Die Beschreibung dieses IT-Kontrollsystems ist zu dokumentieren und wird somit Bestandteil der Verfahrensdokumentation des DV-Systems, aus der Inhalt, Aufbau, Ablauf und Ergebnisse des DV-Verfahrens ersichtlich sein müssen und bei Fehlerhaftigkeit oder ungenügender Dokumentation einen formellen Mangel begründen kann[7]. 45

Ziel des Internen Kontrollsystems (IKS) bei der EDV-Buchführung ist es, die Gesetz- und Ordnungsmäßigkeit von Buchführung und Jahresabschluss durch Kontrollen sicherzustellen. Dies setzt Regelungen zum Einsatz der IT sowie 46

---
1 Zur EDV-Buchführung: Entwurf BMF v. 11.4.2014 – IV A 4 - S 0316/13/10003 (GoBD).
2 Entwurf BMF v. 11.4.2014 – IV A 4 - S 0316/13/10003 (GoBD).
3 IDW RS FAIT 1.
4 IDW RS FAIT 1.
5 IDW RS FAIT 1.
6 IDW RS FAIT 1; Entwurf BMF v. 11.4.2014 – IV A 4 - S 0316/13/10003 (GoBD).
7 Entwurf BMF v. 11.4.2014 – IV A 4 - S 0316/13/10003 (GoBD).

Regelungen zur Überwachung derselben voraus[1]. Beim Outsourcing der Buchführung auf Dritte ist auch das Kontrollsystem des Dienstleisters relevant. Bei kleinen und mittelgroßen Unternehmen muss das IKS der Komplexität des Geschäftsumfangs gerecht werden; es kann beispielsweise aus Arbeits-, Organisations- und Kontrollanweisungen und aus Abstimmungen der Bankbestände und Kassenbücher bestehen[2].

47 Nach § 147 Abs. 6 AO kann die Finanzbehörde die mithilfe eines Datenverarbeitungssystems erstellte Buchführung, wozu auch eingescannte Unterlagen gehören, durch **digitalen Datenzugriff** prüfen[3]. Dieses Recht wird durch unmittelbaren oder mittelbaren Datenzugriff oder durch Datenträgerüberlassung ausgeübt. Die beiden erstgenannten Zugriffsrechte beinhalten den Nur-Lesezugriff (Lesen, Filtern und Sortieren der Daten, ggf. unter Nutzung der im DV-System des Unternehmens vorhandenen Auswertungsmöglichkeiten), während bei der Datenträgerüberlassung die gespeicherten Unterlagen der Finanzverwaltung auf einem maschinell verwertbaren Datenträger überlassen werden. Software-Tools wie z.B. IDEA ermöglichen es der Finanzverwaltung, die elektronischen Massendaten eines Unternehmens vollständig zu analysieren. Die in das DV-gestützte Buchführungssystem eingehenden und erzeugten steuerlich relevanten Daten sind deshalb von den Unternehmen auf maschinell verwertbaren Datenträgern bereitzuhalten und zu archivieren.

47a Die **maschinelle Auswertbarkeit** ist nach der Finanzverwaltung u.a. gegeben bei Daten, Datensätzen oder elektronischen Dokumenten und Unterlagen, die mathematisch-technische Auswertungen, eine Volltextsuche oder auch ohne mathematisch-technische Auswertungen (z.B. Bildschirmabfragen, Nachvollziehung von Verlinkungen) eine Prüfung im weitesten Sinne ermöglichen[4]. Der Datenzugriff bezieht sich auf die nach handelsrechtlichen Grundsätzen geführte Buchführung, eine „Kontensperrung" von Einzelkonten, welche die steuerliche Bemessungsgrundlage nicht tangieren, ist nicht zulässig[5]. Die Unterlagen dürfen nicht ausschließlich in ausgedruckter Form oder auf Mikrofilm aufbewahrt werden. Aus diesem Grund reichen Archivierungen nicht mehr aus, wenn die maschinelle Auswertbarkeit nicht gewährleistet ist. Dies gilt allerdings nicht für weiterhin originär in Papierform anfallende Unterlagen. Werden solche Belege in graphischen Formaten (z.B. pdf- oder tif-Dateien) gespeichert, so müssen sie am Bildschirm lesbar gemacht werden[6]. Auch *E-Mails*, die steuerlich relevante Daten enthalten, sind digitale Unterlagen und mit einem unveränderbaren Index zu versehen, damit das archivierte Dokument bearbei-

---

1 IDW RS FAIT 1.
2 IDW PH 9.100.1.
3 Entwurf BMF v. 11.4.2014 – IV A 4 - S 0316/13/10003 (GoBD); Fragen und Antworten zum Datenzugriffsrecht der Finanzverwaltung unter http://www.bundesfinanzministerium.de.
4 Entwurf BMF v. 11.4.2014 – IV A 4 - S 0316/13/10003 (GoBD).
5 BFH v. 26.9.2007 – I B 53, 54/07, DStR 2007, 2156. Zur Zugriffsbeschränkung auf aufbewahrungspflichtige Daten vgl. BFH v. 24.6.2009 – VIII R 80/06, DStR 2009, 2006.
6 BFH v. 26.9.2007 – I B 53, 54/07, DStR 2007, 2156.

tet und verwaltet werden kann, sofern sie nicht lediglich „Transportmittel" ohne eigenen Inhalt, z.B. einer angehängten Rechnung, sind.

Gem. § 5b EStG müssen sämtliche Steuerpflichtige, die ihren Gewinn durch Betriebsvermögensvergleich ermitteln (Gewinnermittlung nach § 4 Abs. 1, § 5 oder § 5a EStG), die Bilanz sowie Gewinn- und Verlustrechnung in elektronischer Form an das Finanzamt übermitteln (**E-Bilanz**). Dabei geht das steuerrechtliche Gliederungsschema (sog. *Taxonomie*) von Bilanz sowie Gewinn- und Verlustrechnung deutlich über die handelsrechtlichen Vorgaben hinaus[1]. 47b

2. Buchführungsmängel

Zu unterscheiden sind **formelle und materielle Mängel**, wobei es auf das sachliche Gewicht des Buchführungsmangels ankommt[2]. Der Überblick gem. § 238 Abs. 1 S. 2 HGB (s. Rz. 34) kann durch zwei Kriterien beeinträchtigt sein: der Schwere (Art) des Mangels und der Zeit die erforderlich ist, um sich trotz Mängel einen Überblick zu verschaffen. Formelle Mängel sind insbesondere durch Verstöße gegen die zeitgerechte Erfassung sowie gegen Aufbewahrungs- und Aufzeichnungspflichten gekennzeichnet, materielle Mängel durch unrichtige bzw. falsche Buchungen. Die Ordnungsmäßigkeit ist dann nicht berührt, wenn es sich um keinen erheblichen Verstoß bzw. um unwesentliche Mängel handelt (R 5.2 Abs. 2 EStÄR 2012), was z.B. beim Erfordernis längeren Nachbuchens oder zeitaufwendiger Nachforschungen zu verneinen ist, ebenso wenn Belege über den wahren Geschäftspartner täuschen. 48

Eine EDV-Buchführung kann trotz Mängeln **noch ordnungsgemäß** sein, wenn aufgrund der Belege und Unterlagen die Bilanz aufgestellt werden kann[3], ebenso bei Nichtverbuchung einzelner Geschäftsvorfälle, wenn die Belege vollständig vorhanden sind oder es sich um regelmäßig wiederkehrende Geschäftsvorfälle handelt[4], wenn also ein sachverständiger Dritter die Vervollständigung der Buchführung ohne große Schwierigkeiten und Mühen und ohne nennenswerten Zeitverlust durchführen kann. Das Kriterium des Zeitaufwands und der erforderlichen Mühen zur Verschaffung des geforderten Überblicks wird daher vor allem dann zur Beurteilung heranzuziehen sein, wenn es um die Frage geht, wie lange es dauert, um etwaige Lücken in den Handelsbüchern zu schließen, sprich die Mängel zu heilen, dabei aber Vollständigkeit und Ordnungsmäßigkeit der Belege bzw. Informationen vorausgesetzt. Handelsbücher sind andererseits *unordentlich* geführt, wenn den Buchungen keine Belege zugrunde liegen oder diese nicht geordnet aufbewahrt werden[5]. Bereits die unterlassene Buchung eines einzigen erheblichen Postens ist unordentlich, wenn sich daraus ein falsches Bild vom Gesamtstand des Vermögens ergibt, wenn 49

---

1 BMF v. 28.9.2011 – IV C 6 - S 2133/b/11/10009, BStBl. I 2011, 855 (dort auch zu Übergangsregelungen); BMF v. 5.6.2012 – IV C 6 - S 2133-b/11/10016, BStBl. I 2012, 598; http://www.esteuer.de.
2 BFH v. 7.7.1977 – IV R 205/72, BStBl. II 1978, 307; BFH v. 7.6.2000 – III R 82/97, BFH/NV 2000, 1462; R 5.2 Abs. 2 EStÄR 2012.
3 BGH v. 19.12.1997 – 2 StR 420/97, NStZ 1998, 247.
4 *Tiedemann* in LK, § 283 StGB Rz. 118 m.w.Nw.
5 BGH v. 25.3.1954 – 3 StR 232/53, NJW 1954, 1010.

also die Mängel „*die Bilanz wesentlich zu verschieben imstande sind*", sofern kein entschuldbares Versehen vorliegt[1].

50 Bei **unrichtigen Buchungen** ist zu differenzieren, ob sie von einem Dritten, z.B. dem Buchhalter, mangels Kenntnis des Sachverhalts oder ohne Einverständnis vorgenommen und später korrigiert worden sind oder ob sie der ggf. auch konkludenten Willenserklärung der Vertretungsorgane entsprachen. Gleiches gilt bei nicht erfassten Geschäftsvorfällen, sodass es im Ergebnis darauf ankommt, ob die Mängel auf einem Versehen beruhen und nicht schwerwiegend sind[2]. Begrenzt wird dies in personeller und sachlicher Hinsicht allerdings durch die Überwachungspflichten des formal Buchführungsverantwortlichen (s. Rz. 28) sowie das einzurichtende interne Kontrollsystem (näher Rz. 45). Anhaltspunkte können der Rechtsprechung zur vGA entnommen werden, dort liegt kein „bloßer Buchungsfehler" mehr vor, wenn die Abweichung derart augenfällig ist, dass ein ordentlicher und gewissenhafter Geschäftsleiter bei sorgsamer Durchsicht der Bilanz den Fehler hätte bemerken müssen[3].

51 Bei der **Manipulation** der Bücher (oder Bilanzen, hierzu Rz. 143) ergibt sich bereits aus der Zielrichtung des Verschleierns, dass der geforderte Überblick über die Lage des Unternehmens (s. Rz. 34) – § 264 Abs. 2 S. 1 HGB spricht von der Vermögens-, Finanz- und Ertragslage – erschwert werden soll. Das Erschwerniskriterium ist deshalb nicht danach auszurichten, ob der sachverständige Dritte innerhalb angemessener Zeit den Fehler findet. Daher kommt es bei materiellen Mängeln nicht darauf an, ob der Mangel im Zweifel „*sofort ins Auge springt*" oder der Prüfer besonders clever ist, sondern – unter Zurückdrängung des Zeitkriteriums – wie qualitativ gewichtig der Verstoß ist; entscheidend ist allein die (inhaltliche) Schwere der Mängel. Folgendes – sicherlich zugespitztes – Beispiel möge dies verdeutlichen:

Beispiel: Ein Unternehmen (Bilanzsumme 5 Mio. Euro, Eigenkapital 1 Mio. Euro) hat als Vermögensgegenstand eine einzige Forderung in Höhe von 5 Mio. Euro gegenüber einem Kunden, über dessen Vermögen das Insolvenzverfahren mangels Masse abgewiesen worden ist; das Unternehmen hat die Forderung nicht abgeschrieben. Aus den vorhandenen zwei Nachweisen (Ausgangsrechnung und Mitteilung des Insolvenzgerichts) kann der sachverständige Dritte unzweifelhaft innerhalb angemessener Zeit den tatsächlichen Vermögensstand feststellen, gleichwohl hat die unterlassene Abschreibung gravierende rechtliche Konsequenzen zur Folge und vermittelt ein völlig falsches Bild von der Lage des Unternehmens.

3. Ort der Buchführung und Aufbewahrungsfristen

52 **a)** Über den (Aufbewahrungs-)**Ort der Buchführung**, wo die Bücher „körperlich" zu führen und aufzubewahren sind, ist dem Gesetz, anders als im Steuerrecht (s. Rz. 54), nichts zu entnehmen. Das „*Führen der Bücher*" besteht aus dem

---

1 RGSt. 29, 304.
2 BFH v. 14.12.1966 – VI 245/65, BStBl. III 1967, 247; BFH v. 28.2.2001 – I R 12/00, BStBl. II 2001, 468.
3 BFH v. 13.6.2006 – I R 58/05, DStR 2006, 1406.

Sammeln und Ablegen der Belege, dem Kontieren der Belege[1] und der Buchung bzw. Dokumentation in den Grund-, Haupt- und Nebenbüchern. Eine Buchführung „außer Haus" (Fernbuchführung) ist zulässig[2]. Die Verlagerung ins *Ausland* wird für zulässig erachtet, wenn dies den GoB entspricht[3], teilweise wird eine Verlagerung der „Papierbuchführung" aber auch als unzulässig angesehen[4]. Die Frage einer Auslandsbuchführung spielte vor dem Hintergrund der restriktiven steuerlichen Vorschriften bislang kaum eine Rolle, dürfte jetzt aber und angesichts der IT-technischen Möglichkeiten in den Fokus rücken (s. Rz. 54 ff.). Hierzu wird vertreten, dass es in rechtlicher Hinsicht egal sei, ob die Daten im EDV-System des Unternehmens oder auf einem *Server im Ausland* gespeichert werden; entscheidend sei, dass mittels Fernzugang die unverzügliche Lesbarmachung und der Zugriff auf die Daten möglich ist[5]. Aus § 238 Abs. 1 S. 2, § 239 Abs. 4 S. 2 i.V.m. § 257 Abs. 3 HGB folgt, dass die Bücher *verfügbar* sein müssen. § 257 Abs. 3 HGB betrifft zwar nur die Verfügbarkeit von (elektronischen) Daten, für originäre Papierunterlagen kann jedoch nichts anderes gelten. Deshalb bedeutet die Verfügbarkeit und das jederzeitige Lesbarmachen in Bezug auf die Papierbuchführung die Vorlagefähigkeit und Prüfbarkeit innerhalb angemesser Frist. Das steuerrechtliche Pendant (§ 147 Abs. 2 Nr. 2 AO) fordert sogar die *jederzeitige* Verfügbarkeit und *unverzügliche* Lesbarmachung. Beim *Outsourcing*, vor allem ins Ausland, muss dem Kaufmann die Kontrolle und Vorlagefähigkeit wie bei jeder Delegation (näher Rz. 28) ohne Weiteres möglich sein; der Kaufmann ist für die Ordnungsmäßigkeit unverändert verantwortlich[6].

Zunehmend an Bedeutung erlangen virtuelle Datenräume, sog. **Clouds**. Der Grundgedanke beim Cloud Computing besteht darin, dass Programme bzw. Daten dezentral auf (Web-)Servern installiert und gespeichert sind. Das bedeutet, dass sich die IT-Lösung und/oder die Daten des Unternehmens nicht mehr auf der Hardware des Unternehmens befindet, sondern beispielsweise auf dem Server des Dienstleisters, der irgendwo auf der Welt seinen Sitz haben kann. Dabei unterscheidet man vom Grundprinzip die „*Private-Cloud*" und die „*Public-Cloud*" sowie danach, ob die Cloud durch einen externen Dienstleister zur Verfügung gestellt wird oder nicht; bei der „Public-Cloud" erfolgt der Zugang von jedem Berechtigten und von jedem Standort über das Internet[7]. Be-

---

1 Nach dem Entwurf des BMF v. 11.4.2014 – IV A 4 - S 0316/13/10003 (GoBD), gehört die Kontierung zur Belegfunktion; a.A. *Schubert/Penner/Ravenstein*, Verlagerung der Buchführung in das Ausland vor dem Hintergrund des § 146 Abs. 2 AO, DStR 2008, 632, die im Kontieren keinen Buchhaltungsvorgang sehen.
2 *Winkeljohann/Henckel* in BeBiKo, § 238 HGB Rz. 133; auch BFH v. 10.8.1978 – V R 17/73, BStBl. II 1979, 20.
3 *ADS*, § 238 HGB Rz. 20, § 239 HGB Rz. 21, § 257 HGB Rz. 47; *Pöschke* in Staub, § 238 HGB Rz. 26 und § 257 HGB Rz. 27; *Merkt* in Baumbach/Hopt, § 239 HGB Rz. 4; mit Einschränkungen *Hüttche*, BB 2002, 1641 ff.
4 *Hüttche*, BB 2002, 1642, auch mit Einschränkungen bei der Kontierung.
5 *Schneider*, Outsourcing von Buchführungsleistungen in das EU-Ausland, CR 2005, 309.
6 IDW RS FAIT 1; IDW PS 330; IDW PS 331.
7 *Giebichenstein*, Chancen und Risiken beim Einsatz von Cloud Computing in der Rechnungslegung, BB 2011, 2218.

griffe wie „SaaS-Finanzbuchhaltung" (SaaS = *Software as a Service* oder: Software bei Bedarf), „*Online-Buchhaltung*" etc. zeigen, dass Cloud Computing in der Rechnungslegung angekommen ist[1]. Dabei gilt es auch datenschutzrechtliche Probleme zu beachten (§ 4b BDSG).

54 **Steuerrechtlich** sind die Bücher und sonstigen Aufzeichnungen grundsätzlich im Inland zu führen und aufzubewahren (§ 146 Abs. 2 AO); der Sinn besteht in der jederzeitigen Überprüfbarkeit der Buchführung durch die Finanzverwaltung[2]. Dies gilt dann nicht, wenn für Betriebsstätten im Ausland nach dortigem Recht Buchführungspflicht besteht; in diesem Fall müssen aber die steuerrelevanten Ergebnisse in die Buchführung des Inlandes übernommen werden. § 148 AO normiert Erleichterungen bei unbilligen Härten. Eine (Teil-)Verlagerung der Buchführung ins Ausland kann unter engen Voraussetzungen ausnahmsweise genehmigt werden[3], wenn die Ordnungsmäßigkeit der Buchführung vom Inland aus innerhalb angemessener Zeit lückenlos überprüft werden kann. Teilweise werden folgende Arbeitsschritte im In- und Ausland für zulässig erachtet[4]: 1. Sammeln und Ordnen der Originalbelege: im Inland, 2. Kontieren der Belege: im Ausland, unter Verbleiben der Originalbelege im Inland, 3. Erfassung der kontierten Belege: im Ausland, 4. bloße Datenverarbeitung: im Ausland.

55 Abweichend davon können gem. § 146 Abs. 2a AO die **elektronischen Bücher** und sonstige elektronische Aufzeichnungen oder Teile davon *auf Antrag* und nach Bewilligung der Finanzbehörden auch außerhalb des Geltungsbereichs der AO, also im **Ausland**, *geführt und aufbewahrt* werden, sofern die Voraussetzungen nach § 146 Abs. 2a Nr. 1-4 AO erfüllt sind (*digitale Auslandsbuchführung*); bereits die Nennung des konkreten Standort des Datenverarbeitungssystems (Server) gem. § 146 Abs. 2a Nr. 1 AO könnte dabei beim Cloud-Computing (s. Rz. 53) wegen weltweit vernetzer Server Probleme bereiten. § 146 Abs. 2a AO gilt nicht für die sog. *Papierbuchführung*, die im Inland zu führen und aufzubewahren ist (s. Rz. 54)[5]. Allerdings können gem. § 147 Abs. 2 AO die Originalbelege auch als Wiedergabe auf einem Bildträger oder auf anderen Datenträgern aufbewahrt und anschließend grundsätzlich vernichtet werden (s. Rz. 57); daraus wird gefolgert, dass in diesem Fall § 146 Abs. 2a AO einer Verbringung ins Ausland nicht entgegenstehen kann[6].

56 Die **Aufbewahrungsfristen** von Buchführungsunterlagen ergeben sich aus § 257 HGB, § 147 AO. *Zehn Jahre* aufzubewahren sind: Handelsbücher, Inventare, einschließlich der zu ihrem Verständnis erforderlichen Arbeitsanweisungen und sonstigen Organisationsunterlagen sowie Buchungsbelege. *Sechs Jahre* aufbewahrt werden müssen die empfangenen Handelsbriefe und Wiedergaben der

---

1 Vgl. auch http://eurocloud.de; http://www.eurocloud.at/uploads/media/Leitfaden-Nr-5-Steuer.pdf.
2 OFD München v. 26.1.1998 – S 0030-1/44 St 312, BB 1998, 741; *Drüen* in Tipke/Kruse, § 146 AO Rz. 31.
3 OFD München v. 26.1.1998 – S 0030-1/44 St 312, BB 1998, 741.
4 *Drüen* in Tipke/Kruse, § 146 AO Rz. 31.
5 BT-Drs. 16/10189, 111; *Drüen* in Tipke/Kruse, § 146 AO Rz. 41.
6 *Drüen* in Tipke/Kruse, § 146 AO Rz. 41.

abgesandten Handelsbriefe. Handelsbriefe sind gem. § 257 Abs. 2 HGB Schriftstücke, die ein Handelsgeschäft betreffen, also dessen Vorbereitung, Abschluss, Durchführung und ggf. Rückgängigmachung, was auch E-Mails umfassen kann (s. auch Rz. 47a)[1], ebenso wie Aktennotizen über telefonische Erklärungen[2]. Als Handelsgeschäfte gelten gem. § 343 HGB alle Geschäfte eines Kaufmanns, die zum Betrieb seines Handelsgewerbes gehören; dabei gilt die Vermutungsregel des § 344 HGB, dass im Zweifel die von einem Kaufmann vorgenommenen Rechtsgeschäfte zum Betrieb seines Handelsgewerbes gehören. Sind die Handelsbriefe Grundlage für Buchungen, dann gilt die Aufbewahrungsfrist für Buchungsbelege von zehn Jahren. Die Aufbewahrungsfrist *beginnt* mit dem Schluss des Kalenderjahrs, in dem die letzte Eintragung in das Handelsbuch gemacht, das Inventar aufgestellt, der Handelsbrief empfangen oder abgesandt worden oder der Buchungsbeleg entstanden ist (§ 257 Abs. 5 HGB, § 147 Abs. 4 AO).

Nach § 257 Abs. 3 HGB, § 147 Abs. 2 AO, können die aufzubewahrenden Unterlagen auch als Wiedergabe auf einem **Bildträger oder auf anderen Datenträgern** aufbewahrt werden, wenn sie verfügbar sind und jederzeit lesbar gemacht werden können (s. – auch zum Ort der Aufbewahrung – Rz. 52); es muss jedoch sichergestellt sein, dass die Wiedergabe mit den empfangenen Handelsbriefen und den Buchungsbelegen *bildlich* und mit den anderen Unterlagen *inhaltlich* übereinstimmt. Die ordnungsgemäße Aufbewahrung auf einem Bild- oder Datenträger bewirkt, dass die Originale grundsätzlich vernichtet werden dürfen[3], wenn nicht nach anderen Rechtsvorschriften die Aufbewahrung im Original vorgeschrieben ist. 57

Einstweilen frei. 58

C. Eröffnungsbilanz

I. Rechtsgrundlagen

a) Der **Zweck der Eröffnungsbilanz** (zur Liquidationseröffnungsbilanz s. Rz. 66) besteht in der Darstellung der Vermögens- und Kapitalverhältnisse zu Beginn des Handelsgewerbes sowie in der Dokumentation der Einlagen (zu ausstehenden Einlagen s. Rz. 126). Personengesellschaften weisen die Pflichteinlagen der Gesellschafter aus, Genossenschaften das Geschäftsguthaben der Genossen (§ 337 HGB). Für die KapCoGes gilt § 264c HGB. Die Eröffnungsbilanz ist aus dem „Eröffnungsinventar" (§ 240 Abs. 1 HGB) abzuleiten, sie ist Grundlage für die folgende Buchführung[4]. Auf die Eröffnungsbilanz sind gem. § 242 Abs. 1 59

---

1 *Lensdorf*, E-Mail Archivierung: zwingend oder nur „nice to have"?, CR 2008, 332.
2 ADS, § 257 HGB Rz. 34.
3 ADS, § 257 HGB Rz. 56; *Ravenstein*, Elektronische Auslandsbuchführung nach dem Entwurf des JahressteuerG 2009, BB 2008, 2226; ebenso der Wortlaut „… nur …" in § 261 HGB; Fragen und Antworten zum Datenzugriffsrecht der Finanzverwaltung unter http://www.bundesfinanzministerium.de.
4 RGSt. 28, 430.

HGB die für den Jahresabschluss geltenden Vorschriften entsprechend anzuwenden, soweit sie sich auf die Bilanz beziehen.

60 **Anlässe** zur Erstellung einer Eröffnungsbilanz sind neben dem Akt der Neugründung die Änderung der vermögensrechtlichen Zuordnung bzw. die identitätsaufhebende *Umgründung*[1], so z.B. beim Übergang vom Kleingewerbe zum Kaufmann, dem Zusammenschluss zu einer Personenhandelsgesellschaft bzw. die Fortführung durch einen Alleingesellschafter. Bei der *Umwandlung durch Neugründung* ist erforderlich, dass der Verkehrswert (Einbringungszeitwert) des übertragenen Vermögens mindestens dem Nennwert des neu geschaffenen Nennkapitals entspricht. Somit kann wegen §§ 24, 36 UmwG (Buchwertfortführung) auch buchmäßig negatives Vermögen (Einbringungsbuchwert) übertragen werden[2].

61 Bei der *Umwandlung durch Aufnahme* kommt es *nicht* zur Erstellung von Eröffnungsbilanzen, ebenso wenig beim **Formwechsel**, weil der Rechtsträger fortbesteht (§ 202 Abs. 1 UmwG)[3], was zur Buchwertfortführung führt. Beim Formwechsel von einer Personenhandelsgesellschaft ist die Kapitalaufbringung (§ 220 UmwG) durch einen Vermögensstatus zu Zeitwerten nachzuweisen[4]; dies ist beim Formwechsel in eine Kapitalgesellschaft anderer Rechtsform nicht in jedem Fall einschlägig (§§ 245, 247 i.V.m. § 220 UmwG)[5]. Die *Mantelverwendung* einer auf Vorrat gegründeten bzw. unternehmenslosen GmbH ist wirtschaftlich eine Neugründung und unterliegt der registergerichtlichen Kontrolle[6], Abgrenzungsfragen können sich bei einer Sanierung oder Umorganisation stellen[7]. Eine Verpflichtung zur Erstellung einer Eröffnungsbilanz „zu Beginn seines Handelsgewerbes" (§ 242 Abs. 1 HGB) besteht wegen rechtlicher Fortexistenz als Handelsgesellschaft nicht[8]. Unterbleibt die Offenlegung der wirtschaftlichen Neugründung, dann haften die Gesellschafter im Umfang einer Unterbilanz (s. Rz. 73) zu dem Zeitpunkt, zu dem die wirtschaftliche Neugründung erstmals durch Anmeldung der Satzungsänderungen oder durch Aufnahme der wirtschaftlichen Tätigkeit nach außen in Erscheinung getreten ist; dieser Unterbilanzhaftungsanspruch ist als Innenanspruch in der Jahresbilanz zu aktivieren[9].

---

1 BFH v. 9.12.1976 – IV R 34/73, BStBl. II 1977, 241; *Winkeljohann/Philipps* in BeBiKo, § 242 HGB Rz. 4.
2 *Budde/Förschle/Winkeljohann*, K 91; *Winnefeld*, N 244; *Winter/Westermann* in Scholz, § 5 GmbHG Rz. 59.
3 WP-Hdb. II, F 173; IDW RS HFA 41; *Budde/Förschle/Winkeljohann*, L 30.
4 WP-Hdb. II, F 156 ff., mit Ausführungen, wenn das buchmäßige Eigenkapital kleiner dem Nennkapital ist; IDW RS HFA 41; *Winnefeld*, N 405.
5 Hierzu *Budde/Förschle/Winkeljohann*, L 150 ff.; kein Verweis auf § 220 UmwG bei Formwechsel von AG/KGaA in GmbH.
6 BGH v. 9.12.2002 – II ZB 12/02, DStR 2003, 298; BGH v. 7.7.2003 – II ZB 4/02, BB 2003, 2079; BGH v. 6.3.2012 – II ZR 56/10, GmbHR 2012, 630; BGH v. 10.12.2013 – II ZR 53/12, NZG 2014, 264 (zur „Neugründung" in der Liquidationsphase).
7 BGH v. 18.1.2010 – II ZR 61/09, ZIP 2010, 621.
8 A.A. *Nolting*, Registerrechtliche Gründungsprüfung beim Erwerb von Mantel- und Vorratsgesellschaften, ZIP 2003, 653; unklar aber, ob mit „Eröffnungsbilanz" Vorbelastungsbilanz gemeint ist.
9 BGH v. 6.3.2012 – II ZR 56/10, GmbHR 2012, 630.

Beim Gründungsvorgang ist zwischen **Bar- und Sachgründung** zu differenzieren (vgl. auch § 27 Rz. 17 ff.). Zahlungen an die *Vorgesellschaft* erfüllen die Einlageschuld[1], die Verwendung durch Investitions- oder sonstige geschäftspolitische Entscheidungen der Gesellschafter ist zulässig, sofern kein Rückfluss stattfindet[2]. Zahlungen an die *Vorgründungsgesellschaft* erfüllen die Einlageschuld nur bei eindeutiger Zweckbestimmung und Isolierung vom übrigen Vermögen[3]. Sacheinlagen, einschließlich dem Barwert eines Nutzungsrechts[4], sind vollständig zu leisten (§ 7 Abs. 3 GmbHG; § 36a Abs. 2 AktG), für Bareinlagen besteht eine Mindesteinzahlungsverpflichtung (§ 7 Abs. 2 GmbHG, § 36a Abs. 1 AktG), das Stammkapital der *Unternehmergesellschaft* ist in voller Höhe ausschließlich als Bareinlage zu erbringen (§ 5a Abs. 2 GmbHG). Das Agio einer AG ist stets in voller Höhe zu leisten (§ 36a Abs. 1 AktG).

62

Die sog. **verdeckte Sacheinlage** (§ 19 Abs. 4 GmbHG) befreit nicht von der Bareinlageverpflichtung, die Sacheinlage wird allerdings *im Zeitpunkt* der Handelsregistereintragung auf die Bareinlageverpflichtung angerechnet. Die Verträge über die Sacheinlage und die Rechtshandlungen zu ihrer Ausführung sind wirksam, nicht jedoch die vermeintliche Bareinlage. Unabhängig davon, wie man diese Anrechnung dogmatisch einordnet, kann die Zahlung auf die vermeintliche Bareinlage noch nicht als Erfüllung der Einlageschuld gebucht, sondern muss passiv abgegrenzt werden, zur Umbuchung kommt es erst im Zeitpunkt der Anrechnung.

62a

Das sog. **Hin- und Her-** bzw. **Her- und Hinzahlen** (vgl. auch § 27 Rz. 25 ff.) befreit gem. § 19 Abs. 5 GmbHG von der Bareinlageverpflichtung *insgesamt* nur dann, wenn dem ein vollwertiger Gegenleistungsanspruch gegenübersteht (z.B. Leistung der „Bareinlage" zunächst „per Bank an Stammkapital" und sodann sog. Aktivtausch „per Forderung an Bank"), der zudem jederzeit fällig oder durch fristlose Kündigung fällig gestellt werden kann und wenn eine solche Leistung oder die Vereinbarung einer solchen Leistung in der Anmeldung nach § 8 GmbHG offengelegt wird[5].

62b

b) Der **Stichtag der Eröffnungsbilanz** deckt sich mit dem Zeitpunkt, zu dem ein Handelsgewerbe aufgenommen wird, also bereits mit den ersten Vorbereitungshandlungen (s. Rz. 23)[6], für den Kaufmann gem. §§ 2, 3 HGB jedoch nicht vor der Eintragung in das Handelsregister; bei Neugründung vgl. §§ 241a, 242 Abs. 4 HGB (s. Rz. 17b ff.). Bei Kapitalgesellschaften entsteht die Verpflichtung in dem Zeitpunkt, in dem die Buchführungspflicht begründet wird

63

---

1 OLG Celle v. 5.4.2000 – 9 U 186/99, GmbHR 2000, 775; *Winter/Veil* in Scholz, § 7 GmbHG Rz. 26.
2 BGH v. 2.12.2003 – II ZR 101/02, BB 2003, 270; BGH v. 29.1.2001 – II ZR 183/00, GmbHR 2001, 339; BGH v. 18.3.2002 – II ZR 11/01, GmbHR 2002, 545 (zur Kapitalerhöhung).
3 BGH v. 22.6.1992 – II ZR 30/91, GmbHR 1992, 601; OLG Düsseldorf v. 10.12.1993 – 17 U 19/93, GmbHR 1994, 398.
4 BGH v. 14.6.2004 – II ZR 121/02, BB 2004, 1925.
5 BGH v. 16.2.2009 – II ZR 120/07 – Qivive, DStR 2009, 809; BGH v. 20.7.2009 – II ZR 273/07 – Cash Pool II, DStR 2009, 1858.
6 *Budde/Förschle/Winkeljohann*, B 6; *Winnefeld*, N 13.

(s. Rz. 24 ff.). Buchführungs- und Bilanzierungspflicht fallen nicht auseinander[1]. Im Zeitpunkt der Handelsregistereintragung ist anderseits durch eine Vorbelastungsbilanz, die abweichend von der Jahresbilanz eine Vermögensbilanz ist, die Unversehrtheit des Haftkapitals zu prüfen; Gründungskosten sind dort ggf. aktivierungsfähig, ferner kann das Vermögen u.U. als Abkehr vom Einzelbewertungsgrundsatz nach der Ertragswertmethode bewertet werden[2].

64 Strittig ist die **Aufstellungsfrist** der Eröffnungsbilanz[3]. Nach § 242 Abs. 1 HGB finden auf die Eröffnungsbilanz die für den Jahresabschluss geltenden Vorschriften entsprechend Anwendung, *soweit sie sich auf die Bilanz beziehen*. Daraus wird von einer überwiegenden Meinung § 242 Abs. 1 i.V.m. § 243 Abs. 3 HGB zum Gegenstand der Bilanzierungspflicht von Nichtkapitalgesellschaften gemacht, als Zeitrahmen werden sechs Monate genannt bzw. bei Kapitalgesellschaften die Anwendung der § 242 Abs. 1 HGB i.V.m. § 264 Abs. 1 HGB (drei bzw. sechs Monate) für zulässig erklärt. Das HGB sagt aber gerade nicht, wann eine Bilanz *entsprechend* zu erstellen ist, denn die für den Jahresabschluss geltenden Vorschriften regeln nur dessen Aufstellungsfrist als *umfassendes Rechenwerk*, bestehend aus Bilanz, Gewinn- und Verlustrechnung und rechtsformabhängig aus dem Anhang. Entgegen der überwiegenden Meinung ist deshalb § 264 Abs. 1 S. 4 HGB nicht anwendbar, Maßstab ist allein der ordnungsgemäße Geschäftsgang[4].

65 Die Eröffnungsbilanz ist qualitativ und quantitativ deutlich weniger strukturiert als der Jahresabschluss. Ebenso differenziert der Wortlaut von § 242 HGB zwischen der Pflicht zur Aufstellung *zu Beginn* des Handelsgewerbes (Abs. 1) und derjenigen *für den* Schluss eines jeden Geschäftsjahres (Abs. 2). Ein ordnungsgemäßer Geschäftsgang setzt die zügige Aufstellung voraus, wo dies ohne große Schwierigkeiten möglich ist. Deshalb ist für den Regelfall allenfalls eine Höchstfrist von drei Monaten vertretbar; und zwar rechtsformunabhängig[5], wobei im Fall der Bargründung teilweise nur ein Monat gefordert wird[6]. In der Unternehmenskrise ist unverzüglich zu bilanzieren (s. Rz. 88).

II. Sonderfall Unternehmensbeendigung

66 Liquidation bedeutet: Auflösung, Abwicklung, Beendigung und Löschung. Die **Liquidationsrechnungslegung** (§ 270 AktG, § 71 GmbHG) erfordert für den Beginn der Liquidation (Abwicklung) eine *Eröffnungsbilanz* und einen erläutern-

---

1 Str., vgl. die Nw. bei *Wolf/Lupp*, wistra 2008, 250. Zur GmbH ausdrücklich BFH v. 3.9.2009 – IV R 38/07, DStR 2009, 2366.
2 BGH v. 29.9.1997 – II ZR 245/96, BB 1997, 2475; BGH v. 9.11.1998 – II ZR 190/97, DStR 1999, 206; BGH v. 6.3.2012 – II ZR 56/10, GmbHR 2012, 630 (zu Gründungskosten).
3 Vgl. die umfangreichen Nw. bei *Wolf/Lupp*, wistra 2008, 250.
4 *Winnefeld*, N 28.
5 *Merkt* in Baumbach/Hopt, § 242 HGB Rz. 1; *Müller* in BeckHdR, D 20 Rz. 34 (unverzüglich, bei schwierigen Verhältnissen bis zu drei Monate); *Tiedemann* in LK, § 283 StGB Rz. 148 (recht kurzer Zeitraum); RGSt. 28, 428, wonach Aufstellung am 1.7. nach Geschäftsübernahme durch Erbfall am 15.3. verspätet war.
6 *Winnefeld*, N 28.

den Bericht sowie regelmäßige Abschlüsse für den Schluss *eines jeden Jahres*[1], wobei die Vorschriften über den Jahresabschluss *entsprechend* Anwendung finden (zum Adressatenkreis der Liquidationsrechnungslegung s. § 66 GmbHG, § 265 AktG; ferner Rz. 26). Das neue Geschäftsjahr umfasst ohne abweichenden Organbeschluss 12 Monate (z.B. Eröffnungsbilanz 1.7.2014, nächster Jahresabschluss somit 30.6.2015)[2], sodass sich nur bei abweichender Beschlusslage die Notwendigkeit eines Rumpfgeschäftsjahres ergeben kann. Die Gesellschaft besteht bis zu ihrer Vollbeendigung fort (§ 264 Abs. 3 AktG, § 69 Abs. 1 GmbHG). Häufig wird die Liquidation nicht die sofortige Betriebsstilllegung zur Folge haben, zum Zweck der Abwicklung können auch neue Geschäfte eingegangen werden (§ 268 Abs. 1 AktG, § 70 GmbHG). Mit dem BilRUG (s. Rz. 2) soll zukünftig gem. § 264 Abs. 1a HGB-E im Jahresabschluss die Tatsache der Liquidation oder Abwicklung angegeben werden.

Die **Aufstellungsfrist** der Liquidationseröffnungsbilanz ergibt sich entsprechend den Vorschriften über den Jahresabschluss aus § 264 HGB[3]. Die für die Eröffnungsbilanz gemachten Einschränkungen (näher Rz. 64 ff.) greifen hier nicht, da einerseits der Verweis *„soweit sie sich auf die Bilanz beziehen"* fehlt sowie der Wortlaut nicht *„zu Beginn"* sondern *„für den Beginn"* lautet, insbesondere der Jahresabschluss der werbenden Gesellschaft (s. Rz. 94) als Grundlage erforderlich sein wird, für den aber § 264 HGB gilt. Da die Liquidation häufig mit der Unternehmenskrise einhergeht, kann allerdings die Sechsmonatsfrist nicht ausgeschöpft werden, weil dies keinem ordnungsgemäßen Geschäftsgang entspricht (näher Rz. 88 ff.)[4]. Stichtag der Eröffnungsbilanz ist der Eintritt der Auflösung. Im Falle der *stillen Liquidation* finden die Abwicklungsvorschriften keine Anwendung, da die Abwicklung wie bei einer lebenden Gesellschaft durchgeführt wird[5], allerdings führt die stille Liquidation regelmäßig zur Abkehr vom Grundsatz der Unternehmensfortführung und steht als tatsächliche Gegebenheit der Fortführung entgegen[6]. Gem. § 71 Abs. 3 GmbHG, § 270 Abs. 3 AktG kann das Gericht bei überschaubaren Verhältnissen von der Prüfungspflicht des Jahresabschlusses und des Lageberichts befreien. Dies gilt nicht für Geschäftsjahre, die vor Eröffnung des Liquidations- bzw. Insolvenzverfahrens liegen[7].

66a

---

1 BayObLG v. 31.1.1990 – RReg. 3 St 166/89, wistra 1990, 201; BayObLG v. 14.1.1994 – 3Z BR 307/93, BB 1994, 476; *Winnefeld*, N 698 und N 701.
2 *Haas* in Baumbach/Hueck, § 71 GmbHG Rz. 23 m.w.Nw.; LG Bonn v. 20.11.2009 – 39 T 1252/09, NZI 2010, 77; so für das StrafR auch OLG Frankfurt v. 6.10.1976 – 2 Ss 461/76, BB 1977, 312.
3 *Karsten Schmidt* in Scholz, § 71 GmbHG Rz. 13; *Kleindiek* in Lutter/Hommelhoff, § 71 GmbHG Rz. 6; str. aber, ob Erleichterung für kleine Kapitalgesellschaften gem. § 264 Abs. 1 S. 3 HGB Anwendung findet: abl. *Haas* in Baumbach/Hueck, § 71 GmbHG Rz. 12 m.w.Nw. (drei Monate ab Auflösung); bejahend *Kleindiek* in Lutter/Hommelhoff, § 71 GmbHG Rz. 6.
4 *Hüffer* in MüKo, § 270 AktG Rz. 18; *Karsten Schmidt* in Scholz, § 71 GmbHG Rz. 13.
5 WP-Hdb. II, X 277.
6 *ADS*, § 252 HGB Rz. 28.
7 OLG München v. 10.8.2005 – 31 Wx 61/05, NZG 2006, 69.

67 Wird zutreffend ein letzter Jahresabschluss der werbenden Gesellschaft für erforderlich erachtet (s. Rz. 94), dann ist strittig, ob der Grundsatz der **Bilanzidentität** (s. Rz. 111) zwischen der Eröffnungsbilanz der Gesellschaft i.L. und der Schlussbilanz gilt[1]. Da die Vorschriften über den Jahresabschluss „*entsprechend*" Anwendung finden, spricht dies zunächst für § 252 Abs. 1 Nr. 1 HGB. Das hängt auch davon ab, ob liquidationsspezifische Sachverhalte, z.B. Rückstellungen für Liquidationskosten oder Sozialpläne, als wertaufhellende oder wertbeeinflussende Tatsache zu werten sind (s. Rz. 113). Dabei soll der Wegfall der Going-Concern-Prämisse, sofern dieser bis zum Zeitpunkt der Aufstellung des Jahresabschlusses bekannt wird, bei der Bewertung der Bilanzposten bereits berücksichtigt werden, und zwar auch für einen nach dem Abschlussstichtag gefassten Liquidationsbeschluss oder gestellten Insolvenzantrag[2]. Hingegen gilt die Sondervorschrift des § 270 Abs. 2 S. 3 AktG, § 71 Abs. 2 S. 3 GmbHG (Bewertung des Anlagevermögens wie Umlaufvermögen) im Jahresabschluss der werbenden Gesellschaft nicht[3], da dort Vermögensgegenstände des Anlagevermögens grundsätzlich auch bei Veräußerungsabsicht als Anlagevermögen ausgewiesen bleiben[4] und somit die Anschaffungs- oder Herstellungskosten – ohne Berücksichtigung des voraussichtlichen Veräußerungszeitpunkts – auf die normale betriebsgewöhnliche Nutzungsdauer zu verteilen sind[5]. Dabei soll in der Liquidation, wenn die Voraussetzungen der § 270 Abs. 2 S. 3 AktG, § 71 Abs. 2 S. 3 GmbHG vorliegen, nicht nur die Pflicht bestehen, das Anlagevermögen als Umlaufvermögen zu bewerten, sondern es auch entsprechend umzugliedern[6], sodass hier regelmäßig eine Durchbrechung des Grundsatzes der Bilanzidentität vorliegen dürfte.

68 Ebenso ist strittig, wann die **Bewertung nach Fortführungswerten** (näher Rz. 112) aufzugeben und wie dann zu bewerten ist[7], vor allem wenn der bisherige Geschäftsbetrieb befristet noch eine geraume Zeit fortgeführt wird, wobei auch diese befristete Fortführung nur dem Ziel der Vollbeendigung dienen kann. Für die Bewertung mit Fortführungswerten spricht auch hier die „*entsprechende*" Anwendung der für den Jahresabschluss geltenden Vorschriften und die Auffassung des Gesetzgebers, dass die Liquidation nur in Ausnahmefällen zur sofortigen Liquidation führt und deshalb die Rechnungslegung vor Liquidation grundsätzlich fortgeführt werden soll[8]. Der Auflösungsbeschluss allein stellt daher grundsätzlich noch keine rechtliche Gegebenheit dar, die der

---

1 Bejahend BayObLG v. 14.1.1994 – 3Z BR 307/93, BB 1994, 476 (in aller Regel übereinstimmend); WP-Hdb. II, X 292; *Förschle/Deubert*, DStR 1996, 1743; *Winnefeld*, N 720; a.A. *Haas* in Baumbach/Hueck, § 71 GmbHG Rz. 3; *Hüffer* in MüKo, § 270 AktG Rz. 35; *ADS*, § 270 AktG Rz. 45.
2 IDW RS HFA 17.
3 *Karsten Schmidt* in Scholz, § 71 GmbHG Rz. 8.
4 *Schubert/Huber, F.* in BeBiKo, § 247 HGB Rz. 361; BFH v. 26.11.1974 – VIII R 61-62/73, BStBl. II 1975, 352; BFH v. 9.2.2006 – IV R 15/04, juris.
5 *Kahle/Heinstein* in HdJ, Abt. II/2 Rz. 127.
6 KG v. 17.4.2001 – 14 U 380/99, NZG 2001, 845, a.A. *Hüffer* in MüKo, § 270 AktG Rz. 24.
7 *Haas* in Baumbach/Hueck, § 71 GmbHG Rz. 16 m.w.Nw.
8 BT-Drs. 10/317, 107 und 113; KG v. 17.4.2001 – 14 U 380/99, NZG 2001, 845.

Unternehmensfortführung entgegensteht[1]. Andererseits müssen hinreichende Anhaltspunkte dafür vorliegen, dass trotz dieser rechtlichen Gegebenheiten von einer auf gewisse Dauer angelegten Fortführung der Unternehmenstätigkeit auszugehen ist, um Fortführungswerte beibehalten zu können[2], was nicht die Regel sein wird. Wird sukzessive die Produktion stillgelegt, das Warenlager veräußert, wesentliches betriebsnotwendiges Vermögen versilbert[3] und ist die Fortsetzung der Gesellschaft nicht beabsichtigt bzw. möglich (§ 274 Abs. 1 AktG[4], § 3 Abs. 3 UmwG,), dann ist auf die Besonderheiten der Liquidationsrechnungslegung abzustellen. Ansatz und Bewertung erfolgen jetzt unter Veräußerungsgesichtspunkten, wobei § 253 Abs. 1 S. 1 HGB bzw. das Vorsichtsprinzip nicht verdrängt wird[5].

Mit der **Eröffnung des Insolvenzverfahrens** beginnt ein neues Geschäftsjahr (§ 155 Abs. 2 InsO). Daraus ergibt sich die Pflicht zur Aufstellung einer Eröffnungsbilanz[6], wobei auch hier die Beibehaltung des bisherigen Geschäftsjahres möglich ist (s. Rz. 66), wenngleich das Beschlussverfahren hierzu strittig ist[7]. Daneben bleibt auch die Pflicht zur handels- und steuerrechtlichen Rechnungslegung bestehen (s. Rz. 26), insbesondere die Pflicht zur Buchführung, regelmäßigen Abschlusserstellung und Prüfung[8] einschließlich der Publizität[9], und zwar sowohl für den Zeitraum nach Eröffnung des Insolvenzverfahrens als auch für den Zeitraum davor[10]. Dies soll dann nicht zumutbar sein, wenn es den Interessen der Gläubigergesamtheit – inbesondere. bei massearmen Verfahren – widerspricht[11], andererseits soll mangelnde (Masse-)Kostendeckung nicht vom (steuerlichen) Pflichtenumfang befreien[12]. Dem Gesetzeswortlaut ist je-

69

---

1 *Förschle/Deubert*, DStR 1996, 1746 m.w.Nw.
2 IDW RS HFA 17.
3 Ähnlich *Winnefeld*, N 772; *Hüffer* in MüKo, § 270 AktG Rz. 32.
4 Für die str. Anwendung auf die GmbH s. *Haas* in Baumbach/Hueck, § 60 GmbHG Rz. 91 ff. m.w.Nw.; *Karsten Schmidt* in Scholz, § 60 GmbHG Rz. 79 ff.; *Altmeppen* in Roth/Altmeppen, § 60 GmbHG Rz. 40 ff.
5 IDW RS HFA 17; *Winnefeld*, E 34.
6 BT-Drs. 12/2443, 172; *Budde/Förschle/Winkeljohann*, R 60; *Winnefeld*, N 1095; WP-Hdb. II, S 396; IDW RH HFA 1.012; a.A. *Kunz/Mundt*, DStR 1997, 665 ff.; *Füchsl/Weishäuptl* in MüKo, § 155 InsO Rz. 8 (abl. bei sofortiger Zerschlagung).
7 OLG Frankfurt v. 1.10.2013 – 20 W 340/12, NZG 2014, 866; OLG Frankfurt v. 21.5.2012 – 20 W 65/12, ZIP 2012, 1617; *Eisholt/Schmidt*, Praxisfragen der externen Rechnungslegung in der Insolvenz, BB 2009, 654; IDW RH HFA 1.012; zur Rückwirkung *Hancke/Schildt*, NZI 2012, 127.
8 BGH v. 21. 6. 2011 – II ZB 12/10, NZG 2011, 1069; IDW RH HFA 1.012, mit analoger Anwendung von § 270 Abs. 3 AktG, § 71 Abs. 3 GmbHG; so auch BT-Drs. 12/2443, 172.
9 LG Bonn v. 16.9.2009 – 30 T 366/09, NZI 2009, 781; LG Bonn v. 13.11.2008 – 30 T 275/08, NZI 2009, 194; *Grasshoff*, Die handelsrechtliche Rechnungslegung durch den Insolvenzverwalter nach Inkrafttreten des EHUG, NZI 2008, 65.
10 LG Frankfurt/Oder v. 4.9.2006 – 32 T 12/05, NZI 2007, 294; BFH v. 19.11.2007 – VIII B 104/07, BFH/NV 2008, 334; KG v. 3.6.1997 – 1 W 8260/95, ZIP 1997, 1511.
11 LG München I v. 11.10.2001 – 17 HK T 13733/01, ZIP 2001, 2291; *Mundt*, DStR 1997, 669; gegen Pflichtprüfung AG München v. 6.10.2004 – HRB 44551, ZIP 2004, 2110.
12 BFH v. 19.11.2007 – VII B 104/07, BFH/NV 2008, 334.

denfalls eine Einschränkung zugunsten der Insolvenzgläubiger nicht zu entnehmen. Teilweise wird bei nicht vorhandener, fehlerhafter oder unvollständiger Buchführung deren Aufarbeitung durch den Verwalter nur in dem Umfang gefordert, wie dies für die Erfüllung der ab Verfahrenseröffnung beginnenden Rechnungslegungspflichten erforderlich ist[1]. § 155 Abs. 2 S. 2 InsO verlängert die gesetzlichen Fristen für die Aufstellung und Offenlegung um die Zeit bis zum Berichtstermin, was auch für die Eröffnungsbilanz gilt. Strittig ist, ob die Buchführungs- und Rechnungslegungspflicht auch dann besteht, wenn das Unternehmen eingestellt ist und nur noch die verbliebenen Vermögensgegenstände verwertet werden[2].

69a Gem. § 155 Abs. 1 S. 2 InsO obliegt die handels- und steuerrechtliche **Rechnungslegungspflicht** über die Insolvenzmasse (§ 38 InsO) als *eigene* Verpflichtung mit Verfahrenseröffnung dem Insolvenzverwalter[3]. Aufgrund der Pflichtentrennung in § 155 Abs. 1 InsO (s. Rz. 26) gilt dann etwas anderes, wenn ein Teil des Vermögens nicht beschlagnahmt wurde oder wieder freigegeben und weiter von dem Geschäftsführer verwaltet wird; dieser Teil gehört dann nicht zur Insolvenzmasse und unterliegt der Rechnungslegungspflicht durch den Geschäftsführer[4]. Bei Eigenverwaltung tritt der Schuldner – unter Aufsicht des Sachwalters – an die Stelle des Insolvenzverwalters (§ 270 InsO). Die Rechnungslegung wirft dieselben strittigen Fragen wie bei Liquidation auf (s. Rz. 67 ff.). Ob Fortführungs- oder Liquidationswerte anzusetzen sind, ist am Einzelfall zu entscheiden. Bei sofortiger Stilllegung sind Liquidationswerte maßgebend, wird der Geschäftsbetrieb nicht sofort eingestellt, sondern – möglicherweise in Eigenverwaltung – fortgeführt, sind Fortführungswerte anzusetzen[5]. Dabei dürfte im Berichtstermin, der gem. § 29 Abs. 1 Nr. 1 InsO spätestens nach drei Monaten erfolgen muss, der Fortgang des Insolvenzverfahrens bekannt sein.

70 § 154 HGB fordert bei **Auflösung einer Personengesellschaft**, ohne auf die entsprechenden Vorschriften über den Jahresabschluss zu verweisen, nur die Aufstellung einer Bilanz zu Beginn sowie bei Beendigung der Liquidation. Ob die handelsrechtlichen Ansatz- und Bewertungsvorschriften gelten, ist strittig. Teilweise werden sogar Jahresabschlüsse (§§ 242 ff. HGB) für nicht geboten angesehen[6], andererseits wird in § 154 HGB nur eine interne Liquidationsrechnungslegung als Grundlage für die Auseinandersetzung der Gesellschafter gese-

---

1 *Füchsl/Weishäuptl* in MüKo, § 155 InsO Rz. 4; s. auch BGH v. 13.7.2006 – IX ZB 198/05, NZI 2006, 586.
2 BGH v. 21.6.2011 – II ZB 12/10, NZG 2011, 1069.
3 Zum vorläufigen Insolvenzverwalter als Pflichtadressat: *Richter*, Strafbarkeit des Insolvenzverwalters, NZI 2002, 121.
4 LG Bonn v. 22.4.2008 – 11 T 28/07, GmbHR 2008, 593.
5 BT-Drs. 12/2443, 172; IDW RH HFA 1.012; IDW RS HFA 17; *Kaiser*, Die Crux mit dem Going Concern, ZIP 2012, 2478.
6 BGH v. 5.11.1979 – II ZR 145/78, NJW 1980, 1522, Ausnahme bei umfangreichen Abwicklungen und größeren Veränderungen der Aktiven und Passiven; offenlassend OLG Celle v. 11.5.1983 – 9 U 160/82, ZIP 1983, 943.

hen, welche die externen Rechnungslegungsvorschriften unberührt lässt[1]. Strittig ist aber auch hier, ob die Verpflichtung zur Erstellung einer externen Liquidationseröffnungsbilanz analog § 270 AktG, § 71 GmbHG besteht[2]. Für die GmbH & Co KG gilt hingegen § 71 Abs. 1 GmbHG i.V.m. § 264a HGB[3].

D. Jahresabschluss

I. Zielsetzung und Bestandteile

Der Jahresabschluss erfüllt im Wesentlichen **zwei Funktionen**: Er informiert über die wirtschaftliche Lage des Kaufmanns (*Informationsfunktion*) und dient als Bemessungsgrundlage für die Steueransprüche des Fiskus sowie die Ergebnisverteilung an die Eigentümer (*Ausschüttungsbemessungsfunktion*). Die Informationsfunktion des Jahresabschlusses bedeutet Dokumentation der Vermögens-, Finanz- und Ertragslage, sie ist Basis für Planungen und Entscheidungen des Kaufmanns (Selbstinformation), aber auch der Anteilseigner und sonstiger externer Gruppen, wie z.B. Kreditinstitute, Gläubiger, Arbeitnehmer und der Öffentlichkeit. Die Funktion der Ausschüttungsbemessung dient einerseits als Grundlage für die Besteuerung des Unternehmens (Maßgeblichkeit der Handelsbilanz für die Steuerbilanz) und andererseits der Ermittlung von erfolgsabhängigen Ansprüchen wie z.B. Dividenden und sonstigen Erfolgsbeteiligungen. 71

Ein zu hoher Gewinnausweis wird im Rahmen der **Ausschüttungsbemessung** durch eine „vorsichtige" Bilanzierung eingeschränkt (Ausschüttungssperrfunktion), was der *Kapitalerhaltung* und damit auch dem Gläubigerschutz dient. Als Folge der Dominanz des Vorsichtsprinzips (s. Rz. 114) unterliegen nur die nach den GoB realisierten Gewinne der Ausschüttung, ggf. sind Ausschüttungssperren zu beachten (s. Rz. 125a). Die dispositive Entnahmebefugnis der OHG-Gesellschafter folgt aus §§ 120 ff. HGB, für Kommanditisten gilt § 169 Abs. 1 HGB (s. Rz. 101). § 29 Abs. 1 GmbHG, § 58 Abs. 4 AktG regelt den Anspruch der Gesellschafter bzw. Aktionäre auf den Jahresüberschuss, zuzüglich Gewinn- und abzüglich Verlustvortrag (Bilanzgewinn), soweit nicht nach Gesetz, Satzung, Beschluss oder zusätzlicher Aufwandsverrechnung etwas anderes gilt. Der Erwerb eigener Anteile, der wirtschaftlich eine Kapitalrückzahlung darstellt, ist reglementiert (§ 33 GmbHG, §§ 71 ff. AktG; s. auch Rz. 126a). Gem. § 5a Abs. 3 GmbHG muss die *Unternehmergesellschaft* ein Viertel ihres Jahresüberschusses in die gesetzliche Rücklage einstellen. Die gesetzliche Rücklage ist der Ausschüttung – wie bei der AG (§ 150 AktG) – entzogen und darf nur für Zwecke der Kapitalerhöhung und der Deckung von Verlusten verwendet werden. § 5a Abs. 3 GmbHG enthält keine zeitliche Befristung der Rücklagendotierung wie dies bei der AG der Fall ist (dort § 150 Abs. 2 AktG), lediglich im Fall einer Kapitalerhöhung finden die Vorschriften der 72

---

1 Übersicht bei *Habersack* in Staub, § 154 HGB Rz. 7 ff. m.w.Nw.; *Hillmann* in E/B/J/S, § 154 HGB Rz. 5.
2 Bejahend *Habersack* in Staub, § 154 HGB Rz. 19 m.w.Nw.; a.A. *Budde/Förschle/Winkeljohann*, S 55; *Hillmann* in E/B/J/S, § 154 HGB Rz. 8.
3 LG Bonn v. 20.11.2009 – 39 T 1252/09, NZI 2010, 77.

Abs. 1–4 keine Anwendung mehr (§ 5a Abs. 5 GmbHG), sodass erst dann die Pflicht zur Rücklagendotierung endet.

73 § 30 GmbHG sichert das zur Erhaltung des Stammkapitals erforderliche Vermögen (Kapitalerhaltung) durch ein **Rückzahlungsverbot an die Gesellschafter bei Unterbilanz**, wenn also das Eigenkapital (auch bezeichnet als Reinvermögen) bereits kleiner als das Stammkapital ist oder durch die Rückzahlung wird (zum weiterreichenden Pendant bei der AG s. § 57 AktG). Ist das Eigenkapital kleiner als null, dann kommt es zum Postenausweis gem. § 268 Abs. 3 HGB (s. Rz. 125), sodass ein „nicht durch Eigenkapital gedeckter Fehlbetrag" immer auch eine Unterbilanz bedeutet[1]. Ausgenommen vom Rückzahlungsverbot sind sog. fremdübliche Drittgeschäfte.

Beispiel: Das Eigenkapital der X-GmbH (Stammkapital: 50 000 Euro) beträgt – bedingt durch Verluste – nur noch 30 000 Euro, sodass eine Unterbilanz (20 000 Euro) vorliegt. Erhält der Gesellschafter-Geschäftsführer nun eine *unberechtigte* Tantieme von 15 000 Euro, „vertieft" sich die Unterbilanz (35 000 Euro) und es liegt ein Verstoß gegen § 30 GmbHG vor. Tritt noch ein weiterer Verlust von 22 000 Euro auf, dann entsteht ein „nicht durch Eigenkapital gedeckter Fehlbetrag" von 7 000 Euro (oder eine Unterbilanz von 57 000 Euro).

Zur *Feststellung der Unterbilanz* sind handelsrechtliche Bilanzierungsgrundsätze heranzuziehen; eine willkürliche Änderung der Bewertungsvorschriften ist nicht zulässig[2]. Diese bilanzorientierte Sichtweise gilt gem. § 30 Abs. 1 S. 2 Hs. 2 GmbHG, § 57 Abs. 1 S. 3 Hs. 2 AktG auch für Leistungen an Gesellschafter, denen ein **vollwertiger Gegenleistungs- oder Rückgewährsanspruch** gegenübersteht (insbesondere Darlehen an Gesellschafter, sog. *upstream loans*), der allerdings auch zu Marktwerten gedeckt sein muss (daher keine Veräußerung eines Pkw zum Erinnerungswert von einem Euro an den bonitätsstarken Gesellschafter, wenn der Marktwert höher ist), sodass kein Verstoß gegen das Rückzahlungsverbot vorliegt (sog. Aktivtausch „per Forderung an Bank"). Dies gilt hingegen nicht für Kreditgewährungen an *Gesellschafter-Geschäftsführer* (§ 43a GmbHG), in diesem Fall ist der Darlehensrückzahlungsanspruch gegen den Geschäftsführer als nicht werthaltig zu fingieren und darf in der Unterbilanzfeststellung nicht aktiviert werden[3]. Die Rückzahlung eines erhaltenen Gesellschafterdarlehens unterfällt als Folge der Aufgabe des Eigenkapitalersatzrechts gem. § 30 Abs. 1 S. 3 GmbHG, § 57 Abs. 1 S. 4 AktG ebenfalls nicht mehr der Kapitalerhaltung. Die Unterbilanz ist dabei zu trennen vom Begriff der rechtlichen Überschuldung (§ 19 InsO), bei der das Reinvermögen unter Ansatz von Liquidations- bzw. Zerschlagungswerten kleiner als null ist.

74 Der handelsrechtliche Jahresabschluss dient nach § 5 Abs. 1 S. 1 EStG als Grundlage für die steuerliche Gewinnermittlung (**Maßgeblichkeit der Handelsbilanz für die Steuerbilanz**). Dieser Grundsatz wird allerdings dann durchbrochen, wenn im Steuerrecht durch Ausübung eines steuerlichen Wahlrechts ein anderer Ansatz gewählt wird (§ 5 Abs. 1 S. 1 Hs. 2 EStG) oder ein steuerlicher

---

1 BGH v. 13.2.2006 – II ZR 62/04, DStR 2006, 860.
2 BGH v. 29.9.2008 – II ZR 234/07, NJW 2009, 86; *Fastrich* in Baumbach/Hueck, § 30 GmbHG Rz. 17.
3 BGH v. 23.4.2012 – II ZR 252/10, NZI 2012, 517.

Bewertungsvorbehalt besteht (§ 5 Abs. 6 EStG) oder negativ formuliert: Sagt das Steuerrecht nichts anderes, gilt Handelsrecht. Das Prinzip der sog. *umgekehrten Maßgeblichkeit* (der Steuerbilanz für die Handelsbilanz) gilt nach dem BilMoG nicht mehr. Damit wird es beispielsweise wegen folgender steuerlicher Divergenzen immer schwieriger, eine sog. „Einheitsbilanz" zu erstellen, die handels- und steuerrechtlichen Vorschriften gleichermaßen entspricht: Ansatzverbot selbst erstellter immaterieller Vermögensgegenstände (§ 5 Abs. 2 EStG), Abschreibungswahlrecht bei dauernder Wertminderung (§ 6 Abs. 1 Nr. 1 S. 2 EStG), Nutzungsdauer des Geschäfts- oder Firmenwertes von 15 Jahren (§ 7 Abs. 1 S. 3 EStG), Verbot von Rückstellungen für drohende Verluste (§ 5 Abs. 4a EStG), Bewertung von Rückstellungen (§ 6 Abs. 1 Nr. 3e EStG), um nur einige zu nennen. Konsequenz daraus ist, dass vermehrt latente Steuern entstehen werden (s. Rz. 126b). Enthält die Handelsbilanz Ansätze oder Beträge, die dem Steuerrecht nicht entsprechen, so sind diese in einer Überleitungsrechnung den steuerlichen Vorschriften anzupassen oder es ist eine gesonderte Steuerbilanz aufzustellen (§ 60 EStDV).

Unter dem Begriff der **Bilanz** (§ 242 Abs. 1 HGB) versteht man die Gegenüberstellung des („seines") Vermögens des Kaufmanns sowie „seiner" Schulden (Fremdkapital); zur Gliederungsform s. Rz. 103. Das Eigenkapital (Reinvermögen) ergibt sich als Residualgröße aus Vermögen und Fremdkapital (*Eigenkapitalgleichung*: Vermögen – Fremdkapital = Eigenkapital, daraus folgt die *Bilanzgleichung*: Vermögen = Eigenkapital + Fremdkapital bzw. Aktiva = Passiva). Die Bezeichnung für die Vermögensseite lautet *Aktiva* (bzw. Mittelverwendung) und für die Kapitalseite *Passiva* (bzw. Mittelherkunft). Aktiva und Passiva müssen immer ausgeglichen sein (s. Bilanzgleichung). Diese Systemlogik folgt bei der doppelten Buchführung daraus, dass jeder Geschäftsvorfall „doppelt" gebucht wird (System der Doppik): Die einen Geschäftsvorfälle bewirken eine Änderung der Zusammensetzung des Vermögens und/oder der Schulden, die Höhe des Eigenkapitals bleibt in diesem Fall unverändert; die anderen Geschäftsvorfälle bewirken auch eine Änderung des Eigenkapitals.

Beispiel: Die Zahlung von Gehältern in bar mindert das Eigenkapital und die Kasse; die Tilgung von Verbindlichkeiten per Banküberweisung (Bankguthaben) mindert die Verbindlichkeiten und das Bankguthaben und die Barveräußerung (5 000 Euro) eines Pkw mit einem Restbuchwert von 2 000 Euro erhöht die Aktiva per Saldo um 3 000 Euro (Kasse: + 5 000 Euro, Pkw: - 2 000 Euro) und die Passiva (Eigenkapital) um ebenfalls 3 000 Euro. Aktiva und Passiva verändern sich somit gleichgewichtig. Buchhalterisch unterteilt man die Bilanzveränderungen in einen Aktiv- bzw. Passivtausch sowie in eine Aktiv-/Passivmehrung bzw. Aktiv-/Passivminderung.

Nach § 242 Abs. 2 HGB hat der Kaufmann – neben der Bilanz – für den Schluss eines jeden Geschäftsjahres eine Gegenüberstellung der Aufwendungen und Erträge des Geschäftsjahres aufzustellen (**Gewinn- und Verlustrechnung**). Buchhalterisch betrachtet ist die Gewinn- und Verlustrechnung ein Unterkonto vom Eigenkapital (s. Rz. 40a). Deren Aufgabe ist die Gewinnermittlung sowie der Nachweis darüber, wie das Jahresergebnis entstanden ist. Unmittelbar ergeben sich aus § 275 HGB – der zwar nur für Kapitalgesellschaften gilt (s. Rz. 124), aber auch von Kaufleuten und Personengesellschaften regelmäßig angewendet wird – nur die Zwischensummen *„Ergebnis der gewöhnlichen Geschäftstätigkeit"* und *„außerordentliches Ergebnis"*. Beide Posten sollen zukünftig nach dem BilRUG (s. Rz. 2) entfallen und als neue Zwischensumme das *Ergebnis nach Steuern* (gemeint ist das Ergebnis nach den Steuern vom Einkommen und Ertrag) angegeben werden (z.B. § 275 Abs. 2 Nr. 15 HGB-E); der Betrag und die Art der außerordentlichen Erträge und Aufwendungen soll dann im Anhang gesondert angegeben werden (§ 285 Nr. 31 HGB-E). Durch Summenbildung lässt sich allerdings das *Betriebsergebnis* (z.B. § 275 Abs. 2 Nr. 1-8 HGB) und das *Finanzergebnis* (z.B. § 275 Abs. 2 Nr. 9–13 HGB) ableiten. Kommuniziert werden in der Praxis auch international gebräuchliche Kennziffern wie EBIT und EBITDA[1], ohne dass deren Herleitung aber standardisiert ist. Bilanz und Gewinn- und Verlustrechnung bilden *zusammen* den *Jahresabschluss* (§ 242 Abs. 3 HGB), der für den Schluss eines jeden Geschäftsjahres aufzustellen ist (§ 242 Abs. 1 HGB).

77 Kapitalgesellschaften haben nach § 264 Abs. 1 HGB den Jahresabschluss um einen **Anhang** zu erweitern und einen **Lagebericht** aufzustellen; dies gilt nach § 264a Abs. 1 HGB auch für sog. *KapCoGes* (s. Rz. 121). *Kleinstkapitalgesellschaften* (s. Rz. 121a) brauchen gem. § 264 Abs. 1 S. 5 HGB den Jahresabschluss nicht um einen Anhang zu erweitern, wenn sie gewisse Angaben unter der Bilanz ausweisen (s. Rz. 121a). Der Lagebericht ist nicht Bestandteil des Jahresabschlusses, kleine Kapitalgesellschaften (§ 267 Abs. 1 HGB) und somit auch Kleinstkapitalgesellschaften (§ 267a HGB) brauchen den Lagebericht nicht aufzustellen. *Kapitalmarktorientierte* Kapitalgesellschaften, die keinen Konzernabschluss aufstellen, haben gem. § 264 Abs. 1 S. 2 HGB den Jahresabschluss um eine *Kapitalflussrechnung* und einen *Eigenkapitalspiegel* zu erweitern, die mit Bilanz, Gewinn- und Verlustrechnung und Anhang eine Einheit bilden; sie können den Jahresabschluss um eine *Segmentberichterstattung* erweitern. Als kapitalmarktorientiert gilt eine Kapitalgesellschaft gem. § 264d HGB, wenn sie einen organisierten Markt i.S. von § 2 Abs. 5 WpHG durch von ihr ausgegebene Wertpapiere i.S. von § 2 Abs. 1 S. 1 WpHG (z.B. Aktien, Anleihen etc.) in Anspruch nimmt oder die Zulassung solcher Wertpapiere beantragt hat; sie ist gem. § 267 Abs. 3 HGB stets als sog. „große" Kapitalgesellschaft einzustufen und muss im Falle der Konzernrechnungslegungspflicht den Konzernabschluss gem. § 315a HGB nach den IFRS aufstellen (s. Rz. 149 ff.).

78 Bestimmte Unternehmen (§ 3 PublG) unterliegen der **Rechnungslegung nach dem PublG**, wenn sie gewisse Größenmerkmale (§ 1 PublG) überschreiten (vgl. § 23 Rz. 29). Nach § 5 Abs. 2 PublG ist der Jahresabschluss eines Unternehmens, das nicht in der Rechtsform einer Personengesellschaft oder eines Einzelkaufmanns geführt wird, um einen Anhang zu erweitern, ferner ist ein Lagebericht aufzustellen. Für den Inhalt von Jahresabschluss und Lagebericht gelten gem. § 5 Abs. 1 und 2 PublG die dort genannten HGB-Vorschriften sinngemäß;

---

1 EBIT = Earnings Before Interest and Taxes (Ergebnis vor Zinsen und Steuern), EBITDA = Earnings Before Interest, Taxes, Depreciation and Amortization (Ergebnis vor Zinsen, Steuern und Abschreibungen auf Sachanlagen und immaterielle Vermögensgegenstände).

Ausnahmen von der Anwendung des PublG ergeben sich aus § 5 Abs. 6 PublG (zur Abschlusspublizität § 41 Rz. 3). Gleichfalls besteht Prüfungspflicht gem. § 6 PublG unter sinngemäßer Anwendung der dort genannten Vorschriften.

§ 290 HGB normiert die Aufstellung eines **Konzernabschlusses** (s. auch Rz. 130). Dies setzt voraus, dass in einem Konzern eine Kapitalgesellschaft/ KapCoGes (Mutterunternehmen) auf ein anderes Unternehmen (Tochtergesellschaft) unmittelbar (Abs. 2) oder mittelbar (Abs. 3) einen beherrschenden Einfluss ausüben kann; die Rechtsform des Tochterunternehmens ist unerheblich. Beherrschender Einfluss liegt vor, wenn ein Unternehmen die Möglichkeit hat, die Finanz- und Geschäftspolitik eines anderen Unternehmens dauerhaft zu bestimmen[1]. Für Gesellschaften anderer Rechtsformen folgt die Pflicht zur Konzernrechnungslegung aus § 11 PublG. Der Konzernabschluss besteht gem. § 297 Abs. 1 HGB aus der Konzernbilanz, der Konzern-Gewinn- und Verlustrechnung, dem Konzernanhang, der Konzernkapitalflussrechnung und dem Konzerneigenkapitalspiegel. Er kann optional um eine Segmentberichterstattung ergänzt werden (§ 297 Abs. 1 S. 2 HGB); daneben ist ein Konzernlagebericht (§ 315 HGB) aufzustellen. Eine Ausnahme von der Konzernrechnungslegung sieht § 290 Abs. 5 HGB vor und gilt für Mutterunternehmen die nur Tochtergesellschaften besitzen, die gem. § 296 HGB nicht in den Konzernabschluss einbezogen zu werden brauchen.

79

Ein **beherrschender Einfluss** des Mutterunternehmens besteht gem. § 290 Abs. 2 HGB *stets*, wenn ihm

79a

– die Mehrheit der Stimmrechte zusteht oder

– das Recht zusteht, die Mehrheit der Mitglieder des die Finanz- und Geschäftspolitik bestimmenden Verwaltungs-, Leitungs- oder Aufsichtsorgans zu bestellen oder abzurufen und es gleichzeitig Gesellschafter ist oder

– das Recht zusteht, die Finanz- und Geschäftspolitik aufgrund eines mit einem anderen Unternehmen geschlossenen Beherrschungsvertrags oder aufgrund einer Satzungsbestimmung des anderen Unternehmens zu bestimmen oder

– das Mutterunternehmen bei wirtschaftlicher Betrachtung die Mehrheit der Risiken und Chancen eines Unternehmens trägt, das zur Erreichung eines eng begrenzten und genau definierten Ziels des Mutterunternehmens dient (sog. **Zweckgesellschaften** bzw. *special purpose entity* oder *conduits*).

Die Beherrschung muss nicht notwendigerweise auch tatsächlich ausgeübt werden[2]. Der Gesetzgeber nennt – unter Hinweis auf die IFRS (SIC 12; s. auch Rz. 148) – beispielhaft Kriterien, die für das Vorliegen einer Zweckgesellschaft sprechen[3]. Die Chance-Risiko-Betrachtung erfolgt primär qualitätsbezogen[4],

---

1 BT-Drs. 16/12407, 117.
2 BT-Drs. 16/12407, 117.
3 BT-Drs. 16/12407, 117.
4 *Lüdenbach/Freiberg*, Mutter-Tochter-Verhältnis durch beherrschenden Einfluss nach dem BilMoG, BB 2009, 1230.

bei ungleicher Chancen- und Risikoverteilung ist vorrangig auf die Risiken abzustellen[1]. Zweckgesellschaften sind Unternehmen sowie sonstige juristische Personen des Privatrechts oder unselbständige Sondervermögen des Privatrechts mit den dort genannten Ausnahmen (§ 290 Abs. 2 Nr. 4 HGB).

80 Im *Konzernabschluss* sind die Verhältnisse der einbezogenen Unternehmen so darzustellen, als ob diese ein **einziges Unternehmen** wären (§ 297 Abs. 3 HGB). Deshalb werden, vereinfacht ausgedrückt, im Konzernabschluss die gegenseitigen Leistungsbeziehungen der Konzernmitglieder untereinander eliminiert, sodass der Konzernabschluss das wirtschaftliche Ergebnis im Verhältnis zu Dritten zeigt. Dies entspricht der sog. *Einheitstheorie*. Die Anteile von Minderheitsgesellschaften der Tochterunternehmen sind im Konzerneigenkapital allerdings gesondert auszuweisen (§ 307 HGB).

Beispiel: A liefert an B Waren im Wert von 200 000 Euro, deren Anschaffungskosten 100 000 Euro betragen haben. A realisiert im Einzelabschluss einen Gewinn in Höhe von 100 000 Euro, B hat Anschaffungskosten von 200 000 Euro. Im Konzernabschluss haben die Waren nur den „Lagerort" gewechselt, es bleibt beim Warenbestand von 100 000 Euro, eine Gewinnrealisierung findet nicht statt. Aus gleichem Grund sind auch gegenseitige Forderungen und Verbindlichkeiten zu eliminieren, da der Konzern gegen sich selbst keine Forderungen bzw. Verbindlichkeiten haben kann.

In Konzernstrukturen stellt sich häufig das Problem der Gewinnverlagerung, § 90 Abs. 3 AO sieht deshalb umfangreiche Dokumentationspflichten internationaler *Verrechnungspreise* vor[2].

80a Die gesetzlichen Vertreter einer Kapitalgesellschaft, die Inlandsemittentin i.S. des § 2 Abs. 7 WpHG und keine Kapitalgesellschaft gem. § 327a HGB ist, haben *bei der Unterzeichnung* des Jahresabschlusses gem. § 264 Abs. 2 S. 3 HGB schriftlich zu versichern, dass nach bestem Wissen (Wissensvorbehalt) der Jahresabschluss ein den tatsächlichen Verhältnissen entsprechendes Bild vermittelt (sog. **Bilanzeid**)[3]. Diese Verpflichtung betrifft auch den Lagebericht (§ 289 Abs. 1 S. 5 HGB), den Konzernabschluss (§ 297 Abs. 2 S. 4 HGB, einschließlich des Konzernabschlusses nach IAS/IFRS: § 315a Abs. 1 HGB) und den Konzernlagebericht (§ 315 Abs. 1 S. 6 HGB) sowie den Jahres- und Halbjahresfinanzbericht (§ 37v Abs. 2 Nr. 3 WpHG, § 37w Abs. 2 Nr. 3 WpHG, § 37y S. 1 Nr. 1 WpHG; näher Rz. 136). Sie betrifft auch den fakultativ veröffentlichten Einzelabschluss nach IAS/IFRS gem. § 325 Abs. 2a S. 1 HGB (§ 325 Abs. 2a S. 3 HGB; näher Rz. 152). Hinsichtlich des Tatbestandsmerkmals „bei der Unterzeichnung" ist strittig, ob der Jahresabschluss bereits nach dessen Aufstellung oder erst nach dessen Feststellung zu unterzeichnen ist (s. Rz. 98), für den Konzernabschluss ist diese Unterscheidung mangels Feststellung irrelevant.

---

1 BT-Drs. 16/12407, 117.
2 GAufzV des BMF v. 13.11.2003, BGBl. I 2003, 2296; BMF v. 12.4.2005 – IV B 4 - S 1341 - 1/05, BStBl. I 2005, 570; auch BFH v. 17.10.2001 – I R 103/00, BB 2001, 2451; FVerlV v. 12.8.2008, BGBl. I 2008, 1680.
3 *Fleischer*, Der deutsche „Bilanzeid" nach § 264 Abs. 2 Satz 3 HGB, ZIP 2007, 97; *Sorgenfrei*, wistra 2008, 329.

II. Aufstellung und Feststellung

1. Begriffsbestimmung

Das Insolvenzstrafrecht (§§ 283 ff. StGB) verwendet den **Begriff der Bilanz** (s. Rz. 75), die Teil des Jahresabschlusses ist (§ 242 Abs. 3 HGB); das führt zu einer Auslegungsfrage des Bilanzbegriffs, nämlich ob ein enger oder weiter Bilanzbegriff, insbesondere unter Einbezug der Gewinn- und Verlustrechnung, gilt. Nur die Gewinn- und Verlustrechnung zeigt die für die Beurteilung der Ertragskraft entscheidende Herkunft der Erfolgsquellen (s. Rz. 76), ohne deren Kenntnis die Übersicht über den Vermögensstand nur zu einer „Scheinübersicht" führt. Auch kann zwar der Vermögensstand i.S. von Bilanz, nicht aber i.S. der Ertragsfähigkeit zutreffend dargestellt werden, wie dies z.B. beim unzutreffenden Ausweis als Umsatzerlöse statt als sonstiger betrieblicher Ertrag oder gar außerordentlicher Ertrag der Fall ist. Daher erscheint auch angesichts der internationalen Bedeutung der Ergebnisrechnung (s. Rz. 166a) de lege ferenda ein Umdenken beim Bilanzbegriff erforderlich. Zudem wird die Zahlenaddition in Bilanz und Gewinn- und Verlustrechnung erst durch entsprechende Anhangsangaben vervollständigt und verständlich bzw. können Angaben wahlweise *auch* im Anhang gemacht werden. Der Lagebericht ist nicht Teil des Jahresabschlusses (s. Rz. 77). Nicht unter das Insolvenzstrafrecht fällt die *„Konzernbilanz"* (§ 290 HGB), was aus dem Bilanzbegriff i.S. von „seines" Vermögens (des Kaufmanns) folgt (s. Rz. 75), das der Konzern mangels Kaufmannseigenschaft nicht besitzt. Darüber hinaus ist der Konzern – auch zukünftig – weder insolvenzfähig[1] noch ist er eine juristische Person[2], sodass die objektive Bedingung der Strafbarkeit (§§ 283 Abs. 6, 283b Abs. 3 StGB) nicht eintreten kann[3] (s. zur Strafbarkeit aber § 331 Nr. 2 HGB).

Die **Aufstellung der Bilanz** bedeutet aus Sicht der Geschäftsführung die Zusammenfassung des Vermögens und der Schulden sowie das Treffen abschließender Ansatz- und Bewertungsentscheidungen[4]. Dies unterscheidet die Aufstellung vom schlichten technischen Vorgang der Kontenzusammenfassung. Erst der endgültige Vorschlag mit dem Ziel der Entlastung der Geschäftsführung – und nicht der unter Vorbehalt stehende *Bilanzentwurf* – beendet den Akt der Aufstellung (sog. *Bilanzbeschluss*). An diesen schließen sich weitere Pflichten an, so die unverzügliche Übergabe an das Feststellungsorgan bzw. den Abschlussprüfer, womit bereits eine *Öffentlichkeitswirkung* eintritt[5]. Geschätzte, auf „ca. ... Euro" verkürzte Zahlenangaben stehen der Aufstellung daher entgegen[6]. Dies schließt Änderungen nicht aus, z.B. im Rahmen der Ab-

---

1 RegE eines G zur Erleichterung der Bewältigung von Konzerninsolvenzen, BT-Drs. 18/407.
2 *Kindler* in E/B/J/S, § 1 HGB Rz. 67.
3 Der Konzern ist auch kein „Schuldner" i.S. von § 17 Abs. 2 S. 1 InsO, sodass rechtlich Zahlungseinstellung (§ 17 Abs. 2 S. 2 InsO) ebenfalls ausscheidet.
4 OLG Köln v. 1.7.1992 – 11 U 11/92, BB 1992, 2108; *Tiedemann* in LK, § 283 StGB Rz. 150; *Crezelius* in Scholz, § 42a GmbHG Rz. 30; *Wolf/Nagel*, StuB 2006, 621.
5 *Kropp/Sauerwein*, DStR 1995, 72; ähnlich auch *Hentschel* in BeckHdR, B 101 Rz. 8.
6 BayObLG v. 31.1.1990 – RReg. 3 St 166/89, wistra 1990, 201.

schlussprüfung oder des Feststellungsverfahrens. Daher handelt es sich bis zur Feststellung immer um einen „Bilanzentwurf". Allerdings ignoriert diese weite begriffliche Auslegung die Differenzierung zwischen Aufstellung und Feststellung, weshalb sie abzulehnen ist. Ansonsten wäre auch definitorisch zu trennen in den „Bilanzentwurf" (ersten Grades) als unvollständiges Rechenwerk ohne abschließende Ansatz- und Bewertungsentscheidungen und den „Bilanzentwurf" (zweiten Grades) als Bilanzbeschluss der Geschäftsführung. Entscheidend ist vielmehr, dass die Geschäftsführung mit dem Aufstellungsakt ihre Entlastung anstrebt, also ein Übergang vom Stadium der Aufstellung in das Stadium der Feststellung erfolgt ist[1].

83 Wegen der Differenzierung in § 283 Abs. 1 Nr. 7 Buchst. a, b, § 283b Abs. 1 Nr. 3 Buchst. a, b StGB gilt eine **mangelhaft, aber rechtzeitig erstellte Bilanz** als *aufgestellt*[2]. Ausgenommen ist der Fall, dass wegen sachlich schwerwiegender Mangelhaftigkeit überhaupt keine Bilanz vorliegt (sog. *Scheinbilanz* bzw. *Nicht-Bilanz*). Davon ist auszugehen, wenn die Übersicht über den Vermögensstand nicht nur erschwert, sondern überhaupt nicht möglich ist[3]; sonst wird jedes Aufaddieren von Zahlen zur Bilanz. Obwohl die Grenzziehung schwierig sein kann, fehlt es an einer Bilanz, wenn die Aufstellung von vornherein nicht auf Vollständigkeit angelegt ist und es sich um eine Zusammenstellung willkürlich herausgegriffener Posten handelt, z.B. wenn wesentliche Bilanzpositionen nicht erfasst sind[4]. Zumindest steuerrechtlich liegt eine *Nicht-Bilanz* auch dann vor, wenn sie nicht vom Vertretungsorgan stammt bzw. von diesem später nicht genehmigt wird[5].

84 Der Jahresabschluss sowie ggf. Lagebericht und Prüfbericht des Abschlussprüfers ist nach seiner Aufstellung *unverzüglich* den Gesellschaftern zum Zweck der **Feststellung** vorzulegen (§ 42a Abs. 1 GmbHG). In der Feststellung ist eine Verbindlichkeitserklärung der Richtigkeit des Jahresabschlusses zu sehen, jedenfalls im Verhältnis der Gesellschafter zur Gesellschaft und untereinander, woraus sich regelmäßig rechtliche Konsequenzen für das Bestehen von (bilanzierten) Ansprüchen zwischen Gesellschaft und Gesellschafter ergeben[6]. Bei der AG hat der Vorstand gem. § 170 AktG den Jahresabschluss und den Lagebericht unverzüglich nach seiner Aufstellung zusammen mit dem Ergebnisverwendungsvorschlag dem Aufsichtsrat vorzulegen. Dem Aufsichtsrat obliegt gem. § 171 AktG die Prüfung des Jahresabschlusses, des Lageberichts und der Ergebnisverwendung, dort besteht Teilnahme- und Berichtspflicht seitens des Abschlussprüfers.

85 Die *Gesellschafter der* **GmbH** haben nach § 42a Abs. 2 GmbHG spätestens bis zum Ablauf der ersten acht Monate oder, wenn es sich um eine kleine Kapitalgesellschaft handelt, bis zum Ablauf der ersten 11 Monate des Geschäftsjahres

---

1 Auch BGH v. 15.11.1993 – II ZR 235/92, NJW 1994, 520.
2 So schon BFH v. 28.10.1981 – I R 115/78, BStBl. II 1982, 485.
3 RGSt. 12, 78; RGSt. 13, 354.
4 *Tiedemann* in LK, § 283 StGB Rz. 152; RGSt. 15, 174.
5 *Wied* in Blümich, EStG/KStG/GewStG, § 4 EStG Rz. 973.
6 BGH v. 9.2.2009 – II ZR 292/07, GmbHR 2009, 601; BGH v. 2.3.2009 – II ZR 264/07, DStR 2009, 1272.

über die Feststellung des Jahresabschlusses zu beschließen. Bei der **AG** erfolgt die Feststellung obligatorisch durch Billigung des *Aufsichtsrats* (§ 172 AktG; abw. § 234 Abs. 2 AktG), bei dessen Ablehnung durch die Hauptversammlung (§ 173 Abs. 1 AktG; für das monistische System der SE vgl. § 47 ff. SEAG). Im Unterschied zur GmbH ist der Prüfbericht vom Abschlussprüfer vorzulegen (§ 111 Abs. 2 AktG, § 321 Abs. 5 HGB). Der Aufsichtsrat hat den Jahresabschluss spätestens innerhalb von zwei Monaten zu prüfen, ansonsten gilt er als nicht gebilligt (§ 171 Abs. 3 AktG). Danach ist die Hauptversammlung einzuberufen, die in den ersten acht Monaten des Geschäftsjahres stattzufinden hat (§ 175 Abs. 1 AktG; abw. § 341a Abs. 5 HGB).

Bei der **Genossenschaft** stellt die *Generalversammlung* den Jahresabschluss fest, die innerhalb der ersten sechs Monate des Geschäftsjahres stattzufinden hat (§ 48 Abs. 1 GenG). – Bei **Personengesellschaften** erfolgt die Feststellung durch *sämtliche Gesellschafter*, sofern keine gesellschaftsvertraglichen Abweichungen bestehen[1]. Für Großunternehmen, die unter das **PublG** fallen, bestimmen die §§ 5, 8 PublG die Abfolge von Aufstellung und Feststellung des Jahresabschlusses.

86

2. Rechtsformabhängige Aufstellungsfristen

Nach § 243 Abs. 3 HGB ist der Jahresabschluss von **Einzelkaufleuten und Personengesellschaften** innerhalb der einem „ordnungsmäßigen Geschäftsgang entsprechenden Zeit" aufzustellen. Dessen Auslegung ist *strittig*: Befürwortet werden Aufstellungsfristen spätestens nach 12 Monaten[2], nach sechs bis neun Monaten bzw. in Ausnahmefällen 12 Monaten[3] sowie spätestens sechs Monate nach Ende des Geschäftsjahres bzw. Beachtung der für kleine Kapitalgesellschaften geltenden Aufstellungsfristen mit ausnahmsweise geringfügiger Überschreitung[4].

87

Die unterschiedliche Haftungsverfassung ist ohne „Privatbilanz" keine ausreichende Begründung für längere Fristen (auch § 5 PublG normiert davon unabhängig eine Aufstellungsfrist von drei Monaten). Unter dem Gesichtspunkt einer zeitnahen internen und externen Informationsvermittlung ist der unbestimmte Rechtsbegriff des ordnungsmäßigen Geschäftsgangs daher **regelmäßig auf sechs Monate** zu begrenzen[5], zumal hier ein Typenvergleich – z.B. eine kleine (oder Kleinst-)Kapitalgesellschaft und eine OHG mit Millionenumsät-

88

---

1 Für die Zustimmung auch der Kommanditisten BGH v. 29.3.1996 – II ZR 263/94, DB 1996, 926.
2 *Förschle/Usinger* in BeBiKo, § 243 HGB Rz. 93; BFH v. 28.10.1981 – I R 115/78, BStBl. II 1982, 485; BFH v. 6.12.1983 – VIII R 110/79, BStBl. II 1984, 227 (offenlassend, ob kürzer).
3 WP-Hdb. I, E 3; ADS, § 243 HGB Rz. 43; *Hachmeister/Zeyer* in HdJ, Abt I/14 Rz. 357 (mehr als sechs, weniger als 12 Monate).
4 *Merkt* in Baumbach/Hopt, § 243 HGB Rz. 10; *Pöschke* in Staub, § 243 HGB Rz. 33 ff.; *Hentschel* in BeckHdR, B 101 Rz. 29 ff.; *Schäfer* in Staub, § 120 HGB Rz. 12.
5 Das BVerfG v. 15.3.1978 – 2 BvR 927/76, NJW 1978, 1423, hat auf die Unternehmensverhältnisse abgestellt, eine Grenzziehung aber offengelassen.

zen – keine längeren Bilanzierungsfristen der OHG rechtfertigt. Nach der strafrechtlichen Rechtsprechung soll die Bilanzierungsfrist einer KG in der *Unternehmenskrise* jedenfalls höchstens sechs Monate betragen und darf nur in besonderen Ausnahmefällen geringfügig überschritten werden[1]. Dies ist allerdings keinesfalls verallgemeinerungswürdig, denn dass BVerfG[2] hat andererseits darauf hingewiesen, dass der Begriff des „ordnungsgemäßen Geschäftsgangs" in der Unternehmenskrise unter strafrechtlichen Gesichtspunkten eng auszulegen und alsbald nach Ende des Geschäftsjahres zu bilanzieren ist, wobei unter Hinweis auf die BGH-Rechtsprechung ein Zeitrahmen von acht bis 12 Wochen (also zwei bis drei Monate) genannt wird.

89 Nach §§ 264 Abs. 1, 264a Abs. 1 HGB ist der Jahresabschluss von **Kapitalgesellschaften und KapCoGes** *in den* ersten drei Monaten des folgenden Geschäftsjahres aufzustellen. Kleine Kapitalgesellschaften dürfen nach § 264 Abs. 1 S. 4 HGB den Jahresabschluss auch innerhalb der ersten sechs Monate des folgenden Geschäftsjahres aufstellen, wenn dies einem ordnungsgemäßen Geschäftsgang entspricht. Wegen diesem Vorbehalt des ordnungsgemäßen Geschäftsgangs gilt, dass in der *Unternehmenskrise* eine frühere Aufstellung erforderlich ist (vgl. Rz. 88).

90 **Kredit- und Finanzdienstleistungsinstitute** (§ 340 Abs. 1, 4 HGB), auch wenn sie nicht in der Rechtsform einer Kapitalgesellschaft betrieben werden, haben nach § 340a Abs. 1 HGB auf ihren Jahresabschluss grundsätzlich die für große Kapitalgesellschaften geltenden Vorschriften anzuwenden; darunter fällt auch die Dreimonatsfrist (§ 26 Abs. 1 KWG). Diese Institute müssen ferner einen Lagebericht erstellen (§ 340a Abs. 1 HGB). Abweichende Aufstellungsfristen gelten ggf. für **Investmentgesellschaften**, die unter das Kapitalanlagegesetzbuch fallen (s. Rz. 136a ff.).

91 **Versicherungsunternehmen** (Erstversicherer) haben nach § 341a HGB einen Jahresabschluss und einen Lagebericht nach den für große Kapitalgesellschaften geltenden Vorschriften in den ersten vier Monaten des folgenden Geschäftsjahres aufzustellen. Bei Rückversicherern verlängert sich die Frist zur Aufstellung des Jahresabschlusses gem. § 341a Abs. 5 HGB auf zehn Monate, sofern das Geschäftsjahr mit dem Kalenderjahr übereinstimmt.

92 Die **Genossenschaft** hat nach § 336 Abs. 1 HGB den Jahresabschluss, Anhang und Lagebericht in den ersten fünf Monaten des folgenden Geschäftsjahres aufzustellen; § 264 Abs. 1 S. 4 Hs. 1 HGB, der die Befreiung vom Lagebericht regelt, gilt entsprechend (§ 336 Abs. 2 HGB). Nach § 5 Abs. 1 PublG haben Unternehmen, die unter das **Publizitätsgesetz** fallen, den Jahresabschluss in den ersten drei Monaten des folgenden Geschäftsjahres aufzustellen.

93 Die handelsrechtlichen Aufstellungsfristen sind **Höchstfristen**, die weder durch Ungewissheit über Bilanzpositionen oder steuerliche Überlegungen, z.B. der Fristverlängerung gem. § 109 AO[3], noch durch abweichende Satzungs-

---

1 OLG Düsseldorf v. 27.9.1979 – 5 Ss 391 - 410/79 I, NJW 1980, 1292.
2 BVerfG v. 15.3.1978 – 2 BvR 927/76, NJW 1978, 1423.
3 *Tiedemann* in LK, § 283 StGB Rz. 149.

bestimmungen[1] verlängert werden. Fehlende Unterlagen müssen ultimativ herbeigeschafft werden, notfalls ist der Jahresabschluss unter Hinweis auf die fehlenden Unterlagen aufzustellen[2]. Auch die Unsicherheit einer steuerlichen Betriebsprüfung verlängert die Fristen nicht, ggf. muss der Jahresabschluss geändert bzw. berichtigt werden[3]. Eine Änderung ist dabei nur zwingend, wenn gleichfalls ein handelsrechtlicher Fehler vorliegt, häufig reicht die handelsrechtliche Anpassung in laufender Rechnung aus (zur Änderung des Jahresabschlusses auch Rz. 142, zur Richtigkeitsvermutung Rz. 133)[4].

3. Ende der werbenden Gesellschaft

Bei *Liquidation* oder *Insolvenz* ist nach h.M. auf den Stichtag vor dem Beginn der Auflösung ein handelsrechtlicher Jahresabschluss als **Abschluss der werbenden Gesellschaft** aufzustellen[5], weil ein neues Geschäftsjahr beginnt und § 242 HGB rechtsformunabhängig „für den Schluss eines jeden Geschäftsjahres" eine Bilanz und Gewinn- und Verlustrechnung fordert (s. daneben § 264 Abs. 1 HGB). Insofern ist die danach folgende Eröffnungsbilanz (s. Rz. 66 ff.) auch nicht lediglich eine Zwischenbilanz und damit vermeintlich entbehrlich und umgekehrt. Bei Personenhandelsgesellschaften ist dies strittig[6]. Das neue Geschäftsjahr umfasst normalerweise 12 Monate (s. Rz. 66). Sofern sich aus der „Bilanz" der werbenden Gesellschaft keine Änderungen für die folgende Eröffnungsbilanz ergeben, insbesondere wenn der Grundsatz der Bilanzidentität bejaht wird (s. Rz. 67), dann kann die Eröffnungsbilanz daraus abgeleitet werden. Aus dem Abschluss der werbenden Gesellschaft resultierende Gewinnausschüttungen für Geschäftsjahre vor Beginn der Liquidation können auch nach Eintritt in das Liquidationsstadium durch Beschluss ausgeschüttet werden, §§ 57, 272 AktG, §§ 30, 73 GmbHG sind jedoch zu beachten[7]. 94

Bei der **Verschmelzung** gelten ab dem Verschmelzungsstichtag die Handlungen des übertragenden Rechtsträgers im Innenverhältnis als für Rechnung des übernehmenden Rechtsträgers vorgenommen. Gem. § 17 Abs. 2 UmwG ist vom 95

---

1 *Winkeljohann/Schellhorn* in BeBiKo, § 264 HGB Rz. 17; *ADS*, § 264 HGB Rz. 31.
2 KG v. 11.8.2011 – 23 U 114/11, ZIP 2011, 2304.
3 Auch IDW RS HFA 6; *ADS*, § 172 AktG Rz. 32 ff., 56, § 42a GmbHG Rz. 51.
4 Der BFH v. 31.1.2013 – GrS 1/10, DStR 2013, 633, hat den sog. subjektiven Fehlerbegriff steuerrechtlich aufgegeben und offengelassen, ob dieser zu den handelsrechtlichen GoB gehört. Beispiel: die A-AG entscheidet sich – aus damaliger Sicht vertretbar – gegen eine Rückstellung, anschließend fordert der BFH eine solche Rückstellung. Die Bilanz ist handelsrechtlich „objektiv falsch, aber subjektiv richtig".
5 BayObLG v. 31.1.1990 – RReg. 3 St 166/89, wistra 1990, 201; BayObLG v. 14.1.1994 – 3Z BR 307/93, BB 1994, 476; *Haas* in Baumbach/Hueck, § 71 GmbHG Rz. 2 m.w.Nw.; WP-Hdb. II, X 286 und S 397; IDW RH HFA 1.012; *Hüffer* in MüKo, § 270 AktG Rz. 9; *Karsten Schmidt* in Scholz, § 71 GmbHG Rz. 8; *Füchs/Weishäuptl* in MüKo, § 155 InsO Rz. 5; a.A. bei Liquidation *Budde/Förschle/Winkeljohann*, T 50 ff.; zust. bei Insolvenz *Budde/Förschle/Winkeljohann*, R 60; a.A. bei Insolvenz *Kunz/Mundt*, DStR 1997, 665.
6 Übersicht bei *Habersack* in Staub, § 154 HGB Rz. 18 m.w.Nw.
7 BFH v. 22.10.1998 – I R 15/98, GmbHR 1999, 429.

übertragenden Rechtsträger eine „Schlussbilanz" zu erstellen, für die die Vorschriften über die handelsrechtliche „Jahresbilanz" entsprechend gelten. Der Schlussbilanz-Stichtag darf höchstens acht Monate vor der Anmeldung zum Handelsregister liegen. Die Schlussbilanz dient der Ergebnisabgrenzung, als Grundlage der Übernahme von Aktiva und Passiva bei der Übernehmerin und dem Gläubigerschutz. Die Vorschriften zur Rechnungslegung bleiben bis zur Wirksamkeit der Verschmelzung (§ 20 UmwG) grundsätzlich bestehen, sodass bis dahin ein regulärer Jahresabschluss der übertragenden Gesellschaft aufgestellt werden muss. Dies gilt nur dann nicht, wenn die Verschmelzung bis zum Ende der Aufstellungsfrist des Jahresabschlusses eingetragen wird, weil dann der übertragende Rechtsträger erloschen ist. Ansonsten ist die bilanzielle Abbildung beim übernehmenden Rechtsträger nur dann möglich, wenn dort *wirtschaftliches Eigentum* (s. Rz. 99) begründet wird, was voraussetzt: (1) Formwirksamer Verschmelzungsvertrag, (2) Verschmelzungsstichtag liegt vor oder fällt mit dem Abschlussstichtag zusammen, (3) Eintragung der Verschmelzung muss mindestens mit an Sicherheit grenzender Wahrscheinlichkeit zu erwarten sein und (4) Verfügungen des übertragenden Rechtsträger sind nur innerhalb eines ordnungsgemäßen Geschäftsgangs oder mit Einwilligung des übernehmenden Rechtsträgers möglich[1]. Zwischen dem letzten Abschlussstichtag und der Eintragung in das Handelsregister ist für den erlöschenden Rechtsträger auf den Tag der Eintragung kein gesonderter Abschluss aufzustellen[2].

4. Aufbewahrungsfristen

96 In § 257 HGB, § 147 AO, sind die **Aufbewahrungsfristen von Jahresabschlüssen** normiert. Zehn Jahre aufbewahrt werden müssen nach HGB Eröffnungsbilanzen, Jahresabschlüsse, Einzelabschlüsse nach § 325 Abs. 2a HGB, Lageberichte, Konzernabschlüsse, Konzernlageberichte sowie die zu ihrem Verständnis erforderlichen Arbeitsanweisungen und sonstigen Organisationsunterlagen.

97 Die **Aufbewahrungsfrist beginnt** mit dem Schluss des Kalenderjahres, in dem die Eröffnungsbilanz oder der Jahresabschluss festgestellt[3], der Einzelabschluss nach § 325 Abs. 2a HGB oder der Konzernabschluss aufgestellt worden ist (§ 257 Abs. 5 HGB, § 147 Abs. 4 AO). Gem. § 257 Abs. 3 HGB, § 147 Abs. 2 AO dürfen Eröffnungsbilanzen und Abschlüsse nicht auf einem Bildträger oder auf anderen Datenträgern, sondern nur im **Original** aufbewahrt werden.

III. Aufstellungsgrundsätze, Ansatz und Bewertung

98 Gem. § 243 Abs. 1 HGB ist der Jahresabschluss nach den GoB (s. Rz. 32 ff.) aufzustellen; er muss der Darstellung und der äußeren Form nach klar und übersichtlich sein (§ 243 Abs. 2 HGB), was auch als Grundsatz der **Bilanzklarheit**

---

[1] IDW RS HFA 42.
[2] IDW RS HFA 42.
[3] Da die Eröffnungsbilanz und der Jahresabschluss des Einzelkaufmanns nicht feststellungsfähig ist, ist hier auf die Aufstellung abzuheben; *Pöschke* in Staub, § 257 HGB Rz. 43.

bezeichnet wird. Nach § 244 HGB ist der Jahresabschluss in deutscher Sprache und in Euro aufzustellen und nach § 245 HGB vom Kaufmann bzw. von allen persönlich haftenden Gesellschaftern unter Angabe des Datums zu *unterzeichnen*. Bei Kapitalgesellschaften müssen die gesetzlichen Vertreter den Jahresabschluss unterzeichnen. Aus dem Gesetzeswortlaut folgt nur eine Unterzeichnung *des* Jahresabschlusses und nicht seiner einzelnen Bestandteile. Strittig ist bei Gesellschaften, ob die Unterzeichnung nach Aufstellung oder nach Feststellung des Jahresabschlusses zu erfolgen hat (s. auch Rz. 80a)[1]. Hält man Letzteres für zutreffend, dann ist die Aufstellung jedenfalls in geeigneter Weise aktenkundig zu machen[2]. Dabei steht § 245 HGB von der Systematik her jedoch unter dem Abschnitt „Aufstellung"[3], was für eine Unterzeichnung nach dessen Aufstellung ebenso spricht wie die Angabe des Datums der Feststellung gem. § 328 Abs. 1 Nr. 1 S. 2 HGB (zukünftig nach BilRUG § 328 Abs. 1a S. 1 HGB-E; s. Rz. 2), dessen es nicht bedürfte, wenn der Jahresabschluss erst bei seiner Feststellung unter Angabe des Datums zu unterzeichnen wäre.

1. Ansatzvorschriften

Die §§ 246–251 HGB regeln Ansatzvorschriften, die für *alle Kaufleute* gelten. Nach § 246 Abs. 1 HGB hat der Jahresabschluss sämtliche Vermögensgegenstände, Schulden, Rechnungsabgrenzungsposten sowie Aufwendungen und Erträge zu enthalten, soweit gesetzlich nichts anderes bestimmt ist. Ein **Vermögensgegenstand** im bilanziellen Sinne liegt dann vor, wenn er nach der Verkehrsauffassung einzeln verwertbar ist[4]; teilweise wird auch auf die – engeren – Kriterien der (abstrakten) Einzelverkehrsfähigkeit, Einzelveräußerbarkeit oder Einzelvollstreckbarkeit zurückgegriffen (str.)[5]. Steuerrechtlich gelten als **Wirtschaftsgut** Sachen, Rechte oder tatsächliche Zustände, konkrete Möglichkeiten oder Vorteile für den Betrieb, deren Erlangung der Kaufmann sich etwas kosten lässt, die einer besonderen Bewertung (selbständige Bewertbarkeit) zugänglich sind und zumindest mit dem Betrieb übertragen werden können[6]. Dabei ist der steuerrechtliche Begriff des Wirtschaftsguts identisch mit dem des Vermögensgegenstands[7]. Da der Jahresabschluss vor allem dem Gläubigerschutz dient (s. Rz. 72), ist zentraler Anknüpfungspunkt für einen Vermögensgegenstand die Schuldendeckungsfähigkeit. Der Ansatz von Vermögensgegenständen richtet sich zunächst nach dem zivilrechtlichen Eigentum. Abweichend von diesem Grundsatz ist gem. § 246 Abs. 1 S. 2 HGB das *wirtschaftliche Eigentum* maß-

---

1 Nach BGH v. 28.1.1985 – II ZR 79/84, BB 1985, 567, ist Unterzeichnung vor Feststellung nicht erforderlich; *Winkeljohann/Schellhorn* in BeBiKo, § 245 HGB Rz. 3 m.w.Nw.; *Sorgenfrei*, wistra 2008, 329 m.w.Nw.; a.A. *Wolf/Nagel*, StuB 2006, 621 m.w.Nw.
2 *Pöschke* in Staub, § 245 HGB Rz. 6 und Rz. 14; *ADS*, § 245 HGB Rz. 8; *Winkeljohann/Schellhorn* in BeBiKo, § 245 HGB Rz. 3; *Hentschel* in BeckHdR, B 101 Rz. 36.
3 So schon BT-Drs. 10/317, 73 (zu § 39).
4 BT-Drs. 16/10067, 50.
5 Nw. bei *Ballwieser* in BeckHdR, B 131 Rz. 10 ff.
6 BFH v. 9.7.2002 – IX R 29/98, BFH/NV 2003, 21.
7 BFH v. 7.8.2000 – GrS 2/99, DStR 2000, 1682.

gebend, wenn der zivilrechtliche Eigentümer wirtschaftlich von der Einwirkung auf den Gegenstand weitgehend ausgeschlossen werden kann. Die Bilanzierung nach Maßgabe des wirtschaftlichen Eigentums ist jedoch als Ausnahmetatbestand zu sehen[1].

99a Der entgeltlich (derivativ) erworbene **Geschäfts- oder Firmenwert** *gilt* gem. § 246 Abs. 1 S. 4 HGB als zeitlich begrenzt nutzbarer Vermögensgegenstand, die Vermögensgegenstandseigenschaft wird kraft Fiktion begründet und führt zur *Aktivierungspflicht*. Dabei ist im Regelfall von einer Nutzungsdauer von fünf Jahren auszugehen, Abweichungen hiervon sind gem. § 285 Nr. 13 HGB zu begründen. Nach dem BilRUG (s. Rz. 2) sollen zukünftig gem. § 253 Abs. 3 S. 3 HGB-E, wenn in Ausnahmefällen die voraussichtliche zeitliche Nutzung eines selbst geschaffenen immateriellen Vermögensgegenstands des Anlagevermögens – wozu auch der Geschäfts- oder Firmenwert gehört (§ 253 Abs. 3 S. 4 HGB-E) – nicht bestimmt werden kann, planmäßige Abschreibungen über einen Zeitraum von zehn Jahren vorzunehmen sein.

Beispiele für *wirtschaftliches Eigentum* sind z.B. Bauten auf fremden Grund und Boden, wenn sich das Gebäude während der Vertragslaufzeit wirtschaftlich verbraucht oder dem zivilrechtlichen Eigentümer kein oder nur ein bedeutungsloser Herausgabeanspruch am Ende der Vertragslaufzeit zusteht. Ein *derivativer Geschäfts- oder Firmenwert* entsteht wie folgt: Der Kaufpreis einer Unternehmenstransaktion beträgt 1 000 und das Eigenkapital der Zielgesellschaft nach Aufdeckung stiller Reserven bzw. Lasten 700. Daraus resultiert ein Geschäfts- oder Firmenwert von 300.

Die auf den vorhergehenden Jahresabschluss angewandten Ansatzmethoden sind gem. § 246 Abs. 3 HGB beizubehalten (*Ansatzstetigkeit*), § 252 Abs. 2 HGB gilt entsprechend (zur Bewertungsstetigkeit s. Rz. 117). Als wirtschaftlicher Eigentümer ist bei *Eigentumsvorbehalt* und *Sicherungsübereignung* bzw. -abtretung i.d.R. der Sicherungsgeber bilanzierungspflichtig, bei Treuhandverhältnissen erfolgt die Vermögenszuordnung beim Treugeber (§ 39 Abs. 2 Nr. 1 AO)[2]. Gem. § 246 Abs. 2 S. 1 HGB dürfen Posten der Aktiv- und Passivseite, Aufwendungen und Erträge sowie Grundstücksrechte und -lasten nicht miteinander verrechnet werden. Dies gilt aber z.B. nicht für zulässige Aufrechnungen (§ 387 BGB) oder bei der Bewertung von Rückstellungen mit korrespondierenden werthaltigen, aber noch nicht aktivierbaren Rückgriffsansprüchen[3].

99b Vermögensgegenstände, die dem Zugriff aller übrigen Gläubiger entzogen sind und *ausschließlich* der Erfüllung von Schulden aus Altersversorgungsverpflichtungen oder vergleichbaren langfristig fälligen Verpflichtungen dienen (**Planvermögen**), sind gem. § 246 Abs. 2 S. 2 HGB mit diesen Schulden *zu verrechnen*; entsprechendes gilt für die zugehörigen Aufwendungen und Erträge aus der Abzinsung und aus dem zu verrechnenden Vermögen. Erforderlich ist eine Isolierung in dem Sinne, dass die Vermögensgegenstände im Falle der Insolvenz

---

1 BGH v. 6.11.1995 – II ZR 164/94, BB 1996, 155; wohl auch KG v. 26.6.2012 – 4 U 92/10, juris.
2 BFH v. 28.2.2001 – I R 12/00, BStBl. II 2001, 468; zur handelsrechtlichen Bilanzierung *Förschle/Ries* in BeBiKo, § 246 HGB Rz. 9 ff.
3 BFH v. 17.2.1993 – X R 60/89, BStBl. II 1993, 437.

dem Zugriff der übrigen Gläubiger entzogen sind[1]. Die jederzeitige Erfüllbarkeit ist beispielsweise beim betriebsnotwendigen Anlagevermögen regelmäßig nicht gegeben[2]. Sofern der beizulegende Zeitwert der Vermögensgegenstände den Betrag der Schulden übersteigt, ist der übersteigende Betrag gem. § 246 Abs. 2 S. 3 HGB gesondert zu aktivieren. Dieser Posten stellt handelsrechtlich allerdings keinen Vermögensgegenstand, sondern einen **Verrechnungsposten** dar, der gem. § 266 Abs. 2 Buchst. E HGB zu aktivieren ist[3].

Vermögensgegenstände und Schulden, die zum **Privatvermögen** (des Kaufmanns oder der Gesellschafter) gehören, dürfen nicht bilanziert werden (s. auch § 264c Abs. 3 HGB, § 5 Abs. 4 PublG)[4]. Bei Personengesellschaften beschränkt sich die Bilanzierung auf das Gesamthandsvermögen, steuerlich notwendiges *Sonderbetriebsvermögen der Gesellschafter* ist handelsrechtlich nicht bilanzierungsfähig (s. Rz. 31). Steuerrechtlich treten neben die Handelsbilanz gesellschafterbezogene Ergänzungs- und Sonderbilanzen. Erstere enthalten steuerlich bedingte Wertkorrekturen, zweitere das Sonderbetriebsvermögen sowie die Sonderbetriebseinnahmen und -ausgaben. Somit besteht die steuerliche Gesamtbilanz aus der aus der Handelsbilanz abgeleiteten Steuerbilanz sowie den Ergänzungs- und Sonderbilanzen.

100

(Privat-)Entnahmen bzw. Einlagen wirken sich auf den Gewinn nicht aus (§ 4 Abs. 1 EStG); dabei gelten als Entnahmen alle Wirtschaftsgüter, die für betriebsfremde Zwecke entnommen werden. Bei Kapitalgesellschaften können sie bereits dem Begriff nach nicht entstehen, vielmehr werden dort tatsächlich Forderungen oder verdeckte Gewinnausschüttungen gemeint sein; besonderes Augenmerk gilt den *Verrechnungskonten* von GmbH-Gesellschaftern[5]. Bei Personengesellschaften können sich hinsichtlich der (Eigen-)**Kapitalkonten der Gesellschafter** Zuordnungsfragen stellen. Handelsrechtlich ist das System der §§ 120 ff. HGB gekennzeichnet durch den Kapitalanteil des Gesellschafters, diesem zuzuschreibende Gewinne bzw. abzuschreibende Verluste, das auf den Kapitalanteil entnomme Geld („Entnahmen") und Einlagen, von dem gem. § 109 HGB abgewichen werden kann, sofern nicht (allgemeine) zwingende Vorschriften entgegenstehen. Entnahmen werden gem. § 122 HGB einerseits definiert als das Erheben von Geld zulasten des *Kapitalanteils* sowie andererseits als Auszahlung eines über den Betrag dieser Entnahme hinausgehenden *Gewinnanteils* an den Gesellschafter in seiner Eigenschaft als Gesellschafter (gesondertes Kapital- sowie Gewinnentnahmerecht; § 122 Abs. 1 HGB). Fremdübliche Drittgeschäfte fallen nicht darunter[6]. § 121 HGB regelt abweichend davon die sog. gewinnabhängige *„Vorabdividende"*. Vom gesetzlichen Leitbild besitzt der OHG-Gesellschafter nur ein variables Kapitalkonto (§ 120 HGB). Bei der KG ist der die Einlage des Kommanditisten übersteigende Gewinnanteil (§ 167 Abs. 2 HGB) grundsätzlich als Fremdkapital zu passivieren, sodass dort

101

---

1 BT-Drs. 16/12407, 110.
2 BT-Drs. 16/12407, 110.
3 BT-Drs. 16/12407, 110.
4 *ADS*, § 246 HGB Rz. 425; *Müller* in BeckHdR, D 20 Rz. 33.
5 Zu Verrechnungskonten auch BFH v. 23.6.1981 – VIII R 102/80, BStBl. II 1982, 245; BFH v. 8.10.1982 – VIII R 284/83, BStBl. II 1986, 481.
6 *Ehricke* in E/B/J/S, § 122 HGB Rz. 4.

mindestens zwei Konten existieren. Der Kommanditist hat gem. § 169 Abs. 1 HGB kein Entnahmerecht, wobei diese Regelung – wie auch bei den OHG-Gesellschaftern – der Dispositivität im Gesellschaftsvertrag unterliegt. Gem. § 169 Abs. 2 HGB ist der Kommanditist nicht verpflichtet, den bezogenen Gewinn wegen späterer Verluste zurückzuzahlen. Ein sog. *negatives Kapitalkonto* (Kapitalanteil kleiner als null) kann durch Verluste und/oder Entnahmen verursacht werden. In der Praxis finden sich üblicherweise mehrere (Kapital-)Konten für die Gesellschafter[1]:

Zwei-Konten-Modell

(Festes) Kapitalkonto I	Vereinbarte Einlage der Gesellschafter (Kapitalkonto).
Variables Kapitalkonto II	Gewinne, Verluste, „Einlagen und Entnahmen" (Kapitalkonto).

Drei-Konten-Modell

(Festes) Kapitalkonto I	Vereinbarte Einlage der Gesellschafter (Kapitalkonto).
Kapitalkonto II	Nicht entnahmefähige Gewinne, Verluste, Rücklagen (Unterkonto Kapitalkonto I).
Darlehenskonto (auch als Privat- oder Verrechnungskonto bezeichnet)	Entnahmefähige Gewinne, „sonstige Einlagen und Entnahmen"[2] (Forderungskonto bzw. Schuldkonto).

Vier-Konten-Modell

(Festes) Kapitalkonto I	Vereinbarte Einlage der Gesellschafter (Kapitalkonto).
Kapitalkonto II	Nicht entnahmefähige Gewinne (bzw. Rücklagen)[3].
Verlustverrechnungskonto	Verluste (Kapitalkonto).
Darlehenskonto (auch als Privat- oder Verrechnungskonto bezeichnet)	Entnahmefähige Gewinne, „sonstige Einlagen und Entnahmen" (Forderungskonto bzw. Schuldkonto).

---

[1] BFH v. 16.10.2008 – IV R 98/06, DStR 2009, 212; BGH v. 12.3.2013 – II ZR 73/11, DStR 2013, 1295; *Ley*, Rechtsnatur und Abgrenzung aktivischer Gesellschafterkonten, DStR 2003, 957; *Ley*, Gesellschafterkonten im Licht der grundlegenden BFH-Entscheidung vom 16.10.2008, IV R 98/06, DStR 2009, 613.

[2] Wobei unklar bleibt, was mit den „sonstigen Einlagen und Entnahmen" gemeint ist; vgl. auch *Ley*, DStR 2009, 613.

[3] Die Einordnung als (Eigen-)Kapitalkonto hängt davon ab, ob dem Konto gesellschaftsrechtlich das Verlustverrechnungskonto als Unterkonto zugeordnet ist bzw. eine gesamthänderische Bindung (Rücklagen) mit späterer Verlustverrechnung besteht.

Entsteht auf dem Kapitalkonto II (Zwei-Konten-Modell) oder einem „Darlehenskonto" (Drei- oder Vier-Kontenmodell) durch **Entnahmen** ein aktiver Saldo (Überziehung), dann soll es sich jedenfalls dann um eine echte Forderung handeln, wenn das Konto durch gesellschaftsvertraglich *nicht zulässige* Auszahlungen negativ geworden ist[1]; ob dies auch bei zulässigen Entnahmen der Fall ist, ob also das „ins Soll" geratene Darlehenskonto wegen Fehlens entnahmefähiger Gewinne zu einem „Unterkonto" des Kapitalkontos wird (Einlagenrückgewähr) oder nicht, ist teilw. strittig[2]: Einerseits wird eine Forderung angenommen, andererseits eine (allerdings nur vorläufige) Gewinnvorauszahlung auf zukünftige Gewinne oder eine (endgültige) Einlagenrückgewähr (sog. gewinnunabhängige Garantieverzinsung). Bei einer Gewinnvorauszahlung würde aber spätestens bei Auflösung der Gesellschaft oder dem Ausscheiden des Gesellschafters eine Forderung nach dem Rechtsgedanken des § 812 BGB entstehen, falls der Vorschuss nicht gedeckt ist. Entscheidend ist aber nicht die Kontenbezeichnung, sondern ob die Entnahme als Sollbuchung zivilrechtlich zu einem Rückzahlungsanspruch (dann Forderung) führt oder ob das Eigenkapital, gegebenenfalls auch unter null Euro, vermindert wird (dann Einlagenrückgewähr; s. auch Rz. 102). Weder die Entnahme noch als deren Folge das Aufleben der Haftung gem. § 172 Abs. 4 HGB (s. auch Rz. 125a) aus einer solchen *zulässigen* (Kapital-)Entnahme führt dabei zu einer Forderung der Gesellschaft, weil dies ausschließlich ein Anspruch der Gläubiger ist; ein Bestandsschutz wie in § 30 GmbHG besteht nicht, soweit das Stammkapital der Komplementär-GmbH nicht angegriffen wird[3] (s. Rz. 122). Das Wiederaufleben der Haftung ist jedoch gem. § 264c Abs. 2 S. 9 HGB im Anhang anzugeben. Daher ist auch eine „Forderung" des Kommanditisten auf Zahlung einer nicht durch Gewinne gedeckten gewinnunabhängigen Verzinsung seiner Einlage grundsätzlich auf Rückgewähr bzw. Entnahme der Einlage gerichtet[4].

Daneben können die Gesellschafter mit der Gesellschaft auch **schuldrechtlich** in Beziehung treten, wenn dies einem Drittvergleich ständhält, solche Geschäfte werden häufig auch auf dem Darlehenskonto gebucht[5]. In der Praxis erschweren unterschiedliche Kontenbezeichnungen oder Kontenvermischungen die Zuordnung[6]. Ein gemischtes Konto ist nicht zulässig, wohl aber kann eine

---

1 BFH v. 16.10.2008 – IV R 98/06, DStR 2009, 212, m.w.Nw.; steuerrechtlich liegt allerdings beim Zwei-Konten-Modell für diesen Fall – abw. vom Gesellschaftsrecht – ein (aktivisches) Kapitalkonto vor.
2 Offenlassend BFH v. 16.10.2008 – IV R 98/06, DStR 2009, 212, m.w.Nw.; s. auch *Ley*, DStR 2009, 613; *Förschle/K. Hoffmann* in BeBiKo, § 264c HGB Rz. 24 ff. und Rz. 36; IDW RS HFA 7.
3 BGH v. 12.3.2013 – II ZR 73/11, DStR 2013, 1295; OLG Koblenz v. 24.4.2008 – 5 U 1126/03, GmbHR 2008, 658; IDW RS HFA 7; WP-Hdb. I, F 290 ff.; *Hennrichs/Pöschke* in HdJ, Abt. III/1 Rz. 125.
4 AG Berlin-Charlottenburg v. 8.1.2013 – 216 C 516/12, NZI 2013, 355.
5 *Ehricke* in E/B/J/S, § 120 HGB Rz. 81 ff.; *Hopt* in Baumbach/Hopt, § 120 HGB Rz. 20.
6 So ist bspw. im DATEV-Kontenrahmen SKR03 das „Privatentnahmekonto" des Teilhafters entweder als Eigenkapitalkonto (Konto-Nr. 9400) oder als Fremdkapitalkonto (Konto-Nr. 1900) ausgestaltet.

„falsche Buchung" oder einvernehmliche Änderung der Rechtsbeziehung vorliegen[1]. Eigenkapital liegt regelmäßig vor, wenn in der Gesamtbetrachtung *Verluste* bis zur vollen Höhe – auch mit Wirkung gegenüber Gesellschaftsgläubigern – verrechnet werden oder im Falle der Insolvenz Ansprüche nicht als Insolvenzforderungen bzw. bei Liquidation erst nach Befriedigung aller Gesellschaftsgläubiger mit dem sonstigen Eigenkapital geltend gemacht werden können[2]. Auch die Rechtsprechung geht von einem **Eigenkapitalkonto** aus, wenn dort Verlustanteile gebucht werden oder das Konto – bei bestehenden Entnahmebeschränkungen – in ein gesellschaftsrechtliches Abfindungsguthaben einbezogen wird[3]. Für die Frage, ob ein Darlehen oder eine Entnahme vorliegt, kann ferner eine Rolle spielen, ob Bestimmungen über ein Kreditlimit oder einen Rückzahlungstermin existieren (auch ob Sicherheiten gestellt wurden), ggf. ob eine Darlehensgewährung wirtschaftlich sinnvoll[4] oder das Kontoguthaben jederzeit entnahmefähig ist[5]. Die Verzinsung ist kein ausschlaggebendes Indiz für den Fremdkapitalcharakter, weil auch Kapitalkonten verzinst werden[6]. Auch ein Darlehenskonto kann die Voraussetzungen als Eigenkapital erfüllen (Finanzplandarlehen bzw. gesplittete Einlage), wenn das Konto durch Verzicht auf Kündigungsrechte und der Teilhabe an Verlusten der gesamthänderischen Bindung unterliegt[7]. Da für den Gesellschafter keine Nachschusspflicht besteht, stellt ein durch Verluste negativ gewordenes Kapitalkonto nur ganz ausnahmsweise eine Forderung dar (s. Rz. 122).

103 Nach § 247 Abs. 1 HGB sind das Anlage- und Umlaufvermögen, das Eigenkapital sowie die Schulden und Rechnungsabgrenzungsposten **gesondert auszuweisen** und hinreichend aufzugliedern. Die Bilanz ist, anders als für Kapitalgesellschaften (§ 266 Abs. 1 HGB; s. Rz. 124), nicht zwingend in Kontoform aufzustellen[8]. *Anlagevermögen* ist das Vermögen, welches dauernd dem Geschäftsbetrieb, also zur wiederholten Nutzung zu dienen bestimmt ist (§ 247 Abs. 2 HGB), während das *Umlaufvermögen* nur vorübergehend („Einmalnutzung") dem Geschäftsbetrieb dient (Verbrauchsvermögen). Entscheidend für das *Anlagevermögen* ist dessen Zweckbestimmung, wobei die Zeitkomponente „dauernd" nicht als reiner Zeitbegriff i.S. von „immer" oder „für

---

1 *Hopt* in Baumbach/Hopt, § 120 HGB Rz. 20 ff.; *Hennrichs/Pöschke* in HdJ, Abt. III/1 Rz. 69; *Ehricke* in E/B/J/S, § 120 HGB Rz. 86; BGH v. 23.2.1978 – II ZR 175/76, BB 1978, 630.
2 BR-Drs. 458/99, 39; IDW RS HFA 7.
3 BFH v. 15.5.2008 – IV R 46/05, WPg. 2008, 949; BFH v. 5.6.2002 – I R 81/00, DStR 2002, 1480; BFH v. 4.5.2000 – IV R 16/99, DStR 2000, 1508; BFH v. 27.6.1996 – IV R 80/95, DStR 1996, 1925; auch BMF v. 30.5.1997 – IV B 2 - S 2241a - 51/93 II, BB 1997, 1580. Andererseits sprechen Entnahmebeschränkungen nach BGH v. 23.2.1978 – II ZR 175/76, BB 1978, 630, nicht gegen den Fremdkapitalcharakter, wenn der Anspruch spätestens mit der Beendigung des Gesellschaftsverhältnisses geltend gemacht werden kann.
4 BFH v. 27.6.1996 – IV R 80/95, DStR 1996, 1925.
5 BFH v. 16.10.2008 – IV R 98/06, DStR 2009, 212.
6 Zur Indizienwirkung gewinnunabhängiger Verzinsung BFH v. 15.5.2008 – IV R 46/05, DStR 2008, 1577.
7 BFH v. 7.5.2005 – IV R 24/03, BStBl. II 2005, 598.
8 WP-Hdb. I, E 597.

alle Zeiten" verstanden werden darf[1]. Die Zweckbestimmung bestimmt sich anhand objektiver Merkmale (z.B. Art des Wirtschaftsguts, Art und Dauer der Verwendung, Art des Unternehmens, unter Umständen auch Art der Bilanzierung)[2]. Sog. **Mezzanine-Kapital** wie z.B. Genussscheine, atypisch stille Beteiligungen etc., das sowohl Eigenschaften von Eigenkapital und Fremdkapital enthält, gehört dann als eigenkapitalähnliche Finanzierungsform zum bilanziellen Eigenkapital, wenn die Voraussetzungen einer temporären Haftungsfunktion (Erfolgsabhängigkeit der Kapitalüberlassung, Nachrangigkeit, Verlustteilnahme in voller Höhe, Längerfristigkeit der Kapitalüberlassung) erfüllt sind[3]. Bei **Schuldübernahmen**, ohne dass der Gläubiger zustimmt (§ 415 BGB), ist ein Freistellungsanspruch zu aktivieren, falls dieser werthaltig ist.

104 Verbindlichkeiten mit **Rangrücktritt**, die nur aus *künftigen Jahresüberschüssen* oder einem etwaigen *Liquidationsüberschuss* erfüllt werden müssen, sind nach der Finanzrechtsprechung nicht zu passivieren, weil gewinnabhängige Verbindlichkeiten nach dem Rechtsgedanken des § 5 Abs. 2a EStG noch keine wirtschaftliche Belastung des *gegenwärtigen* Vermögens darstellen; dies gilt auch bei Bezugnahme auf einen Liquidationsüberschuss zumindest solange, wie von der Unternehmensfortführung (s. Rz. 112) auszugehen ist[4]. Ob dem auch handelsrechtlich zu folgen ist, wird kritisch gesehen[5] und zeigt sich in der Gewährung eines (Sanierungs-)Darlehens, das gleichzeitig mit einer Rangrücktrittserklärung im vorgenannten Sinne verbunden wird: Nach der Diktion des BFH läge – obwohl die Schuld *rechtlich entstanden* ist und alle von der Sanierung ausgehen – noch keine wirtschaftliche Belastung vor. Nur sofern die Rangrücktrittserklärung auch eine Tilgung aus *sonstigem (freien) Vermögen* vorsieht, ändert sich am Charakter als passivierungspflichtige Verbindlichkeit nichts[6], wobei unklar bleibt, welches sonstige (freie) Vermögen außerhalb der Gesellschaftersphäre gemeint sein soll.

105 Das Gesetz enthält – entgegen § 247 HGB (Inhalt der Bilanz) – *keine Formvorschriften* über den **Inhalt bzw. die Mindestgliederung der Gewinn- und Verlustrechnung**. Es gelten allerdings die GoB (§ 243 Abs. 1 HGB), insbesondere die Grundsätze der Klarheit und Übersichtlichkeit (§ 243 Abs. 2 HGB), der Vollständigkeit (§ 246 Abs. 1 HGB) und des Verrechnungsverbots (§ 246 Abs. 2 HGB). Das Prinzip der Klarheit und Übersichtlichkeit erfordert auch bei Kaufleuten und Personengesellschaften eine ausreichende Mindestgliederung[7].

---

1 BFH v. 5.2.1987 – IV R 105/84, BStBl II 1987, 448.
2 BFH v. 5.2.1987 – IV R 105/84, BStBl II 1987, 448.
3 HFA 1/1994, WPg. 1994, 419, WPg. 1998, 891; *Schubert/Krämer* in BeBiKo, § 266 HGB Rz. 191 ff.
4 BFH v. 30.11.2011 – I R 100/10, DStR 2012, 450.
5 Der BFH v. 30.11.2011 – I R 100/10, DStR 2012, 450, stellte seinen Ausführungen § 247 Abs. 1 HGB voran; handelsrechtlich ablehnend *Rätke*, Gewinnerhöhung durch Rangrücktritt? – BFH erweckt § 5 Abs. 2a EStG zum Leben, StuB 2012, 338.
6 BFH v. 30.3.1993 – IV R 57/91, BStBl. II 1993, 502; BFH v. 20.10.2004 – I R 11/03, DStR 2005, 186.
7 WP-Hdb. I, E 605 ff.; *Winkeljohann/Philipps* in BeBiKo, § 242 HGB Rz. 8.

106 § 248 HGB normiert ein **Bilanzierungsverbot** von Aufwendungen für die Gründung eines Unternehmens[1] (s. aber Rz. 63), der Beschaffung des Eigenkapitals und den Abschluss von Versicherungsverträgen. Gründungsaufwendungen betreffen die rechtliche Existenz des Unternehmens. § 248 Abs. 2 HGB sieht ein **Aktivierungswahlrecht** selbst geschaffener immaterieller Vermögensgegenstände des Anlagevermögens vor, wenn die Voraussetzungen, die an die Vermögensgegenstandseigenschaft gestellt werden, erfüllt sind (s. Rz. 99); dies betrifft insbesondere *Entwicklungskosten* (s. Rz. 119d). Bei Ausübung des Wahlrechts ergeben sich Angabepflichten für Kapitalgesellschaften (unter Beachtung von § 288 HGB) aus § 285 Nr. 22 HGB. Nicht aktiviert werden dürfen gem. § 248 Abs. 2 S. 2 HGB selbst geschaffene Marken, Drucktitel, Verlagsrechte, Kundenlisten oder vergleichbare Vermögensgegenstände des Anlagevermögens.

107 Nach § 249 HGB sind **Rückstellungen** zu bilden für ungewisse Verbindlichkeiten und für drohende Verluste aus schwebenden Geschäften, ferner für unterlassene Instandhaltungsaufwendungen, die innerhalb von drei Monaten oder für Abraumbeseitigungen, die im folgenden Geschäftsjahr nachgeholt werden, sowie für Gewährleistungen, die ohne rechtliche Verpflichtung erbracht werden. Rückstellungen sind ihrem Charakter nach Schulden, womit sie sich von den Rücklagen unterscheiden, die Eigenkapitalcharakter haben. Eine Rückstellung für ungewisse Verbindlichkeiten setzt das *Bestehen* einer der Höhe nach ungewissen Verbindlichkeit oder die überwiegende Wahrscheinlichkeit des *Entstehens* einer Verbindlichkeit dem Grunde nach voraus, deren Höhe ungewiss sein kann und, sofern die Verpflichtung am Bilanzstichtag dem Grunde nach noch nicht rechtlich entstanden ist[2], dass sie *wirtschaftlich* in den bis zum Bilanzstichtag abgelaufenen Wirtschaftsjahren verursacht wurde. Der Schuldner muss ernsthaft mit seiner Inanspruchnahme rechnen und es darf sich nicht um (nachträgliche) Anschaffungs- oder Herstellungskosten handeln[3]. Bei einem **Passivprozess** gilt Folgendes: Eine Rückstellung ist erst dann aufzulösen, wenn über den Anspruch endgültig und rechtskräftig entschieden worden ist[4], womit noch nichts über den Passivierungsbeginn gesagt ist. Bei der Passivierung (die der Auflösung zwingend vorangeht) der Rückstellung ist das Prozessrisiko nach der Finanzrechtsprechung ebenfalls unabhängig von der Erfolgswahrscheinlichkeit der Klage zu berücksichtigen, solange der Anspruch nicht völlig haltlos ist; die Rückstellung ist grundsätzlich mit dem eingeklagten Betrag zu bewerten[5]. Demgegenüber hält die Zivilrechtsprechung bei Scha-

---

1 Ungeachtet des eindeutigen Wortlauts wird teilweise die Aktivierung in der Eröffnungsbilanz zur Vermeidung eines ansonsten gebotenen Verlustausweises bejaht: *Winnefeld*, N 62 ff. m.w.Nw.
2 Bei rechtlich entstandenen Verpflichtungen bedarf es nach BFH v. 5.6.2002 – I R 96/00, juris und BFH v. 17.10.2013 – IV R 7/11, DStR 2013, 2745, keiner Prüfung der wirtschaftlichen Verursachung mehr.
3 Nur etwa BFH v. 17.10.2013 – IV R 7/11, DStR 2013, 2745, BFH v. 19.9.2012 – IV R 45/09, DStR 2012, 2166.
4 BFH v. 27.11.1997, IV R 95/96, BStBl. II 1998, 375.
5 FG Schleswig-Holstein v. 25.9.2012 – 3 K 77/11, EFG 2013, 11; a.A. *Lüdenbach*, Im Aufstellungszeitraum durch Vergleich erledigte Passivklage, StuB 2013, 922.

densersatzansprüchen im Passivprozess an der Wahrscheinlichkeitsbeurteilung hinsichtlich ihres Bestehens fest[1].

Die aktiven und passiven **Rechnungsabgrenzungsposten** gem. § 250 HGB dienen vor allem der periodengerechten Gewinnermittlung (s. Rz. 116), indem Ausgaben bzw. Einnahmen, die vor dem Abschlussstichtag angefallen sind, aber Aufwand (aktive Rechnungsabgrenzung) bzw. Ertrag (passive Rechnungsabgrenzung) für eine bestimmte Zeit nach diesem Tag darstellen, abgegrenzt werden. Aufgabe der Rechnungsabgrenzungsposten ist es, im Falle gegenseitiger Verträge, bei denen Leistung und Gegenleistung zeitlich auseinanderfallen, die Vorleistung des einen Teils in das Jahr zu verlegen, in dem die nach dem Vertrag geschuldete Gegenleistung des anderen Teils erbracht wird; *Aufwand* für eine „bestimmte Zeit" danach meint deshalb, dass einer Vorleistung eine noch nicht erbrachte **künftige** zeitraumbezogene Gegenleistung gegenübersteht, Entsprechendes gilt für *Erträge* (Beispiel s. Rz. 116)[2]. Obwohl sie in §§ 246, 247 HGB neben den Vermögensgegenständen und Schulden genannt werden, sind sie gleichwohl grundsätzlich vermögens- bzw. schuldgebunden, da sie im Ergebnis Vorleistungen abbilden und bei Vertragsstörungen häufig Rückzahlungsverpflichtungen auslösen. Unter den (aktiven) Rechnungsabgrenzungsposten kann auch der Unterschiedsbetrag zwischen dem Erfüllungsbetrag und dem Ausgabebetrag einer Verbindlichkeit ausgewiesen werden (Disagio); der Unterschiedsbetrag ist dann durch planmäßige jährliche Abschreibungen über die Laufzeit der Verbindlichkeit zu verrechnen (§ 250 Abs. 3 HGB).

108

Nach § 251 HGB sind Haftungsverhältnisse aus der Begebung und Übertragung von Wechseln, Bürgschaften, Gewährleistungsverträgen sowie aus der Bestellung von Sicherheiten für fremde Schulden, die in der Bilanz nicht bereits als Verbindlichkeit oder Rückstellung berücksichtigt werden müssen, als **Eventualverbindlichkeiten** *„unter der Bilanz"* zu vermerken; für Kapitalgesellschaften gelten gesonderte Angabepflichten (§ 268 Abs. 7 HGB, § 285 Nr. 27 HGB). Unter die Eventualverbindlichkeiten fallen z.B. Freistellungsverpflichtungen, Liquiditätsgarantien etc., aber auch sog. harte **Patronatserklärungen**[3].

109

Derartige Eventualverpflichtungen standen bereits beim Unternehmenszusammenbruch der US-Gesellschaft *Enron* und der *Finanzmarktkrise*[4] auf der Bilanzagenda (hier wie dort gegenüber Zweckgesellschaften, s. auch Rz. 79a), was zeigt, dass es sich nicht lediglich um einen nebensächlichen Bilanzvermerk handelt. Bei drohender Inanspruchnahme entfällt der Ausweis unter der Bilanz

---

1 OLG Frankfurt v. 12.11.2013 – 5 U 14/13 – Deutsche Bank/Kirch, ZIP 2013, 2403, unter Hinweis auf BGH v. 16.2.2009 – II ZR 185/07, ZIP 2009, 460, dort i.Ü. offenlassend, ob bereits die Erhebung einer Feststellungsklage für eine Rückstellungspassivierung ausreicht.
2 BFH v. 7.4.2010 – I R 77/08, DStR 2010, 1015; KG v. 11.2.2010 – 1 Ws 212/08, wistra 2010, 235; *Krumm* in Blümich, EStG/KStG/GewStG, § 5 EStG Rz. 654 ff. und Rz. 901 ff., auch zum Verhältnis zu anderen Passivposten; zur Abgrenzung von Rückstellungen: *Tiedchen* in HdJ, Abt. III/8 Rz. 16 ff.
3 BFH v. 25.10.2006 – I R 6/05, BB 2007, 598; OLG München v. 22.7.2004 – 19 U 1867/04, ZIP 2004, 2102; *Grottel/Haußer* in BeBiKo, § 251 HGB Rz. 41; *Kersting* in HdJ, Abt III/9 Rz. 121 ff.; IDW RH HFA 1.013; § 26 Abs. 2 RechKredV.
4 *Lutter*, Bankenkrise und Organhaftung, ZIP 2009, 197.

und es ist gem. § 249 Abs. 1 HGB eine Rückstellung wegen ungewisser Verbindlichkeiten zu passivieren, im Einzelfall auch schon eine gewisse Verbindlichkeit.

2. Bewertungsvorschriften

110 Allgemeine, **für alle Kaufleute geltende Bewertungsgrundsätze** ergeben sich aus § 252 HGB:

- Bilanzidentität (§ 252 Abs. 1 Nr. 1 HGB),
- Unternehmensfortführung (§ 252 Abs. 1 Nr. 2 HGB),
- Einzelbewertungsprinzip, Stichtagsprinzip (§ 252 Abs. 1 Nr. 3 HGB),
- Vorsichtsprinzip, mit Imparitäts- und Realisationsprinzip (§ 252 Abs. 1 Nr. 4 HGB),
- Periodenabgrenzung (§ 252 Abs. 1 Nr. 5 HGB),
- Kontinuität der Bewertung (§ 252 Abs. 1 Nr. 6 HGB).

111 Der Grundsatz der **Bilanzidentität** besagt, dass die Wertansätze der Eröffnungsbilanz mit denen der Schlussbilanz des vorhergehenden Geschäftsjahrs übereinstimmen müssen. Da der Kaufmann nur zur Aufstellung einer Eröffnungsbilanz zu Beginn seines Handelsgewerbes verpflichtet ist, von den Besonderheiten bei Unternehmensbeendigung abgesehen (s. Rz. 66 ff.), ist dies so zu verstehen, dass in der Buchführung zwischen den Saldenvorträgen in das neue Geschäftsjahr (Eröffnungsbilanzwert) und den Salden auf den Bestandskonten des abgeschlossenen Geschäftsjahres Identität bestehen muss (Schlussbilanzkonto = Eröffnungsbilanzkonto; s. auch Rz. 40a).

112 Bei **Unternehmensfortführung** (Going Concern) ist von fortgeführten (handelsrechtlichen) Buchwerten auszugehen, sofern dem nicht tatsächliche oder rechtliche Gegebenheiten entgegenstehen. Von der Fortführung *der Unternehmenstätigkeit* kann grundsätzlich ausgegangen werden, wenn nachhaltig Gewinne erwirtschaftet wurden, ausreichend liquide Mittel vorhanden sind und keine Überschuldung droht[1]. Entgegenstehende tatsächliche Gegebenheiten, insbesondere *wirtschaftliche Schwierigkeiten*, erfordern hingegen eine umfassende Prognose aller relevanten Umstände[2]. In diesem Fall haben die gesetzlichen Vertreter eine eingehende Fortführungsprognose auf der Basis von Unternehmensplanungen zu erstellen (s. Rz. 1)[3]. Fällt diese Fortführungsprognose negativ aus, dann tritt der Grundsatz der periodengerechten Gewinnermittlung in den Hintergrund und die Bewertung hat unter Veräußerungsgesichtspunkten zu erfolgen (s. Rz. 66 ff.). Die Insolvenzgründe (§§ 17 ff. InsO) stehen als rechtliche Gegebenheit dem Ansatz von Fortführungswerten jedoch nicht zwingend entgegen[4].

---

1 IDW PS 270.
2 *Winkeljohann/Büssow* in BeBiKo, § 252 HGB Rz. 15.
3 IDW PS 270.
4 BT-Drs. 12/2443, 172 (zu § 174); *Kaiser*, Die Crux mit dem Going Concern, ZIP 2012, 2478; *Mailer*, Handelsrechtliche Rechnungslegung insolventer Kapitalgesellschaften, BBK 2013, 156.

Vermögensgegenstände und Schulden sind grundsätzlich **einzeln zu bewerten**; im Einzelfall sind Sammelbewertungen wie z.B. Pauschalrückstellungen und Pauschalwertberichtigungen etc. zulässig und die Bildung von Bewertungseinheiten geboten (s. Rz. 99b und 119c). Das *Stichtagsprinzip* fordert eine Bewertung zum Abschlussstichtag. Sachverhalte, die nach dem Bilanzstichtag, aber noch vor Bilanzaufstellung bekannt werden, sind nur dann zu berücksichtigen, wenn sie Rückschlüsse auf die Verhältnisse am Bilanzstichtag zulassen (wertaufhellende Tatsachen); ansonsten ist eine Berücksichtigung im Jahresabschluss der vergangenen Periode nicht möglich (wertbeeinflussende Tatsachen)[1]. Dabei sind als „wertaufhellend" nur die Umstände zu berücksichtigen, die zum Bilanzstichtag bereits objektiv vorlagen und lediglich nach dem Bilanzstichtag, aber vor dem Tag der Bilanzerstellung bekannt oder erkennbar wurden[2]. Der Wertaufhellungszeitraum endet mit dem Zeitpunkt der *fristgerechten* Bilanzaufstellung[3].

113

Das **Vorsichtsprinzip** als zentraler und übergeordneter Bewertungsgrundsatz ist bei allen Bilanzierungs- und Bewertungsentscheidungen zu beachten[4]. Zwar dürfen willkürlich keine stillen Reserven gebildet werden; es ist aber davon auszugehen, dass innerhalb einer Bandbreite von Werten eine etwas pessimistischere als die wahrscheinlichste Alternative zum Ansatz kommt[5]. Innerhalb dieser Bandbreite sollte die Aktiva daher eher am unteren, die Passiva eher am oberen Grenzwert bewertet werden[6]. Es ist nicht der wahrscheinlichste Wert anzusetzen, wenn niedrigere (Aktiva) bzw. höhere (Passiva) Werte durchaus realistisch sind. Maßgebend ist innerhalb einer Bandbreite der „vorsichtige" Grenzwert, also ein Wertansatz, der mit hoher Wahrscheinlichkeit nicht über- bzw. unterschritten wird; diese Maßgabe wird der einfache Mittelwert, da weitgehend risikoneutral, i.d.R. nicht erfüllen können. Bei singulären Risiken helfen Wahrscheinlichkeitsgrade überdies nicht weiter.

114

Das **Imparitätsprinzip** fordert die Berücksichtigung aller vorhersehbarer Risiken und Verluste, die auf Ereignissen der Gegenwart oder Vergangenheit beruhen. Der Sache nach geht es um Risiken, die zum Stichtag entstanden, aber noch nicht eingetreten (realisiert) sind[7]. Abweichend davon dürfen nach dem **Realisationsprinzip** Gewinne nur berücksichtigt werden, wenn sie am Bilanzstichtag realisiert sind. Überwiegend ist der Zeitpunkt der Gewinnrealisation der Zeitpunkt der Leistungserbringung, wenn also die Hauptleistung erbracht ist, die ggf. auch zeitanteilig erfolgen kann (sog. Mehrkomponentengeschäft mit mehreren Hauptleistungen) und nur noch Schadensersatz- bzw. Gewährleistungsverpflichtungen bestehen. Dabei erfolgt die Differenzierung in ein Umsatz- und ein anschließendes Kreditgeschäft, sodass Bonitätsrisiken die

115

---

1 Hierzu auch EuGH v. 7.1.2003 – Rs. C-306/99 – BIAO, BB 2003, 355.
2 BFH v. 12.12.2012 – I B 27/12, juris; BFH v. 30.1.2002 – I R 68/00, DStR 2002, 713.
3 BFH v. 12.12.2012 – I B 27/12, juris.
4 *Naumann/Breker/Siebler/Weiser* in HdJ, Abt. I/7 Rz. 181; *Winkeljohann/Büssow* in BeBiKo, § 252 HGB Rz. 30.
5 *ADS*, § 252 HGB Rz. 68; *Leffson*, 479.
6 *Winkeljohann/Büssow* in BeBiKo, § 252 HGB Rz. 33.
7 *Winkeljohann/Büssow* in BeBiKo, § 252 HGB Rz. 34; *ADS*, § 252 HGB Rz. 92 ff.; *Merkt* in Baumbach/Hopt, § 252 HGB Rz. 11.

Umsatzrealisierung grds. nicht verhindern, sondern Fragen der (Folge-)Bewertung der Forderung betreffen. Wegen der zentralen Bedeutung der Umsatzerlöse gilt dies bei *Scheingeschäften*, wenn z.B. der Empfänger von vornherein nicht zur Erbringung der Gegenleistung willens und/oder in der Lage ist, nicht, weil hier schon kein Umsatzgeschäft auf dem Absatzmarkt erfolgt ist.

116 Das Prinzip der **Aufwands- und Ertragsperiodisierung** besagt, dass Aufwendungen und Erträge unabhängig von Zahlungsströmen im Jahresabschluss zu berücksichtigen sind. Hierunter fallen vor allem folgende Sachverhalte:

- Ausgabe jetzt, Aufwand später bzw. Einnahme jetzt, Ertrag später;
- Aufwand jetzt, Ausgabe später bzw. Ertrag jetzt, Einnahme später.

Die beiden Ersten führen zu aktiven bzw. passiven Posten der Rechnungsabgrenzung (sog. *transitorische* Posten; s. Rz. 108), Letztere zu Forderungen und Verbindlichkeiten bzw. Rückstellungen (sog. *antizipative* Posten).

Beispiel: Am 1.10.01 wird die Versicherungsprämie über 1 000 Euro für ein halbes Jahr im Voraus bezahlt bzw. eine verzinsliche Kapitalanlage in selber Höhe mit nachschüssiger halbjährlicher Zinsgutschrift getätigt: Im ersten Fall ist am 31.12.01 ein aktiver (transitorischer) RAP und im zweiten Fall eine sonstige Forderung von 500 Euro zu aktivieren.

117 Der Grundsatz der **Bewertungsstetigkeit** fordert aus Gründen der Vergleichbarkeit die Anwendung gleicher Bewertungsmethoden. Damit soll ein sachverhaltsgestaltender Wechsel der Bewertungsmethoden verhindert werden. Nach § 252 Abs. 2 HGB darf insgesamt von den Grundsätzen nach Abs. 1 nur in begründeten Ausnahmefällen abgewichen werden.

118 Weitere, nicht in § 252 HGB genannte **Bewertungsgrundsätze** sind[1]:

- Grundsatz der Methodenbestimmtheit der Bewertung,
- Grundsatz des Willkürverbots, d.h. Ansatz und Bewertung müssen frei von sachfremden Erwägungen sein, und
- Grundsatz der Wesentlichkeit, d.h. Sachverhalte von untergeordneter Bedeutung können vernachlässigt werden.

119 Neben diesen allgemeinen Grundsätzen des § 252 HGB ergeben sich aus §§ 253 ff. HGB **detaillierte Bewertungsvorschriften**. Gem. § 253 Abs. 1 HGB sind Vermögensgegenstände *höchstens* mit den Anschaffungs- oder Herstellungskosten anzusetzen (Prinzip der Obergrenze der Anschaffungs- oder Herstellungskosten), was allerdings bei überhöhten Anschaffungskosten strittig ist[2]. Verbindlichkeiten sind nach § 253 Abs. 1 S. 2 HGB mit ihrem *Erfüllungsbetrag* und Rückstellungen in Höhe des nach vernünftiger kaufmännischer Beurteilung notwendigen Erfüllungsbetrages anzusetzen. Dies bedeutet, dass bei der Bewertung von Rückstellungen – unter Einschränkung des Stichtagprinzips –

---

1 *Winkeljohann/Büssow* in BeBiKo, § 252 HGB Rz. 65 ff.; *ADS*, § 252 HGB Rz. 122 ff.; *Kleindiek* in Staub, § 252 HGB Rz. 55 ff.
2 *Wohlgemuth* in HdJ, Abt. I/9 Rz. 13, m.w.Nw.; *Schulze-Osterloh*, Aktivierung, Ertragsausweis und Kapitalrücklage einer Kapitalgesellschaft beim kostenlosen oder verbilligten Erwerb von Vermögensgegenständen von ihrem Gesellschafter, NZG 2014, 1. Zum Pendant bei „unterbewerteten" Anschaffungskosten vgl. EuGH v. 3.10.2013 – Rs. C-322/12 – Gimle SA, NZG 2014, 36.

künftige Preis- und Kostensteigerungen (Lohn-, Preis- und Personalentwicklungen) zu berücksichtigen sind. Sofern sich die Höhe von Altersversorgungsverpflichtungen ausschließlich nach dem beizulegenden Zeitwert von Wertpapieren i.S. des § 266 Abs. 2 A III 5 HGB bestimmt (wertpapiergebundene Pensionszusagen), sind Rückstellungen hierfür gem. § 253 Abs. 1 S. 3 HGB zum beizulegenden Zeitwert dieser Wertpapiere anzusetzen, soweit er einen garantierten Mindestbetrag übersteigt.

Die gem. § 246 Abs. 2 S. 2 HGB zur Verrechnung vorgesehenen Vermögensgegenstände (s. Rz. 99b) sind gem. § 253 Abs. 1 S. 4 HGB mit ihrem **beizulegenden Zeitwert** zu bewerten, Angabepflichten (für alle Kapitalgesellschaften) zur Ermittlung des beizulegenden Zeitwertes ergeben sich aus § 285 Nr. 25 HGB. Werden die Voraussetzungen gem. § 246 Abs. 2 S. 2 HGB nicht mehr erfüllt, dann sind die Vermögensgegenstände mit ihren fortgeführten Anschaffungskosten wieder in die Bilanz aufzunehmen[1]. Die Bewertung zum beizulegenden Zeitwert bleibt darüber hinaus Kreditinstituten vorbehalten (§ 340e Abs. 3 und 4 HGB). *Rückstellungen* mit einer Restlaufzeit *von mehr als einem Jahr* sind gem. § 253 Abs. 2 HGB mit dem ihrer Restlaufzeit entsprechenden durchschnittlichen Marktzinssatz der vergangenen sieben Geschäftsjahre **abzuzinsen**. Rückstellungen für Altersversorgungsverpflichtungen oder vergleichbare langfristig fällige Verpflichtungen dürfen zur Vereinfachung auch pauschal mit dem durchschnittlichen Marktzinssatz bei einer angenommenen Restlaufzeit von 15 Jahren abgezinst werden. Dies gilt entsprechend für Rentenverpflichtungen, für die eine Gegenleistung nicht mehr zu erwarten ist. Der anzuwendende Abzinsungssatz wird von der Deutschen Bundesbank ermittelt und monatlich bekannt gegeben. Tatsächlich *un- oder unterverzinsliche Verbindlichkeiten* sind hingegen – auch entgegen § 6 Abs. 1 Nr. 3 EStG – nicht mit dem Barwert anzusetzen[2].

119a

Abnutzbare Vermögensgegenstände des Anlagevermögens sind um **planmäßige Abschreibungen** zu vermindern (§ 253 Abs. 3 HGB; s. auch Rz. 99a). Bei einer voraussichtlich *dauernden* Wertminderung sind nach § 253 Abs. 3 S. 3 HGB außerplanmäßige Abschreibungen zwingend vorzunehmen, um diese mit dem niedrigeren Wert anzusetzen, der ihnen am Abschlussstichtag beizulegen ist. Ausschließlich bei Finanzanlagen können auch bei einer nur vorübergehenden Wertminderung Abschreibungen vorgenommen werden (sog. *gemildertes Niederstwertprinzip*). Beim Umlaufvermögen gilt gem. § 253 Abs. 4 HGB eine Abschreibungspflicht unabhängig von der Dauer der Wertminderung (sog. *strenges Niederstwertprinzip*). Hierarchischer Vergleichswert für diesen Niederstwerttest ist der Börsenpreis, dann der Marktpreis und, falls keiner von beiden feststellbar ist, der beizulegende Wert. Der *beizulegende Wert*, der sich je nach Eigenschaft des Vermögensgegenstands am Beschaffungs- oder Absatzmarkt oder an beiden – ggf. auch am Ertragswert (z.B. bei Beteiligungen[3], Lizenzen etc.) – orientiert, unterscheidet sich vom *beizulegenden Zeitwert* gem. § 255

119b

---

1 BT-Drs. 16/12407, 111.
2 *Schubert* in BeBiKo, § 253 HGB Rz. 63.
3 IDW RS HFA 10.

Abs. 4 HGB (s. Rz. 119e)[1]; dieser ist konzeptionell neben den Anschaffungs- oder Herstellungskosten ein weiterer Bewertungsmaßstab und bezieht sich auf die Bewertung gem. § 253 Abs. 1 S. 3 und 4 HGB sowie § 340e Abs. 3 HGB; er orientiert sich nicht an unternehmensspezifischen Faktoren, differenziert nicht nach Beschaffungs- und Absatzmarkt und kann in der Folgebewertung auch höher als der Zugangswert sein. Ein niedriger Wertansatz darf gem. § 253 Abs. 5 HGB nicht beibehalten werden, wenn die Gründe hierfür nicht mehr bestehen (*Wertaufholungsgebot*). Dies gilt nicht für den Geschäfts- oder Firmenwert (s. Rz. 99a), dessen Wertansatz ist beizubehalten.

119c Werden gem. § 254 HGB (vorhandene) Vermögensgegenstände, Schulden, schwebende Geschäfte oder mit hoher Wahrscheinlichkeit *erwartete* Transaktionen (antizipative Bewertungseinheit) zum Ausgleich gegenläufiger Wertänderungen oder Zahlungsströme aus dem Eintritt vergleichbarer Risiken mit *Finanzinstrumenten* (s. Rz. 127a) zu einer **Bewertungseinheit** (*hedge accounting*) zusammengefasst, dann gelten § 249 Abs. 1 HGB (Rückstellungen), § 252 Abs. 1 Nr. 3 und 4 HGB (Einzelbewertungs-, Vorsichts-, Imparitäts- und Realisationsprinzip), § 253 Abs. 1 S. 1 HGB (Anschaffungskosten- und Niederstwertprinzip) und § 256a HGB (Währungsumrechnung) in dem Umfang und für den Zeitraum nicht, in dem sich die gegenläufigen Wertänderungen oder Zahlungsströme *ausgleichen*. Ein zufälliger Ausgleich unterschiedlicher Risiken rechtfertigt die Annahme einer Bewertungseinheit nicht. Sicherungsfähig sind nur eindeutig ermittelbare einzelne Risiken (z.B. Währungs-, Zins-, Bonitäts- und Preisrisiken)[2]. Als Finanzinstrumente in diesem Sinne gelten auch Warentermingeschäfte. Konsequenz daraus ist, dass noch nicht realisierte Verluste mit noch nicht realisierten Gewinnen verrechnet werden (kompensatorische Betrachtung). Der nicht vollständig kompensatorische Teil der Bewertungseinheit ist nach allgemeinen Bilanzierungsregeln zu bewerten. Die Bildung von Bewertungseinheiten ist zu dokumentieren und deren Wirksamkeit zu überwachen[3]. § 254 HGB schreibt keine konkrete Bewertungsmethode vor, infrage kommt das *mico-hedging* als Absicherung eines einzelnen Grundgeschäfts durch ein einzelnes Sicherungsinstrument, das *macro-hedging* als zusammenfassende Betrachtung ganzer Gruppen von Grundgeschäften und das *portfolio-hedging* als Absicherung mehrerer gleichartiger Grundgeschäfte durch ein oder mehrere Sicherungsgeschäfte[4]. Umfangreiche Angabepflichten ergeben sich aus § 285 Nr. 23 HGB, soweit die Angaben nicht im Lagebericht gemacht werden.

Beispiel: Es besteht eine Fremdwährungsforderung in Höhe von 100 000 USD (Wert: 100 000 Euro), die durch ein Devisentermingeschäft in selber Höhe (100 000 Euro) abgesichert ist. Beträgt die Fremdwährungsforderung wegen Kursschwankungen nur noch 80 000 Euro, kommt es zu keinem Verlustausweis von 20 000 Euro, weil der Marktwert des Termingeschäfts in selber Höhe gestiegen ist. Ebenso gilt bei einer Fremdwährungs-

---

1 WP-Hdb. I, E 372; *Böcking/Korn* in BeckHdR, B 164 Rz. 7.
2 BT-Drs. 16/12407, 112.
3 BT-Drs. 16/10067, 58.
4 BT-Drs. 16/12407, 115.

forderung, die durch eine betrag-, laufzeit- und währungsidentische Fremdwährungsverbindlichkeit gesichert ist: Verändert sich der Fremdwährungskurs (bei Anschaffung: 1 Euro = 1,5 USD, am Stichtag: 1 Euro = 1,2 USD), gleichen sich nicht realisierte Verluste (der Verbindlichkeit) und nicht realisierte Gewinne (der Forderung) aus.

§ 255 Abs. 1–3 HGB enthalten die Bewertungsmaßstäbe der *Anschaffungs- oder Herstellungskosten*, § 256 HGB regelt Bewertungsvereinfachungsverfahren für Vorräte, sog. Verbrauchsfolgeverfahren (LIFO- und FIFO-Verfahren[1]; s. auch Rz. 10). Gem. § 255 Abs. 2a HGB sind die Herstellungskosten eines selbst geschaffenen immateriellen Vermögensgegenstandes die bei dessen **Entwicklung** anfallenden Aufwendungen i.S. von § 255 Abs. 2 HGB. Eine Begriffsdefinition der Entwicklungsphase enthält § 255 Abs. 2a S. 2 HGB. **Forschungskosten** unterliegen demgegenüber einem Aktivierungsverbot (§ 255 Abs. 2 S. 4 HGB). Wird vom Aktivierungswahlrecht gem. § 248 Abs. 2 HGB Gebrauch gemacht (s. Rz. 106), dann stellt sich die Frage nach dem Aktivierungszeitpunkt: Der Gesetzgeber weist darauf hin, dass eine Aktivierung erst infrage kommt, wenn die Vermögensgegenstandseigenschaft des selbst geschaffenen immateriellen Vermögensgegenstands bejaht werden kann[2]. Nach § 255 Abs. 2a S. 1 HGB gehören die Entwicklungskosten dann zu den Herstellungskosten, wenn die technische Verwertbarkeit und wirtschaftlichen Erfolgsaussichten ex-ante gegeben sind (Umkehrschluss aus § 255 Abs. 2a S. 3 HGB), sodass dann auch die Aktivierung beginnt[3]. Kann der Übergang von der Forschungs- zur Entwicklungsphase nicht bestimmt werden, dann scheidet eine Aktivierung der Entwicklungskosten aus.

119d

§ 255 Abs. 4 HGB definiert den sog. **beizulegenden Zeitwert** als Marktpreis (mark-to-market), wobei zunächst Bezug genommen wird auf einen *aktiven Markt* (Stufe 1). Voraussetzung ist, dass der Marktpreis an einer Börse, von einem Händler oder Broker, von einer Branchengruppe oder einem Preisberechnungsservice oder von einer Aufsichtsbehörde leicht und regelmäßig erhältlich ist und auf aktuellen und regelmäßig auftretenden Markttransaktionen zwischen unabhängigen Dritten beruht[4]. Nach IAS 38.8 setzt ein aktiver Markt voraus, dass die gehandelten Produkte homogen sind, vertragswillige Käufer und Verkäufer i.d.R. jederzeit gefunden werden können und die Preise der Öffentlichkeit zur Verfügung stehen. Kein aktiver Markt liegt vor, wenn wegen der geringen Anzahl umlaufender Aktien im Verhältnis zum Gesamtvolumen nur kleine Volumina gehandelt werden oder in einem engen Markt keine Marktpreise verfügbar sind[5].

119e

---

1 LIFO = Last In First Out, FIFO = First In First Out.
2 BT-Drs. 16/12407, 110.
3 *Seidel/Grieger/Muske*, Bilanzierung von Entwicklungskosten nach BilMoG, BB 2009, 1286 und *Haaker*, PiR 2013, 160, fordern eine hohe Wahrscheinlichkeit, dass nach Fertigstellung ein immaterieller Vermögensgegenstand vorliegt; *Schubert/Huber, F.* in BeBiKo, § 247 HGB Rz. 380, stellen darauf ab, dass aufgrund einer zukunftsorientierten Beurteilung die Vermögensgegenstandseigenschaft bejaht werden kann; krit. hingegen *Merkt* in Baumbach/Hopt, § 255 HGB Rz. 22.
4 BT-Drs. 16/10067, 61.
5 BT-Drs. 16/10067, 61.

119f Kann der Marktpreis nicht aus einem aktiven Markt (Stufe 1) abgeleitet werden, dann ist er gem. § 255 Abs. 4 S. 2 HGB mithilfe allgemein **anerkannter Bewertungsmethoden** angemessen an den Marktpreis anzunähern (mark-to-model). Der Gesetzgeber geht hierbei hierarchisch zunächst von Vergleichspreisen der jüngeren Vergangenheit bzw. von ähnlichen Transaktionen (Stufe 2) und erst dann von anerkannten Bewertungsmethoden wie z.B. der Discounted-Cashflow-Methode (Stufe 3) aus. Ist auch in diesem Sinne kein Marktpreis zu bestimmen, dann sind die Anschaffungs- oder Herstellungskosten fortzuführen (Stufe 4). Lässt sich der Zeitwert nicht (mehr) ermitteln (§ 255 Abs. 4 S. 3 HGB), dann gilt gem. § 255 Abs. 4 S. 4 HGB der letzte zulässig ermittelte Zeitwert als Anschaffungs- oder Herstellungskosten i.S. von § 255 Abs. 4 S. 3 HGB[1].

119g § 256a HGB regelt die **Währungsumrechnung** von Vermögensgegenständen und Verbindlichkeiten im Rahmen der *Folgebewertung* („am Abschlussstichtag"). Danach sind auf fremde Währung lautende Vermögensgegenstände und Verbindlichkeiten am Abschlussstichtag zum *Devisenkassamittelkurs* umzurechnen. Bei einer Restlaufzeit von **einem Jahr oder weniger** gelten § 253 Abs. 1 S. 1 HGB (Anschaffungskosten- und Niederstwertprinzip) und § 252 Abs. 1 Nr. 4 Hs. 2 HGB (Realisationsprinzip) nicht, maßgebend ist hier allein der Devisenkassamittelkurs, sodass es zu noch nicht realisierten Gewinnen kommen kann. Mit der Bezugnahme auf den Devisenkassamittelkurs entfällt die Unterscheidung in Geld- und Briefkurs. Die in § 256a HGB genannten Restriktionen gelten nicht für Bewertungseinheiten (s. Rz. 119c), sie gelten auch nicht für Rückstellungen und latente Steuern, die zu jedem Abschlussstichtag mit dem Devisenkassamittelkurs umzurechnen sind[2]. Für Rechnungsabgrenzungsposten erübrigt sich die Währungsumrechnung als Folgebewertung. Geschäftsvorfälle in Fremdwährung sollen bereits im *Zugangszeitpunkt* mit dem Devisenkassamittelkurs umgerechnet werden können, wenn die Ergebniseffekte vernachlässigbar sind, ansonsten ist der Geld- bzw. Briefkurs maßgebend[3].

120 Bewertungen sind i.d.R. mit **Schätzungen** bzw. Prognosen verbunden, die einen Blick in die Zukunft erfordern: Wann liegt z.B. eine voraussichtlich dauernde Wertminderung vor, wie hoch ist ein Schadensersatzrisiko? Die Schätzungsungenauigkeiten sind, da die Zukunft ex-ante nicht beweisbar ist, so weit als möglich zu objektivieren; gleichwohl eröffnen sich Handlungsspielräume. Innerhalb des „nach vernünftiger kaufmännischer Beurteilung" begrenzten Ermessensspielraums sind alle Bilanzansätze „richtig". Allerdings ist vor dem Hintergrund des Vorsichtsprinzips (näher Rz. 114) innerhalb einer Bandbreitenstruktur eine risikoscheue Haltung gegenüber positiven Eintrittswahrscheinlichkeiten angezeigt; ungünstige Werte sind daher stärker zu gewichten. Eine absolute Bilanzwahrheit existiert indes nicht, wohl aber gilt der Grundsatz des Willkürverbots.

---

1 BT-Drs. 16/10067, 53.
2 BT-Drs. 16/10067, 62.
3 *Grottel/Leistner* in BeBiKo, § 256a HGB Rz. 34 ff.

3. Besonderheiten bei Kapitalgesellschaften

Ergänzende Vorschriften für *Kapitalgesellschaften* ergeben sich aus §§ 264–335a HGB, mit Ausnahmen für bestimmte Tochterunternehmen im Konzern gem. § 264 Abs. 3, 4 HGB, für die dann die für alle Kaufleute maßgebenden Vorschriften (§§ 242 ff. HGB) gelten. §§ 264a Abs. 1, 335b HGB stellen klar, dass §§ 264–335a HGB auch auf die *KapCoGes* anzuwenden sind, bei denen nicht wenigstens ein persönlich haftender Gesellschafter als natürliche Person vorhanden ist. Eine Befreiung hinsichtlich der Vorschriften für Kapitalgesellschaften innerhalb eines Konzerns ergibt sich hier aus § 264b HGB; in diesem Fall legt auch die KapCoGes nach den für alle Kaufleute geltenden Vorschriften Rechnung. Kleine und mittelgroße Kapitalgesellschaften sind gem. § 274a, § 276, § 288, §§ 326 ff. HGB von der Anwendung einiger Vorschriften, soweit sie die Bilanz, die Gewinn- und Verlustrechnung, den Anhang und die Offenlegung betreffen, befreit. Eine Definition *kapitalmarktorientierter Kapitalgesellschaften* enthält § 264d HGB (s. Rz. 77).

Mit dem Kleinstkapitalgesellschaften-Bilanzrechtsänderungsgesetz – *Micro-BilG* – wurden Erleichterungen für „Kleinstunternehmen" geschaffen[1], für KapCoGes gilt § 264c Abs. 5 HGB, zu Genossenschaften s. Rz. 135. Als **Kleinstkapitalgesellschaften** (vgl. auch § 23 Rz. 29) gelten gem. § 267a HGB Gesellschaften, die an zwei aufeinanderfolgenden Abschlussstichtagen mindestens zwei der drei nachfolgenden Merkmale nicht überschreiten:

– Bilanzsumme: 350 000 Euro (zu Besonderheiten s. § 267a Abs. 1 S. 2 HGB),

– Nettoumsatzerlöse: 700 000 Euro,

– durchschnittliche Beschäftigtenzahl während des Geschäftsjahres: 10.

Im Wesentlichen gelten für Kleinstkapitalgesellschaften *folgende Erleichterungen*:

– Verzicht auf die Aufstellung des Anhangs (§ 264 Abs. 1 S. 5 HGB), wenn die Angaben zu Haftungsverhältnissen (§§ 251, 268 Abs. 7 HGB), zu Vorschüssen und Krediten (§ 285 Nr. 9 Buchst. c HGB) und zum Bestand eigener Aktien (§ 160 Abs. 1 Nr. 2 AktG) unter der Bilanz gemacht werden (das BilRUG – s. Rz. 2 – sieht hier Änderungen vor, so soll der Verweis auf § 251 HGB gestrichen und die Angabe von eigenen Aktien auf die AG beschränkt werden).

– Verkürzte Darstellung der Bilanz (§ 266 Abs. 1 S. 4 HGB), ausreichend sind die Buchstabenposten aus § 266 Abs. 2 und 3 HGB.

– Vereinfachte Darstellung der Gewinn- und Verlustrechnung (§ 275 Abs. 5 HGB), bestehend aus den Positionen Umsatzerlöse, sonstige Erträge, Materialaufwand, Personalaufwand, Abschreibungen, sonstige Aufwendungen, Steuern und Jahresüberschuss/Jahresfehlbetrag.

– Die Offenlegungspflichten können gem. § 326 Abs. 2 HGB vereinfacht durch Hinterlegung der Bilanz erfüllt werden (keine Veröffentlichung über die Internetseite im elektronischen Unternehmensregister).

---

1 MicroBilG v. 20.12.2012, BGBl. I, 2751.

Durch das BilRUG soll zukünftig in § 267a Abs. 3 HGB-E klargestellt werden, dass bestimmte Gesellschaften, z.B. Investment- und Unternehmensbeteiligungsgesellschaften, von den Erleichterungen für Kleinstkapitalgesellschaften ausgeschlossen sind.

122 § 264c HGB normiert **rechtsformspezifische Vorschriften** für die KapCoGes, vor allem die Angabe von Ausleihungen, Forderungen und Verbindlichkeiten gegenüber Gesellschaftern, die Eigenkapitaldarstellung sowie ein Ausweisverbot von Privatvermögen und damit zusammenhängenden Aufwendungen und Erträgen. Ein durch Verluste entstandenes *negatives Kapitalkonto* (s. auch Rz. 101 ff.) darf nach § 264c Abs. 2 HGB nur dann auf der Aktivseite als Forderung ausgewiesen werden, wenn (ausnahmsweise) eine – gesellschaftsvertragliche – Einzahlungsverpflichtung besteht (zur KGaA s. § 286 Abs. 2 S. 3 AktG), denn grundsätzlich gibt es keine Nachschusspflicht des Gesellschafters (§ 707 BGB, § 105 Abs. 3 HGB, § 171 HGB)[1]; auch die persönliche Haftung des Gesellschafters begründet keine solche Forderung *der Gesellschaft*[2]. Im Regelfall ist der Betrag deshalb als *nicht durch Vermögenseinlagen gedeckte Verlustanteile* zu bezeichnen und gem. § 268 Abs. 3 HGB auf der Aktivseite auszuweisen. Dies gilt gem. § 264c Abs. 2 S. 7 Hs. 2 HGB auch dann, wenn ein Kommanditist Gewinnanteile entnimmt, während sein Kapitalanteil durch Verluste unter den Betrag der geleisteten Einlage herabgemindert ist oder soweit durch die Entnahme der Kapitalanteil unter den bezeichneten Betrag herabgemindert wird[3] (zur Abgrenzung von Entnahmen und Forderungen s. Rz. 101a); in diesem Fall könnte, falls keine Rückzahlungsverpflichtung begründet wird, die Bezeichnung *nicht durch Vermögenseinlagen gedeckte Entnahmen* lauten[4].

123 § 264 Abs. 2 HGB enthält die **Generalnorm**, dass der Jahresabschluss unter Beachtung der GoB – d.h. die GoB werden durch die Generalnorm nicht verdrängt[5] – ein den tatsächlichen Verhältnissen entsprechendes Bild der Vermögens-, Finanz- und Ertragslage zu vermitteln hat (*fair presentation bzw. true and fair view*). Wird ausnahmsweise kein solches Bild vermittelt, dann bestehen gem. § 264 Abs. 2 S. 2 HGB Angabepflichten im Anhang. Vor diesem Hintergrund ist z.B. eine *Rangrücktrittserklärung* im Jahresabschluss angabepflichtig[6] und ebenso in der Buchführung zu dokumentieren[7], auch wenn dort

---

1 IDW RS HFA 7; WP-Hdb. I, F 290; *Hopt* in Baumbach/Hopt, § 120 HGB Rz. 22 und § 264c HGB Rz. 2; *Ehricke* in E/B/J/S, § 120 HGB Rz. 72; zur BGB-Gesellschaft: BGH v. 3.5.1999 – II ZR 32/98, NJW 1999, 2438.
2 *Förschle/Hoffmann, K.* in BeBiKo, § 264c HGB Rz. 43; IDW RS HFA 7.
3 Einzahlungspflicht als „Ausnahmefall" bezeichnend: WP-Hdb. I, F 291 und F 308, s. auch BGH v. 12.3.2013 – II ZR 73/11, DStR 2013, 1295.
4 WP-Hdb. I, F 308.
5 WP-Hdb. I, F 78; sonst sehr str.: *ADS*, § 264 HGB Rz. 59 ff.
6 *Schubert/Krämer* in BeBiKo, § 266 HGB Rz. 255; *Wolf/Schlagheck*, Überschuldung, 2007, 164 ff.; *Hartung*, Der Rangrücktritt eines GmbH-Gläubigers – eine Chance für Wirtschaftskriminelle?, NJW 1995, 1186; *Altmeppen* in Roth/Altmeppen, § 42 GmbHG Rz. 48; *Mujkanovic*, Going Concern durch nicht direkt das Eigenkapital verändernde Maßnahmen, StuB 2014, 373; wohl auch *Baierl* in BeckHdR, B 234 Rz. 7.
7 *Hartung*, NJW 1995, 1186.

kein Buchungsvorgang im technischen Sinne (per Konto Soll an Konto Haben) ausgelöst wird, aber sich die Rangordnung der Verbindlichkeit ändert und sich damit Auswirkungen auf die „Lage des Vermögens" bzw. die „Lage des Unternehmens" i.S. von § 238 Abs. 1 HGB ergeben (zur Bilanzierung des Rangrücktritts selbst s. Rz. 104). Daher sind auch zum Ergebnis einer positiven Fortführungsprognose Angaben zu machen, wenigstens im Lagebericht (§ 289 HGB; s. Rz. 128 ff.), der aber für kleine Kapitalgesellschaften und Kleinstkapitalgesellschaften nur optional ist (s. Rz. 77), nachdem der Fortführungsprognose durch die Entfristung des Überschuldungsbegriffs[1] dauerhaft die normativ entscheidende Bedeutung zukommt. Ist eine negative Fortführungsprognose zu stellen, so führt dies wegen der Nachrangigkeit gem. § 39 InsO in der Bilanz des im Rang zurückgetretenen Gläubigers regelmäßig zu einer vollständigen Forderungsabschreibung. Macht eine Kleinstkapitalgesellschaft (s. Rz. 121a) gem. § 264 Abs. 1 S. 5 HGB von der Befreiung zur Aufstellung des Anhangs Gebrauch, dann hat sie gem. § 264 Abs. 2 S. 3 HGB die ggf. nach § 264 Abs. 2 S. 2 HGB erforderlichen Angaben unter der Bilanz zu machen; damit gilt der Grundsatz des true and fair view auch für Kleinstkapitalgesellschaften.

§ 265 HGB normiert allgemeine **Gliederungsvorschriften** für die Bilanz und die Gewinn- und Verlustrechnung. Die Gliederungsschemata sind explizit vorgegeben (§§ 266, 275 HGB), wobei größenabhängige Erleichterungen bestehen (§§ 266 Abs. 1, 276 HGB) und ein Abweichen von der Norm zulässig ist (§ 265 HGB). *Kleinstkapitalgesellschaften* (§ 267a HGB) brauchen nur eine vereinfachte Bilanz (§ 266 Abs. 1 S. 4 HGB) und eine vereinfachte Gewinn- und Verlustrechnung (§ 275 Abs. 5 HGB) aufzustellen. Die Größenklasseneinteilung in kleine, mittelgroße und große Kapitalgesellschaften ergibt sich aus § 267 HGB, diejenige der *Kleinstkapitalgesellschaften* als Unterkategorie der kleinen Kapitalgesellschaften aus § 267a HGB. Banken und Versicherungen gelten stets als große Kapitalgesellschaften (§ 340a Abs. 1 HGB, § 341a Abs. 1 HGB), ebenso kapitalmarktorientierte Kapitalgesellschaften (§ 264d HGB, § 267 Abs. 3 HGB). Die Bilanz ist in *Kontoform* (§ 266 Abs. 1 HGB; s. aber Rz. 136a), die Gewinn- und Verlustrechnung in *Staffelform* aufzustellen (§ 275 Abs. 1 HGB)[2]. Als Gliederungsschema für die Gewinn- und Verlustrechnung gelten das Gesamtkostenverfahren (§ 275 Abs. 2 HGB) oder das Umsatzkostenverfahren (§ 275 Abs. 3 HGB), beide führen zum selben Ergebnis; zur Erfolgsspaltung in der Gewinn- und Verlustrechnung s. Rz. 76. Branchenspezifische Abweichungen ergeben sich aus anderen Vorschriften, so z.B. aus der „Verordnung über die Rechnungslegung der Kreditinstitute und Finanzdienstleistungsinstitute"[3] und aus der „Verordnung über die Rechnungslegung von Versicherungsunternehmen"[4] sowie aus der Krankenhaus- bzw. Pflege-Buchführungsverordnung etc. 124

---

1 G zur Einführung einer Rechtsbehelfsbelehrung im Zivilprozess v. 5.12.2012, BGBl. I, 2418.
2 Zu Einzelkaufleuten und Personengesellschaften *Schubert/Krämer* in BeBiKo, § 247 HGB Rz. 7.
3 RechKredV v. 11.12.1998, BGBl. I, 3658 mit späteren Änderungen.
4 RechVersV v. 8.11.1994, BGBl. I, 3378 mit späteren Änderungen.

125 **Vorschriften zu einzelnen Posten** der Bilanz und der Gewinn- und Verlustrechnung werden in §§ 268 ff., 277 ff. HGB normiert. Zulässig bzw. geboten ist z.B. – je nachdem, ob die Ergebnisverwendung zwingender oder ermächtigender Art ist – die Bilanzaufstellung unter Berücksichtigung der (teilweisen) Ergebnisverwendung (§ 268 Abs. 1 HGB), was zum Postenausweis als Bilanzgewinn bzw. Bilanzverlust führt. Die Ergebnisverwendung ist gem. § 158 AktG in der Gewinn- und Verlustrechnung nach dem Jahresergebnis auszuweisen. Der Ausweis *buchmäßiger Überschuldung*[1] erfolgt gem. § 268 Abs. 3 HGB als „nicht durch Eigenkapital gedeckter Fehlbetrag" (s. auch Rz. 73) auf der Aktivseite und nicht durch Negativausweis des Eigenkapitals auf der Passivseite; er ist nicht gleichbedeutend mit der rechtlichen Überschuldung (§ 19 InsO).

Beispiel: Bei einem Stammkapital von 100 000 Euro und einem Verlust von 175 000 Euro resultiert ein nicht durch Eigenkapital gedeckter Fehlbetrag von 75 000 Euro. Abwandlung des Beispiels: Ist ein Verlustvortrag von 20 000 Euro vorhanden, und werden bestehende Rücklagen von 180 000 Euro aufgelöst, verbleibt ein Bilanzverlust von 15 000 Euro, ohne dass rechnerische Überschuldung vorliegt (Eigenkapital: 85 000 Euro).

125a § 268 Abs. 8 HGB enthält ein **Ausschüttungsverbot** für *Beträge* aus der Aktivierung selbst geschaffener immaterieller Vermögensgegenstände des Anlagevermögens, aus aktiven latenten Steuern sowie zum beizulegenden Zeitwert bewerteten Vermögensgegenständen i.S. von § 246 Abs. 2 S. 2 HGB. Im Falle der Aktivierung selbst geschaffener immaterieller Vermögensgegenstände dürfen Gewinne nur ausgeschüttet werden, wenn die nach der Ausschüttung verbleibenden frei verfügbaren Rücklagen abzüglich eines Verlustvortrages und zuzüglich eines Gewinnvortrages mindestens den insgesamt angesetzten Beträgen abzüglich der hierfür gebildeten passiven latenten Steuern entsprechen. Werden aktive latente Steuern aktiviert, so ist Satz 1 auf den Betrag anzuwenden, um den die aktiven die passiven latenten Steuern übersteigen. Bei Vermögensgegenständen i.S. von § 246 Abs. 2 S. 2 HGB ist auf den Betrag abzüglich der hierfür gebildeten passiven latenten Steuern abzustellen, der die Anschaffungskosten übersteigt. Die Ausschüttungssperre soll nur für Kapitalgesellschaften gelten[2], Angabepflichten folgen aus § 285 Nr. 28 HGB. Für Kommanditisten gilt gem. § 172 Abs. 4 S. 3 HGB, dass bei der Prüfung des Wiederauflebens der Haftung Beträge i.S. von § 268 Abs. 8 HGB außer Acht bleiben. Die ausschüttungsgesperrten Beträge dürfen gem. § 301 S. 1 AktG auch nicht im Rahmen eines Unternehmensvertrages *abgeführt* werden. Zur Berechnung der zulässigen Ausschüttung ist wie folgt vorzugehen: Jahresüberschuss bzw. Jahresfehlbetrag + frei verfügbare Rücklagen – Pflichtdotierung von Rücklagen + Gewinnvortrag – Verlustvortrag = Zwischensumme – **Ausschüttungssperre** (§ 268 Abs. 8 HGB) = *Maximal ausschüttbarer Betrag*.

Beispiel: Es werden Entwicklungskosten von 300 000 Euro aktiviert. Der Jahresüberschuss beträgt 350 000 Euro, die frei verfügbaren Rücklagen 20 000 Euro. Bei einem Steuersatz von 30 % resultiert aus der Aktivierung eine passive Steuerlatenz von 90 000 Euro. Der ausschüttungsgesperrte Betrag beträgt 210 000 Euro und der maximal ausschüttbare Betrag demnach 160 000 Euro.

---

1 Zum Begriff: BT-Drs. 10/317, 78 (zu § 239 HGB).
2 BT-Drs. 16/10067, 64.

126 Neben das gezeichnete Kapital treten gem. § 272 Abs. 2 und 3 HGB Kapital- und Gewinnrücklagen. Hauptanwendungsfall für die Einstellung in die Kapitalrücklage ist das Agio (§ 272 Abs. 2 Nr. 1 HGB). Hybride Finanzierungsformen, wie z.B. Wandel- und Optionsanleihen, sind in ihren Eigenkapitalanteil aufzuspalten und ebenfalls in die Kapitalrücklage einzustellen (§ 272 Abs. 2 Nr. 2 HGB). Aus der Gesellschaftersphäre geleistete *verlorene Zuschüsse, Forderungsverzichte oder verdeckte Einlagen*, die ein Nichtgesellschafter nicht gewähren würde, sind handelsrechtlich nur dann als andere Zuzahlungen gem. § 272 Abs. 2 Nr. 4 HGB in die Kapitalrücklage einzustellen, wenn die erfolgsneutrale Einstellung *in das* Eigenkapital ausdrücklich gewollt ist, ansonsten als Ertrag zu buchen[1]. Nicht eingeforderte **ausstehende Einlagen** auf das gezeichnete Kapital sind gem. § 272 Abs. 1 HGB vom Posten „Gezeichnetes Kapital" offen abzusetzen (sog. Nettoausweis) und der verbleibende Betrag als „Eingefordertes Kapital" in der Hauptspalte auf der Passivseite auszuweisen. Der eingeforderte noch nicht einbezahlte Betrag ist unter den Forderungen gesondert auszuweisen und zu bezeichnen. Dies dürfte wie bisher auch für die Pflichteinlagen bei Personengesellschaften gelten[2]; für Genossenschaften vgl. § 337 Abs. 1 HGB. Dieser sog. Nettoausweis ist bei der Prüfung einer *rechnerischen Überschuldung* i.S. von § 19 InsO nicht zwangsläufig zu übernehmen, weil ausstehende Einlagen dem Grunde nach Forderungen darstellen, denen sich der Gesellschafter nicht entziehen kann, die häufig aber nicht werthaltig sein werden.

126a **Eigene Anteile** sind gem. § 272 Abs. 1a HGB in Höhe des Nennbetrages oder ihres rechnerischen Wertes offen vom Posten „Gezeichnetes Kapital" abzusetzen. Die Differenz zwischen Nennbetrag oder rechnerischem Wert und den Anschaffungskosten ist mit den frei verfügbaren Rücklagen zu verrechnen, *Anschaffungsnebenkosten* stellen Aufwand dar. Bei der Veräußerung von eigenen Anteilen, die den bisherigen Ausweis entfallen lässt, gilt nach § 272 Abs. 1b HGB: Ein den Nennbetrag oder den rechnerischen Wert übersteigender Differenzbetrag aus dem Veräußerungserlös ist bis zur Höhe des mit den frei verfügbaren Rücklagen verrechneten Betrages in die jeweiligen Rücklagen und ein darüber hinausgehender Betrag in die Kapitalrücklage einzustellen. Für Anteile *an einem* herrschenden oder mit Mehrheit beteiligten Unternehmen ist unverändert eine Rücklage zu bilden (§ 272 Abs. 4 HGB). Die bis zur Bilanzerstellung noch nicht eingetragene **Kapitalerhöhung** ist als Fremdkapital zu passivieren,

---

1 BT-Drs. 10/4268, 107; *Winnefeld*, C 419 ff. Vgl. aber EuGH v. 3.10.2013 – Rs. C-322/12 - Gimle SA, NZG 2014, 36, wonach Anschaffungsvorgänge (mittelbar) von einem Gesellschafter und unterhalb des Zeitwerts, also verbilligt, unverändert zu Anschaffungskosten zu aktivieren sind, wobei allerdings der Erwerb aus der Gesellschaftersphäre vom EuGH überhaupt nicht thematisiert wurde. Zur Kritik hiergegen und auch gegen ein Wahlrecht zum Ausweis als Kapitalrücklage oder Ertrag: *Schulze-Osterloh*, NZG 2014, 1, der die Aktivierung in der vollen Höhe des Zeitwertes und Einstellung des Differenzbetrags als andere Zuzahlung in die Kapitalrücklage für erforderlich hält.
2 IDW RS HFA 7. Für die KapCoGes ergibt sich dies m.E. im Umkehrschluss aus § 264c Abs. 2 HGB (nur geänderte Eigenkapitaldarstellung), im Übrigen gilt § 272 HGB i.V.m. § 264a HGB.

wobei teilweise danach differenziert wird, ob die Kapitalerhöhung im Zeitpunkt der Bilanzaufstellung bereits eingetragen ist[1]; die vereinfachte **Kapitalherabsetzung** kann bereits rückwirkend im Jahresabschluss berücksichtigt werden (§ 58f GmbHG, § 234 ff. AktG).

126b Ergeben sich nach dem sog. Temporary-Konzept **Differenzen zwischen den handels- und steuerlichen Bilanzansätzen** von Vermögensgegenständen, Schulden und Rechnungsabgrenzungsposten, so ist (Pflicht) gem. § 274 Abs. 1 HGB eine daraus *insgesamt* resultierende Steuerbelastung als passive latente Steuer zu passivieren und es kann (Wahlrecht) eine daraus *insgesamt* resultierende Steuerentlastung als aktive latente Steuer aktiviert werden, wenn sich die Ergebnisdifferenzen in späteren Geschäftsjahren voraussichtlich abbauen (in der Konzernbilanz besteht gem. § 306 HGB Aktivierungs- bzw. Passivierungspflicht). Statt dieses „Überhangs" können die Steuerbe- und Steuerentlastungen gem. § 274 Abs. 1 S. 3 HGB auch unverrechnet angesetzt werden. Bei aktiven latenten Steuern von 50 und passiven latenten Steuern von 40 bedeutet dies (1) keine Aktivierung, (2) Aktivierung von 10 oder (3) Aktivierung von 50 und Passivierung von 40, bei passiven latenten Steuern von 60 hingegen (1) Passivierung von 10 oder (2) Aktivierung von 50 und Passivierung von 60. Aktive Steuerlatenzen begründen sich wie folgt (Umgekehrtes gilt für passive Steuerlatenzen): Das Vermögen in der Handelsbilanz ist kleiner als in der Steuerbilanz bzw. die Schulden in der Steuerbilanz sind kleiner als in der Handelsbilanz. **Steuerliche Verlustvorträge** sind gem. § 274 Abs. 1 S. 4 HGB in Höhe der innerhalb der nächsten fünf Jahre zu erwartenden Verlustverrechnung bei der Berechnung aktiver latenter Steuern zu berücksichtigen. Hierbei gelten an das Vorsichtsprinzip angelehnte Wahrscheinlichkeitsüberlegungen, wobei eine Verlusthistorie gegen eine Nutzbarmachung spricht. Die Wirkungsweise der Steuerlatenzrechnung soll folgendes Beispiel zeigen.

Beispiel: Es werden Entwicklungskosten (Nutzungsdauer drei Jahre) in Höhe von 300 000 Euro aktiviert, für die steuerrechtlich ein Aktivierungsverbot besteht. Es soll ein Ertragsteuersatz von 30 % gelten.

Entwicklungskosten	t = 0	t = 1	t = 2	t = 3
Steuerbilanz	0 Euro	0 Euro	0 Euro	0 Euro
Handelsbilanz	300 000 Euro	200 000 Euro	100 000 Euro	0 Euro
Differenz	300 000 Euro	200 000 Euro	100 000 Euro	0 Euro
Passive latente Steuer	90 000 Euro	60 000 Euro	30 000 Euro	0 Euro

126c Maßgebend ist gem. § 274 Abs. 2 HGB der unternehmensindividuelle Steuersatz im Zeitpunkt des Abbaus der Differenzen, eine Abzinsung findet nicht statt. Aktive und passive Steuerlatenzen sind **Bilanzposten eigener Art** und nach den Rechnungsabgrenzungsposten auszuweisen (§ 266 Abs. 2 und 3 HGB). § 274 HGB gilt gem. § 274a Nr. 5 HGB nicht für kleine Kapitalgesellschaften, die somit latente Steuern nur dann passivieren müssen, wenn die Vo-

---

1 ADS, § 272 HGB Rz. 19; *Förschle/Hoffmann, K.* in BeBiKo, § 272 HGB Rz. 51; *Hüttemann/Meyer* in Staub, § 272 HGB Rz. 10; *Winnefeld*, D 823; a.A. *Lüdenbach*, Geleistete, im Handelsregister noch nicht als Kapitalerhöhung eingetragene Einlage, StuB 2009, 153.

raussetzungen für eine Rückstellung gem. § 249 Abs. 1 S. 1 HGB vorliegen[1], also eine *ungewisse Verbindlichkeit* besteht. Damit ist klar, dass Unterschiede zwischen § 249 HGB und § 274 HGB bestehen müssen. Beispielsweise ist bei der handelsrechtlichen Aktivierung von Entwicklungskosten aus Sicht der Steuerbilanz der Steuertatbestand im Entstehungszeitpunkt verwirklicht, egal wie in der Handelsbilanz bilanziert wird, sodass daraus künftig keine Steuerzahlungen folgen, auch nicht als Konsequenz „fehlender steuerlicher Abschreibungen" (und damit höherer steuerlicher Erträge) in den Folgeperioden, weil steuerrechtlich gar kein Vermögensgegenstand vorliegt. Strittig ist deshalb, ob passive latente Steuern (generell oder im Einzelfall) den für eine Rückstellungsbildung erforderlichen Charakter als „Verbindlichkeit" erfüllen[2]. Angabepflichten, gleichfalls unter Beachtung von § 288 HGB, folgen aus § 285 Nr. 29 HGB.

Die §§ 284–288 HGB enthalten umfangreiche Pflichtangaben im **Anhang**, der ein gleichwertiger Bestandteil des Jahresabschlusses ist (zum Unterlassen von Angaben s. § 286 HGB), größenabhängige Erleichterungen für kleine und mittelgroße Kapitalgesellschaften ergeben sich aus § 288 HGB. Kleinstkapitalgesellschaften (§ 267a HGB) brauchen den Anhang nicht aufzustellen (§ 264 Abs. 1 S. 5 HGB), wenn sie die gem. § 264 Abs. 1 S. 5 Nr. 1–3 HGB erforderlichen Angaben unter der Bilanz machen (s. Rz. 77 und 121a). Aufgabe des Anhangs ist die Vermittlung von Informationen über die Vermögens-, Finanz- und Ertragslage, die neben und zusätzlich zu den Posten der Bilanz und Gewinn- und Verlustrechnung erforderlich sind, sowie von Informationen, die keinen unmittelbaren Zusammenhang mit dem Jahresabschluss haben[3], um die Informationsfunktion des Jahresabschlusses zu stärken. Ausweiswahlrechte einzelner Positionserläuterungen entweder in der Bilanz, Gewinn- und Verlustrechnung *oder* im Anhang ergeben sich aus den Einzelvorschriften.

Umfangreiche Angabepflichten (i.V.m. § 288 HGB) bestehen gem. § 285 Nr. 18 ff. HGB in Bezug auf die in der Finanzkrise in den Fokus gerückten (derivativen) **Finanzinstrumente**. Der Begriff „Finanzinstrumente" ist gesetzlich nicht definiert, was der Gesetzgeber mit der ständigen Weiterentwicklung begründet[4]; teilweise soll für die Auslegung auf IAS 32 zurückgegriffen werden[5]. Nach IAS 32.11 ist ein Finanzinstrument ein Vertrag, der gleichzeitig bei dem

---

1 BT-Drs. 16/10067, 68.
2 Abl. nur etwa Verlautbarung der Bundessteuerberaterkammer zum Ausweis passiver latenter Steuern als Rückstellungen in der Handelsbilanz, DStR 2012, 2296; *Lüdenbach/Freiberg*, Steuerlatenzrechnung auch für Personengesellschaften?, BB 2011, 1579; *Hoffmann*, Systembruch bei der Steuerlatenz von Personenhandelsgesellschaften, StuB 2012, 249; *Haaker*, Zum Schildbürgerstreich einer Rückstellung für latente Steuern, StuB 2013, 247; weitgehend abl. auch *Pollanz*, Eine Rückstellung (für passive latente Steuern) hing am Glockenseil oder: zwei Berufsstände – drei Meinungen!, DStR 2013, 58; befürwortend hingegen *Karrenbrock* in HdJ, Abt. I/15 Rz. 110 ff.; IDW RS HFA 7. Zu sog. quasi permanenten Differenzen s. BT-Drs. 16/10067, 67.
3 *Grottel* in BeBiKo, § 284 HGB Rz. 6.
4 BT-Drs. 16/10067, 53.
5 *Grottel* in BeBiKo, § 285 HGB Rz. 312; zu § 285 Nr. 18 und 19 HGB auch IDW RH HFA 1.005.

einen Unternehmen zu einem finanziellen Vermögenswert und bei dem anderen Unternehmen zu einer finanziellen Verbindlichkeit (z.B. eine Anleihe) oder einem Eigenkapitalinstrument (z.B. Aktie) führt. Der Begriff umfasst finanzielle Vermögensgegenstände und Schulden, z.B. Finanzanlagen, (Kunden-)Forderungen, flüssige Mittel und (Lieferanten-)Verbindlichkeiten als *originäre Finanzinstrumente* sowie Optionen, Futures, Forwards und Swaps als *derivative Finanzinstrumente*. Derivative Finanzinstrumente sind Verträge über den künftigen (Rechte-)Kauf/Verkauf originärer Finanzinstrumente[1] bzw. Verträge, deren Wert auf Änderungen des Wertes eines Basisobjekts (z.B. Zinssatz, Wechselkurs, Bonitätsrating-/index etc) reagiert, keine oder nur eine niedrige anfängliche Anschaffungsauszahlung erfordert und deren Erfüllungszeitpunkt in der Zukunft liegt (IAS 39.9). Daneben gibt es noch sog. strukturierte bzw. hybride Produkte (*eingebettete Derivate*; vgl. IAS 39.10 ff.).

127b Ferner sieht § 285 Nr. 3 HGB Angabepflichten (jeweils i.V.m. § 288 HGB) über Art und Zweck sowie Risiken und Vorteile von nicht in der Bilanz enthaltenen Geschäften vor (**off-balance-sheet-accounting**), soweit dies für die Beurteilung der Finanzlage von Bedeutung ist. Nicht in der Bilanz enthalten sind Geschäfte, die von vornherein nicht in die Bilanz eingehen oder zu einem dauerhaften Abgang von Vermögensgegenständen oder Schulden führen[2]. Im engen Zusammenhang mit der Angabepflicht nach Nr. 3 stehen Angabepflichten nach Nr. 3a (jeweils i.V.m. § 288 HGB).

128 Im **Lagebericht** (zu größenabhängigen Erleichterungen Rz. 77) sind gem. § 289 Abs. 1 HGB der Geschäftsverlauf, das Geschäftsergebnis und die Lage des Unternehmens so darzustellen, dass ein den tatsächlichen Verhältnissen entsprechendes Bild vermittelt wird; Geschäftsverlauf und Lage des Unternehmens sind der Komplexität der Geschäftstätigkeit entsprechend ausgewogen und umfassend zu analysieren. Chancen und Risiken der künftigen Entwicklung (*Prognosebericht*) müssen beurteilt und erläutert werden, die zugrunde liegenden Annahmen sind anzugeben (Prüfungs- und Berichtspflichten gem. §§ 317 Abs. 2, 321 ff. HGB). Das Fehlen eines Prognoseberichts stellt einen wesentlichen Fehler dar und gilt selbst bei außergewöhnlichen Unsicherheiten für die Einschätzung der voraussichtlichen Geschäftsentwicklung, wie z.B. in der Finanz- und Wirtschaftskrise der vergangenen Jahre[3]. Dies erfordert i.d.R. ein *Risikomanagementsystem* (s. auch Rz. 13 ff.) und korrespondiert mit der Prüfung der Unternehmensfortführung[4]. Das Risikomanagement ist dabei in angemessener Weise zu beschreiben[5]. Gem. § 289 Abs. 1 S. 5 HGB ist auch der Inhalt des Lageberichts vom sog. Bilanzeid (s. Rz. 80a) umfasst.

129 Der Lagebericht *soll* (**Sollvorschrift**) gem. § 289 Abs. 2 HGB eingehen auf

– Vorgänge von besonderer Bedeutung, die nach dem Schluss des Geschäftsjahres eingetreten sind;

---

1 *Grottel* in BeBiKo, § 285 HGB Rz. 322.
2 BT-Drs. 16/10067, 69.
3 OLG Frankfurt v. 24.11.2009 – WpÜG 11/09, 12/09, ZIP 2009, 2440.
4 IDW PS 350.
5 *Wiedmann* in E/B/J/S, § 289 HGB Rz. 23.

– die Risikomanagementziele und -methoden einschließlich der Absicherungsmethoden im Rahmen der Bilanzierung von Sicherungsgeschäften, ferner die Preisänderungs-, Ausfall- und Liquiditätsrisiken einschließlich der Risiken aus Zahlungsstromschwankungen, jeweils in Bezug auf die Verwendung von Finanzinstrumenten (s. Rz. 127a);
– den Bereich Forschung und Entwicklung;
– bestehende Zweigniederlassungen;
– die Grundzüge des Vergütungssystems der Organe börsennotierter AGs.

Trotz des Wortlauts *soll* ist davon auszugehen, dass Abs. 1 und Abs. 2 gleich hohe Anforderungen stellen[1], eine Berichterstattungspflicht besteht immer dann, wenn die in § 289 Abs. 2 HGB geforderten Angaben wichtige Informationen für die Berichtsempfänger darstellen[2]. Mit dem BilRUG (s. Rz. 2) soll § 289 Abs. 2 HGB-E zukünftig durch den Wortlaut „ist" als **Mussvorschrift** ausgestaltet werden. Der Lagebericht ist offenlegungspflichtig, die falsche Darstellung ist gem. § 331 HGB strafbewehrt, nicht jedoch gem. §§ 283 ff. StGB (s. Rz. 81).

Große Kapitalgesellschaften haben gem. § 289 Abs. 3 HGB die Berichterstattung um nichtfinanzielle Leistungsindikatoren zu ergänzen (z.B. Informationen über Umwelt- und Arbeitnehmerbelange, sonstige ökologische oder soziale Bezüge der Geschäftstätigkeit), soweit sie für das Verständnis des Geschäftsverlaufs oder der Lage von Bedeutung sind. Erweiterte Angabepflichten zur Kapitalstruktur ergeben sich für Gesellschaften, die einen organisierten Markt i.S. von § 2 Abs. 7 WpÜG in Anspruch nehmen, aus § 289 Abs. 4 HGB. Kapitalmarktorientierte Kapitalgesellschaften (§ 264d HGB) haben gem. § 289 Abs. 5 HGB die wesentlichen Merkmale des rechnungslegungsbezogenen *internen Kontroll- und Risikomanagementsystems* zu beschreiben (s. auch Rz. 16). Gem. § 289a HGB haben bestimmte kapitalmarktorientierte Unternehmen im Lagebericht unter einem gesonderten Abschnitt eine **Erklärung zur Unternehmensführung** abzugeben, die unter Bezugnahme im Lagebericht auch auf der Internetseite öffentlich zugänglich gemacht werden kann; sie muss enthalten:

129a

– die Erklärung nach § 161 AktG (s. Rz. 137);
– Angaben zu Unternehmensführungspraktiken, die über die gesetzlichen Anwendungen hinaus angewendet werden, nebst Hinweis, wo sie öffentlich zugänglich sind sowie
– eine Beschreibung der Arbeitsweise von Vorstand und Aufsichtsrat sowie der Zusammensetzung und Arbeitsweise von deren Ausschüssen.

IV. Sonstige Rechtsvorschriften

Die §§ 290–315 HGB regeln Vorschriften über den **Konzernabschluss** und den **Konzernlagebericht**. Beide sind gem. § 290 Abs. 1 HGB in den ersten fünf Monaten des folgenden Geschäftsjahres aufzustellen; dies gilt auch für unter das PublG fallende Unternehmen (§ 13 Abs. 1 PublG). Ist das Mutterunternehmen

130

---
1 *ADS*, § 289 HGB Rz. 94.
2 WP-Hdb. I, F 1123.

eine Kapitalgesellschaft i.S. des § 325 Abs. 4 S. 1 HGB, dann ist der Konzernabschluss sowie der Konzernlagebericht gem. § 290 Abs. 1 S. 2 HGB in den ersten vier Monaten aufzustellen. Wegen der Fiktion der wirtschaftlichen Einheit des Konzerns werden die Beziehungen zwischen den einzelnen Unternehmen, neben allgemeinen Vorschriften über den Anwendungsbereich der Konzernrechnungslegung (§§ 290 ff. HGB), den Konsolidierungskreis (§§ 294 ff. HGB) und über Inhalt und Form des Konzernabschlusses (§§ 297 ff. HGB), insbesondere durch Regelungen zur Konsolidierung der wechselseitigen Beziehungen (§§ 300 ff. HGB) bestimmt (s. auch das Beispiel in Rz. 80). Gem. § 297 Abs. 2 S. 4, § 315 Abs. 1 S. 6 HGB ist auch der Inhalt des Konzernabschlusses und des Konzernlageberichts vom sog. Bilanzeid (s. Rz. 80a) umfasst.

131 Nach § 297 Abs. 2 HGB hat der Konzernabschluss **unter Beachtung der GoB** ein den tatsächlichen Verhältnissen entsprechendes Bild der Vermögens-, Finanz- und Ertragslage des Konzerns zu vermitteln. Gem. § 298 HGB sind die handelsrechtlichen Vorschriften des Jahresabschlusses anzuwenden, sofern der Konzernabschluss systembedingt keine Abweichung erfordert; der Jahresabschluss dient somit als Grundlage für den Konzernabschluss. Neben die GoB des Jahresabschlusses treten die Grundsätze ordnungsmäßiger Konsolidierung; ansonsten sind die materiellen Konzernrechnungslegungsvorschriften weitgehend mit denen des Jahresabschlusses identisch[1].

132 §§ 316–324 HGB normieren Vorschriften zur **Abschlussprüfung**. Nach § 316 Abs. 1 HGB ist der Jahresabschluss und der Lagebericht von mittelgroßen und großen Kapitalgesellschaften durch einen Abschlussprüfer zu prüfen; Gleiches gilt nach § 316 Abs. 2 HGB für den Konzernabschluss und den Konzernlagebericht. Abschlussprüfer sind Wirtschaftsprüfer und Wirtschaftsprüfungsgesellschaften (§ 319 Abs. 1 HGB); mittelgroße Kapitalgesellschaften können auch von vereidigten Buchprüfern und Buchprüfungsgesellschaften geprüft werden. Häufig wird die gesetzlich vorgesehene Reihenfolge der Aufstellung und Prüfung des Jahresabschlusses nicht stringent eingehalten, sondern es finden bereits unterjährige Prüfungshandlungen statt[2]. Gem. § 317 Abs. 5 HGB sind bei der Durchführung einer Prüfung die von der Europäischen Kommission angenommenen internationalen Prüfungsstandards (*International Standards on Auditing – ISA*) anzuwenden. Die §§ 319 ff. HGB enthalten umfangreiche Ausschlussgründe von der Abschlussprüfung. Über Art und Umfang sowie über das Ergebnis der Abschlussprüfung ist gem. § 320 HGB in einem Prüfbericht zu berichten und das Ergebnis der Abschlussprüfung gem. § 322 HGB in einem *Bestätigungsvermerk* zusammenzufassen. Die Erteilung eines Bestätigungsvermerks unter Vorbehalt (Bestätigungsvermerk unter aufschiebender Bedingung) ist unter gewissen Voraussetzungen zulässig[3]. Lagen die Voraussetzungen für die Erteilung eines Bestätigungsvermerks nicht vor und ist die Gesellschaft nicht zu einer Änderung des geprüften Abschlusses und zur Information Dritter bereit, die von dem geprüften Abschluss Kenntnis erlangt

---

1 *ADS*, § 297 HGB Rz. 30 ff.; *Wiedmann* in E/B/J/S, § 297 HGB Rz. 17 ff.
2 *Petersen/Zwirner*, StuB 2007, 645.
3 IDW PS 400.

haben, so ist der Bestätigungsvermerk grundsätzlich zu widerrufen[1]. Zur Pflichtprüfung von Genossenschaften vgl. §§ 53 ff. GenG.

Häufig werden Wirtschaftsprüfer (oder Steuerberater) von nicht prüfungspflichtigen Gesellschaften mit der **Aufstellung des Jahresabschlusses** beauftragt. Hinsichtlich des Umfangs der Auftragserteilung unterscheidet man die Aufstellung ohne Beurteilungen, mit Plausibilitätsbeurteilungen und mit umfassenden Beurteilungen[2]. Zwar ist der Wirtschaftsprüfer im erstgenannten Fall nur für die normgerechte Ableitung des Jahresabschlusses aus den vorgelegten Unterlagen und der ihm erteilten Auskünfte verantwortlich; an offensichtlich unzulässigen Wertansätzen und Darstellungen darf der Wirtschaftsprüfer aber nicht mitwirken. Bestehen Zweifel an der Ordnungsmäßigkeit der vorlegten Unterlagen, so sind diese zu klären, Vorschläge zur Korrektur zu unterbreiten und deren Umsetzung zu beurteilen. Nach den steuerrechtlichen Vorgaben gem. § 14 Abs. 1 Nr. 3 S. 5 KStG gilt bei Vorliegen eines uneingeschränkten Bestätigungsvermerks gem. § 322 Abs. 3 HGB oder der Bescheinigung eines Steuerberaters oder Wirtschaftsprüfers über die Erstellung eines Jahresabschlusses mit umfassenden Beurteilungen die *Richtigkeitsvermutung*; dies dürfte allerdings bei offensichtlichen oder vorsätzlichen Bilanzierungsfehlern nicht der Fall sein[3].

133

Die §§ 325–329 HGB regeln die **Offenlegung** (Publizität) von Jahresabschlüssen (näher unten § 41). Gem. § 330 HGB kann das BMJ **Formblätter** vorschreiben oder andere Vorschriften für die Gliederung des Jahresabschlusses oder des Konzernabschlusses oder den Inhalt des Anhangs, des Konzernanhangs, des Lageberichts oder des Konzernlageberichts erlassen, wenn der Geschäftszweig eine abweichende Gliederung erfordert. §§ 331–335a HGB normieren die Straf- und Bußgeldvorschriften des **Bilanzstrafrechts** sowie die Festsetzung von Zwangs- und Ordnungsgeld, welche über § 335b HGB auch für die KapCoGes gelten (vgl. im Einzelnen unten § 40 Rz. 50 ff.).

134

Aus den §§ 336 ff. HGB, die grundsätzlich auf die Geltung der Vorschriften für Kapitalgesellschaften verweisen, ergeben sich abweichende, ergänzende bzw. rechtsformspezifische Vorschriften für **eingetragene Genossenschaften** (§§ 336–339 HGB). Durch das BilRUG (s. Rz. 2) sollen die Erleichterungen für Kleinstkapitalgesellschaften in Abkehr von § 336 Abs. 2 S. 3 HGB gem. § 336 Abs. 2 S. 3 HGB-E nunmehr auch für *„Kleinstgenossenschaften"* gelten. Rechtsformunabhänige Vorschriften bestehen zudem für *Kredit- und Finanzdienstleistungsinstitute* (§§ 340–340o HGB gem. „Bankbilanzrichtlinien-Gesetz") sowie für Versicherungsunternehmen (§§ 341–341o HGB gem. „Versicherungsbilanzrichtlinien-Gesetz"). Neu eingefügt werden sollen durch das BilRUG (s. Rz. 2) in §§ 341q ff. HGB-E ergänzende Vorschriften für bestimmte Unternehmen des **Rohstoffsektors**.

135

---

1 IDW PS 400.
2 IDW S 7. Ferner Verlautbarung der Bundessteuerberaterkammer zu den Grundsätzen für die Erstellung von Jahresabschlüssen, DStR 2010, Beihefter Heft 16/2010, 17.
3 *Prinz*, Modernisiertes Bilanzrecht der Organschaft, StuB 2013, 265.

136 Gem. § 37v WpHG haben *Unternehmen*, die im Inland *Wertpapiere emittieren*, für den Schluss eines jeden Geschäftsjahrs einen **Jahresfinanzbericht** zu erstellen und spätestens vier Monate nach Ablauf eines jeden Geschäftsjahres der Öffentlichkeit zur Verfügung zu stellen, wenn sie nicht nach den handelsrechtlichen Vorschriften zur Offenlegung der in Abs. 2 genannten Rechnungslegungsunterlagen verpflichtet sind. Der Jahresfinanzbericht muss mindestens den aufgestellten und geprüften Jahresabschluss, den Lagebericht und den sog. Bilanzeid (s. Rz. 80a) enthalten. Ferner ist für die ersten sechs Monate eines jeden Geschäftsjahrs ein **Halbjahresfinanzbericht** zu erstellen und unverzüglich, spätestens zwei Monate nach Ablauf des Berichtszeitraums der Öffentlichkeit zur Verfügung zu stellen (§ 37w WpHG), es sei denn, die in Abs. 1 genannte Ausnahmeregelung greift. Der Halbjahresfinanzbericht muss mindestens einen verkürzten Abschluss (Bilanz, Gewinn- und Verlustrechnung, Anhang), einen Zwischenlagebericht und den sog. Bilanzeid (s. Rz. 80a) enthalten. Daneben ist der Öffentlichkeit in einem Zeitraum zwischen zehn Wochen nach Beginn und sechs Wochen vor Ende der ersten und zweiten Hälfte des Geschäftsjahrs jeweils eine **Zwischenmitteilung** zur Verfügung zu stellen (§ 37x WpHG). Außerdem muss das Unternehmen vorher eine Bekanntmachung darüber veröffentlichen, ab welchem Zeitpunkt und unter welcher Internetadresse die Zwischenmitteilung der Geschäftsführung öffentlich zugänglich ist. In der Zwischenmitteilung sind die wesentlichen Ereignisse und Geschäfte des Mitteilungszeitraums und ihre Auswirkungen auf die Finanzlage zu erläutern sowie die Finanzlage und das Geschäftsergebnis im Mitteilungszeitraum zu beschreiben. Die Zwischenmitteilung ist entbehrlich, wenn ein **Quartalsfinanzbericht** erstellt wird. Sofern die Verpflichtung zur Aufstellung eines *Konzernabschlusses* besteht, gelten die § 37v–§ 37x WpHG nach Maßgabe der Regelungen in § 37y WpHG.

136a Umfangreiche Sondervorschriften zur Rechnungslegung, die den Jahresabschluss und Lagebericht, die Abschlussprüfung, den Jahres- und Halbjahresbericht sowie die Offenlegung betreffen, finden sich für **Kapitalverwaltungsgesellschaften** und **Investmentvermögen** im *Kapitalanlagegesetzbuch (KAGB)*[1]. So sind z.B. für eine externe Kapitalverwaltungsgesellschaft die Vorschriften für Kredit- und Finanzdienstleistungsinstitute gem. §§ 340a-340o HGB sowie § 26 KWG entsprechend anzuwenden (§ 38 KAGB). Für einen geschlossenen inländischen Publikums-AIF (*Alternativer Investmentfonds* – § 46 KAGB) sowie für eine offene Investment-KG (§ 135 KAGB) gelten grundsätzlich die ergänzenden HGB-Vorschriften über den Jahresabschluss und Lagebericht für Kapitalgesellschaften (s. Rz. 121). Ferner ist beispielsweise die Bilanz einer Investment-AG, Investment-KG und eines geschlossenen inländischen Publikums-AIF abweichend von § 266 Abs. 1 HGB nicht in Kontoform (s. Rz. 124), sondern in *Staffelform* aufzustellen.

136b Darüber hinaus kann sich ggf. die Verpflichtung zur Aufstellung von *Jahres- oder Halbjahresberichten* für **bestimmte Kapitalverwaltungsgesellschften** er-

---

1 G zur Umsetzung der RL 2011/61/EU über die Verwaltung alternativer Investmentfonds (AIFM-UmsG) v. 4.7.2013, BGBl. I, 1981; dazu mehrere ergänzende Verordnungen v. 16.7.2013, BGBl. I 2460 ff.

geben, nämlich geschlossene inländische Publikums-AIF (§ 45 KAGB), EU-AIF und ausländische AIF (§ 67 KAGB), OGAW- bzw. AIF-Sondervermögen (§§ 101–103 KAGB), Investment-AG (§§ 122, 148 KAGB), Investment-KG (§§ 135, 158 KAGB) und Master-Feeder-Strukturen (§ 173 KAGB). Teilweise folgen aus dem KAGB abweichende *Fristen* für die Aufstellung des Jahresabschlusses und Lageberichts sowie dessen Offenlegung, so z.B. für die Investment-AG aus §§ 120, 148 KAGB; andererseits finden die Vorschriften über kapitalmarktorientierte Kapitalgesellschaften gem. § 264d HGB (s. Rz. 77) keine Anwendung (z.B. § 108 Abs. 2 KAGB). Bei *Kontrollerlangung* durch ein AIF über ein nicht börsennotiertes Unternehmen ergeben sich besondere Vorschriften zum Jahresabschluss und Lagebericht, u.a. das Hinwirken auf eine fristgerechte Aufstellung des Jahresabschlusses und Lageberichts des nicht börsennotierten Unternehmens (§ 291 KAGB).

Der **Deutsche Corporate Governance Kodex (DCGK)**[1] stellt Vorschriften zur Leitung und Überwachung börsennotierter Unternehmen dar und enthält nationale und internationale Standards der Unternehmensführung (vgl. § 23 Rz. 14a, § 31 Rz. 13 f.). 137

Vorstand und Aufsichtsrat haben gem. § 161 AktG jährlich zu erklären, dass dem Kodex entsprochen wurde und wird oder welche Empfehlungen nicht angewendet wurden oder werden (*Entsprechenserklärung*). Die Erklärung ist jährlich zu erneuern und im Fall vorheriger Abweichung von den DCGK-Empfehlungen umgehend zu berichten[2]. Gem. § 161 Abs. 1 S. 1 AktG muss die Erklärung eine **Begründung** über Abweichungen des DCGK enthalten (*Begründungspflicht*), die Erklärung ist gem. § 161 Abs. 2 AktG auf der Internetseite der Gesellschaft dauerhaft öffentlich zugänglich zu machen. Es besteht Berichtspflicht im Anhang (§ 285 Nr. 16 HGB) und im Lagebericht (§ 289a Abs. 2 Nr. 1 HGB; s. auch Rz. 129a)[3] sowie Publizitätspflicht (§ 325 Abs. 1 S. 3 HGB). Eine Gesetzeskraft ist den Kodexvorschriften nicht beizumessen[4], wohl unterliegen sie wirtschaftlichen Zwängen. Die Erklärung gem. § 161 AktG über die Anwendung des DCGK kann allerdings über § 93 Abs. 1 S. 1 AktG zur Anwendungspflicht werden, weil der Adressatenkreis die Befolgung der eigenen Erklärung erwartet[5]. Der Kodex sieht in Bezug auf die Rechnungslegung vor, dass der Konzernabschluss und der verkürzte Konzernabschluss des Halbjahresfinanzberichts und des Quartalsfinanzberichts unter Beachtung der einschlägigen internationalen Rechnungslegungsgrundsätze aufzustellen ist. Die im **Public Corporate Governance Kodex des Bundes (Public Kodex)**[6], Stand: 30.6.2009, enthaltenen Empfehlungen und Anregungen gelten für Unternehmen, an denen der Bund beteiligt ist und die nicht börsennotiert sind.

---

1 DCGK i.d.F. v. 13.5.2013, http://www.corporate-governance-code.de.
2 BGH v. 16.2.2009 – II ZR 185/07, ZIP 2009, 460.
3 Zu strafrechtlichen Risiken falscher DCGK-Angaben s. *Tödtmann/Schauer*, Der Corporate Covernance Kodex zieht scharf, ZIP 2009, 995.
4 LG München I v. 22.11.2007 – 5 HK O 10614/07, BB 2008, 10.
5 Zu den Folgen einer unrichtigen Erklärung BGH v. 16.2.2009 – II ZR 185/07, ZIP 2009, 460.
6 Abrufbar unter http://www.bundesfinanzministerium.de.

138 Zur Feststellung von Verstößen gegen Rechnungslegungsvorschriften kommt ein sog. **Enforcement-Verfahren** zur Anwendung („*Bilanzpolizei*"). Ziel dieses Verfahrens ist es, das Vertrauen des Kapitalmarkts zu stärken. Gem. § 342b HGB sind Jahres- und Konzernabschlüsse sowie Lageberichte kapitalmarktorientierter Unternehmen zunächst von einer privatrechtlich organisierten Prüfstelle (*Deutsche Prüfstelle für Rechnungslegung e.V.* – DPR) auf Unregelmäßigkeiten zu prüfen (1. Stufe). Die DPR führt anlassbezogene Prüfungen, Stichprobenprüfungen und Prüfungen auf Verlangen der BaFin durch. Bei Differenzen bzw. mangelnder Kooperation des Unternehmens ordnet die BaFin ein öffentlich-rechtliches Enforcement an (2. Stufe) und entscheidet über „ob" und „wie" der Fehlerbeseitigung (§§ 37n ff. WpHG). Eine Fehlerfeststellung darf nur dann erfolgen, wenn die festgestellten Fehler entweder für sich allein betrachtet oder in ihrer Gesamtheit aus der Sicht des Kapitalmarktes *wesentlich* sind[1]. Eine Bekanntmachungspflicht über festgestellte Fehler im elektronischen Bundesanzeiger ergibt sich aus § 37q Abs. 2 WpHG[2]. Prüfstelle und BaFin unterrichten bei Verdacht auf Straftaten bzw. Ordnungswidrigkeiten die zuständigen Behörden.

V. Nichtigkeit und Bilanzierungsmängel

139 Die **Nichtigkeit** eines festgestellten Jahresabschlusses regelt § 256 AktG, wobei die aktienrechtlichen Vorschriften weitgehend auch für die GmbH gelten[3]. Bezogen auf die Rechnungslegung führt ein Verstoß gegen Bewertungsvorschriften zur Nichtigkeit, wenn entweder Posten überbewertet oder unterbewertet sind und bei Letzteren die Vermögens- und Ertragslage vorsätzlich unrichtig wiedergegeben oder verschleiert wird. Ein Verstoß gegen Gliederungsvorschriften führt nur dann zur Nichtigkeit, wenn der Grundsatz der Klarheit und Übersichtlichkeit wesentlich beeinträchtigt ist[4] (zur Fehlerhaftigkeit s. auch Rz. 93).

140 **Überbewertet (unterbewertet)** sind Aktivposten nach § 256 Abs. 5 AktG, wenn sie mit einem höheren (niedrigeren) Wert, Passivposten, wenn sie mit einem niedrigeren (höheren) Wert angesetzt sind als zulässig ist; diesen Vorschriften steht eine unzulässige Aktivierung bzw. unterbliebene Passivierung gleich[5]. Eine Überbewertung darf nicht lediglich „bedeutungslos" sein. Maßgebend sind insofern die *gesamten Bilanzverhältnisse*[6], teilweise haben Rechtspre-

---

1 OLG Frankfurt v. 22.1.2009 – WpÜG 1, 3/08, ZIP 2009, 368.
2 OLG Frankfurt v. 14.6.2007 – WpÜG 1/07, BB 2007, 2060; OLG Frankfurt v. 22.1.2009 – WpÜG 1/08, WpÜG 3/08, ZIP 2009, 368.
3 BGH v. 1.3.1982 – II ZR 23/81, NJW 1983, 42; BT-Drs. 10/4268, 130 ff.
4 BGH v. 26.5.2003 – II ZR 169/02, DStR 2003, 1404; LG Stuttgart v. 11.4.1994 – 6 KfH O 169/93 – Südmilch, DB 1994, 928; LG München I v. 20.12.2007 – 5 HK O 11783/07, DB 2008, 343.
5 LG Stuttgart v. 11.4.1994 – 6 KfH O 169/93 – Südmilch, DB 1994, 928; BGH v. 15.11.1993 – II ZR 235/92, NJW 1994, 520.
6 BGH v. 1.3.1982 – II ZR 23/81, ZIP 1982, 1077; OLG Köln v. 24.11.1992 – 22 U 72/92, NJW-RR 1993, 804.

chung und Literatur auf die Relation zu Vergleichsparametern abgestellt und daraus abgeleitet, wann ein Fehler wesentlich ist, z.B.[1]:

- 10 % des Jahresüberschusses bzw.
- 10 % des Jahresüberschusses und 0,25 % der Bilanzsumme bzw.
- 0,5 %, 1 % bzw. 5 % der Bilanzsumme.

Nach richtiger Auffassung sind Schwellenwerte nicht verallgemeinerungswürdig, maßgebend ist insofern, ob berechtigte Interessen von Gläubigern oder Anteilseignern beeinträchtigt werden (z.B. wenn durch Überbewertung eine Unterbilanz oder buchmäßige Überschuldung eintritt)[2]. Überbewertungen („in schlechten Zeiten") führen dabei zu einem höheren, Unterbewertungen („in guten Zeiten") zu einem niedrigeren Ergebnis.

Beispiel: Eine Überbewertung liegt vor, wenn z.B. bestrittene oder wertlose Forderungen zum Nennwert aktiviert oder drohende Verluste aus Bauvorhaben nicht berücksichtigt werden, ebenso wenn Rückstellungen unterdotiert sind bzw. überhaupt nicht gebildet werden. Eine Unterbewertung liegt vor, wenn z.B. Vorräte mit einem höheren Betrag abgeschrieben oder Rückstellungen mit einem höheren Betrag passiviert werden. Unterbewertungen sind häufig ein Mittel zur Steuerhinterziehung, zur Krisenverschleierung machen sie wenig Sinn.

Bei einer Unterbewertung ist erforderlich, dass die Vermögens- und Ertragslage vorsätzlich unrichtig oder verschleiert wiedergegeben wird, also die **Absicht der Verfälschung** gegeben ist. Das Kriterium der Unterbewertung muss im Kontext mit dem Vorsichtsprinzip (s. Rz. 114 und 120) gesehen werden, Bewertungen müssen daher mit dem Vorsichtsprinzip nicht vereinbar sein. Auch für Unterbewertungen ist das Wesentlichkeitskriterium maßgebend[3].

Die Nichtigkeit des Jahresabschlusses hat zur Rechtsfolge, dass der Gewinnverwendungsbeschluss ebenfalls nichtig ist, sofern keine Heilung eintritt (§ 253 AktG). Gewinnausschüttungen sind daher, mit Ausnahme bei Gutgläubigkeit, zurückzuerstatten (§ 62 AktG). Folge der Nichtigkeit ist eine Änderung des Jahresabschlusses[4]. Terminologisch unterscheidet das Steuerrecht die **Bilanzberichtigung und** die **Bilanzänderung**, das Handelsrecht belässt es als Oberbegriff bei der Bilanzänderung[5]. Erstere ist die Ersetzung eines unrichtigen durch einen zulässigen Bilanzansatz, Letztere die Ersetzung eines nicht fehler-

---

1 LG Frankfurt/M v. 3.5.2001 – 3/6 O 135/00, DB 2001, 1483; OLG Brandenburg v. 30.4.1997 – 7 U 174/96, GmbHR 1997, 796; LG München I v. 12.4.2007 – 5 HK O 23424/06, BB 2007, 2510; OLG München v. 7.1.2008 – 7 U 3773/07, BB 2008, 440; OLG Frankfurt v. 18.3.2008 – 5 U 171/06, ZIP 2008, 738, mit abw. Erwägung, ob „beachtliche" Beeinträchtigung der Liquiditätslage hätte entstehen können; BGH v. 1.3.1982 – II ZR 23/81, NJW 1983, 42 (nach den Bilanzverhältnissen dürfte Überbewertung „bei 1 %" der Bilanzsumme gelegen sein); *Winkeljohann/Schellhorn* in BeBiKo, § 264 HGB Rz. 57.
2 *Schulze-Osterloh*, Nichtigkeit des Jahresabschlusses einer AG wegen Überbewertung, ZIP 2008, 2241.
3 WP-Hdb. I, U 234. Zur Fehlerkompensation vgl. *Lüdenbach*, Berichtigung fehlerhafter Bilanzen in Abhängigkeit von deren Nichtigkeit, StuB 2009, 886.
4 IDW RS HFA 6.
5 IDW RS HFA 6.

haften durch einen anderen zulässigen Bilanzansatz. Handelsrechtlich ist eine *Bilanzänderung* dann unzulässig, wenn sie in die Rechte der Gesellschafter eingreift, sofern diese nicht ausdrücklich zustimmen. Bei fehlender Heilung und bei materiellen Folgewirkungen von *Bilanzberichtigungen*, die gesellschafts- bzw. schuldrechtlich begründet sein können, ist eine Rückwärtsberichtigung bis zur Fehlerquelle geboten, sonst reicht die Korrektur in „laufender Rechnung" aus (z.B. bloße Ausweisfehler, ergebnismindernde Fehler oder ergebniserhöhende Fehler, die wegen Gutgläubigkeit nicht mehr zurückgefordert werden können)[1]. Bei Fehlern, die keine Nichtigkeit zur Folge haben, genügt grundsätzlich eine Korrektur in laufender Rechnung. Die Änderung des geprüften Jahresabschlusses (Lagebericht) hat gem. § 316 Abs. 3 HGB eine erneute Abschlussprüfung zur Folge[2], ferner muss der Jahresabschluss (Lagebericht) neu festgestellt bzw. offengelegt werden. Zur Änderung eines Konzernabschlusses vgl. DRS 13 sowie IDW RS HFA 6.

143 Bei vorsätzlichen Normverstößen gegen Bilanzierungsvorschriften wird häufig auch der Begriff der **Bilanzmanipulation** verwendet, der allerdings gesetzlich nicht definiert ist. Bilanzmanipulationen werden unterschieden in die *Bilanzverschleierung* und die *Bilanzfälschung*. Bei der Bilanzverschleierung geht es darum, dass die Verhältnisse zwar objektiv richtig (also wahr) sind, ihre Erkennbarkeit aber erschwert ist (Verstöße gegen den Grundsatz der Bilanzklarheit), bei der Bilanzfälschung geht es in erster Linie um unwahre Ansatz- und Bewertungsentscheidungen (Verstöße gegen den Grundsatz der Bilanzwahrheit).

144 Zur Jahresabschlusssteuerung werden häufig bilanzpolitische Maßnahmen eingesetzt. **Bilanzpolitik** bedeutet die gezielte Ausübung von Ermessensspielräumen sowie von Ansatz- und Bewertungswahlrechten. Ziel ist es, eine bestimmte unternehmenspolitisch gewollte Informationsvermittlung gegenüber den Jahresabschlussadressaten zu erreichen. Differenziert wird dabei in die formelle und die materielle Bilanzpolitik. Die formelle Bilanzpolitik nimmt Einfluss auf die Form und Darstellung der Vermögens-, Finanz- und Ertragslage, die materielle Bilanzpolitik beeinflusst das handelsrechtliche Ergebnis[3]; beide sind nicht immer eindeutig abzugrenzen. Das Stetigkeitsgebot gem. § 246 Abs. 3, § 252 Abs. 1 Nr. 6 HGB begrenzt die Bilanzpolitik, auch sind Angabepflichten nach § 284 Abs. 2 Nr. 3 HGB zu beachten.

145 Im *Grenzbereich* bilanzpolitischer Maßnahmen befindet sich das sog. **windowdressing**. Es umfasst alle Maßnahmen, die das Bilanzbild möglichst günstig darstellen sollen (*„Bilanzlifting, Bilanzkosmetik"*), ohne dabei aber zu verschleiern oder zu fälschen, so z.B.

– Aufnahme (Rückzahlung) eines kurzfristigen Kredits vor dem Bilanzstichtag, der nach dem Bilanzstichtag wieder zurückgezahlt (aufgenommen) wird,

– bewusste Vor- oder Nachverlagerung von Geschäftsvorfällen, die ohnehin stattgefunden hätten,

---

1 IDW RS HFA 6.
2 IDW PS 400.
3 *Winnefeld*, C 70.

– Sale-and-lease-back-Geschäfte,
– Verkauf von Vermögensgegenständen an „nahestehende" Personen, um stille Reserven „aufzudecken".

Derartige Sachverhaltsgestaltungen sind zulässig, wenn sie tatsächlich vollzogen werden, nicht gegen gesetzliche oder gesellschaftsrechtliche Vorschriften verstoßen und den GoB entsprechen[1]. Vor dem Hintergrund des § 264 Abs. 2 S. 2 HGB können sich jedoch Angabepflichten im Anhang ergeben, wenn hierdurch der Überblick über die tatsächlichen Verhältnisse in nicht unerheblichem Maße beeinträchtigt wird[2].

E. Internationale Rechnungslegung

I. Grundlagen

Im Zusammenhang mit dem Internationalisierungsprozess hat das BMJ in § 342 HGB das privatrechtlich organisierte **DRSC – Deutsches Rechnungslegungs Standards Committee e.V.** – anerkannt und ihm folgende Aufgaben übertragen:

– Entwicklung und Empfehlungen zur Anwendung der Grundsätze über die Konzernrechnungslegung,
– Beratung des BMJ bei Gesetzgebungsvorhaben zu Rechnungslegungsvorschriften,
– Vertretung der Bundesrepublik Deutschland in internationalen Standardisierungsgremien,
– Erarbeitung von Interpretationen der internationalen Rechnungslegungsstandards i.S. von § 315a Abs. 1 HGB.

Der Auftrag des DRSC ist auf den *Konzernabschluss* begrenzt. Es gilt die **Vermutungsregel** nach § 342 Abs. 2 HGB, dass die Empfehlungen des DRSC, die als *Deutsche Rechnungslegungs Standards* (DRS) veröffentlicht und soweit sie vom BMJ im Bundesanzeiger bekannt gemacht werden, den Grundsätzen ordnungsmäßiger Konzernrechnungslegung entsprechen[3]. Handelt es sich bei den DRS um Auslegungen der allgemeinen gesetzlichen Grundsätze, dann sollen diese hingegen Bedeutung auch für den Jahresabschluss und den Lagebericht haben[4]. Organe des DRSC sind die Mitgliederversammlung, der Verwaltungsrat – beraten durch den Normierungsausschuss –, das Präsidium, der IFRS- und HGB-Fachausschuss – beraten durch den Wissenschaftsbeirat – sowie der Mitarbeiterstab. Eine Gesetzeskraft besitzen die Standards indes nicht[5]. Durch die Standards sollten vor allem ungeregelte Bereiche der Konzernrechnungslegung sowie die Auslegung unbestimmter Rechtsbegriffe ausgestaltet werden. Während sich das DRSC in den ersten Jahren verstärkt mit der Entwicklung von

---

1 *Winnefeld*, C 79 ff.
2 *Winkeljohann/Schellhorn* in BeBiKo, § 264 HGB Rz. 50.
3 Zu den vom BMJ bekannt gemachten Standards s. http://www.drsc.de.
4 IDW PS 201.
5 *Förschle* in BeBiKo, § 342 HGB Rz. 18, zu den Rechtsfolgen § 342 HGB Rz. 17.

HGB-Konzernrechnungslegungsstandards beschäftigt hat, zielt der Fokus seit einiger Zeit auch auf die internationale Rechnungslegung, wo ausgewählte Projekte des IASB (s. hierzu Rz. 155 ff.) betreut und begleitet werden[1], was sich in dem IFRS-Fachausschuss widerspiegelt.

II. International Financial Reporting Standards (IFRS)

1. Rechtsgrundlagen

148 Als **international anerkannte Rechnungslegungsgrundsätze** gelten insbesondere die *International Financial Reporting Standards (IFRS)* sowie die amerikanischen *Generally Accepted Accounting Principles (US-GAAP)*. Maßgeblich Beteiligte an der Standardsetzung (Standardsetter) sind für die IFRS das *International Accounting Standards Board (IASB)* und für die US-GAAP das *Federal Accounting Standards Board (FASB)*. Beide Rechnungslegungen divergieren, weshalb seit geraumer Zeit die Standardsetter im Rahmen eines Konvergenzprojektes bemüht sind, wesentliche Unterschiede zwischen den beiden Rechnungslegungsstandards zu beseitigen. Auf die US-GAAP soll hier nicht weiter eingegangen werden. Gem. IAS 1.7 bestehen die Standards aus den IFRS, den *International Accounting Standards (IAS)* und den *Interpretationen des International Financial Reporting Interpretations Committee (IFRIC)* bzw. des ehemaligen *Standing Interpretation Committee (SIC)*. Die Bezeichnung IAS bleibt für bestehende Standards erhalten; grundlegend neue Standards werden als IFRS veröffentlicht, was zugleich die Bezeichnung des gesamten Regelwerks darstellt.

149 Die VO (EG) Nr. 1606/2002[2] verpflichtet gem. Art. 4 alle Unternehmen, ihren **Konzernabschluss** nach den IFRS aufzustellen, wenn ihre *Wertpapiere* in einem Mitgliedstaat der EU zum Handel in einem geregelten Markt i.S. des Art. 1 Abs. 13 der RL 93/22/EWG (*kapitalmarktorientierte Unternehmen*) zugelassen sind. Der nationale Gesetzgeber kann diese Regelung gem. Art. 5 verbindlich oder als Wahlrecht auch für den **Einzelabschluss** der betroffenen Unternehmen sowie für Konzernabschlüsse und/oder Einzelabschlüsse anderer Unternehmen vorgeben.

150 Bezüglich der Kompatibilität der IFRS mit den EU-Bilanzrichtlinien bedarf es der *Anerkennung durch die EU* (**Endorsement- bzw. Komitologieverfahren**). Organe dieses Verfahrens sind die EU-Kommission, das EU-Parlament, der Europäische Rat, die EFRAG (*European Financial Reporting Advisory Group*), die SARG (*Standard Advisory Review Group*) und das ARC (*Accounting Regulatory Committee*). Im Normalfall gibt die EFRAG zu den vom IASB verabschiedeten Standards und nach deren Weiterleitung an die EU-Kommission eine Übernahmeempfehlung ab, zu der anschließend die SARG Stellung bezieht. In einem weiteren Schritt beschließt das ARC die Übernahme. Falls das EU-Parlament oder der Europäische Rat diesem Beschluss nicht widerspricht, wird der entsprechende Standard in EU-Recht übernommen und entfaltet mit seiner

---

1 DRSC-Jahresbericht 2013, unter http://www.drsc.de.
2 VO (EG) Nr. 1606/2002 v. 19.7.2002, ABl. EG Nr. L 243 v. 11.11.2002, 1.

Veröffentlichung im Amtsblatt der EU seine rechtliche Wirkung. Sofern bis zum Zeitpunkt der Unterzeichnung des Jahresabschlusses der Standard veröffentlicht ist, können die Neuregelungen bereits zum Bilanzstichtag berücksichtigt werden.

Die VO (EG) Nr. 1606/2002 **gilt unmittelbar und verbindlich** in allen Mitgliedstaaten; damit erlangen die übernommenen IFRS Rechtscharakter. Wahlrechte des nationalen Gesetzgebers, die sich insbesondere aus Art. 5 der VO (EG) Nr. 1606/2002 ergeben, sowie neben den IFRS zwingend anzuwendende HGB-Vorschriften sind in § 315a HGB, § 11 Abs. 6 Nr. 2 PublG umgesetzt worden. 151

Gem. § 315a Abs. 3 HGB können *nicht kapitalmarktorientierte Unternehmen* mit befreiender Wirkung ihren **Konzernabschluss wahlweise** (freiwillig) **nach den IFRS** aufstellen. Außerhalb des Konzernabschlusses kann nur zur Erfüllung der **Offenlegung** großer Kapitalgesellschaften (§ 325 HGB) für Informationszwecke anstelle des Jahresabschlusses (HGB) gem. § 325 Abs. 2a HGB – unter zusätzlicher Beachtung der dort genannten handelsrechtlichen Vorschriften – ein *Einzelabschluss* nach den IFRS treten, der prüfungspflichtig ist (§ 324a HGB). Die Voraussetzungen für die befreiende Offenlegung ergeben sich aus § 325 Abs. 2b HGB. Die Ausschüttungs- und Steuerbemessung erfolgt unverändert durch den HGB-Jahresabschluss, sodass ein IFRS-Einzelabschluss keine befreiende Wirkung hat und den HGB-Jahresabschluss nicht ersetzt. Dies bedeutet die Notwendigkeit einer dualen Abschlusserstellung nach HGB und IFRS. Daraus folgt auch, dass eine ausschließlich nach IFRS geführte Buchführung nicht zulässig ist[1]; die Praxis hat den Erfordernissen einer dualen Buchführung entsprechend mehrere Kontenmodelle entwickelt. 152

Die Inanspruchnahme der eingeräumten Wahlrechte zur Anwendung der IFRS wird davon abhängen, welcher Nutzen dem beträchtlichen personellen und finanziellen (Umstellungs-)Aufwand gegenübersteht. Der **Mittelstand** steht den IFRS allerdings derzeit noch kritisch gegenüber, teilweise werden die IFRS für den Mittelstand als zu kompliziert und daher nicht brauchbar angesehen[2]. Auf die sog. IFRS for SMEs (*SME = Small-and-Medium-sized-Entities*) bzw. IFRS für KMU (*KMU = Kleine und Mittelgroße Unternehmen*) soll hier nicht näher eingegangen werden. Die IFRS für KMU sind ein eigenständiger Standard, der auf die Bedürfnisse von KMU und deren Adressaten zugeschnitten ist. Im Vergleich zu den vollen IFRS wurden viele Prinzipien zur Bilanzierung und Bewertung von Vermögenswerten, Verbindlichkeiten, Erträgen und Aufwendungen vereinfacht bzw. weggelassen und die Anhangangaben deutlich reduziert. Jeder Rechtskreis hat festzulegen, welche Unternehmen diesen Standard anwenden sollen. 153

Einstweilen frei 154

2. Quellen der IFRS

Die IFRS werden vom IASB als Teil einer **privatrechtlichen Organisation**, der *International Accounting Standards Committee Foundation (IASCF)*, die von 155

---

1 *Hüttche*, BB 2002, 1641.
2 Plenarprotokoll 16/214, 23212 ff.

19 Trustees geleitet wird, normiert. Wesentlich Beteiligte der Organisation der IASCF sind neben den Trustees und dem IASB das Steering bzw. Advisory Committee, das International Financial Reporting Interpretations Committee (IFRIC) und das Standards Advisory Council (SAC)[1].

156 **Originäre Aufgabe** des IASB ist die Entwicklung und Verabschiedung von IFRS in einem mehrstufigen Prozess (due process) sowie die Genehmigung von IFRIC; damit ist es das zentrale Exekutivorgan. Den Trustees kommt eine Aufsichts-, Kontroll- und Finanzierungsfunktion zu, sie berufen das IASB, IFRIC und SAC. Die fachliche Unterstützung bei der Implementierung von Standards erfolgt durch das vom IASB berufene Advisory Committee. Das IFRIC soll Probleme einzelner Standards durch zeitnahe Stellungnahmen lösen und Empfehlungen zur Ergänzung oder Neuentwicklung von Standards abgeben; die vergangenen Interpretationen des IFRIC sind unter der Bezeichnung SIC veröffentlicht. Das SAC ist eine Informations- und Beratungsinstanz des IASB und der Trustees, es soll nicht im IASB vertretenen Interessengruppen die Einflussnahme ermöglichen. Daneben existieren zur Unterstützung des IASCF/IASB sog. Directors & Staffs.

3. Zielsetzung und Adressatenkreis

157 Der **Zweck der IFRS** ist die Entwicklung eines einheitlichen Regelwerkes von Rechnungslegungsstandards mit dem Ziel der Transparenz und Vergleichbarkeit der Rechnungslegung, was auch grenzüberschreitende Fusionen und Unternehmensakquisitionen erleichtert sowie den *Zugang zu internationalen Kapitalmärkten* fördert. Im Gegensatz zur Grundsatzorientierung des HGB sind die IAS/IFRS durch ihre Einzelfallbezogenheit geprägt (*case-law*). Rund 120 Länder weltweit nutzen die IFRS verpflichtend oder optional[2].

158 Die IFRS **gelten ohne Rücksicht auf die Unternehmensgröße** (s. aber Rz. 153) sowohl für den Einzelabschluss als auch für den Konzernabschluss (IAS 27.9), ausgenommen davon ist nur die Bilanzierung gewisser Beteiligungen an anderen Unternehmen im Einzelabschluss (IAS 27.9 i.V.m. IAS 27.10). Sie bestehen als umfassendes Regelwerk aus den IAS/IFRS, den Interpretationen des IFRIC als Detailergänzungen zu den Standards (vormals SIC), dem Conceptual Framework (CF) und dem Preface (Vorwort zu den IFRS). Die IFRIC sind, da sie zu den IFRS zählen (IAS 1.7), wie die IFRS verpflichtend anzuwenden, also gleichrangig. Das Conceptual Framework als Rahmenkonzept wird als theoretischer Unterbau der IFRS-Rechnungslegung bezeichnet[3], es dient der Auslegung bestehender und der Entwicklung neuer Standards. Das Conceptual Framework repräsentiert allerdings keinen eigenständigen Standard, im Konfliktfall gehen die IFRS dem Framework vor. Ein Abschluss gilt nur dann nach den IFRS aufgestellt, wenn alle IFRS beachtet wurden (IAS 1.16).

159 Die **Zielsetzung von IFRS-Abschlüssen** ist die Informationsvermittlung über die den tatsächlichen Verhältnissen entsprechende Vermögens-, Finanz- und

---

1 *Baetge* u.a., A.I. Rz. 40 ff.; ferner http://www.ifrs.org.
2 Vgl. http://www.ifrs.org.
3 *Baetge* u.a., A.II. Rz. 15.

Ertragslage und der Cashflows eines Unternehmens (IAS 1.9, IAS 1.15) und damit auch der Rechenschaft über das dem Management anvertraute Vermögen. Die durch den Abschluss vermittelten Informationen sollen den Adressaten helfen, zusammen mit anderen Informationen im Anhang, die künftigen Cashflows sowie insbesondere deren Zeitpunkt und Sicherheit des Entstehens einschätzen zu können (IAS 1.9). Die Anwendung der IFRS führt im Regelfall zu einer solchen *fair presentation* (IAS 1.15). IAS 1.19 geht davon aus, dass nur in äußerst seltenen Fällen die Anwendung der IFRS nicht im Einklang mit dem im Rahmenkonzept dargestellten Zweck steht; für diesen Fall bestehen gem. IAS 1.20 Angabepflichten (zum HGB-Pendant vgl. § 264 Abs. 2 S. 2 HGB). Als primäre Informationsadressaten werden im Conceptual Framework potenzielle und aktuelle Fremd- und Eigenkapitalgeber genannt, daneben können die Informationen auch für weitere Gruppen wichtig sein. Dabei ist das Informationsinteresse dieser Abschlussadressaten – was bei anderen Gläubigern im Ergebnis nicht anders ist – zuvorderst „*cashorientiert*". Hauptziel der IFRS ist somit die am Kapitalmarkt orientierte Informationsvermittlung als Basis von Anlageentscheidungen (*Informationsbilanz*), die aber nur dann nützlich ist, wenn sie auch zukunftsorientiert sind. Diese investorenorientierte Informationsfunktion unterscheidet sich von den multiplen Zielen des HGB-Abschlusses der Information, Ausschüttung- und Steuerbemessung sowie des Gläubigerschutzes.

4. Allgemeine Anforderungen an einen IFRS-Abschluss

Die **Grundlagen der Bilanzierung**, der Bewertung und des Bilanzausweises ergeben sich aus dem Conceptual Framework (Chapter 4) und IAS 1; das Prinzip der *fair presentation* hat grundlegende Bedeutung. Abschlussposten (Vermögenswerte, Schulden, Eigenkapital, Erträge und Aufwendungen) sind dann zu erfassen, wenn sie die Definition eines Abschlusspostens erfüllen und es wahrscheinlich ist, dass dem Unternehmen ein künftiger wirtschaftlicher Nutzen zu- oder abfließt sowie der Wert zuverlässig bestimmt werden kann. Ein *Vermögenswert* ist demnach eine Ressource, über die ein Unternehmen aufgrund eines Ereignisses in der Vergangenheit verfügen kann und aus deren Nutzung künftig Nutzenzuflüsse (z.B. Verkauf, Tausch oder Begleichung von Schulden) zu erwarten sind, eine *Schuld* ist eine gegenwärtige Verpflichtung aufgrund eines Ergebnisses in der Vergangenheit, deren Erfüllung zu einem Abfluss von Ressourcen führt. *Eigenkapital* ist die Residualgröße zwischen Vermögenswerten und Schulden. Als Ertrag gilt die Zunahme wirtschaftlichen Nutzens, während *Aufwand* die Abnahme eines wirtschaftlichen Nutzens darstellt; dieser wirtschaftliche Nutzen entsteht beim *Ertrag* durch Zunahme von Ressourcen, durch Wertsteigerung von Vermögenswerten oder durch Verringerung von Schulden und führt zu einer Erhöhung des Eigenkapitals, beim Aufwand verhält es sich umgekehrt. 160

Als **Bewertungsgrundlagen** (Chapter 4 des Conceputal Framework) gelten die historischen Anschaffungs- oder Herstellungskosten (historical cost) sowie der Tages-, oder Veräußerungswert bzw. der Erfüllungsbetrag für Schulden oder der Barwert (current cost, realisable value, present value). Daneben ist noch der erzielbare Betrag (recoverable amount), der beizulegende Zeitwert (fair value, IFRS 13), ggf. abzüglich Verkaufskosten (less costs to sell) und der Nutzungs- 160a wert (value in use) relevant (z.B. IAS 36.18). Der Nettoveräußerungspreis (fair value less costs to sell) entspricht der Marktperspektive (Veräußerung), während der Nutzungswert (value in use) aus der unternehmensspezifischen Perspektive des Managements abgeleitet wird (Fortführungswert). Der Nutzungswert wird über Ertragswert- bzw. Discounted-Cash-Flow-Verfahren (DCF) bestimmt (sog. kapitalwertorientierte Bewertungsverfahren).

160b Die zentrale Figur des „fair value" wird definiert als der Preis, der im Rahmen einer gewöhnlichen Transaktion zwischen Marktteilnehmern am Bewertungsstichtag bei dem Verkauf eines Vermögenswertes zu erzielen oder der bei der Übertragung einer Schuld zu zahlen wäre (IFRS 13.9); fingiert wird somit eine hypothetische Transaktion, es handelt sich um einen Veräußerungspreis. Unterstellt wird die bestmögliche Verwendung durch die Marktteilnehmer, Transaktionskosten sind nicht zu berücksichtigen (IFRS 13.25). Dabei gilt eine mehrstufige Sichtweise (IFRS 13.67 ff.): Höchste Priorität genießt der öffentlich zugängliche Marktpreis auf einem aktiven Markt (Stufe 1). Ist kein solcher Marktpreis feststellbar, muss der fair value über ein Bewertungsverfahren festgestellt werden (Stufe 2). Fließen in ein solches Bewertungsverfahren als Input-Faktoren eigene Annahmen des Unternehmens ein, handelt es sich um ein Bewertungsverfahren der Stufe 3, das gegenüber der Stufe 1 die geringste Vertrauensstufe darstellt. Obwohl auch bei der Stufe 3 die Marktsicht und nicht die Unternehmenssicht gilt, kann, sofern keine Hinweise vorliegen, dass die Unternehmenssicht nicht auch der Marktsicht entspricht, von der Unternehmenssicht ausgegangen werden, ohne dass umfangreiche Untersuchungen durchzuführen sind (IFRS 13.89)[1]. Als Bewertungsverfahren kommen kapitalwertorientierte (z.B. Ertragswert- bzw. DCF-Verfahren), kostenorientierte (z.B. Wiederbeschaffungskostenmethode) oder marktpreisorientierte (Multiplikatorenverfahren) Verfahren in Betracht.

161 Um die Entscheidungsnützlichkeit der Informationsbedürfnisse der Abschlussadressaten erfüllen zu können, müssen an den Abschluss qualitative Anforderungen gestellt werden (Chapter 3 des Conceputal Framework). Als solche qualitativen Anforderungen an den Abschluss gelten folgende **Fundamentalgrundsätze**[2]:

- Relevanz/Wesentlichkeit (relevance/materiality),
- glaubwürdige Darstellung (faithful representation), konkretisiert durch die Prinzipien der Vollständigkeit (completeness), Neutralität (neutrality) und Fehlerfreiheit (free from error).

Daneben bestehen folgende ergänzende **Erweiterungsgrundsätze**[3]:

- Vergleichbarkeit (comparability),
- Nachprüfbarkeit (verifiability),
- Zeitnähe (timeliness),
- Verständlichkeit (unterstandability).

---

1 *Baetge* u.a., IFRS 13 Rz. 88.
2 *Baetge* u.a., A.II. Rz. 42 ff.
3 *Baetge* u.a., A.II. Rz. 58 ff.

Nach dem **Prinzip der Relevanz** sind nur solche Informationen relevant, die einen Wert für Prognosen und Nachprüfungen vergangener Sachverhalte durch die Abschlussadressaten haben. Dies ist dann der Fall, wenn das Fehlen oder Weglassen von Informationen die Entscheidungen der Abschlussadressaten beeinflussen können. Um den Abschluss glaubhaft zu machen, müssen die im Abschluss zu berücksichtigende Sachverhalte den tatsächlichen Verhältnissen entsprechend wiedergegeben werden. Mit dem Grundsatz der Neutralität soll verhindert werden, dass durch Auswahl oder Darstellung der Informationen eine Entscheidung oder Beurteilung zum Zwecke der Erzielung eines festgelegten Ergebnisses erreicht wird. Dabei sind Bilanzsachverhalte nicht stringent nach der rechtlichen Gestaltung, sondern nach der wirtschaftlichen Betrachtungsweise (*substance over form*) abzubilden; dies bedarf keines besonderen Hinweises mehr, weil dieser Grundsatz als Bestandteil der glaubwürdigen Darstellung verstanden werden soll.

162

Das noch in der Vergangenheit im Framework enthaltene **Vorsichtsprinzip** (F37 a.F.) ist zwischenzeitlich mit der Begründung auf die Unvereinbarkeit mit dem Grundsatz der Neutralität aufgegeben worden. Dies bedeutet die „formale Verabschiedung" vom Vorsichtsprinzip, dem im Framework allerdings schon in der Vergangenheit keine überragende Bedeutung zukam.

163

Nach HGB dominiert hingegen das Vorsichtsprinzip und das daraus abgeleitete Imparitäts- und Realisationsprinzip (s. Rz. 114 ff.)[1]. Dieses Gläubigerschutzprinzip besitzt deshalb nach IFRS nicht denselben Stellenwert wie nach HGB[2], wobei die Zielrichtung auch eine andere ist. Eine eher pessimistischere Bewertung, wie es das Vorsichtsprinzip nach HGB fordert, ist den IFRS fremd, die IFRS verfolgen den Grundsatz einer paritätischen Darstellung von Chancen und Risiken. Daher existiert ein Zielkonflikt zwischen der Informationsfunktion nach IFRS und der Kapitalerhaltungs- bzw. Gläubigerschutzfunktion des HGB.

164

Die **Erfassung von Aufwendungen und Erträgen** wird durch die Grundsätze des Realisationsprinzips und der sachlichen sowie zeitlichen (zeitraumbezogenen) Abgrenzung determiniert[3], sie bilden zusammen das Prinzip der Periodenabgrenzung (*accrual principle*); daneben regeln Einzelvorschriften den Realisationszeitpunkt bestimmter Erträge. Das Periodisierungsprinzip dient dem Erfolgsausweis unabhängig vom Zeitpunkt der Ein- oder Auszahlungen. Das *matching principle* als Grundsatz der sachlichen Abgrenzung ordnet die Aufwendungen der Periode zu, in der auch die durch sie begründeten Erträge zu erfassen sind (*Aufwandserfassung*)[4], das *realisation principle* (Realisationsprinzip) regelt die *Ertragserfassung* und das *deferral principle* (zeitliche Abgrenzung) entspricht weitgehend der zeitlichen Abgrenzung nach dem HGB (s.

165

---

1 *Baetge* u.a., A.II. Rz. 3; *Lüdenbach/Hoffmann/Freiberg*, § 1 Rz. 19.
2 *Baetge* u.a., A.II. Rz. 4; *Lüdenbach/Hoffmann/Freiberg*, § 1 Rz. 20.
3 *Baetge* u.a., A.II, Rz. 110 ff.
4 *Baetge* u.a., A.II, Rz. 112. Dieses Prinzip stellt nach BFH v. 27.6.2001 – I R 45/97, DStR 2001, 1384, keinen GoB dar; *Förschle/Usinger* in BeBiKo, § 243 HGB Rz. 35.

auch Rz. 108), wobei aber nach IFRS die Kriterien von Vermögenswerten und Schulden erfüllt sein müssen[1].

165a Ein einheitlicher Standard zur (Umsatz-)**Ertragsrealisation** als zentrale Größe im Jahresabschluss steht schon seit längerer Zeit im Fokus des IASB. Zukünftig (s. IFRS 15 – Erfassung von Umsatzerlösen aus Kundenverträgen) soll sich die Ertragsrealisation am Kontrollübergang an einem Gut oder einer Leistung orientieren[2]. Ein Ertrag ist dann realisiert, wenn die vertraglich geschuldeten Leistungen durch *Kontrollübergang* an den Kunden erfüllt wurden, dieser also die Verfügungsmacht über den Vermögenswert erlangt hat. Dies ist dann der Fall, wenn der Kunde über den Gebrauch des Vermögenswertes bestimmen und den Nutzen aus dem Vermögenswert ziehen kann. Dabei können die Leistungsverpflichtungen und damit der Kontrollübergang und die Umsatzerfassung zeitpunktbezogen oder zeitraumbezogen erbracht werden. Die Technik der zeitraumbezogenen Ertragsrealisierung soll mit folgendem Beispiel verdeutlicht werden:

Beispiel: Die Beispiels-AG führt einen kundenspezifischen Bauauftrag mit einer Bauzeit von 3 Jahren durch: Erlöse: 10 Mio. Euro Kosten: 8 Mio. Euro, Fertigstellungsgrad: 01 = 20 %, 02 = 50 % und 03 = 100 %. Die Ertragsrealisation könnte wie folgt dargestellt werden:

	t = 0	t = 1	t = 2
Fertigstellungsgrad	20 %	50 %	100 %
Erlöse	2,0 Mio. Euro	5,0 Mio. Euro	10,0 Mio. Euro
Kosten	1,6 Mio. Euro	4,0 Mio. Euro	8,0 Mio. Euro
Differenz	0,4 Mio. Euro	1,0 Mio. Euro	2,0 Mio. Euro
Ertragsrealisation	0,4 Mio. Euro	0,6 Mio. Euro	1,0 Mio. Euro

166 Ein **IFRS-Abschluss** besteht insbesondere aus folgenden gleichwertigen Bestandteilen (IAS 1.10):

– einer Bilanz zum Abschlussstichtag (statement of financial position),
– einer Gesamtergebnisrechnung (statement of comprehensive income) als Darstellung von Gewinn oder Verlust und dem sonstigen Ergebnis für die Periode,
– einer Eigenkapitalveränderungsrechnung für die Periode (statement of changes in equity),
– einer Kapitalflussrechnung für die Periode (statement of cash flows),
– dem Anhang (notes),
– Vergleichsinformationen hinsichtlich der vorangegangenen Periode.

---

1 *Ernst/Dreixler*, Rechnungsabgrenzungsposten in der IFRS-Rechnungslegung, PiR 2011, 269. S. aber IAS 20.24, der einen „passiven Abgrenzungsposten" zum Inhalt hat; *Lüdenbach/Hoffmann/Freiberg*, § 20 Rz. 26, sprechen hier von einer „technischen Schuld".

2 *Hagemann*, IFRS 15 – Erfassung von Umsatzerlösen aus Kundenverträgen, PiR 2014, 227.

Dies gilt für *Konzern- und Einzelabschlüsse* gleichermaßen und ist *rechtsform- und größenunabhängig*. Die Aufstellung eines **Lageberichts** ist nach IFRS nicht vorgeschrieben, jedoch zwingend nach §§ 315a, 325 Abs. 2a HGB. Kapitalmarktorientierte Unternehmen haben eine *Segmentberichterstattung* (operating segments, IFRS 8) und das *Ergebnis je Aktie* (earning per share, IAS 33) offenzulegen. Im Vergleich zum HGB existieren für die Bilanz und Gesamtergebnisrechnung lediglich rechtsformunabhängige Mindestgliederungsvorschriften (IAS 1.54 ff., IAS 1.82 ff.), allerdings mit sehr detaillierten Angabepflichten im Anhang.

Die **Gesamtergebnisrechnung** ist das zentrale Instrument hinsichtlich der Offenlegung der *Ertragslage* des Unternehmens. Das Gesamtergebnis ist die Veränderung des Eigenkapitals in einer Periode infolge von Geschäftsvorfällen und anderen Ereignissen, mit Ausnahme von Veränderungen, die sich aus Geschäftsvorfällen mit Eigentümern ergeben, die in ihrer Eigenschaft als Eigentümer handeln (z.B. Einlagen, Ausschüttungen) und umfasst alle Bestandteile des „Gewinns oder Verlustes" und des „sonstigen Ergebnisses" (IAS 1.7). Gewinn oder Verlust ist die Summe der Erträge, abzüglich der Aufwendungen, ohne Berücksichtigung des sonstigen Ergebnisses (IAS 1.7). Das sonstige Ergebnis umfasst Ertrags- und Aufwandsposten (einschließlich Umgliederungsbeträge), die nach anderen IFRS nicht im Gewinn oder Verlust erfasst werden dürfen oder müssen (IAS 1.7), wie z.B. die Veränderungen der Neubewertungsrücklage nach IAS 16 und IAS 38. Umgliederungsbeträge sind Beträge, die in der aktuellen oder einer früheren Periode als sonstiges Ergebnis erfasst wurden und in der aktuellen Periode in den Gewinn oder Verlust umgegliedert werden (IAS 1.7). Eine andere Wahl der Bezeichnungen „Gewinn oder Verlust", „sonstiges Ergebnis" und „Gesamtergebnis" steht den Unternehmen frei, sofern deren Bedeutung klar verständlich ist (IAS 1.8). Die Gesamtergebnisrechnung kann in einer einzigen fortlaufenden Darstellung mit getrennten Abschnitten für „Gewinn oder Verlust" und „sonstigem Ergebnis" aufgestellt werden oder in einer gesonderten Gewinn- und Verlustrechnung (IAS 1.10A); weitere Untergliederungen ergeben sich aus IAS 1.81A ff.

5. Rechnungslegungsstandards im Überblick

Die zurzeit (Stand: Februar 2014) von der Europäischen Kommission übernommenen IAS/IFRS sind (auf eine Darstellung der gleichfalls übernommenen IFRIC wird hier verzichtet)[1]:

---

1 http://ec.europa.eu/internal_market/accounting/index_de.htm; http://www.ifrs-portal.com.

Die IFRS im Überblick

Standard	Inhalt	Standard	Inhalt
IAS 1	Darstellung des Abschlusses	IAS 2	Vorräte
IAS 7	Kapitalflussrechnungen	IAS 8	Rechnungslegungsmethoden, Änderungen von rechnungslegungsbezogenen Schätzungen und Fehler
IAS 10	Ereignisse nach dem Bilanzstichtag	IAS 11	Fertigungsaufträge
IAS 12	Ertragssteuern	IAS 16	Sachanlagen
IAS 17	Leasingverhältnisse	IAS 18	Umsatzerlöse
IAS 19	Leistungen an Arbeitnehmer	IAS 20	Bilanzierung und Darstellung von Zuwendungen der öffentlichen Hand
IAS 21	Auswirkungen von Wechselkursänderungen	IAS 23	Fremdkapitalkosten
IAS 24	Angaben über Beziehungen zu nahestehenden Unternehmen und Personen	IAS 26	Bilanzierung und Berichterstattung von Altersversorgungsplänen
IAS 27	Einzelabschlüsse	IAS 28	Anteile an assoziierten Unternehmen und Joint Ventures
IAS 29	Rechnungslegung in Hochinflationsländern	IAS 31	Anteile an Gemeinschaftsunternehmen
IAS 32	Finanzinstrumente: Darstellung	IAS 33	Ergebnis je Aktie
IAS 34	Zwischenberichterstattung	IAS 36	Wertminderung von Vermögenswerten
IAS 37	Rückstellungen, Eventualverbindlichkeiten und Eventualforderungen	IAS 38	Immaterielle Vermögenswerte
IAS 39	Finanzinstrumente: Ansatz und Bewertung	IAS 40	Als Finanzinvestitionen gehaltene Immobilien
IAS 41	Landwirtschaft		
IFRS 1	Erstmalige Anwendung der International Financial Reporting Standards	IFRS 2	Anteilsbasierte Vergütung
IFRS 3	Unternehmenszusammenschlüsse	IFRS 4	Versicherungsverträge
IFRS 5	Zur Veräußerung gehaltene langfristige Vermögenswerte und aufgegebene Geschäftsbereiche	IFRS 6	Exploration und Evaluierung von Bodenschätzen
IFRS 7	Finanzinstrumente: Angaben	IFRS 8	Geschäftssegmente
IFRS 10	Konzernabschlüsse	IFRS 11	Gemeinsame Vereinbarungen
IFRS 12	Angabe zu Anteilen an anderen Unternehmen	IFRS 13	Bemessung des beizulegenden Zeitwerts

Anlage des Rechnungswesens   Rz. 168 § 26

168 Die Darstellung der einzelnen Rechnungslegungsstandards würde den Rahmen dieses Kapitels sprengen; eine einfache Synopse IFRS/HGB anhand ausgewählter Bilanzierungssachverhalte zeigt folgende Unterschiede (die Synopse ist auf Nichtbanken beschränkt):

Synopse IFRS/HGB

Position	Ansatz- bzw Bewertung nach	
	IFRS	HGB
Ingangsetzungs- und Erweiterungskosten (IAS 38)	Aktivierungsverbot.	Aktivierungsverbot.
Immaterielle Vermögensgegenstände (IAS 38, IFRS 5)	Aktivierungspflicht entgeltlich erworbener und selbst erstellter immaterieller Vermögenswerte, unter Beachtung der Grundsätze der Identifizierbarkeit, Beherrschung, Wahrscheinlichkeit des zukünftigen Ressourcenzuflusses und der verlässlichen Bestimmung der AHK.	Aktivierungspflicht entgeltlich erworbener und Aktivierungswahlrecht selbst erstellter immaterieller Vermögensgegenstände des Anlagevermögens (s. Rz. 106).
Forschungs- und Entwicklungskosten (IAS 38)	Forschungskosten: Aktivierungsverbot. Entwicklungskosten: Aktivierungspflicht.	Forschungskosten: Aktivierungsverbot. Entwicklungskosten: Aktivierungswahlrecht.
Geschäfts- oder Firmenwert (IFRS 3, IAS 36)	Aktivierungspflicht, nur außerplanmäßige Abschreibung, wenn ein mindestens jährlicher Impairment-Test (Werthaltigkeits-Test) Anlass dazu bietet. Zur Feststellung einer Wertminderung ist der Geschäfts- oder Firmenwert einer sog. *cash-generating-unit* zuzuordnen. Der Impairment-Test findet i.d.R. durch kapitalwertorientierte Bewertungsverfahren (Ertragswert- bzw. DCF-Verfahren) statt. Aktivierungsverbot des originären Goodwills.	Aktivierungspflicht und planmäßige Abschreibung, Anhangsangaben, wenn die Nutzungsdauer mehr als 5 Jahre beträgt (§ 285 Nr. 13 HGB, s. auch Rz. 99a; dabei steuerrechtliche Nutzungsdauer gem. § 7 Abs. 1 EStG: 15 Jahre). Aktivierungsverbot des originären Goodwills. Eine Wertminderung ist nach allgemeinen handelsrechtlichen Grundsätzen zu bestimmen.
Sachanlagevermögen (IAS 16, auch IAS 2 bezüglich Umfang der Herstellungskosten)	Zugangsbewertung zu AHK, dabei Tendenz zu deren Zerlegung durch *component approach* (z.B. gesonderte Aktivierung von Rumpf und Triebwerk eines Flugzeugs als dessen bedeutsame Teile). Aktivierungspflicht von *Großinspektionen*. Vollkostenansatz der Herstellungskosten i.S. von Einzel- und produktionsbedingten Gemeinkosten (einschließlich produktionsbedingter Verwaltungskosten). Zuschüsse können als AHK-Minderung oder als – eigentlich systemwidrig – zeitanteilig aufzulösender passiver Abgren-	Zugangsbewertung zu AHK, grundsätzlich keine Zerlegung in einzelne Komponenten (vgl. aber IDW RH HFA 1.016). Großinspektionen sind weder zu aktivieren noch als (Aufwands-)Rückstellung zu passivieren. Aktivierungspflicht von Material- und Fertigungseinzelkosten sowie von

Position	Ansatz- bzw Bewertung nach	
	IFRS	HGB
	zungsposten erfasst werden (IAS 20.24). Aktivierungspflicht von Zinsen, wenn ein sog. qualifizierter Vermögenswert vorliegt (IAS 23).	Material- und Fertigungsgemeinkosten, von Sondereinzelkosten der Fertigung und des fertigungsbedingten Werteverzehrs des Anlagevermögens, Aktivierungswahlrecht von Verwaltungsgemeinkosten. Zuschüsse können als AHK-Minderung oder Ertrag erfasst werden. Aktivierungswahlrecht von (Bauzeit-)Zinsen.
Unternehmensanteile, soweit den Einzelabschluss betreffend (IAS 27)	Bilanzierung zu Anschaffungskosten oder gem. IFRS 9 zum beizulegenden Zeitwert. Zukünftig soll das Bilanzierungswahlrecht auf die Equity-Methode erweitert werden.	Bilanzierung zu Anschaffungskosten.
Leasing (IAS 17), wird derzeit grundlegend überarbeitet	*Finanzierungs-Leasing*: Aktivierung als Vermögenswert und Passivierung als Schuld (Leasingnehmer) bzw. Aktivierung einer Forderung (Leasinggeber). *Operating-Leasing*: keine Aktivierung und Passivierung, Erfassung als laufender Aufwand (Leasingnehmer) bzw. Aktivierung als Vermögenswert und Erfassung als laufender Ertrag (Leasinggeber).	Bilanzierung folgt tendenziell derzeit noch den IAS/IFRS (Finanzierungs- bzw. Operating-Leasing), dabei sind zur Qualifizierung als Finanzierungs- oder Operating-Leasing allerdings handels- und steuerrechtlich i.d.R. die Leasingerlasse der Finanzverwaltung maßgebend.
Finanzinstrumente (IFRS 7, IAS 32, 39)	(1) Erfolgswirksam zum beizulegenden Zeitwert bewertete Finanzinstrumente, dies sind: 1. Zu Handelszwecken gehaltene Finanzinstrumente (held-for-trading – HFT). 2. Beim erstmaligen Ansatz designierte Finanzinstrumente (nach Maßgabe IAS 39.11A; fair value option).	Beizulegender Zeitwert	Bei Nichtbanken keine Bewertung von Finanzinstrumenten zum (höheren) beizulegenden Zeitwert, sondern zu Anschaffungskosten bzw. zum niedrigeren beizulegenden Wert. Angabepflichten nach § 285 Nr. 18 ff. HGB.

Position	Ansatz- bzw Bewertung nach		
	IFRS		HGB
	(2) Zur Veräußerung verfügbare Finanzinstrumente (available-for-sale – AFS, z.B. Aktien, Anleihen):	Beizulegender Zeitwert. Die Änderung des beizulegenden Zeitwerts erfolgt i.d.R. erfolgsneutral im Eigenkapital (Ausnahme: es liegt ein Impairment vor).	
	(3) Bis zur Endfälligkeit gehaltene Finanzinstrumente (held-to-maturity – HTM, z.B. Anleihe):	(fortgeführte) AHK.	
	(4) Kredite und Forderungen (loans and receivables – LaR):	(fortgeführte) AHK.	AHK, ggf. Barwert un- oder unterverzinslicher Forderungen.
	Eigenkapitalinstrumente:	AHK, wenn kein aktiver Markt vorliegt und Zeitwert nicht verlässlich ermittelt werden kann.	AHK oder niedriger beizulegender Zeitwert.
Verbindlichkeiten, Klassifizierung als Finanzinstrumente	Erstbewertung zum beizulegenden Zeitwert, Folgebewertung grds. zu fortgeführten Anschaffungskosten (Effektivzinsmethode). Stichtagszeitwert bei Fremdwährungsverbindlichkeiten (IAS 21).		Erst- und Folgebewertung zum Erfüllungsbetrag, Barwert bei tatsächlich un- oder unterverzinslichen Verbindlichkeiten nicht zulässig. Devisenkassamittelkurs bei Fremdwährungsverbindlichkeiten bis zu 1 Jahr, ansonsten Zugangswert bzw. höherer Stichtagskurs.
Finanzinstrumente – IFRS 9	Da IFRS 9 noch nicht von der EU übernommen worden ist, wird hier auf eine Synopse verzichtet.		
Vorräte (IAS 2)	Zugangsbewertung zu AHK, Durchschnittsmethode oder FIFO-Methode zulässig; Umfang der Herstellungskosten wie bei Sachanlagen.		Zugangsbewertung zu AHK, Durchschnittsmethode und FIFO- bzw. LIFO-Methode zulässig (s. Rz. 119d); Umfang der Herstellungskosten wie bei Sachanlagen.
Disagio (IAS 23, 39)	Abgrenzungspflicht und Saldierung mit dem Rückzahlungsbetrag der Verbindlichkeit, Folgebewertung nach der Effektivzinsmethode (aufwandswirksame Zuschreibung der Verbindlichkeit).		Aktivierungswahlrecht, dann aktivischer Ausweis als Rechnungsabgrenzungsposten und planmäßige Aufwandsverteilung über die Kreditlaufzeit.

Position	Ansatz- bzw Bewertung nach	
	IFRS	HGB
Latente Steuern (IAS 12)	Aktivierungspflicht (auch hinsichtlich steuerlicher Verlustvorträge) und Passivierungspflicht latenter Steuern. Saldierung aktiver und passiver latenter Steuern nur ausnahmsweise möglich.	Aktivierungswahlrecht (auch hinsichtlich steuerlicher Verlustvorträge) und Passivierungspflicht latenter Steuern. Saldierung aktiver und passiver latenter Steuern obligatorisch.
Rückstellungen (IAS 19, 37)	Bewertung mit bestmöglicher Schätzung (*best estimate*), Barwertansatz der Rückstellungen zum Marktzins, wenn der Zinseffekt wesentlich ist, keine Rückstellung für schwer abschätzbare Risiken (Ausnahme), keine Aufwandsrückstellungen (zu Großinspektionen vgl. Sachanlagen). Bewertung unter Berücksichtigung zukünftiger Preis- und Kostenverhältnisse. Rückbaukosten sind als AHK zu aktivieren und abzuschreiben. Unterschiede bei Pensionsrückstellungen u.a. im Methodenansatz und Marktzins, ebenso bei der Erfassung versicherungsmathematischer Gewinne und Verluste (*SORIE-Methode, Korridor-Methode, sofortige erfolgswirksame Erfassung*).	Vorsichtsprinzip dominiert die Schätzung. Barwert von Rückstellungen mit einer Laufzeit von mehr als 1 Jahr zum laufzeitäquivalenten durchschnittlichen Marktzins, keine Aufwandsrückstellungen (Ausnahme: unterlassene Instandhaltung innerhalb der ersten 3 Monate und Abraumbeseitigung). Bewertung unter Berücksichtigung künftiger Preis- und Kostenverhältnisse. Rückbaukosten sind erfolgswirksam anzusammeln und nicht als erhöhte Abschreibungen zu erfassen. Wahlrechte bei Pensionsrückstellungen nach Art. 28 EGHGB, Vereinfachungen beim Marktzins. Versicherungsmathematische Gewinne und Verluste sind stets erfolgswirksam zu erfassen.
Zur Veräußerung gehaltene langfristige Vermögenswerte (IFRS 5)	Gesonderter Ausweis als kurzfristige Vermögenswerte, Ansatz zum niedrigeren Wert aus Buchwert und beizulegendem Zeitwert abzüglich Veräußerungskosten. Berücksichtigung von Wertminderungen bzw. Wertaufholungen (bis zur Höhe des kumulierten Wertminderungsaufwands), jedoch keine planmäßige Abschreibung mehr.	Veräußerungsabsicht allein führt noch nicht zur Klassifizierung und Bewertung als Umlaufvermögen; Sonderregelungen bei Liquidation (s. Rz. 66 ff.).
Als Finanzinvestition gehaltene	Immobilien, die vom Eigentümer (oder ggf. vom Leasingnehmer) zur Erzielung von Mieteinnahmen und/oder zum Zwecke der	Ansatz und Bewertung nach allgemeinen handelsrechtlichen Grund-

Position	Ansatz- bzw Bewertung nach	
	IFRS	HGB
Immobilien (IAS 40)	(langfristigen) Wertsteigerung gehalten werden, sind beim erstmaligen Ansatz mit den AHK zu bewerten. Nach dem erstmaligen Ansatz besteht ein Wahlrecht zur Anwendung des beizulegenden Zeitwertes oder der fortgeführten AHK. Wird zum beizulegenden Zeitwert bewertet, entfallen planmäßige Abschreibungen.	sätzen als Anlagevermögen.
Neubewertung als Folgebewertung (IAS 16, 38)	Immaterielle Vermögenswerte und Sachanlagen können mit ihrem beizulegenden Zeitwert bewertet werden, wenn dieser verlässlich bestimmt werden kann; für immaterielle Vermögenswerte erfordert dies das Vorhandensein eines aktiven Marktes (IAS 38.75). Die positive Differenz zwischen Zeit- und Buchwert ist erfolgsneutral in eine Neubewertungsrücklage im Eigenkapital einzustellen.	Es gilt der Grundsatz der AHK-Obergrenze, eine Neubewertung zum höheren Zeitwert ist bei Nichtbanken beschränkt auf Vermögensgegenstände gem. § 246 Abs. 2 S. 2 HGB (s. Rz. 99b). Die positive Differenz dort zwischen Zeitwert und Buchwert ist Ertrag und unterliegt einer Ausschüttungssperre.
Außerplanmäßige Abschreibungen (IAS 36), dabei Regelungsvorbehalte einzelner Standards	Abschreibungspflicht unabhängig von der Dauer der Wertminderung, wenn der erzielbare Betrag (*recoverable amount*) niedriger als der Buchwert (*carrying amount*) ist. Der erzielbare Betrag ist dabei der höhere Betrag aus dem beizulegendem Zeitwert abzüglich der Verkaufskosten (Nettoveräußerungswert; *fair value less costs to sell*) und dem Nutzungswert (Barwert; *value in use*). Nachweis einer Wertminderung über sog. *cash-generating-units* (zahlungsmittelgenerierende Einheit – ZGE) als kleinste identifizierbare Gruppe von Vermögenswerten, die Cashflows erzeugen und die unabhängig von den Cashflows anderer Gruppen von Vermögenswerten sind, sofern der erzielbare Betrag eines einzelnen Vermögensgegenstands nicht geschätzt werden kann. *Wertaufholungsgebot*, mit Ausnahme des Geschäfts- oder Firmenwertes.	Abschreibung abhängig von der Vermögenszuordnung (Anlage- und/oder Umlaufvermögen) bzw. der Dauer der Wertminderung. Bewertungsmaßstab ist der Börsen- oder Marktpreis, ansonsten der beizulegende Wert, dabei keine Bildung von cash-generating-units, sondern Maßgabe des Beschaffungs- und/oder Absatzmarktes. *Wertaufholungsgebot*, mit Ausnahme des Geschäfts- oder Firmenwertes.

Zusammenfassend lässt sich feststellen, dass zahlreiche IFRS mit den Ansatz- und Bewertungsvorschriften des HGB kompatibel sind bzw. durch Wahlrechtsausübung kompatibel gemacht werden können, während dies für einige IFRS nicht gilt. Dies gilt insbesondere nicht für das Periodisierungs- und Vorsichtsprinzip. Ein wesentlicher materieller Unterschied zwischen den IFRS und dem HGB ist auch das optional zulässige bzw. zwingende *fair-value-accounting* (Zeit- bzw. Marktwertbilanzierung). Doch welcher Wert ist fair? Offensichtlich war der niedrigere fair value unter dem negativen Druck der Finanzmarktkrise in der Vergangenheit nicht mehr „fair". Ist aber sein positiver Pendant bei stark überzeichneten Märkten (z.B. Börsenblase der New Economy, VW-Aktie 2008) ein „fairer" Wert? Zwar dominiert der fair value auf der Aktivseite in erster Linie *nur* die Position der Finanzinstrumente, da das Neubewertungswahlrecht des Anlagevermögens in der Praxis kaum in Anspruch genommen wird. Doch überall dort, wo der fair value als Bewertungsmaßstab heranzuziehen ist, ist er häufig mangels nicht beobachtbarer Marktpreise durch Subjektivismen geprägt. Der damit zwangsläufig abnehmenden Informationssymetrie soll mit zunehmenden und teilweise vom Umfang her kaum mehr durchschaubaren Informationsangaben im Anhang begegnet werden; so verfügt die *„Checkliste Finanzberichterstattung nach IFRS 2014"* von PWC über rund 170 Seiten[1]. Vielleicht rührt daher auch die Tendenz von durchsetzungsstarken Gläubigergruppen (z.B. Banken, wichtige Lieferanten), vertragliche Ausschüttungsrestriktionen (sog. covenants) durchzusetzen (*Information ist gut, Kontrolle ist besser*).

170–179 Einstweilen frei.

F. Straftaten

Schrifttum: (außer den Nachweisen unten bei § 40) *Graw/Keller*, Bilanzmanipulation – Risiko und Krisenfrüherkennung durch Jahresabschlussanalysen, Kredit & Rating Praxis 2004, 27; *Hauser*, Jahresabschlussprüfung und Aufdeckung von Wirtschaftskriminalität, 2000; *Schruff*, Zur Aufdeckung von Top-Management-Fraud durch den Wirtschaftsprüfer im Rahmen der Jahresabschlussprüfung, WPg 2003, 901.

180 Die *Einhaltung der Vorschriften über das Rechnungswesen* steht unter **strafrechtlichem Schutz**, weil Bilanzen sowohl mithilfe der Bilanzpolitik beeinfluss- als auch mit kriminellen Methoden manipulierbar sind. Bilanz- und Buchhaltungsmanipulation größten Ausmaßes – z.B. Comroad AG, Flowtex Technologie & Co KG, Enron Corp, WorldCom Inc., Parmalat Finanziaria SpA – haben das Vertrauen in den Kapitalmarkt zu Beginn des neuen Jahrtausends erheblich erschüttert[2]. In diesem Abschnitt werden lediglich *Verstöße* im Zusammenhang mit der **Eröffnungsbilanz** sowie die Verletzung von **Buchführungspflichten im Gründungsstadium** dargestellt. Verstöße gegen Vorschriften des Rechnungswesens *während des Betriebs* eines Unternehmens werden in § 40 erörtert, entsprechende Verstöße im Zusammenhang mit der *Krise und dem Untergang* eines Unternehmens in § 85.

---

1 http://www.pwc.de.
2 Vgl. die Einzelfallstudien in *Peemöller/Hofmann*, S. 29 ff.

I. Allgemeine Tatbestände

a) Durch *fehlerhafte Ansätze und Bewertungen* in der Eröffnungsbilanz kann sich der Geschäftsführer einer Gesellschaft ebenso wegen **Untreue** strafbar machen wie durch die Verletzung von *Buchführungspflichten* im Gründungsstadium[1]. Auch *Gründungsmanipulationen*, durch die der Geschäftsführer einen *überhöhten oder aushöhlenden Gründungsaufwand* betreibt, können den Tatbestand der *Untreue* erfüllen. Dies gilt auch für den Fall, dass der Geschäftsführer einen solchen überhöhten Gründungsaufwand erkennt und nicht beanstandet. Insbesondere bei Kapitalgesellschaften kann das Einbringen minderwertiger Sacheinlagen mit überhöhtem Wertansatz und das Akzeptieren dieses Sachverhalts durch den Gründungsgeschäftsführer strafbar sein. Die Voraussetzungen der Untreue durch fehlerhafte Buchführung und Bilanzierung werden eingehend in § 40 Rz. 3 ff., Rz. 39 behandelt, die Untreue allgemein unten in § 32.

b) Die bewusste Verwendung einer unrichtigen Bilanz kann den Tatbestand des **Betrugs** erfüllen. Stellt die Eröffnungsbilanz die Vermögenssituation des Unternehmens positiver dar als sie in Wirklichkeit ist, wird ein potenzieller Neugesellschafter über die Werthaltigkeit seiner Beteiligung, ein Kreditgeber über die Bonität des Unternehmens getäuscht und damit über die Werthaltigkeit seines Rückzahlungsanspruchs. Zeichnet der Neugesellschafter die Beteiligung oder gewährt der Kreditgeber das Darlehen im Glauben an die Richtigkeit der Eröffnungsbilanz, so erleidet er einen Vermögensschaden (zum Betrug vgl. unten § 47).

c) Die *Verwendung einer unrichtigen Eröffnungsbilanz* gegenüber einem Betrieb oder Unternehmen im Zusammenhang mit einem Antrag auf Gewährung, Belassung oder Veränderung der Bedingungen eines Kredits kann zu einem Vergehen des **Kreditbetrugs** nach § 265b StGB führen[2] (vgl. § 50 Rz. 150 ff.).

d) Falsche Eröffnungsbilanzen können unrichtige oder unvollständige Angaben über subventionserhebliche Tatsachen darstellen und zur Strafbarkeit wegen **Subventionsbetrugs** nach § 264 Abs. 1 Nr. 1 und 3 StGB führen. Wird durch eine falsche Eröffnungsbilanz eine Bescheinigung über die Subventionsberechtigung oder über subventionserhebliche Tatsachen erlangt und diese im Subventionsverfahren verwendet, dann ist dieses Verhalten nach § 264 Abs. 1 Nr. 4 StGB strafbar. Die tatbestandsmäßigen Voraussetzungen des Subventionsbetrugs werden unten in § 52 erörtert.

e) Bei einem späteren *Zusammenbruch* des Unternehmens können auch schon im Gründungsstadium begangene Verstöße im Bereich der Bilanzierung und der Buchhaltung die **Bankrott-Tatbestände** der §§ 283 ff. StGB erfüllen[3]. Verstöße gegen die übersichtliche Aufstellung bzw. die fristgerechte Erstellung der

---

1 BGH v. 7.12.1965 – 5 StR 312/65, BGHSt 20, 304.
2 *Perron* in S/S, § 265b StGB Rz. 35.
3 *Heine* in S/S, § 283 StGB Rz. 43 ff.; *Fischer*, § 283 StGB Rz. 25–29a.

Eröffnungsbilanz werden nach § 283 Abs. 1 Nr. 7 StGB geahndet; wird die Eröffnungsbilanz nicht bis zum Ablauf der Aufbewahrungsfristen aufbewahrt, stellt dies einen Verstoß gegen § 283 Abs. 1 Nr. 6 StGB dar. Wegen der einzelnen Tatbestandsmerkmale dieser Vorschriften wird auf unten § 85 verwiesen.

II. Handels- und gesellschaftsrechtliche Tatbestände

186 a) Nach § 331 Nr. 1 HGB wird die vorsätzliche **unrichtige Darstellung** oder *Verschleierung* der Verhältnisse einer *Kapitalgesellschaft* in der Eröffnungsbilanz unter Strafe gestellt[1]. Die Voraussetzungen des § 331 Nr. 1 HGB werden in § 40 Rz. 50 ff., 54 ff. näher erörtert.

187 § 82 Abs. 2 Nr. 2 GmbHG stellt speziell die unrichtige Darstellung der Verhältnisse einer **GmbH** – einschließlich der Rechtsform der *Unternehmergesellschaft (haftungsbeschränkt)* – in einer öffentlichen Mitteilung unter Strafe (hierzu § 40 Rz. 79).

188 § 400 Abs. 1 Nr. 1 AktG stellt die unrichtige Darstellung speziell der Verhältnisse einer **Aktiengesellschaft** einschließlich ihrer Beziehungen zu verbundenen Unternehmen in Darstellungen oder Übersichten über den Vermögensstand, in Vorträgen oder Auskünften in der Hauptversammlung unter Strafe. Unrichtigkeiten der im Rahmen der Unternehmensgründung zu erstellenden *Eröffnungsbilanz* unterfallen jedoch dem vorrangigen § 331 Nr. 1 HGB (hierzu § 40 Rz. 50 ff., 54 ff.). Einzelheiten zu § 400 Abs. 1 Nr. 1 AktG werden in § 40 Rz. 82 f. dargestellt.

189 Für die **Genossenschaft** folgt die Strafbarkeit der unrichtigen Darstellung ihrer Verhältnisse aus § 147 Abs. 2 Nr. 1 GenG. Die Strafbarkeit der unrichtigen Wiedergabe der Verhältnisse eines genossenschaftlichen *Kredit- und Finanzdienstleistungsinstituts* in deren Eröffnungsbilanz folgt jedoch bereits aus den vorrangigen §§ 340m, 331 Nr. 1 HGB. Wegen der Voraussetzungen des § 147 Abs. 2 Nr. 1 GenG wird auf § 40 Rz. 87 verwiesen.

190 b) Verstöße im Rechnungswesen während des Gründungsstadiums können Grundlage und Vorbereitungshandlung für vorsätzlich **falsche Angaben** gegenüber dem Registergericht sein (dazu näher § 27 Rz. 136 ff.). Diese werden für die GmbH und die Unternehmergesellschaft (haftungsbeschränkt) durch § 82 Abs. 1 GmbHG, für die AG – einschließlich der REIT-AG – durch § 399 Abs. 1 AktG, und für die SE über § 53 SEAG, § 399 Abs. 1 AktG unter Strafe gestellt. Für die Genossenschaft gibt es eine vergleichbare Strafnorm nicht.

---

1 *Gramich*, Die Strafvorschriften des BilanzrichtlinienG, wistra 1987, 157.

§ 27
Kapitalbeschaffung

Bearbeiter: Heiko Wagenpfeil

	Rz.
A. Formen der Kapitalaufbringung.	1
I. Eigenkapital	
1. Arten der Eigenkapitalaufbringung	3
2. Kapitalgesellschaften	16
a) GmbH	17
b) Unternehmergesellschaft	32
c) AG, KGaA und SE	34
3. Umwandlungen	47
a) Verschmelzung	54
b) Spaltung	61
II. Fremdkapital	
1. Kredite	67
2. Schuldverschreibungen	70
3. Sonderfall: Wandelanleihen	78
4. Mezzanine-Finanzierung	83
III. Liquiditätsbeschaffung	
1. „Cash Management"	84
2. Factoring	87
B. Kapitalbeschaffung mittels Prospekten	
I. Rechtsgrundlagen der Prospektpflicht	88
II. Inhalt der Prospektpflicht	
1. Wertpapierprospekte	94
2. Prospekte für nicht verbriefte Anlagen	101
III. Billigung von Prospekten	105
C. Straftat- und Bußgeldtatbestände	
I. Kapitalanlagebetrug	110
1. Erfasste Finanzmarktprodukte	111
2. Vertriebsform	117
3. Unrichtigkeit der Informationen	124
4. Subjektiver Tatbestand, Rücktritt und Verjährung	133
II. Gründungsschwindel	
1. GmbH und UG	
a) Allgemeines	136
b) Falschangaben zum Stammkapital	149
c) Falschangaben im Sachgründungsbericht	162
2. Aktiengesellschaft	163
a) Täterschaft	164
b) Falschangaben zum Grundkapital	167
c) Falschangaben im Gründungs- oder Prüfungsbericht	172
d) Falschangaben gegenüber dem Gründungsprüfer	176
e) Strafbarkeit des Gründungsprüfers	177
f) Strafbarkeit bei KGaA und SE	178
III. Ergänzende Bußgeldtatbestände	
1. Ausgabe von Prospekten	179
2. Ausgabe von Aktien	182
IV. Straftaten bei Umwandlungen	
1. Unrichtige Darstellung der Kapitalausstattung	183
2. Erschleichen von Prüfungsberichten	185
3. Verletzung von Prüferpflichten	186
V. Untreue	187
VI. Sonstige Straf- und Bußgeldtatbestände	197

Schrifttum: Hand- und Lehrbücher, Monographien: *Assmann/Schütze*, Handbuch des Kapitalanlagerechts, 3. Aufl. 2007, § 6; *Billek*, Cash Pooling im Konzern, 2008; *Bultmann/Hoepner/Lischke*, Anlegerschutzrecht, 2009; *Claussen*, Bank- und Börsenrecht, 5. Aufl. 2014; *Derleder/Knops/Bamberger*, Handbuch zum deutschen und europäischen Bankrecht, 2. Aufl. 2009; *Drukarczyk*, Finanzierung, 10. Aufl. 2008; *Eilers/Rödding/Schmalenbach*, Unternehmensfinanzierung, 2008; *Ekkenga*, Anlegerschutz, Rechnungslegung und Kapitalmarkt, 1998; *Fahrholz,* Neue Formen der Unternehmensfinanzierung, Unternehmensübernahme, Big-ticket-Leasing, Asset-Backed- und Projektfinanzierungen, 2. Aufl. 2010; *Goette,* Einführung in das neue GmbH-Recht, 2008; *Goette/Habersack,* Das MoMiG in Wissenschaft und Praxis, 2009; *Groß,* Kapitalmarktrecht, 5. Aufl. 2012; *Grundmann,* Europäisches Gesellschaftsrecht, 2. Aufl. 2011; *Habersack/Mülbert/Schlitt,* Unternehmensfinanzierung am Kapitalmarkt, 3. Aufl. 2013; *Habersack/Verse,* Europäisches Gesellschaftsrecht, 4. Aufl. 2011; *Häger,* Mezzanine Finanzierungsinstrumente, 2. Aufl. 2007; *Hirte,* Kapitalgesellschaftsrecht, 7. Aufl. 2012; *Hölters,* Handbuch Unternehmenskauf, 7. Aufl. 2010, Teil III und XII; *Kruschwitz/Husmann,* Finanzierung und Investition, 7. Aufl. 2012; *Kümpel/Wittig,* Bank- und Kapitalmarktrecht, 4. Aufl. 2011; *Olfert,* Investition, 12. Aufl. 2012; *Olfert/Reichel,* Finanzierung, 16. Aufl. 2013; *Raiser,* Recht der Kapitalgesellschaften, 5. Aufl. 2010; *Riedel,* Unzulässige Vermögenszuwendungen und ihre Rechtsfolgen im Recht der Aktiengesellschaft, 2004; *Sagasser/Bula/Brünger,* Umwandlungen, 4. Aufl. 2011; *Schefczyk,* Finanzieren mit Venture Capital und Private Equity, 2. Aufl. 2006; *Schneck,* Finanzierung, 2. Aufl. 2004; *Schröder,* Handbuch des Kapitalmarktstrafrechts, 2. Aufl. 2010; *Schüppen/Ehlermann,* Corporate Venture Capital, 2000; *Schwintowski/Schäfer,* Bankrecht, 3. Aufl. 2011; *Seibert,* Gesetz zur Modernisierung des GmbH-Rechts und zur Bekämpfung von Missbräuchen (MoMiG), 2008; *Sidler,* Risikokapital-Finanzierung von Jungunternehmen, 2. Aufl. 1997; *Steinmetz,* Die verschleierte Sacheinlage im Aktienrecht aus zivil- und strafrechtlicher Sicht, 1990; *Striebel,* Cash Pooling – Finanzierungsalternative für GmbH-Konzerne, 2007; *Süchting,* Finanzmanagement, 6. Aufl. 1995; *Wöhe,* Einführung in die Allgemeine Betriebswirtschaftslehre, 24. Aufl. 2010; *Wöhe/Bilstein/Ernst/Häcker,* Grundzüge der Unternehmensfinanzierung, 10. Aufl. 2009.

Aufsätze: *Avvento,* Hin- und Herzahlen: Offenlegung als konstitutive Voraussetzung des Eintritts der Erfüllungswirkung?, BB 2010, 202; *Bayer/Schmidt,* Die Reform der Kapitalaufbringung bei der Aktiengesellschaft durch das ARUG, ZGR 2009, 805; *Benecke,* Die Prinzipien der Kapitalaufbringung und ihre Umgehung – Rechtsentwicklung und Perspektiven, ZIP 2010, 105; *Geißler,* Ordnungsgemäße Aufbringung der Bareinlage bei der GmbH-Gründung, GmbHR 2004, 1181; *Golland/Gehlhaar/Grossmann/Eickhoff-Kley/Jänisch,* Mezzanine-Kapital, BB-Special 4/2005; *Jansen/Pfeifle,* Rechtliche Probleme des Crowdfundings, ZIP 2012, 1842; *Leuering/Zetzsche,* Die Reform des Schuldverschreibungs- und Anlageberatungsrechts – (Mehr) Verbraucherschutz im Finanzmarktrecht?, NJE 2009, 2856; *Maier-Reimer/Wenzel,* Kapitalaufbringung in der GmbH nach dem MoMiG, ZIP 2008, 1449; *Merkner/Schmidt-Bendun,* Verdeckte Sacheinlage und/oder unzulässiges Hin- und Herzahlen, NJW 2009, 3072; *Müller/Weller,* Mezzanine-Kapital im Fokus der Krisenbilanzierung, WPg 2008, 400; *Scholl,* Kapitalaufbringung nach dem MoMiG, ZGR 2009, 126; *Schall,* Kapitalaufbringung nach dem MoMiG, ZGR 2009, 126; *Schmitt/Doetsch,* Crowdfunding: Neue Finanzierungsmöglichkeit für die Frühphase innovativer Geschäftsmodelle, BB 2013, 1451; *Seibert/Decker,* Die GmbH-Reform kommt!, ZIP 2008, 1208; *Singhof,* Das Eigenkapital der Kapitalgesellschaften, in HdJ Abt III/2; *Wachter,* Leitlinien der Kapitalaufbringung in der neueren Rechtsprechung des Bundesgerichtshofs, DStR 2010, 1240.

A. Formen der Kapitalaufbringung

1   Unter *Finanzierung* wird im Allgemeinen die Aufbringung von finanziellen Mitteln für ein Unternehmen bzw. für einen Unternehmensträger (§ 23 Rz. 13 ff.), also die **Beschaffung von Eigen- und Fremdkapital**, verstanden. Diese Kapitalbeschaffung schlägt sich auf der *Passivseite* der Bilanz nieder, die zeigt, welche Teile der Finanzmittel dem Unternehmen vom Inhaber oder von den Anteilseignern als *Eigenkapital* zur Verfügung gestellt worden sind und welche Teile von Banken und anderen Kreditgebern, z.B. von Lieferanten,

stammen (*Fremdkapital*). Je nach Herkunft des Kapitals wird auch zwischen *Außenfinanzierung*[1] und *Innenfinanzierung*[2] unterschieden. Während die Außenfinanzierung die Beschaffung von Finanzmitteln von Kapitalgebern außerhalb des Unternehmensträgers umfasst, beinhaltet die Innenfinanzierung die Kapitalbildung aus Einlagen der Anteilseigner sowie aus Gewinnen (einschließlich Rückstellungen, stiller Reserven, Vermögensumschichtungen und Posten der Rechnungsabgrenzung). Die Innenfinanzierung spielt bei der Gründung des Unternehmens noch keine Rolle und wird deshalb in § 50 Rz. 3 ff. behandelt. Im weiteren Sinne zur Kapitalbeschaffung gehört auch die *Beschaffung von Liquidität* (dazu Rz. 84 ff.).

Die Kapitalbeschaffung von Unternehmen tangiert immer zwei Seiten: auf der einen Seite das *kapitalsuchende Unternehmen*, auf der anderen Seite den oder die *Kapitalgeber*, die durch die Überlassung des Kapitals meist eine Rendite erwirtschaften wollen. Der Tatbestand des **Betrugs zum Nachteil des Kapitalgebers** ist einschlägig, wenn dieser in irgendeiner Form getäuscht wird. Hier sollen nur die Formen der Kapitalbeschaffung aus der Sicht des kapitalsuchenden Unternehmens und die dabei möglichen Straftaten einschließlich der Folgen unrichtiger Prospekte vorgestellt werden. Der Vertrieb von Kapitalanlagen – also die Sicht des Kapitalgebers, insbesondere die speziellen Formen des Betrugs mit unseriösen Kapitalanlagen – wird in § 28 dargestellt. 2

Nicht dargestellt wird die Kapitalaufbringung bei **Investmentfonds**, die seit dem 22.7.2013 nicht mehr durch das InvG, sondern durch das weitergehende „Kapitalanlagegesetzbuch" (KAGB) geregelt werden[3]. Bei diesen geht es nicht um die Akquisition von Kapital unmittelbar für ein operativ tätiges Unternehmen, sondern um die Regulierung der Sammlung und der Verwaltung von Kapital einer Vielzahl von Anlegern zum Zwecke der Finanzanlage.

I. Eigenkapital

1. Arten der Eigenkapitalaufbringung

a) An erster Stelle der Eigenkapitalbeschaffung eines Unternehmens steht die **Bereitstellung eigener Mittel** durch den oder die (Unternehmens-)Gründer selbst im Rahmen einer Unternehmensform mit unbeschränkter Haftung. Hierbei sind aus strafrechtlicher Sicht keine Besonderheiten zu beachten. Dies gilt nicht nur für das Einzelunternehmen (evtl. e.K., vgl. § 22 Rz. 50 ff.), sondern auch für alle *Personengesellschaften*. Dies hat zur Folge, dass bei (unternehmenstragenden) BGB-Gesellschaften (§§ 705 ff. BGB), Offenen Handelsgesellschaften (§ 105 ff. HGB) und den Partnerschaftsgesellschaften (PartGG) auch die Kapitalbeschaffung eine Frage der freien vertraglichen Regelung unter den Gesellschaftern ist. Ein „Eigenkapital" im buchhalterischen Sinne mag üb- 3

---

1 *Gerke/Bank*, Finanzierung, 2. Aufl. 2003; *Perridon/Steiner*, Finanzwirtschaft der Unternehmung, 16. Aufl., 2012; *Wöhe/Bilstein*, Grundzüge der Unternehmensfinanzierung, 10. Aufl. 2009.
2 *Rudolph*, Unternehmensfinanzierung und Kapitalmarkt, 2006, 6; *Gräfer/Schiller/Rösner*, Finanzierung, 7. Aufl. 2011; *Zantow/Dienauer*, Innenfinanzierung, 3. Aufl. 2011, S. 279 ff.
3 Art. 1 des AIFM-UmsetzungsG v. 4.7.2012, BGBl. I 1981.

lich sein; rechtlich ist ein solches Kapital – und damit auch ein „Mindestkapital" – bei diesen Unternehmensformen ohne Haftungsbeschränkung nicht erforderlich.

Dies gilt auch für die seit dem 22.7.2013 mögliche **PartGmbB** (§ 8 Abs. 4 PartGG[1], vgl. § 23 Rz. 94a). Bei dieser ist die Haftung nicht generell auf das Gesellschaftsvermögen begrenzt. Vielmehr beschränkt das Gesetz nur für den Fall der fehlerhaften Berufsausübung die weiterhin grundsätzlich unbeschränkte Haftung der Partner auf einen bestimmten Betrag, der durch eine entsprechende Berufshaftpflichtversicherung abgedeckt sein muss.

4 Eine weitere Finanzierungsform ist die „**Stille Gesellschaft**" (§§ 230 ff. HGB), bei der sich der Kapitalgeber mit einer Vermögenseinlage am Gewerbe eines Unternehmensträgers[2] beteiligt, ohne dass die Beteiligung gegenüber dem Rechtsverkehr offengelegt wird. Der stille Teilhaber wird aus den Geschäften des Inhabers nicht verpflichtet, aber gewinnberechtigt. Diese Personengesellschaft unterscheidet sich vom wirtschaftlich nahestehenden partiarischen Darlehen dadurch, dass der Geldgeber zum Gesellschafter wird und dadurch eine bessere Rechtsstellung erwirbt als ein außenstehender Darlehensgeber; dies betrifft vor allem die Informationsrechte nach § 233 HGB. Ähnlich verhält es sich mit dem geläufigen Finanzierungsinstrument einer *Unterbeteiligung* an einem Gesellschaftsanteil, bei der es sich um eine eigenständige Innen-BGB-Gesellschaft handelt. Für spezielle zivil- oder gar strafrechtliche Bestimmungen zum Schutz der Eigenkapitalbildung besteht kein Bedürfnis.

5 Bei der **Kommanditgesellschaft** (§§ 161 ff. HGB) bringen der oder die unbeschränkt haftende(n) Komplementär(e) nicht notwendigerweise Kapital, aber zwingend ihre persönliche Haftung ein. Die Kommanditisten haben dagegen „nur" eine – im Handelsregister offenzulegende – Einlage in das Gesellschaftsvermögen zu leisten; ihre Haftung gegenüber Dritten ist auf die geleistete Einlage beschränkt (§§ 161 Abs. 1, 172, 176 HGB). Diese Rechtsform ermöglicht es allerdings als sog. *Publikums-KG* auch, Kapital über eine Vielzahl von Kommanditisten aufzunehmen und damit über die typische Personengesellschaft hinauszugehen. Deren Vorteil ist primär steuerrechtlicher Natur: Die Einkünfte unterliegen nicht der Körperschaftsteuer, sondern werden nach den Grundsätzen der Personengesellschaften versteuert; damit können in besonderem Maße steuerliche Abschreibungsmöglichkeiten genutzt werden (vgl. § 28 Rz. 43 ff.). Ähnliches gilt auch für Publikums-BGB-Gesellschaft.

6 Die Anwendung der §§ 161 ff. HGB ist bei einer Vielzahl an Kommanditisten allerdings höchst unpraktikabel. § 162 Abs. 1 HGB verlangt u.a. den Eintrag jedes Kommanditisten sowie der Höhe ihrer Kommanditeinlagen in das *Handelsregister*; auch jeder Wechsel von Kommanditisten (§ 162 Abs. 2 HGB) und jede Änderung in der Höhe der Kommanditeinlage (§ 175 HGB) muss eingetragen werden. Dabei muss die Anmeldung von allen Gesellschaftern – nicht etwa nur von den Komplementären – bewirkt werden (§§ 161 Abs. 2, § 108 HGB). Auch kann jeder einzelne Kommanditist Einsichtnahme in die Handels-

---

1 BGBl. I 2013, 2386.
2 Näher *Karsten Schmidt*, GesR, § 62 II 1a.

bücher der KG verlangen (§ 166 HGB)[1]. Die Vertragspraxis hat deshalb für die **Publikums-KG** *spezielle Vertragskonstruktionen* entwickelt, um die Interessen der vielen Kommanditisten auf ein praktikables Maß zu bündeln[2]. So wird i.d.R. vereinbart, dass die Kapitalanleger ihre – zudem auf ein Minimum reduzierten – Gesellschafterrechte grundsätzlich nicht individuell ausüben dürfen, sondern nur über einen *Ausschuss* oder einen *„Treuhänder"*[3]. Die Beteiligungen selbst können insoweit unterschiedlich ausgestaltet sein, als es sich um eine *unmittelbare* oder eine *nur mittelbare Beteiligung* der Anleger an der KG handelt. Bei der nur mittelbaren Beteiligung treten im Außenverhältnis ein oder mehrere Treuhänder als Kommanditisten auf. Die Anleger selbst sind nicht mehr Partei des Gesellschaftsvertrages, sondern schließen ihren „Beteiligungsvertrag" mit dem oder den Treuhändern ab, d.h. es handelt sich eigentlich um eine *Unterbeteiligung* (s. Rz. 4). Diese kann aber vertraglich auch so ausgestaltet werden, dass die Kapitalanleger im *Verhältnis zur KG* wie Kommanditisten zu behandeln sind[4].

Soweit Personengesellschaften durch die Beteiligung von Kapitalgesellschaften oder sonstigen juristischen Personen so organisiert werden, dass eine unbeschränkte Haftung natürlicher Personen vermieden wird, entstehen sog. **kapitalisierte Personenhandelsgesellschaften**, mithin Kapitalgesellschaften im rechtlichen Gewand einer Personengesellschaft. Die GmbH & Co KG ist die weitaus häufigste Kombination unterschiedlicher Rechtsformen, aber auch diverse andere Kombinationen, wie z.B. AG & Co KG, GmbH & GmbH OHG oder Stiftung & Co KG sind anzutreffen. Auch die UG (s. Rz. 32 f.) ist als Komplementärin einer KG möglich *(„UG [haftungsbeschränkt] & Co KG")*[5]. Auch wenn für kapitalisierte Personenhandelsgesellschaften sogar – auch strafrechtlich relevante – Sondervorschriften geltend (vgl. §§ 264a–264c, 335b HGB) gelten, so gilt dies nicht hinsichtlich der Kapitalaufbringung; insoweit gelten trotzdem nur die jeweiligen Bestimmungen für die „Bestandteile" der Kombination.

7

---

1 Zu möglichen Problemen vgl. z.B. OLG München v. 18.5.2011 – 7 U 4847/10, ZIP 2011, 1204 (Unkenntnis über die Identität der Mitgesellschafter); *Reichert/Winter*, Die „Abberufung" und Ausschließung des geschäftsführenden Gesellschafters der Publikums-Personengesellschaft, BB 1988, 981.
2 *Bälz*, Treuhandkommanditist, Treuhänder der Kommanditisten und Anlegerschutz, ZGR 1980, 1.
3 *Gummert/Horbach* in MüAnwHdb. PersonengesR, Bd. 2, § 61 Rz. 2, 20.
4 BGH v. 22.1.1979 – II ZR 178/77, BGHZ 73, 299; BGH v. 11.10.2011 – II ZR 248/09, juris; BGH v. 24.7.2012 – II ZR 297/11, BB 2012, 2586 m. Anm. *Marhewka*; BGH v. 18.9.2012 – II ZR 201/10, ZIP 2012, 2291; OLG Celle v. 11.5.1983 – 9 U 160/82, BB 1983, 1451; *Gummert/Horbach* in MüAnwHdb. PersonengesR, Bd. 2, § 61 Rz. 19 ff.; *Roth* in Baumbach/Hopt, Anh § 177a HGB Rz. 52 f., 70 ff., 77 ff.; *Klöckner*, Wirksamkeit der Stimmabgabe eines Treuhänders in der Publikumsgesellschaft, BB 2009, 1313.
5 *Kock/Vater/Mranz*, Die Zulässigkeit einer UG (haftungsbeschränkt) & Co. KG, BB 2009, 848; *Weber*, Die UG (haftungsbeschränkt), BB 2009, 842 (847); *Römermann*, Die UG, NJW 2010, 905 (909); krit. *Veil*, Die UG nach dem Entwurf des MoMiG, GmbHR 2007, 1080 (1084).

8 **b)** Eine weitere Möglichkeit der Eigenkapitalbeschaffung liegt in der **Aufbringung von Eigenkapital durch "Dritte"** im Austausch gegen eine Beteiligung an einem Unternehmen mit Haftungsbeschränkung auf das Gesellschaftsvermögen. Bei diesen *Kapitalgesellschaften* sollen – im Gegensatz zu den Personengesellschaften – strenge Vorschriften über die Aufbringung und Erhaltung des Stamm- oder Grundkapitals sicherstellen, dass den Gläubigern zumindest dieser Kapitalstock nicht jederzeit wieder entzogen werden kann (§ 1 Abs. 1 S. 2 AktG, § 13 Abs. 2 GmbHG; vgl. § 23 Rz. 70 ff.).

9 Für diese Form der Kapitalbeschaffung ist die **Übertragbarkeit** – insbesondere die Handelbarkeit – der Beteiligung am Unternehmen von zentraler Bedeutung. Je leichter sich der Kapitalgeber im Bedarfsfall wieder von seiner Beteiligung trennen kann, desto leichter wird ihm die Entscheidung für die Beteiligung fallen. Die (private) Beteiligung an der im deutschen Mittelstand verbreiteten GmbH, für deren Geschäftsanteile man individuell nach einem Käufer suchen muss, betrifft vor allem die Fälle, in denen der Kapitalgeber aus persönlicher Verbundenheit dauerhaft in das Unternehmen investiert (etwa bei Familienunternehmen). Für die meisten Kapitalgeber ist daher eine Beteiligung an einem Unternehmen aufgrund der leichten Handelbarkeit der Anteile am Ehesten in der Form einer Direktinvestition in *Aktien einer börsennotierten Gesellschaft* attraktiv.

10 Die Aufbringung des Gründungskapitals bei **anderen Unternehmensträgern**, die als juristische Personen qualifiziert werden (vgl. § 23 Rz. 71 ff.,), kann hier außer Betracht bleiben. Die *Genossenschaften* – und die strukturell nahestehenden *Versicherungsvereine auf Gegenseitigkeit* – sind keine Kapitalgesellschaften im rechtlichen Sinne; die Missachtung der jeweils bestehenden Beitragsverpflichtungen der Mitglieder (Übernahme eines Geschäftsanteils; Einlage nach §§ 7, 7a GenG) und der diesbezüglichen Angaben gegenüber dem Handelsregister haben im Wirtschaftsstrafrecht keine große praktische Bedeutung. Dies gilt in noch weit stärkerem Maße für Eigenkapitalaufbringung beim eingetragenen *Verein* (Beitragspflicht der Mitglieder, § 58 Nr. 2 BGB i.V.m. der Satzung) und bei der *Stiftung* (Vermögenszuwendung nach §§ 81, 82 BGB); spezielle Strafbestimmungen bestehen nicht.

11 **c) Professionelle Finanzinvestoren** gehen in größerem Stil – und regelmäßig nur auf *mittlere Frist* – Unternehmensbeteiligungen ein, um nach Ablauf der geplanten Investmentdauer und nach Sanierung oder Umstrukturierung wieder mit Gewinn "auszusteigen". Im Gründungsstadium eines Unternehmens wird dazu häufig der Begriff des *"Venture Capital"* verwendet, für den Einstieg professioneller Investoren in ein laufendes (nicht börsennotiertes) Unternehmen auch der Begriff *"private equity"*[1]. Ungeachtet der konkreten Gestaltung einer solchen Finanzinvestition fördert der deutsche Gesetzgeber den Einstieg professioneller Investoren, indem er besondere gesellschaftsrechtliche "Instrumente" zu Verfügung stellt. Denn neben der Stärkung der Kapitalbasis von Un-

---

1 *Sagasser/Schlösser* in Assmann/Schütze, § 26 Rz. 358 ff.; *Pfeifer*, Venture Capital als Finanzierungs- und Beteiligungsinstrument, BB 1999, 1665; *Kußmaul/Richter*, Betriebswirtschaftliche Aspekte von Venture Capital Gesellschaften, DStR 2000, 1155 ff. und 1195 ff.; *Möller*, Förderung von Private Equity und Venture Capital durch geplante Verbesserung der steuerlichen Rahmenbedingungen, BB 2006, 971; *Weilep/Dill*, Vendor Due Dilligence bei der Private Equity-Finanzierung mittelständischer Unternehmen, BB 2008, 1946.

ternehmen bewirken solche Kapitalinvestitionen auch eine Stärkung der Wettbewerbsfähigkeit der heimischen Wirtschaft.

Hier sind zwei speziell zur Unternehmensfinanzierung bestimmte Instrumente zu nennen: **12**

- die **Unternehmensbeteiligungsgesellschaften** (UBG), geregelt durch das *Gesetz über Unternehmensbeteiligungsgesellschaften* (UBGG)[1], und
- die **Wagniskapitalbeteiligungsgesellschaften** (WKB) nach dem im Zuge des Gesetzes zur Modernisierung der Rahmenbedingungen für Kapitalbeteiligungen (MoRaKG)[2] beschlossene *Gesetz zur Förderung von Wagniskapitalbeteiligungen* (WKBG)[3].

Während eine UBG Beteiligungen auch an größeren und bereits länger bestehenden und auch börsennotierten Gesellschaften erwerben kann, bezweckt die WKB nur die Förderung von Beteiligungen an jungen Unternehmen[4]. Hinsichtlich ihres Betätigungsfelds unterliegen UBG und WKB gewissen Einschränkungen (vgl. §§ 3, 4 UBGG, §§ 2, 8, 9 WKBG). Die Anerkennung als UBG und WKB, die durch die BaFin erfolgt (§§ 15 ff. UBGG, § 14 WKBG), kann Vorteile haben. Das UBGG gewährt der **UBG** und ihren Gesellschaftern zum einen Begünstigungen im Fall einer Insolvenz des Beteiligungsunternehmens: Sind Ansprüche des Gesellschafters normalerweise gegenüber anderen Insolvenzforderungen nachrangig (§ 39 Abs. 1 Nr. 5 InsO), macht § 24 UBGG die dem Unternehmen von ihnen gewährten Kredite zu „regulären" Insolvenzforderungen. Die UBG profitiert zum anderen von *steuerlichen Vergünstigungen*[5]. **13**

Begünstigter der ursprünglich geplanten steuerlichen Erleichterungen nach den **WKBG** sollten – im Gegensatz zum UBGG – nicht nur in einer Gesellschaft organisierte Finanzinvestoren sein, sondern auch *vermögende Privatinvestoren*. **14**

Die angestrebten steuerlichen Vorteile können bei der WKB jedoch **nicht wirksam** werden, weshalb das Gesetz seine beabsichtigte Wirkung nur eingeschränkt erzielen wird. Hintergrund ist, dass § 19 WKBG (Einstufung des Investments als einkommensteuerliche Vermögensverwaltung) und Art. 4 MoRaKG (körperschaftsteuerliche Verlustvortragsmöglichkeiten) nach der Entscheidung der EU-Kommission vom 30.9.2009[6] mit den euro-

---

1 UBGG i.d.F. v. 9.9.1998, BGBl. I 2766; hierzu näher *Weinheimer* in Hölters, Teil XII, Rz. 29 ff. (31 f.).
2 G. v. 12.8.2008, BGBl. I S. 1672.
3 Art. 1 des MoRaKG v. 12.8.2008, BGBl. I 2008, 1672; hierzu *Friedl*, Das neue Wagniskapitalbeteiligungsgesetz (WKBG), WM 2009, 1828; *Zipfel/Franke*, MoRaKG – Kurzüberblick, BB 2008, 2211; *Haag/Veith*, Das MoRaKG und seine Auswirkungen für Wagniskapital in Deutschland, BB 2008, 1915; *Weitnauer*, Auswirkungen eines G zur Modernisierung der Rahmenbedingungen für Kapitalbeteiligungen (MoRaKG) und der Unternehmensteuerreform auf die deutsche Venture Capital-Landschaft, BKR 2007, 521.
4 BT-Drs. 16/6311, 14 f.
5 Vgl. BT-Drs. 16/6311, 15; *Fischer*, Die Reform des Rechts der Unternehmensbeteiligungsgesellschaften, WM 2008, 857.
6 Entscheidung der Kommission v. 30.9.2009 über die Beihilferegelung C 2/09 (ex N 221/08 und N 413/08), die Deutschland zur Modernisierung der Rahmenbedingungen für Kapitalbeteiligungen gewähren will, ABl. EU Nr. L 6 v. 9.1.2010, 32, 45.

parechtlichen Vorschriften über den gemeinsamen *Binnenmarkt unvereinbar* sind. Das Inkrafttreten dieser Vorschriften war aber an die Zustimmung der EU-Kommission gekoppelt (Art. 8 Abs. 2 MoRaKG). Mit der ablehnenden Entscheidung der EU-Kommission sind also wichtige Teile des Gesetzes nicht in Kraft getreten[1].

15 **d)** Eine weitere Finanzierungsform stellt die **Public Private Partnership** dar. Es handelt sich dabei um Kooperationen der öffentlichen Hand mit der Privatwirtschaft bei der Verwirklichung von *Infrastrukturprojekten*, die als Erwerber-, Leasing-, Vermietungs-, Inhaber-, Vertrags-, Contracting-, Konzessions- oder Gesellschaftsmodell ausgestaltet werden kann[2]. Strafrechtlich spielt dieses Modell jedoch keine besondere Rolle.

2. Kapitalgesellschaften

16 Im Gegensatz zu Personengesellschaften hat die für die Kapitalgesellschaften (vgl. § 23 Rz. 71 ff.) typische **Haftungsbeschränkung** auf das Gesellschaftsvermögen – bzw. aus der Sicht des Anteilsinhabers auf seine Einlage – ein dichtes Regelungswerk sowohl zum Schutz der Gläubiger, aber auch zum Schutz der Teilhaber erforderlich gemacht. Dieses wird nachstehend für die beiden wichtigsten Gesellschaftsformen (GmbH und UG: Rz. 17 ff., 32 f.; AG Rz. 34 ff.) näher erläutert.

a) GmbH

17 **aa)** Die GmbH muss mit einem **Mindestkapital** von 25 000 Euro ausgestattet sein (§ 5 Abs. 1 GmbHG), soweit nicht eine sog. UG (Rz. 32 f.) vorliegt. Dieses Stammkapital kann durch *Bareinlagen* oder aber durch Sacheinlagen (§ 5 Abs. 4 GmbHG) aufgebracht werden. Im ersten Fall muss jeder Gesellschafter mindestens ein Viertel seines Geschäftsanteils einzahlen (§ 7 Abs. 2 S. 1 GmbHG), jedoch muss insgesamt mindestens die Hälfte des Mindestkapitals sofort bei der Gründung geleistet werden (§ 7 Abs. 2 S. 2 GmbHG). Die Befreiung von der Bareinlageverpflichtung durch *Aufrechnung* wird durch § 19 Abs. 2 S. 2 GmbHG beschränkt.

18 **bb)** Verpflichten sich die Gesellschafter hingegen – ganz oder teilweise –zu einer **Sacheinlage**, ist das Gründungsverfahren im Vergleich zur Bargründung erheblich aufwendiger (vgl. §§ 5, 7–9, 9c, 10, 19 GmbHG). Der Begriff der *„Sacheinlage"* umfasst zum einen die unmittelbare Einbringung von Sachen oder sonstigen Vermögensgegenständen (Sacheinlage im engeren Sinn). *Gegenstand* der Sacheinlage können Sachen, Rechte und sonstige vermögenswerte und der Bewertung zugängliche Positionen sein, die zur Bildung der Kapitalgrundlage der Gesellschaft geeignet[3] und einlagefähig sind.

19 **Beispiel:** In Betracht kommen z.B. bewegliche Sachen, Grundstücke, Forderungen, Mitgliedschaften an anderen Unternehmen, auch Immaterialgüterrechte wie Urheber-, Verlags-, Geschmacksmusterrechte, Patente, Gebrauchsmusterrechte, Lizenzen, Herstellungsverfahren und gewerblich verwertbares Know-how. Auch Sach- und Rechtsgesamt-

---

1 *Dörr*, § 8c Abs. 2 KStG tritt nicht in Kraft!, NWB 2009, 3499.
2 *Noltensmeier*, Public Private Partnership und Korruption, 2009.
3 *Fastrich* in Baumbach/Hueck, § 5 GmbHG Rz. 23.

heiten wie Warenlager, Produktionsanlagen, Betriebs- und Büroeinrichtungen und ganze Handelsgeschäfte und Unternehmen können eingebracht werden[1]. *Nicht einlagefähig* sind demgegenüber z.B. Dienstleistungsverpflichtungen[2] (vgl. auch § 27 Abs. 2 AktG).

Auch wenn dies in § 5 Abs. 4 GmbHG – anders als in § 27 Abs. 1 AktG – nicht ausdrücklich geregelt ist, so ist die Sacheinlage bei der GmbH auch in Form der **Sachübernahme** möglich. Bei dieser Art der Sacheinlage hat der Gesellschafter nach dem Gesellschaftsvertrag zwar eine Bareinlage zu leisten. Jedoch wird gleichzeitig vereinbart, dass die Gesellschaft einen bestimmten Gegenstand *entgeltlich erwirbt* – sei es vom Gründer selbst oder von einem Dritten[3] – und der Kaufpreis auf die Bareinlageverpflichtung *angerechnet* wird[4]. 20

Gegenstand und Gegenwert der Sacheinlage müssen bereits im *Gesellschaftsvertrag* festgeschrieben sein (§ 5 Abs. 4 S. 1 GmbHG). Um sicherzustellen, dass die Gesellschaft keine gegenüber dem Nennwert des Geschäftsanteils *minderwertigen Sacheinlagen* erhält[5], müssen die Gesellschafter – persönlich[6] – einen **Sachgründungsbericht** erstellen, dem die bewertungserheblichen Umstände entnommen werden können (§ 5 Abs. 4 S. 2 GmbHG). Sollte der Wert einer Sacheinlage bis zur Anmeldung der Gesellschaft beim Handelsregister unter den vereinbarten Nennwert sinken, sieht § 9 GmbHG eine *Differenzhaftung* des Gesellschafters in Geld vor. 21

cc) Ist dem Gesellschaftsvertrag formal eine Geldeinlageverpflichtung zu entnehmen, sind sich die Gesellschafter aber aufgrund einer im Zusammenhang mit der Übernahme der Bareinlageverpflichtung getroffenen Abrede einig, dass wirtschaftlich eine Sacheinlage erbracht werden soll, so liegt eine **verdeckte Sacheinlage** vor (§ 19 Abs. 4 GmbHG; zur strafrechtlichen Seite Rz. 154)[7]. Wird diese Abrede nicht offengelegt, ist dem Registergericht die Prüfung der Werthaltigkeit der eigentlich geplanten Sacheinlagen verwehrt. Ob eine verdeckte Sacheinlage vorliegt, hängt von den *Umständen des Einzelfalles* ab. Dabei sind vor allem sachliche und zeitliche Zusammenhänge zwischen Einzahlung und Verwendung des Kapitals, die Person des Empfängers des Geldes und dessen Interesse am konkreten Umgang mit der Kapitaleinzahlung (z.B. die Befreiung von einer Darlehensverbindlichkeit)[8] relevant. 22

---

1 Umfangreiche Beispiele bei *Fastrich* in Baumbach/Hueck, § 5 GmbHG Rz. 25 ff.
2 BGH v. 16.2.2009 – II ZR 120/07, BGHZ 180, 38 (Rz. 8 f.).
3 *Koch* in Hüffer, § 27 AktG Rz. 5, 5a.
4 BGH v. 16.2.2009 – II ZR 120/07, BGHZ 180, 38 (Rz. 9); OLG Dresden v. 7.8.2002 – 12 U 2600/01, ZIP 2002, 2177 (Rz. 4 f.); *Haas* in Baumbach/Hueck, § 5 GmbHG Rz. 40.
5 Hierzu *Watrin/Stöver*, Bewertung von Sacheinlagen bei Sachgründung und Sachkapitalerhöhung sowie Implikationen für die Verschmelzung, WPg 2012, 999.
6 *Schaal* in Erbs/Kohlhaas, G 131 § 82 GmbHG Rz. 31.
7 BGH v. 3.4.1996 – II ZB 8/95, BGHZ 132, 141 (143); BGH v. 16.9.2002 – II ZR 1/00, BGHZ 152, 37 (42); *Schall*, ZGR 2009, 126 (135 ff.); *Weiß*, Vermeidung von Haftungsrisiken bei der Buchung und Bilanzierung verdeckter Sacheinlagen, BB 2012, 1975.
8 Instruktiv BGH v. 16.1.2006 – II ZR 76/04, BGHZ 166, 8 (Rz. 10 ff.); OLG Düsseldorf v. 11.7.1996 – 6 U 192/95, GmbHR 1996, 855 (Rz. 4 ff.).

Von der verdeckten Sacheinlage abzugrenzen sind die Fälle einer vorherigen **Verwendungsabsprache** bezüglich der Bareinlage, bei der Gesellschafter und Geschäftsführer im Vorhinein vereinbaren, wie die Einlageleistung konkret verwendet werden soll. Vor dem Hintergrund der verdeckten Sacheinlage ist die Verwendungsabsprache unverdächtig, solange die Einlage nicht direkt oder indirekt an den Gesellschafter zurückfließt[1].

23 Bis zum Inkrafttreten des *MoMiG* hatte die verdeckte Sacheinlage die Nichtigkeit des Einlagegeschäfts und das Fortbestehen der Bareinlageverpflichtung zur Folge – mit der Konsequenz der meist komplizierten Rückabwicklung[2]. Seit dem 1.11.2008 ordnet § 19 Abs. 4 GmbHG an, dass die **Sacheinlagegeschäfte wirksam** bleiben, aber die formell vereinbarte Bareinlageverpflichtung zunächst fortbesteht. Erst wenn es später zur Eintragung der Gesellschaft in das Handelsregister kommt, wird der Wert der erbrachten Sacheinlagen auf die Bareinlageverpflichtung *angerechnet*. Maßgeblicher Zeitpunkt für die Bewertung ist die Handelsregisteranmeldung oder die Überlassung der Sacheinlage an die Gesellschaft, je nachdem, was später erfolgt[3]. Das *Risiko einer Wertverschlechterung* trägt – wie bereits bei der regulären Sacheinlageverpflichtung nach § 9 GmbH (Rz. 21) – der Gesellschafter (vgl. § 19 Abs. 4 S. 5 GmbHG) unter Mithaftung der Mitgesellschafter (§ 24 GmbHG) und späterer Anteilserwerber (§ 16 Abs. 2 GmbHG)[4].

24 dd) Die Einlageverpflichtung ist **erfüllt**, wenn die Einlage zur *freien Verfügung* des Geschäftsführers steht (vgl. § 7 Abs. 3 GmbHG). Die h.M. versteht unter der „freien Verfügbarkeit" nur, dass das Kapital so in die Verfügungsgewalt des Geschäftsführers gelangt sein muss, dass er es verwenden kann. *Schuldrechtliche Verwendungsabsprachen* (Rz. 22) oder Zweckbindungen von Stammkapitaleinlagen, die der Ablösung von Forderungen Dritter dienen, stehen der Erfüllungswirkung damit nicht entgegen[5].

Dass die Einlage zur freien Verfügung des Geschäftsführers steht, kann fraglich sein, wenn die Verwendungsabsprache zwischen der Gesellschaft und der **als Gesellschafter beteiligten Bank** getroffen wird, die Bank die Gesellschaft vorfinanziert hat, die Bareinlagen auf ein Konto der Gesellschaft bei dieser Bank eingezahlt werden und die Bank auf diese Weise verhindern kann, dass die Gutschriften für andere Zwecke als die Tilgung ihrer Vorfinanzierung verwendet werden[6].

25 Zweifel daran, dass die Einlage dem Geschäftsführer zur freien Verfügung steht, können sich ergeben, wenn ein sog. „**Hin- und Herzahlen**" vorliegt. Dies ist der Fall, wenn zwischen Gesellschaft und Bareinleger eine Absprache be-

---

1 BGH v. 2.12.2002 – II ZR 101/02, BGHZ 153, 107 (Rz. 8); BGH v. 12.4.2011 – II ZR 17/10, ZIP 2011, 1101 (Rz. 12);
2 *Bayer* in Lutter/Hommelhoff, § 19 GmbHG Rz. 49; *Maier-Reimer/Wenzel*, ZIP 2008, 1449.
3 *Hirte*, Die große GmbH-Reform, NZG 2008, 761 (763).
4 *Bayer* in Lutter/Hommelhoff, § 19 GmbHG Rz. 70; *Rezori*, Die Kapitalaufbringung bei der GmbH-Gründung, RNotZ 2011, 125.
5 BGH v. 30.11.1995 – 1 StR 358/95, NStZ 1996, 238 (Rz. 6 f.); BGH v. 12.4.2011 – II ZR 17/10, GmbHR 2011, 705 (Rz. 12); OLG Köln v. 31.3.2011 – I-18 U 171/10, 18 U 171/10, ZIP 2011, 863 (Rz. 27 ff.); *Hommelhoff/Kleindiek*, Schuldrechtliche Verwendungspflichten und „freie Verfügung" bei der Barkapitalerhöhung, ZIP 1987, 477.
6 BGH v. 11.11.1985 – II ZR 109/84, BGHZ 96, 231 (Rz. 21 ff.).

steht, die sich *wirtschaftlich* als *Rückzahlung der Einlage* darstellt (§ 19 Abs. 5 GmbHG)[1]. Besteht zwischen Einlageleistung und der Zahlung an den Gesellschafter ein enger zeitlicher und sachlicher Zusammenhang, wird die nach § 19 Abs. 5 GmbHG erforderliche Absprache vermutet[2].

Beispiel: Hin- und Herzahlen liegt z.B. vor, wenn sich der Gesellschafter seine Einlage sofort als Darlehen wieder ausbezahlen lässt, oder wenn zeitgleich mit der Leistung der Einlage eine Verbindlichkeit der Gesellschaft gegenüber dem Gesellschafter getilgt wird[3]. Früher nahm die Rechtsprechung an, dass die Erfüllung der Einlagepflicht bei einem Hin- und Herzahlen gar nicht erst eintritt[4]. *Nach Inkrafttreten des MoMiG* sieht § 19 Abs. 5 GmbHG vor, dass die Einlage *wirksam* geleistet ist, wenn der „Rückzahlung" der Einlage ein vollwertiger und jederzeit fälliger bzw. fällig stellbarer Rückgewähranspruch gegenübersteht[5].

Die nach § 19 Abs. 5 GmbHG für die Erfüllung der Bareinlagepflicht im Falle einer Einlagenrückzahlung vorgeschriebene **Vollwertigkeit** des Rückgewähranspruches muss *objektiv* gegeben sein, was der Beurteilung durch das Registergericht unterfällt[6]. Bei *Zweifeln* muss der Gesellschafter die Vollwertigkeit des gegen ihn gerichteten Anspruchs beweisen[7]. Besondere Bedeutung hat § 19 Abs. 5 GmbHG beim sog. *Cash-Pooling* im Konzern[8] (vgl. Rz. 84 ff. sowie § 32 Rz. 149 ff.). 26

ee) Bis zur **Anmeldung** der GmbH **zum Handelsregister** müssen die Bareinlagen im geforderten Mindestumfang (§ 7 Abs. 2 GmbHG; Rz. 17) eingezahlt und eventuelle Sacheinlagen geleistet sein. Dies muss der Geschäftsführer im Eintragungsverfahren gegenüber dem Registergericht *versichern* (§ 8 Abs. 2 S. 1 GmbHG). Die Höhe der Leistung ist konkret zahlenmäßig anzugeben. Auch über die Art und Weise der Leistung sind Angaben zu machen, da der Begriff „Stammeinlagen" Geld- und Sacheinlagen umfasst[9]. Das Gericht kann bei erheblichen Zweifeln an der Richtigkeit dieser Versicherung Nachweise verlangen (§ 8 Abs. 2 S. 2 GmbHG). Unabhängig von solchen Zweifeln müssen der Registeranmeldung aber im Fall der – vollständigen oder teilweisen – *Sachgründung* die für die Sacheinlage abgeschlossenen Verträge, der Sachgrün- 27

---

1 BGH v. 10.7.2012 – II ZR 212/10, GmbHR 2012, 1066 (1068); *Schall*, ZGR 2009, 126 (135 ff.); *Bayer* in Lutter/Hommelhoff, § 19 GmbHG Rz. 86 f.
2 BGH v. 15.10.2007 – II ZR 263/06, GmbHR 2008, 818 (Rz. 4); *Kallmeyer* DB 2007, 2755 (2756).
3 BGH v. 21.11.2005 – II ZR 140/04, BGHZ 165, 113.
4 BGH v. 21.11.2005 – II ZR 140/04, BGHZ 165, 113 (Rz. 7).
5 Hierzu BGH v. 20.7.2009 – II ZR 273/07, BGHZ 182, 10 (Rz. 24 ff.); *Hirte*, NZG 2008, 761 (763); *Maier-Reimer/Wenzel*, ZIP 2008, 1449 (1453).
6 OLG Schleswig v. 9.5.2012 – 2 W 37/12, GmbHR 2012, 908 (Rz. 20 f.).
7 BGH v. 20.7.2009 – II ZR 273/07, BGHZ 182, 10 (Rz. 25); *Bayer* in Lutter/Hommelhoff, § 19 GmbHG Rz. 95.
8 BT-Drs. 16/6140, 34; *Bayer* in Lutter/Hommelhoff, § 19 GmbHG Rz. 104 ff.; *Seibert/Decker*, ZIP 2008, 1208 (1210); *Kiethe*, Haftungs- und Ausfallrisiken beim Cash Pooling, DStR 2005, 1573.
9 BayObLG v. 18.12.1979 – 1 Z 83/79, DB 1980, 438; OLG Hamm v. 24.2.1982 – 15 W 114/81, DB 1982, 945; a.A. (jedenfalls für den Fall der Volleinzahlung) LG Hagen v. 19.7.2007 – 23 T 6/07, RNotZ 2008, 46; differenzierend (nur bei begründetem Anlass) OLG Frankfurt v. 27.5.1992 – 20 W 134/92, BB 1992, 1160.

dungsbericht und außerdem Unterlagen zur Werthaltigkeit der Sacheinlagen beigefügt werden (§ 8 Abs. 1 Nr. 4 und 5 GmbHG).

Bei einer nicht unwesentlichen **Überbewertung der Sacheinlagen** muss das Gericht die Eintragung der GmbH ablehnen (§ 9c GmbHG)[1]. Soweit das Registergericht aufgrund der mit der Anmeldung vorgelegten Unterlagen Anhaltspunkte für eine nicht unwesentliche Überbewertung hat, muss es diese Zweifel von sich aus aufklären (*Amtsermittlungsgrundsatz*, § 26 FamFG – vgl. auch § 24 Rz. 38).

28 Bei einem **Hin- und Herzahlen** (Rz. 25 f.) steht die vereinbarte Einlage selbst der Geschäftsführung gerade nicht (mehr) zur Verfügung, sodass sie dies bei der Handelsregisteranmeldung auch nicht gem. §§ 8 Abs. 2 S. 1, 7 Abs. 2 GmbH versichern bzw. nachweisen kann. In diesem Fall verlangt § 19 Abs. 5 S. 2 GmbHG vom Geschäftsführer, dass er gegenüber dem Handelsregister die Leistung, d.h. die „Rückgewähr" der Einlage bzw. die Vereinbarung über diese Leistung, offenlegt. Damit soll dem Registergericht die Prüfung ermöglicht werden, ob die Voraussetzungen einer Erfüllungswirkung trotzdem gegeben sind[2].

Um zu vermeiden, dass das Registergericht die Eintragung vor dem Hintergrund des Amtsermittlungsgrundsatzes ablehnt, wird es sinnvoll sein, die für den Nachweis der Vollwertigkeit und der Liquidität der nun vorhandenen Forderung erforderlichen Tatsachen gleich mitzuteilen[3].

29 ff) Seit dem Inkrafttreten des MoMiG kann bereits mit Gründung der GmbH per *Satzungsbestimmung* weiteres **„genehmigtes Kapital"** geschaffen werden. Dabei wird eine Kapitalerhöhung nicht bereits mit dem Erhöhungsbeschluss durchgeführt. Vielmehr können die Gesellschafter die Geschäftsführung mit der Satzungsbestimmung (§ 55a Abs. 1 S. 1 GmbHG) für höchstens fünf Jahre ab Eintragung der Gesellschaft in das Handelsregister ermächtigen, eine Erhöhung des Kapitals höchstens um die Hälfte der zur Zeit des Beschlusses vorhandenen Stammkapitals durch *Ausgabe neuer Geschäftsanteile* vorzunehmen. Die Ermächtigung kann auch die Erhöhung gegen Sacheinlagen nach Maßgabe des § 56 GmbHG vorsehen (§ 55a Abs. 3 GmbHG). Bei der späteren Ausübung der Ermächtigung wird eine *erneute Handelsregisteranmeldung* erforderlich, weil die Kapitalerhöhung als solche anmeldepflichtig wird, nachdem das erhöhte Kapital durch Übernahme von Geschäftsanteilen gedeckt ist (§ 57 Abs. 1 GmbHG).

30 gg) Auf die (Re-)Aktivierung einer **Mantel- bzw. Vorrats-Gesellschaft** sind – sowohl bei der GmbH als auch bei der AG – die Gründungsvorschriften entsprechend anzuwenden (sog. wirtschaftliche Neugründung)[4].

---

1 Zum Gegenteil vgl. *Ekkenga*, Vom Umgang mit überwertigen Sacheinlagen, ZIP 2013, 541.
2 OLG Schleswig v. 9.5.2012 – 2 W 37/12, GmbHR 2012, 908 (Rz. 20).
3 *Bayer* in Lutter/Hommelhoff, § 19 GmbHG Rz. 93; *Heckschen*, Gründungserleichterungen nach dem MoMiG – Zweifelsfragen in der Praxis, DStR 2009, 166 (173); *Markwardt*, Kapitalaufbringung nach dem MoMiG, BB 2008, 2414 (2421).
4 BGH v. 9.12.2002 – II ZB 12/02, BGHZ 153, 158; BGH v. 7.7.2003 – II ZB 4/02, GmbHR 2003, 1125 m. Anm. *Peetz*; *Müller/Federmann*, Praktische Hinweise zum Erwerb einer Vorratsgesellschaft nach dem MoMiG, BB 2009, 1375; *Emmerich* in Scholz, § 3 GmbHG Rz. 21 ff.; *Koch* in Hüffer, § 23 AktG Rz. 26 ff.

Die **Vorrats-Gesellschaft** ist eine Gesellschaft, die gegründet wird, aber bis auf Weiteres keine Geschäftstätigkeit aufnimmt. Ihr einziger Zweck liegt darin, dass andere Gründer bei Bedarf schnell auf eine bereits *eingetragene Gesellschaft* zurückgreifen können. Voraussetzung für die Zulässigkeit der Vorrats-Gründung ist allerdings, dass die Eigenschaft als Vorratsgesellschaft *offengelegt* wird, etwa durch den satzungsmäßigen Geschäftszweck „Verwaltung eigenen Vermögens". Ohne Offenlegung dieser Eigenschaft ist die Gründung als *Scheingeschäft* nichtig und die Gesellschaft aus dem Handelsregister zu löschen (§ 117 BGB, § 397 FamFG)[1]. Eine **Mantel-Gesellschaft** ist dagegen die „juristische Hülle" einer Gesellschaft, die tatsächlich bereits einmal ein Unternehmen betrieben, dieses aber *eingestellt* hat, ohne die Gesellschaft zu liquidieren und aus dem Handelsregister zu löschen[2].

Die **entsprechende Anwendbarkeit** der Gründungsvorschriften bedeutet, dass der Nutzer der betreffenden Gesellschaft diese nicht ohne Betrachtung der Eigenkapitalausstattung übernehmen und verwenden kann, sondern dass auch solchen Gesellschaften im Zeitpunkt der nunmehrigen *Anmeldung* zum Handelsregister das satzungsmäßige *Stammkapital* tatsächlich zur Verfügung gestellt sein muss. Die Geschäftsführer (bzw. Vorstände) müssen daher gem. §§ 8 Abs. 2, 7 Abs. 2 und 3 GmbHG die *Versicherung zur Kapitalaufbringung* abgeben[3]. Steht das Kapital nicht zur Verfügung, kann es zur *Haftung* der Gesellschafter kommen[4]. 31

b) Unternehmergesellschaft

Die durch das MoMiG eingeführte „**UG (haftungsbeschränkt)**" (s. § 23 Rz. 76) stellt keinen eigenständigen Gesellschaftstyp dar, sondern lediglich eine *Sonderform der GmbH*[5] mit reduziertem Stammkapital. Diese „Mini-GmbH" darf nicht den Rechtsformzusatz „GmbH" führen, sondern muss ausdrücklich als „Unternehmergesellschaft" oder „UG" bezeichnet werden, jeweils mit dem Zusatz „haftungsbeschränkt" (§ 5a Abs. 1 GmbHG). Das Mindest-Stammkapital einer UG beträgt einen Euro (§§ 5a Abs. 1, 5 Abs. 2 S. 1 GmbHG). Das Stammkapital muss bereits vor der Anmeldung zum Handelsregister *vollständig aufgebracht* werden (§ 5a Abs. 2 S. 1 GmbHG). 32

Die Besonderheit der UG im Rahmen der Kapitalbeschaffung besteht lediglich darin, dass **Sacheinlagen ausgeschlossen** sind (§ 5a Abs. 2 S. 2 GmbHG). Daraus folgt, dass auch eine spätere Sacheinlage, mit der ein Stammkapital bis zu 33

---

1 BGH v. 16.3.1992 – II ZB 17/91, BGHZ 117, 323 (Rz. 6 ff.); *Bayer* in Lutter/Hommelhoff, § 3 GmbHG Rz. 8.
2 BGH v. 7.7.2003 – II ZB 4/02, BGHZ 155, 318; *Bayer* in Lutter/Hommelhoff, § 3 GmbHG Rz. 16; *Müller/Federmann*, BB 2009, 1375 (1376).
3 BGH v. 9.12.2002 – II ZB 12/02, BGHZ 153, 158; hierzu *Altmeppen*, Zur Mantelverwendung in der GmbH, NZG 2003, 145.
4 BGH v. 6.3.2012 – II ZR 56/10, ZIP 2012, 817 (818) m. Anm. *Kuszlik*, GmbHR 2012, 882; OLG Düsseldorf v. 20.7.2012 – I-16 U 55/11, ZIP 2012, 2011; *Podewils*, Unterbilanzhaftung bei unterlassener Offenlegung einer wirtschaftlichen Neugründung, GmbHR 2012, 1175; *Tavakoli*, Begrenzung der Unterbilanzhaftung bei wirtschaftlicher Neugründung einer GmbH, NJW 2012, 1855.
5 *Römermann*, NJW 2010, 905 (907); *Weber*, BB 2009, 842 (843); *Berninger*, Aufstieg der UG (haftungsbeschränkt) zur vollwertigen GmbH, GmbHR 2011, 953.

24 999 Euro aufgebracht werden soll, nicht zulässig ist. Die Streitfrage, ob eine Kapitalerhöhung auf 25 000 Euro oder mehr mittels einer *Sacheinlage* bewirkt werden darf, hat der BGH inzwischen bejaht[1].

c) AG, KGaA und SE

34 **aa)** Bei der AG ist die **Beteiligung der Gesellschafter** mit ihren Einlagen am Grundkapital **in Aktien verbrieft**, weshalb sie sich – als einzige Rechtsform – strukturell zur Gewinnung von Anlagekapital eignet (zum Börsengang vgl. § 50 Rz. 47 ff.). Die Gründung erfolgt durch eine oder mehrere Personen (§ 2 AktG), die die Aktien übernehmen (§ 23 AktG). Das *Grundkapital* beträgt mindestens 50 000 Euro (§ 7 AktG).

35 Aktien können in **verschiedenen Ausgestaltungen** ausgegeben werden. Die Gründer können zwischen *Nennbetragsaktien* (Mindestbetrag: ein Euro) und (nennbetragslosen) *Stückaktien* wählen (§ 8 Abs. 1, 3, 4 AktG); sie können *Namensaktien* oder als *Inhaberaktien* vorsehen (§ 10 Abs. 1 und 2 AktG). Die Gesellschaft kann zudem verschiedene Arten von Aktien (*„Gattungen"*, z.B. Stamm- und Vorzugsaktien) ausgeben, aus denen verschiedene Rechte ihrer Aktionäre folgen, z.B. bei der Verteilung des Gewinns oder des Liquidationserlöses (§§ 11, 12 AktG). Die Übertragung von Namensaktien kann auch an die Zustimmung der Gesellschaft geknüpft werden, wenn die Satzung dies vorsieht (§ 68 Abs. 2 AktG – *„vinkulierte Namensaktien"*).

36 Die Aktien erhalten die Gründer im Gegenzug für die von ihnen nach der Satzung zu erbringenden *Einlagen*, wobei das AktG sowohl die Bar- als auch die Sachgründung zulässt (§ 27 AktG). **Bareinlagen** müssen bei der Anmeldung der Gesellschaft zum Handelsregister in Höhe von mindestens einem Viertel des Nennbetrages eingezahlt sein (§§ 36 Abs. 2, 36a Abs. 1 AktG).

37 **bb)** Bei einer **Sachgründung** verpflichten sich die Gründer dagegen anstatt zur Leistung einer Bareinlage zur Übertragung eines der Bewertung zugänglichen Vermögensgegenstands. Wie bei der GmbH (Rz. 18 ff.) ist auch bei der AG eine *Sacheinlage* und eine *Sachübernahme* möglich (§ 27 Abs. 1 AktG). Die Sachgründung ist aufwendig, da auch hier durch mehrere Schritte sichergestellt werden soll, dass den ausgegebenen Aktien auch gleichwertige Sachleistungen gegenüberstehen. Dabei gehen die Anforderungen bei der AG über diejenigen bei der Sachgründung einer GmbH hinaus. *Sacheinlagen* sind *vollständig* zu leisten; sollen als Einlage Gegenstände auf die Gesellschaft übertragen werden, muss dies innerhalb von *fünf Jahren* nach der Registereintragung der Gesellschaft bewirkt sein (§ 36a Abs. 2 AktG).

38 Die *Gründer* haben in jedem Fall einen **Gründungsbericht** über den Hergang der Gründung zu erstatten (§ 32 Abs. 1 AktG). Dieser schriftliche Bericht muss darstellen, aufgrund welcher Umstände die geleisteten Sacheinlagen als Gegenleistung für die ausgegebenen Aktien angemessen sein sollen (§ 32 Abs. 2 AktG). *Vorstand* und *Aufsichtsrat* haben den Hergang der Gründung ebenfalls

---

[1] BGH v. 19.4.2011 – II ZB 25/10, BGHZ 189, 254; *Klose*, Die Stammkapitalerhöhung bei der UG (haftungsbeschränkt), GmbHR 2009, 294 (296); *Heinemann*, Die UG als Zielgesellschaft von Formwechsel, Verschmelzung und Spaltung nach dem Umwandlungsgesetz, NZG 2008, 820 (821); *Berninger*, GmbHR 2011, 953 (957 f.); zuvor verneinend OLG München v. 23.9.2010 – 31 Wx 149/10, ZIP 2010, 1991.

zu prüfen (§ 33 Abs. 1 AktG) und hierüber einen schriftlichen **Prüfungsbericht** mit Beschreibung jedes Sacheinlagegegenstands unter Darstellung der angewandten Bewertungsmethoden zu erstatten (§ 34 Abs. 1 Nr. 2, Abs. 2 AktG).

Außerdem ist im Fall einer Sachgründung eine weitere **Gründungsprüfung** durch einen gesonderten *Gründungsprüfer* vorgeschrieben (§ 33 Abs. 2 Nr. 4 AktG)[1]. Diese ist nur dann entbehrlich, wenn die Sacheinlagen börsengehandelte Finanzinstrumente ohne nennenswerte Marktpreisausschläge in den letzten drei Monaten sind oder ein aktuelles Bewertungsgutachten eines Sachverständigen für den Vermögensgegenstand vorliegt (§ 33a AktG)[2]. Die Prüfung durch den Gründungsprüfer soll darüber Aufschluss geben, ob die Angaben der Gründer über die Übernahme der Aktien, die Einlagen auf das Grundkapital und die Festsetzungen der Beträge bei Sondervorteilen, Gründungsaufwand und vor allem den Sacheinlagen korrekt sind (§ 34 Abs. 1 AktG). 39

Der Gründungsprüfer kann von den Gründern alle **Aufklärungen und Nachweise** – d.h. Erläuterungen und Belege[3] – verlangen, die er für seine Prüfung benötigt (§ 35 Abs. 1 AktG). Bei Meinungsverschiedenheiten zwischen Gründern und Gründungsprüfer über den Umfang der zu erteilenden Auskünfte und Nachweise kann bereits im Gründungsstadium der Gesellschaft das Gericht angerufen werden (§ 35 Abs. 2 AktG). Kommt es trotz aller dieser Vorgaben zu minderwertigen Sacheinlagen, trifft den betreffenden Aktionär eine *Differenzhaftung* für den Fehlbetrag. Dies ist zwar – anders als in § 9 GmbHG (s. Rz. 21) – im Aktienrecht nicht ausdrücklich geregelt, aber allgemein anerkannt. Die Differenzhaftung umfasst dabei nicht nur den Fehlbetrag bis zum geringsten Ausgabebetrag der Aktien (§ 9 AktG), sondern bis zu einem etwa festgesetzten Aufgeld[4]. 40

Verdeckte Sacheinlagen und der Fall des „**Hin- und Herzahlens**" einer Bareinlage werden durch § 27 Abs. 3 und 4 AktG ebenso geregelt, wie § 19 Abs. 4 und 5 GmbHG dies für die GmbH vorsieht[5] (Rz. 22 f., 25 f.). 41

cc) Damit bei der **Anmeldung** der Gesellschaft **zum Handelsregister** sichergestellt ist, dass die Vorschriften über die Kapitalaufbringung eingehalten wurden, müssen der gesamte Vorstand und Aufsichtsrat sowie die Gründer (§ 36 Abs. 1 AktG) nach § 37 Abs. 1 S. 1 AktG gegenüber dem *Registergericht* erklären bzw. nachweisen, dass 42

– mindestens ein *Viertel der Bareinlagen einbezahlt* ist, (§ 36a Abs. 1 AktG),

---

1 Vgl. hierzu *Kupsch/Penne*, Probleme der aktienrechtlichen Gründungsprüfung bei Einbringung einer Unternehmung, WPg. 1985, 125.
2 Vgl. hierzu *Bayer/Schmidt*, ZGR 2009, 805 (808 ff.).
3 *Schaal* in Erbs/Kohlhaas, A 116 § 400 AktG Rz. 47; *Schaal* in MüKo, § 400 AktG Rz. 62, 63.
4 BGH v. 12.3.2007 – II ZR 302/05, BGHZ 171, 293 (Rz. 5); BGH v. 6.12.2011 – II ZR 149/10 – „Babcock", BGHZ 191, 364; hierzu *Verse*, (Gemischte) Sacheinlagen, Differenzhaftung und Vergleich über Einlageforderungen, ZGR 2012, 875 (877 ff.); *Heer*, Unternehmensakquisition im Wege der Sachkapitalerhöhung, ZIP 2012, 2325.
5 Vgl. *Arnold* in Kölner Komm., § 27 AktG Rz. 89 ff., 142; *Lutter/Gehling*, Verdeckte Sacheinlagen. Zur Entwicklung der Lehre und zu den europ. Aspekten, WM 1989, 1445; *Bergmann*, Die verschleierte Sacheinlage bei GmbH und AG, 1987, 22; *Herrler*, Die Neuerungen im AktienR durch das ARUG, DNotZ 2009, 815 ff. und 914 ff. (914).

– diese dem Vorstand vollständig *zur Verfügung* stehen (§ 37 Abs. 1 S. 2 AktG), und

– *Sacheinlagen* vollständig geleistet sind (§ 36a Abs. 2 S. 1 AktG).

Der Anmeldung beizufügen hat der Vorstand die *Sachgründungsverträge*, den *Gründungsbericht* der Gründer sowie die *Gründungsprüfungsberichte* des Vorstands, des Aufsichtsrats und des Gründungsprüfers nebst zugrundeliegender Unterlagen (§ 37 AktG). Wurde eine Gründungsprüfung nicht durchgeführt, hat er darzulegen, warum eine Gründungsprüfung nicht erforderlich war (§ 37a AktG). Das Registergericht hat die Erklärungen, Nachweise und Unterlagen nochmals in gewissem Umfang zu prüfen (§ 38 AktG). Bei der wirtschaftlichen Neugründung einer Mantel- oder Vorrats-AG gilt das zur GmbH Gesagte entsprechend (s. Rz. 30 f.).

Um die vollständige Kapitalaufbringung zu sichern, sehen §§ 46–49 AktG umfangreiche **Schadensersatzansprüche** der Gesellschaft gegen die Gründer, gegen Personen, für deren Rechnung die Gründer Aktien übernommen haben, gegen Vorstand und Aufsichtsrat sowie gegen den Gründungsprüfer vor.

43 Für den Fall des **Hin- und Herzahlens** verlangt § 27 Abs. 4 S. 2 AktG vom Vorstand, dass er die Leistung, d.h. die „Rückgewähr" der Einlage bzw. die Vereinbarung über eine derartige Leistung, bei der Anmeldung der Gesellschaft zum Handelsregister (§ 37 AktG) *offenlegt*. Über die Vorgaben bei der GmbH hinaus muss er der Anmeldung auch die Verträge über die Hin- und Herzahlung beifügen, § 37 Abs. 4 Nr. 2 AktG.

44 dd) Wie mittlerweile auch bei der GmbH (s. Rz. 29) gibt es auch bei der AG bereits bei Errichtung der Gesellschaft die Möglichkeit der Schaffung eines **genehmigten Kapitals**. Die Regelungen von AktG und GmbHG laufen inhaltlich weitestgehend parallel (vgl. insbesondere § 202 AktG zu Umfang und Geltungsdauer der Ermächtigung, § 205 AktG zur Zulassung von Sacheinlagen und §§ 203 Abs. 1 S. 1, 188 AktG zum Erfordernis der Handelsregistereintragung der Ausnutzung des genehmigten Kapitals; nähere Einzelheiten vgl. auch § 50 Rz. 33 ff.).

45 ee) Die **Kommanditgesellschaft auf Aktien** (KGaA; §§ 278 ff. AktG) ist eine Sonderform der AG und damit eine Kapitalgesellschaft. Die unbeschränkte persönliche Haftung des *Komplementärs* für die Verbindlichkeiten der Gesellschaft bildet kein ausreichendes wirtschaftliches Gegengewicht gegenüber der auf den Kapitalanteil beschränkten Haftung der zahlreichen Aktionäre, um sie den Personengesellschaften zuzuordnen (§§ 278 Abs. 1 und 2 AktG). Für die Kapitalaufbringung bei der Gründung gelten für die KGaA die Vorschriften über die AG entsprechend (§ 278 Abs. 3 AktG).

Die KGaA ähnelt durch die Möglichkeit, eine Vielzahl beschränkt haftender Gesellschafter aufzunehmen, der Publikums-KG (Rz. 6). Die Rechtsform wirkt sich aber im **Steuerrecht** aus. Während die KGaA nach § 1 Abs. 1 Nr. 1 KStG als *Kapitalgesellschaft* behandelt und besteuert wird[1], erfolgt die Besteuerung der *Publikums-KG* nach § 15 Abs. 1 S. 1 Nr. 2 EStG und ermöglicht den Kommanditisten damit steuerliche *Abschreibungsmöglichkeiten*[2].

---

1 FG Schl.-Holst. v. 12.4.2011 – 5 K 136/07, EFG 2011, 2038 (Rz. 28).
2 Vgl. BGH v. 14.7.2003 – II ZR 202/02, ZIP 2003, 1651.

ff) Die Rechtsverhältnisse der **Europäischen Aktiengesellschaft** *(Societas Europea – SE)* richten sich primär nach den Vorschriften der SE-VO[1] (s. § 23 Rz. 82). Ihre Gründung erfolgt im Wege der Gründung als Holding-SE oder der Verschmelzung mehrerer nationaler Gesellschaften, als Tochtergesellschaft einer SE oder aber über die Umwandlung einer bestehenden nationalen AG (Art. 2, 3 Abs. 1 SE-VO). Das Grundkapital der SE muss mindestens 120 000 Euro betragen (Art. 4 Abs. 2 SE-VO). Im Übrigen verweist Art. 5 SE-VO wegen der Aufbringung des Gesellschaftskapitals auf das jeweilige nationale Recht der Mitgliedstaaten. In den nicht durch die SE-VO geregelten Bereichen gilt in Deutschland das SEAG[2] und subsidiär das AktG (Art. 9 Abs. 1 Buchst. c, Art. 10 SE-VO).

46

3. Umwandlungen

Unternehmerische Belange machen bisweilen tief greifende **Änderungen der Struktur bestehender Unternehmen** erforderlich. Die Übertragung einzelner Vermögensgegenstände oder auch Gesellschaftsanteile auf einen anderen Rechtsträger im Wege der *Einzelrechtsnachfolge* ist jedoch häufig nicht nur umständlich, sondern auch wirtschaftlich ungünstig, etwa wegen der Aufdeckung stiller Reserven, die nun zu versteuern sind[3]. Die „Umwandlung" dient daher der Umstrukturierung des Unternehmens mittels mehrerer beteiligter Rechtsträger im Wege einer *Gesamtrechtsnachfolge*. Je nach Art der Umstrukturierung erfordert eine solche Änderung auch die Neugründung von Rechtsträgern, die ihrerseits mit *Eigenkapital* ausgestattet sein müssen.

47

Rechtlich müssen sich solche Umstrukturierungen am **Umwandlungsgesetz** (UmwG)[4] ausrichten. Dieses normiert – abschließend[5] –, welche Möglichkeiten einer Umstrukturierung zulässig sind und deren Voraussetzungen im Einzelnen. Die steuerlichen Folgen der Umwandlung regelt das **Umwandlungssteuergesetz** (UmwStG)[6]; danach wird auf die *Besteuerung stiller Reserven* verzichtet, sofern das von der Umwandlung betroffene Unternehmensvermögen als Steuersubstrat erhalten bleibt[7].

48

Die nach § 1 UmwG **möglichen Umwandlungen**[8] sind die *Verschmelzung* (§§ 2–122 UmwG), die *Spaltung* (§§ 123–173 UmwG), die *Vermögensübertragung* (§§ 174–189 UmwG) und der *Formwechsel* (§§ 190–304 UmwG). Nachstehend wird nur auf die beiden ersten Formen eingegangen (Rz. 54 ff., 61 ff.),

49

---

1 VO (EG) Nr. 2157/2001 des Rates v. 8.10.2001 über das Statut der Europäischen Gesellschaft (SE), ABl. EG Nr. L 294 v. 10.11.2001, 1.
2 BGBl I 2004, 3675.
3 *Sagasser* in Sagasser/Bula/Brünger, § 4 Rz. 2.
4 G v. 28.10.1994, BGBl. I 3210 (ber. BGBl. I 1995, 428).
5 OLG Stuttgart v. 14.10.2010 – 20 W 16/06, AG 2011, 49 (Rz. 229, 234).
6 G v. 28.10.1994, BGBl. I 3267; zu Umwandlungen mit Auslandsbezug vgl. z.B. *Prinz*, Grundlagen zum internationalen Umwandlungssteuerrecht, DB 2012, 820; *Middendorf/Strothenke*, StuB 2012, 305.
7 *Sagasser* in Sagasser/Bula/Brünger, § 4 Rz. 1 ff.
8 Eine Übersicht der insgesamt nach dem UmwG zulässigen Umwandlungen findet sich bei *Sagasser* in Sagasser/Bula/Brünger, § 2 Rz. 3 ff., 22 ff.

während der Formwechsel im Rahmen der Kapitalerhaltung in § 50 Rz. 10 ff. angesprochen wird. Auf die Behandlung der *Vermögensübertragung* wird hier verzichtet, da sie geringe praktische Bedeutung hat.

50 An der Umwandlung beteiligt sind stets ein oder mehrere *übertragende Rechtsträger* und ein oder mehrere *übernehmende Rechtsträger*. Welche Rechtsform in welcher Rolle zu welcher Umwandlung zugelassen ist, regeln die §§ 3, 124, 175, 191 UmwG[1]. Der **Umwandlungsvorgang** als solcher besteht grundsätzlich aus

- einem Beschluss der Anteilseigner der beteiligten Rechtsträger (*Umwandlungsbeschluss*, z.B. §§ 13, 193 UmwG)[2],
- einem Vertrag der beteiligten Rechtsträger (*Umwandlungsvertrag*, z.B. §§ 4, 126 UmwG) und
- der *Eintragung* der Umwandlung in diverse Register (dies kann je nach beteiligtem Rechtsträger das Handels-, Genossenschafts-, Partnerschafts- oder Vereinsregister sein, vgl. z.B. §§ 16 Abs. 1, 130 UmwG).

51 Das UmwG regelt die einzelnen Umwandlungen jeweils in gesonderten **Büchern**, denen jeweils ein *Allgemeiner Teil* vorangestellt ist, und die in ihrem *Besonderen Teil* spezielle Regelungen vorhalten, durch die den Erfordernissen der Rechtsform der konkret an der Umwandlung beteiligten Rechtsträger Rechnung getragen wird.

52 Bei der *Verschmelzung* und der *Spaltung* gibt es jeweils die Möglichkeit, dass der **übernehmende Rechtsträger** bereits existiert, oder dass er im Zuge der Umwandlung erst *neu gegründet* wird. Hier steht die Umwandlung mit Neugründung im Mittelpunkt. Das UmwG regelt Verschmelzung und Spaltung dergestalt, dass es zuerst die Umwandlung mittels eines bereits bestehenden übernehmenden Rechtsträgers („*zur Aufnahme*") normiert (§§ 4 ff., 126 ff. UmwG) und für den Fall der Neugründung des übernehmenden Rechtsträgers im Wesentlichen auf diese Vorschriften verweist (§§ 36, 135 UmwG).

53 Ab welchem **Zeitpunkt** der neue übernehmende Rechtsträger existiert, ist nach dem Gesetz unklar. In Betracht kommt die Entstehung bereits mit seiner Eintragung in das *für ihn zuständige Register* (§§ 36 Abs. 2, 135 Abs. 2 UmwG, z.B. i.V.m. § 11 Abs. 1 GmbHG). Vertreten wird auch, dass der neue Rechtsträger erst mit der Eintragung der Spaltung oder Verschmelzung in das *Register des übertragenden Rechtsträgers* entsteht (§ 36 Abs. 1 i.V.m. § 20, § 135 Abs. 1 i.V.m. § 131 UmwG)[3]. Der Zeitpunkt der Entstehung des neuen übernehmenden Rechtsträgers spielt insoweit eine Rolle, als dessen Organe bereits vor der Eintragung der Umwandlung im Register des übertragenden Rechtsträgers Pflichten nach dem UmwG zu erfüllen haben (z.B. die Erstattung des Verschmelzungs- bzw. Spaltungsberichts, §§ 36 Abs. 1, 8, 135 Abs. 1, 127 UmwG, vgl. Rz. 55, 62). Allerdings liegt die *Errichtung* des neuen übernehmenden Rechtsträgers durch den übertragenden Rechtsträger bereits im *Zustimmungsbeschluss* zum Verschmelzungs- oder Spal-

---

1 Zur UG (haftungsbeschränkt) vgl. *Berninger*, GmbHR 2011, 953 (958 ff.).
2 *Kort*, Das Verhältnis der Umwandlung zur Satzungsänderung, Unternehmensgegenstandsänderung und Gesellschaftszweckänderung, AG 2011, 611; zu Besonderheiten bei der Verschmelzung im Konzern *Neye/Kraft*, Neuigkeiten beim UmwandlungsR, NZG 2011, 681 (682).
3 *Teichmann* in Lutter, § 135 UmwG Rz. 3 m.w.Nw.

tungsvertrag, sodass der übernehmende Rechtsträger bereits ab diesem Zeitpunkt als **Vorgesellschaft** besteht, und seine Organe in seinem Namen handeln können[1].

a) Verschmelzung

Verschmelzung ist die **Zusammenführung** zweier oder mehrerer Rechtsträger **zu einem Rechtsträger**, wahlweise indem das Vermögen des übertragenden Rechtsträgers auf einen bereits bestehenden aufnehmenden Rechtsträgers übergeht (*Verschmelzung durch Aufnahme*, §§ 2 Nr. 1, 4 ff. UmwG), oder indem zwei übertragende Rechtsträger in einem neu zu gründenden Rechtsträger aufgehen (*Verschmelzung durch Neugründung*, §§ 2 Nr. 2, 36 ff. UmwG). Als Regelfall ist die Verschmelzung durch Aufnahme normiert; diese Vorschriften gelten für die Verschmelzung durch Neugründung im Wesentlichen entsprechend (§ 36 UmwG). Eine Abwicklung des übertragenden Rechtsträgers findet nicht statt. Sein Vermögen geht auf den übernehmenden Rechtsträger über und seine Anteilsinhaber erhalten Anteilsrechte an dem übernehmenden Rechtsträger. 54

Die Vertretungsorgane aller an der Verschmelzung beteiligten Rechtsträger haben einen **Verschmelzungsbericht** – entweder jeweils für sich oder alle gemeinsam – zu erstatten (§ 36 Abs. 1 i.V.m. § 8 UmwG, ggf. auch § 122e UmwG). Darin sind insbesondere die Verschmelzung, der *Verschmelzungsvertrag* oder sein Entwurf im Einzelnen und das *Umtauschverhältnis* der Anteile oder die Angaben über die Mitgliedschaft bei dem übernehmenden Rechtsträger sowie die Höhe einer anzubietenden Barabfindung rechtlich und wirtschaftlich zu erläutern und zu begründen. Ist ein an der Verschmelzung beteiligter Rechtsträger ein *verbundenes Unternehmen* i.S. des § 15 AktG, so sind in dem Bericht auch Angaben über alle für die Verschmelzung wesentlichen Angelegenheiten der anderen verbundenen Unternehmen zu machen. 55

Außerdem hat i.d.R. ein **Verschmelzungsprüfer** den Verschmelzungsvertrag bzw. dessen Entwurf zu prüfen (§ 9 UmwG). Ziel dieser Prüfung ist die Feststellung, ob die im Verschmelzungsvertrag festgelegten Anteile am übernehmenden Rechtsträger einen *angemessenen Gegenwert* für die (wegfallenden) Anteile am übertragenden Rechtsträger darstellen (vgl. § 12 UmwG). 56

Je nach Rechtsform des übernehmenden Rechtsträgers kann **zusätzlich** zum Verschmelzungsbericht noch ein **Gründungsprüfungsbericht** (Rz. 39) erforderlich werden. Denn bei der Verschmelzung durch Neugründung sind die *Vorschriften über die Gründung* des neuen Rechtsträgers ebenfalls anzuwenden (§ 36 Abs. 2 UmwG); weil der neue übernehmende Rechtsträger *keine Bareinlagen* erhält, sondern das Vermögen des übertragenden Rechtsträgers (§ 2 UmwG), handelt es sich um eine *Sachgründung*. Der *Verschmelzungsprüfungsbericht* (Rz. 56) enthält dabei die Aussage, ob die Inhaber des übertragenden Rechtsträgers nach der Verschmelzung eine ausreichende Kompensation für ihre ehemaligen Anteile erhalten, der *Gründungsprüfungsbericht* dagegen die Aussage, ob der neue Rechtsträger zureichend kapitalisiert ist. 57

Die **Pflicht zur Anmeldung** der Verschmelzung zur Eintragung in das Register (zu den einzureichenden *Unterlagen* vgl. § 17 UmwG) trifft nach § 16 Abs. 1 UmwG die Vertretungsorgane jedes der an der Verschmelzung beteiligten 58

---

1 *Teichmann* in Lutter, § 135 UmwG Rz. 6.

Rechtsträger. Das Vertretungsorgan des übernehmenden Rechtsträgers ist dabei berechtigt, die Verschmelzung auch zur Eintragung in das Register jedes der übertragenden Rechtsträger anzumelden.

59 Angesichts der Möglichkeit, die Unwirksamkeit des Verschmelzungsbeschlusses der Gesellschafter eines beteiligten Rechtsträgers gerichtlich geltend zu machen (§§ 13 f. UmwG) haben die Vertretungsorgane bei der *Registeranmeldung* nach § 16 Abs. 2 UmwG zu **erklären**, dass eine solche Klage nicht oder nicht fristgemäß (binnen eines Monats, § 14 Abs. 1 UmwG) erhoben oder eine solche Klage rechtskräftig abgewiesen oder zurückgenommen worden ist; über Letzteres haben die Vertretungsorgane dem Registergericht auch nach der Anmeldung Mitteilung zu machen.

60 Die Verschmelzung wird **rechtlich wirksam**, wenn sie in das Register des übernehmenden Rechtsträgers eingetragen wird (§§ 20, 36 Abs. 2 UmwG). Zu diesem Zeitpunkt geht das Vermögen des übertragenden Rechtsträgers auf den übernehmenden Rechtsträger über und *erlischt* der übertragende Rechtsträger kraft Gesetzes.

b) Spaltung

61 Das UmwG sieht für die Spaltung **drei Möglichkeiten** vor:
- die *Aufspaltung* unter Auflösung des übertragenden Rechtsträgers und Übertragung jeweils eines Teils seines Vermögens auf die übernehmenden Rechtsträger (§ 123 Abs. 1 UmwG),
- die *Abspaltung* eines Teils des Vermögens des (fortbestehenden) übertragenden Rechtsträgers und dessen Übertragung auf einen übernehmenden Rechtsträger, wobei die Anteilsinhaber des übertragenden Rechtsträgers Anteile am übernehmenden Rechtsträger erhalten (§ 123 Abs. 2 UmwG), und
- die *Ausgliederung* eines Teils des Vermögens des (fortbestehenden) übertragenden Rechtsträgers, und dessen Übertragung auf einen übernehmenden Rechtsträger, wobei nun nicht die Anteilsinhaber, sondern der übertragende Rechtsträger selbst Anteile am übernehmenden Rechtsträger erhält (§ 123 Abs. 3 UmwG).

Dabei besteht jeweils die Möglichkeit, dass der übernehmende Rechtsträger bereits existiert (*„Spaltung zur Aufnahme"*, § 123 Abs. 1-3, jeweils Nr. 1 UmwG) oder erst neu gegründet wird (*„Spaltung zur Neugründung"*, § 123 Abs. 1-3, jeweils Nr. 2 UmwG). Für die Neugründung des übernehmenden Rechtsträgers gelten auch bei der Spaltung die jeweiligen Gründungsvorschriften der betreffenden Rechtsform (§ 135 Abs. 2 UmwG).

62 Für die Spaltung selbst gelten grundsätzlich die gleichen Vorschriften wie für die *Verschmelzung* (§ 125 UmwG). An die Stelle des Verschmelzungsberichts nach § 8 UmwG tritt hier der **Spaltungsbericht**, der nach seinem Inhalt und Zweck dem des Verschmelzungsberichts (Rz. 55) entspricht (§ 127 UmwG).

63 Nach §§ 135 Abs. 1, 125 UmwG ist – analog zur Verschmelzung (Rz. 56) – ein **Spaltungsprüfungsbericht** bei der *Aus- und Abspaltung* vorgeschrieben. Bei der *Ausgliederung* findet eine Spaltungsprüfung dagegen ausdrücklich nicht statt, da Ziel der Prüfung die Feststellung ist, ob die Beteiligung am übernehmenden

Rechtsträger für die bisherigen Anteilseigner des übertragenden Rechtsträgers eine zureichende Kompensation ist; die Anteile der Inhaber des übertragenden Rechtsträgers sind bei der Ausgliederung aber gar nicht tangiert.

Da es sich bei der Neugründung im Rahmen einer Umwandlung um eine **Sachgründung** handelt (s. Rz. 57), ist die Neugründung einer UG durch Abspaltung unzulässig[1].

Für die **Anmeldung** des neuen übernehmenden Rechtsträgers sind die allgemeinen für die Gründung eines solchen Rechtsträgers geltenden Vorschriften maßgebend, § 135 Abs. 2 UmwG. Die *Pflicht zur Anmeldung* obliegt in Abweichung zu einer Gründung außerhalb einer Umwandlung dem Vertretungsorgan des übertragenden Rechtsträgers, § 137 Abs. 1 UmwG. Für den Fall der Beteiligung einer AG oder einer KGaA an der Spaltung benennt § 146 Abs. 2 UmwG den Spaltungsbericht und den Prüfungsbericht als der Anmeldung zusätzlich *beizufügende Unterlagen*. 64

Nimmt eine GmbH, eine AG oder eine KGaA die *Abspaltung* oder *Ausgliederung* zur Neugründung vor, haben die Geschäftsführer der übertragenden Gesellschaft bei der Registeranmeldung eine **Erklärung** abzugeben, dass die durch Gesetz und Gesellschaftsvertrag vorgesehenen Voraussetzungen für die Gründung dieser Gesellschaft unter Berücksichtigung der Abspaltung oder der Ausgliederung im Zeitpunkt der Anmeldung vorliegen (§§ 140, 146 Abs. 1 UmwG). Hintergrund der Vorschrift ist, dass der übertragenden Gesellschaft durch die Abspaltung oder Ausgliederung Vermögen entzogen wird. Deshalb müssen ihre Geschäftsführer bzw. Vorstände daher ausdrücklich erklären, dass das *Stamm-* bzw. *Grundkapital* auch nach der Umwandlung *noch vorhanden* ist und die übertragende Gesellschaft durch die Maßnahme *nicht unterkapitalisiert* wird[2]. Diese Unterkapitalisierung droht bei der *Aufspaltung* nicht, da der übertragende Rechtsträger ohnehin erlischt (§§ 123 Abs. 1, 131 Abs. 1 Nr. 2 UmwG); daher gilt § 140 UmwG für die Aufspaltung nicht[3]. 65

Die Spaltung wird mit der Eintragung im Handelsregister des übertragenden Rechtsträgers **rechtlich wirksam** (§§ 135 Abs. 1, 131 UmwG), d.h. das abgetrennte Vermögen geht auf den übernehmenden Rechtsträger über und die Anteilsinhaberschaft ändert sich gemäß der gewählten Spaltungsvariante. Bei der *Aufspaltung* erlischt der übertragende Rechtsträger. 66

II. Fremdkapital

1. Kredite

a) Neben dem Stammkapital dienen bei Kapitalgesellschaften häufig **Gesellschafterdarlehen** der *Anschubfinanzierung* und – später – der *Geschäftsausweitung*. Grundsätzlich stehen die Gesellschafter der Gesellschaft im Rahmen dieses Kreditverhältnisses gegenüber wie andere Kreditgläubiger auch. Ihre Gesellschafterstellung wirkt sich erst in der Krise der Gesellschaft nachteilig aus. Nach der früheren Rechtslage war die Rückzahlung von Gesellschafterdarlehen 67

---

1 BGH v. 11.4.2011 – II ZB 9/10, NJW 2011, 1883.
2 *Priester* in Lutter, § 140 UmwG Rz. 2.
3 *Priester* in Lutter, § 140 UmwG Rz. 3.

in der Finanzierungskrise durch die Regelungen zum Eigenkapitalersatzrecht (§§ 32a, 32b GmbHG a.F.) erschwert. Nunmehr ist für den Fall der Insolvenz der Gesellschaft die Nachrangigkeit der Darlehensforderung der Gesellschafter (§§ 39 Abs. 1 Nr. 5, 44a InsO) und die Anfechtbarkeit von Rückzahlungen (§ 135 InsO) vorgesehen. Außerhalb des Insolvenzverfahrens ist die Rückzahlung nach § 6 AnfG anfechtbar. Wegen näherer Einzelheiten wird auf unten § 82 verwiesen.

68 b) Die klassische Form der Aufnahme von Fremdkapital – neben *Warenkrediten* von Lieferanten und *Vorauszahlungen* von Kunden – ist der **Bankkredit,** der jedoch bei Neugründungen typischerweise schwer und nur gegen handfeste Sicherheiten zu bekommen ist; die unbeschränkte persönliche (Mit-)Haftung des oder der Gründer wird regelmäßig gefordert, ist aber meist nicht ausreichend. Wegen der Sichtweise des Kreditinstituts kann hier auf § 67 verwiesen werden.

69 c) Staatliche **Finanzierungshilfen** zur Gründung eines Unternehmens werden teilweise als verlorener Zuschuss und teilweise als Darlehen ausgereicht. Sie sind regelmäßig an besondere Voraussetzungen geknüpft und haben den Charakter einer *Subvention* (vgl. unten § 52)[1].

2. Schuldverschreibungen

70 Anstelle der Aufnahme von klassischen Krediten können Unternehmen sich auch durch Ausgabe von *Schuldverschreibungen* („**Anleihen**") refinanzieren, sei es durch Begebung an einen begrenzten Personenkreis, sei es im Wege von *börsenhandelbaren* Anleihen (zur Börsenzulassung vgl. § 50 Rz. 47 ff.). Die *Grundregelung* für Anleihen findet sich in § 793 BGB[2]. Anleihen sind dabei abzugrenzen von bloßen Darlehen, über die ein *Schuldschein* ausgestellt wird.

71 Bei Schuldverschreibungen handelt es sich um **Urkunden**, in denen der Aussteller einem anderen eine *bestimmte Leistung* verspricht, die typischer-, aber nicht notwendigerweise[3] auf Zahlung eines Geldbetrages lautet.

Gerade bei **börsennotierten Anleihen** findet ein Austausch *körperlicher Urkunden* im weitestgehend computergesteuerten Wertpapierhandel i.d.R. nicht mehr statt. Schuldverschreibungen gelten im Rahmen der Regulierung der Finanzmärkte aber ausdrücklich auch dann als *Wertpapiere,* wenn über sie keine Urkunden ausgestellt sind (§ 2 Abs. 1 S. 1 WpHG). Dies ändert aber nichts daran, dass die *Ausstellung einer Urkunde* aufgrund des § 793 BGB *zwingende Voraussetzung* dafür bleibt, dass überhaupt eine Schuldverschreibung vorliegt[4]. Dieser Gegensatz wird dadurch gelöst, dass für die Schuldverschreibung eine *Globalurkunde* („Sammelurkunde", § 9a DepotG) über den Gesamtbetrag ausgestellt und hinterlegt wird. An der Börse gehandelt werden dann nicht mehr einzelne (Teil-)Schuldverschreibungen, sondern nur noch *Miteigentumsanteile* an der Globalurkunde (§§ 9a, 6 DepotG).

---

1 Vgl. z.B. die Datenbank des Bundesministeriums für Wirtschaft: www.foerderdatenbank.de.
2 *Assmann* in Assmann/Schneider, § 2 WpHG Rz. 24.
3 *Sprau* in Palandt, § 793 BGB Rz. 2.
4 *Assmann* in Assmann/Schneider, WpHG, § 2 WpHG Rz. 24; str., a.A. *Versteegen* in Kölner Komm., § 2 WpHG Rz. 35.

Der gesetzliche Grundfall ist die **Inhaberschuldverschreibung**, bei der die Leistung mit befreiender Wirkung an den *Inhaber* der Urkunde erfolgen kann (§ 793 Abs. 1 BGB)[1]. Schuldverschreibungen können aber auch als **Namenspapiere** ausgestaltet sein, d.h. zur Geltendmachung des Anspruchs aus dem Papier ist nur der namentlich darin *Benannte* berechtigt, es sei denn, er hätte den Anspruch an einen Dritten *abgetreten* (§ 387 BGB), wodurch dieser auch zum Eigentümer des Papiers wird (§ 952 BGB)[2]. 72

Orderschuldverschreibungen zeichnen sich dadurch aus, dass der Emittent seine Leistung zunächst einer *bestimmten Person* verspricht. Indem er in die Schuldverschreibung aber eine „*Order-Klausel*" aufnimmt, kann der Genannte die Forderung durch *Indossament* und Übereignung der Urkunde auf einen Dritten übertragen. Die Forderung kann letztlich geltend machen, wer die Urkunde vorlegt und darauf durch eine ununterbrochene Indossamentenkette legitimiert ist[3]. 73

Allgemeingültige Vorgaben für die **Ausgestaltung** von Schuldverschreibungen gibt es nicht. Der Emittent ist daher relativ frei, mit welchen *Bedingungen* er die Schuldverschreibung versieht. 74

So kann er beispielsweise festlegen, dass die **Rückzahlung der Anleihe** in *Geld* oder stattdessen in bestimmten *Wertpapieren* erfolgt, je nach dem ob der Marktpreis eines börsengehandelten Wertpapiers bis zur Fälligkeit der Anleihe einen bestimmten Wert nicht unter- oder überschreitet oder sich innerhalb einer bestimmten Zeitspanne innerhalb eines bestimmten Korridors bewegt („*Wandelanleihen*", „*convertible bonds*", „*Korridor-Anleihen*") oder dass die Anleihe mit einem Optionsschein gekoppelt ist („*Optionsanleihe*"[4]; solche Anleihen sind als *Derivate* zu klassifizieren[5]. Gleichfalls zulässig sind Konditionen, die eine Auszahlung unter dem Nennwert der Anleihe bei Endfälligkeit ohne zwischenzeitliche Zinszahlungen vorsehen (sogenannte *Zero-Bonds*[6]). Unter der Bezeichnung „*Hybridanleihen*" werden Schuldverschreibungen emittiert, die eine derart lange oder sogar unbegrenzte Laufzeit aufweisen, dass sie nach *internationalen Rechnungslegungsvorschriften* und den Methoden der *Ratingagenturen* nicht mehr als Fremd-, sondern als Eigenkapital angesehen werden[7].

Nach der Neufassung des **Schuldverschreibungsgesetzes**[8] dürfen Anleihebedingungen nun international übliche Klauseln zur *Änderung der Anleihebedin-* 75

---

1 *Assmann* in Assmann/Schneider, § 2 WpHG Rz. 24.
2 *Sprau* in Palandt, Einf. v. § 793 BGB Rz. 2.
3 *Assmann* in Assmann/Schneider, § 2 WpHG Rz. 26.
4 *Habersack* in MüKo, § 221 AktG Rz. 31 ff.
5 FG Hessen v. 22.10.2010 – 8 V 1268/10 – Knock-out-Zertifikat, EFG 2011, 448; hierzu Anm. *Hagen/Remmel*, BB 2011, 2718; OLG Frankfurt v. 17.2.2010 – 17 U 207/09 – Twin Win-Zertifikate, BB 2010, 853 m. Anm. *Bausch*; *Möllers/Puhle*, JZ 2012, 592; *Salewski*, Zertifikate – reguläre Finanzinstrumente oder unerlaubtes Glücksspiel?, BKR 2012, 100 (101).
6 FG Nürnberg v. 19.2.2004 – VII 55/2002, FGReport 2005, 14 (Rz. 22); *Raupach* in Hölters, Teil III Rz. 190 ff.
7 *Häuselmann*, Bilanzielle und steuerliche Erfassung von Hybridanleihen, BB 2007, 931; *Schaber/Isert*, Bilanzierung von Hybridanleihen und Genussrechten nach IFRS, BB 2006, 2401.
8 G zur Neuregelung der Rechtsverhältnisse bei Schuldverschreibungen aus Gesamtemissionen und zur verbesserten Durchsetzbarkeit von Ansprüchen von Anlegern aus Falschberatung v. 31.7.2009, BGBl. I 2512.

gungen durch Mehrheitsentscheidung der Anleihegläubiger in einer Gläubigerversammlung enthalten[1]. Zum Schutz der Schuldverschreibungsgläubiger werden verbindliche *Mindeststandards* aufgestellt. Die Rechte der Gläubiger, mit Mehrheit über die Anleihebedingungen zu entscheiden, wurden erweitert. Ferner wird im Schuldverschreibungsgesetz ein *Transparenzgebot* hinsichtlich der in der Schuldverschreibung versprochenen Leistung verankert, das die *Risiken* der teilweise hochkomplexen Produkte hinreichend verständlich machen soll.

76 Die Emission von Schuldverschreibungen hat gegenüber der Aufnahme eines Kredits den **Vorteil** für den Emittenten, dass er seinen Kapitalbedarf durch die Ausgabe von Schuldverschreibungen bei einer *Vielzahl von Geldgebern* decken kann. Die Geldgeber wiederum müssen dabei nicht zwangsläufig den Gesamtbetrag der Anleihe zeichnen, sondern können kleinere *Stückelungen* übernehmen. Dadurch wird tendenziell eine höhere Bereitschaft zur Überlassung von Kapital erzielt als wenn es um die Aufnahme eines Großkredits bei einem einzigen Darlehensgeber oder bei Banken im Rahmen eines syndizierten Kredits geht. Die *Geldgeber* haben bei börsengehandelten Anleihen auch den Vorteil der Verkehrsfähigkeit der Schuldverschreibung, sodass sie sich erforderlichenfalls problemlos wieder von dem Engagement trennen können.

77 Der **Nachteil** von Schuldverschreibungen **für den Emittenten** ist, dass die Geltendmachung von *Einwendungen* gegen die verbriefte Forderung eingeschränkt ist (§§ 794, 796 BGB). Zudem verursacht sowohl die Emission selbst als auch die anschließende Überwachung und Bedienung der Verbindlichkeiten gegenüber einer Vielzahl von Geldgebern auch einen gewissen *Verwaltungsaufwand*. Die Ausgabe von (zudem börsenhandelbaren) Schuldverschreibungen ist daher nicht für alle Unternehmen sinnvoll.

3. Sonderfall: Wandelanleihen

78 **a) Bestimmte Formen von Anleihen** – *Wandelschuldverschreibung, Gewinnschuldverschreibung* und *Genussrechte* – regelt das Gesetz in § 221 AktG näher[2]. Allen dreien ist gemeinsam, dass sie keine gesellschaftsrechtliche Beteiligung am Emittenten begründen, sondern *Forderungen* gegen diesen darstellen. Ihre gesonderte gesetzliche Reglung ist gleichwohl erforderlich, weil ihr Inhaber in Rechte der Gesellschafter des Emittenten eingreifen kann, z.B. durch die Veränderung der Beteiligungshöhe der Altaktionäre, wenn er tatsächlich die Übertragung von Aktien statt des Tilgungsbetrages verlangt[3].

Die in § 221 AktG normierten Anleihen sind nicht zu verwechseln mit Finanzinstrumenten, die an den **Finanzmärkten** häufig mit den Begriffen „Wandelanleihen", „convertible bonds", „Zertifikate" o.Ä. vermarktet werden. Bei diesen handelt es sich i.d.R. lediglich um „normale" Schuldverschreibungen mit bestimmten Tilgungsmodalitäten (s. Rz. 74).

79 **b) Die Wandelanleihe** nach § 221 Abs. 1 AktG verbrieft – anders als die oben (Rz. 74) genannten „convertible bonds" – nicht der Gesellschaft, sondern ihrem

---

1 Hierzu *Friedl*, Der Tausch von Anleihen in Aktien, BB 2012, 1102.
2 *Schanz*, Wandel- und Optionsanleihen, BKR 2011, 410; *Gehlhausen/Rimmelspacher*, AG 2006, 729.
3 *Lutter* in Kölner Komm., § 221 AktG Rz. 3.

Inhaber das Recht, zu einem bestimmten Zeitpunkt und unter bestimmten Voraussetzungen auf Basis eines vorab festgelegten Umtauschverhältnisses statt der Rückzahlung des Anleihebetrags in bar den *Umtausch der Anleihe* in eine oder mehrere *Aktien* des emittierenden Unternehmens zu verlangen[1].

Durch den Umtausch wird **Fremdkapital durch Eigenkapital ersetzt**; damit kann sich z.B. die *Eigenkapital-/Fremdkapital-Relation* in der Bilanz verbessern. Soll der Inhaber bei Ausübung seines Wahlrechts nicht Aktien des Anleihe-Emittenten, sondern eines oder auch mehrerer anderer Unternehmen erhalten, spricht man statt von einer Wandelanleihe von einer *Umtauschanleihe*[2].

Die Ausgabe von Wandelschuldverschreibungen bedarf eines **Beschlusses der Hauptversammlung** mit qualifizierten Mehrheiten (§ 221 Abs. 1 S. 1–3 AktG). Sind Aktien verschiedener *Gattungen* (§ 11 AktG, s. Rz. 35) ausgegeben, müssen die Aktionäre sämtlicher Gattungen mit diesen Mehrheiten per *Sonderbeschluss* zustimmen (§§ 221 Abs. 1 S. 4, 182 Abs. 2 AktG)[3]. Die Altaktionäre haben ein Erstzeichnungsrecht *(sog. Bezugsrecht)*, das durch Hauptversammlungsbeschluss ausgeschlossen werden kann, was aber wiederum bekanntzumachen ist; der Vorstand hat der Hauptversammlung hierzu einen *schriftlichen Bericht* zugänglich zu machen (§§ 221 Abs. 4, 186 AktG). 80

Der *Sinn dieser hohen Anforderungen* zeigt sich bei der Wandelanleihe deutlich, da der Wert der Aktien der Altaktionäre durch den Eintritt der Anleiheinhaber als Neuaktionäre *verwässert* wird. Da mit der Wahrnehmung des Umtauschrechts durch die Gläubiger *neue Aktien* ausgegeben werden müssen, steht § 221 AktG in engem Zusammenhang mit der bedingten Kapitalerhöhung nach §§ 192 ff. AktG[4] (hierzu § 50 Rz. 40 ff.).

c) Eine Sonderform der Wandelanleihe ist die **Gewinnschuldverschreibung**, die in § 160 Abs. 1 Nr. 6 AktG erwähnt und ebenfalls in § 221 AktG rudimentär geregelt ist. Sie unterliegt damit denselben *Voraussetzungen* wie die Wandelschuldverschreibung (Rz. 79 f.). Das Gesetz definiert die Gewinnschuldverschreibung als Schuldverschreibung, bei der die Rechte der Gläubiger mit *Gewinnanteilen von Aktionären* in Verbindung gebracht werden. Der Gläubiger einer Gewinnschuldverschreibung hat danach nicht (nur) einen Anspruch auf Zins und Tilgung seiner Forderung aus der Schuldverschreibung, sondern (auch) Ansprüche, die von dem Gewinn der AG abhängen[5]. 81

d) Die Möglichkeit der Kapitalbeschaffung über – nicht notwendigerweise verbriefte[6] – **Genussrechte** ist in § 221 Abs. 3 AktG als letzte Variante genannt. 82

---

1 *Schlitt/Hemeling* in Habersack/Mülbert/Schlitt, § 12 Rz. 2; *Sagasser/Schlösser* in Assmann/Schütze, § 26 Rz. 479; *Habersack* in MüKo, § 221 AktG Rz. 29, 230; *Roß/Pommerening*, Bilanzierung von Mitarbeiterbeteiligungsprogrammen auf Basis von Wandelanleihen, WPg 2001, 644.
2 *Sagasser/Schlösser* in Assmann/Schütze, § 26 Rz. 481.
3 Zur Ausgabe ohne Hauptversammlungsbeschluss OLG Frankfurt v. 6.11.2012 – 5 U 154/11, ZIP 2013, 212.
4 BGH v. 18.5.2009 – II ZR 262/07, BGHZ 181, 144; *Koch* in Hüffer, § 221 AktG Rz. 5.
5 *Lutter* in Kölner Komm., § 221 AktG Rz. 33.
6 *Lutter* in Kölner Komm., § 221 AktG Rz. 22; *Habersack* in MüKo, § 221 AktG Rz. 63.

Auch diese werden vom Gesetz vorausgesetzt, aber nicht näher definiert. Charakteristisch ist, dass Genussrechte in ihrer Ausgestaltung völlig flexibel sind[1]. Ihre Ausgabe hat einen Vorteil für den Emittenten insoweit, als die Genussrechte je nach Ausgestaltung bilanziell als *Eigen- oder als Fremdkapital* ausgewiesen werden können[2].

Beispiele: Beispielsweise kann ein Genussrecht einen Anspruch auf Beteiligung am *Unternehmensgewinn* beinhalten, auf Beteiligung an einem *Liquidationserlös*, aber auch auf *Benutzung gesellschaftlicher Einrichtungen*[3]. Demgegenüber ist auch eine Ausgestaltung möglich, bei der der Genussrechteinhaber an *Verlusten* des Unternehmens partizipiert[4].

4. Mezzanine-Finanzierung

83 Diverse **Mischformen** der vorgenannten Möglichkeiten der Finanzierung eines Unternehmens durch Eigen- und Fremdkapital werden als Mezzanine-Finanzierung bezeichnet[5]. Dabei handelt es sich um Finanzierungsarten, die zwischen Eigen- und Fremdkapital anzusiedeln sind. Typisch sind die *Nachrangigkeit* des Kapitals, z.B. im Insolvenzfall, die *Befristung* der Kapitalüberlassung und die *Erfolgsabhängigkeit* der Vergütung für den Kapitalgeber. Bei der Frage, in welcher konkreten Ausgestaltung das Kapital überlassen werden soll, sind die Parteien flexibel. Mezzanine-Finanzierungen können sowohl für die allgemeine Finanzierung des Geschäftsbetriebs als auch spezifisch für Akquisitionen oder für die Sanierung eingesetzt werden[6]. Zu den Mezzanine-Finanzierungen können z.B. Genussscheine, Wandelanleihen oder die Bildung einer stillen Beteiligung verwendet werden[7].

---

1 BGH v. 5.10.1992 – II ZR 172/91, BGHZ 119, 305; *Habersack* in MüKo, § 221 AktG Rz. 75 ff.; *Berghaus/Bardelmaier* in Habersack/Mülbert/Schlitt, § 14; *Frantzen*, Genussscheine, 1993, S. 76, 81.
2 *Schaber/Kuhn/Eichhorn*, Eigenkapitalcharakter von Genussrechten in der Rechnungslegung nach HGB und IFRS, BB 2004, 315.
3 *Lutter* in Kölner Komm., § 221 AktG Rz. 21.
4 *Habersack* in MüKo, § 221 AktG Rz. 75 ff.
5 *Ganter*, Rechtliche Risiken der Mezzanine-Finanzierung, WM 2011, 1585; *Schmich*, Rechtliche und steuerliche Fragen bei der mezzaninen Finanzierung einer Organgesellschaft, GmbHR 2008, 464; *Schütte/von Behr*, Handelsrechtliche Betrachtung der mezzaninen Finanzierungsinstrumente, StB 2011, 155; *Mayer-Fiedrich/Müller*, Perspektiven für die Anschlussfinanzierung/-sanierung bei auslaufenden Mezzanine-Programmen mittelständischer Unternehmen, BB 2013, 171.
6 Hierzu beispielsweise LG Köln v. 7.1.2010 – 8 O 120/09, GWR 2010, 68; *Knebel/Schmidt*, Gestaltungen zur Eigenkapital-Optimierung vor dem Hintergrund der Finanzkrise, BB 2009, 430; *Oelke/Wöhlert/Degen*, Debt Mezzanine Swap – Königsweg für die Restrukturierungsfinanzierung?, BB 2010, 299; *Rusch/Brocker*, Debt Mezzanine Swap bei Unternehmensfinanzierungen – rechtliche und steuerliche Rahmenbedingungen, ZIP 2012, 2193.
7 *Stamm/Ries* in Habersack/Mülbert/Schlitt, § 24 Rz. 24 ff.; *Golland/Gehlhaar/Grossmann/Eickhoff-Kley/Jänisch*, BB Spezial 2005, Heft 4; *Schrell/Kirchner*, Mezzanine Finanzierungsformen, BKR 2003, 13 (17); *Achleitner/Wahl*, Private Debt – Neue Finanzierungsalternative für den größeren Mittelstand, BB 2004, 1323.

III. Liquiditätsbeschaffung

1. „Cash Management"

Der *Kapitalbeschaffung im Konzern* dienen sog. **Cash-Management-Systeme**[1]. Deren Ziel ist es, die Liquidität des Gesamtkonzerns zu erhöhen und die Kosten für Kredite zu verringern. Die Einbringung der liquiden Mittel einer Tochtergesellschaft in das Cash-Management-System des Konzerns stellt dabei im Grundsatz eine **Darlehensgewährung** – i.d.R. an die Konzernmutter – dar[2].

84

Die *Aufrechnung* von Forderungen und Verbindlichkeiten zwischen einzelnen Konzerngesellschaften wird als „**Netting**" bezeichnet. Im Ergebnis muss deshalb nur der festgesetzte *Saldo* ausgeglichen werden. Zu diesem Zweck richten die Konzerne *Clearing-Stellen* ein: Entweder übernimmt die Konzernspitze die Rolle der Verrechnungsgesellschaft oder diese Aufgabe wird einer Zwischenholding oder einer zum Konzern gehörenden Finanzierungsgesellschaft (*in-house bank* oder *treasury*) übertragen[3].

Beim sog. „*Pooling*" wird keine Aufrechnung tatsächlich bestehender Forderungen und Verbindlichkeiten vorgenommen; vielmehr werden die Kontostände aller beteiligten Unternehmen auf einem gesonderten Zielkonto zusammengeführt (**Cash-Pool**). Dies kann durch eine tatsächliche Übertragung oder durch einen fiktiven Saldo erfolgen. Im ersten Fall betragen die Einzelsalden der gepoolten Bankkonten null (*zero balancing*), während bei der fiktiven Vorgehensweise kein Transfer der Liquidität von den Konten der Konzerngesellschaften auf das Hauptkonto erfolgt (*notional pooling*). Der Cash-Pool bewirkt, dass rechnerisch oder auch effektiv die Liquiditätsguthaben mehrerer Gesellschaften regelmäßig, i.d.R. täglich, saldiert und zentral verwaltet werden[4].

Nach der *früheren* **Rechtsprechung des BGH** (sog. „*November-Urteil*"[5]) waren Kreditgewährungen an Gesellschafter, die nicht aus Rücklagen oder Gewinnvorträgen, sondern zulasten des gebundenen Vermögens der GmbH erfolgten, auch dann als *verbotene Auszahlungen* von Gesellschaftsvermögen zu bewerten, wenn der Rückzahlungsanspruch gegen den Gesellschafter im Einzelfall vollwertig war. Diese Entscheidung folgte dem Grundsatz, wonach bei Kapitalgesellschaften das Gebot der realen Kapitalaufbringung wirkungslos wäre, wenn sich daran nicht das Gebot der Kapitalerhaltung anschlösse. Die BGH-Entscheidung bewirkte allerdings erhebliche Unsicherheit für die Einrichtung und den Betrieb von Cash-Management-Systemen im Konzern[6]. Von dieser Rechtsprechung nahm der BGH mit der sog. *MPS-Entscheidung*[7] Abstand. Da-

85

---

1 *Hüffer*, AG 2004, 416; *Altmeppen*, „Upstream-Loans", Cashpooling und Kapitalerhaltung nach neuem Recht, ZIP 2009, 49; *Seeger*, Cash Pooling – Ein sinnvolles Finanzinstrument zur Nutzung von Kostensenkungspotenzialen auch im gemeinnützigen Konzern, DStR 2011, 184.
2 BGH v. 13.5.2004 – 5 StR 73/03 – Bremer Vulkan, BGHSt. 49, 147.
3 *Jäger*, Kapitalaufbringung und Haftungsrisiken in Cash-Management-Systemen von GmbH-Konzernen, DStR 2000, 1653.
4 *Jäger*, DStR 2000, 1653.
5 BGH v. 24.11.2003 – II ZR 171/01, BGHZ 157, 72.
6 *Bayer/Lieder*, Darlehen der GmbH an Gesellschafter und Sicherheiten aus dem GmbH-Vermögen für Gesellschafterverbindlichkeiten, ZGR 2005, 133; *Brocker/Rockstroh*, Upstream-Darlehen und Cash-Pooling in der GmbH nach der Rückkehr zur bilanziellen Betrachtungsweise, BB 2009, 730.
7 BGH v. 1.12.2008 – II ZR 102/07, BGHZ 179, 71; *Blasche/König*, Upstream-Darlehen vor dem Hintergrund des neuen § 30 Abs. 1 GmbHG, GmbHR 2009, 897.

nach stellt die Gewährung eines unbesicherten, kurzfristig rückforderbaren *„Upstream-Darlehens"* durch eine abhängige Gesellschaft an ihre Muttergesellschaft nicht per se ein nachteiliges Rechtsgeschäft dar, wenn die Rückzahlungsforderung im Zeitpunkt der Darlehensausreichung – entsprechend einer bilanziellen Betrachtungsweise – *vollwertig* ist.

86 Nach der seit dem 1.11.2008 geltenden Reform durch das **MoMiG**[1] darf das zur Erhaltung des Stamm- bzw. Grundkapitals erforderliche Vermögen der Gesellschaft zwar *grundsätzlich* weiterhin nicht an die Gesellschafter ausgezahlt werden. Allerdings gilt dies nach § 30 Abs. 1 S. 2 GmbHG, § 57 Abs. 1 S. 2 AktG nicht bei Leistungen, die bei Bestehen eines *Beherrschungs- oder Gewinnabführungsvertrags* nach § 291 AktG erfolgen oder durch einen *vollwertigen Gegenleistungs- oder Rückgewähranspruch* gegen den Gesellschafter gedeckt sind. Die Vollwertigkeit bemisst sich nach § 253 Abs. 1 und 3 HGB; danach ist eine Forderung nicht vollwertig, wenn sie mit einem über das allgemeine Kreditrisiko hinausgehenden *Ausfallrisiko* behaftet ist, sie mithin ein qualitativ gesteigertes Risiko ihrer Einbringlichkeit aufweist[2]. Anhand dieser Kriterien ist jetzt auch die *Zulässigkeit* der Einstellung der liquiden Mittel einer Tochtergesellschaft in ein Cash-Management-System zu beurteilen.

In die Prüfung der Vollwertigkeit kann auch die Frage einzubeziehen sein, ob und inwieweit zugunsten der in das Cash-Management eingebundenen Gesellschaften ein *Risikomanagementsystem* installiert ist, durch welches eine Gefährdung der Rückzahlungsansprüche der Tochtergesellschaften frühzeitig erkannt und abgewendet werden kann[3].

2. Factoring

87 Wegen der Unternehmensfinanzierung durch *Factoring und Leasing* wird zunächst auf § 50 Rz. 186 ff., 190 ff. verwiesen. Die seit der Finanzmarktkrise in den Jahren ab 2007 intensiv diskutierten Verbriefungsgeschäfte – **Asset-Backed-Securities/"ABS"** (vgl. auch § 67 Rz. 66 ff.) – stellen aus Sicht des Unternehmens in gewisser Weise einen *Sonderfall des Factoring* dar. Das Unternehmen veräußert seine nach bestimmten Kriterien ausgewählten Forderungen – i.d.R. solche aus Lieferungen und Leistungen, die erst nach einer bestimmten Zeit fällig werden – an eine andere Gesellschaft, die regelmäßig eigens zu diesem Zweck gegründet wird (sog. *Zweckgesellschaft* oder Special Purpose Vehicle, SPV)[4]. Die Tilgungszahlungen der Schuldner stehen der Zweckgesellschaft zu. Das Unternehmen erhält von der Zweckgesellschaft im Gegenzug – ohne die Fälligkeitsfristen abwarten zu müssen, dafür aber abzüglich eines Abschlages für das Risiko von Forderungsausfällen – den Kaufpreis und damit *Liquidität*. Die Zweckgesellschaft finanziert sich ihrerseits durch die Ausgabe von Schuldverschreibungen – den ABS – über den *Kapitalmarkt*. Die Zins- und Ka-

---

1 BGBl. I 2008, 2026.
2 BT-Drucks. 16/6140, 41 f.; *Hommelhoff* in Lutter/Hommelhoff, § 30 GmbHG Rz. 28; *Blasche/König*, GmbHR 2009, 897 (899).
3 *Hommelhoff* in Lutter/Hommelhoff, § 30 GmbHG Rz. 39 mit Verweis auf BGH v. 1.12.2008 – II ZR 102/07 – MPS, BGHZ 179, 71 (Rz. 14).
4 Vgl. *Bosak*, Asset Backed Securities, 2006, 102; *Gruber*, Praktiker-Hdb. Asset-Backed-Securities und Kreditderivate, 2005.

pitaldienstfähigkeit der Zweckgesellschaft bezüglich der emittierten ABS hängt ausschließlich von der Werthaltigkeit der Forderungen ab, die gleichzeitig als Sicherheit für die Erwerber der ABS dienen. Daher sind die Schuldverschreibungen (*Securities*) durch die Forderungen (*Assets*) besichert (*backed*)[1].

B. Kapitalbeschaffung mittels Prospekten

Literatur: *Assmann*, Prospekthaftung als Haftung für die Verletzung kapitalmarktbezogener Informationsverkehrspflichten, 1985; *Barta*, Der Prospektbegriff in der neuen Verkaufsprospekthaftung, NZG 2005, 305; *Fleischer*, Prospektpflicht und Prospekthaftung für Vermögensanlagen des Grauen Kapitalmarkts nach dem Anlegerschutzverbesserungsgesetz, BKR 2004, 339; *Gerson*, Wo rohe Kräfte sinnlos walten, ZWH 2014, 298; *Grub/Thiem*, Das neue Wertpapierprospektgesetz – Anlegerschutz und Wettbewerbsfähigkeit des Finanzplatzes Deutschland, NZG 2005, 750; *Janert/Schuster*, Dritthaftung des Wirtschaftsprüfers am Beispiel der Haftung für Prospektgutachten, BB 2005, 987; *Kullmann/Sester*, Das Wertpapierprospektgesetz, WM 2005, 1068; *Leuering*, Die Neuordnung der gesetzlichen Prospekthaftung, NJW 2012, 1905; *Reinelt*, Haftung aus Prospekt und Anlageberatung bei Kapitalanlagefonds, NJW 2009, 1; *Schäfer*, Stand und Entwicklungstendenzen der spezialgesetzlichen Prospekthaftung, ZGR 2006, 40; *Schnorbus*, Prospektanforderungen für bestimmte Emittenten (Specialist Issuers), WM 2009, 249; *Seitz*, Das neue Wertpapierprospektrecht, AG 2005, 678; *Weber*, Die Entwicklung des Kapitalmarktrechts, NJW NJW 2009, 33, NJW 2010, 274, NJW 2011, 273, NJW 2012, 274, NJW 2013, 275 und NJW 2014, 272 und 2327.

I. Rechtsgrundlagen der Prospektpflicht

Grundsätzlich steht die Art und Weise der Gewinnung von Eigen- oder Fremdkapitalgebern dem Unternehmen frei. Der Geldgeber muss aber über diejenigen Informationen verfügen, die ihm eine sachgerechte Abwägung der Chancen und Risiken seiner Anlage ermöglichen. Durch die Verhandlungen wird ein *vorvertragliches Vertrauensverhältnis* begründet, durch welches die potenziellen Vertragspartner zur gegenseitigen Rücksichtnahme – auch durch Erteilung zutreffender Informationen – verpflichtet werden (§§ 311 Abs. 2, 241 Abs. 2 BGB)[2]. Diese **Information des Geldgebers** wird weitgehend gewährleistet sein, wenn die Verhandlungen individuell zwischen Unternehmen und Geldgeber geführt werden und der Geldgeber womöglich selbst die Bücher des Unternehmens einsieht („Due dilligence"). Geht es aber um die Aufnahme von Eigen- oder Fremdkapital in erheblichem Umfang, ist es regelmäßig erforderlich, eine Vielzahl möglicher Geldgeber gleichzeitig anzusprechen. Dazu wer-

88

---

1 *Geiger* in Habersack/Mülbert/Schlitt, § 22; *Gehring*, Asset-Backed Securities im amerikanischen und im deutschen Recht, 1999; *Bund*, Asset Securitisation – Anwendbarkeit und Einsatzmöglichkeiten in deutschen Universalbanken, 2000; *Litten/Christea*, WM 2003, 213; *Zeising*, Asset Backed Securities (ABS) – Grundlagen und neuere Entwicklungen, BKR 2007, 311.
2 BGH v. 2.6.2008 – II ZR 210/06, BGHZ 177, 25 m. Anm. *Kocher*, BB 2008, 1978; OLG München v. 2.11.2011 – 20 U 2289/11, GWR 2011, 574; *Assmann* in Assmann/Schütze, Hdb. des KapitalanlageR, § 6 Rz. 13 ff.; *Keul/Erttmann*, DB 2006, 166; zur Anwendung dieser Grundsätze auch auf Bauherrenmodelle BGH v. 7.9.2000 – VII ZR 443/99, BGHZ 145, 121.

den die Informationen schriftlich in Form eines *Prospekts* an die Interessenten verteilt. Die frühere Freiwilligkeit der Prospekterstellung ist zunehmend durch eine gesetzliche *Prospektpflicht* abgelöst worden.

89 Ob und in welcher Form für die Anwerbung von Kapital für ein Unternehmen die Erstellung eines **Verkaufsprospekts** erforderlich ist, hängt von der Art des einzuwerbenden Kapitals ab. Die Prospektpflicht ergibt sich für Wertpapiere aus dem *Wertpapierprospektgesetz (WpPG)*, für nicht verbriefte Anlagen aus dem *Vermögensanlagengesetz* (Rz. 119) und für Fondsanlagen aus dem – hier nicht näher dargestellten – *Kapitalanlagengesetzbuch (KAGB)*[1]; die genauen Anwendungsbereiche dieser Gesetze werden durch umfangreiche Kataloge definiert und abgegrenzt.

90 **a)** Die – europarechtliche Vorgaben umsetzende[2] – **Prospektpflicht** aus § 3 WpPG bezieht sich grundsätzlich auf Prospekte für *Wertpapiere*, die *öffentlich angeboten* oder zum Handel an einem organisierten Markt zugelassen werden sollen (§ 1 Abs. 1 WpPG)[3].

Ausgenommen von der Anwendung des WpPG sind nach § 1 Abs. 2 WpPG

– Anteile oder Aktien von offenen Investmentvermögen i.S. des § 1 Abs. 4 KAGB,
– Nichtdividendenwerte (§ 2 Nr. 2 und 3 WpPG) – i.d.R. Schuldverschreibungen – staatlicher oder zwischenstaatlicher Institutionen des Europäischen Wirtschaftsraums und Wertpapiere, die von Staaten des Europäischen Wirtschaftsraums garantiert werden,
– Kleinemissionen von einem Gesamtverkaufspreis unter 5 Mio. Euro bei bereits an einem organisierten Markt gehandelten Wertpapieren, und von einem Gesamtverkaufspreis unter 75 Mio. Euro bei mehrfach von unter Art. 4 Nr. 1 der Bankenrichtlinie fallenden Kreditinstituten ausgegebenen Nichtdividendenwerten.

91 **Prospektpflichtiger** (§ 3 Abs. 1 WpPG) ist der *Anbieter* der Wertpapiere, d.h. derjenige, der die Wertpapiere öffentlich anbietet (§ 2 Nr. 10 WpPG). Dieser muss nicht zwangsläufig mit dem *Emittenten* identisch sein (vgl. § 26 Abs. 2 WpPG)[4].

Eine *Einschränkung der Prospektpflicht* gewährt § 3 Abs. 2 WpPG, wenn der Adressatenkreis des öffentlichen Angebots schon durch die Höchstzahl der Anleger, durch den Umfang des Emissionsvolumens oder nach dem Mindestanlagebetrag begrenzt ist. – Außer-

---

1 BGBl. I 2013, 1981.
2 RL 2003/71/EG des Europ. Parl. und des Rates v. 4.11.2003 betreffend den Prospekt, der beim öffentlichen Angebot von Wertpapieren oder bei deren Zulassung zum Handel zu veröffentlichen ist, und zur Änderung der RL 2001/34/EG, ABl. EU Nr. L 345 v. 31.12.2003, 64; VO (EG) 809/2004 der Kommission v. 29.4.2004 zur Umsetzung der RL 2003/71/EG betreffend die in Prospekten enthaltenen Informationen sowie das Format, die Aufnahme von Informationen mittels Verweis und die Veröffentlichung solcher Prospekte und die Verbreitung von Werbung, ABl. EU Nr. L 149 v. 30.4.2004, 1; hierzu *Weber*, Unterwegs zu einer europ. Prospektkultur, NZG 2004, 360; *Kunold/Schlitt*, Die neue EU-Prospektrichtlinie, BB 2004, 501; VO (EU) Nr. 486/2012 der Kommission v. 30.3.2012 zur Änderung der VO (EG) Nr. 809/2004 in Bezug auf Aufmachung und Inhalt des Prospekts, des Basisprospekts und der Zusammenfassung und der endgültigen Bedingungen und in Bezug auf die Angabepflichten, ABl. EU Nr. L 150 v. 9.6.2012, 1 ff.
3 *Lawall/Maier*, DB 2012, 2443 und 2503.
4 *Heidelbach/Preuße*, Zweieinhalb Jahre neues Prospektregime und noch viele Fragen offen, BKR 2008, 10 (11 ff.).

dem enthält § 4 WpPG einen umfangreichen Katalog von Fällen, in denen ein öffentliches Angebot von Wertpapieren ebenfalls nicht prospektpflichtig ist. Dies betrifft vor allem die Ausgabe weiterer Wertpapiere im Zusammenhang mit bereits platzierten Wertpapieren, wie z.B. Angebote zum bloßen Tausch von Wertpapieren, die Zuteilung von Sachdividenden in Form von Aktien oder die Ausgabe von Wertpapieren anlässlich einer Verschmelzung oder Spaltung nach dem UmwG[1].

b) Das seit dem 1.6.2012 geltende **Vermögensanlagengesetz** (VermAnlG)[2] gilt für in Deutschland öffentlich angebotene Vermögensanlagen und erfasst in Abgrenzung zum WpPG

– Anteile die eine *Beteiligung am Ergebnis* eines Unternehmens gewähren,

– Anteile an *Treuhandvermögen*,

– *Genussrechte* und

– *Namensschuldverschreibungen*,

die *nicht* in Wertpapieren i.S. des § 2 Nr. 1 WpPG *verbrieft* sind. Mit dem Inkrafttreten des VermAnlG wurde das bisherige *VerkProspG* aufgehoben und die dortigen Bestimmungen in das VermAnlG integriert[3]. Die in § 6 VermAnlG verankerte Pflicht zur Veröffentlichung des Prospekts trifft auch den *Anbieter* der Vermögensanlage, d.h. nicht zwangsläufig den *Emittenten*.

§ 2 VermAnlG enthält wiederum einen umfangreichen Katalog von **Ausnahmen** von der Prospektpflicht, insbesondere für *Genossenschaftsanteile*, Vermögensanlagen mit begrenztem Umfang oder Adressatenkreis, oder Vermögensanlagen, die aufgrund von Bezügen zu bestimmten staatlichen oder zwischenstaatlichen Institutionen erhöhtes Vertrauen genießen sollen.

c) Nur der Vollständigkeit halber erwähnt sei die **Prospektpflicht nach dem KAGB.** Darüber werden die diesem Gesetz unterfallenden Anbieter von Investmentfonds erfasst, die von der Anwendung des WpPG und des VermAnlG ausgeschlossen sind (§§ 164–166, 173, 224, 228, 256, 268-270, 318 KAGB).

II. Inhalt der Prospektpflicht

1. Wertpapierprospekte

Der **Inhalt eines Wertpapier-Prospekts** nach dem WpPG muss dem Adressaten die *Verhältnisse des Emittenten*, die *Bedingungen des Wertpapiers* und seine Zukunftsaussichten leicht analysierbar und verständlich darlegen, wobei die Schlüsselinformationen nochmals *zusammenzufassen* und Hinweise auf die Risiken der Investition herauszustellen sind (§ 5 WpPG).

---

1 *Brocker/Sepp*, Die Auswirkungen der neuen Prospektpflicht für Bezugsrechtsemissionen, BB 2013, 393.
2 BGBl. I 2012, 2481; hierzu *Friedrichsen/Weisner*, Das G zur Novellierung des Finanzanlagenvermittler- und Vermögensanlagenrechts, ZIP 2012, 756; zur geplanten Ausweitung der Prospektpflicht zwecks Regulierung des Grauen Kapitalmarkts durch ein Kleinanlegerschutzgesetz *Gerson*, ZWH 2014, 298.
3 *Friedrichsen/Weisner*, ZIP 2012, 756.

95 Welche **Mindestangaben** der Prospekt enthalten muss, regelt § 7 WpPG durch einen Verweis auf die VO (EG) Nr. 809/2004 der Kommission vom 29.4.2004[1] in der jeweils geltenden Fassung. Diese VO beinhaltet eine Art *Bausatz*[2]. Art. 3–20 der VO i.V.m. den Anlagen I–XVII und XX– XXIV beinhalten für verschiedene Arten von Wertpapieren Listen mit Mindestangaben („Schemata" – Art. 2 Abs. 1 der VO), die auf die spezifische Natur der jeweiligen Emittenten oder Wertpapiere abgestimmt sind. Je nach Finanzinstrument oder Transaktion führen sie Angaben auf, die zusätzlich gemacht werden müssen („Module" – Art. 2 Abs. 2 der VO). Nach Art. 3 der VO wird der Prospekt erstellt, indem auf eines oder mehrere dieser *Schemata* und *Module* zurückgegriffen wird. Je nach Ausgestaltung einer Emission sind die einschlägigen Schemata und Module zu kombinieren. Hierfür bietet Art. 21 i.V.m. der *Kombinationstabelle* in Anhang XVIII der VO eine Anleitung. Als Korrektiv für den Einzelfall lässt § 8 Abs. 3 WpPG Abweichungen von den Vorgaben der VO zu.

Was konkret Inhalt des Prospekts sein muss, kann hier aufgrund des Umfangs der Schemata und Module nicht ausführlich behandelt werden, weshalb auf die **Lektüre der Module** selbst sowie der einschlägigen Literatur verwiesen werden muss[3].

96 Sind die nach § 7 WpPG vorgeschriebene **Angaben** zum *Ausgabepreis* oder zum *Emissionsvolumen* zur Zeit der Prospekterstellung **noch nicht möglich**, weil diese Daten noch nicht feststehen, reicht es aus, wenn im Prospekt die für die Ermittlung dieser Daten relevanten Kriterien oder Bedingungen mitgeteilt werden (§ 8 Abs. 1 WpPG).

Beispiel: Dies wird z.B. beim *Börsengang* von AGs (hierzu § 50 Rz. 47 ff.) der Fall sein, wenn der endgültige *Ausgabepreis* oder das endgültige *Platzierungsvolumen* erst noch anhand von Angebot und Nachfrage bestimmt werden soll („**Bookbuilding-Verfahren**") und daher zur Zeit der Prospekterstellung nur eine Preisspanne und die maximale Zahl der zu streuenden Aktien genannt werden kann.

97 Soweit nach § 7 WpPG vorgeschriebene Inhalte eines Prospekts im Fall ihrer Verbreitung dem *öffentlichen Interesse zuwiderlaufen* oder dem *Emittenten schaden* würden oder im konkreten Fall von *untergeordnetem Interesse* sind, kann nach § 8 Abs. 2 WpPG von der Aufnahme dieser Angaben **ausnahmsweise** in den Prospekt abgesehen werden. Voraussetzung ist allerdings zum einen eine entsprechende *Gestattung der BaFin*. Zum anderen darf das Weglassen der Angabe nicht dazu führen, dass der Prospekt beim Adressaten einen unrichtigen Eindruck erweckt.

---

1 VO (EG) Nr. 809/2004 der Kommission v. 29.4.2004 zur Umsetzung der RL 2003/71/EG des Europ. Parl. und des Rates betreffend die in Prospekten enthaltenen Informationen sowie das Format, die Aufnahme von Informationen mittels Verweis und die Veröffentlichen solcher Prospekte und die Verbreitung von Werbung, ABl. EU Nr. L 149 v. 30.4.2004, 1; ber. ABl. EU Nr. Nr. L 215 v. 16.6.2004, 3; zul. geänd. durch die Delegierte VO (EU) Nr. 486/2012 der Kommission v.30.3.2012 zur Änderung der VO (EG) Nr. 809/2004 in Bezug auf Aufmachung und Inhalt des Prospekts, des Basisprospekts, der Zusammenfassung und der endgültigen Bedingungen und in Bezug auf die Angabepflichten Text von Bedeutung für den EWR, ABl. EU Nr. L 150 v. 9.6.2012, 1.
2 *Holzborn/Israel*, Das neue WertpapierprospektR, ZIP 2005, 1668.
3 Z.B. *Holzborn/Israel*, ZIP 2005, 1668.

98 Für den Fall der *planmäßig wiederkehrenden Emission* bestimmter vergleichbarer Wertpapiere kann zunächst nur einen **Basisprospekt** veröffentlicht werden, dem der Investor die von §§ 5 und 7 WpPG vorgeschriebenen Angaben, jedoch noch nicht die Details der konkreten Emission entnehmen kann (§ 6 WpPG). Steht eine neue Emission an, müssen nur noch deren endgültigen Konditionen veröffentlicht werden (§§ 6 Abs. 3, 14 WpPG)[1].

99 Für die **Form des Prospekts** schreibt § 12 WpPG vor, dass der Prospekt sämtliche Angaben in einem Dokument vereinigen kann, aber auch die Aufteilung auf mehrere *Einzeldokumente* zulässig ist. Für die Aufteilung auf mehrere Einzeldokumente gilt hiernach aber, dass

– die Angaben zum Emittenten in einem sog. *„Registrierungsformular"*, und
– die Angaben zu den Wertpapieren in einer sog. *„Wertpapierbeschreibung"*

aufgenommen werden müssen. Außerdem muss eine *Zusammenfassung* nach § 5 Abs. 2–2b WpPG erstellt werden. Nicht alle Angaben müssen im Prospektdokument selbst enthalten sein. Ein Verweis auf andere öffentlich zugängliche Dokumente kann ausreichen (§ 11 WpPG)[2].

100 Ein Prospekt i.S. de WpPG hat grundsätzlich eine **Gültigkeitsdauer** von zwölf Monaten (§ 9 WpPG). Erfolgt die Emission nach Ablauf der Frist, muss ein neuer, aktueller Prospekt erstellt werden. Betrifft der Basisprospekt eine Daueremission von Schuldtiteln, gilt der Basisprospekt bis zur Einstellung der Serie[3]. Gleichwohl kann es vorkommen, dass während der Gültigkeitsdauer des Prospekts Unrichtigkeiten bekannt werden oder Umstände eintreten, die eigentlich in den Prospekt hätte aufgenommen werden müssen. Dann muss ein **Nachtrag zum Prospekt** veröffentlicht werden (§ 16 WpPG)[4].

2. Prospekte für nicht verbriefte Anlagen

101 Für Prospekte **nicht verbriefter Vermögensanlagen** bestimmt § 7 VermAnlG, dass der Verkaufsprospekt alle tatsächlichen und rechtlichen Angaben enthalten muss, die notwendig sind, um dem Publikum eine zutreffende *Beurteilung* des *Emittenten* und der *Vermögensanlage* selbst zu ermöglichen[5]. Die näheren Einzelheiten sind seit dem 1.6.2012 in den §§ 4 und 9 VermVerkProspV enthalten[6]. Danach müssen insbesondere Angaben gemacht werden

– zum **Charakter der Anlage** (§ 4 VermVerkProspV).

Dies beinhaltet z.B. Angaben zu ihrem Umfang, ihrer Übertragbarkeit, den Erwerbsmodalitäten und etwaigen Nachschusspflichten des Anlegers, in Bezug auf die Chancen und Risiken der Anlage (§ 9 VermVerkProspV) insbesondere Angaben zu dem durch das Kapital der Anleger zu finanzierenden *Anlageobjekt* und zur geplanten *Mittelverwendung*. Besondere Bedeutung haben Angaben zur steuerlichen Konzeption der Vermögensanlage

---

1 *Heidelbach/Preuße*, BKR 2008, 10 (11 ff.).
2 *Lawall/Maier*, DB 2012, 2503; *Heidelbach/Preuße*, BKR 2008, 10 (11).
3 *Lawall/Maier*, DB 2012, 2503.
4 *Oulds*, WM 2011, 145; *Heidelbach/Preuße*, Einzelfragen in der praktischen Arbeit mit dem neuen Wertpapierprospektregime, BKR 2006, 316 (320).
5 *Meixner*, ZAP Fach 8, 471; *Jäger*, ZVertriebsR 2012, 223.
6 *Friedrichsen/Weisner*, ZIP 2012, 756 (759 ff.); *Beck/Meier*, WM 2012, 1898.

(§ 4 S. 1 Nr. 2 VermVerkProspV). Der Prospekt muss deshalb darüber informieren, ob die *steuerliche Beurteilung* des Modells unter Berücksichtigung der Gesetze, der veröffentlichten Rechtsprechung und der Erlasse der Finanzverwaltung *gesichert oder umstritten* ist. Sind steuerliche Probleme vorhanden, wie z.B. die Abzugsfähigkeit von Werbungskosten, so ist auf diese gesondert einzugehen[1].

- über den **Emittenten** der Anlage (§§ 5–8 und 10–12 VermVerkProspV) und ggf. auch über Dritte (§ 14 VermVerkProspV).

Diese Informationen sollen dem Interessenten vor allem Kenntnis über die Identität und Vertrauenswürdigkeit seines *Vertragspartners* sowie dort möglicherweise vorhandene *Interessenkonflikte* verschaffen. Dies beinhaltet z.B. Informationen über die reinen gesellschaftsrechtlichen Daten des Emittenten (§ 5 VermVerkProspV), seine eigene Finanzausstattung und Geschäftstätigkeit (§§ 6, 8, 10, 11 VermVerkProspV) und die hinter dem Emittenten stehenden Gründer und Gesellschafter einschließlich deren eigener finanzieller Interessen an der Emission der Anlage und etwaiger Eintragungen dieser Personen im Führungszeugnis (§ 7 VermVerkProspV). Durch die Angaben über Mitglieder der Geschäftsführung oder des Vorstands, der Aufsichtsgremien und Beiräte des Emittenten, etwaige Treuhänder und weitere Personen (§ 12 VermVerkProspV) soll verhindert werden, dass ein anderer erhebliche eigene Interessen an der Emission der Vermögensanlage hat, aber von den vorgenannten Offenlegungsvorschriften nicht erfasst wird, weil er – z.B. über Strohleute – nur im Hintergrund wirkt.

102 Für den Fall, dass die Gründung des Emittenten bezogen auf den Zeitpunkt des öffentlichen Verkaufsangebots (§ 6 VermAnlG) weniger als 18 Monate zurückliegt und der Emittent noch keinen Jahresabschluss und Lagebericht nach § 24 VermAnlG erstellt hat, sieht § 15 Abs. 1 VermVerkProspV **verringerte Prospektanforderungen** vor. Nach § 15 Abs. 2 VermVerkProspV kann außerdem von *einzelnen Angaben* zum Emittenten abgesehen werden, wenn diese von nur *untergeordneter Bedeutung* für seine Beurteilung durch den Anleger sind oder wenn diese Angaben ihm zu erheblichem Nachteil gereichen würden, vorausgesetzt durch die Nichtveröffentlichung erweckt der Prospekt keinen unrichtigen Eindruck bei den Adressaten.

103 Das VermAnlG macht in verschiedener Hinsicht auch Vorgaben für die **Gestaltung des Prospekts**. So muss der Prospekt auf dem *Deckblatt* einen deutlichen Hinweis darauf enthalten, dass die inhaltliche Richtigkeit nicht Gegenstand der Prüfung durch die BaFin (s. Rz. 105 ff.) ist, und dass *Prospekthaftungsansprüche* nur unter bestimmten Bedingungen geltend gemacht werden können (§ 7 Abs. 2 VermAnlG). Verschiedene Angaben über die Vermögensanlage müssen zudem „an einer hervorgehobenen Stelle im Verkaufsprospekt" enthalten sein (§ 4 VermVerkProspV).

104 Zusätzlich zum Prospekt muss der Anbieter ein **Vermögensanlagen-Informationsblatt** mit einem Umfang von höchsten drei DIN-A4-Seiten erstellen, in welchem er die *wesentlichen Informationen* nochmals in übersichtlicher und leicht verständlicher Weise zusammenfasst, sodass sich der Interessent ein Bild von der Vermögensanlage machen kann, ohne weitere Unterlagen hinzuziehen zu müssen (§ 13 VermAnlG)[2].

---

1 BGH v. 14.7.2003 – II ZR 202/02, ZIP 2003, 1651 (Rz. 14).
2 *Müchler*, WM 2012, 974; *Rinas/Pobortscha*, Das Vermögensanlagen-Informationsblatt, BB 2012, 1615.

III. Billigung von Prospekten

Die Veröffentlichung eines Prospekts nach dem WpPG (zum VermAnlG vgl. Rz. 109) bedarf der **Billigung durch die BaFin** (§ 13 Abs. 1 S. 1 WpPG). An diesem Verfahren kann neben dem *Anbieter* auch der *Zulassungsantragsteller* – die Person, die die Zulassung zum Handel an einem organisierten Markt beantragt (§ 2 Nr. 11 WpPG) – beteiligt sein. Die BaFin nimmt keine Prüfung der inhaltlichen Richtigkeit vor. Vielmehr beschränkt sich das Billigungsverfahren auf eine bloße *Vollständigkeitsprüfung* des Prospekts einschließlich einer Prüfung der vorgelegten Unterlagen auf *Verständlichkeit* sowie inhaltliche *Konsistenz* (§ 13 Abs. 1 S. 2 WpPG)[1]. 105

Im Rahmen des Billigungsverfahrens kann die BaFin insbesondere die *Aufnahme zusätzlicher Informationen* in den Prospekt und von Emittent, Anbieter oder Zulassungsantragsteller sowie von mit diesen *verbundenen Unternehmen* und auch von ihren *Organen* und *Abschlussprüfern* Auskünfte oder Unterlagen verlangen (§ 26 Abs. 1-3 WpPG). 106

Billigt sie den Prospekt, hat der Anbieter oder Zulassungsantragsteller den Prospekt bei der BaFin zu **hinterlegen**, ihn spätestens einen Werktag vor Beginn des öffentlichen Angebots zu *veröffentlichen* und dies der BaFin anzuzeigen (§ 14 Abs. 1-3 WpPG). Auch die BaFin macht den Prospekt auf ihrer Internetseite für jeweils zwölf Monate zugänglich (§ 13 Abs. 4 WpPG) und verwahrt den hinterlegten Prospekt für zehn Jahre (§ 14 Abs. 6 WpPG). Von der BaFin gebilligte Prospekte können im gesamten Europäischen Wirtschaftsraum verwendet werden (§ 17 WpPG)[2]. Mit einer Bescheinigung der BaFin über ihre Billigung des Prospekts ist ein nochmaliges Billigungsverfahren in den Mitgliedstaaten nicht mehr erforderlich (§ 18 WpPG). Für Prospekte aus Staaten, die nicht dem Europäischen Wirtschaftsraum angehören (*Drittstaaten*), sieht § 20 WpPG vor, dass diese unter den dort genannten Voraussetzungen von der BaFin gebilligt werden können. 107

Die BaFin darf die **Billigung** eines Prospekts **widerrufen**, wenn ihr nachträglich die *Unrichtigkeit des Prospekts* bekannt wird (§ 26 Abs. 8 S. 3 WpPG). Steht die Unrichtigkeit noch nicht fest, bestehen aber Anhaltspunkte hierfür, kann sie *Auskünfte* nach Maßgabe des § 26 Abs. 2 WpPG anfordern und vom Anbieter verlangen, das öffentliche *Angebot* bis zur Klärung des Sachverhaltes *auszusetzen* (§ 26 Abs. 8 S. 2 WpPG). Je nach Art der Unrichtigkeit wird sie darüber hinaus die *Staatsanwaltschaft* informieren (§ 27 Abs. 1 S. 3 Nr. 1 WpPG). Außerdem darf die BaFin ein öffentliches Angebot **untersagen**, wenn zuvor entgegen § 3 WpPG gar kein oder entgegen § 13 WpPG ein nicht gebilligter Prospekt veröffentlicht wurde oder wenn die Gültigkeit eines Prospekts abgelaufen ist (§ 26 Abs. 4 WpPG). 108

Die dem **VermAnlG** unterfallenden Prospekte unterstehen ebenfalls der Aufsicht der BaFin (§ 3 VermAnlG) und dürfen erst veröffentlicht werden, wenn die BaFin sie *gebilligt* hat (§ 8 Abs. 1 VermAnlG). Das Verfahren und die der Ba- 109

---

[1] *Heidelbach/Preuße*, BKR 2006, 316.
[2] *Mattil/Möslein*, WM 2007, 819

Fin hierbei zustehenden Befugnisse sind in den §§ 8-11, 14 und 17-19 VermAnlG geregelt und entsprechen weitestgehend dem Billigungsverfahren für Prospekte nach dem *WpPG*, sodass auf die dortigen Ausführungen (Rz. 105 ff.) verwiesen wird.

C. Straftat- und Bußgeldtatbestände

Literatur: (vgl. auch vor Rz. 1); *Bittmann*, Strafrecht und Gesellschaftsrecht, ZGR 2009, 931; *Kohlmann/Löffeler*, Die strafrechtliche Verantwortlichkeit des GmbH-Geschäftsführers, 1990; *Langkeit*, Täterschaft beim Gründungsschwindel gemäß § 82 Abs. 1 Nr. 1 GmbHG, WiB 1994, 643; *Lindemann*, Die strafrechtliche Verantwortlichkeit des faktischen Geschäftsführers, Jura 2005, 305; *Marsch-Barner*, Gründungsschwindel, Kapitalerhöhungsschwindel – Fragen zur Beihilfe der Einzahlungen bestätigenden, Gründung und Kapitalerhöhung begleitenden Bank, WuB II A § 37 AktG 1.06; *Müller-Gugenberger*, GmbH-Strafrecht nach der Reform, GmbHR 2009, 578; *Park*, Kapitalmarktstrafrecht, 3. Aufl. 2013; *Peter*, Die strafrechtliche Verantwortlichkeit von Kollegialorganmitgliedern der AG und der GmbH für das Nichteinschreiten bei Gründungsschwindelhandlungen anderer Kollegialorganmitglieder 1990; *Szesny*, Finanzmarktaufsicht und Strafprozess – Die Ermittlungskompetenzen der BaFin und der Börsenaufsichtsbehörden nach Kreditwesengesetz, Wertpapierhandelsgesetz und Börsengesetz und ihr Bezug zum Strafprozessrecht, 2008; *Tiedemann*, Gründungs- und Sanierungsschwindel durch verschleierte Sacheinlagen, in FS Lackner, 1987, S. 737 ff.; *Tiedemann*, GmbH-Strafrecht, 5. Aufl. 2010.

I. Kapitalanlagebetrug

110 Bereits im Vorfeld des Betrugstatbestands (s. unten § 47 und § 50 Rz. 102 ff.) soll der in **§ 264a StGB** geregelte Kapitalanlagebetrug die betrügerische Veranlassung der Kapitalüberlassung an Unternehmen unterbinden, indem die Norm als abstraktes Gefährdungsdelikt einen **Auffangtatbestand** zum Betrug darstellt[1]. Sie erfasst die breit gestreute unrichtige Information potenzieller Anleger im Rahmen des Vertriebs von Kapitalanlagen. Es bedarf nach dem Tatbestand weder eines Irrtums eines konkreten Anlageinteressenten noch einer durch Unwahrheiten kausal veranlassten Vermögensverfügung. Auch ein Eintritt eines *Vermögensschadens* bei einem konkreten Anleger ist nicht erforderlich. Die Strafbarkeit aus § 264a StGB tritt zurück, wenn gleichzeitig der Betrugstatbestand erfüllt ist[2]. *Geschütztes Rechtsgut* ist sowohl das individuelle Vermögen der potenziellen Kapitalanleger als auch das Vertrauen in den Kapitalmarkt und in den Kapitalverkehr als solchen[3]. Umfasst sind nicht nur die organisierten Kapitalmärkte, sondern sämtliche Kapitalmärkte, an denen Wertpapiere, Bezugsrechte und bestimmte Beteiligungen vertrieben werden.

---

1 *Fischer*, § 264a StGB Rz. 1 und 3.
2 BGH v. 20.9.2000 – 3 StR 88/00, wistra 2001, 57.
3 *Schröder, Ch.*, Hdb. KapitalmarktstrafR, Rz. 10; *Möhrenschlager*, Der Regierungsentwurf eines 2. WiKG, wistra 1982, 201 (204 f.); *Fischer*, § 264a StGB Rz. 2, 4; a.A. (lediglich „Schutzreflex"): *Worms*, Anlegerschutz, S. 312 ff.; *Joecks* in A/R, X 1 Rz. 7-10.

1. Erfasste Finanzmarktprodukte

a) § 264a StGB erfasst nur bestimmte Finanzmarktprodukte. **Wertpapiere** sind grundsätzlich Urkunden, in denen die Ausübung eines Rechts von der Innehabung der Urkunde abhängt. Im weitgehend elektronischen Wertpapierhandel kommt es auf das tatsächliche Vorhandensein einer Urkunde im eigentlichen Sinne nicht mehr an[1] (vgl. Rz. 71). Für die Frage, ob ein bestimmtes Recht ein Wertpapier i.S. des § 264a Abs. 1 StGB ist, kann die Definition des Wertpapiers in § 2 Abs. 1 WpHG einen Anhaltspunkt geben[2]. 111

So erfasst § 264a Abs. 1 StGB z.B. Aktien (auch von *ausländischen* Emittenten[3]), Zertifikate, die Aktien vertreten[4], Schuldverschreibungen[5] und Optionsscheine[6].

Unter **Bezugsrechten** versteht § 264a Abs. 1 Nr. 1 StGB unverbriefte Rechte, insbesondere die in § 186 AktG geregelten Rechte der Aktionäre auf Zuteilung neuer Aktien im Rahmen einer Kapitalerhöhung der AG sowie Bezugsrechte aus Wandelschuldverschreibungen gem. § 221 AktG[7]. Ob *Terminoptionsgeschäfte* als Bezugsrechte i.S. von § 264a StGB anzusehen sind, ist umstritten[8]. 112

Unter den *Anteilen*, die eine Beteiligung an dem *Ergebnis eines Unternehmens* gewähren sollen, sind vor allem **nicht verbriefte Gesellschaftsanteile** an einem Unternehmensträger zu verstehen. 113

Hierbei sind vor allem *Kommanditanteile* gemeint, bei denen Anleger unmittelbar **Gesellschaftsrechte** erwerben. Daneben werden *Anteile an Kapitalgesellschaften* geschützt, auch ausländische, sofern die Beteiligungen nicht bereits unter den Begriff „Wertpapier" fallen. Beteiligungen in Form einer *stillen Gesellschaft* können ebenso Gegenstand eines Kapitalanlagebetrugs sein wie Beteiligungen an geschlossenen Fonds, wie z.B. Immobilien- oder Schiffsfonds, Venture-Capital- oder Private-Equity-Fonds (vgl. Rz. 11 ff.)[9]. In Betracht kommen ferner Beteiligungen in der Form des *partiarischen Darlehens* (str.)[10].

---

1 *Schröder, Ch.*, Hdb. KapitalmarktstrafR, Rz. 15 f.
2 *Schröder, Ch.*, Hdb. KapitalmarktstrafR, Rz. 16.
3 *Cramer* in S/S, § 264a StGB Rz. 6.
4 OLG München v. 24.10.2007 – 20 U 1954-07, juris.
5 *Möhrenschlager*, wistra 1982, 201 (206); *Cramer* in S/S, § 264a StGB Rz. 5.
6 Vgl. *Oulds* in Kümpel/Wittig, Bank- und KapitalmarktR, Rz. 14.38.
7 *Fischer*, § 264a StGB Rz. 8; *Worms*, § 264a StGB – ein wirksames Remedium gegen den Anlageschwindel?, wistra 1987, 242 (246); *Möhrenschlager*, wistra 1982, 205 f.; *Knauth*, Kapitalanlagebetrug und Börsendelikte im zweiten G zur Bekämpfung der Wirtschaftskriminalität, NJW 1987, 28 (29).
8 In diesem Sinne *Tiedemann* in LK, § 264a StGB Rz. 41; a.A. *Schröder, Ch.*, Hdb. KapitalmarktstrafR, Rz. 20.
9 *Schröder, Ch.*, Hdb. KapitalmarktstrafR, Rz. 16; *Möhrenschlager*, wistra 1982, 201 (206); *Cramer* in S/S, § 264a StGB Rz. 10; *Worms*, Anlegerschutz durch StrafR, 1987, S. 242, 246; *Cerny*, § 264a StGB – Kapitalanlagebetrug, Gesetzlicher Anlegerschutz mit Lücken, MDR 1987, 271 (273).
10 Für eine Einbeziehung *Fischer*, § 264a StGB Rz. 5; *Joecks*, wistra 1986, 142 (144); *Schröder, Ch.*, Hdb. KapitalmarktstrafR, Rz. 25.

114 Umstritten ist, ob die Mitgliedschaft bei **Bauherren- oder Erwerbermodellen** durch § 264a StGB **geschützt** ist[1]. Richtigerweise wird man jeweils anhand der vertraglichen Regelungen im konkreten Einzelfall entscheiden müssen, ob der Kapitalanleger an einem Modell beteiligt ist, dass ihm einen Anteil am Ergebnis eines Unternehmens gewährt[2].

115 b) In § 264a Abs. 2 StGB wird der Schutz auf Erwerber von Anteilen an einem Vermögen ausgedehnt, das ein Unternehmen in eigenem Namen, aber für Rechnung der Anleger verwaltet. Es handelt sich hierbei um Fälle, in denen der Anleger mit dem vermögensverwaltenden Unternehmen nur über ein **Treuhandverhältnis** verbunden ist. Damit werden die Fälle der sog. Treuhandkommanditisten bei Verlustzuweisungsmodellen erfasst[3] (s. Rz. 6).

116 c) § 264a Abs. 1 Nr. 1 StGB erfasst nach seinem Wortlaut nur den Erstvertrieb der genannten Anteile. § 264a Abs. 1 Nr. 2 StGB erstreckt den Schutzbereich der Norm daher auch auf Personen, die bereits solche Anteile innehaben und nunmehr ein Angebot erhalten, diese **Anteile** nochmals **zu erhöhen**.

2. Vertriebsform

117 a) Der Täter muss die Interessenten *im Zusammenhang mit dem Vertrieb* der Wertpapiere etc. falsch informieren. Eine nähere Konkretisierung möglicher Täter enthält § 264a Abs. 1 StGB nicht. **Täter** kann damit grundsätzlich jedermann sein, der in den Vertrieb eingeschaltet ist[4]. Ein *Vertrieb* erfordert nicht einen in kaufmännischer Weise eingerichteten Geschäftsbetrieb; ausreichend ist eine auf den Absatz einer Vielzahl von Kapitalanlagen gerichtete Tätigkeit, die sich an den Markt wendet. Eine einzelne individuelle Anlageberatung reicht nicht aus[5].

118 Als Täter kommen damit nicht nur die **Initiatoren** von Kapitalanlageobjekten oder die **Prospektverfasser** infrage, sondern grundsätzlich auch Mitarbeiter von Vertriebsgesellschaften oder eigenständige Anlageberater, die den Prospekt oder die Darstellung bei ihrer Tätigkeit verwenden. Jedoch wird sich die Feststellung einer Strafbarkeit der Mitarbeiter eigenständiger Vertriebsgesellschaften nach § 264a StGB meist dadurch in Grenzen halten, dass sie den Prospekt oder die Übersichten nicht erstellt haben und bei deren Verwendung keine (nachweisbare) Kenntnis von deren Unrichtigkeit haben (§ 15 StGB)[6]. Eine Strafbarkeit der Vertriebsmitarbeiter wegen Betrugs zum Nachteil des konkreten Kunden ist jedoch nicht ausgeschlossen (s. § 28 Rz. 79).

---

1 Verneinend: *Joecks*, wistra 1986, 142 (144); *Joecks* in A/R, X 1 Rz. 14; *Schmidt-Lademann*, WM 1986, 1241; bejahend: *Fischer*, § 264a StGB Rz. 8, 19 m.w.Nw.; *Richter*, wistra 1987, 117 (118); *Papst*, Rechtliche Risiken bei Konzeption und Vertrieb von Kapitalanlagen, 1991, S. 36; einschränkend *Flanderka/Heydel*, Strafbarkeit des Vertriebs von Bauherren-, Bauträger- und Erwerbermodellen gem. § 264a StGB, wistra 1990, 256.
2 *Richter*, Strafbare Werbung beim Vertrieb von Kapitalanlagen, wistra 1987, 117 f.
3 *Fischer*, § 264a StGB Rz. 19; *Cramer* in S/S, § 264a StGB Rz. 35.
4 BGH v. 24.6.2014 – VI ZR 560/13, ZIP 2014, 1635 (1636) – Rz. 27; KG v. 1.6.2011 – 19 U 90/11, wistra 2011, 358.
5 *Möhrenschlager*, wistra 1982, 201 (206).
6 Zur Strafbarkeit eines als Berater zur Prospekterstellung für ein betrügerisches Schneeballsystem hinzugezogenen Rechtsanwalts wegen Beihilfe vgl. BGH v. 20.9.1999 – 5 StR 729/98, wistra 1999, 459.

b) Die nach § 264a StGB strafbaren Angaben müssen in Prospekten oder in Darstellungen oder Übersichten über den Vermögensstand gemacht werden. Der Begriff des **„Prospekts"** i.S. des § 264a Abs. 1 StGB geht über den des WpPG und des VermAnlG (s. hierzu Rz. 94 ff., 101 ff.) hinaus. Bei Prospekten handelt es sich hier um jedes Schriftstück, das entscheidungserhebliche Informationen über das Finanzprodukt enthält. Ob das Schriftstück vorgibt, vollständige Informationen zu enthalten, oder ob es erkennbar nur lückenhafte Informationen aufweist, ist für die Einstufung als Prospekt i.S. des § 264a Abs. 1 StGB unerheblich[1]. Abzugrenzen von „Prospekten" sind aber bloße Werbeschriften, die lediglich Interesse an einer Anlage wecken sollen[2].

119

Eine **Übersicht über den Vermögensstand** beinhaltet – wie auch in § 265b Abs. 1 Nr. 1 Buchst. a StGB (s. § 50 Rz. 171 ff.) – eine Bestandsaufnahme der Vermögenslage und der Entwicklung des betreffenden Unternehmens. Es handelt sich um eine Zusammenstellung von Zahlenmaterial und anderen Beurteilungsfaktoren, die nicht nur vereinzelte Informationen, sondern einen Gesamtüberblick über die gegenwärtige Situation enthält[3] (z.B. Jahresabschlüsse, Überschuldungsstati). Dass die Übersicht in Schriftform vorliegen muss, sieht § 264a Abs. 1 StGB nicht vor[4].

120

Der Begriff **„Darstellungen"** umfasst Angaben über den Vermögensstand, die für die Anlage werben und dabei den Eindruck erwecken, alle für die Beurteilung der Anlage erheblichen Angaben zu enthalten[5]. Hierzu zählen Geschäftsberichte, die in § 400 Abs. 1 Nr. 1 AktG erwähnten Vorträge und Auskünfte in der Hauptversammlung, Darstellungen in Form von Ton- und Bildträgern[6] und mündliche Auskünfte. Auch die Darstellungen sind von bloßer Werbung abzugrenzen, die lediglich das Interesse potenzieller Anleger wecken soll.

121

c) Die genannten Informationsträger müssen **„einem größeren Kreis von Personen"** vermittelt werden, d.h. gegenüber einer so großen Zahl möglicher Anleger, dass deren Individualität gegenüber dem sie zu einem Kreis verbindenden potenziell gleichen Interesse an der Kapitalanlage zurücktritt[7]. Die Art und Weise, wie die Angaben gemacht werden, spielt dabei keine Rolle.

122

Das Informationsmaterial kann in allgemein zugänglichen Räumen oder im Wege der Direktwerbung[8] verteilt werden. Werbesendungen an einzelne Berufsgruppen, die mithilfe von Adressen- oder Branchenverzeichnissen auf CD-ROM ausgewählt und angesprochen werden, können ebenso darunterfallen wie Angebote auf Internetseiten (z.B. wenn Prospekte zum Download bereitgehalten werden) und die massenweise Versendung von E-Mails oder Faxschreiben mit entsprechenden Angeboten.

---

1 Str., vgl. Nw. bei *Fischer*, § 264a StGB Rz. 12.
2 *Fischer*, § 264a StGB Rz. 9.
3 *Schröder, Ch.*, Hdb. KapitalmarktstrafR, Rz. 31; *Cerny*, MDR 1987, 271 (274); *Cramer* in S/S, § 264a StGB Rz. 19; *Joecks* in A/R, X 1 Rz. 29.
4 *Möhrenschlager*, wistra 1982, 201 (206).
5 *Möhrenschlager*, wistra 1982, 201 (206); *Fischer*, § 264a StGB Rz. 9.
6 *Möhrenschlager*, wistra 1982, 201 (206); *Cramer* in S/S, § 264a StGB Rz. 21.
7 BGH v. 24.6.2014 – VI ZR 560/13, ZIP 2014, 1635 (1637) (Rz. 31); *Joecks*, wistra 1986, 142 (144); *Fischer*, § 264a StGB Rz. 17.
8 *Möhrenschlager*, wistra 1982, 201 (206).

123 Eine tatsächliche **Kenntnisnahme** des Adressaten von den Angaben ist nicht erforderlich, da es sich um ein abstraktes Gefährdungsdelikt handelt. Es reicht aus, wenn die Adressaten die Möglichkeit der Kenntnisnahme haben, z.B. durch die bloße Einstellung des Prospekts auf die Homepage des Unternehmens.

3. Unrichtigkeit der Informationen

124 Auch wenn eine **Täuschung** eines konkreten Opfers gerade nicht erforderlich ist, setzt § 264a Abs. 1 StGB doch voraus, dass der Täter hinsichtlich für die Entscheidung eines Anlageinteressenten erheblicher Umstände unrichtige vorteilhafte Angaben macht oder nachteilige Tatsachen verschweigt. Da die BaFin lediglich eine formale Prüfung durchführt (Rz. 105 ff.), kann dies auch in einem von ihr gebilligten Prospekt vorkommen.

In der strafrechtlichen Praxis ist von den o.g. Informationsträgern der **Emissionsprospekt** derjenige, der die größte Rolle spielt. Im Folgenden wird daher der Einfachheit halber auf den Prospekt abgestellt; die Ausführungen gelten aber gleichermaßen für die in § 264a StGB genannten Darstellungen und Übersichten.

125 **a)** Angaben sind **vorteilhaft**, wenn sie geeignet sind, den Interessenten zu einer Entscheidung für die Anlage zu bewegen. **Nachteilig** sind Tatsachen dann, wenn sie bei objektiver Betrachtung geeignet sind, die Anlageentscheidung des Interessenten wegen ihrer Bedeutung für Wert, Chancen oder Risiken der Anlage negativ zu beeinflussen und einen verständigen Anleger von einer Beteiligung abzuhalten[1]. Die *Abgrenzung*, ob im konkreten Fall unrichtige vorteilhafte Angaben gemacht oder nachteilige Tatsachen verschwiegen werden, kann schwierig sein, muss in der Praxis aber meist gar nicht getroffen werden, weil unrichtige positive Angaben i.d.R. mit dem Verschweigen negativer Tatsachen einhergehen bzw. in die Darstellung aufgenommene Tatsachen gerade deshalb positiv erscheinen, weil andere Tatsachen gerade nicht erwähnt werden[2].

126 **b)** Eine konkrete Angabe im Prospekt ist **unrichtig**, wenn sie inhaltlich nicht mit der Wirklichkeit übereinstimmt[3]. Dies erfasst auch den Fall, dass die Angabe erst nachträglich unrichtig wird, der Prospekt aber weiterverwendet wird[4]. Für die Feststellung, welchen *Inhalt* die Angabe eigentlich hat, sind der *Empfängerhorizont* und die Kenntnisse und Erfahrungen eines *durchschnittlichen Anlegers* maßgeblich, an den sich der konkrete Prospekt wendet[5].

So kann der Prospekt einer Anlage, die ausschließlich für *professionelle Investoren* bestimmt ist, ein erhebliches **Hintergrundwissen** der Adressaten voraussetzen. Demgegenüber kann ein Prospekt, der sich auch an *Privatanleger* wendet, z.B. nicht unterstellen, der Adressat könne Bilanzen lesen. Ein Prospekt mit einem solchen Adressatenkreis

---

1 KG v. 1.7.2011 – 19 U 90/11, wistra 2011, 358 (359).
2 OLG Frankfurt v. 8.7.2011 – 5 U 122/10, juris – Rz. 23; vgl. z.B. BGH v. 23.4.2012 – II ZR 211/09, ZWH 2012, 326.
3 *Joecks*, Anleger- und Verbraucherschutz durch das 2. WiKG, wistra 1986, 142 (145).
4 BGH v. 24.6.2014 – VI ZR 560/13, ZIP 2014, 1635 (1638) – Rz. 39 m.w.Nw.
5 BGH v. 14.6.2007 – III ZR 125/06, ZIP 2007, 1993 (Rz. 9); BGH v. 18.9.2012 – XI ZR 344/11, BB 2012, 2906 (2907) –Rz. 22 ff. m. Anm. *Stumpf*.

muss seine Aussagen daher mit zusätzlichen Informationen versehen, um einem falschen Verständnis vorzubeugen[1].

Werturteile sind ihrer Natur nach dem Beweis der Richtigkeit oder Unrichtigkeit nicht zugänglich. Daher kommt es hier darauf an, auf welchen *Tatsachen* das Werturteil beruht und welche dieser Tatsachen im Prospekt mitgeteilt werden. Sind die zugrunde liegenden Tatsachen unrichtig oder werden zugleich Umstände verschwiegen, die die Angabe nachteilig beeinflussen, ist der Prospekt unrichtig. 127

Beispiele: Wird in einem Prospekt z.B. ein „erfahrener und leistungsstarker Partner" als Generalunternehmer angepriesen und handelt es sich in Wirklichkeit um eine neugegründete GmbH mit lediglich 25 000 Euro Stammkapital, so ist diese Aussage falsch. Wird bei einem Wirtschaftsunternehmen angegeben, ein „erfahrener" Vorstand sei bestellt, tatsächlich handelt es sich aber um einen Abiturienten, liegt ebenso eine falsche Angabe vor.

Prognosen können solange nicht als unrichtig angesehen werden, wie sie auf einer richtigen und vollständigen *Tatsachenbasis* beruhen und ihre Ableitung aus dieser Tatsachenbasis *vertretbar* ist. Unrichtig sind Prognosen dagegen, wenn sie mangels zureichender Tatsachenbasis lediglich als Angabe „*ins Blaue hinein*" zu klassifizieren sind oder ihre Ableitung – bei vollständiger und korrekter Tatsachengrundlage – unter keinem Gesichtspunkt mehr als vertretbar angesehen werden kann[2]. 128

Beispiele: Enthält ein Prospekt z.B. Angaben zu den erwarteten **Absatzzahlen** seines Produkts oder Projekts, obwohl die tatsächlichen Absatzzahlen bereits von dieser Planung abweichen und keine belastbaren Anhaltspunkte dafür vorliegen, dass diese Abweichung lediglich vorübergehender Natur ist, muss der Prospekt über diese Unsicherheiten aufklären[3].

Dies gilt vor allem für **Angaben über die renditemäßige Entwicklung** des angebotenen Investments. Ob diese Angaben richtig sind, hängt zum einen davon ab, ob es sich um bereits erwirtschaftete oder um erst noch erwartete Erträge handelt. Zum anderen hängt es stark von der verwendeten Berechnungsmethode ab, welche „Rendite" ausgewiesen werden kann[4]. 129

Beispiele: Soll die Rendite z.B. über **Mieteinnahmen** erwirtschaftet werden, ist die Angabe der erwarteten Rendite unrichtig, wenn auf der Einnahmenseite die künftige Inflationsentwicklung, die sich über eine Mietpreisindexierung stark auf die prognostizierten Mieteinkünfte auswirkt, viel zu hoch angesetzt und die zukünftig erwarteten Mieteinnahmen dadurch nach oben manipuliert werden[5]. Gleiches gilt, wenn auf der Ausgaben-

---

1 BGH v. 18.9.2012 – XI ZR 344/11, BB 2012, 2906 (2907 f.) (Rz. 25).
2 BGH v. 23.4.2012 – II ZR 75/10, ZWH 2013, 116; BGH v. 31.5.2012 – II ZR 30/09, NJW 2010, 2506; hierzu Anm. *Wagner*, Prospekthaftung bei fehlerhaften Prognosen?, NZG 2010, 857; *Rieckhoff*, Trendinformationen und Prognosen im Wertpapierprospekt, BKR 2011, 221.
3 OLG Celle v. 20.12.2000 – 9 U 138/00, NZG 2001, 620.
4 Erläuterungsbedürftig ist z.B. die Angabe des „internen Zinsfußes", vgl. OLG Celle v. 19.3.2008 – 3 U 218/07, WM 2008, 1270; OLG Köln v. 22.3.2012 – 18 U 104/11, juris; LG München II v. 17.8.2006 – 9B O 3493/05, juris.
5 Vgl. OLG Köln v. 30.8.2012 – 18 U 79/11, juris – Rz. 165 ff..

seite die Verwaltungskosten sowie die Instandhaltungs- und Vorsorgepositionen zu niedrig kalkuliert sind oder das Kapital primär an die Initiatoren des Projekts fließt und damit für die Renditeerzielung gar nicht mehr zur Verfügung steht[1].

130 c) Verschwiegene nachteilige Tatsachen können z.B. sein:

– mögliche Interessenkonflikte auf Seiten der *Initiatoren* wegen kapitalmäßiger und personeller Verflechtungen[2];

– mögliche Interessenkonflikte von *Treuhändern*, *Gutachtern*, Mitgliedern von *Aufsichtsorganen* oder *Prospektprüfern*[3] wegen vertraglicher Verflechtungen mit den Initiatoren, Vertragspartnern, eingeschalteten Sachverständigen oder Prospektherausgebern;

– ein gegen die Initiatoren gerichtetes *strafrechtliches Ermittlungsverfahren*[4], selbst wenn es sich nur um eine Vorgängergesellschaft mit ähnlicher Konzeption und mit denselben dahinterstehenden natürlichen Personen handelt, dort aber eine Durchsuchung wegen des Verdachts des Kapitalanlagebetruges durchgeführt wurde;

– dass aufgrund bereits vor Prospektherausgabe geänderter Marktbedingungen die zeitgerechte Umsetzung des zu finanzierenden Projekts fraglich ist und die Investitionsmittel deshalb für die Vergütung der Funktionsträger verwendet werden müssen[5].

131 d) Die unrichtige Angabe oder die verschwiegene Tatsache muss sich auf für die Entscheidung über den Erwerb oder die Erhöhung des Anteils **erhebliche Umstände** beziehen. Der konkrete Fehler muss damit von einer solchen Erheblichkeit sein, dass er nach den *Erwartungen des Kapitalmarktes* für die konkrete Art des Investments für einen verständigen, durchschnittlich vorsichtigen Anleger eine Auswirkung auf die Entscheidung über den Erwerb oder die Erhöhung der Beteiligung Bedeutung haben kann[6]. Damit kommt es nicht nur auf den einzelnen Fehler als solchen an, sondern darauf, ob durch ihn im konkreten Einzelfall ein *falsches Gesamtbild* des Emittenten oder der Anlage vermittelt wird[7]. Als Ausgangspunkt für diese Prüfung können die Ziele von § 5 Abs. 1 S. 1 WpPG, § 7 Abs. 1 S. 1 VermAnlG herangezogen werden, wonach der Interessent sämtliche tatsächlichen und rechtlichen Informationen erhalten

---

1 OLG Celle v. 20.12.2000 – 9 U 138/00, NZG 2001, 620.
2 *Tiedemann* in LK, § 264a StGB Rz. 75; *Gäbhard*, Das Tatbestandsmerkmal der „wesentlichen Umstände" beim Kapitalanlagebetrug § 264a StGB, S. 40, 116.
3 *Tiedemann* in LK, § 264a StGB Rz. 75.
4 OLG München v. 18.12.2006 – 21 U 4148/06; *Stumpf/Lamberti/Schmidt*, Hinweispflicht auf Straf- und Ermittlungsverfahren im Prospekt geschlossener Fonds, BB 2008, 1635.
5 BGH v. 29.5.2000 – II ZR 280/98, ZIP 2000, 1296.
6 BGH v. 12.5.2005 – 5 StR 283/04, wistra 2005, 304; zu Bedenken wegen der Weite des Begriffs der „Erheblichkeit" vgl. *Joecks*, wistra 1986, 142 (146); *Schröder, Ch.*, Hdb. KapitalmarktstrafR, Rz. 52; *Tiedemann* in LK, § 264a StGB Rn.67 ff., 88; skeptisch hierzu *Fischer*, § 264a StGB Rz. 16; vgl. auch zur Parallelproblematik bei § 265b StGB BGH v. 18.12.1981 – 1 StR 706/81, BGHSt 30, 285.
7 BGH v. 18.9.2012 – XI ZR 344/11, BB 2012, 2906; BGH v. 14.6.2007 – III ZR 125/06, ZIP 2007, 1993; BGH v. 12.7.1982 – II ZR 175/81, ZIP 1982, 923.

soll, die er benötigt, um den Emittenten und das Angebot selbst mit seinen Chancen und Risiken zutreffend beurteilen zu können (vgl. (Rz. 94, 101).

Anhaltspunkte, welche Angaben in diesem Sinne **üblicherweise** als **erheblich** einzustufen sind, können den gesetzlichen Vorschriften zum Inhalt eines Prospekts (s. Rz. 94 ff., 101 ff.) entnommen werden, aber auch den *Standards des Instituts der Wirtschaftsprüfer in Deutschland* eV (IDW Standard, IDW S. 4)[1], die Grundsätze zur ordnungsgemäßen Beurteilung von Verkaufsprospekten über öffentlich angebotene Vermögensanlagen enthalten. Verstöße gegen die Vorschriften oder Standards bedeuten zwar *nicht zwingend*, dass der Prospekt in erheblicher Weise fehlerhaft ist. Doch allein schon die Tatsache, dass diese Vorschriften und Standards eine bestimmte Anforderung aufstellen, stellt ein – im Einzelfall u.U. noch weiter zu überprüfendes – **Indiz** dafür dar, dass eine entsprechende Angabe für den Leser des Prospekts von Interesse ist.

132

4. Subjektiver Tatbestand, Rücktritt und Verjährung

a) Der Tatbestand kann nur durch **vorsätzliches Handeln** begangen werden, § 15 StGB. Dabei reicht bedingter Vorsatz aus. Der Vorsatz muss sich auch auf die normativen Merkmale „erhebliche Umstände", „vorteilhafte Angaben" oder „nachteilige Tatsachen" beziehen. Zumindest muss der Täter diese Begriffe in ihrem sozialen Sinngehalt erfasst haben; ausreichend ist allerdings die sog. „Parallelwertung in der Laiensphäre"[2]. Gewissheit über die Ordnungsmäßigkeit seines Prospekts kann sich der Prospektersteller u.U. verschaffen, wenn er auf freiwilliger Basis ein *Prospektgutachten* durch einen Wirtschaftsprüfer nach vom Institut der Wirtschaftsprüfer entwickelten *Standards*[3] erstellen lässt.

133

b) In § 264a Abs. 3 StGB ist für die **tätige Reue** eine Sonderregelung enthalten, wonach Straffreiheit eintritt, soweit nach der Tat Handlungen vorgenommen werden, die bei einem Verletzungsdelikt als Rücktritt vom Versuch zu werten wären. Hintergrund dieser Regelung ist, dass die Schwelle zur Strafbarkeit gegenüber Erfolgsdelikten, insbesondere dem Betrugstatbestand, sehr weit vorverlagert ist[4].

134

c) Die Frist für die Verfolgungsverjährung für Kapitalanlagebetrug beträgt fünf Jahre ab Abschluss der Verbreitungshandlung, da die Tathandlung damit nicht

135

---

1 IDW Standard: Grundsätze ordnungsgemäßer Beurteilung von Verkaufsprospekten über öffentlich angebotene Vermögensanlagen (IDW S 4), WPg. 2006, 919 ff.; *Küting*, Neufassung des IDW S. 4 – Auf dem Weg von einer freiwilligen zu einer gesetzlich kodifizierten Prospektprüfung?, DStR 2006, 1007; *Marx/Schleifer*, Aktuelle Problembereiche des IDW S4, BB 2007, 258.
2 OLG Düsseldorf v. 20.4.2011 – 15 U 93/09, juris; *Fischer*, § 264a StGB Rz. 15; *Joecks*, wistra 1986, 142 (147); *Ransiek*, Blankettstraftatbestand und Tatumstandsirrtum, wistra 2012, 365.
3 IDW Standard: Grundsätze ordnungsgemäßer Beurteilung von Verkaufsprospekten über öffentlich angebotene Vermögensanlagen (IDW S 4) v. 18.5.2006, WPg 2006, 919.
4 *Fischer*, § 264a StGB Rz. 16; *Joecks*, wistra 1986, 142 (148).

nur vollendet, sondern auch beendet ist[1] (§§ 78 Abs. 3 Nr. 4, 78a StGB). Dies gilt auch, wenn die Tat durch Verbreitung gedruckter Prospekte begangen wird. Die kurze **presserechtliche Verjährungsfrist** von sechs Monaten kommt nach den Landespressegesetzen der meisten Länder nicht zur Anwendung[2]. Bei Verbreitung eines gedruckten unrichtigen Prospekts wird die Tat zwar grundsätzlich mit einem „Druckwerk strafbaren Inhalts" begangen[3]. Allerdings sind Prospekte nach den Regelungen der meisten Bundesländer bereits vom Begriff des „Druckwerks" ausgenommen, weil sie „nur den Zwecken des Gewerbes" dienen[4] (z.B. § 7 Abs. 1, Abs. 3 Nr. 2 bad.-württ. PresseG). Diese Regelung findet sich mit gleichem oder nur unwesentlich abweichendem Wortlaut auch in den Pressegesetzen der anderen Bundesländer wieder (nur mit anderer Systematik: § 14 Abs. 1 S. 2 Nr. 3 bay. LPresseG[5]). Dadurch sind solche Prospekte der kurzen Verjährung (z.B. § 24 Abs. 1 bad.-württ PresseG) im Ergebnis entzogen.

II. Gründungsschwindel

1. GmbH und UG

a) Allgemeines

136 **aa)** Wie oben (Rz. 16 ff.) beschrieben sind Kapitalmaßnahmen bei Rechtsformen mit Haftungsbeschränkung mit einer Vielzahl von Handelsregisteranmeldungen und -eintragungen verbunden. Um die Richtigkeit der Handelsregistereintragungen einer GmbH oder UG (haftungsbeschränkt) zu gewährleisten, stellt § 82 Abs. 1 GmbHG unter Strafe, wenn zum Zwecke der Eintragung der Gesellschaft in das Handelsregister vorsätzlich falsche Angaben gemacht werden („**Gründungsschwindel**"; zu den Anmeldepflichten s. auch § 24 Rz. 35 ff.). Dies betrifft auch – und vor allem – Angaben zur Aufbringung und zum Vorhandensein des gesetzlich vorgeschriebenen Gesellschaftskapitals.

137 **Geschütztes Rechtsgut** ist das Vermögensinteresse der Gesellschaftsgläubiger und sonstiger Dritter sowie das Vertrauen der Allgemeinheit in die Richtigkeit des Handelsregisters und der zu diesem eingereichten Schriftstücke sowie sonstiger öffentlicher Angaben über die Vermögensverhältnisse der GmbH[6]. Demgemäß kommt es für die Verwirklichung der Straftatbestände des Gründungsschwindels auch durchweg nicht darauf an, ob durch die strafbaren Täuschungshandlungen ein Vermögensschaden verursacht wurde oder nicht, oder

---

1 OLG Köln v. 13.4.1999 – 2 Ws 97- 98/99, 2 Ws 97/99, 2 Ws 98/99, NJW 2000, 598, 600; *Fischer*, § 264a StGB Rz. 18.
2 BGH v. 21.12.1994 – 2 StR 628/94, BGHSt. 40, 385.
3 Sog. Presseinhaltsdelikt, vgl. RG v. 14.12.1931 – II/1004/31, RGSt 66, 145; BGH v. 18.12.1974 – 3 StR 105/74, BGHSt. 26, 40.
4 Hierzu bereits RG v. 24.6.1886 – 1420/86, RGSt 14, 279 (282 f.); RG v. 13.11.1902 – 4290/02, RGSt 36, 11 (13); *Löhner* in Löffler, PresseR, § 7 LPG Rz. 59.
5 Zusammenstellung der PresseG der Bundesländer bei *Löhner* in Löffler, PresseR, § 7 LPG, S. 361 ff.
6 BGH v. 11.7.1988 – II ZR 243/87, BGHZ 105, 121 (Rz. 11); OLG München v. 7.10.1987 – 3 U 3138/87, NJW-RR 1988, 290 (Rz. 7); *Tiedemann* in Scholz, § 82 GmbHG Rz. 9 ff.

ob Organe der Gesellschaft die Einwilligung zu einer falschen Angabe erteilt haben. Allerdings setzen sich Gesellschafter und Geschäftsführer einer GmbH und einer UG (haftungsbeschränkt) einer zivilrechtlichen Haftung gegenüber der Gesellschaft aus (§ 9a GmbHG), wenn sie zum Zweck der Errichtung der Gesellschaft falsche Angaben machen. Gegenüber anderen Gläubigern kann der Verstoß gegen § 82 Abs. 1 GmbHG einen Schadensersatzanspruch aus § 823 Abs. 2 BGB begründen[1].

bb) Angaben in Bezug auf den Gründungsvorgang können nicht nur Tatsachen sein, sondern auch Schätzungen, Bewertungen oder Prognosen mit einem objektivierbaren Inhalt[2]. Welchen Aussagegehalt eine konkrete Angabe hat, ist ggf. durch *Auslegung* festzustellen, in die auch der Inhalt anderer bei der Handelsregisteranmeldung eingereichter Unterlagen einzubeziehen ist. 138

Angaben sind **falsch**, wenn sie nicht mit der Wirklichkeit übereinstimmen (vgl. auch Rz. 126 ff.). Bagatellunrichtigkeiten sind dabei aber von der Strafbarkeit ausgenommen. Die Unrichtigkeit muss von **Erheblichkeit** sein[3]. Als strafrechtlich relevant kommen nach Sinn und Zweck der Norm nur solche unrichtigen Angaben in Betracht, die geeignet sind, die Entscheidung des Registergerichts über die Eintragung oder deren Ablehnung zu beeinflussen. Werden zwar Angaben gemacht, sind sie aber unvollständig, so kann die gemachte Angabe falsch sein, wenn die nicht mitgeteilten Umstände den Inhalt der Aussage in rechtlich erheblicher Weise verändern würden[4]. 139

Bei einem Beurteilungsvorgang – z.B. erforderliche Bewertungen – kann sich die Unrichtigkeit aus einem richtigen Schluss aus unrichtigen Tatsachen oder aus einem unrichtigen Schluss aus richtig dargelegten Tatsachen ergeben. In solchen Fällen muss die Angabe auf einer vollständigen Tatsachengrundlage beruhen; dann ist ein Beurteilungsspielraum eröffnet. In Ansehung dieses Spielraums ist die Angabe erst dann falsch, wenn die konkrete Bewertung schlechthin unvertretbar ist, mithin den vorhandenen Beurteilungsspielraum evident überschreitet (vgl. auch Rz. 126 und zur Parallelproblematik bei den Bilanzdelikten § 40 Rz. 58)[5]. Das gilt jedoch nicht für rechtliche Wertungen, zu denen sich bereits eine gefestigte Rechtsprechung herausgebildet hat[6]. 140

Das Gesamtbild der Äußerung kann auch durch das **Verschweigen** von Umständen unrichtig werden. Ein Verschweigen liegt dann vor, wenn ein Sachverhalt unerwähnt bleibt, der einen eigenständigen Bedeutungsgehalt hat[7]. Erheblich sind die verschwiegenen Umstände, wenn es sich um vom Registergericht für seine Entscheidung benötigte Informationen handelt und wenn im Wirt- 141

---

1 *Schaal* in Erbs/Kohlhaas, G 131 § 82 GmbHG Rz. 1.
2 *Tiedemann* in Scholz, § 82 GmbHG Rz. 59.
3 *Tiedemann* in Scholz, § 82 GmbHG Rz. 63.
4 *Haas* in Baumbach/Hueck, § 82 GmbHG Rz. 10, 10b; *Schaal* in Erbs/Kohlhaas, G 131 § 82 GmbHG Rz. 10.
5 BGH v. 8.12.1981 – 1 StR 706/81, BGHSt. 30, 285; *Schaal* in MüKo, § 399 AktG Rz. 57; *Lenckner* in S/S, § 265b StGB Rz. 46; *Tiedemann* in LK, § 265b StGB Rz. 65.
6 *Schaal* in MüKo, § 399 AktG Rz. 57.
7 *Tiedemann* in Scholz, § 82 GmbHG Rz. 62.

schaftsleben nach Treu und Glauben und unter Berücksichtigung der Verkehrssitte eine Angabe zu erwarten gewesen wäre[1]. Wie bereits bei § 264a StGB ausgeführt (s. Rz. 125) ist die Grenze zwischen unvollständig gemachten Angaben und verschwiegenen Umständen fließend[2].

Beispiel: Z.B. müssen die Geschäftsführer einer vorbelasteten, aber nun wirtschaftlich neu gegründeten Mantel-GmbH (s. Rz. 30) sämtliche Versicherungen zur Kapitalaufbringung abgegeben. Unterlassen sie dies und teilen dem Registergericht nur Umfirmierung, Sitzverlegung und neue Gesellschafterliste mit, legt der Rechtsverkehr – vertreten durch das Registergericht – die uneingeschränkte Anmeldung dahingehend aus, die GmbH sei nicht vorbelastet, und erhält damit keine Kenntnis von der Vorbelastungshaftung der Gesellschafter.

142 Der **Zeitpunkt der Angabe** ist durch die Strafnorm nicht festgelegt. Die Tathandlung kann sowohl in den Angaben der ersten Anmeldung liegen als auch in Angaben, die nachgereicht werden. Sind die mit der Erstanmeldung gemachten Angaben zunächst richtig, treten aber bis zur Nachmeldung relevante Änderungen der Umstände ein, kann die Tathandlung in der Nachmeldung liegen, wenn die Änderung der Umstände hier hätte mitgeteilt werden müssen[3]. Werden zunächst versehentlich Umstände verschwiegen, ergibt sich bis zum Abschluss der Eintragung die Pflicht zur nachträglichen Berichtigung aus § 13 StGB (Ingerenz, vgl. § 17 Rz. 17a)[4]. Die Verletzung von Berichtigungspflichten kann daher den Tatbestand der falschen Angaben i.S. von § 82 Abs. 1 S. 1 GmbHG durch Unterlassen erfüllen.

143 Gemacht – i.S. der **Tatvollendung** – sind die unrichtigen oder unvollständigen Angaben, wenn sie beim zuständigen Registergericht eingereicht und ihm dadurch zugänglich gemacht werden[5]. Eine spätere Richtigstellung beseitigt die Vollendung nicht und kann allenfalls bei der Strafzumessung Berücksichtigung finden.

144 cc) **Taugliche Täter** sind beim Gründungsschwindel nach § 82 Abs. 1 Nr. 1 GmbHG die Geschäftsführer und die Gesellschafter, bei § 82 Abs. 1 Nr. 2 GmbHG nur die Gesellschafter. Die Bestellung zum **Geschäftsführer** muss nicht wirksam sein; auch ein unwirksam bestellter Geschäftsführer oder ein faktischer Geschäftsführer (hierzu näher § 30 Rz. 56 ff.; auch unten Rz. 164 ff.) kann Täter sein[6]. Da es sich um ein echtes Sonderdelikt handelt, können sich in anderer Funktion an der Errichtung der Gesellschaft Mitwirkende lediglich

---

1 RG v. 24.9.1907 – II 412/07, RGSt. 40, 285.
2 Vgl. die Darstellung in *Steinmetz*, S. 133 ff.
3 BGH v. 16.3.1993 – 1 StR 804/92, NStZ 1993, 442; *Arnold* in Kölner Komm., § 37 AktG Rz. 10.
4 *Tiedemann* in Scholz, § 82 GmbHG Rz. 98; *Schaal* in Erbs/Kohlhaas, G 131 § 82 GmbHG Rz. 10.
5 RG v. 10.3.1910 – III 70/10, RGSt 43, 323; *Schaal* in MüKo, § 399 AktG Rz. 65.
6 BGH v. 13.12.2012 – 5 StR 407/12, GmbHR 2013, 257; BGH v. 10.5.2000 – 3 StR 101/00 m. Anm. *Joerden*, JZ 2001, 309; zu dieser Entscheidung auch *Schulz*, Der faktische Geschäftsführer als Täter der §§ 82, 84 GmbHG unter Berücksichtigung der Problematik des Strohmannes, StraFo 2003, 155.

als **Anstifter** oder **Gehilfe** strafbar machen[1]. Dies gilt insbesondere für Prokuristen[2], Aufsichtsräte (§ 52 Abs. 1 GmbHG i.V.m. § 111 AktG), Rechtsanwälte, Notare, Steuerberater oder Wirtschaftsprüfer[3] (vgl. auch unten §§ 95 f.).

145 Kommt es für die Errichtung der Gesellschaft zu falschen Angaben der **Gesellschafter**, werden diese Angaben durch den Geschäftsführer beim Registergericht eingereicht (§ 78 GmbHG). Gleichwohl ist es der Gesellschafter, der diese Angaben i.S. des Tatbestands macht und damit nach § 82 Abs. 1 Nr. 1 GmbHG verantwortlich ist. Von der Kenntnis des anmeldenden Geschäftsführers von der Falschheit der Angabe hängt lediglich ab, ob Gesellschafter und Geschäftsführer als Mittäter strafbar sind (§ 25 Abs. 2 StGB) oder ob der Geschäftsführer lediglich gutgläubiger Bote der Angaben des Gesellschafters ist[4].

146 **dd)** Die Täter sind nur strafbar, wenn sie zumindest bedingt vorsätzlich handeln (§ 15 StGB). Ein den Vorsatz ausschließender **Tatbestandsirrtum** (§ 16 StGB) kann sich einerseits auf tatsächliche Umstände (d.h. jetzige oder zukünftige Tatsachen) und andererseits auf sog. normative Tatbestandsmerkmale (wie z.B. die Begriffe „falsch" oder „unvollständig") beziehen[5]. Bei diesen Begriffen liegt ein Irrtum allerdings nur dann vor, wenn der Täter die „falschen Angaben" für richtig bzw. die „unvollständigen Angaben" für vollständig hält.

Beispiele: Ein Tatbestandsirrtum liegt demnach z.B. in folgenden **Fällen** vor[6]:

– Eine unzutreffende Berechnung führt zu unrichtigen Angaben über den eingezahlten Betrag.
– Ein Kalkulationsfehler führt z.B. bei Sacheinlagen oder Sachübernahmen zu der unrichtigen Angabe, es sei ein Wert erreicht, der in Höhe der Gegenleistung liege.
– Ein Geschäftsführer irrt über die wertbildende Eigenschaft einer Sacheinlage.
– Ein Geschäftsführer irrt über die Vollständigkeit der Angaben[7].
– Ein Geschäftsführer denkt, die Einlage sei geleistet, weil sie auf seinem persönlichen Konto eingezahlt ist[8].
– Ein Geschäftsführer meint, die Hingabe von Wechseln oder eine Kreditzusage erfülle die Voraussetzung der Barzahlung (str.)[9].

147 Dort, wo der Täter eine falsche Wertung vollzieht, er also weiß, was er erklären müsste, jedoch trotzdem etwas anderes erklärt, weil er dies für zulässig hält, handelt es sich lediglich um einen **Verbotsirrtum** (§ 17 StGB).

---

1 Zur Strafbarkeit des Liquidators OLG Jena v. 29.7.1997 – 1 Ss 318/96, wistra 1998, 73.
2 BGH v. 22.9.2009 – 3 StR 195/09, NStZ-RR 2010, 79; *Tiedemann* in Scholz, § 82 GmbHG Rz. 24.
3 *Tiedemann* in Scholz, § 82 GmbHG Rz. 25; zu den Anforderungen an die Beihilfe eines Notars vgl. LG Koblenz v. 21.12.1990 – 105 Js (Wi) 22346/87 – 10 KLs, ZIP 1991, 1284 (1290).
4 BayObLG v. 30.5.1994 – 4 St RR 74/94, wistra 1994, 276.
5 BGH v. 16.3.1993 – 1 StR 804/92, NStZ 1993, 442.
6 *Schaal* in MüKo, § 399 AktG Rz. 104.
7 BGH v. 16.3.1993 – 1 StR 804/92, NStZ 1993, 442.
8 BayObLG v. 21.1.1987 – RReg 4 St 261/86, wistra 1987, 191.
9 BGH v. 16.3.1993 – 1 StR 804/92, NStZ 1993, 442 (Rz. 5).

Beispiel: Ein Verbotsirrtum ist z.B. anzunehmen, wenn ein Geschäftsführer zwar weiß, dass seine Erklärung nicht der Wirklichkeit entspricht, aber der Meinung ist, eine Klarstellung gegenüber dem Registergericht sei nicht erforderlich.

148 Die für den Ausschluss der Schuld notwendige **Unvermeidbarkeit** des Verbotsirrtums ist gegeben, wenn ein Täter neben seinen eigenen Wertvorstellungen auch sonstige Auskünfte berücksichtigt, insbesondere bei schwierigen rechtlichen oder technischen Fragen[1] (vgl. auch § 18 Rz. 10 ff.). Voraussetzung ist allerdings neben der richtigen Fragestellung auch die vollständige Information des Beraters über den zu beurteilenden Sachverhalt. Zudem muss die Auskunft einer eigenen Plausibilitätsprüfung des Täters standhalten[2] (vgl. auch § 18 Rz. 11)

b) Falschangaben zum Stammkapital

149 **aa)** Werden zum Zwecke der Eintragung der neuen Gesellschaft in das Handelsregister falsche Angaben gemacht, die sich auf das tatsächliche **Vorhandensein des Stammkapitals** beziehen, wird dies über **§ 82 Abs. 1 Nr. 1 GmbHG** strafrechtlich sanktioniert. Namentlich erfasst diese Norm Angaben über die Übernahme der Geschäftsanteile, die Leistung der Einlagen, die Verwendung eingezahlter Beträge sowie Angaben über Sacheinlagen.

150 Die falschen Angaben bzw. verschwiegenen erheblichen Umstände müssen mit der Gründung in Zusammenhang stehen[3] und zum **Zweck der Eintragung** gemacht werden. Diese Zweckbestimmung hat eine objektive und eine subjektive Komponente. Zum einen muss die falsche Angabe geeignet sein, die Eintragung der Gesellschaft in das Handelsregister zu bewirken, zum anderen muss der Täter dies beabsichtigt haben. Falschangaben zum Zwecke der Eintragung der Fortsetzung einer wieder werbend gewordenen GmbH fallen nicht darunter[4].

151 **bb)** Angaben über die **Übernahme von Geschäftsanteilen** (§ 82 Abs. 1 Nr. 1 Var. 1 GmbHG) werden sich überwiegend in dem dem Registergericht vorzulegenden Gesellschaftsvertrag (§§ 5, 5a, 3 Abs. 1 Nr. 3 und 4, 8 Abs. 1 Nr. 1 GmbHG) sowie in der Gesellschafterliste (§ 8 Abs. 1 Nr. 3 GmbHG) befinden.

Beispiele: Falsch sind diese Angaben z.B. dann, wenn nicht existente bzw. nicht an der Gründung beteiligte Personen als Gesellschafter oder unrichtige Personalien der Gesellschafter angegeben werden. Beim Einsatz von Strohleuten sind diese – im Außenverhältnis – die Gründer. Die Nichtbenennung der Hintermänner als Gründer ist demnach keine falsche Angabe[5].

152 **cc)** Falsche Angaben über die **Leistung der Einlagen** (§ 82 Abs. 1 Nr. 1 Var. 2 GmbHG) werden i.d.R. in der nach § 8 Abs. 2 S. 1 GmbHG ausdrücklich abzugebenden Versicherung des Geschäftsführers liegen, dass die nach § 7 Abs. 2

---

1 *Fischer*, § 264a StGB, § 17 StGB Rz. 9a.
2 BGH v. 11.10.2012 – 1 StR 213/10, NZWiSt 2013, 16 – Rz. 70.
3 *Schaal* in MüKo, § 399 AktG Rz. 63.
4 BGH v. 20.1.1955 – 4 StR 492/54, BGHSt 7, 157.
5 *Ransiek* in A/R, VIII 3, Rz. 25.

und 3 GmbHG bezeichneten Leistungen auf die Geschäftsanteile bewirkt sind, und dass der Gegenstand der Leistung sich endgültig in der freien Verfügung der Geschäftsführer befinden (hierzu s. Rz. 27 f.).[1]

Beispiele: Eine solche Angabe ist deshalb z.B. falsch, wenn 153
- die Einlage nicht effektiv erbracht ist[2];
- die angeblich zur freien Verfügung des Geschäftsführers stehende Einlage in Wirklichkeit aus einem Kredit der GmbH oder unter ihrer Mithaftung oder durch Hingabe eines Wechsels oder Schecks, der noch nicht endgültig gutgeschrieben wurde, erbracht ist[3];
- verschwiegen wird, dass die Einlage gerade nicht auf das Konto der Gesellschaft, sondern auf ein Privatkonto des Geschäftsführers eingezahlt wurde[4];
- die angebliche Bareinlage der Gesellschaft nur vorübergehend (in Form von Zahlungsmitteln oder Buchgeld) mit der Maßgabe zur Verfügung gestellt wird, dass sie umgehend zur Bezahlung einer Forderung des Gesellschafters an diesen zurückfließt[5];
- bereits die Verpflichtung besteht, das Konto, auf welches die Einlage eingezahlt wurde, an einen Dritten zu verpfänden oder einzubringende, aber sicherungsübereignete Maschinen, die für den Gründungsvorgang vorübergehend freigegeben wurden, unmittelbar nach der Gründung wieder zur Sicherung zurückzuübereignen[6];
- auf einen zwischen Bewirkung der Einlage und dem Zeitpunkt der Einlage eingetretenen Wertverlust einer Sacheinlage nicht hingewiesen wird[7].

Gibt der Geschäftsführer im Falle einer **verdeckten Sacheinlage** (§ 19 Abs. 4 154 GmbHG) gegenüber dem Registergericht ohne weitere Erklärung die Versicherung nach § 8 Abs. 2 S. 1 GmbHG ab, ist diese Versicherung falsch[8]. Denn im Zeitpunkt der Handelsregisteranmeldung ist die Geldeinlage des Gesellschafters gerade noch nicht geleistet, sondern sie besteht nach § 19 Abs. 4 S. 1 GmbHG (Geld-) weiterhin fort. Erst später, wenn die Gesellschaft aufgrund der Versicherung tatsächlich in das Handelsregister eingetragen wurde, wird die auf die Geldeinlagepflicht erbrachte Sachleistung angerechnet (s. Rz. 22 f.)[9].

Beim **Hin- und Herzahlen** einer Einlage i.S. des § 19 Abs. 5 S. 1 GmbHG (s. 155 hierzu Rz. 25 f.) ist die Versicherung des Geschäftsführers nach § 8 Abs. 2 S. 1 GmbHG falsch, wenn er nicht zusätzlich nach § 19 Abs. 5 S. 2 GmbHG offen-

---

1 *Haas* in Baumbach/Hueck, § 82 GmbHG Rz. 12; *Schaal* in Erbs/Kohlhaas, G 131 § 82 GmbHG Rz. 29.
2 *Tiedemann* in Scholz, § 82 GmbHG Rz. 69.
3 *Tiedemann* in Scholz, § 82 GmbHG Rz. 74; *Winter/Veil* in Scholz, § 7 GmbHG, Rz. 30.
4 BayObLG v. 21.01.1987 – RReg 4 St 261/86, wistra 1987, 191.
5 *Winter/Veil* in Scholz, § 7 GmbHG Rz. 35; *Fastrich* in Baumbach/Hueck, § 5 GmbHG Rz. 19.
6 BGH v. 16.5.1958 – 2 StR 103/58, BB 1958, 891; *Tiedemann*, GmbH-StrafR, § 82 GmbHG Rz. 74, 114.
7 *Kiethe/Hohmann* in MüKo-StGB, § 82 GmbHG Rz. 142.
8 H.M.; a.A. *Altmeppen* in Roth/Altmeppen, § 82 GmbHG Rz. 15 f.
9 *Körber/Kliebisch*, Das neue GmbH-Recht, JuS 2008, 1041 (1043); *Kleindiek* in Lutter/Hommelhoff, § 82 GmbHG Rz. 12; vgl. auch *Seibert/Decker*, ZIP 2008, 1208 (1210); insbes. für den Fall der Werthaltigkeit der Sacheinlage krit. zur Strafbarkeit *Altmeppen* in Roth/Altmeppen, § 82 GmbHG Rz. 10 ff.; *Bittmann*, Strafrechtliche Folgen des MoMiG, NStZ 2009, 113 (119); *Tiedemann* in Scholz, § 82 GmbHG Rz. 115 ff.

legt, dass die Einlage aufgrund einer vorherigen Absprache zurückbezahlt wurde oder diese Absprache besteht[1].

156 Nachdem bei der **wirtschaftlichen Neugründung** die Vorschriften über die Gründung der GmbH – und damit auch über die Kapitalaufbringung – entsprechend anzuwenden sind (s. Rz. 30), können die dargestellten falschen Angaben zwar auch in einem solchen Fall gemacht werden. Das strafrechtliche Analogieverbot aus Art. 103 Abs. 2 GG, § 1 StGB steht dem nicht entgegen (str.)[2]. Allerdings erfolgt die Angabe in diesem Fall nicht „Zum Zwecke der Eintragung" (vgl. Rz. 150).

157 dd) Mit der Strafbarkeit falscher Angaben über die **Verwendung eingezahlter Beträge** (§ 82 Abs. 1 Nr. 1 Var. 3 GmbHG) sollen nicht etwa falsche Angaben über die Leistung der Einlagen (z.B. im Fall des Hin- und Herzahlens, Rz. 155) ein zweites Mal abgedeckt werden. Vielmehr soll sichergestellt werden, dass der einzutragenden GmbH auch tatsächlich das Stammkapital zur Verfügung steht, mit dem sie in das Handelsregister eingetragen werden soll, und dass das Kapital nicht etwa durch anderweitige Abreden gebunden ist[3].

158 **Umstritten** ist, ob die Erklärung nach § 8 Abs. 2 S. 1 GmbHG, die Einlagen stünden den Geschäftsführern zur freien Verfügung, bereits die Erklärung beinhaltet, das Kapital sei nicht bereits durch Verluste gemindert. Teilweise wird vertreten, dies sei der Fall, weil Einlagen, die zur Tilgung von Altverbindlichkeiten vorgesehen sind, der Geschäftsführung bereits nicht zur freien Verfügung stehen[4]. Die Gegenansicht[5] fordert demgegenüber eine *eigenständige Versicherung*, mit der der Geschäftsführer sinngemäß erklärt, eine finanzielle Vorbelastung der Gesellschaft bestehe nicht bzw. werde durch Zuzahlungen der Gesellschafter ausgeglichen. Auswirkungen dürfte dieser Streit indes nicht haben, da die Eintragung bei Fehlen dieser Versicherung in der Praxis verweigert wird[6].

159 ee) Unter **Sondervorteilen**, über die falsche Angaben gemacht werden können (§ 82 Abs. 1 Nr. 1 Var. 4 GmbHG), sind solche Vorteile zu verstehen, die die Gesellschafter für ihre Teilnahme an der Gründung von der Gesellschaft erhalten sollen, wie z.B. Warenbezugsrechte, Wiederkaufsrechte an eingebrachten Sachen, Rechte auf Benutzung von Einrichtungen der Gesellschaft oder Vorkaufsrechte[7]. Sie können nur im Gesellschaftsvertrag begründet werden[8]. Da der Ge-

---

1 BGH v. 20.7.2009 – II ZR 273/07, BGHZ 182, 103; *Tiedemann* in Scholz, § 82 GmbHG Rz. 71; *Schaal* in Erbs/Kohlhaas, G 131 § 82 GmbHG Rz. 19.
2 *Müller/Federmann*, BB 2009, 1375 (1379); a.A. *Haas* in Baumbach/Hueck, § 82 GmbHG Rz. 10a.
3 BGH v. 9.3.1981 – II ZR 54/80, BGHZ 80, 129; *Schaal* in Erbs/Kohlhaas, G 131 § 82 GmbHG Rz. 21 f.; *Kleindiek* in Lutter/Hommelhoff, § 82 GmbHG Rz. 13; vgl. aber *Haas* in Baumbach/Hueck, § 82 GmbHG Rz. 13 (schuldrechtliche Bindung des Kapitals nicht vom Tatbestand erfasst).
4 *Kleindiek* in Lutter/Hommelhoff, § 8 GmbHG Rz. 12; *Gustavus*, Die Praxis der Registergerichte [...], GmbHR 1988, 47 (50).
5 *Bayer* in Lutter/Hommelhoff, § 8 GmbHG Rz. 12 m.w.Nw.
6 BGH v. 9.3.1981 – II ZR 54/80, BGHZ 80, 129 (Rz. 22); KG v. 24.9.1996 – 1 W 4534/95, GmbHR 1997, 412 (Rz. 6).
7 *Fastrich* in Baumbach/Hueck, § 3 GmbHG Rz. 46; *Tiedemann* in Scholz, § 82 GmbHG Rz. 80; *Bayer* in Lutter/Hommelhoff, § 3 GmbHG Rz. 64.
8 *Fastrich* in Baumbach/Hueck, § 5 GmbHG Rz. 57.

sellschaftsvertrag gem. § 8 Abs. 1 Nr. 1 GmbHG der Anmeldung beigefügt sein muss, wird eine falsche Angabe nur dann vorliegen, wenn die Sondervorteile außerhalb des Gesellschaftsvertrages vereinbart und auch sonst nicht offengelegt werden[1].

ff) Auch die Ansprüche der Gesellschafter auf Kostenersatz für Leistungen im Zusammenhang mit der Gründung (**Gründungskosten**, § 82 Abs. 1 Nr. 1 Var. 5 GmbHG, z.B. Vergütungen für beratende Tätigkeiten) sind in den Gesellschaftsvertrag aufzunehmen[2]. Unrichtige Angaben über die Höhe der Kosten oder über die Empfänger unterfallen danach dem Tatbestand[3]. 160

gg) § 82 Abs. 1 Nr. 1 Var. 6 GmbHG stellt unter Strafe, wenn der *Gesellschafter* oder der *Geschäftsführer* bei der Handelsregisteranmeldung falsche Angaben über **Sacheinlagen** (s. Rz. 18 ff.) macht. Damit sanktioniert Nr. 1 Var. 6 vor allem die Vorlage eines Gesellschaftsvertrags mit inhaltlich unrichtigen Festsetzungen der Sacheinlagen (§§ 3 Abs. 1 Nr. 4, 5 Abs. 4 S. 1 GmbHG), unrichtige Sachgründungsverträge und inhaltlich falsche Unterlagen zur Bestimmung des Wertes der einzulegenden Gegenstände (§ 8 Abs. 1 Nr. 1, 4 und 5 GmbHG)[4]. Unrichtige *Sachgründungsberichte* sanktioniert Nr. 1 Var. 6 allerdings nur in Bezug auf die Vorlage durch den Geschäftsführer, während falsche Angaben des *Gesellschafters* hierin gesondert über § 82 Abs. 1 Nr. 2 GmbHG erfasst werden (Rz. 162). 161

Beispiele: Als **falsche Angaben** in Betracht kommen bei Nr. 1 Var. 6 z.B. die Art des Gegenstandes, sein Anschaffungs- bzw. Herstellungspreis, sein gegenwärtiger Marktpreis, sein Zustand, auch Gutachten über diesen Gegenstand. Bei der Einbringung eines Unternehmens ist die Angabe der beiden letzten Jahresergebnisse vorgeschrieben (§ 5 Abs. 4 S. 2 GmbHG), in denen sich unrichtige Angaben befinden können.

c) Falschangaben im Sachgründungsbericht

Die Unrichtigkeit von Angaben der Gesellschafter im **Sachgründungsbericht** wird über § 82 Abs. 1 Nr. 2 GmbHG erfasst, während die Strafbarkeit des Geschäftsführers aus der Vorlage desselben in Kenntnis der Unrichtigkeit in § 82 Abs. 1 Nr. 1 GmbHG enthalten ist (s. Rz. 161). 162

Der *Sachgründungsbericht* hat nach § 5 Abs. 4 S. 2 GmbHG die für die Angemessenheit der Sacheinlagen wesentlichen Umstände zu beinhalten. Die **Unrichtigkeit** muss deshalb diese Umstände betreffen. Ob ein Umstand *„für die Angemessenheit wesentlich"* ist – und demnach nicht weggelassen werden darf, ohne den Sachgründungsbericht inhaltlich zu verfälschen –, kann im Einzelfall einem *Beurteilungsspielraum* unterliegen. Eine

---

1 *Haas* in Baumbach/Hueck, § 82 GmbHG Rz. 14; *Kleindiek* in Lutter/Hommelhoff, § 82 GmbHG Rz. 14.
2 *Haas* in Baumbach/Hueck, § 82 GmbHG Rz. 15; *Tiedemann* in Scholz, § 82 GmbHG Rz. 81 f.
3 Zur Abgrenzung zum Verschweigen vgl. *Tiedemann* in Scholz, § 82 GmbHG Rz. 72.
4 *Tiedemann*, in Scholz, § 82 GmbHG Rz. 87 f.

Strafbarkeit ist insoweit nur dann anzunehmen, wenn die Einstufung des nicht mitgeteilten Umstands als „unwesentlich" unter keinem Gesichtspunkt mehr *vertretbar* ist[1]. Wesentliche Kriterien für die Angemessenheit können z.B. die Eigenart des einzubringenden Vermögensgegenstandes, sein Alter, sein derzeitiger Marktwert und die bei der Gesellschaft vorhergesehene Verwendung sein[2].

2. Aktiengesellschaft

163 **§ 399 Abs. 1 AktG** – Machen falscher Angaben zum Zwecke der Eintragung der Gesellschaft – erfasst weitestgehend die gleichen Sachverhalte wie § 82 Abs. 1 Nr. 1 GmbHG. Hier wird deshalb auf die Darstellung zu § 82 Abs. 1 Nr. 1 GmbHG (Rz. 136 ff., 149 ff.) Bezug genommen und werden im Folgenden nur noch die wesentlichen Unterschiede dargestellt. Im Gegensatz zu § 82 Abs. 1 GmbHG normiert § 399 Abs. 1 AktG ausdrücklich, dass nicht nur das aktive Machen falscher Angaben strafbar ist, sondern auch das Verschweigen erheblicher Umstände. Die praktischen Auswirkungen sind aber gering, da aktive Falschangaben und verschwiegene Umstände häufig ineinander übergehen (s. Rz. 125).

a) Täterschaft

164 Der Gründungsschwindel in seinen unterschiedlichen Ausformungen wird durch Nr. 1 (Falschangaben zum Grundkapital) und Nr. 2 (unrichtige Berichte) des § 399 Abs. 1 AktG geregelt. **Taugliche Täter** sind in beiden Fällen neben dem Vorstand und den Gründern auch die Mitglieder des Aufsichtsrats (zur Verantwortlichkeit des einzelnen in mehrgliedrigen Organen vgl. § 30 Rz. 90). Die stellvertretenden Vorstandsmitglieder stehen in ihrer strafrechtlichen Haftung wegen § 94 AktG den ordentlichen Mitgliedern gleich[3]. Die Haftung beginnt mit der Übernahme des Amtes. Ausreichend ist die tatsächliche Stellung und Tätigkeit, sodass es gleichgültig ist, ob der Bestellungsakt (§ 84 AktG) mangelhaft[4], der Gesellschaftsvertrag nichtig[5] oder die Eintragung in das Handelsregister nicht erfolgt ist[6]. Hinzukommen muss jedoch die Duldung oder das Einverständnis des Aufsichtsrates mit der Tätigkeit des faktischen Vorstandsmitgliedes. Die Haftung des faktischen Vorstands wird nicht dadurch ausgeschlossen, dass neben diesem andere rechtswirksam bestellte Vorstandsmitglieder tätig sind. Auch das als Strohmann tätige Vorstandsmitglied kann Täter sein[7].

---

1 *Tiedemann* in Scholz, § 82 GmbHG Rz. 106; ungenau insoweit *Kleindiek* in Lutter/Hommelhoff, § 82 GmbHG Rz. 17 („die Angabe" müsse „offensichtlich falsch" sein).
2 *Tiedemann* in Scholz, § 82 GmbHG Rz. 103.
3 BGH v. 5.10.1954 – 2 StR 447/53, BGHSt. 6, 314 für den stellvertretenden GmbH-Geschäftsführer.
4 RG v. 6.2.1930 – II 22/29, RGSt 64, 81 (84).
5 RG v. 3.6.1910 – V 58/10, RGSt 43, 407 (413).
6 *Schaal* in MüKo, § 399 AktG Rz. 23.
7 Krit. *Altenhain* in Kölner Komm., § 399 AktG Rz. 30.

Lässt sich der **Gründer** von einer anderen Person vertreten (§ 23 Abs. 1 S. 2 AktG), so ist der Vertretene strafrechtlich verantwortlich, da nur er Gründer ist[1]. Hat ein geschäftsunfähiger oder beschränkt geschäftsfähiger Gründer einen gesetzlichen Vertreter, so ist dieser Vertreter als Gründer verantwortlich[2] (§ 14 Abs. 1 Nr. 3 StGB). Ist eine juristische Person Gründer, so sind deren vertretungsberechtigte Organe über § 14 Abs. 1 Nr. 1 StGB[3] strafbar. Wird eine Personengesellschaft (OHG, KG) als Gründer tätig, so haftet diejenige natürliche Person, die als vertretungsberechtigter Gesellschafter (§ 14 Abs. 1 Nr. 2 StGB) an der Feststellung der Satzung mitwirkt. Sind **Strohleute** an der Gründung beteiligt, so sind sie Gründer und kommen als Täter in Betracht. Die Hintermänner sind dann nicht selbst als Täter strafbar[4], können jedoch Anstifter oder Gehilfen nach §§ 26, 27 StGB sein. 165

Auch bei den **Mitgliedern des Aufsichtsrates** reicht die faktische Übernahme der Stellung als Aufsichtsrat aus, sodass es unbeachtlich ist, wenn die Bestellung unwirksam war[5]. Allerdings ist auch hierbei erforderlich, dass die Aufsichtsratstätigkeit unter Duldung oder mit Billigung der übrigen Gesellschaftsorgane tatsächlich ausgeübt wird[6]. 166

b) Falschangaben zum Grundkapital

aa) (Falsche) Angaben über die **Übernahme der Aktien**[7] (§ 399 Abs. 1 Nr. 1 Var. 1 AktG) lassen sich vorzugsweise in der dem Registergericht vorzulegenden Satzung und der Zeichnungserklärung finden (§§ 37 Abs. 4 Nr. 1, 23, 6, 2 AktG), bei Sachgründungen auch in den Sachgründungsverträgen, dem Gründungs- und dem Gründungsprüfungsbericht (§ 37 Abs. 4 Nr. 4 AktG), den vorzulegenden Unterlagen über die Bewertung der Sacheinlagen (§§ 37 Abs. 1 Nr. 2, 27 AktG) und der Versicherung der Gründer, Vorstands- und Aufsichtsratsmitglieder über die Bewirkung der Einlagen (§§ 37 Abs. 1, 36, 36a AktG). 167

Beispiele: In Betracht kommen beispielsweise Falschangaben zur Identität der Gründer (zu Strohleuten s. Rz. 165), zum Nennbetrag und zum Ausgabebetrag der Aktien oder, wenn mehrere Gattungen bestehen, die Gattung der Aktien, die jeder Gründer übernimmt[8].

bb) Falsche Angaben über die **Leistung der Einlagen**[9] (§ 399 Abs. 1 Nr. 1 Var. 2 AktG, s. auch Rz. 152 ff. zur GmbH) werden i.d.R in der nach § 37 Abs. 1 S. 1 AktG abzugebenden Erklärung der Gründer, Vorstands- und Aufsichtsratsmitglieder (s. Rz. 42) liegen, dass die nach § 36 Abs. 2, 36a AktG bezeichneten 168

---

1 Altenhain in Kölner Komm., § 399 AktG Rz. 20.
2 Altenhain in Kölner Komm., § 399 AktG Rz. 21.
3 BGH v. 4.4.1979 – 3 StR 488/78, BGHSt. 28, 371.
4 RG v. 3.6.1910 – V 58/10, RGSt 43, 407 (413); Schaal in MüKo, § 399 AktG Rz. 17.
5 Schaal in MüKo, § 399 AktG Rz. 31.
6 Schaal in Erbs/Kohlhaas, A 116 § 399 AktG Rz. 16.
7 Otto in Großkomm., § 399 AktG Rz. 53; Altenhain in Kölner Komm., § 399 AktG Rz. 67; Schaal in MüKo, § 399 AktG Rz. 67.
8 Ransiek in A/R, VIII Abschn. 3 Rz. 25, 35.
9 Schaal in MüKo, § 399 AktG Rz. 70; Otto in Großkomm., § 399 AktG Rz. 55; Altenhain in Kölner Komm., § 399 AktG Rz. 69.

Leistungen der Einlagen bewirkt sind und der Gegenstand der Leistung endgültig zur freien Verfügung des Vorstands steht.

169 **cc)** Zudem macht sich strafbar, wer im Fall der **Sachgründung ohne externe Gründungsprüfung** (§ 33a AktG, s. Rz. 39) eine unrichtige Versicherung über die Werthaltigkeit der einzubringenden Wertpapiere nach § 37a Abs. 2 AktG macht (§ 399 Abs. 1 Nr. 1 Var. 8 AktG). Wie bei der GmbH (Rz. 157 f.) sind auch bei der AG falsche Angaben über die **Verwendung eingezahlter Beträge**[1] strafbar (§ 399 Abs. 1 Nr. 1 Var. 3 AktG).

170 **dd)** Eine gegenüber der GmbH-Gründung zusätzliche Strafbarkeit statuiert § 399 Abs. 1 Nr. 1 Var. 4 AktG für falsche **Angaben über den Ausgabebetrag der Aktien** (§§ 8, 9 AktG)[2]. Der Ausgabebetrag ist der Mindestbetrag, den der Gründer für die von ihm übernommenen Aktien einlegen muss. Durch diese Vorschriften soll sichergestellt werden, dass der Gesellschaft pro Aktie tatsächlich – mindestens – das satzungsmäßige Grundkapital zufließt[3].

171 Für die Strafbarkeit falscher Angaben zu **Sondervorteilen** (die bei der AG in der Satzung festgelegt sein müssen, § 26 Abs. 1 AktG), **Gründungsaufwand**[4] und **Sacheinlagen und -übernahmen**[5] (§ 399 Abs. 1 Nr. 1 Var. 5-7 AktG) ergeben sich keine Besonderheiten gegenüber den Regelungen des § 82 Abs. 1 Nr. 1 GmbHG (Rz. 159 ff.).

c) Falschangaben im Gründungs- oder Prüfungsbericht

172 Die Unrichtigkeit von Angaben im **Gründungs- oder Prüfungsbericht** (s. Rz. 38) wird von § 399 Abs. 1 Nr. 2 AktG umfasst. Die in diesen Berichten enthaltenen Angaben können zwar auch schon von der Variante der falschen Angaben über Sacheinlagen und Sachübernahmen in Nr. 1 erfasst sein. Der Tatbestand der Nr. 2 ist gegenüber Nr. 1 allerdings insofern weiter gefasst, als hier nicht erforderlich ist, dass die falsche Angabe „zum Zwecke der Eintragung" gemacht wird[6].

173 Der Tatbestand des § 399 Abs. 1 Nr. 2 AktG kann neben einer Strafbarkeit nach § 399 Abs. 1 Nr. 1 AktG bestehen (**Tatmehrheit**), da Tatobjekt bei Nr. 1 die unrichtige Angabe gegenüber dem Registergericht ist, bei Nr. 2 hingegen bereits der betreffende Bericht selbst[7].

174 **Täter** kann nur sein, wer für die Erstattung des jeweiligen Berichts zuständig ist, d.h. beim Gründungsbericht die Gründer und beim Prüfungsbericht sämtli-

---

1 BGH v. 16.3.1993 – 1 StR 804/92, NStZ 1993, 442; *Otto* in Großkomm., § 399 AktG Rz. 69; *Altenhain* in Kölner Komm., § 399 AktG Rz. 80.
2 *Schaal* in MüKo, § 399 AktG Rz. 86.
3 *Koch* in Hüffer, § 9 AktG Rz. 1; *Kiethe/Hohmann* in MüKo-StGB, § 399 AktG Rz. 56 ff.; a.A. *Altenhain* in Kölner Komm., § 399 AktG Rz. 83.
4 *Schaal* in MüKo, § 399 AktG Rz. 89; *Otto* in Großkomm., § 399 AktG Rz. 77, 79; *Altenhain* in Kölner Komm., § 399 AktG Rz. 88 ff.
5 *Schaal* in MüKo, § 399 AktG Rz. 93; *Otto* in Großkomm., § 399 AktG Rz. 81; *Kiethe/Hohmann* in MüKo-StGB, § 399 AktG Rz. 62 f.
6 *Schaal* in MüKo, § 399 AktG Rz. 113.
7 *Schaal* in MüKo, § 399 AktG Rz. 243.

che Mitglieder des Vorstandes und des Aufsichtsrates[1]. Die **Tathandlung** besteht im Machen falscher oder unvollständiger Angaben in den Berichten. Die Tat ist **vollendet**, wenn der unrichtige Bericht einem Dritten – anders als bei § 399 Abs. 1 Nr. 1 AktG nicht zwangsläufig dem Registergericht – zugänglich wird[2].

Um nicht zu einer uferlosen Ausdehnung der Vorschrift zu kommen, ist eine am Rechtsgüterschutz orientierte Auslegung erforderlich[3]. Da im Vordergrund der Schutz des Vertrauens und des Vermögens der Gläubiger steht, sind als tatrelevant nur solche Umstände anzusehen, die sich auf die Gründung beziehen und aus denen die Gefahr entstehen kann, dass das Vertrauen auf die Berichterstattung bei Gläubigern oder sonstigen interessierten Personen zu wirtschaftlichen Schäden führen kann[4]. 175

d) Falschangaben gegenüber dem Gründungsprüfer

Das durch **§ 400 Abs. 2 AktG** geschützte Rechtsgut ist das Vertrauen der Aktionäre, Gesellschaftsgläubiger und sonstiger Dritter in die Richtigkeit von Erklärungen, die die Gründer oder Aktionäre einem **Gründungsprüfer** oder sonstigen Prüfer nach § 35 Abs. 1 AktG (s. Rz. 39 f.) zu geben haben[5]. Strafbar macht sich, wer in diesen Aufklärungen oder Nachweise vorsätzlich falsche Angaben macht oder erhebliche Umstände verschweigt. Ob der Prüfer daraufhin tatsächlich einem Irrtum erliegt oder nicht, ist unerheblich. **Täter** können in Bezug auf die Gründungsprüfung bei Errichtung der Gesellschaft nur die Gründer sein[6]. 176

e) Strafbarkeit des Gründungsprüfers

Als Gegenstück zur Strafbarkeit der Gründer aus § 400 Abs. 2 AktG (Rz. 176) stellt § 403 AktG auch den Prüfer oder seinen Gehilfen unter Strafe, wenn dieser über das Ergebnis der Prüfung vorsätzlich falsch berichtet oder erhebliche Umstände im Bericht verschweigt. Diesbezüglich wird auf die Darstellung in § 40 Rz. 71 ff. und § 94 Rz. 6, 8 ff. verwiesen. 177

f) Strafbarkeit bei KGaA und SE

Da die zuvor genannten Straf- und Bußgeldbestimmungen nach dem Wortlaut nur für die AG gelten, ordnet § 408 AktG ausdrücklich an, dass diese Normen für die **KGaA** sinngemäß gelten. An die Stelle des Vorstands treten die persönlich haftenden Gesellschafter. Über § 53 Abs. 1 SEAG treffen die hier dargestellten Straf- und Bußgeldnormen zur AG-Gründung auch die Organe der **SE**. 178

---

1 *Schaal* in MüKo, § 399 AktG Rz. 115; *Altenhain* in Kölner Komm., § 399 AktG Rz. 116 ff.; *Otto* in Großkomm., § 399 AktG Rz. 124.
2 *Schaal* in MüKo, § 399 AktG Rz. 115; *Otto* in Großkomm., § 399 AktG Rz. 138; *Altenhain* in Kölner Komm., § 399 AktG Rz. 123.
3 *Schaal* in MüKo, § 399 AktG Rz. 118; *Altenhain* in Kölner Komm., § 399 AktG Rz. 121; *Otto* in Großkomm., § 399 AktG Rz. 131 f.
4 *Schaal* in Erbs/Kohlhaas, A 116 § 399 AktG Rz. 56.
5 *Schaal* in MüKo, § 400 AktG Rz. 80.
6 *Schaal* in MüKo, § 400 AktG Rz. 75.

III. Ergänzende Bußgeldtatbestände

1. Ausgabe von Prospekten

179 a) **§ 35 WpPG** bedroht vorsätzliche oder leichtfertige Verstöße gegen bestimmte Vorschriften dieses Gesetzes zur Prospektpflicht als **Ordnungswidrigkeit** mit Bußgeld. Dies umfasst insbesondere

- das öffentliche Anbieten eines Wertpapieres ohne vorherige Veröffentlichung eines Prospekts nach § 3 WpPG (§ 35 Abs. 1 Nr. 1 WpPG),
- die Veröffentlichung eines Prospekts mit unrichtigen, unvollständigen oder nicht den Formvorgaben entsprechenden Angaben (§ 35 Abs. 1 Nr. 2, 3 WpPG),
- die Veröffentlichung eines nicht gebilligten Prospekts (§ 35 Abs. 1 Nr. 5 WpPG), sowie
- die unterlassene, verspätete oder fehlerhafte Veröffentlichung (Nr. 6) und Anzeige des Veröffentlichungsorts und -datums (Nr. 7), und
- das unterlassene Bereithalten einer Papierfassung des Prospekts (Nr. 8).

Fehler bei der Veröffentlichung eines Nachtrags zum Prospekt werden von Nr. 9 erfasst.

180 Verstöße gegen die Mitwirkungspflicht gegenüber der BaFin nach § 26 WpPG (s. Rz. 106 ff.) bei der Aufklärung, ob bei einem öffentlichen Angebot pflichtwidrig kein Prospekt, ein nicht gebilligter oder ein nicht mehr gültiger Prospekt veröffentlicht wurde, werden durch **§ 35 Abs. 2 Nr. 2 WpPG** mit Bußgeld bedroht. Insoweit reicht Vorsatz oder (einfache) Fahrlässigkeit aus.

181 b) Verstöße gegen die Prospektpflicht nach dem VermAnlG sind über **§ 29 VermAnlG** bußgeldbewehrt. Die Tatbestände sind mit denen des § 35 WpPG vergleichbar.

2. Ausgabe von Aktien

182 Um sicherzustellen, dass die Vorschriften über die Errichtung der AG befolgt und vor allem durch eine nicht gesetzeskonforme oder vorschnelle Ausgabe von Aktien oder Zwischenscheinen (§ 8 Abs. 6 AktG) keine Fakten und Rechtsscheintatbestände geschaffen werden, die unter Umständen schwer zu revidieren sind, sieht § 405 AktG (i.V.m. § 408 AktG, § 53 Abs. 1 SEAG auch für die KGaA und die SE) eine Reihe von **Bußgeldtatbeständen** vor.

In Bezug auf die Gründung der Gesellschaft sind vor allem die Tatbestände der Nr. 1 (Ausgabe von Aktien entgegen Bestimmungen über nur teilweise erfolgte Einlageleistungen), Nr. 2 (Ausgabe von Aktien vor Eintragung der Gesellschaft in das Handelsregister) und Nr. 3 (Verstoß gegen das Verbot von Unter-Pari-Emissionen, § 8, 9 AktG) relevant.

IV. Straftaten bei Umwandlungen

1. Unrichtige Darstellung der Kapitalausstattung

183 Um sicherzustellen, dass die im Rahmen der Umwandlung zu fertigenden **Berichte und Darstellungen** inhaltlich korrekt sind und die Kapitalausstattung des neuen übernehmenden Rechtsträgers gewährleistet ist, stellt § 313 Abs. 1

Nr. 1 UmwG die unrichtige Darstellung in diesen Berichten unter Strafe. Täter können die Mitglieder eines Vertretungsorgans, eines Aufsichtsrates und die Abwickler eines an einer Umwandlung beteiligten Rechtsträgers sein. Tatwerkzeuge der unrichtigen Darstellung sind speziell die nach dem UmwG zu fertigenden Berichte – im Zusammenhang mit der hier dargestellten Unternehmensgründung also namentlich der Verschmelzungs- und der Spaltungsbericht (s. Rz. 55, 62) – sowie Darstellungen oder Übersichten über den Vermögensstand oder Vorträge oder Auskünfte in der Versammlung der Anteilsinhaber. Soweit § 331 Nr. 1 oder 1a HGB anwendbar ist (hierzu § 40 Rz. 50 ff., 54 ff.), tritt § 313 Abs. 1 Nr. 1 UmwG zurück. Der Anwendungsbereich des § 313 Abs. 1 Nr. 1 UmwG umfasst damit nur solche Darstellungen, die nicht im Jahresabschluss oder im Lagebericht des Rechtsträgers enthalten sind.

Bestraft wird die unrichtige **Wiedergabe oder Verschleierung der Verhältnisse** eines an der Verschmelzung oder Spaltung beteiligten Rechtsträgers, einschließlich seiner Beziehungen zu verbundenen Unternehmen. § 313 Abs. 1 Nr. 1 UmwG ist dabei eng an den Tatbestand des § 331 Nr. 1 HGB angelehnt. Wegen der **Tatbestandsmerkmale** der Verhältnisse der Gesellschaft und der Unrichtigkeit und der Verschleierung dieser Verhältnisse kann daher auf die Ausführungen zu § 331 Nr. 1 HGB in § 40 Rz. 57 ff. verwiesen werden. 184

2. Erschleichen von Prüfungsberichten

Durch die im UmwG vorgeschriebenen Prüfungsberichte soll u.a. sichergestellt werden, dass die Kapitalaufbringung der an der Umwandlung beteiligten Rechtsträger ordnungsgemäß verläuft. Um zu verhindern, dass unrichtige Angaben durch **„erschlichene" Prüfungsberichte** untermauert werden, stellt § 313 Abs. 1 Nr. 2 UmwG unrichtige Angaben oder die unrichtige Wiedergabe oder Verschleierung der Verhältnisse des Rechtsträgers einschließlich seiner Beziehungen zu verbundenen Unternehmen in Aufklärungen oder Nachweisen gegenüber einem Verschmelzungs- oder Spaltungsprüfer unter Strafe. Mit Ausnahme der Tatsache, dass Tatwerkzeug „Aufklärungen und Nachweise" sind, die nicht nach dem HGB, sondern nach dem UmwG vorgeschrieben sind (z.B. §§ 11 Abs. 1 S. 1, 159 Abs. 3 UmwG), entspricht § 313 Abs. 1 Nr. 2 UmwG der Strafnorm des § 331 Nr. 4 HGB (hierzu § 40 Rz. 69). 185

3. Verletzung von Prüferpflichten

Als Kehrseite des § 313 Abs. 1 UmwG, der unredliches Verhalten der Organe des an der Umwandlung beteiligten Rechtsträgers sanktioniert, stellt § 314 UmwG die **Verletzung der Berichtspflicht** durch den Verschmelzungs- und Spaltungsprüfer und dessen Gehilfen unter Strafe. Tathandlung ist die vorsätzlich falsche Berichterstattung oder das Verschweigen erheblicher Umstände im Prüfungsbericht (vgl. hierzu auch § 40 Rz. 72 zur Parallelnorm des § 332 HGB). 186

V. Untreue

a) Erhebliche Bedeutung hat im Rahmen der Kapitalbeschaffung durch **Cash-Management-Systeme** der Tatbestand der *Untreue* (§ 266 StGB), der in § 32 187

Rz. 149 ff. näher dargestellt ist. Voraussetzung ist zum einen ein pflichtwidriges Handeln, zum anderen ein hierdurch verursachter Vermögensnachteil.

188 Bei Cash-Management-Systemen liegt die möglicherweise pflichtwidrige Handlung der **Organe der Tochtergesellschaft** im Transfer der liquiden Mittel an die Muttergesellschaft. Seit der MPS-Entscheidung des BGH[1] (s. Rz. 85) und der Neufassung der § 30 Abs. 1 S. 2 GmbHG, § 57 Abs. 1 S. 2 AktG kommt eine *Pflichtwidrigkeit* des Transfers grundsätzlich noch unter zwei Gesichtspunkten in Betracht:

- Der Rückerhalt der in den Cash-Pool gegebenen Mittel ist nicht gesichert oder
- der Transfer stellt einen existenzgefährdenden Eingriff für die Tochtergesellschaft dar.

189 b) Die Organe der beherrschten Gesellschaft sind verpflichtet, bei deren Geschäften die Sorgfalt eines ordentlichen Kaufmanns anzuwenden (§ 43 Abs. 1 GmbHG, § 93 Abs. 1 S. 1 AktG). Diese Pflicht wird bei der abhängigen Gesellschaft auch durch Weisungen der Gesellschafterversammlung oder durch §§ 311, 318 AktG – die im GmbH-Vertragskonzern, nicht aber im faktischen GmbH-Konzern analog anzuwenden sind[2] – nicht verdrängt[3]. Da die Überweisung liquider Mittel in einen Cash-Pool eine Darlehensgewährung ist (s. Rz. 84), kann der Transfer der Mittel pflichtwidrig sein, wenn der **Rückzahlungsanspruch** sofort **wertzuberichtigen** ist. Es verstößt grundsätzlich gegen die Sorgfalt eines ordentlichen Kaufmanns, Darlehen auszureichen, wenn die Rückzahlung zweifelhaft ist. Maßstab für die Frage, ob die Forderung wertzuberichtigen ist, ist eine vernünftige kaufmännische Beurteilung, wie sie auch bei der Bewertung von Forderungen aus Drittgeschäften im Rahmen der Bilanzierung (§ 253 HGB) maßgeblich ist[4].

190 Sind die Mittel bereits ausgereicht, folgt aus § 43 Abs. 1 GmbHG, § 93 Abs. 1 S. 1 AktG die Pflicht der Organe der abhängigen Gesellschaft, laufend etwaige **Änderungen des Kreditrisikos zu prüfen**[5]. Sie müssen deshalb auf eine sich andeutende Bonitätsverschlechterung mit einer Kreditkündigung oder der Anforderung von Sicherheiten reagieren.

191 Eine Untreue durch **Unterlassen dieser Reaktion** ist aber regelmäßig schwer zu ermitteln: Solange keine Anhaltspunkte für eine Vermögensverschlechterung der Muttergesellschaft bestehen, fehlt es objektiv an der Pflichtwidrigkeit. Ist die Bonität der Muttergesellschaft bereits entfallen, ist der Anspruch der Tochtergesellschaft bereits wertlos, d.h. das weitere Unterlassen verursacht keinen Vermögensnachteil mehr. Untreue kommt deshalb nur solange in Betracht, wie der Täter (objektiv und subjektiv) Anhaltspunkte für die bevorstehende Verschlechterung der Vermögensverhältnisse der Muttergesellschaft hat und die Ansprüche durch ein Einfordern noch durchsetzen kann, bevor die Bonität der Muttergesellschaft entfällt.

---

1 BGH v. 1.12.2008 – II ZR 102/07 – „MPS", NJW 2009, 850.
2 OLG München v. 24.11.2005 – 23 U 3480/05, GmbHR 2006, 144; *Blasche/König*, GmbHR 2009, 897 (899).
3 BGH v. 17.9.2001 – II ZR 178/99, BGHZ 149, 10 (Rz. 25); *Blasche/König*, GmbHR 2009, 897 (901).
4 *Bittmann*, NStZ 2009, 113 (118).
5 *Blasche/König*, GmbHR 2009, 897 (901).

c) § 43 Abs. 1 GmbHG, § 93 Abs. 1 S. 1 AktG beinhalten außerdem die Pflicht der Organe, keine **existenzgefährdenden Eingriffe** in das Vermögen der beherrschten Gesellschaft vorzunehmen, d.h. keine Vermögensverfügungen vorzunehmen, durch die die Gesellschaft in ihrem Fortbestand gefährdet wird. Dies erfasst in Bezug auf Cash-Management-Systeme die Fallgruppen[1]

192

– der Entziehung des Vermögen, das die beherrschte Gesellschaft für die Erfüllung eigener Verbindlichkeiten benötigt,

– der Entziehung der Liquidität und

– der Beeinträchtigung des Stammkapitals.

d) Auch wenn das Handeln der Organe der beherrschten Gesellschaft nach dem vorstehend Gesagten zunächst als pflichtenwidrig einzustufen wäre, kann dieser Pflichtenverstoß geheilt sein, wenn das Organ des untergeordneten Unternehmens mit dem **Einverständnis der Gesellschafter** handelt. Dieser Fall wird im Cash-Management-System im Konzern meist vorliegen, da maßgeblicher Gesellschafter der kapitalabführenden Gesellschaft die Holding selbst sein wird. Dieses Einverständnis ist aber dann gegenüber der beherrschten Gesellschaft treuwidrig und unwirksam, wenn es sich um einen existenzgefährdenden Eingriff handelt (s. § 32 Rz. 84)[2].

193

e) Auch der **beherrschenden Gesellschaft** – und über § 14 Abs. 1 Nr. 1 StGB ihren Organen – kann eine eigene Vermögensbetreuungspflicht gegenüber der beherrschten Gesellschaft obliegen. Der Gesellschafter ist nach den Grundsätzen des existenzvernichtenden Eingriffs verpflichtet, der Gesellschaft die zur Begleichung ihrer Verbindlichkeiten erforderlichen Mittel zu belassen (s. Rz. 182). Veranlasst der Gesellschafter, dass sich die Gesellschaft dem Cash-Management-System des Konzerns anschließt, handelt er deshalb pflichtwidrig, wenn er nicht sicherstellt, dass die Gesellschaft trotzdem ihre Verbindlichkeiten begleichen kann[3]. Die Unterlassung solcher Maßnahmen kann unter dem Gesichtspunkt des existenzvernichtenden Eingriffs auch Schadensersatzansprüche des Gesellschafters aus §§ 311, 317, 318 AktG (neben solchen aus §§ 93 Abs. 2, 116 AktG) auslösen[4].

194

Im **mehrstufigen Beherrschungsverhältnis** trifft die vorgenannte Pflicht nicht nur die Organe der Untergesellschaften und die Organe der Alleingesellschafterin der geschädigten Gesellschaft, sondern sämtliche die Untergesellschaft –

195

---

1 BGH v. 13.5.2004 – 5 StR 73/03 – Bremer Vulkan, BGHSt. 49, 147; dazu *Fleischer*, Konzernuntreue zwischen Straf- und Gesellschaftsrecht: Das Bremer Vulkan-Urteil, NJW 2004, 2867; *Ransiek*, wistra 2005, 121; BGH v. 24.08.1988 – 3 StR 232/88, BGHSt. 35, 333; BGH v. 18.6.2003 – 5 StR 489/02, NJW 2003, 2996.
2 Vgl. BGH v. 13.5.2004 – 5 StR 73/03, BGHSt. 49, 147.
3 BGH v. 13.5.2004 – 5 StR 73/03 – Bremer Vulkan, BGHSt. 49, 147; *Kiethe*, DStR 2005, 1573.
4 BGH v. 17.9.2001 – II ZR 178/99 – Bremer Vulkan, BGHZ 149, 10; Fortführung in BGH v. 25.2.2002 – II ZR 196/00 – Bremer Vulkan, BGHZ 150, 61; hierzu *Fleischer*, Konzernuntreue zwischen Straf- und Gesellschaftsrecht: Das Bremer Vulkan-Urteil, NJW 2004, 2867.

und über das Cash-Pool-System deren Liquidität – beherrschenden Konzernebenen, wobei die Vermögensbetreuungspflicht den Mitgliedern der vertretungsberechtigten Organe der herrschenden Gesellschaften nach § 14 Abs. 1 Nr. 1 StGB zugerechnet wird[1].

196 f) Ob durch das Handeln der Organe der beherrschenden oder der beherrschten Gesellschaft auch ein **Vermögensschaden** entstanden ist, richtet sich nach den allgemeinen Grundsätzen. Insoweit wird auf § 32 Rz. 175 ff. verwiesen.

VI. Sonstige Straf- und Bußgeldtatbestände

197 Werden potenzielle Kapitalgeber im Rahmen ihrer Anwerbung über Tatsachen getäuscht, kann **Betrug** nach § 263 StGB vorliegen (zum Betrugstatbestand im Allgemeinen s. § 47; zum Betrug bei der Akquisition von Kapitalanlegern s. § 28)

198 Werden bei der Beantragung von Krediten unrichtige Angaben gemacht und unrichtige Unterlagen vorgelegt, um dem potenziellen Kreditgeber über die Bonität des Kreditnehmers zu täuschen, kann – sofern ein Vermögensschaden nicht feststellbar ist – **Kreditbetrug** nach § 265b StGB vorliegen (näher hierzu § 50 Rz. 150 ff.).

199 Die Eigenkapitalausstattung einer Unternehmung, die eine Subvention beantragt, kann eine *subventionserhebliche Tatsache* i.S. des **Subventionsbetrugs** nach § 264 Abs. 7 StGB i.V.m. § 2 Abs. 1 SubvG darstellen (näher hierzu s. § 52 Rz. 10 ff.)[2].

200 Im Zusammenhang mit der Aufbringung von Eigen- oder Fremdkapital über die Finanzmärkte (Börsen) kann ein Verstoß gegen § 38 Abs. 2 WpHG (**Marktpreismanipulation**) vorliegen, wenn unrichtige Angaben gemacht werden, die geeignet sind, bei den Empfängern der Informationen einen unrichtigen Eindruck zu erwecken und durch diese Handlung auch tatsächlich auf den Marktpreis eingewirkt wird. Fehlt es an der Marktpreiseinwirkung, kann noch eine Ordnungswidrigkeit nach § 39 Abs. Abs. 1 Nr. 2, Abs. 2 Nr. 11, 20a Abs. 1 S. 1 Nr. 1 und 3 WpHG vorliegen. Wegen weiterer Einzelheiten wird auf § 68 Rz. 14 ff. verwiesen.

201 Strafbar macht sich nach **§ 54 Abs. 1 Nr. 2 Alt. 2 KWG**, wer vorsätzlich oder fahrlässig (Abs. 2) ohne Erlaubnis nach § 32 Abs. 1 S. 1 KWG *Bankgeschäfte betreibt* (vgl. § 66 Rz. 14 f.). Dieser Tatbestand kann unter Umständen bei der Aufnahme von Fremdkapital zum Tragen kommen, wenn diese Tätigkeit als **Einlagengeschäft** nach § 1 Abs. 1 S. 1, S. 2 Nr. 1 KWG anzusehen ist.

Ob die Annahme fremder Gelder als Einlage anzusehen ist, ist aufgrund der Gesamtumstände unter Berücksichtigung der **bankwirtschaftlichen Verkehrsauffassung** zu bestimmen. Als Einlagen gilt die Annahme von Geldern insbesondere, wenn die Gelder laufend von einer Vielzahl von Geldgebern aufgrund typisierter Verträge zur unregelmäßigen

---

1 BGH v. 31.7.2009 – 2 StR 95/09, GmbHR 2009, 1202 (1205) m. Anm. *Bittmann*; krit. *Wessing/Krawczyk*, Untreue zum Nachteil einer konzernabhängigen GmbH, NZG 2009, 1176.
2 BGH v. 13.5.1992 – 5 StR 440/91, wistra 1992, 257.

Verwahrung mit einer Rückzahlungsverpflichtung entgegengenommen werden, wenn sie ohne banktübliche Besicherung angenommen werden und nicht von Kreditinstituten stammen[1].

§ 28
Kapitalanlagen

Bearbeiter: Heiko Wagenpfeil (A I, II, B I, II); Manfred Muhler (A III, B III)

	Rz.		Rz.
A. Angebote des Kapitalmarktes	1	3. Verlagerung von Einkünften	65
I. Anlagen im „Grauen Kapitalmarkt"	3	B. Straftaten	71
		I. Betrug	72
II. Vertriebsformen		1. Täuschung durch Initiatoren	73
1. Vermittler	13	2. Täuschung durch Vermittler	79
2. Telefonvertrieb	29	3. Irrtum	82
3. Direktvertrieb	31	4. Vermögensschaden	85
III. Angebote steuerorientierter Kapitalanlagen	41	5. Problematik der „Wiederanlage"	90
1. Kapitalanlagen mit negativen Einkünften	43	II. Sonstige allgemeine Straf- und Bußgeldtatbestände	94
2. Kapitalanlagen mit steuerfreien Erträgen	55	III. Steuerhinterziehung	101

Schrifttum: vgl. auch die Literaturangaben zu § 27: *Bürgers,* Das Anlegerschutzverbesserungsgesetz, BKR 2004, 424; *Duhnkrack/Hasche,* Das neue Anlegerschutzverbesserungsgesetz und seine Auswirkung auf Emissionshäuser und geschlossene Fonds, DB 2004, 1351; *Ekkenga/Hadding/Hammen* (Hrsg.), Bankrecht und Kapitalmarktrecht in der Entwicklung, FS Kümpel, 2003; *Fleischer,* Prospektpflicht und Prospekthaftung für Vermögensanlagen des Grauen Kapitalmarkts nach dem Anlegerschutzverbesserungsgesetz, BKR 2004, 339; *Gäbhard,* Das Tatbestandsmerkmal der „wesentlichen Umstände" beim Kapitalanlagebetrug § 264a StGB, 1993; *Gerson,* Wo rohe Kräfte sinnlos walten, ZWH 2014, 298; *Heybey,* Die neuen Bestimmungen über Interessenkonflikte bei Wertpapiergeschäften, insbesondere über Zuwendungen unter besonderer Berücksichtigung von Provisionsrückvergütungen, BKR 2008, 353; *von Heymann,* Bankenhaftung bei Immobilienanlagen, 18. Aufl. 2010; *Hösch,* Anlegerschutz auf dem „grauen Kapitalmarkt", GewA 1999, 135; *Kaligin,* Die spezifischen Risiken ... des Kommanditisten bei Beteiligung an Abschreibungsgesellschaften in der Rechtsform der GmbH und Co. KG, 1983; *Kohlert,* Anlageberatung und Qualität – ein Widerspruch? Zur Utopie qualitativ hochwertiger Anlageberatung im Retail Banking, 2009; *Köndgen,* Die Entwicklung des privaten Bankrechts, NJW 2004, 1288, NJW 2005, 1406, NJW 2006, 1399, NJW 2007, 1418; *Kümpel/ Wittig,* Bank- und Kapitalmarktrecht, 4. Aufl. 2010; *Lang,* Informationspflichten bei Wertpapierdienstleistungen, 2003; *Park* (Hrsg.), Kapitalmarktstrafrecht, 3. Aufl. 2013; *Po-*

---

1 BGH v. 13.4.1994 – II ZR 16/93, BGHZ 125, 366; BGH v. 9.3.1995 – III ZR 55/94, BGHZ 129, 90; *Schäfer* in Boos/Fischer/Schulte-Mattler, § 1 KWG Rz. 36 f.

dewils/Reisich, Haftung für „Schrott"-Zertifikate? – Aufklärungs- und Beratungspflichten nach BGB und WpHG beim Erwerb von Zertifikaten, NJW 2009, 116; *Reinelt*, Haftung aus Prospekt und Anlageberatung bei Kapitalanlagefonds, NJW 2009, 1; *Rößler*, „Kick back" – quo vadis?, NJW 2008, 554; *Schäfer*, Stand und Entwicklungstendenzen der spezialgesetzlichen Prospekthaftung, ZGR 2006, 40; *Schäfer/Müller*, Haftung für fehlerhafte Wertpapierdienstleistungen, 2. Aufl. 2009; *Schimansky/Bunte/Lwowski*, Bankrechts-Handbuch, 4. Aufl. 2011; *Schwark/Zimmer*, Kapitalmarktrechtskommentar, 4. Aufl. 2010; *Seibert*, Das 10-Punkte-Programm „Unternehmensintegrität und Anlegerschutz", BB 2003, 693; *Vortmann*, Aufklärungs- und Beratungspflichten der Banken, 10. Aufl. 2012; *Weber*, Die Entwicklungen des Kapitalmarktrechts, NJW 2009, 33, NJW 2010, 274; *Witte/Hillebrand*, Haftung für die nicht erfolgte Offenlegung von Kick-Back-Zahlungen – Eine Bestandsaufnahme, DStR 2009, 1759.

A. Angebote des Kapitalmarktes

1 An den Kapitalmärkten können sich Anleger vor allem in den *traditionellen Anlageformen* wie Aktien, Obligationen, Genussscheinen, Investmentzertifikaten und Fondsanteilen engagieren, die i.d.R. liquide an den **organisierten Kapitalmärkten** gehandelt werden.

Diese regelmäßig als *Börse* organisierten Kapitalmärkte sind genau geregelt und unterliegen – sowohl in Deutschland als auch in den meisten anderen Industriestaaten – einer relativ strengen Aufsicht, durch die einer (über die typischen Anlagerisiken hinausgehenden) Schädigung der Anleger vorgebeugt werden soll. Die speziell börsenrechtlichen Straftatbestände sind unten in § 68 behandelt; die mit einem Börsengang verbundenen Strafbarkeitsrisiken werden in § 27 Rz. 88 ff., 110 ff. und § 50 Rz. 47 ff., 80 ff. angesprochen.

Auf das Kapitalanlagegesetzbuch, welches zum 22.7.2013 das **Investmentgesetz** abgelöst hat (s. hierzu § 66 Rz. 22 ff.), wird an dieser Stelle nicht eingegangen, da es in der Praxis der Kapitalanlagebetrügereien nur selten Fälle gibt, für die diese Rechtsmaterie einschlägig ist.

2 Daneben gibt es jedoch eine große Zahl weiterer Anlagemöglichkeiten. In diesem *Nebenkapitalmarkt* wurden in den vergangenen Jahrzehnten insgesamt dreistellige Milliardenbeträge angelegt (und verloren)[1]. Der sog. **Graue Kapitalmarkt** ist keineswegs illegal. Er unterliegt aber nicht so strengen Zulassungsregeln und Verhaltenspflichten wie der Hauptkapitalmarkt und ist daher anfällig für Straftaten[2]. Die *Gründe für Anlagen* in diesem Bereich sind unterschiedlich. Neben der Möglichkeit, *Schwarzgelder* zu verstecken, spielen heute vor allem angeblich *hohe Renditen* eine ausschlaggebende Rolle; als Steuersparmodelle hingegen haben Kapitalanlagen heute weitgehend ausgedient (näher Rz. 41 ff.). Die *Anlagemöglichkeiten* im Grauen Kapitalmarkt sind zahlreich. Vielfach handelt es sich um seriöse Geschäftsmodelle. Unter den Anbietern solcher Kapitalanlagen gibt es aber auch zahlreiche schwarze Schafe, die ihr Kapitalanlagemodell primär im eigenen Interesse und nicht im Interesse der Anleger betreiben (hierzu Rz. 3). Außerdem gibt es viele Kapitalanlageangebo-

---

1 Vgl. z.B. die Polizeiliche Kriminalstatistik des BKA 2011, S. 43, 208.
2 *Gerson*, ZWH 2014, 298.

te, denen schon dem Grunde nach jegliche Seriosität fehlt, die aber dennoch immer wieder erfolgreich vertrieben werden (hierzu Rz. 5 ff.)[1].

I. Anlagen im „Grauen Kapitalmarkt"

a) Häufig vertrieben werden folgende Kapitalanlagemodelle, die **nicht von vornherein** als **betrügerisch** eingestuft werden können, aber gerne auch durch Kapitalanlagebetrüger verwendet werden: 3

– *Unternehmensbeteiligungen* jeglicher Art, oft mit angeblich innovativen Geschäftsideen,
– *Aktienpools* zur Exploration von Gold-, Diamanten-, oder sonstiger Rohstoffvorkommen,
– Handel mit Edelsteinen[2] und Edelmetall,
– Devisen- oder Waren-*Termingeschäfte*[3],
– *Optionen*, die dem Inhaber das Recht einräumen, ein bestimmtes Wirtschaftsgut innerhalb eines bestimmten Zeitraumes zu einem vorbestimmten Preis zu kaufen (Call-Option) oder zu verkaufen (Put-Option),
– Derivate,[4]
– Immobilien, insbesondere Versteigerungsimmobilien,
– Bisweilen wird der Erwerb mit **Kapitalrückfluss** angeboten, d.h. die überteuerte (Schrott-)Immobilie wird fremdfinanziert an Personen ohne ausreichendes Eigenkapital verkauft, deren angebliches Einkommen unter Verwendung gefälschter Unterlagen zu hoch angegeben und/oder der Wert der Immobilie mit gefälschten/unrichtigen Wertgutachten zu hoch angesetzt. Häufig wird der Käufer mit der Auszahlung eines Teilbetrags des Darlehens „geködert".
– Time-Sharing-Modelle[5],
– *Beteiligungssparpläne*[6] (mit geringen Beträgen sollen Beteiligungen an Immobilien, Fonds und Unternehmen erworben werden können),
– *Zinsdifferenzgeschäfte* (Aufnahme eines Kredits in einer Fremdwährung mit niedrigem Zinssatz und Anlage des Kreditbetrags in einer höher verzinslichen Währung, ggf. unter Einbindung von Banken im Ausland)[7],
– Ankauf von Versicherungen.

Gerne beworben werden auch Investitionen in **Penny Stocks**. Bei Penny-Stocks handelt es sich um (häufig US-amerikanische, kanadische oder britische) Aktien, welche einen niedrigen Kurs- und Nennwert haben. Es handelt sich um **hochriskante Aktien** junger und kleiner Firmen – teilweise auch Scheinfirmen 4

---

1 Vgl. hierzu *Merten*, Anlagebetrug?, 1998; *Glinig*, Der internationale Finanzbetrug, 1998; *Rühl*, Achtung Finanzhaie, 1998.
2 *Merten*, S. 69.
3 *Rose*, Betrug bei Warentermingeschäften, wistra 2009, 289.
4 *Merten*, S. 60.
5 Zur Vorgehensweise vgl. *Merten*, S. 81.
6 Vgl. *Werner/Burghardt*, Der Graue Kapitalmarkt, Chancen und Risiken, 2006, S. 117.
7 Vgl. OLG Nürnberg v. 30.1.2007 – 1 U 2691/05, NJW 2008, 1453.

(vgl. § 29 Rz. 69 ff.) –, die nur im Freiverkehr oder an Märkten für kleinere Aktiengesellschaften gehandelt werden. Penny Stocks werden häufig nur über ein einzelnes Brokerhaus vertrieben; ob und zu welchem Kurs dieses den Handel mit einem bestimmten Papier aufrechterhält, ist ungewiss. Der Vertrieb solcher Penny-Stocks erfolgt inzwischen vermehrt über das *Internet*. Mit unseriösen Anlagetipps soll das Interesse am Kauf von Aktien mit niedrigem Kurswert künstlich gesteigert werden. Der Empfänger wird mit der Erwartung großer Gewinnmöglichkeiten für schnell entschlossene Investoren gelockt. Psychologisch geschickt wird der Eindruck vermittelt, die E-Mail enthalte *Insider-Informationen*, die auf eine positive Kursentwicklung hindeuten, z.B. wichtige neue Vertragsabschlüsse des betreffenden Unternehmens, günstige Gewinnprognosen oder bevorstehenden Akquisitionen[1].

5 b) Neben den vorgenannten Anlagemodellen, die grundsätzlich auch „seriös" sein können, gibt es aber auch **dem Grunde nach unseriöse Anlagemodelle**:

6 Dazu gehört vor allem der angebliche **Handel mit Bankgarantien**[2]. Ähnlich betrügerische Konzepte liegen den angeblichen *„Prime Bank Instruments"*, *„Prime Bank Notes"*, *„Prime bank stand-by letters of credit"* und *„Prime Bank Guarantees"* zugrunde.

Hier wird behauptet, mit Hilfe *„gepoolter"* Gelder in Milliardenhöhe seien im *„Interbankenhandel"* der *„Top Prime Banks"* mithilfe von *„stand-by letters of credit"* zweistellige Renditen zu erzielen. Einen solchen angeblichen Bankgarantiehandel gibt es jedoch nicht; es handelt sich lediglich um phantasievolle Konstrukte von Betrügern[3]. Die immer wieder auftauchenden Unterlagen über die Existenz von Bankgarantiegeschäften[4] stellen Fälschungen dar und belegen in keiner Weise die Existenz der geschilderten Geschäfte. Eingeschaltet werden in solche Geschäfte häufig dubiose Bankinstitute in Ländern des Ostens oder Briefkastenfirmen in Steueroasen.

Bei den *echten „stand-by letters of credit"* handelt es sich dagegen um *Sicherungsinstrumente*, denen ein anderes Rechtsgeschäft zugrunde liegt und die nur zusammen mit den besicherten Ansprüchen des zugrunde liegenden Rechtsgeschäfts übertragen werden können[5]. Sie haben ihren Ursprung in den Dokumentenakkreditiven und im US-amerikanischen Recht, nach welchem Banken überwiegend keine Bürgschaften oder Garantien zu Sicherungszwe-

---

1 Vgl. *Rössner/Lachmair*, Betrug mit Penny Stocks, BB 1986, 336; *Joswig*, Aufklärungspflichten bei der Vermittlung amerikanischer Billigaktien (Penny Stocks), DB 1995, 2253; *Merten*, S. 58; zur zivilrechtlichen Aufklärungspflicht bei der Vermittlung von amerikanischen OTC-Aktien an deutsche Anleger vgl. BGH v. 22.1.1991 – XI ZR 151/89, ZIP 1991, 297.
2 *Horn*, Clear and Clean and not of Criminal Origin, WM 1997, 864; *Merten*, S. 40.
3 Vgl. *Leising/McGarry*, US Attorney's Bulletin 3/2002, S. 10; Sonderbericht des ICC Commercial Crime Bureau zu Prime Bank Instrument Frauds v. 10.1.1994.
4 BGH v. 23.2.2000 – 5 StR 570/99, NStZ 2000, 320.
5 *Horn/Wymeersch*, Bank-Guarantees, stand-by letters of credit and Performance Bonds, in International Trade, 1990; *Graf von Westphalen/Jud* (Hrsg.), Die Bankgarantie im internationalen Handelsverkehr, 4. Aufl. 2014.

cken, jedoch Akkreditive zur Abwicklung des Zahlungsverkehrs von Handelsgeschäften erstellen dürfen[1].

Bei den **Kapital-** (oder Kredit-) **-vermittlungsbetrugsmodellen**[2] fordert der Initiator vom Anleger die (Voraus-)Zahlung einer Vermittlungsgebühr, durch die er angeblich einen hohen Kredit erhalten soll. Sogar angeblich *selbsttilgende Darlehen* werden angeboten. Der Kreditbetrag soll dabei zumindest teilweise nicht ausbezahlt, sondern in andere Anlagen investiert werden. Die Investition soll – risikolos – eine solche Rendite erzielen, dass dadurch die Zins- und Tilgungszahlungen für den Kredit erwirtschaftet werden. I.d.R. verliert der Geldgeber die Vorauszahlung, ohne jemals den Kredit zu erhalten.

Im Zusammenhang mit dieser Masche ist vielfach von der sog. **„Nigeria-Connection"** die Rede. Die Bezeichnung stammt daher, dass die Täter in den ersten bekanntgewordenen Fällen dieser Art von Nigeria aus operierten. Zwischenzeitlich hat sich diese Vorgehensweise aber *internationalisiert* und ist auch nicht mehr darauf beschränkt, Darlehen in Aussicht zu stellen. Die Täter versprechen gegen Vorauszahlung von Provisionen z.B. auch die Auszahlung eines angeblichen (Millionen-)*Nachlasses*, oder bitten – oft wiederholt – um Zahlungen, weil sie die Gelder angeblich benötigen, um Bankgebühren zu bezahlen, ohne die sie nicht an ihre Konten – natürlich mit Guthaben in Millionenhöhe – gelangen; an dem so frei gewordenen Betrag soll der Geldgeber maßgeblich partizipieren. Nachdem der Geldgeber abgeschöpft ist, bricht der Kontakt aber ab.

In entsprechender Weise funktionieren betrügerische **Wertdifferenzgeschäfte**[3], bei denen der Verkehrswert einer Immobilie den im Grundbuch eingetragenen Belastungen oder dem Beleihungswert gegenübergestellt wird. Der Differenzbetrag soll (aufgrund einer mit banktechnischen Begriffen angereicherten abenteuerlichen Begründung) angeblich von einer Bank dem Grundstückseigentümer als Darlehen ausgereicht und diese seinerseits in ein Anlageprogramm mit zweistelliger Rendite (Interbankenhandel o.Ä.) eingestellt werden. Zur Sicherheit werden *Grundschuldbriefe* herausverlangt, was – wegen des betrügerischen Charakters der Geschäfte – auf einen Verlust des Grundstücks hinausläuft.

Größte Vorsicht ist auch bei sog. **Trading-Programme** geboten, bei denen der Anleger einen Anlagebetrag bezahlen muss, mit dem ein „Trader" ein angebliches „Programm" abwickelt[4]. In der Spielart der sog. „*Blocked-Funds-Trading*"-Programme soll das Kapital des Anlegers angeblich sogar auf einem Bankkonto fest angelegt werden. Es soll „lediglich" als „Sicherheit" für eine weitere Anlage verwendet werde, welche angeblich zweistellige Renditen er-

---
1 *Bauer* in Kümpel/Wittig, Rz. 13.8; *Nielsen*, Neue Richtlinien für Dokumenten-Akkreditive, 1994, 19.
2 *Risch/Knorre*, Kreditvermittlungsbetrug, Kriminalistik 2003, 714.
3 *Hey*, Wertdifferenzgeschäfte, Kriminalistik 1997, 480.
4 *Merten*, S. 89 („Bank Secured Capital Enhancement Programm", „Joint Venture Prime Bank Instruments Trading Programm" oder „Bank Secured High Yield Trading Programme").

wirtschaftet. Solche „Programme" werden zwar mit blumigen Worten umschrieben; nachprüfbare Fakten werden aber nicht genannt, häufig mit Hinweis auf angebliche Verschwiegenheitsverpflichtungen. I.d.R. ist der Kapitaleinsatz bei solchen Angeboten verloren.

10 Auch werden Investitionen in **Phantasie-Wertpapiere** angeboten. In einem Fall hatte der Täter im Namen einer „Royal Canadian Incorporated" – einem Unternehmen, das nur aus dem für 50 US-Dollar erworbenen Firmenmantel bestand – Papiere in der äußeren Gestalt eines Wertpapiers ausgegeben, die er als „Mortgage Debenture Stock" (Hypothekenpfandbrief) benannte, um damit die an ihn geleisteten Zahlungen der Kapitalanlageinteressenten zu bestätigen[1].

11 c) Bei den zur (angeblichen) Durchführung der Anlagegeschäfte eingeschalteten Brokern, Handelshäusern, Banken oder Versicherungen[2] im Ausland stellt sich vielfach heraus, dass es sich nur um **Briefkastenfirmen** (§ 29 Rz. 69 ff.) handelt, die bei einem Büroserviceunternehmen residieren.

Die dort eingehende Post wird – vom Anleger unerkannt – an die eigentliche Adresse der Täter umgeleitet, während die dort abgehende Post über das ausländische **Serviceunternehmen** versandt wird. Hierzu nutzen Anlagebetrüger gerne Offshore-Zentren wie die *Bahamas*, die *Bermudas*, die *Cayman Islands* oder die *Niederländischen Antillen*, die sich durch Steuervorteile und das Fehlen gesetzlicher Beschränkungen zu Finanzplätzen mit Milliarden-Umsätzen entwickelt haben[3]. Aber auch im EWR und in den Vereinigten Staaten von Amerika (*Delaware-Gesellschaften*) werden Briefkastenfirmen zu betrügerischen Zwecken eingesetzt. Mehrere solche hintereinander geschaltete Gesellschaften erleichtern das Verbergen eingesammelter Gelder.

12 Häufig werden in die Abwicklung „**Ehrenberufler**" – Rechtsanwälte, Steuerberater, Wirtschaftsprüfer, Notare – eingebunden. I.d.R. übernehmen diese eine Funktion als *Treuhänder* oder als *Verwaltungsrat* oder *Direktor* einer im Betrugssystem wichtigen Gesellschaft. Dies bestärkt die Anleger in ihrem Glauben, es müsse sich um eine seriöse Kapitalanlage handeln. Zugleich wird versucht, über die – oftmals nur angebliche – anwaltliche *Schweigepflicht* Nachforschungen zu verhindern.

II. Vertriebsformen

1 Vermittler

13 a) Um möglichst viele potenzielle Anleger anzusprechen, werden Kapitalanlagen i.d.R. nicht vom Initiator selbst vertrieben. Das Angebot wird stattdessen

---

1 BGH v. 5.5.1987 – 1 StR 142/87, NStZ 1987, 504.
2 BGH v. 29.5.2008 – III ZR 59/07, BB 2008, 1529; BGH v. 12.2.2009 – III ZR 90/08, 119/08, NJW-RR 2009, 613; BGH v. 23.7.2009 – III ZR 323/07, GWR 2009, 300; BGH v. 29.5.2008 – III ZR 306/07, juris; BGH v. 23.7.2009 – III ZR 2/08, GWR 2009, 300.
3 *Doggart/Schönwitz*, Steuerparadiese – und wie man sie nutzt, 5. Aufl. 2007; *Merten*, Steueroasen, Ausgabe 2014; vgl. auch BGH v. 17.6.2004 – 3 StR 344/03 – Guaranteed Funds – Limited, Telefonhandel, BGHSt 49, 177.

über **Finanzdienstleistungsunternehmen** gestreut. Zum Einsatz kommen dabei weniger die Banken als vielmehr sog. Strukturvertriebe, die mit einer Vielzahl von Vermittlern und Untervermittlern arbeiten.

Bei **Strukturvertrieben** haben i.d.R. nur die Vermittler auf der höchsten Stufe der Struktur näheren Kontakt mit dem Anbieter der Kapitalanlage. Die meisten Vermittler werden dagegen als Untervermittler tätig und verfügen außer dem vom Anbieter erstellten Prospekt über keine zusätzlichen Unterlagen und Informationen. Provisionen werden aber auf allen Vermittlungsebenen – und damit mehrfach – fällig.

Im Vorfeld der persönlichen Ansprache der Anleger kommen **Kontakte** auch über *Telefonanrufe*[1], *Telefaxschreiben*[2], *E-Mails*[3] oder durch Angebote im Internet zustande. Bei Interesse folgen *„Beratergespräche"*, die nach festen Mustern ablaufen und nicht selten mit dem Abschluss des Kapitalanlagevertrages enden. Teilweise wird der Anleger hierbei sogar überredet, mit dem Vermittler unmittelbar nach dem Gespräch einen Notar aufzusuchen, um eine notariell zu beurkundende Kapitalanlage – z.B. einen Immobilienkauf – formwirksam abzuschließen (sog. *„Mitternachtsnotare"*).

14

b) Generell fällt die Vermittlung von Kapitalanlagen in das Berufsbild des **Maklers** (dazu unten § 70) und unterliegt der allgemeinen *gewerberechtlichen Aufsicht*. Nach § 34c Abs. 1 Nr. 1 und Nr. 2 GewO ist die Ausübung der gewerbsmäßigen Maklertätigkeit unter eine *Erlaubnispflicht* gestellt (§ 25 Rz. 22 ff., 30 ff.). Je nach Ausgestaltung der Tätigkeit kann das Unternehmen aber auch als Finanzdienstleistungsinstitut nach § 1 Abs. 1a S. 2 Nr. 1 KWG einzustufen sein, sodass es der Erlaubnis der BaFin bedarf (§ 32 KWG – vgl. auch § 25 Rz. 74 ff.). Weitere Vorschriften zur Regulierung der Tätigkeit ergeben sich aus dem WpHG (hierzu Rz. 18 ff.).

15

Die Vermittlung von Kapitalanlagen stellt eine entgeltliche Dienstleistung dar. Der Kapitalanleger erwartet daher, dass die vermittelte Kapitalanlage auch zu seinen individuellen Anlagezielen passt. Bestandteil der Anlagevermittlung kann dabei sowohl ein **Beratungsvertrag** als auch ein **Auskunftsvertrag** sein, dessen Rechte und Pflichten sich grundsätzlich nach dem BGB richten[4].

16

Der Auskunftsvertrag zeichnet sich dadurch aus, dass der Anleger – bezogen auf eine bestimmte Anlageentscheidung – eine reine *Anlagevermittlung* unter Inanspruchnahme der besonderen Erfahrungen und Kenntnisse des Vermittlers wünscht, während der Beratungsvertrag darüber hinaus gerade die ausdrück-

---

1 Vgl. schon BGH v. 19.6.1970 – I ZR 115/68, BGHZ 54, 188; BGH v. 8.6.1989 – I ZR 178/87, NJW 1989, 2820.
2 Vgl. BGH v. 25.10.1995 – I ZR 255/93, NJW 1996, 660; OLG Stuttgart v. 13.10.1994 – 2 W 67/94, NJW 1995, 1098; OLG Oldenburg v. 27.11.1997 – 1 U 101/97, NJW 1998, 3208.
3 Vgl. LG Traunstein v. 18.12.1997 – 2 HK O 3755/97, CR 1998, 171 m. Anm. *Reichelsdorfer*; LG Berlin v. 2.4.1998 – 16 O 201/98, CR 1998, 623 m. Anm. *Moritz*; LG Berlin v. 14.5.1998 – 16 O 301/98, CR 1998, 499 m. Anm. *Schmittmann*.
4 *Podewils/Reisich*, NJW 2009, 116 (117).

liche *Erteilung eines Rates* im Hinblick auf die am besten zu diesem Kunden passende Kapitalanlage beinhaltet[1].

17 Ein solcher Vertrag kann *formlos*, auch durch stillschweigende Willenserklärungen geschlossen werden[2]. Vom stillschweigenden Abschluss eines (**Beratungs- oder Auskunfts-)Vertrags** ist auszugehen, wenn die Leistung für den Empfänger erkennbar von erheblicher Bedeutung ist, er sie zur Grundlage wesentlicher Entschlüsse machen will und der Dienstleister über eine spezielle Sachkunde verfügt oder ein eigenes wirtschaftliches Interesse verfolgt[3]. Aufgrund des Vertrags ist der Berater zu einer anleger- und objektgerechten Beratung bzw. Auskunft verpflichtet. Diese gebietet, dass die Leistung speziell auf die Bedürfnisse, die Interessen, die Vermögensverhältnisse und das Anlageziel des Kunden zugeschnitten ist und sich insbesondere auf die Eigenschaften und Risiken der verschiedenen in Betracht kommenden Anlagen erstreckt[4].

18 c) Für *Wertpapierdienstleistungsunternehmen* (§ 2 Abs. 4 WpHG) enthalten die §§ 31, 31a WpHG **ausdrückliche Verhaltensregeln** im Zusammenhang mit der Erbringung von Wertpapierdienstleistungen (§ 2 Abs. 3 WpHG). Als *Grundsatz* stellt § 31 Abs. 1 WpHG dabei die Anforderung auf, dass der Dienstleister sachkundig, sorgfältig, gewissenhaft und im Interesse seines Kunden (§ 31a WpHG) handeln und sich um die Vermeidung von Interessenkonflikten bemühen muss. Die Aufklärung muss danach zutreffend, vollständig und unmissverständlich sein.

19 aa) § 31 Abs. 2–3a WpHG schreibt **allgemeine Aufklärungspflichten** vor. Danach sind die Unternehmen verpflichtet, dem Kunden diejenigen Informationen mitzuteilen, die er für die von ihm beabsichtigten Geschäfte benötigt.

Beispiele: Hierzu gehören z.B. Informationen über Berechnung, Höhe und Art der Kosten, Sicherheitsleistungen und andere Zahlungspflichten, ebenso Hinweise zu den Eigenschaften, Risiken und anderen erheblichen Umständen der von einem Kunden gewünschten Anlageform[5].

20 bb) Ausdrücklich schreibt § 31 Abs. 4, 4a, 5 WpHG vor, dass der Dienstleister sich über die Kenntnisse und Erfahrungen des Kunden in Bezug auf bestimmte Arten von Kapitalanlagen sowie auf dessen Anlageziele und seine finanziellen Verhältnisse **informieren** muss[6].

So muss z.B. eine Aufklärung über **Börsengeschäfte** mit Schuldverschreibungen, Aktien oder Investmentanteilscheinen andere Informationen beinhalten

---

1 BGH v. 27.11.1998 – V ZR 344/97, BGHZ 140, 111; BGH v. 13.1.2000 – III ZR 62/99, NJW-RR 2000, 998; BGH v. 7.10.2008 – XI ZR 89/07, BGHZ 178, 149; OLG Karlsruhe v. 24.10.2002 – 9 U 49/02, VersR 2004, 643.
2 BGH v. 6.7.1993 – XI ZR 12/93, BGHZ 123, 126 (128); vgl. auch *Vortmann*, Rz. 34.
3 *Vortmann*, Rz. 32–34; *Siol* in Schimansky/Bunte/Lwowski, BkR-Hdb., § 43 Rz. 7 m.w.Nw.
4 BGH v. 6.7.1993 – XI ZR 12/93 – Bond I, BGHZ 123, 126; BGH v. 22.3.2011 – XI ZR 33/10 – CMS Spread Ladder Swap, BGHZ 189, 13; hierzu *Kropf*, Beratung durch Banken bei Abschluss von Swap-Geschäften, ZIP 2013, 401; vgl. auch *Emmerich* in MüKo, § 311 BGB Rz. 143; *Bamberger* in Derleder/Knops/Bamberger, § 50 Rz. 21.
5 BGH v. 21.3.2006 – XI ZR 63/05, NJW 2006, 2041.
6 *Bamberger* in Derleder/Knops/Bamberger, § 50 Rz. 78 ff.

als eine Aufklärung über Anteile an einem geschlossenen Fonds. Insbesondere bei Finanzinnovationen wie *Termingeschäften, Optionen und Derivaten* ist von einem gesteigerten Informationsbedarf des Anlegers auszugehen. Bei *Stillhalteroptionsgeschäften* muss der Kunde darüber hinaus auf die besonders großen Stillhalter-Risiken nachdrücklich hingewiesen werden[1], da die Chancen schnell auf null sinken, wenn der Stillhalter die erhaltenen Prämien mit dem gewerblichen Vermittler teilen muss.

Was die **inhaltliche Prüfung** einer Kapitalanlage anbelangt, stellt die Rechtsprechung unterschiedliche Anforderungen an den Vermittler, je nachdem ob ein Auskunfts- oder ein Beratungsvertrag vorliegt. Bei einem bloßen *Auskunftsvertrag* kann eine reine *Plausibilitätsprüfung* durch den Vermittler genügen[2]. Aus einem *Beratungsvertrag*[3] ist ein Vermittler dagegen verpflichtet, die Kapitalanlage, die er empfehlen will, mit kritischem Sachverstand zu *prüfen*; eine bloße Plausibilitätsprüfung ist in diesem Fall ungenügend[4]. In jedem Fall muss der Anlagevermittler den Interessenten über Widersprüche und Ungereimtheiten aufklären[5]. Fehlt ihm infolge fehlender eigener Informationen die *Sach- und Fachkompetenz* zur Empfehlung einer Anlage, muss er dies offenlegen[6]. 21

Damit stellt sich für den Vermittler die Frage, inwieweit er für die Prüfung der Anlage **eigene Nachforschungen** anstellen muss. Grundsätzlich muss er sich so viele Informationen beschaffen, dass er in der Lage ist, den Rat zu erteilen oder die Beratung zu leisten, anderenfalls er seine Pflicht aus dem Auskunfts- oder Beratungsvertrag schuldhaft verletzt. 22

Die Kenntnis von Berichten über die betreffende Kapitalanlage aus **anerkannten Fachblättern** wie der Börsenzeitung, der Financial Times Deutschland, dem Handelsblatt und der Frankfurter Allgemeinen Zeitung wird dabei von der Rechtsprechung vorausgesetzt. Nicht schuldhaft dagegen verletzt der Berater seine Pflichten, wenn er Berichte in Brancheninformationsdiensten nicht kennt, wenn es sich bei diesen nicht um allgemein anerkannte Publikationen für Wirtschaftsfragen oder für ein bestimmtes Marktsegment handelt, deren Seriosität und Qualität über jeden Zweifel erhaben ist[7]. Hat der Berater aber Kenntnis von einem – negativen – Bericht in einem solchen Brancheninformationsdienst, muss er ihn bei der Prüfung der Kapitalanlage auch berücksichtigen[8].

cc) Zu den Pflichten gehört auch, dass der Berater den Kunden auf eigene **Interessenkonflikte** hinweist, und zwar unabhängig von der konkreten Art der Ka- 23

---

1 BGH v. 13.10.1992 – XI ZR 30/92, BB 1992, 2462.
2 BGH v. 13.1.2000 – III ZR 62/99, NJW-RR 2000, 998; OLG Karlsruhe v. 24.10.2002 – 9 U 49/02, VersR 2004, 643.
3 BGH v. 6.7.1993 – XI ZR 12/93, BGHZ 123, 126 (128).
4 BGH v. 7.10.2008 – XI ZR 89/07, BGHZ 178, 149 m. Anm. *Rotter*, BB 2008, 2645.
5 OLG Karlsruhe v. 24.10.2002 – 9 U 49/02, VersR 2004, 643.
6 OLG Braunschweig v. 13.9.1993 – 3 U 11/93, ZIP 1993, 1462 (1464).
7 BGH v. 6.7.1993 – XI ZR 12/93, BGHZ 123, 126 (Rz. 36); OLG München v. 6.12.2002 – 21 U 3997/01, OLGR München 2003, 254 (Rz. 42).
8 BGH v. 7.10.2008 – XI ZR 89/07, BGHZ 178, 149 (Rz. 26 f.).

pitalanlage[1]. Erst hierdurch wird der Kunde in die Lage versetzt, das Umsatzinteresse des Beraters selbst einzuschätzen und zu beurteilen, ob dieser ihm einen bestimmten Titel u.U. nur deswegen empfiehlt, weil er selbst daran verdient[2]. Ein etwaiges Geheimhaltungsinteresse des Beraters an seiner Gewinnmarge steht einer Aufklärungspflicht gegenüber dem Kunden nicht entgegen.

So sind **Vertriebsprovisionen**[3] ungefragt auch dann mitzuteilen, wenn sie sich in ihrer Gesamthöhe aus dem Emissionsprospekt ergeben. Diese Offenlegungspflicht gilt auch dann, wenn ein Agio erhoben und im Prospekt darauf hingewiesen wird. Denn daraus ergibt sich gerade nicht, ob und in welcher Höhe entsprechende Rückvergütungen an den Berater geflossen sind; vielmehr wird vorgespiegelt, dass damit die Kosten des Vertriebs bezahlt werden. Auf die Höhe der Provisionen kommt es damit für die Offenlegungspflicht als solche nicht an[4].

24 d) Die Verletzung von Verhaltenspflichten nach §§ 31, 31a WpHG kann zu *Schadensersatzansprüchen* aus dem Beratungsvertrag und aus § 823 Abs. 2 BGB führen[5]. Häufig scheiterte die Geltendmachung von Schadensersatzansprüchen in der Vergangenheit aber daran, dass der Anleger den Inhalt und den Verlauf der Beratung nicht beweisen konnte. Wertpapierdienstleistungsunternehmen sind deshalb nunmehr verpflichtet, den Inhalt jeder Anlageberatung bei Privatanlegern (§ 31a Abs. 3 WpHG) zu **protokollieren** und dem Kunden das Protokoll auszuhändigen (§ 34 Abs. 2a, 2b WpHG), um diesem die Beweisführung zu erleichtern. Die Protokollpflicht präzisiert die allgemeine Aufzeichnungspflicht gem. § 34 Abs. 1, 2 S. 1 WpHG i.V.m. § 14 Abs. 1 WpDVerVO. Weitere Protokollierungspflichten für andere als Wertpapierdienstleister ergeben sich aus dem VVG und der FinVermV[6].

25 Der wesentliche Ablauf des Beratungsgesprächs muss nachvollziehbar protokolliert werden. Zum **Mindestinhalt des Protokolls** zählen gem. § 14 Abs. 6 WpDVerOV vollständige Angaben zu Anlass und Dauer der Beratung, den zugrunde liegenden Informationen über die persönliche Situation des Kunden.

---

1 Z.B. BGH v. 20.1.2009 – XI ZR 510/07, NJW 2009, 1416; BGH v. 12.5.2009 – XI ZR 586/07 – „Kick-back IV", NJW 2009, 2298.
2 BGH v. 19.12.2006 – XI ZR 56/05, BGHZ 170, 226; *Stumpf/Hettenbach*, BB 2012, 2582.
3 BGH v. 28.2.1989 – XI ZR 70/88, WM 1989, 1047; BGH v. 19.12.2000 – XI ZR 349/99, BGHZ 146, 235; BGH v. 13.7.2004 – VI ZR 136/03, WM 2004, 1768 (1771); BGH v. 20.1.2009 – XI ZR 510/07, NJW 2009, 1416; BGH v. 15.4.2010 – III ZR 196/09, BGHZ 185, 185 m. Anm. *Buck-Heeb*, juris PR-BKR 7/2010 Anm. 2.
4 BGH v. 19.12.2006 – XI ZR 56/05, BGHZ 170, 226; BGH v. 3.6.2014 – XI ZR 147/12, ZIP 2014, 1418.
5 *Wagner*, Neue Entwicklungen zur Anlagevermittler-/Anlageberaterhaftung, DStR 2003, 1757 und DStR 2004, 1883; zur Abgrenzung zwischen Anlageberatung und Anlagevermittlung vgl. BGH v. 13.5.1993 – III ZR 25/92, NJW-RR 1993, 1114 f; BGH v. 13.1.2000 – III ZR 62/99, NJW-RR 2000, 998; BGH v. 3.12.1992 – II ZR 90/91, BGHR BGB § 676 Anlagevermittler 3; BGH v. 12.2.2004 – III ZR 359/02, BGHZ 158, 110.
6 Weiterführend *Gerson*, Das (V)erstellen von Beratungsprotokollen und der Schutz der Anleger, ZWH 2014, 376.

Dies umfasst die Kenntnisse und Erfahrungen des Kunden, seine Anlageziele (z.B. Werterhaltung, stabile Rendite, Spekulation) und finanziellen Verhältnisse, die Anlageempfehlungen und die für die Empfehlung wesentlichen Gründe (§ 31 Abs. 4 S. 1 WpHG). Dazu gehören insbesondere *die Angaben und Wünsche des Kunden* sowie die vom Berater erteilten Empfehlungen und die für diese Empfehlungen maßgeblichen Gründe.

Das Protokoll muss dem Kunden noch vor Vertragsschluss **übermittelt** werden. So kann er kontrollieren, ob die Beratung richtig wiedergegeben ist und ggf. von dem Geschäft Abstand nehmen, wenn im Protokoll Risiken dargestellt sind, die ihm in der Beratung nicht vermittelt wurden. Wählt der Kunde Kommunikationsmittel, die eine Protokollübermittlung vor dem Geschäftsabschluss nicht erlauben – insbesondere bei der Telefonberatung –, muss das Unternehmen das Protokoll unverzüglich übersenden. Räumt das Unternehmen dem Kunden ein einwöchiges Rücktrittsrecht für den Fall der Unvollständig- oder Fehlerhaftigkeit des Protokolls ein, kann das Geschäft bereits vor Eingang des Protokolls beim Kunden abgeschlossen werden (§ 34 Abs. 2a S. 4 WpHG). 26

Die Dokumentationspflicht soll den Anlageberater zu größerer **Sorgfalt** veranlassen, sodass insgesamt die Qualität der Beratung erhöht wird. In einem Prozess wegen schlechter Beratung kann sich der Kunde auf das Beratungsprotokoll berufen. Geht aus dem Protokoll ein Beratungsfehler hervor, hat der Anleger das erforderliche *Beweismittel* in den Händen. Ist das Protokoll lückenhaft oder in sich unschlüssig – z.B. weil nach den Kundenangaben eine risikolose Anlage gewünscht war, aber tatsächlich eine hochriskante Anlage empfohlen wurde – muss der Dienstleister beweisen, dass er gleichwohl ordnungsgemäß beraten hat (vgl. auch § 34 Abs. 2a S. 6 WpHG). 27

Enthält der Anlagevertrag **treuhänderische Elemente**, dann stellt die Entgegennahme von sog. kick-backs (heimliche Beteiligung des Vermittlers an den Provisionen des Brokers oder der Bank) und deren Nichtabführung an den Anleger eine Verletzung vermögensfürsorgerischer Hauptpflichten dar, welche den Tatbestand der *Untreue* (vgl. Rz. 97, § 32 Rz. 70) erfüllt. Zivilrechtlich hat die *depotführende* Bank nach der Rechtsprechung des BGH die Pflicht zur Überprüfung der Seriosität des Vermögensverwalters und zur Überwachung des Anlageverhaltens des Anlegers[1]. 28

2. Telefonvertrieb

Eine verbreitete Art der Akquisition von Anlegerkapital ist die Masche der sog. „cold callings", also des **überraschenden Telefonanrufs**, oft abends oder an Wochenenden. 29

Diese Vertriebsform findet z.B. häufig Anwendung beim Verkauf sog. Penny Stocks (Rz. 4) unter Einsatz von Call-Centern. Den Angerufenen werden die Wertpapiere regelmäßig mit Behauptungen zu bevorstehenden Kurssteigerungen und leicht erzielbaren Gewinnen schmackhaft gemacht. Ermittlungen in

---

[1] BGH v. 13.7.2004 – VI ZR 136/03, WM 2004, 1768 (1771); *Zoller*, Das Ende des Kick-Back-Jokers im Kapitalanlagerecht, BB 2013, 520.

solchen Fällen ergeben meist, dass die Anrufer unter falschem Namen und aus dem Ausland agieren. Die Rückverfolgung der Kauforders der Anleger an den Börsen führt zu der Erkenntnis, dass bei den meisten Transaktionen ein- und dieselbe Bankverbindung – ebenfalls aus dem Ausland – auf der Verkäuferseite steht. Die Inhaber dieser Bankverbindung veranlassen dabei die Anwerbung der Anleger über das Call-Center, um ihre eigenen Wertpapiere mit Gewinn zu veräußern. Ist dies geschehen, wird die Anwerbung von Anlegern eingestellt, die Nachfrage erlischt, und die kurzfristig in die Höhe geschnellten Aktienkurse brechen wieder ein.

30 Solche cold callings sind **unzulässig**[1]. *Rechte und Wertpapiere* unterfallen dem Begriff der *„Waren"* i.S. des § 2 Abs. 1 Nr. 1 UWG[2]. Die Anwerbung von Anlegern stellt eine geschäftliche Handlung nach dieser Vorschrift dar. Das Anwerben verstößt gegen § 7 Abs. 1 UWG, wenn der Angeworbene (Marktteilnehmer nach § 2 Abs. 1 Nr. 2 UWG) hierdurch in unzumutbarer Weise belästigt wird. Zu den unzumutbaren Belästigungen gehören *Telefonanrufe* gegenüber einem Verbraucher *ohne dessen Einwilligung* (§ 7 Abs. 2 Nr. 2 UWG). Ferner darf mit automatischen Anrufen, Faxen und E-Mails nur bei ausdrücklicher Einwilligung durch den Adressaten geworben werden (§ 7 Abs. 2 Nr. 3 UWG)[3].

Die Einwilligung kann bisweilen im Nachhinein vorgetäuscht werden, wenn die Täter sog. **„Ping-Anrufe"** tätigen. Dabei wird das Opfer angerufen und die Nummer des Anrufers erscheint auf dem Telefondisplay des Angerufenen. Ausgenutzt wird, dass das Opfer sich fragt, wer es zu erreichen versucht hat. Ruft es die angezeigte Telefonnummer an, wird im Nachhinein behauptet, das Opfer habe von sich aus Kontakt aufgenommen[4]. Soll das Opfer auf eine Mehrwertdienstenummer zurückrufen, kommt auch Betrug in Betracht[5].

3. Direktvertrieb

31 Der Direktvertrieb von Kapitalanlagen durch den Anbieter selbst erfolgt regelmäßig mithilfe vollmundiger Anzeigen oder Plakate, in denen hohe Renditen versprochen werden. Darüber hinaus muss für eine Kapitalanlage, die sich an das Publikum richtet, grundsätzlich ein Prospekt erstellt werden. Zur Prospektpflicht, den hierbei vorgeschriebenen Inhalten und den zivil- und strafrechtlichen Folgen unrichtiger oder unvollständiger Prospekte wird auf § 27 Rz. 88 ff., 110 ff. verwiesen.

32–40 Einstweilen frei.

---

1 LG Hamburg v. 16.6.2009 – 407 O 300/07, juris; OVG NRW v. 26.9.2008 – 13 B 1331/08, NVwZ-RR 2009, 159.
2 *Köhler* in Köhler/Bornkamm, § 2 UWG Rz. 39.
3 Vgl. *Eisenberg*, Möglichkeiten des E-Mail-Direktmarketing ohne Einwilligung der Beworbenen, BB 2012, 2963.
4 VG Köln v. 28.1.2005 – 11 K 3734/04, NJW 2005, 1880.
5 BGH v. 27.3.2014 – 3 StR 342/13, wistra 2014, 310; OLG Oldenburg v. 20.8.2010 – 1 Ws 371/10, wistra 2010, 453; LG Osnabrück v. 6.3.2013 – 10 KLs 10 KLs 38/09, 10 KLs - 140 Js 2/07 - 38/09, juris.

III. Angebote steuerorientierter Kapitalanlagen

Seit Jahrzehnten suchen Experten in den Steuergesetzen nach Schlupflöchern, um steuermüden Gutverdienern zur Minderung ihrer Steuerlast zu verhelfen. Oft ging es in erster Linie darum, durch die Erzeugung von Verlusten die Steuerlast aus anderen Einkünften zu mindern; der Zweck, dem Anleger mit den eingesetzten Mitteln eine wirtschaftlich sinnvolle Einnahmequelle zu schaffen, spielte dagegen eine untergeordnete Rolle. Mit der Einfügung des § 15b EStG durch Art. 1 Nr. 4 VerlustBeschrG v. 22.12.2005[1] hat der Gesetzgeber zu einem Rundumschlag gegen solche von ihm als **„Steuerstundungsmodelle"** bezeichneten Steuersparmodelle ausgeholt. Danach ist der Markt für diese Art von Anlagen praktisch zusammengebrochen. 41

Ein anderer Weg zur Steuervermeidung besteht in der Erzielung von Einkünften, die systembedingt keiner Besteuerung unterliegen oder die **steuerbefreit** sind. Auch die Verlagerung von Einkünften in spätere Veranlagungszeiträume kann zu Steuervorteilen führen. 42

1. Kapitalanlagen mit negativen Einkünften

Bemessungsgrundlage für die Einkommensteuer ist nach § 32a Abs. 1 S. 1 EStG i.V.m. § 2 Abs. 5 EStG das zu versteuernde Einkommen, zu dessen Ermittlung nach § 2 Abs. 3 EStG *sämtliche* erzielten Einkünfte *zusammengerechnet* werden. Werden in einzelnen Einkunftsarten Verluste erwirtschaftet, führt dies grundsätzlich zur Minderung der Einkommensteuer, die auf Einkünfte aus anderen Einkunftsarten mit positiven Ergebnissen zu zahlen wäre. Da der Einkommensteuertarif gem. § 32a Abs. 1 EStG progressiv ansteigt, ist der **Steuerspareffekt** umso größer, je höher die übrigen Einkünfte sind, mit denen ein Verlust verrechnet werden kann. Nach § 10d EStG können Verluste in andere Veranlagungszeiträume vor- oder rückgetragen werden. 43

Diesen Effekt ausnutzend, bot die Steuersparbranche vor allem in den 1970er-Jahren Beteiligungen an sog. **Publikumskommanditgesellschaften** an. Interessierte Anleger hatten die Möglichkeit, sich als Kommanditisten an Unternehmen zu beteiligen, deren Tätigkeit typischerweise mit hohen Anfangsverlusten verbunden war. Mancher eigentlich nur am Steuersparen interessierte Anleger wirkte auf diese Weise an Erdöl-, Erdgas- und Uranexplorationen, an der Suche nach Gold, der Produktion von Schallplatten und Spielfilmen oder an Forschungs- und Entwicklungsprojekten der verschiedensten Art mit. Der dem einzelnen Kommanditisten zugewiesene Anteil am Verlust der Gesellschaft war im ersten Wirtschaftsjahr häufig so hoch, dass aus der Steuerersparnis nicht nur die Kommanditeinlage finanziert, sondern noch weitere Liquidität gewonnen werden konnte. Der Gesetzgeber reagierte mit der Schaffung des am 29.8.1980 in Kraft getretenen **§ 15a EStG**. Der einem Kommanditisten zuzurechnende Anteil am Verlust der KG durfte fortan nur noch insoweit mit anderen Einkünften ausgeglichen werden, als er durch die Kommanditeinlage gedeckt war; darüber hinausgehende Verlustanteile waren vorzutragen und durf- 44

---

1 BGBl. I 2005, 3683.

ten nur mit *späteren Gewinnen* aus der Beteiligung an *derselben KG* verrechnet werden.

45 Um den **Abzug negativer Einkünfte mit Auslandsbezug** zu erschweren, wurde durch das Haushaltsbegleitgesetz 1983 vom 20.12.1982[1] **§ 2a** in das EStG eingefügt. Solche Verluste dürfen grundsätzlich nur mit positiven Einkünften der jeweils selben Art aus demselben Staat ausgeglichen werden. Ein Verlustrücktrag nach § 10d EStG darf nicht stattfinden, ein Verlustvortrag nur insoweit, als die Verluste mit späteren Gewinnen derselben Art verrechnet werden können.

46 Der in Rz. 41 schon erwähnte **§ 15b EStG** hat § 2b EStG ersetzt, der ab 11.11.2005 außer Kraft getreten ist. Nach § 15b Abs. 1 EStG dürfen Verluste im Zusammenhang mit einem Steuerstundungsmodell weder mit Einkünften aus Gewerbebetrieb noch mit Einkünften aus anderen Einkunftsarten ausgeglichen werden. Auch ein Verlustrücktrag nach § 10d EStG ist nicht möglich. Nur mit Einkünften, die der Steuerpflichtige in den folgenden Wirtschaftsjahren aus derselben Einkunftsquelle erzielt, dürfen die Verluste aus Steuerstundungsmodellen verrechnet werden.

47 Ein **Steuerstundungsmodell** liegt gem. § 15b Abs. 2 S. 1 EStG vor, wenn aufgrund einer modellhaften Gestaltung steuerliche Vorteile in Form negativer Einkünfte erzielt werden sollen. Dies ist nach § 15b Abs. 2 S. 2 EStG der Fall, wenn dem Steuerpflichtigen aufgrund eines vorgefertigten Konzepts die Möglichkeit geboten werden soll, zumindest in der Anfangsphase der Investition Verluste mit übrigen Einkünften zu verrechnen. Unter § 15b EStG fallen z.B. Medienfonds, Videogamefonds, geschlossene Immobilienfonds, Schiffsbeteiligungen (soweit sie noch Verluste vermitteln), New-Energy-Fonds, Leasingfonds und Wertpapierhandelsfonds[2].

48 Über **Medien- und Filmfonds** kann sich der Anleger als Kommanditist an der Produktion, Koproduktion und/oder der Verwertung von Filmen und Lizenzen beteiligen[3]. **Videogamefonds** bieten die Möglichkeit, an Erwerb, Entwicklung, Lizenzierung und internationaler Vermarktung von elektronischen Spielen teilzuhaben. Ohne § 15b EStG bestünde der Steuervorteil der genannten Fonds darin, dass die Anleger Verluste mit ihren anderen Einkünften verrechnen könnten.

49 Bei **geschlossenen Immobilienfonds** erwirbt oder bebaut eine Gruppe privater Anleger zusammen ein einzelnes Grundstück oder eine festgelegte Zahl von Grundstücken. Wenn das hierfür erforderliche Kapital gezeichnet ist, werden keine weiteren Gesellschafter mehr aufgenommen. Der geschlossene Immobilienfonds hat meist die Rechtsform einer *Gesellschaft bürgerlichen Rechts* oder einer *KG*, ggf. einer GmbH & Co KG. Werden die Anteile im Privatvermögen gehalten, erzielt der Anleger Einkünfte aus Vermietung und Verpachtung. Bis zur Einführung von § 15b EStG konnten im Jahr der Beteiligung Steuervorteile genutzt werden, die aus Abschreibungen, Werbungs- und Finanzierungskosten herrührten.

---

1 BGBl. I 1983, 187; BStBl. I 1983, 972.
2 *Seeger* in Schmidt, § 15b EStG Rz. 10.
3 Vgl. BGH v. 20.1.2009 – XI ZR 510/07, NJW 2009, 1416.

Schiffsbeteiligungen sind seit vielen Jahren auf dem Markt und waren zeitweise recht rentabel. Die Anleger investieren als Kommanditisten in den Bau und Betrieb eines Schiffes, vom Flusskreuzfahrtschiff bis zum Öltanker. Aus der anschließenden Vercharterung des Schiffes beziehen sie Einkünfte aus Gewerbebetrieb. Soweit es sich um Handelsschiffe im internationalen Verkehr handelt, kann anstelle der Ermittlung des Gewinns nach § 4 Abs. 1 und 5 EStG die Tonnagebesteuerung nach § 5a EStG gewählt werden. Der Verrechnung nach § 4 Abs. 1 und 5 EStG ermittelter, durch hohe Anfangsabschreibungen entstehender Verluste steht § 15b EStG entgegen. Die Tonnagebesteuerung, die als pauschale Gewinnermittlung keinen Verlust zulässt, ermöglicht stattdessen steuerfreie Ausschüttungen.

50

Unter **New-Energy-Fonds** sind *Windkraft-, Solar-, Geothermie- und Biomassefonds* zu verstehen. Anleger können sich als Kommanditisten an der umweltfreundlichen Erzeugung von Energie beteiligen. In der Investitionsphase können durch erhöhte Abschreibungen, Finanzierungs- und Werbungskosten hohe Verlustzuweisungen entstehen. Wegen § 15b EStG können diese nur mit späteren Gewinnen verrechnet werden.

51

Leasingfonds erstrecken sich auf eine breite Palette von Investitionsgütern, die von Flugzeugen über Elektro-, Diesellokomotiven und Containern bis hin zu Rathäusern, Kindergärten oder Finanzämtern reicht. Sie sind i.d.R. als GmbH & Co KG konzipiert, weil die Beteiligung der GmbH als Komplementärin und ihre Bestellung als Geschäftsführerin dazu führt, dass die Fondsgesellschaft gewerblich geprägt ist und alle Einkünfte des Fonds als Einkünfte aus Gewerbebetrieb behandelt werden. Die Vermietung beweglicher Gegenstände führt dagegen grundsätzlich zu sonstigen Einkünften i.S. des § 22 Nr. 3 EStG, was nachteilig wäre, da Verluste nicht mit anderen Einkünften verrechnet werden dürfen.

52

Die in der Vergangenheit vorherrschenden „Finance-leasing"-Modelle waren im Grunde reine Finanzierungsinstrumente, die durch ihre aus degressiver AfA und Finanzierungskosten resultierenden steuerlichen Vorteile zu erheblichen Steuerersparnissen bei den Anlegern führten. Kennzeichnend für sie war die Vermietung für eine bestimmte Laufzeit, wobei für das Vertragsende fest definierte Konditionen für Andienungsrechte, Abstandszahlungen, Ankaufspflichten usw. vereinbart wurden.

Schon durch die Einführung des § 2b EStG vollzog sich eine Abkehr vom finance leasing hin zum *„operating leasing"*. Dieses musste sich nun zwangsläufig darauf richten, bereits aus der Vermietung des Leasinggegenstandes möglichst hohe Erträge zu erzielen. Da der Leasinggegenstand anschließend zu einem möglichst hohen Preis verkauft werden muss, waren Investitionsgüter zu wählen, die sich nicht nur auf einen Zeitraum von zehn bis 15 Jahren gut vermieten, sondern anschließend auch gut verkaufen ließen. Die steuerliche Verwertbarkeit von Verlusten ist durch § 15b EStG stark eingeschränkt.

Wertpapierhandelsfonds investierten meist in kurzfristige Rentenpapiere, deren Anschaffung aufgrund der Vorschrift des § 4 Abs. 3 EStG sofort zu Betriebsausgaben führte. Dadurch konnten zu Anfang hohe Verluste entstehen. deren Abzug aber durch § 15b EStG stark eingeschränkt wird. Bei Einlösung der Wert-

53

papiere entsteht ein Gewinn, mit dem die Verluste verrechnet werden können. Mit der Einfügung des § 15b EStG sind die Wertpapierhandelsfonds inzwischen faktisch vom Markt verschwunden.

54 **Altbausanierungen** stehen nicht von vornherein unter dem Verdacht, als Steuerstundungsmodelle eingesetzt zu werden. Wer ein Gebäude kauft und saniert, das unter Denkmalschutz steht, kann nach § 7i EStG über einen Zeitraum von acht Jahren 9 % und in den folgenden vier Jahren noch einmal 7 % der Sanierungskosten von seinen Einkünften abziehen. Das Gebäude muss aber so genutzt werden, dass die Erhaltung der schützenswerten Substanz des Gebäudes auf die Dauer gewährleistet ist.

2. Kapitalanlagen mit steuerfreien Erträgen

55 Bei **Investmentfonds** wird das Geld vieler Ratensparer und Einmalanleger von einer Kapitalanlage-Gesellschaft, der sog. Investmentgesellschaft, gesammelt. Um das Risiko zu streuen, wird es in Vermögenswerte verschiedener Emittenten investiert, die in Wertpapieren, stillen Beteiligungen, verzinslichen Wertpapieren oder Immobilien bestehen können. Die gekauften Wertpapiere bilden den Investmentfonds. Der Anleger erhält über die Höhe seiner Beteiligung Investmentfonds-Anteile auf einem Investmentfonds-Konto gutgeschrieben oder als Zertifikate ausgehändigt, die als Anteilscheine bezeichnet werden. Am Vermögen des Investmentfonds, das sich als *Sondervermögen* darstellt, ist er Miteigentümer. Nach Maßgabe des Investmentsteuergesetzes werden die Anteilsinhaber mit den Investmenterträgen so besteuert, als hätten sie diese von der Anlagegesellschaft unmittelbar bezogen[1]. Werden die Investmentanteile von den Anlegern im Privatvermögen gehalten, sind Zinsen, Zwischengewinne und Dividenden Kapitalerträge nach § 20 EStG. Veräußerungsgewinne des Investmentfonds, die in den Ausschüttungen enthalten sind, gehören seit 1.1.2009 insoweit zu den Einkünften aus Kapitalvermögen, als sie aus der Veräußerung von Anteilen stammen, welche die Fondsgesellschaft vor dem 1.1.2009 erworben hat. Wie die übrigen Erträge aus dem Investmentfond unterliegen sie der Abgeltungssteuer. *Im Ausland* aufgelegte und in Deutschland zugelassene Fonds sind wie inländische Fonds mit ihren gesamten ordentlichen Erträgen, d.h. Zinsen und Dividenden, steuerpflichtig. Infolge von Doppelbesteuerungsabkommen kann es zu Abzügen von landesspezifischen Unternehmenssteuern kommen.

56 **Aktienfonds** boten dem privaten Anleger bis 31.12.2008 den Vorteil, dass die Gewinne aus der Veräußerung der Aktien aus steuersystematischen Gründen nur in den Grenzen des § 23 Abs. 1 S. 1 Nr. 2 EStG der Einkommensteuer unterlagen. Das war der Fall, wenn die Frist zwischen Anschaffung und Veräußerung der Wertpapiere nicht mehr als ein Jahr betrug. Im Gegenzug konnten Veräußerungsverluste gem. § 23 Abs. 3 a.F. auch nur mit Veräußerungsgewinnen verrechnet werden. Aus der Veräußerung *nach dem 31.12.2008* in das Privat-

---

1 *Weber-Grellet* in Schmidt, § 20 EStG Rz. 219.

vermögen erworbener Aktien ist hingegen Einkommensteuer in Form der *Abgeltungssteuer* zu zahlen[1]. Dafür sind auch Spekulations- und Kursverluste in breiterem Umfang verrechenbar, als dies zuvor der Fall war.

In **Venture Capital Fonds** und in **Private Equity Fonds** schließen sich Kapitalanleger insbesondere zum Zweck der Finanzierung von Unternehmen, des Wachstums mittelständischer Unternehmen, der Ausgliederung von Unternehmensteilen oder der Nachfolge in Unternehmen zusammen. 57

Erfolgt die Beteiligung in der Frühphase, also in der Zeit von der Produktidee über die Unternehmensgründung bis hin zur Markteinführung, so spricht man im Allgemeinen von *„Venture Capital"*. Beteiligungskapital, das erst in der Wachstumsphase zum Einsatz kommt, wird *„Private Equity"* genannt. Von den als Mittler zwischen den Kapitalanlegern und den zu finanzierenden Unternehmen (Portfolio-Gesellschaften) dienenden Fonds werden Eigenkapital- und eigenkapitalähnliche Beteiligungen an den Portfolio-Gesellschaften erworben. Nach Erreichen des durch die Finanzierung beabsichtigten Ziels (z.B. Umwandlung der Portfolio-Gesellschaften in Aktiengesellschaften und Platzierung der Unternehmen an der Börse, Ausgliederung von Unternehmensteilen) werden die Anteile an den Gesellschaften zu möglichst hohen Preisen veräußert.

Ist die Tätigkeit des Fonds nach dem Gesamtbild der Betätigung als **private Vermögensverwaltung** – und nicht als gewerblicher Wertpapierhandel – einzustufen, gehören seit 1.1.2009 nicht nur die laufenden Ergebnisanteile der Fonds-Beteiligten zu den Einkünften aus § 20 EStG, sondern auch alle Veräußerungsgewinne. Der Steuersatz beträgt dabei 25 %. Mit dieser Steuer ist die Einkommensteuer abgegolten. 58

Ist die Tätigkeit der genannten Fonds als **gewerblicher Wertpapierhandel** zu qualifizieren, führt dies dazu, dass Gewinne aus der Veräußerung von Beteiligungen nach § 3 Nr. 40 S. 1 Buchst. a EStG zu 40 % steuerfrei sind. Dementsprechend dürfen wegen § 3c EStG auch nur 60 % der Kosten als Betriebsausgaben abgezogen werden. Die für die Abgrenzung maßgeblichen Kriterien sind im BMF-Schreiben vom 16.12.2003[2] enthalten. Es nimmt Bezug auf die Rechtsprechung des BFH[3], wonach der Einsatz von Bankkrediten statt der Anlage von Eigenkapital, die Unterhaltung eines Büros oder einer Organisation zur Durchführung von Geschäften, die Ausnutzung eines Marktes unter Einsatz beruflicher Erfahrungen, das Anbieten von Wertpapiergeschäften einer breiten Öffentlichkeit gegenüber, Wertpapiergeschäfte auch auf Rechnung Dritter sowie eigenes unternehmerisches Tätigwerden in den Portfolio-Gesellschaften für einen gewerblichen Wertpapierhandel sprechen. 59

Beliebt war bis vor wenigen Jahren die Beteiligung an **geschlossenen Immobilienfonds im Ausland**, vor allem in den USA und in den Niederlanden. Nach 60

---
1 §§ 20 Abs. 2 Nr. 1, Abs. 1 Nr. 1; 32d Abs. 3; 52a Abs. 1, 15 EStG i.d.F. des Art. 1 Nr. 41 G v. 14.8.2007, BGBl. I 2007, 1912, m. Wirkung v. 18.8.2007.
2 BStBl. I 2004, 40.
3 Vgl. z.B. BFH v. 31.7.1990 – I R 173/83, BStBl. II 1991, 66; BFH v. 6.3.1991 – X R 39/88, BStBl. II 1991, 631; BFH v. 19.2.1997 – XI R 1/96, BStBl. II 1997, 399.

dem Doppelbesteuerungsabkommen zwischen den USA und Deutschland sind laufende Mieterträge in den USA zu versteuern. Wer in den USA keine weiteren Einkünfte bezieht, kann dort die steuerfreien Grundfreibeträge ausnutzen. Darüber hinausgehende Erträge sind mit günstigen Eingangssteuersätzen zu versteuern. In Deutschland sind die Einkünfte nicht zu versteuern. Es wird allerdings ein Progressionsvorbehalt berücksichtigt. Entsprechend liegt der Fall bei niederländischen geschlossenen Immobilienfonds.

61 **Auslandsimmobilien** bieten den steuerlichen Vorteil, dass Einkünfte aus der Vermietung und der Veräußerung nach den Doppelbesteuerungsabkommen im *jeweiligen Ausland* steuerpflichtig sind. In Deutschland sind die ausländischen Vermietungseinkünfte durch die Doppelbesteuerungsabkommen regelmäßig von der Steuer befreit, es gilt jedoch der Progressionsvorbehalt.

62 Bei der **fremdfinanzierten Rente** nimmt der Anleger ein Darlehen auf, mit dessen Mitteln er durch einen Einmalbetrag ein Rentenstammrecht finanziert. Aus dem Rentenstammrecht fließt eine sofort beginnende, monatliche und lebenslängliche Rente. Eine zusätzlich abgeschlossene Lebensversicherung oder ein Investmentsparplan sollen die Rückzahlung des Darlehens garantieren; daneben kann noch eine Risiko-Lebensversicherung treten. Der Theorie nach werden die Rentenerträge gem. § 22 Nr. 1 EStG mit dem Ertragsanteil versteuert, die Darlehenszinsen können als Werbungskosten abgezogen werden. Nach § 22 Nr. 1 S. 1 Hs. 2 EStG ist aber § 15b EStG entsprechend anzuwenden. Deshalb muss unbedingt gewährleistet sein, dass die Summe aus allen Rentenzahlungen und den Erträgen aus der zweiten Lebensversicherung oder dem Investmentsparplan stets größer ist als die Finanzierungskosten des Modells[1]. Nicht selten hat das Modell zu erheblichen Vermögensverlusten von Anlegern geführt, weil es zu deutlichen Deckungslücken zwischen dem Darlehen und dem aktuellen Rückkaufswert der Lebensversicherungen kam.

63 **Lebensversicherungsfonds** sind geschlossene Investmentfonds, die Policen stornowilliger Versicherungsnehmer erwerben. Würden die Versicherungsnehmer ihre Verträge kündigen, würden ihnen die Lebensversicherungsunternehmen niedrige Rückkaufswerte auszahlen. Stattdessen erhalten sie von den Fonds einen Kaufpreis, der über dem Rückkaufswert liegt. Die Lebensversicherungsfonds kalkulieren auf der Basis einer medizinisch begutachteten Restlebenserwartung, entrichten die Prämien weiter, vereinnahmen bei Eintritt des Versicherungsfalls die Versicherungsleistungen und schütten die Erträge an die Anleger aus[2]. Lebensversicherungsfonds sind durch die Beschränkungen des § 15b EStG als Steuersparmodelle uninteressant geworden.

64 Bei den sog. **Goldfinger-Geschäften** gründeten findige Steuerpflichtige Personengesellschaften zum Zwecke des Handels mit hochwertigen Rohstoffen, vor allem Gold. Als Sitz ihrer Gesellschaften wählten sie Staaten, welche mit der Bundesrepublik Deutschland Doppelbesteuerungsabkommen unterhielten. Der Einkauf der Rohstoffe führte zu Verlusten, die zwar nicht mit den inländi-

---

1 *Söffing*, Rentenversicherungen gegen fremdfinanzierten Einmalbetrag, als „ähnliches Modell" i.S. des § 2b EStG?, DB 2005, 520.
2 *Bader/Weidinger*, Steuerliche Beurteilung von Fondsanlagen in US-amerikanischen Zweitmarkt-Lebensversicherungen, NWB Fach 3, 12947.

schen Einkünften der Steuersparwilligen verrechnet werden konnten, aber über den negativen Progressionsvorbehalt aus § 32b Abs.1 EStG den Steuersatz auf die im Inland zu versteuernden übrigen Einkünfte minderten. Wegen des Doppelbesteuerungsabkommens waren die Einkünfte aus der späteren Veräußerung der Rohstoffe im Inland steuerfrei. Sie waren zwar in der Lage, wegen des nun positiven Progressionsvorbehalts den Steuersatz auf die inländischen Einkünfte zu erhöhen. Doch wirkte sich dies nicht aus, da sich der „Goldfinger" ohnehin im Höchststeuersatz befand. Mit der Einfügung von § 15b Abs. 3a EStG[1] versuchte der Gesetzgeber, dieses Steuerschlupfloch zu schließen. Die eigentlich sofort als Betriebsausgaben abzugsfähigen Aufwendungen für die Anschaffung der Rohstoffe können nur noch mit späteren positiven Einkünften aus derselben Einkunftsquelle verrechnet werden.

3. Verlagerung von Einkünften

a) Eine Verlagerung von Einkünften in **zukünftige Perioden** ergibt sich bei den **Zerobonds** (oder auch *Nullcoupon-Anleihen*); bei ihnen erfolgt die Zinsauszahlung erst am *Ende der Laufzeit des Wertpapiers* gemeinsam mit der Rückzahlung des Kapitals[2]. Die Zinserträge sind gem. § 20 Abs. 1 Nr. 7 EStG einkommensteuerpflichtig; die Besteuerung erfolgt seit 1.1.2009 über die Abgeltungssteuer. Für Anleger wird dies meist günstiger sein als früher, da der persönliche Steuersatz, zu dem die Zinserträge zuvor besteuert wurden, oft über 25 % gelegen haben dürfte. 65

Werden bei einer ursprünglich festverzinslichen *Schuldverschreibung* die Zinsscheine vom *Mantel einer Anleihe getrennt*, spricht man von **Stripped bonds.** Nach Trennung der Zinsscheine von der Kapitalrückzahlung werden alle Zahlungsanforderungen separat zum Barwert verkauft. Die Besteuerung erfolgt wie bei den Zerobonds. 66

b) Als Steuersparmodell im weiteren Sinne stellt sich auch die Verlagerung von Einkünften in sog. **Steueroasen** dar. Steueroasen sind Staaten, die keine oder besonders niedrige Steuern auf Einkommen oder Vermögen erheben und dadurch sowie mit der Garantie strenger Diskretion gegenüber dem höher besteuernden Herkunftsland ausländisches Kapital anlocken. Steuern lassen sich z.B. sparen, indem der Wohnsitz in ein Niedrigsteuerland verlegt wird. Häufig werden in solchen Ländern auch Gesellschaften gegründet, über die unternehmerische Aktivitäten abgewickelt werden. Handelt es sich dabei um Firmen ohne eine entsprechende betriebliche Ausstattung, spricht man von Briefkastengesellschaften (vgl. § 29 Rz. 69). 67

Deutschland setzt sich im Rahmen der G20 dafür ein, den Trend zu Gewinnverlagerungen in Steueroasen zu stoppen. Auch auf der Ebene der OECD finden mit dem Projekt BEPS (Base Erosion and Profit Shifting) entsprechende Bemühungen statt. Die „**Trockenlegung**" von Steueroasen soll vor allem durch einen 68

---

1 Durch Art. 11 Nr. 5 des G v. 18.12.2013, BGBl. I 4318 m.W.v. 24.12.2013.
2 *Zehner*, Zero Bonds im EmissionsR, 1988; *Kracht*, Lukrative Gestaltung mit Zerobonds – auch für Unternehmer, GStB 2004, 471.

verbesserten Informationsaustausch und eine möglichst weitgehende Übernahme von OECD-Standards erreicht werden.

69–70 Einstweilen frei.

B. Straftaten

71 Bei der unredlichen Akquisition von Kapital können verschiedene Straftatbestände einschlägig sein, die in diesem Buch an unterschiedlicher Stelle behandelt werden:

- Der – praktisch wenig bedeutsame – Vorfeld-Tatbestand des **Kreditbetrugs** (§ 265b StGB) ist in § 50 Rz. 150 ff. dargestellt.
- Der durch das 2. WiKG eingeführte spezielle Tatbestand des **Kapitalanlagebetrugs** (§ 264a StGB) wird in § 27 Rz. 110 ff. behandelt.
- **Steuerhinterziehungen** im Zusammenhang mit Kapitalanlagen werden unter Rz. 101 ff. behandelt.
- Die wohl wichtigste Norm ist der **Betrug** (§ 263 StGB). Er ist allgemein unten in § 47 erläutert, während die Sonderfragen zur Erlangung von Unternehmenskrediten in § 50 Rz. 102 ff. behandelt sind. Scheingeschäfte sind unten in § 29 dargestellt. Die nachfolgenden Erläuterungen befassen sich deshalb nur mit den häufig vorkommenden Täuschungsvarianten im Zusammenhang mit dem Vertrieb von Kapitalanlagen, der Einbindung des Vertriebs in die Straftaten sowie den Besonderheiten der Schadensfeststellung bei Kapitalanlagegeschäften.

I. Betrug

72 Auch bei Geschäften auf dem „Grauen Kapitalmarkt" ist zur Erfüllung des Betrugstatbestands eine Täuschungshandlung erforderlich. Der **Gegenstand der Täuschung** lässt sich meist – auch bei einer Vielzahl von Anlegern eines Kapitalanlagemodells – auf einen großen gemeinsamen Nenner bringen, selbst wenn die Behauptungen der verschiedenen Vermittler gegenüber dem jeweiligen Anlageinteressenten in Einzelheiten unterschiedlich sind. Die Täuschungen unterscheiden sich jedoch typischerweise danach, ob sie von den Initiatoren des Kapitalanlagemodells ausgehen oder von den Vermittlern.

1. Täuschung durch Initiatoren

73 a) Die von den Initiatoren des Kapitalanlagemodells ausgehende Täuschung liegt meist in den Erklärungen zur (angeblichen) Sicherheit der Kapitalanlage und zur beabsichtigen Kapitalverwendung. Insbesondere folgende Faktoren werden dabei häufig unrichtig dargestellt:

Das zu finanzierende **Projekt als solches**[1] wird als aussichtsreicher dargestellt als es tatsächlich ist.

---

1 *Gäbhard*, S. 31, 150 ff.

Beispiele: Z.B. werden unrichtige Angaben darüber gemacht, ob die rechtlichen und tatsächlichen Voraussetzungen für die vorgesehenen Investitionen erfüllt sind, unrichtige Angaben zu den Beschränkungen und Erlaubnissen, zum Realisierungsgrad, zur vorgesehenen Mittelverwendung, zu Verträgen des Emittenten über den Ankauf oder die Herstellung des Objekts, zu den Gesamtkosten, zur Zwischen- und Endfinanzierung, zu Beschränkungen seiner Verwendungsmöglichkeit, zu behördlichen Genehmigungen, Bewertungsgutachten, zur steuerlichen Konzeption[1] und zu steuerlichen Probleme z.B. die Abzugsfähigkeit von Werbungskosten und über die Werthaltigkeit von Rücknahmegarantien u.Ä.

Den in Aussicht gestellten **Renditen** der Kapitalanlage liegen keine betriebswirtschaftlichen Berechnungen zugrunde, sondern äußerst positive Annahmen über den Geschäftsverlauf, die bei Zugrundelegung der relevanten Tatsachen nicht mehr als vertretbar angesehen werden können. 74

Dem Anleger wird die Kapitalanlage – d.h. vor allem die Kapitalrückzahlung – als „**sicher**" angepriesen, obwohl das vom Anleger überlassene Kapital in höchst riskante Spekulationsgeschäfte investiert werden soll.

Das Kapital wird entweder gar nicht oder nur zu einem verschwindend geringen Teil in das behauptete Projekt investiert, weil es dafür **verbraucht** wird, die *laufenden Kosten* des Geschäftsbetriebs des – möglicherweise sogar bereits *insolvenzreifen* – Unternehmens zu decken[2]. Diese Kapitalverwendung endet regelmäßig früher oder später in einem **Schneeballsystem.** Dies bedeutet, dass das Geld der Neuanleger dafür verwendet wird, die *eigenen (hohen)* Entnahmen der Initiatoren, die Vertriebsprovisionen und die *angeblichen* Gewinnauszahlungen oder fälligen Kapitalrückzahlungen an die Altanleger zu leisten, ohne dass überhaupt echte Anlagegeschäfte getätigt und Renditen erwirtschaftet werden. 75

Die Anleger werden bei Laune gehalten, indem sie *fiktive Abrechnungen* über angebliche Renditen ihrer Anlage erhalten. Die versprochene Kapitalrückzahlung am Ende der vereinbarten Laufzeit der Anlage hängt davon ab, dass der Initiator in ausreichendem Umfang Neuanleger akquirieren kann. Schafft er dies nicht mehr, bricht das System zusammen. Statt an der vereinbarten Kapitalanlage beteiligt sich der Anleger unbewusst an einem *Glücksspiel*, bei dem derjenige gewinnt, der noch rechtzeitig aussteigt.

Von vornherein besteht die Absicht, das Gesellschaftsvermögen der Anlagegesellschaft bereits bei Geschäftsbeginn durch überhöhte Kosten und andere Aufwendungen **auszuhöhlen**. 76

Hier kommt es z.B. zu übermäßig hohen Gehältern für Geschäftsführer, zu luxuriösem Gründungsaufwand oder zu ungerechtfertigten Zahlungen an Berater[3]. Typisch ist die Gründung einer Vielzahl von Tochtergesellschaften in der Form von **Verwaltungs-, Beratungs-, Baubetreuungs-, Vertriebs- und Finanzierungsvermittlungsgesellschaften** usw., die dafür sorgen, dass möglichst viele Provisionen und Gebühren von den Initiatoren vereinnahmt werden können. Daneben sind überhöhte Zahlungen an von den Gründern beherrschte Handels-, Produktions- oder Reparaturunternehmen verbreitet. Neben dem Betrug zum Nachteil der Anleger kommt hier auch Untreue nach § 266 StGB zum Nachteil des Anlageunternehmens selbst in Betracht (hierzu unten § 32).

---

1 *Kaligin*, S. 157.
2 BGH v. 14. 4. 2011 – 2 StR 616/10, NJW 2011, 2675.
3 *Kaligin*, S. 161.

77 **b) Bei der sog. Gebührenschinderei** (*Churning*) verwenden Geschäftsführer[1] unseriöser Vermittler- und Brokerfirmen[2], Treuhänder oder gar Kreditinstitute[3] Anlagebeträge dazu, diese ständig umzuschichten[4] und dadurch *Gebühren „zu schinden"*[5]. Besteht bereits bei *Abschluss* eines Anlagevertrages nicht die Absicht, den Vertrag im Interesse des Anlegers zu erfüllen, sondern den Anleger durch künstliche Kosten zu schädigen, liegt von vornherein eine Täuschung und damit Betrug vor. Andernfalls unterfällt ein solches Vorgehen dem Tatbestand der Untreue (s. § 32 Rz. 141h).

78 Ob bei den geschilderten Anlagemodellen durch ein **aktives Tun** getäuscht wird oder durch ein **Unterlassen** – was nach § 13 StGB eine Offenbarungspflicht voraussetzt (*Garantenstellung*, vgl. § 17 Rz. 17a) -, ist anhand des jeweiligen Einzelfalles zu entscheiden (vgl. auch § 27 Rz. 141). In der Praxis wird eine unrichtige Vorstellung beim Anleger regelmäßig aber nicht durch das Unterlassen der Aufklärung über einen bestimmten Umstand hervorgerufen, sondern das Fehlen einer wichtigen Angabe durch die Schilderung anderer Tatsachen, somit durch *aktives Täuschen* kaschiert.

2. Täuschung durch Vermittler

79 Bei der Akquisition von Anlegern für betrügerische Kapitalanlagemodelle macht sich häufig nicht nur der Initiator des Modells wegen Betrugs strafbar, sondern auch der **Vermittler**. Vielfach ist dabei zu beobachten, dass der Vermittler über andere oder zusätzliche Tatsachen täuscht als der Initiator.

Beispiel: Dies ist z.B. der Fall, wenn der Initiator nur über die Renditeaussichten des Anlagemodells als solche täuscht, der Vermittler gegenüber dem Anlageinteressenten aber behauptet, es gebe bei dieser Kapitalanlage keinerlei Verlustrisiken. Im Bemühen, den Anleger von der Anlage zu überzeugen, preist der Vermittler häufig auch selbst erfundene Vorzüge des Modells an.

80 Sind die (Unter-)Vermittler *gutgläubig*, handeln die bösgläubigen übergeordneten Vermittler bzw. die Initiatoren der Kapitalanlage durch sie in **mittelbarer Täterschaft** (§ 25 Abs. 1 Alt. 2 StGB). Sind sie bösgläubig, ist zwischen den Bösgläubigen *Mittäterschaft* anzunehmen (§ 25 Abs. 2 StGB; § 19 Rz. 13 ff.)[6].

Mittäterschaft setzt in Abgrenzung zur Beihilfe voraus, dass die Beteiligten die Tat(en) aufgrund eines **gemeinsamen Tatentschlusses** als gleichwertige Partner durchführen und die Tat(en) als *eigene* Tat(en) ansehen[7]. Für Mittäterschaft ist

---

1 BGH v. 21.10.2003 – XI ZR 453/02, NJW-RR 2004, 203.
2 BGH v. 19.12.2000 – XI ZR 349/99 – WestLB, BGHZ 146, 235.
3 *Barta*, Die Haftung der depotführenden Bank bei Churning des Anlageberaters, BKR 2004, 433; BGH v. 22.11.1994 – XI ZR 45/91, ZIP 1995, 18; BGH v. 23.9.1999 – III ZR 214/98, WM 1999, 2249 m. Anm. *Schwark*, EWiR 2000, 187; *Balzer* in Derleder/Knops/Bamberger, § 51 Rz. 41.
4 *Birnbaum*, Stichwort „Churning", wistra 1991, 253; *Rössner/Arendts*, Die Haftung wegen Kontoplünderung durch Spesenschinderei (Churning), WM 1996, 1517.
5 Vgl. BGH v. 22.11.1994 – XI ZR 45/91, ZIP 1995, 18 (20); BGH v. 23.9.1999 – III ZR 214/98, ZIP 1999, 1838.
6 BGH v. 27.3.2012 – 3 StR 63/12, wistra 2012, 303.
7 *Heine* in S/S, § 25 StGB Rz. 70.

nicht erforderlich, dass sich die Täter persönlich kennen, sofern sich nur jeder darüber im Klaren ist, dass neben ihm noch weitere mitwirken und auch diese im Bewusstsein gemeinsamen Handelns agieren[1]. Diese Voraussetzungen des gemeinsamen Tatentschlusses werden bei der Vermittlung von Kapitalanlagen über Strukturvertriebe häufig erfüllt sein, sodass die Strafbarkeit des einzelnen Vermittlers im Wesentlichen nur noch vom subjektiven Tatbestand abhängt[2].

Auch bei Einschaltung eines *Strukturvertriebs* und einer Vielzahl von Geschädigten erfüllt die Täuschung und Schädigung jedes einzelnen Anlegers für sich den Betrugstatbestand. **Tatmehrheit** zwischen diesen Betrugshandlungen kann aber nur angenommen werden, wo die einzelnen Täuschungen auf gesonderten Willensentschlüssen beruhen; dies ist meist bei dem Täter mit *unmittelbaren Kundenkontakt* anzunehmen[3]. Ist der Täter dagegen *nicht unmittelbar am Kunden* tätig, liegt seine Tathandlung im Anstoßen der Täuschungen durch die untergeordneten Vermittler. Lassen sich diese Handlungen nicht konkret feststellen, muss nach dem Grundsatz „*in dubio pro reo*" davon ausgegangen werden, dass sämtliche Untervermittler in einer einheitlichen Aktion instruiert wurden, also sämtliche Betrugstaten in **Tateinheit** stehen[4] (vgl. auch § 47 Rz. 86). Die Frage, ob Tateinheit oder Tatmehrheit anzunehmen ist, ist für jeden Täter und Teilnehmer gesondert zu beurteilen[5]. 81

3. Irrtum

Im Rahmen von Strafverfahren muss festgestellt werden, ob der Anleger seine Kapitalanlage im **Glauben** an die Richtigkeit der Behauptungen des Initiators oder des Vermittlers der Anlage getätigt hat. Dies wird seitens der Verteidigung häufig infrage gestellt, insbesondere wenn es um Anlagemodelle der in Rz. 5 ff. beschriebenen Art geht. Dabei darf jedoch nicht übersehen werden, dass der (vermeintlichen oder tatsächlichen) Leichtgläubigkeit der Opfer meist ein erhebliches Überzeugungsgeschick der Täter bzw. der professionellen Vermittler gegenübersteht. Auch die objektiv gegebene Absurdität eines Anlagemodells schließt daher die Feststellung eines Irrtums des Opfers i.S. des Betrugstatbestands nicht aus[6]. 82

Ab einer gewissen Anzahl von Kapitalanlegern kann im **Strafverfahren** nicht mehr jeder einzelne Kapitalanleger befragt werden, wer ihm gegenüber welche konkreten Behauptungen aufgestellt und ob er sich getäuscht hat. Das Gericht muss sich trotzdem aufgrund der Hauptverhandlung zu jeder einzelnen Tat die *Überzeugung* bilden (§ 261 StPO), ob Täuschung, korrespondierender Irrtum 83

---

1 So schon RG v. 23.9.1924 – I 54/24, RGSt 58, 279; BGH v. 15.1.1991 – 5 StR 492/90, BGHSt 37, 289 (Rz. 8); *Heine* in S/S, § 25 StGB Rz. 71.
2 Vgl. aber BGH v. 27.3.2012 – 3 StR 63/12, wistra 2012, 303.
3 BGH v. 29.7.2009 – 2 StR 160/09, wistra 2009 , 437 (Rz. 5).
4 BGH v. 16.12.1969 – 1 StR 339/69, BGHSt 23, 203.
5 BGH v. 22.12.2011 – 4 StR 514/11, wistra 2012, 146; BGH v. 14.11.2012 – 3 StR 403/12, StV 2013, 386.
6 LG Offenburg v. 9.2.2009 – 2 KLs 16 Js 674/03, juris.

des Geschädigten sowie Kausalität für die Anlageentscheidung vorlagen oder – mangels Irrtums – lediglich versuchter Betrug. Diese Überzeugung kann auch aufgrund nur weniger *Tatsachenfeststellungen* gebildet werden[1].

Beispiele: In Betracht kommen z.B.

- eine entsprechende *Einlassung* des Täters (soweit er selbst glaubhaft zum Vorstellungsbild der Geschädigten aussagen kann)[2];
- die Überzeugungsbildung lediglich aufgrund des *modus operandi* als solchem, wenn eine Beteiligung an der Anlage ohne Täuschung und Irrtum völlig fernliegend erscheint[3];
- die Vernehmung einer repräsentativen Anzahl Geschädigter, wenn aus deren übereinstimmender Aussage geschlossen werden kann, dass der Sachverhalt bei den nicht vernommenen Geschädigten gleichgelagert gewesen sein muss[4].

84 Der Vorgehensweise, aus „prozessökonomischen Gründen" bei allen in der Hauptverhandlung nicht vernommenen Geschädigten – im konkreten Fall: 53.479 – pauschal eine Versuchsstrafbarkeit anzunehmen, hat der BGH eine Absage erteilt[5]. Kann sich das Gericht die Überzeugung vom Irrtum aller Geschädigten nicht bilden, kommt auch vor, dass der *Anteil* der irrenden Geschädigten aus der Gesamtzahl der Anleger **geschätzt** wird[6]. Dies kann angreifbar sein. Die Schwierigkeiten dieser Methode liegen vor allem in der Frage, welche Tatsachen als taugliche Schätzungsgrundlage für den Anteil in Betracht kommen sollen und wie das Gericht den Anteil daraufhin revisionsfest beziffern will (vgl. auch § 20 Rz. 28, § 47 Rz. 37 f.).

4. Vermögensschaden

85 Für die **Schadensfeststellung** muss ein *Vergleich des Vermögens* des Kapitalanlegers vor und nach Abschluss des Kapitalanlagevertrages angestellt werden (näher § 47 Rz. 51 ff.). Ein Vermögensschaden ist nur dann zu verneinen, wenn der Kapitalrückzahlungsanspruch eine *wirtschaftlich gleichwertige Gegenleistung* für das hingegebene Kapital darstellt. Läuft der Anleger einer angeblich risikolosen Kapitalanlage objektiv Gefahr, sein Kapital auch nur teilweise nicht zurückzuerhalten, fehlt es an der wirtschaftlichen Gleichwertigkeit der wechselseitigen Leistungen und der Anleger erleidet bereits mit Abschluss des Vertrages und anschließender Überlassung seines Kapitals einen Vermögensnachteil in Höhe seines Verlustrisikos.

---

1 BGH v. 6.2.2013 – 1 StR 263/12, ZIP 2013, 1178 (Rz. 16).
2 BGH v. 14.7.1999 – 3 StR 66/99, NStZ 2000, 36 (Rz. 7).
3 BGH v. 27.11.1991 – 3 StR 157/91, wistra 1992, 192 (Rz. 17 ff.); LG Mannheim v. 22.3.2012 – 24 KLs 603 Js 7107/11, S. 79, n.v.
4 Zur gegenteiligen Frage (Antizipation der Beweiswürdigung zur Ablehnung eines Beweisantrags durch Vernehmung nur weniger Zeugen) vgl. BGH v. 15.10.2013 – 3 StR 154/13, wistra 2014, 146.
5 BGH v. 6.2.2013 – 1 StR 263/12, ZIP 2013, 1178 (Rz. 13), m. Anm. *Trück*, ZWH 2013, 403.
6 BGH v. 6.12.1994 – 5 StR 305/94, BGHSt 40, 374 (Rz. 22 ff.); BGH v. 27.3.2014 – 3 StR 342/13, ZWH 2014, 343 (346); LG Offenburg v. 9.2.2009 – 2 KLs 16 Js 674/03, Rz. 142, juris; *Fischer*, § 267 StGB Rz. 6, 6a.

Nach den Vorgaben des BVerfG zum Vermögensschaden[1] (s. auch § 47 Rz. 59) muss der Schaden im strafrechtlichen Verfahren aber **quantifiziert** werden. Eine etwaige Verlustwahrscheinlichkeit muss dabei u.U. durch einen Sachverständigen festgestellt werden. Vielfach kann man bei Kapitalanlagebetrügereien jedoch auch ohne Hinzuziehung eines Sachverständigen feststellen, dass der Kapitalrückzahlungsanspruch des Anlegers vollständig wertlos ist. 86

Insbesondere wenn es sich bei der Kapitalanlage um ein **Schneeballsystem** handelt oder der Betreiber der angeblich renditeträchtigen Projekts bereits insolvenzreif ist und das Kapital der Anleger zur Deckung seiner laufenden Kosten verbrauchen muss, wird sich schon im Zeitpunkt der Eingehung der Kapitalanlage niemand finden, der bei vollständiger Kenntnis aller Tatsachen bereit wäre, für die Übernahme des Rückzahlungsanspruches überhaupt einen Kaufpreis zu bezahlen, weil die Rückzahlung des Kapitals einem Glücksspiel gleicht.

Lediglich als **Schadenswiedergutmachung** bei der *Strafzumessung* zu berücksichtigen ist, ob und inwieweit die Anleger ihr Kapital letztlich tatsächlich verloren haben oder nicht (sog. „endgültiger Schaden"). 87

Beispiel: Steigt der z.B. der Anleger eines Schneeballsystems *rechtzeitig vor dem Zusammenbruch des Systems* – ggf. sogar mit einer Rendite – wieder aus, beläuft sich sein „endgültiger Schaden" auf null Euro. Strafbar hat sich der Täter trotzdem schon bei Abschluss des Anlagevertrags gemacht. Bei der Berechnung der für die Strafzumessung erheblichen Höhe des verbliebenen Schadens müssen Zins- oder Gewinnzahlungen, die tatsächlich erfolgt sind, berücksichtigt werden. Stammen diese Zahlung – wie bei einem Schneeballsystem – aus betrügerisch erlangten Mitteln, so ist solchen Zahlungen allerdings kein erhebliches strafmilderndes Gewicht beizumessen[2].

Erhält der Anleger für sein Kapital **Wertpapiere**, kann die Feststellung eines Vermögensnachteils schwierig sein. Kommt auch nur ansatzweise in Betracht, dass der Emittent des Wertpapiers tatsächlich einen irgend gearteten Geschäftsbetrieb unterhält, wird man selten ohne Weiteres von der völligen Wertlosigkeit der Wertpapiere ausgehen können. Hat man nicht zureichende sonstige Anhaltspunkte, um anhand der wirtschaftskriminalistischen Methode (s. § 78 Rz. 41 ff.) auf eine insolvenzreife des Emittenten schließen zu können, wird man einen Minderwert der Wertpapiere gegenüber dem angelegten Kapital ohne Ermittlungen zum Geschäftsbetrieb des Unternehmens – die zumal häufig im Ausland vorzunehmen sind (s. hierzu oben § 8) – nicht quantifizieren können. Die Quantifizierung des Minderwertes solcher Anteile gegenüber dem Anlagebetrag wird ohne ein **Sachverständigengutachten** kaum möglich sein[3]. 88

Im Einzelfall kann der Vermögensschaden aber gleichwohl mit der vollen Höhe des Anlagebetrages zu beziffern sein, wenn der Anleger die Gegenleistung nicht zu dem **vertraglich vorausgesetzten Zweck** (oder in anderer zumutbarer Weise) verwenden kann (*„persönlicher Schadenseinschlag"*). Ein solcher Fall wird von der Rechtsprechung angenommen, wenn der Anleger über Eigenart und Risiko des Geschäftes derart getäuscht worden ist, dass er etwas völlig an- 89

---

1 BVerfG v. 7.12.2011 – 2 BvR 2500/09, 2 BvR 1857/10, NStZ 2012, 496.
2 BGH v. 29.1.1995 – 5 StR 495/95, NStZ 1996, 191.
3 *Rose*, wistra 2009, 289 (294).

deres erwirbt, als er erwerben wollte („aliud"), die empfangene Gegenleistung für ihn mithin in vollem Umfang unbrauchbar ist[1].

5. Problematik der „Wiederanlage"

90 Lassen sich Kapitalanleger dazu hinreißen, nach der ersten Anlage weiteres Kapital einzuschießen („Wiederanlage", „Thesaurierung"), kann darin ein **erneuter Betrug** liegen.

In den typischen **Fallkonstellationen**

– sprechen die Täter die Anleger gezielt wegen einer Erhöhung ihrer Einlage an.

– sind die Geschädigten von der vermeintlichen Wertsteigerung, die sie den fingierten „Kontoauszügen" der Kapitalanlage entnehmen, so begeistert, dass sie von sich aus weiteres Kapital einlegen.

– entscheiden sich die Geschädigten für eine „Wiederanlage" ihrer Renditen oder – am Laufzeitende ihres Kapitalstocks.

91 a) Eine **erneute Täuschung** – und damit grundsätzlich auch eine erneute Betrugstat – liegt vor, wenn der Täter die Geschädigten erneut anspricht. Auch in der Vorspiegelung angeblicher Renditen liegt eine erneute Täuschung, wenn man im Einzelfall nachweisen kann, dass der Täter die gefälschten Kontoauszüge nicht nur zur Ruhigstellung der Anleger versandte, sondern in dem Bewusstsein und der Erwartung, die Anleger würden ihre Einlage wegen der vermeintlichen Rentabilität erhöhen.

In Betracht kommt aber abhängig von den Umständen des Einzelfalls auch, dass der Täter den ursprünglich erweckten unrichtigen Eindruck bei der Entgegennahme weiterer Gelder lediglich **ausnutzt**. In diesem Fall wirkt lediglich die ursprüngliche Täuschung fort, d.h. es handelt sich um eine einheitliche Betrugstat.

92 b) Allerdings stellt sich in diesen Fällen die Frage, ob die Anleger durch die Erhöhung einen neuen **Vermögensschaden** erleiden. Dies ist unproblematisch, wenn der Anleger weitere Gelder aus seinem Vermögen in die Kapitalanlage einbringt. Anders ist es jedoch, wenn es sich um eine Wiederanlage von (angeblichen) Zinsen oder eine Wiederanlage des an sich zur Rückzahlung fälligen Kapitals handelt.

93 In diesen Fällen ist es meist nicht so, dass der Anleger Zins und Kapital real zurückerhält und anschließend wieder einlegt; vielmehr erfolgt die Wiederanlage lediglich in Form eines **Buchungsvorgangs**. Im *Strafverfahren* muss daher in diesem Fällen festgestellt werden, inwieweit der zur Zeit der Wiederanlageentscheidung fällige Auszahlungsanspruch tatsächlich werthaltig und die Rückzahlung am Ende der neuen Laufzeit weniger werthaltig war.

War der Anspruch **werthaltig** und geht der Anleger mit der Kapitalerhöhung ein neues Glücksspiel ein, ist der Schaden aus der Erstanlage ausgeglichen; allerdings erleidet er nun einen erneuten Schaden in Höhe des gesamten, nun erhöhten Kapitals. War der Auszahlungsanspruch aber **wertlos**, weil der Täter das Kapital gar nicht hätte auszahlen können, ändert sich an der Vermögens-

---

1 BGH v. 28.6.1983 – 1 StR 576/82, BGHSt 32, 22; BGH v. 7.3.2006 – 1 StR 385/05, NStZ-RR 2006, 206; BGH v. 13.11.2007 – 3 StR 462/06, wistra 2008, 149; hierzu *Rose*, wistra 2009, 289.

situation des Anlegers vor und nach der Wiederanlage des Kapitals oder der Anlage der Zinsen nichts. Sein Kapital war von Anfang an verloren und sein Rückzahlungsanspruch durchgehend – auch über die Neuanlage hinweg – wertlos.

II. Sonstige allgemeine Straf- und Bußgeldtatbestände

a) Die Akquisition von privaten Kapitalanlegern durch das sog. **„cold calling"** per Telefon und ohne vorherige ausdrückliche Einwilligung des Anlegers (s. Rz. 29 ff.) ist nach § 7 Abs. 1, Abs. 2 Nr. 2 UWG unzulässig und nach § 20 UWG als *Ordnungswidrigkeit* mit Bußgeld bis zu 50.000 Euro bedroht. Hinzu kommt eine zivilrechtliche *Schadensersatzhaftung* gegenüber den Mitbewerbern nach § 9 UWG sowie die Möglichkeit einer *Abschöpfung* des durch die unlautere Werbung erzielten Gewinns zugunsten der Staatskasse nach § 10 UWG.

94

b) Außerdem als **Ordnungswidrigkeit** mit Bußgeld bedroht sind im Zusammenhand mit dem Vertrieb von Kapitalanlagen

95

– das Betreiben des Finanzvermittlergeschäfts ohne die nach *§ 34c GewO* erforderliche Erlaubnis (§ 143 GewO, s. § 25 Rz. 22, 30 ff.);

– das *Unterdrücken der Rufnummer* des Anrufers beim cold calling (§§ 102 Abs. 2, 149 Abs. 1 Nr. 17c TKG, vgl. auch § 60 Rz. 7b);

– die fehlerhafte Erstellung bzw. Ausfertigung des nach § 34 Abs. 2 WpHG zu erstellenden *Beratungsprotokolls* (§ 39 Abs. 2 Nr. 19a–19c WpHG, s. Rz. 24).

– Will ein Investor (freiwillig oder kraft gesetzlicher Verpflichtung) durch ein öffentliches Kaufangebot Aktien einer börsennotierten Gesellschaft erwerben, unterfällt dies dem Anwendungsbereich des Wertpapiererwerbs- und Übernahmegesetzes (vgl. § 1 WpÜG). Ein fehlerhaftes oder unzulässiges Angebot oder eine verspätete oder gänzlich unterlassene Veröffentlichung im Zusammenhang mit dem Angebot kann eine Ordnungswidrigkeit darstellen (§ 60 Abs. 1 Nr. 1–7 WpÜG), die mit einem Bußgeld zwischen 200 000 Euro und 1 Mio. Euro bedroht ist (§ 60 Abs. 3 WpÜG). Wann ein Angebot abgegeben werden muss und darf, ergibt sich dabei aus §§ 15, 17 f., 26, 32, 35 ff. WpÜG; welche Angaben zu welchem Zeitpunkt veröffentlicht werden müssen, regeln §§ 10–24 WpÜG.

c) Erweckt der Vermittler oder der Initiator der Kapitalanlage in irreführender Weise den Anschein eines besonders günstigen Angebots, kann dies eine **strafbare Werbung** nach § 16 Abs. 1 UWG sein (§ 60 Rz. 8 ff.), die mit einer Betrugsstraftat in Tateinheit stehen kann[1].

96

Der unter Umständen ebenfalls einschlägige **Untreuetatbestand** wird in § 32 näher behandelt, der **Kapitalanlagebetrug** durch unrichtige Darstellungen und Prospektangaben in § 27 Rz. 110 ff.).

97

Einstweilen frei.

98–100

---

1 *Bornkamm* in Köhler/Bornkamm, § 16 UWG Rz. 30.

III. Steuerhinterziehung

101 Die Tatbestandsmerkmale der Steuerhinterziehung sind im Einzelnen unten in § 44 dargestellt. Zu einer Steuerhinterziehung gem. § 370 AO kommt es, wenn **Einkünfte unrichtig erklärt** werden oder ihre Erklärung unterlassen wird. Da nach Schaffung des § 15b EStG zum 1.1.2005 der Markt für Steuersparmodelle drastisch geschrumpft ist, gibt es in diesem Bereich weniger Steuerhinterziehungen. Grundsätzlich bleiben die nachfolgend genannten Grundsätze aber anwendbar, z.B. auf Fälle, in denen Beteiligungsgesellschaften in Erwartung späterer Gewinne durch unrichtige Angaben Verluste aufbauen. Eine vollendete Steuerhinterziehung durch Erlangung eines nicht gerechtfertigten Steuervorteils sieht der BGH bereits in der Bekanntgabe des unrichtigen Gewinnfeststellungsbescheides[1]. Für eine Bestrafung braucht nicht mehr abgewartet zu werden bis eine auf dem Gewinnfeststellungsbescheid beruhende Verlustmitteilung in die Steuerveranlagung des ersten Anlegers eingegangen ist.

102 Steuerhinterziehung kann während verschiedener steuerlicher **Verfahrensstadien** begangen werden. Werden gegenüber dem Betriebsfinanzamt unrichtige Angaben gemacht, um es zur Herabsetzung der Vorauszahlungen der Anleger zu bewegen, so liegt schon darin ein Versuch der Steuerhinterziehung. Schon die Abgabe der unrichtigen Feststellungserklärung durch die Beteiligungsgesellschaft führt zum Versuch einer Steuerhinterziehung.

103 Beantragt der Anleger bei seinem Wohnsitzfinanzamt eine **Herabsetzung seiner Vorauszahlungen** (§ 37 Abs. 3 S. 3 EStG) und wird aufgrund des Ergebnisses einer unrichtigen Vorprüfung dem Antrag stattgegeben, erlangt der Gesellschafter zu Unrecht einen Steuervorteil (§ 370 Abs. 1, 4 S. 2 AO)[2]. Wird der Steuervorteil von einem gutgläubigen Steuerpflichtigen erzielt, der sich auf die Richtigkeit der Angaben der Verantwortlichen der Beteiligungsgesellschaft verlassen hat, haben allein diese sich einer Steuerhinterziehung schuldig gemacht[3]. Weiß der Gesellschafter jedoch um die Unrichtigkeit, ist auch er Täter.

104 Im Rahmen des steuerlichen **Veranlagungsverfahrens** beim Wohnsitzfinanzamt des Gesellschafters kann es zu unrichtigen Angaben kommen, die zu einer unrichtigen Festsetzung der von dem Gesellschafter zu leistenden Steuern führen. Auch hier ist zu *unterscheiden*, ob dies mit Wissen und Wollen des Gesellschafters geschieht oder ob lediglich der von den Verantwortlichen der Gesellschaft im Rahmen des Feststellungsverfahrens erschlichene unrichtige Verlust der Gesellschaft Eingang in die Steuererklärung des *gutgläubigen* Gesellschafters gefunden hat. Im ersteren Fall hat sich der Gesellschafter einer Steuerhinterziehung schuldig gemacht; die Verantwortlichen der Gesellschaft haben mit

---

1 BGH v. 10.12.2008 – 1 StR 322/08, BGHSt. 53, 99.
2 OLG Stuttgart v. 21.5.1987 – 1 Ss 221/87, wistra 1987, 263; *Dörn*, Vorwurf der Steuerhinterziehung (§ 370 AO) nach Beantragung der Herabsetzung von Vorauszahlungen?, Stbg. 1998, 494; der Tatbestand der Steuerhinterziehung ist mit dem Bescheid über die Herabsetzung vollendet, FG Nürnberg v. 21.7.2000 – VII 290/98, juris; a.A. *Hellmann* in H/H/Sp., § 370 AO Rz. 121 (Lfg. 215 November 2011); *Ransiek* in Kohlmann, § 370 AO Rz. 401 (Lfg. 48 April 2013): Steuerverkürzung.
3 *Maier*, Die mittelbare Täterschaft bei Steuerdelikten, MDR 1986, 358; *Samson*, Steuerbegünstigte Kapitalanlagen, VI, Rz. 384.

dem Erreichen einer unrichtigen Gewinnfeststellung sowohl eine eigene Steuerhinterziehung begangen als auch an der Steuerhinterziehung des Anlegers mitgewirkt. War der steuerpflichtige Gesellschafter jedoch gutgläubig, so ist bei den Verantwortlichen der Beteiligungsgesellschaft neben der Steuerhinterziehung in Form der Erlangung eines nicht gerechtfertigten Steuervorteils (unrichtige Gewinnfeststellung) eine Steuerhinterziehung in mittelbarer Täterschaft (Steuerverkürzung beim Anleger) gegeben. – Die Steuerhinterziehung ist *beendet*, wenn die Veranlagung sämtlicher Gesellschafter abgeschlossen ist[1].

Bei Steuerhinterziehungen im Zusammenhang mit *Verlustzuweisungsgesellschaften* waren in der Vergangenheit häufig folgende **Tatmodalitäten** anzutreffen: 105

– Die Verantwortlichen der Gesellschaft machten gegenüber der Finanzverwaltung unrichtige Angaben über Betriebsausgaben oder über Anlagevermögen, die zu ungerechtfertigten Abschreibungen führten[2].
– Dem Finanzamt gegenüber wurden im Zusammenhang mit *Umgehungsgeschäften* (§ 42 AO) unvollständige bzw. unrichtige Angaben gemacht[3].
– *Betriebsausgaben* oder sofort abziehbare Werbungskosten wurden künstlich hochgetrieben durch die Einschaltung von Strohmännern, die lediglich ihren Namen für Leistungen des Initiators der Gesellschaft zur Verfügung stellten[4].

Zur Steuerhinterziehung konnte es auch durch die **Rückdatierung von Verträgen** kommen[5]. 106

Eine Steuerhinterziehung kann auch durch die **Vortäuschung von Geldabflüssen** im vorangegangenen Veranlagungszeitraum mittels unrichtiger Buchungsvorgänge bewirkt werden[6]. 107

In Betracht kommen auch falsche Angaben im Zusammenhang mit der (zu niedrigen) Festlegung des Anteils des **Grund- und Bodenwertes** an den Gesamtkosten. Das Bestreben geht dahin, den Anteil der Anschaffungs- bzw. Herstellungskosten künstlich hochzutreiben, um so ein hohes Abschreibungsvolumen zu erhalten. Falsche Wertangaben stellen unrichtige Angaben i.S. von § 370 AO dar[7]. 108

Im Zusammenhang mit **Steueroasen** bestehen die unrichtigen Angaben i.S. des § 370 AO darin, dass unrichtige Angaben über die tatsächlichen Verhältnisse gemacht werden. Dies kann z.B. dadurch geschehen, dass der Steuerpflichtige 109

---

1 BGH v. 7.2.1984 – 3 StR 413,83; differenzierend *Joecks* in F/G/J, § 376 AO Rz. 21a.
2 Beispiel BGH v. 19.10.1987 – 3 StR 589/86 – wissentlich zu Unrecht vorgenommene Abschreibung, wistra 1988, 263.
3 Die Umgehung als solche ist nicht strafbar, BFH v. 1.2.1983 – VIII R 30/80, BStBl. II 1983, 534 (536); vgl. auch BGH v. 27.1.1982 – 3 StR 217/81, wistra 1982, 108; *Joecks* in F/G/J, § 370 AO Rz. 139.
4 *Schmieder*, Praxis der steuerbegünstigten Kapitalanlagen, Bd. VI, 1981, Rz. 19 ff.
5 BGH v. 16.5.1984 – 2 StR 525/83, NStZ 1984, 510 = wistra 1984, 178.
6 *Kaligin*, Wpg 1985, 201.
7 *Samson*, Steuerbegünstigte Kapitalanlagen, VI, Rz. 390; vgl. auch *Bilsdorfer*, Zur Aufteilung von Anschaffungskosten als Steuerhinterziehung, DB 1986, 923; *Meilicke*, DB 1986, 2045.

im Hinblick auf die unbeschränkte Einkommensteuerpflicht nach § 1 EStG behauptet, seinen Lebensmittelpunkt im Ausland zu haben, obwohl dies in Wirklichkeit nicht der Fall ist. Oder es wird ein eigenständiger Geschäftsbetrieb der ausländischen Gesellschaft vorgetäuscht, obwohl sämtliche Geschäfte vom Inland aus geführt werden. Die Einkünfte sind demjenigen zuzurechnen, der sie durch seine Tätigkeit tatsächlich erzielt hat.

§ 29
Strohmann- und Scheingeschäfte
Bearbeiter: Wolfgang Schmid/Ilka Ludwig

	Rz.		Rz.
A. Außerstrafrechtliche Normen	1	1. Allgemeine Strafnormen	35
B. Strafrechtlich relevante Gestaltungen		2. Steuerstrafrecht	47
		III. Umgehungsgeschäfte	
I. Strohmann-Gestaltungen		1. Allgemeines	61
1. Allgemeines Strafrecht	21	2. Strafrechtliche Behandlung	63
2. Steuerstrafrecht	32	**C. Insbesondere Briefkastenfirmen**	69
II. Scheingeschäfte			

Schrifttum: Allgemein: *Beckemper*, Zivilrechtliche Haftung und strafrechtliche Verantwortlichkeit beim Auftreten als Schein-GmbH, GmbHR 2002, 465; *Köhl*, Die Ausfallhaftung von Hintermännern bzw. Treugebern für nicht geleistete Stammeinlagenzahlungen, GmbHR 1998, 119; *Kramer*, Das Scheingeschäft des Strohmannes, JuS 1985, 428; *Krolop*, Die Haftung nach § 826 BGB wegen Vermögensverschiebungen in der Krise bei der in Deutschland aktiven Limited, HFR 2007, 81; *Maurer*, Strafbewehrte Handlungspflichten des GmbH-Geschäftsführers in der Krise, wistra 2003, 174; *Reisner*, Die Strafbarkeit von Schein- und Umgehungshandlungen in der EG, 1995; *Richter*, Scheinauslandsgesellschaften in der deutschen Strafverfolgungspraxis, in FS Tiedemann, 2008, S. 1023; *Rissing-van Saan*, Für betrügerische oder andere kriminelle Zwecke errichtete oder ausgenutzte Unternehmen: rechtliche Handlungseinheiten sui generis?, in FS Tiedemann, 2008, S. 391; *Schulz*, Der faktische Geschäftsführer als Täter der §§ 82, 84 GmbHG unter Berücksichtigung des Strohmannes, StraFo 2003, 155; *Siegmann/Vogel*, Die Verantwortlichkeit des Strohmanngeschäftsführers einer GmbH, ZIP 1994, 1821; *Sieker*, Umgehungsgeschäfte, 2001; *Vogel*, Schein- und Umgehungshandlungen im Strafrecht, in Schünemann (Hrsg.), Bausteine des europäischen Wirtschaftsstrafrechts, 1994, 151 ff.; *Westermann, H.-P.*, Zur Abgrenzung des nichtigen Scheingeschäfts vom wirksamen Strohmanngeschäft, EWiR 1997, 103; *Worm*, Die Strafbarkeit des directors einer englischen Limited nach deutschem Strafrecht, 2009.

Steuerrecht: *Danzer*, Die Steuerumgehung, 1981; *Fischer*, Die Umgehung des Steuergesetzes, DB 1996, 644; *Fritsch*, Umsatzsteuerrechtliche Probleme im Zusammenhang mit „Scheingeschäften" und „Strohmanngeschäften", UR 1996, 317; *Hahn*, Das Scheingeschäft im steuerrechtlichen Sinne – Zur Dogmatik des § 41 Abs. 2 AO, DStZ 2000, 433; *Heidner*, Strohmanngeschäfte und Gutglaubensschutz im Umsatzsteuerrecht, UR 2002, 445; *Krause/Meier*, Fallgruppen zur Haftung von „faktischen" GmbH-Geschäftsführern im Steuerrecht, DStR 2014, 905; *Madauß*, Der „Strohmann" im Steuerrecht und Steuerstrafrecht, NZWiSt 2013, 332; *Meine,* Steuervermeidung, Steuerumgehung, Steuerhinterziehung, wistra 1992, 103; *Menck,* Ehrlicher Missbrauch und mehr – zur Architektur von Steuergestaltungen, StBp 4/2000, 121; *Meyer-Arndt,* Sonderausgabenabzug bei Strohmann-Sachverhalten, DStR 1991, 639; *Meyer-Arndt,* Zurechnung von Umsätzen bei einem Strohmannverhältnis, DStR 1995, 454; *Meyer-Sievers/Opitz/Kuntze,* Scheinfirma und Scheingeschäft im Umsatzsteuerrecht aus der Sicht des Beraters, BB 1997, 757; *Oberheide,* Die Bekämpfung der Steuerumgehung, 1998; *Pohl,* Steuerhinterziehung durch Steuerumgehung, 1990; *Pump,* Probleme mit Strohmann-Aktivitäten im Steuerrecht, wistra 1988, 221; *Rose/Glorius-Rose,* Missbrauchsrechtsprechung des BFH in Bewegung, DB 2000, 1633; *Söffing,* Die Steuerumgehung und die Figur des Gesamtplans, BB 2004, 2777; *Spörl/Steinhauser,* Die Versagung des Vorsteuerabzugs bei Scheinfirmen am Beispiel der Bauindustrie, DStR 2002, 1505; *Stahl,* Die steuerlichen und strafrechtlichen Aspekte des Gestaltungsmissbrauchs, StraFo 1999, 223; *Steinlein/Meyberg,* „Strohleute" im Umsatzsteuerstrafrecht, PStR 2014, 93; *Wagner,* Der „weisungsabhängige Strohmann" – ein missratenes Kriterium der Rechtsprechung zur Zurechnung von Umsätzen, StuW 1995, 154.

A. Außerstrafrechtliche Normen

Briefkastenfirmen und **Strohmänner,** *Scheinfirmen* und **Scheingeschäfte** sowie **Umgehungsgeschäfte** und der Missbrauch von Gestaltungsmöglichkeiten spielen im Wirtschaftsleben und damit auch im Wirtschaftsstrafrecht eine erhebliche Rolle. Dabei sind diese umgangssprachlichen Bezeichnungen rechtlich wenig präzise; sie kennzeichnen auch keine konkreten Straftatbestände, sondern unterschiedliche Konstellationen, in denen ein falscher Schein erweckt wird. Solche die Wirklichkeit verschleiernden Konstellationen sind nicht immer, sondern nur manchmal strafrechtlich relevant. Aus dieser Palette sollen hier – gleichsam *querschnittsartig* – einige häufiger anzutreffende Gestaltungen angesprochen werden.

Für die eingangs genannten Geschäfte hält das **Zivilrecht** eine knappe *gesetzliche Regelung* bereit (**§ 117 BGB**): Wird eine rechtsgeschäftliche Erklärung gegenüber einem Dritten mit dessen Einverständnis nur zum Schein abgegeben, so ist sie nichtig (Abs. 1). Der „wirkliche Wille" des Erklärenden und des Erklärungsempfängers i.S. des § 133 BGB ist nämlich auf Nichtgeltung der Erklärung, auf Ausschluss von deren Rechtsfolgen gerichtet; es fehlt damit der Geltungswille beider Parteien[1]. Wird durch ein Scheingeschäft ein anderes Rechtsgeschäft verdeckt, so finden die für das verdeckte Rechtsgeschäft geltenden Vorschriften, insbesondere die gesetzlichen Formvorschriften, Anwendung (Abs. 2). Diese Norm steht in innerem Zusammenhang mit § 116 BGB, der besagt, dass der innere Vorbehalt des Erklärenden, das Erklärte nicht zu wollen, unbeachtlich ist, er sich also an der Erklärung festhalten lassen muss; nichtig ist die Erklärung mit *geheimem Vorbehalt* nur dann, wenn der Erklärungsempfänger diesen Vorbehalt kennt – also dieselbe Rechtsfolge wie beim einvernehmlichen Scheingeschäft.

a) Danach liegt ein **Scheingeschäft** vor, wenn subjektive Übereinstimmung der Beteiligten über die *Scheinnatur* des Rechtsgeschäfts besteht, also alle Beteilig-

---

1 *Armbrüster* in MüKo, 5. Aufl. 2006, § 117 BGB Rz. 8 ff.

ten einverständlich gemeinsame Sache machen[1]. Fiduziarische Rechtsübertragungen (Rz. 6), Strohmanngeschäfte (Rz. 9) und Umgehungsgeschäfte (Rz. 11) fallen jedoch nicht unter § 117 Abs. 1 BGB. Bei Scheingestaltungen ist die rechtliche Wirkung des Erklärten *nicht gewollt*, sondern nur zum Schein gewählt und deshalb gem. § 117 Abs. 1 BGB *nichtig*[2]. Scheingeschäfte werden regelmäßig abgeschlossen, um Dritte zu täuschen. Dem Schutz Dritter dient es, dass sie sich auf die Nichtigkeit des Scheingeschäfts (und eventuell auch auf das wirklich gewollte verdeckte Geschäft) berufen können.

4 Hat etwa ein Schuldner einem Dritten zum Schein Vermögensgegenstände übertragen, um diese dem Zugriff seines Gläubigers zu entziehen, so kann sich dieser auf die Nichtigkeit der Übertragung berufen. Es **gilt** das **tatsächlich Gewollte**, nämlich der Verbleib des Eigentums beim Schuldner. Die Nichtigkeit des Scheingeschäfts wirkt grundsätzlich gegenüber jedermann, also auch gegenüber einem Dritten, der auf die Wirksamkeit des (ihm nicht bekannten) Scheingeschäfts vertraut hat; ihm verbleiben nur Schadensersatzansprüche. Die Schutzvorschriften über den *gutgläubigen Erwerb* des Eigentums oder eines sonstigen Rechts an Grundstücken oder beweglichen Sachen vom Nichtberechtigten (§§ 892 f., 932 ff. BGB u.a.) greifen aber zu seinen Gunsten ein[3].

5 **Scheinhandlungen** sind nicht-rechtsgeschäftliche, gleichwohl mit Rechtsfolgen versehene tatsächliche Handlungen, die nur zum Schein vorgenommen werden, etwa die Begründung und Beibehaltung eines Scheinwohnsitzes[4]. Grundsätzlich gelten für sie die Regelungen für Scheingeschäfte entsprechend. Solche Scheinhandlungen spielen vor allem im Steuerrecht eine Rolle (Rz. 47 ff.).

6 **b)** *Keine Scheingeschäfte* sind **Treuhandgeschäfte** (fiduziarische Geschäfte). Die dingliche Übertragung des Rechts ist hier gewollt, die sich aus der Übertragung ergebende Rechtsmacht des Treuhänders ist jedoch durch die schuldrechtliche Treuhand-Abrede beschränkt – eine Konstellation, für die im Fall der Untreue der Missbrauchstatbestand einschlägig ist (§ 32 Rz. 9 ff.). Eine derartige Rechtsgestaltung ist zivilrechtlich grundsätzlich zulässig. Ebenso wie „Handeln im eigenen Namen für fremde Rechnung" und die damit einhergehende „verdeckte Stellvertretung" eine seit Langem anerkannte Rechtsfigur ist, die etwa dem gesetzlich vertypten Kommissionsgeschäft (§§ 383 ff. HGB) zugrunde liegt, ist auch die gesetzlich nicht näher geregelte Treuhand im Grundsatz rechtlich unbedenklich. Auch der sog. Legitimationsaktionär ist gesetzlich anerkannt (§ 129 Abs. 3 AktG).

7 Die Bezeichnung „Treuhand" spricht dabei das **Innenverhältnis** zwischen Treugeber und Treuhänder an, während mit der „verdeckten Stellvertretung" die *Rechtsbeziehung zum Dritten* angesprochen ist. Treuhandgeschäfte wollen zwar den wirtschaftlichen Erfolg beim Treugeber eintreten lassen, der regelmäßig auch das wirtschaftliche Risiko trägt; im Rechtsverkehr soll aber der Treuhänder als Rechtsträger auftreten. Solche Gestaltungen sind grundsätzlich

---

1 BGH v. 22.10.1981 – III ZR 149/80, NJW 1982, 569 ff.; BGH v. 28.6.1984 – IX ZR 143/83, NJW 1984, 2350 ff.; BGH v. 12.7.1984 – III ZR 8/84, WM 1984, 1249 f.; *Kramer*, JuS 1983, 423.
2 *Heinrichs* in Palandt, § 117 BGB Rz. 7.
3 Vgl. *Arnold, A.* in Erman, § 117 BGB Rz. 9.
4 *Schwarz* in Schwarz, § 41 AO Rz. 27.

weder anstößig noch rechtswidrig. Für sie gibt es die unterschiedlichsten anerkennenswerten Motive, etwa familiäre Interessen, den Wunsch zur Anonymität, den Ausgleich mangelnder Geschäftserfahrung oder fehlender Geschäftsmöglichkeiten. Die zivilrechtliche Behandlung solch verdeckter Geschäfte ist hier nicht näher darzustellen. Jedenfalls kann hinter einem Treuhandverhältnis auch ein Umgehungsgeschäft stecken (Rz. 2, 61). In manchen Fällen erfolgt auch ein Rückgriff auf das Strafrecht.

Ist der Treuhänder allerdings in Wirklichkeit ein Strohmann, so kann ein **Scheingeschäft** gegeben sein (vgl. auch Rz. 34 ff.). Besteht deshalb zwischen den Vertragsparteien Einigkeit darüber, dass der Strohmann nur seinen Namen gibt, lediglich „auf dem Papier" eingeschaltet worden ist, dann ist ein Scheingeschäft anzunehmen[1].

c) Der Treuhand steht das **Strohmanngeschäft** rechtlich sehr nahe. Es liegt vor, wenn ein *Hintermann*, der das beabsichtigte Geschäft nicht selbst vornehmen kann oder will, dieses aber gleichwohl steuern und daraus Nutzen ziehen möchte, einen *Strohmann vorschiebt*. Ein solches Rechtsgeschäft ist – ebenso wie ein Treuhand-Geschäft (Rz. 6) – kein unwirksames Scheingeschäft, sondern ist ernsthaft gewollt und daher grundsätzlich wirksam[2]. Es fällt nicht unter § 117 Abs. 1 BGB, da die Parteien den Eintritt der mit der Erklärung verbundenen Rechtsfolge anstreben müssen, wenn sie ihre wirtschaftlichen Ziele erreichen wollen. Aus diesem Grund wird im Rechtsverkehr der Strohmann und nicht etwa der Hintermann berechtigt und verpflichtet[3]. Allerdings ist der als „Strohmann" vorgeschobene Treuhänder vielfach wirtschaftlich minderwertig, sodass sich dann bisweilen die Frage stellt, ob trotz der formalen Rechtsstellung des Strohmanns auf den Hintermann „durchgegriffen" werden kann (Rz. 22 ff.).

Auch das **englische Recht** kennt die Haftung des Hintermannes. Danach haftet jede Person, nach deren Anweisungen sich die Geschäftsführer gewöhnlicher Weise zu richten pflegen, als „shadow director" wie ein Geschäftsführer[4]. Nach section 251 Insolvency Act 1986 und section 251 Companies Act (CA 2006) wird der Begriff des *„shadow director"* wie folgt definiert:

„Shadow director" in relation to a company, means a person in accordance with whose directions or instructions the directors of the company are accustomed to act (but so that a person is not deemed a shadow director by reason only that the directors act an advice given by him in a professional capacity).

---

1 *Tiedemann* in LK, Vor § 283 StGB Rz. 73 a.E.; *Kruse* in Tipke/Kruse, § 41 AO Rz. 67, 76; *Fritsch*, UR 1996, 315 (319).
2 Zur Übertragung von Vermögensgegenständen auf einen Strohmann vgl. BGH v. 7.11.1978 – 5 StR 314/78, GA 1979, 311; *Tiedemann* in LK, Vor § 283 StGB Rz. 73.
3 BGH v. 13.4.1994 – II ZR 16/93, BGHZ 125, 366 = GmbHR 1994, 390; BGH v. 6.12.1994 – XI ZR 19/94, NJW 1995, 727; *Müller*, EWiR 1995, 247 (248); *Leptien* in Soergel, 13. Aufl. 2002, Vor § 164 BGB Rz. 39, 43 f.; *Schramm* in MüKo, Vor § 164 BGB Rz. 25.
4 Section 251 CA 2006; *Gower/Davies*, Gower and Davies' Principles of Modern Company Law, 9. Aufl. 2012, 16–13 (powers and duties), 9–7, 9–8 (wrongful trading); *Siebert*, Die Durchgriffshaftung im englischen und deutschen Recht, 2004, 23 ff.; *Schall*, ZIP 2005, 965 (968); *Habersack/Verse*, ZHR 168 (2004), 174 (188); *Schutheiss*, Die Haftung des „shadow director" einer englischen Kapitalgesellschaft, 2000.

11 Für die **Abgrenzung zu den Scheingeschäften** ist entscheidend, dass der *Strohmann* aus seinem Geschäft mit dem Dritten persönlich berechtigt und verpflichtet wird. Soll sich der Dritte dagegen abredegemäß unmittelbar an den Hintermann halten, so liegt kein Strohmann-, sondern ein Scheingeschäft vor. Immer dann, wenn zwischen den Vertragsparteien Einigkeit darüber besteht, dass der Strohmann nur seinen Namen gibt, d.h. lediglich „auf dem Papier" eingeschaltet wird, ist ein Scheingeschäft anzunehmen[1]. Daraus ergibt sich, dass eine Strohmannstellung ausnahmsweise auch auf einem Scheingeschäft beruhen kann und dass die vom Strohmann mit dem Dritten geschlossenen Geschäfte als nichtig qualifiziert werden müssen. Im Übrigen kann eine vertragliche Regelung im Regelfall *nicht gleichzeitig als steuerlich gewollt* und *zivilrechtlich* – als Scheingeschäft – *nicht gewollt* angesehen werden[2].

12 d) Von den Scheingeschäften zu unterscheiden sind schließlich die **echten Umgehungsgeschäfte**, bei denen aus verschiedenen – oft steuerlichen – Gründen Gestaltungsmöglichkeiten des Rechts gewählt werden, um bestimmte unerwünschte gesetzliche Folgen einer anderen, an sich näherliegenden Gestaltung zu vermeiden. Die Grenze, an der die rechtlich unbedenkliche Wahl zwischen mehreren zur Verfügung gestellten Gestaltungsmöglichkeiten in einen Rechtsmissbrauch umschlägt, ist schwer zu bestimmen. Erinnert sei an den jahrzehntelangen Streit über die GmbH & Co KG, die lange von vielen – und mit guten Gründen – als unzulässige Umgehung der Vorschriften über die GmbH und ihre Besteuerung angesehen wurde, bis sie nach Akzeptanz durch das RG und ihrem Erfolg in der Rechtswirklichkeit schließlich durch partielle Regelungen (insbesondere §§ 264a–264c HGB) gesetzliche Anerkennung gefunden hat.

13 Wie Treuhandgeschäfte (Rz. 6) und Strohmanngeschäfte (Rz. 9) – deren Zweck auch eine Gesetzesumgehung sein kann – werden auch echte Umgehungsgeschäfte regelmäßig ernstlich gewollt und durchgeführt[3]; sie sind grundsätzlich **wirksam**. Auf sie kann § 117 Abs. 1 BGB nicht angewendet werden, weil die Parteien ihre Zwecke nicht durch bloße Vortäuschung eines Rechtsgeschäfts erreichen wollen, sondern eine bestimmte rechtsgeschäftliche Gestaltungsmöglichkeit gerade ernstlich ausnutzen, um den erstrebten wirtschaftlichen (auch steuerlichen) Erfolg erzielen zu können.

14 Allerdings kann das *Umgehungsgeschäft* wegen Gesetzesverstoßes oder Verstoßes gegen die guten Sitten (§§ 134, 138 BGB) **nichtig** sein. So ist z.B. ein Vertrag, mit dem ein Handwerksmeister einem *Handwerksbetrieb* lediglich seinen *Meistertitel zur Verfügung* stellt, ohne dass er tatsächlich als technischer Betriebsleiter tätig wird, gem. § 134 BGB wegen Umgehung von § 7 HwO nichtig[4]. Ergibt eine ausdrückliche Norm oder auch die Interpretation des Zwecks der umgangenen Norm, dass das umgehende Geschäft mit erfasst sein sollte,

---

1 *Armbrüster* in MüKo, § 117 BGB Rz. 16; *Kruse* in Tipke/Kruse, § 41 AO Rn.65 ff.; *Fritsch*, UR 1996, 315 (319).
2 BGH v. 18.11.1976 – VII ZR 150/75, BGHZ 67, 334 (338); BGH v. 5.7.1993 – II ZR 114/92, NJW 1993, 2609.
3 *Tiedemann* in LK, § 264 StGB Rz. 123 ff.; *Armbrüster* in MüKo, § 117 BGB Rz. 17.
4 BAG v. 18.3.2009 – 5 AZR 355/08, NJW 2009, 2554.

so gilt die Sanktion oder Rechtsfolge, die für das umgangene Geschäft vorgesehen ist, auch für das Umgehungsgeschäft.

Im **Subventionsrecht** bestimmt die dem Verwaltungsrecht zuzuordnende Bestimmung des § 4 Abs. 2 S. 1 SubvG[1], dass eine Subvention ausgeschlossen ist, wenn ein mit ihr im Zusammenhang stehendes Rechtsgeschäft oder eine Handlung „*unter Missbrauch von Gestaltungsmöglichkeiten vorgenommen wird*". Ein Missbrauch liegt nach § 4 Abs. 2 S. 2 SubvG vor, wenn jemand eine den gegebenen Tatsachen und Verhältnissen unangemessene Gestaltungsmöglichkeit nutzt, um eine Subvention oder einen Subventionsvorteil für sich oder einen anderen in Anspruch zu nehmen oder zu nutzen, obwohl dies dem Subventionszweck widerspricht. 15

Auf der gleichen Linie liegt die Norm des Art. 4 Abs. 3 der **Europäischen Finanzschutz-VO**[2]: Umgehungsgeschäfte werden ausdrücklich für rechtlich unbeachtlich erklärt[3]. 16

Im **Gesellschaftsrecht** stellt der Erwerb eines sog. „*leeren GmbH-Anteils*" (Vorratsgesellschaft/Mantelkauf[4]) eine Umgehung der Gründungsvorschriften einer GmbH dar[5]; es wird unter Umgehung der Gründungsvorschriften eine Hülse „revitalisiert"[6] (§ 27 Rz. 136 ff., 156). Mit dieser Rechtsprechung will der BGH der Umgehung von Gründungsvorschriften entgegentreten[7]. Dies gilt nicht nur für Vorratsgesellschaften[8], sondern auch für den Fall der sog. „Altmantel-Gründung", bei der der „alte" Mantel einer existenten, im Rahmen ihres früheren Unternehmensgegenstandes tätig gewesenen, jetzt aber unternehmenslosen GmbH verwendet wird[9]. In diesem Fall ist umso mehr als bei der offenen Vorratsgründung, bei der die Kapitalausstattung regelmäßig im Gründungszeitpunkt noch unversehrt ist, auf die Gewährleistung der Kapitalausstattung zu achten, da bei der Verwendung eines alten GmbH-Mantels das früher aufgebrachte Stammkapital des inaktiv gewordenen Unternehmens typischerweise nicht mehr unversehrt, sondern zumeist verbraucht ist. Die Verwendung von leeren GmbH-Mänteln kann zum *Gründungsschwindel* (§ 27 Rz. 136 ff., 141) führen. § 71a AktG erklärt ebenfalls näher bestimmte Umgehungsgeschäfte für nichtig. 17

Daneben gibt es simulierte, also **unechte Umgehungsgeschäfte**, die in der Absicht geschlossen werden, auf den tatsächlich gewollten Vertrag anwendbare gesetzliche oder vertragliche Regelungen durch ein vorgeschobenes, nicht 18

---

1 BGBl. 1976 I 2037.
2 VO 2988/1995 (EG, EURATOM) des Rates über den Schutz der finanziellen Interessen der EG v. 18.12.1995, ABl. EG Nr. L 312 v. 23.12.1995, 1 ff.
3 *Dannecker* in W/J, 2. Aufl. 2004, Kap. 2 Rz. 177; vgl. auch *Tiedemann*, NJW 1990, 2226 (2230); *Dannecker*, ZStW 108 (1996), 577 (582).
4 Zur Abgrenzung und zu den Rechtsfolgen vgl. *Heidinger*, Die wirtschaftliche Neugründung, ZGR 2005, 101.
5 LG Düsseldorf v. 22.10.2002 – 6 O 460/01, GmbHR 2003, 231 = ZIP 2002, 2215.
6 *Goette*, Haftungsfragen bei der Verwendung von Vorratsgesellschaften und „leeren" GmbH-Mänteln, DStR 2004, 461.
7 *Altmeppen*, DB 2003, 2050.
8 BGH v. 9.12.2002 – II ZB 12/02, NJW 2003, 892.
9 BGH v. 7.7.2003 – II ZB 4/02, NJW 2003, 3198.

ernstlich gewolltes Geschäft[1] zu vermeiden. Soll ein Teil des Kaufpreises für einen GmbH-Anteil in Gestalt eines (simulierten) „Beraterhonorars" gezahlt werden, um Steuern zu sparen, so gehört ein solcher Fall zur Gruppe der Scheingeschäfte. Wird der Beratungsvertrag jedoch abgeschlossen, weil sich der Käufer eine echte und unterstützende Beratung sichern wollte, entfällt der Vorwurf, der Vertrag sei ausschließlich zum Zweck der Steuerhinterziehung abgeschlossen worden. Es handelt sich dann nicht um ein Scheingeschäft. Dass sich der Vertragspartner daneben einen – legalen oder illegalen – Steuervorteil erhoffte, ist für die Gültigkeit des Vertrages unerheblich.

19   e) **Keine Scheingeschäfte** sind die sog. **Scheinauslandsgesellschaften**, die im Ausland – regelmäßig als Kapitalgesellschaft unter vereinfachten Gründungsvoraussetzungen – gegründet werden, dann aber ihre wirtschaftliche Tätigkeit im Inland ausüben. Sie gehören vielmehr in die Gruppe der *Umgehungsgeschäfte*, denn ihre Gründung unter den ausländischen Bedingungen ist ernsthaft gewollt und ihre Errichtung wirksam[2]. Ihre Nicht-Anerkennung im Inland, die sich aus dem deutschen internationalen Gesellschaftsrecht (sog. Sitztheorie) ergab, hat der EuGH jedoch für unvereinbar mit der Niederlassungsfreiheit des EGV erklärt und damit ein bisher unzulässiges Umgehungsgeschäft zu einem zulässigen gemacht (näher § 23 Rz. 100 ff.).

20   Bei den hier primär in Erscheinung tretenden **Limiteds** handelt es sich also um Gesellschaften, die zum Zweck der wirtschaftlichen Betätigung in Deutschland, dem Zuzugsstaat, in Großbritannien, dem Gründungsstaat, gegründet wurden. Zwar findet grundsätzlich das englische Gesellschaftsrecht Anwendung, gleichwohl ist die Anwendung deutscher strafrechtlicher Normen auf die Geschäftsleiter von Kapitalgesellschaften mit Satzungssitz im EU-Ausland und Tätigkeitsschwerpunkt in Deutschland im jeweiligen Einzelfall zu prüfen[3] (§ 23 Rz. 116). Eine größere Anzahl solcher Gesellschaften wird zur Begehung oder Verdeckung von Straftaten verwendet[4]. Die aus § 826 BGB abgeleitete Haftung wegen Existenzvernichtung kann auf das Deliktstatut (Art. 40 EGBGB) gestützt werden, da Handlungs- und/oder Erfolgsort regelmäßig in Deutschland liegen. Damit greift neben der gesellschaftsrechtlichen Existenzvernichtungshaftung auch die Haftung nach den §§ 823 Abs. 2 BGB i.V.m. § 266 StGB oder § 826 BGB sowie eine strafrechtliche Verantwortlichkeit nach § 266 StGB ein (vgl. § 32 Rz. 83 f., 87, 150 f.).

B. Strafrechtlich relevante Gestaltungen

I. Strohmann-Gestaltungen

1. Allgemeines Strafrecht

21   a) Als **„Strohgesellschafter"** werden Personen bezeichnet, die für einen anderen, z.B. als Treuhänder, die Stellung eines Gesellschafters einnehmen. Sie haben die *volle Gesellschafterstellung*, auch wenn sie aufgrund der Abrede im In-

---

1   BGH v. 23.2.1983 – IVa ZR 187/81, NJW 1983, 1843.
2   *Ebert/Levedag*, Die zugezogene „private company limited by shares, GmbHR 2003, 1337; *Vallendar*, Die Insolvenz von Scheinauslandsgesellschaften, ZGR 2006, 425.
3   *Worm*, Die Strafbarkeit des directors einer englischen Limited nach deutschem StrafR, 2009, S. 47, 55, 60.
4   *Krolop*, Die Haftung nach § 826 BGB wegen Vermögensverschiebungen in der Krise bei der in Deutschland aktiven Limited, HFR 2007, 81.

nenverhältnis vom Treugeber weisungsabhängig sind. Ist der Strohmann im eigenen Namen an der Gründung beteiligt, hat er die Rechte und Pflichten eines Gründungsgesellschafters, auch wenn er für fremde Rechnung tätig wird. Bei Falschangaben ergibt sich seine Strafbarkeit aus § 82 Abs. 1 Nr. 1 und 2 GmbHG (§ 27 Rz. 136, 145). Dies gilt jedoch nicht für Angaben über seine Eigenschaft *als Strohmann*, da er sich im eigenen Namen an der Gesellschaft beteiligt (§ 9a Abs. 4 GmbHG). Auch bei der AG kann sich ein Strohmann als Gründer nach § 399 Abs. 1 Nr. 1 AktG strafbar machen.

Gleichwohl ist ein **Hintermann**, der zur Gründung einer GmbH einen Strohmann benutzt, hinsichtlich der §§ 30, 31, 24 und § 19 Abs. 2 GmbHG *wie ein Gesellschafter* zu behandeln[1]. Die Berechtigung für diese Folge ergibt sich aus der Notwendigkeit, im Interesse des Gläubigerschutzes für eine wirksame und praktikable Aufbringung und Erhaltung des Haftungsfonds der Gesellschaft zu sorgen, die unabdingbare Voraussetzung für das Privileg der auf das Gesellschaftsvermögen beschränkten Haftung bei Kapitalgesellschaften ist. Wer einen anderen statt seiner selbst formalrechtlich zum Gesellschafter einer GmbH macht, gleichzeitig aber die mit der Gesellschafterstellung verbundenen Rechte und wirtschaftlichen Vorteile für sich selbst reserviert, muss deshalb auch die mit der Gesellschafterstellung verbundene Verantwortung für eine ordnungsgemäße Finanzierung der Gesellschaft auf sich nehmen. 22

Strohgeschäftsführer werden häufig eingesetzt, wenn beim *Hintermann* Gründe vorliegen, die seiner Bestellung als Geschäftsführer entgegenstehen. Häufig werden *unerfahrene Familienmitglieder* als formelle Geschäftsführer eingesetzt – ohne zu wissen, welchen Gefahren sie sich dabei aussetzen. 23

Beispiel: Dies ist z.B. bei der *fehlenden Eignung zum Geschäftsführer* der Fall: Wer wegen einer Straftat, die im (2008 erweiterten) Katalog des § 6 Abs. 2 S. 2 Nr. 3, S. 3 GmbHG bzw. § 76 Abs. 3 S. 2 Nr. 3, S. 3 AktG genannt ist, verurteilt worden ist, kann auf die Dauer von fünf Jahren seit der Rechtskraft des Urteils weder Geschäftsführer einer GmbH noch Mitglied des Vorstands einer AG sein (näher § 27 Rz. 164). Ebenso kann der, dem durch gerichtliches Urteil oder durch vollziehbare Entscheidung einer Verwaltungsbehörde die Ausübung eines Berufs, Berufszweiges, Gewerbes oder Gewerbezweiges untersagt worden ist, für die Zeit des Verbots bei einer Gesellschaft, deren Unternehmensgegenstand ganz oder teilweise mit dem Gegenstand des Verbots übereinstimmt, nicht Geschäftsführer oder Vorstand sein. Der Beruf oder Berufszweig und das Gewerbe bzw. der Gewerbezweig müssen daher im Urteil genau bezeichnet sein[2].

Ein anderer Grund dafür, sich nach außen nicht als Geschäftsführer erkennen zu geben, liegt in dem Bestreben, die *zivilrechtliche und strafrechtliche* **Haftung zu verhindern**[3]. Dazu wird z.B. ein vermögensloser Angestellter des Unternehmens mit finanziellen Anreizen zur Übernahme der Geschäftsführung überredet. – Ferner gibt es Sachverhalte, bei denen der eigentliche Geschäftsführer erwartet, dass er in einem für die GmbH bedeutsamen Zivilprozess aussagen muss. Um nicht als Partei, sondern als Zeuge aussagen zu 24

---

1 BGH v. 14.12.1959 – II ZR 187/57, BGHZ 31, 258; BGH v. 13.4.1992 – II ZR 225/91, BGHZ 118, 107; *Bayer* in Lutter/Hommelhoff, § 24 GmbHG Rz. 12; *Westermann, H.P.* in Scholz, § 30 GmbHG Rz. 40 f.
2 BGH v. 12.8.1986 – 1 StR 419/86, wistra 1986, 257.
3 *Dierlamm*, Der faktische Geschäftsführer im StrafR – ein Phantom?, NStZ 1996, 153.

können und dadurch die *Beweislage zu verbessern*, lässt er sich formell abberufen und ein neuer Strohgeschäftsführer wird eingesetzt, während in Wirklichkeit der alte Geschäftsführer die Geschicke der Gesellschaft weiter bestimmt.

25 **b)** Die **strafrechtlichen Folgen** solcher Strohmanngestaltungen können sich leicht *verdoppeln*: Einerseits wird die gewählte Gestaltung als wirksam angesehen und der Strohmann für alle Verletzung der mit seiner äußeren Stellung verknüpften Pflichten verantwortlich gemacht; anderseits kann *daneben* auf den eigentlich verantwortlichen Hintermann, dem die Vorteile der Strohmann-Tätigkeit wirtschaftlich zugute kommen, ggf. als „faktischen Geschäftsführer" durchgegriffen werden.

26 **aa)** Zum einen ist der **Strohmann** (oder auch Treuhänder) als (formeller) Geschäftsführer tauglicher Täter aller *Bankrottdelikte*. Er ist insbesondere auch *buchführungspflichtig*[1]. Bereits das RG hatte entschieden, dass buchführungspflichtig ist, wer ein Geschäft als eigenes, sei es auch unter fremdem Namen, betreibt[2]. Ebenso ist der Strohmann-Geschäftsführer einer GmbH gem. § 15a InsO (bzw. früher gem. §§ 84 Abs. 1 Nr. 2, 64 Abs. 1 GmbHG) im *Insolvenzfall* selbst anzeige- und antragspflichtig und bei Nichterfüllung dieser Pflichten strafbar[3]. Desgleichen treffen ihn die *Treuepflichten* aus § 266 StGB i.V.m. §§ 35, 43 GmbHG (dazu § 32 Rz. 25, 99, 103)[4]. Der Strohmanngeschäftsführer kann sich auch wegen Verletzung der allgemeinen Garantenpflichten strafbar machen (§ 30 Rz. 63, 112 f.)[5] bzw. wegen Verstoßes gegen § 130 OWiG ordnungswidrig handeln (§ 30 Rz. 135 f.). In gleicher Weise kann das als Strohmann tätige *Vorstandsmitglied* einer AG Täter von Bankrottdelikten[6] (vgl. auch § 81 Rz. 47, 50 f.) wie auch der anderen Straf- und Bußgeldtatbestände sein.

27 **bb)** Zum anderen kann sich auch der **Hintermann** (oder Treugeber) strafrechtlichen Konsequenzen ausgesetzt sehen, wenn die Voraussetzungen des *„faktischen Geschäftsführers"* erfüllt sind, wenn also der Hintermann/Treugeber die Geschäftsführung des Strohmanns in einer Weise steuert, dass er als tatsächlicher Geschäftsführer (oder Vorstand) zu qualifizieren ist (näher § 30 Rz. 63). Ebenso begeht der Vorstand einer AG Untreue dadurch, dass er durch einen Strohmann für die AG entgegen § 71 AktG eigene Aktien erwerben lässt[7].

28 Ein Strohmann, der als nach außen in Erscheinung tretender Arbeitgeber falsche Arbeitnehmeranmeldungen zugunsten des im Hintergrund bleibenden

---

1 *Tiedemann* in LK, Vor § 283 StGB Rz. 73, § 283 StGB Rz. 98.
2 RG v. 3.1.1916 – I 873/15, RGSt. 49, 321.
3 *Tiedemann*, GmbH-StrafR, § 84 GmbHG Rz. 30.
4 Vgl. *Perron* in S/S, § 266 StGB Rz. 33; *Schünemann* in LK, § 266 StGB Rz. 246; *Siegmann/Vogel*, ZIP 1994, 1821.
5 Vgl. *Stree/Bosch* in S/S, § 13 StGB Rz. 31, 51 ff.; *Schünemann*, Unternehmenskriminalität und StrafR, 1989, S. 102; *Schulz*, Der faktische Geschäftsführer als Täter der §§ 82, 84 GmbHG unter Berücksichtigung des Strohmannes, StraFo 2003, 155; *Sigmann/Vogel*, Die Verantwortlichkeit des Strohmanngeschäftsführers einer GmbH, ZIP 1994, 1821.
6 BGH v. 28.6.1966 – 1 StR 414/65, BGHSt 21, 101 (105) = NJW 1966, 2225.
7 BGH v. 12.1.1956 – 3 StR 626/54, BGHSt 9, 203 (210).

„Drahtziehers" selbst unterzeichnet und damit den Tatbestand des **Betruges** vollständig erfüllt, kann neben dem Hintermann als *Mittäter* bestraft werden[1]. Es ist anerkannt[2], dass der, der den Tatbestand mit eigener Hand erfüllt, grundsätzlich auch dann Täter ist, wenn er es unter dem Einfluss und in Gegenwart eines anderen nur in dessen Interesse tut[3].

c) Im **Kreditwesen** kann die Einschaltung von Strohmännern betrügerisches Verhalten darstellen. Werden im Zusammenhang mit der Einschaltung eines Strohmannes bei der Beantragung eines Kredits unrichtige Angaben gemacht, liegt darin i.d.R. eine Täuschung i.S. von § 263 StGB bzw. § 265b StGB. 29

Beispiel: Immobilienunternehmer sollen über Strohmänner bei einer Volksbank Kredite in Millionenhöhe unrechtmäßig beschafft, die Bank jedoch für ihren Kredit keine hinreichenden Sicherheiten bekommen haben, weshalb sie selbst fast kurz vor dem finanziellen Ruin stand. Das Darlehen für die Unternehmer wurde in mehrere Bauprojekte in Hamburg, Hannover, Kroatien und Mazedonien investiert. Der dabei entstandene wirtschaftliche Schaden belief sich dabei auf fast 27 Mio. Euro.

Wird durch einen Strohmann ein **Kredit** aufgenommen, ist dieser auch dem Hintermann zuzurechnen[4]. Ist dem Kreditinstitut die Strohmanneigenschaft bekannt, hat es diese zu beachten. Liegen entsprechende Indizien vor, hat das Institut weitere Nachforschungen anzustellen. 30

Der darüber hinausgehende Zusammenfassungstatbestand, der die Bildung einer Kreditnehmereinheit anordnete (§ 19 Abs. 2 S. 2 Nr. 3 KWG a.F.) und nach h.M.[5] die Umgehung der §§ 10, 13–18 KWG durch Einschaltung von Strohmännern verhindern sollte, wurde durch das CRD-II-Umsetzungsgesetz[6] gestrichen.

Kein Strohmannkredit, sondern ein nichtiges Scheingeschäft liegt vor, wenn der als Darlehensnehmer bezeichnete Strohmann nach dem übereinstimmenden Willen der Vertragsparteien des Darlehensgeschäftes für das gewährte Darlehen nicht haften soll[7]. Eine den Strohmannkrediten analoge Betrachtung gilt auch für die Fallgestaltung, dass ein Treuhänder eine Mehrheitsbeteiligung an einem Unternehmen hält und die Treuhänderstellung für eigene Interessen genutzt werden kann[8].

d) Im Zusammenhang mit Abrechnungen im **Gesundheitswesen** (Behandlungen, Verschreibungen von Medikamenten usw; vgl. § 72 Rz. 139 ff.) sind wiederholt Kassenärzte als Strohleute in Erscheinung getreten[9]. Nach Entdeckung 31

---

1 BGH v. 26.11.1986 – 3 StR 107/86, wistra 1987, 106.
2 BGH v. 22.7.1992 – 3 StR 35/92, BGHSt 38, 315 = NStZ 1992, 545 = StV 1992, 578 = BGHR StGB § 25 Abs. 1 Begehung, eigenhändige 2, m. Anm. *Wiegmann*, JuS 1993, 1003.
3 BGH v. 10.1.1956 – 5 StR 529/55, BGHSt 8, 393.
4 BaFin, Rundschreiben 8/2011 v. 15.7.2011, Anlage (FAQ), Ziff. 3.6 (BA 52-FR 2430/2009/0003).
5 *Bock* in Boos/Fischer/Schulte-Mattler, 4. Aufl. 2012, § 19 KWG Rz. 121 ff.
6 G zur Umsetzung der geänderten BankenRL und der geänderten KapitaladäquanzRL v. 19.11.2010, BGBl. I 1592.
7 Vgl. BGH v. 29.10.1996 – XI ZR 319/95, NJW-RR 1997, 238 = BB 1997, 910.
8 *Bock* in Boos/Fischer/Schulte-Mattler, 4. Aufl. 2012, § 19 KWG Rz. 121.
9 *Kondziella*, Abrechnungsbetrug im Gesundheitswesen, Kriminalistik 2004, 377.

hat dies strafrechtlich den Vorwurf zumindest einer Beihilfe, eher aber einer Mittäterschaft zum Betrug oder – bei Bestehen einer Vermögensfürsorgepflicht zugunsten der gesetzlichen Krankenkasse – auch einer Untreue zur Folge.

2. Steuerstrafrecht

32 Die Verantwortlichkeit des Strohmann-Geschäftsführers für die Erfüllung der **steuerlichen Pflichten** einer GmbH ergibt sich aus seiner nominellen Bestellung zum Geschäftsführer[1]. Unterzeichnet er falsche Steuererklärungen selbst und erfüllt damit in eigener Person den Tatbestand der Steuerhinterziehung, dann wird er zusammen mit dem faktischen Geschäftsführer als *Mittäter* angesehen[2]. Wird die Steuerhinterziehung durch Unterlassen begangen, trifft den Strohmann als Aufklärungspflichtigen der strafrechtliche Vorwurf; daneben kommt jedoch auch der steuernde Hintermann als Aufklärungspflichtiger – mit entsprechender strafrechtlicher Folge – in Betracht, wenn er als verfügungsberechtigt anzusehen ist[3]. Wird die Existenz eines Unternehmens mithilfe von Strohmännern nur vorgetäuscht und werden für dieses Unternehmen ohne Bezug auf reale Vorgänge fingierte Umsätze angemeldet und Vorsteuererstattungen begehrt, so ist dies nicht als Betrug, sondern als Steuerhinterziehung zu beurteilen.

33 Nimmt eine Strohfirma nicht selbst aktiv am Wirtschaftsleben teil, sondern erstellt als „Service-Unternehmen" für andere Firmen zur Verdeckung der Schwarzarbeit Dritter *Scheinrechnungen* (sog. Abdeckrechnungen), mit denen Kosten, die tatsächlich nicht angefallen waren, gegenüber dem Finanzamt als Betriebsausgaben geltend gemacht werden, um so die ausgewiesenen Gewinne zu mindern und die darauf entfallenden Steuern zu verkürzen, dann beteiligt sich der Verantwortliche dieses Unternehmens an den **Steuerhinterziehungen** und Betrugstaten Dritter[4]. Das Gleiche gilt, wenn die in den Rechnungen ausgewiesene Umsatzsteuer zum Vorsteuerabzug angemeldet wird.

Beispiel: Der Geschäftsführer betrieb eine GmbH mit dem angeblichen Zweck der Durchführung von Hochbauarbeiten. In Wirklichkeit nahm die Gesellschaft nicht aktiv am Wirtschaftsleben teil, sondern stellte sich Dritten – sog. „Kolonnenschiebern" – zur Verfügung, damit diese eine Gewerbeanmeldung, eine Unbedenklichkeitsbescheinigung des Finanzamtes, Rechnungsbögen und Bankverbindungen vorweisen konnten. Die „Kolonnenschieber" führten Arbeiterkolonnen an, die bestehend aus illegalen Arbeitern Leistungen auf dem Bausektor erbrachten. Dadurch war es ihnen möglich, unter dem Namen der GmbH zu arbeiten und Bauleistungen zu erbringen, ohne selbst gegenüber dem Finanzamt oder der Sozialversicherung als Unternehmer bzw. Arbeitgeber mit den entsprechenden steuer- und sozialversicherungsrechtlichen Pflichten in Erscheinung zu treten (vgl. Rz. 52).

---

1 BFH v. 7.3.1995 – VII B 172/94, GmbHR 1996, 69; *Pump*, Probleme mit Strohmann-Aktivitäten im SteuerR, wistra 1988, 221; *Meyer-Arndt*, Sonderausgabenabzug bei Strohmann-Sachverhalten, StR 1991, 639.
2 BGH v. 26.11.1986 – 3 StR 107/86, wistra 1987, 106.
3 BGH v. 9.4.2013 – 1 StR 586/12, BGHSt 58, 218 = NJW 2013, 2449.
4 BGH v. 2.12.1997 – 5 StR 404/97, NStZ 1998, 199 = wistra 1998, 152.

In Lieferbeziehungen kann ein nach außen in eigenem Namen auftretender Strohmann Unternehmer i.S. des Umsatzsteuergesetzes sein[1] mit der Folge, dass es zu einer Verdoppelung der Leistungsbeziehungen kommen kann (z.B. wenn der Hintermann den Strohmann und dieser den Käufer beliefert). Umsatzsteuerrechtlich unbeachtlich sind solche Strohmanngeschäfte jedoch, wenn sie vorgeschoben, d.h. nur zum Schein abgeschlossen sind. Notwendig dafür ist, dass die Vertragsparteien ausdrücklich oder stillschweigend davon ausgehen, dass die Rechtswirkungen des Geschäfts gerade nicht zwischen ihnen eintreten sollen. Das soll insbesondere dann gelten, wenn der Vertragspartner von der Strohmanneigenschaft Kenntnis hat[2]. Hat derjenige, für den die Leistung ausgeführt wird, Kenntnis davon, dass diese Teil eines auf die Hinterziehung von Umsatzsteuer angelegten Systems ist, gilt er hinsichtlich der Lieferung jedoch nicht als Unternehmer und macht sich einer Steuerhinterziehung schuldig, wenn er trotzdem die in den Rechnungen ausgewiesene Umsatzsteuer als Vorsteuer geltend macht[3]. 34

II. Scheingeschäfte

1. Allgemeine Strafnormen

a) *Scheingeschäfte* sowohl im engeren Sinne des § 117 Abs. 1 BGB als auch im weiteren Sinne eines dem Dritten nur vorgetäuschten Geschäfts sind ebenso wie *Scheinunternehmen* in vielfältiger Form gängiger Bestandteil von **Betrugstaten**, häufig in Gestalt eines sog. *Stoßbetrugs*[4]. 35

Beispiele: Eine GmbH wird unter falschem Namen aufgrund notariellen Vertrages erworben und beschafft in scheinbarer Weiterführung der Geschäfte in möglichst kurzer Zeit Waren verschiedener Art als Vorauslieferungen oder mit eingeräumtem Zahlungsziel; nach umgehendem Weiterverkauf der Waren verschwinden die Verantwortlichen unter Hinterlassung der Schulden.

Der Vorschlag des Vertreters eines Fertighausherstellers an den Bauherrn, Scheinverträge abzuschließen und *Eigenkapital vorzutäuschen*, damit die Finanzierung durch eine Bank bewilligt wird, stellt eine Anstiftung zum versuchten Betrug (§§ 22, 23, 26, 263 StGB) dar[5].

Ein Arzt, der die *Kassenzulassung* von bei ihm im Angestelltenverhältnis beschäftigten Ärzten durch Vorlage von Scheinverträgen über ihre Aufnahme als Freiberufler in eine Gemeinschaftspraxis erschleicht und die von ihnen erbrachten Leistungen als solche der Gemeinschaftspraxis abrechnet, begeht einen Betrug zum Nachteil der Kassenärztlichen Vereinigung[6].

---

1 BFH v. 10.11.2010 – XI R 15/09, wistra 2011, 237 (unter ausdrücklicher Distanzierung von der früheren Rspr. des BFH); BGH v. 29.1.2014 – 1 StR 469/13, wistra 2014, 190; BGH v. 5.2.2014 – 1 StR 422/13, wistra 2014, 191.
2 Ausf. zu den Abgrenzungskriterien: BFH v. 10.11.2010 – XI R 15/09, wistra 2011, 237 m. krit. Anm. *Fischer*, jurisPR-SteuerR 19/2011 Anm. 1; BGH v. 29.1.2014 – 1 StR 469/13, wistra 2014, 190; BGH v. 5.2.2014 – 1 StR 422/13, wistra 2014, 191.
3 BGH v. 8.2.2011 – 1 StR 24/10, NJW 2011, 1616.
4 BGH v. 8.1.1992 – 3 StR 391/91, wistra 1992, 181; *Tiedemann*, WiStrafR BT, Rz. 375 ff.
5 LG Berlin v. 16.12.2008 – 5 O 446/07.
6 OLG Koblenz v. 2.3.2000 – 2 Ws 92-94/00, MedR 2001, 144.

Um *Finanzwechsel als Handelswechsel* ausgeben zu können, werden zum Nachweis, dass ein Handelsgeschäft vorliege, Scheinverträge und Scheinrechnungen den Banken vorgelegt. In diesen Fällen ist ein Betrugsschaden bereits in dem Zeitpunkt eingetreten, in dem als Handelswechsel gegebene Finanzwechsel diskontiert bzw. für sie durch die Kaufleute liquide Mittel zur Verfügung gestellt werden[1].

36 Allerdings führt **nicht jede unrichtige Angabe** in einem Darlehensvertrag zu einem betrügerischen Scheingeschäft. Denn es besteht z.B. die Möglichkeit, dass der Täter tatsächlich einen rechtlich bindenden Darlehensvertrag abschließen und lediglich die Kreditsumme zu einem anderen als dem im Darlehensantrag angegebenen Zweck verwenden wollte; dies ist zumindest zu prüfen[2].

37 b) Ein Fall der **Untreue** in Form des Treubruchtatbestandes liegt vor, wenn Scheinrechnungen lediglich dem Umschichten von Haushaltsmitteln dienen[3], da das zugrundeliegende Scheingeschäft gem. § 117 BGB nichtig ist.

38 **Beispiele:** Ein freigestellter Betriebsrat und *Mitglied des Aufsichtsrats* eines Unternehmens erwirkte für seine Geliebte eine Beschäftigung im Betrieb dadurch, dass er den Personalvorstand veranlasste, einen sog. Agenturvertrag abzuschließen, der keine schriftliche Fixierung des Vertragsinhaltes über die zu erbringenden Leistungen enthielt, da man sich einig war, dass es sich bei dem *Agenturvertrag* um einen Scheinvertrag handelte, durch den nur der Anschein eines Rechtsgrundes für die Zahlungen des Unternehmens gesetzt werden sollte, ohne dass eine Verpflichtung bestand, aufgrund des Agenturvertrages tatsächlich Leistungen zu erbringen[4].

Ein Bauunternehmer vereinbarte mit dem Bauleiter einer Bauverwaltung, seinem Unternehmen anstelle anderer Bauunternehmen Aufträge für Bauleistungen zu erteilen. Vertragsabwicklung und Rechnungsstellung erfolgten durch drei *vorgeschobene* andere *Bauunternehmer*, die, wie die Beteiligten wussten, bis zu 10 % der aus den Scheinverträgen geltend gemachten Werklöhne für ihre Mitwirkung an der Verschleierung einbehielten. Es liegt Untreue des Bauleiters sowie Beihilfe des Bauunternehmers hierzu vor[5].

39 c) Wird bei der GmbH-Gründung das Stammkapital nur scheinbar einbezahlt, dann liegt ein Vergehen des sog. **Gründungsschwindels** vor (näher § 27 Rz. 136 ff.).

40 **Beispiel:** Der Geschäftsführer einer unseriösen Warentermingeschäfts-Vermittlungsfirma begeht **Kapitalanlagebetrug**, wenn er einen *englischen Firmenmantel* erwirbt und Kunden vorspiegelt, es handle sich um eine seriöse, weltweit agierende Firma mit Geschäftsvolumina in Millionenumfang, während sich in Wirklichkeit im Ausland lediglich ein Büroserviceunternehmen befindet, das die Post nach Deutschland umleitet, und wenn die als Anlagekapital erhaltenen Geldbeträge nicht in reale Geschäfte angelegt, sondern im Wege eines Schneeballsystems zur Auszahlung von *Scheinrenditen*, zur Rückzahlung von gekündigten Einlagen und für ein aufwendiges Vertriebsnetz mit sehr hohen Provisionen sowie für einen aufwendigen Lebensstil verwendet werden. Eine andere Vorgehensweise im Bereich des Kapitalanlagebetrugs ist die Vorspiegelung von angeblich hochrentierlichen *Scheingeschäften*, z.B. SLC-Geschäfte über angebliche Prime Banks (vgl. § 27 Rz. 110 ff.).

---

1 BGH v. 26.11.1986 – 3 StR 316/86, BGHR § 263 Abs. 1 Vermögensschaden 1.
2 BGH v. 27.6.2006 – 3 StR 403/05, wistra 2006, 426.
3 BGH v. 1.8.1984 – 2 StR 341/84, wistra 1985, 69 = NStZ 1984, 549.
4 LG Braunschweig v. 22.2.2008 – 6 KLs 20/07 – Volckert-Urteil, juris.
5 BGH v. 11.10.2004 – 5 StR 389/04, wistra 2005, 28 = NStZ 2005, 157.

Werden beim **Subventionsbetrug** Scheingeschäfte als „ernstlich gewollte" Geschäfte angegeben, sind diese Angaben nicht nur nach § 4 SubvG für die Subvention unerheblich (Rz. 14), sondern auch i.S. des § 264 StGB unrichtig[1]. In erheblichem Umfang lassen sich in Subventionsverfahren fiktive Exporte mit fingierten Unterlagen zur Erlangung von EU-Barerstattungen und Mehrwertsteuererstattungen feststellen[2]. 41

Ein Vergehen der **Vollstreckungsvereitelung** (§ 288 StGB; dazu § 88 Rz. 5 ff.) durch ein nichtiges *Scheingeschäft* liegt vor, wenn der Schuldner im Einvernehmen mit dem Treuhänder davon ausgegangen ist, dass seine Gläubiger auch durch den bloßen Schein einer Übertragung vom Pfändungsversuch abgehalten werden könnten. 42

Beispiel: Überträgt ein Schuldner seinem Freund einen **GmbH-Anteil**, um diesen dadurch der Pfändung durch seine Gläubiger zu entziehen, so kommt es darauf an, ob die Wirksamkeit der Übertragung an den Treuhänder gewollt gewesen ist. Wird dies bejaht, so scheidet § 117 Abs. 1 BGB aus. Wenn der Schuldner (im Einvernehmen mit dem Treuhänder) davon ausgegangen ist, dass seine Gläubiger auch durch den bloßen Schein einer Übertragung vom Pfändungsversuch abgehalten werden könnten, dann liegt ein nichtiges Scheingeschäft vor. Entscheidend ist, ob die Parteien zur Erreichung des mit dem Rechtsgeschäft erstrebten Erfolgs ein Scheingeschäft oder ein ernstlich gemeintes Rechtsgeschäft für notwendig erachtet haben[3].

Häufig werden im **Außenwirtschaftsrecht** (§ 62 Rz. 1 ff.), insbesondere im Anwendungsbereich des *Kriegswaffenkontrollgesetzes* (§ 73 Rz. 1 ff.), Scheinsachverhalte konstruiert[4], um so die rechtlichen Regelungen zu umgehen. 43

Beispiel: Die Täter wollten u.a. 100 Maschinenkanonen und 27 Zwillingsflaksysteme für die argentinische Armee im Umweg über eine als Scheinkäufer fungierende spanische Firma ausführen[5]. Um die tatsächlich beabsichtigte direkte Lieferung der Waffen nach Argentinien zu verschleiern, hatten die Täter Scheinverträge zwischen einer deutschen GmbH und einer neu gegründeten belgischen Tochter sowie der spanischen Firma schließen lassen, um die Lieferung der nach dem KWKG genehmigungspflichtigen Teile über Spanien (das damals als ein den NATO-Ländern gleichgestelltes Land galt) nach Argentinien zu ermöglichen; auf diese Weise sollte erreicht werden, dass das wahre Zielland nicht erkannt und die Beförderungsgenehmigung innerhalb des Nato-Bereichs ohne weitere Nachfrage erteilt wird.

Die Zerlegung von Kriegswaffen zum Export und späteren Zusammenbau stellt einen Scheinsachverhalt dar[6].

---

1 *Perron* in S/S, § 264 StGB Rz. 46; *Tiedemann* in LK, § 264 StGB Rz. 96, 124; *Schmidt-Hieber*, NJW 1980, 326.
2 *Tiedemann* in LK, § 264 StGB Rz. 131, 132; *Reisner*, Die Strafbarkeit von Schein- und Umgehungshandlungen in der EG, 1995; *Tiedemann*, Subventionskriminalität, 1974, 341.
3 BGH v. 9.10.1956 – II ZB 11/56, BGHZ 21, 378 (382) = WM 1956, 1498; BGH v. 25.10.1961 – V ZR 103/60, BGHZ 36, 84 (88) = WM 1962, 88.
4 Vgl. BGH v. 19.2.1985 – 5 StR 780/84, 5 StR 796/84 – Maschinenpistolenfall, NStZ 1985, 367.
5 LG Düsseldorf v. 27.5.1986 – X 64/83, NStZ 1988, 231.
6 BGH v. 23.11.1995 – 1 StR 296/95, BGHSt 41, 348 = NJW 1996, 1355; BGH v. 28.3.2007 – 5 StR 225/06, BGHSt 51, 262 = NJW 2007, 1893.

44 Immer wieder werden mit Scheingeschäften Umsatzzuwächse zum Zweck der **Marktmanipulation** (dazu § 68 Rz. 14 ff.), fingiert.

Beispiele: Als Beispiel sei der Fall der Fa. Comroad AG, ein angeblich führender Anbieter von Telematik-Netzwerken mit scheinbar rasanten Umsatzzuwächsen seit 1998, genannt. Von den im Jahr 2000 gemeldeten 93,5 Mio. Umsatz waren lediglich 1,3 Mio. echt, bei den restlichen 97 % handelte es sich um Scheintransaktionen mit einem nicht existenten Elektronikunternehmen in Honkong. Durch die Umsatzmeldungen hatte der Börsenkurs der Aktien einen Höchststand von fast 65 Euro erreicht.
In der amerikanischen Strombranche wurden mithilfe sog. „Rückfahrkarten-Geschäfte", d.h. durch Hin- und Zurückverkäufe, massive (Schein-)Umsätze erzielt[1].

45 Im Bereich der **Illegalen Beschäftigung**, z.B. in der Baubranche werden bei dem Einsatz von Leiharbeitnehmern viele Scheinverträge abgeschlossen, um die Abgrenzungen von Arbeitnehmerüberlassungsverträgen und Werkverträgen zu verwischen.

In diesen Fällen entscheidet über die rechtliche Einordnung eines Vertrages als Arbeitnehmerüberlassungsvertrag oder als Werk- oder Dienstvertrag der Geschäftsinhalt und nicht die von den Vertragsparteien gewünschte Rechtsfolge oder eine Bezeichnung, die dem tatsächlichen Geschäftsinhalt nicht entspricht. Der Geschäftsinhalt kann sich sowohl aus den ausdrücklichen Vereinbarungen der Vertragsparteien als auch aus der praktischen Durchführung des Vertrages ergeben. Widersprechen sich beide, so ist die tatsächliche Durchführung des Vertrages maßgebend, sofern die aufseiten der Vertragsparteien zum Vertragsabschluss berechtigten Personen die abweichende Vertragspraxis kannten und sie zumindest geduldet haben. Denn aus der praktischen Handhabung der Vertragsbeziehungen lassen sich am ehesten Rückschlüsse darauf ziehen, was die Vertragsparteien wirklich gewollt haben[2] (zur Scheinselbständigkeit vgl. § 38 Rz. 47 ff. [49]).

46 Auch die erwähnten (Rz. 19) *Scheinauslandsgesellschaften*, aber auch vom Ausland her agierende Scheingesellschaften eignen sich gut für **Betrügereien** aller Art. Sie wurden z.B. in den vergangenen Jahren vermehrt eingesetzt, im Rahmen von Gewinnspielen – um Kunden anzulocken – Gewinnzusagen zu tätigen, die entgegen § 661 BGB nie ausbezahlt werden[3].

2. Steuerstrafrecht

47 **a)** Das Steuerrecht enthält in **§ 41 AO** eine spezielle Regelung über die Behandlung von **Scheinsachverhalten**. Der Begriff des **Scheingeschäfts** in § 41 Abs. 2 AO entspricht der Definition in § 117 BGB und ist hinreichend bestimmt[4]. Ein Scheingeschäft liegt danach auch im Steuerrecht vor, wenn beide Parteien sich einig sind, dass die mit den Willenserklärungen an sich verbundenen Rechts-

---

1 Die Fa. CMS Energy erzielte in einem Zeitraum von 18 Monaten einen Umsatz von 4,4 Mrd. US-$ (FAZ v. 6.6.2002); vgl. auch http://www.welt.de/print-welt/article391647/Skandal-um-Scheingeschaefte-spitzt-sich-beim-US-Konzern-Dynegy-zu.html).
2 LSG Bayern v. 7.8.2008 – L 9 AL 63/03; vgl. auch BGH v. 12.2.2003 – 5 StR 165/02, NStZ 2003, 552.
3 Zur zivilrechtlichen Beurteilung der Zusagen von Scheinauslandsgesellschaften vgl. OLG Düsseldorf v. 22.12.2003 – I-6 U 171/02, DB 2004, 128.
4 Nichtannahmebeschl. des BVerfG v. 26.6.2008 – 2 BvR 2067/07, NJW 2008, 3346 = wistra 2009, 17.

folgen tatsächlich nicht eintreten sollen und damit das Erklärte in Wirklichkeit nicht gewollt ist. Entscheidend ist dabei, ob die Beteiligten zur Erreichung des erstrebten Erfolges, hier der Vermeidung von Grunderwerbsteuer, ein Scheingeschäft für genügend oder ein ernst gemeintes Rechtsgeschäft für erforderlich erachtet haben[1]. Nach § 41 Abs. 2 S. 1 AO sind Scheingeschäfte für die Besteuerung unbeachtlich. Sie können der Besteuerung auch dann nicht zugrunde gelegt werden, wenn die Beteiligten deren wirtschaftliches Ergebnis eintreten oder bestehen lassen. Erheblich ist gem. § 41 Abs. 2 S. 2 AO das Rechtsgeschäft, das durch ein Scheingeschäft verdeckt wird. Dies entspricht der Rechtsfolge im Zivilrecht (§ 117 Abs. 2 BGB; Rz. 2).

Wird etwa ein notarieller Kaufvertrag geschlossen und besteht daneben ein einfachschriftlicher Kaufvertrag mit einem höheren Kaufpreis, der auch durchgeführt wird, so ist nicht der notarielle Kaufvertrag (Scheinvertrag), sondern der tatsächlich gewollte verdeckte Kaufvertrag der Besteuerung zugrunde zu legen. – Die Überzeugung, ob ein Scheingeschäft vorliegt oder nicht, muss sich das Gericht aufgrund einer umfassenden Gesamtwürdigung der für und gegen ein Scheingeschäft sprechenden Umstände bilden.

Ebenso sind **Scheinhandlungen** nach § 41 Abs. 2 S. 1 AO für die Besteuerung unbeachtlich. Es kommt eine entsprechende Anwendung des § 41 Abs. 2 S. 2 AO in Betracht, wenn durch die Scheinhandlung ein Vorgang verdeckt wird, der steuerliche Bedeutung hat[2]. Das ist z.B. bei der Einschaltung eines Strohmannes dann anzunehmen, wenn dieser lediglich seinen Namen gibt[3].

b) Um Scheingeschäfte geht es auch, wenn eine Gesellschaft lediglich Leistungen erbringen soll, die niemals ernstlich gewollt sind und deren **Vortäuschung** allenfalls **Betriebsausgaben** verursachen und rechtfertigen soll, wie fingierte Beratungen, Gutachten, Marktanalysen[4], um den tatsächlichen Gewinn zu vermindern bzw. dessen Verlagerung ins Ausland zu verschleiern (vgl. Rz. 75 f.). Die Angabe solcher Scheinsachverhalte gegenüber den Finanzbehörden führt zur Steuerhinterziehung.

Auch im Bereich des **Sports** ist der Einsatz von Scheinverträgen zur Einkommensteuerhinterziehung oft anzutreffen, etwa um Gehaltszuwendungen an Sportler zu verschleiern[5].

Beispiel: Um einen Lizenzfußballspieler zu halten, schaltete ein Fußballclub eine Werbeagentur ein, um über diese eine einmalige Zahlung von zwei Mio. DM an den Fußballspieler weiterzuleiten. Um Lohnsteuer nicht abführen zu müssen und um es zu ermöglichen, die Zahlung vor dem Finanzamt zu verheimlichen, wurden zum Schein vor- und rückdatierte Verträge über Vermarktungsrechte geschlossen.

---

1 BGH v. 11.7.2008 – 5 StR 156/08, NStZ 2009, 273.
2 *Fischer* in H/H/Sp, § 41 AO Rz. 180; *Kruse* in Tipke/Kruse, § 41 AO Rz. 70 f.
3 Vgl. BFH v. 15.9.1994 – XI R 56/93, BStBl. II 1995, 275 = BB 1995, 374.
4 *Dreßler*, Gewinn- und Vermögensverlagerungen in Niedrigsteuerländer und ihre steuerliche Überprüfung, 4. Aufl. 2007, 106.
5 BGH v. 20.3.2002 – 5 StR 448/01 – Eintracht Frankfurt, StV 2002, 546 = NJW 2002, 1963 = NStZ 2002, 485 = BGHR AO § 41 Abs. 2 Scheinhandlung 3 Scheinvertrag; *Leplow*, Lizenzfußballspieler: Scheingeschäfte beim Erwerb von Vermarktungsrechten, PStR 2007, 1.

51 Im Zusammenhang mit der **verdeckten Parteienfinanzierung** wurden zum Beleg von als Betriebsausgaben getarnten Parteizuwendungen *Scheingutachten* gefertigt oder Zahlungen an Berufsverbände und angebliche politische Vereinigungen geleistet, die jedoch die Funktion von *Spendenwaschanlagen* hatten (sog. Umwegfinanzierung)[1].

Hierzu wurden Parteien finanzielle Mittel in der Weise zugewendet, dass Steuerpflichtige an parteinahe Institutionen Zahlungen z.B. für wertlose Wirtschaftsgutachten oder nicht publizierte Anzeigen leisteten. In diesen Fällen handelt es sich um Scheingeschäfte, die steuerrechtlich gem. § 41 Abs. 2 S. 2 AO nach den Verhältnissen des *verdeckten Rechtsgeschäfts* beurteilt werden müssen. Als verdecktes Rechtsgeschäft kommt bei den vorgenannten Leistungen regelmäßig die Parteispende in Betracht, die zum Abzug als Betriebsausgabe nicht zugelassen ist[2].

52 Umsatzsteuerhinterziehung[3] begeht ein Kaufmann, wenn er **Scheinrechnungen mit** darin gesondert ausgewiesener **Umsatzsteuer** ausstellt und diese *nicht* bei dem dafür zuständigen Finanzamt im Rahmen der monatlichen *Umsatzsteuervoranmeldungen* erklärt. Als Aussteller der Scheinrechnungen unter dem Namen der von ihm betriebenen Einzelfirma ist er nach §§ 14c Abs. 2 S. 2, 13 a Abs. 1 Nr. 4 UStG Schuldner der in den Rechnungen ausgewiesenen Steuerbeträge[4]. Dies gilt nach § 14c Abs. 2 UStG auch für die Fälle, in denen er überhaupt nicht unternehmerisch tätig ist, weil es sich um eine reine Scheinfirma zum Zweck der Rechnungsausstellung handelt.

53 So werden Umsatzsteuerhinterziehung durch **Ketten- oder Karussellgeschäfte** im *Gebrauchtwagenhandel*[5] mit Hilfe von Scheinrechnungen und Scheinfirmen häufig auf folgende Weise begangen:

Der ursprüngliche Halter des Gebrauchtfahrzeugs erstellt für Firmen, die zum Schein als unmittelbare Käufer des Gebrauchtfahrzeugs auftreten (Erstankäufer), eine Rechnung mit Umsatzsteuerausweis über einen Teil des tatsächlichen Kaufpreises. Der verbleibende Rest des Kaufpreises wird bar bezahlt, ohne dass dieser Teilbetrag versteuert wird. Der Erstankäufer stellt einem Zwischenhändler eine *Scheinrechnung mit Umsatzsteuerausweis* aus, wobei der dort angeführte Nettobetrag über dem Kaufpreis liegt, der tatsächlich gezahlt worden war. Der Zwischenhändler erstellt für eine weitere Firma eine Rechnung mit einem nochmals höheren Nettopreis mit Umsatzsteuerausweis. Diese wiederum veräußert hunderte solcher in ähnlicher Weise erlangten Fahrzeuge umsatzsteuerfrei in das Ausland. Die als Erstankäufer eingesetzte Scheinfirma gibt keine Umsatzsteuervoranmeldungen ab; mit deren Rechnungen macht der Zwischenhändler unberechtigt Vorsteuern geltend.

---

1 *Landfried*, Finanzierung politischer Parteien, 1990, S. 148, 186, 216, 224; *Dannecker*, Strafbarkeit und Strafverfolgung in Fragen der Parteienfinanzierung, in Mühleisen (Hrsg.), Das Geld der Parteien, 1986, S. 57; *Saliger*, ParteienG und StrafR, 2005, 93 Fn. 128.
2 BGH v. 28.1.1987 – 3 StR 373/86, NJW 1987, 1274; Kammerbeschl. des BVerfG v. 15.10.1990 – 2 BvR 385/87, NStZ 1991, 88; *Wied* in Blümich, § 4 EStG Rz. 931.
3 BGH v. 17.2.1998 – 5 StR 624/97, wistra 1998, 225 = NStZ-RR 1998, 185; vgl. auch *Meyer-Sievers/Opitz/Kuntze*, BB 1997, 757.
4 BGH v. 23.3.1994 – 5 StR 91/94, BGHSt 40, 109 = NJW 1995, 2302 = UR 1994, 365 m. Anm. *Weiss*; BGH v. 2.12.1997 – 5 StR 404/97, NStZ 1998, 199 = wistra 1998, 152; BGH v. 28.10.2004 – 5 StR 276/04 – Scheinfirma als Serviceunternehmen für Kolonnenschieber, NJW 2005, 374.
5 BGH v. 30.4.2009 – 1 StR 342/08, NStZ 2009, 637.

Das Gleiche gilt, wenn durch **Scheinrechnungen** das Vorliegen einer Vorsteuer fingiert wird[1]. Zwischen der Herstellung von Scheinrechnungen und der von dem beauftragten Steuerberaterbüro erstellten und bei dem Finanzamt eingereichten unrichtigen Umsatzsteuervoranmeldung besteht keine Tateinheit, wie folgender *Fall* verdeutlicht:

54

Wird ein Steuerberaterbüro mit der selbständigen Erstellung der gesamten Buchführung eines Unternehmens und der Einreichung der Steueranmeldungen betraut, so liegt zwischen der Übergabe und damit dem Gebrauchmachen der gefälschten Belege als Grundlage für die Buchführung und der späteren, darauf beruhenden unzutreffenden Steuererklärung eine weitere Prüfungsstufe. Die datenmäßige Erfassung und Verbuchung der Belege sowie die Erstellung des falschen Zahlenwerks für die später abzugebende Umsatzsteuervoranmeldung durch das Steuerberaterbüro stellt sich erst als Vorbereitungshandlung für die vom mittelbaren Täter beabsichtigte Steuerhinterziehung dar. Denn die Gefährdung des durch § 370 AO geschützten Rechtsgutes tritt erst mit Einreichung der Steuererklärungen bei den Finanzbehörden ein. Die Vorstellung des mittelbaren Täters, dass sein Vorgehen aufgrund der ihm bekannten buchungstechnischen Abläufe zwangsläufig irgendwann in der Abgabe falscher Steuererklärungen enden müsse, reicht für die Verbindung zur Tateinheit nicht aus[2].

Gleichfalls *Steuerhinterziehung* liegt vor, wenn ein (echter) Unternehmer gegenüber der Finanzbehörde Geschäfte vortäuscht, die zu einer Vorsteuererstattung führen sollen, obwohl der steuerliche Vorgang insgesamt erfunden ist[3]. Dies gilt auch für den Fall **eines Schein-Unternehmens**, für das ohne Bezug auf reale Vorgänge fingierte *Umsätze angemeldet* und Vorsteuererstattungen begehrt werden[4].

55

Wirken zwei Unternehmer in der Weise zusammen, dass der Vordermann auf jeweilige Anweisung des Hintermannes und mit dessen Mitteln im EU-Ausland *umsatzsteuerfrei* Waren erwirbt und diese unter gesondertem *Ausweis von Umsatzsteuer* an den Hintermann weiterberechnet, so begeht Letzterer eine täterschaftliche Umsatzsteuerhinterziehung, wenn er die Vorsteuer abzieht, obwohl der Vordermann in Absprache mit ihm keine Umsatzsteuer an das Finanzamt abführt und beide sich den erzielten Umsatzsteuervorteil teilen[5]. Der BGH spricht in diesem Fall dem Vordermann die Eigenschaft eines selbständigen Unternehmers ab und rechnet ihn dem Lager des Hintermannes zu[6].

Die *Abgrenzung* zu einer Strohfirma ist nicht immer einfach. Wichtiges Indiz dafür, dass es sich um eine Scheinfirma handelt, die lediglich für die Umsatzsteuerhinterziehung er-

---

1 BGH v. 22.4.1975 – 1 StR 592/74, DB 1975, 1588; BGH v. 7.6.1994 – 5 StR 272/94, BGHR AO § 370 Abs. 1 Konkurrenzen 12 = wistra 1994, 268; zur Erschleichung von Umsatzsteuer-Erstattungsansprüchen vgl. BGH v. 28.1.1986 – 1 StR 611/85, wistra 1986, 172 (258) m. Anm. *Würthwein*; BGH v. 20.2.2001 – 5 StR 544/00, NStZ 2001, 380.
2 BGH v. 7.6.1994 – 5 StR 272/94, BGHR AO § 370 Abs. 1 Konkurrenzen 12 = wistra 1994, 268.
3 Für das ErtragsteuerR BGH v. 3.11.1989 – 3 StR 245/89, BGHR AO § 370 Abs. 1 Konkurrenzen 7 = wistra 1990, 58.
4 BGH v. 23.3.1994 – 5 StR 91/94, BGHSt 40, 109 = UR 1994, 365 m. Anm. *Weiss* = NJW 1994, 2302 = NStZ 1994, 397; BGH v. 22.5.2003 – 5 StR 520/02, NJW 2003, 2924.
5 BGH v. 22.5.2003 – 5 StR 520/02, wistra 2003, 344 = NJW 2003, 2924.
6 BGH v. 8.2.2011 – 1 StR 24/10, NJW 2011, 1616 m.w.Nw.

richtet wurde, ist, wenn weder am Wohnsitz des Strohmanngeschäftsführers noch am vermeintlichen Geschäftssitz der Gesellschaft eine Geschäftsausstattung vorhanden ist[1].

56 Die Gefahren *rückdatierter Verträge, Scheinrechnungen* und *unvollständiger Prospekte* zeigen sich anschaulich im **Fall Cinerenta**.

Die Geschäftsführer dieses Unternehmens haben *Produktionsverträge rückdatiert* und Scheinrechnungen veranlasst, um die zeitliche Anwendbarkeit des § 2b EStG zu vermeiden. Diese im Jahr 1999 neu eingeführte Regelung sieht vor, dass negative Einkünfte aus modellhaft gestalteten Beteiligungen, bei denen die Erzielung eines Steuervorteils im Vordergrund steht, nicht mit Gewinnen aus anderen Einkunftsquellen verrechnet werden dürfen. Diese Vorschrift findet keine Anwendung, wenn vor dem 5.3.1999 mit der Herstellung der Filme begonnen wurde. Um diese steuerlichen Folgen zu vermeiden, wurden Verträge falsch datiert. Nach Verurteilung der ehemaligen Geschäftsführer durch das LG München I[2] verneint die Finanzverwaltung u.a. wegen fehlender Gewinnerzielungsabsicht nachträglich bei den Cinerenta-Fonds alle Verlustzuweisungen, weshalb den Anlegern Steuernachzahlungen in dreistelliger Millionenhöhe drohen. Dazu haben sie Versäumniszinsen in Höhe von 6 % pro Jahr, beginnend 15 Monate nach Ablauf des Kalenderjahres, in dem die Steuer entstanden ist, zu bezahlen.

Darüber hinaus sind die Anleger dadurch geschädigt, dass die Cinerenta Medienfonds II und III durch den Versicherer New England International Surety Inc (NEIS) mit Sitz in Panama vertreten wurden. Vor dieser Versicherung hatten bereits 1997 sowohl das (damalige) Bundesaufsichtsamt für Versicherungen als auch die amerikanische Börsenaufsichtsbehörde (United States Securities and Exchange Commission/SEC) als *Scheinversicherungsgesellschaft* bzw. als Beteiligte in einem Schneeballsystem gewarnt. Ferner war im Prospekt, den der Mittelverwendungskontrolleur, eine Wirtschaftsprüfungsgesellschaft, geprüft und für gut befunden hatte, kein entsprechender Hinweis enthalten (vgl. zu Scheinversicherung § 28 Rz. 12).

Die Cinerenta-Anleger wurden – entgegen der Rechtsprechung des BGH[3] – auch nicht darüber aufgeklärt, dass die in den Verkaufsprospekten aufgelisteten Fondsnebenkosten („Weichkosten") in Wirklichkeit zweckwidrig als Vermittlungsprovisionen verwendet wurden („Innenprovisionen"), was ein weiteres Täuschungselement darstellt (vgl. § 28 Rz. 13 ff., [19, 24]). Ferner enthielt der Prospekt keine Hinweise dazu, dass verflochtenen Unternehmen besondere Vermittlungsprovisionen gewährt wurden[4].

57 **c) § 42 AO**[5] dient dazu, Steuerausfälle durch *missbräuchliche Steuerumgehungen* zu verhindern. Ein **Missbrauch** liegt nach § 42 Abs. 2 S. 1 AO vor, wenn eine *unangemessene rechtliche Gestaltung* gewählt wird, die beim Steuerpflichtigen oder einem Dritten im Vergleich zu einer angemessenen Gestaltung zu einem gesetzlich nicht vorgesehenen Steuervorteil führt. Eine Definition der Unangemessenheit ist im Gesetz jedoch nicht enthalten. Argumente für die Unangemessenheit können dem AEAO zu § 42 – Missbrauch von rechtlichen Gestaltungsmöglichkeiten – entnommen werden.

---

1 BGH v. 5.5.2004 – 5 StR 548/03, BGHSt 49, 136 = wistra 2004, 309.
2 LG München v. 29.9.2009 – 6 KLs 323 Js 30919/04.
3 BGH v. 29.5.2008 – III ZR 59/07, DB 2008, 1675; BGH v. 6.11.2008 – III ZR 290/07, III ZR 81/07, III ZR 82/07, III ZR 231/07, NJW-RR 2009, 329; BGH v. 12.2.2009 – III ZR 90/08, NJW-RR 2009, 613, (BGH, Teilurt. v. 12.2.2008 – III ZR 119/08); BGH v. 23.7.2009 – III ZR 306/07, III ZR 323/07 und III ZR 2/08.
4 BGH v. 29.5.2008 – III ZR 59/07, MDR 2008, 913.
5 Zul. geänd. mit JahressteuerG 2008 v. 20.12.2007, BStBl. I 2008, 3150; zur Entwicklung vgl. *Wienbreake*, DB 2008, 664.

Auf der **Rechtsfolgenseite** hat sich nichts geändert: Beim *Missbrauch von Gestaltungsmöglichkeiten* des Rechts sollen die steuerlichen Folgen so eintreten, wie dies bei einer den wirtschaftlichen Vorgängen und dem erstrebten Ziel *angemessenen rechtlichen Gestaltung* geschehen wäre. Für die Anwendung von § 42 AO kommen nur solche Gestaltungen in Betracht, die ernsthaft gemeint und ggf. auch wirksam durchgeführt worden sind. Scheingeschäfte und Scheinhandlungen sind steuerlich nach § 41 Abs. 2 S. 1 AO unerheblich. Ein durch sie verdecktes Rechtsgeschäft ist für die Besteuerung maßgebend[1]. § 42 S. 2 AO ordnet an, dass anstelle der tatsächlichen missbräuchlichen Gestaltung eine fiktive, also nicht tatsächliche, angemessene Gestaltung der Besteuerung zugrunde zu legen ist.

58

Eine **Steuerhinterziehung** stellt der Missbrauch von Gestaltungsmöglichkeiten dann dar, wenn hierzu den Behörden über steuerlich erhebliche Tatsachen *unrichtige oder unvollständige Angaben* gemacht oder die Behörden pflichtwidrig über steuerlich erhebliche Tatsachen in Unkenntnis gelassen und dadurch Steuereinnahmen verkürzt worden sind (§ 370 Abs. 1 AO).

59

d) Vor allem bei Künstlern und Sportlern kommt es immer wieder vor, dass diese angeblich ihren Wohnort ins niedrig besteuernde Ausland verlegen und ihren Lebensmittelpunkt in Deutschland scheinbar aufgeben, in Wirklichkeit aber im Ausland nur einen **Scheinwohnsitz begründen**. Nach § 1 Abs. 1 S. 1 EStG hängt die unbeschränkte Einkommensteuerpflicht von einem Wohnsitz oder gewöhnlichen Aufenthalt im Inland ab; Personen, die im Ausland leben, sind gem. § 1 Abs. 4 EStG nur dann beschränkt einkommensteuerpflichtig, wenn sie inländische Einkünfte i.S. des § 49 EStG beziehen. Werden über die tatsächlichen Lebensverhältnisse unrichtige Angaben gemacht und wird deshalb eine Besteuerung im Inland unterlassen, führt dies zu Steuerhinterziehungen. Einige Prominente mussten deshalb in den letzten Jahren die schmerzhafte Erfahrung von Bewährungsstrafen machen.

60

III. Umgehungsgeschäfte

Schrifttum: *Kemper,* Umsatzsteuerkarusselle [...] – Die Durchsetzung des strafrechtlichen Schutzes der Gemeinschaftsinteressen bei der grenzüberschreitenden Umsatzsteuerkriminalität, NStZ 2006, 593; *Lührs,* Subventionen, Subventionsvergabepraxis und Strafverfolgung, wistra 1999, 89; *Nippoldt,* Die Strafbarkeit von Umgehungshandlungen, dargestellt am Beispiel der Erschleichung von Agrarsubventionen, Diss. Gießen 1974; *Ranft,* Die Rechtsprechung zum sog. Subventionsbetrug [...], NJW 1986, 3163; *Säcker,* Gesetzliche und satzungsmäßige Grenzen für Spenden und Sponsoringmaßnahmen in der Kapitalgesellschaft, BB 2009, 282; *Sieker,* Umgehungsgeschäfte, 2001; *Tiedemann,* Der Strafschutz der Finanzinteressen der Europäischen Gemeinschaft, NJW 1990, 2226; außerdem Nachweise vor Rz. 1.

---

1 Vgl. dazu *Kluge,* StuW 1976, 102 ff.

1. Allgemeines

61 Ein Rechtsgeschäft darf und kann die mit ihm beabsichtigte Wirkung nicht entfalten, wenn es sich als **objektive Umgehung zwingender Rechtsnormen** darstellt[1]. Das ist der Fall, wenn der Zweck einer zwingenden Rechtsnorm dadurch vereitelt wird, dass andere rechtliche Gestaltungsmöglichkeiten missbräuchlich, d.h. ohne einen im Gefüge der einschlägigen Rechtsnorm sachlich rechtfertigenden Grund, verwendet werden. Bei der Umgehung ist nicht nur ein bestimmter Weg zum Ziel, sondern das Ziel selbst verboten. Dabei kommt es nicht auf eine Umgehungsabsicht oder eine bewusste Missachtung der zwingenden Rechtsnormen an; entscheidend ist die *objektive Funktionswidrigkeit* des Rechtsgeschäfts. Unwirksam ist deshalb auch ein Geschäft, das einen verbotenen Erfolg durch Verwendung von rechtlichen Gestaltungsmöglichkeiten zu erreichen sucht, die scheinbar nicht von einer Verbotsnorm erfasst werden.

62 Die **Besonderheit der Umgehungsgeschäfte** besteht darin, dass eine Lücke im Gesetz oder jedenfalls eine schlechte Formulierung der gesetzlichen Regelung *im Einklang mit ihrem Wortlaut*, aber *entgegen ihrem Sinn* ausgenutzt wird. Der Fehler liegt hier also beim Gesetz- bzw. Verordnungsgeber, von dessen Technik es daher auch abhängt, wie viele Umgehungsfälle tatsächlich auftreten[2].

Im Hinblick auf den Satz „Kein Verbrechen ohne Gesetz" (Art. 103 GG), der keine Durchbrechungen aus Gerechtigkeitserwägungen gestattet und somit zur Rechtssicherheit beiträgt, ist problematisch, wie faktische Umgehungshandlungen und rechtliche Umgehungsgeschäfte strafrechtlich erfasst werden können. Nach h.M. können sie nur geahndet werden, soweit das infrage stehende Verhalten noch mit den Mitteln *zulässiger Auslegung* unter den Straftatbestand *subsumiert* werden kann[3].

2. Strafrechtliche Behandlung

63 Wie bereits die Schein- und Strohgeschäfte, erfüllt auch das „Umgehungsgeschäft" keinen eigenständigen Straftatbestand, sondern ist nur ein Element für eine **Strafbarkeit nach anderen Vorschriften**. Anschaulich für die Problematik ist folgender *Fall*:

Beispiel: Zur Umgehung der bei VW zuständigen Kommission für die Vergütung von Betriebsratsvergütungen wurden der für die Gehaltsabrechnung zuständigen Stelle unberechtigt **Sonderboni vorgespiegelt** und auch ausgezahlt. Diese dienten jedoch nicht ihrem Zweck entsprechend dazu, außergewöhnliche Leistungen einzelner Mitarbeiter, die nicht mit der persönlichen Leistungskomponente des normalen Bonus honoriert werden konn-

---

1 Dazu allg. *Armbrüster* in MüKo, 6. Aufl. 2012, § 134 BGB Rz. 41; *Ellenberger* in Palandt, § 134 BGB Rz. 6 ff.; *Tiedemann*, WiStrafR AT, Rz. 137 ff.
2 *Tiedemann*, NJW 1990, 2226.
3 *Dannecker* in LK, § 1 StGB Rz. 165; BGH v. 27.1.1982 – 3 StR 217/81, NStZ 1982, 206; OLG Frankfurt v. 26.3.1982 – 1 Ss 588/81, JZ 1982, 477; *Rudolphi* in SK, § 1 StGB Rz. 23; *Schmitz* in MüKo, § 1 StGB Rz. 59; *Eser/Hecker* in S/S, § 1 StGB Rz. 54; *Tiedemann*, WiStrafR AT, Rz. 145; *Stöckel*, Gesetzesumgehung, 98 ff.

ten, mit einer besonderen Vergütung zu versehen, sondern die Boni sollten bewirken, dass dauerhaft ein höheres Gehalt gezahlt wird[1]. Im Ergebnis bleibt eine Verurteilung wegen Beihilfe zur Untreue[2].

Instruktiv ist auch folgende Konstellation im Bereich der **Energiewirtschaft**: 64

Energieversorgungsunternehmen haben bei Spenden im kommunalen Bereich § 3 Abs. 1 und 2 KAV (Konzessionsabgabenverordnung)[3] zu beachten, wonach die unentgeltliche oder zu einem Vorzugspreis erfolgende Gewährung von Finanz- und Sachleistungen an die Konzessionsgemeinden zusätzlich zur Zahlung der Konzessionsabgabe verboten ist[4]. Kostensenkungen sind grundsätzlich an die Energiekunden in Form günstigerer Preise weiterzugeben. Unentgeltliche Zuwendungen an die Konzessionsgemeinden sind vom Gesetz nicht vorgesehen.

Ein *unzulässiges Umgehungsgeschäft*[5] liegt vor, wenn die Gemeinde bei der Vergabe der vom Energieunternehmen erhaltenen Mittel an Dritte die Empfänger und die verfolgten Ziele bestimmen kann und ihr dadurch die Bereitstellung eigener Mittel zur Förderung dieser Ziele erspart bleibt[6]. Der Vorstand des Energieunternehmens verletzt durch solche Absprachen zugleich seine Pflichten aus §§ 76, 93 AktG.

Im Rahmen der **Außenwirtschaft** ist häufig die Konstellation anzutreffen, dass 65 das *Embargo des Sicherheitsrats* der Vereinten Nationen durch Einschaltung anderer Firmen in Nicht-Embargo-Staaten umgangen wird. Solche Umgehungsgeschäfte können Straftaten nach dem Außenwirtschaftsgesetz (§ 62 Rz. 1 ff.) sein, ggf. auch mit der Folge, dass in Höhe der gesamten Kaufpreisforderung der Verfall von Wertersatz angeordnet wird[7].

Bei **Subventionsgewährungen** kommt es ebenfalls oft zu Umgehungsgeschäften[8]. Wegen weiterer Einzelheiten wird auf § 52 Rz. 11 verwiesen. 66

So stellt die Europäische Kommission in ihrem Bericht vom 17.7.2014[9] bei etwa 0,2 % der EU-Ausgaben im Jahr 2013 einen Betrug fest und fordert, dass auf nationaler Ebene mehr getan werden müsse. Diskutiert wird unter anderem die Einführung eines Europäi-

---

1 LG Braunschweig v. 22.2.2008 – 6 KLs 20/07 – Volckert-Urteil, juris.
2 BGH v. 17.9.2009 – 5 StR 521/08, BGHSt 54, 148 = NJW 2010, 92.
3 BGBl. I 1992, 12, 407; zul. geänd. durch Art. 3 Abs. 4 der VO v. 1.11.2006, BGBl. I 2477.
4 Regierungsbegründung, BR-Drs. 686/91, S. 18; ebenso *Feuerborn/Riechmann*, 1994, § 3 KAV Rz. 12; *Scholtka*, Das KonzessionsabgabenR in der Elektrizitäts- und Gaswirtschaft, 1999, S. 211 f; *Morell*, Konzessionsverträge und Konzessionsabgaben, 3. Aufl. 1993, S. 110 ff.; *Immesberger*, Das Recht der Konzessionsabgaben, Bd. 2, 1998, § 3 Rz. 6; *Kühne/Beddies*, Die Neuordnung des KonzessionsabgabenR, RdE 1992, 132 (136).
5 *Ellenberger* in Palandt, § 134 BGB Rz. 6 ff.; *Armbrüster* in MüKo, 6. Aufl. 2012, § 134 BGB Rz. 41; *Säcker*, Gesetzliche und satzungsmäßige Grenzen für Spenden und Sponsoringmaßnahmen in der Kapitalgesellschaft, BB 2009, 282; BGH v. 23.9.1982 – VII ZR 183/80, BGHZ 85, 39 = NJW 1983, 109.
6 *Scholtka*, KonzessionsabgabenR, S. 215 ff.; *Säcker*, BB 2009, 282.
7 BGH v. 21.8.2002 – 1 StR 115/02, BGHSt 47, 369 = wistra 2002, 422.
8 *Lührs*, Subventionen, Subventionsvergabepraxis und Strafverfolgung, wistra 1999, 89.
9 Bericht der Kommission an das Europ. Parl. und den Rat, Schutz der finanziellen Interessen der EU – Betrugsbekämpfung Jahresbericht 2013.

67 Im **Insolvenzstrafrecht** setzt das *Anerkennen erdichteter Rechte* nach § 283 Abs. 1 Nr. 4 StGB ein Zusammenwirken des Täters (Schuldners) mit dem Scheingläubiger voraus; es besteht in der Erklärung des Schuldners (Täters), dass ihm gegenüber ein Recht dieses Scheingläubigers bestehe (näher § 83 Rz. 35 ff.). Ein solches Anerkennen kann vorliegen, wenn zwecks späterer Erlangung von Insolvenzgeld[1] Umgehungsgeschäfte getätigt werden.

Nach § 283 Abs. 1 Nr. 8 StGB ist das sonstiges Verringern des Vermögensstandes und Verheimlichen oder Verschleiern der geschäftlichen Verhältnisse in einer den *Anforderungen einer ordnungsgemäßen Wirtschaft* grob widersprechenden Weise unter Strafe gestellt (vgl. § 83 Rz. 73 ff., § 86 Rz. 41 ff.). Mit diesem selbständigen Rechtsinstrument können nach anderen Rechtsnormen nicht ausdrücklich erfasste Umgehungsgeschäfte bestraft werden; dabei bewirkt die Strafbarkeit und Rechtswidrigkeit nach Nr. 8 über § 134 BGB zugleich die zivilrechtliche Nichtigkeit des Geschäftes[2]. Der Maßstab der *groben Wirtschaftswidrigkeit* schafft damit die Möglichkeit, Missbrauchsfälle als strafrechtlich relevant und darüber hinaus auch außerstrafrechtlich als unwirksam zu qualifizieren[3].

68 Besonders häufig finden sich Umgehungsgeschäfte im **Steuerrecht.** Eine steuerrechtliche Umgehung liegt nach der Rechtsprechung des *BFH* vor, wenn eine Gestaltung gewählt wird, die – gemessen an dem erstrebten Ziel – unangemessen ist, der Steuerminderung dienen soll und durch wirtschaftliche oder sonst beachtliche nichtsteuerliche Gründe nicht zu rechtfertigen ist[4]. Der BGH geht davon aus, dass eine Steuerhinterziehung durch Steuerumgehung möglich ist, weil eine ausreichende Konkretisierung durch die finanzgerichtliche Rechtsprechung vorliege. Dies gilt auch, soweit sich eine Hinterziehung von Einkommensteuer und Gewerbesteuer nur bei Annahme einer Steuerumgehung durch Gewinnverlagerung auf eine sog. Basisgesellschaft in einer „Steueroase" des niedrig besteuernden Auslands ergibt[5].

C. Insbesondere Briefkastenfirmen

Schrifttum: *Dressler,* Gewinn- und Vermögensverlagerungen in Niedrigsteuerländer und ihre steuerliche Überprüfung, 4. Aufl. 2007; *Götzenberger,* Diskrete Geldanlagen, Steueroptimale Vermögensplanung. Grenzüberschreitendes Vermögensmanagement 5. Aufl. 2007; *Löwe-Krahl,* Steuerhinterziehung bei Bankgeschäften – Zur Strafbarkeit von Bankangestellten bei illegalen Bankgeschäften, 2. Aufl 2000; *Merten,* Steueroasen 2010, Hand-

---

1 *Tiedemann* in LK, § 283 StGB Rz. 85; *Tiedemann,* WiStrafR BT, Rz. 428; *Gerloff* in Bittmann, InsolvenzstrafR, § 26 Rz. 56.
2 *Tiedemann* in LK, § 283 StGB Rz. 155.
3 *Tiedemann* in LK, § 283 StGB Rz. 165; *Hanau/Kappus,* ZIP 1988, 890.
4 BFH v. 31.7.1984 – IX R 3/79, BB 1985, 715; BGH v. 25.7.1990 – 3 StR 172/90, BGHSt 37, 145 = NJW 1991, 114.
5 BGH v. 27.1.1982 – 3 StR 217/81, NStZ 1982, 206 = wistra 1982, 108 (110) m. Anm. *Jobski.*

buch für flexible Steuerzahler; *Roth, Das Ende der Briefkastengründung? Vale contra Centros,* ZIP 2012, 1744; *Schmidt,* Rechts- und Geschäftsbeziehungen zu Domizilgesellschaften, IStR 1999, 39; *Teufel/Wassermann,* Domizilgesellschaft und Benennungsverlangen nach § 160 AO (Beispiel Schweiz), IStR 2003, 112.

a) Sog. Briefkastenfirmen **ohne** tatsächlichen **eigenen Geschäftsbetrieb** sind zwar geeignet, für alle möglichen wirtschaftskriminellen Aktivitäten gute Dienste zu leisten, insbesondere, wenn sie ihren Sitz im Ausland haben (Rz. 86 f.). Der Schwerpunkt liegt jedoch seit langem im *Steuerrecht:* Die Errichtung von Briefkastenfirmen in einem niedrig besteuernden Land (Steueroase, Steuerparadies, tax-haven) ist eine verbreitet angewandte Vorgehensweise zur illegalen Steuerersparung. 69

Die OECD hatte 1998 den Bericht „Harmful Tax Competition: An Emerging Global Issue" veröffentlicht[1], wonach Steueroasen definiert werden als Staaten mit keiner oder einer niedrigen Effektivbesteuerung, die darüber hinaus einen effektiven Informationsaustausch verweigern, bei denen mangelnde Transparenz die Steuervermeidung begünstigt und in deren Staat keine substanzielle Aktivität des Steuerpflichtigen stattfindet[2].

Im Kampf gegen die internationale Steuerhinterziehung hat die **OECD** zum 4.4.2009 eine *Schwarze Liste* der Steuerparadiese veröffentlicht, die den OECD Standard verweigern, und eine *Graue Liste* der Länder, die versprochen haben, den OECD Standard umzusetzen, dies aber noch nicht getan hatten[3] (u.a. Schweiz, Österreich, Monaco). Diese Listen haben allgemeine Aufmerksamkeit erregt. Fünf Tage nach der Veröffentlichung sicherten Costa Rica, Uruguay, Malaysia und die Philippinen der OECD zu, sich künftig an internationale Standards zu halten. Mehrere Länder, darunter Belgien, Monaco, Österreich und die Schweiz, haben sich durch den Abschluss von Doppelbesteuerungsabkommen und Änderung des Bankgeheimnisses erfolgreich bemüht, aus dieser „Schwarzen Liste" gestrichen zu werden. Sie wurden, da sie sich dem internationalen Steuerstandard verpflichtet und diesen weitgehend umgesetzt haben, in die sog. *Weiße Liste* aufgenommen. So wurde auch Liechtenstein nach dem Abschluss von 14 Steuerinformationsabkommen von der OECD auf die weiße Liste gesetzt. Die Kanalinseln Jersey, Guernsey und die Isle of Man, die zwar sehr niedrige Steuersätze erheben, entsprechen aufgrund verschiedener Vertragsabschlüsse aber nunmehr ebenfalls den internationalen Standards. Die *Schwarze Liste* ist inzwischen geschlossen. 69a

Seit Mitte 2013 können über die „Offshore Leaks Database" online hunderttausende Datensätze zu Treuhandgesellschaften und Firmen aus rd. 170 Ländern abgerufen werden, die in Steuerparadiesen tätig sind. Das „Internationale Konsortium für Investigativen Journalismus" (ICIJ) möchte mit dieser Initia- 69b

---

1 OECD, IStR 2000, 739.
2 *Frotscher,* Int. SteuerR, 3. Aufl. 2009, § 1 Rz. 14.
3 http://www.oecd.org/ctp/42497950.pdf; *Eiermann,* „OECD: Liste der „unkooperativen" Steueroasen", IStR-LB, 2002, 1; vgl. *Eiermann,* „Seminar F: Steueroasen", IStR 2010, 561.

tive die Diskretion um Steueroasen aufbrechen[1]. In Deutschland hat u.a. die Süddeutsche Zeitung die umfangreichen Datensätze ausgewertet und publiziert[2].

70 In Deutschland wurde das erst am 1.8.2009 in Kraft getretenen **Steuerhinterziehungsbekämpfungsgesetz**[3] und die dazu am 25.9.2009 erlassene *Steuerhinterziehungsbekämpfungsverordnung* (SteuerHBekV) für nicht anwendbar erklärt, weil aus Sicht des BMF derzeit kein Land als schädliche Steueroase einstuft wird[4].

71 Dies bedeutet letztlich, dass **Länder** der sog. **Grauen Liste**, vor allem Staaten in der Karibik, in Mittel- und Südamerika, Asien und Afrika, weiterhin der Steuerflucht dienen können. Aus diesem Grund bieten Anwaltskanzleien und Dienstleister über das Internet weiterhin die Gründung von Firmen in Steueroasen und Off-shore-Zentren mit vollem Geschäfts- und Büro-Service an[5].

72 Die **Steuerumgehung** mithilfe einer ungewöhnlichen Gestaltung i.S. von **§ 42 AO**[6] (Missbrauch von Gestaltungsmöglichkeiten) durch Einschaltung einer Basisgesellschaft ist als solche nicht strafbar[7]. Die Errichtung einer Basisgesellschaft im Ausland kann verschiedene betriebswirtschaftliche Gründe haben[8]. Ein *Missbrauch* ist aber dann anzunehmen, wenn für eine Rechtsgestaltung außerhalb des Steuerrechts liegende (außersteuerliche) Gründe, wie wirtschaftliche oder sonst beachtliche Motive, nicht erkennbar sind, keine eigene wirtschaftliche Tätigkeit entfaltet wird und die Absicht, Steuern zu umgehen, Anlass oder zumindest mitbestimmend war[9].

73 Nach einer grundlegenden Entscheidung des BFH[10] sind folgende Indizien erforderlich, um von einer tatsächlichen **wirtschaftlichen Betätigung** *einer Basisgesellschaft* ausgehen zu können: eigene Geschäftsräume mit der erforderlichen Ausstattung, Personal, Telekommunikationsausstattung und Ausübung einer tatsächlichen Geschäftstätigkeit. Wenn die Basisgesellschaft dagegen weder über eigene Geschäftsräume noch über tatsächliche Geschäftstätigkeit in ihrem Sitzland verfügt, handelt es sich steuerlich um eine Briefkastengesell-

---

1 www.icij.org/offshore/icij-releases-offshore-leaks-database-revealing-names-behind-secret-companies-trusts; Meldung beck-aktuell Redaktion v. 17.6.2013 (becklink 1027064).
2 U.a. veröffentlicht über www.sueddeutsche.de/thema/offshoreleaks.
3 V. 29.7.2009, BGBl. I S. 2302.
4 BMF v. 5.1.2010 – IV B 2 – S. 1315/08/10001-09, BStBl. I 2010, 19.
5 http://www.csr-corporation.com/de/index.html.
6 *Fischer* in H/H/Sp, § 42 AO Abschn. Basisgesellschaften; vgl. BFH v. 29.10.1981 – I R 89/80, FR 1982, 101 = DB 1982, 679; BFH v. 1.2.1983 – VIII R 30/80, FR 1983, 362 = wistra 1983, 202; BFH v. 13.11.1991 – II R 7/88, BStBl. II 1992, 202 = NJW 1992, 2111.
7 BFH v. 1.2.1983 – VIII R 30/80, BStBl. II 1983, 534 = FR 1983, 362.
8 *Großfeld*, Basisgesellschaften im int. SteuerR, 1974, 3.
9 *Ratschow* in Klein, 12. Aufl. 2014, § 42 AO Rz. 45 ff. m.w.Nw.; BFH v. 9.12.1980 – VIII R 11/77, BStBl. II 1981, 339 = FR 1981, 286.
10 BFH v. 20.3.2002 – I R 63/99, IStR 2002, 568 (569); *Jacobs*, Int. Unternehmensbesteuerung, 7. Aufl. 2011.

schaft. Eine steuerlich unbeachtliche Scheingestaltung[1] i.S. von § 41 Abs. 2 AO liegt vor, wenn die Auslandsgesellschaft lediglich als sog. Fakturierungsgesellschaft[2] errichtet wird, die als funktionsloses Rechtsgebilde nur auf Briefköpfen besteht und nur als Empfänger für Gewinnverlagerungen gedacht ist. Hier handelt es sich um eine für den Tatbestand der *Steuerhinterziehung* relevante Scheingesellschaft. Insgesamt bedarf es nach der Rechtsprechung des BFH jedoch besonderer detaillierter Feststellungen, um die Annahme eines Scheinsitzes zu rechtfertigen[3].

Befindet sich die „**Geschäftliche Oberleitung**" einer Auslandsgesellschaft *im Inland*, so tritt gem. § 10 AO, § 1 KStG die deutsche Steuerpflicht ein[4]. Eine solche geschäftliche Oberleitung liegt vor, wenn folgende *Indizien* gegeben sind: beherrschender Einfluss durch den Inländer; ständige Eingriffe in die tägliche Unternehmenspolitik mit Weisungen, Richtlinien, Vorgabe von Formularen, Bestimmung der Geschäftsmethoden durch Inländer. Ebenso verhält es sich, wenn fortgesetzt *gewichtige Entscheidungen* im Inland getroffen werden, wie Anwerbung und Auswahl von Vertretern, Bearbeitung von Reklamationen, Entscheidung über Stornierungen u.a. Werden die steuerlichen *Pflichten der Auslandsgesellschaft* im Inland nicht erfüllt oder werden über steuerlich erheblichen Tatsachen, die die Auslandsgesellschaft betreffen, unrichtige oder unvollständige Angaben gegenüber der Finanzverwaltung gemacht und kommt es hierdurch zur unrichtigen oder unterbliebenen Festsetzung von Steuern, dann liegt eine *Steuerhinterziehung* vor. 74

b) Gewinnverlagerungen finden unter folgenden Vorgehensweisen statt: 75

– Die Briefkastenfirma im Off-shore-Gebiet kauft angeblich *Patente*. Die deutsche Gesellschaft zahlt an die Briefkastenfirma für die Verwertung der Patente zum Schein Gebühren, welche als Betriebsausgaben den Gewinn mindern.

– In die Basisgesellschaft werden *gewerbliche Schutzrechte* (Marken, Warenzeichen, Patente u.a.) eingebracht, für deren Nutzung die Gesellschaft (überhöhte) Lizenzgebühren an Dritte, an andere ausländische Konzernunternehmen oder an das Mutterunternehmen berechnet.

– Die Briefkastenfirma im Off-shore-Center verkauft an die deutsche Firma *Grundstücke* zu überhöhten Preisen oder verheimlicht Einkünfte aus Vermietung und Verpachtung.

Weitere Beispiele: 76

– Wareneinkäufe bei der Briefkastenfirma mittels Überfakturierung;
– Nichtweitergabe von Mengenrabatten, Skonti oder Boni;
– Aufnahme von Darlehen[5] bei der Briefkastenfirma;
– Vereinbarung und Zahlung überhöhter Zinssätze an die Briefkastenfirma;

---

1 *Kruse* in Tipke/Kruse, § 41 AO Rz. 65 ff., 3 ff.
2 BFH v. 16.1.1976 – III R 92/74, BStBl. II 1976, 401 = NJW 1976, 1232.
3 BFH v. 27.6.1996 – V R 51/93, BStBl. II 1996, 620; BFH v. 4.2.2003 – V B 81/02, BFH/NV 2003, 670.
4 *Birk* in H/H/Sp, § 10 AO Rz. 6, 9; vgl. BFH v. 17.7.1968 – I 121/64 – BStBl. II 1968, 695 (grundlegend); BFH v. 26.5.1970 – II 29/65, BStBl. II 1970, 759; BFH v. 16.1.1976 – III R 92/74, BStBl. II 1976, 401; BFH v. 1.12.1982 – I R 43/79, BStBl. II 1985, 2 = FR 1984, 293; BFH v. 23.6.1992 – IX R 182/87, GmbHR 1993, 184.
5 Vgl. BGH v. 25.7.1990 – 3 StR 172/90, wistra 1991, 22.

- Rückdatierung von Darlehensverträgen mit rückwirkender Zinsleistung;
- Zinszahlung auf ein angebliches Bankkonto der Briefkastenfirma im Ausland, in Wirklichkeit Abfluss der Geldbeträge auf das Privatkonto im Steueroasenland;
- aufgrund von fingierten Lizenzvereinbarungen Zahlung überhöhter Vergütungen an die Briefkastenfirma;
- Miet- und Leasingverträge durch fingierte Verkäufe von Teilen des Betriebsvermögens;
- Einschaltung von ausländischen Briefkastenfirmen in inländische Grundstücksgeschäfte.

77 c) Insbesondere Kapitalanlagefirmen und Banken haben in den vergangenen Jahren in Niedrigsteuerländern ihre Dienste bei der **Verschleierung der Einkünfte aus Kapitalvermögen** angeboten[1].

So wurde der Transfer von Geld in ein Off-shore-Center über das interne Konto einer Bank in Deutschland dergestalt abgewickelt, das die Bezeichnung „Tafelgeschäft Nr. xxx" gewählt, die Bank als Auftraggeber genannt und eine Referenznummer vergeben wurde. Nur über die gesondert verwahrte Referenznummer konnte die Bank den Kunden identifizieren. Bis 2009 wurden Gelder auch direkt in Deutschland zum Transfer in das Ausland abgeholt. Der Bankkunde versteuerte in Deutschland keine Zinseinkünfte, weshalb Vergehen der Einkommensteuerhinterziehung des Steuerpflichtigen und bei den Bankmitarbeitern – abhängig von deren Kenntnis – Beihilfedelikte vorlagen[2] (vgl. § 30 Rz. 1, 7, 13 ff).

78 Eine Entschärfung der Probleme mit Steueroasenländern bei der Erfassung und Besteuerung von Kapitaleinkünften hat sich auf *EU-Ebene* mit der **EG-Zinsertragsteuerrichtlinie** ergeben, die am 1.7.2005 in Kraft getreten ist[3]. Damit ist dem Kampf gegen die grenzüberschreitende Steuerflucht ein großer Durchbruch gelungen, jedoch konnte die Richtlinie leicht – z.B. durch Zwischenschaltung juristischer Personen – umgangen werden[4], sodass am 24.3.2014 beim Ministertreffen eine verschärfte Zinsrichtlinie einstimmig formell beschlossen wurde. Dadurch wird der Geltungsbereich der Richtlinie erheblich erweitert auf zinsähnliche Produkte (z.B. neue Arten von Spareinkommen, Einkünfte aus Investmentfonds und Lebensversicherungen) sowie auf juristische Personen (inkl. Stiftungen und Trusts).

79 Die Zinsertragssteuerrichtlinie regelt u.a. den **automatischen Auskunftsaustausch** *über die Zinserträge* von EU-Bürgern, der sicherstellt, dass Kapitalanleger Steuern zahlen, auch wenn sie im Ausland Kapitalerträge erzielen. Das BZSt hält auf seiner Homepage eine pdf-Datei vor, aus der sich ergibt, welche EU- und Drittstaaten am Informationsaustausch teilnehmen oder eine Quellensteuer erheben[5].

---

1 Vgl. beispielhaft *Carl/Klos*, Schwarzgeldtransfer nach Luxemburg, wistra 1994, 211.
2 LG Wuppertal v. 19.5.1999 – 26 Kls 28 Js 472/98 – 29/98 VI, wistra 1999, 473; BGH v. 1.8.2000 – 5 StR 624/99, wistra 2000, 340.
3 RL 2003/48/EG des Rates v. 3.6.2003 im Bereich der Besteuerung von Zinserträgen, ABl. EU Nr. L 157 v. 26.6.2003.
4 Bericht der EU-Kommission v. 15.9.2008 (sec[2008]2420).
5 www.bzst.de/DE/Steuern_International/EU_Zinsrichtlinie/Merkblaetter/Laenderaufstellung.html.

Die jeweils zuständige Behörde des Quellenstaates übermittelt der zuständigen Behörde des Wohnsitzstaates die gesammelten Informationen. Dies tut sie mindestens einmal jährlich, und zwar binnen sechs Monaten nach dem Ende des Steuerjahres.

Österreich, Belgien und Luxemburg weigerten sich zunächst mit Verweis auf Steueroasen wie Andorra, Monaco, Liechtenstein, Schweiz und San Marino dem Austausch beizutreten. Ihnen wurde zugestanden, während eines *Übergangszeitraums* nicht verpflichtet zu sein, automatisch Auskünfte über Zinserträge zu übermitteln. Stattdessen erfolgte ein *Quellensteuerabzug* auf die Zinseinkünfte der Anleger mit steuerlichem Wohnsitz in anderen Mitgliedstaaten verbunden mit einer Aufteilung der Einnahmen (sog. „revenue sharing"). Nachdem die EU-Kommission in entsprechenden Verhandlungen von den nicht EU-Mitgliedsstaaten hinreichende Zusicherungen erhalten hat, dass diese im Hinblick auf Zinserträge in Zukunft ihr Bankgeheimnis aufgeben werden, trat zunächst Belgien zum 1.1.2010 dem Informationsaustausch bei, Luxemburg wird zum 1.1.2015 diesem beitreten. Im Rahmen der Verschärfung der Zinsrichtlinie hat Österreich ebenfalls angekündigt, dem automatischen Informationsaustausch beizutreten. 80

In **Deutschland** wurde die Zinsertragsteuerrichtlinie (Rz. 79) bereits mit dem Steueränderungsgesetz 2003 in nationales Recht umgesetzt. Die Einzelheiten enthält die **Zinsinformationsverordnung (ZIV)**, die auf der Rechtsgrundlage des § 45e EStG erlassen wurde[1]. Sie wurde seither durch zwei weitere Verordnungen ergänzt[2]. 81

Bei dem *automatischen Auskunftsaustausch* teilt die Zahlstelle – § 4 ZIV – (z.B. die Bank) der zuständigen Behörde – § 5 ZIV – im Quellenstaat folgende Informationen mit: Identität und Wohnung des wirtschaftlichen Eigentümers, Namen und Anschrift der Zahlstelle, Kontonummer des wirtschaftlichen Eigentümers, Gesamtbetrag der Zinsen oder Erträge.

Mit **Drittstaaten** haben die EU und ihre Mitgliedstaaten einerseits und altbekannte Oasen-Länder andererseits in jüngerer Zeit *entsprechende Abkommen* geschlossen. Die gegenseitigen Verträge zur Zinsbesteuerung zwischen der *Schweiz* und der EU sind am 1.7.2005 in Kraft getreten. 82

Auch mit den *assoziierten Gebieten* hat die EU Abkommen zum automatischen Auskunftsaustausch oder zur Einführung des Quellensteuerabzugs geschlossen. Dazu gehören die Kanalinseln Guernsey, Isle of Man und Jersey, die Karibische Territorien Anguilla, British Virgin Islands, Cayman Islands, Montserrat sowie die Turks and Caicos Islands, Aruba und die Niederländischen Antillen.

Allerdings gewähren **andere Drittstaaten**, wie z.B. *Panama* (seit 1903) Steuerbefreiung für In- und Ausländer auf außerhalb Panamas erzielte Einnahmen sowie auf Einnahmen aus innerstaatlichen Bankzinsen. Da es Rechtshilfeabkommen mit der EU nicht gibt, ist mit Verlagerung in dieses Land sowie in Länder mit ähnlichen steuerlichen Gegebenheiten zu rechnen, sodass insofern weiterhin Anreize für Steuerhinterziehungsdelikte vorliegen werden. 83

---

1 VO zur Umsetzung der RL 2003/48/EG des Rates v. 3.6.2003 im Bereich der Besteuerung von Zinserträgen („Zinsinformationsverordnung") v. 26.1.2004, BGBl. I 128 = BStBl. I 2004, 297.
2 1. VO zur Änderung der ZinsinformationsVO v. 22.6.2005, BStBl. I 803, in Kraft seit 1.7.2005; 2. VO v. 5.11.2007, BStBl. I 822; dazu Anwendungsschreiben zur ZinsinformationsVO – ZIV –, BMF v. 11.1.2008 – IV C 1 - S 2402-a/0 (2008/0010476).

84 **d)** Häufig werden Briefkastengesellschaften auch zur Begehung **anderer Straftaten** verwendet. Wenige Beispiele sollen dies veranschaulichen:

Beispiele: Wer mithilfe von Briefkastenfirmen die Möglichkeit nutzt, Sprachplattformen hinter *Mehrwertnummern* schalten zu lassen, um an den Gebühren, die den Anschlussinhabern bei Anruf dieser Nummern berechnet werden, beteiligt zu werden, sodann Personen falsche Gewinnbenachrichtigungen zusendet und diese dadurch veranlasst, die kostenträchtigen Mehrwertrufnummer anzurufen, macht sich des *Betrugs* schuldig[1].

Über 2800 Kapitalanleger wurden Opfer des *Anlagebetrugs* einer Firma, die sich mit der Vermittlung von Kontrakten im Warentermingeschäft und im Finanztermingeschäft an verschiedenen US-Börsen befasste. Da Gewinne und Kundengelder durch Verluste aufgebraucht waren, wurden zur Vertuschung der Verluste Abrechnungen fingiert. Anlegergelder wurden im Rahmen eines Schneeballsystems als Rendite ausbezahlt. Die „Finanzinnovationen" wurden unter Zwischenschaltung von US-Briefkastenfirmen über einen angeblichen Fonds im Ausland abgewickelt[2].

85 Ferner sind **Fälle** von Untreue (durch Gewinnverlagerung in das Ausland), Schmiergeldzahlungen und Korruption[3], illegaler Beschäftigung (bei einer portugiesischen Briefkastenfirma angestellte Arbeitnehmer erlangten auf diesem Weg E-101-[heute A-1-]Bescheinigungen)[4], Geldwäsche[5], Betrug und Kursbetrug[6], insbesondere betrügerischer Verkauf von Gesellschaftsanteilen, Versicherungen, Krediten oder Immobilien bekannt.

---

1 LG Offenburg v. 9.2.2009 – 2 KLs 16 Js 674/03 2 AK 1/08, juris.
2 BFH v. 28.10.2008 – VIII R 36/04, DStR 2008, 2305.
3 *Diefenbacher*, Sitzgesellschaften als logistisches Instrument der int. Korruption, in Pieth/Eigen, Korruption im Int. Geschäftsverkehr, 1999, 157.
4 BGH v. 24.10.2006 – 1 StR 44/06, NStZ 2007, 218.
5 *Bräuning*, Ökonomie der Geldwäsche, 2009; *Bongard*, Wirtschaftsfaktor Geldwäsche, Analyse und Bekämpfung, 2001, 239, 243; *Harnischmacher*, Int. Geldwäsche, Kriminalistik 2002.
6 LG Berlin v. 8.3.2005 – (505) 3 Wi Js 82/04 (11/04), 505 - 11/04, wistra 2005, 277.

3. Teil
Pflichtverstöße beim Betrieb des Unternehmens

1. Kapitel
Geschäftsleitung und Personalwesen

§ 30
Strafrechtliche Einstandspflichten
Bearbeiter: Wolfgang Schmid/Johannes Fridrich

	Rz.
A. Handeln im Unternehmen	1
I. Überblick über die Haftungsformen	6
1. Tatherrschaft durch Organisationsmacht	8
2. Konstellationen der Teilnahme	13
3. Weitere Zurechnungsregeln	18
II. Haftung bei Gremienentscheidungen	
1. Gesamtverantwortung der Geschäftsleitung	25
2. Entscheidungsvorgang	32
3. Aufsichtsgremien	46
III. Betriebsbeauftragte	49
B. Faktischer Geschäftsführer	56
I. Tatbestandliche Voraussetzungen	57
II. Anwendungsfälle	66
III. Subjektiver Tatbestand	70
C. Organ- und Vertreterhaftung	74
I. Anwendungsbereich	76
II. Fallgruppen der Vertretung	
1. Organe juristischer Personen	86
2. Vertreter rechtsfähiger Personengesellschaften	92
3. Gesetzliche Vertreter	96
4. Handeln als Vertreter	98

	Rz.
III. Fallgruppen der Beauftragung	
1. Leitung eines Betriebes	102
2. Sonstige Beauftragte	107
D. Garantenstellungen im Betrieb	
I. Strafrechtliche Haftungsbegründung	112
II. Überwachung von Gefahrenquellen	
1. Eigener sächlicher Herrschaftsbereich	116
2. Rechtswidriges Handeln weisungsgebundener Dritter	117
3. Eigenes gefährdendes Tun	121
III. Verteidigung von Rechtsgütern	122
E. Verletzung der Aufsichtspflicht	125
I. Täter	135
II. Tathandlung	141
1. Personalbezogene Aufsichtspflichten	145
2. Betriebsmittelbezogene Aufsichtspflichten	149
3. Organisationsbezogene Pflichten	150
III. Zuwiderhandlung gegen betriebliche Pflichten	154
IV. Ursächlicher Zusammenhang und Verschulden	159
V. Sanktion und Verjährung	162

A. Handeln im Unternehmen

Schrifttum: Monografien: *Alexander*, Die strafrechtliche Verantwortlichkeit für die Wahrung der Verkehrssicherungspflichten in Unternehmen, 2005; *Amelung* (Hrsg.), Individuelle Verantwortung und Beteiligungsverhältnisse bei Straftaten in bürokratischen Organisationen, 2000; *Bahnmüller*, Strafrechtliche Unternehmensverantwortlichkeit im europäischen Gemeinschafts- und Unionsrecht, 2004; *Bosch*, Organisationsverschulden im Unternehmen, 2002; *Büning*, Die strafrechtliche Verantwortung faktischer Geschäftsführer einer GmbH, 2004; *Gross*, Die strafrechtliche Verantwortlichkeit faktischer Vertretungsorgane bei Kapitalgesellschaften, 2007; *Große Vorholt*, Wirtschaftsstrafrecht – Risiken – Verteidigung – Prävention, 3. Aufl. 2013; *Hanft*, Strafrechtliche Probleme im Zusammenhang mit der Ein-Mann-GmbH, 2006; *Heine*, Die strafrechtliche Verantwortlichkeit von Unternehmen, 1995; *Harzenetter*, Innenhaftung des Vorstands der Aktiengesellschaft für so genannte nützliche Pflichtverletzungen: Illegales Verhalten von Vorstandsmitgliedern, 2008; *Hauschka*, Corporate Compliance, Handbuch der Haftungsvermeidung im Unternehmen, 2. Aufl. 2010; *Hilgers*, Verantwortlichkeit von Führungskräften in Unternehmen für Handlungen ihrer Mitarbeiter, 2000; *Huff*, Die Freizeichnung von strafrechtlicher Verantwortlichkeit durch Pflichtdelegation im Unternehmen – ein deutsch-französischer Vergleich, Diss. Tübingen, 2008; *Kaufmann, An.*, Möglichkeiten der sanktionsrechtlichen Erfassung von (Sonder-)Pflichtverletzungen im Unternehmen, 2003; *Knauer*, Die Kollegialentscheidungen im Strafrecht, 2001; *Krekeler/ Werner*, Unternehmer und Strafrecht, 2006; *Kutzner*, Die Rechtsfigur des Täters hinter dem Täter und der Typus der mittelbaren Täterschaft, 2004; *Mittelsdorf*, Unternehmensstrafrecht im Kontext, 2007; *Schaal*, Strafrechtliche Verantwortlichkeit bei Gremienentscheidungen in Unternehmen, 2001; *Schall*, Umwelt- und Unternehmensstrafrecht: Zur strafrechtlichen Verantwortlichkeit für Umweltverletzungen in Betrieben und Unternehmen, 2008; *Schlösser*, Soziale Tatherrschaft. Ein Beitrag zur Frage der Täterschaft in organisatorischen Machtapparaten, 2004; *Schünemann*, Unternehmenskriminalität und Strafrecht, 1979; *Schürmann*, Aufsichtspflichtverletzungen im Spannungsfeld zwischen dem Strafrecht und dem Zivilrecht, 2005; *Urban*, Mittelbare Täterschaft kraft Organisationsherrschaft, 2004; *Wecker/Laak*, Compliance in der Unternehmerpraxis, 2008; *Zech*, Untreue durch Aufsichtsratsmitglieder einer Aktiengesellschaft, 2006.

Aufsätze: *Bergmoser/Theusinger/Gushurst*, Corporate Compliance – Grundlagen und Umsetzung, BB Beilage 2008, Nr. 5, 1 ff.; *Brammsen*, Vorstandsuntreue – Aktienrechtliche Unternehmensführung auf dem Prüfstand des § 266 StGB, wistra 2009, 85; *Fleischer*, Zum Grundsatz der Gesamtverantwortung im Aktienrecht, NZG 2003, 449; *Hartmann*, Sonderregeln für die Beihilfe durch „neutrales" Verhalten, ZStW 116 (2004), 585; *Fleischer*, Zur GmbH-rechtlichen Verantwortlichkeit des faktischen Geschäftsführers, GmbHR 2011, 337; *Hefendehl*, Tatherrschaft in Unternehmen vor kriminologischer Perspektive, GA 2004, 575; *Henze*, Leitungsverantwortung des Vorstands – Überwachungspflicht des Aufsichtsrats, BB 2000, 209; *Krause*, Strafrechtliche Haftung des Aufsichtsrates, NStZ 2011, 57; *Langkeit*, Garantenpflicht der Mitglieder des Holding-Vorstands auf Unterbindung von Straftaten der Geschäftsführer von Tochtergesellschaften?, in FS Otto, 2007, S. 649; *Pieth*, Risikomanagement und Strafrecht – Organisationsversagen als Voraussetzung der Unternehmenshaftung, in Sutter-Somm, Festgabe zum schweizerischen Juristentag, 2004, S. 597; *Rabe von Kühlewein*, Strafrechtliche Haftung bei vorsätzlichen Straftaten anderer, JZ 2002, 1139; *Rengier*, Zum Täterkreis und zum Sonder- und Allgemeindelikscharakter der „Betreiberdelikte" im Umweltstrafrecht, in FS Kohlmann, 2003, S. 225; *Rissing-van Saan*, Für betrügerische oder andere kriminelle Zwecke errichtete oder ausgenutzte Unternehmen: rechtliche Handlungseinheiten sui generis?, in FS Tiedemann, 2008, S. 391; *Rotsch*, Mittelbare Täterschaft bei unternehmerischer Tätigkeit, JR 2004, 248; *Rotsch*, Neues zur Organisationsherrschaft, NStZ 2005, 13; *Schall*, Grund und Grenzen der strafrechtlichen Geschäftsherrenhaftung, in FS Rudolphi, 2004, S. 267; *Schneider*, Neutrale Handlungen: Ein Oxymoron im Strafrecht? – Zu den Grenzlinien der Beihilfe, NStZ 2004, 312; *Schünemann*, Strafrechtsdogmatische und kriminalpolitische Grundfragen der Unternehmenskriminalität, wistra 1982, 41 ff.; *Schünemann*,

Die Rechtsfigur des „Täters hinter dem Täter" und das Prinzip der Tatherrschaftsstufen, in FS Friedrich-Christian Schroeder, 2006, S. 401; *Theile/Petermann*, Die Sanktionierung von Unternehmen nach dem OWiG, JuS 2011, 496; *Tiedemann*, Die strafrechtliche Vertreter- und Unternehmenshaftung, NJW 1986, 1842; *Warneke*, Die Garantenstellung von Compliance-Beauftragten, NStZ 2010, 312; *Wohlers*, Hilfeleistung und erlaubtes Risiko – zur Einschränkung der Strafbarkeit gemäß § 27 StGB, NStZ 2000, 169; *Wybitul*, Strafrechtliche Verpflichtung von Compliance-Beauftragten, BB 2009, 2263; *Wybitul*, Strafbarkeitsrisiken für Compliance-Verantwortliche, BB 2009, 2590.

Eine große Anzahl von Wirtschaftsstraftaten wird von **Führungskräften**[1] **und Mitarbeitern** der am Wirtschaftsverkehr teilnehmenden Unternehmen begangen. Beispiele hierfür sind Bankmitarbeiter, die Beihilfe zu Steuerhinterziehungen von Kunden der Bank leisten[2], Vorstände, die sich durch illegale Preisabsprachen einen Vorteil ergattern, Geschäftsführer von Unternehmen, die Steuerhinterziehungen durch unzulässige Betriebsausgaben begehen[3]; dazu kommen Bilanzfälschungen[4] (dazu § 26, § 40 Rz. 33 ff., Korruption[5] (näher

1

---

1 *Schünemann*, Unternehmenskriminalität, 5; vgl. zum Ganzen *Achenbach* in A/R, I 3 „Zurechnung unternehmensbezogenen Handelns"; *Hellmann/Beckemper*, WiStrafR, §§ 15, 16.
2 LG Wuppertal v. 19.5.1999 – 26 Kls 28 Js 472/98 – 29/98 VI, wistra 1999, 472 m. Anm. *Behr*, EWiR § 27 StGB1/2000, 353 m. Anm. *Marxen/Karitzky*; BGH v. 1.8.2000 – 5 StR 624/99 (LG Wuppertal), wistra 2000, 340; BVerfG v. 23.3.1994 – 2 BvR 396/94, wistra 1994, 221; LG Bochum v. 15.3.1999 – KLs 35 Js 409/98, NJW 2000, 1430: Ein Bankangestellter, der einen Kunden über Möglichkeiten eines Wertpapiertransfers ins Ausland berät und den anonymisierten Transfer technisch abwickelt, begeht eine Beihilfehandlung zur Einkommensteuerhinterziehung durch den Kunden; *Löwe-Krahl*, Steuerhinterziehung bei Bankgeschäften – Zur Strafbarkeit von Bankangestellten bei illegalen Bankgeschäften, 2. Aufl. 2000; FG Düsseldorf v. 10.2.2009 – 8 V 2459/08 A (H), EFG 2009, 716.
3 BGH v. 26.1.1990 – 3 StR 472/89, HFR 1990, 520; *Randt*, Schmiergeldzahlungen bei Auslandssachverhalten, BB 2000, 1006; *Dörn*, Zu den Voraussetzungen für die Anerkennung von Zahlungen an ausländische Empfänger als Betriebsausgabe, BuW 2001, 280; *Dreßler*, Gewinn- und Vermögensverlagerungen in Niedrigsteuerländer und ihre steuerliche Überprüfung, 4. Aufl. 2007, 106.
4 Fall Ceyoniq: Um Banken über die wahre Lage des weltweit operierenden Unternehmens zu täuschen, wurden in drei Jahresabschlüsse Luftrechnungen über tatsächlich nicht erbrachte Leistungen eingearbeitet; Euro Waste: in die Bilanzen der Entsorgungsfirmengruppe Euro Waste Service wurden zur Kaschierung von Verlusten Luftrechnungen eingebucht; zu EM.TV vgl. BGH v. 16.12.2004 – 1 StR 420/03, BGHSt 49, 381; Phenomedia: Die Bilanz enthielt nicht existente Forderungen in Höhe von ca. 10 Mio. Euro.
5 *Hetzer*, Korruption als Betriebsmodus?, Kriminalistik 2008, 284; zur Korruption bei der Vergabe vgl. *Schäfer/Sterner* in Motzke/Pietzcker/Prieß, VOB Teil A, 2001, Systematische Darstellung VII VergabeR und StrafR A IV, 1 Vergabemanipulationen durch Korruption, m.w.Nw.; zur Korruption im geschäftlichen Verkehr vgl. LG Darmstadt v. 14.5.2007 – 712 Js 5213/04 – 9 KLs 2, CCZ 2008, 37; BGH v. 29.8.2008 – 2 StR 587/07, NStZ 2009, 95 ff.; hierzu *Satzger*, „Schwarze Kassen" zwischen Untreue und Korruption – Eine Besprechung des BGH-Urteils ... (Siemens), NStZ 2009, 297.

§ 53), Umweltdelikte[1] (dazu § 54), Sozialversicherungsdelikte (dazu §§ 37, 38), Lenkzeitüberschreitungen[2] (§ 71 Rz. 18 ff.) oder mangelhafte Überwachung von Fahrzeugen, selbst im öffentlichen Nahverkehr.

2 Damit hat es das moderne Strafrecht zunehmend mit **Straftaten** zu tun, die **aus einem Kollektiv** heraus begangen werden[3]. Diese Bedrohungspotenziale sind so groß, dass sie allein durch einen zivilrechtlichen Haftungsausgleich im Schadensfall nicht mehr beherrscht werden können, geschweige denn, dass von den zivilrechtlichen Sanktionsmechanismen noch eine abschreckende Wirkung gegen die (potenziellen) Verletzer ausgehen kann[4]. Aufbauend auf den Forschungen des amerikanischen Kriminologen *Sutherland* zum „Corporate Crime"[5] hat sich die Erkenntnis von der Existenz einer „*Verbandskriminalität*" durchgesetzt[6].

3 Die *kriminogene Wirkung* der **Verbandseingliederung**[7] beruht auf verschiedenen Ursachen: dem großen Abstand zwischen entscheidenden und ausführenden Personen, ferner der Art der Rechtsgutverletzungen in Form von Gefährdungstatbeständen. Dieses Problem wird mit dem Begriff „*Rechtsgutferne*" umschrieben. Als weitere Ursache kommen Gewinnmaximierung, Gewinnabführungsverträge an Konzernmütter, aber auch die Abhängigkeit der Arbeitnehmer von ihrem Arbeitsplatz in Betracht. Die *Gefahr eines Arbeitsplatzverlustes*[8] kann wegen der damit einhergehenden schwerwiegenden Folgen im sozialen und persönlichen Bereich die Bereitschaft erhöhen, Straftaten zu begehen. Aber auch die Hoffnung auf eine *bessere soziale Stufe* im Unternehmen kann zur Begehung von Straftaten motivieren. Solcherart begangene Straftaten werden als „Handeln für das Unternehmen" umschrieben. Im Gegensatz hierzu stehen Taten von Mitarbeitern *gegen* ihr Unternehmen, wie Diebstahl, Untreue oder Geheimnisverrat. Die Grenzen sind – wie sich bei der Anlage schwarzer Kassen zu Korruptionszwecken zeigt – oft fließend.

4 **Arbeitsteilung** und **Informationskanalisierung** im modernen Unternehmen stellen weitere Ursachen der Unternehmenskriminalität dar. Häufig übersieht ein Mitarbeiter die Tragweite seiner Handlungen nicht mehr bzw. meint darauf

---

1 OLG Jena v. 2.11.2005 – 1 Ss 242/05, NStZ 2006, 534; *Rengier*, Zum Täterkreis und zum Sonder- und Allgemeindeliktscharakter der Betreiberdelikte im UmweltstrafR, in FS Kohlmann, 2003, S. 225; *Scheidler*, Umweltrechtliche Verantwortung im Betrieb, GewA 2008, 195.
2 Z.B. BAG v. 25.1.2001 – 8 AZR 465/00 – Verstoß gegen Vorschriften über Lenkzeiten, NJW 2001, 1962; LG Nürnberg-Fürth v. 8.2.2006 – 2 Ns 915 Js 144710/2003, NJW 2006, 1842; *Walther*, JZ 2005, 685; BayObLG v. 26.6.1996 – 3 ObOWi 58/96, NStZ-RR 1997, 20; LAG Hamm v. 5.7.2001 – 17 Sa 455/01, NZA-RR 2003, 436.
3 *Alexander*, Wahrung der Verkehrssicherungspflichten, 2005, 2; *Rotsch*, NStZ 1998, 491.
4 *Schürmann*, Aufsichtspflichtverletzungen, 2005, 13.
5 *Sutherland*, White Collar Crime, 2. Aufl. 1981, New York.
6 *Schünemann*, Unternehmenskriminalität, 13, 16; *Müller, Eckehardt*, Die Stellung der juristischen Person im OrdnungswidrigkeitenR, 1985, 4 ff.; *Göppinger*, Kriminologie, 6. Aufl. 2008, § 23 2.2; *Kaiser*, Kriminologie, 3. Aufl. 1996, § 92 Rz. 16 ff.
7 *Schünemann*, Unternehmenskriminalität, 18; *Müller, E.*, Jur. Person, 5.
8 Zum Ganzen *Schünemann*, Unternehmenskriminalität, 23.

vertrauen zu können, dass die eigene Handlung von übergeordneten Organen kontrolliert und im Hinblick auf ihre Gefährlichkeit geprüft werde, während sich ein zur Kontrolle aufgerufenes Organ darauf verlässt, entsprechende Hinweise auf Gefahren, Missstände oder erforderliche Anordnungen von nachgeordneten Stellen zu erhalten.

Die solchen Erscheinungen entgegenwirkende **unternehmensinterne Kontrolle** vermag offensichtlich Straftaten nicht zu vermeiden. Zivilrechtliche Schadensersatzprozesse und Strafverfahren aus den Bereichen Steuerhinterziehung, Produkthaftung, Untreue und Umweltschutz haben nach bisheriger Erfahrung das Problem der Verantwortlichkeit von Unternehmensmitarbeitern nicht bewusster gemacht. Inwieweit die Einrichtung von *Compliance-Abteilungen*[1], die auf die Einhaltung bestimmter gesetzlicher, branchenspezifischer und unternehmensinterner Gebote achten sollen, sowie die Umsetzung der *Corporate Governance*[2] als einem Ordnungsrahmen für die Leitung und Überwachung von Unternehmen Auswirkungen auf das Verhalten von Unternehmensangehörigen haben wird, bleibt zukünftiger Beobachtung überlassen.

I. Überblick über die Haftungsformen

Für die strafrechtliche Haftung in einem Unternehmen gelten primär die allgemeinen strafrechtlichen Formen der Tatzurechnung (oben § 19). Diese haben aber aufgrund der sozialen und organisatorischen Gegebenheiten in einem Unternehmen **spezifische Ausformungen** erfahren, die hier kurz schwerpunktartig darzustellen sind.

Wenn jemand eine tatbestandsmäßige, rechtswidrige und verschuldete Tat *selbst begeht*, d.h. sämtliche Tatbestandsmerkmale verwirklicht[3], ist ein – hier unproblematischer – Fall der **Täterschaft** (§ 25 Abs. 1 Alt. 1 StGB) gegeben. Begehen mehrere eine Straftat gemeinschaftlich, wird *jeder als Täter* (**Mittäter**) bestraft (§ 25 Abs. 2 StGB); dies spielt bei der arbeitsteiligen Organisation von Unternehmen eine zentrale Rolle. Bei Allgemeindelikten ist Mittäterschaft problemlos möglich; bei Sonderdelikten muss jeder der Mittäter die entsprechende Qualifikation (z.B. als GmbH-Geschäftsführer) haben (vgl. § 22 Rz. 8); andernfalls kommt nur *Teilnahme* in Betracht. Eine Sonderkonstellation im Rahmen der Täterschaft bildet der sog. *faktische Geschäftsführer*, der formal die Täterqualifikation nicht hat (dazu Rz. 56 ff.). Sonderfragen bestehen im Rahmen der Mittäterschaft bei *Gremienentscheidungen* (Rz. 25 ff.).

Bedeutsam ist die Rechtsfigur der **mittelbaren Täterschaft**. Diese liegt vor, wenn der Täter die Straftat *durch einen anderen* begehen lässt (§ 25 Abs. 1 Alt. 2 StGB); sich also der mittelbare Täter fremder Hände zur Begehung einer

---

1 *Bergmoser/Theusinger/Gushurst*, Corporate Compliance – Grundlagen und Umsetzung, BB Beilage 2008 Nr. 5, 1 ff.
2 Der deutsche Corporate Governance-Kodex wurde von der von der Bundesregierung eingesetzten „Regierungskommission Deutscher Corporate Governance-Kodex" im Jahr 2002 erarbeitet und mehrfach geändert; zur am 10.6.2013 im BAnz. bekannt gemachten Fassung vgl. www.corporate-governance-code.de.
3 Vgl. *Fischer*, § 25 StGB Rz. 3; *Schünemann* in LK, § 25 StGB Rz. 28.

eigenen Tat bedient und damit die für ihn handelnde Person *wie ein Werkzeug* benutzt. Hier tritt die Täterschaft kraft Organisationsmacht in Erscheinung (Rz. 8 ff.), bei der der „faktische Geschäftsführer" ebenfalls begegnet.

„Unterhalb" der Täterschaft ist vielfach eine **Teilnahme** an den Taten anderer Personen im Unternehmen (oder auch außerhalb) gegeben (Rz. 13 f.), während die Verletzung der *Aufsichtspflicht* als eigener Bußgeldtatbestand vertypt ist (Rz. 125 f.).

1. Tatherrschaft durch Organisationsmacht

Schrifttum: *Hefendehl*, Tatherrschaft in Unternehmen vor kriminologischer Perspektive, GA 2004, 575; *Hildenbeutel*, Die Strafbarkeit des Anordnenden als Täter hinter dem Täter unter besonderer Berücksichtigung der neueren Spruchpraxis des BGH, 2005; *Nack*, Mittelbare Täterschaft durch Ausnutzung regelhafter Abläufe, GA 2006, 342; *Rotsch*, Die Rechtsfigur des Täters hinter dem Täter bei der Begehung von Straftaten im Rahmen organisatorischer Machtapparate und ihre Übertragbarkeit auf wirtschaftliche Organisationsstrukturen, NStZ 1998, 491; *Rotsch*, Tatherrschaft kraft Organisationsherrschaft, ZStW 2000, 518; *Roxin*, Mittelbare Täterschaft kraft Organisationsherrschaft, NJW-Sonderheft für G. Schäfer 2002, 52; *Roxin*, Organisationsherrschaft und Tatentschlossenheit, in FS F.-Ch. Schroeder, 2006, S. 387; *Roxin*, Zur neuesten Diskussion über die Organisationsherrschaft, GA 2012, 395; *Roxin I.*, Täterschaft und Teilnahme in einem Wirtschaftsunternehmen. Täterschaft kraft Organisationsherrschaft?, in FS Wolter, 2013, S. 451; *Rübenstahl*, Die Übertragung der Grundsätze zur Tatherrschaft kraft Organisationsherrschaft auf Unternehmen durch den BGH, HRR-Strafrecht 2003, 210.

8 Im Rahmen der **mittelbaren Täterschaft** werden folgende *Fallgestaltungen* unterschieden:

– **Irrtumsherrschaft**, bei welcher der mittelbare Täter den Ausführenden täuscht und ihn so dazu bringt, eine tatbestandliche Handlung zu begehen. Diese liegt z.B. vor, wenn der Initiator eines betrügerischen Kapitalanlagesystems eine Vertriebsorganisation einschaltet und bei dem Vertrieb inhaltlich unrichtige Prospekte verwendet werden, ohne dass den Mitarbeitern dies bewusst ist (§§ 263, 25 Abs. 1 Alt. 2 StGB).

– **Nötigungsherrschaft;** hierbei zwingt der mittelbare Täter den Ausführenden zur Tatbegehung, z.B. eine Urkunde zu unterzeichnen.

– **Organisationsherrschaft**[1], wonach diejenigen als Täter in Betracht kommen, die als Verantwortliche innerhalb einer festen Organisationsstruktur bestimmte Rahmenbedingungen ausnutzen, die regelhafte Abläufe auslösen, welche ihrerseits zu der von ihnen erstrebten Tatbestandsverwirklichung führen, z.B. in der Politik, im Militär und auch in wirtschaftlichen Organisationen.

---

1 Grundlegend *Roxin*, GA 1963, 193; *Roxin*, Täterschaft und Tatherrschaft, 8. Aufl. 2006; ihm folgend z.B. *Kühl*, StGB AT, § 20 Rz. 73, 73a; *Joecks* in MüKo, § 25 StGB Rz. 123 ff.; *Heine* in S/S, § 25 StGB Rz. 25a; vgl. ferner *Charchulla*, Die Figur der Organisationsherrschaft im Lichte des Beteiligungssystems, 2000; *Rotsch*, Tatherrschaft kraft Organisationsherrschaft, ZStW 112 (2000), 518; *Rübenstahl*, HRR-StrafR 2003, 210.

Während die beiden ersten Gestaltungen eher der allgemeinen Kriminalität zuzuordnen sind, auch wenn sie durchaus in Unternehmen vorkommen, ist die dritte Form – zwar nicht nur, aber doch in besonderem Maße – bei der Unternehmenskriminalität anzutreffen.

Eine „**Tatherrschaft durch Organisationsmacht**" hat der BGH zwar zunächst in einem Fall aus dem militärischen Bereich bejaht[1], aber schon dabei festgehalten, dass die gleichen Grundsätze auch für *unternehmerische Betätigungen* zutreffen[2]. Es handelt sich um eine Ausprägung der *Täterschaft kraft Tatherrschaft*[3], mit der die strafrechtliche *Verantwortlichkeit des Hintermannes* („Täter hinter dem Täter"[4]) erfasst wird. Sie trifft nicht nur bestellte Organe, sondern auch „faktische Geschäftsführer". Die Verantwortlichen eines Unternehmens können als *mittelbare Täter* bestraft werden, wenn sie die durch „Organisationsstrukturen bestimmten Rahmenbedingungen ausnutzen" und dies zur Tatbestandsverwirklichung durch den Vordermann führt. Voraussetzung ist, dass zwischen Organisationsspitze und unmittelbar Handelndem ein hinlänglich deutlicher räumlicher, zeitlicher und hierarchischer Abstand besteht[5]. Die Erfahrungen aus der Praxis belegen, dass sich immer wieder Mitarbeiter in ein System einspannen lassen, in welchem letztlich aufgrund wirtschaftlicher und damit unternehmerischer Betätigung Straftaten verübt werden. Die Gründe hierfür sind vielfältig; u.a. kommen Vertrauen in die Führung, Sicherheit des Arbeitsplatzes, hohe Entlohnung oder fehlender Überblick in Betracht.

9

Beispiele: Ein (faktischer) *Geschäftsführer* (dazu Rz. 56 ff.) hat die alleinige Entscheidungsgewalt in dem von ihm geführten Unternehmen. Im Rahmen des Alltagsgeschäfts werden von Angestellten trotz Zahlungsunfähigkeit Bestellungen getätigt. Die Strafbarkeit dieses Geschäftsführers wegen Lieferantenbetrugs (unten § 86) hängt nicht davon ab, ob die Angestellten gutgläubig sind oder die Zahlungsunfähigkeit ihrer Firma kennen. Übt er überragenden Einfluss auf den tatsächlichen Geschäftsablauf, auch auf die formelle Geschäftsführung aus, dann ist er bezüglich der betrügerischen Bestellungen als Täter kraft Tatherrschaft[6] strafrechtlich haftbar.

10

Die Organisationstätigkeit der *Geschäftsführer einer Firma für Warenterminhandel*[7], in der Telefonverkäufer bzw. „Loader" unter Täuschung Kunden zur Auftragserteilung und

---

1 BGH v. 26.7.1994 – 5 StR 98/94 – Mauerschützen, BGHSt 40, 218 (236) = NJW 1994, 2703; vgl. dazu *Roxin*, JZ 1995, 49; *Roxin* in FS Schroeder, 2006, S. 387; *Jakobs*, NStZ 1995, 26; *Ambos*, GA 1998, 226; *Hruschka*, ZStW 110 (1998), 606; *Rotsch*, Neues zur Organisationsherrschaft, NStZ 2005, 13.
2 BGH v. 26.7.1994 – 5 StR 98/94, BGHSt 40, 218 (237): „Auch das Problem der Verantwortlichkeit beim Betrieb wirtschaftlicher Unternehmen lässt sich so lösen"; vgl. hierzu *Nack*, Mittelbare Täterschaft durch Ausnutzung regelhafter Abläufe, GA 2006, 342; *Rissing-van Saan*, Für betrügerische und andere kriminelle Zwecke errichtete oder ausgenutzte Unternehmen: rechtliche Handlungseinheit sui generis?, in FS Tiedemann, 2008, S. 391; auch BGH v. 21.12.1995 – 5 StR 392/95, NStZ 1996, 296 (297); BGH v. 11.12.1997 – 4 StR 323/97, NJW 1998, 767 = wistra 1998, 148 m. Anm. *Park*, StV 1998, 417; im Ergebnis zust. *Hefendehl*, GA 2004, 575; krit. *Rotsch*, NStZ 1998, 491.
3 BGH v. 11.12.1997 – 4 StR 323/97, NJW 1998, 767.
4 *Schroeder*, Der Täter hinter dem Täter, 1965.
5 BGH v. 2.11.2007 – 2 StR 384/07, NStZ 2008, 2009.
6 BGH v. 11.12.1997 – 4 StR 323/97, BGHR StGB § 263 – Täterschaft 1.
7 BGH v. 21.12.1995 – 5 StR 392/95, NStZ 1996, 296.

zur Zahlung von Millionenbeträgen veranlassen, begründet Täterschaft kraft Tatherrschaft.

11 Ein *Unternehmer schult* zur betrügerischen Kapitalerlangung *freie Handelsvertreter*, damit diese Kleinanleger werben, um stille Beteiligungen mit Renditen von 3 % über dem üblichen Kapitalmarktzins zu zeichnen. Hier liegt eine mittelbare Täterschaft kraft Organisationsherrschaft vor, da durch die Schulungen das Verkaufsverhalten und die Art und Weise des Umgangs mit dem Kunden geprägt wird[1]. Dies gilt auch, wenn einer von drei Geschäftsführern einer GmbH die im Vertrieb der Kapitalanlagen tätigen Mitarbeiter in Schulungen über Einzelheiten der verschiedenen Vertragsvarianten, die Renditemöglichkeit, die Sicherheit der Anlage sowie die in den Verträgen enthaltene Haftpflichtversicherung u.a. unterweist[2].

Der *Vorstand eines Konzerns* installiert aufgrund seiner Leitungsmacht ein Cash-Management-System in den wesentlichen Grundsätzen, aufgrund dessen laufend existenzgefährdende Eingriffe zulasten der Tochtergesellschaften erfolgen[3]. Dies ist allen Vorstandmitgliedern auch bewusst. Da die maßgeblichen Entscheidungen im Vorstand getroffen oder dort jedenfalls zustimmend zur Kenntnis genommen werden, liegt die Annahme einer Untreue in mittelbarer Täterschaft kraft Organisationsherrschaft nahe[4]. Die gemeinsame (mittäterschaftliche) strafrechtliche Verantwortlichkeit der Mitglieder des Organs der Konzernmutter wird hierdurch begründet[5], ohne dass es darauf ankommt, ob sie von den einzelnen Kapitaltransfers Kenntnis erlangt haben.

12 Lassen die Geschäftsführer einer Altstoffaufbereitungsfirma als Sonderabfall zu entsorgende PCB-belastete Schlammfilterkuchen zur kostengünstigen Beseitigung illegal auf einer Hausmülldeponie entsorgen, so haben sie den Weg hierfür eröffnet und vorgezeichnet, dass die Abfälle entsorgt werden, und verwirklichen so die strafbare Abfallbeseitigung als mittelbare Täter[6].

Wer als Mitglied der Leitungsebene eines Unternehmens an dem Verkauf von verkehrsunfähigem Wein beteiligt ist, ist Mittäter in mittelbarer Täterschaft[7] (vgl. auch § 56 Rz. 20).

---

1 BGH v. 26.8.2003 – 5 StR 145/03NStZ 2004, 218, 633 (Anm.) vgl. auch BGH v. 20.9.2000 – 3 StR 88/00, wistra 2001, 57; BGH v. 30.3.2004 – 1 StR 99/04, wistra 2004, 264.
2 BGH v. 1.9.1998 – 1 StR 410/98, StV 2000, 196 = wistra 1999, 23.
3 BGH v. 13.5.2004 – 5 StR 73/03 – Bremer Vulkan, NJW 2004, 2248.
4 Vgl. BGH v. 26.7.1994 – 5 StR 98/94, NJW 1994, 2703 BGH v. 8.11.1999 – 5 StR 632/98, BGHSt 45, 270 (296 ff.) = NJW 2000, 443; BGH v. 26.8.2003 – 5 StR 145/03, NJW 2004, 375.
5 Vgl. BGH v. 6.7.1990 – 2 StR 549/89 – Lederspray, BGHSt 37, 106 (123 ff.) = NJW 1990, 2560 = NStZ 1990, 588; BGH v. 6.11.2002 – 5 StR 281/01, BGHSt 48, 77, 89 = NJW 2003, 522.
6 BGH v. 6.6.1997 – 2 StR 339/96, BGHSt 43, 219 = NStZ 1997, 544.
7 BGH v. 19.7.1995 – 2 StR 758/94 – Pieroth-Urteil, NJW 1995, 2933.

2. Konstellationen der Teilnahme

Ferner kommt eine strafrechtliche Haftung wegen **Anstiftung** (§ 26 StGB; § 19 Rz. 16) oder **Beihilfe** (§ 27 StGB; § 19 Rz. 18) zu den Straftaten des – mittelbaren – Täters oder Mittäters in Betracht. Insbesondere Verhaltensweisen, die nach außen hin als berufstypische *neutrale Handlungen* erscheinen, stellen in Fällen der Wirtschaftskriminalität eine strafbare Beihilfe dar, wenn der Hilfeleistende von den kriminellen Zielen des (Haupt-)Täters weiß[1].

Als **Fallgruppen**[2] haben sich herausgebildet:

- gewerbliche Verkäufe, durch die ein Tatmittel oder Tatwerkzeug zur Verfügung gestellt wird, z.B. Lieferungen an ein Unternehmen, mit denen Produkte hergestellt werden, die gegen Umweltvorschriften, das Weingesetz oder das Kriegswaffenkontrollgesetz verstoßen,
- gewerbliche oder freiberufliche Dienstleistungen für den Haupttäter, z.B. anwaltliche Beratung, Bereitstellen von Konten,
- Dienstleistungen durch Arbeitnehmer, z.B. Beihilfe zur Steuerhinterziehung durch *Bankmitarbeiter*,
- Dienstleistungen oder Güteraustausch unter Privaten, z.B. Aufträge, die als sog. *OR-Geschäfte* („Geschäfte ohne Rechnung") ausgeführt werden und den Zweck haben, Steuern und Sozialabgaben zu hinterziehen,
- Leistungen des Arbeitgebers, z.B. wenn *Gehaltszahlungen* an einen Arbeitnehmer durch Abschluss eines Scheinvertrages mit einem Dritten gezielt verschleiert werden[3] (bei regulären Gehaltszahlungen des Arbeitgebers handelt es sich dagegen um objektiv neutrale Handlungen[4], die keine Beihilfe zur (eventuellen) Einkommensteuerhinterziehung des Arbeitnehmers darstellen).

Soweit durch diese Handlungen die Wahrscheinlichkeit des Eintritts eines Erfolges der Haupttat erhöht wird, sind Kausalität und objektive Zurechenbarkeit gegeben; bei vorsätzlichem Handeln liegt deshalb strafbare Beihilfe vor.

Die **anwaltliche Tätigkeit** zugunsten eines Unternehmens, dessen Zweck in der betrügerischen Erlangung von Anlagegeldern besteht, *kann Beihilfe* darstellen, wenn der Anwalt hiervon Kenntnis hat[5]. Besteht die Beihilfe in *einer* Handlung, mit welcher *mehrere* Taten gefördert werden, liegt nur eine einheitliche Handlung vor[6].

---

1 BGH v. 13.4.1988, BGHR StGB § 27 Abs. 1 Hilfeleisten 3; vgl. *Fischer*, § 27 StGB Rz. 17; *Heine* in S/S, § 27 StGB Rz. 10a; *Schneider*, Neutrale Handlungen: Ein Oxymoron im StrafR?, NStZ 2004, 312.
2 *Hartmann*, Sonderregeln für die Beihilfe durch „neutrales" Verhalten, ZStW 116 (2004), 585 (602) m.w.Nw.; *Wohlleben*, Beihilfe durch äußerlich neutrale Handlungen, 1997, 34.
3 BGH v. 20.3.2002 – 5 StR 448/01 – Eintracht Frankfurt, NStZ 2002, 485 (Scheinvertrag zur Einkommensverschleierung).
4 BGH v. 1.8.2000 – 5 StR 624/99, BGHSt 46, 107.
5 BGH v. 20.9.1999 – 5 StR 729/98, NStZ 2000, 34; dazu *Wohlers*, Hilfeleistung und erlaubtes Risiko, NStZ 2000, 169.
6 BGH v. 11.12.1997 – 4 StR 323/97, wistra 2004, 417.

16 Die Bewertung des Verhaltens von Unternehmensmitarbeitern als „*professionelle Adäquanz*"[1] kann nicht zu einer generellen Straflosigkeit **berufstypischer Handlungsweisen** führen[2]. Vielmehr sind die *Grundsätze der Beihilfe* – in objektiver und subjektiver Hinsicht – im Einzelfall anzuwenden. Es ist also abzugrenzen, ob ein Mitarbeiter lediglich von einem generellen Risiko seines Verhaltens Kenntnis hat – dann keine Beihilfe –, oder ob er sein berufliches Verhalten dem von ihm angenommenen deliktischen Ziel des Haupttäters anpasst und damit bewusst unterstützt.

17 Weiß der Hilfeleistende nicht, wie der von ihm geleistete Beitrag vom Haupttäter verwendet wird, hält er es lediglich für *möglich*, dass sein Tun zur Begehung einer Straftat genutzt wird, so ist sein Handeln regelmäßig noch nicht als strafbare Beihilfehandlung zu beurteilen. Ist das von dem Hilfeleistenden erkannte **Risiko** eines **strafbaren Verhaltens** des von ihm Unterstützten jedoch so hoch, dass er sich „*die Förderung eines erkennbar tatgeneigten Täters angelegen sein lässt*", dann ist er wegen *Beihilfe* strafbar[3], weil die Voraussetzungen des bedingten Vorsatzes erfüllt sind. Weiß der Vorstand eines Unternehmens um das kriminelle Handeln von Mitarbeitern, so liegt bei jenem ebenfalls zumindest Beihilfe vor[4], wenn nicht ein täterschaftliches Handeln nach dem Grundsatz der Täterschaft kraft Tatherrschaft durch das Ausnutzen bestimmter selbst geschaffener Rahmenbedingungen anzunehmen ist.

3. Weitere Zurechnungsregeln

18 **a)** Wirken zwei oder mehrere Personen aus Gewinn- oder Machtstreben auf längere oder unbestimmte Zeit arbeitsteilig zur *planmäßigen Begehung von Straftaten* zusammen, die von erheblicher Bedeutung sind, und verwenden hierbei unternehmerische Strukturen, so kann von **organisierter Wirtschaftskriminalität** gesprochen werden[5]. Diese kann auch den Einsatz verdeckter Ermittlungen rechtfertigen[6] (vgl. auch § 9 Rz. 8). Nicht nur *Produktpiraterie* (§ 55 Rz. 12 f., 143) und *Medikamentenfälschung* (§ 56 Rz. 9 f.) sind ein Betätigungsfeld der organisierten Wirtschaftskriminalität[7], sondern auch *Firmenübernahmen* zwecks Ausplünderung oder „Bestattung" sowie der Vertrieb von sog. Schrott-

---

1 *Hassemer* „Professionelle Adäquanz – Bankentypisches Verhalten und Beihilfe zur Steuerhinterziehung", wistra 1995, 41 ff., 81 ff.; *Löwe-Krahl*, wistra 1995, 201; *Ransiek*, Pflichtwidrigkeit und Beihilfeunrecht, wistra 1997, 41 ff.
2 Vgl. *Fischer*, § 27 StGB Rz. 17 f.
3 BGH v. 1.8.2000 – 5 StR 624/99, wistra 2000, 340; zur a.A. vgl. *Krack*, JZ 2002, 613 ff.; *Rose*, wistra 2002, 13 ff.
4 Vgl. zum Bankenbereich BVerfG v. 23.3.1994 – 2 BvR 396/94, wistra 1994, 221.
5 Vgl. hierzu *Reich* in W/J, Kap. 5 Rz. 66 ff.; *Hetzer*, Organisierte Kriminalität und Wirtschaftskriminalität zwischen Quantität und Qualität, Die Kriminalpolizei 2008, 15.
6 LG Heilbronn v. 10.3.1984 – 1 Ns 476/83, NJW 1985, 874.
7 *Hetzer*, Markt und Mafia – Produktpiraterie und Organisierte Kriminalität, ZfZ 2002, 398; *Hetzer*, wistra 1999, 126.

immobilien gehören dazu, Fälle der Marktmanipulationen entgegen § 20a WpHG (§ 68 Rz. 14 ff.) ebenso wie Warenstoßbetrug[1].

Als weiteres *Beispiel* seien die **Umsatzsteuer-Karussellgeschäfte**[2] (engl. MTIC[3]; vgl. auch § 44 Rz. 193) genannt: 19

Der Grundstein für diese Variante des Umsatzsteuer-Betrugs wurde mit der Einführung des EU-Binnenmarktes zum 1.1.1993 und dem Wegfall der Zollgrenzkontrollen innerhalb der Gemeinschaft gelegt. Es wurde ein neues innergemeinschaftliches Kontrollverfahren geschaffen. Danach benötigt jeder Unternehmer eine Umsatzsteuer-Identifikationsnummer, mit der er seine umsatzsteuerliche Erfassung und damit seine umsatzsteuerliche Unternehmereigenschaft in einem oder mehreren EU-Mitgliedstaaten dokumentiert. Nicht einbezogen sind dabei allerdings Dienstleistungen, Lieferungen von Neufahrzeugen und der Versandhandel. Für die Durchführung der Umsatzsteuer-Karussellgeschäfte werden grenzüberschreitende Lieferketten eingerichtet. Häufig enden die Geschäfte in dem EU-Mitgliedstaat, in welchem sie begonnen haben. Die Unternehmen erhalten Vorsteuererstattungen, ohne dass die in der Kette entstandene Umsatzsteuer entrichtet wird.

Zum 1.7.2011 wurde in Deutschland für bestimmte Waren (Mobiltelefone, Prozessoren) der Vorsteuerabzug ausgesetzt und das Reverse-Charge-Verfahren (Erwerbsbesteuerung) ab einer Wertgrenze von 5 000 Euro eingeführt (§ 13b Abs. 2 Nr. 10 UStG). Um den Missbrauch durch Umsatzsteuerkarusselle weiter einzudämmen, wurden durch die 11. VO zur Änderung der Umsatzsteuer-Durchführungsverordnung (UStDV) die Beleg- und Buchnachweispflichten (§§ 17a und 74a UStDV) geändert. In Beförderungs- und Versendungsfällen ist nun eine Bestätigung über das (tatsächliche) Gelangen einer innergemeinschaftlichen Lieferung in einen anderen EU-Mitgliedstaat (sog. *Gelangensbestätigung*) erforderlich. Die Regelung gilt seit 1.10.2013; für bis zum 31.12.2013 ausgeführte Lieferungen gilt eine Übergangsregelung[4]. Ob dadurch eine Reduzierung der Umsatzsteuerkarusselle erreicht wird oder zu dem Umsatzsteuerbetrug bzgl. der Gelangensbestätigung ein Urkundsdelikt hinzutritt, bleibt abzuwarten.

b) In Gestalt der **Betreiberhaftung** kann sich eine strafrechtliche Haftung auch aus dem *unerlaubten Betreiben von Anlagen* ergeben[5]. Bei den §§ 325 Abs. 1, 2, 325a Abs. 1, 2, 328 Abs. 3 Nr. 1 StGB ist Voraussetzung ein Handeln „*beim Betrieb einer Anlage*" unter *grober Verletzung verwaltungsrechtlicher Pflichten*. In diesen Fällen kommen als Täter der Anlagenbetreiber und seine Vertre- 20

---

1 *Dincher/Wagner*, Organisierte Wirtschaftskriminalität, Kriminalistik 2002, 319; *Wagner*, Kriminalistik 1998, 664.
2 BGH v. 30.4.2009 – 1 StR 342/08 – Merkmale einer organisierten Kriminalität, BGHSt. 53, 311; BGH v. 11.7.2002 – 5 StR 516/01, BGHSt. 47, 343 = NJW 2002, 3036.
3 Missing Trader Intra-Community fraud.
4 Vgl. § 4 Nr. 1 Buchst. b, § 6a UStG i.V.m. dem Schreiben des BMF v. 16.9.2013 (www.bundesfinanzministerium.de/Content/DE/Downloads/BMF_Schreiben/Steuerarten/Umsatzsteuer/Umsatzsteuer-Anwendungserlass/2013-09-16-innergemeinschaftliche-lieferungen.html).
5 *Rengier*, Zum Täterkreis und zum Sonder- und Allgemeindeliktscharakter der „Betreiberdelikte" im UmweltstrafR, in FS Kohlmann, 2003, S. 225.

ter in Betracht, soweit die verletzte Rechtsvorschrift (§ 330d Nr. 4 Buchst. a StGB) oder der verletzte vollziehbare Verwaltungsakt (§ 330d Nr. 4 Buchst. c, d StGB) nur den Anlagenbetreiber verpflichtet. Nach § 327 Abs. 1 Nr. 1, Abs. 2 StGB macht sich strafbar, wer eine *Anlage ohne erforderliche Genehmigung* oder entgegen einer vollziehbaren Untersagung betreibt. Verstöße gegen diese Vorschriften können als Sonderdelikte nur von dem Anlagenbetreiber und seinen Vertretern begangen werden. Liegt jedoch ein Verstoß gegen Vorschriften vor, die für jedermann gelten, so können auch Arbeitnehmer des Betriebs oder außenstehende Dritte als Täter in Betracht kommen. Ebenso können, wenn im Fall des § 329 StGB – Gefährdung schutzbedürftiger Gebiete – gegen Vorschriften verstoßen wird, die von jedermann zu beachten sind, auch andere Personen Täter sein.

21 c) Die folgenden **weiteren Zurechnungsregeln**, die in Unternehmen von großer Bedeutung sind, werden nachfolgend näher behandelt:

– Haftung kraft eines *Vertretungs- oder Auftragsverhältnisses* zu dem Normadressaten steht (§ 14 StGB, § 9 OWiG; Rz. 74 f.);

– Haftung kraft einer – gesetzlich nicht ausdrücklich geregelten – *Garantenstellung* (Rz. 112 f.);

– Unterlassung von *Aufsichtsmaßnahmen* (§ 130 OWiG; Rz. 125 f.).

Eine Sonderstellung in diesem Gefüge nehmen die *Betriebsbeauftragten* ein, denen bestimmte Aufgaben unter Einräumung einer gewissen Unabhängigkeit und Eigenverantwortung übertragen sind (Rz. 49 ff.).

22 Von besonderer Bedeutung ist, dass gem. § 30 OWiG gegen juristische Personen und rechtsfähige Personenvereinigungen eine **"Verbandsgeldbuße"** verhängt werden kann (näher § 21 Rz. 94, § 23 Rz. 36 ff.).

23 Mit der „**Normentroika**"[1] der §§ 9, 30 und 130 OWiG soll eine möglichst *umfassende Bekämpfung* von Zuwiderhandlungen in Betrieben und Unternehmen erreicht werden. Damit wird verhindert, dass sich Unternehmer, juristische Personen oder Personenvereinigungen in sanktionsrechtlicher Hinsicht ihrer eigenen Verantwortung entziehen können. So kann der Verzicht auf das Direktionsrecht nicht zum Wegfall der Aufsichtspflichten führen[2]. Die drei Normen dienen der Zurechnung oder Zuordnung von Merkmalen und Verhaltensweisen beim Handeln oder Unterlassen auf unterschiedlichen Unternehmensebenen mit dem Ziel der *Haftungsausdehnung* zwecks Verhinderung des Leerlaufens von Verbots- oder Gebotsnormen.

24 Die Zurechnung wird auf drei **verschiedenen Unternehmensebenen** bewirkt:

– auf der Unternehmensebene im engeren Sinne, also der obersten Leitungsebene (Top-Ebene),

– auf der mittleren Führungsebene (Mittel-Ebene) und

– auf den unteren Organisationsstufen (untere Ebene, Bottom).

---

1 So *Többens*, NStZ 1999, 1.
2 *Gürtler* in Göhler, § 130 OWiG Rz. 15b.

Dabei erfolgt die Zurechnung sowohl von oben nach unten als auch umgekehrt, teilweise auch miteinander kombiniert[1].

II. Haftung bei Gremienentscheidungen

Schrifttum: *Alexander*, Die strafrechtliche Verantwortlichkeit für die Wahrung der Verkehrssicherungspflichten in Unternehmen, 2005; *Amelung* (Hrsg.), Individuelle Verantwortung und Beteiligungsverhältnisse bei Straftaten in bürokratischen Organisationen, 2000; *Böse*, Die gesellschaftsrechtlichen Regeln über die Geschäftsführung als Grenze von Garantenpflichten am Beispiel der strafrechtlichen Produkthaftung, wistra 2005, 41; *Deutscher/Körner*, Die strafrechtliche Verantwortung von Mitgliedern kollegialer Geschäftsleitungsorgane, wistra 1996, 292, 327; *Dröge*, Haftung für Gremienentscheidungen, 2008; *Fleischer*, Zur Verantwortlichkeit einzelner Vorstandsmitglieder bei Kollegialentscheidungen im Aktienrecht, BB 2004, 2645; *Fleischer*, Handbuch des Vorstandsrechts, 2006; *Kassebohm/Malorny*, Die strafrechtliche Verantwortung des Managements, BB 1994, 361, 368; *Knauer*, Die Kollegialentscheidungen im Strafrecht, 2001; *Neudecker*, Die strafrechtliche Verantwortlichkeit der Mitglieder von Kollegialorganen, 1995; *Peters*, Ressortverteilung zwischen GmbH-Geschäftsführern und ihre Folgen, GmbHR 2008, 682; *Schaal*, Strafrechtliche Verantwortlichkeit bei Gremienentscheidungen in Unternehmen, 2001; *Schilha*, Die Aufsichtsratstätigkeit in der Aktiengesellschaft im Spiegel strafrechtlicher Verantwortung, 2008; *Schmidt-Salzer*, Konkretisierungen der strafrechtlichen Produkt- und Umweltverantwortung, NJW 1996, 1; *Schneider*, Die Wahrnehmung öffentlich-rechtlicher Pflichten durch den Geschäftsführer. Zum Grundsatz der Gesamtverantwortung bei mehrköpfiger Geschäftsführung in der konzernfreien GmbH und im Konzern, in Lutter (Hrsg.), FS 100 Jahre GmbHG, 1992, S. 112, 473; *Vetter*, Die Verantwortung und Haftung des überstimmten Aufsichtsratsmitglieds, DB 2004, 2623; *Weißer*, Kausalitäts- und Täterschaftsprobleme bei der strafrechtlichen Würdigung pflichtwidriger Kollegialentscheidungen, 1996.

1. Gesamtverantwortung der Geschäftsleitung

Bei Vorständen und anderen Geschäftsführungsgremien gilt im Zivil-, Handels- und Gesellschaftsrecht sowie bei der Erfüllung öffentlich-rechtlicher Pflichten der Grundsatz der **Generalverantwortung und Allzuständigkeit**[2]. Die Gesamtverantwortung ergibt sich aus §§ 78 Abs. 2 S. 1, 82 Abs. 1 AktG, §§ 35 Abs. 2 S. 2, 37 Abs. 2 S. 1 GmbHG und § 25 Abs. 1 S. 1 GenG. Zwar besteht in größeren Unternehmen das Organ bzw. die Geschäftsführung aus mehreren Mitgliedern. Diese Möglichkeit der internen Geschäftsverteilung ist wegen der Komplexität der Aufgaben in einem Unternehmen betriebswirtschaftlich sinnvoll; der Grundsatz der Gesamtverantwortung wird hierdurch jedoch nicht aufgehoben, d.h. die Geschäftsverteilung führt nicht zu einer geteilten Verantwortung[3].

25

Bestärkt wird dieses Ergebnis durch mehrere wirtschaftsverwaltungsrechtliche Vorschriften, nach denen für bestimmte Aufgaben jeweils **Unternehmensverantwortliche** zu bestellen sind. Bei einer mehrköpfigen Geschäftsleitung bedeutet dies, dass ein einzelnes Mitglied für die Wahrnehmung bestimmter Aufgaben benannt werden muss, gleichwohl nach der gesetzlichen Regelung die

26

---

1 *Achenbach* in FS Stree/Wessels, 1993, S. 545.
2 *Schneider* in Scholz, § 43 GmbHG Rz. 35, 369.
3 *Altmeppen* in Roth/Altmeppen, § 43 GmbHG Rz. 21; *Peters*, GmbHR 2008, 682.

Gesamtverantwortung aller Organmitglieder oder vertretungsberechtigter Gesellschafter hiervon *unberührt* bleibt. Es handelt sich um folgende Fallgestaltungen:

- **BImSchG** (§ 54 Rz. 32 ff.): Besteht bei Kapitalgesellschaften das vertretungsberechtigte Organ aus mehreren Mitgliedern oder sind bei Personengesellschaften mehrere vertretungsberechtigte Gesellschafter vorhanden, so ist gem. § 52a Abs. 1 S. 1 BImSchG der zuständigen Behörde anzuzeigen, wer von ihnen für die Gesellschaft die Pflichten des *Betreibers* der genehmigungsbedürftigen Anlage wahrnimmt. Nach § 52a Abs. 1 S. 2 BImSchG bleibt die **Gesamtverantwortung** aller Organmitglieder oder Gesellschafter hiervon ausdrücklich unberührt.
- **KrWG** (§ 54 Rz. 50 ff.): Nach § 53 Abs. S. 1 KrWG ist unter denselben Bedingungen der zuständigen Behörde anzuzeigen, wer nach den Bestimmungen über die (interne) Geschäftsführungsbefugnis für die Gesellschaft die Pflichten des Betreibers einer genehmigungsbedürftigen Anlage i.S. des § 4 BImSchG oder des Besitzers i.S. des § 26 KrWG wahrnimmt, die ihm nach diesem Gesetz und nach den aufgrund dieses Gesetzes erlassenen Rechtsverordnungen obliegen. Nach § 53 Abs. S. 2 KrWG bleibt die **Gesamtverantwortung** aller Organmitglieder oder Gesellschafter hiervon unberührt, was bedeutet, dass die Gesamtverantwortung auch in diesem Fall nicht aufgehoben ist.
- **Strahlenschutzverordnung** (§ 54 Rz. 87): Nach § 33 Abs. 1 StrSchVO ist Strahlenschutzverantwortlicher, wer eine Genehmigung nach dem Atomgesetz hat oder wer eine Tätigkeit nach § 5 AtomG ausübt (bzw. andere Pflichten nach dem AtomG hat). Handelt es sich dabei um eine juristische Person oder um eine teilrechtsfähige Personengesellschaft, werden die Aufgaben des Strahlenschutzverantwortlichen vom Vertretungsorgan wahrgenommen; besteht dieses aus mehreren Mitgliedern, ist der zuständigen Behörde mitzuteilen, welche dieser Personen die Aufgaben des Strahlenschutzverantwortlichen wahrnimmt. Gem § 33 Abs. 1 S. 4 StrSchVO bleibt die **Gesamtverantwortung** aller Organmitglieder oder Mitglieder der Personenvereinigung hiervon unberührt.

27 Die **Gesamtverantwortung** beschränkt sich dabei auf die *angemessene Kontrolle* des zuständigen Geschäftsleitungsmitglieds[1]. Deren Intensität richtet sich nach der Art der Funktionsaufteilung, der sachlichen Nähe des entsprechenden Vorgangs zum eigenen Aufgabenbereich sowie nach der Bedeutung des infrage stehenden Vorgangs[2]. Im Rahmen der Gesamtverantwortung muss aber sichergestellt sein, dass einerseits der Ressortverantwortliche „wichtige" Vorgänge in der Gesamtgeschäftsleitung abstimmt und zur Kenntnis der Kollegen bringt. Umgekehrt muss sichergestellt werden, dass die „Kollegen" sich um wichtige Vorgänge innerhalb einzelner Ressorts kümmern. Das umfasst nicht nur grundlegende Entscheidungen wie z.B. die Freigabe eines neuentwickelten Produkts zur Serienfertigung, sondern auch die Behandlung wichtiger Problemfälle aus konkretem Anlass im Rahmen der Gesamtgeschäftsfüh-

---

1 *Alexander*, Verkehrssicherungspflichten, 188.
2 *Mertens* in Kölner Komm., § 93 AktG Rz. 54.

rung durch Nachfrage gegenüber dem Ressortverantwortlichen[1]. Auch die Qualifikation kann Gegenstand einer Überprüfung sein[2].

Liegen *Anhaltspunkte* dafür vor, dass der ressortmäßig zuständige Geschäftsführer eine oder mehrere Aufgaben nicht erfüllt oder die Erfüllung von der Gesellschaft obliegenden Aufgaben nicht gewährleistet ist, dann muss auch der ressortmäßig *nicht zuständige Geschäftsführer* aufgrund seiner Gesamtverantwortung einschreiten[3]. Es bleiben also **stets Überwachungspflichten**, die zum Eingreifen Veranlassung geben können. Deren Umfang hängt vom Einzelfall ab. Eine solche Überwachungspflicht kommt vor allem in finanziellen *Krisensituationen* zum Tragen, in denen die laufende Erfüllung der Verbindlichkeiten nicht mehr gewährleistet erscheint. In einem solchen Fall ist jeder Geschäftsführer z.B. gehalten, konkrete und hinreichend deutliche Anweisungen für die pünktliche Beitragszahlung zum Fälligkeitszeitpunkt zu geben; zusätzlich muss er sich durch Maßnahmen wie telefonische Rückfragen bei Gläubigern vergewissern, ob die Zahlungen pünktlich erfolgten[4]. Aufgrund der Produktverantwortung ist für ein Produktsicherheitsmanagement zu sorgen[5], im Rahmen dessen „wichtige" Vorgänge in der Gesamtgeschäftsleitung abgestimmt werden.

Die interne *Zuständigkeitsvereinbarung*, z.B. die Aufteilung in Ressorts wie Forschung, Entwicklung, Beschaffung, Produktion, Personal, Betriebswirtschaft und Finanzwesen oder die *Delegation von Aufgaben* kann somit die Verantwortlichkeit der Unternehmensleitung nur eingeschränkt begrenzen. Der **Grundsatz der Generalverantwortung** und Allzuständigkeit der Geschäftsleitung gilt immer dann, wenn aus besonderem Anlass *das Unternehmen als Ganzes* betroffen ist[6]. Hierzu zählen Maßnahmen der Unternehmenspolitik, wie z.B. Zusammenarbeit mit bestimmten Geschäftspartnern[7], Umstellung der Vertriebswege, Produktionsverlagerung oder Einführung neuer Produktgruppen. Ebenso gehören ungewöhnliche bzw. weitgehende Maßnahmen[8] dazu, etwa die Auswahl und Überwachung leitender Mitarbeiter, Ausgliederung wesentlicher Unternehmensteile oder umfangreiche Kreditgewährungen[9], ferner Gefahren-, Krisen- und Ausnahmesituationen. Alle Geschäftsführer haben in solchen Situationen die sich aus der „Allzuständigkeit" ergebende Verantwortung für die Erfüllung der Pflichten zu tragen.

---

1 *Schmidt-Salzer*, NJW 1996, 1; *Schneider* in Scholz, § 43 GmbHG Rz. 35, 39; *Habersack*, WM 2005, 2360.
2 BGH v. 15.10.1996 – VI ZR 319/95, BGHZ 136, 370.
3 BGH v. 15.10.1996 – VI ZR 319/95, BGHZ 136, 370 = NJW 1997, 130 m. Anm. *Plagemann*, WiB 1997, 25.
4 BGH v. 9.1.2001 – VI ZR 407/99, NJW 2001, 969.
5 *Schneider* in Scholz, § 43 GmbHG Rz. 338.
6 Vgl. BGH v. 6.7.1990 – 2 StR 549/89, BGHSt 37, 106 (123); *Schmidt-Salzer*, NJW 1996, 1; *Schmidt-Salzer*, NJW 1990, 2966 (2968); *Alexander*, Verkehrssicherungspflichten, 138, 183; *Otto*, Jura 1998, 409 (413).
7 BGH v. 25.2.1991 – II ZR 76/90, GmbHR 1991, 197.
8 *Peters*, Ressortverteilung zwischen GmbH-Geschäftsführern und ihre Folgen, GmbHR 2008, 682.
9 *Schneider* in Scholz, § 43 GmbHG Rz. 43.

30 Die Mitglieder der Unternehmensleitung können sich dieser Pflicht weder durch interne Zuständigkeitsverteilung noch durch Delegation auf andere Personen entledigen. Dies heißt aber auch, dass *jedes Mitglied* des Leitungsgremiums in jeweils eigener Verantwortung für die **Erfüllung betriebsbezogener Pflichten** Sorge zu tragen hat. Dieser Grundsatz gilt ebenso für die Pflicht zur Abführung von Sozialversicherungsbeiträgen (vgl. § 38 ff.) wie zur Insolvenzantragstellung (vgl. § 80), für die Vermögensfürsorge (vgl. § 32) ebenso wie für die Pflicht zur Beseitigung bzw. Vermeidung der Gefahren aus Produkten (§ 56).

31 Werden *trotz erkannter Gefahren* bzw. *trotz festgestellter Pflichtverstöße* von den Leitungsgremien **keine Entscheidungen getroffen** („Kopf-in-den-Sand-Syndrom"), bleibt die strafrechtliche Verantwortung der einzelnen Mitglieder des Gremiums *bestehen*. Aufgrund der Gesamtverantwortung gilt dies auch für ressortfremde Vorgänge. Sobald ein Gremiumsmitglied Anhaltspunkte für Pflichtverstöße oder konkrete Gefahren erkennt und sobald ersichtlich wird, dass die primär Zuständigen hiergegen keine Maßnahmen ergreifen, ist es aufgrund seiner Garantenstellung zu weiteren Maßnahmen verpflichtet. Insofern gilt dasselbe wie bei einem überstimmten Gremiumsmitglied (Rz. 35 ff.).

2. Entscheidungsvorgang

32 Für die strafrechtliche Verantwortlichkeit der einzelnen Mitglieder der maßgebenden Entscheidungs- (und Zustimmungs-)Gremien ist deren **Abstimmungsverhalten** bei der Beschlussfassung über strafrechtlich relevante Handlungsalternativen bedeutsam. Insbesondere im Rahmen der Produkthaftung (Entscheidungen Lederspray, Holzschutzmittel und Weinverschnitt; vgl. § 56 Rz. 23, 24, 20) sind diese Fragen ins Blickfeld getreten.

33 **a)** Die **Zustimmung** des Mitglieds eines Geschäftsführungsgremiums zu einem strafrechtlich relevanten Beschluss des Gremiums macht ihn ohne Weiteres zum *Mittäter*. Die Entscheidung, eine andere Handlung als die rechtlich gebotene vorzunehmen bzw. vornehmen zu lassen, ist als aktives Tun zu werten; die Entscheidung, eine gebotene Handlung nicht vorzunehmen, ist als Unterlassen zu qualifizieren. Dabei kann sich der Einzelne nicht damit entlasten, dass die erforderliche Maßnahme auch bei pflichtgemäßer Abstimmung unterblieben wäre, weil er in jedem Fall überstimmt worden wäre. Denn bei der Beurteilung der bei Unterlassungsdelikten erforderlichen sog. *Quasi-Kausalität* ist auf das parallele Unterlassen aller Mitglieder des Kollektivs abzustellen, die pflichtwidrig untätig geblieben sind[1]. Liegt kein die Mittäterschaft begründender gemeinsamer Tatentschluss vor, haften die Gremienmitglieder als *Nebentäter*[2].

So haben Mitglieder der Leitungsebene eines Unternehmens für den Vertrieb eines schadensstiftenden Produkts dann strafrechtlich einzustehen, wenn sie

---

1 BGH v. 6.11.2002 – 5 StR 281/01 – Politbüro, NStZ 2003, 141 (143).
2 BGH v. 6.11.2002 – 5 StR 281/01 – Politbüro, NStZ 2003, 141 (143).

den Beschluss fassen, das Produkt in Kenntnis des Mangels weiter zu vertreiben[1]. Die h.M. geht für den Fall, dass gemeinsam beschlossen wird, bei einem gefährlichen Produkt sowohl einen Produktions- und Lieferstopp als auch einen Rückruf ausgelieferter Produkte zu unterlassen, davon aus, dass jede einzelne abgegebene Stimme für den Beschluss und die daraus entstandenen (Gesundheits-)Schäden ursächlich ist[2].

b) Die **Stimmenthaltung** bei einem strafrechtlich relevanten Beschluss des Gremiums führt *nicht* zu einer *Freistellung* von der strafrechtlichen Mitverantwortung. Bei Verletzung der Erfüllung *öffentlich-rechtlicher Pflichten* kann die Stimmenthaltung das Mitglied eines Geschäftsführungsgremiums schon deshalb nicht entlasten, weil es bereits aufgrund seiner Stellung als Organ diese Pflichten zu erfüllen hat. Führt das Mitglied durch seine Stimmenthaltungen – also bei Teilnahme an der Abstimmung – vorsätzlich die Wirksamkeit der Beschlüsse herbei, so werden ihm die Mehrheitsentscheidungen des Präsidiums als Mittäter zugerechnet[3]. Der Einzelne kann sich auch nicht damit entlasten, seine Enthaltung sei gar nicht kausal geworden, weil Bemühungen, die gebotene Kollegialentscheidung herbeizuführen, ohnehin erfolglos geblieben wären, weil die anderen Beteiligten ihn überstimmt hätten[4].

34

c) Stimmt das **Mitglied** eines Geschäftsleitungsgremiums *gegen* die *strafrechtlich relevante* Entscheidung der Mehrheit und **wird** dabei **überstimmt**, so stellt sich die Frage, ob damit gleichwohl eine Strafbarkeit wegen der Gremienentscheidung gegeben ist. Dies hat das OLG Stuttgart[5] für Entscheidungen eines Redaktionskollektivs bejaht, da sich niemand der Verantwortung dadurch entziehen könne, dass er gegen eine Maßnahme stimme. Selbst wenn man diese Auffassung nicht teilt, bleibt jedoch festzuhalten, dass die Verantwortung jedes einzelnen Mitglieds der Unternehmensleitung für die von dem Unternehmen ausgehenden Gefahren nicht mit einer wirkungslosen Stimmabgabe beendet ist. Eine solche Beendigung der Verantwortung liefe auf eine *organisierte Unverantwortlichkeit* hinaus. Das überstimmte Organmitglied bleibt vielmehr weiterhin in der Verantwortung für die Beseitigung der von dem Unternehmen ausgehenden Gefahren. Je konkreter und je höher diese Gefahren sind, umso intensiver muss das überstimmte Mitglied für eine Gefahrenbeseitigung sorgen.

35

Eine solche **Handlungspflicht** eines überstimmten Leitungsmitglieds ist in folgenden Fällen anzunehmen:

36

– ausgelieferte Produkte, für deren Herstellung das Mitglied des Gremiums mitverantwortlich ist, gefährden *weiterhin* Leben oder Gesundheit von *Menschen*;

---

1 BGH v. 21.7.1995 – 2 StR 758/94; BGH v. 26.6.1990 – 2 Str 549/89, BGHSt 37, 106 (114).
2 *Walter* in LK, Vor § 13 StGB Rz. 82 m.w.Nw.; *Schilha*, Aufsichtsratstätigkeit, 387 f.
3 Vgl. BGH v. 21.12.2005 – 3 StR 470/04 – Mannesmann, BGHSt 50, 331, Rz. 45; *Dencker*, Mittäterschaft in Gremien, in Amelung, Individuelle Verantwortung ..., 63 ff., 70; *Tiedemann*, ZIP 2004, 2057.
4 BGH v. 6.7.1990 – 2 StR 549/89 – Lederspray, BGHSt 37, 106.
5 OLG Stuttgart v. 1.9.1980 – 3 Ss 440/80, NStZ 1981, 87.

– durch Anweisungen des Gremiums werden technisch notwendige *Prüfungs- oder Wartungsmaßnahmen* von Verkehrsmitteln unterbunden oder zeitlich hinausgeschoben;

– auf Anweisung der Unternehmensleitung werden *inhaltlich falsche Buchungen* vorgenommen, unzulässig Betriebsausgaben generiert und unrichtige Steuererklärungen zum Zweck der Steuerhinterziehung abgegeben;

– das Leitungsgremium beschließt die *Anlage von schwarzen Kassen* außerhalb des Unternehmens, um zur Steigerung des Umsatzes Bestechungsmaßnahmen durchführen zu können;

– zur Vermeidung von Betriebsausgaben werden *Schwarzlohnabreden* oder *Umweltverstöße* beschlossen.

37 **aa)** Diese **Garantenstellung** für die Gefahrenbeseitigung auch des überstimmten Mitglieds ergibt sich aus dem pflichtwidrigen, *gefahrbegründenden Vorverhalten* und aus der *Allzuständigkeit* aller Mitglieder des Leitungsgremiums. Im Steuerstrafrecht ergeben sich entsprechende Pflichten aus § 153 AO. Vgl. zu den Pflichten nach dem LMBG bzw. LFGB § 72 Rz. 1 ff., zu den EG/EU-Richtlinien über Produktsicherheit § 56 Rz. 27 ff., zum Produktsicherheitsgesetz § 56 Rz. 117 ff.

38 Gegen eine solche rechtswidrige Entscheidung des Gremiums sind zunächst **interne Maßnahmen** zu ergreifen, etwa eine (begründete) *Gegenvorstellung* bei allen anderen Gremiumsmitgliedern oder beim Vorsitzenden zu erheben[1]. Bei Erfolglosigkeit ist – sofern vorhanden – der Aufsichtsrat oder ein sonstiges Kontrollorgan innerhalb des Unternehmens einzuschalten. Eine solche Vorgehensweise entspricht dem auch im Gesellschaftsrecht herrschenden Verhältnismäßigkeitsprinzip[2].

39 Hat das überstimmte Mitglied alle internen Möglichkeiten zur Änderung des Beschlusses ergriffen, erreicht aber dadurch keine Änderung der Beschlusslage, so hat es sich an **unternehmensfremde Dritte** zu wenden[3]. Diese *Pflicht zur Gefahrenbeseitigung* kann durch privatrechtliche Geschäftsführungsregeln nicht eingeschränkt werden[4]. Zunächst bietet sich die Einschaltung von *Aufsichtsbehörden* oder anderer zur Gefahrenabwehr zuständiger Stellen an, auch die Erhebung einer zivilrechtlichen Klage[5]. Führt auch dies nicht zur Beseitigung der entstandenen Gefahren, dann hat er richtigerweise *Strafanzeige* zu erstatten[6].

---

1 *Raum* in W/J, Kap. 4 Rz. 31.
2 *Fleischer*, Zur Verantwortlichkeit einzelner Vorstandsmitglieder bei Kollegialentscheidungen, BB 2004, 2645.
3 In diesem Sinne *Knauer*, Kollegialentscheidungen im StrafR, 2001, 70; *Neudecker*, Verantwortlichkeit 1995, 249; a.A. *Schaal*, Strafrechtliche Verantwortlichkeit, 2001, 101; *Weißer*, Kausalitäts- und Täterschaftsfragen, 1996, 74.
4 A.A. *Böse*, wistra 2005, 41.
5 *Kropff* in MüKo, 2. Aufl. 2006, § 399 AktG Rz. 47, 51.
6 Vgl. *Alexander*, Verkehrssicherungspflichten, 165; *Knauer*, Kollegialentscheidungen, 66; *Eidam*, Unternehmen und Strafe, 3. Aufl. 2008, 338; a.A. *Tiedemann*, WiStrafR AT, 3. Aufl., Rz. 186.

Nach anderer Ansicht soll das Gremiumsmitglied Dritte, einschließlich staat- 40
licher Instanzen, nur dann informieren müssen, wenn es selbst **unter Androhung von Strafe** dazu angehalten ist, etwa im Rahmen von **§ 138 StGB** (Nichtanzeige geplanter Straftaten)[1]. Angesichts des Gefährdungspotenzials moderner Produktion oder Dienstleistung ist die Schwelle von § 138 StGB zur Lösung des Problems jedoch ungeeignet. Im Übrigen sei das Vorstandsmitglied nur berechtigt[2], *nicht aber verpflichtet*, Dritte außerhalb der Gesellschaft zu informieren, wenn es zuvor mehrfach erfolglos versucht hat, den Aufsichtsrat einzuschalten, und sich sonst schwerwiegender Schaden für die Gesellschaft oder für hochrangige Rechtsgüter Dritter (Leib und Leben, insbesondere bei Produkthaftungsfällen) nicht abwenden lässt (ultima ratio)[3].

Die hier vertretene Pflichtenlage für das überstimmte Mitglied verstößt **nicht** 41
gegen dessen **Geheimhaltungspflicht** (§ 404 AktG, § 85 GmbHG, § 151 GenG
u.a.; § 33 Rz. 99)[4]. Zur Begründung einer Anzeigepflicht wird man sich nicht nur auf § 138 StGB stützen können, da es Pflichtenlagen aus *vorangegangenem gefährlichem Tun* gibt, die von dieser Vorschrift nicht umfasst sind.

Beispiele: Verantwortliche einer Firma fertigen, verwenden oder handeln mit gefährlichen *gefälschten Flugzeugersatzteilen*. Diese Tatsache ergibt sich aus Meldungen der US Federal Aviation Administration, welche schätzt, dass 2 % aller Flugzeugersatzteile, und damit etwa 520 000 Stück, gefälscht sind[5]. Selbst Flugzeugabstürze lassen sich den Experten zufolge bisweilen auf gefälschte, gestohlene[6] bzw. gebrauchte[7] Ersatzteile zurückführen.

Zentnerschwere Fassadenverkleidungen werden mit hochwertigsten Ankern befestigt. Eine Firma, die bei der Erfüllung eines Auftrags nur zu einem Viertel diese hochwertigen Anker verwendet, ansonsten jedoch minderwertige Importe benutzt, setzt die konkrete Gefahr, dass durch Korrosion des minderwertigen Befestigungsmaterials und herabstürzende Platten Menschen getötet werden.

Kein Mitglied des Leitungsgremiums, das vom Einsatz etwa gefälschter oder 42
überalterter Flugzeug-Ersatzteile, minderwertiger Fassadenbefestigungsanker oder Medikamenten mit unerwarteten Nebenwirkungen (dazu § 56 Rz. 3 ff.) *Kenntnis* hat, kann sich zu seiner Entlastung auf die Tatsache, dass es überstimmt worden ist, berufen. Vielmehr muss es aufgrund seiner **Verantwortung**

---

1 *Spindler* in MüKo, 3. Aufl. 2008, § 93 AktG Rz. 151; *Baum* in W/J, Kap. 4 Rz. 31.
2 *Spindler* in MüKo, 3. Aufl. 2008, § 93 AktG Rz. 149, 151.
3 Ebenso *Fleischer*, BB 2004, 2645 (2649 ff.); *Mertens* in Kölner Komm., § 93 AktG Rz. 17; *Peltzer*, WM 1981, 346 (352).
4 Vgl. *Geilen* in Kölner Komm., § 404 AktG Rz. 83; *Otto* in Großkomm. § 404 AktG Rz. 45; *Tiedemann* in Scholz, § 85 GmbHG Rz. 25 f.
5 *Göpfert*, Die Strafbarkeit von Markenverletzungen, 2004, S. 20.
6 Vgl. hierzu BGH v. 24.1.2006 – 1 StR 357/05, NJW 2006, 1297.
7 Firma Panaviation, die mit falschen Zertifikaten alte Flugzeugersatzteile als neu auf den Markt gebracht hat. Unter ihren Klienten war auch die American Airlines. Der Absturz eines A300 dieser Fluggesellschaft über dem New-Yorker Stadtteil Queens kostete im November 2001 265 Menschen das Leben. Die Ermittler gehen davon aus, dass das Heckruder der Maschine gleich nach dem Start wegen Materialermüdung abgebrochen ist. Der Geschäftsführer *Enzo Frgonese* wurde zu 15 Monaten Haft verurteilt, VdL Nachrichten 2004, Heft 1, S. 6/8.

für die Unternehmensleitung alle erforderlichen Schritte unternehmen, um so zur Beseitigung der durch das Leitungsgremium geschaffenen Gefahren beizutragen und Schäden zu verhindern.

43 Als *Rechtsgrundlage* für eine solche Handlungspflicht kommt neben der Garantenstellung als Mitglied des Leitungsgremiums auch die Pflicht zum **Schutz des Vermögens** des von dem Organ geführten Unternehmens (§ 266 StGB) in Betracht. Denn der Vorstand/Geschäftsführer ist zur Vermögensbetreuung verpflichtet und hat im Hinblick auf die zivilrechtliche Haftung des Unternehmens (§ 823 Abs. 1, 2 BGB) die sich aus solchen Gefahrenlagen drohenden Schadensersatzansprüche abzuwehren.

44 **bb)** Zumeist wird jedoch eine strafbare **sukzessive Mittäterschaft** anzunehmen sein, wenn der überstimmte Mitgeschäftsführer/Vorstand nach Erfolglosigkeit interner Maßnahmen aktiv seine Leitungstätigkeit in dem ihm zugewiesenen Ressort weiter ausübt und von seinem Unternehmen – unter Beibehaltung der bisherigen rechtswidrigen Praxis – weiter Schäden verursacht werden. Denn damit fördert das überstimmte Mitglied des Leitungsgremiums die Teilnahme des Unternehmens am Wirtschaftsverkehr.

45 **Beispiele:** Ein *gefährliches Produkt* wird unter Mitwirkung des überstimmten Vorstandsmitglieds weiter produziert und ausgeliefert. Damit macht sich das überstimmte Mitglied wegen *sukzessiver Mittäterschaft* schuldig, da es den früher gefassten Beschluss, keine Maßnahmen zu ergreifen, nunmehr durch aktives Tun unterstützt.

Der Vorstand eines Verkehrsbetriebes hat entgegen den Vorschriften des Herstellers die *Wartungsintervalle für Fahrzeuge* verlängert; nach Entdeckung erster dadurch aufgetretener Schäden wird eine Änderung der Wartungspraxis vom Vorstand mit einer Gegenstimme abgelehnt. Das überstimmte Vorstandsmitglied geht davon aus, dass unter Beibehaltung der bisherigen Praxis erhebliche Gesundheitsschäden eintreten werden. Interne Maßnahmen bleiben ohne Erfolg. Beendet das Vorstandsmitglied dies nicht durch eine Mitteilung an die Aufsichtsbehörde oder durch eine Strafanzeige, sondern betreibt er aktiv seine Leitungstätigkeit in dem ihm zugewiesenen Ressort weiter, dann fördert er damit die Teilnahme des Verkehrsbetriebs am Geschäftsverkehr und auch wissentlich die Teilnahme der lebensgefährdenen Transportmittel am öffentlichen Verkehr. Trotz seiner Gegenstimme und der Tatsache seiner Überstimmung ist er aktiv an dem weiteren gefährlichen Tun beteiligt. Treten aufgrund der gefährlichen Verkehrsmittel Schäden ein, so ist er hierfür aus aktivem Tun i.S. einer *sukzessiven Mittäterschaft* strafrechtlich haftbar.

3. Aufsichtsgremien

46 Handelt es sich bei dem Gremium um den **Aufsichtsrat** oder ein ähnliches Kontrollorgan, so gelten im Prinzip dieselben Grundsätze. Der Aufsichtsrat hat als Überwachungsorgan dafür zu sorgen, dass rechtswidriges oder gar schädliches Verhalten der Unternehmensleitung unterbleibt[1]. Liegt ein Aufsichtsratsbeschluss vor, den das überstimmte Mitglied für rechtswidrig hält, so kann es zunächst nur beim Vorsitzenden und/oder den anderen Mitgliedern des Auf-

---

1 Vgl. *Krause*, Strafrechtliche Haftung des Aufsichtsrates, NStZ 2011, 57 (60 f.).

sichtsrats remonstrieren. Handelt es sich um einen Beschluss, dessen Ausführung zur Verletzung von Straftatbeständen wie Körperverletzung, fahrlässige Tötung, Verstoß gegen strafrechtliche Umweltnormen, Untreue durch erhebliche Schädigung des Gesellschaftsvermögens[1] führt, ist es zum Eingreifen verpflichtet. So steht ihm u.a. die Möglichkeit offen, gegen den Beschluss Klage auf Feststellung der Nichtigkeit des Aufsichtsratsbeschlusses gem. § 256 Abs. 1 Var. 1 ZPO zu erheben[2]. Kommt das Aufsichtsratsmitglied seiner Pflicht zum Eingreifen nicht nach, so ist es wegen der durch den Beschluss bedingten Verstöße gegen Strafnormen schuldig.

Diese Grundsätze gelten grundsätzlich für alle Sachverhalte, in denen *erheblich* **gegen geltendes Recht** verstoßen wird. Dies betrifft sowohl die Fälle wettbewerbsbeschränkender Absprachen bei Ausschreibungen (§ 298 StGB; § 58 Rz. 6 f.), von Korruption (§§ 299, 332, 334 StGB; § 53) als auch der massiven Steuerhinterziehung (§ 370 AO; vgl. unten § 43). 47

Darüber hinaus kommt eine *Anzeigepflicht* in Betracht, wenn durch *kriminelle Handlungen* das **Gesellschaftsvermögen angegriffen** wird. Dies kann zum einen durch direkte Zugriffe erfolgen (existenzgefährdende Entnahmen[3]), aber auch die Folge von Rechtsverstößen sein, z.B. durch die Verhängung von Geldbußen, etwa im Kartellrecht, oder der Anwendung der Vorschriften über den Verfall (§§ 73 ff. StGB i.V.m. §§ 111b ff. StPO), z.B. bei Korruptionsfällen. Wegen des sog. Bruttoprinzips (vgl. § 21 Rz. 74) besteht für das Unternehmen die Gefahr, dass der vollständige Erlös aus einem Geschäft, das auf Bestechung beruht, für verfallen erklärt wird. 48

III. Betriebsbeauftragte

Schrifttum: *Arndt*, Der Betriebsbeauftragte im Umweltrecht, 1985; *Böse*, Die Garantenstellung des Betriebsbeauftragten, NStZ 2003, 636; *Busch*, Unternehmen und Umweltstrafrecht, 1997; *Fischer*, Der Betriebsbeauftragte im Umweltschutzrecht, 1996; *Wendler*, Die Haftung der Betriebsbeauftragten im Strafrecht, 2010.

Betriebsbeauftragte nehmen aufgrund ausdrücklicher gesetzlicher Verpflichtung (oder bisweilen auch nach freiwilliger Bestellung) in folgenden Bereichen **betriebsinterne Kontroll- und Überwachungsaufgaben** wahr: 49

– Immissionsschutzbeauftragte gem. §§ 53 ff. BImSchG (§ 54 Rz. 45),
– Betriebsbeauftragte für Gewässerschutz gem. §§ 64 ff. WHG[4] (vgl. § 54 Rz. 21),
– Abfallbeauftragte nach §§ 59, 60 KrWG (vgl. § 54 Rz. 75),

---

1 Vgl. zur Untreue durch den Aufsichtsrat BGH 1 StR 215/2001: Aufsichtsrat veranlasst den Vorstand, aus dem Vermögen der AG Zuwendungen rechtswidrig an ihn auszureichen; § 32 Rz. 27 a.E.
2 Vgl. BGH v. 21.4.1997 – II ZR 175/95 – Fall ARAG/Garmenbeck, BGHZ 135, 244 (248) = AG 1997, 377.
3 BGH v. 13.5.2004 – 5 StR 73/03 – Bremer Vulkan, BGHSt 49, 147 = NJW 2004, 2248.
4 OLG Frankfurt v. 22.5.1987 – 1 Ss 401/86, NJW 1987, 2753.

- Strahlenschutzbeauftragte (§§ 31 ff. StrahlenschutzVO),
- Gefahrgutbeauftragte (§§ 1 ff. GefahrgutbeauftragtenVO),
- Geldwäschebeauftragte (§ 9 Abs. 2 Nr. 1 GwG),
- betriebliche Datenschutzbeauftragte (§§ 4f, 4g BDSG).

50 Die **Aufgaben**, die dem Betriebsbeauftragten obliegen ergeben sich i.d.R. aus dem Gesetz.

Beispiel: So hat z.B. der **Betriebsbeauftragte für Gewässerschutz**[1] die Einhaltung von Gewässerschutzstandards zu überwachen und dem Benutzer festgestellte Mängel mitzuteilen und Maßnahmen zu ihrer Beseitigung vorzuschlagen (§ 64 Abs. 1 Nr. 1 WHG; sog. *Überwachungsfunktion*); ferner hat er darauf hinzuwirken, dass umweltfreundliche Verfahren und Produktionen entwickelt und eingeführt werden (§ 64 Abs. 1 Nr. 3 WHG; sog. *Initiativfunktion*); des Weiteren muss er die Beschäftigten über die Gewässerbelastungen und die entsprechenden Gegenmaßnahmen aufklären (§ 64 Abs. 1 Nr. 4 WHG; sog. *Informationsfunktion*); dem Benutzer hat er jährlich einen Bericht über die getroffenen und beabsichtigten Maßnahmen zu erstatten (§ 64 Abs. 2 WHG; sog. *Berichtsfunktion*).

51 Eine **strafrechtliche Verantwortlichkeit** des „Nur-Betriebsbeauftragten" ist zu bejahen, da ihm im Hinblick auf seine gesetzlichen Pflichten eine *Garantenstellung* i.S. des § 13 StGB obliegt[2] (zu den Umweltschutzbeauftragten § 54 Rz. 322). Dem Betriebsbeauftragten werden mit seiner Bestellung ganz oder teilweise Pflichten des Betriebsinhabers übertragen, sodass er – wie dieser – auch strafrechtlich dafür einzustehen hat, wenn durch sein Verhalten ein Schaden nicht verhindert wird[3]. Kommt der Betriebsbeauftragte also seiner Pflicht zur Unterrichtung der Betriebsleitung über Gefahren aus seinem Zuständigkeitsbereich nicht nach, macht er sich gem. § 13 StGB durch Unterlassen schuldig.

52 Dies ergibt sich aus Folgendem: Zunächst ist der **Betriebsinhaber** Überwachergarant in Bezug auf die durch den Betrieb hervorgerufenen Gefahren, da er die rechtliche und tatsächliche Herrschaft über die Gefahrenquelle ausübt[4]. Bei juristischen Personen ist Inhaber der Garantenstellung, wer nach der internen Unternehmensorganisation rechtlich und tatsächlich zur Entscheidung über die vorzunehmende Handlung befugt ist, also i.d.R. Vorstand oder Geschäftsführer[5]. Bei ressortübergreifenden Fragen, insbesondere in Krisen- und Ausnahmesituationen, gilt eine Generalverantwortung oder Allzuständigkeit[6] der Mit-

---

1 *Böse*, Die Garantenstellung des Betriebsbeauftragten, NStZ 2003, 636.
2 Bericht des Rechtsausschusses zum G zur Bekämpfung der Umweltkriminalität, BT-Drs. 8/3633, 21; *Czychowski*, ZfW 1980, 205 (206); *Heid-Mann/Mann*, Gefahrgut vor Gericht und Behörden, 1993, S. 66; *Köhler*, ZfW 1993, 1 (5); *Nisipeanu*, NuR 1990, 439 (455); *Rehbinder*, ZHR 165 (2001), 1 (17); *Truxa*, ZfW 1980, 220 (224); *Wernicke*, NStZ 1986, 223; *Winkemann*, Probleme der Fahrlässigkeit im UmweltstrafR, 1991, S. 173.
3 Im Anschluss an die überzeugenden Ausführungen von *Böse*, NStZ 2003, 636.
4 BGH v. 6.7.1990 – 2 StR 549/89, BGHSt 37, 106 (123 f.).
5 *Busch/Iburg*, UmweltstrafR, 2002, 102; *Rudolphi* in FS Lackner, 1987, S. 863 (874).
6 In diesem Sinne auch BGH v. 6.7.1990 – 2 StR 549/89, BGHSt 37, 106 (123 f.); *Busch/Iburg*, UmweltstrafR, 104.

glieder des Leitungsgremiums (vgl. Rz. 25). Werden diese gesetzlichen Rechte und Pflichten und die darauf beruhenden Entscheidungsbefugnisse an nachgeordnete Mitarbeiter delegiert, so erwachsen daraus aufgrund der damit verbundenen Herrschaftsmacht strafrechtliche Garantenpflichten[1] (vgl. hierzu Rz. 112 f.).

Beispiel: Beispielsweise übernimmt der **Gewässerschutzbeauftragte**[2] mit seiner Bestellung neben der Pflicht zur Überwachung der Gewässer und Einleitungen auch die Pflicht zur Information des Betriebsinhabers, da er an dessen Stelle darauf achten muss, dass die Gesetze, Auflagen und Bedingungen im Interesse des Gewässerschutzes eingehalten werden. Diese Garantenpflicht beinhaltet zugleich auch eine strafrechtliche Garantenpflicht[3], deren Umfang sich nach den gesetzlichen Vorschriften über die Pflichten des Beauftragten richtet[4]. Nach dem WHG erhebt und verarbeitet der Gewässerschutzbeauftragte aufgrund seiner innerbetrieblichen Ermittlungsbefugnisse anstelle des Betriebsinhabers die für den Gewässerschutz relevanten Informationen und erfüllt damit dessen Pflichten. Sodann muss er die Geschäftsleitung unterrichten und Vorschläge zur Beseitigung der Mängel unterbreiten. Zu weiteren Maßnahmen ist er i.d.R. betriebsintern nicht berechtigt[5]. Diese begrenzte Garantenpflicht kann er auch erfüllen, da er das Recht zur Aufklärung über betriebliche Gewässerbelastungen sowie über die Einrichtung und Maßnahmen zu ihrer Verhinderung hat, ferner Informationen in Form eines jährlichen Berichts über festgestellte Mängel, deren Beseitigung und sonstige Maßnahmen an den Gewässerbenutzer (Unternehmen) zu erteilen hat (§ 65 WHG). Dass er innerbetrieblich nicht mit Entscheidungs- und Weisungsbefugnissen ausgestattet ist, steht der Annahme einer Garantenpflicht nicht entgegen. Bleibt die Geschäftsleitung untätig, macht sich der Beauftragte nicht strafbar, wenn er keine weiteren Maßnahmen ergreift. In diesem Fall kommt die strafrechtliche Garantenpflicht des Betriebsinhabers wieder zum Tragen.

Zur **Kausalität** zwischen **Unterlassen und Erfolg** wird vertreten, dass die Strafbarkeit des Betriebsbeauftragten u.a. davon abhängig sei, ob dessen Tätig-Werden den Erfolg mit hoher Wahrscheinlichkeit verhindert hätte[6]. Wenn also zweifelhaft ist, ob die Betriebsleitung trotz einer Meldung nichts gegen die drohende Gewässerverunreinigung unternommen hätte[7], wäre er nicht strafbar, obwohl er die Betriebsleitung nicht unterrichtet hat, mithin diese also gar keine Gelegenheit hatte, sich Gedanken über ein mögliches Einschreiten zu machen. Für die Kausalität reicht es jedoch aus, wenn ein **ordentlicher Geschäftsführer** *entsprechende Maßnahmen veranlasst hätte.* Auf die mögliche Reaktion einer Betriebsleitung abzustellen, die trotz einer Meldung nichts gegen eine Schädigung unternommen hat, hieße wiederum der organisierten Un-

---

1 BGH v. 21.4.1964 – 1 StR 72/64, BGHSt 19, 286 (288 f.); BGH v. 31.1.2002 – 4 StR 289/01 – Wuppertaler Schwebebahn, NStZ 2002, 421 (423); *Busch/Iburg,* UmweltstrafR, 102; *Rudolphi* in FS Lackner, 1987, S. 863 (874).
2 § 64 WHG v. 31.7.2009; *Fischer,* Der Betriebsbeauftragte im UmweltschutzR, 1996, 226 f.
3 *Arndt,* Der Betriebsbeauftragte im UmweltR, 1985, 184; *Busch,* Unternehmen und UmweltstrafR, 1997, 551 f.
4 *Dahs,* Zur strafrechtlichen Haftung des Gewässerschutzbeauftragten nach § 324 StGB, NStZ 1986, 100.
5 *Busch,* Unternehmen und UmweltstrafR, 553.
6 OLG Frankfurt v. 22.5.1987 – 1 Ss 401/86, NJW 1987, 2753 (2756); *Dahs,* NStZ 1986, 97 (101); *Salje,* BB 1993, 2297 (2300); *Vierhaus,* NStZ 1991, 466.
7 *Rudolphi* in FS Lackner, 1987, S. 863 (880).

verantwortlichkeit[1] das Wort zu reden. Der Ansicht von *Kempf*[2], wonach die organisierte Unverantwortlichkeit „für die gesamte Moderne die notwendige Existenz- und Wachstumsvoraussetzung" sei, muss im Hinblick auf die durch das Fehlverhalten von Betriebsbeauftragten tatsächlich eingetretenen massiven Schäden entschieden widersprochen werden.

55 Diese Grundsätze lassen sich auf **andere Betriebsbeauftragte** mit vergleichbaren Überwachungsaufgaben und entsprechenden Befugnissen zur Erhebung und Verarbeitung von Informationen übertragen. Soweit der einschlägige Straftatbestand als Sonderdelikt ausgestaltet ist (z.B. § 325 StGB), wird man auch den allgemeinen Betriebsbeauftragten nach § 14 Abs. 1 S. 1 Nr. 2 StGB in den Täterkreis einbeziehen müssen, da er mit seiner Bestellung ausdrücklich beauftragt ist, in eigener Verantwortung Aufgaben des Betriebsinhabers (Eigenüberwachung) wahrzunehmen[3].

B. Faktischer Geschäftsführer

Schrifttum: *Büning*, Die strafrechtliche Verantwortung faktischer Geschäftsführer einer GmbH, 2004; *Bruns*, Die sogenannte tatsächliche Betrachtungsweise im Strafrecht, JR 1984, 133; *Cadus*, Die faktische Betrachtungsweise, 1984; *Cavero*, Zur strafrechtlichen Verantwortlichkeit des faktischen Geschäftsführers, in FS Tiedemann, 2008, S. 299; *Dierlamm*, Der faktische Geschäftsführer im Strafrecht – ein Phänomen?, NStZ 1996, 153; *Fuhrmann*, Die Bedeutung des „faktischen Organs" in der Rechtsprechung des BGH, in FS Tröndle, 1989, S. 139; *Groß*, Die strafrechtliche Verantwortlichkeit faktischer Vertretungsorgane bei Kapitalgesellschaften, 2007; *Gübel*, Die Auswirkungen der faktischen Betrachtungsweise auf die strafrechtliche Haftung faktischer GmbH-Geschäftsführer, 1994; *Habetha*, Bankrott und Untreue in der Unternehmenskrise Konsequenzen der Aufgabe der „Interessenstheorie" durch den BGH, NZG 2012, 1134; *Hildesheimer*, Die strafrechtliche Verantwortung des faktischen Mitgeschäftsführers in der Rechtsprechung des BGH, wistra 1993, 166; *Kratsch*, Das „faktische Organ" im Gesellschaftsstrafrecht, ZGR 1985, 506; *Kümmel*, Zur strafrechtlichen Einordnung der „Firmenbestattung", wistra 2012, 165; *Löffeler*, Strafrechtliche Konsequenzen faktischer Geschäftsführung, wistra 1989, 121; *Montag*, Die Anwendung der Strafvorschriften des GmbH-Rechts auf faktische Geschäftsführer, 1994; *Reich*, Die zivil- und strafrechtliche Verantwortlichkeit des faktischen Organmitgliedes im Gesellschaftsrecht, DB 1967, 1663; *Schmidt, K.*, Die Strafbarkeit „faktischer Geschäftsführer" wegen Konkursverschleppung als Methodenproblem, in FS Rebmann, 1989, S. 419; *Schulz*, Der faktische Geschäftsführer als Täter der §§ 82, 84 GmbHG unter Berücksichtigung des Strohmannes, StraFo 2003, 155; *Stein*, Das faktische Organ, 1984; *Stein*, Die Normadressaten der §§ 64, 84 GmbHG und die Verantwortlichkeit von Nichtgeschäftsführern wegen Konkursverschleppung, ZHR 148 (1984), 207; *Weimar*, Grundprobleme und offene Fragen um den faktischen GmbH-Geschäftsführer, GmbHR 1997, 473, 538.

---

1 *Schünemann*, Unternehmenskriminalität, 34; *Schünemann*, wistra 1982, 41; *Stratenwerth* in FS R. Schmitt, 1992, S. 295 (301); *Weißer*, Kollegialentscheidungen, 27; *Knauer*, Kollegialentscheidung, 43.
2 *Kempf*, KritJ 2003, 462 (468).
3 AG Frankfurt v. 26.8.1985 – 92 Js 34 929/80 – 933 Schö. 26, NStZ 1986, 72,75; *Schünemann* in LK, § 14 StGB Rz. 63; *Kuhlen* in Amelung (Hrsg.), Individuelle Verantwortung ..., 87, 94; *Schall* in Schünemann (Hrsg.), Deutsche Wiedervereinigung, Die Rechtseinheit, Arbeitskreis StrafR, Bd. III, 1996, S. 99, 122; a.A. *Dahs*, NStZ 1986, 97 (99); *Rehbinder*, ZHR 165 (2001), 1 (17).

Als *Sonderfall* des *täter*schaftlichen Handelns im Unternehmen hat die Rechtsprechung die Rechtsfigur des **„faktischen Geschäftsführers"** entwickelt[1]..Dabei sind die Haftungsgrundsätze nicht auf den praktisch wichtigsten Fall des faktischen Geschäftsführers einer GmbH beschränkt, sondern lassen sich für jede Organstellung verallgemeinern (vgl. Rz. 61)[2]. Durch die Einbeziehung der faktischen Organe in die strafrechtliche Verantwortung sollen primär Missbrauchskonstellationen erfasst werden, etwa wenn Strohmänner zu Geschäftsführern bestellt werden, die Gesellschaft tatsächlich aber von einem Hintermann geführt wird. Ein häufiger Grund hierfür ist, dass in der Person des Hintermanns rechtliche Hindernisse wie z.B. Berufsverbote nach § 76 Abs. 3 AktG, § 6 Abs. 2 GmbHG bestehen.

56

Die Rechtsfigur des faktischen Geschäftsführers und deren **Anwendungsbereich** wurde von der Rechtsprechung außerhalb des § 14 StGB entwickelt[3]. Sie betrifft in erster Linie die Einbeziehung der faktische Organe bei Sonderdelikten wie § 15a Abs. 1, 2 InsO, § 82 GmbHG, §§ 399 ff. i.V.m. § 92 AktG und § 331 HGB, die sich unmittelbar an die Organe selbst richten (Rz. 66 ff., 76). Es geht hierbei also *nicht* primär um das *fehlerhaft bestellte* Organ innerhalb der Zurechnungsnorm des § 14 StGB[4], dessen strafrechtliche Haftung durch § 14 Abs. 3 StGB gewährleistet wird (Rz. 83 f.). Allerdings spielen die von der Rechtsprechung entwickelten Grundsätze der strafrechtlichen Haftung des faktischen Geschäftsführers auch bei der Zurechnung über § 14 StGB eine Rolle (vgl. Rz. 69a). Hier stellt sich die kontrovers diskutierte Frage, ob § 14 Abs. 3 StGB eine *Sperrwirkung* entfaltet (vgl. Rz. 83a). Unstreitig keine Sperrwirkung entfaltet § 14 Abs. 3 StGB bei der Einbeziehung der faktischen Organe in den Täterkreis der oben genannten Vertretersonderdelikte[5].

56a

I. Tatbestandliche Voraussetzungen

Faktischer Geschäftsführer ist, wer ohne ausdrücklich zum Geschäftsführer bestellt (und im Handelsregister eingetragen) zu sein, im Einverständnis mit den Gesellschaftern oder den Gesellschaftsorganen die **Stellung** eines Ge-

57

---

1 BGH v. 24.2.1952 – 1 StR 153/52, BGHSt 3, 32; BGH v. 5.10.1954 – 2 StR 447/53, BGHSt 6, 314; BGH v. 28.6.1966 – 1 StR 414/65, BGHSt 21, 101; BGH v. 22.9.1982 – 3 StR 287/82, BGHSt 31, 118; BGH v. 29.5.1987 – 3 StR 242/86, BGHSt 34, 379 = GmbHR 1987, 464 = wistra 1987, 334; s. auch BGH v. 29.10.1969 – 2 StR 195/69, GA 1971, 35; BGH v. 7.11.1978 – 5 StR 314/78, GA 1979, 311, 313; BGH bei *Holtz*, MDR 1980, 453; BGH v. 17.4.1984 – 1 StR 736/83, StV 1984, 461; vgl. *Schünemann* in LK, § 14 StGB Rz. 44; *Perron* in S/S, § 14 StGB Rz. 42, 43; *Bruns*, Grundprobleme der strafrechtlichen Organ- und Vertreterhaftung, GA 1982, 1 (19 ff.); *Bruns*, JR 1984, 133; *Kratsch*, ZHR 1985, 506; *Kohlmann/Löffeler*, Strafrechtliche Verantwortlichkeit des GmbH-Geschäftsführers, 1990, Rz. 11 ff., 37.
2 Vgl. *Radtke* in MüKo, § 14 StGB Rz. 116; *Schröder/Bergmann* in Matt/Renzikowski, § 14 StGB Rz. 78.
3 *Radtke* in MüKo, § 14 StGB Rz. 114 ff; *Merz* in G/J/W, § 14 StGB Rn 53, 59.
4 Vgl. hierzu *Radtke* in MüKo, § 14 StGB Rz. 34 ff.
5 Vgl. hierzu *Radtke* in MüKo, § 14 StGB Rz. 47.

schäftsführers **tatsächlich einnimmt**[1]. Hierbei reicht die Billigung der Mehrheit der Gesellschafter aus, die nach dem Gesellschaftsvertrag in der Lage wäre, einen Geschäftsführer förmlich zu bestellen[2].

Der *BGH*[3] hat aufgrund des folgenden *Tatsachenbildes* Anhaltspunkte für die tatsächliche Führung der Geschäfte einer GmbH angenommen:

Der Handelnde hat allein den Steuerberater mit der Führung der Geschäftsbücher betraut und einer Steuerbevollmächtigten auch Buchungsanweisungen erteilt. Er hat einen Angestellten eingestellt, ihn später wieder entlassen und ein Zeugnis ausgestellt, in dem ihm das Lob der „Geschäftsführung" versichert wurde. Ferner hat er die Geschäftsverbindungen zu einer Lieferantenfirma geknüpft und die wesentlichen Gespräche über Zahlungsmodalitäten, Stundungen und Wechselhingaben geführt, mit anderen Firmen Zahlungsbedingungen ausgehandelt, Stundungsvereinbarungen getroffen und längerfristige Zahlungsziele vereinbart. Er sah die GmbH als „sein Geschäft" an, mit dem er sich so völlig identifizierte, dass er von diesem Unternehmen in der Ich-Form sprach. Durch die Art seiner Erklärungen vermittelte er den Lieferanten erfolgreich den Eindruck, dass er darüber entscheide, ob die Geschäftsbeziehungen zu dieser Firma aufrechterhalten oder gekündigt würden. Für die Lieferantenfirmen war er der wesentliche Gesprächspartner, für die beiden Angestellten der GmbH war er der „Boss". Er war „über nahezu sämtliche geschäftliche Interna gut informiert". Der kreditgewährenden Bank erklärte die Ehefrau als formelle Geschäftsführerin, die Teilnahme ihres Ehemannes an dem Gespräch sei von ihr erwünscht, da sie nur formell für die Firma handle, weil ihr Ehemann wegen des früheren Konkursverfahrens nicht als Firmeninhaber auftreten könne; in Wirklichkeit sei ihr Ehemann die treibende Kraft bei dem Geschäft.

57a Erforderlich ist, dass die Urteilsfeststellungen ein „Bild" von den Verhältnissen im Unternehmen ergeben, die Grundlage für die Annahme der faktischen Geschäftsführung sind. Dieses muss Rückschlüsse auf die konkrete Tätigkeiten des faktischen Geschäftsführers und deren Umfang zulassen. Allein der Hinweis, dass der Angeklagte „im Wesentlichen" die Geschicke der Firma bestimmte und er an der Pflichtverletzung beteiligt war, genügt hierfür nicht[4]. Ob jemand faktischer Geschäftsführer ist, beruht auf einer rechtlichen Bewer-

---

1 BGH v. 24.6.1952 – 1 StR 153/52, BGHSt 3, 32 (38); BGH v. 25.7.1984 – 3 StR 192/84, BGHSt 33, 21 (24) = NJW 1984, 2958 = NStZ 1985, 271; BGH bei *Herlan*, GA 1971, 35 (36); BGH v. 3.7.1989 – StbSt (R) 14/88, BGHR GmbHG § 64 Abs. 1 Antragspflicht 2; BGH v. 10.7.1996 – 3 StR 50/96, GmbHR 1996, 925 = NJW 1997, 66 (67); BGH v. 20.9.1999 – 5 StR 729/98, NStZ 2000, 34; BGH v. 10.5.2000 – 3 StR 101/00, NJW 2000, 2285 = BGHSt 46, 62; vgl. auch *Tiedemann*, WiStrafR AT, Rz. 136; *Schäfer*, Die Entwicklung der Rechtsprechung zum KonkursstrafR, wistra 1990, 81; sowie *Karsten Schmidt* in FS Rebmann, 1989, S. 419.
2 Zust. OLG Karlsruhe v. 7.3.2006 – 3 Ss 190/05, NStZ 2007, 648 = GmbHR 2006, 598.
3 BGH v. 22.9.1982 – 3 StR 287/82, BGHSt 31, 118 = GmbHR 1983, 43.
4 BGH v. 23.1.2013 – 1 StR 459/12, wistra 2013, 272 ff. (Rz. 35).

tung von Tatsachen durch das Gericht und ist somit als *Rechtsfrage* nicht unmittelbar einem Geständnis zugänglich[1].

Eine faktische Geschäftsführerstellung lässt sich leichter bestimmen, wenn man die Geschäftsführung in klassische Kernbereiche einteilt und prüft, ob der Handelnde einen **wesentlichen Teil** dieser Aufgaben übernommen hat. Im Einzelnen handelt es sich um folgende Tätigkeiten: Bestimmung der Unternehmenspolitik, Organisation des Unternehmens, Einstellung von Mitarbeitern, Bestimmung der Gehaltshöhe, Gestaltung der Geschäftsbeziehungen zu Vertragspartnern, Verhandlungen mit Kreditgebern, Entscheidung der Steuerangelegenheiten und Steuerung der Buchhaltung[2]. Nach einer Ansicht ist es ausreichend für eine faktische Geschäftsführerstellung, wenn von diesen acht Merkmalen sechs erfüllt werden[3]. Eine solche konkrete Festlegung ist allerdings im Hinblick auf die Vielfältigkeit unternehmerischen Handelns nicht befriedigend; bereits zwischen einem Handels- und einem Fertigungsbetrieb bestehen hinsichtlich der Leitungstätigkeiten erhebliche Unterschiede.

Fehlen umgekehrt die für eine organschaftliche Stellung typischen Befugnisse – etwa eine Bankvollmacht oder die Übernahme von Pflichten im Außenverhältnis – spricht dies indiziell gegen das Vorliegen einer faktischen Geschäftsführung[4].

Die Kriterien zur faktischen Geschäftsführung gelten für **sämtliche betrieblichen Phasen**. Zwar wurden die Grundsätze von der Rechtsprechung anhand von Fällen *werbender* Unternehmen entwickelt. Sie müssen jedoch auch für die *Abwicklung der Geschäftstätigkeit* gelten[5]. Die Auffassung, dass die Grundsätze nur eingeschränkt anwendbar sind, wenn die Gesellschaft nicht mehr werbend tätig ist[6], ist abzulehnen, da gerade in der Abwicklungsphase wirtschaftliche Entscheidungen zu treffen sind, die die grundlegenden Pflichten eines Unternehmen betreffen (Buchführungs- und Bilanzierungspflichten, Fragen der Kapitalausstattung und Kapitalverwendung, sozial- und steuerrechtliche Pflichten). Derjenige, der in dieser Phase „wie ein Geschäftsführer Entscheidungen trifft", muss auch dafür haften.

Davon zu unterscheiden ist die Frage, ob ein **externer Berater** wie z.B. ein Rechtsanwalt, der mit der Abwicklung befasst ist, die Kriterien für eine faktische Geschäftsführerstellung erfüllt, insbesondere das Unternehmen wie ein eigenes führt, oder ob er lediglich die bereits beschlossene Beendigung des Unternehmens umsetzt. Im letztgenannten Fall ist er nicht faktischer Geschäftsführer.

---

1 BGH v. 23.1.2013 – 1 StR 459/12, wistra 2013, 272 ff. (Rz. 37).
2 BGH v. 10.7.1996 – 3 StR 50/96, GmbHR 1996, 925 = NJW 1997, 66 (67); BayObLG v. 20.2.1997 – 5 St RR 1597/96, NJW 1997, 1936.
3 *Dierlamm*, NStZ 1996, 153 (156).
4 BGH v. 13.12.2012 – 5 StR 407/12, NJW 2013, 624 (625).
5 In diesem Sinne auch *Meyer* in Bittmann, InsolvenzstrafR, § 5 Rz. 102.
6 A.A. BGH v. 20.9.1999 – 5 StR 729/98, NStZ 2000, 34.

61 Faktische Geschäftsführer gibt es relativ *häufig* bei der **GmbH**[1], seltener bei der *AG*[2] und der *Genossenschaft*, aber auch bei der KG[3] und der GmbH & Co KG[4]. Abzulehnen ist jedoch eine strafrechtliche Haftung von *Behördenvertretern*, die aufgrund gesetzlicher Vorschriften geschäftsführerähnlich in ein Unternehmen eingreifen; diese werden ausschließlich in ihrer Funktion als Hoheitsträger tätig[5]. Auch bei einer nach englischem Recht gegründeten *„Limited"*, die eine Niederlassung in Deutschland betreibt, kann ein faktischer Geschäftsführer tätig sein und nach deutschem Strafrecht Insolvenz- bzw. Untreuedelikte begehen[6]. Dies gilt auch für die Ltd. & Co KG.

62 Wenn auch eine rechtliche Bestellung zum Geschäftsführer nicht vorliegt, muss doch zumindest eine **„tatsächliche Organbestellung"** gegeben sein. Diese kann im *Einverständnis der Gesellschafter*[7] oder des *maßgeblichen Gesellschaftsorgans* mit dem Handeln der betreffenden Person gesehen werden; ein anfängliches Einverständnis genügt. Ebenso ist ein *Dulden* dieser Tätigkeit ausreichend[8]. Auch in einer extremen *Ausübung des Weisungsrechts* durch einen Gesellschafter kann im Einzelfall eine tatsächliche Übernahme von Geschäftsführungsbefugnissen gesehen werden[9]. Die Feststellung, ein Mehrheitsgesellschafter übe eine beherrschende Stellung aus, reicht für die faktische Geschäftsführung nicht aus; auch bei dieser Fallgestaltung muss der Handelnde einen **wesentlichen Teil** der Geschäftsführungsaufgaben übernommen haben[10]. Zivilrechtlich ist der „faktische Geschäftsführer" ebenfalls anerkannt[11].

63 Dass **neben** dem *faktischen* Geschäftsführer ein **förmlich bestellter** Geschäftsführer vorhanden ist, hindert die Annahme der faktischen Geschäftsführertätigkeit nicht[12], insbesondere, wenn es sich bei dem förmlich bestellten lediglich um einen Strohmann handelt (vgl. § 29 Rz. 21). Eine Zuweisung *bestimm-*

---

1 *Schneider* in Scholz, § 6 GmbHG Rz. 37, § 43 GmbHG Rz. 15.
2 BGH v. 28.6.1966 – 1 StR 414/65, BGHSt 21, 101; *Tiedemann*, WiStrafR AT, Rz. 136a; *Tiedemann*, ZIP 2004, 2440.
3 BGH v. 22.9.1982 – 3 StR 287/82, BGHSt 31, 118 = GmbHR 1983, 43.
4 BGH v. 25.7.1984 – 3 StR 192/84, BGHSt 33, 21 (22).
5 *Weimar*, GmbHR 1997, 540.
6 AG Stuttgart v. 18.12.2007 – 105 Ls 153 Js 47778/05, wistra 2008, 226 m. Anm. *Schumann*.
7 BGH v. 3.7.1989 – StbSt (R) 14/88, GmbHR 1990, 173 = wistra 1990, 60; BGH v. 22.9.1982 – 3 StR 287/82, BGHSt 31, 118 = GmbHR 1983, 43; BGH v. 25.7.1984 – 3 StR 192/84, BGHSt 33, 21 (24).
8 Vgl. BGH v. 28.6.1966 – 1 StR 414/65, BGHSt 21, 101 (104).
9 BGH v. 10.7.1996 – 3 StR 50/96, NJW 1996, 66, vgl. auch *Tiedemann*, NJW 1986, 1845.
10 *Tiedemann*, WiStrafR AT, Rz. 234; *Kaufmann, A.*, Möglichkeiten der sanktionsrechtlichen Erfassung von (Sonder-)Pflichtverletzungen im Unternehmen, 2003, 89 f.
11 Vgl. BGH v. 21.3.1988 – II ZR 194/87, BGHZ 104, 44 = GmbHR 1988, 299 = NJW 1988, 1789 = BB 1988, 1064 = DB 1988, 1263 = GmbHR 1988, 299; *Eidam*, Unternehmen und Strafe, Rz. 788.
12 BGH v. 28.6.1966 – 1 StR 414/65, BGHSt 21, 101, (103) = NJW 1966, 2225; BGH v. 22.9.1982 – 3 StR 287/82, BGHSt 31, 118 NJW 1983, 240; BGH v. 8.11.1989 – 3 StR 249/89, BGHR AO § 35 Verfügungsberechtigter 2.

ter Geschäftsbereiche innerhalb der tatsächlichen Geschäftsleitung ist *nicht erforderlich*. Der Grundsatz, dass im Falle der Bestellung mehrerer Geschäftsführer jeden von ihnen (auch) eine Pflicht zur Geschäftsführung im Ganzen trifft (Gesamtverantwortung, Rz. 25 ff.), gilt auch, wenn einer der Geschäftsführer ein faktischer Geschäftsführer ist[1]. Kritisch zu sehen ist die vom BGH vertretene Ansicht, wonach dem faktischen Geschäftsführer gegenüber dem formellen Geschäftsführer eine *überragende Stellung* oder zumindest ein *deutliches Übergewicht* zukommen muss[2]. Dagegen spricht, dass dies auch bei mehreren formellen Geschäftsführern (§ 35 GmbHG) nicht gefordert wird. Die Strafbarkeit des faktischen Geschäftsführers darf nicht von dem Tätigkeitsumfang des formellen Geschäftsführers abhängen. Entscheidend muss vielmehr sein, ob nach den oben aufgezeigten Kriterien (vgl. Rz. 58 ff.) eine faktische Geschäftsführung vorliegt. Ist dies der Fall, ist der faktische Geschäftsführer bei entsprechenden Pflichtverstößen auch *neben* dem formellen Geschäftsführer strafbar[3].

Faktischer Geschäftsführer kann **jeder** sein. Typisch sind *Gesellschafter*[4], *Mehrheitsgesellschafter*[5], *Angestellte*[6], *Prokuristen*[7], *Generalbevollmächtigte*[8], *Aufsichtsratsmitglieder*[9] oder *ehemalige* Geschäftsführer[10] bzw. Vorstandsmitglieder[11]. Aber auch ein *außenstehender Dritter*, etwa ein Unternehmenspartner, Vertreter eines Kreditinstituts (etwa bei Sanierungskrediten), Rechtsanwalt[12] oder Steuerberater[13], kann faktischer Geschäftsführer sein. Häufig sind Personen anzutreffen, die aufgrund einer früheren Verurteilung, insbesondere wegen Insolvenzdelikten (§§ 283 ff. StGB), aufgrund von § 6 Abs. 2 S. 2 GmbHG für fünf Jahre nicht mehr Geschäftsführer sein dürfen, sich jedoch

64

---

1 BGH v. 8.11.1989 – 3 StR 249/89, GmbHR 1990, 298 = wistra 1990, 97.
2 BGH v. 13.12.2012 – 5 StR 407/24, NJW 2013, 624; vgl. auch BGH v. 23.1.2013 – 1 StR 459/12, wistra 2013, 272 ff.; OLG Düsseldorf v. 16.10.1987 – 5 Ss 193/87–200/87 I, NStZ 1988, 368 m. Anm. *Hoyer*; BayObLG v. 20.2.1997 – 5 St RR 159/96, NJW 1997, 1936; *Tiedemann*, WiStrafR AT, Rz. 234.
3 In diesem Sinne auch BGH v. 21.3.1988 – II ZR 194/87, NJW 1988, 1789 (Rz. 6); *Rogall* in KK, § 9 OWiG Rz. 25; *Meyer* in Bittmann, InsolvenzstrafR, § 5 Rz. 102; vgl. auch *Fuhrmann* in FS Tröndle, 1989, S. 139 f.
4 BGH v. 24.6.1952 – 1 Str 153/52, BGHSt 3, 32; BGH v. 5.10.1954 – 2 StR 447/53, BGHSt 6, 314 (355) = GmbHR 1955, 43; BGH bei *Herlan*, GA 1971, 36; BGH v. 28.6.1966 – 1 StR 414/65, BGHSt 21, 101; BGH bei *Holtz*, MDR 1980, 453; bei der KG auch ein Kommanditist: BGH v. 6.11.1986 – 1 STR 327/86, BGHSt 34, 221 = wistra 1987, 100 = NJW 1987, 1710.
5 BGH v. 26.5.1993 – 5 StR 190/93, BGHSt 39, 233, UR 1993, 393.
6 BGH v. 22.9.1982 – 3 StR 287/82 – Bote und Hausmeister, BGHSt 31, 118 = GmbHR 1983, 43; zweifelnd *Kratsch*, ZHR 1985, 506 (525).
7 BGH v. 25.7.1984 – 3 StR 192/84, BGHSt 33, 21.
8 BGH v. 6.11.1986 – 1 StR 327/86, BGHSt 34, 221.
9 *Mertens* in Kölner Komm., § 93 AktG Rz. 2; die Vorschrift knüpft allein an die faktische Organtätigkeit an.
10 BGH bei *Holtz*, MDR 1981, 100.
11 *Otto* in Großkomm., § 400 AktG Rz. 8, § 399 AktG Rz. 20.
12 BGH v. 21.7.1999 – 2 StR 24/99, BGHSt 45, 148 (151).
13 BGH v. 3.7.1989 – StbSt (R) 14/88, wistra 1990, 60.

gleichwohl in dieser Funktion betätigen. Ausschlaggebend ist, dass der Betreffende die Merkmale des Geschäftsführerhandelns tatsächlich erfüllt.

65 Die Annahme der „faktischen Geschäftsführerstellung" ist in der **Literatur kritisiert** worden. Sie widerspreche der Systematik des GmbH-Gesetzes[1], ein solcher Tatbestand sei *konturenlos*[2], widerspreche dem Bestimmtheitsgebot des Art. 103 Abs. 2 GG[3] und verstoße insbesondere gegen das strafrechtliche Analogieverbot[4]. Diese Kritik, von der sich die obergerichtliche Rechtsprechung nicht hat beeindrucken lassen, ist *nicht durchgreifend*[5]. Die am tatsächlichen Befund ausgerichtete Betrachtungsweise des Tatbestandsmerkmals „als Geschäftsführer" verstößt weder gegen das Analogieverbot noch gegen den Grundsatz der Tatbestandsbestimmtheit des Art. 103 Abs. 2 GG. Die Strafnormen wenden sich nicht nur an den förmlich bestellten Geschäftsführer, sondern auch an denjenigen, der die Geschäftsführung tatsächlich übernommen hat[6]. Einer Haftungserstreckung nach § 14 StGB bedarf es nicht. Die faktische Betrachtungsweise geht auch über § 14 Abs. 3 StGB hinaus; sie nimmt eine Geschäftsführerstellung nicht nur bei der Unwirksamkeit eines Bestellungsaktes an, sondern gerade dann, wenn unter Vermeidung der gesetzlichen Förmlichkeiten die Bestellung faktisch (wirksam) erfolgt ist[7].

II. Anwendungsfälle

66 Die Pflichtenstellung eines faktischen Geschäftsführers ist im Rahmen der **Untreue**[8] (vgl. § 32 Rz. 100) anerkannt beim Treubruchtatbestand – nicht aber beim Missbrauchstatbestand, da es an einem rechtswirksamen Grundverhältnis fehlt[9]. Häufig kommt es in diesen Fällen jedoch nicht darauf an, ob die Voraussetzungen eines „faktischen Geschäftsführers" erfüllt sind. Die Strafbarkeit ist bereits bei der tatsächlichen Übernahme einer Vermögensbetreuungspflicht gegeben[10], da der Treubruchtatbestand nicht an die formale Position des Geschäftsführers anknüpft, sondern an die tatsächliche Verfügungsmacht über

---

1 *Kaligin*, BB 1983, 79: Der strafrechtliche Schutz vor unseriösen Hintermännern bei zwischengeschalteten Strohleuten könne nur durch Änderung des GmbHG erreicht werden; *Labsch*, wistra 1985, 1 (4).
2 *Kaligin*, BB 1983, 79.
3 Vgl. *Tiedemann* in LK, vor § 283 StGB Rz. 69.
4 *Stein*, Das faktische Organ, 1984, 130 ff.; *Tiedemann*, Grundfragen bei der Anwendung des neuen KonkursstrafR, NJW 1977, 777 (779); *Bosch* in S/S/W, § 14 StGB Rz. 21.
5 BGH v. 10.5.2000 – 3 StR 101/00, BGHSt 46, 62 (66); *Fuhrmann* in FS Tröndle, 1989, S. 139.
6 BGH v. 22.9.1982 – 3 StR 287/82, BGHSt 31, 118 (122) = GmbHR 1983, 43.
7 *Bruns*, Grundprobleme der strafrechtlichen Organ- und Vertreterhaftung, GA 1982, 1 (19 ff., 22).
8 BGH v. 17.12.1991 – 5 StR 361/91, BGHR StGB § 283 Abs. 1 Konkurrenzen 3 = BGHR AO § 370 Abs. 1 Fortsetzungszusammenhang 6 = wistra 1992, 140.
9 *Hübner* in LK, § 266 StGB Rz. 60.
10 Offengelassen im Hinblick auf eine tatsächliche Vermögensbetreuungspflicht BGH v. 10.7.1996 – 3 StR 50/96, NJW 1997, 66; *Geerds*, JR 1997, 340; BGH v. 14.7.1999 – 3 StR 188-99, NStZ 1999, 558.

ein bestimmtes Vermögen, wenn damit ein schützenswertes Vertrauen in eine pflichtgemäße Wahrnehmung der Vermögensinteressen verbunden ist.

Beispiel: Eine solche bedeutsame vermögensbezogene Pflichtenstellung liegt z.B. dann vor, wenn der Geschäftsführer einer herrschenden GmbH mit Einverständnis der Gesellschafter seine faktische Dominanz dazu benutzt, den Geschäftsführer einer GmbH-Tochter in allen wesentlichen Firmenangelegenheiten und teilweise bis in kleinste Details hinein anzuweisen. Dies ist der Fall, wenn er ein eigenes Büro in den Firmenräumen der abhängigen GmbH hat und ihm eine Sekretärin zugeteilt ist, er unmittelbar in die Kalkulation insbesondere großer Aufträge eingreift, Anweisungen hinsichtlich Verhandlungen mit Arbeitnehmern und deren Kündigung gibt, wichtige Vermögensangelegenheiten der abhängigen GmbH selbst wahrnimmt, teilweise den Geschäftsführer der GmbH ausschaltet und bei Kreditverhandlungen mit der Hausbank nach außen auftritt; ferner innerhalb des Unternehmens gegenüber den Arbeitern als Chef auftritt, an einer Betriebsratssitzung teilnimmt, Besprechungen mit Arbeitnehmern durchführt, die Arbeitszeitregelung auf Geschäftspapier der abhängigen GmbH festlegt und eine Arbeitnehmerkündigung unterzeichnet. 67

Dies gilt auch im **faktischen GmbH-Konzern**. Wirkt der faktische Geschäftsführer dominierend sowohl in der Sphäre des herrschenden als auch des beherrschten Unternehmens, so muss er beiden Pflichtenstellungen gerecht werden. Dies ist möglich und zumutbar, weil die Konzernmutter ohnehin zu einem pfleglichen Umgang mit dem Vermögen der Konzerntochter verpflichtet ist[1]. 68

Weiter wird eine faktische Geschäftsführerstellung anerkannt bei **Betrugs**-[2] **und Insolvenzdelikten**[3], insbesondere Insolvenzverschleppung[4] (vgl. § 80 Rz. 27) und Buchführungsdelikten sowie bei Vorenthalten von Arbeitnehmerbeiträgen[5]. Auch die *GmbH-Delikte*[6] (vgl. § 50 Rz. 68 ff.) wie Gründungstäuschung[2] (§ 82 Abs. 1 Nr. 1 GmbHG), Kapitalerhöhungs-[7] (§ 82 Abs. 1 Nr. 3 GmbHG) und -herabsetzungsschwindel, Geschäftslagentäuschung[4] (§ 82 Abs. 2 Nr. 2 GmbHG[8]), Eignungsschwindel (§ 82 Abs. 1 Nr. 4 GmbHG)[9] und Geheim- 69

---

1 BGH v. 10.7.1996 – 3 StR 50/96, NJW 1997, 66. BGH v. 16.9.1985 – II ZR 275/84, BGHZ 95, 330 (340); BGH v. 29.3.1993 – II ZR 265/91, BGHZ 122, 123 (130); *Tiedemann*, NJW 1986, 1845 f; *Busch*, Konzernuntreue, S. 78 ff.; BGH v. 13.5.2004 – 5 StR 73/03 – Bremer Vulkan, NJW 2004, 2248.
2 BGH v. 11.12.1997 – 4 StR 323/97, NJW 1998, 767 m. Anm. *Park*; BGH v. 12.1.1999 – 4 StR 666/98, wistra 1999, 179; BGH v. 14.2.2001 – 3 StR 461/00, wistra 2001, 217; BGH v. 8.11.1989 – 3 StR 249/89, GmbHR 1990, 298.
3 BGH v. 6.11.1986 – 1 StR 327/86, BB 1987, 145; BGH v. 11.7.2005 – II ZR 235/03, BB 2005, 1869; a.A. *Cavero* in FS Tiedemann, 2008, S. 299 (310).
4 BGH v. 22.9.1982 – 3 StR 287/82, StV 1984, 461 m. Anm. *Otto*; BayObLG v. 20.2.1997 – 5 St RR 159/96, NJW 1997, 1936.
5 BGH v. 24.7.1987 – 3 StR 36/87, BGHSt 35, 14; BGH v. 28.5.2002 – 5 StR 16/02, BGHSt 47, 318 (324).
6 BGH v. 10.5.2000 – 3 StR 101/00, BGHSt 46, 62 (66).
7 BGH v. 10.5.2000 – 3 StR 101/00, BGHSt 46, 62 (63).
8 Zust. *Gübel*, Auswirkungen, 164; *Tiedemann* in Scholz, § 82 GmbHG Rz. 39 ff.; *Cavero* in FS Tiedemann, 2008, S. 310.
9 Bejaht von *Fuhrmann* in Rowedder/Schmidt-Leithoff, § 82 GmbHG Rz. 36; *Kohlmann* in Hachenburg, § 82 GmbHG Rz. 19; verneinend *Tiedemann* in Scholz, § 82 GmbHG Rz. 42; *Kaligin*, NStZ 1989, 90 (91).

nisverrat (§ 85 GmbHG)[1], von denen einige speziell auch auf „den Geschäftsführer" abstellen, können von einem faktischen Geschäftsführer begangen werden. Weiter kommt bei *Submissionsbetrug* (§ 298 StGB) bzw. kartellrechtlichen Verstößen (§§ 1, 81 GWB) eine Haftung aus faktischer Geschäftsführung in Betracht, ferner bei *Produkthaftungs-*[2] und *Umweltdelikten*[3] sowie im *Steuerstrafrecht*[4]. Mittäter einer Steuerhinterziehung ist auch, wer im Rahmen der gemeinsamen Tatplanung und Tatausführung die Funktion eines faktischen Geschäftsführers innehat und Verfügungsberechtigter i.S. von § 35 AO ist[5]. Eine Stellung als faktischer Geschäftsführer ist jedoch nicht unbedingt erforderlich, da die Steuerhinterziehung kein Sonderdelikt ist; Täter (Mittäter) kann nach der ständigen Rechtsprechung des BGH auch sein, wer selbst weder Steuerschuldner noch Steuerpflichtiger ist[6].

69a Der faktische Geschäftsführer kann sich ebenfalls wegen **Bankrotts** gem. § 283 StGB strafbar machen (näher dazu § 81). Der BGH hat in einem Fall der Firmenbestattung (vgl. § 87 Rz. 44 f.) klargestellt, dass dem faktischen Geschäftsführer über *§ 14 Abs. 1 Nr. 1 StGB* das besondere persönliche Merkmal der Schuldnereigenschaft zugerechnet werden kann[7]. Der Straftatbestand des Bankrotts gewinnt erheblich an Relevanz, da nach der Rechtsprechung des BGH – entgegen früherer Ansicht[8] – eine Zurechnung nach § 14 Abs. 1 Nr. 1 StGB nicht mehr voraussetzt, dass die Tathandlung *im Interesse der Gesellschaft* vorgenommen wurde[9](vgl. Rz. 99 ff.). Bei nur faktischem Handeln kommt eine Zurechnung nach wohl h.M. – entgegen der hier vertretenen Ansicht (vgl. Rz. 101) – jedoch nur dann in Betracht, wenn eine Zustimmung der Gesell-

---

[1] *Tiedemann* in Scholz, § 85 GmbHG Rz. 5; *Fuhrmann* in Rowedder/Schmidt-Leithoff, § 85 GmbHG Rz. 1; *Kohlmann/Löffeler*, Strafrechtliche Verantwortlichkeit des GmbH-Geschäftsführers, 78.

[2] Vgl. Lederspray-Urteil, BGH v. 6.7.1990 – 2 StR 549/89, BGHSt 37, 106 = GmbHR 1990, 500; unten § 56 Rz. 23 ff.

[3] *Weimar*, GmbHR 1997, 539.

[4] BGH v. 26.5.1993 – 5 StR 190/93, BGHR AO § 35 Verfügungsberechtigter 2 = wistra 1990, 97 (98); BGH v. 26.5.1993 – 5 StR 190/93, NJW 1993, 2692 BGH v. 17.12.1991 – 5 StR 361/91, wistra 1992, 140; BGH v. 4.2.1997 – 5 StR 680/96, wistra 1997, 186 m. Anm. *Janovsky*, WiB 1997, 929 (Lohnsteuer- und Umsatzsteuerhinterziehung, Beihilfe zur Steuerhinterziehung, wenn keine Aufzeichnungen über die durchgeführten Bauvorhaben geführt werden, ohne die der ordentliche Geschäftsführer der GmbH den steuerlichen Verpflichtungen nicht nachkommen kann); BGH v. 21.1.1998 – 5 StR 686/87, NStZ-RR 1998, 148; BFH v. 21.2.1989 – VII R 165/85, BStBl. II 1989, 491 m.w.Nw.

[5] FG MV v. 14.5.2008 – 1 K 205/04, juris.

[6] BGH v. 10.1.1990 – 3 StR 460/89, wistra 1990, 146 mit Hinweis auf BGH v. 22.4.1983 – 3 StR 420/82, BGHSt 31, 323 (347); BGH v. 28.5.1986 – 3 StR 103/86, NStZ 1986, 463; BGH v. 12.11.1986 – 3 StR 405/86, wistra 1987, 147; BGH v. 22.5.2003 – 5 StR 520/02, NJW 2003, 2942.

[7] BGH v. 15.11.2012 – 3 StR 199/12, NStZ 2013, 284 (285, Rz. 22 f.).

[8] BGH v. 20.5.1981 – 3 StR 94/81, NJW 1981, 1793.

[9] BGH v. 15.9.2011 – 3 StR 118/11, NStZ 2012, 89 (Anfrage); BGH v. 15.5.2012 – 3 StR 118/11, NJW 2012, 2366 ff.

schafter vorliegt¹. (Zur Frage der Einschränkung der Strafbarkeit des faktischen Geschäftsführers durch § 14 Abs. 3 StGB vgl. Rz. 83.)

III. Subjektiver Tatbestand

Zu der im Rahmen des **Vorsatzes** erforderlichen Kenntnis des Tatbestandsmerkmals der faktischen Geschäftsführerstellung reicht das bloße *Wissen um die Tätigkeit in der GmbH* und deren *Gewicht im Verhältnis* zu der *Tätigkeit des formellen Geschäftsführers* nicht aus. Der Täter muss zumindest in einer Parallelwertung in der Laiensphäre den unrechtstypischen Bedeutungsgehalt erfasst haben². Feststellungen zur subjektiven Seite sind insoweit erforderlich.

70

Streitig ist, ob die Kenntnis der sich aus der faktischen Geschäftsführerstellung ergebenden Pflichten zum Vorsatz gehört oder ob ein Irrtum hierüber nur einen **Verbotsirrtum** (§ 17 StGB) begründet, der den Vorsatz unberührt lässt³. Unüberwindlich ist ein Verbotsirrtum nur, wenn der Handelnde trotz gehöriger Anspannung des Gewissens die Einsicht in das Unrechtmäßige seines Verhaltens nicht zu gewinnen vermochte. Dies setzt jedoch voraus, dass er alle seine geistigen Erkenntniskräfte einsetzt und auftretende Zweifel durch Nachdenken und erforderlichenfalls durch Einholung von Rat bei einer sachkundigen und vertrauenswürdigen Person oder Stelle beseitigt hat⁴.

71

Lässt sich eine *faktische Geschäftsführerstellung nicht nachweisen*, kommt **Beihilfe** zu den Delikten in Betracht. Bei Steuerhinterziehung ist dies z.B. dann möglich, wenn der Täter keine Aufzeichnungen über die von ihm durchgeführten Bauvorhaben führt, ohne die der ordentliche Geschäftsführer der GmbH den steuerlichen Verpflichtungen nicht nachkommen kann⁵. Dass die die Firma beratenden Anwälte den faktischen Geschäftsführer nicht von sich aus auf die Pflichten eines solchen hingewiesen haben, entschuldigt diesen nicht⁶. Eine Beihilfestrafbarkeit des faktisch tätigen Hintermanns setzt eine vorsätzliche, rechtswidrige *Haupttat des Vordermanns* voraus. Hieran fehlt es regelmäßig, wenn in einem „Strohmann-Fall" das formal bestellte Organ überhaupt nicht tätig wird. Dies zeigt die Notwendigkeit, den faktischen Geschäftsführer in die strafrechtliche Verantwortung als Täter einzubeziehen, um *Strafbarkeitslücken* zu *vermeiden*.

72

Lässt der *formell bestellte* Geschäftsführer einen *faktischen* Geschäftsführer tätig werden oder nimmt er hin, dass sich ein solcher etablieren kann, dann handelt er nach allgemeinen Grundsätzen dann **vorsätzlich**, wenn er Anhaltspunkte für eine unzureichende Erfüllung der Pflichten durch den faktischen Geschäftsführer erlangt und dennoch nicht die notwendigen Maßnahmen er-

73

---

1 BGH v. 15.5.2012 – 3 StR 118/11, NJW 2012, 2366, 2369 (Rz. 26).
2 BayObLG v. 29.1.1991 – RReg. 4 St 9/91, wistra 1991, 195 (197).
3 Zu den steuerlichen Pflichten vgl. BayObLG v. 29.1.1991 – RReg. 4 St 9/91, wistra 1991, 195 (197) m.w.Nw.
4 KG v. 24.3.1977 – (2) Ss 442/76, JR 1977, 379 (380) m. Anm. *Rudolphi*; BayObLG v. 8.9.1988 – RReg 5 St 96/88, JR 1989, 386 m. Anm. *Rudolphi*.
5 BGH v. 4.2.1997 – 5 StR 680/96, NStZ 1997, 553 = wistra 1997, 186.
6 BGH v. 19.4.1984 – 1 StR 736/83, wistra 1984, 178.

greift. Solche Verdachtsmomente brauchen sich nicht unmittelbar auf die Verletzung der Pflichten zu beziehen, sondern können bereits vorliegen, wenn konkrete Anzeichen dafür bestehen, dass Pflichten nicht ordnungsgemäß erfüllt werden[1]. Dies gilt insbesondere dann, wenn die Tätigkeit des faktischen Geschäftsführers aufgrund eines Berufsverbots bereits rechtswidrig ist und der formelle Geschäftsführer dies weiß[2].

C. Organ- und Vertreterhaftung

Schrifttum s. vor Rz. 1, außerdem: *Achenbach*, Ausweitung des Zugriffs bei den ahndenden Sanktionen gegen Unternehmensdelinquenz, wistra 2002, 441; *Arndt*, Der Betriebsbeauftragte im Umweltrecht, 1985; *Böse*, Die Garantenstellung des Betriebsbeauftragten, NStZ 2003, 636; *Busch*, Unternehmen und Umweltstrafrecht, 1997; *Dahs*, Zur strafrechtlichen Haftung des Gewässerschutzbeauftragten nach § 324 StGB, NStZ 1986, 97; *Demuth/Schneider*, Die besondere Bedeutung des Gesetzes über Ordnungswidrigkeiten für Betrieb und Unternehmen, BB 1970, 642 ff.; *Fischer*, Der Betriebsbeauftragte im Umweltschutzrecht, 1996; *Grub*, Die insolvenzstrafrechtliche Verantwortlichkeit der Gesellschafter von Personenhandelsgesellschaften, 1995; *Habenicht*, Praktische Aspekte einer Neuausrichtung der strafrechtlichen Organ- und Vertreterhaftung (§ 14 StGB), JR 2011, 17; *Habetha*, Bankrott und Untreue in der Unternehmenskrise – Konsequenzen der Aufgabe der „Interessentheorie" durch den BGH, NZG 2012, 1134; *Labsch*, Die Strafbarkeit des GmbH-Geschäftsführers, wistra 1985, 1; *Marxen*, Die strafrechtliche Organ- und Vertreterhaftung – eine Waffe im Kampf gegen die Wirtschaftskriminalität, JZ 1988, 286; *Schmidt, R.*, Die strafrechtliche Organ- und Vertreterhaftung, JZ 1967, 698, JZ 1968, 123; *Radtke*, Die strafrechtliche Organ- und Vertreterhaftung (§ 14 StGB) vor der Neuausrichtung?, JR 2010, 233; *Rönnau*, Haftung der Direktoren einer in Deutschland ansässigen englischen Private Company Limited by Shares nach deutschem Strafrecht – eine erste Annäherung, ZGR 2005, 832; *Tiedemann*, Die strafrechtliche Vertreter- und Unternehmenshaftung, NJW 1986, 1842; *Többens*, Die Bekämpfung der Wirtschaftskriminalität durch die Troika der §§ 9, 130 und 30 des Gesetzes über Ordnungswidrigkeiten, NStZ 1999, 1; *Wiesener*, Die strafrechtliche Verantwortlichkeit von Stellvertretern und Organen, 1971.

74 **§ 14 StGB, § 9 OWiG** begründen eine **Organ- und Vertreterhaftung**, die im Wesentlichen besagt, dass Tatbestände, die sich an bestimmte Normadressaten richten, auch auf näher bestimmte **Personen** anzuwenden sind, die z.B. aufgrund einer gesetzlichen Vertretung oder der Delegation von Aufgaben **stellvertretend** für diesen handeln. Eine solche Haftung ist aus mehreren Gründen erforderlich:

– Zum einen wenden sich zahlreiche Tatbestände des StGB und des OWiG an *Adressaten*, die sich in einer bestimmten Lage oder einem bestimmten Pflichtenkreis befinden; man spricht von *Sonderdelikten* (vgl. § 22 Rz. 1 ff.).

– Zum anderen ist unser Wirtschaftsleben auch und gerade in der Führungsebene von einer weitgehenden *innerbetrieblichen Arbeitsteilung* gekennzeichnet. Dies bedeutet, dass häufig ein Normadressat seine Aufgaben und Pflichten nicht selbst wahrnimmt, sondern an andere Mitarbeiter delegiert.

---

1 Vgl. BGH v. 15.10.1996 – VI ZR 319/95, BGHZ 133, 370 (379).
2 BGH v. 28.5.2002 – 5 StR 16/02, BGHSt 47, 318 (325 f.).

– Weiter können *juristische Personen* nicht selbst handeln, sondern bedürfen, um nach außen tätig werden zu können, eines *Organs*, das die gesetzliche Vertretung wahrnimmt.

Begeht der Vertreter (bzw. das Organ) eines Normadressaten eine tatbestandsmäßige Handlung, so könnte mangels einer Sondervorschrift weder er noch der Vertretene zur Verantwortung gezogen werden[1]: der *Vertreter nicht*, weil er die entsprechende Qualifikation nicht hat, der *Vertretene nicht*, weil er nicht gehandelt hat. Diese Konsequenz würde zu einer kriminalpolitisch **untragbaren Lücke** im Straf- und Ordnungswidrigkeitenrecht führen, insbesondere im gesamten Bereich des Wirtschaftsstrafrechts. Diese Lücke zu schließen, ist Aufgabe des § 14 StGB bzw. des wortgleichen, für Ordnungswidrigkeiten geltenden § 9 OWiG.

I. Anwendungsbereich

a) § 14 StGB (bzw. § 9 OWiG) ist *nur dann anwendbar*, wenn die Strafbarkeit von besonderen persönlichen Merkmalen beim **Normadressaten**, dem die Strafdrohung ursprünglich gilt, abhängt[2]. Dies bedeutet, dass § 14 StGB/§ 9 OWiG dort *nicht anwendbar* ist, wo sich die Strafdrohung *direkt* – auch – gegen einen Vertreter richtet[3].

Beispiele: Dies gilt z.B. für die Anwendung von § 266 Abs. 1 Alt. 1 StGB bei dem Geschäftsführer einer GmbH: Dass der Geschäftsführer über das Vermögen der Gesellschaft verfügen kann, ergibt sich bereits aus gesellschaftsrechtlichen Vorschriften (z.B. §§ 35, 36, 37, 43 GmbHG) und nicht erst aus § 14 StGB.
Auch bei den in § 266 Abs. 1 Alt. 2 StGB angeführten Fallgestaltungen ergibt sich die *Treuepflicht* bereits aus der zu dem Inhaber des geschädigten Vermögens bestehenden Beziehungen und nicht aufgrund § 14 StGB. Dies gilt auch dann, wenn das die Treuepflicht begründende Rechtsgeschäft mit einem Dritten zugunsten des zu Betreuenden abgeschlossen wird: In diesem Fall kann der Angestellte, der von einem Vermögensverwalter Untervollmacht erhält, unabhängig von § 14 StGB Täter einer Untreue sein[4].
Wer eine *Gewässerverunreinigung* i.S. von § 324 StGB unbefugt bewirkt, haftet direkt nach dieser Vorschrift.

Einer Anwendung der § 14 StGB/§ 9 OWiG bedarf es auch nicht, wenn sich bei **unechten Unterlassungsdelikten**[5] der Vertreter in einer *Garantenstellung* befindet, die eine unmittelbare strafrechtliche Verantwortlichkeit begründet (vgl. Rz. 112 f.):

Beispiele: Unterlässt es der Geschäftsführer einer GmbH, die ein Transportunternehmen betreibt, die ihm zur Beförderung übergebenen wertvollen Geräte vor Schaden zu bewahren, ist er wegen Sachbeschädigung unmittelbar aus § 303 StGB zu bestrafen, weil ihn selbst eine *Erfolgsabwendungspflicht* trifft[6].

---

1 *Perron* in S/S, § 14 StGB Rz. 1.
2 *Gürtler* in Göhler, § 9 OWiG Rz. 1 f.; *Rogall* in KK, § 9 OWiG Rz. 2 ff., 12 ff.
3 *Perron* in S/S, § 14 StGB Rz. 4; *Schünemann* in LK, § 14 StGB Rz. 11.
4 *Perron* in S/S, § 14 StGB Rz. 5.
5 Zum Begriff vgl. oben § 17 Rz. 17 sowie *Rogall* in KK, § 9 OWiG Rz. 9.
6 *Schünemann* in LK, § 14 StGB Rz. 14.

Hat der Bautrupp eines in der Rechtsform einer AG betriebenen Bauunternehmens eine Brücke fehlerhaft gebaut, ohne dass den Organen der AG daraus ein Vorwurf zu machen ist, so wird ein Vorstandsmitglied, das davon erfährt, aus dem vorangegangenen Tun unmittelbar selbst erfolgsabwendungspflichtig[1].

79 **b)** Die **besonderen persönlichen Merkmale**, die dem Vertreter zugerechnet werden, umfassen *drei Gruppen*: besondere persönliche Eigenschaften, Verhältnisse und Umstände.

80 Besondere **persönliche Eigenschaften** sind „körperliche oder geistige oder rechtliche Wesensmerkmale eines Menschen".

81 Besondere **persönliche Verhältnisse** sind die äußeren Beziehungen eines Menschen zu anderen Menschen, Institutionen oder Sachen[2].

Beispiele: Hierzu gehören aus dem Bereich des Wirtschaftsrechts z.B. die Schuldnereigenschaft i.S. von § 283 StGB, die Funktionen als Arbeitgeber i.S. von § 266a StGB und der Kraftfahrzeughalter nach § 21 StVG.

82 Besondere **persönliche Umstände** sind sonstige täterbezogene Merkmale, die nicht zu den besonderen persönlichen Eigenschaften oder Verhältnissen gehören. Sie wurden aufgenommen, um klarzustellen, dass die besonderen persönlichen Merkmale nicht dauerhaft vorliegen müssen, sondern auch solche von nur *vorübergehender Dauer* sein können. Hierzu zählen z.B. die Zahlungseinstellung oder die Eröffnung des Insolvenzverfahrens i.S. von § 283 Abs. 6 StGB[3].

Hierunter fallen jedoch nicht *subjektiv-täterschaftliche Merkmale*, wie Absichten, Motive oder Gesinnungen, da sie wegen ihres personalen Bezuges dem Vertreter nicht zugerechnet werden können[4]. Soweit *objektiv-täterschaftliche Merkmale*, wie z.B. die Beamteneigenschaft, *höchstpersönlicher Natur* sind, haben sie ebenfalls außer Betracht zu bleiben, da sie wegen ihrer unlösbar an eine Person gebundenen Funktion eine Vertretung nicht zulassen[5].

83 **c)** **§ 14 Abs. 3** StGB (bzw. § 9 Abs. 3 OWiG) stellt klar, dass die das Vertretungs- oder Auftragsverhältnis begründende Rechtshandlung *nicht wirksam* sein muss. Entscheidend ist, dass der Vertreter oder der Beauftragte im Wirkungskreis des Normadressaten mit dessen Einverständnis oder dem Einverständnis des zu einer Beauftragung sonst Befugten tätig geworden ist und dabei eine Stellung eingenommen hat, wie sie in Abs. 1 und 2 vorausgesetzt ist.

83a Fraglich ich, ob auch die rein *faktische Geschäftsführung* von der **Haftungsausweitung** des § 14 Abs. 3 StGB erfasst ist, wenn es an einem *intentionalen Bestellungsakt* fehlt. Dies wird in weiten Teilen des Schrifttums mit Verweis auf die Wortlautgrenze („Rechtshandlung") abgelehnt[6]. Teilweise wird darüber hi-

---

1 *Schünemann* in LK, § 14 StGB Rz. 14.
2 *Perron* in S/S, § 14 StGB Rz. 10, 11.
3 BayObLG v. 18.3.1969 – RReg. 3b St 200/68, NJW 1969, 1495.
4 *Perron* in S/S, § 14 StGB Rz. 8.
5 *Perron* in S/S, § 14 StGB Rz. 8.
6 *Radtke* in MüKo, § 14 StGB Rz. 123; *Perron* in S/S, § 14 StGB Rz. 42, 43; *Böse* in NK, § 14 StGB Rz. 28; *Bosch* in S/S/W, § 14 StGB Rz. 20; *Schröder/Bergmann* in Matt/Renzikowski, § 14 StGB Rz. 93.

naus die Regelung des § 14 Abs. 3 StGB als abschließend betrachtet und ihr eine *Sperrwirkung* zugeschrieben[1]. Letzterer Ansicht zufolge wäre eine Strafausdehnung über § 14 Abs. 1 und 2 StGB auf den faktischen Geschäftsführer ausgeschlossen.

Zutreffend ist, dass § 14 Abs. 3 StGB voraussetzt, dass der faktische Geschäftsführer sich die Stellung nicht einseitig angemaßt hat[2]. *Nicht erforderlich* ist jedoch ein förmlicher Bestellungsakt. Eine rechtlich erhebliche Handlung i.S. des 14 Abs. 3 StGB ist vielmehr auch dann gegeben, wenn ein ausdrückliches oder konkludentes Einverständnis aller Gesellschafter mit dem Handeln des faktisch tätigen Geschäftsführers vorliegt[3]. Das Einverständnis einer Mehrheit reicht als Legitimation aus, wenn die Bestellung des Geschäftsführers ebenfalls durch Mehrheitsbeschluss erfolgen kann[4]. Für eine weite Auslegung des § 14 Abs. 3 StGB spricht auch, dass nach den Gesetzesmaterialien die Einbeziehung von Vertretern und Beauftragten gewollt war, soweit diese mit Einverständnis der Entscheidungsträger eine faktische Stellung in der Gesellschaft einnehmen[5]. Eine *Sperrwirkung* ist bereits vor diesem Hintergrund *abzulehnen*. Die praktische Relevanz des Streits dürfte gering sein, da die verbreitete Literaturansicht, die einen formellen Bestellungsakt für § 14 Abs. 3 StGB für erforderlich hält, jedoch keine Sperrwirkung annimmt, die Fälle der faktischen Geschäftsführung i.d.R. direkt unter § 14 Abs. 2 Nr. 1 StGB („beauftragt") subsumiert[6].

Nach § 14 Abs. 2 S. 3 StGB ist S. 1 sinngemäß anzuwenden auf Beauftragte einer Stelle, die Aufgaben der **öffentlichen Verwaltung** wahrnimmt. Sinn der Vorschrift ist es, die Angehörigen von Verwaltungsstellen, denen vielfach die gleichen Pflichten obliegen wie z.B. einem Betrieb, bezüglich ihrer Verantwortlichkeit den Vertretern von Betrieben oder Unternehmen des Privatrechts gleichzustellen und so eine ungerechtfertigte Bevorzugung zu vermeiden. 84

d) Die Haftung eines Vertreters oder Beauftragten bedeutet nicht, dass **Vertretene oder Auftraggeber**, die natürliche Personen sind, strafrechtlich nicht belangt werden könnten. Diese *bleiben* vielmehr *Normadressaten*. Sie sind nicht nur dann strafbar, wenn sie durch aktives Handeln gegen entsprechende Normen verstoßen, sondern auch, wenn sie Pflichtverletzungen erkennen und nicht dagegen einschreiten. Aufgrund ihrer Garantenstellung[7] liegt eine strafrechtliche Haftung wegen Unterlassens vor. 85

---

1 *Tiedemann*, NJW 1986, 1842, 1845; *Stein*, Das faktische Organ, 1984, S. 195 ff; *Böse* in Kindhäuser/Neumann/Paeffgen, 4. Aufl. 2013, § 14 StGB Rz. 27; differenzierend *Radtke* in MüKo, § 14 StGB Rz. 114 ff.
2 BGH v. 10.5.2000 – 3 StR 101/00, BGHSt 46, 62 (65, Rz. 11).
3 BGH v. 10.5.2000 – 3 StR 101/00, BGHSt 46, 62 (65, Rz. 11); *Schünemann* in LK, § 14 StGB Rz. 69; vgl. *Fischer*, vor § 283 StGB Rz. 23 m.w.Nw.
4 OLG Karlsruhe v. 7.3.2006 – 3 Ss 190/05, NJW 2006, 1364.
5 Vgl. BT-Drs. V/1319, 65.
6 Vgl. *Perron* in S/S, § 14 StGB Rz. 42, 43; *Merz* in G/J/W, § 14 StGB Rn 53.
7 *Perron* in S/S, § 14 StGB Rz. 7.

II. Fallgruppen der Vertretung

1. Organe juristischer Personen

86 Zu den juristischen Personen zählen alle Organisationen mit **eigener Rechtspersönlichkeit** aus dem Bereich des Zivilrechts und des öffentlichen Rechts, soweit sie wirksam entstanden sind[1]. Gleichgültig ist, ob sie nach *deutschem* oder *ausländischem Recht* gegründet wurden[2] (vgl. zu Letzteren § 23 Rz. 100).

87 Zu den in § 14 Abs. 1 Nr. 1 Alt. 1 StGB genannten **vertretungsberechtigten Organen** gehören:

– beim rechtsfähigen Verein der Vorstand gem. §§ 26, 29 BGB[3],
– bei der rechtsfähigen Stiftung der Vorstand gem. §§ 86, 88 BGB,
– bei der AG der Vorstand gem. §§ 76, 78 AktG,
– bei der Genossenschaft der Vorstand gem. §§ 17 Abs. 1, 24 GenG,
– bei der GmbH der Geschäftsführer gem. § 35 GmbHG, dies gilt auch für die Ein-Mann-GmbH,
– bei der KGaA der persönlich haftende Gesellschafter gem. §§ 278 Abs. 2, 285 AktG, § 170 HGB.

88 **Liquidatoren** (Abwickler) haben die Rechtsstellung der jeweiligen Organe (§§ 265, 269, 290 AktG, § 68 GmbHG), zumindest sind sie gesetzliche Vertreter i.S. von § 14 Abs. 1 Nr. 3 StGB[4].

Strittig ist, ob der „**executive Director**" einer in Deutschland ansässigen **Limited Company (Ltd.)** unter den Organbegriff des § 14 Abs. 1 Nr. 1 Alt. 1 StGB fällt. Dies ist zu bejahen[5]. Entscheidend ist nicht die Begrifflichkeit des britischen Rechts („agent = Beauftragter"), sondern dessen Funktion. Der "executive Director" führt nach innen und außen die täglichen Geschäfte der Gesellschaft und steht in seiner Funktion dem GmbH-Geschäftsführer bzw. dem AG-Vorstand gleich (zur Anwendung des § 14 StGB auf ausländische juristische Personen s. Rz. 86).

89 Die satzungsmäßig bestimmten stellvertretenden Vorstandsmitglieder sind von § 14 Abs. 1 Nr. 1 StGB dann erfasst, wenn sie in tatsächlicher Ausübung des Stellvertreteramtes handeln[6]. Wie sich bereits aus § 14 Abs. 3 StGB ergibt, sind auch die rechtlich nicht wirksam bestellten Organe (etwa: Geschäftsführer) erfasst. Ebenso erfolgt eine Zurechnung, wenn es sich bei dem eingetragenen Geschäftsführer lediglich um einen Strohmann handelt, da § 14 Abs. 1 Nr. 1 StGB an die formale Stellung und die daraus folgenden Pflichten anknüpft[7].

---

1 *Perron* in S/S, § 14 StGB Rz. 15; *Schünemann* in LK, § 14 StGB Rz. 44.
2 AG Stuttgart v. 18.12.2007 – 105 Ls 153 Js 47778/05, wistra 2008, 226 ff. (Rz. 41).
3 Zur Haftung des stellvertretenden Finanzvorstands als „Vereinsrepräsentant" vgl. OLG Stuttgart v. 11.3.2010 – 19 U 157/09, juris Rz. 29.
4 *Perron* in S/S, § 14 StGB Rz. 16, 17.
5 Ebenso *Rönnau*, ZGR 2005, 832 (843 f.); *Perron* in S/S, § 14 StGB Rz. 16, 17.
6 BGH v. 10.6.1958 – 5 StR 190/58, BB 1958, 930 zu § 244 KO a.F.
7 Vgl. OLG Koblenz v. 4.12.2009 – 10 U 353/09 NZG 2010, 471 (472); OLG Frankfurt v. 18.8.2010 – 12 U 71/09, juris Rz. 27.

Nach der Regelung in § 14 Abs. 1 Nr. 1 Alt. 2 StGB, die sich auf **mehrgliedrige** 90
Organe bezieht, wird *jedes* Mitglied des Organs zum Normadressaten, auch wenn durch Satzung, Geschäftsordnung, Anstellungsvertrag oder interne Vereinbarung eine Geschäftsverteilung zwischen den einzelnen Organmitgliedern erfolgt ist und die fragliche Angelegenheit in den Aufgabenkreis eines anderen fällt. Dies heißt, dass die *Geschäftsverteilung* den Kreis der Normadressaten *nicht begrenzen* kann, was insbesondere von Bedeutung ist bei der häufig anzutreffenden Aufteilung in technische und kaufmännische Leitung. Zu prüfen ist allerdings, ob das intern nicht zuständige Vorstandsmitglied die Pflichtverletzung des anderen erkannt[1] und vorsätzlich die auch ihn treffenden Pflichten nicht erfüllt hat. Denn selbst ein objektiv pflichtwidriges Unterlassen ist nur dann vorwerfbar, wenn die verlangte Handlung dem Garanten nach den tatsächlichen Umständen des Einzelfalles möglich und zumutbar war[2]. Der *Grundsatz der Generalverantwortung* und Allzuständigkeit der Geschäftsleitung greift jedoch immer dann ein, wenn aus besonderem Anlass das *Unternehmen als Ganzes* betroffen ist. In Krisen- und Ausnahmesituationen ist die Geschäftsführung deshalb insgesamt zum Handeln berufen[3] (vgl. Rz. 27 f.).

Inwieweit **gesellschaftsrechtliche Überwachungspflichten** eine strafrechtliche 91
Wirkung haben, ist fraglich. Zwar werden solche Überwachungspflichten postuliert. Unter gleichrangigen Vorstandsmitgliedern können gegenseitige Überwachungspflichten aber nur mit Einschränkung gelten, weil eine solche Kontrolle dem Sinn der Arbeitsteilung widersprechen würde. Danach wird man eine Haftung wegen fahrlässiger Verletzung von Kontrollpflichten dann bejahen können, wenn sich die Pflichtverletzung *aufdrängen* musste oder wegen *besonderer Umstände*, wie z.B. Meldungen über Schadensfälle oder frühere Unregelmäßigkeiten, Anlass – oder sogar die Pflicht – bestand, sich um die Angelegenheit zu kümmern[4].

2. Vertreter rechtsfähiger Personengesellschaften

a) Gem. § 14 Abs. 1 Nr. 2 StGB bzw. § 9 Abs. 1 Nr. 2 OWiG[5] findet eine Über- 92
wälzung besonderer persönlicher Merkmale von der *rechtsfähigen Personengesellschaft* auf deren **vertretungsberechtigte Gesellschafter** statt. Dieser Begriff wurde aus § 14 Abs. 2 BGB übernommen; auch § 30 Abs. 1 OWiG wurde entsprechend erweitert. Rechtsfähige Personengesellschaften sind in erster Linie die *Personenhandelsgesellschaften, also die OHG* (§ 105 HGB), die *KG* (§ 161 HGB; einschließlich GmbH & Co KG) und die *EWIV* (§ 23 Rz. 96); die freiberufliche *Partnerschaft* ist nach § 1 PartGG gleichgestellt.

---

1 Vgl. BGH v. 6.7.1990 – 2 StR 549/89, BGHSt 37, 106(123 f.); *Perron* in S/S, § 14 StGB Rz. 19.
2 BGH v. 1.7.1997 – 1 StR 244/97, BGHR StGB § 13 Abs. 1 Garantenstellung 13 = NStZ 1997, 545.
3 BGH v. 6.7.1990 – 2 StR 549/89 – Lederspray, BGHSt 37, 106 (123).
4 *Perron* in S/S, § 14 StGB Rz. 19.
5 Eingeführt durch das sog. EU-Rechtsinstrumente-AG vom 22.8.2002, BGBl. I 3387 ff.

93 Zu den **rechtsfähigen Personengesellschaften** gehört seit Änderung der zivilrechtlichen Rechtsprechung *auch* die *BGB-Gesellschaft*, soweit sie als Außengesellschaft am Rechtsverkehr teilnimmt[1] (§ 23 Rz. 17). Das Gleiche gilt für den sog. *nichtrechtsfähigen Verein*, der – entgegen § 54 BGB – schon lange als teilrechtsfähig behandelt wird (vgl. § 52 Abs. 2 ZPO sowie § 75 Nr. 2 StGB, §§ 29 Nr. 2, 30 Abs. 1 Nr. 2 OWiG; dazu auch § 23 Rz. 20). Nicht rechtsfähige Personenvereinigungen – wie die BGB-Innengesellschaft und die stille Gesellschaft – oder die Wohnungseigentümergemeinschaft sind dagegen vom Gesetz nicht erfasst.

94 Bei der OHG sind **vertretungsberechtigt** alle Gesellschafter (§ 125 HGB), bei der KG die persönlich haftenden Gesellschafter (sog. Komplementäre, §§ 161, 170 HGB). Allerdings kann im Gesellschaftsvertrag die Vertretungsbefugnis anders geregelt sein. Bei der GmbH & Co KG[2] ist Normadressat der GmbH-Geschäftsführer[3].

95 Handelt ein Gesellschafter *entgegen* einer **vereinbarten Gesamtvertretung** allein, so ist das zumindest in den Fällen, in denen das Delikt nicht ein rechtswirksames Rechtsgeschäft voraussetzt, unerheblich[4]. Bei *interner Aufgabenverteilung* in kaufmännische und technische Leitung sind – wie bei den Organen juristischer Personen – alle vertretungsberechtigten Gesellschafter als Normadressaten anzusehen. Vertretungsbefugt ist auch der Gesellschafter mit *faktischer* Vertretungsmacht.

3. Gesetzliche Vertreter

96 Unter diesen Begriff fallen alle Personen, deren Vertretungsmacht nicht auf Rechtsgeschäft beruht, sondern unmittelbar **auf Gesetz**, wie bei *Eltern* (§§ 1626, 1629 Abs. 1 BGB), beim *Vormund* (§ 1773 BGB) und beim *Betreuer* (§ 1902 BGB).

97 Für den Bereich des Wirtschaftsstrafrechts sind dies die „**Parteien kraft Amtes**", wie der *Insolvenzverwalter* (§ 80 InsO), der *Zwangsverwalter* (§ 152 ZVG), der *Nachlassverwalter* (§ 1985 BGB) und der *Testamentsvollstrecker* (§§ 2203 ff., 2205 BGB). Auch die *Liquidatoren* gehören hierzu (Rz. 88). Die frühere Streitfrage, ob der *Vergleichsverwalter* zur Gruppe der gesetzlichen Vertreter gehört, hat unter Geltung der InsO ihre Bedeutung verloren.

4. Handeln als Vertreter

98 Die Anwendbarkeit von § 14 StGB/§ 9 OWiG setzt voraus, dass die Vertreter jeweils in ihrer Eigenschaft „als Vertreter handeln"; dies ist nur der Fall, wenn

---

1 BGH v. 29.1.2001 – II ZR 331/00, NJW 2001, 1056.
2 Geschäftsführer der GmbH ist als Organ der GmbH & Co KG anzusehen, BGH v. 4.4.1979 – 3 StR 488/78, BGHSt 28, 371; BGH v. 17.12.1963 – 1 StR 391/63, BGHSt 19, 174; OLG Stuttgart v. 12.4.1976 – 3 Ss 501/75, MDR 1976, 690; *Vombaum*, GA 1981, 129; *Tiedemann*, NJW 1977, 780.
3 BGH v. 4.4.1979 – 3 StR 488/78, BGHSt 28, 371 = NJW 1980, 406; *Perron* in S/S, § 14 StGB Rz. 23.
4 *Perron* in S/S, § 14 StGB Rz. 23.

das Handeln mit dem Aufgaben- und Pflichtenkreis, der mit der Vertretung wahrgenommen werden soll, in einem **funktionalen Zusammenhang** steht[1]. Nicht ausreichend ist, dass nur die Folgen des Handelns den Vertretenen treffen.

Nach *früherer Rechtsprechung* setzte ein Handeln als Vertreter voraus, dass dieser zumindest auch „im Interesse des Vertretenen" handelte (sog. **Interessentheorie**)[2]. Ein bloß eigennütziges Handeln genügte nicht. Die Abgrenzung zwischen Insolvenzdelikten und des Untreuetatbestands erfolgte nach wirtschaftlicher Betrachtungsweise[3].

Diese Spruchpraxis hatte zur Folge, dass der Tatbestand des Bankrotts (§ 283 StGB) ein Schattendasein führte. Denn die in § 283 StGB aufgezählten Bankrotthandlungen widersprechen ganz überwiegend dem wirtschaftlichen Interesse der Gesellschaft[4]. Überdies war es schwierig, das ungeschriebene, subjektive Kriterium „im Interesse des Vertretenen" im Einzelfall nachzuweisen. Während Einzelkaufleute in vergleichbaren Fällen regelmäßig wegen Bankrotts strafbar waren, entstanden für Vertreter von Kapitalgesellschaften Strafbarkeitslücken[5].

Der **BGH** ist aus diesen Gründen von der Interessenstheorie **abgerückt**[6]. Zu Recht führt der 3. Senat in seiner Grundsatzentscheidung vom 15.5.2012[7] aus, dass sich weder aus dem Gesetzeswortlaut noch nach dem Gesetzeszweck eine auf das Interesse des Vertretenen abstellende Einschränkung ergibt. Der Wortlaut „als vertretungsberechtigtes Organ einer juristischen Person" setzt nur voraus, dass der Vertretungsberechtigte in seiner *Eigenschaft als Organ* gehandelt hat. Ebenso spricht der Normzweck, den Anwendungsbereich von Straftatbeständen auf Personen zu erweitern, die in einem bestimmten Auftragsverhältnis für den Normadressaten handeln, um auf diese Weise kriminalpolitische Lücken zu schließen, gegen eine einschränkende Auslegung[8].

An die Stelle der Interessenstheorie tritt eine **objektiv- funktionelle Abgrenzung**. Entscheidend ist, ob der Handelnde gerade in seiner Eigenschaft als vertretungsberechtigtes Organ, also *im Geschäftskreis des Vertretenen*, und nicht nur „bei Gelegenheit" gehandelt hat[9]. Bei *rechtsgeschäftlichem Handeln* liegt dies nahe, wenn der Organwalter im Namen der Gesellschaft auftritt oder für

---

1 *Perron* in S/S, § 14 StGB Rz. 26.
2 BGH v. 21.5.1969 – 4 StR 27/69, NJW 1969, 1494; BGH v. 20.5.1981 – 3 StR 94/81, BGHSt 30, 127 (128) = NJW 1981, 1793; BGH v. 29.11.1983 – 5 StR 616/83, wistra 1984, 71.
3 BGH v. 26.4.1979 – VII ZR 188/78, NJW 1979, 1494; BGH v. 20.5.1981 – 3 StR 94/81, BGHSt 30, 127 (128); zur Kritik vgl. *Tiedemann* in FS Dünnebier, 1982, S. 522 (526, 529); *Labsch*, wistra 1985, 4.
4 BGH v. 15.5.2012 – 3 StR 118/11, NJW 2012, 2366 (2368, Rz. 16).
5 BGH v. 15.5.2012 – 3 StR 118/11, NJW 2012, 2366 (2368, Rz. 17).
6 BGH v. 15.5.2012 – 3 StR 118/11, NJW 2012, 2366 ff.; BGH v. 15.11.2012 – 3 StR 199/12, NStZ 2013, 284 f.; vgl. BGH v. 15.9.2011 – 3 StR 118/11, NStZ 2012, 89 ff. (Anfrage des 3. StR).
7 BGH v. 15.5.2012 – 3 StR 118/11, NJW 2012, 2366 ff.
8 BGH v. 15.5.2012 – 3 StR 118/11, NJW 2012, 2366 (2367, Rz. 12 f.).
9 BGH v. 15.5.2012 – 3 StR 118/11, NJW 2012, 2366 (2368, Rz. 22).

diese eine im Außenverhältnis bindende Rechtsfolge herbeiführt[1]. Der BGH nähert sich somit der h.L. an, die darauf abstellen will, ob die Tat in Ausübung der organspezifischen Einwirkungsmöglichkeiten und damit im funktionellen Zusammenhang mit der Organtätigkeit begangen wurde (sog. *Funktionstheorie*)[2].

100b Ausdrücklich offengelassen hat der BGH, unter welchen Voraussetzungen bei einem **faktisches Verhalten** des Vertreters eine Zurechnung nach § 14 StGB in Betracht kommt[3]. In Teilen der Literatur wird gefordert, dass für eine Zurechnung die *Zustimmung der Gesellschafter* erforderlich sei, um den Charakter des Bankrotts als „Selbstschädigungsdelikt" zu bewahren (sog. **Zurechnungsmodell**)[4]. Diesem restriktiven Ansatz scheint der BGH zugeneigt[5]. Für das Zustimmungskriterium spricht die Rechtsklarheit einer solchen Regelung. Allerdings berücksichtigt die Ansicht nicht ausreichend, dass bereits durch die Delegation von Leitungsmacht auf die Organe eine faktische Einwirkungsmöglichkeit auf das Vermögen der Gesellschaft geschaffen wird[6]. Es ist daher nicht die Zustimmung zur konkreten, den Bankrott begründenden Handlung des Vertreters erforderlich. Vielmehr ist maßgeblich, dass das Handeln *„seiner Art nach"* als Wahrnehmung der Angelegenheiten der vertretenen Gesellschaft erscheint[7].

101 Fortan dürfte häufig – etwa in Fällen der **Firmenbestattung** (vgl. § 87 Rz. 44)[8] – Untreue (§ 266 StGB) und Bankrott (§ 283 StGB) *tateinheitlich* verwirklicht sein. Der Vertreter (Geschäftsführer/Vorstand) macht sich zwar nicht wegen Untreue strafbar, wenn ein wirksames Einverständnis der Gesellschafter zur Vornahme der Handlung vorliegt. Ein solches tatbestandsausschließendes Einverständnis ist in den Fällen der Firmenbestattung indes regelmäßig unwirksam, wenn durch die Maßnahme– unter Verstoß gegen gesellschaftsrechtliche Vorschriften (z.B. § 30 GmbHG, § 57 AktG) – die wirtschaftliche Existenz der Gesellschaft gefährdet wird[9].

---

1 BGH v. 15.5.2012 – 3 StR 118/11, NJW 2012, 2366 (2368, Rz. 23).
2 *Perron* in S/S, § 14 StGB Rz. 26; *Tiedemann* in LK, vor § 283 StGB Rz. 83 ff.
3 BGH v. 15.5.2012 – 3 StR 118/11, NJW 2012, 2366 (2368, Rz. 26).
4 *Radtke* in MüKo, § 14 StGB Rz. 65 ff.; *Brand*, Untreue und Bankrott in der KG und GmbH & Co. KG, 2010, S. 234 ff.
5 BGH v. 15.5.2012 – 3 StR 118/11, NJW 2012, 2366 (2368, Rz. 25).
6 *Habetha*, Konsequenzen der Aufgabe der „Interessenstheorie" durch den BGH, NZG 2012, 1134 (1137).
7 So bereits *Labsch*, Die Strafbarkeit des GmbH-Geschäftsführers im Konkurs der GmbH, wistra 1985, 59 (60 f.).
8 Zur Strafbarkeit des Firmenbestatters wegen Insolvenzverschleppung vgl. OLG Karlsruhe v. 19.4.2013 – 2 (7) Ss 89/12, NJW-RR 2013, 939.
9 Vgl. BGH v. 24.8.1988 – 3 StR 232/88, WM 1989, 136; BGH v. 25.5.2013 – 5 StR 551/11, ZIP 2013, 1382 ff. (Rz. 28); *Leonard*, Firmenbestattung, Strafbarkeit des Geschäftsführers und Wirksamkeit der Bestellung zum Geschäftsführers, in jurisPR-HaGesR 8/2013, Anm. 2, C.

III. Fallgruppen der Beauftragung

1. Leitung eines Betriebes

Werden Pflichten, die den Inhaber eines Betriebes oder Unternehmens treffen, dem mit der *Leitung* des Betriebs *Beauftragten* übertragen, so haftet dieser als **Betriebsleiter** nach § 14 Abs. 2 Nr. 1 StGB. Er muss seine Stellung jedoch tatsächlich angetreten haben. Die Bezeichnung ist nicht entscheidend. Auch können mehrere Beauftragte einen Betrieb bzw. ein Unternehmen leiten. Dem Betriebsleiter steht gleich, wer einen *Teil* eines Betriebs oder Unternehmens zu leiten hat.

102

Ein „Teil" kann sowohl ein **Zweigbetrieb** als auch die **Abteilung** eines Gesamtbetriebs mit einer gewissen Selbständigkeit und Bedeutung sein[1]. Entscheidend ist auch hier die *Funktion* und nicht die Bezeichnung. Um einen *Zweigbetrieb* handelt es sich beispielsweise bei Nebenstellen, Filialen, Werksteilen oder Zweigstellen. Als **Abteilung** eines Gesamtbetriebs sind z.B. anzusehen Einkauf, Verkauf, technische oder kaufmännische Leitung.

103

Seit mehreren Jahren werden in Betrieben *Compliance-Abteilungen* neu geschaffen (näher unten § 31); bei Banken gehört dies nach § 33 WpHG[2] zu den Organisationspflichten. Ebenso besteht eine gesetzliche Compliancepflicht aus §§ 81a, 197a SGB V für kassenärztliche Vereinigungen und Krankenkassen[3]. An der Spitze der Compliance-Abteilungen steht der **Compliance Officer**. Die Abteilungen haben die Aufgabe, unternehmensinterne Prozesse zu optimieren und gegen das Unternehmen gerichtete Pflichtverstöße aufzudecken und zukünftig zu verhindern. Hierfür hat der Compliance Officer die organisatorischen Voraussetzungen schaffen. Zu seinen Pflichten gehört es, vom Unternehmen ausgehende Rechtsverstöße – einschließlich Ordnungswidrigkeiten und Straftaten – zu beanstanden und zu unterbinden[4]. Damit sind Compliance Officers auch als *Beauftragte* i.S. von § 14 Abs. 2 Nr. 1 StGB anzusehen[5]. Derartige Beauftragte trifft strafrechtlich eine Garantenpflicht i.S. von § 13 Abs. 1 StGB, Straftaten von Unternehmensangehörigen, die im Zusammenhang mit der Tätigkeit des Unternehmens stehen, zu verhindern[6]. Dies ist die notwen-

104

---

1 OLG Stuttgart v. 28.5.1980 – 1 Ss 406/80, Die Justiz 1980, 419; OLG Karlsruhe v. 26.8.1974 – 3 Ss (B) 135/74, VRS 48 (1975), 157; *Perron* in S/S, § 14 StGB Rz. 32; *Rogall* in KK, § 9 OWiG Rz. 43.
2 § 33 WpHG neu gefasst mit Wirkung v. 1.11.2007 (Abs. 4 mit Wirkung v. 20.7.2007) durch G v. 16.7.2007, BGBl. I 1330.
3 Vgl. hierzu *Dannecker*, Fehlverhalten im Gesundheitswesen, Teil 1: Gesetzliche Compliancepflicht und Strafvereitelung durch Unterlassen, NZWiSt 2012, 1 (8).
4 BGH v. 17.7.2009 – 5 StR 394/08, NJW 2009, 3173 ff. (Rz. 27) m.w.Nw.
5 BGH v. 17.7.2009 – 5 StR 394/08, NJW 2009, 3173 ff. (Rz. 27) m.w.Nw.; vgl. *Wybitul*, Strafbarkeitsrisiken für Compliance-Verantwortliche, BB 2009, 2590 ff.; a.A. *Schwarz*, Die strafrechtliche Haftung des Compliance-Beauftragten, wistra 2012, 13 (17).
6 Kritisch *Warneke*, Die Garantenstellung von Compliance-Beauftragten, NStZ 2010, 312 (314 ff.).

dige Kehrseite ihrer gegenüber der Unternehmensleitung übernommenen Pflicht zur Unterbindung von Rechtsverstößen und insbesondere Straftaten[1].

105 Voraussetzung ist, dass der Leiter/Beauftragte von dem *Betriebsinhaber* oder einem sonst dazu Befugten einen entsprechenden rechtsgeschäftlichen **Auftrag** erhalten hat. Die Befugnis[2] des Letztgenannten kann sich hierbei aus seiner Stellung, z.B. als Prokurist, oder aus einer besonderen Vollmacht des Inhabers oder aus gesetzlichen Vorschriften, wie z.B. über den Liquidator, ergeben.

106 Ist **Betriebsinhaber** (Unternehmensträger) eine **juristische Person**, so sind zur Erteilung eines solchen Auftrags zum einen die *Organe* (Geschäftsführer, Vorstand), zum anderen die von ihnen mit der Wahrnehmung bestimmter Geschäfte *beauftragten* Personen berechtigt. Deren Aufgabengebiet muss jedoch mit dem Bereich der Organisation oder Leitung des Betriebs bzw. des Teilbetriebs in einem Zusammenhang stehen[3].

2. Sonstige Beauftragte

107 § 14 Abs. 2 StGB/§ 9 Abs. 2 OWiG dehnen in **Nr. 2** die strafrechtliche Verantwortlichkeit auf solche Personen aus, die vom Betriebsinhaber oder einem sonst Befugten **ausdrücklich beauftragt** sind, in *eigener Verantwortlichkeit* Aufgaben wahrzunehmen, die dem Inhaber als solchem obliegen. Der durch das 2. WiKG (1986) eingeführte Begriff „Aufgaben" ist weiter als der frühere Begriff „Pflichten"; nicht verzichtet wurde auf die „ausdrückliche" Beauftragung[4]. Es bedarf in diesen Fällen eines *ausdrücklichen*[5], *jedoch nicht formgebundenen Auftrags* zur Aufgabenwahrnehmung. Eine stillschweigende Bestellung genügt nicht[6], ebenso wenig ein bloßes Dulden oder eine konkludente Billigung der tatsächlichen Wahrnehmung der Aufgaben. Dabei muss deutlich gemacht werden, dass dieser Auftrag die Erfüllung betriebsbezogener Aufgaben umfasst, die eigentlich den Betriebsinhaber treffen. Um den beauftragten Arbeitnehmer vor unkalkulierbaren Haftungsrisiken zu schützen, muss der übertragene Aufgabenbereich klar umgrenzt werden[7]. Ein besonderer Hinweis auf die im Zusammenhang mit der Wahrnehmung der Aufgaben stehenden einzelnen Pflichten ist dagegen nicht erforderlich[8].

Beispiel: Überträgt z.B. ein Unternehmer dem Kfz-Meister die Überwachung des Fuhrparks, so braucht er diesen nicht auf die einzelnen Vorschriften der StVZO hinweisen. Handelt es sich jedoch um Spezialgebiete, die ein besonderes Fachwissen voraussetzen, so ist, wenn der Beauftragte nicht schon die notwendigen Vorkenntnisse hat, eine entsprechend detaillierte Unterweisung erforderlich[9].

---

1 *Kraft/Winkler*, CCZ 2009, 29, (32).
2 *Perron* in S/S, § 14 StGB Rz. 44.
3 *Perron* in S/S, § 14 StGB Rz. 43; *Schünemann* in LK, § 14 StGB Rz. 37.
4 Vgl. *Göhler*, NStZ 1983, 64; *Schroth*, wistra 1986, 158 (164); *Achenbach*, NJW 1986, 1835 (1840); vgl. auch oben § 1 Rz. 65.
5 OLG Stuttgart, Die Justiz 1969, 120.
6 *Fischer*, § 14 StGB Rz. 12.
7 Vgl. Bericht des Rechtsausschusses, BT-Drs. 10/505, 25 f.
8 *Schünemann* in LK, § 14 StGB Rz. 38.
9 *Rogall* in KK, § 9 OWiG Rz. 45.

Die Beauftragung muss wie beim Betriebsleiter durch den **Inhaber** des Betriebs/ Unternehmens oder einem sonst dazu Befugten erfolgt sein. Der Beauftragte muss des Weiteren den ihm übertragenen Aufgabenbereich auch übernommen haben.

108

Der Auftrag muss ferner darauf gerichtet sein, die übertragenen Aufgaben in **eigener Verantwortung** zu erfüllen, d.h. der Beauftragte muss eine *Befugnis zur eigenen Entscheidung* haben[1]. Die bloße Einräumung von Leitungsbefugnissen reicht hierfür nicht aus. Ebenso wenig genügt die Einbeziehung eines Mitarbeiters in eine unternehmerische Mitverantwortung[2]. Entscheidend ist vielmehr, dass die gesetzlichen Arbeitgeberpflichten in die „eigenverantwortliche Entscheidungsgewalt" des Beauftragten übergehen. Diese strengen Anforderungen sind erforderlich, da durch § 14 Abs. 2 StGB die persönliche Normadressatenstellung des Beauftragten begründet wird, die ihm strafbewehrt die Erfüllung von betriebsbezogenen Pflichten überträgt[3].

109

Letztlich muss der Beauftragte zur Übernahme der Aufgaben auch **geeignet** sein. Dies ist nicht der Fall, wenn die Aufgabenübertragung außerhalb des Sozialadäquaten liegt[4] (z.B. einfacher Sachbearbeiter übernimmt komplexe Führungsaufgaben des Unternehmers). Ist der Beauftragte nicht geeignet, so haftet zunächst der Inhaber oder sonst Befugte. Hat der Ungeeignete die Aufgaben übernommen, so ist seine Verantwortlichkeit nach allgemeinen strafrechtlichen Grundsätzen zum Vorsatz/Irrtum zu prüfen[5].

110

Übernimmt ein **Rechtsanwalt**, *Wirtschaftsprüfer* oder *Steuerberater* eine *nicht nur beratende* Tätigkeit, sondern eine solche, die ihn zu eigenverantwortlichen Entscheidungen für den Betrieb berechtigt, so kann er nach diesen Grundsätzen bei Verletzung der entsprechenden Pflichten nach § 14 Abs. 2 Nr. 2 StGB, § 9 Abs. 2 Nr. 2 OWiG strafbar sein[6]. Auch in diesen Fällen muss der Beauftragte „aufgrund des ihm erteilten Auftrags" handeln. Dies heißt, er muss im Rahmen seines Auftrags *„für den Auftraggeber" tätig* sein[7].

111

D. Garantenstellungen im Betrieb

Schrifttum: *Bottke*, Haftung aus Nichtverhütung von Straftaten Untergebener in Wirtschaftsunternehmen de lege lata, 1994; *Brammsen*, Die Entstehungsvoraussetzungen der Garantenpflichten, 1986; *Gallas*, Die strafrechtliche Verantwortlichkeit der am Bau Beteiligten unter besonderer Berücksichtigung des „verantwortlichen Bauleiters", 1963;

---

1 *Fischer*, § 14 StGB Rz. 13; *Schünemann* in LK, § 14 StGB Rz. 39; *Perron* in S/S, § 14 StGB Rz. 38.
2 BGH v. 12.9.2012 – 5 StR 363/12, juris Rz. 14 f.
3 BGH v. 12.9.2012 – 5 StR 363/12, juris Rz. 14.
4 Vgl. BGH v. 12.9.2012 – 5 StR 363/12, NJW 2012, 3385 (3387, Rz. 15); *Böse* in NK, § 14 StGB Rz. 49.
5 Vgl. *Perron* in S/S, § 14 StGB Rz. 34.
6 *Schünemann* in LK, § 14 StGB Rz. 62; *Perron* in S/S, § 14 StGB Rz. 37; *Tiedemann* in Scholz, § 84 GmbHG Rz. 63; *Tiedemann*, Insolvenzstraftaten aus der Sicht der Kreditwirtschaft, ZIP 1983, 513 (516) für den Fall, dass solche Personen als „Sanierer" auftreten; vgl. unten § 87 Rz. 20 ff.
7 Vgl. *Perron* in S/S, § 14 StGB Rz. 39.

Göhler, Zur strafrechtlichen Verantwortlichkeit des Betriebsinhabers für die in seinem Betrieb begangenen Zuwiderhandlungen, in FS Dreher, 1977, S. 611; *Grünewald*, Zivilrechtlich begründete Garantenpflichten im Strafrecht, 2001; *Rudolphi*, Strafrechtliche Verantwortlichkeit der Bediensteten von Betrieben für Gewässerverunreinigungen und ihre Begrenzung durch den Einleitungsbescheid, in FS Lackner, 1987, S. 863 ff.; *Schünemann*, Grund und Grenzen der unechten Unterlassungsdelikte, 1971; *Spitz*, Strafrechtliche Produkthaftung – Übertragbarkeit zivilrechtlicher Betrachtungsweisen?, 2001; *Thiemann*, Aufsichtspflichtverletzung in Betrieben und Unternehmen, 1976, insbesondere Teil 1: Die Haftung des Betriebsinhabers nach den Grundsätzen des unechten Unterlassungsdeliktes; *Warneke*, Die Garantenstellung von Compliance-Beauftragten, NStZ 2010, 312; *Wybitul*, Strafrechtliche Verpflichtung von Compliance-Beauftragten, BB 2009, 2263; *Yü-hsiu Hsü*, Garantenstellung des Betriebsinhabers zur Verhinderung strafbarer Handlungen seiner Angestellten?, 1986.

I. Strafrechtliche Haftungsbegründung

112 Grundvoraussetzung für eine strafrechtliche Haftung wegen Unterlassen ist das Bestehen einer Garantenpflicht (vgl. § 17 Rz. 17 ff.). Im StGB und in den strafrechtlichen Nebengesetzen finden sich *keine Vorschriften*, aus denen man auf die gesetzlich anerkannte Existenz einer **allgemeinen Garantenstellung** der Unternehmensorgane schließen könnte[1]. Zwar gibt bzw. gab es einige Vorschriften, die sich an verantwortliche Personen richten (§ 357 StGB, § 41 WehrstrafG, presserechtliche Vorschriften). Diese speziellen Normen sind jedoch nicht verallgemeinerungsfähig. Im Hinblick auf die von Naturwissenschaften und Technik hervorgebrachten und in der industriellen Produktion hergestellten gefährlichen Stoffe, Geräte, Anlagen einerseits (Produkthaftung) und die Aufteilung bzw. Verteilung von Verantwortung im Unternehmen andererseits, hat die Rechtsprechung diesem Problem besondere Aufmerksamkeit geschenkt.

113 Bereits das **RG** hat eine Garantenstellung des Betriebsinhabers und der von ihm beauftragten Leitungs- und Aufsichtsorgane zur Abwendung von Straftaten, die das Betriebspersonal in Ausübung der betrieblichen Verrichtung begeht, bejaht[2]. So wurde eine Rechtspflicht des Betriebsinhabers zur Verhinderung von solchen Straftaten anerkannt, die die im Betrieb beschäftigten Personen bei der Ausübung des Gewerbes begehen. Die Erfolgsabwendungspflicht wurde mit der Stellung der betreffenden Person im Betrieb begründet, die Garantiepflichten wurden auf eine analoge Anwendung von § 151 Abs. 1 S. 2 GewO (a.F.) gestützt.

114 Auch der **BGH** anerkennt seit Langem Garantenstellungen in Betrieben[3]. Den "Compliance Officer" trifft etwa eine Garantenpflicht nach § 13 Abs. 1 StGB,

---

1 Vgl. *Stree/Bosch* in S/S, § 13 StGB Rz. 53; dazu auch *Tiedemann*, WiStrafR AT, Rz. 289 ff.; *Roxin*, StrafR AT II, § 32; *Lackner/Kühl*, § 13 StGB Rz. 14.
2 *Schünemann*, Unternehmenskriminalität, 73.
3 BGH v. 1.9.1955 – 4 StR 235/55 – Betriebsleiter Kraftfahrzeuge, BGHSt 8, 139; BGH v. 29.2.1956 – 4 StR 67/56 – Betriebsleiter Kraftfahrzeuge, BGHSt 9, 67; BGH v. 21.4.1964 – 1 StR 72/64 – Bauleitung, BGHSt 19, 286; BGH v. 10.12.1965 – 1 StR 327/65 – Leiter Übungsschießen, BGHSt 20, 315; BGH v. 23.3.1973 – 2 StR 390/72 – Betriebsleiter Weinbau, BGHSt 25, 158; BGH v. 13.11.1970 – 1 StR 412/70, NJW 1971, 1093.

Straftaten von Unternehmensangehörigen bei der Ausübung ihrer Tätigkeit zu verhindern[1](vgl. Rz. 104). Der Leiter der Innenrevision der Berliner Stadtreinigungsbetriebe, einer Anstalt des öffentlichen Rechts, haftet als Überwachungsgarant dafür, dass den Straßenanliegern keine überhöhten Rechnungen gestellt werden[2].

Allerdings bilden die *klassischen Garantenstellungen*[3], wie sie früher zur Auslegung von § 13 StGB bzw. § 8 OWiG entwickelt wurden, keine ausreichende Rechtsgrundlage[4]. Die Garantenstellungen aus Gesetz, Vertrag, vorangegangenem Tun und aus natürlicher Verbundenheit sind für die Begründung einer Erfolgsabwendungspflicht leitender Betriebsorgane gegenüber nachgeordneten Arbeitnehmern nicht sonderlich geeignet. Die klassische Einteilung wird heute überwiegend als irreführend und nicht hinreichend angesehen[5].

Aus diesem Grund unterscheidet eine **neuere**, inzwischen weitgehend anerkannte **Lehre**[6] *zwei Grundtypen von Garantenstellungen*: die eine zur Überwachung bestimmter Gefahrenquellen, die sich in drei Gruppen aufteilen lässt (Rz. 116 ff.), und die andere zur Verteidigung bestimmter Rechtsgüter (Rz. 122 ff.). 115

II. Überwachung von Gefahrenquellen

1. Eigener sächlicher Herrschaftsbereich

Wer die **Herrschaft über Grundstücke** und Gebäude ausübt, ist zur Sicherung gegen die davon ausgehenden Gefahren genauso verpflichtet wie der Inhaber gefährlicher **beweglicher Sachen**[7]. 116

Beispiele: So hat bereits das *RG* die Absicherung von Gruben verlangt[8]. Nach der Rechtsprechung hat der Inhaber eines gefährlichen Betriebs die Pflicht, die von dem Betrieb ausgehenden Gefahren einzudämmen. Die Aussagen des *BGH* zu Sportplätzen bzw. Ski-

---

1 BGH v. 17.7.2009 – 5 StR 394/08, NJW 2009, 3173 ff. (Rz. 27), krit. hierzu *Warneke*, Die Garantenstellung von Compliance-Beauftragten, NStZ 2010, 312 (314 ff.).
2 BGH v. 17.7.2009 – 5 StR 394/08 – Leiter der Innenrevision, NJW 2009, 3173 (Rz. 29 f.) m. Anm. *Grau/Blechschmidt*, DB 2009, 2143.
3 Vgl. *Fischer*, § 13 StGB Rz. 11, 12; *Schünemann*, Unternehmenskriminalität, 69.
4 *Schünemann*, Unternehmenskriminalität, 69.
5 *Stree/Bosch* in S/S, § 13 StGB Rz. 8 m.w.Nw.
6 *Stree/Bosch* in S/S, § 13 StGB Rz. 9; *Schünemann*, Unternehmenskriminalität, 62, 205; *Schünemann*, Strafrechtsdogmatische und kriminalpolitische Grundfragen der Unternehmenskriminalität, wistra 1982, 41 (42); *Göhler*, Zur strafrechtlichen Verantwortlichkeit des Betriebsinhabers für die in seinem Betrieb begangenen Zuwiderhandlungen, in FS Dreher, 1977, S. 611; *Rudolphi* in SK, § 13 StGB Rz. 35a; *Maurach/Gössel*, AT 2, § 46 II C 1b; diese Systematik wurde allerdings von der Rechtsprechung bislang noch nicht übernommen.
7 Vgl. *Tiedemann*, WiStrafR AT, Rz. 290; *Stree/Bosch* in S/S, § 13 StGB Rz. 43.
8 RGSt. 6, 64; RGSt. 15, 58.

pisten¹ lassen sich auf gefährliche Produktionsanlagen übertragen². Auch bei der Durchführung von Bauarbeiten bestehen erhebliche Sicherungspflichten³. Ebenso sind z.B. die Halter von Kraftfahrzeugen als Garanten verpflichtet, ihre Fahrzeuge in einem verkehrssicheren Zustand zu erhalten⁴.

2. Rechtswidriges Handeln weisungsgebundener Dritter

117 Unter normalen Umständen haftet man nicht für das rechtswidrige Verhalten anderer Personen. Ausnahmen sind dann anerkannt, wenn jemand einen anderen aufgrund einer von der Rechtsordnung eingeräumten **Autoritätsstellung** beherrscht. Klassische Beispiele hierfür sind z.B. Lehrer, wenn sie Straftaten gegenüber Schülern nicht verhindern, oder Polizisten, wenn sie bei Störung der öffentlichen Sicherheit und Ordnung nicht einschreiten.⁵ Strittig ist, inwieweit dies auf Betriebsinhaber und Compliance-Beauftragte übertragen werden kann⁶ (vgl. Rz. 104, 114, 119).

118 Eine solche *Haftung* kann dann *angenommen* werden, wenn das Handeln der Angestellten im Zusammenhang mit den im sächlichen Herrschaftsbereich eines Unternehmens liegenden **Gefahrenquellen** (Rz. 116) steht.

Beispiele: So ist der Geschäftsherr verpflichtet, die Auslieferung mangelhafter Arzneimittel oder fehlerhafter Kraftfahrzeuge durch Angestellte zu verhindern⁷. Ebenso kann eine Garantenpflicht des Geschäftsherrn dahin gehend bejaht werden, strafbare Waffenlieferungen durch Angestellte zu verhindern⁸ oder Bestechungszahlungen zu unterbinden. Der Leiter der Innenrevision einer Anstalt des öffentlichen Rechts hat die Pflicht, zu verhindern, dass Gebühren, die im hoheitlichen Bereich des Unternehmens, nämlich bei der durch den Anschluss- und Benutzungszwang geprägten Straßenreinigung, von den Anlie-

---

1 BGH v. 6.11.1959 – 4 StR 382/59 – betr. Sportplatz, VRS 18 (1960), 48; BGH v. 13.11.1970 – 1 StR 412/70, NJW 1971, 1093; BGH v. 3.4.1973 – 1 StR 85/72 – Skipiste, NJW 1973, 1379; OLG München v. 29.6.1973 – 1 U 2717/72, NJW 1974, 189.
2 Vgl. *Stree/Bosch* in S/S, § 13 StGB Rz. 43; *Brammsen*, Garantenpflichten, S. 272.
3 BGH v. 21.4.1964 – 1 StR 72/64, BGHSt 19, 286 (288); OLG Karlsruhe v. 24.3.1977 – 3 Ss 159/76, NJW 1977, 1930; *Gallas*, Die strafrechtliche Verantwortlichkeit der am Bau Beteiligten ..., S. 33 betr. Bauherr, S. 58 betr. Bauunternehmer, S. 110 betr. Architekt, S. 44 betr. verantwortlicher Bauleiter; *Kromik/Schwager*, Straftaten und Ordnungswidrigkeiten bei der Durchführung von Bauvorhaben, 1982, 72 ff.; *Brammsen*, Garantenpflichten, S. 272, 259.
4 BGH v. 30.9.1959 – 4 StR 269/59, VRS 17 (1959), 388; BGH v. 2.7.1969 – 4 StR 560/68, VRS 37 (1969), 271.
5 *Jescheck/Weigend*, AT, § 59 IV 4 C; *Schünemann*, ZStW 96 (1984), 318; *Rudolphi* in SK, § 13 StGB Rz. 32; *Stree/Bosch* in S/S, § 13 StGB Rz. 52.
6 Vgl. BGH v. 17.7.2009 – 5 StR 394/08, NJW 2009, 3173 ff.(Rz. 27) m.w.Nw.; BGH v. 29.8.2008 – 2 StR 587/07 – Siemens, BGHSt 52, 323 (335), krit. *Stree/Bosch* in S/S, § 13 StGB Rz. 53.
7 BGH v. 1.9.1955 – 4 StR 235/55, BGHSt 8, 139; BGH v. 29.2.1956 – 4 StR 67/56, BGHSt 9, 67; BGH v. 11.7.1956 – 1 StR 306/55, BGHSt 9, 319; BGH v. 23.3.1973 – 2 StR 390/72 – Betriebsleiter Weinbauunternehmen, BGHSt 25, 158; BGH v. 4.7.1991 – 4 StR 179/91 – Betriebsleiter Umweltschutz, NStZ 1991, 490.
8 *Schubarth*, Zur strafrechtlichen Haftung des Geschäftsherrn, SchZStR 92 (1976), 369 ff.

gern erhoben werden, entgegen öffentlich-rechtlichen Gebührengrundsätzen falsch abgerechnet werden[1].

Kommen solche Verantwortliche ihren Rechtspflichten *wider besseres Wissen* nicht nach, machen sie sich wegen Unterlassens strafbar, da sie eine Garantenpflicht haben. In Betracht kommt insbesondere ein Vergehen der *Beihilfe* zu den Delikten der nachgeordneten Mitarbeiter (§ 27 Abs. 1 StGB).

Streitig ist, ob eine **generelle Verantwortlichkeit** des Geschäftsherrn für Straftaten seiner Bediensteten besteht, die diese in Erfüllung der ihnen übertragenen Aufgaben begehen[2]. Für eine solche Geschäftsherrnhaftung spricht vor allem, dass die Angestellten und Arbeiter bei der Ausführung der ihnen übertragenen Arbeiten der Weisungsbefugnis des Geschäftsherrn unterliegen und aufgrund der heutigen Unternehmensorganisation die Geschäftsleitung über überlegene Informationen verfügt[3]. Nach *anderer Ansicht* können die Weisungsbefugnis des Geschäftsherrn und die bei ihm zusammenlaufenden Informationen die Eigenverantwortlichkeit des Bediensteten nicht beseitigen; eine generelle Geschäftsherrnhaftung wird abgelehnt[4]. Im Bereich des Umweltschutzes ist eine Garantenstellung von Angehörigen der Umweltschutzbehörden zur Verhinderung von Umweltschädigungen durch Dritte streitig[5].

119

Richtigerweise ist eine strafrechtliche Haftung im Hinblick auf die Verantwortung für die Gefahren, die von dem Betrieb und von den dort tätigen Personen ausgehen, zu bejahen, um einen **effektiven Rechtsgüterschutz** zu gewährleisten. Liegen Anhaltspunkte für Gesetzesverstöße im Unternehmen vor, so sind die notwendigen Gegenmaßnahmen einzuleiten. Eine Garantenstellung des weisungsbefugten Geschäftsherrn schließt es nicht aus, daneben auch schuldhaft handelnde weisungsgebundene Mitarbeiter strafrechtlich zur Verantwortung zu ziehen.

120

3. Eigenes gefährdendes Tun

Eine Garantenpflicht kann sich aus der Verantwortung für **selbst ausgelöste gefährliche Kausalverläufe**[6] (Ingerenz) ergeben. Streitig ist, ob sich eine Garantenpflicht bereits aus der bloßen Verursachung einer Gefahr ergibt, mag diese rechtmäßig oder rechtswidrig sein[7]. Nach der Rechtsprechung des BGH ist davon auszugehen, dass nur ein *pflichtwidriges Vorverhalten* eine Garanten-

121

---

1 BGH v. 17.7.2009 – 5 StR 394/08, BGHSt 54, 44.
2 *Rudolphi* in SK, § 13 StGB Rz. 35a; *Stree/Bosch* in S/S, § 13 StGB Rz. 53.
3 Zumindest für betriebsbezogene bzw. verbandsbezogene Straftaten bejaht von *Jakobs*, StrafR AT, § 29 Rz. 36 und Fn. 77; *Stree/Bosch* in S/S, § 13 StGB Rz. 52; *Schünemann*, Unternehmenskriminalität, 101; *Göhler* in FS Dreher, 1977, S. 620.
4 *Rudolphi* in SK, § 13 StGB Rz. 35a; *Yü-hsiu Hsü*, Garantenstellung des Betriebsinhabers, 253, 254.
5 Für eine solche Garantenstellung *Schünemann*, ZStW 96 (1984), 311; dagegen *Rudolphi* in SK, § 13 StGB Rz. 36a; vgl. auch *Horn*, Strafbares Verhalten von Genehmigungs- und Aufsichtsbehörden, NJW 1981, 5 ff.; sowie *Rudolphi*, Probleme der strafrechtlichen Verantwortlichkeit von Amtsträgern für Gewässerverunreinigungen, in FS Dünnebier, 1982, S. 572 Fn. 21.
6 *Rudolphi* in SK, § 13 StGB Rz. 38; *Stree/Bosch* in S/S, § 13 StGB Rz. 32.
7 *Rudolphi* in SK, § 13 StGB Rz. 40 m.w.Nw.

pflicht begründet[1]. Ein solches Vorverhalten begründet auch nur dann eine Garantenstellung, wenn es die naheliegende Gefahr des Eintritts des konkret untersuchten, tatbestandsmäßigen Erfolgs verursacht[2]. Unerheblich ist, ob die Gefahr schuldhaft herbeigeführt worden ist. Von Bedeutung wird dies bei der Frage, ob einen Unternehmer eine Rückrufpflicht (zur zivilrechtlichen Rückrufpflicht vgl. § 56 Rz. 60) trifft, wenn er feststellt, dass in seinem Betrieb fehlerhaft hergestellte Sachen ausgeliefert wurden[3] (zur strafrechtlichen Produzentenhaftung vgl. unten § 56 Rz. 74 ff.).

III. Verteidigung von Rechtsgütern

122 Aufgabe dieser Garantenstellungen ist es, **bestimmte Rechtsgüter** vor allen oder einzelnen Gefahren zu schützen, und zwar gleichgültig, von wem oder durch was diese Gefahren ausgelöst werden[4]. Neben den sonstigen in Literatur und Rechtsprechung genannten Garantenstellungen (wie Familie, Hausgemeinschaft, Gefahrengemeinschaft) kommen hier in Betracht:

– Garantenpflichten aufgrund von Organstellungen und
– Garantenstellungen kraft einverständlicher Übernahme einer Schutzfunktion.

123 Die **Organe von juristischen Personen** sind verpflichtet, deren Rechtsgüter vor Schäden zu bewahren[5]. Diese Garantenstellung rechtfertigt sich aus der Tatsache, dass die juristische Person selbst unfähig ist, ihre Rechtsgüter zu schützen, sowie aus der bewussten Übernahme von Pflichten durch das Organ.

124 Voraussetzung einer Garantenstellung kraft einverständlicher **Übernahme einer Schutzfunktion** ist ein einvernehmlich begründetes *Abhängigkeits- und Obhutsverhältnis* zwischen dem Übernehmer der Schutzfunktion und dem zu Beschützenden[6]. Für den Bereich des Wirtschaftsstrafrechts sind die Fälle von Interesse, in denen jemand Schutzfunktionen von einem bereits vorhandenen Garanten übernimmt und diesen dadurch veranlasst, seinerseits auf Schutzvorkehrungen zu verzichten[7]. *Voraussetzung* ist, dass das Abhängigkeits- und Obhutsverhältnis tatsächlich durch einen *Vertrauensakt* begründet und der

---

1   BGH v. 22.1.1953 – 4 StR 417/52, BGHSt 4, 20; BGH v. 31.3.1955 – 4 StR 51/55, BGHSt 7, 287; BGH v. 1.4.1958 – 1 StR 24/58, BGHSt 11, 353; BGH v. 19.7.1973 – 4 StR 284/73, BGHSt 25, 218 (220); BGH v. 5.12.1974 – 4 StR 529/74, BGHSt 26, 35 (37); *Stree/Bosch* in S/S, § 13 StGB Rz. 32.
2   BGH v. 23.9.1997 – 1 StR 430/97, BGHR StGB § 13 Abs. 1 Garantenstellung 14; BGH v. 24.9.1998 – 4 StR 272/98, NJW 1999, 69 (71); BGH v. 23.5.2000 – 4 StR 157/00, NStZ 2000, 583; *Stree/Bosch* in S/S, § 13 StGB Rz. 34.
3   Vgl. *Brammsen*, 274; bejaht von *Pfleiderer*, Die Garantenstellung aus vorangegangenem Tun, 133; verneint von *Schünemann*, Unternehmenskriminalität, 99; sowie *Schünemann*, wistra 1982, 44, wenn Fehler erst nach Auslieferung festgestellt wird.
4   *Rudolphi* in SK, § 13 StGB Rz. 46.
5   *Rudolphi* in SK, § 13 StGB Rz. 54.
6   *Rudolphi* in SK, § 13 StGB Rz. 58; *Brammsen*, 181 ff.
7   *Rudolphi* in SK, § 13 StGB Rz. 61.

Schutz tatsächlich übernommen worden ist (z.B. bei der Übernahme der Sicherung eines Baues durch den Bauleiter von dem Bauherrn[1]).

E. Verletzung der Aufsichtspflicht

Schrifttum: *Achenbach*, Ausweitung des Zugriffs bei den ahndenden Sanktionen gegen die Unternehmensdelinquenz, wistra 2002, 441; *Achenbach*, Gedanken zur Aufsichtspflichtverletzung (§ 130 OWiG), in FS Amelung, 2009, S. 367; *Adam*, Begrenzung der Aufsichtspflichten in der Vorschrift des § 130 OWiG, wistra 2003, 285; *Amelung* (Hrsg.), Individuelle Verantwortung und Beteiligungsverhältnisse bei Straftaten in bürokratischen Organisationen des Staates, der Wirtschaft und der Gesellschaft, 2000; *Demuth/Schneider*, Die besondere Bedeutung des Gesetzes über Ordnungswidrigkeiten für Betrieb und Unternehmen, BB 1970, 642; *Grützner/Leisch*, §§ 130, 30 OWiG – Probleme für Unternehmen. Geschäftsleitung und Compliance-Organisation, DB 2012, 787; *Hermanns/Kleier*, Grenzen der Aufsichtspflicht in Betrieben und Unternehmen, 1987; *Maschke*, Aufsichtspflichtverletzungen in Betrieben und Unternehmen, 1997; *Müller, Eckehard*, Die Stellung der juristischen Person im Ordnungswidrigkeitenrecht, 1985; *Rogall*, Dogmatische und kriminalpolitische Probleme der Aufsichtspflichtverletzung in Betrieben und Unternehmen, ZStW 98 (1986), 573; *Schall*, Grund und Grenzen der strafrechtlichen Geschäftsherrenhaftung, in FS Rudolphi, 2004, S. 267; *Schröder*, Der erweiterte Täterkreis der Organhaftungsbestimmungen ..., Diss. 1998; *Siegmann/Vogel*, Die Verantwortlichkeit des Strohmanngeschäftsführers einer GmbH, ZIP 1994, 1821; *Tiedemann*, Die strafrechtliche Organ- und Vertreterhaftung, NJW 1986, 1842; *Wirtz*, Die Aufsichtspflichten des Vorstandes nach OWiG und KonTraG, WuW 2001, 342; *Wolter*, Zur dreijährigen Verjährungsfrist nach den §§ 130, 31, 131 OWiG – ein Beitrag zur Gesetzesauslegung, GA 2010, 441.

Der Tatbestand des § 130 OWiG regelt die Verantwortlichkeit des Inhabers eines Betriebes einheitlich und abschließend[2]. Als **Auffangtatbestand** greift er nur ein, wenn der Geschäftsherr nicht bereits als Beteiligter der Bezugstat wegen einer Straftat oder Ordnungswidrigkeit belangt werden kann. Danach handelt ordnungswidrig, wer als Inhaber eines Betriebes oder Unternehmens vorsätzlich oder fahrlässig die **Aufsichtsmaßnahmen unterlässt**, die erforderlich sind, um in dem Betrieb oder Unternehmen Zuwiderhandlungen gegen Pflichten zu verhindern, die den Inhaber treffen und deren Verletzung mit Strafe oder Geldbuße bedroht ist, wenn dann eine solche Zuwiderhandlung begangen wird, die durch gehörige Aufsicht verhindert oder wesentlich erschwert worden wäre. 2007 wurde der Tatbestand geändert: Während die frühere Fassung von Pflichten sprach, die den Inhaber „als solchen" treffen, wurde diese Voraussetzung mit der Begründung gestrichen, dass § 130 OWiG nicht nur Sonderdelikte, sondern auch Allgemeindelikte erfasst[3]. Die Vorschrift regelt die Verantwortlichkeit des Betriebsinhabers und der ihm – über § 9 OWiG – gleichzustellenden Personen bei Verstößen gegen Aufsichtspflichten[4]. Die arbeitsteilige Wirtschaft stellt einen Risikofaktor dar, der den Geschäftsherrn verpflichtet,

125

---
1 BGH v. 21.4.1964 – 1 StR 72/64, NJW 1964, 1283.
2 *Gürtler* in Göhler, § 130 OWiG Rz. 1.
3 Durch Art. 2 des 41. StrafRÄndG zur Bekämpfung der Computerkriminalität v. 7.8.2007, BGBl. I 1786.
4 *Gürtler* in Göhler, § 130 OWiG Rz. 1; *Rogall* in KK, § 130 OWiG Rz. 1 ff.

126 Die Pflicht, im Betrieb **Aufsichtsmaßnahmen** zur Einhaltung der straf- und bußgeldbewehrten Gebote und Verbote zu treffen, ergibt sich aus der *garantenähnlichen Stellung*, die der Betriebsinhaber/Unternehmensträger hat[1]. Dies kann der Leiter einer Bank, eines Speditionsunternehmens, eines chemischen oder pharmazeutischen Betriebs sein, ebenso der Inhaber eines Handwerksbetriebs oder Dienstleistungsunternehmens. Denn sie alle treffen in dieser Eigenschaft zahlreiche Pflichten, so z.B. als „Arbeitgeber", als „Hersteller" oder „Verteiler" einer bestimmten Ware, als „Teilnehmer am Außenwirtschaftsverkehr", als „Kfz-Halter" oder als „Betreiber einer Anlage". Dies gilt für komplexe Betriebe wie Kernkraftwerksbetreiber, Lebensmittel- und Chemiewerke, Personen- und Gefahrgutbeförderungsunternehmen (Nah- und Fernverkehr), Flughäfen und Wohnanlagen ebenso wie für Kleinunternehmen, Universitäten oder Krankenhäuser. Die Pflichten sind oft so zahlreich und vielschichtig, dass der Betriebsinhaber außerstande ist, sie selbst im Einzelnen wahrzunehmen, sodass er gezwungen ist, sie im Wege der Dezentralisation und Delegation auf andere Betriebsangehörige zu verteilen.

Beginnt oben: den Gefahren entgegenzuwirken, die sich aus der vielschichtigen Beschäftigung von Arbeitnehmern ergeben (Rz. 1).

127 **Beispiele:** Die Pflichten als Kfz-Halter werden auf den Leiter des Fuhrparks delegiert, der dafür sorgen muss, dass die Fahrzeuge der StVO entsprechen und dem TÜV vorgeführt werden.

Die Pflichten zur fristgemäßen Überprüfung von Geräten, die der RöntgenVO[2] unterliegen, werden auf einen bestimmten Betriebsangehörigen übertragen.

Die Pflicht zur Abführung der Sozialversicherungsbeiträge wird dem Leiter der Lohnbuchhaltung übertragen.

128 Weitere Sorgepflichten für Unternehmen ergeben sich z.B. aus folgenden **Vorschriften**:

– Betriebssicherheitsverordnung – BetrSichV[3],

– Produktsicherheitsgesetz – ProdSG[4] (§ 25 Rz. 32 ff., § 56 Rz. 117 ff.),

– Unfallverhütungsvorschriften (§ 34 Rz. 2, 9, 27 f.),

---

1 *Rengier* in KK, § 8 OWiG Rz. 47; *Tiedemann*, Die strafrechtliche Vertreter- und Unternehmenshaftung, NJW 1986, 1842 (1845); vgl. *Tiedemann*, WiStrafR AT, Rz. 388 („Nachbarschaft zu der Garantenpflicht").
2 VO über den Schutz vor Schäden durch Röntgenstrahlen, i.d.F. der Bek. v. 30.4.2003, BGBl. I 604.
3 BetriebssicherheitsVO v. 27.9.2002, BGBl. I 3777, zul. geänd. durch das G zur Neuordnung der Sicherheit von technischen Arbeitsmitteln und Verbraucherprodukten v. 6.1.2004, BGBl. I 2, 18; vgl. *Behrendsen*, Unternehmerverantwortung und -haftung im Hinblick auf die Betriebssicherheitsverordnung, Tiefbau 2007, 313; *Wilrich*, Prüfung, Betrieb und Überwachung von Arbeitsmitteln und Anlagen nach der Betriebssicherheitsverordnung, DB 2002, 1553.
4 Ursprüngliche Fassung v. 6.1.2004, BGBl. I 2 („Geräte- und Produktsicherheitsgesetz"), Neufassung v. 8.11.2011, BGBl. I 2178, in Kraft seit 1.12.2011.

- Bauordnungen, Brandschauverordnungen, Hochhausverordnungen, Technische Prüfverordnungen der Bundesländer,
- Versammlungsstättenverordnungen der Bundesländer[1].

Ebenso ergeben sich Pflichten zur Vermeidung von Körperverletzungen aus §§ 223, 230, 222 StGB im Zusammenhang mit der strafrechtlichen Produkthaftung sowie aus §§ 263, 266 StGB bei Vermögensanlagegesellschaften.

Der **kriminalpolitische Grund** für die Existenz der bußgeldbedrohten Aufsichtspflichtverletzung besteht darin, dass man mit dem Betriebsinhaber den *Nutznießer* der durch Betriebsangehörigen begangenen Zuwiderhandlungen *haftbar* machen möchte. Oftmals – etwa bei Kartellordnungswidrigkeiten – ist der angerichtete Schaden so groß, dass der handelnde Betriebsangehörige mangels wirtschaftlicher Leistungsfähigkeit den Schaden nicht ausgleichen kann. Auf der anderen Seite hätte der Betriebsinhaber ohne die Möglichkeit der Abschöpfung einen hohen Anreiz, Betriebsangehörige zu Pflichtverletzungen zu animieren, um für das Unternehmen einen wirtschaftlichen Vorteil zu generieren. Überdies ist in größeren Unternehmen teilweise nicht mehr nachvollziehbar, wer die Zuwiderhandlung begangen hat. Hinzu kommt, dass oftmals die für den Betriebsinhaber tätigen Personen die aufgezeigten Pflichten aufgrund der *Arbeitsteilung* entweder überhaupt nicht oder nur als Vertreter an dessen Stelle (§ 9 OWiG, § 14 StGB) treffen. Über diese Vorschriften werden jedoch nur solche Vertreter erfasst, die über die erforderliche Kompetenz bzw. Leitungsfunktion verfügen, nicht aber alle anderen Betriebs- oder Unternehmensangehörigen, auf die der Betriebsinhaber Pflichten oder Aufgaben delegiert hat. Deren Fehlverhalten würde nicht geahndet werden können[2]. Um diese *Ahndungslücke* zu schließen, ist der Betriebsinhaber aufgrund seiner *Garantenstellung* verpflichtet, die notwendigen Aufsichtsmaßnahmen zu treffen, um sicherzustellen, dass die Pflichten, die hauptsächlich ihm obliegen, eingehalten werden[3]. Dem Betriebsinhaber bzw. dem oberen Management kann damit bei Pflichtverstößen nachgeordneter Betriebsangehöriger zum Vorwurf gemacht werden, dass sie die erforderliche Aufsicht nicht wahrgenommen haben. Es handelt sich damit bei § 130 OWiG um einen selbständigen Tatbestand, der allerdings mit der zugrunde liegenden Zuwiderhandlung eng verknüpft ist[4]. An diese Ordnungswidrigkeit einer Leitungsperson kann dann eine *Verbandsgeldbuße* gem. § 30 OWiG (vgl. § 21 Rz. 94 ff., 23 Rz. 36 ff.) geknüpft werden.

129

Beispiele: Kartellabsprachen durch nachgeordnete Mitarbeiter sind zu verhindern[5].
Agenturen, denen ein gewisser Handlungsspielraum für absatzfördernde Empfehlungen gegenüber den Einzelhändlern eingeräumt wird, sind verpflichtet, alle organisatorischen Maßnahmen zu treffen, um Zuwiderhandlungen gegen kartellrechtliche Vorschriften zu verhindern.

130

---

1 Die Versammlungsstättenverordnungen sind Länderrecht und variieren von Bundesland zu Bundesland etwas. Über die Einhaltung der Richtlinien muss eine „staatlich geprüfte, technische Fachkraft nach VStättVO wachen.
2 *Gürtler* in Göhler, § 130 OWiG Rz. 2.
3 *Gürtler* in Göhler, § 130 OWiG Rz. 2; *Rogall* in KK, § 130 OWiG Rz. 2 f.
4 *Rogall* in KK § 130 OWiG Rz. 4.
5 BKartA v. 13.11.1998 – B2-21/96, WuW 1999, 385.

Die Geschäftsführerin einer Vermögensverwaltung GmbH ist verpflichtet, ihren als Prokurist in der Gesellschaft tätigen Ehemann zu einer gesetzmäßigen Ausführung der Geschäfte anzuhalten und ihm notfalls die Prokura zu entziehen, wenn dieser Gelder, die die Anleger der GmbH zur Verwaltung anvertraut hatten, in erheblichem Umfang in sein Privatvermögen überführt, denn er verstößt damit gegen seine Treuepflichten aus § 266 StGB. Es handelt sich dann sowohl um für die Anwendung des § 130 OWiG ausreichende Allgemeindelikte als auch um Verstöße gegen betriebsbezogene Pflichten; denn bei der Übernahme einer Vermögensbetreuung gehört die Pflicht, das zu verwaltende Vermögen nicht zu veruntreuen, zu den den Inhaber treffenden Pflichten[1].

131 Für Handlungen eines **Subunternehmers** ist ein Betriebsinhaber *nicht* nach § 130 OWiG verantwortlich[2]. Bei der Übertragung von Pflichten auf externe Dienstleister muss jedoch klar und genau geregelt sein, welche Pflichten und welche Befugnisse übertragen werden.

132 Anwendbar ist § 130 OWiG nur, wenn ein Betriebsinhaber mit der Wahrnehmung der ihm obliegenden Pflichten eine **untergeordnete Person beauftragt** hat[3], *nicht* jedoch, wenn er gerade diese Pflicht *selbst* wahrgenommen hat. Kann der Betriebsinhaber oder der nach § 9 OWiG für ihn verantwortlich Handelnde wegen der in seinem Betrieb begangenen ordnungswidrigen oder strafbaren Zuwiderhandlung („Bezugstat") selbst verfolgt werden, ist § 130 OWiG als Auffangtatbestand nicht anwendbar[4]. Die Vorschrift ist insofern *subsidiär*[5].

133 Dies gilt auch bei **fahrlässiger Nebentäterschaft**, wenn diese sich auf die konkrete Zuwiderhandlung bezieht[6]. Fahrlässige Nebentäterschaft liegt bereits dann vor, wenn der Erfolg der Aufsichtspflichtverletzung allgemein vorhersehbar ist; nicht erforderlich ist, dass dies in Bezug auf eine bestimmte Person oder Angelegenheit erfolgt ist[7].

134 Kann eine Aufsichtspflichtverletzung festgestellt werden, so ist auch eine **Sanktion gegenüber dem Unternehmen** möglich, da die Pflichtverletzung nach § 130 OWiG eine betriebsbezogene Ordnungswidrigkeit i.S. von § 30 OWiG darstellt[8] (vgl. § 21 Rz. 94 ff., § 23 Rz. 63, § 31 Rz. 61).

---

1 BGH v. 13.4.1994 – II ZR 16/93, NJW 1994, 1801.
2 BayObLG v. 8.4.1998 – 3 ObOWi 30-98, NStZ 1998, 575.
3 *Senge* in Erbs/Kohlhaas, O 187 § 130 OWiG Rz. 2; OLG Düsseldorf v. 28.12.1990 – 5 Ss (OWi) 387/90-162/90, GewA 1991, 442; OLG Hamm v. 27.2.1992 – Ss OWi 652/91, NStZ 1992, 499.
4 *Senge* in Erbs/Kohlhaas, O 187 § 130 OWiG Rz. 2; *Thiemann*, Aufsichtspflichtverletzungen in Betrieben und Unternehmen nach § 130 OWiG, 22 f.; *Gürtler* in Göhler, § 130 OWiG Rz. 26.
5 *Rogall* in KK, § 130 OWiG Rz. 108 f.
6 KG v. 17.3.1971 – 2 Ws (B) 23270, JR 1972, 121 m. Anm. *Göhler*; OLG Karlsruhe v. 15.3.1976 – 3 Ss (B) 52/78, GewA 1976, 161; *Gürtler* in Göhler, § 130 OWiG Rz. 27.
7 Vgl. *Gürtler* in Göhler, § 14 OWiG Rz. 4, § 130 OWiG Rz. 26.
8 *Rogall* in KK, § 130 OWiG Rz. 6, § 30 OWiG Rz. 75.

I. Täter

Nach § 130 Abs. 1 OWiG kann nur der **Inhaber** eines Betriebs oder Unternehmens Täter einer Aufsichtspflichtverletzung sein. Durch § 9 OWiG sind die für den Inhaber des Betriebs handelnden Personen als *Vertreter*[1] ebenfalls in den Kreis der Aufsichtspflichtigen einbezogen. Gem. § 9 Abs. 1 Nr. 2 OWiG[2] (Rz. 92) kommen auch die vertretungsberechtigten Gesellschafter aller rechtsfähigen Personengesellschaften als Täter in Betracht. Sind *mehrere Aufsichtspflichtige* verantwortlich, kann gegen jeden ein gesondertes Verfahren durchgeführt werden[3]. 135

Vertreter sind nach § 9 OWiG folgende Gruppen[4]: 136

- die *gesetzlichen Vertreter* (§ 9 Abs. 1 Nr. 3 OWiG), die Organe bzw. die Mitglieder des zur gesetzlichen Vertretung berufenen Organs einer juristischen Person (§ 9 Abs. 1 Nr. 1 OWiG) und die vertretungsberechtigten Gesellschafter einer rechtsfähigen Personengesellschaft (§ 9 Abs. 1 Nr. 2 OWiG). Bei einer Aufteilung der Geschäftsführung in verschiedene Bereiche gilt dasselbe wie für die Verantwortlichkeit mehrerer Vertreter bei der Organ- und Vertreterhaftung, nämlich Verantwortlichkeit unabhängig vom Geschäftsverteilungsplan, wenn Kenntnis vom Verstoß besteht[5] (Rz. 90).

- Nach § 9 Abs. 2 Nr. 1 OWiG sind auch die Personen zur Wahrnehmung der Aufsichtspflichten angehalten, die *beauftragt* sind, den Betrieb oder das Unternehmen ganz oder zum Teil zu leiten. Allerdings gilt auch hier wie bei der Organ- und Vertreterhaftung, dass sich die Verantwortung dieser Personen begrenzt auf den Bereich von Pflichten, den sie im Rahmen des ihnen übertragenen Auftrags zu erfüllen haben.

- Weiter sind nach § 9 Abs. 2 Nr. 2 OWiG solche Personen verpflichtet, die ausdrücklich beauftragt sind, in eigener Verantwortung Aufgaben wahrzunehmen, die dem Inhaber des Betriebs obliegen.

Damit sind auch spezielle Kontrollorgane erfasst, die zwar keine Leitungsfunktion innehaben, aber für die Beachtung von Aufsichtspflichten verantwortlich sind[6].

Auch **Strohmanngeschäftsführer** sind nach § 130 Abs. 1 OWiG verantwortlich, da sie einerseits formal die Geschäftsführerstellung innehaben, andererseits die Geschäftsführung nur in eingeschränktem Umfang oder gar nicht wahr- 137

---

1 Wegfall von Abs. 2 a.F. durch Art. 2 des 2. G zur Bekämpfung der Umweltkriminalität v. 27.6.1994, BGBl. I 1440; *Gürtler* in Göhler, § 130 OWiG Rz. 4.
2 Durch das EU-Rechtsinstrumente-AG.
3 *Göhler*, wistra 1986, 113.
4 Vgl. BT-Drs. 12/7300, 20.
5 *Gürtler* in Göhler, § 130 OWiG Rz. 6, § 9 OWiG Rz. 15; *Rogall* in KK, § 130 OWiG Rz. 68.
6 *Maschke*, Aufsichtspflichtverletzungen, 3. Kap. B II.

nehmen[1]. Die Stellung als Strohmann[2] oder der Rückzug aus der Geschäftsleitung[3] entbindet nicht von der Pflicht zur Wahrnehmung der gehörigen Aufsichtsmaßnahmen.

138 Bei **Konzernen** beschränkt sich die Aufsichtspflicht auf den Konzernbereich, auf den sich das Direktionsrecht erstreckt, regelmäßig aber" nicht auf den gesamten Konzern[4]. Dies steht im Zusammenhang mit der rechtlichen Selbständigkeit der wirtschaftlich abhängigen Konzernunternehmen.

139 Zu den **Betrieben/Unternehmen** i.S. von § 130 OWiG gehören nicht etwa nur Fabriken, sondern auch Wohnungsbaugesellschaften, Verkaufsstellen, Kinos, gewerbliche Anlagen, ebenso z.B. eine Agentur oder eine Rechtsanwalts-, Steuerberater- oder Wirtschaftskanzlei[5]. Auch karitative Einrichtungen sind zu den Betrieben zu rechnen (vgl. § 23 Rz. 10, 20 f.).

140 Nach § 130 Abs. 2 OWiG ist Betrieb oder Unternehmen i.S. des Abs. 1 auch das **öffentliche Unternehmen.** Damit soll verhindert werden, dass die in einem privaten Betrieb oder Unternehmen verantwortlich handelnden Personen schlechtergestellt werden als diejenigen, die gleiche Aufgaben in einem öffentlichen Unternehmen erfüllen[6]. Es sollen alle Organisationsformen der öffentlichen Verwaltung erfasst werden, mit denen sie am Wirtschaftsleben aktiv teilnimmt. Unerheblich ist, ob das Unternehmen unmittelbar durch die Behörde in der Form des *Eigenbetriebs* betrieben wird oder als rechtsfähige *öffentliche Anstalt* oder *Gesellschaft des Privatrechts* tätig wird. Maßgebend ist nur, ob das Unternehmen von der öffentlichen Verwaltung getragen wird. Bei einem Eigenbetrieb liegt die Aufsichtspflicht in erster Linie bei dem Leiter der Verwaltung[7], bei der Anstalt des öffentlichen Rechts oder der Gesellschaft des Privatrechts ist in erster Linie der gesetzliche Vertreter oder das Organ verantwortlich.

II. Tathandlung

141 Die Tathandlung besteht in der vorsätzlichen oder fahrlässigen **Unterlassung von Aufsichtsmaßnahmen**, die zur Verhinderung der Verletzung *betriebsbezogener Pflichten* erforderlich sind[8]. Betriebsbezogene Pflichten sind solche, die in einem sachlichen Zusammenhang mit dem Betrieb/Unternehmen stehen.

---

1 *Siegmann/Vogel*, Die Verantwortlichkeit des Strohmanngeschäftsführers einer GmbH, ZIP 1994, 1821 (1825).
2 OLG Hamm v. 13.6.1996 – 2 Ss OWi 667/96, NStZ-RR 1997, 21.
3 Entgegen OLG Naumburg v. 13.3.1997 – 1 Ss (B) 415/96, NZV 1998, 41 m. abl. Anm. *Korte*, NStZ 1998, 450.
4 *Hermanns/Kleier*, S. 25; *Ransiek*, 105; a.M. *Rogall* in KK, § 130 OWiG Rz. 25; zur Verantwortlichkeit bei international tätigen Konzernen hinsichtlich Kartellverstößen vgl. BKartA, WuW E DE-V 85.
5 *Gürtler* in Göhler, § 130 OWiG Rz. 2, 5, § 9 OWiG Rz. 43.
6 *Rotberg*, 1975, § 130 OWiG Rz. 14.
7 *Gürtler* in Göhler, § 130 OWiG Rz. 23.
8 *Achenbach* in FS Amelung, 2009, S. 367 (368); *Gürtler* in Göhler, § 130 OWiG Rz. 9; *Rogall* in KK, § 130 OWiG Rz. 36; vgl. RegE BT-Drs. 16/3656, 14.

Allerdings können diese auch außerhalb des Betriebsgeländes verletzt werden[1]. Die Aufsichtsmaßnahmen müssen objektiv *erforderlich, geeignet und zumutbar* sein[2]. Die Aufsichtspflicht setzt *nicht erst* dann ein, wenn bei Stichproben Missstände *entdeckt* worden sind, da diese gerade verhindert werden sollen[3]; sie setzt auch keine Aufklärung durch staatliche Stellen über das Ausmaß der Aufsichtspflicht voraus[4]. Mit der Eröffnung eines Betriebs hat zunächst der Betriebsinhaber die zur Verhinderung von betriebsbedingten Zuwiderhandlungen erforderlichen Überlegungen anzustellen[5]. Die Aufsichtspflicht besteht angesichts der Vielzahl möglicher Pflichten und deren Verletzung unabhängig davon, ob sie besonders normiert ist. Eine solche Normierung wäre bei der großen Anzahl von möglichen Zuwiderhandlungen auch kaum vorstellbar.

Ausmaß, Umfang und konkrete **Ausgestaltung** der **Aufsichtspflicht** hängt von den *Umständen des Einzelfalles* ab. Das Gesetz spricht in § 130 Abs. 1 S. 2 OWiG zunächst lediglich davon, dass zu den erforderlichen Aufsichtsmaßnahmen auch die Bestellung, sorgfältige Auswahl und Überwachung von Aufsichtspersonen gehören. Zu berücksichtigen sind die Größe und die Organisation des Betriebs, die Vielfalt und Bedeutung der zu beachtenden Vorschriften, deren Gewicht sowie die unterschiedlichen Überwachungsmöglichkeiten[6]. Maßgebend ist die Frage, welches Sorgfaltsmaß von einem ordentlichen Angehörigen des jeweiligen Tätigkeitsbereichs verlangt werden kann, um die Verletzung betriebsbezogener Pflichten zu verhindern[7]. *Nicht* ausreichend ist, dass der Unternehmer eine Aufsichtsperson nur beschäftigt; § 130 Abs. 1 S. 2 OWiG verpflichtet ihn ausdrücklich *auch* zur Überwachung der Aufsichtspersonen. Er hat deswegen den Betrieb organisatorisch entsprechend zu gestalten, wenn er selbst zur Durchführung der Kontrollen nicht in der Lage ist. 142

Im **Unterlassen jeglicher Überwachung** liegt deshalb bereits ein Verstoß gegen die betriebliche Aufsichtspflicht[8]. Die delegierten Aufgaben müssen überwacht und die Überwachung muss *nachweisbar* gemacht werden, z.B. in Schichtbüchern, Begehungsprotokollen etc. Aus der Überwachungspflicht ergibt sich für entsprechende Verstöße eine Eingriffspflicht. Diese komplexe Zusammenarbeit von Aufsicht, Kontrolle und Eingriff sollte in einem Unternehmens-, Werks- oder Betriebshandbuch dokumentiert werden. 143

---

1 *Gürtler* in Göhler, § 130 OWiG Rz. 18.
2 *Brenner*, Betriebliche Aufsichtspflicht und ihre bußbare Verletzung, DRiZ 1975, 72; *Gürtler* in Göhler, § 130 OWiG Rz. 12; *Rogall* in KK, § 130 OWiG Rz. 37 ff., 42 f., 49 f.
3 BGH v. 11.7.1956 – 1 StR 306/55, BGHSt 9, 319: Es reicht nicht, gelegentlich nach dem Rechten zu sehen.
4 OLG Stuttgart v. 7.9.1976 – 3 Ss 526/76, NJW 1977, 1410.
5 OLG Stuttgart v. 7.9.1976 – 3 Ss 526/76, NJW 1977, 1410.
6 OLG Düsseldorf v. 24.8.1990 – 1 Ws 765/90, wistra 1991, 31; *Gürtler* in Göhler, § 130 OWiG Rz. 10 m.w.Nw.; *Demuth/Schneider*, BB 1970, 648.
7 *Rotberg*, § 130 OWiG Rz. 3.
8 BayObLG v. 10.8.2001 – 3 ObOWi 51/2001, NJW 2002, 766 = wistra 2001, 478.

144 **Gesteigerte Aufsichtsmaßnahmen** sind dann erforderlich, wenn in dem Betrieb *bereits Unregelmäßigkeiten* vorgekommen sind[1] oder wenn wegen besonderer Umstände mit Zuwiderhandlungen gegen die den Betriebsinhaber treffenden Pflichten zu rechnen ist bzw. wenn der konkrete Verdacht besteht, dass Verstöße geplant sind oder durchgeführt werden.

Hierzu zählt z.B. die Beschäftigung unzuverlässiger oder weniger erprobter Personen[2] bzw. die Beschäftigung von Aufsichtspersonen, die sich als ungeeignet zur Verhinderung ordnungswidriger Zustände erwiesen haben. Ferner kommt eine gesteigerte Aufsichtspflicht in Betracht, wenn es sich um solche Vorschriften handelt, die von *großer Bedeutung*[3] oder einem ständigen Wechsel unterworfen sind[4] bzw. *bei schwierigen Rechtsfragen*[5]. Die gesteigerte Aufsichtspflicht entfällt nicht schon dann, wenn aus Verstößen personelle Konsequenzen gezogen werden, sondern erst, wenn das nunmehr eingesetzte Personal nach einer Reihe von Kontrollen als zuverlässig eingestuft werden kann[6].

1. Personalbezogene Aufsichtspflichten

145 Zu diesen Pflichten gehört, die **Personen** nach der Bedeutung ihrer Aufgabe für den Betrieb oder der ihnen zufallenden Verantwortung **auszuwählen**[7]. Besonders gesteigerte Anforderungen sind an die Auswahl von Personen zu stellen, mit deren Tätigkeit eine Gefahr für die öffentliche Sicherheit verbunden ist[8].

146 Daneben besteht eine Pflicht zur Leitung bzw. **Anleitung** des Personals. Hierzu gehört, den Personen klarzumachen, für welchen Teil des Betriebsablaufs sie verantwortlich sind, sie mit den ihren Bereich berührenden betriebsbezogenen Pflichten bekannt zu machen, soweit sie nicht offensichtlich sind, und sie fortlaufend über die Einhaltung der gesetzlichen Vorschriften genau zu unterrichten. Hierbei ist zu berücksichtigen, dass die *Unterrichtungspflicht* umso größer ist, je geringer die Kenntnisse des Personals sind. Dem Personal ist *genügend Zeit* für eine gewissenhafte Beachtung dieser Vorschriften zu lassen[9].

147 Des Weiteren ist für eine ausreichende **Überwachung** des Personals zu sorgen. Sie hat unauffällig und planmäßig zu geschehen, z.B. in Form von regelmäßigen Stichproben[10]. Wird die Kontrolle durch einen außenstehenden *Wirt-*

---

1 *Gürtler* in Göhler, § 130 OWiG Rz. 13; *Senge* in Erbs/Kohlhaas, O 187 § 130 OWiG Anm. 18; *Rogall* in KK, § 130 OWiG Rz. 64.
2 OLG Hamm v. 26.1.1973 – 4 Ss OWi 1522/72, GewA 1973, 121.
3 *Gürtler* in Göhler, § 130 OWiG Rz. 13; OLG Koblenz v. 31.5.1983 – 1 Ss 157/83 – Sozialvorschriften im Straßenverkehr, VRS 65 (1983), 457.
4 *Gürtler* in Göhler, § 130 OWiG Rz. 13; *Rogall* in KK, § 130 OWiG Rz. 65; OLG Koblenz v. 13.5.1975 – 1 Ws (a) 282/75, VRS 50 (1976), 54.
5 BGH v. 1.6.1977 – KRB 3/76, BGHSt 27, 196, 202 = NJW 1977, 1784.
6 BayObLG v. 10.8.2001 – 3 ObOWi 51/01, NJW 2002, 766.
7 *Senge* in Erbs/Kohlhaas, § 130 OWiG Anm. 3c aa.
8 *Rotberg*, § 130 OWiG Rz. 4.
9 *Senge* in Erbs/Kohlhaas, § 130 OWiG Anm. 3c bb.
10 BGH v. 23.3.1973 – 2 StR 390/72 – Aufsichtspflicht des verantwortlichen Betriebsleiters eines Weinbauunternehmens, BGHSt 25, 163 = NJW 1973, 1511; *Rogall* in KK, § 130 OWiG Rz. 58 f.

schaftsprüfer ausgeübt, so reicht es nicht aus, jährlich einmal eine Kontrolle vorzunehmen, weil dadurch firmeninterne Verstöße nicht wesentlich erschwert werden. Erforderlich sind *mindestens monatliche* Kontrollen, die einen so erheblichen Teil der Tätigkeit des Personals erfassen, dass sie zum einen als Kontrolle wahrgenommen werden und zum anderen geeignet sind, mit erheblicher Wahrscheinlichkeit etwaige Verstöße aufzudecken[1].

Um das Unterlaufen einer planmäßigen Überwachung zu verhindern, sind in **unregelmäßigen Abständen** auch *unerwartete Kontrollen*, u.U. auch umfassendere Geschäftsprüfungen vorzunehmen[2]. Die Überwachungspflichten beziehen sich auch auf die *Überwachungen von Aufsichtspersonen*[3]. Handelt es sich im Einzelfall nicht um die Verletzung irgendeiner der zahlreichen betriebsbezogenen Pflichten, sondern um die Verletzung einer Pflicht, deren Erfüllung gerade der *Zweck* des fraglichen Betriebes ist, so stellt sich die mangelnde Beaufsichtigung untergeordneter Kräfte regelmäßig als eigene Tatbestandsverwirklichung des Betriebsinhabers durch Unterlassen dar[4]. — 148

2. Betriebsmittelbezogene Aufsichtspflichten

Auch auf den **Zustand der sachlichen Betriebsmittel** bezieht sich die Aufsichtspflicht des Inhabers. So ist z.B. dafür zu sorgen, dass die Arbeitsgeräte und technischen Einrichtungen den gesetzlichen Vorschriften entsprechen oder so gestaltet sind, dass die gesetzlichen Vorschriften beachtet werden können. Dieser Pflicht kommt insbesondere im Bereich schwieriger bzw. gefährlicher Produktion eine erhebliche Bedeutung zu. — 149

3. Organisationsbezogene Pflichten

Die Aufsichtspflichtverletzung kann auch in einem **Organisationsmangel** bestehen[5], etwa bei der *Bestellung, Auswahl und Überwachung von Aufsichtspersonen*. Wenn z.B. ein Inhaber wegen der Größe seines Betriebs oder wegen Krankheit oder Urlaubsabwesenheit nicht in der Lage ist, alle seine Pflichten in eigener Person zu erfüllen, so ist er verpflichtet, sorgfältig ausgewählte Aufsichtspersonen in ausreichender Zahl[6] zu bestellen. — 150

In *Großbetrieben* muss der Inhaber für **allgemeine Organisationsanordnungen** sorgen, die ein *funktionierendes Aufsichtssystem* gewährleisten. Dies ist nur dann gegeben, wenn die Aufsichtspersonen laufend über das Verhalten aller Ar- — 151

---

1 BayObLG v. 10.8.2001 – 3 ObOWi 51/2001, NJW 2002, 766.
2 BGH v. 24.3.1981 – KRB 4/80, wistra 1982, 34; BGH v. 25.6.1985 – KRB 2/85, NStZ 1986, 34 = wistra 1985, 228.
3 OLG Stuttgart v. 7.9.1976 – 3 Ss 526/76, NJW 1977, 1410.
4 OLG Stuttgart v. 21.6.1979 – 3 Ss (24) 327/79, Die Justiz 1979, 389; KG v. 17.3.1971 – 2 Ws (B) 23270, JR 1972, 121 m. Anm. *Göhler*.
5 *Gürtler* in Göhler, § 130 OWiG Rz. 14; OLG Stuttgart v. 7.9.1976 – 3 Ss 526/76, NJW 1977, 1410; *Rogall* in KK, § 130 OWiG Rz. 71; *Tiedemann*, WiStrafR AT, Rz. 382.
6 *Möhrenschlager*, wistra 1982, 35.

beitnehmer unterrichtet sind[1], u.U. durch Einrichtung einer Revisionsabteilung. Einen Organisationsmangel stellt es dar, wenn

- nicht konkrete Pflichten bestimmten Mitgliedern eines Mitarbeiterstabes eindeutig zuordnet werden,

- die Verteilung der Verantwortung nicht ermittelt werden kann[2],

- zu viele Personen mit derselben Aufgabe betraut sind und die Gefahr von Kompetenzüberschreitungen besteht[3],

- die Feststellung eines bestimmten Täters, der die Zuwiderhandlung begangen hat, nicht möglich ist,

- im Ergebnis niemand die Verantwortung trägt, weil jeder auf die Erfüllung der Pflichten durch seine Arbeitskollegen vertraut,

- die Verantwortung zu tief nach unten verlagert wird[4].

Hätte der Betriebsinhaber die Zuwiderhandlung bei gehöriger Organisation verhindern können[5], liegt ein Verstoß gegen § 130 OWiG vor.

152 Neben den Leitungs-, Organisations- und Koordinationsmaßnahmen und der Einstellung von Aufsichtspersonen verbleiben einem Betriebsinhaber weiterhin **eigene Aufsichtspflichten**. Im Rahmen des Möglichen ist er verpflichtet, den Betrieb auch *selbst zu beaufsichtigen*[6]. Die Rechtsprechung hat hier erhöhte Anforderungen gestellt; es kommt – neben den allgemeinen Umständen des Einzelfalls (vgl. Rz. 119) – in diesem Zusammenhang auf das Maß der Sachkunde und der erwiesenen Zuverlässigkeit der Aufsichtspersonen an[7].

---

1 Vgl. BGH v. 24.3.1981 – KRB 4/80, wistra 1982, 34 (35) m. Anm. *Möhrenschlager*: Eine Revisionsabteilung mit vier Personen für 5000 Mitarbeiter ist zu klein; BGH v. 25.6.1985 – KRB 2/85, NStZ 1986, 34: Einrichten einer Revisionsabteilung; OLG Stuttgart v. 12.4.1986 – 1 Ws 418/84, wistra 1987, 35; *Rettenmaier/Palm*, Das OrdnungswidrigkeitenR und die Aufsichtspflicht von Unternehmensverantwortlichen, NJOZ 2010, 1414 (1417); BGH v. 24.3.1981 – KRB 4/80, wistra 1982, 34 (35) m. Anm. *Möhrenschlager*: Eine Revisionsabteilung mit vier Personen für 5000 Mitarbeiter ist zu klein; OLG Hamm v. 5.3.1974 – 4 Ss OWi 1234/73, GewA 1974, 190.
2 OLG Hamm v. 28.10.1970 – 4 Ws OWi 19/70, JR 1971, 383 m. Anm. *Göhler*; zum Fehlen von Organisationsverfügungen vgl. auch BGH v. 25.10.1988 – KRB 2/88, wistra 1989, 109.
3 OLG Düsseldorf v. 12.11.1998 – 2 Ss (OWi) 385/98 – (OWi) 1112/98 III, wistra 1999, 115.
4 BGH v. 1.6.1977 – KRB 3/76, BGHSt 27, 196 (202).
5 BayObLG v. 25.4.1972 – Rreg 8 St 518/71 OWi, JR 1973, 28 (29); vgl. *Gürtler* in Göhler, § 130 OWiG Rz. 20; *Rogall* in KK, § 130 OWiG Rz. 67, 71.
6 *Gürtler* in Göhler, § 130 OWiG Rz. 15; KG v. 17.3.1971 – 2 Ws (B) 23270, JR 1972, 121; BGH v. 23.3.1973 – 2 StR 390/72 – Aufsichtspflicht Betriebsleiter Weinbauunternehmen, BGHSt 25, 158 (163); BGH v. 25.6.1985 – KRB 2/85, NStZ 1986, 34; *Rogall* in KK, § 130 OWiG Rz. 38, 53.
7 BGH v. 23.3.1973 – 2 StR 390/72, MDR 1973, 775.

Die Tat ist eine **Dauerordnungswidrigkeit**[1], wenn es der Betriebsinhaber (oder Vertreter – Rz. 135) fortgesetzt fahrlässig unterlässt, die erforderlichen Aufsichtsmaßnahmen zu treffen[2]. 153

III. Zuwiderhandlung gegen betriebliche Pflichten

Eine Zuwiderhandlung gegen betriebsbezogene Pflichten ist – entsprechend den objektiven Strafbarkeitsbedingungen (§ 17 Rz. 45) – nur objektive **Bedingung der Ahndung**, *nicht* dagegen *Tatbestandsmerkmal* der Aufsichtspflichtverletzung. Das *Verschulden* des Inhabers muss sich hierauf also *nicht* beziehen, er braucht nicht vorauszusehen oder voraussehen zu können, dass als Folge der mangelnden Aufsicht eine bestimmte Zuwiderhandlung begangen werden wird[3]. 154

Die Zuwiderhandlung selbst muss keine Straftat oder Ordnungswidrigkeit sein, sie als solche muss nicht vorwerfbar sein[4]; jedoch muss die Verletzung der den Betriebsinhaber treffenden **Pflicht straf- oder bußgeldbewehrt** sein[5]. Die Pflicht, die den Betriebsinhaber in dieser Eigenschaft trifft, kann sich somit aus Tatbeständen des *StGB* oder des Nebenstrafrechts (im engeren Sinn) ergeben[6], es kann sich aber auch um *Ordnungswidrigkeiten* handeln[7]. Der Begriff „Pflicht" ist im weiteren Sinn zu verstehen; hierzu gehören auch Verbote, die für den Betriebsinhaber persönlich gelten, wie z.B. die im Außenwirtschaftsgesetz normierten Verbote[8]. 155

Derjenige, der den Pflichten zuwiderhandelt, braucht **kein Betriebsangehöriger** zu sein[9]. Es reicht aus, dass jemand in *Wahrnehmung der Angelegenheiten des Betriebs* eine Pflicht verletzt. Der Handelnde kann danach auch nur vorübergehend im Rahmen des Betriebs mit Aufgaben betraut sein, wie z.B. ein Sachverständiger. In diesem Fall und auch dann, wenn eine Zuwiderhandlung außerhalb des räumlichen Wirkungsbereichs eines Betriebs stattfindet, ist im Einzelnen zu prüfen, ob für den Inhaber die Möglichkeit der Aufsicht bestand und inwiefern ihn eine Verhinderungspflicht trifft[10]. 156

---

1 Zum Begriff und zu den Rechtsfolgen vgl. *Gürtler* in Göhler, vor § 19 OWiG Rz. 17 ff., § 31 OWiG Rz. 10 ff.
2 Vgl. *Senge* in Erbs/Kohlhaas, § 130 OWiG Anm. 12; *Rogall* in KK, § 130 OWiG Rz. 70; *Gürtler* in Göhler, § 130 OWiG Rz. 15a.
3 OLG Frankfurt v. 6.7.1984 – 6 Ws (Kart) 8/83, wistra 1985, 38; OLG Karlsruhe v. 9.6.1980 – 1 Ss 4/80, Die Justiz 1980, 395; *Schünemann*, Unternehmenskriminalität, 118; *Rogall* in KK, § 130 OWiG Rz. 18.
4 BGH v. 28.9.1981 – II ZR 181/80, MDR 1982, 462.
5 *Gürtler* in Göhler, § 130 OWiG Rz. 21; *Rogall* in KK, § 130 OWiG Rz. 83 f.
6 *Rogall* in KK, § 130 OWiG Rz. 89, z.B. § 290 StGB – unbefugter Gebrauch von Pfandsachen.
7 *Gürtler* in Göhler, § 130 OWiG Rz. 18; *Rogall* in KK, § 130 OWiG Rz. 92.
8 Vgl. § 62 Rz. 1 ff.; *Gürtler* in Göhler, § 130 OWiG Rz. 18; vgl. auch *Hartung/Weihnacht*, Zur Frage der Anwendbarkeit des § 130 OWiG bei fahrlässig begangenen Zuwiderhandlungen gem. § 70 Abs. 4 AWV, ZfZ 1985, 7.
9 *Gürtler* in Göhler, § 130 OWiG Rz. 19
10 *Senge* in Erbs/Kohlhaas, O 187 § 130 OWiG Anm. 23.

157 Die *Feststellung* einer **bestimmten zuwiderhandelnden Person** ist *nicht unbedingt erforderlich*[1]. Es genügt, wenn feststeht, dass die Pflichtverletzung in dem Unternehmen von irgendeiner Person begangen worden ist, die der Aufsicht des Inhabers unterliegt.

158 Bei der Verletzung der Aufsichtspflicht nach § 130 OWiG ist der **Ort der Handlung** i.S. von § 7 Abs. 1 OWiG auch der Ort, an dem die betriebsbezogene Pflicht verletzt wird, d.h., der Ort, an welchem sich die Gefahr verwirklicht, deren Vermeidung Zweck des § 130 OWiG ist[2]. Aufsichtspflichtverletzungen des Verantwortlichen, die im räumlichen Geltungsbereich des OWiG begangen wurden, können in Deutschland geahndet werden[3].

IV. Ursächlicher Zusammenhang und Verschulden

159 Gem. § 130 Abs. 1 OWiG ist die *Verletzung einer Aufsichtspflicht* bereits dann gegeben, wenn die Zuwiderhandlung bei „gehöriger" Aufsicht, d.h. bei Erfüllung der erforderlichen und zumutbaren Aufsichtsmaßnahmen, **verhindert oder wesentlich erschwert** worden wäre[4]. In diesem Zusammenhang ist z.B. dem Einwand nachzugehen, ein Betriebsinhaber sei von seinem ordnungswidrig handelnden Betriebsleiter arglistig getäuscht worden und ihm sei dadurch eine Feststellung der Verstöße nicht möglich gewesen[5].

160 Damit reicht es für die Annahme des Ursachenzusammenhangs aus, dass die Aufsichtspflichtverletzung das **Risiko von Verstößen** gegen betriebsbezogene Pflichten *wesentlich erhöht* hat[6].

161 Das **Verschulden** braucht sich *nur* auf die der Zuwiderhandlung vorangegangene *Verletzung der Aufsichtspflicht* zu beziehen[7]. Neben dem – oft schwer beweisbaren – *Vorsatz* genügt *Fahrlässigkeit*, was die Wirksamkeit dieser Auffangnorm sehr erhöht. Bei dem Vorwurf einer fahrlässigen Aufsichtspflichtverletzung kann sich der Täter nicht darauf berufen, dass er von staatlichen Stellen über das Ausmaß der notwendigen Aufsichtsmaßnahmen nicht aufgeklärt worden sei[8]. Unkenntnis von den für den Betrieb geltenden Bestimmungen entlastet den Unternehmer nicht, da er sich entweder die für seine Überwachungsaufgabe erforderlichen Kenntnisse verschaffen kann oder er ein

---

1 *Senge* in Erbs/Kohlhaas, § 130 OWiG Anm. 24; *Demuth/Schneider*, BB 1970, 648; *Rogall* in KK, § 130 OWiG Rz. 94.
2 BGH v. 10.9.2003 – 2 Ars 258/03 und 164/03, wistra 2003, 465.
3 BKartA v. 13.11.1998 – B2-21/96, WuW 1999, 385.
4 2. UKG v. 27.6.1994; BT-Drs. 12/7300, 20; zur früheren Rechtslage vgl. OLG Karlsruhe v. 9.6.1980 – 1 Ss 4/80, Die Justiz 1980, 395; BGH v. 24.3.1981 – KRB 4/80, wistra 1982, 34; *Gürtler* in Göhler, § 130 OWiG Rz. 22; *Schünemann*, Unternehmenskriminalität, 117 Zur Entwicklung vgl. *Matschke*, Aufsichtspflichtverletzungen, 4. Kap. D III 2; BT-Drs. 11/7101, 33.
5 OLG Stuttgart v. 7.9.1976 – 3 Ss 526/76, NStZ 1977, 1410.
6 BT-Drs. 12/376, 38; *Gürtler* in Göhler, § 130 OWiG Rz. 22.
7 OLG Karlsruhe v. 9.6.1980 – 1 Ss 4/80, Die Justiz 1980, 395; *Gürtler* in Göhler, § 130 OWiG Rz. 16.
8 OLG Stuttgart v. 7.9.1976 – 3 Ss 526/76, NJW 1977, 1410; *Senge* in Erbs/Kohlhaas, § 130 OWiG Anm. 12.

innerbetriebliches Kontrollsystem organisieren kann, das er extern, etwa durch einen Steuerberater oder Wirtschaftsprüfer, überwachen lässt[1]. Im Übrigen werden von Unternehmensverbänden vielfach Materialien erstellt, die Unternehmensverantwortliche auf ihre Verpflichtungen hinweisen. Nicht vorausgesetzt ist ein Verschulden i.S. einer *Vorhersehbarkeit* der konkreten Zuwiderhandlung[2].

V. Sanktion und Verjährung

Seit der am 1.8.2013 in Kraft getretenen Gesetzesänderung durch die 8. GWB-Novelle[3] beträgt der Höchstbetrag der Geldbuße gem. § 130 Abs. 3 S. 2 i.V.m. § 30 Abs. 2 S. 3 OWiG nunmehr **10 Mio. Euro,** wenn die Zuwiderhandlung mit *Strafe* bedroht ist. Dies stellt eine Verzehnfachung des Bußgeldrahmens dar. Bei fahrlässiger Tat beträgt das Bußgeldhöchstmaß damit **5 Mio. Euro** (vgl. § 17 Abs. 2 OWiG). Das gesetzliche Höchstmaß kann gem. § 17 Abs. 4 OWiG überschritten werden, wenn der wirtschaftliche Vorteil, den der Täter aus der Ordnungswidrigkeit gezogen hat, die Geldbuße übersteigt.

Die Anhebung des Bußgeldhöchstmaßes auf den zehnfachen Betrag ist zu begrüßen. Dem steht nicht entgegen, dass eine Höchstgeldbuße von 10 Mio. Euro sich der Höchstgrenze für Geldstrafen (360 x 30 000 Euro = 10,8 Mio. Euro) nähert. Denn bei Geldbußen steht im Unterschied zu den dem Schuldprinzip folgenden Geldstrafen der Ausgleich der durch die Tat erzielten Vorteile im Vordergrund (vgl. § 17 Abs. 4 OWiG).

Ist die Zuwiderhandlung **mit Geldbuße bedroht**, so ist gem. § 130 Abs. 3 S. 3 OWiG die *Höhe der Geldbuße* wegen der Aufsichtspflichtverletzung an dem für die im Betrieb begangene Zuwiderhandlung selbst angedrohten Höchstmaß der Geldbuße auszurichten. Für den Fall der fahrlässigen Pflichtverletzung ist vom Höchstmaß auszugehen, das für Fahrlässigkeitstaten gilt (§ 17 Abs. 2 OWiG). Gem. § 17 Abs. 2 OWiG ermäßigt sich die Geldbuße nochmals um die Hälfte, wenn auch die Aufsichtspflichtverletzung nur fahrlässig begangen ist[4].

Die Regelung des § 130 Abs. 3 S. 3 OWiG (vgl. Rz. 163) gilt auch, wenn die Pflichtverletzung sowohl eine Straftat als auch eine Ordnungswidrigkeit darstellt und die Geldbuße höher als die Strafe sein kann (§ 130 Abs. 3 S. 4 OWiG).

In einem eine Sanktion aussprechenden **Urteil** müssen in einer für das Rechtsbeschwerdegericht *nachprüfbaren Weise dargelegt* werden:

– das Ausmaß der Aufsichtspflicht und die sie tragenden Umstände des Einzelfalles[5];

---

1 BayObLG v. 10.8.2001 – 3 ObOWi 51/2001, NJW 2002, 766.
2 OLG Karlsruhe v. 15.3.1976 – 3 Ss (B) 52/76, GewA 1976, 161.
3 Art. 4 des 8. G zur Änderung des GWB v. 26.6.2013, BGBl. I 1738, 1748.
4 *Gürtler* in Göhler, § 130 OWiG Rz. 28.
5 BGH v. 25.6.1985 – KRB 2/85, NStZ 1986, 34.

- die möglichen und zumutbaren Maßnahmen[1], wozu – je nach Art des Unternehmens – Angaben zum Betriebsaufbau und zur Organisation, zur Aufgabenverteilung innerhalb des Betriebs, zu Art und Umfang der im Betrieb vorgenommenen Kontrollmaßnahmen, zu den verantwortlichen Personen und ihren Pflichten sowie zu den angelieferten als auch den ausgelieferten Produkten gehören;
- bei dem Vorwurf, den Verantwortlichen nicht sorgfältig ausgesucht oder zumindest im erforderlichen Umfang kontrolliert zu haben, die mit der Zuwiderhandlung im Zusammenhang stehende Betriebsorganisation, die Abgrenzung der Verantwortlichkeit, die tatsächlichen Betriebsabläufe, die getroffenen und unterlassenen Aufsichtsmaßnahmen, deren Veranlassung und Wirksamkeit sowie deren Kausalzusammenhang mit der Zuwiderhandlung[2].

166 Gem. § 131 Abs. 3 OWiG gelten für § 130 OWiG die Verfahrensvorschriften entsprechend, die für die Anknüpfungs-Zuwiderhandlung eingreifen. Hierzu zählen auch die Regelungen zur **Verjährung**. Es entspricht dem Charakter der Vorschrift als Auffangtatbestand, dass der Aufsichtspflichtige sich nicht schlechtersteht, als wenn er die Zuwiderhandlung selbst begangen hätte[3]. Umgekehrt kommt dem Betriebsinhaber auch nicht eine etwaige kürzere Verjährungsfrist des § 31 Abs. 2 OWiG zugute, wenn es sich bei der Zuwiderhandlung um eine Straftat handelt[4]. Dann gilt auch für den Aufsichtspflichtigen über § 131 Abs. 3 Hs. 1 OWiG die Regelung des § 78 Abs. 3 StGB. Die Verjährungsregelung des § 31 Abs. 2 OWiG, die nur insofern gilt „wenn das Gesetz nichts anderes bestimmt", wird in diesem Fall verdrängt. Es gilt somit für den Aufsichtspflichtigen stets die Verjährungsfrist der Zuwiderhandlung[5].

167 In Teilen der Wissenschaft wird gefordert, § 130 OWiG *de lege ferenda* zu einer **Straftat** heraufzustufen, da die Aufsichtspflicht „in unmittelbarer Nachbarschaft" zu der Garantenpflicht stünde, die Schädigung Dritter zu verhindern[6]. Dies ist abzulehnen. Unabhängig von rechtspolitischen Bedenken spricht dagegen, dass man auf diese Weise die strengen Voraussetzungen des § 13 StGB – z.B. die an Sicherheit grenzende hypothetische Verhinderungskausalität und die Voraussehbarkeit einer konkreten Zuwiderhandlung (vgl. Rz. 112 ff.) – umgehen würde.

---

1 OLG Düsseldorf v. 12.11.1998 – 2 Ss OWi 385-98 - (OWi) 112-98 III, NStZ-RR 1999, 151; OLG Hamm v. 21.10.1998 – 2 Ss OWi 1148/98, GewA 1999, 246.
2 KG v. 6.10.1998 – 2 Ss 326/98 - 5 Ws (B) 569/98, zit. bei *Korte*, NStZ 1999, 341; OLG Hamm v. 21.10.1998 – 2 Ss OWi 1148/98, GewA 1999, 246.
3 *Gürtler* in Göhler, § 130 OWiG Rz. 30.
4 *Gürtler* in Göhler, § 130 OWiG Rz. 30.
5 *Gürtler* in Göhler, § 130 OWiG Rz. 30.
6 *Tiedemann*, WiStrafR AT, Rz. 388 m.w.Nw.

§ 31
Compliance

Bearbeiter: Thorsten Alexander/Wolfgang Winkelbauer

	Rz.		Rz.
A. Grundlagen	1	4. Überprüfung der Compliance-Organisation	37
I. Bedeutung und Zielsetzung	3	C. Straf- und ordnungswidrigkeitenrechtliche Verantwortlichkeit	
II. Rechtliche Grundlagen	8		
1. Bank- und Kapitalmarktrecht	9	I. Besonderheiten	40
2. Versicherungsrecht	11	1. Compliance-Verantwortlichkeit	42
3. Gesellschaftsrecht	12	2. Entlastung durch Compliance	44
4. Verwaltungsrecht	15	II. Verantwortlichkeiten bei der Verletzung von Compliance-Standards	48
5. Aufsichtspflicht i.S. von § 130 OWiG	16		
B. Compliance-Organisation	18	1. Unternehmensleitung	49
I. Erforderlichkeit	19	2. Compliance-Beauftragte	54
II. Ausgestaltung	21	3. Sonstige Unternehmensangehörige	58
1. Verhaltenskodex und Verhaltensrichtlinien	22	4. Unternehmensexterne	60
2. Kommunikation	24	5. Unternehmensträger	61
3. Kontrolle der Einhaltung	27		

A. Grundlagen

Schrifttum (Auswahl): *Behringer*, Compliance für KMU, 2012; *Bürkle*, Compliance in Versicherungsunternehmen, 2009; *Engelhart*, Sanktionierung von Unternehmen und Compliance, 2. Aufl. 2012; *Görling/Inderst/Bannenberg*, Compliance, 2010; *Harz/Weyand/Reiter/Methner/Noa*, Mit Compliance Wirtschaftskriminalität vermeiden, 2012; *Hauschka* (Hrsg.), Corporate Compliance, 2. Aufl. 2010; *Knierim/Rübenstahl/Tsambikakis*, Internal Investigations, 2013; *Moosmayer*, Compliance, 2. Aufl. 2012; *Petermann*, Die Bedeutung von Compliance-Maßnahmen für die Sanktionsbegründung und -bemessung im Vertragskonzern, 2012; *Schemmel/Ruhmannseder/Witzigmann*, Hinweisgebersysteme, 2012; *Umnuß*, Corporate Compliance Checklisten, 2. Aufl. 2012.

Der Begriff „**Compliance**" scheint im Wirtschaftsstrafrecht beinahe allgegenwärtig geworden zu sein. Spätestens seit dem Bekanntwerden der insbesondere korruptions- und steuerstrafrechtlichen Vorwürfe im Zusammenhang mit der Siemens AG im Jahr 2006 und deren nachfolgenden Aufarbeitung, die – mit unterschiedlichem Augenmerk – von Juristen wie Nichtjuristen begleitet bzw. beobachtet wurde, hat sich das Bewusstsein in den Unternehmen bei Rechtsverstößen mit vor allem korruptionsrechtlichem Bezug gewandelt. Das lag nicht zuletzt auch an den gegen dieses Unternehmen verhängten erheblichen Unternehmenssanktionen, die allein in Deutschland Geldbußen und Gewinnabschöpfung in Höhe von knapp 600 Mio. Euro und in den USA weitere 800 Mio. US-Dollar umfassten[1]. 1

---

1 *Eidam*, Unternehmen und Strafe, Kap. 14 Rz. 10.

2 Seitdem kommt es – auch unternehmensseitig – zu vielen positiven **Aktivitäten** vor allem durch den Aufbau von *Compliance-Abteilungen*, manchmal aber auch nur zu bloßem Aktionismus, indem die allgemeine Pflicht zu einer geordneten Unternehmensführung als angeblich neue Compliance-Erkenntnisse verkauft werden. Weniger noch in der Rechtsprechung, dafür umso mehr in der Literatur entwickelte sich zudem eine Diskussionsdynamik, die zu einer zwischenzeitlich bereits unüberschaubaren Anzahl an monographischen Handbüchern, Buchbeiträgen und Zeitschriftenaufsätzen (Letztere teilweise in speziellen Compliance-Zeitschriften) geführt hat. Die nachfolgende Darstellung beschränkt sich deshalb zwangsläufig auf grundsätzliche Ausführungen und die Behandlung ausgewählter Schwerpunkte.

I. Bedeutung und Zielsetzung

3 a) Das **Thema „Compliance"** hat seinen *Ursprung im US-amerikanischen Recht*, wo es im Zusammenhang mit der dort existierenden Unternehmensstrafe bereits in der 2. Hälfte des 20. Jahrhunderts eine zunehmende Bedeutung entwickelt hat[1]. In den vergangenen 20 Jahren hat es in Europa Einzug in viele Rechtsgebiete gehalten. Bereits Anfang der 90er Jahre gab es im Bereich des Bank- und Kapitalmarktrechts erste Ansätze für Compliance-Organisationen[2]. Die eigentliche Geburtsstunde von Compliance in Deutschland dürfte jedoch das KonTraG[3] gewesen sein, das den Vorstand einer Aktiengesellschaft auffordert, Maßnahmen zu treffen und Systeme einzurichten, um die den Fortbestand der Gesellschaft gefährdende Entwicklungen frühzeitig zu erkennen (§ 91 Abs. 2 AktG). Als sog. *„Criminal Compliance"* hat es entsprechende Entwicklungen insbesondere in den vergangenen zehn Jahren auch im Bereich des (Wirtschafts-)Strafrechts gegeben[4].

4 Ursprünglich stammt der Begriff „Compliance" aus der Medizin und bezeichnet die Einhaltung der ärztlichen Therapievorgaben durch den Patienten, also dessen Therapietreue[5]. Übertragen auf das Recht lässt sich eine solche Regelbefolgung und daraus der Begriff „Compliance" als „Handeln in Übereinstimmung mit dem geltenden Recht" umschreiben[6]. Das **Gebot der Einhaltung der geltenden Rechtsvorschriften** ist jedoch – wie schon zu früheren Zeiten – eine Selbstverständlichkeit, sodass sich bei einer solchen Definition der Compliance-Begriff in einer „Binsenweisheit" erschöpfen würde[7]. Compliance ist deshalb in einem weitergehenden Sinne zu verstehen.

---

1 Eingehend dazu *Engelhart*, Sanktionen, S. 70 ff., 283 ff.; vgl. auch oben § 7 Rz. 43 ff.
2 *Bottmann* in Park (Hrsg.), KapitalmarktstrafR, 3. Aufl. 2013, Teil 2 Kap. 2 A. Rz. 1 m.w.Nw. in Fn. 1.
3 G zur Kontrolle und Transparenz im Unternehmensbereich v. 27.4.1998, BGBl. I 1998, 786.
4 Vgl. dazu *Eidam*, Unternehmen und Strafe, Kap. 14 Rz. 29 ff.
5 Vgl. nur *Rotsch* in A/R, Kap. 4 Rz. 1.
6 *Bock*, ZIS 2009, 68; *U. Schneider*, ZIP 2003, 645 (646).
7 In diesem Sinne beispielsweise *Liese*, BB-Beilage Nr. 5/2008, 17 (22); *Schneider, U.*, ZIP 2003, 645 (646).

Heute wird Compliance überwiegend als ein Instrument innerhalb eines **Gesamtsystems** bei der Überwachung von – regelmäßig betrieblichen – Organisationen oder Körperschaften („Corporate Compliance") angesehen, das die Grundlage dafür bildet, dass sich Unternehmen und ihre Organe bei der Ausführung ihrer unternehmensbezogenen Tätigkeit in Übereinstimmung mit dem geltenden Recht bewegen[1]. Hierbei werden nicht nur *sämtliche Maßnahmen* erfasst, die ein rechtmäßiges Verhalten aller Unternehmensangehöriger gewährleisten sollen[2], sondern auch darüber hinausgehende *unternehmensinterne Richtlinien* bis hin zu *ethischen Grundsätzen* ohne unmittelbare rechtliche Relevanz[3]. Compliance bezeichnet folglich die „organisierte Rechtschaffenheit im Geschäftsverkehr"[4].

b) Im Bereich des Wirtschaftsstrafrechts (im weitesten Sinne) sollen im Wege der sog. Criminal Compliance Straftaten und Ordnungswidrigkeiten, die im Unternehmen oder aus dem Unternehmen heraus begangen werden könnten, verhindert oder jedenfalls erschwert werden[5]. **Ziel** ist in erster Linie die *Vermeidung einer straf-, aber auch ordnungswidrigkeitenrechtlichen Haftung* der Mitarbeiter auf allen Unternehmensebenen sowie des Unternehmens selbst[6]. Da die Entstehung eines (berechtigten oder unberechtigten) Verdachts nicht stets verhindert werden kann, geht es neben einer Haftungsvermeidung oftmals auch – auf der zweiten Stufe – darum, eine Haftungsverminderung bzw. -begrenzung zu erreichen.

Neben der Vermeidung straf- oder ordnungswidrigkeitenrechtlicher Sanktionen existieren aber auch **spezial- oder generalpräventive Zielsetzungen** zur Abschreckung potenzieller Täter und zur Festigung eines antiwirtschaftskriminellen Bewusstseins in der Mitarbeiterschaft. Außerdem bestehen nicht zuletzt auch *wirtschaftliche Motive* in Form einer Verhinderung von Schäden bzw. einer möglichen Realisierung von Schadensersatzansprüchen gegenüber pflichtwidrig handelnden Mitarbeitern und – damit einhergehend – der Vermeidung negativer Unternehmenspublizität[7]. Um dies zu erreichen, ist es Aufgabe der mit Compliance-Funktionen betrauten Unternehmensmitarbeiter (insbesondere der Compliance-Abteilungen und Compliance-Beauftragten),

– die Unternehmensangehörigen über die einzuhaltenden Regeln allgemein oder – regelmäßig auf der Grundlage von Anfragen – fallbezogen *aufzuklären*,

– das Bewusstsein für mögliche Risiken und Gefahren zu schärfen und die Regelbefolgung durch regelmäßige *Kontrollen zu überwachen* und

– über Regelverstöße zu *berichten* und/oder solche selbst abzustellen.

Dadurch kommt der Compliance auch eine Qualitätssicherungs- und Marketing-Funktion zu, da solche Compliance-Maßnahmen nicht nur unterneh-

---

1 *Hauschka* in Hauschka, Compliance, § 1 Rz. 2; *Rotsch* in A/R, Kap. 4 Rz. 3.
2 *Bock*, ZIS 2009, 68; *Rotsch* in A/R, Kap. 4 Rz. 4; *Schneider, U.*, ZIP 2003, 645 (646).
3 *Poppe* in Görling/Inderst/Bannenberg, Kap. 1 Rz. 3.
4 *Rieder/Falge* in Görling/Inderst/Bannenberg, Kap. 2 Rz. 2.
5 *Bock*, Criminal Compliance, S. 23 ff.
6 *Rotsch* in A/R, Kap. 4 Rz. 6, 25.
7 Vgl. *Eidam*, Unternehmen und Strafe, Kap. 14 Rz. 62.

mensintern Qualitätseinbrüche und Missbräuche verhindern, sondern auch das Vertrauen der Kunden und der Öffentlichkeit in das Unternehmen und damit das Unternehmensimage steigern können[1].

II. Rechtliche Grundlagen

8 Eine ausdrückliche **allgemeine** straf- oder bußgeldrechtlich bewehrte **Pflicht** zur Einrichtung eines Compliance-Systems oder zur Vornahme von Compliance-Maßnahmen existiert **nicht**. *Einzelnen Regelungen* lassen sich jedoch entsprechende *Pflichten* mehr oder weniger direkt entnehmen. Jedenfalls im Bereich der gesellschaftsrechtlichen Geschäftsleiterhaftung wird die unterlassene Einrichtung von Compliance-Systemen als Fehlverhalten qualifiziert und kann zur Schadensersatzpflicht (z.B. des Geschäftsführers gem. § 43 GmbHG) führen, wenn dadurch dem Unternehmen Nachteile entstehen. Dabei kann als Nachteil auch eine Unternehmensgeldbuße gem. § 30 OWiG (Rz. 61) oder eine sonstige Unternehmenssanktion in Betracht kommen[2].

1. Bank- und Kapitalmarktrecht

9 Mit der Verabschiedung der Wertpapierdienstleistungsrichtlinie der EG[3] im Jahr 1993 und deren nationaler Umsetzung im Jahr 1994 fand der Compliance-Gedanke Einzug in das deutsche Recht, indem insbesondere § 33 WpHG allgemeine Organisationspflichten für Wertpapierdienstleistungsunternehmen vorschrieb. Seit 2007 ist in § 33 Abs. 1 S. 2 Nr. 1, 5 WpHG (ebenso wie in § 12 Abs. 3 bis 5 WpDVerOV[4]) auch der Begriff „Compliance" explizit genannt. § 33 Abs. 1 S. 2 Nr. 1 WpHG normiert für **Wertpapierdienstleistungsunternehmen** die Pflicht,

„angemessene Grundsätze auf[zu]stellen, Mittel vor[zu]halten und Verfahren ein[zu]richten, die darauf ausgerichtet sind[,] sicherzustellen, dass das Wertpapierdienstleistungsunternehmen selbst und seine Mitarbeiter den Verpflichtungen dieses Gesetzes nachkommen, wobei insbesondere eine dauerhafte und wirksame Compliance-Funktion einzurichten ist, die ihre Aufgaben unabhängig wahrnehmen kann".

Dabei ist gem. § 33 Abs. 1 S. 2 Nr. 5 WpHG daneben zu gewährleisten, „dass die Geschäftsleitung und das Aufsichtsorgan in angemessenen Zeitabständen, zumindest einmal jährlich, Berichte der mit der Compliance-Funktion betrauten Mitarbeiter über die Angemessenheit und Wirksamkeit der Grundsätze, Mittel und Verfahren nach Nummer 1 erhalten". § 12 WpDVerOV konkretisiert die Verpflichtung nach § 33 Abs. 1 WpHG u.a. dahin gehend, dass das

---

1 *Hauschka* in Hauschka, Compliance, § 1 Rz. 7; *Kort*, NZG 2008, 81; *Lösler*, NZG 2005, 104 (104 f.); *Wessing/Dann* in Volk, MüAnwHdb. Wirtschafts- und Steuerstrafsachen, § 4 Rz. 7.
2 LG München I v. 10.12.2013 – 5 HKO 1387/10 – Fall Neubürger, NZWiSt 2014, 183 ff.
3 RL 93/22/EWG des Rates v. 10.5.1993 über Wertpapierdienstleistungen, ABl. EG Nr. L 141 v. 11.6.1993, 27.
4 VO zur Konkretisierung der Verhaltensregeln und Organisationsanforderungen für Wertpapierdienstleistungsunternehmen (Wertpapierdienstleistungs-, Verhaltens- und OrganisationsVO) v. 20.7.2007.

Wertpapierdienstleistungsunternehmen einen Compliance-Beauftragten zu benennen hat, welcher für die Compliance-Funktion sowie die Berichte an die Geschäftsleitung und das Aufsichtsorgan verantwortlich ist.

Für **Kredit- und Finanzdienstleistungsinstitute** (vgl. unten § 66) ergeben sich aus § 25a KWG besondere organisatorische Pflichten, wonach u.a. die Einhaltung der vom Institut zu beachtenden gesetzlichen Bestimmungen zu gewährleisten ist[1]. 10

2. Versicherungsrecht

Vergleichbare Organisationspflichten sieht § 64a VAG für **private Versicherungsunternehmen** (vgl. auch unten § 65) vor, durch die die Einhaltung der von diesen Unternehmen zu beachtenden Gesetze und Verordnungen sowie der aufsichtsbehördlichen Anforderungen sichergestellt werden muss[2]. 11

Das **gesetzliche Krankenversicherungsrecht** normiert in §§ 81a, 197a SGB V für Kassenärztliche Vereinigungen und Krankenkassen die Pflicht zur Einrichtung von Stellen, die Unregelmäßigkeiten und Missbräuche im Gesundheitswesen aufklären und bekämpfen sollen. Dort besteht freilich die Besonderheit, dass diese Maßnahmen sich nicht auf präventive Vermeidungsstrategien beschränken, sondern eine Anzeigepflicht gegenüber der Staatsanwaltschaft beim Vorliegen eines Anfangsverdachts normieren. Ein Verstoß gegen diese unverzüglich zu erfüllende Pflicht ist als Strafvereitelung gem. § 258 StGB strafbar[3].

3. Gesellschaftsrecht

Im Jahr 1998 wurde mit dem durch das KonTraG[4] eingeführten § 91 Abs. 2 AktG geregelt, dass der Vorstand einer **Aktiengesellschaft** „geeignete Maßnahmen zu treffen, insbesondere ein Überwachungssystem einzurichten [hat], damit den Fortbestand der Gesellschaft gefährdende Entwicklungen früh erkannt werden". Auch wenn diese Regelung zum Risikomanagement auf die Vermeidung von Gefahren für den Fortbestand der Gesellschaft abzielt, ist sie als ein Teilaspekt einer Legal oder Criminal Compliance anzusehen, da auch drohende rechtliche Risiken oder Unternehmenssanktionen eine Existenzgefährdung des Unternehmens verursachen können[5]. 12

---

1 *Lösler*, NZG 2005, 104 (106 ff.); *Eisele/Faust*, in Schimansky/Bunte/Lwowski, BankR Hdb., § 109 Rz. 1 ff. (auch zu § 54a Abs. 1 KWG).
2 Vgl. hierzu im Einzelnen *Bürkle* in Bürkle, Compliance in Versicherungsunternehmen, § 1 Rz. 42 ff.; *Kaulbach* in Fahr/Kaulbach/Bähr/Pohlmann, 5. Aufl. 2012, § 64a VVG Rz. 8 ff.; *Schaefer/Baumann*, NJW 2011, 3601 (3602 f.).
3 *Dannecker*, NZWiSt 2012, 1 (8); *Hess* in Kasseler Kommentar zum Sozialversicherungsrecht, Bd. 1, § 81a SGB V Rz. 2 ff.; *Peters* in Kasseler Kommentar zum Sozialversicherungsrecht, Bd. 1, § 197a SGB V Rz. 2 ff.
4 G zur Kontrolle und Transparenz im Unternehmensbereich v. 27.4.1998, BGBl. I 1998, 786.
5 *Engelhart*, Sanktionierung, S. 52; *Wessing/Dann* in Volk, MüAnwHdb. Wirtschafts- und Steuerstrafsachen, § 4 Rz. 6.

13 Bei **börsennotierten Aktiengesellschaften** sieht der *Deutsche Corporate Governance Kodex* (s. auch § 23 Rz. 14b), zu dem sich Vorstand und Aufsichtsrat nach § 161 Abs. 1 AktG zu erklären haben, unter Ziffer 4.1.3 zwar vor, dass der Vorstand „für die Einhaltung der gesetzlichen Bestimmungen und der unternehmensinternen Richtlinien zu sorgen [hat] und [...] auf deren Beachtung durch die Konzernunternehmen hin[wirkt] (Compliance)". Nach § 289a HGB[1] ist darauf auch im publizitätspflichtigen Lagebericht ausdrücklich hinzuweisen. Hieraus ergibt sich jedoch *keine allgemeine* gesetzliche Verpflichtung zur Einrichtung eines Compliance-Programms, da der Kodex lediglich Empfehlungen zur Selbstverpflichtung postuliert und keine Gesetzeskraft entfaltet[2].

14 *Keine* zwingenden Regelungen zur Einrichtung von Compliance-Systemen lassen sich aus der Geschäftsleitungsverantwortung gem. §§ 76 Abs. 1, 93 Abs. 1 AktG bzw. § 43 GmbHG und § 34 GenG ableiten. Zwar trifft den Vorstand bzw. die Geschäftsführer sowohl eine eigene Legalitätspflicht als auch die Verpflichtung zu einer Legalitätskontrolle in Bezug auf Dritte, die in seinem Verantwortungsbereich tätig sind[3]. Allerdings hängt es entscheidend vom konkreten Gefährdungspotenzial ab, inwieweit deshalb eine Compliance-Organisation einzurichten und auszugestalten ist[4]. Der Geschäftsleitung kommt vielmehr ein **organisatorischer Spielraum** zu[5], sodass – je nach Situation – die Einrichtung einer umfassenden Compliance-Organisation nicht zwingend und allgemeingültig verlangt werden kann.

4. Verwaltungsrecht

15 Auf dem Gebiet des Verwaltungsrechts, insbesondere im Bereich des Umweltrechts (unten § 54), ist seit Langem verschiedentlich die Bestellung sog. **Betriebsbeauftragter** vorgesehen. Dies gilt beispielsweise für den *Abfallbeauftragten* (§§ 59 f. KrWG), *Gefahrgutbeauftragten* (§§ 3 ff. GbV), *Gewässerschutzbeauftragten* (§§ 64 ff. WHG), *Immissionsschutzbeauftragten* (§§ 53 f. BImSchG) und *Strahlenschutzbeauftragten* (§§ 31 ff. StrlSchV). Daneben bestehen für den Anlagenbetreiber (oder -besitzer bzw. für das zuständige Organmitglied oder den zuständigen Gesellschafter) gegenüber der zuständigen Behörde Mitteilungspflichten zur Betriebsorganisation hinsichtlich des Schutzes vor Schäden oder Gefahren durch die Anlage (vgl. § 52b Abs. 2 BImSchG, § 58

---

1 Eingefügt durch das BilMoG v. 25.5.2009, BGBl. I 2009, 1102.
2 *Hauschka* in Hauschka, Compliance, § 1 Rz. 23; *Spindler* in MüKo, § 91 AktG Rz. 65.
3 *Fleischer* in Spindler/Stilz, 2. Aufl. 2010, § 91 AktG Rz. 47.
4 *Hauschka* in Hauschka, Compliance, § 1 Rz. 23.
5 *Zöllner/Noack* in Baumbach/Hueck, § 43 GmbHG Rz. 22; vgl. aber auch LG München I v. 10.12.2013 – 5 HKO 1387/10 – Fall Neubürger, NZWiSt 2014, 183 ff., in dem das Landgericht den ehemaligen Siemens-Vorstand Neubürger zum Schadensersatz verurteilt hat, weil auch dieser in seinem Geschäftsbereich keine ausreichenden Kontroll- und Überwachungsstrukturen eingerichtet habe, mit denen die korruptiven Geschäftspraktiken verhindert worden wären, in deren Folge die Siemens AG Verfahrenskosten und Strafsanktionen in Milliardenhöhe zu bezahlen hatte. Zwischen den Instanzen sollen sich nach Presseverlautbarungen Neubürger und die Siemens AG verglichen haben.

Abs. 2 KrWG). Entsprechendes gilt für die Bestellung des *Datenschutzbeauftragten* gem. § 4 f Abs. 3 BDSG (vgl. § 33 Rz. 115 ff.). Diese genannten Betriebsbeauftragten unterscheiden sich von einem Compliance-Beauftragten jedoch insoweit, als diese vom Unternehmen von Gesetzes wegen ausdrücklich bestellt werden müssen; aus dieser kodifizierten Verpflichtung zur Bestellung dieser Betriebsbeauftragten lässt sich jedoch nicht zugleich die Pflicht zur Bestellung eines Compliance-Beauftragten ableiten.

5. Aufsichtspflicht i.S. von § 130 OWiG

Umstritten ist, ob sich aus § 130 OWiG – ggf. i.V.m. oben genannten Spezialvorschriften – (näher § 30 Rz. 125 ff.) der allgemeine Rechtsgedanke für eine Verpflichtung zur Einrichtung einer Compliance-Organisation herleiten lässt[1]. Bereichsspezifische Einzelregelungen sprechen eher gegen eine solche Annahme[2], da die speziellen Vorschriften auf ganz bestimmte Sektoren und Gefährdungslagen zugeschnitten sind und sich nicht verallgemeinern lassen[3]. In jedem Falle besteht für den Unternehmensleiter ein großer **Ermessensspielraum**, auf welche Weise der Aufsichtspflicht aus § 130 OWiG nachgekommen werden muss[4]. Je nach Einzelfall kann hierfür die Einrichtung einer Compliance-Organisation erforderlich sein. Allerdings folgt aus dem Umstand, dass das Vorhandensein eines Compliance-Programms eine Aufsichtspflichtverletzung des Geschäftsleiters entfallen lassen kann, im Umkehrschluss nicht eine Pflicht zur Einrichtung einer Compliance-Organisation, um bei einem Pflichtverstoß durch einen Unternehmensangehörigen einer bußgeldrechtlichen Ahndung zu entgehen[5].

Als **zusammenfassender Befund** lässt sich festhalten: Auch wenn *keine generelle Pflicht* zur Einrichtung einer Compliance-Organisation besteht, wird die Unternehmensleitung ihrer „Legalitätspflicht" *oftmals* nur mittels *institutionalisierter Compliance-Strukturen* nachkommen können[6]. Darüber hinaus können derartige Maßnahmen häufig auch außerhalb des strafrechtlich relevanten Bereichs – Ultima-ratio-Funktion des Strafrechts(!) – angezeigt sein, um – nach dem Vorsichtsprinzip – den Organisationspflichten (auch zur Vermeidung einer persönlichen Haftung gem. § 43 GmbHG, § 93 AktG des Unternehmensleiters) in jedem Falle nachzukommen oder um damit (auch nicht straf-

---

1 Vgl. die Nw. bei *Rotsch* in A/R, Kap. 4 Rz. 18, Fn. 56, 57; bejahend *Eidam*, Unternehmen und Strafe, Kap. 14 Rz. 40 („Kernvorschrift der Criminal Compliance"); *Schneider*, ZIP 2003, 645 (648 ff.); abl. *Niesler* in G/J/W, § 130 OWiG Rz. 12; *Wessing/Dann* in Volk, MüAnwHdb. Wirtschafts- und Steuerstrafsachen, § 4 Rz. 31.
2 *Dierlamm* in Görling/Inderst/Bannenberg, Compliance, Kap. 6 Rz. 113; *Engelhart*, Sanktionierung, S. 511; *Rotsch* in A/R, Kap. 4 Rz. 18.
3 *Hauschka* in Hauschka, Compliance, § 1 Rz. 23; *Wessing/Dann* in Volk, MüAnwHdb. Wirtschafts- und Steuerstrafsachen, § 4 Rz. 31.
4 Vgl. die Nw. bei *Rotsch* in A/R, Kap. 4 Rz. 18 Fn. 58.
5 *Wessing/Dann* in Volk, MüAnwHdb. Wirtschafts- und Steuerstrafsachen, § 4 Rz. 31.
6 *Wessing/Dann* in Volk, MüAnwHdb. Wirtschafts- und Steuerstrafsachen, § 4 Rz. 36.

rechtsrelevante) Nachteile vom Unternehmen und dessen Angehörigen abzuwenden.

B. Compliance-Organisation

18 Ein Compliance-System soll maßgeblich – auch – helfen, bereits **im Vorfeld potenzieller Verstöße** Fehler und Schäden zu vermeiden, jedenfalls aber vorhandene Mängel abzustellen. Auch wenn die Compliance bei der letztgenannten Zielrichtung Gemeinsamkeiten aufweist, setzt sie grundsätzlich früher an als das Controlling und die Revision und unterscheidet sich dadurch maßgeblich von diesen retrospektiven Instrumenten[1].

I. Erforderlichkeit

19 Ob und in welchem **Umfang** eine Compliance-Organisation einzurichten ist, hängt – ohne dass diese gebräuchliche Formulierung allein eine nähere Orientierung bieten könnte – von den „Umständen des Einzelfalls", d.h. vom jeweiligen Unternehmen und seinem Umfeld, ab. Hierbei spielen insbesondere die Größe und Struktur des Unternehmens, das Geschäftsfeld (mit seinem spezifischen Risikopotenzial) und die Frage von Verstößen in der Vergangenheit eine entscheidende Rolle[2] (zum rechtlichen Erfordernis vgl. Rz. 8 ff.). Denn da die Entwicklung einer Compliance-Organisation kein Selbstzweck sein darf[3], können lediglich die erforderlichen und zumutbaren Präventionsmaßnahmen gefordert werden[4].

20 Voraussetzung zur Feststellung möglicher Gefahrenquellen ist deshalb zunächst, die Unternehmensstruktur zu prüfen, um im Wege einer **Risikoanalyse** besondere Risikobereiche auszumachen[5]. Besondere Risikorelevanz besteht dabei erfahrungsgemäß bei Risikogeschäften, Kartellsachverhalten, Korruptionssachverhalten, im Bereich der Beschaffung und des Vertriebs sowie bei der Beschäftigung von Mitarbeitern im lohnsteuerlichen und sozialversicherungsrechtlichen Bereich[6]. Sodann sind potenzielle Gefahrenlagen anhand charakteristischer Merkmale zu identifizieren, wobei es insbesondere um die Motive bei unternehmensschädigenden (finanzielle Motive, persönliche Krisen, berufliche Konfliktlagen, die als ungerecht empfunden werden) und bei vermeintlich dem Unternehmen dienenden (Erfolgseifer, Umsatzdruck, Unkenntnis der Rechtslage) Handlungen geht[7]. Problematisch ist dabei jedoch,

---

1 *Bürkle* in Hauschka, Compliance, § 8 Rz. 55; vgl. aber auch *Jakob* in Momsen/Grützner, Kap. 2 B. Rz. 1 ff. („Interne Revision als Mittel zur Sicherstellung des Compliance").
2 *Fleischer* in Spindler/Stilz, § 91 AktG Rz. 50.
3 *Hauschka* in Hauschka, Compliance, § 1 Rz. 23; *Wessing/Dann* in Volk, MüAnwHdb. Wirtschafts- und Steuerstrafsachen, § 4 Rz. 35.
4 *Fleischer* in Spindler/Stilz, § 91 AktG Rz. 53.
5 *Eidam*, Unternehmen und Strafe, Kap. 14 Rz. 68; *Knierim* in W/J, Kap. 5 Rz. 108 ff.
6 Vgl. dazu auch *Knierim* in W/J, Kap. 5 Rz. 20 ff.; *Wessing/Dann* in Volk, MüAnwHdb. Wirtschafts- und Steuerstrafsachen, § 14 Rz. 112 ff.
7 *Eidam*, Unternehmen und Strafe, Kap. 14 Rz. 69.

dass es weder zuverlässige charakteristische Täterprofile gibt noch sich die oben genannten Befindlichkeiten eines Mitarbeiters gesichert in der Praxis erkennen lassen. Es kann deshalb bereits in diesem Verfahrensstadium daran gedacht werden, zur Erlangung weitergehender Informationen *unternehmensinterne Meldesysteme* (Ombudsmann, Hotline, „Kummerkasten"; Rz. 34 f.) einzurichten[1].

II. Ausgestaltung

Bei der Ausgestaltung einer Compliance-Organisation kann es keine „Patentlösungen" geben. Compliance-Programme sind vielmehr **speziell** auf das jeweilige Unternehmen und die Branche **abzustimmen**. Dabei spielen u.a. Unternehmensgröße und Qualifikation der Mitarbeiter sowie – auch bei der Ausgestaltung – Tätigkeitsbereiche und Gefahrenpotenziale eine Rolle[2]. 21

1. Verhaltenskodex und Verhaltensrichtlinien

Die Errichtung einer Compliance-Organisation beginnt mit der Formulierung eines (rechtlichen und ethischen Grundsätzen entsprechenden) **Unternehmensleitbildes**, das die jeweilige Unternehmenspolitik und Unternehmensethik umfasst[3]. Diese Grundsätze werden in Verhaltensrichtlinien festgeschrieben, die von der Unternehmensleitung vorgelebt werden und auf die die Unternehmensmitarbeiter geschult werden. Auch wenn das Unternehmen bei der Definition eines Unternehmensleitbildes frei ist, geht der *Minimalstandard* dahin, dass die allgemeingesetzlichen Bestimmungen zu erfüllen sind sowie Regeln eingehalten werden müssen, zu denen sich das Unternehmen gegenüber Dritten (insbesondere Vertragspartnern) vertraglich verpflichtet hat. Zu beachten ist, dass die Unternehmensrichtlinien[4] als Instrument der Selbstbindung nicht lediglich vordergründig (straf-)rechtskonformes Verhalten der Unternehmensmitarbeiter gewährleisten, in Wirklichkeit aber allein unter ökonomischen Gesichtspunkten vor allem die erstrebte Gewinnmaximierung sichern sollen[5]. Existenz, Kommunikation und Kontrolle der Unternehmensrichtlinien gewährleisten dann nämlich nicht die Einhaltung rechtlicher oder ethische Grundsätze, sondern bergen die Gefahr, eher zur bloßen PR-Maßnahme zu verkommen[6]. 22

Bei solchen Richtlinien kann in *Ausnahmefällen* sogar das Risiko bestehen, dass sie **strafbarkeitskonstituierend** wirken[7]. Zwar mögen privatrechtliche Re- 23

---

1 *Eidam*, Unternehmen und Strafe, Kap. 14 Rz. 70.
2 *Eidam*, Unternehmen und Strafe, Kap. 14 Rz. 65 ff.; *Hauschka*, NJW 2004, 257 (259); *Knierim* in W/J, Kap. 5 Rz. 105 f.; *Harz/Weyand/Reiter/Methner/Noa*, Mit Compliance Wirtschaftskriminalität vermeiden, S. 37 f.
3 *Eidam*, Unternehmen und Strafe, Kap. 14 Rz. 80; *Harz/Weyand/Reiter/Methner/Noa*, Mit Compliance Wirtschaftskriminalität vermeiden, S. 13 ff.
4 Vgl. hierzu *Theile*, ZIS 2008, 406 ff.
5 Vgl. insofern die Bedenken von *Rotsch* in A/R, Kap. 4 Rz. 45.
6 *Rotsch* in A/R, Kap. 4 Rz. 45; *Theile*, ZIS 2008, 406 (417 f.).
7 Vgl. *Rotsch* in A/R, Kap. 4 Rz. 47.

gelungen im Grundsatz keine Strafbarkeit begründen, sie können jedoch beispielsweise das Maß der Pflichtwidrigkeit i.S. des § 266 StGB definieren[1].

2. Kommunikation

24 a) Sind Compliance-Standards entwickelt, sind diese zunächst durch **Bekanntmachung** gegenüber – primär – Unternehmensmitarbeitern und ggf. auch gegenüber Vertragspartnern (insbesondere Dienstleistern) einzuführen. Glaubt man erfahrenen Praktikern auf diesem Gebiet, handelt es sich dabei um eine der zentralen und schwierigsten Vorgaben, Standards erfolgreich zu den betroffenen Mitarbeitern zu transportieren. Neben dem Akt der *formalen Vermittlung* und der Sicherstellung der Kenntnisnahme durch die Mitarbeiter und ggf. Dienstleister kommt es vor allem darauf an, die *Akzeptanz* der Richtlinien für die tägliche Arbeit zu implementieren[2].

25 b) Eine solche Implementierung kann nämlich nicht bei der Bekanntmachung enden, sondern setzt ein *Einüben der Standards* durch **Schulungen** voraus. Eine solche Schulung erfolgt im Zweifel gemeinsam durch die Compliance-, Personal- sowie die Leitung der Fachabteilung der zu schulenden Mitarbeiter. Daneben finden sich in der Praxis – insbesondere bei Instruktionen bei Leitungspersonal – durchaus auch Schulungen durch externe Dienstleister, denen offenbar ein höheres Maß an Akzeptanz durch die zu schulenden Mitarbeiter zugeschrieben wird. Als vorteilhaft bei der Schulung haben sich Fallstudien erwiesen, weil diese zum einen am eingehendsten sind und zum anderen die Schulungsteilnehmer animieren, von ihnen selbst erlebte oder zu beurteilende Sachverhalte mitzuteilen, sodass die Schulung auf diese Weise auch dazu dient, aktuelle Verstöße aufzudecken oder zu vereiteln[3].

26 c) Die Kommunikation und Schulung der Richtlinien ist allein für eine erfolgreiche Implementierung und Umsetzung nicht ausreichend. Denn angesichts der vielfältigen Lebenssachverhalte gelingt es dem in seiner täglichen Arbeit betroffenen Mitarbeiter nicht bei jedem möglichen Compliance-Fall, der sich häufig in einem Graubereich bewegt, selbst eine zutreffende Entscheidung zu finden. Eine *Compliance-Stelle* muss deshalb den Unternehmensmitarbeitern für Anfragen für eine kurzfristig zu erfolgende **Auskunft** und **Beratung** zur Verfügung stehen. Diese Auskunftsstellen müssen so geschaffen sein, dass keine – auch keine faktische – Zugangshürde zu einer fachkompetenten Auskunftsperson besteht. Es ist deshalb sinnvoll, einen konkreten Ansprechpartner bzw. eine „Helpline" zu installieren, bei der Mitarbeiter (auch: rechtlichen) Rat einholen können[4].

---

1 Vgl. LG Darmstadt v. 14.5.2007 – 712 Js 5213/04 9 KLs, juris m. Anm. *Knierim*, CCZ 2008, 37 (37 f.): in den Compliance-Regelungen enthaltenes Verbot jeglicher Annahme von Geldzahlungen.
2 Vgl. dazu im Einzelnen *Gilch/Schautes* in Momsen/Grützner, Kap. 2 A. Rz. 46 ff.
3 Vgl. dazu auch *Wessing/Dann* in Volk, MüAnwHdb. Wirtschafts- und Steuerstrafsachen, § 4 Rz. 188 ff.
4 *Eidam*, Unternehmen und Strafe, Kap. 14 Rz. 70.

3. Kontrolle der Einhaltung

a) Verdachtsunabhängige Kontrollen in Form von **Stichproben** können zwar zu einer Verbesserung der Compliance-Organisation beitragen, bergen jedoch neben (insbesondere) datenschutzrechtlichen Risiken auch die Gefahr einer Vergiftung des Betriebsklimas in sich. Nichtsdestoweniger ist nach allgemeinen Grundsätzen die *Überprüfung der Einhaltung* angeordneter Maßnahmen unverzichtbar, um eine ordnungsgemäße Betriebsorganisation belegen zu können. Für die Schaffung und Unterhaltung einer betrieblichen Compliance-Organisation hat nichts anderes zu gelten. Es kann deshalb nicht um das „Ob", sondern nur um das „Wie" einer effektiven Kontrolle gehen[1].

b) Unter *Internal Investigations* sind – in Abgrenzung zu staatlichen Ermittlungstätigkeiten – **unternehmensinterne Ermittlungen** zu verstehen, die die Erforschung eines (hier: zumindest auch straf-)rechtlich relevanten Sachverhalts zum Gegenstand haben[2]. Es handelt sich – im Unterschied zu Stichproben – um anlassbezogene, nicht durch Regelprüfungen (zur Überwachung und Kontrolle von Risiken) abgedeckte Sachverhaltsaufklärungen[3], deren Ziel insbesondere der Sanktionierung und Wiederholungsvermeidung dient.

Derartige vom Unternehmen initiierte Untersuchungen erfolgen entweder durch das Unternehmen selbst oder durch vom Unternehmen beauftragte externe Dritte. Sie bieten – im Hinblick auf eine Außenwirkung – den Vorteil der Unauffälligkeit, zumal sie häufig aufgrund vager Verdachtsmomente (in Bezug auf einen Regelverstoß) unterhalb der Schwelle eines strafprozessualen Anfangsverdachts eingeleitet werden[4]. Unternehmensinterne (und damit private) Ermittlungen sind **grundsätzlich zulässig**. Jedoch sind ihnen im Hinblick auf bestimmte Vorgehensweisen (Täuschung, Drohung, Manipulation) sowie Zwangsmittel (Beschlagnahme, Durchsuchung) durch die allgemeinen *Gesetze* und ggf. *arbeits- und tarifvertragliche Regeln* **Grenzen** gesetzt[5]. Daneben ist zu beachten, dass eine gegenüber dem Arbeitgeber wie auch gegenüber vom Arbeitgeber beauftragten Dritten (z.B. einer Rechtsanwalts- oder Wirtschaftsprüferkanzlei[6]) bestehende *arbeitsrechtliche Aussagepflicht* mit dem strafprozessualen *Grundsatz der Selbstbelastungsfreiheit* kollidieren kann[7]. Die rechtliche Auflösung dieser widerstreitenden Interessen ist umstritten. Faktisch besitzt der Arbeitgeber jedoch kein Zwangsmittel, den verdächtigen oder einen anderen Mitarbeiter zu einer (und sei es auch nur: Zeugen-) Aussage zu zwin-

---

1 Vgl. dazu z.B. *Lampert* in Hauschka, Compliance, § 9 Rz. 34; *Wessing/Dann* in Volk, MüAnwHdb. Wirtschafts- und Steuerstrafsachen. § 4 Rz. 199 ff.
2 *Rotsch* in A/R, Kap. 4 Rz. 59.
3 *Knierim*, StV 2009, 324 (328); *Rotsch* in A/R, Kap. 4 Rz. 49.
4 *Knauer/Buhlmann*, AnwBl. 2010, 387 (393); *Rotsch* in A/R, Kap. 4 Rz. 49.
5 *Grützner* in Momsen/Grützner, Kap. 4 Rz. 139 ff.; *Rotsch* in A/R, Kap. 4 Rz. 51.
6 *Rotsch* in A/R, Kap. 4 Rz. 52; *Theile*, StV 2011, 381 (384).
7 Vgl. nur *Bittmann/Molkenbur*, wistra 2009, 373 (375 ff.); *Grützner* in Momsen/Grützner, Kap. 4 Rz. 346; *Jahn*, StV 2009, 41 (43 ff.); *Knauer/Buhlmann*, AnwBl. 2010, 387 ff.; *Rotsch* in A/R, Kap. 4 Rz. 52; *Momsen*, ZIS 2011, 508 ff.; *Rotsch* in A/R, Kap. 4 Rz. 52; *Wastl/Litzka/Pusch*, NStZ 2009, 68 (69 ff.).

gen[1]. Er ist letztlich auf die Freiwilligkeit des Mitarbeiters angewiesen. Allenfalls kann er mit der (fristlosen) Kündigung des Arbeitsverhältnisses drohen und ggf. eine solche aussprechen mit der Folge, dass im Nachhinein ein Arbeitsgericht über die Berechtigung der Kündigung und damit auch des konkreten Auskunftsverlangens entscheidet.

30 Ausgehend von der Interessenlage des Unternehmens beantwortet sich auch die Frage der **Zusammenarbeit mit staatlichen Ermittlungsbehörden**. Existieren keine parallelen staatlichen Ermittlungen, ist es lediglich eine Frage der Taktik oder der Zweckmäßigkeit, staatliche Stellen über interne Ermittlungen und deren Ergebnisse zu unterrichten. Eine solche Unterrichtung dürfte im Zweifel unterbleiben, wenn bei einer Offenlegung Maßnahmen oder Sanktionen gegen das Unternehmen etwa gem. § 30 OWiG drohen. Denn sieht man von Sondersituationen (insbesondere von der Pflicht gem. § 153 AO, im Nachhinein erkannte Steuerverkürzungssachverhalte offenzulegen und zu berichtigen; vgl. § 43 Rz. 13, § 44 Rz. 21 ff.) ab, besteht *keine Pflicht*, staatliche Stellen über Erkenntnisse interner Ermittlungen zu unterrichten[2]. Existieren dagegen bereits parallele staatliche Verfahren, dürfte regelmäßig eine *Kooperation* mit diesen Stellen bei internen Ermittlungen angezeigt sein, da sich anderenfalls sehr schnell der Vorwurf bzw. der Verdacht der Vereitelung der staatlichen Ermittlungen und damit die Verwirklichung einer Straftat gem. § 258 StGB ergeben kann. Erst recht ist eine solche Mitwirkung zwingend verlangt bei Ermittlungen der US-amerikanischen Börsenaufsicht SEC. Denn bei deren Ermittlungen wird eine solche Mitwirkung vorgegeben und ist zwingende Voraussetzung, um vom Unternehmen höhere Sanktionen möglichst abzuwenden[3].

31 Ist keine Kooperation beabsichtigt, stellt sich allerdings die Problematik einer (staatsanwaltschaftlichen, polizeilichen oder gerichtlichen) **Vernehmung des** mit den Internal Investigations **Beauftragten** bzw. die **Beschlagnahme** von dessen **Unterlagen** (z.B. Protokolle von Aussagen verdächtiger Mitarbeiter) im Rahmen eines strafrechtlichen Ermittlungsverfahrens[4]. Auf diese Weise können nämlich die staatlichen Behörden an Erkenntnisse gelangen, die ihnen selbst unmittelbar nicht zugänglich gewesen wären. Hierbei wird teilweise – freilich im Ergebnis wenig begründet – ein Beweisverwertungsverbot mit Fernwirkung i.S. eines Beweisverwendungsverbotes hinsichtlich solcher Unterlagen diskutiert[5].

32 **c) Unternehmensgebundene Hinweisgebersysteme** sind regelmäßig und sinnvollerweise als *interne Systeme* ausgestaltet, bei denen der jeweilige Mitarbei-

---

1 Vgl. aber *Grützner* in Momsen/Grützner, Kap. 4 Rz. 454, der selbst bei einem gekündigten Arbeitsverhältnis eine Mitwirkung des Arbeitnehmers an Aufklärungsmaßnahmen bejaht.
2 Vgl. dazu auch *Klahold/Berndt* in Momsen/Grützner, Kap. 3 A. Rz. 92.
3 *Grützner* in Momsen/Grützner, Kap. 4 Rz. 38.
4 *Theile*, StV 2011, 381 (384 f.).
5 Vgl. *Eidam*, Unternehmen und Strafe, Kap. 14 Rz. 149 f.; *Grützner* in Momsen/Grützner, Kap. 4 Rz. 424 ff.; *Rotsch* in A/R, Kap. 4 Rz. 52; *Theile*, StV 2011, 381 (386); a.A. *Bittmann/Molkenbur*, wistra 2009, 373 (377 ff.).

ter sein Wissen an Stellen innerhalb des Unternehmens weitergibt. Seltener, gesetzlich aber durchaus in Einzelfällen vorgesehen (beispielsweise im WpHG in Bezug auf Insidergeschäfte gem. § 10 Abs. 1 WpHG), erfolgt die Einrichtung eines *externen* unternehmensgebundenen Hinweisgebersystems mit einer Informationsweiterleitung unmittelbar an Strafverfolgungs- oder Aufsichtsbehörden[1]. Zwar sind diese Systeme grundsätzlich darauf ausgerichtet, dass Unternehmensangehörige Mitteilungen über unternehmensbezogene Regelverstöße tätigen, jedoch können oftmals auch externe Dritte oder ehemalige Unternehmensangehörige entsprechende Hinweise anbringen.

aa) Beim sog. **Whistleblowing** machen Personen aus ethischen oder moralischen Gründen Missstände oder illegale Praktiken aus geschlossenen Organisationen heraus bekannt, die intern – insbesondere wegen unzureichender Kontrollen oder einer Beteiligung von Führungskräften – nicht aufgedeckt werden[2]. Als Whistleblower („Verpfeifer") werden dementsprechend Dissidenten aus Gewissensgründen – im Gegensatz zu Denunzianten – angesehen[3]. Whistleblowing-Hotlines und Hinweisgebersysteme gelten heute als eines der effektivsten Compliance-Programme und als „State of the art" eines wirksamen Compliance-Systems[4]. 33

bb) In Großunternehmen kann es sich empfehlen, dem Compliance-Beauftragten einen oder – aufgeteilt nach Risikobereichen – mehrere **Ombudsmänner** als Ansprechpartner für Whistleblower zu unterstellen[5]. Vor allem in kleineren und mittleren Unternehmen kann es dagegen angezeigt sein, eine Betreuung durch einen externen Spezialisten (z.B. einen entsprechend spezialisierten Anwalt) vornehmen zu lassen, um das erforderliche juristische Know-how einzubringen[6]. Bei Rechtsanwälten und sonstigen zur Berufsverschwiegenheit berechtigten Berufsträgern (Steuerberater, Wirtschaftsprüfer) besteht zudem der Vorteil des Zeugnisverweigerungsrechts aus § 53 Abs. 1 S. 1 Nr. 3 StPO, sodass insbesondere gegenüber Strafverfolgungsbehörden keine Auskünfte über Hinweisgeber erteilt werden müssen; für die von diesem überlassenen Unterlagen dürfte Beschlagnahmefreiheit bestehen[7]. 34

Der *Ombudsmann* sollte auch nicht gegenüber der Unternehmensleitung wegen persönlicher Daten des Hinweisgebers offenbarungspflichtig sein[8]. Auch wenn eine missbräuchliche Nutzung solcher Meldeeinrichtungen (z.B. in Form vorsätzlicher Falschverdächtigungen aus Rache oder Scherz) nicht ausgeschlos- 35

---

1 Vgl. hierzu *Pauthner-Seidel/Stephan* in Hauschka, Compliance, § 27 Rz. 112.
2 *Bannenberg*, Korruption in Deutschland und ihre strafrechtliche Kontrolle, 2004, S. 375.
3 *Eidam*, Unternehmen und Strafe, Kap. 14 Rz. 71.
4 *Grützner* in Momsen/Grützner, Kap. 4 Rz. 82 ff.; *Moosmayer*, Compliance S. 52 f.
5 *Eidam*, Unternehmen und Strafe, Kap. 14 Rz. 66.
6 *Eidam*, Unternehmen und Strafe, Kap. 14 Rz. 67.
7 Vgl. dazu näher *Wessing/Dann* in Volk, MüAnwHdb. Wirtschafts- und Steuerstrafsachen, § 4 Rz. 213; *Eidam*, Unternehmen und Strafe, Kap. 14 Rz. 152 ff.; a.A. LG Hamburg v. 15.10.2010 – 608 Qs 18/10, NJW 2011, 942 (943 ff.).
8 *Eidam*, Unternehmen und Strafe, Kap. 14 Rz. 76.

sen werden kann, sollte – im Regelfall – eine gewünschte **Anonymität** garantiert werden[1]. Hierdurch kann nämlich die Zahl intern aufgedeckter Verstöße grundsätzlich erhöht werden, ohne den Hinweisgeber zu einer Einschaltung der Strafverfolgungsbehörden oder einer Information der Öffentlichkeit zu drängen[2]. Im Vergleich zu einem rein anonymen Hinweisgebersystem gibt eine Konstellation, in der dem Ombudsmann die Person des Hinweisgebers bekannt ist, der Ombudsmann jedoch zur Entpersonalisierung der Daten des Hinweisgebers nicht verpflichtet ist, bereits eine höhere Gewähr für die Seriosität des Hinweises[3].

36 **cc)** Eine **Hotline** bzw. ein *„Kummerkasten"* kann gleichfalls ein taugliches Instrument der internen Kriminalitätsbekämpfung durch (i.d.R. anonyme) Anzeigen sein[4]. Hier stellt sich jedoch erst recht die Frage, ob solche anonym angebrachten Beschuldigungen die Möglichkeit unternehmensinterner Ermittlungen eröffnen. Denn unternehmensinterne Ermittlungen kollidieren häufig mit allgemeinen Gesetzen (z.B. das Persönlichkeitsrecht des Mitarbeiters bei Videoüberwachungen; Eingriffe in das BDSG oder das TKG bei E-Mail-Auswertungen). Ihre Vornahme verlangt deshalb eine Abwägung zwischen den Interessen des Mitarbeiters und denen des Unternehmens. Um von einem überwiegenden Interesse des Unternehmens ausgehen zu können, setzt dies einen qualifizierten Verdachtsgrad und ein entsprechendes Maß einer drohenden Rechtsbeeinträchtigung aufseiten des Unternehmens voraus. Beruht der Verdachtsgrad auf einer bloßen anonymen Verdächtigung ohne (zunächst) objektivierbare Substanz, sind rechtsbeeinträchtigende interne Ermittlungen nur dann zulässig, wenn dem Unternehmen schwerste Beeinträchtigungen drohen können[5].

4. Überprüfung der Compliance-Organisation

37 Hiermit werden zwei maßgebliche Gesichtspunkte angesprochen: zum einen die **Überprüfung der Einhaltung** und Beachtung der rechtlichen Standards bei der laufenden Bearbeitung von Compliance-Vorgängen, insbesondere im Rahmen interner Ermittlungen, zum anderen die **Überprüfung der Tauglichkeit** und der Arbeit der eingerichteten Compliance-Systeme.

38 **a)** Die Tätigkeit einer Compliance-Organisation, insbesondere bei internen Ermittlungen, unterliegt den Schranken der allgemeinen Gesetze (vgl. Rz. 29). Die Grenzen der allgemeinen Gesetze für die Compliance-Arbeit sind vielfältig und können die unterschiedlichsten Rechtsgebiete tangieren. Insbesondere können Bestimmungen des Strafgesetzbuches (§§ 201 ff. StGB), des Bundes-

---

1 Vgl. dazu aber auch *Schmidl* in Momsen/Grützner, Kap. 2 C. Rz. 46 ff., der mit der Möglichkeit der Anonymität der Anzeige die Gefahr der Förderung von Verleumdung und Mobbing sowie einer schlechten, von gegenseitiger Überwachungsangst geprägten Betriebskultur verbindet.
2 Vgl. auch *Eidam*, Unternehmen und Strafe, Kap. 14 Rz. 75; *Wessing/Dann* in Volk, MüAnwHdb. Wirtschafts- und Steuerstrafsachen, § 4 Rz. 208.
3 *Eidam*, Unternehmen und Strafe, Kap. 14 Rz. 76.
4 *Eidam*, Unternehmen und Strafe, Kap. 14 Rz. 70.
5 Vgl. dazu auch *Grützner* in Momsen/Grützner, Kap. 4 Rz. 242.

datenschutzgesetzes und des Telekommunikationsgesetzes, des Telemediengesetzes, das Betriebsverfassungsgesetz, Betriebs- und Dienstvereinbarungen, Tarifverträge etc. betroffen sein[1]. Verstöße gegen diese Bestimmungen können strafrechtliche und bußgeldrechtliche Sanktionen gegen Mitarbeiter der Compliance-Abteilung und gegen das Unternehmen selbst auslösen sowie Schadensersatzverpflichtungen zur Folge haben, die letztlich gleichfalls das Unternehmen treffen[2]. Die **„Compliance der Compliance"** liegt deshalb im ureigenen Interesse des Unternehmens. Die Fragen, die sich dabei stellen, betreffen weniger das „Ob" einer solchen Kontrolle als vielmehr das „Wie". Bei dezentralen Compliance-Strukturen wird die Kontrolle i.d.R. von der zentralen Compliance-Stelle des Unternehmens vorgenommen. Im Übrigen ist in der Praxis der Versuch festzustellen, Rechtsverstöße der Compliance-Organisation dadurch zu vermeiden, dass in Zweifelsfällen insbesondere bei internen Ermittlungen externe Berater hinzugezogen werden.

b) Dass die Compliance-Organisation auf ihre Wirksamkeit und Tauglichkeit – wie jede andere Abteilung eines Unternehmens – zu **kontrollieren** ist, liegt auf der Hand. Dies beginnt damit, ob die in der Abteilung tätigen Mitarbeiter für die Aufgabenerledigung aufgrund ihrer Kompetenz (noch) geeignet sind, ihnen die erforderliche Fortbildung zuteil wurde und die personelle Ausstattung der Abteilung ihrer Aufgabestellung, nämlich die Sicherstellung von Compliance zu gewährleisten, gerecht wird. Es umfasst schließlich auch die stichprobenweise Überprüfung der Tätigkeit der Abteilung. Diese Kontrollaufgaben werden regelmäßig – wie in anderen Abteilungen auch – entweder von der *internen Revision*, ggf. unterstützt durch externe Berater, oder – bei dezentralen Strukturen – von der *Compliance-Zentrale* wahrgenommen[3]. 39

C. Straf- und ordnungswidrigkeitenrechtliche Verantwortlichkeit

I. Besonderheiten

Ein wesentliches Merkmal von Criminal Compliance ist die Notwendigkeit der Antizipierbarkeit strafrechtlicher Verantwortung[4]. Es muss deshalb das unternehmerische Handeln in einer **Ex-ante-Betrachtung** auf seine mögliche strafrechtliche Relevanz geprüft werden. 40

Dies bedeutet zweierlei: Zum einen ist die Compliance-Abteilung darauf angewiesen, über das laufende unternehmerische Handeln unterrichtet zu werden. Dies setzt freilich voraus, dass solche **Informationsstrukturen** zunächst eingerichtet und von der Compliance-Abteilung geschult werden. Zum anderen kann aber eine Compliance-Abteilung keine ihr gegenüber laufend zu erfüllende Bringschuld erwarten, sondern muss sich ihrerseits mit den vorerwähnten Mechanismen und *Compliance-Audits* um eine **Informationsbeschaffung** 41

---

1 Vgl. dazu *Grützner* in Momsen/Grützner, Kap. 4 Rz. 194 ff.
2 Vgl. *Grützner* in Momsen/Grützner, Kap. 4 Rz. 196 ff.
3 Vgl. dazu etwa *Jakob* in Momsen/Grützner, Kap. 2 B. Rz. 74 ff.
4 *Rotsch* in A/R, Kap. 4 Rz. 7.

und Sachverhaltsaufklärung bemühen. Anderenfalls ist von einer unzureichenden und damit pflichtwidrigen Compliance-Tätigkeit auszugehen.

1. Compliance-Verantwortlichkeit

42 Übt eine Compliance-Abteilung eine **beratende Funktion** aus und wird ein Sachverhalt von der Compliance-Abteilung einer **Prüfung** unterzogen und (im Rahmen einer Criminal Compliance) nicht beanstandet, obwohl dadurch ein strafrechtsrelevanter Sachverhalt verwirklicht würde, ergeben sich hieraus folgende Konsequenzen: Wurde die Compliance-Abteilung umfänglich unterrichtet und die Maßnahme in dem der Compliance-Abteilung unterbreiteten Umfang realisiert, wird sich die strafrechtliche Verantwortlichkeit für die fragliche Tätigkeit auf die Compliance-Abteilung verlagern. Denn in diesem Falle befindet sich die ausführende Stelle – vorbehaltlich besserer Kenntnis – im (regelmäßig unvermeidbaren) Verbotsirrtum gem. § 17 StGB (s. § 18 Rz. 6 ff.) und der Compliance-Officer rückt in die Position eines (mittelbaren) Täters (§ 25 Abs. 1 Var. 2 StGB)[1] oder er beteiligt sich – falls es um ein von ihm nicht täterschaftlich begehbares Sonderdelikt geht – als Anstifter eines schuldlos handelnden Haupttäters gem. § 26 StGB[2] (vgl. § 19 Rz. 8 ff., 21 f.).

43 Insoweit wird zu Recht darauf hingewiesen, dass aus dem Ziel einer *Haftungsvermeidung* durch Compliance sehr schnell eine **Haftungsverlagerung** werden kann[3]. Dann stellt sich nur die neue Frage, wer für die Fehlbeurteilung der Compliance-Abteilung individuelle Verantwortung trägt.

2. Entlastung durch Compliance

44 Dass die Schaffung von Compliance-Strukturen *haftungsentlastend* sein kann, liegt auf der Hand: Der **Unternehmensmitarbeiter**, der entsprechend einer Compliance-Belehrung tätig wird, handelt im Zweifel schuldlos; der **Unternehmens- bzw. Betriebsleiter** wird sich persönlich vom Vorwurf entlasten können, für die Einhaltung von Rechtsgrundsätzen durch die Unternehmensangehörigen nicht Sorge getragen zu haben, wenn er ausreichende Compliance-Strukturen im Unternehmen eingerichtet hat. Dies gilt erst recht, wenn durch Compliance-Maßnahmen Rechtsverstöße vermieden werden.

45 Dagegen ist die häufig gehörte Argumentation, die Einrichtung oder Vorhaltung einer Compliance-Organisation müsse eine **Sanktion** des Unternehmens **generell ausschließen** können, wenn es dennoch zu Rechtsverstößen kommt, nach deutscher Rechtslage *nicht tragfähig*.

Anders als in manchen *ausländischen* Rechtsordnungen (vgl. z.B. Section 7 UK Bribery Act; vgl. § 7 Rz. 36) hat der deutsche Gesetzgeber den u.a. vom Deutschen Anwaltverein unterbreiteten Vorschlag nicht aufgegriffen, dass von einer Unternehmensbuße gem. § 30 OWiG abgesehen werden soll, wenn die juristische Person oder die Personenvereinigung vor Tatentdeckung angemessene

---

1 Zur mittelbaren Täterschaft durch Verursachung eines Verbotsirrtums des Vordermannes vgl. z.B. *Fischer*, § 25 StGB Rz. 6.
2 Vgl. dazu allgemein *Fischer*, § 25 StGB Rz. 10, § 26 StGB Rz. 11.
3 *Rotsch* in A/R, Kap. 4 Rz. 25 Fn. 90; *Rotsch*, ZIS 2010, 614 (615).

Verfahren eingerichtet hatte, Straftaten und Ordnungswidrigkeiten von Personen i.S. des § 30 Abs. 1 Nr. 5 OWiG vorzubeugen oder zu vermeiden[1]. Lediglich in bescheidenem Rahmen hat der Gesetzgeber Compliance-Bemühungen belohnt, indem er bei der *AWG-Novelle 2013* (unten § 62) – freilich beschränkt auf fahrlässige Ordnungswidrigkeiten – von einer Ahndung absieht, wenn der Verstoß durch Compliance-Maßnahmen aufgedeckt wird und Maßnahmen zur Vermeidung eines zukünftigen, weiteren Verstoßes getroffen werden (§ 22 Abs. 4 AWG).

Dass durch die Einrichtung eines Compliance-Systems die gegen das Unternehmen gerichteten Maßnahmen der **Einziehung** (§ 75 StGB) **und** des **Verfalls** (§ 73 Abs. 3 StGB; § 21 Rz. 71 ff.) ausgeschlossen werden könnten, lässt sich nicht begründen, auch wenn der Verfall angesichts des herrschenden Bruttoprinzips Sanktionscharakter besitzt. Denn dass bei einer verwirklichten Straftat durch Angehörige des Unternehmens nur deshalb der bei der Organisation eingetretene Vorteil nicht abgeschöpft werden soll, weil Compliance-Strukturen existieren, erscheint ebenso wenig überzeugend, wie wenn im Hinblick darauf die Einziehung von „producta et instrumenta sceleris" entbehrlich wäre. **46**

Dagegen ist bei der **Unternehmensgeldbuße** gem. § 30 OWiG (Rz. 61) in Betracht zu ziehen, dass von ihrer Verhängung gem. § 47 OWiG aus *Opportunitätsgründen* abgesehen werden kann. Bei dieser Opportunitätsentscheidung kann das Bemühen um die von der Unternehmensorganisation eingerichteten Vermeidungsstrategien selbstverständlich eine maßgebliche Rolle spielen[2]. Dies gilt erst recht bei der Bußgeldhöhe[3]. **47**

II. Verantwortlichkeiten bei der Verletzung von Compliance-Standards

Die Verantwortlichkeit bei der Verletzung von Compliance-Standards im weiteren Sinne kann Unternehmensleiter und -mitarbeiter unterschiedlicher Zuständigkeiten, aber auch das Unternehmen selbst sowie Externe treffen. **48**

1. Unternehmensleitung

Eine Verantwortlichkeit der Unternehmensleitung kommt sowohl bei **unterlassener Einrichtung** bzw. unterlassener Aufrechterhaltung eines Compliance-Systems als auch bei der **Nicht-Verfolgung/Nicht-Beachtung** von Hinweisen der Compliance-Abteilung in Betracht. Ausgehend von der sog. Lederspray-Entscheidung hat der BGH die strafrechtliche Verantwortlichkeit entsprechend der gesellschaftsrechtlichen Pflichtenstellung der Mitglieder der Unternehmensleitung angenommen[4]. Dies bedeutet für die hiesige Problematik Folgendes: **49**

---

1 Vgl. dazu im Einzelnen *Eidam*, Unternehmen und Strafe, Kap. 14 Rz. 44 ff.
2 *Engelhart*, Sanktionierung, S. 459 ff.; *Petermann*, Die Bedeutung von Compliance-Maßnahmen, S. 220 ff.
3 Vgl. BT-Drucks. 17/11053, S. 21; *Bosch*, ZHR 177 (2013), 454 (466 ff.); *Bosch/Fritzsche*, NJW 2013, 2225 (2228).
4 Vgl. BGH v. 6.7.1990 – 2 StR 549/89, BGHSt 37, 106 ff. = NJW 1990, 2560 ff.

50 Wird von der Geschäftsleitung in Kauf genommen, dass ein Compliance-System nicht eingerichtet oder aufrechterhalten wird, und dabei bewusst in Betracht gezogen, dass dadurch die Begehung von Straftaten der Unternehmensmitarbeiter ermöglicht wird, ist der Unternehmensleiter **Täter** oder zumindest **Gehilfe durch Unterlassen** (§§ 27, 13 StGB) bei der von dem Mitarbeiter verwirklichten Straftat. Bei Bußgeldverstößen ist er neben dem handelnden Mitarbeiter **Einheitstäter** (§ 14 Abs. 1 S. 1 OWiG) der von diesem realisierten Ordnungswidrigkeit.

51 Ist gegen den Unternehmensleiter ein **Fahrlässigkeitsvorwurf** bezogen auf die Pflichtverletzung im Zusammenhang mit der Einrichtung und Aufrechterhaltung eines Compliance-Systems und den hieraus resultierenden Folgen zu erheben und ist die durch Compliance-Mängel ermöglichte Tat fahrlässig begehbar, ist der Unternehmensleiter *fahrlässiger Nebentäter/Einheitstäter* dieser vom Mitarbeiter begangenen Straftat bzw. des von diesem verwirklichten Bußgeldtatbestandes.

52 Erstreckt sich der Pflichtwidrigkeitsvorwurf gegen den Unternehmensleiter lediglich auf die *unterlassene Einrichtung eines Compliance-Systems* oder alternativer Maßnahmen zur Vermeidung von Rechtsverstößen durch Unternehmensangehörige, ohne dass die sich hieraus verwirklichten konkreten Straftaten bzw. Ordnungswidrigkeiten (im Gegensatz aber zur konkreten Zuwiderhandlungsgefahr) für den Geschäftsleiter vorhersehbar wären, kann der Bußgeldtatbestand des § 130 OWiG (**Aufsichtspflichtverletzung**) vorsätzlich oder fahrlässig verwirklicht sein[1].

53 Entsprechendes gilt, wenn der Geschäftsleiter auf die **Hinweise der Compliance-Abteilung nicht** reagiert und dadurch Straftaten oder Ordnungswidrigkeiten von Unternehmensmitarbeitern ermöglicht werden. Auch dies begründet die Verantwortlichkeit des Geschäftsherrn als *täter- oder gehilfenschaftliche Beteiligung* durch *Unterlassen* (§§ 25 bzw. 27, 13 StGB) an der vom Mitarbeiter begangenen und trotz der Hinweise der Compliance-Abteilung nicht verhinderten bzw. weiterhin geduldeten Straftaten bzw. als einheitstäterschaftliche Beteiligung (§ 14 Abs. 1 S. 1 OWiG) bei begangenen Ordnungswidrigkeiten[2].

2. Compliance-Beauftragte

54 Im Rahmen eines viel beachteten obiter dictum hat der *BGH* eine regelmäßige **Garantenpflicht** i.S. des § 13 StGB (s. § 17 Rz. 16 ff.) für Compliance-Beauftragte dahin gehend angenommen, im Zusammenhang mit der Tätigkeit des Unternehmens stehende und ihm bekannt gewordene Straftaten von Unternehmensangehörigen zu verhindern[3]. Diese Garantenposition sei notwendige Kehrseite der gegenüber der Unternehmensleitung übernommenen Pflicht, Rechtsverstöße und insbesondere Straftaten zu unterbinden oder jedenfalls die

---

1 *Gürtler* in Göhler, § 130 OWiG Rz. 16; *Rebmann/Roth/Herrmann*, § 130 OWiG Rz. 20a; *Rogall* in KK, § 130 OWiG Rz. 119.
2 Vgl. dazu zusammenfassend *Winkelbauer* in Foerste/Graf von Westphalen, Produkthaftungshdb., 3. Aufl. 2012, § 80 Rz. 10.
3 Vgl. BGH v. 17.7.2009 – 5 StR 394/08, BGHSt 54, 44 (49 f., Rz. 27) = NJW 2009, 3173 (3175).

Geschäftsleitung über solche Taten zu unterrichten. Maßgeblich sei nach allgemeinen Grundsätzen die tatsächliche Übernahme des Pflichtenkreises (sodass ein bloßer formaler Vertragsschluss nicht ausreicht)[1].

Diese Entscheidung hat zu einer kaum mehr überschaubaren Vielzahl an Meinungsäußerungen geführt, in denen sie vielfache Zustimmung, aber auch massive Ablehnung erfahren hat[2]. Angenommen wird, dass eine solche Garantenposition primär eine **Überwachergarantenpflicht**[3], jedoch – soweit Rechtsgüter des Unternehmens betroffen sein können – auch eine **Beschützergarantenpflicht** beinhaltet[4]; das gilt für Schädigungen von außen und – insofern als Reflex der Überwachungsgarantenposition – auch für Angriffe von innen. 55

Die unterschiedliche Bewertung dieser BGH-Entscheidung ist zunächst maßgeblich dadurch beeinflusst, dass in der Literatur selbst über die **Pflicht des Geschäftsherrn** zur *Verhinderung von Straftaten* seiner Mitarbeiter keine Einigkeit besteht[5]. Dies muss – konsequenterweise – erst recht für den Compliance-Officer gelten, dessen Pflichten sich zwangsläufig von den primären Geschäftsherrn-Pflichten ableiten. Verneint man dort eine Pflicht, muss dies auch für die Compliance-Abteilung gelten. Bejaht man hingegen mit der einhelligen Rechtsprechung eine solche Geschäftsherrnpflicht, ist es nur konsequent, diese auch auf den **Compliance-Officer** zu übertragen, wenn dieser *im Wege der Delegation* insoweit die Pflichten des Geschäftsherrn übernommen hat. Eine Pflichtenübernahme ohne Verantwortung sowie eine Pflichtenentlastung aufseiten des Geschäftsherrn durch Delegation ohne eine Verantwortungsübernahme durch den Delegationsempfänger würde nämlich die allgemeinen Verantwortungsstrukturen und -grundsätze für eine arbeitsteilige Wirtschaft infrage stellen[6]. 56

Soweit gesellschafts- und arbeitsrechtlich die zur Einflussnahme auf die Unternehmensangehörigen erforderlichen *Entscheidungs- und Weisungsrechte* aufseiten des Compliance-Beauftragten *fehlen*, erschöpfen sich seine Handlungspflichten in einer **Informationspflicht** gegenüber der Geschäftsleitung[7]. Dies gilt insbesondere für Compliance-Verstöße von Mitgliedern der Geschäftsleitungsebene, der gegenüber der Compliance-Officer kein Weisungsrecht besitzt, nachdem er seine Rechte von der Geschäftsleitungsebene übertragen erhält. Zwar ließe sich aufgrund dieses Befundes die Überlegung ableiten, dass bei solchen Verstößen für ihn keinerlei Verpflichtungen bestehen; denn die Kontrolle der Tätigkeit eines Mitglieds der Geschäftsleitung trifft dessen Geschäftslei- 57

---

1 Vgl. erneut BGH v. 17.7.2009 – 5 StR 394/08, BGHSt 54, 44 (48 f., Rz. 25) = NJW 2009, 3173 (3174).
2 Vgl. dazu die Nw. bei *Stree/Bosch* in S/S, § 13 StGB Rz. 53a.
3 *Dannecker/Dannecker*, JZ 2010, 987; *Ransiek*, AG 2010, 147; *Rönnau/Schneider*, ZIP 2010, 53; *Rotsch* in A/R, Kap. 4 Rz. 34.
4 *Rotsch* in A/R, Kap. 4 Rz. 37.
5 Vgl. dazu nur *Alexander*, Die strafrechtliche Verantwortlichkeit für die Wahrung der Verkehrssicherungspflichten in Unternehmen, 2004, S. 19 ff.; *Stree/Bosch* in S/S, § 13 StGB Rz. 53.
6 I.E. ebenso *Bürkle*, CCZ 2010, 4 (5).
7 *Mosbacher/Dierlamm*, NStZ 2010, 268 (269 f.); *Rönnau/Schneider*, ZIP 2010, 58 ff.; *Rotsch* in A/R, Kap. 4 Rz. 39.

tungskollegen oder gegebenenfalls den Aufsichtsrat. Diese können jedoch nur tätig werden, wenn sie von solchen Verstößen Kenntnis besitzen. Ihnen diese Kenntnis zu verschaffen, obliegt jedoch dem Compliance-Officer, sodass dieser bei festgestellten Verstößen das für ihn zuständige Geschäftsleitungsmitglied und – im Falle der Erfolglosigkeit – den Sprecher der Geschäftsleitung oder gegebenenfalls den Aufsichtsrat zu unterrichten hat[1].

3. Sonstige Unternehmensangehörige

58 Neben der Geschäftsleitung und den Compliance-Beauftragten können auf weitere Unternehmensangehörige **Garantenpflichten** aufgrund dienstlicher Stellung oder arbeitsvertraglicher Verpflichtung im Zusammenhang mit Compliance-Vorgängen zukommen[2]. Dies gilt insbesondere für Unternehmensangehörige, denen die Erfüllung von *Geschäftsleiteraufgaben für spezielle Bereiche* und – damit einhergehend – die Pflichten zur Einrichtung von (z.B. dezentralen) Compliance-Strukturen übertragen wurden.

59 Daneben kann sich auch für sie eine Strafbarkeit oder bußgeldrechtliche Verantwortlichkeit (ggf. auch gem. § 130 OWiG) sonstiger Mitarbeiter aufgrund *unterlassener Umsetzung von* **Hinweisen der Compliance-Abteilung** ergeben.

4. Unternehmensexterne

60 Sollten – wie bei kleineren Unternehmen häufig anzutreffen – (beispielsweise) **externe Berater** (Rechtsanwälte, Steuerberater u.a.; vgl. unten §§ 90 ff.) als Compliance-Beauftragte tätig werden, stellen sich grundsätzlich vergleichbare Fragen **wie bei internen Compliance-Beauftragten**[3]. Da die externen Berater in der Praxis regelmäßig keine Weisungsbefugnis besitzen, gehen deren Pflichten jedoch nur dahin, die Geschäftsleitung bzw. die von dieser hierfür Beauftragten zu unterrichten.

5. Unternehmensträger

61 Die oben genannten Pflichtverstöße und Verantwortlichkeiten sind geeignet, eine **Verbandsgeldbuße**, also eine Sanktion gegen den Unternehmensträger als solchen gem. § 30 OWiG auszulösen (näher § 21 Rz. 94 ff.; § 23 Rz. 36 ff.). Dies belegt, dass nur ein „funktionierendes" Compliance-System geeignet ist, Unternehmenssanktionen zu vermeiden oder wenigstens zu vermindern (Rz. 47).

---

1 *Bürkle*, CCZ 2010, 4 (9 ff.).
2 Vgl. hierzu nur *Rotsch* in A/R, Kap. 4 Rz. 41.
3 Vgl. nur *Rotsch* in A/R, Kap. 4 Rz. 42; *Rotsch*, ZIS 2010, 614 (616 f.).

§ 32
Treupflichtverletzungen
Bearbeiterin: Anke Hadamitzky

	Rz.
A. Allgemeines	1
I. Tatbestandsstruktur und Rechtsgut	2
II. Verfassungsmäßigkeit	5
B. Missbrauchstatbestand	9
I. Verfügungs- oder Verpflichtungsbefugnis	11
1. Rechtsgrundlage der Befugnis	12
2. Fremdheit des Vermögens	20
II. Vermögensbetreuungspflicht	24
1. Unternehmensträger	25
2. Andere Vertragsverhältnisse	33
III. Missbrauch	43
1. Pflichtwidrigkeit im Innenverhältnis	44
2. Einzelfälle	
a) Bevollmächtigte allgemein	51
b) Verbände	54
3. Verhältnis zwischen Innen- und Außenbefugnis	66
IV. Tathandlung	74
V. Einwilligung	79
1. Juristische Personen	82
2. Personengesellschaften	90
C. Treubruchstatbestand	93
I. Vermögensbetreuungspflicht	
1. Rechtliche Treueverhältnisse	94
2. Tatsächliche Treueverhältnisse	98
3. Ausweitung der Vermögensbetreuungspflicht	104
4. Qualifiziertes Treueverhältnis	106
5. Beispielsfälle	
a) Zivilrecht	113
b) Arbeitsrecht	114
c) Handelsrecht	116
d) Gesellschaftsrecht	
aa) Gesetzliche Vertreter	118
bb) Aufsichtsrat	120
e) Insolvenzrecht	126

	Rz.
f) Wahrnehmung öffentlicher Aufgaben	130
II. Pflichtverletzungen	
1. Pflichtwidrigkeit	133
2. Einzelfälle	138
III. Tathandlung	142
IV. Einwilligung	144
D. Besondere Konstellationen	
I. Konzernuntreue	145
1. Konzernrecht	146
2. Konzernfinanzierung	149
3. Einzelfälle	152
II. Risikogeschäft	
1. Allgemeines	156
2. Fallgruppen	161
3. Überschreiten des Risikobereichs	173
E. Weitere gemeinsame Voraussetzungen	
I. Nachteilszufügung	175
1. Vermögensschaden	176
2. Sonstige Nachteile	181
3. Einzelfragen zum Schadenseintritt	183
4. Schadensermittlung	191
II. Rechtswidrigkeit	192
III. Schuld	
1. Vorsatz	193
2. Irrtum	197
IV. Sanktionen und Verfahren	
1. Verjährung	202
2. Strafzumessung	204
3. Strafantrag	208
F. Haushaltsuntreue	
I. Überblick	212
II. Vermögensschaden	222
1. Vermögensminderung ohne Gegenleistung	223

	Rz.		Rz.
2. Vermögensminderung mit Gegenleistung	230	3. Verstöße gegen den Grundsatz der Wirtschaftlichkeit und Sparsamkeit	235
		4. Ämterpatronage	238

Schrifttum: (zur Konzernuntreue s. vor Rz. 145; zum Risikogeschäft s. vor Rz. 156; zur Haushaltsuntreue s. vor Rz. 212).

Monografien: *Burger*, Untreue (§ 266 StGB) durch das Auslösen von Sanktionen zu Lasten von Unternehmen, 2007; *Dittrich*, Die Untreuestrafbarkeit von Aufsichtsratsmitgliedern bei der Festsetzung überhöhter Vorstandsvergütungen, 2007; *Faust*, Zur möglichen Untreuestraftat im Zusammenhang mit Parteispenden, 2006; *Hentschke*, Der Untreueschutz der Vor-GmbH vor einverständlichen Schädigungen, 2002; *Huth*, Die Vorstandspflicht zur Risikoüberwachung, 2007; *Kaufmann*, Organuntreue zum Nachteil von Kapitalgesellschaften, 1999; *Keuffel-Hospach*, Die Grenzen der Strafbarkeit wegen Untreue (§ 266 StGB) aufgrund eines (tatsächlichen) Treueverhältnisses, 1997; *Kohlmann/Reinhart*, Die strafrechtliche Verantwortlichkeit des GmbH-Geschäftsführers, 2. Aufl. 2014; *Lassmann*, Stiftungsuntreue, 2008; *Loeck*, Strafbarkeit des Vorstandes der Aktiengesellschaft wegen Untreue, 2006; *Martin*, Bankuntreue, 2000; *Neudecker*, Die strafrechtliche Verantwortlichkeit der Mitglieder von Kollegialorganen, 1995; *Noltensmeier*, Public Private Partnership und Korruption, 2009; *Nuß*, Untreue durch Marketingkommunikation, 2006; *Poseck*, Die strafrechtliche Haftung der Mitglieder des Aufsichtsrats einer Aktiengesellschaft, 1997; *Saliger*, Parteiengesetz und Strafrecht, Zur Strafbarkeit von Verstößen gegen das Parteiengesetz, insbesondere wegen Untreue gemäß § 266 StGB, 2005; *Scheja*, Das Verhältnis zwischen Rechtsanwalt und Mandant im Hinblick auf den Straftatbestand der Untreue gem. § 266 StGB, 2006; *Schilha*, Die Aufsichtsratstätigkeit in der Aktiengesellschaft im Spiegel strafrechtlicher Verantwortung, 2008; *Schramm*, Untreue und Konsens, 2005; *Schünemann*, Organuntreue. Das Mannesmann-Verfahren als Exempel?, 2004; *Seiler*, Die Untreuestrafbarkeit des Wirtschaftsprüfers, 2007; *Soyka*, Untreue zum Nachteil von Personengesellschaften, 2008; *Strelczyk*, Die Strafbarkeit der Bildung schwarzer Kassen, 2008; *Thalhofer*, Kick-Backs, Expektanzen und Vermögensnachteil nach § 266 StGB, 2008; *Wagner*, Die Untreue des Gesellschafters in der einfachen und konzernierten Einmann-GmbH: zugleich eine strafrechtliche Bestimmung des existenzvernichtenden Eingriffs, 2005; *Weimann*, Die Strafbarkeit der Bildung schwarzer Kassen gem. § 266 StGB (Untreue), 1996; *Wodicka*, Die Untreue zum Nachteil der GmbH bei vorheriger Zustimmung aller Gesellschafter, 1993; *Zech*, Untreue durch Aufsichtsratsmitglieder einer Aktiengesellschaft, 2007.

Aufsätze: Allgemein: *Altvater*, Der strafrechtliche Untreuetatbestand, DRiZ 2004, 134; *Arzt*, Zur Untreue durch befugtes Handeln, in FS Bruns, 1978, S. 365; *Bernsmann*, Alles Untreue? Skizzen zu Problemen der Untreue nach § 266 StGB, GA 2007, 219; *Bernsmann*, „Untreue und Gemeinwohl" – Eine Skizze, StV 2013, 403; *Bruns*, Untreue im Rahmen rechts- oder sittenwidriger Geschäfte?, JZ 1977, 667; *Dahs*, § 266 StGB – allzu oft missverstanden, NJW 2002, 272; *Dierlamm*, Untreue – ein Auffangtatbestand?, NStZ 1997, 534; *Günther*, Die Untreue im Wirtschaftsrecht, in FS Weber, 2004, S. 311; *Kargel*, Die Missbrauchskonzeption der Untreue, ZStW 113 (2001), 565; *Kohlmann*, Wider die Furcht vor § 266 StGB, JA 1980, 228; *Marwedel*, Der Pflichtwidrigkeitsvorsatz bei § 266 StGB – Jagd nach einem weißen Schimmel, ZStW 123 (2011), 548; *Matt*, Missverständnisse zur Untreue – Eine Betrachtung auch zum Verhältnis von (Straf-)Recht und Moral, NJW 2005, 389; *Ransiek*, Risiko, Pflichtwidrigkeit und Vermögensnachteil bei der Untreue, ZStW 116 (2004), 634; *Rönnau*, Untreue als Wirtschaftsdelikt, ZStW 119 (2007), 887; *Rönnau*, Die Zukunft des Untreuetatbestandes, StV 2011, 753; *Saliger*, Gibt es eine Untreuemode? Die neuere Untreuedebatte und Möglichkeiten einer restriktiven Auslegung, HRRS 2006, 10; *Schünemann*, Die „gravierende Pflichtverletzung" bei der Untreue: dogmatischer Zauberhut oder taube Nuss?, NStZ 2005, 473; *Schünemann*, Der

Bundesgerichtshof im Gestrüpp des Untreuetatbestandes, NStZ 2006, 196; *Seier/Martin*, Die Untreue, JuS 2001, 874.

Gesellschafts- und Organuntreue: *Arnold*, Untreue durch Schädigung des Unternehmens durch den Vorstand bzw. die Geschäftsführung, Jura 2005, 844; *Beckemper*, Untreuestrafbarkeit des GmbH-Gesellschafters bei einverständlicher Vermögensverschiebung, GmbHR 2005, 592; *Bosch/Lange*, Unternehmerischer Handlungsspielraum des Vorstandes zwischen zivilrechtlicher Verantwortung und strafrechtlicher Sanktion, JZ 2009, 225; *Brammsen*, Vorstandsuntreue – Aktienrechtliche Unternehmensführung auf dem Prüfstand des § 266 StGB, wistra 2009, 85; *Brammsen*, Aufsichtsratsuntreue, ZIP 2009, 1504; *Brand*, Die Strafbarkeit des Vorstands gem. § 266 StGB trotz Zustimmung aller Aktionäre, AG 2007, 681; *Brand/Sperling*, Legalitätsverstöße in der Aktiengesellschaft als untreuerelevante Pflichtverletzung?, AG 2011, 233; *Fleischer*, Konzernuntreue zwischen Straf- und Gesellschaftsrecht: Das Bremer Vulkan-Urteil, NJW 2004, 2867; *Fornauf/Jobst*, Die Untreuestrafbarkeit von GmbH-Geschäftsführer und Limited-Director im Vergleich, GmbHR 2013, 125; *Geerds*, Zur Untreuestrafbarkeit von Aufsichtsratsmitgliedern kommunaler Gesellschaften, in FS Harro Otto, 2007, S. 561; *Gehrlein*, Strafbarkeit von Vorständen wegen leichtfertiger Vergabe von Unternehmensspenden, NZG 2002, 463; *Göb*, Aktuelle gesellschaftsrechtliche Fragen in Krise und Insolvenz, NZI 2012, 918; *Gribbohm*, Untreue zum Nachteil der GmbH, ZGR 1990, 1 ff.; *Habetha*, Bankrott und Untreue in der Unternehmenskrise, Konsequenzen der Aufgabe der „Interessentheorie" durch den BGH, NZG 2012, 1134; *Hellmann*, Verdeckte Gewinnausschüttung und Untreue des GmbH-Geschäftsführers, wistra 1989, 214; *Helmrich*, Zur Strafbarkeit bei fehlenden oder unzureichenden Risikomanagementsystemen in Unternehmen am Beispiel der AG, NZG 2011, 1252; *Hillenkamp*, Risikogeschäft und Untreue, NStZ 1981, 161; *Jäger*, Untreue durch Auslösung von Schadensersatzpflichten und Sanktionen, in FS Harro Otto, 2007, S. 593; *Kasiske*, Existenzgefährdende Eingriffe in das GmbH-Vermögen mit Zustimmung der Gesellschafter als Untreue, wistra 2005, 81; *Kau/Kukat*, Haftung von Vorstands- und Aufsichtsratsmitgliedern bei Pflichtverletzung nach dem Aktiengesetz, BB 2000, 1045; *Keul*, Gesellschaftsrechtliche Pflichtwidrigkeit und Untreue, DB 2007, 728; *Kraatz*, Zur „limitierten Akzessorietät" der strafbaren Untreue – Überlegungen zur Strafrechtsrelevanz gesellschaftsrechtlicher Pflichtverletzungen im Rahmen des § 266 StGB anhand von Beispielen zur „GmbH-Untreue", ZStW 123 (2011), 447; *Krekeler/Werner*, Verdeckte Gewinnausschüttung als Untreue, StraFo 2003, 374; *Krüger*, Zum Risikogeschäft und seinen Risiken, NJW 2002, 1178; *Kubiciel*, Gesellschaftsrechtliche Pflichtwidrigkeit und Untreuestrafbarkeit, NStZ 2005, 353; *Kutzner*, Einfache gesellschaftsrechtliche Pflichtverletzungen als Untreue, NJW 2006, 3541; *Lüderssen*, „Nützliche Aufwendungen" und strafrechtliche Untreue, in FS Müller-Dietz, 2001, S. 467; *Lüderssen*, Die Sperrwirkung der fehlenden Vermögensbetreuungspflicht gemäß § 266 StGB für die Bestrafung nach § 263 StGB wegen unterlassener Aufklärung, in FS Kohlmann, 2003, S. 177; *Lüderssen*, Zur Konkretisierung der Vermögensbetreuungspflicht in § 266 StGB durch § 87 Abs. 1 Satz 1 Aktiengesetz, in FS Schroeder, 2006, S. 569; *Mosenheuer*, Untreue durch mangelhafte Dokumentation von Zahlungen?, NStZ 2004, 179; *Mosiek*, Risikosteuerung im Unternehmen und Untreue, wistra 2003, 370; *Nikolay*, Die neuen Vorschriften zur Vorstandsvergütung, NJW 2009, 2640; *Otto*, Untreue der Vertretungsorgane von Kapitalgesellschaften durch Vergabe von Spenden, in FS Kohlmann, 2003, S. 187; *Radtke/Hoffmann*, Gesellschaftsrechtsakzessorietät bei der strafrechtlichen Untreue zu Lasten von Kapitalgesellschaften? – oder: „Trihotel" und die Folgen, GA 2008, 535; *Radtke/Rönnau*, Untreue durch den „Director" einer Offshore-Gesellschaft, NStZ 2011, 556; *Ransiek*, Untreue zum Nachteil einer abhängigen GmbH – „Bremer Vulkan", NStZ 2005, 121; *Ransiek*, Anerkennungsprämien und Untreue – Das „Mannesmann"-Urteil des BGH, NJW 2006, 814; *Rönnau/Hohn*, Die Festsetzung (zu) hoher Vorstandsvergütungen durch den Aufsichtsrat – ein Fall für den Staatsanwalt?, NStZ 2004, 113; *Rose*, Die strafrechtliche Relevanz von Risikogeschäften, wistra 2005, 281; *Schlösser*, Die Strafbarkeit des Geschäftsführers einer private Company limited by shares in Deutschland, wistra 2006, 81; *Schnauder*, Zum strafrechtlichen Schutz des Gesellschaftsvermögens, JuS 1998, 1080; *Taschke*, Straftaten im Interesse von Unternehmen – auch strafbar wegen

Untreue?, in FS Lüderssen, 2002, S. 663; *Tiedemann*, Untreue bei Interessenkonflikten – Am Beispiel der Tätigkeit von Aufsichtsratsmitgliedern, in FS Tröndle, 1989, S. 319; *Tiedemann*, Der Untreuetatbestand – Ein Mittel zur Begrenzung von Managerbezügen – Bemerkungen zum Fall Mannesmann, in FS U. Weber, 2004, S. 319; *Wellkamp*, Organuntreue zum Nachteil von GmbH-Konzernen und Aktiengesellschaften, NStZ 2001, 113; *Wessing*, Untreue durch Begleichung nichtiger Forderung – Die Telekom-Spitzelaffäre und ihre strafrechtlichen Auswirkungen, NZG 2013, 494; *Wieland*, Schwarze Kassen, NJW 2005, 110; *Windolph*, Risikomanagement und Riskcontrol durch das Unternehmensmanagement nach dem Gesetz zur Kontrolle und Transparenz im Unternehmensbereich (KonTraG), NStZ 2000, 522; *Zieschang*, Strafbarkeit des Geschäftsführers einer GmbH wegen Untreue trotz Zustimmung sämtlicher Gesellschafter?, in FS Kohlmann, 2003, S. 351.

Stiftung und Verein: *Baluch*, Untreue zulasten unselbstständiger Stiftungen und ihrer Destinatäre, VR 2012, 37; *Brand/Sperling*, Untreue zum Nachteil von Idealvereinen, JR 2010, 473; *Büch*, Zur Strafbarkeit eines Stiftungsvorstands wegen Untreue, wistra 2011, 20; *Eisele*, Untreue in Vereinen mit idealer Zielsetzung, GA 2001, 378; *Flämig*, Das Damoklesschwert des strafrechtlichen Untreuetatbestands über den Stiftungen, WissR 2012, 340; *Lassmann*, Untreue zu Lasten gemeinnütziger Stiftungen – Strafbarkeitsrisiken im Non-Profit-Bereich, NStZ 2009, 473; *von Maltzahn/Gräwe*, Die Untreuestrafbarkeit von Stiftungsvorstand und -beirat: Vermeidungsstrategien bei stiftungstypischen Maßnahmen, BB 2013, 329; *Saliger*, Untreue bei Stiftungen, in Walz/Hüttemann/Rawert/Schmidt (Hrsg.), Bucerius Law School: Non Profit Year Book 2005, 209; *Schreiber/Beulke*, Untreue durch Verwendung von Vereinsgeldern zu Bestechungszwecken, JuS 1977, 656; *Werner*, Die Untreuestrafbarkeit der Stiftungsorgane, ZWH 2013, 348.

Parteien: *Bittmann*, Zur Verwirklichung des Untreuetatbestands durch Entgegennahme von Parteispenden unter Verstoß gegen das Transparenzgebot, wistra 2011, 343; *Maier*, Ist ein Verstoß gegen das Parteiengesetz straflos?, NJW 2000, 1006; *Morlok*, Spenden – Rechenschaft – Sanktionen – Aktuelle Rechtsfragen zur Parteienfinanzierung, NJW 2000, 761; *Otto*, Keine strafbare Untreue im Fall Kohl, RuP 2000, 109; *Ransiek*, „Verstecktes" Parteivermögen und Untreue, NJW 2007, 1727; *Saliger*, Parteigesetz und Strafrecht, 2005; *Saliger*, Parteienuntreue durch schwarze Kassen und unrichtige Rechenschaftsberichte, NStZ 2007, 545; *Saliger/Sinner*, Korruption und Betrug durch Parteispenden, NJW 2005, 1073; *Schwind*, Zur Strafbarkeit der Entgegennahme anonymer Parteispenden als Untreue (§ 266 StGB) – dargestellt am Fall Dr. Helmut Kohl, NStZ 2001, 349; *Velten*, Untreue durch Belastung mit dem Risiko zukünftiger Sanktionen am Beispiel verdeckter Parteienfinanzierung, NJW 2000, 2852; *Volhard*, Die Untreuemode – Ist die Abgabe eines unvollständigen Rechenschaftsberichts einer politischen Partei strafbar?, in FS Lüdersen, 2002, S. 675; *Wagner*, Untreue aufgrund unrichtiger Rechenschaftsberichte über Parteispenden, ZIS 2012, 28; *Wieland*, Schwarze Kassen, NJW 2005, 110.

Ausländisches Recht: *Anders*, Das französische Recht der Untreue zum Nachteil von Kapitalgesellschaften insbesondere im Konzern, ZStW 114 (2002), 467; *Du Bois-Pedain*, Die Strafbarkeit untreueartigen Verhaltens im englischen Recht, ZStW 122 (2010), 325; *Foffani*, Die Untreue in rechtsvergleichenden Überblick, in FS Tiedemann, 2008, S. 767; *Foffani*, Untreuestrafbarkeit im französischen und italienischen Strafrecht, ZStW 122 (2010), 374; *Pena/Canadillas*, Untreuestrafbarkeit im spanischen Recht, ZStW 122 (2010), 354; *Rönnau*, (Rechts-)Vergleichende Überlegungen zum Tatbestand der Untreue, ZStW 122 (2010), 299.

A. Allgemeines

1 Eine der Hauptpflichten im Bereich des Handelns in einem bzw. für ein Unternehmen besteht darin, dessen **Vermögensinteressen zu betreuen**. Eine solche Pflicht haben etwa der Geschäftsführer, der Vorstand und der Aufsichtsrat oder ein Prokurist. Aber auch aufgrund einer Vielzahl anderer geschäftlicher und

tatsächlicher Beziehungen kann eine Vermögensbetreuungspflicht bestehen. *Zentrale Schutznorm* hierfür ist die *Untreue* (§ 266 StGB). Sie schützt vor der Benachteiligung fremden Vermögens durch den Missbrauch einer rechtlich oder tatsächlich eingeräumten *Vertrauensstellung*[1]. Die Untreue erfasst eine enorme Zahl von Fallgestaltungen und ist – neben dem Betrug – die Strafnorm, die im Bereich des Wirtschaftsstrafrechts wohl am häufigsten zur Anwendung kommt[2]. In den letzten Jahren haben sich nicht nur spektakuläre Fälle gehäuft; die Untreue ist auch wiederholt Gegenstand von Entscheidungen des BVerfG geworden. In die Zuständigkeit der Wirtschaftsstrafkammer fällt sie nur dann, wenn „zur Beurteilung des Falles besondere Kenntnisse des Wirtschaftslebens erforderlich sind" (§ 74c Abs. 1 Nr. 6 GVG; vgl. § 1 Rz. 92). Sie ist seit Jahren Gegenstand wissenschaftlicher Untersuchungen und Kontroversen, auf die hier nur ganz am Rande eingegangen werden kann.

I. Tatbestandsstruktur und Rechtsgut

Die Untreue besteht nach dem Gesetzeswortlaut aus *zwei* gleichrangig nebeneinander gestellten *Tatbestandsalternativen*: dem **Missbrauchstatbestand** und dem **Treubruchstatbestand**. Ersterer stellt den Missbrauch einer Verpflichtungs- oder Verfügungsbefugnis unter Strafe, der zweite die Verletzung einer Vermögensfürsorgepflicht. Das Verhältnis der beiden Tatbestände zueinander ist streitig[3]. Nach wohl h.M. ist der Missbrauchstatbestand im Treubruchstatbestand enthalten und stellt lediglich einen „ausgestanzten" Unterfall dar[4], der in seinen Voraussetzungen konkreter umschrieben ist als der weitere Treubruchstatbestand. Deshalb wird i.d.R. der speziellere Missbrauchstatbestand zunächst geprüft. Zwar ließ in den letzten Jahren eine Reihe obergerichtlicher Entscheidungen vielfach dahingestellt, welcher der beiden Tatbestände einschlägig ist[5]. Insbesondere für die Ermittlungen kann dies jedoch nicht gelten, da die tatbestandlichen Voraussetzungen der beiden Tatbestände zum Teil unterschiedlich (Missbrauch bzw. Treubruch), zum Teil gleich sind (Vermögensbetreuungspflicht, Pflichtwidrigkeit[6], Vermögensnachteil). Ferner hat ein Beschuldigter das Recht, zu erfahren, welche Tatbestandsalternative ihm vor-

---

1 *Maurach/Schroeder/Maiwald*, BT 1, 10. Aufl. 2009, § 45 Rz. 1.
2 § 266 StGB ist auch auf die bis 1970 im AktG und GenG geregelte Vorstandsuntreue anwendbar, vgl. 1. StrafRG v. 25.6.1969, BGBl. I 645; *Tiedemann* in Scholz, vor § 82 GmbHG Rz. 4.
3 *Maurach/Schroeder/Maiwald*, § 47 II A; *Fischer*, § 266 StGB Rz. 7; *Hübner* in LK, 10. Aufl. 1988, § 266 StGB Rz. 16.
4 Str.; vgl. die krit. Auseinandersetzung hiermit von *Schünemann* in LK, § 266 StGB Rz. 6, 12, 18 („Zwillingsdelikt") unter Hinweis auf *Hübner* in LK, 10. Aufl., § 266 StGB Rz. 17; *Fischer*, § 266 StGB Rz. 6a; *Perron* in S/S, 28. Aufl. 2010, § 266 StGB Rz. 2; *Lackner/Kühl*, § 266 StGB Rz. 4, 21; BGH v. 5.7.1984 – 4 StR 255/84, MDR 1984, 953; BGH v. 11.7.2000 – 1 StR 93/00, wistra 2000, 384; BGH v. 21.12.2005 – 3 StR 470/04 – Mannesmann, BGHSt 50, 331 (342).
5 So etwa BGH v. 21.12.2005 – 3 StR 470/04 – Mannesmann, BGHSt 50, 331 (342); vgl. aber auch BGH v. 6.12.2001 – 1 StR 215/01, BGHSt 47, 187 (192); BGH v. 18.10.2006 – 2 StR 499/05 – schwarze Kassen, BGHSt 51, 100 (112 ff.); BGH v. 22.11.2005 – 1 StR 571/04, NStZ 2006, 221.
6 *Tiedemann*, WiStrafR AT, Rz. 220.

geworfen wird[1]; es ist mit unterschiedlichen Einwendungen zu rechnen, zu den Merkmalen des jeweiligen Tatbestandes sind unterschiedliche Beweismittel zu erheben. Aus diesen Gründen werden die Voraussetzungen der beiden Tatbestände nachfolgend weitgehend getrennt dargestellt.

3 Das von der Untreuevorschrift **geschützte Rechtsgut** ist nach ganz überwiegender Ansicht das *Vermögen des Geschäftsherrn oder Treugebers als Ganzes*[2], nicht seine Dispositionsbefugnis[3]. Daneben soll auch das Vertrauen in die Redlichkeit des Rechts- und Wirtschaftsverkehrs in Betracht kommen[4]. Bei (rechtlich selbständigen) *juristischen Personen* ist deren Vermögen das geschützte Gut[5]. Von diesem Schutz profitieren auch die Gläubiger und Arbeitnehmer[6]. Das Vermögen einer juristischen Person ist besonders schützenswert, weil sie nur mit ihrem beschränkten Vermögen für ihre Schulden haftet. Bei den *Kapitalgesellschaften* ist dieser Vermögensschutz durch die gesellschaftsrechtlichen Vorschriften über die Kapitalaufbringung, die Stammkapitalerhaltung und die Gewinnverteilung geregelt.

4 Die Untreue ist Erfolgsdelikt in Gestalt eines **Vermögensverschiebungsdelikts**[7].

II. Verfassungsmäßigkeit

5 **a)** Der Tatbestand der Untreue und dessen Anwendung in der Praxis ist – ungeachtet der zwischenzeitlich hierzu ergangenen Entscheidungen des BVerfG – erheblicher **Kritik** ausgesetzt. Die Tendenz der Rechtsprechung – so die noch vor der Grundsatzentscheidung des BVerfG[8] erhobenen Vorwürfe – gehe dahin, vielen als „treuwidrig" empfundenen Verhaltensweisen und Aktivitäten des Wirtschaftslebens, die „irgendwie" als unkorrekt empfunden werden, den Tat-

---

1 Zum Erfordernis eines Hinweises nach § 265 StPO vgl. auch *Schünemann* in LK, § 266 StGB Rz. 19.
2 *Maurach/Schroeder/Maiwald*, BT, § 45 Rz. 1, 11; *Perron* in S/S, § 266 StGB Rz. 1; *Lackner/Kühl*, § 266 StGB Rz. 1; *Schünemann* in LK, § 266 StGB Rz. 23; BGH v. 4.11.1997 – 1 StR 273/97, BGHSt 43, 293; BVerfG v. 23.6.2010 – 2 BvR 2559/08, BVerfGE 126, 170: „das Vermögen i.S. der Gesamtheit der geldwerten Güter einer Person".
3 BVerfG v. 1.11.2012 – 2 BvR 1235/11, wistra 2013, 56; BGH v. 4.11.1997 – 1 StR 273/97, BGHSt 43, 293.
4 Vgl. hierzu auch *Schünemann* in LK, § 266 StGB Rz. 23 m.w.Nw.
5 BGH v. 29.9.1982 – 2 StR 360/82, wistra 1983, 71; BGH v. 17.3.1987 – 5 StR 272/86, wistra 1987, 216.
6 *Kohlmann*, Untreue zum Nachteil des Vermögens einer GmbH trotz Zustimmung sämtlicher Gesellschafter, in FS Werner, 1984, S. 387.
7 BVerfG v. 23.6.2010 – 2 BvR 2559/08 – Landowsky, BVerfGE 126, 170 (Rz. 99), das BVerfG spricht insoweit von einem Verletzungserfolgsdelikt oder Bestandsschutzdelikt, das ein Erfolgsunrecht voraussetzt; BGH v. 2.11.1993 – 1 StR 590/93, wistra 1994, 94 (95); *Schünemann* in LK, § 266 StGB Rz. 29.
8 BVerfG v. 23.6.2010 – 2 BvR 2559/08 – Landowsky, BVerfGE 126, 170 (Rz. 99).

bestand des § 266 StGB überzustülpen[1]. In der Strafrechtspraxis werde der Untreuetatbestand als „Allzweckwaffe" gegen – bisweilen nur vermeintlich pflichtwidriges – Verhalten, das in irgendeiner Weise das Vermögen des Geschäftsherrn vermindert habe, eingesetzt[2]. Im politischen Bereich, so die Mahnung, sollte sich die Untreue des § 266 StGB weniger einmischen und dem Ultima-ratio-Charakter des Strafrechts Rechnung tragen. Parlamentarische Kontrolle, Rechnungshöfe, Parteiengesetze, Landesverfassungen und parlamentarische Satzungen böten ein teilweise sehr ausgefeiltes Instrumentarium, um fehlgeleitete Gelder oder die unkorrekte Inanspruchnahme anderer Leistungen durch (Rück-)Zahlungen, parlamentarische Missbilligung und andere Sanktionen auszugleichen. Die Anwendung von § 266 StGB wird sogar als „Wildwuchs" bezeichnet[3]; mit den Mitteln des Strafrechts werde die Grenze zwischen unternehmerischer Handlungsfreiheit und Kriminalität verschoben[4]. Ferner wird behauptet, der Anwendungsbereich einer Strafnorm ende jedenfalls dort, wo die Erledigung eines Konflikts abschließend auf ein bestimmtes Verfahren kanalisiert sei[5]. Beklagt wurde damit nicht nur die Weite und Unklarheit des Tatbestands[6]. Zunehmend in den Fokus der Diskussionen gerieten in jüngster Vergangenheit die Fragen nach dem Adressatenkreis des Tatbestandes, der Grenzziehung bei der Verletzung gesellschaftsrechtlicher Pflichten und nicht zuletzt des Vermögensnachteils[7].

Diese Kritik ist **unberechtigt**[8]. Vertrauensverhältnisse stellen eine wesentliche Grundlage unserer Wirtschaftsgesellschaft dar[9]. Vertrauen spielt für das erfolgreiche Entstehen und Funktionieren unterschiedlicher Wertschöpfungsketten und unternehmensübergreifender Geschäftsprozesse eine wichtige Rolle[10]. Wer – wie Führungskräfte in der Wirtschaft, der Finanzwelt, der Verwaltung und im politischen Leben – vertrauensvolle Aufgaben übernimmt und dabei fremde Vermögenswerte in hohem Umfang zu betreuen hat, erhält einen erheblichen

6

---

1 *Dahs*, § 266 StGB – allzu oft missverstanden, NJW 2002, 272; *Matt*, Missverständnisse zur Untreue – Eine Betrachtung auch zum Verhältnis von (Straf-)Recht und Moral, NJW 2005, 389.
2 *Hellmann*, Risikogeschäfte und Untreuestrafbarkeit, ZiS 2007, 433.
3 *Lesch*, Zweckwidrige Verwendung von Fraktionszuschüssen als Untreue?, ZRP 2002, 159.
4 Manager-Magazin, Heft 8/2003, 3.
5 *Lesch*, ZRP 2002, 163; inwieweit diese Aussage mit dem Legalitätsprinzip vereinbar ist, soll an dieser Stelle nicht weiter vertieft werden.
6 Vgl. hierzu BVerfG v. 23.6.2010 – 2 BvR 2559/08 – Landowsky, BVerfGE 126, 170 m.w.Nw.
7 BVerfG v. 23.6.2010 – 2 BvR 2559/08 – Landowsky, BVerfGE 126, 170; vgl. auch Schünemann in LK, § 266 StGB Rz. 1 ff.
8 Ebenso schon *Schmid* in der 5. Aufl., § 31 Rz. 5 ff.
9 Vgl. z.B. *Luhmann*, Vertrauen, ein Mechanismus zur Reduzierung sozialer Komplexität, 1989; *Coleman*, Grundlagen der Sozialtheorie, Bd. 1, 1990; *Yazdani*, Kann man dem Vertrauen vertrauen?, in Hartmann/Offe (Hrsg.), Vertrauen – Die Grundlagen des sozialen Zusammenhalts, 2001, 204.
10 Hingewiesen sei auf e-commerce (b2b, c2b, c2c) und e-government (c2g) und die damit neu entstandenen Gefahren, ferner auf dem Kapitalmarkt; BGH v. 13.5.2004 – 5 StR 73/03 – Bremer Vulkan, BGHSt 49, 147.

Vertrauensvorschuss und einen weiten Entscheidungsspielraum. Gerade diese umfassende **Machtstellung** bedarf aber der **Kontrolle** und bei sozialschädlichem und deshalb strafwürdigem Missbrauch einer strafrechtlichen Sanktion. Die entsprechende Sanktionsnorm ist – neben einigen anderen Straftatbeständen (z.B. Korruptions-, Insolvenz-, Bilanzierungs-, Außenwirtschafts- und Produkthaftungsvorschriften) – die *Untreue*[1].

7 Unverändert **kritisiert** wird in der Literatur zudem, § 266 StGB entspreche – vor allem in der Treubruchsalternative – nicht dem **Bestimmtheitserfordernis** des Art. 103 Abs. 2 GG[2]. Rechtsprechung und h.M. haben allerdings Zweifel an der Verfassungsmäßigkeit des Tatbestands zurückgewiesen[3]. So hat das BVerfG in seiner Entscheidung vom 23.6.2010[4] ausgeführt:

„[...] Nach diesen Maßstäben ist der Untreuetatbestand in seiner geltenden Fassung mit dem Bestimmtheitsgebot des Art. 103 Abs. 2 GG noch zu vereinbaren. § 266 Abs. 1 StGB lässt ein Rechtsgut ebenso klar erkennen wie die besonderen Gefahren, vor denen der Gesetzgeber dieses mit Hilfe des Tatbestands schützen will (1.). Vor diesem Hintergrund kann der Tatbestand trotz seiner Weite und damit einhergehenden relativen Unschärfe (2.) hinreichend restriktiv und präzisierend ausgelegt werden, um den unter dem Gesichtspunkt ausreichender Bestimmtheit bestehenden Bedenken angemessen Rechnung zu tragen (3.)"

7a Die **Verfassung** verbietet bei Strafvorschriften die Verwendung von auslegungsbedürftigen Begriffen nicht und nimmt auch gewisse Unschärfen im Grenzbereich hin. Da wegen der sich laufend ändernden wirtschaftlichen und gesellschaftlichen Veränderungen die Tatbestandsmerkmale nicht von vornherein absolut konkret beschrieben werden können, muss eine strafrechtliche Regelung mit **auslegungsbedürftigen Begriffen** arbeiten[5]. Zwar verlange – so das BVerfG – das Bestimmtheitsgebot, den Wortlaut von Strafnormen so zu fassen, dass die Normadressaten im Regelfall bereits anhand des Wortlauts der gesetzlichen Vorschrift voraussehen können, ob ein Verhalten strafbar ist oder nicht[6]. Allerdings müsse der Gesetzgeber auch im Strafrecht in der Lage bleiben, der Vielgestaltigkeit des Lebens Herr zu werden[7].

---

1 In diesem Sinne *Rönnau*, Untreue als Wirtschaftsdelikt, ZStW 2007, 887. Zum strafrechtlichen Schutz durch ausländische Rechtsordnungen vgl. *Rönnau*, (Rechts-)Vergleichende Überlegungen zum Tatbestand der Untreue, ZStW 2010, 299; *Anders*, Das französische Recht der Untreue zum Nachteil von Kapitalgesellschaften insbes im Konzern, ZStW 2002, 467; weitere Hinweise bei der Literaturübersicht oben vor Rz. 1 – Ausländisches Recht.
2 Art. 103 Abs. 2 GG: „Eine Tat kann nur bestraft werden, wenn die Strafbarkeit gesetzlich bestimmt war, bevor die Tat begangen wurde."; vgl. z.B. *Krüger*, Neues aus Karlsruhe zum Art. 103 II GG und § 266 StGB, NStZ 2011, 369.
3 *Schünemann* in LK, § 266 StGB Rz. 24 f.
4 BVerfG v. 23.6.2010 – 2 BvR 2559/08 – Landowsky, BVerfGE 126, 170 (Rz. 84).
5 *Altvater*, DRiZ 2004, 134.
6 BVerfG v. 23.6.2010 – 2 BvR 2559/08, BVerfGE 126, 170 (Rz. 71) unter Hinweis auf BVerfG v. 15.3.1978 – 2 BvR 927/76, BVerfGE 48, 48 (56) und BVerfG v. 10.1.1995 – 1 BvR 718/99 u. a., BVerfGE 92, 1 (12).
7 BVerfG v. 23.6.2010 – 2 BvR 2559/08, BVerfGE 126, 170 (Rz. 72) unter Hinweis auf BVerfG v. 15.4.1970 – 2 BvR 396/69, BVerfGE 28, 175 (183) und BVerfG v. 17.1.1978 – 1 BvL 13/76, BVerfGE 47, 109 (120).

liche Ansätze vertreten: Eine Blankettnorm sei dadurch ausgezeichnet, dass für ein Verhalten eine Sanktion angedroht, hinsichtlich des Verbotsinhalts aber auf andere Vorschriften verwiesen wird, die auch aus nichtstrafrechtlichen Rechtsquellen stammen können[1]. Ergebe sich der Pflichtenkern erst aus einem Zusammenlesen der Strafnorm mit der außerstrafrechtlichen Norm, so deute dies – jedenfalls bei einer verhaltensnormorientierten Bestimmung des Blankettbegriffs – zumindest auf einen blankettartigen Charakter der Untreue hin. Stellt man aber darauf ab, ob das Strafrecht an einen anderweitig begründeten Regelungseffekt anknüpft, dann handle es sich bei § 266 StGB um normative Tatbestandsmerkmale.

Nach einer *weiteren Ansicht*[2] ist zu fragen, wo sich der *eigentliche Normbefehl* befindet bzw. wie unvollständig die Norm ist[3]. Aus diesem Grund wird vertreten, es handle sich bei § 266 StGB um einen Blanketttatbestand[4], da § 266 Abs. 1 Alt. 2 StGB ganz auf eine Handlungsbeschreibung verzichte[5], auf andere Rechtsnormen verweise und erst im Zusammenlesen mit den tatbestandsausfüllenden Normen zu einem vollständigen Straftatbestand werde; die „kraft Gesetzes" zu bestimmende Vermögensbetreuungspflicht stelle keinen auslegungsfähigen unbestimmten Rechtsbegriff dar.

8a Gegen diese Annahme spricht, dass § 266 StGB nicht lediglich eine Strafdrohung aufstellt, die an einen Tatbestand anknüpft, der (nur) durch einen anderen als „Ausfüllungs*norm*" bezeichneten Rechtsakt näher umschrieben ist. Die **Tatbestände des § 266 StGB** werden in Wirklichkeit nicht ergänzt bzw. „ausgefüllt"[6], sondern lediglich **konkretisiert**, da sie bereits pflichtwidrige Verhaltensweisen von Tätern umschreiben, welche eine vermögensbetreuungspflichtige Position innehaben. Dieses pflichtwidrige Verhalten soll geahndet werden, wenn hierdurch dem zu betreuenden Vermögen ein Nachteil zufügt wird. Die Normen, aus denen sich die Vermögensbetreuungspflichten und die Pflichtwidrigkeit des Handelns ergeben, konkretisieren diese Tatbestände lediglich.

8b So setzt der **Missbrauchstatbestand** als *Tatbestandmerkmale* die Pflicht voraus, fremde Vermögensinteressen wahrzunehmen, die Befugnis, über fremdes Vermögen zu verfügen, sowie den Missbrauch dieser Befugnis. Der Begriff „Missbrauch" intendiert ein pflichtwidriges Verhalten, durch welches ein Nachteil eintreten muss. Der **Treubruchstatbestand** setzt als *Tatbestandmerkmale* (ebenfalls) die (strafrechtlich festzustellende Haupt-)Pflicht voraus, fremde Vermögensinteressen wahrzunehmen, ferner ein Verhalten, das als Verletzung dieser Pflicht zu werten ist, mithin pflichtwidrig sein und zu einem Nachteil bei dem zu betreuenden Vermögen führen muss. Damit ergibt sich die strafrechtlich geschützte Pflichtenlage für den Handelnden nicht aus den außerstrafrechtlichen Vorschriften, sondern aus dem Zusammenspiel des Un-

---

1 *Jescheck/Weigend*, StrafR AT, S. 111; *Eser/Hecker* in S/S, vor § 1 StGB Rz. 3; *Fischer*, § 1 StGB Rz. 9 ff.
2 *Puppe* in NK, § 16 StGB Rz. 18; *Frister*, StGB AT, Rz. 38 ff.
3 *Rönnau*, Untreue als Wirtschaftsdelikt, ZStW 2007, 887.
4 Vgl. *Dierlamm* in MüKo, § 266 StGB Rz. 270.
5 OLG Stuttgart v. 14.4.2009 – 1 Ws 32/09, wistra 2010, 34.
6 *Maurach/Zipf*, StrafR AT, § 8 Rz. 30; *Jescheck/Weigend*, StrafR AT, S. 111.

In diesem Sinn hat das BVerfG entschieden, dass die Strafnorm der Untreue 7b
(auch) nicht ohne Weiteres gegen das Bestimmtheitsgebot aus Art. 103 GG verstößt, soweit darin das Tatbestandsmerkmal des Zufügens eines (Vermögens-)Nachteils verwendet wird; das **Tatbestandsmerkmal des Nachteils** ist danach noch hinreichend bestimmt[1]. Die Rechtsprechung erhält – so das BVerfG – ausreichende Vorgaben für die ihr anvertraute Auslegung dieses Tatbestandsmerkmals und ist im Übrigen bemüht, den weiten Tatbestand der Untreue weiter einzugrenzen. Dies gilt auch für die sog. schadensgleiche Vermögensgefährdung als Nachteil i.S. von § 266 StGB, wobei die Abgrenzungen, welche die Rechtsprechung zur Bestimmung der schadensgleichen Vermögensgefährdung entwickelt hat, bei der Anwendung strikt zu beachten sind, um einer weiteren Aufweichung der Konturen des Nachteilsbegriffs entgegenzuwirken[2].

Allerdings hat das BVerfG auch angemahnt, dass die Auslegung des Nachteilsmerkmals den gesetzgeberischen Willen beachten müsse, dieses Merkmal als selbständiges neben dem der Pflichtverletzung zu statuieren[3]. Damit hat es deutlich gemacht, dass die *Verschleifung* beider Tatbestandsmerkmale unzulässig ist. Geboten sind danach also (eindeutige) *eigenständige Feststellungen* zum Vorliegen eines Nachteils[4].

Der Tatbestand der Untreue hat durch seine konkrete Bezugnahme auf die gesetzlichen und vertraglichen Regeln für Vermögensbetreuungsverhältnisse im Übrigen rechtsstaatlich klare, **nachvollziehbare Grundlagen**. Diese *zivil-, handels- und gesellschaftsrechtlichen Regeln* sowie die sich daraus für Vermögensbetreuungspflichtige ergebenden Rechte und Pflichten werden nachfolgend näher dargestellt. 7c

b) Ob es sich bei § 266 StGB um eine **Blankettnorm** handelt, die Norm zumindest *„blankettartigen" Charakter* hat, **oder** ob es sich um **normative Tatbestandsmerkmale** handelt, ist umstritten[5]. Das BVerfG geht in seiner Entscheidung vom 23.6.2010[6] davon aus, dass es sich bei der Pflichtwidrigkeit nicht um ein Blankettmerkmal handelt. In der Praxis ist diese Frage für die Anwendung des Meistbegünstigungsprinzips (§ 2 Abs. 3 StGB[7]) sowie für Irrtumsfragen[8] von Bedeutung. In der Diskussion werden zur Abgrenzung unterschied- 8

---

1 BVerfG v. 23.6.2010 – 2 BvR 2559/08, BVerfGE 126, 170 (Rz. 97 ff.).
2 BVerfG v. 23.6.2010 – 2 BvR 2559/08, BVerfGE 126, 170 (Rz. 23); BVerfG v. 10.3.2009 – 2 BvR 1980/07, NStZ 2009, 560.
3 BVerfG v. 23.6.2010 – 2 BvR 2559/08, BVerfGE 126, 170 (Rz. 112).
4 BVerfG v. 1.11.2012 – 2 BvR 1235/11, wistra 2013, 56 mit dem Hinweis auf die Gefahr mehrdeutiger Erwägungen bei der Darlegung eines Vermögensnachteils, die in die Nähe einer unzulässigen Verschleifung führen.
5 *Rönnau*, Untreue als Wirtschaftsdelikt, ZStW 2007, 887 (903); zu den Blankettstrafgesetzen und Verweisungen vgl. *Tiedemann*, WiStrafR AT, Rz. 197 ff.; OLG Stuttgart v. 14.4.2009 – 1 Ws 32/09, wistra 2010, 34.
6 BVerfG v. 23.6.2010 – 2 BvR 2559/08, BVerfGE 126, 170 (Rz. 74, 96).
7 OLG Stuttgart v. 14.4.2009 – 1 Ws 32/09, wistra 2010, 34.
8 Vgl. *Eser/Hecker* in S/S, § 1 StGB Rz. 8, 18a, § 2 StGB Rz. 26 f.; *Cramer/Sternberg-Lieben* in S/S, § 15 StGB Rz. 99; *Schmitz* in MüKo, § 1 StGB Rz. 49 f., § 2 StGB Rz. 28 f.; *Joecks* in MüKo, § 16 StGB Rz. 44 m.w.Nw.; *Wessels*, StrafR AT, Rz. 243a.

treuetatbestands und den außerstrafrechtlichen Pflichten[1]. Anders ausgedrückt: Der Missbrauchstatbestand beschreibt die Tathandlung, nämlich den Missbrauch einer Vertretungsmacht, der Treubruchstatbestand setzt als Tathandlung die pflichtwidrige Verletzung einer Vermögensbetreuungspflicht voraus. Der Treubruchstatbestand verzichtet damit – entgegen der Ansicht des OLG Stuttgart – nicht auf eine Handlungsbeschreibung. Vielmehr knüpfen die mit den Tatbestandsvarianten des § 266 StGB bezeichneten (pflichtwidrigen) Verhaltensweisen an einen anderweitig begründeten Regelungseffekt, z.B. die Pflichtenlage bei dem Geschäftsführer einer GmbH, an. Damit handelt es sich bei den Pflichten, die in § 266 StGB vorausgesetzt werden und die wegen der schnellen Weiterentwicklung der Vermögensbetreuungsverhältnisse nicht in allen Einzelheiten umschrieben werden können, um *normative Tatbestandsmerkmale*, die, wie das BVerfG ausführt, durchaus komplex sein können[2].

Hierfür spricht ferner, dass § 266 StGB **eigene**, nicht vom Zivilrecht abhängige **strafrechtliche Wertungen** erfordert (Vermögensfürsorge als Hauptpflicht[3], Maßstab der Pflichtverletzung[4], Risikogeschäfte[5], Vermögensbetreuungspflichten bei sitten- oder gesetzeswidrigen Rechtsverhältnissen – Rz. 103), weswegen auch *nicht* von einer *starren Akzessorietät* des § 266 StGB gegenüber dem Zivil- bzw. Gesellschaftsrecht ausgegangen werden kann[6]. Des Weiteren gibt es Pflichtenlagen, die nicht auf einer Rechtsnorm fußen, auf welche die Blankettnorm verweisen könnte; vielmehr werden die Pflicht und der Verstoß hiergegen bereits in § 266 StGB vorausgesetzt. Dies ist z.B. der Fall bei einem faktischen Herrschaftsverhältnis[7], bei einem wegen Sittenwidrigkeit nichtigen, jedoch faktischen Treueverhältnis[8], bei dem einer Vermögensbetreuungspflicht unterliegenden faktischen Organ (vgl. Rz. 25, 100) oder bei dem Geschäftsführer/Leiter einer ausländischen Limited[9] mit Zweigniederlassung in Deutschland (vgl. Rz. 25b f.).

8c

Im Ergebnis spricht deshalb mehr dafür, dass es sich bei § 266 StGB *nicht* um eine *Blankettnorm*[10], sondern um eine **Norm mit normativen Tatbestands-**

8d

---

1 *Kubiciel*, NStZ 2005, 353 (357); vgl. auch *Gross/Schorck*, NZI 2006, 10 (15).
2 BVerfG v. 23.6.2010 – 2 BvR 2559/08, BVerfGE 126, 170 (Rz. 97).
3 BGH v. 1.4.2008 – 3 StR 493/07 – Heros, wistra 2008, 427.
4 BGH v. 21.12.2005 – 3 StR 470/04 – Mannesmann, BGHSt 50, 331; BGH v. 22.11.2005 – 1 StR 571/04 – Kinowelt, NJW 2006, 453: Verletzung gesellschaftsrechtlicher Pflichten, die so gravierend ist, dass sie zugleich eine Pflichtwidrigkeit i.S. von § 266 StGB begründet; vgl. auch *Tiedemann* in FS Tröndle, 1989, S. 319 (328).
5 BGH v. 15.11.2001 – 1 StR 185/01 – Kreditvergabe, BGHSt 47, 148; BGH v. 13.8.2009 – 3 StR 576/08 – Sengera, wistra 2010, 21 (Handlungs- und Beurteilungsspielräume bestehen nur auf der Grundlage sorgfältig erhobener, geprüfter und analysierter Informationen).
6 *Mosiek*, wistra 2003, 370 (373).
7 BGH v. 7.11.1996 – 4 StR 423/96, NStZ 1997, 124.
8 *Rengier*, StrafR BT I, 15. Aufl. 2013, § 18 Rz. 19; vgl. auch oben § 30 Rz. 56 ff.
9 *Radtke*, Untreue (§ 266 StGB) zu Lasten von ausländischen Gesellschaften mit faktischem Sitz in Deutschland?, GmbHR 2008, 729; BGH v. 13.4.2010 – 5 StR 428/09, ZIP 2010, 1233 (Rz. 21).
10 *Rönnau*, Untreue als Wirtschaftsdelikt, ZStW 2007, 887 (903).

merkmalen handelt, die aus dem außerstrafrechtlichen Bereich den Effekt der Begründung eines Rechtsverhältnisses – ggf. sogar den der Feststellung einer Pflichtverletzung – übernimmt, um ihn dann nach strafrechtsdogmatischen Besonderheiten weiterzuverarbeiten, die Pflicht etwa auf ihre Schutzzwecktauglichkeit oder ihre ausreichende Bestimmtheit hin zu überprüfen[1]. Diese normativen Tatbestandmerkmale sind – ähnlich wie bei §§ 242 und 246 StGB – anhand der geltenden (auch außerstrafrechtlichen) Gesetze lediglich auszulegen[2].

B. Missbrauchstatbestand

9 Der Missbrauchstatbestand stellt den **rechtsgeschäftlichen** (Rz. 74) – nicht den tatsächlichen – **Missbrauch** (Rz. 43) einer **nach außen** wirkenden rechtlichen **Verfügungs- bzw. Verpflichtungsmacht** (Rz. 11), die zum Zweck der Fürsorge für fremdes Vermögen erteilt wurde (Rz. 24), unter Strafe[3]. Die Annahme eines Missbrauchs setzt deshalb die Feststellung der einem Betroffenen eingeräumten Befugnisse voraus. Erst wenn feststeht, dass dieser so nicht handeln (bzw. eine Handlung unterlassen) durfte, wie er es getan hat, kann geprüft werden, ob diese Handlung zu einem Nachteil für das betreute Vermögen geführt hat und was sich der Betroffene hinsichtlich dieser Handlung und ihrer Folgen gedacht hat.

10 Die Untreue ist – sowohl als Missbrauchstatbestand wie auch als Treubruchstatbestand – ein **Sonderdelikt** (§ 22 Rz. 8). Eine Person, der keine solche Verpflichtungs- oder Verfügungsmacht eingeräumt ist (oder die nicht in einem besonderen Treueverhältnis zu dem Geschädigten steht), kann nicht selbst Täter einer Untreue, sondern „nur" *Teilnehmer* – Anstifter[4] (§ 19 Rz. 21) oder Gehilfe[5] (§ 19 Rz. 23) – sein.

Beispiel: Ein Rechtsanwalt, der bei der Beratung eines GmbH-Geschäftsführers bewusst tatsächlich unzutreffende und rechtlich unhaltbare Behauptungen einsetzt und die Grenzen zulässiger Rechtsberatung überschreitet, kann sich der Beihilfe zur Untreue schuldig machen[6].

---

1 *Kubiciel*, Gesellschaftsrechtliche Pflichtwidrigkeit und Untreuestrafbarkeit, NStZ 2005, 353; BGH v. 13.4.2010 – 5 StR 428/09, ZIP 2010, 1233 (Rz. 21).
2 Vgl. BVerfG v. 18.5.1988 – 2 BvR 579/84, BVerfGE 78, 205 (213); BVerfGE 126, 170.
3 *Fischer*, § 266 StGB Rz. 9.
4 Da das Vorliegen eines Treueverhältnisses i.S. des § 266 StGB ein strafbegründendes persönliches Merkmal ist, ist bei einem Anstifter, bei dem dieses fehlt, der Strafrahmen gem. § 28 StGB zu mildern, BGH v. 30.8.2007 – 4 StR 127/07; BGH v. 12.7.1994 – 1 StR 300/94, StV 1995, 73.
5 Bei einem Gehilfen, der nicht selbst in einem Treueverhältnis zu dem Geschädigten steht, ist eine Strafmilderung nach § 28 Abs. 1 StGB neben der Milderung nach § 27 Abs. 2 StGB zwingend vorgeschrieben, wenn das Tatgericht nicht allein wegen Fehlens des Treueverhältnisses nur Beihilfe angenommen hat, BGH v. 25.10.2011 – 3 StR 309/11, NStZ 2012, 630; BGH v. 27.1.1994 – 1 StR 649/93, StV 1994, 305; BGH v. 8.1.1975 – 2 StR 567/74, BGHSt 26, 53 (55); BGH v. 22.4.1988 – 2 StR 111/88, BGHR StGB § 28 Abs. 1 Merkmal 2.
6 BGH v. 21.11.1991 – 1 StR 552/90, BGHR StGB Abs. 1 § 266 Beihilfe 2.

Die **Erweiterung des Täterkreises** auf Organe und Vertreter findet über § 14 StGB statt. Wer für einen anderen tätig ist, der die vorausgesetzte Verfügungs- oder Verpflichtungsmacht innehat (oder dem eine Vermögensbetreuungspflicht obliegt), kann über § 14 Abs. 1 StGB selbst strafbar sein (§ 30 Rz. 74 f.).

10a

- Hat ein Unternehmen eine qualifizierte Treuepflicht gegenüber **Kunden**, so besteht eine Treuepflicht gem. § 14 Abs. 1 Nr 1 StGB sowohl des eingetragenen[1] als auch des faktischen Geschäftsführers[2]. Überträgt ein Unternehmen die die Treuepflicht begründenden Aufgaben einem anderen Unternehmen, so trifft die qualifizierte Vermögensbetreuungspflicht auch diese Gesellschaft bzw. deren Geschäftsführer[3].

- Hat in einem **Konzern** eine Muttergesellschaft Vermögensbetreuungspflichten gegenüber einer Tochtergesellschaft (Kapitalerhaltung, Unterlassen der Existenzvernichtung), dann kann sich bei Verletzung dieser Pflichten nicht die Muttergesellschaft (als Gesellschafterin) strafbar machen, sondern nur derjenige, der für die Muttergesellschaft handelt. Dies ist i.d.R. das Organ oder ein faktisches Organ, auf welches die Vermögensfürsorge der Mutter für die Tochter nach § 14 Abs. 1 Nr 1 StGB übertragen ist.

Beispiel: Werden einer beherrschten Gesellschaft von der Muttergesellschaft Vermögenswerte in einem Umfang entzogen, dass die Erfüllung der eigenen Verbindlichkeiten der Tochter gefährdet wird, so verletzt der Vorstand der herrschenden Gesellschaft hierdurch seine Vermögensbetreuungspflicht, sofern nicht die Rückzahlung, etwa durch ausreichende Besicherung, gewährleistet ist. Diese Verpflichtung trifft im mehrstufigen Beherrschungsverhältnis nicht nur die Alleingesellschafterin der geschädigten Gesellschaft, sondern sämtliche die Untergesellschaft beherrschenden Konzernebenen über dieser[4]. Sie wird den Mitgliedern der vertretungsberechtigten Organe der herrschenden Gesellschaften nach § 14 Abs. 1 Nr 1 StGB zugerechnet.

- Schon in einer extremen Ausübung des Weisungsrechts durch einen Gesellschafter kann im Einzelfall eine versteckte Übertragung von Geschäftsführerbefugnissen gesehen werden[5].

Bei **Kollegialentscheidungen** hat jedes Mitglied des Kollegialorgans (Geschäftsführergremium, Vorstand, Aufsichtsrat) die Täterqualifikation. Jedes Organmitglied ist vermögensbetreuungspflichtig und damit verantwortlich für vermögensschädigende Entscheidungen des Organs (hierzu § 30 Rz. 25 ff.).

10b

Diese die *Täterstellung begründende Pflichtenposition* ist das wichtigste und deshalb an erster Stelle zu behandelnde Merkmal des objektiven Tatbestands.

---

1 BGH v. 1.4.2008 – 3 StR 493/07 – Heros, wistra 2008, 427.
2 BGH v. 1.4.2008 – 3 StR 493/07, wistra 2008, 427; BGH v. 10.11.1959 – 5 StR 337/59, BGHSt 13, 330 (331).
3 BGH v. 1.4.2008 – 3 StR 493/07, wistra 2008, 427; BGH v. 15.5.1952 – 4 StR 953/51; BGH v. 28.1.1983 – 1 StR 820/81, NJW 1983, 1807; BGH v. 23.3.2000 – 4 StR 19/00, BGHR StGB § 266 Abs. 1 Vermögensbetreuungspflicht 31.
4 BGH v. 31.7.2009 – 2 StR 95/09 – Seniorenheime, BGHSt 54, 52; BGH v. 13.5.2004 – 5 StR 73/03 – Bremer Vulkan, BGHSt 49, 147 (160); *Bittmann*, Zur Strafbarkeit wegen Untreue wegen Vermögensschädigung zu Lasten einer konzernintegrierten GmbH, GmbHR 2009, 1206; *Ransiek*, wistra 2005, 121 (124).
5 BGH v. 10.7.1996 – 3 StR 50/96 – Sachsenbau, NStZ 1996, 540.

I. Verfügungs- oder Verpflichtungsbefugnis

11 Über fremdes Vermögen **verfügen** heißt, es in seinem rechtlichen Bestand (dinglich) zu verändern, insbesondere zu vermindern, etwa durch Veräußerung oder Abtretung oder Erlass einer Forderung oder durch Belastung mit Pfandrechten. Einen anderen **verpflichten** heißt, dessen Vermögen *schuldrechtlich* mit einer Verbindlichkeit zu belasten, etwa durch das Eingehen einer Wechselschuld, die Übernahme einer Bürgschaft, eine Kreditaufnahme oder das Anerkenntnis von Schulden. Die eingeräumte Rechtsmacht berechtigt dabei entweder zum *Handeln in eigenem* oder zum *Handeln im fremden Namen*.

1. Rechtsgrundlage der Befugnis

12 a) Voraussetzung, über das Vermögen eines anderen verfügen oder einen anderen verpflichten zu können, ist, dass dem Handelnden eine **Vertretungs-** oder **Verfügungsbefugnis** *eingeräumt* ist. Diese kann nach § 266 StGB auf Gesetz, behördlichem Auftrag oder Rechtsgeschäft beruhen.

Durch **Gesetz** eingeräumt sind solche Befugnisse, die dem Täter nicht aufgrund eines bestimmten Verleihungsaktes, sondern aufgrund gesetzlicher Regelung als Inhaber einer bestimmten Stellung zukommen. Dies ist zum z.B. bei Eltern (§ 1626 BGB), dem Amtsvormund des Jugendamts (§ 1791c BGB) oder dem Betreuer (§§ 1896 ff. BGB) der Fall[1].

Eine Vertretungsmacht kraft **behördlichen Auftrags** setzt einen öffentlich-rechtlichen Bestellungsakt (eines Gerichts oder einer Verwaltungsbehörde) voraus, so etwa die Wahl eines hauptamtlichen Bürgermeisters einer Gemeinde[2] oder die Bestellung eines Gerichtsvollziehers (§§ 753 ff. ZPO)[3].

Der praktisch wichtigste Fall ist die Erteilung der Vertretungsmacht durch **Rechtsgeschäft**.

13 Die *rechtsgeschäftlich* erteilte Vertretungsbefugnis heißt **Vollmacht** (§ 166 Abs. 2 BGB)[4], wobei es sich um eine Befugnis zum Handeln im fremden Namen oder im eigenen Namen handeln kann (§ 164 BGB). Die auf der Einwilligung des Berechtigten beruhende Befugnis zur Verfügung wird *Ermächtigung* genannt (§ 185 Abs. 2 BGB), wobei der rechtsgeschäftlich Handelnde in fremdem oder in eigenem Namen (etwa der *Kommissionär* gem. § 383 HGB oder andere verdeckte Stellvertreter)[5] tätig wird.

---

1 *Fischer*, § 266 StGB Rz. 15 m.w.Nw.
2 *Perron* in S/S, § 266 StGB Rz. 8; BGH v. 8.5.2003 – 4 StR 550/02, NStZ 2003, 540; BGH v. 14.4.2011 – 1 StR 592/10, NStZ 2011, 520; nachfolgend BVerfG v. 1.11.2012 – 2 BvR 1235/11, NJW 2013, 365: satzungswidrige Aufnahme eines Kassenkredits für Baumaßnahmen, unter Hinweis auf Art. 38 BayGO.
3 BGH v. 14.8.2013 – 4 StR 255/13, NStZ-RR 2013, 344; *Schünemann* in LK, § 266 StGB Rz. 34, 36, 129; BGH v. 20.10.1959 – 1 StR 466/59, BGHSt 13, 274; BGH v. 7.1.2011 – 4 StR 409/10, NStZ 2011, 281.
4 Vgl. *Heinrichs* in Palandt, § 166 BGB Rz. 1 ff., § 167 BGB Rz. 1; *Schramm* in MüKo, 6. Aufl. 2012, § 167 BGB Rz. 1, 11.
5 OLG Hamm v. 12.3.1957 – 3 Ss 148/57, NJW 1957, 1041.

Die **Vollmacht** kann durch *einseitige* Willenserklärung gegenüber dem Vertreter (Innenvollmacht) oder dem Dritten, dem gegenüber die Vertretung stattfinden soll, oder durch öffentliche Bekanntmachung (Außenvollmacht), erteilt werden (§§ 167, 171 Abs. 1 BGB). Eingeräumt wird die Vollmacht regelmäßig im Rahmen eines Auftrags[1], eines Dienstvertrags oder eines Geschäftsbesorgungsvertrags. Ein Auftrag liegt z.B. vor, wenn sich jemand bereit erklärt, für einen anderen ein außerordentlich bedeutsames wirtschaftliches und rechtliches Interesse wahrzunehmen. Geprägt ist das Recht der Vertretung durch die strikte rechtliche Trennung zwischen Innenverhältnis (Vollmachtgeber/Bevollmächtigter) und Außenverhältnis (Vertreter/Geschäftspartner).

b) Häufig sind **Mischformen**, in denen nach einem *Gesetz* bestimmte Verfügungs- oder Verpflichtungsbefugnisse vorgesehen sind, diese aber erst aufgrund eines *behördlichen* oder gerichtlichen *Auftrags* entstehen[2]. Hierzu gehören z.B. 14

- der (vorläufige) *Insolvenzverwalter* (§§ 21 Abs. 2 Nr. 1, 22, 56 ff., 80 InsO) bzw. früher der *Konkursverwalter* (§§ 78, 118 KO)[3],
- der *Zwangsverwalter* (§§ 150 ff. ZVG)[4], der *Nachlassverwalter* (§§ 1981, 1985 BGB)[5],
- die *Liquidatoren* (Abwickler) im Zivil-, Handels- und Gesellschaftsrecht, z.B. bei der OHG/KG (§§ 146 Abs. 2, 149, 161 Abs. 2 HGB), der GmbH (§§ 66 Abs. 2, 70 GmbHG), der AG (§§ 268 ff. AktG) und der Genossenschaft (§§ 83, 88 GenG) oder beim Verein (§§ 48, 49, 29 BGB),
- der *Notvorstand* einer AG (§§ 85, 278 Abs. 3 AktG) oder eines Vereins (§ 29 BGB),
- der *Testamentsvollstrecker* im Falle des § 2200 BGB,
- der *Arzt* als Vertreter der Krankenkasse[6], indem er an ihrer Stelle das Rahmenrecht des einzelnen Versicherten auf medizinische Versorgung konkretisiert.

Eine große Anzahl **gesetzlicher Vorschriften** sieht eine (gesetzlich umschriebene) Verfügungs- bzw. Verpflichtungsbefugnis vor, zu deren Begründung es eines **Rechtsgeschäfts** bedarf. 15

---

1 BGH v. 8.5.1984 – 1 StR 835/83, wistra 1984, 225.
2 *Schünemann* in LK, § 266 StGB Rz. 35.
3 BGH v. 14.1.1998 – 1 StR 504/97, NStZ 1998, 246; BGH v. 11.7.2000 – 1 StR 93/00, wistra 2000, 384; vgl. auch das Schrifttum hierzu: *Diversy/Weyand*, Insolvenzverwalter und Untreuetatbestand, ZInsO 2009, 802; *Momsen*, Untreue im Fall des Lastschriftwiderrufs durch den Insolvenzverwalter – Potenzielle Strafbarkeitsrisiken für die Beteiligten, NZI 2010, 121; *Richter*, Strafbarkeit des Insolvenzverwalters, NZI 2002, 121; *Schramm*, Untreue durch Insolvenzverwalter, NStZ 2000, 398.
4 Vgl. auch *Drasdo*, Rechte und Pflichten des Zwangsverwalters, NJW 2011, 1782.
5 BGH v. 25.6.2003 – 1 StR 469/02, NStZ-RR 2003, 297.
6 BGH v. 25.11.2003 – 4 StR 239/03, NJW 2004, 454; ein niedergelassener, für die vertragsärztliche Versorgung zugelassener Arzt handelt bei der Wahrnehmung der ihm in diesem Rahmen übertragenen Aufgaben weder als Amtsträger i.S. des § 11 Nr. 2 Buchst. c StGB noch als Beauftragter der gesetzlichen Krankenkassen i.S. des § 299 StGB, BGH v. 29.3.2012 – GSSt 2/11.

Beispiele:

- der Prokurist (§§ 48, 49 HGB),
- der Handlungsbevollmächtigte (§§ 54 ff. HGB),
- der (oder die) geschäftsführende(n) Gesellschafter einer BGB-Gesellschaft (§ 714 BGB),
- der (oder die geschäftsführenden) Gesellschafter einer OHG (§§ 125, 126 HGB),
- der Komplementär einer KG (§§ 161 Abs. 2, 170, 125 HGB),
- der Geschäftsführer einer GmbH (§§ 6, 35 GmbHG)[1]; dies gilt auch für den faktischen Geschäftsführer[2] und den Geschäftsführer einer Ein-Mann-GmbH[3],
- die Vorstandsmitglieder einer AG (§§ 76, 78, 84 AktG)[4] oder der Komplementär einer KGaA (§ 278 AktG),
- das Mitglied des Aufsichtsrats einer AG (§ 101 AktG)[5]; ein missbräuchliches Handeln ist möglich, soweit der Aufsichtsrat die AG nach außen z.B. gegenüber den Vorstandsmitgliedern vertritt (§ 112 AktG),
- das Vorstandsmitglied einer Genossenschaft (§ 24 GenG)[6],
- der Vorstand eines Vereins oder einer Stiftung (§§ 26 f., 86 BGB)[7],
- der Verwalter von Wohnungseigentum (§§ 26, 27 WEG),
- der vertraglich bestimmte Liquidator (§§ 125, 126, 146 Abs. 1, 149 HGB).

Bei der GmbH & Co KG (§§ 161 Abs. 2, 125 HGB, § 35 GmbHG) wird dem Geschäftsführer der Komplementär-GmbH die Vermögensverfügungsbefugnis für die KG gem. § 14 StGB zugerechnet.

16 **c)** Das **Rechtsgeschäft**, dem der Täter seine Rechtsmacht verdankt, muss **zivilrechtlich gültig**, d.h. wirksam sein[8]. Ist eine Geschäftsführerbestellung nichtig oder eine Bevollmächtigung unwirksam, so fehlt es an einem Innenverhältnis; der Missbrauchstatbestand scheidet aus (in Betracht kommt jedoch der Treubruchstatbestand). Das Gleiche gilt im Falle unwirksamer gerichtlicher bzw. behördlicher Bestellung[9], etwa eines Insolvenzverwalters oder Betreuers (§§ 1896 ff. BGB).

---

1 *Schneider* in Scholz, § 35 GmbHG Rz. 27; BGH v. 24.6.1952 – 1 StR 153/52, BGHSt 3, 32 (38); *Mertens* in Hachenburg, § 35 GmbHG Rz. 211 ff.
2 BGH v. 29.5.1987 – 3 StR 242/86, BGHSt 34, 379 (382); BGH v. 10.7.1996 – 3 StR 50/96, NJW 1997, 66; BGH v. 20.9.1999 – 5 StR 729/98, NStZ 2000, 34; *Kohlmann* in Hachenburg, vor § 82 GmbHG Rz. 25; a.A. BGH v. 16.6.1953 – 1 StR 67/53, BGHSt 5, 61.
3 BGH v. 24.6.1952 – 1 StR 153/52, BGHSt 3, 32; BGH v. 24.8.1988 – 3 StR 232/88, BGHSt 35, 333 (337); BGH v. 12.12.1996 – 4 StR 489/96, wistra 1997, 146.
4 *Lutter/Krieger/Verse*, Rechte und Pflichten des Aufsichtsrats, § 7 Rz. 384 f.
5 *Lutter/Krieger/Verse*, Rechte und Pflichten des Aufsichtsrats, § 12 Rz. 842; *Hüffer*, § 101 AktG Rz. 2; OLG Düsseldorf v. 23.6.2008 – I-9 U 22/08, AG 2008, 666; vgl. *Poseck*, Strafrechtliche Haftung, S 66; vgl. auch *Brand/Petermann*, Die Auswirkungen der „AUB-Rechtsprechung" auf die Untreuehaftung des Aufsichtsrates, WM 2012, 62.
6 RG HRR 1936 1229; 1942 458
7 *Lassmann*, Untreue zu Lasten gemeinnütziger Stiftungen – Strafbarkeitsrisiken im Non-Profit-Bereich, NStZ 2009, 473; vgl. auch BGH v. 24.6.2010 – 3 StR 90/10, wistra 2010, 445.
8 *Fischer*, § 266 StGB Rz. 19.
9 *Fischer*, § 266 StGB Rz. 19; BGH v. 16.6.1953 – 1 StR 67/53, BGHSt 5, 61 (63); vgl. BGH v. 14.8.2013 – 4 StR 255/13.

Nicht ausreichend ist es, wenn sich die Rechtsmacht lediglich *aus Vorschriften zum Schutz des Rechtsverkehrs* ergibt, wie beim gutgläubigen Erwerb nach §§ 407, 892, 893, 932, 2366 BGB bzw. § 366 Abs. 2 HGB, beim Verkauf durch einen Angestellten im Laden oder Warenlager (§ 56 HGB) oder bei der Anscheinsvollmacht[1]. Bei einer Duldungsvollmacht hat der BGH das Vorliegen einer Vermögensverfügungsbefugnis verneint (jedoch den Treubruchstatbestand bestätigt):

17

Beispiel: Ein Handelsvertreter hatte mit dem Inhaber einer Werbeartikelfirma einen (mündlichen) Vertrag geschlossen, nach dem er als selbständiger Gelegenheitsagent befugt, aber nicht verpflichtet war, Kunden aufzusuchen und mit den ihm zur Verfügung gestellten Auftragsformularen, Preislisten und Mustern Aufträge hereinzuholen, wofür ihm ein Provisionsanspruch zustand. Inkasso war ihm grundsätzlich untersagt. In vielen Fällen kassierte der Handelsvertreter unter bewusster Missachtung des vereinbarten Inkassoverbotes bei Kunden Vorauszahlungen oder den gesamten Rechnungsbetrag in bar und behielt die kassierten Beträge für sich. Diese vertragswidrige Inkassotätigkeit kann nicht als rechtsgeschäftliches Handeln i.S. des Missbrauchstatbestandes angesehen werden (vielmehr liegt nur treuwidriges Verhalten vor)[2].

Der **Bote** – als Überbringer fremder Willenserklärungen – kann zwar rechtsgeschäftliche Wirkungen auslösen; Verpflichtungsmacht ist ihm allerdings regelmäßig nicht verliehen[3].

Eine Vertretungsmacht kann (wie in den Fällen des § 170 BGB – Erlöschen einer rechtswirksam erteilten Außenvollmacht) **wirksam fortwirken**. Nach § 173 BGB erlischt eine rechtswirksam erteilte Außenvollmacht nicht schon mit dem Wegfall des ihr zugrunde liegenden Rechtsverhältnisses oder aufgrund eines intern erklärten Widerrufs. Erforderlich ist vielmehr, dass der Vollmachtgeber das Erlöschen dem Dritten angezeigt hat (oder der Dritte das interne Erlöschen kennt oder kennen muss). Danach können sich Dritte bei öffentlicher Bekanntmachung, bei Mitteilung der Vollmacht oder bei Vorlegung der Vollmachtsurkunde darauf verlassen, dass die Vollmacht ebenso widerrufen wird, wie sie erteilt worden ist[4]. Die *strafrechtliche Wirkung* dieser Vorschriften ist *umstritten*.

18

Nach *einer Ansicht*[5] kommt bei Überschreitung der Vertretungsvollmacht nur die Anwendung des *Treubruchstatbestandes* in Betracht, da die Missbrauchsformen eine rechtswirksame Ausübung der Vertretungsmacht voraussetzten, die den Machtgeber binden würden. Demzufolge soll auch eine Vollmacht, die trotz Erlöschens des Rechtsverhältnisses, auf dem sie beruht, zumindest aufgrund ihrer Rechtsscheinwirkung gegenüber gutgläubigen Dritten fortgilt, als ein überdauernder Rest des an sich beendeten Rechtsverhältnisses anzusehen sein, weswegen ihr unredlicher, den Geschäftsherrn rechtswirksam verpflichtender und deshalb schädigender Gebrauch unter den tatsächlichen Treubruchstatbestand falle.

---

1 *Perron* in S/S, § 266 StGB Rz. 4; *Schünemann* in LK, § 266 StGB Rz. 40; *Fischer*, § 266 StGB Rz. 20.
2 BGH v. 29.10.1991 – 1 StR 513/91, wistra 1992, 66.
3 *Schünemann* in LK, § 266 StGB Rz. 42 f. verweist insoweit auf den Typus der sachgebundenen Verrichtungen („Handlangerdienste").
4 *Perron* in S/S, § 266 StGB Rz. 4, 25; *Fischer*, § 266 StGB Rz. 20.
5 *Hübner* in LK, 10. Aufl. 1988, § 266 StGB Rz. 70, 47.

19 Nach zutreffender Meinung[1] reichen die **Nachwirkungen** einer rechtswirksam **erteilten Vertretungsmacht** zur Erfüllung des *Missbrauchstatbestandes* aus. Die Rechtsprechung[2] vertritt diese Ansicht zumindest für den Fall, dass sich die missbrauchte Befugnis aus einer nicht zurückgegebenen Vollmachtsurkunde herleitet. Ist die schädigende Handlung von der Vollmacht umfasst, läuft jedoch dem Innenverhältnis zuwider, dann ist der Missbrauchstatbestand erfüllt. Handelt der Täter indes außerhalb seiner Vertretungsmacht (vgl Rz. 67 ff.), dann ist der Treubruchtatbestand einschlägig[3].

Beispiele: Ein Bevollmächtigter ersteigerte auftragsgemäß ein Grundstück und verlangte als Lohn die Übertragung der Hälfte dieses Grundstücks, weshalb die Vollmachtgeberin mündlich die Vollmacht widerrief. Sie versäumte es jedoch, die Vollmachtsurkunde zurückzufordern. Um sich das Grundstück gleichwohl zu verschaffen, trat der Bevollmächtigte unter Vorlage der Vollmachtsurkunde vor einem Notar auf und veranlasste diesen, einen Vertrag zu beurkunden, nach welchem seine Frau die Hälfte des Grundstücks erhalten sollte. Weiter schloss er unter Vorlage der Vollmachtsurkunde einen Kaufvertrag, wonach seine Frau das Restgrundstück erwerben sollte; als angeblicher Vertreter erklärte er auch die Auflassung und bewilligte die Eintragung der Eigentumsänderung im Grundbuch[4].

Ein seines Amtes enthobener Geschäftsführer einer juristischen Person trifft Verfügungen über ein Geschäftskonto, die von der Bank mangels Kenntnis von seiner fehlenden Befugnis noch ausgeführt werden.

2. Fremdheit des Vermögens

20 Die Verfügungs- oder Verpflichtungsbefugnis muss sich auf **fremdes Vermögen** beziehen. Hierbei ist eine *zivilrechtliche Betrachtungsweise* zugrunde zu legen; nicht ausschlaggebend ist, wem das Vermögen wirtschaftlich zuzurechnen ist[5]. Nachfolgende Fallgestaltungen sollen dies verdeutlichen:

21 Das Vermögen der **AG** (§ 1 Abs. 1 AktG) ist für den Vorstand fremdes Vermögen[6]. Bei der **GmbH** ergibt sich die *Fremdheit* des Vermögens aus § 6 GmbHG. Deshalb hat auch die *Ein-Mann-GmbH* – selbst für den geschäftsführenden Alleingesellschafter – ein eigenes, rechtlich geschütztes Vermögen. Dies gilt auch für die Unternehmergesellschaft (vgl. § 27 Rz. 32 f).

21a Im Falle einer **OHG** ist das Gesellschaftsvermögen dagegen für die vertretungsberechtigten Gesellschafter nach (noch) h.M. nicht fremdes Vermögen, sondern *eigenes* (Gesamthands-)Vermögen. Folglich handelt es sich bei einer **KG** für den Komplementär bei dem Vermögen der von ihm vertretenen Gesellschaft ebenfalls *nicht um fremdes Vermögen*. Aus diesem Grund ist auch bei einer **GmbH & Co KG** eine Untreue des Geschäftsführers der Komplementär-GmbH

---

1 *Fischer*, § 266 StGB Rz. 20 m.w.Nw.
2 OLG Stuttgart v. 14.3.1985 – 3 Ss (14) 823/84, NStZ 1985, 365.
3 Insoweit abweichend OLG Stuttgart v. 14.3.1985 – 3 Ss (14) 823/84, NStZ 1985, 365, das auch in diesem Fall Missbrauch bejaht.
4 OLG Stuttgart v. 14.3.1985 – 3 Ss (14) 823/84, NStZ 1985, 365.
5 *Fischer*, § 266 StGB Rz. 11; *Perron* in S/S, § 266 StGB Rz. 6.
6 BGH v. 6.12.2001 – 1 StR 215/01 – Unternehmensspenden, BGHSt 47, 187 (192).

zum Nachteil der KG nicht möglich[1], da es sich bei der KG – aus Sicht der Komplementär-GmbH – nicht um fremdes Vermögen handelt. Die KG kommt mit ihrem verselbständigten Gesamthandsvermögen einer juristischen Person zwar sehr nahe, besitzt nach h.M. aber keine Rechtspersönlichkeit[2]. In Betracht kommt jedoch eine *Untreue zum Nachteil der Mitgesellschafter*, insbesondere zum Nachteil der Komplementär-GmbH (vgl. Rz. 187a).

Untreue zum Nachteil einer *GmbH i.G.*, also einer **Vorgesellschaft**, ist ebenfalls nicht möglich[3] (vgl. auch Rz. 92). *Vor der Eintragung* in das Handelsregister besteht die *GmbH als solche* nicht, es kommt ihr noch keine eigene Rechtspersönlichkeit zu. Hieran ändert sich nichts dadurch, dass die Vorgesellschaft als weitgehend verselbständigte Vermögensmasse bereits am Wirtschaftsleben teilnehmen und durch Geschäfte, die ihr Geschäftsführer mit Ermächtigung der Gesellschafter in ihrem Namen abschließt, verpflichtet werden kann[4] und damit einer juristischen Person angenähert ist. Vor der Eintragung in das Handelsregister ist das „Gesellschaftsvermögen" rechtlich noch nicht der Gesellschaft zugeordnet; vielmehr besteht bei einer Mehrpersonengesellschaft Gesamthandsvermögen[5], bei einer Ein-Mann-Gesellschaft Sondervermögen, dessen Träger letztlich nur der Gesellschaftsgründer sein kann[6]. 22

Bei unberechtigten Entnahmen von den Konten der vor Eintragung in das Handelsregister bestehenden *Vorgesellschaft* einer GmbH ist deshalb eine Schädigung der Vorgesellschaft i.S. von § 266 StGB zu verneinen. Ähnlich wie bei einer KG ist die Schädigung dieses Sonder- oder Gesamthandvermögens für § 266 StGB nur insoweit bedeutsam, als dadurch gleichzeitig das Vermögen der Gesellschafter bzw. des Alleingesellschafters berührt wird[7].

Für den Insolvenzverwalter ist die **Insolvenzmasse** fremdes, für den Gemeinschuldner eigenes Vermögen. Auch wenn dieses (eigene) Vermögen der fremden Verwaltung unterliegt, scheidet der Missbrauchstatbestand daher für den Gemeinschuldner aus, wenn sich das Insolvenzgericht oder der Insolvenzver- 23

---

1 *Schulte*, Strafbarkeit der Untreue zum Nachteil einer KG, NJW 1984, 1671; a.A. LG Bonn v. 15.1.1980 – 13 R 4/78 IX, NJW 1981, 469; *Schäfer*, Die Strafbarkeit der Untreue zum Nachteil einer KG, NJW 1983, 2850.
2 BGH v. 16.2.1961 – III ZR 71/60, BGHZ 34, 293 (296); BGH v. 29.11.1983 – 5 StR 616/83, wistra 1984, 71; BGH v. 7.8.1984 – 5 StR 312/84, wistra 1984, 226; BGH v. 6.11.1986 – 1 StR 327/86, NJW 1987, 1710.
3 BGH v. 20.1.2000 – 4 StR 342/99, wistra 2000, 178.
4 BGH v. 9.3.1981 – II ZR 54/80, BGHZ 80, 129 (139); *Karsten Schmidt* in Scholz, § 11 GmbHG Rz. 34.
5 BGH v. 9.3.1981 – II ZR 54/80, BGHZ 80, 129 (135).
6 *Hueck/Fastrich* in Baumbach/Hueck, § 11 GmbHG Rz. 42.
7 BGH v. 29.11.1983 – 5 StR 616/83, wistra 1984, 71; BGH v. 7.8.1984 – 5 StR 312/84, wistra 1984, 226; BGH v. 24.7.1991 – 4 StR 258/91, wistra 1992, 24; BGH v. 24.7.1991 – 4 StR 258/91, BGHR StGB § 266 Abs. 1 Nachteil 27 (nicht eingetragene GmbH); BGH v. 20.1.2000 – 4 StR 342/99, wistra 2000, 178; vgl. auch *Müthe*, Vor-GmbH – Die häufigsten Praxisprobleme, MDR 2001, 366.

walter seiner Hilfe bedient[1]. Ebenso ist der Nachlass für den Testamentsvollstrecker oder den Nachlassverwalter fremdes Vermögen, für den nicht-verfügungsberechtigten (Allein-)Erben eigenes Vermögen.

II. Vermögensbetreuungspflicht

24 Um den Missbrauchstatbestand zu erfüllen, muss der Inhaber einer Verfügungs- oder Verpflichtungsbefugnis die **Vermögensinteressen des Geschäftsherrn zu betreuen** haben[2]. Diese Pflicht zur Betreuung fremden Vermögens ist für beide Tatbestandsalternativen identisch. Es muss sich um eine *Hauptpflicht* oder – anders formuliert – um eine *wesentliche Pflicht* handeln[3]. Dies ist zwar in den vorstehend genannten Fällen gegeben, muss jedoch bei der Vielfalt wirtschaftlicher Vorgänge in jedem Einzelfall geprüft werden. Nicht erforderlich ist, dass es sich um die einzige Pflicht handelt; i.d.R. werden weitere (Neben-)Pflichten hinzutreten.

1. Unternehmensträger

25 Bei der **GmbH** beruht die Vermögensbetreuungspflicht des Geschäftsführers bzw. der Mitgeschäftsführer[4] im Verhältnis zur Gesellschaft auf § 43 GmbHG[5]. Eine solche Vermögensfürsorgepflicht hat auch der *faktische Geschäftsführer*. Er hat in den Angelegenheiten der Gesellschaft die Sorgfalt eines ordentlichen Geschäftsmannes anzuwenden. Zur Ermittlung des Umfangs der Sorgfaltspflichten ist neben dem Gesellschafts- und dem Geschäftsführervertrag, dem Gegenstand, der Struktur und Branche auch auf Größe und *Zweck des Unternehmens* abzustellen[6]. Bei Interessenkollision hat der Geschäftsführer vorrangig die Interessen der Gesellschaft zu beachten[7]. Handelt es sich um ein privatwirtschaftliches Unternehmen, bemisst sich die Pflicht nach betriebswirtschaftlichen Gesichtspunkten.

25a Eine Vermögensbetreuungspflicht des Geschäftsführers gegenüber den **Gesellschaftern** der GmbH besteht jedoch **nicht**[8]. Vielmehr kann ihn die Pflicht zur Wahrung der Interessen der Gesellschaft (Rz. 25) zu Entscheidungen zwingen, die sich gegen Gesellschafter richten, z.B. bei der Durchsetzung von Nach-

---

1 So auch *Fischer*, § 266 StGB Rz. 11; *Dierlamm* in MüKo, § 266 StGB Rz. 35; *Perron* in S/S, § 266 StGB Rz. 6; vgl. hierzu *Schünemann* in LK, § 266 StGB Rz. 45.
2 BGH v. 26.7.1972 – 2 StR 62/72, BGHSt 24, 386 (387); *Lackner/Kühl*, § 266 StGB Rz. 4.
3 *Lackner/Kühl*, § 266 StGB Rz. 4; vgl. auch *Schünemann* in LK, § 266 StGB Rz. 95 ff.
4 Zum Mitgeschäftsführer vgl. BGH v. 9.8.2006 – 1 StR 50/06 – Allianz Arena, NJW 2006, 3290 (Rz. 82).
5 *Tiedemann* in Scholz, vor § 82 GmbHG Rz. 7; *Schünemann* in LK, § 266 StGB Rz. 245; *Roth/Altmeppen*, § 43 GmbHG Rz. 3; *Joussen*, GmbHR 2005, 441.
6 *Schaal* in Erbs/Kohlhaas, G 131 § 43 GmbHG Rz. 2; *Schneider* in Scholz, § 43 GmbHG Rz. 76.
7 OLG Koblenz v. 12.5.1999 – 1 U 1649/97, GmbHR 1999, 1201.
8 BGH v. 25.4.2006 – 1 StR 519/05 – stille Gesellschafter, BGHSt 51, 29 (Rz. 8); *Schünemann* in LK, § 266 StGB Rz. 244; *Tiedemann* in Scholz, vor § 82 GmbHG Rz. 8.

schüssen gem. §§ 26 ff. GmbHG oder bei Maßnahmen zur Erhaltung des Stammkapitals (§§ 30 ff. GmbHG) oder bei der Einforderung ausstehender Stammeinlagen (vgl. Rz. 121d, 141e) oder wenn Gesellschafter zu existenzvernichtenden Handlungen anweisen, um die GmbH auszuplündern.

Auch der „**director**" einer in Deutschland residierenden, nach englischem Recht gegründeten *Private Company Limited by Shares* (**Limited**) (vgl. auch § 23 Rz. 111) kann sich der Untreue schuldig machen, da er in einer vermögensbetreuungspflichtigen Position zu der von ihm vertretenen Gesellschaft steht. Die für die Bestimmung der Pflichtwidrigkeit zugrunde zu legenden Normen dürfen nicht dem deutschen Gesellschaftsrecht entnommen werden, da es sich um eine Gesellschaft englischen Rechts handelt[1] und das Recht des Gründungsstaates aus europarechtlichen Gründen zwingend ist[2]. Gesellschaftsverhältnisse und Satzung der Limited müssen im Urteil dargestellt und gewürdigt werden (Fremdrechtsanwendung). Nach der Rechtsprechung des EuGH („Centros", „Überseering" und „Inspire Art")[3] zu der primärrechtlich in Art. 43, 48 EGV/Art. 49, 54 AEUV gewährleisteten europäischen Niederlassungsfreiheit richten sich die Rechtsverhältnisse einer Gesellschaft unabhängig von dem Sitz der Geschäftstätigkeit nach dem Recht des Gründungsstaats (vgl auch § 23 Rz. 108 f.).

25b

Da diese Pflichten jedoch denen des *deutschen* Gesellschaftsrechts **entsprechen**, können sie zur Auslegung des Tatbestandsmerkmals der Vermögensbetreuungspflicht und der Pflichtwidrigkeit i.S. von § 266 StGB herangezogen werden (vgl. Rz. 44).

25c

Die Pflichten ergeben sich zunächst aus dem *Companies Act 1985* (CA 1985) in der durch den Companies Act 1989 modifizierten Fassung, dem Insolvency Act 1986 und den durch richterliche Rechtsfortbildung entwickelten Grundsätzen des englischen Gesellschaftsrechts. Bereits danach war ein Director verpflichtet, die Vermögensinteressen seiner Gesellschaft zu wahren.

---

1 BGH v. 13.4.2010 – 5 StR 428/09, ZIP 2010, 1233; *Eidenmüller* in Eidenmüller, Ausländische Kapitalgesellschaften im deutschen Recht, § 4 Rz. 13; *Schlösser*, wistra 2006, 81 (86); *Worm*, Strafbarkeit eines directors, 2009, 105; *Pattberg*, Die strafrechtliche Verantwortlichkeit des Directors einer Limited in Krise und Insolvenz 2010, 262 (287); *Tiedemann* in Scholz, vor § 82 GmbHG Rz. 66, 67; *Perron* in S/S, § 266 StGB Rz. 21e, 25.
2 *Radtke*, Untreue (§ 266 StGB) zu Lasten von ausländischen Gesellschaften mit faktischem Sitz in Deutschland?, GmbHR 2008, 729; *Schumann*, Die englische Limited mit Verwaltungssitz in Deutschland: Kapitalaufbringung, Kapitalerhaltung und Haftung bei Insolvenz, DB 2004, 743 ff.; vgl. weiter *Wachter*, Persönliche Haftung des Gründers einer englischen private limited company, BB 2006, 1463; *Zöllner*, Konkurrenz für inländische Kapitalgesellschaften durch ausländische Rechtsträger, insbes. durch die englische Private Limited Company, GmbHR 2006,1; *Krolop*, Die Haftung nach § 826 BGB wegen Vermögensverschiebungen in der Krise bei der in Deutschland aktiven Limited, HFR 2007, 1; *Schünemann* in LK, § 266 StGB Rz. 264.
3 EuGH v. 9.3.1999 – Rs. C-212/97 – Centros, GmbHR 1999, 474; EuGH v. 5.11.2002 – Rs. C-208/00 – Überseering, GmbHR 2002, 1137; EuGH v. 30.9.2003 – Rs. C-167/01 – Inspire Art, BB 2003, 2195.

Der *Companies Act 2006* (CA 2006)[1] ändert und ergänzt den CA 1985 und legt in den sections 171–177 CA die Pflichten eines Directors fest. Danach ist er verpflichtet, konform mit dem Gesellschaftsvertrag zu handeln und darf nicht darüber hinaus handeln (section 171 CA 2006 „duty to act within powers"), er muss den Erfolg der Gesellschaft im Interesse der Gesellschafter fördern („duty to promote the success of the company", section 172 CA 2006) und unabhängig handeln („duty to exercise independent judgment", section 173 CA 2006), ferner muss er – wie ein GmbH-Geschäftsführer nach § 43 Abs. 1, 2 GmbHG – mit entsprechender Sorgfalt handeln („duty to exercise reasonable care, skill an diligence", section 174 CA 2006).

Hierbei handelt es sich erkennbar um *Hauptpflichten*. Dies führt zum Bestehen einer Vermögensbetreuungspflicht des „directors" gegenüber der Limited i.S. des Untreuetatbestandes, die sich daneben auch aus der Beauftragung zur Führung der Geschäfte der deutschen Niederlassung der Limited ergibt.

25d Der **„shadow director"** haftet nach section 214 (7) Insolvency Act 1986 z.B. in den Fällen des „wrongful trading" in gleicher Weise wie ein förmlich bestellter Director[2].

Entnahmen aus dem Vermögen einer **KG** mit einer *Limited als einziger Komplementärin*, die das Risiko der Inanspruchnahme der vermögenslosen Limited für Verbindlichkeiten der KG so erhöhen, dass die Limited insolvent wird, stellen eine Pflichtverletzung des „directors" und somit ein Vergehen der Untreue dar.

26 Streitig ist, ob bei **Personen- bzw. Personenhandelsgesellschaften** zwischen dem vertretungsberechtigten Gesellschafter und der Gesellschaft als solcher eine Vermögensbetreuungspflicht besteht oder nur im Verhältnis zu den Mitgesellschaftern. Da es sich bei dem Vermögen der KG für den Komplementär jedoch nach h.M. nicht um fremdes Vermögen handelt (Rz. 21a), ist eine Untreue des Geschäftsführers der Komplementär-GmbH *zum Nachteil der KG* nicht möglich. Jedoch hat der Geschäftsführer der Komplementär-GmbH gegenüber der GmbH eine besondere Vermögensbetreuungspflicht[3].

27 Bei der **AG** sind die internen Pflichten des *Vorstands* in den §§ 76, 93 AktG umschrieben. Nach § 76 AktG hat der Vorstand die Gesellschaft unter eigener Verantwortung zu leiten; gem. § 93 AktG hat er dabei die Sorgfalt eines ordent-

---

1 Nachzulesen unter http://www.opsi.govuk/acts/acts2006/pdf/ukpga_20060046_en.pdf; Act to reform company law and restate the greater part of the enactments relating to companies; to make other provision relating to companies and other forms of business organisation; to make provision about directors' disqualification, business names, auditors and actuaries; to amend Part 9 of the Enterprise Act 2002; and for connected purposes; vgl. auch *Doralt*, Managerpflichten in der englischen Limited, Companies Act – Kommentar, Wien, 2011; *Baas-Holler*, Geschäftsführerpflichten gegenüber der Gesellschaft im englischen und deutschen GmbH-Recht, 2008.
2 *Hannigan*, Company Law, 2003, 844; *Habersack/Verse*, ZHR 168 (2004), 174 (182 f.); *Gower/Davies*, Gower and Davies' Principles of Modern Company Law, 7. Aufl. 2003, 196 ff.
3 BGH v. 3.2.1993 – 3 StR 606/92, BGHR StGB § 266 Abs. 1 Treubruch 2; vgl. auch *Soyka*, Untreue zum Nachteil von Personengesellschaften.

lichen und gewissenhaften Geschäftsleiters anzuwenden. Maßgeblich ist, wie ein pflichtbewusster selbständig tätiger Leiter eines Unternehmens der konkreten Art, der nicht mit eigenen Mitteln wirtschaftet, sondern ähnlich wie ein Treuhänder fremden Vermögensinteressen verpflichtet ist, zu handeln hat[1]. Weitere konkrete Regelungen enthält das AktG dagegen nicht. Satzungsrechtliche Konkretisierungen sind möglich. Danach hat der Vorstand die umfassende Pflicht, das ihm anvertraute Vermögen der Gesellschaft zu betreuen und bei allen Entscheidungen stets zum Wohle der Gesellschaft zu handeln, insbesondere deren Vorteil zu wahren und Nachteile von ihr abzuwenden. Auch den Personalvorstand trifft eine solche Vermögensbetreuungspflicht[2].

Vermögensbetreuungspflichten hat auch der *Aufsichtsrat*[3]. Jedes Aufsichtsratsmitglied ist gem. §§ 111, 116 i.V.m. § 93 AktG verpflichtet, dafür zu sorgen, dass die dem Aufsichtsrat übertragenen Zuständigkeiten und Aufgaben mit der Sorgfalt eines ordentlichen Überwachers und Beraters wahrgenommen werden[4] (vgl. im Einzelnen Rz. 120).

Eine besondere Pflichtenlage hat das *Gesetz zur Kontrolle und Transparenz im Unternehmensbereich (KonTraG)*[5] für **Vorstand und Aufsichtsrat** *der* AG geschaffen[6]. 28

Nach § 91 Abs. 2 AktG ist es Aufgabe des Vorstandes, entsprechende Maßnahmen zu treffen, insbesondere ein Überwachungssystem einzurichten, damit den Fortbestand der Gesellschaft gefährdende Entwicklungen früh erkannt werden. Das Gesetz verlangt damit organisatorische *Maßnahmen zur Früherkennung* bestandsgefährdender Entwicklungen sowie auf einer zweiten Ebene die unternehmensinterne Kontrolle, ob das Veranlasste auch umgesetzt wird (Auswertung von Fakten vor „Mut zum Risiko"). Die Ver-

---

1 BGH v. 22.11.2005 – 1 StR 571/04 – Kinowelt, NJW 2006, 453; *Hüffer*, § 93 AktG Rz. 4 mit Hinweis auf BGH v. 20.2.1995 – II ZR 143/93, BGHZ 129, 30 (34); *Brammsen*, Vorstandsuntreue – Aktienrechtliche Unternehmensführung auf dem Prüfstand des § 266 StGB, wistra 2009, 85.
2 LG Braunschweig v. 25.1.2007 – 6 KLs 48/06 – Hartz, CCZ 2008, 32; *Schlösser*, NStZ 2007, 562; *Rieble*, NZA 2008, 276; *Harnos/Rudzio*, Die Innenhaftung des Vorstands der Aktiengesellschaft, JuS 2010, 104.
3 BGH v. 12.1.1956 – 3 StR 626/54, BGHSt 9, 203 (210); BGH v. 6.12.2001 – 1 StR 215/01 – Unternehmensspenden, BGHSt 47, 187 (201); *Tiedemann* in FS Tröndle, 1989, S. 321 ff.; *Schünemann* in LK, § 266 StGB Rz. 258 ff. m.w.Nw.
4 *Schneider* in Scholz, § 52 GmbHG Rz. 331, 358; *Henze*, Prüfungs- und Kontrollaufgaben des Aufsichtsrates in der Aktiengesellschaft, NJW 1998, 3309; *Brammsen*, Aufsichtsratsuntreue, ZIP 2009, 1504 m.w.Nw.; *Schilha*, Die Aufsichtsratstätigkeit in der Aktiengesellschaft im Spiegel strafrechtlicher Verantwortung, 2008, 42.
5 G v. 6.3.1998, BGBl. I 786.
6 *Zimmer*, Das Gesetz zur Kontrolle und Transparenz im Unternehmensbereich, NJW 1998, 3521; *Lange/Wall*, Risikomanagement nach dem KonTraG, 2001; *Thümmel*, Aufgaben und Haftungsrisiken des Managements in der Krise des Unternehmens, BB 2002, 1105; *Windolph*, Risikomanagement und Riskcontrol durch das Unternehmensmanagement nach dem KonTraG, NStZ 2000, 522; *Mosiek*, Risikosteuerung im Unternehmen und Untreue, wistra 2003, 370; *Hauschka*, ZRP 2004, 65 (67); *Theusinger/Liese*, Besteht eine Rechtspflicht zur Dokumentation von Risikoüberwachungssystemen i.S. des § 91 II 1 AktG?, NZG 2008, 289.

letzung dieser gesellschaftsrechtlichen Pflichten stellt einen Verstoß gegen § 266 StGB dar[1], da die Risikosteuerungspflichten dem wirtschaftlichen Wohl des Unternehmens dienen, damit dessen Vermögensinteressen betreffen und insoweit Bestandteil der Vermögensfürsorgepflichten (als Hauptpflicht) sind[2]. Bei mehrgliedrigen Vorständen richtet sich die Pflicht zur Risikovorsorge an *alle* Vorstandsmitglieder (zu weiteren Einzelheiten Rz. 172 f., 201). Diese P*flicht zur Risikovorsorge* gilt auch für die **GmbH**. Der Gesetzgeber ging davon aus, dass Risikosteuerungspflichten auch für GmbH gelten und § 91 Abs. 2 AktG Ausstrahlungswirkung auf Vorstände anderer Gesellschaftsformen hat[3]. Das BilMoG hat die bisherigen Vorschriften zum Risikomanagement ergänzt und konkretisiert[4].

29 Bei einem eingetragenen **Verein** ergeben sich Inhalt und Umfang der Pflicht zur Betreuung des Vereinsvermögens aus dem zugrunde liegenden Betreuungsverhältnis[5], aus den Zwecken, Satzungen und Ordnungen, die nicht nur Fassade sind[6]. Den Anforderungen an Vermögensbetreuungspflichten wird es nicht gerecht, wenn z.B. ohne vertragliche Grundlage und Sicherheit Zahlungen an einen Dritten geleistet werden.

30 Bei **politischen Parteien** haben – je nach Ausgestaltung von Satzung und Finanzordnung – der Vorsitzende, der geschäftsführende Vorstand oder das Präsidium[7], der Generalsekretär und weitere Verantwortliche (wie der Kassierer/Schatzmeister) Vermögensfürsorgepflichten[8]. Dies gilt für Funktionsträger auf Bundes- und Landesebene sowie in nachgeordneten Gebietsverbänden.

Nach § 11 Abs. 3 PartG führt der Vorstand die Geschäfte und ist vertretungsberechtigt i.S. von § 26 Abs. 2 BGB. Nach § 11 Abs. 4 PartG kann die Partei zur

---

1 In diesem Sinne auch *Mosiek*, wistra 2003, 374; *Eidam*, Unternehmen und Strafe, 3. Aufl. 2008, Rz. 560; *Windolph*, NStZ 2000, 522.
2 *Mosiek*, wistra 2003, 374.
3 Begr. BT-Drs. 13/9712, 15.
4 *Wohlmannstetter*, Risikomanagement nach dem BilMoG, ZGR 2010, 472; *Kort*, Risikomanagement nach dem BilMoG, ZGR 2010, 440.
5 BGH v. 22.11.1955 – 5 StR 705/54, BGHSt 8, 271; BGH v. 5.2.1991 – 1 StR 623/90 – Vereinsvorsitzender, BGHR StGB § 266 Abs. 1 Vermögensbetreuungspflicht 18; vgl. auch das umfangreiche Schrifttum oben vor Rz. 1.
6 BGH v. 27.2.1975 – 4 StR 571/74 – Bundesligaverein Bielefeld, NJW 1975, 1234.
7 *Faust*, Zur möglichen Untreuestrafbarkeit im Zusammenhang mit Parteispenden, 2006, 64 ff.
8 BVerfG v. 17.6.2004 – 2 BvR 383/03 – Folgen fehlerhafter Rechenschaftsberichte für staatliche Parteienfinanzierung, NJW 2005, 126; *Wieland*, Schwarze Kassen, NJW 2005, 110; *Saliger*, Parteiengesetz und StrafR, 2005; *Saliger/Sinner*, Korruption und Betrug durch Parteispenden, NJW 2005, 1073; *Velten*, Untreue durch Belastung mit dem Risiko zukünftiger Sanktionen am Beispiel verdeckter Parteienfinanzierung, NJW 2000, 2852; *Maier*, Ist ein Verstoß gegen das Parteiengesetz straflos?, NJW 2000, 1006; *Morlok*, Spenden – Rechenschaft – Sanktionen – Aktuelle Rechtsfragen zur Parteienfinanzierung, NJW 2000, 761; *Otto*, Keine strafbare Untreue im Fall Kohl, RuP 2000, 109; *Schwind*, Zur Strafbarkeit der Entgegennahme anonymer Parteispenden als Untreue (§ 266 StGB) – dargestellt am Fall Dr. Helmut Kohl, NStZ 2001, 349; *Krüger*, Zum Risikogeschäft und seinen Risiken, NJW 2002, 1178; die in der Einstellungsverfügung (§ 153a StPO) des LG Bonn v. 28.2.2001 – 27 AR 2/01, NStZ 2001, 375, geäußerten Zweifel können nicht überzeugen; *Ransiek*, „Verstecktes" Parteivermögen und Untreue, NJW 2007, 1727; *Saliger*, Parteienuntreue durch schwarze Kassen und unrichtige Rechenschaftsberichte, NStZ 2007, 545; a.A. *Volhard* in FS Lüderssen, 2002, S. 673 (677).

Durchführung der Beschlüsse des Vorstandes und zur Erledigung der laufenden Geschäfte einen geschäftsführenden Vorstand, das Parteipräsidium, bilden. Der Vorstand hat gem. § 23 Abs. 1 PartG Rechenschaft über das Parteivermögen sowie die Herkunft und Verwendung der Mittel, die der Partei innerhalb eines Jahres zugeflossen sind, zu geben. Unterstützt wird er hierbei von Schatzmeister und Generalsekretär. Pflichtwidrige Verstöße gegen die Rechenschaftspflicht können den Tatbestand der Untreue erfüllen[1]. Der Schatzmeister einer Partei darf nicht als Darlehen getarnte Entnahmen tätigen, wenn er dabei zumindest billigend in Kauf nimmt, dass er diese nicht würde zurückführen können[2].

Zur Prüfung des Rechenschaftsberichts einer politischen Partei hat das Institut der Wirtschaftsprüfer in Deutschland e.V. (IDW) spezielle Prüfungsstandards entwickelt[3].

Bei einem **Unternehmen der öffentlichen Hand**, das im Bereich der Daseinsvorsorge tätig ist, werden die Sorgfaltspflichten nach diesem Zweck bemessen[4]. Ist eine Gemeinde zu mehr als 50 % an der Gesellschaft beteiligt, so können über die Gemeindeordnung oder Landeshaushaltsordnung auch die öffentlich-rechtlichen Wirtschaftlichkeitsgrundsätze (Sparsamkeit und Wirtschaftlichkeit) anzuwenden sein. In besonderem Maße gilt dies für Universitäten, Sozialversicherungsträger (§ 69 Abs. 2 SGB IV), Handwerkskammern und für landesunmittelbare juristische Personen des öffentlichen Rechts. Ebenso haben die Vertreter der öffentlichen Hand in den Aufsichtsgremien der *Eigenbetriebe* von Bund, Ländern und Gemeinden Vermögensbetreuungspflichten.

31

Die – dem englischen Rechtskreis entnommene – **Public Private Partnership** (PPP)[5] steht für die Zusammenarbeit von Privaten und der öffentlichen Hand zur gemeinsamen Erfüllung einer Aufgabe, die in vertraglicher (Betreiber- und Kooperationsmodelle, Konzessionsmodelle, Betriebsführung, Beleihung) oder organisatorischer (gemischtwirtschaftliche Unternehmen in Form der GmbH oder Projektgesellschaften) Vertragsform gestaltet sein kann. Solche Unterneh-

31a

---

1 *Klein*, Die Rechenschaftspflicht der Parteien und ihre Kontrolle, NJW 2000, 1441; *Streit*, Die Rückforderung von staatlichen Parteienfinanzierungsbeiträgen nach § 48 VwVfG, MIP 1999, Sonderbeilage, 17 ff.; *Winkler*, Rückforderung überzahlter staatlicher Zuschüsse an politische Parteien, JA 2000, 517; *Lenz*, Das neue Parteienfinanzierungsrecht, NVwZ 2002, 769; *Wieland*, Schwarze Kassen, NJW 2005, 110 (Zurückweisung der Verfassungsbeschwerde der CDU gegen das Berufungsurteil und den Beschl. des BVerwG v. 4.2.2003 – 6 B 68/02, NJW 2003, 1135).
2 LG Münster v. 12.9.2008 – 7 KLs 540 Js 748/07.
3 IDW PS 710, Prüfung des Rechenschaftsberichts einer politischen Partei, WPg 13/2005, 724 ff.
4 OLG Hamm v. 21.6.1985 – 4 Ws 163/85 – Einkäufe zu Repräsentationszwecken, NStZ 1986, 119 m. Anm. *Molketin*, NStZ 1987, 369; *Fischer*, JZ 1982, 6.
5 Vgl. *Bischoff*, Public Private Partnership (PPP) im öffentlichen Hochbau: Entwicklung eines ganzheitlichen, anreizorientierten Vergütung, 2009; *Borusiak*, Finanzierung von Public Private Partnership Projekten, 2008; *Gebhardt*, Zweckzuweisungen als Barriere für Public Private Partnership (PPP), 2009; *Noltensmeier*, Public Private Partnership und Korruption, 2009; *Riedl-Schwarz*, Public Private Partnership (PPP) – Vor- und Nachteile der Kooperation zwischen öffentlicher Verwaltung und Wirtschaft, 2009.

men befinden sich in einem Graubereich zwischen der Organisations- und Aufgabenprivatisierung und sind für Korruption[1] und deren Begleitdelikte wie Untreue und Steuerhinterziehung anfällig. Geschäftsführer oder leitende Mitarbeiter einer PPP sind gegenüber dieser oder deren Vermögensträger *vermögensbetreuungspflichtig*. Der Abschluss überteuerter Verträge zur Generierung von Schmiergeldern oder Kick-back-Zahlungen kann deshalb im Rahmen der PPP pflichtwidrig und vermögensschädigend[2] sein oder eine Beihilfe zur Untreue des Mitarbeiters eines Vertragspartners darstellen[3].

32 Der **Vertragsarzt** handelt als Vertreter der gesetzlichen **Krankenkasse** bei Ausstellung einer Verordnung, indem er an ihrer Stelle das Rahmenrecht des einzelnen Versicherten auf medizinische Versorgung konkretisiert[4]. Seine *Vermögensbetreuungspflicht* beruht darauf, dass er bei Erfüllung dieser Aufgabe der Krankenkasse gegenüber kraft Gesetzes (§ 12 Abs. 1 SGB V) verpflichtet ist, nicht notwendige bzw. unwirtschaftliche Leistungen nicht zu bewirken[5]. Dies bedeutet, dass er den materiellen (und formellen) Rahmen der kassenärztlichen Versorgung nicht verlassen darf[6]. Verschreibt der Kassenarzt dennoch ein unnötiges oder untaugliches Medikament, missbraucht er seine ihm vom Gesetz eingeräumten Befugnisse und verletzt seine Betreuungspflicht gegenüber dem Vermögen der Krankenkasse. Dies gilt z.B. auch, wenn er es unterlässt, der Krankenkasse anzuzeigen, dass er die Kosten für die Entsorgung von Praxissondermüll (Röntgenkontrastmittel) von Dritten erstattet bekommt[7].

2. Andere Vertragsverhältnisse

33 Ein **Vermögensverwaltungsvertrag**[8] bzw. ein entgeltlicher Geschäftsbesorgungsvertrag (§ 675 BGB)[9] enthält die Verpflichtung, die Vermögensinteressen des Auftraggebers wahrzunehmen.

Wer als *Generalbevollmächtigter* über ein beträchtliches Vermögen um Beratung für eine lukrative Geldanlage ersucht wird, ist nicht nur Anlageberater

---

1 BGH v. 2.12.2005 – 5 StR 119/05 – Kölner Müllskandal, BGHSt 50, 299.
2 Neben reinen finanziellen Nachteilen kommen auch Sanktionen wie Verfall oder europarechtliche Maßnahmen in Betracht, vgl. *Burger*, Untreue (§ 266 StGB) durch das Auslösen von Sanktionen zu Lasten von Unternehmen, 2007, 7 f., 61 f.
3 *Noltensmeier*, Public Private Partnership und Korruption, 2009, 288 ff.; *Bannenberg* in W/J, Kap 10 Rz. 130.
4 BGH v. 25.11.2003 – 4 StR 239/03 – kassenärztliche Rezepte ohne medizinische Indikation, NJW 2004, 454; vgl. § 31 Abs. 1 SGB V; *Taschke*, Die Strafbarkeit des Vertragsarztes bei der Verordnung von Rezepten, StV 2005, 406.
5 *Goetze*, Arzthaftungsrecht und kassenärztliches Wirtschaftlichkeitsgebot, 1989, 178.
6 Vgl. BSG v. 15.12.1993 – 11 RAr 95/92, BSGE 73, 271 (278).
7 OLG Hamm v. 22.12.2004 – 3 Ss 431/04, NStZ-RR 2006, 13.
8 BGH v. 12.3.1997 – 3 StR 5/97 wistra 1997, 181.
9 BGH v. 15.1.1991 – 5 StR 435/90 – entgeltlicher Geschäftsbesorgungsvertrag, BGHR StGB § 266 Abs. 1 Vermögensbetreuungspflicht 19, mit Hinweis auf BGH v. 30.10.1985 – 2 StR 383/85, NStZ 1986, 361; BGH v. 1.4.1969 – 1 StR 614/68, mitgeteilt bei *Dallinger*, MDR 1969, 534; BGH v. 4.5.1976 – 5 StR 180/75; *Schünemann* in LK, § 266 StGB Rz. 74 ff., 140 m.w.Nw.

(dessen Pflichtverletzung nicht ohne Weiteres als Treubruch angesehen werden kann[1]; vgl. Rz. 115), sondern hat eine Vermögensbetreuungspflicht, die sich aus der von der Generalvollmacht geprägten Beratung im Einzelfall ergibt[2].

Ein **Treuhandverhältnis** ist dadurch gekennzeichnet, dass dem Treuhänder im Außenverhältnis mehr Rechte übertragen werden, als er im Innenverhältnis nach Maßgabe seiner schuldrechtlichen Abrede mit dem Treuhänder ausüben darf. Der Missbrauch der Vertretungsbefugnis im Außenverhältnis kann deshalb zur Untreue führen. Der *bloße Geschäftsbesorgungsvertrag* begründet jedoch noch kein Treuhandverhältnis an dem, was der Beauftragte bei Ausführung des Auftrags erlangt hat, sondern lediglich einen schuldrechtlichen Herausgabeanspruch des Auftraggebers gegenüber dem Auftragnehmer[3]. 33a

Enthält ein **Vertrag** keine *ausdrücklichen* Pflichten, so ist er **auszulegen**. Unter Berücksichtigung der allgemeinen Auslegungsgrundsätze (§§ 157, 242 BGB) sind die Pflichten und Bindungen des Auftragnehmers zu ermitteln[4]. Für eine Vermögensbetreuungspflicht spricht i.d.R., wenn dem Täter innerhalb der bestehenden Rechtsbeziehungen eine *gewisse Selbständigkeit* und ein *Spielraum für eigene Entscheidungen* eingeräumt ist[5]. 34

Auch im Verhältnis eines **Rechtsanwaltes** zu seinem Mandanten gelten diese Grundsätze im Hinblick auf die standesrechtlichen Pflichten[6], sowie für einen **Notar** bezüglich der Pflicht, fremde Gelder auf einem Anderkonto einzubezahlen[7]. Dasselbe gilt im Hinblick auf seine Beratungspflichten bei Beurkundungen, wenn es nach den besonderen Umständen des Einzelfalles naheliegt, dass die Schädigung eines Beteiligten eintreten kann, und der Notar nicht mit Sicherheit annehmen kann, dass sich der Gefährdete dieser Lage bewusst ist oder dass er dieses Risiko auch bei einer Belehrung auf sich nehmen würde (Nachweise Rz. 97, 113; vgl. auch § 96 Rz. 75). Ein Notar nimmt im Rahmen seiner Treuhandtätigkeit als objektiver Sachwalter der Beteiligten fremde Vermögensinteressen kraft eigener Rechtsmacht wahr[8]. Verwendet der Notar die ihm treuhänderisch übergebenen Gelder nicht zur Tilgung von Verbindlichkeiten der Treugeber, sondern setzt diese anderweitig ein, so verletzt er durch die Auszahlungen seine Treupflicht gegenüber den Vertragsparteien[9]. 35

---

1 Vgl. BGH v. 22.5.1991 – 3 StR 87/91, BGHR StGB § 266 Abs. 1 Vermögensbetreuungspflicht 21.
2 BGH v. 11.8.1993 – 2 StR 309/93, NStZ 1994, 35.
3 BGH v. 16.12.1970 – VIII ZR 36/69, NJW 1971, 559; BGH v. 24.6.2003 – IX ZR 120/02, NJW-RR 2003, 1375; BGH v. 8.2.1996 – IX ZR 151/95, NJW 1996, 1543.
4 BGH v. 30.10.1985 – 2 StR 383/85, NStZ 1986, 361 (362).
5 BGH v. 13.9.2010 – 1 StR 220/09, BGHSt 55, 288 Rz. 29 m.w.Nw.; vgl. auch *Fischer*, § 266 StGB Rz. 21; *Hübner* in LK, 10. Aufl. 1988, § 266 StGB Rz. 5.
6 BGH v. 5.3.2013 – 3 StR 438/12; NStZ 2013, 407; offengelassen von BGH v. 11.11.1982 – 4 StR 406/82, NJW 1983, 461 m. Anm. *Keller*, JR 1983, 517; vgl. aber auch BGH v. 30.10.1985 – 2 StR 383/85, NStZ 1986, 361, und des Weiteren unten Rz. 99, 113.
7 BGH v. 6.4.1982 – 5 StR 8/82, bei *Holtz*, MDR 1982, 625.
8 *Sandkühler* in Arndt/Lerch/Sandkühler, 7. Aufl. 2012, § 23 BNotO Rz. 16.
9 BGH v. 29.7.2008 – 4 StR 232/08, wistra 2008, 466.

36 Ebenso hat ein **Finanzbeamter** eine Vermögensbetreuungspflicht im Verhältnis zum Fiskus. Bewirkt er eine Steuerverkürzung durch Missbrauch seiner Stellung als Amtsträger (§ 370 Abs. 3 Nr. 2 AO), so ist regelmäßig (auch) der Tatbestand der Untreue gem. § 266 StGB erfüllt[1].

37 Bei den **Sicherungsrechten des Wirtschaftsverkehrs** besteht i.d.R. *keine* Vermögensbetreuungspflicht zwischen Sicherungsgeber und Sicherungsnehmer[2].

Beim **Eigentumsvorbehalt** ist der *Verkäufer* solange Eigentümer der verkauften Sache, bis der Käufer den Kaufpreis vollständig bezahlt hat[3]. Übereignet der Verkäufer den verkauften Gegenstand an einen Dritten, dann verfügt er nicht über fremdes Vermögen. Veräußert der Vorbehaltskäufer die Vorbehaltsware vereinbarungsgemäß weiter, so handelt er nicht pflichtwidrig[4]. Verfügt der Vorbehaltskäufer vertragswidrig über den Kaufgegenstand, so ist Untreue ebenfalls nicht gegeben, weil es an einer Vermögensbetreuungspflicht des Vorbehaltskäufers gegenüber dem Verkäufer (Eigentümer) fehlt[5] (vgl. Rz. 24, bes. Rz. 94 f.). Auch beim *verlängerten Eigentumsvorbehalt*[6] besteht keine Vermögensbetreuungspflicht[7]. Wurde bei der Händlerfinanzierung die Kaufpreisforderung im Voraus an die Bank abgetreten und der Verkäufer zum Inkasso ermächtigt, der Betrag jedoch nicht an die Bank abgeführt, liegt auch keine Untreue vor[8].

38 Bei der **Sicherungsübereignung**[9] ist der Sicherungsnehmer Eigentümer; übereignet er die Sache an einen Dritten, so verfügt er nicht über fremdes Vermögen.

---

1 BGH v. 21.10.1997 – 5 StR 328/97, NStZ 1998, 91; § 266 StGB tritt nicht hinter der spezielleren Vorschrift des § 370 AO zurück; mit dem Unrechtsgehalt des Straftatbestandes der Steuerhinterziehung nach § 370 Abs. 1 AO wird nicht regelmäßig zugleich der des Tatbestandes nach § 266 StGB erfasst (vgl. zu den Grundsätzen der Gesetzeseinheit BGH v. 10.5.1983 – 1 StR 98/83, BGHSt 31, 380); ein Steuerhauptsekretär und Buchhalter hat jedoch keinen ausreichenden Spielraum für eigenständige Entscheidungen, BGH v. 7.10.1986 – 1 StR 373/86, BGHR StGB § 266 Abs. 1 Vermögensbetreuungspflicht 4.
2 *Schünemann* in LK, § 266 StGB Rz. 155; vgl. BGH bei *Holtz*, MDR 1978, 625; BGH v. 6.3.1984 – 5 StR 997/83, wistra 1984, 143 m. Anm. *Schomburg*, 143 f.; OLG Düsseldorf v. 23.11.1983 – 5 Ss 437/83 – 360/83 I, NJW 1984, 810 für Vorbehaltskäufer gegenüber Vorbehaltsverkäufer; BGH v. 23.12.1986 – 1 StR 626/86, wistra 1987, 136.
3 *Kieninger* in Lwowski/Fischer/Langenbucher, Das Recht der Kreditsicherung, 9. Aufl. 2011, § 21 Rz. 3.
4 OLG Düsseldorf v. 23.11.1983 – 5 Ss 437/83 – 360/83, NJW 1984, 810.
5 BGH v. 5.7.1968 – 5 StR 262/68, BGHSt 22, 190 (191); BGH v. 25.7.1984 – 3 StR 192/84, BGHSt 33, 21; dazu *Möhrenschlager*, NStZ 1985, 271; BGH v. 6.1.1981 – 5 StR 637/80, NStZ 1983, 455.
6 *Wittig/Reinhardt*, Untreue bei dem verlängerten Eigentumsvorbehalt, NStZ 1996, 467.
7 BGH v. 5.7.1968 – 5 StR 262/68, BGHSt 22, 190 m. zust. Anm. *Schröder*, JR 1969, 191.
8 BGH v. 28.6.2005 – 4 StR 376/04, NStZ 2005, 631.
9 *Vieweg/Werner*, SachenR, 6. *Aufl.* 2013, § 12 Rz. 1 ff.; *Lwowski* in Lwowski/Fischer/Langenbucher, Das Recht der Kreditsicherung, § 11.

Nur ausnahmsweise kann bei einem Sicherungsübereignungsvertrag die Wahrnehmung fremder Vermögensinteressen eine Hauptpflicht darstellen[1]. Dieselbe Lage ist bei der **Sicherungszession** in Bezug auf die abgetretene Forderung gegeben[2]. Verfügt der *Sicherungsgeber* über den zur Sicherheit übereigneten Gegenstand bzw. über die abgetretene Forderung, so scheidet i.d.R. eine Untreue ebenfalls wegen Fehlens der Vermögensbetreuungspflicht aus. In Betracht kommt jedoch Unterschlagung bzw. veruntreuende Unterschlagung[3].

Allerdings kann sich aus dem Sicherungsverhältnis in besonderen Konstellationen für jede der **beiden Parteien** die **Pflicht** ergeben, die Vermögensbelange des anderen in wesentlichem Umfang zu *betreuen*[4]. Dies gilt insbesondere bei der Sicherungsübertragung von *Grundpfandrechten*[5]. Erlangt der Sicherungsnehmer eine relativ und absolut ungewöhnlich hohe Übersicherung, dann hat er neben den eigenen Sicherungsinteressen in ganz besonderem Maß auch das Interesse des Sicherungsgebers an einer ordnungsgemäßen Abwicklung des Sicherungsverhältnisses wahrzunehmen. Bei der Verwertung gehören hierzu wirtschaftlich vernünftige Verwertungsmaßnahmen und die Abführung des die gesicherte Forderung überschreitenden Erlöses an den Sicherungsgeber[6].

39

Beim **Factoring**[7] besteht keine Vermögensbetreuungspflicht[8] (zum Factoring als Finanzierungsinstrument vgl. § 27 Rz. 87, § 50 Rz. 186).

40

Beim *echten Factoring*, bei dem der Anschlusskunde den von der Factoring-Bank regelmäßig schon vor Fälligkeit gezahlten Kaufpreis endgültig behalten darf, handelt es sich nach h.M. um einen Forderungskauf (§§ 433, 453 BGB)[9]. Kaufverträge begründen jedoch grundsätzlich weder für den Käufer noch für den Verkäufer Treuepflichten i.S. des § 266 StGB[10]. Soweit das *echte Factoring* Geschäftsbesorgungselemente enthält, kommen diesen keine vermögensfürsorgerischen Pflichten zu. Das *unechte Factoring*, das den Kreditgeschäften zu-

---

1 Vgl. BGH v. 16.6.1953 – 1 StR 67/53, BGHSt 5, 61 (63); BGH bei *Holtz*, MDR 1978, 625; BGH v. 6.3.1984 – 5 StR 997/83, wistra 1984, 143; BGH v. 23.5.1990 – 3 StR 163/89.
2 Vgl. hierzu BGH v. 6.3.1984 – 5 StR 997/83, wistra 1984, 143.
3 *Lackner/Kühl*, § 246 StGB Rz. 5.
4 BGH v. 16.6.1953 – 1 StR 67/53, BGHSt 5, 61.
5 BGH v. 18.9.1973 – 1 StR 255/73; BGH v. 29.11.1977 – 1 StR 582/77, NJW 1978, 710; BGH v. 29.3.1977 – 1 StR 672/76; vgl. hierzu auch OLG Celle v. 18.7.2013 – 1 Ws 238/13 zur Verweigerung der Freigabe von Sicherheiten durch die Sicherungsnehmerin bei ungewöhnlich hoher Übersicherung, ZWH 2014, 21 m. Anm. *Brand*.
6 BGH v. 18.2.1978 – 1 StR 671/77 bei *Holtz*, MDR 1978, 625.
7 Vgl. auch *Schelm* in Kümpel/Wittig, Bank- und KapitalmarktR, Rz. 2.83, 11.301 ff.
8 BGH v. 4.11.1988 – 1 StR 480/88, wistra 1989, 63; BGH v. 4.11.1988 – 1 StR 480/88, NStZ 1989, 72 m. Anm. *Otto*, JR 1989, 208.
9 BGH v. 19.9.1977 – VIII ZR 169/76, BGHZ 69, 254 (257); *Schelm/Rossbach* in Kümpel/Wittig, Bank- und KapitalmarktR, Rz. 2.83.
10 BGH v. 5.7.1968 – 5 StR 262/68, BGHSt 22, 191; BGH v. 1.10.1986 – 2 StR 485/86, BGHR StGB § 266 Abs. 1 Vermögensbetreuungspflicht 2; BGH v. 23.12.1986 – 1 StR 626/86, BGHR StGB § 266 Abs. 1 Vermögensbetreuungspflicht 6.

zuordnen ist[1], beinhaltet ebenfalls *keine Vermögensfürsorgepflicht*. Die Verpflichtung des Kreditnehmers, Zahlungen und Schecks als Treuhänder entgegenzunehmen und unverzüglich an das Factoringunternehmen weiterzuleiten, dient nur dazu, die vertraglichen Verpflichtungen aus dem Kreditvertrag abzusichern[2].

41 Beim **Leasing** bleibt der Leasinggeber (Bank) zwar Eigentümer der geleasten Gegenstände; der Leasingnehmer vertritt jedoch nicht die Vermögensinteressen des Leasinggebers. Grundgedanke des Leasinggeschäfts ist, dass es aus wirtschaftlicher Sicht weniger auf das Eigentum am Leasingobjekt ankommt als vielmehr auf dessen Nutzung, die sich der Leasingnehmer ohne oder zumindest mit einem stark verminderten Kapitaleinsatz verschaffen kann. Der Leasinggeber ist rechtlicher und wirtschaftlicher Eigentümer des Leasinggutes. Wesentlich ist, dass jedes Leasinggeschäft neben der Gebrauchsüberlassung eine Finanzierungs- und Dienstleistungskomponente hat[3].

Selbst der *Leasingnehmer*, dem vertraglich die Befugnis eingeräumt wird, die der Leasingbank zustehenden Schadensersatzansprüche aus einem Unfall im eigenen Namen geltend zu machen, hat keine Vermögensbetreuungspflicht, wenn er im Innenverhältnis die Weisungen der Bank entgegenzunehmen hat[4]. Werden im Rahmen eines Kauf- oder Werkvertrages vom Käufer oder Besteller *Vorauszahlungen* geleistet, so wird nicht schon dadurch eine Vermögensfürsorgepflicht begründet[5]. In Betracht kommt jedoch ein Vergehen der Unterschlagung. Allerdings kann das bloße Unterlassen einer zivilrechtlich geschuldeten Rückgabe regelmäßig nicht als Manifestation des Zueignungswillens angesehen werden. Erforderlich ist vielmehr, dass in dem Verhalten des Täters der Wille zum Ausdruck kommt, dem Eigentümer die Sache auf Dauer zu entziehen und das bisherige Eigentum nicht anzuerkennen.

42 Im *Geschäftsverkehr der Banken* gilt: Mangels einer Vermögensfürsorgepflicht liegt im Missbrauch des **Lastschrift-Einzugsverfahrens** keine Untreue; in Betracht kommen jedoch Betrugsdelikte[6].

III. Missbrauch

43 Der Missbrauch besteht in einem **rechtswirksamen, aber unrechtmäßigen Gebrauch** *der* durch das Innenverhältnis beschränkten, im Außenverhältnis unbeschränkbaren *Vertretungsmacht*. Dies bedeutet, dass das Rechtsgeschäft zu ei-

---

1 Vgl. BGH v. 3.5.1972 – VIII ZR 170/71, BGHZ 58, 364; BGH v. 19.9.1977 – VIII ZR 169/76, BGHZ 69, 254 (257); BGH v. 15.4.1987 – VIII ZR 97/86, BGHZ 100, 353; *Schelm/Rossbach* in Kümpel/Wittig, Bank- und KapitalmarktR, Rz. 2.83, 11.301 ff.
2 Vgl. BGH v. 6.3.1984 – 5 StR 997/83, wistra 1984, 143 m. Anm. *Schomburg*.
3 *Rossbach* in Kümpel/Wittig, Bank- und KapitalmarktR, Rz. 11.346 ff.
4 OLG Köln v. 6.10.1987 – Ss 292/87, NJW 1988, 3219; BGH v. 3.2.2005 – 5 StR 84/04, wistra 2005.
5 BayObLG v. 30.9.1988 – RReg. 5 St 144/88, wistra 1989, 113; anders, wenn hierdurch eine kommissionärsähnliche Position eingeräumt wird.
6 BGH v. 15.6.2005 – 2 StR 30/05, BGHSt 50, 147; AG Gera v. 10.11.2004 – 750 Js 32484/03 10 Ls, NStZ-RR 2005, 213; OLG Hamm v. 15.6.1977 – 4 Ss 363/76, NJW 1977, 1834; a.A. unzutreffend *Soyka*, NStZ 2004, 538; zu Missbräuchen im Lastschriftverfahren vgl. *Werner* in Kümpel/Wittig, Bank- und KapitalmarktR, Rz. 7.556 ff.

ner wirksamen Verpflichtung des Treugebers führen muss[1]. Der Abschluss eines gem. § 138 BGB (auch unerkannt) *nichtigen* Vertrages kann deshalb nicht zum Missbrauchstatbestand, sondern nur zum Treubruchtatbestand führen[2]. Auch wenn die im Außenverhältnis bestehenden Grenzen überschritten werden, liegt kein wirksames Handeln vor, wie z.B. bei dem Vertreter ohne Vertretungsmacht. Ist die Bevollmächtigung eines Täters unwirksam, dann kann sie auch nicht gebraucht und somit auch nicht missbraucht werden. Ist z.B. ein Aufsichtsrat bei der Bestellung des Vorstands nicht ordnungsgemäß besetzt, dann ist die Bestellung des Vorstands nichtig[3] (zu weiteren Einzelfällen Rz. 67 ff.).

Um einen Fehlgebrauch feststellen zu können, muss zunächst die im *Innenverhältnis* eingeräumte Befugnis genau bestimmt und sodann die Handlung/Unterlassung im *Außenverhältnis* ermittelt werden.

1. Pflichtwidrigkeit im Innenverhältnis

a) Der **Inhalt** der Vertretungsmacht besteht in der Rechtsmacht, durch rechtsgeschäftliches Handeln Rechtswirkungen unmittelbar für und gegen den Vertretenen herbeizuführen[4]. Der **Umfang** der Vertretungsmacht ergibt sich aus dem sie begründenden Akt. Bei der organschaftlichen Vertretungsmacht richtet er sich nach dem Gesetz und nach Satzung oder Gesellschaftsvertrag. Im Handels- und Gesellschaftsrecht ist der Umfang der Vertretungsmacht nicht immer gesetzlich standardisiert, sondern vom Gesetz für *nicht* oder nur unter erschwerten Bedingungen *beschränkbar* erklärt geworden. Bereits dieser Gesichtspunkt macht die Vertretungsmacht schutzbedürftig.

44

Die **Vertretungsmacht** (d.h. das rechtliche Können) erhält ihren Sinn und ihr Ziel aus dem ihrer Erteilung *zugrunde liegenden Rechtsgeschäft (Innenverhältnis)*. Die Vertretungsmacht ist jedoch gegenüber dem Innenverhältnis **verselbständigt**[5], von der Pflichtbindung aus dem Innenverhältnis abgelöst. Zweck- und pflichtwidriges Handeln des Vertreters berührt das Außenverhältnis mit dem Vertragspartner nicht. Deshalb ist das unter Verletzung der im Innenverhältnis bestehenden Pflicht vorgenommene Rechtsgeschäft wirksam, wenn es durch die äußere Vertretungsmacht gedeckt ist. Dies ergibt sich für die handelsrechtlichen Vollmachten (§§ 49, 50, 54 HGB) aus dem Gesetz, ebenso für die organschaftliche Vertretung. Dieser Grundsatz, dass der Vertretene mit den Risiken eines pflichtwidrigen Verhaltens des Vertreters einschließlich des bewusst missbräuchlichen Handelns belastet ist, erfordert den *strafrechtlichen Schutz* des Vermögens des Vertretenen. Dass im Falle der *Kollusion*[6] (vgl. Rz. 68) das Rechtsgeschäft nichtig ist, stellt keinen ausreichenden Schutz des Vertretenen dar.

45

---

1 Vgl. BGH bei *Holtz*, MDR 1983, 92; *Fischer*, § 266 StGB Rz. 24 m.w.Nw.; *Seier* in A/R, V. 2 Rz. 48.
2 BGH v. 2.12.2005 – 5 StR 268/05 – Kölner Müllskandal, NStZ-RR 2007, 22.
3 BGH v. 6.4.1964 – II ZR 75/62, BGHZ 41, 282 (285).
4 *Schramm* in MüKo, 6. Aufl. 2012, § 164 BGB Rz. 68 m.w.Nw.
5 *Schramm* in MüKo, § 164 BGB Rz. 97 ff.
6 *Schramm* in MüKo, § 164 BGB Rz. 107 ff.

46 **b)** Ein *Missbrauch* liegt vor, wenn sich der Vertreter bei Ausübung der ihm eingeräumten Vertretungsmacht über die ihm durch das **Innenverhältnis** gezogenen Schranken **hinwegsetzt**[1]. Dies ist dann der Fall, wenn der Vertreter kraft der Vertretungsmacht ein im Außenverhältnis bindendes Rechtsgeschäft vornimmt, das zulasten des Vertretenen wirkt, welches er aber nach dem der Vertretungsmacht zugrunde liegenden Rechtsverhältnis nicht vornehmen durfte. *Missbraucht* wird also die *nach außen wirkende Vertretungsmacht* (vgl. im Einzelnen Rz. 51 ff.). Die Innenbefugnis wird nur überschritten, nicht jedoch missbraucht.

47 Dies bedeutet, dass nur dann ein Missbrauch vorliegt, wenn die Befugnisse im *Innenverhältnis* und die Vertretungsmacht im *Außenverhältnis* **nicht deckungsgleich** sind (zu den weiteren Folgen für den Fall, dass sich diese decken, vgl. Rz. 72). Diese Diskrepanz zwischen Innen- und Außenverhältnis kommt schlagwortartig zum Ausdruck in Aussagen wie: „Dem Täter ist ein rechtliches Können gewährt, das über das rechtliche Dürfen hinausgeht"[2], oder „Missbrauch liegt vor, wenn die Handlung vorgenommen werden *konnte*, aber *nicht* vorgenommen werden *durfte*"[3]. Der Missbrauchstatbestand ist die strafrechtliche „Verlängerung" der zivilrechtlichen Differenzierung zwischen dem *Innen-* und dem *Außenverhältnis*.

48 Der *Missbrauch der Vertretungsmacht* muss **pflichtwidrig** sein. Es handelt sich hierbei um ein normatives Tatbestandsmerkmal[4] (Rz. 8d). I.d.R. ist jeder Missbrauch auch pflichtwidrig; wegen der vielen verschiedenen Fallgestaltungen des Wirtschaftslebens und der Abhängigkeit der Pflichtwidrigkeit von den Pflichten im Innenverhältnis, den tatsächlichen Umständen des Gebrauchs der Vertretungsmacht sowie den sich daraus ergebenden Folgen ist eine Prüfung im Einzelfall erforderlich. Da die Pflichtwidrigkeit sowohl bei dem Missbrauchs- als auch bei dem Treubruchstatbestand vorliegen muss, wird wegen der Einzelheiten – insbesondere zu der Frage, ob das Maß der Pflichtwidrigkeit ein entscheidendes Kriterium sein kann – auf die Darlegungen zum Treubruchstatbestand (Rz. 133) verwiesen. Die zur Erfüllung des Tatbestandes der Untreue erforderliche Verletzung der Vermögensbetreuungspflicht muss auch bei unternehmerischen Entscheidungen eines Gesellschaftsorgans *nicht zusätzlich „gravierend"* sein[5] (Rz. 137).

49 Verbleibt der Vertreter bei seinem nach außen wirksamen Handeln **im Rahmen der** ihm durch das Innenverhältnis eingeräumten **Befugnis**, dann handelt er nicht missbräuchlich[6].

---

1 *Schünemann* in LK, § 266 StGB Rz. 47 ff.
2 BGH v. 16.6.1953 – 1 StR 67/53, BGHSt 5, 61 (63).
3 *Perron* in S/S, § 266 StGB Rz. 17.
4 BVerfG v. 23.6.2010 – 2 BvR 2559/08 – Landowsky; BVerfGE 126, 170; *Arzt/Weber*, StGB BT, § 22, 69; vgl. auch *Schünemann* in LK, § 266 StGB Rz. 99 m.w.Nw.; a.A. *Nelles*, Untreue, 505 (blankettartiger Verweis auf das GesellschaftsR).
5 BGH v. 21.12.2005 – 3 StR 470/04, NJW 2006, 522; Klarstellung zu BGH v. 15.11.2001 – 1 StR 185/01 – pflichtwidrige Kreditvergabe, BGHSt 47, 148 und BGH v. 6.12.2001 – 1 StR 215/01 – Zuwendungen zur Förderung von Kunst, Wissenschaft, Sozialwesen oder Sport, BGHSt 47, 187.
6 Vgl. BGH v. 6.3.1984 – 5 StR 997/83, wistra 1984, 143 m. Anm. *Schomburg*.

Streitig ist, ob es bei der Prüfung des Merkmals „Überschreiten des Innenverhältnisses" nur auf die isoliert betrachtete *Handlung* des Vertreters ankommt *oder* ob auch dessen *Intention* mit zu berücksichtigen ist. Folgt man der ersten Meinung[1], so stellt eine auftragsgemäße Vertretung nie einen Missbrauch dar; folgt man der zweiten Ansicht[2], so kann in einer eigennützigen Vertretungshandlung ein Missbrauch liegen, etwa, wenn der Vertreter beabsichtigt, einen als Vertreter erworbenen Gegenstand für sich zu behalten. Die zweite Ansicht stellt zu sehr auf die subjektive Komponente in der Vertretungshandlung ab; Grundlage für die strafrechtliche Wertung ist ausschließlich das objektive zivilrechtliche Handeln[3]. Keinen Missbrauch, sondern einen Treubruch hat der BGH in einem Fall bejaht, in welchem der Täter eine Forderung einzog, die er der Bank zur Sicherung abgetreten hatte; er teilte der Bank den Zahlungseingang nicht mit und verbrauchte das Geld[4].

Zur Tatbestandsmäßigkeit gehört ferner, dass der Vermögensnachteil auf die Pflichtwidrigkeit zurückzuführen sein muss (**Kausalität**[5], **Pflichtwidrigkeitszusammenhang**[6]).

Beispiel: Ist z.B. bei einer Kreditvergabe die erforderliche Befugnis der Entscheidungsträger nicht vorhanden, steht die Bonität des Kreditnehmers aber außer Zweifel, fehlt es an diesem Zusammenhang[7].

2. Einzelfälle

a) Bevollmächtigte allgemein

Die Vertretungsmacht des **Bevollmächtigten** richtet sich nach dem zugrunde liegenden *Auftrag*. Überschreitet der Bevollmächtigte die Grenzen seines intern festgelegten Auftrags, liegt ein Missbrauch der eingeräumten Vertretungsmacht vor. Der sog. *Generalbevollmächtigte* – dessen Vertretungsmacht gesetzlich nicht geregelt ist – hat grundsätzlich die Ermächtigung zum Abschluss *aller* Geschäfte, kann jedoch im Innenverhältnis beliebig zu bestimmenden Bindungen unterliegen[8].

Nach § 49 HGB ermächtigt die **Prokura** zu allen Geschäften und Rechtshandlungen, die der Betrieb eines Handelsgewerbes mit sich bringt. Der Umfang der Prokura kann im Innenverhältnis jedoch beschränkt werden, was aber nach § 50 Abs. 1 HGB Dritten gegenüber unwirksam ist[9]. Zeichnet ein Prokurist dem internen Verbot zuwider einen Wechsel, dann handelt er zwar innerhalb der Grenzen rechtlichen Könnens (Außenverhältnis), überschreitet aber die

---

1 *Schröder*, NJW 1963, 1598 ff.; *Perron* in S/S, § 266 StGB Rz. 19; *Labsch*, Untreue, S. 107.
2 *Hübner* in LK, 10. Aufl. 1988, § 266 StGB Rz. 71: Die Einziehung in böser Absicht ist schon die böse Tat selbst; *Eser*, StrafR, IV. Nr. 17 Anm. 35; BGH v. 16.6.1953 – 1 StR 67/53, BGHSt 5, 61 ff.; BGH v. 5.10.1954 – 2 StR 447/53, BGHSt 6, 314 ff.
3 *Labsch*, S. 108; *Otto*, Grundkurs StrafR BT, § 54 II 1a; vgl. auch *Schünemann* in LK, § 266 StGB Rz. 47.
4 BGH v. 6.3.1984 – 5 StR 997/83, wistra 1984, 143 m. Anm. *Schomburg*, *Labsch*, Jura 1987, 414.
5 BGH v. 6.4.2000 – 1 StR 280/99, BGHSt 46, 30 (34).
6 *Dierlamm* in MüKo, § 266 StGB Rz. 202.
7 BGH v. 22.11.1988 – 1 StR 353/88, wistra 1989, 142; *Seier* in A/R, V. 2 Rz. 204.
8 *Heinrichs* in Palandt, § 167 BGB Rz. 7.
9 Vgl. im Einzelnen *Hopt* in Baumbach/Hopt, § 50 HGB.

Grenzen rechtlichen Dürfens (Innenverhältnis)[1]. Veräußert er jedoch – ohne dafür eine ausdrückliche, aus dem Handelsregister ersichtliche Befugnis (§ 49 Abs. 2 HGB) zu haben – ein Grundstück, dann liegt kein Handeln innerhalb seiner Vertretungsmacht vor (vgl. Rz. 70 f.).

53 Bei der **Handlungsvollmacht** ergibt sich die Diskrepanz aus den Regelungen in § 54 Abs. 1 und Abs. 3 HGB. Nach § 54 Abs. 1 HGB erstreckt sich die Handlungsvollmacht auf alle Geschäfte und Rechtshandlungen, die der Betrieb eines derartigen Handelsgewerbes oder die Vornahme derartiger Geschäfte gewöhnlich mit sich bringt. Dies bedeutet, dass der Handlungsbevollmächtigte sämtliche zum Betrieb eines Handelsgewerbes gehörenden oder branchenüblichen Geschäfte tätigen kann[2]. Die Handlungsvollmacht ermächtigt aber nicht zur Veräußerung oder Belastung von Grundstücken, zur Eingehung von Wechselverbindlichkeiten, zur Aufnahme von Darlehen und zur Prozessführung (§ 54 Abs. 2 HGB). Sonstige Beschränkungen der Handlungsvollmacht braucht ein Dritter jedoch nur dann gegen sich gelten zu lassen, wenn er sie kannte oder kennen musste (§ 54 Abs. 3 HGB). Danach kann im *Innenverhältnis* zwar eine Beschränkung der Handlungsvollmacht vereinbart sein; ein dagegen verstoßendes Geschäft des Handlungsbevollmächtigten mit einem Dritten ist wirksam, erfüllt aber, wenn der Kaufmann geschädigt wird, den Missbrauchstatbestand. Dies verdeutlicht folgendes Beispiel:

Beispiel: Der *Niederlassungsleiter* einer GmbH durfte ohne Einschaltung der Hauptverwaltung Mineralölprodukte unter Einräumung von Zahlungszielen verkaufen und zur Auslieferung freigeben. Unter Überschreitung der für ihn geltenden Kreditrichtlinien verkaufte und lieferte er Produkte an Kunden, die lediglich vorgeschoben waren und keinerlei Gewähr für die Bezahlung der Lieferungen boten. Hierdurch hat er die ihm eingeräumte Kreditierungsbefugnis weit überschritten, also missbraucht[3].

b) Verbände

54 Der *geschäftsführende Gesellschafter* einer **BGB-Gesellschaft** ist im Zweifel ermächtigt, die Gesellschaft (bzw. die Gesellschafter – § 714 BGB) Dritten gegenüber zu vertreten[4]. Eine Diskrepanz kann bestehen zwischen der in § 714 BGB eingeräumten umfassenden *Vertretungsmacht* und einer Beschränkung der *Geschäftsführungsbefugnis*, die sich aus dem Gesellschaftsvertrag ergibt. Eine weitere Beschränkung ist bei Rechtshandlungen gegeben, die die Grundlagen der Gesellschaft betreffen[5]. Tritt durch ein missbräuchliches Verhalten des geschäftsführenden Gesellschafters ein Schaden bei den Mitgesellschaftern ein, so kann ein Vergehen der Untreue gegeben sein.

55 Die Vertretungsmacht der *Gesellschafter einer* **OHG** erstreckt sich nach § 126 Abs. 1 HGB auf alle gerichtlichen und außergerichtlichen Geschäfte und Rechtshandlungen einschließlich der Veräußerung und Belastung von Grund-

---

1 *Schünemann* in LK, § 266 StGB Rz. 47.
2 *Hopt* in Baumbach/Hopt, § 54 HGB.
3 BGH v. 10.2.1988 – 3 StR 502/87 – vorgeschobene Kreditnehmer, BGHR StGB § 266 Abs. 1 Nachteil 11.
4 *Schäfer* in MüKo, § 714 BGB Rz. 12 f.
5 *Westermann* in Erman, § 714 BGB Rz. 9, § 709 Rz. 6; *Schäfer* in MüKo, § 714 BGB Rz. 25 ff.

stücken sowie der Erteilung und des Widerrufs einer Prokura. Sie findet ihre Grenze lediglich in den *Grundlagen des Gesellschaftsverhältnisses* und erstreckt sich nicht auf Geschäfte, die das Verhältnis der Gesellschafter zueinander betreffen, z.B. Änderungen des Gesellschaftsvertrags, Entziehung der Geschäftsführungsbefugnis und Vertretungsmacht, Aufnahme neuer Gesellschafter, Ausschließung eines Gesellschafters oder Auflösung der Gesellschaft. Allerdings kann im *Innenverhältnis* die Geschäftsführungsbefugnis beschränkt werden. Dies hat jedoch keine Wirkung gegen Dritte (§ 126 Abs. 2 HGB)[1]. Die Gesellschaft wird also auch bei einem Missbrauch wirksam verpflichtet. – Dasselbe gilt für den Komplementär einer **KG** (§§ 161 Abs. 2, 126 HGB)[2].

Bei der **Vertretung der GmbH** durch ihren Geschäftsführer (§ 35 GmbHG)[3] handelt sich um eine *organschaftliche Vertretung* der selbst nicht handlungsfähigen juristischen Person. Die Gesellschaft wird durch die in ihrem Namen vom Geschäftsführer vorgenommenen Rechtsgeschäfte berechtigt und verpflichtet (§ 36 GmbHG). Die Vertretungsmacht des Geschäftsführers umfasst den gesamten Außenverkehr. 56

Hierzu zählen sämtliche Rechtsgeschäfte im Rahmen von Arbeitsverhältnissen, Verträge des kollektiven Arbeitsrechts, Erteilung und Widerruf von Vollmachten, individualrechtliche Rechtsgeschäfte mit einzelnen Gesellschaftern oder Geschäftsführern, auch Kredite, Beteiligungserwerb an Kapitalgesellschaften, Erwerb der Mitgliedschaft in anderen Körperschaften, Verschmelzungsverträge mit anderen Gesellschaften mit Zustimmung der Gesellschafter, Abschluss von Beherrschungs- oder Gewinnabführungsverträgen mit Zustimmung aller Gesellschafter, Ausübung von Beteiligungsrechten, Ausübung der Leitungsmacht aus Beherrschungsverträgen[4].

Die Vertretungsmacht des Geschäftsführers ist *Dritten gegenüber nicht beschränkbar*, weder durch Satzung noch durch Gesellschafterbeschluss, noch durch Anstellungsvertrag oder auf sonstige Weise (§ 37 Abs. 2 GmbHG). Allerdings ist der Geschäftsführer der *Gesellschaft gegenüber* – also im Innenverhältnis – *verpflichtet*, die durch Gesellschaftsvertrag oder durch Beschlüsse der Gesellschafter festgelegten **Beschränkungen der Geschäftsführungsbefugnis** einzuhalten (§ 37 GmbHG). 57

Solche Beschränkungen ergeben sich häufig daraus, dass bestimmte Entscheidungen anderen Organen, z.B. der Gesellschafterversammlung, dem Aufsichtsrat oder dem Beirat vorbehalten sind oder an die Zustimmung solcher Organe oder bestimmter Personen gebunden werden[5]. Es können auch einzelne Geschäftsführungsentscheidungen durch Gesellschafterbeschluss festgelegt werden.

Aus dieser *Diskrepanz* zwischen der Unbeschränkbarkeit der Vertretungsmacht im **Außenverhältnis** (§ 37 Abs. 2 GmbHG) *und* den Möglichkeiten zur 58

---

1 *Hopt* in Baumbach/Hopt, § 126 HGB Rz. 5.
2 *Hopt* in Baumbach/Hopt, § 161 HGB Rz. 14.
3 *Zöllner/Noack* in Baumbach/Hueck, § 35 GmbHG.
4 *Zöllner/Noack* in Baumbach/Hueck, § 35 GmbHG Rz. 81 ff.
5 *Zöllner/Noack* in Baumbach/Hueck, § 37 GmbHG Rz. 17 ff.; vgl. Aufgabenkatalog des § 46 GmbHG.

Beschränkung der Vertretungsbefugnis im **Innenverhältnis** (§ 37 Abs. 1 GmbHG) kann sich ein missbräuchliches Handeln des Geschäftsführers ergeben[1].

Beispielsfälle: Geschäftsführer einer GmbH bewilligen weit überhöhte Provisionen, die schließlich zur Überschuldung und Zahlungsunfähigkeit der GmbH führen[2].

Stammkapitalgefährdende Maßnahmen durch Entzug der Produktionsgrundlagen oder Gefährdung der Liquidität können bei Herbeiführung einer unmittelbaren Existenzgefährdung der GmbH als rechtsmissbräuchlich und damit strafrechtlich erheblich eingestuft werden[3] (vgl. Rz. 84 ff.).

59 Die **GmbH & Co KG**, bei der die GmbH die Rolle des persönlich haftenden Gesellschafters einnimmt[4], wird vom GmbH-Geschäftsführer (§ 35 GmbHG) vertreten. Eine Diskrepanz zwischen Innen- und Außenverhältnis ist zum einen durch die Regelungen im Verhältnis zwischen GmbH und KG (§§ 161 Abs. 2, 126 Abs. 1, Abs. 2 HGB) gegeben, zum anderen durch § 37 Abs. 1 und 2 GmbHG im Verhältnis zwischen GmbH und ihrem Geschäftsführer (Rz. 57).

60 Nach § 82 Abs. 2 AktG sind die *Vorstandsmitglieder einer* **AG** verpflichtet, die auf dem *Innenverhältnis* beruhenden Beschränkungen einzuhalten, die für die Geschäftsführungsbefugnis getroffen wurden. Es kann sich um Beschränkungen in der Satzung handeln, um solche, die der Aufsichtsrat oder die Hauptversammlung ausgesprochen haben, oder die in der Geschäftsordnung des Vorstandes und des Aufsichtsrats festgelegt sind. Die Vertretungsbefugnis des Vorstandes im Außenverhältnis ist auch hier unbeschränkbar (§ 82 Abs. 1 AktG)[5]. Dasselbe gilt für die *Kommanditgesellschaft auf Aktien* (KGaA, §§ 278, 290 AktG).

61 Auch der **Aufsichtsrat** *einer AG* kann sich im Rahmen seiner gesetzlichen Vertretungsmacht, etwa im Verhältnis zum Vorstand, des Missbrauchs schuldig machen. In erster Linie geht es hier um den Abschluss des Anstellungsvertrages, um die Festsetzung bzw. Verringerung der Vergütung (§ 87 AktG; vgl. Rz. 122a), um den Widerruf der Vorstandsbestellung oder um die Erhebung von Schadensersatzklagen gegen Vorstandsmitglieder (§§ 112, 93 Abs. 2 AktG).

62 Nach § 27 Abs. 1 GenG hat der *Vorstand einer* **Genossenschaft** diese unter eigener Verantwortung zu leiten. Die Leitungsgewalt beinhaltet die Gesamtheit der Entscheidungen, die im Zusammenhang mit der Betätigung der Genossenschaft zu treffen sind, und deren Realisierung. Diese Vertretungsmacht ist im

---

1 BGH v. 24.7.1974 – 3 StR 133/74; vgl. auch *Fischer, R.*, Der Missbrauch der Vertretungsmacht auch unter Berücksichtigung der Handelsgesellschaften, in FS Schilling, 1973, S. 3; *Geßler*, Zum Missbrauch organschaftlicher Vertretungsmacht, in FS von Caemmerer, 1978, S. 531; *Karsten Schmidt*, GesR, § 10 II 2.
2 BGH v. 29.10.1986 – 3 StR 422/86, BGHR StGB § 266 Abs. 1 Missbrauch 1 Schuldumfang.
3 BGH v. 10.7.1996 – 3 StR 50/96, BGHR StGB § 266 Abs. 1 Nachteil 37; BGH v. 24.10.1990 – 3 StR 16/90, wistra 1991, 107; BGH v. 22.2.1991 – 3 StR 348/90, wistra 1991, 183; BGH v. 20.12.1994 – 1StR 593/94, wistra 1995, 144; BGH v. 24.8.1988 – 3 StR 232/88, BGHSt 35, 333 (337).
4 *Hopt* in Baumbach/Hopt, Anh. nach § 177a HGB Rz. 1.
5 *Mertens* in Kölner Komm AktG, § 82 GmbHG Rz. 17.

Außenverhältnis unbeschränkbar (§ 27 Abs. 2 GenG). Gleichwohl kann sie im Innenverhältnis Beschränkungen unterworfen werden (§ 27 Abs. 1 GenG), jedoch ohne Wirkung gegenüber Dritten[1].

Beim **eingetragenen Verein** ist der *Vorstand* ein notwendiges (aus einer oder mehreren Personen bestehendes) Vereinsorgan, dem die Vertretung des Vereins (gerichtlich und außergerichtlich) nach außen obliegt (§ 26 BGB). Er hat die Stellung eines gesetzlichen Vertreters. Auch hier ist die *Vertretungsmacht* des Vorstandes grundsätzlich *unbeschränkt*, durch die Satzung aber intern beschränkbar. Auch ohne Einschränkung erstreckt sie sich nicht auf solche Geschäfte, die völlig außerhalb des Vereinszweckes liegen (z.B. Vorstand eines Kaninchenzüchtervereins betreibt für den e.V. einen Handel mit Zigaretten). Der Vorstand kann sich bei Überschreiten seiner Befugnis im Innenverhältnis des Missbrauchs seiner Vertretungsmacht schuldig machen[2]. 63

Im Hinblick auf die Millionenbeträge, die im Rechtsverkehr zwischen (Sport-)Vereinen transferiert oder an Sportler gezahlt werden[3], kommt der Einhaltung der Bindungen im Innenverhältnis eine erhebliche Bedeutung zu. Denn ein *Bundesligaverein* muss neben den wirtschaftlichen Interessen die der Satzung entsprechenden sportlichen bzw. ideellen Zwecke wahren. Diese stehen nicht nur auf dem Papier: Satzungen und Ordnungen sind nicht etwa nur Fassade. Der Bundesligaverein besteht nicht nur aus der Bundesligaabteilung, sondern außerdem aus einer Vielzahl von Amateur- und Jugendmannschaften, die sowohl an Zuwendungen aus dem (von der Bundesligaabteilung hereingespielten) Vermögen wirtschaftlich als auch am sportlichen Erfolg und an der Bewahrung des guten sportlichen Namens ihres Vereins interessiert sind[4].

Dem Vorstand einer **Stiftung** können die Grenzen seiner Befugnisse nicht erst durch ein (landesrechtliches) Stiftungsgesetz oder die Satzung, sondern auch schon durch den Anstellungsvertrag gezogen werden[5]. Der Einzug von Forderungen durch den Vorstand einer Stiftung auf das Privatkonto stellt sich deshalb als Missbrauch seiner Vertretungsmacht dar[6]. 64

Beim **Geschäftsleiter einer Bank** ergibt sich vielfach eine Diskrepanz zwischen der unbeschränkten Vertretungsmacht nach außen und der eingeschränkten Geschäftsführungsbefugnis im Innenverhältnis im Zusammenhang mit der Vergabe von Großkrediten, für die auch gesetzliche Einschränkungen bestehen[7] (§ 66 Rz. 3 ff.). 65

---

1 *Schaffland* in Lang/Weidmüller, 36. Aufl. 2008, § 27 GenG Rz. 35; *Fandrich* in Pöhlmann/Fandrich/Bloehs, 4. Aufl. 2012, § 27 Rz. 15.
2 OLG Hamm v. 29.4.1999 – 2 Ws 71/99, wistra 1999, 353; *Eisele*, Untreue in Vereinen mit ideeller Zielsetzung, GA 2001, 377 (393); *Friedrich*, Grundlagen und ausgewählte Probleme des VereinsR, DStR 1994, 61 (Teil I), 100 (Teil II).
3 Vgl. *Kelber*, Die Transferpraxis beim Vereinswechsel im Profifußball auf dem Prüfstand, NZA 2001, 11.
4 BGH v. 27.2.1975 – 4 StR 571/74 – Bundesligaskandal, NJW 1975, 1234.
5 BGH v. 11.10.2000 – 3 StR 336/00 – Verwaltungsleiter einer kirchlichen Stiftung, NStZ 2001, 155.
6 BGH v. 27.8.1997 – 2 StR 413/97.
7 Vgl. *Nack*, NJW 1980, 1599.

65a Auch bei dem **Vertragsarzt einer Krankenkasse** (vgl. Rz. 32) liegt eine Diskrepanz zwischen Können und Sollen vor: Er kann die Kasse durch die Verschreibung von medizinischen Leistungen im Außenverhältnis wirksam verpflichten, im Innenverhältnis unterliegt er jedoch den sozialrechtlichen Vorschriften über die bestimmungsgemäße Ausübung seiner Befugnis (§ 12 Abs. 1 SGB V).

3. Verhältnis zwischen Innen- und Außenbefugnis

66 Zu beachten ist, dass Missbrauch „*unrechter Gebrauch*" ist[1]. **Missbraucht** werden kann aber allein die **nach außen wirkende Vertretungsmacht**, denn nur aufgrund dieser wird der Vertretene verpflichtet. Erst durch Überschreiten der Innenbefugnis wird der Gebrauch der Außenbefugnis zum Missbrauch, d.h. die Innenbefugnis (die sich aus Vertrag oder Satzung ergibt) selbst wird nicht missbraucht[2]. Dies bedeutet, dass ein Missbrauchstatbestand nur dann gegeben ist, wenn der Vertreter *im Rahmen* der ihm eingeräumten (Außen-)*Vertretungsbefugnis handelt*.

67 a) Wer **außerhalb** der ihm eingeräumten **Vertretungsbefugnis** handelt, missbraucht diese Befugnis nicht[3]; erfüllt ist aber möglicherweise der Treubruchstatbestand. Ein Handeln außerhalb der Vertretungsbefugnis ist bei folgenden *Fallgruppen* gegeben:

68 aa) Der Geschäftsführer, Vorstand oder Prokurist handelt kollusiv mit einem Dritten als Geschäftspartner zusammen. Von einer **Kollusion** spricht man beim bewussten und gewollten Zusammenwirken eines Dritten mit dem Vertreter[4]. Ob der Vertreter hierbei lediglich gegen die im Innenverhältnis wirksamen Beschränkungen seiner Vertretungsmacht verstößt oder ob er seine Vertretungsmacht überschreitet, ist gleichgültig. Ein Rechtsgeschäft, bei dem Vertreter und Dritter zum Schaden des Vertretenen arglistig zusammenwirken, ist sittenwidrig und nichtig; auch der Dritte macht sich dadurch dem Vertretenen gegenüber schadensersatzpflichtig (§ 826 BGB)[5].

68a **Beispiele:** Der Geschäftsführer einer GmbH & Co KG bestellt bei dem Inhaber eines Möbelhauses für eine Bauherrengemeinschaft Einrichtungsgegenstände für 1 027 000 DM, die der Möblierung von Appartements der Gemeinschaft dienen sollen. Bei der Bestellung vereinbart der Geschäftsführer einen 10 %-igen Aufschlag auf den normalen Kaufpreis, der an die Mutter des Geschäftsführers abgeführt werden soll. Eine solche Vereinbarung, die ein Vertreter einer Partei im Einverständnis mit dem Vertragsgegner zum eigenen Vorteil oder zum Vorteil naher Angehöriger treuwidrig zum Schaden des Vertretenen trifft, verstößt i.S. des § 138 Abs. 1 BGB gegen die guten Sitten und ist nichtig. Die Sitten-

---

1 *Hübner* in LK, 10. Aufl. 1988, § 266 StGB Rz. 60; *Schröder* JZ 1972, 708.
2 *Schünemann* in LK, § 266 StGB Rz. 47.
3 *Schünemann* in LK, § 266 StGB Rz. 47; *Fischer*, § 266 StGB Rz. 25.
4 Zur Kollusion vgl. *Schneider* in Scholz, § 35 GmbHG Rz. 74; *Zöllner/Noack* in Baumbach/Hueck, § 37 GmbHG Rz. 45; *Flume*, Rechtsgeschäft, 3. Aufl. 1979, § 45 II 3; *Karsten Schmidt*, GesR, § 10 II 2 C; BGH v. 28.2.1966 – VII ZR 125/65, NJW 1966, 1911; BGH v. 25.3.1968 – II ZR 208/64 – Missbrauch der Prokura, BGHZ 50, 112 (114).
5 *Sprau* in Palandt, § 826 BGB Rz. 43.

widrigkeit der Absprache erfasst auch das Hauptgeschäft zwischen den Vertragsparteien[1]. Es liegt wegen des kollusiven Zusammenwirkens der Treubruchstatbestand vor.

Auch im Fall des Kölner Müllskandals[2] wirkte sich die kollusive (Neben-)Absprache durch Vereinbarung eines um den Schmiergeldanteil überhöhten Preises wegen der Sittenwidrigkeit auf den Hauptvertrag aus[3]. Durch den Abschluss eines aus diesem Grund (unerkannt) nichtigen Vertrages mit einem kollusiv überhöhten Auftragspreis wird nicht die Missbrauchs-, sondern die Treubruchalternative des § 266 Abs. 1 StGB erfüllt.

Mindern wie im Mannesmann-Fall[4] Anerkennungsprämien das Vermögen einer Gesellschaft ohne Kompensation und billigt der Aufsichtsrat dies, dann verletzt er hierdurch seine Vermögensbetreuungspflicht i.S. des § 266 Abs. 1 StGB, da insoweit ein Handlungsspielraum nicht besteht. Ist die Zuwendung sittenwidrig und dadurch zivilrechtlich unwirksam, dann ist nicht der Missbrauchs sondern der Treubruchstatbestand verwirklicht[5].

Wirken beim Abschluss eines Darlehensvertrags der Geschäftsführer einer GmbH und der Vertreter einer Bank derart kollusiv zusammen, dass der Vertragsabschluss wie auch die Darlehensauszahlung an einen Dritten „hinter dem Rücken" des Hauptgesellschafters erfolgen, so ist der Darlehensvertrag nichtig[6].

bb) Wenn für den Dritten die Überschreitung der Innenbefugnis durch den Geschäftsführer evident ist – **ohne** dass **Kollusion** festzustellen ist –, ist der Vertrag anfechtbar[7]. Denn wer entgegen der allgemeinen Erkennbarkeit den Missbrauch nicht erkannt hat oder nicht erkannt haben will, kann sich nicht auf die gesetzliche Vertretungsmacht berufen, deren Missbrauch für alle anderen offenlag. Auch ihm gegenüber entfällt die Legitimationswirkung der gesetzlichen Vertretungsmacht[8]. In diesen Fällen handelt der Täter ohne Außenbefugnis und nicht unter deren Missbrauch; vielmehr liegt ein Fall des Nichtgebrauchs vor. Die Abgrenzung zur Kollusion kann im Einzelfall schwierig sein; zur weiteren Aufklärung werden Handelsgebräuche, frühere Geschäfte bzw. Geschäftsfelder heranzuziehen sein. Indizien können z.B. sein, wenn für die Errichtung und Führung von schwarzen Konten dem Kontenführer lukrative Gebühren versprochen werden oder ein außerhalb der Handelsbräuche liegendes Verhalten gegeben ist. Ein solches Vorgehen spricht für kollusives Zusammenwirken. 68b

b) Ein Vertreter handelt auch dann *außerhalb* der ihm eingeräumten Vertretungsbefugnis, wenn er seine **Vertretungsmacht überschreitet** (§ 164 Abs. 1 69

---

1 BGH v. 17.5.1988 – VI ZR 233/87, NJW 1989, 26 (27).
2 BGH v. 2.12.2005 – 5 StR 119/05, NStZ 2006, 210; vgl. auch *Fischer*, § 266 StGB Rz. 25; *Seier* in A/R, V. 2 Rz. 49; ferner BGH v. 6.5.1999 – VII ZR 132/97, BGHZ 141, 357 (362).
3 BGH v. 17.5.1988 – VI ZR 233/87, NJW 1989, 26 (27); *Seier* in A/R, V. 2 Rz. 49.
4 Offengelassen von BGH v. 21.12.2005 – 3 StR 470/04 – Mannesmann, BGHSt 50, 331, abhängig davon, ob die Zuwendungen zivilrechtlich wirksam sind oder nicht.
5 *Perron* in S/S, § 266 StGB Rz. 17 m.w.Nw.
6 OLG Hamm v. 18.11.1996 – 31 U 42/96 – kollusives Zusammenwirken eines GmbH-Geschäftsführers mit Bankmitarbeiter bei Kreditgewährung, NJW-RR 1997, 73.
7 BGH v. 15.12.1975 – II ZR 148/74, WM 1976, 658: „Wenn dem Dritten sich das vorsätzlich schädigende Verhalten geradezu aufdrängen musste."
8 *Hübner* in LK, 10. Aufl. 1988, § 266 StGB Rz. 60; *Labsch*, S. 307; a.A. *Schünemann* in LK, § 266 StGB Rz. 47, der den Missbrauchstatbestand bejaht.

BGB). Auch in diesem Fall wird der Geschäftsherr ohne eigenes Zutun nicht verpflichtet, da das Geschäft gem. § 179 BGB unwirksam ist[1].

70 **Beispiele:** Ein nicht besonders ermächtigter Prokurist (§ 49 Abs. 2 HGB) veräußert oder belastet Grundvermögen seiner Firma; ein lediglich zu Gesamtvertretung befugter Geschäftsführer handelt allein; ein lediglich zur Erklärung der Auflassung Bevollmächtigter verfügt über den Kaufpreis[2].

Ein Rechtsanwalt zahlt erhaltene Fremdgelder nicht auf Anderkonten, sondern auf Konten ein, die er als Sicherheit für einen Kredit eingesetzt hat, sodass die Herkunft der Gelder für die Bank nicht erkennbar war. Dadurch hat der Anwalt nicht eine ihm eingeräumte Befugnis, über fremdes Vermögen zu verfügen, missbraucht, da er zu einer rechtswirksamen Hingabe der Fremdgelder als Sicherheit für persönliche Kredite nicht befugt war, vielmehr hat er außerhalb der ihm gewährten Verfügungsmacht gehandelt[3]. Dies gilt auch, wenn ihm sein Mandant Gelder zur Ausführung eines Auftrags überlassen hat und er diese für eigene Zwecke verwendet[4].

Vorstand oder Geschäftsführer einer Gesellschaft vereinbaren sog *„kick backs"* zulasten des Gesellschaftsvermögens[5], jedoch nur, wenn überhöhte Preise vereinbart wurden, um die Kick-Back-Zuwendungen zu speisen, und wenn die Preise auch ohne die Zuwendungen nicht noch niedriger ausgefallen wären[6].

Im Fall Allianz Arena München[7] hatte der Mitgeschäftsführer der Stadion GmbH eine qualifizierte Vermögensbetreuungspflicht. Zu seinem Aufgaben- und Pflichtenkreis gehörte es, im Vergabeverfahren darauf hinzuwirken, dass ein möglichst günstiger Preis erzielt wurde. Da er dazu beitrug, dass ein höherer Preis akzeptiert wurde, damit Schmier-

---

1 *Schünemann* in LK, § 266 StGB Rz. 50.
2 BGH v. 14.7.1955 – 3 StR 158/55, BGHSt 8, 149.
3 BGH v. 27.1.1988 – 3 StR 61/87, BGHR StGB § 266 Abs. 1 Missbrauch 2 Abgrenzung zum Treuebruch; vgl. auch *Schmidt*, Die zweckwidrige Verwendung von Fremdgeldern durch einen Rechtsanwalt, NStZ 2013, 498.
4 BGH v. 30.10.2003 – 3 StR 276/03 – treuewidrige Vereinnahmung von Geldmitteln durch Rechtsanwalt, NStZ-RR 2004, 54.
5 *Rönnau*, „kick-backs": Provisionsvereinbarungen als strafbare Untreue, in FS Kohlmann, 2003, S 239 (247) m.w.Nw.; BGH v. 11.11.2004 – 5 StR 299/03 – Entgegennahme von Schreiber-Provisionen durch zwei Thyssen-Manager, NJW 2005, 300; vgl. auch BGH v. 28.1.1983 – 1 StR 820/81, NJW 1983, 1807; BGH v. 15.3.2001 – 5 StR 454/00 – Landesgeschäftsführer des Bayerischen Roten Kreuzes, wistra 2001, 267; BGH v. 6.2.2001 – 5 StR 571/00, wistra 2001, 295; BGH v. 4.4.2001 – 1 StR 528/00 – Geschäftsführer des Landeskuratoriums der Katholischen Dorfhelferinnen, wistra 2001, 304; vgl. auch das unfangreiche Schrifttum hierzu: *Gerst/Meinicke*, Die strafrechtliche Relevanz der Kick-Back-Rechtsprechung des XI. BGH-Zivilsenates und die Folgen für eine ordnungsgemäße Compliance-Funktion, CCZ 2011, 96; *Klengel/Rübenstahl*, Zum „strafrechtlichen" Wettbewerbsbegriff des § 299 StGB und zum Vermögensnachteil des Geschäftsherrn bei der Vereinbarung von Provisionen bzw. „Kick-backs" (BGH 1 StR 50/06 – Allianz Arena München), HRR 2007, 52; *Schlösser*, Verdeckte Kick-back-Zahlungen von Fondsgesellschaften an Banken als strafbares Verhalten gegenüber den Bankkunden? – zugleich Anmerkung zum Urteil des OLG Stuttgart vom 16.3.2011 –, BKR 2011, 465.
6 BGH v. 23.5.2002 – 1 StR 372/01 – Einwerbung von Drittmitteln für Lehre und Forschung, BGHSt 47, 295.
7 BGH v. 9.8.2006 – 1 StR 50/06 – Allianz Arena München, NJW 2006, 3290; BGH v. 23.5.2002 – 1 StR 372/01, BGHSt 47, 295 (298); vgl. dazu *Klengel/Rübenstahl*, Zum „strafrechtlichen" Wettbewerbsbegriff des § 299 StGB und zum Vermögensnachteil des Geschäftsherrn bei der Vereinbarung von Provisionen bzw. „Kick-backs", HRR 2007, 52.

geld gezahlt werden konnte, handelte er treuwidrig, weil erzielbare Minderkosten nicht der Stadion GmbH zugutekamen, die nach dem Zuschlag den höheren Werklohn zu zahlen hatte.

Der Ärztliche Direktor einer Klinikabteilung, der von einer Firma für medizintechnische Produkte umsatzabhängige Zuwendungen gutgebracht bekam, die unter Umgehung der Universitätsverwaltung für Zwecke der Wissenschaft und Forschung sowie zur Gerätebeschaffung und -wartung verwandt wurden, handelt nur insoweit treuwidrig, wenn er überhöhte Preise akzeptiert oder wenn er die Materialverwaltung der Universität nicht in den Stand gesetzt hätte, noch günstigere Preise auszuhandeln, obgleich die Firma zu deren Gewährung bereit gewesen wäre[1].

Gewährt der Geschäftsführer einer GmbH, der zu **Rechtsgeschäften mit sich selbst** ermächtigt ist[2], sich namens der GmbH ein Darlehen und entnimmt er es den Gesellschaftsmitteln, dann ist hierin *kein Überschreiten* der Vertretungsmacht zu sehen[3]. Bei dem Gesellschafter-Geschäftsführer der Ein-Mann-GmbH gehört die Befreiung von § 181 BGB zu den nach §§ 10 Abs. 1, 39 GmbHG besonders im Handelsregister einzutragenden Angaben über die Vertretungsbefugnis[4]. In der buchtechnischen Verschleierung einer Darlehenshingabe liegt kein Verfügungsmissbrauch, sondern eine Maßnahme tatsächlicher Art, die unter den Treubruchstatbestand fällt[5]. Liegt ein unzulässiges In-sich-Geschäft vor, so liegt wegen Überschreiten des rechtlichen Könnens nicht der Missbrauchs, sondern der Treubruchstatbestand vor[6].

c) Ein Missbrauch der Vertretungsmacht liegt auch dann nicht vor, wenn die *Vertretungsmacht* nach außen *nicht weiter reicht*, als die im Innenverhältnis eingeräumte Befugnis[7]. Insofern fehlt es an einer Diskrepanz zwischen Innen- und Außenverhältnis. Die Zuwiderhandlung gegen die interne Befugnis stellt in diesem Fall zugleich auch eine Überschreitung der Vertretungsmacht dar; der Täter handelt als **Vertreter ohne Vertretungsmacht**. Ein solches Rechtsgeschäft ist gegenüber dem Vertretenen unwirksam (§ 164 Abs. 1 BGB) und der Vertreter haftet gegenüber dem Dritten selbst (§ 179 BGB).

Beispiel: Wird einem Vertreter ein bestimmter Verkaufspreis für eine Ware vorgeschrieben und verkauft er unter Preis, dann liegt kein Missbrauch vor; vielmehr ist der Treu-

---

1 BGH v. 23.5.2002 – 1 StR 372/01 – Einwerbung von Drittmitteln für Lehre und Forschung, BGHSt 47, 295 (298).
2 *Schneider* in Scholz, § 36 GmbHG Rz. 56.
3 *Hübner* in LK, 10. Aufl. 1988, § 266 StGB Rz. 70; es sei denn, durch diese Handlungsweise würden weitere Pflichten, wie zB die zur Erhaltung des Stammkapitals, verletzt.
4 *Zöllner/Noack* in Baumbach/Hueck, § 35 GmbHG Rz. 142; *Immenga*, Insichgeschäfte geschäftsführender Organe im Aktien- und GmbH-Recht unter besonderer Berücksichtigung der Ein-Mann-GmbH, AG 1985, 40.
5 Str., für Missbrauch bei Darlehensgewährung mit Verschleierung BGH v. 12.3.1974 – 1 StR 547/73, da sich die Befugnisse nur auf solche Vermögensbewegungen beziehen sollen, die in der Buchführung ausgewiesen sind.
6 *Dierlamm* in MüKo, § 266 StGB Rz. 134; *Perron* in S/S, § 266 StGB Rz. 17.
7 *Fischer*, § 266 StGB Rz. 25; *Dierlamm* in MüKo, § 266 StGB Rz. 134; a.A. *Schünemann* in LK, § 266 StGB Rz. 47.

bruchstatbestand gegeben[1]. Handelt es sich dagegen um einen nach außen unbeschränkten Verkaufskommissionär mit einer nach innen limitierten Befugnis, so kann dieser den Missbrauchstatbestand verwirklichen.

73 Wird eine Vertretungsbefugnis nur eingeräumt, um damit sitten- oder **gesetzeswidrige Zwecke** zu ermöglichen, so kommt hierdurch keine wirksame Vertretungsmacht zustande; deren Missbrauch scheidet aus[2].

Beispiel: Räumt der Geschäftsführer einer GmbH einem Buchhaltungsleiter eine Vollmacht ein, um gemäß einer geheimen Absprache schwarze Konten einzurichten, dann verstößt diese Bevollmächtigung gegen die guten Sitten und ist gem. § 138 BGB nichtig[3].

73a Handelt der Täter **allein**, obwohl er nur eine wirksam angeordnete **Gesamtvertretungsmacht**[4] hat, fehlt es an einer wirksamen Vertretung, der Missbrauchstatbestand liegt nicht vor, vielmehr kommt ein Treubruch in Betracht.

IV. Tathandlung

74 Zu den Tatbestandsvoraussetzungen des Missbrauchs gehört ein wirksames, **rechtsgeschäftliches** (oder hoheitliches) **Handeln** des Täters. Dies ergibt sich aus den zivilrechtlichen Begriffen „verfügen" und „verpflichten". Tatsächliche Einwirkungen auf das zu betreuende Vermögen, etwa durch Verbindung, Vermischung, Verarbeitung, Zerstörung, Wegnahme oder Eigenverbrauch, kommen im Bereich des Missbrauchstatbestandes nicht in Betracht; sie können aber als Treubruch strafbar sein.

75 Tathandlung kann jeweils nur eine **einzelne** vermögensmindernde **Verfügung** sein. Bei einer Vielzahl von möglichen Untreuehandlungen muss jede einzeln darauf untersucht werden, ob der Mitteleinsatz pflichtwidrig war und deshalb zu einem Vermögensnachteil geführt hat[5]; auf das Gesamtergebnis einer Wirtschaftsperiode kommt es deshalb nicht an.

76 Der Missbrauchstatbestand wird i.d.R. durch *aktives Tun* erfüllt, wie sich bereits aus den Begriffen „verfügen" und „verpflichten" ergibt.

Beispiel: Die Einstellung nicht qualifizierter Personen auf leitende Dienstposten durch einen Landrat unter bewusstem Verstoß gegen Vorschriften des Haushalts- und Personalrechts stellt einen Missbrauch der ihm eingeräumten Verfügungsbefugnis im Außenverhältnis dar[6].

---

1 *Hübner* in LK, 10. Aufl.1988, § 266 StGB Rz. 70; a.A. *Schünemann* in LK, § 266 StGB Rz. 47: Wegen Vorliegens einer Anscheinsvollmacht ist der Missbrauchstatbestand einschlägig.
2 BGH v. 19.1.1965 – 1 StR 497/64, BGHSt 20, 143; BGH v. 6.12.1983 – VI ZR 117/82, NJW 1984, 800.
3 *Strelczyk*, Die Strafbarkeit der Bildung schwarzer Kassen, 2008, 22.
4 Prokura: § 53 Abs. 1 S. 2 HGB; OHG: § 106 Abs. 2 Nr. 4 HGB; KG: § 106 Abs. 2 Nr. 4 i.V.m. § 161 Abs. 2 HGB; AG: § 39 Abs. 1 S. 2 AktG; GmbH: § 10 Abs. 1 S. 2 GmbHG.
5 So zur Haushaltsuntreue BGH v. 4.11.1997 – 1 StR 273/97 – Intendantenfall, BGHSt 43, 293 (Überschreitung des Haushalts der Württembergischen Staatstheater in Stuttgart, vgl. hierzu unten Rz. 232); dieser Grundsatz gilt aber auch für gleich gelagerte Sachverhalte; vgl. auch *Kohlmann/Brauns*, Zur strafrechtlichen Erfassung der Fehlleitung öffentlicher Mittel, 1979, S 67.
6 BGH v. 26.4.2006 – 2 StR 515/05, NStZ-RR 2006, 207.

Möglich ist aber auch ein Missbrauch durch **Unterlassen**[1]. Die erforderliche Garantenstellung ergibt sich aus der Vermögensbetreuungspflicht[2]. Diese Pflicht kann sowohl durch Tun als auch durch Unterlassen verletzt werden[3]. Voraussetzung ist, dass in der Unterlassung ein *rechtsgeschäftlicher Handlungswille* ausgedrückt wird und der Vollmachtgeber wirksam verpflichtet wird oder sonst in seinem Vermögen eine Veränderung eintritt. 76a

Beispiele: Ein Geschäftsführer unterlässt es, in einem anhängigen Gerichtsverfahren ein aussichtsreiches *Rechtsmittel* einzulegen[4]. Ein missbräuchliches Handeln kann auch gesehen werden im *Unterlassen der Kündigung* eines lästigen Dauerschuldverhältnisses[5] bzw. eines unvorteilhaften Vertrags[6]. Erkennt der Vorstand einer Bank aufgrund seiner Überwachung einen *Handlungsbedarf*, z.B. eine Kreditkündigung, und *bleibt gleichwohl untätig*, so kommt Missbrauch in Betracht, da er seine rechtsgeschäftlichen Pflichten nicht ausübt. *Kommt er* jedoch bereits seiner *Überwachungspflicht* nicht nach, so liegt Treubruch vor[7] (vgl. § 67 Rz. 3, 6, 9, 63).

Ferner liegt ein Unterlassen vor, wenn dem **Schweigen** im kaufmännischen Verkehr Rechtswirksamkeit zukommt. 77

– Nach § 362 HGB erfolgt die Annahme eines Antrags auf Geschäftsbesorgung durch Schweigen.

– Nach ständiger Rechtsprechung gilt im kaufmännischen Verkehr die widerspruchslose Entgegennahme von *Bestätigungsschreiben* über eine vorangegangene Verhandlung i.d.R. als Annahme des Inhalts des Schreibens; dieser wird Vertragsinhalt. Der vorher nicht perfekte Abschluss bekommt durch das Schweigen auf das Bestätigungsschreiben den Inhalt dieses Schreibens.

– Zeigt sich bei einem *Handelsgeschäft* ein *Mangel*, muss der Käufer ihn unverzüglich dem Verkäufer anzeigen; unterlässt der Käufer die Anzeige, so gilt die Ware nach § 377 Abs. 2 HGB als genehmigt.

– Ein rechtsgeschäftliches Schweigen liegt auch in den Fällen der §§ 151 ff. BGB vor.

– Rechtsgeschäftliches Schweigen ist gegeben, wenn aufgrund der allgemeinen Geschäftsbedingungen einer Bank das Schweigen als *Saldoanerkenntnis* gilt[8].

---

1 *Fischer*, § 266 StGB Rz. 32; *Dierlamm* in MüKo, § 266 StGB Rz. 138 f.; *Güntke*, Untreueverhalten durch Unterlassen, wistra 1996, 84.
2 Vgl. BGH v. 29.8.2008 – 2 StR 587/07 – Siemens, BGHSt 52, 323; *Fischer*, § 266 StGB Rz. 32; nach *Schünemann* in LK, § 266 StGB Rz. 54, 202, handelt es sich bei § 266 StGB insoweit um ein „Garantensonderdelikt". Eines Rückgriffs auf § 13 StGB bedarf es danach nicht.
3 *Schünemann* in LK, § 266 StGB Rz. 53 f.; *Perron* in S/S, § 266 StGB Rz. 16 und 35; BGH v. 21.7.1989 – 2 StR 214/89, BGHR StGB § 266 Abs. 1 Strafrahmen 1 Unterlassen.
4 RGSt 11, 412 (414); *Eser*, StrafR, IV. Fall 17, Anm. 32.
5 BGH v. 15.3.1951 – IV ZR 9/50, NJW 1951, 645.
6 *Schünemann* in LK, § 266 StGB Rz. 53.
7 *Martin*, Bankuntreue, 56.
8 *Buntz*, AGB-Banken, 3. Aufl. 2011, Rz. 171 ff.

78 Kein rechtsgeschäftliches Unterlassen ist dagegen das *Verjährenlassen einer Forderung*[1], das Belassen von Verwahrgeldern auf dem Geschäftskonto anstatt auf einem Anderkonto[2] oder die Nichtvornahme einer Pfändung durch den Gerichtsvollzieher. Auch das bloße Nichtabführen einer vereinnahmten Geldsumme stellt keine Verfügung dar. Diese Handlungsweisen sind jedoch als Treubruch strafbar.

78a Das pflichtwidrige **Verschweigen einer Forderung** kann den Missbrauchstatbestand ebenfalls erfüllen.

Beispiel: Der Vorsteher des Wasserverbandes einer selbstverwaltenden, ohne Gewinnerzielungsabsicht handelnden Körperschaft des öffentlichen Rechts feiert seine Silberhochzeit. Die Kosten hierfür übernimmt – zunächst ohne sein Wissen – der Verband. Als der Vorsteher davon erfährt, bleibt er untätig. Später in einer Verbandsversammlung hierauf angesprochen, gibt er wahrheitswidrig an, es habe sich um verschiedene Veranstaltungen zum Wohle betroffener Anlieger gehandelt[3].

V. Einwilligung

79 *Kein Missbrauch* liegt vor, wenn der jeweilige Geschäftsherr, Vermögensträger oder Aufsichtspflichtige (etwa ein Aufsichtsrat) mit dem Abschluss des dem ursprünglichen Auftrag widersprechenden Geschäfts wirksam **einverstanden** ist. Das Einverständnis wirkt tatbestandsausschließend und nicht erst als Rechtfertigungsgrund[4]. Das Einverständnis muss konkret und eindeutig sein; eine unausgesprochene unternehmenspolitische oder sonstige politische „Rückendeckung" reicht als Einwilligung *nicht* aus.

80 Die Einwilligung selbst muss **rechtmäßig** sein, darf also nicht selbst gegen Gesetze, Pflichten oder Zwecke einer Gesellschaft verstoßen. Unwirksam ist z.B. ein Einverständnis, das ein Täter dadurch erlangt, dass er die Unerfahrenheit seines Vollmachtgebers ausnutzt[5].

81 Die Einwilligung muss bereits zum **Zeitpunkt der Handlung** vorliegen; eine *nachträgliche* Zustimmung (Genehmigung) ist tatbestandsmäßig ohne Bedeutung, kann jedoch im Rahmen der Strafzumessung Berücksichtigung finden. Tatbestandserfüllung und Rechtswidrigkeit richten sich also nach dem Zeitpunkt der Tat, nicht nach dem Zeitpunkt der Entdeckung[6] oder einer später abgegebenen Erklärung. Deshalb ist die Bewilligung einer rechtsgrundlosen Prämie durch den Aufsichtsrat einer AG rechtswidrig, wenn keine Zustimmung

---

1 *Perron* in S/S, § 266 StGB Rz. 16; vgl. auch *Schünemann* in LK, § 266 StGB Rz. 53; *Lackner/Kühl*, § 266 StGB Rz. 6; offengelassen in BGH v. 11.11.1982 – 4 StR 406/82, NJW 1983, 461 m. krit. Anm. *Keller*, JR 1983, 516.
2 BGH v. 6.4.1982 – 5 StR 8/82, NStZ 1982, 331.
3 BGH v. 12.12.2013 – 3 StR 146/13 – Silberhochzeit, wistra 2014, 186.
4 Str., wie hier *Perron* in S/S, § 266 StGB Rz. 21; *Dierlamm* in MüKo, § 266 StGB Rz. 143; *Lackner/Kühl*, § 266 StGB Rz. 20; a.A. BGH v. 24.6.1952 – 1 StR 153/52, BGHSt 3, 32 (39); BGH v. 12.1.1956 – 3 StR 626/54, BGHSt 9, 203 (216); vgl. auch BGH v. 23.10.1981 – 2 StR 477/80, BGHSt 30, 247; *Auer*, Gläubigerschutz durch § 266 StGB, 1991.
5 BGH v. 12.12.2013 – 3 StR 146/13 – Silberhochzeit, wistra 2014, 186.
6 *Schünemann* in LK, § 266 StGB Rz. 124.

des Alleinaktionärs bzw. kein zustimmender Beschluss der Hauptversammlung vorliegt (Mannesmann)[1]. Zum Irrtum vgl. Rz. 197 ff.

1. Juristische Personen

a) Bei der juristischen Person tritt an die Stelle des Vermögensinhabers dessen oberstes Willensorgan für die Regelung der inneren Angelegenheiten, bei der GmbH die Gesamtheit ihrer Gesellschafter[2]. Die juristische Person hat als selbständige Rechtspersönlichkeit ein eigenes Vermögen, über das die Anteilseigner nur im Rahmen der gesetzlichen Vorschriften zum Schutz des Gesellschaftsvermögens verfügen dürfen. Träger der geschützten Vermögensinteressen ist die juristische Person und nicht ihre Gesellschafter[3]. Allerdings kann die Einwilligung nicht uneingeschränkt durch die Gesellschafter erklärt werden[4].

82

Dem Einverständnis **sämtlicher Gesellschafter** einer Kapitalgesellschaft kommt grundsätzlich tatbestandsausschließende Wirkung zu[5]. Voraussetzung der Erteilung des Einverständnisses durch eine *Gesellschaftermehrheit* ist nicht nur ein (satzungsgemäßer Mehrheits-)Beschluss des die Gesamtheit der Gesellschafter repräsentierenden Gesellschaftsorgans, sondern stets die inhaltliche Befassung auch der Minderheitsgesellschafter mit der Frage der Billigung der betreffenden Pflichtwidrigkeit. Das ist nur zu bejahen, wenn die Gesamtheit der Gesellschafter mit der in Rede stehenden Fragestellung überhaupt befasst worden ist. Dies ist insbesondere dann nicht der Fall, wenn die fragliche

82a

---

1 BGH v. 21.12.2005 – 3 StR 470/04, BGHSt 50, 331.
2 BGH v. 12.1.1956 – 3 StR 626/54, BGHSt 9, 203 (216); BGH v. 30.8.2011 – 3 StR 228/11, NStZ-RR 2012, 80; BGH v. 27.8.2010 – 2 StR 111/09, NJW 2010, 3458; dies wird insbesondere aus deren Befugnis zur Erteilung von Weisungen gegenüber den Geschäftsführern gem. § 37 Abs. 1 GmbHG und zu Abänderungen des Gesellschaftsvertrags gem. § 53 Abs. 1 GmbHG hergeleitet.
3 *Otto*, Die neuere Rechtsprechung zu den Vermögensdelikten, JZ 1985, 74.
4 *Schünemann* in LK, § 266 StGB Rz. 249 ff.; *Fischer*, § 266 StGB Rz. 93 ff.; BGH v. 30.8.2011 – 3 StR 228/11, NStZ-RR 2012, 80; BGH v. 20.5.1981 – 3 StR 94/81, BGHSt 30,127; BGH v. 24.6.1952 – 1 StR 153/52, BGHSt 3, 32 (39); BGH v. 12.1.1956 – 3 StR 626/54, BGHSt 9, 203 (216); BGH v. 29.9.1982 – 2 StR 360/82, wistra 1983, 71; *Auer*, Gläubigerschutz durch § 266 StGB bei der einverständlichen Schädigung einer GmbH, Diss. 1991; *Fleck*, Missbrauch der Vertretungsmacht oder Treubruch des mit Einverständnis aller Gesellschafter handelnden GmbH-Geschäftsführers aus zivilrechtlicher Sicht, ZGR 1990, 31 ff.; *Flume*, Der strafrechtliche Schutz der GmbH gegen Schädigung mit Zustimmung der Gesellschafter, Diss. 1990; *Wodicka*, Die Untreue zum Nachteil der GmbH bei vorheriger Zustimmung aller Gesellschafter, 1993; *Radtke*, Einwilligung und Einverständnis der Gesellschafter bei der sog. GmbH-rechtlichen Untreue, GmbHR 1998, 311; krit. *Perron* in S/S, § 266 StGB Rz. 21a.
5 Vgl. BGH v. 27.8.2010 – 2 StR 111/09 – Einrichtung einer schwarzen Kasse im Ausland, BGHSt 55, 266 unter Hinweis auf BGH v. 21.12.2005 – 3 StR 470/04 – Mannesmann, BGHSt 50, 331 (342) betr. die Aktiengesellschaft; enger *Krekeler/Werner*, Unternehmer und Strafrecht, 2006, wonach stets das Einverständnis aller Gesellschafter erforderlich ist.

Pflichtwidrigkeit vor der Minderheitsgesellschafterin bzw. deren willensbildenden Organen planmäßig verschleiert worden ist[1].

83 Für die GmbH bedeutet dies: Zwar können der GmbH mit Zustimmung ihrer Gesellschafter Vermögenswerte entzogen werden, weil sie gegenüber ihren Gesellschaftern keinen Anspruch auf ihren ungeschmälerten Bestand hat; § 29 GmbHG erlaubt eine Gewinnausschüttung und damit auch die Verringerung des Gesellschaftsvermögens[2]. Die Einwilligung ist allerdings in den Fällen unwirksam, in denen der *Geschäftsführer gegen Gesellschaftsrecht* („zwingendes Recht") verstößt[3].

Beispiel: Der Geschäftsführer und Mehrheitsgesellschafter einer GmbH, über deren Vermögen durch Beschluss des Insolvenzgerichts wegen Überschuldung und Zahlungsunfähigkeit ein Insolvenzverfahren eröffnet wurde, hatte zuvor dem Vermögen der GmbH ohne Wissen seiner Mitgesellschafter in einer Vielzahl von Fällen Bargeld in Millionenhöhe entnommen. Denkbar ist sowohl Untreue zum Nachteil der Mitgesellschafter durch eine unberechtigte Gewinnentnahme als auch Untreue zum Nachteil der GmbH selbst, wenn durch die Entnahmen eine konkrete Existenzgefährdung für die Gesellschaft entsteht[4].

84 Eine unwirksame Einwilligung ist anzunehmen, wenn unter Verstoß gegen Gesellschaftsrecht die wirtschaftliche Existenz der Gesellschaft gefährdet wird[5]. Soweit dabei in der zivilrechtlichen Praxis von existenz*vernichtendem*, im Strafrecht (inhaltlich deckungsgleich) jedoch von existenz*gefährdendem* Eingriff gesprochen wird, ist diese terminologische Abweichung darauf zurückzuführen, dass für den strafrechtlichen Schadens- oder Nachteilsbegriff die

---

1 BGH v. 27.8.2010 – 2 StR 111/09, BGHSt 55, 266.
2 BGH v. 19.2.2013 – 5 StR 427/12, GmbHR 2013, 480.
3 BGH v. 15.5.2012 – 3 StR 118/11, BGHSt 57, 229; BGH v. 30.8.2011 – 3 StR 228/11, NStZ-RR 2012, 80; BGH v. 31.7.2009 – 2 StR 95/09, BGHSt 54, 52.
4 BGH v. 30.9.2004 – 4 StR 381/04, NStZ-RR 2005, 86. Bei unberechtigter Gewinnentnahme zum Nachteil der Mitgesellschafter, die Familienangehörige sind, bedarf es ggf. eines Strafantrags, vgl. unten Rz. 208 und BGH v. 10.1.2006 – 4 StR 561/05, NStZ-RR 2007, 79.
5 Auch nach BGH v. 28.5.2013 – 5 StR 551/11 – Berliner Bankkonsortium, ZIP 2013, 1382, bildet der existenzgefährdende Eingriff als Grenze der Verfügungsbefugnis des Gesellschafters („wohl") den Oberbegriff, umfasst allerdings die Unterfälle Beeinträchtigung des Stammkapitals sowie Entziehung der Produktionsgrundlagen oder Gefährdung der Liquidität. Überwiegend werden (jedenfalls) die Fallgruppen wie dargestellt unterschieden, vgl. BGH v. 15.5. 2012 – 3 StR 118/11, BGHSt 57, 229; BGH v. 30.8.2011 – 3 StR 228/11, NStZ-RR 2012, 80; BGH v. 31.7.2009 – 2 StR 95/09, BGHSt 54, 52 („Entzug der Produktionsgrundlagen"); BGH v. 13.5.2004 – 5 StR 73/03 – Bremer Vulkan, BGHSt 49, 147 (158; wonach neben der Beeinträchtigung des Stammkapitals auch die konkrete und unmittelbare Existenzgefährdung mit dem „Entzug der Produktionsgrundlagen" und der Gefährdung der Liquidität vorliegen kann); s. auch *Schünemann* in LK, § 266 StGB Rz. 249 ff.; *Fischer*, § 266 StGB Rz. 93 ff.; *Dierlamm* in MüKo, § 266 StGB Rz. 143 ff.; *Hoyer* in SK, § 266 StGB Rz. 63 ff.; *Perron* in S/S, § 266 StGB Rz. 21 ff.; *Lackner/Kühl*, § 266 StGB Rz. 20a; *Waßmer* in G/J/W, § 266 StGB Rz. 151 ff.; *Tiedemann*, WiStrafR AT, Rz. 324 ff. Allerdings wird teilweise auch die Gefährdung der Liquidität und damit der Existenz der Gesellschaft mit dem existenzgefährdenden Eingriff gleichgesetzt, vgl. etwa *Wessing/Krawczyk*, NZG 2011, 1297.

schadensgleiche Gefährdung ausreicht[1], während im Zivilrecht der Gefährdungsgedanke in diesem Zusammenhang keine Rolle spielt[2] (vgl. § 82 Rz. 26).

Die wirtschaftliche Existenz der Gesellschaft wird gefährdet durch die der Insolvenz (regelmäßig vorgelagerte) Beeinträchtigung des Stammkapitals entgegen § 30 GmbHG[3] (den Angriff auf das Stammkapital) und durch die Herbeiführung oder Vertiefung einer Überschuldung[4] oder die Gefährdung der Liquidität[5]. Grundlage aller Fallgestaltungen sind also die *insolvenzrechtlichen Krisen* (vgl. unten § 78, § 79). Erfasst werden aber nicht nur vermögensmindernde Handlungen *in* diesen Krisen, sondern auch Handlungen, die eine dieser Krisen *kausal herbeiführen* (vgl. § 79 Rz. 29, § 81 Rz. 63). Bei der Prüfung der Frage, ob ein existenzgefährdender Eingriff vorliegt, ist daher die Bewertung des Vermögens von der Beurteilung der Liquidität stets zu trennen (zu den insolvenzrechtlichen Krisen vgl. unten § 78, § 79).

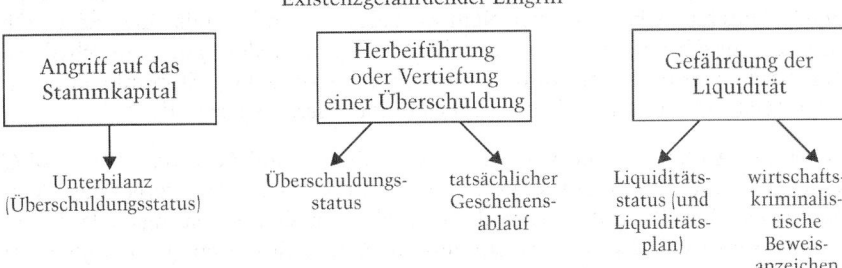

aa) Bei der Betrachtung des *Vermögens* einer juristischen Person bedarf es regelmäßig der Erstellung eines sog. Überschuldungsstatus[6]. Zwar hat die in der Handelsbilanz ausgewiesene (bilanzielle) Überschuldung indizielle Bedeutung[7]; zu ermitteln ist jedoch – abhängig vom Bewertungsziel (Fortführung oder Liquidation) – der wahre wirtschaftliche Wert der Vermögenswertgegenstände, mithin das *Schuldendeckungspotenzial* der Vermögensmasse (vgl. § 79 Rz. 7, 33). Eine relevante Unterdeckung liegt demnach vor, wenn das Vermögen des Unternehmens die Schulden nicht mehr deckt (zur Überschuldung bzw. Vermögenskrise vgl. unten § 79). Damit ist jedoch nicht der Begriff der Überschuldung nach dem FMStG gemeint, weil es auf die Fortführungsprognose nicht

---

1 BGH v. 31.7.2009 – 2 StR 95/09, BGHSt 54, 52; BGH v. 13.5.2004 – 5 StR 73/03, BGHSt 49, 147; BGH v. 17.2.1999 – 5 StR 494/98 – Fall Diestel, BGHSt 44, 376.
2 BGH v. 13.5.2004 – 5 StR 73/03, BGHSt 49, 147.
3 *Hommelhoff* in Lutter/Hommelhoff, § 29 GmbHG Rz. 47, § 30 GmbHG Rz. 23 ff.; *Schünemann* in LK, § 266 StGB Rz. 249 ff.
4 BGH v. 11.8.1989 – 3 StR 75/89, wistra 1990, 99. Zur Übertragung des gesamten Anlage- und Umlaufvermögens vgl. auch BGH v. 30.5.2013 – 5 StR 309/12, GmbHR 2013, 820.
5 BGH v. 13.5.2004 – 5 StR 73/03, BGHSt 49, 147 (157 ff.); BGH v. 10.2.2009 – 3 StR 372/08, NJW 2009, 2225 (2227); BGH v. 31.7.2009 – 2 StR 95/09, BGHSt 54, 52 (57 ff.).
6 BGH v. 14.1.2003 – 4 StR 336/02, wistra 2003, 301; BGH v. 24.1.1961 – 1 StR 132/60, BGHSt 15, 306 (309); *Richter*, GmbHR 1984, 1309.
7 *Kleindiek* in Lutter/Hommelhoff, Anh. zu § 64 GmbHG Rz. 17 ff.

tatbestands-, sondern wertbestimmungsmäßig ankommt. Soweit die Zivilrechtsprechung das Vorliegen (das Herbeiführen oder Vertiefen) einer *Unterbilanz*[1] fordert, betrifft dies allein das Auszahlungsverbot des § 30 Abs. 1 GmbHG. Eine solche Unterbilanz ergibt sich aus dem Vergleich des Nettovermögens der Gesellschaft und ihrem statutatorischen Stammkapital (vgl. § 82 Rz. 6 und § 26 Rz. 73). Stille Reserven werden darin, anders als im Überschuldungsstatus, nicht aufgedeckt[2].

85a § 30 Abs. 1 GmbHG bindet nach seinem Wortlaut und Zweck nur den Teil des Gesellschaftsvermögens, der rechnerisch dem in der Satzung ausgewiesenen Stammkapital entspricht. Er schützt die Gesellschaft und ihre Gläubiger gegen eine Aushöhlung des satzungsmäßig bestimmten, im Handelsregister eingetragenen Nennkapitals durch Entnahmen der Gesellschafter. Auszahlungen an den Gesellschafter dürfen daher nur geleistet werden, wenn die Aktiva die Passiva übersteigen und zudem nur in der Höhe, in welcher der sich daraus ergebende Unterschiedsbetrag den Nennwert des Stammkapitals übersteigt[3]. Ob mit der Auszahlung nicht nur ein pflichtwidriger, sondern auch ein schadensverursachender und damit untreuerelevanter Angriff auf das Stammkapital vorliegt, lässt sich nur anhand eines Überschuldungsstatus feststellen[4].

85b Nach der Änderung von § 30 Abs. 1 S. 2 Alt. 2 GmbHG *durch das MoMiG* kommt es allerdings dann nicht zu einer gem. § 30 GmbHG verbotenen Auszahlung an Gesellschafter, wenn diese durch einen Gegenleistungs- oder Rückzahlungsanspruch der Gesellschaft gegenüber dem Gesellschafter *kompensiert* wird, welcher i.S. von § 253 HGB bilanziell vollwertig sein muss.

85c Dies ist insbesondere für **Darlehen zwischen verbundenen Unternehmen** von Bedeutung, auch für die Gewährung eines unbesicherten, kurzfristig rückforderbaren *„Upstream-Darlehens"* durch eine abhängige AG an ihre Mehrheitsaktionärin, wenn die Rückzahlungsforderung im Zeitpunkt der Darlehensausreichung vollwertig ist[5]. Allerdings muss das Organ der abhängigen Gesellschaft laufend etwaige Änderungen des Kreditrisikos prüfen und auf eine sich nach der Darlehensausreichung andeutende Bonitätsverschlechterung mit einer Kreditkündigung oder mit der Anforderung von Sicherheiten reagieren[6]. Die Zustimmung zu einer Darlehensgewährung, der ein bloß eingeschränkt werthaltiger Anspruch gegenübersteht, kann das Stammkapitalerhaltungs-

---

1 Ausführlich hierzu *Hommelhoff* in Lutter/Hommelhoff, § 30 GmbHG Rz. 10 ff.; *Verse* in Scholz, 11. Aufl., § 30 GmbHG Rz. 52 ff.
2 BGH v. 11.12.1989 – II ZR 87/98, BGHZ 109, 334.
3 *Maurer*, GmbHR 2004, 1549 m.w.Nw.
4 BGH v. 10.1.2006 – 4 StR 561/05, wistra 2006, 229; vgl. auch BGH v. 24.6.1952 – 1 StR 153/52, BGHSt 3, 32 (40); BGH v. 12.1.1956 – 3 StR 626/54, BGHSt 9, 203 (216); BGH v. 24.8.1988 – 3 StR 232/88, BGHSt 35, 333; BGH v. 10.7.1996 – 3 StR 50/96, NJW 1997, 66; BGH v. 18.6.2003 – 5 StR 489/02, NJW 2003, 2996.
5 BGH v. 1.12.2008 – II ZR 102/07, GmbHR 2009, 199; vgl. auch *Mahler*, Verstoß gegen § 64 S. 3 GmbHG bei „Upstream-Securities", GmbHR 2012, 504.
6 BGH v. 1.12.2008 – II ZR 102/07, GmbHR 2009, 199.

gebot aus § 30 GmbHG bzw. das Auszahlungsverbot nicht beseitigen[1] und ist deshalb unwirksam.

bb) Dies gilt auch für die Zustimmung zur **Rückgewähr von Gesellschafterdarlehen**. Zwar ist durch die Änderung des § 30 GmbHG und die ersatzlose Aufhebung von §§ 32a und 32b GmbHG das Verbot der Rückgewähr von eigenkapitalersetzenden Gesellschafterdarlehen entfallen. Jedoch dürfen solche Darlehen nach § 64 S. 3 GmbHG (n.F.) dann nicht zurückgezahlt werden, wenn dies für den Geschäftsführer erkennbar zur *Zahlungsunfähigkeit* der Gesellschaft führen würde (vgl. Rz. 87b).

85d

Die Aufstellung einer Bilanz nach Zerschlagungswerten *zur Feststellung* eines Angriffs auf das Stammkapital einer GmbH kann *entbehrlich* sein, wenn sich die Gefährdung der Existenz (oder der Liquidität, vgl. Rz. 86) der GmbH allein aufgrund des **tatsächlichen Geschehensablaufs** feststellen lässt[2]. Das kommt nach der Rechtsprechung des BGH insbesondere bei relativen großen Entnahmen (etwa bei „vorweggenommener Gewinnausschüttung") in Betracht, wenn die *Gesellschaft in absehbarem zeitlichem Zusammenhang damit insolvent wird*. Eine Existenzgefährdung durch *Aushöhlung* liegt dann nahe[3] (vgl. § 87 Rz. 21).

85e

So lassen der tatsächliche Geschehensablauf – Insolvenzeintritt alsbald nach den Entnahmen, Verkauf der GmbH an einen „Firmenbestatter", unberechtigte Zahlungsstockungen, „wirtschaftliche Schwierigkeiten" der GmbH (und des Mutterkonzerns) – sowie eine Gesamtabwägung der Indizien eine „Aushöhlungsabsicht" und den Eintritt einer Existenzgefährdung zwar vermuten. Es bedarf aber gleichwohl einer hinreichend konkreten Darstellung der *Vermögens*situation der GmbH zum Zeitpunkt der jeweiligen Entnahmen[4].

Rechtswidrig ist auch die *Zustimmung* zur Entziehung von Vermögen ohne unmittelbare Beeinträchtigung des Stammkapitals, wenn hierdurch die Gesellschaft nach den Grundsätzen der Existenzvernichtungshaftung gefährdet wird[5], z.B. durch **Entzug der Produktionsgrundlagen**.

85f

Beispiel: Die Geschäftsführer und Mehrheitsgesellschafter einer GmbH, die eine Kies- und Sandbaggerei betreibt, schaffen Anlagevermögen, nämlich die zum Betrieb notwendigen Bagger, Rüttelsiebe, Steinbrecher und Waschanlagen zur Nachfolger-Kommanditgesellschaft, bei der einer der Geschäftsführer persönlich haftender Gesellschafter, der andere Kommanditist ist[6].

---

1 *Hommelhoff* in Lutter/Hommelhoff, § 29 GmbHG Rz. 48, § 30 GmbHG Rz. 25, 32; *Vetter* in Goette/Habersack, MoMiG, 303.
2 BGH v. 10.1.2006 – 4 StR 561/05, wistra 2006, 229; BGH v. 24.8.1988 – 3 StR 232/88, BGHSt 35, 333; BGH v. 29.5.1987 – 3 StR 242/86, BGHSt 34, 379.
3 BGH v. 24.8.1988 – 3 StR 232/88, NStZ 1989, 23; BGH v. 11.8.1989 – 3 StR 75/89, wistra 1990, 99; BGH v. 24.10.1990 – 3 StR 16/90, wistra 1991, 107; *Tiedemann* in Scholz, vor §§ 82 ff. GmbHG Rz. 20.
4 BGH v. 19.2.2013 – 5 StR 427/12, GMbHR 2013, 480.
5 Krit. *Dierlamm* in MüKo, § 266 StGB Rz. 147 ff.; *Ransiek*, ZGR 2005, 121 zur Limited.
6 Vgl. BGH v. 24.6.1952 – 1 StR 153/52 (zu § 81a GmbHG a.F.); BGH v. 22.1.1964 – 2 StR 485/63 (zu § 81a GmbHG a.F.).

86 **cc)** Bei der Betrachtung der **Liquidität** einer juristischen Person ist der sog. *Liquiditätsstatus*[1] von Bedeutung. In diesem sind die liquiden Mittel den fälligen Verbindlichkeiten stichtagsbezogen gegenüberzustellen (vgl. im Einzelnen unten § 78). Seine Erstellung ist jedoch nicht in jedem Fall notwendig. Die Frage der Einholung eines Sachverständigengutachtens ist vielmehr stets unter Berücksichtigung aller Umstände des Einzelfalls zu prüfen[2]. Insbesondere bei Fehlen vollständiger Buchhaltungsunterlagen kann oft nur tatzeitbezogen der tatsächliche Geschehensablauf festgestellt und in einer Gesamtabwägung aller Indizien – der *wirtschaftskriminalistischen Beweisanzeichen* – der Eintritt der Existenzgefährdung dargelegt werden[3].

86a Fehlt die **überlebensnotwendige Liquidität** oder wird sonst *in die Interessen der Gesellschaft* eingegriffen[4] und entsteht daraus erkennbar ein Insolvenzrisiko, das sich später realisiert, oder wird hierdurch eine bereits bestehende Insolvenzreife vertieft, kann sich daher auch aus den Gesamtumständen des Einzelfalles ergeben, dass eine zum konkreten Insolvenzrisiko führende Maßnahme der Gesellschafter rechtswidrig ist. Nicht selten wird dabei jedoch durch die Entnahmen bereits das Stammkapital angegriffen worden sein[5].

87 Rechtswidrig und deshalb unwirksam ist auch die Zustimmung zu *Zahlungen*, die *nach Eintritt der Zahlungsunfähigkeit* oder nach Feststellung der *Überschuldung* geleistet werden. Ferner liegt nach § 64 S. 1 GmbHG i.d.F. des MoMiG eine Pflichtwidrigkeit vor, wenn durch die Zahlung eine **Vertiefung der Zahlungsunfähigkeit** erfolgt. Der Geschäftsführer darf – auch nach neuem Rechtszustand – die Gesellschaft in deren Krise nicht aushöhlen, Gewinne verdeckt ausschütten oder Gesellschafterleistungen zum Nachteil der anderen Gesellschaftsgläubiger zurückführen und somit die Regelungen des Insolvenzrechtes unterlaufen[6].

87a Nach **§ 64 S. 1 GmbH** sind die Geschäftsführer der Gesellschaft zum Ersatz von Zahlungen verpflichtet, die nach Eintritt der Zahlungsunfähigkeit der Gesellschaft oder nach Feststellung ihrer Überschuldung geleistet werden[7]. Die Vorschrift begründet ihrem Wortlaut nach zwar lediglich einen *Ersatzanspruch eigener Art*[8], wird aber nach allgemeiner Ansicht ebenso wie § 64 S. 3 GmbHG

---

1 BGH v. 30.8.2011 – 2 StR 652/10; StV 2012, 584; BGH v. 30.1.2003 – 3 StR 437/02, wistra 2003, 232.
2 BGH v. 24.8.1988 – 3 StR 232/88, BGHSt 35, 333; BGH v. 18.6.2003 – 5 StR 489/02, NStZ 2004, 41; vgl. auch BGH v. 20.12.1994 – 1 StR 593/94, StV 1995, 298 m. Anm. *Langkeit*, WiB 1995, 404; BGH v. 10.7.1996 – 3 StR 50/96, NStZ 1996, 540; *Geerds*, JR 1997, 340; aus zivilrechtlicher Sicht *Röhricht*, Leitungsmacht versus Gläubigerschutz im GmbH-Recht, in FS 50 Jahre BGH, 2000, S. 83; *Röhricht*, Insolvenzrechtliche Aspekte im Gesellschaftsrecht, ZIP 2005, 505 (513).
3 BGH v. 19.2.2013 – 5 StR 427/12, GmbHR 2013, 480.
4 *Hommelhoff* in Lutter/Hommelhoff, § 30 GmbHG Rz. 26, § 13 GmbHG Rz. 25 ff.
5 BGH v. 24.8.1988 – 3 StR 232/88, BGHSt 35, 333.
6 OLG Stuttgart v. 14.4.2009 – 1 Ws 32/09; *Bittmann*, wistra 2009, 104.
7 § 64 GmbHG i.d.F. v. 23.10.2008.
8 *Haas* in Baumbach/Hueck, § 64 GmbHG Rz. 7 m.w.Nw.

als (gesetzlich nicht geregeltes) *Zahlungsverbot* verstanden[1]. § 64 S. 1 (und S. 3) GmbHG erfasst damit einen Teilbereich des existenzgefährdenden (existenzvernichtenden) Eingriffs[2] und setzt nicht beim Gesellschafter als Empfänger der existenzbedrohenden Vermögensverschiebung an, sondern beim Geschäftsführer als deren Auslöser[3]. Sie betrifft dort auch nur Zahlungen, nicht aber die Aushöhlung der Existenzfähigkeit durch andere Eingriffe[4].

§ 64 S. 3 GmbHG verbietet Zahlungen der Geschäftsführer *an Gesellschafter,* soweit diese zur Zahlungsunfähigkeit der Gesellschaft führen, es sei denn, dies war auch bei Beachtung der in S. 2 bezeichneten Sorgfalt nicht erkennbar. Die *Zustimmung* zu solchen *kausal* zur Zahlungsunfähigkeit führenden Zahlungen ist *rechtswidrig* und deshalb unwirksam[5]. Allerdings wird die Zahlungsunfähigkeit nicht durch eine *Zahlung* an den Gesellschafter i.S. des § 64 S. 3 GmbHG *verursacht,* wenn die Gesellschaft bereits zahlungsunfähig ist[6]. Da die *fällige* (ernsthaft eingeforderte) Forderung in die Liquiditätsbilanz einzustellen ist[7] (vgl. § 78 Rz. 21), kann die *Zahlung* an einen Gesellschafter allerdings die Zahlungsunfähigkeit nur herbeiführen, wenn sie eine bestehende *Liquiditätslücke* von weniger als 10 % auf (mindestens) 10 % vergrößert[8]. Das Gleiche gilt, wenn auf eine Gesellschafterforderung gezahlt wird, deren Befriedigung an und für sich nicht zur Zahlungsunfähigkeit führt, von deren Belassen aber Kreditgeber außerhalb des Gesellschafterkreises den Fortbestand, die Verlängerung oder die Gewährung ihrer Kredite abhängig gemacht haben[9] (zum Schaden bei der Rückgewähr von Gesellschafterdarlehen vgl. Rz. 188a).

87b

---

1 BGH v. 25.1.2011 – II ZR 196/09, GmbHR 2011, 367, Anm. *Poertzgen*; BGH v. 9.10.2012 – II ZR 298/11, BGHZ 195, 42 Rz. 18; vgl. auch BT-Drucks. 16/6140, S. 46.
2 BT-Drucks. 16/6140, S. 46.
3 So die Begründung in BT-Drucks. 16/6140, S. 46; BGH v. 31.7.2009 – 2 StR 95/09, BGHSt 54, 52.
4 BGH v. 31.7.2009 – 2 StR 95/09, BGHSt 54, 52: Danach handelt es sich bei § 64 S. 3 GmbHG nicht um eine abschließende Regelung der Existenzvernichtungshaftung; die Vorschrift berührt vielmehr die bisherige straf- wie zivilgerichtliche Rspr. zur Haftung des Gesellschafters für existenzgefährdende bzw. -vernichtende Eingriffe nicht.
5 Zur Diskussion, ob die Erfüllung fälliger, einredefreier und durchsetzbarer Gesellschafterverbindlichkeiten (kongruente Deckung) zur Zahlungsunfähigkeit führen können, vgl. etwa *Wälzholz* in Kallmeyer, GmbH-Hdb., Rz. 4133 ff. m.w.Nw.; *Weiß,* Strafbarkeit der Geschäftsführer wegen Untreue, GmbHR 2011, 350; *Desch,* Haftung des Geschäftsführer einer GmbH nach § 64 S. 3 GmbHG bei Rückzahlung von Gesellschafterdarlehen, BB 2010, 2586; vgl. auch *Maurer/Wolf*, wistra 2011, 327; *Bittmann*, NStZ 2009, 113 (118); *Bittmann*, wistra 2009, 102 (103); *Livonius*, wistra 2009, 91 (95).
6 BGH v. 9.10.2012 – II ZR 298/11, BGHZ 195, 42, Rz. 7 m. Anm. *Kleindiek*, BB 2013, 19.
7 BGH v. 9.10.2012 – II ZR 298/11, BGHZ 195, 42, Rz. 7; es ist mithin der Zeitpunkt der Aufnahme in den Liquiditätsstatus als fällige Verbindlichkeit vom Zeitpunkt der Rückzahlung zu unterscheiden; vgl. hierzu die Beispiele von *Maurer/Wolf*, wistra 2011, 327.
8 BGH v. 9.10.2012 – II ZR 298/11, BGHZ 195, 42 (Rz. 13).
9 BGH v. 9.10.2012 – II ZR 298/11, BGHZ 195, 42 (Rz. 13).

88 Die vorgenannten Grundsätze gelten auch für die **Ein-Mann-GmbH**, da sie im Verhältnis zu ihrem Gesellschafter ein rechtlich selbständiges Vermögen hat[1]. Bringt der alleinige Gesellschafter-Geschäftsführer durch Barabhebungen von Konten der GmbH (als Vermögensträgerin), durch Einreichung von Schecks zu ihren Lasten und durch Einbehaltung von Kundenschecks Vermögensbestandteile für eigene Zwecke an sich, dann ist unter den zuvor (Rz. 83) genannten Voraussetzungen seine *Einwilligung* als Gesellschafter in seine Überschreitung der Vertretungsbefugnis *rechtswidrig* und deshalb unbeachtlich; die eigennützige Schädigung des Vermögens der GmbH erfüllt den Tatbestand der Untreue.

88a Selbst wenn bei einer **AG** alle Aktionäre Entnahmen des Vorstands zustimmen, durch die das *Grundkapital oder die gesetzlichen Rücklagen angegriffen* werden, so ist diese **Zustimmung rechtswidrig**. Die Zustimmung hat wegen des weitreichenden Kapitalerhaltungsgrundsatzes (§ 57 Abs. 1 AktG), der umfassende Vermögensbindung gewährleistet, keine strafausschließende Wirkung[2]. Dies gilt auch für die **Einpersonen-AG**[3]. Möglich ist eine Zustimmung *aller* Aktionäre (oder der diese repräsentierenden Hauptversammlung[4]) zu gesetzlich nicht vorgesehenen Entnahmen, die das *Grundkapital oder die gesetzlichen Rücklagen nicht tangieren*. Stimmt jedoch nur der Großaktionär der Schädigung zu, so kann hierin ein strafrechtlich relevantes Einverständnis nicht erblickt werden, selbst wenn dieser – wie im Fall *Mannesmann* zum Zeitpunkt der Prämienauszahlung – einen Anteil von 98,66 % am Grundkapital besitzt[5].

89 Liegt nach alledem ein existenzgefährdender Eingriff *nicht* vor, handelt es sich vielmehr um **Vorabausschüttungen** auf den erwarteten Jahresgewinn i.S. von § 29 GmbHG, sind diese generell zulässig (und tatsächlich weit verbreitet)[6]. Voraussetzung ist jedoch die begründete Erwartung eines Gewinns für das laufende Geschäftsjahr; dieser braucht zwar noch nicht angefallen sein, muss aber in der angenommenen Höhe bei *gewissenhafter Prüfung nach ordentlichen kaufmännischen Grundsätzen* wahrscheinlich sein, sodass wegen § 30 GmbHG die Auszahlung ohne Beeinträchtigung des Stammkapitals im Auszahlungszeitpunkt möglich sein muss. Aussagekräftige Unterlagen – etwa eine bilanzähnliche Vorausberechnung mit einer Liquiditätsprognose[7] – sind i.d.R.

---

1 St. Rspr., z.B. BGH v. 20.5.1981 – 3 StR 94/81, NJW 1981, 1793; BGH v. 4.4.1979 – 3 StR 488/78, BGHSt 28, 371.
2 *Brand*, Die Strafbarkeit des Vorstandes gem. § 266 StGB trotz Zustimmung aller Aktionäre, AG 2007, 681; vgl. auch *Seier* in A/R, V. 2 Rz. 231.
3 *Loeck*, Strafbarkeit des Vorstandes der Aktiengesellschaft wegen Untreue, 2006, 104; *Kaufmann*, Organuntreue zum Nachteil von Kapitalgesellschaften, 1999, 150.
4 BGH v. 21.12.2005 – 3 StR 470/04, BGHSt 50, 331.
5 BGH v. 21.12.2005 – 3 StR 470/04, BGHSt 50, 331 (342 f.), m. Anm. *Ransiek*, NJW 2006, 814.
6 *Hueck/Fastrich* in Baumbach/Hueck, § 29 GmbHG Rz. 60; BGH v. 24.8.1988 – 3 StR 232/88, BGHSt 35, 333.
7 *Hommelhoff* in Lutter/Hommelhoff, § 29 GmbHG Rz. 46.

unentbehrlich[1]. Dies gilt insbesondere dann, wenn es sich um **verdeckte Gewinnausschüttungen** handelt[2].

Werden **zulässige Vorabausschüttungen** – d.h. ohne Beeinträchtigung des Stammkapitals – getätigt, liegt keine Untreue vor, wenn die Ausschüttung durch Falschbuchung verschleiert wird. Die *frühere Rechtsprechung* des BGH[3], wonach bereits bei Verstößen gegen die Grundsätze eines ordentlichen Kaufmanns Untreue vorliegt, wurde aufgegeben[4]. Damit scheinen **verdeckte Entnahmen** in der für Straftaten anfälligen GmbH leicht möglich zu sein. Allerdings liegt bei fehlender Offenlegung der Entnahmen gegenüber dem Finanzamt ein Vergehen der Steuerhinterziehung vor. Zu bedenken ist zudem, dass im Falle einer verdeckten Gewinnausschüttung viel eher als bei einer offenen nicht mit Körperschaftsteuer belastete Teile des verwendbaren Eigenkapitals in Anspruch genommen werden, was zu einer Erhöhung der Körperschaftsteuer führt (§ 27 KStG)[5].

89a

2. Personengesellschaften

Da bei **Personen- und Personenhandelsgesellschaften** die einzelnen Gesellschafter gemeinsam Vermögensinhaber sind, können sie wirksam die Einwilligung in Handlungen des Geschäftsführers erklären[6]. Wegen der persönlichen Haftung eines oder mehrerer oder aller Gesellschafter ist das Gesellschaftsvermögen weniger schutzbedürftig und tatsächlich auch weit weniger gefährdet.

90

Bei der **GmbH & Co KG** hat die Komplementär-GmbH ein eigenes Vermögen, über das deren Gesellschafter nicht frei verfügen können, sodass durch Handlungen des Geschäftsführers der GmbH eine Untreue zum Nachteil der Komplementär-GmbH eintreten kann[7]. Dies ist z.B. dann der Fall, wenn Verfügun-

91

---

1 *Kohlmann* in Hachenburg, vor § 82 GmbHG Rz. 13, 39; *Hommelhoff* in Lutter/Hommelhoff, § 29 GmbHG Rz. 45; *Renkl*, BB 1988, 2069; *Vonnemann*, BB 1989, 877; OLG Hamm v. 5.2.1992 – 8 U 159/91, GmbHR 1992, 456.
2 BGH v. 24.8.1988 – 3 StR 232/88, BGHSt 35, 333.
3 BGH v. 29.5.1987 – 3 StR 242/86, BGHSt 34, 379.
4 BGH v. 19.2.2013 – 5 StR 427/12, GmbHR 2013, 480; zur Entwicklung der Rspr.-Änderung vgl. *Brammsen*, Strafbare Untreue des Geschäftsführers bei einverständiger Schmälerung des GmbH-Vermögens, DB 1989, 1609; *Gribbohm*, ZGR 1990, 1; *Hellmann*, wistra 1989, 214; *Kohlmann*, Die strafrechtliche Verantwortlichkeit des GmbH-Geschäftsführers, 1990, bes. Rz. 179 ff.; *Labsch*, wistra 1985, 1; *Meilicke*, BB 1988, 1261; *Reiß*, wistra 1989, 81; *Renkl*, BB 1988, 20 (69); *Ulmer* in FS Pfeiffer, 1988, S. 853 ff.; *Vonnemann*, GmbHR 1988, 329; *Vonnemann*, BB 1989, 877; *Winkelbauer*, wistra 1986, 17.
5 So BGH v. 24.8.1988 – 3 StR 232/88, BGHSt 35, 333 mit dem Hinweis darauf, dass eine offene Gewinnausschüttung demgegenüber – zur Vermeidung einer Körperschaftsteuererhöhung – im Allgemeinen so bemessen wird, dass dafür genügend besteuertes Eigenkapital zur Verfügung steht; vgl. auch *Tiedemann*, WiStrafR AT, Rz. 330.
6 BGH v. 29.11.1983 – 5 StR 616/83, wistra 1984, 71.
7 BGH v. 22.2.1991 – 3 StR 348/90, wistra 1991, 183; BGH v. 3.5.1991 – 2 StR 613/90, NStZ 1991, 432.

92 gen über das gesamthänderisch verbundene Vermögen (der KG) im Rahmen der Haftung[1] (§§ 161 Abs. 1, 128 HGB) zu einem Angriff auf das Stammkapital der GmbH bzw. zu einer Überschuldung bzw. deren Vertiefung führen[2].

92 Die nach rechtsgültigem Abschluss des GmbH-Vertrags entstandene **Vorgesellschaft** (vgl. Rz. 22) hat zwar eine weitgehende Selbständigkeit[3], ist aber vor Eintragung im Handelsregister keine juristische Person (§ 11 Abs. 1 GmbHG). Noch sind die einzelnen Gesellschafter die Vermögensträger, denen gegenüber der Geschäftsführer verpflichtet ist. Sie können rechtswirksam ihr Einverständnis erklären[4].

C. Treubruchstatbestand

93 Der *Strafbarkeitsbereich* des Treubruchstatbestandes ist *wesentlich weiter* als der des Missbrauchstatbestandes. Bestraft wird, wer die ihm kraft eines Treueverhältnisses obliegende Pflicht, **fremde Vermögensinteressen wahrzunehmen**, verletzt. Diese Pflicht muss jedoch besondere Qualifikationen haben (Rz. 106 ff.). Damit lässt das Gesetz als Grundlage für die Strafbarkeit neben rechtlichen Treueverhältnissen *jedes tatsächliche Treueverhältnis* ausreichen. Ferner ist beim Treubruchstatbestand ein *tatsächliches Einwirken* auf das fremde zu betreuende Vermögen ausreichend, während beim Missbrauchstatbestand ein wirksames rechtsgeschäftliches Handeln Voraussetzung ist.

Beispiel: Die Strafbarkeit des verantwortlichen Kreditsachbearbeiters einer Bank, der das Kreditengagement im Innenverhältnis federführend bearbeitet und nicht im Außenverhältnis wirksam über das Vermögen der Bank verfügt hat, bestimmt sich nach dem Treubruchstatbestand gem. § 266 Abs. 1 Alt. 2 StGB und nicht nach dem Missbrauchstatbestand (§ 266 Abs. 1 Alt. 1 StGB)[5].

---

1 *Uhlenbruck*, GmbHR 1971, 72; *Binz/Sorg*, GmbH & Co KG, 11. Aufl. 2010, § 12 Rz. 46 ff.
2 *Rönnau*, „kick-backs"..., in FS Kohlmann, 2003, S. 239 (247) m.w.Nw; BGH v. 11.11.2004 – 5 StR 299/03, NJW 2005, 300 (Entgegennahme von Schreiber-Provisionen durch Thyssen-Manager) m. Anm. *Vogel*, JR 2005, 123; vgl. auch BGH v. 28.1.1983 – 1 StR 820/81, NJW 1983, 1807; BGH v. 6.2.2001 – 5 StR 571/00, wistra 2001, 295; BGH v. 4.4.2001 – 1 StR 582/00, wistra 2001, 304.
3 Sie kann die Firma der GmbH führen (GmbH i.G.), sie hat Geschäftsführer, kann ein Bankkonto führen und kann in das Grundbuch eingetragen werden (BGH v. 2.5.1966 – II ZR 219/63, BGHZ 45, 338), sie ist aktiv und passiv parteifähig (*Karsten Schmidt* in Scholz, § 11 GmbHG Rz. 34) und insolvenzfähig (vgl. § 11 Abs. 2 Nr. 1 InsO, BGH v. 9.10.2003 – IX ZB 34/03, ZIP 2003, 2123; *Karsten Schmidt* in Scholz, § 11 GmbHG Rz. 35; *Casper* in Ulmer/Habersack/Winter, Ergänzungsbd. MoMiG, 2010, § 64 GmbHG Rz. 31).
4 *Kohlmann*, Wider die Furcht vor § 266 StGB, JA 1980, 228 (234); BGH v. 17.6.1952 – 1 StR 668/51, BGHSt 3, 23 (25); vgl. auch BGH v. 24.7.1991 – 4 StR 258/91, BGHR StGB § 266 Abs. 1 Nachteil 27, nicht eingetragene GmbH.
5 BGH v. 13.8.2009 – 3 StR 576/08 – Sengera, wistra 2010, 21 m. Anm. in NJW-Spezial 2009, 680.

I. Vermögensbetreuungspflicht

1. Rechtliche Treueverhältnisse

Die *rechtlichen Vermögensbetreuungsverhältnisse* können sich aus Gesetz, behördlichem Auftrag, Rechtsgeschäft oder einem sonstigen Treueverhältnis ergeben. Damit sind zunächst *alle* die **Vermögensbetreuungsverhältnisse** gemeint, die bereits **beim Missbrauchstatbestand** dargestellt wurden (Rz. 24 ff.). 94

Dazu treten die Fälle, in denen die Berufung eines **Kontrollorgans** durch Satzung oder durch das Gericht eine Vermögensfürsorgepflicht begründet. Es handelt sich hierbei um Vermögensbetreuungsverhältnisse, die nur intern bestehen und denen keine Vertretungsbefugnis entspricht. 95

Als Beispiele sind hier zu nennen: 96
– die Mitglieder des *Aufsichtsrats einer AG* (näher Rz. 120);
– die Mitglieder des *fakultativen Aufsichtsrats* einer GmbH (§ 52 GmbHG i.V.m. § 93 AktG);
– die Mitglieder des *Aufsichtsrats einer Genossenschaft* (§§ 36, 38 GenG);
– der *Prüfer* einer AG[1] einschließlich der *Sonderprüfer*[2];
– *vertraglich beauftragte Kontrollorgane*, wie z.B. der Controller eines Unternehmens oder der Controller einer Bank, welche wichtige Kontrollaufgaben ausüben[3];
– die Mitglieder eines *Gläubigerausschusses* in der Insolvenz (§§ 67 ff. InsO; Rz. 129)[4];
– der *Gegenvormund*, der nach § 1799 BGB zur Kontrolle der vormundschaftlichen Geschäftsführung verpflichtet ist, ohne selbst das Mündel zu vertreten (vgl. auch §§ 1792, 1802 Abs. 1, 1810, 1812 BGB)[5].

Zu den möglichen Treubruchstätern gehören auch alle Arten von **Treuhändern**, da diese nach außen als Geschäftsherren und nicht als Vertreter auftreten[6], wie z.B. der treuhänderische Eigentümer oder der indirekte Inkassomandatar. Auch *freiberuflichen Berater* wie der Notar, der im Rahmen seiner Treuhandtätigkeit als objektiver Sachwalter der Beteiligten fremde Vermögensinteressen kraft eigener Rechtsmacht wahrnimmt[7], der Rechtsanwalt[8] oder der Steuerbera- 97

---

1 *Geilen*, AktienstrafR, vor § 399 AktG Rz. 11 ff., § 403 AktG Rz. 48; *Seiler*, Die Untreuestrafbarkeit des Wirtschaftsprüfers, 2007, 143.
2 Soweit die Prüfung Wirtschaftsprüfern vorbehalten ist, gelten §§ 1, 2, 15 WPO; *Schünemann* in LK, § 266 StGB Rz. 60.
3 *Preussner/Pananis*, Risikomanagement und strafrechtliche Verantwortung – Corporate Governance am Beispiel der Kreditwirtschaft, BKR 2004, 347.
4 *Schünemann* in LK, § 266 StGB Rz. 143 m.w.Nw.
5 *Diederichsen* in Palandt, § 1799 BGB Rz. 1.
6 Vgl. auch *Schünemann* in LK, § 266 StGB Rz. 157; BGH v. 4.4.1968 – II ZR 26/67, NJW 1968, 1471.
7 *Sandkühler* in Arndt/Lerch/Sandkühler, § 23 BNotO Rz. 16.
8 Zur Anwaltsuntreue vgl. BGH v. 5.3.2013 – 5 StR 438/12, NStZ 2013, 407 zu einem mit der Führung eines bürgerlichen Rechtsstreits beauftragten Rechtsanwalt; OLG Karlsruhe v. 30.8.1989 – 1 Ws 60/89, NStZ 1990, 82 (unterlassene Weiterleitung von Geldern an Mandanten); BGH v. 30.10.1985 – 2 StR 383/85, NStZ 1986, 361; BGH v. 3.10.1986 – 2 StR 256/86, wistra 1987, 65 (unterlassene Rückzahlung eines Kostenvorschusses); BGH v. 11.11.1982 – 4 StR 406/82, NJW 1983, 461; BGH v. 6.4.1982 – 5 StR 8/82, NStZ 1982, 331; *Franzheim*, Zur Untreuestrafbarkeit von Rechtsanwälten wegen falscher Behandlung von fremden Geldern, StV 1986, 409.

ter[1] können in Zusammenhang mit ihren Berufspflichten die Pflicht haben – je nach dem ihnen erteilten Auftrag –, das Vermögen ihrer Mandanten zu betreuen (vgl. auch unten § 90, § 96).

2. Tatsächliche Treueverhältnisse

98 Die Vermögensfürsorgepflicht kann sich auch aus einem **tatsächlichen Treueverhältnis** ergeben[2]. Allerdings sind hierbei nicht Verwandtschaft oder Freundschaft usw. gemeint, sondern Fälle, in denen ein Betreuungsverhältnis aus Rechtsgründen nicht wirksam entstanden oder bereits wieder erloschen ist. Rechtsprechung und Lehre haben folgende *Fallgruppen* entwickelt:

99 **a) Rechtsunwirksame Rechtsverhältnisse**, also Fälle, in denen ein Rechtsverhältnis begründet werden sollte, jedoch von Anfang an nicht zustande gekommen oder rückwirkend auf den Beginn rechtsunwirksam geworden ist[3].

Beispiele: Ein Rechtsanwalt veruntreut Kaufpreiszahlungen, die an ihn aufgrund formungültiger Kaufverträge und Vollmachten (§ 311b BGB) geleistet werden[4].

Ein nicht zugelassener Rechtsberater übernimmt Geschäftsbesorgungen für Rechtsuchende (*Verstoß gegen das RBeratG*[5] *a.F., jetzt Rechtsdienstleistungsgesetz*).

Ein Vertragspartner ist bei Abschluss des Vermögensfürsorgepflichten begründenden Vertrags geistesgestört[6].

Der Geschäftsführer einer GmbH erwirbt eigene Geschäftsanteile der GmbH mit der Folge, dass das Stammkapital beeinträchtigt wird[7].

Der Vorstand einer AG erwirbt durch einen Strohmann für die AG entgegen § 71 AktG eigene Aktien[8].

100 Zum Bereich der unwirksamen Betreuungsverhältnisse gehören auch die sog **faktischen Organstellungen**. Entscheidend für das Vorliegen einer Vermögensbetreuungspflicht ist die *tatsächliche Stellung und Tätigkeit*, z.B. als Geschäftsführer[9] (vgl. auch § 30 Rz. 56 ff.), und nicht, ob diese Bestellung zum Zeitpunkt der Tat nichtig oder anfechtbar oder aus einem sonstigen Grund un-

---

1 *Gehre/Koslowski*, 6. Aufl. 2009, § 57 StBerG Rz. 24 ff., 54, 90, 108; BGH v. 21.7.1989 – 2 StR 214/89, NStZ 1990, 77; *Fehrenbacher*, Private Vermögensplanung und SteuerberatungsG, DStR 2002, 1017; *Köhler/Hitz*, Die Vermögensbetreuungspflicht des Steuerberaters im Mandat und die Gefahr einer Strafbarkeit wegen Untreue gem. § 266 StGB, DStR 2013, 1052.
2 BGH v. 6.12.1983 – VI ZR 117/82, NJW 1984, 800; BGH v. 15.5.1990 – 5 StR 594/89, BGHR StGB § 266 Abs. 1 Vermögensbetreuungspflicht 13; BGH v. 26.6.1991 – 2 StR 24/91, juris; BGH v. 9.5.2012 – 4 StR 381/11, NStZ-RR 2012, 310; *Schünemann* in LK, § 266 StGB Rz. 61 ff.
3 *Perron* in S/S, § 266 StGB Rz. 30; *Kühl*, JuS 1989, 512; *Schünemann* in LK, § 266 StGB Rz. 63.
4 BGH v. 3.9.1953 – 1 StR 641/52.
5 BGH v. 25.6.1962 – VII ZR 120/61, BGHZ 37, 258.
6 *Schünemann* in LK, § 266 StGB Rz. 63; BGH v. 9.2.1970 – II ZR 137/69, BGHZ 53, 210.
7 BGH v. 12.1.1956 – 3 StR 626/54, BGHSt 9, 203.
8 BGH v. 12.1.1956 – 3 StR 626/54, BGHSt 9, 203 (213).
9 BGH v. 24.6.1952 – 1 StR 153/52, BGHSt 3, 32, 37; BGH v. 22.9.1982 – 3 StR 287/82, BGHSt 31, 118; *Kohlmann* in Hachenburg, vor § 82 GmbHG Rz. 47.

wirksam war. Dies gilt für Geschäftsführer, stellvertretende Geschäftsführer, Vorstände und Liquidatoren.

Beispiele:

– ein Vorstandsmitglied einer AG, das nicht durch den vorschriftsmäßig besetzten Aufsichtsrat bestellt wurde[1],

– ein Geschäftsführer, der ohne förmlich bestellt zu sein eine tatsächliche Geschäftsführerstellung innehatte[2],

– ein nicht wirksam bestellter stellvertretender Geschäftsführer, der jedoch tatsächlich seine Tätigkeit ausübte[3],

– der Ehemann der Hauptgesellschafterin einer GmbH, der nicht nur die Geschäftseröffnung durchgeführt, sondern auch das Geschäft selbständig führt[4],

– der Mitgesellschafter und Geschäftsführer einer als Holding-Gesellschaft tätigen GmbH, der in einer von der Holding erworbenen GmbH faktische Dominanz ausübt[5].

Der BGH hat in der Vergangenheit eine Vermögensbetreuungspflicht aus der „faktischen Herrschaft" über die Vermögensinteressen bejaht, wenn etwa ein *Rechtsanwalt* ohne Mandatsverhältnis für einen alleinstehenden vermögenden 84-jährigen Mann, der in „juristischen und finanziell schwierigen Dingen unkundig" ist, eine Hofübergabe notariell durchzuführen hat[6]. Ob und in welchem Umfang die Begründung von Vermögensbetreuungspflichten aus faktischen Gegebenheiten im Hinblick auf den Gewährleistungsgehalt von Art. 103 GG nach dem erwähnten (Rz. 5) Beschluss des BVerfG[7] überhaupt noch in Betracht kommt, ist allerdings fraglich[8].

b) Erloschene Rechtsverhältnisse, die zwar rechtlich beendet sind, *tatsächlich* jedoch – einvernehmlich oder einseitig – *einstweilig fortgesetzt* werden. 101

Beispiele: Dies ist z.B. der Fall bei dem *entlassenen Handelsvertreter*, der ein Inkasso weiter betreibt[9], oder bei dem *Prokuristen*, dem zwar fristlos gekündigt worden ist, der aber noch den in seinem Besitz befindlichen Dienstwagen veräußert, bevor die Löschung der Prokura im Handelsregister bekannt gemacht worden ist[10]. Hierzu zählen auch Fälle, in denen *organschaftliche* Vertreter nach Ablauf des Anstellungsvertrages ihre Organgeschäfte mit Zustimmung eines Aufsichtsgremiums vorerst weiterführen, sofern nicht bereits eine faktische Organstellung anzunehmen ist.

---

1 BGH v. 28.6.1966 – 1 StR 414/65, BGHSt 21, 101.
2 BGH v. 24.6.1952 – 1 StR 153/52, BGHSt 3, 32 (37).
3 BGH v. 5.10.1954 – 2 StR 447/53, BGHSt 6, 314 m. Anm. *Vogel*, GmbHR 1955, 43
4 BGH v. 22.9.1982 – 3 StR 287/82, BGHSt 31, 118.
5 BGH v. 10.7.1996 – 3 StR 50/96, NStZ 1996, 540; *Achenbach*, NStZ 1997, 537.
6 BGH v. 7.11.1996 – 4 StR 423/96, NStZ 1997, 124; BGH v. 6.12.1983 – VI ZR 117/82, NJW 1984, 800; BGH v. 15.5.1990 – 5 StR 594/89 – Hofübergabe, BGHR StGB § 266 Abs. 1 Vermögensbetreuungspflicht 13.
7 BVerfG v. 23.6.2010 – 2 BvR 2559/08 – Landowsky, BVerfGE 126, 170.
8 BGH v. 9.5.2012 – 4 StR 381/11, NStZ-RR 2012, 310.
9 *Schünemann* in LK, § 266 StGB Rz. 62.
10 *Schünemann* in LK, § 266 StGB Rz. 62.

102 Wird das **Rechtsverhältnis** allerdings **nicht** faktisch **fortgeführt**, so ist der Verstoß des Prokuristen gegen ein vertraglich für die Zeit nach dem Ausscheiden vereinbartes Wettbewerbsverbot nicht tatbestandsmäßig[1]. Ist die Verwaltungs- und Verfügungsbefugnis des GmbH-Geschäftsführers über das Gesellschaftsvermögen auf einen Insolvenzverwalter bzw. Sequester übergegangen und eignet sich der Geschäftsführer Vermögensgegenstände der GmbH zu oder manipuliert deren Bilanzen, so stellt dies keinen Treupflichtverstoß dar[2].

103 c) **Sitten- bzw. gesetzeswidrige** Rechtsverhältnisse: Ob zwischen Teilnehmern an gesetzwidrigen oder unsittlichen Rechtsverhältnissen Vermögensbetreuungspflichten bestehen können, ist umstritten. Nach der Rechtsprechung des BGH steht die Sittenwidrigkeit der Annahme eines Treueverhältnisses nicht unbedingt entgegen[3]. Allerdings fällt nicht unter den Tatbestand der Untreue, wer den rechtswidrigen Auftrag nicht ausführt[4].

Beispiele: Ein Rechtsanwalt verwendet Gelder, die er unter Verstoß gegen devisenrechtliche Vorschriften für seinen Auftraggeber ins Ausland zu verbringen hat, für sich.

Ein FDJ-Funktionär nimmt Geld, das „zu illegalen Zwecken, für Westarbeit" dienen sollte, auf seiner Flucht aus der DDR in die Bundesrepublik Deutschland mit[5].

Ein Beauftragter verwendet Gelder, die zu Bestechungszwecken dienen sollten (§ 12 UWG a.F., § 299 StGB), für privaten Aufwand[6].

Der Geschäftsführer einer GmbH behält den Erlös aus einem an sich verbotenen Geschäft für sich.

Vorstandsmitglieder erwerben über einen Strohmann illegal deutsche Wertpapiere, um diese im Ausland gewinnbringend zu verkaufen und den Erlös zu vereinnahmen[7].

Das Vorstandsmitglied einer AG schließt für diese einen Vertrag ab, welcher den wahren Leistungszweck (Förderung und Aufbau einer unternehmensfreundlichen Aktionsgemeinschaft von Betriebsangehörigen mit dem Ziel der Einflussnahme auf die Zusammensetzung von Betriebsräten und Mitbestimmungsorganen) verheimlicht, und zwar in dem Wissen, dass damit gegen ein gesetzliches Gebot (§ 119 BetrVG) verstoßen wird, und veranlasst, dass die von dem Vorsitzenden der Aktionsgemeinschaft verdeckt abgerechneten Beratungsleistungen, die tatsächlich nicht erbracht werden, von der AG bezahlt werden, ohne dass den Zahlungen eine Vermögensminderung ausgleichende Leistung unmittelbar gegenübersteht[8].

---

1 *Lenckner/Perron*, JZ 1973, 795; *Schünemann* in LK, § 266 StGB Rz. 62; vgl. aber auch OLG Stuttgart v. 4.4.1973 – 1 Ss 724/72, NJW 1973, 1385 (1386).
2 Vgl. BGH v. 3.5.1991 – 2 StR 613/90, NJW 1992, 250; BGH v. 3.2.1993 – 3 StR 606/92, NJW 1993, 1278; BGH v. 5.11.1997 – 2 StR 462/97, NStZ 1998, 192; BGH v. 12.12.1996 – 4 StR 489/96, wistra 1997, 146 m. Anm. *Fischer*, WiB 1997, 1030.
3 BGH v. 17.11.1955 – 3 StR 234/55, BGHSt 8, 254 m. Anm. *Bruns*, NJW 1956, 151; *Schünemann* in LK, § 266 StGB Rz. 64; a.A. *Perron* in S/S, § 266 StGB Rz. 31; *Dierlamm* in MüKo, § 266 StGB Rz. 165 ff..
4 BGH v. 17.11.1955 – 3 StR 234/55, BGHSt 8, 254 (258); BGH v. 19.1.1965 – 1 StR 497/64, BGHSt 20, 143 (146); die Offenbarung derartiger Geschäfte gegenüber der Polizei oder der Steuerfahndung stellt keine Untreue dar.
5 BGH v. 17.11.1955 – 3 StR 234/55, BGHSt 8, 254 m. Anm. *Bruns*, NJW 1956, 151.
6 BGH v. 19.1.1965 – 1 StR 497/64, BGHSt 20, 143.
7 BGH v. 26.10.1998 – 5 StR 746/97, NStZ-RR 1999, 184.
8 LG Nürnberg-Fürth v. 24.11.2008 – 3 KLs 501 Js 1777/2008 – Schelsky-Siemens, ArbuR 2010, 35.

3. Ausweitung der Vermögensbetreuungspflicht

Da die Untreue ein **Sonderdelikt** ist (Rz. 10), kann nur der *Täter* sein, der in einem *Fürsorgeverhältnis* zu dem zu betreuenden Vermögen steht. Hat eine juristischen Person oder eine Personenhandelsgesellschaft die Betreuungspflicht übernommen (eine AG betreut Vermögen; Konzern mit Ober- und Untergesellschaften; Steuerberatungsgesellschaft verwaltet Grundbesitz, Wohnungsverwaltungs-GmbH verwaltet Gelder der Wohnungseigentümer), so richtet sich die Verantwortlichkeit der für die Gesellschaft Handelnden nach § 14 StGB[1] (vgl. Rz. 10 sowie § 30 Rz. 1 ff.). Ist ein *Strohmann* vorgeschoben, so kommt als Täter der wirklich Verpflichtete in Betracht[2]. Außerhalb des Treueverhältnisses Stehende können nur Teilnehmer sein.

104

Die Vermögensbetreuungspflicht kann sich auch aus einem **Rechtsgeschäft mit einem Dritten** zugunsten des zu Betreuenden ergeben[3]. Hat sich der Treupflichtige z.B. eines Erfüllungsgehilfen bedient, so besteht eine tatsächliche Vermögensbetreuungspflicht auch im Verhältnis zum Erfüllungsgehilfen. Das Treueverhältnis wird also auf eine von dem zur Vermögensfürsorge Verpflichteten zugezogene Hilfsperson erstreckt[4].

105

Beispiele: Der Deutsche Gewerkschaftsbund hat es übernommen, durch seine Kreis- und Ortsausschüsse die Kassengeschäfte von Mitglieds-Gewerkschaften zu besorgen; der DGB-Ortsausschuss hat diese Aufgabe einer Angestellten des DGB übertragen. Diese Angestellte steht nicht nur zum Gewerkschaftsbund, sondern auch zu den Mitgliedsgewerkschaften in einem Treuverhältnis[5].

Räumt ein Liquidator seinem Mitarbeiter vertraglich freie Hand zur Vorbereitung von Verkäufen aus der Liquidationsmasse ein und bereitet dieser Verträge durch Einholung von Gutachten und Verhandlungen für den Liquidator unterschriftsreif vor, dann ist der Mitarbeiter zur Betreuung des Liquidationsvermögens verpflichtet[6].

Ein Sachbearbeiter im Büro eines Insolvenzverwalters, der selbständig für die Buchführung für den von ihm bearbeiteten Bereich zuständig war, erhielt blanko unterschriebene Überweisungsträger ausgehändigt und entnahm mit deren Hilfe aus den von ihm verwalteten Insolvenzmassen Geldbeträge für sich. Aufgrund des mit dem Insolvenzverwalter bestehenden Arbeitsverhältnisses war er mit der Wahrnehmung der Vermögensinteressen der von ihm betreuten Insolvenzmassen betraut[7].

---

1 BGH v. 1.4.2008 – 3 StR 493/07 – Heros, wistra 2008, 427; BGH v. 28.1.1983 – 1 StR 820/81, NJW 1983, 1807; BGH v. 28.1.1983 – 1 StR 820/81, NJW 1983, 1807; BGH v. 13.5.2004 – 5 StR 73/0 – Bremer Vulkan, BGHSt 49, 147 (160); BGH v. 31.7.2009 – 2 StR 95/09 – Seniorenheime, BGHSt 54, 52; BGH v. 23.8.1995 – 5 StR 371/95, BGHSt 41, 224 (229); *Schünemann* in LK, § 266 StGB Rz. 67: direkte Haftung aus § 266 StGB.
2 BGH v. 10.11.1959 – 5 StR 337/59, BGHSt 13, 330 (331) m. Anm. *Schröder*, JR 1960, 105; *Perron* in S/S, § 266 StGB Rz. 33.
3 BGH v. 28.1.1983 – 1 StR 820/81, NJW 1983, 1807; BGH v. 6.12.1983 – VI ZR 117/82, NJW 1984, 800; *Perron* in S/S, § 266 StGB Rz. 32; *Schünemann* in LK, § 266 StGB Rz. 66.
4 *Perron* in S/S, § 266 StGB Rz. 32; BGH v. 4.12.1962 – VI ZR 28/62, NJW 1963, 486.
5 BGH v. 6.5.1952 – 1 StR 60/52, BGHSt 2, 324.
6 LG Stuttgart v. 10.3.1997 – 10 KLs 60/96 – Mitarbeiter eines Treuhandliquidators.
7 BGH v. 23.3.2000 – 4 StR 19/00, NStZ 2000, 375 (noch zur KO).

4. Qualifiziertes Treueverhältnis

106 Zur Eingrenzung und *Konkretisierung des weiten Treubruchstatbestandes* haben Rechtsprechung und Schrifttum besondere **zusätzliche Kriterien** herausgearbeitet, die für die Annahme einer Vermögensbetreuungspflicht gegeben sein müssen[1]. Der Inhalt ist außerstrafrechtlich festzulegen[2].

107 **a)** Die Vermögensbetreuung muss in dem Verhältnis zwischen dem Betreuten und dem Betreuenden **Hauptpflicht** sein[3]; jedenfalls muss sie für das Verhältnis wesensbestimmend und darf nicht nur beiläufige Verpflichtung[4] oder von untergeordneter Bedeutung sein[5]. Dem Täter darf die ihm übertragene Tätigkeit nicht durch ins Einzelne gehende Weisungen vorgezeichnet sein; er muss Raum für eigenverantwortliche Entscheidungen und eine gewisse Selbständigkeit haben[6], die es ihm ermöglicht, ohne eine gleichzeitige Steuerung und Überwachung durch den Treugeber auf dessen Vermögen zuzugreifen[7]. Es kommt jedoch nicht darauf an, ob die Beteiligten die Hauptpflicht als solche bezeichnen. Das Merkmal der Selbständigkeit bzw. des Handlungsspielraums dient dazu, die Vermögensfürsorgepflicht i.S. des § 266 Abs. 1 StGB von bloßen Diensten der Handreichung abzugrenzen, wie sie etwa von Lieferanten und Boten erbracht werden.

107a Damit ist die Treubruchsvorschrift **nicht anwendbar** für Fälle, in denen es vorrangig um die Wahrnehmung *eigener* Interessen des Betreuenden geht. Hierzu gehören z.B. die Austauschverträge mit Leistung und Gegenleistung, wie Mietvertrag, Kaufvertrag, Darlehensvertrag[8], Werk- oder Arbeitsvertrag[9]. Auch bloße Dienste und Handreichungen können keine Vermögensfürsorgepflicht als Hauptpflicht haben[10].

108 Liegen bei einem **Kreditverhältnis** (Darlehensvertrag) **Sicherungsabreden** vor, so sind diese lediglich *Nebenpflichten*. Zu den Hauptpflichten gehören Gewäh-

---

1 *Maurach/Schroeder/Maiwald*, BT 1, § 45 Rz. 29 f.
2 *Tiedemann* in FS Tröndle, 1989, S. 326.
3 Grundlegend BGH v. 5.10.1954 – 2 StR 447/53, BGHSt 6, 314 (318); vgl. auch *Schünemann* in LK, § 266 StGB Rz. 90, wonach als Erkennungszeichen die Frage, ob das ausbedungene Verhalten typisch oder doch wesentlich vermögensfürsorgerischer Art ist, eher brauchbar sein soll.
4 BGH v. 1.4.2008 – 3 StR 493/07 – Heros, wistra 2008, 427.
5 BGH v. 23.12.1986 – 1 StR 626/86, wistra 1987, 136.
6 BGH v. 22.5.1991 – 3 StR 87/91, NJW 1991, 2574.
7 Vgl. auch *Schünemann* in LK, § 266 StGB Rz. 82.
8 BGH v. 15.6.1976 – 1 StR 266/76, GA 1977, 18; BGH bei *Holtz*, MDR 1976, 987; Ausnahme: bei auftragsähnlichen, zweckgebundenen Darlehen, BGH v. 10.11.1959 – 5 StR 337/59, MDR 1960, 239; BGH bei *Dallinger*, MDR 1969, 534 oder bei bes. ausgestalteten Darlehensverhältnissen; vgl. für sonstige Kreditvereinbarungen BGH v. 17.11.1983 – 4 StR 662/83, NStZ 1984, 118.
9 Nicht für den Arbeitgeber: BGH v. 5.10.1954 – 2 StR 447/53, BGHSt 6, 314 (318); auch nicht bei der Nichtentrichtung vermögenswirksamer Leistungen: OLG Braunschweig v. 12.7.1976 – Ss 82/76, NJW 1976, 1903; vgl. aber jetzt § 266a Abs. 3 StGB Veruntreuen von Arbeitsentgelt (dazu unten § 36 Rz. 66) sowie *Perron* in S/S, § 266a StGB Rz. 13.
10 *Schünemann* in LK, § 266 StGB Rz. 76 f.

rung und Rückzahlung des Kredits einschließlich des Zinses, nicht jedoch die Wahrnehmung der Vermögensinteressen der Bank[1]. Das Sicherungsinteresse des Kreditgebers führt nicht zu einer fremdnützigen Abwandlung der Rechtsbeziehung, auch wenn es zum Ausdruck gebracht und von seiner Erfüllung die Kreditgewährung abhängig gemacht wird.

Bei den **Sicherungsrechten** des Wirtschaftsverkehrs (Rz. 37 ff.) ergeben sich *keine* über die allgemeinen Vertragspflichten hinausgehenden *speziellen Treuepflichten*. 109

Bei einem Kauf unter *verlängertem Eigentumsvorbehalt* besteht die Hauptpflicht des Käufers darin, den Kaufpreis zu entrichten, und nicht in der Wahrnehmung der Vermögensinteressen des Verkäufers[2]. Solche Nebenpflichten können nicht dadurch zu Hauptpflichten gemacht werden, dass sie vertraglich als solche benannt werden; ausschlaggebend ist die tatsächliche Ausgestaltung des Vertrags[3]. Die vertragliche Pflicht, fremde Vermögensinteressen nicht zu beeinträchtigen, kann nicht gleichgesetzt werden mit der Pflicht, sie zu betreuen[4].

Gleichwohl kann bei Geschäften mit **Auftragscharakter** die *Betreuung* des fremden Vermögens *im Vordergrund stehen* und deshalb der Treubruchstatbestand gegeben sein. Allerdings kommt es nicht auf die Bezeichnung der Pflicht an; die Abgrenzung als Haupt- oder Nebenpflicht richtet sich vielmehr nach dem tatsächlichen Inhalt[5]. 110

Bei der *Sicherungsübereignung* kann im Hinblick auf das Sicherungsgut und in Bezug auf die Sicherungsnehmerin eine Vermögensbetreuungspflicht bestehen, falls in dem *Sicherungsübereignungsvertrag* solche Pflichten (ausdrücklich) übernommen werden[6].

b) Weiter verlangt die Rechtsprechung eine gewisse **Selbständigkeit** des Treuepflichtigen[7]. Sie ist Ausfluss des Gedankens der Geschäftsbesorgung. Die Kritik hinsichtlich der unzureichenden Berücksichtigung dieses Kriteriums in der 111

---

1 BGH v. 6.3.1984 – 5 StR 997/83 – Sicherungszession, wistra 1984, 143 m. Anm. *Schomburg*.
2 BGH v. 5.7.1968 – 5 StR 262/68, BGHSt 22, 190 m. zust. Anm. *Schröder*, JR 1969, 191; BGH v. 20.1.1987 – 1 StR 687/86, wistra 1987, 176.
3 BGH v. 15.6.1976 – 1 StR 266/76, GA 1977, 18; vgl. aber krit. zu diesem Abgrenzungskriterium *Hübner* in LK, 10. Aufl. 1988, § 266 StGB Rz. 34; *Schünemann* in LK, § 266 StGB Rz. 51 f., 76, 138.
4 *Seebode*, JR 1973, 120; *Hübner* in LK, 10. Aufl. 1988, § 266 StGB Rz. 24; *Schünemann* in LK, § 266 StGB Rz. 138.
5 Vgl. LG Mainz v. 13.11.2000 – 1 Qs 257/00 – Herzklappen-Einkauf, NJW 2001, 906.
6 Vgl. BGH v. 12.12.1996 – 4 StR 489/96 – Untreue des Geschäftsführers nach Sequesterbestellung, wistra 1997, 146; BGH v. 16.6.1953 – 1 StR 67/53, BGHSt 5, 61 (63); BGH v. 23.5.1990 – 3 StR 163/89, BGHR StGB § 266 Abs. 1 Vermögensbetreuungspflicht 14 m.w.Nw.; *Tiedemann* in Scholz, vor §§ 82 ff. GmbHG Rz. 16.
7 BGH v. 4.11.1952 – 1 StR 441/52, BGHSt 3, 294; BGH v. 11.2.1982 – 4 StR 10/82, NStZ 1982, 201; BGH v. 22.5.1991 – 3 StR 87/91, NJW 1991, 2574; *Hübner* in LK, 10. Aufl. 1988, § 266 StGB Rz. 31 ff.

Rechtsprechung erscheint berechtigt[1]. Eine große Anzahl der als Untreue entschiedenen Fälle (Postbeamter, Angestellter, Fahrkartenverkäufer) ließe sich auch nach anderen Straftatbeständen ahnden. Insbesondere viele Fälle der Betriebskriminalität könnten so aus dem Untreuebereich ausgeschieden werden, z.B. bei Kassen von Selbstbedienungsläden.

Beispiel: Der Vermittler von *Versicherungen und Vermögensanlagen* hat aus dem Auftrag einer Versicherungsgesellschaft, Berechtigen aus einer Lebensversicherung Gelder auszuhändigen und sie über Möglichkeiten der Wiederanlage zu beraten, keine Treuepflicht i.S. des § 266 StGB gegenüber den Kunden. Auch der Auftrag, gezahlte Gelder weiterzuleiten, beinhaltet keine Pflicht zu selbständiger Geldanlage und Verwaltung[2].

112 c) Schließlich soll eine vermögensfürsorgerische Treuepflicht nur bei solchen Rechtsverhältnissen gegeben sein, die sich ihrer **Dauer** nach über eine gewisse Zeit oder ihrem **Umfang** nach über bloße Einzelfälle hinaus erstrecken[3]. Durch diese Voraussetzungen werden aus dem Bereich der Treuepflichtverletzung solche Verpflichtungen ausgeschieden, die etwa die Leistung mechanischer Dienste, untergeordnete Verrichtungen oder Botengänge betreffen.

5. Beispielsfälle

a) Zivilrecht

113 Nach der Rechtsprechung können – über die beim Missbrauchstatbestand genannten Rechtsverhältnisse (Rz. 12 ff.) hinaus – im privatrechtlichen Rechtsverkehr eine **vermögensfürsorgerische Hauptpflicht** i.S. des § 266 StGB haben:

– der **Architekt**, dem neben Planung und Beaufsichtigung auch Ausschreibung, Vergabe und Schlussabrechnung mit den Handwerkern obliegt, gegenüber seinem Bauherrn; verwendet er zweckgebundenes Geld vorab zur Befriedigung seiner Gebührenforderung, kann Untreue vorliegen[4],

– der **Anlageberater**[5], sofern er zu einer umfassenden Vermögensberatung verpflichtet[6] und nicht weisungsgebunden ist[7],

– bei einem **Auftrag** zur Grundstücksveräußerung der Auftragnehmer[8],

– strittig ist dies bei dem **Auftraggeber**, der gem. § 17 VOB/B einen **Sicherheitseinbehalt** während der Gewährleistungszeit auf ein **Sperrkonto** einzuzahlen hat[9]. Dieser ist nicht berechtigt, das einbehaltene Geld weiterhin als zu sei-

---

1 *Perron* in S/S, § 266 StGB Rz. 24; zum Streitstand vgl. *Schünemann* in LK, § 266 StGB Rz. 82 ff.
2 BGH v. 24.10.2001 – 1 StR 432/01, StV 2002, 143.
3 *Perron* in S/S, § 266 StGB Rz. 23a, 24; *Schünemann* in LK, § 266 StGB Rz. 89.
4 BGH bei *Dallinger*, MDR 1969, 534; BGH bei *Dallinger*, MDR 1975, 23; *Schünemann* in LK, § 266 StGB Rz. 132; *Franzheim* in HWiStR, „Architektenuntreue".
5 *Perron* in S/S, § 266 StGB Rz. 25; BGH v. 16.2.1996 – 3 StR 185/94, NStZ 1996, 543.
6 BGH v. 11.8.1993 – 2 StR 309/93, wistra 1993, 300.
7 BGH v. 22.5.1991 – 3 StR 87/91, NStZ 1991, 489.
8 BGH v. 8.5.1984 – 1 StR 835/83, wistra 1984, 225 m. Anm. *Labsch*, StV 1984, 514.
9 Verneinend BGH v. 25.5.2010 – VI ZR 205/09, WM 2010, 1518; bejahend OLG Jena v. 20.5.2009 – 4 U 73/08, IBR 2009, 384; OLG München v. 23.2.2006 – 2 Ws 22/06, NJW 2006, 2278; *Joussen* in Ingenstau/Korbion, 18. Aufl. 2013, § 17 Nr 6 VOB/B Rz. 25; zweifelnd OLG Frankfurt v. 10.9.2008 – 7 U 272/07, NZI 2009, 263.

nem eigenen Vermögen gehörend zu betrachten und damit zu arbeiten. Es handelt sich ab dem Tag der Sicherheitsleistung um Fremdgeld[1], da es sich um den schon verdienten Werklohn handelt, welcher sich durch den Einbehalt in eine Vorleistung verwandelt hat und den der Auftraggeber auch ohne gesonderte Aufforderung[2] binnen 18 Werktagen auf ein vereinbartes Sperrkonto einzuzahlen hat. Diese Verpflichtung des Auftraggebers stellt eine vertragliche Vermögensbetreuungspflicht i.S. des § 266 Abs. 1 Alt 2 StGB dar. Ein Ausschluss dieser Pflicht durch eigene Vertragsbedingungen ist wegen Verstoßes gegen § 307 BGB unwirksam, weil hierdurch dem Auftragnehmer unzulässiger Weise das Insolvenzrisiko des Auftraggebers aufgebürdet wird[3]

– der **Auftragnehmer** gegenüber dem Auftraggeber bei der Übernahme der Finanzierung der Einrichtung eines Geschäfts, wobei sich die Vermögensfürsorgepflicht aus der Ausgestaltung des Vertrags ergeben muss,

– der **Bauherr** gegenüber einem Mieter, der Baukostenzuschüsse gezahlt hat[4],

– der Baubetreuer beim **Bauherrenmodell** gegenüber den Bauherren[5] und der Bauträger beim Treuhandbau,

– der Buchhalter[6],

– der **Compliance-Beauftragte** (soweit die ihm anvertraute Herrschaft über das Vermögen des Geschäftsherrn reicht)[7],

– ein Unternehmen, das vertraglich vereinbarte **Dienstleistungen im Geldwesen** erbringt, wie Geldtransporte für Banken und Handelsunternehmen, Zählung und Aufarbeitung von Hart- und Notengeld, Überweisung der Beträge an Eigentümer, Befüllung von Geldautomaten, hat *Treuepflichten* gegenüber den Vertragspartnern, da Gelder der Kunden vermischt und auf Konten eingezahlt werden; die Kunden erhalten lediglich einen schuldrechtlichen Anspruch auf Auskehrung eines entsprechenden Betrages[8]. Das Einkassieren, Verwalten und Abliefern von Geld für den Auftraggeber wird in der Recht-

---

1 *Joussen* in Ingenstau/Korbion, § 17 Nr 6 VOB/B Rz. 156.
2 OLG Dresden v. 13.8.1998 – 7 U 824/98, IBR 1999, 580; Nichtannahmebeschl. des BGH v. 2.9.1999 – VII ZR 341/98 m. Anm. *Schmitz*, IBR 1999, 580.
3 *Joussen* in Ingenstau/Korbion, § 17 Nr 6 VOB/B Rz. 163; BGH v. 5.6.1997 – VII ZR 324/95, BGHZ 136, 27 (30 f.) m. Anm. *Peters*, JR 1998, 150; *Bomhard*, BauR 1998, 179; *Hogrefe*, BauR 1999, 111; *Breyer*, BauR 2001, 1192.
4 BGH v. 14.4.1954 – 1 StR 565/53, MDR 1954, 495; BGH v. 22.11.1955 – 5 StR 705/54, BGHSt 8, 271.
5 BGH v. 23.4.1991 – 1 StR 734/90, wistra 1991, 265; *Perron* in S/S, § 266 StGB Rz. 25; *Holzmann*, Bauträgeruntreue, 131 ff.
6 *Fischer*, § 266 StGB Rz. 48; *Schünemann* in LK, § 266 StGB Rz. 135.
7 Vgl. *Schünemann* in LK, § 266 StGB Rz. 136 mit Hinweis auf *Krause*, StraFo 2011, 437 ff.
8 BGH v. 1.4.2008 – 3 StR 493/07 – Heros, wistra 2008, 427; vgl. § 54d Nr. 1 BeurkG; vgl. *Sandkühler* in Arndt/Lerch/Sandkühler, § 23 BNotO Rz. 22 ff.; *Renner* in Armbrüster/Preuß/Renner, 6. Aufl. 2013, § 54d BeurkG Rz. 2.

sprechung regelmäßig als herausgehobene Wahrnehmung fremder Vermögensinteressen angesehen und die Veruntreuung so eingenommener Gelder als Untreue i.S. des § 266 StGB bewertet[1],

- das **Finanzierungsinstitut**, das Bankdarlehen zur Finanzierung vermittelt und den gesamten Geschäfts- und Zahlungsverkehr zwischen Kunden und Bank abwickelt, gegenüber dem Kunden[2]; nicht jedoch der Zahlungsempfänger im *Lastschrifteinzugsverfahren*[3] (vgl. Rz. 42),

- der **Ingenieur** gegenüber seinem Auftraggeber bei einem Vertragswerk, das die Vorbereitung bzw. auch die Mitwirkung an der Vergabe als wesentliche Vertragspflicht zum Inhalt hatte, damit aber auf die Herbeiführung eines möglichst vorteilhaften Vertragsabschlusses gerichtet ist und deshalb die Betreuung fremder Vermögensinteressen zum Gegenstand hatte[4],

- der **Kapitalanlagevermittler**[5] gegenüber den Anlegern; er ist verpflichtet, Aufzeichnungen darüber zu führen, in welcher Form, zu welchen Bedingungen und bei wem das Kapital der Geschädigten letztlich angelegt worden ist; ferner sind Verwendung und Auszahlung der erzielten Erträge zu verbuchen, die Anleger müssen die richtige und vollständige Auskehrung der Erträge überprüfen und die Rückzahlung ihres Anlagekapitals bei den jeweiligen Anlagegesellschaften geltend machen können,

- beim **Leasing** eines Pkw der Leasingnehmer, dem vertraglich die besondere Befugnis eingeräumt ist, die der Finanzierungsbank zustehenden Schadensersatzansprüche gegen Dritte aus einem Unfallereignis *im eigenen Namen* geltend zu machen und einzuziehen; *nicht* jedoch gegenüber der Bank, wenn er im Innenverhältnis deren Weisungen entgegenzunehmen hat[6],

- der **Makler** mit *Alleinauftrag* gegenüber dem Auftraggeber[7] oder der Vertrauensmakler[8],

- der **Notar** gegenüber seinem *Mandanten*[9], er hat vielfache Belehrungspflichten[10] und muss Fremdgelder auf ein Anderkonto überführen[11]; insbesondere

---

1 So BGH v. 6.5.1952 – 1 StR 60/52, BGHSt 2, 324; BGH v. 11.12.1957 – 2 StR 481/57, BGHSt 13, 315; BGH v. 2.4.1963 – 1 StR 66/63, BGHSt 18, 312; BGH v. 21.9.1988 – 3 StR 358/88, BGHR StGB § 266 Abs. 1 Treubruch 1; BGH v. 27.1.1988 – 3 StR 61/87, BGHR StGB § 266 Abs. 1 Missbrauch 2.
2 *Hübner* in LK, 10. Aufl. 1988, § 266 StGB Rz. 42.
3 OLG Hamm v. 15.6.1977 – 4 Ss 363/76, NJW 1977, 1834 m. Anm. *Winterberg*, BB 1977, 1627; vgl. auch *Werner* in Kümpel/Wittig, Bank- und KapitalmarktR, Rz. 7.473 ff.
4 BayObLG v. 20.7.1995 – 4 St RR 4/95, NJW 1996, 268.
5 BGH v. 16.2.1996 – 3 StR 185/94, NStZ 1996, 543.
6 OLG Köln v. 6.10.1987 – Ss 292/87, NJW 1988, 3219.
7 BGH v. 22.4.1964 – VIII ZR 225/62, NJW 1964, 1467 (1468); BGH v. 21.3.1966 – VIII ZR 290/63, NJW 1966, 1405 (1406).
8 BGH v. 14.5.1969 – IV ZR 787/68, NJW 1969, 1626.
9 BGH v. 6.4.1982 – 5 StR 8/82, wistra 1982, 150; BGH v. 1.11.1983 – 5 StR 363/83, wistra 1984, 71 als zweite Entscheidung in dieser Sache.
10 BGH v. 12.6.1990 – 5 StR 268/89, NStZ 1990, 437 m.w.Nw.
11 BGH v. 6.4.1982 – 5 StR 8/82, NStZ 1982, 331; BGH v. 1.11.1983 – 5 StR 363/83, wistra 1984, 71; BGH v. 22.11.1995 – 3 StR 478/95, wistra 1996, 105.

wenn er als Treuhänder für ein Unternehmen des Grauen Kapitalmarktes tätig ist[1]; hat ein Notar Gelder zur treuhänderischen Verwahrung angenommen hat, muss er – trotz des Vorliegens der formalen Voraussetzungen für die Abwicklung des Treuhandverhältnisses – von der Auszahlung absehen, wenn hinreichende Anhaltspunkte dafür vorliegen, dass er bei Befolgung der unwiderruflichen Weisung an der Erreichung unerlaubter oder unredlicher Zwecke mitwirken würde[2]; kehrt ein Notar entgegen dem ihm erteilten und von ihm angenommenen Treuhandauftrag die auf sein Anderkonto überwiesene Darlehensvaluta an den Verkäufer eines Grundstücks aus, ehe die Kosten für die zur Besicherung des Darlehens bestimmte Grundschuld gezahlt waren, macht er sich der Untreue schuldig[3],

– ein **Notar**, der beim Ankauf und Verkauf von Wohnungen die Beurkundungen vornimmt und die Zahlungen über sein Notaranderkonto abwickelt, hat gegenüber der *kreditgebenden Bank* eine Vermögensbetreuungspflicht i.S. des § 266 StGB. Wenn er weiß, dass die Kreditentscheidungen der Bank nur durch Täuschung über die mangelnde Bonität der Käufer und über die Werthaltigkeit vereinbarter Sicherheiten erfolgt und die beurkundeten Kaufpreise um den Betrag von Kick-Back-Zahlungen an die Käufer und/oder verdeckter Vermittlungsprovisionen in Höhe von mehr als 50 % des jeweiligen Kaufpreises überhöht sind, macht sich der Untreue schuldig, wenn er die von der Bank auf seinem Konto eingehende Darlehensvaluta auf ein allgemeines Geschäftskonto seiner Anwaltskanzlei umbucht, um die weiteren Zahlungsflüsse vor der Darlehensgeberin zu verschleiern und der Überwachung durch die Notaraufsicht zu entziehen und hieraus auch Kick-Back-Zahlungen und Vermittlungsprovisionen begleicht. Hierbei verstößt er nicht nur gegen die gesetzliche Ausgestaltung der Verwahrungstreuhand durch §§ 54a ff. BeurkG sondern auch gegen das Verbot des § 54b Abs. 1 S. 3 BeurkG sowie gegen seine Verpflichtung aus § 54d BeurkG[4],

– der Leiter eines **Reisebüros** gegenüber dem Reiseveranstalter[5] wenn zur Zeit der schädigenden Handlung bereits eine Geschäftsverbindung besteht; soweit Zahlungen der Kunden nach Abschluss des Vertrages verbraucht werden, wird die Treupflicht durch unberechtigten Verbrauch des Geldes verletzt,

– der **Rechtsanwalt** gegenüber seinem Mandanten[6]; so verfügen etwa Rechtsanwälte, die für ihren Mandanten Fremdgeld entgegennehmen, nur über ei-

---

1 Vgl. aus zivilrechtlicher Sicht OLG Frankfurt v. 17.9.2003 – 4 U 12/03, NZG 2003, 1163.
2 BGH v. 29.7.2008 – 4 StR 232/08, wistra 2008, 466.
3 BVerfG (2. Kammer des 2. Senats) v. 10.3.2009 – 2 BvR 1980/07, NStZ 2009, 560.
4 BGH v. 7.4.2010 – 2 StR 153/09, NJW 2010, 1764.
5 BGH v. 12.12.1958 – 5 StR 475/58, BGHSt 12, 207; BGH v. 3.5.1978 – 3 StR 30/78, BGHSt 28, 21; BGH v. 12.12.1990 – 3 StR 470/89, wistra 1991, 181.
6 BGH v. 29.4.1960 – 4 StR 544/59, NJW 1960, 1629; BGH v. 11.11.1982 – 4 StR 406/82, NJW 1983, 461 m. Anm. *Keller*, JR 1983, 516.

nen geringen Handlungsspielraum zum Umgang mit dem empfangenen Geld; gleichwohl wird bei ihnen eine herausgehobene Treuepflicht bejaht[1], treuwidrig handelt ein Rechtsanwalt, der Fremdgelder, die er zur Einzahlung auf Ander- oder offene Treuhandkonten erhalten hat, zur Besicherung eigener Kredite verwendet[2], ebenso ein Rechtsanwalt, der den Anspruch seines Mandanten auf Herausgabe ohne rechtlich wirksamen Grund aufrechnet[3],

– nach Zulassung der Rechtsanwaltsgesellschaft (§ 59c Abs. 1 BRAO) in Form der GmbH oder der GmbH & Co KG[4] kommen treuwidrige Handlungen eines Gesellschafters zum Nachteil der GmbH bzw. zum Nachteil der Gesellschafter in Betracht,

– ein Rechtsanwalt, der sich als **Testamentsvollstrecker** entgegen § 43 Abs. 5 BRAO nicht um die Renovierung und Vermietung der ihm im Rahmen der Testamentsvollstreckung anvertrauten Immobilien kümmert, keine Nebenabrechnungen erstellt, sich nicht um Neuvermietungen kümmert und Nachlassunterlagen nicht herausgibt[5],

– der **Steuerberater** gegenüber seinem Mandanten[6]; die mit der Stellung des Steuerberaters unvereinbaren Tätigkeiten sind in § 57 Abs. 4 StBerG aufgeführt; Innenprovisionen, die an Vermögenstreuhänder oder Berater gezahlt werden stellen deshalb eine Untreue dar[7]. Deshalb begeht der Steuerberater einen Treubruch gegenüber seinem zu beratenden Mandanten, wenn er ihm die Provisionsaussicht bei der Empfehlung einer Beteiligung nicht offenlegt[8],

– ein **Unternehmensberater** hat keine Vermögensbetreuungspflicht, es sei denn, er hat in dem beratenen Unternehmen Entscheidungsmacht erlangt und kann wie ein Vorstand entscheiden (faktischer Vorstand)[9],

---

1 BGH v. 6.9.2006 – 5 StR 64/06, NJW 2006, 3219, 3221; BGH v. 30.3.2003 – 3 StR 276/03, wistra 2004, 61; BGH v. 29.4.1960 – 4 StR 544/59, NJW 1960, 1629; BGH v. 17.1.1957 – 4 StR 393/56, NJW 1957, 596.
2 BGH v. 27.1.1988 – 3 StR 61/87, wistra 1988, 191.
3 KG v. 23.3.2007 – (4) 1 Ss 186/05 (94/05), NStZ 2008, 405.
4 *Karl*, Die Rechtsanwaltsgesellschaft mbH & Co KG, NJW 2010, 967.
5 Anwaltsgerichtshof Hamburg v. 16.2.2009 – I EVY 6/08.
6 BGH v. 29.4.1960 – 4 StR 544/59, NJW 1960, 1629; BGH v. 31.8.1978 – 1 StR 179/78; vgl. auch *Köhler/Hitz*, Die Vermögensbetreuungspflicht des Steuerberaters im Mandat und die Gefahr einer Strafbarkeit wegen Untreue gem. § 266 StGB, DStR 2013, 1052.
7 BGH v. 16.12.1960 – 4 StR 401/60, BGHSt 15, 342 (376); BGH v. 12.12.1958 – 5 StR 475/58, BGHSt 12, 208; BGH v. 10.11.1959 – 5 StR 337/59, BGHSt 13, 330; BGH v. 20.5.1987 – IVa ZR 36/86, wistra 1988, 27; BGH v. 23.10.1980 – IV ZR 28/80, BGHZ 78, 263; *Pfeiffer/Lichtner*, Annahme von Provisionen oder sonstigen Sondervergütungen durch Mitglieder steuerberatender Berufe und deren Folgen, DB 1985, 1981 (1984); vgl. auch *Seier* in A/R, V. 2 Rz. 310 ff.
8 BGH v. 26.9.1990 – IV ZR 147/89, BB 1990, 2362.
9 OLG München v. 6.8.2004 – 2 Ws 660, 694/04, ZIP 2004, 2438.

– der **Vermieter** gegenüber dem Mieter bei der Leistung von *Mietkautionen für Wohnraum*[1] *aufgrund von* § 550b Abs. 2 BGB a.F., bzw. § 551 Abs. 3 BGB, denn die gesetzliche Regelung stellt einen Ausgleich zwischen dem Sicherungsbedürfnis des Vermieters auf der einen und dem Schutzbedürfnis des Mieters auf der anderen Seite her und schützt insbesondere den Rückzahlungsanspruch des Mieters im Falle einer Zahlungsunfähigkeit des Vermieters vor dem Zugriff von dessen Gläubigern, Dies gilt jedoch nicht bei *gewerblichen Mietverhältnissen*, dort liegt keine gesetzlich begründete Vermögensbetreuungspflicht für die Behandlung die Kaution vor[2]. Sollte der Mieter eine strafrechtliche Sicherung seiner Kaution für geboten erachten, so muss er eine ausdrückliche Vereinbarung mit dem Vermieter treffen, die diesen zu einer besonderen Vermögensfürsorge ihm gegenüber verpflichtet,

– der **Vermittler gebrauchter Kraftfahrzeuge**, wenn er diese unter Beachtung eines vereinbarten Mindestverkaufspreises für die jeweiligen Eigentümer an Dritte zu veräußern hat; verheimlicht oder verschleiert er den Verkauf gegenüber dem Auftraggeber und verbraucht die ihm zugeflossenen Verkaufserlöse, ist der Treubruchstatbestand gegeben[3],

– der **Vermögensverwalter**, der mit der Bank Rückzahlung eines Teils der von dieser vereinnahmten Provisionen vereinbart, gegenüber seinen Kunden[4], darüber hinaus kommt bei der Bank Beihilfe zur Untreue in Betracht. Der Vermögensverwalter darf auch das zu betreuende Vermögen der Kunden nicht durch sinnlose, aber gebührenpflichtige Geschäfte vermindern (zum Churning vgl. Rz. 141h),

– der **Verwalter** gegenüber dem Auftraggeber[5]; aber nur wenn er die *Verpflichtung* übernimmt, die Ware getrennt aufzubewahren und besondere *Versicherungen* abzuschließen[6],

– **Verwaltungsleiter einer kirchlichen Stiftung**, die Grenzen seiner Befugnis können nicht erst durch ein Stiftungsgesetz, sondern auch schon durch den Arbeitsvertrag gezogen werden[7].

---

1 BGH v. 23.8.1995 – 5 StR 371/95, BGHSt 41, 224 (227) m. Anm. *Pauly*, ZMR 1996, 417, *Sowada*, JR 1997, 28; a.A. *Perron*, Probleme und Perspektiven des Untreuetatbestandes, GA 2009, 219; *Dierlamm* in MüKo, § 266 StGB Rz. 110; OLG Düsseldorf v. 16.8.1993 – 1 Ws 606/93, wistra 1994, 33; vgl. auch *Satzger*, Die Untreue des Vermieters im Hinblick auf eine Mietkaution, Jura 1998, 570; s. auch BGH v. 2.4.2008 – 5 StR 354/07, BGHSt 52, 182.
2 BGH v. 2.4.2008 – 5 StR 354/07, BGHSt 52, 182; *Kretschmer*, JR 2008, 348.
3 BGH v. 1.10.1986 – 2 StR 485/86, BGHR StGB § 266 Abs. 1 Vermögensbetreuungspflicht 2.
4 Vgl. BGH v. 19.12.2000 – XI ZR 349/99, ZIP 2001, 230 m. Anm. *Tilp*, EWiR § 276 BGB 4/01; *Hagemann*, Grauer Kapitalmarkt und StrafR, 2005, 410.
5 BGH v. 29.4.1960 – 4 StR 544/59, NJW 1960, 1629 betr. einen Rechtsanwalt.
6 Vgl. für diesen Sonderfall BGH v. 2.12.1969 – 5 StR 587/69.
7 BGH v. 11.10.2000 – 3 StR 336/00, NStZ 2001, 155.

b) Arbeitsrecht

114 Auch im Bereich der **abhängigen Beschäftigung** sind außerhalb der Fälle, die bereits durch den Missbrauchstatbestand erfasst werden, zahlreiche Tätigkeiten mit der *Hauptpflicht einer Vermögensfürsorge* verbunden. Eine solche hat z.B.

- ein **leitender Angestellter**[1],
- der **Leiter der Buchhaltung** oder eigenverantwortliche Lohnbuchhalter[2],
- der **Filialleiter**, der Einkäufer oder der Hilfssachbearbeiter gegenüber dem Arbeitgeber[3],
- der **Fachreferent in der Bauabteilung** einer Messegesellschaft[4], der für Planung, Ausführungsbetreuung und Abrechnung zuständig ist,
- der mit dem Einkassieren, Verwalten und Abliefern von Geld für den Arbeitgeber beauftragte **Kassierer**, der zur Kontrolle der Einnahmen und der Ablieferungen Bücher zu führen, Quittungen zu erteilen und Wechselgeld herauszugeben hat[5]; keine Vermögensbetreuungspflicht hat der Sortenkassierer, der nur damit beschäftigt ist, Geldsorten einzusortieren und den Ist- und Sollzustand zu vergleichen[6],
- der **Leiter eines Auslieferungslagers** gegenüber seinem Arbeitgeber[7],
- ein **Angestellter**, der für die **Auftragsvergabe** zuständig ist; er muss die Möglichkeit auszunutzen, für seinen Arbeitgeber günstige Preise zu erzielen und dessen Vermögen die vom Auftragnehmer an ihn gezahlten Bestechungsgelder zu erhalten, ferner muss er prüfen, ob die Möglichkeit besteht, bei anderen Firmen zu noch günstigeren Abschlüssen zu kommen[8],
- der **Leiter einer Sparkasse** gegenüber dieser[9] (dazu näher § 67 Rz. 1 ff.),
- ein bei der Bank angestellter **Wertpapierhändler** (Nostrohändler = Eigenhändler)[10]; kauft dieser für Rechnung der Bank Aktien kleinerer Gesellschaften (sog Nebenwerte), die er selbst privat unmittelbar zuvor über ein in der Schweiz geführtes Wertpapierdepot angekauft hatte (Intraday-Geschäft), zu einem wesentlich höheren Preis als er zuvor bezahlt hatte, dann verletzt er seine Vermögensbetreuungspflicht gegenüber seiner Arbeitgeberin,

---

1 OLG Stuttgart v. 4.4.1973 – 1 Ss 724/72, NJW 1973, 1385.
2 OLG München v. 26.7.1976 – 2 Ws 194/76, JZ 1977, 408.
3 BGH v. 21.10.2003 – 1 StR 544/02, wistra 2004, 105; OLG München v. 26.7.1976 – 2 Ws 194/76, JZ 1977, 408.
4 BGH v. 11.2.2009 – 2 StR 339/08, NStZ 2009, 445.
5 BGH v. 11.12.1957 – 2 StR 481/57, BGHSt 13, 315 (318 f.); BGH v. 2.4.1963 – 1 StR 66/63, BGHSt 18, 312 (313); BGH v. 21.9.1988 – 3 StR 358/88, wistra 1989, 60.
6 BGH v. 26.5.1983 – 4 StR 265/83, NStZ 1983, 455.
7 BGH v. 19.1.1965 – 1 StR 497/64, BGHSt 20, 143; BGH v. 10.2.1988 – 3 StR 502/87, wistra 1988, 305.
8 BGH v. 9.3.1989 – 4 StR 622/88 – Bezahlung überhöhter Rechnungen, BGHR StGB § 266 Abs. 1 Nachteil 19.
9 BGH v. 11.1.1955 – 5 StR 371/54, NJW 1955, 508; BGH bei *Holtz*, MDR 1979, 636; *Ayasse*, Untreue im Bankenbereich bei der Kreditvergabe, Diss. Tübingen, 1990.
10 Zum Eigenhändlergeschäft vgl. *Starke* in Kümpel/Wittig, Bank- und KapitalmarktR, Rz. 17.10 m.w.Nw.

— der **Kassenleiter** einer Gemeinde[1].

Keine Vermögensbetreuungspflicht ergibt sich aus Arbeits- und Anstellungsverhältnissen, da es an einer qualifizierten Treuepflicht fehlt. Jeder Arbeitnehmer ist im Rahmen seiner Tätigkeit zur Wahrung der Interessen seines Arbeitgebers verpflichtet und hat alles zu unterlassen, was diesen schädigen kann. Dieses Gebot, das sich aus dem alle Arbeitsverhältnisse beherrschenden Grundsatz der gegenseitigen Treuepflicht ergibt, ist für alle Arbeitsverhältnisse eine Nebenpflicht, füllt aber nicht den wesentlichen Inhalt eines Treueverhältnisses aus.

c) Handelsrecht

Im **wirtschaftlichen Geschäftsverkehr**, in dem Vertrauen eine besondere Rolle spielt, bestehen ebenfalls vielfältige Vermögensbetreuungspflichten. Treupflichtig ist z.B.

— der **Kommissionär** bei einem echten *Kommissionsvertrag* i.S. von §§ 383 ff. HGB, nicht aber bei einer Abrede über den Weiterverkauf von Waren auf „Kommissionsbasis" (Konditionsgeschäft)[2] ohne selbständige Verfügungsbefugnis, wenn der Vertragspartner Waren abredegemäß verkaufen, den Erlös an den Auftraggeber abführen und dann die jeweils ausgehandelte Provision erhalten soll[3],

— der **Lieferant**, der **Vorauszahlungen** für eine zu liefernde Ware entgegennimmt, dann, wenn er ohne sie nicht in der Lage wäre, den Kauf zu finanzieren, und vereinbart ist, dass er damit die Ware beschafft[4] (im konkreten Fall erlangte der Lieferant eine kommissionärsähnliche Position und hatte hinsichtlich des ihm überlassenen Geldes eine Abrechnungs- bzw. Herausgabepflicht nach §§ 675, 666, 667 BGB, § 384 Abs. 2 HGB analog); nicht aber dann, wenn im Rahmen eines Kauf- oder Werkvertrages vom Käufer oder Besteller (Voraus-)Zahlungen geleistet werden, die später verrechnet werden sollen[5],

— der Gläubiger hinsichtlich des Diskonterlöses aus einem **Prolongationswechsel**[6],

— der **Vermittler** mit Inkassovollmacht[7].

Sehr differenziert zu beurteilen ist das Vorliegen einer Vermögensbetreuungspflicht beim **Handelsvertreter** gegenüber dem Geschäftsherrn.

---

1 BGH v. 20.5.1994 – 2 StR 202/94 – Verhinderung von Schadensersatzansprüchen, NStZ 1994, 586.
2 BGH v. 19.2.1975 – VIII ZR 175/73, NJW 1975, 776; BGH v. 23.12.1986 – 1 StR 626/86, wistra 1987, 136.
3 BGH v. 5.5.1987 – 1 StR 162/87, wistra 1987, 292; BGH v. 23.12.1986 – 1 StR 626/86, wistra 1987, 136; OLG Düsseldorf v. 24.11.1997 – 5 Ss 342/97-96/97, wistra 1998, 116.
4 BayObLG v. 30.9.1988 – RReg. 5 St 144/88, wistra 1989, 113.
5 BayObLG v. 30.9.1988 – RReg. 5 St 144/88, wistra 1989, 113; RGSt 69, 146; RGSt 77, 391.
6 OLG Hamburg v. 10.5.1974 – 11 U 183/73, BB 1974, 1266.
7 BGH v. 3.5.1978 – 3 StR 30/78, BGHSt 28, 21.

Zu **bejahen** ist eine solche Pflicht hinsichtlich der Nichtabführung abredewidrig eingezogener **Kundenzahlungen**[1], ebenso im Falle der Veränderung der Firmenbezeichnung auf einem Ausschreibungsangebot[2]. Auch der Handelsvertreter, der ein sog. Konsignationslager verwaltet, aus dem er bei Aufträgen geringeren Umfangs Direktlieferungen an die Kunden vornehmen kann, einen vertraglich zugesicherten Gebietsschutz besitzt und nach dem Vertrag sich nicht nur um die Vermittlung oder den Abschluss von Geschäften (§ 86 Abs. 1 HGB) zu bemühen hat, sondern allgemein die Interessen der Firma wahrzunehmen hat, ist treupflichtig. *Streitig* ist, ob ein normaler Handelsvertreter, der sich lediglich um die Vermittlung von Geschäften mit dem Vertretenen zu bemühen hat und im Erfolgsfall Provision verdient, ohne Hinzutreten weiterer Umstände zu seinem Geschäftsherrn in einem Pflichtenverhältnis i.S. von § 266 StGB steht; den bejahenden Ansichten[3] steht die Auffassung des BGH entgegen[4], wonach die Nichtherausgabe erlangter personengebundener Vorteile an den Arbeitgeber oder Dienstherrn, deren Gewährung diesen nicht schlechterstellt, keine Strafbarkeit nach § 266 StGB begründet.

Kein Verstoß gegen eine Vermögensbetreuungspflicht ist i.d.R. beim arbeitnehmerähnlichen Handelsvertreter (§ 84 Abs. 2 HGB) anzunehmen, etwa im Falle der Verletzung der durch ein Konkurrenz- und Nebentätigkeitsverbot vertraglich abgesicherten Pflicht, Kundenaufträge nicht für sich selbst oder ein Drittunternehmen abzuschließen[5]. Denn der Handelsvertretervertrag enthält i.d.R. als wesentlichen Vertragsinhalt keinen Aufgabenkreis mit einer Pflicht, die Vermögensinteressen seines Unternehmers wahrzunehmen. Die wesentliche Pflicht eines Handelsvertreters besteht darin, sich um die Vermittlung bzw. den Abschluss von Verträgen für einen anderen Unternehmer zu bemühen (§ 86 Abs. 1 HGB); das Konkurrenzverbot ist lediglich eine zivilrechtliche Nebenpflicht[6].

d) Gesellschaftsrecht

aa) Gesetzliche Vertreter

118 Personen, die als *„gesetzliche"* Vertreter eines Personenzusammenschlusses bzw. als **notwendiges Organ** einer nicht handlungsfähigen juristischen Person fungieren, haben eine Vermögensfürsorgepflicht, deren Verletzung vom Missbrauchstatbestand erfasst wird (zum GmbH-Geschäftsführer vgl. Rz. 25, zum

---

1 OLG Koblenz v. 13.2.1968 – 2 Ss 17/68, MDR 1968, 779; vgl. zum Handelsvertreter BGH v. 29.9.1982 – 2 StR 360/82, NStZ 1983, 74; BGH v. 5.3.2008 – 5 StR 36/08, NStZ 2008, 340.
2 OLG Köln v. 20.6.1967 – Ss 127/67, NJW 1967, 1923.
3 OLG Koblenz v. 13.2.1968 – 2 Ss 17/68, MDR 1968, 779 f.; *Perron* in S/S, § 266 StGB Rz. 25; *Hübner* in LK, 10. Aufl. 1988, § 266 StGB Rz. 56.
4 BGH – 5 StR 584/67 bei *Herlan*, GA 1971, 37; OLG Braunschweig v. 17.9.1964 – Ws 76/64, NJW 1965, 1193; differenzierend auch OLG Köln v. 20.6.1967 – Ss 127/67, NJW 1967, 1923 f.; vgl. auch BGH v. 29.9.1982 – 2 StR 360/82, NStZ 1983, 74; *Lackner/Kühl*, § 266 StGB Rz. 13.
5 So jedoch OLG Braunschweig v. 17.9.1964 – Ws 76/64, NJW 1965, 1193; OLG Köln v. 20.6.1967 – Ss 127/67, NJW 1967, 1923.
6 OLG Braunschweig v. 17.9.1964 – Ws 76/64, NJW 1965, 1193.

Vorstand der AG Rz. 27). Dies gilt nicht im Verhältnis zwischen dem Geschäftsführer und den bei der Gesellschaft beschäftigten Arbeitnehmern[1].

Zu verneinen ist eine Vermögensbetreuungspflicht des **Minderheitsaktionärs** gegenüber der AG[2]. 119

bb) Aufsichtsrat

Schrifttum: *Bihr/Blättchen*, Aufsichtsräte in der Kritik: Ziele und Grenzen einer ordnungsgemäßen Aufsichtsratstätigkeit – Ein Plädoyer für den „Profi-Aufsichtsrat, BB 2007, 1285; *Bode/Haller*, Der Aufsichtsrat, 2007; *Brammsen*, Aufsichtsratsuntreue, ZIP 2009, 150; *Dittrich*, Die Untreuestrafbarkeit von Aufsichtsratsmitgliedern bei der Festsetzung überhöhter Vorstandsvergütungen, 2007; *Dürr*, Die Haftung von Aufsichtsratsmitgliedern einer Aktiengesellschaft, 2. Aufl 2008; *Gernoth*, Die Überwachungspflichten des Aufsichtsrats im Hinblick auf das Risiko-Management und die daraus resultierenden Haftungsfolgen für den Aufsichtsrat, DStR 2001, 299; *Goette*, Aktuelle Rechtsprechung des II. Zivilsenats zum Aktienrecht, DStR 2006, 2132; *Ludewig/Schleithoff*, Unternehmensüberwachung durch Aufsichtsräte – Was ist zu tun?, Wpg 2009, 855; *Hüffer*, Die Leitungsbezogene Verantwortung des Aufsichtsrats, NZG 2007, 47; *Lutter/Krieger/Verse*, Rechte und Pflichten des Aufsichtsrats, 6. Aufl. 2014; *Redeker*, Auswirkungen des UMAG auf die Verfolgung von Organhaftungsansprüchen seitens des Aufsichtsrats, ZIP 2008, 1549; *Schilha*, Die Aufsichtsratstätigkeit in der Aktiengesellschaft im Spiegel strafrechtlicher Verantwortung, 2008.

Die **Aufgaben und Pflichten** des Aufsichtsrats *einer AG*[3] sind – neben den §§ 84 ff. AktG (Bestellung und Abberufung von Vorstandsmitgliedern u.a.) – in den §§ 95 ff., 101, 111 AktG geregelt. Das Gesetz zur Kontrolle und Transparenz im Unternehmensbereich (KonTraG)[4] hat die Position des Aufsichtsrats bei der Kontrolle der AG gestärkt und seinen Mitgliedern auch weitere Pflichten auferlegt (vgl Rz. 28 sowie Rz. 170 f.). 120

Nach § 111 Abs. 1 AktG hat der Aufsichtsrat die **Geschäftsführung zu überwachen**[5], und zwar sowohl in Form der *retrograden Kontrolle* als auch der *präventiven Überwachung*[6]. Seine Tätigkeit hat er am Unternehmensinteresse auszurichten, das in der Erhaltung und in der langfristigen Rentabilität des Un- 121

---

1 BAG 13.12.2005 – 9 AZR 436/04, GmbHR 2006, 878; BAG v. 13.2.2007 – 9 AZR 106/06, DB 2007, 1690.
2 LG Köln v. 6.5.1988 – 106 Qs 2/88, wistra 1988, 279.
3 Vgl. OLG Düsseldorf v. 23.6.2008 – I-9 U 22/08, WM 2008, 1829; OLG Hamm v. 21.6.1985 – 4 Ws 163/85, NStZ 1986, 119 (Geschäftsführer der Stadtwerke-GmbH, Einkäufe zu Repräsentationszwecken); *Seier* in A/R, V. 2 Rz. 234 ff.; *Tiedemann* in FS Tröndle, 1989, S. 319; *Scheffler*, Die Überwachungsaufgabe des Aufsichtsrats im Konzern, BB 1994, 793.
4 BGBl. I 1998, 786; in Kraft seit 1.5.1998.
5 *Henze*, Prüfungs- und Kontrollaufgaben des Aufsichtsrates in der Aktiengesellschaft – Die Entscheidungspraxis des Bundesgerichtshofes, NJW 1998, 3309; *Henze*, BB 2005, 165.
6 BGH v. 25.3.1991 – II ZR 188/89, BGHZ 114, 127, 130; BGH v. 21.4.1997 – II ZR 175/95 – ARAG/Garmenbeck, BGHZ 135, 244 (255); *Lutter/Krieger/Verse*, Rechte und Pflichten des Aufsichtsrats, § 3 Rz. 65 ff.; *Hüffer*, § 111 AktG Rz. 4 ff.

ternehmens zu sehen ist[1]. Nach § 116 AktG gilt für die *Sorgfaltspflicht* und die *Verantwortlichkeit* der Aufsichtsratsmitglieder die Vorschrift des § 93 AktG über die Sorgfaltspflicht und Verantwortlichkeit der Vorstandsmitglieder sinngemäß. Dem Aufsichtsrat sind demgemäß organisationsinterne Leitungs- und Kontrollbefugnisse mit umfassender Entscheidungsfreiheit und Selbständigkeit zugewiesen[2].

121a Im Einzelnen sind dem Aufsichtsrat folgende **Aufgaben** übertragen[3]:

Erlass einer Geschäftsordnung für den Vorstand[4], Personalkompetenz hinsichtlich des Vorstands (Abberufung und Bestellung), Entgegennahme und Anforderung von Vorstandsberichten[5]. Ferner muss er sich davon überzeugen, dass das gesetzlich geforderte Risikofrüherkennungssystem (§ 91 Abs. 2 AktG) vorhanden ist (vgl. Rz. 28)[6]. So sind die Mitglieder des Aufsichtsrats bei umfangreichen Upstream-Finanzierungen oder einem Cash-Management gem. §§ 111 Abs. 1, 116 AktG dafür verantwortlich, dass der Vorstand etwaige Änderungen des Kreditrisikos laufend überwachen kann und dass hierzu im Rahmen von § 91 Abs. 2 AktG ein geeignetes Informations- oder Frühwarnsystem eingerichtet ist[7]. Neben den klassischen unternehmerischen Bereichen umfasst dieses auch die Produkthaftung (vgl. unten § 56) sowie IT-Risiken. Ferner hat der Aufsichtsrat u.a. den Jahresabschluss, den Lagebericht und den Gewinnverwendungsvorschlag zu prüfen.

Hieraus ergibt sich für den Aufsichtsrat eine *Vermögensbetreuungspflicht*[8]. Die *Einwirkungsmöglichkeiten* des Aufsichtsrats auf den Vorstand sind begrenzt[9]. In Betracht kommen Stellungnahmen, Beanstandungen, Geschäftsordnung für den Vorstand, Zustimmungsvorbehalte gem. § 111 Abs. 4 S. 2 AktG,

---

1 Die Vermögensbetreuungspflicht ergibt sich unter Zugrundelegung von § 111 AktG daraus, dass der Aufsichtsrat seine Tätigkeit am Unternehmensinteresse auszurichten hat, das in der Erhaltung und in der langfristigen Rentabilität des Unternehmens zu sehen ist; vgl. hierzu *Poseck*, Strafrechtliche Haftung, S. 80 ff.; *Dreher*, JZ 1990, 896; *Rittner*, JZ 1980, 113 ff.
2 *Brammsen*, Aufsichtsratsuntreue, ZIP 2009, 1504.
3 *Bihr/Blättchen*, Aufsichtsräte in der Kritik: Ziele und Grenzen einer ordnungsgemäßen Aufsichtsratstätigkeit – Ein Plädoyer für den „Profi-Aufsichtsrat", BB 2007, 1285.
4 *Lutter/Krieger/Verse*, Rechte und Pflichten des Aufsichtsrats, § 7 Rz. 453.
5 *Lutter/Krieger/Verse*, Rechte und Pflichten des Aufsichtsrats, § 6 Rz. 212.
6 Krit. *Lutter/Krieger/Verse*, Rechte und Pflichten des Aufsichtsrats, § 3 Rz. 87; vgl. schon *Windolph*, Risikomanagement und Riskcontrol durch das Unternehmensmanagement nach dem G zur Kontrolle und Transparenz im Unternehmensbereich (KonTraG); ius cogens für die treuhänderische Sorge i.S von § 266 StGB Untreue?, NStZ 2000, 522; *Kropff*, Zur Information des Aufsichtsrats über das interne Überwachungssystem, NZG 2003, 346.
7 BGH v. 1.12.2008 – II ZR 102/07, DB 2009, 106 (Upstream-Finanzierung im faktischen Konzern).
8 Zur Aufsichtsrats-Untreue vgl. *Perron* in S/S, § 266 StGB Rz. 25; *Fischer*, § 266 StGB Rz. 105; *Samson/Günther* in SK, § 266 StGB Rz. 32; *Dierlamm* in MüKo, § 266 StGB Rz. 67; *Schünemann* in LK, § 266 StGB Rz. 258 ff.; *Brammsen*, Aufsichtsratsuntreue, ZIP 2009, 1504; *Seier* in A/R, V. 2 Rz. 234 ff.; BGH v. 6.12.2001 – 1 StR 215/01 – Sponsoring, BGHSt 47, 187; BGH v. 21.12.2005 – 3 StR 470/04 – Mannesmann, BGHSt 50, 331 m. Anm. *Ransiek*, NJW 2006, 814, *Rönnau*, NStZ 2006, 218.
9 Vgl. im Einzelnen *Lutter/Krieger/Verse*, Rechte und Pflichten des Aufsichtsrats, § 3 Rz. 109 ff.

Abberufung von Vorstandsmitgliedern, Verweigerung der Zustimmung zum Jahresabschluss, Beanstandungen im Pflichtbericht, Einberufung einer Hauptversammlung oder sogar die gerichtliche Durchsetzung von Maßnahmen. Diese Maßnahmen muss er zur Durchsetzung seiner Pflichten wahrnehmen.

Im **Konzern** hat der Aufsichtsrat insbesondere die Rechtmäßigkeit der Konzerngeschäftsführung zu überwachen[1], wozu auch die Einhaltung von Recht und Gesetz durch die Untergesellschaften gehört. Dies kann z.B. durch die Ernennung eines Compliance Officers und dessen Kontrolle erfolgen. 121b

Entstehen durch die **Verletzung dieser Pflichten** im Bereich der unternehmerischen Leitungsaufgaben oder im Bereich der Überwachung[2], insbesondere durch deren Erledigung nach „Gutsherrenart"[3], der AG Nachteile, so kommt ein Vergehen der Untreue in Betracht. Dementsprechend kann der Auffassung, wonach der Aufsichtsrat kein *Garant für die Ordnungsmäßigkeit* der Unternehmensführung durch den Vorstand sei[4], nicht zugestimmt werden. 121c

Beispiele: In einer **Unternehmenskrise** (drohende Insolvenz) ist der Aufsichtsratsvorsitzende verpflichtet, eine *Sitzung des Aufsichtsrats* einzuberufen, um dort die für eine Kapitalerhöhung nötigen Beschlüsse zu fassen und so die Insolvenz abzuwenden[5]. Unterlässt er dies und wären auf der Sitzung Maßnahmen zur Behebung der Krise beschlossen worden, z.B. durch Veranlassung des Vorstands zur Einforderung ausstehender Einlagen oder die Gestellung von Sicherheiten für einen Sanierungskredit, so kann der Aufsichtsratsvorsitzende strafrechtlich haftbar werden. Für die GmbH ist entschieden, dass sich der Geschäftsführer wegen Untreue strafbar macht, wenn er bei bestehender Krise der Gesellschaft das bis dahin nicht eingezahlte Stammkapital nicht einfordert. Nichts anderes kann für den Vorstand einer AG gelten. Seine aus § 93 AktG folgende Vermögensfürsorgepflicht entspricht inhaltlich weitgehend der des § 43 GmbHG. Wie auch im Falle des § 43 GmbHG reduziert sich das pflichtgemäße Ermessen des AG-Vorstands spätestens im Falle der Zahlungsunfähigkeit der Gesellschaft auf null und wird damit zu der Handlungspflicht, der Gesellschaft wo immer möglich Liquidität zuzuführen. Diese Zuführung von Liquidität kann und muss durch die Einforderung des bislang nicht eingezahlten Grundkapitals erfolgen. Dies muss für die AG im Vergleich zur GmbH umso mehr gelten, als der Gesetzgeber zum einen die Anforderung des Grundkapitals in § 63 AktG im Gegensatz zum GmbHG ausdrücklich normiert und damit die Bedeutung dieses Vorgangs zu erkennen gegeben hat. Hierauf hat der Aufsichtsrat im Rahmen seiner Überwachungspflicht hinzuwirken. 121d

Bei **Feststellung der Insolvenzreife** seiner Gesellschaft ist der Aufsichtsrat verpflichtet, darauf hinwirken, dass der *Vorstand rechtzeitig Insolvenzantrag* stellt und keine Zahlungen leistet, die mit der Sorgfalt eines ordentlichen und gewissenhaften Geschäftsleiters nicht vereinbar sind[6].

---

1 Vgl. im Einzelnen *Lutter/Krieger/Verse*, Rechte und Pflichten des Aufsichtsrats, § 3 Rz. 63 ff.
2 Zutr. *Fischer*, § 266 StGB Rz. 106; *Tiedemann* in FS Tröndle, 1989, S. 319 (322).
3 *Jahn*, Nach dem Mannesmann-Urteil des BGH: Konsequenzen für Wirtschaft, Justiz und Gesetzgeber, ZIP 2006, 738.
4 *Dierlamm* in MüKo, § 266 StGB Rz. 67 unter Bezug auf *Lüderssen* in FS Eser, 2005, S. 727 (731).
5 LG München I v. 31.5.2007 – 5 HK O 11977/06 – Kloster Andechs, NZI 2007, 609.
6 BGH v. 16.3.2009 – II ZR 280/07, NZG 2009, 550 Ls 2.

Ein Aufsichtsratsmitglied, das trotz gravierender Verdachtsmomente nicht gegen **betrügerische Kapitalerhöhungen** des Vorstands eingeschritten ist[1], kann sich wegen Verletzung der Überwachungspflicht strafbar machen, wenn hierdurch der AG Nachteile durch Schadensersatzforderungen entstehen.

Bleibt ein Aufsichtsratsmitglied in Kenntnis von **Prospektfehlern einer Kapitalanlage** untätig, so ist es nicht nur der psychischen Beihilfe zum Betrug schuldig, sondern auch der Untreue wegen der Schadensersatzansprüche der geschädigten Anlegern gegenüber der Gesellschaft[2]. Im sog. Schrottimmobilien-Fall hatte der wegen Untreue verurteilte Ex-Finanzchef der Badenia bei drei Objekten für die jeweiligen Eigentumswohnungen wissentlich überhöhte Verkehrs- und Beleihungswerte festgesetzt. Damit hatte er zum Nachteil der Bank letztlich eine nicht ausreichende Sicherung der Darlehen bewirkt. Da meist einkommensschwache Personen die Wohnungen erwarben, kam es zu Ausfällen in Höhe von fast drei Mio. Euro.

122 Bei der Festsetzung von **Vorstandsgehältern** verbietet § 116 AktG i.V.m. § 93 AktG *eine willkürlich hohe Festsetzung*[3]. § 87 Abs. 1 AktG schreibt für die *(erstmalige einseitige) Festsetzung* durch den Aufsichtsrat vor, dass die Gesamtbezüge des einzelnen Vorstandsmitglieds in einem angemessenen Verhältnis zu den Aufgaben des Vorstandsmitglieds und zur Lage der Gesellschaft stehen müssen; diese Kriterien wird man als Konkretisierung des Unternehmensinteresses[4] in Fragen der Leistungsvergütung auch auf spätere vertragliche Vereinbarungen mit den Vorstandsmitgliedern zu übertragen haben[5]. Zu den Bestandteilen der Gesamtbezüge gehören auch Aktienoptionen[6], die sowohl für sich gesehen als auch in Gesamtheit mit den sonstigen Bezügen leistungsentsprechend sein müssen. Die vom Aufsichtsrat eingekaufte Leistung der Unternehmensleitung hat einen Marktpreis, der nicht punktgenau festgelegt werden kann, vielmehr innerhalb einer Bandbreite liegt. Eine treuwidrige Abweichung hiervon liegt vor, wenn diese erheblich ist[7]. Dies ist der Fall, wenn die Vergütung diesen Marktpreis aus Ex-ante-Sicht vollständig verfehlt[8], z.B. wenn

---

1 Zur zivilrechtlichen Seite vgl. OLG Düsseldorf v. 23.6.2008 – 9 U 22/08, NZG 2008, 713.
2 Zur zivilrechtlichen Seite OLG Karlsruhe v. 4.9.2008 – 4 U 26/06, AG 2008, 900.
3 *Fleischer*, Aufsichtsratsverantwortlichkeit für die Vorstandsvergütung und Unabhängigkeit der Vergütungsberater, BB 2010, 67; *Spindler*, Vorstandsgehälter auf dem Prüfstand – das Gesetz zur Angemessenheit der Vorstandsvergütung (VorstAG), NJOZ 2009, 3282; *Conrad/Panetta*, Neuerungen durch das G zur Angemessenheit der Vorstandsvergütungen, NJOZ 2009, 3199.
4 Vgl. zum Unternehmensinteresse auch BGH v. 6.12.2001 – 1 StR 215/01 – Sponsoring, BGHSt 47, 187; *Kort*, Das Mannesmann-Urteil im Lichte von § 87 AktG, NJW 2005, 333.
5 *Körner*, Die Angemessenheit von Vorstandsbezügen in § 87 AktG – Eine unbeachtete Vorschrift?, NJW 2004, 2697; vgl. auch *Adams*, ZIP 2002, 1325 (1337).
6 Bei Umsetzung des Ermächtigungsbeschlusses gem. § 192 Abs. 2 Nr. 3 AktG mit den lediglich als Rahmen dienenden Vorgaben hinsichtlich des Ausgabebetrages für Bezugsrechte gem. § 193 Abs. 2 Nr. 3 AktG und der Erfolgsziele gem. § 193 Abs. 2 Nr. 4 AktG muss der Aufsichtsrat eigenverantwortlich auf die Einhaltung der Grundsätze der Angemessenheit achten.
7 Zum groben Missverhältnis vgl. *Tiedemann*, WiStrafR AT, Rz. 220.
8 *Rönnau/Hohn*, Untreue durch Festsetzung hoher Vorstandsvergütungen durch den Aufsichtsrat, NStZ 2004, 113.

Aufsichtsratsmitglieder Anerkennungsvergütungen als Geschenke an Vorstandsmitglieder verteilen[1].

In wirtschaftlich schwierigen Zeiten kommt die Pflicht in Betracht, gem. § 87 Abs. 2 AktG die **Vorstandsbezüge herabzusetzen**[2]. Voraussetzungen hierfür sind nach der Neufassung durch das Gesetz zur Angemessenheit der Vorstandsvergütung (VorstAG)[3] das Eintreten einer *Verschlechterung in den Verhältnissen der Gesellschaft* und die Tatsache, dass eine Weitergewährung der Bezüge eine *Unbilligkeit für die Gesellschaft* sein würde. Im Gegensatz hierzu war in der Vergangenheit zu erkennen, dass in Zeiten der Krise Vorstandgehälter gestiegen sind. Inwieweit das VorstAG zu einer Klärung in der Lage sein wird, bleibt zu beobachten. Für das Strafrecht werden wohl nur Vorstandvergütungen eine Rolle spielen, bei denen anhand von konkreten Entwicklungen und der Heranziehung von Vergleichszahlen Feststellungen zur Angemessenheit getroffen werden können, wobei Aufgaben, Leistungen und Üblichkeit eine Rolle spielen.

122a

So müssen unter *Verschlechterung in den Verhältnissen der* Gesellschaft Sachverhalte zu verstehen sein, die im insolvenzrechtlichen Sinn eine Krise darstellen, d.h. eine die wirtschaftliche Existenz bedrohende Notlage[4]. Im Zusammenhang mit der Finanz- und Bankenkrise war zu prüfen, ob die Vorstandsgehälter in gesetzlicher Weise bei dem drohenden Zusammenbruch von Banken reduziert worden sind. Hierbei ist in Erwägung zu ziehen, in welchem Umfang Risikokapital angesammelt wurde, das durch Verstöße gegen Risikokapitalvorschriften (Klumpenrisiko) sich zu einer Existenzgefährdung verdichtet hat.

Veranlasst ein Aufsichtsrat einen Vorstand, Zahlungen aus dem Vermögen der AG zu tätigen, die in keinem Zusammenhang mit der AG stehen (**Spenden**), ist dies pflichtwidrig und der Aufsichtsrat verletzt seine eigene Vermögensbetreuungspflicht aus § 116 i.V.m. § 111 Abs. 1 AktG[5].

122b

---

1   BGH v. 21.12.2005 – 3 StR 470/04 – Mannesmann, BGHSt 50, 331 m. Anm. *Ransiek*, NJW 2006, 814; *Schünemann*, NStZ 2006, 196; *Rönnau*, NStZ 2006, 218; *Peltzer*, ZIP 2006, 205; *Spindler*, ZIP 2006, 349; *Fleischer*, DB 2006, 542; *Kort*, AG 2006, 106; *Hohn*, wistra 2006; *Vogel*, JZ 2006, 568; *Krause*, StV 2006, 307; *Säcker*, BB 2006, 897; *Körner*, Angemessenheit von Vorstandsbezügen, NJW 2004, 2697.
2   *Fleischer*, Aufsichtsratsverantwortlichkeit für die Vorstandsvergütung, BB 2010, 67; *Wilsing/Kleißl*, Herabsetzung von Vorstandsbezügen in Zeiten der Krise, BB 2008, 2422; *Witthun/Hamann*, Herabsetzung von Vorstandsvergütungen in Zeiten der Krise, ZGR 2009, 847; *Weisner/Kölling*, Herausforderung für den Aufsichtsrat: Herabsetzung von Vorstandsbezügen in Zeiten der Krise, NZG 2003, 465; *Mertens/Cahn* in Kölner Komm., 3. Aufl. 2010, § 87 AktG Rz. 94 f.
3   BGBl. I 2509, in Kraft getreten am 5.8.2009; *Nikolay*, Die neuen Vorschriften zur Vorstandsvergütung – Detaillierte Regelungen und offene Fragen, NJW 2009, 2640; *Greven*, Die Bedeutung des VorstAG für die GmbH, BB 2009, 2154.
4   LG Essen v. 10.2.2006 – 45 O 88/05, NZG 2006, 356 (Kündigung der Firmenwagenregelung für pensionierte Vorstandsmitglieder wegen einer prekären wirtschaftlichen Situation, die zur Bestandsgefährdung der Gesellschaft führen könnte).
5   BGH v. 6.12.2001 – 1 StR 215/01 – Sponsoring, Schaufler-Urteil, BGHSt 47, 187 m. Anm. *Beckemper*, NStZ 2002, 322; dazu *Gehrlein*, NZG 2002, 463; *Lange*, DStR 2002, 1103; *Laub*, AG 2002, 308; *Sauer*, wistra 2002, 465; *Wessing*, EWiR 2002, 305; *Otto* in FS Kohlmann, 2003, S. 187.

123 Ferner ist der Aufsichtsrat nach §§ 111 Abs. 1, 112 AktG verpflichtet, **Schadensersatzansprüche der Gesellschaft gegen Vorstandsmitglieder** pflichtgemäß zu prüfen[1] und *geltend zu machen*[2]. Hierfür hat der Aufsichtsrat gesetzliche Vertretungsbefugnisse (Rz. 61). Wird eine solche Prüfung trotz erkennbarem Anlass nicht durchgeführt, kommt ein strafbares Unterlassen in Betracht, ebenso, wenn aussichtsreiche Ansprüche nicht geltend gemacht werden.

123a Ebenso hat der Aufsichtsrat Ansprüche auf Herausgabe einer **ungerechtfertigten Bereicherung** nach § 812 BGB zu verfolgen. Insoweit gehört es zu seinen allein am Unternehmenswohl orientierten Pflichten, die Rechtslage zu begutachten, die Prozessrisiken abzuwägen, die Beitreibbarkeit der Forderung abzuschätzen und zu prüfen, ob ausnahmsweise Gründe vorliegen, die es angezeigt erscheinen lassen, die Forderung dennoch nicht oder nicht in voller Höhe geltend zu machen. Je nach dem Ergebnis dieser Prüfungen hat er die Pflicht, den Anspruch gegen das Vorstandsmitglied durchzusetzen. Verstößt der Aufsichtsrat gegen diese Pflichten, haftet er seinerseits nach §§ 116, 93 Abs. 2 AktG.

124 Die gleichen Rechtsgrundsätze gelten für den **Aufsichtsrat einer GmbH** (§ 52 GmbHG)[3], unabhängig davon, ob es sich um einen gesetzlich vorgeschriebenen (§§ 6 ff. MitbestG) oder einen freiwilligen Aufsichtsrat handelt. Der fakultative Aufsichtsrat einer GmbH, dem die Zustimmung zu bestimmten Geschäften der Geschäftsführung nach § 52 Abs. 1 GmbHG, § 111 Abs. 4 S. 2 AktG vorbehalten ist, verletzt seine organschaftlichen Pflichten nicht erst dann, wenn er die Geschäftsführung an von seiner Zustimmung nicht gedeckten Zahlungen nicht hindert, sondern bereits dann, wenn er ohne gebotene Information und darauf aufbauender Chancen- und Risikoabschätzung seine Zustimmung zu nachteiligen Geschäften erteilt[4]. Auch für den Aufsichtsrat der GmbH hat das KonTraG Bedeutung[5].

125 Dasselbe gilt für den **Beirat** einer GmbH, wenn ihm Beratung und Überwachung der Geschäftsführung übertragen sind, er also die Aufgaben eines Aufsichtsrats hat, während Beiräten etwa mit reinen Beratungsaufgaben oder

---

1 BGH v. 21.4.1997 – II ZR 175/95 – ARAG/Garmenbeck, BGHZ 135, 244 (Pflicht des Aufsichtsrats zur Geltendmachung von Schadensersatzansprüchen gegen Vorstandsmitgliedern); dazu *Götz* NJW 1997, 3275; *Henze*, Prüfungs- und Kontrollaufgaben des Aufsichtsrates in der Aktiengesellschaft – Die Entscheidungspraxis des Bundesgerichtshofes, NJW 1998, 3309.
2 BGH v. 21.4.1997 – II ZR 175/95 – ARAG/Garmenbeck, BGHZ 135, 244 (252 ff.); *Lutter/Krieger/Verse*, Rechte und Pflichten des Aufsichtsrats, § 7 Rz. 440 ff., 447; *Goette/Habersack* in MüKo, 3. Aufl. 2008, § 111 AktG Rz. 34; *Hopt/Roth* in Großkomm., 4. Aufl. 2005, § 111 AktG Rz. 352 f.; *Paefgen*, AG 2008, 761.
3 *Lutter/Krieger/Verse*, Rechte und Pflichten des Aufsichtsrats, § 16 Rz. 1181 f.; *Zöllner/Noack* in Baumbach/Hueck, § 52 GmbHG Rz. 66 f.; zur Untreue des stellvertretenden Aufsichtsrats-Vorsitzenden einer Toto-Lotto-GmbH vgl. AG Stuttgart v. 7.3.1997 – B 14 Cs 4552/95 (unten Rz. 131).
4 BGH v. 11.12.2006 – II ZR 243/05, BB 2007, 283 (Haftung von Aufsichtsratsmitgliedern der GmbH für die Verletzung ihrer organschaftlichen Pflichten); *Venrooy*, Haftung der Mitglieder eines fakultativen GmbH-Aufsichtsrats, GmbHR 2009, 449.
5 *Remme/Theile*, Die Auswirkungen von „KonTraG" und „KapAEG" auf die GmbH, GmbHR 1998, 909; *Bremer*, Auswirkungen des „KonTraG" auf Aufsichtsräte und vergleichbare Gremien in einer GmbH, GmbHR 1999, 116.

mit Repräsentationsfunktion oder mit dem Zweck der Kundenpflege i.d.R. keiner Vermögensbetreuungspflicht unterliegen.

Beispiele ungetreuer Verhaltensweisen: Genehmigung unverhältnismäßig hoher Geschäftsführer-Vergütungen; selbst genehmigte Beiratsvergütungen; Bezahlung von Scheinrechnungen der Ehefrau des Beirats; unentgeltliche Inanspruchnahme von Leistungen des Unternehmens.

e) Insolvenzrecht

Mit der *Eröffnung* des Insolvenzverfahrens geht die bisherige Verwaltungs- und Verfügungsbefugnis des Schuldners gem. § 80 Abs. 1 S. 1 InsO auf den **Insolvenzverwalter** über. Deshalb entsteht eine Treuepflicht gegenüber dem Insolvenzschuldner (§ 11 InsO) und gegenüber den Insolvenzgläubigern (§ 38 InsO)[1] bzw. den Massegläubigern (§ 58 InsO)[2] bzw. gegenüber der Insolvenzmasse[3], auch gegenüber den *absonderungsberechtigten* Gläubigern (§§ 49 ff. InsO), obwohl sie nicht zwangsläufig zugleich Insolvenzgläubiger i.S. des § 38 InsO sind (vgl. § 52 InsO). Die gleiche Rechtslage bestand beim *Konkursverwalter* nach altem Recht[4]. 126

Beispiele: Ein Insolvenzverwalter, der einen Teil des aus der Masse gezahlten Anwaltshonorars als kick-back zurückerhält und nicht an die Masse abführt, macht sich der Untreue schuldig[5]. Dies gilt auch für einen Insolvenzverwalter, der Entnahmen aus der Masse als vorweggenommenes Honorar ohne Genehmigung des Insolvenzgerichts tätigt[6] oder Gelder für die Querfinanzierung anderer Insolvenzverfahren verwendet.

Ist das Insolvenzverfahren *noch nicht eröffnet* und zunächst ein **vorläufiger Insolvenzverwalter** bestellt worden (§ 21 Abs. 2 Nr. 1 InsO), gilt Folgendes: Der „**starke**" vorläufige Insolvenzverwalter (§ 22 Abs. 1 InsO) ist treupflichtig gegenüber dem Schuldner und den Insolvenzgläubigern, soweit das Insolvenzgericht dem Schuldner ein allgemeines Verfügungsverbot (i.S. des § 21 Abs. 2 Nr. 2 Alt. 1 InsO) auferlegt hat, denn die Verfügungsbefugnis über das Vermögen des Schuldners geht gem. § 22 Abs. 1 InsO auf ihn über. 127

---

1 BGH v. 16.12.1960 – 4 StR 401/60, BGHSt 15, 342 m. Anm. *Schröder*, JR 1961, 268; BGH v. 3.2.1993 – 3 StR 606/92, NJW 1993, 1278; BGH v. 14.1.1998 – 1 StR 504/97, NStZ 1998, 246; OLG Frankfurt v. 5.7.1994 – 3 Ss 97/94, MDR 1994, 1233; *Schramm*, Untreue durch Insolvenzverwalter, NStZ 2000, 398 ff.; *Diversy/Weyand*, Insolvenzverwalter und Untreuetatbestand, ZinsO 2009, 802; *Momsen*, Untreue im Fall des Lastschriftwiderrufs durch den Insolvenzverwalter – Potenzielle Strafbarkeitsrisiken für die Beteiligten, NZI 2010, 121; *Richter*, Strafbarkeit des Insolvenzverwalters, NZI 2002, 121; *Schramm*, Untreue durch Insolvenzverwalter, NStZ 2000, 398.
2 Massegläubiger sind vorweg zu befriedigen, d.h. vor Verteilung des Verwertungserlöses an die Insolvenzgläubiger; deshalb werden auch ihre Befriedigungsinteressen durch den Zugriff des Verwalters auf das Schuldnervermögen tangiert.
3 BGH v. 27.1.1988 – 3 StR 61/87, BGHR StGB § 266 Abs. 1 Missbrauch 2, Abgrenzung zum Treuebruch; BGH v. 14.1.1998 – 1 StR 504/97, NStZ 1998, 246.
4 BGH v. 11.7.2000 – 1 StR 93/00, wistra 2000, 384; BGH v. 14.1.1998 – 1 StR 504/97, NStZ 1998, 246.
5 LG Magdeburg v. 28.11.2001 – 24 Qs 18/01, wistra 2002, 156.
6 LG Hechingen – 1 KLs 26 Js 4760/07AK 7/08; BGH v. 13.6.2001 – 5 StR 78/01, wistra 2001, 345.

Ordnet das Gericht gem. § 22 Abs. 2 S. 1 i.V.m. § 21 Abs. 2 Nr. 2 Alt. 2 InsO an, dass Verfügungen des Schuldners nur mit *Zustimmung* des vorläufigen Insolvenzverwalters wirksam sind (absolutes Verfügungsverbot, §§ 24 Abs. 1, 81 Abs. 1 InsO), wird die Verfügungsmacht des Schuldners dahin eingeschränkt, dass seinen Verfügungen nur durch eine Zustimmung oder Genehmigung des Insolvenzverwalters rechtliche Wirksamkeit verliehen wird. Diese Zustimmungsmacht ist ausreichend, um eine Vermögensbetreuungspflicht des vorläufigen Insolvenzverwalters zu begründen[1].

128 Der „schwache" vorläufige Insolvenzverwalter (§ 22 Abs. 2 InsO) ist i.d.R. nicht vermögensbetreuungspflichtig[2], da die Verwaltungs- und Verfügungsbefugnis beim Schuldner verbleibt; die dem vorläufigen Insolvenzverwalter übertragene Aufsichts- und Gutachterfunktion weist weder Elemente eines Geschäftsbesorgungsverhältnisses auf noch lässt sie Raum für eigenverantwortliche, selbständig zu treffende Entscheidungen. Dies bedeutet zugleich, dass der Schuldner bzw. dessen Organe weiterhin gegenüber seinen Gläubigern vermögensbetreuungspflichtig bleibt, sofern er dies bereits vor Stellung des Eröffnungsantrags war (z.B. als Sicherungsnehmer[3]; zur Problematik bei Sicherungsrechten s. Rz. 37 f.). Übernimmt der schwache Insolvenzverwalter allerdings *die Geschäftsleitung* oder übt er diese gemeinsam mit dem Schuldner aus, so hat er im Innenverhältnis einen qualifizierten Zugriff auf das Schuldnervermögen und ist als faktischer Geschäftsführer vermögensbetreuungspflichtig.

129 Den Mitgliedern des **Gläubigerausschusses** obliegt ebenfalls eine Pflicht zur Betreuung der Vermögensinteressen aller Gläubiger[4].

Ein außerhalb eines Insolvenzverfahrens als **Sanierer** tätiger Berater übernimmt gegenüber den Gläubigern eine Vermögensbetreuungspflicht, wenn er einen Fonds zur Durchführung eines Sanierungsvergleichs einrichtet[5], vgl. § 87 Rz. 17 ff.

f) Wahrnehmung öffentlicher Aufgaben

130 Auch den Angehörigen des **öffentlichen Dienstes** obliegen – je nach konkretem Aufgabenbereich – Vermögensbetreuungspflichten[6]. Deren Verletzung wird nicht von einem speziellen Amtsdelikt erfasst, sondern vom allgemeinen Untreue-Tatbestand. Soweit der Bedienstete „kraft Amtes" Vertretungsbefugnisse hat, ist primär der *Missbrauchstatbestand* einschlägig (vgl. Rz. 12 ff.); ansonsten greift der weitere *Treubruchtatbestand* (vgl. auch Rz. 212 ff.). Die allgemeine *beamtenrechtliche Treuepflicht* allein ist *nicht ausreichend*; es bedarf

---

1 Näher *Schramm*, NStZ 2000, 398 ff.
2 Str; a.A. *Schünemann* in LK, § 266 StGB Rz. 45, 142.
3 BGH v. 12.12.1996 – 4 StR 489/96, wistra 1997, 147 m. Anm. *Fischer*, WiB 1997, 1030.
4 BGH v. 27.4.1978 – VII ZR 31/76, BGHZ 71, 253.
5 OLG Stuttgart v. 13.12.1983 – 4 Ss (22) 494/83, wistra 1984, 114 m. Anm. *Richter*, wistra 1984, 97; *Seier* in A/R, V. 2 Rz. 388 ff.; *Ogiermann*, Die Strafbarkeit des systematischen Aufkaufs konkursreifer Unternehmen, wistra 2000, 250.
6 BGH v. 27.11.2009 – 2 StR 104/09, BGHSt 54, 202; *Fabricius*, Strafbarkeit der Untreue im öffentlichen Dienst, NStZ 1993, 414; *Fiebig/Junker*, Korruption und Untreue im öffentlichen Dienst, Rz. 34, 79.

jeweils einer darüber hinausgehenden Treuepflicht in Bezug auf ein Vermögen, dessen Verwaltung sich aus dem konkreten Aufgabengebiet ergibt[1]. Dem Leiter einer Behörde sowie dem Haushaltsbeauftragten ist nach § 9 Abs. 1 BHO die Bewirtschaftungsbefugnis verleihen. Diese kann auf den sog. Titelverwalter übertragen werden[2].

Beispiele: 131
- Mitglieder des **Allgemeinen Studentenausschusses** (AStA)[3],
- die **Aufsichtsräte** in öffentlichen Unternehmen[4],
- der **Baudirektor** eines Landratsamtes gegenüber dem Landkreis[5],
- der **Beauftragte** eines bischöflichen Ordinariats[6],
- der **Bürgermeister** einer Gemeinde[7] (vgl. auch Rz. 212 ff.), der Gemeindevorsteher, der *Kassenleiter* einer Gemeinde, dem die Buchführung und Abwicklung des Zahlungsverkehrs obliegt[8], und der *Stadtkämmerer*, (zweifelhaft bei Gemeinderäten[9]),
- der **Fraktionsvorsitzende**[10]; Fraktionen stehen nicht im rechtsfreien Raum und unterliegen – abhängig von deren rechtlichem Status – dem strafrechtlichen Vermögensschutz, insbesondere wenn bei missbräuchlicher Verwendung von Fraktionsgeldern die Gefahr zukünftiger nachteiliger Sanktionen besteht,
- der **Geschäftsführer einer staatlichen Investitions- und Entwicklungsgesellschaft**, der seine Ehefrau auf Geschäftsreisen zulasten der Gesellschaft ohne geschäftliche Belange mitgenommen hat,
- die **Geschäftsführer von Stadtwerken**[11], öffentlichen Verkehrsbetrieben[12] (Geschäftsführer einer überschuldeten Verkehrs-AG organisieren eine luxuriöse Reise für die Aufsichtsratsmitglieder) oder anderen Unternehmen der öffentlichen Hand, die in der Rechtsform privater Gesellschaften betreiben werden[13] (Geschäftsführer einer landeseigenen Toto-Lotto-GmbH organisiert aus Anlass einer Aufsichtsratssitzung luxuriöse

---

1 BGH v. 12.7.1994 – 1 StR 300/94, StV 1995, 73.
2 *Weimann*, Schwarze Kassen, 1996, S 42 ff.
3 BGH v. 23.10.1981 – 2 StR 477/80, NStZ 1982, 70; OLG Hamm v. 15.7.1981 – 5 Ws 29/81, NJW 1982, 190.
4 *Harder/Ruter*, Die Mitglieder des Aufsichtsrats einer GmbH mit öffentlich-rechtlichem Anteilseigner, GmbHR 1995, 813 mit Hinweis auf die Aufsichtspflichten bzgl. der intensiven Reisetätigkeit von Geschäftsführern; solche Reisen müssen notwendig sein, bloße „Nützlichkeit" genügt nicht; vgl. auch *Schwintowski*, NJW 1995, 1316.
5 BGH v. 4.1.1994 – 1 StR 485/93, NStZ 1994, 191.
6 BGH v. 28.1.1983 – 1 StR 820/81, NJW 1983, 1807.
7 BGH v. 8.5.2003 – 4 StR 550/02, NStZ 2003, 540; LG Göttingen v. 12.7.2007 – 8 KLs 10/06, juris; BayObLG v. 18.2.1988 – RReg 1 St 309/87, JR 1989, 300 m. Anm. *Seebode*; LG Landshut v. 19.1.1999 – 1 KLs 52 Js 3256/97; vgl. z.B. Art. 38 (Bay)GO; *Kiethe*, Die Grenzen der strafrechtlichen Verantwortlichkeit von Bürgermeistern – Zugleich Besprechung von BGH v. 9.12.2004 – 4 StR 294/04, NStZ 2005, 529.
8 BGH v. 20.5.1994 – 2 StR 202/94, BGHR StGB § 266 Abs. 1 Nachteil 31 (Verhinderung von Schadensersatzansprüchen) = NStZ 1994, 586.
9 Vgl. *Nettesheim*, Können sich Gemeinderäte der „Untreue" schuldig machen?, BayVBl. 1989, 161; *Weber* BayVBl 1989, 166.
10 *Lesch*, Zweckwidrige Verwendung von Fraktionszuschüssen als Untreue?, ZRP 2002, 159.
11 OLG Hamm v. 21.6.1985 – 4 Ws 163/85, NStZ 1986, 119 m. Anm. *Molketin*. NStZ 1987, 369.
12 AG Braunschweig v. 16.7.1990 – 4 LS 703 Js 41626/88.
13 AG Stuttgart v. 7.3.1997 – B 14 Cs 4552/95.

und zeitaufwendige Reise in das Ausland unter Teilnahme von Ehefrauen; Billigung und Inanspruchnahme durch den Aufsichtsrat),

- der freiberufliche Inhaber eines **Ingenieurbüros**, dem staatliche Stellen die Vorbereitung und Mitwirkung an der Ausschreibung von Aufträgen übertragen haben[1] (nicht jedoch, wenn lediglich eine fachliche Beratung und Planung erfolgt[2]),
- Verantwortliche der Kassenärztlichen Vereinigung[3],
- der **Landrat**[4], er missbraucht die ihm obliegende Vermögensbetreuungspflicht, wenn er Neueinstellungen vornimmt, ohne dass hierfür im Haushalt des Landkreises Stellen vorhanden sind[5],
- ein **Minister** hinsichtlich der Rechtsträgerschaft der seinem Ministerium unterstellten Grundstücke[6],
- der **Mitarbeiter der AOK**[7] bei der Ausstellung von Zahlungsanordnungen,
- der **Offizier** beim Materialbeschaffungsamt der Bundeswehr,
- ein **Parlamentsabgeordneter** für einen zu seiner Verfügung stehenden „Besuchertopf"[8] (nicht jedoch für die in den Haushaltsplan eingestellten Finanzmittel; zur Haushaltsuntreue vgl. Rz. 212 ff.),
- **Parlamentspräsidien**[9], so ist z.B. der Bundestagspräsident im Hinblick auf die Mittel der staatlichen Parteienfinanzierung gem. § 19 PartG vertretungs- und verpflichtungsbefugt. Bei Verstößen gegen die Vorschriften der Parteienfinanzierung ist er zur Prüfung und zur Rückforderung verpflichtet,
- der Vorsitzende, Schatzmeister, Generalsekretär einer politischen **Partei**[10] (vgl. Rz. 30); werden der Partei zugewandte Spenden in schwarze Kassen einbezahlt bzw. eigenmächtig verwendet oder wird ein Rechenschaftsbericht falsch erstellt, liegt ein Verstoß vor[11],
- der **Prüfungsbeauftragte** im Subventionsverfahren[12],
- Mitglied des Leitungsorgans eines **Rechtsanwaltsversorgungswerks**[13],
- **Redakteure** öffentlich-rechtlicher Rundfunkanstalten[14],

---

1 BayObLG v. 20.7.1995 – 4 St RR 4/95, NJW 1996, 268, 271 m. Anm. *Haft*, NJW 1996, 238.
2 BGH v. 11.8.1970 – 1 StR 301/70, GA 1971, 209; BGH v. 1.4.1969 – 1 StR 614/68, bei *Dallinger*, MDR 1969, 532.
3 OLG Karlsruhe v. 13.2.2006 – 3 Ws 199/04, NStZ-RR 2007, 78.
4 BGH v. 17.4.2002 – 2 StR 531/01, NStZ-RR 2002, 237.
5 BGH v. 26.4.2006 – 2 StR 515/05, NStZ-RR 2006, 207.
6 BGH v. 17.2.1999 – 5 StR 494/98 – Diestel, NJW 1999, 1489 (Grundstücksverkauf).
7 BGH v. 12.9.1996 – 1 StR 509/96, NStZ 1997, 281.
8 OLG Koblenz v. 14.6.1999 – 1 Ss 75–99, NJW 1999, 3277.
9 *Fischer*, § 266 StGB Rz. 17.
10 LG Bonn v. 28.2.2001 – 27 AR 2/01, NStZ 2001, 375; *Maier*, Ist ein Verstoß gegen das Parteiengesetz straflos?, NJW 2000, 1006 ff.; *Gössel*, wistra 1985, 125; *Schwind*, Zur Strafbarkeit der Entgegennahme von anonymen Parteispenden als Untreue (§ 266 StGB) – dargestellt am Fall Dr. Helmut Kohl, NStZ 2001, 349; *Velten*, NJW 2000, 2852; *Wolf*, KJ 2000, 531; *Wieland*, Schwarze Kassen, NJW 2005, 110; LG Wiesbaden v. 18.4.2005 – 6 Js 320.4/00-16 KLs, juris.
11 *Faust*, Zur möglichen Untreuestrafbarkeit im Zusammenhang mit Parteispenden, 2006, 64 f.
12 BGH v. 14.12.1983 – 3 StR 452/83, BGHSt 32, 203 (208).
13 BGH v. 9.7.2009 – 5 StR 263/08, BGHSt 54, 39.
14 BGH v. 27.11.2009 – 2 StR 104/09, BGHSt 54, 202.

- der **Steuerbeamte**[1] (vgl. Rz. 36; nicht jedoch der lediglich die Zahlungen überwachende Buchhalter der Finanzkasse[2]),
- der Institutsleiter einer **Universität**, soweit er mit der Auswahl von zu beschaffenden Produkte und dem Abschluss entsprechender Kaufverträge befasst ist, also einen bestimmenden Einfluss auf die Auftragsvergabe hat[3],
- **Universitätsmitarbeiter** (Wissenschaftler) gegenüber dem Drittmittelgeber[4].

Bei der Vergabe von **staatlichen Subventionen** obliegt die Wahrnehmung der Vermögensinteressen der öffentlichen Hand den *Amtsträgern* oder den Personen, denen der Staat die Zuteilung übertragen hat[5]. Dagegen hat der *Subventionsempfänger* keine Treuepflicht im Hinblick auf das Vermögen der öffentlichen Hand, weil er nicht fremdnützig tätig wird, sondern seine eigene Wertschöpfung fördert[6]. Anders lag es aber bei einem *Erwerber von Unternehmen* aus dem Bestand der *Treuhandanstalt*, die mit der Auflösung des Vermögens der ehemaligen DDR beauftragt war[7]. **132**

II. Pflichtverletzungen

1. Pflichtwidrigkeit

Um den Treubruchtatbestand zu erfüllen, muss der Täter die ihm obliegende Vermögensfürsorgepflicht verletzen. Die **Pflichtwidrigkeit** des jeweiligen Verhaltens ist deshalb **festzustellen**[8]. Da Inhalt und Umfang der Pflicht dem zugrunde liegenden Betreuungsverhältnis entnommen werden müssen[9], ist die Pflichtwidrigkeit von dem der Vermögensbetreuungspflicht zugrunde liegenden Rechtsverhältnis und der sich daraus ergebenden Pflichtenstellung abhängig. **133**

Zwischen Vermögensbetreuungspflicht, Pflichtwidrigkeit und Vermögensschaden besteht ein enger Zusammenhang. Da es sich um die Verletzung von Pflichten handelt, die gerade der Sicherung des Vermögens und der Verhinderung eines Vermögensschadens dienen, kommt dem **Pflichtwidrigkeitszusammenhang** zentrale Bedeutung zu. Dieser liegt vor, wenn ein bei der jeweiligen Handlung (z.B. Vertragsschluss oder Darlehensausreichung) eingetre- **134**

---

1 BGH v. 6.6.2007 – 5 StR 127/07, BGHSt 51, 356; LG Hildesheim v. 6.8.2009 – 25 KLs 4222 Js 21594/08, NdsRpfl 2009, 432, Rz. 140; BGH v. 21.10.1997 – 5 StR 328/97, NStZ 1998, 91 (Steuerhinterziehung durch Finanzbeamtin); *Gössel*, wistra 1985, 136; *Fischer*, § 266 StGB Rz. 48.
2 BGH v. 7.10.1986 – 1 StR 373/86, StV 1987, 55.
3 BGH v. 9.3.1989 – 4 StR 622/88, BGHR StGB § 266 Abs. 1 Nachteil 19; vgl. aber BGH v. 23.5.2002 – 1 StR 372/01 – Drittmitteleinwerbung, BGHSt 47, 295.
4 *Jerousche*, GA 1999, 428; vgl. *Kindshäuser/Goy*, Strafbarkeit ungenehmigter Drittmitteleinwerbung, NStZ 2003, 291; *Fenger/Göben*, Sponsoring im Gesundheitswesen, 2004.
5 BGH v. 17.9.2001 – II ZR 178/99 – Bremer Vulkan, BGHZ 149, 10 (23).
6 BGH v. 13.5.2004 – 5 StR 73/03 – Bremer Vulkan, BGHSt 49, 147 m. Anm. *Tiedemann*, JZ 2005, 40.
7 *Reck*, wistra 1996, 127; BGH v. 10.7.1996 – 3 StR 50/96, NStZ 1996, 540 m. Anm. *Langkeit*, WiB 1996, 1131; *Geerds*, JR 1997, 340; LG Stuttgart v. 13.7.1995 – 8 KLs 206/94; LG Stuttgart v. 4.5.1998 – 8 KLs 161 Js 25441/94.
8 *Fischer*, § 266 StGB Rz. 50 ff.; vgl. auch *Perron* in S/S, § 266 StGB Rz. 35a.
9 BGH v. 17.11.1955 – 3 StR 234/55, BGHSt 8, 254, 258; BGH v. 22.11.1955 – 5 StR 705/54, BGHSt 8, 271; *Fischer*, § 266 StGB Rz. 58.

tener Vermögensnachteil auf die Pflichtwidrigkeit zurückzuführen ist[1]. In der Praxis konkretisiert sich der Pflichtwidrigkeitszusammenhang regelmäßig bei der Bestimmung des Vermögensnachteils, wie die nachfolgenden Einzelfälle zeigen.

135 Bei **rechtsgeschäftlichen Betreuungsverhältnissen** ist allgemeiner Maßstab die Sorgfaltspflicht, die der Geschäftsverkehr und das Interesse des Geschäftsherrn erfordern (§§ 276, 665, 677, 713 BGB; zur Bankuntreue § 67 Rz. 3 ff.). Bei Aufträgen muss die Vermögensfürsorgepflicht den zugrunde liegenden *Vertragsvereinbarungen* entnommen werden. Sind diese nicht exakt ausformuliert, so sind sie durch Auslegung des Vertrages zu bestimmen. Bei *Handelsgeschäften* ist die Sorgfalt eines *ordentlichen Kaufmanns* zugrunde zu legen (§ 347 HGB). Wem Rechtsmacht eingeräumt ist, der darf keine schädlichen Rechtsgeschäfte abschließen und muss auch sonstige nachteilige Einwirkungen unterlassen.

135a Eine **Normverletzung** ist i.d.R. nur dann pflichtwidrig i.S. des § 266 StGB, wenn die verletzte Rechtsnorm ihrerseits wenigstens auch, und sei es mittelbar, *vermögensschützenden Charakter* für das zu betreuende Vermögen hat, mag die Handlung auch nach anderen Normen pflichtwidrig sein und ggf. Schadensersatzansprüche gegenüber dem Treupflichtigen begründen. Die Rechtsprechung fordert daher einen *funktionalen Zusammenhang* zwischen Treupflicht und Pflichtverletzung[2].

136 Bei **tatsächlichen Treueverhältnissen** sind die konkreten Verhältnisse des Einzelfalles mit ihren Üblichkeiten in den einzelnen Branchen und im tatsächlichen Leben aufzuklären.

137 Eine „**gravierende**" **Pflichtverletzung**, wie sie teilweise in der Literatur gefordert wird[3], ist hierbei *nicht erforderlich*[4]. Dies ergibt sich auch nicht aus früheren Urteilen des BGH[5]. Allenfalls wird man bei Handeln/Unterlassen im Rahmen unternehmerischer Entscheidungsfreiheit zu prüfen haben, ob eine Hauptpflicht gegenüber dem zu betreuenden Unternehmen verletzt worden ist. Zu solchen Pflichten gehört z.B. die Erfüllung von kaufmännischen Bilanzierungs-

---

1 Zum Pflichtwidrigkeitszusammenhang vgl. *Doster*, WM 2001, 333 (337); *Martin*, Bankuntreue, 134; BGH v. 4.11.1997 – 1 StR 273/97, BGHSt 43, 293 (296); BGH v. 6.4.2000 – 1 StR 280/99 – Untreue durch Bankenvorstand, BGHSt 46, 30.
2 BGH v. 13.9.2010 – 1 StR 220/09 – AUB Siemens, BGHSt 55, 288 mit einer Straftat nach § 119 BetrVG; BGH v. 13.4.2011 – 1 StR 94/10 – Kölner Parteispendenaffäre, NStZ 2011, 403 mit einem Verstoß gegen § 25 PartG a.F.
3 *Dierlamm*, StraFo 2005, 397 (402 f.); *Wollberg*, ZIP 2004, 646 (656 f.); *Braum*, KritV 2004, 67 (76 f.); *Dierlamm* in MüKo, § 266 StGB Rz. 154 f.; a.A. *Schünemann*, NStZ 2005, 473.
4 BGH v. 21.12.2005 – 3 StR 470/04 – Mannesmann, BGHSt 50, 331; vgl. auch *Schünemann* in LK, § 266 StGB Rz. 95 ff.
5 Herangezogen werden BGH v. 15.11.2001 – 1 StR 185/01, BGHSt 47, 148, 149 f, 152 (gravierende Verletzung banküblicher Informations- und Prüfungspflicht bezüglich der wirtschaftlichen Verhältnisse des Kreditnehmers); BGH v. 6.12.2001 – 1 StR 215/01 – Unternehmensspenden, BGHSt 47, 187 (197) – (gravierende gesellschaftsrechtliche Pflichtverletzung); BGH v. 22.11.2005 – 1 StR 571/04 – Kinowelt, NJW 2006, 453 (Verletzung gesellschaftsrechtlicher Pflichten).

grundsätzen nach § 242 HGB[1]. Liegt die Verletzung gerade solcher Pflichten vor, dann ist diese so gravierend, dass eine Pflichtwidrigkeit i.S. von § 266 StGB vorliegt[2]; in diesem Sinne ist auch die Entscheidung des BVerfG[3] zu verstehen.

2. Einzelfälle

Die Verpflichtung des Beauftragten, **Provisionen** bzw. **Schmiergelder** gem. § 667 BGB an den *Geschäftsherrn* herauszugeben, ist keine spezifische Treuepflicht[4], sondern lediglich *eine zivilrechtliche Pflicht*[5]. Dies wird damit begründet, dass vertragliche Beziehungen, die sich insgesamt als Treueverhältnis i.S. des § 266 StGB darstellen, Verpflichtungen enthalten können, deren Einhaltung nicht vom Untreuetatbestand geschützt ist[6]. Dieses Ergebnis ist kriminalpolitisch unbefriedigend, selbst unter Geltung der Strafbarkeit der Bestechung im geschäftlichen Verkehr nach § 299 StGB.

Untreue liegt jedoch *in folgenden Fällen* vor:

Wird das *Schmiergeld* durch **Erhöhung der** vom Geschäftsherrn zu zahlenden **Auftragskosten** finanziert, so liegt ein Handeln zum Nachteil des Geschäftsherrn vor. Deshalb begründet die Zahlung von Schmiergeldern an Mitarbeiter des Vertragspartners dann eine Untreue, wenn diese Geldbeträge über den Preis auf den Vertragspartner umgelegt wurden[7]. Der auf den Preis aufgeschlagene Betrag, der letztlich der Finanzierung des Schmiergeldes dient, stellt regelmäßig die Mindestsumme des beim Auftraggeber entstandenen Vermögensnachteils dar[8].

Ist der Geschäftspartner bereit, die Leistung zu einem **um den Schmiergeldbetrag verringerten Betrag** zu erbringen, dann macht sich der Schmiergeldempfänger der Untreue schuldig, wenn er diese Bereitschaft des Geschäftspartners nicht zum Vertragsabschluss nutzt. Dadurch, dass er diesen günstigen Vertragsabschluss zugunsten seines Geschäftsherrn nicht tätigt, nimmt er eine ge-

---

1 *Rönnau* in FS Tiedemann, 2008, S. 713, 721.
2 BGH v. 15.11.2001 – 1 StR 185/01, BGHSt 47, 148 (152); BGH v. 6.12.2001 – 1 StR 215/01 – Unternehmensspenden, BGHSt 47, 187 (197); vgl. auch BGH v. 21.4.1997 – II ZR 175/95 – ARAG/Garmenbeck, BGHZ 135, 244 (253) (Pflicht des Aufsichtsrats zur Geltendmachung von Schadensersatzansprüchen gegen Vorstandsmitglieder).
3 BVerfG v. 23.6.2010 – 2 BvR 2559/08 – Landowsky, BVerfGE 126, 170 (210 f.) (oben Rz. 5), und nachfolgend der BGH, BGH v. 28.5.2013 – 5 StR 551/11, BGH v. 13.9.2010 – 1 StR 220/09 – AUB Siemens, BGHSt 55, 288, sprechen von Fällen der klaren und deutlichen (evidenten) Pflichtwidrigkeit bzw. der „schweren" Pflichtverletzung.
4 BGH v. 13.12.1994 – 1 StR 622/94, NStZ 1995, 233.
5 Vgl. BGH v. 7.1.1963 – VII ZR 149/61, BGHZ 39, 1; BGH v. 24.2.1982 – IVa ZR 306/80, NJW 1982, 1752 f.; BGH v. 30.10.1990 – 1 StR 544/90, wistra 1991, 138; BGH v. 21.10.1997 – 1 StR 605/97, BGHR StGB § 266 Abs. 1 Nachteil 40.
6 Vgl. BGH v. 30.10.1985 – 2 StR 383/85, NStZ 1986, 361.
7 BGH v. 15.3.2001 – 5 StR 454/00, BGHSt 46, 310; BGH v. 11.5.2001 – 3 StR 549/00 – GEZ-Fall, BGHSt 47, 22 m. Anm. *Bittmann*, wistra 2002, 406.
8 BGH v. 10.7.2013 – 1 StR 532/12; BGH v. 2.12.2005 – 5 StR 119/05 – Kölner Müllskandal, NJW 2006, 925.

schützte vermögenswerte Anwartschaft nicht in Anspruch und verletzt mithin das Vermögen seines Geschäftsherrn[1].

Steht dem **Treugeber** ein Anspruch, auch ein Provisionsanspruch, **selbst** zu, ist die Vereinnahmung der Forderung durch den Treunehmer treuwidrig[2].

140 Die **Zahlung von Schmiergeldern** an Dritte *zur Erreichung eines Vertragsabschlusses* kann eine Untreue darstellen, insbesondere, wenn dies durch eine im Unternehmen geltende *Corporate Compliance* (s. oben § 31) verboten ist. Eine konkrete Vermögensgefährdung kommt insofern in Betracht, als nach § 4 Abs. 5 S. 10 EStG die Finanzverwaltung die im Rahmen einer Betriebsprüfung entdeckten Zahlungen der Staatsanwaltschaft zu melden hat, was i.d.R. zur Einleitung eines Ermittlungsverfahrens mit den entsprechenden Vermögensabschöpfungsmaßnahmen und wegen des Bruttoprinzips zum *Verlust des gesamten Erlöses* aus dem Vertrag führen kann.

141 Vergibt der Vorstand einer AG aus deren Vermögen **Zuwendungen** *zur Förderung von Kunst, Wissenschaft, Sozialwesen oder Sport*, genügt für die Annahme einer Pflichtwidrigkeit i.S. des Untreuetatbestandes des § 266 StGB nicht jede *gesellschaftsrechtliche* Pflichtverletzung; diese muss vielmehr *gravierend* sein. Dieser Wertung wird bei Zuwendungen zuzustimmen sein, da das Wirtschaftsleben den Handelnden Handlungsräume einräumt, innerhalb deren sie sich aus Gründen der Flexibilität bewegen können müssen. Diese Voraussetzung bezieht sich jedoch nur auf die Verletzung von Informations- und Prüfungspflichten[3] und kann nur aufgrund einer Gesamtschau, insbesondere gesellschaftsrechtlicher Kriterien wie fehlende Nähe zum Unternehmensgegenstand, Unangemessenheit im Hinblick auf die Ertrags- und Vermögenslage, fehlende innerbetriebliche Transparenz oder Vorliegen sachwidriger Motive, namentlich Verfolgung rein persönlicher Präferenzen bestimmt werden. Wenn bei der Vergabe von Zuwendungen diese Kriterien erfüllt sind, kann von einer erheblichen gesellschaftsrechtlichen Pflichtverletzung gesprochen werden, aber auch schon, wenn einzelne Kriterien weniger stark ausgeprägt sind.

141a Die *Übernahme* von **Verteidigungs- und Verfahrenskosten** sowie **Geldsanktionen** aus Strafverfahren[4] kann ebenfalls gegen § 266 StGB verstoßen[5]. Dies

---

1 BGH v. 29.6.2006 – 5 StR 485/05 – Wuppertaler Korruptionsskandal, NJW 2006, 2864, Rz. 30; BGH v. 11.7.2001 – 1 StR 576/00 – Submissionsabsprache, BGHSt 47, 83 (88); BGH v. 28.6.2005 – KRB 2/05 – Berliner Transportbeton-Kartell, NJW 2006, 163 (164); BGH v. 8.1.1992 – 2 StR 102/91 – Submissionskartell, BGHSt 38, 186 (194); vgl. auch *Schünemann* in LK, § 266 StGB Rz. 103, 154, 185.
2 BGH v. 23.5.2002 – 1 StR 372/01 – Drittmitteleinwerbung, BGHSt 47, 295 m. Anm. *Ambos*, JZ 2003, 345; dazu *Goy*, NStZ 2003, 291; *Kindhäuser*, NStZ 2003, 291; *Korte*, NStZ 2003, 156; *Mansdörfer*, wistra 2003, 211; *Michalke*, NJW 2002, 338; *Rönnau*, JuS 2003, 232; *Sanchez-Hermosilla*, Kriminalistik 2002, 506; *Schmidt*, NJW 2004, 471; *Tholl*, wistra 2003, 181.
3 Vgl. klarstellend BGH v. 21.12.2005 – 3 StR 470/04 – Mannesmann, BGHSt 50, 331.
4 Zum Sonderfall eines öffentlichrechtlichen Abwasserverbandes vgl. BGH v. 7.11.1990 – 2 StR 439/90, BGHSt 37, 226.
5 Vgl. *Otto*, Untreue durch Übernahme der mit einem Strafverfahren verbundenen Aufwendungen für Unternehmensangehörige durch ein Unternehmen, in FS Tiedemann, 2008, S 693; *Patzschke/Horrer*, CCZ 2013, 97; *Poller*, StraFo 2005, 274; *Spatschek/Ehnert*, StraFo 2005, 265.

dürfte insbesondere bei eigennützigen Delikten oder Verhaltensweisen des Mitarbeiters der Fall sein, ebenso bei Verstößen die gegen die Corporate Compliance[1], wie Korruption, Urheberrechts- oder Patentverletzungen, schuldhafte Produkthaftungsfälle, betrügerische oder schädigende Handlungen in Herstellung und Vertrieb. Auch die Zahlung von **Abfindungen** in „Gutsherrenart" an einen Straftäter nach Aufdeckung von dessen Straftat kann eine Untreue darstellen.

Das Einrichten oder Beibehalten **verdeckter (schwarzer) Kassen** außerhalb des Buchhaltungskreises eines Unternehmens stellt ein pflichtwidriges Handeln dar, insbesondere, wenn es sich um ein etabliertes System zur Leistung von Bestechungsgeldern in Gestalt eines Geflechts von Nummernkonten bei diversen liechtensteinischen Banken handelt.

141b

Zu den Pflichten eines **leitenden Mitarbeiters** (Bereichsvorstand) gehört es nämlich, seinem Arbeitgeber bislang unbekannte, ihm zustehende Vermögenswerte in erheblicher Höhe zu *offenbaren* und diese ordnungsgemäß zu verbuchen[2]. Das Schwergewicht der Pflichtwidrigkeit und damit die tatbestandliche Pflichtverletzung liegen in der unterlassenen Erfüllung der Offenlegungspflicht. In Höhe der in der verdeckten Kasse vorenthaltenen Mittel tritt ein (endgültiger) Vermögensschaden ein. Das Motiv des Handelns, ein möglicherweise falsch verstandenes, mittelbares wirtschaftliches Interesse des Arbeitgebers, steht der Pflichtwidrigkeit nicht entgegen. Die vage Chance, mithilfe der schwarzen Gelder später einen im Ergebnis wirtschaftlich vorteilhaften Vertrag abschließen zu können oder die Absicht einer solchen Verwendung stellt keinen zur Kompensation geeigneten gegenwärtigen Vermögensvorteil dar. Damit wird nicht lediglich die Möglichkeit des Arbeitgebers verletzt, über das eigene Vermögen zu verfügen, vielmehr ist das Geld ohne Rechtsgrund dem Vermögen des Arbeitgebers entzogen worden. Das Recht auf das eigene Vermögen und die Möglichkeit darüber zu disponieren gehören entgegen mancher Ansichten in der Literatur[3] sehr wohl „zum Kern der von § 266 StGB geschützten Rechtsposition".

141c

Bei einer politischen **Partei** führt das pflichtwidrige Entziehen und Vorenthalten erheblicher Vermögenswerte unter Einrichtung einer treuhänderisch verwalteten „schwarzen Kasse" durch Verantwortliche auch dann zu einem Nachteil i.S. von § 266 Abs. 1 StGB, wenn durch Einsatz der vorenthaltenen Mittel unter Umgehung der satzungsgemäßen Organe politische oder sonstige Zwecke der Partei nach dem Gutdünken des Täters gefördert werden sollen[4].

141d

Pflichtwidrig handelt der Geschäftsführer einer GmbH, wenn er *bei bestehender Krise* der Gesellschaft das bis dahin nicht eingezahlte **Stammkapital nicht**

141e

---

1 *Hauschka*, Corporate Compliance, 2. Aufl. 2010.
2 BGH v. 29.8.2008 – 2 StR 587/07 – Siemens, BGHSt 52, 323 m. Bespr. *Knauer*, NStZ 2009, 151; *Ransiek* NJW 2009, 95; *Satzger*, NStZ 2009, 297; *Achenbach*, Aus der 2008/2009 veröffentlichten Rechtsprechung zum WirtschaftsstrafR, NStZ 2009, 621; *Strelczyk*, Die Strafbarkeit der Bildung schwarzer Kassen, 2008, 30.
3 *Knauer*, Anm. zu BGH v. 29.8.2008 – 2 StR 587/07 – Siemens, BGHSt 52, 323.
4 BGH v. 18.10.2006 – 2 StR 499/05 – Kanther, BGHSt 51, 100 im Anschluss an BGH v. 21.10.1994 – 2 StR 328/94, BGHSt 40, 287.

einfordert. Dies gilt auch für den Vorstand einer AG. Die Vermögensfürsorgepflicht für die GmbH bzw. die AG folgt aus § 43 GmbHG und § 93 AktG. Wie auch im Falle des § 43 GmbHG reduziert sich das pflichtgemäße Ermessen des AG-Vorstands spätestens im Falle der Zahlungsunfähigkeit der Gesellschaft auf null und wird damit zu einer Handlungspflicht, der Gesellschaft wo immer möglich Liquidität zuzuführen. Diese Zuführung von Liquidität kann und muss durch die Einforderung des bislang nicht eingezahlten Grundkapitals erfolgen. Dies muss für die AG im Vergleich zur GmbH umso mehr gelten, als der Gesetzgeber zum einen die Anforderung des Grundkapitals in § 63 AktG im Gegensatz zum GmbHG ausdrücklich normiert und damit die Bedeutung dieses Vorgangs zu erkennen gegeben hat. Da für die Anmeldung der AG zum Handelsregister nach § 36a AktG lediglich die Einzahlung eines Viertels der Bareinlage auf das Grundkapital erforderlich ist, besteht eine hohe Verpflichtung des AG-Vorstands zur Einforderung des ausstehenden Grundkapitals im Zeitpunkt der Zahlungsunfähigkeit der AG. Da die Normen zur Kapitalerhaltung vermögensschützenden Charakter für das zu betreuende Vermögen haben, ist der Verstoß auch pflichtwidrig[1].

141f Pflichtwidrig sind Verhaltensweisen oder Maßnahmen von treuepflichtigen Mitarbeitern, die **Sanktionen zum Nachteil des Unternehmens** auslösen[2]. Hierzu zählen Verfall und Einziehung nach Straf- und Ordnungswidrigkeitenrecht (vgl. § 11 Rz. 114 f.), die Geldbuße nach § 30 OWiG (vgl. § 30 Rz. 162 ff.), Sanktionen nach dem Verwaltungsrecht, z.B. dem Entzug gewerberechtlicher Genehmigungen und Erlaubnisse (vgl. § 25 Rz. 2 ff.), der Entzug einer Banklizenz[3] (§§ 32, 35 KWG) durch die zuständige BaFin, ferner kartellrechtliche Folgen (vgl. § 15 Rz. 121 ff.) oder steuerrechtliche Zuschläge nach §§ 152, 240 AO. Solche Sanktionen können auch einen Nachteil i.S. von § 266 StGB darstellen.

141g Ferner kann als pflichtwidrig angesehen werden das **Fehlen** oder das unvollständige Einrichten einer **Corporate Compliance Abteilung**[4] in einem Unternehmen[5] (vgl. § 31 Rz. 44 ff.).

Im Juni 2007 erfolgte die Aufnahme des Compliance-Konzepts in den Deutschen Corporate Governance Kodex. Danach hat der Vorstand einer AG „für die Einhaltung der gesetzlichen Bestimmungen und der unternehmensinternen Richtlinien zu sorgen", und wirkt dabei „auf deren Beachtung durch die Konzernunternehmen" hin. Diese Aussage

---

1 Vgl. BGH v. 13.9.2010 – 1 StR 220/09 – AUB-Siemens, BGHSt 55, 288.
2 *Burger*, Untreue (§ 266 StGB) durch das Auslösen von Sanktionen zu Lasten von Unternehmen, 2007.
3 So hat in der Schweiz die Eidgenössische Bankenkommission der Genfer Privatbank Société Bancaire Privée (SBP) den Entzug der Banklizenz angedroht, sollte das Institut nicht bis zum 1.10.2007 verkauft werden.
4 *Hauschka*, ZRP 2006, 258; *Hauschka/Klindt*, NJW 2007, 2726; *Hopson/Koehler*, CCZ 2008, 208; *Lösler*, NZG 2005, 104; *Passarge*, NZI 2009, 86; *Rodewald/Unger* BB 2006, 113; *Hecker*, Aktuelle Änderungen des DCGK, BB 2009, 1654; *Tödtmann/Schauer*, ZIP 2009, 995.
5 *Hauschka*, Corporate Compliance, 2. Aufl. 2010; *Meier-Greve*, Vorstandshaftung wegen mangelhafter Corporate Compliance, BB 2009, 2555; *Sieber*, Compliance-Programme im UnternehmensstrafR, in FS Tiedemann, 2008, S. 449.

benennt der Kodex mit dem Begriff „Compliance" (4.1.3 DCGK)[1]. Unternehmen sind verpflichtet, für die Einrichtung geeigneter Organisationsstrukturen, Prozesse und Systeme zu sorgen, um Compliance im Unternehmen zu gewährleisten und das Risiko von Wirtschaftskriminalität zu minimieren[2]. Im Siemens-Fall[3] war der verurteilte Bereichsvorstand für die Umsetzung der Compliance-Vorschriften der Siemens AG zuständig. U.a. gehören der Aufbau eines Risikomanagements und Maßnahmen zur Korruptionsbekämpfung[4] zu den Pflichten.

Bei der **Gebührenschinderei** (*churning*) verwenden Geschäftsführer[5] unseriöser Vermittler- und Brokerfirmen[6], Treuhänder oder Kreditinstitute[7] Anlagebeträge dazu, diese ständig umzuschichten[8] und dadurch Gebühren „zu schinden"[9]. 141h

Die Frage, ob Missbrauch oder Treubruch[10] vorliegt, richtet sich nach dem Anlagevertrag und den darin festgelegten Interessen des Anlegers. Der Umstand, dass laufend Kontoauszüge über die neuen Geschäftsabschlüsse versandt werden, gegen die der Anleger keine Einwände erhebt, stellt keine Einverständniserklärung dar, da eine solche in der nachträglichen widerspruchslosen Kenntnisnahme bereits getätigter Geschäfte i.d.R. nicht gesehen werden kann[11]. – Besteht bereits bei Abschluss eines Anlagevertrages keine Absicht, den Vertrag im Interesse des Anlegers zu erfüllen, sondern den Anleger durch künstliche Kosten zu schädigen, liegt *Betrug* vor.

Die **Kontoplünderung** ist nunmehr durch § 31 Abs. 1 Nr. 1 WpHG verboten. Danach sind Wertpapier-Dienstleistungen und Wertpapier-Nebendienstleis- 141i

---

1 http://www.corporate-governance-code.de.
2 *Salvenmoser/Hauschka*, Korruption, Datenschutz und Compliance, NJW 2010, 331; *Fleischer*, Aktuelle Entwicklungen der Managerhaftung, NJW 2009, 2337.
3 BGH v. 29.8.2008 – 2 StR 587/07 – Siemens, BGHSt 52, 323.
4 *Dölling*, Hdb. Korruptionsprävention, 2007; *Hauschka/Greeve*, Compliance in der Korruptionsprävention, BB 2007, 165.
5 BGH v. 21.10.2003 – XI ZR 453/01, NJW-RR 2004, 203.
6 BGH v. 9.3.2010 – XI ZR 93/09, BGHZ 184, 365; BGH v. 13.7.2004 – VI ZR 136/03, AG 2004, 552; BGH v. 19.12.2000 – XI ZR 349/99 – WestLB, BGHZ 146, 235.
7 *Barta*, Die Haftung der depotführenden Bank bei churning des Anlageberaters, BKR 2004, 433; BGH v. 22.11.1994 – XI ZR 45/91, MDR 1995, 519; BGH v. 23.9.1999 – III ZR 214/98, MDR 1999, 1518 m. Anm. *Schwark*, EWiR 2000, 187; BGH v. 19.12.2000 – XI ZR 349/99 – WestLB, BGHZ 146, 235 m. Anm. *Tilp*, EWiR 2001, 255 und krit. Anm. *Balzer*, ZIP 2001, 232 und *Balzer* in Derleder/Kops/Bamberger, Hdb. zum deutschen und europäischen Bankrecht, 2. Aufl. 2009, § 45 Rz. 26 m.w.Nw.; vgl. auch *Lang*, Informationspflichten bei Wertpapierdienstleistungen, 2003, § 24 Rz. 53 ff.; *Jäger*, Bewegung im Bereich Churning? – Neues zum deliktischen Pflichtenverstoß des Vermittlers von Warentermingeschäften, AG 2011, R299
8 *Hagemann*, Grauer Kapitalmarkt und Strafrecht, 2005, 406; *Birnbaum*, Stichwort „Churning", wistra 1991, 253; *Rössner/Arendts*, Die Haftung wegen Kontenplünderung durch Spesenschinderei (Churning), WM 1996, 1517; *Wach*, Der Terminhandel in Recht und Praxis, 1986, 206.
9 Innerhalb einer kurzen Zeit wird ein erheblicher Teil des eingesetzten Kapitals durch Gebühren aufgezehrt; vgl. BGH v. 13.7.2004 – VI ZR 136/03, WM 2004, 1768; BGH v. 15.11.2011 – XI ZR 54/09, BKR 2012, 78; BGH v. 22.11.1994 – XI ZR 45/91, MDR 1995, 519; BGH v. 23.9.1999 – III ZR 214/98, MDR 1999, 1518; *Hagemann*, Grauer Kapitalmarkt und Strafrecht, 2005, 410; *Sethe*, Treupflichten der Banken bei Vermögensanlage, AcP 212, 80; *Mölter*, Untreuestrafbarkeit von Anlageberatern unter spezieller Betrachtung der Vermögensbetreuungspflicht, wistra 2010, 53.
10 *Schünemann* in LK, § 266 StGB Rz. 110; *Dierlamm* in MüKo, § 266 StGB Rz. 169.
11 *Imo*, Börsentermin- und Börsenoptionsgeschäfte, Rz. 1461.

tungen mit der erforderlichen Sachkenntnis, Sorgfalt und Gewissenhaftigkeit im Interesse des Kunden zu erbringen.

Zur Konkretisierung der Vorschriften hatte die BaFin die Wohlverhaltenrichtlinie vom 23.8.2001 erlassen, die in Nr. E Abs. 2 zu den nach § 32 WpHG verbotenen Geschäften solche Empfehlungen zählt, die eine unverhältnismäßig hohe Anzahl von Transaktionen veranlassen und die dadurch entstehenden Kosten im Verhältnis zum eingesetzten Kapital und dem erzielbaren Gewinn unangemessen hoch erscheinen lassen[1]. Die Wohlverhaltensrichtlinie sowie die Compliance-Richtlinie wurden zum 1.11.2007 infolge einer Änderung des WpHG durch das Finanzmarktrichtlinien-Umsetzungsgesetz (FRUG) und den Erlass konkretisierender Rechtsverordnungen aufgehoben. Die *Compliance-Richtlinie* wird jedoch weiterhin als normenkonkretisierende Verhaltensvorschrift i.S. einer „best practice" angesehen.

III. Tathandlung

142 Der Treubruchstatbestand kann sowohl durch *rechtsgeschäftliches* Handeln bzw. Unterlassen als auch durch **tatsächliches** Verhalten gegenüber dem zu betreuenden Vermögen verwirklicht werden[2]. Im Einzelfall kann die Abgrenzung, ob Tun oder Unterlassen i.S. des § 13 StGB vorliegt, schwierig sein. Von Bedeutung ist hierbei, ab wann ein Schaden (schadensgleiche Vermögensgefährdung) vorliegt und dieser auch erkannt wird; liegt zum Zeitpunkt des relevanten Verhaltens noch kein Schaden vor, sondern tritt dieser erst später ein, so spricht dies für ein Unterlassen notwendiger Sicherungsmaßnahmen[3]. Allerdings ist die klare Unterscheidung zwischen Tun und Unterlassen im Ergebnis von praktisch geringer Bedeutung; entscheidend ist die Feststellung einer Pflichtverletzung.

143 Beispiele für **tatsächliches (aktives) Handeln**:
– Abschneiden einer Stromleitung durch Abteilungsleiter, um Produktion lahmzulegen,
– Einsatz von Arbeitnehmern durch den Geschäftsführer zum Bau seines Privathauses[4],
– Bildung schwarzer Kassen[5]; das Entziehen und Vorenthalten erheblicher Vermögenswerte unter Einrichtung von verdeckten Kassen durch leitende Angestellte eines Wirtschaftsunternehmens führt zu einem endgültigen Nachteil i.S. von § 266 Abs. 1 StGB; auf die Absicht, das Geld im wirtschaftlichen Interesse des Treugebers zu verwenden, kommt es nicht an[6],
– Entwenden von Vermögensgegenständen,
– „Front Running"[7],

---

1 Vgl. *Koller* in Assmann/Schneider, § 35 WpHG Rz. 7.
2 *Fischer*, § 266 StGB Rz. 50 f.; *Schünemann* in LK, § 266 StGB Rz. 92, 107.
3 BGH v. 13.5.2004 – 5 StR 73/03 – Bremer Vulkan, BGHSt 49, 147.
4 *Arzt/Weber*, StrafR, LH 4, 30.
5 BGH v. 29.8.2008 – 2 StR 587/07, NJW 2009, 89; BGH v. 18.10.2006 – 2 StR 499/05, BGHSt 51, 100; BGH – 1 StR 602/60; BGH v. 20.2.1981 – 2 StR 644/80, BGHSt 30, 46; vgl. aber auch BGH v. 1.8.1984 – 2 StR 341/84, wistra 1985, 69; *Weimann*, Die Strafbarkeit der Bildung sog schwarzer Kassen, 1996; *Seier* in A/R, V. 2 Rz. 402 ff.; *Schünemann* in LK, § 266 StGB Rz. 107, 179 f., 231.
6 BGH v. 29.8.2008 – 2 StR 587/07, NJW 2009, 89; Weiterführung von BGH v. 18.10.2006 – 2 StR 499/05, BGHSt 51, 100.
7 Vgl. *Schünemann* in LK, § 266 StGB Rz. 107, 109; *Dierlamm* in MüKo, § 266 StGB Rz. 195.

- Zueignung von Geld aus der zu verwaltenden Kasse[1],
- Vernichten von Urkunden,
- Verrat von Betriebsgeheimnissen (vgl. § 33 Rz. 52 ff.) oder Adressdaten[2],
- Verletzung der Verschwiegenheitspflicht durch ein Aufsichtsorgan,
- unordentliche Buchführung, die es wahrscheinlich macht, dass die Geltendmachung begründeter Ansprüche unterbleibt[3]; mangelhafte Dokumentation von Zahlungen[4],
- Missbrauch von Insiderinformationen(dazu § 68 Rz. 45 ff.),
- treuwidrige Veranlassung des Geschäftsherrn zu nachteiligen Vermögensverfügungen,
- treuwidrige Verwendung eines Computers[5] (vorausgesetzt der Täter ist nicht nur „Operator" (§ 42 Rz. 52), sondern hat etwa als Sachbearbeiter einen gewissen Ermessensspielraum[6]),
- Errichtung von Bauten mit Gesellschaftsmitteln auf fremdem Grundstück, ohne dass die hierdurch entstehenden Ansprüche gegenüber dem Grundstückseigentümer in der erforderlichen Weise abgesichert werden,
- Verbreiten kreditschädlicher Gerüchte,
- Verfügung über Haushaltsmittel eines Ministeriums unter Verstoß gegen Haushaltsgrundsätze zugunsten einer anderen Behörde[7] (zur Haushaltsuntreue Rz. 212 ff.).

Die **Entnahme** *wichtiger Produktionsgüter* schlägt sich bilanziell nur im Abgang des abgeschriebenen Anschaffungswertes der betreffenden Wirtschaftsgüter nieder; die Entnahme *immaterieller Vermögenswerte* wie Know-how, gewerbliche Schutzrechte, Betriebsgeheimnisse oder der Abschluss neuer Verträge mit einem anderen Unternehmen desselben Gesellschafters, also der *Entzug des Betätigungsfeldes*, hat keine bilanziellen Auswirkungen (Rz. 153 f.)[8]. Ihre Bedeutung für die Fähigkeit des Konzernunternehmens zur Fortführung seines Geschäftsbetriebs kommt darin nicht zum Ausdruck, kann jedoch existenziell sein; der existenzgefährdende Entzug ist pflichtwidrig und damit strafbar. Durch tatsächliche Entnahmen kann auch § 30 GmbHG verletzt werden. Gesellschaftsgläubiger, Gesellschaft und Gesellschafter sollen vor Verringerung durch willkürliche Leistungen an Gesellschafter geschützt werden[9]. Wegen ihrer zentralen Bedeutung ist die Vorschrift nach ständiger Rechtsprechung und allgemeiner Meinung streng auszulegen. Das BilMoG hat

143a

---

1 BGH v. 17.11.1955 – 3 StR 234/55, BGHSt 8, 254 (255); BGH v. 11.12.1957 – 2 StR 481/57, BGHSt 13, 315; *Arzt/Weber*, StrafR, LH 4, Wirtschaftsstraftaten, 30; *Schünemann* in LK, § 266 StGB Rz. 107.
2 *Vogt/Forum*, „Adressspionage" in straf- und zivilrechtlicher Sicht, JuS 1981, 861.
3 BGH v. 7.12.1965 – 5 StR 312/65, BGHSt 20, 304 m. Anm. *Schröder*, JR 1996, 185.
4 BGH v. 26.4.2001 – 5 StR 587/00, BGHSt 47, 8.
5 *von zur Mühlen*, NJW 1971, 1642.
6 OLG München v. 26.7.1976 – 2 Ws 194/76, JZ 1977, 410 m. Anm. *Sieber*; *Schünemann* in LK, § 266 StGB Rz. 136.
7 BGH v. 21.10.1994 – 2 StR 328/94, BGHSt 40, 287.
8 *Röhricht*, Leitungsmacht versus Gläubigerschutz im GmbH-Recht, in FS 50 Jahre BGH, 2000, S 83; *Röhricht*, Insolvenzrechtliche Aspekte im GesellschaftsR, ZIP 2005, 505 (513); s. auch *Altmeppen*, ZIP 2001, 1837; *Ulmer*, ZIP 2001, 2021 (2027); *Schmidt*, NJW 2001, 3577 (3581); *Wiedemann*, KonzernR, in FS 50 Jahre BGH, Bd. II, 2000, S. 337 (362).
9 *Hueck/Fastrich* in Baumbach/Hueck, § 30 GmbHG Rz. 3; *Heidinger* in Michalski, § 30 GmbHG Rz. 1.

143b den Grundsatz der Kapitalerhaltung nicht unmittelbar geändert. Es findet lediglich nach § 30 Abs. 1 S. 2 GmbHG das Auszahlungsverbot nach S. 1 bei Leistungen im Rahmen eines Beherrschungs- oder Gewinnabführungsvertrags bei Vollwertigkeit und Deckung des Gegenleistungs- bzw. Rückgewähranspruchs keine Anwendung.

143b Eine falsche und pflichtwidrige *federführende* Bearbeitung eines **Kreditengagements** durch den Leiter einer Bank im Innenverhältnis zu seiner Bank stellt keine wirksame Verfügung über das Vermögen der Bank im Außenverhältnis dar, sodass ein Treuebruch und nicht ein Missbrauch vorliegt[1].

143c **Beispiele** für tatsächliches Unterlassen:

- Verjährenlassen einer Forderung[2],
- unterlassene Rückforderung zu viel gezahlter Förderbeträge[3],
- unterlassene Wohngeldbeitreibung durch Hausverwalter[4],
- unterlassene Kündigung nachteiliger Verträge[5],
- Nichtabwendung schädigender Ereignisse[6],
- Nichtvornahme vermögensmehrender Handlungen[7], soweit diese rechtmäßig sind[8] und der Treugeber den Vorteil mit Sicherheit erlangt hätte,
- Nichtversicherung des zu betreuenden Vermögens gegen naheliegende Gefahren,
- Verkommenlassen von Vermögenswerten wie Warenlager, Grundstücke,
- Vernachlässigung einer Aufsichtspflicht[9]; die fahrlässige Verletzung der Aufsichtspflicht bzw. die unterlassene Verhinderung der Verletzung von Vermögensinteressen durch einen Dritten ist nach § 130 OWiG mit Buße bedroht,
- Duldung der Umleitung von Geldern eines Mandanten auf ein privates Konto durch Angestellten eines Steuerberaters[10],
- Verschweigen einer Schuld gegenüber dem zu betreuenden Vermögen,
- Nicht-Abführung von Nutzungsentgelten aus einer Nebentätigkeit[11],
- Nicht-Offenbaren verdeckter Geldmittel[12].

143d **Beispiele** für rechtsgeschäftliches, aber rechtswidriges bzw. nichtiges Handeln:

---

1 BGH v. 13.8.2009 – 3 StR 576/08 – Sengera, wistra 2010, 21 (Rz. 27).
2 Str., BGH v. 11.11.1982 – 4 StR 406/82, wistra 1983, 72; BGH v. 22.1.1988 – 2 StR 133, 87, wistra 1988, 227; vgl. *Schünemann* in LK, § 266 StGB Rz. 53 m.w.Nw.; *Dierlamm* in MüKo, § 266 StGB Rz. 138
3 *Fiebig/Junker*, Korruption und Untreue im öffentlichen Dienst, 2004, Rz. 79.
4 LG Krefeld v. 21.5.1999 – 26 StK 197/98, NZM 2000, 200.
5 Vgl. *Schünemann* in LK, § 266 StGB Rz. 53.
6 BGH v. 17.12.1953 – 4 StR 540/53, BGHSt 5, 190, 198.
7 BGH v. 28.1.1983 – 1 StR 820/81, BGHSt 31, 232 (234); BGH v. 20.1.1984 – 3 StR 520/83, wistra 1984, 109; *Kohlmann* in Hachenburg, GmbHG, vor § 82 GmbHG Rz. 56.
8 BGH v. 22.1.1988 – 2 StR 133/87 – Untreue durch Vorstandsmitglied bei Eigengeschäften, NJW 1988, 2485.
9 *Perron* in S/S, § 266 StGB Rz. 35a.
10 BGH v. 21.7.1989 – 2 StR 214/89, NStZ 1990, 77; *Perron* in S/S, § 266 StGB Rz. 35a.
11 BGH v. 27.7.1982 – 1 StR 209/82, NJW 1982, 2881; BGH v. 21.7.1989 – 2 StR 214/89, BGHSt 36, 227.
12 BGH v. 29.8.2008 – 2 StR 587/07, BGHSt 52, 323 (Weiterführung von BGH v. 18.10.2006 – 2 StR 499/05, BGHSt 51, 100).

- Abschluss eines **nichtigen**, um einen Schmiergeldanteil erhöhten, überteuerten **Vertrages**[1]; im Abschluss eines solchen Vertrages und in der damit einhergehenden Verlagerung der Schmiergeldzahlungen zugunsten des Geschäftsführers auf die vertretene Gesellschaft durch Vereinbarung entsprechend überhöhter Zahlungsverpflichtungen mit Dritten liegt ein Treubruch[2], denn der Abschluss des überteuerten Vertrages hindert gleichzeitig den Abschluss eines um den Schmiergeldanteil verminderten günstigeren Vertrags;
- **Rückzahlung eigenkapitalersetzender Gesellschafterdarlehen**; im neu konzipierten Recht der Gesellschafterleistungen nach dem MoMiG[3] (Wegfall der Rechtsfigur der „kapitalersetzenden Nutzungsüberlassung", Sonderregelung in § 135 Abs. 3 InsO n.F.) gibt es zwar kein (Rück-)Zahlungsverbot für eigenkapitalersetzende Leistungen; der Abzug eines Gesellschafterdarlehens kann jedoch als *existenzgefährdender Eingriff* zu qualifizieren sein mit der Folge, dass schon vor der Insolvenz ein Zahlungsverbot besteht und der das Darlehen verbotswidrig abziehende Gesellschafter gem. § 826 BGB sowie der Geschäftsführer gem. § 64 S. 3 GmbHG auf Schadensersatz in Anspruch genommen werden kann (vgl. auch bei der Konzernuntreue Rz. 145 f.);
- unberechtigte Gewährung von **Sonderboni** an einen **Betriebsrat**, denen weder zugesagte noch erbrachte zusätzliche Leistungen gegenüberstehen, durch den Vorstand eines Konzerns, der aufgrund seiner Stellung die tatsächliche Möglichkeit hat, durch Anweisung an ihm untergebene Mitarbeiter Zahlungen zu veranlassen (Rz. 144);
- Abschluss von **Betriebsvereinbarungen** durch leitende Mitarbeiter eines Unternehmens mit einem Betriebsrat, die nach § 77 Abs. 3 BetrVG unwirksam sind und den Arbeitgeber zu nicht geschuldeten Leistungen verpflichten, denn nach dieser Vorschrift können Arbeitsentgelte und sonstige Arbeitsbedingungen, die durch Tarifvertrag geregelt sind oder üblicherweise geregelt werden, nicht Gegenstand einer Betriebsvereinbarung sein, was jedoch nicht gilt, wenn ein Tarifvertrag den Abschluss ergänzender Betriebsvereinbarungen ausdrücklich zulässt.

IV. Einwilligung

Auch bei dem Treubruchstatbestand kann die Einwilligung des Treugebers den **Tatbestand** der Untreue **ausschließen**, allerdings nur dann, wenn sie nicht selbst gesetzeswidrig (vgl. Rz. 79) oder aus sonstigen Gründen ausnahmsweise als unwirksam zu bewerten ist. Der *Vorstand einer AG* kann trotz des Rechts, unter eigener Verantwortung die Gesellschaft zu leiten, aus § 76 Abs. 1 AktG nicht das Recht zu Einwilligungen herleiten, die ihrerseits rechts- oder gesetzeswidrig sind[4]. Die Einwilligung eines Organs in finanzielle Zuwendungen, die einen Verstoß gegen § 119 Nr. 2 und 3 BetrVG darstellen, ist unwirksam[5],

---

1 BGH v. 15.3.2001 – 5 StR 454/00, BGHSt 46, 310; BGH v. 13.12.1994 – 1 StR 622/94, NStZ 1995, 233.
2 *Fischer*, § 266 StGB Rz. 56 m.w.Nw.
3 Die §§ 32a, 32b GmbHG wurden aufgehoben und die entsprechenden Regelungen in die InsO und das AnfG (§§ 6, 6a AnfG) verlagert.
4 *Rönnau* in FS Tiedemann, 2008, S. 724 f.; *Schünemann* in LK, § 266 StGB Rz. 261; *Knierim*, CCZ 2009, 38 (40); LG Nürnberg-Fürth v. 24.11.2008 – 3 KLs 501 Js 1777/2008, ArbuR 2010, 35; *Rieble*, Strafbare Arbeitgeberfinanzierung gelber Arbeitnehmervereinigungen, Zum Schelsky-Urteil des LG Nürnberg-Fürth, ZIP 2009, 1593.
5 LG Braunschweig v. 22.2.2008 – 6 KLs 20/07 – Volckert-Urteil, juris und nachfolgend BGH v. 17.9.2009 – StR 521/08, NJW 2010, 92; LG Braunschweig v. 25.1.2007 – 6 KLs 48/06, CCZ 2008, 32; BGH v. 17.9.2009 – 5 StR 521/08, BGHSt 54, 148 m. Anm. *Wessing*, EWiR § 266 2/09, 787; vgl. *Schünemann*, NStZ 2006, 196; *Saliger/Gaede*, HRRS 2008, 57; *Ransiek*, ZStW 116 (2004), 634.

denn Handlungen, durch die die Tätigkeit eines Betriebsrats behindert oder gestört werden (Nr. 2) oder durch die ein Mitglied oder ein Ersatzmitglied des Betriebsrats um seiner Tätigkeit willen benachteiligt oder begünstigt wird (Nr. 3)[1], sind strafbar (§ 35 Rz. 13 ff.).

D. Besondere Konstellationen

I. Konzernuntreue

Schrifttum: *Arnold*, Untreue im GmbH- und Aktienkonzern, 2006; *Benecke*, Existenzvernichtender Eingriff statt qualifiziert faktischer Konzern: Die neue Rechtsprechung des BGH zur Haftung von GmbH-Gesellschaftern, BB 2003, 1190; *Bittmann*, Strafrecht und Gesellschaftsrecht, ZGR 2009, 931; *Blasche/König*, Upstream-Darlehen vor dem Hintergrund des neuen § 30 Abs. 1 GmbHG, GmbHR 2009, 897; *Bruns*, Zur Reichweite der Haftung wegen existenzvernichtenden Eingriffs, NZG 2004, 409; *Burg*, Gesellschafterhaftung bei Existenzvernichtung der Einmann-GmbH, 2006; *Busch*, Konzernuntreue, 2004; *Diem*, Besicherung von Gesellschafterverbindlichkeiten als existenzvernichtender Eingriff des Gesellschafters, ZIP, 2003, 1283; *Drygala*, Abschied vom qualifizierten faktischen Konzern– oder Konzernrecht für alle?, GmbHR 2003, 729; *Ewald*, Untreue zwischen verbundenen Unternehmen, Diss. Bochum 1980; *Eilers/Rödding/Schmalenbach* (Hrsg.), Unternehmensfinanzierung. Gesellschaftsrecht, Steuerrecht, Rechnungslegung, 2. Aufl. 2014; *Emmerich/Habersack*, Aktien- und GmbH-Konzernrecht, 7. Aufl. 2013; *Fleischer*, Konzernuntreue zwischen Straf- und Gesellschaftsrecht, NJW 2004, 2867; *Fuhrmann*, Kreditgewährung an Gesellschafter: Ende des konzernweiten Cash-Managements?, NZG 2004, 552; *Habersack*, Aufsteigende Kredite im Lichte des MoMiG und des „Dezember"-Urteils des BGH, ZGR 2009, 347; *Höf*, Untreue im Konzern, 2006; *Kasiske*, Existenzgefährdende Eingriffe in das GmbH-Vermögen mit Zustimmung der Gesellschafter als Untreue, wistra 2005, 81; *Khonsari*, Die Haftung des GmbH-Gesellschafters aus existenzvernichtendem Eingriff, 2007; *Kiehte/Groeschke*, Die Ausplünderung des insolventen Unternehmens, BB 1998, 1373; *Kropff*, Einlagenrückgewähr und Nachteilsausgleich im faktischen Konzern, NJW 2009, 814; *Loeck*, Strafbarkeit des Vorstandes der Aktiengesellschaft wegen Untreue, 2006; *Lamann*, Untreue im GmbH-Konzern, 2006; *Lutter/Banerjea*, Die Haftung des Geschäftsführers für existenzvernichtende Eingriffe, ZIP 2003, 2177; *Nassall*, Der existenzvernichtende Eingriff in die GmbH: Einwendungen aus verfassungs- und insolvenzrechtlicher Sicht, ZIP 2003, 969; *Podewils*, Risiken verdeckter Gewinnausschüttungen bei Darlehensgewährung und „Cash Management" im Konzernverbund, GmbHR 2009, 803; *Ransiek*, Untreue im GmbH-Konzern, in FS Kohlmann, 2003, S. 207; *Röhricht*, Die GmbH im Spannungsfeld zwischen wirtschaftlicher Dispositionsfreiheit ihrer Gesellschafter und Gläubigerschutz, in FS 50 Jahre BGH, 2000, Bd. II, S. 83; *Röhricht*, Insolvenzrechtliche Aspekte im Gesellschaftsrecht, ZIP 2005, 505 (513); *Schall*, Kapitalaufbringung nach dem MoMiG, ZGR 2009, 126; *Wagner*, Die Untreue des Gesellschafters in der einfachen und konzernierten Einmann-GmbH, 2005; *Vetter, Eb.*, Interessenkonflikte im Konzern– vergleichende Betrachtungen zum faktischen Konzern und zum Vertragskonzern, ZHR 171 (2007), 342; *Wattenberg*, Zentrales Cash-Management als Untreuetatbestand im Konzernverbund, StV 2005, 523; *Wellkamp*, Organuntreue zum Nachteil von GmbH-Konzernen und Aktiengesellschaften, NStZ 2001, 113; *Wessing/Krawczyk*, Untreue zum Nachteil einer konzernabhängigen GmbH, NZG 2009, 1176.

---

1 *Hess* in Hess/Wurzalla/Glock/Nicolai/Rose/Huke, 9. Aufl. 2014, § 119 BetrVG; *Engels* in Fitting/Engels u.a., 25. Aufl. 2010, § 119 BetrVG; zur steuerlichen Seite *Rieble*, Betriebsratsbegünstigung und Betriebsausgabenabzug, BB 2009, 1612.

Umstritten sind Untreue-Handlungen im **Konzern**[1]. Licht in die als dogmatisches Dunkelfeld[2] bzw. als vielfach noch klärungsbedürftig[3] bezeichnete Materie können folgende Grundsätze bringen:

– die stringente Anwendung des auch in einem Konzern geltenden Grundsatzes der *rechtlichen Selbständigkeit* juristischer Personen mit eigenem rechtlich geschütztem Vermögen (vgl. Rz. 21),
– die Berücksichtigung der Vermögensbetreuungspflicht von Personen, die die tatsächliche Verfügungsmacht über ein bestimmtes Vermögen innehaben (vgl. Rz. 10a), bzw. von faktischen Organen (vgl. Rz. 10a, 151),
– ferner die Heranziehung der Regel von der Unwirksamkeit rechtswidriger Einwilligungen und
– zuletzt eine Analyse der jeweils praktizierten Konzern- bzw. Konzerninnenfinanzierung.

1. Konzernrecht

Das Konzernrecht als Recht der Unternehmensverbindungen ist bislang gesetzlich nur für die Verbindung von *Aktiengesellschaften* (§§ 15 ff., 291 ff. AktG) geregelt, obwohl die verschiedenen Arten von Verbindungen bei und mit Unternehmen in den unterschiedlichsten Rechtsformen, vielfach grenzüberschreitend, gängig sind. Die Regeln des Aktienrechts werden für andere Konzerne entsprechend angewandt, soweit eine Analogie vertretbar ist. Teilweise hat die Rechtsprechung zur Untreue (§ 266 StGB) den Ersatz für ein GmbH-Konzernrecht übernommen[4]. Der *Konzern* wird definiert als jede Zusammenfassung mehrerer rechtlich selbständiger Unternehmen (sog. Konzernunternehmen) unter *einheitlicher Leitung*. Diese gesetzliche Definition gilt sowohl für den Unterordnungskonzern (§ 18 Abs. 1 AktG) als auch für den Gleichordnungskonzern (§ 18 Abs. 2 AktG).

Im **Unterordnungskonzern** werden ein abhängiges Unternehmen (sog. Untergesellschaft) – oder auch mehrere abhängige Unternehmen – und ein herrschendes Unternehmen (sog. Obergesellschaft) unter der einheitlichen Leitung des herrschenden Unternehmens zusammengefasst (§ 18 Abs. 1 S. 1 AktG)[5]. Konzernspitze ist das herrschende Unternehmen, Konzernleitung und Leitung des herrschenden Unternehmens sind daher (personen-)identisch. Diese sehr verbreitete Form des Konzerns ist für Untreue-Handlungen anfällig.

---

1 *Kohlmann* in Hachenburg, vor § 82 GmbHG Rz. 306 ff.; *Otto* in Großkomm., vor § 399 AktG Rz. 60; *Schünemann* in LK, § 266 StGB Rz. 265 f.; *Seier* in A/R, V. 2 354 ff.; *Saliger* in S/S/W, § 266 StGB Rz. 92; *Perron* in S/S, § 266 StGB Rz. 25, 26; *Dierlamm* in MüKo, § 266 StGB Rz. 233; *Bittmann/Terstegen*, Auswirkungen der Rechtsprechung der Zivilgerichte zur Haftung der im qualifizierten faktischen GmbH-Konzern auf das StrafR, wistra 1995, 249; *Wellberg*, Organuntreue zum Nachteil von GmbH-Konzernen und Aktiengesellschaften, NStZ 2001, 113.
2 *Seier* in A/R, V. 2 Rz. 355.
3 *Saliger* in S/S/W, § 266 StGB Rz. 92.
4 *Tiedemann* in Scholz, vor § 82 GmbHG Rz. 17 m.w.Nw.; *Tiedemann* in FS Lackner, 1987, S. 737.
5 *Hüffer*, § 18 AktG Rz. 2.

Ein – vergleichsweise seltener – **Gleichordnungskonzern** wird nach § 18 Abs. 2 AktG dadurch begründet, dass mehrere rechtlich selbständige Unternehmen unter einheitlicher Leitung zusammengefasst werden, ohne dass die beteiligten Unternehmen (Konzernunternehmen) voneinander abhängig sind. Fehlende Abhängigkeit voneinander bedeutet, dass kein Unternehmen auf ein anderes, gleichgeordnetes Konzernunternehmen beherrschenden Einfluss ausüben können darf. Die Interessenlage der beteiligten Unternehmen wirkt strafbaren Handlungen entgegen.

146b Bei dem **Vertragskonzern** erfolgt die Zusammenfassung der Konzernunternehmen unter einheitlicher Leitung durch einen Beherrschungsvertrag (Unterordnungskonzern) oder einen Gleichordnungsvertrag (Gleichordnungskonzern). Der *Beherrschungsvertrag* (§ 291 Abs. 1 S. 1 Fall 1 AktG) verstärkt regelmäßig einen bereits kraft Mehrheitsbeteiligung vorhandenen Unterordnungskonzern durch Begründung eines Weisungsrechts des herrschenden Unternehmens (§ 308 AktG), während ein *Gleichordnungsvertrag* (§ 291 Abs. 2 AktG) keine Beherrschungselemente enthalten soll. – Die engste Form des Konzerns ist die sog. „*Eingliederung*" i.S. von 18 Abs. 1 Nr. 2 AktG. Bei dieser Gestaltung wird das eingegliederte Unternehmen praktisch wie eine Betriebsabteilung des herrschenden Unternehmens behandelt (§§ 319–327 AktG); sie hat eine verschmelzungsähnliche Wirkung, belässt aber dem beherrschten Unternehmen rechtliche Selbständigkeit.

147 **Einfache faktische Konzerne** sind verhältnismäßig lockere Zusammenschlüsse von Unternehmen, meist durch Erwerb einer Beteiligung, in denen das herrschende Unternehmen dem abhängigen noch ein deutliches Maß an wirtschaftlicher Selbständigkeit belässt[1]. Ein Beherrschungsvertrag liegt nicht vor, sondern nur einfache Abhängigkeit (i.S. von § 17 AktG). Die §§ 311–318 AktG enthalten die wichtigsten gläubigerschützenden Regeln. Zu bilanzieren hat ein solcher Konzern nach §§ 290 ff. HGB.

147a Ein „**qualifiziert**" **faktischer Konzern** liegt vor, wenn die tatsächliche Leitungsmacht des *herrschenden* Unternehmens so ausgeübt wird, als wenn ein Beherrschungsvertrag bestünde und deshalb einzelne Leitungsmaßnahmen nicht mehr erkennbar sind, d.h. wenn „die abhängige Gesellschaft wie eine unselbständige Betriebsabteilung des herrschenden Unternehmens geführt" wird[2]. Ein „qualifiziert faktischer Konzern" mit einer abhängigen AG ist unzulässig[3]. Der faktischen *Gleichordnungskonzern*, bei dem sich die Konzernunternehmen ohne vertragliche Absprache unter einheitlicher Leitung zusammentun, ist in der Regel ein Fall für das Kartellamt. Die Annahme, in einem faktischen Konzern verfolge jede Konzerngesellschaft vorrangig eigene Interessen[4], dürfte bereits aufgrund der Konzerneingliederung den tatsächlichen Gegebenheiten nicht entsprechen[5].

148 Bei **GmbH-Konzernen** handelt es sich um Unternehmensverbindungen, bei welchen abhängige (oder auch herrschende) Gesellschaft eine GmbH ist (oder

---

1 *Bayer* in MüKo, 4. Aufl. 2014, § 18 AktG Rz. 8, 9.
2 *Bayer* in MüKo, § 18 AktG Rz. 11; *Hüffer*, § 18 AktG Rz. 4; *Karsten Schmidt*, GesR, § 31 IV. 4.
3 *Karsten Schmidt*, GesR, § 17 I 4, § 31 IV. 4.
4 *Dierlamm* in MüKo, § 266 StGB Rz. 237.
5 In diesem Sinne *Höf*, Untreue im Konzern, 2006, 7.

mehrere). Auch hier werden *Vertragskonzern, faktischer* und *qualifiziert faktischer Konzern* unterschieden. Bei Letzterem greifen die Vorschriften des § 311 AktG über die Schranken des Einflusses des herrschenden Unternehmens nicht, weil ein einzelnes nachteiliges Rechtsgeschäft kaum feststellbar ist. Da ein gesetzliches GmbH-Konzernrecht nicht vorhanden ist, hat der BGH diesen Bereich durch Richterrecht entwickelt[1]; diese Entwicklung ist noch nicht abgeschlossen. Dabei gelten die Definitionsnormen der §§ 15–19 AktG ebenso wie die §§ 291–310 AktG über Unternehmensverträge entsprechend, ebenso die §§ 311 ff. AktG, wenn eine GmbH herrschendes Unternehmen ist. – Anzutreffen – z.B. bei Publikumskommanditgesellschaften in der Bauträgerbranche – sind auch *Konzerne aus Personengesellschaften*, etwa verschachtelte GmbH & Co KGs.

2. Konzernfinanzierung

Die Konzernfinanzierung[2] stellt einen wichtigen Teil moderner Konzernführung dar. Sie umfasst die **Finanzierung des Gesamtkonzerns** und seiner *Einzelglieder* sowie die bestmögliche Verwendung der flüssigen Mittel. Neben dem Zugang zu den Kapitalmärkten spielt auch die optimale Finanzausstattung innerhalb des Konzerns und seiner Einheiten eine wichtige Rolle. Von besonderer Bedeutung ist das *Cash-Management* als ein zentraler Aspekt der Konzerninnenfinanzierung. Hierbei erfolgt täglich ein Entzug von Liquidität bei den Untergesellschaften. Allerdings können hierdurch Gefahren für Gläubiger und Minderheiten entstehen, während die Vorteile in erster Linie der konzernleitenden Obergesellschaft zugutekommen[3]. Da das *Cash-Pooling* für Konzerngesellschaften eine große Bedeutung hat, wurden durch das MoMiG dessen Rechtsgrundlagen neu geregelt (vgl. Rz. 152 f.; § 27 Rz. 84).

149

Die Zivilrechtsprechung zum *qualifiziert faktischen GmbH-Konzern* hatte bereits ab 1991 gefordert, dass bei Ausübung der Konzernleitungsmacht angemessene Rücksicht auf die Belange der abhängigen Gesellschaft zu nehmen ist[4]. Da sich die Ausnutzung der besonderen Machtverhältnisse im Konzernschnell als Missbrauch der herrschenden Gesellschafterstellung darstellen kann, hat die strafrechtliche Rechtsprechung ebenfalls

---

1 Leitentscheidungen: BGH v. 5.6.1975 – II ZR 23/74 – ITT, BGHZ 65, 15 m. Anm. *Ulmer*, NJW 1976, 191; BGH v. 5.2.1979 – II ZR 210/76 – Gervais-Danone, NJW 1980, 231; BGH v. 16.9.1985 – II ZR 275/84 – Autokran, BGHZ 95, 330; BGH v. 20.2.1989 – II ZR 167/88 – Tiefbau, BGHZ 107, 7 (18); BGH v. 23.9.1991 – II ZR 135/90, BGHZ 115, 187 (Video).

2 *Lutter/Scheffler/Schneider, U.H.*, Hdb. der Konzernfinanzierung, 1998; *Winkler/Becker*, Die Limitation Language bei Akquisitions- und Konzernfinanzierungen unter Berücksichtigung des MoMiG, ZIP 2009, 2361; *Schramm*, Der Einfluss der Konzernfinanzierung auf die Konzernsteuerquote, 2008; *Spindler*, Konzernfinanzierung, ZHR 171 (2007), 245; *Hentzen*, Konzerninnenfinanzierung nach BGHZ 157, 72, ZGR 2005, 480; *Habersack* in Emmerich/Habersack, KonzernR, 5. Aufl. 2008, § 311 AktG Rz. 47–48; zum österreichischen Recht vgl. *Doralt/Diregger* in MüKo-AktG, 3. Aufl. 2010, 5. Bd. Österreichisches KonzernR Rz. 125.

3 *Zöllner* in Baumbach/Hueck, GmbHG, Schlussanhang: Die GmbH im Unternehmensverbund (GmbH-KonzernR) Rz. 40.

4 BGH v. 23.9.1991 – II ZR 135/90 – Video, BGHZ 115, 187; BGH v. 29.3.1993 – II ZR 265/9 – TBB, BGHZ 122, 123.

festgestellt, dass die Konzernmutter (d.h. deren Organe) zu einem pfleglichen Umgang mit dem Vermögen der Konzerntochter verpflichtet ist[1].

150 Von diesen für faktische und qualifiziert faktische Konzerne entwickelten Haftungs- und Kapitalerhaltungsregeln hat die Zivilrechtsprechung Abschied genommen[2]. Vielmehr hat sie die im Strafrecht bereits angewandte *Haftungsfigur* des „**existenzgefährdenden/-vernichtenden Eingriffs**"[3] als Grundlage für einen Schadensersatzanspruch übernommen[4].

Der BGH hat 2007/2008 mit der „Trihotel-Entscheidung"[5] und der Gamma-Entscheidung[6] die *„Durchgriffshaftung"* in der Kapitalgesellschaft aufgegeben und die *Existenzvernichtungshaftung* des Gesellschafters, der das Vermögen seiner GmbH zulasten unbefriedigter Gläubiger in einer den Mindeststandard ordnungsgemäßen unternehmerischen Verhaltens verletzenden Weise ruiniert, festgeschrieben[7].

150a Diese Haftung ist als **Innenhaftung** gegenüber der Kapitalgesellschaft wegen *vorsätzlicher sittenwidriger Schädigung* (§ 826 BGB) ausgestaltet. Danach dürfen die Gesellschafter einer GmbH dieser nicht so viel Vermögen entziehen, dass sie dadurch nicht mehr in der Lage ist, ihre Verbindlichkeiten gegenüber Dritten zu erfüllen. Dies gilt schon für Fälle, in denen die Gesellschaft zum Zeitpunkt des Eingriffs noch wirtschaftlich gesund ist, erst recht aber, wenn bereits Indizien für eine Insolvenz oder gar deren gesetzliche Voraussetzungen vorliegen. Voraussetzung einer Haftung ist ein Zufluss in das Vermögen des Gesellschafters bzw. eines mit ihm verbundenen Unternehmens[8]. Diese mehrspurige Haftungsverfassung der GmbH sollte durch das MoMiG nicht angetastet werden[9]. Damit tritt neben die klassischen Ausschüttungssperren des § 30 GmbHG die deliktsrechtliche Existenzvernichtungshaftung des Gesellschafters (vgl. auch § 82 Rz. 26 ff.).

151 Auch die strafrechtliche Existenzgefährdungshaftung (vgl. Rz. 84 ff., 87, 88)[10] wird weder vom neuen, auf § 826 BGB gestützten Innen-Haftungskonzept des

---

1 BGH v. 10.7.1996 – 3 StR 50/96, NStZ 1996, 540 m. Anm. *Langkeit*, WiB 1996, 1131; *Geerds*, JR 1997, 340; vgl. auch *Tiedemann*, NJW 1986, 1845 f.
2 *Wessels*, ZIP 2004, 793; *Drygala*, GmbHR 2003, 729.
3 BGH v. 24.8.1988 – 3 StR 232/88, BGHSt 35, 333; BGH v. 20.7.1999 – 1 StR 668/98, NJW 2000, 154; BGH v. 18.6.2003 – 5 StR 489/02, NJW 2003, 2996.
4 BGH v. 17.9.2001 – II ZR 178/99 – Bremer Vulkan, BGHZ 149, 10; weiter BGH v. 25.2.2002 – II ZR 196/00 – Kosmetik-Vertrieb, BGHZ 150, 61; BGH v. 24.6.2002 – II ZR 300/00 – KBV, BGHZ 151, 181 = GmbHR 2002, 902 m. Anm. *Schröder*; BGH v. 24.11.2003 – II ZR 171/01 – Gesellschafterdarlehen, NJW 2004, 1111; BGH v. 13.12.2004 – II ZR 206/02 – Vermögensübertragung, NJW-RR 2005, 335; BGH v. 13.12.2004 – II ZR 256/02 – Managementfehler, NJW-RR 2005, 681; vgl. auch *Fastrich/Hueck* in Baumbach/Hueck, § 13 GmbHG Rz. 49.
5 BGH v. 16.7.2007 – II ZR 3/04, NJW 2007, 2689.
6 BGH v. 28.4.2008 – II ZR 264/06 – Gamma, GmbHR 2008, 805.
7 *Altmeppen*, Abschied vom „Durchgriff" im Kapitalgesellschaftsrecht, NJW 2007, 2657; grundlegend *Röhricht* in FS 50 Jahre BGH, 2000, S 83 ff, 107 ff.; *Röhricht* in Gesellschaftsrechtliche Vereinigung (VGR), Gesellschaftsrecht in der Diskussion 2002, 2003, S. 3 (22 f.); *Röhricht*, ZIP 2005, 505 (514); *Altmeppen* in FS Röhricht, 2005, S. 3 ff.; *Weller*, DStR 2007, 1166; *Ihrig*, DStR 2007, 1170 m.w.Nw.
8 *Veil* in VGR, Gesellschaftsrecht in der Diskussion 2005, 2006, S. 103, 113 ff.
9 *Karsten Schmidt*, GmbHR 2008, 449 (457 f.).
10 BGH v. 13.5.2004 – 5 StR 73/03 – Bremer Vulkan, BGHSt 49, 147.

BGH (Trihotel, Gamma) noch durch das MoMiG eingeschränkt[1]. Dies bedeutet, dass **Verantwortliche einer Obergesellschaft** bei existenzgefährdenden Eingriffen in das Vermögen der rechtlich selbständigen Tochtergesellschaft auch nach § 266 StGB *strafrechtlich verantwortlich* sein können[2]. Als Täter kommen alle Leitungsebenen der Obergesellschaft in Betracht, da sie hinsichtlich der abhängigen Gesellschaft vermögensbetreuungspflichtig sind. Hierbei ist es nicht erforderlich, auf die Vermögensbetreuungspflicht einer Gesellschaft für eine andere abzustellen. Derjenige, der als Verantwortlicher einer Obergesellschaft die rechtliche und wirtschaftliche Macht hat, über das Vermögen einer Untergesellschaft direkt oder durch Anweisungen gegenüber dem Organ dieser Gesellschaft zu verfügen, ist entweder bereits aufgrund seiner beherrschenden Stellung vermögensbetreuungspflichtig oder er ist als faktisches Organ dieser Untergesellschaft anzusehen und hat als dieses eine Vermögensbetreuungspflicht gegenüber der Untergesellschaft, auch wenn diese – wie gesetzlich vorgesehen – ein eigenes Organ hat.

Im **mehrstufigen Beherrschungsverhältnis** trifft diese Pflicht zur Vermögensfürsorge nicht nur die Organe der Untergesellschaften, und die Organe der Alleingesellschafterin der geschädigten Gesellschaft, sondern *sämtliche* die Untergesellschaft beherrschenden *Konzernebenen* über dieser[3]. Die Vermögensbetreuungspflicht wird den Mitgliedern der vertretungsberechtigten Organe der herrschenden Gesellschaften nach § 14 Abs. 1 Nr 1 StGB zugerechnet[4]. 151a

Eine **Einwilligung** des Gesellschafters/der Gesellschafter der Untergesellschaft ist in Fällen der Existenzgefährdung *rechtswidrig und damit unwirksam* (vgl. Rz. 79, 84 ff.). Die Strafbarkeit solcher Handlungen gilt auch für den Fall, dass die Muttergesellschaft Alleingesellschafterin der Tochtergesellschaft ist und ihr Einverständnis mit dem Entzug der Vermögenswerte erklärt hat. Zustimmungen zu Verfügungen, durch die eine konkrete und unmittelbare Existenzgefährdung eintritt, sind als treuwidrige Handlungen unwirksam (Rz. 84). 151b

Lediglich, wenn den Handlungen des Organs der Obergesellschaft ein werthaltiger **Ersatz- oder Rückzahlungsanspruch** zugrunde liegt, fehlt es in solchen Fällen *an einem Nachteil*. Dieser kann auch auf einem vertraglichen Verlustausgleichsvertrag beruhen (analoge Anwendung von §§ 302, 303 AktG). Jedoch kann ein irgendwie geartetes „Konzerninteresse", das keinen Gegenwert für Eingriffe in das Vermögen der (untergeordneten) juristischen Person enthält, keine Kompensation darstellen. Damit decken sich die zivilrechtlichen und die strafrechtlichen Haftungsvoraussetzungen im Konzern[5]. 151c

---

1 A.A. *Livonius*, wistra 2009, 91 m.Nw.
2 *Busch*, Konzernuntreue, 182; *Wagner*, Untreue, 191; BGH v. 24.11.2003 – II ZR 171/01, NJW 2004, 1111.
3 BGH v. 13.5.2004 – 5 StR 73/03, BGHSt 49, 147; *Ransiek*, wistra 2005, 121.
4 Zust. *Bittmann*, Zur Strafbarkeit wegen Untreue wegen Vermögensschädigung zu Lasten einer konzernintegrierten GmbH, GmbHR 2009, 1206.
5 Dazu *Fleischer*, Konzernuntreue zwischen Straf- und Gesellschaftsrecht, NJW 2004, 2867; *Tsambikakis*, Aktuelles zum Strafrecht bei GmbH und GmbH und Co KG, GmbHR 2005, 331; *Tiedemann*, JZ 2005, 45.

151d Das **Organ der Untergesellschaft** hat eine *eigene Vermögensbetreuungspflicht* gegenüber der von ihm vertretenen Gesellschaft. Diese verbietet es, existenzgefährdende Angriffe auf deren Vermögen vorzunehmen, selbst wenn eine entsprechende Anweisung aus der Leitungsebene der Obergesellschaft vorliegt. Er hat eine eigene Prüfungspflicht. Eine rechtswidrige Zustimmung des Gesellschafters/der Gesellschafter kann ihn deshalb nicht entlasten.

3. Einzelfälle

152 a) Besondere Bedeutung haben die strafrechtlichen Regeln der Existenzgefährdungshaftung bei dem **zentralen Cash-Management** von Konzernen. Hierzu gehört ein *Liquiditätsausgleich* (Cash-Pooling), in welchen i.d.R. auch eine Bank eingebunden ist. Überschuss- bzw. Unterdeckungsbeträge auf Bankkonten der am Cash-Pooling teilnehmenden Konzernunternehmen werden auf einem zentralen Konto zusammengefasst[1]. Dieses kann bei der Konzernmutter, einer Zwischenholding oder bei einer Finanzierungsgesellschaft geführt werden. Der Ausgleich erfolgt täglich (sog. Zero-Balancing). Aufgrund einer konzernweiten Vereinbarung werden die positive Salden auf den Unterkonten der konzernangehörigen Gesellschaften zugunsten des Unternehmens, welches das zentrale Konto führt, abgeschöpft, dieses erhält also Darlehen von den Untergesellschaften. Ist andererseits das Konto der Untergesellschaft negativ, wird es ausgeglichen, sie erhält also ihrerseits ein Darlehen.

Nachdem der BGH mit der sog. MPS-Entscheidung[2] in Übereinstimmung mit der Literatur[3] Abschied von der sog. Novemberentscheidung[4] aus 2004 genommen hatte (vgl. Rz. 35), stellt die Gewährung eines unbesicherten, kurzfristig rückforderbaren „Upstream-Darlehens" durch eine abhängige AG an ihre Mehrheitsaktionärin dann nicht ein nachteiliges Rechtsgeschäft i.S. von § 311 AktG dar, wenn die Rückzahlungsforderung im Zeitpunkt der Darlehensausreichung *vollwertig* ist. Unter dieser Voraussetzung liegt auch kein Verstoß gegen § 57 AktG vor, wie dessen Abs. 1 S. 3 n.F. klarstellt.

152a Das **Verbot des Angriffs auf das Stammkapital** bzw. der Existenzgefährdung *gilt jedoch auch für das Cash-Pooling.* Soweit das MoMiG mit dem neuen § 30 Abs. 1 S. 2 GmbHG, bzw. das ARUG mit § 57 Abs. 1 S. 3 AktG die Kapitalbindung aufhebt, gilt dies nur für die Fälle, in denen die Leistung an den bei der Muttergesellschaft geführten Cash-Pool durch einen vollwertigen Rückgewährungsanspruch gegen die Muttergesellschaft gedeckt ist, oder wenn ein Beherrschungs- und Gewinnabführungsvertrag besteht. Im letztgenannten Fall ist der Gläubigerschutz durch §§ 302, 303 AktG gewährleistet. Letztlich bedeutet dies, dass das **Cash-Pooling** („aufsteigende Konzernfinanzierung") zwar in engen Grenzen erlaubt ist, in strafrechtlicher Hinsicht jedoch relevant sein kann.

152b Entscheidend ist das Kriterium der **Vollwertigkeit des Rückzahlungsanspruchs.** Da es sich bei einem korrekt durchgeführten Cash-Pooling bilanziell um einen *Aktivtausch* handelt, muss es sich bei dem Anspruch, den die Untergesell-

---

1 *Altmeppen* in MüKo, 3. Aufl. 2010, § 311 AktG Rz. 225 ff.; *Altmeppen*, „Upstream-loans", Cash Pooling und Kapitalerhaltung nach neuem Recht, ZIP 2009, 49.
2 BGH v. 1.12.2008 – II ZR 102/07 – „MPS"-Entscheidung, NJW 2009, 850; *Rubel*, Neues zur Kapitalerhaltung im faktischen Konzern – MPS, NJW-Spezial 2009, 47.
3 *Vetter* in Karsten Schmidt/Lutter, § 311 AktG Rz. 56 m.w.Nw.
4 BGH v. 24.11.2003 – II ZR 171/01 – Novemberurteil, BGHZ 157, 72.

schaft erlangt, um einen vollwertigen Gegenleistungs- oder Rückerstattungsanspruch handeln, der auch durchsetzbar ist. Ist der Gesellschafter z.B. eine mit geringen Mitteln ausgestattete Erwerbsgesellschaft oder ist die Durchsetzbarkeit der Forderung aus anderen Gründen absehbar infrage gestellt, dürfte die Vollwertigkeit regelmäßig zu verneinen sein[1].

Dies hat *strafrechtliche Folgen* für die Organe der am Cash-Pooling beteiligten Konzerngesellschaften.

152c

Die Organmitglieder/Leitungsebenen der **Muttergesellschaft** müssen aufgrund ihrer Vermögensbetreuungspflicht gegenüber der beherrschten Untergesellschaft prüfen, ob bei dieser infolge der Durchführung des Cash-Poolings nicht das Stammkapital gefährdet wird. *Existenzgefährdende Abforderungen* durch den Vorstand einer herrschenden Gesellschaft begründen den *Vorwurf der Untreue* zum Nachteil der beherrschten Gesellschaft[2]. Gefährdete Forderungen der Untergesellschaft sind zurückzubezahlen oder zumindest abzusichern[3].

Bei der **abhängigen Gesellschaft** müssen deren Organmitglieder zur Sicherung des Stamm- bzw. Grundkapitals bei der Ausreichung der „upstream loans" prüfen, ob der Rückzahlungsanspruch werthaltig ist, ob er jederzeit sofort fällig ist oder gestellt werden kann. Dabei sind sämtliche Risiken zu berücksichtigen, die sich aus der spezifischen Ausgestaltung des Cash-Pooling-Systems ergeben. Eine (werthaltige) Absicherung des Rückforderungsanspruchs ist erforderlich, wenn im Zeitpunkt der Valutierung Zweifel an der bilanziellen Vollwertigkeit bestehen. Von einer Vollwertigkeit kann nur ausgegangen werden, wenn das Vermögen der Ober- bzw. Muttergesellschaft im maßgeblichen Zeitpunkt nach seiner Höhe und Liquidität zur Befriedigung aller Schulden sicher ausreicht. Bei Zahlungsunfähigkeit, Überschuldung oder größeren Zahlungsschwierigkeiten der Obergesellschaft oder bei Vorliegen eines existenzgefährdenden sog. Klumpenrisikos kann hiervon nicht ausgegangen werden[4].

152d

Ferner müssen die **Organe** der abhängigen/beherrschten Gesellschaft **permanent prüfen**, ob die Forderung der Untergesellschaft im Hinblick auf die wirtschaftliche Situation der Obergesellschaft noch *werthaltig* ist; das *Ausfallrisiko* ist also *laufend zu überwachen*[5]. Ergeben sich im Verlauf der Kreditgewährung Zweifel an der Vollwertigkeit, ist das Organ verpflichtet, durch Kündigung die sofortige Rückzahlung zu fordern oder eine ausreichende Sicherheit zu verlangen. Die Einrichtung eines Informations- oder „*Frühwarnsystems*" zwischen Mutter- und Tochtergesellschaft ist deshalb erforderlich[6]. Das Unterlassen der Kontrolle der Werthaltigkeit von Upstream-Darlehen im Rahmen des Risikomanagements und das Unterbleiben der Kündigung von Darlehen, deren Wertlosigkeit des Rückzahlungsanspruchs das Stammkapital verletzt,

152e

---

1 RegBegr., BT-Drs. 16/1640, 41.
2 *Wessing/Krawczyk*, Untreue zum Nachteil einer konzernabhängigen GmbH, NZG 2009, 1176.
3 BGH v. 13.5.2004 – 5 StR 73/03 – Bremer Vulkan, BGHSt 49, 147 (161).
4 *Roth/Altmeppen*, § 82 GmbHG Rz. 17.
5 So schon im Bremer-Vulkan-Urteil, BGH v. 13.5.2004 – 5 StR 73/03, BGHSt 49, 147 (161).
6 BGH v. 1.12.2008 – II ZR 102/07 – MPS, BGHZ 179, 71.

können den Tatbestand der Untreue erfüllen. Dasselbe gilt für die unterlassene Geltendmachung des Rückzahlungsanspruchs.

152f Strafrechtlich schwierig wird es sein, dem Organ der abhängigen Gesellschaft eine Verletzung seiner Vermögensbetreuungspflicht **nachzuweisen**, wenn er nicht in ausreichendem Umfang von dem Organ der Obergesellschaft über die Werthaltigkeit des Rückzahlungsanspruchs unterrichtet wird. Da ein Cash-Pooling nur unter der Bedingung rechtmäßig ist, dass die Vollwertigkeit des jeweiligen Rückgewähranspruchs der abhängigen Gesellschaft außer Zweifel steht, umfasst die *Vermögensbetreuungspflicht* des Organs *der Obergesellschaft* eine *Informationspflicht* gegenüber der *abhängigen* Gesellschaft. Eine Verletzung dieser Pflicht kann bereits ein Vergehen der Untreue darstellen.

152g Mit diesen zivil- und strafrechtlichen Haftungsregeln kann zum **Schutz der Kapitaleigner** dem Trend, die Kapitalerhaltung bei abhängigen Gesellschaften zugunsten der Praktikabilität der Konzerninnenfinanzierung zurückzustellen (S. § 57 Abs. 1 S. 3 AktG, § 30 Abs. 1 S. 2 GmbHG), begegnet werden. Auch für den Bereich der „sidestream loans" an Konzernschwestern, -nichten oder andere, ähnlich verbundene Unternehmen gelten diese Regeln, soweit es sich um Darlehen im Rahmen eines Cash-Managements handelt.

153 b) Die **Entnahme wichtiger Produktionsgüter** bei einer Untergesellschaft schlägt sich bilanziell nur im Abgang des abgeschriebenen Anschaffungswertes der betreffenden Wirtschaftsgüter nieder; ihre Bedeutung für die Fähigkeit des Konzernunternehmens zur Fortführung seines Geschäftsbetriebs kommt darin nicht zum Ausdruck. Wird durch eine solche Entnahme die *Existenz* eines Unternehmens *vernichtet* oder erfolgt sie ohne Zustimmung der Gesellschafter, liegt Untreue auf der Hand.

153a Die **Entnahme immaterieller Vermögenswerte**, wie Know-how, gewerbliche Schutzrechte, Betriebsgeheimnisse, oder der Abschluss neuer Verträge mit einem anderen Unternehmen desselben Gesellschafters, also der Entzug des Betätigungsfeldes, die sich zwar bilanziell neutral auswirken[1], gleichwohl jedoch *massive nachteilige Folgen* haben, ist dann strafbar, wenn dies zur Zahlungsunfähigkeit der Gesellschaft führt[2] oder wenn Insolvenzreife eintritt[3].

153b c) Ist die in einem Management- und Geschäftsbesorgungsvertrag vorgesehene **Umsatzbeteiligung** einer Gesellschaft derart unvertretbar niedrig, dass eine Insolvenz der Schuldnerin als Folge einer solchen Unangemessenheit praktisch unausweichlich ist[4], so ist ebenfalls der Tatbestand der Untreue einschlägig. Dies gilt auch für andere Entnahmen ohne Einwilligung der Gesellschafter, de-

---

1 *Röhricht*, Leitungsmacht versus Gläubigerschutz im GmbH-Recht, in FS 50 Jahre BGH, 2000, S 83; *Röhricht*, Insolvenzrechtliche Aspekte im GesellschaftsR, ZIP 2005, 505 (513); s. auch *Altmeppen*, ZIP 2001, 1837; *Ulmer*, ZIP 2001, 2021 (2027); *Schmidt*, NJW 2001, 3577 (3581); *Wiedemann*, KonzernR, in FS 50 Jahre BGH, 2000, Bd. II, S. 337, 362; *Kessler*, GmbHR 2002, 945.
2 *Bittmann*, NStZ 2009, 113 (118); *Livonius*, wistra 2009, 91 (95); *Bittmann*, wistra 2009, 102 (103).
3 *Bittmann*, wistra 2009, 103.
4 BGH v. 16.7.2007 – II ZR 3/04 – Trihotel, NJW 2007, 2689 (Rz. 50).

nen kein Anspruch gegenübersteht, wie Gewinnverlagerungen, Zahlungen auf fingierte Beratungs-, Lizenz-, Patent- oder Markenrechte.

d) Auch die **Stilllegung** eines Unternehmens oder eines Unternehmensteiles und *Übertragung seiner Aktiva* und seines Geschäftsbetriebs auf ein anderes Unternehmen des Konzerns ist hierzu zu rechnen. Für den strafrechtlich maßgebenden Zeitpunkt solcher Entnahmen gilt dasselbe wie auf der zivilrechtlichen Seite; es ist unerheblich, ob die Gesellschaft zum Zeitpunkt des Eingriffs noch wirtschaftlich gesund ist oder ob bereits Indizien für eine Insolvenz oder deren gesetzliche Voraussetzungen vorliegen. Entscheidend ist, dass dem Unternehmen Vermögen entzogen wird, das der Deckung seiner Verbindlichkeiten nicht mehr zur Verfügung steht.

Die Rechtsprechung zur Existenzvernichtung sollte auch Auswirkung auf den Kapitalschutz der einem **ausländischen** Gesellschaftsrecht unterliegenden **Gesellschaften** haben, die kraft europäischer Niederlassungsfreiheit in Deutschland tätig sein dürfen (§ 23 Rz. 101 ff.). Der Entzug von Kapital aus solchen Gesellschaften ist rechtsmissbräuchlich, wenn hierdurch die Forderungen Dritter nicht beglichen werden können. Dies muss in strafrechtlicher Hinsicht zumindest für die Beträge gelten, die in Höhe einer Unterbilanz ausgewiesen sind.

II. Risikogeschäft

Schrifttum: *Bär*, Risikomanagement nach KonTraG, 2002; *Bergmoser/Theusinger/Gushurst*, Corporate Compliance – Grundlagen und Umsetzung, BB Beilage 2008, Nr. 5, 1 ff.; *Burger/Buchhardt*, Risiko-Controlling, 2002; *Diederichs*, Risikomanagement und Risikocontrolling, 3. Aufl. 2012; *Hannemann/Schneider Weigl*, Mindestanforderungen an das Risikomanagement (MaRisk), 4. Aufl. 2013; *Hellmann*, Risikogeschäfte und Untreuestrafbarkeit, ZiS 2007, 433; *Horn*, Das Finanzmarktstabilisierungsgesetz und das Risikomanagement zur globalen Finanzkrise, BKR 2008, 452; *Huth*, Die Vorstandspflicht zur Risikoüberwachung, 2007; *Huth*, Grundsätze ordnungsmäßiger Risikoüberwachung, BB 2007, 2167; *Keitsch*, Risikomanagement, 2004; *Kort*, Risikomanagement nach dem BilMoG, ZGR 2010, 440; *Krüger*, Zum Risikogeschäft im Untreuestrafrecht und seinen Risiken, NJW 2002, 1178; *Kümpel/Wittig*, Bank- und Kapitalmarktrecht, 4. Aufl. 2011, Rz. 14.126 ff. – Risikosteuerungssysteme; *Lange/Wall*, Risikomanagement nach dem KonTraG, 2001; *Martin/Bär*, Grundzüge des Risikomanagements nach KonTraG, 2002; *Mayer*, Die Leistungsfähigkeit von Risikomanagementsystemen, 2008; *Mosiek*, Risikosteuerung im Unternehmen und Untreue, wistra 2003, 370; *Nöll/Wiedemann*, Investitionsrechnung unter Unsicherheit, 2008; *Preussner/Pananis*, Risikomanagement und strafrechtliche Verantwortung – Corporate Governance am Beispiel der Kreditwirtschaft, BKR 2004, 347; *Ransiek*, Risiko, Pflichtwidrigkeit und Vermögensnachteil bei der Untreue, ZStW 2004, 634; *Romeike* (Hrsg.), Rechtliche Grundlagen des Risikomanagements, 2008; *Rose*, Die strafrechtliche Relevanz von Risikogeschäften, wistra 2005, 281; *Schäfer/Zeller*, Finanzkrise, Risikomodelle und Organhaftung, BB 2009, 1706; *Steffek*, Die Innenhaftung von Vorständen und Geschäftsführern – Ökonomische Zusammenhänge und rechtliche Grundlagen, JuS 2010, 295; *Waßmer*, Untreue bei Risikogeschäften, 1997; *Winter*, Risikomanagement und Interne Kontrollen beim Sachversicherer im Sinne des KonTraG, 2001; *Wohlmannstetter*, Risikomanagement nach dem BilMoG, ZGR 2010, 472; *Wolf*, Interne Kontroll- und Risikomanagementsysteme, WPg 2010, 867; *Wolke*, Risikomanagement, 2007.

1. Allgemeines

156 Wirtschaften heißt Risikogeschäfte eingehen. Ohne Risiko gibt es keine Chance und umgekehrt[1]. Dem Vorstand wird nach der *ARAG/Garmenbeck-Entscheidung* ein weiter Handlungsspielraum zugebilligt, ohne den eine unternehmerische Tätigkeit schlechterdings nicht denkbar ist[2]. Für die Verantwortlichen von Unternehmen bedeutet dies, dass sie Freiheitsräume für unternehmerische Entscheidungen haben, innerhalb derer sie Risiken zum Wohl der Gesellschaft eingehen können und müssen[3]. Um Risiken handelt es sich, weil wirtschaftliche Entscheidungen selten unter vollkommener Information getroffen werden können; zumeist liegt die Situation **unvollkommener Information** vor[4]. Ein Entscheidungsträger kann sich in folgenden Situationen befinden:

- *Sicherheit:* Eine Maßnahme führt mit 100 %iger Wahrscheinlichkeit zu einem eindeutigen Ergebnis (sicheres Ergebnis).
- *Risiko:* Eine Maßnahme führt zu mehreren Ergebnissen, von denen die Wahrscheinlichkeit ihres Eintritts bekannt ist. Es liegt also eine Wahrscheinlichkeitsverteilung vor.
- *Unsicherheit:* Eine Maßnahme führt zu Ergebnissen, über die weder Wahrscheinlichkeiten noch sonstige andere Erkenntnisse vorhanden sind.

157 Wegen der Unsicherheit des Ausgangs einer Entscheidung besteht in den Fällen „Risiko" und „Unsicherheit" die **Gefahr eines Vermögensverlustes**[5]. Der Abschluss eines risikobehafteten Geschäfts erfüllt aber nicht schon wegen dieses Risikos oder wegen des späteren Eintritts eines Verlustes den Tatbestand der Untreue. Wirtschaftlich vernünftige Ausgaben im Rahmen kaufmännischen Unternehmergeistes werden nicht pönalisiert; nur unter bestimmten Umständen wird die Grenze zur Strafbarkeit überschritten[6].

So hat der BGH in der *Kinowelt-Entscheidung* zutreffend ausgeführt, dass den Organen einer Gesellschaft insbesondere dann ein weiter, gerichtlich nur begrenzt überprüfbarer Handlungsspielraum zusteht, wenn ein über die bisherige Unternehmenstätigkeit hinausreichendes Geschäftsfeld erschlossen, eine am Markt bislang nicht vorhandene Geschäftsidee verwirklicht oder in eine neue Technologie investiert werden soll[7].

157a Das durch das KonTraG eingeführte **Risikomanagement** (§ 91 Abs. 2 AktG), das Risikolagen früh erkennen und vor ihnen warnen soll, hat in diesem Zusammenhang besondere Bedeutung[8] (vgl. Rz. 28, 170). Die Risikosteuerungspflichten dienen der Erhaltung und Sicherung eines Unternehmens und damit dessen wirtschaftlichem Wohl; sie betreffen damit auch dessen Vermögensinte-

---

1 *Drukarczyk*, Finanzierung, 10. Aufl. 2008, 157 f.
2 BGH v. 21.4.1997 – II ZR 175/95 – ARAG/Garmenbeck, BGHZ 135, 244.
3 *Lutter*, ZSR (Zeitschrift für schweizerisches Recht) 2005 II, 415.
4 *Wöhe/Döring*, Einf. BWL, 25. Aufl. 2013, 2. Abschn. B 7.
5 *Wolke*, Risikomanagement, S 3.
6 BGH v. 4.2.2004 – 2 StR 355/03, StV 2004, 425 m. Anm. *Rose*, Die strafrechtliche Relevanz von Risikogeschäften, wistra 2005, 281.
7 BGH v. 22.11.2005 – 1 StR 571/04 – Kinowelt, NJW 2006, 543.
8 *Lange/Wall*, Risikomanagement nach dem KonTraG, 2001; *Preussner/Pananis*, BKR 2004, 347.

ressen, die das Organ aufgrund seiner Vermögensbetreuungspflicht zu wahren hat.

Jede Branche hat ihre *eigenen Risiken*. Die Strafgerichte hatten sich bislang vor allem mit folgenden **Fallgruppen** zu befassen: 158

Kreditgewährungen (dazu ausführlich § 67 Rz. 1 ff.), insbesondere Sanierungskredite[1], Spekulationsgeschäfte[2], Investitionen[3], neue Geschäftsfelder[4], Unterpreisverkäufe[5], Abschluss von Börsen- und Warentermingeschäften[6], Zahlung von Schmiergeldern[7], Vergleiche über streitige Forderungen[8]. Auch *Verwaltungshandeln* kann risikobehaftet sein, wenn Einschätzungen aufgrund unvollständiger Information getroffen werden müssen[9], so z.B. bei dem Abschluss eines Vergleichs über die Erstattung betrügerisch erlangter Arzthonorare[10].

Wann ein *Risikogeschäft* die **Grenze** zur strafrechtlich relevanten Untreue **überschreitet**, wird nicht einheitlich bestimmt. 159

Zum einen wird vertreten, eine Untreue sei erst dann gegeben, wenn der Täter nach *Art eines Spielers* bewusst und entgegen den Regeln kaufmännischer Sorgfalt eine *äußerst gesteigerte Verlustgefahr* auf sich nehme, nur um eine höchst zweifelhafte Gewinnaussicht zu erhalten[11]. Zum anderen wird angenommen, ein riskantes Handeln, dessen Folgen einen anderen treffen, sei i.d.R. dann pflichtwidrig, wenn der Handelnde den ihm gezogenen Rahmen nicht einhält, insbesondere die *Grenzen des verkehrsüblichen Risikos* überschreite[12].

Diese wertenden Kriterien sind wenig hilfreich, da hierdurch nicht die Frage beantwortet wird, was als *noch vertretbar* und was als *schon unvertretbar* anzusehen ist[13]. Probleme ergeben sich insbesondere hinsichtlich der Bestimmtheit (Art. 103 GG).

Eine genauere **Grenzziehung** *zwischen erlaubtem und nicht erlaubtem Risikogeschäft* ist am ehesten unter Berücksichtigung sowohl juristischer als auch betriebswirtschaftlicher Aspekte möglich. Auf der rechtlichen Ebene sind die 160

---

1 *Jung*, Der Sanierungskredit aus strafrechtlicher Sicht, 2005; *Wallner/Neuenhahn*, Der Sanierungskredit, NZI 2006, 553.
2 BGH v. 8.3.1977 – 5 StR 607/76 – Spekulationsgeschäfte im Warenterminbereich, GA 1977, 342; BayObLG v. 20.7.1965 – RReg 3b St 26/1965 – Aktienspekulation eines Sparkassenleiters, GA 1966, 53; BGH v. 26.10.1998 – 5 StR 746/97 – Währungsgeschäfte, wistra 1999, 103; BGH v. 12.3.1997 – 3 StR 5/97 – spekulative Verwaltung von Anlagevermögen, wistra 1997, 181.
3 BGH v. 11.11.1959 – 2 StR 376/59 – Investition, WM 1960, 203; *Kohlmann* in Hachenburg, vor § 82 GmbHG Rz. 274.
4 BGH v. 4.2.2004 – 2 StR 355/03, StV 2004, 425.
5 BGH bei *Holtz*, MDR 1982, 624.
6 BGH v. 12.3.1997 – 3 StR 5/97, wistra 1997, 181.
7 BGH v. 27.2.1975 – 4 StR 571/74 – Bundesligaskandal, NJW 1975, 1234; BGH v. 11.11.2004 – 5 StR 299/03 – Fall Schreiber, wistra 2005, 58.
8 OLG Karlsruhe v. 13.2.2006 – 3 Ws 199/04, wistra 2006, 354.
9 *Beutin*, Die Rationalität der Risikoentscheidung, Zur Verwendung ökonomischer Kriterien im RisikoverwaltungsR, 2007.
10 OLG Karlsruhe v. 13.2.2006 – 3 Ws 199/04, wistra 2006, 354.
11 BGH v. 12.6.1990 – 5 StR 268/89, NStZ 1990, 437 unter Berufung auf BGH v. 8.3.1977 – 5 StR 607/76, GA 1977, 342.
12 BGH v. 4.2.2004 – 2 StR 355/03, StV 2004, 424.
13 Vgl. auch *Fischer*, § 266 StGB Rz. 66 f.

Befugnisse des Handelnden festzustellen, welche sich nach dem Innenverhältnis zwischen dem zu betreuenden Vermögen und dem Handelnden richten. Ferner ist zu prüfen, ob der zur Vermögensbetreuung Verpflichtete die seinen Befugnissen entsprechenden Pflichten wahrgenommen hat, welche sich aus dem zugrunde liegenden Rechtsverhältnis, insbesondere auch aus gesellschafts- und steuerrechtlichen Regelungen ergeben können. Zu den Pflichten zählt auch die Anwendung der von der *Betriebswirtschaft* entwickelten Instrumentarien bei Risikoentscheidungen[1]. Diese sind je nach betrieblicher Entscheidung unterschiedlichster Art und können hier nicht im Einzelnen dargestellt werden. Die Internationalisierung eines Unternehmens bedarf z.B. anderer Entscheidungsmodelle als die Vergabe eines Kredits.

160a Ob die Befugnisse **pflichtgemäß** ausgeübt worden sind, beurteilt sich danach, ob die im Innenverhältnis bestehenden Grenzen und Pflichten eingehalten worden sind und ob der Handelnde auch das nach den betriebswirtschaftlichen Regeln Richtige unternommen hat. Verstöße gegen solche Regeln, wie z.B. eine fehlende betriebswirtschaftliche Planung, die Umgehung von Zustimmungserfordernissen, Entscheidungen unter Missachtung von Rechtsvorschriften sowie unzureichende Informationsauswertung oder unterlassene Kontrollen, können erhebliche Indizien für die Pflichtwidrigkeit darstellen[2].

2. Fallgruppen

161 Zur Ermittlung dieser Grenze zwischen erlaubtem und nicht erlaubtem Risikogeschäft sind folgende Punkte **zu prüfen**:

a) In welchem Umfang durfte der Handelnde Risikoentscheidungen treffen (*Innenverhältnis*)?

b) Hat er sich die für seine Entscheidung notwendigen und in zumutbarer Weise zu erlangenden Informationen beschafft?

c) Wurde der Entscheidung eine sorgfältige Prüfung der erforderlichen Daten anhand der dafür entwickelten Theorien zugrunde gelegt?

162 **Zu a):** Die **Rechte und Pflichten** im *Innenverhältnis* zwischen Auftraggeber und Handelndem lassen sich in die nachstehenden Fallgruppen aa) bis cc) aufteilen. Setzt sich der Vermögensbetreuungspflichtige über die Grenzen des für ihn *geltenden Risikobereichs* hinweg, dann handelt er ungetreu[3]; anders ausgedrückt: Ein riskantes Handeln, dessen Folgen einen anderen treffen, ist i.d.R. pflichtwidrig, wenn der Handelnde den ihm gezogenen Rahmen nicht einhält[4].

163 aa) Ist der Risikobereich **gesetzlich oder vertraglich konkret geregelt** und hält sich ein Täter bei seiner Entscheidung im Rahmen des vom Vermögensinhaber gesetzten Risikobereichs, so liegt eine Untreue nicht vor. Dies gilt unabhängig davon, ob die Handlungsweise der geschäftsüblichen Sorgfalt entspricht oder

---

1 *Bamberg/Coenenberg/Krapp*, Betriebswirtschaftliche Entscheidungslehre, 15. Aufl. 2012; *Laux/Gillenkirch/Schenk-Mathes*, Entscheidungstheorie, 8. Aufl. 2012.
2 *Fischer*, § 266 StGB Rz. 69.
3 *Samson* in SK, § 266 StGB Rz. 17.
4 BGH v. 21.3.1985 – 1 StR 417/84 – Risikogeschäft, wistra 1985, 190.

nicht[1]. Eine solche Umschreibung des Risikobereichs lässt eine Überschreitung einfach feststellen. Der Risikobereich kann von „Sicherheit" bis zu „Wagemut" gehen. Vertraglich vereinbart werden können auch Maßnahmen zur Ausschaltung bzw. Begrenzung von Risiken oder die Einhaltung bestimmter Entscheidungsregeln. Pflichtwidrig ist es daher z.B., wenn bei Avalkrediten die dem Handelnden gezogenen Grenzen nicht eingehalten werden[2] oder wenn der Täter eine ihm eingeräumte *Kreditierungsbefugnis* weit überschreitet[3].

Der Risikobereich ist z.B. **gesetzlich geregelt** in Fällen der Vermögensverwaltung im Familien- und Erbrecht. Der Vormund (§§ 1802 ff. BGB), der Betreuer (§§ 1901 BGB) oder der Testamentsvollstrecker (§ 2216 BGB)[4] dürfen keine Risikogeschäfte eingehen. Auch der Leiter einer Sparkasse darf mit deren Mitteln keine Spekulationsgeschäfte eingehen, ebenso wenig der Vorstand einer Genossenschaft mit deren Geldmitteln. – Eine konkrete **vertragliche Regelung** kann z.B. bei der Verwaltung eines Stiftungsvermögens[5] oder eines sonstigen Vermögens vorsehen, dass eine spekulative Anlage von Geldern nicht erlaubt ist; der Beauftragte handelt dann pflichtwidrig, wenn er gleichwohl eine Anlage mit erheblichem Risiko tätigt. Selbst wenn ein ordentlicher Kaufmann ein solches Risiko noch hätte eingehen können, ist dies dem vertraglich gebundenen Beauftragten nicht erlaubt. Hat er jedoch die Erlaubnis, eine Hälfte des Anlagevermögens spekulativ einzusetzen, dann liegt insoweit in der entsprechenden Anlage keine Pflichtwidrigkeit.

bb) Ist der Risikobereich lediglich *allgemein* vertraglich *umschrieben* oder **branchenüblich**, jedoch nicht konkret geregelt, so ist die Grenze, ob und bis zu welchem Grad ein Vermögensbetreuungspflichtiger ein Risiko eingehen darf, aus *Art und Inhalt des Auftrags*, aus dem sich Aufgaben, Stellung und Verantwortung ergeben, zu entnehmen. Als *Auslegungsregel* ist auf den mutmaßlichen Willen des Geschäftsherrn abzustellen. Im Zweifel hat die Auslegung dahin zu gehen, dass der Vermögensbetreuungspflichtige nur solche Dispositionen treffen darf, die dem Zweck des erteilten Auftrags und der für das fragliche Geschäft üblichen Sorgfalt entsprechen[6]. Je nach Branche können hier unterschiedliche Maßstäbe anzuwenden sein. Ein pflichtwidriges Risikogeschäft liegt erst dann vor, wenn der Täter bewusst und entgegen den Regeln kaufmännischer Sorgfalt eine äußerst gesteigerte Verlustgefahr auf sich nimmt, nur um eine höchst zweifelhafte Gewinnaussicht zu erhalten[7].

---

1 BGH v. 11.1.1955 – 5 StR 371/54 – Bankuntreue, NJW 1955, 508; *Hillenkamp*, NStZ 1981, 161 (166); *Günther*, Die Untreue im WirtschaftsR, in FS U. Weber, 2004, S. 311.
2 BGH v. 21.3.1985 – 1 StR 417/84, wistra 1985, 191; *Achenbach*, NStZ 1988, 99.
3 BGH v. 10.2.1988 – 3 StR 502/87, wistra 1988, 305; vgl. auch BGH v. 11.6.1991 – 1 StR 267/91, wistra 1992, 26.
4 BGH v. 8.3.1977 – 5 StR 607/76, GA 1977, 342.
5 BGH v. 11.10.2000 – 3 StR 336/00, wistra 2001, 61.
6 BGH v. 6.6.1952 – 1 StR 113/52, BGHSt 3, 23; BGH v. 8.3.1977 – 5 StR 607/76, GA 1977, 342.
7 BGH v. 12.6.1990 – 5 StR 268/89, BGHR StGB § 266 Abs. 1 Vorsatz 2, Risikogeschäft; BGH v. 8.3.1977 – 5 StR 607/76, GA 1977, 342; a.A. *Rose*, wistra 2005, 281, 285: Pflichtwidrigkeit bei Verlassen des zulässigen Risikokorridors.

165a **Beispiel:** Ein mit der Entwicklung neuer Märkte beauftragter Mitarbeiter hatte einen genauen Regelungen nicht zugänglichen Arbeitsbereichs; seine Verfügungsbefugnis war – wie den Verantwortlichen bekannt – nicht konkret begrenzt. Sein Vorgehen bei mehreren verlustreichen Geschäften war nicht als ein strafbares Überschreiten seiner Verfügungsbefugnis zu werten[1].

Wird der Entscheidungsspielraum, innerhalb dessen die Risikoabwägung durchzuführen ist, durch Verstöße gegen die banküblichen *Informations- und Prüfungspflichten* überschritten, d.h. ist das Verfahren der Kreditgewährung fehlerhaft, liegt eine Pflichtverletzung vor, die einen Missbrauch der Vermögensbetreuungspflicht aus § 266 Abs. 1 StGB begründet[2].

166 cc) Ist der Risikobereich **nur allgemein** durch Gesetz umschrieben und durch den Vermögensinhabers *nicht klar bestimmt*, so ist der Bereich zulässigen Verhaltens aus dem *Zweck des erteilten Auftrags* und der für das fragliche Geschäft üblichen Sorgfalt zu entnehmen. Hier lässt sich ein Überschreiten nur feststellen, wenn die Entscheidung evident unvertretbar und unplausibel ist[3], z.B. wenn das eingesetzte Vermögen zum jeweiligen Risiko und zum erstrebten Gewinn außer Verhältnis steht[4]. Wird das ganze Vermögen eines Unternehmens durch die Entscheidung zur Disposition gestellt und führt dies zur Insolvenz, so ist das Risiko sicherlich unvertretbar[5].

167 Zu b): Das Risikogeschäft ist nur dann ordnungsgemäß ausgeführt, wenn sich der Beauftragte die für die Entscheidung **erforderlichen Daten** zuvor **beschafft** hat. Handlungs- und Beurteilungsspielräume bestehen, wie der BGH noch einmal überzeugend im *Sengera-Fall* dargelegt hat, nur auf der Grundlage sorgfältig erhobener, geprüfter und analysierter Informationen[6], ggf. unter Beiziehung sachverständiger Hilfe[7]. Deshalb darf auf die Möglichkeit, Informationen, Sachverstand und Ressourcen zu bündeln, nicht verzichtet werden. Als Ergebnis kann festgestellt werden, dass derjenige, der Entscheidungen trifft, ohne sich die hierfür notwendigen und zugänglichen Informationen zu beschaffen, nicht verantwortlich handeln kann und damit gegen seine Pflichten als Verantwortlicher verstößt.

167a Ebenso verletzt ein Verantwortlicher seine Pflichten, wenn er ein *Risiko* eingeht, dessen Umfang er *mangels Informationen* schon gar nicht beurteilen

---

1 BGH v. 4.2.2004 – 2 StR 355/03, StV 2004, 424; BGH v. 22.11.2005 – 1 StR 571/04 – Kinowelt, NJW 2006, 453.
2 Vgl. BGH v. 15.11.2001 – 1 StR 185/01 – Verletzung Informations- und Prüfungspflicht, BGHSt 47, 148 (152); BGH v. 6.12.2001 – 1 StR 215/01 – Zuwendungen zur Förderung von Kunst, Wissenschaft, Sozialwesen, BGHSt 47, 187 (197); BGH v. 27.4.2007 – 2 StR 490/06 – Spenden von Abfallentsorgungsunternehmer, BGHSt 51, 331 (344 f.); BGH v. 22.11.2005 – 1 StR 571/04 – Kinowelt, NJW 2006, 453; *Bosch/Lange*, JZ 2009, 225, 229; *Ransiek*, ZStW 116 (2004), 634 (673).
3 *Perron* in S/S, § 266 StGB Rz. 20; *Wassmer*, Untreue und Risikogeschäft, 74.
4 *Perron* in S/S, § 266 StGB Rz. 45a; *Schreiber/Beulke*, JuS 1977, 656 (659).
5 *Kohlmann/Löffeler*, Verantwortlichkeit, 175; *Otto*, Bankentätigkeit und StrafR, 81; *Poseck*, Strafrechtliche Haftung, 89; *Wassmer*, Untreue, 79.
6 BGH v. 13.8.2009 – 3 StR 576/08 – Sengera, wistra 2010, 21 (Rz. 27).
7 BGH v. 22.11.2005 – 1 StR 571/04 – Kinowelt, NJW 2006, 453.

kann. Deshalb besagt der durch Art. 1 UMAG[1] geänderte § 93 Abs. 1 S. 2 AktG, dass eine Pflichtverletzung (nur) dann nicht vorliegt, wenn das Vorstandsmitglied bei einer unternehmerischen Entscheidung „vernünftigerweise annehmen durfte, auf der **Grundlage angemessener Information** zum Wohle der Gesellschaft zu handeln". Es handelt sich dabei um die Adaption der US-amerikanischen **Business Judgement Rule**[2], die bereits in der ARAG/Garmenbeck-Entscheidung des BGH[3] angelegt war (vgl. Rz. 156) und dem Vorstand bei unternehmerischen Entscheidungen einen Handlungsspielraum gewährt, innerhalb dessen eine persönliche Haftung ausgeschlossen ist.

Der gebotene **Umfang der Informationsverschaffung** hängt ferner davon ab, welches Risiko dem Entscheidungsträger hinsichtlich fehlender Informationen gestattet ist[4]. Bei der *Vergabe eines Großkredits* durch eine Bank sind insbesondere die in § 18 S. 1 KWG normierten Informations- und Prüfungspflichten von Bedeutung, nach denen eine Offenlegung der wirtschaftlichen Verhältnisse des Kreditnehmers zu verlangen ist. Ggf. sind auch Prüfberichte oder testierte Jahresabschlüsse von Wirtschaftsprüfern zu analysieren[5]. Wird ein neues Geschäftsfeld erschlossen oder eine *neue Geschäftsidee* verwirklicht, muss sich der Entscheidungsträger für die erforderliche Risikoanalyse eine breite Entscheidungsgrundlage verschaffen[6]. 167b

Beispiele: Pflichtwidrig handelt deshalb z.B. 168

- ein **Vertriebsvorstand**, der seiner persönlichen Erfahrung mehr vertraut als den Berechnungen seiner Ingenieure und sich in die Konstruktionstechnik einmischt,
- ein **Finanzvorstand**, der auf sein Gespür statt auf das Controlling hört, obwohl sich bereits mehrere Projektkalkulationen als falsch erwiesen haben,
- ein **technischer Vorstand**, der schwierige Auslandsverträge abschließt, ohne Rechtsberater einzuschalten; Instinkt, Erfahrung, Gespür und Phantasie können keine alleinige Grundlage für Ermessensentscheidungen in großen Unternehmen sein[7],
- der **Entscheidungsträger einer Bank**, wenn die Risiken und die Chancen der Kreditvergabe nicht auf der Grundlage umfassender Informationen sorgfältig abgewogen worden sind[8],

---

1 V. 22.9.2005, BGBl I 2802, in Kraft ab 1.11.2005; vgl. zum Entwurf *Dieckmann/Leuering*, NZG 2004, 249 ff.; *Schütz* NZG 2005, 5 ff.; vgl. auch *Fleischer*, Die „Business Judgment Rule": Vom Richterrecht zur Kodifizierung, ZIP 2004, 685; *Paefgen*, AG 2004, 245 ff.
2 *Ihrig/Schäfer*, Rechte und Pflichten des Vorstands, § 38 Rz. 1522.
3 BGH v. 21.4.1997 – II ZR 175/95, BGHZ 135, 244 (253).
4 BGH v. 13.8.2009 – 3 StR 576/08 – Sengera, wistra 2010, 21 (Rz. 27); *Bosch/Lange*, JZ 2009, 225 (233).
5 BGH v. 6.4.2000 – 1 StR 280/99 – Bankenvorstand Kreditbewilligung, BGHSt 46, 30; BGH v. 15.11.2001 – 1 StR 185/01 – Untreue durch Kreditvergabe, BGHSt 47, 148 (151); vgl. *Ransiek*, ZStW 116 (2004), 634 (670 f.); *Bosch/Lange*, JZ 2009, 225 (234).
6 BGH v. 22.11.2005 – 1 StR 571/04 – Kinowelt, NJW 2006, 453 (455).
7 *Hauschka*, Grundsätze pflichtgemäßer Unternehmensführung, ZRP 2004, 65; *Roth*, Unternehmerisches Ermessen und Haftung des Vorstandes, 2001.
8 BGH v. 13.8.2009 – 3 StR 576/08 – Sengera, wistra 2010, 21, Rz. 27; *Perron* in S/S, § 266 StGB Rz. 20a.

- ein Vorstand, der **Risikogeschäfte mit Derivaten** tätigt, die er gar nicht verstanden hat, weil Kapitalanlagen in Finanzderivate von den betreffenden Institutionen (Banken, Versicherungs-, Produktions-, Handels- und Finanzanlagenunternehmen) umfangreiche Risikoabschätzungen erfordern,
- der Geschäftsführer, der **Exportgeschäfte** nicht mit den üblichen Sicherheiten hinreichend absichert[1],
- ein Vorstand, der bei **Werbekampagnen, Sanierungsmaßnahmen** oder der **Umstellung von Produktionsmethoden** keine Risikomanagementmethoden ergreift, um das Risiko pflichtgemäß abzuschätzen.

169 **Zu c):** Von großer Bedeutung ist zuletzt die sorgfältige **Prüfung, Auswertung und Bewertung** der entscheidungserheblichen Daten. Der Entscheidungsträger muss sich durch Analyse der Chancen und Risiken eine möglichst breite Entscheidungsgrundlage verschaffen (*Risikoanalyse*)[2]. Hierzu hat die Wissenschaft eine Reihe von *Regeln* entwickelt, welche Maßnahmen ein Unternehmer zu ergreifen hat, wenn er eine Entscheidung *bei unvollkommener Information* zu treffen hat[3]. Eine allgemeine Entscheidungsregel gibt es jedoch noch nicht. In der Betriebswirtschaft werden die Entwicklung und der Einsatz quantitativer Modelle und Methoden zur Entscheidungsunterstützung unter der Bezeichnung *Operations Research* (Unternehmensforschung) zusammengefasst[4].

169a Zur Entscheidungsvorbereitung bedarf es einer **Risikoanalyse**[5]. Sie ist eine Methode, mit der möglichst viele Folgen sichtbar gemacht und damit auch einschätzbar oder sogar bewertbar werden. Die Risikoanalyse zeigt auf, welche Alternativen unter welchen Bedingungen Erfolg versprechend sind.

Eine solche Analyse hat vereinfacht dargestellt folgenden *Ablauf*: Aufstellen eines Modells, Beschaffung der Daten und ihrer Wahrscheinlichkeit, Berechnung der Ergebnisse, meist durch Simulation, und grafische Darstellung der Ergebnisse. Für den Bereich der Investitionsrechnung (Projektbewertungen) werden neben traditionellen Verfahrensweisen wie etwa statischen Verfahren (z.B. Gewinn-, Rendite- und Kostenvergleichsrechnungen) und dynamischen Verfahren auch neue Verfahren wie der Realoptionsansatz angewandt, die ihrerseits wieder in der Kritik stehen und deren Anwendung im Einzelfall überprüft werden muss.

Ob ein Angeklagter bei einer Risikoentscheidung diesen Maßstäben genügt hat, ist im Urteil darzustellen.

169b Im Fall *Kinowelt*/Konzept Sportwelt hat der **BGH** zugunsten des Angeklagten berücksichtigt, dass dieser wegen der Unsicherheiten der beabsichtigten Investition zunächst eine interne, sodann eine von einem externen Beratungsunternehmen erstellte Risikoanalyse hatte fertigen lassen und sich noch mit dem Aufsichtsrat abgestimmt hatte[6]. – Demgegenüber wurde dem Vorstand der

---

1 OLG Jena v. 8.8.2000 – 8 U 1387/98, GmbHR 2001, 243.
2 BGH v. 22.11.2005 – 1 StR 571/04 – Kinowelt, NJW 2006, 453.
3 *Wöhe/Döring*, Einf. BWL, 25. Aufl. 2013, 2. Abschn. B 7; *Wolf*, Potenziale derzeitiger Risikomanagementsysteme, DStR 2002, 1729.
4 *Wöhe/Döring*, Einf. BWL, 25. Aufl. 2013, 2. Abschn. B 3.5.7.; *Domschke/Drexl*, Einführung in Operations Research, 8. Aufl. 2011.
5 *Cottin/Döhler*, Risikoanalyse: Modellierung, Beurteilung und Management von Risiken mit Praxisbeispielen, 2. Aufl. 2013; *Laux/Gillenkirch/Schenk-Mathes*, Entscheidungstheorie, 8. Aufl. 2011.
6 BGH v. 22.11.2005 – 1 StR 571/04 – Kinowelt, NJW 2006, 453 (455).

WestLB, *Sengera*, zur Last gelegt, dass dieser, obwohl es sich um eine Kreditgewährung mit einem außergewöhnlich hohen Risiko gehandelt habe, den Kredit unter Zeitdruck, ohne ausreichende Risikoanalyse sowie ohne die notwendigen organisatorischen Vorkehrungen zur Überwachung des Projekts zugesagt hat[1].

Nach der Rechtsprechung des **BGH in Zivilsachen** setzt die Haftungsprivilegierung des Geschäftsführers einer GmbH voraus, dass das unternehmerische Ermessen auf einer *sorgfältigen Ermittlung der Entscheidungsgrundlagen* beruht; was erfordert, dass er in der konkreten Entscheidungssituation alle verfügbaren Informationsquellen tatsächlicher und rechtlicher Art ausschöpft und auf dieser Grundlage die Vor- und Nachteile der bestehenden Handlungsoptionen sorgfältig abschätzt und den erkennbaren Risiken Rechnung trägt[2]. 169c

Die Pflicht, Risikogeschäfte nur nach sorgfältiger Prüfung zu tätigen, ergibt sich auch aus dem durch das **KonTraG** eingefügten § 91 Abs. 2 AktG, der den Vorstand einer AG verpflichtet, ein *Überwachungssystem* einzurichten, damit *gefährliche Entwicklungen früh erkannt* werden, die den Fortbestand der Gesellschaft gefährden[3]. Das Gesetz gibt keine Legaldefinition des bestandsgefährdenden Risikos; gemäß der Regierungsbegründung gehören dazu insbesondere 170

– risikobehaftete Geschäfte,
– Unrichtigkeiten der Rechnungslegung,
– Verstöße gegen gesetzliche Vorschriften,

die sich wesentlich auf die Finanz- und Ertragslage des Konzerns auswirken. Die Einhaltung dieser Vorschrift ist gem. § 111 Abs. 1 AktG vom Aufsichtsrat zu überwachen (Codex Ziff. 4.1.4, 5.2 sowie 5.3.2.) und vom Abschlussprüfer nach §§ 317 Abs. 4, 321 Abs. 4 AktG zu prüfen.

Grund für die Schaffung dieses Gesetzes waren – auch nach Ansicht der Wirtschaft – viele Fälle, in denen eine mangelhafte Risikoeinschätzung Ursache für Fehlentwicklungen in Unternehmen war. Die Unternehmenszusammenbrüche *Schneider*, *Balsam* und *Metallgesellschaft* stellen lediglich einige herausragende Beispiele dar. Solche Risiken lassen sich – unabhängig von den Hierarchiestufen – in allen internen und externen Bereichen eines Unternehmens finden, weshalb sich § 91 Abs. 2 AktG auf alle Risiken eines Unternehmens bezieht[4]. 170a

Nach § 317 Abs. 4 HGB ist bei *börsennotierten Aktiengesellschaften* im Rahmen der Prüfung zu beurteilen, ob der Vorstand die ihm nach § 91 Abs. 2 AktG obliegenden Maßnahmen in einer geeigneten Form getroffen hat und ob das danach einzurichtende Überwachungssystem seine Aufgaben erfüllen kann. Der Vorstand hat also für ein angemessenes **Risiko-Managementsystem** und für 171

---

1 BGH v. 13.8.2009 – 3 StR 576/08 – Sengera, wistra 2010, 21 (Rz. 27).
2 BGH v. 14.7.2008 – II ZR 202/07, NJW 2008, 3361; BGH v. 4.11.2001 – II ZR 224/00, BGHZ 152, 280; *Goette* in FS 50 Jahre BGH, 2000, S. 123, 140 m.w.Nw.
3 *Lange/Wall*, Risikomanagement nach dem KonTraG, 2001; RegE KonTraG, BT-Drs. 13/9712, 15 = ZIP 1997, 2059 (2061).
4 *Brebeck* in K. Schmidt/Riegger, GesellschaftsR 1999, RWS-Forum 15, 2000, 181 (191).

eine wirksame interne Revision zu sorgen[1]. Diese setzen eine Risikoinventur und eine Risikoanalyse voraus. Unternehmensinterne Risiken sind zu dokumentieren und Mitarbeiter umfassend über Inhalt und Aufbau des Risikomanagementsystems zu informieren[2]. Nach § 161 AktG[3] sind börsennotierte Aktiengesellschaften zu einer Erklärung verpflichtet, inwieweit sie die Anforderungen des Deutschen Corporate Governance Kodex (DCGK) erfüllen[4]. Dieser enthält unter Ziff. 4.1.4, 5.2. und 5.3.2 Vorgaben zum Umgang mit unternehmerischen Risiken.

172 Das **Zivilrecht** misst dem *Risikomanagement ebenfalls hohe Bedeutung* zu. So wurde wegen der unterbliebenen Dokumentation eines Risikofrüherkennungssystems der Hauptversammlungsbeschluss über die Entlastung des Vorstandes für nichtig erklärt, womit die Vorstände dem Unternehmen gegenüber nach wie vor in der Haftung sind und zur Verantwortung gezogen werden können[5]. Auch in der Betriebswirtschaftslehre sind die Erfolge des Risikomanagements anerkannt[6].

172a Konkrete Vorgaben zur Ausgestaltung des erforderlichen **Risikoüberwachungssystems** sind weder im Gesetz noch in der Gesetzesbegründung zu § 91 Abs. 2 AktG enthalten. Dieses System muss in Abhängigkeit von Größe, Branche, Struktur, Kapitalmarktzugang usw. des jeweiligen Unternehmens eingerichtet werden[7]. Dabei steht die Überwachungsfunktion im Vordergrund, weshalb mit einer Bestandsaufnahme der zu überwachenden Risiken zu beginnen ist, die dann in eine zukunftsgerichtete Risikoüberwachung überzugehen hat. Das Risikomanagementsystem stellt damit einen Unterfall eines *Compliance-Systems* dar, soweit es Risiken überwacht, die auch Gegenstand der Compliance sind. Zuständig für das Thema Compliance ist in der Regel ein *„Compliance Officer"* im Bereich des Vorstandes, der für alle Risiken und Ziele zuständig ist (näher § 31 Rz. 54 ff.). Dort, wo Compliance-Verstöße bestandsgefährdend werden können, sind besondere Vorgaben und Überwachungen erforderlich, die auch zu dokumentieren sind (*Compliance Manual*).

172b Für **Banken** gibt es besondere risikobezogene Vorschriften. So regelt § 25a KWG die *Mindestanforderungen* an das Risikomanagement von Banken (näher § 67 Rz. 11 ff.). Die BaFin hat die Mindestanforderungen an das Risikomanage-

---

1 *Preußner/Becker*, Ausgestaltung von Risikomanagementsystemen durch die Geschäftsleitung, NZG 2002, 846.
2 *Vogler/Engelhard/Gundert*, DB 2000, 1425; *Weidemann/Wieben*, DB 2001, 1789, 1794.
3 Eingefügt durch Transparenz- und Publizitätsgesetz (TransPuG) v. 19.7.2002, BGBl. I 2002, 2681.
4 Der Deutsche Corporate Governance Kodex ist unter www.corporate-governance-code.de abrufbar.
5 LG München I v. 5.4.2007 – 5 HK O 15964/06, BB 2007, 2170.
6 *Mayer*, Leistungsfähigkeit von Risikomanagementsystemen, 2008, 26, 73, 153 f.
7 *Huth*, Grundsätze ordnungsmäßiger Risikoüberwachung, BB 2007, 2167.

ment (*MaRisk*) festgelegt¹. Ferner verpflichtet z.B. Basel II die Unternehmen zur Einrichtung eines Risikomanagements² und enthält u.a. ausführliche Regelungen zu Verbriefungen und damit zu Asset-Backed-Transaktionen. Nach den Feststellungen von Beobachtern hat bei vielen Banken und Finanzdienstleistern spätestens seit dem Jahr 2007 das Risikomanagement in dramatischer Weise versagt³.

Bereits 1994 hatte der *Baseler Ausschuss für die Bankenaufsicht* „Richtlinien für das Risikomanagement im Derivativgeschäft" herausgegebenen, wonach eine Teilnahme am Derivativgeschäft nur verantwortet werden könne, wenn es „vollständig durch eine angemessene Eigenkapitalbasis unterlegt" ist. Den Banken wird ferner aufgegeben, regelmäßige Stresstests durchzuführen, die auch den „worst case" und seine Auswirkungen auf den Bestand des gesamten Instituts umfassen sollen. Als „worst case" wird ausdrücklich auch die Illiquidität des Marktes (für Derivative) benannt. Die Richtlinien wurden durch das Bundesaufsichtsamt für das Kreditwesen übernommen und galten auch nach der Installation der BaFin fort⁴.

Für **Unternehmen**, deren Anteile *mehrheitlich* von einer **Gebietskörperschaft** gehalten werden, bestimmt § 53 Abs. 1 Nr. 1 HGrG, dass im Rahmen der Abschlussprüfung die „Ordnungsmäßigkeit der Geschäftsführung" zu prüfen ist. Hierzu gehört u.a., ob „Übereinstimmung der Rechtsgeschäfte und Maßnahmen mit Gesetz, Satzung, Geschäftsordnung, Geschäftsanweisung und bindenden Beschlüssen des Überwachungsorgans" besteht, womit auch die Wirksamkeit von Regelsteuerungen, d.h. das Vorhandensein einer Compliance-Regelung, zu prüfen ist⁵. In Anbetracht der Tatsache, dass öffentliche Körperschaften über Millionenvermögen verfügen, ist dieses zwingend.

172c

3. Überschreiten des Risikobereichs

I.d.R. ist eine Überschreitung des zulässigen Risikobereichs **nicht zu rechtfertigen**. So hat der BGH auch nicht anerkannt, dass das Interesse an der Fortführung des Betriebes und der Weiterbeschäftigung der Arbeitnehmer rechtlich höher zu bewerten sei, als die vertraglich übernommene und durch Strafdrohung gesicherte Treueverpflichtung⁶. Ein *übergesetzlicher Notstand* kann aber eintreten, wenn sich gleichartige wirtschaftliche Verluste (sehr) verschiedener Größenordnung gegenüberstehen⁷.

173

Die **Strafverfolgungsbehörden** haben sich aufgrund der Rechtsentwicklung (KontraG, UMAG) mit den genannten (Rz. 170–172) Fragen zum Risiko-

174

---

1 BaFin, Rundschreiben 15/2009 (BA) v. 14.8.2009, Gz: BA 54-FR 2210-2008/0001.
2 *Hennrichs*, „Basel II" und das GesellschaftsR, ZGR 2006, 563; *Hahne*, Finanz Betrieb 2005, 773; *Braun* in Boos/Fischer/Schulte-Mattler, 4. Aufl. 2012, § 25a KWG Rz. 106 ff.; *Schäfer/Zeller*, Finanzkrise, Risikomodelle und Organhaftung, BB 2009, 1706.
3 *Schäfer/Zeller*, Finanzkrise, Risikomodelle und Organhaftung, BB 2009, 1706.
4 *Strate*, Der Preis der Freiheit, HRRS 2009, 441.
5 *Schmitz*, Gemeindehaushalt, 2006, 154.
6 BGH v. 16.6.1953 – 1 StR 67/53, BGHSt 5, 61 (66); BGH v. 27.1.1976 – 1 StR 739/74, NJW 1976, 680.
7 BGH v. 13.11.1958 – 4 StR 199/58, BGHSt 12, 299; *Schünemann* in LK, § 266 StGB Rz. 199 m.w.Nw.

geschäft im Rahmen der Ermittlungsverfahren zu befassen. So ist bei Unternehmenszusammenbrüchen oder massiven Unternehmensverlusten zu prüfen, ob in dem Unternehmen ein funktionsfähiges *Risikomanagement* und eine entsprechende Organisation eingerichtet wurde, weiter, ob unter dessen Nutzung die Risikoentscheidungen zutreffend vorbereitet wurden oder ob gefährliche Entwicklungen aufgrund eines fehlenden Risk-Managements nicht erkannt wurden[1]. Ein *Anfangsverdacht* der Untreue wird in solchen Fällen aufgrund der äußeren Umstände zu bejahen sein, weshalb die Staatsanwaltschaften aufgrund des Legalitätsprinzips Ermittlungen hinsichtlich eines fehlenden oder eines unvollständigen Risk-Managements – ggf. unter Einschaltung von Sachverständigen – zu führen haben.

E. Weitere gemeinsame Voraussetzungen

I. Nachteilszufügung

175 Durch den *Missbrauch* oder die *Treupflichtverletzung* muss dem Geschäftsherrn ein *Nachteil zugefügt* worden sein. Der **Eintritt eines Nachteils** und die **Kausalität** sind in jedem Fall genau zu prüfen; es sind eigenständige Feststellungen zum Vorliegen eines Nachteils geboten[2] (vgl. Rz. 191). Denn der Untreuetatbestand bedroht nicht lediglich die Pflichtwidrigkeit von Verfügungen, sondern erst die dadurch hervorgerufene Beeinträchtigung des Vermögens mit Strafe. Der Begriff „Nachteil" ist sehr weit (Rz. 176). Die Feststellung des Vermögensnachteils erfolgt im Wege einer *Gesamtsaldierung*. Dies bedeutet, dass ein Vergleich des gesamten Vermögens vor und nach der pflichtwidrigen Handlung vorzunehmen ist[3]. Das ist für jede einzelne pflichtwidrige Handlung zu beachten[4].

1. Vermögensschaden

176 a) In jedem Fall ist ein Vermögensschaden ein Nachteil. Er ist durch einen **Vergleich der Vermögenslage** vor und nach dem pflichtwidrigen Verhalten zu errechnen[5]. Dafür gibt es eine Reihe verschiedener Theorien[6] (vgl. auch § 47 Rz. 47 f.); überzeugende Ergebnisse bringt die *wirtschaftliche Betrachtungswei-*

---

1 Dies sehen *Preussner/Pananis*, Risikomanagement und strafrechtliche Verantwortung, BKR 2004, 347 in ähnlicher Weise für den Bereich der Kreditwirtschaft; vgl. auch *Windolph*, Risikomanagement und Riskcontrol durch das Unternehmensmanagement nach dem Gesetz zur Kontrolle und Transparenz im Unternehmensbereich (KonTraG), NStZ 2000, 522.
2 BVerfG v. 23.6.2010 – 2 BvR 2559/08 – Landowsky, BVerfGE 126, 170 Rz. 112; BGH v. 13.9.2010 – 1 StR 220/09 – AUB Siemens, BGHSt 55, 288 Rz. 43.
3 BGH v. 4.11.1997 – 1 StR 273/97, BGHSt 43, 293 (298); *Gössel*, StrafR BT 2, § 25 Rz. 5; *Perron* in S/S, § 266 StGB Rz. 40; *Wessel/Hillenkamp*, StrafR BT 2, Rz. 775.
4 BGH v. 13.12.1994 – 1 StR 622/94, NStZ 1995, 233.
5 BVerfG v. 23.6.2010 – 2 BvR 2559/08 – Landowsky, BVerfGE 126, 170 Rz. 118; umfassend hierzu *Schünemann* in LK, § 266 StGB Rz. 163 ff.; *Fischer*, § 266 StGB Rz. 115a ff.
6 Juristische Theorie, wirtschaftliche Theorie (BGH v. 17.11.1955 – 3 StR 234/55, BGHSt 8, 254 [256]), juristisch ökonomische Vermittlungstheorie, personalindividualisierender Vermögensbegriff (*Schmidhäuser*, StrafR BT, 95 f.).

se[1] (vgl. auch Rz. 191 ff.). Zu den rechtlich geschützten Vermögenspositionen gehören auch Anwartschaften (im Gegensatz zu unbestimmten Aussichten und Hoffnungen)[2]. Ist durch die nachteilige Handlung gleichzeitig eine Vermögensmehrung eingetreten, muss das Vermögen des Berechtigten im Ganzen – also auch unter Berücksichtigung der Vermögensmehrungen – vermindert sein. Inzwischen gibt es eine Vielzahl von *strafgerichtlichen Entscheidungen*, die sich mit untreuebedingten Nachteilen im Rahmen eines Unternehmens auseinandersetzen. Auf die umfangreichen Kommentierungen – insbesondere zur sog. *GmbH-Untreue* – wird deshalb verwiesen[3].

Ein Vermögensschaden wird **beispielsweise** angenommen, wenn 176a

– Vermögenswerte verschenkt, unter Preis verkauft, verschleudert oder entzogen werden[4],
– für Sachen bzw. Leistungen unangemessen hohe Preise bezahlt werden[5],
– ein Geschäftsführer die gegebene Möglichkeit nicht ausnutzt, günstigere Preise zu erreichen[6],
– aus dem Unterlassen einer verzinslichen Anlage von Geldern ein Zinsausfallschaden resultiert[7],
– Vermögenswerte ohne Grund mit einer Grundschuld oder einem Pfandrecht belastet werden,
– ein Pfandrecht durch Herausgabe der Sache ohne Grund aufgegeben wird,
– der Niederlassungsleiter einer GmbH unter Überschreitung der für ihn geltenden Kreditrichtlinien und der Grenzen des erlaubten kaufmännischen Risikos Erzeugnisse an lediglich vorgeschobene Kunden verkauft und ausliefert, die *keinerlei Gewähr für die Bezahlung* der Lieferungen bieten[8],
– der Verbandsvorsteher eines Abwasserverbandes (Körperschaft des öffentlichen Rechts) öffentliche Mittel für die *Bezahlung der Geldstrafen* verwendet, zu denen die Bediensteten des Verbandes verurteilt worden waren[9],

---

1 BGH bei *Holtz* MDR 1980, 986; *Perron* in S/S, § 266 StGB Rz. 39, 40; BVerfG v. 23.6.2010 – 2 BvR 2559/08 – Landowsky, BVerfGE 126, 170 Rz. 116; zur Untreue: BGH v. 5.7.2011 – 3 StR 444/10, StV 2011, 733; BGH v. 27.2.1975 – 4 StR 571/74, NJW 1975, 1234; BGH v. 16.12.1960 – 4 StR 401/60, BGHSt 15, 342; zum Betrug z.B. BGH v. 6.3.2012 – 4 StR 669/12, StV 2012, 407; BGH v. 18.2.2009 – 1 StR 731/08, BGHSt 53, 199; zu den Vermögensbegriffen vgl. *Fischer*, § 266 StGB Rz. 110, § 263 StGB Rz. 89 ff.
2 BVerfG v. 23.6.2010 – 2 BvR 2559/08 – Landowsky, BVerfGE 126, 170 Rz. 118; *Fischer*, § 263 Rz. 92 f.
3 *Kohlmann* in Hachenburg, vor § 82 GmbHG Rz. 1 ff.; *Tiedemann* in Scholz, vor § 82 GmbHG Rz. 1 ff.; *Kohlmann/Löffler*, § 266 StGB Rz. 170 ff.
4 *Perron* in S/S, § 266 StGB Rz. 40.
5 BGH bei *Dallinger*, MDR 1969, 534.
6 BGH v. 9.3.1989 – 4 StR 622/88, wistra 1989, 224.
7 BVerfG v. 23.6.2010 – 2 BvR 2559/08 – Landowsky, BVerfGE 126, 170, Rz. 119; RG v. 10.7.1888, GA 36 (1888), 400.
8 BGH v. 10.2.1988 – 3 StR 502/87 – vorgeschobene Kreditnehmer, BGHR StGB § 266 Abs. 1 Nachteil 11.
9 BGH v. 7.11.1990 – 2 StR 439/90 – Grenzen der Fürsorgepflicht, BGHR StGB § 266 Abs. 1 Nachteil 24.

– ein von der Treuhand eingesetzter Liquidator sich eigenmächtig Abschlagszahlungen zubilligt, ohne eine gerichtliche Leistungsbestimmung seines Anspruchs in Angriff zu nehmen[1].

176b Der Eintritt eines Gefährdungsschadens reicht aus[2]. Das BVerfG hat insbesondere im Hinblick auf das Bestimmtheitsgebot hierzu Folgendes formuliert[3]:

> „Der Dogmatik der schadensgleichen Vermögensgefährdung oder des Gefährdungsschadens – die Begriffe werden im Folgenden synonym verwendet – liegt die Annahme zugrunde, dass bei wirtschaftlicher Betrachtung unter bestimmten Umständen bereits die Gefahr eines zukünftigen Verlusts eine gegenwärtige Minderung des Vermögenswerts und damit einen vollendeten Schaden oder Nachteil im Sinne der §§ 263, 266 StGB darstellen kann [...]. Die Annahme eines Gefährdungsschadens setzt nach gefestigter Rechtsprechung voraus, dass das Vermögen des Opfers durch die Tathandlung konkret gefährdet wird. Eine abstrakte Gefährdungslage reiche nicht aus. Vielmehr sei unter Berücksichtigung der besonderen Umstände des Einzelfalls festzustellen, ob die Betroffenen mit wirtschaftlichen Nachteilen ernstlich zu rechnen hätten, der Eintritt eines Schadens also naheliegend sei, so dass der Vermögenswert aufgrund der Verlustgefahr bereits gegenwärtig gemindert werde [...]. Mit der Gleichsetzung von Schaden und Gefährdung (unter bestimmten Umständen und in gewissem Umfang) tragen Rechtsprechung und Schrifttum der Tatsache Rechnung, dass sich in einem marktorientierten Wirtschaftssystem die Preise über den Mechanismus von Angebot und Nachfrage bilden und dass sich daher auch die Zukunftserwartungen der Marktteilnehmer auf den erzielbaren Preis und damit den Wert von Gegenständen auswirken [...]."

176c Der *Gefahr einer* **Überdehnung** des Tatbestands ist allerdings dadurch Rechnung zu tragen, dass der Gefährdungsschaden in wirtschaftlich nachvollziehbarer Weise festzustellen ist[4] (vgl. Rz. 191).

Die Rechtsprechung hat einen Gefährdungsschaden vielfach bejaht; typische

Beispiele hierfür sind:[5]

– die Ausreichung nicht oder nicht hinreichend gesicherter Kredite[6],

– die unordentliche Buchführung bzw. das Beiseiteschaffen von Belegen mit der Folge, dass begründete und durchsetzbare Ansprüche nicht oder nicht rechtzeitig geltend gemacht und realisiert werden[7] (Rz. 185).

---

1 BGH v. 13.6.2001 – 5 StR 78/01 – Liquidator ehemaliger DDR-Betriebe, wistra 2001, 345.
2 Vgl. *Nack*, StraFo 2008, 277; *Fischer*, StraFo 2008, 269; *Fischer*, NStZ-Sonderheft 2009, 8 f.; *Adick*, HRRS 2008, 460; *Becker*, HRRS 2009, 334; *Ransiek/Reichling*, ZIS 2009, 315; *Rönnau* in FS Tiedemann, 2008, S. 711.
3 BVerfG v. 23.6.2010 – 2 BvR 2559/08 – Landowsky, BVerfGE 126, 170 (Rz. 136 ff. mit zahlreichen Nw.).
4 BVerfG v. 23.6.2010 – 2 BvR 2559/08 – Landowsky, BVerfGE 126, 170 (Rz. 150).
5 Nach *Fischer*, § 266 StGB Rz. 152 ff. und *Schünemann* in LK, § 266 StGB Rz. 45.
6 *Fischer*, § 266 StGB Rz. 152 m.w.Nw.
7 *Schünemann* in LK, § 266 StGB Rz. 45 m.w.Nw. und zum Streitstand.

b) An einem Nachteil kann es *fehlen*, wenn der Täter zum Ausgleich für auftragswidrige Verfügungen ständig **eigene Mittel bereithält**[1]. Diese müssen allerdings flüssig sein und den Ausgleich tatsächlich ermöglichen[2]. Die *bloße Hoffnung* auf einen Mittelzufluss schließt jedoch den Nachteil nicht aus. Der Täter muss ersatzfähig, ersatzwillig und ersatzbereit sein; nur dann entspricht der wirtschaftliche Wert des Ausgleichsanspruchs gegen ihn dem Wert des weggefallenen Vermögensstückes. Unerheblich ist es deshalb, ob der Täter zur Tatzeit in der Lage gewesen ist, die durch ihn bewirkte Vermögenseinbuße durch eigene flüssige Mittel auszugleichen, wenn er eigene Mittel nicht für einen solchen Ausgleich bereit gehalten hat, sondern Gelder abziehen wollte[3].

Der BGH will die Grundsätze der *jederzeitigen Ersatzbereitschaft* auch auf Fallkonstellationen übertragen, in denen der Täter außer mit eigenen Mitteln auf sonstige Weise den Ersatz des Geldes sicherstellen kann[4]. Dies wird jedoch nur möglich sein, wenn der Ersatz durch solche Drittmittel sichergestellt ist und keine Einwirkungen von anderer Seite möglich sind.

Ein Nachteil liegt *nicht* vor, wenn zugleich ein den Verlust aufwiegender Vermögenszuwachs begründet wird[5]. Ein solcher Vermögenszuwachs tritt ein, soweit das Vermögen von einer *Verbindlichkeit* in Höhe des Verlusts *befreit* wird. Dies gilt selbst dann, wenn die Verbindlichkeit schwer zu beweisen wäre[6]. Es ist auch möglich, dass ein Gläubiger sich im Rahmen eines Rechtsgeschäfts, aufgrund dessen ihm kein Anspruch zusteht, einen Vermögensvorteil verschafft, um sich damit für einen aus einem anderen Rechtsgeschäft bestehenden Anspruch zu befriedigen[7]. Voraussetzung ist aber, dass der Handelnde das durch rechtswidrige Mittel, etwa Täuschung, Erlangte zu seinem bestehenden Anspruch in Beziehung gebracht hat, um auszuschließen, dass der Schuldner sowohl auf den bestehenden als auch auf den fingierten Anspruch leistet[8].

Ein *Ausgleich von Schaden und* zugleich erlangtem *Vorteil* ist nur möglich, wenn beide durch das pflichtwidrige Verhalten **unmittelbar** verursacht sind,

---

1 BGH v. 16.12.1960 – 4 StR 401/60 – Konkursverwalter, BGHSt 15, 342; BGH v. 13.12.1994 – 1 StR 622/94 – Vorstandsvorsitzender, NStZ 1995, 233; BGH v. 30.10.2003 – 3 StR 276/03 – Rechtsanwalt, NStZ-RR 2004, 54; KG v. 22.7.1971 – (2) Ss 65/71 (24/71), NJW 1972, 218; *Schünemann* in LK, § 266 StGB Rz. 171; *Fischer*, § 266 StGB Rz. 168.
2 BGH v. 27.1.1988 – 3 StR 61/87, wistra 1988, 191 (192); BGH v. 6.4.1982 – 5 StR 8/82, NStZ 1982, 331; BayObLG v. 13.3.1973 – RReg 7 St 20/73, JR 1973, 338.
3 BGH v. 17.3.1987 – 5 StR 272/86 – Einverständnis der GmbH-Gesellschafter, BGHR § 266 Abs. 1 StGB Nachteil 4.
4 BGH v. 13.12.1994 – 1 StR 622/94, NStZ 1995, 233; vgl. auch BGH v. 23.1.2014 – 3 StR 365/13, wistra 2014, 313.
5 Vgl. BGH v. 16.12.1960 – 4 StR 401/60, BGHSt 15, 342 (343 f.); BGH v. 27.2.1975 – 4 StR 571/74 – Bestechungsgelder, NJW 1975, 1234; BGH v. 14.2010 – 5 StR 72/10, StraFo 2010, 301.
6 BGH v. 5.7.2011 – 3 StR 444/10, StV 2011, 733; BGH v. 13.7.1999 – 5 StR 667/98, BGHR StGB § 266 Abs. 1 Nachteil 46.
7 BGH v. 5.7.2011 – 3 StR 444/10, StV 2011, 733 m.w.Nw.
8 BGH v. 5.7.2011 – 3 StR 444/10, StV 2011, 733; BGH v. 7.5.1997 – 1 StR 638/96, NStZ-RR 1997, 298.

d.h., die **Kompensation** muss auf der pflichtwidrigen Handlung selbst beruhen. Es gilt der Grundsatz der *Gesamtsaldierung*. Überwiegend wird auf die wirtschaftliche Gleichwertigkeit abgestellt. Sind diese Voraussetzungen nicht gegeben, gilt der Grundsatz der *Einzelbewertung*[1]. Liegt allerdings ein betriebswirtschaftlich vernünftiger *Gesamtplan* vor, so ist eine Ausnahme von der Einzelbetrachtung möglich. Dies ist z.B. der Fall, wenn ein angestrebter Erfolg so geplant ist, dass dieser nur über zunächst nachteilige Maßnahmen erreicht werden kann[2]. Die Berufung auf eine langjährige positive Tätigkeit kann einen ungetreuen Geschäftsführer, Prokuristen, Sparkassendirektor oder Handlungsreisenden jedoch nicht entlasten.

178 Eine Kompensation durch **hypothetische Sachverhalte** findet bei der Schadensberechnung nicht statt[3].

Beispiel: Die Gesellschafter einer OHG, die von einer Versicherungsgesellschaft mit der Prämieneinziehung und Schadensbearbeitung beauftragt ist, erstellen gegenüber dieser Abrechnungen, in die sie die Prämieneinnahmen zwar zutreffend einstellen. Entgegen der vertraglichen Vereinbarung bringen sie jedoch nicht nur die tatsächlich gezahlten Entschädigungen, sondern auch die lediglich angemeldeten, noch nicht regulierten Schäden in Abzug. – Der hypothetische Umstand, dass jedenfalls ein Teil der angemeldeten und noch nicht regulierten Schäden, die die Gesellschafter in den Abrechnungen der OHG als bereits ausgezahlte Schadensersatzleistungen auswiesen, von der OHG hätte erstattet werden müssen und von dieser dann hätte einbehalten werden dürfen, hat bei der Schadensberechnung unberücksichtigt zu bleiben[4].

179 c) Eine (nachträgliche) **Schadenswiedergutmachung**[5] kann die Nachteilszufügung *nicht* beseitigen[6]. Das ist beim Bestehen eines zivilrechtlichen *Schadensersatzanspruchs* streitig. Nach *Fischer* ist der (vertragliche oder deliktische) Schadensersatzanspruch des Treugebers *kein adäquater* Vermögensausgleich. Allerdings fehlt es dann am Eintritt eines Nachteils, „wenn der Täter objektiv eigene flüssige Mittel in seiner Kasse oder in gleich sicherer Weise bei einer Bank zum Ausgleich zur Verfügung hält und er subjektiv sein Augenmerk darauf richtet, diese Mittel zum Ausgleich benutzen zu können".

179a Der 3. *Strafsenat* verneint in einer aktuellen Entscheidung den Eintritt eines **Vermögensnachteils** i.S. einer schadensgleichen Gefährdung beim pflichtwidrigen *Verschweigen einer Forderung*, wenn die unterbliebene Geltendmachung der Ansprüche die tatsächlich bestehenden Schadensersatz- oder bereicherungsrechtliche Ansprüche nicht berührt[7]. Dies soll selbst dann gelten, wenn die maßgeblichen Entscheidungsträger von der Forderung keine Kenntnis haben.

---

1 BGH v. 18.8.1970 – 1 StR 213/70; BGH v. 16.12.1960 – 4 StR 401/60, BGHSt 15, 342.
2 *Schünemann* in LK, § 266 StGB Rz. 169.
3 BGH v. 7.9.2011 – 2 StR 600/10, NStZ 2012, 151.
4 BGH v. 7.9.2011 – 2 StR 600/10, NStZ 2012, 151.
5 BGH v. 7.7.2004 – 5 StR 412/03, NStZ 2005, 160.
6 Vgl. *Schünemann* in LK, § 266 StGB Rz. 171 m.w.Nw.; *Fischer*, § 266 StGB Rz. 168; *Dierlamm* in MüKo § 266 StGB Rz. 209. Kritisch hierzu *Fischer* § 266 StGB Rz. 169; *Perron* in S/S, § 266 StGB Rz. 42.
7 BGH v. 12.12.2013 – 3 StR 146/13 – Silberhochzeit, wistra 2014, 186.

Beispiel (vgl. Rz. 78a): Der Vorsteher des Wasserverbandes feiert seine Silberhochzeit. Die Kosten hierfür übernimmt – ohne sein Wissen – der Verband. Als der Vorsteher davon erfährt, bleibt er untätig. Später in einer Verbandsversammlung hierauf angesprochen, gibt er wahrheitswidrig an, es habe sich um verschiedene Veranstaltungen zum Wohle betroffener Anlieger gehandelt. In einer Sondersitzung räumt er den Sachverhalt schließlich ein und überweist umgehend den Betrag an den Verband.

Dahingestellt ließ der Senat die Frage, ob das pflichtwidrige Verschweigen einer Forderung zumindest dann einen Vermögensnachteil begründen kann, wenn im Zeitpunkt der Entstehung der Offenbarungspflicht des Treupflichtigen oder im Verlauf der weiteren Entwicklung die Verjährung der Forderung droht und der Schuldner die entsprechende Einrede auch wirksam erheben könnte oder der Eintritt der Zahlungsunfähigkeit des Schuldners zu besorgen ist[1].

Bei der Begehung von *Straftaten* aus einem Unternehmen heraus *zum Nachteil Dritter* begründet die **Möglichkeit von Schadensersatzansprüchen** gegen das Unternehmen lediglich einen mittelbaren Schaden[2], der als Nachteil i.S. von § 266 StGB nicht ausreicht[3]. Dieser Schaden setzt nämlich mit der Aufdeckung der Tat einen Zwischenschritt voraus. Andernfalls würde jede betrügerische Handlung eines Organs gleichzeitig eine Untreue darstellen. — 179b

d) Wie beim Betrug (s. § 47 Rz. 56) kann auch bei der Untreue ein **persönlicher Schadenseinschlag** vorliegen[4]. Bei normativer Betrachtung ist danach eine (möglicherweise sogar objektiv gleichwertige) Gegenleistung unter Berücksichtigung der individuellen und wirtschaftlichen Bedürfnisse und Verhältnisse des Geschädigten sowie der von ihm verfolgten Zwecke *subjektiv wertlos*[5]. Ein Nachteil ist *trotz objektiver Gleichwertigkeit* von Leistung und Gegenleistung anzunehmen, wenn der Betroffene mangels ausreichender Liquidität in Zahlungsschwierigkeiten gerät oder die erforderlichen Mittel durch eine hoch zu verzinsende Kreditaufnahme erlangen muss oder wenn er durch die Verfügung sonst in seiner wirtschaftlichen Bewegungsfreiheit weitgehend beeinträchtigt wird. Der Vermögensnachteil wird regelmäßig in voller Höhe eintreten. — 180

Beispiele: V erwirbt als alleiniger Vorstand eines Vereins für Kinderhilfe eine von ihm zuvor privat ersteigerte, überwiegend marode und unbewohnbare sowie für Zwecke des Vereins ungeeignete Immobilie[6].

Ein Vermögensfürsorgepflichtiger ist beauftragt, Geld für soziale oder ähnliche Zwecke zu verwenden, z.B. als Spende; im Vermögen des Betreuten liegt ein Schaden vor, wenn — 180a

---

1 BGH v. 12.12.2013 – 3 StR 146/13 – Silberhochzeit, wistra 2014, 189 (Rz. 14); zum Versuch des Betrugs durch die unrichtige Behauptung über den Verwendungszweck, vgl. dort Rz. 15.
2 BGH v. 25.4.2006 – 1 StR 519/05, BGHSt 51, 29 (33); BGH v. 6.5.1986 – 4 StR 124/86, NStZ 1986, 455 (456); vgl. zum Schadensersatz auch *Fischer*, § 266 StGB Rz. 168.
3 BGH v. 17.7.2009 – 5 StR 394/08 – Compliance Officer, BGHSt 54, 44.
4 BGH v. 18.7.1961 – 1 StR 606/60, BGHSt 16, 220; vgl. *Fischer*, § 263 StGB Rz. 125 zum Schaden bei Haushalts- und Amtsuntreue; OLG Hamm v. 21.6.1985 – 4 Ws 163/85, NStZ 1986, 119.
5 So BGH v. 14.4.2011 – 1 StR 458/10, StV 2011, 728 unter Hinweis auf die st. Rspr., insbes. BGH v. 16.8.1961 – 4 StR 166/61 – Melkmaschinenfall, BGHSt 16, 321.
6 BGH v. 7.9.2011 – 1 StR 343/11, NStZ-RR 2011, 373.

der Verpflichtete den Betrag nicht als Spende verwendet[1], die Leistung mithin ihren *sozialen Zweck* verfehlt.

Der Bürgermeister einer Gemeinde nimmt unter Verstoß gegen die Haushaltssatzung sog. Kassenkredite auf; die zusätzlichen Mittel werden sämtlich für die Aufgaben der Gemeinde verwendet[2].

Die *Leiter eines öffentlichen Theaters* gehen nach Erschöpfung von dessen Haushaltsmitteln weiterhin Verbindlichkeiten ein und lassen die Rechnungen jeweils bis zum Beginn des folgenden Haushaltsjahres liegen, um sie dann aus den aus ihrer Sicht „richtigen" Haushaltsmitteln zu bezahlen[3].

180b Die **Vermischung** treuhänderisch verwahrter fremder mit eigenen Geldern führt nur dann nicht zu einem Vermögensnachteil i.S. des § 266 StGB, wenn der die Treuepflicht Verletzende uneingeschränkt bereit und jederzeit fähig ist, einen entsprechenden Betrag aus eigenen flüssigen Mitteln vollständig auszukehren[4].

180c Zu einem Vermögensschaden kann auch die Verletzung der **Pflicht** führen, das betreute **Vermögen zu mehren**. Bei unterlassener Wahrnehmung von Expektanzen (Rz. 176) entsteht ein Vermögensnachteil in der Form des *entgangenen Gewinns* (§ 252 BGB)[5]. Es muss sich jedoch um den Entgang *konkreter Erwerbsmöglichkeiten* und nicht bloß um mehr oder minder unsichere Aussichten handeln.

Beispiele: Wird z.B. eine *Mietkaution* nicht angelegt, kann die Nichtverzinsung des Kautionsbetrages einen Schaden darstellen[6]. Keine Pflichtverletzung stellt das Unterlassen wirtschaftlich vorteilhafter Handlungen dar, deren Vornahme strafbar ist oder sonst vom Recht missbilligt wird[7]. So hat der BGH eine Untreue durch Unterlassen bei Beteiligung einer Bank an Geschäften abgelehnt, die gegen die Vorschriften über den innerdeutschen Wirtschaftsverkehr verstießen[8].

---

1 *Perron* in S/S, § 266 StGB Rz. 43.
2 BGH v. 14.4.2011 – 1 StR 592/10, NStZ 2011, 520 und nachfolgend BVerfG v. 1.11.2012 – 2 BvR 1235/11, NJW 2013, 365 (satzungswidrige Aufnahme eines Kassenkredits für Baumaßnahmen).
3 BGH v. 4.11.1997 – 1 StR 273/97 – Intendant, Bugwelle, BGHSt 43, 293: Haushaltsuntreue kommt in Betracht, wenn durch die Haushaltsüberziehung eine wirtschaftliche gewichtige Kreditaufnahme erforderlich wird, wenn die Dispositionsfähigkeit des Haushaltgesetzgebers in schwerwiegender Weise beeinträchtigt wird und er durch den Mittelaufwand insbesondere in seiner politischen Gestaltungsbefugnis beschnitten wird. Dass solche Umstände vorlagen, lag nach den bisherigen Feststellungen allerdings nicht nahe und bedurfte der (erneuten) Prüfung durch den für die Feststellung des Sachverhalts verantwortlichen Tatrichter.
4 BGH v. 7.4.2010 – 2 StR 153/09 – Auszahlung hinterlegter Gelder durch Notar, NJW 2010, 1764; BGH v. 16.12.1960 – 4 StR 401/60, BGHSt 15, 342 (344 f.); BGH v. 30.10.2003 – 3 StR 276/03 – Mandantengelder nicht auf Anderkonto, BGHR StGB § 266 Abs. 1 Nachteil 56.
5 *Kohlmann* in Hachenburg, vor § 82 GmbHG Rz. 77.
6 RG GA Bd. 36, 400 für den Fall, dass ein Vormund Mündelgelder nicht (best)verzinslich anlegt; vgl. hierzu *Perron* in S/S, § 266 StGB Rz. 46; Fischer, § 266 StGB Rz. 116.
7 BGH v. 19.1.1965 – 1 StR 497/64, BGHSt 20, 143.
8 BGH v. 22.1.1988 – 2 StR 133/87 – Eigengeschäfte Vorstandsmitglied, NStZ 1988, 217.

2. Sonstige Nachteile

Der Begriff des **Nachteils** ist nach teilweise vertretener Ansicht *umfassender* als der des Vermögensschadens[1]. Finanziell nicht ohne Weiteres messbare Beeinträchtigungen wie die Kreditschädigung oder die Minderung des Ansehens einer GmbH bzw. einer AG[2] sollen als Nachteile anzusehen sein. Dabei darf allerdings der von der Strafnorm intendierte Vermögensschutz (Rz. 2) nicht aus dem Blick geraten.

181

Obwohl eine Herabsetzung der *Kreditwürdigkeit* dazu führen kann, dass eine Kreditlinie vermindert, ein Kredit gekündigt oder entgegen einer vorherigen Zusage eine Kreditlinie nicht erhöht wird, kann hier i.d.R. noch nicht von einem Nachteil, der einem Vermögensschaden entspricht, gesprochen werden; denn insoweit ist eine **konkrete Beeinträchtigung** des Vermögens noch nicht gegeben. Auch die *Rufschädigung*, die im Hinblick auf die mannigfaltigen wirtschaftlichen und informellen Verflechtungen unseres Wirtschaftssystems für ein Unternehmen sehr nachteilig sein kann, stellt noch keinen Nachteil dar, es sei denn, es lässt sich eine konkrete Beeinträchtigung feststellen[3].

182

Dagegen ist ein *tatrelevanter Nachteil* zu bejahen, wenn bei einem gemeinnützigen *Verein* oder einer gemeinnützigen *Stiftung* das Handeln der Treupflichtigen die Gefahr der Aberkennung des steuerlichen **Status der Gemeinnützigkeit** begründet. Die Gemeinnützigkeit stellt eine Rechtsposition dar, der ein hoher wirtschaftlicher Wert beigemessen werden kann. Deren Aberkennung führt zum Verlust der Befreiung von der Körperschaftsteuer sowie der Berechtigung zum Bezug öffentlicher Mittel und kann damit die Existenz des Vereins/der Stiftung in einem essenziellen Ausmaß gefährden[4]. Selbst wenn die Steuerbescheide des Finanzamts noch nicht bestandskräftig sind, kann eine konkrete Vermögensgefährdung nicht ausgeschlossen werden[5].

182a

Ebenso liegt ein Schaden vor, wenn bei der **Rückabwicklung eines** von einer Bank aufgelegten **Fonds** die Gegenrechnung der Steuervorteile der Fondszeichner unterlassen wird; dies ist zumindest dann der Fall, wenn der Finanzbehörde kein Nachzahlungsanspruch gegenübersteht und die Steuervorteile den Anlegern endgültig verbleiben, da die Bank hierdurch mehr an die Anleger zurückzahlt als sie verpflichtet ist, d.h. nur den Ersatz für erlittene Nachteile[6].

---

1 *Lackner/Kühl*, § 266 StGB Rz. 17; vgl. auch BGH v. 29.3.1988 – 1 StR 659/87, wistra 1988, 225.
2 *Kohlmann* in Hachenburg, vor § 82 GmbHG Rz. 65.
3 In diesem Sinne auch *Seier* in A/R, V. 2 Rz. 167.
4 OLG Hamm v. 29.4.1999 – 2 Ws 71/99, wistra 1999, 350; a.A. *Lassmann*, Untreue zu Lasten gemeinnütziger Stiftungen – Strafbarkeitsrisiken im Non-Profit-Bereich, NStZ 2009, 473.
5 BGH v. 20.7.1966 – 2 StR 188/66, BGHSt 21, 113.
6 BGH v. 31.7.2007 – 5 StR 347/06, NStZ 2008, 398.

3. Einzelfragen zum Schadenseintritt

183 a) Der Schaden bei **pflichtwidrigen Risikogeschäften** wird derzeit in der Rechtsprechung des BGH unterschiedlich beurteilt und in der Literatur ntensiv *diskutiert*[1] (dazu auch § 67 Rz. 82 f.). Der 1. Strafsenat vertritt dezidiert die Ansicht, dass unmittelbar mit der Tathandlung ein Schaden eintritt, während andere Senate von einem Gefährdungsschaden ausgehen[2].

184 So hält der 2. *Strafsenat* am sog. **Gefährdungsschaden** fest, da in die Feststellung des Werts von Vermögenspositionen und damit auch eines Vermögensschadens *normative Erwägungen* einfließen, die sich in zahlreichen (gleichermaßen strafwürdigen) Fallgestaltungen einer exakten Wertberechnung entziehen würden[3]; der Gefährdungsschadens als „Durchgangsschaden" erlaube es, den ggf. „gestreckten" Verlauf der Schadensentstehung bei konkreter Gefährdung einzelner Vermögenspositionen in den Blick zu nehmen und die Fallgruppen auch insoweit zu unterscheiden[4].

184a Die vom *1. Strafsenat* vertretene Ansicht, dass der Vermögensnachteil wirtschaftlich bereits mit der Tathandlung eintritt, verdient den *Vorzug*, da sie sach- und lebensnah das Vermögen des Geschädigten zum Zeitpunkt der Handlung/Unterlassung berücksichtigt und somit auch dem Bestimmtheitsgebot Rechnung trägt. Hierfür spricht bereits die Definition des sog. Gefährdungsschadens, der vorliegt, wenn „durch die aktuelle Gefährdung des Vermögens dieses schon in seinem gegenwärtigen Wert als vermindert anzusehen ist". Ist jedoch der Wert eines Vermögens vermindert, dann ist auch ein Schaden eingetreten.

185 b) Eine **unordentliche Buchführung** begründet nicht per se eine schadensgleiche Vermögensgefährdung[5], sondern erst dann, wenn begründete Ansprüche nicht oder nicht rechtzeitig geltend gemacht werden können oder im Einzelfall mit einer *doppelten Inanspruchnahme* (konkret) zu rechnen und insoweit eine wesentliche Erschwerung der Rechtsverteidigung zu besorgen ist[6] oder wenn die Durchsetzung berechtigter Ansprüche erheblich erschwert, wenn nicht verhindert wird[7].

---

1 Zur Diskussion vgl. BVerfG v. 10.3.2009 – 2 BvR 1980/07, NStZ 2009, 560; hierzu *Schäfer*, JR 2009, 289; *Küper* JZ 2009, 800; *Rübenstahl* NJW 2009, 2392; *Schlösser*, NStZ 2009, 663; ferner *Fischer*, StV 2010, 95; *Mansdörfer*, JuS 2009, 114; *Schlösser*, StV 2010, 157; *Perron*, GA 2009, 219 (227); zur früheren Diskussion vgl. *Nack*, StraFo 2008, 277; *Fischer*, StraFo 2008, 269; *Fischer*, NStZ-Sonderheft 2009, 8 f.; *Adick*, HRRS 2008, 460; *Becker*, HRRS 2009, 334; *Ransiek/Reichlin*, ZIS 2009, 315; *Rönnau* in FS Tiedemann, 2008, S. 711.
2 BGH v. 20.3.2008 – 1 StR 488/07 – Geschlossene Immobilienfonds, NStZ 2008, 457; *Beulke/Witzigmann*, JR 2008, 430; *Peglau*, wistra 2008, 430.
3 BGH v. 29.8.2008 – 2 StR 587/07 – Siemens, BGHSt 52, 323 (Rz. 44).
4 *Fischer*, StV 2010, 95 (101).
5 BGH v. 7.12.1965 – 5 StR 312/65, BGHSt 20, 304 m. Anm. *Schröder*, JR 1966, 185; BGH v. 16.2.1996 – 3 StR 185/94, StV 1996, 431; BGH v. 8.6.1988 – 2 StR 219/88, BGHR StGB § 266 Abs. 1 Nachteil 12; BGH v. 26.4.2001 – 5 StR 587/00, BGHSt 47, 8; *Perron* in S/S, § 266 StGB Rz. 45b.
6 BGH v. 26.4.2001 – 5 StR 587/00 – mangelhafte Dokumentation, BGHSt 47, 8.
7 BGH v. 12.5.2004 – 5 StR 46/04, wistra 2004, 348.

Beispiel: Das gilt z.B. für die unordentliche Buchführung eines *Anlageberaters*, der weder Aufzeichnungen darüber führt, in welcher Form, zu welchen Bedingungen und bei wem das Kapital angelegt wird, noch wie die erzielten Erträge verwendet werden, und dadurch die Auszahlung der erwirtschafteten Erträge und Rückzahlung des Anlagekapitals in erheblicher Weise erschwert, wenn nicht verhindert wird[1].

Ebenso kann die **Verschleierung** der im Verlauf des Jahres (unrechtmäßig) *entnommenen Beträge* am Jahresende einen Schaden begründen, wenn dadurch die Erfolg versprechende Geltendmachung von Schadensersatzansprüchen verhindert wird[2]. 185a

Beispiel: Dem Kassenleiter einer Gemeinde obliegt die Buchführung, die Abwicklung des Zahlungsverkehrs und am Jahresende die Vorbereitung des Jahresabschlusses. Er handhabt die Buchhaltung unter Ausnutzung ihm bekannter Schwachstellen fehlerhaft, sodass sie den Kassenbestand unrichtig anzeigt und er den Unterschiedsbetrag unbemerkt entnehmen kann.

Steht lediglich fest, dass er der Gemeinde durch verschiedene Manipulationen Nachteile zugefügt hat, kommt eine Verurteilung aber deswegen nicht in Betracht weil offenbleibt, welche Beträge er in nicht rechtsverjährter Zeit entnommen hat, kommt dem Umstand Bedeutung zu, dass der Angeklagte jeweils am Jahresende die im Verlauf des Jahres entnommenen Beträge verschleierte. Dieses Verhalten, wäre als straflose Nachtat im Verhältnis zur vorangegangenen Untreue zu bewerten, soweit die vorangegangene Untreue nicht (mehr) verfolgt werden kann[3].

c) Bei der Anlage (dem Halten oder Nichtoffenbaren) **schwarzer Kassen** *für Bestechungszahlungen* liegt nicht nur eine Gefährdung vor, sondern ein *Endschaden*[4]. Denn die dauerhafte Entziehung der Verfügungsmöglichkeit über diese abgezweigten Vermögensteile stellt für den Treugeber nicht nur eine („schadensgleiche") Gefährdung des Bestands seines Vermögens dar, sondern bereits einen endgültigen Vermögensverlust in Höhe der in der verdeckten Kasse befindlichen Mittel. Die *spätere Verwendung* der entzogenen und auf verdeckten Konten geführten Geldmittel ist nur eine Schadensvertiefung; das Erlangen von durch spätere Geschäfte letztlich erzielten Vermögensvorteilen durch den Treugeber ist, nicht anders als eine Rückführung der entzogenen Mittel, allenfalls eine Schadenswiedergutmachung[5]. 186

---

1 BGH v. 16.2.1996 – 3 StR 185/94 – Vermögensbetreuungspflicht Anlageberater, NStZ 1996, 543.
2 BGH v. 20.5.1994 – 2 StR 202/94 – Verhinderung von Schadensersatzansprüchen, BGHR StGB § 266 Abs. 1 Nachteil 31.
3 BGH v. 20.5.1994 – 2 StR 202/94 – Verhinderung von Schadensersatzansprüchen, BGHR StGB § 266 Abs. 1 Nachteil 31.
4 BGH v. 27.8.2010 – 2 StR 111/09, BGHSt 55, 266 StGB Rz. 40; BGH v. 29.8.2008 – 2 StR 587/07 – Siemens, BGHSt 52, 323; BGH v. 18.10.2006 – 2 StR 499/05 – Kanther, BGHSt 51, 100; krit. *Bernsmann*, GA 2009, 296; *Perron*, NStZ 2008, 517.
5 BGH v. 29.8.2008 – 2 StR 587/07 – Siemens, BGHSt 52, 323; vgl. auch *Kempf* in FS Hamm, 2008, S. 255 (260) und OLG Frankfurt v. 26.2.2004 – 2 Ws 73/03, NStZ-RR 2004, 244.

Der 2. *Strafsenat* hat mit der Entscheidung vom 29.8.2008 seine frühere Ansicht, wonach er das „bloße" Führen einer verdeckten Kasse nur als schadensgleiche Vermögensgefährdung angesehen hat[1], aufgegeben[2].

Die Mittel in der „schwarzen Kasse" sind keine „bereit gehaltenen eigenen Mittel" (Rz. 177), die einen pflichtwidrig verursachten Schaden ausgleichen könnten[3]. Denn der Treupflichtige hält nicht eigenes Vermögen zum Ersatz bereit, sondern verbirgt Geldvermögen seines Treugebers (Arbeitgeber, Unternehmensträger usw.), um es unter dessen Umgehung nach Maßgabe eigener Zweckmäßigkeitserwägungen bei noch nicht absehbaren späteren Gelegenheiten für möglicherweise nützliche, jedenfalls aber risikoreiche Zwecke einzusetzen.

186a Bei der Entnahme von Geld zur Anlage und Führung einer *schwarzen Kasse* **für Bestechungszahlungen** steht auch der Entziehung des Vermögenswerts keine *schadensverhindernde unmittelbare Kompensation* gegenüber[4], da der schadensersatzrechtliche Ausgleichsanspruch kein der Schadensentstehung entsprechender Vorteil ist. Anders als bei der Haushaltsuntreue oder in Fällen verdeckter Kassen in der öffentlichen Verwaltung (vgl. Rz. 228 ff.) spielen hier Fragen der Zweckerreichung[5] oder der Einschränkung haushaltsrechtlicher Dispositionsmacht[6] keine Rolle. Eine dem Treugeber zugute kommende Gegenleistung oder ein durch die pflichtwidrige Handlung anderweitig unmittelbar herbeigeführter ausgleichender Vermögensvorteil liegt im Fall der Anlage, Speisung und Führung einer verdeckten Schmiergeldkasse nicht vor[7]. Die Chance, mithilfe der schwarzen Kasse Bestechungszahlungen leisten und hierdurch einen wirtschaftlich vorteilhaften Vertrag abzuschließen zu können, stellt keinen zur Kompensation geeigneten gegenwärtigen Vermögensvorteil dar. Dies gilt umso weniger für die bloße Absicht, die für die schwarze Kasse entzogenen Mittel für solche Zwecke zu verwenden.

187 d) Tritt im **Konzern** im Verhältnis *Mutter-/Tochter-Gesellschaft* die Schädigung einer Tochtergesellschaft ein, so wirkt sich der Schaden auch zum Nachteil der Muttergesellschaft aus, soweit es sich um Kapitalgesellschaften/juristische Personen handelt. Steht der Täter zur Muttergesllschaft in einem Vermögensbetreuungsverhältnis, so liegt auch insoweit eine Untreue vor[8].

187a Da ein Vergehen der Untreue zum Nachteil einer **KG** bzw. einer **GmbH & Co KG** nicht möglich ist, weil diese kein eigenes, im Verhältnis zu den Gesellschaftern fremdes Vermögen besitzt (Rz. 21a)[9], können schädigende Handlun-

---

1 BGH v. 18.10.2006 – 2 StR 499/05, BGHSt 51, 100 (113).
2 Vgl. auch BGH v. 27.8.2010 – 2 StR 111/09, BGHSt 55, 266.
3 BGH v. 29.8.2008 – 2 StR 587/07, BGHSt 52, 323 (Rz. 43).
4 BGH v. 29.8.2008 – 2 StR 587/07, BGHSt 52, 323 (Rz. 45).
5 BGH v. 4.11.1997 – 1 StR 273/97, BGHSt 43, 293 (299).
6 BGH v. 21.10.1994 – 2 StR 328/94, BGHSt 40, 287 (296 f.).
7 A.A. *Kempf* in FS Hamm, 2008, S. 255 (260).
8 OLG Koblenz v. 17.11.1983 – 1 Ss 428/83, wistra 1984, 79.
9 BGH v. 17.3.1987 – VI ZR 282/85, BGHZ 100, 190.

gen *lediglich* mit Bezug auf das *Vermögen der Gesellschafter* (Komplementär, Kommanditisten) begangen werden[1]. Bei Bemessung des Nachteils der Gesellschafter, die ihr *Einverständnis* mit der Beeinträchtigung des Vermögens nicht erklärt haben, kann dabei grundsätzlich auf deren Gesellschafteranteile im Verhältnis zur Gesamteinlage abgestellt werden[2].

Beispiel nach BGH[3]: Die Angeklagten sind Geschäftsführer und Mitgesellschafter einer als Komplementärin fungierenden GmbH und zugleich als Kommanditisten an einer sog. Einschiffsgesellschaft beteiligt. Die GmbH & Co. KG beauftragt ein Konsortium mit dem Bau eines Hochseeschleppers. Als Gegenleistung für die Erteilung der Bauaufträge fließen an jeden der beiden Angeklagten 750 000 Euro und an einen Dritten weitere 500 000 Euro. Der Betrag wird auf den von der Einschiffsgesellschaft zu zahlenden Werklohn aufgeschlagen. Die Angeklagten sowie die von ihnen als Geschäftsführer der Komplementär-GmbH vertretene GmbH & Co. KG halten insgesamt 65 % der Kommanditanteile der Einschiffsgesellschaft, die verbleibenden 35 % der Anteile halten angeworbene Kommanditisten. Die Komplementärin der Einschiffsgesellschaften, deren Geschäftsführer und – neben anderen – Mitgesellschafter die Angeklagten sind, ist weder am Vermögen noch am Gewinn und Verlust der Einschiffsgesellschaft beteiligt, für die Kommanditisten ist eine Gewinn- und Verlustbeteiligung im Verhältnis ihrer Einlage vereinbart. – Der bei den geschädigten Kommanditisten eingetretene Vermögensnachteil ist anhand der Höhe der Einlage der Kommanditisten in Relation zur Gesamteinlage aller Gesellschafter zu bestimmen. Bei einem Schmiergeldanteil am bezahlten Werklohn in Höhe von 2 000 000 Euro ist der Vermögensnachteil, soweit die Kommanditanteile der angeworbenen Kommanditisten betroffen waren, unter Zugrundelegung der festgestellten Beteiligungsquote von 35 % daher auf 700 000 Euro zu beziffern.

Haben die Gesellschafter in die Entnahmen eingewilligt, kann diese **Einwilligung** nach den Grundsätzen des existenzgefährdenden Eingriffs (Rz. 84 ff.) unwirksam sein. Bei der Komplementär-*GmbH* kann daher ein Schaden durch Entnahmen bei der *KG* eintreten, denn die GmbH haftet als Komplementärin für die Schulden der KG unbeschränkt mit ihrem ganzen Vermögen (§ 161 Abs. 1 HGB). Ist die GmbH & Co KG *überschuldet*, muss die GmbH nach den Grundsätzen ordnungsmäßiger Buchführung die Verbindlichkeiten der KG als *eigene Verbindlichkeiten* passivieren, weil sie mit ihrer Inanspruchnahme ernsthaft rechnen muss[4]. Weitere Entnahmen bei der KG bzw. die Erhöhung ihrer Verbindlichkeiten beeinträchtigen in strafbarer Weise auch das Kapital der Komplementär-GmbH, denn die Haftung des persönlich haftenden Gesellschafters für die Verbindlichkeiten der KG (§ 128 i.V.m. § 161 Abs. 2 HGB) muss berücksichtigt werden. Das tatsächliche Risiko einer solchen Haftung des persönlich haftenden Gesellschafters kann zwar im Innenverhältnis durch Vereinbarungen der Gesellschafter (§ 163 HGB) über die Verteilung der Verluste herabgesetzt werden. Am Grundsatz der uneingeschränkten Haftung des per-

187b

---

1 BGH v. 10.7.2013 – 1 StR 532/12, NStZ 2014, 42; BGH v. 20.7.1999 – 1 StR 668/98, NJW 2000, 154 m. Anm. *Gehrlein*, NJW 2000, 1089; BGH v. 18.6.2003 – 5 StR 489/02, NStZ 2004, 41; *Fischer*, § 266 StGB Rz. 113.
2 BGH v. 10.7.2013 – 1 StR 532/12, NStZ 2014, 42; BGH v. 23.2.2012 – 1 StR 586/11, NStZ 2013, 38; BGH v. 30.8.2011 – 2 StR 652/10, NJW 2011, 3733.
3 BGH v. 10.7.2013 – 1 StR 532/12, NStZ 2014, 42 (Rz. 40 ff.) m. Anm. *Brand*, NJW 2013, 3510.
4 *Binz/Sorg*, GmbH & Co KG, *11. Aufl. 2010*, § 11 Rz. 32 ff.; *Karsten Schmidt*, GmbHR 2002, 1209.

sönlich haftenden Gesellschafters, die nicht einmal mit der Insolvenz der KG endet[1], ändert sich dadurch aber nichts[2].

188 e) Nach der Rechtsprechung zum **existenzgefährdenden** (existenzvernichtenden) **Eingriff** (Rz. 84 ff., 150) ist der Entzug von Vermögenswerten nur insoweit pflichtwidrig, als die Erfüllung von Verbindlichkeiten nicht mehr gewährleistet ist. Deshalb muss festgestellt werden, welcher Anteil des durch die Entnahmen verloren gegangenen Vermögens für die Erfüllung bestehender Verbindlichkeiten benötigt worden wäre. Der Nachteil i.S. des § 266 StGB kann sich nur darauf beziehen[3].

188a Ob und in welcher Höhe die (pflichtwidrige) **Rückgewähr von Gesellschafterdarlehen** zu einem untreuerelevanten *Schaden* führt, ist umstritten (hierzu § 82 Rz. 32 ff.). Wird auf eine fällige (ernsthaft eingeforderte) Forderung bezahlt, erlischt durch die Zahlung (zunächst) zwar auch die entsprechende Verbindlichkeit. Allerdings ist der Vermögensnachteil als Taterfolg der Untreue nach heutiger Rechtsprechung und herrschender Lehre grundsätzlich durch einen *Vergleich des gesamten Vermögens* vor und nach der beanstandeten Verfügung unter wirtschaftlichen Gesichtspunkten zu prüfen[4]. Die Forderung des Gesellschafters ist mithin zu bewerten[5].

188b Für die nach **§ 64 S. 1 GmbHG** verbotenen Rückzahlungen an den Gesellschafter verweisen *Maurer/Wolf* darauf, dass die Rückzahlungsforderungen in einem in dieser Situation von Gesetzes wegen durchzuführenden Insolvenzverfahren wegen ihrer Nachrangigkeit gem. § 39 Abs. 1 Nr. 5 InsO nicht durchsetzbar wären, da es sich bis zur Aufforderung nach § 174 Abs. 3 InsO um eine *aufschiebend bedingte Verbindlichkeit* handle; vor dieser Aufforderung wäre die Forderung nicht in die Insolvenztabelle aufzunehmen bzw. sogleich zu bestreiten[6]. Für nach **§ 64 S. 3 GmbHG** pflichtwidrige Zahlungen sei der Nachteil bei der gebotenen Saldierung der Vermögenswerte jedenfalls in der Höhe der geleisteten Zahlung an den Gesellschafter zu sehen[7].

188c *Weiß* argumentiert demgegenüber mit den Grundsätzen des **individuellen Schadenseinschlags**[8]: Verfüge die Gesellschaft nach einer solchen Zahlung nicht mehr über die Mittel, um andere Zahlungen zu leisten, die mit der Sorgfalt eines ordentlichen Geschäftsmanns vereinbar seien, insbesondere zur Abwendung größerer Nachteile oder zur Wahrung von Sanierungsmöglichkeiten, entstehe der Gesellschaft ein Nachteil (in Gestalt des individuellen Schadenseinschlags).

---

1 Vgl. BGH v. 27.10.1956 – IV ZR 110/96, WM 1956, 1537.
2 BGH v. 13.1.2009 – 1 StR 399/08, wistra 2009, 273; BGH v. 22.2.1991 – 3 StR 348/90, BGHR StGB § 266 Abs. 1 Nachteil 25, GmbH, Schadenshöhe.
3 BGH v. 13.5.2004 – 5 StR 73/03 – Bremer Vulkan, BGHSt 49, 147.
4 BVerfG v. 23.6.2010 – 2 BvR 2559/08 – Landowsky, BVerfGE 126, 170 (Rz. 118 ff. m.w.Nw.).
5 BVerfG v. 23.6.2010 – 2 BvR 2559/08 – Landowsky, BVerfGE 126, 170 (Rz. 145 m.w.Nw.).
6 *Maurer/Wolf*, wistra 2011, 327 (330).
7 *Maurer/Wolf*, wistra 2011, 327 (331).
8 *Weiß*, GmbHR 2011, 350.

Soweit der **Rückforderung** der Gesellschafterdarlehen der Einwand entgegensteht, der Gesellschafter müsste den Darlehensbetrag anschließend an den Insolvenzverwalter zurückzahlen (*dolo agit, qui petit, quod statim redditurus est*; § 242 BGB), ist auch dies in die wirtschaftliche Betrachtungsweise einzustellen. Nach § 135 Abs. 1 Nr. 2 InsO ist eine Rechtshandlung, die für die Forderung eines Gesellschafters auf Rückgewähr eines Darlehens Befriedigung gewährt hat, *anfechtbar*, wenn die Handlung im letzten Jahr vor dem Eröffnungsantrag oder nach diesem Antrag vorgenommen worden ist[1].

188d

f) Die **vorzeitige Verfügung** über den *vorkalkulierten Gewinn* einer „Generalübernehmerin" aus dem Bauobjekt eines *Anlagefonds* (in Form der KG) bewirkt einen Schaden, wenn noch hohe unbezahlte Werklohnforderungen der Generalunternehmerin bestehen und die Anleger durch die vertragswidrigen Abverfügungen unkalkulierbaren Risiken ausgesetzt oder gegenüber einer eventuellen Insolvenz des Generalunternehmers nicht gesichert sind[2].

189

g) Ein Nachteil kann *fehlen*, wenn der **Geschäftsführer** einer GmbH, der Überweisungen vom Unternehmens- auf das Privatkonto tätigt, eine **Vergütung** beanspruchen darf, deren Erfüllung die privaten Entnahmen bewirken[3]. Wenn Entnahmen vom Geschäftskonto dazu dienen, eine geschuldete – angemessene – Vergütung zu erfüllen, so ist insoweit ein Vermögensnachteil der GmbH i.S. von § 266 StGB ausgeschlossen[4]. § 30 GmbHG steht einer Auszahlung von Geschäftsführervergütungen selbst dann nicht entgegen, wenn es sich um den Alleingesellschafter gehandelt hat.

190

Nach der *Rechtsprechung* des BGH genießen Organmitglieder, die an einer Gesellschaft maßgeblich beteiligt sind, hinsichtlich ihrer **Dienstbezüge** im Insolvenzfall den *Vollstreckungsschutz* des § 850 ZPO, sofern sie fortlaufend Vergütungen für persönliche Dienste erhalten, die ihre Erwerbstätigkeit ganz oder zu einem wesentlichen Teil darstellen und deshalb ihre Existenzgrundlage bilden[5]. Allerdings ist zu prüfen, ob die GmbH bei wesentlicher Verschlechterung ihrer Geschäftslage einen Anspruch auf angemessene *Herabsetzung der Geschäftsführervergütung* (§ 242 BGB i.V.m. § 87 Abs. 2 AktG in entsprechender Anwendung) hat und ob dieser durchgesetzt wird[6].

190a

4. Schadensermittlung

Seit der Entscheidung des BVerfG[7] vom 23.6.2010 (Rz. 5 ff.) sieht sich die Praxis bei **Ermittlung der Schadenshöhe** vor nahezu unüberwindbare Hindernisse gestellt. Angesichts der Forderung, (auch) Gefährdungsschäden in wirtschaftlich

191

---

1 Vgl. hierzu auch OLG Koblenz v. 15.2.2011 – 6 U 309/11, ZInsO 2012, 842.
2 BGH v. 21.11.1991 – 1 StR 552/90 – Verfügung über vorkalkulierte Gewinne, BGHR StGB § 266 Abs. 1 Nachteil 28.
3 BGH v. 20.12.1994 – 1 StR 593/94, NStZ 1995, 185 m. Anm. *Langkeit*, WiB 1995, 404.
4 BGH v. 10.3.1981 – 1 StR 539/80; *Gribbohm*, ZGR 1990, 1, 12.
5 *Mertens* in Hachenburg, § 35 GmbHG Rz. 124.
6 Vgl. dazu *Mertens* in Hachenburg, § 35 GmbHG Rz. 414; die unterlassene Herabsetzung kann ihrerseits eine Untreue darstellen.
7 BVerfG v. 23.6.2010 – 2 BvR 2559/08 – Landowsky, BVerfGE 126, 170.

nachvollziehbarer Weise festzustellen und hierbei anerkannte Bewertungsverfahren und -maßstäbe zu berücksichtigen, erscheint den Ermittlungsbehörden und Tatsacheninstanzen die Hinzuziehung eines *Sachverständigen* unvermeidlich[1]. Dieser Eindruck wird (vermeintlich) bestärkt durch Entscheidungen des BGH, der wiederholt darauf hingewiesen hat, die konkrete Ermittlung des Nachteils dürfe auch nicht aus der Erwägung heraus unterbleiben, dass sie mit praktischen Schwierigkeiten verbunden sei[2]. Von der zwingenden Notwendigkeit ein Sachverständigengutachten zur Bewertung der gegenständlichen Forderungen einzuholen, geht allerdings das BVerfG selbst nicht aus; vielmehr formuliert es hierzu lediglich: „soweit *komplexe wirtschaftliche Analysen* vorzunehmen sind, wird die Hinzuziehung eines Sachverständigen erforderlich sein"[3].

191a Zutreffend weist das BVerfG darauf hin, dass die **Bewertung und Wertberichtigung** von *Forderungen zum kaufmännischen Alltag* gehören[4] (zu den Bewertungsvorschriften und -grundsätzen vgl. § 26 Rz. 110 ff.). Insoweit stellt sich die Situation nicht anders dar als beim Verkauf dieser Forderung an ein Inkassounternehmen oder bei einer an sich sofort gebotenen Wertberichtigung.

Komplexe wirtschaftliche Analysen erfordern die Bewertungen nur *im Einzelfall*. Als Beispiel hierfür nennt das BVerfG *insbesondere* die Fälle der Kreditvergabe[5]:

„Zu ermitteln ist [...] der Barwert der voraussichtlich erzielbaren künftigen Zins- und Tilgungszahlungen unter Berücksichtigung der Bonität des Kreditnehmers und der Rendite des Kredits sowie aller Umstände, die den Forderungseingang zweifelhaft erscheinen lassen. Auch verwertbare Sicherheiten und etwaige Rückgriffsmöglichkeiten sind bei der Bestimmung des Ausfallrisikos zu berücksichtigen."

Dabei wies der der Entscheidung des BVerfG zugrunde liegende Sachverhalt allerdings u.a. die Besonderheit auf, dass das Geschäftsmodell der Darlehensnehmerin die Rückzahlung des Kredits aus den mit den finanzierten Objekten erzielten Miet- und Veräußerungseinnahmen vorsah. Es hätte daher (jedenfalls) ermittelt werden müssen, welche konkreten Gewinnaussichten für die Darlehensnehmerin zum Zeitpunkt der Kreditbewilligung bestanden und wie diese sich auf die Werthaltigkeit der Kreditforderung auswirkten. Erforderlich waren mithin Feststellungen zur tatsächlichen Höhe der Mieteinnahmen zum Zeitpunkt der Kreditbewilligung und Aussagen zu den nach seinerzeitiger Sichtweise realistisch zu erwartenden künftigen Entwicklungen.

191b Die **Werthaltigkeit des Rückzahlungsanspruchs** wird durch die *Bonität des Schuldners* und durch den *Wert* einer eventuellen *Sicherheit* bestimmt[6]. In die Bewertung der Forderung ist demnach einzustellen, ob der Schuldner den Kre-

---

1 BVerfG v. 23.6.2010 – 2 BvR 2559/08 – Landowsky, BVerfGE 126, 170 (Rz. 150).
2 BGH v. 19.2.2013 – 5 StR 427/12, wistra 2013, 232 und auch BVerfG v. 23.6.2010 – 2 BvR 2559/08 – Landowsky, BVerfGE 126, 170 Rz. 113.
3 BVerfG v. 23.6.2010 – 2 BvR 2559/08 – Landowsky, BVerfGE 126, 170 Rz. 150.
4 BGH v. 18.2.2009 – 1 StR 731/08, NStZ 2009, 330 m.w.Nw.; *Nack*, StraFo 2008, 277.
5 BVerfG v. 23.6.2010 – 2 BvR 2559/08 – Landowsky, BVerfGE 126, 170 (Rz. 145 mit umf. Nw.).
6 BGH v. 13.3.2013 – 2 StR 275/12, wistra 2013, 347; BGH v. 3.5.2012 – 2 StR 446/11, NStZ 2013, 40; BGH v. 13.4.2012 – 5 StR 442/11, NStZ 2012, 698.

dit aus seinem Vermögen und seinem Einkommen auch nur teilweise tilgen kann[1]; dazu können auch zu erwartende Einnahmen aus der Nutzung des erworbenen Grundstücks zählen. Für die (Teil-)Werthaltigkeit kann dabei insbesondere sprechen, dass der Schuldner tatsächlich Tilgungsleistungen erbringt. – Verfügt der Kreditgeber über *werthaltige Sicherheiten*, die sein Ausfallrisiko abdecken, und sind diese – ohne dass der Schuldner dies vereiteln kann – mit unerheblichem zeitlichen und finanziellen Aufwand zu realisieren[2], entsteht auch bei einer eingeschränkten oder fehlenden finanziellen Leistungsfähigkeit des Schuldners *kein Schaden*. Der Minderwert des Rückzahlungsanspruchs kann durch den Wert hinreichend werthaltiger und liquider Sicherheiten kompensiert werden[3]. Ist der Schuldner jedoch von vornherein *zahlungsunfähig* oder *zahlungsunwillig*, ist der Wert des mit Abschluss des Kreditvertrags entstandenen Rückzahlungsanspruchs des Darlehensgebers mit null zu bewerten[4] (wenn keine Sicherheiten vorhanden sind).

Der durch das risikohafte Geschäft verminderte Wert eines Vermögens wird nicht dadurch beeinflusst, dass zu einem späteren Zeitpunkt eine **Rückzahlung**, Ausschüttung oder Ähnliches erfolgt. Es handelt sich lediglich um eine Schadenswiedergutmachung, bei welcher das Kapital häufig aus weiteren betrügerisch erlangten Mitteln (Schneeballsystem) stammt (zur subjektiven Seite vgl. Rz. 193). 191c

Beispiel: Der Geschäftsführer einer Treuhand-GmbH zahlt die Anlagegelder seiner Kunden in der Krise seiner Unternehmensgruppe nicht auf das Konto einer bestimmten Immobilienfondsgesellschaft ein, sondern verwendet diese zur Deckung der dringendsten Forderungen der Unternehmensgruppe in Form eines Schneeballsystems.

Sofern genaue Feststellungen nicht möglich sind, sind *Mindestfeststellungen* zu treffen, um den eingetretenen wirtschaftlichen Schaden unter Beachtung des Zweifelsatzes vorsichtig zu **schätzen**[5]. Verbleibende Unwägbarkeiten müssen daher zugunsten des Angeklagten berücksichtigt werden[6]. 191d

Vor dem Hintergrund der Entscheidungen des BVerfG zum Vermögensnachteil bei der Untreue[7] und beim Betrug[8] wird vermehrt diskutiert, ob bei der *Schadensbestimmung* ein **Unterschied** zwischen den Straftatbeständen des *Betrugs* und der *Untreue* besteht. Der *5. Strafsenat* hat in einer Entscheidung zur Bemessung des Vermögensschadens beim Eingehungsbetrug einen solchen be- 191e

---

1 BGH v. 20.10.2009 – 3 StR 410/09, NStZ 2010, 329.
2 BGH v. 21.10.2008 – 3 StR 420/08, NStZ 2009, 150.
3 BGH v. 29.1.2013 – 2 StR 422/12, wistra 2013, 268 m.w.Nw.; BGH v. 13.3.2013 – 2 StR 275/12, wistra 2013, 347; BGH v. 13.3.2013 – 2 StR 474/12, NStZ 2013, 472; BGH v. 20.5.2014 – 4 StR 143/14, wistra 2013, 349; BGH v. 4.2.2014 – 3 StR 347/13, wistra 2014, 166; zur Teilwertabschreibung von Bankdarlehen vgl. auch BFH v. 23.10.2006 – I R 2/06, BFHE 215, 230.
4 BGH v. 3.5.2012 – 2 StR 446/11, NStZ 2013, 40.
5 BVerfG v. 23.6.2010 – 2 BvR 2559/08 – Landowsky, BVerfGE 126, 170 (Rz. 150); BGH v. 10.10.2012 – 2 StR 591/11, NStZ 2013, 165.
6 BGH v. 20.3.2008 – 1 StR 488/07, NStZ 2008, 457; BGH v. 20.10.2009 – 3 StR 410/09, wistra 2010, 65.
7 BVerfG v. 23.6.2010 – 2 BvR 2559/08 – Landowsky, BVerfGE 126, 170.
8 BVerfG v. 7.12.2011 – 2 BvR 2500/09 – Lebensversicherungen, BVerfGE 130, 1.

jaht: Während bei der Untreue bewertet werden müsse, ob und inwieweit die pflichtwidrige Einzelhandlung zu einem Nachteil für das betreute Vermögen geführt habe – was nur in der Form eines auf objektiven Kriterien beruhenden Gesamtvermögensvergleichs erfolgen könne –, liege beim *Eingehungsbetrug* regelmäßig eine Bewertung des Vertragsgegenstandes durch die Vertragsparteien vor. Hieran könne die Schadensbestimmung grundsätzlich anknüpfen, indem nur noch bewertet werde, inwieweit infolge der Täuschung das vertragliche Synallagma verschoben worden sei. Die Feststellung eines vom vereinbarten Preis abweichenden „objektiven Werts" des Vertragsgegenstands sei hiermit nicht verbunden[1].

191f Die Problematik einer unterschiedlichen Bestimmung des Vermögensschadens lässt sich an folgendem Beispiel verdeutlichen:

Beispiel: V ist zuständiger Verkaufsleiter einer GmbH, die mit Gold handelt. Er hat hohe Spielschulden und sein Gläubiger hat ihm letztmalig eine Frist zur Rückzahlung gesetzt. V entnimmt dem Tresor der Gesellschaft 15 zum Verkauf an X bestimmte neuwertige Goldbarren zu je 5 Gramm, die er seinem Gläubiger direkt übergibt. Der Ankaufspreis für derartige Goldbarren beträgt an diesem Tag 160 Euro, der Verkaufspreis 176 Euro. Weitere 10 Barren verkauft er diesem (pflichtwidrig) zu einem Preis von 80 Euro pro Stück. Am selben Tag steht sein Abteilungshändler A in Verkaufsverhandlungen mit dem Händler G, der vorgibt, künftig Großaufträge mit der GmbH abwickeln zu wollen. Um ihn an die GmbH zu binden, verkauft A an G zunächst 100 Barren zum Stückpreis von 155 Euro. G übergibt zwar sogleich 3 000 Euro in bar; er ist aber weder willens noch in der Lage den vereinbarten (Rest-)Kaufpreis zu zahlen. – Am nächsten Tag steht überraschend eine Inventur an. V braucht nun dringend Ersatz für die fehlenden 15 Barren. Er wendet sich an seine Vermieterin O, von der er weiß, dass sie derartige Goldbarren als Geschenk für ihre zahlreichen Enkelkinder vorrätig hält. O kennt V seit Kindertagen und schätzt ihn sehr. Sie verlangt daher für die ersten 5 Barren nur einen „Sonderpreis" von jeweils 150 Euro; im Übrigen will sie aber 180 Euro pro Stück. V ist einverstanden; er ist ohnehin weder willens noch in der Lage, den Gesamtpreis von 2 250 Euro an O zu zahlen. – Das *Vermögen* sowohl der GmbH als auch das der Vermieterin ist vorliegend um den *Wert* der Goldbarren geschmälert, einmal durch Untreue, das zweite Mal durch Betrug.

191g Bei der Frage der Schadensbestimmung – also der Frage, ob und in welcher Höhe das Vermögen des Geschädigten vermindert wurde – ist zunächst der Vermögensbegriff als solcher zu bestimmen[2]. Auf dem Boden der von Rechtsprechung und herrschender Lehre vertretenen **wirtschaftlichen Betrachtungsweise** ist *Vermögen* als die Summe aller geldwerten Güter nach Abzug der Verbindlichkeiten zu verstehen[3] (Rz. 176). Der Begriff des *geschützten Vermögens* in § 263 StGB ist nach ständiger Rechtsprechung identisch mit dem des § 266 StGB[4].

191h Ebenso wenig wie der Wert des Vermögens sich insgesamt nach der persönlichen Einschätzung seines Inhabers bemisst, orientiert sich der Wert eines Ver-

---

1 BGH v. 20.3.2013 – 5 StR 344/12, BGHSt 58, 205 Rz. 20; vgl. auch die krit. Besprechung hierzu von *Albrecht*, NStZ 2014, 17.
2 *Tiedemann* in LK, § 263 StGB Rz. 126 ff.
3 Zum „rein wirtschaftlichen" und „ökonomisch-juristischen" Vermögensbegriff, vgl. unten § 47 Rz. 47 m. umf. Nw., insbes. *Tiedemann* in LK, § 263 StGB Rz. 126 ff. und *Fischer*, § 263 StGB Rz. 89 f., 101.
4 *Fischer*, § 266 StGB Rz. 110.

mögensbestandteils an dem Maßstab, den Vertragsschließende selbst kraft der Vertragsfreiheit festsetzen[1]. So sind Gegenstände des Umlaufvermögens – bei der gebotenen *wirtschaftlichen Betrachtung* – nicht den verlangten, gebotenen oder vereinbarten Preis wert, sondern den **nachhaltig erzielbaren Preis**[2]. Vermögensgegenstände sind nach den §§ 252 ff. HGB (regelmäßig) nicht nach ihrem Anschaffungswert zu bilanzieren, sondern mit dem beizulegenden Zeitwert, der dem *Marktpreis* entspricht[3]. Der Wert einer Leistung bestimmt sich demnach nach den Verhältnissen des jeweiligen Marktes, also nach Angebot und Nachfrage[4]. Dieser bildet sich nach *Tiedemann* aufgrund der individuellen Wertschätzung und Zwecksetzung vieler Einzelner, ist aber von der individuellen Wertschätzung und Zwecksetzung eines Einzelnen unabhängig[5].

Nur wenn für die angebotene Leistung lediglich ein **einziger Nachfragender** vorhanden ist, bestimmt sich der wirtschaftliche Wert der Leistung nach dem von den Vertragsparteien *vereinbarten* Preis unter Berücksichtigung der für die Parteien des fraglichen Geschäfts maßgeblichen preisbildenden Faktoren. Bieten diese vertraglichen Vereinbarungen keine sicheren Anhaltspunkte für die Preisbildung, sind allgemeine anerkannte betriebswirtschaftliche Bewertungsmaßstäbe zur Bestimmung des Wertes eines Unternehmens im Strafverfahren heranzuziehen[6].

An diesen Grundsätzen ist festzuhalten. Bei wirtschaftlicher Betrachtungsweise ist sowohl das Vermögen des Treugebers als auch das von § 263 StGB geschützte Vermögen durch die Tathandlung(en) um den (objektiven) **Marktwert der Leistung** geschmälert. Dieser ist – ggf. mit sachverständiger Hilfe – für den Markt und die Marktstufe zu ermitteln, wo sich für diese Leistung Angebot und Nachfrage treffen. Zu Recht weist *Tiedemann* in diesem Zusammenhang darauf hin, dass der Wert, den der erlangte Vorteil für den Getäuschten hat, auch deshalb stets objektiv (intersubjektiv) hypothetisch bestimmt werden müsse, weil der Getäuschte selbst eben wegen der Täuschung den Wert nicht (individuell) zutreffend bestimmt habe[7]. Eine solche (wirtschaftliche) Bewertung entspricht nicht nur normativen Maßstäben, sie trägt auch individueller Planung des Vermögenseinsatzes und der Vermögensverwendung hinreichend Rechnung[8]. Einer Personalisierung oder einer (über die Grundsätze des subjektiven Schadenseinschlags hinausgehenden) weiteren Subjektivierung des Vermögens bedarf es nicht.

---

1 BGH v. 18.7.1961 – 1 StR 606/60 – Gabardinehose, BGHSt 16, 220 m.w.Nw.
2 BGH v. 18.7.1961 – 1 StR 606/60 – Gabardinehose, BGHSt 16, 220.
3 Im Bilanzrecht gilt das strenge Niederstwertprinzip. Niedrigere Stichtagswerte als die Anschaffungs oder Herstellungskosten sind zwingend anzusetzen, auch wenn wieder mit einer Wertsteigerung zu rechnen ist; *Merkt* in Baumbach/Hopt, § 253 HGB Rz. 15.
4 BGH v. 14.7.2010 – 1 StR 245/09, NStZ 2010, 700; BGH v. 20.3.2013 – 5 StR 344/12, BGHSt 58, 205 (Rz. 19).
5 *Tiedemann* in LK, § 263 StGB Rz. 126, vor § 263 StGB Rz. 32.
6 BGH v. 14.7.2010 – 1 StR 245/09, NStZ 2010, 700.
7 *Tiedemann* in LK, vor § 263 StGB Rz. 32.
8 So *Tiedemann* in LK, vor § 263 StGB Rz. 32.

191k Etwas anders gilt nur, wenn die Vertragsparteien nicht über wirtschaftlich bedeutsame Tatsachen, die für die Kaufentscheidung wesentlich sind und die den *Vermögensgegenstand* betreffen, täuschen, sondern – wie in dem vom 5. Strafsenat entschiedenen Fall – lediglich über ihre Leistungswilligkeit[1].

II. Rechtswidrigkeit

192 Rechtfertigungsgründe spielen im Bereich der Untreue selten eine Rolle; es kommt allenfalls der **übergesetzliche Notstand** in Betracht. Dieser liegt vor, wenn jemand ein Rechtsgut durch Verwirklichung eines Straftatbestandes verletzt, um dadurch ein anderes Rechtsgut höheren Werts vor einer gegenwärtigen, nicht anders abwendbaren Gefahr zu retten.

Untreuehandlungen, die die *Fortführung eines Betriebes* und die Weiterbeschäftigung der Arbeitnehmer ermöglichen sollen, hat der BGH jedoch nicht als rechtfertigende Notstandslage anerkannt[2]. Dies gilt auch für den Verbrauch von Fremdgeldern zur Befriedigung dringender Bank- und anderer Schulden.

III. Schuld

1. Vorsatz

193 Die Untreue kann **nur vorsätzlich** begangen werden. Allerdings ist *bedingter Vorsatz* ausreichend[3] (vgl. § 17 Rz. 24). Letzterer liegt vor, wenn der Täter mit der Möglichkeit eines ihm konkret vorschwebenden wirtschaftlichen Nachteils für den Geschäftsherrn rechnet und diesen billigend in Kauf nimmt; er kann sogar dann angenommen werden, wenn der Täter einen an sich unerwünschten Taterfolg billigend in Kauf nimmt[4]. Hinsichtlich der Elemente der normativen Tatbestandsmerkmale (allgemein dazu § 17 Rz. 11 ff.) muss der Täter zumindest eine Parallelwertung in der Laiensphäre (vgl. § 17 Rz. 25) vorgenommen haben[5]. Eine besondere *Absicht* im Zusammenhang mit der Tatbestandsverwirklichung ist nicht erforderlich.

193a Folgende Tatbestandsmerkmale muss der **Vorsatz umfassen**:

– die zwischen dem Täter und dem zu betreuenden Vermögen bestehende Vermögensbetreuungspflicht;

– den unbefugten Gebrauch der Vertretungs- bzw. Verpflichtungsmacht (Missbrauch) *oder*

– den Verstoß gegen die Vermögensbetreuungspflicht (Treubruch);

---

1 So der BGH v. 8.10.2014 – 1 StR 359/13.
2 *Schünemann* in LK, § 266 StGB Rz. 199.
3 BVerfG v. 23.6.2010 – 2 BvR 2559/08 – Landowsky, BVerfGE 126, 170 (Rz. 104).
4 *Fischer*, § 15 StGB Rz. 9b.
5 *Kaufmann*, Die Parallelwertung in der Laiensphäre, 1982; *Fischer*, § 16 StGB Rz. 14.

– den Vermögensnachteil[1] mit der Kausalität[2] zwischen pflichtwidriger Handlung und Vermögensnachteil;

– die Pflichtwidrigkeit des Handelns[3].

Das vom BVerfG statuierte Verschleifungs- (und Entgrenzungs)verbot gilt besonders hier: Die Prüfung der subjektiven Tatseite hinsichtlich der Tatbestandsmerkmale der Pflichtwidrigkeit und der Nachteilszufügung sind voneinander zu trennen[4].

Zum **Tatnachweis** sind detaillierte Beweiserhebungen, im Urteil eine eingehende Sachverhaltsdarstellung sowie Beweiswürdigung erforderlich, da ohne diese ein Rückschluss auf den Vorsatz nicht möglich ist[5]. Feststellungen sind sowohl zum kognitiven als auch zum voluntativen Element des Vorsatzes erforderlich.

193b

a) Für die Kenntnis der **Vermögensbetreuungspflicht** reicht es aus, wenn die sie begründenden *Tatsachen bekannt* sind; deren rechtlich richtige Beurteilung ist nicht erforderlich. Da im Wirtschaftsleben dem Großteil der an verantwortlicher Stelle Handelnden durchaus bewusst ist, dass das Vermögen Dritter – insbesondere auch das rechtlich selbständiger juristischer Personen – in ihre Hand gelegt ist, wird es hierüber kaum Unklarheiten geben. Dies gilt auch für faktische Organe (Geschäftsführer, Vorstände) oder im Konzern für Mitarbeiter von Führungsebenen der Muttergesellschaft, die über das Wohl und Wehe von Tochtergesellschaften zu entscheiden haben (vgl. Rz. 10a, 100).

194

b) Bei der **Pflichtwidrigkeit** genügt für die Feststellung innerer Tatsachen, dass ein nach der Lebenserfahrung ausreichendes Maß an Sicherheit besteht, an dem vernünftige Zweifel nicht aufkommen können. Außer Betracht bleiben solche Zweifel, die keinen realen Anknüpfungspunkt haben, sondern sich auf die Annahme einer bloß abstrakt-theoretischen Möglichkeit gründen[6].

195

Beispiel: Werden bei einer lang andauernden Geschäftsbeziehung Kredite nicht ordnungsgemäß bedient und vertragliche Vereinbarungen nicht eingehalten, muss sich der Vorstand wiederholt mit dem Problemfall befassen; treten ständig neue Komplikationen auf, so drängt es sich bei einer weiteren risikoreichen Kreditvergabe mit einem nach der Lebenserfahrung ausreichenden Maß an Sicherheit auf, dass sich ein Täter seines pflichtwidrigen Verhaltens bewusst ist[7].

---

1 Vgl. BGH v. 6.5.1986 – 4 StR 124/86, NStZ 1986, 455.
2 *Schünemann* in LK, § 266 StGB Rz. 190, 188; OLG Stuttgart v. 17.4.2014 – 1 Ws 35/14.
3 *Schünemann* in LK, § 266 StGB Rz. 193; BGH v. 8.10.1985 – 1 StR 420/85, wistra 1986, 25; BGH v. 6.5.1986 – 4 StR 124/86, NStZ 1986, 455 (456); BGH v. 18.11.1986 – 1 StR 536/86, wistra 1987, 137.
4 BVerfG v. 23.6.2010 – 2 BvR 2559/08 – Landowsky, BVerfGE 126, 170; BGH v. 28.5.2013 – 5 StR 551/11, NStZ 2013, 715.
5 BGH v. 6.4.2000 – 1 StR 280/99, NJW 2000, 2364.
6 St. Rspr., vgl. nur BGH v. 21.6.2001 – 4 StR 85/01.
7 BGH v. 15.11.2001 – 1 StR 185/01 – Kreditvergabe, BGHSt 47, 148.

196 c) Bezogen auf den tatbestandlichen **Vermögensnachteil** handelt ein Täter, der die eine Pflichtwidrigkeit und den Minderwert des Rückzahlungsanspruchs begründenden Umstände kennt, bei der Tathandlung mit direktem Vorsatz[1].

196a Unterschiedliche Ansichten in Rechtsprechung und Literatur bestehen bei Vermögensminderung/**Vermögensnachteilen durch Risikoverursachung**[2]. Tritt mit der Tathandlung bereits unmittelbar ein Vermögensnachteil (und nicht lediglich ein Gefährdungsschaden) ein (vgl. Rz. 176b), bedarf es – da der Vorsatz stets die Kenntnis des Risikos voraussetzt – unter Zugrundelegung der Rechtsprechung des 1. Strafsenats insoweit der Rechtsfigur des bedingten Vorsatzes nicht[3]. Sofern man bei Risikogeschäften vom Vorliegen eines Gefährdungsschadens ausgeht, muss der bedingte Vorsatz jedoch nicht nur Kenntnis des Täters von der konkreten Möglichkeit eines Schadenseintritts und das Inkaufnehmen dieser konkreten Gefahr umfassen (*kognitives* Element), sondern – so etwa der 2. Strafsenat zum Untreuevorsatz bei Gefährdungsschäden – darüber hinaus eine Billigung der Realisierung dieser Gefahr (voluntatives Element), sei es auch nur in der Form, dass der Täter sich mit dem Eintritt des ihm unerwünschten Erfolgs abfindet[4].

196b Nach **Ansicht des BGH** erfordert das voluntative Vorsatzelement insbesondere eine nähere Prüfung und Erörterung dazu, ob sich der Täter tatsächlich auch mit der Realisierung des Gefährdungsschadens zumindest abgefunden hat.

Das kann fraglich sein, wenn z.B. ein Notar sich durch sein Handeln (z.B. Verstoß gegen einen Treuhandauftrag) schadensersatzpflichtig gemacht hat und seine Berufshaftpflichtversicherung einen bedingt vorsätzlich verursachten Schaden nicht abdeckt, sodass er persönlich für den etwa entstehenden Schaden aufkommen muss[5].

Der 5. Strafsenat hat in seiner Entscheidung zum *Berliner Bankenkonsortium* den Ansatz des 2. Strafsenats[6] zu den besonderen Prüfungskriterien der inneren Tatseite bei risikobehafteten unternehmerischen Entscheidungen ausdrücklich mit dem Hinweis bekräftigt, dass der Täter auf der voluntativen Ebene nicht nur die konkrete Gefahr in Kauf nehmen, sondern darüber hinaus die *Realisierung der konkreten Gefahr billigen* müsse[7]. Das voluntative Element lasse sich aber nicht allein aus dem Gefährdungspotenzial der Handlung und dem Grad der Wahrscheinlichkeit eines Erfolgseintritts allein ableiten; vielmehr komme

---

1 BGH v. 20.3.2008 – 1 StR 488/07, NStZ 2008, 457; *Beulke/Witzigmann*, JR 2008, 430; *Peglau*, wistra 2008, 430.
2 BGH v. 20.3.2008 – 1 StR 488/07 Rz. 19, wistra 2008, 343; BGH v. 18.10.2006 – 2 StR 499/05 – Kanther/Weyrauch, BGHSt 51, 100 Rz. 61 ff.; BGH v. 2.4.2008 – 5 StR 354/07 – Mietkaution, BGHSt 52, 182; *Fischer*, § 266 StGB Rz. 177 ff.
3 *Nack*, StraFo 2008, 277.
4 BGH v. 18.10.2006 – 2 StR 499/05 – Kanther/Weyrauch, BGHSt 51, 100 Rz. 63; BGH v. 2.4.2008 – 5 StR 354/07, BGHSt 52, 182; vgl. aber BVerfG v. 10.3.2009 – 2 BvR 1980/07, NStZ 2009, 560 Rz. 41 unter Hinweis auf die andere Ansicht des 1. Strafsenats, BGH v. 20.3.2008 – 1 StR 488/07, wistra 2008, 343.
5 BGH v. 25.5.2007 – 2 StR 469/06, NStZ 2007, 704 m. Anm. *Schlösser*, NStZ 2008, 397; *Fischer*, StraFo 2008, 269; *Nack*, StraFo 2008, 277.
6 BGH v. 18.10.2006 – 2 StR 499/05 – Kanther/Weyrauch, BGHSt 51, 100; BGH v. 25.5.2007 – 2 StR 469/06, NStZ 2007, 704.
7 BGH v. 28.5.2013 – 5 StR 551/11, NStZ 2013, 715, Rz. 24; vgl. hierzu die zahlreichen (krit. Literaturhinweise in *Fischer*, § 266 StGB Rz. 182.

es (auch) auf die Umstände des Einzelfalls an, bei denen insbesondere die *Motive und Interessenlage des Täters* zu beachten seien. Besondere Skepsis sei geboten, wenn keine Indizien für einen auch nur *mittelbaren persönlichen Vorteil* der Beteiligten bestünden[1].

Für die beweismäßige Feststellung des voluntativen Vorsatzelements kommt freilich nach Meinung des BGH dem vom Täter erkannten **Gefährdungsgrad** ein erhebliches indizielles Gewicht zu. Für je wahrscheinlicher der Täter den Erfolgseintritt halte, umso mehr spreche dafür, dass er sich letztlich mit einem Schadenseintritt abfinde. Denn die bloße Hoffnung auf den guten Ausgang stehe der Annahme eines Vorsatzes nicht entgegen[2].

Einen *Widerspruch* zur Rechtsprechung des 1. Strafsenats sieht der 5. Senat *nicht*: Die maßgebliche Entscheidung des 1. Senats sei zum Betrug ergangen[3] und habe eine Fallgestaltung betroffen, bei der eine versprochene Geldanlage gänzlich unterblieben sei. Zudem enthält die Auffassung des 1. Strafsenats eine Einschränkung, weil sie das voluntative Element auf die „nicht mehr vertragsimmanente Verlustgefahr" beziehe.

196c

Soweit der 5. Strafsenat auf das Indiz eines nur **mittelbaren Vorteils** verweist, lässt hierfür die Rechtsprechung zum gewerbsmäßigen Handeln beim Betrug allerdings nicht nur ausreichen, dass die Vermögenswerte an eine vom Täter beherrschte Gesellschaft fließen, solange der Täter ohne Weiteres darauf Zugriff hat[4]. Ein mittelbarer Eigenvorteil liegt auch vor, wenn die Vorteile zunächst dem Arbeitgeber zugutekommen, sie aber über Gehalt oder Gewinnbeteiligung des Täters zugleich tätereigene Einnahmen sind[5].

196d

Zutreffend weist der Senat in dieser Entscheidung[6] darauf hin, dass – ebenso wie die Verschleierung von Risiken ein Anzeichen für das Vorliegen einer Billigung des Eintritts einer schadensgleichen Vermögensgefährdung sein kann – umgekehrt auch gilt, dass eine *transparente und ordnungsgemäße Bilanzierung* indiziell gegen eine willentliche Schadenszufügung sprechen kann.

Der Aufbau eines **Risikocontrollings** und ähnliche Maßnahmen lassen aber nur dann einen Schluss auf den ernsthaften Willen der Täter, existenzgefährdende Verluste zu vermeiden, zu, wenn das Controlling auf sorgfältig erhobenen, geprüften und analysierten Informationen fußt, d.h. insgesamt einen Umfang und eine Tiefe aufweist, die angesichts des Gesamtrisikos angemessen ist[7].

196e

Bei nur **bedingtem Vorsatz** soll es in Einzelfällen an dem *voluntativen Element fehlen*, wenn der Täter die Verwirklichung des Risikos, dessen Eintritt er billigend in Kauf genommen hat, unbedingt vermeiden will[8]. Dies ist die Anforde-

196f

---

1 BGH v. 28.5.2013 – 5 StR 551/11, NStZ 2013, 715 (Rz. 23).
2 BGH v. 28.5.2013 – 5 StR 551/11, NStZ 2013, 715 (Rz. 25).
3 BGH v. 18.2.2009 – 1 StR 731/08, BGHSt 53, 199.
4 BGH v. 7.9.2011 – 1 StR 343/11, NStZ-RR 2011, 373 m. Anm. *Steinberg/Kreutzner*, NZWiSt 2012, 69 f.
5 *Hefendehl* in MüKo, § 263 StGB Rz. 841; BGH v. 19.12.2007 – 5 StR 543/07, NStZ 2008, 282; BGH v. 1.7.1998 – 1 StR 246/98, wistra 1999, 25.
6 BGH v. 28.5.2013 – 5 StR 551/11, NStZ 2013, 715, Rz. 24 unter Hinweis auf BGH v. 15.11.2001 – 1 StR 185/01, BGHSt 47, 148.
7 Vgl. BGH v. 13.8.2009 – 3 StR 576/08 – WestLB, wistra 2010, 21.
8 BGH v. 18.10.2006 – 2 StR 499/05 – Kanther/Weyrauch, BGHSt 51, 100 (121).

rung einer „schwach überschießenden Innentendenz", die für § 266 StGB im Gesetz nicht vorgesehen ist; nach Ansicht des 2. Strafsenats soll sie aber die gebotene restriktive Anwendung des Tatbestands auf Sachverhalte des Gefährdungsschadens sichern[1].

2. Irrtum

197 **Tatbestandsirrtum** liegt vor, wenn sich der Täter über das *Vorliegen eines Tatbestandsmerkmals* irrt[2]. So, wenn er aufgrund fehlender Sachkenntnis oder in Verkennung der Rechtslage davon ausgeht, er sei nicht Geschäftsführer. Dies gilt auch für den Fall, dass ein Täter nichts davon weiß, dass er Mitglied des Aufsichtsrats der GmbH ist, weil er in seiner Abwesenheit in diese Position gewählt wurde und ein Bevollmächtigter ohne sein Wissen diese Wahl angenommen hat. Glaubt ein Täter, er handle nicht zum Nachteil der von ihm vertretenen Gesellschaft, sondern zum Nachteil eines anderen Unternehmens, dann kann ein Tatbestandsirrtum vorliegen, wenn sein Handeln in keiner Weise auch zu einem Nachteil der eigenen Gesellschaft führen kann[3].

198 Nimmt der Täter irrtümlich an, die tatsächlichen Voraussetzungen für einen **Rechtfertigungsgrund** seines pflichtwidrigen Handelns lägen vor, z.B. ein Einverständnis des Treugebers, dann liegt ebenfalls ein *Tatbestandsirrtum* vor (Erlaubnistatbestandsirrtum). Nimmt er dagegen zu Unrecht an, ihm stehe ein Rechtfertigungsgrund zur Seite, dann liegt nur ein *Verbotsirrtum* vor (§ 17 StGB), der nur dann zur Straffreiheit führt, wenn er vermeidbar war.

199 Ein **Verbotsirrtum** liegt vor, wenn der Täter aufgrund eines Irrtums nicht das *Bewusstsein der Rechtswidrigkeit* seines Handelns hat[4]. In diesem Fall ist zu prüfen, ob dem Täter der Irrtum vorgeworfen werden kann (§ 18 Rz. 6 ff.). Das ist zu bejahen, wenn er beim Einsatz aller seiner Erkenntniskräfte und sittlichen Wertvorstellungen[5] das Unrecht seiner Tat *hätte erkennen können*. Hierzu zählt z.B. die Einholung von Rechtsrat oder die Erstellung von Gutachten durch fachkundige Sachverständige. Bei den im Wirtschaftsleben stehenden Personen besteht aufgrund ihrer Verantwortlichkeit für große Vermögenswerte eine hohe Nachforschungs-, Aufklärungs- oder Informationspflicht. Wer als Geschäftsführer, Vorstands- oder Aufsichtsratsmitglied tätig ist, muss sich sorgfältig nach den bestehenden Vorschriften erkundigen und sich auch sonst hinreichend informieren. Eine exakte juristische Würdigung kann aber nicht verlangt werden; es genügt insoweit eine *Parallelwertung in der Laiensphäre*[6]. Die Annahme, dass jede fehlerhafte Wertung, nicht pflichtwidrig zu handeln, stets zum Vorsatzausschluss führe, weil zum Vorsatz bei der Untreue auch das

---

1 BGH v. 18.10.2006 – 2 StR 499/05, BGHSt 51, 100 (121).
2 *Fischer*, § 16 StGB Rz. 3.
3 *Kohlmann* in Hachenburg, vor § 82 GmbHG Rz. 86.
4 *Fischer*, § 17 StGB Rz. 2.
5 *Fischer*, § 17 StGB Rz. 8.
6 *Kohlmann* in Hachenburg, vor § 82 GmbHG Rz. 92.

Bewusstsein des Täters gehöre, die ihm obliegende Vermögensfürsorgepflicht zu verletzen, ist jedoch nicht zutreffend[1].

Beruft sich der Treupflichtige darauf, er habe die **Auskunft eines Wirtschaftsprüfers oder Rechtsanwalts** eingeholt, ist die Auskunft nur dann verlässlich – der Verbotsirrtum mithin unvermeidbar –, wenn sie *objektiv, sorgfältig, verantwortungsbewusst* und insbesondere *nach pflichtgemäßer Prüfung der Sach- und Rechtslage* erteilt worden ist[2]. Der Treupflichtige hat den erteilten Rechtsrat einer sorgfältigen *Plausibilitätsprüfung* zu unterziehen[3].

199a

Der Beratende muss **vollständige Kenntnis von allen tatsächlich gegebenen, relevanten Umständen** haben[4]. Nicht nur die Auskunft selbst, sondern auch die Auskunftsperson muss aus Sicht des Täters verlässlich sein. Auskünfte, die erkennbar vordergründig und mangelhaft sind oder nach dem Willen des Anfragenden lediglich eine „Feigenblattfunktion" erfüllen sollen, können den Täter ebenfalls nicht entlasten[5].

199b

Ohnehin nötigt die bloße Berufung auf einen Verbotsirrtum nicht dazu, einen solchen als gegeben anzunehmen[6]. Nach der zutreffenden Ansicht des 1. Strafsenats kommt es vielmehr auf eine *Gesamtwürdigung aller Umstände* an, die für das Vorstellungsbild des Treupflichtigen von Bedeutung waren.

Zutreffend hat der BGH im **Mannesmann-Urteil** festgestellt, dass derjenige, der als Verwalter fremden Vermögens in Kenntnis seiner Vermögensfürsorgepflicht eine Maßnahme trifft, die dem Inhaber des betreuten Vermögens keinen Vorteil bringen kann und deswegen einen sicheren Vermögensverlust bedeutet, nicht nur die *Tatsachen kennt, die* rechtlich als *Verletzung der Vermögensfürsorgepflicht* zu bewerten sind. Vielmehr weiß er auch, dass er diese *Pflicht verletzt,* weil das Verbot, alles das Vermögen sicher und ausnahmslos Schädigende zu unterlassen, zentraler Bestandteil der Vermögensfürsorgepflicht ist. Die Vorstellung, aufgrund „unternehmerischer Handlungsfreiheit" zu pflichtwidrigen Zahlungen berechtigt zu sein, stellt wegen der Kenntnis dessen, dass das Verhalten einen Nachteil darstellt und die Vermögensfürsorgepflicht verletzt wird, einen vermeidbaren Verbotsirrtum dar. In eindeutigen Fällen – wie z.B. Mannesmann – hätte es zur Vermeidung eines eventuellen Irrtums nicht einmal eines Rechtsrates bedurft, denn die Frage, ob eine ausschließlich durch den Wunsch des Begünstigten motivierte, dem Unternehmen keinen Vorteil bringende Prämiengewährung rechtlich zulässig sei, wäre „mit Sicherheit" verneint worden.

199c

Werden **Fehlvorstellungen** eines Täters hinsichtlich der Pflichtwidrigkeit seines Tuns **geltend gemacht,** dann sind diese darzulegen und in der *Beweiswürdi-*

199d

---

1 BGH v. 21.12.2005 – 3 StR 470/04 – Mannesmann, BGHSt 50, 331; str., vgl. hierzu Schünemann in LK, § 266 StGB Rz. 193 ff.
2 Vgl. zur Unvermeidbarkeit eines Verbotsirrtums bei Vertrauen auf ein Rechtsgutachten, BGH v. 4.4.2013 – 3 StR 521/12, NStZ 2013, 461.
3 Vgl. BGH v. 28.5.2013 – II ZR 83/12, GmbHR 2013, 1040; Selter, AG 2012, 11.
4 BGH v. 11.10.2012 – 1 StR 213/10 – Bauhausmöbel, BGHSt 58, 15 (Rz. 74).
5 BGH v. 4.4.2013 – 3 StR 521/12, NStZ 2013, 461; BGH v. 11.10.2012 – 1 StR 213/10 – Bauhausmöbel, BGHSt 58, 15, Rz. 74.
6 BGH v. 11.10.2012 – 1 StR 213/10 – Bauhausmöbel, BGHSt 58, 15 (Rz. 63).

gung zu erörtern. Einem geschäftserfahrenen Kaufmann kann nicht ohne Weiteres zugutegehalten werden, er habe seine Pflichten als Gesellschafter-Geschäftsführer nicht gekannt[1]. Die Annahme fehlenden Unrechtsbewusstseins liegt auch fern, wenn ohne hinreichenden unternehmensbezogenen Anlass aus willkürlichen Gründen bzw. sachwidriger Motivation einem Begünstigten allein aufgrund seines Wunsches Millionenbeträge zugewendet werden, insbesondere, wenn es sich um in führenden Positionen der deutschen Wirtschaft tätige Personen handelt, die auf diese Weise über das ihnen anvertraute Gesellschaftsvermögen verfügen[2].

200 Weiter stellt ein **Irrtum** über die **Einwilligung** des Treugebers in eine pflichtwidrige Vermögensverfügung einen *Verbotsirrtum* dar, der allerdings nur aus gewichtigen Gründen unvermeidbar ist[3]. Dies gilt auch für die Einwilligung des Gesellschafters einer Ein-Mann-GmbH (Rz. 84) in sein eigenes pflichtwidriges Handeln. Die Vorstellung, gegen den Willen eines Vermögensinhabers, aber in dessen wohlverstandenen Interesse zu handeln, kann den Vorsatz nicht ausschließen[4].

201 Ein **Sonderfall des Verbotsirrtums** kann sich bei der *Überstimmung* in einem Kreis gleichberechtigter Geschäftsführer (oder Vorstände bzw. Aufsichtsratsmitglieder) ergeben (näher zu Gremienentscheidungen § 30 Rz. 25). Wird durch einen solchen Beschluss der Tatbestand der Untreue verwirklicht, glaubt der überstimmte Geschäftsführer jedoch, sein tatbestandsmäßiges Verhalten sei durch den Beschluss erlaubt, dann irrt er über die rechtliche Wirkung eines *Mehrheitsbeschlusses*. Hier ist zu prüfen, ob der Verbotsirrtum vermeidbar war[5]. Zu berücksichtigen ist jedoch, dass bereits durch die Tatsache der Überstimmung ein „rotes Licht" aufleuchten müsste, das weitere Überlegungen und Nachforschungen über die Wirkungen einer Überstimmung notwendig macht. Da Unternehmen häufig Rechtsabteilungen unter Leitung eines Syndikus haben oder Beratungsverträge mit Rechtsanwälten bestehen, empfiehlt es sich, unter Darlegung des *vollständigen* Sachverhalts einen entsprechenden Rechtsrat einzuholen.

IV. Sanktionen und Verfahren

1. Verjährung

202 Die Verjährung der Untreue **beginnt** nach Abschluss der den tatbestandsmäßigen Nachteil begründenden oder ihn verstärkenden Handlungen mit dem *Eintritt des Nachteils*[6]. Entsteht der Nachteil erst durch verschiedene Ereignisse oder vergrößert er sich durch sie nach und nach, so ist der Zeitpunkt des letz-

---

1 BGH v. 3.5.2006 – 2 StR 511/05, wistra 2006, 309.
2 BGH v. 21.12.2005 – 3 StR 470/04 – Mannesmann, BGHSt 50, 331.
3 OLG Stuttgart v. 29.4.1983 – 1 Ss 67/83, Die Justiz 1983, 265.
4 BGH v. 6.5.1986 – 4 StR 124/86 – Schulleiter, NStZ 1986, 456.
5 *Kohlmann* in Hachenburg, vor § 82 GmbHG Rz. 95.
6 *Fischer*, § 78a StGB Rz. 9; vgl. auch *Cordes/Sartorius*, Der Verjährungsbeginn bei der Untreue – Notwendigkeit einer Neubestimmung, NJW 2013, 2635.

ten Ereignisses maßgebend[1]. Maßgebender Zeitpunkt für den Verjährungsbeginn ist der effektive Vermögensverlust aufseiten des Geschädigten[2].

Sofern bei Risikohandlungen (nach bisheriger Anschauung) von einer *Vermögensgefährdung* ausgegangen wird, ist für die **Tatbeendigung** die Realisierung der Gefährdung entscheidend. Entsteht die Gefährdung durch mehrere Ereignisse oder vergrößert sie sich nach und nach, ist auch hier der Zeitpunkt des letzten Ereignisses maßgebend. Die Verjährung beginnt mithin erst zu diesem Zeitpunkt. 203

2. Strafzumessung

Der **Regelstrafrahmen** für die Untreue beträgt wie beim Betrug Freiheitsstrafe bis zu fünf Jahren oder Geldstrafe. Der (1998 neu gefasste[3]) § 266 Abs. 2 StGB erhöht diesen Strafrahmen für *„besonders schwere Fälle"* durch Verweisung auf § 263 Abs. 3 StGB und die dort genannten Regelbeispiele auf „bis zu zehn Jahren". 204

Beispiel: Straferschwerend kann sein, dass ein Angeklagter seine Vertrauensstellung geschickt und mit einem hohen Maß an krimineller Energie zu seinem Vorteil missbraucht[4].

Bei der *Beihilfe* zur Untreue ist zu berücksichtigen, dass die Vermögensbetreuungspflicht ein strafbarkeitsbegründendes besonderes persönliches Merkmal ist, das gem. §§ 27 Abs. 2 S. 2, 49 Abs. 1, 28 Abs. 1 StGB zu einer doppelten Strafmilderung führt[5].

Bei dem **besonders schweren Fall** handelt es sich nur um einen *Strafzumessungsgrund* und nicht um eine Heraufstufung der Untreue zum Verbrechen. Ein solcher Fall kann insbesondere bei hohem Schaden[6] und außergewöhnlichem Tatumfang sowie außergewöhnlichem Gewinnstreben gegeben sein. Neben den Regelbeispielen gibt es unbenannte besonders schwere Fälle. Eine Gesamtwürdigung aller für die Strafzumessung wesentlichen tat- und täterbezogenen Umstände ist erforderlich[7]. Ein besonders schwerer Fall liegt nur vor, wenn die Tat nach ihrem gesamten Tatbild die erfahrungsgemäß vorkommenden und deshalb vom Gesetzgeber bereits bedachten Fälle der Untreue an Strafwürdigkeit so weit übertrifft, dass der ordentliche Strafrahmen nicht mehr ausreicht[8]. 205

---

1 BGH v. 14.10.1988 – 2 StR 86/88 – Darlehensaufnahme, wistra 1989, 97.
2 *Perron* in S/S, § 266 StGB Rz. 58; BGH v. 8.4.2003 – 5 StR 448/02, NStZ 2003, 541; BGH v. 11.7.2001 – 5 StR 530/00, NStZ 2001, 650; BGH v. 14.10.1988 – 2 StR 86/88, BGHR § 266 StGB Abs. 1 Nachteil 15.
3 6. StrÄndG v. 16.1.1998, BGBl. I 164.
4 BGH v. 30.3.2007 – 1 StR 70/07 – kommunaler Angestellter, wistra 2007, 261.
5 BGH v. 26.11.2008 – 5 StR 440/08, wistra 2009, 105.
6 *Gallandi*, Regelbeispiel für bes. schweren Fall der Untreue, NStZ 2004, 95 (Urteilsanm.).
7 BGH v. 4.10.1988 – 1 StR 424/88, BGHR StGB § 266 Abs. 2 Gesamtwürdigung 2 wesentliche Kriterien; BGH v. 25.9.1987 – 2 StR 367/87 – Schaden, Mitverschulden, wistra 1988, 65.
8 BGH v. 8.3.1988 – 1 StR 100/88, BGHR StGB § 266 Abs. 2 Gesamtwürdigung 1.

205a **Gewerbsmäßig** handelt, wer sich durch eine wiederholte Tatbegehung eine nicht nur vorübergehende Einnahmequelle von einigem Umfang und einiger Dauer verschafft[1] (vgl. § 22 Rz. 66). Dem steht nicht entgegen, dass der Täter wesentliche Beträge der veruntreuten Gelder dritten Personen zukommen lässt, soweit er auf alle Einzelbeträge unmittelbar selbst zugreifen und über die Verwendung des Geldes – ob für sich oder für andere – nach eigenen selbstbestimmten Vorstellungen verfügen kann[2].

205b Den *Gerichtsvollzieher* trifft im Rahmen des ihm erteilten Vollstreckungsauftrags sowohl eine Vermögensbetreuungspflicht gegenüber den Gläubigern[3] als auch gegenüber den Schuldnern, soweit sich diesen zustehende Überschüsse ergeben[4]. Er missbraucht seine *Befugnisse* i.S. von §§ 266 Abs. 2, 263 Abs. 3 Nr. 4 StGB als **Amtsträger**, wenn er innerhalb seiner an sich gegebenen Zuständigkeit handelt[5]. Er missbraucht seine *Stellung*, wenn er außerhalb seines Zuständigkeitsbereichs handelt, aber unter Ausnutzung der durch das Amt gegebenen Handlungsmöglichkeiten[6]. Voraussetzung ist in beiden Fällen ein Missbrauch des tatsächlich innegehabten Amtes[7].

206 Bei Leistungen zur **Schadenswiedergutmachung** kommt die Anwendung des § 46a StGB in Betracht[8], der eine Strafmilderung bzw. eine Strafrahmenverschiebung vorsieht.

207 Zwischen Untreue, Bestechlichkeit und Beihilfe zur unbefugten Verwertung verratener Geschäftsgeheimnisse kann **Tateinheit** bestehen[9], ebenso – insbesondere seit Aufgabe der „Interessentheorie" (§ 81 Rz. 53 ff.) – zwischen Untreue und Bankrott (näher § 76 Rz. 53, § 81, § 84, § 87) oder zwischen Untreue und Steuerhinterziehung.

Beispiel: Bewirkt ein Sachbearbeiter des Finanzamts durch die eigenhändig vorgenommene Eingabe erfundener Daten in die EDV-Anlage des Finanzamts für fingierte Steuerpflichtige die Erstattung in Wirklichkeit nicht vorhandener Steueranrechnungsbeträge (§ 36 Abs. 2 EStG), macht er sich wegen Untreue in Tateinheit mit Steuerhinterziehung (§ 370 AO) strafbar[10].

---

1 BGH v. 9.7.2013 – 5 StR 181/13; BGH v. 17.6.2004 – 3 StR 344/03, BGHSt 49, 177 (181).
2 BGH v. 9.7.2013 – 5 StR 181/13; BGH v. 7.9. 2011 – 1 StR 343/11, wistra 2011, 462.
3 BGH v. 14.8.2013 – 4 StR 255/13; BGH v. 7.1.2011 – 4 StR 409/10, NStZ 2011, 281,
4 BGH v. 14.8.2013 – 4 StR 255/13; KG Berlin v. 19.2.2013 – (4) 121 Ss 10/13; vgl. auch § 119 Abs. 2 der Geschäftsanweisung für Gerichtsvollzieher (GVGA 2013, in Kraft seit 1.9.2013).
5 BGH v. 14.8.2013 – 4 StR 255/13; vgl. auch *Wachter*, Der Gerichtsvollzieher im Spiegel der Strafrechtsprechung, DGVZ 2012, 37.
6 BGH v. 14.8.2013 – 4 StR 255/13; vgl. auch *Tiedemann* in LK, § 263 StGB Rz. 301.
7 BGH v. 14.8.2013 – 4 StR 255/13.
8 BGH v. 19.10.1999 – 1 StR 515/99, wistra 2000, 17.
9 BayObLG v. 20.7.1995 – 4 St RR 4/95, NJW 1996, 268.
10 BGH v. 6.6.2007 – 5 StR 127/07, wistra 2007, 388.

3. Strafantrag

Die Untreue ist grundsätzlich ein *Offizialdelikt* und wird von Amts wegen verfolgt. Für den Fall der **Familienuntreue** sieht § 266 Abs. 2 StGB (vor 1998: Abs. 3) durch Verweisung auf § 247 StGB – Familiendiebstahl – vor, dass eine Untreuehandlung (i.S. des § 266 Abs. 1 StGB) innerhalb der Familie *nur auf Antrag* (§ 10 Rz. 12) verfolgt wird.

208

Eine solche Familienuntreue kann z.B. bei einer Untreuehandlung zum Nachteil einer GmbH im Rahmen einer **Familien-GmbH & Co KG** in Betracht kommen. Wird durch eine Entnahme weder das Stammkapital beeinträchtigt noch eine Existenzgefährdung der Gesellschaft herbeigeführt, liegt bei Einwilligung aller Gesellschafter keine Pflichtverletzung vor (Rz. 82)[1]. Hat ein Familienmitglied nicht zugestimmt, sodass keine ausreichende Einwilligung vorliegt, dann ist die Untreuehandlung nur strafbar, wenn dieser Gesellschafter fristgerecht einen Strafantrag stellt[2]. Bei *mehreren Verletzten* aus dem Personenkreis des § 247 StGB steht *jedem* das Antragsrecht auch ohne Zustimmung der Mitberechtigten zu. Hat die Entnahmehandlung jedoch das *Stammkapital* der Gesellschaft *angegriffen* oder deren Existenz gefährdet, kommt es auf ein Einverständnis der Mitgesellschafter nicht mehr an, da dieses selbst treuwidrig ist (Rz. 83).

209

Dies gilt auch für Gesellschafter, die *Familienmitglieder im weiteren Sinne* sind – z.B. eine unverheiratete Tante –, sofern sie in der gleichen **Hausgemeinschaft** tatsächlich zusammenleben. Entsprechend erfasst sind auch Gesellschafter, die aufgrund eines freien Entschlusses mit dem Täter in einer sonstigen *tatsächlichen Wohn- und Haushaltsgemeinschaft zusammenleben*, die ernstlich und auf eine gewisse Dauer ausgerichtet ist[3].

210

Begeht der Geschäftsführer oder Generalbevollmächtigte einer GmbH eine Untreue zu deren Nachteil, so ist *nur die Gesellschaft* unmittelbar **Verletzte** i.S. von § 172 Abs. 1 S. 1 StPO; die Gesellschafter sind als nur mittelbar Verletzte im Klageerzwingungsverfahren nicht antragsberechtigt. Nur der Gesellschaft selbst steht somit das Beschwerderecht gegen eine Einstellungsverfügung der Staatsanwaltschaft nach § 170 Abs. 2 StPO zu[4]. Dies gilt auch, wenn sich ein stiller Gesellschafter mit einer Vermögenseinlage an der GmbH beteiligt hat.

211

F. Haushaltsuntreue

Schrifttum: *Allgaier*, Untreuehandlungen eines Bürgermeisters, DÖV 2003, 121; *Bieneck*, Die Rechtsprechung des BGH zur Haushaltsuntreue, wistra 1998, 249; *Bittmann*, Das BGH-Urteil im sog „Bugwellenprozess" – das Ende der „Haushaltsuntreue"?, NStZ 1998,

---

1 BGH v. 24.10.1990 – 3 StR 16/90, BGHR StGB § 266 Abs. 1 Nachteil 23; für die mehrgliedrige Kapitalgesellschaft vgl. BGH v. 24.8.1988 – 3 StR 232/88, BGHSt 35, 333 (336 f.); BGH v. 20.7.1999 – 1 StR 668/98, NJW 2000, 154 (155) m. Anm. *Gehrlein*, NJW 2000, 1089.
2 BGH v. 30.9.2004 – 4 StR 381/04, NStZ-RR 2005, 86.
3 *Eser/Bosch* in S/S, § 247 StGB Rz. 6; vgl. OLG Hamm v. 6.6.2003 – 2 Ss 367/03 – Untreue in nichtehelicher Lebensgemeinschaft, NStZ-RR 2004, 111.
4 Vgl. BGH v. 23.2.2012 – 1 StR 586/11, StraFo 2012, 198; OLG Stuttgart v. 4.12.2000 – 1 Ws 222/00 – Generalbevollmächtigter einer GmbH, wistra 2001, 198.

495; *Coenen*, Die Strafbarkeit von Verstößen gegen das Haushaltsrecht 2000; *Du Hailong*, Haushaltsuntreue aus deutscher und chinesischer Sicht: eine vergleichende Darstellung der Strafbarkeit der rechtswidrigen Verwendung öffentlicher Mittel in Deutschland und China, 2004; *Fabricius*, Strafbarkeit der Untreue im Öffentlichen Dienst, NStZ 1993, 414; *Fiebig/Junker*, Korruption und Untreue im öffentlichen Dienst, 2. Aufl. 2004; *Grupp*, Die Grundsätze der Wirtschaftlichkeit und Sparsamkeit im Haushaltsrecht, JZ 1982, 231; *Helmrich*, „Cross-Border-Leasinggeschäfte" – ein Fall strafbarer Untreue (§ 266 StGB)?, wistra 2006, 326; *Kiethe*, Die Grenzen der strafrechtlichen Verantwortlichkeit von Bürgermeistern, NStZ 2005, 529; *Knauer*, Strafbare Untreue im Theater- und Kulturbetrieb – Insbesondere zur so genannten Haushaltsuntreue, in Röckrath/Unverzagt (Hrsg.), Handbuch Kultur und Recht, 2001; *Lindenschmidt*, Zur Strafbarkeit der parteipolitischen Ämterpatronage in der staatlichen Verwaltung, 2004; *Mansdörfer*, Amtsuntreue bei kommunaler Verwaltungs- und Wirtschaftstätigkeit, DVBl 2010, 479; *Meier*, Die maßgebliche Rechtsprechung zum strafrechtlichen Vorwurf der Haushaltsuntreue gem. § 266 StGB, GemHH 1/2012, 11; *Munz*, Haushaltsuntreue, Die zweckwidrige Verwendung öffentlicher Mittel als strafbare Untreue gemäß Paragraph 266, 2001; *Nettesheim*, Können sich Gemeinderatsmitglieder der „Untreue" schuldig machen?, BayVBl 1989, 161; *Neye*, Untreue im öffentlichen Dienst, 1981; *Neye*, Die Verschwendung öffentlicher Mittel als strafbare Untreue, NStZ 1981, 369 ff.; *Noltensmeier*, Public Private Partnership und Korruption, 2009; *Reinecke*, Herausgabe von Schmiergeldern im öffentlichen Dienst, Zeitschrift für Tarif-, Arbeits- und Sozialrecht des öffentlichen Dienstes, 2007, 414; *Rübenstahl/Wasserburg*, „Haushaltsuntreue" bei Gewährung von Subventionen, NStZ 2004, 521; *Schünemann*, Haushaltsuntreue als dogmatisches und kriminalpolitisches Problem, StV 2003, 463; *Völkel/Stark/Chwoya*, Korruption im öffentlichen Dienst: Delikte, Prävention, Strafverfolgung, 2. Aufl. 2011; *Volk*, Bewirtschaftung öffentlicher Mittel und Strafrecht, 1979; *Volk*, „Haushaltsuntreue", in HWiStR, 1985; *Weber*, Können sich Gemeinderatsmitglieder durch ihre Mitwirkung an Abstimmungen der Untreue (§ 266 StGB) schuldig machen?, BayVBl 1989, 166; *Weimann*, Die Strafbarkeit der Bildung sog. Schwarzer Kassen, 1996; *Wiesner/Leibinger/Müller*, Öffentliche Finanzwirtschaft, 13. Aufl. 2014; *Wolf*, Die Strafbarkeit der rechtswidrigen Verwendung öffentlicher Mittel, 1998.

I. Überblick

212 a) Der Begriff der **Haushaltsuntreue** hat sich zwischenzeitlich eingebürgert. Haushaltsuntreue umfasst nach heutigem Verständnis strafbare Handlungen, die durch Verstöße gegen haushaltsrechtliche Bestimmungen und vor allem Haushaltsansätze gekennzeichnet sind[1]. Weiter reicht der Begriff der *Amtsuntreue*, der Untreuehandlungen von Amtsträgern insgesamt erfasst[2].

213 Die **Bedeutung** der Haushaltsuntreue im Rahmen der Wirtschaftskriminalität ist erheblich und nimmt zu. Die Gründe liegen zu einem guten Teil in verfehlten Regelungen des Haushaltsrechts, die zur Vergeudung öffentlicher Mittel geradezu herausfordern. Das gilt vor allem für die Regelung, dass bewilligte Haushaltsmittel verfallen, wenn sie nicht bis zum Jahresende ausgegeben sind: ein allzu großer Anreiz, das Geld auch dann auszugeben, wenn die Ausgabe vermeidbar ist (sog. „Dezemberfieber")[3].

---

1 Vgl. zu Einzelfällen *Munz*, Haushaltsuntreue, 2001.
2 *Tiedemann*, WiStrafR BT, Rz. 150; *Fabricius*, NStZ 1993, 414; *Bieneck*, wistra 1998, 249.
3 *Wolf*, Strafbarkeit der rechtswidrigen Verwendung öffentlicher Mittel, 4.

214 Die **Beurteilung der Haushaltsuntreue** bedarf häufig näherer Kenntnisse u.a. der Buchhaltung bzw. Kameralistik privater und öffentlicher Unternehmen und Körperschaften, des Vergabe- und des Kreditwesens sowie der Betriebswirtschaftslehre. Deswegen werden Fälle der Haushaltsuntreue oft als *Wirtschaftsstrafsachen* i.S. des § 74c GVG angesehen (s. § 1 Rz. 90 ff.). Unabhängig davon trifft Haushaltsuntreue häufig mit typischen Wirtschaftsstrafsachen zusammen, etwa wenn es um die fehlerhafte Vergabe öffentlicher Aufträge an Privatunternehmen oder um *Korruptionsdelikte* (unten § 53) geht.

215 Die **jährliche Gesamtsumme** vergeudeter öffentlicher Gelder erreicht nach wie vor jährlich Milliardenbeträge[1]. Angesichts der immer knapper werdenden öffentlichen Mittel ist festzustellen, dass die Strafverfolgungsbehörden Fälle der Haushaltsuntreue heute energischer verfolgen, als dies früher der Fall war. Insbesondere die alljährlich vom Bund der Steuerzahler und von den Rechungshöfen berichteten Fälle der Verschwendung öffentlicher Mittel haben zunehmend strafrechtliche Ermittlungsverfahren zur Folge.

216 Da es einen *speziellen Tatbestand* der Haushaltsuntreue in Deutschland *nicht* gibt, kommt als Ahndungsnorm lediglich der **allgemeine** Tatbestand der **Untreue** (§ 266 StGB) in Betracht. Dieser schützt auch *öffentliches Vermögen*[2]. Die einzelnen tatbestandsmäßigen Voraussetzungen der Untreue sind oben dargestellt und auch bei der Haushaltsuntreue im Einzelnen zu prüfen. Soweit hierbei auf ältere Entscheidungen des BGH zurückgegriffen wird[3], sind diese allerdings unter Beachtung der Vorgaben des BVerfG in seiner Entscheidung vom 26.6.2010[4] zu lesen (vgl. Rz. 5).

217 b) Danach muss entweder der *Missbrauchstatbestand* (Rz. 9) oder der *Treubruchstatbestand* (Rz. 93) vorliegen[5].

Eine **Vermögensbetreuungspflicht** ist bei beiden Tatbestandsalternativen erforderlich und bei öffentlich Bediensteten i.d.R. gegeben.

---

1 Vgl. 41. Schwarzbuch des Bundes der Steuerzahler v. 17.10.2013.
2 BGH v. 21.10.1994 – 2 StR 328/94, BGHSt 40, 287 (298); BGH v. 4.11.1997 – 1 StR 273/97, BGHSt 43, 293 (296 f.); BGH v. 14.12.2000 – 5 StR 123/00, NStZ 2001, 248 (251).
3 Als wichtige Entscheidungen sind (in der zeitlichen Abfolge) insbesondere zu nennen: BGH v. 1.8.1984 – 2 StR 341/84 – Kulturamtsleiter, NStZ 1984, 549; BGH v. 6.5.1986 – 4 StR 124/86 – Schulleiter, NStZ 1986, 455; BGH v. 21.10.1994 – 2 StR 328/94 – BND, BGHSt 40, 287; BGH v. 4.11.1997 – 1 StR 273/97 – Intendant; Bugwelle, BGHSt 43, 293; BGH v. 14.12.2000 – 5 StR 123/00 – Brandenburger Sozialministerium, wistra 2001, 146; BGH v. 17.4.2002 – 2 StR 531/01 – Gemeinschaftsunterkunft, wistra 2002, 300; BGH v. 8.4.2003 – 5 StR 448/02 – Holzbackofen, wistra 2003, 299.
4 BVerfG v. 23.6.2010 – 2 BvR 2559/08 – Landowsky, BVerfGE 126, 170.
5 So ausdrücklich auch BGH v. 13.4.2011 – 1 StR 592/10, wistra 2011; nachfolgend BVerfG v. 1.12.2012 – 2 BvR 1235/11, NJW 2013, 365.

Beispiele: Sie liegt z.B. vor bei

- einem **Bürgermeister**[1], dem **Gemeindevorsteher**[2], dem **Kassenleiter** oder **Kämmerer**[3] einer Gemeinde,
- **Landräten**[4], bei dem **Baudirektor** eines Landratsamtes gegenüber dem Landkreis[5],
- den **Geschäftsführern von Stadtwerken**[6] und öffentlichen Verkehrsbetrieben[7] oder anderen Unternehmen der öffentlichen Hand, die in der Rechtsform privater Gesellschaften betrieben werden[8],
- einem **Minister** gegenüber dem Staat hinsichtlich der Rechtsträgerschaft der seinem Ministerium unterstellten Grundstücke[9]; bei leitenden Mitarbeitern eines Ministeriums,
- **Offizieren** des Materialbeschaffungsamts,
- **Verantwortlichen** von kulturellen Institutionen.

Ferner muss bei dem Missbrauchstatbestand der pflichtwidrige *Missbrauch* einer nach außen wirkenden rechtlichen Verfügungs- bzw. Verpflichtungsmacht vorliegen, bei dem Treubruchtatbestand die pflichtwidrige *Verletzung fremder Vermögensinteressen*[10].

218 Die **Pflichtwidrigkeit** ist von dem der Vermögensbetreuungspflicht zugrunde liegenden Rechtsverhältnis und der sich daraus ergebenden Pflichtenstellung abhängig. Die Pflichtwidrigkeit liegt i.d.R. vor, wenn gerade die Verletzung der Pflichten, die der Sicherung des *betreuten Vermögens* dienen, zum Eintritt eines Vermögensschadens führt. Die Mitarbeiter des öffentlichen Dienstes haben nur enge Entscheidungsbefugnisse über die Verwendung von Haushaltsmitteln; ihre Pflichten ergeben sich aus dem *Haushaltsrecht*.

218a Pflichtwidrig sind danach Verstöße gegen **haushaltsrechtliche Vorgaben** und Prinzipien. So dürfen keine Angaben oder Maßnahmen angeordnet werden, die zeitlich und sachlich nicht gerechtfertigt sind (§ 45 BHO/LHO), die zu einer Überschreitung der zugewiesenen Haushaltsmittel führen (§ 34 BHO/LHO) oder durch die eine nachträgliche Bewilligung weiterer Mittel erforderlich wird (§ 34 BHO/LHO). Nur zur Abwendung oder Beseitigung von Schäden dürfen (haushaltswidrige) Maßnahmen ergriffen werden, die jedoch zweckmäßig, aus-

---

1 BVerfG v. 1.12.2012 – 2 BvR 1235/11, NJW 2013, 365; zuvor BGH v. 13.4.2011 – 1 StR 592/10, wistra 2011, 263.
2 RGSt. 73, 212.
3 BVerfG v. 1.12.2012 – 2 BvR 1235/11, NJW 2013, 365; zuvor BGH v. 13.4.2011 – 1 StR 592/10, wistra 2011, 263.
4 BGH v. 26.4.2006 – 2 StR 515/05, wistra 2006, 307.
5 BGH v. 4.1.1994 – 1 StR 485/93, NStZ 1994, 191.
6 OLG Hamm v. 21.6.1985 – 4 Ws 118/85, NStZ 1986, 119 m. Anm. *Molketin*, NStZ 1987, 369; LG Paderborn v. 10.12.1985 – 1 KLs 14 Js 138/84, MDR 1986, 952.
7 AG Braunschweig v. 16.7.1990 – 4 Ls 703 Js 41626/88 (Geschäftsführer einer überschuldeten Verkehrs-AG organisieren eine luxuriöse Reise für die Aufsichtsrats-Mitglieder).
8 AG Stuttgart v. 7.3.1997 – B 14 Cs 4552/95 (Geschäftsführer einer landeseigenen Toto-Lotto-GmbH organisiert aus Anlass einer Aufsichtsratssitzung luxuriöse und zeitaufwendige Reise in das Ausland unter Teilnahme von Ehefrauen mit Billigung und Inanspruchnahme durch den Aufsichtsrat).
9 BGH v. 17.2.1999 – 5 StR 494/98, BGHSt 44, 376.
10 So zuletzt BGH v. 13.4.2011 – 1 StR 592/10, wistra 2011, 263.

reichend und angemessen sein müssen. Ein *Pflichtwidrigkeitszusammenhang* besteht, wenn ein durch die Maßnahme eingetretener Vermögensnachteil auf die Pflichtwidrigkeit zurückzuführen ist.

Dabei kommt haushaltsrechtlichen Vorschriften nicht nur formelle, sondern auch **materielle** Bedeutung zu[1]. So können mit Subventionen wirtschaftspolitische Zwecke verfolgt werden, wie etwa grundsätzlich nur nicht begonnene Projekte zu fördern, um dadurch eine größtmögliche Nachfrage nach Wirtschaftsgütern zu erzielen. Wer bereits die (materiellen) Voraussetzungen für die Leistung einer Subvention nicht erfüllt, hat auf diese keinen Anspruch[2]. 218b

Formelle Verstöße lassen sich in drei Gruppen gliedern: 218c

– Verstöße gegen die *sachliche Bindung* der Haushaltsmittel;

– Verstöße gegen die *zeitliche Bindung* der Haushaltsmittel;

– *Haushaltsüberziehungen*, durch welche eine wirtschaftlich gewichtige Kreditaufnahme erforderlich wird[3].

c) Bei beiden Tatbeständen muss dem zu betreuenden Vermögen durch die Untreuehandlung ein **Nachteil** zugefügt worden sein. Dieser ist unproblematisch dann zu bejahen, wenn und soweit durch die Tathandlung nicht zugleich ein den Verlust aufwiegender Vermögenszuwachs bewirkt wird[4], etwa wenn das öffentliche Vermögen für private Zwecke genutzt wird und damit eine *persönliche Bereicherung* des Amtsinhabers vorliegt[5]. 219

Schwieriger liegen die Fallkonstellationen einer **Fehlleitung** öffentlicher Mittel. Werden die öffentlichen Mittel *innerhalb* des Rahmens *der dienstlichen Aufgabe* (pflichtwidrig) fehlgeleitet oder zweckwidrig überzogene Anschaffungen bzw. *pflichtwidrige Haushaltüberschreitungen* getätigt oder eigenmächtig Haushaltsmittel umgeleitet[6], stellt sich das Problem des Ausgleichs (Rz. 177 ff.). Ein solcher Ausgleich kann insbesondere in der Gleichwertigkeit der erlangten Gegenleistung liegen[7]. 219a

Unter Bezugnahme auf die *Rechtsprechung zum individuellen Schadenseinschlag*[8] hat der BGH jedoch bereits 1997[9] die für die Beeinträchtigung der wirtschaftlichen Bewegungsfreiheit eines privaten Vermögensinhabers entwickelten Grundsätze[10] auf die Fälle der Haushaltsuntreue übertragen[11].

---

1 BGH v. 8.4.2003 – 5 StR 448/02 – Holzbackofen, wistra 2003, 299; BGH v. 12.12.2013 – 3 StR 146/13.
2 BGH v. 8.4.2003 – 5 StR 448/02 – Holzbackofen, wistra 2003, 299; zum Schaden vgl. Fischer, § 266 StGB Rz. 128.
3 BGH v. 8.4.2003 – 5 StR 448/02, NStZ 2003, 541.
4 *Fischer*, § 266 StGB Rz. 115a; BGH v. 2.7.1997 – 2 StR 228/97, NStZ 1997, 543.
5 *Fischer*, § 266 StGB Rz. 122 mit weiteren Beispielen.
6 Zu diesen Fallkonstellationen umfassend *Fischer*, § 266 StGB Rz. 123 f.; *Schünemann* in LK, § 266 StGB Rz. 230 f.
7 Vgl. BGH v. 4.11.1997 – 1 StR 273/97, BGHSt 43, 293 (298).
8 BGH v. 16.8.1961 – 4 StR 166/61 – Melkmaschinenfall, BGHSt 16, 320.
9 BGH v. 4.11.1997 – 1 StR 273/97 – Intendant, Bugwelle, BGHSt 43, 293.
10 So der BGH v. 4.11.1997 – 1 StR 273/97, BGHSt 43, 293 Rz. 22.
11 Krit. hierzu *Schünemann* in LK, § 266 StGB Rz. 230.

219b Ein *Nachteil* kann danach (auch) in Betracht kommen, wenn die **Dispositions-fähigkeit** des Haushaltgesetzgebers in schwerwiegender Weise beeinträchtigt wird und er durch den Mittelaufwand insbesondere in seiner politischen Gestaltungsbefugnis beschnitten wird[1] (Rz. 233 f.). Das BVerfG hat diese Rechtsprechung bestätigt[2]. Allerdings gilt es dabei zu beachten, das Tatbestandsmerkmal des Nachteils nicht mit dem Pflichtwidrigkeitsmerkmal zu *verschleifen*[3]. Eine solche unzulässige Verschleifung liegt etwa dann nahe, wenn – im Rahmen der Begründung des Nachteils – erörtert wird, ob mit der pflichtwidrigen Verfügung die Dispositions*freiheit* beeinträchtigt wurde[4].

220 Bei der Beurteilung des Nachteils ist nicht auf das Gesamtergebnis einer Wirtschaftsperiode oder eine „letzten Endes" erreichbare Saldierung möglicher Vor- und Nachteile für das zu betreuende Vermögen abzustellen, sondern auf die **einzelne Untreuehandlung**[5].

221 d) Der **Vorsatz** muss im Hinblick auf die Weite der beiden Tatbestände jeweils genau festgestellt werden. Bei dem *Missbrauchstatbestand* gehören hierzu das Wissen um die Pflichtenstellung, die im Innenverhältnis bestehenden Beschränkungen einer Vertretungsbefugnis sowie deren Umfang im Außenverhältnis, ferner um die Pflichtverletzung und den Vermögensnachteil.

II. Vermögensschaden

222 Die Problematik der **Verfahren wegen Haushaltsuntreue** liegt weniger darin, einen Verstoß der Beschuldigten gegen haushaltsrechtliche Grundsätze festzustellen. Dies mag daran liegen, dass dann, wenn ein solcher Verstoß zweifelhaft ist, ein strafrechtliches Ermittlungsverfahren von vornherein unterbleibt.

---

1 BGH v. 4.11.1997 – 1 StR 273/97 – Intendant, Bugwelle, BGHSt 43, 293; vgl. auch BGH v. 8.4.2003 – 5 StR 448/02 – Holzbackofen, wistra 2003, 299; dazu *Bieneck*, wistra 1998, 249; *Bittmann*, Das BGH-Urteil im sog „Bugwellenprozess", NStZ 1998, 495; *Brauns*, JR 1998, 381; *Martin*, JuS 1998, 565; *Nix*, NJW 1998, 325.
2 BVerfG v. 1.11.2012 – 2 BvR 1235/11, wistra 2013, 56.
3 BVerfG v. 1.11.2012 – 2 BvR 1235/11, wistra 2013, 56; BVerfG v. 23.6.2010 – 2 BvR 2559/08 – Landowsky, BVerfGE 126, 170 (212).
4 So führt das LG München II im angegriffenen Urteil LG München II v. 16.6.2010 – W5 KLs 65 Js 38937/08, im Rahmen der Begründung des Nachteils aus, es habe nicht festgestellt werden können, dass der Gemeinderat die Investitionen – wenngleich es sich um gemeindliche Pflichtaufgaben handelte – auch bei vollständiger Kenntnis der Situation der Gemeinde in dieser Form und zu diesem Zeitpunkt beschlossen hätte. Damit erörterte es – so das BVerfG – bei der Darlegung eines Nachteils (auch) einen Eingriff der Beschwerdeführer in die Dispositionsfreiheit des Gemeinderats; BVerfG v. 1.11.2012 – 2 BvR 1235/11 – satzungswidrige Aufnahme eines Kassenkredits für Baumaßnahmen, wistra 2013, 56.
5 BGH v. 14.4.2011 – 1 StR 592/10, NStZ 2011, 520; nachfolgend BVerfG v. 1.11.2012 – 2 BvR 1235/11, NJW 2013, 365; BGH v. 17.4.2002 – 2 StR 531/01 – Gemeinschaftsunterkunft, NStZ-RR 2002, 237 unter Bezugnahme auf BGH v. 21.10.1994 – 2 StR 328/94, BGHSt 40, 287, 298; BGH v. 4.11.1997 – 1 StR 273/97, BGH v. 4.11.1997 – 1 StR 273/97 – Intendant, Bugwelle, BGHSt 43, 293 (296 f.); BGH v. 14.12.2000 – 5 StR 123/00 – Gesundheitshaus, NStZ 2001, 248 (251); *Fischer*, § 266 StGB Rz. 87.

Steht indes ein *Haushaltsverstoß* fest und kommt es zu einem Strafverfahren, so wird – wenn die Mittel für die öffentliche Hand verwendet werden[1] – regelmäßig die Frage im Vordergrund stehen, ob ein Vermögensnachteil i.S. des § 266 StGB vorliegt.

1. Vermögensminderung ohne Gegenleistung

Zweckwidrige Mittelverwendungen sind dadurch gekennzeichnet, dass öffentliche Gelder an Dritte oder den Täter fehlgeleitet werden. Da die Verwendung öffentlicher Mittel in besonderem Maße einer Zweckbindung unterliegt, kann die **Zweckverfehlung zur Strafbarkeit führen.** Allerdings begründet nicht jede der ursprünglichen Zweckbestimmung zuwiderlaufende Verwendung öffentlicher Mittel schon ohne Weiteres einen Vermögensnachteil[2]. Dies ist z.B. nicht der Fall bei gebotenen Notmaßnahmen wie der Reparatur eines Daches[3] oder der Beseitigung einer sonstigen Gefahrensituation. 223

Wird **Schmiergeld** an einen Mitarbeiter der öffentlichen Hand gezahlt, so liegt Untreue des Mitarbeiters vor, da ein Teil des mit öffentlichen Mitteln bezahlten Kaufpreises zweckwidrig verwendet wurde, nämlich zur Bestechung. 223a

Beispiel: Bei der Beschaffung technisch hochwertiger Geräte vereinbart ein Hochschulprofessor mit dem Lieferanten einen höheren Preis als den zunächst angebotenen. Den Überschussbetrag lässt er sich später vom Lieferanten als „Honorar" zurückbezahlen.

Die Vereinnahmung solcher zweckwidrigen Zahlungen erfüllt den Tatbestand der Untreue[4], und zwar auch dann, wenn die technischen Geräte „ihren Preis wert waren", da die Geräte zu einem günstigeren Preis hätten erworben werden können.

Ferner dürfen **Zuwendungen an Bedienstete** im öffentlichen Dienst grundsätzlich bestehende *gesetzliche Regelungen* nicht außer Acht lassen oder über gesetzlich festgelegte Ansprüche hinausgehen[5]. 224

Beispiele: Ein Oberbürgermeister gewährt dem Hauptamtsleiter für die Beendigung seines Beschäftigungsverhältnisses ohne Rechtsgrund eine Abfindung[6].
Zur Verdeckung von Haushaltsmanipulationen werden fingierte Rechnungen bezahlt[7].
Ein Baudezernent ist an der Vergabe öffentliche Aufträge gegen Schmiergelder (kickbacks) beteiligt, die in die Auftragssumme mit eingerechnet werden[8].

---

1 *Schünemann* in LK, § 266 StGB Rz. 230.
2 BGH v. 21.10.1994 – 2 StR 328/94 – BND, BGHSt 40, 287; BGH v. 4.11.1997 – 1 StR 273/97, BGHSt 43, 293 (297); *Fischer*, § 266 StGB Rz. 88; a.A. allerdings *Wolf*, 117 ff., 185 ff.
3 BGH v. 1.8.1984 – 2 StR 341/84 – Kulturamtsleiter, NStZ 1984, 549.
4 *Bieneck*, wistra 1998, 249.
5 BGH v. 7.11.1990 – 2 StR 439/90, NJW 1991, 990 (991).
6 BGH v. 9.12.2004 – 4 StR 294/04 – Hauptamtsleiter, NStZ-RR 2005, 83.
7 BGH v. 1.8.1984 – 2 StR 341/84 – Kulturamtsleiter, NStZ 1984, 549.
8 *Rönnau* in FS Kohlmann, 2003, S. 239.

Die einem Amtsträger im Zusammenhang mit der Verletzung einer Dienstpflicht auferlegte Geldstrafe wird vom Dienstherrn bezahlt[1].

225 In diesen Fällen liegt eine strafrechtlich relevante pflichtwidrige Schädigung der zu betreuenden Haushaltsmittel vor, da *ohne entsprechende Gegenleistung* Zahlungen erfolgen, auf die im Rahmen vertraglich geregelter Rechtsverhältnisse ersichtlich kein Anspruch besteht[2]. Dies gilt jedoch nicht, wenn damit zu rechnen ist, dass aus einem anderen Rechtsgrund eine höhere Zahlung als die gewährte Abfindung ohne adäquate Gegenleistung an ihn hätte erbracht werden müssen[3]. Wenn der Entscheidung eine Ermessensausübung zugrunde liegt, dann müssen die **Grundsätze der Sparsamkeit und Wirtschaftlichkeit** gewahrt werden (Rz. 235). Diese stellen als rechtliche Steuerungsnormen einen Begrenzungsrahmen für den gemeindlichen Entfaltungs- und Gestaltungsspielraum dar, um Maßnahmen zu verhindern, die mit den Grundsätzen vernünftigen Wirtschaftens unvereinbar sind. Den darin enthaltenen Grundsatz, dass der Staat nichts „verschenken" darf[4], müssen alle staatlichen und kommunalen Stellen beachten, unabhängig davon, auf welcher Grundlage sie tätig werden.

225a Häufig liegen bei Haushaltsuntreue durch zweckwidrige Verwendung zugleich auch **Korruptionsdelikte** vor. Zuwendungen werden getätigt, um Aufträge zu erlangen. Bei der Abrechnung der Aufträge werden die für die Korruption aufgewendeten Beträge mit eingerechnet oder die Kosten über Scheinrechnungen geltend gemacht.

Beispiele: Um Aufträge für Reparaturen in einem Hafengebiet zu erlangen, führt eine als Generalunternehmen tätige Firma Arbeiten am Ferienhaus eines Beamten in Spanien aus und stellt wegen der entsprechenden Kosten Scheinrechnungen an das Hafenamt wegen angeblicher Ufer-Befestigung oder Sanierung an Hafengebäuden.

Um bei dem Bau von Autobahnen schwarze Schmiergeldkassen zu füllen, werden mit Wissen von Mitarbeitern des öffentlichen Dienstes Scheinrechnungen ausgestellt.

226 Verfügungen über Haushaltsmittel etwa eines Ministeriums unter *Verstoß gegen Haushaltsgrundsätze* zugunsten einer anderen Behörde stellen ebenfalls Vergehen der Untreue dar, wenn durch dieses pflichtwidrige Handeln dem Staatsvermögen ein Nachteil entsteht.

Beispiel: Ein Regierungsdirektor im Bundesverteidigungsministerium überweist als Verantwortlicher in einem deckwortgeschützten Vorhaben Haushaltsmittel des Ministeriums, die mangels Inanspruchnahme einer Ausgabeermächtigung zum Jahresende verfallen wären, unter Verstoß gegen Haushaltsgrundsätze an den Bundesnachrichtendienst[5].

---

1 BGH v. 7.11.1990 – 2 StR 439/90, NStZ 1991, 486 m. Anm. *Wodicka*, 487; *Fischer*, § 266 StGB Rz. 123.
2 BGH v. 17.4.2002 – 2 StR 531/01, NStZ-RR 2002, 237 f.
3 BGH v. 9.12.2004 – 4 StR 294/04 – Hauptamtsleiter, NStZ-RR 2005, 83.
4 BGH v. 30.1.1967 – III ZR 35/65, BGHZ 47, 30 (39 f.) m.w.Nw.
5 Vgl. BGH v. 21.10.1994 – 2 StR 328/94 BND, BGHSt 40, 287 m. Anm. *Vahle*, DVP 1995, 525; ferner *Schünemann*, Haushaltsuntreue als dogmatisches Problem, StV 2003, 463.

In diesem Fall liegt ein **Vermögensschaden**[1] darin, dass *Dritten öffentliche Mittel* durch Fehlleitung zugewendet werden, ohne dass dem bisherigen Vermögensträger daraus ein wirtschaftlich gleichwertiger Vorteil erwächst bzw. dass *nutzlose Ausgaben*, die aus dem Bereich der Wahrnehmung öffentlicher Aufgaben herausfallen, getätigt werden. Trotz der Einheit des Gesamtvermögens des Bundes ist eine *Gefährdung* i.S. eines Nachteils gegeben, wenn Gelder an eine andere Behörde weitergeleitet werden, damit diese („nach ihrem Gutdünken") eigenmächtig und unkontrolliert über diese Gelder verfügen kann, etwa um sie zur – haushaltsmäßig nicht berücksichtigten – Förderung oder Erweiterung eines bestimmten Projekts zu verwenden oder sie für die Verfolgung allgemeiner „operationeller Zwecke" einzusetzen oder sie – nach Art einer „schwarzen Kasse" – zeitweise als geheimen, keiner Zweckbindung unterliegenden Dispositionsfonds zu nutzen. 227

Die *zweckwidrige Verwendung von* **parlamentarischen Haushaltsmitteln** erfüllt den Tatbestand der Untreue, wenn diese Mittel für andere als den haushaltsrechnerisch vergebenen Zweck verwendet[2] werden, da einem Abgeordneten die Mittel (nur) zur richtlinienkonformen Verwendung übertragen worden sind. 227a

Beispiel: Ein Bundesland stellt seinen Abgeordneten einen bestimmten Betrag zur Verfügung, der in Anspruch genommen werden kann, wenn Kosten im Zusammenhang mit Besuchergruppen entstehen. Das Geld stammt aus einem Haushaltstitel mit der Zweckbestimmung „Einführung in die Parlamentsarbeit einschließlich der Herausgabe von Informationsmaterial über den Landtag". Besucht nun ein Abgeordneter mit Parlamentsbesuchern ein Theater und reicht die Quittung über den Kauf der Eintrittskarten bei der Landtagsverwaltung ein, so begeht er eine Untreue. Der Landtag stellt die Mittel zum Zweck der parlamentarischen Öffentlichkeitsarbeit zur Verfügung, die richtlinienkonforme Verwendung ist den Abgeordneten übertragen. Hieraus entsteht die (Treue-)Pflicht, das Geld nur für den haushaltsrechtlich vorgegebenen Zweck „Einführung in die Parlamentsarbeit" in Anspruch zu nehmen, nicht jedoch, die Kosten für den Besuch einer Theatervorstellung zu bezahlen.

Werden **„schwarze Kassen"** angelegt, um öffentliche Gelder für *sachfremde Zwecke* zu verwenden, so liegt i.d.R. Untreue vor. Deren Anlage ist im öffentlichen Bereich wegen der „engmaschigen" Vorschriften[3] über Zweck sowie Art und Weise des Vermögenseinsatzes, d.h. aufgrund der eingeschränkten haushaltsrechtlichen Dispositionsmacht[4], i.d.R. pflichtwidrig[5]. Problematisch sind jedoch Fälle, in denen „schwarze Kassen" dazu dienen, Haushaltsmittel letztlich ihrem Zweck zuzuführen[6]. 228

---

1 Der BGH prüft die Überweisungen unter dem Gesichtspunkt der schadensgleichen Vermögensgefährdung, BGH v. 21.10.1994 – 2 StR 328/94, BGHSt 40, 287, Rz. 42. In Bezug auf das Einrichten oder Halten sog. schwarzer Kassen hat der BGH die Charakterisierung des in der Entziehung von Vermögen liegenden Entzugs der Zugriffsmöglichkeit als Gefährdungsschadens jedoch zwischenzeitlich aufgegeben; vgl. unten Rz. 228 f. und *Fischer*, § 266 StGB Rz. 136 f.
2 OLG Koblenz v. 14.6.1999 – 1 Ss 75-99, NJW 1999, 431.
3 *Weimann*, Die Strafbarkeit der Bildung sog. schwarzer Kassen, 1996, 58.
4 BGH v. 21.10.1994 – 2 StR 328/94 – BND, BGHSt 40, 287.
5 *Tiedemann*, WiStrafR BT, Rz. 155; *Schünemann* in LK, § 266 StGB Rz. 231.
6 *Fiebig/Junker*, Korruption und Untreue im öffentlichen Dienst, 2004, Rz. 67 ff.

Beispiel: Der Verwaltungsleiter eines städtischen Krankenhauses bildet schwarze Kassen, um unabhängig von städtischen Kontrollorganen jederzeit Geld für Belange des Krankenhauses zur Verfügung zu haben.

228a Ein **Vermögensnachteil** i.S. des § 266 StGB ist richtigerweise auch dann zu bejahen, wenn der Verwaltungsleiter das Geld aus der schwarzen Kasse ausschließlich für Belange des Krankenhauses ausgibt. Der Vermögensnachteil liegt bei schwarzen Kassen bereits in der *Gefahr,* dass der Täter nach seinem eigenen Gutdünken unkontrolliert über die Mittel verfügen oder ein Gläubiger ohne dessen Willen darauf Zugriff nehmen kann[1].

229 Werden **später** die Mittel dann doch einem haushaltsrechtlich **vorgesehenen Zweck** zugeführt, so liegt darin lediglich eine die Strafbarkeit nicht berührende *Schadenswiedergutmachung,* denn der strafbarkeitsausschließende Vermögensausgleich muss durch die Tathandlung selbst und darf nicht erst durch eine weitere Verfügung des Täters oder eines Dritten herbeigeführt werden (s. Rz. 179 f.)[2].

2. Vermögensminderung mit Gegenleistung

230 Fließt dem Haushalt durch die pflichtwidrige Mittelverwendung eine *Gegenleistung* zu, ist nach den allgemeinen Grundsätzen zu prüfen, ob es deshalb an einem Vermögensschaden fehlt, weil der **Nachteil** durch gleichzeitig eintretende wirtschaftliche Vorteile **ausgeglichen** wird. Derartige Fallkonstellationen kommen insbesondere in Betracht bei
- zweckwidrig überzogenen Anschaffungen;

    Beispiel: Der kaufmännische Leiter einer Stadtwerke-GmbH kauft „übermäßig viele und teure" Spirituosen zu Repräsentationszwecken[3].
- eigenmächtige Umleitung von Haushaltsmitteln (vgl. Beispiel Rz. 226)[4];
- pflichtwidrigen Haushaltsüberschreitungen (vgl. 4. Beispiel Rz. 180a)[5].

231 Keine Untreue liegt vor, wenn die Mittel zwar unter Verstoß gegen das Haushaltsrecht verwendet, sie aber für dringende Aufgaben benötigt wurden oder der Amtsträger mit **nachträglicher Mittelbewilligung** durch die zuständigen Gremien rechnen konnte, wie etwa bei einer *Reparatur im Notfall*[6].

---

1 *Bieneck,* wistra 1998, 249; vgl. auch BGH v. 15.12.1955 – 2 StR 213/55 – Strafanstaltsleiter, GA 1956, 154; zu BGH v. 1.8.1984 – 2 StR 341/84 – Kulturamtsleiter, wistra 1985, 69 ff.

2 BGH v. 6.5.1986 – 4 StR 124/86, NStZ 1986, 455; BGH v. 23.10.1984 – 5 StR 430/84, wistra 1985, 71; BGH v. 1.8.1984 – 2 StR 341/84, NStZ 1984, 549; BGH v. 21.10.1996 – 2 StR 328/94, BGHSt 40, 287 (296); *Weimann,* Die Strafbarkeit der Bildung sog. schwarzer Kassen, 1996; *Bieneck,* wistra 1998, 249; der BGH hebt in BGH v. 1.8.1984 – 2 StR 341/84, wistra 1985, 69 hervor, dass nicht jede der ursprünglichen Zweckbestimmung zuwiderlaufende Verwendung öffentlicher Mittel einen Vermögensnachteil begründet; vgl. auch *Schünemann* in LK, § 266 StGB Rz. 231 ff. und *Fischer,* § 266 StGB Rz. 130 ff.

3 OLG Hamm v. 21.6.85 – 4 Ws 163/85, NStZ 1986, 119 m. Anm. *Moltekin,* NStZ 1987, 369.

4 BGH v. 21.10.1994 – 2 StR 328/94 – BND, BGHSt 40, 287.

5 BGH v. 4.11.1997 – 1 StR 273/97 – Intendant, Bugwelle, BGHSt 43, 293, (296 f.).

6 BGH v. 4.11.1997 – 1 StR 273/97 – Intendant, Bugwelle, BGHSt 43, 293; BGH v. 1.8.1984 – 2 StR 341/84, NStZ 1984, 549; *Bieneck,* wistra 1998, 250.

Bei Vorliegen von Haushaltsverstößen wird allerdings *dann* ein **Vermögensnachteil** und damit Untreue angenommen, wenn das haushaltswidrige Verhalten 232
- zu einer wirtschaftlichen gewichtigen *Kreditaufnahme* führt,
- wenn das Verhalten zu schwerwiegenden Einschränkungen der Dispositions*fähigkeit* der öffentlichen Körperschaft führt[1] und der Haushaltsgesetzgeber durch den Mittelaufwand in seiner politischen Gestaltungsbefugnis beschnitten wird,
- (sonst) wirtschaftlich wertlos war[2].

Diese Grundsätze hat der *BGH* in der – zum Teil heftig kritisierten[3] – *Intendantenentscheidung* präzisiert[4] und in späteren Entscheidungen bekräftigt[5].

Das Ergebnis entspricht dem Grundsatz (Rz. 219), dass ein Nachteil *trotz objektiver Gleichwertigkeit von Leistung und Gegenleistung* anzunehmen ist, wenn der Betroffene mangels ausreichender Liquidität in **Zahlungsschwierigkeiten** gerät, er die erforderlichen Mittel durch eine hoch zu verzinsende Kreditaufnahme erlangen muss oder wenn er durch die Verfügung sonst in seiner wirtschaftlichen Bewegungsfreiheit weitgehend beeinträchtigt wird[6]. 233

Eine *Kompensation* der pflichtwidrig begründeten Forderung mit einer wirtschaftlich werthaltigen Gegenleistung scheidet nach der Entscheidung des **BVerfG**[7] zur satzungswidrigen Kreditaufnahme durch einen Bürgermeister nach den Gesichtspunkten des *subjektiven bzw. individuellen Schadenseinschlags* auch dann aus, wenn die Forderung in der konkreten Lage für die Gemeinde *wirtschaftlich wertlos* war. 234

3. Verstöße gegen den Grundsatz der Wirtschaftlichkeit und Sparsamkeit

Amtsträger sind gesetzlich zu **wirtschaftlicher und sparsamer Haushaltsführung** verpflichtet. Die vielfältigen gesetzlichen Bestimmungen, die den Grundsatz der Wirtschaftlichkeit und Sparsamkeit festlegen (z.B. § 6 Abs. 1 HaushaltsgrundsätzeG), sind als eine *allgemeine haushaltsrechtliche Zweckbindung öffentlicher Gelder* anzusehen, sodass ein Verstoß gegen diesen Grundsatz zu einer *Zweckverfehlung* und damit zu einem Vermögensnachteil i.S. des § 266 StGB führt[8]. 235

---

1 Vgl. *Bieneck*, wistra 1998, 249 (250).
2 BGH v. 14.4.2011 – 1 StR 592/10, NStZ 2011, 520; nachfolgend BVerfG v. 1.11.2012 – 2 BvR 1235/11 – satzungswidrige Aufnahme eines Kassenkredits für Baumaßnahmen, NJW 2013, 365.
3 Vgl. *Bieneck*, wistra 1998, 249, 251; *Bittmann*, NStZ 1998, 495; *Brauns*, JR 1998, 381.
4 BGH v. 4.11.1997 – 1 StR 273/97 – Intendant, Bugwelle, BGHSt 43, 293; dazu *Bieneck*, wistra 1998, 249; *Bittmann*, NStZ 1998, 495; *Braun*, JR 1998, 381; *Martin*, JuS 1998, 565; *Nix*, NJW 1998, 325; krit. *Saliger* in S/S/W, § 266 StGB Rz. 96.
5 BGH v. 14.12.2000 – 5 StR 123/00, NStZ 2001, 248 m. Anm. *Wagner* und *Dierlamm*, NStZ 2001, 371; *Berger*, JR 2002, 118; vgl. auch *Fischer*, § 266 StGB Rz. 127.
6 BGH v. 16.8.1961 – 4 StR 166/61 – Melkmaschinenfall, BGHSt 16, 320.
7 BVerfG v. 1.11.2012 – 2 BvR 1235/11, NJW 2013, 365.
8 BGH v. 12.12.2013 – 3 StR 146/13 (zu § 2 Nds. AGWVG, §105 Abs.1, §7 Abs. 1, § 34 Abs. 2 Nds. LHO); *Bieneck*, wistra 1998, 249 (250); *Wolf*, 215 f.; zum erheblichen Ermessens- bzw. Beurteilungsspielraum hierbei vgl. auch *Schünemann* in LK, § 266 StGB Rz. 236.

Es kommt also *nicht* darauf an, ob etwa bei übertriebenem Repräsentationsaufwand den getätigten Ausgaben eine *gleichwertige Gegenleistung* gegenübersteht[1]. Eine strafrechtlich relevante pflichtwidrige Schädigung der zu betreuenden Haushaltsmittel kommt bereits in Betracht, wenn gegen entsprechende Gegenleistung Zahlungen erfolgen, auf die im Rahmen vertraglich geregelter Rechtsverhältnisse ersichtlich kein Anspruch besteht[2]. Auch nicht aus Gründen der Fürsorgepflicht dürfen Zuwendungen an Bedienstete im öffentlichen Dienst bestehende gesetzliche Regelungen außer Acht lassen oder über gesetzlich festgelegte Ansprüche hinausgehen[3].

236 So normiert das Haushaltsrecht der Länder, das seine Grundlage in den Gemeindeordnungen findet, auch in seinen (Allgemeinen) Haushaltsgrundsätzen den Grundsatz der Wirtschaftlichkeit und Sparsamkeit[4]. Aus ihm wird das **allgemeine Spekulationsverbot**, das in einigen Gemeindeordnungen zudem ausdrücklich normiert ist[5], hergeleitet. Daran sind *kommunale Zinsswapgeschäfte* zu messen, die in den letzten Jahren zunehmend in den Blick der Strafverfolgungsbehörden geraten sind[6].

---

1 *Wolf*, 215.
2 BGH v. 9.12.2004 – 4 StR 294/04, NStZ-RR 2005, 83; *Kiethe*, NStZ 2005, 529; vgl. auch BGH v. 17.4.2002 – 2 StR 531/01, NStZ-RR 2002, 237.
3 Vgl. hierzu BGH v. 7.11.1990 – 2 StR 439/90, BGHSt 37, 226 zur Bezahlung der Geldstrafen für die Bediensteten eines Abwasserverbandes; LG Berlin v. 28.9.1994 – (522) 56 Js 41/91 Ns (30/94), wistra 1996, 72 zur unzulässigen Abfindungsvereinbarung mit gekündigten Arbeitnehmern; BayObLG v. 18.2.1988 – RReg 1 St 309/87, JR 1989, 299 zur beamtenrechtswidrigen Urlaubsabgeltung zugunsten eines Bürgermeisters; OLG Stuttgart v. 4.12.1996 – 8 W 43/93, ZIP 1997, 362 zur Verletzung von § 266 StGB durch Vereinbarung und Auszahlung von Abfindungen.
4 § 74 Abs. 2 GemO BW; Art 61 Abs. 2 GemO Bayern, § 74 Abs. 2 GO Brandenburg, § 92 Abs. 1 HGO, § 28 Abs. 4 KV. M-V, § 82 Abs. 2 NdsGO, § 75 Abs. 1 GO NRW, § 93 Abs. 2 GemO Rh-Pf, § 90 Abs. 2 GO LSA, § 72 Abs. 2 SächsGemO, § 82 Abs. 2 KSVG, § 53 Abs. 2 ThürKO.
5 § 53 Abs. 2 S. 2 ThürKO; § 72 Abs. 2 Satz 2 SächsGemO; so auch das Risikominimierungsgebot in Art. 61 Abs. 3 GO Bay.
6 Vgl. das umfangreiche Schrifttum hierzu: *Bader/Wilkens*, Untreue bei spekulativen Derivaten im öffentlichen Sektor, wistra 2013, 81; *Gehrmann/Lammers*, Kommunale Zinsswapgeschäfte und strafrechtliches Risiko, KommJur 2011, 41; *Kirchner*, Untreuerisiken beim Einsatz von Zinsswaps und Forward Rate Agreements durch Kommunen, wistra 2013, 418; *Lammers*, Pflichtverletzungen bei kommunalen Zins-Swaps, NVwZ 2012, 12; *Weck/Schick*, Unwirksamkeit spekulativer Zinsswap-Geschäfte im kommunalen Bereich, NVwZ 2012, 18; *Wille/Fullenkamp*, Die Haftung der Banken bei Swap-Geschäften der Kommunen. Neue Impulse durch das „Zinswette"– Urteil des BGH v. 22.3.2011 – XI ZR 33/10, KommJur 2012, 1; *Fritsche/Fritsche*, Rechtliche Beurteilung von Swap-Geschäften zur Zinsoptimierung der Kommunen, LKV 2010, 201; *Fischer*, § 266 StGB Rz. 73. Vgl. im Übrigen das bislang einzige hierzu ergangene – auf einer Verständigung beruhende – Urteil des LG Augsburg v. 14.5.2010 – 10 KLs 504 Js 107196/09 (Zinsswap-Geschäfte durch den Werkleiter eines als Eigenbetrieb gem Art. 76 BayLKrO i.V.m. § 3 der bayerischen Eigenbetriebsverordnung gegründeten Abfallwirtschaftsbetriebs).

Ein Zinsswap ist ein derivatives Finanzinstrument, das an ein bereits bestehendes Kreditgeschäft anknüpft und dessen nachträgliche wirtschaftliche Anpassung möglich macht[1]. Er bezweckt den Tausch einer variabel verzinslichen Mittelaufnahme in eine festverzinsliche Verschuldung unter gleichzeitigem Verzicht auf die Teilhabe an einer günstigen Entwicklung des Zinsniveaus[2]. Das Swapgeschäft kann unterschiedlich ausgestaltet sein, die Risiken eines solchen Geschäfts resultieren dabei aus dem unsicheren Zinsverlauf und der Struktur des swaps selbst[3].

Die den Kommunen in der Vergangenheit als alternative Finanzierungsgeschäfte dienenden **Cross-Border-Leasing-Transaktionen** (Lease-and-leaseback-Verfahren) unterliegen als kreditähnliche Rechtsgeschäfte ebenfalls haushaltsrechtlichen Genehmigungs- und Verwendungsvorgaben[4]. 237

Bei diesen Geschäften mietet regelmäßig ein US-amerikanischer Investor (Trust) langfristig eine kommunale Einrichtung und vermietet diese sofort an die Kommune zurück. Die Miete wird sofort fällig, zu Transaktionsbeginn in voller Höhe an die Kommune geleistet und von dieser zur sukzessiven Tilgung der (Rück-)Mietzinszahlungen verwendet. Die Vertragspartner nutzen damit die unterschiedliche Beurteilung des Netto-Barwertvorteils von Miete und Rückmiete im amerikanischen und deutschen Steuerrecht[5]. Die Risiken dieser Geschäfte für die Kommune liegen nicht nur im Bonitätsverfall einer Bank oder eines Rückversicherers, sondern auch in der Insolvenz eines beteiligten Vertragspartners[6].

---

1 *Gehrmann/Lammers*, KommJur 2011, 41; Schreiben des Bayerischen Staatsministeriums des Innern vom 8.11.1995; zu den unterschiedlichen Formen der Swapgeschäfte, vgl. *Jahn* in Schimansky/Bunte/Lwowski, BankR-Hdb, 4. Aufl. 2011, § 114 Rz. 3 f.; *Roller/Elster/Knappe*, Spread-abhängige Constant Maturity (CMW) Swaps – Funktionsweise, Risikostruktur und rechtliche Bewertung, ZBB 2007, 345.
2 BGH v. 22.3.2011 – XI ZR 33/10, BGHZ 189, 13; *Jahn* in Schimansky/Bunte/Lwowski, BankR-Hdb., § 114 Rz. 3.
3 *Gehrmann/Lammers*, KommJur 2011, 41; *Köndgen/Sandmann*, Strukturierte Zinsswaps vor den Berufungsgerichten: eine Zwischenbilanz, ZBB 2010, 77. Hinsichtlich der Derivatgeschäfte erfährt das Spekulationsverbot in den Derivaterlassen der Landesregierungen eine weitere Konkretisierung; beispielhaft sei hier genannt der „Derivaterlass" des Innenministeriums Baden-Württemberg v. 17.8.1998 – 2-2251.2/1, abrufbar (wie auch die Derivaterlasse anderer Landesregierungen) auf der Internetseite des Bundesverbandes Öffentlicher Banken Deutschlands – www.voeb.de.
4 Vgl. das umfangreiche Schrifttum hierzu: *Geis/Madeja*, Kommunales Wirtschafts- und Finanzrecht, Teil I, JA 2013, 248, Teil II JA 2013, 321; *Rahm*, Ausgewählte kollisionsrechtliche Streitpunkte eines Cross-Border-Leasing im Rahmen kommunaler Aufgabenwahrnehmung, NVwZ 2010, 288; *Mansdörfer*, Amtsuntreue bei kommunaler Verwaltungs- und Wirtschaftstätigkeit, DVBl 2010, 478; *Rietdorf*, Auswirkungen der Finanzmarktkrise auf kommunale Cross-Border-Leasing-Transaktionen, KommJur 2008, 441; *Wilkens*, Kommunalverfassungsrechtliche Probleme und Risiken beim Abschluss von Leasing-Geschäften, LKV 2002, 169; *Pegatzky*, US-Leasingfinanzierungen – Innovative Finanzierungsformen oder zweifelhafte Geschäfte? NVwZ 2002, 1299; *Helmrich*, „Cross-Border-Leasinggeschäfte" – ein strafbarer Fall der Untreue (§ 266 StGB), wistra 2006, 326; vgl. etwa § 82 Abs. 5 SächsGemO.
5 *Martinek* in Schimansky/Bunte/Lwowski, BankR-Hdb., § 101 Rz. 19a.
6 *Rietdorf*, Auswirkungen der Finanzmarktkrise auf kommunale Cross-Border-Leasing-Transaktionen, KommJur 2008, 441; *Fischer*, § 266 StGB Rz. 73a.

4. Ämterpatronage

Schrifttum: *Biehler*, Ämterpatronage im diplomatischen Dienst?, NJW 2000, 2400; *Eschenburg*, Ämterpatronage, 1961; *Fricke*, Probleme der Ämterpatronage, 1973; *Häusser*, Ämterpatronage, 1997; *Kloepfer*, Politische Klasse und Ämterpatronage, ZfBeamtR, 2001, 189; *Lindenschmidt*, Zur Strafbarkeit der parteipolitischen Ämterpatronage in der staatlichen Verwaltung, 2004; *Lüttger*, Der Missbrauch öffentlicher Macht und das Strafrecht, JR 1977, 223; *Schmidt-Hieber*, Die Strafbarkeit der Ämterpatronage, NJW 1989, 558; *Schmidt-Hieber/Kiesswetter*, Parteigeist und politischer Geist in der Justiz, NJW 1992, 1790; *Wassermann*, Ämterpatronage durch politische Parteien, in *Wassermann*, Politik und Justiz im demokratischen Verfassungsstaat, 2001; *Wettengel*, Parteipolitische Ämterpatronage in der Ministerialbürokratie der Bundesländer, Diss. Konstanz, 2005; *Wichmann*, Parteipolitische Ämterpatronage, 1986; *Wolf*, Die Strafbarkeit der rechtswidrigen Verwendung öffentlicher Mittel, 1998; *Zitscher*, Ämterpatronage – Krise der Rechtspflege, ZRP 1991, 100.

238 Ein weit verbreiteter Fall der Haushaltsuntreue ist die *Ämterpatronage*, deren Definition nicht einheitlich ist[1]. Es handelt sich dabei um die (unsachgemäße) *Bevorzugung von Parteigünstlingen* bei der **Vergabe öffentlicher Ämter**. Ämterpatronage, mag sie im Einzelfall auch schwer nachweisbar sein, kann den Tatbestand der Untreue[2] zum Nachteil der öffentlichen Hand erfüllen. Auch hier liegt nämlich eine Fehlleitung öffentlicher Mittel vor: Bei der Besoldung des Parteigünstlings wird nicht nur Leistung honoriert, sondern – und zwar unter Verstoß gegen das Grundgesetz (Art. 33 Abs. 2, Art. 3 Abs. 3 GG) – auch Parteizugehörigkeit[3]. Dass Ämterpatronage strafbar ist, zeigt auch der Vergleich mit der strafrechtlichen Behandlung staatlicher Zuschüsse, den sog. *Subventionen*: Deren Fehlleitung führt zweifelsohne zu einem Vermögensschaden nach §§ 263, 266 StGB[4]. Nichts anderes gilt für die Ämterpatronage.

239 Aus diesem Grund ist jedenfalls der Abschluss von **Anstellungsverträgen** oder die Berufung in ein *Beamtenverhältnis* bei politisch oder finanziell motivierter Ämterpatronage gem. § 266 StGB strafbar[5], wenn es sich um die Einstellung ungeeigneter Personen handelt, wenn die Einstellung aus sachfremden Gründen erfolgt oder kein Bedarf bzw. keine haushaltsrechtlich vorhandene Stelle für eine entsprechende Einstellung vorliegt.

Beispiele: Ein Landrat zahlt seinem Wahlkampfmanager für diese Tätigkeit keine Vergütung, sondern verspricht einen – noch nicht konkret bestimmten – Posten als Amtsleiter, den dieser nach Gewinn der Wahl auch erhält.

Ein Landrat stellt Personen, die ihn im Wahlkampf unterstützt haben, ein, obwohl diese für die von ihnen besetzten Stellen aufgrund ihrer Ausbildung, Fachkenntnisse und bisherigen beruflichen Tätigkeit von vornherein nicht geeignet waren, die Verwaltung auch ohne deren Einstellung handlungsfähig war. Er setzte jeweils den Arbeitsbeginn, die konkrete Tätigkeit und die Vergütungsgruppe fest.

Die Stelle des Fachdienstleiters für Tourismus, Sport und Kulturförderung wird mit einer Person besetzt, deren Qualifikation darauf beruhen sollte, dass sie Präsident eines Sport-

---

1 Vgl. insoweit *Lindenschmidt*, 1 f.
2 *Schmidt-Hieber*, NJW 1989, 558; *Lackner/Kühl*, § 266 StGB Rz. 6, 17c.
3 *Schmidt-Hieber*, NJW 1989, 558 (560).
4 *Lenckner/Perron* in S/S, § 264 Rz. 1.
5 BGH v. 26.4.2006 – 2 StR 515/05, NStZ-RR 2006, 207.

vereins war und einen dreitägigen Lehrgang über kommunales Haushaltsrecht besucht hatte.

Auch die **Beförderung** *ungeeigneter* Personen aus politischen Gründen ist hierzu zu rechnen. Wann die *Grenze* von der strukturellen *zur strafbaren Ämterpatronage* überschritten ist, ist im Einzelfall zu prüfen. Sofern objektive Kriterien dafür vorliegen, dass aus parteipolitischen – oder anderen politischen – Gründen durch eine Stellenbesetzung auf die höherwertige Leistungsfähigkeit des Bestbefähigsten verzichtet und eine weniger qualifizierte Person eingestellt wurde, besteht der Anfangsverdacht der Untreue. Als Täter kommt jeder in Betracht, den eine Vermögensbetreuungspflicht als Hauptpflicht trifft, d.h. jeder, der zur Vergabe öffentlicher Ämter befugt ist[1]. 240

Zu prüfen ist weiter, inwieweit ein **Schaden** eingetreten ist[2]. Erhält der Patronierte – und nicht der Bestbefähigte – das Amt, so wird unter den genannten Umständen verbotenerweise Parteizugehörigkeit mit staatlichen Geldern bezuschusst, also regelrecht „subventioniert"[3]. Dass sich Strafverfolgungsbehörden schwertun, Fälle der Ämterpatronage aufzugreifen[4], mag zum Teil mit der *schwierigen Nachweisbarkeit* des Vermögensnachteils zusammenhängen. Allerdings kam eine Untersuchung zum Vorhandensein parteipolitischer Ämterpatronage in der Ministerialbürokratie der Bundesländer u.a. zu dem Ergebnis, dass Ämterpatronage nicht in dem in der Literatur häufig behaupteten Ausmaß existieren und es nicht zu einer Aufblähung des öffentlichen Dienstes durch Ämterpatronage kommen soll[5]. 241

§ 33
Geheimnisverletzungen

Bearbeiter: Joachim Dittrich

	Rz.		Rz.
A. Persönlicher Lebens- und Geheimbereich	1	V. Post- und Fernmeldegeheimnis	24
		VI. Berufliche Schweigepflicht	
I. Vertraulichkeit des Worts	2	1. Geheimnisoffenbarung	25
II. Recht am eigenen Bild	9	2. Geheimnisverwertung	39
III. Briefgeheimnis	10	B. Geschäftsgeheimnisse	
IV. Ausspähen von Daten	17	I. Geschäftsgeheimnis	45
		II. Geheimnisverrat	52

---

1 *Schmidt-Hieber*, NJW 1989, 558 (560).
2 Krit. in diesem Sinne *Lenckner/Perron* in S/S, § 266 StGB Rz. 45; *Lindenschmidt*, 52 f.
3 A.A. *Lindenschmidt*, 96.
4 So jedenfalls *Kloepfer*, ZfBeamtR 2001, 189 (193).
5 *Wettengel*, Parteipolitische Ämterpatronage in der Ministerialbürokratie der Bundesländer, 2005, S. 126.

	Rz.		Rz.
1. Täterkreis	53	V. Verleiten und Erbieten zum Verrat	93
2. Tathandlung	57	VI. Verrat durch Organe	
3. Subjektiver Tatbestand	61	1. AG und GmbH	99
4. Sanktionen und Verfahren	65	2. Andere Unternehmensträger	111
III. Geheimnisverschaffung	69	C. Datenschutz	
1. Ausspähung	70	I. Allgemeines	115
2. Geheimnisverwertungen	74	II. Straf- und Bußgeldvorschriften	118
3. Sonstiges	80	1. Ordnungswidrigkeiten	119
IV. Verwertung von Vorlagen	84	2. Straftaten	130
1. Objektiver Tatbestand	85	3. Konkurrenzen	133
2. Sonstige Voraussetzungen	90		

A. Persönlicher Lebens- und Geheimbereich

Schrifttum: *Conrad/Grützmacher* (Hrsg.), Recht der Daten und Datenbanken im Unternehmen, 2014; *Joerden*, Verletzung der Vertraulichkeit des Wortes durch aufgedrängte Tonbandaufnahme, JR 1996, 265; *Kaufmann/Eickhoff*, Tonbandaufzeichnung von Telefongesprächen im Betrieb, BB 1990, 914; *Laber*, „Tonband" in der Tasche, Kündigung auf dem Tisch?, ArbR 2013, 155; *Mölter*, Überwachung und Informationsbeschaffung des Arbeitgebers, 2012; *Papenheim*, Wahrung des Briefgeheimnisses und Direktionsrecht des Dienstgebers, ZMV 1999, 56; *Rübenstahl/Debus*, Strafbarkeit verdachtsabhängiger E-Mail- und EDV-Kontrollen bei Internal Investigations?, NZWiSt 2012, 129; *Vahle*, Der Schutz der schriftlichen Kommunikation gegen private und staatliche Eingriffe, DSB 2000, Nr. 10, 11–15; *Weißgerber*, Das Einsehen kennwortgeschützter Privatdaten des Arbeitnehmers durch den Arbeitgeber, NZA 2003, 1005; *Wölfl*, Rechtfertigungsgründe bei der Verletzung der Vertraulichkeit des Wortes, Jura 2000, 231; *Zimmermann*, Strafrechtliche Risiken des „Whistleblowing", ArbR Aktuell 2012, 58.

1 In der hoch technisierten Massengesellschaft ist das **Rechtsgut des persönlichen Lebens- und Geheimbereichs**, d.h. die jeder Persönlichkeit zukommende und gegen die Außenwelt abzuschirmende Intimsphäre, besonders gefährdet. Die Bedeutung dieses Rechtsguts kommt auch in seiner besonderen Hervorhebung und Absicherung im Grundgesetz (Art. 1 und 2 GG) und in der Menschenrechtskonvention (Art. 8 EMRK) zum Ausdruck. Das *StGB* hat den persönlichen Lebens- und Geheimbereich in einem besonderen Abschnitt in den §§ 201–205 StGB unter strafrechtlichen Schutz gestellt.

I. Vertraulichkeit des Worts

2 Nach *§ 201 StGB* macht sich strafbar, wer unbefugt das *nichtöffentlich gesprochene Wort* eines anderen auf einen **Tonträger aufnimmt** oder eine so hergestellte Aufnahme gebraucht oder einem Dritten zugänglich macht (Abs. 1) *oder* wer unbefugt das nicht zu seiner Kenntnis bestimmte nichtöffentlich gesprochene Wort eines anderen mit einem **Abhörgerät abhört** oder das auf einen Tonträger unbefugt aufgenommene nichtöffentliche Wort eines anderen oder das mit einem Abhörgerät unbefugt abgehörte nichtöffentlich gesprochene Wort eines anderen im Wortlaut oder seinem wesentlichen Inhalt nach *öffentlich mitteilt* (Abs. 2). Der *Versuch* ist in allen Tatvarianten strafbar (Abs. 4).

Durch diese Vorschrift soll die Person in ihrer Privatsphäre, und zwar in der Vertraulichkeitssphäre, in der die **Unbefangenheit des nichtöffentlichen Wortes** gesichert werden soll, geschützt werden[1]. Nichtöffentlich ist das Wort, wenn es nicht über einen kleineren Personenkreis, der durch persönliche oder sachliche Beziehungen abgegrenzt ist, hinausgeht[2]. Dieser Schutz besteht uneingeschränkt auch im *geschäftlichen Bereich*, sowohl in den Beziehungen zu Kunden und Geschäftspartnern als auch innerhalb eines Unternehmens, im Verhältnis des Arbeitgebers zu seinen Arbeitnehmern und umgekehrt. Der bloße Umstand, dass ein Gespräch geschäftlicher Natur ist oder von einem dienstlichen Telefonapparat aus geführt wird, rechtfertigt es nicht, dieses Gespräch aus dem Schutz durch das allgemeine Persönlichkeitsrecht herauszunehmen[3].

3

Unbefugte Aufnahmen auf einen Tonträger nach § 201 Abs. 1 Nr. 1 StGB unterliegen einem umfassenden **Verwertungsverbot**; ein Arbeitgeber, der heimlich Gespräche seiner Angestellten aufzeichnen lässt, kann eine Kündigung selbst dann nicht auf den Inhalt dieser Gespräche stützen, wenn diese strafbaren (beleidigenden) Inhalts sind[4]. Dagegen können unbefugte Tonbandaufnahmen innerbetrieblicher Gespräche durch einen Arbeitnehmer eine (außerordentliche) Kündigung des Arbeitsverhältnisses rechtfertigen[5].

4

„**Abhörgerät**" i.S. von § 201 Abs. 2 Nr. 1 StGB ist eine *verbotene* technische Einrichtung, die das Wort über dessen natürlichen Klangbereich hinaus für den Täter hörbar macht, z.B. Mikroabhörgeräte, eingebaute Mikrofone, Anzapfen des Telefons. Dagegen sollen im Telefon eingebaute Lautsprecher, Zweithörer oder sonstige übliche und zugelassene Mithöreinrichtungen nicht unter diesen Begriff fallen, da ein Fernsprechteilnehmer regelmäßig mit der Einbeziehung eines Mithörers durch seinen Gesprächspartner rechnen müsse[6]. Diese Wertung gilt allerdings nur für das Strafrecht; im Arbeitsrecht wird das heimliche Mithörenlassen von Telefongesprächen grundsätzlich als unzulässig angesehen, und zwar auch dann, wenn der Gesprächspartner mit der Existenz von Mithörmöglichkeiten rechnen muss. In der Folge besteht auch in diesem Fall ein Verwertungsverbot sowohl für den Arbeitgeber als auch für das Gericht[7]. Dies gilt auch für auf Arbeitnehmerseite mitgehörte Telefonate, sofern nicht das Mithören ungewollt erfolgt ist[8].

5

Ferner darf das Abgehörte **nicht zur Kenntnis** *des Abhörenden* **bestimmt** sein. Damit entfällt die Möglichkeit einer mittelbaren Täterschaft nach § 201 Abs. 2 Nr. 1 StGB bei einem Gesprächsteilnehmer, der einen Dritten beauftragt, das

6

---

1 Vgl. *Lenckner/Eisele* in S/S, § 201 StGB Rz. 2.
2 Vgl. *Fischer*, § 201 StGB Rz. 3.
3 BVerfG v. 19.12.1991 – 1 BvR 382/85, NJW 1992, 815; BAG v. 29.10.1997 – 5 AZR 508/96, NJW 1998, 1331.
4 LAG Frankfurt v. 2.10.2001 – 2 Sa 879/01, ArbuR 2003, 188.
5 Vgl. BAG v. 19.7.2012 – 2 AZR 989/11, NZA 2013, 143, juris Rz. 40.
6 BGH v. 17.2.1982 – VIII ZR 29/81, NJW 1982, 1398; BGH v. 8.10.1993 – 2 StR 400/93, BGHSt 39, 335; a.A. *Lenckner/Eisele* in S/S, § 201 StGB Rz. 19; krit. *Fischer*, § 201 StGB Rz. 7; *Schünemann* in LK, § 201 StGB Rz. 18.
7 BAG v. 29.10.1997 – 5 AZR 508/96, NJW 1998, 1331.
8 BAG v. 23.9.2009 – 6 AZR 189/08, NJW 2010, 104 (107).

Gespräch heimlich abzuhören (in Betracht kommt jedoch Teilnahme). Ebenso erfüllt derjenige den Tatbestand des § 201 Abs. 2 Nr. 1 StGB nicht, für den zwar nicht der Wortlaut, aber der Inhalt des Gesagten bestimmt ist (Firmenchef, der ein geschäftliches Gespräch seines Prokuristen belauscht)[1].

7 Der Täter muss **unbefugt**, d.h. rechtswidrig handeln. Liegt eine *gesetzliche Erlaubnis*, wie sie beispielsweise das Gesetz zu Art. 10 GG vom 13.8.1968 oder § 100a StPO (Überwachung der Telekommunikation) enthalten, oder die Einwilligung des Sprechenden[2] vor, entfällt die Rechtswidrigkeit. Auch Rechtfertigungsgründe wie Notwehr (z.B. bei Erpressung), rechtfertigender Notstand, überwiegendes Interesse bei einer Güter- und Pflichtenabwägung oder die Sozialadäquanz können die Rechtswidrigkeit entfallen lassen. Dagegen reicht das Interesse, sich ein Beweismittel für zivilrechtliche Ansprüche zu sichern, nicht aus, um die Verletzung des Persönlichkeitsrechts des Gesprächspartners zu rechtfertigen[3].

8 Bei der Tat verwendete Tonträger und Abhörgeräte können **eingezogen** werden (§ 201 Abs. 5 StGB), ohne dass es darauf ankommt, ob sie als Tatwerkzeug oder als Tatprodukt i.S. des § 74 StGB anzusehen sind[4]. – § 201 StGB ist, vom besonderen Fall des Abs. 3 abgesehen, **Antragsdelikt** (§ 205 Abs. 1 StGB).

II. Recht am eigenen Bild

9 Das *Recht am eigenen Bild* ist strafrechtlich nicht nur durch die alten Normen des KUrhG (§§ 22 f., 33 KUrhG; dazu § 60 Rz. 104 ff.) geschützt, sondern seit 2004 ergänzend auch durch **§ 201a StGB**. Der räumliche Schutzbereich des nunmehr[5] einschlägigen Abs. 1 Nr. 1 ist jedoch auf *Wohnungen* und *gegen Einblick besonders geschützte Räume* beschränkt. Daher wird eine Videoüberwachung am Arbeitsplatz regelmäßig den Tatbestand nicht erfüllen[6], sofern sie nicht in Toiletten, Umkleiden oder ähnlichen Räumen erfolgt, in denen die Intimsphäre typischerweise offengelegt und gerade deshalb ein Sichtschutz errichtet wird[7]. Näher dazu § 60 Rz. 114 ff.

9a Allerdings ist das Recht am eigenen Bild als Teil des **allgemeinen Persönlichkeitsrechts** auch im Arbeitsrecht zu beachten. Eine lückenlose technische Überwachung des Arbeitnehmers ist deshalb unzulässig. Eingriffe sind nur im überwiegenden schutzwürdigen Interesse des Arbeitgebers erlaubt. Danach kann eine heimliche Videoüberwachung zulässig sein, wenn der konkrete Verdacht einer strafbaren Handlung oder einer anderen schweren Verfehlung des Arbeitnehmers zulasten des Arbeitgebers besteht, andere Mittel ausgeschöpft

---

1 *Fischer*, § 201 StGB Rz. 7; *Schünemann* in LK, § 201 StGB Rz. 24; a.A. *Lenckner/Eisele* in S/S, § 201 StGB Rz. 21.
2 Vgl. hierzu OLG Jena v. 27.9.2005 – 8 U 861/04, MDR 2006, 533.
3 BGH v. 18.2.2003 – XI ZR 165/02, NJW 2003, 1727.
4 *Fischer*, § 201 StGB Rz. 17.
5 Vgl. die Neufassung durch G v. 21.1.2015, BGBl. I 10.
6 *Lenckner/Eisele* in S/S, § 201a StGB Rz. 7.
7 *Lenckner/Eisele* in S/S, § 201a StGB Rz. 7.

sind, die Videoüberwachung das einzige verbleibende Mittel darstellt und insgesamt nicht unverhältnismäßig ist[1].

Ob eine verdeckte Videoüberwachung *verhältnismäßig* ist, hängt von den Umständen des Einzelfalles ab. Die Verhältnismäßigkeit ist *bejaht* worden bei einem Verdacht der Unterschlagung von Firmengeldern und einer zeitlich und räumlich begrenzten Überwachung[2], sie ist *verneint* worden für die Überwachung eines Briefverteilzentrums, bei der alle Mitarbeiter ohne Vorliegen eines konkreten Verdachts der verdeckten Überwachung ihrer Tätigkeit unterworfen waren[3].

Erkenntnisse aus einer rechtswidrigen verdeckten Videoüberwachung unterliegen einem Verwertungsverbot im Kündigungsprozess[4]. Konfrontiert jedoch der Arbeitgeber den Arbeitnehmer mit den Erkenntnissen aus der Videoüberwachung und räumt dieser daraufhin die Verfehlung ein, kann die Kündigung auf dieses Geständnis gestützt werden[5]. | 9b

III. Briefgeheimnis

Nach § 202 StGB wird mit Freiheitsstrafe bis zu einem Jahr oder mit Geldstrafe bestraft, wer unbefugt einen verschlossenen Brief oder ein anderes **verschlossenes Schriftstück**, das nicht zu seiner Kenntnis bestimmt ist, *öffnet* oder sich vom Inhalt eines solchen Schriftstücks ohne Öffnung des Verschlusses unter Anwendung technischer Mittel *Kenntnis verschafft* (Abs. 1). Ebenso wird bestraft (Abs. 2), wer sich unbefugt vom Inhalt eines Schriftstücks, das nicht zu seiner Kenntnis bestimmt und das durch ein *verschlossenes Behältnis* gegen Kenntnisnahme gesichert ist, Kenntnis verschafft, nachdem er das Behältnis geöffnet hat. | 10

Nach Abs. 3 steht einem Schriftstück i.S. der Abs. 1 und 2 eine Abbildung gleich (Fotos, Lichtpausen usw.). Auch § 202 StGB schützt nicht nur die private, sondern auch die *geschäftliche* oder behördliche *Vertraulichkeitssphäre*[6].

Das Schriftstück muss **verschlossen** (§ 202 Abs. 1 Nr. 1 StGB), d.h. mit einer Vorkehrung versehen sein, die *der Kenntnisnahme ein deutliches Hindernis bereitet*[7]. | 11

Beispiele: Zugeklebter Briefumschlag, mit einem Schloss versperrtes Tagebuch, Pappumhüllung mit verknotetem Bindfaden, zusammengeklebte oder zusammengenähte Schriftstücke[8].

Tathandlung ist hier allein das *Öffnen*; Kenntnisnahme ist nicht vorausgesetzt.

---

1 BAG v. 27.3.2003 – 2 AZR 51/02, NJW 2003, 3436 (3437).
2 BAG v. 27.3.2003 – 2 AZR 51/02, NJW 2003, 3436 (3437).
3 BAG v. 29.6.2004 – 1 AZR 21/03, NJW 2005, 313 (315).
4 LAG Hamm v. 24.7.2001 – 11 Sa 1524/00, NZA-RR 2002, 464.
5 BAG v. 16.12.2010 – 2 AZR 485/08, NZA 2011, 571, 574; LAG Schl.-Holst. v. 16.11.2011 – 3 Sa 284/11, juris Rz. 38 ff.
6 Vgl. *Fischer*, § 202 StGB Rz. 2.
7 RGSt. 16, 287.
8 RGSt. 16, 284 (288); RGSt. 46, 288.

12 Das **Kenntnisverschaffen** ohne Öffnen unter Anwendung technischer Mittel (§ 202 Abs. 1 Nr. 2 StGB) setzt den Gebrauch spezifisch technischer Hilfsmittel voraus (z.B. Durchleuchtungseinrichtung)[1]. Im Unterschied zu Nr. 1 muss sich der Täter vom Inhalt des Schriftstücks hier tatsächlich *Kenntnis verschafft* haben, was voraussetzt, dass er dieses zumindest teilweise gelesen und das Gelesene jedenfalls in seiner Wortbedeutung im Wesentlichen verstanden hat[2].

13 Im Falle des § 202 Abs. 2 StGB muss das Schriftstück durch ein verschlossenes Behältnis gegen Kenntnisnahme **besonders gesichert** sein.

Beispiele: Kassette, Tresor, Schrank, Schublade, die verschlossen sind; abgeschlossene Aktentasche.

Anders als beim „verschlossenen Schriftstück" muss hier zur Öffnung des Behältnisses die Kenntnisnahme treten. Tatbestandsmäßig kann nur derjenige handeln, zu dessen Kenntnis die Sache zur Tatzeit nicht bestimmt ist.

14 Die **Einwilligung** des Berechtigten lässt schon den *Tatbestand* entfallen[3]. Dagegen ist die **Befugnis** zur Verletzung des Briefgeheimnisses i.S. von § 202 StGB ein *Rechtfertigungsgrund*. Als Rechtfertigungsgründe kommen etwa §§ 99, 100 Abs. 3 StPO (Postbeschlagnahme) in Betracht. Das Direktionsrecht des Arbeitgebers kann eine solche Befugnis nicht begründen. Zwar kann es zulässig sein, an einen bestimmten Mitarbeiter adressierte, aber nicht ausdrücklich als Privatpost gekennzeichnete Schriftstücke durch einen Vorgesetzten oder einen Vertreter öffnen zu lassen[4], jedoch ist eine Weisung, sämtliche eingehende Post zu öffnen, unzulässig[5]. Insbesondere kann auch der Betriebsrat verlangen, dass der Arbeitgeber es unterlässt, an den Betriebsrat adressierte Post zu öffnen[6]. Eine Verletzung des Briefgeheimnisses durch den Arbeitnehmer kann eine außerordentliche Kündigung rechtfertigen[7].

15 Der **subjektive Tatbestand** erfordert außer dem (bedingten) Vorsatz im Übrigen, dass der Täter das Behältnis in der Absicht öffnet, sich vom Inhalt der darin befindlichen Schriftstücke Kenntnis zu verschaffen. Eine solche Absicht i.S. von zielgerichtetem Handeln liegt auch vor, wenn der Täter nicht sicher weiß, ob er auf das gesuchte Schriftstück stößt. Dagegen gilt Abs. 2 nicht, wenn jemand das Behältnis aus anderen Gründen (z.B. Diebstahlsabsicht) öffnet und sich erst nachträglich zur Kenntnisnahme entschließt[8].

16 Auch der Bruch des Briefgeheimnisses wird nach § 205 StGB nur auf **Antrag** verfolgt.

---

1 Vgl. *Lenckner/Eisele* in S/S, § 202 StGB Rz. 10, 11.
2 *Lenckner/Eisele* in S/S, § 202 StGB Rz. 10, 11; a.A. *Fischer*, § 202 StGB Rz. 10.
3 Vgl. *Fischer*, § 202 StGB Rz. 13.
4 Vgl. *Vahle*, DSB 2000, Nr. 10, 11–15.
5 Vgl. *Papenheim*, ZMV 1999, 56.
6 ArbG Köln v. 21.3.1989 – 4 BV 20/89, CoR 1990, 208.
7 BAG v. 12.5.2010 – 2 AZR 587/08, NZA-RR 2011, 15 (17).
8 *Lenckner/Eisele* in S/S, § 202 StGB Rz. 21.

IV. Ausspähen von Daten

a) Durch das 2. WiKG vom 15.5.1986 (§ 1 Rz. 64) wurde der – gleichfalls als *Antragsdelikt* ausgestaltete – **§ 202a** in das StGB eingefügt. Danach wurde mit Freiheitsstrafe bis zu drei Jahren oder mit Geldstrafe bestraft, wer **unbefugt Daten**, die nicht für ihn bestimmt und die gegen unberechtigten Zugang gesondert gesichert sind, sich oder einem anderen *verschafft*. Diese Strafnorm ist durch das 41. Strafrechtsänderungsgesetz zur Bekämpfung der Computerkriminalität[1] *erweitert* worden (vgl. auch § 42 Rz. 84 ff.). Seitdem trifft die Strafdrohung des § 202a StGB schon denjenigen, der sich den bloßen *Zugang* zu diesen Daten verschafft. Somit ist auch das sog. „Hacking", also das einfache Überwinden von Sicherheitseinrichtungen ohne Ausspähen von Daten, unter Strafe gestellt[2]. Nach § 202a Abs. 2 StGB sind Daten in diesem Sinne nur solche, die elektronisch, magnetisch oder sonst nicht unmittelbar wahrnehmbar gespeichert sind oder übermittelt werden.

17

Rechtsgut ist die formelle Verfügungsbefugnis desjenigen, der als Herr der Daten – d.h. kraft seines Rechts in ihrem gedanklichen Inhalt und damit unabhängig von den Eigentumsverhältnissen am Datenträger – darüber bestimmen kann, wem diese zugänglich sein sollen[3].

18

Bei den einschlägigen Tatbeständen des 2. WiKG ist von einem **weiten Datenbegriff** auszugehen, der entsprechend dem allgemeinen Sprachgebrauch alle durch Zeichen oder kontinuierliche Funktionen dargestellte Informationen erfasst, die sich als Gegenstand oder Mittel der Datenverarbeitung für eine Datenverarbeitungsanlage codieren lassen oder die das Ergebnis eines Datenverarbeitungsvorgangs sind[4]. Zu den nur beispielhaft genannten Formen elektronischer und magnetischer Fixierung gehören z.B. Röhren- und Relaissysteme, Magnetplatten oder -bänder, Disketten, USB-Sticks, COM- bzw. CIM-Systeme und Hologrammspeicher und optische Speichermedien wie CD-ROM und DVD[5].

19

Für den Täter **nicht bestimmt** sind die Daten, wenn sie ihm nach dem Willen des Berechtigten im Zeitpunkt der Tathandlung nicht zur Verfügung stehen sollen[6]. Hat der Berechtigte dem anderen die Daten zugänglich gemacht, so sind sie für diesen auch bestimmt, selbst wenn sie ihm nur für bestimmte Zwecke überlassen sind. Sie bleiben dies deshalb *auch* bei *einer zweckwidrigen Verwendung*, weshalb z.B. auch der Angestellte, der das von ihm zu bearbeitende Datenmaterial seines Geschäftsherrn einem Dritten verschafft, schon aus diesem Grund nicht den Tatbestand des § 202a StGB erfüllt[7]. Dabei ist jedoch zu beachten, dass die Überlassung von Daten zum Zweck ihrer Nutzung

20

---

1 41. StrÄndG v. 7.8.2007, BGBl. I 1786.
2 *Ernst*, Das neue ComputerstrafR, NJW 2007, 2661; *Schumann*, Das 41. StrÄndG, NStZ 2007, 675 (676).
3 *Lenckner/Eisele* in S/S, § 202a StGB Rz. 1 m.w.Nw.; vgl. auch *Koch*, RDV 1996, 123; *Schmitz*, JABl. 1995, 478.
4 *Lackner/Kühl*, § 263a StGB Rz. 3; *Lenckner/Eisele* in S/S, § 202a StGB Rz. 3.
5 *Lenckner/Eisele* in S/S, § 202a StGB Rz. 4.
6 *Lackner/Kühl*, § 202a StGB Rz. 3.
7 *Fischer*, § 202a StGB Rz. 7a; *Lenckner/Eisele* in S/S, § 202a StGB Rz. 6.

nicht immer mit ihrem Zugänglichmachen verbunden ist und nach dem Willen des Berechtigten verbunden sein soll. Dies gilt z.B. für die Programmdaten eines Spielautomaten, die auch für den Erwerb eines solchen nicht bestimmt sind[1], und die verschlüsselten Daten auf dem Magnetstreifen einer Bankomatenkarte[2], die allerdings auch deshalb nicht Tatobjekt des § 202a StGB sein können, weil das Auslesen keiner Überwindung einer Zugangssicherung bedarf[3].

21 Hinzukommen muss, dass die Daten gegen unberechtigten Zugang **besonders gesichert** sind, d.h. es müssen Vorkehrungen getroffen sein, die objektiv geeignet und subjektiv nach dem Willen des Berechtigten dazu bestimmt sind, den Zugriff auf die Daten auszuschließen oder wenigstens nicht unerheblich zu erschweren[4]. Dem genügt nicht, wenn die fragliche Einrichtung, mag sie auch zugleich als Zugangssicherung wirken, ausschließlich anderen Zwecken dient (z.B. Feuerschutz)[5].

Beispiele für Zugangssicherungen: Passworte, Benutzerkennnummern, Magnetkarten, Fingerabdruck- und Stimmerkennungsgerät.

22 Ein *Verschaffen* der Daten, also eine tatsächliche Kenntnisnahme oder, ohne vorherige Kenntnisnahme, eine Fixierung der Daten auf einem Datenträger[6], ist nach der Neufassung des Gesetzes nicht mehr erforderlich. Der **Zugang** zu den Daten liegt bereits im Eindringen in ein Datenverarbeitungssystem[7], der Tatbestand ist vollendet, wenn der Täter die Daten nur am Bildschirm betrachtet[8]. Allerdings wird bei verschlüsselten Daten weiterhin[9] zu verlangen sein, dass die Verschaffung des Zugangs die Entschlüsselung der Daten erfordert[10].

23 **Unbefugt** ist das Deliktsmerkmal der Rechtswidrigkeit. Bedingter *Vorsatz* genügt. Ob ein Arbeitgeber sich Einsicht in die von einem Arbeitnehmer auf dem ihm zu betrieblichen Zwecken überlassenen Computer gespeicherten, durch ein persönliches Kennwort des Arbeitnehmers geschützten Daten verschaffen darf und eine Kündigung auf die hieraus gewonnenen Erkenntnisse stützen kann, hängt von den Umständen des Einzelfalls ab. Die Vergabe eines *Passworts* durch den Arbeitgeber dient nicht der Einrichtung eines vor dem Arbeitgeber geschützten Geheimbereichs, sondern in erster Linie der sicheren Zuordnung einzelner Vorgänge am Computer zu dem jeweiligen Urheber. Wenn der

---

1 *Etter*, CR 1988, 1024; *Neumann*, JuS 1990, 539; *Schlüchter*, NStZ 1988, 55; *Westpfahl*, CR 1987, 517; anders LG Duisburg v. 17.2.1988 – XVIII Qs 2/88, CR 1988, 1028.
2 Vgl. BGH v. 10.5.2005 – 3 StR 425/04, NStZ 2005, 566 = wistra 2005, 337.
3 BGH v. 14.1.2010 – 4 StR 93/09, NStZ 2010, 275 (276); BGH v. 6.7.2010 – 4 StR 555/09, NStZ 2011, 154.
4 *Lenckner/Eisele* in S/S, § 202a StGB Rz. 7.
5 *Hilgendorf* in LK, § 202a StGB Rz. 30; *Lenckner/Eisele* in S/S, § 202a StGB Rz. 7.
6 *Tröndle/Fischer*, 54. Aufl., § 202a StGB Rz. 9; *Jähnke* in LK[11], § 202a StGB Rz. 6; *Lackner/Kühl*, § 202a StGB Rz. 5; *Lenckner/Eisele* in S/S, § 202a StGB Rz. 10.
7 *Schumann*, NStZ 2007, 676; *Fischer*, § 202a StGB Rz. 10a.
8 *Ernst*, NJW 2007, 2661; *Fischer*, § 202a StGB Rz. 11.
9 Vgl. zur vorherigen Gesetzesfassung *Lenckner/Eisele* in S/S, § 202a StGB Rz. 10.
10 *Fischer*, § 202a StGB Rz. 11a; krit. *Ernst*, NJW 2007, 2661.

Arbeitgeber hierbei Zugriffsberechtigungen auf höherer Ebene, etwa durch den Netzwerkadministrator, festlegt, ist ein solcher Zugriff nicht unbefugt[1], wobei ein Login-Passwort im Verhältnis zum Arbeitgeber auch keine besondere Sicherung i.S. von § 202a StGB ist[2]. Ist dagegen eine solche übergeordnete Zugriffsberechtigung nicht eingeräumt, wird ein Zugriff des Arbeitgebers nur ausnahmsweise, etwa beim Verdacht gravierender Straftaten, befugt sein[3]. Dementsprechend wird der 2009 neu geschaffene § 32 BDSG[4] auch als diese Grundsätze konkretisierender, telekommunikationsspezifischer Rechtfertigungsgrund für Fälle angesehen, in denen der Tatbestand des § 202a StGB verwirklicht sein kann[5]. Besteht ein solcher Verdacht nicht, ist ein Zugriff auf passwortgeschützte Dateien des Arbeitnehmers nicht gestattet, sodass die hierbei gewonnenen Erkenntnisse auch dann, wenn es sich um pornografische Dateien – nichtstrafbaren Inhalts – handeln sollte, eine Kündigung nicht zu rechtfertigen vermögen[6]. Allerdings kann das Öffnen eines auch privat genutzten, passwortgeschützten Accounts eines Beschäftigten zulässig sein, wenn dieser auf unbestimmte Zeit erkrankt ist und auch auf Anfragen des Arbeitgebers, ihm die auf seinem Rechner eingegangene Mails zugänglich zu machen, nicht reagiert hat, zumal in einem solchen Fall die Daten auch für den Arbeitgeber bestimmt sind[7].

Die Straftat nach § 202a StGB wird nur **auf Antrag** verfolgt, sofern nicht die Staatsanwaltschaft ein *besonderes öffentliches Interesse* an der Strafverfolgung bejaht, § 205 Abs. 1 S. 2 StGB. — 23a

Der **Versuch** ist – weiterhin – nicht strafbar. Dass einerseits das Ansetzen zur konkreten Rechtsgutverletzung straflos sein soll, andererseits aber die nur abstrakt gefährliche Vorbereitung einer solchen Tat in § 202c StGB unter Strafe gestellt ist und sogar von Amts wegen verfolgt wird, ist ein Systembruch und ein Wertungswiderspruch[8]. — 23b

b) Durch das 41. StrÄndG ist – neben dem gerade erwähnten § *202c StGB (Vorbereiten des Ausspähens und Abfangens von Daten)* – auch **§ 202b StGB – Abfangen von Daten** – in das StGB eingefügt worden (vgl. § 42 Rz. 91 ff., 93 ff.). § 202b StGB wird im wirtschaftsstrafrechtlichen Zusammenhang keine spezifische Bedeutung erfahren, weshalb insoweit auf die Veröffentlichungen zum 41. StrÄndG[9] verwiesen wird. Problematisch kann es allerdings sein, wenn der Arbeitgeber Arbeitnehmern gestattet, dienstliche Aufgaben auf privaten IT-Ge- — 23c

---

1 LAG Köln v. 15.12.2003 – 2 Sa 816/03, NZA-RR 2004, 527.
2 *Rübenstahl/Debus*, NZWiSt 2012, 131.
3 *Oberwetter*, Arbeitnehmerrechte, NZA 2008, 609 (611); *Dann/Gastell*, Geheime Mitarbeiterkontrolle, NJW 2008, 2945 (2947).
4 Durch G v. 14.8.2009, BGBl. I 2814.
5 *Rübenstahl/Debus*, NZWiSt 2012, 137.
6 *Weißgerber*, NZA 2003, 1005 gegen ArbG Frankfurt v. 2.1.2002 – 2 Ca 5340/01, NZA 2002, 1093.
7 LAG Bdb. v. 16.2.2011 – 4 Sa 2132/10, NZA-RR 2011, 342; zust. *Rübenstahl/Debus*, NZWiSt 2012, 130.
8 *Ernst*, NJW 2007, 2662; *Gröbeling/Höfinger*, Computersabotage und Vorfeldkriminalisierung, MMR 2007, 626 (628).
9 *Ernst*, NJW 2007, 2663; *Schumann*, NStZ 2007, 677.

räten wie Smartphones zu erledigen, und dann die Einhaltung seiner Vorgaben bei der Benutzung dieser Geräte kontrolliert[1].

23d c) Nach § 202c Abs. 1 Nr. 2 StGB wird auch bestraft, wer Computerprogramme, deren *Zweck* die Begehung einer Straftat nach § 202a oder 202b StGB ist, herstellt, sich verschafft usw. Die bloße Eignung von Computerprogrammen zur Begehung von Straftaten genügt allerdings nicht zur Erfüllung des Tatbestandes[2]. Daher werden auch sog. „dual-use-tools", also Computerprogramme, die dem Aufspüren von Sicherheitslücken im eigenen Datenverarbeitungssystem dienen sollen, aber auch für Angriffe auf fremde Daten eingesetzt werden können, im Allgemeinen nicht vom objektiven Tatbestand des § 202c Abs. 1 Nr. 2 StGB erfasst[3]. Der Vorschrift unterfallen nur solche Programme, die im Hinblick auf eine spezielle Tatvariante der §§ 202a oder 202b StGB geschrieben wurden, denen die Möglichkeit zur Begehung solcher Straftaten als Kernbestandteil innewohnt oder die bereits nach Art und Weise ihres Aufbaus darauf angelegt sind, illegalen Zwecken zu dienen[4].

V. Post- und Fernmeldegeheimnis

24 § 206 StGB stellt die Verletzung des Post- oder Fernmeldegeheimnisses durch Inhaber oder Mitarbeiter von Unternehmen unter Strafe, die **geschäftsmäßig Post- oder Telekommunikationsdienste** erbringen. Diese Strafdrohung beschränkt sich nicht auf Mitarbeiter der Deutschen Post, der Telekom oder ihrer Konkurrenten, da das „geschäftsmäßige Erbringen" von Post- oder Telekommunikationsdienstleistungen *nicht* alleiniger oder auch nur Hauptzweck des Unternehmens sein muss. Der Unternehmensbegriff des § 206 StGB umfasst jede Betätigung im geschäftlichen Verkehr, die nicht ausschließlich hoheitlich erfolgt und nicht auf eine private Tätigkeit beschränkt ist[5]. Daher können auch Anwaltskanzleien, Hotels, Krankenhäuser und Betriebe Unternehmen i.S. des § 206 StGB sein[6].

Auch eine Hochschule, die ihren Mitarbeitern und Dritten ihre Telekommunikationseinrichtungen zur Versendung und zum Empfang elektronischer Post auch für private und wirtschaftliche Zwecke zur Verfügung stellt, wird außerhalb ihres hoheitlichen Aufgabengebietes tätig und ist als Unternehmen i.S. von § 206 StGB anzusehen[7]. Demgegenüber wird in mehreren arbeitsgerichtlichen Entscheidungen[8] der Arbeitgeber nicht als

---

1 Vgl. *Söbbing*, Rechtsrisiken durch Bring your own Device, RDV 2013, 77; *Göpfert/Wilke*, Nutzung privater Smartphones für dienstliche Zwecke, NZA 2012, 765; *Kranig* in Conrad/Grützmacher, § 29 Rn 24 ff.
2 *Ernst*, NJW 2007, 2663.
3 Vgl. BVerfG v. 18.5.2009 – 2 BvR 2233/07 u.a., ZUM 2009, 745 (749), juris Rz. 64 gegen *Ernst*, NJW 2007, 2663; *Gröbeling/Höfinger*, MMR 2007, 629.
4 BVerfG v. 18.5.2009 – 2 BvR 2233/07 u.a., ZUM 2009, 745 (749), juris Rz. 67.
5 OLG Karlsruhe v. 10.1.2005 – 1 Ws 152/04, MMR 2005, 178, Rz. 19; *Dann/Gastell*, NJW 2008, 2946.
6 *Dann/Gastell*, NJW 2008, 2946.
7 OLG Karlsruhe v. 10.5.2005 – 1 Ws 152/04, MMR 2005, 178, Rz. 18.
8 LAG Nds. v. 31.5.2010 – 12 Sa 875/09, NZA-RR 2010, 406 (408); LAG Bdb. v. 16.2.2011 – 4 Sa 2132/10, NZA-RR 2011, 342 (343); zust. *Kranig* in Conrad/Grützmacher, § 29 Rz. 21.

Diensteanbieter i.S. des TKG betrachtet. Daraus wird wegen der Deckungsgleichheit der nach § 88 i.V.m. § 3 Nr. 6 TKG zur Wahrung des Post- und Fernmeldegeheimnisses verpflichteten Personen mit dem Personenkreis des § 206 Abs. 1 StGB[1] geschlossen, dass auch eine Strafbarkeit des Arbeitgebers nach § 206 StGB ausscheide[2].

Tathandlung des § 206 StGB ist einerseits das *Mitteilen* von dem Post- oder Fernmeldegeheimnis unterliegenden Tatsachen (Abs. 1), andererseits das *Öffnen* bzw. die *Kenntnisverschaffung* (Abs. 2 Nr. 1) oder das *Unterdrücken* (Abs. 2 Nr. 2) von dem Unternehmen zur Übermittlung anvertrauten Sendungen. Daher kann die inhaltliche Kontrolle von an die Mitarbeiter des Unternehmens gerichteter (elektronischer) Post die Tatbestandsvariante des Abs. 2 Nr. 1 erfüllen[3], während beispielsweise das Ausfiltern von – z.B. von bestimmten Absendern stammenden oder an bestimmte Empfänger gerichteten – E-Mails ein Unterdrücken i.S. von § 206 Abs. 2 Nr. 2 StGB sein kann[4]. 24a

Auch die Strafbarkeit nach § 206 StGB setzt ein **unbefugtes** Handeln des Täters voraus. Als Rechtfertigungsgrund kommt zunächst eine *Einwilligung* in Betracht, die allerdings von allen an der konkreten Post- oder Telekommunikation beteiligten Personen erklärt sein muss[5]. Weitere Rechtfertigungsgründe unterliegen den Einschränkungen der § 39 Abs. 3 S. 3 PostG, § 88 Abs. 3 S. 3 TKG, müssen also in gesetzlichen Vorschriften enthalten sein, die sich ausdrücklich auf Post- oder Telekommunikation beziehen. Ob und inwieweit daneben noch *allgemeine Rechtfertigungsgründe* eingreifen können, ist umstritten[6]. Als zulässig wird es aber anzusehen sein, wenn Unternehmen Virenschutzprogramme einsetzen, um die Funktionsfähigkeit ihres Datenverarbeitungssystems zu schützen[7]. 24b

VI. Berufliche Schweigepflicht

1. Geheimnisoffenbarung

§ 203 Abs. 1 StGB bedroht mit Freiheitsstrafe bis zu einem Jahr oder Geldstrafe bestimmte, im Einzelnen bezeichnete Träger **sozial bedeutsamer Berufe** (Ärzte, Apotheker, Psychologen, Rechtsanwälte, Patentanwälte, Notare, Wirtschaftsprüfer, vereidigte Buchprüfer, Steuerberater, Steuerbevollmächtigte, Ehe- oder Erziehungs- oder Jugendberater, Sozialarbeiter, Angehörige eines Unternehmens der privaten Kranken-, Unfall- oder Lebensversicherung oder einer privatärztlichen Verrechnungsstelle), die unbefugt ein fremdes Geheimnis, namentlich ein zum persönlichen Lebensbereich gehörendes Geheimnis oder ein Betriebs- oder Geschäftsgeheimnis offenbaren, das ihnen in ihrer *beruflichen* 25

---

1 *Lenckner/Eisele* in S/S, § 206 StGB Rz. 8
2 *Rübenstahl/Debus*, NZWiSt 2012, 134.
3 *Dann/Gastell*, NJW 2008, 2945.
4 OLG Karlsruhe v. 10.5.2005 – 1 Ws 152/04, MMR 2005, 178, Rz. 22.
5 OLG Karlsruhe v. 10.5.2005 – 1 Ws 152/04, MMR 2005, 178, Rz. 21; vgl. auch BVerfG v. 25.10.1992 – 1 BvR 1430/88, BVerfGE 85, 386, Rz. 55.
6 Bejahend *Altvater* in LK, § 206 StGB Rz. 80; OLG Karlsruhe v. 10.5.2005 – 1 Ws 152/04, MMR 2005, 178, Rz. 24 m.w.Nw.; verneinend *Dann/Gastell*, NJW 2998, 2946; *Fischer*, § 206 StGB Rz. 9; *Lenckner/Eisele* in S/S, § 206 StGB Rz. 14.
7 OLG Karlsruhe v. 10.5.2005 – 1 Ws 152/04, Rz. 25, MMR 2005, 178.

Eigenschaft, also nicht als Privatmann, anvertraut oder sonst bekannt geworden ist.

25a **Geheimnis** ist eine Tatsache, die nur einem einzelnen oder einem beschränkten Personenkreis bekannt ist und an deren Geheimhaltung der Betroffene ein schutzwürdiges Interesse hat[1]. Die Tatsachen müssen sich auf den Betroffenen selbst beziehen, d.h. auf seine Person sowie seine vergangenen und bestehenden Lebensverhältnisse[2]. Bezüglich des in § 203 Abs. 1 StGB angeführten Betriebs- oder Geschäftsgeheimnisses wird auf die Ausführungen zu § 17 UWG verwiesen (Rz. 45 ff.).

26 Der Geheimnisträger muss ferner an der Geheimhaltung ein bei Berücksichtigung seiner persönlichen Situation sachlich **begründetes Interesse** haben[3]. Dieses Erfordernis des sachlich begründeten Interesses hat lediglich die Funktion einer negativen Abgrenzung gegenüber reiner Willkür und Launenhaftigkeit des Geheimnisträgers. Denn der Schutzzweck des § 203 StGB verlangt, auch rein persönliche, von anderen nicht geteilte Auffassungen anzuerkennen[4].

27 **Anvertrauen** ist das Einweihen in ein Geheimnis unter Umständen, aus denen sich eine Pflicht zur Verschwiegenheit ergibt[5]. Dadurch, dass der Gesetzgeber nicht nur das Anvertrauen, sondern auch das **sonst** im Rahmen der Berufsausübung „**bekannt gewordene**" Geheimnis in den Tatbestand aufgenommen hat, werden auch die Fälle erfasst, in denen der Täter eine schutzwürdige Tatsache anders als durch Anvertrauen erfährt. Bei beiden Tatvarianten muss jedoch ein innerer Zusammenhang mit der Berufsausübung des Täters bestehen[6].

Beispiele: Der Arzt erfährt durch die Indiskretion eines Patienten, dass ein anderer Patient in der Vergangenheit wegen einer Krebsgeschwulst operiert wurde, und erzählt dies weiter. Der Rechtsanwalt erfährt durch Akteneinsicht von tilgungsreifen Bundeszentralregister-Eintragungen des Gegners und teilt diese Dritten mit[7].

28 Nach § 203 Abs. 3 StGB stehen den in Abs. 1 Genannten ihre **berufsmäßig tätigen Gehilfen** und die Personen gleich, „die bei ihnen zur Vorbereitung auf den Beruf tätig sind", wie z.B. Medizinstudenten, Referendare. Ferner steht gleich, wer nach dem Tode des zur Wahrung des Geheimnisses Verpflichteten das Geheimnis von dem Verstorbenen oder aus dessen Nachlass erlangt hat. Dies muss allerdings aufgrund einer erbrechtlichen Beziehung geschehen sein, ein

---

1 Anschaulich zu Fahrzeug- und Kfz-Halterdaten einerseits BayObLG v. 18.1.1999 – 5 St RR 173/98, NJW 1999, 1727 sowie OLG Hamburg v. 22.1.1998 – I-4/98 - 2 Ss 105/97, NStZ 1998, 358, und anderseits BGH v. 8.10.2002 – 1 StR 150/02, BGHSt 48, 33 = NJW 2003, 226.
2 *Fischer*, § 203 StGB Rz. 4; *Schmitz*, JABl. 1996, 727 (949).
3 *Fischer*, § 203 StGB Rz. 6; *Schünemann* in LK, § 203 StGB Rz. 27; *Lenckner/Eisele* in S/S, § 203 StGB Rz. 7.
4 KG v. 19.6.1992 – 13 U 262/92, NJW 1992, 2271; OLG Schleswig v. 24.9.1984 – 2 Ws 708/84, NJW 1985, 1091; *Fischer*, § 203 StGB Rz. 6; *Schünemann* in LK, § 203 StGB Rz. 27; *Lenckner/Eisele* in S/S, § 203 StGB Rz. 7.
5 OLG Köln v. 4.7.2000 – Ss 254/00, NJW 2000, 3656.
6 *Lenckner/Eisele* in S/S, § 203 StGB Rz. 13, 15.
7 OLG Köln v. 4.7.2000 – Ss 254/00, NJW 2000, 3656.

Antiquar oder ein Altpapierhändler, der etwa Aufzeichnungen eines Arztes veräußert, erfüllt den Tatbestand nicht[1].

§ 203 Abs. 2 StGB bezieht weitere Berufsgruppen in die Strafandrohung des § 203 Abs. 1 StGB ein, insbesondere *Amtsträger* und *für den öffentlichen Dienst besonders Verpflichtete* i.S. von § 11 Abs. 1 Nr. 2 und 4 StGB. Mit § 203 Abs. 2 Nr. 3 StGB werden Personen erfasst, die **Aufgaben und Befugnisse nach dem Personalvertretungsrecht** wahrnehmen. Damit wurden die unterschiedlichen und zum Teil einander widersprechenden Regelungen des früheren Rechts vereinheitlicht. Dabei umfasst der Begriff „Personalvertretungsrecht" alle Rechtsnormen, welche die Interessenvertretung der Angehörigen von Dienststellen, (einschließlich Betriebsverwaltungen) des Bundes, der Länder und Körperschaften, Anstalten und Stiftungen des öffentlichen Rechts regeln. Dazu gehört beispielsweise auch das Vertretungsrecht der Richter, Staatsanwälte, Soldaten, Zivildienstleistenden (für die ehemalige DDR vgl. das Gesetz zur sinngemäßen Anwendung des Bundespersonalvertretungsgesetzes vom 2.7.1990)[2]. 29

Tathandlung ist das *Offenbaren* des zur Tatzeit noch bestehenden Geheimnisses. Die *Verwertung ohne Offenbaren* ist in § 204 StGB geregelt (vgl. Rz. 39 ff.). Offenbaren ist jede Mitteilung an einen Unbefugten oder Außenstehenden[3], der das Geheimnis noch nicht oder noch nicht sicher kennt[4]. Offenbart ist ein Geheimnis, wenn es in irgendeiner Weise an einen anderen gelangt ist. Offenbart werden muss sowohl die geheime Tatsache als auch die Person des Geheimnisträgers; Mitteilungen, aus denen die Person des Betroffenen nicht ersichtlich ist (z.B. Publikationen in Fachzeitschriften), genügen daher nicht[5]. Offenbaren ist auch durch Unterlassen möglich (z.B. Arzt verhindert Einsichtnahme in Krankenblätter nicht)[6]. Es besteht Einigkeit darüber, dass es für die Erfüllung des Tatbestandes des § 203 StGB unerheblich ist, ob der Empfänger der Mitteilung seinerseits schweigepflichtig ist, sofern er nur außerhalb des Kreises steht, dem das Geheimnis bisher schon zugänglich war[7]. Ein Offenbaren ist insbesondere auch dann anzunehmen, wenn ein Geheimnisträger die Betreuung seines IT-Bereichs einem externen Dienstleister überträgt und dieser, etwa anlässlich von Wartungsarbeiten, Zugriff auf Patienten-, Mandanten- oder sonst geschützte Kundendaten erhält[8]. 30

---

1 *Fischer,* § 203 StGB Rz. 23.
2 *Lenckner/Eisele* in S/S, § 203 StGB Rz. 59a.
3 RGSt. 26, 5; OLG Köln v. 21.8.1979 – 1 Ss 410/79, NJW 1980, 898; vgl. auch *Kern* u.a., NJW 1998, 2708.
4 *Lenckner/Eisele* in S/S, § 203 StGB Rz. 19a.
5 LG Köln v. 8.1.1982 – 28 O 441/81, MedR 1984, 110; *Lenckner/Eisele* in S/S, § 203 StGB Rz. 19.
6 *Schünemann* in LK, § 203 StGB Rz. 46; *Lenckner/Eisele* in S/S, § 203 StGB Rz. 20.
7 BGH v. 10.7.1991 – VIII ZR 296/90, BGHZ 115, 123 (128); BGH v. 11.12.1991 – VIII ZR 4/91, BGHZ 116, 268 (272); BayObLG v. 8.11.1994 – 2 St RR 157/94, NJW 1995, 1623; *Schünemann* in LK, § 203 StGB Rz. 42.
8 Eingehend *Conrad/Witzel,* Auslagerung von IT-Leistungen und § 203 StGB, in Conrad/Grützmacher, § 14.

31 Nach dem Wortlaut des § 203 StGB ist Täter derjenige, dem etwas „als" Arzt usw. anvertraut oder bekannt geworden ist. Da § 203 jedenfalls auch das Vertrauen in die Verschwiegenheit bestimmter Berufe schützen soll, muss die Vorschrift daher auch anwendbar sein, wenn dieses im Einzelfall einem Täter entgegengebracht wird, der **zu Unrecht als Angehöriger** *der fraglichen Berufsgruppe* auftritt[1].

32 Der Täter muss das Geheimnis **unbefugt** offenbaren. Dies ist der Fall, wenn die Offenbarung des Geheimnisses ohne Zustimmung des Verfügungsberechtigten und ohne ein Recht zur Mitteilung erfolgt. Die *Befugnis zum Offenbaren* kann sich aus der Einwilligung des Geheimnisgeschützten bzw. der mutmaßlichen Einwilligung ergeben.

Beispiel: Der Werkarzt informiert die Betriebsleitung über das Ergebnis von Untersuchungen, die er an einem Bewerber für einen Arbeitsplatz vorgenommen hat. Der Werkarzt geht dabei davon aus, dass er im vermeintlichen Interesse und Einverständnis des Einzustellenden handelt[2].

In diesem Fall kommt auch eine *konkludente Einwilligung* des Geheimnisgeschützten in Betracht[3]. Dagegen erteilt ein Patient beim Abschluss des Behandlungsvertrags keine konkludente Einwilligung in die Mitteilung der Patientendaten und der Befunde an eine externe Verrechnungsstelle[4]. Ebenso kann bei Praxis- oder Kanzleiübergaben nicht von einer konkludenten Einwilligung der Patienten oder Mandaten in die Übertragung ihrer Daten ausgegangen werden[5].

33 Die **Offenbarung** des Geheimnisses kann auch **gesetzlich geboten** sein. Nach den Grundsätzen der Pflichtenkollision ist dann zu entscheiden, ob die Pflicht zum Schweigen oder die zum Offenbaren die höhere ist. So geht beispielsweise § 138 StGB oder auch § 261 StGB dem § 203 StGB vor. Das Gleiche gilt für §§ 6 ff. IfSG; §§ 71 ff. SGB X.

34 Die *Offenbarung* kann außerdem durch die **Zeugnispflicht** vor Gericht geboten sein, wenn ein Zeugnisverweigerungsrecht nach den §§ 52 ff. StPO, § 383 ZPO nicht besteht bzw. der Geheimnisträger von der Schweigepflicht *befreit* ist. Ebenso muss der gerichtlich bestellte Sachverständige dem Gericht mitteilen, was seine Feststellungen ergeben haben[6].

35 Die Offenbarungsbefugnis kann sich aber auch aus § 34 StGB (rechtfertigender Notstand)[7], aus der **Wahrung** entgegenstehender **berechtigter** eigener **Interessen** (z.B. zur Durchsetzung von Honoraransprüchen, zur Verteidigung im Regress- oder im Strafprozess[8]) oder bei der Ausübung einer beruflich gebotenen Hand-

---

1 *Lenckner/Eisele* in S/S, § 203 StGB Rz. 34.
2 Vgl. OLG Braunschweig v. 5.2.1958 – Ws 101/57, NdsRpfl 1958, 95.
3 *Fischer*, § 203 StGB Rz. 33.
4 BGH v. 10.7.1991 – VIII ZR 296/90, BGHZ 115, 128.
5 BGH v. 11.12.1991 – VIII ZR 4/91 – Arztpraxis, BGHZ 116, 268; BGH v. 17.5.1995 – VIII ZR 94/94 – Rechtsanwaltskanzlei, NJW 1995, 2026; BGH v. 22.5.1996 – VIII ZR 194/95 – Steuerberaterpraxis, NJW 1996, 2087.
6 RGSt. 66, 275; BGHZ 40, 288.
7 *Fischer*, § 203 StGB Rz. 45; *Lenckner/Eisele* in S/S, § 203 StGB Rz. 30.
8 BGH v. 9.10.1951 – 1 StR 159/51, BGHSt 1, 366; *Fischer*, § 203 StGB Rz. 46.

lung (beispielsweise Zuziehung eines Gehilfen) ergeben. Ob daneben noch ein allgemeiner Rechtfertigungsgrund der *Wahrnehmung berechtigter Interessen* in Betracht kommt, ist umstritten[1].

36 § 203 Abs. 1–3 StGB ist auch dann anzuwenden, wenn der Täter das fremde Geheimnis nach dem Tode des Betroffenen unbefugt offenbart (Abs. 4).

37 **Qualifiziert** ist die Tat, wenn der Täter *gegen Entgelt* (vgl. § 11 Abs. 1 Nr. 9 StGB) oder in der *Absicht* handelt, sich oder einen anderen zu *bereichern* oder einen anderen, der nicht der Geheimnisgeschützte zu sein braucht, zu *schädigen* (§ 203 Abs. 5 StGB). In diesem Fall ist die Strafe Freiheitsstrafe bis zu zwei Jahren oder Geldstrafe. Die Absicht, sich oder einen Dritten zu bereichern, braucht nicht auf die Erlangung eines rechtswidrigen Vermögensvorteils gerichtet zu sein[2].

38 Für die **Schädigungsabsicht** genügt jeder vom Täter beabsichtigte Nachteil; ein Vermögensschaden ist nicht erforderlich. Auch der ideelle Schaden, z.B. bei öffentlicher Bloßstellung, genügt[3]. Auf den Teilnehmer, der selbst nicht in Vorteilsabsicht usw. handelt, ist § 28 Abs. 2 StGB anzuwenden[4].

2. Geheimnisverwertung

39 In **§ 204 StGB** ist das unbefugte Verwerten des Geheimnisses, d.h. das wirtschaftliche Ausnutzen zur *Gewinnerzielung* mit Freiheitsstrafe bis zu zwei Jahren oder Geldstrafe bedroht.

Beispiel: Der Patentanwalt benutzt die Erfindung eines Mandanten in einem eigenen Produktionsbetrieb.

40 Da Verwerten die **eigene wirtschaftliche Nutzung** des in dem Geheimnis verkörperten Werts zum Zwecke der Gewinnerzielung ist, fällt deshalb nicht unter den Tatbestand des § 204 StGB die Verwertung durch Offenbaren des Geheimnisses (z.B. Verkauf an Dritte), die bereits durch § 203 Abs. 5 StGB erfasst ist[5]. Kein Verwerten i.S. des § 204 StGB ist ferner die *nichtwirtschaftliche Verwertung*, z.B. zu politischen Zwecken oder zum Zweck der Erpressung des Geheimnisträgers[6], sodass nur Geheimnisse in Betracht kommen, denen ein wirtschaftlicher Wert innewohnt[7]. Ein Verwerten des Geheimnisses liegt vielmehr erst vor, wenn der Täter die den Gegenstand des Geheimnisses bildenden wirtschaftlichen Nutzungsmöglichkeiten selbst in der Absicht realisiert, daraus

---

1 Vgl. die Belege bei *Fischer*, § 203 StGB Rz. 45; *Lenckner/Eisele* in S/S, § 203 StGB Rz. 30.
2 BGH v. 7.7.1993 – 5 StR 303/93, NStZ 1993, 538 = wistra 1993, 264; *Schünemann* in LK, § 203 StGB Rz. 163; *Fischer*, § 203 StGB Rz. 50; *Czerniak/Pohlit* in MüKo, § 203 StGB Rz. 135.
3 *Schünemann* in LK, § 203 StGB Rz. 164; *Lenckner/Eisele* in S/S, § 203 StGB Rz. 74; *Fischer*, § 203 StGB Rz. 50.
4 *Schünemann* in LK, § 203 StGB Rz. 165; *Czerniak/Pohlit* in MüKo, § 203 StGB Rz. 135.
5 *Lenckner/Eisele* in S/S, § 204 StGB Rz. 5; *Schünemann* in LK, § 204 StGB Rz. 5.
6 *Fischer*, § 204 StGB Rz. 3; *Lenckner/Eisele* in S/S, § 204 StGB Rz. 5 f.
7 *Lenckner/Eisele* in S/S, § 204 StGB Rz. 5 f.; *Schünemann* in LK, § 204 StGB Rz. 3.

unmittelbar und auf Kosten des Geheimnisträgers Gewinn zu ziehen[1], etwa das unberechtigte Verwerten eines Patentes zur eigenen Produktion. Geschäfte aufgrund von *Insider-Informationen* werden von § 204 StGB nicht erfasst, können aber unter § 38 WpHG fallen (vgl. § 68 Rz. 75).

41 Die Verwertung muss **unbefugt** sein, sodass das Einverständnis des Betroffenen bereits die Tatbestandsmäßigkeit ausschließt. § 204 StGB bestraft nicht die unbefugte Verwertung fremder Geheimnisse als solche, sondern nur, wenn der Täter zur *Geheimhaltung verpflichtet* ist, d.h. zugleich mit der Geheimnisverletzung die Vertrauensbeziehung zwischen Mandant und Anwalt usw. verletzt wird[2].

42 **Vollendet** ist die Tat mit der Verwertung, d.h. mit der Herbeiführung des Zustands, in dem eine Gewinnerzielung unmittelbar möglich erscheint. Die Tat ist daher beispielsweise nicht erst mit der Inbetriebnahme, sondern schon mit der erfolgreichen Herstellung der den Gegenstand des Geheimnisses bildenden Maschine vollendet[3].

43 Der **Versuch** ist in allen Fällen (§§ 203 und 204 StGB) straflos.

44 Auch die Verletzung von Privatgeheimnissen wird nur auf **Strafantrag** verfolgt (§ 205 Abs. 1 StGB). Die Strafantragsbefugnis *nach dem Tode* des Verletzten ist in § 205 Abs. 2 StGB geregelt.

B. Geschäftsgeheimnisse

Schrifttum: *Fezer*, Lauterkeitsrecht, 2. Aufl. 2010; *Gloy/Loschelder/Erdmann*, Handbuch des Wettbewerbsrechts, 4. Aufl. 2010; *Harte-Bavendamm/Henning-Bodewig*, Gesetz gegen den unlauteren Wettbewerb, 3. Aufl. 2013; *Kiethe/Hohmann*, Der strafrechtliche Schutz von Geschäfts- und Betriebsgeheimnissen, NStZ 2006, 185; *Köhler/Bornkamm*, Gesetz gegen den unlauteren Wettbewerb, 32. Aufl. 2014; *Mautz/Löblich*, Nachvertraglicher Verrat von Betriebs- und Geschäftsgeheimnissen, MDR 2000, 67; *Meincke*, Geheimhaltungspflichten im Wirtschaftsrecht, WM 1998, 749; *Ohly/Sosnitza*, UWG, 6. Aufl. 2014; *Richters/Wodtke*, Schutz von Betriebsgeheimnissen aus Unternehmenssicht – „Verhinderung von Know-how-Abfluss durch eigene Mitarbeiter", NZA-RR 2003. 281; *Rützel*, Illegale Unternehmensgeheimnisse?, GRUR 1995, 557; *Schlötler*, Der Schutz von Betriebs- und Geschäftsgeheimnissen, 1997; *Többens*, Wirtschaftsspionage und Konkurrenzausspähung in Deutschland, NStZ 2000, 505.

I. Geschäftsgeheimnis

45 Die 2004 erfolgte **Neufassung des UWG**[4] (zur strafbaren Werbung, § 4 UWG a.F. = § 16 Abs. 1 UWG n.F., § 60 Rz. 8 ff.; zur progressiven Kundenwerbung, § 6c UWG a.F. = 16 Abs. 2 UWG n.F., § 59 Rz. 41 ff.) hat die strafrechtlichen Bestimmungen zum Schutz der Geschäftsgeheimnisse im Wesentlichen *unverändert* gelassen; bei den §§ 17 und 18 UWG ist sogar die Nummerierung dieselbe ge-

---

1 *Lenckner/Eisele* in S/S, § 204 StGB Rz. 5; *Schünemann* in LK, § 204 StGB Rz. 8.
2 *Lenckner/Eisele* in S/S, § 204 StGB Rz. 7.
3 RGSt. 40, 408; 63, 206; *Schünemann* in LK, § 204 StGB Rz. 11.
4 G v. 3.7.2004, BGBl. I 1414, i.d.F. der Bek. v. 3.3.2010, BGBl. I 254.

ner Fachzeitschrift, liegt kein Geheimnis mehr vor[1]. Lässt sich das Betriebsgeheimnis (z.B. Konstruktionsart, chemische Zusammensetzung) durch eine Untersuchung des in den Verkehr gebrachten Produkts erschließen, ist es nur dann offenkundig, wenn jeder Fachmann dazu ohne größeren Arbeits-, Zeit- und Kostenaufwand in der Lage wäre[2].

49 Die geheim gehaltene Tatsache muss zu einem **bestimmten Geschäftsbetrieb** in Beziehung stehen. Gerade diese Beziehung, und nicht die geheim gehaltene Tatsache, ist das Wesentliche[3]. Darum ist es nicht nötig, dass sich der Verletzer die Kenntnis unmittelbar aus dem Betrieb des Geheimnisinhabers verschafft. Die Beziehung des Geheimnisses zum Geschäftsbetrieb muss dem eng begrenzten Personenkreis bekannt sein. Es schadet auch nicht, dass das Geheimnis, etwa Bauhinweise für Geräte, von Fachleuten auch durch eigene, mühevolle Beobachtung und Untersuchung zu ergründen ist, wenn nur das Geheimgehaltene größere Zuverlässigkeit und Einfachheit verbürgt[4].

Beispiele für **mögliche Geschäftsgeheimnisse**: Maschinen verwickelter Bauart[5]; Ausschreibungsunterlagen[6]; Kundenlisten[7]; Musterbücher[8]; der Jahresabschluss[9]; Kalkulationen[10]; getätigte oder beabsichtigte Vertragsschlüsse[11]; Agentenverzeichnisse einer Versicherungsgesellschaft[12]; die Absicht, Waren auf den Markt zu werfen oder in Massen einzukaufen; einzelne Geschäftsvorgänge; Zahlungsbedingungen[13]; ein Geheimverfahren[14]; Vorzugspreise, die einer Einkaufsgenossenschaft von ihren Lieferanten eingeräumt werden[15]; Computerprogramme[16]; Kalkulationsunterlagen[17]; Marketingkonzepte und Werbemethoden, Zulassungsunterlagen[18].

50 Der Inhaber muss ein **berechtigtes wirtschaftliches Interesse** an der Geheimhaltung haben. Dies ist der Fall, wenn das Geheimgehaltene für die Wett-

---

1 *Köhler* in Köhler/Bornkamm, § 17 UWG Rz. 7; einschränkend RGSt. 40, 407.
2 *Ohly* in Ohly/Sosnitza, § 17 UWG Rz. 10 m.w.Nw.; vgl. auch OLG Düsseldorf v. 30.7.1998 – 2 U 162/97, OLGR 1999, 55; OLG Hamburg v. 19.10.2000 – 3 U 191/98, GRUR-RR 2001, 137.
3 RGZ 149, 329 (Stiefeleisenpresse).
4 RG, GRUR 1929, 233.
5 RGZ 149, 329; BGH v. 7.11.2002 – I ZR 64/00, GRUR 2003, 356.
6 BGH v. 10.5.1995 – 1 StR 764/94, BGHSt 41,140 = NJW 1995, 2301; BGH v. 4.9.2013 – 5 StR 152/13, wistra 2014, 30 = ZWH 2013, 493 m. Anm. *Trück*.
7 OLG Celle v. 26.5.1994 – 13 U 29/04, OLGR 1994, 337; BGH v. 26.2.2009 – I ZR 28/06, NJW 2009, 1420.
8 RGSt. 42, 394.
9 RGSt. 29, 426.
10 RGSt. 35, 136.
11 RG, JW 1906, 497.
12 RG HRR 27, 1367.
13 RGSt., JW 1936, 3471.
14 BGH v. 25.1.1955 – I ZR 15/53, BGHZ 16, 172 ff.
15 OLG Düsseldorf v. 20.2.1959 – 2 U 113/58, WRP 1959, 182.
16 BayObLG v. 28.8.1990 – RReg 4 St 250/89, GRUR 1991, 694; BGH v. 10.11.1994 – 1 StR 157/94, BGHSt 40, 331 = NJW 1995, 669.
17 OLG Hamm v. 20.1.1959 – 3 Ss 1425/58, WRP 1959, 182.
18 BGH v. 23.2.2012 – I ZR 136/10, GRUR 2012, 1048 = wistra 2012, 442.

blieben. Die bisherige Rechtsprechung und Literatur verdienen deshalb weiterhin Beachtung.

Wie schon das UWG von 1909 hat auch das neue Gesetz von einer **Begriffsbestimmung** des Geheimnisses abgesehen. Unter diesen Begriff – zwischen *Betriebs- und Geschäftsgeheimnis* besteht *kein Unterschied* – fällt alles, was einem Gewerbebetrieb so eigentümlich ist, dass es in anderen Kreisen nicht oder doch nur vereinzelt zur Anwendung gelangt, und dessen Geheimhaltung vor den Wettbewerbern für den eigenen Gewerbebetrieb wichtig ist[1]. 46

Nicht für den Begriff des Geheimnisses, wohl aber für die Strafbarkeit wegen Geheimnisverrats ist erforderlich, dass der Inhaber seinen *Willen zur Geheimhaltung* jedem Mitwisser *erkennbar* gemacht hat[2]. Sonst kann keine vorsätzliche Tat vorliegen. An die Manifestation des Geheimhaltungswillens sind dabei keine überzogenen Anforderungen zu stellen. Es genügt im Einzelfall, wenn sich dieser Wille aus der Natur der geheim zu haltenden Tatsache ergibt[3]. Bei Maschinen komplizierter Bauart wird von einem Geheimhaltungswillen ohne Weiteres auszugehen sein[4]. Auch bei Ausschreibungsunterlagen ist evident, dass sie geheim gehalten werden müssen, denn nur so ist gewährleistet, dass die ausschreibende Stelle in die Lage versetzt wird, aus unabhängig voneinander abgegebenen Angeboten das für sie günstigste herauszusuchen[5]. Der schablonenhafte Einwand, es habe kein Geheimnis vorgelegen, ist misstrauisch zu betrachten; hat der Betrieb etwas als Geheimnis behandelt, dann ist es als solches bis zum klaren Beweis des Gegenteils anzunehmen[6].

Geheim ist insbesondere, was in seiner konkreten Erscheinungsform den Interessenten nicht ohne Schwierigkeiten oder Opfer zugänglich ist[7]. Dagegen braucht die den Gegenstand des Geheimnisses bildende Tatsache nicht *„absolut neu"* zu sein. Auch ein an sich bekanntes Verfahren oder eine an sich bekannte Herstellungsvorrichtung kann Gegenstand eines Betriebsgeheimnisses sein, wenn geheim ist, dass ein Unternehmen sich gerade dieses Verfahrens oder dieser Anlage bedient[8]. 47

Die geheim zu haltende Tatsache darf nur einem **begrenzten Personenkreis** bekannt sein[9]. Wann zu viele oder unzuverlässige Personen eingeweiht sind, lässt sich nur im *Einzelfall* entscheiden[10]. Ist die Tatsache offenkundig, also allgemein bekannt oder jedermann zugänglich, etwa durch Veröffentlichung in ei- 48

---
1 RGZ 149, 334.
2 BGH v. 26.11.1968 – X ZR 15/67, GRUR 69, 341.
3 BGH v. 10.5.1995 – 1 StR 764/94, NJW 1995, 2301 = wistra 1995, 266.
4 RGZ 149, 329.
5 BGH v. 10.5.1995 – 1 StR 764/94, NJW 1995, 2301 = wistra 1995, 266.
6 *Köhler* in Köhler/Bornkamm, § 17 UWG Rz. 10.
7 BGH v. 21.12.1962 – I ZR 47/61, GRUR 1963, 370; *Köhler* in Köhler/Bornkamm, § 17 UWG Rz. 8.
8 BGH v. 15.3.1955 – I ZR 111/55, GRUR 1955, 424; BGH v. 1.7.1960 – I ZR 72/59, GRUR 1961, 40 ff.; OLG Hamm v. 1.9.1992 – 4 U 107/92, WRP 1993, 36; *Köhler* in Köhler/Bornkamm, § 17 UWG Rz. 5.
9 BGH v. 15.3.1955 – I ZR 111/55, GRUR 1955, 424 (425).
10 RGSt. 42, 394 (396); 31, 108 (110).

bewerbsfähigkeit des Unternehmens Bedeutung hat[1]. Dass das Geheimnis einen wirtschaftlichen Wert hat, ist nicht erforderlich[2]

Grundsätzlich können auch solche Tatsachen Geschäfts- oder Betriebsgeheimnisse darstellen, die **gegen ein Gesetz verstoßen** (z.B. Patentrechtsverletzungen oder Beteiligung an verbotenen Kartellabsprachen). Auch in diesen Fällen ist ein Interesse des Betriebsinhabers an der Geheimhaltung derartiger Tatsachen gegenüber Konkurrenten anzunehmen[3]. 51

II. Geheimnisverrat

Nach § 17 Abs. 1 UWG wird bestraft, wer als bei einem Unternehmen beschäftigte Person ein solches Geheimnis, das ihm im Rahmen des Dienstverhältnisses anvertraut worden oder zugänglich geworden ist, während der Geltungsdauer des Dienstverhältnisses unbefugt an jemand zu Zwecken des Wettbewerbes oder aus Eigennutz, zugunsten eines Dritten oder in der Absicht, dem Inhaber des Geschäftsbetriebes Schaden zuzufügen, mitteilt. 52

1. Täterkreis

Täter kann **jeder Beschäftigte**, der seine Arbeitskraft ganz oder teilweise dem Geschäftsbetrieb eines anderen widmet, sein – gleichgültig, ob er hohe oder niedere Dienste leistet, ob er entlohnt wird oder nicht[4]. Nicht zum Täterkreis zählen Personen, die *weisungsungebunden* und *freiberuflich* für ein Unternehmen tätig werden, z.B. Rechtsanwälte, Steuerberater oder Wirtschaftsprüfer, die sich aber durch den Verrat von ihnen bekannt gewordenen Geschäftsgeheimnissen anderweitig strafbar machen können[5]. 53

Das Geheimnis muss dem Beschäftigten **im Rahmen des Dienstverhältnisses** anvertraut oder sonst zugänglich geworden sein; ein Tätigsein des Inhabers ist dafür nicht nötig. Es muss eine Beziehung zum Dienstverhältnis bestehen; dieses muss für das Anvertrauen oder Zugänglichwerden ursächlich gewesen sein. Zufälliges Erlangen der Kenntnis scheidet aus, aber nur, wenn der Zufall auch ohne das Dienstverhältnis zur Kenntnis geführt hätte[6]. 54

„**Zugänglich geworden**" heißt nicht „zugänglich gemacht"; es genügt, dass sich der Täter das Geheimnis selbst zugänglich gemacht hat[7]. „**Anvertraut**" verlangt nicht, dass die Geheimhaltung ausdrücklich zur Pflicht gemacht wurde; diese Pflicht kann aus den Umständen folgen. Der Beschäftigte muss aber immer wissen, dass ein Geheimnis vorliegt[8]. Das Geheimnis kann vom Be- 55

---

1 *Tiedemann*, ZStW 86 (1974), 990, 1255; *Köhler* in Köhler/Bornkamm, § 17 UWG Rz. 9.
2 *Köhler* in Köhler/Bornkamm, § 17 UWG Rz. 9.
3 *Tiedemann* in Scholz, § 85 GmbHG Rz. 13; *Ohly* in Ohly/Sosnitza, § 17 UWG Rz. 12; *Többens*, NStZ 2000, 506; *Köhler* in Köhler/Bornkamm, § 17 UWG Rz. 9.
4 *Többens*, NStZ 2000, 506.
5 *Többens*, NStZ 2000, 507; *Köhler* in Köhler/Bornkamm, § 17 UWG Rz. 14.
6 RGSt. 33, 354; *Köhler* in Köhler/Bornkamm, § 17 UWG Rz. 15.
7 *Köhler* in Köhler/Bornkamm, § 17 UWG Rz. 17.
8 RGSt. 33, 356; vgl. *Köhler* in Köhler/Bornkamm, § 17 UWG Rz. 16.

schäftigten selbst im Betrieb begründet worden sein. Ein solches Geheimnis fällt dem Unternehmer zu (vgl. §§ 4, 24 ArbNErfG). Es handelt sich rechtlich um ein Geheimnis des Unternehmers, auch wenn er noch gar keine Kenntnis davon hatte, sofern nur sein Wille, die Tatsache als Geheimnis zu behandeln, bei erlangter Kenntnis feststeht[1].

56 Der Beschäftigte muss das Geheimnis **„während der Geltungsdauer des Dienstverhältnisses"** verraten haben. Maßgebend ist die *rechtliche*, nicht die tatsächliche Dauer des Dienstverhältnisses. Auch wenn das Dienstverhältnis wegen Vertragsbruchs des Angestellten gelöst wird, besteht die Geheimhaltungspflicht nicht über die Beendigung des Vertragsverhältnisses hinaus. In besonderen Ausnahmefällen kann der zivilrechtliche Geheimnisschutz über die Beendigung des Vertragsverhältnisses hinaus bestehen bleiben, nämlich dann, wenn ein Angestellter die Lösung des Dienstverhältnisses provoziert hat, um Geschäftsgeheimnisse zu Wettbewerbszwecken auszunutzen[2].

Abgesehen von einem solchen und ähnlich gelagerten Fällen ist derjenige, der in einem gewerblichen Betrieb tätig war, *nicht verpflichtet*, seine im Rahmen dieser Tätigkeit auf redliche Weise gewonnenen Kenntnisse und Erfahrungen auch *nach Beendigung* des Dienstverhältnisses geheim zu halten oder nicht zu eigenem Nutzen zu verwerten[3].

2. Tathandlung

57 Die Mitteilung des Beschäftigten muss **unbefugt** – also unter *Verletzung seiner Schweigepflicht* – an jemanden erfolgt sein. Ein Geheimnisverrat liegt dann nicht vor, wenn der Angestellte zur Offenbarung aufgrund einer Einwilligung des Betriebsinhabers berechtigt oder aufgrund gesetzlicher Vorschriften, etwa als Zeuge im Prozess, verpflichtet war[4], ebenso nicht, wenn der Mitteilungsempfänger einen zivilrechtlichen Anspruch auf Überlassung des Geheimnisses hatte[5]. Auch in der Erstattung einer nicht wissentlich falschen *Strafanzeige* liegt i.d.R. kein unbefugtes Mitteilen von Geheimnissen[6], allerdings ist das konkrete Ergebnis abhängig von den Umständen des Einzelfalles. Ein Versuch, den Informantenschutz für Arbeitnehmer durch Schaffung eines neuen § 612a BGB im Gesetz zu verankern[7], ist Mitte 2009 gescheitert. Das „Whistleblowing" als solches kann daher weiterhin arbeitsrechtliche wie strafrechtliche Konsequenzen haben[8].

---

1 BGH v. 18.2.1977 – I ZR 112/75, GRUR 1977, 539.
2 *Köhler* in Köhler/Bornkamm, § 17 UWG Rz. 22.
3 BGH v. 25.1.1955 – I ZR 15/53, BGHZ 16, 172; BGH v. 16.11.1954 – I ZR 180/53, GRUR 1955, 402; BGH v. 15.3.1955 – I ZR 111/55, GRUR 1955, 424; BAG v. 15.6.1993 – 3 AZR 558/91, BAGE 73, 229 = MDR 1994, 490.
4 Vgl. hierzu *Tiedemann* in Scholz, § 85 GmbHG Rz. 21 ff.; *Köhler* in Köhler/Bornkamm, § 17 UWG Rz. 21.
5 BayObLG v. 9.5.1988 – 4 St 275/87, GRUR 1988, 634.
6 BVerfG v. 2.7.2001 – 1 BvR 2049/00, NJW 2001, 3474; BAG v. 3.7.2003 – 2 AZR 335/02, BAGE 107, 36 = NJW 2004, 1547; BAG v. 7.12.2006 – 2 AZR 400/05, NJW 2007, 2204; EGMR v. 21.7.2011 – 28274/08, NJW 2011, 3501 (3504 f.).
7 Vgl. hierzu *Sasse*, Hilfspolizist Arbeitnehmer, NZA 2008, 990.
8 *Zimmermann*, ArbR Aktuell 2012, 58.

Mitteilung ist jede beliebige Bekanntgabe, die die Ausnutzung des Geheimnisses in irgendeiner Form ermöglicht[1]. Auch eine *Duldung* der Kenntnisnahme kann Mitteilung sein, ebenso das Unterlassen, die Mitteilung eines anderen Beschäftigten zu verhindern, wenn man dazu verpflichtet war[2]. Strafbar ist nach § 17 Abs. 1 UWG nur die Mitteilung an jemanden, nicht die *eigene* Verwertung[3]. Ein Angestellter, der während des Dienstverhältnisses unter Ausnutzung eines ihm anvertrauten Geheimnisses selbst Waren herstellt und vertreibt, ist daher nicht nach § 17 Abs. 1 UWG strafbar[4]; allerdings kann Untreue nach § 266 StGB vorliegen[5]. Verwertet der Arbeitnehmer allerdings in Wettbewerbsabsicht oder aus Eigennutz das Geheimnis als solches, liegt hierin auch eine Mitteilung. § 17 Abs. 1 UWG ist *nicht* so auszulegen, dass durch ihn nur der Verrat von Geschäfts- und Betriebsgeheimnissen an solche Personen untersagt ist, die selbst mit dem Inhaber des Geheimnisses in Wettbewerb treten wollen, und dass ein unlauterer Wettbewerb des Arbeitnehmers gegen den Arbeitgeber i.S. des § 17 Abs. 1 UWG nicht mit Strafe bedroht ist[6].

Die Tat ist **vollendet**, sobald die Mitteilung dem Empfänger zugegangen ist. Eine positive Kenntnisnahme ist nicht erforderlich[7].

Der **Versuch** ist strafbar, § 17 Abs. 3 UWG. Versuchter Geheimnisverrat kommt beispielsweise in Betracht, wenn die Mitteilung den Empfänger nicht erreicht oder dieser das Geheimnis schon kannte[8].

3. Subjektiver Tatbestand

Die Mitteilung muss zu Zwecken des Wettbewerbs, aus Eigennutz, zugunsten eines Dritten oder in Schädigungsabsicht geschehen. Der Begriff **„zu Zwecken des Wettbewerbs"** erfasst Handlungen, die objektiv geeignet sind, fremden oder eigenen Wettbewerb zu fördern, und subjektiv von einer entsprechenden Absicht getragen werden[9]. Unbeachtlich ist, ob der Täter außer dem Wettbewerbszweck andere Zwecke verfolgt, etwa wissenschaftliche[10].

Aus **Eigennutz** handelt, wer irgendeinen, auch nicht vermögenswerten Vorteil für sich erstrebt.

Es genügt auch eine Mitteilung *„zugunsten eines Dritten"*. Damit werden auch Verratsfälle erfasst, bei denen der Täter weder zu Wettbewerbszwecken noch aus Eigennutz noch in Schädigungsabsicht gehandelt hat (z.B. ideologisch

---

1 *Köhler* in Köhler/Bornkamm, § 17 UWG Rz. 19; *Ohly* in Ohly/Sosnitza, § 17 UWG Rz. 15.
2 *Köhler* in Köhler/Bornkamm, § 17 UWG Rz. 19; *Ohly* in Ohly/Sosnitza, § 17 UWG Rz. 15.
3 BGH v. 19.11.1982 – I ZR 99/80, GRUR 1983, 179.
4 *Köhler* in Köhler/Bornkamm, § 17 UWG Rz. 19.
5 *Többens*, NStZ 2000, 507.
6 RGSt. 33, 6.
7 *Köhler* in Köhler/Bornkamm, § 17 UWG Rz. 28; a.A. *Többens*, NStZ 2000, 508; *Ohly* in Ohly/Sosnitza, § 17 UWG Rz. 15; *Otto* in GK, § 17 UWG Rz. 57.
8 *Köhler* in Köhler/Bornkamm, § 17 UWG Rz. 19.
9 BGH v. 26.10.1951 – I ZR 8/51, BGHZ 3, 277.
10 RG, MuW 1929, 18.

motivierter Täter oder Betriebsspionage durch ausländische Nachrichtendienste[1]).

63 In **Schädigungsabsicht** handelt, wer nachteilig auf die Vermögenslage eines anderen einwirken will bzw. einen nicht vermögensrechtlichen Schaden, der in der Beeinträchtigung eines rechtlich anerkannten Interesses liegt (z.B. eine Ehrverletzung), bewirken will[2].

64 Grundsätzlich genügt *bedingter* **Vorsatz**. Dies gilt jedoch nicht für die Voraussetzungen zu Wettbewerbszwecken, aus Eigennutz, zugunsten eines Dritten oder in Schädigungsabsicht; insoweit ist direkter Vorsatz erforderlich.

4. Sanktionen und Verfahren

65 Für den *Regelfall* sieht § 17 Abs. 1 UWG **Freiheitsstrafe bis zu drei Jahren** oder Geldstrafe als Sanktion vor. In *besonders schweren* Fällen ist die Freiheitsstrafe bis zu fünf Jahren oder Geldstrafe. Ein besonders schwerer Fall liegt i.d.R. vor, wenn der Täter gewerbsmäßig handelt oder bei der Mitteilung weiß, dass das Geheimnis im Ausland verwertet werden soll oder wenn er es selbst im Ausland verwertet (§ 17 Abs. 4 UWG). Im Hinblick auf die Schaffung des EG-Binnenmarktes wird die Annahme eines Regelbeispiels nur noch bei einer Verwertung in einem Drittstaat bejaht werden können[3].

66 Die **Strafverfolgung** ist seit dem 2. WiKG *nicht nur* auf *Antrag* möglich, sondern auch dann, wenn die Staatsanwaltschaft das besondere öffentliche Interesse bejaht (§ 17 Abs. 5 UWG). *Strafantragsberechtigt* ist derjenige, der Geheimnisinhaber zur Zeit der Tat war[4]. § 17 UWG ist Privatklagedelikt (§ 374 Abs. 1 Nr. 7 StPO).

67 Die **Verjährungsfrist** beträgt fünf Jahre (§ 78 Abs. 3 Nr. 4 StGB).

68 Nach § 17 Abs. 6 UWG gilt bei Straftaten nach § 17 UWG § 5 Nr. 7 StGB entsprechend. Danach gilt das **deutsche Strafrecht** – unabhängig vom Recht des Tatorts – auch für eine *im Ausland begangene Verletzung* von Geschäftsgeheimnissen eines inländischen Betriebs, eines Unternehmens, das in der Bundesrepublik Deutschland seinen Sitz hat, oder eines Unternehmens mit Sitz im Ausland, das als Tochterunternehmen von einem Unternehmen mit Sitz im Inland abhängig ist und mit diesem einen Konzern bildet.

III. Geheimnisverschaffung

69 § 17 Abs. 2 UWG ist durch das 2. WiKG *neu gestaltet* worden, um die **Betriebsspionage** strafrechtlich besser erfassen zu können. In Abs. 2 Nr. 1 ist der Tatbestand des *bloßen Ausspähens* von Geschäftsgeheimnissen neu aufgenom-

---

1 *Többens*, NStZ 2000, 508.
2 *Köhler* in Köhler/Bornkamm, § 17 UWG Rz. 27; *Ohly* in Ohly/Sosnitza, § 17 UWG Rz. 25.
3 *Otto* in GK, § 17 UWG Rz. 113; *Többens*, NStZ 2000, 509; *Köhler* in Köhler/Bornkamm, § 17 UWG Rz. 66; *Ohly* in Ohly/Sosnitza, § 17 UWG Rz. 32; zweifelnd *Möhrenschlager* in W/J, Kap. 13 Rz. 30 m. Fn. 53.
4 *Ohly* in Ohly/Sosnitza, § 17 UWG Rz. 33.

men worden, während Abs. 2 Nr. 2 die bisherigen Verwertungsfälle, wenn auch in neuer Form, umfasst.

1. Ausspähung

Tatbestandsmäßig handelt nach § 17 Abs. 2 Nr. 1 UWG, wer sich zu den bereits in Abs. 1 genannten Zwecken ein *Geheimnis* unbefugt verschafft oder sichert und dabei bestimmte, als besonders gefährlich angesehene Mittel einsetzt. Genannt sind insoweit 70

– die Anwendung *technischer Mittel* (z.B. Fotoapparate, Filmkameras, Abhörgeräte, Sende- und Empfangsgeräte, auch das Abrufen von Daten aus EDV-Anlagen u.Ä.), § 17 Abs. 2 Nr. 1 Buchst. a UWG;

   Beispiele: Hierunter fallen z.B. auch Ablichtungen zur internen Information von Betriebsangehörigen, das Abrufen von in EDV-Anlagen gespeicherten Daten, die Ermittlung des aktuellen Stands eines Geldspielautomatenprogramms durch Einsatz eines Computers und Benutzung einer in Besitz gelangten Programmdiskette oder eine Telefonbenutzung, um ein Geheimnis kennenzulernen[1];

– die Herstellung einer *verkörperten Wiedergabe* des Geheimnisses (Ablichtungen, Fotos, Zeichnungen, Tonbandaufzeichnungen, Abschriften), § 17 Abs. 2 Nr. 1 Buchst. b UWG;

– die *Wegnahme einer Sache*, in welcher das Geheimnis verkörpert ist, § 17 Abs. 2 Nr. 1 Buchst. c UWG.

Damit sollen alle Maßnahmen erfasst werden, mit denen jemand das Geheimnis so an sich bringt, dass er in der Lage ist, gegen den Willen des Besitzers darüber zu verfügen[2]. Eine Wegnahme entfällt, wenn der Täter ohnehin schon im Besitz des Geheimnisses oder seiner Wiedergabe war. Ebenso stellt das bloße Kopieren und Verwerten auf einer Diskette gespeicherter Daten keine Manifestation der Zueignung der Diskette – auch nicht ihrem Wert nach – dar, wenn der Täter die Diskette dem Berechtigten unverändert zurückgibt oder zurückgeben will[3].

Sichverschaffen ist der Erwerb der Verfügungsgewalt über das Geheimnis. Bei verkörperten Geheimnissen genügt die Gewahrsamserlangung ohne Rücksicht auf die Kenntnis, in sonstigen Fällen ist auch eine Kenntniserlangung erforderlich[4]. Ob die Gewahrsamserlangung heimlich oder offen erfolgt, ist ohne Bedeutung. **Täter** kann *jede* Person sein, auch ein Beschäftigter während des Dienstverhältnisses[5]. 71

Mit dem Merkmal des **Sicherns** soll auch derjenige erfasst werden, der ein Geheimnis zwar schon kennt, etwa befugterweise als Mitarbeiter eines Betriebes, sich aber z.B. für ein späteres Ausscheiden oder „für alle Fälle" eine genaue oder bleibende Kenntnis erhalten will[6]. Ein Sichern liegt aber dann nicht vor, wenn der Mitarbeiter beim Ausscheiden die Kopie eines Betriebsgeheimnisse 72

---

1 OLG Celle v. 11.4.1989 – 1 Ss 287/88, NStZ 1989, 367; BayObLG v. 28.8.1990 – RReg 4 St 250/89, GRUR 1991, 694; *Kiethe/Hohmann*, NStZ 2006, 189.
2 *Köhler* in Köhler/Bornkamm, § 17 UWG Rz. 35.
3 BGH v. 23.2.2012 – I ZR 136/10, GRUR 2012, 1048 = wistra 2012, 442.
4 *Köhler* in Köhler/Bornkamm, § 17 UWG Rz. 30; *Többens*, NStZ 2000, 508.
5 *Ohly* in Ohly/Sosnitza, § 17 UWG Rz. 17.
6 Vgl. *Kiethe/Hohmann*, NStZ 2006, 189.

enthaltenden Dokuments mitnimmt, die er im Rahmen des Dienstverhältnisses befugt angefertigt oder erhalten hat[1].

73 Das Ausspähen muss **unbefugt** geschehen, also gegen den ausdrücklichen oder mutmaßlichen Willen des Geheimnisinhabers bzw. durch unredliches Erschleichen der Zustimmung.

Wer im Rahmen einer ihm im Betrieb übertragenen Aufgabe, aufgrund seiner geschäftlichen Beziehungen zum Betrieb oder bei einer Betriebsbesichtigung von einem Geheimnis zufällig Kenntnis erlangt, hat es sich *nicht* unbefugt verschafft. Auch derjenige, der eigenmächtig einen zivilrechtlichen Überlassungsanspruch durchsetzt[2], oder derjenige, dem im Zuge eines Wettbewerbsprozesses vom Prozessgegner Unterlagen zugeleitet werden, die Betriebsgeheimnisse verkörpern, hat diese Geheimnisse nicht unbefugt erlangt[3].

2. Geheimnisverwertungen

74 Nach § 17 Abs. 2 Nr. 2 UWG wird die unbefugte **Verwertung** oder Mitteilung eines Geheimnisses in drei Fällen bestraft:
- wenn der Täter das Geheimnis durch eine der in Abs. 1 bezeichneten Mitteilungen erlangt hat, was ein *Zusammenwirken* zwischen einem Betriebsangehörigen, der den Tatbestand des Abs. 1 vollständig verwirklicht, und dem Täter, der hiervon Kenntnis hat[4], voraussetzt;
- wenn der Täter es durch eine eigene oder fremde Handlung nach Abs. 2 Nr. 1 erlangt hat (also durch *Ausspähen* unter Anwendung der genannten Mittel) oder
- wenn der Täter es sich *sonst unbefugt* verschafft oder gesichert hat. Diese Variante erfasst als Auffangtatbestand alle sonstigen Fälle, etwa die Erlangung eines Geheimnisses durch Hausfriedensbruch, Erpressung oder Betrug[5]

75 Fraglich ist, ob der **Nachbau** von Maschinen oder sonstigen technischen Produkten eine Strafbarkeit nach § 17 Abs. 2 Nr. 2 UWG begründen kann. Während das *Reichsgericht* diese Frage noch bejaht hatte[6], geht die **neuere Rechtsprechung** davon aus, dass der Nachbau eines nicht sonderrechtlich (z.B. durch Patente) geschützten Produkts keinen Verstoß gegen diese Vorschrift darstellt, wenn die in ihm verkörperten Betriebsgeheimnisse bei einer Zerlegung erkannt werden können und der Hersteller das Produkt ohne irgendwelche vertraglichen Beschränkungen ausgeliefert hat[7].

Gegen § 17 Abs. 2 Nr. 2 UWG verstößt auch das gezielte **Leerspielen** computergesteuerter Geldspielautomaten mittels Zahlenkombinationslisten, die auf der

---

1 BGH v. 23.2.2012 – I ZR 136/10, GRUR 2012, 1048 = wistra 2012, 442.
2 BayObLG v. 9.5.1988 – RReg 4 St 275/87, GRUR 1988, 634.
3 BAG v. 19.5.1998 – 9 AZR 394/97, BB 1999, 212; vgl. hierzu *Mautz/Löblich*, MDR 2000, 67.
4 *Köhler* in Köhler/Bornkamm, § 17 UWG Rz. 48.
5 *Köhler* in Köhler/Bornkamm, § 17 UWG Rz. 47.
6 RGZ 149, 329 (Stiefeleisenpresse).
7 OLG Düsseldorf v. 30.7.1998 – 2 U 162/97, OLGR 1999, 55; OLG Hamburg v. 19.10.2000 – 3 U 191/98, GRUR-RR 2001, 137.

Auswertung eines in einem Zentralrechner gespeicherten geheimen Programms beruhen[1].

76 Nur eine **Geheimniserlangung** kommt bei § 17 Abs. 2 Nr. 2 UWG in Betracht, die **zur Verwertung** wenigstens **beigetragen** hat. Das trifft auch für Entwicklungen zu, die zwar nicht vollständig auf den unbefugt erlangten Kenntnissen beruhen, bei denen diese aber in einer Weise mitursächlich geworden sind, die wirtschaftlich oder technisch nicht bedeutungslos ist. Denn auch in diesen Fällen wird die unlauter erlangte Kenntnis zum Vorteil des Verletzers mitverwendet, da er ohne sie, d.h. bei ausschließlich eigener Entwicklung, entweder überhaupt nicht oder jedenfalls nur später und/oder mit größerem eigenen Aufwand zu gleichen Entwicklungsergebnissen gelangen könnte wie bei der Zuhilfenahme der mit dem Makel der Wettbewerbswidrigkeit behafteten Kenntnisse[2].

77 **Verwerter** nach § 17 Abs. 2 Nr. 2 UWG kann auch der Beschäftigte **nach Beendigung** des Dienstverhältnisses sein. Das setzt allerdings voraus, dass er sich unredlich Kenntnis von dem Geheimnis verschafft hat. Denn die Fassung des § 17 UWG beruht auf der Erwägung, dass die Arbeitnehmer *nach Ablauf* des Arbeitsvertrags ihre beruflichen Kenntnisse sollen frei verwerten dürfen. Daher kann eine Nachwirkung vertraglicher Pflichten nur in eng begrenztem Umfang angenommen werden. Hierfür reicht das allgemeine, schon im Wesen des Dienstverhältnisses begründete Vertrauensverhältnis zwischen Arbeitgeber und Angestellten nicht aus. Erforderlich ist, dass ein besonderes, in der Vergütung berücksichtigtes Vertrauensverhältnis zur Wahrung des Geheimnisses nötigt[3].

Beispiele: Der Beschäftigte erschleicht sich z.B. besondere Kenntnisse durch ein Vorgehen, das nicht im Rahmen seiner vertraglichen Tätigkeit liegt. Hierher gehört das planmäßige Einprägen mithilfe von heimlichen Aufzeichnungen des Baus einer Maschine, eines Verfahrens oder von Konstruktionsunterlagen während der Dienstzeit in Verwertungsabsicht[4]. Dabei dürfen die Anforderungen an den Nachweis des unredlichen Erwerbs im Zivilprozess nicht überspannt werden[5]. Beim Nachbau komplizierter Konstruktionen liegt es nach der Lebenserfahrung nahe, dass unerlaubt angefertigte Zeichnungen oder sonstige Unterlagen zu Hilfe genommen worden sind[6].

Hat der *Arbeitnehmer* seine Kenntnis durch eine *Mitteilung des Arbeitgebers* erlangt, hat er sie sich nicht unbefugt verschafft; es sei denn, er hat den Arbeitgeber getäuscht.

78 Verboten sind die unbefugte Verwertung sowie die unbefugte Mitteilung an jemanden. **Verwertung** ist die *wirtschaftliche Nutzung* des Geheimnisses. Sie erfordert, dass eine praktische Verwendung zu gewerblichen Zwecken stattgefun-

---

1 Vgl. OLG Celle v. 11.4.1989 – 1 Ss 287/88, NStZ 1989, 367; BayObLG v. 28.8.1990 – RReg 4 St 250/89, GRUR 1991, 694.
2 BGH v. 19.12.1984 – I ZR 133/82 – Füllanlage, GRUR 1985, 294 (296); *Köhler* in Köhler/Bornkamm, § 17 UWG Rz. 41.
3 BGH v. 19.11.1982 – I ZR 99/80, GRUR 1983, 179.
4 RG, GRUR 1936, 573.
5 BGH v. 19.11.1982 – I ZR 99/80, GRUR 1983, 179.
6 *Harte-Bavendamm* in Gloy/Loschelder/Erdmann, § 44 Rz. 32.

den hat, das *bloße Innehaben* des Geheimnisses erfüllt den Tatbestand noch nicht[1].

Schon die bloße Herstellung einer Maschine kann eine Verwertung sein[2]. Verwertung ist auch bei einer schon fertigen Maschine durch Verbesserungen möglich[3].

79 Die Verwertung muss **unbefugt** sein. Unbefugt ist nicht nur eine gesetzwidrige, sondern jede dem Geheimhaltungsinteresse des Geheimnisinhabers widersprechende Benutzung. Die Verwertung eines erlaubt erlangten Geheimnisses bestraft § 17 Abs. 2 UWG nicht. Daher darf der ausgeschiedene Beschäftigte Geheimnisse verwerten, die ihm aus seiner erlaubten Tätigkeit *im Gedächtnis* verblieben waren[4]. Sobald er aber heimliche Aufzeichnungen gemacht hat, um sein Gedächtnis zu stärken, ist die Verwertung verboten[5]. Es ist nicht etwa zu trennen zwischen Geheimnissen, die im Gedächtnis verblieben sind, und solchen, die nur aufgrund von Aufzeichnungen behalten wurden. Aufzeichnungen sind jedoch nicht immer unerlaubt, auch nicht, wenn man sie später verwerten will. Es entscheidet, ob sie gegen den Vertrag oder Anordnungen des Unternehmers verstoßen; dessen erkennbarer, wenn auch nicht geäußerter Wille genügt[6]. Die Verwertung eines unbefugt beschafften Geheimnisses ist stets unbefugt[7].

3. Sonstiges

80 Bedingter **Vorsatz** genügt überall. Er muss das Vorliegen eines Geschäfts- oder Betriebsgeheimnisses, die Kenntniserlangung durch eine Mitteilung nach § 17 Abs. 1 UWG oder durch eine Tathandlung nach § 17 Abs. 1 oder 2 UWG und die Unbefugtheit der Verschaffung oder Verwertung umfassen[8].

81 Die Tat ist mit der unbefugten Verwertung oder mit der Mitteilung **vollendet**. Der *Versuch* ist auch hier strafbar.

82 Wegen der strafrechtlichen **Folgen** eines Verstoßes gegen § 17 Abs. 2 UWG kann auf die Ausführungen zum Geheimnisverrat (Rz. 65 ff.) verwiesen werden.

83 Zwischen § 17 Abs. 1 und Abs. 2 UWG besteht **Tatmehrheit**; zwischen § 17 Abs. 2 Nr. 1 und Nr. 2 UWG jedoch Gesetzeskonkurrenz (**Subsidiarität**). Abs. 1 kann mit Abs. 2 Nr. 2 in Tatmehrheit zusammentreffen, nicht in Tateinheit[9]. Im Übrigen kann § 17 UWG in Tateinheit mit Diebstahl, Unterschlagung, Untreue, Erpressung, Betrug oder Verletzung gewerblicher Schutzrechte zusam-

---

1 *Köhler* in Köhler/Bornkamm, § 17 UWG Rz. 41; *Többens*, NStZ 2000, 508.
2 RGSt. 40, 408.
3 RG, MuW 1937, 426.
4 BGH v. 14.1.1999 – I ZR 2/97, GRUR 1999, 934.
5 BGH v. 24.2.2006 – I ZR 126/03, GRUR 2006, 1044.
6 BGH v. 24.11.1959 – 1 StR 439/59, GRUR 1960, 294.
7 BGH v. 24.2.2006 – I ZR 260/03, GRUR 2006, 1004; *Köhler* in Köhler/Bornkamm, § 17 UWG Rz. 43.
8 *Köhler* in Köhler/Bornkamm, § 17 UWG Rz. 48.
9 RGSt. 60, 53, 54.

mentreffen, aber auch, bei einer Mitteilung an Agenten, mit Landesverrat und anderen Staatsschutzdelikten[1].

IV. Verwertung von Vorlagen

Nach § 18 UWG wird mit Freiheitsstrafe bis zu zwei Jahren oder mit Geldstrafe bestraft, 84

„wer die ihm im geschäftlichen Verkehr anvertrauten Vorlagen oder Vorschriften technischer Art, insbesondere Zeichnungen, Modelle, Schablonen, Schnitte, Rezepte, zu Zwecken des Wettbewerbes oder aus Eigennutz unbefugt verwertet oder an jemand mitteilt".

1. Objektiver Tatbestand

Das Tatbestandsmerkmal „**im geschäftlichen Verkehr**" macht deutlich, dass § 18 UWG nicht wie § 17 UWG an die Beziehungen zwischen Betrieb und Betriebsangehörigen anknüpft, sondern an die Beziehungen nach außen. Vorgänge innerhalb des Betriebes scheiden somit aus[2]. Zum Bereich des geschäftlichen Verkehrs zählt jede Tätigkeit, die irgendwie der Förderung eines beliebigen Geschäftszwecks dient, der auch ein fremder sein kann. Erfasst wird jede selbständige, wirtschaftliche Zwecke verfolgende Tätigkeit, in der eine Teilnahme am Erwerbsleben zum Ausdruck kommt. Demzufolge ist auch die freiberufliche, z.B. anwaltliche, ärztliche, künstlerische und wissenschaftliche Tätigkeit einzubeziehen[3]. Ebenso wenig ist Gewinnabsicht erforderlich, sodass auch wohltätige und gemeinnützige Unternehmen im Geschäftsverkehr handeln können, wenn in einem bestimmten Bereich ihrer Tätigkeit zu dem gemeinnützigen Zweck ein *Erwerbszweck* hinzutritt[4]. Zum geschäftlichen Verkehr zählen auch die Beziehungen zu privaten Abnehmern. Ein Privatmann, der ihm von einem Unternehmen überlassene Vorlagen durch ein anderes Unternehmen umsetzen lässt, kann sich daher nach § 18 UWG strafbar machen[5]. 85

Vorlage ist alles, was bei der Herstellung neuer Sachen als Vorbild dienen soll[6]. *Vorschriften technischer Art* sind mündliche oder schriftliche Anweisungen über einen technischen Vorgang. Die von § 18 UWG aufgezählten Zeichnungen, Modelle, Schablonen, Schnitte, Rezepte sind Beispiele[7]. 86

Beispiele: Patentbeschreibungen[8]; Möbelzeichnungen[9]; Computerprogramme; wissenschaftliche Arbeiten, sofern sie Vorschriften technischer Art enthalten; künstlerische Ar-

---

1 *Otto* in GK, § 17 UWG Rz. 63.
2 *Köhler* in Köhler/Bornkamm, § 18 UWG Rz. 12; RGSt. 44, 153.
3 *Köhler* in Köhler/Bornkamm, § 18 UWG Rz. 12; *Ohly* in Ohly/Sosnitza, § 18 UWG Rz. 7.
4 BGH v. 19.12.1961 – I ZR 117/60, GRUR 1962, 254.
5 *Köhler* in Köhler/Bornkamm, § 18 UWG Rz. 12; *Ohly* in Ohly/Sosnitza, § 18 UWG Rz. 7.
6 RGSt. 45, 385.
7 *Köhler* in Köhler/Bornkamm, § 18 UWG Rz. 9.
8 BGH v. 17.5.1960 – I ZR 34/59, GRUR 1960, 554.
9 RGSt. 48, 76.

beiten – etwa Bühnenmanuskripte oder Drehbücher – sofern sie solche Vorschriften enthalten[1].

87 **„Anvertraut"** sind Vorlagen oder Vorschriften, die vertraglich oder außervertraglich mit der ausdrücklichen oder aus den Umständen folgenden Verpflichtung überlassen sind, sie nur im Interesse des Anvertrauenden zu verwerten[2]. Ob es sich bei dem Anvertrauten um ein Geschäfts- oder Betriebsgeheimnis handelt, ist unerheblich[3]. Ebenso hängt die Anwendbarkeit von § 18 UWG nicht davon ab, ob der Anvertrauende rechtmäßiger oder unrechtmäßiger Besitzer des anvertrauten Gegenstandes war[4].

88 Die Anwendung des § 18 UWG scheidet jedoch dann aus, wenn die Vorlagen oder Vorschriften technischer Art **offenkundig** sind. Offenkundige Vorlagen oder technische Vorschriften können nicht anvertraut sein; an ihrer Benutzung ist, soweit ihnen kein gewerbliches Schutzrecht zur Seite steht, grundsätzlich niemand gehindert. Offenkundig ist ein solches technisches Hilfsmittel dann, wenn es bereits in einer Weise an die Öffentlichkeit gelangt ist, die es jedermann zugänglich macht. Dabei genügt es, wenn es von jedem Interessenten ohne größere Schwierigkeiten und Opfer in Erfahrung gebracht werden kann[5].

89 Zum Begriff des Anvertrauens gehört außerdem ein erkennbarer Wille des Anvertrauenden, den anvertrauten Gegenstand **geheim zu halten**[6]. Technisches Wissen, das der Mitteilende in interessierten Kreisen ohne Verpflichtung zu vertraulicher Behandlung bekannt gemacht hat, ist auch dann nicht anvertraut, wenn der Mitteilende dem Empfänger erklärt hat, er solle das Wissen nicht nach seinem Belieben verwerten dürfen[7].

2. Sonstige Voraussetzungen

90 Bezüglich der **Tatbestandsmerkmale** *„unbefugt"*, *„Verwertung"*, *„Mitteilung an jemand"*, *„zu Zwecken des Wettbewerbes"* und *„aus Eigennutz"* wird auf die Ausführungen zu § 17 UWG (Rz. 57 ff.) verwiesen. Ergänzend ist darauf hinzuweisen, dass auch der Benutzer verwertet, der den ihm anvertrauten Vorlagen wesentliche, bis dahin weder ihm selbst noch der Allgemeinheit bekannte und nicht ohne Weiteres zugängliche Gedanken – wenn auch in abgewandelter Form – entnommen hat; keinesfalls ist identische Benutzung nötig[8].

91 Der **Versuch** ist nunmehr auch im Falle des § 18 UWG strafbar (Abs. 2). § 5 Nr. 7 StGB gilt hier ebenfalls (§ 18 Abs. 4 UWG); insoweit wird auf die Erläute-

---

1 *Köhler* in Köhler/Bornkamm, § 18 UWG Rz. 10.
2 *Köhler* in Köhler/Bornkamm, § 18 UWG Rz. 11.
3 *Többens*, NStZ 2000, 510.
4 *Többens*, NStZ 2000, 510; *Otto* in GK, § 18 UWG Rz. 13; *Köhler* in Köhler/Bornkamm, § 18 UWG Rz. 11.
5 BGH v. 7.1.1958 – I ZR 73/57, GRUR 1958, 297; BGH v. 17.12.1981 – X ZR 71/80, GRUR 1982, 225; RGZ 65, 333.
6 BGH v. 10.7.1963 – Ib ZR 21/63, GRUR 1964, 31.
7 BGH v. 17.12.1981 – X ZR 71/80, GRUR 1982, 225.
8 BGH v. 17.5.1960 – I ZR 34/59, GRUR 1960, 554.

rungen unter Rz. 68 verwiesen. Bezüglich der *Strafverfolgung* gilt das oben zu § 17 UWG Ausgeführte (s. Rz. 66).

Für die Strafverfolgung ist ein **Antrag** erforderlich, soweit nicht die Staatsanwaltschaft des besondere öffentliche Interesse bejaht, § 18 Abs. 3 UWG. *Antragsberechtigt* ist derjenige, dem die Rechte aus der Vorlage zustehen. I.d.R. wird dies der Anvertrauende sein. § 18 UWG kann auch mit Diebstahl, Unterschlagung usw. zusammentreffen; vor allem aber mit einer Verletzung gewerblicher oder geistiger Schutzrechte, wie § 142 PatG, § 25 GebrMG, §§ 106, 108 UrhG. 92

V. Verleiten und Erbieten zum Verrat

Mit der Neufassung des UWG[1] ist auch der frühere § 20 UWG umgestaltet und in seinen Tatbestandsvarianten § 30 StGB angeglichen worden. Nach dem neuen **§ 19 Abs. 1 UWG** wird mit Freiheitsstrafe bis zu zwei Jahren oder Geldstrafe bestraft, wer zu Zwecken des Wettbewerbes oder aus Eigennutz jemanden zu bestimmen versucht, eine Straftat nach §§ 17 oder 18 UWG zu begehen oder zu ihr anzustiften. Bestraft wird somit nicht nur der Versuch der Anstiftung zu einem Vergehen nach §§ 17, 18 UWG, sondern auch die versuchte Anstiftung zur Anstiftung (sog. Kettenanstiftung)[2]. 93

Die **Anstiftung ist versucht**, wenn sie erfolglos war, d.h. der andere die Tat – aus welchen Gründen auch immer – nicht begangen hat[3]. Bezüglich der Art und Weise des Bestimmens wird auf die Ausführungen § 19 Rz. 21 f. zur *Anstiftung* verwiesen. Ob die Mittel geeignet sind, einen anderen zur Begehung eines Vergehens nach § 17 UWG zu bestimmen (§ 30 Abs. 1 StGB), ist ohne Belang; maßgebend ist, ob der Täter aus seiner Vorstellung das Mittel als zur Verleitung geeignet angesehen hat[4]. Hat der Versuch Erfolg, liegt Anstiftung vor; § 17 UWG ist *unmittelbar* anzuwenden. Der Versuch der Verleitung ist aber auch strafbar, wenn die Vorstellung des Täters falsch war – z.B. der zu Verleitende kein Angestellter oder ein zu verratendes Geheimnis in Wirklichkeit nicht vorhanden war[5]. Nur müssen die vom Täter angenommenen Merkmale eines Betriebs- oder Geschäftsgeheimnisses – ihr tatsächliches Vorliegen unterstellt – ein solches Geheimnis i.S. des § 17 UWG darstellen. 94

Ebenso wird nach **§ 19 Abs. 2 UWG** bestraft, wer zu Zwecken des Wettbewerbs oder aus Eigennutz sich bereit erklärt oder das Erbieten eines anderen annimmt oder mit einem anderen verabredet, eine Straftat nach §§ 17 oder 18 UWG zu begehen. 95

Die **Tathandlung** des *Sichbereiterklärens* ist wie das *Erbieten* nach § 20 UWG a.F. das aus eigenem Antrieb gemachte, ernst gemeinte Angebot, eine Straftat nach §§ 17 oder 18 UWG zu begehen[6]. Die *Annahme des Erbietens* ist die ernst 96

---

1 G v. 3.7.2004, BGBl. I 1414.
2 *Köhler* in Köhler/Bornkamm, § 19 UWG Rz. 7.
3 *Köhler* in Köhler/Bornkamm, § 19 UWG Rz. 4.
4 *Köhler* in Köhler/Bornkamm, § 19 UWG Rz. 4.
5 RGSt. 39, 32; 48, 16; OLG Celle v. 13.5.1968 – 2 Ss 6/68, GRUR 1969, 548.
6 *Köhler* in Köhler/Bornkamm, § 19 UWG Rz. 11.

gemeinte Erklärung, das Angebot des Erbieters anzunehmen. Der Annehmende muss alle Tatbestandsmerkmale der Straftat billigen, so wie sie der Erbieter verwirklichen will. Dass das Erbieten ernst gemeint ist, ist nicht Voraussetzung[1] (z.B. Testangebot). Unerheblich für die Strafbarkeit ist, ob die Erklärung von dem Empfänger zur Kenntnis genommen wird und von ihm als ernsthaft aufgefasst wird[2].

Verabreden ist die ernstliche, ggf. auch nur stillschweigend getroffene Vereinbarung von mindestens zwei Personen, als Mittäter eine Straftat zu begehen oder zu ihr anzustiften[3].

97 Nach § 19 Abs. 3 UWG gilt § 31 StGB – **Rücktritt** vom Versuch der Beteiligung – entsprechend.

98 Die Handlungen des § 19 UWG können in **Tateinheit** mit anderen Straftaten stehen, insbesondere mit § 299 StGB (Bestechung/Bestechlichkeit im geschäftlichen Verkehr) und versuchter Nötigung (§ 240 StGB). Hinsichtlich des *Verfahrens* gilt das Gleiche wie bei § 17 UWG (Rz. 66 ff.).

VI. Verrat durch Organe

1. AG und GmbH

99 § 404 AktG stellt die Verletzung der Geheimhaltungspflicht durch ein Mitglied des **Vorstands**, des **Aufsichtsrats** oder eines Abwicklers, einer (deutschen) AG unter Strafe; der dieser Vorschrift nachgebildete[4] § 85 GmbHG sanktioniert ein entsprechendes Verhalten von **Geschäftsführern**, Mitgliedern des *Aufsichtsrats* oder Liquidatoren einer GmbH. In beiden Fällen handelt es sich um *echte Sonderdelikte*. Andere Personen kommen als Täter nur unter den Voraussetzungen des § 14 StGB in Betracht. Das Ausscheiden aus dem Amt bzw. Dienstverhältnis nach Kenntniserlangung ist – anders als bei § 17 UWG (Rz. 56) – grundsätzlich unbeachtlich. Die Schweigepflicht überdauert das Dienstverhältnis[5]. Den in § 404 Abs. 1 AktG, § 85 Abs. 1 GmbHG genannten Personen müssen die Geheimnisse in ihrer Eigenschaft *als Mitglied* des Vorstands, *als Geschäftsführer* usw. bekannt geworden sein. Eine private (außerdienstliche) Kenntniserlangung reicht nicht aus[6].

Soweit § 404 Abs. 1 Nr. 2 AktG und – vorrangig – § 333 HGB **Prüfer** und deren Gehilfen – die keine Organe der Gesellschaft im eigentlichen Sinne sind – für Geheimnisverletzungen mit Strafe bedrohen (ebenso § 19 PublG), wird auf § 94 Rz. 5 ff. verwiesen. Für die Mitglieder der **Betriebsverfassungsorgane** gelten besondere Bestimmungen zum Schutz der Geschäftsgeheimnisse (§ 35 Rz. 37 ff.; zu § 51 PatG s. § 55 Rz. 53).

---

1 BGH v. 4.10.1957 – 2 StR 366/57, BGHSt 10, 388.
2 Vgl. zu § 20 UWG a.F. *Többens*, NStZ 2000, 511.
3 *Köhler* in Köhler/Bornkamm, § 19 UWG Rz. 13.
4 BT-Drs. 8/1347, 56.
5 *Tiedemann* in Scholz, § 85 GmbHG Rz. 4; *Schaal* in MüKo, § 404 AktG Rz. 18.
6 *Tiedemann* in Scholz, § 85 GmbHG Rz. 5; *Schaal* in MüKo, § 404 AktG Rz. 16.

Geschützt wird ein **Geheimnis der Gesellschaft**, namentlich ein Betriebs- oder Geschäftsgeheimnis. Gesellschaftsgeheimnisse sind vor allem Angelegenheiten, die zum Schutz der Gesellschaft im Interesse ihrer Wettbewerbsfähigkeit und ihres Ansehens Außenstehenden nicht bekannt werden dürfen. 100

Beispiele: Geschäftliche Vorhaben, geschäftspolitische Ziele, Inhalt von Beratungsprotokollen über Beratungen des Vorstands und des Aufsichtsrats, Guthaben, Umsätze, Kredite bei Banken, Kundenkarteien, Computerprogramme, Beteiligungen, Personalakten.

Betriebs- und Geschäftsgeheimnisse fallen unter den Oberbegriff des Gesellschaftsgeheimnisses. Bezüglich der Einzelheiten kann auf die Ausführungen zu § 17 UWG verwiesen werden (Rz. 45 ff.).

Tathandlung der § 404 Abs. 1 AktG, § 85 Abs. 1 GmbHG ist die unbefugte *Offenbarung* des Geheimnisses; sie besteht in der Mitteilung an einen anderen, dem das Geheimnis noch nicht bekannt war[1]. 101

Nach Abs. 2 der jeweiligen Vorschrift wird die unbefugte Verwertung, d.h. das wirtschaftliche Ausnutzen des Geheimnisses bestraft. Da die beim Verwerten verfolgten Zwecke auf Gewinnerzielung gerichtet sein müssen, kommen nur Geheimnisse mit einem wirtschaftlichen Wert in Betracht.

Die Streitfrage, ob und inwieweit durch § 404 AktG (und § 85 GmbHG, § 204 StGB) auch die Verwertung von sog. **Insider-Informationen** unter Strafe gestellt wird[2], ist durch § 38 WpHG (dazu § 68 Rz. 75) entschärft worden. Danach wird etwa der Fall, dass ein Aufsichtsratmitglied im Hinblick auf bevorstehende günstige Geschäftsabschlüsse Aktien eines mit seiner Gesellschaft verbundenen Unternehmens kauft, jedenfalls nach § 38 WpHG zu ahnden sein. 102

Ob dagegen der Fall, in dem ein Aufsichtsratmitglied in Kenntnis der schlechten Geschäftssituation der Gesellschaft ein dieser gewährtes *Darlehen* kündigt, eine Strafbarkeit nach § 404 AktG, § 85 GmbHG begründet, ist umstritten. Richtig wird wohl sein, ein mit Strafe bedrohtes Verwerten in diesen Fällen nur dann anzunehmen, wenn das „Verwerten" eine Schmälerung von Verwertungschancen der Gesellschaft enthält und diese Entreicherung der Gesellschaft in der Absicht geschieht, aus der Verwertung des Geheimnisses unmittelbaren Gewinn zu ziehen[3].

Beispiel: Gründung einer eigenen Firma auf dem Kundenstamm der Aktiengesellschaft durch deren (früheres) Vorstandsmitglied[4].

Offenbarung und Verwertung müssen **unbefugt** erfolgen. Unbefugt ist die Offenbarung bzw. die Verwertung, wenn sie nicht rechtmäßig, also nicht durch die *Erlaubnis* einer zuständigen Stelle oder durch ein sonstiges Recht gedeckt ist. Die Offenbarung ist nicht unbefugt, wenn eine der in § 404 Abs. 1 AktG, § 85 Abs. 1 GmbHG genannten Personen aufgrund gesetzlicher Vorschriften – beispielsweise bei Bestehen einer Anzeigepflicht nach § 138 StGB – zur Offen- 103

---

1 *Tiedemann* in Scholz, § 85 GmbHG Rz. 14; *Schaal* in MüKo, § 404 AktG Rz. 29.
2 Verneinend z.B. *Tiedemann* in Scholz, § 85 GmbHG Rz. 17; bejahend z.B. *Schaal* in MüKo, § 404 AktG Rz. 49.
3 Vgl. *Tiedemann* in Scholz, § 85 GmbHG Rz. 17.
4 *Tiedemann* in Scholz, § 85 GmbHG Rz. 16.

barung verpflichtet ist. Die Offenbarung ist weiter nicht unbefugt, wenn eine Aussagepflicht im Prozess als Zeuge besteht und kein Zeugnisverweigerungsrecht vorliegt[1]. Ein solches Zeugnisverweigerungsrecht, z.B. nach § 383 Abs. 1 Nr. 6 ZPO, kann sich allerdings gerade aus § 404 AktG, § 85 GmbHG ergeben[2]. Bei bestehender Aussagepflicht des Zeugen kann das Geheimnis nur durch Ausschluss der Öffentlichkeit gewahrt bleiben (§ 172 Nr. 2 und 3 GVG).

104 Neben der Erlaubnis der zuständigen Stelle der AG kommt vor allem eine Offenbarungs- und Verwertungsbefugnis aufgrund einer Güter- und Interessenabwägung unter den Voraussetzungen des **rechtfertigenden Notstands** (§ 34 StGB) in Betracht. Voraussetzung ist – sofern es in diesen Fällen um die Wahrung eigener Vermögensinteressen, z.B. der Geltendmachung einer Honorarforderung gegen die Gesellschaft geht –, dass die Geheimnisoffenbarung für die Interessenwahrung des Täters zwingend erforderlich und zugleich die relativ schonendste Maßnahme ist[3]. Eine begrenzte Befugnis zur Offenbarung regeln die §§ 394 und 395 AktG.

105 Verfolgt ein Täter berechtigte **eigene Interessen** gegenüber der Gesellschaft, dann ist die Offenbarung grundsätzlich befugt, soweit sie zur sachgerechten Interessenwahrung erforderlich ist[4]. Allerdings muss auch hier eine *Interessen- und Güterabwägung* erfolgen. Unbefugt handelt weiter nicht, wer das Geheimnis im Zusammenhang mit der Erstattung einer Strafanzeige an die zuständige Behörde offenbart[5].

106 Sowohl bei § 404 AktG als auch bei § 85 GmbHG enthält das unbefugte *Verwerten* nach Abs. 2 gegenüber dem Abs. 1 – also dem unbefugten Offenbaren – eine **erhöhte Strafdrohung**. Für das unbefugte Offenbaren der in Abs. 1 genannten Personen ist der Strafrahmen Freiheitsstrafe bis zu einem Jahr oder Geldstrafe. Das unbefugte Verwerten ist mit Freiheitsstrafe bis zu zwei Jahren oder Geldstrafe bedroht. Der Gesetzgeber hat damit zum Ausdruck gebracht, dass er die unbefugte Verwertung für *gefährlicher* hält als die unbefugte Offenbarung. Ebenfalls der höhere Strafrahmen gilt, wenn der Täter gegen *Entgelt* oder in der Absicht handelt, sich oder einen anderen zu bereichern oder einen anderen zu *schädigen*. Dabei genügt es, wenn die Gegenleistung vereinbart worden ist. Ob sie tatsächlich gewährt wird, ist gleichgültig[6].

107 Bei beiden Tatbeständen ist **Vorsatz** erforderlich, der sich auf das Vorliegen eines Geheimnisses, den Geheimhaltungswillen der Gesellschaft und das Bekanntwerden des Geheimnisses aufgrund der dienstlichen Stellung des Täters beziehen muss[7]. Bedingter Vorsatz genügt.

---

1 *Schaal* in MüKo, § 404 AktG Rz. 35.
2 OLG Karlsruhe v. 7.11.2005 – 7 W 62/05, MDR 2006, 591, juris Rz. 8.
3 *Tiedemann* in Scholz, § 85 GmbHG Rz. 25.
4 *Tiedemann* in Scholz, § 85 GmbHG Rz. 25.
5 *Tiedemann* in Scholz, § 85 GmbHG Rz. 26.
6 *Wißmann* in MüKo, § 85 GmbHG Rz. 92; *Lenckner/Eisele* in S/S, § 203 StGB Rz. 74.
7 *Tiedemann* in Scholz, § 85 GmbHG Rz. 31.

Hinsichtlich der **Konkurrenzen** gilt, dass § 404 AktG, § 85 GmbHG als spezielle Regelungen den §§ 203, 204 StGB vorgehen[1]. Dagegen liegt im Verhältnis zu § 17 UWG und § 38a WpHG regelmäßig Tateinheit vor[2]. Selbständige Bedeutung kommt § 404 AktG, § 85 GmbH vor allem für Tathandlungen nach dem Ausscheiden des Täters aus dem Dienstverhältnis zu[3]. In diesem Zusammenhang wird jedoch darauf hingewiesen, dass das *Bundesdatenschutzgesetz* nicht in den Bereich der § 404 AktG, § 85 GmbHG eingreift, da dieses Gesetz die Daten juristischer Personen aus seinem Schutzbereich ausklammert. Soweit sich die Geheimnisse dagegen auf natürliche Personen beziehen (z.B. Kundenlisten), sind §§ 43, 44 BDSG einschlägig.

§ 404 AktG und § 85 GmbHG sind **Antragsdelikte**. Die Gesellschaft bleibt auch bei Veräußerung des Geheimnisses antragsbefugt. Dagegen geht mit ihrer Existenz, also mit der Verteilung ihres gesamten Vermögens, auch ihr Antragsrecht unter[4].

Die **Vertretung der AG** bei der Antragsstellung regelt § 404 Abs. 3 AktG. Hat ein Vorstandsmitglied oder ein Abwickler die Tat begangen, so ist der Aufsichtsrat als Ganzes, also nicht ein einzelnes Aufsichtsratsmitglied, antragsberechtigt. Wenn jedoch ein Aufsichtsratsmitglied die Tat begangen hat, wird die Gesellschaft bei der Antragsstellung durch den Vorstand als Ganzes oder durch die Abwickler, also durch das Abwicklungsgremium, nicht durch einen einzelnen Abwickler vertreten. Ist der Täter ein Prüfer oder ein Prüfergehilfe, dann sind die gesetzlichen Vertreter der Gesellschaft für diese antragsberechtigt. Für die **GmbH** enthält § 85 Abs. 3 GmbHG eine entsprechende Regelung.

2. Andere Unternehmensträger

Die Verletzung des Geschäftsgeheimnisses einer **Genossenschaft** (Genossenschaftsgeheimnis) stellt § 151 GenG in gleicher Weise wie § 404 AktG unter Strafe. Täter können hier nur ein Mitglied des Vorstands oder des Aufsichtsrats oder der Liquidator der Genossenschaft (oder – § 151 Nr. 2 GenG – der Prüfer oder der Gehilfe eines Prüfers) sein. Auch hier gilt das Antragserfordernis (§ 151 Abs. 3 GenG).

§ 138 VAG enthält für „Versicherungsunternehmungen" eine entsprechende Strafvorschrift für Geheimnisbruch. Dadurch werden die **Versicherungsvereine auf Gegenseitigkeit** erfasst (vgl. § 7 VAG, § 65 Rz. 17), während für Versicherungs-Aktien-Gesellschaften § 404 AktG eingreift.

Hinsichtlich der **Europäischen Aktiengesellschaft** erklärt § 53 Abs. 1 SE-AusführungsG – SEAG – (u.a.) § 404 AktG für entsprechend anwendbar.

Schließlich ist bei der *Europäischen Wirtschaftlichen Interessenvereinigung* (**EWIV**) durch § 14 EWIV-Ausführungsgesetz (vgl. § 23 Rz. 96 ff.) die Geheimnisverletzung durch einen Geschäftsführer oder Abwickler mit Strafe bedroht. Da bei der EWIV auch Nicht-

---

1 *Lenckner/Eisele* in S/S, § 203 StGB Rz. 76; *Tiedemann* in Scholz, § 85 GmbHG Rz. 36; *Schaal* in MüKo, § 404 AktG Rz. 62.
2 *Tiedemann* in Scholz, § 85 GmbHG Rz. 38; *Schaal* in MüKo, § 404 AktG Rz. 64.
3 *Tiedemann* in Scholz, § 85 GmbHG Rz. 37.
4 *Tiedemann* in Scholz, § 85 GmbHG Rz. 40.

gesellschafter zum Geschäftsführer bestellt werden können (Personengesellschaft mit Fremdorganschaft), ist eine dem § 85 GmbHG entsprechende – ebenfalls als Antragsdelikt ausgestaltete – Norm erlassen worden; das in erster Linie subsidiär anwendbare Recht der OHG kennt keine spezielle Strafvorschrift.

C. Datenschutz

Schrifttum: *Abel* (Hrsg.), Praxiskommentar Bundesdatenschutzgesetz, 6. Aufl. 2012; *Auernhammer*, Bundesdatenschutzgesetz, 4. Aufl. 2014; *Bergmann/Möhrle/Herb*, Datenschutzrecht, Loseblatt; *Däubler/Klebe/Wedde/Weichert*, Bundesdatenschutzgesetz, 4. Aufl. 2014 ; *Gallwas/Schneider*, Kommentar zum Datenschutzrecht und Vorschriftensammlung, Loseblatt; *Gola/Schomerus*, Bundesdatenschutzgesetz, 11. Aufl. 2012; *Lichtenberg/Gilcher*, Entscheidungssammlung zum Datenschutzrecht, Loseblatt; *Roßnagel*, Handbuch Datenschutzrecht, 2003; *Schaffland/Wiltfang*, Bundesdatenschutzgesetz, Kommentar für die Praxis, Loseblatt; *Simitis* (Hrsg.), Kommentar zum Bundesdatenschutzgesetz, 7. Aufl. 2011.

I. Allgemeines

115   Das *Bundesdatenschutzgesetz* (BDSG) vom 27.1.1977[1] und die Landesdatenschutzgesetze – auf die im Folgenden nicht näher eingegangen wird – wollten die Privatsphäre des Bürgers im Bereich der **Datenverarbeitung** schützen[2]. Im Zentrum der Regelung stand die Verhinderung des *Missbrauchs von Daten*. Das „Volkszählungsurteil" des BVerfG vom 15.12.1983[3] und das dort anerkannte *Recht auf informationelle Selbstbestimmung* führten zu einer grundlegenden Neuorientierung des Datenschutzrechtes mit dem Ziel, den Einzelnen davor zu schützen, dass im Umgang mit personenbezogenen Daten sein Persönlichkeitsrecht beeinträchtigt wird (§ 1 Abs. 1 BDSG). Dies führte zur Neufassung des BDSG durch das „Gesetz zur Fortentwicklung der Datenverarbeitung und des Datenschutzes" vom 20.12.1990[4]. Die durch die *Europäische Datenschutzrichtlinie*[5] erforderlich gewordene Novellierung des BDSG ist – mit einer Überschreitung der Umsetzungsfrist um mehr als zwei Jahre – durch das Gesetz vom 18.5.2001[6] erfolgt. Außerdem gibt es in allen Bundesländern *Landesdatenschutzgesetze*, die dem BDSG im Wesentlichen nachgebildete Straf- und Bußgeldbestimmungen enthalten[7].

116   **Ziel des Gesetzes** ist – wie vom BVerfG[8] gefordert – die Präzisierung der Rechtsgrundlagen für die Erhebung von personenbezogenen Informationen sowie für ihre Verarbeitung und Nutzung. Das BDSG gilt für die *Erhebung, Verarbeitung*

---

1   BGBl. I 201, i.d.F. der Bek. v. 14.1.2003, BGBl. I 66.
2   Amtl. Begründung, BT-Drs. 7/1027, 18.
3   BVerfG v. 15.12.1983 – 1 BvR 209/83 u.a., BVerfGE 65, 1.
4   BGBl. I 2954, neugefasst durch Bek. v. 14.1.2003, BGBl. I 66.
5   RL 95/46 EG des Europ. Parl. und des Rates v. 24.10.1995, ABl. EG Nr. L 281 v. 23.11.1985, 31 (abgedr. auch EuZW 1996, 557); dazu *Weber*, CR 1995, 297 ff.; *Schild*, EuZW 1996, 549.
6   BGBl. I 904.
7   Vgl. *Ambs* in Erbs/Kohlhaas, Anh. zu D 25.
8   BVerfG v. 15.12.1983 – 1 BvR 209/83 u.a., BVerfGE 65, 1.

und Nutzung personenbezogener Daten *durch öffentliche Stellen* des Bundes und teilweise auch der Länder, soweit der Datenschutz nicht durch Landesgesetze geregelt ist. Darüber hinaus gilt das BDSG auch für nichtöffentliche Stellen, soweit sie die Daten in oder aus Dateien geschäftsmäßig oder für berufliche oder gewerbliche Zwecke verarbeiten oder nutzen, also im *Wirtschaftsleben*. Es gilt nicht nur für Daten in oder aus Dateien, sondern auch für Daten in Akten. Besondere Bundesregelungen in anderen Gesetzen gehen jedoch dem BDSG vor.

Die früheren Einschränkungen der Anwendbarkeit des BDSG bei **nichtautomatisierten Dateien**, deren personenbezogene Daten nicht zur Übermittlung an Dritte bestimmt sind, sind mit der Aufhebung des § 1 Abs. 3 BDSG[1] entfallen. 117

Bestrebungen, den **Beschäftigtendatenschutz** durch eine Ergänzung des BDSG oder durch ein eigenständiges Gesetz zu regeln, sind bislang nicht umgesetzt worden. Der Gesetzentwurf der Bundesregierung vom 25.2.2010[2] ist in der parlamentarischen Beratung geblieben[3]. Als Regelung des Arbeitnehmerdatenschutzes ist jedoch **§ 32 BDSG** anzusehen, der 2009 in das Gesetz eingefügt worden ist. Die Norm schafft die allgemeine Rechtsgrundlage für die Erhebung, Verarbeitung und Nutzung von Daten im Rahmen eines Beschäftigungsverhältnisses. Das Kriterium der *Erforderlichkeit* ist dabei nichts grundsätzlich Neues, sondern eine Kodifizierung der bisherigen Rechtsprechung[4]. Die Erhebung usw. muss also geeignet und zugleich das mildeste Mittel sein, die unternehmerischen Interessen angemessen zu berücksichtigen[5]. Nach diesen Kriterien können z. B. eine automatische Zeiterfassung oder eine unbare Lohnzahlung gerechtfertigt werden[6]. 117a

§ 32 Abs. 1 S. 1 BDSG hat eine Grundlage geschaffen, nach der das Fragerecht des Arbeitgebers, die Erhebung von Daten der Mitarbeiter, die Befugnis zur Kontrolle der Nutzung von Telefon, Multimedia sowie des dienstlichen E-Mail-Kontos zu beurteilen sind. Auch die Videoüberwachung am Arbeitsplatz (vgl. Rz. 9 ff.) ist nur zulässig, wenn sie nach § 32 Abs. 1 S. 1 BDSG erforderlich ist. Zu den Einzelheiten muss an dieser Stelle auf die entsprechende Kommentierung verwiesen werden[7].

II. Straf- und Bußgeldvorschriften

Auch das Straf- und Ordnungswidrigkeitenrecht des BDSG[8] ist durch das Gesetz vom 18.5.2001 grundlegend **umgestaltet** worden. Die zuvor getrennten 118

---

1 Durch G v. 18.5.2001, BGBl. I 904.
2 BT-Drs. 17/4230.
3 Zum Stand der Diskussion vgl. *Gola/Schomerus*, § 32 BDSG Rz. 1; *Seifert* in Simitis, § 32 BDSG Rz. 2.
4 *Seifert* in Simitis, § 32 BDSG Rz. 9; BT/Drs. 16/12657, 35 f.
5 *Seifert* in Simitis, § 32 BDSG Rz. 11.
6 *Gola/Schomerus*, § 32 BDSG Rz. 13
7 *Gola/Schomerus*, § 32 BDSG Rz. 10 ff.; *Ehmann* in Simitis, § 32 BDSG Rz. 16 ff.
8 Vgl. hierzu *Ehmann* in Simitis, § 43 BDSG Rz. 1 ff.

Straf- und Bußgeldtatbestände der §§ 43, 44 BDSG a.F. sind zu sog. *unechten Mischtatbeständen*[1] geworden: Die Tatbestände der früheren Strafvorschrift, § 43 BDSG a.F. wurden in die Bußgeldtatbestände des § 43 Abs. 2 BDSG umgewandelt. Eine Erfüllung dieser Tatbestände führt erst bei Hinzutreten der weiteren, in § 44 BDSG genannten Umstände zu einer Strafbarkeit.

1. Ordnungswidrigkeiten

119 **§ 43 Abs. 1 BDSG** sanktioniert Verstöße gegen *Verfahrensvorschriften*, etwa Verstöße gegen

- die Meldepflichten der §§ 4d, 4e BDSG,
- die Pflicht, einen Beauftragten für den Datenschutz zu bestellen, § 4f BDSG,
- die Aufzeichnungspflicht des § 29 Abs. 2 BDSG,
- die Benachrichtigungspflicht des § 33 Abs. 1 BDSG,
- die Pflicht, Daten mit Gegendarstellung i.S. von § 35 Abs. 6 S. 3 BDSG zu übermitteln,
- die Auskunftspflicht des § 38 Abs. 3 S. 1 BDSG oder
- die Duldungspflicht des § 38 Abs. 4 S. 4 BDSG,
- eine vollziehbare Anordnung nach § 38 Abs. 5 S. 1 BDSG.

120 Nach **§ 43 Abs. 2** BDSG handelt u.a. ordnungswidrig, wer unbefugt personenbezogene Daten, die nicht allgemein zugänglich sind[2],

1. erhebt oder verarbeitet,
2. zum Abruf mittels automatisierten Verfahrens bereithält,
3. abruft oder sich oder einem anderen aus Dateien verschafft oder
4. die Übermittlung von personenbezogenen Daten, die nicht allgemein zugänglich sind, durch unrichtige Angaben erschleicht.

Während Normadressat des § 43 Abs. 1 BDSG der für die Einhaltung der Pflichten Verantwortliche und damit jede verantwortliche Stelle i.S. des § 3 Abs. 7 BDSG ist, wenden sich die materiellen Schutzvorschriften des § 43 Abs. 2 BDSG an jedermann[3].

121 Der Begriff der **personenbezogenen Daten** ist in § 3 Abs. 1 BDSG definiert, nämlich Einzelangaben über persönliche oder sachliche Verhältnisse einer bestimmten oder bestimmbaren natürlichen Person. Personenbezogene Daten werden vom BDSG dann geschützt, wenn es sich um Daten handelt, die von *öffentlichen Stellen* des Bundes, öffentlichen Stellen der Länder, soweit der Datenschutz nicht durch Landesgesetz geregelt ist und soweit sie Bundesrecht ausführen oder als Organe der Rechtspflege tätig werden und es sich nicht um Verwaltungsangelegenheiten handelt, erhoben, verarbeitet und genutzt werden. Personenbezogene Daten nichtöffentlicher Stellen werden geschützt, soweit diese Stellen Daten in oder aus Dateien geschäftsmäßig oder für berufliche oder gewerbliche Zwecke verarbeiten oder nutzen (§ 1 Abs. 2 BDSG). Für

---

1 *Ehmann* in Simitis, § 43 BDSG Rz. 3; *Gola/Schomerus*, § 43 BDSG Rz. 1.
2 Vgl. hierzu *Ehmann* in Simitis, § 43 BDSG Rz. 54.
3 *Gola/Schomerus*, § 43 BDSG Rz. 17.

personenbezogene Daten von *Beschäftigten* stellt der als Reaktion auf „Datenschutzskandale bei einer Reihe von Großunternehmen"[1] neu eingeführte § 32 BDSG[2] erstmals spezielle Beschränkungen für die Erhebung, Verarbeitung und Nutzung von Daten auf. Dabei ist der Begriff der Beschäftigten nunmehr ebenfalls, in § 3 Abs. 11 BDSG, gesetzlich definiert.

Die **öffentlichen** und **nichtöffentlichen Stellen** i.S. dieses Gesetzes sind in § 2 BDSG bestimmt. *Unternehmen* stellen nach der weiten Definition des § 2 Abs. 4 BDSG in jeder Rechtsform eine nichtöffentliche Stelle i.S. des Gesetzes dar. 122

Die personenbezogenen Daten dürfen **nicht allgemein zugänglich** sein, also, nach der Legaldefinition des § 10 Abs. 5 BDSG, nicht von jedermann, ohne oder nach Anmeldung, Zulassung oder Zahlung eines Entgeltes, nutzbar sein. Gegenüber dem früher verwendeten Begriff der *Offenkundigkeit* soll kein inhaltlicher Unterschied bestehen[3]. Allgemein zugänglich sind etwa Daten in Telefonbüchern, Adressverzeichnissen und jedermann zugänglichen staatlichen Registern wie dem Handels- und dem Vereinsregister[4]. Dagegen liegt eine allgemeine Zugänglichkeit der Daten nicht vor, wenn die Einsichtnahme von einem berechtigten Interesse abhängig ist, wie etwa bei den Kfz-Halterdaten[5]. 123

Die Voraussetzungen **unbefugten** Handelns sind nach §§ 4, 5 BDSG zu beurteilen, die ein *grundsätzliches Verbot* der Datenverarbeitung mit *Erlaubnisvorbehalt* normieren. Eine Erhebung oder Verarbeitung personenbezogener Daten ist dann als unbefugt anzusehen, wenn sie weder durch eine Vorschrift des BDSG noch durch eine Einwilligung des Betroffenen gedeckt oder wenn sie durch § 5 BDSG untersagt ist[6]. 124

Erheben und *Verarbeiten* als **Tathandlungen** des § 43 Abs. 2 Nr. 1 BDSG sind in § 3 Abs. 3 und 4 BDSG definiert. *Bereithalten* zum Abruf, § 43 Abs. 2 Nr. 2 BDSG, ist die technische Vorbereitung eines automatischen Abrufs, der selbst eine Übermittlung i.S. des § 3 Abs. 4 Nr. 3 Buchst. b BDSG darstellt[7]. 125

Abrufen (§ 43 Abs. 2 Nr. 3 Alt. 1 BDSG) ist eine weitere Art der Kenntnisnahme automatisch gespeicherter Daten durch technische Mittel, z.B. Kenntnisnahme in Online-Verkehr über Bildschirm sowie Operatorkonsole, also programmgesteuertes Beschaffen aus dem Computer.

Der Begriff der (automatisierten) **Datei** ist in § 3 Abs. 2 BDSG bestimmt. 126

Mit **Verschaffen** (§ 43 Abs. 2 Nr. 3 Alt. 2 BDSG) wird jede Art des Zugriffs auf personenbezogene Daten erfasst, bei der Täter Kenntnis von den in der Datei gespeicherten Daten nimmt oder sich in die Lage versetzt, später davon Kennt- 127

---

1 BT-Drs. 16/13657, 34.
2 Durch G v. 14.8.2009, BGBl. I 2814.
3 BT-Drs. 14/5793, 66.
4 *Gola/Schomerus*, § 32 BDSG Rz. 17; *Ehmann* in Simitis, § 32 BDSG Rz. 124.
5 BGH v. 8.10.2002 – 1 StR 150/02, BGHSt 48, 33 = NJW 2003, 226 entgegen OLG Hamburg v. 22.1.1998 – I-4/98 - 2 Ss 105/97, NStZ 1998, 358, und BayObLG v. 18.1.1999 – 5 St RR 173/98, NJW 1999, 1727.
6 *Gola/Schomerus*, § 43 BDSG Rz. 3.
7 *Gola/Schomerus*, § 43 BDSG Rz. 21.

nis zu nehmen. Eine besondere Sicherung der Daten gegen Zugriff ist, anders als bei § 202a StGB (Rz. 17 ff.), nicht erforderlich[1]. Als Tathandlungen kommen das Herstellen von Kopien personenbezogener Daten, aber auch das bloße Lesen am Bildschirm oder die Mitnahme eines Computerausdrucks[2] in Betracht[3].

128 § 43 Abs. 2 Nr. 4 BDSG soll insbesondere sog. **Hacker** erfassen, obwohl diese i.d.R. nicht durch unrichtige Angaben, sondern mit richtigen Angaben, aber unberechtigt, nämlich durch Täuschung über ihre Identität oder Zugriffsberechtigung eine Übermittlung *erschleichen*[4]. Ein Erschleichen kann aber auch in einer Täuschung über ein berechtigtes Interesse liegen[5]. Das „Hacking" ist nunmehr allerdings durch § 202a StGB auch unter Strafe gestellt (vgl. Rz. 17). § 43 Abs. 2 Nr. 5 BDSG erfasst solche Datenempfänger, die zwar die Daten legal erhalten haben, sie aber gesetzwidrig verwenden. Die zweckwidrige Nutzung ist seit dem 1.4.2010[6] allgemein bußgeldbewehrt und nicht mehr auf den Fall beschränkt, dass die zweckwidrige Nutzung in der Weitergabe an Dritte besteht[7]. § 43 Abs. 2 Nr. 6 BDSG sanktioniert Verstöße gegen *Deanonymisierungsverbote* (Verbot der Zusammenführung von getrennt gespeicherten anonymisierten Daten- und Identifikationsmerkmalen).

129 Die Ordnungswidrigkeit kann in den Fällen des § 43 Abs. 1 BDSG mit einer **Geldbuße** bis 50 000 Euro, in den Fällen des § 43 Abs. 2 BDSG mit einer Geldbuße bis 300 000 Euro geahndet werden (§ 43 Abs. 3 BDSG).

2. Straftaten

130 Nach § 44 Abs. 1 BDSG droht in den Fällen des § 43 Abs. 2 BDSG Freiheitsstrafe bis zu *zwei Jahren*, wenn der Täter gegen **Entgelt** oder in der Absicht handelt, sich oder einen anderen zu **bereichern** oder einen anderen zu **schädigen**. *Entgelt* ist jede in einem Vermögensvorteil bestehende Gegenleistung (§ 11 Abs. 1 Nr. 9 StGB). In der Absicht, sich oder einen anderen zu bereichern, handelt der Täter, wenn es ihm darauf ankommt, sich oder einem anderen einen *Vermögensvorteil* zu verschaffen[8]. Die Schädigungsabsicht muss sich nicht auf einen Vermögensvorteil beziehen[9].

131 Die Tat ist nur strafbar, wenn sie **vorsätzlich** begangen wird. Bedingter Vorsatz reicht aus. Die fahrlässige Begehung ist nicht mit Strafe bedroht.

132 Die Straftat nach § 44 BDSG ist **Antragsdelikt**. Antragsberechtigt sind neben dem Betroffenen, dessen Daten vom BDSG geschützt werden (§ 3 Abs. 1 BDSG), nunmehr auch die in § 44 Abs. 2 S. 2 BDSG genannten Stellen.

---

1 *Gola/Schomerus*, § 43 BDSG Rz. 22.
2 Insoweit a.A. *Gola/Schomerus*, § 43 BDSG Rz. 22.
3 *Ehmann* in Simitis, § 43 BDSG Rz. 64.
4 *Gola/Schomerus*, § 43 BDSG Rz. 23.
5 *Gola/Schomerus*, § 43 BDSG Rz. 23.
6 Durch G v. 14.8.2009, BGBl. I 2814.
7 Vgl. BT-Drs. 16/12011, 35.
8 Vgl. *Fischer*, § 203 StGB Rz. 50.
9 Vgl. *Fischer*, § 203 StGB Rz. 50.

3. Konkurrenzen

Mit Verstößen gegen §§ 43, 44 BDSG kann die Verletzung allgemeiner **Strafvorschriften** einhergehen, so beispielsweise der §§ 203, 267, 270, 303a oder 303b StGB. Soweit in diesen Fällen eine *Ordnungswidrigkeit* nach § 43 BDSG vorliegt, wird gem. § 21 OWiG nur die Straftat verfolgt. Eine Ahndung der Ordnungswidrigkeit kommt nur unter den Voraussetzungen des § 21 Abs. 2 OWiG in Betracht. Im Übrigen enthalten verschiedene bereichsspezifische Regelungen eigene Bußgeldvorschriften, die dem § 43 BDSG vorgehen, wie § 149 TKG[1] und § 16 TMG[2].

133

§ 34
Arbeitnehmerschutz
Bearbeiter: Oliver Henzler

	Rz.		Rz.
I. Einführung		3. Insbesondere Schutz vor Gefahrstoffen	40
1. Entwicklung	1		
2. Grundlagen	4	4. Insbesondere Arbeitszeitschutz	52
II. Sanktionssystem	20		
1. Ordnungswidrigkeiten	21	5. Erfolgsdelikte: Körperverletzung u.a.	61
2. Spezielle Straftatbestände	32		

Schrifttum: *Brüssow/Petri*, Arbeitsstrafrecht, 2008; *Gercke/Kraft/Richter*, Arbeitsstrafrecht, 2012, *Greeve/Leipold*, Handbuch des Baustrafrechts, 2004; *Ignor/Rixen*, Handbuch Arbeitsstrafrecht, 2. Aufl. 2008; *Lorinser/Thäle*, Arbeitsstrafrecht in der Unternehmenspraxis (angekündigt für 2015); *Schaub*, Arbeitsrechts-Handbuch, 15. Aufl. 2013.

I. Einführung

1. Entwicklung

Mit der beginnenden Industrialisierung und der damit verbundenen Erscheinung einer mit wenig Rechten ausgestatteten Arbeitnehmerschaft und einer Proletarisierung großer Teile der Bevölkerung ist angesichts frühkapitalistischer Auswüchse bereits in der ersten Hälfte des 19. Jahrhunderts die Erkenntnis für das Bedürfnis nach Schutz dieser Bevölkerungsteile entstanden. Zur Durchsetzung dieser Ziele ist von Anfang an auch Gebrauch von *Sanktionsnormen* gemacht worden. Bereits das in Preußen geltende „Regulativ über die Beschäftigung jugendlicher Arbeiter in Fabriken" vom 9.3.1839 untersagte die Ar-

1

---

1 TelekommunikationsG v. 22.6.2004, BGBl. I 1190.
2 TelemedienG v. 26.2.2007, BGBl. I 179.

beit von Kindern unter neun Jahren und beschränkte die Arbeit der neun- bis sechzehnjährigen auf zehn Stunden pro Tag.

Der größte Teil der damals zum Schutz von Arbeitnehmern erlassenen Vorschriften fand Eingang in die *Gewerbeordnung*[1], später in diverse Einzelgesetze. Damit ist das Arbeitnehmerschutzrecht ein bedeutsamer **Bestandteil des Wirtschaftsstrafrechts** geworden und die verschiedenen straf- und bußgeldrechtlichen Normen sind auch heute von Bedeutung. Konkurrenzzwang und der Druck zur Kosteneinsparung verführen in Unternehmen allzu leicht dazu, die Vorschriften zum Schutz der Arbeitnehmer außer Acht zu lassen. Das Tätigwerden ausländischer Arbeitnehmer aus Staaten mit großen wirtschaftlichen und arbeitsmarktpolitischen Problemen, insbesondere aus Ost- und Südeuropa, Asien und Afrika, hat den Arbeitsschutzbestimmungen eine – auch in der Öffentlichkeit – große Beachtung verschafft.

2 Historisch hat sich durch die fortschreitende Industrialisierung und Entwicklung der Wirtschaft sowie durch den zunehmenden Einfluss von Gewerkschaften und Verbänden, die außerhalb hoheitlicher Rechtsnormen Arbeitnehmer-Sicherungsmechanismen schufen, ein kaum zu durchschauendes System gebildet, bestehend aus einer **Vielzahl von Normen**, *Einzelgesetzen, Verordnungen, Verwaltungsbestimmungen, tarifvertraglichen Regelungen und Unfallverhütungsvorschriften der Berufsgenossenschaften* in verschiedenen Epochen; dazu kamen landesrechtliche Sonderbestimmungen[2]. Die seit Langem geforderte (und im deutschen Einheitsvertrag vereinbarte) Kodifizierung des Arbeitsrechts ist trotz einiger Initiativen bisher nicht gelungen.

3 Die Rechtsetzung der **EG/EU** hat in dem Bestreben, in Europa einen Binnenmarkt zu schaffen und Wettbewerbsverzerrungen abzubauen, das nationale Recht in vielfältiger Weise überlagert. Nach Herstellung der Freizügigkeit der Arbeitnehmer und Proklamation einer *Sozialunion* im Jahr 1972 hat die 1987 in Kraft getretene „Einheitliche Europäische Akte" die früheren Sozialvorschriften der Art. 117–122 EGV (später Art. 136–145 EGV) um den Art. 118a (später Art. 138 EGV) erweitert; nunmehr finden sich diese Bestimmungen unter der Überschrift „Sozialpolitik" in den Art. 151–164 AEUV. Die Organe der EU haben von ihrer Kompetenz zum Erlass von Richtlinien zum Schutz von Sicherheit und Gesundheit der Arbeitnehmer und zur Harmonisierung der bestehenden Arbeitsbedingungen umfangreichen Gebrauch gemacht[3]. Diese Europäischen Richtlinien enthalten im Bereich des Arbeitnehmerschutzes keine unmittelbaren Sanktionsandrohungen, sondern geben den Mitgliedstaaten auf, für die Ahndung von Verstößen durch nationale Straf- und Bußgeldnormen zu sorgen.

---

1 Zur historischen Entwicklung *Kaufhold*, 150 Jahre Arbeitsschutz in Deutschland – Das preußische Regulativ von 1839 und die weitere Entwicklung bis 1914, AuR 1989, 225.
2 Etwa §§ 71a, 105h Abs. 2, 114c, 114d, 120e Abs. 2, 139b Abs. 2 GewO a.F.
3 Vgl. z.B. *Henssler/Braun* (Hrsg.), ArbeitsR in Europa, 3. Aufl. 2011; *Oetker/Preis*, Europ. ArbeitsR und SozialR, Loseblatt (EAS); *Thüsing*, Europ. ArbeitsR, 2. Aufl. 2011.

2. Grundlagen

a) Der Schutz von Gesundheit und Leben Beschäftigter bei der Arbeit ist eine **gesellschaftliche Aufgabe** von ungebrochener Aktualität. Im Jahr 2012 ereigneten sich in Deutschland bei 39 136 500 Vollbeschäftigten 969 860 meldepflichtige Arbeitsunfälle, d.h. solche, bei denen eine (versicherte) Person durch einen Unfall getötet oder so verletzt wird, dass sie mehr als drei Tage arbeitsunfähig ist[1]. Dies stellt gegenüber dem Jahr 2011 einen Rückgang von 2,5 % dar, obwohl die Zahl der Erwerbstätigen um ca. 1,1 % zugenommen hat. Dabei erlitten 677 Arbeitnehmer tödliche Verletzungen. Insgesamt zeigt ein Blick auf die Zahl der meldepflichtigen Arbeitsunfälle seit 1960 eine stetig abnehmende Tendenz von 110 pro 1 000 Vollarbeiter auf 24,8 im Jahr 2012[2].

Eine Anzeige auf Verdacht einer **Berufskrankheit** erfolgte im Jahr 2012 in 73.574 Fällen; anerkannt wurden davon 15.949 Fälle. Besorgniserregend ist dabei die zunehmende Verbreitung *psychischer Erkrankungen* der Beschäftigten. Dies ist zumindest auch Folge der Entwicklung der Arbeitsbedingungen in Deutschland in den letzten Jahren, die mit „immer schneller, immer mehr" beschrieben werden[3]. So hat sich die Arbeitsunfähigkeit durch psychische Erkrankungen von 5,5 Fällen im Jahr 2008 je 100 Mitgliedern der Gesetzlichen Krankenversicherung (GKV-Mitglieder) auf 7,9 Fälle im Jahr 2012 erhöht[4]. Die Folgen derartiger Leiden sind nicht nur für den Betroffenen misslich, sondern haben auch betriebs- und volkswirtschaftliche Auswirkungen, die die Effekte etwa durch eine Verschlankung des Personalkörpers mindern, im Extremfall sogar wieder aufzehren können[5].

b) Die zahlreichen unabdingbaren Bestimmungen in diversen Gesetzen (z.B. Arbeitsschutzgesetz – ArbSchG, Jugendarbeitsschutzgesetz – JArbSchG, Heimarbeitsgesetz – HAG) und in den ergänzenden Verordnungen weisen das Arbeitsschutzrecht dem **öffentlichen Recht**[6] zu. Es wendet sich in erster Linie an den Arbeitgeber; aber auch den Beschäftigten werden zur effektiven Durchsetzung Pflichten auferlegt, z.B. im Bereich des Gefahrenschutzes. Neben den Gesetzen zum Schutz besonderer **Personengruppen** umfasst das Arbeitsschutzrecht Gesetze zum Schutz der **Arbeitszeit**, wie das *Arbeitszeitgesetz (ArbZG; näher Rz. 52 ff.)*, das *Ladenschlussgesetz*[7] oder die Regelungen zur Arbeitszeit

---

1 Die Zahlen sind dem Unfallverhütungsbericht Arbeit „Sicherheit und Gesundheit bei der Arbeit 2012" des Bundesministeriums für Arbeit und Soziales sowie der Bundesanstalt für Arbeitsschutz und Arbeitsmedizin, 2014, entnommen (abrufbar über das Internet); dort S. 31.
2 Sicherheit und Gesundheit bei der Arbeit, S. 31.
3 Sicherheit und Gesundheit bei der Arbeit 2011, S. 72.
4 Sicherheit und Gesundheit bei der Arbeit 2012, S. 124.
5 Vgl. dazu *Thewes*, BB 2013, 1141 (1142).
6 Der Volltext einer Vielzahl von Rechts- und berufsgenossenschaftlichen Vorschriften und Regeln kann auf der Homepage der BG Bau unter www.bgbau-medien.de abgerufen werden.
7 G über den Ladenschluss v. 2.6.2003, BGBl. I 744 m. Ordnungswidrigkeiten-Katalog in § 24 und Straftatbestand in § 25.

für das *Personal von Fahrzeugen im Straßenverkehr*[1] (§ 71 Rz. 18). Einen weiteren Schwerpunkt bilden Gesetze zur Regelung der **Sicherheit von Erzeugnissen**, wie das *Produktsicherheitsgesetz*[2] (§ 56 Rz. 62 ff.) und das *Medizinproduktegesetz*[3] (§ 56 Rz. 57 ff.), die gleichermaßen dem Schutz der Beschäftigten wie der Verbraucher dienen. Eine in sich geschlossene Darstellung sämtlicher dem Arbeitsschutz dienenden Gesetze mit ihren mannigfachen Rechten und Pflichten würde den Rahmen dieses Beitrages sprengen. Insoweit muss auf das Spezialschrifttum[4] verwiesen werden.

7 Der öffentlich-rechtliche Arbeitsschutz wird ergänzt durch **zivilrechtliche** Bestimmungen, insbesondere arbeitsvertragliche Verpflichtungen zwischen Arbeitgeber und Arbeitnehmer[5]. Trotz aller Möglichkeiten zu repressiven Sanktionen vollzieht sich ein Großteil der zum Schutz der Arbeitnehmer geschaffenen Vorschriften im Wege des Zivil- (d.h. Arbeits)rechts, etwa durch unabdingbare Individualansprüche, Mehrarbeitsvergütungen, Nachtschicht-, Schmutz- und Gefahrenzulagen, um den Unternehmer über die Kostenrechnung zur Einhaltung von Schutzvorschriften anzuhalten. Das Individualarbeitsrecht wird überlagert durch das *kollektive Arbeitsrecht*, durch das unter Mitwirkung der jeweiligen Verbände für eine große Breitenwirkung der Schutzvorschriften gesorgt wird.

8 Im Bereich des sog. **autonomen Arbeitsschutzes** sorgen einzelne Unternehmer oder Gruppen von Unternehmern oder ganze Gewerbezweige für einen über die gesetzliche Mindestverpflichtung hinausgehenden Sicherheitsstandard. Ob dies durch tarifvertragliche Vereinbarungen oder Betriebsvereinbarungen, durch das Eingreifen der Sicherheitsbeauftragten der Berufsgenossenschaften oder der Unternehmen selbst oder durch unternehmerische Entscheidungen des Arbeitgebers bewirkt wird, ist unerheblich, dient der Arbeitsschutz doch beiden Teilen. Dieser *präventive Arbeitsschutz* trägt wesentlich dazu bei, dass in geringerem Maße auf Straf- oder Bußgeldtatbestände zurückgegriffen werden muss.

9 Wesentlichen Einfluss auf die Verwirklichung eines effektiven Arbeitnehmerschutzes haben die **Betriebsverfassungsorgane**, insbesondere der Betriebsrat. Nach § 80 Abs. 1 Nr. 1 BetrVG hat der Betriebsrat ausdrücklich über die Einhaltung von Unfallverhütungsvorschriften zu wachen. Zur Sicherung dieser

---

1 Z.B. G über das Fahrpersonal von Kraftfahrzeugen und Straßenbahnen v. 19.2.1987 – Fahrpersonalgesetz, BGBl. I 640.
2 G über die Bereitstellung von Produkten auf dem Markt v. 8.11.2011, BGBl. I 2178; ber. BGBl. I 2012, 131.
3 G über Medizinprodukte v. 7.8.2002, BGBl. I 3146.
4 Vgl. zum ArbSchG z.B. *Koll/Janning/Pinter*, ArbeitsschutzG, Loseblatt; *Pieper*, ArbSchG, 6. Aufl. 2014; *Kollmer/Klindt*, ArbSchG, 2. Aufl. 2011; zum ArbZG *Schliemann*, ArbZG, 2. Aufl. 2013; *Neumann/Biebl*, ArbeitszeitG, 16. Aufl. 2012; *Baeck/Deutsch*, ArbZG, 3. Aufl. 2014.
5 § 618 Abs. 1 BGB verpflichtet den Arbeitgeber, Räume, Vorrichtungen und Gerätschaften so einzurichten und zu unterhalten, dass der Arbeitnehmer gegen Gefahren für Leben und Gesundheit geschützt ist; ähnlich § 62 Abs. 1 HGB für kaufmännische Angestellte; zur Gliederung des Arbeitsschutzrechts vgl. *Vogelsang* in Schaub, ArbeitsR-Hdb., § 152.

Rechte, insbesondere des Informationsrechtes des Betriebsrates und der korrespondierenden Informationspflicht des Arbeitgebers, enthält das BetrVG entsprechende Sanktionsvorschriften (dazu unten § 35).

c) Ergebnis der Umsetzung der EG-RahmenRL Arbeitsschutz 89/391/EWG[1] über Maßnahmen zur Verbesserung der Sicherheit und des Gesundheitsschutzes der Arbeitnehmer bei der Arbeit ist das am 21.8.1996 in Kraft getretene **Arbeitsschutzgesetz (ArbSchG)**[2]. Es kann als „*Muttergesetz*" des Arbeitsschutzrechts bezeichnet werden[3], weil es eher abstrakt formulierte *Programmsätze* enthält und Grundlage für den *Erlass von Rechtsverordnungen* ist, die die „weichen" Vorgaben des Gesetzes für die einzelnen Anwendungsbereiche des Arbeitsschutzes inhaltlich ausgestalten und präzisieren. Diese Regelungstechnik hat den Vorteil, dass das Arbeitsschutzrecht flexibel und schnell auf Veränderungen reagieren kann, weil i.d.R. lediglich die Rechtsverordnungen geändert werden müssen und nicht das schwerfälligere Verfahren zur Änderung formeller Gesetze bemüht werden muss. Andererseits wird bemängelt, dass das Gesetz den politischen Auftrag, die *Zersplitterung* des Arbeitsschutzrechts zu beseitigen, nicht vollständig erfüllt[4]. Ob eine derartige Vereinheitlichung des Arbeitsschutzrechts angesichts der großen Unterschiedlichkeit der Regelungsmaterie und ihrer in weiten Bereichen technischen Ausrichtung in Zukunft möglich sein wird, darf allerdings bezweifelt werden.

Nach § 1 Abs. 1 dient das ArbSchG dazu, **Sicherheit** und **Gesundheitsschutz** der Beschäftigten bei der Arbeit durch Maßnahmen des Arbeitsschutzes zu sichern und zu verbessern. Maßnahmen des Arbeitsschutzes sind gem. § 2 Abs. 1 ArbSchG solche zur **Verhütung** von Unfällen bei der Arbeit und von arbeitsbedingten Gesundheitsgefahren sowie Maßnahmen der menschengerechten Gestaltung der Arbeit.

Das öffentlich-rechtliche Arbeitsschutzrecht weist somit Elemente des technischen und des sozialen Arbeitsschutzes auf[5]. Die Vorschriften des technischen Arbeitsschutzes haben die Aufgabe, Leben und Gesundheit der Beschäftigten bei der Anwendung von technischen Einrichtungen am Arbeitsplatz zu schützen. Diese Aufgabe ist von weitreichender Bedeutung, denn heutzutage bedingt nahezu jeder Arbeitsplatz zwangsläufig die Anwendung von Technik, mag es auch lediglich die Nutzung von EDV sein. Der soziale Arbeitsschutz zielt vornehmlich auf die Abwehr von Gefahren ab, denen besonders schutzwürdige Personengruppen ausgesetzt sind, namentlich Jugendliche, werdende Mütter, behinderte Arbeitnehmer und Heimarbeiter[6].

---

1 V. 12.6.1989, ABl. EG Nr. L 183 v. 29.6.1989, 1.
2 G über die Durchführung von Maßnahmen des Arbeitsschutzes zur Verbesserung der Sicherheit und des Gesundheitsschutzes der Beschäftigten bei der Arbeit, BGBl. I 1246.
3 *Blessing* in Voraufl. § 34 Rz. 13 spricht von einem „Rahmengesetz", *Kraft* in Gercke/Kraft/Richter, 2. Kap. Rz. 803 von einem „allgemeinen Teil des gesamten Arbeitsschutzrechts".
4 *Pieper*, § 1 ArbSchG Rz. 13 „Zersplitterung abgemildert".
5 Zur Differenzierung vgl. *Koll* in Koll/Janning/Pinter, Teil B ArbSchG Rz. 4; *Pieper*, Einl. Rz. 59.
6 Näher dazu *Rixen* in Ignor/Rixen, § 10 Rz. 2.

13 Das ArbSchG bestimmt in § 2 Abs. 2 den Begriff der **Beschäftigten**, die es schützen will, weitgehend, indem es nicht nur Arbeitnehmer(innen) erfasst, sondern auch z.B. Beamtinnen und Beamte, Richterinnen und Richter, Soldatinnen und Soldaten sowie die in Werkstätten für Behinderte Beschäftigten. Dem Schutz der Beschäftigten dienen die in den §§ 3 ff. ArbSchG normierten Pflichten des Arbeitgebers. Gem. § 3 Abs. 1 S. 1 ArbSchG ist dieser verpflichtet, die erforderlichen Maßnahmen des Arbeitsschutzes unter Berücksichtigung der Umstände zu treffen, die Sicherheit und Gesundheit der Beschäftigten bei der Arbeit beeinflussen. Eine gewisse Konkretisierung erfährt diese konturlos gehaltene Pflicht durch die in § 4 ArbSchG aufgeführten *allgemeinen Vorgaben*, wie z.B. Gefahren an ihrer Quelle zu bekämpfen oder bei den zu ergreifenden Maßnahmen den Stand der Technik, Arbeitsmedizin und Hygiene sowie sonstige gesicherte arbeitswissenschaftliche Erkenntnisse zu berücksichtigen. Nach § 5 Abs. 1 ArbSchG hat der Arbeitgeber durch eine Beurteilung der für die Beschäftigten mit ihrer Arbeit verbundenen Gefährdungen zu ermitteln, welche Maßnahmen des Arbeitsschutzes erforderlich sind, und das Ergebnis nach § 6 ArbSchG zu dokumentieren[1].

14 § 3 Abs. 2 ArbSchG verpflichtet den Arbeitgeber, zur Planung und Durchführung von Maßnahmen nach Abs. 1 für eine geeignete Organisation zu sorgen, die erforderlichen Mittel bereit zu stellen und Vorkehrungen zu treffen, dass die Maßnahmen erforderlichenfalls bei allen Tätigkeiten und eingebunden in die betrieblichen Führungsstrukturen beachtet werden [...]. Dem Arbeitgeber ist damit die Schaffung geeigneter **Organisationsstrukturen** aufgegeben, durch die die sich aus dem Arbeitsschutzgesetz ergebenden Aufgaben auf Mitarbeiter, insbesondere Führungskräfte, verteilt werden. Die Ausgestaltung dieser Strukturen hängt maßgeblich von den konkreten Gegebenheiten innerhalb eines Betriebes ab. Dabei sind im Besonderen die bestehenden Unfall- und Gesundheitsgefahren sowie die Betriebsgröße zu berücksichtigen[2].

15 Das ArbSchG schützt indes die **Beschäftigten** nicht nur, sondern legt ihnen in §§ 15 ff. ArbSchG auch **Pflichten** auf, so z.B. in § 15 Abs. 2 ArbSchG zur bestimmungsgemäßen Verwendung von Maschinen, Geräten, Werkzeugen, Arbeitsstoffen, Transportmitteln und sonstigen Arbeitsmitteln sowie Schutzvorrichtungen und der ihnen zur Verfügung gestellten persönlichen Schutzausrüstung. Adressat der Verhaltensnormen des öffentlich-rechtlichen Arbeitsschutzrechts ist somit nicht ausschließlich der Arbeitgeber, auch wenn sich die überwiegende Zahl der Normen an ihn wendet. Dahinter steht die Erkenntnis, dass die Verwirklichung der Ziele des Arbeitsschutzes nachhaltig nur gelingen kann, wenn die zu Schützenden selbst hierauf bedacht sind. Diese Pflichten des Beschäftigten führen nicht dazu, dass sich der Arbeitgeber mit ihrer Nichtbeachtung exkulpieren kann. Die Erfüllung seiner Pflichten bleibt hiervon unberührt[3].

---

1 Zu den Chancen einer Gefährdungsbeurteilung nach § 5 ArbSchG für den Arbeitgeber vgl. *Thewes*, BB 2013, 1141.
2 BAG v. 18.3.2014 – 1 ABR 73/12, NZA 2014, 855.
3 VG Regensburg v. 8.7.2014 – RO 5 K 14.495, juris.

Arbeitgeber i.S. des ArbSchG sind nach § 2 Abs. 3 ArbSchG natürliche und juristische Personen sowie rechtsfähige Personengesellschaften, die Personen nach Abs. 2 beschäftigen. Weitere verantwortliche Personen, die für die Erfüllung der Pflichten des Arbeitgebers nach dem ArbSchG verantwortlich sind, sind in § 13 ArbSchG aufgezählt, so z.B. das vertretungsberechtigte Organ einer juristischen Person[1].

Zu beachten ist, dass das **Begriffspaar Beschäftigte/Arbeitgeber** *nicht* in allen öffentlich-rechtlichen Arbeitsschutzgesetzen entsprechend den Regelungen im ArbSchG verwendet wird. So gilt etwa das ArbZG nur für Arbeitnehmer, die gemäß der Definition in § 2 Abs. 2 ArbZG Arbeiter und Angestellte sowie die zu ihrer Berufsausbildung Beschäftigten sind. Entsprechend können Arbeitgeber nur diejenigen (natürlichen oder juristischen) Personen sein, die diesen Personenkreis beschäftigen. Besonderes Augenmerk bei der Sachbearbeitung ist daher immer auf die Prüfung des von dem anzuwendenden Gesetz erfassten Personenkreises zu legen.

Art. 4 Abs. 2 der EG-RL Arbeitsschutz 89/391/EWG verpflichtet die Mitgliedsstaaten neben der Rechtsetzung zu einer angemessenen **Kontrolle** und **Überwachung** der Einhaltung der Normen. Dementsprechend regeln die §§ 21 ff. ArbSchG detailliert, wie die Überwachung des Arbeitsschutzes als staatlicher Aufgabe (§ 21 Abs. 1 S. 1 ArbSchG) in der Praxis vorzunehmen ist. Weitgehende Eingriffsbefugnisse für die nach Landesrecht zuständige Behörde sieht § 22 ArbSchG vor. Danach können vom Arbeitgeber die erforderlichen Auskünfte eingeholt und die Überlassung von Unterlagen gefordert werden. Weiterhin sind die mit der Überwachung betrauten Personen befugt, zu den Betriebs- und Arbeitszeiten Betriebsstätten und weitere im Gesetz genannte Einrichtungen zu betreten und zu prüfen.

§ 22 Abs. 3 Nr. 1 ArbSchG ist **Rechtsgrundlage** für die Anordnung von **Einzelmaßnahmen** gegenüber dem Arbeitgeber, ihm gleichgestellter Personen und der Beschäftigten zur Erfüllung der Pflichten nach dem ArbSchG und der hierauf beruhenden Rechtsverordnungen.

Beispiele: Anschaffung und Benutzung von Schutzausrüstung zur Vermeidung einer Kontamination der Beschäftigten mit Gefahrstoffen; Durchführung einer nach § 5 ArbSchG vorgeschriebenen Gefährdungsbeurteilung.

Nach § 22 Abs. 3 Nr. 2 ArbSchG kann die zuständige Behörde darüber hinaus Maßnahmen gegen den Arbeitgeber und gleichgestellte Personen anordnen, die diese zur Abwendung einer besonderen **Gefahr** für Leben und Gesundheit der Beschäftigten zu treffen haben.

Beispiele: Verbot, mit Asbestfasern kontaminierte Räume zu benutzen; Verbot, eine Maschine in Betrieb zu nehmen, die aufgrund ihrer Konstruktion Verletzungen bei dem Beschäftigten hervorrufen kann.

---

1 Zur straf- und ordnungswidrigkeitenrechtlichen Verantwortlichkeit im ArbeitsschutzR vgl. *Schorn*, BB 2010, 1345.

II. Sanktionssystem

20 Die **Sanktionierung** von Verstößen des Arbeitgebers gegen dem Arbeitsschutz dienende Vorschriften lässt sich als ein *abgestuftes System* darstellen, das von der Bußgeldbewehrung einzelner Verhaltenspflichten bis zur Kriminalisierung von Eingriffen in Leib und Leben des Beschäftigten durch das Kernstrafrecht reicht.

Eine nicht unerhebliche Zahl von Arbeitsschutzgesetzen **verzichtet** auf eine Flankierung der Verhaltenspflichten durch das Ordnungswidrigkeiten- bzw. Strafrecht. Hierzu gehört etwa die Kinderarbeitsschutzverordnung (KindArbSchV)[1] oder die PSA-Benutzungsverordnung (PSA-BV)[2]. Insoweit hat der Gesetzgeber Verstöße gegen die arbeitgeberbezogenen Pflichten nicht als derart gravierend angesehen, als dass ihnen durch eine spezielle Sanktionierung Nachdruck verliehen werden müsste.

1. Ordnungswidrigkeiten

21 Eine Vielzahl arbeitsschutzrechtlicher Gesetze enthält **Bußgeldvorschriften**, die die Missachtung der in ihnen enthaltenen Ge- und Verbote einer ordnungsrechtlichen Sanktion unterwerfen. Es handelt sich um *abstrakte Gefährdungsdelikte*, d.h. der Verstoß gegen die normierte Pflicht reicht zur Tatbestandserfüllung aus; dem arbeitsschützenden Charakter der Norm ist immanent, dass ihre Übertretung generell geeignet ist, Gefahren für die Beschäftigten zu begründen.

22 Mit der Sanktionierung will der Gesetzgeber die Bedeutung der jeweiligen Verhaltensnorm für den Arbeitsschutz verdeutlichen. Der Grad der *sanktionsrechtlichen Durchdringung* ist dabei *unterschiedlich*. So enthält das **Jugendarbeitsschutzgesetz** (JArbSchG)[3] in seinen §§ 58 und 59 eine weitreichende Bußgeldbewehrung von Verstößen gegen die Regeln zur Beschäftigung von Personen, die noch nicht 18 Jahre alt sind, weil diese Gruppe aufgrund ihrer vielfach noch nicht abgeschlossenen körperlichen und geistigen Entwicklung in besonderem Maße schutzbedürftig ist.

23 Auch das **ArbZG** versieht eine Vielzahl seiner Regelungen bei ihrer Missachtung mit einer Sanktionsandrohung, weil der Gesundheitsschutz der von dem ArbZG geschützten Arbeitnehmern ein Rechtsgut von Verfassungsrang ist und weil es aufgrund von Art. 2 Abs. 2 S. 1 GG Aufgabe aller staatlicher Gewalt ist, den Arbeitnehmer auf jede Erfolg versprechende Art und Weise vor einer übermäßigen Inanspruchnahme seiner Arbeitskraft zu schützen[4].

24 Im Gegensatz hierzu enthält das **ArbSchG** in § 25 lediglich zwei Bußgeldtatbestände, was mit der mangelnden Griffigkeit der allgemein gehaltenen Vor-

---

1 VO über den Kinderarbeitsschutz v. 23.6.1998, BGBl. I 629.
2 VO über Sicherheit und Gesundheitsschutz bei der Benutzung persönlicher Schutzausrüstung bei der Arbeit v. 4.12.1996, BGBl. I 1841.
3 G zum Schutz der arbeitenden Jugend v. 12.4.1976, BGBl. I 965.
4 BVerfG v. 28.1.1992 – 1 BvR 1025/82, 1 BvL 16/83, 1 BvL 10/91, NJW 1992, 964 (966).

gaben zusammenhängt (Rz. 10). Daneben bildet das ArbSchG in §§ 18 und 19 die formell-gesetzliche *Ermächtigung für* den Erlass von *Rechtsverordnungen* auf dem Gebiet des Arbeitsschutzes. Hiervon hat der Gesetzgeber ausgiebig Gebrauch gemacht, z.B. in der

– Baustellenverordnung (BaustellV[1]; dazu Rz. 62 f.);
– Arbeitsstättenverordnung (ArbStättV)[2];
– Verordnung zum Schutz der Mütter am Arbeitsplatz (MuSchArbV)[3];
– Biostoffverordnung (BiostoffV)[4];
– Verordnung zur arbeitsmedizinischen Vorsorge (ArbMedVV)[5].

Nach § 25 Abs. 1 Nr. 1 ArbSchG handelt ordnungswidrig, wer einer solchen **Rechtsverordnung** zuwiderhandelt, soweit sie für einen bestimmten Tatbestand auf diese Bußgeldvorschrift verweist. Die genannten Verordnungen haben auf dieser Grundlage *verwaltungsrechtsakzessorische Tatbestände* geschaffen, die regelmäßig vorsätzliche und fahrlässige Verstöße gegen die verwaltungsrechtlichen Vorgaben bußgeldrechtlich bewehren. 25

Beispiele: Entgegen § 4 Abs. 4 S. 1 ArbStättV duldet der Arbeitgeber, dass die Notausgänge des Betriebsgebäudes zugestellt werden mit Umzugskisten voll mit Stehordnern (Ordnungswidrigkeit nach § 9 Abs. 1 Nr. 5 ArbStättV);

Entgegen § 13 Abs. 1 S. 1 BioStoffV zeigt ein Pharmakonzern der zuständigen Behörde erst sieben Tage vor Aufnahme von Arbeiten im Labor, die der Vermehrung von Mikroorganismen dienen, die beim Menschen Infektionen hervorrufen können, dieselben an (Ordnungswidrigkeit nach § 18 Abs. 1 Nr. 8 BioStoffV).

Zudem sieht das ArbSchG **verwaltungsaktsakzessorische Tatbestände** vor, wie z.B. § 25 Abs. 1 Nr. 2 ArbSchG. Nach Buchst. a handelt ordnungswidrig, wer als Arbeitgeber, verantwortliche Person oder Beschäftigter einer vollziehbaren Anordnung nach § 22 Abs. 3 ArbSchG zuwiderhandelt. Nach dieser Vorschrift kann die zuständige Behörde im *Einzelfall* anordnen, welche Maßnahmen die genannten Adressaten zur Erfüllung der Pflichten zu treffen haben, die sich aus dem ArbSchG und den aufgrund dieses Gesetzes erlassenen Rechtsverordnungen ergeben und welche Maßnahmen der Arbeitgeber und die verantwortliche Person zur Abwendung einer besonderen Gefahr für Leben und Gesundheit der Beschäftigten zu treffen haben. Dabei muss eine konkrete oder naheliegende Gefahr für Leben oder Gesundheit des Beschäftigten nicht vorliegen. Die Behörde ist vielmehr befugt, immer dann eine Anordnung zu treffen, wenn arbeitsschutzrechtliche Vorschriften nicht eingehalten werden[6]. Damit werden Zuwiderhandlungen gegen verwaltungsrechtliche Einzelakte in weitgehendem Umfang einer bußgeldrechtlichen Sanktionierbarkeit unterworfen. 26

---

1 VO über Sicherheit und Gesundheitsschutz auf Baustellen v. 10.6.1998, BGBl. I 1283.
2 VO über Arbeitsstätten v. 12.8.2004, BGBl. I 2179.
3 V. 15.4.1997, BGBl. I 782.
4 VO über Sicherheit und Gesundheitsschutz bei Tätigkeiten mit biologischen Arbeitsstoffen, BGBl. I 1999, 50.
5 V. 18.12.2008, BGBl. I 2008, 2768.
6 VG Regensburg v. 8.7.2014 – RO 5 K 14.495, juris.

27 Bußgeldbewehrte Verstöße auf dem Gebiet des Arbeitnehmerschutzes können sich auch aus **Unfallverhütungsvorschriften (UVV)**[1] ergeben. Gem. § 15 Abs. 1 Hs. 1 SGB VII können die Unfallversicherungsträger als autonomes Recht UVV über Maßnahmen zur Verhütung von Arbeitsunfällen, Berufskrankheiten und arbeitsbedingte Gesundheitsgefahren oder für eine wirksame Erste Hilfe erlassen, soweit dies zur Prävention geeignet und erforderlich ist und staatliche Arbeitsschutzvorschriften hierüber keine Regelungen treffen. Damit wird das öffentlich-rechtliche Arbeitsschutzrecht durch das autonome Arbeitsschutzrecht der Träger der gesetzlichen Unfallversicherung ergänzt (sog. *duales System*). Den UVV kommt **Satzungsqualität** zu[2]. Nach § 209 Abs. 1 Nr. 1 SGB VII handelt *ordnungswidrig*, wer einer Unfallverhütungsvorschrift nach § 15 SGB VII zuwiderhandelt, soweit sie für einen bestimmten Tatbestand auf diese Bußgeldvorschrift verweist.

Beispiel: Gem. § 32 der UVV Feuerwehren[3] handelt ordnungswidrig nach § 209 Abs. 1 Nr. 1 SGB VII, wer vorsätzlich oder fahrlässig den Bestimmungen des § 13 i.V.m. § 31 UVV Feuerwehren zuwiderhandelt, wonach die Feuerwehrausrüstung regelmäßig zu prüfen ist.

28 Ein Anwendungsproblem für die Praxis ergibt sich daraus, dass die UVV nicht selten **unklar** und **unpräzise** formuliert sind, weil es sich um „technisches" Recht mit einem niedrigen Abstraktionsgrad handelt. Insgesamt ist festzustellen, dass arbeitsschutzrechtliche Ge- und Verbote in weitgehendem Umfang durch Bußgeldvorschriften ordnungsrechtlich flankiert werden.

29 Das Problem für den Rechtsanwender besteht darin, bei der **Vielzahl an Rechtsquellen** den Überblick zu behalten und das auf den jeweiligen Sachverhalt anwendbare Recht zuverlässig festzustellen. Weil die Rechtsverordnungen arbeitsschutzrechtliche Sachverhalte teilweise sehr detailliert regeln, unterliegen sie einem ständigen Wandel, sodass auch das im Tatzeitpunkt **anwendbare Recht** sorgfältig festzustellen ist. Bei den UVV stellt sich das zusätzliche Problem, dass diese im Grundsatz nur für Unternehmen Geltung beanspruchen können, die Mitglied des betreffenden Unfallversicherungsträgers sind, und nur für Beschäftigte, die bei diesem Träger versichert sind. Weil nach § 16 Abs. 1 SGB VII die UVV eines Unfallversicherungsträgers auch gelten, soweit in dem oder für das Unternehmen Versicherte tätig werden, für die ein anderer Unfallversicherungsträger zuständig ist, gelten die UVV in dem betreffenden Unternehmen z.B. auch für Leiharbeitnehmer[4], wodurch ein *unterschiedliches Schutzniveau* innerhalb eines Betriebes vermieden wird.

30 In **subjektiver Hinsicht** lassen die Bußgeldvorschriften in aller Regel *Fahrlässigkeit* genügen, was bei der nicht seltenen Einrede einer Verkennung des Sachverhalts (§ 16 StGB) aufseiten des Arbeitgebers eine Sanktionierung bei *sorgfaltswidrigem* Verhalten gleichwohl erlaubt (vgl. Rz. 64 ff.). Ein Verbotsirrtum, der auch vorliegt bei einem Irrtum über ein normatives Tatbestandsmerkmal,

---

1 Dazu *Ambs* in Erbs/Kohlhaas, A 181 Vor § 1 ArbSchG Rz. 3 f. (Stand 1.12.2009).
2 *Rixen* in Ignor/Rixen, § 10 Rz. 11; *Greeve* in Greeve/Leipold, § 41 Rz. 43 ff.; *Brüssow/Petri*, Rz. 272.
3 V. Mai 1989 i.d.F. v. Januar 1997 GUV-V C 53.
4 *Rixen* in Ignor/Rixen, § 10 Rz. 22; *Kollmer*, Syst. D: SGB Rz. 75.

wie es im Arbeitsschutzrecht häufig vorkommt, ist für den Arbeitgeber schon dann vermeidbar (§ 17 StGB; vgl. § 18 Rz. 10 ff.), wenn er eine zuständige Stelle, wie z.B. das Gewerbeaufsichtsamt[1], nicht konsultiert hat.

Beispiel: Einem Arbeitgeber ist nicht bekannt, dass das Entfernen von Gefahrstoffen ein „Verwenden" i.S. von § 3 Nr. 10 ChemG darstellt. Wenn der Arbeitgeber in Kenntnis sämtlicher Umstände handelt und lediglich den Schluss auf das Vorliegen des Rechtsbegriffs des Verwendens nicht zieht, liegt kein Tatbestandsirrtum vor[2].

Der **Bußgeldrahmen** reicht bei § 25 ArbSchG nur bis zu 5 000 Euro Geldbuße bei vorsätzlichen Verstößen gegen Ge- und Verbote in auf dem ArbSchG beruhenden Rechtsverordnungen und bei der Zuwiderhandlung eines *Beschäftigten* gegen eine vollziehbare Anordnung zur Erfüllung seiner Pflichten nach dem ArbSchG. Handelt der *Arbeitgeber* einer vollziehbaren Anordnung zuwider, kann eine Geldbuße bis zu 25 000 Euro festgesetzt werden. Auch wenn der Bußgeldrahmen bei Verstößen des *Beschäftigten* somit wesentlich niedriger ist, enthält das Arbeitsschutzrecht doch auch eine Sanktionsnorm gegen den Beschäftigten, den es eigentlich schützen will. Bei einer Sanktionierung des Beschäftigten ist indes Zurückhaltung geboten. 31

2. Spezielle Straftatbestände

Viele dem Arbeitsschutz dienende Gesetze enthalten besondere *Straftatbestände*, die auf dem Grundtatbestand einer Ordnungswidrigkeit als **Qualifikationstatbestände** aufbauen. Dabei erhöhen die den Bußgeldtatbestand qualifizierenden Umstände das Unrecht derart, dass der Gesetzgeber sich veranlasst sah, die entsprechenden Sanktionsnormen als Straftatbestände auszugestalten. Wiederkehrende derartige Merkmale sind die *Gefährdung von Leben, Gesundheit oder Arbeitskraft* eines Beschäftigten sowie die *beharrliche Wiederholung* von bestimmten Verstößen, die den Tatbestand einer Ordnungswidrigkeit bilden, durch den Arbeitgeber[3]. *Beschäftigte* sind dagegen grundsätzlich keiner Strafandrohung ausgesetzt. Eine Ausnahme hiervon besteht für die Tatbestände des § 24 Abs. 2 Nr. 5-12 GefStoffV i.V.m. § 27 Abs. 1 Nr. 1 ChemG (Missachtung von Herstellungs- und Verwendungsverboten an bestimmten Gefahrstoffen), weil die GefStoffV nicht nur, wenn auch insbesondere, den Beschäftigtenschutz im Blick hat, sondern darüber hinaus nach § 1 GefStoffV auch Mensch und Umwelt schützen will. 32

Nach **§ 26 ArbSchG** wird derjenige **bestraft**, der 33

1. eine in § 25 Abs. 1 Nr. 2 Buchst. a ArbSchG bezeichnete Handlung (Zuwiderhandlung durch den Arbeitgeber oder eine verantwortliche Person gegen eine vollziehbare Anordnung nach § 22 Abs. 3 ArbSchG) beharrlich wiederholt oder

---

1 Das nach § 21 Abs. 1 S. 2 ArbSchG nicht nur Überwachungs-, sondern auch Beratungsfunktion hat.
2 Vgl. dazu zur parallel gelagerten Problematik beim Abfallbegriff *Heine* in S/S, § 326 StGB Rz. 14.
3 Z.B. § 26 ArbSchG, § 23 Abs. 1 ArbZG, 58 Abs. 5 JArbSchG.

2. durch eine in § 25 Abs. 1 Nr. 1 oder Nr. 2 Buchst. a ArbSchG bezeichnete vorsätzliche Handlung (Zuwiderhandlung gegen eine Rechtsverordnung nach § 18 Abs. 1 oder § 19 ArbSchG, soweit sie auf § 25 ArbSchG verweist oder Zuwiderhandlung durch den Arbeitgeber oder eine verantwortliche Person gegen eine vollziehbare Anordnung nach § 22 Abs. 3 ArbSchG) Leben oder Gesundheit eines Beschäftigten gefährdet.

34 a) Als **Gesundheit** eines Beschäftigten ist der unversehrte körperliche, geistige und seelische Zustand anzusehen. Die Gefährdung der Gesundheit muss nicht von Dauer sein, aber eine gewisse Erheblichkeit erreichen. Sie liegt z.B. nicht vor, wenn sich der Beschäftigte mit einer Krankheit infiziert, deren Verlauf das körperliche Wohlbefinden nicht erheblich beeinträchtigt, wie eine Erkältung[1]. Auch leichte Kopfschmerzen erreichen die Erheblichkeitsschwelle nicht. Psychische Beeinträchtigungen sind nur ausreichend, wenn sie Krankheitswert erreichen; allein seelisches Missbehagen genügt nicht[2].

35 Weitere Straftatbestände zum Schutz von Gesundheit und Arbeitskraft von Beschäftigten finden sich z.B. in § 58 Abs. 5 *JArbSchG*, § 32 Abs. 3 *Heimarbeitsgesetz* (HAG)[3] und § 21 Abs. 3 *Mutterschutzgesetz* (MuSchG)[4] sowie § 27 Abs. 2-4 *Chemikaliengesetz* (ChemG; Rz. 39). Sie verdrängen als die **speziellere Regelung** jeweils für ihren Anwendungsbereich den allgemeinen Straftatbestand des § 26 ArbSchG.

36 Eine **Erweiterung** des Gesundheits- und Arbeitsschutzes stellen z.B. § 58 Abs. 6 JArbSchG, § 21 Abs. 4 MuSchG und § 32 Abs. 4 HAG dar, die es ausreichen lassen, wenn die Gefahr für Leben, Gesundheit oder Arbeitskraft *fahrlässig* verursacht wird. Dies ändert indes nichts daran, dass es sich jeweils um **konkrete Gefährdungsdelikte** handelt[5]. Nach allgemeinen Grundsätzen ist eine konkrete Gefahr für ein Rechtsgut gegeben, wenn ein Zustand erreicht ist, in dem der Eintritt eines Verletzungserfolges wahrscheinlich ist und das Ausbleiben eines Schadens nur vom Zufall abhängt[6]. Eine derartig naheliegende Schädigung der genannten Rechtsgüter lässt sich jedoch in der Praxis selten nachweisen und kann am ehesten im Arbeitszeitrecht gelingen. Häufig wird sich eine entsprechende Gefährdung nur unter Einschaltung eines Sachverständigen gerichtsfest darlegen lassen.

Beispiel: Ein Beschäftigter wird von seinem Arbeitgeber immer wieder genötigt, über die Grenzen der zulässigen Arbeitszeit hinaus seiner Tätigkeit nachzugehen. Nach h.M. stellen bereits eine Erschöpfung oder Ermüdung eine konkrete Gesundheitsgefahr dar[7]. **Gegenbeispiel:** Der Arbeitgeber unterlässt es entgegen § 8 Abs. 8 GefStoffV i.V.m. Anhang I

---

1 *Ambs* in Erbs/Kohlhaas, A 181 § 26 ArbSchG Rz. 5 (Stand 1.12.2009) und A 185 § 23 ArbZG Rz. 3 (Stand 20.1.2010).
2 *Fischer*, § 223 StGB Rz. 12.
3 V. 14.3.1981, BGBl. I 191.
4 G zum Schutze der erwerbstätigen Mutter v. 20.6.2002, BGBl. I 2319.
5 Allg. M.; vgl. nur *Rixen* in Ignor/Rixen, § 10 Rz. 35; *Tiedemann*, WiStrafR BT, Rz. 583.
6 BGH v. 15.9.1998 – 1 StR 290/98, NStZ 1999, 32 (33); BGH v. 30.3.1995 – 4 StR 725/94, NStZ 1996, 83; dazu *Heine/Bosch* in S/S, Vor §§ 306 ff. StGB Rz. 3.
7 *Neumann/Biebl*, § 23 ArbZG Rz. 2; *Richter* in Gercke/Kraft/Richter, 2. Kap. Rz. 776.

Nr. 2.4.2 Abs. 3 S. 2, dafür Sorge zu tragen, dass bei einem Abbau asbesthaltiger Faserzementplatten eine weisungsbefugte sachkundige Person vor Ort ist. Deshalb zerschlägt der unbedarfte Beschäftigte die Platten, wodurch eine Vielzahl krebserregender Fasern austreten. Bei einer Latenzzeit von bis zu 30 Jahren bis zum Ausbruch von Krankheiten, die durch Asbest hervorgerufen werden können, wie z.b. Lungenkrebs, ist der Nachweis einer konkreten Gesundheitsgefahr schwierig.

Kommt es über eine Gefährdung hinaus zu einer *Verletzung* des Beschäftigten, sind die Vorschriften des **Kernstrafrechts** – insbesondere vorsätzliche oder fahrlässige *Körperverletzung* (§§ 223, 229 StGB) oder *fahrlässige Tötung* (§ 222 StGB) – vorrangig (Rz. 61 ff.). Daher haben die gesamten konkreten Gefährdungsdelikte im Bereich des Arbeitsschutzes keine nennenswerte praktische Bedeutung. So verzeichnet das Statistische Bundesamt[1] für das Jahr 2012 *keine* Verurteilung wegen einer Straftat nach dem ArbSchG und *vier* wegen einer solchen nach dem JArbSchG. Diese erfassten Verurteilungen können zudem auf der Tatbestandsalternative der beharrlichen Wiederholung beruhen, weil die Statistik diesbezüglich nicht differenziert. 37

b) Hinsichtlich des Tatbestandsmerkmals der **beharrlichen Wiederholung** gem. § 26 Nr. 1 ArbSchG gelten dieselben Grundsätze wie bei § 11 Abs. 1 Nr. 2 SchwarzArbG (vgl. § 37 Rz. 124 mit Beispielen) oder im sonstigen Gewerberecht (vgl. § 25 Rz. 12 f.). Der Arbeitgeber[2] muss demnach ein besonders *hartnäckiges* Verhalten zeigen, durch das eine rechtsfeindliche Einstellung des Täters gegenüber den infrage kommenden gesetzlichen Normen deutlich wird, obwohl er schon wegen der Folgen vorangegangener Zuwiderhandlungen Erfahrungen gesammelt haben müsste[3]. Veröffentlichte Rechtsprechung hierzu auf dem Gebiet des Arbeitsschutzrechts fehlt vollständig. Einige auf der Grundlage der §§ 18, 19 ArbSchG erlassenen Rechtsverordnungen verweisen nur auf **§ 26 Nr. 2 ArbSchG**[4], sodass eine beharrliche Wiederholung nicht ausreichend ist. 38

Die **Strafdrohungen** für die konkreten Gefährdungsdelikte liegen im untersten Bereich: Sie betragen für vorsätzliche Delikte Freiheitsstrafe bis zu einem Jahr oder Geldstrafe. Eine *Ausnahme* hiervon stellt § 27 Abs. 2 ChemG dar, der bei entsprechenden Verstößen gegen das ChemG einen Strafrahmen von Freiheitsstrafe bis zu fünf Jahren vorsieht. Soweit die Strafnormen ein *fahrlässiges* Verursachen der Gefahr ausreichen lassen, reicht die Strafdrohung von Freiheitsstrafe bis zu sechs Monaten oder Geldstrafe bis zu 180 Tagessätzen. Auch insoweit sieht § 27 Abs. 4 ChemG bei Fahrlässigkeit erhöhte Strafdrohungen bis zu zwei Jahren Freiheitsstrafe vor. 39

---

1 Abrufbar über www.destatis.de/Zahlen & Fakten/Gesellschaft & Staat/Rechtspflege/Strafverfolgung/Fachserie 10 Reihe 3.
2 Nur dieser kann Täter sein; vgl. *Greeve* in Greeve/Leipold, § 41 Rz. 22.
3 BGH v. 25.2.1992 – 5 StR 528/91, GewA 1992, 179 (181).
4 Z.B. § 7 Abs. 2 BaustellV, § 9 Abs. 2 ArbStättV, § 18 Abs. 3 BioStoffV, § 10 Abs. 2 ArbMedVV.

3. Insbesondere Schutz vor Gefahrstoffen

40 Eine **Sonderstellung** innerhalb des Beschäftigtenschutzes nimmt das *Gefahrstoffrecht* ein. Es weist eine wesentlich engere gesetzliche Sanktionsdichte im strafrechtlichen Bereich auf als das sonstige Arbeitsschutzrecht. Formell-gesetzliche Grundlage des Gefahrstoffrechts ist das *Chemikaliengesetz (ChemG)*[1], das ähnlich wie das ArbSchG wenig konkrete Vorgaben beinhaltet. Es enthält für den Strafrechtspraktiker von Relevanz lediglich in den §§ 3 ff. ChemG einige Begriffsbestimmungen und bildet in § 19 Abs. 1 ChemG die formell-gesetzliche Grundlage für den Erlass von Rechtsverordnungen zum Schutz von Beschäftigten, wie die *BioStoffV* (Rz. 24) und die *Chemikalienverbotsverordnung (ChemVerbotsV)*[2]. Darüber hinaus finden sich in den §§ 26 ff. ChemG wesentliche Bußgeld- und Strafvorschriften des Gefahrstoffrechts.

41 **a)** Die wichtigste der auf der Grundlage des ChemG erlassenen Verordnungen ist die **Gefahrstoffverordnung** (GefStoffV)[3], die in § 3 GefStoffV bestimmt, dass ihre Abschnitte 3-6 für Tätigkeiten gelten, bei denen Beschäftigte Gefährdungen ihrer Gesundheit und Sicherheit durch Stoffe, Zubereitungen oder Erzeugnisse ausgesetzt sein können. Die GefStoffV schützt damit in erster Linie Beschäftigte, nach § 3 Abs. 4 S. 1 Nr. 2 GefStoffV, soweit dies besonders bestimmt ist, aber auch *„private Haushalte"* und damit Menschen außerhalb der Arbeitswelt. Sie stellt sich damit als ein Arbeitsschutzgesetz von großer praktischer Bedeutung dar, denn Beschäftigte können in vielfältiger Weise Gefahrstoffen ausgesetzt sein und sind aus Sorge um ihren Arbeitsplatz nicht selten bereit, Risiken auf sich zu nehmen, die Auswirkungen auf ihr körperliches Wohlbefinden haben können.

42 Die GefStoffV gibt dem Arbeitgeber, dessen Beschäftigte mit Gefahrstoffen im Rahmen ihrer Tätigkeit in Berührung kommen, in ihrem Abschnitt 3 weitgehende **Informationsermittlungspflichten** auf. Daran anschließend muss der Arbeitgeber nach § 6 Abs. 1 S. 2 GefStoffV alle von der Tätigkeit ausgehenden Gefährdungen der Gesundheit und Sicherheit der Beschäftigten *beurteilen*. Abschnitt 4 ruft den Arbeitgeber auf, geeignete *Schutzmaßnahmen* zu ergreifen, um den festgestellten Gefährdungen zu begegnen. Damit stellen sich die detaillierten Vorgaben der GefStoffV als eine besondere Ausprägung der eher allgemein gehaltenen Vorgaben des ArbSchG für den Bereich des gefahrstoffrechtlichen Arbeitsschutzes dar.

43 Von praktischer Bedeutung für den Arbeitsschutz sind insbesondere die in § 16 GefStoffV festgesetzten **Verwendungsbeschränkungen**. Verwendungen sind gemäß der Definition in § 3 Nr. 10 ChemG umfassend zu verstehen als ein Gebrauchen, Verbrauchen, Lagern, Aufbewahren, Be- und Verarbeiten, Abfüllen, Umfüllen, Mischen, Entfernen, Vernichten und innerbetriebliches Befördern. Beschäftigte werden damit nach Maßgabe des Anhangs II der GefStoffV hin-

---

1 G zum Schutz vor gefährlichen Stoffen v. 2.7.2008, BGBl. I 1146.
2 VO über die Neuordnung und Ergänzung der Verbote und Beschränkungen des Herstellen, Inverkehrbringens und Verwendens gefährlicher Stoffe, Zubereitungen und Erzeugnisse nach § 17 des Chemikaliengesetzes v. 14.10.1993, BGBl. I 1720.
3 VO zum Schutz vor Gefahrstoffen v. 26.11.2010, BGBl I 1643.

sichtlich der dort aufgeführten Stoffe, Zubereitungen und Erzeugnisse umfassend vor davon ausgehenden Gefährdungen am Arbeitsplatz geschützt.

44 Insbesondere der in Anhang II Nr. 1 GefStoffV genannte Gefahrstoff **Asbest** wird noch Jahrzehnte lang eine ernstzunehmende Gefahr für Beschäftigte von Abbruch- und Sanierungsunternehmen darstellen, soweit der Arbeitgeber nicht die in Anhang I Nr. 2 GefStoffV genannten Schutzmaßnahmen ergreift, z.B. nach Nr. 2.4.3 Abs. 4 den Beschäftigten Atemschutzgeräte oder Schutzanzüge zur Verfügung stellt oder die Beschäftigten derartig unterweist, dass entsprechend Anhang II Nr. 2.3 Abs. 3 GefStoffV möglichst wenig krebserregender Staub freigesetzt wird. So hat die *Bundesanstalt für Arbeitsschutz und Arbeitsmedizin* z.B. im Jahr 2011 insgesamt 3 612 (2009: 3 741) Erkrankungen als durch den beruflichen Umgang mit Asbest verursacht anerkannt und 1 474 (2009: 1 375) Menschen gezählt, die an den Folgen einer asbestbedingten Berufskrankheit gestorben sind[1].

45 **Strafrechtlich** flankiert wird das Verwendungsverbot weitgehend durch § 24 Abs. 2 GefStoffV i.V.m. § 27 Abs. 1 Nr. 1, Abs. 2–4 ChemG, die Zuwiderhandlungen gegen Vorschriften in Rechtsverordnungen über das Herstellen, das Inverkehrbringen oder das Verwenden dort bezeichneter Stoffe, Zubereitungen, Erzeugnisse, Biozid-Wirkstoffe oder Biozid-Produkte mit Freiheitsstrafe bis zu zwei Jahren bedroht.

46 **b)** Neben den *nationalen* Verwendungsverboten im Anhang II der GefStoffV findet sich ein Vielzahl weiterer Verwendungsverbote in Art. 67 i.V.m. dem Anhang XVII der VO (EG) Nr. 1907/2006 (**EG-REACH-VO**)[2], z.B. für Teeröle. Seit Inkrafttreten der *ChemSanktionsV*[3] zum 1.1.2013 können nach deren § 5 auch bestimmte Verstöße gegen die supranationalen Verwendungsverbote nach § 27 Abs. 1 Nr. 3 S. 1, Abs. 2–4 ChemG bestraft werden.

47 **c)** Nicht selten sind Stoffe, Zubereitungen und vor allem Erzeugnisse **Abfall**, weil der Besitzer, hier der Arbeitgeber, sich ihrer (i.S. von § 3 Abs. 1 KrWG) entledigt, entledigen will oder sie nicht mehr entsprechend ihrer ursprünglichen Zweckbestimmung verwendet und sie aufgrund ihres Gefährdungspotenzials für Mensch und Umwelt dem Zwangsabfallregime unterworfen werden. Die abfallrechtliche Strafbarkeit nach § 326 Abs. 1 StGB mit der höheren Strafandrohung von Freiheitsstrafe bis zu fünf Jahren und die gefahrstoffrechtliche Strafbarkeit gem. § 27 Abs. 1 ChemG stehen dann in *Tateinheit*, weil sich die Schutzrichtung des Abfallrechts und des Gefahrstoffrechts nicht vollständig überdecken[4].

---

1 Sicherheit und Gesundheit bei der Arbeit 2011, S. 106, 110; zu dem Gefahrstoff Asbest vgl. auch VG Oldenburg v. 9.2.2011 – 5 A 1435/09 – Rz. 49, juris; *Henzler*, NuR 2012, 91 (92).
2 VO zur Registrierung, Bewertung, Zulassung und Beschränkung chemischer Stoffe v. 18.12.2006, ABl. EU Nr. L 396 v. 30.12.2006, 1, ber. ABl. EU Nr. L 136 v. 29.5.2007, 3.
3 VO zur Sanktionsbewehrung gemeinschafts- oder unionsrechtlicher Verordnungen auf dem Gebiet der Chemikaliensicherheit v. 24.4.2013, BGBl. I 944.
4 Zum Verhältnis der gefahrstoffrechtlichen zur abfallrechtlichen Strafbarkeit bei asbesthaltigen Erzeugnissen vgl. *Henzler*, NuR 2012, 91 (94).

48 **d)** Neben den strafrechtlichen Sanktionen bei Verstößen gegen die Herstellungs- und Verwendungsbeschränkungen handelt nach § 22 Abs. 1 GefStoffV derjenige *Arbeitgeber* **ordnungswidrig** nach § 26 Abs. 1 Nr. 8 Buchst. b ChemG, der seinen Verpflichtungen zur Gefährdungsbeurteilung und Ergreifung von Schutzmaßnahmen nicht nachkommt. Dies gilt nach § 21 GefStoffV auch für denjenigen, der seiner Verpflichtung zur Erstattung von *Anzeigen* nicht genügt, z.B. entgegen Anhang I Nr. 2 2.4.2. Abs. 1 GefStoffV der zuständigen Behörde nicht anzeigt, dass Tätigkeiten erfolgen, bei denen Asbeststaub oder Staub von asbesthaltigen Materialien freigesetzt werden oder freigesetzt werden können. Die in der GefStoffV statuierten Anzeigepflichten haben den Zweck, den Verwaltungsbehörden *Kenntnis* von Tätigkeiten mit Gefahrstoffen zu verschaffen, damit sie ihrer Beratungs- und Kontrollpflicht nachkommen können.

49 Soweit durch ein ordnungswidriges Verhalten gem. § 22 Abs. 1 GefStoffV eine *Lebens- oder Gesundheitsgefahr* für den Beschäftigten oder andere Personen eintritt, wird der Verstoß zur **Straftat** erhoben. Es handelt sich indes auch bei § 22 Abs. 2 GefStoffV i.V.m. § 27 Abs. 2–4 ChemG um ein *konkretes Gefährdungsdelikt*[1], das gerade auch im gefahrstoffrechtlichen Bereich oftmals schwierig nachzuweisen ist.

50 Entsprechend der *hohen Relevanz* des Schutzes von Beschäftigten vor den Folgen des Umganges mit Gefahrstoffen beläuft sich nach § 26 Abs. 2 ChemG der **Bußgeldrahmen** abgestuft von 10 000 bis zu 200 000 Euro, wobei Ordnungswidrigkeiten der Zuwiderhandlung gegen Rechtsverordnungen über Maßnahmen zum Schutz von Beschäftigten nach § 26 Abs. 1 Nr. 8 Buchst. b ChemG mit einer Geldbuße bis zu 50 000 Euro geahndet werden können.

51 Insgesamt sind die Beschäftigten dadurch in sanktionsrechtlicher Hinsicht **umfänglich** vor der Berührung mit Gefahrstoffen am Arbeitsplatz geschützt. Das zugrunde liegende Gefahrstoffrecht, das heutzutage weitgehend durch europarechtliche Vorgaben bestimmt wird, ist indes kompliziert ausgestaltet und beruht auf einem schwierig zu durchschauenden Zusammenspiel nationaler und supranationaler Regelungen. Die Polizeiliche Kriminalstatistik (PKS)[2] 2013 weist dementsprechend auch nur 330 erfasste Fälle von strafrechtlicher Relevanz mit Bezug zum ChemG auf, wobei nicht auszuschließen ist, dass Fälle mit Bezug zum Gefahrstoffrecht unter abfallrechtlichen Gesichtspunkten in der Statistik erfasst werden, sodass die tatsächliche Zahl höher liegen könnte.

4. Insbesondere Arbeitszeitschutz

52 Eine wesentliche Ausprägung des öffentlich-rechtlichen (sozialen) Arbeitsschutzes stellt der **Schutz der Arbeitszeit** der Beschäftigten dar. Der arbeitszeitrechtliche Schutz weist eine lange Tradition auf, wobei die Tendenz zu immer kürzeren Arbeitszeiten ging. Betrug ab dem Jahr 1900 die tägliche Arbeitszeit noch zehn Stunden (bei einer obligatorischen Sechstagewoche), sieht das am 1.7.1994 in Kraft getretene Arbeitszeitgesetz (ArbZG)[3] in § 3 S. 1 eine werktäg-

---
1 *Ambs* in Erbs/Kohlhaas, C 10 § 27 ChemG Rz. 5 (Stand 1.3.2010).
2 Abrufbar über das Internet.
3 V. 6.6.1994, BGBl. I 1170.

liche Arbeitszeit von im Grundsatz höchstens acht Stunden vor. Gem. § 1 ArbZG ist Zweck des Gesetzes, die **Sicherheit und den Gesundheitsschutz** der Arbeitnehmer bei der Arbeitszeitgestaltung zu gewährleisten [...] sowie den Sonntag und die staatlich anerkannten Feiertage als Tage der Arbeitsruhe und der seelischen Erhebung der Arbeitnehmer zu schützen. Damit dienen die Arbeitszeitvorschriften (auch) der Gefahrenabwehr und damit einem öffentlichen Interesse. Dementsprechend sind die Regelungen des ArbZG auch für den Arbeitnehmer über die in § 7 ArbZG vorgesehenen Ausnahmen hinaus *nicht disponibel*, d.h. er kann nicht wirksam in eine Verletzung der Vorgaben des ArbZG einwilligen[1].

Über das zweite Element des Gesetzeszwecks fließen darüber hinaus auch **kulturelle Elemente** des Arbeitsschutzes mit ein, die der Staat aufgrund von Art. 140 GG i.V.m. Art. 139 WRV zu beachten und zu fördern verpflichtet ist. 53

Auch das ArbZG bietet **keine** für alle Branchen und alle Beschäftigtengruppen **abschließende Regelung** der Arbeitszeit[2], kann aber aufgrund seiner erheblichen Reichweite als *„Zentralregelung des Arbeitszeitschutzrechts"*[3] bezeichnet werden. Dies ist ein Grund für die vergleichsweise hohen Fallzahlen von auf das ArbZG gestützten Bußgeldverfahren. 54

Ein weiterer Grund ist die **leichte Nachweisbarkeit** entsprechender Verstöße aufgrund der relativ klaren Vorgaben des Gesetzes und der Verpflichtung des Arbeitgebers nach § 16 ArbZG, die über die werktägliche Arbeitszeit des § 3 S. 1 ArbZG hinausgehende Arbeitszeit der Arbeitnehmer aufzuzeichnen, wobei die Nachweise nach S. 2 mindestens zwei Jahre aufzubewahren sind. Zudem besteht ein erhebliches Eigeninteresse des Arbeitgebers, die Arbeitszeiten seiner Beschäftigten zu Zwecken der Lohnabrechnung zu erfassen. 55

Flankiert wird die **Aufbewahrungspflicht** des Arbeitgebers von dem Recht der zuständigen Verwaltungsbehörde nach § 17 Abs. 4 S. 2 ArbZG, die Arbeitszeitnachweise *vorgelegt* zu bekommen. Deren Mitarbeiter sind zudem gem. § 17 Abs. 5 S. 1 ArbZG berechtigt, die Arbeitsstätten während der Betriebs- und Arbeitszeit zu betreten und zu besichtigen. 56

Ist die Tatbestandsmäßigkeit eines Verhaltens des Arbeitgebers zu bejahen, stellt sich nicht selten die Frage, ob ein Fall des **§ 14 ArbZG** (außergewöhnliche Fälle) vorliegt. Danach darf von den Regelungen der Arbeitszeit abgewichen werden bei vorübergehenden Arbeiten in Notfällen und in außergewöhnlichen Fällen, die unabhängig vom Willen des Betroffenen eintreten und deren Folgen nicht auf andere Weise zu beseitigen sind. Ein *Notfall* in diesem Sinne wird angenommen bei einem nicht vorhersehbaren Ereignis und in außergewöhnlichen Fällen, die unabhängig vom Willen der Betroffenen eintreten und deren Folgen nicht auf andere Weise zu beseitigen sind[4] oder die die Gefahr eines unverhältnismäßigen Schadens mit sich bringen[5]. 57

---

1 OLG Thüringen v. 2.9.2010 – 1 Ss Bs 57/10, juris; dazu *Pananis/Venn*, ZWH 2012, 398 (399 f.).
2 Entsprechende Regelungen finden sich z.B. im JArbSchG, MuSchG, GefStoffV.
3 *Schlottfeldt* in Ignor/Rixen, § 9 Rz. 2.
4 BAG v. 16.3.2004 – 9 AZR 95/03, NZA 2004, 927 (929).
5 *Neumann/Biebl*, § 14 ArbZG Rz. 3.

Beispiel: Durch einen Wasserrohrbruch wird das Aktenlager eines Betriebes geflutet. Die umfangreichen Akten müssen von den Beschäftigten alsbald aus dem Raum verbracht werden, um keinen Schaden zu nehmen.

58 In rechtlicher Hinsicht ist streitig, ob das Vorliegen der Voraussetzungen des § 14 ArbZG einen **Rechtfertigungsgrund** darstellt oder bereits den **Tatbestand** entfallen lässt[1]. Richtigerweise handelt es sich um einen Rechtfertigungsgrund[2], weil zwar Umstände, die die Rechtsordnung ausnahmsweise als verständlichen Grund für die Missachtung der Vorgaben des ArbZG ansieht, vorliegen, der Unrechtstatbestand indes gleichwohl verwirklicht wird.

59 Nicht selten werden (systematische) Verstöße gegen die Vorgaben des ArbZG in einem Unternehmen (zumeist anonym) der **Staatsanwaltschaft** angezeigt. Ohne weitere Hinweise auf eine *konkrete Gefährdung* der Gesundheit oder Arbeitskraft der Arbeitnehmer oder einer *beharrlichen Wiederholung* i.S. von § 23 Abs. 1 ArbZG wird die Staatsanwaltschaft das Verfahren ohne Weiteres einstellen und an die Bußgeldhörde zur Verfolgung der Ordnungswidrigkeit in eigener Zuständigkeit und nach eigenem Ermessen abgeben.

60 Der **Bußgeldrahmen** beträgt nach § 22 Abs. 2 ArbZG regelmäßig Geldbuße bis zu 15 000 Euro. Auch wenn kaum denkbar ist, dass die Bußgeldbehörden diese Grenze auch nur annähernd ausschöpfen werden[3], kann sich die Geldbuße aufgrund einer Vielzahl der festgestellten Verstöße zu einer beträchtlichen Höhe aufsummieren.

5. Erfolgsdelikte: Körperverletzung u.a.

61 Nicht zum Arbeitsschutzrecht im engeren Sinne gehören die Straftatbestände der **fahrlässigen Körperverletzung gem. § 229 StGB** und der **fahrlässigen Tötung nach § 222 StGB**. Sie nehmen gleichwohl eine wichtige Rolle bei der strafrechtlichen Ausgestaltung des Schutzes der Beschäftigten ein. Ihre Anwendung setzt voraus, dass durch Verstöße des Arbeitgebers oder verantwortlicher Leitungspersonen eine Rechtsgutsverletzung eingetreten ist, die durch die Beachtung von beschäftigungsschutzbezogenen Regelungen hätte vermieden werden können. Angesichts der eingangs (Rz. 4) dargestellten hohen Zahlen von (auch tödlichen) Arbeitsunfällen, kommt den Fahrlässigkeitsvorschriften des allgemeinen Strafrechts eine wesentliche Bedeutung zu.

62 a) Das **Baugewerbe** weist im Jahr 2012 mit 65 meldepflichtigen Arbeitsunfällen der gewerblichen Berufsgenossenschaften je 1 000 Vollarbeiter die höchste Quote[4] auf. Entsprechend hat der Rat der EU in der EG-RL 92/57/EWG[5] über die auf zeitlich begrenzte oder ortsveränderliche Baustellen anzuwendenden

---

1 So *Baeck/Deutsch*, § 22 ArbZG Rz. 6.
2 *Neumann/Biebl*, § 22 ArbZG Rz. 3; *Richter* in Gercke/Kraft/Richter, 2. Kap Rz. 785; a.A. *Baeck/Deutsch* § 14 ArbZG Rz. 5.
3 Z.B. Verstoß gegen § 3 ArbZG bei Überschreitung bis zu einer Stunde 50 Euro; Beschäftigung entgegen § 9 ArbZG an Sonn- und Feiertagen 250 Euro.
4 Sicherheit und Gesundheit bei der Arbeit, 2012, S. 32; zu den strafrechtlichen Risiken der am Bau Beteiligten vgl. *Landau*, wistra 1999, 47 ff.
5 Europ. BaustellensicherheitsRL v. 24.6.1992, ABl. EG Nr. L 245 v. 26.8.1992, 6.

Mindestvorschriften für die Sicherheit und den Gesundheitsschutz dem deutschen Gesetzgeber Vorgaben gemacht, die dieser in der *BaustellV* (Rz. 24) auf der Grundlage von § 19 ArbSchG in nationales Recht umgesetzt hat. Die BaustellV ist damit ein weiteres Beispiel für die Ausformulierung und Präzisierung der weichen Vorgaben des ArbSchG (Rz. 10) mit einem begrenzten Anwendungsbereich[1].

Nach § 1 Abs. 1 BaustellV dient die VO der wesentlichen Verbesserung von **Sicherheit und Gesundheitsschutz** der Beschäftigten auf **Baustellen**. Dieses Ziel soll insbesondere durch eine in § 2 Abs. 2 und 3 BaustellV vorgeschriebene *Anzeigepflicht* an die zuständige Behörde bei größeren Bauvorhaben[2] und die Bestellung zumindest eines *Koordinators* für Baustellen, auf denen mehrere Arbeitgeber tätig werden, nach § 3 BaustellV[3] erreicht werden. Der Koordinator hat neben seiner abstimmenden Funktion während der Planung und der Ausführung des Bauvorhabens auch eine überwachende und eine planerische Aufgabe, etwa die Ausarbeitung eines Sicherheits- und Gesundheitsschutzplanes gem. § 3 Abs. 2 Nr. 2 BaustellV. Den Arbeitgeber trifft nach § 5 Abs. 1 BaustellV insbesondere die Pflicht, die Hinweise des Koordinators und den Sicherheits- und Gesundheitsschutzplan zu berücksichtigen. Die Pflicht zur Aufstellung eines Sicherheits- und Gesundheitsschutzplanes besteht dabei unabhängig von der Frage, ob die Beschäftigten mehrerer Arbeitgeber gleichzeitig oder nacheinander auf der Baustelle mit der Ausführung von gefährlichen Arbeiten tätig werden[4]. 63

Die BaustellV bildet damit innerhalb ihres Anwendungsbereiches einen **Maßstab** für die Verletzung einer Sorgfaltspflicht bei Planung und Ausführung eines Bauvorhabens durch den Arbeitgeber. 64

b) Die *objektive Pflichtwidrigkeit* des Verhaltens eines Arbeitgebers kann sich jedoch nicht nur aus Gesetzen im materiellen Sinn ergeben. Die einschlägigen Sorgfaltspflichten finden sich vielfach auch in **DIN-Normen, Technischen Richtlinien**[5], **UVV und Bedienungsanleitungen**. Auch wenn es sich dabei um keine Rechtssätze handelt, so werden sie doch von Sachkundigen aufgestellt, sodass durchaus von einem *„antizipierten Sachverständigengutachten"* gesprochen werden kann[6]. 65

Nach der Rechtsprechung des BGH ist indes der **Maßstab der Sorgfaltspflicht** nicht allein aus den Rechtsnormen und sonstigen Regelwerken zu entnehmen. Im Fall BGH 4 StR 610/08 (Rz. 65) ergab sich dies schon aus der Formulierung von § 4 Abs. 1 S. 2 GGVSE (dazu auch § 71 Rz. 28 ff), wonach die an der Beför- 66

---

1 Ausführlich zur BaustellV *Greeve* in Greeve/Leipold, § 41 Rz. 25 ff.; *Kollmer*, BaustellenVO, 2. Aufl. 2004.
2 Zur erforderlichen Größe vgl. OLG Zweibrücken v. 12.6.2001 – 1 Ss 117/01, NStZ-RR 2002, 91.
3 Sog. Sicherheits- und Gesundheitsschutzkoordinator (SiGeKo); dazu *Greeve* in Greeve/Leipold, § 41 Rz. 33 ff.; *Richter* in Gercke/Kraft/Richter, 2. Kap Rz. 996 ff.
4 OLG Celle v. 18.9.2013 – 322 SsRs 203/13, wistra 2014, 72.
5 BGH v. 25.6.2009 – 4 StR 610/08, BGHR StGB § 222 Pflichtverletzung 9.
6 Vgl. BVerwG v. 21.6.2001 – 7 C 21/00, BVerwGE 114, 342 = NVwZ 2001, 1165 zur TA Luft.

derung gefährlicher Güter Beteiligten verpflichtet sind, „jedenfalls" die für sie jeweils geltenden Bestimmungen der VO einzuhalten. Aus der Wendung „jedenfalls" schließt der BGH, dass es sich bei den Regelungen der GGVSE lediglich um Mindestanforderungen handelt, die je nach dem Gefährdungspotenzial der konkreten Beförderung das Ergreifen weitergehender Schutzmaßnahmen erforderlich machen können.

67 Aber auch unabhängig vom Wortlaut der zugrunde liegenden Regelung kann der Maßstab der Sorgfaltspflicht aufgrund der **besonderen Umstände des Einzelfalles** strenger sein als geregelt. Dies ist insbesondere bei *außergewöhnlichen Gefährdungssachverhalten* für Leib oder Leben des Beschäftigten anzunehmen[1], denn die generell-abstrakten Regelungen können sich nur auf die Bewältigung von allgemein und regelmäßig eintretenden Gefahren beziehen. Nur diese kann der Regelungsgeber im Blick haben. Bestehen keine Verhaltensregeln oder sind solche nicht ausreichend klar formuliert, was in der Praxis nicht selten der Fall ist, sind bei derartigen Sachverhalten ebenfalls höhere Anforderungen an die zu erfüllende Sorgfaltspflicht zu stellen.

Beispiel (nach BGH Rz. 67): Eine Siloanlage wird zur Schädlingsbekämpfung mit Phosphorwasserstoff begast. Die in einem mittels eines durchlässigen Mauerwerks an die Anlage angebauten Häuschen wohnhafte Familie wird nicht zum Verlassen der Wohnung während der Maßnahme aufgefordert und verstirbt an den Folgen der Kontamination mit dem Phosphorwasserstoff. Die anzuwendenden Reglungen der (im Tatzeitpunkt geltenden) VO über die Verwendung von Phosphorwasserstoff zur Schädlingsbekämpfung vom 6.4.1936 sehen eine Räumung von an die Maßnahme angrenzender Wohnungen nicht von Anfang an vor. Da die vorhandenen Regelungen in der VO auf den Sachverhalt nicht passten, weil eine gewaltige Siloanlage begast werden sollte, waren die Räume im Anbau aufgrund der Gefährlichkeit des angewendeten Gifts so zu behandeln, als würde es sich um Teile des der Gaseinwirkung unmittelbar ausgesetzten Gebäudes selbst handeln.

68 Umgekehrt kann es danach an der Verletzung einer objektiven Sorgfaltspflicht **trotz Übertretung** einer Sicherheitsregelung fehlen[2].

69 c) Der Eintritt des konkreten Erfolges in Form einer Körperverletzung oder des Todes des Beschäftigten sowie der darauf hinzielende wesentliche **Kausalverlauf** muss für den Arbeitgeber **vorhersehbar** gewesen sein. Hiervon kann grundsätzlich bei der Missachtung von Vorgaben, die dem Schutz von Leben und Gesundheit der Beschäftigten dienen, ausgegangen werden; die Zuwiderhandlung stellt ein *Beweisanzeichen* für die Vorhersehbarkeit des Erfolges dar, wenn nicht ein ganz außergewöhnlicher Kausalverlauf gegeben ist[3].

70 Trotz Verstoßes gegen eine UVV ist der Eintritt der Schädigung bei dem Beschäftigten nach der Rechtsprechung des BGH dagegen **nicht vorhersehbar**, wenn der Verstoß über viele Jahre hinweg gängige Praxis ist und er von den für die Betriebssicherheit primär verantwortlichen Personen beanstandungslos hingenommen wird[4]. Danach kann dem Arbeitgeber das Nichterkennen einer

---

1 BGH v. 25.9.1990 – 5 StR 187/90, BGHSt 37, 184 (189).
2 *Fischer*, § 222 StGB Rz. 6.
3 OLG Karlsruhe v. 16.12.1999 – 3 Ss 43/99, NStZ-RR 2000, 141 (142) = StraFo 2000, 94 (95) für eine Zuwiderhandlung gegen eine UVV.
4 BGH v. 5.4.2000 – 1 StR 79/00, StV 2001, 108; dazu *Rixen* in Ignor/Rixen, § 10 Rz. 42.

den Beschäftigten schützenden Pflicht nicht vorgeworfen werden, wenn diese etwa bei Außenprüfungen durch die Arbeitsschutzbehörden oder die Berufsgenossenschaften jahrelang gleichfalls nicht erkannt und daher der Verstoß nicht moniert wurde.

Im Einzelfall zu entscheiden ist, ob eine **eigenverantwortliche Selbstgefährdung** des Beschäftigten den Kausalzusammenhang zu dem Verhalten des Arbeitgebers unterbricht. Hat der Arbeitgeber alle arbeitsschutzrechtlich gebotenen Schritte unternommen, um seinen Beschäftigten vor Körperschäden zu schützen, ihn insbesondere belehrt, handelt der Beschäftigte aber gleichwohl aus autonomen Gründen, wie Leichtsinn oder Bequemlichkeit, entgegen arbeitnehmerschutzbezogenen Regelungen und kommt es zu einem Unfall, fehlt es bereits an einer *Pflichtwidrigkeit*[1]. Anders verhält es sich, wenn der Beschäftigte zwar in Kenntnis der Gefahr begründenden Umstände entgegen dem Arbeitsschutz dienenden Regeln handelt, dem Vorgehen indes eine Verletzung von Schutzmaßnahmen durch den Arbeitgeber vorangeht, wenn davon auszugehen ist, dass sich der Beschäftigte ohne die Pflichtverletzung des Arbeitgebers pflichtgemäß verhalten hätte. 71

Beispiel (nach OLG Naumburg[2]): Ein Gasmonteurmeister schafft entgegen einer bestehenden UVV nicht genügend Atemschutzmasken für sein Beschäftigten an. Zwei Arbeitnehmer verrichten daher in Kenntnis aller Gefahr begründenden Umstände gleichwohl Arbeiten an einem Gasanschluss ohne Atemschutzmasken und versterben an einer Kohlenmonoxydvergiftung.

Würde man in dem Beispielsfall eine **Unterbrechung des Kausalverlaufs** durch das selbst gefährdende Handeln der Beschäftigten annehmen, wäre ein Arbeitgeber, der seine Beschäftigten zwar unterweist, ihnen aber nicht die notwendige Schutzausrüstung zur Verfügung stellt, für einen deswegen eingetretenen Arbeitsunfall nicht verantwortlich. Regelmäßig wirkt indes die Pflichtwidrigkeit des Arbeitgebers in das Verhalten des Beschäftigten hinein, weil dieser aus Angst vor arbeitsrechtlichen Konsequenzen oder Bloßstellung, Zeitdruck o.Ä. nicht bei seinem Arbeitgeber remonstriert[3].

d) Rechtsfolge einer *fahrlässigen Körperverletzung* nach § 229 StGB ist die Verhängung von Freiheitsstrafe bis zu drei Jahren oder Geldstrafe. Im Falle einer *fahrlässigen Tötung* gem. § 222 StGB reicht der Strafrahmen bis zur Festsetzung von Freiheitsstrafe von fünf Jahren oder Geldstrafe. Bei derartigen Fällen steht oftmals nicht allein die strafrechtliche Sanktion im Vordergrund. Die *zivilrechtlichen Folgen* einer (positiven) Vertragspflichtverletzung nach § 280 Abs. 1 i.V.m. § 241 Abs. 2 BGB, § 618 Abs. 3 BGB oder einer unerlaubten Handlung gem. § 823 Abs. 2 BGB i.V.m. §§ 229, 222 StGB sind oftmals für einen Betrieb existenzbedrohend, soweit nicht eine Versicherung für die Schäden eintritt. 72

Zudem kann gegen eine juristische Person oder Personenvereinigung als Arbeitgeber nach § 30 OWiG eine **Verbandsgeldbuße** (näher § 21 Rz. 94 ff.; § 23 Rz. 31 ff.) verhängt werden, wenn z.B. ein vertretungsberechtigtes Organ einer 73

---

1 OLG Rostock v. 10.9.2004 – 1 Ss 80/04 I 72/04, ArbuR 2006, 128.
2 OLG Naumburg v. 25.3.1996 – 2 Ss 27/96, NStZ-RR 1996, 229.
3 OLG Naumburg v. 25.3.1996 – 2 Ss 27/96, NStZ-RR 1996, 229 (231).

juristischen Person oder eine sonstige Person, die für die Leitung des Betriebs oder Unternehmens derselben verantwortlich handelt, eine unternehmensbezogene Straftat oder Ordnungswidrigkeit begangen hat. Als Ordnungswidrigkeit kommt insbesondere § 130 OWiG (Verletzung der Aufsichtspflicht in Betrieben und Unternehmen; § 30 Rz. 125 ff.) in Betracht, wonach sog. Compliance-Verstöße Grundlage der Verhängung einer Verbandsgeldbuße sein können.

Beispiel: Der Geschäftsführer einer GmbH, deren Geschäftszweck die Tankreinigung ist, unterlässt es, dafür Sorge zu tragen, dass sein die Aufsicht führender Mitarbeiter die nachgeordneten Arbeitnehmer im Hinblick auf das Tragen einer persönlichen Schutzausrüstung schult und das Anlegen der unerlässlichen Atemschutzmasken überwacht. Daraufhin erkrankt ein Mitarbeiter aufgrund der Belastung durch Kohlenwasserstoffdämpfe und Benzol an Krebs.

74 Gem. § 30 Abs. 2 OWiG kann die **Geldbuße** bei Zugrundeliegen einer vorsätzlichen Straftat seit Inkrafttreten der 8. GWB-Novelle am 30.6.2013[1] bis zu zehn Mio., im Falle einer fahrlässigen Straftat bis zu fünf Mio. Euro betragen. Bei einer zugrunde liegenden Ordnungswidrigkeit bestimmt sich das Höchstmaß der Geldbuße grundsätzlich nach dem für diese Ordnungswidrigkeit angedrohten Höchstmaß.

§ 35
Betriebsverfassung
Bearbeiter: Andreas Thul

	Rz.		Rz.
I. Überblick	1	III. Geheimnisbruch	37
II. Straftaten gegen Betriebsverfassungsorgane und ihre Mitglieder	13	1. Geheimnisse des Arbeitgebers	41
		2. Geheimnisse des Arbeitnehmers	45
1. Wahlbehinderung und Wahlbeeinflussung	15	3. Verwertung von Geheimnissen	46
2. Betriebsratsbehinderung	24	IV. Verletzung von Informationspflichten	48
3. Verbotene Einflussnahme	31		

Schrifttum: (allg. Schrifttum zum Arbeitsrecht s. § 34 vor Rz. 1) *Ascheid/Preis/Schmidt*, Kündigungsrecht, 4. Aufl. 2012; *Däubler/Kittner/Klebe*, Betriebsverfassungsgesetz, 13. Aufl. 2012; *Fitting/Engels/Schmidt/Trebinger*, Betriebsverfassungsgesetz, 26. Aufl. 2012; *Gercke/Kraft/Richter*, Arbeitsstrafrecht, 2012, Kap. 2; *Henssler/Willemsen/Kalb*, Arbeitsrecht – Kommentar, 5. Aufl. 2012; *Hess/Schlochauer* u.a., BetrVG – Kommentar, 8. Aufl. 2011; *Latzel*, Rechtsirrtum und Betriebsratsbenachteiligung, wistra 2013, 334; *Löwisch*, Freiheit und Gleichheit der Wahl zu Betriebsrat und Personalrat, BB 2014, 117; *Löwisch/Kaiser*, Kommentar zum Betriebsverfassungsgesetz, 6. Aufl. 2010; *Müller-Glöge/Preis/Schmidt*, Erfurter Kommentar zum Arbeitsrecht, 14. Aufl. 2014; *Preis*, Arbeitsrecht – Kollektivarbeitsrecht, Lehrbuch, 3. Aufl. 2012, §§ 142–175; *Richardi*, Betriebsverfassungsgesetz, 13. Aufl. 2012.

---

1 BGBl. I 1738.

I. Überblick

a) Das Betriebsverfassungsgesetz (BetrVG) enthält mit den §§ 119–121 BetrVG drei *Sanktionsnormen* gegen die Behinderung der Betriebsräte (neudeutsch „Union-Busting"). Die Normen sind zwar kurz und verständlich, indes – von spektakulären Ausnahmen abgesehen[1] – von geringer praktischer Bedeutung[2]: 2012 verzeichnete die bundesweite **Statistik** gerade mal zwei Strafverfahren, aber keine (!) Verurteilungen nach dem BetrVG; 2011 waren es sechs Verfahren mit zwei Verurteilungen, 2010 fünf Verfahren ohne Verurteilung gewesen[3]. Angesichts der häufigen Versuche, die Bildung von Betriebsräten und deren Arbeit gesetzwidrig (§§ 20, 78 BetrVG) zu behindern oder zu beeinflussen[4], werden die heutigen Sanktionsnormen ihrer Aufgabe nicht gerecht. Allein die Existenz der Vorschriften wirkt der Gefahr nicht entgegen, der Arbeitgeber könnte sich über seine Pflichten gegenüber seinen Beschäftigten hinwegsetzen. Eine Strafdrohung schreckt nicht ab, wenn der potenzielle Täter nicht mit einer Bestrafung rechnet: „Nicht Nachsinnen über das Unrecht treibt die Menschen an, ihre Taten zu bedauern, sondern die pure Furcht vor dem Erwischtwerden. So funktioniert Strafrecht."[5]

1

§§ 119, 120 BetrVG sind **Strafnormen**. Schutzzweck ist die unbehinderte und unbeeinflusste *Wahl* des Betriebsrats und *Tätigkeit* der Betriebsverfassungsorgane und ihrer Mitglieder (§ 119 BetrVG) bzw. das Bedürfnis von Arbeitgeber und Arbeitnehmer nach Sicherung ihrer Geheimnisse (§ 120 BetrVG).

2

Der **Bußgeldtatbestand** des § 121 BetrVG (Rz. 48 ff.) schützt die Informationsrechte von Betriebsverfassungsorganen, die zur Ausübung von Mitwirkungs- und Mitbestimmungsmöglichkeiten erforderlich sind, in den Fällen, in denen sie auf die Unterrichtung durch den Arbeitgeber angewiesen sind.

Diese Regelungen werden ergänzt und zugleich abgesichert durch die folgenden **gleichartigen Vorschriften**:

3

– im Sprecherausschussgesetz (SprAuG) für die leitenden Angestellten[6],

---

1 Siemens/AUB: BGH v. 13.9.2010 – 1 StR 220/09, BGHSt 55, 288 = NJW 2011, 88 = wistra 2010, 484 (m. Anm. *Kraatz*, wistra 2011, 447); VW-Betriebsräte: BGH v. 17.9.2009 – 5 StR 521/08, BGHSt 54, 148 = NJW 2010, 10 = NStZ 2009, 694 = wistra 2009, 469 (m. Anm. *Corsten*, wistra 2010, 206).
2 So auch *Annuß* in Richardi, § 119 BetrVG Rz. 2.
3 Statistisches Bundesamt, Veröffentlichungen abrufbar im Internet: DESTATIS Fachserie 10, Reihe 3.
4 *Rügemer/Wigand*, Union-Busting in Deutschland, Studie der Otto-Brenner-Stiftung 2014 (Arbeitsheft 77); aktuelle Beispiele im Internet unter „arbeitsunrecht.de"; *Frank* in Wallraff (Hrsg.), Die Lastenträger, S. 243 ff.
5 *Fischer, Thomas* (VRBGH), „Täter, die sich für Opfer halten", in Die Zeit v. 6.2.2014, S. 23.
6 Zur Definition des leitenden Angestellten LArbG Düsseldorf v. 3.2.2012 – 6 Sa 1081/11, Tz. 120 ff.; vgl. auch *Valerius* in G/J/W, SprAuG.

- im Gesetz über Europäische Betriebsräte (EBRG[1]), das für unionsweit tätige Unternehmen oder Unternehmensgruppen mit Sitz im Inland (bzw. mit inländischem Sitz des herrschenden Unternehmens) gilt,
- im Gesetz über die Beteiligung der Arbeitnehmer und
- in einer Europäischen Aktiengesellschaft (SE-Beteiligungsgesetz – SEBG[2]; s. § 23 Rz. 82, 85) bzw.
- in einer Europäischen Genossenschaft (SCE-Beteiligungsgesetz – SCEBG[3]; s. § 23 Rz. 89).

Erwähnenswert ist, dass SEBG und SCEBG einen speziellen Tatbestand zum *Schutz der Mitbestimmung* enthalten, der bei den nationalen Gesellschaftsformen keine Entsprechung hat (Rz. 16). Nach § 45 Abs. 1 Nr. 2 SEBG bzw. § 47 Abs. 1 Nr. 2 SCEBG wird mit Freiheitsstrafe bis zu zwei Jahren bedroht, wer diese Europäischen Unternehmensformen „missbraucht, um Arbeitnehmern Beteiligungsrechte zu entziehen oder vorzuenthalten."[4]

4 **b)** Die Verfolgung von Zuwiderhandlungen gegen diese Sanktionsnormen setzt den Nachweis (bedingt) **vorsätzlichen** Handelns voraus. Eine Unkenntnis betriebsverfassungsrechtlicher Pflichten wäre *Verbotsirrtum* (§ 17 StGB, s. auch Rz. 34). Die Berufung darauf wird dem Unternehmer kaum zu glauben sein; jedenfalls wäre ein solcher Irrtum in aller Regel vermeidbar: Bei einer Betriebsgröße, die für das Eingreifen der Mitbestimmungsvorschriften erforderlich ist, weiß der Täter, dass es Mitbestimmungsvorschriften gibt und er sich hierzu kundig machen muss[5]. Grundsätzlich gilt Vergleichbares auch für die Arbeitnehmer, die Mitbestimmungsrechte wahrnehmen. Überdies liegt selbst für einen Laien nahe, dass eine gesetzlich vorgeschriebene Mitbestimmung vom Arbeitgeber weder beeinflusst noch behindert und vom Arbeitnehmer nicht missbraucht werden darf.

5 Der **Strafrahmen** ist für den Regelfall mit Freiheitsstrafe bis zu *einem* Jahr oder Geldstrafe im untersten Bereich strafrechtlicher Sanktionen und weist die Taten geradezu als Bagatelldelikte aus. Diese bedauerliche Einstufung ist ebenso für die Strafrechtspraxis wie für die öffentliche Meinung von Bedeutung.

Der **Bußgeldrahmen** ist ebenfalls wenig abschreckend: Er sieht – für den Unternehmer! – eine Geldbuße von maximal 10 000 Euro (§ 121 BetrVG, § 36 SprAuG), 15 000 Euro (§ 45 EBRG) bzw. 20 000 Euro (§ 46 SEBG/§ 48 SCEBG) vor.

6 Eine juristische Person als Arbeitgeber hat bei einer *Straftat* als Anlasstat allerdings nun eine **Unternehmensgeldbuße** nach § 30 OWiG mit einem Bußgeld von bis zu 10 Mio. zu befürchten (§ 21 Rz. 94 ff.). Bei einer *Ordnungswidrigkeit* als Anlasstat gilt deren Obergrenze auch für die Unternehmensgeldbuße (§ 30

---

[1] Dazu *Wache* in Erbs/Kohlhaas, B 70 (Stand: 9/2011).
[2] Dazu ausführlich *Jacobs* in MüKo-AktG, Bd. 7, 3. Aufl. 2012; *Altenhain* in Kölner Komm-AktG, Bd. 8/2, 3. Aufl. 2010, § 45 SEBG.
[3] Dazu *Heine* in G/J/W, SCEBG.
[4] Näher *Ibold* in G/J/W, SEBG; *Heine* in G/J/W, SCEBG.
[5] Ähnlich *Richter* in Gercke/Kraft/Richter, ArbStrafR. Rz. 1107; *Annuß* in Richardi, § 121 BetrVG Rz. 11.

Abs. 2 S. 2 OWiG); die Verzehnfachung der Obergrenze (§ 30 Abs. 2 S. 3 OWiG) hat der Gesetzgeber nicht angeordnet. Auch die Geldbuße wegen *Aufsichtspflichtverletzung* (§ 130 OWiG, § 30 Rz. 125 ff.) ist auf das Höchstmaß des für die hiesige Ordnungswidrigkeit als Anlasstat angedrohten Bußgeldes begrenzt.

Folge der gesetzlichen Verbote in den Mitbestimmungsvorschriften ist das **Verbot**, begünstigende Zahlungen steuerlich **als Betriebsausgaben anzusetzen** (§ 4 Abs. 5 S. 1 Nr. 10 EStG): Ein Verstoß des Unternehmers gegen das Verbot des Betriebsausgabenabzugs ist Steuerhinterziehung[1] (Rz. 14) und eröffnet den Regelstrafrahmen mit Freiheitsstrafe bis zu fünf Jahren (§ 370 AO). 7

c) Alle Strafnormen sind absolute **Antragsdelikte** i.S. der §§ 77 ff. StGB[2] – ohne die Möglichkeit, wegen eines besonderen öffentlichen Interesses an der Strafverfolgung von Amts wegen einzuschreiten. Juristische Personen (GmbH, AG) können den Strafantrag nur aufgrund der Entscheidung eines Organs (Geschäftsführer, Vorstand) stellen; das Organ kann sich bei der Willensbildung nicht vertreten lassen[3]. 8

Dies gilt auch für die *Verletzung von Geheimnissen* nicht nur eines Arbeitnehmers, sondern auch des Betriebs (Einzelheiten in § 120 BetrVG, Rz. 37 ff.), während sonst die Verletzung von Betriebsgeheimnissen auch aus besonderem **öffentlichem Interesse** verfolgt werden kann (§ 17 Abs. 5 UWG).

Das *Strafantragserfordernis* ist als solches für die Praxis häufig ein *Problem*: Wenn schon ein großer Konzern mit eigener Rechtsabteilung daran scheitert (Rz. 12), wird verständlich, dass Gewerkschaften und erst Recht Betriebsräte selten in der Lage sind, einen zielführenden Strafantrag rechtlich eindeutig zu formulieren, zu beraten und zu beschließen. Auch anwaltliche Unterstützung hilft in der Praxis oft nichts, woran angesichts der aus der Sicht des Rechtsanwalts ungewöhnlichen Problemstellung kaum etwas geändert werden kann.

Obwohl *Schutzgut* weder Arbeitgeber- noch Arbeitnehmerinteressen allein sind, sondern auch das **öffentliche Interesse** an einer funktionierenden Arbeitswelt in der Gesellschaftsordnung des Grundgesetzes (Rz. 13), steht damit das Eingreifen der Strafjustiz im Belieben der Partikularinteressen der am konkreten Streit Beteiligten. 9

Das absolute Antragserfordernis ist ein wesentlicher Grund für die geringe Praxisbedeutung[4]: Die Strafrechtspraxis lässt sich nur unwillig als Druckmittel eines Strafantragsberechtigten benutzen – der noch nach aufwendigen Ermittlungen und langwieriger Hauptverhandlung den Strafantrag zurücknehmen kann (§ 77d Abs. 1 StGB), wenn er sein außerstrafrechtliches Ziel erreicht hat. Die Erfahrung, dass Staatsanwälte auf den Strafantrag häufig mit einer raschen Einstellung des Verfahrens mangels öffentlichen Interesses i.S. von § 153 StPO reagieren, wird ein Grund dafür sein, dass – gemessen an der Häufigkeit der Straftaten (Rz. 1) – nur selten Strafanzeige erstattet wird.

---

1 BGH v. 13.9.2010 – 1 StR 220/09, Rz. 49 ff. – Siemens/AUB (oben Rz. 1).
2 Einzelheiten bei *Annuß* in Richardi, § 119 BetrVG Rz. 29 ff.
3 BGH v. 17.9.2009 – 5 StR 521/08 – Rz. 68 ff. – VW-Betriebsräte (oben Rz. 1).
4 Ebenso *Hohenstadt/Dzida* in Henssler/Willemsen/Kalb, ArbRKomm., § 119 BetrVG Rz. 5: „rechtspolitisch verfehlt".

10 Die **Antragsfrist** von drei Monaten beginnt mit der ersten Kenntnisnahme durch (irgend-)ein vertretungsberechtigtes Organ[1], beim Betriebsrat mit der Kenntnisnahme durch den Vorsitzenden[2]. Auch wenn der Strafantrag verfristet oder nicht korrekt gestellt ist, bleibt die Tatbestandsverwirklichung für die Strafzumessung damit einhergehender Delikte – z.B. Untreue – von Bedeutung[3].

Die kurze Strafantragsfrist ist eine regelrechte Falle für den Betriebsrat, da weder eine gütliche Befriedung noch eine arbeitsgerichtliche Klärung versucht werden können, ohne eine **Fristversäumnis** zu riskieren.

Allerdings *beginnt* die Strafantragsfrist frühestens mit der **Beendigung** der Tat, wenn die „Rechtsgutverletzung aufgehört hat"[4]. Verfolgt der Täter also ein bestimmtes Ziel – Ver- oder Behinderung der Betriebsratswahl oder der Betriebsratstätigkeit –, wird nicht jede einzelne Störungshandlung als (beendete) Tat zu werten sein, sondern eine *natürliche Handlungseinheit*[5] bezüglich aller auf das einheitliche Ziel gerichteten Behinderungen anzunehmen sein. Die Frist beginnt dann erst zu laufen, wenn der Täter die Störungen aufgegeben hat oder die Störungen fehlgeschlagen sind, etwa die Betriebsratswahl stattgefunden hat.

11 Der **Privatklageweg** (§ 374 StPO) ist nicht eröffnet, ebenfalls im Unterschied zu § 17 UWG und vielen anderen strafrechtlichen Nebengesetzen. Mangels Erwähnung in der StPO erfährt der Strafrechtler auch dort nichts von diesen im BetrVG „verborgenen" Strafnormen.

Deshalb kann ein von der Staatsanwaltschaft festgestelltes Fehlen des öffentlichen Interesses an der Strafverfolgung (§ 153 StPO, Rz. 9) vom Strafantragsberechtigten nicht überwunden werden; auch das Klageerzwingungsverfahren ist in diesen Fällen nicht eröffnet (§ 172 Abs. 2 S. 3 StPO)[6]. Nach einer Einstellung gem. § 170 Abs. 2 StPO durch die Staatsanwaltschaft sind Beschwerde und *Klageerzwingungsantrag* nach § 172 StPO zwar statthaft, aber in der Praxis zumeist erfolglos. Aber auch die Privatklage, würde sie künftig vom Gesetz eröffnet, wäre wenig Erfolg versprechend, solange dafür nicht die Wirtschaftsstrafkammer des Landgerichts zuständig ist.

12 Die **Rechtsprechung** zu diesen Straf- und Bußgeldnormen ist dünn. Nachhaltige Bewegung ist in die Materie weder durch die strafrechtliche Aufarbeitung des *„Volkswagenbestechungsskandals"* noch durch die des *„Siemens/AUB-Skandals"* gekommen[7].

---

1 *Joecks* in MüKo-StGB, § 119 BetrVG Rz. 37.
2 *Annuß* in Richardi, § 119 BetrVG Rz. 32.
3 BGH v. 17.9.2009 – 5 StR 521/08, Rz. 78 – VW-Betriebsräte (oben Rz. 1).
4 *Schmid* in LK, § 77b StGB Rz. 6.
5 Zum Begriff etwa *Rissing-van Saan* in LK, Vor § 52 StGB Rz. 10 ff.
6 Einzelheiten zum Antragsberechtigten in den übrigen Fällen bei *Annuß* in Richardi, § 119 BetrVG Rz. 36.
7 Ähnlich *Richter* in Gerke/Kraft/Richter, ArbStrafR, Rz. 1026: „[...] eine effektive Strafverfolgung findet bislang nicht statt."

Zwar wurde damit 2009/2010 die Verletzung des BetrVG jeweils zum Gegenstand höchstrichterlicher Urteile[1]; jedoch wurde in beiden Fällen gerade nicht (auch) wegen einer Strafbarkeit nach BetrVG verurteilt. Vielmehr wurden die Verurteilungen nach § 119 BetrVG und § 44 EBRG im VW-Fall vom BGH gerade aufgehoben, weil es der VW AG nicht gelungen war, einen wirksamen Strafantrag zu stellen (Rz. 8). Im Siemens-Fall hat der BGH vor allem hervorgehoben, dass eine Straftat nach § 119 BetrVG nicht zwingend auch ein Vermögensnachteil i.S. des Untreuetatbestands ist[2].

II. Straftaten gegen Betriebsverfassungsorgane und ihre Mitglieder

Schutzgut der Strafvorschriften in *§ 119 Abs. 1 BetrVG* ist „die Sicherstellung der im öffentlichen Recht – in der Verwirklichung des Sozialstaatsprinzips – wurzelnden Beteiligungsrechte der Arbeitnehmer zur Schaffung eines Ausgleichs zwischen der unternehmerischen Entscheidungsfreiheit auf der einen Seite und dem Recht auf Selbstbestimmung der in einer fremdbestimmten Arbeitsorganisation tätigen Arbeitnehmer auf der anderen Seite"[3]. Dazu passt nicht, dass die Straftatbestände als absolute Antragsdelikte ausgestaltet sind (Rz. 8 ff).

13

Soweit eine strafbare Beeinflussung durch den Arbeitgeber in Zuwendungen besteht, greift das **steuerliche Abzugsverbot** für die damit verbundenen Kosten[4] (Rz. 7): Wenn der Arbeitgeber sich nicht (auch) wegen *Steuerhinterziehung* strafbar machen will, muss er solche Kosten verbotener Beeinflussung (§§ 20, 78 BetrVG) – ähnlich wie den Bestechungsaufwand – als „nicht abziehbar" offen ausweisen. Auch Vorsteuer darf der Arbeitgeber aus den zur Verschleierung benutzten Abdeckrechnungen („Scheinrechnungen") nicht geltend machen. Die Manipulation der Buchhaltung durch Abdeckrechnungen genügt für den *Vorsatz*, solange der Täter weiß, dass Falschbuchungen generell für Steuern von Bedeutung sein können[5]. Ob er an eine Bestrafung (auch) wegen Steuerhinterziehung dachte, spielt keine Rolle, solange er weiß, dass sein Verhalten verboten ist – oder er einen *Irrtum* hierüber vermeiden konnte (§ 17 StGB, Rz. 4). Ob die zugehörige Straftat nach dem BetrVG ihrerseits strafrechtlich *verfolgbar* ist, ist für das *Abzugsverbot* ohne Belang[6].

14

---

1 Siemens/AUB: BGH v. 13.9.2010 – 1 StR 220/09; VW-Betriebsräte: BGH v. 17.9.2009 – 5 StR 521/08 (Rz. 1).
2 BGH v. 13.9.2010 – 1 StR 220/09, Rz. 47 – Siemens/AUB (oben Rz. 1).
3 So in BGH v. 17.9.2009 – 5 StR 521/08, Rz. 72 – VW-Betriebsräte (oben Rz. 1).
4 BGH v. 13.9.2010 – 1 StR 220/09, Rz. 49 ff. – Siemens/AUB.
5 Ähnlich BGH v. 13.9.2010 – 1 StR 220/09 Rz. 67 – Siemens/AUB.
6 BGH v. 13.9.2010 – 1 StR 220/09, Rz. 66 – Siemens/AUB.

1. Wahlbehinderung und Wahlbeeinflussung

15 a) Zur Beseitigung der *Lücke* für die **Berufswahlen** wurde die Strafvorschrift des § 119 Abs. 1 Nr. 1 in das BetrVG aufgenommen[1], die das Verbot einer Behinderung oder Beeinflussung der Wahl (§ 20 Abs. 1 und 2 BetrVG) flankiert. Denn in den §§ 107 ff. StGB sind nur die Wahlen zu den *Volksvertretungen* in den verschiedenen staatlichen und kommunalen Ebenen, sowie – systemwidrig – die Urwahlen zur Sozialversicherung erfasst, wie in § 108d StGB abschließend aufgeführt ist.

16 Die Norm ist nur auf die dort genannten Organe anzuwenden. **Nicht erfasst** sind also die mittelbar aus dem Betriebsrat heraus zu bildenden[2] Gremien wie *Gesamtbetriebsrat* (§ 47 BetrVG), *Konzernbetriebsrat* (§ 54 BetrVG) und *Wirtschaftsausschuss* (§§ 106 ff. BetrVG); s. aber Rz. 25 und 29.

Auch ein Verstoß gegen das Behinderungs- und Beeinflussungsverbot für die Bildung des *Aufsichtsrats* nach dem Mitbestimmungsgesetz (§ 20 MitbestG) wird von keiner speziellen Strafvorschrift erfasst[3]. Gleiches gilt für die *Schwerbehindertenvertretung* (§§ 94 Abs. 6, 155 SGB IX)[4].

17 Geschützt werden das aktive und passive Wahlrecht, der äußere Ablauf ebenso wie die innere Willensbildung; mithin ist Schutzgut eine nicht unlauter beeinflusste, sondern **freie** und **unbehinderte Wahl** des Betriebsrats, der Jugend- und Auszubildendenvertretung und der anderen, in den Tatbeständen abschließend aufgeführten Gremien. Geschützt ist die *gesamte Wahl*, nicht nur der Wahlakt selbst: Seit der Siemens/AUB-Entscheidung ist klargestellt, dass zum Bereich des geschützten Wahlvorgangs schon das (verbotene) „Aufbauen" eines Kandidaten durch den Arbeitgeber gehört, da nur durch ein solches Verbot die Integrität der Wahl geschützt werden kann[5].

18 **Täter** kann jedermann sein, auch ein Mitglied des amtierenden Betriebsrats[6] oder ein Betriebsfremder.

19 b) „**Behindern**" ist ein Tun oder pflichtwidriges Unterlassen[7], mit dem, vom (bedingten[8]) Vorsatz umfasst, der Wahlvorgang verzögert oder erschwert wird. Eine zielgerichtete Tätigkeit genügt nicht; es muss der Behinderungs*erfolg* eintreten[9].

Dieses Erfordernis genügt zur verfassungsrechtlich gebotenen einschränkenden Auslegung des weiten Tatbestands. Auf Tatbestandsebene *ausgeschlossen* sind nur *Bagatellen*, denen keine feststellbare Wirkung auf den Zeitpunkt und den äußeren Ablauf der Wahl zukommt. Fehlt es bei verständiger Würdigung an

---

1 Zur Historie *Annuß* in Richardi, § 119 BetrVG Rz. 1; *Richter* in Gercke/Kraft/Richter, ArbStrafR, Rz. 1023.
2 *Richter* in Gercke/Kraft/Richter, ArbStrafR, Rz. 1029.
3 *Gach* in MüKo-AktG, § 20 MitbestG Rz. 15.
4 *Esser/Isenhardt* in jurisPK, § 94 SGB IX Rz. 32.
5 BGH v. 13.9.2010 – 1 StR 220/09, Rz. 51,f. – Siemens/AUB (oben Rz. 1).
6 *Richter* in Gercke/Kraft/Richter, ArbStrafR, Rz. 1040.
7 *Richter* in Gercke/Kraft/Richter, ArbStrafR, Rz. 1034.
8 *Annuß* in Richardi, § 119 BetrVG Rz. 5, 13.
9 *Annuß* in Richardi, § 119 BetrVG Rz. 13.

nennenswerter Schuld, ist die Einstellung nach § 153 StPO veranlasst (s. aber Rz. 9 ff.).

In der Alternative „Behinderung" wird der **äußere Wahlvorgang** gegen jedwede Beeinträchtigung geschützt. Insofern geht der Tatbestand des § 119 Abs. 1 Nr. 1 BetrVG über § 107 StGB hinaus, der eine „gewaltsame" Behinderung erfordert. Die *Fälschung* von Wahlunterlagen und Wahlergebnissen, wodurch die Wahl als solche infrage gestellt wird, ist als Behinderung (nicht als Beeinflussung) der Wahl anzusehen[1].

Beispiele: Verstoß des Arbeitgebers gegen seine Kostentragungspflicht (§ 20 Abs. 3 BetrVG); Verweigerung des Zutrittsrechts eines Gewerkschaftsbeauftragten; Kündigungsandrohung; Untätigkeit des (Alt-)Betriebsrats oder des Wahlvorstands[2].

c) „**Beeinflussung**" ist jeder (bedingt) vorsätzliche Verstoß, insbesondere des Arbeitgebers, gegen das strikte *Neutralitätsgebot* (§ 20 Abs. 2 BetrVG); geschützt ist die freie Willensbildung des Wählers. Der Arbeitgeber darf weder einen Kandidaten unterstützen noch für oder gegen ihn „Propaganda" machen. Auch der „Aufbau" eines Betriebsratskandidaten durch den Arbeitgeber (Rz. 17) ist verbotene (mittelbare) Beeinflussung[3].

Es handelt sich um ein **Gefährdungsdelikt**. Die herkömmliche Bezeichnung als *Erfolgsdelikt*[4] ist zu präzisieren; denn es lässt sich nie feststellen, inwieweit das konkrete Wahlergebnis auf einer Beeinflussung von außen beruht[5]: Tatbestandsmäßig ist jede Handlung, die *konkret geeignet* ist, die Willensbildung des Wählers unsachlich („unlauter"), also mit Rücksicht auf angekündigte Vor- oder Nachteile, zu beeinflussen[6].

Als **unlautere Mittel** sind alle – auch offen – angekündigten Vor- oder Nachteile anzusehen, die in einen Zusammenhang mit dem Wahlverhalten gebracht werden[7]. Theoretisch können auch *Außenstehende* (etwa Gewerkschaften) unlauter auf die Willensbildung einwirken.

Als **Vorteil** kann nicht nur eine direkte Zuwendung von Geld, sondern auch ein anderer Vorteil gesehen werden, z.B. eine ansonsten nicht gerechtfertigte tarifliche Höherstufung des Arbeitnehmers oder die Gewährung besonderer Vergünstigungen. Insoweit ist der Vorteilsbegriff der §§ 299, 331 StGB anwendbar.

---

1 Ähnlich zur vergleichbaren Frage im StGB *Valerius* in von Heintschel-Heinegg, Beck'scher Online Kommentar, § 107 StGB Rz. 3 (Stand 22.7.2013); weiteres Beispiel bei *Joecks* in MüKo-StGB, § 119 BetrVG Rz. 7 f.; *Löwisch/Kaiser*, § 119 BetrVG Rz. 17 ff.
2 Weitere Beispiele und Rspr.-Nw. bei *Annuß* in Richardi, § 119 BetrVG Rz. 13 ff.; *Kania* in Erfurter Komm. ArbeitsR, § 119 BetrVG Rz. 2.
3 BGH v. 13.9.2010 – 1 StR 220/09, Rz. 53 – Siemens/AUB (oben Rz. 1).
4 Etwa *Kania* in Erfurter Komm. ArbeitsR, § 119 BetrVG Rz. 2.
5 BGH v. 13.9.2010 – 1 StR 220/09, Rz. 62 – Siemens/AUB (oben Rz. 1).
6 BGH v. 13.9.2010 – 1 StR 220/09, Rz. 59 letzter Satz – Siemens/AUB; ähnlich *Annuß* in Richardi, § 119 BetrVG Rz. 17; *Joecks* in MüKo-StGB, § 119 BetrVG Rz. 14.
7 Beispiele bei *Kania* in Erfurter Komm. ArbeitsR, § 119 BetrVG Rz. 2.

Ein **Nachteil** ist – wie bei der Nötigung (§ 240 StGB) – jedes Übel, ob materiell oder nicht, auch ohne direkten Bezug zur innerbetrieblichen Stellung[1]. Der *Nötigungstatbestand* wird ohnehin nicht verdrängt.

23 **d) Vergleichbare Strafvorschriften** (Rz. 3) finden sich in § 34 Abs. 1 Nr. 1 SprAuG, § 44 Abs. 1 Nr. 2 EBRG, § 45 Abs. 2 Nr. 2 SEBG, § 47 Abs. 2 Nr. 2 SCEBG.

2. Betriebsratsbehinderung

24 **a)** Die in der Praxis noch häufigere Behinderung oder Störung der **Tätigkeit des Betriebsrates** erfassen **§ 119 Abs. 1 Nr. 2 BetrVG** bzw. die vergleichbaren Strafvorschriften für die anderen Organe (§ 34 Abs. 1 Nr. 2 SprAuG, § 44 Abs. 1 Nr. 2 EBRG, § 45 Abs. 2 Nr. 2 SEBG, § 47 Abs. 2 Nr. 2 SCEBG, s. Rz. 3). Die Strafandrohung soll einem Verstoß gegen die umfassenden Schutzvorschriften (§ 78 S. 1 BetrVG, § 2 Abs. 3 SprAuG, §§ 40, 42 Nr. 2 EBRG, § 44 Nr. 2 SEBG, § 46 Nr. 2 SCEBG) entgegenwirken, was sie aber nur völlig unzureichend bewirkt (s. Rz. 1).

25 Im Gegensatz zu § 119 Abs. 1 Nr. 1 BetrVG sind hier nach dem Gesetzestext auch Gesamt- und Konzernbetriebsrat, Wirtschaftsausschuss, betriebliche Beschwerdestelle, tarifliche Schlichtungsstelle und alle Sprecherausschüsse geschützt, also **sämtliche Gremien**, denen Mitwirkungs- und Mitbestimmungsrechte zustehen. Vergleichbares gilt für die anderen Gesetze (Rz. 3). Damit ist bei der Behinderung theoretisch im Unterschied zur Wahl (Rz. 16) ein umfassender strafrechtlicher Schutz der Institutionen der Betriebsverfassung gewährleistet.

26 **Täter** kann *jedermann* sein, jede betriebsinterne oder betriebsfremde Person; grundsätzlich soll dies auch für Mitglieder der geschützten Organe selbst gelten[2]. Das kann indes nur richtig sein, wenn sich das Mitglied wie ein Außenstehender verhält, die „Störung" also nicht im Rahmen der Betriebsratstätigkeit erfolgt (Beispiel: Hindern eines anderen Mitglieds an der Teilnahme[3]): Geschützt wird das Vertretungsorgan nur gegen eine Behinderung *von außen*; die innere Funktionsfähigkeit des Betriebsrates, des Sprecherausschusses usw. ist nicht das Schutzgut dieser Normen[4].

Wäre das *interne Verhalten* eines Mitglieds potenziell als „Behinderung" der Betriebsratstätigkeit strafbar, wäre eine solche Strafvorschrift ihrerseits eine massive Behinderung der Betriebsratstätigkeit: Bei jeder uneinsichtigen, beharrlich verfolgten Mindermeinung könnte die Mehrheit mit der Keule des Strafrechts drohen.

27 **b) Tathandlung** des Störens oder Behinderns[5] kann grundsätzlich jedes Tun oder Unterlassen[6] sein, das von feststellbarer Wirkung auf die Rahmenbedin-

---

1 *Annuß* in Richardi, § 119 BetrVG Rz. 17.
2 So *Künzl* in Ascheid/Preis/Schmidt, KündigungsR, § 78 BetrVG Rz. 15.
3 So wohl auch *Thüsing* in Richardi, § 78 BetrVG Rz. 11.
4 So auch *Annuß* in Richardi, § 119 BetrVG Rz. 20.
5 Definitionen bei *Joecks* in MüKo-StGB, § 119 BetrVG Rz. 20.
6 *Richter* in Gercke/Kraft/Richter, ArbStrafR, Rz. 1042.

gungen der Betriebsratsarbeit ist, also den Zeitpunkt oder den Bildungsprozess von Entscheidungen, oder von Wirkung auf die Maßnahmen („Aktivitäten") des Vertretungsorgans (zur Wirkung auf den Inhalt der Tätigkeit Rz. 31). Handelt es sich um geringfügige, aber immerhin feststellbare Auswirkungen (*Bagatellen*), so ist der Tatbestand verwirklicht; der Bagatellcharakter wird erst auf Schuldebene (§ 153 StPO) berücksichtigt.

Unterlassen ist nur tatbestandsmäßig, wenn eine Pflicht zum Handeln besteht 28 – etwa zur Finanzierung, Gewährung von Mitteln (§ 40 BetrVG) oder von Freistellungen (§§ 38, 44 BetrVG). Auszugrenzen von der Strafbarkeit bleiben die vom Gesetzgeber (nur) als *Ordnungswidrigkeiten* eingestuften Behinderungen durch Vorenthalten von Informationen[1] (Rz. 48 ff.).

Beispiele: Hindern oder Verzögern eines Mitglieds an der Teilnahme; Versagung der vom Arbeitgeber zu leistenden Unterstützung; Unterbindung der Unterstützung durch eine Gewerkschaft[2].

Die Behinderung oder Störung muss sich **objektiv** auf eine Tätigkeit des Betriebsverfassungsorgans im Rahmen seiner Aufgaben (etwa §§ 75, 80 BetrVG) ausgewirkt haben[3]. Zu den Aufgaben gehören auch die Betriebsversammlungen (§§ 42 ff. BetrVG) und vieles mehr, insbesondere die Bildung weiterer Gremien durch Wahlen, wie etwa der Jugend- und Auszubildendenvertretung (vgl. § 63 Abs. 2 BetrVG). Soweit die *Wahl* einiger Gremien nicht von der Strafvorschrift zum Schutz des Wahlvorgangs erfasst wird (Rz. 16), wird eine solche Wahlbehinderung deshalb als Behinderung der Organtätigkeit von den hier erörterten Vorschriften (Rz. 24) unter Strafe gestellt[4]. 29

c) **Subjektiv** muss die Behinderung oder Störung (bedingt) *vorsätzlich* auf die geschützte Tätigkeit des Betriebsverfassungsorgans bezogen sein[5]. 30

3. Verbotene Einflussnahme

a) In **§ 119 Abs. 1 Nr. 3 BetrVG** wird die unlautere Beeinflussung der **einzelnen** bereits gewählten **Mitglieder** oder Ersatzmitglieder derselben Betriebsverfassungsorgane (Rz. 24 f.) unter Strafe gestellt; das Beeinflussungsverbot selbst findet sich in § 78 S. 2 BetrVG. Es dient der Sicherung der *inneren und äußeren Unabhängigkeit* und der unparteilichen Amtsausübung der in § 78 S. 1 BetrVG genannten Personen[6]. 31

Die **Benachteiligung oder Bevorzugung** liegt *objektiv* vor, wenn das Mitglied, gemessen an vergleichbaren Kollegen, wegen seiner Rolle oder Tätigkeit schlechter- bzw. bessergestellt wird, ohne dass dies auf *sachlichen* Gründen be- 32

---

1 *Annuß* in Richardi, § 119 BetrVG Rz. 21, § 121 BetrVG Rz. 3.
2 Beispiele bei: *Annuß* in Richardi, § 119 BetrVG Rz. 23; *Künzl* in Ascheid/Preis/Schmidt, KündigungsR, § 78 BetrVG Rz. 22 ff.; *Thüsing* in Richardi, § 78 BetrVG Rz. 17.
3 *Joecks* in MüKo-StGB, § 119 BetrVG Rz. 21.
4 So auch *Richter* in Gercke/Kraft/Richter, ArbStrR Rz. 1029.
5 *Annuß* in Richardi, § 119 BetrVG Rz. 21f., 26.
6 *Künzl* in Ascheid/Preis/Schmidt, KündigungsR, § 78 BetrVG Rz. 35.

ruht: Die rechtliche oder tatsächliche Position der Mandatsträger darf nicht aus Anlass der Amtsausübung verändert werden[1]; ihnen darf in keiner Weise, auch nicht mittelbar, für die Wahrnehmung des Ehrenamts (§ 37 Abs. 1 BetrVG) irgendeine Vergütung zukommen[2]. Die Benachteiligung oder Bevorzugung muss „um der (Betriebsrats-)Tätigkeit willen" erfolgen[3]. Es bedarf eines *finalen* Zusammenhangs zwischen Amtstätigkeit und Benachteiligung oder Begünstigung. Die Vor- oder Nachteile müssen – nach dem Gesetzestext – tatsächlich eingetreten sein, das bloße Inaussichtstellen reicht hier nicht aus[4](s. aber Rz. 33).

Vergünstigungen können Zuwendungen aller Art sein, auf die das Mitglied keinen Anspruch hat, beispielsweise unüblich günstige Darlehen, Sonderzuwendungen („Lustreisen"), nicht nachvollziehbare Gehaltserhöhungen oder Boni[5].

Benachteiligungen sind etwa Erwähnung der Betriebsratstätigkeit im Zeugnis des Arbeitnehmers, Zuweisung einer unangenehmeren Arbeit, Versagung von Vergünstigungen, die der übrigen Belegschaft gewährt werden[6].

33 Das Inaussichtstellen eines *Nachteils* wird häufig als (versuchte) **Nötigung** (§ 240 StGB) strafbar sein[7]; die Verletzung der Schutzbestimmung (§ 78 BetrVG) ist verwerflich (§ 240 Abs. 2 StGB). Das Angebot einer Bevorzugung oder die Drohung mit einem Nachteil werden überdies regelmäßig unter dem Gesichtspunkt eines verbotenen Störens der Willensbildung strafbar sein (Rz. 27). Anderenfalls bestünden *Strafbarkeitslücken* für das erfolglose Anbieten eines Vorteils, den misslungenen Versuch einer Beeinflussung, und das vom Täter nicht eingehaltene Versprechen eines Vorteils, nachdem ihm die Beeinflussung gelungen war.

34 **Subjektiv** muss der Zusammenhang mit der Organtätigkeit[8] ebenso vom (bedingten) Vorsatz umfasst sein wie der fehlende sachliche Grund für die Maßnahme[9]. Irrt der Täter über den *Sachverhalt*, der ihm den (vermeintlichen) sachlichen Grund für die Maßnahme bietet, fehlt es am Vorsatz; der Tatbestand ist nicht verwirklicht. Irrt der Täter über die *Rechtslage*, nimmt er etwa irrig an, das Verhalten des Organs sei nicht von dessen Rechten nach dem BetrVG gedeckt, liegt ein *Verbotsirrtum* vor[10], ist also nur die Schuld betroffen.

---

1 So *Künzl* in Ascheid/Preis/Schmidt, KündigungsR, § 78 BetrVG Rz. 36.
2 BGH v. 17.9.2009 – 5 StR 521/08, Rz. 32ff. – VW-Betriebsräte (oben Rz. 1).
3 *Annuß* in Richardi, § 119 BetrVG Rz. 24.
4 *Joecks* in MüKo-StGB, § 119 BetrVG Rz. 26; *Künzl* in Ascheid/Preis/Schmidt, KündigungsR, § 78 BetrVG Rz. 36.
5 Beispiele bei: *Künzl* in Ascheid/Preis/Schmidt, KündigungsR, § 78 BetrVG Rz. 42ff; *Thüsing* in Richardi, § 78 BetrVG Rz. 26ff.
6 Beispiele von und weitere bei *Thüsing* in Richardi, § 78 BetrVG Rz. 25.
7 So auch *Richter* in Gercke/Kraft/Richter, ArbStrafR, Rz. 1064.
8 *Annuß* in Richardi, § 119 BetrVG Rz. 26.
9 *Joecks* in MüKo-StGB, § 119 BetrVG Rz. 31.
10 Ähnlich *Richter* in Gercke/Kraft/Richter, ArbStrafR, Rz. 1054; a.A. OLG Düsseldorf v. 27.3.2008 – III-2 Ss 110/0788/07 III, Rz. 22: Vorsatzausschluss.

Täter kann *jedermann* sein[1]. In der Praxis kommen sowohl der Arbeitgeber infrage, etwa durch Beförderung oder sonstige Vergünstigungen für ein bestimmtes Verhalten im Betriebsrat, wie auch Verantwortliche von Gewerkschaften oder anderer Interessenverbände, die eine bezahlte Position oder andere Zuwendungen für eine bestimmte Betriebsratstätigkeit in Aussicht stellen. Auch Täter außerhalb des Unternehmens, etwa Konkurrenten, sind denkbar. 35

Das *begünstigte Mitglied* selbst ist, da ein Fall der **notwendigen Teilnahme** vorliegt, nur strafbar, wenn sein Verhalten über die schlichte Entgegennahme des Vorteils *hinausgeht*[2]. Daneben kommt Steuerhinterziehung (§ 370 AO) in Betracht, wenn das Mitglied seine wirtschaftlichen Vorteile nicht erklärt[3].

b) Auch die anderen Mitbestimmungsgesetze (Rz. 3) enthalten **vergleichbare Verbote** und Strafvorschriften: §§ 2 Abs. 3, 34 Abs. 1 Nr. 3 SprAuG, §§ 40, 42 Nr. 3, 44 Abs. 1 Nr. 3 EBRG, § 44 Nr. 3, 45 Abs. 2 Nr. 3 SEBG, §§ 46 Nr. 3, 47 Abs. 2 Nr. 3 SCEBG. 36

III. Geheimnisbruch

a) Die Strafnorm[4] *schützt* den Geheimnisträger[5] vor einer Verletzung seiner Geheimnisse, den Arbeitgeber in § 120 *Abs. 1* BetrVG und den Arbeitnehmer in § 120 *Abs. 2* BetrVG. 37

Die Taten sind **Sonderdelikte**, die nur von den jeweils benannten Personen begangen werden können (§ 22 Rz. 1 ff.). Die entsprechende Stellung des Täters ist besonderes persönliches Merkmal (§ 28 Abs. 1 StGB). *Täter* können nur die Mitglieder des Betriebsrats und die sonst im Tatbestand abschließend genannten Personen sein. Neben den in § 120 Abs. 1 Nr. 1-4 BetrVG ausdrücklich genannten Personen gehören dazu auch alle Mitglieder der in § 79 Abs. 2 BetrVG genannten Gremien, nicht nur die Mitglieder der in § 79 Abs. 2 BetrVG ausdrücklich als „Stellen" bezeichneten Gremien.

Bei der **Auslegung** der Strafvorschrift ist zu beachten, dass sie wenig sorgfältig formuliert wurde: So heißt es dort in § 120 Abs. 1 *Nr. 4* BetrVG, Täter könnten Arbeitnehmer sein, die vom „Wirtschaftsausschuss nach § 108 Abs. 2 S. 2" BetrVG hinzugezogen wurden, wobei es sich nach allgemeiner Meinung um ein Redaktionsversehen handelt[6], da die Arbeitnehmer nach § 108 Abs. 2 S. 2 BetrVG nicht vom Wirtschaftsausschuss, sondern nur vom Unternehmer hinzugezogen werden können. Deshalb können – über den direkten Wortlaut hinaus – (auch dort) diese Arbeitnehmer *Täter* sein. – Die Begründung für diese ausdehnende Auslegung aus dem Sinn der Strafvorschrift gilt auch für den missverständlich formulierten Verweis in § 120 Abs. 1 *Nr. 1* BetrVG, mit dem 38

---

1 *Künzl* in Ascheid/Preis/Schmidt, KündigungsR, § 78 BetrVG Rz. 35.
2 BGH v. 17.9.2009 – 5 StR 521/08, Rz. 79 – VW-Betriebsräte (oben Rz. 1); *Joecks* in MüKo-StGB, § 119 BetrVG Rz. 34.
3 *Richter* in Gercke/Kraft/Richter, ArbStrafR, Rz. 1061.
4 Zur Historie *Annuß* in Richardi, § 120 BetrVG Rz. 1 ff.
5 *Kania* in Erfurter Komm. ArbeitsR, § 120 BetrVG Rz. 1.
6 *Annuß* in Richardi, § 120 BetrVG Rz. 7.

39 *Offenbarung* oder *Verwerten* (§ 120 Abs. 3 BetrVG) müssen **unbefugt** erfolgen. Befugt ist die Offenbarung insbesondere, wenn sie Geheimnisse des Arbeitgebers betrifft, die dessen *Rechtsverletzungen* offenlegen, jedenfalls gegenüber den Strafverfolgungsorganen. Denn die Überwachung der Einhaltung aller Rechtsvorschriften mit Bedeutung für die Arbeitnehmer ist eine wesentliche Aufgabe der Arbeitnehmervertreter. Bezug zur Arbeitnehmersphäre haben nicht nur die unmittelbar Arbeitnehmer schützenden Vorschriften (zur Arbeitssicherheit usw.), sondern auch das Verbot der Korruption, der Steuerhinterziehung, der Kartellabsprachen usw., weil Verstöße das Unternehmen ruinieren und so auch die Interessen der Arbeitnehmer verletzen können.

Ergebnis, dass der Begriff „Stellen" unbedacht und nicht mit der Absicht einer – sinnwidrigen – Einschränkung des Täterkreises auf Personen aus den in § 79 Abs. 2 BetrVG genannten Gremien verwandt wurde[1].

40 Es mag *untunlich* sein, nicht zuerst den Versuch zu unternehmen, den Arbeitgeber zu einer Verhaltensänderung zu bewegen, bevor das Unternehmen nun auch noch durch die Folgen einer Strafanzeige gefährdet wird. Eine **Strafanzeige** ist dennoch *nie* als „unbefugte" Offenbarung eines Geheimnisses *strafbar*. Überdies kann die umgehende Strafanzeige durch die kurze Strafantragsfrist erzwungen sein (Rz. 10).

Das Dilemma des Arbeitgebers, der sich strafbar gemacht hat, gegenüber dem Betriebsrat möglicherweise zur Offenbarung veranlasst oder gar verpflichtet zu sein, während der Betriebsrat sich seinerseits nicht strafbar macht, wenn er daraufhin Anzeige erstattet, stellt *keinen* Verstoß gegen das *Verbot einer Selbstbelastungspflicht* („nemo tenetur ..."; § 10 Rz. 10) dar: Der Betriebsrat ist kein Strafverfolgungsorgan und zur Anzeige nicht verpflichtet. Es bleibt dem Arbeitgeber unbenommen, den Betriebsrat von einer Strafanzeige abzuhalten, etwa, indem er eine Änderung seines Verhaltens belegt.

1. Geheimnisse des Arbeitgebers

41 **Rechtsgut** der Strafvorschrift in *§ 120 Abs. 1 BetrVG* ist der Schutz des Arbeitgebers vor einer Verletzung der Geheimhaltungspflicht (§ 79 BetrVG). Während die allgemeine Geheimhaltungspflicht, die jeden Arbeitnehmer trifft, nur unter weiteren Voraussetzungen (Wettbewerbszweck, Schädigungsabsicht usw.) nach § 17 UWG strafbar ist, genügt bei § 120 BetrVG bereits die *Offenbarung allein*. Denn der Arbeitgeber muss diesen Personen vielfach Zugang zu vertraulichen Informationen und Daten gewähren. „Offenbaren" liegt bereits vor, wenn der Dritte Gelegenheit zur Kenntnisnahme vom Geheimnis erhält[2]; ob er wirklich Kenntnis nimmt, ist ohne Belang für die Tatbestandsverwirklichung.

42 Das Geschäftsgeheimnis muss dem Täter in seiner *Eigenschaft* als **Mitglied des Betriebsverfassungsorgans** – nicht nur gelegentlich dieser Tätigkeit – be-

---

1 So auch *Annuß* in Richardi, § 120 BetrVG Rz. 9; *Kania* in Erfurter Komm. ArbeitsR, § 121 BetrVG Rz. 2.
2 *Richter* in Gercke/Kraft/Richter, ArbStrafR, Rz. 1075.

kannt geworden sein[1], da nur die Vertraulichkeit der in dieses Gremium eingebrachten Informationen geschützt ist. Dann trifft ihn die Geheimhaltungspflicht auch nach seinem Ausscheiden aus dem Organ[2].

Der Begriff des Betriebs- und Geschäftsgeheimnisses entspricht dem des § 17 UWG (§ 33 Rz. 45 ff.). Mit § 17 UWG ist ggf. (Rz. 41) *Tateinheit* möglich. – **Geheimnisse** sind „Tatsachen im Zusammenhang mit einem Geschäftsbetrieb, die nur einem eng begrenzten Personenkreis bekannt und nicht offenkundig" sind und die nach dem Willen des Arbeitgebers und im Rahmen seines berechtigten wirtschaftlichen Interesses geheim gehalten werden sollen. Zur Erfüllung des Tatbestandes ist es erforderlich, dass der Unternehmer die betreffende Tatsache gegenüber dem Organ ausdrücklich *als geheimhaltungsbedürftig* **bezeichnet**[3]. Damit sollen alle Unklarheiten zu den verschieden Auslegungsmöglichkeiten des „Betriebs- oder Geschäftsgeheimnis" vermieden werden. 43

Praxishinweis: Der Arbeitgeber kann die Anwendbarkeit der Strafvorschrift nicht dadurch eröffnen, dass er eine **beliebige Information**, die kein Geheimnis im Rechtssinne ist, als geheimhaltungsbedürftig bezeichnet; entscheidend ist, ob ein Geheimnis im Rechtssinne vorliegt. Eine irrtumsfreie, zielgerichtete Fehlbezeichnung durch den Arbeitgeber kann sich überdies als *Behinderung* der Betriebsratsarbeit darstellen (Rz. 27).

Bei einer Verletzung der Geheimhaltungspflicht kann – ungeachtet aller strafrechtlichen Folgen – eine *Amtsenthebung* gem. § 23 BetrVG in Betracht kommen; u.U. kann sogar eine außerordentliche **Kündigung** gerechtfertigt sein. Der Täter sieht sich dabei möglicherweise erheblichen Schadensersatzansprüchen des Unternehmens nach § 823 Abs. 2 BGB i.V.m. § 120 BetrVG ausgesetzt. 44

2. Geheimnisse des Arbeitnehmers

Die Vorschrift des *§ 120 Abs. 2 BetrVG* dient dem **Schutz persönlicher Geheimnisse** von *Arbeitnehmern*. Durch die Mitwirkungsrechte des Betriebsrates bei Personalentscheidungen des Unternehmens erhält der Betriebsrat zwangsläufig Kenntnis über persönliche Informationen aus der geschützten Privatsphäre des einzelnen Arbeitnehmers. Davon werden insbesondere Familienverhältnisse, Krankheiten, Vorstrafen, aber auch sonstige wirtschaftliche Verhältnisse umfasst[4]. Auch die Einverständniserklärung des Arbeitnehmers gegenüber dem Betriebsrat zur *Einsicht* in vertrauliche Unterlagen beseitigt die Verschwiegenheitspflicht nicht. In Abs. 4 der Vorschriften wird ausdrücklich das *postmortale* Persönlichkeitsrecht geschützt. 45

Im gegen ihn gerichteten Strafverfahren ist der Arbeitnehmer indes nicht geschützt, da der Betriebsrat *weder* eine strafrechtlich beachtliche *Schweigepflicht* noch ein prozessuales *Aussageverweigerungsrecht* hat. Vom Arbeitnehmer beim Betriebsrat hinterlegte Unterlagen können auch beschlagnahmt werden.

---

1 *Annuß* in Richardi, § 120 BetrVG Rz. 10.
2 *Richter* in Gercke/Kraft/Richter, ArbStrafR, Rz. 1071.
3 *Thüsing* in Richardi, § 79 BetrVG Rz. 6 f.
4 Zu den Lücken *Annuß* in Richardi, § 120 BetrVG Rz. 6.

3. Verwertung von Geheimnissen

46 Eine Besonderheit ist die Strafbarkeit einer *Verwertung*[1] des Geheimnisses **ohne Offenbarung**, praxisrelevant für Geschäfts- und Betriebsgeheimnisse (§ 120 Abs. 3 S. 2 BetrVG). Verwertet der Täter Geheimnisse oder handelt er in Bereicherungs- oder Schädigungsabsicht oder gegen Entgelt (§ 11 Abs. 1 Nr. 9 StGB), so ist der *Strafrahmen erhöht* auf Freiheitsstrafe bis zu zwei Jahren.

47 In § 35 SprAuG, § 35 EBRG, § 45 Abs. 1 Nr. 1, Abs. 2 Nr. 1 SEBG, § 47 Abs. 1 Nr. 1, Abs. 2 Nr. 1 SCEBG finden sich **entsprechende Strafnormen**.

IV. Verletzung von Informationspflichten

48 Die Vorschrift des *§ 121 BetrVG* dient der Durchsetzung von Informationsrechten des Betriebsrats in den Fällen, in denen er kein erzwingbares Mitbestimmungsrecht hat und somit auf die Unterrichtung durch den AG angewiesen ist[2]. Die Verletzung der abschließend aufgezählten Informationspflichten durch den Unternehmer ist nicht als Behinderung der Betriebsverfassungsorgane *strafbar* (Rz. 27), weil sie hier nur noch[3] als **Ordnungswidrigkeit** eingestuft wurde. Der *Bußgeldrahmen* ist allerdings unzureichend (Rz. 5).

49 **Täter** können nur der Unternehmer bzw. die verantwortlichen Organe einer juristischen Person sowie Beauftragte (§ 9 Abs. 2 OWiG) sein[4]. Der Unternehmer hat die genannten, nach dem BetrVG vorgeschriebenen Informationen[5] *wahrheitsgemäß, vollständig und „nicht verspätet"*[6] zu erteilen.

50 **Bußgeldbehörde** ist mangels spezieller bundesgesetzlicher Regelung die allgemein nach dem OWiG (§§ 35 ff. OWiG) oder den Zuständigkeitsverordnungen der Länder zuständige Verwaltungsbehörde. Im Einspruchsfall hat dann der Richter am *Amtsgericht* sich in diese ihm regelmäßig fremde Materie einzuarbeiten. Wenig verwunderlich also, dass es aus den letzten Jahrzehnten keine obergerichtliche Rechtsprechung hierzu gibt.

51 **Entsprechende Vorschriften** gibt es in § 36 SprAuG; § 45 EBRG, § 46 SEBG, § 48 SCEBG.

---

1 Zum Begriff *Annuß* in Richardi, § 120 BetrVG Rz. 12.
2 So *Kania* in Erfurter Komm. ArbeitsR, § 121 BetrVG Rn 1.
3 Zur Historie *Annuß* in Richardi, § 121 BetrVG Rz. 1.
4 *Annuß* in Richardi, § 121 BetrVG Rz. 5; *Kania* in Erfurter Komm. ArbR, § 121 BetrVG Rz. 3.
5 Näher *Annuß* in Richardi, § 121 BetrVG Rz. 4; *Richter* in Gercke/Kraft/Richter, ArbStrafR, Rz. 1098; *Hess* in Hess/Schlochauer, § 121 BetrVG Rz. 5.
6 Einzelheiten bei *Annuß* in Richardi, § 121 BetrVG Rz. 6 ff.

§ 36
Bekämpfung von illegaler Erwerbstätigkeit

Bearbeiter: Oliver Henzler

	Rz.		Rz.
I. Einführung		3. Datenaustausch	28
1. Begrifflichkeiten	1	**III. Instrumente der Bekämpfung**	
2. Wirtschaftlicher und sozialer Hintergrund	7	1. Prüfung	34
		2. Ermittlung	46
3. Rechtsgrundlagen	10	3. Anklage und Ahndung	51
II. Organisation der Bekämpfung		4. Vergabeausschluss	54
1. Grundlage Schwarzarbeitsbekämpfungsgesetz	17	5. Zivilrechtliche Folgen	58
2. Aufbau der Bekämpfung	22		

Schrifttum: *Brenner*, Die strafrechtliche Bekämpfung der Schwarzarbeit unter besonderer Berücksichtigung wirtschaftlicher Aspekte, 2008; *Brüssow/Petri*, Arbeitsstrafrecht, 2008; *Fehn*, Schwarzarbeitsbekämpfungsgesetz 2006; *Ignor/Rixen* (Hrsg.), Handbuch Arbeitsstrafrecht, 2. Aufl 2008.

I. Einführung

1. Begrifflichkeiten

Die Begriffe „**illegale Beschäftigung**" und „**Schwarzarbeit**" werden oftmals wahllos und undifferenziert angewendet[1]. Das *Schwarzarbeitsbekämpfungsgesetz* (**SchwarzArbG**)[2] enthält in § 1 Abs. 2 eine Legaldefinition der Schwarzarbeit. Der Gesetzesbegründung zufolge[3] sollte damit erstmalig eine dem allgemeinen Sprachgebrauch angepasste Definition der Schwarzarbeit kodifiziert werden. Schwarzarbeit liegt demnach im Wesentlichen vor, wenn das Sozialversicherungs- und Steueraufkommen durch die Verletzung von Pflichten zu deren Sicherung gefährdet oder beeinträchtigt wird[4]. 1

Die **Leistung von Schwarzarbeit** kann durch verschiedene Personengruppen erfolgen. In erster Linie kommen *Arbeitgeber* in Betracht, die ihre Arbeitnehmer nicht ordnungsgemäß zur Sozialversicherung und Lohnsteuer melden und/oder nicht entsprechend den tatsächlichen Verhältnissen Beiträge und Steuern abführen (s. unten § 38). Nach § 1 Abs. 2 Nr. 3 SchwarzArbG leistet Schwarzarbeit auch, wer als Empfänger von Sozialleistungen seine sich aufgrund der Dienst- oder Werkleistungen ergebenden Mitteilungspflichten gegenüber dem Sozialleistungsträger nicht erfüllt. Adressat des Gesetzes ist daher auch der Ar- 2

---

1 Überblicksartige Darstellungen zu Teilbereichen bei *Erdmann* in A/R, 12. Teil 5. Kap Rz. 81 ff.; vgl. auch *Ambs* in Erbs/Kohlhaas, S 34 SchwarzArbG (Stand 15.10.2012).
2 V. 23.7.2004, BGBl. I 1842.
3 BT-Drs. 15/2573, 17.
4 Ausf. zum Begriff der Schwarzarbeit *Brenner*, S. 25 ff.

beitnehmer, der z.B. Arbeitslosengeld bezieht und die Aufnahme einer Beschäftigung der gewährenden Stelle nicht mitteilt (sog. Leistungsmissbrauch). Nr. 4 und 5 des § 1 Abs. 2 SchwarzArbG wenden sich an selbständige *Gewerbetreibende* bzw. *Handwerker*.

3 Der Gesetzgeber hat damit dem schillernden Begriff der „Schwarzarbeit" eine **Kontur** gegeben. Allerdings widersprechen verschiedene Ausprägungen dieses Begriffs der Schwarzarbeit dem allgemeinen Sprachgebrauch, insbesondere, wenn sie arbeitgeberbezogene Verhaltensweisen betreffen, wie z.B. die Verletzung sozialversicherungsrechtlicher Meldepflichten, die abhängige Beschäftigung voraussetzen, was sprachlich unter den Begriff der illegalen Beschäftigung zu fassen wäre. Auch ist nicht erkennbar, was mit der Legaldefinition gewonnen sein soll, weil der Gesetzgeber in sämtlichen Normen entweder den Begriff der illegalen Beschäftigung allein oder den der illegalen Beschäftigung und der Schwarzarbeit gemeinsam verwendet. Einzige Ausnahme ist der nicht praxisrelevante § 7 SchwarzArbG.

4 Ist damit erstmals zusammenfassend definiert, was unter Schwarzarbeit zu verstehen ist, bleibt die Abgrenzung zu dem Begriff der **illegalen Beschäftigung** weiterhin gesetzlich ungeregelt. Der Gesetzgeber versteht darunter inhaltsleer einen „Sammelbegriff für eine Vielzahl von verschiedenen Ordnungswidrigkeitentatbeständen oder Straftaten, von Verstößen gegen das Arbeitnehmerüberlassungsrecht bis hin zu Verstößen gegen das Steuerrecht oder zum Leistungsmissbrauch"[1]. Mit den Verstößen gegen das Steuerrecht oder mit dem Leistungsmissbrauch werden damit Verhaltensweisen genannt, die zugleich von der gesetzlichen Definition der Schwarzarbeit erfasst werden (s. auch § 38 Rz. 265 zur illegalen Beschäftigung in der Rechtsprechung).

5 Nach der **Gesetzessystematik** ist unter **illegaler Beschäftigung** präziser die Gesamtheit aller derjenigen Verhaltensweisen zu verstehen, die nicht vom Begriff der Schwarzarbeit nach § 1 Abs. 2 SchwarzArbG umfasst sind, gleichwohl aber die Verletzung von Pflichten zum Gegenstand haben, die Arbeitgebern, Arbeitnehmern, Unternehmern und versicherungspflichtigen Selbständigen im Zusammenhang mit der Erbringung oder Ausführung von Dienst- oder Werkleistungen und dem Bezug von Sozialleistungen auferlegt sind und die der Sicherung des Beitrags- und Steueraufkommens sowie der anspruchsgerechten Verteilung von Sozialleistungen dienen.

So fallen Verstöße gegen *ausländer- und erwerbstätigkeitsrechtliche* Pflichten, die *illegale Arbeitnehmerentsendung* und die *illegale Arbeitnehmerüberlassung* nicht unter den Begriff der Schwarzarbeit, sind also danach Formen der illegalen Beschäftigung. Die begriffliche Trennung wird in § 16 Abs. 2 SchwarzArbG deutlich, wonach der Gesetzgeber z.B. die §§ 10 und 11 SchwarzArbG – illegale Ausländerbeschäftigung – als Formen der illegalen Beschäftigung versteht. Schon deshalb greift der Titel „Schwarzarbeitsbekämpfungsgesetz" zu kurz.

6 Dagegen wird der zunehmend verwendete Begriff des **Arbeitsstrafrechts** als wesentlich **arbeitgeberbezogen** verstanden, weil sich seine Normen vorwiegend

---

1 BT-Drs. 14/8221, 11.

an Arbeitgeber richten. Arbeitsstrafrecht ist danach in seiner materiellen Ausprägung die Gesamtheit aller Vorschriften, die Verstöße gegen die Grundnormen des sozial geordneten Arbeitslebens sanktionieren. Das Arbeitsstrafrecht umfasst die auf entsprechenden Verletzungen aufbauenden Straf- und Bußgeldnormen, aber auch außerstrafrechtliche Sanktionsformen, wie den Ausschluss von der Vergabe öffentlicher Aufträge[1]. So gesehen liegt die Akzentuierung des Begriffes des Arbeitsstrafrechts zwar auf einer Sanktionierung von Verstößen des Arbeitgebers, umfasst aber auch Verstöße des Arbeitnehmers z.B. beim Bezug von Sozialleistungen. Damit werden Handlungsweisen, die vom Begriff der illegalen Beschäftigung und der Schwarzarbeit erfasst werden, grundsätzlich durch das Arbeitsstrafrecht flankiert. Dies gilt allerdings z.B. nicht hinsichtlich der gewerbe- und handwerksrechtlichen Ordnungswidrigkeiten nach dem SchwarzArbG, die zwar dem Begriff der Schwarzarbeit unterfallen, nicht jedoch demjenigen des Arbeitsstrafrechts, weil das von ihnen geschützte Rechtsgut nicht die Ordnung des Arbeitslebens ist. Umgekehrt unterfallen z.B. Verstöße gegen das *Arbeitszeitgesetz*, dessen Zweck nach § 1 Nr. 1 ArbZG u.a. die Gewährleistung der Sicherheit und des Gesundheitsschutzes der Arbeitnehmer ist (§ 34 Rz. 51 ff.), allein dem Begriff des Arbeitsstrafrechts.

2. Wirtschaftlicher und sozialer Hintergrund

Triebfeder der meisten Verhaltensweisen, die als illegale Beschäftigung und als Schwarzarbeit charakterisiert werden, ist das Streben nach **Profit** und **wirtschaftlicher Besserstellung**. Diese Feststellung gilt sowohl für die Arbeitgeber- als auch für die Arbeitnehmerseite. Der Faktor Arbeit ist in Deutschland verhältnismäßig teuer. Dies gilt nicht allein für das (Brutto-)Lohnniveau, sondern auch und insbesondere für die weiteren Lohnkosten, also im Wesentlichen die Arbeitgeberanteile und Umlagen zur Sozialversicherung sowie die anteiligen Gemeinkosten (Kosten für Verwaltung, Arbeitskleidung, Sanitärräume usw.). Der *Gesamtsozialversicherungsbeitrag* für sich genommen macht rund 40 % des Bruttolohnes aus, also schon 50–60 % des Nettolohnes. Nimmt man die *Lohnsteuer* hinzu, liegt der Aufschlag auf den Nettolohn schon in der Größenordnung von 80 %. Die Beschäftigung von Arbeitnehmern ohne Abführung von Sozialversicherungsabgaben und Lohnsteuer bedeutet damit eine erhebliche Einsparung von Kosten und somit einen Wettbewerbsvorteil.

Gleiches gilt für eine Beschäftigung unter Missachtung der Mindestlohnvorschriften vor allem im Bau- und Reinigungsgewerbe. Die Bereitschaft gesetzesuntreuer Arbeitgeber zur Beschäftigung unter Verstoß gegen die in Deutschland **zwingenden Arbeitsbedingungen** trifft auf eine verbreitete Bereitschaft vorwiegend *ausländischer* Arbeitnehmer, ihre Arbeitskraft für nicht den hiesigen Standards entsprechende Lohn- und Arbeitsbedingungen und ohne Meldung zur Sozialversicherung zur Verfügung zu stellen. Letzteres trifft auch auf einen Teil der *deutschen* Arbeitnehmer zu, für die allein die Höhe des ausbezahlten (Netto-)Lohnes maßgeblich ist und die sich hinsichtlich ihrer sozia-

---

1 *Mosbacher* in Ignor/Rixen, § 1 Rz. 1; *Brüssow/Petri*, Rz. 2.

len Absicherung keine Gedanken machen oder auf staatliche Unterstützung im Bedarfsfall hoffen.

9 Bei **ausländischen Arbeitnehmern** kommen die unterschiedlichen Lebensverhältnisse in anderen Staaten, insbesondere in Osteuropa, im Verhältnis zu Deutschland hinzu, die sich in einem dort weitaus niedrigeren Lohnniveau widerspiegeln. Berücksichtigt man darüber hinaus die verbreitete hohe Arbeitslosigkeit in jenen Staaten, wird nachvollziehbar, warum ausbeuterische Arbeitsbedingungen von ausländischen Arbeitnehmern akzeptiert werden. Die dadurch vermeintlich eintretende sog. „Win-win-Situation" zulasten der Sozialversicherung und damit der Beitragszahler wird jedoch nicht selten von Arbeitgebern ausgenutzt, indem den ausländischen Arbeitnehmern nicht einmal der versprochene geringe Lohn ausbezahlt wird. Dabei ist einkalkuliert, dass sich die Arbeitnehmer aufgrund ihrer ausländerspezifischen Hilflosigkeit nicht an die zuständigen deutschen Behörden wenden werden.

3. Rechtsgrundlagen

10 Ein Grundproblem bei der Bekämpfung der illegalen Beschäftigung und der Schwarzarbeit ist die Anwendung einer **Vielzahl** aufeinander aufbauender **Gesetze**. Lediglich ein *kleiner Teil* der Sanktionsnormen ist im StGB angesiedelt und damit Teil des *Kernstrafrechts*. Namentlich sind dies das „Vorenthalten und Veruntreuen von Arbeitsentgelt" nach § 266a StGB (Beitragsvorenthaltung, näher § 38 Rz. 1 ff.) und der *Betrug* gem. § 263 StGB, der insbesondere beim Bezug von Sozialleistungen praktische Bedeutung hat. Von geringer Relevanz sind hingegen *Lohnwucher* gem. § 291 Abs. 1 S. 1 Nr. 3 StGB (§ 37 Rz. 4 ff.) und *Menschenhandel zum Zwecke der Ausbeutung der Arbeitskraft* nach § 233 StGB (§ 37 Rz. 10 ff.).

11 Als wesentliche Sanktionsnorm des **Nebenstrafrechts** ist der Tatbestand der *Steuerhinterziehung* gem. § 370 AO zu nennen, der in der Form der Lohnsteuerhinterziehung den Tatbestand der Beitragsvorenthaltung ergänzt (§ 38 Rz. 301 ff.). Wichtig bei der Bekämpfung der illegalen Beschäftigung und der Schwarzarbeit sind §§ 95–97 des *Aufenthaltsgesetzes* (AufenthG), denn Personen, die sich illegal in Deutschland aufhalten, verdienen ihren Lebensunterhalt (und den ihrer Familien) häufig als Arbeitnehmer in einem Beschäftigungsverhältnis. Dagegen kommt den Straftatbeständen §§ 10 und 11 SchwarzArbG, die an den illegalen Aufenthalt in Deutschland oder eine Erwerbstätigkeit ohne Erlaubnis anknüpfen, lediglich lückenschließende Funktion zu. Sonderfälle betreffen §§ 15 und 15a *Arbeitnehmerüberlassungsgesetz* (AÜG), die den Schutz von Leiharbeitnehmern im Blick haben.

12 Den genannten Strafvorschriften – mit Ausnahme von Lohnwucher und Menschenhandel – ist gemeinsam, dass sie nicht aus sich heraus verständlich sind, sondern eine Anwendung der zugrunde liegenden **Verwaltungs- und Sozialgesetze** voraussetzen. So hat der BGH deutlich gemacht[1], dass der Tatbestand der

---

1 BGH v. 2.12.2008 – 1 StR 416/08, BGHSt 53, 71 = NStZ 2009, 271 = wistra 2009, 107 Rz. 14.

Beitragsvorenthaltung nach § 266a StGB vollständig *sozialrechtsakzessorisch* ausgestaltet ist. Damit steht hinter der Strafnorm das gesamte Sozial(versicherungs)recht, insbesondere das *Sozialgesetzbuch* (SGB) mit seinen komplizierten Rechtsfragen (§ 38 Rz. 14, 27 ff.).

Der Gesetzgeber hat der seit Langem bestehenden Vielfalt und Unübersichtlichkeit von (sich häufig ändernden) Normen im Bereich des Sozial(versicherungs)rechts dadurch entgegengewirkt, dass er die zahlreichen Gesetze – beginnend von der berühmten Reichsversicherungsordnung (RVO) – schrittweise in das **Sozialgesetzbuch (SGB)** überführt hat. Das SGB gliedert sich – ähnlich wie das BGB – in mehrere „Bücher", die zu unterschiedlichen Zeitpunkten eingeführt wurden und – anders als das BGB – jeweils eine besondere Paragrafen-Zählung haben: 13

– SGB I: „Allgemeiner Teil" (1975)
– SGB II: „Grundsicherung für Arbeitslose" (umfasst seit 2003 – wirksam ab 2005 – die zuvor im SGB III geregelte Arbeitslosenhilfe und die „Sozialhilfe für Arbeitsuchende", das sog. „Arbeitslosengeld II" – auch als „Hartz IV" bekannt)
– SGB III: „Arbeitsförderung" (1997; umfasst seit 2003 nur noch das „Arbeitslosengeld I")
– SGB IV: „Gemeinsame Vorschriften für die Sozialversicherung" (1976/2009)
– SGB V: „Gesetzliche Krankenversicherung" (1988)
– SGB VI: „Gesetzliche Rentenversicherung" (1989/2002)
– SGB VII: „Gesetzliche Unfallversicherung" (1996)
– SGB VIII: „Kinder- und Jugendhilfe" (1990/2012)
– SGB IX: „Rehabilitation und Teilhabe behinderter Menschen" (2001)
– SGB X: „Sozialverwaltungsverfahren und Sozialdatenschutz" (1981/2001)
– SGB XI: „Soziale Pflegeversicherung" (1994)
– SGB XII: „Sozialhilfe" (2003; erfasst insbesondere den Bedarf von Nicht-Erwerbsfähigen)

Im vorliegenden Zusammenhang sind von besonderer Bedeutung die *Gemeinsamen Vorschriften* in SGB IV und die sog. fünf Zweige der Sozialversicherung: Arbeitslosen-, Kranken-, Renten-, Unfall- und Pflegeversicherung (SGB III, V, VI, VII und XI) mit ihren *Pflichtbeiträgen, deren „Vorenthalten" strafbewehrt ist* (s. § 38 Rz. 1 ff.).

Eine sachgerechte Anwendung des **Aufenthaltsgesetzes** setzt die Kenntnis einer Vielzahl von Gesetzen und Verordnungen voraus, wie z.B. der *Beschäftigungsverordnung*, aber auch europarechtlicher Regelungen, so des *Schengener Durchführungsübereinkommens* (SDÜ) oder der *EG-VisaVO*[1]. 14

Noch unübersichtlicher wird der Kanon der Rechtsgrundlagen, bezieht man die mannigfachen **Bußgeldtatbestände** ein, die die Bekämpfung der illegalen Beschäftigung und der Schwarzarbeit zum Gegenstand haben. Genannt seien an dieser Stelle nur die Bußgeldvorschriften in § 23 *Arbeitnehmerentsendegesetz* (AEntG) und § 21 Mindestlohngesetz (MiLoG), denen komplexe Regelungswerke zum Schutz zwingender Mindestarbeitsbedingungen zugrunde liegen 15

---

1 VO (EG) Nr. 539/2001, ABl. EG Nr. L 81 v. 21.3.2001, 1.

und deren Anwendung im Fall des AEntG Kenntnis des Inhalts entsprechender tarifvertraglich festgesetzter Bedingungen voraussetzt.

16 Hinzu kommt die Schwierigkeit, dass der Gesetzgeber viele Normen sowohl im Bereich des Sozial- und Steuerrechts als auch insbesondere der illegalen Beschäftigung und der Schwarzarbeit in kurzen Abständen **reformiert**. Daher ist in jedem Fall besonderes Augenmerk auf die Anwendung des *zur Tatzeit geltenden* Rechts zu legen. So wurden z.B. die geltenden Regelungen über die geringfügige Beschäftigung zum 1.4.1999 und dann bereits wieder zum 1.4.2003 grundlegend geändert[1]. Seit 1.1.2013 sind geringfügig Beschäftigte grundsätzlich versicherungspflichtig in der gesetzlichen Rentenversicherung; die Entgeltgrenzen wurden von 400 Euro auf 450 Euro angehoben.

II. Organisation der Bekämpfung

1. Grundlage Schwarzarbeitsbekämpfungsgesetz

17 **Aufbau und Organisation** der Bekämpfung der Schwarzarbeit[2] sind in wesentlichen Teilen im SchwarzArbG geregelt. Das SchwarzArbG ist am 1.8.2004 in Kraft getreten und war Teil eines umfangreichen Maßnahmepaketes, das im *„Gesetz zur Intensivierung der Bekämpfung der Schwarzarbeit und damit zusammenhängender Steuerhinterziehung vom 23.7.2004"*[3] geschnürt wurde. Es löste das *„Gesetz zur Bekämpfung der Schwarzarbeit* (**SAG**)*"*[4] ab, ist aber wesentlich breiter als dieses angelegt. Enthielt das SAG lediglich eine Ansammlung verschiedener Ordnungswidrigkeitentatbestände zumeist formalen Inhalts und regelte die Zusammenarbeit verschiedener Behörden bei der Verfolgung und Ahndung dieser Ordnungswidrigkeiten kursorisch, stellt das SchwarzArbG eine *„Verfassung"* für die Behörden der Zollverwaltung bei der Bekämpfung der illegalen Beschäftigung und der Schwarzarbeit dar und enthält zusätzlich verschiedene Straftatbestände.

18 Die Schaffung des SchwarzArbG war auch geboten, weil die Bekämpfung der illegalen Beschäftigung und Schwarzarbeit seit Inkrafttreten des *„Dritten Gesetzes für moderne Dienstleistungen am Arbeitsmarkt"*[5] am 1.1.2004 fast ausschließlich in den Händen der Zollverwaltung liegt. Damit ist eine **Konzentration** eingeführt, von der der Gesetzgeber eine effektivere und kostengünstigere Aufgabenerledigung erwartet. Gleichwohl bleiben die Behörden der Zollverwaltung für einzelne Teilbereiche der als „Schwarzarbeit" nach § 1 Abs. 2 SchwarzArbG definierten Verhaltensweisen allenfalls Zusammenarbeitsbehörde, so für Verstöße gegen die GewO (§ 1 Abs. 2 Nr. 4 SchwarzArbG) und die HwO (§ 1 Abs. 2 Nr. 5 SchwarzArbG).

19 Nachdem die Schwarzarbeit in Deutschland ein alarmierendes Niveau erreicht hatte, sollte eine Verbesserung der Bekämpfung durch eine Zusammenführung

---

1 Ausführlich *Kazmierczak*, NZS 2003, 186.
2 Vgl. dazu auch *Richtarsky* in W/J, Kap.19 Rz. 3 ff.
3 BGBl. I 1842.
4 G v. 30.3.1957 i.d.F. v. 6.2.1995, BGBl. I 165.
5 G v. 23.12.2003, BGBl. I 2848.

und Ergänzung der bestehenden Regelungen erreicht werden[1]. Der Bekämpfung der Schwarzarbeit lag bereits nach der **vorherigen Rechtslage** eine Zweiteilung zugrunde. Zum einen stand den Behörden der Zollverwaltung das Instrument der *Prüfung* zur Verfügung, das eine verdachtslose Überprüfung vorrangig des gewerblichen Bereichs auf die Einhaltung der gesetzlichen Regelungen im Zusammenhang mit Schwarzarbeit ermöglichte. Zum anderen bestand ein *Sanktionssystem*, das nach Schöpfung eines Anfangsverdachts für die Begehung von Straftaten oder Ordnungswidrigkeiten im Zusammenhang mit Schwarzarbeit zum Tragen kam.

Diese **Zweiteilung** wurde im SchwarzArbG aus guten Gründen **beibehalten**. 20
Bereits durch Prüfungen werden, auch wenn diese regelmäßig angemeldet sind, Betriebe, die sich nicht an die dem Prüfungsgegenstand zugrunde liegenden Normen halten, gestört. Zudem vermitteln *Prüfungen* das Bewusstsein für das Bestehen einer Funktionseinheit, deren Aufgaben die Bekämpfung der Schwarzarbeit und der illegalen Beschäftigung sind und deren Mitarbeiter entsprechende Kompetenzen aufweisen. Die *Sanktionierung* von Verhaltensweisen der Schwarzarbeit und illegalen Beschäftigung soll das Unrechtsbewusstsein in der Bevölkerung für das gravierende Unrecht entsprechender Verstöße schärfen und gleichfalls abschreckend wirken.

Das **Verdienst** des SchwarzArbG liegt darin, dass ein *einheitliches* Gesetz zur 21
Bekämpfung der Schwarzarbeit und illegalen Beschäftigung geschaffen und damit die unverständlich gewordene Verortung entsprechender Vorschriften im SGB III überwunden wurde[2]. *Inhaltlich* stellt das SchwarzArbG dagegen in weiten Bereichen keinen Fortschritt gegenüber den zuvor geltenden Regeln dar.

2. Aufbau der Bekämpfung

Bereits das „*Dritte Gesetz für moderne Dienstleistungen am Arbeitsmarkt*" 22
hatte seit 1.1.2004 bei der Verfolgung der illegalen Beschäftigung und Schwarzarbeit einschneidende **Änderungen** gebracht. Gem. § 304 Abs. 1 SGB III in der bis dahin geltenden Fassung waren sowohl die *Arbeitsämter* als auch die Behörden der *Zollverwaltung* zur Durchführung von **Prüfungen** aufgerufen. Dabei mussten die Behörden der Zollverwaltung nach § 307 SGB III eigenverantwortlich im Einvernehmen mit der Arbeitsverwaltung vorgehen. Ab 1.1.2004 waren nur noch die Behörden der *Zollverwaltung* zu Prüfungen befugt; die Bundesagentur für Arbeit war nach § 304 Abs. 2 SGB III n.F. nur noch Zusammenarbeitsbehörde. Die Verfolgung der in der Praxis relevanten Ordnungswidrigkeiten, insbesondere nach § 404 Abs. 2 Nr. 3 und 4 SGB III, wurde damit in die Hände der Zollverwaltung gelegt (§ 405 SGB III n.F.).

Die Verfolgung von *Straftaten* lag bereits nach dem am 1.8.2002 in Kraft getre- 23
tenen § 306 Abs. 3 SGB III[3] – neben den Landespolizeibehörden – auch in der

---

1 BT-Drs. 15/2573, 17.
2 Zur gesellschaftspolitischen Notwendigkeit des SchwarzArbG vgl. *Brenner*, S. 91 ff.
3 Eingefügt durch G „zur Erleichterung der Bekämpfung von illegaler Beschäftigung und Schwarzarbeit" v. 23.7.2002, BGBl. I 3760.

Kompetenz der **Behörden der Zollverwaltung**. *Innerhalb* der Zollverwaltung sind seit 1.1.2008 die Sachgebiete C (Kontrollen), E (Prüfungen und Ermittlungen der Finanzkontrolle Schwarzarbeit) und F (Ahndung) eines jeden Hauptzollamtes zuständig. Die Aufgaben der mit Erlass des BMF vom 18.12.2003 neu geschaffenen *Abteilung Finanzkontrolle Schwarzarbeit (FKS)* wurden damit wieder verschiedenen Sachgebieten zugeordnet[1].

Das **Sachgebiet E** führt Prüfungen von Personen und Geschäftsunterlagen sowie Ermittlungen von Straftaten und Ordnungswidrigkeiten im Zusammenhang mit illegaler Beschäftigung und Schwarzarbeit durch. Seit dem 1.10.2014 wurde der Aufgabenbereich **Prävention** Finanzkontrolle Schwarzarbeit von dem *Sachgebiet C* wieder dem *Sachgebiet E* zugeschlagen, damit die Kontrolltätigkeit und die sich daran im Einzelfall anschließende Ermittlungstätigkeit wieder in einem Sachgebiet vereinigt sind, wodurch Synergieeffekte eintreten dürften. Das *Sachgebiet E* gliedert sich seit diesem Zeitpunkt in zwei Teile, den Arbeitsbereich 1, in dem Prüfungen und „kleine" Ermittlungsverfahren in einer Hand bearbeitet werden, und den Arbeitsbereich 2, der die Bearbeitung komplexer Ermittlungsverfahren zum Gegenstand hat, um eine Behinderung des allein im Arbeitsbereich 1 angesiedelten Prüfbereichs zu vermeiden. **Sachgebiet F** ist in dem hier interessierenden Bereich zuständig für die Verfolgung von Zuwiderhandlungen wegen illegaler Beschäftigung und Schwarzarbeit, für die das Hauptzollamt Bußgeldbehörde ist, sowie für die Durchführung von Ermittlungsverfahren in Fällen unberechtigten Leistungsbezugs und einfach gelagerter sonstiger Ermittlungsverfahren, soweit hierfür keine Ermittlungen im Außendienst – die in die Zuständigkeit des Sachgebiets E fallen – erforderlich sind.

24 Die erneute Umstrukturierung der Zollverwaltung hinsichtlich der Bekämpfung der illegalen Beschäftigung und der Schwarzarbeit gut sechs Jahre nach der letzten Reform zeigt, dass auch elf Jahre nach Schaffung der FKS vieles noch im Fluss ist und weiter Optimierungsbedarf besteht.

25 Ermittlungskompetenzen haben auch die **Finanzämter** gem. § 386 Abs. 1 S. 1 AO, soweit der Verdacht einer Steuerstraftat, wie beispielsweise der häufig mit Schwarzarbeit einhergehenden Lohn- und Umsatzsteuerhinterziehung, besteht.

26 Dagegen sind die **Prüfdienste der Rentenversicherungsträger**, die die Aufgabe haben, vorenthaltene Beiträge zur Sozialversicherung zu ermitteln und festzusetzen, keine *Ermittlungsbehörden* bei der Bekämpfung von Schwarzarbeit und illegaler Beschäftigung. Als „Zusammenarbeitsbehörden" i.S. von § 2 Abs. 2 SchwarzArbG unterstützen sie jedoch die Behörden der Zollverwaltung, indem sie z.B. die Ergebnisse der Ermittlungen und Auswertungen durch die Hauptzollämter eigenständig einer sozialversicherungsrechtlichen Würdigung zuführen und ggf. vorenthaltene Beiträge zur Sozialversicherung festsetzen (s. auch § 38 Rz. 21 ff.).

27 In der Praxis ist festzustellen, dass die Zahl der von den *Zollbehörden* geführten **Ermittlungsverfahren** stetig zunimmt und die *Polizeibehörden* sich aus diesem Kriminalitätsfeld zurückziehen. Hierfür gibt es mehrere Gründe: Zum einen ergeben sich bei der Durchführung von Prüfungen durch die Hauptzollämter vielfach Anhaltspunkte für die Begehung von Straftaten, sodass das Prüfverfahren zu beenden und in das Ermittlungsverfahren überzuleiten ist. Auch

---

1 Zum Aufbau der FKS alter Prägung *Fehn*, Kriminalistik 2006, 409.

erfahren die Zollbehörden z.B. durch die Einrichtung entsprechender Telefonnummern für die Mitteilung von Sachverhalten in Bezug auf illegale Beschäftigung und Schwarzarbeit durch die Bevölkerung eher von entsprechenden Tatbeständen. Zum anderen sind die Zollbehörden auf Fälle dieser Art spezialisiert, wohingegen die Polizeibehörden das gesamte Spektrum von Straftaten zu bearbeiten haben und sich daher bei der Bearbeitung dieser Spezialmaterie schwerer tun.

3. Datenaustausch

Mit der Bekämpfung illegaler Beschäftigung und Schwarzarbeit ist eine **Vielzahl von Behörden** befasst. Neben den Behörden der Zollverwaltung sind dies etwa die Landesfinanzbehörden, die Sozialversicherungsträger, die Bundesagentur für Arbeit und nicht zuletzt die Strafverfolgungsbehörden in Gestalt der Polizeivollzugsbehörden der Länder und die Staatsanwaltschaften. Daher kommt dem *Datenaustausch* zwischen den verschiedenen Behörden ein hohes Gewicht zu. 28

Das **SchwarzArbG** enthält *detaillierte* Regelungen hierzu. § 6 SchwarzArbG, der weitgehend der Vorgängerregelung des § 308 SGB III entspricht, regelt den Datenaustausch sowohl für Zwecke von *Prüfungen* durch die jeweiligen Behörden als auch für Zwecke der *Verfolgung* von Straftaten und Ordnungswidrigkeiten, soweit ein Zusammenhang mit den Kompetenzen der Zollverwaltung nach § 2 Abs. 1 SchwarzArbG zur Durchführung von Prüfungen besteht. 29

Personenbezogene Daten dürfen nach § 6 Abs. 1 S. 3 SchwarzArbG an die Polizeivollzugsbehörden auch für Zwecke der *Verhütung* von Straftaten und Ordnungswidrigkeiten, also für präventivpolizeiliche Aufgaben nach den Polizeigesetzen der Länder, übermittelt werden. Im Verhältnis zu den Finanzbehörden besteht schon nach § 116 AO eine generelle Verpflichtung von Gerichten und Behörden von Bund, Ländern und kommunalen Trägern der öffentlichen Verwaltung zur Mitteilung von Sachverhalten, die auf eine Steuerstraftat schließen lassen. Umgekehrt dürfen die Finanzbehörden nach § 31a AO Daten ungeachtet des Steuergeheimnisses den Zusammenarbeitsbehörden mitteilen und müssen dies auf Anfrage nach § 31a Abs. 2 AO tun, soweit diese Daten für die Bekämpfung von illegaler Beschäftigung und Schwarzarbeit erforderlich sind. 30

Neu geschaffen wurde in §§ 16–19 SchwarzArbG eine beim Arbeitsbereich Finanzkontrolle Schwarzarbeit der Zollverwaltung angesiedelte und geführte zentrale Prüfungs- und Ermittlungsdatenbank, die sog. **Zentrale Datenbank**. Darin werden bei Vorliegen von Anhaltspunkten für illegale Beschäftigung oder Schwarzarbeit z.B. Name und Sitz des Unternehmens sowie die dafür sprechenden tatsächlichen Anhaltspunkte erfasst. *Auskunft* erhalten gem. § 17 SchwarzArbG Behörden der Zollverwaltung, die Polizeivollzugsbehörden des Bundes und der Länder, die Finanzbehörden und die Staatsanwaltschaften. Eine Übermittlung darf nur erfolgen, soweit die Daten bei Prüfungen oder Ermittlungen innerhalb der gesetzlichen Kompetenzen der einzelnen Behörden Verwendung finden. 31

32 Der komplizierte Aufbau der Bekämpfung der illegalen Beschäftigung und der Schwarzarbeit in Deutschland unter Beteiligung vieler Behörden erfordert einen umfänglichen Datenaustausch zwischen den einzelnen Institutionen, um **Informationsdefizite** zu vermeiden. Die gesetzlichen Grundlagen hierfür sind nunmehr vorhanden. In der Praxis funktioniert der Datenaustausch noch nicht reibungslos. So werden Daten aus Unkenntnis der bestehenden Pflichten nicht immer weitergegeben.

33 Das **Ermittlungsgeheimnis** hingegen bleibt zu beachten. Dritte (Kreditinstitute, Arbeitgeber usw.) dürfen deshalb weder durch schriftliche Anfragen noch durch den Text von Durchsuchungs- oder Arrestbeschlüssen Informationen darüber erhalten, was Gegenstand des Verfahrens ist. Anderes gilt nur, wenn es tatsächlich zu einer (förmlichen) Zeugenvernehmung kommt.

III. Instrumente der Bekämpfung

1. Prüfung

34 Die früher in verschiedenen Gesetzen (z.B. § 304 SGB III, 107 SGB IV, § 2 AEntG a.F., § 6 SAG, § 13 AltersteilzeitG) verteilten **Prüfungsaufgaben** der Behörden der Zollverwaltung wurden in § 2 Abs. 1 SchwarzArbG weitgehend *zusammengefasst*. Die Prüfungsaufgaben nach § 2 Abs. 1 Nr. 1–4 SchwarzArbG sind bemerkenswerterweise *nicht* mit den in § 1 Abs. 2 SchwarzArbG als Schwarzarbeit definierten Tatbeständen deckungsgleich. Spezialgesetzlich geregelte Aufgaben sind die Prüfung der Einhaltung der Lohnuntergrenze nach § 3a Arbeitnehmerüberlassungsgesetz (AÜG) gem. § 17 Abs. 2 AÜG und die Prüfung der Gewährung von einzelnen Arbeitsbedingungen, wie den tarifvertraglich vereinbarten Mindestlohn oder ein tarifvertraglich vereinbartes Urlaubsentgelt nach dem Arbeitnehmerentsendegesetz (AEntG).

35 Nach § 1 Abs. 2 Nr. 2 SchwarzArbG leistet Schwarzarbeit, wer als Steuerpflichtiger seine sich aufgrund der Dienst- oder Werkleistungen ergebenden steuerlichen Pflichten nicht erfüllt. Die Prüfung der Erfüllung der Pflichten nach § 1 Abs. 2 Nr. 2 SchwarzArbG obliegt gem. § 2 Abs. 1 S. 2 SchwarzArbG den zuständigen **Landesfinanzbehörden**. Die Zollverwaltung ist allerdings zur Erfüllung von Mitteilungspflichten nach § 6 Abs. 1 S. 1 i.V.m. Abs. 3 Nr. 4 SchwarzArbG gehalten, gegenüber den Landesfinanzbehörden gem. § 2 Abs. 1 S. 4 SchwarzArbG zu prüfen, ob Anhaltspunkte für entsprechende Verstöße bestehen. Angesichts dieser spitzfindigen Differenzierung ist es kein Wunder, dass der Umfang des Prüfungsrechts durch die Zollverwaltung umstritten ist[1].

36 Entsprechend der **Gesetzesbegründung**[2] *beschränkt sich* die *Kompetenz* der Zollverwaltung auf das Ausmaß der Prüfung, das ausreicht, um die Finanzämter über steuerlich relevante Sachverhalte informieren zu können. Die Kompetenz endet daher in dem Moment, in dem die Zollverwaltung in der Lage ist, den Landesfinanzbehörden einen ihrerseits prüfbaren Sachverhalt zu

---

1 Vgl. dazu *Mössmer/Moosburger*, wistra 2007, 55 einerseits und *Möller/Retemeyer*, PStV 2013, 239 und *Fehn*, Kriminalistik 2008, 444 andererseits.
2 BT-Drs. 15/2573, 20.

unterbreiten. Nach § 2 Abs. 1 S. 5 SchwarzArbG werden die *Grundsätze der Zusammenarbeit* von den obersten Finanzbehörden des Bundes und der Länder im gegenseitigen Einvernehmen geregelt. Davon machen die beteiligten Behörden regen Gebrauch und haben sich durch Erstellung eines Typologiepapiers zu weitreichenden gegenseitigen Informationen verpflichtet.

Bei dem **Prüfungsrecht** der Zollverwaltung handelt es sich weder um eine *Außenprüfung* gem. §§ 193 ff. AO noch um eine *Nachschau* i.S. von §§ 210 ff. AO[1]. Rechtsgrundlage für Prüfungen nach dem SchwarzArbG ist allein § 2 Abs. 1 SchwarzArbG. Ein Rückgriff auf die Vorschriften der AO, der nach § 22 SchwarzArbG für das Verwaltungsverfahren des Zoll dann vorzunehmen ist, wenn das SchwarzArbG nichts anderes bestimmt, ist damit nicht notwendig. Weil § 2 SchwarzArbG keine besonderen Anforderungen an die Prüfungsanordnung stellt, kann diese mündlich ergehen und nach ihrem Erlass unverzüglich vollzogen werden[2]. Sie muss weder den Zeitpunkt der Prüfung noch den Prüfungszeitraum mitteilen[3]. Dagegen erachtet der BFH § 147 Abs. 5 AO i.V.m. § 22 SchwarzArbG als Rechtsgrundlage der Anordnung, für die Zollverwaltung nicht lesbare Daten lesbar zu machen[4].

36a

Die **Kompetenzen der Zollverwaltung** *bei Prüfungen* wurden dabei gegenüber den früheren, eingeschränkten Prüfmöglichkeiten nach § 305 SGB III erheblich erweitert. So dürfen z.B. Geschäftsräume und Grundstücke der Arbeitgeber betreten, Auskünfte eingeholt und Einsicht in Unterlagen über Beschäftigungsverhältnisse, Löhne und Meldungen sowie die Bücher und andere Geschäftsunterlagen genommen werden, aus denen Umfang, Art oder Dauer von Beschäftigungsverhältnissen hervorgehen oder abgeleitet werden können (§§ 3, 4 SchwarzArbG). Die Prüfung findet nach § 4 SchwarzArbG grundsätzlich in den Geschäftsräumen des Betroffenen statt. Soll die Prüfung ausnahmsweise an einem anderen Ort, etwa beim Steuerberater, stattfinden, müssen besondere Umstände vorliegen[5].

37

Flankiert werden diese Kompetenzen durch die weitreichenden *Duldungs- und Mitwirkungspflichten* der von der Prüfung Betroffenen (§ 5 SchwarzArbG). Diese haben die Prüfung zu dulden und die Unterlagen, auf die sich die Prüfung bezieht, vorzulegen. Von der Vorlagepflicht nicht umfasst ist die Anforderung erst *künftig* entstehender Daten[6].

Die **Pflichten** der Betroffenen **enden** nach § 5 Abs. 1 S. 3 SchwarzArbG, wenn die Auskunftserteilung den Verpflichteten oder eine ihm nahestehende Person der *Gefahr* aussetzt, wegen einer *Straftat oder Ordnungswidrigkeit verfolgt* zu werden. Eine generelle Pflicht zur ausdrücklichen *Belehrung* im Rahmen von

38

---

1 BFH v. 23.10.2012 – VII R 41/10, BFHE 239, 10, Rz. 19; dazu PStR 2013, 31; bestätigt durch BFH v. 17.4.2013 – VII B 41/12, juris; dazu PStR 2013, 219; FG Hamburg v. 20.10.2010 – 4 K 34/10; dazu *Büttner*, PStR 2011, 113.
2 BFH v. 23.10.2012 – VII 41/10, BGHE 239, 10, Rn 19; dazu PStR 2013, 31; FG Hamburg v. 22.6.2012 – 4 K 46/12, juris, Rz. 20 ff.
3 FG Münster v. 12.2.2014 – 6 K 2434/13 AO – Rz. 60.
4 BFH v. 23.10.2012 – VII R 41/10, BFHE 239, 10 = PStR 2013, 31.
5 BFH v. 17.4.2013 – VII B 42/12, juris, Rz. 6.
6 FG Münster v. 12.2.2014 – 6 K 2434/13 AO – Rz. 75 ff.

Prüfungsmaßnahmen soll insoweit nicht bestehen[1]. Anlass zur Belehrung soll aber bestehen, wenn sich die Vermutung einer Straftat oder Ordnungswidrigkeit aufdrängt, sie „am Horizont der Überlegungen erscheint"[2]. Richtig ist, dass es der Intention des Gesetzes entspricht, eine Belehrungspflicht bereits frühzeitig anzunehmen, also wenn dem prüfenden Beamten die Begehung einer Straftat oder Ordnungswidrigkeit als mögliche und nicht ganz fernliegende Alternative erscheint. Dies wird zum einen den Interessen des von der Prüfung Betroffenen gerecht, zum anderen besteht für die Prüfer insoweit Rechtssicherheit, als sie im Zweifel zu belehren haben. Einer ausdrücklichen Berufung auf ein bestehendes Auskunftsverweigerungsrecht bedarf es jedenfalls dann nicht, wenn der Betroffene über dieses Recht nicht zuvor belehrt worden ist. Daher handelt ordnungswidrig i.S. von § 8 Abs. 2 Nr. 3 Buchst. a SchwarzArbG nicht derjenige, der nicht ausschließbar Sozialleistungen bezieht und die Antwort auf Fragen nach seinem Beschäftigungsverhältnis deshalb ohne Begründung verweigert[3].

39 Schwierigkeiten bereiten diese weitreichenden Möglichkeiten der Zollverwaltung bei Prüfungen in der Praxis nicht selten bei der Beurteilung, ob bereits ein **Anfangsverdacht** für die Begehung von Straftaten oder Ordnungswidrigkeiten besteht. Ist ein solcher zu bejahen, darf keine Prüfung nach den Regeln des SchwarzArbG, die nach § 22 SchwarzArbG durch die Verfahrensvorschriften der AO ergänzt werden, mehr stattfinden[4].

40 Dabei besteht **kein Wahlrecht** der Zollverwaltung zwischen *Prüfung und Ermittlung*. Ist ein Anfangsverdacht zu bejahen, gelten die Regeln der StPO unabhängig von dem Willen und der Einschätzung des bearbeitenden Zollmitarbeiters. Grundstücke können dann gegen den Willen des Berechtigten nur mit einem richterlichen Durchsuchungsbeschluss betreten werden, Geschäftsunterlagen müssen nicht herausgegeben werden, da der Beschuldigte nicht zu seiner eigenen Überführung beitragen muss (Nemo-tenetur-Prinzip; § 10 Rz. 10). Vor allem darf der Zollmitarbeiter nicht mehr behaupten, der von der Prüfung Betroffene sei zur Duldung und Mitwirkung verpflichtet.

Beispiel: Aufgrund eines Hinweises bei der Zollverwaltung, in der geschildert wird, wie ein Bordellbetreiber Prostituierte unter unwürdigen Bedingungen ohne Meldung zur Sozialversicherung beschäftigt, wird eine Prüfung bei dem Betroffenen durchgeführt. Diese ist unzulässig, weil zumindest für den Straftatbestand der Beitragsvorenthaltung nach § 266a StGB ein Anfangsverdacht besteht.

41 Gleiches gilt, wenn sich ein Hinweis formal als **Strafanzeige** darstellt oder inhaltlich erkennbar auf Maßnahmen der Strafverfolgung abzielt. Dabei ist auf die Sicht des Hinweisgebers abzustellen, mag diese auch abwegig sein.

Beispiel: Ein Konkurrent schildert Geschäftspraktiken eines Unternehmens, die seiner Ansicht nach den Tatbestand der Beitragsvorenthaltung erfüllen, und verlangt, diesem

---

1 OLG Bamberg v. 15.1.2013 – 2 Ss OWi 897/12, wistra 2013, 288 = PStR 2013, 178; *Wanners* in Fehn, § 5 SchwarzArbG Rz. 10; *Brüssow/Petri*, Rz. 493.
2 *Wanners* in Fehn, § 5 SchwarzArbG Rz. 10.
3 *Lübbersmann*, PStR 2013, 178; a.A. OLG Bamberg v. 15.1.2013 – 2 Ss OWi 897/12, wistra 2013, 288; dazu PStR 2013, 178.
4 Missverständlich insoweit FG Hamburg v. 22.6.2012 – 4 K 46/12, juris, Rz. 25.

"das Handwerk zu legen". Auch wenn die Rechtsansicht des Anzeigeerstatters unzutreffend ist und keinen Anfangsverdacht für die Begehung von Straftaten begründen, muss der Sachverhalt der zuständigen Staatsanwaltschaft vorgelegt werden, weil allein aufgrund der Anzeige ein nach strafprozessualen Grundsätzen zu führendes Verfahren in Gang kommt, dass ausschließlich von der Staatsanwaltschaft eingestellt werden kann.

Ob sich die zahlreichen bei den Hauptzollämtern eingehenden **anonymen Hinweise** als Strafanzeige i.S. der StPO darstellen oder lediglich allgemein gehaltene Angaben ohne konkreten Bezug zu Straftaten oder Ordnungswidrigkeiten sind, sodass noch Prüfungsmaßnahmen ergriffen werden können, ist in jedem Fall gesondert zu entscheiden. Im Zweifel empfiehlt sich eine Vorlage an die zuständige Staatsanwaltschaft. **42**

Werden Hinweise auf die Begehung von Straftaten oder Ordnungswidrigkeiten festgestellt, ist die *Prüfung* unverzüglich *abzubrechen*. Es besteht dann die Möglichkeit, über die Staatsanwaltschaft einen **Durchsuchungsbeschluss** des zuständigen Amtsgerichts zu erwirken. Dieser kann, da Gefahr im Verzug im Regelfall aufgrund des Abbrechens der Prüfung und der Belehrungen nach der StPO zu bejahen sein wird, sofort mündlich beantragt und vom Gericht erlassen werden, sodass ein Beweismittelverlust i.d.R. nicht zu besorgen ist. **43**

Für *Beweismittel*, die im Rahmen einer *unzulässigen Prüfung* herausgefordert werden, besteht ein **Beweisverwertungsverbot.** Denn die Beweisgewinnung erfolgte unter Heranziehung der im Vergleich zur StPO gegenläufig strukturierten Vorschriften über die Prüfung. Diese Vorgehensweise läuft dem fundamentalen Prinzip, dass den Beschuldigen keine Mitwirkungspflicht im Ermittlungsverfahren trifft und er zu seiner Überführung nichts beitragen muss[1], zuwider. **44**

Ein **vergleichbares Verwertungsverbot** ist in § 17 Abs. 1 S. 2 HwO[2] ausdrücklich normiert. Danach dürfen Auskünfte, Nachweise und Informationen, die die in die Handwerksrolle eingetragene oder einzutragenden Gewerbetreibende nach § 17 Abs. 1 S. 1 HwO erteilen müssen und die für die Prüfung der Eintragungsvoraussetzungen in die Handwerksrolle nicht erforderlich sind, von der Handwerkskammer nicht – auch nicht für Zwecke der Verfolgung von Straftaten oder Ordnungswidrigkeiten – verwertet werden. Das zur Sammlung entsprechender Tatsachen in § 17 Abs. 2 HwO eingeräumte Betretungsrecht von Grundstücken und Geschäftsräumen durch die Beauftragten der Handwerkskammern kann der Gesetzesbegründung zufolge im Ergebnis nicht der Verfolgung von Schwarzarbeit dienen. Diese ist den Ordnungsbehörden, also Polizei und Staatsanwaltschaften, vorbehalten. Danach darf das Betretungsrecht der Kammern nicht einer Durchsuchung gleichkommen, an die der Gesetzgeber aus gutem Grund hohe Anforderungen gestellt hat und für die insbesondere eine gerichtliche Kontrolle vorgeschrieben ist[3]. Dementsprechend hat das BVerfG bei Nichtvorliegen der Voraussetzungen des Betretungsrechts der Kammern, weil die persönlichen Gegebenheiten für eine Eintragung in die **45**

---

1 BGH v. 29.4.2009 – 1 StR 701/08, BGHSt 53, 294, Rz. 36 = NJW 2009, 2436 = NStZ 2009, 519.
2 In die HwO eingefügt durch G v. 24.12.2003, BGBl. I 2934.
3 BT-Drs. 15/1206, 32.

Handwerksrolle erkennbar nicht vorlagen, eine Beeinträchtigung des Rechts auf Unverletzlichkeit der Wohnung (Art. 13 Abs. 1 GG) für gegeben erachtet[1].

45a Mit Wirkung vom 1.7.2013 wurde der neue § 42g in das EStG eingefügt[2], mit dem das Instrument der **Lohnsteuernachschau** eingeführt wurde. Die Vorschrift schafft die Rechtsgrundlage für Prüfungen der Finanzverwaltung ohne vorherige Ankündigung auf dem Gebiet der Lohnsteuer, weil diese die wichtigste Einnahmequelle des Staates darstellt. Das neu geschaffene Prüfungsrecht ermöglicht die Beteiligung von Lohnsteueraußenprüfern an Prüfungsmaßnahmen der Mitarbeiter der FKS, indem ihnen *Betretungsrechte* eingeräumt und *Vorlagepflichten* statuiert werden, die mit den Befugnissen der Behörden der Zollverwaltung korrespondieren.

2. Ermittlung

46 Ermittlungen sind alle Maßnahmen der zuständigen Behörden, die darauf abzielen, gegen jemanden – auch noch unbekannten – **straf- oder bußgeldrechtlich** vorzugehen.

47 Streitig ist, wie weit die **Kompetenz der Zollbehörden** zur Verfolgung von Straftaten und von Ordnungswidrigkeiten reicht. Gem. § 14 Abs. 1 S. 1 SchwarzArbG haben die Behörden der Zollverwaltung bei der Verfolgung von Straftaten und Ordnungswidrigkeiten, die mit einem der in § 2 Abs. 1 SchwarzArbG genannten Prüfgegenstände unmittelbar zusammenhängen, die gleichen Befugnisse wie die *Polizeivollzugsbehörden* nach StPO und OWiG. *Umstritten* ist, ob diese Formulierung eine Erweiterung der Ermittlungsbefugnisse auf nicht im SchwarzArbG genannte Tatbestände, z.B. Beitragsvorenthaltung gem. § 266a StGB, beinhaltet, wie dies vom BMF vertreten wird, oder ob der Zollverwaltung die Ermittlungsbefugnisse nur insoweit eingeräumt worden sind, wie die Prüfungskompetenz nach § 2 Abs. 1 SchwarzArbG reicht[3]. Der Wortlaut der Regelung („unmittelbar") und die Gesetzesbegründung zur Vorgängerregelung im SGB III[4], die lediglich von einem Recht zum Treffen *erster* Anordnungen ausgeht, sprechen eher für Letzteres. Die erstgenannte Auffassung trägt jedoch besser den Bedürfnissen der Praxis Rechnung, Ermittlungsverfahren im Zusammenhang mit illegaler Beschäftigung und Schwarzarbeit in einer Hand zu bearbeiten. So ermitteln die Behörden der Zollverwaltung in der Praxis auch durchgehend z.B. Tatbestände der Beitragsvorenthaltung, soweit ihnen diese bekannt werden.

48 Dieselbe Kompetenzfrage stellt sich auch bei **steuerstrafrechtlichen Ermittlungen** im Verhältnis zu den *Steuerfahndungsstellen* der Finanzämter. Die Ermittlungskompetenz folgt insoweit der eingeschränkten Prüfungskompetenz der Zollbehörden (Rz. 35 f.), sodass lediglich ein durch die Landesfinanzbehörden

---

1 BVerfG v. 15.3.2007 – 1 BvR 2138/05, NVwZ 2007, 1049; dazu *Fehn*, Kriminalistik 2009, 173.
2 Durch das Gesetz zur Umsetzung der Amtshilferichtlinie sowie zur Änderung steuerrechtlicher Vorschriften – AmtshilfeRLUmsG v. 26.6.2013, BGBl I 1809.
3 So *Büttner*, wistra 2006, 253.
4 BT-Drs. 14/8221, 13.

prüfbarer Sachverhalt ermittelt werden darf. Wird eine Steuerstraftat (zumeist Lohn- und Umsatzsteuerhinterziehung) im Rahmen von Ermittlungs- oder Prüfungsmaßnahmen durch Mitarbeiter der Zollbehörden entdeckt, ist die Abgabe einer strafbefreienden Selbstanzeige nach § 371 Abs. 2 Nr. 2 AO nicht mehr möglich[1].

Soweit den Zollbehörden eine Ermittlungskompetenz zukommt, sind ihre Beamten nach § 14 Abs. 1 S. 2 SchwarzArbG **Ermittlungspersonen der Staatsanwaltschaft** i.S. von § 152 GVG (§ 11 Rz. 10). Sie sind daher verpflichtet, den Anordnungen der Staatsanwaltschaft Folge zu leisten. Ihnen stehen die in der StPO und im OWiG niedergelegten erweiterten Rechte für Hilfspersonen zu. So dürfen sie nach § 98 Abs. 1 S. 1 StPO Beschlagnahmen und unter den Voraussetzungen von § 105 Abs. 1 StPO Durchsuchungen anordnen. 49

§ 14 Abs. 2 SchwarzArbG weist auf die Möglichkeit der Bildung von **gemeinsamen Ermittlungsgruppen** zwischen Zollverwaltung, Polizeibehörden und Landesfinanzbehörden in Abstimmung mit der Staatsanwaltschaft zur Bekämpfung illegaler Beschäftigung und Schwarzarbeit hin. Derartige Ermittlungsgruppen sind in der Praxis vor allem in Großverfahren ein probates Mittel, um Ermittlungstaktik und Ermittlungsmaßnahmen, z.B. Durchsuchungen, zu planen und zu koordinieren. Sinnvoll ist immer auch die Einbindung von Mitarbeitern des zuständigen Rentenversicherungsträgers (§ 38 Rz. 22). 50

Die Prüfungs- und Ermittlungstätigkeit des Zoll wird mitunter als **problematisch** und **überzogen** empfunden[2]. Sie hat sich indes in ihrer Gesamtheit als wirksames Mittel zur Verhinderung und Bekämpfung der vielfältigen Erscheinungsformen der illegalen Beschäftigung und der Schwarzarbeit erwiesen. 50a

3. Anklage und Ahndung

Haben die Ermittlungen zu einem *hinreichenden Verdacht* einer **Straftat** geführt, ist zur Erhebung der öffentlichen Klage nach § 152 Abs. 1 StPO die Staatsanwaltschaft berufen. Sie bedient sich dabei der von Polizei, Zollbehörden und Steuerfahndungsstellen festgestellten Beweismittel. Aufgrund einer Anklage kommt es zu einer gerichtlichen Untersuchung der von der Staatsanwaltschaft erhobenen Vorwürfe nach allgemeinen Vorschriften. Führt dies zu einem Schuldnachweis liegt die *Sanktionierung* der Verstöße in den Händen des Gerichts (oben §§ 10–13). 51

Im **Bußgeldverfahren** ist für die *Ahndung* grundsätzlich die Verwaltungsbehörde zuständig (§ 35 OWiG). Sachlich zuständige Verwaltungsbehörden i.S. von § 36 Abs. 1 OWiG sind in den meisten Fällen von illegaler Beschäftigung und Schwarzarbeit die Behörden der *Zollverwaltung* (vgl. z.B. § 12 Abs. 1 SchwarzArbG und § 405 Abs. 1 SGB III), sodass auch insoweit eine Zuständigkeitskonzentration eingetreten ist. Bußgeldbescheide in den genannten Bereichen, die nach allgemeinen Regeln überprüft werden können (oben § 14), werden daher zumeist von den Hauptzollämtern erlassen. 52

---

1 *Möller/Retemeyer*, PStR 2013, 239; vgl. dazu auch *Holewa*, PStR 2013, 121.
2 *Tuengerthal/Rothenhöfer*, BB 2013, 53; *Dinov*, BB 2014, 1529 (1532).

53 Besondere **Regeln der Zusammenarbeit** zwischen den Behörden der Zollverwaltung und den Zusammenarbeitsbehörden enthält § 13 SchwarzArbG, soweit Ordnungswidrigkeiten nach *§ 8 SchwarzArbG* betroffen sind. Die historische Bedeutung von Bußgeldvorschriften bei der Bekämpfung der Schwarzarbeit, in deren Zuge eine Kriminalisierung erst nach und nach stattfindet, wird durch die Verortung der Bußgeldtatbestände in § 8 SchwarzArbG und damit vor den Straftatbeständen der §§ 9–11 SchwarzArbG deutlich.

4. Vergabeausschluss

54 Ein eher dem **zivilrechtlichen** Bereich zuzuordnendes Instrument der Bekämpfung von illegaler Beschäftigung und Schwarzarbeit ist der *Ausschluss von der Vergabe öffentlicher Aufträge*. Er hat keinesfalls Strafcharakter[1] und soll deshalb lediglich überblicksartig dargestellt werden[2].

55 Folge einer **Verurteilung** des oder der nach Satzung oder Gesetz Vertretungsberechtigten eines Unternehmens zu einer *Kriminalstrafe* nach §§ 9–11 SchwarzArbG, §§ 15, 15a AÜG und § 266a Abs. 1–4 StGB oder einer *Geldbuße* nach § 8 Abs. 1 Nr. 2 SchwarzArbG, § 404 Abs. 1 oder 2 Nr. 3 SGB III, § 16 Abs. 1 Nr. 1, 1b oder 2 AÜG soll gem. § 21 SchwarzArbG der Ausschluss von der Teilnahme des Unternehmens an einem Wettbewerb um einen Bauauftrag, den bestimmte öffentliche Auftraggeber, z.B. Gebietskörperschaften, initiiert haben, sein. § 21 AEntG enthält eine entsprechende Regelung bei Verstößen gegen die Bußgeldvorschriften des § 23 AEntG. Auch das MiLoG enthält in § 19 bei Verstößen gegen die Bußgeldvorschriften des § 21 MiLoG eine Ausschlussvorschrift für die Vergabe öffentlicher Aufträge.

56 Ausreichend sind aus Gründen der **Verhältnismäßigkeit**[3] nur Verstöße, die mit einer *Freiheitsstrafe von mehr als drei Monaten* oder einer Geldstrafe von mehr als 90 Tagessätzen sanktioniert wurden, also bei Verurteilungen, die über der Grenze von § 32 Abs. 2 Nr. 5 BZRG liegen und daher gem. § 32 Abs. 1 BZRG in ein Führungszeugnis aufzunehmen sind. Bei Ordnungswidrigkeiten liegt die Grenze bei einer *Geldbuße* von *zumindest 2 500 Euro*.

57 Als **zeitliche Begrenzung** des Ausschlusses sieht § 21 Abs. 1 S. 1 SchwarzArbG eine Dauer von *bis zu drei Jahren* vor, während § 21 Abs. 1 S. 1 AEntG und § 19 Abs. 1 S. 1 MiLoG eine „angemessene Zeit" bis zur nachgewiesenen Wiederherstellung der Zuverlässigkeit des Unternehmens vorgeben. Der amtlichen Begründung zum SchwarzArbG zufolge liegen niedrige Angebote beim Wettbewerb um einen öffentlichen Auftrag nicht im Gesamtinteresse des Staates, wenn sie von Unternehmen stammen, die Schwarzarbeit betrieben haben[4]. In Zeiten *leerer Staatskassen* ist aber auch zu beobachten, dass sich öffentliche Auftraggeber wie private Unternehmer verhalten und sich die Auftragsvergabe in erster Linie am Preis orientiert.

---

1 *Berwanger* in Fehn, § 21 SchwarzArbG Rz. 5.
2 Zur Vertiefung vgl. *Berwanger* in Fehn, § 21 SchwarzArbG.
3 BT-Drs. 12/7563, 11 zur Vorgängervorschrift § 5 SAG.
4 BT-Drs. 15/2573, 27.

5. Zivilrechtliche Folgen

Mit Urteil vom 10.4.2014[1] ist der BGH von seiner bisherigen Rechtsprechung abgewichen, wonach ein **Werkvertrag**, der unter Verstoß gegen § 1 Abs. 2 Nr. 2 SchwarzArbG geschlossen worden und somit wegen Verstoßes gegen ein gesetzliches Verbot i.S. von § 134 BGB **nichtig** ist, bereicherungsrechtliche *Ausgleichsansprüche* auslösen kann. Dabei lässt er sich u.a. von dem Gedanken leiten[2], dass auch unter der Geltung des SchwarzArbG handwerkliche Leistungen in erheblichem Umfang in Schwarzarbeit erbracht werden. Dieser (vom BGH zutreffend herausgestellte) Umstand ließe es geboten erscheinen, dem schwarzarbeitenden Werkunternehmer jede Rechtsgrundlage für die Erlangung eines Ausgleichs für seine Leistungen zu versagen. Es bleibt abzuwarten, ob mit den Mitteln des Zivilrechts durch die Versagung jeglichen Ausgleichsanspruchs für den sich nicht an die gesetzlichen Vorgaben haltenden Werkunternehmer die ausufernde Schwarzarbeit nachhaltig bekämpft werden kann.

§ 37
Illegale Beschäftigung und Schwarzarbeit
Bearbeiter: Oliver Henzler

	Rz.		Rz.
A. Nichtgewährung humaner Arbeitsbedingungen	1	1. Abhängige Beschäftigung	59
		2. Selbständige Tätigkeit	65
I. Ausbeutung der Arbeitskraft	2	**III. Straftaten nach dem Aufenthalts- und Asylverfahrensgesetz**	
1. Lohnwucher	4		
2. Menschenhandel	10	1. Anwendungsbereich	73
II. Illegale Arbeitnehmerüberlassung		2. Aufenthaltsrechtliche Tatbestände	
1. Begriff und Regelungszwecke	16	a) Grundtatbestände	76
2. Ordnungswidrigkeiten	25	b) Sondertatbestand „Falsche Angaben"	92
III. Nichtgewährung zwingender Mindestarbeitsbedingungen		c) Einschleusen von Ausländern	96
1. Grundlagen	29	d) Subjektive Tatseite	104
2. Ordnungswidrigkeiten	34	3. Asylrechtliche Tatbestände	107
B. Illegale Ausländerbeschäftigung		**IV. Straftaten nach dem Schwarzarbeitsbekämpfungsgesetz**	
I. Grundzüge des Erwerbstätigkeitsrechts	44	1. Überblick	110
II. Ordnungswidrigkeiten		2. Einzelne Tatbestände	

---

1 BGH v. 4.10.2014 – VII ZR 241/13, NJW 2014, 1805; dazu *Stamm*, NJW 2014, 2145.
2 BGH v. 4.10.2014 – VII ZR 241/13, NJW 2014, 1805, Rz. 25.

	Rz.		Rz.
a) Illegale Beschäftigung zu ungünstigen Arbeitsbedingungen	113	2. Straftaten	141
b) Illegale Beschäftigung von Opfern des Menschenhandels	119a	C. Weitere Zuwiderhandlungen	
		I. Beim Bezug von Sozialleistungen	144
c) Leichtere Erscheinungsformen der illegalen Beschäftigung	120	1. Straftaten	
		a) Betrug	147
		b) Erschleichen von Sozialleistungen	151
d) Konkurrenzen	127	2. Ordnungswidrigkeiten	154
V. Zuwiderhandlungen nach dem Arbeitnehmerüberlassungsgesetz		II. Gewerbe- und handwerksrechtliche Ordnungswidrigkeiten	
1. Straftaten	128	1. Überblick	159
2. Ordnungswidrigkeiten	135	2. Einzelne Tatbestandsmerkmale	166
VI. Straftaten bei vorgeblicher Entsendung		III. Verfahrenssichernde Ordnungswidrigkeiten	171
1. Entsendung	136		

Schrifttum: *Brenner*, Die strafrechtliche Bekämpfung der Schwarzarbeit unter besonderer Berücksichtigung wirtschaftlicher Aspekte, 2008; *Brüssow/Petri*, Arbeitsstrafrecht, 2008; *Fehn*, Schwarzarbeitsbekämpfungsgesetz, 2006; *Gercke/Kraft/Richter*, Arbeitsstrafrecht, 2012; *Greeve/Leipold*, Handbuch des Baustrafrechts, 2004, 7. Teil; *Ignor/Rixen*, Handbuch Arbeitsstrafrecht, 2. Aufl 2008.

A. Nichtgewährung humaner Arbeitsbedingungen

1 Das deutsche Recht kennt eine Vielzahl von Vorschriften zur **Regulierung** des **Arbeitsmarktes**, deren Zielrichtung in erster Linie entweder der Arbeitnehmerschutz, wie beim *Arbeitnehmerüberlassungsgesetz* (AÜG)[1], oder der Schutz nationaler Arbeits- und Beschäftigungsbedingungen vor grenzenlosem internationalen Wettbewerb ist, wie beim *Arbeitnehmerentsendegesetz* (AEntG)[2]. Diese Gesetze enthalten flankierende Straf- und Bußgeldvorschriften, um den getroffenen Regelungen Nachdruck zu verleihen. Der Gesetzgeber hat darüber hinaus mit den Straftatbeständen des *Lohnwuchers* und des *Menschenhandels zum Zwecke der Ausbeutung der Arbeitskraft* im StGB eigenständige Sanktionsnormen geschaffen, die von Verwaltungsgesetzen unabhängig sind und allein an die Lebensverhältnisse in Deutschland anknüpfen.

---

[1] G zur Regelung der gewerbsmäßigen Arbeitnehmerüberlassung, neugefasst durch Bek. v. 3.2.1995, BGBl. I 158.

[2] G über zwingende Arbeitsbedingungen für grenzüberschreitend entsandte und für regelmäßig im Inland beschäftigte Arbeitnehmer und Arbeitnehmerinnen v. 20.4.2009, BGBl. I 799.

I. Ausbeutung der Arbeitskraft

Die Tatbestände des **Lohnwuchers** gem. § 291 Abs. 1 S. 1 Nr. 3 StGB **und** des **Menschenhandels zum Zwecke der Ausbeutung der Arbeitskraft** nach § 233 StGB (Menschenhandel) fristen in der strafrechtlichen Praxis ein *Schattendasein*. Grund hierfür sind zum einen die vagen und opferzentrierten Tatbestandsmerkmale; zum anderen werden die den Vorschriften zugrunde liegenden Lebenssachverhalte von anderen Strafnormen, z.B. §§ 10, 11 SchwarzArbG, erfasst, deren Voraussetzungen leichter nachzuweisen sind. Beleg hierfür ist, dass es kaum veröffentlichte Rechtsprechung gibt; zum Menschenhandel zum Zwecke der Ausbeutung der Arbeitskraft ist lediglich ein Erkenntnis des BGH veröffentlicht. Die Polizeiliche Kriminalstatistik (PKS) weist für das Jahr 2013 593 erfasste Fälle des Wuchers (§ 291 StGB insgesamt) und 113 erfasste Fälle des Menschenhandels nach § 233 StGB auf. Selbst unter Berücksichtigung, dass beide Straftatbestände parallel durch die Hauptzollämter ermittelt und angezeigt werden, kann angesichts dieser geringen Anzahl von Verfahren nicht von einer nennenswerten Praxisrelevanz gesprochen werden, zumal kaum Verurteilungen erfolgen. Die nachfolgenden Ausführungen beschränken sich daher auf die für die Praxis wichtigsten Hinweise.

2

Soweit ein Sachverhalt den Tatbestand des Lohnwuchers *und* des Menschenhandels erfüllt, tritt § 291 Abs. 1 S. 1 Nr. 3 StGB aus Gründen der **Spezialität** zurück[1]. Entsprechende Fallgestaltungen erfüllen zudem zumeist die Tatbestände der *Beitragsvorenthaltung* nach § 266a StGB (§ 38 Rz. 1 ff.), der *Lohnsteuerhinterziehung* gem. § 370 AO (§ 38 Rz. 301 ff.) sowie der §§ 10, 11 SchwarzArbG (Rz. 110 ff.). Soweit Nicht-EU und -EWR-Ausländer Opfer der Tat sind, können darüber hinaus auch die ausländerrechtlichen Tatbestände der §§ 95, 96 AufenthG (Rz. 73 ff.) erfüllt sein. In der Praxis wird wegen der Schwierigkeiten bei der Aufklärung der nachstehenden Tatbestände bei Anklageerhebung und Aburteilung nicht selten auf diese leichter nachweisbaren Tatbestände ausgewichen, auch wenn deren Strafdrohung niedriger ist.

3

1. Lohnwucher

Der sog. Lohnwucher gem. **§ 291 Abs. 1 S. 1 Nr. 3 StGB** wird durch dieselben Tatbestandsmerkmale bestimmt, wie die anderen Formen des in § 291 StGB zusammengefassten Wuchers; auf § 61 Rz. 1 ff. wird insoweit verwiesen[2]. *„Sonstige Leistungen"* i.S. dieser Strafnorm sind nach allgemeiner Meinung auch **Lohnzahlungen**[3]. Ein Vermögensvorteil wohnt der geleisteten Arbeit inne, wenn sie sich, wie regelmäßig, wirtschaftlich zugunsten des Arbeitgebers auswirkt[4], wenn durch die Arbeit also ein Mehrwert für den Arbeitgeber geschaf-

4

---
1 *Fischer*, § 233 StGB Rz. 9; *Rixen* in Ignor/Rixen, § 8 Rz. 38.
2 Vgl. zum Ganzen *Brüssow/Petri*, Rz. 222 ff.; *Brenner*, 3. Teil Abschn. VI; *Gercke* in Gercke/Kraft/Richter, 2. Kap. Rz. 695 ff.; *Greeve* in Greeve/Leipold, § 30 Rz. 41 ff.; *Rixen* in Ignor/Rixen, § 8 Abschn. B.
3 BGH v. 22.4.1997 – 1 StR 701/96, BGHSt 43, 53 = NJW 1997, 2689 = wistra 1998, 62; *Fischer*, § 291 StGB Rz. 7.
4 BGH v. 22.4.1997 – 1 StR 701/96, BGHSt 43, 53.

fen wird, der sich darin ausdrückt, dass er die Leistung gewinnbringend weiterberechnen kann.

5   Zwischen der Arbeitsleistung und der gewährten oder versprochenen Lohnzahlung muss ein **auffälliges Missverhältnis** bestehen. Der Maßstab für den Wert der Arbeitsleistung des Arbeitnehmers ist dabei objektiv zu bestimmen[1], d.h. es kommt nicht darauf an, ob er sich selbst angemessen entlohnt sieht, was gerade bei Arbeitnehmern aus Niedriglohnländern der Fall sein kann. Soweit tarifvertragliche Löhne vorgesehen sind, bilden diese den Vergleichsmaßstab[2], weil sie Ausdruck des objektiven Wertes der Arbeitsleistung sind. Dies gilt dann nicht, wenn in einem Tarifgebiet der Tariflohn üblicherweise nicht gezahlt wird[3]. Von der Üblichkeit der Tarifvergütung kann regelmäßig ausgegangen werden, wenn mehr als 50% der Arbeitgeber eines Wirtschaftsgebiets tarifgebunden sind oder wenn die organisierten Arbeitgeber mehr als 50% der Arbeitnehmer eines Wirtschaftsgebiets beschäftigen[4]. Wird üblicherweise kein Tariflohn bezahlt, wie auch im Fall, dass ein solcher nicht besteht, ist zur Ermittlung des Wertes der Arbeitsleistung vom allgemeinen Lohnniveau im Wirtschaftsgebiet auszugehen[5]. Ein auffälliges Missverhältnis kann ab einer Spanne von weniger als 2/3 des gezahlten oder versprochenen Lohnes zum festgestellten Lohnniveau angenommen werden, weil diese Diskrepanz einem Kundigen ohne Weiteres ins Auge springt[6].

6   Ein **Praktikantenverhältnis** mit der Folge, dass die Höhe der Vergütung einer Aufwandsentschädigung entsprechen darf, liegt nur vor, wenn der *Ausbildungszweck* im Vordergrund steht. Wird dagegen eine Arbeitsleistung auf der Grundlage eines Arbeitsverhältnisses erbracht, das lediglich der Form nach als Praktikantenverhältnis bezeichnet wird, bemisst sich der Vergleichsmaßstab für die Entlohnung am allgemeinen Lohnniveau[7].

7   Weiterhin setzt der Tatbestand voraus, dass der Arbeitnehmer sich bei dem für ihn nachteiligen Zur-Verfügung-Stellen seiner Arbeitskraft in einer **Schwächesituation** (§ 61 Rz. 10 ff.) befindet. Diese muss sich nach der abschließenden Aufzählung in § 291 Abs. 1 StGB in einer Zwangslage, der Unerfahrenheit, einem Mangel an Urteilsvermögen oder in einer erheblichen Willensschwäche

---

1   BGH v. 22.4.1997 – 1 StR 701/96, BGHSt 43, 53; BAG v. 18.4.2012 – 5 AZR 630/10, NZA 2012, 978, Rz. 11; BAG v. 24.3.2004 – 5 AZR 303/03, BAGE 110, 79 = NZA 2004, 971.
2   BGH v. 22.4.1997 – 1 StR 701/96, BGHSt 43, 53; BAG v. 24.3.2004 – 5 AZR 303/03, BAGE 110, 79 = NZA 2004, 971.
3   LAG Hessen v. 7.8.2008 – 9/12 Sa 1118/07, juris, Rz. 20.
4   BAG v. 16.5.2012 – 5 AZR 268/11, BB 2012, 2375 (2378).
5   BAG v. 24.3.2004 – 5 AZR 303/03, BAGE 110, 79 = NZA 2004, 971; ArbG Dortmund v. 15.7.2008 – 2 Ca 282/08, juris, Rz. 31.
6   Vom BGH revisionsrechtlich gebilligt, BGH v. 22.4.1997 – 1 StR 701/96, BGHSt 43, 53; OLG Köln v. 28.3.2003 – 1 Zs 120/03 – 19/03, NStZ-RR 2003, 212; BAG v. 18.4.2012 – 5 AZR 630/10, NZA 2012, 978; *Rixen* in Ignor/Rixen, § 8 Rz. 10 (Faustformel: 30 %iges Unterschreiten).
7   BAG v. 13.3.2003 – 6 AZR 564/01, juris, Rz. 35 ff.; LAG BW v. 8.2.2008 – 5 Sa 45/07, NZA 2008, 768, Rz. 31.

äußern¹. Lassen sich die ersten beiden Merkmale objektiv noch feststellen, fällt dies bei den letztgenannten Merkmalen schwer, weil sowohl die Annahme eines Mangels an Urteilsvermögen als auch die Annahme einer erheblichen Willensschwäche Feststellungen voraussetzt, die tief in den Intellekt und Erfahrungsschatz des Arbeitnehmers greifen und daher nicht selten nur aufgrund einer ärztlichen Begutachtung nachweisbar gemacht werden können².

Dies wirft die Frage auf, wie dem Arbeitgeber auch nur *bedingter* **Vorsatz** nachgewiesen werden kann, wenn zur Feststellung des objektiven Tatbestandes eine Begutachtung des Arbeitnehmers erforderlich ist. Der Arbeitgeber muss die Tatsachen, auf denen der Schluss der Unerfahrenheit oder des Bestehens einer Zwangslage beruht, zumindest in Umrissen kennen.

Beispiel: Aufgrund von Schilderungen des Arbeitnehmers wird dem Arbeitgeber bekannt, dass sich der Arbeitnehmer illegal in Deutschland aufhält und jede Arbeit annehmen muss, um seinen Lebensunterhalt zu sichern, weil er keine Sozialleistungen beantragen kann, ohne dass sein Aufenthaltsstatus den Behörden bekannt wird.

In dem Beispielsfall ist auch der Schluss naheliegend, dass der Arbeitgeber die Schwächesituation des Arbeitnehmers **ausbeutet**, d.h. bewusst für seine Zwecke zur Erlangung übermäßiger Vorteile ausnutzt. Problematisch ist allerdings, dass der Arbeitnehmer zwar eine Arbeit zur Erhaltung seiner Existenz in Deutschland annehmen muss, mit der geleisteten niedrigen Entlohnung aber zufrieden sein kann, weil sie im Vergleich zu dem Lohniveau seines Heimatlandes immer noch hoch ist. Insoweit fehlt es an einer Kausalität zwischen dem niedrigen Lohn und der Zwangslage, die allein darin besteht, überhaupt eine bezahlte Arbeit zu erhalten.

Nach der Rechtsprechung des BAG³ gestattet die Feststellung eines **besonders groben** Missverhältnisses zwischen Leistung und Gegenleistung (Wert der Leistung ist mindestens doppelt so hoch wie der Wert der Gegenleistung) den tatsächlichen Schluss auf eine *verwerfliche Gesinnung* i.S. von § 138 Abs. 2 BGB des Begünstigten. Auch wenn eine derartige Vermutung keine unmittelbare Übernahme in das Strafrecht finden kann, sind doch die Anforderungen an den Nachweis einer Schwächesituation bei dem Arbeitnehmer im Falle eines derartig krassen Missverhältnisses herabgesetzt.

Insgesamt ist festzuhalten, dass Lohnwucher zwar vom Tatbestand des § 291 Abs. 1 S. 1 Nr. 3 StGB grundsätzlich erfasst wird, die Tatbestandsmerkmale auf diese Fälle jedoch nicht zugeschnitten sind, sodass die strafrechtliche **Praxis** vor einer Vielzahl von Problemen bei der Anwendung der Norm steht.

---

1 Zu den Begriffen im Einzelnen vgl. *Rixen* in Ignor/Rixen, § 8 Rz. 11–16.
2 So auch *Rixen* in Ignor/Rixen, § 8 Rz. 16.
3 BAG v. 16.5.2012 – 5 AZR 268/11, BB 2012, 2375 (2378).

2. Menschenhandel

10 Auch der mit Wirkung ab 19.2.2005[1] in das StGB eingefügte, dem Wuchertatbestand ähnliche Straftatbestand des Menschenhandels zum Zwecke der Ausbeutung der Arbeitskraft ist in der Praxis **schwer handhabbar**[2]. Er gehört nicht zur illegalen Ausländerbeschäftigung im engen Sinne[3], auch wenn Abs. 1 von einer Hilflosigkeit, die mit dem Aufenthalt in einem „fremden" Land verbunden ist, spricht. Das kann aber auch auf deutsche Staatsangehörige zutreffen, die im Ausland aufgewachsen und mit den Lebensverhältnissen in Deutschland nicht vertraut sind. § 233 Abs. 1 S. 2 StGB verzichtet gar auf jede Auslandsanknüpfung.

11 Geschütztes Rechtsgut ist die **Freiheit der Person**, über Einsatz und Verwertung ihrer Arbeitskraft zu verfügen[4]. Dieser Schutz gilt nach § 6 Nr. 4 StGB unabhängig vom Recht des Tatorts auch, soweit die Taten im Ausland begangen werden (Weltrechtsprinzip). Daher kann auch der deutsche Unternehmer, der in Südostasien unter für die Arbeiter unwürdigen, dort aber allgemein üblichen Bedingungen produzieren lässt, belangt werden.

11a Die Tatbestandsmerkmale des § 233 StGB sind eng formuliert[5]. Die Begriffe **Sklaverei** und **Leibeigenschaft** erlangen nur für Rechtsordnungen Bedeutung, die die Rechtsstellung eines Sklaven oder Leibeigenen noch kennen oder eine solche faktisch dulden[6]. Das ist jedenfalls unter der Geltung von Art. 4 Abs. 1 EMRK in den Konventionsstaaten nicht der Fall, sodass diesen Rechtsinstituten in Deutschland keine Bedeutung zukommt[7].

11b Durch die Tathandlung des **Bringens in** Sklaverei, Leibeigenschaft, Schuldknechtschaft oder einer Beschäftigung zu diskriminierenden Arbeitsbedingungen werden solche Fälle nicht erfasst, in denen das Opfer eine *eigenverantwortliche* Entscheidung trifft. Entsprechend muss der Täter einen bisher nicht vorhandenen Entschluss des Opfers, ein solches Beschäftigungsverhältnis einzugehen, hervorrufen oder es von seinem Entschluss, die Beschäftigung aufzugeben, abbringen[8]. Damit unterfallen diejenigen Beschäftigungsverhältnisse nicht der Norm, in denen das Opfer, der wirtschaftlichen Not in seinem Heimatland gehorchend, die Ausbeutung hinnimmt, nur um überhaupt Einkommen zu erzielen. Einzelne Opfer sind auch bereits in ihrem Heimatland etwa von Familienangehörigen in diesem Sinne bestimmt worden, sodass die Profiteure in Deutschland nicht mehr auf das Opfer einwirken müssen. Gerade diese Fälle sind jedoch häufig anzutreffen.

---

1 Durch das 37. StrÄndG v. 11.2.2005, BGBl. I 239; dazu *Eydner*, Der neue § 233 StGB – Ansätze zum Verständnis der „Ausbeutung der Arbeitskraft", NStZ 2006, 10 ff.; vgl. weiter *Brüssow/Petri*, Rz. 237 ff.; *Rixen* in Ignor/Rixen, § 8 Abschn. C.
2 Zum europarechtlichen Hintergrund der Norm vgl. *Rixen* in Ignor/Rixen, § 8 Rz. 30.
3 *Mosbacher* in A/R, 12. Teil 4. Kap. Rz. 165.
4 *Fischer*, § 233 StGB Rz. 2.
5 Zu den sprachlichen Schwierigkeiten der Norm vgl. *Schroeder*, JuS 2009, 14 f.
6 BGH v. 11.5.1993 – 1 StR 896/92, BGHSt 39, 214.
7 *Renzikowski* in MüKo, § 233 StGB Rz. 23 f.
8 BGH v. 13.1.2010 – 3 StR 507/09, StV 2010, 296.

ven. Auch wenn sich der Wortlaut weitgehend mit demjenigen von § 10 Abs. 1 SchwarzArbG und § 15a Abs. 1 S. 1 AÜG deckt, sind aufgrund der Normstruktur von § 233 StGB, der die Kriminalisierung **sklavereiähnlicher Verhältnisse** bezweckt[1], strengere Maßstäbe anzulegen, nicht zuletzt auch wegen des gegenüber den genannten Normen deutlich erhöhten Mindeststrafrahmens von Freiheitsstrafe ab sechs Monaten. Demnach muss der Eingriff in die geschützten Rechtsgüter seiner Intensität nach demjenigen der anderen Tathandlungen des Bringens in Sklaverei, Leibeigenschaft oder Schuldknechtschaft gleichstehen[2], was insbesondere eine gewisse Zeitdauer und Intensität des Eingriffs in das Recht zur freien Verfügung über die eigene Arbeitskraft voraussetzt[3]. Somit ist die Feststellung eines Lohnunterschiedes von zumindest 1/3, wie bei § 10 SchwarzArbG (Rz. 116), zu der Vergleichsgruppe nicht ausreichend, um den objektiven Tatbestand zu begründen. Es müssen weitere Merkmale hinzukommen, die den Schluss auf eine vollständige oder zumindest weitgehende soziale Unterwerfung zulassen[4]:

Beispiel: Sprachunkundige und mit den Lebensverhältnissen in Deutschland nicht vertraute rumänische Arbeiter werden von dem Arbeitgeber für einen Zeitraum von über drei Monaten in einem baufälligen Wohnheim untergebracht, wo sie zu zehnt in kleinen Zimmern auf Matratzen schlafen müssen. Ihnen werden die Pässe abgenommen, jeglicher Kontakt zur Außenwelt wird verboten, das Wohnheim wird nach Rückkehr von der Baustelle abgeschlossen, die Arbeiter werden durch Schlägertrupps eingeschüchtert und mittellos gehalten.

15 Ist Opfer der Tat eine Person **unter einundzwanzig Jahren**, verzichtet § 233 Abs. 1 S. 2 StGB auf das Ausnutzen einer Zwangslage oder einer auslandsspezifischen Hilflosigkeit zur Tatbestandserfüllung.

Beispiel: Ein Drückerkolonnenchef beschäftigt mehrere aus einem Erziehungsheim entflohene Minderjährige als Zeitschriftenwerber, wobei er sie in einem dafür angemieteten Gebäude, das über vergitterte Fenster und eine abgeschlossene Haustür verfügt, in überbelegten Zimmern unterbringt. Er streckt ihnen Geld für den Kauf von Zigaretten und sonstigen Konsumgütern vor, dessen Hingabe er sich so hoch verzinsen lässt, dass keine realistische Aussicht auf Rückzahlung besteht. Der vermeintlich bestehende Rückzahlungsanspruch wird als Druckmittel für immer neue Repressionen und Einschüchterungen genutzt (Schuldknechtschaft).

15a Durch den mit Wirkung vom 26.11.2011 in das **SchwarzArbG** eingefügten Straftatbestand des **§ 10a** soll eine Strafbarkeit des *„Dritten"* i.S. von § 233 Abs. 1 StGB begründet werden (dazu Rz. 119a f.).

---

1 BT-Drs. 15/3045, 9.
2 *Richtarsky* in W/J Kap. 19 Rz. 1906; *Rixen* in Ignor/Rixen, § 8 Rz. 31–38; *Eydner*, NStZ 2006, 10 (13 f.); a.A. *Brüssow/Petri*, Rz. 245.
3 *Renzikowski* in MüKo, § 233 StGB Rz. 34; *Eisele* in S/S, § 233 StGB Rz. 9.
4 Vgl. zu den Kriterien einer „auslandsspezifischen Hilflosigkeit" auch BGH v. 15.7.2005 – 2 StR 131/05, NStZ-RR 2007, 46, Rz. 16.

Beispiele: Bulgarische Prostituierte arbeiten in einem Bordell in Deutschland zu ausbeuterischen Bedingungen. Obwohl sie schlecht behandelt und bezahlt werden, kehren sie nach Heimaturlauben immer wieder in das Bordell zurück, denn sie müssen ihre Familien in Bulgarien ernähren. 11c

Rumänische Kartoffelschälerinnen werden in ihrem Heimatland von dem Familienoberhaupt dafür vorgesehen, nach Deutschland zu gehen, dort bis zum Umfallen für 30 Euro Tageslohn zu arbeiten, um ihm ein angenehmes Leben zu ermöglichen. Die jungen Frauen wollen ihre Heimat nicht verlassen, wagen indes nicht, sich gegen die patriarchalische Anordnung aufzulehnen.

Die Norm hat schon aus diesem Grund *kaum Praxisrelevanz*. Sie ist daher dringend reformbedürftig, damit auch die genannten Beispielsfälle erfasst werden. Ansonsten bleibt aus arbeitsstrafrechtlicher Sicht lediglich eine Verfolgung wegen Lohnwuchers gem. § 291 Abs. 1 S. 1 Nr. 3 StGB oder nach § 10 SchwarzArbG, wenn die dortigen Tatbestandsvoraussetzungen gegeben sind. Diese Vorschriften werden bei Vorliegen sklavereiähnlicher Zustände dem Unwertgehalt der Vorgehensweise der Täter indes nicht gerecht.

Die Schwierigkeiten bei der Strafverfolgung sind nicht allein durch die *eng formulierten Tatbestandsmerkmale* begründet, sondern auch durch **Beweisschwierigkeiten**. Während das Ausnutzen einer Zwangslage auch gegenüber in Deutschland wohnhaften Arbeitnehmern tatbestandsmäßig ist, setzt das Merkmal der *Ausnutzung der Hilflosigkeit*, die mit einem Aufenthalt in einem fremden Land verbunden ist, die Verwurzelung eines Arbeitnehmers in einem anderen Land voraus. Von einer entsprechenden Hilflosigkeit solcher Personen ist nicht selten auszugehen, weil billige Arbeitskräfte zumeist ohne Reiseerfahrung und Sprachkenntnis nach Deutschland kommen und nicht wissen, wie sie ihre Rechte hierzulande geltend machen können. In der Praxis stößt der Nachweis einer entsprechenden Hilflosigkeit zumeist auf die Schwierigkeit, dass die Ausländer Deutschland bis zum Hauptverhandlungstermin bereits wieder verlassen haben und die Vernehmungen, deren Protokolle unter den Voraussetzungen von § 251 Abs. 1 StPO verlesen werden können, zum Nachweis des Tatbestandsmerkmals oft zu unpräzise sind (zur Möglichkeit der Erteilung eines Aufenthaltstitels für die Opfer einer Straftat nach § 233 StGB vgl. Rz. 77a). 12

Dies gilt auch hinsichtlich des *Bringens* in **Sklaverei**, *Leibeigenschaft* oder *Schuldknechtschaft*, allesamt Begriffe, die eine tief greifende persönliche und wirtschaftliche Abhängigkeit des Ausgebeuteten zum Täter voraussetzen. Der Schluss auf das Vorliegen dieser Tatbestandsmerkmale setzt das Zusammentragen vielerlei Indizien voraus, deren Gesamtschau erst das Unwerturteil erlaubt. 13

Die Tatbestandsalternative des *Bringens* zur **Aufnahme oder Fortsetzung einer Beschäftigung** bei dem Täter oder einem Dritten zu Arbeitsbedingungen, die in einem auffälligen Missverhältnis zu den Arbeitsbedingungen anderer Arbeitnehmerinnen oder Arbeitnehmer, welche die gleiche oder eine vergleichbare Tätigkeit ausüben, scheint auf den ersten Blick geringere Anforderungen an die Tatbestandsverwirklichung zu stellen als die weiteren Tatbestandsalternati- 14

II. Illegale Arbeitnehmerüberlassung

1. Begriff und Regelungszwecke

Nach § 1 Abs. 1 S. 1 *AÜG*[1] bedürfen Arbeitgeber, die als Verleiher Dritten (Entleihern) Arbeitnehmer (Leiharbeitnehmer) im Rahmen ihrer wirtschaftlichen Tätigkeit zur Arbeitsleistung überlassen wollen, der **Erlaubnis** (vgl. dazu bereits § 25 Rz. 41 ff.). Nach S. 2 erfolgt die Überlassung von Arbeitnehmern an Entleiher vorübergehend. Ausnahmen hiervon regelt § 1 Abs. 3 AÜG, z.B. für die Arbeitnehmerüberlassung zwischen Arbeitgebern desselben Wirtschaftszweiges zur Vermeidung von Kurzarbeit oder Entlassungen, wenn ein für den Entleiher und Verleiher geltender Tarifvertrag dies vorsieht. Praktische Relevanz kommt den Ausnahmetatbeständen bei der Bekämpfung der illegalen Beschäftigung und der Schwarzarbeit nicht zu. 16

Das Institut der *Leiharbeit* (auch **Zeitarbeit** genannt) ist ein Instrumentarium zur Flexibilisierung der Arbeitsmärkte und aus arbeitsmarktpolitischer Sicht z.B. zur Deckung eines kurzfristigen Personalbedarfs gewollt. Etwas anderes gilt nach § 1b AÜG allerdings für die Arbeitnehmerüberlassung in Betriebe des *Baugewerbes* für Arbeiten, die üblicherweise von Arbeitern verrichtet werden. Diese ist grundsätzlich (zu den Ausnahmen vgl. § 1b S. 2, 3 AÜG und § 25 Rz. 43) nicht genehmigungsfähig, um der hohen Zahl illegaler Leiharbeitnehmer im Baugewerbe zu begegnen. Als Baugewerbe werden dabei lediglich die in § 1 der BaubetriebeVO[2] genannten Betriebe des Bauhauptgewerbes, nicht jedoch die in dem Negativkatalog des § 2 BaubetriebeVO gelisteten Betriebe verstanden[3]. 17

Beispiele: Wichtige Beispiele für das Bauhauptgewerbe: Beton- und Stahlbetonarbeiten, Erdbewegungsarbeiten, Hochbauarbeiten, Maurerarbeiten, Schalungsarbeiten, Trocken- und Montagebauarbeiten.

Gegenbeispiele: Fassadenreinigung, Installationsgewerbe (Klempnerei, Klimaanlagenbau, Gas-, Wasser-, Heizungs-, Lüftungs- und Elektroinstallation).

§§ 2–8 AÜG regeln das *Verwaltungsverfahren* zur Erteilung und zum Erlöschen der Erlaubnis. Grund für das Erfordernis einer **Erlaubnis des Verleihers** ist die Prüfung der Zuverlässigkeit entsprechender Betriebe durch die nach § 17 AÜG zuständige *Bundesagentur für Arbeit* im Interesse der Leiharbeitnehmer. Diese sind in einer für eine *Ausbeutung* besonders anfälligen Lage, weil sie oft weder in den Verleih- noch in den Entleihbetrieb sozial integriert sind und im Falle von Wirtschaftskrisen von den Entleihbetrieben als erste freigesetzt werden und von den Verleihbetrieben aus betrieblichen Gründen entlassen werden 18

---

1 Neugefasst durch Bek. v. 3.2.1995, BGBl. I 158. Vgl. dazu *Kaul* in A/R, 12. Teil. 3. Kap.; *Ambs* in Erbs/Kohlhaas, A 184 AÜG (Stand 1.12.2011); *Brenner*, Abschn. VII; *Kraft* in Gercke/Kraft/Richter 2. Kap. Rz. 337 ff.; *Greeve* in Greeve/Leipold, § 31; *Paetzold* in Ignor/Rixen, § 3; *Richtarsky* in W/J, Kap. 19 Abschn. E; *Boemke* in Boemke/Lembke, AÜG, 3. Aufl. 2013; *Schüren/Hamann*, AÜG, 4. Aufl. 2010; einen kurzen Abriss der Entwicklung des AÜG findet sich bei *Lembke/Ludwig*, NJW 2014, 1329.
2 BGBl. I 1980, 2033.
3 BGH v. 17.2.2000 – III ZR 78/99, NJW 2000, 1557 (1559).

müssen. Die Prüfungstiefe ist allerdings erfahrungsgemäß gering, das Ergebnis z.B. durch die Einsetzung eines „Scheingeschäftsführers" leicht zu umgehen.

19 Die Arbeitnehmerüberlassung stellt eine *Dienstleistung* i.S. von Art. 56 AEUV dar und ist daher grundsätzlich **innerhalb der EU** zulässig. Jeder Betrieb, der Arbeitnehmer nach Deutschland verleiht, benötigt eine Erlaubnis nach dem AÜG, auch wenn er in seinem Sitzstaat erlaubtermaßen tätig ist[1]. Weiterhin setzt die legale Arbeitnehmerüberlassung voraus, dass die Arbeitnehmer im Einklang mit dem geltenden **Arbeitserlaubnisrecht** eingesetzt werden. Innerhalb der EU benötigen die Arbeitnehmer aus den Beitrittsstaaten (derzeit nur Kroatien) während gewisser Übergangsfristen Erwerbstätigkeitserlaubnisse (Rz. 48 ff.). Diese sind zurzeit nach § 6 Abs. 1 Nr. 2 der *VO über die Arbeitsgenehmigung für ausländische Arbeitnehmer (Arbeitsgenehmigungsverordnung – ArGV)*[2] für eine Tätigkeit als Leiharbeitnehmer zu versagen. Ausländern aus Nicht-EU-Staaten kann nach §§ 39 Abs. 1, 40 Abs. 1 Nr. 2 AufenthG generell kein Aufenthaltstitel für eine Tätigkeit als Leiharbeitnehmer erteilt werden.

19a Das AÜG war in der letzten Zeit Gegenstand **gesetzlicher Änderungen** von erheblicher Tragweite[3].

– So wurde mit Wirkung vom 30.4.2011 in § 3a AÜG eine **Lohnuntergrenze** eingefügt[4], wonach vorschlagsberechtigte Tarifvertragsparteien dem Bundesministerium für Arbeit und Soziales gemeinsam vorschlagen können, bundesweit tarifliche Mindeststundenentgelte als Lohnuntergrenze in einer Rechtsverordnung verbindlich festzusetzen. Hiervon wurde in der „Ersten Verordnung über eine Lohnuntergrenze in der Arbeitnehmerüberlassung"[5] Gebrauch gemacht, sodass für die ca. 877 599 Beschäftigten in der Zeitarbeitsbranche im Jahr 2012[6] vom 1.11.2012 bis 31.10.2013 ein verbindlicher Mindestlohn in Höhe von 8,19 Euro (West) galt. Erst seit dem 1.4.2014 gilt erneut eine Lohnuntergrenze[7] von 8,50 Euro. Abweichende tarifvertragliche Regelungen hiervon sind nach § 9 Nr. 2 AÜG möglich, soweit die Mindeststundenentgelte in der Rechtsverordnung nach § 3a Abs. 2 AÜG nicht unterschritten werden. Ein solcher Tarifvertrag gilt aber grundsätzlich nur bei beiderseitiger Tarifbindung von Verleiher und Leiharbeitnehmer. Weil die Leiharbeitnehmer i.d.R. nicht gewerkschaftlich organisiert sind, gilt ein Tarifvertrag selten nach § 3 Abs. 1 TVG, sondern regelmäßig über arbeitsver-

---

1 *Riederer von Paar* in Schüren/Hamann, AÜG, Einl. Rz. 646; *Boemke* in Boemke/Lembke Einl. Rz. 14.
2 V. 17.9.1998, BGBl. I 2899; zul. geänd. durch G. v. 17.6.2013, BGBl. I 1555.
3 Durch das „Erste Gesetz zur Änderung des Arbeitnehmerüberlassungsgesetzes – Verhinderung von Missbrauch der Arbeitnehmerüberlassung" v. 28.4.2011, BGBl. I 642 und das G „zur Änderung des Arbeitnehmerüberlassungsgesetzes und des Schwarzarbeitsbekämpfungsgesetzes" v. 20.7.2011, BGBl. I 1506.
4 Durch das Erste G zur Änd. des ArbeitnehmerüberlassungsG – Verhinderung von Missbrauch der Arbeitnehmerüberlassung v. 28.4.2011, BGBl. I 642.
5 V. 21.12.2011, BAnz 2011, Nr. 195 S. 4608.
6 BT-Drs. 18/637, 27.
7 Aufgrund der Zweiten VO über eine Lohnuntergrenze in der Arbeitnehmerüberlassung v. 21.3.2014, BAnz AT 26.3.2014 V1.

tragliche Bezugnahmeklauseln[1]. Ansonsten ist der Verleiher nach § 10 Abs. 4 S. 1 AÜG verpflichtet, dem Leiharbeitnehmer für die Zeit der Überlassung an den Entleiher die im Betrieb des Entleihers für einen vergleichbaren Arbeitnehmer des Entleihers geltenden wesentlichen Arbeitsbedingungen einschließlich des Arbeitsentgelts zu gewähren (sog. **Gleichstellungs-** oder **Equal-pay/Equal-treatment-Grundsatz**[2]). Durch diese Maßnahme hat sich die Leiharbeit für den Verleiher und damit mittelbar für den Entleiher erheblich verteuert. Die Prüfung, ob der Verleiher seiner Pflicht nach § 10 Abs. 5 AÜG zur Zahlung zumindest des Mindestlohnes nach § 3a AÜG nachkommt, obliegt gem. § 17 Abs. 2 AÜG den Behörden der Zollverwaltung, denen dabei entsprechend dem im Jahr 2011 eingefügten § 17a AÜG[3] die gleichen Befugnisse wie bei Prüfungen nach dem SchwarzArbG zukommen.

– Eine weitere Einschränkung der Leiharbeit hat diese durch die *Einfügung des Merkmals* „**vorübergehend**" in § 1 Abs. 1 S. 2 AÜG erfahren. Hierzu war der Gesetzgeber aufgrund der Vorgaben in der Leiharbeitsrichtlinie[4] verpflichtet. Vor der Änderung des AÜG konnte die Arbeitnehmerüberlassung zeitlich unbeschränkt erfolgen[5], was in vielen Fällen zu einer dauerhaften Ersetzung des Stammpersonals durch billigere Leiharbeitnehmer führte. Die *Konsequenzen* der Einführung dieses Merkmals sind *streitig*. Während Teile des Schrifttums § 1 Abs. 1 S. 2 AÜG lediglich den Charakter eines Programmsatzes zumessen, der der Klarstellung diene, dass das deutsche Modell der Arbeitnehmerüberlassung an sich einen vorübergehenden Charakter aufweise[6], hat das BAG derartigen Deutungsversuchen zu Recht eine klare Absage erteilt[7]. Dabei hat es festgestellt, dass § 1 Abs. 1 S. 2 AÜG die nicht nur vorübergehende Überlassung von Leiharbeitnehmern verbietet, die jedenfalls nicht mehr gegeben ist bei einer ohne jede zeitliche Begrenzung vorgenommenen Arbeitnehmerüberlassung, bei der der Leiharbeiter anstelle eines Stammarbeiters eingesetzt werden soll. Welche Grenzen innerhalb dieses Rahmens zu beachten sind, ist offen[8]. Der Koalitionsvertrag zwischen CDU, CSU und SPD für die 18. Legislaturperiode vom 27.11.2013 sieht die gesetzliche Einführung einer Überlassungshöchstdauer von 18 Monaten vor.

Bis Ende des Jahres 2013 war offen, welche Rechtswirkungen in Fällen der nicht mehr nur vorübergehenden Arbeitnehmerüberlassung eintreten. Die 15. Kammer des LAG Berlin-Brandenburg bejaht das Entstehen eines *Arbeitsver-*

---

1 Vgl. dazu BAG v. 23.10.2013 – 5 AZR 556/12, DB 2014, 546.
2 Umfassend dazu BAG v. 13.3.2013 – 5 AZR 954/11, ZIP 2013, 1243 = BB 2013, 1659, vgl. auch *Freckmann/Gallini*, BB 2013, 309.
3 Durch das G zur Änd. des ArbeitnehmerüberlassungsG und des SchwarzarbeitsbekämpfungsG v. 20.7.2011, BGBl. I 1506.
4 RL 2008/104/EG des Europ. Parl. und des Rates v. 19.11.2008 über Leiharbeit, ABl. EU Nr. L 327 v. 5.12.2008, 9.
5 BAG v. 25.1.2005 – 1 ABR 61/03, AuR 2005, 386.
6 So z.B. *Bauer/Heimann*, NJW 2013, 3287; *Huke/Neufeld/Luickhardt*, BB 2012, 961 (964 f.).
7 BAG v. 10.7.2013 – 7 ABR 91/11, NJW 2014, 331 = DB 2013, 2629.
8 Dazu *Nießen/Fabritius*, NJW 2014, 263.

hältnisses zwischen dem Entleiher und dem Leiharbeitnehmer[1], die 7. Kammer desselben Gerichts verneint das Zustandekommen[2]. Das BAG hat sich in seinem Urteil vom 10.12.2013[3] der letztgenannten Ansicht angeschlossen und eine analoge Anwendung von § 10 Abs. 1 S. 1 AÜG auf den Fall einer vorhandenen Genehmigung nach dem AÜG bei einer nicht nur vorübergehenden Überlassung abgelehnt, weil es an einer planwidrigen Regelungslücke des Gesetzgebers fehle und die Situation eines nicht nur vorübergehend überlassenen Leiharbeiters mit derjenigen eines ohne Erlaubnis überlassenen Leiharbeiters nicht vergleichbar sei, weil die arbeitsvertragliche Beziehung zum Verleiher intakt sei.

20 Problematisch und in der Praxis immer wieder Gegenstand von Auseinandersetzungen ist die **Abgrenzung** eines *Arbeitnehmerüberlassungsvertrages* zu weiteren Formen des *drittbezogenen Personaleinsatzes*, im Wesentlichen **zu Dienst- und Werkvertrag**. Gegenstand des **Arbeitnehmerüberlassungsvertrages** ist das Zur-Verfügung-Stellen von Arbeitskräften an einen Entleiher, die in dessen Betrieb eingegliedert sind und ihre Arbeit allein nach Weisungen des Entleihers und in dessen Interesse ausführen[4]. Dies setzt ein bestehendes Arbeitsverhältnis zwischen Verleiher und Leiharbeitnehmer voraus, das unabhängig vom Bestehen eines konkreten Arbeitnehmerüberlassungsvertrages ist, diesen also überdauert.

20a Dagegen schuldet der **Werkunternehmer** nach § 631 Abs. 1 BGB die Herstellung eines Werkes, also eines konkreten messbaren Arbeitserfolges. Fehlt es an der Festsetzung eines abgrenzbaren und abnahmefähigen Werks, kann ein Werkvertrag schwerlich vorliegen, weil der vorgebliche Besteller die zu erbringende Leistung erst im Rahmen der Ausführung durch weitere Weisungen konkretisieren muss und damit notwendig in die Disposition der Arbeitnehmer des „Werkunternehmers" eingreifen muss[5]. Demgegenüber organisiert bei der Ausführung eines Werkvertrages der Unternehmer die zur Erreichung eines wirtschaftlichen Erfolgs notwendigen Handlungen nach eigenen betrieblichen Voraussetzungen und bleibt für die Herstellung des geschuldeten Werks gegenüber dem Drittunternehmer verantwortlich. Die eingesetzten Arbeitnehmer unterliegen den Weisungen des Unternehmers und sind dessen Erfüllungsgehilfen[6]. Daher muss während der gesamten Dauer der vertraglichen Beziehungen ein Mitarbeiter des Werkunternehmers mit Leitungsfunktion als Ansprechpartner für die Arbeitnehmer zur Verfügung stehen. Ein gewichtiges In-

---

1 LAG Bdb. v. 9.1.2013 – 15 Sa 1635/12, ZIP 2013, 840.
2 LAG Bdb. v. 16.4.2013 – 16 Sa 1637/12, juris und v. 16.10.2012 – 7 Sa 1182/12, BB 2013, 251; zum Streitstand vgl. *Lembke* in Boemke/Lembke, § 10 Rz. 6.
3 BAG v. 10.12.2013 – 9 AZR 51/13, NJW 2014, 956 m. Anm. *Hoffmann-Remy*; s. dazu auch *Lipinski/Praß*, BB 2014, 1465.
4 BAG v. 18.1.2012 – 7 AZR 723/10, NZA-RR 2012, 455, Rz. 26; LAG Bdb. v. 12.12.2012 – 15 Sa 1217/12, BB 2013, 1020 (1021), Rz. 38; instruktiv zur Abgrenzung auch LAG BW v. 1.8.2013 – 2 Sa 6/13, BB 2013, 2809 m. Komm. *Zumkeller*, S. 2816; umfassend dazu *Hamann* in Schüren/Hamann, § 1 AÜG Rz. 113 ff.
5 BAG v. 25.9.2013 – 10 AZR 282/12–, juris, Rz. 17.
6 BGH v. 16.4.2014 – 1 StR 638/13, NStZ-RR 246 (248); BAG v. 18.1.2013 – 7 AZR 723/10, NZA-RR 2012, 455 Rz. 27.

diz für das Vorliegen von Arbeitnehmerüberlassung ist es daher, wenn sich die zu erbringenden Leistungen nach dem jeweiligen Bedarf des vorgeblichen Bestellers richten[1].

Beispiel: Die Bewirtschaftung eines Warenlagers wird an eine Fremdfirma vergeben. Der Vorarbeiter dieses Betriebes hat keine eigene Entscheidungsbefugnis und gibt lediglich die Anweisung des Betreibers des Warenlagers weiter, weil er als einziger über ausreichende Deutschkenntnisse verfügt. Die Pflicht des Disponenten der Fremdfirma besteht lediglich darin, die von der Betreiberfirma vorgegebene Anzahl von Arbeitnehmern pro Schicht bereitzustellen. Hier liegt Arbeitnehmerüberlassung vor, weil die Pflicht der Fremdfirma damit endet, Personal zur Verfügung zu stellen. Innerhalb des Lagers besteht keinerlei Einflussmöglichkeit mehr.

Dem Besteller steht indes gem. § 645 Abs. 1 S. 1 BGB ein *Weisungsrecht* hinsichtlich der *Ausführung* des Werkes zu. Dieses Weisungsrecht kann bis ins Einzelne gehen, etwa bei der Erstellung eines Bauwerks, das besonderen Sicherheitsvorschriften genügen muss.

Die **Abgrenzung** vom Arbeitnehmerüberlassungsvertrag **zum Dienstvertrag** nach § 611 BGB, wonach der Dienstverpflichtete zur Erbringung von Diensten jeder Art verpflichtet wird, erfolgt über das Kriterium der *Eigenverantwortlichkeit*. Dem Dienstverpflichteten wird vom Dienstberechtigten lediglich der Rahmen der zu erbringenden Dienste vorgegeben. Wie die Dienste im Detail erbracht werden, entscheidet der Dienstverpflichtete aufgrund eigener Sachkunde selbst. Die Abgrenzungskriterien entsprechen weitgehend denen der Abgrenzung zum Werkvertrag[2].

Bei der Abgrenzung von Arbeitnehmerüberlassungs- zu Werk-/Dienstvertrag[3] kommt es immer auf die **gelebte Vertragserfüllung** an, nicht auf den davon abweichenden Vertragsinhalt oder die von den Parteien gewählte Bezeichnung[4]. Die Kriterien der Abgrenzung wurden vornehmlich vom *Bundesarbeitsgericht* (BAG) herausgearbeitet, weil sie vor allem in der arbeitsgerichtlichen Rechtsprechung von Bedeutung sind. Bei der Lektüre entsprechender arbeitsgerichtlicher Entscheidungen und der Bewertung des Ergebnisses ist allerdings immer in den Blick zu nehmen, dass im arbeitsgerichtlichen Verfahren gem. § 46 Abs. 2 ArbGG entsprechend der Regelungen der ZPO der *Beibringungsgrundsatz* gilt und daher Beweislastentscheidungen getroffen werden können.

---

1 BAG v. 25.9.2013 – 10 AZR 282/12, juris, Rz. 17.
2 BAG v. 9.11.1994 – 7 AZR 217/94, NZA 1995, 572; *Hamann* in Schüren/Hamann, § 1 AÜG Rz. 197 ff.
3 Dazu umfassend *Hamann* in Schüren/Hamann, § 1 AÜG Rz. 115 ff. und 230 ff.; *Boemke* in Boemke/Lembke, § 1 Rz. 84 ff.
4 BAG v. 25.9.2013 – 10 AZR 282/12, juris, Rz. 17; BAG v. 18.1.2012 – 7 AZR 723/10, NZA-RR 2012, 455, Rz. 28; LAG Baden-Württemberg v. 1.8.2013 – 2 Sa 6/13, BB 2013, 2809 = NZA 2013, 1017, Rz. 82.

22 **Wesentliche Elemente** eines *Werkvertrags* sind nach der Geschäftsanweisung der Bundesagentur für Arbeit zum Arbeitnehmerüberlassungsgesetz[1]:

- Vereinbarung und Erstellung eines qualitativ individualisierbaren und dem Werkunternehmer zurechenbaren Werkergebnisses;
- unternehmerische Dispositionsfreiheit des Werkunternehmers gegenüber dem Besteller;
- Weisungsrecht des Werkunternehmers gegenüber seinen im Betrieb des Bestellers tätigen Arbeitnehmern, wenn das Werk dort zu erstellen ist;
- Tragen des Unternehmerrisikos, insbesondere der Gewährleistung durch den Werkunternehmer;
- erfolgsorientierte Abrechnung der Werkleistung.

Dagegen kann *gegen* einen Werkvertrag sprechen:

- wenn gleichzeitig oder über einen bestimmten Zeitraum eine Summe von Klein- und Kleinst-„Projekten" vergeben wird (Aufteilung des Gewerks bis zur „Atomisierung", z.B. Schweißnähte, Verputzarbeiten geringen Umfangs im Leistungslohn);
- wenn lediglich die Leistung (nicht erfolgsbezogener) einfacherer Arbeiten benötigt wird (z.B. Schreibarbeiten, Botendienste, einfache Zeichenarbeiten, Maschinenbedienung, Dateneingaben).

23 Zu beachten ist, dass die einzelnen Kriterien im Rahmen einer abschließenden Gesamtbetrachtung zu würdigen sind. Erst aufgrund einer wertenden **Gesamtschau** aller Indizien ergibt sich das Gesamtbild der Arbeitsleistung und kann eine Einordnung unter einen Vertragstypus erfolgen[2].

Beispiel: A verpflichtet sich gegenüber B zur Erbringung von Abbrucharbeiten an allen nicht tragenden Wänden in einem Gebäudekomplex, zu dessen Sanierung B sich gegenüber dem Generalunternehmer G verpflichtet hat. Mitarbeiter des B weisen den Arbeitern des A zu, welche Arbeiten zu erbringen sind. Diese werden von den Mitarbeitern des A selbständig erbracht, allerdings mit Werkzeug des B. Die Abrechnung erfolgt nach Arbeitsstunden.

Für eine Qualifizierung des Vertragsverhältnisses als Nach-(Sub-)Unternehmer und damit Werkvertrag sprechen die vertragliche Festlegung eines konkret beschriebenen Werkes und die selbständige Erfüllung der zugewiesenen Arbeiten. Dies sind so wesentliche Kriterien für die Qualifizierung als Werkvertrag, dass die weiteren Kriterien, die für einen Arbeitnehmerüberlassungsvertrag sprechen, zurücktreten.

24 **Rechtsfolge** der Arbeitnehmerüberlassung **ohne Erlaubnis** nach § 1 AÜG ist nach § 9 Nr. 1 AÜG die Unwirksamkeit der Verträge zwischen Verleiher und Entleiher sowie zwischen Verleiher und Leiharbeitnehmer. In diesem Fall *fingiert* § 10 Abs. 1 S. 1 AÜG ein Arbeitsverhältnis zwischen Entleiher und Leiharbeitnehmer. Dies hat Folgen für den Tatbestand der Beitragsvorenthaltung

---

1 Stand Februar 2014, OS 12 – 7160.4(1), S. 14, abrufbar über die Internetseite der Bundesagentur, krit. gegenüber derartigen Indizien und im Wesentlichen auf die Ergebnisverantwortung abstellend *Schüren*, Vorschläge für eine gesetzliche Regelung zur Eindämmung von Missbräuchen beim Fremdpersonaleinsatz und zur Umsetzung der Leiharbeitsrichtlinie, Stand Februar 2014, S. 11.
2 LSG BW v. 30.3.2012 – L 4 R 2043/10, juris, Rz. 34.

nach § 266a StGB, weil der Entleiher damit in die Rechtsstellung des Arbeitgebers einrückt und somit nach § 28e Abs. 1 S. 1 SGB IV *beitragspflichtig* wird (§ 38 Rz. 78). Die Fiktionswirkung ist ihrem Wortlaut nach beschränkt auf die Arbeitnehmerüberlassung ohne Erlaubnis. Sie ist nicht analog auf eine nach § 1b S. 1 AÜG grundsätzlich unzulässige Arbeitnehmerüberlassung in Betriebe des Baugewerbes anwendbar, wenn der Verleiher über eine Erlaubnis verfügt[1]. Ist der Verleiher nicht im Besitz einer Erlaubnis, wird auch im Falle einer Arbeitnehmerüberlassung in Betriebe des Baugewerbes der Entleiher über die Fiktion des § 10 Abs. 1 S. 1 AÜG Arbeitgeber.

Bei grenzüberschreitender unerlaubter Arbeitnehmerüberlassung führt die Anwendung von § 9 Nr. 1 AÜG, wonach Verträge (auch) zwischen dem (ausländischen) Verleiher und dem Leiharbeitnehmer unwirksam sind, zu Eingriffen in das ausländische Arbeitsverhältnis. Diese sind indes aufgrund der Schutzrichtung des AÜG, das nicht nur den Arbeitnehmer im Blick hat, sondern auch sozial- und ordnungspolitische Zwecke verfolgt, gerechtfertigt, auch soweit kraft der Regelung von § 10 Abs. 1 AÜG ein Arbeitsverhältnis zum deutschen Entleiher fingiert wird[2]. Eine von den Behörden eines Mitgliedstaats der EU ausgestellte Entsendebescheinigung A1 (dazu § 38 Rz. 114) bescheinigt das Bestehen eines Arbeitsverhältnisses in diesem Land. Ist der Leiharbeitnehmer mit einer solchen Bescheinigung ausgestattet, soll diese nach h.M. nicht nur die ihr zugrunde liegenden Tatsachen verbindlich bestätigen[3], sondern auch Wirkung in andere Rechtsgebiete als das Sozialversicherungsrecht entfalten. Nach dieser Auffassung begründet das Prinzip der vertrauensvollen Zusammenarbeit der EU-Mitgliedstaaten einen Ausschluss der Anwendung der Regelungen der §§ 9 Nr. 1, 10 Abs. 1 AÜG auch auf andere Straftatbestände als § 266a StGB[4]. Danach ist die Anwendung von §§ 15, 15a AÜG und §§ 10, 11 SchwarzArbG gesperrt, denn ein fingiertes Arbeitsverhältnis zu dem deutschen Entleiher kann nicht angenommen werden. Es ist allerdings fraglich, ob der EU-Gesetzgeber eine derartig weitreichende Wirkung der A1-Bescheinigung bei Ihrer Schaffung vor Augen gehabt hat, denn ihr Zweck ist allein die Bestimmung des anwendbaren Systems der sozialen Sicherheit.

24a

Die *Verschärfungen* im AÜG führen zu Vermeidungsstrategien auch großer Konzerne. Es ist eine „**Flucht in den Werkvertrag**" zu beobachten, um die gesetzlichen Vorgaben bei der Überlassung von Arbeitnehmern, wie den Gleichstellungsgrundsatz nach § 10 Abs. 4 AÜG, zu vermeiden. Nicht selten werden dabei die Grenzen des rechtlich Zulässigen überschritten und die Ermittlungen ergeben, dass weiterhin Arbeitnehmerüberlassung betrieben wird. Dies zieht die unter Rz. 24 geschilderten Rechtsfolgen nach sich und führt zur Einleitung entsprechender Ermittlungsverfahren. Dabei ist zunehmend zu beobachten, dass sich die vorgeblichen Werkunternehmen (vorsorglich) mit einer Erlaubnis nach § 1 AÜG für den Fall ausstatten, dass das Vorliegen eines Werkvertrages von den Ermittlungsbehörden nicht anerkannt wird. Auch wenn es sich bei der Erlaubnis nach dem AÜG um einen Verwaltungsakt handelt, der nach § 4 AÜG zurückgenommen oder

24b

---

1 BAG v. 13.12.2006 – 10 AZR 674/05, NZA 2007, 751 = BB 2007, 610; s. dazu bereits oben Rz. 19a.
2 *Riederer von Paar* in Schüren/Hamann, Einl. Rz. 677 f.
3 EuGH v. 26.1.2006 – Rs. C-2/05 – Herbosch Klere NV, Nr. 33, Slg. I 2006, 1081 = wistra 2006, 181.
4 *Brors/Schüren*, NZA 2014, 569, 572; *Schrader*, BDZ 6/2012, F37 (F39).

nach § 5 AÜG widerrufen werden muss, um ohne Geltung zu sein, können sich der vorgebliche Werkunternehmer und sein Besteller dann nicht hierauf berufen, wenn sie der äußeren Form nach von der Erlaubnis keinen Gebrauch machen wollen, weil sie als Werkvertragspartner auftreten[1]. Denn diesem Betrieb oder Betriebsteil ist die Erlaubnis nicht erteilt worden. Es kann jedoch nicht geleugnet werden, dass insoweit **gesetzgeberischer Handlungsbedarf** besteht. *Schüren* hat daher vorgeschlagen[2], § 9 Nr. 1 AÜG dahingehend zu ergänzen, dass Verträge zwischen Verleihern und Entleihern sowie zwischen Verleihern und Leiharbeitnehmern nicht nur dann unwirksam sind, wenn der Verleiher nicht die erforderliche Erlaubnis hat, sondern auch dann, wenn bei vorhandener Erlaubnis die Überlassung des Leiharbeitnehmers nicht eindeutig als Arbeitnehmerüberlassung kenntlich gemacht wird.

2. Ordnungswidrigkeiten

25 § 16 AÜG enthält verschiedene *Bußgeldtatbestände*, die die Verletzung von Pflichten nach dem AÜG sanktionieren. Die Tatbestände sind zweigeteilt:

- Bei den Tatbeständen im Zusammenhang mit **illegaler Arbeitnehmerüberlassung** (§ 16 Abs. 1 Nr. 1–1b AÜG; zu § 16 Abs. 1 Nr. 2 AÜG vgl. Rz. 135) sind Bußgeldbehörden die Behörden der *Zollverwaltung*, die entsprechende Verstöße in der Praxis auch aufgreifen. So wurden im Jahr 2013 durch das Hauptzollamt Stuttgart 22 Bußgeldverfahren eingeleitet, denen derartige Verstöße gegen das AÜG zugrunde lagen.
- Soweit sie Verstöße innerhalb des **Verwaltungsverfahrens** zur Erteilung und während der Geltungsdauer einer Erlaubnis betreffen (§ 16 Abs. 1 Nr. 3–8 AÜG; Formalverstöße), ist gem. § 16 Abs. 3 AÜG die *Bundesagentur für Arbeit* für die Verfolgung und Ahndung zuständig.

26 Den – praktisch wichtigen – Bußgeldtatbeständen des § 16 Abs. 1 Nr. 1–1b AÜG ist gemeinsam, dass sie eine illegale Arbeitnehmerüberlassung voraussetzen. Dem häufigen Einwand, es sei ein Werkvertrag zur Ausführung gebracht worden, ist dezidiert zu begegnen. Ergiebigstes **Beweismittel** insoweit sind die Leiharbeitnehmer selbst, die bereits an ihrem Einsatzort von der ermittelnden Bußgeldbehörde detailliert anhand der genannten Kriterien (Rz. 20 ff.) zu der konkreten Ausgestaltung ihrer Tätigkeit zu befragen sind.

Dabei genügt z.B. nicht die Feststellung, dass Arbeitern, die nach dem Wortlaut des Vertrages ein Werk erstellen sollen, von einem Beauftragten der Bestellerfirma *Weisungen* erteilt werden[3]. Vielmehr muss festgestellt werden, dass der Besteller Weisungen arbeitsvertraglicher Natur erteilt hat, ansonsten kann es sich um zulässige Weisungen nach § 645 Abs. 1 S. 1 BGB handeln.

27 Jeder Entschluss des Verleihers, dem Entleiher Leiharbeitnehmer zur Verfügung zu stellen, und jeder Entschluss des Entleihers, solche einzusetzen, bilden eine **selbständige Tat**[4]. Der einheitliche Entschluss, mehrere illegal überlassene Arbeitnehmer am selben Tag einzusetzen, ist demnach als einheitliche

---

1 In diese Richtung auch LAG Bdb. v. 9.1.2013 – 15 Sa 1635/12, ZIP 2013, 840, allerdings begründet über die Rechtsfigur des institutionellen Rechtsmissbrauchs; im Ergebnis ebenso LAG BW v. 3.12.2014 – 4 Sa 41/14.
2 *Schüren*, NZA 2013, 176 (178).
3 BayObLG v. 18.12.1995 – 3 ObOWi 108/95, NStZ-RR 1996, 149 = BB 1996, 1556.
4 OLG Düsseldorf v. 7.4.2006 – IV-2 Ss (OWi) 170/04 – (OWi) 15/06 III, 2 Ss (OWi) 170/04 – (OWi) 15/06 III, NJW 2006, 2647 = NStZ 2007, 291.

Tat i.S. von § 19 OWiG zu werten[1]. – Zu beachten ist auch, dass es sich um **keine Dauerdelikte** handelt, weil die Vertragspflicht des Verleihers gegenüber dem Entleiher mit dem Zur-Verfügung-Stellen der Arbeitnehmer endet[2]. Daher verwirklicht der Verleiher nicht den Bußgeldtatbestand des § 16 Abs. 1 Nr. 1 AÜG, wenn die Leiharbeitnehmer nach deren Überlassung vom Entleiher nicht entsprechend der Grenzen der Erlaubnis des Verleihers eingesetzt werden und der Verleiher nicht für eine unverzügliche Beendigung des Zustandes sorgt[3].

Fahrlässiges Handeln ist ausreichend. Kann z.B. nicht nachgewiesen werden, dass der Betroffene Kenntnis von der Erforderlichkeit einer Erlaubnis hat, liegt regelmäßig fahrlässiges Handeln vor, denn angesichts der hohen Normdichte beim Einsatz von Personal bestehen vor Aufnahme einer entsprechenden Betätigung am Markt besondere Erkundigungspflichten hinsichtlich deren Zulässigkeit. 28

III. Nichtgewährung zwingender Mindestarbeitsbedingungen

1. Grundlagen

Ab 1.1.2015 gilt ein flächendeckender gesetzlicher Mindestlohn für das gesamte Bundesgebiet[4]. Dieser beträgt gem. § 1 **Mindestlohngesetz – MiLoG** ab 1.1.2015 8,50 Euro brutto je Zeitstunde. Der Mindestlohn kann nicht abbedungen werden (§ 3 MiLoG). Nach § 20 MiLoG ist der Arbeitgeber verpflichtet, seinen Arbeitnehmern den Mindestlohn spätestens am letzten Bankarbeitstag des Monats, der auf den Monat folgt, in dem die Arbeitsleistung erbracht wurde, zu zahlen. Gem. § 14 MiLoG sind die Behörden der Zollverwaltung für die Prüfung der Einhaltung der Pflichten des Arbeitgebers nach § 20 MiLoG zuständig. Dabei stehen ihnen nach § 15 MiLoG die Befugnisse nach dem SchwarzArbG zu. Ziel der Einführung eines flächendeckenden gesetzlichen Mindestlohns ist der Schutz der Arbeitnehmer vor unangemessen niedrigen Löhnen und die Stärkung des Wettbewerbs zwischen Unternehmen durch Vermeidung eines Lohnunterbietungswettbewerbs auf dem Rücken der Beschäftigten zugunsten eines Wettbewerbs um die besseren Produkte und Dienstleistungen[5]. 29

Am 24.4.2009 ist das „Gesetz über zwingende Arbeitsbedingungen für grenzüberschreitend entsandte und für regelmäßig im Inland beschäftigte Arbeitnehmer und Arbeitnehmerinnen" (**Arbeitnehmer-Entsendegesetz – AEntG**)[6] in Kraft getreten. Dieses ersetzt das seit 1.3.1996 geltende „Gesetz über zwingende Arbeitsbedingungen bei grenzüberschreitenden Dienstleistungen" 29a

---

1 BayObLG v. 29.6.1999 – 3 ObOWi 50/99, wistra 1999, 476.
2 BAG v. 25.10.2000 – 7 AZR 487/99, NJW 2001, 1516.
3 A.A. BayObLG v. 26.2.1999 – 3 ObOWi 4/99, wistra 1999, 277.
4 Eingeführt durch Art. 1 des G zur Stärkung der Tarifautonomie (TarifautonomiestärkungsG) v. 11.8.2014, BGBl. I 1348.
5 BT-Drs. 18/1558, 2.
6 V. 20.4.2009, BGBl. I 799; dazu *Thüsing*, AEntG, 2010; *Ambs* in Erbs/Kohlhaas A 182 (Stand 10.6.2010); *Schlachter* in Erfurter Komm. zum ArbeitsR (ErfK), 14. Aufl. 2014, Nr. 30; *Kraft* in Gercke/Kraft/Richter, 2. Kap. Rz. 608 ff.

(*AEntG a.F*). Das AEntG sieht Regelungen vor, um *tarifvertragliche Mindestarbeitsbedingungen* für alle Arbeitnehmer einer Branche durch *Allgemeinverbindlicherklärung* oder *Rechtsverordnung* zwingend zu machen. Hierfür ist neben dem MiLoG Raum, denn nach dessen § 1 Abs. 3 gehen die Regelungen des AEntG (und des AÜG) den Regelungen dieses branchenübergreifenden Gesetzes vor, soweit die Höhe der auf seiner Grundlage festgesetzten Branchenmindestlöhne die Höhe des Mindestlohnes nicht unterschreitet. Unterfällt ein Arbeitgeber dem Geltungsbereich eines für zwingend erklärten Tarifvertrages, hat er seinen Arbeitnehmern nach § 8 AEntG mindestens die in dem Tarifvertrag vorgeschriebenen Arbeitsbedingungen zu gewähren.

30 Das **Ziel des Gesetzes** wird in § 1 AEntG umschrieben, in dem als Ziel u.a. die Schaffung und Durchsetzung angemessener Mindestarbeitsbedingungen für grenzüberschreitend entsandte und für regelmäßig im Inland beschäftigte Arbeitnehmer sowie die Gewährleistung fairer und funktionierender Wettbewerbsbedingungen genannt werden. Dem AEntG kommt damit die Aufgabe zu, durch verbindliche Branchenmindestlöhne einen unabdingbaren branchenspezifischen Mindestschutz für die Arbeitnehmer zu gewährleisten.

30a Das AEntG ist Bedenken hinsichtlich seiner *Verfassungsmäßigkeit* ausgesetzt, weil die §§ 7 Abs. 2, 3, 8 Abs. 2 AEntG den staatlich sanktionierten oder vorgeschriebenen Mindestarbeitsbedingungen einen Geltungsvorrang vor abweichenden tarifvertraglichen Regelungen einräumen, worin ein Verstoß gegen die in Art. 9 Abs. 3 GG verankerte Tarifautonomie gesehen wird[1]. Hierauf soll im Rahmen dieser Darstellung nicht näher eingegangen werden, weil es der Strafrechtspraktiker derzeit mit der Feststellung, dass das AEntG geltendes Recht ist, bewenden lassen kann.

31 Das Anliegen des am 23.4.2009 außer Kraft getretenen **AEntG a.F.**, dessen Geltungsdauer als *Ausnahmeregelung* ursprünglich bis zum 1.9.1999 befristet war, war der **Schutz** der deutschen Bauwirtschaft **vor Wettbewerbsverzerrungen** durch den Einsatz ausländischer Arbeitnehmer in Deutschland unter Gewährung der Arbeitsbedingen des Heimatstaates. Insbesondere das zumeist deutlich niedrigere Lohnniveau in diesen Staaten führt nach Auffassung des Gesetzgebers[2] zu sozialen Spannungen und einer Gefährdung der Tarifautonomie sowie einer Verschlechterung der Situation zumindest der Klein- und Mittelbetriebe der deutschen Bauwirtschaft und damit einem Abbau von Arbeitsplätzen.

Daher sollten ausländische Betriebe, die ihr Personal zur Erbringung von Arbeitsleistungen in Deutschland einsetzten, denselben rechtlichen Verpflichtungen unterliegen wie inländische Arbeitgeber. Hierdurch sollten die deutschen Arbeitgeber Gelegenheit haben, sich auf den steigenden Wettbewerbsdruck im europäischen Binnenmarkt einzustellen. Dies und der auf Entsendefälle abhebende Gesetzestitel (*grenzüberschreitende Dienstleistungen*) zeigen, dass das AEntG a.F. ein *Maßnahmeschutzgesetz* gegen Billiglöhne war, obwohl nach § 1 Abs. 1 S. 3 AEntG a.F. auch inländische Arbeitgeber an die Arbeitsbedingungen eines verbindlichen Tarifvertrages gebunden waren.

---

1 *Thüsing*, ZfA 2008, 590; *Willemsen/Sagan*, NZA 2008, 1216; dagegen für Verfassungsmäßigkeit „im Großen und Ganzen" *Bayreuther*, NJW 2009, 2006; *Sittard*, NZA 2009, 346.
2 BT-Drs. 13/2414, 6 f.

32 Im Hinblick auf die Bindung auch inländischer Arbeitgeber wurden die **Branchen**, in denen tarifvertragliche Mindestarbeitsbedingungen zwingend Anwendung finden können, immer mehr **erweitert**. So wurde in den Katalog von § 4 Abs. 1 AEntG z.B. Tarifverträge für Schlachten und Fleischverarbeitung (Nr. 9) zum 1.7.2014 aufgenommen[1], wodurch der Tarifvertrag zur Regelung der Mindestarbeitsbedingungen für Arbeitnehmer in der Fleischwirtschaft vom 13.1.2014 auch für nicht an ihn gebundene Arbeitnehmer Anwendung findet. Von der Geltung des AEntG a.F. waren lediglich die Branchen des Bauhaupt- oder Baunebengewerbes, der Gebäudereinigung und der Briefdienstleistungen erfasst. Durch das Tarifautonomiestärkungsgesetz wurde § 4 Abs. 2 AEntG mit Wirkung vom 16.8.2014 eingefügt, wonach auch Tarifverträge aller anderen als der in Abs. 1 genannten Branchen auf alle unter seinen Geltungsbereich fallenden Arbeitnehmer Anwendung finden können, wenn die Erstreckung im öffentlichen Interesse geboten erscheint, um die in § 1 AEntG genannten Gesetzesziele zu erreichen und dabei insbesondere einem Verdrängungswettbewerb über die Lohnkosten entgegenzuwirken. Als Erstreckungsmechanismen sieht das Gesetz in § 3 AEntG die Allgemeinverbindlicherklärung vor, allerdings nur (noch) für die in § 4 Abs. 1 Nr. 1 AEntG genannte Baubranche, was die Gesetzesmotive mit traditionellen Erwägungen begründen[2]. Im Vordergrund soll zukünftig die Erstreckung durch Rechtsverordnung stehen. Entsprechende Regelungen finden sich in den §§ 7 und 7a AEntG. § 7 AEntG gilt für die in § 4 Abs. 1 AEntG genannten Branchen. Danach kann das Bundesministerium für Arbeit und Soziales eine entsprechende Rechtsverordnung auf gemeinsamen Antrag der Parteien des Tarifvertrages erlassen, wenn dies im öffentlichen Interesse geboten erscheint, um die Ziele des AEntG zu erreichen. Enger sind die Voraussetzungen für den Erlass einer Rechtsverordnung für alle anderen Branchen i.S. von § 4 Abs. 2 AEntG, wenn § 7a Abs. 1 AEntG zusätzlich fordert, dass die Allgemeinverbindlicherklärung insbesondere dazu dienen muss, einem Verdrängungswettbewerb über die Lohnkosten entgegenzuwirken. Voraussetzung ist dabei immer, dass es überhaupt einen *Tarifvertrag* gibt. So werden z.B. Wäschereidienstleistungen im Objektkundengeschäft in § 4 Nr. 6 AEntG erwähnt, der entsprechende Tarifvertrag galt allerdings nur bis zum 31.3.2013.

32a Diese Entwicklung zeigt, dass das AEntG trotz seines anfänglichen Charakters als Maßnahmegesetz mehr denn je als Vehikel zur Durchsetzung gleicher Wettbewerbsbedingungen und angemessener Lohn- und Arbeitsbedingungen verwendet wird, dem neben dem MiLoG als „Auffanggesetz" der Schaffung von Mindestarbeitsbedingungen die wichtige Aufgabe zukommt, branchenspezifische Mindestarbeitsbedingungen festzusetzen, die sich nicht nur auf die Lohnbedingungen beschränken müssen, sondern gem. § 2 AEntG z.B. sich auch auf Urlaub, Arbeitszeit oder Sicherheit, Gesundheitsschutz und die Hygiene am Arbeitsplatz beziehen können.

---

1 Durch die VO über zwingende Arbeitsbedingungen in der Fleischwirtschaft v. 30.7.2014, BAnz AT 31.07.2014 V1.
2 BT-Drs. 18/1558, 50.

33 Häufigster Verstoß gegen die Gewährung tarifvertraglich verbindlicher Arbeitsbedingungen ist indes eine **Unterschreitung** des **Mindestlohnes**. Eine solche ergibt sich durch einen Vergleich des zu zahlenden mit dem tatsächlich gezahlten (Brutto-)Lohn. Bestandteile des Lohnes sind auch Zulagen und Zuschläge, die der Arbeitnehmer für die im Tarifvertrag vorgesehene Normalleistung erhält (die also nicht das Verhältnis zwischen der Leistung des Arbeitnehmers und der von ihm erhaltenen Gegenleistung verändern)[1]. Berücksichtigt werden daher z.B. Zulagen, die im Arbeitsvertrag als Differenz zwischen dem heimischen Lohn und dem geschuldeten Mindestlohn ausgewiesen sind. Unberücksichtigt bleiben dagegen z.B. Akkordprämien, Sonn- und Feiertagszuschläge, Gefahren- und Schmutzzulagen[2], weil sie über die vertypte Normalleistung hinausgehen[3].

Beispiel (nach BGH[4]): Eine GmbH hat sich vertraglich zur Reinigung und Überwachung von Toilettenanlagen in großen Kaufhäusern verpflichtet. Vertragsgegenstand ist es, die Toiletten ständig in einem sauberen und hygienisch einwandfreien Zustand zu halten. Das von der GmbH eingesetzte Aufsichtspersonal erhält lediglich die tatsächliche Putzzeit als Arbeitszeit vergütet, obwohl die Mitarbeiter ständig anwesend sein müssen. Der BGH hat demgegenüber festgestellt, dass die gesamte in der Toilettenanlage zugebrachte Zeit Arbeitszeit und damit vergütungspflichtig sei. Ungeachtet der vertraglich vereinbarten Vergütung finde der Mindestlohn für gewerblich Beschäftigte in der Gebäudereinigung Anwendung, der im Tatzeitraum 7,87 bzw. 8,15 Euro betrug. Bei der geschuldeten Reinigung der Toiletten handele es sich nicht um eine einfache Reinigungstätigkeit („nach Hausfrauenart"), bei der fraglich sei, ob die Mindestlohnregelung Anwendung finde. Geschuldet sei eine professionelle Reinigung, die nur handwerksmäßig zu erfüllen sei. Mithilfe dieser Entscheidung können die häufig im gesamten Bundesgebiet auftretenden Fälle ausbeuterischer Arbeitsbedingungen bei Toilettenpersonal in Raststätten und Kaufhäusern in Zukunft wirksamer bekämpft werden.

33a Für die Prüfung der Einhaltung der Pflichten eines Arbeitgebers nach § 8 AEntG, also insbesondere der Gewährung des Mindestlohns, sind gem. § 16 AEntG die Behörden der Zollverwaltung zuständig, denen in § 17 AEntG das Prüfungsinstrumentarium des SchwarzArbG an die Hand gegeben wird.

2. Ordnungswidrigkeiten

34 **a)** Das **AEntG** sieht zur Sanktionierung der von ihm geschaffenen Pflichten in § 23 AEntG lediglich **Bußgeldtatbestände** vor. Im Vergleich zur Vorgängerregelung des § 5 AEntG a.F. haben sich dabei inhaltlich wenige Änderung ergeben. Die Bußgeldtatbestände sind – wie bei § 16 AÜG (Rz. 25 ff.) – *zweigeteilt*:

- § 23 Abs. 1 Nr. 1 und Abs. 2 AEntG beinhaltet Verstöße gegen die Pflicht zur Gewährung verbindlicher tarifvertraglicher Arbeitsbedingungen (*materielle Pflichtverstöße*),
- § 23 Abs. 1 Nr. 2–9 AEntG sanktioniert dagegen *formale Verstöße* gegen die umfangreichen Pflichten vornehmlich des Arbeitgebers, Kontrollen hin-

---

1 EuGH v. 14.4.2005 – Rs. C-341/02, NZA 2005, 573.
2 A.A. BayObLG v. 28.5.2002 – 3 ObOWi 29/02, NStZ-RR 2002, 279 = wistra 2002, 395.
3 Vgl. dazu *Rzepka* in Ignor/Rixen, § 7 Rz. 17.
4 BGH v. 12.9.2012 – 5 StR 363/12, NJW 2012, 3385.

sichtlich der Einhaltung der Regeln des AEntG zuzulassen, z.B. durch Duldung von Prüfungen und Aufbewahrung von Unterlagen.

Nach § 23 Abs. 2 AEntG handelt daneben ordnungswidrig, wer **Werk-** oder **Dienstleistungen** in *erheblichem Umfang*[1] ausführen lässt, indem er als Unternehmer einen anderen Unternehmer beauftragt, von dem er weiß oder fahrlässig nicht weiß, dass dieser entweder selbst oder ein von ihm eingesetzter Nachunternehmer bei der Erfüllung des Auftrages verbindliche tarifvertragliche Arbeitsbedingungen nicht gewährt. Grund für die Sanktionierung auch des Auftraggebers für Mindestlohnverstöße seiner Nachunternehmer ist, dass in einem für das Funktionieren der Wirtschafts- und Sozialordnung wichtigen Bereich die Verantwortung für die Gewährung der Mindestarbeitsbedingungen aus der Hand gegeben wird und der Auftraggeber zumeist der eigentliche Gewinner eines von seinem Nachunternehmer betriebenen Lohndumpings ist. Denn dieser wird seine Leistung im Regelfall günstiger anbieten als sie der Auftraggeber unter Verwendung eigenen Personals erbringen könnte. Aufgrund dieser Ausgangslage besteht für den Auftraggeber eine erhöhte Pflicht, seinen *Nachunternehmer* sorgfältig auszuwählen und bei Anhaltspunkten für einen Verstoß gegen die Pflichten des AEntG unverzüglich Maßnahmen zur Beendigung dieses Zustandes zu treffen, insbesondere eine Kündigung des Vertragsverhältnisses vorzunehmen[2]. Ansonsten ist von einem zumindest fahrlässigen Verstoß i.S. der Bußgeldnorm auszugehen.

Zuständig für die Verfolgung und Ahnung der Bußgeldtatbestände sind nach § 23 Abs. 4 AEntG die Behörden der Zollverwaltung. Der Bußgeldrahmen beträgt bei materiellen Pflichtverstößen Geldbuße bis zu fünfhunderttausend Euro (§ 23 Abs. 3 AEntG).

Schwerpunkt der Ermittlungstätigkeit ist dabei der Tatbestand des § 23 Abs. 1 Nr. 1 AEntG (§ 5 Abs. 1 Nr. 1 AEntG a.F.) in Form der Nichtgewährung tarifvertraglicher Mindestlöhne durch ausländische Arbeitgeber. Dies ist vor dem Hintergrund nachvollziehbar, dass ausländische Arbeitgeber ihren *Wettbewerbsvorteil*, über den sie aufgrund des niedrigeren Lohnniveaus in ihrem Heimatstaat verfügen und der ihr „Kapital" darstellt, nicht ohne Weiteres aufgeben wollen.

Daneben sanktionieren die Behörden der Zollverwaltung auch in nicht geringer Zahl nach § 23 Abs. 1 Nr. 5–9 AEntG Verstöße gegen die in § 18 AEntG niedergelegten *Meldepflichten* (§ 3 Abs. 1, 2 AEntG a.F.) und die *Dokumentations- und Aufbewahrungspflichten* gem. § 19 AEntG (§ 2 Abs. 2a AEntG a.F.) als Grundlagen für die ihnen nach § 16 AEntG übertragene Prüfung der Einhaltung der Pflichten des Arbeitgebers.

b) Konsequenterweise sind die Behörden der Zollverwaltung nach § 21 Abs. 4 i.V. mit § 14 MiLoG auch für die Verfolgung und Ahnung der Bußgeldtatbestände des § 21 MiLoG zuständig. Auch diese Bußgeldtatbestände lassen

---

1 Dazu *Rzepka* in Ignor/Rixen, § 7 Rz. 85 (mindestens 20 000 Euro).
2 Zu dem Maßstab der Sorgfaltspflicht vgl. *Aulmann*, NJW 2012, 2074; wesentlich großzügiger dagegen AG München v. 30.12.2010 – 1112 OWi 298 Js 35029/10, BB 2011, 2493 m. zust. Anm. *Rieble*.

sich in die zugrunde liegende Verletzung materieller Pflichten (§ 21 Abs. 1 Nr. 9, § 21 Abs. 2) durch die Nichtgewährung des Mindestlohns und formale Verstöße (§ 21 Abs. 1 Nr. 1–8) einteilen. Gem. § 21 Abs. 3 MiLoG kann auch hier bei materiellen Pflichtverstößen durch die Nichtgewährung des Mindestlohns eine Geldbuße bis zu fünfhunderttausend Euro verhängt werden.

38 c) Probleme bei der **Verfolgung** von Ordnungswidrigkeiten bereitet immer wieder, dass die Verantwortlichen ausländischer Unternehmen oder diese selbst (§ 30 OWiG[1]) im Zeitraum der Durchführung des Bußgeldverfahrens nicht mehr *greifbar* sind. Regelmäßig erscheinen Vertreter dieser Firmen lediglich dann noch vor Gericht, wenn sie weiterhin am deutschen Markt tätig sein wollen.

39 Schwierigkeiten bereitet in der Praxis auch der **Nachweis der** den Arbeitnehmern gewährten **Lohnbedingungen**. Die geführten *Stundenaufzeichnungen* werden vielfach so weit nach unten korrigiert, dass der gezahlte Monatslohn dem tarifvertraglich festgesetzten Stundenlohn entspricht. So wird z.B. behauptet, dass ein Zweischichtbetrieb stattfindet. Entsprechende Angaben sind jedoch insbesondere bei Arbeitnehmern ausländischer Firmen zu hinterfragen, weil sie der Lebenserfahrung widersprechen. Gerade ausländische Arbeitnehmer, die für einen begrenzten Zeitraum in Deutschland arbeiten und ohne soziale Bindungen im Inland sind, sind bemüht, soviel wie möglich zu arbeiten, um ein ausreichendes Einkommen zum Unterhalt ihrer Familien im Heimatland zu erzielen. So sind Samstagsarbeit und 240 Monatsarbeitsstunden eher die Regel als eine Ausnahme. Feststellungen zu den tatsächlich geleisteten Arbeitsstunden lassen sich am ehesten durch eine möglichst frühzeitige und detaillierte *Vernehmung der Arbeitnehmer* treffen.

40 Durch die Neufassung des Gesetzestitels des AEntG wird nunmehr auch hinreichend deutlich, dass das Gesetz Relevanz **auch für inländische** Arbeitgeber entfaltet.

Das BayObLG hatte angesichts des vollständigen Titels des AEntG a.F. („*Gesetz über zwingende Arbeitsbedingungen bei grenzüberschreitenden Dienstleistungen*") angenommen, dass dies für den Durchschnittsbürger nicht zu erkennen war, und ging bei einem inländischen Bauherrn, der inländische Arbeitnehmer zu untertariflichen Bedingungen beschäftigte, von einem unvermeidbaren *Verbotsirrtum* aus[2].

41 Ordnungswidrigkeiten nach § 23 Abs. 1 Nr. 1 AEntG *treffen* rechtlich nicht selten mit **Straftaten** nach § 266a Abs. 1, 2 StGB zusammen. Denn nach dem in § 22 SGB IV verankerten Entstehungsprinzip (Anspruchsprinzip; § 38 Rz. 126) bemessen sich die Beitragsansprüche der Versicherungsträger nach dem vom Arbeitgeber geschuldeten Entgelt, nicht nach dem tatsächlich Zugeflossenen. Weil der verbindliche Mindestlohn geschuldet wird, bemessen sich die Beiträge danach und nicht nach dem tatsächlich ausbezahlten (niedrigeren) Stundenlohn. Soweit der Arbeitgeber zumindest billigend in Kauf nimmt, dass durch die Zahlung des niedrigeren Stundenlohnes angefallene *Sozialversiche-*

---

1 Zu den Anforderungen an die tatsächlichen Feststellungen bei Verstoß gegen das AEntG bei Festsetzung einer Geldbuße gegen eine juristische Person OLG Hamm v. 5.7.2000 – 2 Ss OWi 462/00, wistra 2000, 433.
2 BayObLG v. 13.10.1999 – 3 ObOWi 88/99, NStZ 200, 148 = wistra 2000, 117.

rungsbeiträge nicht abgeführt werden, ist der Tatbestand der *Beitragsvorenthaltung* gegeben. Gleiches gilt bei einer Ordnungswidrigkeit nach § 21 Abs. 1 Nr. 9 MiLoG.

Mit den Ordnungswidrigkeiten wegen des Verstoßes gegen die Zahlung des Mindestlohnes bilden die Beitragsstraftaten **keine einheitliche Tat** im prozessualen Sinn nach § 264 Abs. 1 StPO. Denn die Nichtgewährung des Mindestlohnes einerseits und die Nichtabführung von Arbeitnehmerbeiträgen und die Täuschung über sozialversicherungsrechtliche Tatsachen in den monatlich abzugebenden Beitragsnachweisen andererseits stellen gegenüber den zuständigen Einzugsstellen bei natürlicher Betrachtungsweise keinen *einheitlichen Lebensvorgang* dar. Sie sind Ausdruck zweier rechtlich voneinander unabhängiger Pflichten, durch deren Beachtung unterschiedliche Rechtsgüter geschützt werden. Die Pflicht zur Leistung von Sozialversicherungsbeiträgen ergibt sich aus der dem öffentlichen Recht zugehörigen Vorschrift des § 28e Abs. 1 SGB IV, die Pflicht zur Zahlung des Lohnes hingegen aus dem Arbeitsverhältnis[1]. Daher kann die Zollverwaltung Ordnungswidrigkeiten nach dem AEntG auch verfolgen, wenn die Staatsanwaltschaft wegen des Verdachts der Beitragsvorenthaltung ermittelt. Dagegen ist von einer prozessualen Tat der Mindestlohnordnungswidrigkeit zu Straftatbeständen, die die Beschäftigung zu niedrigen Lohnbedingungen voraussetzen, wie Lohnwucher § 291 StGB und § 10 SchwarzArbG, auszugehen. 42

Nicht selten erlässt die Behörde keinen Bußgeldbescheid, sondern einen **Verfallsbescheid** nach §§ 29a Abs. 2, 87 Abs. 3, Abs. 6 OWiG im *selbständigen Verfahren* nach Abs. 4 gegen das Unternehmen, das den Mindestlohn nicht gewährt hat. Dabei können nach § 29a Abs. 3 OWiG Umfang und Wert des Erlangten geschätzt werden, was aufgrund der Unzuverlässigkeit der von Verantwortlichen der betroffenen Firmen geführten Aufzeichnungen von praktischer Relevanz ist (zu den gängigen Schätzungsmethoden § 38 Rz. 250). Der selbständige Verfallsbescheid steht gem. § 87 Abs. 3 S. 2 OWiG einem Bußgeldbescheid gleich. Daher findet auch § 74 Abs. 2 OWiG Anwendung, wonach ein Einspruch auch gegen einen selbständigen Verfallsbescheid verworfen werden kann, wenn der Betroffene bzw. dessen Vertreter ohne genügende Entschuldigung im *Hauptverhandlungstermin ausbleibt*, obwohl er von der Verpflichtung zum Erscheinen nicht entbunden war[2]. 43

Bei einer Mindestlohnunterschreitung kann im Wege des Verfalls nach § 29a Abs. 2 OWiG das Erlangte abgeschöpft werden. Unmittelbar aus der Tat des § 23 Abs. 1 Nr. 1 AEntG und § 21 Abs. 1 Nr. 9 MiLoG erlangt der Arbeitgeber die ungeteilte Arbeitsleistung des Arbeitnehmers (Lohn gegen Arbeit). Bei der 43a

---

1 BGH v. 15.3.2012 – 5 StR 288/11, BGHSt 57, 175 = NStZ 2012, 461; bejaht auch im Vorlagebeschluss des OLG Braunschweig v. 2.5.2012 – Ss (OWi) 72/11; a.A. LG Freiburg v. 16.7.2007 – 3 Qs 64/07 OWi; der Beschl. OLG Oldenburg v. 9.4.2009 – 300 SsBS 48/09, NdsRpfl. 2009, 395 bezieht sich auf das Konkurrenzverhältnis zu einem fahrlässigen Verstoß gegen die Beitragsabführungspflicht, der nicht strafbar ist.
2 OLG Stuttgart v. 16.4.2007 – 2 Ss 120/07, 2 Ss 120/2007, wistra 2007, 279; a.A *Gürtler* in Göhler, § 87 OWiG Rz. 27.

Bemessung des Wertes des Erlangten gilt das Bruttoprinzip. Einer Ansicht zufolge[1] entspricht dem Wert des Erlangten nur die Differenz zwischen dem gesetzlichen Mindestlohn und dem tatsächlich gezahlten Lohn. Sinn und Zweck der Regelungen des AEntG sind nach dessen § 1 jedoch nicht nur die Schaffung und Durchsetzung angemessener Mindestarbeitsbedingungen, sondern auch die Gewährleistung fairer und funktionierender Wettbewerbsbedingungen. Um den Vorteil abschöpfen zu können, den ein Unternehmer erzielt, der seine Arbeitnehmer nicht entsprechend dem verbindlichen Mindestlohnniveau bezahlt, führt eine konsequente Anwendung des Bruttoprinzips zur Abschöpfung des Wertes des gesamten Lohnanspruchs der Arbeitnehmer[2]. Eventuell auftretende unzumutbare Belastungen können über die Härtevorschrift des § 73c StGB ausgeglichen werden.

B. Illegale Ausländerbeschäftigung

Schrifttum: *Fritz/Vormeier,* Gemeinschaftskommentar zum Aufenthaltsgesetz, Loseblatt (zit.: GK, § ... AufenthG); *Gagel,* SGB III, Loseblatt; Gemeinschaftskommentar zum Arbeitsförderungsrecht, Loseblatt (zit.: GK, § ... SGB III); *Hailbronner,* Ausländerrecht, Loseblatt; *Renner/Bergmann/Dienelt,* Ausländerrecht, 10. Aufl. 2013; *Storr/Wenger/Eberle/Albrecht/Harms,* Kommentar zum Zuwanderungsrecht, 2. Aufl. 2008.

I. Grundzüge des Erwerbstätigkeitsrechts

44 Dreh- und Angelpunkt der illegalen Ausländerbeschäftigung ist die Frage, ob eine gültige **Erlaubnis zur** Ausübung einer **Erwerbstätigkeit** vorliegt[3]. Der Begriff der Erwerbstätigkeit bestimmt sich unter der Geltung des Aufenthaltsgesetzes *(AufenthG)*[4] nach § 2 Abs. 2 AufenthG[5]. Danach unterfallen der Erwerbstätigkeit die *selbständige Tätigkeit* und die *Beschäftigung i.S. von § 7 SGB IV* (dazu § 38 Rz. 36, 49). Eine Reihe von Straftatbeständen (z.B. §§ 10, 11 SchwarzArbG) und Bußgeldtatbeständen (z.B. § 404 Abs. 1, 2 Nr. 3, 4 SGB III, § 98 Abs. 2a, 3 AufenthG) setzt bei der Prüfung der Tatbestandsmäßigkeit eines Verhaltens die Klärung voraus, ob einem Ausländer die Ausübung einer Erwerbstätigkeit gestattet ist.

45 Das **Rechtsgut**, das mit der Einhaltung der Vorschriften des Erwerbstätigkeitsrechts geschützt werden soll, ist die Erhaltung eines *funktionierenden inländischen Arbeitsmarktes*, auf dem deutsche Arbeitnehmer und ihnen gleichgestellte Ausländer einen Vermittlungs- und Beschäftigungsvorrang genießen, durch Steuerung und Begrenzung der Erwerbstätigkeit ausländischer Arbeit-

---

1 OLG Stuttgart v. 5.9.2002 – 5 Ss 358/01, juris.
2 OLG Düsseldorf v. 30.8.2013 – IV - 1 WS 13/13, NStZ 2014, 339.
3 Zum ErwerbstätigkeitsR allg. *Mosbacher* in A/R, 12. Teil Kap. 4; *Bieback* in Gagel, Vorbem. zu § 284 SGB III; *Greeve* in Greeve/Leipold, §§ 28 ff.; *Mosbacher* in Ignor/Rixen, § 4; *Richtarsky* in W/J, Kap. 19 Abschn. D.
4 V. 30.7.2004, BGBl. I 1950, i.d.F. der Bek. v. 25.2.2008, BGBl. I 162.
5 Vgl. zu dem davon unter der Geltung des AuslG abweichenden Begriffes der Erwerbstätigkeit § 12 der DurchführungsVO zum AuslG.

nehmer[1]. Gem. § 4 Abs. 3 S. 1 AufenthG dürfen Ausländer eine Erwerbstätigkeit nur ausüben, wenn der Aufenthaltstitel sie dazu berechtigt. Die Erwerbstätigkeit von Ausländern unterliegt damit einer grundsätzlichen *Erlaubnispflicht*. Die Erlaubnis kann nach § 39 Abs. 1 AufenthG grundsätzlich nur mit Zustimmung der Bundesagentur für Arbeit erteilt werden. Ausnahmen hiervon sieht die (am 1.7.2013 in Kraft getretene) Beschäftigungsverordnung – BeschV[2] vor, z.B. für Hochqualifizierte (zur BeschV vgl. Rz. 56). Ausländer werden jedoch gesetzlich nicht alle gleich behandelt.

a) Vom Anwendungsbereich des AufenthG und damit der Erlaubnispflicht *ausgenommen* sind nach § 1 Abs. 2 Nr. 1 AufenthG **Bürger der EU**. Diese benötigen grundsätzlich keine Erwerbstätigkeitserlaubnis, weil das EU-Recht weitgehende Freiheiten gewährt, so die *Freizügigkeit von Arbeitnehmern* (Art. 45 AEUV), die *Niederlassungsfreiheit* (Art. 49 AEUV) und den *freien Dienstleistungsverkehr* (Art. 56 AEUV).

46

Das **Freizügigkeitsgesetz/EU**[3], das die Freizügigkeitsrechte im nationalen Recht regelt und ausgestaltet, gilt nach dessen § 12 auch für Staatsangehörige der *EWR-Staaten*. Dadurch erhalten die Bürger von Island, Liechtenstein und Norwegen Freizügigkeitsrechte, die mit denen innerhalb der EU vergleichbar sind.

47

Beispiel: Ein Zimmermann aus Österreich darf ebenso wie einer aus Liechtenstein in Deutschland mit einer Haupt- oder Zweigniederlassung seines Unternehmens einer wirtschaftlichen Tätigkeit nachgehen. Er darf seine Werkleistungen vom Sitz in Österreich (oder Vaduz) grenzüberschreitend durch vorübergehenden Aufenthalt in Deutschland erbringen. Schließlich ist er berechtigt, seine Arbeitskraft als Arbeitnehmer in Deutschland ansässigen Firmen anzubieten und für diese zu arbeiten.

b) **Einschränkungen** bei der Ausübung einer Erwerbstätigkeit bestehen bei den sog. **Beitrittsstaaten**[4]. Beitrittsstaat ist mit Stand 1.1.2014 lediglich noch die nach dem Vertrag vom 9.12.2011[5] am 1.7.2013 der EU beigetretene Republik Kroatien, nachdem die mit Vertrag vom 16.4.2003[6] zum 1.5.2004 der EU beigetretenen *Staaten* (Tschechische Republik, Republik Estland, Republik Lettland, Republik Litauen, Republik Ungarn, Republik Polen, Republik Slowenien und die Slowakische Republik) sowie die mit Vertrag vom 25.4.2005[7] zum 1.1.2007 beigetretenen Republiken *Bulgarien* und *Rumänien* inzwischen Vollmitgliedschaft erlangt haben, die beiden letztgenannten Staaten erst zum 1.1.2014. Kroatische Staatsangehörige genießen in Deutschland derzeit noch keine Arbeitnehmerfreizügigkeit, d.h. sie bleiben für die Ausübung einer ab-

48

---

1 BT-Drs. 13/4941, 206.
2 VO über die Beschäftigung von Ausländerinnen und Ausländern v. 6.6.2013, BGBl I 1499; sie vereint auch den Regelungsbereich der nunmehr aufgehobenen BeschäftigungsverfahrensVO in sich.
3 V. 30.7.2004, BGBl. I 1950.
4 Ausf. hierzu *Solka*, ZAR 2008, 87 ff.
5 BGBl. II 2013, 586.
6 BGBl. II 2003, 1408.
7 BGBl. II 2006, 1146.

hängigen Beschäftigung für einen inländischen Arbeitgeber grundsätzlich arbeitserlaubnispflichtig.

49 Die Einschränkungen sind/waren jedoch nach den Beitrittsverträgen **zeitlich befristet**. Gerechnet vom jeweiligen Beitrittszeitpunkt an ist die Arbeitnehmerfreizügigkeit zunächst für zwei Jahre ausgesetzt, wenn nicht eine explizite Öffnung des Arbeitsmarktes erfolgt (1. Phase). Sodann kann nach einer Überprüfung die Beschränkung der Arbeitnehmerfreizügigkeit nach einer Mitteilung an die EU-Kommission um weitere drei Jahre verlängert werden (2. Phase). Schließlich kann eine letztmalige Verlängerung im Falle schwerwiegender Störungen des Arbeitsmarktes oder der Gefahr derartiger Störungen erfolgen (3. Phase). Diese gestufte Aufhebung der Beschränkungen bei der Arbeitnehmerfreizügigkeit bezeichnet man als *2+3+2-Regelung oder -Modell*.

50 *Deutschland* hat neben Österreich für sämtliche oben genannte Länder die **drei Phasen** vollständig ausgeschöpft. Die Bundesregierung hat dies unter Hinweis auf die hohe Arbeitslosenquote in Deutschland begründet und ist dafür mit dem Stichwort „Abschottungspolitik" heftig kritisiert worden.[1] Auch im Hinblick auf den Beitrittsstaat Kroatien haben Deutschland und Österreich als einzige EU-Mitgliedstaaten die Arbeitnehmerfreizügigkeit in der 1. Phase zunächst bis 30.6.2015 beschränkt. Konsequenz der Einschränkungen ist, dass das FreizügG/EU nach dessen § 13 nur Anwendung findet, wenn eine Arbeitserlaubnis-EU i.S. von § 284 Abs. 1 SGB III erteilt wurde.

51 **Beschränkungen** bestehen auch bei der **Dienstleistungsfreiheit**. Diese umfasst das Recht von Unternehmern, gewerbliche, kaufmännische und freiberufliche Tätigkeiten in einem EU-Mitgliedstaat anzubieten, ohne am Ort der Leistungserbringung einen Firmensitz gründen zu müssen. Die Beschränkung gilt jedoch nur für den Unternehmer, der Arbeitnehmer bei seiner Tätigkeit einsetzt, nicht für Selbständige, die allein arbeiten. Die Dienstleistungsfreiheit ist für den Beitrittsstaat Kroatien im Baugewerbe einschließlich verwandter Wirtschaftszweige sowie auf den Gebieten der Reinigung von Gebäuden, Inventar und Verkehrsmitteln und der Innendekoration beschränkt. Durch die Aufnahme des Bau- und Reinigungsgewerbes sind besonders empfindliche Sektoren von hoher praktischer Relevanz betroffen.

Eine Beschäftigung von Arbeitnehmern kann insoweit nur aufgrund bilateraler Regierungsvereinbarungen zur Entsendung von Personal im Rahmen von Werk- oder Dienstverträgen erfolgen (Rz. 136 ff.). Auch die Einschränkungen der Dienstleistungsfreiheit unterliegen der 2+3+2-Regelung.

In den übrigen Sektoren können Unternehmen mit Sitz in dem Beitrittsstaat Kroatien ihre Arbeitnehmer ohne Erteilung einer Arbeitserlaubnis-EU nach Deutschland entsenden.

---

[1] Antrag verschiedener Abgeordneter und der Fraktion BÜNDNIS 90/DIE GRÜNEN v. 16.9.2008 auf Herstellung voller Arbeitnehmerfreizügigkeit ab 2009, BT-Drs. 16/10237; Antrag der Fraktion der FDP und weiterer Abgeordneter v. 23.9.2008 auf sofortige und unbeschränkte Gewährung der EU-Arbeitnehmerfreizügigkeit, BT-Drs. 16/10310.

Beispiel: Ein EDV-Betrieb schließt mit einem deutschen Unternehmen einen Werkvertrag über die Installation einer Computeranlage. Die aus Kroatien entsandten Arbeitnehmer benötigen keine Arbeitserlaubnis.

Gegenbeispiel: Ein Fliesenleger, der mit einem deutschen Unternehmen einen Werkvertrag zur Ausführung von Arbeiten auf einem Bauvorhaben in einer deutschen Stadt abschließt, kann diesen lediglich in seiner Person als Unternehmer ausführen. Seine kroatischen Arbeitnehmer benötigen eine Arbeitserlaubnis-EU, erhalten eine solche jedoch nicht erteilt (dazu Rz. 53).

Demgegenüber bestehen/bestanden für die Beitrittsstaaten in Bezug auf die **Niederlassungsfreiheit** keine Übergangsregelungen, sodass diese bereits mit dem Beitritt in vollem Umfang eingeräumt wurde. Die Niederlassungsfreiheit umfasst das Recht zur Aufnahme und Ausübung selbständiger Erwerbstätigkeiten sowie zur Gründung und Leitung von Unternehmen, Zweigniederlassungen oder Tochtergesellschaften durch Angehörige eines Mitgliedstaates im Hoheitsgebiet eines anderen Mitgliedstaates. Nationale Bestimmungen z.B. des Arbeits- und Steuerrechts sowie Qualifikationsanforderungen z.B. der Gewerbe- und Handwerksordnung sind jedoch zu beachten. 52

Beispiel: Ein kroatisches Gebäudereinigungsunternehmen gründet eine selbständige Zweigniederlassung zur Erbringung von Reinigungsarbeiten auf deutschen Großbaustellen. Werden dabei jedoch kroatische Arbeitnehmer eingesetzt, benötigen diese aufgrund der noch nicht verwirklichten Arbeitnehmerfreizügigkeit eine Arbeitserlaubnis-EU, die jedoch nicht erteilt werden kann (dazu Rz. 53).

Nach § 284 Abs. 3 SGB III wird die **Arbeitserlaubnis-EU** nach Maßgabe des § 39 Abs. 2–4 und 6 AufenthG erteilt, d.h. die Bundesagentur für Arbeit wendet die dort niedergelegten Grundsätze für die Zustimmung zur Erteilung einer Aufenthaltserlaubnis entsprechend auf den Fall der Erteilung der Aufenthaltserlaubnis-EU (ohne Aufenthaltstitel) an. Nach § 284 Abs. 4 SGB III kann bei Ausländern aus den Beitrittsstaaten, die ihren Wohnsitz oder gewöhnlichen Aufenthalt im Ausland haben und eine Beschäftigung, die *keine qualifizierte Berufsausbildung* voraussetzt, im Inland aufnehmen wollen, eine Arbeitserlaubnis-EU nur erteilt werden, wenn dies durch zwischenstaatliche Vereinbarung bestimmt oder aufgrund einer Rechtsverordnung zulässig ist. Erleichterungen für die Erteilung der Arbeitserlaubnis-EU sieht insoweit die *Arbeitsgenehmigungsverordnung* – ArGV[1] vor. So bedürfen nach § 12e ArGV **Saisonbeschäftigte** in der Land- und Forstwirtschaft, im Hotel- und Gaststättengewerbe, in der Obst- und Gemüseverarbeitung sowie in Sägewerken für eine Beschäftigung von mindestens 30 Stunden wöchentlich bei durchschnittlich mindestens sechs Stunden arbeitstäglich bis zu insgesamt sechs Monaten im Kalenderjahr keiner Arbeitserlaubnis-EU (sehr praxisrelevant!). Zur leichteren Gewinnung von Fachkräften aus den Beitrittsstaaten sieht z.B. § 12b ArGV vom Erfordernis einer Arbeitserlaubnis-EU ab bei Fachkräften, die eine Hochschulausbildung oder eine vergleichbare Qualifikation besitzen und entsprechend eingesetzt werden. 53

c) Türkische Staatsangehörige können auf der Grundlage des *Abkommens zur Gründung einer Assoziation zwischen der Europäischen Wirtschaftsgemein-* 54

---

[1] V. 17.9.1998, BGBl. I 2899, zul. geänd. durch G. v. 17.6.2013, BGBl. I 1555.

schaft und der Türkei vom 12.9.1963 (Assoziationsabkommen)[1] sowie des *Beschlusses Nr. 1/80 des Assoziationsrats EWG/Türkei vom 19.9.1980*[2] und der Rechtsprechung des EuGH[3] ein Recht auf Aufenthalt und Arbeit entsprechend EU-Bürgern haben, wie dies auch in § 4 Abs. 1 S. 1 AufenthG hervorgehoben ist. Auch kann von türkischen Staatsangehörigen für die Einreise nach Deutschland kein Visum verlangt werden, wenn sie für ein in der Türkei ansässiges Unternehmen Dienstleistungen erbringen wollen[4]. Praxisrelevanz hat dies vor allem für türkische Fernfahrer. Die Sonderstellung türkischer Staatsangehöriger hängt mit dem Inhalt des Assoziationsabkommens und dem darauf beruhenden Art. 41 Abs. 1 des Zusatzprotokolls vom 23.11.1970[5] (sog. Stillhalteklausel) zusammen.

54a Diese **Stillhalteklausel** ist darauf gerichtet, *günstige Bedingungen* für eine schrittweise Verwirklichung des Niederlassungsrechts türkischer Staatsbürger zu schaffen, indem sie den EU-Mitgliedstaaten verbietet, durch eine Verschärfung der zu einem bestimmten Zeitpunkt bestehenden Bedingungen neue Hindernisse für die Ausübung dieser Freiheit einzuführen[6]. Die Rechtsprechung des EuGH zielt tendenziell darauf ab, die Rechtsstellung türkischer Staatsbürger im Rahmen des Assoziationsrechts zu verbessern. Im Hinblick auf die Arbeitnehmerfreizügigkeit bedeutet dies, dass die Grundsätze, die das Gemeinschaftsrecht für die Freizügigkeit von Unionsbürgern hervorgebracht hat, so weit wie möglich auf türkische Staatsangehörige, die die im Beschluss Nr. 1/80 eingeräumten Rechte besitzen, zu übertragen sind[7]. Als Arbeitnehmer i.S. von Art. 6 Abs. 1 des Beschlusses Nr. 1/80 und damit aufenthaltsberechtigt gilt folgerichtig auch, wer im Inland lediglich eine geringfügige Beschäftigung ausübt[8]. Dagegen umfasst der Begriff des freien Dienstleistungsverkehrs in Art. 41 Abs. 1 VO (EWG) Nr. 2760/72 nicht die Freiheit türkischer Staatsangehöriger, sich als **Dienstleistungsempfänger** in einen Mitgliedstaat zu begeben, um dort eine Dienstleistung in Anspruch zu nehmen[9]. Aufgrund der komplexen Regelungsmaterie erfordert die Prüfung der Strafbarkeit von türkischen Staatsangehörigen in diesem Zusammenhang eine eingehende Beschäftigung mit der Rechtslage.

55 d) Ausländer mit anderen Staatsbürgerschaften (sog. **Drittstaatler**) benötigen nach § 4 Abs. 2, 3 AufenthG *regelmäßig* eine von deutschen Behörden ausgestellte Erwerbstätigkeitserlaubnis, wenn sie in Deutschland arbeiten wollen.

---

1 BGBl. II 1964, 509.
2 ANBA 1981, 4.
3 EuGH v. 20.9.1990 – Rs. C-192/89 – Sevince, Slg. 1990, I-3497.
4 EuGH v. 19.2.2009 – Rs. C-228/06 – Soysal, ZAR 2009, 139; dazu *Dienelt*, ZAR 2009, 182; *Welte*, ZAR 2009, 249; *Hailbronner*, NStZ 2009, 760.
5 BGBl. II 1972, 385.
6 EuGH v. 21.7.2011 – Rs. C-186/10 – Oguz/Secretary of State for the Home Department, NVwZ 2011, 1447.
7 Instruktiv zum Ganzen *Hailbronner*, ZAR 2011, 322.
8 BVerwG v. 19.4.2012 – 1 C 10/11, NVwZ 2012, 1628 = ZAR 2012, 437 m. Anm. *Pfersich*, S. 440.
9 EuGH v. 24.9.2013 – Rs. C-221/11 – Demirkan/BRD, NVwZ 2013, 1465.

Von anderen EU-Staaten ausgestellte entsprechende Genehmigungen können eine Erwerbstätigkeit in Deutschland nicht erlauben.

Allerdings ist darauf zu achten, dass durch das Erfordernis einer deutschen Erwerbstätigkeitserlaubnis bei zum Stammpersonal eines *Unternehmens mit Sitz in einem EU-Staat* gehörenden Drittstaatlern, die zur Erbringung einer Dienstleistung gem. Art. 57 AEUV nach Deutschland einreisen, keine stärkere Belastung eintritt, als bei im Inland ansässigen Dienstleistern.

Beispiel nach EuGH[1]: Das belgische Unternehmen Vander Elst führte im französischen Reims Abbrucharbeiten für die Dauer von einem Monat durch. Zur Durchführung entsandte das Unternehmen auch vier marokkanische Arbeiter, die zur Stammbelegschaft gehörten. Für sie wurden vor Arbeitsbeginn beim französischen Konsulat in Brüssel Sichtvermerke für den kurzfristigen Aufenthalt eingeholt, die in Frankreich nicht zur Ausübung einer Arbeitnehmertätigkeit berechtigten. Nach Auffassung des EuGH widerspricht die Forderung nach einer Arbeitsgenehmigung für die Marokkaner den Art. 59, 60 EWG-Vertrag, wenn die Angehörigen von Drittstaaten ordnungsgemäß und dauerhaft in dem anderen EU-Mitgliedstaat beschäftigt werden und deren Arbeitgeber unter Androhung einer Geldbuße verpflichtet wird, für diese Arbeitnehmer eine Arbeitserlaubnis einzuholen und die damit verbundenen Kosten zu tragen, zumal sie keinen Zutritt zum Arbeitsmarkt des Staates, in dem die Leistungen erbracht werden, begehren.

In aufenthaltsrechtlicher Hinsicht wird den Drittstaatlern ein sog. **Vander-Elst-Visum** 55a von der zuständigen Botschaft ausgestellt, die darüber eigenständig entscheidet. Nach § 21 BeschV bedarf die Erteilung dieses Aufenthaltstitels keiner Zustimmung der Bundesagentur für Arbeit. Wenn die von dem in dem anderen Mitgliedstaat ansässigen Unternehmen eingesetzten Arbeitnehmer die Rechtsstellung eines langfristig Aufenthaltsberechtigten innehaben und die Tätigkeit, die der Entsendung zugrunde liegt, lediglich bis zu drei Monaten innerhalb eines Zeitraumes von zwölf Monaten ausgeübt wird, bestimmt § 30 Nr. 3 BeschV, dass schon gar keine Beschäftigung gegeben ist. Neben einer Arbeitserlaubnis bedarf es dann nach § 17a Aufenthaltsverordnung – AufenthV[2] keines Aufenthaltstitels.

Weitere Ausnahmen vom Erfordernis einer Erlaubnis zur Aufnahme einer Erwerbstätigkeit für Drittstaatler in sachlicher Hinsicht enthalten § 30 Nr. 1, 2 BeschV, wonach bestimmte Tätigkeiten, z.B. von *Führungskräften und Wissenschaftlern*, aber auch *Saisonarbeitskräften* und *Haushaltshilfen*, die innerhalb eines bestimmten Zeitraumes während eines Jahres im Inland ausgeübt werden, ebenfalls nicht als Beschäftigung i.S. des AufenthG gelten (zum SGB s. § 38 Rz. 36 ff.; 48b). Soweit es sich um Positivstaatler handelt, bedürfen diese nach § 17 Abs. 2 S. 1 AufenthV auch keines Aufenthaltstitels. Wird dagegen z.B. eine Saisonbeschäftigung i.S. von § 15 a BeschV nicht nur bis zu drei Monaten innerhalb eines Zeitraumes von zwölf Monaten ausgeübt, wie von § 30 BeschV vorausgesetzt, sondern bis zu insgesamt sechs Monaten im Kalenderjahr, liegt eine Beschäftigung i.S. des Gesetzes vor. Es bedarf daher zur Erteilung eines Aufenthaltstitels der Zustimmung der Bundesagentur für Arbeit, die unter den normierten Vorgaben erteilt werden kann. Gleiches gilt für die Beschäftigung aufgrund von Werkvertragsvereinbarungen gem. § 29 BeschV (dazu Rz. 136 ff.)[3]. Insgesamt wurde mit der neuen BeschV damit nicht nur der 56

---

1 „Vander-Elst-Urteil" des EuGH v. 9.8.1994 – C-43/93, Slg. 1994 I-3818, Rz. 14 ff.
2 V. 25.11.2004, BGBl I 2845, zul. geänd. durch VO v. 6.6.2013, BGBl I 1499.
3 Zu den Einzelheiten *Bieback* in Gagel, § 284 SGB III Rz. 65 ff.

Zugang von drittstaatsangehörigen Facharbeitern zum deutschen Arbeitsmarkt zur Vermeidung eines Fachkräftemangels erleichtert, sondern auch derjenige von nicht qualifizierten Arbeitnehmern, soweit es sich um eine in der BeschV genannte Beschäftigung, z.B. für Au-Pairs nach § 12 BeschV, handelt[1].

57 Beschränkungen sieht das *Asylverfahrensgesetz* (AsylVfG)[2] für die Aufnahme einer Erwerbstätigkeit von **Asylbewerbern** bis zum Abschluss des Asylverfahrens vor. Gem. § 61 Abs. 1 AsylVfG dürfen sie keine Erwerbstätigkeit ausüben, solange ihnen die Pflicht auferlegt ist, in einer **Aufnahmeeinrichtung** zu wohnen. Die Pflicht endet gem. § 59a Abs. 1 AsylVfG nach drei Monaten mit erlaubtem, geduldetem oder gestattetem Aufenthalt im Bundesgebiet. Danach kann einem Asylbewerber nach § 61 Abs. 2 S. 1 AsylVfG die Beschäftigung mit Zustimmung der Bundesagentur für Arbeit oder ohne diese, soweit gesetzlich vorgesehen, erlaubt werden.

58 Der **Nachweis** der Ausübung einer Erwerbstätigkeit stößt in der Praxis nicht selten auf Schwierigkeiten, insbesondere der einer Beschäftigung i.S. von § 7 SGB IV. Im Rahmen der Ermittlungen ist darauf zu achten, dass die Tätigkeit eines Beschuldigten oder Zeugen genau beobachtet und festgehalten wird und unverzüglich Vernehmungen der Anwesenden stattfinden, denn der Phantasie sind bei den Einlassungen keine Grenzen gesetzt.

Beispiele aus der Praxis: Dem in der Küche eines Pizza-Express beim Belegen einer Pizza angetroffenen indischen Staatsangehörigen wurde vom Inhaber erlaubt, sich zum Eigenverzehr eine Mahlzeit zuzubereiten.

Der auf einer Baustelle angetroffene kroatische Bauarbeiter hilft seit einer halben Stunde unentgeltlich einem befreundeten Betriebsinhaber aus, weil heute Morgen einige Bauarbeiter nicht zur Arbeit erschienen sind.

Die bosnische Pflegekraft teilt mit, sie habe mit der betagten alten Dame, in deren Wohnung sie angetroffen wurde, lediglich Mau-Mau gespielt.

58a Zur besseren **Kontrolle** der Einhaltung der Regeln zur Ausländerbeschäftigung sieht der zum 26.11.2011[3] eingeführte *§ 4 Abs. 3 S. 5 AufenthG* vor, dass derjenige, der im Bundesgebiet einen Ausländer beschäftigt, für die Dauer der Beschäftigung eine Kopie des Aufenthaltstitels [...] in Papier- oder elektronischer Form aufbewahren muss[4].

58b Durch das Zweite Richtlinienumsetzungsgesetz wurde weiterhin das Kap. 9a und damit die §§ 98a-98c in das AufenthG eingefügt und mit „**Rechtsfolgen bei illegaler Beschäftigung**" überschrieben. Nach § 98a Abs. 1 AufenthG ist der **Arbeitgeber** verpflichtet, dem Ausländer, den er ohne erforderliche Arbeitserlaubnis beschäftigt, die vereinbarte *Vergütung* zu bezahlen[5]. Für diese wird ver-

---

1 Zu den Einzelheiten des Arbeitsmarktzugangs für Drittstaatsangehörige vgl. *Breidebach/Neundorf*, ZAR 2014, 227.
2 I.d.F. der Bek. v. 2.9.2008, BGBl. I 1798.
3 Durch das G zur Umsetzung aufenthaltsrechtlicher RL der EU zur Anpassung nationaler Rechtsvorschriften an den Visakodex (2. RichtlinienumsetzungsG) v. 22.11.2011, BGBl. I 2258.
4 Dazu *Deiber* ZAR 2012, 148 (151).
5 Diese Regelung soll wohl die Rechtsfolgen der Nichtigkeit nach § 134 BGB vermeiden.

mutet, dass er den Ausländer drei Monate beschäftigt hat. Nach Abs. 2 ist als vereinbarte Vergütung die übliche Vergütung anzusehen, es sei denn, der Arbeitgeber hat mit dem Ausländer zulässigerweise eine geringere oder höhere Vergütung vereinbart. Die weiteren Absätze regeln die *Haftung* von Haupt- und Generalunternehmern für die Vergütungsansprüche des Ausländers. Wird ein Betrieb oder Unternehmen wegen einer Ordnungswidrigkeit nach § 404 Abs. 2 Nr. 3 SGB III oder §§ 10–11 SchwarzArbG zu einer nicht ganz geringfügigen Geldbuße bzw. Strafe verurteilt, können Anträge auf *Subventionen* nach § 98b AufenthG abgelehnt oder der Betrieb als Bewerber oder Bieter von der *Vergabe öffentlicher Aufträge* gem. § 98c AufenthG ausgeschlossen werden[1].

Diese – unsystematisch – im AufenthG verorteten Regelungen, insbesondere die Ansprüche des Ausländers nach § 98a AufenthG (die materielles Arbeitsrecht enthalten!), sind in ihrer *Tragweite* bisher von der Praxis noch *nicht erkannt* worden, etwa im Hinblick auf die Bedeutung der Vermutungsregelungen hinsichtlich der Dauer des Beschäftigungsverhältnisses und der Höhe der Vergütung für das Anspruchsprinzip in der Sozialversicherung und die daraus zu errechnende Höhe von vorenthaltenen Sozialversicherungsbeiträgen.

II. Ordnungswidrigkeiten

1. Abhängige Beschäftigung

Nach **§ 404 Abs. 2 Nr. 3 SGB III** handelt ordnungswidrig[2], wer entgegen § 284 Abs. 1 SGB III oder § 4 Abs. 3 S. 2 AufenthG einen Ausländer beschäftigt. Der Tatbestand ist daher sowohl bei der Beschäftigung eines unter das AufenthG fallenden Ausländers (Rz. 46 f.) als auch eines aus dem Beitrittsstaat Kroatien stammenden Ausländers erfüllt, also immer dann, wenn eine **Erlaubnis** zur Ausübung einer Beschäftigung erforderlich ist.

Der Begriff der **Beschäftigung** (eingehend dazu § 38 Rz. 36 ff.) kann in beiden Fällen § 7 Abs. 1 SGB IV entnommen werden[3], wie sich auch aus der Gesetzessystematik ergibt, weil nach § 1 Abs. 1 S. 2 SGB IV die Definition des Beschäftigungsbegriffs auch im SGB III gilt und § 2 Abs. 2 AufenthG hinsichtlich des Begriffs der Beschäftigung auf § 7 SGB IV verweist. Eine Beschäftigung setzt danach begrifflich nicht voraus, dass ein Entgelt vereinbart ist[4], auch wenn dieses regelmäßig Grundlage der Leistungspflicht des Beschäftigenden sein wird.

Ob und in welcher Höhe ein *Entgelt* verabredet ist, ist bei der Frage, ob eine Beschäftigung vorliegt, gleichwohl in die Abwägung aller Umstände mit einzubeziehen. Anerkannt ist daher, dass die Tätigkeit von Familienangehörigen nur dann eine Beschäftigung

---

1 Dazu *Hörich/Bergmann* ZAR 2012, 327.
2 Zu den Ordnungswidrigkeiten *Mosbacher* in A/R, 12. Teil 4. Kap. Rz. 32 ff.; *Ambs* in GK, § 404 SGB III; *Mosbacher* in G/J/W, Nr. 661 (SGB III); *Greeve* in Greeve/Leipold, § 30 Rz. 381 ff.; *Gercke* in Gercke/Kraft/Richter, 2. Kap. Rz. 143 ff.; *Mosbacher* in Ignor/Rixen, § 4 Rz. 58 ff.
3 *Gerke* in Gerke/Kraft/Richter Kap. 2 Rz. 146; *Bieback* in Gagel, § 284 SGB III Rz. 9.
4 OLG Schleswig v. 9.12.2004 – 1 Ss OWi 197/04 (154/04); *Bieback* in Gagel, § 284 SGB III Rz. 49; a.A. OLG Oldenburg v. 9.4.2010 – 2 SsRs 46/10, NStZ-RR 2010, 217; OLG Hamm v. 9.10.2007 – 4 Ss OWi 436/07, NStZ 2008, 532.

darstellt, wenn die Höhe des Entgelts über bloße Unterhaltsleistungen deutlich hinausgeht[1]. Allgemein ist von familienhafter Mithilfe auszugehen, wenn die Kriterien von § 7 Abs. 1 SGB IV nicht vorliegen. Näher zu dem Begriff der Beschäftigung und seiner Abgrenzung zur selbständigen Tätigkeit § 38 Rz. 36, 49.

61 Die Ordnungswidrigkeit kann **vorsätzlich** und **fahrlässig** verwirklicht werden. Für ein vorsätzliches Handeln ist es ausreichend, wenn der Arbeitgeber billigend in Kauf nimmt, dass der Beschäftigte über keine Erlaubnis zur Ausübung einer Erwerbstätigkeit verfügt. Dies wird regelmäßig dann in Betracht kommen, wenn sich der Arbeitgeber von dem Ausländer bei Beschäftigungsaufnahme keine Arbeitspapiere zeigen lässt, denn damit bringt er konkludent zum Ausdruck, dass es ihm gleichgültig ist, ob er den Ausländer entsprechend dem geltenden Erwerbstätigkeitsrecht beschäftigt oder nicht.

62 *Streitig* ist, ob der vom BGH für Aufenthaltstitel nach dem AufenthG aufgestellte Grundsatz, dass bei der Prüfung, ob ein strafbares Verhalten vorliegt, allein auf die formal wirksame **Erteilung** abzustellen ist[2], auch auf die Erteilung einer **Erwerbstätigkeitserlaubnis** anzuwenden ist. Wesentliches Argument des BGH für die Zuerkennung einer *Tatbestandswirkung von Aufenthaltstiteln* auf die verwaltungsakzessorisch ausgestalteten Sanktionsnormen des AufenthG ist das Bestimmtheitsgebot des Art. 103 Abs. 2 GG. Danach müsse eine nach verwaltungsrechtlichen Vorschriften wirksam erteilte Aufenthaltserlaubnis im Strafrecht grundsätzlich Tatbestandswirkung entfalten, auch wenn sie rechtsmissbräuchlich erlangt wurde. Dieser Gedanke lässt sich auf eine erteilte Erwerbstätigkeitserlaubnis übertragen, wenn, wie in der Praxis häufig, gegen Beschränkungen i.S. von § 39 Abs. 4 AufenthG, § 34 BeschV, etwa hinsichtlich des Arbeitgebers, der Art der Tätigkeit oder der Einsatzorte, verstoßen wird[3].

63 Allerdings handelt es sich bei entsprechenden Beschränkungen in den Arbeitserlaubnissen-EU und den Aufenthaltstiteln *verwaltungsrechtlich* um **Inhaltsbeschränkungen** der Ausübung einer Erwerbstätigkeit, mit deren Einhaltung die Erteilung der Erwerbstätigkeitserlaubnis steht und fällt (unpräzise, weil es sich gerade um keine Auflage handelt, auch *„modifizierende Auflagen"* genannt)[4]. Grund hierfür ist, dass die Beschränkung und Regulierung der Zulassung zum inländischen Arbeitsmarkt zum Schutz nationaler Arbeits- und Beschäftigungsbedingungen von hoher gesellschaftlicher Relevanz ist. Konsequenz einer Missachtung ist, dass nicht gegen eine Auflage verstoßen, sondern eine erlaubnispflichtige Tätigkeit *ohne die erforderliche Erlaubnis* ausgeübt wird, denn sie erfolgt außerhalb ihres Regelungsbereichs, weshalb § 404 Abs. 2 Nr. 3 SGB III in Fällen dieser Art eingreift[5].

---

1 OLG Hamm v. 9.10.2007 – 4 Ss OWi 436/07, NStZ 2008, 532.
2 BGH v. 27.4.2005 – 2 StR 457/04, BGHSt 50, 105 = NJW 2005, 2095 = NStZ-RR 2006, 86.
3 Zust. *Schnabel*, wistra 2005, 446 (447 ff.).
4 *Dienelt* in Renner/Bergmann/Dienelt, § 4 AufenthG Rz. 103.
5 Im Ergebnis ebenso, allerdings ohne Begründung, LG Oldenburg v. 8.7.2004 – 2 KLs 65/04, wistra 2005, 117; *Mosbacher* in Ignor/Rixen, § 4 Rz. 49; *Richtarsky* in W/J, Kap. 19 Rz. 29.

Entsprechendes gilt, wenn die Ausübung der Erwerbstätigkeit in einem *Aufenthaltstitel* bei Ausländern, die unter die Regelungen des *AufenthG* fallen, geregelt ist (§ 4 Abs. 2 AufenthG), denn der Verstoß gegen die Inhaltsbestimmung der Erwerbstätigkeitserlaubnis bringt lediglich diese in Wegfall und lässt die Wirksamkeit des Aufenthaltstitels im Übrigen unberührt. Dies folgt auch daraus, dass § 404 Abs. 2 Nr. 3 SGB III auf § 4 Abs. 3 AufenthG, bei dem die Erwerbstätigkeit im Vordergrund steht, und nicht auf § 4 Abs. 2 AufenthG verweist, der den Aufenthaltstitel als solchen im Blick hat.

Die unerlaubte gleichzeitige Beschäftigung mehrerer ausländischen Arbeitnehmer stellt nur dann eine einzige Gesetzesverletzung i.S. einer natürlichen Handlungseinheit dar, wenn sie auf einem einheitlichen Willensentschluss beruht. Davon kann i.d.R. dann ausgegangen werden, wenn die Aufnahme der Beschäftigung der Arbeitnehmer in einem engen zeitlichen Rahmen erfolgt. Allein der Zusammenhang mit der fortlaufenden Führung des Betriebes und die sich daraus ergebende einheitliche Motivationslage des Inhabers genügt nicht, um die unerlaubte Beschäftigung sämtlicher Arbeitnehmer als eine einzige Gesetzesverletzung anzusehen[1].

63a

Bei der Beschäftigung ausländischer Arbeitnehmer ohne erforderliche Arbeitserlaubnis unter gleichzeitiger Nichtabführung von **Sozialversicherungsbeiträgen** gem. § 266a StGB handelt es sich nicht um dieselbe prozessuale **Tat**, denn die Zielrichtung beider Verhaltensweise ist verschieden. Allein der Umstand, dass eine Verknüpfung durch die Beschäftigung von Arbeitnehmern innerhalb eines Betriebes vorhanden ist, reicht nicht zur Annahme einer prozessual einheitlichen Tat aus[2]. Gleiches gilt für das Verhältnis zu einer Ordnungswidrigkeit nach §§ 111 Abs. 1 Nr. 2, 28a Abs. 4 SGB IV wegen eines Verstoßes gegen die Sofortmeldepflicht[3].

Der **Bußgeldrahmen** beträgt gem. § 404 Abs. 3 SGB III Geldbuße bis zu 500 000 Euro und ist damit ziemlich hoch. Dagegen kann gegen den Ausländer, der sich ohne Erwerbstätigkeitserlaubnis beschäftigen lässt, im Rahmen der Ordnungswidrigkeit nach § 404 Abs. 2 Nr. 4 SGB III lediglich eine Geldbuße bis zu 5000 Euro festgesetzt werden. *Zuständig* für die Verfolgung der Ordnungswidrigkeiten sind nach § 405 Abs. 1 Nr. 1 SGB III die Behörden der *Zollverwaltung*, die davon regen Gebrauch machen.[4]

64

2. Selbständige Tätigkeit

a) Nachdem auch die selbständige Tätigkeit als Erwerbstätigkeit i.S. von § 2 Abs. 2 AufenthG einer Erlaubnis nach § 4 Abs. 3 AufenthG bedarf, die nach § 4 Abs. 2 AufenthG zusammen mit dem Aufenthaltstitel erteilt wird, hat der Gesetzgeber mit Wirkung ab dem 28.8.2007 durch das *Gesetz zur Umsetzung aufenthalts- und asylrechtlicher Richtlinien der EU*[5] eine Sanktionierung der unerlaubten selbständigen Tätigkeit von Ausländern in **§ 98 Abs. 3 Nr. 1 AufenthG** eingefügt[6]. Die entsprechenden Tatbestände des AuslG waren mit Inkrafttreten des AufenthG entfallen. Zu beachten ist, dass der Tatbestand nur

65

---

1 So aber OLG Bamberg v. 28.1.2014 – 3 Ss OWi 1488/13, NStZ-RR 2014, 154 = wistra 2014, 199.
2 OLG Nürnberg v. 25.7.2012 – 2 St OLG Ss 159/12, wistra 2012, 450; a.A. OLG Oldenburg v. 22.6.2010 – 2 Ss Bs 27/10, PStR 2011, 115.
3 A.A. LG Karlsruhe v. 11.4.2011 – 2 Qs 20/11.
4 Im Jahr 2013 wurden vom HZA Stuttgart nach § 404 Abs. 2 Nr. 3 SGB IV 65 OWi-Verfahren eingeleitet, nach § 404 Abs. 2 Nr. 4 SGB IV 62 Verfahren.
5 V. 19.8.2007, BGBl. I 1970.
6 Zu den Bußgeldtatbeständen des AufenthG allg. *Mosbacher*, ZAR 2008, 329.

Nicht-EU- und EWR-Ausländer erfasst. Die Ordnungswidrigkeit kann entsprechend der Regelung für die abhängige Beschäftigung (§ 404 Abs. 2 Nr. 4 SGB III) mit Geldbuße bis 5000 Euro belegt werden.

66 **b)** Dieselbe Zielrichtung verfolgt der gleichfalls seit 28.8.2007 in Kraft getretene **§ 98 Abs. 2a** AufenthG, wonach die Beauftragung einer *unerlaubten Dienst- oder Werkleistung* sanktioniert wird. Nach der zugrunde liegenden Vorschrift des § 4 Abs. 3 S. 2 AufenthG dürfen Ausländer nur mit entgeltlichen Dienst- oder Werkleistungen beauftragt werden, wenn sie über einen Aufenthaltstitel verfügen, der zur Ausübung der Erwerbstätigkeit berechtigt.

67 Der Tatbestand ist jedoch im Gegensatz zu dem des § 98 Abs. 3 Nr. 1 AufenthG in auffälliger Weise **mehrfach eingegrenzt**. So muss die beauftragte Dienst- oder Werkleistung nachhaltig sein und der Ausländer sie mit *Gewinnerzielungsabsicht* erbringen. Während Letzteres zumeist unproblematisch angenommen werden kann, bleibt das Merkmal der *Nachhaltigkeit* ohne Kontur[1]. Ausgeschlossen werden sollen damit wohl Gefälligkeiten oder gelegentliche Hilfeleistungen gegen geringes Entgelt[2].

68 In **subjektiver Hinsicht** muss die verbotene Beauftragung *vorsätzlich* oder zumindest leichtfertig geschehen. *Leichtfertigkeit* bezeichnet ein besonders hohes Maß an Fahrlässigkeit entsprechend der groben Fahrlässigkeit im Zivilrecht[3]. Die Fälle einfacher Fahrlässigkeit sind damit ausgeschlossen. Die Gesetzesbegründung[4] teilt dazu lediglich mit, dass auch ein leichtfertiges Nichterkennen der fehlenden Erlaubnis sanktioniert werde, da ein Vorsatznachweis regelmäßig schwer zu führen sei. Dabei verkennt der Gesetzgeber, dass der Nachweis der Leichtfertigkeit in der Praxis gleichfalls schwer zu führen ist, zumindest soweit Privatpersonen oder kleinere Handwerks- oder Gewerbebetriebe den Auftrag erteilen. Der Bußgeldtatbestand wird daher in der Praxis kaum eine Rolle spielen.

69 **c)** Erkannt hat der Gesetzgeber dies bei Änderung der **Bußgeldvorschriften** des **§ 404 Abs. 1 SGB III**. Danach handelt ordnungswidrig, wer als Unternehmer Dienst- oder Werkleistungen in erheblichem Umfang durch einen anderen Unternehmer oder Nachunternehmer ausführen lässt, von dem er weiß oder *fahrlässig* nicht weiß, dass dieser zur Erfüllung des Auftrages Ausländer ohne erforderliche Erlaubnis zur Ausübung einer Erwerbstätigkeit nach § 284 Abs. 1 SGB III oder § 4 Abs. 3 S. 2 AufenthG beschäftigt. Die Vorschrift entspricht inhaltlich dem aufgehobenen § 2 Abs. 1 Nr. 2 SAG (zum SAG § 36 Rz. 17) mit dem Unterschied, dass das SAG noch Leichtfertigkeit forderte.

70 Aber auch **einfache Fahrlässigkeit** kann nicht immer *nachgewiesen* werden, wie ein vom BGH entschiedener Sachverhalt[5] zeigt.

Im konkreten Fall hat der BGH offengelassen, ob den Auftraggeber eine *verdachtsunabhängige Verpflichtung* trifft, sich um die Rechtmäßigkeit der Beschäftigungsverhältnisse

---

1 Zur Kritik vgl. auch BR-Drs. 224/1/07, 2; Streichung empfohlen.
2 *Mosbacher* in Ignor/Rixen, § 4 Rz. 287.
3 *Sternberg-Lieben/Schuster* in S/S, § 15 StGB Rz. 205.
4 BT-Drs. 16/5065, 200.
5 BGH v. 15.6.2005 – 2 StR 162/05, wistra 2005, 390.

seines Auftragnehmers zu kümmern[1], oder ob die Prüfungspflicht erst eintritt, wenn objektive Anhaltspunkte für Verstöße bestehen[2]. Jedenfalls sei nach Ansicht des BGH in dem entschiedenen Fall nicht erkennbar, dass der Auftraggeber bei zumutbarem Vorgehen die Verstöße des Auftragnehmers aufgedeckt hätte.

Zumindest an diesem *Einwand rechtmäßigen Alternativverhaltens* werden viele Bußgeldverfahren bei einer entsprechenden Einlassung des Betroffenen scheitern. Der Nachweis einer zumindest fahrlässigen Unkenntnis wird sich nur durch die Gewinnung entsprechender Indizien im Rahmen von Durchsuchungsmaßnahmen oder aufgrund von Zeugenaussagen gewinnen lassen (zur Parallelvorschrift bei Verstößen gegen die Pflicht zur Gewährung von Mindestarbeitsbedingungen vgl. Rz. 34a).

Bei der Prüfung des *objektiven* Tatbestands des § 404 Abs. 1 SGB III bereitet das **unbestimmte Merkmal** der Leistungserbringung *„in erheblichem Umfang"* Schwierigkeiten. Veröffentlichte Rechtsprechung zu dessen Konkretisierung gibt es bisher nicht. Ebenso wie das Merkmal der Verkürzung von Steuern „in großem Ausmaß" nach dem mit Wirkung vom 1.1.2008 aufgehobenen § 370a S. 1 Nr. 2 AO ist auch insoweit nicht zu erkennen, unter welchen Voraussetzungen das Tatbestandsmerkmal erfüllt ist, weil nicht deutlich wird, welche Anknüpfungspunkte maßgeblich sind[3]. Entsprechend besteht im Schrifttum Streit darüber, ob der erhebliche Umfang sich auf den Umfang der Tätigkeit des ausländischen Arbeitnehmers ohne Erlaubnis zur Ausübung einer Erwerbstätigkeit[4] oder allein auf den Umfang der vertraglichen Leistungsbeziehungen unabhängig vom Umfang des durch die ausländischen Arbeitnehmer erbrachten Leistungsumfangs[5] bezieht. Einigkeit besteht hingegen, dass ein erheblicher Umfang nur dann angenommen werden kann, wenn in den beteiligten Verkehrskreisen über eine Erheblichkeit keine ernsthaften Zweifel bestehen[6]. Allein schon diese Formulierung zeigt, dass die Norm – auch wenn sie im Hinblick darauf, dass es sich lediglich um eine Bußgeld- und keine Strafvorschrift handelt, (noch) verfassungsgemäß sein sollte – nur in Fällen anwendbar ist, bei denen sich der Umfang der Leistungserbringung deutlich von Durchschnitt nach oben abhebt. Damit kommt auch § 404 Abs. 1 SGB III in der Praxis keine große Bedeutung zu.

Abschließend stellt sich die Frage, warum das Recht der Erwerbstätigkeit von Ausländern und die entsprechenden Sanktionsvorschriften derart **unübersichtlich** in verschiedenen Gesetzen verortet sind. Die Bußgeldvorschriften in § 98 AufenthG und § 404 SGB III weisen ersichtlich kein verschiedenes geschütztes Rechtsgut auf, allein der Anwendungsbereich ist in § 98 AufenthG auf Nicht-EU/EWG-Ausländer beschränkt.

---

1 *Gagel* in Gagel, § 404 SGB III Rz. 13.
2 *Mosbacher* in Ignor/Rixen, § 4 Rz. 104; *Ambs* in GK, § 404 SGB III Rz. 45e, aber nur geringe Anforderungen an verdachtsbegründende Anhaltspunkte.
3 Zu den verfassungsrechtlichen Bedenken bei § 370a AO BGH v. 22.7.2004 – 5 StR 85/04, NStZ 2005, 105 = wistra 2004, 393.
4 *Mosbacher* in Ignor/Rixen, § 4 Rz. 96; *Ambs* in GK, § 404 SGB III Rz. 45e.
5 *Gagel* in Gagel, § 404 SGB III Rz. 15.
6 *Gagel* in Gagel, § 404 SGB III Rz. 14; *Mosbacher* in Ignor/Rixen, § 4 Rz. 95.

III. Straftaten nach dem Aufenthalts- und Asylverfahrensgesetz

1. Anwendungsbereich

73 **a)** Die **Sanktionsvorschriften des AufenthG**[1], das mit Wirkung vom 1.1.2005 das Ausländergesetz abgelöst hat, verlieren zunehmend an Bedeutung, weil die Zahl der Staatsangehörigen, die vom Anwendungsbereich des AufenthG erfasst werden, durch die Osterweiterung der EU deutlich kleiner geworden ist.

Die *Grundtatbestände* von § 95 Abs. 1 AufenthG finden nur auf Drittstaatler (Nicht-EU/EWR-Ausländer) Anwendung (Rz. 46 f.); lediglich bei Abs. 1 Nr. 8 ist streitig, ob auch Deutsche Täter sein können[2]. Die *Qualifikationstatbestände* § 96 AufenthG (Einschleusen von Ausländern) und § 97 AufenthG (Einschleusen mit Todesfolge; gewerbs- und bandenmäßiges Einschleusen) können zwar von jedermann begangen werden, setzen jedoch eine vorsätzliche rechtswidrige Verwirklichung der Grundtatbestände von § 95 Abs. 1 AufenthG voraus. Gleiches gilt für eine Anstiftung gem. § 26 StGB und eine Beihilfe nach § 27 StGB. Es gilt daher der *Grundsatz*, dass Straftaten nach dem AufenthG im Zusammenhang mit illegaler Ausländerbeschäftigung nur gegeben sind, wenn zumindest *auch* ein von dem Grundtatbestand des § 95 AufenthG erfasster **Ausländer** tatbestandsmäßig ohne Eingreifen von Rechtfertigungsgründen gehandelt hat.

74 Etwas anderes gilt für den Tatbestand von **§ 95 Abs. 2 Nr. 2** AufenthG, weil die unrichtigen oder unvollständigen Angaben von Deutschen gemacht werden können, ohne dass eine Strafbarkeit eines Ausländers nach dem AufenthG gegeben sein muss.

75 **b)** Die Strafvorschriften des **§ 85 AsylVfG** erfassen lediglich Asylbewerber, also Ausländer, die Schutz als politisch Verfolgte nach Art. 16a Abs. 1 GG oder Schutz vor Verfolgung nach dem *Abkommen über die Rechtsstellung der Flüchtlinge*[3] beantragen (§ 1 AsylVfG).

2. Aufenthaltsrechtliche Tatbestände

a) Grundtatbestände

76 § 95 Abs. 1 AufenthG enthält **neun verschiedene Grundtatbestände**, von denen für das Recht der illegalen Beschäftigung und der Schwarzarbeit lediglich Nr. 2 und Nr. 3 nennenswerte praktische Bedeutung haben, während die anderen Tatbestände eher ergänzender Natur sind.

77 Nach **§ 95 Abs. 1 Nr. 2 AufenthG** wird bestraft, wer sich *ohne* erforderlichen *Aufenthaltstitel* nach § 4 Abs. 1 S. 1 AufenthG im Bundesgebiet *aufhält*, voll-

---

1 V. 30.7.2004, BGBl. I 1950, i.d.F. der Bek. v. 25.2.2008, BGBl. I 162. Näher dazu *Mosbacher* in A/R, 12. Teil 4. Kap. Rz. 85 ff.; *Richtarsky* in W/J, Kap. 19 Abschn. D II; *Mosbacher* in Ignor/Rixen, § 4 Abschn. D.
2 *Eberle* in Storr/Wenger/Eberle/Albrecht/Harms, § 95 AufenthG Rz. 24; *Gericke* in MüKo-StGB, § 95 AufenthG Rz. 11.
3 V. 28.7.1951, BGBl. II 1953, 559.

ziehbar ausreisepflichtig ist, wem eine Ausreisefrist nicht gewährt wurde oder diese abgelaufen ist und dessen Abschiebung nicht ausgesetzt ist.

Gem. § 4 Abs. 1 S. 1 AufenthG bedürfen Ausländer für die Einreise und den Aufenthalt im Bundesgebiet eines **Aufenthaltstitels**, soweit kein anderweitiges Aufenthaltsrecht besteht. Eine enumerative Aufzählung der Aufenthaltstitel enthält § 4 Abs. 1 S. 2 AufenthG:

– Visum (§ 6 AufenthG);

– Aufenthalterlaubnis (§ 7 AufenthG);

– Blaue Karte EU (§ 19a AufenthG);

– Niederlassungserlaubnis (§ 9 AufenthG)

– Erlaubnis zum Daueraufenthalt-EG (§ 9a AufenthG).

Der neu geschaffene Aufenthaltstitel Blaue Karte EU wurde zum 1.8.2012[1] in das AufenthG eingefügt. Er dient der Umsetzung der Hochqualifizierten-RL und betrifft die Einreise und den Aufenthalt von Drittstaatsangehörigen zur Ausübung einer hochqualifizierten Beschäftigung, um dem Fachkräftemangel in Deutschland zu begegnen.

Bereits seit dem Jahr 2007 sieht das AufenthG in **§ 25 Abs. 4a** einen *Aufenthaltstitel* in Form einer Aufenthaltserlaubnis für Ausländer vor, die Opfer einer Straftat des **Menschenhandels** zum Zwecke der Ausbeutung der Arbeitskraft nach den §§ 233, 233a StGB geworden sind, wenn die vorübergehende Anwesenheit des Ausländers für ein Strafverfahren wegen dieser Taten von Gericht oder Staatsanwaltschaft für sachgerecht erachtet worden ist, er jede Verbindung zu den ihn ausbeutenden Personen abgebrochen und er seine Bereitschaft erklärt hat, in dem Strafverfahren als Zeuge auszusagen. Die Möglichkeiten, auf dieser Grundlage eine Aufenthalterlaubnis zu erteilen, wurden seit dem 26.11.2011 (Rz. 89a) wesentlich erweitert. Nunmehr sind in § 25 Abs. 4b AufenthG auch Straftaten nach § 10 Abs. 1 (Ausbeutung) und § 11 Abs. 1 Nr. 3 SchwarzArbG (Beschäftigung einer Person unter 18 Jahren) sowie nach § 15a AÜG (ohne praktische Bedeutung, vgl. Rz. 130) als Anlasstaten erfasst. Dieser Aufenthaltstitel soll nach § 52 Abs. 5 AufenthG etwa *widerrufen* werden, wenn der Ausländer nicht bereit war oder nicht mehr bereit ist, im Strafverfahren auszusagen, oder die Angaben des Ausländers nach Mitteilung des Staatsanwalts oder des Strafgerichts mit hinreichender Wahrscheinlichkeit als falsch anzusehen sind. Während dieser Aufenthaltstitel somit aus Gründen der im öffentlichen Interesse liegenden Effektivität der Strafverfolgung geschaffen wurde, liegt die Möglichkeit der Verlängerung der Aufenthaltserlaubnis nach **§ 25 Abs. 4b S. 3 AufenthG** allein im Interesse des ausgebeuteten Ausländers, wenn er vorausetzt, dass dem Ausländer vonseiten des Arbeitgebers die zustehende Vergütung noch nicht vollständig geleistet wurde und es für den Ausländer eine besondere Härte darstellen würde, seinen Vergütungsanspruch aus dem Ausland zu verfolgen.

---

1 Durch G zur Umsetzung der Hochqualifizierten-RL der EU v. 1.6.2012, BGBl. I 1224.

78 Wesentlichste Ausnahme vom Erfordernis eines Aufenthaltstitels ist § 2 Abs. 4 S. 1 **Freizügigkeitsgesetz/EU (FreizügG/EU)**[1], wonach Unionsbürger für die Einreise keines Visums und für den Aufenthalt keines Aufenthaltstitels bedürfen. Eine weitere wichtige Ausnahme von der Visumpflicht bei Überschreiten der EU-Außengrenzen sieht die VO (EG) Nr. 539/2001 **(EG-VisaVO)**[2] vor. Praxisrelevant ist in strafrechtlicher Hinsicht die Ausnahme nach Art. 1 Abs. 2 EG-VisaVO; danach sind Staatsangehörige der in einer Liste im Anhang II aufgenommenen Nicht-EU-Staaten vom Erfordernis der Visumpflicht für einen Aufenthalt in der EU, der drei Monate nicht überschreitet, befreit *(sog. Positivstaatler).* Sie erhalten bei Grenzübertritt lediglich einen Stempel in den Pass, auf dem die Grenzübertrittsstelle in die EU und das Datum vermerkt sind. Seit 19.12.2009 sind die für die illegale Beschäftigung und Schwarzarbeit relevanten Staaten Serbien, Mazedonien und Montenegro, seit 19.12.2010 auch Albanien und Bosnien-Herzegowina von der Visumpflichtbefreit befreit, soweit deren Staatsangehörige über einen biometrischen Reisepass[3] verfügen. Drittstaatler, die nicht von der genannten Liste erfasst werden, gelten als sog. *Negativstaatler*.

79 Die Befreiung für *Positivstaatler* gilt nach § 17 Abs. 1 **Aufenthaltsverordnung (AufenthV)**[4] allerdings nicht, wenn im Bundesgebiet einer *Erwerbstätigkeit* nachgegangen wird. Dann bedarf auch der Positivstaatler eines Aufenthaltstitels.

Beispiel: Ein serbischer Staatsangehöriger reist erlaubt nach Deutschland ohne Aufenthaltstitel ein. Hier nimmt er eine Tätigkeit als Arbeiter bei einem Bauunternehmen auf. Dadurch wird sein Aufenthalt illegal, denn er benötigt einen Aufenthaltstitel, der die Ausübung der Erwerbstätigkeit erlaubt. Der Tatbestand des § 95 Abs. 1 Nr. 2 AufenthG ist erfüllt.

80 Nach § 4 Abs. 2 AufenthG berechtigt ein Aufenthaltstitel nur dann zur Ausübung einer **Erwerbstätigkeit**, wenn dies nach dem AufenthG bestimmt ist (z.B. § 38 Abs. 4 AufenthG bei einem Aufenthaltstitel für ehemalige Deutsche) oder der Aufenthaltstitel die Ausübung einer Erwerbstätigkeit *ausdrücklich erlaubt*. Dementsprechend dürfen Ausländer nach § 4 Abs. 3 AufenthG eine Erwerbstätigkeit nur ausüben, wenn der Aufenthaltstitel sie dazu berechtigt.

81 Die *strafrechtlichen Konsequenzen* bei **Aufnahme einer Erwerbstätigkeit** trotz eines dazu nicht berechtigenden Aufenthaltstitels sind nach der Rechtsprechung des BGH unterschiedlich. Danach entfaltet ein Aufenthaltstitel im Strafrecht grundsätzlich *Tatbestandswirkung*, mag der Titel auch inhaltlich falsch oder rechtsmissbräuchlich erlangt sein[5]. Diese rein formale Sichtweise führt dazu, dass ein *Positivstaatler*, der für Einreise und Aufenthalt kein Visum

---

1 V. 30.7.2004, BGBl. I 1950.
2 V. 15.3.2001, ABl. EG Nr. L 81 v. 21.3.2001, 1.
3 Auch elektronischer Reisepass genannt; auf einem Chip sind Bild und Fingerabdrücke gespeichert.
4 V. 25.11.2004, BGBl. I 2945.
5 BGH v. 27.4.2005 – 2 StR 457/04, BGHSt 50, 105 = NJW 2005, 2095 = NStZ-RR 2006, 86; zust. *Brenner*, S. 202 f.; allg. zur Akzessorietät *Gericke* in MüKo-StGB, § 95 AufenthG Rz. 2 ff.

benötigt und daher über keinen Aufenthaltstitel verfügt, aber nicht ohne Erlaubnis arbeiten darf, sich mit Arbeitsaufnahme ohne Weiteres des unerlaubten Aufenthalts strafbar macht. Dagegen führt der dem *Negativstaatler* erteilte Aufenthaltstitel zu dessen Straflosigkeit nach § 95 Abs. 1 Nr. 2 AufenthG trotz einer unerlaubten Arbeitsaufnahme.

Beispiel: Ein chinesischer Staatsangehöriger reist nach Deutschland mit einer Aufenthaltserlaubnis ein, die keine Bestimmungen zur Ausübung einer Erwerbstätigkeit beinhaltet. Er nimmt eine Erwerbstätigkeit als Koch in einem Chinarestaurant auf. Weil die Aufnahme der Erwerbstätigkeit die Aufenthaltserlaubnis nicht zum Erlöschen bringt und diese Tatbestandswirkung entfaltet, ist der Koch straflos.

Die gleichen Grundsätze gelten bei Erteilung einer **Duldung** gem. § 60a AufenthG, weil die Duldung bis zu ihrem Erlöschen die Illegalität des Aufenthalts entfallen lässt, auch wenn es sich dabei um keinen Aufenthaltstitel handelt und die Ausreisepflicht nach § 60a Abs. 3 AufenthG bestehen bleibt[1]. 82

Diese ungerechtfertigte Besserstellung des *Negativstaatlers* als Konsequenz der Rechtsprechung des BGH hat den Gesetzgeber veranlasst, durch das *Gesetz zur Umsetzung aufenthalts- und asylrechtlicher Richtlinien der EU*[2] mit Wirkung ab 28.8.2007 **§ 95 Abs. 1a AufenthG** in das AufenthG einzufügen. Danach macht sich strafbar, wer vorsätzlich einer Erwerbstätigkeit ohne Erlaubnis nachgeht, eines Aufenthaltstitel bedarf und als Aufenthaltstitel nur ein Schengen-Visum besitzt. Ein Schengen-Visum wird nach § 6 Abs. 1 Nr. 1 AufenthG für Aufenthalte von bis zu drei Monaten innerhalb einer Frist von sechs Monaten von dem Tag der ersten Einreise an nach den Regeln des Schengener Durchführungsübereinkommens[3] erteilt. 83

Beispiel: Ein georgischer Staatsangehöriger reist nach Deutschland mit einem Schengen-Visum ein, das die Ausübung einer Erwerbstätigkeit ausdrücklich nicht gestattet. Er nimmt eine Erwerbstätigkeit als Reinigungskraft auf. Weil § 95 Abs. 1a AufenthG die Tatbestandswirkung des Aufenthaltstitels durchbricht, ist der Ausländer nach dieser Vorschrift strafbar.

Auffällig ist, dass der Gesetzgeber die **Tatbestandswirkung** lediglich für den Aufenthaltstitel „**Schengen-Visum**" durchbrochen hat. Der Gesetzesbegründung ist zu entnehmen[4], dass die Ungleichbehandlung mit Ausländern, die über einen nationalen Aufenthaltstitel verfügen, beabsichtigt ist, weil Inhaber lediglich eines Schengen-Visums keine Perspektive einer Integration in Deutschland haben[5]. 84

Beispiel: Der chinesische Koch im Beispiel Rz. 81 macht sich daher weiterhin nicht strafbar. Es liegt tatbestandsmäßig lediglich eine Ordnungswidrigkeit nach § 404 Abs. 2 Nr. 4 SGB III vor.

---

1 *Gericke* in MüKo-StGB, § 95 AufenthG Rz. 31.
2 V. 19.8.2007, BGBl. I 1970.
3 V. 19.6.1990, BGBl. II 1993, 1013.
4 BT-Drs. 16/5056, 199.
5 Vgl. zur Einführung von Abs. 1a auch *Senge* in Erbs/Kohlhaas, A 215 § 95 AufenthG Rz. 47 (Stand 1.5.2010).

85 Bei einer **Einreise** entgegen § 14 Abs. 1 Nr. 1 oder 2 AufenthG, also ohne erforderlichen Pass oder Passersatz oder ohne einen nach § 4 AufenthG erforderlichen Aufenthaltstitel gem. § 95 Abs. 1 Nr. 3 AufenthG, ist zwischen Positiv- und Negativstaatlern zu *differenzieren*.

86 Die Einreise eines **Negativstaatlers** ohne die genannten Dokumente wird immer vom objektiven Tatbestand der Strafnorm erfasst, unabhängig davon, ob er plant, im Bundesgebiet einer Erwerbstätigkeit nachzugehen. Hat der Negativstaatler durch unrichtige oder unvollständige Angaben die Erteilung des Aufenthaltstitels erschlichen, steht er nach dem seit 28.8.2007 geltenden § 95 Abs. 6 AufenthG strafrechtlich einem Ausländer ohne Aufenthaltstitel gleich. Dies gilt dem Wortlaut von § 95 Abs. 6 AufenthG zufolge allerdings nicht bei dem bloßen unerlaubten Aufenthalt, denn dieser setzt *kein Handeln* aufgrund des erschlichenen Aufenthaltstitels voraus. Demnach genügt die pflichtwidrige *Unterlassung* der Ausreise nicht für die Anwendung der Norm[1].

Beispiel: Ein pakistanischer Staatsangehöriger verschweigt bei Beantragung eines Schengen-Visums seine Absicht, in Deutschland einer Erwerbstätigkeit nachzugehen. Aufgrund der Regelung in § 95 Abs. 6 AufenthG ist er im Rahmen der Prüfung des Tatbestands der unerlaubten Einreise gem. § 95 Abs. 1 Nr. 3 AufenthG wie ein Ausländer zu behandeln, der über keinen Aufenthaltstitel verfügt. Daneben kann auch der Tatbestand des § 95 Abs. 2 Nr. 2 AufenthG erfüllt sein (Rz. 93 ff.). Es besteht allerdings das Problem, das Vorhandensein der Absicht bei Beantragung des Aufenthaltstitels nachzuweisen.

86a Der § 95 Abs. 6 AufenthG zugrunde liegenden **Durchbrechung** der *Verwaltungsakzessorietät* stehen Art. 21 und 34 VO (EG) Nr. 810/2009 nicht entgegen, wenn die geschleuste Person über ein Visum verfügt, das sie durch arglistige Täuschung erlangt hat und das zuvor nicht annulliert worden ist[2]. Mit dieser Entscheidung hat der EuGH ein wichtiges Instrument zur Bekämpfung des Rechtsmissbrauchs anerkannt[3]. Allerdings stellt sich das Problem im Rahmen der unerlaubten Einreise regelmäßig nicht mehr, weil der Gesetzgeber durch die Einfügung von § 14 Abs. 1 Nr. 2a in das AufenthG[4] nunmehr die Einreise mit einem nach § 4 AufenthG erforderlichen Visum, das durch Drohung, Bestechung usw. erschlichen wurde, auch verwaltungsrechtlich für unerlaubt ansieht, wenn das Visum deshalb mit Wirkung für die Vergangenheit zurückgenommen oder annulliert wird.

87 Dagegen sieht § 17 Abs. 1 AufenthV bei **Positivstaatlern** eine Befreiung vom Erfordernis eines Aufenthaltstitels dann nicht vor, wenn sie im Bundesgebiet eine *Erwerbstätigkeit ausüben*. Streitig ist, ob der Gesetzeswortlaut dazu führt, dass es für das Erfordernis eines Aufenthaltstitels allein darauf ankommt, ob einer Erwerbstätigkeit *tatsächlich* nachgegangen wird und die dementsprechende Absicht bei der Einreise den Befreiungstatbestand nicht in Weg-

---

1 *Gericke* in MüKo-StGB, § 95 AufenthG Rz. 34; vgl. auch *Schott*, ZAR 2012, 276 (278), der zwar Handeln als „Verhalten" auslegt, im Ergebnis aber zur Wirkungslosigkeit kommt; dazu *Pfersich*, ZAR 2012, 441 f.
2 EuGH v. 10.4.2012 – Rs. C–83/12 PPU – Minh Khora Vo, NStZ 2012, 642; auf Vorlagebeschluss BGH v. 10.1.2012 – 5 StR 351/11, NJW 2012, 1669; Entscheidung BGH v. 24.5.2012 – 5 StR 567/11, NStZ 2012, 644 ff. = ZAR 2012, 440; dazu *Kretschmer*, NStZ 2013, 570 (575 f.).
3 Anders *Schott*, ZAR 2012, 276 (279 ff). (mangelnde Bestimmtheit).
4 Durch das G zur Verbesserung der Rechte von international Schutzberechtigten und ausländischen Arbeitnehmern v. 29.8.2013, BGBl. I 3484.

fall bringt¹. Dies würde zu dem wenig sinnvollen Ergebnis führen, dass unerlaubt nur derjenige Positivstaatler einreist, der im Bundesgebiet bereits einer Erwerbstätigkeit nachgeht und sich z.B. lediglich im Heimaturlaub befunden hat, nicht aber derjenige, der in Deutschland erst eine Erwerbstätigkeit aufnehmen will. Weil strafrechtlich allerdings an die *Bestimmtheit von Normen,* auch soweit es sich um tatbestandsausfüllende verwaltungsrechtliche Vorschriften handelt, höhere Anforderungen als bei der Rechtsanwendung im Verwaltungsrecht zu stellen sind, spricht der Wortlaut von § 17 Abs. 1 AufenthG dafür, eine Strafbarkeit nur anzunehmen, wenn eine Erwerbstätigkeit im Zeitpunkt der Einreise ausgeübt wird. Dieses Ergebnis wird dadurch bestätigt, dass der Gesetzgeber bei der Änderung des Abs. 2 der Norm zum 1.7.2013 keinen Klarstellungsbedarf bei Abs. 1 gesehen hat.

Ausländische Aufenthaltstitel entfalten in Deutschland keine Tatbestandswirkung, denn § 4 Abs. 1 AufenthG setzt die Erteilung eines *deutschen* Aufenthaltstitels voraus. Allerdings können sich nach Art. 21 Abs. 1 Schengener Durchführungsübereinkommen (SDÜ) Drittstaatler, die Inhaber eines gültigen, von einer der Vertragsparteien des SDÜ ausgestellten Aufenthaltstitels und eines gültigen Reisedokuments sind, höchstens bis zu *drei Monaten* frei im Hoheitsgebiet der anderen Vertragspartei bewegen. Dies gilt allerdings nur, soweit die Einreisevoraussetzungen nach Art. 5 Abs. 1 Buchst. a, c und e Schengener Grenzkodex² erfüllt sind. Dies ist nach Buchst. e nicht der Fall, wenn eine Gefahr für die öffentliche Ordnung vorliegt. Die Aufnahme einer *Beschäftigung* ohne Arbeitserlaubnis begründet eine Ordnungswidrigkeit nach §§ 404 Abs. 2 Nr. 4 SGB III i.V.m. 4 Abs. 3 S. 1 AufenthG und damit eine solche Gefahr. 88

Beispiel: Ein marokkanischer Staatsangehöriger reist mit einem französischen Aufenthaltstitel erlaubt nach Deutschland ein. Nimmt er hier eine Beschäftigung auf, wird sein Aufenthalt illegal, ohne, dass es auf den französischen Aufenthaltstitel ankommt.

Nach der Rechtsprechung des *BVerfG*³ ist bei einem Ausländer, der ohne Aufenthaltstitel oder Duldung in das Bundesgebiet eingereist ist oder sich hier aufhält, vom *Strafrichter* zu prüfen, ob die gesetzlichen Voraussetzungen für die Erteilung einer **Duldung** im Tatzeitraum gegeben waren. Bejahendenfalls ist der Ausländer straffrei. Der BGH⁴ hat die Entscheidung des BVerfG einschränkend interpretiert und erkannt, dass dies nicht für Fallgestaltungen gelte, in denen der Ausländer von vornherein nicht offenbart hat, dass er illegal eingereist ist, oder in denen er nach Ablauf seines legalen Aufenthalts in die Illegalität 89

---

1 So *Hailbronner,* § 95 AufenthG Rz. 33; *Senge* in Erbs/Kohlhaas, A 215 § 95 AufenthG Rz. 6 (Stand 1.5.2010); *Mosbacher* in Ignor/Rixen, § 4 Rz. 176; *Dienelt* in Renner/Bergmann/Dienelt, § 4 Rz. 62; *Eberle* in Storr/Wenger/Eberle/Albrecht/Harms, § 95 AufenthG Rz. 13; a.A. *Funke-Kaiser* in GK, § 4 AufenthG Rz. 39; *Gericke* in MüKo-StGB, § 95 AufenthG Rz. 37.
2 V. 15.3.2006, ABl. EU Nr. L 105 v. 13.4.2006, 1.
3 BVerfG v. 6.3.2003 – 2 BvR 397/02, NStZ 2003, 488 m. Anm. *Mosbacher;* zust. OLG Frankfurt v. 18.5.2006 – 2 Ss 23/06, NStZ-RR 2006, 246.
4 BGH v. 6.10.2004 – 1 StR 76/04, StV 2005, 24; zust. OLG Frankfurt v. 12.12.2008 – 3 Ss 71/09, NStZ-RR 2009, 257; BGH v. 2.9.2009 – 5 StR 266/09, NJW 2010, 248 = NStZ 2010, 171.

abgetaucht ist, folglich immer dann, wenn die Nichterteilung der Duldung gem. § 60a AufenthG nicht im *Verantwortungsbereich der Ausländerbehörde* liegt, weil sie den zugrunde liegenden Sachverhalt nicht kennt[1]. Die Grundsätze für die Erteilung einer Duldung sind schon deswegen nicht auf die Erteilung eines Aufenthaltstitels anwendbar, weil dieser einen Antrag des Ausländers voraussetzt (§ 81 Abs. 1 AufenthG)[2].

89a Nach Ergehen der **Rückführungsrichtlinie**[3] ist der *Anwendungsbereich* von § 95 Abs. 1 Nr. 2 AufenthG streitig. Zur Umsetzung der RL hat der Gesetzgeber mit Wirkung vom 26.11.2011[4] die Strafbarkeit an das Vorliegen einer weiteren Voraussetzung, die Nichtgewährung oder den Ablauf einer Ausreisefrist (§ 95 Abs. 1 Nr. 2 Buchst. b AufenthG) geknüpft. Damit ist klargestellt, dass während eines laufenden Rückkehrverfahrens die bloße Nichterfüllung der Rückkehrverpflichtung und damit der illegale Aufenthalt nicht bestraft werden können. Dies entspricht den europarechtlichen Vorgaben der RL, in der keine strafrechtlichen Sanktionen vorgesehen sind und die der EuGH als abschließende Regelung ansieht[5]. Grund hierfür ist, dass Erlass und Durchsetzung einer Rückkehrentscheidung durch die nationalen Behörden alleiniges Ziel der RL ist, dem strafrechtliche Sanktionen, insbesondere Inhaftierungen, zuwiderlaufen würden. Daher wird angenommen[6], dass auch ein Entziehen des betroffenen Drittstaatsangehörigen von der Aufsicht der Ausländerbehörde durch Untertauchen kein Ende des Rückkehrverfahrens bedeute, sodass die Anwendung von § 95 Abs. 1 Nr. 2 AufenthG auch in diesem Fall gesperrt bleibe. Diesem aus strafrechtlicher Sicht befremdlichen Gedanken sind die bislang mit der Problematik befassten deutschen Strafgerichte nicht nachgegangen. Wer sich außerhalb des Rückkehrverfahrens stellt, macht sich nach dieser Norm strafbar[7], denn deren Regelungsbereich ist nicht mehr betroffen[8].

90 Zu den vorsätzlich begangenen Straftaten des Ausländers kann nach allgemeinen Regeln **Beihilfe** gem. § 27 StGB durch *jedermann*, also auch durch Deutsche und EU-Ausländer, geleistet werden. Im Rahmen der illegalen Beschäftigung und der Schwarzarbeit kommen *Unterstützungshandlungen* durch die Gewährung von Wohnung und Arbeit in Betracht.

---

1 Vgl. zum Ganzen *Senge*, jurisPR-StrafR 9/2008, Anm. 4; *Mosbacher* in Ignor/Rixen, § 4 Rz. 213 ff.
2 *Brocke*, NStZ 2009, 546.
3 RL 2008/115/EG des Europ. Parl. und des Rates v. 16.12.2008 über gemeinsame Normen und Verfahren in den Mitgliedstaaten zur Rückführung illegal aufhältiger Drittstaatsangehöriger, ABl. EU Nr. L 348 v. 24.12.2008, 98; dazu *Hörich*, ZAR 2011, 281.
4 Durch das G zur Umsetzung aufenthaltsrechtlicher RL der EU und zur Anpassung nationaler Rechtsvorschriften an den EU-Visakodex v. 22.11.2011, BGBl. I 2258.
5 V. 28.4.2011 – Rs. C-61/11 PPU – El Dridi, NJOZ 12, 837 Rz. 35 ff..
6 *Hörich/Bergmann*, NJW 2012, 3339 (3340).
7 OLG München v. 21.11.2012 – 4 StRR 133/12, NStZ 2013, 484; KG v. 26.3.2012 – (4) 1 Ss 393/11 (20/12), NStZ-RR 2012, 347; OLG Hamburg v. 25.1.2012 – 3-1/12 (Rev) 1 Ss 196/11, juris; zust. *Hailbronner*, § 95 AufenthG Rz. 15e; *Gericke* in MüKo-StGB, § 95 AufenthG Rz. 30.
8 Vgl. dazu auch *Kretschmer*, NStZ 2013, 570 (571 f.).

Umstritten ist, ob eine Beihilfestrafbarkeit gegeben ist, wenn der Ausländer unabhängig von der Hilfeleistung zur Fortsetzung seines illegalen Aufenthaltes *entschlossen* ist und es deshalb keiner Bestärkung seines Tatentschlusses bedurfte. In diesem Fall soll die durch den Täter verwirklichte Rechtsgutsverletzung (Illegalität der Einreise/des Aufenthalts) nicht mehr konkret zu fördern sein[1]. Diese Ansicht verkennt jedoch, dass es ausreicht, wenn der Gehilfenbeitrag die Tathandlung objektiv fördert, also z.B. die Durchführung der Haupttat erleichtert. Dies ist bei der Gewährung von Unterkunft und Arbeit immer der Fall, denn ohne Wohnsitz und Einkommen besteht eine erhöhte Wahrscheinlichkeit eines polizeilichen Aufgriffs. *Reserveursachen*, wie die Behauptung, wenn der A sich nicht um den Ausländer gekümmert hätte, hätte es der B getan, sind nach allgemeinen Grundsätzen unbeachtlich. Soweit der Arbeitgeber zumindest auch billigend in Kauf nimmt, dass er eine fremde Tat unterstützt, wie dies regelmäßig der Fall bei Arbeitgebern ist, die sich keinen Aufenthaltstitel vorlegen lassen, macht er sich der Beihilfe schuldig[2].

Die **Strafdrohung** reicht bei § 95 Abs. 1 AufenthG von Geldstrafe bis zu Freiheitsstrafe von einem Jahr. Der Gesetzgeber stuft damit Verstöße des Ausländers allein gegen aufenthaltsrechtliche Vorschriften als *weniger gravierend* ein. 91

b) Sondertatbestand „Falsche Angaben"

§ 95 Abs. 2 AufenthG enthält mehrere Tatbestände, die mit Freiheitsstrafe bis zu *drei Jahren* bedroht sind. Lediglich eine Strafschärfung für Einreise und Aufenthalt trotz entsprechenden Verbots sieht **Nr. 1** vor. 92

Dagegen kommt § 95 Abs. 2 **Nr. 2** AufenthG ein *eigenständiger* Charakter und hohe praktische Relevanz zu. In der juristischen Umgangssprache wird die Strafvorschrift vielfach entsprechend ihres häufigen Anwendungsbereiches auch „**Scheinehenparagraf**" genannt[3]. Danach ist strafbar, wer unrichtige oder unvollständige Angaben macht oder benutzt, um für sich oder einen anderen einen Aufenthaltstitel oder eine Duldung zu beschaffen oder eine so beschaffte Urkunde wissentlich zur Täuschung im Rechtsverkehr gebraucht. 93

Beispiel: Die deutsche Staatsangehörige D und der iranische Staatsangehörige I schließen eine formell gültige Ehe, um dem I einen Aufenthaltstitel zu verschaffen. Gegenüber der Ausländerbehörde erklären sie bewusst wahrheitswidrig, in einer ehelichen Lebensgemeinschaft zusammenzuleben. Tatsächlich wohnten sie zu keinem Zeitpunkt zusammen. D und I sind gem. § 95 Abs. 2 Nr. 2 AufenthG, § 25 Abs. 2 StGB als Mittäter zu bestrafen.

Aber auch auf dem Gebiet der **illegalen Beschäftigung** und der **Schwarzarbeit** ergeben sich Anwendungsfälle für die Strafvorschrift. 94

---

1 OLG Karlsruhe v. 14.1.2009 – 3 Ss 53/08; KG v. 9.9.2005 – (3) 1 Ss 229/05 (63/05), NStZ 2006, 530; BayObLG v. 25.6.2001 – 4 St RR 77/01, NJW 2002, 1663; unklar BGH v. 12.6.1990 – 5 StR 614/89, NStZ 1990, 443.
2 BGH v. 2.9.2009 – 5 StR 266/09, NStZ 2010, 171; LG Landshut v. 24.6.2008 – 4 Qs 196/08, NStZ 2009, 61; LG Freiburg v. 23.1.2008 – 7 Ns 630 Js 23306/06 – AK 165/07 m. zust. Anm. *Senge*, jurisPR-StrafR 9/2008 Anm. 4; OLG Frankfurt v. 25.2.2005 – 1 Ss 9/04, NStZ-RR 2005, 184; LG Münster v. 16.9.2004 – 3 Qs 51/04, NStZ-RR 2004, 378; *Brocke*, NStZ 2009, 546 (548 f.); *König*, NJW 2002, 1623; differenzierend *Mosbacher* in Ignor/Rixen, § 4 Rz. 237 ff.
3 Vgl. zum Tatbestand auch *Schott*, StV 2007, 156 (162 f.).

Beispiel: Der türkische Staatsangehörige T beantragt bei der Ausländerbehörde die Erteilung einer Aufenthaltserlaubnis. Die Ausländerbehörde fordert ihn daraufhin auf, nachzuweisen, dass sein Lebensunterhalt in Deutschland gesichert ist. T bittet daher seinen Freund F, der einen Gewerbebetrieb unterhält, ihm wahrheitswidrig zu bestätigen, dass er für ein Festgehalt als Fahrer bei ihm angestellt ist. Die Bestätigung legt T der Ausländerbehörde vor. T ist gem. § 95 Abs. 2 Nr. 2 AufenthG strafbar. F hat ihm dazu Beihilfe nach § 27 StGB geleistet.

95 Weil es sich um ein abstraktes **Gefährdungsdelikt**[1] handelt, ist unerheblich, ob ein Aufenthaltstitel tatsächlich erteilt wird. Die Tat ist vollendet, wenn die Angaben gegenüber irgendjemandem getätigt wurden, von dem der Täter davon ausgeht, dass er Einfluss auf die Erteilung eines Aufenthaltstitels hat oder die Eingabe zumindest an die dafür zuständige Stelle weiterleitet. Daraus folgt entsprechend dem offenen Wortlaut der Vorschrift, dass die Angaben nicht unbedingt gegenüber der *Ausländerbehörde* (oder anderen für die Durchführung des AufenthG zuständigen Behörden) gemacht werden müssen[2], wenn dies auch der Regelfall ist. Weil Schutzzweck der Norm das Vertrauen des Rechtsverkehrs in die materielle *Rechtmäßigkeit eines Aufenthaltstitels* ist, kommt es auch nicht darauf an, ob bei richtigen Angaben ein Anspruch auf Erteilung des Aufenthaltstitels bestehen würde[3].

c) Einschleusen von Ausländern

96 Bei den Tatbeständen des **§ 96 Abs. 1 AufenthG** handelt es sich um zur Täterschaft *verselbständigte Teilnahmehandlungen* zu den Tatbeständen der illegalen Einreise und des illegalen Aufenthalts sowie des Machens oder Benutzens unrichtiger oder unvollständiger Angaben zur Beschaffung eines Aufenthaltstitels oder einer Duldung. Ob eine Teilnahmehandlung gegeben ist, bestimmt sich nach den zu den §§ 26 und 27 StGB entwickelten Grundsätzen[4]. Der besondere Unwertgehalt gegenüber der Beihilfe zu den genannten Straftaten folgt aus den Qualifikationsmerkmalen des Erhaltens oder Versprechen-Lassens eines (Vermögens-)Vorteils oder der wiederholten oder zugunsten von mehreren Ausländern erfolgenden Handlung. Diese Konstruktion kann zu Strafbarkeitslücken führen, wenn der ausländische Arbeitnehmer z.B. nicht weiß, dass er sich unerlaubt in Deutschland aufhält, dem ihn ausbeutenden Arbeitgeber dies jedoch bekannt ist. Aufgrund der Akzessorietät der Beihilfe kommt eine Teilnahmestrafbarkeit nicht in Betracht. Mittelbare Täterschaft nach § 25 Abs. 1 Alt. 2 StGB scheidet aus, weil es sich bei § 95 Abs. 1 Nr. 2 AufenthG um ein Sonderdelikt handelt[5].

---

1 *Brocke*, NStZ 2009, 546 (550); *Senge* in Erbs/Kohlhaas, § 95 AufenthG Rz. 56; *Mosbacher* in GK, § 95 AufenthG Rz. 247.
2 A.A. *Hailbronner*, § 95 AufenthG Rz. 93.
3 OLG Düsseldorf v. 30.5.2012 – III-3 RVs 62/12, 3 RVs 62/12, NStZ-RR 2012, 348; OLG Stuttgart v. 10.8.2009 – 1 Ss 1161/09, NStZ-RR 2009, 387; *Senge* in Erbs/Kohlhaas, § 95 AufenthG Rz. 56; *Gericke* in MüKo-StGB, § 95 AufenthG Rz. 94.
4 BGH v. 6.6.2012 – 4 StR 144/12, NJW 2012, 2821 zur Beihilfe; *Gericke* in MüKo-StGB, § 96 AufenthG Rz. 10.
5 *Gericke* in MüKo-StGB, § 95 AufenthG Rz. 11.

Schon aus der Bezugnahme auf § 95 Abs. 1 Nr. 1, 2 und Abs. 2 Nr. 1 Buchst. b AufenthG in § 96 Abs. 1 AufenthG folgt, dass die **amtliche Überschrift** „*Einschleusen von Ausländern*" zu kurz greift. Strafbar gem. § 96 AufenthG macht sich danach nicht nur, wer einem Ausländer bei der illegalen Einreise z.B. durch den Hinweis auf eine geeignete Örtlichkeit zum Durchschwimmen des Grenzflusses, behilflich ist, sondern auch, wer den illegalen Aufenthalt unterstützt, was in der Praxis weit häufiger vorkommt.

96a

Durch das *Gesetz zur Umsetzung aufenthalts- und asylrechtlicher Richtlinien der EU* (Rz. 83) wurde § 96 Abs. 1 AufenthG umgestaltet und – auf Betreiben der Kirchen und humanitärer Verbände – **eingeschränkt**[1]. Seit 28.8.2007 ist bei der Hilfeleistung zum illegalen *Aufenthalt* allein noch das Erhalten oder Sich-versprechen-Lassen eines *Vermögensvorteils* zur Tatbestandserfüllung ausreichend. Dagegen reicht nicht mehr, wie noch unter der Geltung von § 92a AuslG, ein *wiederholtes* oder *zugunsten von mehreren Ausländern* erfolgendes Handeln. Demgegenüber lässt das Gesetz bei der Hilfeleistung zur illegalen *Einreise* gem. § 96 Abs. 1 Nr. 1 Buchst. a AufenthG nunmehr das Erhalten oder Sich-versprechen-Lassen eines *Vorteils* ausreichen; ein Vermögensvorteil muss nicht mehr vorliegen.

97

Damit soll laut der amtlichen Begründung[2] auch die Duldung sexueller Handlungen und der Geschlechtsverkehr als Gegenleistung für die Beihilfe tatbestandsmäßig sein, was bislang in vielen Fällen nicht angenommen werden konnte, weil der Vermögensvorteil – wie beim Betrugstatbestand des § 263 StGB – als jede günstigere Gestaltung der Vermögenslage angesehen wird[3], worunter die Ausnutzung einer Gelegenheit ohne Zahlung von Entgelt nicht gefasst werden kann.

Ansonsten kann ein **Vermögensvorteil** im Gewähren von Arbeits- oder sonstigen Dienstleistungen[4], Geldzahlungen oder Sachleistungen sowie im Erlass von Schulden oder der Ersparnis von Aufwendungen liegen. Soweit Austauschverträge zugrunde liegen, müssen Leistung und Gegenleistung ihrem Wert nach gegeneinander abgewogen werden. Im Rahmen eines Arbeitsverhältnisses erlangt der Arbeitgeber dann einen Vermögensvorteil, wenn er dem Arbeitnehmer *keinen marktüblichen Lohn* für seine Arbeitsleistung zahlt. Umstritten ist, ob allein die Nichtabführung von Beiträgen zur Sozialversicherung oder zur Lohnsteuer in Gestalt der Ersparnis von Aufwendungen einen Vermögensvorteil[5] darstellt. Diese Fragestellung ist in der Praxis von erheblicher Bedeutung, weil oftmals der gezahlte Lohn nicht feststellbar ist. Auch wenn die Ansprüche der Sozialversicherung und des Fiskus kraft Gesetzes entstehen und die Nichtmeldung lediglich die Aufdeckung bestehender Ansprüche verhindern kann, liegt ein Vermögensvorteil vor, weil die bestehenden Ansprüche mangels Kenntnis der zuständigen Behörden nicht durchgesetzt werden. Die Realisierung stellt sich daher lediglich als abstrakte Möglichkeit dar.

98

---

1 BT-Drs. 16/5065, 199.
2 BT-Drs. 16/5065, 199.
3 BGH v. 21.2.1989 – 1 StR 631/88, BGHSt 36, 134 (138) = NJW 1989, 1435 (1436); *Hailbronner*, § 96 AufenthG Rz. 21; *Gericke* in MüKo-StGB, § 96 AufenthG Rz. 21.
4 Denen ein Vermögenswert zukommt, vgl. BGH v. 18.1.2001 – 4 StR 315/00, NJW 2001, 981 = NStZ 2001, 258 = wistra 2001, 145; *Hailbronner*, § 96 Rz. 21.
5 Dafür *Brüssow/Petri*, Rz. 363; dagegen *Mosbacher* in Ignor/Rixen, § 4 Rz. 260.

99 Davon zu trennen ist die weitergehende Frage, ob zwischen Vermögensvorteil und Förderung des illegalen Aufenthalts des Ausländers ein **unmittelbarer Zusammenhang** in dem Sinn besteht, dass der Vermögensvorteil gerade für die Tathandlung („dafür") gewährt wird. Insoweit muss nicht nur ein kausaler, sondern auch ein *finaler Zusammenhang* bestehen[1]. Dem genügt z.B. die Erbringung von Arbeitsleistung für die Gewährung einer Beschäftigung nicht. Der Zusammenhang besteht aber, wenn ein Ausländer für einen deutlich geringeren Lohn arbeitet als einem erlaubt in Deutschland lebenden Ausländer, der eine vergleichbare Tätigkeit ausübt, zu zahlen wäre, und der Arbeitgeber diese mit dem illegalen Aufenthalt verbundene Hilflosigkeit bewusst ausnutzt.

Beispiel: A beschäftigt den ohne Aufenthaltstitel eingereisten Serben S als Bauhelfer für einen Stundenlohn von fünf Euro. Dabei nutzt A die durch die Gewährung von Arbeit eingetretene Illegalität des Aufenthalts des S aus, weil er weiß, dass dieser sich gegen den Dumpinglohn nicht zur Wehr setzen kann, denn ein Einklagen des Baumindestlohnes hätte die Aufdeckung seines Aufenthaltsstatus mit entsprechenden verwaltungs- und strafrechtlichen Konsequenzen zur Folge.

100 Hinsichtlich der Nichtabführung von Beiträgen eines Arbeitnehmers zur **Sozialversicherung** besteht der *Zusammenhang*, wenn der Arbeitgeber *ausnutzt*, dass die Aufdeckung der Tat deshalb erschwert ist, weil es sich um die Beschäftigung eines Ausländers handelt, der über eingeschränkte Möglichkeiten zur Mitteilung des Sachverhalts an die zuständigen Behörden verfügt[2].

101 Ein *Vermögensvorteil* muss auch gegeben sein bei einer Unterstützung des Machens oder Benutzens **unrichtiger** oder unvollständiger **Angaben** nach § 95 Abs. 2 Nr. 2 AufenthG.

Beispiel: Würde in dem Beispiel Rz. 94 T für F als Gegenleistung für die Ausstellung der Bestätigung einige Stunden unentgeltlich in dem Gewerbebetrieb des F arbeiten, wäre F gem. §§ 96 Abs. 1 Nr. 2, 95 Abs. 2 Nr. 2 AufenthG strafbar.

102 Für das in Fällen der Teilnahme an der unerlaubten *Einreise* hinreichende Qualifikationsmerkmal des **wiederholten** Handelns nach § 96 Abs. 1 Nr. 1 Buchst. b AufenthG ist eine Verfolgung oder Ahndung des *Vorverstoßes*, nicht erforderlich[3]. Eine Teilnahmestraftat zu § 95 Abs. 1 AufenthG ist ausreichend; die Vortat braucht keine Qualifikationsmerkmale nach § 96 Abs. 1 AufenthG zu erfüllen[4]. Das Qualifikationsmerkmal „**mehrere Ausländer**" ist bereits bei einer Anzahl von zwei Personen erfüllt[5], die beide vorsätzlich und rechtswidrig eine Haupttat nach § 95 Abs. 1 AufenthG begangen haben müssen[6].

103 Für den Bereich der illegalen Beschäftigung und der Schwarzarbeit ist von den Qualifikationstatbeständen des § 96 Abs. 2 AufenthG lediglich Nr. 1, die ge-

---

1 BGH v. 11.2.2000 – 3 StR 308/99, NJW 2000, 1732 = NStZ 2000, 657.
2 A.A. *Gericke* in MüKo-StGB, § 95 AufenthG Rz. 21.
3 BGH v. 5.7.2011 – 3 StR 87/11, NJW 2011, 3174 (für § 95 Abs. 1 Nr. 7 AufenthG); BGH v. 26.5.1999 – 3 StR 122/99, NJW 1999, 2829 = NStZ 1999, 466 = wistra 1999, 390; *Hailbronner*, § 96 AufenthG Rz. 25.
4 BGH v. 11.2.2000 – 3 StR 308/99, NJW 2000, 1732 = NStZ 2000, 657.
5 BGH v. 11.7.2003 – 2 StR 31/03, NStZ 2004, 45.
6 *Mosbacher* in Ignor/Rixen, § 4 Rz. 267 f.

werbsmäßige Begehungsweise, von praktischer Relevanz. Gewerbsmäßigkeit liegt nach der auch im Kernstrafrecht geltenden Definition vor, wenn der Täter in der Absicht handelt, sich durch wiederholte Tatbegehung eine fortlaufende Einnahmequelle von einiger Dauer und einigem Umfang zu verschaffen, wobei schon die erste ins Auge gefasste Tathandlung gewerbsmäßig ist, wenn ein solches Gewinnstreben vorliegt[1].

Beispiel: Ein Bauunternehmer beschließt, um sich einen Wettbewerbsvorteil gegenüber seinen Konkurrenten zu verschaffen, in Zukunft ohne Visum eingereiste bosnisch-herzegowinische Staatsangehörige zu Dumpinglöhnen zu beschäftigen, und entlässt deshalb einen Teil seiner legal beschäftigten Belegschaft.

Für das **Verhältnis** von § 96 Abs. 1 Nr. 2 i.V.m. § 95 Abs. 2 Nr. 2 AufenthG zu einer täterschaftlichen Begehung des § 95 Abs. 2 Nr. 2 AufenthG geht der BGH[2] von *Tateinheit* aus. Danach steht es der Anwendung des Schleusungstatbestandes jedenfalls nicht grundsätzlich entgegen, wenn derjenige, der durch sein Handeln zugleich die Falschangaben eines anderen unterstützt, bei isolierter Betrachtung Täter einer Straftat nach § 95 Abs. 2 Nr. 2 AufenthG wäre. Grund hierfür ist, dass es nicht dem Willen des Gesetzgebers entspricht, solche *doppelrelevanten Handlungen* aus den Schleusungsdelikten auszugrenzen.

103a

Beispiel: Der chinesische Gastwirt erklärt gegenüber der Ausländerbehörde bewusst wahrheitswidrig, seinen Koch entsprechend den tariflichen Bestimmungen zu beschäftigen. Hierdurch will er den abgesprochenen, gleichlautenden falschen Erklärungen der Köche zur Verlängerung ihres Aufenthaltstitels höheres Gewicht verleihen.

d) Subjektive Tatseite

Die Begehung der Tatbestände von § 95 Abs. 1, 2 AufenthG kann nur **vorsätzlich** erfolgen, wobei bedingter Vorsatz ausreichend ist[3].

104

Die **fahrlässige** Begehungsweise ist in den Fällen von § 95 Abs. 1 Nr. 1, 2 und Abs. 2 Nr. 1 Buchst. b AufenthG, also soweit der illegale Aufenthalt betroffen ist, nach § 98 Abs. 1 AufenthG **bußgeldbewehrt** mit Geldbuße bis zu 3000 Euro. Für eine vorsätzliche Tat ist es ausreichend, wenn der Ausländer billigend in Kauf nimmt, dass er sich illegal in Deutschland aufhält, was immer dann der Fall ist, wenn er *Zweifel* an seinem Aufenthaltsstatus hegt, sich gleichwohl nicht kundig macht, sondern den Dingen seinen Lauf lässt.

105

Der **Gehilfe** an einer Straftat nach § 95 Abs. 1, 2 AufenthG muss nach allgemeinen Regeln einen *doppelten Gehilfenvorsatz* aufweisen. Danach muss er zumindest billigend in Kauf nehmen, dass er eine bestimmte fremde Tat unterstützt und dass es mithilfe seines Beitrages zur Vollendung des Delikts kommt[4]. Streitig ist, welchen *Konkretisierungsgrad* der Vorsatz des *Arbeitgebers* in Bezug auf die Illegalität der Beschäftigung aufweisen muss. Es wäre verfehlt, insoweit zu fordern, dass dem Arbeitgeber im Einzelnen bekannt sein muss, welche Auswirkungen z.B. die Gewährung von Arbeit und Unterkunft auf den Aufenthaltsstatus des Ausländers hat. Ausreichend ist insoweit, dass der Arbeitgeber in groben Zügen von dem Erfordernis eines Aufenthaltstitels

106

---

1 BGH v. 11.2.2000 – 3 StR 308/99, NJW 2000, 1732 = NStZ 2000, 657.
2 V. 30.5.2013 – 5 StR 130/13, NJW 2013, 2839 = NStZ-RR 2014, 60.
3 *Winkelmann* in Renner/Bergmann/Dienelt, § 95 AufenthG Rz. 37.
4 Vgl. dazu *Heine/Weißer* in S/S, § 27 StGB, Rz. 28.

bei Nicht-EU-Bürgern weiß und er den Arbeitnehmer beschäftigt, ohne sich um den ausländerrechtlichen Status des Betreffenden zu kümmern. Verstöße gegen die aufenthaltsrechtlichen Vorschriften sind so häufig, dass der Arbeitgeber ohne Prüfung nicht darauf vertrauen kann, dass ein Arbeitnehmer einer Beschäftigung nachgehen darf. Dementsprechend sieht das AufenthG in § 4 Abs. 3 S. 4 ausdrücklich eine *Prüfpflicht* vor.

3. Asylrechtliche Tatbestände

107 Zum 1.1.2015 wurde der bisherige § 85 Nr. 3 AsylVfG ersatzlos **aufgehoben**[1], wonach sich ein Asylbewerber strafbar machte, dessen Aufenthaltsgestattung nach § 55 AsylVfG eine Auflage enthielt, mit der die Ausübung einer Erwerbstätigkeit verboten oder beschränkt wurde, wenn er dieser Auflage zuwiderhandelte. Auch weiterhin muss die Beschäftigung eines Asylbewerbers **erlaubt** werden (dazu Rz. 57). Arbeitet er ohne die Erteilung einer Erlaubnis, kommt (wie bei anderen Ausländern auch) die Begehung einer Ordnungswidrigkeit nach § 404 Abs. 2 Nr. 4 SGB III in Betracht.

108 Geblieben ist die Strafbarkeit des Asylbewerbers nach **§ 85 Nr. 5 AsylVfG**, wenn er entgegen § 61 Abs. 1 AsylVfG für die Dauer der Pflicht, in einer **Aufnahmeeinrichtung** zu wohnen, eine **Erwerbstätigkeit** ausübt. Insbesondere im Bereich der Gastronomie (Pizza-Service o.Ä.) kommt dem Tatbestand Praxisrelevanz zu, etwa bei der Zubereitung von Speisen oder der Verteilung von Werbeprospekten. Der Arbeitgeber kann sich durch die Gewährung von Arbeit einer *Beihilfe* schuldig machen (Rz. 90).

Dabei sind allerdings die Grundsätze *notwendiger Teilnahme* zu berücksichtigen, wonach eine Teilnahme straflos sein kann, die das Maß des zur Tatbestandsverwirklichung Notwendigen nicht überschreitet, wenn ein Tatbestand zu seiner Erfüllung notwendigerweise die Beteiligung zweier oder mehrerer Personen erfordert[2]. Dies trifft auf den Tatbestand des § 85 Nr. 5 AsylVfG zwar zu, jedoch ist anhand der Strafzwecke jeder Norm, bei der die Grundsätze notwendiger Teilnahme zu prüfen sind, festzustellen, ob der Tatbestand gerade den notwendigen Teilnehmer schützen will (§ 19 Rz. 29). Hiervon kann bei einem Arbeitgeber, der einen Ausländer, den er unter Verstoß gegen § 61 Abs. 1 AsylVfG beschäftigt, nicht ausgegangen werden, denn die Einhaltung asylverfahrensrechtlicher Vorgaben bei der Beschäftigung liegt *auch* in der Sphäre des Arbeitgebers[3].

109 Die Tatbestände sind lediglich **vorsätzlich** begehbar, die Strafdrohung ist mit Freiheitsstrafe von bis zu einem Jahr oder Geldstrafe gering[4].

---

1 Durch das G zur Verbesserung der Rechtsstellung von asylsuchenden und geduldeten Ausländern v. 23.12.2014, BGBl. I 2439.
2 Dazu *Heine/Weißer* in S/S, Vor §§ 25 ff. StGB Rz. 41 ff.
3 Zweifelnd *Mosbacher* in Ignor/Rixen, § 4 Rz. 302.
4 Näher zu diesen Tatbeständen *Mosbacher* in A/R, XII Abschn. 4 Rz. 159 ff.

IV. Straftaten nach dem Schwarzarbeitsbekämpfungsgesetz

1. Überblick

Das **Schwarzarbeitsbekämpfungsgesetz** (*SchwarzArbG*)[1] enthält in §§ 9–11 mehrere *Straftatbestände*. Bei § 9 SchwarzArbG – Erschleichen von Sozialleistungen im Zusammenhang mit der Erbringung von Dienst- und Werkleistungen – handelt es sich um einen neuen Straftatbestand, der in keinem Zusammenhang mit der illegalen Ausländerbeschäftigung steht (dazu Rz. 151 ff.). Dagegen entsprach **§ 10 SchwarzArbG** – Beschäftigung von Ausländern ohne Genehmigung oder ohne Aufenthaltstitel und zu ungünstigen Bedingungen – bis zu späteren Ergänzungen dem bis zum Inkrafttreten des SchwarzArbG am 1.8.2004 geltenden § 406 SGB III. **§ 11 SchwarzArbG** – Erwerbstätigkeit von Ausländern ohne Genehmigung oder ohne Aufenthaltstitel in größerem Umfang – deckte sich inhaltlich mit § 407 SGB III a.F. § 10a SchwarzArbG wurde im Jahr 2011 in das Gesetz eingefügt und steht im Zusammenhang mit der Strafvorschrift des Menschenhandels zum Zwecke der Ausbeutung der Arbeitskraft nach § 233 StGB.

110

Schon die Titel der Straftatbestände deuten darauf hin, dass diese nicht isoliert verstanden werden dürfen, sondern eingebettet sind in einen **Kanon verschiedener Regelungsmaterien**, nämlich Arbeitserlaubnisrecht und Ausländerrecht. Dadurch wird der Zugang zu den Straftatbeständen für den Anwender erheblich erschwert. Die Polizeiliche Kriminalstatistik (PKS) für das Jahr 2013 weist 146 erfasste Fälle von Delikten nach dem SchwarzArbG aus. Dabei ist allerdings zu beachten, dass die PKS nicht die durch die Behörden der Zollverwaltung verfolgten Straftaten und damit deren wesentliche Anzahl erfasst (dazu § 36 Rz. 27).

111

Innerhalb der Strafnormen des SchwarzArbG kommt **§ 11 Abs. 1 SchwarzArbG** noch die größte Bedeutung zu. So wurden im Jahr 2013 im Zuständigkeitsbereich des Hautzollamts Stuttgart 11 Ermittlungsverfahren wegen Verdachts einer Straftat nach § 11 Abs. 1 SchwarzArbG mit Schlussbericht an die Staatsanwaltschaft abgegeben. Dies deutet auf eine beschränkte *praktische Relevanz* der Vorschriften hin, wie auch die Tatsache, dass es bislang kaum veröffentlichte Rechtsprechung zu den Tatbeständen gibt. Zu beachten ist allerdings, dass die Straftatbestände nach dem SchwarzArbG oftmals neben anderen Straftatbeständen mit verwirklicht sind und ihnen lückenschließende Funktion dann zukommen kann, wenn andere Tatbestände nicht nachweisbar oder nicht erfüllt sind, z.B. ausländerrechtliche Straftaten, weil EU-Bürger betroffen sind[2].

112

---

1 V. 23.7.2004, BGBl. I 1842, näher dazu *Mosbacher* in A/R, 12. Teil Kap. 4 Rz. 51 ff.; *Brenner*, 3. Teil Abschn. IV, V; *Brüssow/Petri*, Rz. 456 ff.; *Ambs* in Erbs/Kohlhaas, S 34 SchwarzArbG (Stand 15.10.2012); *Fehn* in Fehn, §§ 10, 11 SchwarzArbG; *Ambs* in Gemeinschaftskommentar zum ArbeitsförderungsR, Stand Aug 2009 (zit.: GK, § ... SGB III); *Mosbacher* in G/J/W, Nr. 645 (SchwarzArbG); *Gercke* in Gercke/Kraft/Richter, 2. Kap. Rz. 189 ff.; *Mosbacher* in Ignor/Rixen, § 4 Rz. 132 ff.; *Richtarsky* in W/J, Kap. 19 Abschn. A Rz. 24 ff.

2 *Mosbacher* in G/J/W, § 10 SchwarzArbG Rz. 1: „Kriminalpolitische Bedeutung der Strafnorm ist erheblich."

Umgekehrt fallen Strafen wegen Verstößen gegen § 11 SchwarzArbG häufig gegenüber solchen nach § 266a StGB nicht ins Gewicht[1].

112a Die im Sinken begriffene Zahl von Ermittlungsverfahren hängt mit dem **beschränkten** Anwendungsbereich der Vorschriften zusammen. Sie setzen das Erfordernis einer *Arbeitserlaubnis* voraus. Durch die stetige Vergrößerung der EU und den Erwerb der Vollmitgliedschaft durch die Beitrittsstaaten (mit Ausnahme von Kroatien, vgl. dazu Rz. 48) fallen Staatsangehörige einer Vielzahl von Ländern aus dem Anwendungsbereich heraus. Das ist insbesondere im Hinblick auf § 10 SchwarzArbG misslich, handelt es sich doch um eine in vielen Fällen handhabbare Vorschrift, die die Ausbeutung von Arbeitnehmern als solche unter Strafe stellt.

2. Einzelne Tatbestände

a) Illegale Beschäftigung zu ungünstigen Arbeitsbedingungen

113 Die enge Verzahnung der Straftatbestände des SchwarzArbG mit dem *Arbeitserlaubnisrecht* zeigt sich an **§ 10 SchwarzArbG**. Ihm liegt der Bußgeldtatbestand des § 404 Abs. 2 Nr. 3 SGB III – Beschäftigung eines Ausländers ohne Arbeitserlaubnis – zugrunde. Die Beschäftigung zu Arbeitsbedingungen, die in einem auffälligen Missverhältnis zu den Arbeitsbedingungen deutscher Arbeitnehmer und Arbeitnehmerinnen stehen, die die gleiche oder eine vergleichbare Tätigkeit ausüben, bildet das Merkmal, das die Zuwiderhandlung zur Straftat qualifiziert.

114 Wie komplex das Zusammenspiel der Vorschriften des Arbeitserlaubnisrechts, des Ausländerrechts und des SchwarzArbG ist, wird durch die Gesetzgebungsgeschichte der §§ 10, 11 SchwarzArbG illustriert, die geprägt war von Fehlverweisungen aufgrund von Änderungen der in Bezug genommenen Gesetze. Dies führte zu **vorübergehenden Strafbarkeitslücken**, die ganz im Gegensatz zu der gesetzgeberischen Intention standen[2]. So war zwischen dem 1.1.2005 und dem 17.3.2005 nur die Beschäftigung von Staatsangehörigen der Beitrittsstaaten erfasst, da sich die Bezugsnorm des § 284 SGB III geändert hatte, ohne dass dies der Gesetzgeber des SchwarzArbG nachvollzogen hatte. Erst aufgrund einer Bezugnahme auch auf § 4 Abs. 3 AufenthG in § 10 Abs. 1 SchwarzArbG war fortan auch die Beschäftigung von Drittstaatsangehörigen unter den weiteren Voraussetzungen des § 10 SchwarzArbG wieder strafbar.

115 **aa)** Die Prüfung einer Strafbarkeit nach § 10 SchwarzArbG setzt bei den Tatbestandsmerkmalen der zugrunde liegenden **Bußgeldnorm** des § 404 Abs. 2 Nr. 3 SGB III (Rz. 59 ff.) an, die vorsätzlich verwirklicht sein müssen. *Ausländer* ist gem. § 2 Abs. 1 AufenthG jeder, der nicht Deutscher i.S. des Art. 116 Abs. 1 GG ist, also insbesondere auch der vom Anwendungsbereich des AufenthG nach § 1 Abs. 2 Nr. 1 AufenthG ausgenommene EU-Bürger. **Täter** des Sonderdelikts kann nur der *Arbeitgeber* (§ 38 Rz. 27 ff.) sein. Dies ist im Fall der Arbeitnehmerüberlassung ohne Erlaubnis nach § 1 AÜG aufgrund der in §§ 9 Nr. 1, 10 Abs. 1 S. 1 AÜG normierten Fiktion, dass ein Arbeitsverhältnis

---

1 Ein Beispiel hierfür bietet die Entscheidung BGH v. 4.9.2012 – 1 StR 94/13, juris.
2 Vgl. dazu *Mosbacher* in Ignor/Rixen, § 4 Rz. 7–15.

zwischen dem Entleiher und dem Leiharbeitnehmer zustande kommt, der *Entleiher* (Rz. 24), im Fall der legalen Arbeitnehmerüberlassung der *Verleiher*[1]. Weil es sich um eine **Dauerdelikt** handelt, beginnt die Verjährung nach § 78a StGB erst mit der Beendigung des rechtswidrigen Zustandes, also dem Ende der Beschäftigung.

Die **Arbeitsbedingungen** des Ausländers stehen in einem *auffälligen Missverhältnis*, wenn sie so beträchtlich schlechter sind, dass für einen mit den Gepflogenheiten der jeweiligen Branche vertrauten Dritten ein augenfälliger Unterschied besteht. Maßgeblich ist eine Gesamtschau aller Arbeitsbedingungen, also z.B. Lohn, Urlaub, soziale Absicherung, Schutz vor Arbeitsunfällen und Kündigung[2]. Ein auffälliges Missverhältnis bei einer Arbeitsbedingung kann durch bessere Bedingungen als bei der Vergleichsgruppe der deutschen Arbeitnehmer und Arbeitnehmerinnen bei einer anderen Arbeitsbedingung ausgeglichen werden. In der Praxis kommt der *Lohnhöhe* bei der Vergleichsbetrachtung die größte Bedeutung zu. Der Beginn eines auffälligen Missverhältnisses wird ab einem Lohnunterschied von mehr als 1/5[3] oder erst bei mehr als 1/3[4] angenommen[5]. Wird als Vergleichsmaßstab allein die Lohnhöhe herangezogen, genügt angesichts der zunehmenden Möglichkeiten zur individualvertraglichen Bestimmung der Lohnhöhe und dem damit einhergehenden größeren Lohngefälle ein Unterschied von 1/5 regelmäßig nicht. 116

Beispiel: Ein Trockenbauunternehmer beschäftigt einen kroatischen Staatsangehörigen für drei Monate auf mehreren Bauvorhaben von montags bis freitags von 7 bis zumindest 18 Uhr täglich, wofür der Ausländer insgesamt 850 Euro erhält. Über eine Erwerbstätigkeitserlaubnis verfügt er nicht, weil der Unternehmer für ihn ein Trockenbaugewerbe bei der zuständigen Behörde anmeldet und damit den Anschein einer selbständigen Subunternehmertätigkeit erwecken will. Setzt man eine Pause von einer Stunde pro Arbeitstag an, errechnet sich ein Stundenlohn von ca. 1,30 Euro.

Allein die **Nichtmeldung** des Ausländers **zur Sozialversicherung** (§ 38 Rz. 209 ff.) genügt zur Begründung eines Missverhältnisses i.S. der Vorschrift[6], obwohl durch die Aufnahme eines abhängigen Beschäftigungsverhältnisses die Mitgliedschaft in der Sozialversicherung kraft Gesetzes entsteht[7] (§ 38 Rz. 103)und entsprechende Ansprüche daher auch ohne Meldung und Abführung von Beiträgen durch den Arbeitgeber von dem Ausländer geltend gemacht werden könnten. Dies setzt allerdings einen Nachweis der Beschäftigung voraus, der für einen ausländischen Arbeitnehmer bei illegalen Beschäftigungsverhältnissen nicht leicht zu erbringen ist. Durch die Nichtmeldung werden 117

---

1 BGH v. 24.6.1987 – 3 StR 200/87, wistra 1988, 27; *Mosbacher* in Ignor/Rixen, § 4 Rz. 137.
2 OLG Frankfurt v. 25.2.2005 – 1 Ss 9/04, NStZ-RR 2005, 184; *Brenner*, S. 206 f.
3 *Brüssow/Petri*, Rz. 460; *Fehn* in Fehn, §§ 10, 11 SchwarzArbG Rz. 4; .
4 *Mosbacher* in Ignor/Rixen, § 4 Rz. 141 f; *Richtarsky* in W/J, Kap. 19 Rz. 31; *Ambs* in Erbs/Kohlhaas, S 34 § 10 SchwarzArbG Rz. 8.
5 Vom LG Stuttgart v. 26.2.2013 – 20 KLs 183 Js 56637/08 bei einem Stundenlohn von fünf Euro für einfachste Kontroll- und Sortierarbeiten bejaht.
6 *Brenner*, S. 207; *Brüssow/Petri*, Rz. 460; *Fehn* in Fehn, §§ 10, 11 SchwarzArbG Rz. 4; zweifelnd *Mosbacher* in Ignor/Rixen, § 4 Rz. 143.
7 Vgl. z.B. für die Gesetzliche Krankenversicherung § 5 Abs. 1 Nr. 1 SGB V.

daher faktisch dem ausländischen Arbeitnehmer elementare Arbeitnehmerschutzvorschriften verweigert.

118 **bb)** § 10 Abs. 2 SchwarzArbG enthält benannte Regelbeispielsfälle für **besonders schwere Fälle** des Abs. 1. Die Annahme eines besonders schweren Falles erhöht den Strafrahmen des Grundtatbestands von Freiheitsstrafe bis drei Jahren signifikant auf Freiheitsstrafe von sechs Monaten bis zu *fünf* Jahren. Es findet der strafrechtliche Begriff der *Gewerbsmäßigkeit* Anwendung, nicht der gewerberechtliche Begriff. Gewerbsmäßig handelt daher nach allgemeinen Regeln, wer sich aus wiederholter Tatbegehung eine nicht nur vorübergehende Einnahmequelle von einiger Dauer und einigem Umfang verschaffen will[1]. Aus *grobem Eigennutz* handelt, wer sich bei seinem Verhalten vom Streben nach eigenem Vorteil in einem besonders anstößigen Maße leiten lässt[2]. Dies ist nur dann der Fall, wenn das Gewinnstreben deutlich über dem üblichen kaufmännischen Maß liegt[3].

Beispiel: Der Inhaber eines Eisenflechtereibetriebs fordert von seinen Auftraggebern die üblichen Stundenverrechnungssätze, zahlt aber seinen Arbeitnehmern lediglich ein Taschengeld, das sie nicht in die Lage versetzt, ausreichend Lebensmittel einzukaufen, um keinen Hunger leiden zu müssen.

119 Strafbar ist nur **vorsätzliches** Handeln, wobei bedingter Vorsatz ausreicht. Der Täter muss daher zumindest billigend in Kauf nehmen, dass die Arbeitsbedingungen deutscher Arbeitnehmer bei Ausübung einer vergleichbaren Tätigkeit deutlich besser sind, wobei eine allgemeine Vorstellung von der Besserstellung deutscher Arbeitnehmer ausreichend ist. Bei Arbeitgebern wird die häufig vorgebrachte Einlassung, nicht gewusst zu haben, dass der Arbeitnehmer über keine Arbeitserlaubnis verfügt, vielfach als falsche Schutzbehauptung zu werten sein. Wer Arbeitnehmer ohne Vorlage ihrer Ausweis- und Arbeitspapiere arbeiten lässt, nimmt regelmäßig Verstöße billigend in Kauf, da diese bekanntermaßen häufig vorkommen.

b) Illegale Beschäftigung von Opfern des Menschenhandels

119a Ebenfalls mit Wirkung vom 26.11.2011 wurde der neue Straftatbestand des **§ 10a SchwarzArbG** eingefügt. Danach wird mit Freiheitsstrafe bis zu drei Jahren oder mit Geldstrafe bestraft, wer entgegen § 4 Abs. 3 S. 2 AufenthG einen Ausländer beschäftigt und hierbei eine Lage ausnutzt, in der sich der Ausländer durch eine gegen ihn gerichtete Tat eines Dritten nach § 232 oder § 233 StGB befindet. Mit dieser Vorschrift soll eine Strafbarkeit des „**Dritten**" i.S. von § 233 Abs. 1 StGB (dazu Rz. 10 ff.) begründet werden.

Beispiel: In dem Beispiel Rz. 14 übernimmt nicht ein Arbeitgeber die Unterbringung der georgischen Arbeiter, sondern ein Vermittler. Der Vermittler stellt die Arbeiter einem Bauunternehmer zur Verfügung, der sie nach seinen Weisungen hinsichtlich Arbeitsort, Arbeitszeit und der Art der Tätigkeit als Bauhelfer einsetzt. Weil er weiß, dass die Arbeiter aufgrund der Sklaverei ähnlichen Haltung durch den Vermittler keine andere Wahl

---

1 *Sternberg-Lieben/Bosch* in S/S, vor §§ 52 ff. StGB Rz. 95.
2 *Perron* in S/S, § 264 StGB Rz. 75; ausführlich *Brenner*, S. 208 ff.
3 BGH v. 20.11.1990 – 1 StR 548/90, wistra 1991, 106 zu § 264 StGB.

haben, als weiterzuarbeiten, zahlt er ihnen lediglich ein Taschengeld zum Erwerb von Zigaretten.

Die Erfahrung lehrt, dass diese schon von ihrem Wortlaut her **missglückte** Strafvorschrift keinen praktischen Anwendungsbereich haben wird (zu den Problemen bei der Anwendung des zugrunde liegenden § 233 StGB vgl. Rz. 10 ff.). Zudem ist nicht einsichtig, warum die Strafbarkeit des Vermittlers im Kernstrafrecht verankert ist, diejenige des „Dritten" indes in dem weitgehend unbekannten SchwarzArbG. Es handelt sich um eine weitere Vorschrift, bei der der Gesetzgeber EU-rechtliche Vorgaben wortwörtlich umsetzt und damit Strafnormen schafft, die nur auf dem Papier stehen und dadurch das geltende Recht verwässern. 119b

c) Leichtere Erscheinungsformen der illegalen Beschäftigung

Das Gesetz bedroht Verstöße gegen die *Grundtatbestände* von **§ 11 Abs. 1 SchwarzArbG** mit Freiheitsstrafe bis zu einem Jahr oder mit Geldstrafe und weist daher im Vergleich zu § 10 Abs. 1 und § 10a SchwarzArbG (Rz. 113, 119a) die *mildere* Sanktion auf. Grund hierfür ist, dass Ansatz für eine Qualifizierung der der Vorschrift zugrunde liegenden Bußgeldtatbestände nicht schlechte Arbeitsbedingungen und damit eine Ausbeutung von Arbeitnehmern sind, sondern Kriterien „unterhalb" der Ausbeutung, nämlich die *Zahl der* ohne Arbeitserlaubnis beschäftigten *Personen* (Abs. 1 Nr. 1), die *Zahl der Verstöße* im Zusammenwirken mit einer rechtsfeindlichen Gesinnung (Abs. 1 Nr. 2) oder das *Alter der* beschäftigten *Person* (Abs. 1 Nr. 3). 120

Der **Anwendungsbereich** der Vorschrift wurde bereits mehrfach **erweitert**. Mit Wirkung vom 18.3.2005 wurde der „Webfehler" der unterlassenen Bezugnahme auf das AufenthG (Rz. 114) korrigiert und auch die Ausübung einer Beschäftigung ohne Arbeitserlaubnis durch *Arbeitnehmer* im Falle einer beharrlichen Wiederholung unter Strafe gestellt. Der Gesetzgeber hat im Interesse der wirksamen Bekämpfung der unerlaubten Erwerbstätigkeit die Notwendigkeit gesehen, auch ausländische Arbeitnehmer, die unter beharrlicher Wiederholung Verstöße gegen das Arbeitserlaubnisrecht begehen, strafbar werden zu lassen[1]. Dies sollte nicht darüber hinwegtäuschen, dass Ziel der Ermittlungen bei illegaler Beschäftigung und Schwarzarbeit in erster Linie der *Arbeitgeber* ist, nämlich derjenige, der die Anreize schafft und dadurch seinen Gewinn maximieren will (§ 38 Rz. 5). Den ausländischen Arbeitnehmer hingegen treibt vielfach die wirtschaftliche Not und Arbeitslosigkeit in seinem Heimatland in die illegale Beschäftigung. Dies ist bei Bemessung der *Strafhöhe* im Verhältnis von Arbeitgeber zu Arbeitnehmer angemessen zu berücksichtigen. 121

Ab 28.8.2007 ist zudem strafbar auch derjenige **Auftraggeber**, der vorsätzlich oder leichtfertig (grob fahrlässig) einen Ausländer, der über keine Erwerbstätigkeitserlaubnis nach dem AufenthG verfügt, mit einer nachhaltigen entgeltlichen Dienst- oder Werkleistung beauftragt, sowie der **Ausländer**, der eine selbständige Tätigkeit ohne Erwerbstätigkeitserlaubnis ausübt. Dabei muss in beiden Fällen – als die bloße Ordnungswidrigkeit nach § 98 AufenthG (dazu 122

---

1 BT-Drs. 15/420, 121 f.

Rz. 65 ff.) qualifizierendes Merkmal – gleichfalls eine *beharrliche Wiederholung* einer vorsätzlichen Handlung gegeben sein. Der abhängigen Beschäftigung gleichgestellt wurde somit die Erbringung und Beauftragung selbständiger Tätigkeiten im Rahmen von Dienst- oder Werkverträgen ohne Erwerbstätigkeitserlaubnis. Dies ist zu begrüßen, da der Unwertgehalt selbständiger illegaler Tätigkeit nicht geringer ist als bei abhängiger Beschäftigung.

123 Im Fall der gleichfalls seit 28.8.2007 in Kraft getretenen 2. Alt. von § 11 Abs. 1 Nr. 1 SchwarzArbG ist *qualifizierendes Merkmal* die Beauftragung von **mehr als fünf Ausländern** mit Dienst- oder Werkleistungen entgegen den Vorschriften des Erwerbstätigkeitsrechts. Der Tatbestand stellt einen *Mittelweg* dar zwischen der bis 1997 geltenden Fassung des § 407 Abs. 1 Nr. 1 SGB III, wonach eine Strafbarkeit nur bestand, wenn mehr als fünf Ausländer mindestens 30 Kalendertage illegal beschäftigt wurden, und den Forderungen des Bundesrates im Gesetzgebungsverfahren nach Ersetzung des Merkmals „mehr als fünf" durch das Wort „mehrere"[1]. Nach derzeitiger Rechtslage müssen also mindestens sechs Ausländer zum selben Zeitpunkt beschäftigt oder mit Dienst- oder Werkleistungen beauftragt werden. Eine *sukzessive Beschäftigung* genügt nicht.

Beispiel: Ein Bauherr lässt sein Haus von mehreren Kolonnen mit serbischen Arbeitnehmern, die über keine Arbeitserlaubnis verfügen, errichten, wobei die Kolonnen sich auf unterschiedliche Gewerke spezialisiert haben und nacheinander tätig werden. Eine Strafbarkeit nach SchwarzArbG besteht nicht, wenn die Zahl der Mitarbeiter der einzelnen Kolonnen fünf zu keinem Zeitpunkt übersteigt.

123a Seit dem 26.11.2011 ist § 11 Abs. 1 Nr. 3 SchwarzArbG in Kraft getreten[2]. Danach wird bestraft, wer eine **Person unter 18 Jahren** beschäftigt, die entweder über keinen oder nur über einen Aufenthaltstitel verfügt, der nicht zur Ausübung einer Erwerbstätigkeit berechtigt.

124 Der Begriff der **beharrlichen Wiederholung** in § 11 Abs. 1 Nr. 2 SchwarzArbG setzt ein besonders hartnäckiges Verhalten voraus, durch das die *rechtsfeindliche Einstellung* des Täters gegenüber den infrage kommenden gesetzlichen Normen deutlich wird, obwohl er schon wegen der Folgen vorangegangener Zuwiderhandlungen Erfahrungen gesammelt haben müsste[3]. Dabei bedarf es keines vorangegangenen abgeschlossenen Bußgeldverfahrens oder einer strafrechtlichen Sanktion wegen einer gleichartigen Zuwiderhandlung[4]. Erforderlich ist aber ein vorsätzlicher Verstoß gegen das Verbot[5]. Ob ein Verhalten als beharrlich zu qualifizieren ist, ist anhand sämtlicher Umstände des *Einzelfalles* zu entscheiden.

Beispiele: Der Betreiber eines Pizza-Services beschäftigt einen indischen Koch, der über keine Arbeitserlaubnis verfügt. Kurz zuvor war gegen den Betreiber ein Bußgeldbescheid wegen eines gleich gelagerten Verstoßes ergangen. Nach Einspruch und mündlicher

---

1 BT-Drs. 15/2948, 13.
2 Durch das G zur Umsetzung aufenthaltsrechtlicher RL der EU und zur Anpassung nationaler Rechtsvorschriften an den EU-Visakodex v. 22.11.2011, BGBl. I 2258.
3 BGH v. 25.2.1992 – 5 StR 528/91, GewA 1992, 179 (181).
4 BGH v. 25.2.1992 – 5 StR 528/91, GewA 1992, 179 (181); *Ambs* in GK, § 407 SGB III Rz. 11.
5 *Ambs* in GK, § 407 SGB III Rz. 11.

Hauptverhandlung erfolgte deswegen eine Verurteilung wegen eines vorsätzlichen Verstoßes. Beharrlichkeit ist gegeben, weil sich der Betroffene auch nicht von dem Eindruck einer kurz zuvor stattgefundenen mündlichen Verhandlung und der Verurteilung durch ein Gericht hat abhalten lassen, einen erneuten Verstoß zu begehen.

Ein algerischer Staatsangehöriger verfügt über eine Duldung nach § 60a AufenthG, die eine Erwerbstätigkeit nur mit Erlaubnis der Ausländerbehörde, die nicht vorliegt, gestattet. Er lässt sich jedes Jahr im Sommer als Erntehelfer in verschiedenen Betrieben beschäftigen und wurde bereits zweimal von Beamten der Zollverwaltung im Rahmen von Prüfungsmaßnahmen aufgegriffen. Aufgrund der Regelmäßigkeit der Verstöße und dem zweimaligen Hinweis auf die Rechtswidrigkeit kann auf die rechtsfeindliche Einstellung geschlossen werden.

Gegenbeispiel: Der Vorverstoß im Beispiel des Pizza-Service oben wurde mit einem Bußgeldbescheid sanktioniert, der ein Jahr vor der Beschäftigung des indischen Koches ohne Einspruch bestandskräftig wurde. Ohne weitere Erkenntnisse kann eine rechtsfeindliche Einstellung gegen die Normen zum Schutz vor illegaler Beschäftigung und Schwarzarbeit noch nicht hinreichend sicher festgestellt werden.

Im Gegensatz zu § 10 Abs. 2 SchwarzArbG hat der Gesetzgeber § 11 **Abs. 2** SchwarzArbG als *Qualifikation* und nicht als Strafzumessungsregel ausgestaltet. Einziges Strafschärfungsmerkmal ist daher der **grobe Eigennutz** (dazu Rz. 118). Zu beachten ist, dass die Strafschärfung auf Freiheitsstrafe bis zu drei Jahren nur für den Arbeit- oder Auftraggeber, nicht dagegen für den Arbeitnehmer gilt. 125

Auch § 11 SchwarzArbG stellt nur (bedingt) **vorsätzliches** Handeln unter Strafe. Vom Vorsatz umfasst müssen daher auch die Zahl der ohne Arbeitserlaubnis gleichzeitig beschäftigten oder beauftragten Arbeitnehmer und die Vorverstöße sein. 126

d) Konkurrenzen

Die Tatbestände des *SchwarzArbG* treffen mit den Straftatbeständen des *Menschenhandels* zum Zweck der Ausbeutung der Arbeitskraft (§ 233 StGB) sowie des *Lohnwuchers* (§ 291 Abs. 1 S. 1 Nr. 3 StGB) **tateinheitlich** zusammen, weil das SchwarzArbG voraussetzt, dass der Ausländer ohne Genehmigung oder Aufenthaltstitel beschäftigt wird. Soweit die Straftatbestände des StGB nicht greifen (Rz. 2), kann auf die Tatbestände des SchwarzArbG zurückgegriffen werden. Ihnen kommt lückenschließende Funktion zu, insbesondere auch, soweit Straftaten der tatmehrheitlich verwirklichten *Beitragsvorenthaltung* (§ 266a StGB), etwa wegen fehlender Berechenbarkeit der Höhe der vorenthaltenen Sozialversicherungsbeiträge, nicht verfolgbar sind oder aufgrund der geringfügigen Höhe nicht verfolgt werden sollen. 127

V. Zuwiderhandlungen nach dem Arbeitnehmerüberlassungsgesetz

Schrifttum: *Boemke/Lembke*, AÜG, 3. Aufl. 2013, §§ 15 ff.; *Schüren/Hamann*, Arbeitnehmerüberlassungsgesetz, 4. Aufl 2010, §§ 15 ff.

1. Straftaten

128 Die beiden Straftatbestände des AÜG (§§ 15 und 15a AÜG)[1] stehen im Zusammenhang mit der illegalen Ausländerbeschäftigung. Strafbar machen sich danach, verkürzt gesagt, Verleiher und Entleiher, die ausländische Leiharbeitnehmer ohne erforderlichen **Aufenthaltstitel** überlassen bzw. tätig werden lassen. Dabei wird bei dem Entleiher noch zusätzlich gefordert, dass die Arbeitsbedingungen in einem *auffälligen Missverhältnis* zu den Arbeitsbedingungen deutscher Leiharbeitnehmer stehen, die die gleiche oder eine vergleichbare Tätigkeit ausüben, oder gleichzeitig *mehr als fünf* Ausländer für den Entleiher tätig werden[2].

129 § 15a AÜG, der den Entleih von Ausländern ohne Genehmigung regelt, weist weitgehende Parallelen zu den §§ 10, 11 Abs. 1 Nr. 1, Abs. 2 SchwarzArbG auf. Wer von einem Verleiher, der eine Erlaubnis nach § 1 AÜG nicht besitzt, Leiharbeitnehmer entleiht, wird nach §§ 9 Nr. 1, 10 Abs. 1 AÜG **Arbeitgeber** der Leiharbeitnehmer (Rz. 24). Das speziellere Gesetz für den Arbeitgeber sind nach allgemeiner Meinung die §§ 10, 11 SchwarzArbG, sodass sich der Anwendungsbereich von § 15a AÜG auf die Fälle beschränkt, in denen der Verleiher im Besitz einer Erlaubnis nach § 1 AÜG ist[3].

130 **Täter** kann bei § 15 AÜG nur der Verleiher, bei § 15a AÜG nur der Entleiher sein. Weil der Entleiher und die Leiharbeitnehmer notwendige **Teilnehmer** an dem Delikt des Verleihers sind, kommt eine Strafbarkeit wegen Beihilfe zu dem Delikt des Verleihers nicht in Betracht[4], wie der Gesetzgeber durch die Schaffung des § 15a AÜG hinsichtlich des Entleihers zum Ausdruck gebracht hat.

§ 15a AÜG kommt in der Praxis jedoch **keine nennenswerte Bedeutung** zu. Es sind seltene Ausnahmefälle, in denen ein Verleiher, der über eine Erlaubnis nach § 1 AÜG verfügt und demnach das Verwaltungsverfahren nach §§ 2 ff. AÜG durchlaufen hat, Leiharbeitnehmer überlässt, die über keine entsprechenden ausländerrechtlichen Titel verfügen, weil er andernfalls fürchten müsste, dass ihm die Erlaubnis nach § 5 AÜG widerrufen wird. Zudem besteht in subjektiver Hinsicht das Problem, dass der Entleiher zumindest billigend in Kauf nehmen muss, dass die ausländischen Arbeitnehmer ohne den erforderlichen ausländerrechtlichen Titel beschäftigt werden bzw. dass deren Arbeitsbedingungen ungünstig sind. Diese muss der Entleiher nicht kennen, weil sich der zwingende *Vertragsinhalt* zwischen Ver- und Entleiher nach § 12 AÜG hierauf nicht erstreckt. So wird der Entleiher oft nur aufgrund von Hinweisen, etwa

---

1 Dazu *Kaul* in A/R, 12. Teil. 3 Kap. Rz. 53 ff.; *Brenner*, 3. Teil Abschn. VII; *Brüssow/Petri*, Rz. 313 ff.; *Ambs* in Erbs/Kohlhaas, A 184 (Stand 1.12.2011), §§ 15 ff. AÜG; *Mosbacher* in G/J/W, Nr. 155 (AÜG); *Kraft* in Gercke/Kraft/Richter Kap. 2 Rz. 466 ff.; *Paetzold* in Ignor/Rixen, § 3 Rz. 9 ff.; *Stracke* in Schüren/Hamann, §§ 15 ff. AÜG; *Richtarsky* in W/J, Kap. 19 Abschn. E Rz. 124 ff.
2 Krit. zu dieser Ungleichbehandlung von Ver- und Entleiher *Brenner*, S. 230.
3 *Brüssow/Petri*, Rz. 338; *Paetzold* in Ignor/Rixen, § 3 Rz. 116; *Stracke* in Schüren/Hamann, § 15a AÜG Rz. 13.
4 *Mosbacher* in G/J/W, Nr. 155 § 15 AÜG Rz. 14; *Stracke* in Schüren/Hamann, § 15 AÜG Rz. 25.

Gesprächen mit den Leiharbeitnehmern, von deren Arbeitsbedingungen erfahren.

Eine **Erlaubnis** nach § 284 Abs. 1 SGB III liegt dann vor, wenn der ausländische Leiharbeitnehmer im Besitz einer Arbeitserlaubnis-EU ist und er nicht gegen eine Inhaltsbestimmung derselben verstößt, was z.b. dann der Fall ist, wenn sich die Erlaubnis auf die Beschäftigung im Rahmen eines Werkvertrages bezieht, tatsächlich aber Arbeitnehmerüberlassung praktiziert wird. Gleiches gilt bei Vorliegen eines *Aufenthaltstitels* nach § 4 Abs. 3 AufenthG, der zur Ausübung einer Erwerbstätigkeit berechtigt (Rz. 63). 131

Dagegen bereitet die Feststellung des **subjektiven Tatbestandes** bei § 15 AÜG i.d.R. keine besonderen Schwierigkeiten, weil der Verleiher weiß oder zumindest billigend in Kauf nimmt, dass der Ausländer über die erforderliche Erlaubnis nicht verfügt und auch er selbst nicht im Besitz der nach § 1 AÜG erforderlichen Erlaubnis ist. Soweit hinsichtlich eines Merkmals lediglich Fahrlässigkeit gegeben oder nachweisbar ist, kommt eine Ordnungswidrigkeit nach § 16 Abs. 1 Nr. 1–2 AÜG in Betracht. 132

§ 15 Abs. 2 AÜG enthält eine Strafzumessungsregel für **besonders schwere Fälle** und führt als Regelbeispiele gewerbsmäßiges Handeln und Handeln aus grobem Eigennutz an. Das Merkmal der *Gewerbsmäßigkeit* ist, wie allgemein im Strafrecht, als die Absicht, sich durch wiederholte Begehung von Straftaten eine fortlaufende Einnahmequelle von einiger Dauer und einigem Umfang zu verschaffen, zu verstehen[1]. Zu beachten ist, dass bereits der Tatbestand des § 1 Abs. 1 S. 1 AÜG ein Handeln im Rahmen der wirtschaftlichen Tätigkeit voraussetzt, was die Gewerbsmäßigkeit immer einschließt. Damit die Regelwirkung von § 15 Abs. 2 AÜG eingreift, müssen daher weitere Kriterien gegeben sein, ansonsten würde das Merkmal sowohl strafbegründend als auch strafschärfend wirken. Insbesondere eine *Ausbeutung* des ausländischen Leiharbeitnehmers ist hierzu geeignet[2]. 133

In der Praxis kann § 15 AÜG als **Auffangtatbestand** angewendet werden, z.B. wenn § 233 StGB und § 266a StGB nicht vorliegen oder nicht nachgewiesen werden können, weil etwa die Lohnsummen der Leiharbeitnehmer nicht festgestellt und auch nicht geschätzt werden können. 134

Beispiel: Der kroatischstämmige K veranlasst mehrere kroatische Arbeiter unter Versprechung eines Stundenlohnes von 10 Euro nach Deutschland einzureisen. Hier begleitet er sie zur Gewerbebehörde und veranlasst sie, ein Gewerbe mit den Tätigkeiten „Baustahlarmierung, Baureinigung" anzumelden. Danach überlässt er sie dem Bauunternehmer B, der die Arbeiter wie eigene unter Aufsicht eines Poliers einsetzt und einen Rohbau erstellen lässt. Den versprochenen Lohn zahlen weder K noch B. Sie begnügen sich damit, den Leiharbeitnehmern immer mal wieder 50 Euro zuzustecken, damit sie sich Lebensmittel kaufen können. Der Nachweis der Tatbestandsvoraussetzungen von § 233 StGB kann schwierig sein (Rz. 11a ff.). § 266a StGB setzt Kenntnis hinsichtlich des Lohnanspruchs der Leiharbeitnehmer oder zumindest tragfähiger Schätzungsgrundlagen diesbezüglich

---

1 *Sternberg-Lieben/Busch* in S/S, Vor §§ 52 ff. StGB Rz. 95.
2 BGH v. 14.4.1981 – 1 StR 676/80, NStZ 1981, 303 = BB 1981, 1219; dazu *Mosbacher* in G/J/W, Nr. 155 § 15 AÜG Rz. 20; *Stracke* in Schüren/Hamann, § 15 AÜG Rn. 431 ff.

voraus. Eine Strafbarkeit des K nach § 15 AÜG und des B nach §§ 10, 11 SchwarzArbG ist einfacher nachweisbar.

2. Ordnungswidrigkeiten

135 **§ 16 Abs. 1 Nr. 2 AÜG** hat lückenschließende Funktion im Hinblick auf die Bußgeldvorschrift des § 404 Abs. 2 Nr. 3 SGB III, deren Tatbestandsvoraussetzungen nahezu identisch sind. Deshalb kann § 16 Abs. 1 Nr. 2 AÜG nur den Fall eines Verleihs von ausländischen Leiharbeitnehmern erfassen, wenn der Verleiher im Besitz einer Erlaubnis nach § 1 AÜG ist, weil andernfalls der Entleiher nach §§ 9 Nr. 1, 10 Abs. 1 AÜG zum Arbeitgeber wird und damit den Ausländer i.S. von § 404 Abs. 2 Nr. 3 SGB III beschäftigt. Im Gegensatz zu der auf der Bußgeldvorschrift aufbauenden Strafnorm § 15a Abs. 2 Nr. 2 AÜG genügt *Fahrlässigkeit*. Somit ist ausreichend, dass der Entleiher hätte wissen können, dass der Verleiher Arbeitnehmer verleiht, die nicht über den erforderlichen ausländerrechtlichen Titel verfügen. Große praktische Bedeutung kommt dem Bußgeldtatbestand gleichwohl nicht zu. Die Praxis wird weithin von den Fällen der Arbeitnehmerüberlassung ohne die erforderliche Erlaubnis nach § 1 AÜG beherrscht.

VI. Straftaten bei vorgeblicher Entsendung

Schrifttum: *Maiß*, Die Entsendung von Arbeitnehmern aus den MOE-Staaten auf Werkvertragsbasis nach der EU Osterweiterung, 2008; *Richtarsky* in W/J, Kap. 19 Abschn. G.

1. Entsendung

136 Eine Entsendung liegt vor, wenn sich ein Beschäftigter auf Weisung seines Arbeitgebers vom **Inland** ins **Ausland** oder vom Ausland ins Inland begibt. Erforderlich ist daher eine Bewegung von einem Ort zum anderen[1]. Der EuGH sieht den Tatbestand der Entsendung als die durch das bestehende Arbeitsverhältnis bedingte, zeitlich begrenzte Verlagerung der beruflichen Betätigung in einem anderen Mitgliedstaat[2]. Die Art der zu erbringenden Tätigkeit ist nicht entscheidend. Es kann sich um eine Tätigkeit im Rahmen von *Arbeitnehmerüberlassung* handeln, aber auch zur Ausführung von *Dienst-* oder *Werkverträgen*. Die Entsendung spielt aus den unter Rz. 19 genannten Gründen im Rahmen legaler Arbeitnehmerüberlassung keine praktische Rolle. Praktische Relevanz kommt dagegen der Entsendung zur Durchführung von Werkverträgen zu.

137 Soweit *keine Dienstleistungsfreiheit* besteht, also für Unternehmen aus Drittstaaten, und soweit derzeit noch keine Dienstleistungsfreiheit besteht, also für den Beitrittsstaat Kroatien in Schlüsselsektoren, benötigt das eingesetzte Personal bei Drittstaatlern einen **Aufenthaltstitel**, der zur Aufnahme einer Erwerbstätigkeit berechtigt, § 4 Abs. 3 AufenthG bzw. bei Beitrittstaatlern nach § 284 SGB III einer Arbeitserlaubnis-EU. Die Titel ergehen mit Zustimmung der *Bundesagentur für Arbeit* nach § 39 AufenthG bzw. mit Genehmigung derselben nach § 284 Abs. 1 S. 1 SGB III.

---

1 BSG v. 27.5.1986 – 2 RU 12/85, BSGE 60, 96.
2 EuGH v. 16.2.1995 – Rs. C-425/93 – Calle, Slg. 1995, I-291.

Um es im Ausland ansässigen Betrieben zu ermöglichen, mit deutschen Auftraggebern Verträge über die Erbringung von Werkleistungen in Deutschland abzuschließen und zu deren Ausführung Personal nach Deutschland zu entsenden, wurden mit einzelnen Ländern Regierungsvereinbarungen, sog. **Werkvertragsabkommen**, geschlossen, die die Voraussetzungen für die Erteilung von Arbeitserlaubnissen regeln. Die Grundsätze für deren Erteilung im Einzelnen bestimmt sich nach § 29 BeschV, wonach z.B. gem. Abs. 1 die Zustimmung zur Erteilung von Aufenthaltstiteln für Beschäftigungen im Rahmen der mit den Staaten Türkei, Serbien, Bosnien-Herzegowina und Mazedonien bestehenden Werkvertragsabkommen erteilt werden kann. Für das Werkvertragsabkommen mit Kroatien gilt nach § 12h ArGV, dass die Arbeitserlaubnis-EU erteilt werden kann. Eine zahlenmäßige Beschränkung der Beschäftigung im Rahmen der Werkvertragsabkommen ist in beiden Fällen möglich. Über die genannten Staaten hinaus bestehen derzeit keine Werkvertragsabkommen[1].

138

Der Ablauf des sog. **Werkvertragsverfahrens** gestaltet sich grob wie folgt:

139

– Aufnahme des ausländischen Unternehmens in das zwischen den Staaten im Rahmen der Regierungsvereinbarung ausgehandelte Kontingent durch die zuständige Heimatbehörde;
– Abschluss eines Werkvertrages mit einem deutschen Unternehmen;
– Bewilligung eines Kontingents für den abgeschlossenen Werkvertrag durch die zuständige Heimatbehörde;
– Einrichtung einer Betriebsstätte in Deutschland;
– Beantragung der Zustimmung zur Erteilung eines Aufenthaltstitels zur Ausübung der Beschäftigung im Rahmen des Werkvertrages bei der zuständigen Regionaldirektion der Bundesagentur für Arbeit mit Vorlage von Kontingentbestätigung, Werkvertrag mit Leistungsverzeichnis, Erklärung zum Werkvertrag über die einzuhaltenden Lohn- und Arbeitsbedingungen etc.;
– Prüfung der Unterlagen auf Schlüssigkeit durch die Bundesagentur für Arbeit;
– Bescheid über die Zusage einer Zustimmung zum Aufenthaltstitel durch die Bundesagentur für Arbeit an das antragstellende Unternehmen;
– Zustimmung durch die sog. Werkvertragsarbeitnehmerkarte für jeden ausländischen Beschäftigten durch die Bundesagentur für Arbeit;
– Beantragung von Visa für die Arbeitnehmer anhand von Namenslisten bei der Deutschen Botschaft im Heimatstaat (bei Drittstaatlern);
– nach Einreise der Arbeitnehmer Beantragung von Aufenthaltstiteln und Arbeitsgenehmigung (bei Drittstaatlern).

Zur sozialen Absicherung der entsandten Arbeitnehmer sind teilweise zu den Werkvertragsabkommen flankierende **Sozialversicherungsabkommen** geschlossen worden, in denen u.a. Regelungen für das im Rahmen der Entsendung anzuwendende Sozialversicherungsrecht (Heimatstaat oder Gaststaat) getroffen werden. Diese Abkommen haben Bedeutung nur für Drittstaaten, weil innerhalb der EU bis 30.4.2010 die VO (EWG) Nr. 1408/71[2] (sog. *Wanderarbeit-*

140

---

1 Abrufbar unter www.arbeitsagentur.de Stichwort „Regierungsvereinbarung".
2 V. 14.6.1971, ABl. EG Nr. L 149/1971, 2.

nehmerverordnung) Anwendung fand, die zum 1.5.2010 nach Verabschiedung der DurchführungsVO am 16.9.2009 durch die VO (EG) Nr. 883/2004[1] ersetzt wurde. Derzeit bestehen Sozialversicherungsabkommen z.B. mit Kroatien, Bosnien-Herzegowina, Serbien und der Türkei[2]. Im Falle einer Entsendung erteilt die zuständige Stelle des Staates, dessen Sozialrechtsvorschriften anzuwenden sind, eine Bescheinigung darüber, dass Arbeitgeber und Arbeitnehmer diesen Rechtsvorschriften unterstehen (sog. *Entsendebescheinigung*). Eine eingehende Darstellung der sozialversicherungsrechtlichen Seite der Entsendung befindet sich in § 38 Rz. 114 ff.

2. Straftaten

141 Das **Werkvertragsverfahren** ist anfällig für **Missbrauch**[3]. In den Werkvertragsabkommen ist geregelt, dass die Arbeitserlaubnis nur erteilt wird, soweit die Entlohnung der Werkvertragsarbeitnehmer dem Lohn entspricht, welchen die einschlägigen deutschen Tarifverträge für vergleichbare Tätigkeiten vorsehen[4]. Damit soll entsprechend der Intention des AEntG ein Schutz der deutschen Bauwirtschaft bezweckt werden. Weiterhin ist in den Werkvertragsabkommen vorgesehen, dass eine Arbeitserlaubnis Arbeitnehmern nur für die Ausführung von Werkverträgen erteilt wird, deren Erfüllung überwiegend Arbeitnehmer mit beruflicher Qualifikation erfordert. Arbeitnehmern ohne berufliche Qualifikation wird die Arbeitserlaubnis nur erteilt, soweit dies zur Ausführung der Arbeiten unerlässlich ist[5]. Tatsächlich wird in vielen Fällen ein aktives ausländisches Unternehmen nur vorgespiegelt und ist Sinn und Zweck des Durchlaufens des Werkvertragsverfahrens die Verbringung billiger Arbeitskräfte nach Deutschland, die hier als ungelernte Arbeiter unter Eingliederung in die Organisation des vorgeblichen Bestellers und unter Weisung dessen Arbeitnehmer ihre Arbeitskraft zur Verfügung stellen.

142 **Beispiel:** Die in Deutschland ansässige D-GmbH trifft mit einer Firma K d.o.o. (eine GmbH nach bosnischem Recht), die in das Handelsregister von Sarajevo eingetragen ist, eine sich als Werkvertrag darstellende Vereinbarung zur Erstellung einer Halle. Dabei geht es den Verantwortlichen der D-GmbH lediglich darum, billige ungelernte Arbeitskräfte nach Deutschland zu holen. Einen Großteil der eigenen Arbeiter hat die D-GmbH zuvor entlassen, weil sie die hohen Lohnnebenkosten nicht mehr zahlen wollte. Zum Gewerberegister der Stadt Stuttgart hat die K d.o.o. eine unselbständige Niederlassung der Firma mit Sitz in Sarajevo gemeldet. Tatsächlich befindet sich in Sarajevo lediglich ein Anwerbebüro in einer Wohnung eines Mietshauses, in dem eine Sekretärin die anfallenden Schreibarbeiten, z.B. Ausfüllen von Arbeitsverträgen, durchführt. Einer Bautätigkeit ist die Firma K d.o.o. in Bosnien noch nie nachgegangen. Die angeworbenen Arbeitnehmer werden nach ihrer Einstellung unverzüglich nach Deutschland verbracht und kehren nach Ablauf der Geltungsdauer ihres Aufenthaltstitels wieder nach Bosnien zu-

---

1 V. 30.4.2004, ABl. EU Nr. L 166 v. 30.4.2004, 1.
2 Abrufbar unter www.dvka.de – Rechtsquellen – bilaterale Abkommen.
3 Dazu *Richtarsky* in W/J, Kap. 19 Abschn. G Rz. 188; vgl. auch *Gericke* in MüKo-StGB, § 95 AufenthG Rz. 110.
4 Vgl. z.B. Art. 5 der Deutsch-bosnischen Regierungsvereinbarung v. 20.2.1995, BGBl. II 374.
5 Vgl. z.B. Art. 2 der Deutsch-bosnischen Regierungsvereinbarung v. 20.2.1995, BGBl. II 374.

rück, wo sie erneut arbeitslos sind. In Deutschland arbeiten sie für einen Stundenlohn von fünf Euro auf verschiedenen Baustellen als einfache Arbeiter, wobei ihre Tätigkeit sowohl nach ihrem äußeren Rahmen, z.B. hinsichtlich der Arbeitszeit, als auch dem Gegenstand der Arbeit von den Polieren der D-GmbH vorgegeben wird.

In **diesem Beispielsfall** kommt sowohl die Begehung *beitragsrechtlicher* als auch *ausländerrechtlicher Straftaten* in Betracht. Allerdings scheiden Straftaten nach § 95 Abs. 1 Nr. 1–3 AufenthG nach der Rechtsprechung des BGH aus, weil ein Aufenthaltstitel im Strafrecht grundsätzlich Tatbestandswirkung entfaltet, mag der Titel auch inhaltlich falsch oder rechtsmissbräuchlich erlangt sein (Rz. 62). In Betracht kommt dagegen eine Straftat nach § 95 Abs. 2 Nr. 2 AufenthG durch Verantwortliche der Firma K. d.o.o. Diese haben gegenüber der für die Zustimmung zur Erteilung eines Aufenthaltstitels zuständigen Dienststelle der Bundesagentur für Arbeit wahrheitswidrig erklärt, einen Werkvertrag durchführen zu wollen und den Arbeitern den tarifvertraglich vorgesehenen Mindestlohn, der deutlich über fünf Euro liegt, zu zahlen. Die falschen Angaben erfolgten, weil die Zustimmung der Arbeitsverwaltung ansonsten aufgrund der gesetzlichen Vorgaben unterbleiben würde. Den Verantwortlichen der D-GmbH liegt Beihilfe zur Last, weil sie den vorgeblichen Werkvertrag lediglich abgeschlossen haben, um billige Arbeitskräfte einsetzen zu können, und sie um den Missbrauch des Werkvertragsverfahrens wissen. Darüber hinaus kann eine Strafbarkeit des Einschleusens von Ausländern nach § 96 Abs. 1 Nr. 2 AufenthG vorliegen, wenn sie, wie regelmäßig, einen Vermögensvorteil durch die Beihilfehandlung erhalten oder sich versprechen lassen.

Weiterhin wurden *Straftaten* im Zusammenhang mit *illegaler Arbeitnehmerüberlassung* begangen. Die Arbeiter wurden vollständig in den Betriebsablauf der D-GmbH integriert, indem sie arbeitsvertraglichen und projektbezogenen Weisungen der Vorarbeiter der D-GmbH unterlagen. Die D-GmbH ist daher Arbeitgeber der bosnischen Arbeiter geworden (Rz. 24). Ihre Verantwortlichen sind nach §§ 10, 11 SchwarzArbG strafbar, denn die Arbeiter verfügen über keine Arbeitserlaubnis nach § 4 Abs. 3 S. 2 AufenthG, nachdem gegen eine Inhaltsbestimmung der Arbeitserlaubnis (Werkvertragsarbeitnehmerkarte) verstoßen und statt der Durchführung eines Werkvertrages Arbeitnehmerüberlassung betrieben wurde. Verantwortliche der Firma K d.o.o. sind dementsprechend nach § 15 AÜG strafbar (Rz. 128 ff.).

Schließlich kommt die Begehung von *Ordnungswidrigkeiten* nach § 23 Abs. 1 Nr. 1 AEntG durch die Nichtgewährung des Mindestlohnes in Betracht. Sämtliche Tatbestände stehen im Verhältnis der Tatmehrheit nach § 53 StGB zueinander.

Entsprechende Täuschungshandlungen sind auch gegenüber Mitarbeitern der **Deutschen Botschaft** bei der Beantragung der Visa denkbar. Zu beachten ist allerdings, dass falsche Angaben in einer deutschen Botschaft nicht dem deutschen Strafrecht unterfallen, weil die Taten nicht entsprechend § 3 StGB im Inland begangen wurden. Die Anstiftung oder Beihilfe des Arbeitgebers an den Täuschungshandlungen der Arbeitnehmer unterfällt nach § 9 Abs. 2 S. 2 StGB dagegen dem deutschen Strafrecht[1].

C. Weitere Zuwiderhandlungen

I. Beim Bezug von Sozialleistungen

Nach **§ 1 Abs. 2 Nr. 3 SchwarzArbG** leistet **Schwarzarbeit**, wer Dienst- oder Werkleistungen erbringt oder ausführen lässt und dabei als Empfänger von Sozialleistungen seine sich aufgrund der Dienst- oder Werkleistungen ergebenden

---

1 Dazu BGH v. 11.2.2000 – 3 StR 308/99, NJW 2000, 1732, Rz. 33.

Mitteilungspflichten gegenüber dem Sozialleistungsträger nicht erfüllt[1]. Schwarzarbeit i.S. des Gesetzes leistet daher der abhängig Beschäftigte, der seinen *Verdienst* nicht dem Leistungsträger mitteilt. Entsprechende Straftaten werden häufig begangen, insbesondere im Zusammenhang mit Leistungen nach dem SGB II (im Volksmund „Hartz IV" genannt), weil die entsprechenden Leistungssätze zur Bestreitung des Lebensunterhalts nicht den Ansprüchen und/oder Bedürfnissen der Täter entsprechen und der ungerechtfertigte Bezug von Sozialleistungen aus der Sicht der Täter lediglich die Allgemeinheit und damit keine konkret individualisierten Rechtsgutsträger schädigt. Allgemein kann festgestellt werden, dass die Hemmschwelle zur Begehung entsprechender Straftaten gering ist.

145 **Sozialleistungen** sind nach § 11 SGB I die in dem Sozialgesetzbuch vorgesehenen Dienst-, Sach- und Geldleistungen, also z.B. auch die Gewährung und der Bezug von Insolvenzgeld gem. §§ 165 ff. SGB III. In der Praxis relevant sind jedoch hauptsächlich Täuschungen beim Bezug von Arbeitslosengeld nach §§ 136 ff. SGB III und von Leistungen nach dem SGB II durch Verschweigen von Arbeitseinkommen.

– *Arbeitslosengeld* erhält, wer innerhalb einer Frist von zwei Jahren vor dem Tag der Erfüllung aller sonstigen Voraussetzungen für den Anspruch mindestens zwölf Monate in einem Versicherungspflichtverhältnis gestanden hat (§§ 137 Abs. 1 i.V.m. § 142 f. SGB III). Nur beim Arbeitslosengeld handelt es sich um eine Entgeltersatzleistung.

– *Leistungen nach dem SGB II* erhalten erwerbsfähige Hilfebedürftige und Personen, die mit diesen in einer Bedarfsgemeinschaft leben (§ 7 SGB II), ohne dass das Bestehen eines Versicherungspflichtverhältnisses Voraussetzung wäre.

146 Außer den nachgenannten Tatbeständen können noch **weitere Straftatbestände** erfüllt sein. Nachdem viele Sozialleistungen im Einkommensteuerrecht unter Progressionsvorbehalt auf das zu versteuernde Einkommen anzurechnen sind (§ 32 EStG), können schon bei vergleichsweise geringen nicht gemeldeten Zuverdiensten Steuern anfallen und daher auch *Straftaten* nach § 370 AO vorliegen (vgl. § 44 Rz. 1 ff.). Verschweigt der Bezieher von Sozialleistungen bei Abgabe einer eidesstattlichen Versicherung Einnahmen, kommt eine Straftat der *falschen Versicherung an Eides statt* nach § 156 StGB in Betracht (vgl. § 88 Rz. 24 ff.).

1. Straftaten

a) Betrug

147 **§ 60 Abs. 1 Nr. 1, 2 SGB I** verpflichtet den Antragsteller oder Bezieher von Sozialleistungen dazu, bei Antragstellung alle *Tatsachen* anzugeben, die für die Leistung erheblich sind, und jede leistungserhebliche *Änderung* in den Verhält-

---

1 Zum Sozialleistungsbetrug vgl. *Richtarsky* in W/J, Kap. 19 Abschn. C; *Brenner*, 3. Teil Abschn. II.

nissen unverzüglich mitzuteilen[1]. In der Praxis kommt der Nichtanzeige einer **Erwerbstätigkeit** große Bedeutung zu. Die Anzeige ist eine empfangsbedürftige Willenserklärung. Daher ist die Pflicht zur Mitteilung von leistungserheblichen Änderungen erst erfüllt, wenn die Mitteilung den Sachbearbeiter erreicht hat[2]. Hiervon kann der Leistungsbezieher nicht ausgehen, wenn ihm auch nach der Mitteilung unverändert Leistungen gewährt werden. Dann muss die Mitteilung über die veränderten Verhältnisse wiederholt werden[3]. Nicht ausreichend ist die *Angabe* des Leistungsbeziehers, er werde „demnächst Arbeit" haben, weil allein die *Aussicht* auf Arbeit die leistungsgewährende Behörde noch nicht zur Überprüfung der Leistungsgewährung veranlasst[4]. Die Grenzen der Mitwirkungspflicht ergeben sich aus § 65 SGB I.

Nach **§ 155 Abs. 1 S. 1 SGB III** ist das Arbeitsentgelt einer weniger als 15 Wochenstunden umfassenden Beschäftigung unter Berücksichtigung eines Freibetrages in Höhe von 165 Euro monatlich auf das Arbeitslosengeld **anzurechnen**[5]. Dies gilt nach § 155 Abs. 1 S. 2 SGB III u.a. auch für eine selbständige Tätigkeit. Eine 15 Wochenstunden übersteigende Tätigkeit schließt nach § 138 Abs. 3 SGB III die Beschäftigungslosigkeit aus und führt zu einem *Verlust* des gesamten Anspruchs. Während eine diese Grenze übersteigende Erwerbstätigkeit in vielen Fällen anhand von Stundenlisten nachweisbar ist, bereitet die Feststellung der Höhe des Lohnanspruches oftmals Probleme. Diese ist allerdings unabdingbar, um die Höhe des zu kürzenden Anspruches auf Arbeitslosengeld oder dessen vollständigen Entfall berechnen zu können. Gleiches gilt auch bei Leistungen nach dem SGB II, bei denen es keine zeitliche Grenze für eine Beschäftigung gibt und das zu berücksichtigende Einkommen nach den komplexen Regelungen des § 11 SGB II nicht ohne Weiteres zu ermitteln ist. Daher ist eine Berechnung der Höhe des Schadens durch den *Leistungsträger* immer zu veranlassen. Vor Anklageerhebung ist es vorteilhaft, wenn ein *Erstattungsbescheid* durch den Leistungsträger ergangen ist, damit dem Beschuldigten die strafmildernde Möglichkeit der Erbringung von Zahlungen auf einen bestandskräftigen Bescheid gegeben ist.

Bei der Strafverfolgung zu beachten ist eine richtige **Zuordnung** der einzelnen Anträge und Fortzahlungsanträge zu dem eingetretenen Schaden. Jede falsche

---

1 KG Berlin v. 24.9.2013 – (4) 121 Ss 136/13 (170/13), juris, Rz. 25; OLG Düsseldorf v. 1.3.2012 – III-3 RVs 31/12, NStZ 2012, 703 = wistra 2012, 357; OLG München v. 31.10.2007 – 4 St RR 159/07, NStZ 2009, 156; a.A. für den Fall, dass ein verwaltungsrechtliches Prüfungsverfahren noch nicht eingeleitet worden ist, OLG Hamburg v. 11.11.2003 – II-104/03 - 1 Ss 150/03, wistra 2004, 151.
2 OLG Hamburg v. 11.11.2003 – II-104/03 – 1 Ss 150/03, wistra 2004, 151; *Ambs* in Erbs/Kohlhaas, S 103 § 404 SGB III Rz. 186 (Stand 1.3.2012); *Hefendehl* in MüKo, § 263 StGB Rz. 152 ff.; a.A. mit beachtlichen Gründen *Mosbacher* in G/J/W, Nr. 645 § 8 SchwarzArbG Rz. 18: Eingang bei der zuständigen Behörde reicht aus.
3 OLG München v. 31.10.2007 – 4 St RR 159/07, NStZ 2009, 156; OLG Stuttgart v. 27.3.1992 – 1 Ss 61/92, juris, Rz. 7; a.A. OLG Karlsruhe v. 28.11.2003 – 3 Ss 215/03, NStZ 2004, 584.
4 OLG Köln v. 11.8.2009 – 83 Ss 54/09, NStZ-RR 2010, 79.
5 Zur Anrechnung von Nebeneinkommen vgl. BSG v 1.7.2010 – B 11 AL 31/09 R, NJW 2011, 2156.

Angabe in einem Antrag und jede unterlassene Mitteilung einer anspruchsrelevanten Änderung in den wirtschaftlichen Verhältnissen stellt **eine Tat** im prozessualen Sinne dar. Daraufhin gewährte Sozialleistungen müssen kausal auf dieser Täuschung beruhen, was bei den Schadensberechnungen durch die zuständigen Sozialleistungsträger häufig nicht berücksichtigt ist.

Beispiel: Ein Arbeitnehmer stellt am 9.11. einen Antrag auf die Gewährung von Arbeitslosengeld II, wobei er bewusst wahrheitswidrig sein Beschäftigungsverhältnis nicht angibt. Daraufhin werden ihm aufgrund Bescheides des zuständigen Job-Centers vom 15.11. ab November Leistungen gewährt. Nach Aufforderung stellt er einen Folgeantrag am 12.4., in dem er das Beschäftigungsverhältnis weiterhin nicht mitteilt. Dies führt zur Fortsetzung der Leistungsgewährung ab 1.4., was durch einen Vermerk des Sachbearbeiters in der Leistungsakte dokumentiert wird. Es liegen zwei Taten im prozessualen Sinne vor, deren jeweilige Schadensbeträge abzugrenzen sind.

149a Der in der Praxis häufigste Fall ist die **Nichtanzeige** der Aufnahme einer Beschäftigung, die durch eine Mitteilung im Datenabgleich mit den Daten der Träger der Rentenversicherung festgestellt wird. Meldet der Arbeitgeber den Leistungsbezieher ordnungsgemäß zur Sozialversicherung, kann anhand einer Abfrage des dortigen Datenbestands im automatisierten Verfahren gem. § 397 SGB III (**sog. DALEB-Verfahren**) ohne Schwierigkeiten das Bestehen eines Beschäftigungsverhältnisses festgestellt werden. Schwieriger zu ermitteln sind diejenigen Fälle, in denen der Arbeitgeber den Leistungsbezieher nicht zur Sozialversicherung meldet. Eine Aufdeckung dieser Vorgehensweise erfolgt zumeist in einem Ermittlungsverfahren gegen den Arbeitgeber wegen des Verdachts der Beitragsvorenthaltung gem. § 266a StGB.

150 Der *Arbeitgeber* **beteiligt** sich an den Betrugsstraftaten seiner Arbeitnehmer, wenn er wahrheitswidrig unzutreffende Angaben hinsichtlich des Arbeitsverhältnisses zur Vorlage bei dem Leistungsträger macht.

Beispiel: Der Arbeitgeber bescheinigt seinem Arbeitslosengeld beziehenden Arbeitnehmer zur behördlichen Vorlage bewusst wahrheitswidrig ein Arbeitsverhältnis von unter 15 Wochenstunden und ein Einkommen von unter 165 Euro monatlich. Damit ist der Straftatbestand der Beihilfe zum Betrug nach §§ 263 Abs. 1, 27 StGB erfüllt.

150a Die **Tatbeendigung** tritt mit der Auskehrung der letzten auf der Täuschungshandlung beruhenden Zahlung des Sozialleistungsträgers ein. Gem. § 78a StGB beginnt die Verjährung erst zu diesem Zeitpunkt.

b) Erschleichen von Sozialleistungen

151 Strafbar macht sich nach **§ 9 SchwarzArbG** u.a., wer Sozialleistungen beantragt oder erhält und entgegen **§ 60 Abs. 1 S. 1 Nr. 1 SGB III** vorsätzlich eine Tatsache, die für eine Leistung nach dem Sozialgesetzbuch *erheblich* ist, nicht richtig oder nicht vollständig anzeigt oder entgegen § 60 Abs. 1 S. 1 Nr. 2 SGB III eine *Änderung* in den Verhältnissen nicht, nicht richtig, nicht vollständig oder nicht rechtzeitig mitteilt und Dienst- oder Werkleistungen in erheblichem Umfang (Rz. 168 f.) erbringt[1].

Beispiel: Der Antragsteller verschweigt in seinem Antrag, dass er Arbeitseinkommen bezieht, oder meldet die Aufnahme einer Beschäftigung und damit verbundene Erzielung von Arbeitseinkommen dem Sozialleistungsträger nicht.

Die Vorschrift wurde eingefügt, um behauptete **Strafbarkeitslücken** bei Anwendung des Betrugstatbestandes des § 263 StGB zu schließen. Obgleich der Bundesrat im Gesetzgebungsverfahren[2] Zweifel an dem Bedürfnis der Schaffung des Straftatbestandes hegte, beharrte die Bundesregierung mit dem Argument von Nachweisschwierigkeiten bei dem Betrugsmerkmal der *Bereicherungsabsicht* auf dessen Erforderlichkeit[3]. Tatsächlich bereitet das Tatbestandsmerkmal der Bereicherungsabsicht in der Praxis keine Schwierigkeiten, denn wer vorsätzlich leistungsrelevante Tatsachen dem Sozialleistungsträger gegenüber nicht offenbart, handelt regelmäßig in dem Bestreben, Leistungen zu Unrecht zu beziehen. So wurde durch das Hauptzollamt Stuttgart im Jahr 2013 kein Ermittlungsverfahren wegen dieses Straftatbestandes eingeleitet[4]. 152

Relevanz könnte dem Tatbestand bei Verneinung der Frage zukommen, ob sich Mitarbeiter des Sozialleistungsträgers während des Laufes des bewilligten Zeitraumes der Sozialleistung darüber **irren**, dass eine *Änderung* in den für die Gewährung der Leistung relevanten Lebensumständen des Sozialleistungsbeziehers eingetreten ist. Die Praxis löst auch diesen Fall über den *Betrugstatbestand*, indem sie von einer Art „sachgedanklichem Mitbewusstsein" bei dem zuständigen Mitarbeiter ausgeht, wonach diesem ständig, auch wenn der Fall nicht zu einer Entscheidung ansteht, latent bewusst ist, dass sich keine relevanten Änderungen bei dem Leistungsempfänger ergeben haben. Dieser Praxis folgend, ergibt sich als Anwendungsbereich lediglich das von *Boxleitner* gebildete Beispiel[5] einer verspäteten, im Übrigen aber inhaltlich richtigen Anzeige leistungsrelevanter Umstände z.B. aufgrund von bewusster Nachlässigkeit. 153

2. Ordnungswidrigkeiten

Unter den Tatbestandsvoraussetzungen von § 9 SchwarzArbG liegen Ordnungswidrigkeiten nach **§ 8 Abs. 1 Nr. 1 Buchst. a und b SchwarzArbG** vor, 154

---

1 Zu § 9 SchwarzArbG vgl. *Brenner*, 3. Teil Abschn. III; *Brüssow/Petri*, Rz. 450 ff.; *Ambs* in Erbs/Kohlhaas, S 34 § 9 SchwarzArbG (Stand 15.10.2012); *Fehn* in Fehn, §§ 8, 9 SchwarzArbG Rz. 29 ff.; *Mosbacher* in G/J/W, Nr. 645 § 9 SchwarzArbG; *Richtarsky* in W/J, Kap. 19 Abschn. A Rz. 24.
2 BT-Drs. 15/2948, 13.
3 BT-Drs. 15/2948, 23.
4 Zur Praxisrelevanz vgl. auch *Spatscheck/Wulf/Fraedrich*, DStR 2005, 136.
5 *Boxleitner* in W/J, 3. Aufl. 2007, Kap. 17 Rz. 28.

ohne dass die Sozialleistung zu Unrecht gewährt worden sein muss[1]. Soweit dies, wie regelmäßig, der Fall ist, treten die Bußgeldtatbestände gem. § 21 OWiG hinter dem Straftatbestand zurück. Die Tatbestände sind daher **ohne** praktische **Relevanz**.

155 Der **Bußgeldrahmen** beträgt nach § 8 Abs. 3 SchwarzArbG Geldbuße bis zu 300 000 Euro und ist damit hoch. Allerdings wird der Tatbestand durch das Erfordernis der Erbringung von Dienst- oder Werkleistungen in *erheblichem Umfang* (Rz. 168 f.) limitiert. Dieses Tatbestandsmerkmal gilt nicht für den Bußgeldtatbestand des § 404 Abs. 2 Nr. 27 SGB III, wonach sich ordnungswidrig verhält, wer entgegen § 60 Abs. 1 S. 1 Nr. 2 SGB III eine *Änderung* nicht mitteilt, und der somit ansonsten § 8 Abs. 1 Nr. 1 Buchst. b SchwarzArbG entspricht. Demzufolge beträgt die Sanktion bei Verstößen gem. § 404 Abs. 3 SGB III beim Bezug von Sozialleistungen lediglich Geldbuße bis 5 000 Euro. Dabei genügt im Gegensatz zu § 8 SchwarzArbG Fahrlässigkeit. Seit dem 1.4.2012 können auch Verstöße gegen Mitteilungspflichten bei der *Antragstellung* nach § 60 Abs. 1 Nr. 1 SGB III sanktioniert werden[2]. Dagegen sind entsprechende Verstöße beim Bezug von Leistungen nach dem SGB II weiterhin nicht bußgeldbewehrt, weil § 63 Abs. 1 Nr. 6 SGB II nicht auf § 60 Abs. 1 S. 1 Nr. 1 SGB I verweist.

156 Nach **§ 8 Abs. 1 Nr. 2 SchwarzArbG** handelt derjenige Arbeitgeber, Dienstberechtigte bzw. Besteller ordnungswidrig, der Dienst- oder Werkleistungen in erheblichem Umfang *ausführen* lässt, indem er eine oder mehrere Personen beauftragt, die diese Leistung unter vorsätzlichem Verstoß gegen die Vorschriften nach § 8 Abs. 1 Nr. 1 SchwarzArbG erbringen. Der Gesetzgeber stellt damit den *Abnehmer* von Leistungen, die unter Verstoß gegen Vorschriften des SchwarzArbG erbracht werden, dem Anbieter gleich, was vom Unwertgehalt her sachgerecht ist. Die praktische Relevanz der Vorschrift ist aber schon deshalb *gering*, weil der Abnehmer zumindest bedingt vorsätzlich im Hinblick auf den Verstoß des Anbieters der Leistung handeln muss.

157 Zuständig für die **Verfolgung und Ahndung** der Ordnungswidrigkeiten sind nach §§ 12 Abs. 1 Nr. 1, 14 Abs. 1 SchwarzArbG und § 405 Abs. 1 Nr. 3 SGB III u.a. die Behörden der *Zollverwaltung*. Zu beachten ist dabei, dass sich die Zuständigkeit nach SchwarzArbG entsprechend dem Wortlaut von § 8 Abs. 1 SchwarzArbG auf die Fälle beschränkt, bei denen sich die Verletzung der Mitteilungspflicht auf die Erbringung oder die Beauftragung von Dienst- oder Werkleistungen bezieht. Nicht von der Zollverwaltung zu ermitteln und zu ahnden sind daher Fälle im Zusammenhang mit einer Verletzung der Mitteilungspflicht im Hinblick auf vorhandenes und einzusetzendes *Vermögen*.

158 Bemerkenswert ist, dass sich die **Ermittlungsbefugnisse** der Zollverwaltung nach § 14 Abs. 1 SchwarzArbG auf die Verfolgung von *Ordnungswidrigkeiten*

---

1 Näher zu den Ordnungswidrigkeiten *Ambs* in Erbs/Kohlhaas, S 34 § 8 SchwarzArbG Rz. 3-8 (Stand 15.10.2012); *Brenner*, 3. Teil Abschn. III; *Brüssow/Petri*, Rz. 471 ff.; *Erdmann* in A/R, 12. Teil. 5. Kap. Rz. 8–15; *Fehn* in Fehn, §§ 8, 9 SchwarzArbG; *Mosbacher* in G/J/W, Nr. 645 § 8 SchwarzArbG Rz. 11 ff.
2 Durch Einfügung von § 404 Abs. 2 Nr. 26 SGB III n.F. durch das G zur Verbesserung der Eingliederungschancen am Arbeitsmarkt v. 20.11.2011, BGBl. I 2854.

beschränken, die mit einem der in § 2 Abs. 1 SchwarzArbG genannten Prüfgegenstände in unmittelbarem *Zusammenhang* stehen. Nach § 2 Abs. 1 Nr. 2 SchwarzArbG beschränkt sich die Prüfkompetenz der Zollverwaltung darauf, ob Sozialleistungen nach dem SGB II oder III oder nach dem Altersteilzeitgesetz zu Unrecht bezogen werden oder wurden. Nicht umfasst ist damit z.B. die Gewährung von Sozialhilfe nach dem SGB XII, obwohl insoweit eine Ahndungskompetenz nach § 12 Abs. 1 Nr. 1 SchwarzArbG bei der Erzielung von dem Sozialleistungsträger nicht mitgeteiltem Einkommen besteht.

II. Gewerbe- und handwerksrechtliche Ordnungswidrigkeiten

1. Überblick

Nach der **Legaldefinition** der Schwarzarbeit in § 1 Abs. 2 SchwarzArbG leistet Schwarzarbeit, wer als Erbringer von Dienst- oder Werkleistungen 159

– entgegen § 14 GewO seiner Pflicht zur Anzeige vom Beginn des selbständigen *Gewerbes* nicht nachgekommen ist oder entgegen § 55 GewO die erforderliche *Reisegewerbekarte* nicht erworben hat (**Nr. 4**);

– entgegen § 1 HwO ohne in die *Handwerksrolle* eingetragen zu sein, ein zulassungspflichtiges Handwerk als stehendes Gewerbe selbständig betreibt (**Nr. 5**)

und Dienst- oder Werkleistungen in erheblichem *Umfang* erbringt oder ausführen lässt[1].

Eine **Bußgeldbewehrung** entsprechender Verstöße ergibt sich bereits aus den zugrunde liegenden *Verwaltungsgesetzen* (§ 146 Abs. 2 Nr. 1 i.V.m. § 14 Abs. 1 GewO; § 145 Abs. 1 i.V.m. § 55 Abs. 2 GewO; § 117 Abs. 1 Nr. 1 i.V.m. § 1 HwO), die im Gegensatz zu den Bußgeldvorschriften im SchwarzArbG *Fahrlässigkeit* ausreichen lassen. Die Höhe der Geldbuße beträgt im Falle gewerberechtlicher Verstöße beispielsweise bei der unterlassenen Anzeige vom Anfang des Betriebs eines selbständigen Gewerbes gem. § 146 Abs. 3 GewO bis zu 1 000 Euro, im Falle des unterlassenen Eintrags in die Handwerksrolle nach § 117 Abs. 2 HwO bis zu 10 000 Euro. 160

Die Bußgeldtatbestände **§ 8 Abs. 1 Nr. 1 Buchst. d und e SchwarzArbG** sanktionieren gewerbe- und handwerksrechtliche Verstöße unter der einschränkenden Voraussetzung, dass der Betroffene Dienst- oder Werkleistungen in *erheblichem Umfang* erbringt. Gem. § 8 Abs. 5 SchwarzArbG sind Verstöße mit Geldbuße bis zu 50 000 Euro bedroht. Es handelt sich bei den Bußgeldtatbeständen 161

---

1 Näher zum Ganzen *Erdmann* in A/R, 12. Teil. 5. Kap Rz. 16–56; *Ambs* in Erbs/Kohlhaas, G 59 GewO (Stand 10.1.2012), H 14 HwO (Stand 1.1.2008); S 34 § 8 SchwarzArbG Rz. 9-23 (Stand 15.10.2012); *Fehn* in Fehn, §§ 8, 9 SchwarzArbG Rz. 9 ff.

im SchwarzArbG um *Qualifikationen*, die den Grundtatbeständen in GewO und HwO vorgehen[1]. Ihnen kommt in der Praxis *eigenständige Bedeutung* zu, wie durch eine Anzahl zugänglicher Entscheidungen, denen die genannten Bußgeldtatbestände zugrunde liegen, belegt wird[2].

162 Hervorzuheben ist, dass nach **§ 8 Abs. 1 Nr. 2 SchwarzArbG** auch die *Beauftragung* von Dienst- oder Werkleistungen, die von Personen unter vorsätzlichem Verstoß gegen die genannten gewerbe- und handwerksrechtlichen Bestimmungen erbracht werden, bußgeldbewehrt ist. Allerdings wird für den Auftraggeber regelmäßig kein Anlass bestehen, die Einhaltung der registerrechtlichen Bestimmungen durch seinen Auftragnehmer anzuzweifeln, sodass sich ein entsprechender *Vorsatz* nur in Ausnahmefällen wird nachweisen lassen.

163 Zur **Verfolgung** sind nach § 12 Abs. 1 Nr. 2 SchwarzArbG die nach Landesrecht zuständigen Behörden berufen, also im Regelfall die *unteren Verwaltungsbehörden*. Diesen steht nach § 2 Abs. 1a SchwarzArbG ein eigenständiges *Prüfrecht* zu.

164 Geschütztes **Rechtsgut** der Pflichten nach der GewO ist die Ermöglichung der *Überwachung* der Gewerbetreibenden durch Dokumentation in Registern, auf die andere Behörden und Stellen im Rahmen der Erfüllung ihrer Aufgaben Zugriff nehmen können (s. auch § 38 Rz. 62). Dies sind z.B. die *Finanzämter*, die nach § 138 Abs. 1 S. 1 AO unverzüglich von der Gemeinde, in der der Betrieb oder der Betriebsteil eröffnet wird, vom Inhalt der Mitteilung an das Gewerberegister zu unterrichten sind. Dagegen geht es bei der *Pflicht zur Eintragung in die Handwerksrolle* um den Schutz des hohen *Leistungsstandards* und die *Leistungsfähigkeit* der Handwerkerschaft im Interesse der gesamten Wirtschaft[3].

165 Durch das *Gesetz zur Umsetzung der Dienstleistungsrichtlinie im Gewerberecht und weiteren Rechtsvorschriften* vom 17.7.2009[4] wurde mit Wirkung vom 28.12.2009 **§ 4 GewO eingefügt**. Danach unterliegen Gewerbetreibende, die von einer Niederlassung in einem anderen Mitgliedstaat der EU oder einem anderen EWR-Vertragsstaat aus im Geltungsbereich der GewO vorübergehend selbständig tätig sind, nicht den generellen Anzeigepflichten in der GewO. Das betrifft insbesondere die Gewerbeanzeige nach § 14 GewO und die Anzeigepflicht im Reisegewerbe gem. § 55c GewO. Voraussetzung der Befreiung ist, dass der Erbringer der Dienstleistung eine zumindest ähnliche solche in seinem Heimatland rechtmäßig erbringen kann[5]. Ob dies zu einer *Inländerdiskriminierung* führt[6] oder sich die Ausnahme von den Anzeigepflichten dadurch rechtfertigt, dass die betreffenden Gewerbetreibenden in ihrem Heimatland in

---

1 *Ambs* in Erbs/Kohlhaas, G 59 § 146 GewO Rz. 7.
2 OLG Hamm v. 11.7.2006 – 4 Ss OWi 375/06, juris; OLG Düsseldorf v. 3.8.2007 – IV-2 Ss (OWi) 28/07 – (OWi) 16/07 III, NStZ-RR 2008, 51; AG Plön v. 11.12.2006 – 7 Gs 193/06, GewA 2007, 87; *Mosbacher* in G/J/W, Nr. 645 § 8 SchwarzArbG Rz. 19 ff.
3 BAG v. 18.3.2009 – 5 ARZ 355/08, NJW 2009, 2554 = NZA 2009, 663, Rz. 20.
4 BGBl. I 2091.
5 VG Neustadt (Weinstraße) v. 16.12.2010 – 4 K 912/10.NW, GewA 2011, 117 Rz. 31.
6 Dagegen *Schönleiter*, GewA 2009, 384.

2. Einzelne Tatbestandsmerkmale

Die Tatbestandsmerkmale der beiden Bußgeldvorschriften reichen weit in die Gewerbe- und die Handwerksordnung hinein. Insoweit wird auf die Ausführungen in § 24 Rz. 1 ff. hinsichtlich der Gewerbeordnung und § 25 Rz. 36 ff. bezüglich der Handwerksordnung und die einschlägigen Kommentierungen zu den jeweiligen Gesetzen verwiesen. Die nachfolgenden Ausführungen beschäftigen sich daher ausschließlich mit den weitergehenden *Anforderungen* nach dem SchwarzArbG.

166

Vor Prüfung der Tatbestandsmerkmale des § 8 Abs. 1 SchwarzArbG ist zunächst festzustellen, ob ein **Ausschluss** nach § 8 Abs. 4 SchwarzArbG greift, wonach nicht nachhaltig auf Gewinn gerichtete Dienst- oder Werkleistungen, die von Angehörigen, aus Gefälligkeit, im Wege der Nachbarschaftshilfe oder der Selbsthilfe nach dem Zweiten Wohnbaugesetz und dem Wohnraumförderungsgesetz erbracht werden, nicht Abs. 1 unterfallen. Problematisch ist dabei insbesondere der konturlose Begriff der „*Nachhaltigkeit*". Diese soll nicht vorliegen, wenn Hilfeleistungen erbracht werden, bei denen die Gefälligkeit und Hilfsbereitschaft deutlich im Vordergrund stehen[1].

167

Mit dem Tatbestandsmerkmal der **Erbringung von Dienst- oder Werkleistungen in erheblichem Umfang** hat sich das OLG Hamm in zwei Beschlüssen[2] befasst. Zutreffend hat es die Bestimmung des erheblichen Umfanges nicht davon abhängig gemacht, ob dem Betroffenen *wirtschaftliche Vorteile* in erheblichem Umfang zugeflossen sind, da trotz großen Umfangs der Leistungserbringung auch Verluste gemacht werden können. Maßgeblich ist demgegenüber, dass der Betroffene objektiv seine *Arbeitskraft* für eine nicht zu kurze Zeit voll, überwiegend oder laufend zur Verfügung stellt. Demgemäß sind in die Abwägung die Dauer, Häufigkeit, Regelmäßigkeit und Intensität der Arbeiten einzustellen. Bei Werkleistungen ist darauf abzustellen, in welcher Zeit mit wie vielen Arbeitnehmern und mit wie viel Ausrüstung das Werk erbracht wird. Allein die Benennung der Auftragssumme reicht nicht, da sie keinen sicheren Schluss auf den Umfang der zugrunde liegenden Arbeiten zulässt[3], da je nach Gewerk der Personal- und Materialaufwand unterschiedlich ist. Die Angabe eines „*Schwellenwertes*" von über 3 000 Euro[4] ist damit nicht hilfreich.

168

Die in der Literatur angesichts des schwer eingrenzbaren Tatbestandsmerkmals des erheblichen Umfangs zum Teil gehegten **verfassungsrechtlichen Bedenken** an der Norm[5] greift das OLG Hamm nicht auf. Dabei ist auch zu bedenken, dass an Bußgeldtatbestände angesichts des in ihnen zum Ausdruck kom-

169

---

1 *Erdmann* in A/R, 12. Teil 5. Kap Rz. 74 ff.; krit. zu dieser Definition *Brenner*, 3. Teil Abschn. III S. 197 f.
2 OLG Hamm v. 27.1.2006 – 4 Ss OWi 887/05, juris; OLG Hamm v. 18.2.2008 – 3 Ss OWi 51/08, wistra 2008, 236 = GewA 2008, 215.
3 OLG Hamm v. 27.1.2006 – 4 Ss OWi 887/05, Rz. 14, juris.
4 So *Fehn* in Fehn, §§ 8, 9 SchwarzArbG Rz. 10.
5 *Fehn* in Fehn, §§ 8, 9 SchwarzArbG Rz. 11.

menden niedrigeren Schuldgehalts hinsichtlich ihrer *Bestimmtheit* nicht dieselben Anforderungen wie an Straftatbestände gestellt werden müssen, sodass das Merkmal bei der Bußgeldvorschrift des § 8 Abs. 1 SchwarzArbG als hinreichend bestimmt anzusehen ist[1]. Weil lediglich vorsätzliches Handeln mit Geldbuße bedroht ist, muss der Betroffene den Umfang der Arbeiten kennen. Bei Kenntnis des Sachverhalts, aber dem irrigen Schluss, es handele sich um keine Leistungen in erheblichem Umfang, liegt lediglich ein *Verbotsirrtum* gem. § 11 Abs. 2 OWiG über ein normatives Tatbestandsmerkmal vor.

170 Anhand von zwei **handwerksrechtlichen Verstößen** hat sich das BVerfG erneut mit den Anforderungen an einen *Durchsuchungsbeschluss* bei Verdacht einer Ordnungswidrigkeit beschäftigt[2]. Danach sind Durchsuchungsmaßnahmen auch bei Verdacht lediglich einer Ordnungswidrigkeit ein probates Mittel zur Sachverhaltsaufklärung. Allerdings sind die Anforderungen an die Stärke des Tatverdachts bei Tatbeständen, die vom Gesetzgeber angesichts einer niedrigen Bußgeldandrohung als minderes Unrecht eingestuft sind, aus *Verhältnismäßigkeitsgründen* erhöht. Auch muss der Durchsuchungsbeschluss – wie bei dem Verdacht der Begehung von Straftaten auch – die zugrunde liegenden Taten konkret umschreiben und Angaben zum Tatzeitraum enthalten, damit die Zwangsmaßnahme *begrenzt* und der Grundrechtseingriff damit *messbar* wird. Es genügt nicht, lediglich darauf zu verweisen, dass der Betroffene verdächtig sei, „Arbeiten des Dachdecker-Handwerks auszuführen unter Verstoß gegen § 1 Abs. 2 Nr. 4 und 5" SchwarzArbG oder „in erheblichem Umfang handwerkliche Arbeiten des Gerüstbauhandwerks [...] zu erbringen, ohne pflichtgemäß in die Handwerksrolle eingetragen zu sein".

III. Verfahrenssichernde Ordnungswidrigkeiten

171 Um die **Duldungs-** und **Mitwirkungspflichten** nach § 5 SchwarzArbG von Arbeitgebern, Arbeitnehmern, Auftraggebern und Dritten, die bei einer Prüfung nach § 2 Abs. 1 SchwarzArbG angetroffen werden, sanktionsrechtlich zu *flankieren*, enthält § 8 Abs. 2 Nr. 3–5 SchwarzArbG Bußgeldtatbestände[3]. Ordnungswidrig handelt demnach z.B., wer (vorsätzlich oder fahrlässig!) Prüfungsmaßnahmen oder das Betreten eines Grundstücks oder Geschäftsraumes nicht duldet oder die für die Prüfung erheblichen Auskünfte nicht erteilt. Nach § 8 Abs. 2 Nr. 1 und 2 SchwarzArbG werden die in § 2a SchwarzArbG normierten *Mitführungs-* und **Vorlagepflichten** von Ausweispapieren z.B. im Baugewerbe, sanktioniert.

172 Gem. § 12 Abs. 1 Nr. 3 SchwarzArbG sind die Behörden der Zollverwaltung für deren Verfolgung und Ahndung zuständig. **Praktische Bedeutung** scheint den Tatbeständen nicht zuzukommen. So wurden durch das Hauptzollamt Stutt-

---

1 So auch *Brenner*, 3. Teil Abschn. III S. 185 ff.
2 BVerfG v. 5.3.2012 – 5 BvR 1345/08, NJW 2012, 2097 = GewA 2012, 328; BVerfG v. 4.3.2008 – 2 BvR 103/04, wistra 2008, 339.
3 Näher *Erdmann* in A/R, 12. Teil. 5. Kap. Rz. 57 ff.; *Ambs* in Erbs/Kohlhaas, S 34 § 8 SchwarzArbG Rz. 31 ff. (Stand 15.10.2012); *Fehn* in Fehn, §§ 8, 9 SchwarzArbG Rz. 12 ff.; *Mosbacher* in G/J/W, Nr. 645 § 8 SchwarzArbG Rz. 27 ff.

gart im Jahr 2013 keine entsprechenden Bußgeldverfahren eingeleitet, was dafür spricht, dass die von Prüfungsmaßnahmen nach SchwarzArbG betroffenen Personen diese Maßnahmen regelmäßig *hinnehmen*. Im Übrigen können die genannten Pflichten über die Verweisung in § 22 SchwarzArbG auf die Verfahrensvorschriften der *AO* mit deren Zwangsmittel durchgesetzt werden[1], weil und soweit das SchwarzArbG keine entsprechenden Regelungen enthält (zum Verhältnis SchwarzArbG zur AO vgl. § 36 Rz. 36a).

Entsprechende **verfahrenssichernde Ordnungswidrigkeiten** finden sich in § 16 Abs. 1 Nr. 2a–8 AÜG für das Verwaltungsverfahren bei der *Arbeitnehmerüberlassung*, in § 23 Abs. 1 Nr. 2–9 AEntG für die Prüfung der Einhaltung der Vorschriften des *Arbeitnehmerentsendegesetzes* und in §§ 21 Abs. 1 Nr. 1–4, 8 MiLoG im Prüfungsverfahren, ob *Mindestarbeitsbedingungen* eingehalten werden. Korrespondierend zu ihrer Prüfungskompetenz sind die Behörden der Zollverwaltung jeweils auch Bußgeldbehörden. 173

§ 38
Beitragsvorenthaltung (samt Steuerstraftaten)

Bearbeiter: Andreas Thul, Abschnitt B unter Mitwirkung von Manfred Büttner

	Rz.
A. Beitragsvorenthaltung	
I. Überblick	1
1. Wirtschaftliche Hintergründe	5
2. Schutzgut	11
3. Akzessorietät	
a) Verwaltungsrechtsakzessorietät	14
b) Europäische Union	19
4. Zusammenarbeitsbehörden	
a) Deutsche Rentenversicherung	20
b) Finanzkontrolle Schwarzarbeit	24
c) Arbeitsinspektion?	25
II. Fälle schlichter Nichtzahlung	26
1. Arbeitgeber	
a) Arbeitgeberstellung	27
b) Abhängige Beschäftigung	36
aa) Gesetzliche Umschreibung und Rechtsprechung	37
bb) Unterschied zum Arbeitsverhältnis	40
cc) Feststellung abhängiger Beschäftigung	47
(1) Selbständige Tätigkeit	49
(2) Nachbarschaftshilfe/Gefälligkeit	69
(3) Familienhafte Mithilfe	73
c) Sonderfälle des Arbeitgebers	
aa) Insolvenz	77
bb) Illegale Arbeitnehmerüberlassung	78
cc) Sonstige Zahlungspflichtige	
(1) Auftraggeber und Zwischenmeister	81

---

1 *Fehn* in Fehn, §§ 22, 23 SchwarzArbG Rz. 1 f.

	Rz.
(2) Weitere Zahlungspflichtige	85
dd) Mittelbares Arbeitsverhältnis	88
d) Betriebsnummer	92
2. Beiträge des Arbeitnehmers	98
a) Beitragspflicht	103
b) Auslandsberührung	109
c) Arbeitsentgelt	121
aa) Bestandteile	122
bb) Bemessungsgrundlage	129
cc) Mehrere Beschäftigungen	131
d) Beitragshöhe	
aa) Beitragssatz	134
bb) Beitragsbemessungsgrenzen	137
cc) Gleitzone	138
dd) Gesamtsozialversicherungsbeitrag	140
e) Beitragsnachweis	142
3. Einzugsstelle	148
4. „Vorenthalten"	152
a) Fälligkeit	154
b) Zahlungen im Tatzeitraum	158
c) Unabhängigkeit von Entgeltzahlung	161
d) Unmöglichkeit der Zahlung	
aa) Tatsächliche Unmöglichkeit	163
bb) Rechtliche Unmöglichkeit	168
5. Subjektive Tatseite	171
6. Rechtswidrigkeit	178
III. Täuschungsfälle	
1. Überblick	181
2. Vom Arbeitgeber zu tragende Beiträge	
a) Arbeitgeberanteile	186
b) Pauschalbeiträge	188
c) Umlagen	192
d) Sonderfall Sozialkassen	195
e) Zahlstellen	198
3. Täuschungshandlungen	
a) Falsche Angaben	199
b) Unterlassene Angaben	207
c) Meldung zur Sozialversicherung	209

	Rz.
d) DSRV-Auskunft („VdR-Auskunft")	218
4. „Vorenthalten"	
a) Fälligkeit	220
b) Kausalzusammenhang	223
c) Unmöglichkeit	228
5. Subjektive Tatseite	
a) Vorsatz	230
b) Verbotsirrtum	236
c) Bemessung von Schaden und Schuld	244
aa) Schätzung	247
bb) Summenbeitragsbescheid	258
cc) „Beitragsschätzung" durch die Einzugsstelle	260
dd) Hochrechnung der Bemessungsgrundlage	262
IV. Verjährung, Strafzumessung und Konkurrenzen	
1. Verjährung von Beitragspflicht und Strafverfolgung	276
2. Strafrahmen und Strafzumessung	281
3. Konkurrenzen	292
4. Gesamtstrafenbildung	296
5. Zuständigkeiten	299
B. Lohnsteuerhinterziehung	301
I. Erhebung der Lohnsteuer	302
1. Allgemeines	303
2. Arbeitgeber und Arbeitnehmer	
a) Begriffsbestimmung	311
b) Pflichten des Arbeitgebers	315
c) Dreiecksverhältnisse bei Arbeitnehmerüberlassung	320
3. Gegenstand der Besteuerung	
a) Arbeitslohn	322
b) Arbeitslohnabsprachen	326
c) Pauschalbesteuerung	336
d) Schätzung der Steuer	342
4. Steuerliche Haftung	343
II. Hinterziehungshandlungen	347
1. Täuschung der Finanzbehörden	349
2. Verkürzung der Steuern	356
3. Subjektive Voraussetzungen	365
4. Beendigung	369
5. Strafzumessung	372

	Rz.		Rz.
III. Auslandsfälle	380	3. Steuerpflicht des Arbeitnehmers	393
1. Anmeldepflicht des Arbeitgebers	381	4. Grenzüberschreitender Informationsaustausch	395
2. Doppelbesteuerungsabkommen	388		

Schrifttum: (außer den Kommentaren zu § 266a StGB): *Bader*, Schadensermittlung im Beitragsstrafrecht, wistra 2010, 121; *Bollacher*, Das Vorenthalten von Sozialversicherungsbeiträgen, 2006; *Büttner*, Berechnung des illegalen Vermögensvorteils, 2. Aufl. 2012; *Esser/Keuten*, Strafbarkeit nach § 266a Abs. 1 StGB und zivilrechtliche Haftung des GmbH-Geschäftsführers bei Teilzahlung von Gesamtsozialversicherungsbeiträgen, wistra 2010, 161; *Ischebeck*, Vorenthalten von Sozialversicherungsbeiträgen [...] während der materiellen Insolvenz der GmbH, 2009; *Küttner*, Personalbuch, 21. Aufl. 2014; *Steinberg*, Nicht intendierte strafmildernde Wirkung des § 266a StGB, wistra 2009, 55; *Radtke*, Nichtabführen von Arbeitnehmerbeiträgen [...] in der Krise des Unternehmens, GmbHR 2009, 673; *Stuckert*, Schadensermittlung bei Schwarzarbeit am Bau, wistra 2014, 289 ff., *Waszczynski*, Wirtschaftsstrafrecht als studentische Herausforderung – Zur Korrelation verschiedener Rechtsgebiete am Beispiel des § 266a StGB, ZJS 2009, 596; außerdem die Nachweise oben zu § 36 und § 37.

A. Beitragsvorenthaltung

I. Überblick

Bei der Bekämpfung der *illegalen Beschäftigung* (zum Begriff Rz. 265, s. auch oben § 36) ist der Straftatbestand der Beitragsvorenthaltung (**§ 266a Abs. 1 und 2 StGB**) von großer Bedeutung. Die Strafvorschrift richtet sich gegen den *Arbeitgeber*, also gegen den Unternehmer, als potenziellen Täter. Der Unternehmer ist nicht nur zentraler Orientierungspunkt der Darstellung in diesem Handbuch (§ 1 Rz. 19), sondern in seiner Eigenschaft als Arbeitgeber auch die Schlüsselfigur für diese Art der Kriminalität: Der Arbeitgeber ist es, der in erster Linie von der illegalen Beschäftigung profitiert. In der Strafrechtspraxis steht die Frage im Vordergrund, welcher der Beteiligten als „Arbeitgeber" der Täter ist (Rz. 27 ff.). Die Straftaten der sonstigen Profiteure, ggf. auch der Beschäftigten, leiten sich – auch dogmatisch (*Anstiftung* und *Beihilfe*) – von der Straftat des Arbeitgebers ab (s. Rz. 29).

Die Strafvorschrift des § 266a StGB enthält in den Abs. 1–3 verschiedene Straftatbestände mit unterschiedlichen Voraussetzungen. Für die Bekämpfung der illegalen Beschäftigung sind nur **Abs. 1** und **Abs. 2** von Bedeutung, weil es nur dort um Sozialversicherungsbeiträge geht, die vorenthalten werden. Für diese beiden Absätze, die zusammen einen Tatbestand bilden[1] (Rz. 292a), wird hier die Bezeichnung „**Beitragsvorenthaltung**" verwendet. Dagegen hat der von **Abs. 3** erfasste Sachverhalt mit der Sozialversicherung nichts zu tun, sondern ist ein Sonderfall der *Untreue*, durch den – abgesehen von historischen Gründen (Rz. 12a) – die räumliche Nähe der gesamten Norm zu § 266 StGB (§ 32 Rz. 1 ff.) etwas plausibler wird. Das von Abs. 3 unter Strafe gestellte Verhalten spielt in der Praxis keine nennenswerte Rolle.

---

1 BGH v. 4.9.2013 – 1 StR 94/13, Rz.18.

3 In § 266a **Abs. 3** StGB geht es nicht um Sozialversicherungsbeiträge (oder *Lohnsteuer*: § 370 AO, Rz. 301 ff.), sondern um andere „Teile des Arbeitsentgelts", die der Arbeitgeber dem Beschäftigten vom *Lohn* auf dessen Kosten abziehen darf oder muss und die er direkt an eine andere Person zahlen soll. Gemeint sind damit z.B. **vermögenswirksame Leistungen** i.S. des 5. Vermögensbildungsgesetzes[1] oder **gepfändete Lohnbestandteile**. Insoweit geht § 266a Abs. 3 StGB als speziellere Norm dem allgemeinen Untreuetatbestand vor.

Sonstige Zahlungspflichten des Arbeitgebers ohne Lohnabzug, wie etwa die Umlagen zur SOKA-BAU (Rz. 195), unterfallen auch der Strafvorschrift des Abs. 3 nicht.

4 Die Beitragsvorenthaltung als Inbegriff der illegalen Beschäftigung wird nach zwei unterschiedlichen Vorschriften bestraft:

- § 266a **Abs. 1** StGB stellt die schlichte Nichtzahlung von Beiträgen unter Strafe und erfasst nur die sog. Arbeitnehmeranteile zur Sozialversicherung (**Nichtzahlungsfälle**, Rz. 26 ff.). Mit illegaler Beschäftigung hat dieser Tatbestand nichts zu tun (Rz. 266).
- § 266a **Abs. 2** StGB setzt neben der Nichtzahlung die Verwirklichung eines Täuschungselements voraus (**Täuschungsfälle**), eben „illegales" Verhalten des Arbeitgebers, erfasst selbst aber nur Beiträge und Umlagen nach dem Sozialversicherungsrecht, die wirtschaftlich vom Arbeitgeber zu tragen sind (Rz. 186). In Fällen illegaler Beschäftigung wird er deshalb von Abs. 1 ergänzt (Rz. 292a); gemeinsam erfassen beide Absätze dann alle gesetzlichen Sozialversicherungsbeiträge und Umlagen. Der für Beschäftigung ab Juli 2004 geltende (Rz. 181) Abs. 2 verdrängt seither den **Betrugstatbestand**[2].

Die ursprüngliche Strafvorschrift ist § 266a Abs. 1 StGB, die sich bereits seit 1986 im StGB befindet. Zuvor waren vergleichbare Strafvorschriften in den damaligen Gesetzen zur Sozialversicherung zu finden[3].

1. Wirtschaftliche Hintergründe

5 Die Beitragsvorenthaltung ist eine der wichtigsten Triebfedern für illegale Beschäftigung (s. auch § 36 Rz. 7 ff.). Denn der große Gewinn für den Arbeitgeber, sein Motiv für diese Form der Kriminalität, steckt in erster Linie im ersparten Aufwand an Beiträgen zur Sozialversicherung. Der **Lohnaufwand** des gesetzestreuen, redlichen Arbeitgebers beträgt i.d.R. mehr als das Doppelte des ausgezahlten Nettolohnes. Zum *Bruttolohn* gehören, neben dem *Nettolohn*, die *Arbeitnehmeranteile* zur Sozialversicherung und die *Lohnsteuer* (Rz. 101).

Der **Gesamtsozialversicherungsbeitrag**, der von der Strafvorschrift der Beitragsvorenthaltung in erster Linie erfasst wird, macht dabei rund 40 % des Bruttolohnes aus, also allein schon 50–60 % des Nettolohnes. Nimmt man die Lohnsteuer hinzu, liegt der Aufschlag auf den Nettolohn schon in der Größenordnung von 80 %.

---

1 § 2 Abs. 7 des 5. VermBG: Vermögenswirksame Leistungen sind arbeitsrechtlich Bestandteil des Lohns oder Gehalts; BGH v. 15.7.2010 – 4 StR 164/10, Rz. 8 f.
2 BGH v. 20.12.2007 – 5 StR 481/07 – Altfall-Entscheidung; BGH v. 24.4.2007 – 1 StR 639/06 – Gewerbsmäßigkeit begründet keinen bes. schweren Fall.
3 Einzelheiten und Fundstellen zum früheren Recht bei *Radtke* in MüKo, § 266a StGB, Rz. 1.

Zum weiteren Lohnaufwand, also zu den **Lohnnebenkosten** des Unternehmers für den Beschäftigten, zählen zusätzlich zum Bruttolohn insbesondere die *Arbeitgeberanteile* und die *Umlagen* zu den Sozialversicherungen, Kosten der Lohnfortzahlung bei Urlaub, Krankheit, Schwangerschaft (Rz. 102, 186 ff.) sowie die anteiligen Gemeinkosten (Kosten für Verwaltung, Arbeitskleidung, Sanitärräume usw.)[1].

Die Beschäftigten legen häufig primär Wert auf den Nettolohn (*Barlohn*), nicht auf die Beitragszahlung zur Sozialversicherung. An ihre künftigen Renten denken sie oft nicht. Der Arbeitgeber kann die Arbeitsleistung dann „schwarz" einkaufen und dadurch erhebliche Kosten sparen. Der Beschäftigte erhält Arbeit und Lohn, der Arbeitgeber eine billige Arbeitskraft. Diese vermeintlich für beide Seiten vorteilhafte Abrede führt dazu, dass die Beitragsvorenthaltung weit verbreitet ist, ob nun im Kleinen einzelne *Überstunden* „schwarz" eingekauft werden oder im Großen hauptberufliche Arbeit „schwarz" abgerechnet wird. Die finanziellen Folgen für Arbeitgeber, die in großem Stil „schwarz" abrechnen, sind im Falle der Aufdeckung zumeist **ruinös** (s. auch Rz. 289a). 6

Der Arbeitgeber hat oft keine Rücklagen, um die Beiträge nachträglich zu entrichten. Denn auch seine Auftraggeber wissen, dass der Lohnaufwand des illegalen Arbeitgebers sich auf den **Nettolohn** beschränkt, und drücken entsprechend die Preise. Und wenn der Arbeitgeber mit seinem geringeren Werklohn nicht einverstanden wäre, so findet der Auftraggeber in vielen Branchen leicht einen anderen Unternehmer, der bereit ist, den niedrigen Werklohn zu akzeptieren und so den Auftraggeber am Vorteil der Beitragsvorenthaltung im geforderten Maß teilhaben zu lassen.

Beraterhinweis: Berater (*Steuerberater, Rechtsanwälte, Unternehmensberater, Projektsteuerer* usw.) sind häufig in die Organisation der illegalen Beschäftigung involviert, insbesondere bei „Scheinselbständigkeit" (Rz. 11b) und vorgetäuschten *Werkverträgen* (Rz. 19a). Nach Aufdeckung der illegalen Beschäftigung werden sie zunehmend in die Verantwortung genommen, sowohl von den Strafverfolgungsbehörden wie vom Arbeitgeber, der auf einen **Regress** hinaus will, eine naheliegende Weiterentwicklung der Berufung des Täters auf eine falsche Beratung als schlichte Ausrede[2] (Rz. 241). 6a

Aber auch für Berater ohne große einschlägige Erfahrung, die erst nach Aufdeckung der Taten zugezogen werden, stellt sich die Vielfalt der Rechtsfragen und der Konsequenzen für den Mandanten verwirrend dar[3] und birgt das Risiko eigener **Haftung**, dem die hiesigen Ausführungen entgegenwirken können.

Vom jährlichen **Gesamtschaden in Milliardenhöhe**, den illegale Beschäftigung verursacht, entfällt ein Großteil auf vorenthaltene Sozialversicherungsbeiträge. Es liegt nahe, dass der *Beitragssatz* deutlich gesenkt werden könnte, wenn alle Arbeitgeber die Beiträge für ihre Beschäftigten pflichtgemäß abführten. 7

Der Umsatz in der **Schattenwirtschaft** soll 2013 geschätzt 344 Mrd. Euro betragen haben – das wären 13,2 % des *Bruttoinlandsprodukts* (BIP)[4]. Verursacht wird wohl immerhin

---
1 Beispielsrechnung und Erläuterung in *Büttner*, Illegale Beschäftigung – Schwarzarbeit, 2012, S. 13.
2 So noch im Fall BGH v. 16.4.2014 – 1 StR 516/13, Rz. 45 f.
3 Anschaulich die Beispiele bei *Körner*, NJW 2014, 584 ff.
4 So eine Prognose der *Universität Linz* und des *Tübinger Instituts für Angewandte Wirtschaftsforschung* (IAW), veröffentlicht im Hamburger Abendblatt v. 6.2.2013.

ein Schaden für Sozialversicherung und Fiskus in zweistelliger Milliardenhöhe; genaue Zahlen gibt es natürlich nicht[1]. Die Größenordnung der Einnahmen der gesetzlichen Sozialversicherungen (**Beitragsaufkommen**) lag 2013 bei rund 500 Mrd. Euro (2012: 536,5 Mrd.); 2009 (Einnahmen: 480 Mrd.) gab es ein *Defizit* von *22* Mrd., 2012 einen *Überschuss* von 15,8 Mrd.[2]. Das gesamte *Steueraufkommen* lag – zum Vergleich – 2013 ebenfalls in der Größenordnung von gut 500 Mrd. Euro.

8 Zusätzliche illegale Gewinne winken dem Arbeitgeber auch aus *Steuerhinterziehung* (§ 370 AO, bezüglich Lohnsteuer und Umsatzsteuer), sowie aus dem strafbaren Verstoß gegen die Vorschriften des *Schwarzarbeitsbekämpfungsgesetzes* (SchwarzArbG), des *Aufenthaltsgesetzes* und des *Arbeitnehmerüberlassungsgesetzes* (AÜG) sowie aus **Ordnungswidrigkeiten** nach diesen Gesetzen und dem *Arbeitnehmerentsendegesetz* (AEntG), wobei AÜG, AEntG und SchwarzArbG auch für rein deutsche Beschäftigungsverhältnisse gelten (§ 37 Rz. 29a ff.). Kosten spart der illegale Arbeitgeber oft zugleich auch durch Verstöße gegen Arbeitszeit- und andere **Arbeitsschutzvorschriften**. Denn seine „Schwarzarbeiter" wagen regelmäßig keinen Protest – wenn sie denn die Schutzvorschriften für Arbeitnehmer überhaupt kennen (s. auch Rz. 11b, 28a).

9 Die **Abschöpfung des Gewinns** aus den *ersparten Aufwendungen* ist ebenso wichtig wie die Bestrafung. Der Arbeitgeber (ggf. eine juristische Person) und andere Tatbeteiligte (*Geschäftsführer, Gehilfen*) haften persönlich für die Beiträge bzw. auf Schadensersatz (§ 823 Abs. 2 BGB), weshalb strafrechtlich regelmäßig nicht *Verfall* (wegen § 73 Abs. 1 S. 2 StGB), sondern „*Rückgewinnungshilfe*" zugunsten der Sozialversicherungsträger veranlasst ist (§ 111b Abs. 5 StPO).

Dabei haften mehre Täter – und zusätzlich die aufgrund *Verschiebung* Beteiligten[3] – als **Gesamtschuldner**, ggf. in unterschiedlicher Höhe, etwa wegen § 73c StGB[4], soweit dem Vermögen des (Verschiebungs-)Beteiligten die ersparten Aufwendungen zugeflossen sind[5].

10 Die strafrechtliche Verurteilung der Unternehmensverantwortlichen ist auch für deren zivilrechtliche *Haftung* (§ 823 Abs. 2 BGB i.V.m. § 266a StGB[6]) von Bedeutung. Bei illegaler Beschäftigung („Schwarzarbeit") sind die Einzugsstellen in der Praxis ohne die Ergebnisse der strafrechtlichen Ermittlungen und das Strafurteil nicht in der Lage, den **Schadensersatz** einzuklagen (Rz. 151).

Die Unternehmensverantwortlichen können sich ihrer Haftung durch **Delegation** auf Mitarbeiter nicht vollständig entledigen; *Überwachungspflichten* bleiben[7] (Rz. 31).

Das Unternehmen verwirkt regelmäßig eine „**Verbandsgeldbuße**" gem. § 30 OWiG (Rz. 175). Als weitere Nebenfolge ordnet § 21 Abs. 1 S. 1 Nr. 4 Schwarz-

---

1 Zur Methodik *Schneider/Torgler/Schaltegger*, Schattenwirtschaft und Steuermoral, 2008.
2 Quellen: Pressemitteilungen des Statistischen Bundesamtes Deutschland.
3 BGH v. 13.7.2010 – 1 StR 239/10.
4 BGH v. 28.10.2010 – 4 StR 215/10.
5 BGH v. 22.7.2014 – 1 StR 53/14.
6 BGH v. 11.6.2013 – II ZR 389/12.
7 BGH v. 15.10.1996 – VI ZR 319/95 – Delegations-Entscheidung, BGHZ 133, 370.

ArbG eine *Auftrags-* und *Vergabesperre* an[1]. Zur Haftung des Straftäters im Steuerrecht s. Rz. 343.

2. Schutzgut

Ratio legis der Strafvorschriften ist allein (Rz. 12) der **Schutz des Beitragsaufkommens** der Solidargemeinschaft der gesetzlich Sozialversicherten in Deutschland (Rz. 11a). Das System der gesetzlichen Sozialversicherungen beruht darauf, dass ein Teil des durch Arbeit erwirtschafteten Wertes den Sozialversicherungen zur Verfügung gestellt wird, damit die Sozialversicherungen daraus ihre Aufgaben (Altersvorsorge, Krankheitsfürsorge usw.) bezahlen können. In Deutschland werden dazu vorwiegend die von den *abhängig Beschäftigten* für ihren Arbeitgeber erwirtschafteten Werte herangezogen.

Dem System der gesetzlichen Sozialversicherungen wird deshalb seine Basis entzogen, wenn erhebliche Teile des *Bruttoinlandsprodukts* erwirtschaftet werden, ohne dass die Arbeitgeber aus den Löhnen Sozialversicherungsbeiträge abführen. Neben der „Schwarzarbeit" von Inländern spielt dabei zunehmend eine negative Rolle, dass wegen der Regelungen der **Europäischen Union** zur sog. Entsendung (Rz. 11a, 19 ff., 63a) EU-Ausländer vergleichsweise problemlos in Deutschland beschäftigt werden können, ohne dass hier Sozialversicherungsbeiträge anfallen (s. auch § 37 Rz. 136 ff). Aus der Sicht des Arbeitgebers ist dies doppelt verlockend: Zum niedrigen Lohn, mit dem diese Ausländer zufrieden sind, kommt die immense Ersparnis an *Lohnnebenkosten* (Rz. 5).

Der Straftatbestand schützt nur deutsche Sozialversicherungsbeiträge[2]. Sorgt der Unternehmer dafür, dass für seine Beschäftigten wegen „Entsendung" keine Sozialversicherungsbeiträge in Deutschland zu zahlen sind (Rz. 19), ist er vor Strafverfolgung sicher. Zwar ergeben die hiesigen Ermittlungen zumeist, dass im Herkunftsstaat, wo bei Entsendung die Beiträge anfallen, die wirkliche Bemessungsgrundlage – der vergleichsweise hohe Lohn in Deutschland – verschwiegen wird. Jedoch ist es schon aus praktischen Gründen, insbesondere wegen des aufwendigen Rechtshilfeverfahrens, kaum möglich, mit den hiesigen Erkenntnissen zu einer Bestrafung des Täters im Herkunftsstaat zu verhelfen. Überdies sind im Herkunftsstaat die Beitragsbemessungsgrenzen oft so niedrig, das dort kein Beitragsschaden entsteht. Und schließlich haben die Täter inzwischen ihren Lebensmittelpunkt regelmäßig in Deutschland und sind deutsche Staatsangehörige, sind also für die Strafverfolgungsbehörden im Herkunftsstaat nicht greifbar.

Andererseits bestünden auch große Schwierigkeiten, das Vorenthalten von Sozialversicherungsbeiträgen eines anderen Staates von hier aus zu verfolgen. Zum einen wäre der Informationsaustausch – im Rechtshilfeweg – kompliziert und langwierig, also in Haftsachen kaum zu verantworten. Zum anderen haben die Täter schon wegen ihrer Finanzkraft vielfach zu viel Einfluss auf die Behörden des Herkunftsstaates.

---
1 Einzelheiten bei *Pananis* in Ignor/Rixen, § 6 Rz. 47.
2 BGH v. 24.10.2006 – 1 StR 44/06, Rz. 25.

11b Das größte Problem für das Beitragsaufkommen ist indes die sogenannte **Scheinselbständigkeit**: abhängig und beitragspflichtig Beschäftigte werden vom Arbeitgeber als „Selbständige" (Gewerbetreibende) behandelt. Sie werden nicht in der *Lohnbuchhaltung* geführt, sondern als Lieferant bei den bezogenen Leistungen. Sie erhalten keine *Lohnabrechnung*, sondern werden nach Gutschriften oder Rechnungen bezahlt, häufig mit Ausweis der Umsatzsteuer[1], aber eben ohne Zahlung von Sozialversicherungsbeiträgen. Zugleich spart sich der illegale Arbeitgeber die Kosten einer Einhaltung der *Arbeitsschutzvorschriften* (Rz. 8) und die Zahlung der für ihn verbindlichen Löhne (Mindestlohn, Tariflohn).

Der Aufdeckung von Scheinselbständigkeit, der Abgrenzung von abhängiger Beschäftigung und Selbständigkeit (Rz. 48b), kommt deshalb große Bedeutung zu, nicht nur für das Beitragsaufkommen. In der Praxis geschieht wenig, schon weil die *Prüfdienste* der Rentenversicherungsträger (Rz. 22) personell ungenügend ausgestattet sind. Strafrechtlich haben die Täter, wenn die Fehlbehandlung das erste Mal aufgedeckt wird, auch wenig zu befürchten (Rz. 289a).

In aller Regel sind **Berater** (Rz. 6a) eingebunden, auf deren Rat sich der Täter nach der Aufdeckung der Tat beruft. Und so bekommen die Täter häufig einen strafmindernden *Irrtum* (Rz. 236, 289a) zugebilligt, während im Gegenzug eine *Haftung* der Berater infrage kommt – solange nicht festgestellt werden kann, dass der Täter selbst rechtskundig ist und seine Berater gezielt über den wirklichen Sachverhalt getäuscht hatte (Rz. 241).

Schäden und illegale Gewinne im Sozialversicherungsrecht wegen „Scheinselbständigkeit" wären nicht mehr möglich, wenn alle Erwerbstätige, auch Selbständige, gesetzlich pflichtversichert wären, wie dies etwa in *Österreich* und der *Schweiz* der Fall ist.

12 Nach dem geltenden Recht gibt es bei § 266a Abs. 1 und 2 StGB kein Element einer **Veruntreuung** einbehaltener Beiträge mehr[2] (Rz. 161). Der Schutzzweck umfasst keine Rechte des Beschäftigten[3]; dessen Einwilligung in die Beitragsvorenthaltung ist bedeutungslos (Rz. 180; zu Nachteilen für Beschäftigte s. Rz. 259). Der Arbeitgeber schuldet die Beiträge selbst (für den Gesamtsozialversicherungsbeitrag s. § 28e SGB IV). Es ist nur die Missachtung dieser gesetzlichen Zahlungspflichten des Arbeitgebers, die vom Straftatbestand der Beitragsvorenthaltung – § 266a Abs. 1 und 2 StGB – erfasst wird.

12a Die gesetzliche Überschrift „**Vorenthalten und Veruntreuen von Arbeitsentgelt**" ist historisch bedingt. Der Gesetzgeber sah das strafwürdige Unrecht ursprünglich darin, dass der Arbeitgeber einen Teil des vereinbarten Lohnes („Bruttolohn", Rz. 5) einbehält und seinem Beschäftigten nur den Restbetrag („Nettolohn") auszahlt, den einbehaltenen Lohnbestandteil aber pflichtwidrig nicht als Beitrag abführt, sondern für sich verwendet, also veruntreut. Daher wurde der Straftatbestand auch hinter dem Straftatbestand der Untreue (§ 266 StGB) in das StGB eingefügt.

Die gesetzliche Bezeichnung des Tatbestands führt in die Irre, nämlich regelmäßig – sogar bei Rechtsanwälten – zu der irrigen Annahme, der Straftatbestand erfasse die Fälle, in de-

---

1 Ein Beispiel im Fall BGH v. 16.4.2014 – 1 StR 516/13, Rz. 9.
2 BGH v. 28.5.2002 – 5 StR 16/02 – Omissio-libera-in-causa-Entscheidung, BGHSt 47, 318, Rz. 12 f.
3 *Radtke* in MüKo, § 266a StGB, Rz. 4.

nen der Arbeitgeber den (Netto-)Lohn nicht zahlt. Ein solches Fehlverhalten wird indes allenfalls als **Betrug** erfasst.

Der Straftatbestand der Beitragsvorenthaltung erschließt sich nur einem Anwender, der die Grundzüge des Systems der **gesetzlichen Sozialversicherungen** und ihrer Finanzierung kennt. Das Sozialversicherungsrecht ist die Basis der Tatbestandsverwirklichung. Im vorliegenden Beitrag werden die grundsätzlichen Zusammenhänge dargestellt, ohne auf die vielfältigen Besonderheiten im fein verästelten Sozialversicherungsrecht einzugehen. 13

Praxistipp: Mithilfe der hier dargestellten Grundzüge allein lässt sich nicht abschließend beurteilen, ob und in welcher Höhe und insbesondere von wem als Arbeitgeber Sozialversicherungsbeiträge zu zahlen sind, schon wegen der vielfältigen Ausnahmen und Besonderheiten nicht, aber auch wegen der ständigen Änderungen, wie etwa 2013 die *Minijobreform*[1] (Rz. 188 ff.). Der *Prüfdienst* der Deutschen Rentenversicherung muss ohnehin von den Ermittlungsergebnissen informiert werden und über die Nacherhebung von Beiträgen gegenüber dem Arbeitgeber entscheiden (Rz.185a); hier findet man eine kompetente Beurteilung der Rechtslage, beispielsweise im Text der verwaltungsverfahrensrechtlichen **Anhörung** des Arbeitgebers.

3. Akzessorietät

a) Verwaltungsrechtsakzessorietät

Die **normativen Tatbestandsmerkmale** bestimmen sich nach dem Sozialversicherungsrecht[2]. Wenn nach dem Sozialversicherungsrecht kein Beitrag entstanden ist, kann der Tatbestand der Beitragsvorenthaltung (§ 266a StGB) nicht verwirklicht werden[3]. Das Strafrecht kann nur den Verstoß gegen eine Handlungspflicht (Zahlung der Beiträge) ahnden, wenn die Handlungspflicht nach Sozialversicherungsrecht besteht[4]. Wegen Beitragsvorenthaltung kann nur strafbar sein, wer in seiner Person als Arbeitgeber i.S. des Sozialversicherungsrechts wirklich Beiträge schuldet (*Sonderdelikt*, Rz. 29). 14

Für die Frage, ob nach Sozialversicherungsrecht Beiträge entstanden sind, kommt es allein auf die tatsächlichen Verhältnisse, die „*gelebte Zusammenarbeit*", an[5] (Rz. 48, 104). Ein **Geständnis** des Arbeitgebers kann der Verurteilung deshalb nur zugrunde gelegt werden, soweit es die Anknüpfungstatsachen betrifft[6](Rz. 246). Ein „Geständnis" der Beitragspflicht bzw. -höhe ist die Äußerung einer Rechtsauffassung, nämlich Rechtsanwendung[7], die nur bei sozial- 15

---

1 Zur „Minijobreform" mit Rentenversicherungspflicht *Segebrecht* in jurisPK, 2. Aufl. 2013, § 172 SGB VI Rz. 9, 22 ff.
2 St. Rspr., etwa BGH v. 2.12.2008 – 1 StR 416/08 – Hochrechnungsentscheidung, BGHSt 53, 71.
3 BGH v. 2.12.2008 – 1 StR 416/08 – Hochrechnungsentscheidung, BGHSt 53, 71, Rz. 14.
4 BGH v. 24.10.2006 – 1 StR 44/06 – E 101 (EU)-Entscheidung, BGHSt 51, 124, Rz. 25.
5 BGH v. 4.9.2013 – 1 StR 94/13, Rz. 10; BGH v. 7.10.2009 – 1 StR 478/09 – Entleiher-Entscheidung, wistra 2010, 29.
6 Im SteuerR BGH v. 11.8.2010 – 1 StR 199/10; BGH v. 15.3.2005 – 5 StR 469/04, wistra 2005, 307, Rz. 5; zum „faktischen Geschäftsführer" BGH v. 23.1.2013 – 1 StR 459/12, Rz. 37.
7 Vgl. etwa BGH v. 11.8.2011 – 1 StR 295/11, unter Nr. 3.

versicherungsrechtlicher Sachkunde des Arbeitgebers von Bedeutung sein kann.

16 Wenn das Sozialversicherungsrecht eine **Schätzung** der Bemessungsgrundlagen (Arbeitsentgelt) erlaubt (§ 28f Abs. 2 SGB IV), etwa anhand eines aus dem Vergleich mit anderen Unternehmen gewonnenen Prozentsatzes vom Umsatz[1], ähnlich wie im Steuerstrafrecht[2], so gelten die sich daraus ergebenden Beiträge auch für das Strafrecht (Rz. 247).

17 Von der folglich hier gegebenen Verwaltungsrechtsakzessorietät ist die **Verwaltungsaktsakzessorietät** zu unterscheiden: Eine Bindung des Strafrechts an Verwaltungsakte der Sozialversicherungsträger besteht nicht. Das Strafrecht ist nur im Ergebnis an Verwaltungsakte der Sozialversicherungsträger „gebunden", weil ein Täter, der die falsche Rechtsauffassung des Sozialversicherungsträgers teilt, seinen (Verbots-)*Irrtum* regelmäßig nicht vermeiden konnte (Rz. 238).

18 Keinerlei Bindung gibt es an Entscheidungen in anderen Rechtsgebieten, etwa an Urteile der **Arbeitsgerichtsbarkeit** (Rz. 43).

b) Europäische Union

19 Das Recht der EU beeinflusst das deutsche Sozialversicherungsrecht, wenn ein weiterer Mitgliedsstaat betroffen ist, insbesondere bei *„Entsendung"* nach Deutschland. Hier gibt es eine Bindung an Akte anderer Mitgliedsstaaten, etwa die Bindung des deutschen Sozialversicherungsrechts an die Entsendebescheinigungen nach EU-Recht (**A 1**, früher: **E 101**, Rz. 111). Ferner entfaltet die *Gewerbeanmeldung* in einem anderen Mitgliedsstaat eine *Sperrwirkung* für Sozialversicherungsbeiträge in Deutschland (Rz. 63a). Gestärkt wird durch die Regelungen zur Entsendung der Grundsatz, dass jeder Unionsbürger in nur einem Mitgliedsstaat an das System der sozialen Sicherung (Altersabsicherung usw.) angeschlossen sein soll.

Besteht keine solche Bindungswirkung, kann die Anwendung europäischer Regelungen – etwa der Niederlassungsfreiheit – nicht durch Absprachen „auf dem Papier" erzwungen werden; auch hier gilt dann die gelebte Wirklichkeit[3].

19a Die heutige Rechtslage ist ein Problem für das europaweite **Beitragsaufkommen**. In Deutschland missbrauchen illegale Arbeitgeber die Regelungen zur *Entsendung*. Sie setzen ihre Beschäftigten in einer Weise ein, dass nach deutschem Sozialversicherungsrecht Beiträge zu zahlen wären, täuschen durch *Werkverträge* „auf dem Papier" eine Entsendung vor und berufen sich gegen Beitragsforderungen in Deutschland auf diese „Entsendung" – materiell zu Unrecht, aber eben mit Bindungswirkung. Diese Täter haben nichts zu befürchten, wenn hier aufgedeckt wird, dass sie bewusst Beschäftigte mit erschlichenen Entsendebescheinigungen oder unberechtigten Gewerbebescheinigungen ihres Heimatlands einsetzen, die Entsenderegelungen also missbrauchen: Solche Arbeitgeber kön-

---

1 BGH v. 6.2.2013 – 1 StR 577/12; grundlegend: BGH v.10.11.2009 – 1 StR 283/09 – Nettolohnquote-66,66-%-Entscheidung, wistra 2010, 148, Rz. 21 ff.; BGH v. 2.12.2008 – 1 StR 416/08, BGHSt 53, 71, Rz. 8.
2 BGH v. 24.5.2007 – 5 StR 58/07 – Schätzungs-Entscheidung (SteuerR), wistra 2007, 345.
3 BGH v. 27.9.2011 – 1 StR 399/11, Rz. 11 ff.

nen mangels Beitragspflicht in Deutschland dafür nicht bestraft werden (Rz. 116) und auch im Herkunftsstaat drohen weder Strafe noch Forderungen nach Beitragszahlung (Rz. 11a).

4. Zusammenarbeitsbehörden

a) Deutsche Rentenversicherung

Das seit über 125 Jahren in Deutschland bestehende, komplexe System der sozialen Sicherung mit *Krankenversicherung* (1883), *Unfallversicherung* (1884), *Rentenversicherung* (Invaliditäts- und Altersversicherung 1889), 1911 in der RVO zusammengefasst, ist vielfach reformiert und erweitert (*Arbeitslosenversicherung, Pflegeversicherung*) worden; es findet sich heute in dem aus 12 Büchern mit jeweils eigenständiger Paragrafenzählung bestehenden **Sozialgesetzbuch** (dazu § 36 Rz. 13).

Träger der gesetzlichen Rentenversicherung – einem der fünf *Zweige der Sozialversicherung* (§ 36 Rz. 13) – ist die „**Deutsche Rentenversicherung**". Ihr kommt in Strafsachen eine besonders wichtige Rolle zu:

Aufgabe der „Deutschen Rentenversicherung" ist es auch, die Einhaltung der Beitragspflichten durch die Arbeitgeber zu prüfen und – nur gegenüber dem Arbeitgeber[1] – über die Beitragszahlungspflicht zu entscheiden (Rz. 147, 185a). Die Deutsche Rentenversicherung als Träger der gesetzlichen Rentenversicherung prüft und entscheidet auch in den anderen Zweigen der Sozialversicherung, seit 2010 auch in der *Unfallversicherung*. Die Deutsche Rentenversicherung beurteilt von Amts wegen – mit **Amtsermittlungspflicht** – einen ihr bekannt gewordenen Sachverhalt und entscheidet auch, ob und von wem als Arbeitgeber nachträglich Beiträge und Umlagen zu erheben sind. Der intern zuständige **Prüfdienst** der Deutschen Rentenversicherung legt dabei den zahlungspflichtigen Arbeitgeber ebenso fest wie die Höhe der Beiträge. Streitigkeiten werden in der *Sozialgerichtsbarkeit* ausgefochten.

Über die finanzielle **Haftung** anderer (Tat-)Beteiligter entscheiden hingegen die *Einzugsstellen* (Rz. 151), im Streitfall unter Befassung der Zivilgerichtsbarkeit (Rz. 10).

Die Zuständigkeit innerhalb der Deutschen Rentenversicherung ist aufgeteilt zwischen der *Deutschen Rentenversicherung Bund*, der ehemaligen Bundesversicherungsanstalt für Angestellte (**BfA**) und der *Deutschen Rentenversicherung* in den einzelnen Bundesländern (also z.B. Deutsche Rentenversicherung Baden-Württemberg), den ehemaligen Landesversicherungsanstalten (**LVA**). Zur Abgrenzung zwischen Bund und Land dient die letzte Ziffer der **Betriebsnummer** (Rz. 95) des Arbeitgebers und zur Bestimmung der örtlichen Zuständigkeit der *Sitz* des Arbeitgebers (s. auch Rz. 300).

Die sozialversicherungsrechtliche Beurteilung des Sachverhalts durch die Deutsche Rentenversicherung – etwa in der verfahrensrechtlichen *Anhörung* des Arbeitgebers – ist für die Strafjustiz von großer Bedeutung. Sie ist die Basis der Strafverfolgung, nämlich Ausgangspunkt der eigenständigen sozialversiche-

---

1 LSG NRW v. 25.1.2012 – L 8 R 67/09, Rz. 25.

rungsrechtlichen Würdigung durch die Strafjustiz. Angesichts der Komplexität der sozialversicherungsrechtlichen Materie wäre das Fehlerrisiko ohne sachkundige Vorbeurteilung durch die Deutsche Rentenversicherung zu groß (Rz. 13, 185a). Dies gilt auch in Fällen schlichter Nichtzahlung der vom Arbeitgeber selbst genannten („nachgewiesenen") Beiträge (Rz. 147a).

Die Ermittlungen der Strafverfolgungsbehörden sind im Gegenzug auch für die Deutsche Rentenversicherung von großer Bedeutung. Deren – ohnehin viel zu wenige (Rz. 11b) – Mitarbeiter im **Prüfdienst** sind weitgehend auf freiwillige Angaben und freiwillig präsentierte Unterlagen der Arbeitgeber angewiesen, seien diese nun vollständig und richtig oder nicht. Demgegenüber schaffen die Ermittlungen der Strafjustiz eine sehr viel verlässlichere, der Wirklichkeit sehr viel näher kommende Grundlage für die sozialversicherungsrechtliche Beurteilung bei illegalen Beschäftigungsverhältnissen, also in Täuschungsfällen (Rz. 181 ff.), schon weil den Strafverfolgungsorganen die Zwangsmittel der StPO zur Verfügung stehen (s. auch § 36 Rz. 26).

b) Finanzkontrolle Schwarzarbeit

24 Zu den **Zusammenarbeitsbehörden** zählt, neben der Strafjustiz und der Deutschen Rentenversicherung, insbesondere die „Finanzkontrolle Schwarzarbeit"; das sind Dienststellen der Hauptzollämter. Die Finanzkontrolle Schwarzarbeit ist, neben anderen Aufgaben (s. § 36 Rz. 22 ff.), originär nur für die Aufdeckung illegaler Beschäftigung zuständig, also nicht für reine Verstöße gegen Abs. 1 der Strafvorschrift (Rz. 3). Trifft illegale Beschäftigung mit anderen Straftaten (etwa Urkundenfälschung) zusammen, entscheidet die Staatsanwaltschaft, ob sie die Finanzkontrolle Schwarzarbeit auch insoweit mit den Ermittlungen beauftragt oder zusätzlich oder stattdessen die allgemeine (Landes-)Polizei heranzieht. Häufig empfiehlt es sich, Ressourcen und Kompetenzen in gemeinsamen **Ermittlungsgruppen** zu bündeln (s. § 36 Rz. 50), i.d.R. unter Einbindung der *Steuerfahndung*.

Ferner gehören die Einzugsstellen (§ 28h SGB IV), die Arbeitsverwaltung, Polizei- und Bußgeldbehörden, aber auch Ausländer- und Gewerbebehörden und vor allem auch die Finanzverwaltung zu den Zusammenarbeitsbehörden. Dementsprechend gibt es viele Vorschriften, die zur **Zusammenarbeit** verpflichten und im Ergebnis fast keine Verschwiegenheitspflichten (*„Datenschutz"*) zwischen den an der Bekämpfung der illegalen Beschäftigung beteiligten Zusammenarbeitsbehörden (s. § 36 Rz. 28 ff.). Auch Zivilgerichte können zur Mitteilung von illegaler Beschäftigung verpflichtet sein (Nr. I 5 MiZi[1]).

Das **Steuergeheimnis** (§ 30 AO) ist hier faktisch aufgehoben durch § 31a AO, der sogar eine *Mitteilungspflicht* der Finanzbehörden vorschreibt, ebenso wie § 6 Abs. 1 SchwarzArbG (§ 36 Rz. 29). Auch das *Verwendungsverbot* für außersteuerliche Straftaten (wie gerade § 266a StGB) in § 393 Abs. 2 AO (§ 15 Rz. 42), Ausprägung des *„Nemo-tenetur-Grundsatzes"* (s. § 10 Rz. 10), greift regelmäßig nicht[2].

---

1 Anordnung über die Mitteilungen in Zivilsachen zu §§ 12, 13 Abs. 1, §§ 15–17 EGGVG.
2 BGH v. 16.4.2014 – 1 StR 516/13, Rz. 32 ff.; w.Nw., aber keine hilfreiche Klarstellung zu §§ 31a, 393 AO in BVerfG v. 27.4.2010 – 2 BvL 13/07.

c) Arbeitsinspektion?

Die Zusammenarbeit der vielen Fachbehörden und der Strafjustiz bündelt und nutzt die unterschiedlichen Kompetenzen, was bei der Aufdeckung und Ahndung von illegaler Beschäftigung (Täuschungsfälle nach Abs. 2 der Strafvorschrift, Rz. 181 ff.) auch unabdingbar ist. Sie erzeugt aber auch viele **Reibungsverluste**, schon durch die unterschiedlichen Aufgaben und Zielvorgaben. 25

Die Zusammenarbeit gehört dennoch weiter ausgebaut, nämlich um bei einer Kontrolle die Einhaltung aller beschäftigungsbezogenen Vorschriften prüfen zu können. Denn die Täter ziehen ihren Vorteil aus allen Verstößen (Rz. 8). Die Finanzkontrolle Schwarzarbeit ist aber beispielsweise nicht zuständig für Verstöße gegen Arbeitszeit- und andere **Arbeitsschutzvorschriften**. Deshalb muss bislang ein Mitarbeiter der Gewerbeaufsicht zugezogen werden, um die Gelegenheit der Kontrolle auch zur Überprüfung des Arbeitsschutzes zu nutzen. Die Bündelung der Überprüfungen wäre auch ein Vorteil für die Unternehmen, weil es dann seltener Kontrollen geben könnte. 25a

Abhilfe könnte eine entsprechend kompetent zusammengesetzte, gut ausgebildete und ausgestattete, für alle relevanten Verstöße zuständige **Arbeitsinspektion** schaffen, die einer eigenen Bußgeldstelle, daneben den Straf- und Bußgeldsachenstellen der Finanzverwaltung und insbesondere spezialisierten Staatsanwaltschaften – nach deren Vorgaben – zuarbeitet. Das Fachpersonal einer solchen Arbeitsinspektion könnte sich um alle Rechtsverletzungen mit Bezug zur Beschäftigung kümmern, vom Meldeverstoß über die Mindestlohnunterschreitung bis zu Lohnwucher (§ 291 StGB) und Menschenhandel zum Zweck der Arbeitsausbeutung (§ 233 StGB). 25b

II. Fälle schlichter Nichtzahlung

§ 266a Abs. 1 StGB betrifft sog. „Nichtzahlungsfälle". Dieser Tatbestand ist von großer praktischer Bedeutung insbesondere im Zusammenhang mit *Insolvenzen* (Rz. 142c). Der Straftatbestand ist vergleichsweise schnell verwirklicht: Strafbar ist es bereits, wenn der Täter „schlicht"[1] einen Teil der Sozialversicherungsbeiträge – die „**Arbeitnehmeranteile**" – nicht pünktlich und vollständig zahlt. § 266a Abs. 1 StGB ist somit ein „scharfes Schwert", zumal mit dem Regelstrafrahmen bis zu fünf Jahren Freiheitsstrafe. 26

Praxistipp: Im **Urteil** genügen bei § 266a Abs. 1 StGB wenige notwendige Feststellungen. Der BGH führt dazu aus, dass es in solchen Fällen (entgegen seiner früheren Rechtsprechung) für Taten nach dem 1.4.2003 nun lediglich noch der Feststellung der Arbeitgeberstellung, der Höhe der vorenthaltenen *Arbeitnehmeranteile* (Rz. 98), der geschädigten *Krankenkasse* (Einzugsstelle, Rz. 148) sowie der *Beschäftigungsmonate*, für die Beiträge vorenthalten wurden, bedarf[2]. Anderes gilt bei Abs. 2, also in Fällen illegaler Beschäftigungsverhältnisse (Rz. 181 ff.)[3]. Zur Zuständigkeit s. Rz. 299 ff. 26a

Diese Feststellungen lassen sich allein auf die **Beitragsnachweise** (Rz. 142 ff.) des Arbeitgebers stützen, sofern davon ausgegangen werden kann, dass der – ggf. sachkundig bera-

---
1 OLG Thüringen v. 26.8.2011 – 1 Ss 40/11, wistra 2012, 121.
2 BGH v. 7.10.2010 – 1 StR 424/10.
3 BGH v. 11.8.2010 – 1 StR 199/10

tene – Täter inhaltlich richtige Beitragsnachweise eingereicht hat (Rz. 176), also wegen seiner *Arbeitgeberstellung* (Rz. 27 ff.) auch verpflichtet war, überhaupt gegenüber der Einzugsstelle Beitragsnachweise abzugeben.

26b **Praxistipp:** Der notwendige Inhalt einer wirksamen **Anklage** (*"Umgrenzungsfunktion"*) ist gering[1]: Es genügt in allen Fällen, auch Täuschungsfällen, die Angabe der Beschäftigungsmonate und der Einzugsstellen, auf die sich die gerichtliche Untersuchung der pflichtwidrig nicht gezahlten Sozialversicherungsbeiträge erstrecken soll. Die Angabe des Schadens, der Höhe der vorenthaltenen Beiträge, ist allerdings im Hinblick auf die *Informationsfunktion* der Anklage wünschenswert, gehört also zu einer sachgerechten Anklage[2]. Einer *Verlesung* seitenlanger Tabellen mit einzelnen Beschäftigungsmonaten und Beiträgen aus der Anklageschrift bedarf es nicht[3].

Die Akten sollten Ausdrucke der *Beitragsnachweise* enthalten oder zumindest eine Erklärung der Einzugsstelle, dass ihre Angaben zu vorenthaltenen Arbeitnehmeranteilen aus Beitragsnachweisen des Täters stammen und nicht etwa aus ihren (Pseudo-)*"Schätzungen"*, weil diese der Strafverfolgung nicht zugrunde gelegt werden können (Rz. 260).

1. Arbeitgeber

a) Arbeitgeberstellung

27 Der Arbeitgeber i.S. der Strafnorm bestimmt sich allein nach dem Sozialversicherungsrecht[4]: Tauglicher Täter ist nur der zahlungspflichtige Arbeitgeber nach den Regelungen im SGB (z.B. § 28e Abs. 1 S. 1 SGB IV), denn § 266a StGB schützt nur das Beitragsaufkommen (Rz. 11). Eine Definition des Arbeitgebers gibt es in den Sozialgesetzbüchern allerdings nicht. Im Sozialversicherungsrecht und damit im Strafrecht ist im Rückschluss „Arbeitgeber", wer die aus Beschäftigung entstandenen Beiträge und Umlagen nach Sozialversicherungsrecht schuldet[5]. Der Arbeitgeber definiert sich somit über die abhängige Beschäftigung (Rz. 36 ff.) einer anderen Person. Zwar zahlungspflichtig, aber eben kein „Arbeitgeber" i. S. der Strafnorm, ist demzufolge der „kleine Selbständige" (Rz. 86).

27a Der BGH hat inzwischen die Kriterien für die **Arbeitgeber-Eigenschaft** i.S. des Straftatbestands mehrfach klargestellt[6] und dabei die vorstehenden Ausführungen bestätigt. Auch hier sind der rechtlichen Beurteilung die tatsächlichen Verhältnisse und nicht die (Schein-)Verträge oder Rechtsauffassungen der Beteiligten zugrunde zu legen[7]. Bei der Subsumtion im Sozialversicherungsrecht ist eine *wertende Gesamtwürdigung* der Umstände erforderlich – und in diesem Erfordernis steckt das Problem für den einfachen Strafrechtspraktiker. Der BGH orientiert sich bei der Würdigung an den Begrifflichkeiten der sozialgerichtlichen Rechtsprechung, deren sachgerechte Anwendung indes schwierig

---

1 BGH v. 2.3.2011 – 2 StR 524/10, Rz. 6; OLG Thüringen v. 26.8.2011 – 1 Ss 40/11, wistra 2012, 121 (122).
2 BGH v. 8.8.2012 – 1 StR 296/12
3 BGH v. 12.1.2011 – GSSt 1/10.
4 BGH v. 4.9.2013 – 1 StR 94/13, Rz. 10.
5 So auch *Radtke*, GmbHR 2009, 673 (675).
6 Zusammenfassend BGH v. 4.9.2013 – 1 StR 94/13; BGH v. 16.4.2014 – 1 StR 516/13, Rz. 24 ff.
7 BGH v. 6.2.2013 – 1 StR 577/12, Rz. 33 ff.; BGH v. 7.10.2009 – 1 StR 478/09.

ist. Die Prüfung auf ein „umfassendes arbeitsrechtliches *Weisungsrecht*" und auf eine „Einbindung in den Betriebsablauf des Arbeitgebers"[1] führt nur dann zum richtigen Ergebnis, wenn die Abgrenzung zum Weisungsrecht des Auftraggebers (Rz. 51) und zur Unterwerfung des Lieferanten (des Subunternehmers) unter die betrieblichen Erfordernisse des Auftraggeberbetriebs (Rz. 38) gelingt.

Häufig besteht das Problem vor allem darin, unter den vielen Beteiligten, etwa bei Subunternehmens-Ketten („**Kettenbetrug**"), den wirklichen Arbeitgeber und damit den (Haupt-)Täter herauszufinden[2]. 28

Praxistipp: Es gilt als Grundsatz: Aus dem Kreis der vielen Personen, die an der Verwertung von Arbeit beteiligt sein können, ist der Arbeitgeber derjenige Unternehmer, der das **unternehmerische Risiko** trägt, auch dann zur Lohnzahlung verpflichtet zu sein, wenn er aus der Tätigkeit des Lohnempfängers keine adäquaten Einnahmen erzielen konnte[3] (Rz. 60). Dieses Zusammenwirken von Arbeitgeber und Beschäftigtem (Lohnempfänger) wird im SGB „*Beschäftigung*" genannt (Rz. 37).

Praxistipp: Es hilft die Suche „von unten": Bei mehreren potenziellen Arbeitgebern, häufig die Folge einer vom Initiator bewusst verschleierten (illegalen) Beschäftigung, geht man bei der Suche nach dem wirklichen Arbeitgeber „von unten", also von der Person aus, für deren Arbeit der Kunde (Auftraggeber) bezahlt, und prüft zuerst, ob diese Person selbständig, also selbst Unternehmer ist. Falls nicht, liegt stets abhängige Beschäftigung vor (Rz. 36 ff., 48b); die Arbeit wird im Rahmen abhängiger Beschäftigung verrichtet. Nun gilt es noch, den Arbeitgeber dieses Beschäftigten zu finden. Dazu sucht man „von unten" den ersten Vorgesetzten dieses Beschäftigten, der Unternehmer ist, also nicht ebenfalls Beschäftigter (Arbeitnehmer). 28a

Dann ist zu prüfen, ob es sich hierbei um ein „**Serviceunternehmen**" (s. Rz. 160a) handelt, das eine feste Provision für seine Dienste erhält, oder um den Arbeitgeber, der *Unternehmerrisiko* trägt, gerade auch aus der Beschäftigung (Rz. 28).

Nach außen kann der so als Arbeitgeber identifizierte Unternehmer ebenso gut als angeblich angestellter **Kolonnenführer** wie als angeblicher Auftraggeber eines nur scheinbar selbständigen Mitarbeiters auftreten (s. die Beispiele unten).

Mit dieser Methode gelangt man ohne spitzfindiges Abwägen der (An-)*Weisungen* der verschiedenen Unternehmer in der Kette, die aus der Arbeit des Beschäftigten ihren Gewinn erzielen, zum Arbeitgeber[4]. Dessen Auftraggeber haftet zwar nicht direkt als Arbeitgeber (Rz. 29); er kommt jedoch regelmäßig als Beteiligter (*Anstifter, Gehilfe*) in Betracht. Denn er ist es zumeist, der zur eigenen Kostenersparnis seine Arbeitnehmer „outgesourct" hat und dabei weiß, dass sein Lieferant, der Arbeitgeber, nur deshalb die Arbeit so billig an ihn verkaufen kann, weil er vielfältig Gesetze verletzt: nicht nur die Zahlungspflichten als Arbeitgeber, sondern auch Arbeitszeit- und andere *Arbeitsschutzvorschriften* (Rz. 8). Zur Bestrafung des Hintermannes s. Rz. 294.

Beispielsfälle: (1) Einer von drei „**Kolonnenführern**", die nach außen unter der Firma „O GmbH" auftreten, verhandelt jeweils die zu verrichtenden Bauarbeiten und Preise mit dem Auftraggeber, plant und überwacht die Arbeiten und sorgt für die benötigten Arbeiter. Der jeweilige Kolonnenführer leitet die Arbeiter an und zahlt den Lohn aus. Die Rechnungen werden nach Vorgaben der Kolonnenführer vom *Geschäftsführer* der O GmbH geschrieben und der Werklohn wird von den Auftraggebern an die O GmbH ge- 28b

---

1 BGH v. 4.9.2013 – 1 StR 94/13, Rz. 11.
2 LSG NRW v. 25.1.2012 – L 8 R 67/09, Rz. 33.
3 Ähnlich BSG v. 27.7.2011 – B 12 KR 10/09, Rz. 18.
4 Schön zu testen auch am Fall BGH v. 16.4.2014 – StR 516/13, Rz. 25 ff.

zahlt. Die O GmbH behält hiervon 8 % ein und gibt den Rest an die Kolonnenführer weiter. Die Differenz zum Lohnaufwand verbleibt den Kolonnenführern[1].

Lösung: Sind bereits die Kolonnenführer jeweils Arbeitgeber, ist es nicht die O GmbH (also Prüfung „von unten"). Deren Geschäftsführer ist dann nicht als Täter, sondern als *Anstifter* oder *Gehilfe* strafbar[2] (s. auch Rz. 294). So ist es hier: Ob und welchen Gewinn die „Kolonnenführer" aus ihrer Tätigkeit ziehen (*unternehmerisches Risiko*), hängt davon ab, ob sie gut verhandeln, den Auftrag bekommen (*unternehmerische Initiative*), nicht zu viele Arbeiter einsetzen (Lohnaufwand!), aber auch nicht zu wenige und gute Arbeit liefern, also voll bezahlt werden (unternehmerisches Risiko) – kurz: von ihrem unternehmerischen Geschick. Der Geschäftsführer bekommt schlicht seine Provision (8 %) für seine Dienstleistung – und die Arbeiter erhalten, wenn sie erst einmal eingestellt wurden („Lohnrisiko", Rz. 59), ihren Lohn für die geleisteten Stunden.

(2) Ein weiteres *Beispiel* in der neueren Rechtsprechung des BGH ist ein Fall mit drei „selbständigen" Polen in der Landwirtschaft, die „auf dem Papier" andere Polen im Betrieb eines Großbauern beschäftigten. Der BGH bestätigte, wenn auch ohne nähere Begründung, die Einstufung des Bauern als Arbeitgeber aller Polen[3]. Der Entscheidung lässt sich entnehmen, dass auch die „selbständigen" Polen nichts zu entscheiden hatten, sondern schlicht für ihre Arbeit bezahlt wurden[4]: Sie trugen kein **unternehmerisches Risiko** und entfalteten keine **unternehmerische Initiative**.

28c Es kann auch **mehrere Arbeitgeber** geben, die strafrechtlich nebeneinander haften. Dies gilt etwa für die *illegale Arbeitnehmerüberlassung* (Rz. 78) und das *mittelbare Arbeitsverhältnis* (Rz. 88).

29 Beitragsvorenthaltung ist ein *Sonderdelikt*: Tauglicher Täter kann nur sein, wer in seiner Person das besondere persönliche Merkmal „Arbeitgeber" erfüllt (§§ 14, 28 StGB). Neben Organen von juristischen Personen und dem Betriebsinhaber können das auch „**Beauftragte**" i.S. von § 14 Abs. 2 StGB sein[5], die sonst nur Gehilfen wären.

Mittelbare Täterschaft wird nicht von § 266a StGB erfasst (Rz. 294).

Andere **Tatbeteiligte**, die nicht selbst Beiträge schulden (Rz. 1, 28a), können nur als *Anstifter* oder *Gehilfen* strafbar sein, aus einem wegen des fehlenden besonderen persönlichen Merkmals „Arbeitgeber" gemilderten Strafrahmen[6].

Beispiele: Ein Arbeitnehmer, der den Arbeitgeber dazu bringt, ihn „illegal" zu beschäftigen, damit sein *Sozialleistungsbetrug* nicht bekannt wird, ist bezüglich § 266a StGB *Anstifter* – und sein illegaler Arbeitgeber *Gehilfe* beim *Betrug* des Arbeitnehmers (s. auch Rz. 282). Ein Verkäufer von Scheinrechnungen (besser: **Abdeckrechnungen**), mit deren Hilfe der (Bar-)Lohnaufwand in der Buchhaltung des Arbeitgebers abgedeckt werden soll (Rz. 256), ist *Gehilfe*[7] bei der Beitragsvorenthaltung und – ggf. in Tateinheit[8] – der (Lohn-)Steuerhinterziehung.

---

1 Angelehnt an BGH v. 5.6.2013 – 1 StR 626/12, NStZ-RR 2013, 278 f.
2 So im Fall BGH v. 5.6.2013 – 1 StR 626/12, NStZ-RR 2013, 278 f.
3 Im Fall BGH v. 4.9.2013 – 1 StR 94/13.
4 BGH v. 4.9.2013 – 1 StR 94/13, Rz. 4, 12.
5 Instruktiv BGH v. 12.9.2012 – 5 StR 363/12, Rz. 12 ff.
6 BGH v. 14.6.2011 – 1 StR 90/11 – Abdeckrechnungsschreiber, Rz. 23.
7 BGH v. 5.6.2013 – 1 StR 626/12; BGH v. 4.3.2008 – 5 StR 594/07 – Beihilfe-Entscheidung, wistra 2008, 217.
8 BGH v. 5.6.2013 – 1 StR 626/12, Rz. 9.

Arbeitgeber können *natürliche wie* **juristische Personen,** rechtsfähige Gesellschaften und Einrichtungen des öffentlichen Rechts (Gemeinde usw.) sein. Bei einer juristischen Person richtet sich die strafrechtliche Zurechnung nach § 14 StGB: Strafbar ist derjenige, der die Pflichten aus dem Sozialversicherungsrecht zu erfüllen hat, etwa der *Geschäftsführer* einer GmbH[1] (s. § 30 Rz. 74 ff.).

30

Eine Person, die faktisch die Geschäfte einer juristischen Person führt, haftet zumeist schon als Beauftragter nach § 14 Abs. 2 StGB, wenn sie mit der kaufmännischen Leitung und damit auch mit der Wahrnehmung der Pflichten aus dem Sozialversicherungsrecht betraut ist, unabhängig von einer rechtlich korrekten Einordnung[2] als vollwertiger **faktischer Geschäftsführer** (s. § 30 Rz. 56 ff.).[3]

Eine vollständige Befreiung von den (Zahlungs-)Pflichten des Sozialversicherungsrechts kann der für die Pflichterfüllung originär Verantwortliche nicht durch privatrechtliche Vereinbarungen (**Delegation**) erreichen, also weder durch Zuständigkeitsregelungen innerhalb der Geschäftsleitung noch durch Beauftragung eines nachgeordneten Mitarbeiters[4]. Der nach öffentlichem Recht Verantwortliche behält zumindest *Überwachungspflichten*; die Auswahl eines geeigneten Dritten und dessen Anleitung genügen allein nicht für eine wirksame Delegation (Rz. 173 ; näher § 30 Rz. 112 ff., 125 ff.).

31

Erst recht kann der verantwortliche Unternehmer seiner Haftung nicht dadurch entgehen, dass er sich hinter einem Dritten („**Strohmann**", § 29 Rz. 21 ff.) versteckt. Grundsätzlich haften regelmäßig nebeneinander als Täter zum einen der wirkliche Unternehmer, der faktische Betreiber, sei es als „*faktischer Geschäftsführer*" (§ 30 Rz. 56 ff.), sei es als *Beauftragter*[5], zum anderen das formell wirksam bestellte und im Handelsregister eingetragene Organ einer juristischen Person (etwa der Geschäftsführer einer GmbH), das die Organstellung – und damit deren gesetzliche Pflichten – übernommen hat, um nach außen die Verantwortlichkeiten zu verdecken, also der „Strohmann"[6].

32

Der **Strohmann** entgeht seiner gesetzlichen Pflichtenstellung und damit seiner Strafbarkeit nicht dadurch, dass er mangels Autorität in „seinem" Betrieb keine korrekten Beitragsnachweise und keine Beitragszahlung durchsetzen kann, ihm die Durchsetzung der Pflichterfüllung also unmöglich ist. Kann er den Missstand nicht abstellen, darf er nach den Grundsätzen der vorverlagerten Verantwortlichkeit (*omissio libera in causa*, Rz. 165) die Rolle als nur scheinbares Organ (Geschäftsführer) nicht übernehmen oder muss sie wieder aufgeben; anderenfalls unterstützt er bewusst pflichtwidrig durch den von ihm erzeugten Schein als Mittäter die Straftaten der wirklich entscheidenden Personen (s. auch Rz. 228).

---

1 So auch im Fall BGH v. 16.4.2014 – StR 516/13
2 Zu den Voraussetzungen BGH v. 23.1.2013 – 1 StR 459/12, insbes. Rz. 31 ff.
3 OLG Karlsruhe v. 7.3.2006 – 3 Ss 190/05, wistra 2006, 352, Rz. 15.
4 *Radtke* in MüKo, § 266a StGB Rz. 12; *Fischer*, § 266a StGB Rz. 5; *Pananis* in Ignor/Rixen, § 6 Rz. 14 f.
5 BGH v. 28.5.2002 – 5 StR 16/02, BGHSt 47, 318, Rz. 24 ff.
6 Ein Beispiel: BGH v. 15.3.2012 – 5 Str 288/11, Rz. 15.

33 Hingegen haftet nicht, wer nur als Gewerbetreibender (*Einzelunternehmer*) im **Gewerberegister** (Rz. 62) eingetragen ist, ohne wirklich der Unternehmer zu sein. Der Gewerbeeintrag allein begründet keine Melde- oder Zahlungspflichten im Sozialversicherungsrecht. Eine sachlich nicht begründete Gewerbeanmeldung konstituiert keinen Unternehmer und damit auch keinen Arbeitgeber. Der wirkliche **Gewerbetreibende** entgeht seinen Pflichten im Sozialversicherungsrecht nicht dadurch, dass er gegen die Pflicht zur Gewerbeanmeldung verstoßen hat. Sein im Register eingetragener „*Strohmann*" ist regelmäßig als Gehilfe strafbar.

Soweit die Sozialversicherungsbeiträge gezahlt werden, sind diese Täuschungen über die Person des Arbeitgebers nicht strafbar (Rz. 160).

34 Es können auch mehrere Personen gemeinsam als Unternehmer selbständig sein (*Mitunternehmerschaft*, zur Schein-GbR Rz. 64), insbesondere in einer **Gesellschaft bürgerlichen Rechts**. Tritt die Gesellschaft als solche auf („*Außengesellschaft*"), ist sie im Sozialversicherungsrecht und Arbeitsrecht die Arbeitgeberin[1]; gem. § 14 StGB bleiben die Gesellschafter aber Täter, also Arbeitgeber i.S. der Strafnorm.

Nichts anderes gilt, wenn die Gesellschaft ein Gewerbe betreibt, also eine **OHG** bildet[2].

Praxistipp: Eheleute (oder zwei Freunde) betreiben gemeinsam eine Gastwirtschaft. Dann geht es nicht nur um die Klärung der Frage, ob der eine Beteiligte etwa im Rahmen *familienhafter Mithilfe* (Rz. 73) oder als abhängig Beschäftigter des anderen tätig und der andere Arbeitgeber ist, sondern auch darum, ob nicht beide Arbeitgeber der weiteren Mitarbeiter sind. Dabei ist ohne Bedeutung, ob einer oder beide Betreiber bei den Behörden registriert sind[3] (Rz. 32).

35 Der Arbeitgeber muss einen „**Beschäftigungsbetrieb**" haben, in den der Beschäftigte „eingegliedert" werden kann (§ 7 Abs. 1 SGB IV, Rz. 37). I.d.R. ist dies ein Betrieb i.S. des Arbeits- und Betriebsverfassungsrechts. Der „Betrieb" ist aber nicht als körperliche Einrichtung (Fabrik, Büro usw.), sondern funktional zu verstehen, nämlich als abgesprochenes Zusammenwirken, als „arbeitsorganisatorische Einheit", wobei aus der Arbeit des einen beide ihren Vorteil ziehen. Regelmäßig will der Arbeitgeber durch den Lohnaufwand, den Einsatz von Arbeitnehmern in seinem Betrieb, seinerseits Geld verdienen.

Aber diese *Gewinnerzielungsabsicht* aus der Nutzung der fremden Arbeitskraft ist keine Voraussetzung für die Arbeitgeber-Stellung: So kann ggf. auch ein Bundestagsabgeordneter, ein gemeinnütziger Verein oder eine Privatperson Arbeitgeber sein, wie sich zum **Privathaushalt** direkt aus dem Gesetz (§ 8a SGB IV) ergibt.

Beispiel: Ein seinerseits abhängig beschäftigter Privatmann kann beitragspflichtiger Arbeitgeber etwa einer Haushaltshilfe oder eines Gärtners sein, nämlich für Tätigkeiten,

---

1 LSG NRW v. 25.1.2012 – L 8 R 67/09, Rz. 28 m.w.Nw.
2 BAG v. 1.12.2004 – 5 AZR 597/03, Rz. 16.
3 Wie im Fall BGH v. 15.3.2012 – 5 StR 288/11, Rz. 15.

die seine Haushaltsmitglieder auch selbst ausführen könnten[1] (*strafrechtlich* von geringer Bedeutung im Falle eines „**Minijobs**", s. Rz. 188, 191).

Arbeitgeber als *Privatmann*, also ohne die Absicht, aus dem Lohnaufwand seinerseits Einnahmen zu erzielen, kann ansonsten aber nur sein, wer selbst die **Fachkunde** für die fragliche Tätigkeit besitzt, er also die für einen Arbeitgeber typischen Weisungen auch geben kann. 35a

Beispiel: Ein Hausbesitzer, der weder Unternehmer ist noch Kenntnisse vom Hausbau hat, lässt von drei Osteuropäern gegen Barzahlung ohne Rechnung einen Anbau errichten. Für die Arbeiter werden in Deutschland keine Sozialversicherungsbeiträge gezahlt. Lösung: Vielleicht sind die drei Osteuropäer selbständig, vielleicht ist einer von ihnen als Arbeitgeber der anderen beiden anzusehen (Rz. 64): Der Privatmann ohne Ahnung vom Bau ist es jedenfalls nicht.

b) Abhängige Beschäftigung

„Abhängige Beschäftigung" i.S. des Sozialversicherungsrechts ist die Grundvoraussetzung für eine strafbare Beitragsvorenthaltung nach § 266a StGB; sie ist eine **ungeschriebene Tatbestandsvoraussetzung**[2]. Wenn „Beschäftigung" nach dem Sozialversicherungsrecht gegeben ist, führt dies im Regelfall zur *kraft Gesetzes* entstehenden Sozialversicherungspflicht einschließlich der Melde- und Beitragszahlungspflichten des Arbeitgebers (Rz. 103). Ohne (abhängige) Beschäftigung gibt es weder einen „Arbeitgeber" i.S. der Strafnorm (Rz. 27 ff.) noch tatbestandsmäßige Zahlungspflichten, also auch keine Strafbarkeit wegen Beitragsvorenthaltung. Denn die Tatbestandsmerkmale der Beitragsvorenthaltung haben gemeinsam, dass sie nur verwirklicht sein können, wenn eine „abhängige Beschäftigung" i.S. des Sozialversicherungsrechts gegeben ist. Dabei bestimmt sich allein nach den tatsächlichen Verhältnissen, ob eine Zusammenarbeit als „Beschäftigung" i.S. des Sozialversicherungsrechts einzuordnen ist oder nicht[3] (Rz. 48). 36

Beschäftigung in diesem Sinn ist auch für das Erfordernis einer **Arbeitsgenehmigung** (§ 284 SGB III) und damit für die zugehörigen Straftatbestände (§§ 10, 11 SchwarzArbG) und Ordnungswidrigkeiten (§ 404 SGB III) sowie im *Ausländerrecht* (§ 2 Abs. 2 AufenthG) von Bedeutung. Es handelt sich in all diesen Vorschriften um denselben Begriff (§ 37 Rz. 40, 60). Über die **gesetzliche Vermutung** einer Beschäftigung von drei Monaten, falls ein Ausländer ohne die erforderliche Arbeitsgenehmigung bzw. ausländerrechtliche Berechtigung beschäftigt wurde (seit 2012: § 7 Abs. 4 SGB IV), wirkt der Begriff dann wiederum auf das Ausmaß der Beschäftigung zurück[4]. 36a

---

1 Beispiele bei *Rittweger* in BeckOK SozR, § 8a SGB IV Rz. 12 f.; *Rolfs* in ErfK, § 8a SGB IV, Rz. 2.
2 Vgl. auch BGH v. 16.4.2014 – 1 StR 516/13, Rz. 23 ff.
3 St. Rspr., etwa BGH v. 7.10.2009 – 1 StR 478/09, wistra 2010, 29.
4 *Seewald* in KK Sozialversicherungsrecht, 77. Lfg. 2013, § 7 SGB IV, Rz. 217 f.

Bei der zugehörigen **Bemessungsgrundlage** soll § 98a AufenthG helfen, ein Element der Schätzung (Rz. 257a). Die neuen Vorschriften, Umsetzung der „Sanktionsrichtlinie"[1], spielen in der Praxis noch keine Rolle.

aa) Gesetzliche Umschreibung und Rechtsprechung

37 Die Beschäftigung ist in **§ 7 Abs. 1 SGB IV** wie folgt beschrieben:

> „Beschäftigung ist die nichtselbständige Arbeit, insbesondere in einem Arbeitsverhältnis. Anhaltspunkte für eine Beschäftigung sind eine Tätigkeit nach Weisungen und eine Eingliederung in die Arbeitsorganisation des Weisungsgebers."

Daraus folgt immerhin, dass bei Vorliegen eines **Arbeitsverhältnisses** stets auch eine Beschäftigung i.S. des Sozialversicherungsrechts gegeben ist[2], also auch die Arbeitgeber-Stellung i.S. des Straftatbestands.

Praxistipp: Daraus folgt aber nicht, dass es im Umkehrschluss an einer Beschäftigung fehlt, wenn kein Arbeitsverhältnis vorliegt (Rz. 40). Auch deshalb sind Entscheidungen der Arbeitsgerichtsbarkeit im konkreten Fall von geringer, allenfalls indizieller Bedeutung (Rz. 18).

37a Bei § 7 SGB IV handelt es sich nicht um eine Regelung, sondern um eine im Sozialversicherungsrecht „vor die Klammer gezogene" Erläuterung des Begriffs „Beschäftigung". Beschäftigung ist „der Vollzug eines auf Erbringung von Arbeit in persönlicher Abhängigkeit gerichteten Rechtsverhältnisses", ein Anknüpfungssachverhalt für sozialversicherungsrechtliche Zwecke und nicht schon selbst ein sozialversicherungsrechtliches Rechtsverhältnis[3] – im Unterschied zum Arbeitsverhältnis, einem Rechtsverhältnis. Die Begriffe sind schon deshalb keine Synonyme (Rz. 40 ff.).

38 Diese gesetzliche Beschreibung hilft in den Zweifelsfällen der Praxis wenig. Die Voraussetzung „nichtselbständige" Arbeit für die Einordnung als Beschäftigung, also die Abgrenzung zur selbständigen Tätigkeit, ist oft gerade die zu klärende Frage. Die in § 7 Abs. 1 S. 2 SGB IV gegebenen Anhaltspunkte sind wenig griffig: „*Weisungen*" gibt auch der Besteller eines Werkes dem selbständigen Unternehmer (Rz. 51) und eine gewisse „*Eingliederung* in die Arbeitsorganisation des Weisungsgebers" muss auch ein selbständiger Unternehmer häufig hinnehmen, wenn er etwa in den Räumen des Bestellers zu fest vorgegebenen Zeiten nach dessen Vorgaben sein Werk verrichtet.

Beispiel: Wer damit beauftragt ist, die Fließbänder eines Herstellers funktionsfähig zu erhalten, muss in den Räumen des Bestellers sein Werk dann verrichten, wenn es der betriebliche Ablauf gestattet, dass die Bänder gewartet werden.

39 Zu der offenen, wenig konkreten Gesetzesformulierung hat das *BVerfG* ausgeführt, dass eine „eindeutige Vorhersehbarkeit des Ergebnisses ausgeschlossen" sei. Es hat die Vorschrift dennoch für verfassungskonform erklärt, da

---

1 RL 2009/52/EG des Europ. Parl. und des Rates v. 18.6.2009, ABl. EU Nr. L 168 v. 30.6.2009, 24; dazu *Huber*, Das ArbeitsR der illegal beschäftigten Drittstaatsangehörigen, NZA 2012, 477.
2 So auch BSG v. 10.8.2000 – B 12 KR 17/11 R, Rz. 29.
3 BSG v. 11.3.2009 – B 12 R 11/07 R, Rz. 15.

„sich das Gesetz der – in diesem Zusammenhang zulässigen und sinnvollen – Rechtsfigur des Typus" bediene[1].

Nach der ständigen Rechtsprechung des **BSG**[2] setzt eine Beschäftigung voraus, dass der Arbeitnehmer vom Arbeitgeber persönlich abhängig ist (aber Rz. 50). Bei einer Beschäftigung in einem fremden Betrieb ist dies der Fall, wenn der Beschäftigte in den Betrieb eingegliedert ist (Rz. 52) und dabei einem Zeit, Dauer, Ort und Art der Ausführung umfassenden Weisungsrecht des Arbeitgebers (näher Rz. 51) unterliegt[3]. 39a

Nach der ständigen Rechtsprechung des **BFH** kommt es darauf an, ob

„der Angestellte (Beschäftigte) dem Arbeitgeber seine Arbeitskraft schuldet. Dies ist der Fall, wenn die tätige Person in der Betätigung ihres geschäftlichen Willens unter der Leitung des Arbeitgebers steht oder im geschäftlichen Organismus des Arbeitgebers dessen *Weisungen* zu folgen verpflichtet ist"[4].

Die Rechtsprechung des BFH ist auch im Sozialversicherungsrecht von Bedeutung, weil die Sozialversicherungspflicht mit der Lohnsteuerpflicht zumeist zusammentrifft[5]. Unterschiedliche Ergebnisse sind wegen der Verschiedenheit der zu regelnden Materien aber möglich (Rz. 313).

Das wesentliche, ausschlaggebende Merkmal der abhängigen Beschäftigung ist somit nach übereinstimmender Rechtsprechung[6] die **persönliche Abhängigkeit** des Arbeitnehmers von seinem Arbeitgeber (Rz. 50). Die (Lohn-)Einkünfte des Arbeitnehmers, sein Arbeitsplatz, sein Schicksal hängen nicht von eigenen unternehmerischen Entscheidungen, sondern von unternehmerischen Entscheidungen eines anderen ab, nämlich denen seines Arbeitgebers. 39b

Eine übliche **Definition** lautet: Arbeitgeber ist jede natürliche oder juristische Person, zu der die Arbeitskraft in einem Verhältnis persönlicher und wirtschaftlicher Abhängigkeit steht. Arbeitgeber ist derjenige, dem die Verfügung über die Arbeitskraft, deren Einstellung, Verwendung oder Entlassung zusteht, der über Art, Ort, Zeit und Weise der Arbeit bestimmt, für dessen Rechnung der Lohn gezahlt wird und dem der Erfolg der Arbeit in irgendeiner Art und Weise zu Gute kommt.

bb) Unterschied zum Arbeitsverhältnis

Direkt aus dem Gesetzestext lässt sich ableiten: Abhängige Beschäftigung ist nicht gleichzusetzen mit „Arbeitsverhältnis"[7]. Das Gesetz nennt das **Arbeitsverhältnis** mit dem Wort „insbesondere" nur als Beispiel, als „Normalfall"[8] einer Beschäftigung. Der Begriff des Arbeitgebers im Sozialversicherungsrecht hat Beschäftigung und nicht „Arbeitsverhältnis" zur Voraussetzung. Für die Bestimmung des Arbeitgeberbegriffs im Straftatbestand wird oft auf den „Ar- 40

---

1 BVerfG v. 20.5.1996 – 1 BvR 21/96, NJW 1996, 522, Leitsatz 1.
2 BSG v. 29.8.2012 – B 12 KR 25/10 R.
3 Zitiert nach BSG v. 28.5.2008 – B 12 KR 13/07 R, USK 2008-45.
4 BFH v. 29.5.2008 – VI R 11/07, BFHE 221, 182, Rz. 15.
5 BFH v. 14.6.2007 – VI R 5/06, BFH/NV 2007, 1977; BSG v. 22.6.2005 – B 12 KR 28/03 R, NZS 2006, 318.
6 BGH v. 4.9.2013 – 1 StR 94/13, Rz. 11.
7 LSG Hamburg v. 31.1.2012 – L 3 U 21/11.
8 BSG v. 11.3.2009 – B 12 R 11/07 R, Rz. 20.

beitgeber" i.S. des Arbeitsrechts oder den Dienstberechtigten nach bürgerlichem Recht (§ 611 BGB) verwiesen[1]. Das ist aber zu eng formuliert: Abhängige Beschäftigung und Beitragspflichten nach dem Sozialversicherungsrecht kann es auch ohne zivilrechtliches Arbeitsverhältnis geben. Insofern ist es missverständlich, wenn der BGH formuliert, das Sozialversicherungsrecht greife „seinerseits diesbezüglich auf das *Dienstvertragsrecht* der §§ 611 ff. BGB zurück"[2].

41 **Beispiele (1)** Als typisches Beispiel für abhängige Beschäftigung ohne Arbeitsverhältnis wird stets ein **nichtiges Arbeitsverhältnis** genannt, also ein zivilrechtlich nicht wirksam zustande gekommenes, aber vollzogenes Arbeitsverhältnis[3]. So ist bei *illegaler Arbeitnehmerüberlassung* (Rz. 78 ff.) kraft Gesetzes unwirksam (§ 9 AÜG) das Arbeitsverhältnis zwischen dem illegalen *Verleiher* und dem verliehenen Arbeitnehmer. Hier ist die Pflicht, die Sozialversicherungsbeiträge trotz Unwirksamkeit zu entrichten, aber ohnehin unmittelbar gesetzlich angeordnet (näher Rz. 79). **(2)** Ein anderes Beispiel ist das Beschäftigungsverhältnis der **Prostituierten** im Bordell (Rz. 52, 59a), da es rechtlich nicht möglich ist, sich in einem *Arbeitsvertrag* mit dem Bordellbetreiber wirksam zum Geschlechtsverkehr mit den Kunden des Arbeitgebers zu verpflichten[4]. **(3)** Ohne Arbeitsverhältnis beschäftigt ist auch der (Fremd-)**Geschäftsführer** einer GmbH (Rz. 66). **(4)** Eine Beschäftigung i.S. des § 7 SGB IV ohne zivilrechtliches Arbeitsverhältnis ist auch bei **Beamten** und *Richtern* gegeben[5]. Diese Beschäftigung ist aber regelmäßig versicherungsfrei[6]; die wenigen Ausnahmen spielen für die Beitragsvorenthaltung keine Rolle.

41a Gelingt schon der Rückgriff auf ein „**faktisches Arbeitsverhältnis**" im Zivilrecht, etwa bei *Sittenwidrigkeit* des Arbeitsvertrages, ist auch eine Beschäftigung i.S. des Sozialversicherungsrechts gegeben. Aber auch ein faktisches Arbeitsverhältnis ist keine Voraussetzung für Beschäftigung[7]. Das faktische Arbeitsverhältnis ist nur in anderem Zusammenhang von Bedeutung, etwa wenn es um Lohnansprüche gegen den illegalen *Verleiher*[8] oder das darauf beruhende *Insolvenzausfallgeld* geht[9].

42 Das Zivilrecht ist von entscheidender Bedeutung, wenn ein Arbeitsverhältnis gegeben ist. Aus der gesetzlichen Beschreibung (§ 7 Abs. 1 SGB IV) ergibt sich, dass aus einem Arbeitsverhältnis eine abhängige Beschäftigung i.S. des Sozialversicherungsrechts folgt. Nur für diesen Teilbereich der „Beschäftigung", in dem ein Arbeitsverhältnis vorliegt, sind die von Rechtsprechung und Literatur im Zivil- und **Arbeitsrecht** gefundenen Voraussetzungen für ein Arbeitsverhältnis von Bedeutung. Führen die arbeitsrechtlichen Kriterien zu dem Ergebnis, dass kein Arbeitsverhältnis gegeben ist, so bleibt zu prüfen, ob eine abhängige Beschäftigung ohne zivilrechtliches Arbeitsverhältnis vorliegt.

43 Es gibt keine **Bindung** des Sozialversicherungsrechts an Entscheidungen der Zivil- und Arbeitsgerichtsbarkeit im konkreten Fall. Urteile jener Gerichtsbar-

---

1 So etwa *Fischer*, § 266a StGB Rz. 4.
2 Bspw. BGH v. 16.4.2014 – 1 StR 516/13, Rz. 24.
3 *Segebrecht* in jurisPK, 2. Aufl. 2011, § 7 Abs. 1 SGB IV, Rz. 71 ff.
4 In diesem Sinne wohl auch BGH v. 18.1.2011 – 3 StR 467/10.
5 *Segebrecht/Wissing/Scheer/Wrage* in jurisPK, § 7 SGB IV, Rz. 55.
6 Beispiele: Krankenversicherung § 6 Abs. 1 Nr. 2 SGB V, Rentenversicherung § 5 Abs. 1 Nr. 1 SGB VI.
7 BSG v. 10.8.2000 – B 12 KR 17/11 R, Rz. 29, 32.
8 BGH v. 8.11.1979 – VII ZR 337/78, BGHZ 75, 299, Rz. 19.
9 BSG v. 20.3.1984 – 10 Rar 11/83, BSGE 56, 211.

keiten gestalten das sozialversicherungsrechtliche Verhältnis der Parteien nicht. Eine solche Bindung ist nicht möglich, weil die Zivil- und *Arbeitsgerichtsbarkeit* nicht die gesetzliche Kompetenz hat, im Sozialversicherungsrecht zu entscheiden (s. auch Rz. 105).

Praxistipp: Entscheidungen der Zivil- und Arbeitsgerichtsbarkeit in einem konkreten Fall haben wegen des dort geltenden Beibringungsgrundsatzes und der Beweislastregelungen fast keine Indizwirkung für die sozialversicherungsrechtliche Beurteilung in demselben Fall. Fehlerhaftes Prozessverhalten der einen Partei – typischerweise des finanziell schlechter gestellten Beschäftigten – wirkt sich auf die öffentlich-rechtliche Beziehung zwischen den Beteiligten im Sozialversicherungsrecht nicht aus. Im öffentlichen Recht (*Sozialgerichtsbarkeit* und Strafrecht), wo der **Amtsermittlungsgrundsatz** gilt, bedarf es keiner näheren Auseinandersetzung mit zivilrechtlichen Entscheidungen, die ein Arbeitsverhältnis verneinen. 44

Beim „**Probearbeitsverhältnis**" erprobt der Arbeitgeber im eigenen Interesse[1] den Stellenbewerber. Er lässt den Bewerber schon einmal an dem vorgesehenen Platz arbeiten. Dies ist im Sozialversicherungsrecht Beschäftigung[2] – und die Behauptung, es sei kein Arbeitsentgelt vereinbart und geschuldet, regelmäßig unglaubhaft. 45

Bei einem – beitragsfreien – „**Einfühlungsverhältnis**" leistet der Interessent an einem Arbeitsplatz dort noch keine Arbeit, sondern schaut erst einmal nur zu[3], aus eigenem Interesse – und ohne Bezahlung. 46

cc) Feststellung abhängiger Beschäftigung

Im gesamten Sozialversicherungsrecht – als öffentlichem Recht – gilt der Grundsatz, dass nicht die (privaten) Beteiligten, sondern allein die Träger der Sozialversicherungen und die *Sozialgerichtsbarkeit* über die Rechtsfolgen entscheiden, also auch über die gesetzliche Versicherungspflicht (vgl. § 32 SGB I), aufgrund des wirklichen Sachverhalts[4]. Dementsprechend können die Beteiligten auch nicht durch eine Vereinbarung „auf dem Papier" die Rechtsfolgen bestimmen, etwa die Zusammenarbeit in einen Teil „abhängiger Beschäftigung" und einen Teil „Auftragsverhältnis" trennen (Rz. 131) oder aus *Arbeitnehmerüberlassung* einen *Werkvertrag* machen (Rz. 78). Wegen der *Sozialrechtsakzessorietät* (Rz. 14) gilt dies auch für das Strafrecht[5]. 47

Es kommt auf das Gesamtbild an; ausschlaggebend sind die tatsächlichen Verhältnisse[6]. Allein der wirkliche Sachverhalt, die „**gelebte Zusammenarbeit**" der Beteiligten, ist von Bedeutung, gerade auch, wenn sie von den angeblichen, oft schriftlich gefassten Vereinbarungen abweichen[7]. So kommt es auf die Bezeichnung („*Werkvertrag*") oder den Wortlaut („*freie Mitarbeit*" oder neudeutsch „*freelancer*") der von den Beteiligten geschlossenen Verträge nicht ent- 48

---

1 SG Berlin v. 26.10.2012 – S 67 U 708/09.
2 LSG Hamburg v. 31.1.2012 – L 3 U 21/11.
3 LSG Hamburg v. 31.1.2012 – L 3 U 21/11, Rz. 7.
4 BGH v. 4.9.2013 – 1 StR 94/13, Rz. 10.
5 BGH v. 4.9.2013 – 1 StR 94/13, Rz. 10; BGH v. 2.12.2008 – 1 StR 416/08, BGHSt 53, 71, Rz. 14 (st. Rspr.).
6 BSG v. 29.8.2012 – B 12 KR 25/10 R; BSG v. 24.1.2007 – B 12 KR 31/06 R, NZS 2007, 648, Rz. 16 ff.; BGH v. 7.10.2009 – 1 StR 478/09, wistra 2010, 29.
7 BSG v. 28.5.2008 – B 12 KR 13/07 R, USK 2008-45, Orientierungssatz 2.

scheidend an[1]. Der Vertragstext ist nur ein Indiz[2], und zwar ein Indiz für den Parteiwillen und nur insoweit auch ein Indiz für die tatsächliche Abwicklung der Zusammenarbeit. Weicht die tatsächliche Zusammenarbeit der Beteiligten hingegen vom Vereinbarungstext ab, so ist dies wiederum ein Indiz für den wirklichen, von Bezeichnung und Wortlaut der Schriftstücke abweichenden Parteiwillen, also für die tatsächlich gewollte und „gelebte" Rechtsbeziehung.

Zugleich ist eine vom Täter bewusst herbeigeführte Divergenz zwischen äußerem Schein und gelebter Wirklichkeit ein massives Indiz dafür, dass der Täter die Rechtslage kannte, als er gegen seine (Arbeitgeber-)Pflichten verstieß. Ein (Verbots-)Irrtum ist dann nicht gegeben (Rz. 241).

Beraterhinweis: Deshalb liegt aus der Sicht des Täters nahe, eine bewusste Täuschung über die gelebte Zusammenarbeit zu bestreiten und die „Schuld" für die realitätsfremden Verträge – und damit für die Gesetzesverstöße – seinen Beratern zuzuweisen, sich also auf einen **Irrtum** aufgrund fehlerhafter Beratung zu berufen (Rz. 241).

48a Dabei ist jede gegen Entgelt ausgeübte Tätigkeit für sich zu betrachten: Es kann mehrere abhängige Beschäftigungen nebeneinander geben (Rz. 131 ff.), aber auch abhängige Beschäftigung neben einer selbständigen Tätigkeit (Rz. 63).

48b **Praxistipp**: Bei der Prüfung im Strafverfahren helfen folgende Grundsätze:

(1) Zunächst wird geklärt **ob Erwerbstätigkeit** vorliegt. Erwerbstätigkeit ist Arbeit für einen anderen gegen *Arbeitsentgelt* um des Entgelts willen, im Unterschied zu *Gefälligkeit* (Rz. 69 ff.) oder *familienhafter Mithilfe* (Rz. 73 ff.). **(2)** Dann wird die **Art der Erwerbstätigkeit** geprüft: Erwerbstätigkeit kann nur als Selbständiger (als Unternehmer) oder im Rahmen abhängiger Beschäftigung ausgeübt werden. Kann man also ausschließen, dass eine selbständige Erwerbstätigkeit vorliegt, handelt es sich immer um abhängige Beschäftigung. Und die Prüfung auf Selbständigkeit ist mithilfe der Kriterien *„unternehmerisches Risiko"* und *„unternehmerische Initiative"* (Rz. 54 ff.) in vielen Fällen vergleichsweise problemlos (Beispiele auch Rz. 28a). **(3)** Liegt danach abhängige Beschäftigung vor, gilt es noch den **Arbeitgeber** zu **identifizieren** (Rz. 28 f.).

(1) Selbständige Tätigkeit

49 Die Abgrenzung von „selbständiger Tätigkeit" zu „abhängiger Beschäftigung" ist von besonderer Bedeutung; denn geht es um die sog. **„Scheinselbständigkeit"** (Rz. 11b). Ermittlungsbehörden und Strafjustiz prüfen die Sachverhalte typischerweise auf die Frage, ob sich ein Arbeitgeber durch vorgetäuschte Beauftragung eines Selbständigen der Beitragspflicht entziehen will. Die Sozialversicherungsträger und Sozialgerichte prüfen aber oft umgekehrt, ob sich ein Selbständiger durch Vortäuschen abhängiger Beschäftigung den gesetzlichen Versicherungsschutz erschleichen will, etwa nach einem *Arbeitsunfall*[3], oder ob er durch vorgetäuschte Beschäftigung eines *Angehörigen* (Rz. 76) nur billig

---

1 Zur Abgrenzung etwa LAG Bdb. v. 12.12.2012 – 15 Sa 1217/12.
2 BSG v. 28.5.2008 – B 12 KR 13/07 R, USK 2008-45, Orientierungssatz 1 (hier ein Dienstvertrag über [tatsächlich] freie Mitarbeit eines Flugzeugführers im Flugbetrieb eines Luftfahrtunternehmens).
3 Etwa BSG v. 19.8.2003 – B 2 U 38/02 R für einen „Menü-Bringer" mit eigenem Fahrzeug.

zum Versicherungsschutz kommen will. Diesen Hintergrund muss man bedenken, wenn Entscheidungen der *Sozialgerichtsbarkeit* herangezogen werden.

Die Abgrenzung nach dem Kriterium der **persönlichen Abhängigkeit** (Rz. 39b) ist schwierig, weil auch „kleine" Selbständige von ihren Auftraggebern abhängig sind. „Abhängige Selbständige" in diesem Sinne sind sogar mittelständische Unternehmen, die als Zulieferer auf die Aufträge eines großen Unternehmens angewiesen sind. Die Schwierigkeit besteht darin, diese wirtschaftliche Abhängigkeit des einen Unternehmers von seinem Hauptauftraggeber von der persönlichen Abhängigkeit zu unterscheiden, die ausschlaggebend für abhängige Beschäftigung ist.

Schwierig ist es auch, die **Weisungen** des Arbeitgebers von den „Weisungen" des Auftraggebers zu unterscheiden.

Beispiele: (**1**) Das **BSG** hatte über den Status eines **Piloten** zu entscheiden[1]. Hier hieß es im Vertrag zum einen: „Zeitpunkt, Dauer, Art und Umfang eines jeden Einsatzes werden im Einzelfall zwischen den Parteien vereinbart", zum anderen „[Der Auftraggeber] behält sich vor, dem Piloten auch andere [als im Vertrag vereinbarte!] Tätigkeiten zuzuweisen" und schließlich „Der Pilot ist verpflichtet, die Geschäftsinteressen [des Auftraggebers] zu wahren und sich an die *Weisungen* der Geschäftsleitung sowie der von ihr bevollmächtigten Personen zu halten." Trotz dieser engen Bindung handelte es sich nach der Entscheidung des BSG nicht um Weisungen im Rahmen abhängiger Beschäftigung[2]: Der Pilot war selbständiger Subunternehmer der Fluggesellschaft (zur Begründung s. Rz. 57). (**2**) Für einen **Chefarzt** ist andererseits entschieden, dass er seine Tätigkeit an einem Kreiskrankenhaus im Rahmen eines Arbeitsverhältnisses und damit im Rahmen abhängiger Beschäftigung ausübt. Das **BAG**[3] führte aus: „Dass der Chefarzt eines Krankenhauses oder einer Abteilung eines Krankenhauses bei seiner rein ärztlichen Tätigkeit, d.h. bei der Behandlung der Patienten, eigenverantwortlich und an *Weisungen* des Krankenhausträgers nicht gebunden ist, schließt nicht aus, dass sein Beschäftigungsverhältnis dennoch ein Arbeitsverhältnis sein kann. Ein Arbeitsverhältnis ist es dann, wenn der Chefarzt im Übrigen im Wesentlichen weisungsgebunden und damit vom Krankenhausträger persönlich abhängig ist."

Die Rechtsprechung erörtert im Sozialversicherungsrecht oft das Element der **Eingliederung** oder Einbindung in den fraglichen Betrieb, die Unterwerfung des Erwerbstätigen unter die Erfordernisse des Betriebs[4]. In der Strafrechtspraxis ist damit wenig geholfen. Ein eher fassbares Indiz für abhängige Beschäftigung ist es, wenn der Betrieb die Einbindung der Arbeitskräfte für seine Zwecke regelrecht erfordert.

Beispiel: Ein **Bordell** („*Saunaclub*") kann nur funktionieren, wenn ständig genügend *Prostituierte* anwesend und bereit sind, die von den Kunden des jeweiligen Bordells nachgefragten Dienste zu leisten. Dürften die Prostituierten kommen und gehen, wie sie wollen, und Preise und Angebot nach eigener Entscheidung bestimmen, so hätte der Bordellbetreiber kaum noch Einfluss auf seinen Umsatz und Gewinn. Deshalb achtet er auf die Auswahl geeigneter Prostituierter. Das wissen auch die Kunden und sehen das Angebot an Prostituierten als Angebot des Betreibers. Zivilrechtlich liegt ein *unternehmensbezo-*

---

1 BSG v. 28.5.2008 – B 12 KR 13/07 R, USK 2008-45.
2 BSG v. 28.5.2008 – B 12 KR 13/07 R, USK 2008-45, Rz. 20 ff.
3 BAG v. 27.7.1961 – 2 AZR 255/60, BAGE 11, 225 = NJW 1961, 2085, Leitsatz 1.
4 SG Berlin v. 2.6.2009 – S. 36 KR 2382/07, Rz. 50 ff.

genes Rechtsgeschäft[1] (§ 164 Abs. 1 S. 2 BGB) mit dem Bordellbetreiber vor. Auch im Umsatzsteuerrecht werden dem Betreiber des Bordells die Zahlungen der Freier an die Prostituierten als dessen steuerpflichtiger Umsatz zugerechnet: Denn die (gesamten) Umsätze in einem Saunaclub sind demjenigen zuzurechnen, der nach außen als Erbringer sämtlicher in einem derartigen Club erwarteten Dienstleistungen auftritt[2]. Zu Prostituierten s. auch Rz. 59a.

53 Die Einordnung als abhängige Beschäftigung erfordert nach ständiger Rechtsprechung[3] eine **wertende Gesamtbetrachtung**. Dabei lässt sich ein überraschender Konsens bei dieser Einordnung feststellen, wenn man nicht den potenziellen Straftäter und seine *Berater* (Rz. 6a) fragt, sondern neutrale Teilnehmer der beteiligten Wirtschaftskreise, also sachkundige Laien. Die fragliche Rechtsbeziehung wird zumeist aus dem „Rechtsgefühl" heraus richtig eingeordnet.

Beispiele: (1) Die typische Hausfrau kann treffsicher unterscheiden, ob sie eine **Putzfrau** – abhängig – beschäftigt, der sie im Einzelnen vorschreiben kann, wie sauber zu machen ist, welche Techniken anzuwenden und welche Putzmittel zu verwenden sind (s. auch Rz. 35a), oder ob sie eine Selbständige, eine „Putzfirma", beauftragt hat, die bei gegebenem Preis allein entscheidet, wie sie Räume und Fenster reinigt, mit welchen Werkzeugen und Chemikalien, und bei der die Hausfrau allenfalls noch bestimmen kann, welcher Raum oder welches Fenster zuerst gereinigt wird. (2) Der Gast im Restaurant wird nicht den Eindruck gewinnen können, der **Kellner** habe die Bestellung als selbständiger Unternehmer, nämlich als „Speisevermittler", aufgenommen. Dagegen kann der Weinkellner („**Sommelier**") im Nobelrestaurant, der das Weinangebot (und das passende Wasser) selbständig ausgewählt und eingekauft hat und die Abgabepreise selbst bestimmt hat, als Unternehmer eine selbständige Tätigkeit im Weinvertrieb ausüben (s. auch Rz. 57). (3) Hört der Patient hingegen, bei der **Zahnarzthelferin** neben ihm handle es sich um eine selbständige Unternehmerin mit dem Gewerbe einer „Stuhlassistentin", so wird er das als „illegal" ansehen[4].

54 Als **Abgrenzungskriterien** für die strafrechtliche Praxis genügen das *Unternehmerrisiko* und die damit in sachlichem Zusammenhang stehende *Unternehmerinitiative* vollauf. In Fällen, die sich damit nicht lösen lassen, wird die Schuld gering sein (Rz. 289a).

55 **Unternehmerinitiative** betrifft die Frage, was die fragliche Person an Anstrengungen entwickelt, um ihren Umsatz und Gewinn zu steigern, also Erfolg am Markt zu haben. Hier sind Werbung um neue Kunden und andere Vertriebsbemühungen von Bedeutung, aber auch das Streben nach geeignetem Personal. Diese Initiativen sind regelmäßig mit *Kapitaleinsatz* (Rz. 56) verbunden[5].

Beispiel: Eine **Telefonsex**-Prostituierte hat bei einer Sex-Hotline eine persönliche Telefonnummer und wird nur für die Dauer ihrer Telefonate bezahlt. Ihre Initiative: Sie investiert in Werbung für ihre persönliche Telefonnummer, damit diese öfter angewählt wird[6].

---

1 S. etwa BGH v. 31.7.2012 – X ZR 154/11 Rz. 10.
2 BFH v. 29.1.2008 – V B 201/06, Leitsatz 1.
3 BGH v. 16.4.2014 – StR 516/13, Rz. 24; BSG v. 29.8.2012 – B 12 KR 25/10 R; BSG v. 24.1.2007 – B 12 KR 31/06 R, NZS 2007, 648, Rz. 16 ff.
4 Beispiele und vielfältige Abgrenzungskriterien auch bei *Metz*, Aktuelle Rechtsprechung zum Vorenthalten und Veruntreuen von Arbeitsentgelt, 2.Teil, NStZ-RR 2013, 333.
5 BSG v. 30.10.2013 – B 12 KR 17/11 R, Rz. 38.
6 BSG v. 30.10.2013 – B 12 KR 17/11 R, Rz. 36.

Das **Unternehmerrisiko** als entscheidendes Abgrenzungskriterium hat das **BSG** herausgestellt[1]: 56

„Eine selbständige Tätigkeit ist durch das eigene Unternehmerrisiko, das Vorhandensein einer eigenen *Betriebsstätte*, die Verfügungsmöglichkeit über die eigene Arbeitskraft und die im Wesentlichen *frei* gestaltete Tätigkeit und Arbeitszeit gekennzeichnet."

Unternehmerisches Risiko ist gekennzeichnet durch den **Kapitaleinsatz** und/oder den Einsatz der eigenen Arbeitskraft, ohne vorheriges vertragliches Versprechen, diesen Einsatz auch bezahlt zu bekommen, also mit *Verlustrisiko*: Der Unternehmer setzt seine Arbeitskraft nicht nur ein, sondern riskiert sie, und/oder sein Kapital, das er sich häufig durch Kredite verschafft hat, ohne vorherige Zusage eines Dritten (des Arbeitgebers), dass sich dies auszahlt.

Der **Kapitaleinsatz** kann schwierig zu **beurteilen** sein. Ausdruck unternehmerischen Risikos ist etwa Mietaufwand – für Räume, Maschinen usw. – oder die Anschaffung eines eigenen *Fahrzeugs* für die Erwerbstätigkeit, ohne zu wissen, ob man daraus genügend Einnahmen haben wird[2]. 57

Beispiele: (1) Die Zulassung eines Fahrzeuges auf den Namen des Beschäftigten ist für sich allein ohne Bedeutung, ebenso wie dessen Miete („Leasing") vom Arbeitgeber[3]. Entscheidend ist, ob der Beschäftigte für das **Fahrzeug** eigenes, evtl. verlorenes Kapital eingesetzt hat oder ob er auch dann „Miete" zahlen muss, wenn er keine „Aufträge" von seinem Arbeitgeber erhält[4]. (2) Im Falle des selbständigen **Piloten** (Rz. 51) hat das BSG etwa als Kapitaleinsatz die Kosten des Piloten gewertet, die dieser zur Erlangung seiner Pilotenlizenz hatte aufwenden müssen; sein unternehmerisches Risiko habe darin bestanden, dass er möglicherweise nicht genügend Flugaufträge bekommt, um seine Lizenz zu behalten. (3) Der **Sommelier** (Rz. 53) verliert sein Geld, wenn er den eingekauften Wein nicht rechtzeitig absetzt. Seinen Absatz und seinen Gewinn kann er durch seine Preisgestaltung beeinflussen.

Der Kapitaleinsatz muss wegen der Erwerbstätigkeit erfolgt sein. Die Nutzung von Investitionen (Auto, Computer, Räume, Telefon usw.), die „der allgemeinen Lebensführung dienen und auch von Arbeitnehmern auf eigene Kosten vorgehalten werden"[5], genügt nicht. 57a

Praxistipp: Sogar ein wirtschaftlich eigenes, nur für die Beschäftigung angeschafftes Fahrzeug verhindert nicht die Einordnung als abhängige Beschäftigung, wenn es sich um ein in den Betrieb des Arbeitgebers „eingegliedertes *Fahrzeug*" handelte und der Beschäftigte, der Eigentümer des Fahrzeugs, wegen seiner Beschäftigung beim Arbeitgeber keinen Raum für eigene *Unternehmerinitiative* mehr hatte[6].

Ausdruck unternehmerischen Risikos ist auch die Investition von Arbeitskraft und Arbeitszeit (**Arbeitskraft-Risiko**), ohne vertragliches Versprechen, dass sich daraus Umsatz (Einnahmen) erzielen lassen wird. 58

Beispiele: (1) Eine **Telefonsex**-Prostituierte, die selbst auswählt, wann sie sich bei welchem Dienstleister freischalten lässt, und die nur Geld für die Zeit ihrer tatsächlich ge-

---

1 BSG v. 28.5.2008 – B 12 KR 13/07 R, USK 2008-45, Rz. 15.
2 So auch *Metz*, Aktuelle Rechtsprechung zum Vorenthalten und Veruntreuen von Arbeitsentgelt, 2.Teil, NStZ-RR 2013, 333.
3 Ein Beispiel im Fall BGH v. 16.4.2014 – 1 StR 516/13, Rz. 9, 42.
4 S auch BGH v. 16.4.2014 – 1 StR 516/13, Rz. 42.
5 So BSG v. 30.10.2013 – B 12 KR 17/11 R, Rz. 38.
6 LSG Hessen v. 19.10.2006 – L8/14 KR 1188/03, Rz. 27.

führten Telefonate bekommt[1]: Wählt sie nicht richtig, vergeudet sie ihre Arbeitszeit mit dem Warten auf Anrufer oder erwischt einen Dienstleister, zu dessen Kundschaft ihre Fähigkeiten nicht passen, weshalb die Telefonate nur kurz sind. **(2)** Eine Vertriebskraft, die kein Festgehalt, sondern (als *„Propagandist"*) nur **Provisionen** erhält: Wenn sie auch auf eigenes Risiko entscheiden muss, wo, wann und wie sie ihre Verkaufsbemühungen unternimmt, also ihre Arbeitszeit und -kraft einsetzt, liegt selbständige Tätigkeit nahe.

59 Vom unternehmerischen Risiko und Arbeitskraft-Risiko zu unterscheiden ist das Risiko, keine Arbeit und damit keinen Lohn zu bekommen oder die Arbeit vertragswidrig nicht bezahlt zu bekommen (**Entgeltrisiko**, **Lohnrisiko**). Dieses Risiko trägt gerade der abhängig Beschäftigte. Zum Lohnrisiko, nicht zum unternehmerischen Risiko, gehört auch das Risiko, als *„unständig Beschäftigter"*[2] oder sonst bei Untätigkeit keinen Lohn zu erhalten, oder Einkommensschwankungen hinnehmen zu müssen, wenn nicht nach Zeit, sondern nach Arbeitserfolg *(Akkordlohn)* bezahlt wird.

Beispiel: Eine selbständige Tätigkeit folgt nicht daraus, dass der Erwerbstätige nur bezahlt wird, wenn er tatsächlich Arbeit leistet, also z.B. nur bei Bedarf auf Abruf tätig wird.

Praxistipp: Versagt der Arbeitgeber seinem Beschäftigten elementare Arbeitnehmerrechte wie die **Lohnfortzahlung** bei Untätigkeit (Urlaub, Krankheit, Mutterschutz), so macht er ihn dadurch nicht zum Selbständigen. Um als Element der Selbständigkeit zu gelten, müssten die fehlenden Arbeitnehmer-Schutzrechte durch ein „wesentliches Mehr an unternehmerischen Rechten bzw. Freiheiten oder Gewinn kompensiert werden"[3].

59a **Beispiele:** Die Anwendung der vorgenannten Grundsätze von *Unternehmerrisiko* und *Unternehmerinitiative* sei am Beispiel von **Prostituierten** verdeutlicht:

(1) Selbständig ist ein(e) Prostituierte(r), die/der selbst und allein aussucht, wo und in welcher Kleidung sie/er Zeit aufwendet, um Einnahmen von Freiern zu erzielen (*Arbeitskraft-Risiko*, Rz. 58). In diesem Fall ist ohne Bedeutung, ob die Prostituierte den größten Teil ihrer Einnahmen „aus Liebe" an einen Zuhälter abliefert.

(2) Abhängig beschäftigt ist diese Prostituierte dann, wenn es nicht sie, sondern ihr **Zuhälter** ist, der bestimmt, wo, in welcher Kleidung, zu welchem Preis (usw.) sie ihre Zeit aufwendet, um auf Freier zu warten. Das Risiko, dass sie ihre Zeit vergebens aufwendet, stellt sich hier nicht als Arbeitskraft-Risiko (Rz. 58) dar, weil sie auf das Risiko keinen Einfluss hat, sondern ihre Einnahmen von den Vorgaben eines anderen abhängen. Dann ist der Zuhälter, der die Prostituierte für sich „laufen" lässt, beitragspflichtiger Arbeitgeber i.S. des Sozialversicherungsrechts[4]. Das *Weisungsrecht* dieses Arbeitgebers zu den Einzelheiten der Tätigkeit ist naturgemäß eingeschränkt: Dies ist kraft Gesetzes bei der Prostitution unbeachtlich für das Sozialversicherungsrecht (§ 3 ProstG). Das ProstG stellt damit zugleich klar, dass es auch ohne wirksames *Arbeitsverhältnis* eine Beschäftigung i.S. des Sozialversicherungsrechts bei Prostituierten geben kann (Rz. 41). Das gilt trotz des Zahlungsweges, wonach sie es ist, die vom Freier das Geld ausgehändigt erhält, und die dann ihr abverlangten Anteil an den Zuhälter weitergibt. Und die Zusammenarbeit des Zuhälters mit seinen Prostituierten stellt auch einen *„Beschäftigungsbetrieb"* i.S. des Sozialversicherungsrechts dar (Rz. 35).

---

1 BSG v. 30.10.2013 – B 12 KR 17/11 R, Rz. 36.
2 SG Berlin v. 2.6.2009 – S. 36 KR 2382/07, Rz. 63 a.E.
3 SG Berlin v. 2.6.2009 – S. 36 KR 2382/07, Rz. 64.
4 LSG Hess. v. 26.3.2009 – L 1 KR 331/08, Rz. 31.

(3) **Selbständig** ist die Prostituierte, die in einem „**Laufhaus**" (ein Bordell, in dem die Prostituierten in ihren Zimmern warten, während die Freier durch die Flure „laufen") vom eigenen Geld in die Zimmermiete investiert, ohne zu wissen, ob sie einen Kunden haben wird: Das ist *unternehmerisches Risiko* (Rz. 57).

(4) **Abhängig beschäftigt** sind die Prostituierten im **Bordell**. (a) Erhält die Prostituierte ihren Lohn bereits für ihre reine Anwesenheit, auch wenn sie keine direkte Dienstleistung am Kunden erbringt, wie im klassischen „*Flatrate-Bordell*", ist die abhängige Beschäftigung evident[1]. (b) Bekommt sie nur Geld, wenn sie einen Freier bedient hat (typischerweise die Hälfte des „Stichgeldes"), ist dies – wie beim Zuhälter im Beispiel 2 oben – ihr *Lohnrisiko* (Rz. 59); sie wird sozusagen „auf Abruf" tätig und nach Arbeitserfolg bezahlt. Auch hier gilt dies trotz des Zahlungsflusses vom Kunden über die beschäftigte Prostituierte zum Bordellbetreiber. An der Einordnung als abhängige Beschäftigung ändert es nichts, wenn die Prostituierte zuvor „Eintritt" für das Bordell gezahlt hat, sie hat deshalb zwar weniger Gewinn, trägt daraus aber kein wirtschaftliches Risiko: Im Unterschied zum Betreiber eines Laufhauses, der seinen Gewinn aus den Mieten der Prostituierten zieht, achtet der Bordellbetreiber darauf, dass nur „gute" und nicht zu viele Prostituierte in seinem Betrieb anwesend sind, der Gewinn also für beide Seiten gewiss ist. Denn ein lukrativer Bordellbetrieb erfordert die Anwesenheit attraktiver Prostituierter (Rz. 52), die dort aber nicht mehr (an-)schaffen würden, wenn sie dort nicht genug verdienen.

Die Beschäftigung von **eigenen Arbeitnehmern** ist immer ein gewichtiges Indiz für eine selbständige Tätigkeit. Denn dies stellt ein unternehmerisches Risiko dar, einen Unterfall des Kapitaleinsatzes, schon wegen der *Lohnzahlungspflicht*. Auf dieses wirtschaftliche Risiko kommt es an, nicht etwa auf eine Meldung der Arbeitnehmer zur Sozialversicherung (§ 28a SGB IV, Rz. 209). 60

Beispiel: Auch eine Einbindung der Ehefrau, etwa als Buchhalterin, ist wegen des fehlenden (Lohn-)Risikos kein Beleg für eine Selbständigkeit des Ehemannes in der Tätigkeit, bei der ihm seine Frau hilft[2]: Die Ehefrau wird bei funktionierender Ehe einen „Lohn" nur dann verlangen, wenn der Ehemann genügend verdient hat. Deshalb wird regelmäßig auch keine abhängige Beschäftigung gegeben sein, sondern *Mitunternehmerschaft* (Rz. 34) oder *familienhafte Mithilfe* (Rz. 73). Zur Bedeutung einer Meldung des Angehörigen zur Sozialversicherung s. Rz. 75.

Die Beschäftigung von eigenen Arbeitnehmern oder die Befugnis, die Arbeitsleistung (vertretungsweise) durch Dritte erbringen zu lassen, führt zwar regelmäßig, jedoch nicht zwingend zu einer selbständigen Tätigkeit der Mittelsperson[3] (s. auch Rz. 88 ff.).

Praxistipp: Bei der Prüfung auf „*Scheinselbständigkeit*" sind Fälle mit einer Beschäftigung von Arbeitnehmern durch den potenziell Scheinselbständigen – wegen der großen Bedeutung dieses Umstands als Indiz für Selbstständigkeit und dem deshalb naheliegenden Irrtum (Rz. 236) – strafrechtlich bedeutungslos.

Nur ein schwaches Indiz für selbständige Tätigkeit liegt darin, dass der Arbeitende für seine Arbeiten **Rechnungen** ausstellt und dass er in seinen Rechnungen die *Umsatzsteuer* ausweist, selbst wenn er diese sogar abführt. Das Indiz „Rechnungsstellung" verliert zusätzlich an Gewicht, wenn es die andere Seite, also der Auftraggeber/Arbeitgeber, ist, die „*Gutschriften*" erstellt oder die 61

---

1 LSG Hess. v. 26.3.2009 – L 1 KR 331/08 B ER, MMR 2009, 718.
2 LSG BW v. 12.12.2008 – L 4 R 3542/05, Rz. 59.
3 BSG v. 19.8.2003 – B 2 U 38/02 R – Menübringer-Entscheidung, Rz. 33; LSG BW v. 23.10.2003 – L 7 U 5158/99, Rz. 44.

Rechnungen vorformuliert, also die Grundlagen der Abrechnung zusammenstellt und damit die sog. „**Abrechnungslast**" trägt[1].

Praxistipp: Ist der fragliche Subunternehmer/Arbeitnehmer an der Rechnungserstellung nicht „körperlich" beteiligt, gilt er auch im Umsatzsteuerrecht nicht als Aussteller dieser auf seinen Namen lautenden Rechnung. Er schuldet die dort ausgewiesene Umsatzsteuer nicht nach § 14 Abs. 2 UStG[2].

62 Eine **Gewerbeanmeldung** bei einer deutschen Gewerbebehörde (s. auch § 37 Rz. 159 ff.), auch als *„Gesellschaft bürgerlichen Rechts"* (Rz. 64), ist nur als ein schwaches Indiz im Rahmen der Würdigung aller Umstände von Bedeutung[3] (s. aber Rz. 63a). Die Gewerbeanmeldung als solche begründet keine Pflichten aus dem Sozialversicherungsrecht: Niemand ist nur deshalb zahlungspflichtiger Arbeitgeber, weil er im *Gewerberegister* als der Unternehmer eingetragen ist (Rz. 33).

Der „**Gewerbeschein**", also die Empfangsbescheinigung einer *Gewerbeanmeldung* nach § 15 GewO, drückt nicht aus, dass die Gewerbebehörde den Anmelder in der fraglichen Tätigkeit als selbständigen Unternehmer bestätigt hätte[4]. Das VG Bremen[5] fasst zusammen: „Die nach § 15 Abs. 1 GewO zu erteilende Empfangsbescheinigung gibt dem Gewerbetreibenden die Gewissheit, dass seine Anzeige bei der Behörde eingegangen ist. Eine weitergehende Bedeutung kommt der Empfangsbescheinigung nicht zu." Allerdings ist die Verwaltungsbehörde zur Prüfung binnen drei Tagen berechtigt und verpflichtet, ob ein Versagungsgrund vorliegt. Dies wäre nicht nur der Fall, wenn es sich bei der angezeigten Tätigkeit um kein Gewerbe oder eine generell nicht erlaubte Tätigkeit handelte, sondern auch wenn keine selbständige Tätigkeit vorläge[6]. Aufgrund der von Gesetzes wegen gebotenen Eile und wegen der eingeschränkten Bedeutung der Empfangsbescheinigung beschränkt sich die Prüfung auf einen Versagungsgrund aber auf offensichtliche Fälle. In der Praxis wird die Anmeldung einfach und rastermäßig auf Vollständigkeit und Plausibilität nach Aktenlage geprüft.

62a Eine *Gewerbeanmeldung*, die der Arbeitgeber für den Scheinselbständigen organisiert hatte, kann umgekehrt ein gewichtiges Indiz dafür sein, dass auch der Arbeitgeber von abhängiger Beschäftigung ausging (Rz. 243).

63 Ein Selbständiger (Unternehmer) kann daneben bei einem **anderen Unternehmer** im Rahmen abhängiger Beschäftigung erwerbstätig sein[7] und damit sein dortiger Arbeitgeber beitragspflichtig sein. Zu einer selbständigen Tätigkeit neben abhängiger Beschäftigung beim selben Unternehmer s. Rz. 108.

Dabei kommt es nicht darauf an, ob es sich um Tätigkeiten in verschiedenen Berufen handelt. Nicht nur der Rechtsanwalt kann im selben Beruf sowohl abhängig beschäftigt (**Syndikusanwalt**) als auch freiberuflich tätig sein; auch Schreiner, Schlosser, technische Zeichner und viele andere Berufstätige können abhängige und selbständige Tätigkeiten nebeneinander ausführen.

Beispiel: Auch wenn ein *„Powerseller"* bei **eBay**, also ein Verkäufer, der bei Verkäufen und Versteigerungen im Internet so rege tätig ist, dass er sich als Gewerbetreibender (als

---

1 Ein Beispiel im Fall BGH v. 16.4.2014 – 1 StR 516/13, Rz. 9.
2 FG Düsseldorf v. 25.4.2001 – 5 K 8819/97 U – Fleischzerleger, DStRE 2002, 706.
3 Ein Beispiel: BGH v. 4.9.2013 – 1 StR 94/13.
4 FG Bdb. v. 1.12.2009 – 15 K 7377/05 B.
5 VG Bremen v. 18.12.2008 – 5 K 3235/07, juris, Orientierungssatz 1, st. Rspr.
6 VG Ansbach v. 13.10.2005 – AN 4 K 05.01765, juris, Rz. 21.
7 LSG Bay. v. 8.5.2007 – L 5 KR 12/04, Rz. 25.

Unternehmer nach § 14 BGB) behandeln lassen muss[1], obwohl er sich nur abends und am Wochenende seinen Internet-Aktivitäten widmet, führt dieses selbständige (Handels-)Gewerbe nicht dazu, dass er deshalb nun auch in jeder weiteren Tätigkeit selbständig tätig ist, etwa unter der Woche als Arbeiter am Fließband eines Autoherstellers.

Eine *Gewerbeanmeldung* in einem anderen Mitgliedstaat der **EU** entfaltet in der Praxis eine *Sperrwirkung* für die Beitragsfestsetzung in Deutschland und damit für eine Bestrafung: Ein im Herkunftsstaat selbständiger Gewerbetreibender, der in einem anderen Mitgliedsstaat – etwa in Deutschland – eine „ähnliche" Tätigkeit ausübt, gilt auch hier als Selbständiger. 63a

Dies folgt aus der **VO (EG) Nr. 883/2004**[2], die in **Art. 12** Abs. 2 (zu Abs. 1 s. Rz. 112) bestimmt:

„Eine Person, die gewöhnlich in einem Mitgliedstaat eine selbständige Erwerbstätigkeit ausübt und die eine ähnliche Tätigkeit in einem anderen Mitgliedstaat ausübt, unterliegt weiterhin den Rechtsvorschriften des ersten Mitgliedstaats, sofern die voraussichtliche Dauer dieser Tätigkeit vierundzwanzig Monate nicht überschreitet."

Der Selbständige muss nur nach der Rechtslage des *Herkunftsstaates*, beurteilt von den dortigen Stellen, den Status „selbständig" haben. Das deutsche (Sozialversicherungs-)Recht ist ohne Bedeutung – gerade wenn es hier zum Status „gesetzlich versichert" (also abhängige Beschäftigung) führt[3]. Und auch ob eine Tätigkeit „ähnlich" ist, entscheidet der Herkunftsstaat. Die deutsche Seite ist daran gebunden, ebenso wie bei der Entsendung abhängig Beschäftigter (Rz. 113) – und in der Praxis erfolgen die „Prüfungen" im Herkunftsstaat allein nach Aktenlage.

Überdies wird zumeist auch eine **Entsendebescheinigung** mit *Bindungswirkung*[4] (Rz. 19, 111) vorgelegt werden können, da es diese auch für Selbständige gibt („der Selbständige entsendet sich selbst ins Ausland", ein Fall der *Dienstleistungsfreiheit*) – ohne dass es aber für die Sperrwirkung auf eine Entsendebescheinigung ankäme.

Auch wenn die Ermittlungen ergeben haben, dass „eigentlich" eine inländische Beschäftigung vorliegt, ist es den deutschen Stellen damit nicht erlaubt, diese Rechtsauffassung geltend zu machen. Der BGH konnte im Beispielsfall (Rz. 286 Beispiel 2) nur deshalb auf inländische, beitragspflichtige Beschäftigung erkennen, weil die Polen ihr Gewerbe in Deutschland angemeldet hatten[5]. Die heutige Situation lädt zum Missbrauch geradezu ein (Rz. 11a).

Die rechtliche Einordnung ihrer Zusammenarbeit als allseits selbständige Tätigkeit können die Beteiligten nicht dadurch erzwingen, dass die Beschäftigten eine Gesellschaft gründen, sei es eine „*Mini-GmbH*" nach § 5a GmbHG oder 64

---

1 Vgl. etwa den Fall OLG Frankfurt v. 21.3.2007 – 6 W 27/07, MMR 2007, 378.
2 VO (EG) Nr. 883/2004 des Europ. Parl. und des Rates v. 29.4.2004 zur Koordinierung der Systeme der sozialen Sicherheit, ABl. EU Nr. L 166 v. 30.4.2004, 1–123, ber. ABl. EU 2004 Nr. L 200 v. 7.6.2004, 1 und ABl. EU 2007 Nr. L 204 v. 4.8.2007, 30.
3 *Utz* in BeckOK SozR, Art. 12 VO (EG) 883/2004, Rz. 22 ff.; *Schrader* in BDZ Fachteil 6/2012, F 37 unter V.2.
4 *Utz* in BeckOK SozR, Art. 12 VO (EG) 883/2004, Rz. 29.
5 BGH v. 4.9.2013 – 1 StR 94/13.

eine *GmbH*, eine *"private limited company"* (Ltd.) oder eine *Gesellschaft bürgerlichen Rechts* (GbR). Dabei kommt es nicht auf die Frage einer *"Schein-GbR"* an: Auch die rechtliche Existenz einer juristischen Person oder sonstigen Gesellschaft bedeutet nicht, dass – bei der allein bedeutsamen *"gelebten Zusammenarbeit"* (Rz. 48) – eine selbständige Auftragserledigung gerade durch diese Gesellschaft vorliegt: Auch wenn die GbR existiert, kann der *Werkvertrag* mit dem Arbeitgeber "zum Schein" geschlossen und kann die fragliche Erwerbstätigkeit der Gesellschafter im Rahmen abhängiger Beschäftigung erfolgt sein[1].

Praxistipp: Es kommt dabei nicht nur der (vorgebliche) Auftraggeber als Arbeitgeber in Betracht. Vielmehr ist "von unten" zu prüfen, ob nicht einer der Gesellschafter i.S. des Sozialversicherungsrechts der Arbeitgeber ist, etwa weil er – als "Kolonnenführer" – die Leistungen und Preise in deutscher Sprache mit dem Kunden verhandelt hat, seinerseits den anderen Arbeitern eine festen Stundenlohn zahlt und die Differenz zu den Zahlungen des Kunden als Gewinn behält (Rz. 28 a).

65 Beim **mitarbeitenden Gesellschafter** hängt seine sozialversicherungsrechtliche Einordnung davon ab, ob er im Unternehmen entscheidend Einfluss nehmen kann oder nicht.

Das BSG hat zusammengefasst: „Ein **Mehrheitsgesellschafter** einer GmbH kann grundsätzlich nicht bei dieser GmbH abhängig beschäftigt sein, es sei denn, dieser Gesellschafter ist aufgrund einer treuhänderischen Bindung in der Ausübung der Gesellschafterrechte vollständig eingeschränkt."[2]

Für den in der Gesellschaft tätigen, gegen Arbeitsentgelt „dienend" mitarbeitenden **Minderheitsgesellschafter** einer GmbH oder einer KG gilt: Er ist abhängig beschäftigt, weil er nicht maßgeblich auf die Geschicke der Gesellschaft einwirken kann[3].

66 Der **Geschäftsführer einer GmbH** ist dort regelmäßig abhängig beschäftigt, unabhängig davon, dass seiner Tätigkeit kein Arbeitsverhältnis, sondern ein *Geschäftsführerdienstvertrag* zugrunde liegt[4]. Wenn der Geschäftsführer aber zugleich *Mehrheitsgesellschafter* ist und deshalb eine einflussreiche Stellung im Unternehmen hat, ist er in diesem ("seinem") Unternehmen nicht abhängig beschäftigt. Die steuerliche Einordnung der Einkünfte ist dabei ohne Bindungswirkung für das Sozialversicherungsrecht.

Beispiel: Werden die Vergütungen eines Gesellschafters für seine Tätigkeit in der Geschäftsführung steuerlich als **Einkünfte aus Gewerbebetrieb** angesehen, hindert dies allein nicht die sozialversicherungsrechtliche Einordnung als abhängige Beschäftigung[5].

67 Der **Vorstand einer AG** ist abhängig Beschäftigter bei eingeschränkter Versicherungspflicht[6]. Die Rolle als abhängig beschäftigter Geschäftsführer oder Vor-

---

1 BGH v. 27.9.2011 – 1 StR 399/11, Rz. 10; so auch *Metz*, Aktuelle Rechtsprechung zum Vorenthalten und Veruntreuen, 2.Teil, NStZ-RR 2013, 333 (335).
2 BSG v. 25.1.2006 – B 12 KR 30/04 R, GmbHR 2006, 645, Orientierungssatz 1.
3 BSG v. 24.1.2007 – B 12 KR 31/06 R, NZS 2007, 648, Rz. 21 ff.
4 Zur Unterscheidung s. etwa BAG v. 5.6.2008 – 2 AZR 754/06, GmbHR 2008, 1259.
5 BSG v. 24.1.2007 – B 12 KR 31/06 R, NZS 2007, 648.
6 Versicherungsfrei in der Rentenversicherung (§ 1 S. 4 SGB VI) und in der Arbeitslosenversicherung (§ 27 Abs. 1 Nr. 5 SGB III).

stand steht der strafrechtlichen Haftung als Arbeitgeber nicht entgegen, sondern begründet sie regelmäßig (§ 14 Abs. 1 StGB; § 30 Rz. 86 ff.).

Redliche Beteiligte, die den wirklichen Sachverhalt schildern, können im *Anfrageverfahren* („**Clearing-Verfahren**") nach § 7a SGB IV klären lassen, ob eine versicherungs- und beitragspflichtige Beschäftigung vorliegt. Sie können sich so vor überraschenden Beitragsnachforderungen zuverlässig schützen. 68

Eine isolierte Feststellung, ob überhaupt „Beschäftigung" vorliegt, ist demgegenüber im Anfrageverfahren nicht möglich[1]. Bei dieser „**Statusfeststellung**" nach § 7a SGB IV geht es nicht um den Status als „Beschäftigter", sondern um den Status als gesetzlich Sozialversicherter, also um die *Versicherungspflicht* im jeweiligen Zweig der Sozialversicherung als Folge öffentlich-rechtlicher Normen[2]. Diesen Antrag kann auch die Einzugsstelle stellen. Es entscheidet immer die Deutsche Rentenversicherung Bund. Täuschen die Beteiligten diese Stelle über den wirklichen Sachverhalt und erschleichen eine falsche Entscheidung, können sie sich weder im Sozialversicherungsrecht noch im Strafrecht darauf berufen (Rz. 241).

(2) Nachbarschaftshilfe/Gefälligkeit

Das entscheidende Kriterium von „Gefälligkeit" und „Nachbarschaftshilfe" ergibt sich schon aus der Wortbedeutung: Es geht nicht um eine Tätigkeit um der Entlohnung willen. Uneigennützigkeit des Tätigen oder – bei der Nachbarschaftshilfe – Gegenseitigkeit sind kennzeichnend. Gemeinsames Merkmal von Nachbarschaftshilfe und Gefälligkeit ist deshalb die **Unentgeltlichkeit**. Ohne Arbeitsentgelt gibt es ohnehin keine Beitragspflicht (Rz. 121). 69

Die Unentgeltlichkeit bestimmt sich hier indes nicht nach den Regelungen für das *Arbeitsentgelt*, wonach jede Gegenleistung Arbeitsentgelt sein kann (Rz. 122). Unentgeltlichkeit liegt dann vor, wenn die Hilfeleistung rechtlich unabhängig von einer Gegenleistung erbracht wird, wenn es somit an der kausalen Verknüpfung zwischen Leistung und Gegenleistung fehlt. 70

„Gegenleistungen" des möglichen Arbeitgebers, wie etwa Verpflegung, führen deshalb regelmäßig nicht zur *Entgeltlichkeit*: Der Arbeitende wird hier nicht deshalb tätig, weil er einen vertraglichen(!) Anspruch auf Verköstigung hätte. Auch die Erwartung des Arbeitenden, dass ihm der mögliche Arbeitgeber später seinerseits helfen, also im Gegenzug später für ihn arbeiten werde, begründet mangels Rechtsanspruchs keine Entgeltlichkeit[3]. 71

Praxistipp: Die Unterscheidung zwischen abhängiger Beschäftigung und Nachbarschaftshilfe oder Gefälligkeit spielt im Strafrecht keine Rolle. Zwar gibt es immer wieder die Einlassung, die (kontrollierte) Person habe die Tätigkeit nur aus Gefälligkeit (Freundschaft, Langeweile usw) ausgeübt, also nicht um der Entlohnung Willen. Ist die nachweisbare Tätigkeit für einen anderen jedoch von so geringem Ausmaß, dass sich Gefälligkeit oder Nachbarschaftshilfe ernsthaft diskutieren lassen, stehen auch nur geringe Beiträge im Raum, die für sich allein ohnehin regelmäßig keine Bestrafung erfordern (§ 153 StPO). 72

---
1 BSG v. 11.3.2009 – B 12 R 11/07 R, Rz. 16 ff.
2 BSG v. 11.3.2009 – B 12 R 11/07 R, Rz. 25.
3 BSG v. 11.8.1988 – 2/9b RU 6/86, HV-INFO 1988, 2133, Rz. 18 ff.

(3) Familienhafte Mithilfe

73 Entscheidend ist bei gegebener persönlicher Beziehung, dass die Arbeit im Interesse dieser Beziehung, um des **Familienunternehmens** willen, nicht des eigenen Einkommens wegen ausgeübt wird. Familienhafte Mithilfe kommt in Betracht, wenn ein *Angehöriger* für den anderen tätig ist. Einen wichtigen Anhaltspunkt für den Begriff des Angehörigen gibt § 28a Abs. 3 S. 2 Nr. 1 Buchst. d SGB IV, der einen Hinweis in der *Meldung* des Arbeitgebers an die Einzugsstelle (Rz. 148) vorschreibt, wenn ein *Ehegatte, Lebenspartner* oder *Abkömmling* beschäftigt wird (Rz. 212).

74 Diesen sozialrechtlichen Begriff des **Angehörigen** erweitert im Steuerrecht § 15 AO auf Verwandte und Verschwägerte gerader Linie, Geschwister, Kinder der Geschwister, Ehegatten der Geschwister und Geschwister der Ehegatten, Geschwister der Eltern, Pflegeverhältnisse in häuslicher Gemeinschaft. Erfasst werden auch Lebensgemeinschaften[1].

75 Abhängige Beschäftigung liegt demgegenüber vor, wenn das Verhältnis zum Angehörigen ebenso geregelt ist wie das zu einem Dritten, wenn es dem „**Fremdvergleich**" standhält, wenn der Angehörige also wie ein familienfremder Arbeitnehmer behandelt wird (s. auch Rz. 60). Neben der *Eingliederung* in den Betrieb (mit einem wegen der familiären Beziehung ggf. abgeschwächten *Weisungsrecht*) ist etwa erforderlich, dass der Angehörige ein *Entgelt* erhält, das einen angemessenen Gegenwert für die geleistete Arbeit darstellt. Weitere Abgrenzungskriterien sind, ob ein schriftlicher Arbeitsvertrag abgeschlossen worden ist, ob für das gezahlte Entgelt *Lohnsteuer* abgeführt wird, das Entgelt als Betriebsausgabe verbucht und es dem Angehörigen zur freien Verfügung ausgezahlt wird und schließlich, ob der Angehörige eine fremde Arbeitskraft ersetzt[2]. Von Bedeutung sind auch bindend vereinbarte (und gewährte) Urlaubsansprüche und ähnliche, etwa tarifvertraglich geregelte Rechte, die ein Dritter verlangen würde – sowie gerade auch, ob der Angehörige zur Sozialversicherung gemeldet (§ 28a SGB IV) wurde oder nicht (s. aber Rz. 76).

Praxistipp: Bei Angehörigen i. w. S. (§ 15 AO) ist strafrechtlich Zurückhaltung angezeigt: Häufig wird ein *Verbotsirrtum* (Rz. 236) nicht zu widerlegen sein (§ 153 StPO, Rz. 289a).

76 Das Vortäuschen abhängiger Beschäftigung bei einem Angehörigen hingegen ist strafrechtlich und steuerlich von Bedeutung: Täuscht der Unternehmer bei familienhafter Mithilfe eine abhängige Beschäftigung vor, führt den Angehörigen also in seiner *Lohnbuchhaltung*, so kann er den geschuldeten Unterhalt für die Angehörigen, etwa Ehefrau und Kinder, von der Steuer „absetzen". Sozialversicherungsbeiträge muss er gleichwohl nicht zahlen: Die falsche Meldung des Angehörigen als Beschäftigten begründet keine Beitragspflicht (Rz. 103b). Zahlt der Unternehmer die Beiträge nicht, kann er nicht wegen Beitragsvorenthaltung betraft werden (Rz. 176). Strafrechtlich geht es hier um das Erschleichen von Leistungen der Sozialversicherungen, also um *Betrug* (§ 263 StGB), und um *Steuerhinterziehung* (§ 370 AO).

---

1 LSG Bdb. v. 12.12.2007 – L 9 KR 7/05.
2 LSG Bdb. v. 12.12.2007 – L 9 KR 7/05, Rz. 23.

c) Sonderfälle des Arbeitgebers

aa) Insolvenz

Der **Insolvenzverwalter** ist Arbeitgeber i.S. der Strafnorm. Für den *vorläufigen Insolvenzverwalter* hängt die Strafbarkeit davon ab, wie „stark" seine Stellung ist: Wurde dem Schuldner, dem originären Arbeitgeber, zugleich ein allgemeines *Verfügungsverbot* (§ 21 Abs. 2 Nr. 2 InsO) auferlegt, so befreit dies zum einen den Schuldner wegen *rechtlicher Unmöglichkeit* von der Strafbarkeit wegen unterlassener Beitragszahlungen (Rz. 168); zum anderen geht die Verwaltungs- und Verfügungsbefugnis über das Vermögen des Schuldners auf den vorläufigen („starken") Insolvenzverwalter über (§ 22 Abs. 1 S. 1 InsO). Damit wird der vorläufige Insolvenzverwalter verpflichtet, für die Erfüllung (auch) der sozialversicherungsrechtlichen Pflichten des Schuldners zu sorgen – oder die Beschäftigung zu beenden. Muss er dazu den Betrieb stilllegen, so hängt seine Möglichkeit zur Pflichterfüllung wiederum von der Zustimmung des Insolvenzgerichts ab (§ 22 Abs. 1 S. 2 Nr. 2 InsO). Müssen Schuldner und vorläufiger Insolvenzverwalter zusammenwirken, sind beide Arbeitgeber. Einzelheiten sind umstritten[1]. In der Insolvenz, nach Eröffnung, hat nur der Insolvenzverwalter Verfügungsbefugnis (§ 80 InsO); er hat die Arbeitgeber-Stellung[2](Rz. 170).

77

bb) Illegale Arbeitnehmerüberlassung

Einen für die strafrechtliche Praxis bedeutsamen Sonderfall des Arbeitgebers gibt es bei illegaler Arbeitnehmerüberlassung, zumeist verdeckt durch einen (Schein-)Werk- oder *Dienstvertrag*[3]. In diesen Fällen wird der „Arbeitgeber" vom *Arbeitnehmerüberlassungsgesetz* (**AÜG**, s. § 37 Rz. 16 ff.) bestimmt

78

Folge einer illegalen Arbeitnehmerüberlassung (s. § 37 Rz. 24) ist nach §§ 9, 10 AÜG die von Gesetzes wegen beim **Entleiher** begründete Eigenschaft als Arbeitgeber des überlassenen Arbeitnehmers (§ 10 Abs. 1 S. 1 AÜG). Die so begründete Stellung des Entleihers umfasst die Zahlungspflichten eines Arbeitgebers nach dem Sozialversicherungsrecht (§ 28e SGB IV)[4] und erfüllt im Strafrecht das Tatbestandsmerkmal „Arbeitgeber".

79

Anders ist das im *Steuerrecht* geregelt: Rz. 320 ff.

Der **Verleiher** bleibt daneben als Arbeitgeber zahlungspflichtig nach dem Sozialversicherungsrecht (§ 28e Abs. 2 S. 3 SGB IV), sofern er es ist, wie zumeist, der den Lohn an den Arbeitnehmer zahlt. Damit bleibt er auch strafrechtlich verantwortlicher „Arbeitgeber"[5].

---

1 *Radtke* in MüKo, § 266a StGB Rz. 14.
2 In diesem Sinn auch OLG Dresden v. 18.1.2010 – 3 Ss 603/09, Rz. 11.
3 Zur Abgrenzung etwa BGH v. 16.4.2014 – 1 StR 516/13, Rz. 27 f.; LAG Bdb. v. 12.12.2012 – 15 Sa 1217/12.
4 LSG BW v. 20.4.2010 – L 11 R 5269/08, Rz. 22 ff.
5 BGH v. 16.4.2014 – 1 StR 516/13, Rz. 26; BGH v. 13.6.2001 – 3 StR 126/01, wistra 2001, 464.

79a Im Sozialversicherungsrecht haften **beide Unternehmer gesamtschuldnerisch** als Arbeitgeber (§ 10 Abs. 3 AÜG, § 28e Abs. 2 S. 4 SGB IV); auch im Strafrecht haften in diesem Fall beide Unternehmer als Arbeitgeber für die vorenthaltenen Beiträge aus dem Arbeitsentgelt des einen Beschäftigten[1].

Der *Vorsatz* erfordert zwar beim Entleiher insbesondere das Wissen, dass (auch) der Verleiher die Sozialversicherungsbeiträge nicht zahlt. Jedoch ist dieses Wissen oft gegeben, schon weil es häufig der Entleiher ist, der die illegale Arbeitnehmerüberlassung konzipiert, gerade um die Kosten der Sozialversicherungsbeiträge zu sparen.

80 Keinen strafrechtlichen Sonderfall stellt die legale Arbeitnehmerüberlassung („**Zeitarbeitsfirma**") dar: Der *Verleiher* ist Arbeitgeber. Der Entleiher haftet daneben als *Bürge* (§ 28e Abs. 2 SGB IV, Rz. 85); er wird dadurch aber nicht zum Arbeitgeber i.S. des Straftatbestandes.

80a Die **Abgrenzung** von Arbeitnehmerüberlassung und einem (Schein-)Werk- oder *Dienstvertrag* ist schwierig, vor allem wenn die Beteiligten täuschen wollen. Über die rechtliche Einordnung entscheidet nicht der Wille der Beteiligten oder die gewählte Bezeichnung; ausschlaggebend sind auch hier die wirklichen Abreden der Beteiligten und deren Vollzug[2].

Praxistipp: Bei der Abgrenzung hilft folgender Unterschied:

Bei *Arbeitnehmerüberlassung* erzielt der Lieferant, der *Verleiher*, einen festen Umsatz aus der Überlassung seiner Beschäftigten, der *„Leiharbeitnehmer"*, an seinen Kunden, den *Entleiher*. Der Verleiher kann seinen Gewinn nur steigern, wenn der Kunde mehr Beschäftigte bestellt oder für deren „Entleih" (eigentlich Miete) höhere Preise zahlt – oder wenn der Verleiher den Lohn seiner Beschäftigten drücken kann. Illegale Verleiher senken ihre Kosten auch durch *„Scheinselbständigkeit"* (Rz. 11b) ihrer Beschäftigten.

Bei einem *Werk-* oder *Dienstvertrag* kann der Lieferant, der Auftragnehmer, seinen Gewinn ebenso, aber zusätzlich auch dadurch steigern, dass er das vertraglich mit dem Kunden vereinbarte Ziel (das Werk, die Dienstleistung) auf optimierte Weise erreicht, etwa weniger, aber bessere Beschäftigte einsetzt, den Beschäftigten bessere, auf seine Kosten beschaffte Hilfsmittel (Werkzeuge) zur Verfügung stellt oder Beschäftigte gar durch Maschinen ersetzt[3].

Beispiel aus der Sicherheitsbranche: Der Kunde bestellt zur Bewachung seines Werksgeländes für die Nachtstunden drei Mann, die vereinbarungsgemäß der Lieferant stellt. Das ist *Arbeitnehmerüberlassung*. Oder der Kunde bestellt die nächtliche Bewachung des Geländes und der Lieferant bewerkstelligt dies mit nur zwei Mann, die er mit Fahrzeugen, Nachtsichtgeräten und Wärmebildkameras ausgestattet hat (weil ihn das billiger kommt). Das ist ein *Werk-* oder *Dienstvertrag*.

80b Das Recht der **EU** (Rz. 111 f.) verdrängt auch hier die nationale Rechtslage und vereitelt eine Beitragsfestsetzung ebenso wie eine Bestrafung: Die *Bindungswirkung* einer *Entsendebescheinigung* (Rz. 111) verhindert die inländische Anwendung des *AÜG*. Da die Entsendebescheinigung (A 1) bindend das sozialversicherungsrechtliche Verhältnis mit Bezug zum *Verleiher* feststellt, die Unwirksamkeit gem. § 9 AÜG also nicht im Sozialversicherungsrecht gilt, kann

---

1 BGH v. 16.4.2014 – 1 StR 516/13, Rz. 26; so auch *Radtke*, GmbHR 2009, 673 (675).
2 BGH v. 16.4.2014 – 1 StR 516/13, Rz. 28.
3 Ein Beispiel: BGH v. 16.4.2014 – 1 StR 516/13, Rz. 28 f.

die Folge aus § 10 AÜG nicht eintreten, dass der *Entleiher* zum Arbeitgeber im sozialversicherungsrechtlichen Sinne wird[1].

Noch einfacher lassen sich Beitragspflichten als Entleiher wegen illegaler Arbeitnehmerüberlassung – und damit auch die Gefahr einer Strafverfolgung in Deutschland – vermeiden, wenn der Entleiher Personen beschäftigt, die in einem anderen Mitgliedstaat mit einer „ähnlichen" Tätigkeit als Selbständige geführt werden (Rz. 63a).

cc) Sonstige Zahlungspflichtige

(1) Auftraggeber und Zwischenmeister

81 § 266a Abs. 5 StGB erstreckt die Zahlungspflicht für den Bereich der **Heimarbeit** auf den Auftraggeber eines Hausgewerbetreibenden oder Heimarbeiters sowie auf den *Zwischenmeister*. Von Bedeutung ist dies nur in der gesetzlichen **Unfallversicherung** (Rz. 192), also in Täuschungsfällen nach § 266a Abs. 2 StGB, soweit der Auftraggeber zahlungspflichtig ist[2]. Ansonsten bleibt der Arbeitgeber zahlungspflichtig[3]:

82 Gem. § 2 Abs. 1 HAG ist **Heimarbeiter**,

„wer in selbstgewählter Arbeitsstätte (eigener Wohnung oder selbstgewählter Betriebsstätte) allein oder mit seinen Familienangehörigen [...] im Auftrag von Gewerbetreibenden oder Zwischenmeistern erwerbsmäßig arbeitet, jedoch die Verwertung der Arbeitsergebnisse dem unmittelbar oder mittelbar auftraggebenden Gewerbetreibenden überlässt".

Der Heimarbeiter hat nach den Vorschriften des Sozialversicherungsrechts einen Arbeitgeber; die Erweiterung des § 266a Abs. 5 StGB ist hier ohne Bedeutung: Als Arbeitgeber eines Heimarbeiters gilt nach § 12 Abs. 3 SGB IV, wer die Arbeit unmittelbar an ihn vergibt. Für Heimarbeiter hat der Arbeitgeber grundsätzlich – strafbewehrt – den Gesamtsozialversicherungsbeitrag abzuführen[4]; für die Bemessungsgrundlage gelten Sonderregeln.

83 **Hausgewerbetreibender** ist nach § 2 Abs. 2 HAG,

„wer in eigener Arbeitsstätte (eigener Wohnung oder Betriebsstätte) mit nicht mehr als zwei fremden Hilfskräften [...] oder Heimarbeitern [...] im Auftrag von Gewerbetreibenden oder Zwischenmeistern Waren herstellt, bearbeitet oder verpackt, wobei er selbst wesentlich am Stück mitarbeitet, jedoch die Verwertung der Arbeitsergebnisse dem unmittelbar oder mittelbar auftraggebenden Gewerbetreibenden überlässt".

Auch hier bestimmt § 12 Abs. 3 SGB IV, dass als Arbeitgeber der Hausgewerbetreibenden gilt, wer die Arbeit unmittelbar an sie vergibt. Wie beim Heimarbeiter ist der Arbeitgeber zahlungspflichtig nach den Vorschriften des Sozialversicherungsrechts[5].

---

1 So auch *Brors/Schüren*, Neue gesetzliche Rahmenbedingungen für den Fremdpersonaleinsatz, NZA 2014, 569, 572; *Schrader* in BDZ Fachteil 6/2012 F 37 unter V.
2 *Voelzke* in Küttner, Personalbuch 2014, Rz. 70.
3 Ausführlich: *Seewald* in KK Sozialversicherungsrecht SGB IV § 12.
4 LSG Bayern v. 8.5.2007 – L 5 KR 12/04.
5 Einzelheiten bei *Voelzke* in Küttner, Personalbuch 2014, Rz. 67 ff.

84 **Zwischenmeister** ist, wer, ohne Arbeitnehmer zu sein, die ihm übertragene Arbeit an Hausgewerbetreibende oder Heimarbeiter weitergibt (§ 12 Abs. 4 SGB IV). Sozialversicherungsrechtliche Zahlungspflichten treffen den Zwischenmeister, wenn er die Stellung als Arbeitgeber nach § 12 Abs. 3 SGB IV hat[1].

(2) Weitere Zahlungspflichtige

85 „Arbeitgeber" ist nicht gleichzusetzen mit einem sonstigen Zahlungspflichtigen nach Sozialversicherungsrecht. Nach § 28e Abs. 2 S. 1 und 2 SGB IV haftet bei legaler *Arbeitnehmerüberlassung* der *Entleiher* als **Bürge**. Er ist weder Arbeitgeber noch wird er von § 266a Abs. 5 StGB erfasst. – Ebenso wenig werden die übrigen Bürgen, die nach § 28e Abs. 2a ff. SGB IV haften – Unternehmer des Baugewerbes, Reeder, Bergwerksunternehmer –, von der Strafnorm erfasst.

86 Es gibt Zahlungspflichten ohne „Beschäftigung": Selbständig Tätige müssen in Deutschland in Ausnahmefällen („**kleine Selbständige**") Beiträge zur eigenen gesetzlichen Rentenversicherung leisten (§ 2 SGB VI). Auch hier gilt die Ausnahme für geringfügige Tätigkeiten (§ 8 Abs. 3 SGB IV).

Gesetzlich rentenversicherungspflichtig sind danach vielfach selbständige Lehrer, Pflegepersonen, Küstenschiffer, Handwerker i.S. der Handwerksordnung sowie insbesondere Erwerbstätige, die selbst regelmäßig keinen versicherungspflichtigen Arbeitnehmer beschäftigen und „auf Dauer und im Wesentlichen" nur für einen Auftraggeber tätig sind (§ 2 Abs. 1 Nr. 9 SGB VI). Die Verletzung solcher Zahlungspflichten, die keine Beiträge für Arbeitnehmer betreffen, ist nicht als Beitragsvorenthaltung strafbar. Diesen säumigen Beitragsschuldnern fehlt das strafbegründende besondere persönliche Merkmal (§ 28 Abs. 1 StGB) eines Arbeitgebers; solche Beiträge sind keine Beiträge i.S. von § 266a StGB.

87 Auch die **Künstlersozialversicherung** ist schon mangels „Arbeitgeber" strafrechtlich ohne Bedeutung, trotz der Versicherungspflicht nach § 2 S. 1 Nr. 9 SGB VI.

Die Künstlersozialversicherung (KSV) ermöglicht seit 1983[2] **selbständigen** (freischaffenden), als solche hauptberuflich tätigen Künstlern und Publizisten den Schutz der gesetzlichen Kranken-, Pflege- und Rentenversicherung, wobei diese lediglich die *Arbeitnehmeranteile* der Sozialversicherungsbeiträge aufbringen müssen. Die restlichen Beiträge tragen die „Verwerter" von künstlerischen Leistungen in Form der pauschal umgelegten „Künstlersozialabgabe", welche im Jahr 2014 5,2 % aller Honorarzahlungen an einen Künstler oder Publizisten betragen hat[3]; ferner gibt es einen Zuschuss des Bundes.

dd) Mittelbares Arbeitsverhältnis

88 Das „mittelbare Arbeitsverhältnis" ist ein arbeitsrechtlicher Begriff[4]. Es erfasst Fälle einer Aufteilung der Arbeitgeber-Pflichten: Der eigentliche Unternehmer, der mittelbare Arbeitgeber, kann vom Arbeitnehmer des unmittelbaren Arbeit-

---

1 *Voelzke* in Küttner, Personalbuch 2014, Rz. 66, *Seewald* in KK-Sozialversicherungsrecht, § 12 SGB IV, Rz. 23.
2 G über die Sozialversicherung der selbständigen Künstler und Publizisten – KünstlersozialversicherungsG (KSVG).
3 Künstlersozialabgabe-VO 2014, BGBl I 2013, 3618.
4 Vgl. Gabler Wirtschaftslexikon, Stichwort: mittelbares Arbeitsverhältnis, online im Internet.

gebers in Anspruch genommen werden, wenn der Letztgenannte seine Pflichten nicht erfüllt. Erforderlich ist eine entsprechende Zusicherung des mittelbaren Arbeitgebers, für die Lohnzahlung einzustehen.

Ein mittelbares Arbeitsverhältnis liegt vor, wenn der Arbeitnehmer von einem Mittelsmann (unmittelbarer Arbeitgeber) beschäftigt wird, der seinerseits Arbeitnehmer eines Dritten (mittelbarer Arbeitgeber, Unternehmer) ist, wobei die Arbeit für den Unternehmer geleistet wird – etwa in Vertretung des krankheitshalber verhinderten Mittelsmannes[1]. 89

Beispiele aus Gabler, Wirtschaftslexikon[2]: (**1**) der **Zwischenmeister** bei Heimarbeit (Rz. 84); (**2**) der Leiter einer Kapelle, deren Mitglieder von ihm selbst engagiert sind; (**3**) ein Verlag, der seine Zeitschrift von „Agenturen" zustellen lässt, die auch für das Inkasso verantwortlich sind und dabei einen Teil des Entgelts behalten dürfen, wobei diese „Agenten" nicht selbst tätig werden müssen, sondern sich ihrerseits weiterer Personen („Austräger") bedienen dürfen.

Das LSG Baden-Württemberg hat in einem solchen Fall die Zahlungspflicht des Unternehmers für die Sozialversicherungsbeiträge zwar bekräftigt, die arbeitsrechtliche Einordnung (ggf. als mittelbarer Arbeitgeber) jedoch offengelassen[3]. Die Lösung liegt in der Erkenntnis, dass der Unternehmer dem Mittelsmann die Befugnis eingeräumt hat, mit Wirkung für den Unternehmer als Arbeitgeber weitere Beschäftigungsverhältnisse zu begründen. 90

Praxistipp: Zwar lässt sich die Pflicht zur Beitragszahlung für beide Arbeitgeber, unmittelbaren wie mittelbaren, nach dem *Anspruchsprinzip* (Rz. 126) daraus begründen, dass beide für die Lohnzahlung als Arbeitgeber (nicht als *Bürge*) haften. Jedoch wird ein *Verbotsirrtum* (Rz. 236) regelmäßig nicht zu widerlegen sein (§ 153 StPO). 91

d) Betriebsnummer

Zu jedem Arbeitgeber i.S. des Sozialversicherungsrechts gehört eine Betriebsnummer[4], abgekürzt „**BBNR**". Die Betriebsnummern werden von der Arbeitsverwaltung, dem *Betriebsnummern-Service* (**BNS**) der Bundesagentur für Arbeit in Saarbrücken bzw. beim „*Haushaltsscheck*" (Rz. 146, 209) durch die *Minijob-Zentrale* (Rz. 198) als Einzugsstelle (§ 28h Abs. 3 SGB IV) vergeben. 92

Ein Unternehmer muss mehrere Betriebsnummern nutzen, wenn er verschiedene **Beschäftigungsbetriebe** (Niederlassungen mit Beschäftigten[5]) hat, dies aber nur für die *Meldungen* nach § 28a SGB IV (Rz. 209), auch im Interesse einer richtigen Verteilung des *Umsatzsteuer*-Aufkommens unter den Gemeinden (§ 5b GemFinRefG). Verschiedene Betriebsnummern können zur Zuständigkeit verschiedener *Prüfdienste* der Rentenversicherungsträger führen

---

1 So der kuriose Fall bei VG Hamburg v. 18.5.2011 – 15 K 2446/10, mit informativen Darlegungen Rz. 34 ff.
2 Beispiele von Gabler Wirtschaftslexikon, Stichwort: mittelbares Arbeitsverhältnis.
3 LSG BW v. 23.10.2003 – L 7 U 5158/99, Rz. 44.
4 S. etwa § 5 Abs. 5 DEÜV i.d.F. v. 5.12.2012.
5 Zur Begriffsbestimmung s. Nr. 4.2, zur Verwendung Nr. 4.4.1 des Gemeinsames Rundschreiben „Gemeinsames Meldeverfahren zur Kranken-, Pflege-, Renten- und Arbeitslosenversicherung" des GKV-Spitzenverbandes auf dessen Internetseite www.gkv-datenaustausch.de zum Arbeitgeberverfahren/DEÜV.

(Rz. 95). Im *Beitragsnachweis* (Rz. 142) wird hingegen nur die Betriebsnummer des Hauptsitzes, die *Haupt-Betriebsnummer*, verwendet. Zur *örtlichen Zuständigkeit* der Strafjustiz s. Rz. 300.

Die Betriebsnummer ist das Identifikationsmerkmal eines Arbeitgebers. Darunter werden die sozialversicherungsrechtlichen Daten dieses Arbeitgebers gesammelt, etwa bei der *Datenstelle der Rentenversicherungsträger* (**DSRV**, Rz. 218). Ohne Betriebsnummer gibt es keine registrierte, also erkennbare, Geschäftsbeziehung zwischen Arbeitgeber und Einzugsstelle (Rz. 149, 209).

Praxistipp: Die Betriebsnummer sollte auch in jeder Strafakte zu § 266a StGB verzeichnet sein; sie gehört schon in die Strafanzeige, zu den „Personalien" des Arbeitgebers, egal ob natürliche oder juristische Person.

93 **Praxistipp:** Wenn der Arbeitgeber völlig illegal vorgeht und keine **Betriebsnummer** hat, können sowohl die Sozialversicherungsträger als auch die Ermittlungsbehörden vom *Betriebsnummern-Service* (Rz. 92) ohne Beteiligung des Arbeitgebers, aber mit Wirkung für den Arbeitgeber, eine Betriebsnummer vergeben lassen.

94 **Praxistipp:** Gelegentlich gehen bei Einzugsstellen Beitragszahlungen in korrekter Höhe ein, was mangels Vorenthaltens (Rz. 152) jede Strafbarkeit ausschließt, obwohl dort mangels Betriebsnummer (noch) kein *Arbeitgeberkonto* geführt wird. Richtigerweise sollte die Einzugsstelle dem nachgehen, den Arbeitgeber identifizieren, auf die Vergabe einer Betriebsnummer achten, ein Konto anlegen, vom Arbeitgeber Meldungen (§ 28a SGB IV, s. Rz. 209) und Beitragsnachweise (§ 28f Abs. 3 SGB IV, s. Rz. 142) verlangen und diese Daten an die Datenstelle der Rentenversicherungsträger (**DSRV**-Datei, Rz. 218) weitergeben. Unterlässt sie dies, was gelegentlich vorkommt, entsteht bei den – im Rahmen von Ermittlungen üblichen – Registerabfragen der falsche Verdacht, Beiträge seien nicht entrichtet worden (s. aber Rz. 147b). Tatsächlich liegen *nur Ordnungswidrigkeiten* des Arbeitgebers vor, sog. Meldeverstöße (etwa § 111 Abs. 1 S. 1 Nr. 2 SGB IV).

95 Ohne Betriebsnummer ist die Zuständigkeit innerhalb der **Deutschen Rentenversicherung** (Rz. 22a) nicht zu bestimmen; ihre letzte Ziffer (Endziffer) gibt den Ausschlag:

– „0" bis „4": Zuständig ist die Deutsche Rentenversicherung Bund, die ehemalige Bundesversicherungsanstalt für Angestellte (**BfA**).

– „5" bis „9": Zuständig ist die Deutsche Rentenversicherung Land (Beispiel: DRV Baden-Württemberg), die ehemalige Landesversicherungsanstalt (**LVA**).

96 Bei **illegaler Arbeitnehmerüberlassung** (Rz. 78) ist kraft Vereinbarung der Rentenversicherungsträger derzeit (2014) die Betriebsnummer des *Entleihers* ausschlaggebend. Dabei besteht jedoch folgendes Problem: Ob (illegale) Arbeitnehmerüberlassung vorliegt, ist die sozialversicherungsrechtlich, also vom Rentenversicherungsträger – und nicht etwa vom Zoll (*Finanzkontrolle Schwarzarbeit*) oder der Arbeitsverwaltung (Bundesagentur für Arbeit) – zu beurteilende Frage nach dem beitragspflichtigen Arbeitgeber[1]. Die Zuständigkeit für die Beurteilung dieser Frage hängt also vom Ergebnis der Beurteilung ab – ein Zirkelschluss! Einfacher wäre es, die Zuständigkeit an der Person auszurichten, die den Lohn auszahlt (s. auch Rz. 321).

97 Bei illegaler Beschäftigung kann sich die **zuständige Einzugsstelle** nach der Betriebsnummer bestimmen (Rz. 150).

---

1 LSG Baden-Württemberg v. 20.4.2010 – L 11 R 5269/08, Rz. 5.

2. Beiträge des Arbeitnehmers

Nur die „Beiträge des Arbeitnehmers zur Sozialversicherung" werden von § 266a Abs. 1 StGB erfasst. Diese **Arbeitnehmeranteile** sind die wirtschaftlich vom Arbeitnehmer (Beschäftigten) zu tragenden Teile der Beitragslast. Arbeitnehmeranteile gibt es nur in der *Krankenversicherung*, der *Pflegeversicherung*, der *Rentenversicherung* und der *Arbeitslosenversicherung*; Letztere werden im Straftatbestand mit „Beiträge zur Arbeitsförderung" bezeichnet. 98

Bei **kurzfristiger Beschäftigung** (§ 8 Abs. 1 Nr. 2 SGB IV) gibt es keine Arbeitnehmeranteile; zur *Unfallversicherung* s. Rz. 192. 99

Praxistipp: Geringfügig entlohnte Beschäftigungsverhältnisse („450-Euro-Job") spielten bei reinen Nichtzahlungsfällen (§ 266a Abs. 1 StGB) bislang keine, seit 2013 nun aber immerhin eine gewisse Rolle: Bei den „**Minijobs**", auch als „*Aushilfsjobs*" bezeichnet, die von § 8 Abs. 1 Nr. 1 SGB IV erfasst werden, fallen erst seit 2013 auch *Arbeitnehmeranteile*, aber nur in der *Rentenversicherung*, nur in Höhe der Differenz zum allgemeinen Beitragssatz (§ 168 Abs. 1 Nr. 1b SGB VI) und nur dann an, wenn keine Befreiung von der Versicherungspflicht (§ 6 Abs. 1b SGB VI) gewährt wurde[1] – dann aber auch im *Privathaushalt*[2] (Rz. 191). 100

Die bei versicherungsfreier *geringfügiger Beschäftigung* anfallenden, allein vom Arbeitgeber zu tragenden **Pauschalbeiträge** und *Umlagen* werden hingegen nur im Täuschungsfall (von § 266a Abs. 2 StGB) erfasst[3] (Rz. 188, zu Mischfällen Rz. 131 ff.).

Diese Arbeitnehmeranteile – und die *Lohnsteuer* – zieht der Arbeitgeber vom vertraglich vereinbarten **Bruttolohn** ab, den er dem Beschäftigten schuldet; er zahlt als **Nettolohn** den verbleibenden Restbetrag an den Beschäftigten aus. 101

Der Arbeitgeber muss zwar diese Arbeitnehmeranteile an die Einzugsstelle (Rz. 148) zahlen (im *Gesamtsozialversicherungsbeitrag*: § 28e SGB IV, Rz. 140). Er hat jedoch einen Erstattungsanspruch gegen seinen Beschäftigten, den er aber nur durch Abzug vom *Arbeitsentgelt* geltend machen kann (§ 28g SGB IV). Hat der Beschäftigte seine Pflichten erfüllt (§ 28o SGB IV), so kann der Arbeitgeber einen versäumten Lohnabzug nur bei den drei folgenden Lohnzahlungen nachholen (Einzelheiten: § 28g SGB IV).

Die weiteren, wirtschaftlich vom Arbeitgeber zu tragenden Teile der Beitragslast („**Arbeitgeberanteile**") muss der Arbeitgeber zusätzlich zum Bruttoentgelt zahlen. Alle vom Arbeitgeber zu tragenden Beitragslasten werden nicht von § 266a Abs. 1 StGB, sondern nur im Täuschungsfall von Abs. 2 erfasst (Rz. 186 ff.). 102

a) Beitragspflicht

Die Tatbestandsverwirklichung setzt eine sozialversicherungsrechtliche Beitragspflicht voraus. Für die Versicherungs- und Beitragspflicht in allen Zweigen der Sozialversicherung gilt als Grundsatz (§ 2 Abs. 2 SGB IV): **Kraft Gesetzes versichert** sind Personen, die gegen *Arbeitsentgelt* (§ 14 SGB IV, Rz. 121 ff.) *beschäftigt* (§ 7 SGB IV, Rz. 37 ff.) sind, nach den jeweiligen Regelungen der ein- 103

---

1 Einzelheiten und Sonderfälle bei *Rolfs* in ErfK, § 8 SGB IV Rz. 25 ff.; *Rittweger* in BeckOK SozR, § 8 SGB IV Rz. 24; *Schlegel* in jurisPK, § 8 SGB IV Rz. 4 ff.
2 *Rittweger* in BeckOK SozR, § 8a SGB IV, Rz. 19.
3 BGH v. 4.9.2013 – 1 StR 94/13, Rz. 17.

zelnen *Versicherungszweige*[1]. Die Versicherungspflicht und damit die Beitragspflicht des Arbeitgebers folgt unmittelbar aus dem Gesetz: Wenn der Sachverhalt die Tatbestandsvoraussetzungen des Sozialversicherungsrechts erfüllt, tritt die gesetzliche Versicherung ein, Zahlungspflichten eingeschlossen – ohne jede Formalität, insbesondere auch ohne Meldung zur Sozialversicherung (Rz. 209).

103a **Praxistipp:** Deshalb sind auch **Schwarzarbeiter** gesetzlich sozialversichert. Zunächst haben sie wegen der Heimlichkeit (Krankenkasse und Rentenversicherung wissen nichts von ihnen) davon keinen Vorteil. Decken der Prüfdienst der Rentenversicherung (Rz. 22) und die Strafverfolgungsbehörden die Schwarzarbeit aber auf, werden die Meldungen und Beitragsnachweise nachgeholt und die Schwarzarbeiter so „nachversichert".

Diese Ansprüche aus den gesetzlichen Sozialversicherungen bestehen grundsätzlich auch ohne *Beitragszahlung* des Arbeitgebers. Bei Verstoß gegen die Melde- und Zahlungspflichten ohne Wissen des Beschäftigten ergibt sich dies in der Rentenversicherung aus § 203 Abs. 2 SGB VI, der bestimmt: „Machen Versicherte glaubhaft, dass der auf sie entfallende Beitragsanteil vom Arbeitsentgelt abgezogen worden ist, so gilt der Beitrag als gezahlt." In Täuschungsfällen werden bei personenbezogener Beitragsberechnung (s. Rz. 258) vom *Prüfdienst* die Daten für die Meldungen zur Sozialversicherung und die Beitragsnachweise nachträglich festgestellt und so ordnungsgemäß im Datenbestand der Sozialversicherungsträger erfasst. Aus § 199 SGB VI ergibt sich dann, dass eine Zahlungsunwilligkeit oder -unfähigkeit des Arbeitgebers allein das Risiko des Rentenversicherungsträgers ist[2].

103b Da die Beitragspflicht nur kraft Gesetzes entsteht bekommt der Arbeitgeber **irrig gezahlte Beiträge erstattet** (§ 26 Abs. 2, 3 SGB IV). Abgezogen werden allerdings die Leistungen der Sozialversicherungen (§ 26 Abs. 2 SGB IV).

Praxistipp: Die Beitragspflicht folgt nicht aus dem *Beitragsnachweis*, sondern die Pflicht zur Abgabe eines Beitragsnachweises folgt aus der Beitragspflicht. Weder die Abgabe einer *Meldung* (§ 28a SGB IV, Rz. 209) noch die Abgabe eines Beitragsnachweises (§ 28f Abs. 3 SGB IV, Rz. 142, 145) begründen eine Zahlungspflicht. Der Arbeitgeber muss also nicht etwa deshalb Beiträge entrichten, weil er jemanden zur Sozialversicherung „gemeldet" oder Beiträge „nachgewiesen" hat, auch nicht bei vorsätzlich falscher Meldung, etwa um die Versicherung zu erschleichen (*familienhafte Mithilfe*", Rz. 73). Eine Bestrafung ist nicht nach § 266a StGB möglich (Rz. 76, 176).

104 Die Beitragspflicht als gesetzliche Folge der Zusammenarbeit der Beteiligten lässt sich durch privatrechtliche Vereinbarung der Beteiligten weder ausschließen noch herbeiführen (vgl. § 32 SGB I). Privatrechtlich kann nicht das Subsumtionsergebnis vereinbart werden, ob eine Tätigkeit für einen anderen sozialversicherungsrechtlich, also nach öffentlichem Recht, als abhängige Beschäftigung mit Versicherung und Beitragspflicht einzuordnen ist oder nicht. Die Beteiligten haben nur mittelbar Einfluss auf die Folgen im Sozialversicherungsrecht, nämlich im Wege der privatrechtlichen Regelung ihrer Zusammenarbeit und dem entsprechenden Vollzug ihrer Regelung (Rz. 47).

105 Für das Sozialversicherungsrecht selbst kommt es weder auf den Willen der Beteiligten noch auf deren Absprachen „auf dem Papier" an. „Für die Beurteilung, ob ein sozialversicherungspflichtiges Arbeitsverhältnis (Beschäftigungsverhält-

---

1 BSG v. 11.3.2009 – B 12 R 11/07 R, Rz. 15 a.E.
2 *Mutschler* in: jurisPK-SGB VI, § 199, Rz. 19.

nis) vorliegt, sind allein die tatsächlichen Gegebenheiten maßgeblich."¹ Nicht die Beteiligten, sondern allein die Träger der Sozialversicherungen und die Sozialgerichtsbarkeit entscheiden über die gesetzliche Versicherungspflicht (s. auch Rz. 43). Das gilt auch für das Strafrecht. Maßgeblich ist die Rechtsbeziehung so, wie sie praktiziert wird, und die praktizierte Beziehung so, wie sie rechtlich zulässig ist².

Die Rechtsprechung fasst zusammen: „Eine rechtmäßige Vereinbarung, nach der dem Arbeitnehmer das tatsächlich ausgezahlte Entgelt verbleibt, ohne dass vom Arbeitgeber hierfür Sozialversicherungsbeiträge aus dem Bruttoentgelt zu zahlen sind, kann nicht getroffen werden."³

Die Parteien (Arbeitgeber und Beschäftigter) haben auch keine Befugnis, über das Entstehen und die **Fälligkeit** der Beiträge (Rz. 157) zu bestimmen. Die Beitragspflicht folgt kraft Gesetzes aus der Beschäftigung in einem bestimmten Monat und dem dafür zugesagten Arbeitsentgelt. Eine Abrede über eine „Verteilung" des Lohnes für die in einem Monat geleistete Arbeit auf die Folgemonate ändert an der im *Beschäftigungsmonat* entstandenen Beitragspflicht samt Beiträgen ebenso wenig wie eine Vereinbarung, den Lohn später zu zahlen (*Stundungsabrede*): Die Beteiligten können so über die öffentlich-rechtliche Beitragspflicht durch privatrechtliche Abreden nicht disponieren. Ebenfalls ohne Bedeutung für die Beitragspflicht (und die Höhe der Beiträge: Rz. 126) ist eine *Aufrechnung* mit Gegenforderungen des Arbeitgebers oder eine *Vertragsstrafe*⁴, die auf den Zahlungsanspruch des Beschäftigten angerechnet wird. Auch ein nachträglicher *Lohnverzicht* des Beschäftigten beseitigt die Beitragspflicht des Arbeitgebers nicht.

106

Bei einem *Arbeitszeitkonto*⁵ gibt es Besonderheiten (Rz. 128).

Beschäftigte mit anhaltend höherem Einkommen sind (nur) in der *Kranken-* und *Pflegeversicherung* (§ 6 Abs. 1 Nr. 1 SGB V; § 20 Abs. 1 S. 1 SGB XI) versicherungsfrei; sie gelten als nicht schutzbedürftig⁶. Die für diese *Versicherungsfreiheit* maßgebliche Jahresarbeitsentgeltgrenze („**Versicherungspflichtgrenze**") wird in § 6 Abs. 6 und 7 SGB V in eine allgemeine und eine besondere Grenze unterschieden. Die Grenze wird in Anpassung an die Lohnentwicklung durch Rechtsverordnung der Bundesregierung⁷ immer wieder neu festgelegt. 2014 lag in der Kranken- und der Pflegeversicherung die allgemeine *Jahresarbeitsentgeltgrenze* bei 53.550 Euro.

107

In der *Rentenversicherung* und der *Arbeitslosenversicherung* gibt es keine Versicherungspflichtgrenze, aber **Beitragsbemessungsgrenzen** (Rz. 137). Es gibt Ausnahmen von der Versicherungspflicht, etwa in der Rentenversicherung für

---

1 BGH v. 2.12.2008 – 1 StR 416/08, BGHSt 53, 71, Rz. 14 (st. Rspr.).
2 BSG v. 28.5.2008 – B 12 KR 13/07 R, USK 2008-45, Rz. 17.
3 BGH v. 2.12.2008 – 1 StR 416/08, BGHSt 53, 71, Rz. 14, 17.
4 BGH v. 16.4.2014 – 1 StR 516/13, Rz. 41.
5 Erläuterungen bei *Schlegel* in Küttner, Personalbuch, unter „Arbeitszeitmodelle".
6 *Felix* in jurisPK, 2. Aufl. 2012, § 6 SGB V Rz. 13.
7 Nach § 160 SGB VI; im Jahr 2009: VO über maßgebende Rechengrößen der Sozialversicherung für 2009 (Sozialversicherungs-Rechengrößenverordnung 2009 – SVRechGrV 2009) v. 2.12.2008, BGBl. I 2336.

Altersrentner (§ 5 Abs. 4 Nr. 1 SGB VI) und – auf Antrag – Mitglieder *berufsständischer Versorgungswerke* (§ 6 Abs. 1 Nr. 1 SGB VI).

108 Für **Mischfälle** gilt: Bezieht der Beschäftigte seine Einkünfte hauptsächlich aus einer selbständigen Tätigkeit und ist daneben auch als abhängig Beschäftigter erwerbstätig, so ist er nur in der *Rentenversicherung* und der *Arbeitslosenversicherung* versicherungspflichtig, hingegen versicherungsfrei in der *Krankenversicherung* (§ 5 Abs. 5 SGB V) und dementsprechend in der *Pflegeversicherung*.

Ist der (Haupt-)Auftraggeber identisch mit dem Arbeitgeber, so ist das Verhältnis grundsätzlich einheitlich zu beurteilen[1], also entweder als abhängige Beschäftigung oder als Auftragsverhältnis (s. auch Rz. 47, 63, 131). Eine Ausnahme von der einheitlichen Beurteilung gilt, wenn „der Zusammenhang zwischen Beschäftigung und selbstständiger Tätigkeit kein notwendiger mehr ist, insbesondere wenn weder die selbstständige Tätigkeit als solche noch die konkrete Art und Weise ihrer Ausübung vom Bestand der Beschäftigung abhängig sind"[2].

b) Auslandsberührung

109 aa) Die Versicherungs- und Beitragspflicht entsteht bei Beschäftigung, die in Deutschland ausgeübt wird (§ 3 Nr. 1 SGB IV), auch wenn der hier Beschäftigte zur Verrichtung einer konkreten Tätigkeit vorübergehend ins Ausland entsandt wird (sog. **Ausstrahlung**, § 4 SGB IV).

110 Umgekehrt führt eine hier verrichtete, als abhängige Beschäftigung einzuordnende Tätigkeit nicht zur Versicherungs- und Beitragspflicht in Deutschland, wenn die tätige Person im Rahmen eines im Ausland bestehenden Beschäftigungsverhältnisses *vorübergehend nach Deutschland entsandt* wurde (sog. **Einstrahlung**, § 5 SGB IV).

111 Kommt *Einstrahlung* infrage, ist **europäisches Recht** wegen der akzessorischen Bindung des Strafrechts an das Sozialversicherungsrecht (Rz. 14 ff.) von besonderer Bedeutung: Die deutschen Träger der Sozialversicherung waren schon bislang nach der Rechtsprechung des EuGH[3] an die *Entsendebescheinigungen* (**A 1**, früher **E 101**[4]) der Sozialversicherungsträger von Mitgliedstaaten gebunden. Heute ist die Bindung durch europäisches Recht festgeschrieben (Rz. 114).

Eine Strafbarkeit wegen Beitragsvorenthaltung ist nach der Rechtsprechung des BGH[5] nicht möglich, wenn (und solange Rz. 115) es eine echte, wenn auch erschlichene oder gekaufte **Entsendebescheinigung** gibt. Ohnehin gilt im natio-

---

1 BSG v. 16.2.1983 – 12 RK 26/81, BSGE 55, 1.
2 BSG v. 31.10.2012 – B 12 R 1/11 R, Rz. 17.
3 Nw. bei BGH v. 24.10.2006 – 1 StR 44/06, BGHSt 51, 124, Rz. 19.
4 Nach der VO (EWG) Nr. 1408/71 des Rates v. 14.6.1971 (sog. „WanderarbeitnehmerVO"), ABl. EG Nr. L 149 v. 5.7.1971, 2, und den Durchführungsvorschriften in der VO (EWG) Nr. 574/72 der Kommission v. 21.3.1972, ABl. EG Nr. L 74 v. 27.3.1972, 1.
5 BGH v. 24.10.2006 – 1 StR 44/06, BGHSt 51, 124.

nalen Recht § 6 SGB IV, der jeglichen zwischenstaatlichen Regelungen Vorrang einräumt.

Einstrahlung („**Entsendung**") nach Deutschland wird häufig vorgetäuscht, um Beitragsvorenthaltung zu verdecken[1] (Rz. 11a, 19a, 63a; s. auch § 37 Rz. 136 ff.). Dies hat regelmäßig eine *Sperrwirkung* für Sozialversicherungsbeiträge in Deutschland und damit für eine Strafverfolgung zur Folge (Rz. 116).

Beispiel: Der Arbeitgeber kann etwa den Schein erzeugen, sein Unternehmen habe seinen **Sitz** im Ausland, und geltend machen, die Beitragspflicht bestünde dort. Oder ein inländischer Arbeitgeber schließt zum Schein einen **Werkvertrag** mit einem ausländischen Unternehmer und beschäftigt die ihm in Wirklichkeit überlassenen Arbeitnehmer (illegale *Arbeitnehmerüberlassung*, Rz. 78, 80b) in seinem Betrieb (s. auch § 37 Rz. 20 ff.). In beiden Fällen wird bei oberflächlichen Kontrollen nicht bemerkt, dass eigentlich Beiträge in Deutschland abzuführen wären.

Für die **Lohnsteuer** haben Entsendebescheinigungen keine Bindungswirkung[2] (Rz. 380 ff.).

In der EU war der Anschluss an ein Sozialversicherungssystem bei *Entsendung* seit 1971 durch die sog. „**WanderarbeitnehmerVO**"[3] geregelt[4], die schon mit unmittelbarem Geltungsvorrang ausgestattet war (Art. 249 Abs. 2 EGV). 112

Seit 1.5.2010 gilt nun die **VO (EG) Nr. 883/2004**[5], die in **Art. 12** Abs. 1 (zu Abs. 2 s. Rz. 63a) bestimmt[6]:

Eine Person, die in einem Mitgliedstaat für Rechnung eines Arbeitgebers, der gewöhnlich dort tätig ist, eine Beschäftigung ausübt und die von diesem Arbeitgeber in einen anderen Mitgliedstaat entsandt wird, um dort eine Arbeit für dessen Rechnung auszuführen, unterliegt weiterhin den Rechtsvorschriften des ersten Mitgliedstaats, sofern die voraussichtliche Dauer dieser Arbeit 24 Monate nicht überschreitet und diese Person nicht eine andere entsandte Person ablöst.

Die Durchführungsvorschriften finden sich seither in der **VO (EG) Nr. 987/2009**. Die Verordnungen werden ergänzt durch den *Beschluss Nr. A2 vom 12.6.2009*[7] und erläutert in einem „*Praktischen Leitfaden*" der Europäischen Kommission[8]. Zusammengenommen sind dies zweckmäßige Regelungen, die Missbrauch entgegenwirken und nicht nur Kontrollen vorsehen, son- 113

---

1 So im Fall BGH v. 4.9.2013 – 1 StR 94/13, Rz. 14.
2 FG Hess. v. 13.2.2008 – 8 K 2258/01, Rz. 61.
3 VO (EWG) Nr. 1408/71 v. 14.6.1971.
4 *Padé* in jurisPK, § 5 SGB IV Rz. 13 ff., auch zur EG-VO 883/2004.
5 VO (EG) Nr. 883/2004 des Europ. Parl. und des Rates v. 29.4.2004 zur Koordinierung der Systeme der sozialen Sicherheit, ABl. EU Nr. L 166 v. 30.4.2004, 1–123, ber. ABl. EU 2004 Nr. L 200 v. 7.t.2004, 1 und ABl. EU 2007 Nr. L 204 v. 4.8.2007, 30.
6 Erläuterungen bei *Utz* in BeckOK SozR, Art. 12 VO (EG) 883/2004.
7 Beschluss Nr. A2 v. 12.6.2009 zur Auslegung des Art. 12 der VO (EG) Nr. 883/2004 des Europ. Parl. und des Rates hinsichtlich der auf entsandte Arbeitnehmer sowie auf Selbständige, die vorübergehend eine Tätigkeit in einem anderen als dem zuständigen Mitgliedstaat ausüben, anzuwendenden Rechtsvorschriften, ABl. EU Nr. C 106 v. 24.4.2010, 5 ff.
8 Praktischer Leitfaden zum anwendbaren Recht in der EU, im EWR und in der Schweiz vom Dezember 2013, zu finden auf der Internetseite der *Verwaltungskommission* der EU.

dern sogar einen Hinweis für die Beteiligten auf die Kontrollen[1] (s. aber Rz. 116). Ziel der Regelungen ist, dass *Erwerbstätige* – also abhängig Beschäftigte und Selbständige (Rz. 48b) – nur an ein System der sozialen Sicherung angeschlossen sein sollen, auch wenn sie vorübergehend in einem anderen Mitgliedsstaat tätig sind. Die sozialversicherungsrechtliche Beurteilung der Erwerbstätigkeit obliegt dabei grundsätzlich allein und verbindlich den Sozialversicherungsträgern des Herkunftsstaates.

114 Das Unionsrecht sieht in Art. 19 Abs. 2 VO (EG) Nr. 987/2009 eine Bescheinigung über den Anschluss des vorübergehend im Ausland (also etwa in Deutschland) Erwerbstätigen an die Sozialversicherung in seinem Heimatland vor, die *Entsendebescheinigung*, früher „*E 101*", seit 2010 „**A 1**" genannt. Diese Entsendebescheinigung hat ausdrücklich **Bindungswirkung** für die anderen Mitgliedstaaten[2]. Denn die **VO (EG) Nr. 987/2009**[3] bestimmt in **Artikel 5** Abs. 1:

> Vom Träger eines Mitgliedstaats ausgestellte Dokumente, in denen der Status einer Person für die Zwecke der Anwendung der Grundverordnung und der Durchführungsverordnung bescheinigt wird, sowie Belege, auf deren Grundlage die Dokumente ausgestellt wurden, sind für die Träger der anderen Mitgliedstaaten so lange verbindlich, wie sie nicht von dem Mitgliedstaat, in dem sie ausgestellt wurden, widerrufen oder für ungültig erklärt werden.

115 Als Korrektiv sieht Art. 5 Abs. 2 der VO (EG) Nr. 987/2009 vor, dass die Stellen des Herkunftsstaates vom wirklichen Sachverhalt informiert und zur Änderung ihrer Status-Beurteilung sowie zum Widerruf („**Rücknahme**") der *Entsendebescheinigungen* veranlasst werden können[4].

116 **Praxistipp:** Bei (vorgetäuschter) *Entsendung*, also im Geltungsbereich von Art. 12 der VO (EG) Nr. 883/2004[5], sind Ermittlungen wenig Erfolg versprechend: Die Regelungen der EU entfalten in der Praxis eine **Sperrwirkung** für die Beitragsfestsetzung in Deutschland und damit für die Strafverfolgung, insbesondere, aber nicht nur, wenn Entsendebescheinigungen ausgestellt wurden (s. schon Rz. 11a, 19). Dann ist auch der Weg zu einer inländischen Beitragspflicht über das deutsche AÜG wegen *illegaler Arbeitnehmerüberlassung* versperrt (Rz. 79). Gleichermaßen ausgeschlossen ist die Beurteilung als beitragspflichtige Beschäftigung, wenn der (eigentlich) Beschäftigte im Heimatland mit einer „ähnlichen" Tätigkeit als Selbständiger gilt (Rz. 63a). Sobald der Täter über diese Sperrwirkung einer Entsendebescheinigung informiert ist, kann er seine Bestrafung zuverlässig verhindern: Wenn er nicht Arbeitgeber i.S. des Sozialversicherungsrechts ist, kann er auch nicht Täter i.S. des Straftatbestands sein (Rz. 27). Und die dafür hilfreiche Entsendebescheinigung kann auch nachträglich beschafft werden[6]. Dabei kann aus deutscher Sicht keine Rede davon sein, dass der (ost- oder südeuropäische) Herkunftsstaat die Voraussetzungen für eine „Entsendung" ernsthaft prüft oder gar kontrolliert (Rz. 113). In der Praxis werden die Sozialversicherungsträger der Herkunftsstaaten ohnehin keine andere Wahl haben, als sich schlicht auf die Behauptungen der Beteiligten zu verlassen. Kontrollieren können sie nur die Dauer der und die Fristen zwischen den einzelnen „Entsendungen"

---

1 Beschluss Nr. A2 v. 12.6.2009 Nr. 5.
2 Einzelheiten bei *Seewald* in KK-SozialversicherungsR, 83. Lfg. 2014, Vorbem. zu §§ 4–6 SGB IV Rz. 17 ff.
3 VO (EG) Nr. 987/2009 des Europ. Parl. und des Rates v. 16.9.2009, ABl. EU Nr. L 284 v. 30.10.2009, 1.
4 *Utz* in BeckOK SozR, Art. 12 VO (EG) 883/2004, Rz. 20 f.
5 Erläuterungen bei *Utz* in BeckOK SozR, Art. 12 VO (EG) 883/2004.
6 *Utz* in BeckOK SozR, Art. 12 VO (EG) 883/2004, Rz. 19.

117 Selbst nach einer Information über die hiesigen Ermittlungsergebnisse und einem Widerruf („**Rücknahme**") der Entsendebescheinigungen[1] wird sich kaum jemals eine Bestrafung des inländischen Nutznießers, der nunmehr „Arbeitgeber" ist, herbeiführen lassen. Zum einen werden seit der Tat viele Jahre vergangen sein, zum anderen werden die Strafgerichte große Schwierigkeiten haben, wenn sich der Täter – was naheliegt – auf einen für ihn unvermeidbaren *Verbotsirrtum* beruft: Ihm muss dann das Wissen um die Täuschung der Sozialversicherungsträger im Herkunftsstaat nachgewiesen werden (Rz. 238a).

118 Aber auch ohne Entsendebescheinigung ist die Beitragsfestsetzung in Deutschland immer schon dann schwierig, wenn der Erwerbstätige im Herkunftsstaat an ein System der sozialen Sicherung angeschlossen ist. Und eine Sozialversicherung im Herkunftsstaat ist regelmäßig gegeben. Dann wird die Deutsche Rentenversicherung immer erst im Heimatland eine **Klärung** herbeiführen, bevor hier Beiträge festgesetzt werden. Allein schon die dadurch verursachte Verzögerung stünde auch hier einer effektiven Bestrafung entgegen, selbst wenn es gelingen sollte, die Träger der anderen Mitgliedstaaten zur Bestätigung einer Versicherung und damit einer Beitragspflicht in Deutschland zu bewegen.

119 Bei Angehörigen von **Drittstaaten**, außerhalb der EU, die in Deutschland arbeiten, gibt es nach deutscher Rechtsprechung keine *Bindungswirkung* an – zweiseitig völkerrechtlich vereinbarte – *Entsendebescheinigungen*[2].

120 **bb)** Für Zivil-Personen, die bei ausländischen Streitkräften der NATO in Deutschland beschäftigt werden, kommt das **NATO-Truppenstatut** zum Zuge.

Soweit diese Personen als „ziviles Gefolge" bei den Streitkräften beschäftigt sind, etwa bei der amerikanischen Truppenversorgungseinrichtung „**AAFES**", und die persönlichen Voraussetzungen aufweisen (Art. 1 Abs. 1b Nato-Truppenstatut), etwa keine Deutsche sind, genießen sie die Privilegien des Nato-Truppenstatuts und des Zusatzabkommens, **Sozialversicherungsfreiheit** eingeschlossen. Sind diese Personen aber bei einem privaten, seinerseits nicht privilegierten Unternehmen beschäftigt, gilt uneingeschränkt deutsches Sozialversicherungsrecht, auch dann, wenn die Beschäftigung innerhalb des umzäunten und zugangskontrollierten Armeegeländes und im Auftrag der Armee sowie im Interesse der Truppenversorgung ausgeübt wird. Aus Art. 13 des Zusatzabkommens zum Nato-Truppenstatut folgt nichts anderes[3]. Dabei sind die engen Bindungen, die etwa die US-Armee ihren Vertragspartnern auferlegt, namentlich die Kontrolle über die Einnahmen des Vertragspartners, ohne entscheidende Bedeutung; Arbeitgeber ist regelmäßig nicht eine Einrichtung der US-Armee, sondern der von ihr beauftragte Unternehmer.

c) Arbeitsentgelt

121 Das Arbeitsentgelt ist Tatbestandsvoraussetzung für die Versicherungs- und Beitragspflicht im Sozialversicherungsrecht sowie regelmäßig *Bemessungsgrundlage* (Rz. 129) für die Beiträge und Umlagen.

aa) Bestandteile

122 Arbeitsentgelt sind grundsätzlich **alle wirtschaftlichen Zuwendungen** des Arbeitgebers, auch Sachleistungen, vertraglich geschuldete ebenso wie freiwillige Leistungen, die dem Beschäftigten „wegen[4]" der Arbeitsleistung – als Lohn oder an Stelle von Lohn[5] – gewährt werden. **§ 14 SGB IV** definiert:

---

1 *Utz* in BeckOK SozR, Art. 12 VO (EG) 883/2004, Rz. 20 f.
2 BGH v. 24.10.2007 – 1 StR 160/07 – D/H-101-Entscheidung, BGHSt 52, 67.
3 BSG v. 19.12.1995 – 12 RK 24/94, EzS 130/363.
4 BGH v. 8.7.2009 – 1 StR 150/09, wistra 2009, 438, Rz. 10.
5 BGH v. 11.8.2011 – 1 StR 295/11 – bei Nr. 2.

„Arbeitsentgelt sind alle laufenden oder einmaligen Einnahmen aus einer Beschäftigung, gleichgültig, ob ein Rechtsanspruch auf die Einnahmen besteht, unter welcher Bezeichnung oder in welcher Form sie geleistet werden und ob sie unmittelbar aus der Beschäftigung oder im Zusammenhang mit ihr erzielt werden."

Arbeitsentgelt sind auch **Kost** und **Logis** oder ein privat zu nutzendes **Fahrzeug**. Die Werte für Kost und Logis, die Ausnahmen und weitere Einzelheiten regelt die *Sozialversicherungsentgeltverordnung* (**SvEV**)[1], die seit 2007 die *Arbeitsentgeltverordnung* (**ArEV**) ersetzt, die ihrerseits die *Sachbezugsverordnung* abgelöst hat.

123 In § 14 Abs. 1 S. 3 SGB IV wird der Zusammenhang mit dem **Steuerrecht** hergestellt:

„**Steuerfreie** Aufwandsentschädigungen und die in § 3 Nr. 26 und 26a des Einkommensteuergesetzes genannten steuerfreien Einnahmen gelten nicht als Arbeitsentgelt".

§ 3 Nr. 26, 26a EStG nennen Einnahmen aus **nebenberuflichen** Tätigkeiten, Nr. 26 etwa als Übungsleiter (2014 bis zu 2 400 Euro im Jahr), Nr. 26a als Helfer einer gemeinnützigen Einrichtung (2014 bis zu 720 Euro im Jahr). Steuerfreie **Aufwandsentschädigungen** sind Vergütungen für Spesen wie Reise- und Verpflegungskosten (s. etwa § 3 Nr. 13 und 16 EStG[2]).

124 *Zuschläge* zum Arbeitsentgelt für **Sonn-**, **Feiertags-** und **Nachtarbeit** sind nach § 3b EStG in gewissen Grenzen *steuerfrei*. Die Sozialversicherungsentgeltverordnung greift dies in § 1 auf und bestimmt, dass diese Lohnbestandteile bis zu einem Stundenlohn von 25 Euro auch *beitragsfrei* sind.

Besonderheiten gibt es in der gesetzlichen **Unfallversicherung**: Dort sind lohnsteuerfreie Zuschläge für Sonntags-, Feiertags- und Nachtarbeit beitragspflichtig. Das tatsächliche Arbeitsentgelt ist zu melden.

125 **Trinkgeld**, das der Beschäftigte direkt von Dritten (Kunden) erhält, ist hingegen kein Arbeitsentgelt (da steuerfrei nach § 3 Nr. 51 EStG, seit 2002 ohne Rücksicht auf die Höhe, i.V.m. § 1 SvEV).

Praxistipp: Das gilt aber nur dann, wenn das Trinkgeld der Kunden absprachegemäß in voller Höhe allein dem Beschäftigten zur freien Verfügung verbleibt. Kein „Trinkgeld" in diesem Sinn, sondern **Arbeitsentgelt** sind deshalb Zahlungen des Arbeitgebers an den Beschäftigten, auch wenn sie einen Teil der Trinkgelder der Kunden darstellen. Dies gilt etwa dann, wenn der Arbeitgeber die Trinkgelder zunächst einkassiert hatte, wenn er etwa den gesamten Inhalt des Bedienungsgeldbeutels mit den „Trinkgeldern" der Kunden seinen Beschäftigten zunächst abgenommen hatte, und das Trinkgeld anschließend verteilt. Trinkgeld i.S. von § 3 Nr. 51 EStG bleibt es nur, wenn jeder Beschäftigte „sein" Trinkgeld wieder ausgezahlt erhält. Ebenfalls Arbeitsentgelt ist auch sonst „Trinkgeld", das anstelle des Lohnes tritt, wie das zwischen Unternehmer und Beschäftigten geteilte „Tellergeld" in öffentlichen Toiletten[3].

126 Für die Zahlungspflichten aufgrund Arbeitsentgelts gilt im Sozialversicherungsrecht grundsätzlich das *Entstehungsprinzip* (auch „**Anspruchsprinzip**", § 22 SGB IV): Danach genügt es, wenn das Arbeitsentgelt geschuldet wird; un-

---

1 VO über die sozialversicherungsrechtliche Beurteilung von Zuwendungen des Arbeitgebers als Arbeitsentgelt.
2 Einzelheiten bei BGH v. 8.7.2009 – 1 StR 150/09, wistra 2009, 438.
3 BGH v. 12.9.2012 – 5 StR 363/12 – Tellergeld, Rz. 11.

beachtlich ist bei gegebenem Entgeltanspruch, ob das Arbeitsentgelt geleistet (gezahlt) wird (Rz. 161).

Gegenforderungen des Arbeitgebers („*Aufrechnung*") oder *Vertragstrafen*, die vom ausgezahlten Lohn abgesetzt werden, sind ebenso unbeachtlich[1] wie eine Stundungsabrede (Rz. 157).

Praxistipp: Das *Anspruchsprinzip* ist von Bedeutung beim **Mindestlohnverstoß:** Die Beiträge sind nicht etwa aus dem ausgezahlten, niedrigen Lohn zu bemessen, sondern aus dem gesetzlich geschuldeten (Mindest-)Lohn[2]. Gleiches gilt bei Unterschreitung eines für den Arbeitgeber verbindlichen *Tariflohns*. Die Regelung ist, gerade auch bei der Beitragsentstehung aus einem Mindestlohn, verfassungskonform[3]. 127

Durchbrochen ist das *Anspruchsprinzip* für Arbeitszeitkonten: Hier gilt das **Zuflussprinzip** (§ 22 Abs. 1 S. 2 SGB IV)[4]. 128

bb) Bemessungsgrundlage

Die Bemessungsgrundlage „Arbeitsentgelt" ist grundsätzlich das **(Brutto-)Arbeitsentgelt** in einem bestimmten, nämlich dem *Beschäftigungsmonat*. Die Einzelheiten sind für jeden Zweig der Sozialversicherung (§ 36 Rz. 13) gesondert geregelt[5]; als „beitragspflichtige Einnahmen" können dort weitere Zuflüsse bestimmt sein (s. etwa in der Krankenversicherung § 226 Abs. 1 SGB V). Besonderheiten gelten in der *Gleitzone* (Rz. 138). 129

Das Bruttoarbeitsentgelt wird üblicherweise im Arbeitsvertrag vereinbart; die „**Bruttolohnvereinbarung**" ist der Regelfall. Auch ohne Erwähnung im schriftlichen Arbeitsvertrag zählt das gesamte Arbeitsentgelt (Rz. 121 ff.) zur Bemessungsgrundlage „Bruttolohn".

Wird ein Nettolohn vereinbart, so ist dieser Betrag auf das Bruttoentgelt als Bemessungsgrundlage hochzurechnen (§ 14 Abs. 2 S. 1 SGB IV).

Bei einer **Nettolohnvereinbarung** sagt der Arbeitgeber dem Beschäftigten einen bestimmten Auszahlungsbetrag, den Nettolohn, verbindlich zu und übernimmt damit das Risiko steigender Abgaben. 129a

Zur **Hochrechnung** vom ausgezahlten (Bar-)Nettolohn auf den Bruttolohn als Bemessungsgrundlage kommt es auch bei „*Schwarzlohnzahlungen*" in den Täuschungsfällen nach § 266a Abs. 2 StGB, also in den Fällen der *illegalen Beschäftigung* (§ 14 Abs. 2 S. 2 SGB IV, Rz. 262). 130

Eine **Schätzung** des Arbeitsentgelts kommt in Täuschungsfällen (§ 266a Abs. 2 StGB), nach festgestellter Tatbestandsverwirklichung, zur Bestimmung der Schuld in Betracht (Rz. 247).

---

1 Ein Beispiel im Fall BGH v. 16.4.2014 – 1 StR 516/13, Rz. 41.
2 BGH v. 12.9.2012 – 5 StR 363/12 – Toilettenreinigung und Arbeitszeit, Rz. 5 ff.
3 BVerfG v. 11.9.2008 – 1 BvR 2007/05, NJW 2008, 3698, Rz. 9 f.
4 *Seewald* in KassKomm, § 22 SGB IV, Rz. 11 f.; *Mette* in BeckOK SozR, § 22 SGB IV Rz. 5b; zu den Schwierigkeiten etwa OLG Karlsruhe v. 25.10.2012 – 3 (5) Ss 440/12 - AK 182/12.
5 Ausnahmen etwa in §§ 155 f. SGB VII für die Unfallversicherung.

Hinweis: Im **Lohnsteuerrecht** sind die Begriffe Nettolohnvereinbarung, Nettolohnabrede, Bruttolohnvereinbarung und Bruttolohnabrede von anderer, eigener Bedeutung (Rz. 326 ff.).

cc) Mehrere Beschäftigungen

131 Mehrere Arbeitsentgelte aus mehreren Arbeitsverhältnissen bei **demselben Arbeitgeber** werden zusammengezählt. Es gibt für einen Mitarbeiter beim selben Arbeitgeber grundsätzlich keine *geringfügige Beschäftigung* („Hausmeister") neben einer *Vollzeitbeschäftigung* („Sachbearbeiter"): Das Verhältnis ist einheitlich zu beurteilen[1]. Es kommt zur Abgrenzung von geringfügiger Beschäftigung allein darauf an, ob das Entgelt insgesamt über der gesetzlichen Grenze (**450 Euro**) liegt oder nicht. Werden beim selben Arbeitgeber sowohl eine geringfügig entlohnte Beschäftigung („**Minijob**") im Unternehmen wie im *Privathaushalt* des Unternehmers ausgeübt – es werden Büros und Wohnräume geputzt – gelten die Sonderregeln für Privathaushalte (Rz. 189, 191) nicht: Es gibt in einem Unternehmen nur eine einheitliche Beschäftigung[2].

Privatrechtliche Absprachen sind ohne Belang (Rz. 47). Ausschlaggebend ist allein die *Arbeitgeber-Identität*, nicht die Zahl der Arbeitsverträge: Verschiedene Beschäftigungen erfordern verschiedene Arbeitgeber, verschiedene (natürliche oder juristische) Personen. Auch eine Verschiedenartigkeit der Tätigkeit ist ohne Bedeutung.

Erhält der Erwerbstätige ausnahmsweise vom selben Unternehmer neben dem Lohn aus abhängiger Beschäftigung auch Zahlungen für eine selbständige Tätigkeit (Rz. 108), so werden diese Zahlungen bei der Beitragsbemessung nicht berücksichtigt[3].

132 Mehrere Vollzeitbeschäftigungen („Beschäftigung ohne besondere Merkmale", Schlüssel 101, Rz. 213) bei **verschiedenen Arbeitgebern** werden zunächst nach den allgemeinen Regeln beurteilt. Die Summe ist dann für die *Bemessungsgrenzen* (Rz. 137) und die *Gleitzone* (Rz. 138) von Bedeutung. Trifft eine Vollzeitbeschäftigung mit nur einer geringfügigen Beschäftigung zusammen, so gelten zum einen die allgemeinen Beitragspflichten für den „Hauptberuf", zum anderen die besonderen Regelungen für den „Minijob" (§ 8 Abs. 2 SGB IV, Rz. 188)[4].

133 Übt eine Person **mehrere geringfügig entlohnte Beschäftigungen** (Rz. 188) aus, so werden die Arbeitsentgelte zusammengezählt. Dabei zählen auch Minijobs in einem *Privathaushalt* (Rz. 191) mit[5]. Übersteigt das Entgelt dann (derzeit) 450 Euro, so gelten die besonderen Regelungen für „*Minijobs*" nicht mehr[6] (s. aber Rz. 337). Dann sind alle Beschäftigungsverhältnisse versicherungs-

---

1 BSG v. 16.2.1983 – 12 RK 26/81, BSGE 55, 1.
2 *Rittweger* in BeckOK SozR, § 8a SGB IV, Rz. 9.
3 BSG v. 31.10.2012 – B 12 R 1/11 R, Rz. 17.
4 Erläuterungen bei *Schlegel* in Küttner, Personalbuch, unter „Mehrfachbeschäftigung".
5 *Rolfs* in ErfK, § 8 SGB IV, Rz. 18.
6 Einzelheiten bei *Rolfs* in ErfK, § 8 SGB IV, Rz. 25.

pflichtig (§ 8 Abs. 2 SGB IV). Dann gibt es auch reguläre (sonst: s. Rz. 100) *Arbeitnehmeranteile*, die von § 266a Abs. 1 StGB erfasst werden.

Hier entscheidet nach § 28h Abs 2 SGB IV die **Einzugsstelle** (Rz. 148). Verfassungsrechtlich ist es unbedenklich, dass den Arbeitgeber in einem solchen Fall für ihn unvorhersehbare Beitragspflichten nachträglich überraschend treffen[1]. Schutz vor Nachforderungen bietet § 8 Abs. 2 SGB IV. Strafrechtlich ist ohnehin Sachverhaltskenntnis für den (bedingten) Vorsatz Voraussetzung (Rz. 171).

133a

Praxistipp: Schon wegen der Vorsatz-Problematik sind die Arbeitnehmeranteile aus zusammengerechneten Minijobs kaum von strafrechtlicher Bedeutung. Gewerbliche Arbeitgeber fragen die Stellenbewerber standardmäßig, ob weitere Minijobs ausgeübt werden, und stellen den Bewerber nicht ein, wenn er bejaht.

d) Beitragshöhe

aa) Beitragssatz

Der **Gesamtbeitrag** errechnet sich durch Anwendung der Beitragssätze (und gewisser Zuschläge) auf die Bemessungsgrundlage, regelmäßig das Arbeitsentgelt (Rz. 129). Die allgemeinen Beitragssätze werden – mit Ausnahme der Unfallversicherung – vom Gesetz- oder Verordnungsgeber festgelegt. Die Einzelheiten sind auch hier für jeden Versicherungszweig gesondert geregelt:

134

In der **Krankenversicherung** bestimmte § 241 SGB V von 2010 bis 2014, dass der *allgemeine Beitragssatz* 15,5 % der beitragspflichtigen Einnahmen der Mitglieder beträgt; seit 2015 sind es 14,6 %. Unverändert bleibt der Arbeitgeberanteil (Rz. 186) bei 7,3 %. Da der allgemeine Arbeitnehmeranteil ab 2015 auch 7,3 % beträgt, wird der allgemeine Beitrag wieder hälftig getragen.

135

Die *Arbeitnehmeranteile* sind in der Krankenversicherung – außerhalb der Gleitzone (Rz. 138) – aber dennoch weiterhin höher als die *Arbeitgeberanteile*: Vom 1.7.2005 bis Ende 2014 wurde den Beschäftigten als „Zuschlag für Zahnersatz" ein zusätzlicher Beitrag von 0,9 % auferlegt. Der Arbeitgeberanteil betrug bis 2014 deshalb 7,3 %, der Arbeitnehmeranteil aber 8,2 % vom Bruttoentgelt. Dieser Zuschlag ist aufgehoben; dafür erheben die Krankenkassen jetzt wieder individuelle, allein vom versicherten Beschäftigten zu tragende Zusatzbeiträge (§ 242 SGB V)[2].

Praxistipp: Die Beitragssätze der Krankenkassen wurden schon bis Ende 2008 in ihren Satzungen festgelegt. Die Sätze waren unterschiedlich und mussten für jede Krankenkasse gesondert festgestellt werden. Nun muss seit 2015 erneut die individuelle Beitragshöhe für jeden Beschäftigten ermittelt werden.

Die *allgemeinen Beitragssätze* finden sich für die **Pflegeversicherung** in § 55 SGB XI (2014: 2,05 %), für die **Rentenversicherung** in der VO nach §§ 158, 160 SGB VI (seit 2015 [geplant bis 2018]: 18,7 %) und für die **Arbeitslosenversicherung** in § 341 SGB III (2014: 3 %; 2006 waren es noch 6,5 %). Diese drei Beiträge werden (noch) je hälftig getragen.

136

Ausnahmen: In der *Pflegeversicherung* gibt es seit 1.1.2005 einen Beitragszuschlag für *Kinderlose* in Höhe von (zurzeit) 0,25 Beitragssatzpunkten (Beitrag 2014 somit 2,3 %),

---

1 BVerfG v. 21.4.1989 – 1 BvR 1591/87, juris.
2 Erläuterungen zur Neuregelung bei *Ulmer* in BeckOK SozR, § 220 SGB V, Rz. 2.

aber von dieser Ausnahme bestehen wiederum Ausnahmen für junge Menschen (bis 23 Lebensjahre), für ältere Menschen (geboren vor 1940), für Wehr- und Zivildienstleistende und für Bezieher von Arbeitslosengeld II (§ 55 Abs. 3 SGB XI).

In der *Unfallversicherung* richtet sich der Beitragssatz nach Gefahrklassen (§ 157 SGB VII) und orientiert sich am Bedarf des vorangegangenen Jahres, festgelegt durch Satzung (§ 153 SGB VII). Strafrechtlich sind diese Beiträge in reinen Nichtzahlungsfällen (§ 266a Abs. 1 StGB) mangels Arbeitnehmeranteilen (Rz. 99) ohne Belang (zu Abs. 2 s. Rz. 192).

bb) Beitragsbemessungsgrenzen

137 Es gibt verschiedene Beitragsbemessungsgrenzen, also **Obergrenzen** für die Bemessungsgrundlage, die regelmäßig neu festgesetzt werden.

In der *Kranken-* und *Pflegeversicherung* gilt die besondere Jahresarbeitsentgeltgrenze (§ 6 Abs. 7 SGB V, Rz. 107) als Beitragsbemessungsgrenze (§ 223 Abs. 3 SGB V, § 55 Abs. 2 SGB XI). In der *Rentenversicherung* (§§ 159, 160 SGB VI), die auch für die *Arbeitslosenversicherung* gilt (§ 341 Abs. 4 SGB III), gibt es unterschiedliche Grenzen in den alten und neuen Bundesländern (§ 228a Abs. 1 SGB VI).

2014 lag in der **Kranken-** und der **Pflegeversicherung** die Beitragsbemessungsgrenze bei 48.600 Euro (also niedriger als die *Versicherungspflichtgrenze*, Rz. 107), in der **Renten- und Arbeitslosenversicherung** bei 71 400 Euro (West) bzw. in den neuen Bundesländern bei 60 000 Euro. In der **Unfallversicherung** gibt es satzungsgemäße Beitragsbemessungsgrenzen („*Höchstjahresarbeitsverdienst*", § 153 Abs. 2 SGB VII).

Die Einnahmen aus *mehreren Beschäftigungen* werden auch hier zusammengezählt; Einzelheiten s. § 22 Abs. 2 SGB IV (s. auch Rz. 132). Einzelheiten der Beitragsberechnung und der Zahlungspflichten enthält seit 2006 die **Beitragsverfahrensverordnung** (BVV[1]), früher *Beitragszahlungsverordnung* und *Beitragsüberwachungsverordnung*.

cc) Gleitzone

138 Schließlich gibt es noch Sonderregelungen für ein Arbeitsentgelt zwischen (seit 2013) **450,01 Euro** und **850 Euro** im Monat, für die sog. „Gleitzone" (§ 20 Abs. 2 SGB IV).

Innerhalb der Gleitzone wird nach einer komplizierten Formel (s. etwa in der Krankenversicherung: § 226 Abs. 4 SGB V) aus dem Arbeitsentgelt eine niedrigere **Bemessungsgrundlage** für die Beiträge ermittelt, die „beitragspflichtige Einnahme". Die Formel ist so angelegt, dass sich die Bemessungsgrundlage langsam dem wirklichen Arbeitsentgelt und damit der Beitrag langsam dem vollen Beitrag nach den allgemeinen Regeln nähert. Im zweiten Schritt wird dieser Beitrag innerhalb der Gleitzone dann so verteilt (vgl. § 2 Abs. 2 BVV), dass auf den Arbeitgeber stets die Hälfte des regulären, aus dem wirklichen Arbeitsentgelt berechneten Beitrags entfällt; der Beschäftigte (der Versicherte) trägt den Rest zum Gleitzonenbeitrag (in der Krankenversicherung: § 249 Abs. 4 SGB V[2]).

139 Da der **Gesamtbeitrag** in der Gleitzone niedriger ist als der reguläre Beitrag aus dem vollen Arbeitsentgelt, ist der Anteil des Beschäftigten zum Sozialversiche-

---

1 VO über die Berechnung, Zahlung, Weiterleitung, Abrechnung und Prüfung des Gesamtsozialversicherungsbeitrages v. 3.5.2006, BGBl. I 1138 m. mehreren Änderungen.

2 Pflegeversicherung: § 58 Abs. 5 S. 2 SGB XI (Rückverweisung auf § 249 Abs. 4 SGB V), Rentenversicherung: § 168 Abs. 1 Nr. 1d SGB VI, Arbeitsförderung: § 346 Abs. 1a SGB III.

rungsbeitrag zunächst niedrig und nähert sich dann dem „normalen" Arbeitnehmeranteil an. Der Arbeitnehmeranteil ist (nur) in der Gleitzone stets niedriger als der Beitrag des Arbeitgebers.

In der gesetzlichen **Unfallversicherung** werden diese fiktiven Bemessungsgrundlagen nicht angewandt.

dd) Gesamtsozialversicherungsbeitrag

In § 20 SGB IV ist geregelt, dass **Versicherte** (Beschäftigte) und **Arbeitgeber** die Beiträge grundsätzlich gemeinsam aufbringen. Die wirtschaftlich vom Beschäftigten zu tragenden Arbeitnehmeranteile (Rz. 99) sind als Teil des Gesamtsozialversicherungsbeitrags ebenfalls vom Arbeitgeber zu zahlen (§ 28e SGB IV). Dieser hat seinerseits das Recht, diesen Teil der Beiträge vom Arbeitsentgelt (*Bruttolohn*) einzubehalten (§ 28g SGB IV, Rz. 101). Die Arbeitnehmeranteile und die Arbeitgeberanteile zur *Kranken-* und *Pflegeversicherung*, zur *Rentenversicherung* und zur *Arbeitslosenversicherung* werden im **Gesamtsozialversicherungsbeitrag** zusammengefasst (§ 28d SGB IV). Die Beiträge zur *Unfallversicherung* gehören nicht dazu. 140

Aus den allgemeinen Beitragssätzen ergibt sich seit 2015 zusammen für alle Versicherungszweige im *Gesamtsozialversicherungsbeitrag* ein **Beitragssatz von 38,35 %**. Hinzu kommen die individuellen Zusatzbeiträge der Beschäftigten in der Krankenversicherung (Rz. 135) und der Zuschlag für Kinderlose (Rz. 136). 141

e) Beitragsnachweis

Der Beitragsnachweis (§ 28f Abs. 3 SGB IV) ist – auch nach dem BGH (Rz. 26a) – Ausgangspunkt für die **Feststellung der Beitragshöhe**, also auch der *Arbeitnehmeranteile* in den hier erörterten Nichtzahlungsfällen (§ 266a Abs. 1 StGB). Im Beitragsnachweis hat der Arbeitgeber nicht etwa das Arbeitsentgelt, sondern die von ihm selbst errechneten Beiträge in den einzelnen Versicherungszweigen *in einer Summe* je Versicherungszweig und Beitragsklasse anzugeben, ohne Trennung nach Arbeitnehmeranteilen und Arbeitgeberanteilen. Er muss unter Angabe seiner Betriebsnummer (Rz. 92) bei jeder Krankenkasse (*Einzugsstelle*, Rz. 148), bei der zumindest einer seiner Beschäftigten Mitglied ist, allmonatlich einen Beitragsnachweis einreichen (zu den Konsequenzen für die *Konkurrenzen* s. Rz. 292). 142

Praxistipp: Aus den Beitragsnachweisen übernehmen die Einzugsstellen **ohne eigene Prüfung** die Zahlen in ihre Arbeitgeber-Konten (Rz. 149). Die Zahlen aus den Arbeitgeber-Konten teilen die Einzugsstellen dann den Strafverfolgungsbehörden in ihren Strafanzeigen oder auf deren Anfrage, etwa bei Insolvenzüberprüfungen, mit. Diese Zahlen stammen also vom Arbeitgeber selbst. Irrig nachgewiesene Beiträge sind strafrechtlich bedeutungslos (Rz. 176). Bei absichtlich falschem Beitragsnachweis liegt ein Täuschungsfall vor (Rz. 199):

Die Beiträge für alle Beschäftigten, die bei der fraglichen Einzugsstelle versichert sind, werden dabei jeweils zu (Gesamt-)Beträgen zusammengefasst. 142a

Praxistipp: Auch aus einem korrekten Beitragsnachweis kann man also weder die **Arbeitnehmeranteile** direkt entnehmen noch erkennen, welcher Beitrag – und damit welcher

Lohn – auf welchen Beschäftigten entfällt. Für diese Zahlen benötigt man die *Lohnbuchhaltung* des Arbeitgebers.

142b **Zusammengefasst**: Mit dem Beitragsnachweis teilt dessen Verfasser der Einzugsstelle mit, wer der zahlungspflichtige Arbeitgeber ist und welche Beiträge dieser Arbeitgeber aus der Lohnsumme der bei dieser Einzugsstelle versicherten Beschäftigten ihr kraft Gesetzes schuldet.

Der Beitragsnachweis im Sozialversicherungsrecht entspricht der *Lohnsteueranmeldung* im Steuerrecht (Rz. 317).

142c **Praxistipp**: In Nichtzahlungsfällen gibt es regelmäßig auch einen Insolvenzantrag der *Einzugsstelle*, was in der Praxis eine *Insolvenzüberprüfung* auf Straftaten durch die Staatsanwaltschaft auslöst[1]. Die Einzugsstelle veranlasst dann zugleich „ad-hoc" eine **Insolvenzabschlussprüfung** – außerhalb des Turnus (Rz. 147) – durch den *Prüfdienst* der Rentenversicherung (§ 28p Abs. 1 S. 3 SGB IV[2]). Dabei werden die Beitragsnachweise des Arbeitgebers anhand der Buchhaltung überprüft. Auf das Ergebnis dieser Insolvenzabschlussprüfung ist Verlass, Fehler des Arbeitgebers sind ausgebügelt, weshalb die Strafjustiz sich grundsätzlich nicht auf die Zahlen der Einzugsstellen aus Beitragsnachweisen, sondern auch hier möglichst auf die Zahlen der Deutschen Rentenversicherung stützen sollte. Ob eine Insolvenzabschlussprüfung durchgeführt wurde, lässt sich bei der Einzugsstelle erfragen, die den *Insolvenzantrag* gestellt hatte.

143 **Fällig** ist der *Beitragsnachweis* zwei Arbeitstage vor Fälligkeit der Beiträge; er ist durch Datenübertragung zu übermitteln (§ 28f Abs. 3 S. 1 SGB IV; s. auch §§ 16 ff., 26 DEÜV[3]). Bleiben die Beiträge über einen längeren Zeitraum (voraussichtlich) gleich, kann der Arbeitgeber einen **Dauerbeitragsnachweis** einreichen, also einen Beitragsnachweis, der nach Erklärung des Arbeitgebers auch für künftige Monate gelten soll. Ein erneuter Beitragsnachweis ist dann erst fällig, wenn sich die Beiträge geändert haben. Geht kein Folge-Beitragsnachweis bei der Einzugsstelle ein, „schätzt" diese die Beiträge für den fehlenden Monat (Rz. 260).

144 Die Beitragsnachweise können auch **Korrekturen** für *frühere Beschäftigungszeiträume*[4] enthalten. Dies kann die Einzugsstelle aber nicht erkennen: der Beitragsnachweis enthält jeweils nur eine Zahl je Versicherungszweig und Beitragsklasse, nämlich die Summe oder Differenz aus dem Korrekturbetrag und den Beiträgen für den aktuellen Monat.

Praxistipp: Nur der Verfasser des Beitragsnachweises, aber nicht die Einzugsstelle, weiß also, ob die nachgewiesenen Beiträge gerade **im fraglichen Monat**, zur Tatzeit, entstanden waren, also „*vorenthalten*" (Rz. 152) wurden i.S. des Straftatbestandes (s. auch Rz. 26a). Auch deshalb kann man aus einem Beitragsnachweis nicht auf den Lohn im fraglichen Monat schließen.

144a Zum nachträglichen Nachweis von Beiträgen für den vorherigen Monat – also zu *Korrekturen* – kommt es schon dann, wenn der Arbeitgeber die Frist von

---

1 Vgl. Nr. VIII 2 ff. der MiZi, der Anordnung über die Mitteilungen in Zivilsachen zu §§ 12, 13 Abs. 1, §§ 15–17 EGGVG.
2 *Mette* in BeckOK SozR, § 28p SGB IV, Rz. 13.
3 VO über die Erfassung und Übermittlung von Daten für die Träger der Sozialversicherung, Datenerfassungs- und -übermittlungsVO (DEÜV) v. 10.2.1998, BGBl. I 343 i.d.F. der Bek. v. 23.1.2006, BGBl. I 152 (m.w. Änderungen).
4 Geregelt in „Gemeinsamen Grundsätzen" des Spitzenverbands der gesetzlichen Krankenkassen (GKV-Spitzenverband).

sechs Wochen (§ 6 DEÜV) zur *Anmeldung* eines Beschäftigten gem. § 28a SGB IV ausschöpft. Denn die elektronische Anmeldung wird durch die Aufnahme des Beschäftigten in die elektronische *Lohnbuchhaltung* ausgelöst; erst mit dem zugehörigen Buchen des Lohnes wird dieser in den Beitragsnachweisen bei der Beitragsberechnung berücksichtigt.

Der Arbeitgeber schafft mit dem monatlichen Beitragsnachweis nur ein Indiz, wenn auch ein gewichtiges (Rz. 26a), für seine **wirkliche Beitragsschuld**: Die Pflicht zur Zahlung der Beiträge entsteht nur kraft Gesetzes, nicht durch – bewusst oder irrig – *falsche Angaben* des Arbeitgebers im Beitragsnachweis (Rz. 76, 176). 145

Der Beitragsnachweis gilt als **Leistungsbescheid** der Einzugsstelle gegen den Arbeitgeber, ähnlich der Situation bei den *Anmeldesteuern* (§ 168 AO, Rz. 357). Er ist Vollstreckungstitel und macht die Forderung in der Insolvenz glaubhaft (§ 28f Abs. 3 S. 3 SGB IV). Dem Beitragsnachweis folgt keine **Beitragsfestsetzung** durch die Einzugsstelle; der Beitragsnachweis ersetzt sie (s. auch Rz. 225, zur Unfallversicherung Rz. 206). Einzelheiten zu Inhalt und Übermittlung des Beitragsnachweises sind in der *VO über die Erfassung und Übermittlung von Daten für die Träger der Sozialversicherung* (**DEÜV**) geregelt sowie insbesondere in „Gemeinsamen Grundsätzen" des Spitzenverbands der gesetzlichen Krankenkassen (GKV-Spitzenverband).

Der „**Haushaltsscheck**" ersetzt den Beitragsnachweis des Arbeitgebers bei *geringfügig entlohnter Beschäftigung* im *Privathaushalt* (§§ 28a Abs. 7 f., 28f Abs. 3 S. 1 SGB IV). Er spielt strafrechtlich keine Rolle (Rz. 191). 146

Die Überprüfung der Beitragsnachweise ist Aufgabe der Deutschen Rentenversicherung, nicht etwa der Einzugsstelle. Spätestens alle vier Jahre wird die Buchhaltung der Arbeitgeber von der Deutschen Rentenversicherung geprüft (§ 28p Abs. 1 SGB IV, „**Turnusprüfung**"). Arbeitgeber von Beschäftigten in *Privathaushalten* werden nicht turnusmäßig geprüft (§ 28p Abs. 10 SGB IV). Die Entscheidungskompetenz der Deutschen Rentenversicherung verdrängt die sonst gegebene Zuständigkeit der Einzugsstellen (§ 28p Abs. 1 S. 5 SGB IV). Dies gilt auch in Fällen der illegalen Beschäftigung (§ 28f Abs. 2 SGB IV). 147

Praxistipp: Im Unterschied zu Zahlen der Einzugsstellen, die aus Beitragsnachweisen der Arbeitgeber stammen, ist auf die Zahlen aus den Prüfungen der Deutschen Rentenversicherung Verlass, sei es *Turnusprüfung, Insolvenzabschlussprüfung* (Rz. 142c) oder sonstige *„ad-hoc"-Prüfung*, etwa in Täuschungsfällen (Rz. 185a). Die Strafjustiz kann die korrekten Zahlen der *Anhörung* und dem *Beitragsbescheid* bzw. in Insolvenzfällen den „*Prüfmitteilungen*"[1] entnehmen. 147a

Es sind auch (Beitrags-)Zahlungen an die Einzugsstelle ohne vorherigen Beitragsnachweis möglich (etwa im Beispielsfall aus Rz. 209). Werden solche Zahlungen nicht an den Arbeitgeber zurücküberwiesen, fehlt es an der Strafbarkeitsvoraussetzung „Vorenthalten" (Rz. 153). Geht die Zahlung aber zurück, ist ein Vorenthalten gegeben, weil naheliegt, dass der Arbeitgeber damit rechnete, also eine Beitragszahlung nur vorspiegeln wollte (s. auch Rz. 94). 147b

---

1 SG Dresden v. 24.10.2012 – S 18 KR 627/09.

3. Einzugsstelle

148 Einzugsstellen für den *Gesamtsozialversicherungsbeitrag* (Rz. 140), um den es bei § 266a Abs. 1 StGB allein geht, sind die **Krankenkassen** (§ 28h Abs. 1 S. 1 SGB IV): Der Gesamtsozialversicherungsbeitrag ist an die Einzugsstelle zu zahlen. Die Krankenkassen, *Körperschaften des öffentlichen Rechts*, ziehen nicht nur den Beitrag zur Krankenversicherung, sondern auch die Beiträge zur *Pflege-, Renten-* und *Arbeitslosenversicherung* ein. Werden der Einzugsstelle Beiträge vorenthalten, sind nicht nur die Träger der Krankenversicherung „geschädigt", sondern auch die die Träger der Pflegeversicherung, Rentenversicherung und Arbeitslosenversicherung[1].

Die *Deutsche Rentenversicherung* prüft regelmäßig, ob die Krankenkassen ihre Aufgaben als Einzugsstelle korrekt erfüllt haben. Die Einzugsstellen prüfen, ob die Deutsche Rentenversicherung ihre Pflicht zur *Turnusprüfung* (Rz. 147) korrekt erfüllt hat.

149 Die Einzugsstelle legt unter der Betriebsnummer (Rz. 92) ein **Arbeitgeberkonto** (*Beitragskonto*) an und überwacht den Eingang der *Beitragsnachweise* (Rz. 142). Bleibt ein Beitragsnachweis aus, bucht die Einzugsstelle im Arbeitgeberkonto zumeist die Beiträge aus dem vorherigen Beitragsnachweis, schreibt die Zahlen also fort. Diese Fortschreibung der Beiträge ist keine zulässige *Schätzung* im Rechtssinne (Rz. 260).

Die Einzugsstelle berechnet im Regelfall die Beiträge weder selbst noch überprüft sie die Richtigkeit der ihr vom Arbeitgeber im Beitragsnachweis mitgeteilten Beiträge. Sie ist dazu auch nicht in der Lage, weil ihr die *Bemessungsgrundlage* nicht bekannt ist, denn das monatliche Arbeitsentgelt hat ihr der Arbeitgeber nicht mitzuteilen.

149a Die Einzugsstelle überwacht die Zahlung der „nachgewiesenen" Beiträge und macht rückständige Beiträge geltend (§ 28h Abs. 1 S. 2, 3 SGB IV). Sie kann gegen den Arbeitgeber aus dem Beitragsnachweis (Rz. 145) oder aus einem für die Zwangsvollstreckung eigens erlassenen *Beitragsbescheid* vollstrecken (s. auch Rz. 151). Bei drohender *Insolvenz* des Arbeitgebers sind Zahlungen an die Einzugsstelle zur Abwendung der Zwangsvollstreckung anfechtbar[2]. Bei Sitz des Arbeitgebers in einem anderen Mitgliedstaat der **EU** kann nach der VO (EG) Nr. 1346/2000 (**EuInsVO**) das Insolvenzrecht eines anderen Mitgliedstaates anzuwenden sein, was die Situation der Einzugsstelle noch verkompliziert[3]. Ansonsten entscheidet die Einzugsstelle nur in Streit- bzw. Sonderfällen durch Beitragsbescheid (§ 28h Abs 2 SGB IV, Rz. 133a).

150 Die **Zuständigkeit** einer bestimmten Krankenkasse als Einzugsstelle bestimmt sich nach § 28i SGB IV. Dies ist zunächst die Krankenkasse, die der Beschäftigte gewählt hat, bei der er versichert ist. Wählt der Beschäftigte keine Krankenversicherung, kann der Arbeitgeber für ihn eine Krankenkasse wählen.

---

1 Zur treuhänderischen Stellung der Einzugsstelle *Scheer* in jurisPK, 2. Aufl. 2011, § 28h SGB IV Rz. 66 ff.
2 BGH v. 8.12.2005 – IX ZR 182/01.
3 Vgl. etwa den Fall BGH v. 14.1.2014 – II ZR 192/13.

Wurde keine Wahl getroffen, kommt es auf die in einem früheren Beschäftigungsverhältnis gewählte Krankenkasse an (§ 28i S. 1 SGB IV).

Wurde noch nie eine Krankenkasse in Deutschland gewählt, etwa im Falle einer illegalen Ausländer-Beschäftigung, bestimmt sich die zuständige Einzugsstelle nach den letzten beiden Ziffern der *Betriebsnummer* (Rz. 92) des Arbeitgebers (§ 28i S. 3 SGB IV). Die Einzelheiten, welche Endziffern welcher Einzugsstelle zuzuordnen sind, regelt der *Spitzenverband Bund* der Krankenkassen (§ 175 Abs. 3 S. 3 SGB V). Ging der Arbeitgeber völlig „schwarz" vor, wird die Betriebsnummer auf Anforderung vergeben (Rz. 93).

Die Einzugsstellen nehmen bei Beitragsvorenthaltung und *Insolvenzstraftaten* auch die an der Straftat Beteiligten für den Schadensersatz aus § 823 Abs. 2 BGB in **Haftung**, die nicht schon nach dem Sozialversicherungsrecht haften[1], etwa den GmbH-*Geschäftsführer*. Hier kann die Einzugsstelle keinen Bescheid erlassen, sondern muss vor den allgemeinen Zivilgerichten klagen[2] (Rz. 10). **151**

Für die Haftung aus Sozialversicherungsrecht kann die Einzugsstelle auch gegen Dritte, die nicht Arbeitgeber sind, einen *(Haftungs-)Bescheid* erlassen[3].

4. „Vorenthalten"

Nur der Arbeitgeber, nie der Beschäftigte, ist zur Zahlung des Gesamtsozialversicherungsbeitrags und damit auch der Arbeitnehmeranteile verpflichtet (§ 28e Abs. 1 S. 1 SGB IV; Rz. 101). Die vom Arbeitgeber geschuldete Beitragszahlung ist „vorenthalten", wenn sie bei Fälligkeit (Rz.154) nicht oder nicht in voller Höhe an die zuständige Einzugsstelle (Rz. 148) gezahlt wird. **152**

Das Tatbestandsmerkmal „Vorenthalten" macht die Tat nach Abs. 1 nach allgemeiner Meinung zum *echten Unterlassungsdelikt*[4] (zu Abs. 2 s. Rz. 202). Das Tatbestandsmerkmal „Vorenthalten" schließt die Tatbestandsverwirklichung stets aus, wenn die Beiträge in korrekter Höhe fristgerecht an die richtige Einzugsstelle gezahlt werden (s. auch Rz. 147b, 209). Anders ist dies im Steuerrecht, Rz. 354). **153**

Praxistipp: Ob Beiträge gezahlt oder vorenthalten wurden, ist in keinem Register verzeichnet. Welche Beiträge gezahlt wurden lässt sich nur bei der jeweiligen Einzugsstelle (Rz. 150) erfragen (erg. Rz. 219).

Ein Problem ist auch, dass vom Arbeitgeber veranlasste Beitragszahlungen als Zahlungen **Dritter** verdeckt sein können. Auch in solchen Fällen kann es am „Vorenthalten" fehlen. **153a**

Beispiele: (1) Veranlasst ein Arbeitgeber bei ihm beschäftigte Kolonnenführer, die Beiträge anderer Beschäftigter dieses Arbeitgebers, die zum Schein als Beschäftigte der *Kolonnenführer* gemeldet waren, in korrekter Höhe an die zuständige Einzugsstelle zu zahlen, so wird dadurch die Beitragspflicht des Arbeitgebers erfüllt[5]. Zwar hat der Arbeit-

---

1 LSG NRW v. 25.1.2012 – L 8 R 67/09, Rz. 25, 29.
2 *Scheer* in jurisPK, § 28h SGB IV Rz. 68.
3 BSG v. 8.12.1999 – B 12 KR 18/99, Rz. 18 ff.; *Werner* in jurisPK, § 28e SGB IV, Rz. 45, 124.
4 *Fischer*, § 266a StGB Rz. 14.
5 BGH v. 13.6.2001 – 3 StR 126/01, wistra 2001, 464.

geber damit über die Person des Beitragsschuldners i.S. von § 266a Abs. 2 StGB getäuscht, aber es fehlt dann an der Verwirklichung des Tatbestandsmerkmals „Vorenthalten". (2) Gleichermaßen nur eine Täuschung über die Person des Arbeitgebers ohne „Vorenthalten" ist in den Fällen gegeben, in denen der Arbeitgeber nach außen einen *Strohmann* vorschiebt, soweit die Zahlung der Beiträge dennoch erfolgt (Rz. 201). (3) Ebenso fehlt es am „Vorenthalten", wenn der Arbeitgeber seine Beschäftigten durch einen anderen Unternehmer („Serviceunternehmen") zur Sozialversicherung melden lässt (Rz. 209), soweit der andere Unternehmer die Sozialversicherungsbeiträge für diese Beschäftigten auch zahlt. Häufig wird dabei nur ein geringer Teil des Lohnes in der *Lohnbuchhaltung* des *Serviceunternehmens* verzeichnet und der Beitragsbemessung zugrunde gelegt, weil dies für das Vortäuschen ordnungsgemäßer Beschäftigung zumeist genügt.

153b **Praxistipp:** Diese **Serviceunternehmen** verkaufen dem Arbeitgeber zumeist auch die passenden *Abdeckrechnungen*. Zusammengenommen entsteht dann der gewünschte, aber falsche Eindruck, das Serviceunternehmen habe mit eigenen, zur Sozialversicherung gemeldeten Beschäftigten die abgerechneten Leistungen tatsächlich erbracht (zu Abdeckrechnungen s. auch Rz. 256). Damit richtet sich der Verdacht der Beitragsvorenthaltung wegen der teilweisen Schwarzlohnzahlungen zunächst gegen den Verantwortlichen des Serviceunternehmens, was auch gerade zu dessen „Service" gehört.

Zur Bestimmung des Arbeitgebers in solchen Fällen s. Rz. 28a; der andere Unternehmer ist als Anstifter oder Gehilfe strafbar.

a) Fälligkeit

154 Die Fälligkeit ist in § 23 Abs. 1 S. 2 SGB IV bestimmt: Seit Februar 2006 ist der Beitrag „in voraussichtlicher Höhe" spätestens am **drittletzten Bankarbeitstag des Beschäftigungsmonats** fällig. Der Restbeitrag wird zum drittletzten Bankarbeitstag des Folgemonats fällig.

Bis 2006 waren die gesamten Beiträge erst am **15. des Monats** fällig, der auf den Beschäftigungsmonat folgt. Für Beschäftigung im *Januar* 2006 galt eine Übergangsregelung (§ 119 Abs. 2 SGB IV).

155 Bei **Insolvenzreife** hat die Frist von maximal drei Wochen, die dem Organ einer juristischen Person für den *Insolvenzantrag* zur Verfügung steht (seit 1.11.2008: § 15a Abs. 1 InsO; § 80 Rz. 40 ff.), Einfluss auf den Zeitpunkt der Zahlungspflicht: Der *Geschäftsführer* einer GmbH ist gerechtfertigt, wenn er in dieser Frist nicht zahlt (Rz. 178 f.)[1].

156 Gewährt die Einzugsstelle vor Eintritt der Fälligkeit eine **Stundung der Beiträge** (§ 76 Abs. 2 Nr. 1 SGB IV), bestimmt dies einen neuen *Fälligkeitszeitpunkt*. Eine solche Stundung ist also ausschlaggebend für die Frage der Tatbestandsverwirklichung. Die Strafbarkeit bei Stundungen *nach* Eintritt der Fälligkeit regelt § 266a Abs. 6 StGB (Rz. 291).

157 Ohne Auswirkung auf die Fälligkeit der Beiträge ist eine **Stundung** der Entgeltansprüche durch den Beschäftigten oder gar ein *Lohnverzicht* (Rz. 106).

b) Zahlungen im Tatzeitraum

158 Eine Bestimmung des Arbeitgebers gegenüber der Einzugsstelle, seine Zahlung für die Arbeitnehmeranteile eines bestimmten Monats zu verwenden (**Til-**

---

1 BGH v. 30.7.2003 – 5 StR 221/03, BGHSt 48, 307, Rz. 9 ff.

gungsbestimmung), schließt die Tatbestandsverwirklichung insoweit aus, obwohl die Einzugsstelle (Rz. 148) solche Tilgungsbestimmungen bei der maschinellen Verbuchung der Zahlungen nicht zur Kenntnis nimmt. Ob Zahlungen des Arbeitgebers ohne Tilgungsbestimmung als tatbestandsausschließende Leistung auf die fälligen Arbeitnehmeranteile anzusehen sind, bestimmt sich nach den Maßgaben in § 4 der **Beitragsverfahrensverordnung** (*BVV*[1]), die eine anteilige Tilgung von Arbeitnehmer- und Arbeitgeberanteilen vorsehen.

Praxistipp: Eine stillschweigende (**konkludente**) Tilgungsbestimmung zugunsten einer Tilgung der Arbeitnehmeranteile kann nicht generell angenommen werden, nur weil dies günstig für den Arbeitgeber wäre, sondern nur dann, wenn es für eine solche Bestimmung greifbare Anhaltspunkte gibt[2]. Nennenswerte Zahlungen des Arbeitgebers werden aber regelmäßig bei der Prüfung einer Einstellung (§§ 153, 153a StPO) von Bedeutung sein.

Ohne Einfluss auf die Tatbestandsverwirklichung sind sonstige Zahlungen des Arbeitgebers, insbesondere an eine unzuständige Einzugsstelle, etwa durch Zahlung von *Pauschalbeiträgen* an die „**Minijob-Zentrale**" (Rz. 190). Auch Zahlungen des Arbeitgebers für eine von ihm veranlasste *freiwillige Mitgliedschaft* seiner Beschäftigten in der gesetzlichen Krankenversicherung[3] führen nicht zum Erlöschen der gesetzlichen Beitragspflicht und sind für die Frage der Tatbestandsverwirklichung bedeutungslos. 159

Zahlungen **Dritter** können die Tatbestandsverwirklichung demgegenüber ausschließen (Rz. 153a). 160

c) Unabhängigkeit von Entgeltzahlung

2002 wurde der Tatbestand um die Worte erweitert: „unabhängig davon, ob Arbeitsentgelt gezahlt wird". Durch diese „Klarstellung"[4] hat der Gesetzgeber den früheren Streit beendet, ob der Tatbestand auch dann verwirklicht werden kann, wenn der Arbeitgeber das *(Netto-)Arbeitsentgelt* ebenfalls nicht zahlt. Nun ist klar, dass es für die **Tatbestandsverwirklichung** – ebenso wie für die Entstehung der Beitragspflicht im Sozialversicherungsrecht (Rz. 126) – nur darauf ankommt, ob der Arbeitgeber dem Beschäftigten Arbeitsentgelt schuldet (so schon früher die *Lohnpflichttheorie*[5]). Die Einordnung der Beitragsvorenthaltung (§ 266a Abs. 1 und 2 StGB) in den 22. Abschnitt – als Unterfall der Untreue – passt nun erst recht nicht mehr[6] (Rz. 12). 161

Damit ist auch klargestellt, dass es hier – anders als bei § 266a Abs. 3 StGB – nicht darauf ankommt, ob der Beschäftigte von der unterlassenen Beitragsabführung *weiß* oder gar damit *einverstanden* ist: Es gibt mangels eines Untreue-Elements (Rz. 12) keinen Ansatzpunkt (mehr) für eine einschränkende Auswirkung des Wissens und Wollens seitens des Beschäftigten auf die Frage der Tatbestandsverwirklichung durch den Arbeitgeber[7]. Im 162

---

1 VO über die Berechnung, Zahlung, Weiterleitung, Abrechnung und Prüfung des Gesamtsozialversicherungsbeitrages.
2 BGH v. 9.1.2001 – VI ZR 119/00, GmbHR 2001, 238, Rz. 13.
3 BGH v. 21.9.2005 – 5 StR 263/05, wistra 2005, 458.
4 BT-Drs. 14/8221, 18.
5 Im Unterschied zur Lohnzahlungstheorie, vgl. *Radtke*, GmbHR 2009, 673.
6 *Radtke* in MüKo, § 266a StGB, Rz. 4.
7 *Radtke* in MüKo, § 266a StGB, Rz. 29.

Gegenteil: Ein kollusives Zusammenwirken von Arbeitgeber und Beschäftigtem gibt der Tat ein besonders strafwürdiges Gepräge[1] (Rz. 282).

d) Unmöglichkeit der Zahlung

aa) Tatsächliche Unmöglichkeit

163 Da die Beitragsvorenthaltung in Abs. 1 ein echtes Unterlassungsdelikt ist (Rz. 153), ist die Möglichkeit zur Pflichterfüllung bei reinen Nichtzahlungsfällen ein **ungeschriebenes Tatbestandsmerkmal**[2]. Liegt zugleich ein *Täuschungsfall* nach Abs. 2 vor, gilt hingegen auch für Abs. 1[3], dass es auf die *Zahlungsfähigkeit* nicht ankommt (Rz. 228).

Die Pflichten des Arbeitgebers aus dem Sozialversicherungsrecht und der Schutzzweck der Strafnorm führen indes zu besonderen Voraussetzungen für eine Straffreiheit des Arbeitgebers wegen Unmöglichkeit:

164 Eine strafbefreiende Wirkung tritt nicht schon dann ein, wenn dem Täter im Fälligkeitszeitpunkt die Zahlung tatsächlich nicht möglich ist, weil er nicht mehr über die für die Beitragszahlung notwendigen Mittel verfügt und auch keinen Kredit mehr bekommt. Vielmehr hat der Arbeitgeber die strafbewehrte Pflicht, vorausschauend die **Liquidität** seines Unternehmens **zu planen** und sicherzustellen, dass er im Fälligkeitszeitpunkt über die erforderlichen liquiden Mittel verfügt[4]. Dies gilt gerade auch bei der Beurteilung von *Insolvenzfällen*[5] (Rz. 178).

165 Unterlässt der Arbeitgeber die vorausschauende Planung und die Sicherstellung der Beitragszahlung, liegt ein Fall der „**omissio libera in causa**" (oder der „*omissio libera in omittendo*"[6]) vor, also ein Fall des vorverlagerten pflichtwidrigen Handelns oder Unterlassens[7].

166 Die Frage der Tatbestandsverwirklichung richtet sich damit zunächst danach, ob der Arbeitgeber objektiv (subjektiv: Rz. 172) die spätere Zahlungsunfähigkeit rechtzeitig **vorhersehen** konnte oder nicht. Auf die Frage, ob der Arbeitgeber die Zahlungsunfähigkeit bei Fortsetzung der beitragspflichtigen Beschäftigung *abwenden* konnte, kommt es demgegenüber nicht an: Es gibt kein Recht des Unternehmers, auf Risiko der Solidargemeinschaft der gesetzlich Sozialversicherten Rettungsversuche zu unternehmen.

Praxistipp: Der geringen Schuld an der späteren Beitragsvorenthaltung bei verständlichen oder gar zunächst Erfolg versprechenden **Rettungsbemühungen** kann über §§ 153, 153a StPO Rechnung getragen werden. In einem solchen Fall könnte der Arbeitgeber darüber hinaus auch Straffreiheit nach § 266a Abs. 6 StGB erlangen (Rz. 291).

167 Ist die Zahlung der absehbaren Beiträge nicht sichergestellt, darf der Arbeitgeber seine Arbeitnehmer nicht weiter (beitragspflichtig) beschäftigen. Dem

---

1 BGH v. 29.10.2009 – 1 StR 501/09, Rz. 18 ff.
2 BGH v. 28.5.2002 – 5 StR 16/02, BGHSt 47, 318, Rz. 14.
3 BGH v. 11.8.2011 – 1 StR 295/11 bei Nr. 4.
4 BGH v. 28.5.2002 – 5 StR 16/02, BGHSt 47, 318, Rz. 17 f.
5 Anschauliche Darlegungen bei *Waszczynski*, ZJS 2009, 596 ff.
6 BGH v. 11.8.2011 – 1 StR 295/11 bei Nr. 4; *Radtke* in MüKo, § 266a StGB, Rz. 40.
7 BGH v. 28.5.2002 – 5 StR 16/02, BGHSt 47, 318, Rz. 16.

Arbeitgeber ist die Beitragszahlung wegen dieser Pflicht, den finanziellen Engpass vorausplanend zu vermeiden, auch nicht deshalb **unzumutbar**, weil er sein Geld im Fälligkeitszeitpunkt dann für andere, betriebsnotwendige, vermeintlich bessere Zwecke braucht, etwa Mietzahlung für die Geschäftsräume, Leasingraten für die Arbeitsmittel oder *Lohnzahlung*[1].

bb) Rechtliche Unmöglichkeit

Ein **Verfügungsverbot** des *Insolvenzgerichts* (§ 21 Abs. 2 Nr. 2 InsO) schließt die Tatbestandsverwirklichung bezüglich laufender Beiträge durch den Arbeitgeber aus. An seiner Stelle trifft die strafbewehrte Zahlungspflicht von nun an den (vorläufigen) Insolvenzverwalter (Rz. 77). Auch für die Altschulden gelten die Zahlungsverbote der InsO[2] – jedenfalls so lange sie gelten (§ 302 Nr. 1 InsO, Rz. 277c). 168

Dem Arbeitgeber kann bezüglich laufender Beiträge die *Zahlung verboten* sein durch das Gebot zur **Masseerhaltung** i.V.m. der gesellschaftsrechtlichen Haftung des Organs für Zahlungen in der Krise (§ 64 GmbHG). Diesem Verbot steht indes die strafbewehrte *Zahlungspflicht* nach dem Sozialversicherungsrecht gegenüber. 169

Die Lösung dieser **Pflichtenkollision** ist in Rechtsprechung und Literatur umstritten[3]. Nach der Rechtsprechung genießt die strafbewehrte Pflicht, Beiträge (Arbeitnehmeranteile) abzuführen, weiterhin *Vorrang* vor sonstigen Zahlungspflichten[4] – was bei Insolvenz des Arbeitgebers eine Anfechtbarkeit der Beitragszahlungen aber nicht hindert[5]. Aber auch für diese Insolvenzfälle gilt: Der Arbeitgeber hätte *vorausschauend* dafür sorgen müssen, dass er alle Pflichten erfüllen kann, die *Pflichtenkollision* also vermeidet. Auch hier bestimmen sich Tatbestandsverwirklichung und Schuld nach den Grundsätzen der *omissio libera in causa* (Rz. 165). Bei vorhersehbarer Pflichtenkollision ist der Arbeitgeber also stets strafbar, wenn er die Beiträge später dann tatsächlich nicht abführen kann oder darf[6].

Auch mit *Eröffnung* des **Insolvenzverfahrens** wird dem bisherigen Arbeitgeber die Pflichterfüllung bzgl. laufender Beiträge unmöglich (§ 80 Abs. 1 InsO); zur Frage einer Beendigung (§ 78a StGB) der zuvor begangenen Taten s. Rz. 277. Die Arbeitgeber-Stellung wechselt zum Insolvenzverwalter (Rz. 77). 170

5. Subjektive Tatseite

Der notwendige **Vorsatz** des Täters setzt das Wissen um alle *Tatsachen* voraus, die seine sozialversicherungsrechtliche Einordnung als Arbeitgeber und seine 171

---

1 Anschaulich, ausf. und richtig *Waszczynski*, ZJS 2009, 596 ff.
2 OLG Dresden v. 18.1.2010 – 3 Ss 603/99, wistra 2010, 196.
3 Übersicht bei *Radtke*, GmbHR 2009, 673 ff.; ausführlich *Ischebeck*, Vorenthalten von Sozialversicherungsbeiträgen [...] während der materiellen Insolvenz der GmbH, 2009.
4 BGH v. 30.7.2003 – 5 StR 221/03, BGHSt 48, 307; s. auch *Esser/Keuten*, wistra 2010, 161 ff.
5 BGH v. 8.12.2005 – IX ZR 182/01.
6 So auch *Radtke* in MüKo, § 266a StGB Rz. 47 a.E.

Beitragspflichten begründen – aber auch nur dies[1]. Diese Tatsachen muss der Täter in ihrer allgemeinen rechtlichen Bedeutung richtig erfasst haben. In den hier erörterten Nichtzahlungsfällen nach § 266a Abs. 1 StGB ist der *Beitragsnachweis*, die Mitteilung des Arbeitgebers über seine Beitragsschuld, ausreichendes Indiz für den Vorsatz (erg. Rz. 26a).

172 **Bedingter Vorsatz** genügt[2]. Der Vorsatz muss sich in *Insolvenzfällen* auf die äußeren Anzeichen beziehen, die objektiv auf die drohende Krise und die Gefahr der Zahlungsunfähigkeit im Fälligkeitszeitpunkt hindeuten (Rz. 166). Hat der Arbeitgeber die Anzeichen der Krise gekannt, es aber trotzdem zur Nichtzahlung bei Fälligkeit kommen lassen, ist regelmäßig der Rückschluss erlaubt, dass er diesen Ablauf billigend in Kauf genommen hat, bedingter Vorsatz also vorliegt.

173 (Nur) *bedingter Vorsatz* ist meist auch bei einer **Delegation** der Pflichterfüllung durch den Täter gegeben. Der Unternehmer kann sich von der öffentlich-rechtlichen Pflicht zur Beitragszahlung nicht durch privatrechtliche Abwälzung auf einen Dritten befreien. Er bleibt im Falle der Delegation zumindest zur Überwachung verpflichtet (Rz. 31).

174 **Praxistipp:** Aus der **Wiederholung** unkorrekter Beitragsabführung ergibt sich zwangsläufig, dass der Arbeitgeber die Arbeitsweise des Beauftragten nicht genügend überwacht hat. Überwacht ein Unternehmer den mit der Beitragsabwicklung betrauten Dritten aber nicht, nimmt er bereits damit dessen Versagen und damit das Vorenthalten der Beiträge billigend in Kauf, sofern er selbst nicht persönliche Defizite aufweist: Denn niemand kann ernsthaft darauf vertrauen, dass ein Dritter stets alle Pflichten korrekt erfüllt.

Zusätzlicher Anlass zur Überwachung folgt aus dem Wissen, dass sonstige Verbindlichkeiten des Unternehmens nicht ordnungsgemäß erfüllt werden. Dasselbe gilt für einen „*rechtswidrigen Gesamtzusammenhang*", insbesondere das Verbergen der Verantwortlichkeiten durch „**Strohmann**" und *faktischen Geschäftsführer*[3]. Solche Sachverhalte lassen darauf schließen, dass der Arbeitgeber mit einer unzureichende Erfüllung der sozialversicherungsrechtlichen Pflichten rechnete und dies in Kauf nahm, also auf (bedingten) Vorsatz.

175 Der Verstoß des Unternehmers gegen Überwachungspflichten ist daneben für ihn *ordnungswidrig* nach § 130 Abs. 1 OWiG (s. § 30 Rz. 134), was wiederum regelmäßig eine **Verbandsgeldbuße** nach § 30 OWiG begründet (Rz. 10). Ein Irrtum über das Bestehen der Überwachungspflicht wäre *Verbotsirrtum* (Rz. 236 ff.).

176 Teilt der Arbeitgeber aufgrund einer **irrig** angenommenen oder auch bewusst **vorgetäuschten** (Rz. 76) Beitragspflicht der Einzugsstelle im Beitragsnachweis nicht entstandene oder überhöhte Beiträge mit, zahlt sie dann aber nicht, ist dies nicht als Beitragsvorenthaltung strafbar (Rz. 145).

Da die Beitragspflicht nur kraft Gesetzes entsteht, bekommt der Arbeitgeber irrig gezahlte Beiträge erstattet (§ 26 Abs. 3 SGB IV, Rz. 103b), etwa bei irrig als Beschäftigten gemeldeten Angehörigen (Rz. 73).

177 Die Frage eines **untauglichen Versuchs** – richtigerweise läge ein „**Wahndelikt**" vor – stellt sich nicht, denn der Versuch ist mangels ausdrücklicher Anordnung nicht strafbar (§ 23 Abs. 1 StGB).

---

1 Inzwischen st. Rspr., etwa BGH v. 4.9.2013 – 1 StR 516/1, Rz. 16.
2 *Radtke* in MüKo, § 266a StGB Rz. 62.
3 BGH v. 28.5.2002 – 5 StR 16/02, BGHSt 47, 318, Rz. 26.

6. Rechtswidrigkeit

An der Rechtswidrigkeit der Nichtzahlung der Beiträge kann es bei juristischen Personen in **Insolvenzfällen** vorübergehend fehlen (Rz. 155), nämlich in der Überlegungsfrist von maximal drei Wochen nach Eintritt der Insolvenzreife für die Stellung des *Insolvenzantrags* (§ 15a Abs. 1 InsO): Hier ist der Arbeitgeber *gerechtfertigt*, wenn er in diesem Zeitraum die Beiträge nicht abführt[1]. Aber auch in dieser Frist ist vorrangig zu prüfen, ob der Arbeitgeber nicht bereits diese Situation als solche vorwerfbar **herbeigeführt** hatte (*omissio libera in causa*, Rz. 165[2]).

Diese **vorübergehende Rechtfertigung** endet mit der Überlegungsfrist von maximal drei Wochen. Danach kommt es für den Arbeitgeber wieder darauf an, ob er rechtlich und tatsächlich noch zur Zahlung in der Lage ist – und verneinendenfalls erneut, ob er diese Situation pflichtwidrig herbeigeführt hatte oder nicht (Rz. 163 ff.).

Eine **Einwilligung** des Beschäftigten in die Nichtzahlung der Beiträge ist unbeachtlich (Rz. 162). Dementsprechend ist eine *„Schwarzlohnabrede"* (Rz. 267) keine Rechtfertigung für den Arbeitgeber, die Arbeitnehmeranteile nicht abzuführen[3], sondern ein besonders strafwürdiger Umstand[4] (Rz. 282).

III. Täuschungsfälle

1. Überblick

Der zweite Absatz, § 266a **Abs. 2** StGB, betrifft Täuschungsfälle und erfasst nur die vom Arbeitgeber zusätzlich zum *Bruttolohn* zugunsten der gesetzlichen Sozialversicherungen zu zahlenden Beträge, mit Wirkung für Beitragspflichten ab August 2004, also gültig für Beschäftigung ab Juli 2004[5].

Die Sozialversicherungsbeiträge wurden damals (bis Anfang 2006 – Rz. 154) zum 15. des der Beschäftigung folgenden Monats fällig, die Beiträge für Juli also Mitte August 2004, als die neue Vorschrift bereits in Kraft war.

Der neue § 266a Abs. 2 StGB schloss **Strafbarkeitslücken**, wobei der Gesetzgeber ein zusätzliches *Täuschungselement* zur Voraussetzung gemacht hat. Zuvor erfasste § 266a StGB nur die *Arbeitnehmeranteile* (Rz. 98) und damit nur etwa die Hälfte der vorenthaltenen Sozialversicherungsbeiträge. Außerdem gab es eine Strafbarkeitslücke in Fällen von *geringfügiger Beschäftigung*, bei denen keine Arbeitnehmeranteile zur Sozialversicherung anfielen (§ 8 SGB IV, Rz. 100). Ein Ausweichen auf den Betrugstatbestand (§ 263 StGB) war nicht in allen Fällen möglich.

§ 263 StGB war nur anwendbar, wenn der Arbeitgeber zu der „geschädigten" (Rz. 148) Einzugsstelle bereits eine Geschäftsbeziehung unterhalten hatte. Dann, so die damals

---

1 BGH v. 30.7.2003 – 5 StR 221/03, BGHSt 48, 307, Rz. 9.
2 Zutr. *Waszczynski*, ZJS 2009, 596 (599 f.).
3 Insoweit zutr. *Radtke* in MüKo, § 266a StGB Rz. 34; heute wird aber hochgerechnet, § 14 Abs. 2 S. 2 SGB IV, s. oben Rz. 262.
4 BGH v. 29.10.2009 – 1 StR 501/09, Rz. 18 ff.
5 BGH v. 11.8.2010 – 1 StR 199/10, Rz. 31.

herrschende, praxisfremde Meinung, gab es dort einen Mitarbeiter, der sich Gedanken über die Beiträge dieses Arbeitgebers machte und deshalb getäuscht werden konnte. In diesen Fällen konnte dann der gesamte vorenthaltene Sozialversicherungsbeitrag, also einschließlich der *Arbeitgeberanteile*, Ausgangspunkt für die Bestrafung sein. Diese größere Schuld durch den höheren tatbestandsmäßigen Schaden – und damit die tendenziell höhere Strafe – kam jedoch gerade bei denjenigen Arbeitgebern nicht zum Tragen, die völlig „schwarz" gewirtschaftet hatten, nämlich noch nie Beschäftigte zur Sozialversicherung gemeldet hatten.

184 **Wie bei § 266a Abs. 1 StGB** hängt das Tatbestandsmerkmal Arbeitgeber (Rz. 27 ff.) auch in den Täuschungsfällen von *abhängiger Beschäftigung* ab (Rz. 36). Zu Versicherungspflicht, Beitragspflicht, Beitragshöhe, Beitragsschuldner, Beitragsnachweis, Arbeitsentgelt und zur fehlenden Abhängigkeit von einer Entgeltzahlung sowie zu Zahlungen des Arbeitgebers, Unmöglichkeit, Vorsatz und Rechtswidrigkeit gelten zunächst dieselben Grundsätze wie bei den „Nichtzahlungsfällen" oben dargestellt. Auf die Besonderheiten in den Täuschungsfällen des Abs. 2 wird nachfolgend eingegangen.

185 **Praxistipp**: Im **Urteil** muss bei Abs. 2, zusätzlich zu den Tatsachen, aus denen sich Arbeitgeber-Stellung und abhängige Beschäftigung ergeben, anstelle der Beitragsnachweise des Arbeitgebers bei Abs. 1 (Rz. 26a) nun die *Bemessungsgrundlage* festgestellt werden; der Rest ist Rechtsanwendung[1]. Der Täter kann deshalb regelmäßig nicht die Beitragsschuld, sondern nur die zugrunde liegenden Tatsachen – die Bemessungsgrundlage – gestehen (Rz. 15). Zur Tenorierung s. Rz. 292a.

In der Praxis besteht das große Problem bei der Aufklärung und Ahndung der Täuschungsfälle in der Feststellung der Bemessungsgrundlage. Denn es fehlt beim illegalen Arbeitgeber regelmäßig an einer korrekten *Lohnbuchhaltung* oder sonst verlässlichen Unterlagen. Zumeist werden die Bemessungsgrundlage und damit Beiträge geschätzt werden müssen (Rz. 244 ff.). Vor jeder (Schadens-)*Schätzung* muss aber die **Verwirklichung des Straftatbestands** feststehen: erst wenn sicher ist, dass der Arbeitgeber jedenfalls Beiträge vorenthalten hat, ist der Weg dafür frei, deren Höhe zu schätzen[2] (Rz. 247).

185a **Praxistipp:** Der Strafjurist sollte die Beiträge – obwohl Rechtsanwendung – weder selbst errechnen noch auf Ausführungen der *Finanzkontrolle Schwarzarbeit* (Rz. 24) vertrauen; denn das Fehlerrisiko ist groß. Vielmehr sollte stets auf die Beurteilung und die Berechnung durch den **Prüfdienst** der Deutschen Rentenversicherung zurückgegriffen werden (Rz. 13). In Täuschungsfällen ist die Deutsche Rentenversicherung für die Beitragsfestsetzung zuständig. Sie führt auf Hinweis der Einzugsstelle oder der Strafverfolgungsbehörden eine anlassbezogene „*ad-hoc"-Prüfung* durch (§ 28p Abs. 1 S. 3 SGB IV[3], Rz. 147a). In deren Anhörung und später im Beitragsbescheid – bzw. bei Insolvenz in den „Prüfmitteilungen" – findet sich das Ergebnis der sozialversicherungsrechtlichen Beurteilung.

2. Vom Arbeitgeber zu tragende Beiträge

a) Arbeitgeberanteile

186 Der zweite Absatz des § 266a StGB erstreckt den Schaden und damit die Schuld des Täters[4] auf die *„vom Arbeitgeber zu tragenden Beiträge zur Sozialversicherung"*, somit zum einen auf die „Arbeitgeberanteile" des **Gesamtsozialver-**

---

1 Vgl. etwa BGH v. 11.8.2010 – 1 StR 199/10; BGH v. 11.8.2011 – 1 StR 295/11, unter Nr. 3.
2 Vgl. etwa BGH v. 11.8.2010 – 1 StR 199/10, Rz. 15.
3 *Mette* in BeckOK SozR, § 28p SGB IV, Rz. 13.
4 BGH v. 4.9.2013 – 1 StR 94/13, Rn. 18.

sicherungsbeitrags (Rz. 140), nun aber – im Unterschied zu § 266a Abs. 1 StGB – auf die wirtschaftlich vom Arbeitgeber zu tragenden Beitragsteile.

Daneben erfasst § 266a Abs. 2 StGB, über eine enge sozialversicherungsrechtliche Bedeutung des Tatbestandsmerkmals „Beiträge" hinaus, nach der erklärten Absicht des Gesetzgebers auch die in Rz. 188 ff. genannten **weiteren Zahlungspflichten** des Arbeitgebers, die nicht im Gesamtsozialversicherungsbeitrag enthalten sind. 187

b) Pauschalbeiträge

§ 266a Abs. 2 StGB erfasst auch die „Pauschalbeiträge"[1], die bei versicherungsfreier[2] *geringfügig entlohnter Beschäftigung* (§ 8 Abs. 1 Nr. 1 SGB IV), den „**Minijobs**", vom Arbeitgeber zu tragen und zu zahlen sind[3]. Zum Zusammentreffen mehrerer Beschäftigungen s. Rz. 133, zu *Arbeitnehmeranteilen* bei „Minijobs" Rz. 100, zur *kurzfristigen* Beschäftigung Rz. 192. 188

Aus allen Minijobs zusammen darf der Arbeitnehmer (seit 2013) monatlich höchstens 450 Euro erzielen (daher auch *„450-Euro-Job"*). Die früher zusätzlich geltende **Zeitgrenze** – wöchentlich höchstens 15 Stunden – ist seit 1.4.2003 entfallen.

Allein mit „**Stundenlisten**"[4] kann seither der Nachweis nicht mehr geführt werden, dass kein Minijob (*Schlüsselzahl* 109, Rz. 213) vorliegt, sondern eine *„Beschäftigung ohne besondere Merkmale"* (Schlüsselzahl 101). Es müssen vielmehr die Stunden in einen Monatslohn umgerechnet werden. Zu beachten ist dabei, dass der ausgezahlte Lohn erst dann *hochzurechnen* ist, wenn die Überschreitung der 450 Euro-Grenze fest steht (Rz. 275).

Die **Pauschalbeiträge** betrugen für *Unternehmer* 2014: 15 % in der Rentenversicherung (§ 172 Abs. 3 S. 1 SGB VI) und 13 % in der Krankenversicherung (§ 249b S. 1 SGB V), in *Privathaushalten* (Rz. 191) 5 % in der Rentenversicherung (§ 172 Abs. 3a SGB VI) und 5 % in der Krankenversicherung (§ 249b S. 2 SGB V). In der Pflegeversicherung und der Arbeitslosenversicherung gibt es keine Pauschalbeiträge; in der Unfallversicherung fallen Zahlungspflichten (Umlagen) an. Zur (Pauschal-)Steuer von 2 % s. Rz. 337. 189

Praxistipp: Zu Unrecht gezahlte *Pauschalbeiträge* (häufiges Täter-Motiv für diesen Aufwand: Verschleierung der illegalen Beschäftigung) werden bei der nachträglichen Berechnung der wirklich geschuldeten Sozialversicherungsbeiträge vom *Prüfdienst* der Rentenversicherungsträger (Rz. 22) abgezogen, um **Erstattungsansprüche** des Arbeitgebers gegen die *„Minijob-Zentrale"* (Rz. 198) zu verhindern: Zu Unrecht gezahlte Pauschalbeiträge könnte sich der Arbeitgeber sonst erstatten lassen (§ 26 Abs. 2 SGB IV, Rz. 176). 190

Für die **Tatbestandsverwirklichung** im Strafrecht sind nur die geschuldeten „normalen" Beiträge relevant, weil die Pauschalbeiträge nicht an die hierfür zuständige richtige Einzugsstelle (Rz. 150, 159) gezahlt, dieser also „vorenthalten" wurden. Bei der **Strafzumessung**, also der Schuld, gehen die Gerichte indes regelmäßig – trotz der Verschleierungsabsicht als Motiv des Täters – schuldmindernd davon aus, „wirtschaftlich" habe der Täter immerhin die Pauschalbeiträge gezahlt. In Anklage und Urteil genügen deshalb die von der Rentenversicherung verwendeten (etwa in der Anhörung, Rz. 13, 185a), um die

---

1 BGH v. 4.9.2013 – 1 StR 94/13, Rz. 17
2 Zur „Minijobreform" mit Rentenversicherungspflicht *Segebrecht* in jurisPK, 2. Aufl. 2013, § 172 SGB VI, Rz. 9, 22 ff.
3 Erläuterungen bei *Rittweger* in BeckOK SozR, § 8 SGB IV; *Schlegel* in jurisPK, 2. Aufl. 2011, § 8 SGB IV.
4 BGH v. 6.2.2013 – 1 StR 577/12, Rz. 39.

Pauschalbeiträge bereits verminderten Werte: Denn für die Frage der *Tatbestandsverwirklichung* hat die Schadenshöhe keine Bedeutung und zur Bestimmung der *Schuld* zieht die Praxis am Ende ja doch die verminderten Werte heran.

191 Mit der Einführung des § 266a Abs. 2 StGB wurde an versteckter Stelle zugleich eine Ausnahme für die *Pauschalbeiträge* bei geringfügigen Beschäftigungen im **Privathaushalt** (§ 8a SGB IV) eingeführt: Bei den Bußgeldvorschriften ist bestimmt, dass die neue Strafnorm § 266a Abs. 2 StGB keine Anwendung findet (§ 111 Abs. 1 S. 2 SGB IV).

Was zunächst als „**Putzfrauen-Privileg**" widersinnig anmutet, ist durchaus sinnvoll, nämlich die Unterscheidung zwischen dem Gesetzesverstoß im Kleinen, dem „Jedermann-Verstoß", der Ordnungswidrigkeit ist, und der professionellen „Beitragsvorenthaltung", der für den Unternehmer als Täter hoch lukrativen Straftat mit großem Schaden für Wirtschaft und Gesellschaft (Rz. 7).

191a Die Sonderregelungen für einen **Minijob** im Privathaushalt gelten nicht, wenn der Beschäftigte zugleich im Unternehmen seines Arbeitgebers tätig ist[1] (Rz. 131). Sofern Tätigkeiten bei verschiedenen Arbeitgebern vorliegen und die Regelungen für Minijobs noch gelten (Rz. 133), zahlt der private Haushalt als Arbeitgeber die Pauschalbeiträge aus § 8a SGB IV, der Unternehmer als Arbeitgeber die Beiträge nach § 8 SGB IV[2]. Zahlen beide nicht, ist dies nur beim Unternehmer eine Straftat.

Seit der *Minijobreform* 2013 (Rz. 13) gibt es *Arbeitnehmeranteile* in der Rentenversicherung, deren schlichte Nichtzahlung nach § 266a Abs. 1 StGB strafbar ist (Rz. 100) – auch für den Privathaushalt.

c) Umlagen

192 § 266a Abs. 2 StGB erfasst ferner die **Beiträge** (Umlagen) zur **Unfallversicherung**, die ebenfalls allein vom Arbeitgeber zu tragen sind.

Diese Umlagen fallen auch bei der ansonsten beitragsfreien „**kurzfristigen Beschäftigung**" etwa von „*Saisonarbeitern*" an (§ 8 Abs. 1 Nr. 2 SGB IV). Dabei handelt es sich um Fälle von Beschäftigung mit einem Lohn über 450 Euro, die nicht berufsmäßig ausgeübt wird – diese Voraussetzung wird häufig übersehen – und zusätzlich zeitlich begrenzt ist auf zwei Monate oder 50 Tage im Kalenderjahr, und zwar im Voraus, sei es vertraglich, sei es nach ihrer „Eigenart".

Praxistipp: Berufsmäßigkeit – also Beitragspflicht trotz kurzer Beschäftigungsdauer – liegt vor, wenn der Beschäftigte von diesen Einnahmen lebt, immer bei Arbeitssuchenden (ALG I und II), nicht bei Rentnern, Studenten, „Hausfrauen".

193 Weiter werden die Umlagen für Krankheit und Mutterschaft nach dem **Aufwendungsausgleichsgesetz** erfasst. Bei Krankheit des Beschäftigten erhalten kleinere Betriebe einen Teil[3] des Lohns und der Sozialversicherungsbeiträge erstattet, die sie nach dem Entgeltfortzahlungsgesetz zu zahlen haben (sog. **U-1**-Verfahren). Bei **Schwanger-** und **Mutterschaft** erhalten die Arbeitgeber 100 % ihrer nach dem Mutterschutzgesetz geleisteten Zahlungen ersetzt (sog.

---

1 *Rittweger* in BeckOK SozR, § 8a SGB IV, Rz. 9.
2 *Rolfs* in ErfK, § 8a SGB IV Rz. 3.
3 Die Satzung der Krankenkasse bestimmt die Erstattungssätze von 40-80 %, § 9 AAG.

U-2-Verfahren). Zur Finanzierung dieser Ausgleichszahlungen werden von den Arbeitgebern Umlagen nach dem Aufwendungsausgleichsgesetz (§ 7 AAG) erhoben, die von den Krankenkassen in der Satzung als Prozentsatz vom relevanten Arbeitsentgelt bestimmt werden.

Auch die Umlagen zur Aufbringung der Mittel für das **Insolvenzgeld** nach § 359 SGB III werden von § 266a Abs. 2 StGB erfasst. Insolvenzgeld heißt das von der Agentur für Arbeit bei Insolvenz des Arbeitgebers gezahlte Arbeitsentgelt, das der Arbeitgeber in den letzten drei Monaten vor Eintritt des Insolvenzereignisses schuldig geblieben ist (§§ 183 ff. SGB III).

d) Sonderfall Sozialkassen

Die **Sozialkassen** sind durch – allgemeinverbindliche – Tarifverträge geschaffene Einrichtungen. § 266a StGB erfasst indes nur Zahlungspflichten zu den gesetzlichen Sozialversicherungen und deshalb nicht die Beiträge der Arbeitgeber zu den Sozialkassen. Von Bedeutung ist insbesondere die **SOKA-Bau**, die *Urlaubs- und Zusatzversorgungskasse der Bauwirtschaft*. SOKA-Bau ist der gemeinsame Name für die Urlaubs- und Lohnausgleichskasse der Bauwirtschaft (*ULAK*) und die Zusatzversorgungskasse des Baugewerbes AG (*ZVK*). Es gibt weitere Sozialkassen, etwa die **SOKA Dach** für das Dachdeckerhandwerk.

Die ULAK und die ZVK sind gemeinsame Einrichtungen der Tarifvertragsparteien der Bauwirtschaft[1]. Die SOKA-Bau beruht also nicht auf dem Sozialversicherungsrecht, sondern auf dem **Tarifvertrag über das Sozialkassenverfahren im Baugewerbe (VTV-Bau)**, der für allgemeinverbindlich erklärt ist und damit jeden Baubetrieb, auch den nicht verbandsgebundenen, erfasst. Die Sozialkassenbeiträge werden ausschließlich von den Arbeitgebern erbracht, die zur Teilnahme an den Sozialkassenverfahren der Bauwirtschaft berechtigt und verpflichtet sind. Die Arbeitnehmer sind an diesen Beiträgen finanziell nicht beteiligt, weshalb § 266a Abs. 3 StGB nicht einschlägig ist (Rz. 3). Durch Erstattungsleistungen in den einzelnen Leistungsbereichen erfolgt ein Rückfluss der Gelder an die Arbeitgeber. Ähnliches gilt für die anderen Sozialkassen.

Praxistipp: Hier kommt im Täuschungsfall **Betrug** in Betracht, zunächst hinsichtlich der vom Arbeitgeber hinterzogenen Beiträge. Einzelheiten sind streitig, weil die *SOKA-Bau* nur leistet, wenn sie zuvor auch Beiträge für den fraglichen Beschäftigten erhalten hatte. Unstreitig ist Betrug aber einschlägig hinsichtlich erschlichener Erstattungsleistungen an den Arbeitgeber, insbesondere Lohn für angebliche Urlaubszeiten. Bei diesen Straftaten gibt es weiterhin die Qualifizierung für *gewerbsmäßige* Begehungsweise und damit auch die Möglichkeit, wegen schweren Betrugs Maßnahmen nach § 100a StPO anzuordnen.

e) Zahlstellen

§ 266a Abs. 2 StGB spricht im Unterschied zu Abs. 1 der Vorschrift nicht von der „Einzugsstelle", sondern von der „**für den Einzug der Beiträge zuständige**

---

1 Zentralverband des Deutschen Baugewerbes e.V., Hauptverband der Deutschen Bauindustrie e.V. und Industriegewerkschaft Bauen-Agrar-Umwelt.

Stelle". Denn für den Einzug der nur von Arbeitgeberseite aufzubringenden Beiträge sind verschiedene Einrichtungen zuständig:

- Die *Krankenkassen* sind Einzugsstellen für den Gesamtsozialversicherungsbeitrag (Rz. 148 ff.), für die Umlagen nach dem Aufwendungsausgleichsgesetz (Rz. 193) und für die Umlage zur Finanzierung des Insolvenzgeldes (Rz. 194), die bis 2009 von der Berufsgenossenschaft eingezogen wurde (§ 359 Abs. 1 SGB III).

- Einzugsstelle bei geringfügiger Beschäftigung für die Pauschalbeiträge (Rz. 188) – und die pauschale Lohnsteuer – ist die *„Minijob-Zentrale"*. So nennt sich die zuständige Stelle der „Deutschen Rentenversicherung Knappschaft-Bahn-See" im Geschäftsverkehr (§ 28i S. 5 SGB IV).

- Die Umlagen zur gesetzlichen Unfallversicherung (Rz. 192) sind an die *Berufsgenossenschaft* als Träger der gesetzlichen Unfallversicherung zu zahlen.

3. Täuschungshandlungen

a) Falsche Angaben

199 aa) Ein **falscher Beitragsnachweis** (Rz. 142 f.) ist regelmäßig Voraussetzung für eine der in § 266a Abs. 2 Nr. 1 StGB genannten Falschangaben „über sozialversicherungsrechtlich erhebliche Tatsachen". Denn in Bezug auf den Hauptanwendungsfall, den Gesamtsozialversicherungsbeitrag (Rz. 140), enthält nur der Beitragsnachweis die „sozialversicherungsrechtlich erhebliche Tatsache", auf die sich die tatbestandsrelevante Täuschung bezieht. Der Beitragsnachweis ist, ähnlich der Lohnsteuer-Anmeldung (Rz. 317), zugleich die *Erklärung* des Arbeitgebers und tritt an die Stelle einer *Beitragsfestsetzung* (Rz. 145) durch die Einzugsstelle.

200 Die Zahlen im Beitragsnachweis sind das rechtliche und rechnerische Ergebnis aller Tatsachen, die für die Beitragsentstehung und die Beitragsbemessung von Bedeutung sind (Rz. 142). Werden im Beitragsnachweis zu geringe oder nicht alle (Einzel-)Beiträge angegeben, stellt dieser Beitragsnachweis die **Täuschungshandlung** dar. Nach dem Vergleich zwischen den *„nachgewiesenen"*, also vom Arbeitgeber mitgeteilten, Beiträgen und den wirklich kraft Gesetzes *entstandenen* Beiträgen beurteilt sich, ob eine Täuschung i.S. des § 266a Abs. 2 StGB vorliegt oder nicht. Denn nur die „nachgewiesenen" Beiträge sind für die Einzugsstelle von Bedeutung (Rz. 149, 217). Die Täuschungshandlung kommt auch in der Erklärung des Arbeitgebers im Beitragsnachweis zum Ausdruck: „Es wird bestätigt, dass die Angaben mit denen der Lohn- und Gehaltsunterlagen übereinstimmen und in diesen sämtliche Entgelte enthalten sind."

201 Eine tatbestandsmäßige Täuschung liegt auch vor, wenn der Arbeitgeber im Beitragsnachweis nicht sich, sondern einen Dritten („**Strohmann**") als angeblichen Arbeitgeber angibt (Rz. 32) und die nachgewiesenen Beiträge dann vorenthält. Dann täuscht er die Einzugsstelle (schon) über den Schuldner der Beiträge.

Eine Beitragsvorenthaltung liegt aber nicht vor, wenn stattdessen der Strohmann die Beiträge zahlt (Rz. 160).

Damit stellt Abs. 2 Nr. 1 der Strafvorschrift ein **Tun** (unrichtiger Beitragsnachweis) unter Strafe. Es handelt sich hier deshalb nicht um ein echtes Unterlassungsdelikt, im Unterschied zu Abs. 1 (Rz. 153) und Abs. 2 Nr. 2 (unterlassener Beitragsnachweis, Rz. 207), sondern um ein *Erfolgsdelikt*[1]. Dies ändert nichts am Zeitpunkt der Tatbeendigung und damit dem Verjährungsbeginn (Rz. 277). 202

Praxistipp: Auch wenn der Arbeitgeber anderweitig viele Tatsachen der Einzugsstelle mitteilen muss, insbesondere in den **Meldungen** nach § 28a SGB IV (Rz. 209), kommt es auf diese Meldungen für die tatbestandsmäßige Täuschung nicht an. Auf die Meldungen reagiert die Einzugsstelle in diesem Zusammenhang nicht (Rz. 217). Sie könnte die Beiträge auch nicht allein aus den Meldungen nach § 28a SGB IV bestimmen (Rz. 214). Deshalb kommt es für die Frage einer tatbestandsmäßigen Täuschung nicht darauf an, welche Beschäftigte zur Sozialversicherung gemeldet sind und welche nicht[2]. Regelmäßig liegt die Täuschung allein im falschen oder unterlassenen *Beitragsnachweis*. 203

bb) In der gesetzlichen **Unfallversicherung** sind ein falscher *Lohnnachweis* und seit 2009 auch eine falsche *Entgeltmeldung* die wichtigsten Täuschungshandlungen. Der Arbeitgeber hat das Arbeitsentgelt als die „sozialversicherungsrechtlich erhebliche Tatsache" im Lohnnachweis – bis 2012 noch an die *Berufsgenossenschaft*[3] – mitzuteilen. Der Lohnnachweis ist einmal jährlich fällig, binnen sechs Wochen nach Ablauf eines Kalenderjahres (§ 165 SGB VII). 204

Bereits seit 2009 sind nach dem *Unfallversicherungsmodernisierungsgesetz* das beitragspflichtige Entgelt und weitere Daten für die *Unfallversicherung* auch der *Einzugsstelle* für die Gesamtsozialversicherungsbeiträge, also der Krankenkasse (Rz. 148), bei jeder **Entgeltmeldung** nach § 28a SGB IV (*Jahresmeldung, Abmeldung* usw.) mitzuteilen. Auch das sind sozialversicherungsrechtlich erhebliche Tatsachen i.S. des Tatbestands. 205

Täuschungen durch falschen *Lohnnachweis* wirken sich bei der Unfallversicherung in einem **Irrtum** aus, der zu einem falschen *Beitragsbescheid* (§ 168 SGB VII) des Unfallversicherungsträgers, der *Berufsgenossenschaft*, führt. Der Betrugstatbestand wird hier durch § 266a StGB als lex specialis verdrängt. 206

b) Unterlassene Angaben

Der Arbeitgeber ist zur Abgabe des **Beitragsnachweises** gesetzlich verpflichtet (§ 28f Abs. 3 SGB IV, Rz. 142 f.). Wird kein Beitragsnachweis abgegeben, liegt darin das tatbestandsmäßige Unterlassen, das zugleich das *Täuschungselement* für § 266a Abs. 2 Nr. 2 StGB verwirklicht. Diese Tatbestandsalternative ist – wie Abs. 1 (Rz. 153) – echtes Unterlassungsdelikt[4]. 207

Gibt der Arbeitgeber einen unvollständigen *Beitragsnachweis* ab (§ 266a Abs. 2 Nr. 1 StGB), so tritt das darin zugleich liegende anteilige Unterlassen nach Nr. 2 hinter die Täuschung durch positives Tun nach Nr. 1 zurück[5]. Gleiches gilt für den *Lohnnachweis* und die Entgeltmeldung zur *Unfallversicherung* (Rz. 204).

---

1 BGH v. 11.8.2011 – 1 StR 295/11, bei Nr. 4; so auch BGH v. 15.3.2012 – 5 Str 288/11, Rz. 22; BGH v. 7.3.2012 – 1 Str 662/11, Rz. 4.
2 BGH v. 7.10.2010 – 1 StR 424/10.
3 UnfallversicherungsmodernisierungsG v. 30.10.2008, BGBl. I 2130, Art. 1 Nr. 21a, Art. 13 Abs. 6a.
4 BGH v. 11.8.2011 – 1 StR 295/11, bei Nr. 4.
5 *Radtke* in MüKo, § 266a StGB Rz. 53.

208 Trotz falschen oder unterlassenen Beitragsnachweises ist der Tatbestand aber auch hier nicht verwirklicht, wenn der Arbeitgeber die entstandenen Beiträge korrekt zahlt; es fehlt dann am „**Vorenthalten**"[1] (Rz. 147b).

Praxistipp: Die fehlende Meldung (§ 28a SGB IV, Rz. 209) allein genügt für Abs. 2 mangels Täuschung nicht: Gibt der Arbeitgeber einen korrekten Beitragsnachweis ab, obwohl er zuvor keine Meldungen erstattet hatte, liegt die Voraussetzung einer Täuschungshandlung nicht vor.

c) Meldung zur Sozialversicherung

209 Wer kraft Gesetzes versicherte Mitarbeiter hat, muss als Arbeitgeber unter Angabe seiner Betriebsnummer (Rz. 92) vielfältige Meldungen zur Sozialversicherung abgeben (§ 28a SGB IV) bzw. bei *„Minijobs"* (Rz. 188) einen „**Haushaltsscheck**" (§§ 28a Abs. 7 f. SGB IV, Rz. 146). Die Aufgabe, die Einzugsstelle über die monatliche Beitragspflicht des Arbeitgebers zu unterrichten, kommt allerdings nicht der Meldung nach § 28a SGB IV zu, sondern nur dem Beitragsnachweis nach § 28f Abs. 3 SGB IV (Rz. 142, 146). Die Meldungen nach § 28a SGB IV enthalten weder Beiträge noch den monatlichen Lohn (Rz. 214). Deshalb sind falsche oder unterlassene Meldungen nach § 28a SGB IV für sich allein keine Falschangabe i.S. von § 266a Abs. 2 StGB (s. auch Rz. 103). Allenfalls können sie im Zusammenhang mit anderen Angaben im Einzelfall den Schluss auf eine Täuschung der Einzugsstelle begründen.

Beispiel: Ein Arbeitgeber, etwa ein Veranstalter, beschäftigt hunderte von Erwerbstätigen, die berufsmäßig tätig sind (Rz. 192), je nach Bedarf („Event") kürzer oder länger. Er will keine Sozialversicherungsbeiträge hinterziehen, scheut aber den Aufwand der An- und Abmeldungen nach § 28a SGB IV, weshalb er keine Meldungen abgibt. Stattdessen weist er pauschal die von ihm geschätzten Beiträge gem. § 28f Abs. 3 SGB IV nach und zahlt die nachgewiesenen Beiträge. Soweit er dabei die richtige (Rz. 150) Einzugsstelle gewählt und nicht zu wenig gezahlt hat, ist er mangels Vorenthaltens trotz der fehlenden Meldungen nicht strafbar (s. auch Rz. 153), obwohl die Zahlungen nicht den Beschäftigten zugeordnet werden können (s. auch Rz. 147b).

210 Der Verstoß gegen die *Meldepflichten* nach § 28a SGB IV kann nur mit einem **Bußgeld** bis zu 25 000 Euro geahndet werden (§ 111 Abs. 1 Nr. 2 SGB IV).

211 Die Meldungen nach § 28a SGB IV sind an die zuständige Krankenkasse als *Einzugsstelle* (Rz. 150) zu richten. Bei mehreren Beschäftigten muss die Meldung für jeden gesondert an die jeweilige Krankenkasse gerichtet werden. Dabei sind vom *GKV-Spitzenverband*[2] festgelegte **Schlüsselzahlen** zu verwenden (§ 28b SGB IV), was Außenstehenden das Verständnis erschwert. Solche Meldungen haben unter Angabe der *Betriebsnummer* (Rz. 92) vor allem bei Beginn (*Anmeldung*, Schlüsselzahl 10) und Ende (*Abmeldung*, Schlüsselzahl 30) der Beschäftigung sowie nach Ablauf eines Kalenderjahres (*Jahresmeldung*, Schlüsselzahl 50), aber auch in vielen weiteren Fällen zu erfolgen.

211a In Branchen, deren Anfälligkeit für illegale Beschäftigung aufgefallen ist, gibt es eine Pflicht zur „**Sofortmeldung**" der Personalien und des Beschäftigungsbeginns (§ 28a Abs. 4 SGB IV); dies gilt etwa für den Bau, die Gastronomie und

---

1 Vgl. BGH v. 13.6.2001 – 3 StR 126/01, wistra 2001, 464.
2 Spitzenverband der Krankenkassen, i.d.R. durch „Gemeinsame Grundsätze".

Hotellerie, das Reinigungs- und Speditionsgewerbe und die Fleischwirtschaft. Die Sofortmeldung muss erstattet sein, wenn die Beschäftigung begonnen wird.

Nach einer Sofortmeldung und in den übrigen Branchen hat die reguläre Anmeldung binnen sechs Wochen zu erfolgen (§ 6 DEÜV).

Besondere persönliche Beziehungen des Beschäftigten zum Arbeitgeber können für die Einordnung als abhängige Beschäftigung von Bedeutung sein (Rz. 66, 75). Deshalb muss bei der Anmeldung mitgeteilt werden, ob der Beschäftigte **Angehöriger** (Ehegatte, Lebenspartner oder Abkömmling) des Arbeitgebers ist oder ob es sich um eine Tätigkeit als **geschäftsführender Gesellschafter** einer GmbH handelt (§ 28a Abs. 3 S. 2 Nr. 1 Buchst. d, e SGB IV). 212

Der Arbeitgeber hat unter Verwendung von **Personengruppen-** und **Beitragsgruppenschlüsseln** Einzelheiten zum Beschäftigungsverhältnis und zur Versicherungspflicht zu melden, etwa: *Schlüsselzahl* „**101**" für *„Beschäftigung ohne besondere Merkmale"* (normale Vollzeitbeschäftigte), Schlüsselzahl „**109**" für *geringfügig entlohnte Beschäftigung*, Schlüsselzahl „**110**" für *kurzfristige Beschäftigung*. Weitere Einzelheiten regelt die DEÜV[1]. – Seit 2009 sind auch Daten für die *Unfallversicherung* zu melden (Einzelheiten im *Unfallversicherungsmodernisierungsgesetz*). 213

Praxistipp: Aus den §-28a-Meldungen kann man nur näherungsweise auf die Höhe des monatlichen *Gesamtsozialversicherungsbeitrags* schließen, denn § 28a SGB IV sieht keine monatliche Meldung des Arbeitsentgelts, also keine Meldung der **Bemessungsgrundlage** vor. Zu melden ist die Höhe des Arbeitsentgelts nur bei der *Jahresmeldung* und bei der *Abmeldung* des Beschäftigten, und auch dann ist nur die Summe des Gesamtentgelts im fraglichen Beschäftigungszeitraum (etwa im gesamten Jahr) anzugeben (§ 28a Abs. 3 S. 2 Nr. 2 SGB IV). Sofern ein schwankendes Arbeitsentgelt des Beschäftigten nicht auszuschließen ist, kann aus der Lohnsumme nicht das jeweilige monatliche Arbeitsentgelt errechnet werden, das allein aber als Bemessungsgrundlage von Bedeutung ist (Rz. 129). 214

Falsche Angaben des Arbeitgebers in den Meldungen gegenüber der Einzugsstelle (§ 28a SGB IV) spielen für die Beitragsvorenthaltung demnach nur eine untergeordnete, die eigentliche Täuschung im *Beitragsnachweis* zumeist nur vorbereitende Rolle: Trotz einer falschen Meldung nach § 28a SGB IV ist der Tatbestand mangels Täuschung nicht verwirklicht, wenn der Arbeitgeber im späteren Beitragsnachweis die entstandenen Beiträge korrekt angibt (Rz. 203). 215

Praxistipp: Unterlassene oder falsche Angaben des Arbeitgebers in den Meldungen sind allerdings ein gewichtiges Indiz für strafrechtlich relevante falsche **Beitragsnachweise**. Denn die Beitragsnachweise lassen sich regelmäßig nur aus einer elektronisch geführten *Lohnbuchhaltung* erzeugen. Wird der Beschäftigte aber in der Lohnbuchhaltung geführt, dann wird nicht nur sein Lohn bei der Beitragserrechnung im Beitragsnachweis berücksichtigt, sondern das System erzeugt grundsätzlich auch die Meldungen. Ergibt die **DSRV**-Auskunft (Rz. 218) also, dass eine Person für diesen Arbeitgeber nicht zur Sozialversicherung gemeldet ist, ist dessen Lohn höchstwahrscheinlich, wenn auch nicht zwingend (Rz. 147b), auch nicht in die Beitragsnachweise des Arbeitgebers eingeflossen und der Beitragsanteil für seinen Lohn bei den Beitragszahlungen vorenthalten worden. 216

Beispiel: Meldet der Arbeitgeber einen *Beschäftigten ohne besondere Merkmale* („Vollzeitarbeitskraft", richtige *Schlüsselzahl*: 101) als geringfügig entlohnten Beschäftigten mit der falschen *Schlüsselzahl* 109 an, so ist dies zunächst ein Hinweis darauf, dass der

---

1 VO über die Erfassung und Übermittlung von Daten für die Träger der Sozialversicherung.

Lohn dieses Arbeitnehmers in der *Lohnbuchhaltung* nicht korrekt eingegeben wurde. Die falsche Schlüsselzahl 109 ist zugleich ein Indiz dafür, dass Beiträge aus dem vollen Lohn für diese Vollzeitarbeitskraft nicht im Beitragsnachweis gegenüber der richtigen, zuständigen *Einzugsstelle* berücksichtigt wurden, sondern *Pauschalbeiträge* der unzuständigen *Minijob-Zentrale* nachgewiesen wurden (Rz. 190), also ein starkes Indiz für vorenthaltene Beiträge.

217 Eine **korrekte Meldung** nach § 28a SGB IV (etwa: richtige Schlüsselzahl) verhindert umgekehrt die Tatbestandsverwirklichung durch einen falschen Beitragsnachweis nicht: Aus der Meldung erfährt die Einzugsstelle nicht, welche Beiträge entstanden sind (Rz. 209).

Die Einzugsstellen gehen Meldungen ohne folgenden Beitragsnachweis auch nicht (immer) nach: Erfolgt nur die „Meldung zur Sozialversicherung", besteht sonst aber keinerlei Kontakt mit dem Arbeitgeber, so mahnt die Einzugsstelle den Beitragsnachweis noch an. Erfolgt auch dann keine Reaktion, ignoriert und storniert sie diese Meldung. Die eigentlich korrekte Meldung verhindert deshalb nicht den „Erfolg", dass der Arbeitgeber ohne Beitragszahlung davonkommt.

Praxistipp: Illegale Arbeitgeber nutzen dies aus: Sie melden gem. § 28a SGB IV Beschäftigte an, weisen aber weder Beiträge nach noch führen sie Beiträge ab. Sie erreichen dadurch, dass die *Finanzkontrolle Schwarzarbeit* aus der üblichen **DSRV**-Auskunft (Rz. 218) von den „gemeldeten Beschäftigten" erfährt und so den falschen Eindruck gewinnt, es sei alles in Ordnung, und weitere Ermittlungen unterlässt.

d) DSRV-Auskunft („VdR-Auskunft")

218 Die Träger der Rentenversicherung unterhalten gemeinsam eine *Datenstelle* (**DSRV**), die von der Deutschen Rentenversicherung Bund verwaltet wird (§ 145 SGB VI). Die Meldungen der Arbeitgeber nach § 28a SGB IV werden in dieser Datenstelle gesammelt; auch ein Abgleich mit Daten der *Meldebehörden* (z.B. Umzug, Tod) findet statt (Einzelheiten: § 5 Zweite Bundesmeldedatenübermittlungsverordnung – 2. BMeldDÜV). Durch eine Auskunft der Datenstelle lässt sich feststellen, ob und für welchen Arbeitgeber bei welcher Einzugsstelle ein Beschäftigter zur Sozialversicherung gemeldet ist bzw. welche Beschäftigten ein Arbeitgeber gemeldet hat. Die *Schlüsselzahlen* (Rz. 213) lassen erkennen, ob eine Vollzeitbeschäftigung („ohne besondere Merkmale", *Schlüsselzahl* 101) oder eine geringfügige Beschäftigung (109, 110) gemeldet wurde. In den Akten des Zoll (*Finanzkontrolle Schwarzarbeit*) tragen DSRV-Auskünfte die Überschrift „**Computerunterstützte Zollauskunft**".

Die frühere Bezeichnung als VDR-Abfrage oder **VDR-Auskunft** geht auf den Verband Deutscher Rentenversicherungsträger (ehemals § 146 SGB VI) zurück, der bis 2005 die Datei führte.

219 **Praxistipp:** Eine fehlende Meldung des Beschäftigten zur Sozialversicherung ist ein Indiz für die Tatbestandsverwirklichung (Rz. 216). Demgegenüber lässt sich allein durch eine Auskunft der **DSRV** weder feststellen, in welcher Höhe Beiträge durch *Beitragsnachweise* (Rz. 142) mitgeteilt, noch ob Beiträge gezahlt wurden. Welche Beiträge nachgewiesen und gezahlt wurden, lässt sich nur bei der jeweiligen *Einzugsstelle* (Rz. 150) erfragen. Aber auch dort lassen sich die Beiträge (genauer: der Lohn) für den kontrollierten Beschäftigten nur aus *Jahresmeldungen* und *Abmeldungen* (Rz. 214) erfragen und sonst nur die Summe für alle bei der betreffenden Einzugsstelle versicherten Beschäftigten (Rz. 142a).

4. „Vorenthalten"

a) Fälligkeit

Für die **Zahlungspflicht** und die Bedeutung einer *Stundung* oder einer Zahlung im Tatzeitraum gilt das bei Abs. 1 Dargestellte (Rz. 152 ff.). Auch hier schließt eine Zahlung der Beiträge die Tatbestandsverwirklichung stets aus. Zur Frage der Einordnung von Abs. 2 als echtes Unterlassungsdelikt s. Rz. 202. 220

Monatlich, ebenfalls am drittletzten Bankarbeitstag des *Beschäftigungsmonats*, sind „in voraussichtlicher Höhe der Beitragsschuld" (§ 23 Abs. 1 S. 2 SGB IV) fällig: 221

– die *Arbeitgeberanteile* am Gesamtsozialversicherungsbeitrag (Rz. 186),
– die *Pauschalbeiträge* aus geringfügig entlohnter Beschäftigung (Rz. 188),
– die Umlagen aus der *Entgeltfortzahlungsversicherung* (bei Krankheit und Mutterschaft, U 1 und U 2, Rz. 193),
– die Umlagen zur Finanzierung des Insolvenzgeldes (Rz. 194).

Jährlich fällig sind die Umlagen zur gesetzlichen Unfallversicherung (Rz. 192), und zwar zum Beginn des Folgejahres (§ 152 Abs. 1 S. 1 SGB VII). Einzelheiten regeln die Satzungen der Berufsgenossenschaften (§ 151 S. 2, § 168 Abs. 3 SGB VII). 222

b) Kausalzusammenhang

Das Gesetz scheint mit der Verknüpfung **„dadurch"** einen Kausalzusammenhang zwischen einer Täuschung der Einzugsstelle und dem Vorenthalten, der unterlassenen Zahlung durch den Arbeitgeber, als Vollendung der Tatbestandsverwirklichung zu verlangen. Ein solcher Ursachenzusammenhang besteht indes nur bei der *Unfallversicherung*, aber nicht bei dem durch Beitragsnachweis zu erklärenden *Gesamtsozialversicherungsbeitrag* und bei den *Umlagen*. 223

In der **Unfallversicherung** ergeht auf der Grundlage des *Lohnnachweises* (§ 165 SGB VII) ein *Beitragsbescheid* (§ 168 SGB VII, Rz. 204 ff.). Zur Tatbestandsverwirklichung muss dieser Bescheid auf einem Irrtum beruhen, der seine Ursache in der Täuschung durch den Arbeitgeber hat. 224

Beim **Gesamtsozialversicherungsbeitrag** und bei den **Umlagen** ist die rechtliche Situation anders: Die Zahlungspflicht des Arbeitgebers besteht gerade ohne vorherige Festsetzung durch die Einzugsstelle: Der Arbeitgeber ist – wie bei der Lohnsteuer (Rz. 317) – verpflichtet, seine Zahlungspflichten im Beitragsnachweis (Rz. 142) selbst zu erklären und sie dann von sich aus bei Fälligkeit vollständig abzuführen. Der Beitragsnachweis ersetzt eine Festsetzung der Beiträge durch die Einzugsstelle (Rz. 145). Deshalb bildet sich kein Mitarbeiter der Einzugsstelle eine Vorstellung oder trifft eine Entscheidung, wenn er einen Beitragsnachweis zur Kenntnis nimmt. Die Mitarbeiter der Einzugsstelle reagieren vielmehr erst und nur dann, wenn „nachgewiesene" Beiträge nicht ordnungsgemäß abgeführt wurden: Nur nachgewiesene, aber nicht gezahlte Beiträge werden angemahnt und bei Nichtzahlung beigetrieben (Rz. 217). 225

Erst wenn die nachgewiesenen Beiträge nicht gezahlt worden sind, verursacht ein falscher Beitragsnachweis eine Fehlvorstellung bei den Mitarbeitern der 226

Einzugsstelle, nämlich bei der Beitreibung der Rückstände. Darauf kommt es jedoch nicht an: Dieser **Irrtum** und die darauf beruhende – zu geringe – Verfügung der Einzugsstelle (Vollstreckung) liegen nach der Vollendung der Tatbestandsverwirklichung: Verwirklicht ist der Tatbestand mit der Nichtzahlung der korrekten Beiträge, und zwar gerade unabhängig vom Inhalt des Beitragsnachweises (Rz. 220). Ein *ursächlicher Zusammenhang* zwischen dem Wissensdefizit bei der Einzugsstelle aufgrund der Täuschung durch den Arbeitgeber und der vom Arbeitgeber unterlassenen Beitragszahlung kann für die Tatbestandsverwirklichung deshalb nicht vorausgesetzt werden.

Der Unterschied zu einer Strafdrohung schon für den schlichten Fall der Nichtzahlung, wie bei § 266a Abs. 1 StGB, liegt nur darin, dass die von Abs. 2 zusätzlich vorausgesetzte Täuschung die größere Schuld durch größeren Schaden auf solche Fälle beschränkt, in denen der Täter durch seine Täuschung die nachträgliche Wiedergutmachung des bei Fälligkeit angerichteten Beitragsschadens erschwert oder verhindert. Die Nichtzahlung im Fälligkeitszeitpunkt und das parallel verwirklichte Tatbestandsmerkmal einer Täuschung genügen; *Kausalitätsprüfungen* sind insoweit *nicht* veranlasst.

227 Auch der *BGH* verlangt **keine Kausalität** zwischen Täuschen und Vorenthalten, sondern nur einen *funktionalen Zusammenhang*[1].

Die Fiktion eines „**verfügungsadäquaten Verhaltens**", also die Prüfung, wie die Einzugsstelle entschieden hätte, wenn sie eine Entscheidung zu treffen gehabt hätte, ist die Lösung der Rechtswissenschaft[2], mit der missglückten Gesetzesformulierung zum richtigen Ergebnis zu kommen.

c) Unmöglichkeit

228 Mangels Ursachenzusammenhangs zwischen einer Täuschungshandlung und der Nichtzahlung im Fälligkeitszeitpunkt („Vorenthalten") schließt die Unmöglichkeit der Zahlung in den Täuschungsfällen des Abs. 2 die Tatbestandsverwirklichung nicht aus (anders bei Abs. 1: Rz. 163). Von Bedeutung wäre nur eine Unmöglichkeit, die **Handlungspflicht** (Einreichen eines korrekten Beitragsnachweises) zu erfüllen[3]. Gegen diese Pflicht verstößt der illegale Arbeitgeber indes regelmäßig aus freien Stücken, nämlich weil er Kosten sparen will (zum *Strohmann* ohne Kompetenzen s. Rz. 32).

Der BGH kommt zu diesem Ergebnis mit der Begründung, die Prüfung der Möglichkeit und Zumutbarkeit der geschuldeten Handlung beziehe sich nicht auf die Zahlung, sondern auf die *Meldung*, erwähnt als Beispiel aber nicht den hier einschlägigen **Beitragsnachweis** (Rz. 199 f.), sondern die hier unbedeutende Meldung nach § 28a SGB IV (Rz. 203).

Diese Verlagerung der Unmöglichkeits-Prüfung auf die gesetzlichen (Beitrags-)Meldepflichten gilt in Täuschungsfällen sowohl für § 266a Abs. 2 StGB wie für den zugleich verwirklichten (Rz. 292a) **Abs. 1**[4].

---

1 BGH v. 11.8.2011 – 1 StR 295/11, bei Nr. 4.
2 *Radtke* in MüKo, § 266a StGB Rz. 54 m.w.Nw.
3 BGH v. 11.8.2011 – 1 StR 295/11, bei Nr. 4.
4 BGH v. 11.8.2011 – 1 StR 295/11, bei Nr. 4.

Die Frage einer **überholenden Kausalität**, ob die Nichtzahlung nun nicht mehr „auf" Täuschung durch den Täter, sondern „auf" Unmöglichkeit (fehlende Mittel) beruht, stellt sich nicht: Die Nichtzahlung beruht nie „auf" der Täuschung, sondern stets nur auf dem entsprechenden Entschluss des Täters. Und wenn dem zur Nichtzahlung bereits entschlossenen, täuschenden Arbeitgeber die fristgerechte Beitragszahlung durch Illiquidität im Beschäftigungsmonat zusätzlich unmöglich wird, scheitert die Tatbestandsverwirklichung nicht (erst) an der fehlenden Kausalität, sondern am ungeschriebenen Tatbestandsmerkmal der Möglichkeit zur Pflichterfüllung (Rz. 163) – wenn er den Geldmangel nicht vorhersehen konnte (Rz. 164). 229

5. Subjektive Tatseite

a) Vorsatz

Auch die Tatbestandsverwirklichung des § 266a Abs. 2 StGB erfordert – zumindest bedingten – Vorsatz; es gelten die Ausführungen zu § 266a Abs. 1 StGB (Rz. 171), wobei es bei Abs. 2 nun aber häufig um **Irrtumsfragen** geht. Die danach beim Arbeitgeber allein erforderliche Kenntnis der relevanten Tatsachen[1] ist regelmäßig gegeben; zum illegalen *Entleiher* (Arbeitnehmerüberlassung) s. Rz. 232. 230

Bezüglich der *normativen Elemente* des Tatbestands – die hier dominieren – erfordert Vorsatz eine „**Parallelwertung in der Laiensphäre**"[2]; gemeint ist juristische[3], hier sozialversicherungsrechtliche „Laiensphäre", die den Täter erkennen lässt, dass der Sachverhalt von Bedeutung (hier: für Sozialversicherungsbeiträge) sein kann. Dabei sind die persönlichen Vorkenntnisse des „Laien" zu berücksichtigen. Es ist im *Urteil* festzustellen, dass die persönlichen Kenntnisse des Täters für seinen (bedingten) Vorsatz genügten und seine Rechtsunkenntnis deshalb (nur) die Schuld (*Verbotsirrtum*, Rz. 236) und die Frage der Vermeidbarkeit der Unkenntnis betrifft[4]: Ein Täter mit Erfahrung als Unternehmer erfasst eher als ein Privatmann, der vereinzelt Dritte für sich arbeiten lässt, dass sein Tun allgemein von sozialversicherungsrechtlicher Bedeutung ist, also Pflichten auslösen kann, über die er sich informieren muss – oder er eben anderenfalls einen vermeidbaren Pflichtenverstoß in Kauf nimmt. 231

Diese Kriterien der „Parallelwertung in der sachkundigen Laiensphäre" gelten auch für den Vorsatz bezüglich der Voraussetzungen einer **illegalen Arbeitnehmerüberlassung** (Rz. 79): die Kenntnis des tatsächlichen Geschehens genügt auch hier regelmäßig (zum *Irrtum* über die rechtlichen Folgen s. Rz. 236). 232

Beispiel: Wenn der *Entleiher* weiß, dass ihm sein Vertragspartner (Schein-)Selbständige „verleiht", dann weiß er auch, dass für diese Erwerbstätigen keine Sozialversicherungsbeiträge gezahlt werden: Vorsatz ist gegeben. Und ein Irrtum des Entleihers darüber, dass

---

1 Inzwischen st. Rspr., etwa BGH v. 16.4.2014 – 1 StR 516/13, Rz. 30; BGH v. 4.9.2013 – 1 StR 516/13, Rz. 16.
2 BGH v. 3.4.2008 – 3 StR 394/07, Rz. 30; BGH v. 28.10.1952 – 1 StR 450/52, BGHSt 3, 255 zum Wahndelikt.
3 BGH v. 19.7.2004 – II ZR 217/03, NJW 2004, 2668.
4 BGH v. 3.4.2008 – 3 StR 394/07, Rz. 34.

Sozialversicherungsbeiträge entstanden sind und Zahlungspflicht gegeben ist und diese ihn als Arbeitgeber trifft, ist *Verbotsirrtum* und betrifft nur das Maß seiner Schuld (Rz. 236).

232a **Praxistipp:** Wer die Geschäftsbeziehung „Werkvertrag" oder Dienstleistungsvertrag nennt, das tatsächliche Geschehen kennt und so weiß, dass die tatsächliche Abwicklung nicht dem Vertragstext entspricht, der rechnet damit, dass (auch) sein Vertragspartner gegen Vorschriften verstößt – denn sonst hätte er die Abweichung des Vertrags von der Wirklichkeit nicht akzeptiert. Dabei liegt für den *Entleiher* nahe, dass der illegale Verleiher seine Beitragspflichten nicht erfüllt; denn Kosten zu sparen ist das wesentliche Motiv der Beteiligten, wenn sie die Zusammenarbeit so gestalten, dass die Wirklichkeit nicht den Verträgen entspricht.

Beispiel: Wer allgemein weiß, dass für Beschäftigte in seinem Betrieb Beitragspflichten zu erfüllen sind, nimmt einen Verstoß des Verleihers gegen Beitragspflichten (zumindest) billigend in Kauf, wenn er Arbeitnehmer nicht von einem legalen Zeitarbeitsunternehmen entleiht, sondern *„Werkvertragsarbeitnehmer"* einsetzt, ohne dass sich dieser Einsatz in der tatsächlichen Abwicklung von den Abläufen bei *Arbeitnehmerüberlassung* unterscheidet.

Beraterhinweis: Dabei besteht zunehmend ein *Haftungsrisiko* für die Berater, die in die Vertragsgestaltung „auf dem Papier" eingebunden waren (s. Rz. 241).

233 Diese Anforderungen an den Vorsatz gelten auch für die Höhe des Arbeitsentgelts als **Bemessungsgrundlage** und damit die Höhe der Zahlungspflichten.

Beispiel: Wer „allgemein" weiß, dass Beitragshöhe und Lohnhöhe zusammenhängen, und „allgemein" weiß, dass in seinem Tätigkeitsbereich die Höhe des Arbeitsentgelts nicht nur von den individuellen Absprachen abhängen kann, sondern auch von Tarifverträgen oder gesetzlichen Vorgaben (**„Mindestlohn"**), der weiß, dass die Frage, wie sich der konkrete Lohnanspruch seines Beschäftigten bestimmt, allgemein von sozialversicherungsrechtlicher Bedeutung ist.

234 Dementsprechend ist für den Vorsatz zum Tatbestandsmerkmal **„Einzugsstelle"** nicht erforderlich, dass der Täter weiß, welche der vielen Einzugsstellen für den jeweiligen Beschäftigten konkret zuständig ist: Es genügt das „laienhafte" Bewusstsein, dass Beiträge an irgendeine zuständige Stelle abzuführen sind.

Deshalb läuft der Straftatbestand auch in den Fällen nicht ins Leere, in denen der Arbeitgeber völlig „schwarz" und deshalb auch ohne **Betriebsnummer** gearbeitet hat: Hier kann der Täter im Tatzeitpunkt noch nicht wissen, welche Betriebsnummer später vergeben wird (Rz. 93) und so die zuständige Einzugsstelle bestimmt (Rz. 150).

235 Demzufolge liegt ein vorsatzrelevanter **Tatbestandsirrtum** nur dann vor, wenn der Täter die *Tatsachen* nicht kennt, die für die Subsumtion im Sozialversicherungsrecht, für die Verwirklichung der normativen Tatbestandsmerkmale, von Bedeutung sind[1], oder wenn er nach seiner Vorbildung und Erfahrung *persönlich* nicht in der Lage war, die allgemeine rechtliche Bedeutung der Tatsachen soweit zu erkennen, dass er Zahlungspflichten für möglich hielt (s. auch Rz. 367).

---

1 Inzwischen st. Rspr., etwa BGH v. 16.4.2014 – 1 StR 516/13, Rz. 30; BGH v. 4.9.2013 – 1 StR 516/13, Rz. 16.

b) Verbotsirrtum

Der Irrtum eines Täters, der den Sachverhalt gekannt und in seiner Bedeutung erfasst hatte (Vorsatz, Rz. 171), über seine sozialversicherungsrechtlichen (Zahlungs-)Pflichten ist ein Verbotsirrtum[1] (§ 17 StGB). Namentlich der Irrtum über die rechtliche Stellung als „Arbeitgeber" ist Verbotsirrtum[2]. Ein solcher Verbotsirrtum ist regelmäßig **vermeidbar**[3], weil eine Pflicht zur Einholung einer Auskunft bei einer *sozialversicherungsrechtlich* kompetenten Stelle besteht. Das Sozialversicherungsrecht bietet dem Täter mit dem *Anfrageverfahren* (§ 7a SGB IV, Rz. 68) die Möglichkeit zur Klärung der Versicherungs- und Beitragspflicht. Macht er davon keinen Gebrauch, obwohl sich Zweifel aufdrängten, ist sein Irrtum vermeidbar[4] – mit grundsätzlich schuldmindernder Wirkung (Rz. 289a, s. auch Rz. 367).

236

Praxistipp: Dies gilt auch für den häufigen Fall der (angeblich) irrigen Annahme einer *selbständigen* Tätigkeit des Beschäftigten („**Scheinselbständigkeit**").

Der Irrtum des Täters ist nur dann **unvermeidbar** und schließt damit eine Bestrafung aus, wenn er von Erkundigungsmöglichkeiten nichts wusste – was bei einem Unternehmer nicht glaubhaft wäre – oder er sich bei der richtigen Stelle erkundigt, aber eine falsche, seinen Irrtum aufrecht erhaltende Antwort bekommen hatte, obwohl diese Antwort nach objektiver und sorgfältiger Prüfung der Rechtslage anhand des wirklichen Sachverhalts gegeben wurde[5].

237

Praxistipp:

Dies gilt auch, wenn die Entscheidung nach der Tatbestandsverwirklichung erging, denn dann ist nicht auszuschließen, dass der Täter auch bei vorheriger Anfrage die falsche Antwort bekommen hätte.

Kompetente Stellen, deren sozialversicherungsrechtliche Bewertung die Schuld ausschließen kann, sind nur die *Einzugsstellen* und die **Deutsche Rentenversicherung** (Rz. 20).

238

Falsche sozialversicherungsrechtliche Auskünfte oder Entscheidungen (Verwaltungsakte, Urteile), die einen Verstoß gegen Zahlungspflichten verneinen, schließen die Schuld – ohnehin nicht die *Tatbestandsverwirklichung* – nur aus, wenn es der Täter nicht besser weiß, also wenn sie nicht auf einem vom Täter **erkannten Irrtum** der entscheidenden Stelle beruhen.

Praxistipp: Bei Aufdeckung einer vorgetäuschten Entsendung und Rücknahme der **Entsendebescheinigung** durch den Herkunftsstaat (Rz. 117) liegt es für den Täter nahe, sich auf die ursprüngliche (falsche) Beurteilung durch den Sozialversicherungsträger des Herkunftsstaates und auf einen für ihn unvermeidbaren Verbotsirrtum zu berufen. Die Stellen im Herkunftsstaat wurden in solchen Fällen aber über den wirklichen Sachverhalt getäuscht. Geschah dies mit Absicht und wusste der Täter davon, dann wusste der Täter auch, dass die Auskünfte und Entscheidungen falsch sein müssen – zumal dies der

238a

---

1 BGH v. 4.9.2013 – 1 StR 94/13, Rz. 16.
2 BGH v. 7.10.2009 – 1 StR 478/09, wistra 2010, 29, Orientierungssatz 2; *Fischer*, § 14 StGB Rz. 19.
3 So auch *Radtke* in MüKo, § 266a StGB Rz. 61 m.w.Nw.
4 BGH v. 7.10.2009 – 1 StR 478/09, wistra 2010, 29.
5 BGH v. 3.4.2008 – 3 StR 394/07, Rz. 38; zu den Voraussetzungen: BGH v. 4.4.2013 – 3 StR 521/12, Rz. 10 ff.

Zweck der Täuschung war. Dann liegt nicht nur ein vermeidbarer Irrtum vor, sondern die Behauptung eines Irrtums ist widerlegt (Rz. 241).

239 Weder **Steuerberater** noch **Rechtsanwälte** haben ohne besondere Zusatzausbildung die erforderliche[1] Fachkunde im Sozialversicherungsrecht[2]. Ein Schuldausschluss für den Arbeitgeber bleibt indes möglich, wenn er trotz vollständiger Schilderung des richtigen Sachverhalts von seinem Steuerberater oder Rechtsanwalt eine sozialversicherungsrechtlich falsche Auskunft bekommen hatte und nicht erkennen konnte, dass die Auskunft mangelhaft erarbeitet wurde. Das wirft dann die Frage der **Haftung** der inkompetenten *Berater* auf.

240 Keinesfalls darf der Arbeitgeber vorschnell auf eine für ihn günstige Auskunft vertrauen. Er muss alle seine „geistigen Erkenntniskräfte" einsetzen und ist nicht entschuldigt, wenn er „bei auch nur mäßiger Anspannung von Verstand und Gewissen"[3] das Verbotene seines Tuns (oder Unterlassens) erkennen kann. Dies gilt erst recht, wenn das Wissen des Täters um die spezielle Rechtslage dem Wissen seiner Auskunftsperson überlegen ist. Auch ein (gekauftes) **Gefälligkeitsgutachten** ist ohne Bedeutung.

241 Häufig schützt der Arbeitgeber einen Irrtum nur vor. Ein Irrtum liegt etwa fern, wenn der Arbeitgeber über den Sachverhalt in den für die sozialversicherungsrechtliche Beurteilung erheblichen Punkten getäuscht hatte, sei es durch *Scheinverträge*, durch **Manipulation** seiner Buchhaltung, seiner Mitarbeiter oder seiner *Berater*.

Praxistipp: Beruht eine Auskunft oder Entscheidung der sozialversicherungsrechtlich kompetenten Stelle auf einem vom Arbeitgeber bewusst falsch vorgetragenen Sachverhalt, belegt diese Täuschung gerade seine Sachkunde und das Fehlen eines Irrtums: Sachgerecht täuschen kann nur, wer die Rechtslage kennt.

Beraterhinweis: In diesem Spannungsfeld zwischen kompetenten Stellen, evtl. nicht wirklich rechtskundigen Beratern und Mandanten, die einen falschen Sachverhalt schildern, liegt für alle Berater ein zunehmendes Risiko eigener **Haftung**, strafrechtlich wie finanziell. Denn zu den Aufgaben des Beraters gehört auch die Pflicht, dem Mandanten die richtigen Fragen zu stellen[4], um den relevanten Sachverhalt zu klären: Wäre der Mandant selbst sachkundig, bräuchte er keinen Berater. Obendrein ist der Berater verpflichtet, den Mandanten auf das Erfordernis weiterer Beratung hinzuweisen – und kann anderenfalls sogar **ohne Beratungsauftrag**[5] haften. So liegt es nach Aufdeckung des Pflichtenverstoßes für Mandant und Strafgericht nahe, im Berater den Schuldigen zu sehen (s. auch Rz. 48).

242 Ein angeblicher Irrtum über die Sozialversicherungspflicht ist oft auch durch einen Vergleich mit **früherem Verhalten** widerlegbar. Übt eine Arbeitskraft, die früher vom Arbeitgeber ordnungsgemäß als abhängig beschäftigt behandelt worden war, dieselbe Tätigkeit in weitgehend gleicher Weise als „selbständig" aus, liegt ein Irrtum fern.

Praxistipp: Es ist allgemein bekannt, dass man sich öffentlich-rechtlichen Pflichten nicht allein dadurch entziehen kann, dass man einer rechtlichen Beziehung nur eine **andere Be-**

---

1 BGH v. 3.4.2008 – 3 StR 394/07, Rz. 40.
2 In diesem Sinne auch LSG BW v. 12.12.2008 – L 4 R 3542/05, Rz. 69.
3 BGH v. 4.4.2013 – 3 StR 521/12, Rz. 10 ff.; BGH v. 3.4.2008 – 3 StR 394/07, Rz. 40.
4 Vgl. die Erwägungen in BGH v. 16.4.2014 – 1 StR 516/13, Rz. 45 f.
5 BGH v. 6.2.2014 – IX ZR 53/13.

zeichnung gibt: Niemand wird allein dadurch zum selbständigen Unternehmer (*"Subunternehmer"*, *"freier Mitarbeiter"*), dass er so bezeichnet wird.

Auch erkennbare Zweifel sind oft geeignet, die Berufung des Arbeitgebers auf einen Irrtum zu Fall zu bringen. Hat sich der Arbeitgeber bei einer ungeeigneten Stelle erkundigt, steht fest, dass er selbst einen **Beratungsbedarf** erkannt hatte; die Prüfung der Vermeidbarkeit seines Irrtums beschränkt sich dann auf die Frage, ob er nicht auch erkennen konnte, dass er bei einer nicht hinreichend sachkundigen Stelle nachfragt. 243

Ein gewichtiges Indiz sind auch ungewöhnliche **Verhaltensweisen** des Arbeitgebers.

Beispiele: (**1**) Der Arbeitgeber verhilft seinen Beschäftigten erst zur **Gewerbeanmeldung** als Selbständige, schickt sie zum Gewerbeamt, beschafft ihnen die Adresse für den Sitz ihres angeblichen Unternehmens in der Anmeldung, stellt den Übersetzer für die Vorsprache auf dem Amt. Das macht kein Auftraggeber für seinen Subunternehmer. (**2**) Auch wenn der Arbeitgeber seine Mitarbeiter zu **Verschwiegenheit** oder falschen Angaben anhält, zeigt dies sein Problembewusstsein.

c) Bemessung von Schaden und Schuld

Die Höhe des Schadens bestimmt die Schuld – und damit die Sanktion. Die *Bemessungsgrundlage* „Bruttolohn" und damit der Beitragsschaden lassen sich in Täuschungsfällen nur schwierig feststellen: Der Bruttolohn ergibt sich nicht aus der **Lohnbuchhaltung**, weil diese vom Arbeitgeber manipuliert wurde, um die Täuschung im *Beitragsnachweis* zu erleichtern und zu verdecken. 244

Im **Urteil** muss bei der Feststellung der Bemessungsgrundlage in Täuschungsfällen, anders als bei reinen Nichtzahlungsfällen (Rz. 26a), grundsätzlich dargelegt werden, wer in welcher Zeit zu welchem Lohn beim Arbeitgeber beschäftigt war. Lässt sich dies nicht mehr feststellen, ist ein *Summenbeitragsbescheid* veranlasst (Rz. 258). 244a

Für die Ermittlung der **Bemessungsgrundlage** müssen zunächst alle Erkenntnisquellen, Beweismittel ebenso wie glaubhafte Einlassungen des Angeklagten, herangezogen und ausgeschöpft werden[1]. Zu den Beweismitteln gehört die *(Finanz-)Buchhaltung* des Arbeitgebers. Manchmal kann aus Buchungs- und Zahlungsvorgängen außerhalb der Lohnbuchhaltung ermittelt werden, welches Arbeitsentgelt der Arbeitgeber aufgewandt hat. 245

Beispiele: (**1**) Bei Lohnsplitting oder Scheinselbständigkeit ist die **Lohnbuchhaltung** unrichtig: Das Arbeitsentgelt wurde nicht dem richtigen Beschäftigten zugeordnet bzw. nicht als Arbeitsentgelt, sondern als „bezogene Leistung" eines Lieferanten, eines anderen Unternehmens, behandelt. Die Bemessungsgrundlage kann dennoch aus der Buchhaltung bestimmt werden, wenn die falschen Buchungen – gebucht als Arbeitsentgelt für eine dritte, nicht beschäftigte Person oder als Zahlung an einen angeblichen Subunternehmer – nun dem richtigen Beschäftigten als Arbeitsentgelt zugeordnet werden können. Zu *Abdeckrechnungen* s. Rz. 256 f. (**2**) Wenn sich aus den Ausgangsrechnungen die dem Kunden in Rechnung gestellte Arbeitszeit ergibt, kann daraus die *Bemessungsgrundlage* (Lohn) errechnet werden, sofern der Stundenlohn bekannt ist.

Praxistipp: Eine **Vernehmung** der Beschäftigten bringt häufig keine zuverlässigen Erkenntnisse, etwa bei kollusivem Zusammenwirken des Arbeitgebers mit seinen Beschäf-

---

1 BGH v. 10.11.2009 – 1 StR 283/09, wistra 2010, 148, Rz. 27 ff.

tigten oder mangels zuverlässiger Aufzeichnungen der Beschäftigten, auf die sie sich bei ihren Aussagen stützen könnten.

246 Gegen die Verwertung eines **Geständnisses** der Bemessungsgrundlage spricht nichts: Hier geht es um Tatsachen, die der Arbeitgeber am besten kennt[1] (Rz. 15). Im Sozialversicherungsrecht ist auch eine **tatsächliche Verständigung** mit dem Arbeitgeber über die Bemessungsgrundlage möglich, ebenso wie im Steuerrecht.

aa) Schätzung

247 Lässt sich die Bemessungsgrundlage auf diesem Wege nicht ermitteln, ist eine Schätzung geboten[2]. Dabei kann im Strafrecht eine Schätzung schon aus **verfahrensökonomischen Gründen** zulässig sein, wenn eine exakte Berechnung zwar mit großem Aufwand möglich erscheint, sich aber bereits hinreichend sicher abschätzen lässt, dass dadurch gegenüber dem Ergebnis einer Schätzung allenfalls noch vernachlässigbare Abweichungen zu erwarten wären[3].

Praxistipp: Im *Urteil*, wenn auch nicht unbedingt schon in der *Anklage*[4], muss vor der Schätzung dargelegt werden, weshalb sich die Bemessungsgrundlage ohne Schätzung nicht feststellen lässt[5].

248 Im **Sozialversicherungsrecht** ist nach § 28f Abs. 2 S. 3 SGB IV die Schätzung des Arbeitsentgelts als *Bemessungsgrundlage* der Beiträge ebenfalls veranlasst, wenn feststeht, dass sich die richtige Bemessungsgrundlage nicht aus den Unterlagen des Arbeitgebers (Lohnbuchhaltung) ergibt und das Arbeitsentgelt auch sonst nicht mit *zumutbarem Aufwand* zu ermitteln ist. Die Voraussetzungen für und die Anforderungen an eine Schätzung der Bemessungsgrundlagen sind im Straf- und Sozialversicherungsrecht – ebenso im Steuerrecht (Rz. 376) – identisch: Ergebnis der Schätzung ist die sozialversicherungsrechtlich gültige und damit aufgrund der Akzessorietät (Rz. 14) auch im Strafrecht verbindliche und zulässige[6] *Bemessungsgrundlage*.

249 Diese Schätzung betrifft nur den Schuldumfang und ist insoweit auch verfassungsrechtlich grundsätzlich unbedenklich[7]. Dabei sind die generellen Voraussetzungen einer Schätzung im Strafrecht zu beachten[8]. Vor allem muss zunächst die **Verwirklichung des Tatbestands** zur Überzeugung des Gerichts feststehen.

---

1 BGH v. 14.6.2011 – 1 StR 90/11, Rz. 12.
2 BGH v. 6.2.2013 – 1 StR 577/12; BGH v. 10.11.2009 – 1 StR 283/09, wistra 2010, 148, Rz. 15.
3 BGH v. 11.8.2010 – 1 StR 199/10, Rz. 15; BGH v. 10.11.2009 – 1 StR 283/09, wistra 2010, 148, Rz. 12.
4 BGH v. 8.8.2012 – 1 StR 296/12.
5 BGH v. 6.2.2013 – 1 StR 577/12.
6 BGH v. 2.12.2008 – 1 StR 416/08, BGHSt 53, 71, Rz. 8; ausf. erläutert von *Bader*, wistra 2010, 121 ff.
7 BVerfG v. 20.3.2007 – 2 BvR 162/07, Rz. 11.
8 Sehr instruktiv BGH v. 10.11.2009 – 1 StR 283/09, wistra 2010, 148, Rz. 8 ff.; ausf. zu Voraussetzungen und Methoden der Schätzung am Beispiel der Abschöpfung *Büttner*, Berechnung des illegalen Vermögensvorteils, 2. Aufl. 2012; S. 161 ff., auf dessen Erläuterungen die hiesigen Ausführungen basieren.

Beispiel: Wenn ein bei einer Kontrolle entdeckter Beschäftigter gar nicht in der *Lohnbuchhaltung* oder dort nicht mit seinem vollen Lohn („*teilweise Schwarzlohnzahlungen*", s. auch Rz. 271) geführt wurde, steht zum einen fest, dass die Aufzeichnungspflichten vom Arbeitgeber nicht ordnungsgemäß erfüllt wurden; die Ermittlung des wirklich vereinbarten und ausgezahlten Lohnes ist nicht direkt anhand der Buchhaltung möglich. Der Beschäftigte hat „Schwarzlohn" erhalten; es müssen „**Zuschätzungen**" zum gebuchten Lohn erfolgen. Zum anderen steht auch fest, dass die vom Arbeitgeber aus der Lohnbuchhaltung abgeleiteten *Beitragsnachweise* falsch sind, nämlich zu niedrige Beiträge ausweisen. Regelmäßig zahlt der Arbeitgeber allenfalls die nachgewiesenen Beiträge; die restlichen Beiträge, die aus dem Schwarzlohn angefallen sind, wurden *vorenthalten*: Gleiches gilt, wenn der Arbeitgeber zwar Beschäftigte hatte, aber keine Beitragsnachweise abgegeben hat: Die Verwirklichung des Tatbestands steht damit regelmäßig fest (Ausnahme: Rz. 147b).

Praxistipp: Steht die Verwirklichung des Tatbestands einmal fest, kann es keinen **Freispruch** mit der Begründung mehr geben, die Höhe der Beträge sei unklar: Eine Schätzung der Bemessungsgrundlage und damit der Beiträge muss erfolgen (Rz. 247).

Für die Schätzung müssen zunächst tragfähige Grundlagen *festgestellt* werden, nämlich die tatsächlichen Voraussetzungen für die jeweiligen Schätzungsmethoden. Zudem sind **anerkannte Schätzungsmethoden** zu wählen – und unter diesen die am besten geeignete oder es sind mehrere Methoden zu kombinieren, um das Ergebnis zu präzisieren – und die Gründe dafür im *Urteil* darzulegen[1]. Anerkannt sind hier der *interne* und der *externe Betriebsvergleich*.

Beim **internen Betriebsvergleich** werden *festgestellte* Daten des jeweiligen Arbeitgeberbetriebes zunächst darauf geprüft, ob sie für den fraglichen Sachverhalt vergleichbare Werte liefern. Ist das der Fall, werden die gesicherten Daten anschließend auf den unklaren Sachverhalt sinngemäß angewandt.

Beispiele: (**1**) Ein Betrieb hat Aufzeichnungen für die Jahre 2010–2013 gefertigt, die einen sicheren Aufschluss über das Verhältnis von Umsatz und Lohn in dieser Zeit geben. Nach den Feststellungen wurde das Unternehmen im folgenden, strafbefangenen Zeitraum, für den keine Aufzeichnungen mehr vorliegen, mit großer Wahrscheinlichkeit gleichartig weitergeführt. Damit liegen die Voraussetzungen für eine Schätzung mithilfe eines internen Betriebsvergleichs vor: Das Verhältnis von Umsatz und Lohn aus den Jahren 2010–2013 kann nun auch für die **Folgejahre** zugrunde gelegt und daraus die Bemessungsgrundlage abgeleitet („geschätzt") werden.

(**2**) Es ist festgestellt, dass ein Arbeitgeber durchweg Stundenleistungen seiner Beschäftigten unter Anwendung eines einheitlichen **Aufschlagsatzes** an seine Auftraggeber weiterberechnet. Erhält ein Beschäftigter z.B. 10 Euro pro Stunde, die an den Auftraggeber mit 23 Euro (netto) weiterberechnet wird, so ist es gerechtfertigt, bei der Schätzung das Verhältnis Lohn zu Umsatz mit 10 zu 23 anzusetzen. Somit kann aus den Ausgangsrechnungen auf den Lohn zurückgeschlossen werden, den der Arbeitgeber aufgewandt hatte.

Für den **externen Betriebsvergleich** werden Daten von Vergleichsbetrieben herangezogen. Dafür müssen zunächst die Voraussetzungen für die Annahme „Wenn der Arbeitgeber A einen bestimmten Lohnaufwand hat, muss auch der Arbeitgeber B (der Straftäter) einen entsprechenden Lohnaufwand haben", *festgestellt* werden.

Für einen externeren Betriebsvergleich müssen als Voraussetzungen

---

1 BGH v. 14.6.2011 – 1 StR 90/11, Rz. 10; BGH v. 11.8.2010 – 1 StR 199/10; BGH v. 28.7.2010 – 1 StR 643/09.

- eine große Zahl an entsprechenden Vergleichswerten vorliegen,
- die Verhältnisse der Vergleichsbetriebe und des zu schätzenden Betriebes tatsächlich vergleichbar, also nicht relevant unterschiedlich sein und
- sich die Betriebe in einer Konkurrenzsituation befinden, in der als Grundsatz gilt: „Der Preis wird durch Angebot und Nachfrage bestimmt".

Zu den notwendigen *Lohnkosten* eines Arbeitgebers, der bestimmte Einnahmen (Umsatz) erzielte, gibt es Erfahrungswerte, die sich verallgemeinern lassen, etwa in den **Richtsatzsammlungen der Finanzverwaltung**[1]. Wenn sich die *Bemessungsgrundlagen* anderweitig nicht zuverlässiger schätzen lässt, kann auch im Strafverfahren auf die Erfahrungswerte der Richtsatzsammlungen zurückgegriffen werden. Dabei muss weder vom Mittelwert noch gar „zugunsten" des Täters vom unteren Wert der Spanne ausgegangen werden[2].

253 Auf diesem Weg ergibt sich eine Lohnquote, gemessen am Umsatz. Für den Baubereich hat der BGH bestätigt, dass bei *lohnintensiven* Arbeiten – wenn der Unternehmer nicht auch Material liefert – eine **Lohnquote** von **66,66 %** des Netto-Umsatzes (also ohne Umsatzsteuer) zugrunde gelegt werden kann[3].

Denn die Erfahrung zeigt: Wenn ein Unternehmer nur die Arbeit seiner Beschäftigten weiterverkauft, so akzeptiert der Markt höchstens einen Preisaufschlag von einem Drittel auf dessen Lohnaufwand. Diese Quote von 66,66 % – als Mindestwert – gilt auch für andere lohnintensive Branchen, namentlich also für reine Dienstleister wie Sicherheitsdienste[4] oder Reinigungsunternehmen, die ebenfalls im Wesentlichen nur die Arbeit ihrer Beschäftigten weiterverkaufen.

Praxistipp: Weiß der Markt, etwa am Bau, dass der Unternehmer die Löhne an seine Beschäftigten „**schwarz**" auszahlt, sein Lohnaufwand also nur der bar ausgezahlte *Nettolohn* ist, so ergibt auch die Quote von 66,66 % des Umsatzes den **Nettolohn**[5] (Barlohn), der dann auf den Bruttolohn als Bemessungsgrundlage *hochzurechnen* ist (Rz. 262)[6].

254 Es gibt auch **andere Erfahrungswerte**, die für einen externen Betriebsvergleich herangezogen werden könnten, oft aber weniger zutreffende Ergebnisse liefern. In manchen Branchen lässt sich etwa ermitteln, in welcher Größenordnung **Arbeitsstunden** geleistet werden mussten, um den Umsatz zu erzielen.

Beispiel: Erzielt ein Unternehmer seine Einnahmen daraus, dass seine Beschäftigten Bewehrungs-Stahl verlegen („*Eisenbieger*"), so lässt sich nach Feststellung der Stahlmengen und der genauen Bewehrungspläne sachverständig ermitteln, welche Arbeitszeit für die Verlegung dieser Stahlmengen notwendig ist, allerdings nur als grober Rahmen. Denn die wirkliche Arbeitszeit hängt von vielen weiteren Faktoren wie der Qualität der Arbeiter und den eingesetzten Hilfsmitteln ab. Lässt sich zudem ermitteln, welchen Stundenlohn der Arbeitgeber zahlte oder mindestens gewähren musste, etwa weil ein **Mindestlohn** gilt

---

1 Veröffentlicht auf der Internetseite des BMF unter der Rubrik „Betriebsprüfung/Richtsatzsammlung.
2 Beispiel bei BGH v. 29.1.2014 – 1 StR 561/13, Rz. 19 f.
3 BGH v. 10.11.2009 – 1 StR 283/09, wistra 2010, 148; BGH v. 29.10.2009 – 1 StR 501/09 – Kolonnenschieber/Gerüstbau.
4 BGH v. 6.2.2013 – 1 StR 577/12, Rz. 55.
5 BGH v. 6.2.2013 – 1 StR 577/12; BGH v. 10.11.2009 – 1 StR 283/09, Rz. 21, wistra 2010, 148.
6 Näher *Bader*, wistra 2010, 121 (124).

oder um überhaupt Arbeiter zu bekommen, lässt sich die Bemessungsgrundlage schätzen (*„Bamberger Modell"*).

Das **Schätzungsergebnis** muss vor allem objektiv möglich und – grundsätzlich – „wirtschaftlich vernünftig" sein, wobei in Straffällen die betriebswirtschaftliche „Vernunft" des Täters kein relevantes Korrektiv ist: Diese Täter planen zumeist, weder ihre Schulden zu zahlen noch die Firma dauerhaft am Markt zu erhalten, unter der sie ihre Straftaten begehen. **255**

Praxistipp: Objektiv möglich ist das Schätzungsergebnis nur dann, wenn die dem Täter zur Verfügung stehenden *Finanzmittel* ausreichen, um die geschätzten Löhne auch tatsächlich zu zahlen. Wird der Schwarzlohn bar ausgezahlt, stellt das **Bargeld**, das dem Arbeitgeber zur Verfügung steht, die Obergrenze dar[1].

Beispiel: Außerhalb der Gastronomie und anderer Branchen mit vielen Bareinnahmen, insbesondere bei Umsätzen mit anderen Unternehmern, erhält der Arbeitgeber seine Einnahmen regelmäßig „unbar", durch Überweisung auf ein Bankkonto. Da der Arbeitgeber diesen Umsatz notgedrungen vollständig buchen muss, sind **Falschbuchungen** notwendig, um „*Schwarzgeld*" zu generieren, etwa durch angeblich bezogene Subunternehmer-Leistungen (und *Abdeckrechnungen* bei den Belegen) oder durch vorgespiegelten Aufwand in anderen Buchhaltungskonten (Fahrzeugkosten, Reisekosten, Spesen usw.). Dieses Schwarzgeld steht dem Arbeitgeber dann für andere als die zum Schein in der Buchhaltung ausgewiesenen Zwecke zur freien Verfügung.

Praxistipp: Nach den Feststellungen im *Urteil* müssen solche Falschbuchungen dem Täter zumindest möglich gewesen sein. Zusätzlich muss bei unbaren Einnahmen und baren Lohnzahlungen die Abhebung von den Bankkonten belegt sein. Es ist also der **Geldfluss** festzustellen.

Praxistipp: Ob der Arbeitgeber das so generierte „**Schwarzgeld**" aber für Lohnzahlungen verwendet oder ob er verdeckt Gewinne entnommen (Rz. 359) oder Bestechungszahlungen erbracht hatte, steht damit noch nicht fest. Deshalb kann die Tatbestandsverwirklichung – als Voraussetzung jeder Schätzung (Rz. 249) – nicht allein mit dem Nachweis von Abdeckrechnungen erbracht werden, auch nicht bei „Verflüssigung" der unbaren Einnahmen. Die Verwendung des Schwarzgeldes für Schwarzlohn – also die illegale Beschäftigung – muss zusätzlich festgestellt werden.

Die Feststellung von „**Abdeckrechnungen**" ist zumeist schwierig. Abdeckrechnungen, die vom Arbeitgeber selbst hergestellt (gefälscht) oder von „reinen" Serviceunternehmen, die nur Rechnungen verkaufen, bezogen wurden, sind die Ausnahme. Die meisten Abdeckrechnungen stammen von „Mischbetrieben", von ihrerseits illegalen Arbeitgebern, die aus der Arbeit ihrer „schwarz" entlohnten Beschäftigten Einnahmen erzielen und sich daneben mit dem Verkauf von Abdeckrechnungen an andere illegale Arbeitgeber zusätzliche Gewinne verschaffen. **256**

Bedenkt man, dass auch solche Verkäufer von Abdeckrechnungen ihre Arbeitnehmer nicht zur Sozialversicherung melden, lässt sich im Nachhinein kaum je zuverlässig feststellen, ob es die Beschäftigten des Rechnungsausstellers oder des Rechnungsempfängers waren, die „schwarz", ohne Meldung zur Sozialversicherung, die fragliche Arbeit verrichtet hatten. Zwar ist die Weitergabe von Aufträgen an Nachunternehmer oft vertraglich verboten; auf Auftraggeberseite und bei den Beschäftigten anderer Unternehmen interessiert jedoch in der Praxis niemanden, wo die fraglichen Arbeiter beschäftigt sind. Solche

---

1 So auch *Stuckert*, wistra 2014, 289 (294).

Verbote stehen nur „auf dem Papier". Dementsprechend laufen alle Vernehmungen und sonstigen Ermittlungen ins Leere.

Es kommt hinzu, dass unrichtige (Abdeck-)Rechnungen häufig nur einen Aufschlag für bare Rückzahlungen an den Rechnungsempfänger („*kick back*"-*Zahlungen*) enthalten. Regelmäßig ist es schwierig, den Anteil für Leistungen des Rechnungsausstellers von dem Aufschlag für das Schwarzgeld des Rechnungsempfängers zu trennen.

Zu klären ist auch, ob zu dem in den (Abdeck-)Rechnungen enthaltenen, vom Arbeitgeber bezahlten „Service" es auch gehört, für den Arbeitgeber Beschäftigte zur Sozialversicherung zu melden und gewisse Sozialversicherungsbeiträge zu zahlen (Rz. 153a).

257 Eine solche korrekte Schätzung der Bemessungsgrundlage liefert den Wert mit *der größten Wahrscheinlichkeit*, somit das maßgebliche „richtige" Ergebnis[1]. Ein zusätzlicher „**Sicherheitsabschlag**" zugunsten des Arbeitgebers ist danach nicht mehr veranlasst, weder im Sozialversicherungsrecht noch im Strafrecht. Er würde den straffälligen Arbeitgeber noch besserstellen als seinen korrekten Wettbewerber, der die Lohnnebenkosten ordnungsgemäß abführt. Nach korrekter Schätzung ist kein Raum mehr für eine erneute Anwendung des Zweifelsgrundsatzes; denn die ernsthaft zu berücksichtigenden Zweifel sind Bestandteil der korrekten Schätzungsmethode, wurden also bereits bei der Schätzung selbst berücksichtigt[2].

257a Wenn die Schätzung zu keinem plausiblen, also „richtigen" Ergebnis führt, kann bei **illegaler Ausländerbeschäftigung** auf die gesetzlichen Vermutungen in § 98a AufenthG zurückgegriffen werden, wonach die „übliche" Vergütung anzusetzen ist (s. auch § 7 Abs. 4 SGB IV; Rz. 36a).

257b Auch mit einer korrekten Schätzung lässt sich die Bemessungsgrundlage – der Bruttolohn – zumeist nicht auf den einzelnen **Beschäftigungsmonat** herunterbrechen, was aber für die Bestrafung erforderlich ist (Rz. 292). Dies gilt etwa bei der Schätzung auf Basis des Umsatzes (Rz. 252 f.). Die Lösung besteht darin, dass die Bemessungsgrundlage in solchen Fällen gleichmäßig auf den fraglichen Zeitraum verteilt wird, etwa der Gesamtlohn durch die Zahl der Monate geteilt wird[3].

Anhand der *Ausgangsrechnungen* lässt sich nur bei entsprechendem Text[4] auf den Monat schließen, in dem die abgerechnete Arbeit verrichtet wurde, während das Datum der Rechnung dafür nichts hergibt.

Auch aus *Abdeckrechnung*en (Rz. 256) lässt sich nur dann auf die Beschäftigungsmonate schließen, wenn sie auch der Beschaffung von Bargeld für den Lohn dienten. Die Abdeckrechnungen werden ansonsten erst bei Bedarf beschafft, zumeist lange nach der Beschäftigung.

bb) Summenbeitragsbescheid

258 Auch in Täuschungsfällen sind die Beiträge grundsätzlich für jeden Beschäftigten gesondert zu bemessen. Bei einem Verstoß des Arbeitgebers gegen seine *Aufzeichnungspflichten* ist es indes nachträglich häufig nicht mehr möglich,

---

1 BGH v. 10.11.2009 – 1 StR 283/09, Rz. 19, wistra 2010, 148.
2 In diesem Sinne auch BGH v. 29.1.2014 – 1 StR 561/13, Rz. 20.
3 So auch *Stuckert*, wistra 2014, 289 (294).
4 Beispiele im Fall BGH v. 6.2.2013 – 1 StR 577/12, Rz. 46 f.

den Lohn einem bestimmten Beschäftigten zuzuordnen. Die Beiträge können dann nicht *personenbezogen* bestimmt werden. Hier greift § 28f Abs. 2 SGB IV ein: Die Beiträge können danach aus der **Summe des Arbeitsentgelts** bemessen werden[1].

Ein solcher **Summenbeitragsbescheid** ist die kompetente Anwendung der sozialversicherungsrechtlichen Bemessungsvorschriften auf die gültige (geschätzte) Bemessungsgrundlage. Er ersetzt den Beitragsnachweis des Arbeitgebers und enthält für jede Einzugsstelle und jeden Beschäftigungsmonat die Summe der Beiträge, bemessen nach der Lohnsumme aller bei einer Einzugsstelle versicherten Beschäftigten. Er ist Ausgangspunkt für die Strafverfolgung. 259

Den Beschäftigten entsteht aus dem Summenbeitragsbescheid ein Nachteil, der bei § 10 SchwarzArbG oder § 233 StGB von Bedeutung sein kann (§ 37 Rz. 14, 117): Ihnen entgehen Rechte in der Sozialversicherung, etwa in der *Rentenversicherung*, weil ihnen die Beiträge nicht zugeordnet werden können.

cc) „Beitragsschätzung" durch die Einzugsstelle

Gibt der (bei der Einzugsstelle erfasste) Arbeitgeber den fälligen Beitragsnachweis nicht fristgerecht ab, so bucht die Einzugsstelle trotzdem vorläufige Beitragsschulden in Höhe des Vormonats auf dem Arbeitgeberkonto (Rz. 149). Dabei handelt es sich schlicht um eine **Fortschreibung der Beiträge** durch die Krankenkasse. Die Praxis spricht hier fälschlicherweise von einer „Schätzung" der Beiträge durch die Krankenkasse. Solche „geschätzten Beiträge" finden sich oft bei Strafanzeigen der Krankenkassen oder bei Auskünften im Zusammenhang mit Insolvenzen (Rz. 142c). 260

Diese Fortschreibung der Beiträge stellt **keine Schätzung** im Rechtssinne dar und kann der strafrechtlichen Schadensberechnung nicht zugrunde gelegt werden. Denn es fehlt schon am Versuch, die tatsächlichen Grundlagen für die Bestimmung der Beiträge nach dem Sozialversicherungsrecht zu ermitteln, und damit an der Grundvoraussetzung für jede Schätzung. Folgerichtig storniert die Einzugsstelle die gebuchte „Schätzung" ohne Rückfrage, sobald ein verspäteter Beitragsnachweis eingeht, und bucht stattdessen die dort angegebenen Beiträge. 261

dd) Hochrechnung der Bemessungsgrundlage

Ausgangspunkt der Beitragsbemessung in Täuschungsfällen ist der dem Beschäftigten netto[2] zugeflossene wirtschaftliche Wert, typischerweise der *bar ausgezahlte Lohn*. Einer Angleichung der Zahlungspflichten des illegalen Arbeitgebers an die Belastung des legalen Arbeitgebers dient seit 1.8.2002 die Vorschrift über die Hochrechnung der Bemessungsgrundlage (§ 14 Abs. 2 S. 2 SGB IV). Dem **illegalen Arbeitgeber** soll kein Wettbewerbsvorteil daraus verbleiben, dass er nur das netto ausgezahlte Arbeitsentgelt aufwenden musste. Durch die gesetzlich angeordnete Hochrechnung soll auch vermieden werden, 262

---

1 LSG BW v. 20.4.2010 – L 11 R 5269/08, Rz. 28.
2 BGH v. 16.4.2014 – 1 StR 516/13.

dass der illegale Arbeitgeber einen wirtschaftlichen Vorteil aus *Beweisschwierigkeiten* zieht[1].

263 **(1)** Die Vorschrift knüpft an die Regelung für legale Fälle eines vertraglich vereinbarten Nettoentgelts an: Bemessungsgrundlage im Sozialversicherungsrecht ist grundsätzlich das *Bruttoarbeitsentgelt* (Rz. 129). Deshalb bestimmt § 14 Abs. 2 S. 1 SGB IV die Hochrechnung vom (vereinbarten) Netto- auf das **Bruttoentgelt**:

„Ist ein *Nettoarbeitsentgelt* vereinbart, gelten als Arbeitsentgelt die Einnahmen des Beschäftigten einschließlich der darauf entfallenden Steuern und der seinem gesetzlichen Anteil entsprechenden Beiträge zur Sozialversicherung und zur Arbeitsförderung."

§ 14 Abs. 2 S. 2 SGB IV dehnt diese Regelung auf die Täuschungsfälle aus:

„Sind bei **illegalen** Beschäftigungsverhältnissen Steuern und Beiträge zur Sozialversicherung und zur Arbeitsförderung nicht gezahlt worden, gilt ein Nettoarbeitsentgelt als vereinbart."

264 Diese Formulierung in § 14 Abs. 2 S. 2 SGB IV ist missverständlich. Sie bedeutet nicht, dass die Hochrechnungsnorm nur anwendbar wäre, wenn Steuern und Beiträge nicht gezahlt wurden: Es kommt weder auf Steuern noch auf Zahlungen an.

Ein sinnvoller Zusammenhang dieser Vorschrift zum **Schutz des Beitragsaufkommens** vor Schaden aus illegaler Beschäftigung mit der Erfüllung steuerlicher Pflichten lässt sich nicht herstellen. Der BGH hat bereits entschieden, dass jedenfalls eine unvollständige Erfüllung der lohnsteuerlichen Pflichten des Arbeitgebers für die Anwendbarkeit des § 14 Abs. 2 S. 2 SGB IV genügt[2]. Erst recht fehlt es an einem sinnvollen Zusammenhang der Norm mit Steuern, die der Beschäftigte zahlt, seien es Einkommensteuer oder Steuern als scheinselbständiger Unternehmer (Umsatzsteuer, Gewerbesteuer usw.).

265 Der BGH hat für die Anwendung der Hochrechnungsvorschrift im Strafrecht den **Begriff der illegalen Beschäftigung** übernommen[3], den das BSG als Voraussetzung für deren Anwendung im Sozialversicherungsrecht formuliert hat: „Werden objektiv zentrale arbeitgeberbezogene Pflichten des Sozialversicherungsrechts (Zahlungs-, Melde-, Aufzeichnungs-, Nachweispflichten) verletzt, ist ein Beschäftigungsverhältnis ‚illegal' i.S. des § 14 Abs. 2 S. 2 SGB IV"[4].

Illegale Beschäftigung ist damit weit gefasst; Korrektiv ist – im Sozialversicherungsrecht ebenso wie im Strafrecht – die weitere Voraussetzung, dass der Pflichtenverstoß *„vorwerfbar"* gewesen sein muss[5] (Rz. 273).

266 Die Norm (§ 14 Abs. 2 S. 2 SGB IV) greift auch ein, wenn zu geringe Beiträge nachgewiesen wurden (**„teilweise Schwarzlohnzahlungen"**)[6]. Sie erfasst somit alle Fälle, in denen die Beiträge zur Sozialversicherung nicht in korrekter Höhe nachgewiesen wurden.

---

1 So auch BGH v. 2.12.2008 – 1 StR 416/08, BGHSt 53, 71, Rz. 10, 15.
2 BGH v. 7.10.2009 – 1 StR 320/09.
3 BGH v. 16.4.2014 – 1 StR 516/13, Rz. 37.
4 So BSG v. 9.11.2011 – B 12 R 18/09 R, Leitsatz 1.
5 BSG v. 9.11.2011 – B 12 R 18/09 R, Leitsatz 2.
6 BGH v. 14.6.2011- 1 StR 90/11, Rz. 17; so auch im Fall BGH v. 16.4.2014 – 1 StR 516/13, Rz. 7 mit Rz. 37.

Ein Verstoß nur gegen die Zahlungspflicht allein („*Vorenthalten*") genügt indes nicht: Eine schlichte Nichtzahlung korrekt nachgewiesener Beiträge stellt keine illegale Beschäftigung dar. Anderenfalls müsste auch in reinen Nichtzahlungsfällen nach § 266a Abs. 1 StGB (etwa Insolvenzfällen) hochgerechnet werden, obwohl der Arbeitgeber mit seinem korrekt aus dem Brutto(!)-Lohn errechneten Beitragsnachweis bereits einen vollstreckbaren Titel in richtiger Höhe gegen sich geschaffen hatte (§ 28f Abs. 3 S. 3 SGB IV), ein Schaden also nur aus fehlender Zahlungsfähigkeit des Arbeitgebers droht. Illegale Beschäftigung, die eine Hochrechnung erlaubt, liegt deshalb nur bei einer Täuschung vor, regelmäßig durch falschen *Beitragsnachweis* (Rz. 203).

(2) Soweit die Norm eingreift, ist auch dann vom ausgezahlten Nettolohn auf den Bruttolohn als Bemessungsgrundlage hochzurechnen, wenn der Beschäftigte wusste, dass er „Schwarzlohn" erhält. 267

Früher galt demgegenüber im Strafrecht, dass bei einer **Schwarzlohnabrede** („Bruttolohnabrede"[1], s. Rz. 334, Rz. 363) der Auszahlungsbetrag die Bemessungsgrundlage ist. Diese Rechtsprechung hat der Gesetzgeber „mit einem Federstrich" beseitigt[2].

§ 14 Abs. 2 S. 2 SGB IV bewirkt, dass dem netto ausgezahlten Lohn **fiktive Arbeitnehmeranteile** zur Sozialversicherung **und Lohnsteuer** hinzugerechnet werden, so als hätte sich der Netto-Auszahlungsbetrag für den Beschäftigten nach einer korrekten, legalen Bruttolohn-Abrechnung ergeben. Die Praxis spricht auch vom „*Hochschleusen*" des Barlohns. Der Ausgangspunkt dieser Hochrechnung, das Nettoentgelt, muss in Täuschungsfällen häufig durch Schätzung ermittelt werden (Rz. 247 ff.).

Die Hochrechnung vom Netto- auf den Bruttolohn geschieht, indem – abhängig von den jeweiligen Steuer- und Beitragssätzen – durch „Abtasten" der **Faktor** bestimmt wird, um den das ausgezahlte Nettoentgelt zu erhöhen ist. Es ergeben sich dabei Werte in der Größenordnung von etwa dem 1,7-fachen des ausgezahlten Lohnes. 268

Zur Ermittlung des Faktors ist rechnerisch zunächst als Aufschlag zum ausgezahlten (Netto-)Lohn die **zutreffende Lohnsteuer** zu berücksichtigen[3]. Denn der Beitrag ist im Zeitpunkt der Fälligkeit aus dem *richtig* errechneten Bruttoentgelt entstanden (*Entstehungsprinzip*, Rz. 126); eine nachträgliche Änderung der Steuer(klasse) verändert die Höhe des Sozialversicherungsbeitrags nicht mehr[4]. Denn Sozialversicherungsverhältnisse müssen stets vorausschauend beurteilt und dürfen nachträglich nicht mehr verändert werden[5]. Der Ansatz einer fiktiven Steuerbelastung ist unzulässig, auch für eine Ermittlung der Schadenssumme im Strafverfahren.

Die Lohnsteuer ist in Fällen illegaler Beschäftigung sehr oft gem. § 39c Abs. 1 EStG nach der *Lohnsteuerklasse VI* zu bestimmen (Rz. 305). Sowohl die unterschiedlichen Bemessungsgrundlagen, nämlich geschuldeter Lohn im Sozialversicherungsrecht („*Anspruchsprinzip*", Rz. 126) und vereinnahmter Lohn im 269

---

1 Zu den Begriffen auch *Stuckert*, wistra 2014, 289 ff.
2 BGH v. 2.12.2008 – 1 StR 416/08, BGHSt 53, 71, Rz. 12 f.
3 Vgl. BGH v. 2.12.2008 – 1 StR 416/08, BGHSt 53, 71.
4 So auch SG Dortmund v. 8.9.2008 – S. 25 R 129/06, juris.
5 St. Rspr., etwa BSG v. 8.12.1999 – B 12 KR 12/99 R, BSGE 85, 208, Rz. 24.

Steuerrecht („*Zuflussprinzip*", Rz. 303) wie auch die ggf. im Steuerrecht weiterhin anzuwendende Rechtsprechung zur *Bruttolohnabrede* („Schwarzlohnabrede", Rz. 334) haben unmittelbar Auswirkungen auf die Lohnsteuer und damit auf die Bemessungsgrundlage im Sozialversicherungsrecht, also auf die Ermittlung der Höhe des Gesamtsozialversicherungsbeitrages und der Umlagen.

270 In der Reihenfolge der Berechnungsschritte sind dann durch wiederholtes Ausprobieren („Abtasten") unter Hinzurechnung der jeweiligen Lohnsteuer die **Arbeitnehmeranteile** zur gesetzlichen Sozialversicherung und der „passende" Bruttolohn, zu ermitteln. Aus dem Bruttolohn als Bemessungsgrundlage ergeben sich dann auch die **Arbeitgeberanteile** und die Umlagen. Die vom Gesetzgeber durch die Einführung des § 14 Abs. 2 SGB IV ausdrücklich gewünschte[1] Vereinfachung wird durch diese **Wechselwirkung** zwischen Lohnsteuer und Sozialabgaben weitgehend verhindert (Rz. 301).

Praxistipp: Eine mögliche Folge – die den illegalen Arbeitgeber regelmäßig überrascht – kann dabei sein, dass der *fiktive Bruttolohn*, der dann der Beitragsbemessung zugrunde gelegt wird, höher ist als der Umsatz, den der illegale Arbeitgeber aus dem Einsatz der Schwarzarbeiter überhaupt hatte, etwa wenn er die Arbeit seiner Beschäftigten zu billig weiterverkauft hat.

271 Hatte der Arbeitgeber einen Teil der Beiträge nachgewiesen und gezahlt („**teilweise Schwarzlohnzahlungen**", Rz. 249, 266), ist dann vor der Hochrechnung von dem ermittelten – häufig geschätzten – Gesamtlohn zunächst der anteilige „legale" Lohn abzuziehen, den der Arbeitgeber der Beitragsbemessung in seinen falschen *Beitragsnachweisen* zugrunde gelegt hatte. Dabei gilt: „Insoweit ist zu beachten, ob es sich bei der im Wege der Schätzung gewonnenen Lohnsumme um eine Brutto- oder Nettolohnsumme handelt. Abhängig davon wird der Lohnsummenteil, für den Sozialversicherungsbeiträge und Lohnsteuer gezahlt worden waren, netto oder brutto abzuziehen sein."[2]. Denn der korrekt in der Lohnbuchhaltung der Beitragsbemessung zugrunde gelegte Brutto(!)-Lohn darf nicht hochgerechnet werden. Aus dem restlichen, ggf. hochgerechneten Bruttolohn („Schwarzlohn") sind dann die *vorenthaltenen* Beiträge zu berechnen.

Die Feststellung des „legalen Lohnanteils" aus den Beitragszahlungen des Täters, auch unter Berücksichtigung der falschen Beitragsnachweise, wäre nur eine **Schätzung**; denn aus Beitragsnachweisen (Rz. 142, 144) und Meldungen (Rz. 214) lässt sich der „zugehörige" Bruttolohn nicht direkt errechnen. Zur eindeutigen Feststellung muss auf die *Lohnbuchhaltung* zurückgegriffen werden, aus der die Beitragsnachweise erzeugt wurden.

272 **Praxistipp:** Da die Finanzkontrolle Schwarzarbeit durch einfache Registerabfrage (Rz. 219) nur kontrollieren kann, ob Beschäftigte zur Sozialversicherung gemeldet sind, aber nicht, ob Beiträge gezahlt wurden, sparen sich viele illegale Arbeitgeber die Kosten der Beitragszahlung aus dem „legalen" Lohnanteil.

Die *Arbeitnehmeranteile* aus diesen nicht gezahlten Beiträgen können der Schadensberechnung aus dem „Schwarzlohn"-Anteil hinzugesetzt und der Schuldbemessung als Nichtzahlungskomponente, strafbar nach § 266a Abs. 1 StGB, zugrunde gelegt werden.

---

[1] BT-Drs. 14/8221.
[2] BGH v. 10.11.2009 – 1 StR 283/09, Rz. 38, wistra 2010, 148; ausf. erläutert von *Stuckert*, wistra 2014, 289 (294 ff.).

(3) Der objektive Verstoß gegen die Arbeitgeberpflichten allein genügt nach der Rechtsprechung des BSG für die Hochrechnung im Sozialversicherungsrecht nicht: Die objektive Verletzung zentraler arbeitgeberbezogener Pflichten muss dem Arbeitgeber **vorwerfbar** sein, damit ein Nettoarbeitsentgelt als vereinbart gilt[1]. Vorwerfbar ist die Fehlbeurteilung – also das Verkennen der Arbeitgeber-Stellung und der Beitragspflichten – namentlich dann, wenn der Arbeitgeber die Möglichkeiten zur Klärung der Rechtslage, wie etwa das Anfrageverfahren (§ 7a SGB IV, Rz. 68), nicht genutzt hatte.

273

Das BSG erörtert dies als Frage eines mindestens „*bedingten Vorsatzes*". Tatsächlich geht es hier um die Frage der Vermeidbarkeit eines **Verbotsirrtums**, was der BGH[2] gerade für die Arbeitgeber-Stellung bereits klargestellt hat (Rz. 236).

(4) Diese Hochrechnung nach den Vorschriften des Sozialversicherungsrechts, ihre subjektiven Voraussetzungen eingeschlossen[3], ist wegen der Akzessorietät (Rz. 14) auch für die Bestimmung der Höhe der hinterzogenen Beiträge im Strafrecht verbindlich, was der BGH klargestellt und ausführlich begründet hat[4]. Dem steht nicht entgegen, dass die Vorschrift „im Ergebnis Sanktionscharakter" hat[5].

274

(5) Beim „**Minijob**", sofern er sich trotz der manipulierten Lohnbuchhaltung feststellen lässt, gibt es keine Hochrechnung[6]. Bemessungsgrundlage ist bei *geringfügig entlohnter Beschäftigung* stets, wie bei legalem Verhalten des Arbeitgebers, der ausgezahlte (Netto-)Lohn von maximal 450 Euro (Rz. 188). Von diesem Lohn werden die Pauschalbeiträge des Arbeitgebers bemessen.

275

IV. Verjährung, Strafzumessung und Konkurrenzen

1. Verjährung von Beitragspflicht und Strafverfolgung

Vollendung der Tatbestandsverwirklichung tritt in den Fällen des § 266a Abs. 1 und 2 StGB ein, wenn die objektiv vorhersehbaren, also die im *Fälligkeitszeitpunkt* (Rz. 154) von Gesetzes wegen entstandenen Sozialbeiträge nicht fristgerecht bei der Einzugsstelle eingezahlt wurden.

276

Für die Frage einer **Rückwirkung** bei Gesetzesänderung soll diese Vollendung maßgeblich sein, obwohl § 2 Abs. 2 StGB von „Beendigung" spricht[7].

Von großer Bedeutung für die Verjährung (Rz. 280) und die Gesamtstrafenbildung (Rz. 296) ist, dass **Beendigung** erst vorliegt, wenn die *Beitragszahlungspflicht* des Arbeitgebers erloschen oder verjährt ist.

277

---

1 BSG v. 9.11.2011 – B 12 R 18/09 R, Rz. 25 ff.
2 BGH v. 7.10.2009 – 1 StR 478/09.
3 BGH v. 16.4.2014 – 1 StR 638/13, Rz. 41.
4 BGH v. 2.12.2008 – 1 StR 416/08, BGHSt 53, 71, Rz. 9 ff., 14; BGH v. 11.8.2010 – 1 StR 199/10, Rz. 20.
5 BGH v. 2.12.2008 – 1 StR 416/08, BGHSt 53, 71, Rz. 15.
6 BGH v. 11.8.2010 – 1 StR 199/10, Rz. 24.
7 OLG Karlsruhe v. 25.10.2012 – 3 (5) Ss 440/12 – AK 182/12 m.w.Nw.

Dies ist ständige Rechtsprechung[1], soweit die Beitragsvorenthaltung *echtes Unterlassungsdelikt* ist (Rz. 153, 207). Dies gilt aber auch[2], soweit ein *Erfolgsdelikt* gegeben ist, nämlich bei Verwirklichung des Abs. 2 Nr. 1 durch Abgabe (Tun!) eines falschen Beitragsnachweises (Rz. 202) oder eines falschen Lohnnachweises in der Unfallversicherung (Rz. 206).

277a Der (falsche) Beitragsnachweis des Täters hat zwar die Bedeutung einer vollstreckbaren Beitragsfestsetzung durch die Einzugsstelle (Rz. 145), ähnlich der Situation bei den Anmeldesteuern (Rz. 357). Im Unterschied zum Steuerstrafrecht ist der Tatbestand mit der falschen Erklärung allein aber noch nicht verwirklicht; hier kommt das Tatbestandsmerkmal „Vorenthalten" hinzu. Und die Zahlungspflicht hinsichtlich der restlichen, nicht nachgewiesenen Beiträge entfällt nicht durch die falsche Erklärung: Die Zahlungspflicht dauert an, bis der Täter zahlt oder seine Zahlungspflicht endgültig erloschen ist. Erst damit ist der Erfolg der Tat endgültig eingetreten. Die Verjährungsfrage entspricht der Situation beim Betrug[3], wie sie damals bei Altfällen (Rz. 293) bestand.

277b Dabei ist die Tat (nur) für denjenigen Täter beendet, dem die Erfüllung der Handlungspflicht (*Zahlungspflicht*) endgültig rechtlich unmöglich geworden und deshalb bei ihm erloschen ist.

Bei einer aus § 14 StGB begründeten Täterstellung, wenn etwa der *Geschäftsführer* einer GmbH strafrechtlich Arbeitgeber ist (Rz. 30), ist für diesen Täter die Tat mit dem Ende seiner Stellung nach § 14 StGB, dem Ende seiner Pflichten, die Pflichterfüllung **rechtlich unmöglich** geworden und so seine Tat beendet (s. auch Rz. 278).

Zwar besteht gem. § 823 Abs. 2 BGB i.V.m. § 266a StGB auch nach dem Ausscheiden aus der Pflichtenstellung und unberührt von einem Insolvenzverfahren über das Vermögen der juristischen Person nun ein *Zahlungsanspruch* gegen den Täter persönlich; dies ist aber keine Beitragszahlungspflicht nach Sozialversicherungsrecht, sondern ein zivilgerichtlich durchzusetzender **Schadensersatzanspruch** (Rz. 151).

277c Keine endgültige rechtliche Unmöglichkeit, keine Beendigung der Straftat, bedeutet für die *natürliche Person* als Unternehmer die Eröffnung des *Insolvenzverfahrens*[4], soweit gem. § 302 Nr. 1 InsO (Versagung der Restschuldbefreiung) der sozialversicherungsrechtliche Anspruch nach dem Ende des Insolvenzverfahrens fortbesteht (zur juristischen Person Rz. 278)[5]. Die **tatsächliche Unmöglichkeit** zur Zahlung ist auch hier ohne Bedeutung[6] (s. auch Rz. 163, 228).

278 Die Zahlungspflicht des Arbeitgebers erlischt entweder durch *Erfüllung*, also durch Zahlung der rückständigen Beiträge, durch Verjährung (Rz. 279) oder *Niederschlagung* der Beiträge gem. § 76 Abs. 2 Nr. 2 SGB IV oder durch den „**Wegfall**" des Beitragsschuldners. Dabei ist – neben dem Tod des Täters, der ohnehin jedes Strafverfahren beendet – der „Wegfall" einer *juristischen Person* von Bedeutung.

---

1 BGH v. 7.3.2012 – 1 StR 662/11 (st. Rspr.).
2 BGH v. 18.5.2010 – 1 StR 111/10, Rz. 19.
3 BGH v. 18.5.2010 – 1 StR 111/10, Rz. 19.
4 A.A. OLG Dresden v. 18.1.2010 – 3 Ss 603/09 – Rz. 11, wistra 2010, 196.
5 Die Ausführungen beruhen auf den wertvollen Anregungen von Staatsanwalt Dr. *Florian Fauser*, Tübingen.
6 So auch OLG Thüringen v. 20.5.2005 – 1 Ss 252/04.

Bei allen unternehmenstragenden Gesellschaften, insbesondere auch bei der in der Praxis bedeutsamen GmbH, endet die Rechtspersönlichkeit nicht bereits mit der „**Auflösung**" (etwa nach § 60 Abs. 1 Nr. 4 und 5 GmbHG: Eröffnung oder Ablehnung der Eröffnung des Insolvenzverfahrens), sondern erst mit Abschluss des Abwicklungsverfahrens (**Liquidation**). Die „Auflösung" (auch deren Eintragung im Handelsregister) bewirkt nur eine Änderung des Unternehmenszwecks, die Umwandlung in eine Liquidationsgesellschaft. Erst dann, wenn die Liquidationsphase endgültig beendet und die juristische Person in jeder Hinsicht vermögenslos geworden ist – sog. **Erlöschen** – ist auch der Beitragsschuldner weggefallen (vgl. zur Beendigung der Kapitalgesellschaft § 75 Rz. 24 ff.). Auch bei einer juristischen Person ist die Tat also nicht schon mit *Eröffnung des Insolvenzverfahrens* beendet.

278a

Auch hier (vgl. Rz. 277) ist dem Organ der juristischen Person (*Geschäftsführer*) die Pflichterfüllung nur solange *rechtlich unmöglich*, wie er wegen des Insolvenzverfahrens nicht verfügen kann. Diese vorübergehende Hemmung beendet die Tat nicht.

Die **Beitragszahlungspflicht** verjährt zwar ohne Straftat des Arbeitgebers vier Jahre nach Ablauf des Kalenderjahres, in dem sie fällig geworden ist, bei vorsätzlich vorenthaltenen Beiträgen – also in den hier erörterten Fällen – jedoch erst in 30 Jahren (§ 25 Abs. 1 S. 2 SGB IV).

279

Erst mit dieser Beendigung (Rz. 277–279) beginnt dann die **Verjährung** der Strafverfolgung (§ 78a StGB), also zumeist lange nach dem Beschäftigungsmonat[1]. Die Verjährungsfrist beträgt danach bei allen Tatbeständen (§ 266a Abs. 1–3 StGB) fünf Jahre (§ 78 Abs. 3 Nr. 4 StGB).

280

Diese späte *Beendigung* führt dazu, dass die Beendigung der Tat oft erst durch das aktuelle **Urteil** eintritt[2], weil die Beitragszahlungspflicht auch im Urteilszeitpunkt noch andauert.

280a

2. Strafrahmen und Strafzumessung

a) Der **Strafrahmen** reicht – wie bei den meisten Vermögensdelikten einschließlich der Steuerhinterziehung – für alle drei Tatbestandsformen zunächst bis zu fünf Jahren Freiheitsstrafe. Für den *besonders schweren Fall* erhöht § 266a *Abs. 4* StGB den Strafrahmen auf eine Freiheitsstrafe von (mindestens) sechs Monaten bis zu zehn Jahren – ein deutliches Signal für das kriminalpolitische Gewicht, das der Gesetzgeber der Hinterziehung von Sozialbeiträgen beigemessen hat. Drei Gruppen von *Regelbeispielen* sollen bei der Strafzumessung den besonders schweren Fall konkretisieren:

281

§ 266a Abs. 4 **Nr. 1** StGB lässt – im Unterschied zu § 370 Abs. 3 S. 2 Nr. 1 AO – Schäden von „**großem Ausmaß**" allein nicht genügen, sondern erfordert zusätzlich ein Vorenthalten *„aus grobem Eigennutz"*. Wegen der Fragwürdigkeit die-

282

---

1 BGH v. 7.3.2012 – 1 StR 662/11, Rz. 4.
2 BGH v. 23.10.2008 – 1 StR 526/08 (Dauerdelikt, st. Rspr.); KG v. 13.12.2001 – (5) 1 Ss 313/01 (46/01), Rz. 5 (Unterlassungs- und Dauerdelikt Unterhaltspflichtverletzung).

ser zusätzlichen Voraussetzung findet diese Strafschärfungsregel in der Praxis wenig Anwendung.

(1) Der BGH[1] hat zwischenzeitlich immerhin klargestellt, dass es am **groben Eigennutz** des Arbeitgebers jedenfalls nicht deshalb fehlt, weil die Beschäftigten „schwarz" arbeiten wollen, also einvernehmlich mit dem Täter zusammenwirken (s. auch Rz. 162); im Gegenteil: Gerade dieses kollusive Zusammenwirken zum Nachteil der Sozialversicherungsträger gibt der Tat ein besonders strafwürdiges Gepräge. Erst recht gilt dies, wenn zugleich Straftaten des Beschäftigten verdeckt werden sollen, wie *Unterhaltspflichtverletzung* oder *Sozialleistungsbetrug* (Rz. 29).

(2) Bei 780 000 Euro Schaden liegt „zweifellos" ein besonders schwerer Fall vor, ohne dass zu erörtern wäre, ob zugleich „grober Eigennutz" festzustellen ist[2].

283 Das Strafzumessungsbeispiel in § 266a Abs. 4 **Nr. 2** StGB – fortgesetzte Beitragsvorenthaltung unter Verwendung nachgemachter oder **verfälschter Belege** – hat nur geringe praktische Bedeutung. Denn bei der einschlägigen Täuschungshandlung, der Abgabe des Beitragsnachweises, genügt die falsche Erklärung allein, um dem Täter den Vorteil einzubringen und um den Tatbestand zu verwirklichen. Belege sind beim Beitragsnachweis weder vorgesehen noch üblich: Die erforderliche Verwendung bei der Tatbestandsverwirklichung ist nicht möglich. *Schriftliche Lügen*, also die inhaltlich unrichtigen Erklärungen des Arbeitgebers im Beitragsnachweis, genügen wiederum nicht als „nachgemachte oder verfälschte Belege".

284 *Abdeckrechnungen* (Rz. 256) in der Buchhaltung, die eine Aufdeckung der Tat bei der *Turnusprüfung* (Rz. 147) verhindern sollen, genügen nicht.

285 Auch § 266a Abs. 4 **Nr. 3** StGB – **Beteiligung von Amtsträgern** – ist ohne praktische Bedeutung.

286 Große praktische Bedeutung hat hingegen die Entscheidung des BGH[3], wonach die Manipulation der **Lohnbuchhaltung** regelmäßig ein bestimmender Strafschärfungsgrund (§ 267 Abs. 3 S. 1 StPO) ist, sei es bei der Strafrahmenwahl als *unbenannter besonders schwerer Fall*, sei es bei der konkreten Strafzumessung. Schon der einfache Verstoß des Arbeitgebers gegen seine Aufzeichnungspflichten, die fehlerhafte Führung der Lohnbuchhaltung, ist bußgeldbewehrt (*Ordnungswidrigkeit* nach § 111 Abs. 1 Nr. 3, 3a SGB IV), was bei der Strafzumessung zulasten des Täters ins Gewicht fällt.

287 Der Strafrahmen für besonders schwere Fälle wird weiter an Bedeutung gewinnen, wenn die Rechtsprechung anerkennt, dass – wie bei Betrug und Steuerhinterziehung[4] – auch bei der Beitragsvorenthaltung ein Schaden von mehr als **50 000 Euro** regelmäßig einen unbenannten besonders schweren Fall darstellt.

288 Eine Strafrahmenschärfung (allein) wegen **gewerbsmäßiger** Begehungsweise kommt dagegen nicht in Betracht[5].

---

1 BGH v. 29.10.2009 – 1 StR 501/09, Rz. 18 ff.
2 BGH v. 20.12.2007 – 5 StR 481/07 – Milderes-Gesetz-Entscheidung, Rz. 8; (für § 370 AO) BGH v. 7.2.2012 – 1 StR 525/11.
3 BGH v. 10.11.2009 – 1 StR 283/09, wistra 2010, 148, Rz. 47 ff.
4 So (für § 370 AO) BGH v. 7.2.2012 – 1 StR 525/11, Rz. 28; BGH v. 2.12.2008 – 1 StR 416/08; BGHSt 53, 71, Rz. 19 ff., 34.
5 BGH v. 24.4.2007 – 1 StR 639/06.

b) Bei der konkreten **Strafzumessung** ist daneben, unabhängig vom Strafrahmen, die Schadenshöhe als verschuldete Auswirkung der Tat nach § 46 Abs. 2 StGB von ausschlaggebender Bedeutung. Auch hier ist aus den vom BGH zutreffend dargelegten Gründen[1] die Schwelle von 50 000 Euro zu beachten, sowohl bei jeder einzelnen Tat wie bei der Bemessung der Gesamtstrafe.

289

Bei der Beteiligung **Dritter** ist zwar der eingeschränkte Strafrahmen, jedoch auch deren Rolle im Geschehen zu beachten (Rz. 294).

Einen Anhaltspunkt für angemessene Strafen gibt der BGH[2], wenn er die Revision einer Angeklagten verwirft, die insgesamt (Beitragsvorenthaltung und Steuerhinterziehung) einen Schaden von knapp 1,3 Mio. Euro verursacht und dafür eine Gesamtstrafe von vier Jahren drei Monaten erhalten hatte. Die Angeklagte war schon jahrelang vor den fraglichen Taten mit illegaler Beschäftigung befasst gewesen; Vorstrafen erwähnt der BGH indes nicht.

Häufig wird eine *Strafmilderung* nach § 17 StGB infrage kommen, nämlich wegen eines – nicht ausschließbar gegebenen, aber jedenfalls – vermeidbaren **Verbotsirrtums** (Rz. 236).

289a

Praxistipp: Dies ist in dem häufigen Fall der (aus der Sicht des Strafrichters: nicht ausschließbar) irrigen Annahme einer selbständigen Tätigkeit des Beschäftigten („**Scheinselbständigkeit**", Rz. 11b) von Bedeutung. Die Abgrenzung einer einfachen sozialversicherungsrechtlichen Fehlbehandlung von vorwerfbarer illegaler Beschäftigung – mit Hochrechnung (Rz. 273) – ist auch im Strafverfahren schwierig. Bei *Ersttätern*, ohne Beanstandung in früheren Prüfungen, wird es als „Sanktion" (Rz. 274) häufig genügen, dass der Arbeitgeber die nachträglich festgesetzten Beiträge zahlt. Dies bedeutet zumeist einen empfindlichen Verlust, da der Arbeitgeber diese Kosten bei seiner Preisbildung nicht bedacht hatte (Rz. 6). Deshalb kann das Ermittlungsverfahren nach Zahlung der Beiträge oft ohne weitere Strafe oder Auflage, nämlich nach *§ 153 StPO*, eingestellt werden.

Für die Frage einer *Strafmilderung* wegen einer – gar rechtsstaatswidrigen – **Verfahrensverzögerung** sind bei Wirtschaftsstraftaten deren eingeschränkte Voraussetzungen zu beachten[3].

290

Die Sonderregelung über das **Absehen von Strafe** in § 266a Abs. 6 StGB will dem Arbeitgeber *in Zahlungsnot* eine Möglichkeit verschaffen, der Bestrafung zu entgehen. Dementsprechend findet Abs. 6 bei den *Täuschungsfällen* des Abs. 2 von vornherein keine Anwendung[4]

291

Die Regelung ist dogmatisch schwierig einzuordnen und praktisch fast bedeutungslos: Die Fälle werden zum einen von den Einschränkungen bei der Haftung aus vorverlagerter Verantwortlichkeit (omissio libera in causa, Rz. 165) sachgerecht erfasst und lassen sich zum anderen durch Verfahrenseinstellung (§§ 153, 153a StPO) regeln, insbesondere wenn die Beiträge nachträglich entrichtet werden.

Straflosigkeit nach § 266a Abs. 6 S. 2 StGB könnte ein Arbeitgeber erreichen, der mit zunächst Erfolg versprechenden Sanierungsbemühungen dann doch keinen Erfolg hat und deswegen nicht rechtzeitig bei Fälligkeit der Beiträge schon wieder zahlungsfähig ist. Ein Arbeitgeber in dieser Lage könnte den in S. 1 der Vorschrift beschriebenen Kontakt mit der Einzugsstelle aufnehmen, seine Situation, also die Gründe für die Zahlungsunfähig-

---

1 BGH v. 2.12.2008 – 1 StR 416/08, BGHSt 53, 71, Rz. 19 ff.
2 BGH v. 29.10.2009 – 1 StR 501/09.
3 BGH v. 7.2.2012 – 1 StR 525/11, Rz. 34 ff. 48 ff.
4 BGH v. 11.8.2011 – 1 StR 295/11, bei Nr. 4.

keit trotz seines ernsthaften Bemühens, plausibel i.S. der Nr. 2 von S. 1 darlegen und dann die Beiträge innerhalb angemessener Nachfrist entrichten[1].

3. Konkurrenzen

292 Jede bei Fälligkeit unterlassene oder unvollständige Zahlung verwirklicht den Tatbestand als jeweils eine selbständige Tat je *Beschäftigungsmonat* und je *Einzugsstelle* – materiell und prozessual. Denn es besteht Monat für Monat gegenüber jeder Einzugsstelle eine eigenständige Pflicht, die vom Täter – nach seinem Belieben – gegenüber der einen Einzugsstelle erfüllt werden kann und gegenüber der anderen nicht. Materiell selbständige Taten sind regelmäßig auch prozessual selbständig; eine „innerliche" Verknüpfung, die eine gemeinsame Würdigung erzwingt, besteht auch bei der Beitragsvorenthaltung nicht[2].

Tatmehrheit besteht also sowohl zwischen den Taten gegenüber verschiedenen Einzugsstellen in einem bestimmten Monat als auch zwischen den Taten gegenüber einer Einzugsstelle in verschiedenen Monaten. Dabei liegen auch prozessual jeweils selbständige Taten vor, sowohl im Verhältnis der Taten in verschiedenen Monaten als auch im Verhältnis der Taten bezüglich verschiedener Einzugsstellen in einem Monat.

292a **Praxistipp:** Taten nach den beiden Absätzen (§ 266a Abs. 1 und 2 StGB) stehen dabei – entgegen der gängigen Praxis – nicht in **Tateinheit**; je Monat wird im *Urteil* nur einmal das „Vorenthalten und Veruntreuen von Arbeitsentgelt" ausgesprochen. Der BGH führt aus: „In Fällen der vorliegenden Art ist im Tenor eine Verurteilung wegen Verstoßes gegen § 266a StGB nur als 'Vorenthalten und Veruntreuen von Arbeitsentgelt' zum Ausdruck zu bringen. Die neben § 266a Abs. 1 StGB erfolgende Anwendung des § 266a Abs. 2 StGB wirkt sich lediglich auf den Schuldumfang aus und führt nicht zu einer tateinheitlichen Verwirklichung verschiedener Tatbestände"[3].

292b **Strafklageverbrauch** tritt deshalb für den jeweiligen Monat und die jeweilige Einzugsstelle schon dann ein, wenn aus einem der beiden Absätze verurteilt wurde, etwa wegen schlichter Nichtzahlung nach Abs. 1, aber auch nur für diese *Einzugsstelle* und nur für den abgeurteilten *Beschäftigungsmonat*.

292c Eine Zusammenfassung zu einer Tat als **„uneigentliches Organisationsdelikt"** scheitert regelmäßig bei Beteiligung des Täters an den Schwarzlohnzahlungen[4] oder an der Abrechnung der „Schwarzarbeit" gegenüber den Kunden[5].

293 § 266a Abs. 2 StGB verdrängt nach der Rechtsprechung des BGH[6] seit 2004 den **Betrugstatbestand** – sofern er verwirklicht war[7] – völlig, nämlich auch für *Altfälle* mit Beitragspflichten vor Inkrafttreten des neuen § 266a Abs. 2 StGB am 1.8.2004 (Rz. 181): Die neue Vorschrift ist milderes Gesetz i.S. des § 2 Abs. 3 StGB, weil hier die Strafschärfung für gewerbsmäßig begangene Fälle fehlt[8] (Rz. 288). Dies gilt auch bei einer Täuschung der *Unfallversicherung* (Rz. 206).

---

1 In diesem Sinne wohl auch *Brüssow/Petri*, Rz. 203.
2 Grundsätzlich hierzu BGH v. 15.3.2012 – 5 StR 288/11, Rz. 20 und Rz. 22 ff.
3 BGH v. 4.9.2013 – 1 StR 94/13, Rz. 18.
4 BGH v. 14.6.2011 – 1 StR 90/11, Rz. 6 ff.
5 BGH v. 5.6.2013 – 1 StR 626/12, Rz. 8, 9.
6 BGH v. 7.3.2012 – 1 StR 662/11; BGH v. 24.4.2007 – 1 StR 639/06.
7 BGH v. 18.5.2010 – 1 StR 111/10, Rz. 18.
8 BGH v. 7.3.2012 – 1 StR 662/11; BGH v. 20.12.2007 – 5 StR 481/07, Rz. 4.

Dritte, die den Arbeitgeber unterstützen, ohne selbst „Arbeitgeber" i.S. des 294
§ 266a StGB zu sein – und die früher als Täter eines Betrugs bestraft werden
konnten[1] – haften jetzt „nur" als *Anstifter* oder *Gehilfen*[2]; ihnen kommt der in
§ 28 Abs. 1 StGB bestimmte, geringere Strafrahmen zugute.

Praxistipp: Die konkrete Strafe für den *Anstifter* oder *Gehilfen* bestimmt sich – neben seinen Vorstrafen – nach seiner Rolle beim strafbaren Geschehen und kann die Strafe für den Täter (Arbeitgeber) auch übersteigen. Das wird beim Hintermann, der die Taten konzipiert und dazu angestiftet hat, nicht fernliegen, auch wenn rechtlich bei ihm nur ein *„uneigentliches Organisationsdelikt"* vorliegen sollte, also eine Anstiftung zu oft über hundert Haupttaten[3] (s. auch Rz. 28a). Auch der Gehilfe, der „nur" seinen Namen hergibt und dem Täter passende Rechnungen zur Verfügung stellt, kann bei zwei Mio. Euro Schaden aus den Haupttaten seinerseits vier Jahre Freiheitsstrafe verwirkt haben[4].

Verwirklicht der Arbeitgeber selbst den Tatbestand hingegen nicht, etwa mangels Vorsatzes, haften *Dritte* ohne Arbeitgeber-Eigenschaft weiter nach § 263 StGB: Eine Straffreistellung solcher **mittelbaren Täter** lässt sich dem § 266a StGB nicht entnehmen[5].

Prozessual und materiell andere, selbständige Taten sind die Straftaten nach 295
dem **Schwarzarbeitsbekämpfungsgesetz** und **Lohnsteuerhinterziehung**[6] sowie
Betrug zum Nachteil der Sozialkassen (Rz. 195). Aus der Aburteilung von Beitragsvorenthaltung, Taten nach dem AufenthG usw. entsteht kein Strafklageverbrauch für die *Ordnungswidrigkeit* nach dem **Arbeitnehmerentsendegesetz**
(§ 37 Rz. 41 f.)[7]: Der Arbeitgeber wäre trotz seiner Straftaten nicht gehindert,
wenigstens den *Mindestlohn* zu zahlen.

4. Gesamtstrafenbildung

Die regelmäßig späte Beendigung der Beitragsvorenthaltung (Rz. 277 ff.) ist bei 296
der nachträglichen Gesamtstrafenbildung von Bedeutung: Eine Gesamtstrafe
mit einer früheren Verurteilung ist nur dann zu bilden, wenn die aktuell abzuurteilende Tat vor dem früheren Urteil, das die **Zäsur** bilden könnte, beendet
war[8].

Der Tatzeitpunkt (bei Fälligkeit der Beiträge) und damit die *Vollendung* der Beitragsvor- 297
enthaltung (Nichtzahlung bei Fälligkeit, Rz. 276) mögen vor der fraglichen **Vorverurteilung** liegen. Damit ist die neue Tat (die Beitragsvorenthaltung) aber eben noch nicht beendet. Häufig findet die neue Tat sogar erst durch das aktuelle *Urteil* ihr Ende[9] (Rz. 280a).

---

1 BGH v. 28.2.2007 – 5 StR 544/06; BGH v. 12.8.2003 – 5 StR 158/03.
2 So etwa im Fall BGH v. 16.4.2014 – 1 StR 638/13, Rz. 12, 30.
3 Ein Beispiel: der Fall BGH v. 7.3.2012 – 1 StR 662/11 (1 Anstiftung zu 115 Haupttaten; 1 Jahr 10 Monate Freiheitsstrafe).
4 Beispiel: der Fall BGH v. 5.6.2013 – 1 StR 626/12.
5 Vgl. auch BGH v. 11.8.2011 – 1 StR 295/11, bei Nr. 4 a.E.
6 BGH v. 15.3.2012 – 5StR 288/11, Rz. 24.
7 BGH v. 15.3.2012 – 5 StR 288/11.
8 BGH v. 18.5.2010 – 1 StR 111/10, Rz. 19; BGH v. 28.10.2008 – 5 StR 166/08, BGHSt 53, 24, Rz. 41 (st. Rspr.).
9 BGH v. 23.10.2008 – 1 StR 526/08 (Dauerdelikt, st. Rspr.); KG v. 13.12.2001 – (5) 1 Ss 313/01 (46/01), Rz. 5 (Unterlassungs- und Dauerdelikt Unterhaltspflichtverletzung).

298 Eine materiell richtige Entscheidung, keine Gesamtstrafe zu bilden (Rz. 296), wird häufig nachträglich in eine fehlerhafte Gesamtstrafenbildung umgewandelt: Ist die Gesamtstrafenbildung entgegen § 55 StGB unterblieben, wird sie im Beschlussweg nachgeholt (§ 460 StPO). Diese nachträgliche Gesamtstrafenbildung wird in der Praxis durch das **Bundeszentralregister** ausgelöst, wenn sich dort eine bislang ignorierte Gesamtstrafenlage abbildet. Das ist dann der Fall, wenn die im Register verzeichnete *Tatzeit* der späteren Verurteilung vor der früheren Verurteilung liegt. Als „Tatzeit" der Beitragsvorenthaltung wird in den Mitteilungen der Staatsanwaltschaften zum Bundeszentralregister aber oft nicht der Zeitpunkt der *Tatbeendigung* (also etwa des *Urteilszeitpunkts*) angegeben, obwohl es hier auf dieses Datum ankommt, sondern der Fälligkeitszeitpunkt, also das Datum der – für die Gesamtstrafenbildung unerheblichen – *Vollendung*. Dies führt dazu, dass dann nachträglich im Beschlussweg nach § 460 StPO doch noch die Gesamtstrafe gebildet wird, die im Strafverfahren nicht versehentlich, sondern richtigerweise wegen des späteren Beendigungszeitpunkts unterblieben war.

5. Zuständigkeiten

299 **Sachlich** ist jedenfalls in *Täuschungsfällen* häufig schon bei Schäden im (nur) sechsstelligen Bereich die Zuständigkeit des Landgerichts nach § 24 Abs. 1 Nr. 3 GVG begründet, weil dann mit einer langwierigen Beweisaufnahme[1] zu den Einzelheiten vieler Beschäftigungsverhältnisse zu rechnen ist.

Dies gilt regelmäßig auch bei einem **Geständnis**, das im Zweifel vom Gericht überprüft werden muss, und gilt deshalb auch bei schlichten *Nichtzahlungsfällen*, soweit auf die Beitragsnachweise nicht ausnahmsweise Verlass ist (Rz. 26a).

300 **Funktional** ist dann stets gem. § 74c Abs. 1 Nr. 6 Buchst. a GVG die *Wirtschaftsstrafkammer* zuständig, weil das Zusammenspiel der sozialversicherungsrechtlichen Vorschriften, die praktischen Abläufe in der Lohnbuchhaltung und insbesondere die vielfältigen *Manipulationsmöglichkeiten* (Stichworte: Abdeckrechnungen, Lohnsplitting, Scheinselbständigkeit) über die allgemeine Erfahrung hinausgehende Kenntnisse erfordern, „die nur besonderen Wirtschaftskreisen eigen oder geläufig sind und sich insbesondere auf komplizierte, schwer zu durchschauende Mechanismen des Wirtschaftslebens und ihre Missbrauchsformen beziehen"[2].

Örtlich ist zunächst das Gericht am Sitz des Arbeitgebers zuständig, daneben auch die Gerichte am Sitz der Einzugsstellen (Rz. 150). Dort ist jeweils ein *Tatort*, an dem die Handlungspflicht (Nachweis- und *Beitragszahlungspflicht*) zu erfüllen gewesen wäre. Sitz des Arbeitgebers ist der Ort der Geschäftsleitung (s. § 10 AO). Bei Unternehmen mit mehreren Betriebsnummern wird im *Beitragsnachweis* (Rz. 142) ohnehin nur die *(Haupt-)Betriebsnummer* (Rz. 92) des Beschäftigungsbetriebes am Hauptsitz des Unternehmens verwendet.

---

1 *Siolek* in Löwe/Rosenberg, StPO, § 24 GVG Rz. 24.
2 So *Siolek* in L/R, StPO, § 74c GVG Rz. 7.

B. Lohnsteuerhinterziehung

Die vorstehend behandelte Beitragsvorenthaltung trifft sehr oft mit Lohnsteuerhinterziehung zusammen. Da beide Delikte – je nach Abrede zwischen Arbeitgeber und Beschäftigtem – auch in Wechselwirkung treten können (Stichwort: „**Schwarzlohnabrede**", Rz. 267, 334) und darüber hinaus in Fällen illegaler Beschäftigung der Bemessung des Gesamtsozialversicherungsbeitrages die Berechnung der hinterzogenen Lohnsteuer regelmäßig vorausgehen muss, um den Bruttolohn als **Bemessungsgrundlage** der Beiträge zu erhalten (Rz. 269 f.), ist es zweckmäßig, hier die besonderen Voraussetzungen einer Lohnsteuerhinterziehung zusammenzufassen – vor der Darstellung der steuerlichen Pflichten des Unternehmers (unten §§ 43–46).

301

I. Erhebung der Lohnsteuer

Die Lohnsteuer ist eine besondere **Erhebungsform der Einkommensteuer**, und zwar auf Lohneinkünfte. Die Lohnsteuer ist (vor der Umsatzsteuer) die aufkommensstärkste Steuerart[1]. Sie setzt Einkünfte *aus nichtselbständiger Arbeit* (§§ 2 Abs. 1 Nr. 4, 19 EStG) voraus. Der Arbeitgeber muss die Einkommensteuer des steuerpflichtigen Arbeitnehmers „an der Quelle" nach den *Verhältnissen des Arbeitnehmers* anhand entsprechender Aufzeichnungen ermitteln, von dessen Arbeitslohn abziehen und an das zuständige Finanzamt abführen. Damit ist ein regelmäßiger Eingang der Steuern gesichert und meist eine Veranlagung aufgrund einer Einkommensteuer-Erklärung entbehrlich; nur unter bestimmten Voraussetzungen kommt eine Arbeitnehmer-Veranlagung in Betracht, insbesondere bei weiteren Einkünften (§§ 25, 46 EStG).

302

1. Allgemeines

Die „**Entstehung**" der Lohnsteuer ist auf den Zeitpunkt festgelegt, in dem der *Arbeitslohn* dem Arbeitnehmer (Rz. 311) *zufließt* (§ 38 Abs. 2 S. 2 EStG), dieser also wirtschaftlich darüber verfügen kann (**Zuflussprinzip**). Auf Fälligkeit und Höhe des *geschuldeten* Lohnes kommt es nicht an. Insofern unterscheidet sich das Entstehen der Lohnsteuer von dem der Sozialabgaben nach dem Anspruchsprinzip (Rz. 126).

303

Die **Höhe** der Lohnsteuer entspricht, aufs Jahr bezogen, der Höhe der *Einkommensteuer* für entsprechende Einkünfte aus nichtselbständiger Arbeit (§ 38a Abs. 2 EStG). Der Einkommensteuertarif ist in § 32a EStG geregelt, in Abs. 1 der **Grundfreibetrag** (*2014*: 8 354 Euro) und die **Progression**.

304

Für die **Durchführung** des Lohnsteuerabzugs werden die Arbeitnehmer in **Steuerklassen** von I bis VI eingereiht (definiert in § 38b EStG). Sie unterscheiden sich durch die Höhe des Steuerabzugs (Einzelheiten in § 39b Abs. 2 bzw. in § 32a EStG) und müssen vom Arbeitgeber bei der Lohnsteuerberechnung ange-

305

---

1 Quelle: Statistisches Bundesamt 2013. So lag 2012 das Lohnsteueraufkommen rund zehn Mal höher als das der Körperschaftsteuer und vier Mal höher als das der veranlagten Einkommensteuer.

wandt werden (§ 39b Abs. 2 S. 5 EStG). Während die Steuerklasse I gleichsam die Basis-Steuerklasse ist, die insbesondere für alleinstehende Beschäftigte gilt, erfassen die Steuerklassen III bis V verschiedene Einkommensverhältnisse unter Ehegatten.

Seit 2013 können Ehegatten, die beide Lohneinkünfte haben, auch das sog. **Faktorverfahren** (§ 39f EStG) wählen, um das Risiko von Steuernachzahlungen bei der sonst üblichen Kombination mit den Steuerklassen III und V zu mindern.

Steuerklasse VI gilt u.a. bei Arbeitnehmern, die nebeneinander von *mehreren* Arbeitgebern Arbeitslohn beziehen, für die Einbehaltung der Lohnsteuer aus dem oder den weiteren Arbeitsverhältnissen (§ 38b S. 2 Nr. 6 EStG). Kennt der Arbeitgeber, wie in Fällen *illegaler Beschäftigung* üblich, die Steuerklasse nicht, kommt ebenfalls die Klasse VI zu Anwendung (§ 39c EStG, Rz. 343, 373).

Legte der Arbeitnehmer (bis 2012) seine Lohnsteuerkarte (Rz. 306) nicht vor, teilt er (seit 2013) dem Arbeitgeber seine *Steueridentifikationsnummer* und seinen Geburtstag nicht mit oder sperrt er die *ELStAM*-Abfragemöglichkeit durch den Arbeitgeber (Rz. 307), ist er nach *Steuerklasse VI* zu besteuern (§ 39c EStG). Seit 2013 hat spätestens *nach drei Monaten* die Besteuerung der Löhne (ggf. rückwirkend) nach den Bedingungen der Steuerklasse VI zu erfolgen, wenn der Arbeitgeber Steueridentifikationsnummer und Geburtstag des Arbeitnehmers nicht kennt (§ 39c Abs. 1 S. 3 EStG).

306 Wichtiger Bestandteil des Verfahrens zur Lohnsteuererhebung war bis Ende 2012 die vom Arbeitnehmer dem Arbeitgeber vorzulegende **Lohnsteuerkarte** (§ 39 EStG 2011). Sie war bis dahin das Instrument zur Information des Arbeitgebers über die Verhältnisse des Arbeitnehmers, insbesondere die anzuwendende Steuerklasse, die Zahl der Kinderfreibeträge usw.

307 Seit 2013 muss der Arbeitgeber die entsprechenden Daten elektronisch abrufen: Zum 1.1.2013 wurde die Lohnsteuerkarte aus Papier weitgehend durch die „elektronische Lohnsteuerkarte", nämlich die **Elektronischen Lohn-Steuer-Abzugs-Merkmale** (**ELStAM**) ersetzt. Ab dem 1.1.2014 gibt es nur noch in besonderen Ausnahmefällen (geregelt in § 39 Abs. 3, § 39e Abs. 7 und 8 EStG), etwa bei *Minijob*-Verhältnissen im *Privathaushalt*, eine „Bescheinigung für den Lohnsteuerabzug" auf Papier.

308 Bestandteile der **ELStAM** sind die *Steuerklasse* (§ 38b Abs. 1 EStG) und ein evtl. *Faktor* (Faktorverfahren statt Steuerklassen III/V, § 39f EStG), die Zahl der *Kinderfreibeträge* bei den Steuerklassen I bis IV (§ 38b Abs. 2 EStG), evtl. *Frei- oder Hinzurechnungsbeträge* (§§ 39a, 39b Abs. 2 S. 5 Nr. 3 EStG) oder die Mitteilung, dass der von einem Arbeitgeber gezahlte Arbeitslohn nach einem *Doppelbesteuerungsabkommen* (**DBA**, Rz. 388) von der Lohnsteuer freizustellen ist, wenn Arbeitnehmer oder Arbeitgeber dies beantragen (§ 39 Abs. 4 Nr. 5 EStG).

Gebildet werden die ELStAM grundsätzlich durch das Bundeszentralamt für Steuern (**BZSt**) (§ 39e EStG) nach den Daten der Meldebehörden. Der Arbeitgeber ist verpflichtet, die ELStAM monatlich beim BZSt abzurufen (§ 39e Abs. 5 S. 3 EStG); sie sind für den Lohnsteuereinbehalt durch den Arbeitgeber verbindlich (§ 39e Abs. 5 EStG).

In § 39e Abs. 4 EStG ist das **Lohnsteuerverfahren** grundsätzlich geregelt: Zunächst hat jeder Arbeitnehmer dem Arbeitgeber bei Eintritt in das Dienstverhältnis zum Abruf der ELStAM mitzuteilen: sein Geburtsdatum, die *Steueridentifikationsnummer*, ob es sich um das erste oder ein weiteres Dienstverhältnis handelt (§ 38b Abs. 1 S. 2 Nr. 6 EStG) und ob Freibeträge berücksichtigt werden sollen. Der Arbeitgeber muss bei Beginn des Dienstverhältnisses die ELStAM abrufen und sie in das Lohnkonto übernehmen. Für den Abruf muss er sich authentifizieren und seine *Wirtschafts-Identifikationsnummer* (§ 139c AO), die ihm mitgeteilten Daten des Arbeitnehmers und den Tag des Beginns des Dienstverhältnisses mitteilen. Der Arbeitgeber hat auch den Tag der Beendigung des Dienstverhältnisses unverzüglich dem BZSt mitzuteilen. Beauftragt der Arbeitgeber einen Dritten mit der Durchführung des Lohnsteuerabzugs, hat sich der Dritte für den Datenabruf zu authentifizieren und zusätzlich seine Wirtschafts-Identifikationsnummer mitzuteilen. Arbeitnehmer können in einem besonderen Verfahren den Zugriff bestimmter Arbeitgeber auf ihre ELStAM sperren lassen (§ 39e Abs. 6 EStG).

308a

Für die Lohnsteuererhebung **zuständig** ist das Finanzamt, in dessen Bezirk sich die lohnsteuerliche *Betriebsstätte* (§ 41 Abs. 2 EStG) des Arbeitgebers befindet, das sog. **Betriebsstättenfinanzamt**, also nicht notwendigerweise das Finanzamt am Sitz des Arbeitgebers.

309

Der Ort der lohnsteuerlichen Betriebsstätte ist für die spätere Steuerverteilung von Bedeutung: Kommunen und Länder, in denen sich die lohnsteuerliche Betriebstätte befindet, bekommen einen höheren Umlageanteil am Lohnsteueraufkommen zugewiesen (Art. 107 Abs. 1 GG; § 7 ZerlG; § 1 GemFinRefG).

Das Betriebsstättenfinanzamt als fiskalisch zuständige Finanzbehörde begründet im Falle falscher oder unterlassener Lohnsteueranmeldungen auch strafrechtlich einen **Tatort** (§ 7 Abs. 1 StPO; § 388 Abs. 1 Nr. 1 AO; §§ 41, 41a EStG). Nach § 388 Abs. 1 Nr. 1 AO ist strafrechtlich auch die Finanzbehörde zuständig, in deren Bezirk die Tat entdeckt wurde, was häufig eine örtliche Zuständigkeit am Sitz der *Steuerfahndung* begründet.

310

Zu den Finanzbehörden zählt hier auch die Deutsche Rentenversicherung Knappschaft-Bahn-See („**Minijob-Zentrale**") in Essen, Gelsenkirchen und Cottbus, die für die Pauschalsteuer (2010: 2 %) bei geringfügig entlohnter Beschäftigung (Rz. 198) zuständig ist (§ 6 AO; § 40a Abs. 6 EStG; vgl. auch §§ 8 Abs. 1 Nr. 1, 8a SGB IV).

2. Arbeitgeber und Arbeitnehmer

a) Begriffsbestimmung

Schuldner der Lohnsteuer ist grundsätzlich der **Arbeitnehmer** (§ 38 Abs. 2 S. 1 EStG); er ist *wirtschaftlich* belastet. § 1 Lohnsteuerdurchführungsverordnung (LStDV) *definiert* Arbeitnehmer als Personen, die in öffentlichem oder privatem Dienst angestellt oder beschäftigt sind oder waren und die daraus Arbeitslohn beziehen. Ein solches Dienstverhältnis liegt vor, wenn der Beschäftigte dem Arbeitgeber (öffentliche Körperschaft, Unternehmer, Haushaltsvorstand) seine Arbeitskraft schuldet. Dies ist der Fall, wenn die tätige Person in der Betätigung ihres geschäftlichen Willens unter der Leitung des Arbeitgebers

311

steht oder im geschäftlichen Organismus des Arbeitgebers dessen Weisungen zu folgen verpflichtet ist.

Das „Dienstverhältnis" im Steuerrecht (z.B. § 39e Abs. 7 S. 8 EStG; § 41b Abs. 1 EStG) entspricht dem Begriff der „Beschäftigung" im **Sozialversicherungsrecht** (§ 7 Abs. 1 SGB IV, s. Rz. 36 ff.)

312 Bei der steuerlichen Einordnung einer Tätigkeit als **nichtselbständige Arbeit** eines Arbeitnehmers ist wie im Sozialversicherungsrecht auf die Gesamtumstände abzuheben[1]. Entscheidend ist die wirkliche Ausgestaltung der Zusammenarbeit. Auch im Steuerrecht „kommt es weder auf die von den Beteiligten ausdrücklich gewählte Bezeichnung ihrer Rechtsbeziehungen noch auf den nach außen durch Handelsregistereintragung oder gewerberechtliche Anmeldung gesetzten Rechtsschein an"[2].

313 Auch wenn es *keine Bindung* an eine (vorangegangene) sozialversicherungsrechtliche Einstufung der konkreten Tätigkeit gibt[3], deckt sich in den allermeisten Fällen die steuerliche Beurteilung mit der des **Sozialversicherungsrechts**, denn die maßgebenden Abgrenzungskriterien stimmen überein[4]. Nach der Rechtsprechung des BFH stehen bei der Abgrenzung zur selbständigen Tätigkeit ebenfalls das *unternehmerische Risiko* und die *unternehmerische Initiative* im Vordergrund[5]. Eine pauschale Einordnung nach *Berufsgruppen* ist nicht zulässig[6]. Auch bei der Abgrenzung zur *familienhaften Mithilfe*, zur *Nachbarschaftshilfe* und zur *Gefälligkeit* gibt es keine Divergenzen zum Sozialversicherungsrecht.

Unterschiede gibt es z.B. bei der rechtlichen Einordnung des **Gesellschafter-Geschäftsführers** einer Kapitalgesellschaft, dessen Lohn ab einer 50-%-igen Beteiligung sozialversicherungsfrei (Mehrheitsgesellschafter, Rz. 65), aber weiterhin *steuerpflichtig* ist.

314 Der Begriff des **Arbeitgebers**, der auch im Einkommensteuerrecht nicht gesetzlich definiert ist, kann nicht einfach durch Rückgriff auf das Arbeits- oder Sozialrecht bestimmt werden, denn Steuerrecht einerseits und Arbeits- bzw. Sozialrecht andererseits folgen unterschiedlichen Zwecken[7]. Im *Umkehrschluss*[8] aus der steuerrechtlichen Definition des Arbeitnehmers (Rz. 311) ergibt sich nach h.M., dass Arbeitgeber im steuerlichen Sinne derjenige ist, dem der Arbeitnehmer die Arbeitsleistung schuldet, unter dessen Leitung er tätig wird oder dessen Weisungen er zu folgen hat[9].

In der Zusammenfassung von herrschender Rechtsprechungs- und Kommentarmeinung gilt folgende **Definition**: Erbringt eine natürliche Person als Arbeit-

---

1 BFH v. 10.9.1957 – V 178/56 U, BFHE 65, 408.
2 BFH v. 4.11.2004 – III R 21/02, BFHE 207, 321, Orientierungssatz 1.
3 BFH v. 27.6.1978 – VIII R 184/75, BFHE 126/40.
4 BFH v. 14.6.2007 – VI R 5/06, BSG v. 22.6.2005 – B 12 KR 28/03 R; BSG v. 10.8.2000 – B 12 KR 21/98 R; BSG v. 4.6.1998 – B 12 KR 5/97 R.
5 BFH v. 4.11.2004 – III R 21/02, BFHE 207, 321; BFH v. 10.10.2009 – X B 106/09, BFH/NV 2010, 601.
6 BFH v. 30.6.2000 – V B 20, 21/00, V B 20/00, V B 21/00, BFH/NV 2001, 71.
7 BFH v. 24.3.1999 – I R 64/98, BFHE 190, 74, Orientierungssatz 2 (st. Rspr.).
8 BFH v. 17.2.1995 – VI R 41/92, BFHE 177, 105, Rz. 16.
9 BFH v. 13.7.2011 – VI R 84/10, Rz. 15 (st. Rspr.).

nehmer in abhängiger Stellung, mithin in eigener Person, weisungsgebunden und in einen Betrieb eingegliedert, Leistungen und erhält sie dafür Lohn oder Vorteile, die sie als Frucht dieser Dienstleistung betrachtet, so ist diejenige natürliche Person, die Gesellschaft bürgerlichen Rechts (GbR) oder die juristische Person steuerlicher Arbeitgeber, in deren Herrschaftssphäre sich der Lohnzufluss ereignet hat.

b) Pflichten des Arbeitgebers

Das Steuerrecht knüpft an die Stellung als Arbeitgeber weitreichende Folgerungen, nämlich insbesondere die Pflicht, die **Lohnsteuer zu erheben**, d.h. bei jeder Lohnzahlung die Steuer auf Rechnung des Arbeitnehmers *einzubehalten* (§ 38 Abs. 3 EStG), *anzumelden* und *abzuführen* (§ 41a EStG), hierzu die steuerlich relevanten Arbeitnehmerdaten (ELStAM) laufend *abzurufen* (§ 39e EStG), Aufzeichnungen, namentlich ein *Lohnkonto*, zu führen (§ 41 EStG) sowie letztlich für die Lohnsteuer zu *haften* (§ 42d EStG). 315

Die Arbeitgeber-Pflichten treffen auch die **gesetzlichen Vertreter** natürlicher und juristischer Personen und die Geschäftsführer von nicht rechtsfähigen Personenvereinigungen und Vermögensmassen (§ 34 AO). Deshalb ist der „formelle Geschäftsführer" einer GmbH Steuerpflichtiger, auch wenn er nicht wirklich die Geschäfte führt (*Strohmann*). Als „Verfügungsberechtigte" (§ 35 AO) werden auch die Personen erfasst, die in eigenem oder fremden Namen auftreten, und die Pflichten eines gesetzlichen Vertreters tatsächlich und rechtlich erfüllen können; betroffen sind hier vor allem die sog. *„faktischen Geschäftsführer"* (§ 30 Rz. 56 ff.). 316

Der steuerrechtliche Arbeitgeber ist *verpflichtet*, dem Finanzamt eine besondere Steuererklärung zu übermitteln, die **Lohnsteuer-Anmeldung**, wenn er nach § 38 EStG Lohnsteuer zu erheben hat. Sie ist spätestens am 10. Tag nach Ablauf eines jeden Lohnsteuer-Anmeldungszeitraums einzureichen (§ 41a Abs. 1 S. 1 EStG). Anmeldungszeitraum ist grundsätzlich der *Kalendermonat*, kann bei geringen Steuern aber auch das Kalendervierteljahr oder Kalenderjahr sein (Einzelheiten in § 41a Abs. 2 EStG). 317

Inhalt der Lohnsteuer-Anmeldung ist die *Summe* der korrekt berechneten, im Lohnsteuer-Anmeldungszeitraum einzubehaltenden und abzuführenden Lohnsteuer (§ 41a EStG). Dabei sind auch (echte) Lohnzahlungen von dritter Seite zu berücksichtigen (Rz. 324). Die Lohnsteuer-Anmeldung enthält weder die Namen der Arbeitnehmer noch die Bemessungsgrundlage, den Arbeitslohn. Sie entspricht als „Erklärung" der undifferenzierten Lohnsteuer-Monatssummen aller Arbeitnehmer an das Finanzamt inhaltlich dem sozialversicherungsrechtlichen Beitragsnachweis an die Einzugsstelle (Rz. 142). Eine individuelle „Meldung" zur Lohnsteuer gibt es nicht. Zwar ist die Datenübermittlung an das BZSt bei Abruf der **ELStAM** inhaltlich der „Meldung" nach § 28a SGB IV (Rz. 209) durchaus vergleichbar. Verstöße gegen die steuerlichen Datenübermittlungspflichten sind aber – ob durch den Gesetzgeber nach bewusster Entscheidung oder aus Versehen, ist nicht erkennbar – bislang nicht bußgeldbewehrt. Und es ist für das Steuerrecht auch unerheblich, ob der Arbeitgeber einen Arbeitnehmer nach § 28a SGB IV zur *Sozialversicherung* gemeldet hat 318 oder nicht. Die Lohnsteuer-Anmeldung ist grundsätzlich mit amtlich vorgeschriebenem Vordruck auf elektronischem Weg nach Maßgabe der Steuerdaten-Übermittlungsverordnung abzugeben (§ 41a Abs. 1 S. 2 EStG).

319 Nur ausnahmsweise kann der Arbeitgeber – kraft eigener Entscheidung – selbst zum *Steuerschuldner* werden (§§ 40 ff. EStG), etwa als Schuldner der **pauschalierten Lohnsteuer** bei geringfügig entlohnten (Rz. 188) oder kurzzeitigen Beschäftigungsverhältnissen (Rz. 192) sowie bei echten Nettolohnvereinbarungen (Rz. 331). Die Pflicht zur korrekten Lohnsteuer-Anmeldung besteht in gleicher Weise. Ferner wird der Arbeitgeber Steuerschuldner als Gesamtschuldner, sobald die Voraussetzungen für seine Haftung auf die Lohnsteuer (§ 42d EStG) erfüllt sind, etwa als Folge einer „**Schwarzlohnzahlung**" (§ 71 AO; Rz. 334).

c) Dreiecksverhältnisse bei Arbeitnehmerüberlassung

320 Der BFH hat wiederholt entschieden, dass sich die Frage, wer Arbeitgeber ist, zwar für den Regelfall aus dem *Arbeitsvertrag* beantworten lässt, dass dies aber nicht zwingend sei, etwa in Fällen einer Arbeitnehmerüberlassung[1]. Dies gilt gerade bei **illegaler Arbeitnehmerüberlassung**, bei der Vertragspartner des Arbeitnehmers der *Verleiher* ist, kraft Gesetzes das Arbeitsverhältnis aber mit dem *Entleiher* besteht (§ 10 Abs. 1 AÜG, Rz. 79). Deshalb ist insoweit auch nicht entscheidend, wer den Arbeitslohn schuldet[2]. Die Frage, wer in Fällen der Arbeitnehmerüberlassung oder bei sonstigen Formen des *drittbezogenen Arbeitseinsatzes* Arbeitgeber im lohnsteuerlichen Sinne ist, muss anhand anderweitiger Kriterien beantwortet werden[3].

321 Danach unterscheidet sich die unerlaubte Arbeitnehmerüberlassung steuerlich von der erlaubten Arbeitnehmerüberlassung lediglich durch das Fehlen der Erlaubnis[4]. **Arbeitgeber** ist im Ergebnis derjenige, der dem Arbeitnehmer den Lohn im eigenen Namen und für eigene Rechnung (unmittelbar) auszahlt[5].

Anders als das Sozialversicherungsrecht sieht das Steuerrecht üblicherweise den Verleiher als Arbeitgeber. Zahlt ausnahmsweise der Entleiher den Lohn, so ist davon auszugehen, dass – aus der Sicht der Vertragsbeteiligten – die Arbeitnehmerüberlassung in einen **Arbeitgeberwechsel** umgeschlagen ist. Solange die Beteiligten hingegen das vereinbarte Dreiecksverhältnis tatsächlich durchführen, muss davon ausgegangen werden, dass der Leiharbeitnehmer den an ihn gezahlten Lohn als Frucht seiner Arbeit für den Verleiher empfinden wird[6]. – Wird in Fällen des illegalen Entleihens von Arbeitnehmern der Entleiher nach § 42d Abs. 6 EStG lediglich in *Haftung* genommen, trifft ihn keine Verpflichtung zur Anmeldung und Abführung dieser Lohnsteuer.

---

1 Vgl. etwa BFH v. 24.3.1999 – I R 64/98, BFHE 190, 74, Rz. 17.
2 BFH v. 24.3.1999 – I R 64/98, BFHE 190, 74, Rz. 19.
3 BFH v. 24.3.1999 – I R 64/98, BFHE 190, 74, Rz. 16; BFH v. 18.1.1991 – VI R 122/87, BFHE 163, 365.
4 S. auch Lohnsteuerrichtlinien 2011, R 42d.2.
5 BFH v. 24.3.1999 – I R 64/98, BFHE 190, 74, Rz. 20.
6 So der BFH v. 24.3.1999 – I R 64/98, BFHE 190, 74, Rz. 20.

3. Gegenstand der Besteuerung

a) Arbeitslohn

Bemessungsgrundlage für die Lohnsteuer sind die Einkünfte aus nichtselbständiger Arbeit (§ 19 EStG), die das Gesetz als Arbeitslohn bezeichnet (§ 38 EStG, LStR 2013 R 38.2). Im Regelfall ist der Arbeitslohn der im Arbeitsvertrag *vereinbarte Bruttolohn* (Rz. 328), soweit er dem Arbeitnehmer zufließt (Rz. 303). Steuerpflichtiger Vorteil, der in die Bemessungsgrundlage eingeht, ist grundsätzlich jeder wirtschaftliche Vorteil, der dem Arbeitnehmer als Gegenleistung für seine Arbeit zufließt, unabhängig davon, ob es sich um Geld- oder Sachleistungen handelt, ob er einen Anspruch darauf hat oder ob der Vorteil zusätzlich zum ohnehin geschuldeten Arbeitslohn gewährt wird (vgl. § 8 Abs. 1 EStG) – also auch unabhängig davon, ob die Vorteile im Arbeitsvertrag beim dort ausgewiesenen Bruttolohn eingerechnet sind. 322

In den **Lohnsteuerrichtlinien** – LStR 2013 R 19.3 (Arbeitslohn) – heißt es: Arbeitslohn ist die Gegenleistung für das Zurverfügungstellen der individuellen Arbeitskraft.

Steuerfreie Einnahmen – wie etwa Zuschläge zur Sonntagsarbeit[1] – sind *kein* Arbeitslohn, ebenso wenig wie sie „Arbeitsentgelt" im Sozialversicherungsrecht sind (Rz. 123 f.). Das EStG regelt in einer Fülle von Vorschriften, ob und wie Vorteile der Steuerbemessung zugrunde zu legen sind (neben §§ 19, 19a etwa §§ 3, 3b EStG). Auch *Trinkgeld* ist eine steuerfreie Einnahme (§ 3 Nr. 51 EStG) und zählt nicht zur Bemessungsgrundlage. 323

Zahlungen von Dritten können Arbeitslohn sein, wenn sie für die Arbeitsleistung im Rahmen eines Dienstverhältnisses zum Arbeitgeber erfolgt sind[2] (§ 38 Abs. 1 S. 3 EStG), etwa die Zahlungen von Patienten an einen angestellten Chefarzt für wahlärztliche Leistungen oder die Zahlungen der Freier an die Beschäftigten (Prostituierten) eines Bordells („Saunaclub"). Diese Einnahmen unterliegen der Lohnsteuer und müssen vom Krankenhausträger bzw. Bordellbetreiber (Arbeitgeber) angemeldet werden[3]. 324

Zur Bemessungsgrundlage „Arbeitslohn" kann auch die **Lohnsteuer selbst** gehören („*Steuer auf die Steuer*", Rz. 332). Lohnsteuer auf die Lohnsteuer fällt dann an, wenn die Lohnsteuer *wirtschaftlich* vom Arbeitgeber getragen wird; denn der Arbeitnehmer wird insoweit entlastet: ihm fließt der entsprechende wirtschaftliche Vorteil zu. Dies ist der Fall, wenn der Arbeitgeber die Lohnsteuer vertraglich übernommen hat (*echte Nettolohnabrede*, Rz. 331, *Pauschsteuer*, Rz. 336). Lohnsteuer auf die Lohnsteuer fällt ferner an, wenn der Arbeitgeber in *Haftung* genommen wird, sich aber beim Arbeitnehmer nicht mehr schadlos halten kann (Rz. 345). 325

---

1 Einzelheiten bei BFH v. 17.6.2010 – VI R 50/09.
2 BFH v. 10.4.2014, VI R 62/11.
3 BFH v. 5.10.2005 – VI R 152/01, Rz. 17; FG München v. 24.4.2008 – 15 K 1124/08, EFG 2008, 1791.

b) Arbeitslohnabsprachen

326 Der **Grundsatz** ist einfach: Neben dem Nettolohn, also dem Lohnanteil, der dem Arbeitnehmer unmittelbar zufließt, und neben den Arbeitnehmeranteilen zur Sozialversicherung zählt zum *„zugeflossenen Arbeitslohn"* auch die Lohnsteuer, sofern sie vom Arbeitgeber *einbehalten* worden ist, also wirtschaftlich vom Arbeitnehmer getragen wurde.

327 Dies ergibt sich im Umkehrschluss aus § 42d Abs. 3 S. 4 EStG: Danach wird der **Arbeitnehmer** nur dann selbst für die Steuer auf seine Einkünfte aus nichtselbständiger Arbeit (§ 38 EStG) in Anspruch genommen, wenn – aus seiner Sicht – der Arbeitgeber den Lohn nicht um die Lohnsteuer gekürzt, die Lohnsteuer also nicht „einbehalten" hat (§ 42d Abs. 3 S. 4 Nr. 1 EStG), oder wenn der Arbeitnehmer weiß, dass der Arbeitgeber die Lohnsteuer nicht vorschriftsmäßig angemeldet (§ 42d Abs. 3 S. 4 Nr. 2 EStG) und damit[1] (Rz. 356 f.) hinterzogen hat (s. auch Rz. 335). Liegen diese subjektiven Voraussetzungen beim Arbeitnehmer nicht vor, ist der Arbeitnehmer von seiner *Steuerschuld* frei: Damit ist ihm dann in Höhe der Steuer ein Vorteil zugeflossen. Dafür ist grundsätzlich ohne Bedeutung, ob der Arbeitgeber die dem Arbeitnehmer einbehaltene Lohnsteuer tatsächlich *angemeldet* und abgeführt hat[2] (s. auch Rz. 360).

328 **aa)** Der Normalfall eines Arbeitsvertrages ist eine **Bruttolohn-Vereinbarung**. Die als *Arbeitslohn* vereinbarte Gegenleistung, die Bemessungsgrundlage (der Bruttolohn), ist höher als der Auszahlungsbetrag, höher als der *Nettolohn*, weil der Arbeitgeber einen Teil des Bruttolohnes einbehalten und beim Finanzamt als Lohnsteuer anmelden und abführen soll – und einen weiteren Teil des Bruttolohnes als Arbeitnehmeranteile zur gesetzlichen Sozialversicherung an die Einzugsstelle.

329 **bb)** Die **„unechte Nettolohnvereinbarung"** – auch *Nettolohnabrede* genannt – ist ein *Sonderfall* der üblichen Bruttolohnvereinbarung. Der Unterschied liegt nur in der Bestimmung des vertraglichen Bruttolohnes, die hier rechnerisch vom *erwünschten Nettolohn* ausgeht. Beansprucht der Arbeitnehmer einen bestimmten Auszahlungsbetrag als Lohn für seine Arbeit und überlässt es seinem Arbeitgeber, unter Berücksichtigung der persönlichen Verhältnisse den zu diesem Auszahlungsbetrag gehörenden Bruttolohn rechnerisch zu ermitteln, ist dieser anfangs ermittelte Bruttolohn der vertraglich vereinbarte, künftig geschuldete Lohn. Ändern sich später die Rahmenbedingungen, steigen etwa die Lohnnebenkosten, bleibt der ursprünglich rechnerisch als vertraglicher Bruttolohn ermittelte Betrag gültig: Der Arbeitnehmer erhält nach der Änderung weniger ausgezahlt.

330 Der als **Bemessungsgrundlage** maßgebliche Bruttolohn ist bei einer solchen Nettolohnabrede ggf. durch *Hochrechnen* des ausgezahlten Nettolohns festzustellen, also durch Hinzurechnen von Arbeitnehmeranteilen und Lohnsteuer. Ergebnis ist der Arbeitslohn, der bei einer Bruttolohnvereinbarung hätte vereinbart werden müssen, um denselben Nettolohn zu erzielen. Beim selben Nettolohn als Ausgangswert sind die Bemessungsgrundlagen bei der *Bruttolohnvereinbarung* und bei der *Nettolohnabrede* gleich. Lagen dem Arbeitgeber

---

1 BFH v. 8.11.1985 – VI R 238/80, BFHE 145, 198, Leitsatz 1.
2 BFH v. 8.11.1985 – VI R 238/80, BFHE 145, 198, Rz. 13.

eine Lohnsteuer-Karte oder ELStAM mit identischen Merkmalen vor, ist auch die Lohnsteuer in diesen beiden Fällen **gleich hoch**. Dies entspricht der Ermittlung der Bemessungsgrundlage für die Sozialversicherungsbeiträge nach § 14 Abs. 2 SGB IV (Rz. 129).

cc) Bei der seltenen Variante einer „**echten Nettolohnvereinbarung**" sagt der Arbeitgeber vertraglich zu, seinen Arbeitnehmer von allen *Lohnnebenkosten* freizustellen und zivilrechtlich auch für die Arbeitnehmeranteile und die Lohnsteuer einzustehen[1]. Ändern sich später die Rahmenbedingungen, steigen etwa die Lohnnebenkosten, bleibt der anfangs vertraglich vereinbarte Auszahlungsbetrag gültig: Der Arbeitnehmer erhält auch nach der Änderung denselben Betrag ausgezahlt. Eine solche echte Nettolohnvereinbarung setzt eindeutige zivilrechtliche Vereinbarungen zwischen den Parteien[2] voraus. 331

Der *häufigste Fall* echter Nettolohnvereinbarungen ist der von Ausländern, die mit einem nach ausländischem Zivilrecht geschlossenen Nettolohnvertrag in Deutschland arbeiten, z.B. japanische „Banker", die bei deutschen Tochterbanken ihres Arbeitgebers arbeiten. Außerdem finden sie sich in der Praxis gelegentlich bei ausländischen Stars im Sport und in der Kunst (Musiker, s. auch Rz. 380 ff.).

In diesen Fällen sind die vom Arbeitgeber übernommenen **Lohnnebenkosten** nicht nur rechnerischer Teil eines Bruttolohnes, sondern werden ihrerseits selbst steuerpflichtige *Lohnbestandteile*. Es kommt deshalb bei der Ermittlung des Bruttolohnes zur sog. *„Hochschleusung"* der Bemessungsgrundlage. Durch die Steuer auf die vom Arbeitgeber übernommenen Lohnnebenkosten ergeben sich Lohnsteuerbelastungen von mehr als 100 % auf den Auszahlungsbetrag. 332

Beispiel: Arbeitgeber und Arbeitnehmer vereinbaren ausdrücklich einen Nettolohn (echte Nettolohnvereinbarung) von monatlich 1 000 Euro. Bei Anwendung der Steuerklasse VI – keine Lohnsteuerkarte, z.B. illegale Beschäftigung – gilt: Auf den Auszahlungsbetrag von 1 000 Euro ergibt sich – wie bei der „unechten Nettolohnvereinbarung" (Rz. 329) – zunächst eine Lohnsteuer von 440 Euro; da der Arbeitgeber diese Lohnsteuer wirtschaftlich trägt, ist maßgebliche Bemessungsgrundlage nicht 1 000 Euro, sondern (in dieser 1. Rechenstufe) 1 440 Euro; die Steuer auf 1 440 Euro beträgt weitere 370 Euro, zusammen 810 Euro; auch diese Steuer trägt der Arbeitgeber. Aus dem Zufluss von 1 810 Euro (2. Rechenstufe) ergeben sich weitere 360 Euro, insgesamt dann 1 160 Euro Steuerbelastung, also bereits mehr als der ausgezahlte Nettolohn. Die Steuer auf die sich daraus ergebende Bemessungsgrundlage von 2 160 Euro liegt in der 3. Rechenstufe bei zusätzlichen 320 Euro, insgesamt also 1 480 Euro, usw. usw. Die zusätzliche Steuerbelastung nimmt von Runde zu Runde ab und würde im Beispielsfall den Grenzwert von rund 2 500 Euro erreichen, also 150 % auf den Auszahlungsbetrag.

Beim selben Nettolohn als Ausgangswert ist die Bemessungsgrundlage bei der *echten Nettolohnvereinbarung* wesentlich höher als bei einer Bruttolohnvereinbarung oder Nettolohnabrede. 333

Zu **Minijobs** s. Rz. 339.

dd) Eine – mit der Bruttolohnvereinbarung (Rz. 328) nicht zu verwechselnde – **Bruttolohnabrede** im steuerlichen Sinne liegt vor, wenn Arbeitgeber und Ar- 334

---

1 Zu Begriff und Voraussetzungen BSG v. 22.9.1988 – 12 RK 36/86, BSGE 64, 110, Rz. 18 ff.
2 BFH v. 14.3.1986 – VI R 30/82, BFHE 147,91, Rz. 33 ff.; BSG v. 22.9.1988 – 12 RK 36/86, BSGE 64, 110, Rz. 23 ff.

beitnehmer ausdrücklich oder stillschweigend Einvernehmen darüber hergestellt haben, dass der Arbeitslohn ohne Vorlage einer Lohnsteuerkarte/ohne Abruf der ELStAM und ohne Einbehalt der Lohnsteuer ausgezahlt werden soll (s. auch Rz. 180). Dem kann ein Irrtum, etwa über die Rechtsnatur des zwischen ihnen bestehenden Verhältnisses[1], zugrunde liegen; i.d.R. handelt es sich aber um eine **„Schwarzlohnabrede"**[2]. Eine solche Schwarzlohnabrede liegt auch vor, wenn einvernehmlich nur Teile *des Arbeitslohnes* ohne Lohnsteuer-Einbehalt „schwarz" ausgezahlt werden, etwa für *„Überstunden"*.

Indiz für ein kollusives Zusammenwirken (Schwarzlohnabrede) kann dabei etwa die Tatsache sein, dass der Arbeitnehmer eine erkennbar unzutreffende *Lohnabrechnung* akzeptiert.

335 In Falle der Schwarzlohnabrede ist der **„schwarz" ausgezahlte (Teil-)Betrag der Gesamtbetrag der Gegenleistung** für diese Arbeit. Der Arbeitnehmer *weiß*, dass der Arbeitgeber keinen (weiteren) Lohnbestandteil einbehält, um ihn auf Rechnung des Arbeitnehmers an das Finanzamt abzuführen (Rz. 326). Die Folge dieses Wissens ist, dass der Arbeitnehmer im Zeitpunkt der Lohnzahlung von seiner Steuerpflicht nicht befreit wird (§ 42d Abs. 3 S. 4 Nr. 2 EStG, Rz. 327). Es liegt noch keine *wirtschaftliche Zuwendung* an den Arbeitnehmer vor, die auf seine Einkommensteuerschuld anzurechnen wäre. Im Zeitpunkt der Lohnzahlung ist noch offen, ob das Finanzamt bei Aufdeckung dieser Hinterziehung nicht doch den Arbeitnehmer noch vor dem Arbeitgeber in Anspruch nehmen wird[3]. Nur der „schwarz" ausgezahlte Betrag wird der Steuerbemessung zugrunde gelegt, ohne *Hochrechnung* auf den Bruttolohn (Rz. 363)[4].

c) Pauschalbesteuerung

336 Der Arbeitgeber kann in einigen Fällen die **Pauschalierung** der Lohnsteuer wählen. Er wird dadurch selbst zum *Schuldner* der Lohnsteuer (Rz. 319). Der Arbeitnehmer wird entsprechend wirtschaftlich entlastet; für ihn ist der pauschal besteuerte Arbeitslohn einkommensteuerfrei (§§ 40 Abs. 3 S. 3, 40a Abs. 5 EStG). Die vom Arbeitgeber übernommene Lohnsteuer ist als Vorteil des Arbeitnehmers („Steuer auf die Steuer", Rz. 325) bei der Bemessung der Pauschale zu berücksichtigen (§ 40 Abs. 1 S. 2 EStG); in die festen Pauschsteuersätze des EStG ist dieser Effekt eingerechnet.

Eine solche Wahl kann für den *Arbeitgeber* ein Vorteil sein; nicht nur der Aufwand bei Buchhaltung und Abrechnung kann geringer sein, sondern insbesondere auch die Steuerlast. Zudem muss die Steuer stets vom Arbeitgeber erwirtschaftet werden, auch wenn der Arbeitnehmer Steuer-Schuldner ist.

337 **aa)** Wichtigster Fall der Pauschalierung ist die **geringfügig entlohnte Beschäftigung** nach dem Sozialversicherungsrecht (§§ 8 Abs. 1 Nr. 1, 8a SGB IV, Rz. 188). Bei den sog. Minijobs kann der Arbeitgeber eine einheitliche Pauschsteuer von 2 % (für Lohnsteuer, Solidaritätszuschlag und Kirchensteuer) bezogen auf das

---

1 BFH v. 23.4.1997 – VI R 12/96, VI R 99/96, BFH/NV 1997, 656.
2 BGH v. 4.2.1997 – 5 StR 681/96, wistra 1997, 187; BFH v. 21.2.1992 – VI R 41/88, BFHE 166, 558, Rz. 12.
3 BFH v. 21.2.1992 – VI R 41/88, BFHE 166, 558.
4 BGH v. 11.8.2010 – 1 StR 199/10, Rz. 26.

Arbeitsentgelt erheben (§ 40a Abs. 2 EStG). Dies gilt auch für Beschäftigungen im Privathaushalt (s. aber Rz. 355).

Zahlt der Arbeitgeber Monatslöhne von bis zu 400 (bis 2012) bzw. 450 Euro (seit 1.1.2013), kann er die Lohnsteuer auch dann pauschalieren, wenn *sozialversicherungsrechtlich* die Minijob-Voraussetzungen nicht vorliegen (z.B. wegen mehrerer Minijobverhältnisse bei verschiedenen Arbeitgebern, Rz. 133); die pauschale Lohnsteuer beträgt dann allerdings 20 % (§ 40a Abs. 2a EStG).

Die Voraussetzungen einer **kurzfristigen Beschäftigung** (vgl. § 8 Abs. 1 Nr. 2 SGB IV, Rz. 192) sind im Steuerrecht eigenständig definiert (§ 40a Abs. 1 S. 2 EStG). Liegen diese Voraussetzungen vor, kann der Arbeitgeber eine pauschale Besteuerung von 25 % des Arbeitslohns wählen (§ 40a Abs. 1 S. 1 EStG); anderenfalls gelten die allgemeinen Regelungen. – Für *Aushilfskräfte in der Landwirtschaft* gelten abweichende Regelungen; der Pauschsteuersatz beträgt 5 %. 338

Wählt der Arbeitgeber, auch im Rahmen von Minijob-Regelungen, die Pauschalierung – was er auch durch „Zurückweisung" der Lohnsteuerkarte bzw. (seit 2013) durch den Verzicht auf den Abruf von elektronischen Lohnsteuerabzugsmerkmalen oder die Vorlage einer Bescheinigung für den Lohnsteuerabzug (§ 40a Abs. 1 EStG) bewirken kann – und erklärt sich damit zum alleinigen Schuldner aller Lohnnebenkosten, ist er vor den fatalen Wirkungen der „**Steuer auf die Steuer**" (Rz. 332) durch die Regelungen in § 40a EStG geschützt: Diese bestimmen das gezahlte Arbeitsentgelt als *Bemessungsgrundlage* (Rz. 369). 339

Die **Pauschalierung** kann **nicht** gewählt werden, wenn der Arbeitnehmer von demselben Arbeitgeber weiteren Arbeitslohn bezieht, der „über Lohnsteuerkarte" abgerechnet wird. Für die kurzfristige Beschäftigung ergibt sich dies aus § 40a Abs. 4 Nr. 2 EStG, für die geringfügig entlohnte Beschäftigung aus der Anknüpfung an das Sozialversicherungsrecht (§ 40a Abs. 2 EStG). Auch im Einkommensteuerrecht gibt es also keine geringfügige Beschäftigung neben einer „Vollzeitbeschäftigung" beim selben Arbeitgeber (Rz. 131). 340

bb) Ein auf die *konkreten Verhältnisse* zugeschnittener Pauschsteuersatz kann auf Antrag des Arbeitgebers auch in einigen **besonderen Fällen** zur Anwendung kommen. Dies gilt insbesondere für *„sonstige Bezüge"*, also Arbeitslohn, der nicht als laufender Arbeitslohn gezahlt wird (§ 38a Abs. 1 S. 3 EStG). 341

Für einige „sonstige Bezüge" bietet § 40 Abs. 2 EStG einen Steuersatz von 25 %, etwa **Essenszuschüsse**, für andere von 15 %, z.B. **Fahrtkostenzuschüsse**. Wenn beim Arbeitgeber in einer größeren Zahl von Fällen Lohnsteuer **nachzuerheben** ist, kann ebenfalls ein Pauschsteuersatz vom Betriebsstättenfinanzamt ermittelt und zugelassen werden (§ 40 Abs. 1 EStG).

d) Schätzung der Steuer

Im **Besteuerungsverfahren** kann gem. § 162 AO die Bemessungsgrundlage geschätzt werden[1]. Dies gilt auch für die nicht bezifferbaren Besteuerungsgrundlagen, mithin die Voraussetzungen für die *Entstehung* der Steuer, was sich aus der Mitwirkungspflicht des Steuerpflichtigen im Steuerrecht (vgl. § 162 Abs. 2 342

---

1 BFH v. 18.11.2009 – VIII B 16/08, BFH/NV 2010, 389 (st. Rspr.).

AO) rechtfertigt. Hat der Steuerpflichtige seine Mitwirkungspflichten verletzt, können Schätzungen ohne die vorherige umfängliche Erschließung von Erkenntnisquellen und Beschaffung von Beweismitteln durchgeführt werden[1]. Die Pflicht zur Abgabe von Steuererklärungen besteht selbst dann weiter, wenn die zur Erstellung der Erklärungen erforderlichen Unterlagen beschlagnahmt wurden[2]. Allerdings darf das Finanzamt nicht willkürlich zum Nachteil des Steuerpflichtigen schätzen[3]. Die Schätzung darf auch nicht dazu verwendet werden, die Pflichtverletzung zu bestrafen und den Steuerpflichtigen zur Abgabe der Erklärungen anzuhalten[4]. Zum *Strafrecht* s. Rz. 376.

4. Steuerliche Haftung

343 **a)** Der **Arbeitgeber haftet** für die Lohnsteuer, die der Arbeitnehmer schuldet und die er für ihn einzubehalten und abzuführen hat (§ 42d EStG). Haftung bedeutet zunächst Zahlungspflicht für Steuern, die ein anderer schuldet (§ 69 ff. AO). Der Haftende ist *Steuerpflichtiger* (§ 33 AO). Die Haftung begründet ein *Steuerschuldverhältnis* (§ 37 AO). Bei der Haftungsinanspruchnahme nach **Lohnsteuerklasse VI** (Rz. 305) bleibt es namentlich auch dann, wenn nicht ausgeschlossen werden kann, dass der Arbeitnehmer in dem betroffenen Jahr die Freibeträge bereits in Zusammenhang mit einem weiteren Arbeitsverhältnis vor, während oder nach der illegalen Beschäftigung ausgeschöpft hat oder dass die Lohnsteuerkarte bzw. die Lohnsteuerabzugsmerkmale des Arbeitnehmers illegal für einen Dritten Verwendung gefunden haben (s. auch Rz. 373). Neben der Arbeitgeberhaftung ist in Fällen illegaler Beschäftigung auch die parallel eintretende Haftung des Steuerhinterziehers nach § 71 AO relevant (Rz. 344). Zur Haftung des Straftäters im Sozialversicherungsrecht s. Rz. 10.

344 **b)** Soweit die Haftung des Arbeitgebers reicht, sind *Arbeitgeber und Arbeitnehmer* **Gesamtschuldner** (§ 42d Abs. 3 EStG). Nach ständiger BFH-Rechtsprechung gibt es dabei keinen Vorrang der Inanspruchnahme des Arbeitnehmers vor der des Arbeitgebers[5]. In **Hinterziehungsfällen** ist das Auswahlermessen der Finanzverwaltung zulasten des *Arbeitgebers* insoweit vorgeprägt, als die Haftungsschuld gegen den Steuerstraftäter festzusetzen ist, weshalb es keiner besonderen Begründung dieser Ermessensbetätigung bedarf[6].

345 Wird der Arbeitgeber später für die **Lohnsteuer** *in Haftung* genommen, stellt dies **weiteren Arbeitslohn** dar, einen lohnsteuerpflichtigen Vorteil für den Arbeitnehmer: Der Arbeitgeber muss nun auch von dieser Lohnsteuer – strafbe-

---

1 Vgl. den Anwendungserlass zur AO (AEAO) zu § 88 „Untersuchungsgrundsatz" und zu § 162 AO.
2 BFH v. 26.2.2010 – VIII B 17/08 (NV).
3 BFH v. 28.11.2007 – X R 11/07, BFHE 220, 3.
4 BFH v. 20.12.2000 – I R 50/00, BFHE 194, 1, Rz. 21; Rechtsprechungsnachweise bei *Rübenstahl*, Schätzung der Steuerverkürzung in Besteuerungsverfahren und Steuerstrafverfahren, ZWH 2013, 312 ff.
5 BFH v. 10.10.2006 – VII B 30/06, BFH/NV 2007, 204, Rz. 15.
6 BFH v. 12.2.2009 – VI R 40/07, BFHE 224, 306.

wehrt[1] – Lohnsteuer erklären, einbehalten und abführen („Steuer auf die Steuer", Rz. 332).

Gleichermaßen muss der Arbeitgeber Lohnsteuer abführen, wenn er nachträglich für die hinterzogenen **Arbeitnehmeranteile** in Anspruch genommen wird, diese aber nicht mehr (§ 28g SGB IV, Rz. 101) vom Lohn des Beschäftigten abziehen kann. Denn wegen dieser „Verspätung" ist es kraft Gesetzes nun *wirtschaftlich* der Arbeitgeber, der (auch) die Arbeitnehmeranteile zu tragen hat: ein geldwerter, lohnsteuerpflichtiger Vorteil des Beschäftigten, also Arbeitslohn. Der Arbeitgeber zahlt *„Steuern auf die Beiträge"*[2] – und auch auf *diese* Lohnsteuer muss er wiederum Lohnsteuer abführen[3]. 346

II. Hinterziehungshandlungen

Die objektiven und subjektiven Tatbestandsmerkmale einer Steuerhinterziehung (§ 370 Abs. 1 AO) sind allgemein in § 44 Rz. 4 ff. näher behandelt. Nachfolgend werden nur die typischen Handlungsformen im Rahmen der **Lohnsteuererhebung** angesprochen. 347

Die schlichte **Nichtzahlung** von Steuern ist grundsätzlich (Ausnahme: gewerbs- oder bandenmäßige Nichtzahlung von Umsatzsteuer bei sog. Umsatzsteuerkarussellen, § 26c UStG) nicht als Steuerhinterziehung *strafbar*, sondern wird vom speziellen Bußgeldtatbestand des § 380 AO erfasst (§ 46 Rz. 37 ff.). Bei der Lohnsteuer als Abzugsteuer genügt eine unvollständige oder verspätete Zahlung für die *Steuerordnungswidrigkeit*. Dabei muss der Täter (Steuerpflichtiger) in subjektiver Hinsicht mindestens leichtfertig handeln. 348

1. Täuschung der Finanzbehörden

Die von § 370 Abs. 1 AO vorausgesetzte gezielte Irrtumserregung beim Finanzamt über „steuerlich erhebliche Tatsachen", also der Eintritt eines Wissensdefizits, kann durch **aktives Tun**, also durch falsche – unrichtige oder unvollständige – Angaben (Nr. 1) erfolgen oder durch **Unterlassen** von Angaben seitens eines *Erklärungspflichtigen* (Nr. 2). 349

Tatzeitpunkt ist im ersten Fall der *Eingang* der falschen Erklärung bei der Behörde während im Unterlassungsfall die *Fälligkeit* (zum Fälligkeitszeitpunkt, Rz. 317, s. auch Rz. 369) der Erklärung maßgebend ist. 350

Die eine Fallgruppe (**aktives Tun**) erfasst eine *falsche Lohnsteuer-Anmeldung* durch Angabe eines zu niedrigen Gesamtbetrags, weil nicht der gesamte Lohn der Steuerbemessung zugrunde gelegt wurde (Rz. 318). Täter kann hier auch sein, wer nicht selbst zur Abgabe einer Lohnsteuer-Anmeldung verpflichtet ist. 351

Der **Arbeitnehmer** ist nicht selbst zur Lohnsteuer-Anmeldung verpflichtet; falsche Angaben, die der Arbeitgeber gutgläubig übernimmt (i.S. einer *mittelbaren Täterschaft*), sind dem Arbeitnehmer lediglich möglich, soweit er Einfluss auf die Bildung der ELStAM hat (Rz. 307 f.) 352

---

1 BGH v. 13.5.1992 – 5 StR 38/92, BGHSt 38, 285, Rz. 21.
2 BGH v. 13.5.1992 – 5 StR 38/92, BGHSt 38, 285, Rz. 16 ff.; BFH v. 13.9.2007 – IV R 54/03.
3 BFH v. 21.2.1992 – VI R 41/88, BFHE 166, 558.

Der Verstoß gegen die Verpflichtung des Arbeitnehmers, seinem Arbeitgeber zu Beginn der Tätigkeit (bis 2013) die **Lohnsteuerkarte** oder eine Bescheinigung über den Lohnsteuerabzug vorzulegen bzw. (ab 2014) ihm seine Steueridentifikationsnummer und seinen Geburtstag mitzuteilen ist nicht mit Strafe bedroht; der Arbeitnehmer muss nur die Einstufung in die *Steuerklasse VI* hinnehmen (Rz. 305 f.).

353 Die **Unterlassung** einer Lohnsteuer-Anmeldung durch den anmeldepflichtigen Arbeitgeber ist die andere Fallgruppe, die in zwei Varianten verwirklicht werden kann: durch das gänzliche *Unterlassen* oder durch die *verspätete Abgabe* einer Anmeldung. Hier kommt nur der **Arbeitgeber** als Täter in Betracht, denn nur er ist zur Abgabe von steuerlich relevanten Angaben verpflichtet (Rz. 317)[1].

Da beim Unterlassen der maßgebliche Zeitpunkt der Fälligkeitszeitpunkt ist (Rz. 350), führt jede Verspätung zur Tatbestandsverwirklichung. Für eine verspätete, wenn auch der Höhe nach richtige Lohnsteueranmeldung gelten deshalb die allgemeinen Regelungen für eine **Selbstanzeige** (§ 371 AO; § 44 Rz. 119 ff.; s. auch Rz. 369).

354 **Zahlungen** an das Finanzamt ohne Lohnsteuer-Anmeldung sind generell ohne Bedeutung für die – mangels Anmeldung begangene – Lohnsteuer-Hinterziehung: Ist die Lohnsteuer nicht angemeldet, ist sie damit auch nicht abgeführt[2] (Rz. 356 f.). Bei Zahlungen mit fehlerhafter Lohnsteuer-Anmeldung ist das Kompensationsverbot von Bedeutung (Rz. 358).

Im Sozialversicherungsrecht ist dies anders: Leistet der Arbeitgeber Zahlungen auf sein Arbeitgeber-Konto bei einer Einzugsstelle ohne Beitragsnachweis, fehlt es insoweit am „Vorenthalten" (Rz. 153).

355 Soweit ein **Privathaushalt** zum *Minijob(!)*-Arbeitgeber wird, greift der Straftatbestand der Steuerhinterziehung aufgrund der Sondervorschrift des § 50e Abs. 2 EStG nicht ein. Selbst bei Vorsatz ist diese Steuerhinterziehung im Privathaushalt nur eine *Ordnungswidrigkeit* (§§ 377–384 AO, insbesondere § 380 AO). Bei sonstigen Beschäftigungsverhältnissen gelten auch für den Privathaushalt die allgemeinen Regeln.

2. Verkürzung der Steuern

356 **a)** Voraussetzung der Tatbestandsverwirklichung ist (nur), dass eine falsche, weil zu niedrige, oder eine unterbliebene **Festsetzung** der Steuerschuld zum vorgegebenen Zeitpunkt das rechtlich begründete Steueraufkommen „verkürzt" (§ 370 Abs. 4 S. 1 AO). Dies muss (nur) seine Ursache haben in einem vom Täter zu verantwortenden Defizit zwischen den Informationen, die dem Finanzamt von Rechts wegen vorliegen müssten, und den tatsächlich vorliegenden Informationen.

357 § 168 AO bestimmt: „Eine Steueranmeldung steht einer Steuerfestsetzung unter Vorbehalt der Nachprüfung gleich." Deshalb liegt bei einer inhaltlich **falschen Lohnsteuer-Anmeldung** in der Erklärung selbst bereits die falsche *Festsetzung*. Gibt der Arbeitgeber bei Fälligkeit pflichtwidrig keine Lohnsteuer-Anmeldung ab, liegt darin die tatbestandsmäßige Verkürzung. *Zahlungen*

---

1 BGH v. 11.8.2010 – 1 StR 199/10.
2 BFH v. 8.11.1985 – VI R 238/80, Leitsatz 1.

berühren das Tatbestandsmerkmal „Verkürzen" nicht; von Bedeutung ist nur die – fehlende oder unrichtig abgegebene – Lohnsteuer-Anmeldung.

Anders als bei der Beitragsvorenthaltung ist die Nicht-Zahlung („**Vorenthalten**") der Steuern bei Fälligkeit kein Tatbestandsmerkmal der Steuerhinterziehung. Bereits die Beeinträchtigung des Anspruchs auf Steuerzahlungen führt im Ergebnis zu einem wirtschaftlich negativen Erfolg, zu einem „Steuerschaden" (vgl. § 44 Rz. 5).

b) Bedeutsam ist das **Kompensationsverbot** (§ 370 Abs. 4 S. 3 AO; § 44 Rz. 46 ff.). Danach ist es für die Tatbestandsverwirklichung unschädlich, wenn die Steuer, auf die sich die Tat bezieht, aus anderen Gründen hätte ermäßigt oder der Steuervorteil aus anderen Gründen hätte beansprucht werden können. Dabei ist *jeder Anmeldungszeitraum für sich* zu betrachten. 358

Beispiele: (1) Ein Arbeitgeber zahlt seine Mitarbeiter schwarz aus. Um Nachfragen des Finanzamtes zu verhindern, meldet er jeden Monat eine gleichbleibende Lohnsteuer von 1 500 Euro an, die „aufs Jahr gerechnet" bei rund einem Drittel der tatsächlichen Lohnsteuer liegt. Durch starke Schwankungen im Personaleinsatz liegen die tatsächlichen Lohnsteuerbeträge vereinzelt unter diesem, meist jedoch über diesem Wert. So beträgt die tatsächliche Lohnsteuer: Januar 7 000 Euro, Februar 5 000 Euro, März 800 Euro, April 1 000 Euro, Mai 8 000 Euro. Strafbar sind die Tatzeiträume Januar, Februar und Mai, ohne eine „Verrechnung" mit den zu hohen Anmeldungen März und April. **(2)** Ein Arbeitgeber zahlt Schwarzlöhne. Weil der Ausgabennachweis fehlt, verbleiben rechnerisch hohe Gewinne. Diese werden der Einkommensteuer unterworfen. Bei ordnungsgemäßer Verbuchung und Anmeldung/Abführung der Lohnsteuer hätten sich tatsächlich jedoch keine Gewinne ergeben. Die Lohnsteuerhinterziehung bleibt ohne Berücksichtigung der zu viel gezahlten Einkommensteuer strafbar.

Das Kompensationsverbot hat u.a. auch Bedeutung für die Ertragsteuern (Einkommen-/Körperschaft-/Gewerbesteuer) in **Abdeckrechnungs-Fällen**. Werden nämlich *Schwarzlohnzahlungen* durch fingierte Subunternehmerrechnungen in der Buchhaltung verschleiert, stellt sich die Frage, ob durch die Geltendmachung der Scheinrechnungen als Betriebsausgabe unzulässig Gewinne gemindert wurden und in der Folge ggf. auch eine Ertragsteuerhinterziehung vorliegt. Nach der höchstrichterlichen Rechtsprechung hängt der Eintritt des Kompensationsverbotes insoweit von zwei Faktoren ab. Erstens: Ist dem Finanzamt im Zuge der Steuererklärung nur ein Saldo (etwa die Summe aller Betriebsausgaben oder nur Gewinn/Verlust) mitzuteilen[1]? Und zweitens: Wären die tatsächlichen, also nicht fingierten, Betriebsausgaben ohne Zweifel vom Finanzamt anerkannt worden[2]? Das Kompensationsverbot greift und führt zur Strafbarkeit, wenn mindestens eine der Fragen zu *verneinen* ist[3]. 359

cc) Bei der **Bemessung der Verkürzung** ist zu differenzieren: Wenn der Arbeitgeber die Lohnsteuer zwar einbehält, aber ohne Wissen des Arbeitnehmers nicht anmeldet und damit nicht abführt, bleibt der vertraglich vereinbarte Bruttolohn die Bemessungsgrundlage für die hinterzogene Lohnsteuer, weil bei der *„einseitigen"* Lohnsteuer-Hinterziehung dem Arbeitnehmer die Lohn- 360

---

1 BGH v. 17.3.2005 – 5 StR 461/04.
2 BGH v. 12.9.1990 – 3 StR 188/90; BFH v. 17.2.1999 – IV B 66/98.
3 LG Mannheim v. 20.12.2012 – 22 KLs 629 Js 188844/12 – AK 8/12.

steuer wirtschaftlich vom Arbeitgeber zufließt. Denn der Arbeitnehmer ist in dieser Höhe vor einer Inanspruchnahme durch das Finanzamt sicher (vgl. § 42d Abs. 3 S. 4 *Nr. 2* EStG, Rz. 327); die Lohnsteuer wird nur beim Arbeitgeber eingefordert.

361 Eine aus der Sicht des Arbeitnehmers vom Arbeitgeber übernommene und ordnungsgemäß einbehaltene Lohnsteuer wird auf die **Einkommensteuerschuld** des Arbeitnehmers angerechnet, selbst wenn sie der Arbeitgeber tatsächlich nicht angemeldet und abgeführt hat[1] (Rz. 327).

Beispiel: Ein Arbeitgeber beschäftigt einen ledigen Arbeitnehmer über die Dauer von sechs Monaten zu einem Bruttomonatslohn von 2 000 Euro. Der Arbeitnehmer erhält am Jahresende eine für ihn *schlüssige* Lohnbescheinigung, in der u.a. Lohnsteuerabzüge von insgesamt rund 1 400 Euro ausgewiesen sind. Mangels anderer Einkünfte erhält er im Rahmen seiner Arbeitnehmerveranlagung daraus einen Betrag von 1 250 Euro erstattet. Der Arbeitgeber hatte allerdings die Lohnsteuer nicht angemeldet und abgeführt. Neben dem strafbewehrten Schaden durch die nichtabgeführte Lohnsteuer in Höhe von 1 400 Euro ergibt sich dann zusätzlich ein – nur bei der Strafzumessung relevanter – „**Erstattungsschaden**" von 1 250 Euro.

362 Lagen dem Arbeitgeber *Lohnsteuerkarte* bzw. *ELStAM* vor, ist die Steuerverkürzung für den „**schwarz**" gezahlten Lohn nach den individuellen Besteuerungsmerkmalen der einzelnen Arbeitnehmer zu berechnen. Ist dies nicht ohne Weiteres möglich, weil entweder eine Zuordnung der (zusätzlichen) Schwarzlöhne zu bestimmten Arbeitnehmern oder die Feststellung der individuellen Besteuerungsmerkmale nicht mehr möglich ist, so kann der Tatrichter von *geschätzten Durchschnittssteuersätzen* ausgehen[2].

363 Bei einer **Schwarzlohnabrede** (Bruttolohn*abrede*, Rz. 334) ist für die Bemessung der Lohnsteuer – und damit auch für das Strafrecht[3] (Rz. 372) – der ausgezahlte Betrag („brutto für netto") als die maßgebliche *Bemessungsgrundlage* zu behandeln[4].

Die auf diesen ausgezahlten Lohn entfallende Lohnsteuer spielt für die Bemessungsgrundlage der *Lohnsteuer* (**Steuer auf die Steuer**, Rz. 325, 332)– zunächst – keine Rolle (Rz. 335, 345). Beim *selben Nettolohn* als Ausgangswert ist die Bemessungsgrundlage bei der Bruttolohnabrede *niedriger* als bei Bruttolohnvereinbarung (Rz. 328) und Nettolohnabrede (Rz. 329). Bei Anwendung derselben Lohnsteuerklasse ist die strafrechtlich relevante *Lohnsteuer* bei der Bruttolohnabrede *niedriger* als in den anderen beiden Fällen. Der Verlust für den Fiskus wird ggf. durch die *Haftung* des Arbeitgebers für die hinterzogene Lohnsteuer später wieder ausgeglichen (Rz. 343).

364 **Beispiel:** Arbeitgeber und Arbeitnehmer verabreden einen monatlichen *Schwarzlohn* von 1 000 Euro. Im Monat Juni 2010 werden 1 000 Euro ausgezahlt. Die am 10.7. anzumeldende, strafrechtlich relevante Steuer beträgt nach den Verhältnissen der Steuerklasse VI:

---

1 BFH v. 26.2.1982 – VI R 123/78, BFHE 135, 211, Rz. 8.
2 So wörtlich BGH v. 13.5.1992 – 5 StR 38/92, BGHSt 38, 285, Rz. 27.
3 BGH v. 13.5.1992 – 5 StR 38/92, BGHSt 38, 285.
4 BGH v. 11.8.2010 – 1 StR 199/10, Rz. 26; BGH v. 4.2.1997 – 5 StR 681/96, wistra 1997, 187, Rz. 4; BFH v. 23.4.1997 – VI R 12/96, VI R 99/96, BFH/NV 1997, 656.

140 Euro[1]. Eine **"Lohnabrechnung"** sähe dann so aus: Bruttolohn Juni: 1 000 Euro, Lohnsteuer Klasse VI 140 Euro, Nettolohn 860 Euro. Bei korrektem Verhalten (Bruttolohnvereinbarung, Lohnsteuer-Einbehalt und -Anmeldung) hätte der Arbeitgeber zum Vorteil des Arbeitnehmers dessen Einkommensteuerschuld um die Lohnsteuer (140 Euro) vermindert. Der Gesamtzufluss (auch) dann: 860 Euro Nettolohn plus 140 Euro „getilgte" Steuern gibt 1 000 Euro. Stattdessen hat der Arbeitgeber aufgrund der Bruttolohnabrede die 140 Euro nicht einbehalten, sondern an den Arbeitnehmer ausgezahlt. In dieser Höhe ist bei der einvernehmlichen Lohnsteuer-Hinterziehung die *Einkommensteuerschuld* des Arbeitnehmers noch offen (§ 42d Abs. 3 S. 4 Nr. 2 EStG). Es bleibt beim Gesamtzufluss von 1 000 Euro.

Bei diesem in der Praxis häufigen Fall eines *kollusiven Zusammenwirkens* der Beteiligten unterscheiden sich die – im Urteil festzustellenden – Bemessungsgrundlagen für die Lohnsteuer und die Sozialversicherungsbeiträge. Die Schwarzlohnabrede (Bruttolohnabrede) im Lohnsteuerrecht „gilt" im **Sozialversicherungsrecht** als (unechte) Nettolohnvereinbarung, die dort zur Hochrechnung auf den Bruttolohn als Bemessungsgrundlage der Sozialversicherungsbeiträge führt (§ 14 Abs. 2 S. 2 SGB IV, Rz. 262 ff.).

3. Subjektive Voraussetzungen

Vorsatz ist gegeben, wenn der Täter die *Tatsachen kennt*, aus denen seine Steuerschuld folgt, und er *allgemein erkannt* hat, dass dieser Sachverhalt steuerliche Bedeutung haben kann („Parallelwertung in der Laiensphäre", Rz. 231). Vergewissert er sich dann nicht, welche steuerlichen Pflichten ihn treffen, nimmt er einen Verstoß – und damit eine Steuerhinterziehung – billigend in Kauf. *Bedingter* Vorsatz genügt. 365

Erkennt der Arbeitgeber *nachträglich*, dass seine Anmeldung falsch war, muss er sie **berichtigen** (§ 153 AO; § 44 Rz. 21 ff.). Erst recht gilt dies, wenn der Täter, der die Unrichtigkeit seiner Angaben bei Abgabe der Steuererklärung zwar nicht gekannt, aber billigend in Kauf genommen hat, danach die Gewissheit erlangt, dass seine Erklärung falsch war. Auch der Verstoß gegen diese *Berichtigungspflicht* ist Steuerhinterziehung[2]. 366

Für die Abgrenzung von Tatbestands- und Verbotsirrtums gilt – wie bei der Beitragsvorenthaltung (Rz. 235 f.): Ein **Tatbestandsirrtum** betrifft die *Anknüpfungstatsachen*, ein **Verbotsirrtum** die *steuerlichen Folgen* des Sachverhalts. Ein Irrtum über die steuerlichen Folgen des bekannten Sachverhalts ist Verbotsirrtum. Ein Verbotsirrtum über die rechtliche Einordnung als steuerpflichtiger Arbeitgeber ist stets schon dann vermeidbar, wenn dem Täter bei Anwendung der gebotenen Sorgfalt hätten Zweifel über die Rechtslage kommen müssen, er aber von der Möglichkeit keinen Gebrauch gemacht hat, sich bei der Finanzverwaltung zu erkundigen, zumal ihm mit der *Anrufungsauskunft* (§ 42e EStG) hierfür auch im Steuerrecht ein spezielles Mittel zur Verfügung steht[3]. 367

Auf die **Auskunft** eines **Steuerberaters** – wie jedes anderen, grundsätzlich *fachkundigen* Beraters – kann sich der ratsuchende Arbeitgeber nur verlassen, 368

---

1 Gerundet auf der Basis 2010 inkl. Solidaritätszuschlag.
2 BGH v. 17.3.2009 – 1 StR 479/08, BGHSt 53, 210.
3 BFH v. 29.5.2008 – VI R 11/07, BFHE 221, 182; BFH v. 18.8.2005 – VI R 32/03, BFHE 210, 420.

wenn die oben (Beitragsvorenthaltung Rz. 237 ff.) dargelegten Voraussetzungen erfüllt sind. Der Berater muss insbesondere den wirklichen Sachverhalt, die „gelebte Zusammenarbeit", vollständig kennen.

4. Beendigung

369 Bei der Lohnsteuer als *Fälligkeitssteuer* – im Unterschied zu Veranlagungssteuern – ist für den Zeitpunkt der **Tatvollendung** bei einer vorsätzlich *unterlassenen* Lohnsteuer-Anmeldung der Ablauf des Fälligkeitstages[1] maßgeblich, bei einer *falschen* Lohnsteuer-Anmeldung hingegen deren Eingang beim Finanzamt[2] (s. auch Rz. 350). Folgt der Tatbestandsverwirklichung durch Unterlassen, also der Vollendung mit Ablauf des Fälligkeitstages, eine *verspätete* Lohnsteuer-Anmeldung (Rz. 353), so kann darin eine *strafbefreiende Selbstanzeige*[3] liegen[4]. Die strafbefreiende Wirkung tritt aber nur ein, *soweit* die Lohnsteuer nicht nur zutreffend angemeldet, sondern auch abgeführt wird. Gleiches gilt, wenn nach einer falschen Lohnsteuer-Anmeldung die Lohnsteuer nachträglich richtig angemeldet wird.

370 Bei Anmeldesteuern wie der Lohnsteuer ist die Tat mit der Vollendung auch **beendet**, weil die *Zahlung* der Steuern ohne Bedeutung ist. Das „Unterlassen" bezieht sich nur auf die Lohnsteuer-Anmeldung, nicht auf das *Abführen* der Lohnsteuer. Mit der falschen oder unterlassenen Anmeldung ist auch das Tatbestandsmerkmal „Verkürzen" (s. Rz. 357) und damit der gesamte Tatbestand verwirklicht. Das steuerliche Geschehen ist damit endgültig abgeschlossen[5].

371 Damit beginnt die **Verjährung** hier – im Unterschied zur Beitragsvorenthaltung (Rz. 280) – bereits am Tag nach dem Fälligkeitstag.

5. Strafzumessung

372 **Wesentlicher Strafzumessungsfaktor** ist die **Höhe der Steuer**, die rechnerisch aus der Bemessungsgrundlage folgt. Für den Schuldspruch wegen einer Steuerhinterziehung am 10. des auf die Lohnzahlung folgenden Monats, dem Zeitpunkt der Tatbestandsverwirklichung, kommt es allein auf die in diesem Zeitpunkt (Rz. 303) entstandene Lohnsteuer an[6]. Dies gilt namentlich bei einer (kollusiven) *Bruttolohnabrede*[7] (Rz. 334, 363).

In vielen Fällen wirkt die Höhe der hinterzogenen Steuer auch mittelbar über ihren Einfluss auf die hochzurechnenden Gesamtsozialversicherungsbeiträge (Rz. 269 f.) auf die dort einschlägige Strafzumessung (Rz. 244 ff.)

---

1 BGH v. 2.12.2008 – 1 StR 344/08, wistra 2009, 189, Orientierungssatz 1 betr. Umsatzsteuer.
2 BGH v. 17.3.2009 – 1 StR 627/08, BGHSt 53, 221, Rz. 30 betr. Umsatzsteuer.
3 Einzelheiten bei BGH v. 20.5.2010 – 1 StR 577/09, NJW 2010, 2146.
4 BGH v. 2.12.2008 – 1 StR 344/08, wistra 2009, 189, Rz. 16 betr. Umsatzsteuer.
5 Vgl. für den vergleichbaren Fall der Umsatzsteuer-Jahreserklärung BGH v. 17.3.2009 – 1 StR 627/08, Rz. 31.
6 BGH v. 4.2.1997 – 5 StR 681/96, wistra 1997, 187, Rz. 4.
7 BGH v. 4.2.1997 – 5 StR 681/96, wistra 1997, 187, Rz. 4.

373 Bei Neufällen (Beschäftigung ab 1.1.2013) hat der Arbeitgeber u.a. die **Steuerklasse VI** anzuwenden, wenn, so der Wortlaut der Norm, ihm der Arbeitnehmer schuldhaft *Geburtsdatum* und *Steueridentifikationsnummer* nicht mitteilt (§ 39c Abs. 1 EStG). In besonderen Ausnahmefällen (technische Störungen beim Bundeszentralamt für Steuern oder wenn der Arbeitnehmer zwar eine Steueridentifikationsnummer oder Lohnbescheinigung beantragt aber schuldlos nicht erhält), kann der Arbeitgeber die Lohnsteuerabzugsmerkmale für drei Monatslöhne schätzen (in „voraussichtlicher" Höhe, § 39c Abs. 1 EStG). Im Übrigen, und nach drei Monaten stets, hat er die Lohnsteuerklasse VI anzuwenden.

Weitere Fälle der Anwendung der Steuerklasse VI: Das Bundeszentralamt für Steuern lehnt die Mitteilung elektronischer Lohnsteuerabzugsmerkmale ab (§ 39c Abs. 1 EStG) oder der Arbeitnehmer hat keine Identifikationsnummer zugeteilt bekommen und versäumt, beim Betriebsstättenfinanzamt eine Bescheinigung für den Lohnsteuerabzug zu beantragen (§ 39c Abs. 3 i.V.m. § 39 Abs. 3 S. 1 oder § 39e Abs. 8 EStG).

373a Zwar hebt der steuerliche Gesetzgeber in § 39c Abs. 1 EStG zur Anwendung der Steuerklasse VI scheinbar nicht auf die Frage ab, ob der Arbeitgeber die ELStAM abgerufen hat. Aus dem **Kontext der Norm** wird aber deutlich, dass die Steuerklasse VI stets anzuwenden ist, wenn dem Arbeitgeber die ELStAM oder eine Lohnbescheinigung (§ 39 Abs. 3 S. 1 oder § 39e Abs. 8 EStG) nicht vorliegen. Im Übrigen wäre etwa die Regelung in § 39c Abs. 2 S. 1 EStG (Steuerklasse VI bei Lohnbescheinigungs-Antragsversäumnis) schon deshalb unanwendbar, weil sich aus ihr eine Verpflichtung für den Arbeitgeber ergibt, die davon abhängt, ob der Arbeitnehmer beim Finanzamt eine Lohnbescheinigung *beantragt* hat. Von solchen Anträgen kann der Arbeitgeber aber rechtlich und tatsächlich nichts wissen. Seine Einbehaltungspflicht nach der Steuerklasse VI resultiert daher auch insoweit ausschließlich aus der Tatsache, dass ihm die ELStAM nicht vorliegen. Dies entspricht im Übrigen auch der vom Gesetzgeber angestrebten Wirkung der Steuerklasse VI als „Steuergefährdungs-Puffer"[1]

Für **Altfälle** (bis 31.12.2012) hat der Arbeitgeber die Lohnsteuer nach den Verhältnissen der Klasse VI zu berechnen, einzubehalten und abzuführen, wenn ihm durch den Arbeitnehmer schuldhaft keine **Lohnsteuerkarte** (und auch nicht ersatzweise eine Bescheinigung nach § 39c Abs. 3 EStG (a.F.) vorgelegt wird.

374 a) Eine theoretisch denkbare Veranlagung des Arbeitnehmers zur **Einkommensteuer** schließt die Lohnsteuerhaftung des Arbeitgebers (§ 42d Abs. 3 S. 3 EStG) nicht aus. Deshalb bleibt es bei der Nachberechnung der Lohnsteuer, also bei der Bemessung der Haftung des Arbeitgebers in der Höhe, wie sie korrekterweise als Lohnsteuer einzubehalten und anzumelden gewesen wäre, ggf. also in Höhe der nach der *Lohnsteuerklasse VI* bemessenen Steuer[2].

---

1 BGH v. 4.2.1997 – 5 StR 681/96.
2 BFH v. 29.7.2009 – VI B 99/08; BFH v. 12.1.2001 – VI R 102/98, BFHE 194, 372, Rz. 14.

Bereits 2001 hat der BFH die **frühere Beschränkung** der Haftung des Arbeitgebers auf die nach den tatsächlichen Verhältnissen des Arbeitnehmers bemessene Steuer ausdrücklich aufgegeben[1].

375 **Ausnahmsweise** sind bei der Haftungsinanspruchnahme des Arbeitgebers nach Ablauf des Kalenderjahres die **tatsächlichen Verhältnisse** (z.B. Steuerklasse I) zu berücksichtigen, wenn nach den Umständen des Einzelfalles feststeht, dass der Arbeitnehmer über das gesamte Kalenderjahr hinweg ausschließlich für einen einzigen Arbeitgeber tätig gewesen ist[2]. Dies gilt auch für sog. „**Teilschwarzlohnzahlungen**", die den (mit ihren Steuermerkmalen bekannten) Arbeitnehmern zusätzlich zu versteuerten Lohnzahlungen zufließen[3]. Der anzuwendende Lohnsteuersatz ist ggf. (Rz. 376) zu schätzen[4]. Ferner läge in den, eher theoretischen, Ausnahmefällen, in denen trotz der Illegalität des Beschäftigungsverhältnisses nach der Vorstellung der Tatbeteiligten eine Veranlagung des Arbeitnehmers und daran anschließend eine Anrechnung der einbehaltenen Lohnsteuer erfolgen sollte, in der Lohnsteuerhinterziehung eine „**auf Zeit**" angelegte Tat vor[5].

Im Übrigen bleibt es auch für die Bestimmung der Schuld im Rahmen der Strafzumessung grundsätzlich **auf Dauer** bei der im Anmeldezeitpunkt hinterzogenen Steuer nach den Verhältnissen der Steuerklasse VI. Es bedarf dann auch weder für den Schuldspruch noch den Strafausspruch weiterer Feststellungen zu den individuellen Besteuerungsmerkmalen der einzelnen Arbeitnehmer[6].

376 **b)** Soweit die Höhe der hinterzogenen Steuer nicht direkt berechnet werden kann, darf auch im Steuerstrafverfahren eine **Schätzung** zugrunde gelegt werden, nach der sich die Schuld bemisst[7]. Es gelten im Steuerstrafverfahren dieselben Anforderungen an die Schätzung wie im Strafverfahren wegen Beitragsvorenthaltung (Rz. 247 ff.). Namentlich müssen alle erreichbaren Anknüpfungstatsachen herangezogen sowie alle Erkenntnisquellen und Beweismittel genutzt werden[8]. Von großer praktischer Bedeutung sind die *Richtsatzsammlungen der Finanzverwaltung*[9], die auch im Strafrecht Basis der Verurteilung sein können[10].

Für die *Entstehung* der Steuer, also für die Feststellung der Anknüpfungstatsachen, gilt im Strafverfahren der Zweifelsgrundsatz: Als notwendiger Teil der Tatbestandsverwirklichung muss die Entstehung der Steuer zweifelsfrei fest-

---

1 BFH v. 12.1.2001 – VI R 102/98, BFHE 194, 372, Rz. 16 ff.
2 BFH v. 29.5.2008 – VI R 11/07, BFHE 221, 182, Rz. 34.
3 BGH v. 14.6.2011 – 1 StR 90/11.
4 BGH v. 14.6.2011 – 1 StR 90/11.
5 BGH v. 8.2.2011 – 1 StR 651/10.
6 BGH v. 8.2.2011 – 1 StR 651/10.
7 BGH v. 6.2.2013 – 1 StR 577/12; BGH v. 10.11.2009 – 1 StR 283/09, wistra 2010, 148.
8 BGH v. 6.2.2013 – 1 StR 577/12; BGH v. 10.11.2009 – 1 StR 283/09, wistra 2010, 148; s. auch *Rübenstahl*, Schätzung der Steuerverkürzung in Besteuerungsverfahren und Steuerstrafverfahren, ZWH 2013, 312 ff.
9 Veröffentlicht auf der Internetseite des BMF unter der Rubrik „Betriebsprüfung/Richtsatzsammlung.
10 Beispiel bei BGH v. 29.1.2014 – 1 StR 561/13, Rz. 19 f.

stehen. Bei der anschließend darauf basierenden Schätzung ist für die Anwendung des Zweifelssatzes dagegen kein Raum (näher Rz. 257).

Ziel der Schätzung ist stets ein Ergebnis, dass der **Wirklichkeit** möglichst nahe kommt[1]. Danach sind die Schätzungsmethoden zu wählen[2]. Die Schätzungsmethoden sind korrekt mit dem Ziel anzuwenden, ein möglichst „richtiges" Ergebnis zu erzielen. Die Ergebnisse der Schätzung müssen in sich *schlüssig, wirtschaftlich vernünftig* und *möglich* sein[3]. Falsch wäre es, nicht das Ergebnis mit der *größten* Wahrscheinlichkeit zugrunde zu legen, sondern das gerade noch mögliche Ergebnis mit der geringsten Steuer. Der Zweifelsgrundsatz darf nur angewandt werden, wenn für das günstigere Ergebnis konkrete Anhaltspunkte bestehen[4]. Sonst wäre der Straftäter ohne sachlichen Grund bessergestellt als der redliche Arbeitgeber. Unter diesen Voraussetzungen ist – wie für die Bemessung der Sozialversicherungsbeiträge (Rz. 253) – auch für die *Lohnsteuer* anerkannt, dass im Bereich des **lohnintensiven Baugewerbes** das Tatgericht bei illegalen Beschäftigungsverhältnissen grundsätzlich **zwei Drittel** des Nettoumsatzes (der Einnahmen ohne Umsatzsteuer) als Nettolohnsumme veranschlagen kann[5]. 377

Der Straftatbestand der Steuerhinterziehung sieht in § 370 Abs. 3 S. 1 AO für **besonders schwere Fälle** einen erhöhten Strafrahmen von sechs Monaten bis zu zehn Jahren Freiheitsstrafe vor. Ein besonders schwerer Fall liegt nach § 370 Abs. 3 S. 2 Nr. 1 AO i.d.R. vor, wenn der Täter in großem Ausmaß Steuern verkürzt oder nicht gerechtfertigte Vorteile erlangt. 378

Nach ständiger Rechtsprechung[6] ist das Merkmal des Regelbeispiels „**in großem Ausmaß**" dann erfüllt, wenn der Hinterziehungsbetrag **50 000 Euro** übersteigt. Beschränkt sich das Verhalten des Täters darauf, die Finanzbehörden pflichtwidrig über steuerlich erhebliche Tatsachen in Unkenntnis zu lassen, und führt das lediglich zu einer Gefährdung des Steueranspruchs, liegt die Wertgrenze zum *„großen Ausmaß"* bei 100 000 Euro[7]. Dem folgend kommt bei Hinterziehungsbeträgen in **Millionenhöhe** eine aussetzungsfähige Freiheitsstrafe nur bei Vorliegen besonders gewichtiger Milderungsgründe noch in Betracht[8]. Zur Manipulation der Lohnbuchhaltung als Strafschärfungsgrund s. Rz. 286. 379

---

1 FG Niedersachsen v. 14.10.2010 – 16 K 154/09; BFH v. 29.5.2008 – VI R 11/07, BFHE 221, 182, Rz. 28 ff.
2 FG Bdb. v. 24.9.2009 – 2 K 1061/06, UR 2010, 343, Orientierungssatz 4 (st. Rspr.).
3 BFH v. 29.5.2008 – VI R 11/07, BFHE 221, 182, Rz. 30; FG Nds. v. 14.10.2010 – 16 K 154/09.
4 BGH v. 27.4.2010 – 1 StR 454/09, PStR 2010, 183, Rz. 24.
5 BGH v. 10.11.2009 – 1 StR 283/09, wistra 2010, 148 – Orientierungssatz 1.
6 BGH v. 2.12.2008 – 1 StR 416/08; BGH v. 15.12.2011 – 1 StR 579/11; BGH v. 7.2.2012 – 1 StR 525/11.
7 BGH v. 7.2.2012 – 1 StR 525/11.
8 BGH v. 7.2.2012 – 1 StR 525/11.

III. Auslandsfälle

380 Aus der Vielzahl vorkommender Fälle mit „**Auslandsbezug**" werden hier kurz die häufigen sog. *„Spagat"-Fälle* erörtert, bei denen der in Deutschland tätige Arbeitnehmer entweder seinen Wohnsitz – auch – im Ausland hat und/oder bei einem Arbeitgeber mit Sitz – auch – im Ausland beschäftigt ist. Für die steuerliche Beurteilung sind **drei Regelungsbereiche** zu unterscheiden:

- Im Verhältnis des **Arbeitgebers** zum deutschen Finanzamt ist nach *deutschem* Recht die Frage zu klären, ob er eine **Lohnsteuer-Anmeldung abzugeben** hat (Rz. 381). Ist der (ausländische) Arbeitgeber in Deutschland nicht zur Lohnsteuer-Anmeldung verpflichtet, scheidet eine Strafbarkeit wegen Steuerhinterziehung aus.

- Im Verhältnis des **Arbeitnehmers** zum deutschen Finanzamt ist nach zwischenstaatlichem Recht anhand der Doppelbesteuerungsabkommen (DBA) zu klären, welchem Staat das **Lohnbesteuerungsrecht** zugewiesen ist (Rz. 388). Dabei sind sowohl die Sphäre des Arbeitnehmers wie die des Arbeitgebers von Bedeutung.

- Im Verhältnis des **Arbeitnehmers** zum deutschen Finanzamt ist nach *deutschem* Recht die **Steuerpflicht** des Arbeitnehmers zu klären, nämlich ob er *beschränkt steuerpflichtig* ist und in welcher Höhe die Lohnsteuer einzubehalten und anzumelden ist (Rz. 393).

Bei diesen steuerlichen Auslandsfällen sind deshalb sozialversicherungsrechtliche **Entsendebescheinigungen** (A 1, Rz. 111) ohne Bedeutung (Rz. 386).

1. Anmeldepflicht des Arbeitgebers

381 Für die Frage, ob ein „**ausländischer**" Arbeitgeber im Inland Lohnaufzeichnungen führen und Lohnsteueranmeldungen abgeben muss, gelten ausschließlich Bestimmungen des *deutschen Steuerrechts*. In Zweifelsfällen ist jeder Arbeitgeber gehalten, das deutsche Finanzamt um Auskunft anzurufen (§ 42e EStG). Die Anmeldepflicht ist dabei unabhängig von der Dauer des Einsatzes des Arbeitnehmers im Inland und vom Ort der Auszahlung von Löhnen oder Lohnbestandteilen.

382 Ein Arbeitgeber mit Sitz im Ausland hat nach § 38 Abs. 1 EStG die **Pflichten** eines **inländischen Arbeitgebers**: Er hat die Lohnsteuer nach den Verhältnissen der Bescheinigung (§§ 39c, 39d EStG, Rz. 393) *einzubehalten* (§ 38 Abs. 3 EStG) und in Deutschland *anzumelden* (§ 41a EStG). Unterlässt er die Führung von Aufzeichnungen im Inland, macht er sich ggf. einer Ordnungswidrigkeit schuldig (§ 379 AO).

383 **Steuerliche Arbeitgeberpflichten** treffen jeden, der entweder einen (von evtl. mehreren) *Wohnsitz*(en) (§ 8 AO), seinen *gewöhnlichen Aufenthalt* (§ 9 AO), seine *Geschäftsleitung* (§ 10 AO), seinen *Sitz* (§ 11 AO), eine *Betriebsstätte* (§ 12 AO) oder einen *ständigen Vertreter* (§ 13 AO) in Deutschland unterhält.

Eine **Betriebsstätte** ist jede feste, der Tätigkeit eines Unternehmens dienende Einrichtung, wenn der Unternehmer über die Einrichtung eine nicht nur vorübergehende Verfügungsmacht hat[1]. Im Einzelfall kann es genügen, wenn tatsächlich anzunehmen ist, dass dem Steuerpflichtigen ein bestimmter Raum zur ständigen Nutzung zur Verfügung steht und seine Verfügungsmacht darüber nicht bestritten werden wird[2].

Die „Betriebsstätte" i.S. der AO ist nicht identisch mit dem Begriff „Betriebsstätte" i.S. der **DBA** (Rz. 388 ff.). Diese kennen – im Gegensatz zur AO – u.a. zeitliche Beschränkungen für Baumaßnahmen und Montagen und auch einen persönlichen Anknüpfungspunkt, nämlich eine Betriebstätte durch das Tätigwerden eines *abhängigen Vertreters*[3] (s. auch Rz. 392).

384
Ein **ständiger Vertreter** i.S. von § 13 AO ist eine Person, die beim Abschluss von Verträgen mitwirkt und auch sonst laufend Geschäfte für den Arbeitgeber besorgt, auch wenn sie bei den Vertragsverhandlungen immer wieder Rücksprache mit einem Vorgesetzten halten muss[4]. Auch wer die Aufsicht über einen Bautrupp ausübt, kann die Voraussetzungen des ständigen Vertreters erfüllen[5].

Dieser „ständige Vertreter" ist nicht identisch mit dem **„abhängigen Vertreter"** i.S. der DBA. Letzterer muss Vertragsvollmacht haben und diese auch regelmäßig in Deutschland ausüben und begründet eine „DBA-Betriebstätte" (Rz. 383).

385
Steuerliche Arbeitgeberpflichten treffen auch ausländische **Verleiher** (§ 38 Abs. 1 S. 1 Nr. 2 EStG), zumal bei der internationalen Arbeitnehmerüberlassung das Lohnbesteuerungsrecht typischerweise dem Land zugewiesen ist, in dem die Tätigkeit *ausgeübt* wird (beim Entleiher)[6].

386
Die **Arbeitnehmerentsendung** im *sozialversicherungsrechtlichen* Sinn (Einstrahlung, Rz. 110) ist *kein Dreiecksverhältnis* in steuerlicher Hinsicht: Arbeitsrechtliche Beziehungen mit ihren öffentlich-rechtlichen Folgen bestehen nur zum ausländischen Arbeitgeber, nicht zu dessen inländischem Auftraggeber (Werkbesteller).

387
Dass *Steuerrecht* kennt einen hiervon abweichenden Begriff der *Arbeitnehmerentsendung* (§ 38 Abs. 1 S. 2 EStG), und zwar die **konzerninterne Arbeitnehmerüberlassung**; in diesen Fällen wird das in Deutschland ansässige aufnehmende Unternehmen, das den Arbeitslohn für die ihm geleistete Arbeit wirtschaftlich trägt, als inländischer Arbeitgeber bestimmt.

Der Begriff ist nicht in den Steuergesetzen definiert, sondern in Nr. 2.1 der „Verwaltungsgrundsätze – Arbeitnehmerentsendung" des BMF[7]. Eine Arbeitnehmerentsendung im

---

1 BFH v. 11.10.1989 – I R 77/88, BStBl. II 1990, 166; FG Hes. v. 13.2.2008 – 8 K 2258/01.
2 BFH v. 3.2.1993 – I R 80-81/91, BStBl. II 1993, 462.
3 Ausf. BMF v. 24.12.1999 – Betriebstättenerlass, BStBl. I 1999, 1076.
4 FG München v. 15.3.2000 – 7 K 4818/98, DStRE 2000, 808.
5 FG Sachs. v. 26.2.2009 – 8 K 428/06.
6 BMF v. 14.9.2006, BStBl. I 2006, 532.
7 Grundsätze für die Prüfung der Einkunftsabgrenzung zwischen international verbundenen Unternehmen in Fällen der Arbeitnehmerentsendung, (Verwaltungsgrundsätze – Arbeitnehmerentsendung) v. 9.11.2001, VV DEU BMF 2001-11-09 IV B 4 – S. 1341-20/01, BStBl. I 2001, 796.

steuerlichen Sinne liegt vor, wenn ein Arbeitnehmer mit seinem Arbeitgeber (entsendendes Unternehmen) vereinbart, für eine befristete Zeit bei einem verbundenen Unternehmen (aufnehmendes Unternehmen) tätig zu werden, und das aufnehmende Unternehmen entweder eine arbeitsrechtliche Vereinbarung mit dem Arbeitnehmer abschließt oder als wirtschaftlicher Arbeitgeber anzusehen ist.

2. Doppelbesteuerungsabkommen

388 Die *Abkommen zur Vermeidung der Doppelbesteuerung* (**DBA**) regeln im Verhältnis zwischen *Arbeitnehmer* und *Finanzamt* die Frage, ob die Steuern hier oder im Ausland zu entrichten sind, also die **Zuweisung des Lohnbesteuerungsrechtes**. Der vorausgesetzte *Auslandsbezug* besteht entweder darin, dass der Arbeitnehmer im einen Land lebt und im anderen Land arbeitet, oder darin, dass er für einen im Ausland ansässigen Arbeitgeber tätig ist, der ihn im Inland einsetzt. Die Zuweisung des Besteuerungsrechts für Lohneinkünfte der Arbeitnehmer ist unabhängig von steuerlichen Verpflichtungen, die ihren Arbeitgebern nach nationalem Steuerrecht auferlegt sind, wie etwa der Pflicht zur Lohnsteuer-Anmeldung (Rz. 381 f.).

389 Die von Deutschland geschlossenen DBA sind zumeist am **OECD-Musterabkommen** zur Vermeidung von Doppelbesteuerung in der Fassung von 2014 (OECD-MA 2014) (§ 5 Rz. 21) ausgerichtet. Es gilt der *Grundsatz*, das Besteuerungsrecht von Lohneinkünften in erster Linie dem (Einsatz-)Land zuzuweisen, in dem die Arbeitsleistung *erbracht* wird (vgl. Art. 15 OECD-MA 2008). Eine davon abweichende Zuweisung des Besteuerungsrechts an das Ausland setzt *Ausnahmesachverhalte* voraus, die *kumulativ* bei Arbeitnehmer (Rz. 390) und Arbeitgeber (Rz. 392) vorliegen müssen.

Konzeptionell sollen bei Tätigkeit im Inland lediglich Fälle eines grenzüberschreitenden Arbeitnehmereinsatzes von *kurzer Dauer* (Art. 15 Abs. 2 Buchst. a OECD-MA 2014) von der Besteuerung im Inland ausgenommen werden, sofern die Arbeitnehmer *im Ausland leben* (Art. 15 Abs. 1 OECD-MA 2014) und der Einsatz von Arbeitnehmern *vom Ausland aus* erfolgt (Art. 15 Abs. 2 Buchst. b und c OECD-MA 2014). Dies ist z.B. bei Berufskraftfahrern, die gelegentlich grenzüberschreitend tätig sind, oder bei Arbeitnehmern im Auslands-Schulungseinsatz der Fall.

390 Von den relevanten **Verhältnissen des Arbeitnehmers** ist die Ansässigkeit maßgeblich, die durch den *Wohnsitz* des Arbeitnehmers bestimmt wird (Art. 4 Abs. 1 OECD-MA 2014). Haben Arbeitnehmer in *mehreren* Staaten einen Wohnsitz, so greifen abgestufte Regelungen, die zum Ziel haben, nur in *einem* der beteiligten Staaten eine steuerliche Ansässigkeit zu begründen (Art. 4 Abs. 2 OECD-MA 2014). Bei Doppelwohnsitz sind die folgenden *Anknüpfungspunkte* in dieser Rangfolge maßgebend: (1) die *ständige Wohnstätte*, (2) der *Mittelpunkt* der Lebensinteressen, (3) der *gewöhnliche* Aufenthalt und (4) die Staatsangehörigkeit. Arbeitnehmer mit „gelebten" familiären Bindungen, die in beiden Staaten über einen Wohnsitz verfügen, haben üblicherweise ihren Mittelpunkt der Lebensinteressen am *Familienwohnsitz*.

391 Voraussetzung einer **Zuweisung** des Besteuerungsrechts **an das Ausland** ist hiernach, dass der Arbeitnehmer im Inland weder über einen alleinigen Wohnsitz verfügt (Art. 15 Abs. 1 i.V.m. Art. 4 Abs. 2 OECD-MA 2014) noch der Mittelpunkt der Lebensinteressen im Inland liegt (Art. 15 Abs. 1 i.V.m. Art. 4 Abs. 2 OECD-MA 2014) noch der gewöhnliche Aufenthalt im Inland liegt (Art.

15 Abs. 1 i.V.m. Art. 4 Abs. 1 OECD-MA 2014). Ansonsten steht das Lohnbesteuerungsrecht Deutschland als dem *Tätigkeitsstaat* zu.

Zusätzlich zu den genannten Arbeitnehmer-Verhältnissen (Rz. 390 f.) müssen auch die relevanten **Verhältnisse des Arbeitgebers** eine Zuweisung des Besteuerungsrechts an das Ausland als Ausnahme von der Grundregel (Rz. 389) rechtfertigen. Dies ist nach Art. 15 Abs. 2 c i.V.m. Art. 5 Abs. 1, 2 Buchst. a–e OECD-MA 2014 der Fall, wenn für den maßgeblichen Zeitraum feststeht, dass der Arbeitgeber *im Inland* (1) keinen Ort der Leitung, (2) keine Zweigniederlassung, (3) keine Geschäftsstelle, (4) keine Fabrikationsstätte, (5) keine Werkstätte oder (6) keine sonstige feste Geschäftseinrichtung hat, durch die die Tätigkeit eines Unternehmens ganz oder teilweise *ausgeübt* wird. Zusätzlich müssen noch weitere negative Kriterien erfüllt sein, um zu verhindern, dass der Ausnahmetatbestand doch entfällt (s. auch Rz. 383 f.); etwa darf es sich nicht um eine Bauausführung oder Montage mit einer im jeweiligen DBA geregelten Dauer handeln (Art. 15 Abs. 2c i.V.m. Art. 5 Abs. 3 OECD-MA 2014). Wegen der Einzelheiten muss auf das OECD-Musterabkommen bzw. die einzelnen DBA verwiesen werden. 392

3. Steuerpflicht des Arbeitnehmers

Die deutschen Finanzämter prüfen die Frage einer **Einkommensteuerpflicht** des Arbeitnehmers in Deutschland zunächst anhand der **DBA** (Rz. 388). 393

Als Ergebnis der Prüfung erhielt der Arbeitnehmer bis 2012 (Rz. 306) eine *Lohnsteuerkarte*, seit 2013 erhält er eine *Steueridentifikationsnummer* (ELStAM, Rz. 307) oder eine **amtliche Bescheinigung** zur Vorlage bei seinem Arbeitgeber.

Kommt das Finanzamt zum Ergebnis, dass das Besteuerungsrecht nicht bei Deutschland liegt, also eine Einkommensteuerpflicht in Deutschland nicht besteht und deshalb Lohnsteuer weder einzubehalten noch abzuführen ist, erhält der Arbeitnehmer eine **Freistellung** („Steuerklasse 0"). Der Arbeitgeber hat nach den Angaben in der Bescheinigung bzw. den ELStAM Lohnsteuer einzubehalten und *anzumelden* oder nicht.

Ist der Arbeitnehmer in Deutschland **unbeschränkt steuerpflichtig** (also typischer Steuerinländer), richten sich die Eintragungen in der Lohnsteuerkarte (bis 2012) oder (ab 2013) in der Bescheinigung über den Lohnsteuereinbehalt bzw. den ELStAM (Rz. 307) nach den Verhältnissen des Arbeitnehmers, wie bei rein inländischen Fällen auch, und bilden sich in den Steuerklassen I bis VI (Rz. 305) ab. Ist der Arbeitnehmer **beschränkt** steuerpflichtig (hat also steuerliche Nachteile bei Freibeträgen usw.), ist er durch das Finanzamt stets in Klasse I einzureihen. 394

Ob Zuweisung des Besteuerungsrechtes nach Deutschland, ob beschränkt oder unbeschränkt steuerpflichtig: *Ohne* Lohnsteuerkarte/Bescheinigung/ELStAM hat der Arbeitgeber (Rz. 381) die Lohnsteuer nach den Verhältnissen der **Steuerklasse VI** einzubehalten und abzuführen (§ 39c EStG; Rz. 305; zur Einteilung unbeschränkte und beschränkte Steuerpflicht s. § 1 EStG).

4. Grenzüberschreitender Informationsaustausch

395 Sowohl im Besteuerungsverfahren (über die DBA – z.B. Art. 26 OECD-MA 2014 –, oder über die internationale Amtshilfe in Europa – EG-AmtshilfeRL 77/799/EWG; VO EG 1798/2003; EGAHiG) als auch im Strafverfahren im Zuge der internationalen Rechtshilfe (für zeitnahe Informationen zwischen den Polizeien und den entsprechenden Behörden für die Strafverfolgung in Steuerstrafsachen vgl. § 117a AO, m.W.v. 26.7.2012) tauschen sich die Steuer- und Ermittlungsbehörden zu grenzüberschreitenden Sachverhalten aus.

2. Kapitel
Rechnungs- und Finanzwesen

§ 39
Schutz der Urkunde

Bearbeiter: Klaus Heitmann

	Rz.		Rz.
I. Allgemeine Urkundendelikte ..	1	5. Mittelbare Falschbeurkundung .	26
1. Urkundenfälschung	5	6. Weitere Urkundendelikte	30
2. Fälschung technischer Aufzeichnungen	19	**II. Besondere Fälschungsdelikte**	
		1. Geld- und Wertzeichen	31
3. Fälschung beweiserheblicher Daten	24	2. Zahlungsmittel des unbaren Zahlungsverkehrs	35
4. Urkundenunterdrückung	25		

Schrifttum: *Böse*, Rechtsprechungsübersicht zu den Urkundendelikten, NStZ 2005, 370; *Freund*, Urkundenstraftaten, 2. Aufl 2010; *Grimm*, Die Problematik der Urkundenqualität von Fotokopien, Diss. Heidelberg 1993; *Jakobs*, Urkundenfälschung – Revision eines Täuschungsdelikts, 2000; *Kargl*, Urkundenfälschung durch den Aussteller, JA 2003, 604; *Kienapfel*, Urkunden im Strafrecht, 1967; *Kienapfel*, Urkunden und andere Gewährschaftsträger, 1979; *Puppe*, Die Fälschung technischer Aufzeichnungen, 1972; *Puppe*, Die neue Rechtsprechung zu den Fälschungsdelikten, JZ 1986, 938, 992 und JZ 1997, 490; *Otto*, Die Probleme der Urkundenfälschung in der neueren Rechtsprechung und Lehre, JuS 1987, 761; *Prechtel*, Urkundendelikte, 2005; *Radtke*, Neue Formen der Datenspeicherung und das Urkundenstrafrecht, ZStW 115 (2003), 26; *Roßnagel/Wilke*, Die rechtliche Bedeutung gescannter Dokumente, NJW 2006, 2145; *Samson*, Grundprobleme der Urkundenfälschung, JuS 1970, 369; *Schröder*, Urkundenfälschung mit Auslandsberührung, NJW 1990, 1406 und JuS 1991, 301; *Zielinski*, Urkundenfälschung durch vollmachtlosen Vertreter, wistra 1994, 1; *Zieschang*, „Urkundentricks", JA 2008, 192.

I. Allgemeine Urkundendelikte

Die *Urkunde* hat in der Wirtschaft als Beweismittel und Wertträger sowie als Traditions- und Legitimationsinstrument naturgemäß eine überragende Bedeutung. Traditionell ist sie das wichtigste Handwerkszeug des Kaufmanns. Die Probleme des Urkundenstrafrechts sind jedoch *nicht spezifisch wirtschaftsstrafrechtlicher Natur*. Daher wird hier nur ein **knapper Abriss** über diese Rechtsmaterie gegeben und im Übrigen auf die einschlägigen Darstellungen in den Kommentaren und Lehrbüchern verwiesen. 1

Das **StGB** regelt die Urkundenfälschung in erster Linie in seinem 23. Abschnitt (§§ 267–282 StGB). Die Strafbarkeit von Manipulationen an Urkunden im engeren Sinne ist in § 267 StGB geregelt. Die wachsende Verbreitung der *Datenverarbeitung* (dazu § 42 Rz. 1 ff.) und der maschinellen Sachverhaltserfassung hat in jüngerer Zeit das Bedürfnis erzeugt, auch die Manipulation von Daten sowie die Fälschung technischer Aufzeichnungen unter Strafe zu stellen. Auch 2 diese Tatbestände sind im allgemeinen Urkundenstrafrecht des StGB (§§ 268 f. StGB) untergebracht, das durch das 2. WiKG reformiert worden ist. Zudem enthält dieser Abschnitt noch einige Spezialtatbestände wie die mittelbare Falschbeurkundung und die Urkundenvernichtung. Darüber hinaus sind Urkunden betreffende Spezialregelungen auch in anderen Teilen des StGB enthalten. So werden Handelsbücher im Rahmen der Insolvenzdelikte (unten §§ 75 ff.) und Geld- und Wertzeichen durch die Vorschriften über die Geldfälschung (§§ 146–152a StGB) erfasst.

3 Auch **außerhalb des StGB** ist das Fälschen von Urkunden strafrechtlich von Bedeutung. So führt § 370 Abs. 3 Nr. 4 AO die Verwendung nachgemachter oder verfälschter Belege als Regelbeispiel eines *besonders schweren Falles der Steuerhinterziehung* auf (vgl. dazu § 44 Rz. 112 ff.).

4 **Rechtsgut** der Urkundendelikte ist die *Sicherheit des Rechts- und Beweisverkehrs*[1]. Durch das 6. Strafrechtsreformgesetz sind auch Elemente des *Vermögensschutzes* dazugekommen (dazu Rz. 5). Die Tatbestände verlangen, dass die Manipulation zur Täuschung im Rechtsverkehr geschieht oder rechtserheblich ist. § 270 StGB stellt – nicht nur für § 269 StGB – klar, dass auch die Beeinflussung der Datenverarbeitung „Täuschung" des Rechtsverkehrs ist.

1. Urkundenfälschung

5 *Strafbar* ist nach § 267 StGB
- das Herstellen einer unechten Urkunde (**Fälschen**),
- das Verändern einer bestehenden Urkunde (**Verfälschen**) und
- das Benutzen einer unechten oder verfälschten Urkunde (**Gebrauchmachen**).

Angedroht ist Geldstrafe oder Freiheitsstrafe bis zu fünf Jahren, in besonders schweren Fällen von sechs Monaten bis zu zehn Jahren. Das 6. Strafrechtsreformgesetz[2] hat – wie im Falle des Betrugstatbestandes – nunmehr vier Regelbeispiele für *besonders schwere Fälle* eingeführt (§ 267 Abs. 3 StGB): banden- oder gewerbsmäßige Begehung, Vermögensverlust großen Ausmaßes[3], große Zahl von Fälschungen und Missbrauch einer Amtsstellung; außerdem ist für den Fall gewerbs- *und* bandenmäßigen Begehung ein Verbrechenstatbestand (§ 267 Abs. 4 StGB; Freiheitsstrafe von einem Jahr bis zu zehn Jahren) geschaffen worden. Der *Versuch* ist in allen Fällen strafbar.

6 **a)** Voraussetzung ist jeweils, dass der manipulierte oder gebrauchte Gegenstand eine *Urkunde* ist. Der **Urkundenbegriff** des Strafrechts ist sehr weit und umfasst auch Gegenstände, die im allgemeinen Sprachgebrauch nicht als Urkunde angesehen werden. Nach h.M. ist eine Urkunde eine *verkörperte* (menschliche)

---

[1] Näher *Puppe* in NK, § 267 StGB Rz. 1 ff.
[2] G v. 26.1.1998, BGBl. I 164.
[3] Nach Auffassung von *Fischer*, § 267 StGB Rz. 1 ist § 267 StGB dadurch zum Vermögensdelikt geworden; dagegen aber z.B. *Zieschang* in LK, vor § 267 StGB Rz. 7; *Erb* in MüKo, § 267 StGB Rz. 4; die umstrittene Frage nach dem geschützten Rechtsgut hat insbes. Auswirkungen auf die Streitfrage bezüglich eines Schadensersatzanspruches nach § 823 Abs. 2 BGB; vgl. auch *Wittig* in S/S/W, § 267 StGB Rz. 2 f.

Gedankenerklärung, die geeignet und bestimmt ist, im Rechtsverkehr *Beweis zu erbringen*, und die ihren *Aussteller erkennen* lässt. Aussteller ist dabei der geistige Urheber der Gedankenerklärung.

Die in der Urkunde enthaltene Erklärung muss eine **eigenständige Aussage** enthalten, die unabhängig von der Urkunde einen Sinn macht. Keine solche Aussage enthalten *Kenn- oder Unterscheidungszeichen*, etwa Warenzeichen, Werbeembleme oder Kontrollnummern. Sie sind daher ebenso wenig Urkunden wie *Wertzeichen*, z.B. Post- und Steuermarken; der Beweiswert beschränkt sich hier auf das bloße Vorhandensein des Zeichens, weshalb es nur als Augenscheinsobjekt Beweis erbringen kann. Die Fälschung von Wertzeichen ist nach § 148 StGB unter Strafe gestellt (Rz. 33). 7

Hingegen haben Zeichen dann einen *eigenständigen Erklärungswert* und damit Urkundencharakter, wenn sie zwar für sich allein noch keine über sich selbst hinausweisende Aussage enthalten, jedoch nach Gesetz, Herkommen oder Vereinbarung der Beteiligten den Willen des Urhebers erkennen lassen, eine Gedankenerklärung mit Beweiswirkung abgeben zu wollen (sog. **Beweiszeichen**). Urkunden sind daher Preisauszeichnungen von Waren, Eichzeichen, aber etwa auch Ohrenmarken bei Spieltieren. 8

Die *Gedankenerklärung* muss **verkörpert** sein, d.h. sie muss auf einem Gegenstand angebracht sein. Daher sind (noch nicht ausgedruckte) gespeicherte Erklärungen keine Urkunden, weswegen für Manipulationen von Daten der besondere Fälschungstatbestand des § 269 StGB eingeführt worden ist (Rz. 24). Es ist jedoch nicht erforderlich, dass die Urkunde ein Schriftstück ist. Auch der *Urheber* muss sich nicht wörtlich aus der Urkunde – etwa aus einer Unterschrift – ergeben. Ausreichend ist, wenn sich die Urheberschaft aus den Umständen erkennen lässt. Die Erklärung kann auch von einer *Maschine* gefertigt sein, wenn sie sich der Aussteller zu eigen macht, während die Manipulation rein maschineller Sachverhaltserfassung (technische Aufzeichnung) gesondert nach § 268 StGB strafbar ist (Rz. 19). Urkunden sind daher auch Fahrkarten, der Kontrollstreifen einer Registrierkasse und die Scheckkarte. Auch ein wirklicher Urheber ist keine Voraussetzung für eine Urkunde. Es reicht, dass die Gedankenerklärung als von einem bestimmtem Urheber abgegeben erscheint und als solche Beweis erbringen soll. 9

Mehrere Einzelurkunden können in ihrer Gesamtheit eine eigene Urkunde darstellen, wenn diese Gesamtheit nach dem Willen des Ausstellers als solche eine Erklärung enthält – z.B. über ihre Vollständigkeit oder über die Chronologie der darin enthaltenen einzelnen Urkunden. Verfälscht ist eine solche sog. **Gesamturkunde**, wenn einzelne Urkunden aus ihr entfernt werden und dadurch ein anderer Sachverhalt bewiesen scheint. Eine gegen Fälschung geschützte Gesamturkunde liegt allerdings erst vor, wenn der Aussteller die alleinige Verfügungsbefugnis über die Dokumentensammlung verloren hat. Wenn durch das Entstehen der Sammlung selbst noch kein Beweismittel entstanden ist, kann sie noch verändert, insbesondere in eine endgültige Ordnung gebracht werden. Dies gilt z.B. für Ermittlungs- oder Vergabeakten[1]. Gesamturkunden 10

---

1 OLG Thüringen v. 23.6.2009 – 1 Ws 222/09, wistra 2010, 111.

sind ein Posteinlieferungsbuch, ein Sparkassenbuch oder die *Handelsbücher* eines Kaufmanns; Letztere erbringen etwa den – u.a. steuerlich erheblichen – Beweis, dass keine anderen als die darin enthaltenen Geschäfte getätigt wurden.

11 *Keine Urkunde* ist nach h.M. die *Abschrift* oder die **Fotokopie**, wenn sie als Reproduktion erkennbar ist[1]. Das Gleiche gilt für den Ausdruck einer durch ein elektronisches Schreiben versandten Datei[2]. Eine Ausnahme ist in den Fällen anzunehmen, in denen die Abschrift oder die Kopie das Original vertreten soll, so bei Ausfertigungen oder Frachtbriefdoppeln, oder wenn damit der Anschein erweckt wird, es handle sich um eine Originalurkunde[3]. Die Herstellung einer Fotokopiemontage ist daher grundsätzlich straflos. Dies wird damit begründet, dass die Fotokopie selbst keine eigene Erklärung enthalte, sondern die kopierte Erklärung bloß wiedergebe. Die Begründung, die auch für das *Telefax* und die *Fotografie* einer Urkunde zutrifft, ist aus der Dogmatik der Urkundendelikte nachvollziehbar. Angesichts der tatsächlichen Bedeutung von Fotokopie und Telefax im Rechtsleben erscheint es jedoch rechtspolitisch geboten, auch dieser Form der schriftlichen Kommunikation einen erhöhten Schutz zukommen zu lassen. (Zur Frage, ob die Herstellung einer inhaltlich falschen Fotokopie nach § 268 StGB – Fälschung technischer Aufzeichnungen – strafbar ist, vgl. Rz. 22.)

12 **Manipulationen** mit gefälschten (= scheinbaren) Abschriften oder Fotokopien sind jedoch **nicht in jedem Fall straflos**. Ist die Fotokopie objektiv und subjektiv bestimmt und geeignet, im Verkehr den *Anschein des Originals* zu erwecken, so kann auch die Herstellung einer gefälschten Fotokopie Urkundenfälschung sein[4]. Dies ist etwa dann der Fall, wenn die Fotokopie einer Originalurkunde so ähnlich ist, dass die Möglichkeit einer Verwechslung nicht auszuschließen ist und dies auch beabsichtigt ist. Das Gleiche gilt für Dokumente, die im Wege computertechnischer Maßnahmen verändert werden, so bei eingescannten Dokumenten[5]. Voraussetzung ist aber auch hier, dass das Dokument, welches auf diese Weise hergestellt wird, die typischen Authentizitätsmerkmale aufweist, die das Original prägen[6].

12a Strafbar ist des Weiteren das unberechtigte Verwenden eines durch **Fotokopiemontage** hergestellten *fremden Kopfbogens*. Hier wird mithilfe der Fotokopie eine (unechte) Urkunde hergestellt. Ebenfalls Urkundenfälschung ist die Manipulation an einer beglaubigten Abschrift oder Fotokopie, wenn sie einen *originalen Beglaubigungsvermerk* enthält. Hier wird die Kopie durch den Beglaubigungsvermerk zur Urkunde. Die Fälschung eines Beglaubigungsvermerkes ist

---

1 Vgl. *Fischer*, § 267 StGB Rz. 19; BGH v. 24.1.2013 – 3 StR 398/12, wistra 2013, 192.
2 OLG Hamburg v. 6.11.2012 – 1 Ss 134/1 (2 – 63/11 [REV]), wistra 2013, 118 und 160.
3 *Zieschang* in LK, § 267 StGB Rz. 111 f.; BGH v. 24.1.2013 – 3 StR 398/12, wistra 2013, 192.
4 OLG Köln v. 30.1.1987 – Ss 597/86, StV 1987, 297; vgl. auch OLG Stuttgart v. 6.10.1986 – 1 Ss 613/86, MDR 1987, 253; BayObLG v. 29.2.1988 – RReg 5 St 251/87, NJW 1989, 2553; BGH v. 27.1.2010 – 5 StR 488/09, wistra 2010, 184.
5 BGH v. 27.1.2010 – 5 StR 488/09, wistra 2010, 184.
6 BGH v. 9.3.2011 – 2 StR 428/10, wistra 2011, 307.

ohnehin Urkundenfälschung, während die selbst gefertigte Beglaubigung, wenn sie auf den „Fälscher" selbst verweist, mangels Täuschung über den Aussteller eine echte Urkunde ist; ihr Anbringen ist straflos, auch wenn die Abschrift oder Kopie ansonsten unrichtig ist. – Das *Verwenden einer „gefälschten" Fotokopie* ist ein Gebrauchmachen von einer unechten Urkunde, wenn eine Urkunde zunächst verfälscht, dann fotokopiert und anschließend benutzt wird[1]. Entscheidend ist, dass hier die zugrunde liegende Urkunde verfälscht wird. Kein Gebrauchmachen ist somit, wenn das Vorliegen einer Urkunde nur vorgetäuscht wird; so bei „Dokumenten", die, wenn auch unter Verwenden einer echten Urkunde als Vorlage, im Wege der *Computermanipulation* hergestellt und daher in der gebrauchten Form *nur als Datei vorhanden* sind[2].

Die **Eignung zum Beweis** betrifft nicht nur die vom Aussteller ursprünglich intendierte Bedeutung der Urkunde. Die Urkunde kann nachträglich eine andere oder überhaupt erstmals eine Beweisrichtung bekommen (sog. *Zufallsurkunden*). Dies ist z.B. der Fall, wenn der Aussteller oder ein Dritter sich in einem Prozess zum Beweis auf ein Schriftstück beruft, das an sich in anderem Zusammenhang entstanden ist. Eine Fälschung wird in diesen Fällen zwar i.d.R. strafrechtlich nur relevant, wenn die Änderung der Urkunde erfolgt, nachdem die neue Beweisbestimmung offenkundig wurde. Jedoch kann, wenn die „Fälschung" schon vorher geschehen ist, u.U. eine Pflicht zur Aufklärung bestehen, deren Verletzung ein Gebrauchmachen von einer verfälschten Urkunde ist.

13

b) Eine Urkunde ist **unecht**, wenn sie nicht von dem stammt, der als ihr Aussteller erscheint. Eine unechte Urkunde stellt daher her, wer den Anschein erweckt, eine von ihm geschaffene Urkunde sei eine solche des scheinbaren Ausstellers. Dies kann etwa dann der Fall sein, wenn der faktische Inhaber eines Betriebes im Geschäftsverkehr den Namen des scheinbaren Inhabers benutzt[3]. Eine unechte Urkunde stellt auch derjenige her, der einer Blankounterschrift eines anderen eine Erklärung hinzufügt, die nicht dem Willen des Unterschreibenden entspricht (sog. *Blankettfälschung*). Will der tatsächliche Aussteller allerdings nicht eine andere Person als Aussteller vorschieben, sondern nur über seinen Namen täuschen, gibt es nur einen – und zwar richtigen – Aussteller, sodass keine unechte Urkunde gegeben ist[4].

14

Eine *Ausnahme* von dem Grundsatz, dass Hersteller und Aussteller der Urkunde nicht auseinanderfallen dürfen, ist das Unterschreiben mit einem **fremden Namen in Vollmacht** des Namensträgers. Eine solche Erklärung gilt als Erklärung des Namensträgers, wird daher als von diesem ausgestellt angesehen und ist damit echt. Aus diesem vertretungsrechtlichen Zurechnungsgesichtspunkt folgt, dass in diesem Fall nur dann eine echte Urkunde hergestellt wird, wenn der Namensträger die Zurechnung will. Die Grundsätze der *Anscheinsvollmacht*, wonach eine rechtsgeschäftliche Erklärung dem „Vollmachtgeber" auch dann zugerechnet wird, wenn keine ausdrückliche Bevollmächtigung vor-

15

---

1 OLG Köln v. 30.1.1987 – Ss 597/86, StV 1987, 297.
2 BGH v. 9.3.2011 – 2 StR 428/10, wistra 2011, 307 (308).
3 BGH v. 21.3.1985 – 1 StR 520/84, BGHSt 33, 159 (160).
4 BGH v. 21.3.1985 – 1 StR 520/84, BGHSt 33, 159 (160).

liegt, aber im Rechtsverkehr zurechenbar der Anschein einer Bevollmächtigung erzeugt wurde, greifen hier allerdings nicht. Daher wird eine unechte Urkunde hergestellt, wenn der Namensträger nur die Verwendung seines Namens gestattet, ohne sich die damit unterzeichnete Erklärung zu eigen machen zu wollen[1].

16 Aus dem Grundsatz, dass eine Urkunde nur unecht ist, wenn darin über ihren Aussteller getäuscht wird, folgt, dass eine bloß *inhaltlich unrichtige Urkunde* keine unechte Urkunde ist. Mit einer solchen falschen Erklärung – sog. **schriftliche Lüge** (besser „verkörperte" Lüge, da nicht nur Schriftstücke Urkunden sein können) – wird nicht über den Aussteller getäuscht, sodass urkundenrechtlich keine Strafbarkeit gegeben ist; es kann jedoch unter anderen Gesichtspunkten ein strafbares Handeln vorliegen – z.B. Betrug oder mittelbare Falschbeurkundung.

17 c) Eine Urkunde wird **verfälscht**, wenn ihr gedanklicher Inhalt verändert wird und sie dadurch eine andere Beweisrichtung erhält. Auch der *Aussteller* kann seine Urkunde verfälschen, wenn er *unbefugt* handelt. Dies ist dann der Fall, wenn er die Urkunde bereits in den Rechtsverkehr entlassen hat oder wenn eine öffentlich-rechtliche oder privatrechtliche Verpflichtung zur Erhaltung der Urkunde in ihrem ursprünglichen Zustand besteht (Rz. 10). Nicht mehr verändert werden dürfen daher abgesandte Handelsbriefe[2], eine testierte Buchhaltung[3] oder in der Bilanz verwendete Inventurlisten einer AG, die bereits dem Aufsichtsrat übergeben wurden[4]. Ein Verfälschen liegt auch dann vor, wenn ein ursprünglich falscher Inhalt einer Urkunde berichtigt wird; in diesen Fällen wird es freilich meist an der Absicht fehlen, den Rechtsverkehr zu täuschen, es sei denn, gerade die inhaltliche Unrichtigkeit habe Beweiswert.

18 Von einer unechten Urkunde macht **Gebrauch**, wer sie zu Täuschungszwecken *tatsächlich verwendet*. Das bloße Bereithalten reicht nicht aus. Verwendet ist eine unechte Urkunde auch, wenn eine Fotokopie davon vorgelegt wird[5].

2. Fälschung technischer Aufzeichnungen

19 Da Tatsachen zu Beweiszwecken zunehmend **maschinell** festgehalten werden, ist für hierbei begangene Manipulationen der Tatbestand der *Fälschung technischer Aufzeichnungen* geschaffen worden (**§ 268 StGB**). Die Vorschrift ist der Urkundenfälschung nachgebildet und hat die gleichen Tatbestandsalternativen. Auch die Strafdrohung entspricht § 267 StGB (vgl. Rz. 5).

20 Der **Begriff der technischen Aufzeichnung** wird in § 268 Abs. 2 StGB – eher umständlich – definiert. Grundgedanke ist, dass die Aufzeichnung auf dem *Prinzip der Automation* beruhen muss. Des Weiteren ist Voraussetzung, dass

---

1 So für den Fall einer mit dem Namen der nicht arbeitenden Ehefrau des Arbeitnehmers unterschriebenen Aushilfslohnquittung BayObLG v. 20.2.1989 – RReg 5 St 165/88, NJW 1989, 2142.
2 RGSt. 35, 145.
3 RG, GA Bd. 37, 193.
4 BGH v. 22.12.1959 – 1 StR 951/59, BGHSt 13, 382.
5 BGH v. 11.5.1971 – 1 StR 387/70, BGHSt 24, 140.

die Aufzeichnung zum Beweis einer rechtlich erheblichen Tatsache bestimmt ist (oder nachträglich bestimmt wird). Daher fallen Aufzeichnungen für innerbetriebliche Zwecke nicht unter den Tatbestand (z.B. maschinelle Qualitäts- und Gewichtskontrollen oder betriebliche Verbrauchsuhren). Technische Aufzeichnungen i.S. des § 268 StGB erstellen hingegen ein Stromzähler oder eine Wasseruhr.

§ 268 StGB greift *nur* ein, wenn die **Maschine keine Urkunde** herstellt. Daher ist nicht § 268 StGB, sondern § 267 StGB anwendbar, wenn maschinell eine Erklärung gefertigt wird, die einen Aussteller hat (z.B. ein Steuerbescheid oder eine Stromrechnung). 21

Nach h.M. ist die **Fotokopie** keine technische Aufzeichnung, weil sie ihre Entstehung nicht dem Prinzip der Automation verdankt. 22

§ 268 Abs. 3 StGB stellt die **Manipulation an einer Maschine** zum Zweck der Beeinflussung des Aufzeichnungsvorganges dem Herstellen einer falschen technischen Aufzeichnung gleich. 23

3. Fälschung beweiserheblicher Daten

Die gleichen Strafen wie für Urkundenfälschung und Fälschung technischer Aufzeichnungen stehen auch auf *falscher Speicherung* oder *Veränderung* rechtlich erheblicher **Daten** (**§ 269 StGB**). Diese Vorschrift gehört systematisch zum Bereich der Computerkriminalität; auf § 42 Rz. 1 ff. wird verwiesen. 24

4. Urkundenunterdrückung

Nach **§ 274 StGB** wird die **Vernichtung**, die *Beschädigung* und die *Unterdrückung fremder* oder nicht im alleinigen Eigentum stehender *Urkunden* mit Freiheitsstrafe bis zu fünf Jahren bedroht, wenn sie in der Absicht geschieht, einem anderem Schaden zuzufügen. Voraussetzung ist, dass es sich um eine echte Urkunde handelt und dass sie Beweisbedeutung hat. Das Gleiche gilt für technische Aufzeichnungen und Daten, außerdem für Grenzbezeichnungen, z.B. Grenzsteine. 25

5. Mittelbare Falschbeurkundung

Wegen mittelbarer Falschbeurkundung macht sich strafbar, wer die **Unrichtigkeit öffentlicher Urkunden**, Bücher, Dateien und Register verursacht, indem er bewusst einen gutgläubigen öffentlichen Sachwalter dazu veranlasst, inhaltlich Falsches darin aufzunehmen. Die Tat ist mit Geldstrafe oder Freiheitsstrafe bis zu einem Jahr (**§ 271 StGB**), bei Vermögens- oder Schädigungsabsicht mit Freiheitsstrafe von drei Monaten bis fünf Jahren (§ 272 StGB) bedroht. Der Versuch ist strafbar. In gleicher Weise wird auch bestraft, wer bewusst von solchen falschen Beurkundungen Gebrauch macht (§ 273 StGB). 26

Bei *bewusstem Zusammenwirken* zwischen einem *Amtsträger und einer Privatperson* zum Zwecke der Manipulation der genannten Urkunden etc., also bei „unmittelbarer" Falschbeurkundung, liegt ein Vergehen des Amtsträgers nach § 348 StGB *(Falschbeurkundung im Amt)* vor, zu dem die Privatperson (nur) *Anstiftung* oder *Beihilfe* begeht.

27 Anders als bei gewöhnlichen Urkunden sowie bei technischen Aufzeichnungen und gespeicherten Daten, bei denen nur das Vertrauen in die Echtheit (= die Herkunft) des Beweismittels geschützt wird, wird durch §§ 271 ff. StGB auch das **Vertrauen in die inhaltliche Richtigkeit** geschützt. Der Grund für diesen besonderen strafrechtlichen Schutz liegt in der erhöhten Zuverlässigkeit, die der Rechtsverkehr bei Urkunden, Büchern, Dateien und Registern annimmt (und auch soll annehmen können), die von *Behörden* oder anderen staatlich legitimierten Institutionen ausgestellt oder geführt werden.

28 Da *nicht alles*, was in öffentlichen Urkunden, Büchern, Registern und Dateien enthalten ist, mit erhöhter Wahrscheinlichkeit richtig oder zur Sicherheit des Rechtsverkehrs besonders schützenswert ist, ist nur das Veranlassen solcher Unrichtigkeiten strafbar, welche die **spezifische Beweisrichtung** des öffentlichen Beweismittels betreffen. Daher ist in jedem Fall zu prüfen, ob es sich bei den Unrichtigkeiten um solche handelt, mit denen das besondere Vertrauen in das öffentliche Beweismittel enttäuscht wird. Das Beurkundenlassen falscher Informationen, die den Kern der Beweisfunktion nicht betreffen, ist nicht strafbar. Zu keiner Falschbeurkundung führt daher z.B. die falsche Angabe des Doktortitels gegenüber dem Grundbuchamt, wohl aber gegenüber dem Passamt.

29 **Öffentliche Urkunden** i.S. des § 271 StGB sind nicht alle im öffentlichen Bereich erstellten Dokumente. Strafrechtlich geschützt sind nur solche Urkunden, die *Beweis für und gegen jedermann* erbringen können. Hierzu gehören z.B. der Aufenthaltstitel mit Arbeitsberechtigung, die Lohnsteuerkarte, der Grundbuchauszug und das Pfändungsprotokoll des Gerichtvollziehers. *Keine* öffentlichen Urkunden sind hingegen innerdienstliche Aktenvermerke, behördliche Auskünfte und Bescheinigungen. Ein *öffentliches Buch* ist etwa ein amtliches Wiegebuch.

Öffentliche Register und Dateien sind das Handelsregister und das Grundbuch, das Straf- und das Gewerberegister oder das zentrale Ausländerregister. Keine öffentliche Register oder Dateien sind hingegen Informationssammlungen, die ausschließlich der Organisation der Verwaltung dienen, z.B. die Gewerbekartei.

6. Weitere Urkundendelikte

30 An **weiteren Fälschungsdelikten** des StGB sind zu erwähnen:

– § 275 StGB Vorbereitung der Fälschung von *amtlichen Ausweisen*;

– § 281 StGB Missbrauch von *Ausweispapieren*;

– §§ 277–279 StGB Fälschung sowie Ausstellung und Gebrauch unrichtiger *Gesundheitszeugnisse*, zu denen auch das Ausstellen inhaltlich unrichtiger Arbeitsunfähigkeitsbescheinigungen („Krankmeldungen") gehört. Hier ist eine schriftliche Lüge unter Strafe gestellt.

II. Besondere Fälschungsdelikte

1. Geld- und Wertzeichen

Der *Geldverkehr* bedarf über den Schutz, den die allgemeinen Urkundendelikte dem Rechtsverkehr gewähren, hinaus eines besonderen Schutzes gegen Falsifikate. Deshalb ist die **Geldfälschung** (§ 146 StGB) als Verbrechenstatbestand ausgestaltet, der nicht nur die Herstellung von Falschgeld erfasst, sondern auch die Beschaffung, das Feilbieten[1] und – unter bestimmten Voraussetzungen – die Verbreitung eines solchen Falschgelds. Vorbereitungs- und Beihilfehandlungen sind – einschließlich des Versuchs – als Vergehen (§§ 147, 149 StGB) strafbar.- Das Vorfeld wird durch *Ordnungswidrigkeitentatbestände* (§§ 127, 128 OWiG) abgedeckt. 31

Wegen ihrer Geldähnlichkeit sind näher bezeichnete **Wertpapiere** unter den gleichen Schutz gestellt (§ 151 StGB). **Geld** eines fremden Währungsgebietes (und entsprechende Wertpapiere) sind im Hinblick auf die Internationalität des Geldverkehrs dem Euro *gleichgestellt* (§ 152 StGB), wie andererseits deutsches Strafrecht auch für Auslandsstaaten gilt (sog. Weltrechtsprinzip – § 6 Nr. 7 StGB; vgl. § 4 Rz. 9). 32

Schließlich schützt der Tatbestand der **Wertzeichenfälschung** (§ 148 StGB) *amtliche* Wertzeichen (Gebührenmarken, Stempelzeichen usw.) gegen Fälschungen oder wiederholte Benutzung durch Beseitigung der Entwertung. 33

Die Geldfälschung stellt – sowohl hinsichtlich des typischen Täterkreises als auch hinsichtlich der Verfolgung – einen relativ eigenständigen Bereich der „gewöhnlichen" (häufig organisierten) Schwerkriminalität dar und wird deshalb allgemein *nicht* zur Wirtschaftskriminalität gerechnet. Nach der Privatisierung der Post fällt mangels „Amtlichkeit" der Wertzeichen nicht nur die Fälschung von Postwertzeichen, sondern auch die Benutzung von manipulierten **Frankierautomaten** (Freistemplern), bei der auch der „Durchschnittsunternehmer" mit dieser Tatbestandsgruppe in Berührung kommen konnte, nicht mehr unter den Tatbestand der Wertzeichenfälschung; es kann aber Betrug vorliegen. 34

2. Zahlungsmittel des unbaren Zahlungsverkehrs

In den Fällen der **Fälschung von Zahlungsmitteln** des *unbaren Zahlungsverkehrs* bestand früher eine Strafbarkeitslücke. Diese wurde teilweise durch das 2. WiKG gefüllt, das einen Verbrechenstatbestand für die Fälschung von Euroscheckkarten und Vordrucken für *Eurochecks* einführte (§ 152a StGB a.F.). Durch das am 1.4.1998 in Kraft getretene 6. StrRG wurde die Strafbarkeit auf alle besonders gesicherten Zahlungskarten mit Garantiefunktion ausgedehnt. Das 35. Strafrechtsänderungsgesetz[2], das am 28.12.2003 in Kraft trat, hat die 35

---

1 Diese Tatbestandsalternative wurde durch das 35. StrafRÄndG (BGBl. I 2003, I 2838) eingeführt.
2 BGBl. I 2838.

Strafbarkeit aufgrund eines EU-Rahmenbeschlusses[1] nochmals erweitert und – unter Einbeziehung der Zahlungskarten – differenziert geregelt. – Andere Missbräuche im bargeldlosen Zahlungsverkehr, die nicht im Fälschen von Zahlungsmitteln bestehen, werden dagegen durch die Tatbestände des Kartenmissbrauchs (§ 266b StGB) sowie des Betrugs bzw. Computerbetrugs (§§ 263, 263a StGB) erfasst (dazu unten § 49, auch § 42 Rz. 62 ff.).

36 **a)** Der **Grundtatbestand** des **§ 152a** StGB ist nunmehr ein *Vergehenstatbestand*. Mit Freiheitsstrafe bis zu fünf Jahren oder Geldstrafe (bei bandenmäßiger oder gewerbsmäßiger Begehung Freiheitsstrafe von sechs Monaten bis zu zehn Jahren) bedroht ist danach die zur Täuschung im Rechtsverkehr[2] begangene Fälschung oder Verfälschung inländischer und ausländischer Zahlungskarten sowie von Schecks und Wechseln; außerdem das Verschaffen, Feilhalten, Überlassen und Gebrauchen der genannten (falschen) Zahlungsmittel.

37 **Zahlungskarten** i.S. des Grundtatbestandes sind nur *Karten ohne Garantiefunktion*, also Karten, welche die Barzahlung ersetzen. Dazu gehören Kundenkarten, Chipkarten und Bankkarten, die zur automatischen Geldabhebung bei einem bestimmten Kreditinstitut berechtigen. Voraussetzung ist jeweils, dass die Karte von einer Bank oder einem Finanzdienstleister ausgegeben wurde und gegen Nachahmung besonders gesichert ist (etwa durch einen Magnetstreifen). *Keine* Zahlungskarten sind daher reine *Leistungskarten*, mit denen eine an sich kostenlose Leistung abgerufen werden kann, so Karten zur Eröffnung eines Zugangs oder zur Anwesenheitskontrolle.

38 **Schecks** i.S. von § 152a StGB sind *nicht garantierte* Schecks. Die Vorbereitung der Fälschung von Zahlungskarten ist mit Freiheitsstrafe bis zu zwei Jahren bedroht (§ 152a Abs. 5 i.V.m. § 149 StGB – mit Möglichkeit der Straffreiheit bei tätiger Reue, § 149 Abs. 2 StGB).

39 **b)** Der **Qualifikationstatbestand** des **§ 152b** StGB ist ein *Verbrechenstatbestand*. Mit Freiheitsstrafe von einem Jahr bis zu zehn Jahren (bei bandenmäßiger oder gewerbsmäßiger Begehung Freiheitsstrafe nicht unter zwei Jahren) bedroht ist danach, wer die Tathandlung des § 152a StGB in Bezug auf Zahlungskarten mit Garantiefunktion *sowie* von Euroscheckvordrucken begeht. Zahlungskarten mit Garantiefunktion sind Kreditkarten, Euroscheckkarten und sonstige besonders gesicherte Karten, mit denen der Aussteller zu einer garantierten Zahlung veranlasst werden kann (Legaldefinition – § 152a Abs. 4 StGB). Für die Vorbereitungshandlungen gilt das Gleiche wie für § 152a StGB.

---

[1] V. 25.5.2001, ABl. EG Nr. L 149 v. 2.6.2001, 1.
[2] Dazu gehört auch der missbräuchliche Einsatz an Geldautomaten (Legaldefinition in § 270 StGB; zum Missbrauch von Geldautomaten unten § 42 Rz. 24 f., 53 und § 49 Rz. 28 ff. m.Nw. der BGH-Rspr.; vgl. auch *Otto*, Bankentätigkeit und StrafR, 1983, 142 ff.

§ 40
Buchhaltung und Bilanz

Bearbeiter: Heiko Wagenpfeil

	Rz.		Rz.
A. Unordentliche Buchführung		**II. Allgemeine Straftatbestände**	
I. Erscheinungsformen	1	1. Vermögensdelikte	39
II. Straftatbestände		2. Weitere Delikte	44
1. Untreue	3	**III. Handelsrechtliche Tatbestände**	50
2. Urkundendelikte	13	1. Unrichtige Darstellung	54
3. Steuerdelikte	18	2. Verletzung der Prüferpflichten	71
4. Weitere Delikte	27	3. Ordnungswidrigkeiten	75
B. Unrichtige und fehlende Bilanzen		**IV. Gesellschaftsrechtliche Sonderstraftatbestände**	
I. Erscheinungsformen	33	1. GmbH	78
		2. Aktiengesellschaften	82
		3. Genossenschaft	87

Schrifttum: (außer den Nachweisen bei § 26 vor Rz. 180); *Arnhold*, Auslegungshilfen zur Bestimmung einer Geschäftslagentäuschung im Rahmen der §§ 331 Nr. 1 HGB, 400 Abs. 1 Nr. 1 AktG, 82 Abs. 2 Nr. 2 GmbHG, 1993; *Becker/Endert*, Außerbilanzielle Geschäfte, Zweckgesellschaften und Strafrecht, ZGR 2012, 699; *Bernsmann*, Alles Untreue? Skizzen zu Problemen der Untreue nach § 266 StGB, GA 2007, 219; *Carl/Klos*, Inhalt und Reichweite der Kontenwahrheitspflicht nach § 154 AO als Grundlage der steuerlichen Mitwirkungspflichten der Kreditinstitute, DStZ 1995, 296; *Cobet*, Fehlerhafte Rechnungslegung, 1991; *Dobler/Kuhner*, Die internationale Rechnungslegung im Belastungstest der subprime-Krise, WPg 2009, 24; *Gössweiner-Saiko*, Bilanzdelikte und andere Straftaten im kaufmännischen Rechnungswesen, 1981; *Gramich*, Die Strafvorschriften des Bilanzrichtliniengesetzes, wistra 1987, 157; *Grau/Meshulam/Blechschmidt*, Der „lange Arm" des US-Foreign Corrupt Practice Act, BB 2010, 652; *Hauck*, Rechnungslegung und Strafrecht, 1987; *Höser*, Vorbereitungshandlung und Versuch im Steuerstrafrecht, 1984; *Kohl*, Wirtschaftsdelikte im Rechnungswesen der Unternehmung und ihre Bekämpfung, Diss. Mannheim, 1991; *Krämer*, Zur Schutzrichtung des Tatbestandes der unrichtigen Darstellung (§ 331 HGB) – unter Einbeziehung der internationalen Rechnungslegungsstandards, NZWiSt 2013, 286; *Louis*, Die Falschbuchung im Strafrecht, 2002; *Mertin/Schmidt*, Die Aufdeckung von Unregelmäßigkeiten im Rahmen der Abschlussprüfung nach dem überarbeiteten ISA 240, WPg 2001, 1303; *Meyer*, Beurteilung der Wesentlichkeit von Tochterunternehmen für die Bestimmung von Konsolidierungspflicht und Konsolidierungskreis, BB 2013, 2411; *Mösbauer*, Steuergefährdung durch Verletzung der Pflicht zur Kontenwahrheit nach § 154 I AO, NStZ 1990, 475; *Mosenheuer*, Untreue durch mangelhafte Dokumentation von Zahlungen?, NStZ 2004, 179; *Peemöller/Hofmann*, Bilanzskandale, 2005; *Saliger*, Parteiengesetz und Strafrecht, 2005; *Satzger*, „Schwarze Kassen" zwischen Untreue und Korruption, NStZ 2009, 297; *Schäfer*, Die Verletzung der Buchführungspflicht in der Rechtsprechung des BGH, wistra 1986, 200; *Schmedding*, Unrichtige Konzernrechnungslegung, 1991; *Schnorr*, Geschäftsleiterhaftung für fehlerhafte Buchführung, ZHR 170 (2006), 9; *Spatscheck/Wulf*, Straftatbestände der Bilanzfälschung nach dem HGB, DStR 2003, 173; *Strelczyk*, Die Strafbarkeit der Bildung schwarzer Kassen, 2008 (Studien zum Wirtschaftsstrafrecht, Bd 29); *Toebe/Lorson*, Die Festlegung von wertmäßigen Wesentlichkeitsgrenzen in der Rechnungslegung und

Abschlussprüfung unter Berücksichtigung wissenschaftlicher Studien, WPg 2012, 1200; *Waßmer*, Bilanzielle Fragen als Vorfragen von Strafbarkeit, ZWH 2012, 306; *Weimann*, Die Strafbarkeit der Bildung sog. schwarzer Kassen gem. § 266 StGB (Untreue), 1996.

A. Unordentliche Buchführung

I. Erscheinungsformen

1 Sowohl in der *Gründungsphase* als auch in der *Betriebsphase* kann das Rechnungswesen seine Aufgaben (hierzu oben § 26) nur dann erfüllen, wenn von Anfang an alle Geschäftsvorgänge zuverlässig erfasst worden sind. Verstöße gegen die Buchführungs- und Bilanzierungspflichten sind unter **Strafe** gestellt, weil es nicht nur eine *Gefahr für das Unternehmen* selbst, sondern für die *Geschäftswelt insgesamt* darstellt, wenn die Verantwortlichen eines Unternehmens keinen zuverlässigen Überblick über dessen Zustand haben oder geben können. Zudem dienen Manipulationen in der Buchhaltung häufig der *Vorbereitung* oder *Verdeckung* anderer Straftaten. Als *Insolvenzdelikt* stehen die unordentliche Buchführung sowie die unterlassene oder verspätete Bilanzerstellung durch §§ 283 Abs. 1 Nr. 5–7, 283b Abs. 1 Nr. 1 und 3 StGB unter Strafe (näher unten §§ 75 ff., besonders § 85). An dieser Stelle soll ein Überblick darüber gegeben werden, welche *anderen Straftatbestände* sicherstellen sollen, dass das betriebliche Rechnungswesen auch außerhalb einer Unternehmenskrise so geführt wird, dass die oben genannten Ziele erreicht werden (zu in der *Gründungsphase* einschlägigen Straftatbeständen § 26 Rz. 180 ff.).

2 Insbesondere folgende **kriminelle Verhaltensweisen** bestimmen das tatsächliche Erscheinungsbild der Buchhaltungs- und Bilanzdelikte[1]:

- Verfälschen von Belegen und Buchungen; falsche Angaben über Geschäfte oder die Person des Gläubigers[2] oder Schuldners;
- erdichtete Buchungsfälle: Buchung von Sachverhalten, die sich in Wirklichkeit so nicht zugetragen haben; Buchung nicht buchungsfähiger Geschäftsvorfälle; Buchung von Privatentnahmen als Lohnzahlung; Vornahme willkürlicher Abschreibungen[3];
- Nichtverbuchungen: Geschäfte ohne Rechnung[4], nicht verbuchte Entnahmen, Unterlassen von Abschreibungen/Wertberichtigungen;
- Verheimlichen oder Vernichten von Belegen und Büchern;
- Buchungen ohne Belege; keine geordnete Aufbewahrung der Belege[5];
- nicht zeitgerechte Verbuchung;
- unrichtige Inventuren.

---

1 Einen guten Überblick bietet *Peemöller/Hofmann*, S. 127 ff.; *Gössweiner-Saiko*, Zur Kriminologie der Bilanzdelikte, in Nass, Wirtschaftskriminalität, 1984, S. 58.
2 BGH v. 11.11.1958 – 1 StR 370/58, BGHSt 12, 100 (103); BGH v. 30.6.1959 – 1 StR 239/59, GA 1961, 358.
3 RG v. 26.10.1906 – IV 337/06, RGSt. 39, 222 (223).
4 *Joecks* in F/G/J, § 370 AO Rz. 261.
5 BGH v. 25.3.1954 – 3 StR 232/53, NJW 1954, 1010.

II. Straftatbestände

1. Untreue

a) Der Untreuetatbestand wird umfassend in § 32 dargestellt und nachfolgend nur unter dem Gesichtspunkt der Buchführungspflichten behandelt. Die Verletzung von Buchführungspflichten stellt eine *Pflichtverletzung* i.S. des *Treubruchtatbestandes* dar[1], die grundsätzlich leicht ermittelbar ist. Kernproblem der Untreue im Rahmen der Buchführungspflichten ist regelmäßig die Feststellung eines **Vermögensnachteils**. Die Rechtsprechung des *RG*, das bereits in einer unübersichtlichen Buchführung als solcher einen Vermögensnachteil in Form der schadensgleichen Vermögensgefährdung sah[2], ist mittlerweile überholt. Es muss stets festgestellt werden, ob das Unternehmen ohne die Buchführungspflichtverletzung einen höheren Vermögenssaldo auswiese als mit ihr. Dies wird dadurch erschwert, dass ein *tatsächlicher Abfluss* von Vermögen bei der Verletzung von Buchführungspflichten kaum eintritt, da die Buchführung eine tatsächliche Vermögensänderung nicht herbeiführt, sondern lediglich eine (angeblich) bereits eingetretene Änderung des Vermögens bezeugt[3].

Werden **Ansprüche** nicht oder falsch verbucht, kann eine Minderung des Vermögens eintreten, wenn der Vermögensträger *keine Übersicht* über seinen Vermögensstand zu gewinnen vermag, sodass er an der Geltendmachung seiner Ansprüche gehindert ist, weil er sie nicht kennt[4]. Für die Erfüllung des Untreuetatbestandes ist nicht erforderlich, dass die Ansprüche tatsächlich nicht geltend gemacht werden[5]. Eine erhebliche Erschwerung der Durchsetzung der Ansprüche ist ausreichend[6]. An einem Vermögensschaden fehlt es aber, wenn die Buchführungsmängel so geringfügig sind, dass die Ansprüche leicht zu errechnen sind[7].

Werden in Wirklichkeit nicht bestehende **Verbindlichkeiten** verbucht, liegt ein Vermögensschaden nur vor, wenn der angebliche Gläubiger seine angeblichen Ansprüche auch geltend machen kann, z.B. weil die Buchhaltung eine vermeintliche Aufrechnungslage suggeriert. An einem Schaden kann es dagegen z.B. fehlen, wenn der Vermittler eines angeblichen Geschäfts den – beim Geschäftsherrn bereits verbuchten – Provisionsanspruch nur aus den eingehenden Zahlungen des Kunden erhalten soll, diese Zahlungen jedoch nie eingehen, weil es den Kunden gar nicht gibt[8]. Wird die *Begleichung von Verbindlichkeiten* pflichtwidrig nicht verbucht, so kann ein Vermögensschaden nur dann vorliegen, wenn aufgrund der Umstände des Einzelfalls mit einer ungerechtfertigten Doppelinanspruchnahme des Vermögensträgers zu rechnen ist und auf-

---

1 *Weimann*, S. 67–71 m.w.Nw.
2 RG v. 18.10.1943 – 3 D 372/43, RGSt. 77, 228.
3 BGH v. 6.4.1954 – 5 StR 74/54, BGHSt 6, 115 (116).
4 BGH v. 31.8.1955 – 2 StR 110/55, GA 1956, 121 (122 f.).
5 BGH v. 7.12.1965 – 5 StR 312/65, BGHSt 20, 304.
6 BGH v. 12.5.2004 – 5 StR 46/04, wistra 2004, 348.
7 BGH v. 8.6.1988 – 2 StR 219/88, wistra 1988, 353.
8 BGH v. 6.4.1954 – 5 StR 74/54, BGHSt 6, 115 (116 f.).

grund der unzureichenden Buchhaltung eine wesentliche Erschwerung der Rechtsverteidigung droht[1].

6 Insbesondere folgende **Fallkonstellationen** sind dem Untreuetatbestand zugeordnet worden:

- Aufgrund einer großen Anzahl unrichtiger Buchungen oder durch eine unterlassene Buchhaltung ist *keine klare Auskunft über den Vermögensstand* zu erlangen, weshalb eine wirtschaftlich richtige Entscheidung nicht getroffen werden kann[2]; der Vermögensschaden kann durch einzelne Buchungsvorgänge[3] oder durch insgesamt unordentliche, den Vermögensstand verschleiernde Buchführung[4] entstehen.
- Die Manipulation einer Buchhaltung dient der *Verschleierung unberechtigter Entnahmen*[5].
- Ein ohne Zutun des Geschäftsführers entstandener Buchungsfehler wird pflichtwidrig nicht korrigiert.

Beispiele: Erweckt eine Buchung den falschen Eindruck, ein der GmbH zugeflossener Betrag sei nur darlehensweise, also mit einer Rückzahlungsverpflichtung gegeben worden, so kann der Geschäftsführer, der den Fehler nachträglich erkennt, durch das Bestehenlassen des irreführenden Buchungsstandes einen Vermögensnachteil in Form der Vermögensgefährdung für die GmbH verursachen[6].

Lässt der geschäftsführende Gesellschafter einer GmbH eine falsch auf seinem Darlehenskonto verbuchte Kundenzahlung bewusst stehen, so kann der Eindruck entstehen, er habe eine Darlehensschuld getilgt, worin eine Vermögensgefährdung zum Nachteil der GmbH liegen kann.

7 Auch folgende **Sachverhalte** sind als Untreue strafbar:

- die Nichtverbuchung einer Entnahme[7];
- die *Vermischung der Buchhaltung* zweier rechtlich selbständiger Gesellschaften, wenn dadurch Ansprüche beeinträchtigt werden;
- die *Nichtverwendung eines Anderkontos* durch einen Notar bei fehlender Ersatzbereitschaft[8];
- fehlende Aufzeichnungen eines *Anlagevermittlers* darüber, in welcher Form, zu welchen Bedingungen und bei wem das Kapital der Anleger angelegt und wie erzielte Erträge verwendet wurden[9];

---

1 BGH v. 26.4.2001 – 5 StR 587/00, BGHSt 47, 8 (10 ff.).
2 LG Wiesbaden v. 18.4.2005 – 6 Js 3204/00-16 KLs – Fall Kanther/Weyrauch; Revisionsentscheidung BGH v. 18.10.2006 – 2 StR 499/05, BGHSt 51, 100 m. Anm. *Perron*, NStZ 2008, 517; *Ransiek*, „Verstecktes Parteivermögen" und Untreue, NJW 2007, 1727 (1728).
3 Dazu *Tiedemann* in LK, § 263 StGB Rz. 232 f.
4 BGH v. 7.12.1965 – 5 StR 312/65, BGHSt 20, 304; dazu *Perron* in S/S, § 266 StGB Rz. 45b.
5 BGH v. 29.5.1987 – 3 StR 242/86, BGHSt 34, 379 (388); BGH v. 20.5.1994 – 2 StR 202/94, NStZ 1994, 586.
6 BGH v. 20.1.1955 – 4 StR 492/54, GA 1955, 363.
7 BGH v. 29.5.1987 – 3 StR 242/86, BGHSt 34, 379 (388).
8 BGH v. 6.4.1982 – 5 StR 8/82, wistra 1982, 150; RG v. 28.7.1939 – 1 D 551/39, RGSt. 73, 283.
9 BGH v. 16.2.1996 – 3 StR 185/94, NStZ 1996, 543.

– die *Gewährung und Verbuchung fingierter Kredite an nicht existierende Kreditnehmer* durch Manipulation von Verträgen[1].

Bei Buchhaltungsdelikten wird der **Vorsatz** bezüglich des Vermögensschadens häufig mit dem Einwand bestritten, der Täter sei jederzeit zum Ersatz des Schadens bereit gewesen und habe hierfür ständig eigene Mittel bereitgehalten, weshalb nicht von einem Schaden ausgegangen werden könne[2]. Dieser Einlassung kann i.d.R. jedoch nicht gefolgt werden. Der Täter hat meist schon durch sein Verhalten gezeigt, dass er in Wirklichkeit gerade nicht gewillt ist, Ersatzansprüche zu begleichen. Denn er hat die Aufdeckung der Tat durch die Manipulation von vornherein zielgerichtet behindert, womit die Aufdeckung dem Zufall überlassen bleibt. Bereits hierdurch wird das zu betreuende Vermögen in seinem Wert gemindert, d.h. der Schaden ist bereits eingetreten und kann durch eine behauptete Bereitschaft zur Schadenswiedergutmachung nicht mehr beseitigt werden; eine tatsächliche Wiedergutmachung ist allerdings im Rahmen der *Strafzumessung* zu berücksichtigen[3]. 8

b) Richtet jemand, dem gegenüber einem Unternehmen eine Vermögensbetreuungspflicht obliegt, eine „**schwarze Kasse**" (vgl. § 32 Rz. 186 ff., 228 ff.) ein, d.h. er sondert einen Teil des zu betreuenden Vermögens ab, um es gesondert zu verwalten, kann hierin eine Untreue liegen. Hintergrund der Einrichtung und des Unterhaltens schwarzer Kassen sind häufig Korruptionsdelikte. Über die schwarzen Kassen werden unauffällig Schmiergelder vorgehalten, um an Aufträge zu gelangen[4]. 9

Da das „Sondervermögen" der schwarzen Kasse regelmäßig nicht mehr in der Buchführung des Unternehmens enthalten ist, wird die **Buchführung unrichtig**. Eine untreuerelevante *Pflichtverletzung* der Mitglieder der Geschäftsführung und der untergeordneten Mitarbeiter kann einerseits in der Herbeiführung dieses Zustands und andererseits im Verschweigen der schwarzen Kasse gegenüber den (nicht beteiligten) Migliedern der Geschäftsführung liegen. Gleiches gilt für das Unterlassen der Rückführung des „Sondervermögens" in die Buchhaltung, wenn der Täter hierdurch die ordnungsgemäße Überwachung der Kassenführung durch die Geschäftsführung verhindert und dieser dadurch die freie Verfügung über das „Sondervermögen" entzieht[5]. 10

---

1 BGH v. 21.10.2003 – 1 StR 544/02, wistra 2004, 105.
2 Vgl. hierzu BGH v. 16.12.1960 – 4 StR 401/60, BGHSt 15, 342; BGH v. 29.3.1988 – 1 StR 659/87, wistra 1988, 225; BGH v. 7.4.2010 – 2 StR 153/09, NJW 2010, 1764; *Perron* in S/S, § 266 StGB Rz. 42.
3 *Fischer*, § 46 StGB Rz. 47, § 266 StGB Rz. 137.
4 Vgl. *Wolf* in Graeff/Schröder/Wolf, Der Korruptionsfall Siemens, 2009, S. 9 ff.
5 BGH v. 31.8.1955 – 2 StR 110/55, GA 1956, 121, 122 f; LG Darmstadt v. 14.5.2007 – 712 Js 5213/04-9 KLs – Siemens, CCZ 2008, 37; Revisionsentscheidung: BGH v. 29.8.2008 – 2 StR 587/07, wistra 2009, 61 – hierzu *Rönnau*, StV 2009, 246; *Sünner*, ZIP 2009, 937; *Brammsen/Apel*, WM 2010, 781; LG Köln v. 26.5.2008 – B 109-11/06 – Kölner Müllskandal, n.v.; Revisionsurteil BGH v. 27.8.2010 – 2 StR 111/09, BGHSt 55, 266; vgl. insbes. *Weimann*, S. 67–71; *Saliger*, Rückwirkende Ächtung der Auslandskorruption und Untreue als Korruptionsdelikt, HHR Strafrecht 2008, 57.

11 Diese **Pflichtwidrigkeit** wird **nicht** dadurch **geheilt**, dass der Täter beabsichtigt, mit dem „Sondervermögen" im Interesse des Unternehmens Ausgaben zu bestreiten (z.B. Bezahlung von Schwarzlöhnen oder Bestechungsgeldern zur Erlangung von Aufträgen). Denn bereits die Vorenthaltung der Mittel und ihre Verwaltung in einem verdeckten System unter Verstoß gegen Buchführungs- und Bilanzierungsrecht erfüllt das Tatbestandsmerkmal der Pflichtwidrigkeit und des *Vermögensnachteils*. Dass der Täter die Mittel aus der schwarzen Kasse letztlich im Interesse des Unternehmens verwendet, ändert hieran nichts mehr und kann allenfalls strafmildernd berücksichtigt werden[1].

12 Im Haushalt **politischer Parteien** haben schwarze Kassen im Zusammenhang mit der Verschleierung von Parteizuwendungen Bedeutung erlangt[2]. Die Verbuchung von Zuwendungen in der schwarzen Kasse kann eine Pflichtverletzung i.S. des § 266 StGB darstellen, da der Vorstand der Partei über Herkunft und Verwendung der Mittel und das Vermögen der Partei Rechenschaft ablegen muss (§§ 23, 23a ParteiG). Die unrichtige Rechnungslegung hat nicht nur die Pflicht zur Rückzahlung staatlicher Mittel zur Folge (§ 31a ParteiG). Sie wird vielmehr auch durch eine Strafzahlung sanktioniert (§§ 31b und 31c ParteiG); darin kann ein untreuerelevanter Vermögensnachteil liegen.

2. Urkundendelikte

13 Wegen der Einzelheiten der Urkundendelikte wird zunächst auf oben § 39 verwiesen; soweit die Buchhaltung elektronisch geführt wird, ist § 269 StGB – **Fälschung beweiserheblicher Daten** – einschlägig (dazu § 42 Rz. 74 ff.). Im Folgenden werden die Urkundendelikte nur im Hinblick auf die Besonderheiten bei der Buchhaltung dargestellt.

14 Bei Buchhaltungsunterlagen können einerseits die von Dritten erstellten und in der Buchhaltung des Kaufmanns abgelegten Unterlagen, wie z.B. Rechnungen, taugliches **Tatobjekt** einer Urkundenfälschung sein. Doch auch Durch- oder Abschriften von *Handelsbriefen* eines Kaufmannes können Tatobjekt der Urkundenfälschung sein, da Dritte – z.B. nach § 810 BGB, oder der Betriebsprüfer des Finanzamtes, § 200 Abs. 1 S. 2 AO – Anspruch auf Einsicht haben können und Durchschriften regelmäßig angefertigt werden, um mit ihnen ein Beweismittel in der Hand zu haben[3]. Dies gilt auch für *Kontrollstreifen* einer Registraturkasse[4], für *Briefausgangstagebücher*, wenn der Kaufmann auf sie im

---

1 BGH v. 29.8.2008 – 2 StR 587/07 – Siemens, wistra 2009, 61; hierzu *Satzger*, „Schwarze Kassen" zwischen Untreue und Korruption, NStZ 2009, 297; BGH v. 27.8.2010 – 2 StR 111/09, BGHSt 55, 266; vgl. auch *Bernsmann*, GA 2007, 219 (229 ff.); *Schünemann*, Der Begriff des Vermögensschadens, StraFo 2010, 1.
2 *Landfried*, Finanzierung politischer Parteien, 1990; *Alexander*, Financing Politics, 4. Aufl. 1992, S. 112 ff.; *Wieland*, Anm. zu BVerfG v. 17.6.2004 – 2 BvR 383/03, NJW 2005, 110.
3 RG v. 27.2.1902 – 5158/01, RGSt. 35, 145; vgl. auch *Cramer/Heine* in S/S, § 267 StGB Rz. 41.
4 RG v. 21.10.1920 – I 845/20, RGSt. 55, 107.

Prozess Bezug nimmt[1], und für Eintragungen über *Warenausgänge*[2]. Urkunde i.S. des § 267 StGB ist aber auch die *Buchhaltung* des Kaufmanns in ihrer Gesamtheit. Sie stellt eine sog. *Gesamturkunde* dar[3], weil die einzelnen, in der Buchhaltung gesammelten Belege eine feste und dauerhafte Zusammenfassung zu einem übergeordneten Ganzen darstellen.

Danach erfüllt die **unbefugte Änderung** von Belegen der Buchhaltung durch Streichungen, Radierungen o.Ä den Tatbestand der Urkundenfälschung[4]. Auch wenn der Kaufmann selbst die von ihm erstellten Belege nachträglich verändert, kann er sich wegen Fälschung der Buchhaltung als Gesamturkunde (Rz. 14) strafbar machen[5]. Auch die *Entfernung* von Belegen aus der Buchhaltung stellt daher regelmäßig eine Urkundenfälschung dar. Irrtümliche Eintragungen sind mittels Stornierungen zu bereinigen. Keine Urkundenfälschung liegt dagegen vor, wenn in Geschäftsbüchern hinter den früheren Eintragungen ohne deren Veränderung *nachträglich* inhaltlich *falsche* Eintragungen gemacht werden[6]. 15

Da **Inventurlisten** Urkunden sind, dürfen sie nicht geändert werden, wenn der aufgrund dieser Listen errechnete Bestandswert der Warenvorräte in eine vorläufige Bilanz eingestellt und diese dem Vorsitzenden des Aufsichtsrats mitgeteilt worden ist. Das *Inventarverzeichnis* einer Handelsfirma ist dabei auch dann eine Urkunde, wenn sich der Hinweis auf die Person des Ausstellers nur aus außerhalb des Urkundeninhalts liegenden Umständen ergibt, auf die der Inhalt der Urkunde hinweist[7]. Das nachträgliche Entfernen oder Hinzufügen von *Inventarblättern* stellt ebenfalls eine Fälschung des Inventarverzeichnisses als Gesamturkunde dar. 16

Die Vernichtung, Beschädigung oder Unterdrückung von Belegen aus der Buchhaltung kann den Tatbestand der **Urkundenunterdrückung** (§ 274 StGB) erfüllen, wenn die Urkunde dem Täter entweder gar nicht oder nicht ausschließlich gehört. Dieses Tatbestandsmerkmal ist erfüllt, wenn ein Dritter das Recht hat, mit der Urkunde im Rechtsverkehr Beweis zu erbringen oder wenn er einen Anspruch auf Vorlegung der Urkunde hat[8]. Gesetzliche Vorlegungspflichten reichen aus, wenn sie die Rechnungslegung im weiteren Sinn erleichtern sollen[9], nicht jedoch, wenn sie bloßen internen Überwachungsaufgaben dienen[10]. 17

---

1 RG v. 19.2.1918 – IV 823/17, RGSt. 52, 88; RG v. 29.5.1933 – II 295/33, RGSt. 67, 245.
2 RG v. 8.2.1901 – 4842/00, RGSt. 34, 131.
3 *Fischer*, § 267 StGB Rz. 13 f.; OLG Stuttgart v. 11.12.1959 – 1 Ss 689/59, GA 1960, 93.
4 *Kienapfel*, Urkunden im StrafR: Entscheidungen des Reichsgerichts, S. 96 Fn. 165, S. 101 Fn. 184 m.w.Nw., Entscheidungen des BGH S. 351 Fn. 6; *Marten*, Urkundenfälschung in der Außenhandelswirtschaft, in Grundlagen der Wirtschaftskriminalität, 1976, S. 155.
5 RG v. 29.11.1935 – 4 D 354/35, RGSt. 69, 396 (398); *Fischer*, § 267 StGB Rz. 24.
6 OLG Hamm v. 22.5.1973 – 5 Ss 519/73, NJW 1973, 1809 (1810).
7 BGH v. 22.12.1959 – 1 StR 951/59, BGHSt 13, 382 (384 ff.).
8 *Cramer/Heine* in S/S, § 274 StGB Rz. 5.
9 BGH v. 29.1.1980 – 1 StR 683/79, BGHSt 29, 192 (194).
10 OLG Düsseldorf v. 10.4.1984 – 2 Ss 528/83 - 242/83 III, NJW 1985, 1231 (1232).

3. Steuerdelikte

18 Die Steuerhinterziehung wird im Einzelnen unten in § 44 behandelt. Da Steuerhinterziehung nach § 370 Abs. 1 Nr. 1 und 2 AO das Machen unrichtiger Angaben oder das Verschweigen von Tatsachen voraussetzt, ist eine unrichtige Buchhaltung i.d.R. nur **Vorbereitungshandlung** für die Steuerhinterziehung, wenn kein Fall der *Steuergefährdung* nach § 379 Abs. 1 Nr. 2 AO (Rz. 24) oder – bei grober Fahrlässigkeit – die Ordnungswidrigkeit der leichtfertigen *Steuerverkürzung* nach § 378 AO (s. § 46 Rz. 9 ff.) vorliegt[1]. Daher sollen hier nur die Fälle vorgestellt werden, bei denen die unrichtige Buchführung eine nach § 370 Abs. 1 AO taugliche Tathandlung darstellt.

19 a) So kann Steuerhinterziehung nach **§ 370 Abs. 1 Nr. 1 AO** durch Machen unrichtiger oder unvollständiger Angaben nur eingreifen, wenn der Steuerpflichtige verpflichtet ist, der Steuerbehörde *die Buchhaltung* vorzulegen[2]. Dies betrifft insbesondere den Fall der *Außenprüfung* (§ 200 AO) sowie den Fall der *Steueraufsicht* (§§ 210, 211 AO). Wenn der Steuerpflichtige die Bücher zur Einsicht bereitzuhalten hat, beginnt die Tathandlung schon mit dem Bereithalten der unrichtigen Buchhaltung[3]. Soweit **§ 370 Abs. 1 Nr. 2 AO** unter Strafe stellt, dass der Steuerpflichtige die Finanzbehörden pflichtwidrig über steuerlich erhebliche Tatsachen in Unkenntnis lässt – dabei sind vor allem die Berichtigungspflichten nach § 153 AO[4] (vgl. § 44 Rz. 166) von Bedeutung -, findet diese Tatbestandsalternative bei unrichtiger Buchführung ebenfalls keine Anwendung, da keine steuerrechtliche Pflicht besteht, das Finanzamt über die laufenden Buchungen zu unterrichten (im Übrigen vgl. § 43 Rz. 8, 13; § 44 Rz. 21).

20 Insbesondere folgende Einzelfälle von Buchhaltungsmanipulationen führen zu unrichtiger Gewinnermittlung, zur Abgabe unrichtiger Steuererklärungen und damit zur Steuerhinterziehung bei **Einkommen-, Körperschaft- und Gewerbesteuer**:

- die falsche Führung von Geschäftsbüchern, falsche Buchführung[5];
- das Verheimlichen von Geschäftseinnahmen[6];
- das Unterlassen der Buchung von Einkünften aus sittenwidrigen und strafbaren Handlungen;
- die unvollständige Aufzeichnung von Erlösen[7];

---

1 BGH v. 7.6.1994 – 5 StR 272/94, wistra 1994, 268; *Ransiek* in Kohlmann, § 370 AO Rz. 213; *Schauf* in Kohlmann, § 370 AO Rz. 1205 ff.; *Joecks* in F/G/J, § 370 AO Rz. 261; *Höser*, S. 32 m.w.Nw.; *Lohmeyer*, Zur Abgrenzung zwischen Versuch und Vorbereitungshandlung bei Steuerstraftaten, BB 1975, 1476; *Meine*, Die Abgrenzung von Vorbereitungshandlung und Versuchsbeginn bei der Hinterziehung von Veranlagungssteuern unter Zuhilfenahme einer falschen Buchführung, GA 1978, 321 (322 ff.).
2 BGH v. 25.1.1983 – 5 StR 814/82, BGHSt 31, 225.
3 Str; a.A. *Höser*, S. 33.
4 *Weyand*, Korrektur von Steuererklärungen nach § 153 AO, NWB Fach 2, 5259 ff.
5 BGH v. 15.11.1994 – 5 StR 237/94, wistra 1995, 69; abl. *Schauf* in Kohlmann, § 370 AO Rz. 1209.
6 FG Münster v. 22.6.2006 – 8 K 6609/03 G, U, EFG 2006, 1799.
7 *Schauf* in Kohlmann, § 370 AO Rz. 1209.

– Geschäfte ohne Rechnung;
– die falsche Verbuchung von Geschäftseinnahmen (Gewinne werden als Darlehen bzw. Geschäftseinlage verbucht)[1];
– die Verschleierung von Schwarzgeschäften durch fingierte Rechnungen und gefälschte Belege[2];
– Scheingeschäfte, Umgehungsgeschäfte im Zusammenhang mit unvollständigen/falschen Angaben[3];
– die Verschleierung von verdeckten Gewinnausschüttungen durch sachlich unzutreffende Buchungen, z.B. Verbuchung der Gewinnanteile eines Gesellschafters als Geschäftskosten[4].

Durch Manipulationen in der Buchhaltung können auch **Umsatzsteuer**voranmeldungen bzw. Umsatzsteuerjahreserklärungen unrichtig sein, z.B. wenn Umsätze in der Buchhaltung bewusst unvollständig erfasst werden oder durch Scheinrechnungen das Vorliegen einer Vorsteuer fingiert wird. Gleiches gilt, wenn eigens zur Vorspiegelung der in Wirklichkeit nicht vorhandenen Unternehmereigenschaft i.S. des UStG eine Buchhaltung fingiert wird[5].

b) In Unternehmen können sich auch die Mitarbeiter wegen **Beihilfe** zur Steuerhinterziehung durch die Geschäftsführung des Unternehmens oder durch dessen Vertragspartner und Kunden strafbar machen. Folgende Konstellationen waren bereits Gegenstand der Rechtsprechung:

– Unterlassen von Aufzeichnungen über die von ihm durchgeführten Bauvorhaben durch den verantwortlichen Mitarbeiter einer GmbH mit Wissen und Wollen des Geschäftsführers, sodass der Geschäftsführer den steuerlichen Verpflichtungen der GmbH nicht nachkommen kann[6].
– Übernahme der vom Mandanten mündlich mitgeteilten oder durch Hochrechnung des Wareneinkaufs ermittelten Umsätze in die Umsatzsteuervoranmeldung oder -erklärung durch den *Steuerfachgehilfen*, obwohl Aufzeichnungen hierzu fehlen[7].

c) Steuern können auch noch im **Beitreibungsverfahren** hinterzogen werden[8]. Nach § 284 AO hat der Vollstreckungsschuldner der Vollstreckungsbehörde bei Vorliegen der dort genannten Voraussetzungen ein Verzeichnis seines Vermögens vorzulegen und dessen Richtigkeit an Eides statt zu versichern. Unter Umständen sind der Behörde hierbei die Buchhaltungsunterlagen nach § 97 AO auch im Vollstreckungsverfahren vorzulegen. In diesem Fall liegt die un-

---

1 BGH v. 3.6.1954 – 3 StR 302/53, BGHSt 7, 336 (337).
2 BGH v. 8.5.1979 – 1 StR 51/79, MDR 1979, 772.
3 *Joecks* in F/G/J, § 370 AO Rz. 135 ff.
4 Zur verdeckten Gewinnausschüttung näher *Mihm*, Strafrechtliche Konsequenzen verdeckter Gewinnausschüttungen, 1998; *Janssen/Lange*, Verdeckte Gewinnausschüttungen, 11. Aufl. 2013.
5 BGH v. 23.3.1994 – 5 StR 91/94, BGHSt 40, 109.
6 BGH v. 4.2.1997 – 5 StR 680/96, NStZ 1997, 553 (554).
7 FG Münster v. 20.9.2006 – 5 K 4518/02 U, EFG 2007, 488 m. Anm. *Trossen*, EFG 2007, 491.
8 *Bansemer*, Steuerhinterziehung im Beitreibungsverfahren, wistra 1994, 327; a.A. *Ransiek* in Kohlmann, § 370 AO Rz. 433.

richtige Angabe gegenüber der Behörde unmittelbar in der Vorlage der unrichtigen Buchführung.

24 **d)** Nach **§ 379 Abs. 1 AO** handelt **ordnungswidrig**, wer vorsätzlich oder leichtfertig in tatsächlicher Hinsicht *unrichtige Belege* ausstellt (Nr. 1), Belege gegen Entgelt in Verkehr bringt (Nr. 2) oder nach Gesetz – gemeint sind insbesondere die Vorschriften über die Buchführung nach § 238 HGB bzw. §§ 140 ff. AO[1] – buchungs- oder aufzeichnungspflichtige Geschäftsvorfälle oder Betriebsvorgänge nicht oder in tatsächlicher Hinsicht *unrichtig verbucht* oder verbuchen lässt (Nr. 3) und dadurch ermöglicht, Steuern zu verkürzen oder nicht gerechtfertigte Steuervorteile zu erlangen[2] (eingehend § 46 Rz. 25 ff.).

25 **Belege** sind u.a. Quittungen, Rechnungen, Lieferscheine, Spendenbescheinigungen und Eigenbelege. Unrichtig sind sie dann, wenn sie sachlich unrichtig sind. Liegt darüber hinaus eine Fälschung des Namens des Ausstellers vor, so ist i.d.R. auch eine Urkundenfälschung (§ 267 StGB) gegeben. Ausgestellt ist ein Beleg dann, wenn er sich im Verfügungsbereich dessen befindet, für den er bestimmt ist[3]. Ob der Inhaber des Belegs diesen benutzen will, ist nicht von Bedeutung[4].

26 **e)** Die Ordnungswidrigkeit einer **Verbrauchsteuergefährdung** nach **§ 381 AO** begeht, wer verbrauchsteuerliche Pflichten verletzt, ohne dass es zu einer Steuerhinterziehung gekommen ist. Hierzu gehören auch Verstöße gegen Buchführungs- und Aufzeichnungspflichten, wie sie in den Verbrauchsteuervorschriften enthalten sind[5].

4. Weitere Delikte

27 Die Zahlen einer unrichtigen Buchhaltung schlagen sich regelmäßig auch im *Jahresabschluss* nieder und führen so häufig zur Realisierung von **Bilanzdelikten** (Rz. 33 ff.). Wird durch die mangelhafte Buchführung (vgl. § 26 Rz. 48 ff.) die Übersicht über das Vermögen des Kaufmanns erschwert, führt dies wegen der Mangelhaftigkeit der Buchführung als solcher im Insolvenzfall als **Bankrott** nach § 283 Abs. 1 Nr. 5 StGB bzw. als **Verletzung der Buchführungspflicht** nach § 283b Abs. 1 Nr. 1 StGB zur Strafbarkeit des Buchführungspflichtigen (s. § 85).

28 Wird eine unrichtige Buchhaltung einem Dritten mit dem Ziel zur Kenntnis gegeben, ihn im Glauben an die Richtigkeit der Buchhaltung zu einer Vermögensverfügung, zu bewegen, kommt **Betrug** nach § 263 StGB in Betracht. Wegen der Einzelheiten des Betrugstatbestands s. unten § 47, wegen betrügerischer Manipulationen im *EDV-Bereich* s. unten § 42.

---

1 Zu weiteren Buchführungsvorschriften vgl. *Jäger* in F/G/J, § 379 AO Rz. 33 ff.
2 Vgl. auch *Weyand*, Der Tatbestand der Steuergefährdung, Inf. StW 2006, 596; *Höser*, S. 108.
3 *Jäger* in F/G/J, § 379 AO Rz. 18.
4 *Pfaff*, Zur Beachtung der §§ 379 AO, 271 StGB bei Umsatzsteuer-Sonderprüfungen, DStZ 1979, 249.
5 Vgl. *Jäger/Lipsky* in F/G/J, § 381 AO Rz. 11.

Wird eine unordentliche Buchführung im Zusammenhang mit der Beantragung oder Änderung eines Kredits vorgelegt, kann der Tatbestand des **Kreditbetrugs** gem. § 265b Abs. 1 Nr. 1 StGB eingreifen, wenn die hierbei vorgelegten Unterlagen für den Kreditnehmer vorteilhaft, aber unrichtig oder unvollständig, und für den Kreditgeber im Rahmen der Kreditentscheidung erheblich sind. Zu den tatbestandsmäßigen Voraussetzungen des **Kreditbetrugs** i.S. von § 265b StGB s. § 50 Rz. 150 ff. 29

Eine unrichtige Buchführung kann Tathandlung eines **Subventionsbetrugs** i.S. von § 264 StGB (vgl. § 52 Rz. 10 ff.) sein, z.B. bei mittel- und langfristiger *Exportfinanzierung* durch die Gewährung zinsgünstiger Kredite. Investitionszulagebetrügereien werden häufig durch Angabe falscher Bestelldaten[1] oder durch Angabe *falscher Investitionshöhen* begangen. Häufig finden sich in Subventionsverfahren – nach § 4 SubventionsG unerhebliche – fiktive Exporte mit fingierten Unterlagen zur Erlangung von Barsubventionen- und Umsatzsteuererstattungen. Auch spielen Scheinfirmen und Scheinstandorte zur Verschleierung der Vertragspartner sowie der Herkunfts- und Bestimmungsländer eine Rolle[2]. 30

Die unrichtige Buchführung über die Anzahl der Arbeitnehmer kann eine *Vorbereitungshandlung* für **unrichtige Beitragsnachweisungen** gegenüber der jeweiligen Krankenkasse als zuständiger Einzugsstelle nach § 266a Abs. 2 StGB sein. Die Strafbarkeit tritt ein, wenn es zur vorsätzlichen *Abgabe* unrichtiger Nachweisungen und hierdurch tatsächlich zur Vorenthaltung von vom Arbeitgeber zu tragenden Sozialversicherungsbeiträgen kommt (näher § 38 Rz. 199 ff.). 31

§ 31d *Parteiengesetz* stellt unrichtige *Angaben über die Einnahmen* oder über das *Vermögen* einer **politischen Partei** in einem speziellen Tatbestand unter Strafe[3] (wegen der übrigen in Betracht kommenden Delikte vgl. Rz. 12). 32

B. Unrichtige und fehlende Bilanzen

Schrifttum (vgl. auch vor Rz. 1): *Bittmann*, BilMoG – Bilanzrechtsmodernisierung oder Gesetz zur Erleichterung von Bilanzmanipulationen, wistra 2008, 441; *Blumers/Frick/Müller*, Betriebsprüfungshandbuch, Loseblatt, Rz. 600 ff.; *Brenner*, Bilanzanalyse als kriminaltechnisches Erkenntnismittel, DRiZ 1981, 16; *Dannecker*, Bilanzstrafrecht, in Betriebsprüfungshandbuch, Loseblatt; *Freidank*, Bilanzreform und Bilanzdelikte, 2005; *Graw/Keller*, Bilanzmanipulation – Risiko und Krisenfrüherkennung durch Jahresabschlussanalysen, Kredit & Rating Praxis, 2004, 27; *Hauser*, Jahresabschlussprüfung und Aufdeckung von Wirtschaftskriminalität, 2000; *Henzler*, Bilanzmanipulation, 2006; *Hofmann*, Handbuch Anti-Fraud-Management – Bilanzbetrug erkennen – vorbeugen – bekämpfen, 2008; *Klug*, Aktienstrafrecht, 1975; *Krekeler*, Strafbarkeit des Abschlussprüfers, StraFo 1999, 217; *Lohmeyer*, Steuerliche Bilanzdelikte und ihre strafrechtliche Würdi-

---

1 *Schmidt-Hieber*, Verfolgung von Subventionserschleichungen nach Einführung des § 264 StGB, NJW 1980, 322.
2 *Reisner*, Die Strafbarkeit von Schein- und Umgehungshandlungen in der EG, 1995; *Tiedemann*, Subventionskriminalität in der Bundesrepublik, 1974, S. 341; *Sieber*, Eurofraud – Subventionsbetrug und Steuerhinterziehung zum Nachteil der EG, SchwZStrafR 1996, 357.
3 Hierzu eingehend *Saliger*, S. 605 ff.; *Grunst*, wistra 2004, 95.

gung, GA 1972, 302; *Oehmichen*, Abgrenzungsschwierigkeiten zwischen Bilanzfälschung und Bilanzverschleierung, in Belke/Oehmichen, Wirtschaftskriminalität, 1983; *Schüppen*, Systematik und Auslegung des Bilanzstrafrechts 1993; *Tödtmann/Schauer*, Der Corporate Governance Kodex zieht scharf, ZIP 2009, 995; *Wimmer*, Die zivil- und strafrechtlichen Folgen mangelhafter Jahresabschlüsse bei GmbH und KG, DStR 1997, 1931.

I. Erscheinungsformen

33 Massive Bilanzfälschungen haben in jüngerer Zeit im In- und Ausland nicht nur zu spektakulären Strafverfahren (vgl. Rz. 53; § 26 Rz. 180), sondern auch zu **gesetzgeberischen Maßnahmen** geführt. Geht es dabei im Schwerpunkt auch darum, bei kapitalmarktorientierten – insbesondere börsennotierten – Unternehmen zum Schutz der Anleger mehr Transparenz zu schaffen, so ist doch ein ganzes Bündel von bilanzrelevanten Vorschriften geändert oder verschärft worden. Das auf europäischen Vorgaben beruhende *Bilanzrechtsreformgesetz*[1] hat zahlreiche Neuerungen insbesondere für Finanzdienstleistungsinstitute und für den Konzernabschluss – einschließlich der Berücksichtigung internationaler Rechnungslegungsstandards – gebracht; auch die Sanktionsvorschriften wurden modifiziert. Das *Bilanzkontrollgesetz*[2] hat insbesondere eine unabhängige „Prüfstelle für Rechnungslegung" (§ 342b–342e HGB; vgl. § 26 Rz. 138) geschaffen, die im Zusammenwirken mit der Bundesanstalt für Finanzdienstleistungsaufsicht dazu beitragen soll, dass die Abschlüsse von kapitalmarktorientierten Unternehmen sachlich richtig sind. Wegen der Neuerungen durch das *Bilanzrechtsmodernisierungsgesetz* und das *MicroBilG* wird auf § 26 Rz. 2 verwiesen.

34 Im Bereich der Bilanzerstellung werden **Bilanzfälschungen**, die gegen das Prinzip der *Bilanzwahrheit* verstoßen, und **Bilanzverschleierungen**, die gegen das Gebot der *Bilanzklarheit* gerichtet sind, unterschieden[3]. Die Abgrenzung ist nicht einheitlich, Mischtypen sind nicht auszuschließen[4]. Hinsichtlich der Unrichtigkeit ist darauf abzustellen, ob sich aus der Bilanz für den bilanzkundigen Leser ein von den tatsächlichen Verhältnissen in wesentlichen Punkten eindeutig abweichendes Bild ergibt[5]. Für *formelle Fehler* des Jahresabschlusses sieht § 256 Abs. 4 AktG als zivilrechtliche Sanktion dessen *Nichtigkeit* vor, wenn seine Klarheit und Übersichtlichkeit hierdurch wesentlich beeinträchtigt ist (vgl. § 26 Rz. 139 ff.).

35 **a)** Bei einer **Bilanzfälschung** geht es um den unrichtigen *Ansatz* und die unrichtige *Bewertung* einzelner Bilanzposten. I.d.R. werden solche Manipulationen

---

1 G zur Einführung internationaler Rechnungslegungsstandards und zur Sicherung der Qualität der Abschlussprüfung (BilanzrechtsreformG – BilReG) v. 4.12.2004, BGBl. I 3166.
2 G zur Kontrolle von Unternehmensabschlüssen (BilanzkontrollG – BilKoG) v. 15.12.2004, BGBl. I 3408.
3 Vgl. *Tiedemann*, GmbH-StrafR, § 82 GmbHG Rz. 154 f.
4 RG v. 27.2.1905 – 5339/04, RGSt. 37, 433 (434).
5 RG v. 26.2.1915 – V 1022/14, RGSt. 49, 358 (363); RG v. 15.10.1934 – 3 D 1357/33, RGSt. 68, 346 (349); *Tiedemann*, GmbH-StrafR, § 82 GmbHG Rz. 149 ff.

durchgeführt, um drohende Verluste und Zusammenbrüche zu verheimlichen, um stille Reserven zu bilden oder um auf unrechte Weise Kredit zu erlangen. Da es bei der Bewertung von Vermögensgegenständen regelmäßig nicht nur „den einen" einzig wahren Wert gibt[1], besteht bei einer Bewertung stets ein Beurteilungsspielraum. Die Bewertung kann deshalb strafrechtlich erst dann als falsch angesehen werden, wenn sie schlechterdings nicht mehr vertretbar ist und die Unrichtigkeit deshalb *zweifelsfrei* feststeht[2]. Gleiches gilt bei Aktivierungs- und Passivierungswahlrechten.

Beispiele: 36

– Ausweis dubioser Außenstände zum Nennwert[3];
– Verkauf wertloser Gegenstände an Tochtergesellschaften;
– Verkauf wertloser (Luft-)Forderungen;

Fall Balsam: Die Balsam AG hatte an die Export-Finanzierungsgesellschaft Procedo in Wiesbaden wertlose oder nicht existierende Forderungen verkauft. Die so entstandenen hohen Factoring-Kosten wurden durch Verkauf weiterer Luft-Forderungen nach dem Kettenbriefsystem finanziert. Procedo refinanzierte den Erwerb dieser Forderungen mit gefälschten Belegen bei 45 verschiedenen Banken. Diese erhielten ebenfalls wertlose Forderungen, die sie meist abschreiben konnten[4].

Fall Ceyoniq AG: Um Banken über die wahre Lage des weltweit operierenden Unternehmens zu täuschen, wurden in drei Jahresabschlüssen Luftrechnungen über tatsächlich nicht erbrachte Leistungen eingearbeitet[5].

Fall Euro Waste: Den Firmengründern wird vorgeworfen, in den 90er Jahren die Bilanzen der Entsorgungsfirmengruppe Euro Waste Service zur Kaschierung von Verlusten manipuliert und u.a. Luftrechnungen, also Rechnungen ohne wirtschaftlichen Hintergrund, gefertigt zu haben. Unter Vorlage der positiven Bilanzen sollen der Gesellschaft von 30 Banken Kredite in einer Gesamthöhe von rund 783 Mio. DM (rund 400 Mio. Euro) bewilligt worden sein[6].

– Einstellen fiktiver Beträge: Aufnahme eines nicht dem Unternehmen gehörenden Grundstücks in den Posten „Anlagegüter"[7]; Aufführung bereits verkaufter Waren als Aktivposten[8], fingierte Guthaben;

Fall Parmalat: U.a. soll eine gefälschte Bestätigung hergestellt worden sein, die ein Konto mit knapp 4 Mrd. Euro bei der Bank Of America fingierte. Das Dementi der Bank hatte die Aufdeckung des Bilanzskandals ausgelöst. Für den angeblichen Brief der Bank of America soll ein Parmalat-Mitarbeiter das Logo aus einem alten Dokument ausgeschnitten, eingescannt und damit ein Fax für die Wirtschaftsprüfungsgesellschaft Thornton fabriziert haben. Aus einem anderen Brief soll die Unterschrift einer Bankmitarbeiterin ausgeschnitten und in die Bestätigung eingeklebt worden sein[9].

---

1 Vgl. *Florstedt*, Grundsätze der Unternehmensbewertung für das StrafR, wistra 2007, 441.
2 BGH v. 8.12.1981 – 1 StR 706/81, BGHSt 30, 285 (Rz. 9 ff.); *Perron* in S/S, § 265b StGB Rz. 2.
3 So schon RG v. 5.4.1886 – 652/86, RGSt. 14, 80 (82 f.); RG v. 24.10.1905 – 603/05, RGSt. 38, 195 (196).
4 *Peemöller/Hofmann*, S. 92 ff. m.w.Nw.
5 Manager Magazin v. 11.7.2003.
6 Vgl. hierzu Berliner Zeitung v. 26.2.2001; Welt online v. 20.3.2005 – www.welt.de; Pressemitteilung des LG Münster v. 7.3.2008.
7 RG v. 3.6.1910 – V 58/10, RGSt. 43, 407 (416 f.).
8 RG v. 13.11.1933 – III 869/33, RGSt. 67, 349 (350).
9 Hierzu näher *Peemöller/Hofmann*, S. 71 ff. m.w.Nw.

- Ausweis von Schein-Umsätzen;

  Fa. Comroad AG: Von gemeldeten 93,5 Mio. Euro Umsatz waren lediglich 1,3 Mio. Euro echt; im Übrigen handelte es sich um Scheinumsätze mit einem Hongkonger Elektronikunternehmen, dessen Existenz nicht verifiziert werden konnte[1].

  Ähnliche Fälle: *Fa. EM.TV*[2]; *Fa. Phenomedia*: Die Bilanz soll nicht existente Forderungen in Höhe von ca. 10 Mio. Euro ausgewiesen haben[3]; *Ision AG*[4].

- Betriebskosten werden als Kapitalinvestitionen verbucht und ausgewiesen;

  WorldCom Inc.[5]: Anstelle eines Gewinns von 1,4 Mrd. US$ lag ein erheblicher Verlust vor; die Bilanzfälschung bestand darin, dass verschiedene Betriebskosten wie Aufwendungen für laufenden Betrieb und Reparatur des Netzes als Kapitalinvestitionen verbucht wurden.

- Voraktivierung künftiger Kaufpreisforderungen vor Übereignung der ebenfalls aktivierten Waren;

- Aktivierung von Forderungen aus Wechselreiterei bzw. von fiktiven oder zweifelhaften, wertmäßig abzuschreibenden Forderungen[6], von fingierten Aufträgen[7];

- Weglassen einzelner Posten unter Verstoß gegen §§ 246, 247, 264–266 HGB;

- Nichtaufführen von Verbindlichkeiten;

  Bankgesellschaft Berlin: Um immer neue Kredite für die Immobiliengeschäfte der BGB zu erhalten, wurden sog. Komplementäre engagiert. Diese waren dann Kreditnehmer für die diversen Immobilienfonds der BGB. Von der Haftung für die Kredite wurden die Komplementäre von der BGB aber jeweils freigestellt. Durch die Freistellungserklärung für die Komplementäre hätten diese potenziellen Verbindlichkeiten in Höhe von bis zu 7,5 Mrd. Euro allerdings in den Jahresabschlüssen der Bankgesellschaft auftauchen müssen, die hierzu aber keine Aussage trafen[8].

- Bildung von Rückstellungen für nicht existente Verpflichtungen[9], für Gewährleistungen ohne rechtliche Verpflichtungen oder für gar nicht existente „drohende Verluste";

- Aktiva: Nichtaufführen bestimmter Vermögenswerte (Nichterwähnung von Waren)[10];

- Über- und Unterbewertungen, etwa bei Außenständen, Grundstücken, Warenvorräten und sonstigen Anlagevermögen; zu hohe oder zu niedrige Abschreibungen[11];

---

1 Vgl. hierzu LG Frankfurt v. 28.4.2003 – 3-7 O 47/02, NJW-RR 2003, 1049; *Peemöller/Hofmann*, S. 111 ff. m.w.Nw.
2 Hierzu BGH v. 16.12.2004 – 1 StR 420/03, NJW 2005, 445; auch *Peemöller/Hofmann*, S. 102 ff. m.w.Nw.
3 Hierzu näher *Peemöller/Hofmann*, S. 114 ff. m.w.Nw.
4 LG Hamburg v. 9.5.2008 – 620 KLs 5/04 5500 Js 97/03, juris; Revisionsentscheidung BGH v. 14.7.2010 – 1 StR 245/09, wistra 2010, 407.
5 Hierzu näher *Peemöller/Hofmann*, S. 39 ff. m.w.Nw.
6 *Tiedemann* in LK, § 265b StGB Rz. 67 ff.; z.B. Handelsblatt v. 17.12.2008 – Fall LBBW./. SachsenLB.
7 LG Düsseldorf v. 26.2.1988 – 40 O 255/80, BB 1989, 882.
8 Hierzu *Peemöller/Hofmann*, S. 122 ff. m.w.Nw.; LG Berlin v. 7.2.2005 – (526) 2, StB 26/02 KLs (16/03), juris; BGH v. 9.3.2006 – 5 StR 430/05, juris; BGH v. 25.4.2006 – 5 StR 430/05, wistra 2006, 465.
9 *Paufler*, Die Steuerhinterziehung, 1983, 153.
10 RG v. 19.11.1928 – II 616/28, RGSt. 62, 357.
11 *Joecks* in F/G/J, § 370 AO Rz. 142-144; *Paufler*, S. 124 ff; *Lohmeyer*, Steuerzuwiderhandlungen durch unzulässige Abschreibungen, NWB Fach 13, 545.

Unterbewertungen, durch welche die Vermögens- und Ertragslage der AG vorsätzlich unrichtig wiedergegeben oder verschleiert wird, sowie – grundsätzlich ohne Einschränkung – Überbewertungen[1] führen überdies gem. § 256 Abs. 5 AktG zur *Nichtigkeit des Jahresabschlusses* (vgl. § 26 Rz. 139 ff.), die allerdings nach Ablauf bestimmter Fristen nicht mehr geltend gemacht werden kann, § 256 Abs. 6 AktG (vgl. auch § 10 PublG).

b) Eine **Bilanzverschleierung** ist zu bejahen, wenn Tatsachen so undeutlich oder unkenntlich wiedergegeben werden, dass sich der wirkliche Tatbestand nur schwer oder überhaupt *nicht erkennen* lässt[2].

Beispiele: für Bilanzverschleierung sind

- Falschbezeichnungen;
- Missachtung der Gliederungsvorschriften;
- Ausweis aufgelöster stiller Reserven als Einnahmen aus laufendem Geschäftsbetrieb[3];
- Bezeichnung des Wechselbestandes als Wertpapierkonto[4];
- Benennung von Effekten als Debitoren;
- Aufführung von Forderungen unter dem Posten „Kasse";
- Saldierung von Bilanzposten[5];
- vollwertiger Ausweis von Ansprüchen gegen zahlungsunfähige Schuldner.

Auch die Aktivierung erworbener *Asset Backed Securities* („ABS") mit einem bestimmten Wert kann eine Bilanzverschleierung darstellen, wenn der Erwerber in Wirklichkeit gar nicht mehr nachvollziehen kann, inwieweit das erworbene Finanzprodukt eigentlich werthaltig ist[6].

c) Als **Motive** für Bilanzdelikte[7] sind zu nennen:

- Bei zu hohen Aktiva/zu niedrigen Passiva: Anlocken und Täuschen von Teilhabern, Partnern; Irreführung von Kreditgebern; Gründungsbetrug; Täuschung anlässlich Fusionen; Täuschung von Gläubigern in der Krise.
- Bei börsennotierten Gesellschaften: Bilanzmanipulationen zur Steigerung des Aktienkurses, damit Vorstandsmitglieder eigene Aktien zu einem hohen Preis veräußern und so vor dem Zusammenbruch noch Kasse machen zu können oder um neue Kapitalanleger zu gewinnen.
- Bei zu hohen Passiva/zu niedrigen Aktiva: Steuerhinterziehung; Irreführung von Gläubigern, um diese von Vollstreckungen abzuhalten; Verschleierung der Insolvenzreife des Unternehmens; Täuschung ausscheidender Teilhaber; Täuschung von Dividendenempfängern.

---

1 Vgl. *Wimmer*, Die zivil- und strafrechtlichen Folgen mangelhafter Jahresabschlüsse bei GmbH und KG, DStR 1997, 1931; hierzu *Schulze-Osterloh*, Nichtigkeit des Jahresabschlusses einer AG wegen Überbewertung, ZIP 2008, 2241.
2 *Grottel/Hoffmann* in BeBiKo, § 331 HGB Rz. 15.
3 RG v. 19.11.1928 – II 616/28, RGSt. 62, 357 ff.
4 *Klug*, § 400 AktG Anm. 11.
5 RG v. 15.10.1934 – 3 D 1357/33, RGSt. 68, 346.
6 Näher hierzu *Gallandi*, Strafrechtliche Aspekte der Asset Backed Securities, wistra 2009, 41 (45); *Lutter*, Bankenkrise und Organhaftung, ZIP 2009, 197; *Ransiek*, ABS und StrafR, WM 2010, 869.
7 *Gössweiner-Saiko*, S. 61 ff.

II. Allgemeine Straftatbestände

1. Vermögensdelikte

39 Unrichtige Bilanzen können in folgenden Fällen den Tatbestand der **Untreue** (vgl. auch Rz. 3 ff.; zur Untreue allgemein oben § 32) erfüllen:

- Überbewertung von Sacheinlagen in Gründungsbilanzen;
- überhöhte Gewinnverteilung aufgrund unrichtiger Bilanzen;
- über die Gesellschaftstreue hinausgehende Bildung stiller Reserven, die die Gefahr des „Aushungerns" unliebsamer Gesellschafter hervorruft;
- unvertretbare Unterbewertungen.

40 **b)** Folgende Fallgestaltungen erfüllen i.d.R. den Tatbestand des **Betrugs**:

- Verkürzung der Dividendenrechte der Aktionäre durch willkürliche Abschreibungen oder Unterbewertungen;
- betrügerische Kapitalbeschaffung durch Vorlage unrichtiger Bilanzen bei Banken und sonstigen Kreditgebern;
- Erteilung bewusst falscher Auskünfte über die Vermögenslage der Bank durch deren Verantwortlichen auf Nachfrage von Kunden;
- die bewusste Verwendung falscher Bilanzen, um die Insolvenzsituation zu verschleiern.

41 **c)** Für den **Kreditbetrug** (§ 265b StGB, vgl. § 50 Rz. 150 ff.) kommt es im Wesentlichen auf die Bilanzrichtigkeit und -vollständigkeit an, weniger auf die Bilanzklarheit. Nur dann, wenn Unklarheiten zu sachlichen Unrichtigkeiten führen, fallen sie unter § 265b Abs. 1 Nr. 1 Buchst. a StGB. Geeignete Tatwerkzeuge sind insbesondere Zwischen-, Jahresabschluss-, Liquidations- und Abfindungsbilanzen sowie Gewinn- und Verlustrechnungen[1].

42 **d)** Unrichtige oder unvollständige Angaben im Rahmen eines **Subventionsbetrugs** (§ 264 StGB; vgl. § 52 Rz. 10 ff.) liegen bei der Verwendung unrichtiger Bilanzen vor. Häufig werden Bilanzen zur Verschleierung einer schon vorhandenen Krise gefälscht, insbesondere zur Erlangung von Kredithilfen oder staatlichen Beteiligungen an privaten Unternehmen. Auch um sonstige Leistungen aus öffentlichen Kassen zu erlangen, kann es zu Bilanzfälschungen kommen. Zu denken ist hierbei an verlorene Zuschüsse in der Landwirtschaft[2], Darlehen zu verbilligten Zinsen, Stilllegungsprämien im Bergbau oder Abwrackhilfen für die Schifffahrt.

43 **e)** Die Verwendung unrichtiger Bilanzen kann auch zur Strafbarkeit wegen **Kapitalanlagebetrugs** (§ 264a StGB) führen. Hierzu wird auf § 27 Rz. 110 ff. verwiesen.

2. Weitere Delikte

44 **a)** Bereits ausgeführt wurde, dass Manipulationen und Mängel in Buchhaltung und Inventar die Gewinnermittlung und damit die *Bilanz unrichtig* machen, aber i.d.R. noch keine **Steuerhinterziehung**, sondern nur eine *Vorbereitungs-*

---

[1] Zu den Täuschungsmitteln vgl. *Tiedemann* in LK, § 265b StGB Rz. 60 ff.
[2] *Tiedemann* in LK, § 264 StGB Rz. 47 ff.

handlung hierzu darstellen. Die Steuerhinterziehung beginnt erst, wenn den Finanzbehörden die unrichtige Erklärung zugänglich gemacht oder offenbarungspflichtige Tatsachen pflichtwidrig verschwiegen werden (Rz. 18 ff.; wegen Einzelheiten s. unten § 44).

Der Steuerhinterziehung liegt häufig eine **Bilanzfälschung** zugrunde, indem die *Bewertung* von Bilanzpositionen in dem Jahresabschluss, der dem Finanzamt vorgelegt wird, unrichtig ist[1]. Will der Steuerpflichtige von den *gesetzlichen Bewertungsregelungen* abweichen, kommt es für die Richtigkeit der Steuererklärung darauf an, dass er dem Finanzamt nicht nur das Ergebnis seiner Bewertung in Form der Bilanz vorlegt. Vielmehr muss er dem Finanzamt auch die für seine Bewertung maßgeblichen Tatsachen offenlegen, damit das Finanzamt den Sachverhalt selbst rechtlich beurteilen kann. Werden die Tatsachen nicht richtig und vollständig vorgetragen und ergibt sich hierdurch zugunsten des Steuerpflichtigen eine Abweichung in der Besteuerung, so liegt Steuerhinterziehung vor[2]. 45

Strafrechtlich verantwortlich ist auch – regelmäßig als **Gehilfe** –, wer zwar die Steuererklärung nicht unterzeichnet, aber bewusst und gewollt an der Erstellung unrichtiger Bilanzen *mitwirkt*, die den aufgrund der Bilanzen erstellten Steuererklärungen mitgegeben werden[3]. 46

b) Bei *börsennotierten Unternehmen* können Manipulationen der Rechnungslegung zur Strafbarkeit nach **§ 38 Abs. 2 WpHG** führen. Die Veröffentlichung unrichtiger Bilanzen oder Jahresabschlüsse stellt nämlich regelmäßig eine *Täuschungshandlung* i.S. des § 20a Abs. 1 S. 1 Nr. 1 oder 3 WpHG dar, weil die Bilanz für die Bewertung von Aktien an der Börse erheblich ist. Entsprechende Fälle wurden in Deutschland insbesondere im Zusammenhang mit dem bis zum Jahr 2000 boomenden und mittlerweile nicht mehr existenten „Neuen Markt" bekannt. Häufige Formen der Manipulation liegen in der Fingierung von Scheinumsätzen und im Unterlassen von Abschreibungen[4] (vgl. Rz. 36–38). Der Straftatbestand des § 38 Abs. 2 WpHG ist erst erfüllt, wenn es infolge der vorsätzlichen Veröffentlichung eines unrichtigen Jahresabschlusses etc. zu einer *Kurseinwirkung* bei der Aktie kommt. Kommt es nicht zu einer Kurseinwirkung, bleibt die Tat mangels Strafbarkeit des Versuchs straflos. In diesem Fall liegt jedoch eine *Ordnungswidrigkeit* nach § 39 Abs. 1 Nr. 1 oder 2 oder Abs. 2 Nr. 11 WpHG vor. Wegen der weiteren Einzelheiten wird auf § 68 Rz. 14 ff. verwiesen. 47

c) Die unberechtigte *Weitergabe* eines Jahresabschlusses kann ein Vergehen des **Geheimnisverrats** nach § 17 UWG darstellen[5] (vgl. § 33 Rz. 52 ff.). Die 48

---

1 *Joecks* in F/G/J, § 370 AO Rz. 141 ff.; *Muscat*, Bilanzdelikte – Ein Fall für das SteuerstrafR?, PStR 2006, 159.
2 Hierzu BGH v. 10.11.1999 – 5 StR 221/99, NStZ 2000, 203 (203 f.); BGH v. 23.2.2000 – 5 StR 570/99, NStZ 2000, 320; *Joecks* in F/G/J, § 370 AO Rz. 123–128; *Ransiek* in Kohlmann, § 370 AO Rz. 237 ff.
3 *Joecks* in F/G/J, § 370 AO Rz. 18 f.
4 Vgl. z.B. LG München I v. 21.11.2002 – 6 KLs 305 Js 34066/02 – Comroad AG, wistra 2003, 277.
5 Vgl. *Köhler* in Köhler/Bornkamm, § 17 UWG Rz. 12.

Buchhaltung eines Unternehmens ist regelmäßig Geschäftsgeheimnis i.S. von § 203 StGB[1], ebenso die offenlegungspflichtige Bilanz vor ihrer Veröffentlichung. Die unbefugte Weitergabe stellt eine *Verletzung von Privatgeheimnissen* dar. Die Verwertung fremder Betriebs- oder Geschäftsgeheimnisse ist nach § 204 StGB strafbar (vgl. § 33 Rz. 39 ff.).

49 **d)** Unrichtige Bilanzen können **Bankrottdelikte** darstellen (vgl. unten § 81, § 85). Auch wenn die von einem Kaufmann unterzeichnete Bilanz als *Urkunde* qualifiziert werden kann (zur **Urkundenfälschung** vgl. oben § 39), sind in der Rechtsprechung keine Fälle der urkundlichen Bilanzfälschung ersichtlich; offensichtlich können solche Manipulationen durch Rückbezug auf andere Buchführungsunterlagen zu leicht aufgedeckt werden.

III. Handelsrechtliche Tatbestände

50 Die Straf- und Bußgeldtatbestände der §§ 331–334 HGB betreffen nur **deutsche Kapitalgesellschaften** (AG, KGaA, GmbH; vgl. Überschrift vor § 264 HGB). Ihnen unterfallen auch die *Unternehmergesellschaft (haftungsbeschränkt)* und die *REIT-AG*, da diese lediglich Sonderformen der GmbH bzw. der AG darstellen. Die *Europäische Aktiengesellschaft (SE)* mit Sitz in Deutschland wird unter den Voraussetzungen des § 53 SEAG von den §§ 331–333 HGB erfasst (vgl. § 26 Rz. 20). Der Kapitalgesellschaft *gleichgestellt* sind nach § 335b HGB *Personenhandelsgesellschaften* (OHG, KG) ohne haftende natürliche Person (§ 264a HGB), also insbesondere die GmbH & Co KG.

51 Für **Kredit- und Finanzdienstleistungsinstitute** (§ 340 ff. HGB) erweitert § 340m S. 1 HGB die Anwendbarkeit der kapitalgesellschaftlichen Straftatbestände (§§ 331–333 HGB) auf Unternehmensträger in anderen (zulässigen) Rechtsformen. Anstelle der allgemeinen Bußgeldbestimmungen in § 334 HGB (Rz. 75 ff.) enthält § 340n HGB einen speziellen Katalog von Ordnungswidrigkeiten. Für *Kapitalverwaltungsgesellschaften* nach dem KAGB gilt § 340m HGB und dessen Verweis auf die §§ 331 ff. HGB über die Verweisungsnorm des § 38 Abs. 1 S. 1 KAGB.

52 Für **Versicherungsunternehmen** und **Pensionsfonds** besteht eine vergleichbare Regelung. § 341m (i.V.m. § 341p) HBG erstreckt die Geltung der Straftatbestände der §§ 331–333 HGB auf Unternehmensträger in anderen zugelassenen Rechtsformen. § 341n HGB enthält dem § 334 HGB (Rz. 75 ff.) gleichartige, aber eigenständige und deshalb vorrangige Bußgeldtatbestände.

53 **Ausländische Gesellschaften** sind diesen rechtsformspezifischen Normen nicht unterworfen[2]. Eine nach deutschem Recht gegründete Gesellschaft kann sich diesen Vorschriften nicht dadurch entziehen, dass sie ihren Verwaltungssitz in das Ausland verlegt. Diese Verlegung des Verwaltungssitzes ist zwar seit dem Inkrafttreten des Gesetzes zur Modernisierung des GmbH-Rechts und zur Bekämpfung von Missbräuchen (MoMiG)[3] am 1.11.2008 – ebenso wie für eine

---

1 *Schünemann* in LK, § 203 StGB Rz. 29.
2 BGH v. 17.9.1996 – 4 ARs 21/95, NJW 1997, 533 (534).
3 BGBl. I 2008, 2026.

deutsche AG – möglich, nachdem die entgegenstehenden § 4a Abs. 2 GmbHG, § 5 Abs. 2 AktG ersatzlos gestrichen wurden. Für die Anwendbarkeit der genannten Vorschriften entscheidend ist jedoch der satzungsmäßige Sitz der Gesellschaft, mithin der Ort der Registereintragung.

1. Unrichtige Darstellung

a) Nach § 331 Nr. 1 HGB macht sich strafbar, wer vorsätzlich[1] die Verhältnisse der Gesellschaft im *Jahresabschluss* – da dieser auch die Bilanz umfasst, kann tateinheitlich *Bankrott* gem. § 283 Abs. 1 Nr. 7 Buchst. a StGB vorliegen[2] -, im *Lagebericht* oder im *Zwischenabschluss nach § 340 Abs. 3 HGB* – entweder aktiv handelnd oder durch Unterlassen der gebotenen und vor der Aufstellung noch möglichen Berichtigung einer nachträglich erkannten Unrichtigkeit[3] – unrichtig wiedergibt oder verschleiert[4]. Ebenfalls von § 331 Abs. 1 HGB umfasst ist die Unrichtigkeit des *Anhangs*, soweit es sich um Angaben handelt, die relevanten Einfluss auf die Wahrheit und Klarheit des Jahresabschlusses haben[5]. Bei § 331 Nr. 1 HGB handelt es sich um ein *abstraktes Gefährdungsdelikt*[6]. Für die „Wiedergabe" oder „Verschleierung" ist daher nicht erforderlich, dass Dritte von dem Jahresabschluss etc. tatsächlich Kenntnis nehmen. Der Tatbestand ist erfüllt, wenn diejenigen, für die der Jahresabschluss bestimmt ist, die Möglichkeit der Kenntnisnahme hatten.

Hiervon zu unterscheiden ist die für den Beginn der **Verjährung** maßgebliche Beendigung der Tat (§ 78a StGB), die eintritt, wenn die auf die Tatbegehung gerichtete Tätigkeit ihren endgültigen Abschluss gefunden hat[7]. Das ist bei § 331 Nr. 1 HGB der Fall, wenn der Jahresabschluss etc. dem Adressaten zugegangen ist. Bei mehreren bestimmungsgemäßen Adressaten – z.B. Aufsichtsrat, Aktionäre, BaFin, Finanzmärkte – kann es dabei nicht auf den Zugang beim ersten Adressaten ankommen[8]. Denn die Gefährdung der anderen Adressaten durch die falsche Rechnungslegung dauert in diesem Fall noch an. Die Beendigung der Tat tritt deshalb mit dem letzten Zugang bei einem der Adressaten ein; dies wird spätestens mit der allgemeinen Veröffentlichung (z.B. im Internet oder im Unternehmensregister, vgl. § 41 Rz. 24 ff.) der Fall sein.

Täter kann nur ein Mitglied des vertretungsberechtigten Organs – auch in Form des Liquidators oder Abwicklers (vgl. § 265 Abs. 1 AktG, § 66 Abs. 1 GmbHG) – oder des Aufsichtsrats sein. Leitende Angestellte kommen als Täter

---

1 Zur Irrtumsproblematik vgl. *Ransiek*, Blankettstraftatbestand und Tatumstandsirrtum, wistra 2012, 365.
2 *Dannecker* in Staub, § 331 HGB Rz. 204.
3 *Dannecker* in Staub, § 331 HGB Rz. 78.
4 Zu möglichen Auswirkungen von Verstößen gegen § 331 HGB vgl. *Grau/Meshulam/Blechschmidt*, Der „lange Arm" des US-Foreign Corrupt Practices Act, BB 2010, 652.
5 BGH v. 15.11.1993 – II ZR 235/92, BGHZ 124, 111 (121).
6 *Dannecker* in Staub, § 331 HGB Rz. 11.
7 *Sternberg-Lieben/Bosch* in S/S, § 78a StGB Rz. 1 m.w.Nw.
8 So aber *Dannecker* in Staub, § 331 HGB Rz. 89.

nicht in Betracht; jedoch ist *Anstiftung* oder *Beihilfe* möglich[1]. Hat eine Gesellschaft einen Aufsichtsrat *freiwillig* (z.B. nach § 52 GmbHG) installiert[2], ist umstritten, ob dessen Mitglieder in den Anwendungsbereich des § 331 Nr. 1 HGB fallen[3] oder ob die Norm nur die Mitglieder *obligatorischer* Aufsichtsräte (§§ 30, 95 ff. AktG, § 9 GenG, §§ 1, 6 MitbestG) erfasst[4]. Für Versicherungen und Pensionsfonds erweitern §§ 341m und 341p HGB den Kreis möglicher Täter auf den *Hauptbevollmächtigten* nach § 106 Abs. 3 VAG.

56 Der Täter muss in seiner Eigenschaft als **Organ** der Gesellschaft handeln. Übt ein möglicher Täter mehrere Funktionen gleichzeitig aus, z.B. als Aufsichtsratsmitglied einer AG und als Geschäftsführer der GmbH, welche die Mehrheit der Aktien hält, muss ermittelt werden, in welcher Funktion er die Tathandlung begangen hat[5].

57 Der Begriff „**Verhältnisse der Gesellschaft**" ist weit auszulegen und umfasst sämtliche wirtschaftlichen, sozialen und politischen Tatsachen, Vorgänge, Daten und Schlussfolgerungen, welche für die Beurteilung der Situation und der künftigen Entwicklungen der Gesellschaft von Bedeutung sind[6]. Dies folgt schon aus § 264 Abs. 2 HGB, vorschreibt, dass der Jahresabschluss ein den tatsächlichen Verhältnissen entsprechendes Bild der Vermögens-, Finanz- und Ertragslage der Gesellschaft zu vermitteln hat. Führen besondere Umstände dazu, dass der Jahresabschluss ein solches Bild nicht vermittelt, so sind im Anhang zusätzliche Angaben zu machen[7]. Dessen Inhalt ist in den §§ 284, 285 HGB vorgeschrieben. Unter anderem müssen aufgrund von § 285 Nr. 11 HGB auch die Beziehungen der Gesellschaft zu verbundenen Unternehmen richtig dargestellt werden.

58 Die Verhältnisse der Gesellschaft werden **unrichtig wiedergegeben**, wenn die Darstellung der Lage der Gesellschaft objektiv nicht mit der Wirklichkeit übereinstimmt[8], insbesondere bei Bilanzfälschung (Rz. 35 f.). Dabei ist zu berücksichtigen, dass ein ausgeübtes Bilanzierungswahlrecht nur dann i.S. des § 331 Nr. 1 HGB als unrichtig angesehen werden kann, wenn die konkrete Wahl schlechthin unvertretbar ist; verschiedene Auffassungen im Rahmen des Ver-

---

1 *Maul*, Geschäfts- und Konzernlagentäuschung als Bilanzdelikte, DB 1989, 185 (187–189).
2 Hierzu *van Venrooy*, Haftung der Mitglieder eines fakultativen GmbH-Aufsichtsrats, GmbHR 2009, 449; zur Abgrenzung vom bloßen „Beirat" vgl. *Gräwe/Stütze*, Rechte und Pflichten des GmbH-Beirats bei offenen Satzungsgestaltungen, GmbHR 2012, 877.
3 *Schulze-Osterloh/Servatius* in Baumbach/Hueck, GmbHG, 18. Aufl. 2006, § 331 HGB (Anh. zu § 82 GmbHG) Rz. 8.
4 *Grottel/Hoffmann* in BeBiKo, § 331 HGB Rz. 18; einschränkend (abh. vom satzungsmäßigen Aufgabenkreis des freiwilligen Aufsichtsrats) *Dannecker* in Staub, § 331 HGB Rz. 30.
5 Vgl. hierzu *Schaal* in MüKo, § 400 AktG Rz. 12 zur Parallelvorschrift des § 400 Abs. 1 Nr. 1 AktG.
6 *Dannecker* in Staub, § 331 HGB Rz. 48; vgl. auch *Kuhlen* in Lutter, § 313 UmwG Rz. 14.
7 *Silchert/Karsten*, Inhalt und Gliederung des Anhangs, BB 1985, 1889.
8 *Grottel/Hoffmann* in BeBiKo, § 331 HGB Rz. 11.

tretbaren sind daher vom Strafrecht zu akzeptieren[1]. Indes würde der Wortlaut des § 331 Nr. 1 HGB schon bei jeder – und sei es noch so geringfügigen – Unrichtigkeit zur Strafbarkeit führen. Dies ist problematisch, denn § 331 Nr. 1 HGB stellt zum einen ein *abstraktes Gefährdungsdelikt* dar[2], d.h. die Strafbarkeit setzt keinen konkreten Schaden bei einem bestimmten Geschädigten voraus. Zum anderen werden bestimmte Verstöße gegen Bilanzierungsvorschriften in § 334 Nr. 1 HGB nur als Ordnungswidrigkeit sanktioniert.

Vor diesem Hintergrund wird der Wortlaut des § 331 Nr. 1 HGB durch das ungeschriebene Tatbestandsmerkmal der **„Erheblichkeit"** eingeschränkt. Nur marginale Unrichtigkeiten in der Darstellung reichen damit für die Strafbarkeit nicht aus. Die Verhältnisse werden nur i.S. des § 331 Nr. 1 HGB „unrichtig" dargestellt, wenn die konkrete Unrichtigkeit auch zur Unrichtigkeit oder Unvollständigkeit der Darstellung als solcher führt[3]. Ob die konkrete Unrichtigkeit erheblich ist, hängt vom Einzelfall ab. Die Rechtsprechung ist hierbei nicht einheitlich. In Bezug auf die Überbewertung von Aktivpositionen stellt die Rechtsprechung teilweise darauf ab, ob die Auswirkungen der Unrichtigkeit auf die Bilanzsumme einen bestimmten Prozentsatz (zwischen 1 % und 5 %) überschreiten. Teilweise wird auf eine Auswirkung von mehr als 10 % auf den Jahresüberschuss zurückgegriffen, und teilweise eine Kombination dieser Kriterien angewandt[4] (vgl. auch § 26 Rz. 140).

Da es sich bei der Frage der Erheblichkeit um eine Rechtsfrage handelt, kann diese Frage im **Strafverfahren** nicht einfach einem *Sachverständigen* gestellt werden. Allerdings wird angezeigt sein, einen Sachverständen für Rechnungslegung danach zu befragen, welche *Auswirkungen* es z.B. auf das Zahlenwerk oder andere Angaben in Jahresabschluss oder Lagebericht gehabt hätte, wenn anstelle der unrichtigen die korrekten Tatsachen zugrundegelegt worden wäre. Beschränkt sich die Auswirkung lediglich quantitativ auf eine einzige Stelle im Jahresabschluss, kann dies gegen Erheblichkeit sprechen. Für die Erheblichkeit kann es dagegen sprechen, wenn eine Korrektur der Unrichtigkeit quantitativ und qualitativ *Folgekorrekturen* an einer Vielzahl anderer Angaben im Jahresabschluss nach sich zöge. Ggf. muss die Frage, ob und warum es für den Adressaten der Rechnungslegung – z.B. Aktionäre, Aufsichtsrat, BaFin, Gläubiger – einen Unterschied macht, ob die „richtigen" oder die „falschen" Angaben präsentiert werden, durch einen weiteren Sachverständigen (z.B. für Bilanzanalyse oder Risikomanagement) beantwortet werden.

Eine **Verschleierung** liegt vor, wenn die Verhältnisse zwar objektiv richtig dargestellt werden, die Erkennbarkeit aber so erschwert ist, dass die Gefahr einer

---

1 KG v. 11.2.2010 – 1 Ws 212/08, ZAR 67/03 – 1 Ws – Bankgesellschaft Berlin, GWR 2010, 149.
2 *Dannecker* in Staub, § 331 HGB Rz. 11.
3 *Dannecker* in Staub, § 331 HGB Rz. 63 f.; vgl. auch OLG Frankfurt v. 19.6.2002 – 2 Ws 36/02, NStZ-RR 2002, 275 (276) zur Parallelnorm des § 400 Abs. 1 Nr. 1 AktG.
4 Vgl. z.B. OLG Bdb. v. 30.4.1997 – 7 U 174/96, GmbHR 1997, 796; LG Frankfurt/M v. 3.5.2001 – 3/6 O 135/00, DB 2001, 1483; OLG München v. 7.1.2008 – 7 U 3773/07 – „Siemens AG", BB 2008, 440; OLG Frankfurt v. 18.3.2008 – 5 U 171/06 – „Kirch ./. Deutsche Bank", NZG 2008, 429 (431).

unzutreffenden Beurteilung der wirtschaftlichen Situation begründet ist[1] (Bilanzverschleierung, Rz. 37). Die Strafbarkeit der Verschleierung hat eine *beweiserleichternde* Funktion. Damit wird der Einwand abgeschnitten, eine Darstellung sei zwar „geschickt", aber nicht unwahr[2].

61 Für Unternehmen, deren Rechnungslegungspflicht aus §§ 1 ff. PublG folgt, enthält **§ 17 Nr 1 PublG** eine dem § 331 Nr 1 HGB entsprechende Strafvorschrift, die indes lediglich auf die unrichtige Wiedergabe oder Verschleierung der Verhältnisse des Unternehmens im *Jahresabschluss* oder *Lagebericht* bezogen ist. Der Täterkreis ist zudem auf den *Unternehmensinhaber* bzw die *gesetzlichen Vertreter* beschränkt.

62 **b)** Gesellschaften, die nach § 325 HGB zur Offenlegung ihres Jahresabschlusses verpflichtet sind (hierzu unten § 41), haben die Möglichkeit, *neben* dem nach den Vorschriften des HGB zu erstellenden Jahresabschluss freiwillig auch einen Abschluss nach **internationalem Rechnungslegungsstandard** zu erstellen und ihre Offenlegungspflicht mittels dieses Abschlusses zu erfüllen (§§ 325 Abs. 2a, 2b, 315a Abs. 1 HGB[3]). Die unrichtige Wiedergabe oder Verschleierung der Verhältnisse der Gesellschaft in dem internationalen Abschluss wird von § 331 Nr. 1 HGB nicht erfasst, wenn die Angaben im HGB-Abschluss korrekt sind. Diese Lücke schließt **§ 331 Nr. 1a HGB**, der allerdings nicht an der Erstellung, sondern an der *Offenlegung* des internationalen Abschlusses anknüpft und deshalb in § 41 Rz. 44 ff. dargestellt wird.

63 **c) § 331 Nr. 2 HGB** sichert in Ergänzung des § 331 Nr. 1 HGB die Richtigkeit der Rechnungslegung im **Konzern**. Taugliche *Täter* sind die Mitglieder des vertretungsberechtigten Organs oder des Aufsichtsrats einer Gesellschaft[4], die Mutter eines Konzerns ist. Die Strafbarkeit setzt die unrichtige Darstellung der *Verhältnisse des Konzerns* im Konzernabschluss, im Konzernlagebericht oder im Konzernzwischenabschluss nach § 340i Abs. 4 HGB voraus. § 297 Abs. 2 S. 2 HGB verlangt für die Vermittlung eines den tatsächlichen Verhältnissen entsprechenden Bildes der Vermögens-, Finanz- und Ertragslage des Konzerns die Beachtung der Grundsätze ordnungsmäßiger Buchführung. § 298 Abs. 1 HGB verweist für den Konzernabschluss auf die im HGB enthaltenen Rechnungslegungsvorschriften (§§ 244–256, 265, 266, 268–275, 277–283 HGB) und auf die in den §§ 299 ff. HGB enthaltenen Konsolidierungsgrundsätze. Gegenstand der Tat kann sowohl ein Konzernabschluss nach §§ 290 ff. HGB oder nach § 315a HGB sein.

64 Ein Fall des § 331 Nr. 2 HGB kann die **Unterlassene Konsolidierung von Tochtergesellschaften** entgegen § 290 HGB sein[5]. Für den Fall der unterlassenen Konsolidierung von Konzerngesellschaften wird es für die *Erheblichkeit* der Unrichtigkeit (s. Rz. 59) nicht nur auf die *quantitativen* Auswirkungen auf den Jahresabschluss ankommen, sondern auch auf *qualitative* Aussagen, wie z.B.

---

1 *Grottel/Hoffmann* in BeBiKo, § 331 HGB Rz. 15; *Tiedemann*, GmbH-StrafR, § 82 GmbHG Rz. 155.
2 *Grottel/Hoffmann* in BeBiKo, § 331 HGB, Rz. 15.
3 *Grottel* in BeBiKo, § 325 HGB Rz. 57.
4 *Schmedding*, S. 73 ff.
5 Hierzu *Meyer*, BB 2013, 2411.

die Risikostruktur der Geschäfte oder die Bedeutung des betreffenden Geschäftsfelds für den Konzern (z.B. in der Segmentberichterstattung). Ist *§ 296 Abs. 2 HGB* auf die nicht konsolidierten Gesellschaften nicht anwendbar, wird im Umkehrschluss anzunehmen sein, dass das Ausblenden der Gesellschaften aus dem Konzernabschluss gerade nicht unerheblich ist.

Die Problematik kann z.B. bei sog. **Zweckgesellschaften**[1] auftreten. Dabei handelt es sich um Gesellschaften, deren Gründung von einer anderen Gesellschaft für einen bestimmten Zweck initiiert wird und die diesem Zweck dienen[2]. Für solche Gesellschaften sieht § 290 Abs. 2 Nr. 4 HGB seit dem Inkrafttreten des BilMoG (Art. 66 f. EGHGB) in Anlehnung an IAS 27/SIC 12[3] eine Konsolidierungspflicht vor. Dabei handelt es sich jedoch um keine neue Konsolidierungspflicht[4], sondern lediglich um eine *Beweiserleichterung*[5]. Die Konsolidierungspflicht kann nämlich auch früher bereits über § 290 Abs. 2 Nr. 3 HGB vorgelegen haben, wenn zwischen Konzernmutter und Zweckgesellschaft ein *Beherrschungsvertrag* bestand, der aber zur Vermeidung einer Konsolidierung[6] („*Off-balance-Geschäfte*") verschleiert wurde, indem die Konzernmutter vorgeblich nur als „*Dienstleister*" auftrat. Regelmäßig dürften sich aber alle Beteiligten von vornherein darüber einig gewesen sein, dass die Zweckgesellschaft – meist eine Ltd. mit Sitz auf den Kanalinseln o.Ä. – kein Eigenleben entwickeln und die Muttergesellschaft sämtliche Geschicke der Zweckgesellschaft bestimmen wird.

Vielfach wird gegen § 331 Nr. 2 HGB verstoßen, indem der Konzernabschluss durch umfangreiche **Geschäfte mit „nahestehenden Unternehmen"** aufgebläht wird. Umsätze mit Tocherunternehmen, die in den Konsolidierungskreis fallen, können im Konzernabschluss nämlich nicht ausgewiesen werden. Dies wird umgangen, indem Umsätze mit Gesellschaften getätigt werden, die wegen eines anderen Gesellschafterkreises nicht in den Konzernabschluss aufzunehmen sind, aber gleichwohl vom selben Management geführt werden wie die Konzernmutter. Häufig sind diese Unternehmen, deren Zahlungspflichten im Konzernabschluss als Forderungen und Umsätze erscheinen, erst kurz vor dem betreffenden Geschäft gegründet worden und gar nicht zahlungsfähig, sodass die im Konzernabschluss ausgewiesenen Forderungen und Umsätze nur auf dem Papier bestehen, aber eigentlich mit Null zu bewerten sind. 65

Für die nach §§ 1 ff. PublG rechnungslegungspflichtigen Konzerne enthält **§ 17 Nr. 2 PublG** die dem § 331 Nr. 2 HGB entsprechende Strafnorm, die auf den Konzernabschluss und -lagebericht bzw. auf Abschluss und Lagebericht des 66

---

1 Vgl. *Mujkanovic*, Die Konsolidierung von Zweckgesellschaften nach IFRS und HGB, StuB 2008, 136; *Kümpel/Piel*, Die Konsolidierung von Zweckgesellschaften vor dem Hintergrund der Subprimekrise, DStR 2009, 1222; *Dobler/Kuhner*, WPg 2009, 24 (27).
2 Vgl. auch *Grottel/Kreher* in BeBiKo, § 290 HGB Rz. 68 ff.
3 *Mujkanovic*, StuB 2008, 136 (140).
4 So *Merkt* in Baumbach/Hopt, § 290 HGB Rz. 5; *Krümpel/Piel*, Die Konsolidierung von Zweckgesellschaften vor dem Hintergrund der Subprimekrise, DStR 2009, 1222.
5 *Mujkanovic*, StuB 2008, 136.
6 *Mujkanovic*, StuB 2008, 136 (140).

Teilkonzerns (§ 11 Abs. 2 S. 1 PublG) als Tatobjekt abstellt. § 331 Nr. 2 HGB und § 17 Nr. 2 PublG können *tateinheitlich* den Tatbestand des Bankrotts gem. § 283 Abs. 1 Nr. 7 Buchst. a StGB erfüllen[1].

67 d) **§ 331 Nr. 3 HGB** beinhaltet eine identische Regelung wie § 331 Nr. 1a HGB (Rz. 62) und sanktioniert die *unrichtige Offenlegung* der Verhältnisse des *Konzerns* in **EU-/EWR-Konzernabschlüssen** und -lageberichten nach §§ 291 f. HGB, die anstelle des Konzernabschlusses nach dem deutschen HGB offengelegt werden (zu den Offenlegungsvorschriften s. § 41 Rz. 11 ff.).

68 e) Seit dem 5.1.2007[2] stellt **§ 331 Nr. 3a HGB** den falschen „**Bilanzeid**" unter Strafe[3]. Dies betrifft Gesellschaften, die in der Bundesrepublik Deutschland oder einem Mitgliedstaat der EU ansässig sind und in Deutschland auch außerbörslich gehandelte Schuldtitel mit einer Mindeststückelung von 50 000 Euro emittieren (§ 2 Abs. 7 WpHG, § 327a HGB). Deren gesetzliche Vertreter haben bei der Unterzeichnung zu versichern, dass nach ihrem besten Wissen

– der Jahresabschluss (§ 264 Abs. 2 S. 3 HGB) bzw. Konzernabschluss (§ 297 Abs. 2 S. 4 HGB) ein den tatsächlichen Verhältnissen entsprechendes Bild der Vermögens-, Finanz- und Ertragslage der Gesellschaft bzw. des Konzerns vermittelt oder der Anhang zusätzliche Angaben über die Gründe enthält, warum dies nicht der Fall ist, und

– der Lagebericht (§ 289 Abs. 1 S. 5 HGB) bzw. Konzernlagebericht (§ 315 Abs. 1 S. 6 HGB) den Geschäftsverlauf einschließlich des Geschäftsergebnisses und die Lage der Gesellschaft bzw. des Konzerns so darstellt, dass ein den tatsächlichen Verhältnissen entsprechendes Bild vermittelt wird, und dass die wesentlichen Chancen und Risiken beschrieben sind.

Strafbar macht sich nur, wer diese Versicherung vorsätzlich *nicht richtig* abgibt. Das gänzliche *Unterlassen* der Versicherung ist als *Ordnungswidrigkeit* ausgestaltet (§ 334 Abs. 1 Nr. 1 Buchst. a, Nr. 3 und 4 HGB).

69 f) **§ 331 Nr. 4 HGB** stellt unrichtige oder verschleiernde **Angaben gegenüber dem Abschlussprüfer** durch ein Mitglied des vertretungsberechtigten Organs einer Gesellschaft oder durch einen vertretungsberechtigten Gesellschafter eines ihrer Tochterunternehmen (§ 290 Abs. 1, 2 HGB) unter Strafe. Die Informationen und Nachweise, die der Abschlussprüfer verlangen kann, ergeben sich aus § 320 HGB. Für die Verwirklichung des Tatbestands ist das Machen der Angaben ausreichend. Eine Täuschung oder gar ein Irrtum des Prüfers ist nicht erforderlich[4].

Die im Kern gleiche Zielrichtung verfolgt die Bußgeldvorschrift des § 342e HGB für den Fall, dass die gesetzlichen Vertreter des Unternehmens oder die von diesen herangezogenen Mitarbeiter gegenüber der **Prüfstelle** (§ 342b HGB –

---

1 *Dannecker* in Staub, § 331 HGB Rz. 204.
2 Transparenzrichtlinie-UmsetzungsG – TUG – v. 5.1.2007, BGBl. I 10.
3 *Ziemann*, Der strafbare „Bilanzeid" nach § 331 Nr. 3a HGB, wistra 2007, 292; *Hamann*, Der Bilanzmeineid nach § 331 Nr. 3a HGB, Der Konzern 2008, 145; *Altenhain*, Der strafbare falsche Bilanzeid, WM 2008, 1141.
4 *Kuhlen* in Lutter, § 313 UmwG Rz. 20; *Vossius* in Widmann/Mayer, § 313 UmwG Rz. 60.

vgl. Rz. 33 und § 26 Rz. 138) vorsätzlich oder fahrlässig unrichtige oder unvollständige Auskünfte erteilen oder Unterlagen nicht vollständig oder nicht richtig vorlegen.

Werden gegenüber dem Wirtschaftsprüfer im Rahmen der Erstellung eines Jahresabschlusses **mehrfach hintereinander** unrichtige Angaben gemacht, um die von Anfang an erstrebte Billigung der Unterlagen seitens des Wirtschaftsprüfers zu erlangen, dann stellen sich diese Handlungen bei natürlicher Betrachtungsweise als eine einheitliche Tat dar. Dienen die unrichtigen Angaben der *Verschleierung früherer Untreuehandlungen*, so ist der Unrechtsgehalt dieser Angaben nicht bereits durch die Strafbarkeit wegen vorangegangener Untreue mit abgegolten, da die Strafbestimmung auch dem Schutz der Öffentlichkeit dient[1].

2. Verletzung der Prüferpflichten

In Fortsetzung des letztgenannten Tatbestands bedroht **§ 332 HGB** denjenigen mit Strafe, der als **Abschlussprüfer** oder **Gehilfe eines Abschlussprüfers** über das Ergebnis der Prüfung eines Jahresabschlusses, eines Lageberichts, eines Konzernabschlusses oder eines Konzernlageberichts einer Gesellschaft vorsätzlich unrichtig berichtet, im Prüfungsbericht (§ 321 HGB) erhebliche Umstände verschweigt oder einen inhaltlich unrichtigen Bestätigungsvermerk (§ 322 HGB) erteilt[2] (vgl. auch § 94 Rz. 8 ff.). Für Unternehmen, die unter das PublG fallen, enthält **§ 18 PublG** eine Parallelvorschrift. Unabhängig von der originären Strafbarkeit als Prüfer kommt auch eine Beteiligung – insbesondere eine Beihilfe – des Prüfers an der (Haupt-)Tat des Organs der Gesellschaft in Betracht (vgl. hierzu unten § 90 und § 95).

a) Das **„unrichtige Berichten"** und das **„Verschweigen erheblicher Umstände im Prüfungsbericht"** sind keine eigenständigen Tatbestandsvarianten, sondern beschreiben lediglich unterschiedliche Ausprägungen derselben strafbaren Handlung[3]. *Tatobjekt* ist der Prüfungsbericht nach § 321 HGB, in dem der Prüfer Art und Umfang sowie das Ergebnis der Prüfung darstellt (Abs. 1). Der Prüfungsbericht hat damit Aussagen vor allem darüber zu enthalten,

– was der Prüfer mit welchem Auftrag geprüft hat (§ 321 Abs. 3 HGB),
– ob und inwieweit die Buchführung und die weiteren geprüften Unterlagen den gesetzlichen Bestimmungen und der Unternehmenssatzung entsprechen (§ 321 Abs. 2 HGB) und
– ob bestands- oder entwicklungsgefährdende Tatsachen festgestellt wurden (§ 321 Abs. 1 HGB).

---

1 BGH v. 21.8.1996 – 4 StR 364/96, wistra 1996, 348.
2 Hierzu *Geilen*, Verletzung der Berichtspflicht (§ 332 HGB), in GS Ellen Schlüchter, 2002, S. 283 ff.; *Hoffmann*, Falsche Berichterstattung des Abschlussprüfers, BB 2002, 2275; *Weyand*, Konsequenzen unrichtiger Darstellung und Verletzung der Beitragspflicht für Unternehmensleitung und Abschlussprüfer, Inf. StW 2000, 149; *Krekeler*, Strafbarkeit des Abschlussprüfers, StraFo 1999, 217; *Berndt/Jeker*, Fraud Detection im Rahmen der Abschlussprüfung, BB 2007, 2615.
3 *Dannecker* in Staub, Großkomm., § 332 HGB Rz. 46.

Der Prüfbericht ist dann unrichtig oder unvollständig, wenn der Prüfer bei der Prüfung Gesetzesverstöße oder bestandsgefährdende Tatsachen feststellt, dies im Prüfbericht aber nicht offenlegt, oder wenn der Prüfbericht Tatsachen anführt, die bei der Prüfung gar nicht festgestellt wurden, z.B. weil eine Prüfung insoweit mangels Unterlagen gar nicht möglich war. Zur Feststellung der Unrichtigkeit des Prüfungsberichts sind diesem also nur die bei der Prüfung festgestellten Tatsachen gegenüberzustellen; irrelevant ist es dagegen, ob der Prüfbericht – vergleichbar der unrichtigen Darstellung nach § 331 Nr. 1 oder 2 HGB – ein unrichtiges Bild von der Lage des Unternehmens vermittelt. Dies ist auch dem Umstand geschuldet, dass der Prüfer – anders als der Vorstand, der durch die Erstellung des Jahresabschlusses und des Lageberichts einen vollständigen Überblick über die Lage des Unternehmens hat – bei der Prüfung regelmäßig nicht sämtliche Sachverhalte beleuchtet, sondern nur diejenigen Punkte, auch die Gegenstand seines Prüfungsauftrags sind.

73 **b)** Bzgl. der Erteilung eines **unrichtigen Bestätigungsvermerks** verweist § 332 Abs. 1 HGB auf § 322 HGB. Hiernach muss der Prüfer das Ergebnis seiner Prüfung des Jahres- oder Konzernabschlusses (§ 322 Abs. 1 HGB) und des Lageberichts (§ 322 Abs. 6 HGB) in einem Testat zusammenfassen. Das Testat besagt, ob und inwieweit Abschluss und Lagebericht den Rechnungslegungsvorschriften entsprechen und ein korrektes Bild der Lage des Unternehmens bzw. Konzerns vermitteln. Das Testat wird *uneingeschränkt* erteilt, wenn die Prüfung zu keinen Einwendungen geführt hat (§ 322 Abs. 3 HGB). Kann der Prüfer festgestellte Unzulänglichkeiten des Prüfungsobjekts nicht durch eine klarstellende Ergänzung im Testat beheben (*einschränkter Bestätigungsvermerk*, § 322 Abs. 4 S. 3 HGB) oder die zu prüfenden Sachverhalte nicht aufklären, hat er das Testat zu *versagen* (§ 322 Abs. 4 S. 1 und 2, Abs. 5 HGB). Für die Entscheidung, welches Testat zu erteilen ist, d.h. ob und inwieweit Abschluss und Lagebericht den Vorschriften entsprechen und ein korrektes Bild der Lage vermitteln, kommt es auf das „Urteil des Prüfers aufgrund der bei der Prüfung gewonnenen Erkenntnisse" an (§ 322 Abs. 3 HGB). Maßstab für die Entscheidung über das Testat sind also anders als bei § 331 Nr. 1 und 2 HGB nicht sämtliche objektiven Verhältnisse der Gesellschaft, sondern nur diejenigen Tatsachen, die dem Prüfer im Rahmen der Prüfung bekannt wurden. Hat der Prüfer die seiner Testatsentscheidung zugrunde zu legenden Tatsachen zureichend ermittelt, eröffnet ihm die Bezugnahme des § 322 HGB auf das „Urteil des Prüfers" einen *Entscheidungsspielraum*. Die Aussage des Prüfers in dem konkret erteilten Testat kann deshalb nur dann als unrichtig angesehen werden, wenn es unter keinem Gesichtspunkt mehr vertretbar ist. Hat er den Sachverhalt dagegen nur *lückenhaft* aufgeklärt, ist die Erteilung eines Testats in jedem Fall unrichtig; auch die Versagung des Testats wäre unrichtig, da § 322 Abs. 5 HGB zuvor die Ausschöpfung aller angemessenen Aufklärungsmöglichkeiten vorschreibt.

IDW PS 400 Rz. 98 ff. eröffnen dem Prüfer unter bestimmten Voraussetzungen auch die Möglichkeit, den Bestätigungsvermerk unter einer aufschiebenden Bedingung zu erteilen. Das Testat ist bis zum Eintritt der Bedingung noch nicht erteilt. Bis dahin fehlt es auch an einem Tatobjekt i.S. des § 332 Abs. 1 HGB[1].

---

1 *Böcking/Gros/Rabenhorst* in Ebenroth/Boujong/Jost/Strohn, § 322 HGB Rz. 37.

c) Die Verletzung der dem Abschlussprüfer und seinem Gehilfen auferlegte **Geheimhaltungspflicht** (§ 323 Abs. 1 HGB) steht nach § 333 HGB unter der Androhung von Geld- oder Freiheitsstrafe[1]. Vorausgesetzt ist ein Strafantrag der verletzten Kapitalgesellschaft (§ 333 Abs. 3 HGB).

3. Ordnungswidrigkeiten

§ 334 HGB enthält eine Reihe von Ordnungswidrigkeiten, die Mitglieder des vertretungsberechtigten Organs oder des Aufsichtsrats einer Kapitalgesellschaft sowie einer kapitalisierten Personenhandelsgesellschaft (§ 335b HGB) im Rahmen der Rechnungslegung begehen können. Im Vordergrund stehen *vorsätzliche* (§ 10 OWiG) Zuwiderhandlungen bei der *Aufstellung oder Feststellung des Jahresabschlusses* (§ 334 **Abs. 1 Nr. 1** HGB). Hierbei handelt es sich um Verstöße gegen Vorschriften über Form oder Inhalt (Nr. 1 Buchst. a), über die Bewertung (Nr. 1 Buchst. b), über die Gliederung (Nr. 1 Buchst. c) des Jahresabschlusses und über die in der Bilanz oder im Anhang zu machenden Angaben (Nr. 1 Buchst. d)[2].

§ 334 **Abs. 1 Nr. 2** HGB enthält Ordnungswidrigkeiten durch Verstöße bei der Aufstellung des *Konzernabschlusses,* **Nr. 3** bei der Aufstellung des *Lageberichts,* **Nr. 4** bei der Aufstellung des *Konzernlageberichts,* **Nr. 5** bei der Offenlegung, Veröffentlichung oder Vervielfältigung eines (Konzern-) Abschlusses nach § 328 HGB (zu den Offenlegungspflichten unten § 41) und **Nr. 6** bei Verstößen gegen eine aufgrund des § 330 S. 1 HGB erlassenen *Rechtsverordnung,* soweit diese für einen bestimmten Tatbestand auf diese Bußgeldvorschrift verweist. § 334 **Abs. 2** HGB ahndet als Ordnungswidrigkeit, wenn jemand einen **Bestätigungsvermerk** nach § 322 HGB erteilt, obwohl er nach §§ 319–319b HGB *nicht Abschlussprüfer* sein darf.

Die vorgenannten Vorschriften sind auf **Kreditinstitute** und **Versicherungsunternehmen** nach §§ 340, 341 Abs. 1 HGB nicht anwendbar (§ 334 Abs. 5 HGB). Für diese und ihre Abschlussprüfer gelten die – allerdings vergleichbaren – Sonderstraf- und -bußgeldtatbestände der §§ 340m, 340n, 341m, 341n HGB.

IV. Gesellschaftsrechtliche Sonderstraftatbestände

1. GmbH

a) Die **falschen Angaben**, die § 82 GmbHG für die **GmbH** unter Strafe stellt, beziehen sich ganz überwiegend auf die *Gründungsphase* und auf die Kapitalerhöhung, weshalb hier auf § 27 Rz. 136 ff. bzw. § 50 Rz. 13 ff., 67 ff. verwiesen wird.

b) Im Zusammenhang mit Buchführungsdelikten beim *Betrieb* des Unternehmens ist im Wesentlichen **§ 82 Abs. 2 Nr. 2 GmbHG** einschlägig. Danach wird die – vorsätzliche – *unwahre Darstellung oder Verschleierung der Vermögens-*

---

1 Hierzu *Quick,* Geheimhaltungspflichten des Abschlussprüfers: Strafrechtliche Konsequenzen bei Verletzung, BB 2004, 1490.
2 Vgl. im Einzelnen *Grottel/Hoffmann* in BeBiKo, § 334 HGB Rz. 10 ff.; *de Weerth,* Die Bilanzordnungswidrigkeiten nach § 334 HGB, 1998.

lage der Gesellschaft in einer *öffentlichen Mitteilung* unter Strafe gestellt, soweit nicht schon § 331 Nr. 1 oder 1a HGB (Rz. 54–62) eingreift. Das Tatbestandsmerkmal der Unwahrheit der Darstellung und der Verschleierung entspricht dem des § 331 Nr. 1 HGB (Rz. 58–60)[1]. *Hauptanwendungsbereich* des § 82 Abs. 2 Nr. 2 GmbHG sind wegen des Vorrangs des § 331 Nr. 1 und 1a HGB insbesondere *Zwischenabschlüsse*, die von § 331 HGB nicht erfasst sind[2]. Die Form der Mitteilung (z.B. schriftlich, mündlich, online) ist unerheblich. Sie muss nur an einen unbestimmten Personenkreis oder einen bestimmten Teil der Öffentlichkeit gerichtet sein[3]. **Täter** i.S. des § 82 Abs. 2 Nr. 2 GmbHG können der Geschäftsführer, der Liquidator oder das Mitglied eines Aufsichtsrats oder ähnlichen Organs sein (zum freiwilligen Aufsichtsrat Rz. 55), nicht aber ein Prokurist[4]. Ein Organ ist einem Aufsichtsrat „ähnlich", wenn ihm die Aufsicht zumindest über einen Teil der Geschäftsführung obliegt[5], wie dies häufig bei als „Beirat" bezeichneten Gremien der Fall ist.

80 **c)** Nach **§ 84 GmbHG** ist der Geschäftsführer strafbar, der es vorsätzlich oder fahrlässig unterlässt, *den Gesellschaftern* bei Verlust der *Hälfte des Stammkapitals* eine entsprechende **Verlustanzeige** zu erstatten. Dieser Zeitpunkt liegt regelmäßig *vor* dem Eintritt der Krise i.S. des § 283 Abs. 2 StGB. Umstritten ist, ob § 84 GmbHG voraussetzt, dass sich der Verlust aus einer Bilanz ergeben muss[6] oder nicht[7]. In der Praxis hat dieser Tatbestand jedoch im Gegensatz zur Insolvenzverschleppung (früher § 82 Abs. 1 Nr. 2 GmbHG; jetzt § 15a Abs. 4, 5 InsO; unten § 80) bislang keine große Bedeutung entfaltet.

81 **d)** Die vorstehend genannten Vorschriften gelten auch für die mit dem Gesetz zur Modernisierung des GmbH-Rechts und zur Bekämpfung von Missbräuchen (MoMiG) vom 23.10.2008[8] eingeführte **UG (haftungsbeschränkt)** (vgl. § 23 Rz. 76). Anders verhält es sich mit § 84 GmbHG (Rz. 80), der auf § 49 Abs. 3 GmbHG bezogen ist; insoweit enthält § 5a Abs. 4 GmbHG eine Sonderregelung (vgl. § 84 Rz. 13).

2. Aktiengesellschaften

82 **a)** Nach **§ 400 Abs. 1 Nr. 1 AktG**[9] machen sich die Mitglieder des Vorstands und des Aufsichtsrates sowie die Abwickler einer Aktiengesellschaft und über § 408 AktG auch der persönlich haftende Gesellschafter einer KGaA strafbar, wenn sie die Verhältnisse der Gesellschaft einschließlich ihrer Beziehungen zu

---

1 *Vgl. Schaal* in Erbs/Kohlhaas, G 131 § 82 GmbHG Rz. 50.
2 *Grottel/Hoffmann* in BeBiKo, § 331 HGB Rz. 55.
3 *Dannecker* in Michalski, § 82 GmbHG Rz. 238 f.; *Tiedemann*, GmbH-StrafR, § 82 GmbHG Rz. 140.
4 BGH v. 22.9.2009 – 3 StR 195/09, NStZ-RR 2010, 79.
5 *Dannecker* in Michalski, § 82 GmbHG Rz. 236.
6 So bes. *Tiedemann*, GmbH-StrafR, § 84 GmbHG Rz. 29 f.
7 Vgl. *Schaal* in Erbs/Kohlhaas, G 131 § 84 GmbHG Rz. 7; *Richter*, Der Konkurs der GmbH aus der Sicht der Strafrechtspraxis, GmbHR 1984, 113 (121).
8 BGBl. I S. 2026; hierzu *Müller-Gugenberger*, GmbH-StrafR nach der Reform, GmbHR 2009, 578 (582).
9 Vgl. *Kiethe*, Anm. zu LG München I v. 8.4.2003 – 4 KLs 305 Js 52373/00 – Fall Haffa/EM.TV, NStZ 2004, 73.

verbundenen Unternehmen in Darstellungen oder Übersichten über den Vermögensstand, in Vorträgen oder Auskünften in der Hauptversammlung unrichtig wiedergeben oder verschleiern. Die Auslegung der Tatbestandsmerkmale „unrichtige Wiedergabe" und „Verschleierung" ist identisch mit der des § 331 Nr. 1 HGB (Rz. 58–60)[1].

Die Strafbarkeit nach § 400 Abs. 1 Nr. 1 AktG ist **subsidiär**; sie hängt davon ab, dass die Tat nicht bereits in § 331 Nr. 1 HGB mit Strafe bedroht ist. Darstellungen und Übersichten, deren Unrichtigkeit nach § 400 Abs. 1 Nr. 1 AktG sanktioniert wird, sind hiernach z.B. *Quartalsberichte* über Umsätze und Erträge, andere als die in § 331 Nr. 1 HGB genannten Zwischenabschlüsse und ferner die in § 400 Abs. 1 Nr. 1 AktG ausdrücklich genannten Vorträge und Auskünfte in der *Hauptversammlung*[2]. Auch auf *Emissionsprospekte* ist § 400 Abs. 1 Nr. 1 AktG – auch neben § 264a StGB (§ 27 Rz. 110 ff.) – anwendbar. Die Darstellung bzw. Übersicht muss ein *Gesamtbild* über die wirtschaftliche Lage der Gesellschaft ergeben und den Eindruck der Vollständigkeit erwecken[3], und sei es nur in Tabellenform. Aus diesem Grund ist bei *Ad-hoc-Mitteilungen*, deren Inhalt üblicherweise stark konzentriert ist, regelmäßig genau zu prüfen, ob es sich hierbei um eine Darstellung oder Übersicht i.S. dieser Vorschrift handelt[4]. 83

b) Nach **§ 400 Abs. 1 Nr. 2 AktG** sind falsche Angaben gegenüber Prüfern unter Strafe gestellt. Wegen des vorrangigen und im Wesentlichen identischen § 331 Nr. 4 HGB (Rz. 69) kommen aber nur Angaben bei anderen als Abschlussprüfungen in Betracht, z.B. bei *Sonderprüfungen* nach §§ 142, 258 AktG. 84

c) Nach **§ 401 AktG** macht sich parallel zu § 84 GmbHG (Rz. 80) jedes Vorstandsmitglied strafbar, das es vorsätzlich oder fahrlässig unterlässt, entgegen § 92 Abs. 1 AktG bei einem *Verlust der Hälfte des Grundkapitals* unverzüglich die Hauptversammlung einzuberufen und ihr diesen **Verlust anzuzeigen**[5]. 85

d) Die vorgenannten Vorschriften gelten auch für die durch das Gesetz über deutsche Immobilien-Aktiengesellschaft mit börsennotierten Anteilen (REIT-Gesetz) vom 28.5.2007[6] neu geschaffene **REIT-AG**, welche lediglich eine Sonderform einer AG darstellt. §§ 399 Abs. 1 und 2 und 400–404 AktG sowie die Bußgeldvorschriften der §§ 405 f. AktG gelten im Wesentlichen auch für eine **Europäische Aktiengesellschaft** (SE) mit Sitz in Deutschland (§ 53 SEAG). 86

3. Genossenschaft

a) Wie bei GmbH und AG (Rz. 79, 82) ist auch die **unrichtige Darstellung** oder Verschleierung der Verhältnisse der *Genossenschaft* strafbar, § 147 Abs. 2 Nr. 1 87

---

1 Vgl. OLG Frankfurt v. 19.6.2002 – 2 Ws 36/02, NStZ-RR 2002, 275 (276).
2 BGH v. 16.12.2004 – 1 StR 420/03, BGHSt 49, 381.
3 BGH v. 16.12.2004 – 1 StR 420/03 – Fall Haffa/EM.TV AG, BGHSt 49, 381; OLG Stuttgart v. 18.2.1998 – 9 U 201/97, OLGR Stuttgart 1998, 143.
4 BGH v. 16.12.2004 – 1 StR 420/03, BGHSt 49, 381.
5 *Schaal* in Erbs/Kohlhaas, A 116 § 401 AktG Rz. 10; *Geilen*, § 401 AktG Rz. 13.
6 BGBl. I 914.

GenG[1]. Betreibt die Genossenschaft ein Kredit- oder Finanzdienstleistungsinstitut, und ist die Handlung bereits nach § 331 Nr. 1 oder 1a HGB i.V.m. § 340m HGB strafbar, so tritt die Strafbarkeit aus § 147 Abs. 2 Nr. 1 GenG zurück. *Tatmittel* sind Darstellungen oder Übersichten über den Vermögensstand, die Mitglieder oder die Haftsummen, außerdem Vorträge und Auskünfte in der Generalversammlung. Der Begriff der „Verhältnisse" der Genossenschaft und der Unrichtigkeit bzw. Verschleierung deckt sich mit den in § 331 Nr. 1 HGB verwendeten Begriffen (Rz. 58–60). *Täter* können die Mitglieder des Vorstands und des Aufsichtsrats sowie die Liquidatoren der Genossenschaft sein.

88 **b)** Nach § 33 Abs. 3 GenG ist der Vorstand verpflichtet, unverzüglich die Generalversammlung einzuberufen und ihr **Verlustanzeige** zu erstatten, wenn sich bei der Aufstellung der Jahresbilanz oder einer Zwischenbilanz ergibt, dass durch einen Verlust die Hälfte des Gesamtbetrags der Geschäftsguthaben und die Rücklagen nicht mehr gedeckt sind. Gleiches gilt, wenn der Vorstand dies zu einem anderen Zeitpunkt bei pflichtgemäßem Ermessen feststellt. Verletzt der Vorstand diese Pflicht vorsätzlich oder fahrlässig, macht er sich nach § 148 GenG strafbar[2].

89 **c) Prüfer** des *Genossenschaftsverbandes* machen sich gem. **§ 150 GenG** strafbar, wenn sie im Rahmen der gesetzlich vorgeschriebenen Vorprüfung des Verbandes zum Jahresabschluss einer Bank deren Kreditsicherheiten falsch bewerten.

§ 41
Publizität der Rechnungslegung
Bearbeiter: Heiko Wagenpfeil

	Rz.		Rz.
A. Offenlegungspflichten		2. Ordnungsgeldverfahren	29
I. Rechtsquellen	1	**B. Sanktionen**	
II. Handelsrechtliche Offenlegungspflichten		I. Ordnungswidrigkeiten	
1. Inländische Kapitalgesellschaften	6	1. Bußgeldtatbestände des HGB	38
2. Konzerne	11	2. Bußgeldvorschriften anderer Gesetze	42
3. Ausländische Gesellschaften	18	II. Strafvorschriften	
III. Durchführung der handelsrechtlichen Offenlegung		1. Straftatbestände des HGB	
1. Offenlegungsverfahren	24	a) Unrichtige Offenlegung	44
		b) Unrichtige Offenlegung im Konzern	48

---

1 Näher *Cario* in Lang/Weidmüller, § 147 GenG; *Pöhlmann* in Pöhlmann/Fandrich/Bloehs, § 147 GenG.
2 Näher *Cario* in Lang/Weidmüller, § 148 GenG.

	Rz.		Rz.
2. Straftatbestände anderer Gesetze	51	3. Allgemeine Strafvorschriften	52

Schrifttum: *Ammermann/Ravenstein*, Verstöße gegen Aufstellungs- und Offenlegungspflichten beim Konzernabschluss, WPg 2008, 690; *Christ*, Veröffentlichungspflichten nach dem neuen EHUG, 2007; *Clausnitzer/Blatt*, Das neue elektronische Handels- und Unternehmensregister, GmbHR 2006, 1303; *Deilmann*, EHUG – Neuregelung der Jahresabschlusspublizität und mögliche Befreiung nach § 264 Abs. 3 HGB, BB 2006, 2347; *Fey/Deubert/Lewe*, Erleichterungen nach dem MicroBilG – Einzelfragen zur Anwendung der neuen Vorschriften, BB 2013, 107; *Giese/Rabenhorst/Schindler*, Erleichterungen bei der Rechnungslegung, Prüfung und Offenlegung von Konzerngesellschaften, BB 2001, 511; *Jorde/Schröder/Tenhaak*, Befreiung von Offenlegungspflichten von Konzerntöchtern im Lichte des Publizitätsgesetzes, BB 2013, 2219; *Kaufmann/Kurpat*, Offenlegungspflicht von Jahresabschlüssen – Das Ordnungsgeldverfahren nach § 335 HGB aus Sicht der Rechtsprechung, MDR 2014, 1; *Kießling, Sebastian*, Das Ordnungsgeldverfahren wegen Verletzung von Jahresabschlusspublizitätspflichten gemäß § 335 HGB; *Kaya/Zenk*, Rechnungslegungspublizität von (Schein-)Auslandsgesellschaften, IWB 2010, 569; *Kuhsel*, Schuldhafte Verletzung der Offenlegungspflicht von Jahresabschlüssen im elektronischen Bundesanzeiger, DStR 2013, 1958; *Kumm*, Praxisfragen bei der Regelpublizität nach Inkrafttreten des TUG, BB 2009, 1118; *Küting/Lam*, Umstellung der Rechnungslegung von HGB auf IFRS, GmbHR 2012, 1041; *Liebscher/Scharff*, Das Gesetz über elektronische Handelsregister und Genossenschaftsregister sowie das Unternehmensregister, NJW 2006, 3745; *Marx/Dallmann*, Jahresabschlusspublizität mittelständischer Unternehmen, BB 2004, 929; *Merkt*, Unternehmenspublizität, 2001; *Meyer*, Neuere europarechtliche Zweifelsfragen bei der Anwendung der §§ 264, 264b HGB, BB 2014, 1131; *Nesselrode/Feuerer*, Rechtsschutz im Offenlegungsverfahren, DStR 2008, 2435; *Noack*, Unternehmenspublizität, 2002; *Noack* (Hrsg.), Das neue Gesetz über elektronische Handels- und Unternehmensregister – EHUG, 2007; *Noack*, Neue Publizitätspflichten und Publizitätsmedien für Unternehmen – eine Bestandsaufnahme nach EHUG und TUG, WM 2007, 37; *Petersen/Busch/Froschhammer*, Neuregelung des handelsrechtlichen Ordnungsgeldverfahrens – Erleichterungen vor allem für kleine Unternehmen, Wpg 2013, 905; *Schlauß*, Neues Ordnungsgeldverfahren wegen Verletzung von Jahresabschluss-Publizitätspflichten, BB 2008, 938; *Schlotter*, Das EHUG ist in Kraft getreten, BB 2007, 1; *Scholz*, Zusammenspiel der Befreiungsvorschriften der §§ 264 Abs. 3 und 264 HGB in mehrstufigen Konzernen, BB 2012, 107; *Seibert/Decker*, Das Gesetz über das elektronische Handelsregister und Genossenschaftsregister sowie das Unternehmensregister – EHUG, DB 2006, 2446; *Stollenwerk/Krieg*, Das Ordnungsgeldverfahren nach dem EHUG, GmbHR 2008, 575; *Theile*, Vereinfachte Jahresabschlüsse für Kleinstkapitalgesellschaften, GmbHR 2012, 1112; *de Weerth*, Sanktionsbewehrte Bilanzpublizität in der Insolvenz?, NZI 2008, 711; *Wenzel*, Ordnungsgeldverfahren nach § 335 HGB wegen unterlassener Offenlegung von Jahresabschlüssen, BB 2008, 769; *Zimmer*, Das Kapitalgesellschaften & Co.-Richtlinie-Gesetz, NJW 2000, 1361.

A. Offenlegungspflichten

I. Rechtsquellen

Die Rechnungslegung eines Unternehmens hat nicht nur Bedeutung für dessen *Steuerung* und *Kontrolle* durch die Vertretungs- oder Aufsichtsorgane (vgl. § 26 Rz. 1), sondern auch für Dritte und die Allgemeinheit. Mögliche Geschäftspartner, Investoren oder Arbeitnehmer könnten die **wirtschaftliche Verlässlichkeit** des Unternehmens am besten durch Einsichtnahme in dessen Rechnungslegung einschätzen, was insbesondere bei Unternehmen mit Haftungsbeschränkung wichtig ist. Während Gesellschafter des Unternehmens i.d.R. gesetzliche *Auskunfts- und Informationsrechte* haben (z.B. § 131 AktG, § 51a GmbHG, §§ 116, 166 HGB), besteht für Außenstehende ohne entsprechende Vorschriften keine Möglichkeit, eine Einsichtnahme in die Rechnungslegung eines Unternehmens durchzusetzen. Diesem Umstand wollen die handelsgesetzlichen Vorschriften über die Offenlegung der Rechnungslegung – verkürzt: Bilanzpublizität – abhelfen[1].

2 Die Bilanzpublizität betrifft sowohl das Unternehmen selbst als auch den Konzern. Die Grundregelung enthalten die §§ 325 ff. HGB für die Rechtsformen der **Kapitalgesellschaften**. Neben der deutschen *GmbH* und der *Aktiengesellschaft* zählen hierzu auch deren Abwandlungen, die *UG (haftungsbeschränkt)* nach § 5a GmbHG, die *REIT-AG* (§ 1 Abs. 3 REIT-G) und die *KGaA* (vgl. die Überschrift vor § 264 HGB). Davon ebenfalls erfasst ist die inländische *europäische Aktiengesellschaft* (SE – § 1 SEAG, Art. 61 f. SE-VO[2]). Die §§ 325 ff. HGB gelten über §§ 335b, 339 HGB für *kapitalisierte Personenhandelsgesellschaften* (§ 264b HGB)[3] und *Genossenschaften* weitgehend entsprechend. Für **Kreditinstitute** jedweder zugelassenen Rechtsform, für **Versicherungsunternehmen** und **Pensionsfonds** regeln die §§ 340l, 341l HGB die Publizitätspflicht gesondert, wenn auch mit vielen Verweisungen auf die §§ 325 ff. HGB.

3 Ergänzend erlegt das **Publizitätsgesetz** Unternehmen und Konzernmüttern bestimmter anderer Rechtsformen, die nicht nur vorübergehend bestimmte Größenkriterien erfüllen (vgl. dazu §§ 1, 2, 11, 12 PublG und § 23 Rz. 29) im Anschluss an näher bestimmte Rechnungslegungspflichten (§§ 5–8, 10, 11–14 PublG) auch die zugehörigen Offenlegungspflichten auf (§§ 9, 15 PublG). Dies betrifft nach § 3 PublG die nicht von §§ 264–341p HGB erfassten *Einzelkaufleute, Personenhandelsgesellschaften* mit mindestens einer natürlichen Person als Vollhafter, *Wirtschaftsvereine* (§ 22 BGB), gewerbetreibende *Stiftungen des bürgerlichen Rechts* und *Körperschaften, Stiftungen oder Anstalten des öffentlichen Rechts*, die Kaufmann nach § 1 oder § 2 HGB sind (§ 22 Rz. 42 ff., 51 ff., 61 ff.).

4 **Zusätzliche Publizitätspflichten** können sich auf Unternehmens- und Konzernebene ergeben

– bei *Wertpapieremittenten* aus §§ 37v–37z WpHG[4] (insbesondere Jahres-, Halbjahres- und Quartalsfinanzberichte, wobei die Pflicht zur Erstellung der

---

[1] *Fehrenbach* in MüKo, § 325 HGB Rz. 7; *Kersting* in Staub, § 325 HGB Rz. 8 ff.; *Merkt* in Baumbach/Hopt, § 325 HGB Rz. 1; *Marx/Dallmann*, BB 2004, 929.
[2] VO (EG) Nr. 2157/2001 des Rates v. 8.10.2001 über das Statut der Europ. Gesellschaft (SE), ABl. EG Nr. L 294 v. 10.11.2001, 1.
[3] *Stollenwerk/Krieg*, GmbHR 2008, 575 (576 f.).
[4] Eingehend hierzu *Hönsch* in Assmann/Schneider, §§ 37v ff. WpHG; *Kumm*, BB 2009, 1118.

Letztgenannten durch eine Reform der Transparenzrichtlinie ab 2015 abgeschafft werden soll[1]),

– bei *dem KAGB unterfallenden Gesellschaften und Vermögensmassen* aus §§ 45, 48, 107, 123, 160 KAGB,

– bei *Emittenten von Vermögensanlagen*, die dem Anwendungsbereich des VermAnlG unterfallen (s. hierzu § 27 Rz. 92, 101 ff.) und nicht bereits nach anderen Vorschriften publizitätspflichtig sind, aus § 23 VermAnlG und

– bei *Kredit-* und *Finanzdienstleistungsinstituten* (§ 1 Abs. 1b i.V.m. Abs. 1 und 1a KWG) aus § 26 Abs. 1 KWG.

Auf diese Regelungen sei hier nur hingewiesen, ohne dass sie eingehender dargestellt werden. Ihr Anwendungsbereich ist eingeschränkt, da ihnen die Offenlegungspflichten des HGB und des PublG vorgehen, soweit sie einschlägig sind (vgl. z.B. § 37v Abs. 1 S. 1 WpHG).

Die Regelungen über die Offenlegungspflichten wurden seit ihren Anfängen beständig ausgeweitet und unterliegen zwischenzeitlich einer starken **europarechtlichen Harmonisierung**[2]. Namentlich sind hier zu nennen:

– Das *Bilanzrichtliniengesetz* von 1985[3] (insbesondere über die AG hinaus Erstreckung der Publizitätspflichten auf alle Kapitalgesellschaften);

– Das *Bankbilanzrichtlinie-Gesetz* von 1990[4] (Einfügung der §§ 340–340o HGB);

– das *KapCoRiLiG* von 2000[5] (u.a. Erstreckung der Publizitätspflicht auf kapitalisierte Personenhandelsgesellschaften, § 264a HGB);

– das *EHUG* von 2006[6] (insbesondere Umstellung des Registerverkehrs auf elektronische Medien und Verbesserung der Durchsetzbarkeit der Publizitätspflicht[7]; dazu auch § 22 Rz. 20 ff.);

---

1 Art. 1 Abs. 2 des Vorschlags der Kommission der EU v. 25.10.2011 für die RL des Europ. Parl. und des Rates zur Änderung der RL 2004/109/EG sowie der RL 2007/14/EG der Kommission.
2 Zur geschichtlichen Entwicklung der Offenlegungsvorschriften näher *Zimmer/Eckhold*, NJW 2000, 1361; *Kersting* in Staub, § 325 HGB Rz. 4 ff.; *Dannecker* in Staub, Vor §§ 331 ff. HGB Rz. 29 ff.; *Seibert/Decker*, DB 2006, 2446; *Fehrenbacher* in MüKo, § 325 HGB Rz. 4 f.
3 G. zur Durchführung der 4., 7. und 8. RL des Rates der EG zur Koordinierung des Gesellschaftsrechts, BGBl. I 1985, 2355.
4 G. zur Durchführung der RL des Rates der EG über den Jahresabschluss und den konsolidierten Abschluss von Banken und anderen Finanzinstituten, BGBl. I 1990, 2570.
5 G. zur Durchführung der RL des Rates der EU zur Änderung der Bilanz- und der Konzernbilanzrichtlinie hinsichtlich ihres Anwendungsbereichs (90/605/EWG), zur Verbesserung der Offenlegung von Jahresabschlüssen und zur Änderung anderer handelsrechtlicher Bestimmungen, BGBl. I 2000, 154.
6 G. über elektronische Handelsregister und Genossenschaftsregister sowie das Unternehmensregister, BGBl. I 2006, 2553.
7 RL 2003/58/EG des Europ. Parl. und des Rates v. 15.7.2003 zur Änderung der RL 68/151/EWG des Rates in Bezug auf die Offenlegungspflichten von Gesellschaften bestimmter Rechtsformen, ABl. EU Nr. L 221 v. 4.9.2003, 13.

- das *Transparenzrichtlinie-UmsetzungsG* von 2007[1] (Einrichtung eines zentralen amtlichen Systems für kapitalmarktrelevante Informationen von Emittenten börsenhandelbarer Wertpapiere[2]);
- das *MicroBilG* von 2012[3] (Befreiung von bzw. Erleichterungen für kleine Kapitalgesellschaften in Bezug auf die Publizitätspflichten);
- das *BilRUG (Bilanzrichtlinie-UmsetzungsG)*, das die bis Mitte 2015 umzusetzende Bilanzrichtlinie 2013 in deutsches Recht transformiert und das derzeit nur als Gesetzentwurf vorliegt (s. § 23 Rz. 28c; § 26 Rz. 2).

II. Handelsrechtliche Offenlegungspflichten

1. Inländische Kapitalgesellschaften

6   In welchem **Umfang** und innerhalb welcher **Fristen** welches Unternehmen und welcher Konzern(-teil) seiner Publizitätspflicht nachzukommen hat, wird in den oben (Rz. 4) genannten Vorschriften teilweise sehr ausdifferenziert geregelt (zu den Fristen näher Rz. 24). – Nachfolgend wird nur ein Überblick über die Struktur der Publizitätsregelungen gegeben.

7   Der jeweilige Unternehmensträger hat grundsätzlich folgende **Unterlagen** offenzulegen (§ 325 Abs. 1 S. 1 HGB, § 9 PublG):

- den Jahresabschluss mit Bestätigungsvermerk des Abschlussprüfers oder dem Vermerk über dessen Versagung und den Lagebericht,
- den Bericht des Aufsichtsrates,
- die Erklärung zum Corporate Governance Kodex gem. § 161 AktG (bei börsennotierten Gesellschaften) sowie
- den Vorschlag und, soweit er bei der GmbH nicht Rückschlüsse auf die Gewinnanteile der Gesellschafter zulässt, den Beschluss zur Verwendung des Jahresergebnisses.

Die Offenlegungspflicht besteht auch bei einer **nachträglichen Änderung** dieser Unterlagen (§ 325 Abs. 1 S. 6 HGB, § 9 PublG) und grundsätzlich sogar, wenn der betreffende Jahresabschluss nach § 256 AktG *nichtig* ist, solange er tatsächlich aufgestellt ist[4].

8   Das Gesetz sieht diverse **Erleichterungen** in Bezug auf die Offenlegung und den Umfang der offenzulegenden Unterlagen vor. So müssen international tätige Einzelunternehmen mit Sitz im Inland ihren Jahresabschluss zwar zwingend nach den Vorschriften des HGB erstellen. Allerdings steht jedem Unternehmen frei, *daneben* auch *freiwillig* einen Jahresabschluss nach *internationalen Rechnungslegungsstandards* i.S. des § 315a HGB aufzustellen[5]. Solchen Unterneh-

---

1   BGBl. 2007 I 10.
2   RL 2004/109/EG des Europ. Parl. und des Rates v. 15.12.2004 zur Harmonisierung der Transparenzanforderungen in Bezug auf Informationen über Emittenten, deren Wertpapiere zum Handel auf einem geregelten Markt zugelassen sind, und zur Änderung der RL 2001/34/EG, ABl. EU Nr. L 390 v. 31.12.2004, 38.
3   G. v. 20.12.2012, BGBl. I 2012, 2751.
4   BayObLG v. 26.5.2000 – 3 Z BR 111/00, NJW-RR 2000, 1350.
5   *Grottel* in BeBiKo, § 325 HGB Rz. 57.

men ermöglichen § 325 Abs. 2a und 2b HGB, § 9 PublG, ihre Offenlegungspflicht in Bezug auf den (HGB-)Jahresabschluss auch durch Offenlegung des Jahresabschlusses nach internationalem Standard zu erfüllen.

Personenhandelsgesellschaften ohne haftende natürliche Person (§ 264a HGB) sind unter den Voraussetzungen des § 264b HGB von der Pflicht zur Aufstellung und Veröffentlichung des Jahresabschlusses befreit. Bei **kleinen und mittleren Kapitalgesellschaften** (§ 267 Abs. 1 und 2 HGB; § 23 Rz. 27 ff.) sieht das Gesetz Erleichterungen nicht nur im Umfang der Rechnungslegung (vgl. oben § 26), sondern auch hinsichtlich der Offenlegung selbst vor (§§ 326 Abs. 1, 326a, 327 HGB). So sind z.B. kleine Kapitalgesellschaften von der Offenlegung ihrer Gewinn- und Verlustrechnung befreit. Eine noch weitergehende Einschränkung der Offenlegung bringt das *MicroBilG*[1] für die neu geschaffenen **Kleinstkapitalgesellschaften** (267a HGB; s. § 23 Rz. 28b): Sie müssen ihre Rechnungslegungsunterlagen – die noch weiter vereinfacht werden können (vgl. § 26 Rz. 121a) – nicht mehr zur Bekanntmachung, sondern nur noch zur *dauerhaften Hinterlegung* – zwecks Einsichtnahme – beim Unternehmensregister einreichen (§§ 326 Abs. 2, 9 Abs. 6 HGB). 9

Die *Pflicht* zur Offenlegung trifft die **gesetzlichen Vertreter** der Kapitalgesellschaft, also Vorstand oder Geschäftsführer. Die *Insolvenz* oder die *Liquidation* der Gesellschaft ändert an der Offenlegungspflicht nichts[2]. Insbesondere wird der *Insolvenzverwalter* der Gesellschaft durch seine Bestellung nicht Adressat der Offenlegungspflicht, da er die handelsrechtlichen Pflichten der Gesellschaft nur in Bezug auf die Insolvenzmasse wahrnimmt (§ 155 Abs. 1 InsO)[3]. 10

2. Konzerne

a) Die handelsrechtliche Offenlegungspflicht von Konzernen ergibt sich aus § 325 Abs. 3 HGB, § 15 Abs. 1 PublG und ist aufgrund der dortigen Verweisungsketten auch inhaltlich weitgehend mit der des Einzelunternehmens identisch, nur dass die die Konzernebene betreffenden Unterlagen offenzulegen sind. Die Pflicht trifft die gesetzlichen Vertreter der **Konzernmuttergesellschaft** (§ 325 Abs. 3, Abs. 1 S. 1 HGB, § 15 Abs. 1 PublG). Bei Konzernen, deren Konzernmuttergesellschaft im Ausland ansässig ist, die aber mehrere inländische Tochtergesellschaften haben, bestimmt sich nach §§ 15 Abs. 1, 11 Abs. 3 PublG, welche Tochtergesellschaft als Muttergesellschaft des *inländischen Teilkonzerns* gilt und in dieser Funktion von der Publizitätspflicht erfasst wird. 11

Ausnahmen von der Konzernrechnungslegungspflicht nach dem PublG ergeben sich 12

– durch den *Vorrang* der Regelungen der §§ 290 ff. HGB (§ 11 Abs. 5 S. 1 PublG),

---

1 G. v. 20.12.2012, BGBl. I 2012, 2751.
2 *Schlauß*, BB 2008, 938 (940); LG Bonn v. 20.11.2009 – 39 T 1252/09, ZIP 2010, 676.
3 LG Bonn v. 22.4.2008 – 11 T 28/07, GmbHR 2008, 593; hierzu Anm. *Flitsch*, BB 2008, 1168.

– bei einer Beschränkung der Tätigkeit der Konzernmutter – auch in Form eines Einzelunternehmens – auf die *Vermögensverwaltung*, ohne Wahrnehmung von Aufgaben der *Konzernleitung* (§ 11 Abs. 5 S. 2 PublG).

– bei Nichterfüllung bestimmter *Größenkriterien* des Konzerns bei Konzernbilanzsumme, Konzernumsatzerlösen und Konzernmitarbeiterzahl über einen bestimmten Zeitraum (§ 11 Abs. 1 und 2 PublG), ggf. auch nur für den inländischen Teilkonzern (§ 11 Abs. 3 PublG).

13 **b)** Von der Offenlegungspflicht der Konzernmutter ist die Frage zu unterscheiden, ob und in welchem Umfang *zusätzlich* eine eigene Offenlegungspflicht der **Tochterunternehmen** besteht. In einigen Fällen kann die Aufstellung eines Konzernabschlusses die Offenlegung der Rechnungslegung der Tochterunternehmen nämlich entbehrlich machen.

14 So kann eine **Kapitalgesellschaft** als *Tochtergesellschaft* unter den Voraussetzungen des § 264 Abs. 3 HGB[1] von der eigenen Offenlegungspflicht befreit sein. Für dem PublG unterfallende Unternehmen gilt diese Befreiungsmöglichkeit nach Maßgabe des § 5 Abs. 6 PublG[2].

§ 264 Abs. 3 HGB verweist zwar auf § 290 HGB. Jedoch reicht für die Befreiung der Tochtergesellschaft aus, wenn die Muttergesellschaft keinen **Konzernabschluss** nach § 290 ff. HGB, sondern einen solchen **nach § 315a Abs. 3 HGB** aufstellt[3].

15 § 264 Abs. 3 HGB setzt für die Befreiung der Tochtergesellschaft von der Offenlegungspflicht voraus, dass sowohl Mutter- (§ 290 HGB) als auch Tochtergesellschaft (§ 264 Abs. 3 HGB) **Kapitalgesellschaften** sind. Ist die Tochtergesellschaft eine Kapitalgesellschaft, die Muttergesellschaft hingegen nicht, kann § 264 Abs. 3 HGB unter den Voraussetzungen des Abs. 4 dennoch auf die Tochtergesellschaft angewandt werden.

16 Ist die *Tochtergesellschaft keine Kapitalgesellschaft*, sondern eine in einen Konzernabschluss einbezogene Personenhandelsgesellschaft, richtet sich ihre **Befreiung von der Offenlegungspflicht** nach § 264b HGB[4]. Die Befreiung setzt u.a. voraus, dass das Mutterunternehmen entweder *persönlich haftender Gesellschafter* der Personenhandelsgesellschaft ist oder seinen *Sitz* in einem Mit-

---

1 Hierzu näher *Deilmann*, BB 2006, 2347; *Giese/Rabenhorst/Schindler*, BB 2001, 511; *Jorde/Schröder/Tenhaak*, BB 2013, 2219 (2220); *Roß*, Die Befreiungslücke des § 264 Abs. 3 HGB bei Einlegung eines Rumpfgeschäftsjahres, BB 2013, 2795; *Scholz*, BB 2012, 107; vgl. auch LG Bonn v. 8.12.2010 – 31 T 652/10, NJW-RR 2011, 194; zur Unvereinbarkeit der Beschränkung des § 264 Abs. 3 HGB auf Tochterunternehmen, die ihren Sitz im selben Mitgliedsstaat haben wie das Mutterunternehmen, mit dem Europarecht vgl. EuGH v. 6.2.2014 – Rs. C-528/12, ZIP 2014, 413; *Meyer*, BB 2014, 1131; zu möglichen Auswirkungen der Umsetzung der BilanzRL 3013/34/EU, ABl. EU Nr. L 182 v. 29.6.2013, 19 durch das geplante UmsetzungsG vgl. *Lüdenbach/Freiberg*, BilRUG-RefE: Nur „punktuelle Änderungen"?, BB 2014, 2219.
2 Hierzu *Scholz*, BB 2012, 107; *Jorde/Schröder/Tenhaak*, BB 2013, 2219 (2223).
3 H.M.; *Förschle/Deubert* in BeBiKo, § 264 HGB Rz. 142; *Giese/Rabenhorst/Schindler*, BB 2001, 511 (513); *Deilmann*, BB 2006, 2347 (2349); *Schlotter*, BB 2007, 1 (3).
4 Hierzu *Scholz*, BB 2012, 107.

gliedsstaat der EU (bzw. EWR) hat. Bei Muttergesellschaften außerhalb des EWR kann die Befreiung damit von Vornherein nicht eingreifen, sodass deren inländische Tochtergesellschaft in jedem Fall offenlegungspflichtig ist.

– Zu **§ 264b Nr. 1 HGB**: Ist die Personengesellschaft i.S. des § 264a HGB selbst die Konzernmutter, ist § 264b Nr. 1 HGB erfüllt. Die Offenlegung des Konzernabschlusses reicht damit aus. Den *eigenen Einzelabschluss* muss die Muttergesellschaft in diesem Fall nicht mehr offenlegen[1].
– Zu **§ 264b Nr. 2 HGB**: Die Offenlegung der Mutter an ihrem Sitz im Ausland genügt nicht[2].
– Zu **§ 264b Nr. 3b HGB**: Die Befreiung der Tochter muss „für", nicht aber „durch" die Personengesellschaft selbst[3] im elektronischen Bundesanzeiger bekannt gemacht werden.

Stellt das Mutterunternehmen eines **mehrstufigen Konzerns** einen EU/EWR-Konzernabschluss und -lagebericht auf, so ist ihre Tochtergesellschaft unter den Voraussetzungen des § 291 HGB von der Pflicht zur Aufstellung eines eigenen Konzernabschlusses befreit, wenn die Muttergesellschaft ihren *Sitz* in einem Mitgliedstaat der EU bzw. des EWR (oder einem Staat i.S. des § 292 HGB) hat und ihr geprüfter EU/EWR-Konzernabschluss und -lagebericht offengelegt wird.

3. Ausländische Gesellschaften

a) Für ausländische Gesellschaften, die im Inland Geschäftätigkeit entfalten, ohne hier Tochtergesellschaften oder Niederlassungen zu unterhalten, gilt auch hinsichtlich der Offenlegungspflichten das sog. **Gesellschaftsstatut**, also das Recht, welches die gesellschaftsrechtlichen Beziehungen innerhalb der Gesellschaft regelt[4].

Demnach bestimmt sich **beispielsweise** die Pflicht zur Offenlegung der Rechnungslegung bei einer im US-Bundesstaat Delaware gegründeten LLC nach dem Recht dieses US-Bundesstaates. Die Pflicht einer nach englischem Recht gegründeten Limited richtet sich nach dem englischen Recht.

Fallen der *satzungsmäßige* Sitz und der *tatsächliche* Sitz der Verwaltung der Gesellschaft auseinander, kommt es für die **Bestimmung des Gesellschaftsstatuts** und damit der maßgeblichen Offenlegungspflichten darauf an, ob die Gesellschaft nach dem Recht eines Mitgliedstaats der EU oder nach dem Recht eines Drittstaats gegründet wurde. Soweit es sich um eine Gesellschaft handelt, die im *EU-Ausland* gegründet wurde, richtet sich das Gesellschaftsstatut nach der Gründungstheorie, d.h. nach dem Recht des Staates, in dem die Gesellschaft gegründet wurde[5] (eingehend § 23 Rz. 101 ff.). Bei einer in einem *Drittstaat* gegründeten Gesellschaft richtet sich das Gesellschaftsstatut nach

---

1 LG Bonn v. 26.1.2010 – 30 T 848/09, BB 2010, 1208; hierzu Anm. *Wittmann*, jurisPR-HaGesR 1/2010 Anm. 5.
2 LG Bonn v. 8.12.2010 – 31 T 652/10, NJW-RR 2011, 194.
3 LG Bonn v. 22.12.2009 – 39 T 358/09, ZIP 2010, 675.
4 *Kersting* in Staub, § 325 HGB Rz. 108.
5 *Merkt* in Baumbach/Hopt, § 325 HGB Rz. 1 m.w.N.

der *Sitztheorie*, d.h. es kommt auf die Rechtsordnung an, in der sich der tatsächliche Verwaltungssitz befindet.

Beispiel: Für eine nach englischem Recht gegründete Limited, deren tatsächlicher Verwaltungssitz jedoch in Deutschland unterhalten wird, bestimmt sich die Offenlegungspflicht deshalb nach englischem Recht. Aufgrund der weitgehenden europarechtlichen Harmonisierung der Offenlegungspflichten (Rz. 5) entsprechen diese Pflichten den deutschen Offenlegungspflichten. Dagegen ist für die Offenlegungspflicht einer nach dem Recht des US-Bundesstaats Delaware gegründeten LLC, die ihren tatsächlichen Verwaltungssitz in Frankreich unterhält, französisches Recht maßgeblich.

20 b) Unterhält eine ausländische Kapitalgesellschaft im Inland eine **Niederlassung**, gilt für die Offenlegung § 325a HGB.

Ob eine ausländische Gesellschaft als Kapitalgesellschaft i.S. des § 325a HGB anzusehen ist, bestimmt sich danach, ob deren Ausgestaltung der Ausgestaltung einer Kapitalgesellschaft i.S. des deutschen Rechts entspricht[1].

21 Voraussetzung ist, dass die Hauptniederlassung der ausländischen Kapitalgesellschaft in einem anderen Mitgliedstaat der EU bzw. des EWR ansässig ist. Dann sind die im Handelsregister eingetragenen ständigen Vertreter **der Niederlassung in Deutschland** nach § 325a HGB verpflichtet, diejenigen Unterlagen der Rechnungslegung der Hauptniederlassung, die nach dem für die Hauptniederlassung maßgeblichen Recht erstellt, geprüft und offengelegt worden sind, entsprechend § 325 HGB offenzulegen. Nicht Gegenstand der Offenlegungspflicht sind hingegen Rechnungslegungsunterlagen der *Niederlassung* als solcher[2].

22 Hat die Hauptniederlassung ihren Sitz dagegen in einem **Drittstaat**, greift § 325a HGB nicht ein. Damit ist die inländische Zweigniederlassung zwar *registerpflichtig* (vgl. §§ 13d-13g HGB), aber nur nach Maßgabe der Vorschriften des *Gesellschaftsstatuts*, nicht aber nach deutschem Handelsrecht offenlegungspflichtig[3]. Denn ohne § 325a HGB kommen für die Offenlegungspflicht allenfalls noch die Regelungen des PublG in Betracht, die eine dem § 325a HGB entsprechende Norm aber nicht enthalten[4].

23 Grundsätzlich sind die Unterlagen in **deutscher Sprache** offenzulegen (§ 325a Abs. 1 S. 2 HGB). Ist dies nicht die Amtssprache am Sitz der Hauptniederlassung, eröffnet Satz 3 auch Möglichkeiten zur Offenlegung *andersprachiger* Unterlagen, wobei die englische Sprache privilegiert ist.

III. Durchführung der handelsrechtlichen Offenlegung

1. Offenlegungsverfahren

24 Die Offenlegung hat über den **Betreiber des elektronischen Bundesanzeigers** zu erfolgen. Die gesetzlichen Vertreter der Gesellschaft müssen die Unterlagen im

---

1 *Kersting* in Staub, § 325a HGB Rz. 4 mit einer Übersicht der einschlägigen ausländischen Gesellschaftsrechtsformen.
2 *Fehrenbacher* in MüKo, § 325a HGB Rz. 2.
3 *Kaya/Zenk*, IWB 2010, 569.
4 *Fehrenbacher* in MüKo, § 325a HGB Rz. 4.

ersten Schritt dort *einreichen* (§ 325 Abs. 1 HGB) und im zweiten Schritt unverzüglich nach der Einreichung auch über den elektronischen Bundesanzeiger *bekannt machen* lassen (§ 325 Abs. 2 HGB).

Sämtliche Unterlagen müssen gleichzeitig und **unverzüglich** nach Vorlage des Jahresabschlusses an die Gesellschafter beim Bundesanzeiger eingereicht werden, spätestens aber zwölf Monate nach dem Abschlussstichtag (§ 325 Abs. 1 S. 2 HGB, §§ 9 Abs. 1, 15 Abs. 1 PublG). Sondervorschriften finden sich in § 325 Abs. 4, 327a HGB (kapitalmarktorientierte Gesellschaften), und in § 236 AktG (für den Fall der Kapitalherabsetzung einer Aktiengesellschaft mit gleichzeitiger Kapitalerhöhung, § 235 AktG – hierzu § 50 Rz. 60)

Die Unterlagen sind in einer **Form** einzureichen, mit der sie über den elektronischen Bundesanzeiger bekannt gemacht werden können. Nähere Vorschriften über die Form und den Inhalt der eingereichten Unterlagen enthält § 328 HGB, wobei weitere Vorschriften per Rechtsverordnung nach § 330 HGB erlassen werden können[1]. 25

Der Betreiber des elektronischen Bundesanzeigers **prüft** zum einen, ob die zur Bekanntmachung eingereichten Unterlagen fristgerecht und vollständig eingereicht wurden; zu diesem Zweck stellt das *Unternehmensregister* dem Betreiber des elektronischen Bundesanzeigers die erforderlichen Daten zur Verfügung (§ 329 Abs. 1 HGB, §§ 9 Abs. 1 S. 2, 15 Abs. 2 S. 2 PublG). Stellt der Betreiber des Bundesanzeigers dabei fest, dass die Unterlagen nicht fristgerecht oder nicht vollständig eingereicht wurden, zeigt er dies nach § 329 Abs. 4 HGB, §§ 9 Abs. 1 S. 2, 15 Abs. 2 PublG dem zuständigen *Bundesamt für Justiz* an, welches dadurch in die Lage versetzt wird, ein Ordnungsgeldverfahren einzuleiten[2] (Rz. 29 ff.). 26

Hat eine Gesellschaft von ihrer Größe abhängige Erleichterungen nach §§ 326, 327 HGB oder ein kapitalmarktorientiertes Unternehmen Erleichterungen nach § 327a HGB in Anspruch genommen, achtet der Betreiber des elektronischen Bundesanzeigers auch auf die **Rechtmäßigkeit der Inanspruchnahme der Erleichterungen** (§ 329 Abs. 2 und 3 HGB). Dasselbe gilt *Kleinstkapitalgesellschaften*, wenn sie sich auf die Hinterlegung beschränken wollen (Rz. 9). Gibt die Prüfung der eingereichten Unterlagen Anlass, an der Rechtmäßigkeit der Inanspruchnahme zu *zweifeln*, können Erklärungen zu Umsatzerlösen, zur Arbeitnehmeranzahl oder zu den sonstigen Voraussetzungen verlangt werden. Erklärt sich das Unternehmen nicht fristgerecht hierzu, gelten die Erleichterungen als zu Unrecht in Anspruch genommen (§ 329 Abs. 2 S. 2 HGB). 27

Um die Offenlegungspflichten nach dem **PublG** durchzusetzen, erlegen §§ 2 Abs. 2, 12 Abs. 2 PublG den Unternehmen bzw. Konzernen zunächst die Pflicht auf, eine entsprechende Erklärung gegenüber dem Betreiber des elektronischen Bundesanzeigers abzugeben, wenn zwei der drei Größenkriterien 28

---

1 Z.B. die VersKredV v. 8.11.1994, BGBl. I S. 3378.
2 Entgegen *Liebscher/Scharff*, NJW 2006, 3745 (3750 Fn. 36) ist immer das Bundesamt für Justiz zuständig. Die in § 340n Abs. 4 HGB genannte Zuständigkeit der BaFin für Kreditinstitute betrifft das Bußgeldverfahren, nicht das Ordnungsgeldverfahren; vgl. auch § 340o HGB.

(Rz. 3, 12) erfüllt sind. Diese Erklärung müssen sie in jedem Jahr abgeben, in dem zwei der drei Größenkriterien erfüllt sind.

2. Ordnungsgeldverfahren

29 Die Publizitätsvorschriften bieten den Unternehmen durchaus Möglichkeiten, ihre **Publizitätspflicht** zumindest **einzuschränken**[1]. Soweit Offenlegungspflichten bestehen, wird deren Einhaltung häufig weniger darauf zurückzuführen sein, dass staatliche Zwangsmaßnahmen drohen, als dass das Unternehmen die Publizitätsvorschriften aus eigenem geschäftlichen Interesse befolgt. So werden sich beispielsweise *kapitalmarktorientierte* Unternehmen den Zugang zum Kapitalmarkt voraussichtlich selbst erschweren, wenn sie ihre Zahlen nicht offenlegen. Hinzukommt, dass Verstöße gegen die Offenlegungspflichten grundsätzlich nach § 321 Abs. 1 S. 3 HGB im *Prüfungsbericht* des Abschlussprüfers benannt werden müssen[2].

30 Eine **englische „Limited"** mit Niederlassung in Deutschland kann dadurch zur Offenlegung veranlasst werden, dass entweder in England oder für die deutsche Niederlassung in Deutschland Einsicht in den Jahresabschluss begehrt wird. Da eine Durchsetzung des Offenlegungsanspruchs in England praktisch mühsamer ist, bietet es sich an, im deutschen Unternehmensregister nachzuschauen und ggf. beim Bundesamt für Justiz nachzufragen, damit die erforderlichen Maßnahmen (Rz. 32 ff.) gegen die verantwortlichen Personen in Deutschland eingeleitet werden. Für eine Publizitätsvermeidung eignet sich diese englische Unternehmensform jedenfalls nicht, zumal die Verletzung von Mitteilungspflichten gegenüber dem „House of Companies" die Eignung der Geschäftsführer zur Geschäftsführung gefährdet[3].

31 Bis Ende 2006 erfüllten gleichwohl nur ca. 4-7% der offenlegungspflichtigen Unternehmen ihre gesetzlichen Pflichten[4]. Wesentliche Ursache war, dass eine Durchsetzung der Publizitätspflichten durch Verhängung eines Zwangsgeldes einen Antrag voraussetzte, der aber i.d.R. fehlte (§ 335a S. 3 HGB a.F.[5]). Seit dem Inkrafttreten des EHUG (Rz. 5) ist die Verhängung eines Ordnungsgeldes nicht mehr von einem Antrag abhängig, sondern die Einhaltung der Offenlegungspflichten wird **von Amts wegen überwacht** (§ 335 HGB, § 21 PublG). Dadurch ist die gezielte Missachtung der Publizitätspflichten massiv zurückgegangen[6] und damit wohl eine europarechts-konforme Rechtslage erreicht.

32 Die Durchführung des Ordnungsgeldverfahrens wegen Verstößen gegen die Offenlegungspflichten aus §§ 325, 325a HGB, §§ 9 Abs. 1, 15 Abs. 2 PublG obliegt

---

1 Zu den Publizitätsvermeidungsstrategien auch *Grashoff*, DB 2006, 513 (515 ff.).
2 *Ammermann/Ravenstein*, WPg 2009, 690.
3 *Peschke* in Saenger/Aderhold u.a., Handels und GesR, 2. Aufl. 2011, § 8 Rz. 522.
4 *Noack*, Unternehmenspublizität, Rz. 87 ff.; *Marx/Dallmann*, BB 2004, 929 (931 ff.); *Liebscher/Scharff*, NJW 2006, 3745 (3750).
5 *Liebscher/Scharff*, NJW 2006, 3745 (3750).
6 *Küting/Lam*, GmbHR 2012, 1041 (1043); *Kaya/Scherr*, BBK 2010, 703; *Schlauß*, Die neue Offenlegungskultur seit Inkrafttreten des EHUG, DB 2011, 805.

dem **Bundesamt für Justiz** (§ 335 HGB, § 21 PublG)[1]. Dies gilt aufgrund §§ 335b, 340o, 341o HGB auch für Personenhandelsgesellschaften nach § 264a HGB, Kreditinstitute sowie Versicherungsunternehmen und Pensionsfonds. Genossenschaften sind hiervon jedoch nicht betroffen, da § 339 HGB zwar auf § 329 Abs. 4 HGB, aber – anders als § 335b HGB – nicht auf § 335 HGB verweist.

Adressat des Ordnungsgeldbescheids können sowohl die *gesetzlichen Vertreter* der Gesellschaft auch das *Unternehmen selbst* sein (§ 335 Abs. 1 S. 2 HGB). Für die Liquidation der Gesellschaft gilt nichts anderes[2]. 33

Dies gilt auch in der **Insolvenz** des Unternehmens. Nachdem gesetzlicher Vertreter der Gesellschaft nicht der Insolvenzverwalter ist, sondern weiterhin die Mitglieder des Vertretungsorgans, haben sie – und nicht der Insolvenzverwalter – die Offenlegungspflichten auch in der Insolvenz zu erfüllen, und richtet sich die Ordnungsgeldandrohung bei Verstößen auch in der Insolvenz gegen sie[3].

Nach **Feststellung einer Verletzung** der Offenlegungspflichten *droht* das Bundesamt für Justiz zunächst ein bestimmtes Ordnungsgeld an und setzt eine sechswöchige *Nachfrist* zur Erfüllung der Pflichten. Erfüllt das Unternehmen seine Pflicht nicht innerhalb dieser Nachfrist, wird das Ordnungsgeld *festgesetzt* (§ 335 Abs. 3 HGB). 34

Das LG Bonn hat eine Überschreitung der Nachfrist um 10 Sekunden ausreichen lassen und die Verhängung eines Ordnungsgelds bestätigt[4]. Ein Ordnungsgeld kann auch verhängt werden, wenn der Jahresabschluss zwischen Ablauf der Nachfrist und der Festsetzung des Ordnungsgeldes offengelegt wird[5]. Die Publizitätspflicht wird auch durch die Einreichung einer sog. „Nullbilanz" erfüllt[6]. Allerdings kann ein Ordnungsgeld nicht wegen Nichteinreichung eines Berichts des Aufsichtsrats verhängt werden, wenn das Unternehmen (trotz gesetzlicher Verpflichtung) gar keinen Aufsichtsrat hat[7].

Die Verhängung des Ordnungsgeldes setzt ein **Verschulden** des Betroffenen voraus[8]. Teilweise wird dies zwar bestritten[9]. Allerdings sind für Rechtsbehelfe gegen die Ordnungsgeldbescheide des Bundesamts für Justiz, wenn dieses einem Einspruch nicht abhilft[10], die Kammern für Handelssachen des *Landgerichts Bonn* zuständig[11] (erst seit Inkrafttreten des § 335a Abs. 3 HGB n.F. am 35

---

1 Hierzu *Stollenwerk/Krieg*, GmbHR 2008, 575; *Schlauß*, BB 2008, 938; *Wenzel*, BB 2008, 769; *Nesselrode/Feuerer*, DStR 2008, 2435.
2 LG Bonn v. 20.11.2009 – 39 T 1252/09, ZIP 2010, 676.
3 *Stollenwerk/Krieg*, GmbHR 2008, 575 (577 f.); *Stollenberg/Kurpat*, BB 2009, 150 (153 f.); *Schlauß*, BB 2008, 938 (940); LG Bonn v. 22.4.2008 – 11 T 28/07, GmbHR 2008, 593; hierzu Anm. *Flitsch*, BB 2008, 1168.
4 LG Bonn v. 27.8.2010 – 31 T 1412/09, DStR 2010, 2590.
5 BVerfG v. 11.03.2009 – 1 BvR 3413/08, NJW 2009, 2588; LG Bonn v. 25.10.2007 – 11 T 21/07, BB 2008, 941.
6 LG Bonn v. 15.3.2013 – 37 T 730/12, GmbHR 2013, 986.
7 BVerfG v. 9.1.2014 – 1 BvR 299/13, ZIP 2014, 415.
8 *Stollenberg/Krieg*, GmbHR 2008, 575 (579 f.).
9 *Quedenfeld* in MüKo, § 335 HGB Rz. 16; *de Weerth*, NZI 2008, 711 (714).
10 Zum Verfahren näher *Stollenberg/Krieg*, GmbHR 2008, 575 (579 f.).
11 OLG München v. 18.2.2008 – 31 Wx 087/07, OLGR München 2008, 291.

10.10.2013 [1] ist die Rechtsbeschwerde statthaft, sofern das Landgericht diese zulässt), und diese bejahen das Erfordernis eines schuldhaften Verstoßes gegen die Offenlegungspflichten[2]. Die Maßstäbe für eine *Exkulpation* sind aber ohnehin so hoch, dass die auf angeblich mangelndes Verschulden gestützten Rechtsbehelfe i.d.R. erfolglos sind[3], zumal für das Verschulden nicht einmal Vorsatz erforderlich ist, sondern *Fahrlässigkeit* ausreicht[4].

36 Für die Annahme fehlenden Verschuldens **unzureichend** ist beispielsweise die Begründung,

- die Gesellschaft habe nicht mehr über die erforderliche Liquidität zur Erfüllung ihrer Pflichten verfügt[5],
- die Buchhaltungsabteilung sei personell unterbesetzt[6],
- der beauftragte Steuerberater habe den Jahresabschluss nicht rechtzeitig erstellt[7] oder
- die Staatsanwaltschaft habe die Buchhaltungsunterlagen beschlagnahmt[8].

37 Die Verhängung von Ordnungsgeldern gegen Emittenten von **Vermögensanlagen** nach dem VermAnlG obliegt ebenfalls dem Bundesamt für Justiz (§§ 31, 23 VermAnlG). Für die zwangsweise Durchsetzung der Offenlegungspflichten nach § 26 *KWG* und nach §§ 37v ff. *WpHG* ist hingegen die BaFin zuständig (§ 6 Abs. 3 KWG, § 17 FinDAG).

Allerdings steht der BaFin diese Möglichkeit nur zu, wenn es tatsächlich um Offenlegungspflichten nach den vorgenannten Vorschriften geht. Soweit die Unterlagen aufgrund der **Nachrangigkeit** dieser Regelungen bereits nach den handelsrechtlichen Vorschriften (§§ 325 ff. HGB, §§ 9, 15 PublG) offenzulegen sind, gilt für die Durchsetzung der Pflichten die Zuständigkeit des *Bundesamts für Justiz* nach § 335 HGB[9].

B. Sanktionen

I. Ordnungswidrigkeiten

1. Bußgeldtatbestände des HGB

38 **a)** Verstöße gegen die Anforderungen des § 328 HGB an **Form und Inhalt** der zu publizierenden Unterlagen sind Ordnungswidrigkeiten

---

1 G. v. 4.10.2013, BGBl. I 3746.
2 Vgl. Nw. bei *Stollenberg/Kurpat*, BB 2009, 150 (152).
3 *Stollenwerk/Kurpat*, BB 2009, 150 (151 f.).
4 Allg. M.; LG Bonn v. 27.8.2010 – 31 T 1412/09, DStR 2010, 2590; vgl. auch *Stöber* in Zöller, § 890 ZPO Rz. 5.
5 LG Bonn v. 25.10.2007 – 11 T 21/07, BB 2008, 941; LG Bonn v. 22.4.2008 – 11 T 28/07, GmbHR 2008, 593; hierzu Anm. *Flitsch*, BB 2008, 1168.
6 LG Bonn v. 25.10.2007 – 11 T 21/07, BB 2008, 941.
7 LG Bonn v. 21.10.2008 – 39 T 48/08, BB 2009, 150 , BB-Link: BBL2009-154-7; *Schlauß*, BB 2008, 938 (940).
8 LG Bonn v. 28.7.2008 – 30 T 52/08, BB 2009, 150, BB-Link: BBL2009-154-4.
9 OLG Frankfurt v. 28.6.2012 – WpÜG 8/11, ZIP 2012, 2014.

– nach § 334 Abs. 1 Nr. 5 HGB für Kapitalgesellschaften und (i.V.m. § 335b HGB) kapitalisierte Personenhandelsgesellschaften (für *Kreditinstitute, Versicherungsunternehmen* und *Pensionsfonds* vgl. §§ 340 Abs. 4, 340n Abs. 1 Nr. 5, 341n Abs. 1 Nr. 5 HGB[1]) sowie

– nach § 20 Abs. 1 Nr. 5 und 6 PublG für dem PublG unterfallende Unternehmen.

Für *Genossenschaften* existiert weder ein dem § 334 HGB vergleichbarer Bußgeldtatbestand noch eine Verweisung auf diese Vorschrift.

Die genannten Vorschriften erfassen nicht den Fall der **unterlassenen Offenlegung**, die ausschließlich über das Ordnungsgeldverfahren sanktioniert wird[2].

Ein Verstoß gegen § 328 HGB als **Formvorschrift** kommt vor allem dann in Betracht, wenn ein Unternehmen zu Unrecht entgegen § 328 Abs. 1 Nr. 1 HGB die Vereinfachungsvorschriften der §§ 326 f. HGB in Anspruch nimmt.

In der Praxis wird es meist um Verstöße gegen § 328 Abs. 1 Nr. 1 S. 2 Halbs. 2 HGB gehen, demzufolge der (Konzern-)Jahresabschluss und – über § 328 Abs. 3 HGB – der (Konzern-)Lagebericht sowie die zu veröffentlichenden Unterlagen über die Ergebnisverwendung und Anteilsbesitz im zu veröffentlichenden Umfang (§§ 326 f. HGB) **richtig und vollständig** sein müssen.

Soweit der Täter einen inhaltlich unrichtigen (Konzern-)Jahresabschluss bzw. (Konzern-)Lagebericht bekanntmacht, kann regelmäßig auch eine **Straftat** nach § 331 Nr. 1 bzw. 2 HGB vorliegen (hierzu § 40 Rz. 54 ff., 63 ff.). Dabei stehen Straftat und Ordnungswidrigkeit in *Tatmehrheit*, da die Tathandlungen verschieden sind: § 331 Nr. 1 und 2 HGB knüpfen an die *Aufstellung* des unrichtigen oder verschleiernden Jahresabschlusses bzw. Lageberichts an, während Tathandlung des § 334 Abs. 1 Nr. 5 HGB die – zwangsläufig zeitlich spätere – *Bekanntmachung* ist. Daher ist grundsätzlich die Verhängung eines Bußgeldes neben der Ahndung der Straftat möglich. In der Praxis wird das Bußgeldverfahren allerdings meist im Hinblick auf die strafrechtliche Ahndung nach **§ 47 Abs. 2 OWiG** eingestellt werden. Im Strafverfahren kann die der Straftat nachgelagerte, aber nicht geahndete Ordnungswidrigkeit allerdings *strafschärfend* berücksichtigt werden[3].

b) Eine weitere Bußgeldandrohung enthält § 334 Abs. 1 Nr. 6 HGB für Handlungen, für die in nach § 330 Abs. 1 HGB erlassenen **Rechtsverordnungen** auf diese Vorschrift verwiesen wird[4].

Dagegen erfasst der relativ neue Ordnungswidrigkeitentatbestand des **§ 104a HGB** – unterlassene oder falsche Übermittlung von Daten an das *Unternehmensregister* (§ 8b HGB) – nicht die Publizitätsdaten, weil § 104a HGB nur auf § 8b Abs. 3 Nr. 2 HGB – und nicht auch auf Nr. 1 – verweist.

---

1 Z.B. § 63 RechVersV; § 38 RechKredV; ausf. hierzu *Dannecker* in Staub, Anh. zu § 334 HGB Rz. 107.
2 *Dannecker* in Staub, § 334 HGB Rz. 75; *Quedenfeld* in MüKo, § 334 HGB Rz. 3.
3 *Dannecker* in Staub, § 334 HGB Rz. 110.
4 Z.B. die RechVersV v. 8.11.1994, BGBl. I 1994, 3378.

§ 41 Rz. 42

2. Bußgeldvorschriften anderer Gesetze

42 b) Die Verantwortlichen von **am Kapitalmarkt teilnehmenden Unternehmen** unterliegen den Bußgeldvorschriften des § 39 Abs. 2 Nr. 5 Buchst. f–h WpHG, sofern sie die darin genannten *Veröffentlichungen* nach §§ 37v–37z (Rz. 4) nicht, nicht richtig, nicht vollständig, nicht in der vorgeschriebenen Weise oder nicht rechtzeitig vornehmen oder nachholen. Für nach §§ 37v–37z WpHG vorgeschriebene *Bekanntmachungen* werden die Bußgeldtatbestände gesondert durch § 39 Abs. 2 Nr. 2 Buchst. m–p WpHG geregelt. Da die Offenlegungspflichten aus §§ 37v–37z WpHG aber i.d.R. gegenüber den Vorschriften des HGB *nachrangig* sind, werden auch in diesen Fällen regelmäßig die Bußgeldtatbestände des § 334 HGB eingreifen.

43 Den genannten Vorschriften des WpHG vergleichbare Sanktionsnormen enthalten

– § 30 i.V.m. § 24 VermAnlG für Emittenten von **Vermögensanlagen** im Sinne des VermAnlG und

– § 56 Abs. 2 Nr. 5 i.V.m. § 26 Abs. 1 und 3 KWG für dem KWG unterfallende **Institute**.

II. Strafvorschriften

1. Straftatbestände des HGB

a) Unrichtige Offenlegung

44 **§ 331 Nr. 1a HGB** und der gleichlautende *§ 17 Nr. 1a PublG* schließen eine Strafbarkeitslücke. Denn der Tatbestand des § 331 Nr. 1 HGB, § 17 Nr. 1 PublG erfasst nur die unrichtige Darstellung der Verhältnisse einer Gesellschaft im Jahresabschluss nach deutschem Recht. Da Unternehmen aber u.U. *neben* dem zwingend vorgeschriebenen Einzelabschluss nach HGB auch einen Jahresabschluss nach internationalen Rechnungslegungsstandards erstellen *dürfen*[1] und ihre Publizitätspflicht auch durch Offenlegung (nur) dieses Jahresabschlusses erfüllen können (§ 325 Abs. 2a, 2b HGB, § 15 Abs. 1 PublG), ist die Konstellation denkbar, dass die Angaben im (HGB-)Jahresabschluss korrekt sind (also § 331 Nr. 1 HGB, § 17 Nr. 1 PublG nicht erfüllt ist), aber der veröffentlichte (und damit der den Rechtsverkehr stärker gefährdende) internationale Jahresabschluss die Verhältnisse des Unternehmens unrichtig darstellt. Diese Fallgestaltung erfasst nun § 331 Nr. 1a HGB, § 17 Nr. 1a PublG.

45 Während § 17 Nr. 1a PublG sämtliche dem PublG unterfallenden Rechtsformen erfasst, trifft die Strafvorschrift des § 331 Nr. 1a HGB unmittelbar nur **Kapitalgesellschaften** und über die Verweisungen in §§ 335b, 340m, 341m HGB auch *kapitalisierte Personenhandelsgesellschaften*, *Kreditinstitute* und *Versicherungen* sowie *Pensionsfonds*. Eine entsprechende Verweisung und damit eine entsprechende Strafbarkeit bei *Genossenschaften* fehlt sowohl in §§ 336 ff. HGB als auch in §§ 147 ff. GenG. Ein strafbarer Verstoß gegen die Offenlegungsvorschrift des § 331 Nr. 1a HGB bei Genossenschaften ist daher nur

---

1 *Merkt* in Baumbach/Hopt, § 325 HGB Rz. 6 f.

über § 340m HGB bei in dieser Rechtsform verfassten Kreditinstituten möglich.

Über § 331 Nr. 1a HGB, § 17 Nr. 1a PublG wird nicht die unrichtige Darstellung der Verhältnisse der Gesellschaft als solche unter Strafe gestellt. **Tathandlung** ist vielmehr die *Offenlegung* des internationalen Abschlusses, in dem die Verhältnisse der Gesellschaft unrichtig wiedergegeben oder verschleiert werden. Das Tatbestandsmerkmal der Unrichtigkeit oder der Verschleierung der Verhältnisse der Gesellschaft entspricht dem § 331 Nr. 1 HGB, § 17 Nr. 1 PublG (s. § 40 Rz. 57 ff.). 46

Täter kann nur ein Mitglied des vertretungsberechtigten Organs bzw. (bei § 17 Nr. 1a PublG) der gesetzliche Vertreter oder der Unternehmensinhaber sein, im Gegensatz zu § 331 Nr. 1 HGB jedoch nicht ein Mitglied des Aufsichtsrates. Der Täter muss hier allerdings nicht unbedingt vorsätzlich handeln. *Leichtfertigkeit*, mithin ein starker Grad von Fahrlässigkeit[1], reicht aus. 47

b) Unrichtige Offenlegung im Konzern

§ 331 Nr. 3 HGB und der inhaltlich identische § 17 Nr. 3 PublG sind Parallelnormen zu § 331 Nr. 1a HGB, § 17 Nr. 1a PublG. Ist bei einem mehrstufigen Konzern die Muttergesellschaft des inländischen Teilkonzerns von der Pflicht zur Aufstellung eines eigenen Konzernabschlusses befreit, weil die Konzernmuttergesellschaft einen befreienden **EU-/EWR-Konzernabschluss** und **-lagebericht** erstellt hat (§ 291 HGB), kann die Strafnorm des § 331 Nr. 2 HGB, § 17 Nr. 2 PublG bei dem inländischen (Teil-)Konzern von vornherein nicht eingreifen, weil die Teilkonzernmutter einen Konzernabschluss erst gar nicht aufstellt[2]. 48

Tathandlung ist die *Offenlegung* eines Konzernabschlusses oder -lageberichts, in dem die Verhältnisse des Konzerns unrichtig wiedergegeben oder verschleiert worden sind, um die Befreiung der Muttergesellschaft des inländischen Teilkonzerns von der Pflicht zur Erstellung eines eigenen Konzernabschlusses und -lageberichts nach § 291 Abs. 1 oder 2 HGB herbeizuführen[3]. Auch hier entspricht das Tatbestandsmerkmal der unrichtigen Wiedergabe und der Verschleierung der Auslegung bei § 331 Nr. 1 HGB, § 17 Nr. 1 PublG (§ 40 Rz. 57 ff.). 49

Täter kann nach dem Wortlaut des § 331 Nr. 3 HGB nur das *Mitglied des vertretungsberechtigten Organs* „einer Kapitalgesellschaft" sein. Eine Einschränkung im Hinblick auf die Zugehörigkeit des Täters zu einer bestimmten Gesellschaft enthält die Norm ebenso wenig wie § 17 Nr. 3 PublG. Täter kann also das Mitglied des vertretungsberechtigten Organs der *Muttergesellschaft des Teilkonzerns* selbst sein, aber auch das Mitglied des vertretungsberechtigten Organs der *Konzernmuttergesellschaft*[4]. Bei Letzterem kann also § 331 50

---

1 *Sternberg-Lieben* in S/S, § 15 StGB Rz. 205.
2 *Grottel/Hoffmann* in BeBiKo, § 331 HGB Rz. 31 ff.
3 *Quedenfeld* in MüKo, § 331 HGB Rz. 68 ff.
4 LG Bonn v. 22.12.2009 – 39 T 358/09, ZIP 2010, 675.

Nr. 3 HGB, § 17 Nr. 3 PublG *neben* § 331 Nr. 2 HGB, § 17 Nr. 2 PublG verletzt sein.

2. Straftatbestände anderer Gesetze

51 **b)** Bei **Aktiengesellschaften** kann die Offenlegung eines unrichtigen internationalen Abschlusses der Strafnorm des § 400 Abs. 1 Nr. 1 AktG (s. § 40 Rz. 82 ff.) unterfallen, bei einer **GmbH** der Vorschrift des § 82 Abs. 2 Nr. 2 GmbHG (s. § 40 Rz. 79), und bei der **Genossenschaft** dem § 147 Abs. 2 Nr. 1 GenG (s. § 40 Rz. 87). Diese Strafnormen sind jedoch gegenüber § 331 Nr. 1a HGB nachrangig, soweit dieser Anwendung findet (näher hierzu s. § 40 Rz. 50 ff., 54 ff.). Bei der **Umwandlung** kann § 313 Abs. 1 Nr. 1 UmwG eingreifen, der aber ebenfalls gegenüber § 331 Nr. 1a HGB subsidiär ist (hierzu § 27 Rz. 183 f.).

3. Allgemeine Strafvorschriften

52 Die hier behandelte Veröffentlichung eines unrichtigen Jahresabschlusses selbst wird regelmäßig keine weiteren allgemeinen Strafvorschriften verletzen. Zwar kann ein veröffentlichter unrichtiger Jahresabschluss eine Täuschungshandlung im weiteren Sinne darstellen, sodass auch allgemeine Strafvorschriften einschlägig sein können, deren Tatbestand eine Täuschung erfordert. Dies betrifft insbesondere die Tatbestände des Betrugs, § 263 StGB (s. § 47, § 50 Rz. 102 ff.), des Subventionsbetrugs (s. § 52), des Kreditbetrugs (s. § 50 Rz. 150 ff.) und der Marktpreismanipulation nach § 38 Abs. 2 WpHG (s. § 68 Rz. 14 ff.). Allerdings knüpfen diese Tatbestände unmittelbar an der – u.U. strafbaren – Unrichtigkeit des veröffentlichten Jahresabschlusses selbst an (vgl. § 40 Rz. 33 ff.), nicht an dessen Veröffentlichung.

§ 42
Datenverarbeitung

Bearbeiter: Jens Gruhl

	Rz.		Rz.
A. Computer und Datenverarbeitung	1	1. Kriminalität und Datennetze	29
		2. Verantwortlichkeiten im Netz	
I. Erscheinungsformen der IuK-Kriminalität		a) Zivilrechtliche Haftung	35
		b) Strafrechtliche Verantwortlichkeit	43
1. Begriffsbestimmung	7	**B. Strafrechtliche Erfassung**	
2. Input- und Outputmanipulationen	13	**I. Allgemeine Normen des StGB**	
3. Programm-Manipulationen	17	1. Betrug	45
4. IT als Werkzeug und Ziel	20	2. Untreue	50
II. Haftung und Verantwortlichkeit		3. Urkundsdelikte und Fälschung technischer Aufzeichnungen	54

	Rz.		Rz.
4. Diebstahl und Sachbeschädigung	59	c) Wirtschaftsstrafsache	113
II. IT-bezogene Strafnormen		7. Schutz besonderer technischer Vorrichtungen	
1. Computerbetrug	62	a) Schutz von Zugangskontrolldiensten	114
2. Vorbereiten von Computerbetrug	71	b) Wegstreckenzähler und Geschwindigkeitsbegrenzer	116
3. Fälschung beweiserheblicher Daten	74	8. IT-Tatkomplexe	
4. Computerspionage		a) Nutzung fremder Ressourcen	117
a) Geheimnisverrat	81	b) „Phishing"	119
b) Ausspähen von Daten	84	c) Online-Verbreitung von Informationen	121
c) Abfangen von Daten	91	**III. Sicherungs- und Aufdeckungsmaßnahmen**	
d) Strafbare Vorbereitungshandlungen	93		
5. Computermanipulationen		1. Delinquenzprophylaxe	122
a) Datenveränderung	96	2. Zusammenarbeit mit den Ermittlungsbehörden	124
b) Computersabotage	99		
6. Gemeinsamkeiten		3. Staatliche Ermittlungen	127
a) Versuch, Einziehung/Verfall	105		
b) Beteiligung des Verletzten	108		

Schrifttum: Handbücher, Monografien: *Bär*, Handbuch zur EDV-Beweissicherung im Strafverfahren, 2007; *Barton*, Multimedia-Strafrecht, 1999; *Benning/Oberrath*, Computer- und Internetrecht, 2. Aufl. 2008; *Bergfelder*, Der Beweis im elektronischen Rechtsverkehr, 2006; *Besgen/Prinz*, Handbuch Internet.Arbeitsrecht, 3. Aufl. 2012; *Böckenförde*, Die Ermittlung im Netz, 2003; *Böker/Demuth*, E-Mail-Nutzung und Internetdienste, 3. Aufl. 2014; *Degen/Deister*, Computer- und Internetrecht, 2009; *Dreier/Vogel*, Software- und Computerrecht, 2008; *Ernst* (Hrsg.), Hacker, Cracker & Computerviren. Recht und Praxis der Informationssicherheit, 2004; *Gercke/Brunst*, Praxishandbuch Internetstrafrecht, 2009; *Geschonneck*, Computer-Forensik. Computerstraftaten erkennen, ermitteln, aufklären, 6. Aufl. 2014; *Conrad/Grützmacher* (Hrsg.), Recht der Daten und Datenbanken in Unternehmen, 2014 (FS Jochen Schneider); *Härting*, Internetrecht, 5. Aufl. 2014; *Hartmann, F.*, Wirtschaftskriminalität im Internet – Geschäftsrisiken durch Computermissbrauch und Datenspionage, 2001; *Hartmann, S.*, Neue Herausforderungen für das Urkundenstrafrecht im Zeitalter der Informationsgesellschaft, 2004 (Diss. Konstanz 2003); *Heckmann*, Internetrecht, juris-Praxiskommentar, 4. Aufl. 2014; *Hilgendorf/Valerius*, Computer- und Internetstrafrecht, 2. Aufl. 2012; *Hoeren*, Grundzüge des Internetrechts, 2. Aufl. 2002; *Hoeren*, Recht der Access Provider, 2004; *Hoeren*, Internet- und Kommunikationsrecht, 2. Aufl. 2012[1] (zit.: *Hoeren*, InternetR); *Hoeren*, IT Vertragsrecht, 2. Aufl. 2012; *Hoeren/Sieber*, Handbuch Multimedia-Recht, Loseblatt; *Jaeger*, Computerkriminalität, 2. Aufl. 1998; *Kilian/Heussen*, Computerrechts-Handbuch, Loseblatt; *Köhler/Arndt/Fetzer*, Recht des Internet, 7. Aufl. 2011; *Krutisch*, Strafbarkeit des unberechtigten Zugangs zu Computerdaten und Systemen, 2004 (Diss. Saarbrücken 2003); *Kuhlee/Völzow*, Computer-Forensik Hacks, 2012; *Malek/Popp*, Strafsachen im Internet, 2. Aufl. 2015; *Marberth-Kubicki*, Computer- und Internetstrafrecht, 2. Aufl. 2010; *Mitsch*, Medienstrafrecht, 2012; *Redeker*, IT-Recht, 5. Aufl. 2012; *Schaar*, Datenschutz im Internet, 2002; *Schneider*, Handbuch des EDV-Rechts, 4. Aufl. 2009; *Schwarz/Peschel-Mehner*, Recht im Internet, Loseblatt; *Sieber*, Straftaten und Strafverfolgung im Internet, 2012;

---

[1] S. auch *Hoeren*, InternetR, Stand Oktober 2014, online: http://www.uni-muenster.de/Jura.itm/hoeren/lehre/materialien.

Soehring/Hoene, Presserecht, 5. Aufl. 2013; *Speichert*, Praxis des IT-Rechts, 2. Aufl. 2007; *Spindler/Schuster*, Recht der elektronischen Medien, 2. Aufl. 2011; *Stadler*, Haftung für Informationen im Internet, 2. Aufl. 2005; *Störing*, Strafprozessuale Zugriffsmöglichkeiten auf E-Mail-Kommunikation, 2007 (Diss. Bochum 2007); *Welp* (Hrsg.), kriminalität@net, 2003; *Wien*, Internetrecht, 3. Aufl. 2012.

Aufsätze: *Adamczewski*, Piratensport – Spiele-Crackergruppen und Ermittlerarbeit: Einblicke in zwei feindliche Welten, c't 20/2002, 106; *Arloth*, Leerspielen von Geldautomaten – ein Beitrag zur Struktur des Computerbetrugs, CR 1996, 359; *Bär*, Öffentlichkeitsfahndung im Internet, CR 1997, 422; *Bär*, EDV-Beweissicherung im Strafverfahren bei Computer, Handy, Internet, DRiZ 2007, 218; *Breuer*, Anwendbarkeit des deutschen Strafrechts auf exterritorial handelnde Internet-Benutzer, MMR 1998, 141; *Burg/Gimnich*, Illegale Dialer im Internet, DRiZ 2003, 381; *Busch/Giessler*, SIM-Lock und Prepaid-Bundles – Strafbarkeit bei Manipulationen, MMR 2001, 586; *Eichelberger*, Sasser, Blaster, Phatbot & Co – alles halb so schlimm? Ein Überblick über die strafrechtliche Bewertung von Computerschädlingen, MMR 2004, 594; *Ernst*, Das neue Computerstrafrecht, NJW 2007, 2661; *Galetzka/Stamer*, Haftung für über WLAN begangene Rechtsverletzungen, K&R 6/2012, Beihefter 2; *Gercke*, Die Bekämpfung der Internetkriminalität als Herausforderung für die Strafverfolgungsbehörden, MMR 2008, 291; *Gercke*, Der unterbliebene Schritt vom Computer- zum Internetstrafrecht, AnwBl 2012, 709; *Gercke*, Die Entwicklung des Internetstrafrechts, ZUM 2013, 605 (und früher); *Gruhl*, „Grenzenlose" Ermittlungen im Internet? in Welp (Hrsg.), kriminalität@net, 2003; *Gruhl*, „Private Investigation" im Bereich der IuK-Kriminalität, DuD 29 (2005), 399; *Gruhl*, Phishing – ein neuer „Wirtschaftszweig"?, in Liebl/Kühne (Hrsg.), Wirtschaftskriminalität und die Rolle der Strafverfolgungsorgane, 2008; *Heun*, Das neue Telekommunikationsgesetz 2004, CR 2004, 893; *Hilgendorf*, Die neuen Medien und das Strafrecht, ZStW 113 (2001), 650; *Hoeren/Buchmüller*, Entwicklung des Internet- und Multimediarechts, MMR-Beil. 2013, 1 (und früher); *Hoffmann*, Die Entwicklung des Internetrechts, NJW 2014, 2482 (und früher); *Husemann*, Die Verbesserung des strafrechtlichen Schutzes des bargeldlosen Zahlungsverkehrs durch das 35. Strafrechtsänderungsgesetz, NJW 2004, 104; *Mannweiler*, Möglichkeiten und Grenzen des „file sharing" zur Begehung oder Unterstützung von Straftaten, Kriminalpolizei 1/2005, 9; *Marberth-Kubicki*, Internet und Strafrecht, DRiZ 2007, 212; *Popp*, „Phishing", „Pharming" und das Strafrecht, MMR 2006, 84; *Richter*, Die EDV in Wirtschaftskriminologie und Wirtschaftskriminalistik, in Bund Deutscher Kriminalbeamter (Hrsg.), Computerkriminalität und ihre Bekämpfung, 1986, 7; *Richter*, Strafbarer Missbrauch des Btx-Systems, CR 1991, 361; *Rinker*, Strafbarkeit und Strafverfolgung von „IP-Spoofing" und „Portscanning", MMR 2002, 663; *Roos/Schumacher*, Botnetze als Herausforderung für Recht und Gesellschaft - Zombies außer Kontrolle? MMR 2014, 377; *Schnabl*, Strafbarkeit des Hacking – Begriff und Meinungsstand, wistra 2004, 211; *Seidl/Fuchs*, Zur Strafbarkeit der sog. „Skimmings", HRRS 2011, 265; *Singelnstein*, Möglichkeiten und Grenzen neuerer strafprozessualer Ermittlungsmaßnahmen - Telekommunikation, Web 2.0, Datenbeschlagnahme, polizeiliche Datenverarbeitung & Co, NStZ 2012, 593; *Spindler*, Die Entwicklung des EDV-Rechts, K&R 2011, 686, 764 (und früher); *Taeger*, Die Entwicklung des IT-Rechts, NJW 2014, 3759 (und früher); *Tiedemann*, Computerkriminalität und Strafrecht, in Albrecht u.a. (Hrsg.), Internationale Perspektiven in Kriminologie und Strafrecht, in FS Günther Kaiser, 1998, S. 1373; *Valerius*, Der Weg zu einem sicheren Internet? Zum In-Kraft-Treten der Convention on Cybercrime, K&R 2004, 513; *Warnecke/Knabe*, Abofallen und Simlockentfernung, Kriminalistik 2011, 448; *Wiedemann*, Tatwerkzeug INTERNET, Kriminalistik 2000, 229; *Winkelbauer*, Computer-Kriminalität und Strafrecht, CR 1985, 40.

A. Computer und Datenverarbeitung

In allen Bereichen des täglichen privaten, geschäftlichen[1] und öffentlichen Lebens werden *Computer*[2] in vielerlei Formen, z.B. als „Handy" (Smartphone), Personal-Digital-Assistant (PDA, Handheld-PC, Tablet), Note-/Netbook oder Arbeitsplatzrechner (Personal Computer, PC), eingesetzt; in mehr als drei Viertel der deutschen Privathaushalte sind Computer mit breitbandigem Internet-Zugang vorhanden. Die Nutzung der damit verbundenen *„elektronischen"* oder auch *„automatischen" Datenverarbeitung* (EDV, DV) hat sich in den letzten Jahren sprunghaft verbreitet, überall wird **Informationstechnik** (IT) eingesetzt[3]. In gleicher Weise ist das Schädigungs- und Schadensrisiko gestiegen, nicht zuletzt durch die allgegenwärtige Nutzung des weltumspannenden Internets[4].

IT-bezogene kriminelle Handlungen betreffen inzwischen alle Bereiche des privaten und öffentlichen Lebens[5]. Dazu zählt auch die kommerzielle, unter bestimmten Voraussetzungen illegale Verbreitung von („einfacher") Pornographie (§ 184d StGB)[6]. Besonderes Aufsehen verursachen immer wieder Verfahren im Zusammenhang mit der Online-Verbreitung[7] von strafbarer Kinder- bzw. Jugendpornographie (§§ 184b, 184c StGB) über sog. Tauschbörsen[8], Foren oder im Chat. Auch wenn Letzteres trotz auch vorhandenen Gewinnstrebens der Täter fraglos nicht zum Bereich des Wirtschaftsstrafrechts zählt, können Wirtschaftsunternehmen betroffen sein, soweit die Tathandlungen unter gleichfalls unrechtmäßiger Nutzung[9] ihrer IT-Ressourcen erfolgen[10].

Aufgrund großer Speicherkapazitäten und rascher Zugriffsmöglichkeiten auf eine Vielzahl von (weltweit von überall zugänglichen) **Datenbanken,** Diensten

---

1 Dazu *Ernst*, Der Arbeitgeber, die E-Mail und das Internet, NZA 2002, 585.
2 Vgl. *Gruhl* in Welp, S. 77 ff.; *Rosenbaum*, Wörterbuch Computerenglisch, 5. Aufl. 2008; *Prevezanos*, Computer-Lexikon 2012, 2011; *Weidemann*, Computerkriminalität, in BeckOK StrafR, Lexikon des StrafR, Ed. 22 Stand 8.3.2013.
3 *Ratzel/Beismann*, Der elektronische Handel im Internet, Kriminalistik 2003, 642; *Hehl*, Trends in der Informationstechnologie. Von der Nanotechnologie zu virtuellen Welten, 2008 (E-Book 2011).
4 Anschaulich *Shimomura*, DATA ZONE – Die Hackerjagd im Internet, 1997; *McClure/Scambray/Kurtz*, Das Anti-Hacker-Buch, 5. Aufl. 2005; *Sieber*, S. 25; *Alyias u.a.*, Microsoft Security Intelligence Report (SIR), Vol. 14, 2013.
5 Vgl. *Vassilaki*, Kriminalität im World Wide Web – Erscheinungsformen der „Post-Computerkriminalität" der zweiten Generation, MMR 2006, 212; AG Konstanz v. 7.10.2005 – 10 Cs 60 Js 5031/05-AK 419/05 – elektronische Wegfahrsperre, JurPC Web-Dok 144/2005.
6 Vgl. BVerfG v. 24.9.2009 – 1 BvR 1231/04 und 1 BvR 710/05 und 1 BvR 1184/08, MMR 2010, 48.
7 Vgl. BGH v. 27.6.2001 – 1 StR 66/01, NJW 2001, 3558.
8 OLG Oldenburg v. 8.5.2009 – 1 Ss 46/09, MMR 2009, 547.
9 *Weißnicht*, Die Nutzung des Internet am Arbeitsplatz, MMR 2003, 448 (450); vgl. auch OVG Lüneburg v. 28.4.2009 – 20 ZD 2/09, NVwZ-RR 2009, 636.
10 Allg. dazu *Marberth-Kubicki*, NJW 2009, 1792; *Zilkens*, Datenschutz am Arbeitsplatz, DuD 2005, 253 (257); OLG Schleswig v. 15.9.2005 – 2 Ws 305/05 (222/05), NStZ-RR 2007, 41.

oder Speicherplätzen (*cloud computing*[1]) werden nunmehr nicht nur Routine- und Massenaufgaben erledigt, sondern wird weitgehend jedwede *Informationsspeicherung und -verarbeitung* mithilfe der IT bewältigt. Darüber hinaus findet die IT Anwendung als selbstreguliertes komplexes System in den Finanz-, Lager- und Lohnbuchhaltungen, der Fertigungssteuerung bis hin zu komplexen Haushalts- und Planungssystemen der öffentlichen Hand und multinationaler Konzerne einerseits und andererseits Abwicklung aller Informationsbedürfnisse selbst beim einfachen Handwerksbetrieb. Der Trend zu vernetzten, dezentralisierten IT-Arbeitsplätzen hält an. Arbeitsplätze, d.h. Computer, werden lokal als LAN (local area network) innerhalb eines räumlich begrenzten Bereiches, z.B. eines Unternehmens, oder weiträumiger als WAN (wide area network) durch Verbindung mehrerer LAN vernetzt. Zur kabelgebundenen Infrastruktur tritt – mit zusätzlichen Risiken – die kabellose in Form des sog. WLAN[2] (wireless LAN) hinzu. Die fast vollständige und **weltweite Vernetzung** stellt die wirtschaftskriminalistische Praxis immer wieder vor neue Herausforderungen[3].

3 Von zentraler Bedeutung[4] ist das in den 60er Jahren – zunächst im Militärbereich – entwickelte und genutzte **Internet**[5] (Interconnected Networks). Über diese „Datenautobahn" – uneingeschränkt in fast jedem Staat der Erde verfügbar – kann der Nutzer, vor allem mit der bedienerfreundlichen Benutzeroberfläche „*WorldWideWeb*" (www), problemlos eine Vielzahl von *Diensten* in Anspruch nehmen.

Dazu zählen das Hypertext Transfer Protocol (http://), das primär zur Übertragung von Webseiten und sonstigen Medien im WorldWideWeb dient, ferner das File Transfer Protocol (ftp://) zur Übertragung von Dateien wie Programm-, Musik- (MP3) oder Video-Dateien über sog. Peer-to-Peer-Systeme („Tauschbörsen"). Über den SMTP-Dienst können elektronische Briefe (E-Mail[6]) versandt werden. Das Usenet (newsgroups) dient als Basis für Diskussionsforen sowie zum Datenaustausch[7] zu allen erdenklichen Themen wie auch das sog. Chat als Echtzeitkommunikation in Schriftform, z.B. als IRC (Internet relay chat) oder als Instant Messaging. Hinzu treten soziale Netzwerke[8] verschiedener An-

---

1 *Gercke*, Strafrechtliche und strafprozessuale Aspekte von Cloud Computing und Cloud Storage, CR 2010, 345; *Heidrich/Wegener*, MMR 2010, 803; *Schröder/Haag*, ZD 2012, 495; *Rössel*, CR 2013, 229; *Lehmann/Giedke*, Urheberrechtliche Fragen des Cloud Computings, CR 2013, 681; *Hilber*, Hdb. Cloud Computing, 2014.
2 *Riegner/Kühn/Korehnke* in Beck-TKG, Vor § 52 TKG Rz. 33 ff.; *Sassenberg/Mantz*, WLAN und Recht, 2014.
3 *Gruhl* in Welp, S. 49 ff.; *Welp*, S. 113 ff.; *Geschonneck*, S. 11 ff.; *Pierrot* in Ernst, Rz. 9 ff.; *Shimada*, Internetkriminalität – Eine Herausforderung für die Strafrechtsdogmatik, CR 2009, 689; *Plewka*, Cybercrime: Bestandsaufnahme eines schwierigen Kampfes, DRiZ 2013, 44.
4 BGH v. 24.1.2013 – III ZR 98/12 – Ausfall des Internetzugangs, CR 2013, 294.
5 *Hafner/Lyon*, Arpa Kadabra oder Die Geschichte des Internet, 3. Aufl. 2008; *Palfrey/Gasser*, Generation Internet [...], 2008; *Meckel/Stanoevska-Slabeva* (Hrsg.), Web 2.0, 2008.
6 *Schmidt/Pruß/Kast*, Technische und juristische Aspekte zur Authentizität elektronischer Kommunikation, CR 2008, 267.
7 Vgl. OLG Hamburg v. 14.1.2009 – 5 U 113/07 – Spring nicht (Usenet I), MMR 2009, 631, Urt. Rz. 3–9.
8 Zu *Facebook* vgl. *Graf* in BeckOK, § 100a StPO Rz. 32c ff.

bieter. Kaum noch üblich sind Telnet oder SSH zur Benutzung entfernter Rechner, Gopher als verteiltes Informationssystem, Archie als Suchsystem für FTP-Server, Veronica als Suchsystem für Gopher, WAIS als System zur Volltextsuche in verteilten Datenbeständen.

Zugang hierzu vermitteln die (Internet-Service) **Provider** (ISP) oder *Diensteanbieter*, die dadurch mit in das Blickfeld der Strafverfolger geraten[1].

Die sich aus den komplexen Anwendungsbereichen[2] der IT ergebenden *strafrechtlich relevanten Gefahren* betreffen daher zunehmend auch private Nutzer von IT-Geräten. War früher das Bildschirmtext-System (btx) der Post[3] als „geschlossenes System" – bereits mit home-banking und home-shopping – Ziel und „Spielwiese" der Täter, sieht sich heute der Nutzer in allen Bereichen des „offenen" Internet, insbesondere im WWW und beim Einsatz von E-Mail, Gefahren ausgesetzt[4]. In erster Linie sind jedoch die Betreiber von IT-Anlagen in der öffentlichen Verwaltung und in der Wirtschaft angesprochen: Soweit die IT zur Speicherung personenbezogener Daten verwendet wird, kann ein Zugriff hierauf durch unberechtigte Dritte die Persönlichkeitssphäre der betroffenen Personen – wegen § 44 BDSG auch mit strafrechtlichen Folgen – verletzen. Auf die sich hieraus ergebenden Probleme des **Datenschutzes**[5] (§ 33 Rz. 115 ff.) – auch bezüglich der E-Mail-Korrespondenz durch Rechtsanwälte und andere Geheimnisträger[6] – soll im Folgenden ebenso wenig eingegangen werden wie auf den Einsatz der *IT durch die Strafverfolgungsbehörden*[7]. 4

Der Zugriff auf gespeicherte Daten hat häufig einen wirtschaftlichen Hintergrund. Vor allem eröffnet die computerspezifische Sammlung und Verarbeitung von Daten Missbrauchsmöglichkeiten zum Nachteil des Vermögens der Verwender von IT-Anlagen. Diese waren im Rahmen des herkömmlichen Strafrechts nur teilweise zu verfolgen und zu ahnden. Strafbarkeitslücken und Beweisschwierigkeiten haben deshalb zu **strafrechtlichen Sonderregelungen**[8] ge- 5

---

1 *Wuermeling/Felixberger*, CR 1997, 230; *Jäger*, CR 1996, 236; LG Ravensburg v. 9.12.2002 – 2 Qs 153/02, NStZ 2003, 325. Zur Verantwortung allg. vgl. EuGH v. 27.3.2014 – Rs. C-314/12 – „kino.to", GRUR 2014, 468.
2 Grundlegend *Sieber*, Computerkriminalität und StrafR, 1977, S. 15.
3 Vgl. *Lachmann*, NJW 1984, 405; *Richter*, CR 1991, 36.
4 Vgl. *Wiedemann*, Kriminalistik 2000, 229.
5 Vgl. allg. *Rebmann/Schoreit*, NStZ 1984, 1; *Bühnemann*, Datenschutz im nicht-öffentlichen Bereich, 1974; *Geis*, CR 2002, 667; *Gabel*, ZUM 2002, 607; *Boos/Kroschwald/Wicker*, ZD 2013, 205; *Ernst*, Rz. 254–256.
6 Hierzu *von Lewinski*, Anwaltliche Schweigepflicht und E-Mail, BRAK-Mitt. 1/2004, 12; *Fischer*, § 203 StGB Rz. 30b.
7 Zur Fahndung im Internet *Soiné*, NStZ 1997, 166 und 321; *Gercke* in Gercke/Brunst, Rz. 7; *Hawellek/Heinemeyer*, ZD-Aktuell 2012, 02730; *Niesler* in BeckOK, § 131 StPO Rz. 5–8; Gemeinsame VwV zur Öffentlichkeitsfahndung des bad.-württ. JuM und IM v. 8.4.2005 – IM 3-0351.4/273 und JuM 4100/0172, Die Justiz 2005, 241; Nr. 40 Abs. 2 RiStBV v. 1.1.1977 i.d.F. v. 13.3.2012, BAnz 2007, 7950.
8 Textsammlungen: *Schwartmann/Gennen/Völkel*, IT- und InternetR, 2009; IT- und Computerrecht: CompR, 11. Aufl. 2014.

führt, um den IT-bezogenen Rechtsgütern den Schutz des Strafrechts nicht zu versagen[1]. Die entsprechenden Straftatbestände wurden durch das 2. WiKG zum 1.8.1986[2] in das StGB eingefügt.

6 Mit dem am 23.11.2001 in Budapest unterzeichneten **Übereinkommen über Computerkriminalität**[3] (Convention on Cybercrime) des Europarats soll die internationale Bekämpfung der Computerkriminalität[4] in allen Bereichen verbessert werden. Das Übereinkommen ist in Deutschland nach Ratifizierung am 9.3.2009 am 1.7.2009 in Kraft getreten. Deutschland ist der mit der Unterzeichnung des Übereinkommens übernommenen Verpflichtung, die Regelungen in nationales Recht umzusetzen[5], nachgekommen[6].

6a Europarechtliche Regelungen sollen sowohl den Datenschutz[7] auch die **Netz- und Informationssicherheit**[8] durch eine verbesserte internationale Zusammenarbeit der Behörden und effektive Strafverfolgung[9] stärken.

I. Erscheinungsformen der IuK-Kriminalität

1. Begriffsbestimmung

7 Das als *Computerkriminalität* oder *Cybercrime* bezeichnete Kriminalitätsphänomen ist inzwischen dem umfassenderen Begriff „Missbrauch der Informations- und Kommunikationstechnik" (IuK-Kriminalität) zugeordnet. Der Begriff **IuK-Kriminalität**[10] erfasst folgende Tathandlungen:

- alle Straftaten, bei denen IT in den *Tatbestandsmerkmalen* enthalten ist (Computerkriminalität), bzw. bei denen IT zur Planung, Vorbereitung oder Ausführung eingesetzt wird oder wurde;
- Straftaten im Zusammenhang mit *Datennetzen* (alle Netze, die der Übermittlung von Schrift-, Ton- bzw. Bildinformationen dienen, z.B. das Internet; ausgenommen ist die normale Sprachübermittlung im herkömmlichen Telefondienst);

---

1 *Sieber*, Computerkriminalität und StrafR, 1977, Nachtrag 1980; *Lenckner*, Computerkriminalität und Vermögensdelikte, 1981; *Achenbach*, NJW 1986, 1835 (1837); *Haft*, NStZ 1987, 6.
2 2. WiKG v. 15.5.1986, BGBl. I 721.
3 SEV/ETS-Nr. 185, http://conventions.coe.int/Treaty/GER/Treaties/Html/185.htm.
4 Ausf. *Gercke* in Gercke/Brunst, Rz. 62–71; *Hoeren*, InternetR S. 471 ff.
5 Vgl. G v. 5.11.2008 zu dem Übereink. des Europarats v. 23.11.2001 über Computerkriminalität, BGBl. II 1242.
6 *Eckhardt*, Die Neuregelung der Telekommunikationsüberwachung und anderer verdeckter Ermittlungsmaßnahmen, CR 2007, 336; *Laue*, StrafR und Internet – Teil 1, jurisPR-StrafR 13/2009 Anm. 2; s. auch Denkschrift, BT-Drs. 16/7218 v. 16.11.2007, 40 ff.
7 RL 2002/58/EG v. 12.7.2002 – DatenschutzRL für elektronische Kommunikation, ABl. EU Nr. L 201 v. 31.7.2002, 37, zuletzt geänd. durch RL 2009/136/EG v. 25.11.2009, ABl. EU Nr. L 337 v. 18.12.2009, 11.
8 RL-Vorschlag v. 7.2.2013 – COM(2013) 48 final, 2013/0027 (COD).
9 RL-Entwurf v. 30.9.2010 – 2010/0273(COD), EU-Parlament v. 4.7.2013.
10 *Plewka*, DRiZ 2013, 44 (45 f.); *Steinke*, NStZ 1984, 295 m.w.Nw.

– die Bedrohung der *Informationstechnik*; dies schließt alle widerrechtlichen Handlungen ein, die geeignet sind, die Integrität, Verfügbarkeit und Authentizität von elektronisch, magnetisch oder sonst nicht unmittelbar wahrnehmbar gespeicherten oder übermittelten Daten zu beeinträchtigen.

Beschränkt man den Bereich kriminogener Handlungen im Zusammenhang mit der IT auf den Vermögensschutz der Inhaber und Betreiber von Datenverarbeitungsanlagen, so kann unterschieden werden zwischen manipulatorischen Eingriffen in den operativen Ablauf der Datenverarbeitung (**Computermanipulationen**) und **Angriffen auf die IT**, sei es auf die Programme (Software) oder auf die Anlage (Hardware) selbst, zum Zweck der Zerstörung (Sabotage) oder der Ausforschung (Spionage). Die bloße Nutzung fremder Rechnerkapazitäten (Zeitdiebstahl[1]) bleibt hingegen strafrechtlich im Hinblick auf die §§ 202a, 263a, 265a StGB ohne Relevanz[2]. In der Strafverfolgungspraxis haben vor allem der *Missbrauch von Bankomaten*[3] (vgl. auch § 49 Rz. 60 ff.) und das „Raubkopieren" von Software und anderen Werken (vgl. § 55 Rz. 80 ff.) besondere Bedeutung erlangt.

Weniger wirtschaftskriminelle Relevanz haben demgegenüber die Fälle des **„Leerspielens von Geldspielautomaten"**[4]. Soweit der Täter unter Einsatz eines rechtswidrig erlangten Computerprogramms an einem Geldspielautomaten „spielt", wirkt er unbefugt auf den Ablauf eines Datenverarbeitungsvorgangs ein und begeht „klassischerweise" Computerbetrug[5].

Abzugrenzen ist hiervon die *allgemeine (Wirtschafts-)Kriminalität*, etwa soweit betrügerische Geschäftsleute mithilfe der IT eine Vielzahl von Abrechnungen, Steuererklärungen, Zahlungsaufforderungen oder sog. Eintragungsofferten[6] u.Ä. erstellen und versenden, um sich gleichartiger Arbeit zu entledigen und ein bei der Bevölkerung immer noch vorhandenes Vertrauen in die **Richtigkeit eines Computerausdrucks** auszunutzen. Dabei handelt es sich aber nicht um Computerkriminalität im eigentlichen Sinn, sondern um allgemeine Kriminalität mit der Besonderheit, dass sie im Zusammenhang mit automatischen Datenverarbeitungs- und Datenübertragungssystemen steht[7].

Ein Großteil der in der beim BKA in der Polizeilichen Kriminalstatistik (PKS) erfassten IT-Kriminalität entfällt auf die wenig IT-spezifischen Vorgänge, in de-

---

1 Dazu *Pierrot* in Ernst, Rz. 222.
2 Ebenso *Ernst*, Rz. 412, 413.
3 Dazu *Richter*, CR 1989, 303.
4 *Bühler*, Die strafrechtliche Erfassung des Missbrauchs von Geldspielautomaten, 1995; *Arloth*, CR 1996, 359; *Jerouschek/Kölbel*, JuS 2001, 780.
5 BGH v. 10.11.1994 – 1 StR 157/94, BGHSt 40, 331 = NStZ 1995,135; BayObLG v. 28.8.1990 – RReg. 4 St 250/89, NStZ 1991, 595; *Neumann*, StV 1996, 375; *Zielinski*, NStZ 1995, 345; enger *Lenckner/Eisele* in S/S, § 202a StGB Rz. 19.
6 BGH v. 4.12.2003 – 5 StR 308/03, NStZ-RR 2004, 110; BGH v. 28.5.2014 – 2 StR 437/13; *Buchmann/Majer/Hertfelder/Vögelein*, „Vertragsfallen" im Internet, NJW 2009, 3189.
7 *Winkelbauer*, CR 1985, 40.

nen rechtswidrig erlangte Debitkarten[1] mit Persönlicher Identifizierungsnummer (PIN)[2] wie Maestro- (früher EC-), Kunden-, Telefon-, Tank- und sonstige aufladbare Bank- oder Kreditkarten eingesetzt werden (sog. Bankomatenfälle)[3]. Ansonsten liegt aber der **Schwerpunkt**[4] der „klassischen" **IT-Kriminalität** zur Vermögensschädigung weiterhin bei den sog. Computermanipulationen, wie die vom BKA jährlich veröffentlichte PKS belegt. Hiervon sind allerdings seit Langem weit überwiegend nicht Großrechner, sondern Arbeitsplatz- bzw. Personalcomputer (PC) und PC-Netze – und damit zunehmend statt interner Experten Externe als Täter – betroffen[5]. Trotz weiterhin steigender Fallzahlen, die auch auf einzelne herausragende Vorgänge, wie die massenhafte Verwendung echter oder erfundener fremder Zugangsdaten (realz/fakez) zur Nutzung von Internetdiensten in den Jahren 2000 und 2001[6], zurückzuführen sind, hat die vermutete *Dunkelziffer*[7] in der Realität der in den letzten Jahren *erfassten* IT-Kriminalität keine Entsprechung gefunden[8].

12 Unabhängig hiervon handelt es sich um im Einzelfall regelmäßig sehr gewichtige Kriminalität[9], deren Aufdeckung die Strafverfolgungsbehörden vor große Probleme stellt[10]. Den Tätern, die oft Mitarbeiter des geschädigten Unternehmens sind[11], geht es um **Einflussnahme auf die vom Computer zu erbringende Leistung** zum Zwecke der *persönlichen Bereicherung*. Dabei können die Manipulationen in jedem Arbeitsgang des Computers ansetzen oder auch mehrere kombiniert umfassen[12]:

– bei den Daten, die dem Computer zur Verarbeitung einzugeben sind (*Inputmanipulationen*);

– bei den Programmen, die Anweisungen an den Computer zur Verarbeitung der eingegebenen Daten enthalten (sog. *Programm-Manipulationen*) oder bei entsprechenden zusätzlichen Einzeleingaben durch die Hardware (sog. *Konsolmanipulationen*);

– durch Veränderungen des vom Computer erarbeiteten und ausgegebenen Ergebnisses der IT (sog. *Outputmanipulationen*).

1 Vgl. *Tiedemann* in FS Kaiser, 1998, S. 1373 ff.
2 Vgl. OLG Hamm v. 17.3.1997 – 31 U 72/96, NJW 1997, 1711; AG Oschatz v. 6.2.1996 – Cs 253 Js 40126/95, NJW 1996, 2385.
3 BGH v. 21.11.2001 – 2 StR 260/01, NStZ 2002, 545.
4 Vgl. auch *Kaiser*, Kriminologie, 3. Aufl. 1996, § 74 Rz. 61.
5 Vgl. *Paul*, NJW-CoR 1995, 42.
6 Vgl. *Vick/Roters*, Account Missbrauch im Internet, 2003.
7 Zum Anzeigeverhalten vgl. BKA, Cybercrime Bundeslagebild 2013, S. 10.
8 *Steinke*, NStZ 1984, 295; *Richter*, HMD 1989, 77; *Schreiber*, Kriminalistik 1988, 615; *Gruhl* in Welp, S. 55.
9 Einschränkend AG Ulm v. 18.3.2002 – 3 Gs 490/02, MMR 2003, 55.
10 *Gruhl* in Welp, S. 55 ff.
11 Beispiele bei *Steinke*, NStZ 1984, 296; allg. *Tiedemann* in FS Kaiser, 1998, S. 1376.
12 *Cramer/Perron* in S/S, § 263a StGB Rz. 4; *Krüger*, Computerkriminalität nach deutschem Recht – Erscheinungsformen […], 2001, Kap. 4.1.1; *von zur Mühlen*, Computer-Kriminalität – Gefahren und Abwehrmaßnahmen, 1972, S. 76.

2. Input- und Outputmanipulationen

Bei den Manipulationen an den zur Verarbeitung in eine IT-Anlage einzugebenden Daten bzw. an den vom Computer als Arbeitsergebnis ausgedruckten oder sonst ausgegebenen Daten handelt es sich um eine verhältnismäßig **computerunspezifische Kriminalität**, deren Täterkreis sich überwiegend aus Sachbearbeitern außerhalb der eigentlichen IT-Fachabteilungen oder untergeordneten Kräften dieser Abteilungen zusammensetzt[1]. 13

Hiervon zu unterscheiden ist allerdings das **unberechtigte Eindringen in IT-Anlagen**. Dieses Phänomen wird oft mit dem Begriff des *„Hacking"* verbunden. Dass es sich keinesfalls stets um „Manipulationen" handeln muss und häufig (zivilrechtliche) Fragen der *Berechtigung zum Datengebrauch* im Vordergrund stehen, zeigen fast alle Fälle des Missbrauchs der Bankomaten und des Internet sowie der sonstigen unberechtigten IT-Nutzung. Obwohl also die Grenzen zur *typischen* „Inputmanipulation" durchaus fließend sind, sollen diese Bereiche eigenständig behandelt werden. 14

Kennzeichnend für die berichteten Inputmanipulationen ist, dass die mit der Zusammenstellung von Eingangsdaten bzw. deren IT-gerechter Übertragung befassten Sachbearbeiter **unrichtige Informationen eingeben** bzw. auflisten oder richtige Informationen unterdrücken.[2] Die Täter wollen hierdurch z.B. zusätzliche Gehaltszahlungen auf ihr Gehaltskonto, Zahlungen für fiktive Mitarbeiter oder Firmen auf zusätzlich eingerichtete Konten, die Unterdrückung von Ansprüchen gegen die eigene Person oder befreundete oder verwandte Personen, Zahlungen staatlicher Sozialleistungen[3] u.Ä. erreichen[4]. Diese Vermögensmehrungen bei den Tätern geben den Strafverfolgungsbehörden aber gute Ansätze für Ermittlungen, da sich die Vermögenszuwächse in der „realen Welt" (ungewöhnliche Bewegungen auf Bankkonten, auffällige Lebensumstände wie luxuriöse Fahrzeuge u.Ä.) abbilden. 15

Unter kriminologischen Gesichtspunkten ebenfalls IT-unspezifisch sind die sog. Outputmanipulationen, also **nachträgliche Verfälschungen der** von der IT-Anlage ursprünglich richtig ausgegebenen **Arbeitsergebnisse**[5]. In diesen Fällen werden überwiegend vom Computer ausgedruckte Überweisungsträger, Rechnungen, Kontoauszüge, Bilanzen oder sonstige Leistungsanweisungen inhaltlich verändert, unrichtig neu oder zusätzlich erstellt oder Einzelpunkte unterdrückt. IT-*spezifisch* ist hieran der modus operandi. Für die strafrechtliche Würdigung dieser Fälle ist bedeutsam, ob derartige Arbeitsergebnisse der IT der bloßen Unterrichtung der Computerbenutzer dienen oder ob Vermögensver- 16

---

1 Fallbeispiele hierzu bei *von zur Mühlen*, Computer-Kriminalität, S. 61.
2 Zum Lastschriftverfahren vgl. BGH v. 22.1.2013 – 1 StR 416/12, NJW 2013, 2608.
3 OLG München v. 26.7.1976 – 2 Ws 194/76, JZ 1977, 408.
4 Beispiele hierfür bei *Sieber*, BB 1982, 1434; *Sieber*, Computerkriminalität und StrafR, 1977, S. 46; *Steinke*, NStZ 1984, 295; *von zur Mühlen*, S. 61; *Liebl* in Zimmerli/Liebl (Hrsg.), Computermissbrauch, Computerkriminalität, 1984, S. 34.
5 *Lampe*, GA 1975, 17.

fügungen selbständig oder nach Abzeichnung durch verfügungsbefugte Personen veranlasst werden sollen[1].

3. Programm-Manipulationen

17 Weitaus seltener in der strafrechtlichen Praxis bekannt geworden sind Fälle der sog. Programm-Manipulation, die zum einen – im Anschluss an die soeben dargestellten Outputmanipulationen – darin bestehen können, dass extern gespeicherte Daten oder sonstige frühere Arbeitsergebnisse der IT zur Weiterverarbeitung *verfälscht* werden, oder darin, dass *einzelne Arbeitsbefehle* verändert oder schließlich ganze **Programme und -teile neu geschrieben**, zusätzlich *eingefügt* oder *gelöscht* werden[2].

18 Hiervon zu unterscheiden ist die **Manipulation variabler Daten** oder *Bewegungsdaten* und die Veränderung sog. *Stammdaten*[3]. Bei Letzteren handelt es sich um Daten, die mehrmals oder regelmäßig von den Bearbeitungsprogrammen abgerufen werden, weil sie wie die Kontonummer des Empfängers (regelmäßig über einen längeren Zeitraum) unverändert bleiben, wodurch sich die einmal getätigte Manipulation bei jedem erneuten Abruf wiederholt. Hierdurch wird – im Unterschied zu den Manipulationen von Bewegungsdaten – in aller Regel auch der Gesamtschaden perpetuiert[4]. Hierher gehören auch die Fälle der Manipulation der Eintragungen auf EC- oder sonstigen Magnetstreifenkarten.

Insgesamt ist bereits hier darauf hinzuweisen, dass sehr häufig eine *Kombination verschiedener Manipulationen* schon deshalb vorliegt, weil eine Vielzahl von Arbeitsergebnissen der IT extern für Kontroll- und weitere Zwecke gespeichert wird.

19 Zusätzliche Befehle kann die IT durch *mechanische Bedienungselemente* (sog. Konsole oder Terminal) erhalten. Die Verfälschungen des Arbeitsprozesses und/oder seines Ergebnisses durch diese Steuerungsmöglichkeit, die **Konsolmanipulationen**, wirken ähnlich, weil auch sie einen Eingriff in das Programm darstellen. Nichts anderes geschah übrigens in den Fällen des Leerspielens von Geldspielautomaten, bei denen durch Drücken der Risikotaste eine Programmsteuerung vorgenommen wurde.

Die Vertuschung einzelner Devisenspekulationsgeschäfte (mit Verlusten von rd. 520 Mio. DM im Jahr 1974[5]) bei der Herstatt-Bank Mitte der siebziger Jahre soll durch Drücken einer sog. „Abbruchtaste" erfolgt sein, wodurch Daten einzelner Devisengeschäfte nicht dem Zentralcomputer der Bank übertragen wurden, sodass die Verluste

---

1 OLG Köln v. 10.8.2001 – Ss 264/01 – verfälschter Parkscheinausdruck, NJW 2002, 527; *Hecker*, JuS 2002, 224; *Heinrich*, CR 1997, 622 (Missbrauch gescannter Unterschriften).
2 *Cramer/Perron* in S/S, § 263a StGB Rz. 5.
3 Vgl. BDiG Frankfurt v. 26.5.1999 – X VL 17/99; OLG München v. 26.7.1976 – 2 Ws 194/76, JZ 1977, 408 (rechtliche Beurteilung nach altem Recht).
4 *Sieber*, DSWR 1974, 246.
5 BGH v. 9.7.1979 – II ZR 118/77, BGHZ 75, 96 = NJW 1979, 1823.

kaschiert und das Gesamtvolumen der Termingeschäfte optisch niedrig gehalten wurden[1].

4. IT als Werkzeug und Ziel

Frühere Prognosen[2] hinsichtlich der zunehmenden wirtschaftlichen Bedeutung von **gegen die IT gerichteten Angriffen** haben sich nur eingeschränkt realisiert: Fälle der *„Computerspionage"* (§ 202a StGB, § 17 Abs. 2 UWG) sind selten Gegenstand strafrechtlicher Ermittlungsverfahren geworden[3]. Teilweise spektakuläre Sabotagehandlungen gegen und („schlichte") unerlaubte Nutzung von IT-Anlagen haben inzwischen auch wirtschaftliche Bedeutung erlangt, ohne dass die Strafverfolgungsbehörden damit befasst wurden. In den „Bankomaten- und Geldspielfällen" ist die IT-Anlage nicht Ziel, sondern Tatmittel der kriminellen Handlung.

Bei *Software-Diebstahl* bzw. **Computerspionage** können Computerprogramme Tatobjekt, aber auch Tatmittel sein. In aller Regel enthalten sie wertvolle *Geschäftsgeheimnisse* der geschädigten Unternehmen oder stellen selbst solche dar. Diese Geschäftsgeheimnisse können sich auf den kaufmännischen (wie Kalkulationen, Bilanzen, Kundenadressen u.Ä.) oder den technischen Bereich (Entwicklungs- und Forschungsdaten) oder technisches Know-how beziehen[4]. Da die Unternehmen ihre Daten und Informationen elektronisch und digital speichern oder sonst IT-mäßig verarbeiten und dadurch der Zugriff auf eine Vielzahl von Informationen auf kleinstem Raum außerordentlich erleichtert wird, ist schon heute fast jeder Fall der *„Mitnahme von Geschäftsgeheimnissen"* durch ausscheidende Mitarbeiter, aber auch der Zugriff hierauf durch Außenstehende, ein Fall der Computerspionage.

Rechtlich bieten diese Fälle zwar *keine Besonderheiten*. Die technischen Möglichkeiten erschweren[5] aber die Prophylaxe der Unternehmen ebenso wie die Ermittlungstätigkeit der Strafverfolgungsbehörden und zwingen beide – bei entsprechendem Anfangsverdacht – zu enger Zusammenarbeit[6]. Andererseits sind die Staatsanwaltschaften hier zu besonders kritischer Wachsamkeit aufgerufen, wollen sie ihren missbräuchlichen Einsatz zur Bekämpfung eines Konkurrenten vermeiden.

Bekannt geworden sind auch Fälle der **Aneignung von** hochwertigen (Grund-)**Programmen durch ausscheidende Mitarbeiter** von Software-Häusern, die diese nach geringfügigen Korrekturen zur Grundlage eigener Problemlösungen als – mit den Forschungskosten nicht belastete – Konkurrenten ihres früheren Arbeitgebers anbieten. Denkbar ist auch, dass das Programm selbst wert-

---

1 *Sieber*, Computerkriminalität und StrafR, 1977, S. 61; hierzu auch *von zur Mühlen*, S. 76.
2 Z.B. *Sieber*, BB 1982, 1441.
3 *Gruhl* in Welp, S. 52.
4 Hierzu *Tiedemann*, WM 1983, 1328; *Lenckner*, Computerkriminalität, 17; *Winkelbauer*, CR 1985, 43.
5 *Richter*, Die EDV, S. 11.
6 *Richter*, HMD 1989, 85.

volles Geschäftsgeheimnis ist, wenn dieses die in langjähriger Forschungstätigkeit entwickelte Arbeitsweise eines Unternehmens enthält.

23 In diesen Fällen scheitert die *zivilrechtliche* Geltendmachung des häufig außerordentlich hohen Schadens regelmäßig daran, dass die Ableitung der Programme nicht nachgewiesen werden kann. Denselben **Nachweisproblemen** sind allerdings auch die Strafverfolgungsbehörden ausgesetzt, wenn nicht im Rahmen von Durchsuchungen entsprechende Aufzeichnungen oder Unterlagen des Geschädigten beim Schädiger gefunden werden können. Dabei stellt die häufig besonders gesicherte Speicherung dieser Informationen in der IT vor weitere Aufklärungsprobleme.

24 Der **Angriff** auf IT-Anlagen **zum Zweck der Zerstörung** kann einerseits auf die IT-Geräte *(Hardware-Sabotage)* einschließlich Datenträger[1] und andererseits auf die Daten[2] oder Computerprogramme *(Software-Sabotage)* abzielen. Im Übrigen wird gegen IT-Anlagen mit Brand- und Bombenanschlägen und – soweit sich der Anschlag nur gegen die Software richtet – durch den Einsatz sog. „Crash-Programme"[3] oder „Organisationssabotage"[4] vorgegangen.

Zunehmend werden zu Sabotagezwecken *Schadprogramme*[5] *(Virus*[6], *Wurm*[7]) eingesetzt. Die IT arbeitet hierbei selbsttätig Programmteile ab, die den ordnungsgemäßen Fortgang des Programms sabotieren. Auf dieser Ebene liegt es auch, wenn die Löschung des Programms, die Weiterarbeit (z.B. nur mithilfe eines Passworts) oder sonstige Fehlsteuerungen jeweils zu einem zukünftigen Zeitpunkt (oder auch nach Ablauf einer Wartungszeit zu Durchsetzung von Software-Pflegemaßnahmen) programmiert werden. Hintergrund derartiger Aktionen sind regelmäßig wirtschaftliche Interessen[8].

So haben Betreiber sog. Bot-Netze[9] von Unternehmen, die ihre Geschäfte online[10] und zusätzlich terminbezogen (z.B. Wettbüros) abwickeln, mit der Drohung, es werde zu be-

---

1 *Cramer*, CR 1997, 693.
2 *Sieber*, Computerkriminalität und StrafR, 1980, S. 123; *Pierrot* in Ernst, Rz. 23 ff.
3 Beispiele bei *Sieber*, BB 1982, 1436; *Sieber*, Computerkriminalität und StrafR, 1977, S. 92.
4 Hierzu *Sieber*, Informationstechnologie und Strafrechtsreform, 1985, S. 60 f.; StA Stuttgart – 165 Js 1557/90 – Stromabschaltung.
5 *Paul*, CR 1985, 52; *Tiedemann*, WM 1983, 1329; *Pierrot* in Ernst, Rz. 81 ff.; *Marschalek*, Tarnen, täuschem und tot stellen. Die Anti-Antivirus-Tricks der Trojaner, c't 20/2013, 190.
6 Vgl. *Libertus*, Zivilrechtliche Haftung und strafrechtliche Verantwortlichkeit bei unbeabsichtigter Verbreitung von Computerviren, MMR 2005, 507.
7 Vgl. LG Verden v. 8.7.2005 (jug) – „Sasser": Jugendstrafe von einem Jahr und neun Monaten, deren Vollstreckung zur Bewährung ausgesetzt wurde; *Laue*, jurisPR-StrafR 13/2009 Anm. 2 Fn. 39.
8 Vgl. *Sieber*, Informationstechnik und Strafrechtsreform, 1985, S. 617; LG Ulm v. 1.12.1988 – 1 Ns 229/88, CR 1989, 825; weiter *Paul*, CR 1985, 52; *Dierstein*, NJW-CoR 1990, 8, 26 ff.
9 *Pierrot* in Ernst, Rz. 62 ff.
10 *Pierrot* in Ernst, Rz. 133.

stimmten Terminen (z.B. Fußball-Endspiel) den Kunden der Zugang zum Internetauftritt durch verteilte Angriffe (DDoS = Distributed Denial of Service)[1] versperrt, Zahlungen erpresst[2] (§ 63 Rz. 8 ff.). Als Bot-Netz (als Abkürzung für Robot-Netz) wird eine Vielzahl von vernetzten Rechnern bezeichnet, die mit Schadsoftware (Wurm/Trojaner) „infiziert" sind und so den Bot-Netz-Betreibern den Zugriff erlauben („Drohnen", „Zombie"). Diese Rechner werden für DDoS-Attacken oder für den Spam-Versand genutzt[3].

Typischerweise – allerdings nicht nur – ist hier auch das bereits erwähnte „**hacking**" einzuordnen. Hacker – oft Mitglieder jugendlicher Computerclubs oder Gruppierungen, aber auch professionell arbeitende oder ideologisch bewegte Täter – dringen in fremde Computersysteme ein wie in die Rechner des NASA Hauptquartiers im Jahr 1986[4], bedienen sich der gespeicherten Daten, der Rechnermöglichkeiten oder nehmen Manipulationen, Störungen oder Spionagehandlungen vor. Die Erfahrung zeigt auch, dass die teils von interessierter Seite propagierte Trennung in „gute" Hacker[5] und „böse" Cracker[6] an der Realität vorbeigeht[7]. 25

Die weite Verbreitung des unbaren Zahlungsverkehrs steht in engem Zusammenhang mit der flächendeckenden Verbreitung des Einsatzes der Datenverarbeitung im Bankbereich. Die mit der **missbräuchlichen Verwendung von Geldausgabeautomaten** (sog. Bankomaten, GAA) durch den Berechtigten (ausführlich § 49 Rz. 69 ff.) oder einen Dritten (ausführlich § 49 Rz. 109 ff.) auftretende Kriminalität ist allerdings durchweg wenig IT-spezifisch, auch wenn es sich um eine *unberechtigte Verwendung von Inputdaten* handelt[8]. 26

Zahlungskarten (dazu § 49 Rz. 60 ff.) sind allerdings nur eine Variante der Geld-, Telefon- und sonstigen Karten mit *Magnetstreifen*, auf denen IT-Informationen zur Verwendung für maschinelle Prozesse gespeichert sind (vgl. § 49 Rz. 60 ff.). Neben Magnetstreifen werden regelmäßig *Chips* als Speichermedium eingesetzt. Die Beschaffenheit von **Chipkarten** (Smartcard) im Scheckkartenformat (ID-1) ist in der internationalen Norm ISO 7816[9] festgelegt. Gebräuchlich sind Krankenversicherungskarten, *Telefonkarten* (*calling-cards*), Mobilfunk-Karten (*subscriber identity module*, SIM-Card) in verschiedenen Formaten, (kontogebundene) Geldkarten (oder anonym zu erwerbende „*whitecards*") als „*elektronische Börse*", sog. *KeyCards* zur Diebstahlsicherung u.a.[10] 27

---

1 *Pierrot* in Ernst, Rz. 128 ff.
2 *Sieber*, Computerkriminalität und StrafR, 1980, S. 123; LG Düsseldorf v. 22.3.2011 – 3 KLs 1/11, MMR 2011, 624.
3 *Brauch*, Verteilte Kriminalität, c't 9/2005, 88; *Roos/Schumacher*, MMR 2014, 377.
4 DER SPIEGEL, Nr. 12/1988, S. 109; *Bölscher/Kaiser/Graf von der Schulenburg*, Hacker gibt es wirklich!, Versicherungswirtschaft 2002, 565.
5 *Pierrot* in Ernst, Rz. 6; *Ernst*, Hacker und Computerviren im StrafR, NJW 2003, 3233; *Hafner/Markoff*, Kevin Mitnick. Der Hacker. Wie alles anfing, 1998.
6 *Krömer/Sen*, No Copy – Die Welt der digitalen Raubkopie, 2. Aufl. 2007, S. 28 ff.; *Wandtke/Ohst* in Wandtke/Bullinger, UrhR, § 95a UrhG Rz. 84 a.E.
7 Ebenso *Geschonneck*, S. 16 ff.
8 *Reifner*, BB 1989, 1912.
9 http://www.iso.org/.
10 *Kümpel*, Elektronisches Geld (Cyber coins) als Bankgarantie, NJW 1999, 313; *Findeisen*, Geldwäschebekämpfung im Zeitalter des Electronic Banking, Kriminalistik 1998, 107.

Letztgenannte Kartentypen werden überwiegend im „Offline-Betrieb" verwendet und sind mit einem *Kryptierschutz* ausgestattet: Das Lesegerät (etwa beim Händler) führt zusätzlich zum PIN-Nummern-Abgleich eine Sicherheitsprüfung der Karte durch.

28 Um originäre Computerkriminalität, die oftmals banden- und gewerbsmäßig begangen wird, handelt es sich auch beim sog. **Skimming** (Buffer-Fällen)[1]. Mithilfe von IT-Lese- und Schreibgeräten werden die Daten gestohlener, schlicht überlassener oder auch eigener Bankomaten- oder Kreditkarten ausgelesen[2] und auf Dubletten übertragen (§§ 152a, 152b StGB) und/oder sonst in ihrem Inhalt verändert[3]. Mit derart veränderten Zahlungskarten[4] (Dubletten) sind nur an (ausländischen) Bankomaten Geldauszahlungen zu erreichen, die noch nicht über spezielle Sicherungsprüfungen verfügen oder nicht an zentrale Rechner angeschlossen sind (s. § 49 Rz. 113).

II. Haftung und Verantwortlichkeit

1. Kriminalität und Datennetze

29 Zentrale Bedeutung erlangt der **Missbrauch von Daten im Internet.** Online-Teilnehmer können

- kaufen und verkaufen (*Teleshopping, home-order*)[5],
- Dienste anbieten oder annehmen (*Teleservice und -consulting* bis in Bereiche der entgeltlichen Sexualität[6]),
- Dateien übertragen (*up-/download*),
- zahlen (*Cybercash*) oder sonstige Bankgeschäfte abwickeln (*Telecash oder home-banking*),
- telefonieren (*Internet-Telefonie, Interphone*) oder sonst Nachrichten austauschen (*electronic post – E-Mail, chat*) – offen für alle (*Weblog*[7] bzw. *Blog, Newsgroup, www-Seiten* bzw. *Homepage*) oder nur für bestimmte Berechtigte,
- ein Fax über den Rechner (mithilfe eines *Faxservers*) senden/empfangen und vieles mehr.

---

1 Hierzu *Richter*, CR 1989, 304; *Zwade/Mühl*, Der Aufwendungs- und Schadensersatzanspruch im Kreditkartengeschäft, WM 2006, 1225 (1228); BGH v. 22.11.1991 – 2 StR 376/91, BGHSt 38, 120 = wistra 1992, 64; BGH v. 6.7.2010 – 4 StR 555/09, MMR 2010,711; KG v. 29.12.1999 – (5) 1 HEs 244/99 (55/99); AG Erfurt v. 28.11.2007 – 5 C 3034/06, Urt. Rz. 27; AG Berlin-Mitte v. 25.11.2009 – 21 C 442/08, MMR 2010, 137.
2 Zum Versuchsbeginn vgl. BGH v. 15.3.2011 – 3 StR 15/11, wistra 2011, 299; BGH v. 11.8.2011 – 2 StR 91/11, wistra 2011, 422.
3 BGH v. 31.5.2012 – 2 StR 74/12, NStZ 2012, 62.
4 Zur EC- bzw. Maestro-Karte vgl. BGH v. 13.10.2011 – 3 StR 239/11, NStZ 2012, 318.
5 *Härting*, InternetR, Rz. 384 ff., 635 ff.
6 Vgl. *Walther*, NStZ 1990, 523; *Dannecker*, BB 1996, 1285.
7 Dazu *Kaufmann*, Weblogs – Rechtliche Analyse einer neuen Kommunikationsform, 2009 (Diss. Münster 2008).

Die hierbei bekannt gewordenen **Fallgruppen kriminellen Missbrauchs** zur Vermögensschädigung unterscheiden sich grundsätzlich: 30

– Bei der *"Erschleichung von Netz-Leistungen"* täuscht der Teilnehmer die Verantwortlichen der Netzbetreiber über seine (fortbestehende) Zahlungsfähigkeit und erlangt so die Möglichkeit, Leistungen über das Netz abzurufen. Gegenüber den Anbietern handelt er unberechtigt, da die Systembedingungen die Fähigkeit und Möglichkeit des Bezahlens der Leistungen bei Fälligkeit voraussetzen.
– Eine rechtliche Nähe zu den Bankomaten-Fällen ergibt sich auch beim *"Missbrauch der Identifizierung"* im Online-System. Der Täter hat (unberechtigt) Kenntnis der Zugangsdaten eines Teilnehmers erlangt oder unter falschen Personalien Zugangsrechte erhalten[1].

Ganz parallel liegen die Probleme beim sonstigen **Missbrauch** der Benutzung des Internet – vom *Teleshopping* über Teleservice, Teleconsulting usw – bis zur Abwicklung des *Bank- und Börsenverkehrs* und zum Kauf/zur Bezahlung von Waren oder Dienstleistungen bzw. überhaupt der Abwicklung **des elektronischen Geschäftsverkehrs**. Auch im Bereich der Banken hat sich eine nicht mehr zu überschauende Vielfalt elektronisch angebotener oder vermittelter Produkte wie *Telefon- und Internet-Banking*, die *"elektronische Geldbörse"* bzw. das „Netzgeld" (*cyber coins*[2]) etabliert[3]. 31

Der Missbrauch von Telekommunikationssystemen im Zusammenhang von Datenverarbeitung und Telekommunikation führt schließlich dazu, dass dem IT-Strafrecht ein **Schutzbereich weit außerhalb des Vermögens** zugewiesen wird, der hier nur angedeutet werden kann. 32

Informationen und Dienstleistungen werden über entgeltlich zur Verfügung gestellte Leitungen durch Eingabe von Daten mithilfe von Zusatzgeräten („Decoder") zum häuslichen Fernseher oder PC in Anspruch genommen. Der technische Zugang ist rechtlich durch das **TelekommunikationsG** (TKG)[4], die Verantwortung für die Vermittlung bis zum 1.3.2007 durch das TeledienseteG[5] (TDG), seitdem durch das **TelemedienG** (TMG; Rz. 38 ff.) geregelt. Der Online-Zugang wird i.d.R. durch eine zweistufige, teilnehmerindividuelle Identifizierung gesichert („Anschlusskennung" und „persönliches Kennwort"). 33

Aber auch die sonstigen Netze der Telekommunikation können zum (wirtschaftlichen) Nachteil der Netzbetreiber oder der berechtigten Teilnehmer missbraucht werden. Über eine – für den Anrufer kostenlose – Rufnummer wurden Telekommunikationsverbindungen in das Ausland aufgebaut und die Verbindungserkennung manipulativ unterbunden (sog. **phreaking** bzw. **blueboxing**). Die Telekom musste der ausländischen Telefongesellschaft das Entgelt – das damit letztlich den Tätern zugeleitet wurde – entrichten, konnte aber we- 34

---

1 *Richter*, CR 1991, 361 (364).
2 *Kümpel*, NJW 1999, 313; zu Bitcoins vgl. *Spindler/Bille*, WM 2014, 1357.
3 *Findeisen*, Kriminalistik 1998, 107.
4 G v. 22.6.2004, BGBl. I 1190, zuletzt geänd. durch G v. 25.7.2014, BGBl. I 1266; *Scherer*, Das neue TelekommunikationsG, NJW 2004, 3001; *Geppert/Schütz* (Hrsg.), Beck'scher TKG-Kommentar, 4. Aufl. 2013.
5 G v. 22.7.1997, BGBl. I 1870; *Bullinger/Mestmäcker*, Multimediadienste, 1997.

gen der Manipulation seines Entgelterfassungssystems die Kosten dem Kunden (Täter) nicht (weiter-)berechnen[1].

2. Verantwortlichkeiten im Netz
a) Zivilrechtliche Haftung

35 Eine Adresse innerhalb des Internet kann die **Mailbox für E-Mails** oder auch die „**www-Seite**" (sog. Homepage) darstellen, die als „persönlicher Briefkasten" nur dem Nutzer oder – i.S. eines *„elektronischen Schwarzen Brettes"* – Benutzergruppen oder jedermann zugänglich sind, was immer sie enthalten: Pornografie aller Spielarten[2], extremistisches Gedankengut, Rauschgifthinweise, Sprengstoffanleitungen[3] und Waffenangebote, urheberrechtlich geschützte Werke[4] u.a. Die irrige Vorstellung eines von staatlicher Aufsicht freien Raumes für Meinungsaustausch u.a. kollidiert hier ganz offensichtlich mit vielfältigen höchst schützenswerten Rechtsgütern.

36 Das Internet ermöglicht es einem *Nutzer* (Legaldefinition in § 2 S. 1 Nr. 3 TMG), Straftaten von jedem Punkt der Welt aus mit Wirkung im Inland (vgl. § 9 StGB) zu begehen. Soweit sich die **Tathandlungen im Inland**[5] abspielen, Täter und Geschädigter sich im Inland aufhalten, bereitet die Strafverfolgung – vom Umfang der Ermittlungen und vom Tatnachweis abgesehen – keine grundsätzlichen Probleme (vgl. §§ 3, 4 StGB). Auch Taten, die *im Ausland* begangen werden und sich gegen die in § 5 StGB genannten inländischen Rechtgüter richten, können hier verfolgt werden[6]. Entsprechendes gilt für die in § 6 StGB aufgeführten international geschützten Rechtsgüter, z.B. § 6 Nr. 6 StGB[7].

37 Geprägt wird das WorldWideWeb von der Technik des **Verweisens** bzw. der Verlinkung (von englisch: link) auf eigene oder fremde Informationen, die durch eine „Internet-Adresse" erreichbar sind, welche durch den sog. Uniform Resource Locator (URL) oder durch eine zeitbezogen weltweit einmalige[8] numerische IP-Nummer definiert ist. Dadurch gerät jeder Anbieter im Netz, der einen *Hyperlink* (kurz: Link) auf andere Inhalte setzt, in die Gefahr, als Mit-Störer[9]

---

1 Dazu *Moschitto/Sen*, Hackerland: Das Logbuch der Szene, 3. Aufl. 2001, S. 47 ff.
2 Vgl. *Dannecker*, BB 1996, 1285.
3 *Derksen*, NJW 1998, 3760.
4 AG Nagold v. 31.10.1995 – Ds 25 Js 1348/94, CR 1996, 240.
5 *Hilgendorf*, NJW 1997, 1873; *Sieber*, S. 75 ff.
6 *Fischer*, vor §§ 3–7 StGB Rz. 9; *Koch*, JuS 2002, 123; *Breuer*, MMR 1998, 141; *Eser* in S/S, § 9 StGB Rz. 4, 7 ff.; *Gercke* in Gercke/Brunst, Rz. 41.
7 *Soiné*, Strafbarkeit von Kinderpornografie im Internet, Kriminalistik 2002, 218; *Hörnle*, NJW 2002, 1008; *Harms*, NStZ 2003, 646; *Gercke* in Gercke/Brunst, Rz. 83; LG Karlsruhe v. 29.7.2004 – 3 Qs 24/04.
8 Näheres bei Internet Assigned Numbers Authority (IANA), http://www.iana.org/.
9 Vgl. *Müglich*, Auswirkungen des EGG auf die haftungsrechtliche Behandlung von Hyperlinks, CR 2002, 583; *Spindler*, MMR 2002, 495; BGH v. 11.3.2004 – I ZR 304/01, BGHZ 158, 236 = GRUR 2004, 860 „Internet-Versteigerung"; *Spieker*, Verantwortlichkeit von Internetsuchdiensten für Persönlichkeitsrechtsverletzungen in ihren Suchergebnislisten, MMR 2005, 727; BVerfG v. 15.12.2011 – 1 BvR 1248/11, GRUR 2012, 390.

oder gar als *Mit-Täter* in Haftung genommen zu werden, falls der Inhalt der verlinkten Zielseite rechtswidrig oder strafbar ist[1]. Eine Verlinkung kann außerdem als urheberrechtlich unzulässige Verwertung eines fremden Werks gesehen werden (§ 55 Rz. 111). Je nach Ausgestaltung des Links[2] wird die Zielseite als eigener Inhalt („Zu-eigen-Machen") – für den der Verlinkende verantwortlich ist – oder als fremder Inhalt angesehen.[3] § 5 TDG i.d.F. bis 20.12.2001 sah für fremde Inhalte eine Haftungsprivilegierung vor[4]. Die vom 21.12.2001 bis zum 28.2.2007 geltende Fassung der Verantwortlichkeitsregelungen in §§ 8, 9–11 TDG[5] erlaubte *keine* Zuordnung der Verlinkung zu einem der *Privilegierungstatbestände*[6].

Das am 1.3.2007[7] in Kraft getretene **TelemedienG**[8] (TMG) enthält in §§ 7–10 Regelungen zur *Verantwortlichkeit* von *Diensteanbietern* i.S. des § 2 S. 2 Nr. 1 TMG. Diese Regelungen stimmen mit denen des TDG a.F. (und des früheren Mediendienste-Staatsvertrags[9]) überein, sodass die zu den gleich lautenden Bestimmungen des TDG ergangene Rechtsprechung und Literatur weitgehend herangezogen werden kann[10]. 38

Als Spezialregelung zu den Bestimmungen des Straf-, Zivil-, Verwaltungs- und Jugendschutzrechts im Übrigen stellt das TMG klar,[11] dass Diensteanbieter für eigenes Verschulden einzustehen haben. Ebenso tragen sie als sog. **Content-Provider**[12] für eigene Informationen[13] die volle Verantwortung (§ 7 Abs. 1 38a

---

1   Vgl. *Hoeren*, InternetR S. 482 ff.; BGH v. 1.4.2004 – I ZR 317/01, GRUR 2004, 693; BGH v. 20.5.2009 – I ZR 239/09 – CAD-Software, K&R 2009, 586; einschränkend für Presse BGH v. 14.10.2010 – I ZR 191/08 – AnyDVD, K&R 2011, 325.
2   *Hoene* in Soehring/Hoene, § 16 Rz. 17s.
3   Zur Distanzierung („Disclaimer") vgl. *Hoene* in Soehring/Hoene, § 16 Rz. 17j.
4   *Spindler*, MMR 2002, 495; BGH v. 23.9.2003 – VI ZR 335/02, NJW 2003, 3764; LG München I v. 17.11.1999 – 20 Ns 465 Js 173158/95 – Compuserve, NJW 2000, 1051 m. Anm. *Vassilaki*, NStZ 2000, 535.
5   *Köster/Jürgens*, Haftung professioneller Informationsvermittler im Internet [...], MMR 2002, 420; *Eck*, Das Hosting einer rechtsverletzenden Information für ein abhängiges Konzernunternehmen, MMR 2005, 7.
6   *Stadler*, Verantwortlichkeit für Hyperlinks nach der Neufassung des TDG, JurPC Web-Dok 2/2003, Abs. 1–95, Abs. 21; *Rössel*, Zur Störerhaftung des Betreibers einer Internetauktionsplattform für Namensrechtsverletzungen, CR 2008, 729.
7   Bek. v. 1.3.2007, BGBl. I 251.
8   G v. 26.2.2007, BGBl. I 179, zuletzt geänd. durch G v. 31.5.2010, BGBl. I 692; *Hoeren*, Das TelemedienG, NJW 2007, 801; *Hoeren*, InternetR, S. 415 ff.
9   Dazu *Holznagel/Ricke*, Die Aufsicht im Internet [...], MMR 2008, 18 (20).
10 Vgl. *Spindler*, Die Verantwortlichkeit der Provider für „Sich-zu-Eigen-gemachte" Inhalte und für beaufsichtigte Nutzer, MMR 2004, 440; *Spindler*, [...] Verantwortlichkeit der Diensteanbieter und Herkunftslandprinzip, NJW 2002, 921; *Vassilaki*, Strafrechtliche Haftung nach §§ 8 ff. TDG, MMR 2002, 659; *Libertus/Schneider*, Die Anbieterhaftung bei internetspezifischen Kommunikationsplattformen, CR 2006, 626; *Roßnagel*, NVwZ 2007, 743 (747).
11 *Hoene* in Soehring/Hoene, § 16 Rz. 17c; *Härting*, InternetR, Rz. 2072 ff.
12 *Hoeren*, InternetR S. 416ff.
13 Vgl. LG Hamburg v. 27.4.2007 – 324 O 600/06, MMR 2007, 450; LG Hamburg v. 3.9.2010 – 308 O 27/09 – „YouTube", MMR 2010, 833; *Hoene* in Soehring/Hoene, § 16 Rz. 17j.

TMG). Differenziert nach Anbietertypen ergeben sich in Bezug auf fremde Informationen folgende Haftungsbeschränkungen[1]:

39 – Für fremde Informationen, die sie nur in einem Kommunikationsnetz übermitteln oder zu denen sie nur den Zugang zur Nutzung vermitteln, tragen sie als **Access-Provider**[2] keine Verantwortung (§ 8 TMG: Durchleitung von Informationen)[3]. Gleiches gilt bei einer nur automatischen und zeitlich begrenzten Zwischenspeicherung für die Dauer der Übermittlung (sog. Caching).

– Ebenso sind Diensteanbieter nicht verantwortlich bei einer *Zwischenspeicherung* (Caching) *zur beschleunigten Übermittlung* von Informationen (§ 9 TMG), wenn sie die Informationen unverzüglich entfernen oder sperren, sobald sie erfahren, dass sie am Ursprungsort entfernt oder gesperrt wurden oder dies durch eine Gericht oder eine Behörde angeordnet wurde. Gleiches gilt grundsätzlich auch für Anbieter, die den Zugang zum sog. *usenet* eröffnen, soweit sie nicht die Inanspruchnahme des Dienstes mit der Möglichkeit der Rechtsverletzungen aktiv und offensiv bewerben[4].

40 Soweit fremde Informationen für einen Nutzer gespeichert werden (*file-hosting*, § 10 TMG), trifft den Diensteanbieter als **Host-Provider**[5] keine Verantwortung, wenn er keine Kenntnis vom rechtswidrigen Inhalt dieser Informationen hat oder nach Kenntniserlangung[6] unverzüglich tätig geworden ist[7], um die Informationen zu sperren oder zu entfernen.

41 Nach § 7 Abs. 2 S. 1 TMG sind Diensteanbieter nicht verpflichtet, die **Informationen zu überwachen** oder nach Umständen zu forschen, die auf eine rechtswidrige Tätigkeit hinweisen. Allerdings stellt sie § 7 Abs. 2 S. 2 TMG von der Verpflichtung nach allgemeinen Gesetzen (z.B. nach § 1004 BGB sowie nach den Vorschriften des Wettbewerbs- und gewerblichen Rechtsschutzes) nicht frei, rechtswidrige Inhalte oder Informationen nicht zu entfernen oder zu sperren. Soweit sie als Störer – ohne Täter oder Teilnehmer zu sein – willentlich und adäquat kausal zur Verletzung eines geschützten Gutes oder zu einer verbotenen Handlung beigetragen haben, haften sie auch als Dienst- oder Infra-

---

[1] Überblick bei *Krüger/Apel*, Haftung von Plattformbetreibern [...], MMR 2012, 144; *Ensthaler/Heinemann*, GRUR 2012, 433; *Nolte/Wimmers*, [...] Haftung von Intermediären im Internet [...], GRUR 2014, 16.
[2] *Hoeren*, InternetR S. 421 ff.
[3] LG München I v. 17.11.1999 – 20 Ns 465 Js 173158/95 – Compuserve, MMR 2000, 171; OLG Hamburg v. 21.11.2013 – 5 U 68/10, CR 2014, 522.
[4] OLG Hamburg v. 14.1.2009 – 5 U 113/07 – Spring nicht (Usenet I), MMR 2009, 631.
[5] *Hoeren*, InternetR S. 422 ff.
[6] BGH v. 25.10.2011 – VI ZR 93/10, MMR 2012, 124.
[7] BGH v. 12.7.2012 – I ZR 18/11 – Alone in the Dark, BGHZ 194, 339 = NJW 2013, 784; zu den Anforderungen an eine Strafbarkeit als Gehilfe vgl. OLG Hamburg v. 13.5.2013 – 5W 41/13 CR 2013, 803 (805); *Obergfell*, NJW 2013, 1995; zu Anforderungen an eine Filterung vgl. EuGH v. 16.2.2012 – Rs. C-360/10, CR 2012, 265.

strukturanbieter[1] auf Unterlassung und Beseitigung[2] (vgl. § 1004 BGB), zumindest aber auf Erfüllung einer *Vorbeugepflicht*[3].

Aus der zahlreichen zivilgerichtlichen Rechtsprechung[4] im Zusammenhang mit Verletzungen gewerblicher Schutzrechte sind folgende **Fallkonstellationen** herauszustellen: 42

— Aufgrund seiner zivilrechtlichen Haftung als Betreiber eines für jedermann (lesend und schreibend) zugänglichen Forums im Internet[5] haftet der **Forenbetreiber** jedenfalls dann nicht weitergehend auf Unterlassung und Schadensersatz, wenn es sich um eine erstmalige rechtsverletzende (Bild-)Veröffentlichung handelt und es anschließend zu keiner weiteren Rechtsverletzung mehr gekommen ist. Ein Forenbetreiber ist von vornherein nicht dazu verpflichtet, durch entsprechende technische Vorkehrungen die Möglichkeit zu unterbinden, Bilder in die Forenbeiträge einzustellen, oder dies nach einer einmaligen Rechtsverletzung mit Wirkung für alle Nutzer zu tun.

— Der **Betreiber eines WLAN**, das über einen sog. Router mit Breitbandanschluss den Zugang zum Internet erlaubt, ist verpflichtet[6], ihm mögliche technische Vorkehrungen zu treffen, um die unüberprüfbare Nutzung des WLAN und damit die Möglichkeit beliebiger Dritter zu unterbinden, Zugriff auf das WLAN zu nehmen und z.B. Urheberrechtsverstöße zu begehen. Geeignete Maßnahmen sind eine Verschlüsselung[7] und eine Beschränkung des Zugangs durch Setzen eines nicht trivialen Passworts.[8] Zudem ist dem Betreiber eines WLAN (oder LAN) mit Internet-Breitbandanschluss zuzumuten, Besucher[9] oder minderjährige[10], nicht aber volljährige Familienangehörige[11] anzuhalten, das Angebot nur rechtmäßig zu nutzen. Bei Rechtsverstößen Dritter muss der

---

1 *Verweyen*, Grenzen der Störerhaftung in Peer to Peer-Netzwerken, MMR 2009, 592; BGH v. 15.8.2013 – I ZR 80/12 – File-Hosting-Dienst, CR 2013, 728.
2 BGH v. 18.10.2001 – I ZR 22/99 – Meißner Dekor, NJW-RR 2002, 832.
3 *Breyer*, Verkehrssicherungspflichten von Internetdiensten im Lichte der Grundrechte, MMR 2009, 14 (19); EuGH v. 12.7.2011 – Rs. C-324/09 – L'Oreal/eBay, GRUR 2011, 1025; *Nordemann*, GRUR 2011, 977.
4 Vgl. *Volkmann*, Aktuelle Entwicklungen in der Providerhaftung im Jahr 2012, K&R 2013, 364.
5 OLG Hamburg v. 22.8.2006 – 7 U 50/06, MMR 2006, 744; OLG Hamburg v. 4.2.2009 – 5 U 180/07, ZUM 2009, 417; zur Haftung eines Blog-Plattformbetreibers LG Berlin v. 21.6.2011 – 27 O 335/11, MMR 2011, 624; kein Auskunftsanspruch nichtstaatlicher Stellen, BGH v. 1.7.2014 – VI ZR 345/13, BB 2014, 1857; *Hoene* in Soehring/Hoene, § 16 Rz. 171 ff.
6 *Borges*, Die Haftung des Internetanschlussinhabers für Urheberrechtsverletzungen durch Dritte, NJW 2014, 2305. Haftungserleichterungen für WLAN-Betreiber geplant, vgl. BT-Drs. 18/1973 v. 2.7.2014.
7 *Kast* in Conrad/Grützmacher, Recht der Daten, § 66.
8 BGH v. 12.5.2010 – I ZR 121/08 – Sommer unseres Lebens, CR 2010, 458; AG Frankfurt/M. v. 14.6.2013 – 30 C 3078/12 (75), CR 2013, 583; zur Darlegungs- und Beweislast LG Stuttgart v. 28.6.2011 – 17 O 39/11, MMR 2011, 761.
9 LG Düsseldorf v. 26.8.2009 – 12 O 594/07, JurPC Web-Dok 6/2010; *Ballhausen*, Haftung des WLAN-Anschlussinhabers für Rechtsverletzungen von Besuchern, jurisPR-ITR 9/2010 Anm. 5; *Borges*, Pflichten und Haftung beim Betrieb privater WLAN, NJW 2010, 2625.
10 BGH v. 15.11.2012 – I ZR 74/12 – Morpheus, CR 2013, 324.
11 OLG Köln v. 23.12.2009 – 6 U 101/09, MIR 2010, 007; OLG Köln v. 21.4.2011 – 6 W 58/11, MMR 2012, 184; keine Kontrollpflicht gegenüber Ehepartner: OLG Köln v. 16.5.2012 – 6 U 239/11, MMR 2012, 549; BGH v. 8.1.2014 – I ZR 169/12 – Bear-Share, CR 2014, 472.

Betreiber damit rechnen, dass Rechtsverstöße ihm als Störer zugerechnet werden und er zivilrechtlich (s. § 55 Rz. 23 ff.) auf Unterlassung[1] oder darüber hinaus auf Schadensersatz in Anspruch genommen wird, soweit er nicht als Access-Provider[2] einzustufen ist.

- Es besteht keine Haftung eines **Domainverpächters**[3] für Äußerungen seines Pächters, soweit keine Störer-Eigenschaft des Verpächters gegeben ist[4]. §§ 7–10 TMG setzen nämlich einen Anspruch (z.B. nach § 1004 BGB[5]) voraus, beinhalten selbst aber keine Anspruchsgrundlage (auf Unterlassung oder Schadensersatz). Eine unmittelbare Störer-Haftung wäre z.B. bei Zu-eigen-Machen der fremden Äußerung gegeben (vgl. § 7 Abs. 1 TMG). Als mittelbarer Störer wäre ein Verpächter der Domain nur anzusehen, wenn er als „Herr des Informationsangebots"[6] in Erscheinung tritt, was sich am Impressum (§ 5 TMG) erkennen lässt. Allerdings obliegt einem Verpächter – vor allem bei bekannt gewordenen Verstößen seines Pächters – eine Prüfung des Angebots, sodass die Verletzung dieser eigenen Pflicht zu Ansprüchen gegen den Verpächter führen kann[7].

- Ein *Betreiber einer* **Online-Verkaufsplattform** (eBay) haftet z.B. bei zumutbar prüfbaren[8] Markenrechtsverstößen eines Nutzers der Plattform auf Unterlassung – auch vorbeugend –; ein Haftungsprivileg besteht gem. § 10 S. 1 TMG nicht[9].

- Ein **Inhaber eines Benutzerkontos** (z.B. bei Internetauktionshaus wie eBay) haftet aufgrund einer „Verkehrssicherungspflicht"[10] zur sicheren Verwahrung der Zugangsdaten für die rechtswidrige oder rechtsverletzende Handlung eines Dritten, der die Zugangsdaten nutzt[11].

- Es besteht keine Haftung des sog. **administrativen Ansprechpartners** („admin-c") einer 2nd-level-Domain als Störer ohne Hinzutreten besonderer Umstände[12], die aber gegeben sind bei der Bereitschaft zur entgeltlichen Tätigkeit als admin-c für die Registrierung von zahlreichen, später zu veräußernden Domains.

---

1 BGH v. 12.5.2010 – I ZR 121/08 – Sommer unseres Lebens, CR 2010, 458; *Schmidt-Bens/Suhren*, Haftungsrisiken und Schutzmaßnahmen beim Betrieb von WLAN-Netzen, K&R 2013, 1.
2 Z.B. Hotelbetreiber oder Ferienwohnungsvermieter, AG Hamburg-Mitte v. 10.6.2014 – 25b C 431/13, CR 2014, 536.
3 BGH v. 30.6.2009 – VI ZR 210/08, GRUR 2009, 1093 = K&R 2009, 644 m. Anm. *Härting*, K&R 2009, 647.
4 BGH v. 30.6.2009 – VI ZR 210/08, K&R 2009, 644 (645).
5 Vgl. *Renner/Schmidt*, Unterlassung von Handlungen Dritter? – Die Erfolgshaftung im gewerblichen Rechtsschutz und UrheberR, GRUR 2009, 908.
6 BGH v. 30.6.2009 – VI ZR 210/08, K&R 2009, 644 (646).
7 OLG Hamburg v. 30.9.2009 – 5 U 111/08 – Rapidshare II, MMR 2010, 51; krit. *Härting*, K&R 2009, 647.
8 OLG Hamburg v. 29.11.2012 – 3 U 216/06 – Kinderhochstühle II, GRUR-RR 2013, 94.
9 BGH v. 19.4.2007 – I ZR 35/04 – Internet-Versteigerung II, BGHZ 172, 119 = GRUR 2007, 708; *Hoene* in Soehring/Hoene, § 16 Rz. 17m.
10 BGH v. 11.3.2009 – I ZR 114/06 – Halzband, BGHZ 180, 134 = NJW 2009, 1960.
11 *Hecht*, Verantwortlichkeit für Benutzerkonten im Internet, K&R 2009, 462.
12 OLG Koblenz v. 23.4.2009 – 6 U 730/08, K&R 2009, 493 = MMR 2009, 549; *Hoeren*, InternetR, S. 441 f.; *Härting*, InternetR, Rz. 2210 ff.

b) Strafrechtliche Verantwortlichkeit

Der bloße Hinweis auf den Fundort einer fremden Information[1] eröffnet keine weitergehende strafrechtliche Verantwortung[2], was § 7 Abs. 1 TMG herausstellt: Diensteanbieter sind (nur) *„für eigene Informationen, die sie zur Nutzung bereithalten, nach den allgemeinen Gesetzen"* verantwortlich[3]. Insoweit sind jeweils die strafgesetzlichen Tatbestandsvoraussetzungen einschließlich Rechtswidrigkeit und Schuld festzustellen.

43

Genauso ist ein Betreiber eines offenen (d.h. ungesicherten) WLAN nach allgemeinen strafrechtlichen Grundsätzen als Täter oder Teilnehmer (§§ 25–27 StGB) verantwortlich für Handlungen, die einen Straftatbestand erfüllen[4]. Letztlich ist es eine Frage der Bewertung der Beweislage, ob der Hinweis auf ein **offenes WLAN** gravierende Indizien für eine Täterschaft schwächen kann[5]. Einer zivilrechtlichen Haftung[6] kann sich der Betreiber eines offenen WLAN grundsätzlich nicht entziehen (vgl. Rz. 39, 42).

44

Zudem ist ein kommerzielles WLAN-Sharing als *wettbewerbswidrig* nach §§ 3, 8 Abs. 1 und Abs. 3 Nr. 1 UWG anzusehen[7], sodass auch insoweit zivilrechtliche Ansprüche gegen seinen Betreiber bestehen.

B. Strafrechtliche Erfassung

I. Allgemeine Normen des StGB

1. Betrug

Ausgangspunkt der **strafrechtlichen Würdigung** von Input- und Outputmanipulationen sowie der Kombinationen hieraus ist der Vorwurf des *Betrugs* bzw. Kreditbetrugs gem. §§ 263, 265b StGB und der *Untreue* gem. § 266 StGB (Rz. 50). Daneben kommen *Diebstahl* bzw. Unterschlagung gem. §§ 242, 246 StGB und die *Urkundsdelikte* gem. §§ 267 ff. StGB (Rz. 54) infrage.

45

Entscheidend für die Strafbarkeit wegen **Betrugs** sind die Merkmale der *Täuschung* und des *Irrtums* i.S. von § 263 StGB (dazu § 47 Rz. 10 ff.). Getäuscht werden und irrtumsbedingt verfügen können nach dieser Norm nur Menschen. Es kommt daher darauf an, ob die verfälschten Eingabedaten oder Ausgabeergebnisse *Menschen* zur Kenntnis gelangen, die – gestützt auf diese Informationen – Entscheidungen (Verfügungen) treffen. Dies ist von der Organisation des

46

---

1 *Stadler*, JurPC Web-Dok 2/2003, Abs. 29; *Sieber/Liesching*, Die Verantwortlichkeit der Suchmaschinenbetreiber nach dem TelemedienG, MMR-Beil 2007 Heft 8.
2 OLG Stuttgart v. 24.4.2006 – 1 Ss 449/05, MMR 2006, 387.
3 *Stadler*, JurPC Web-Dok 2/2003, Abs. 55–69; *Hoeren*, InternetR S. 425 ff.
4 *Libertus*, Zivilrechtliche Haftung und strafrechtliche Verantwortlichkeit bei unbeabsichtigter Verbreitung von Computerviren, MMR 2005, 507 (512).
5 AG Euskirchen v. 19.6.2006 – 5 Ds 279/05; *Hornung*, CR 2007, 88 (90 und 92).
6 *Mühlberger*, Die Haftung des Internetanschlussinhabers bei Filesharing-Konstellationen nach den Grundsätzen der Störerhaftung, GRUR 2009, 1022; zur Haftung des Programmherstellers s. OLG Frankfurt. v. 15.5.2012 – 11 U 86/11, MMR 2012, 668.
7 OLG Köln v. 5.6.2009 – 6 U 223/08, K&R 2009, 588.

IT-Systems, also von innerbetrieblichen Zufälligkeiten abhängig[1]. Der sog. Internet-Betrug stellt insoweit keine Besonderheit dar: I.d.R. werden von den Tätern auf Internet-Verkaufsplattformen Waren gegen Vorkasse angeboten, die nach Abschluss des Kaufvertrags[2] und Zahlung des Käufers nicht geliefert werden („eBay-Betrug"). Anstelle des persönlichen oder schriftlichen Kontakts auf Papier tritt hier der elektronische Informationsaustausch (E-Mail).

47 Manipulationen an ausschließlich **IT-geführten Buchungssystemen** fallen regelmäßig aus dem Strafbarkeitsbereich des § 263 StGB heraus. Eine betrugsrelevante Täuschung liegt auch in den – sehr häufigen – *Anweisungsfällen* stets dann nicht vor, wenn z.B. Bankanweisungen oder auch maschinell erstellte Verwaltungsakte des öffentlichen Rechts durch Manipulationen des Inputs (oder sonstige Einwirkungen auf das Programm) zwar falsch, aber gültig von der IT-Anlage ausgedruckt und versandt werden.

Demgegenüber ist der Straftatbestand des Betruges bei Veränderungen des *gedruckten Outputs* regelmäßig anwendbar, selbst dann, wenn etwa Sammelüberweisungsträger nur pauschal geprüft und unterschrieben werden[3]. Diese Fälle weisen allerdings wenige IT-spezifische Bezüge auf.

48 Soweit **keine Anweisung** oder kein Verwaltungsakt des IT-Betreibers vorliegt, wird der entsprechende Sachbearbeiter oder Adressat gerade hierüber getäuscht und auf dieser Grundlage zu der entsprechenden Vermögensverfügung veranlasst, sodass eine Strafbarkeit gem. § 263 StGB zu bejahen ist.

49 Strafbarkeit wegen *Betrugs* gem. § 263 StGB ist demnach bei den Manipulationen im Bereich der Dateneingabe und der Ausgabe des Arbeitsergebnisses einer IT-Anlage sowie bei hierauf bezogenen Mischfällen *nur dann* anzunehmen, wenn *in die Verarbeitung eingeschaltete* oder auf der Grundlage des manipulierten Arbeitsergebnisses *verfügende* **Personen getäuscht** werden[4]:

Beispiel: Betrug und nicht Computerbetrug liegt z.B. vor, wenn der Täter bereits vor Umsetzung des durch ihn manipulierten Datenverarbeitungsvorgangs entschlossen ist, Mobiltelefone – die auf den Namen fiktiver Kunden in der Datenverarbeitungsanlage des Providers eingebucht wurden – an Dritte herauszugeben, ohne dass diese eine nennenswerte Gegenleistung erbringen, da diese Herausgabe jeweils eine eigenverantwortliche Vermögensverfügung des Täters darstellt.[5]

2. Untreue

50 Die Strafbarkeit wegen Untreue gem. § 266 StGB setzt sowohl in der 1. Alternative dieser Norm (*Missbrauchstatbestand*) als auch in der 2. Alternative (*Treuebruchtatbestand*) eine **Vermögensbetreuungspflicht** des Täters voraus;

---

1 Eingehend *Sieber*, BB 1982, 1440; *Möhrenschlager*, wistra 1982, 202; weitergehend *Haft*, DSWR 1979, 45, 136 („computervermittelter Irrtum").
2 Vgl. BGH v. 3.11.2004 – VIII ZR 375/03, NJW 2005, 53; *Hoeren*, InternetR, S. 287 ff.
3 BGH v. 2.4.1987 – 4 StR 81/87, wistra 1987, 257; *Beckemper* in BeckOK StrafR, § 296a StGB Rz. 39.
4 *Fischer*, § 263a StGB Rz. 4.
5 BGH v. 28.5.2013 – 3 StR 80/13, ZWH 2013, 361.

bei dem Missbrauchstatbestand muss zusätzlich die Verfügungs- und Verpflichtungsbefugnis des Täters vorliegen (eingehend § 32 Rz. 11).

Soweit **Sachbearbeiter** *im Vorfeld der IT-Anwendung* Eingabedaten manipulieren, ist regelmäßig eine Vermögensbetreuungspflicht anzunehmen; ihr Verhalten erfüllt die Missbrauchsalternative des Untreuetatbestandes dann, wenn die manipulierten Ausdrucke ohne Unterschrift Wirksamkeit erlangen[1]. Dasselbe gilt für Mitarbeiter im *IT-nachgelagerten Bereich*, deren Unterschrift Computerausdrucke zu rechtswirksamen Verfügungen macht. 51

Differenzierter müssen **Mitarbeiter der IT-Abteilungen** (Systemanalytiker, Programmierer, Operator, sonstige Sachbearbeiter) betrachtet werden: 52

– Ein **Systemanalytiker** – unabhängig davon, ob ihm Prokura oder Handlungsvollmacht erteilt ist – hat kraft seiner Aufgabenzuweisung „das Vermögen (des Unternehmens) zu betreuen" und trifft durch seine generelle Festlegung des Datenflusses in diesen Fällen auch Verfügungen, mindestens aber erfüllt er die Alternative des Treuebruchtatbestandes.

– Ein **Operator** verrichtet demgegenüber rein „mechanische", streng weisungsgebundene Tätigkeiten und scheidet daher als tauglicher Täter der Untreue grundsätzlich aus[2].

Bei **Programmierern** und sonstigen Sachbearbeitern kommt es auf die *konkrete Gestaltung* des Arbeitsverhältnisses an, wobei dem Arbeits- oder Dienstvertrag besondere (indizielle) Bedeutung zukommt. Jedenfalls für die Vielzahl mittelständischer Unternehmen ist es unzutreffend, wenn Programmierern generell eine Entscheidungsfreiheit abgesprochen wird oder sie gar auf der Ebene eines Übersetzers ansiedelt werden[3]. Abzustellen ist stets auf den Einzelfall, wobei zunächst davon auszugehen ist, dass die Position des Programmierers mit der des herkömmlichen Buchhalters[4], der seine Buchungen nach vorgegebenen Kontenrahmen zu tätigen hat, grundsätzlich vergleichbar ist. 53

3. Urkundsdelikte und Fälschung technischer Aufzeichnungen

Die Strafbarkeit wegen des **Herstellens unechter oder Verfälschens echter Urkunden** (§ 267 Alt. 1 und 2 StGB – dazu oben § 39) kann bei den sog. „*Grund- oder Urbelegen*", also den visuell lesbaren Input- und Outputergebnissen eingreifen, die einen Aussteller ausweisen und von im ordnungsgemäßen Verarbeitungsprozess nicht zuständigen Personen hergestellt oder verfälscht sein müssen[5]. Hierunter fallen zunächst die für die Verarbeitung verwendeten Urbelege, aber auch betriebsinterne IT-Ausdrucke, die von einer Person abgezeichnet sind oder eine oder mehrere Personen als Aussteller erkennen lassen[6]. Dies 54

---

1 *Sieber*, Computerkriminalität und StrafR, 1977, S. 246.
2 *Lampe*, GA 1975, 14; *Schünemann* in LK, § 266 StGB Rz. 44; *Perron* in S/S, § 266 StGB Rz. 26.
3 So *Sieber*, Computerkriminalität und StrafR, 1977, S. 249; weitergehend *Sieber*, Computerkriminalität und StrafR, 1980, S. 26.
4 *Perron* in S/S, § 266 StGB Rz. 26.
5 Vgl. *Winkelbauer*, CR 1985, 41.
6 *Weidemann* in BeckOK StrafR, § 267 StGB Rz. 5.

trifft bei den nicht visuell lesbaren Festplatten, Flash- und sonstigen Speichern nicht zu. Demgegenüber ist bei „eingescannten" Unterschriften[1] und Strichcodes[2] an Waren zur Abrechnung an Scannerkassen von Urkundsqualität auszugehen.

55 Eine Strafbarkeit wegen **Fälschung technischer Aufzeichnungen**[3] gem. § 268 StGB ist dann gegeben, wenn der Täter *echte* technische Aufzeichnungen[4] manuell nachahmt oder verändert (§ 39 Rz. 19). Hieraus folgt, dass die Eingabe falscher Daten nicht erfasst wird. Auch manipulierter Output kann den Tatbestand nur erfüllen, wenn er nicht aus einem technischen Gerät stammt oder die tatsächlichen Werte des Inputs, der Verarbeitung und der Endinformation den von der IT verwendeten Werten nicht entsprechen, wobei es auf *den Gegenstand der Aufzeichnung* (nicht die „Ergebnisse") ankommt.

56 **Verfälscht** wird ein **Output** gem. § 268 Abs. 1 Nr. 1 Alt. 2 StGB dann, wenn der (echte oder unechte) IT-Ausdruck so verändert wird, dass der veränderte Zustand als ordnungsgemäßes Computerergebnis erscheint. Demgegenüber sind *Inputmanipulationen* (Eingabe falscher Daten) nicht etwa als störende Einwirkung auf den Aufzeichnungsvorgang gem. § 268 Abs. 3 StGB anzusehen, da sie den ordnungsgemäßen Aufzeichnungsvorgang nicht tangieren[5].

57 **Programm- und Konsolmanipulationen** hingegen erfüllen stets den Tatbestand, weil es rechtlich unerheblich ist, ob die Arbeitsweise eines Computers durch Manipulationen an dessen Programm, an seiner Konsole oder an anderen technischen Teilen beeinflusst wird[6].

58 Soweit Urkunden i.S. des § 267 StGB oder technische Aufzeichnungen i.S. des § 268 StGB vorliegen und diese unterdrückt oder vernichtet, insbesondere aber auch soweit Festplatten, andere **Datenträger** oder sonstige Speicher **gelöscht** werden, ist der Straftatbestand der *Urkundenunterdrückung* oder der *Unterdrückung technischer Aufzeichnungen* gem. § 274 Abs. 1 Nr. 1 und 2 StGB erfüllt[7].

4. Diebstahl und Sachbeschädigung

59 **Diebstahl** (§ 242 StGB) von IT-Hardware (z.B. körperliche Datenträger, Computerteile, ganze PC) wirft keine grundsätzlichen Problemstellungen auf. Soweit entwendete Hardware (später) missbraucht oder ausgewertet werden soll, kommen daneben die entsprechenden Bestimmungen des IT-Strafrechts in Betracht. Durch IT-Manipulationen, die als Tatobjekt lediglich Forderungen (z.B. Giralgelder) betreffen, die keine „fremden beweglichen Sachen" i.S. der Diebstahlsnorm sind, wird der Tatbestand des § 242 StGB nicht verwirklicht. Das-

---

1 Hierzu *Heinrich*, CR 1997, 622 ff.
2 LG Potsdam v. 12.12.2012 – 27 Ns 66/11.
3 *Puppe*, Die Fälschung technischer Aufzeichnungen, 1972; OLG Stuttgart v. 6.8.1999 – 1 Ss 269/99, NStZ-RR 2000, 11; OLG Stuttgart v. 8.3.1993 – 3 Ss 569/92, NStZ 1993, 344; BGH v. 10.12.1993 – 1 StR 212/93, NJW 1994, 743.
4 *Weidemann* in BeckOK StrafR, § 268 StGB Rz. 9.
5 *Fischer*, § 268 StGB Rz. 22.
6 *Fischer*, § 268 StGB Rz. 22.
7 *Fischer*, § 274 StGB Rz. 8.

selbe gilt auch für die irreführend als *Zeitdiebstahl*[1] oder *Software-Diebstahl* bezeichneten Sachverhalte. Soweit Datenträger Objekte eines Diebstahls sind, ist der Wert der gespeicherten Programme oder Daten auch stets Anknüpfungspunkt für das Maß der Schuld des Täters.

Die *Entwendung von Codekarten* als solcher stellt bei Vorliegen der übrigen Merkmale Diebstahl oder Unterschlagung dar. Die missbräuchliche Verwendung zur Bedienung von **Bankomaten** ist hinsichtlich des so erlangten Bargeldes aber weder als Diebstahl noch als Unterschlagung zu werten[2]. Der Missbrauch der Codekarte durch den Nichtberechtigten wird ausschließlich durch § 263a StGB erfasst. Unberechtigt handelt der Täter allerdings auch immer dann, wenn er Karten benutzt, deren Daten (nach seinem Wissen) manipuliert sind[3]. *Scheckkartenmissbrauch* gem. § 266b StGB stellt ein auf den Berechtigten beschränktes Sonderdelikt dar (eingehend § 49 Rz. 75 ff.). Im Verhältnis zu §§ 242, 243 und 246 StGB ist § 263a StGB *lex specialis*[4] (unten Rz. 69).

60

Bei der sog. Sabotage von IT kann auch **Sachbeschädigung** gem. § 303 StGB vorliegen, ggf. in Konkurrenz mit §§ 303a, 303b StGB[5]. Das Löschen oder auch mit physischer Zerstörung einhergehende Unbrauchbarmachen von Daten wird von der spezielleren Norm der *Datenveränderung* gem. § 303a StGB erfasst, als Qualifikationstatbestand zu beiden Normen ist die *Computersabotage* nach § 303b StGB ausgestaltet[6] (Rz. 99 ff.).

61

II. IT-bezogene Strafnormen

1. Computerbetrug

Um Strafbarkeitslücken auszufüllen, die bei der Anwendung des Betrugstatbestandes dadurch entstanden, dass zum einen eine irrtumsbedingte Verfügung eines Menschen bei **Computermanipulationen** regelmäßig nicht vorliegt und zum anderen potenzielle Täter häufig keine selbständige Entscheidungsbefugnis i.S. der Untreuenorm haben, wird in weitgehender Anlehnung an die Betrugsnorm gem. § 263 StGB nach **§ 263a StGB** derjenige wie ein Betrüger bestraft, der

62

„in der Absicht, sich oder einem Dritten einen rechtswidrigen Vorteil zu verschaffen, das Vermögen eines anderen dadurch beschädigt, dass er das Ergebnis eines Datenverarbeitungsvorgangs durch unrichtige Gestaltung des Programms, durch Verwendung unrichtiger oder unvollständiger Daten, durch unbefugte Verwendung von Daten oder sonst durch unbefugte Einwirkung auf den Ablauf beeinflusst."

---

1 *Schulze-Heiming*, Der strafrechtliche Schutz der Computerdaten gegen die Angriffsformen der Spionage, Sabotage und des Zeitdiebstahls, 1995.
2 BGH v. 22.11.1991 – 2 StR 376/91, BGHSt 38, 120 = NJW 1992, 445; *Jerouschek/Kölbel*, JuS 2001, 780.
3 *Tiedemann* in LK, § 263a StGB Rz. 48; *Richter*, CR 1989, 303.
4 BGH v. 22.11.1991 – 2 StR 376/91, BGHSt 38, 120 = NJW 1992, 445.
5 *Fischer*, § 303a StGB Rz. 18 und § 303b StGB Rz. 27.
6 Vgl. auch *Fischer*, § 303b StGB Rz. 3.

63 Die **vier Handlungsalternativen** der Norm werden demnach durch die Adjektive „unrichtig", „unvollständig" und „unbefugt" geprägt[1]. Danach werden das *von Anfang an* unrichtig erstellte Programm, die Verwendung unrichtiger oder unvollständiger Input-Daten, jede *spätere* Verfälschung des Programms sowie Konsol- und sogar Hardware-Manipulationen erfasst[2].

64 Zu Auslegungszweifeln führen insbesondere die untreuenahen Tatbestandsmerkmale der 3. Alternative: „das Ergebnis eines Datenverarbeitungsvorgangs [...] **durch unbefugte Verwendung von Daten** [...] beeinflusst". Der Gesetzgeber wollte hiermit die in der Rechtsprechung unterschiedlich beurteilte Verwendung fremder *Codekarten* oder den sonstigen unberechtigten Zugang zu Bankomaten u.Ä. erfassen[3]. Dem Tatbestand und seiner Auslegung in der *„Bankomaten-Entscheidung"* des BGH[4] wird entgegengehalten (vgl. § 49 Rz. 52 ff., 116 ff.), bei weiter Auslegung würden die *Grenzen zum Untreuestrafrecht* verwischt[5]. Zuzugeben bleibt, dass beim Missbrauch von Scheckkarten mit Garantiefunktion *Wertungswidersprüche* auftreten, da § 266b StGB lediglich eine Freiheitsstrafe von drei Jahren vorsieht[6], auch wenn Codekarten die für Scheckkarten tatbestandstypische Garantiefunktion nicht haben müssen[7].

65 Die Praxis[8] nimmt Strafbarkeit nach § 263a StGB an, wenn der **nicht berechtigte Dritte** eine *manipulierte Karte* oder wenn er eine *rechtswidrig erlangte Karte*[9] benutzt. Hat er Karte und Geheimnummer durch Täuschung des Berechtigten erlangt, liegt Betrug gem. § 263 StGB vor. Bei absprachewidriger Verwendung der vom Kontoinhaber erhaltenen Karte und PIN kann sich der Täter nach § 266 StGB strafbar machen[10]. Wenn der **Kontoinhaber** seine Berechtigung überzieht, wird er nicht nach § 263a StGB[11], sondern nach der milderen Norm des § 266b StGB bestraft[12]. § 266b StGB erfasst jedoch nicht die missbräuchliche Verwendung einer Scheckkarte als Codekarte zur Abhebung an Automaten des Kreditinstituts, das die Karte selbst ausgegeben hat[13]. Ebenso findet beim Missbrauch der Karte im *„point of sale (POS)-System"* bei „Online-Prüfung"

---

1 Ausführlich *Tiedemann* in LK, § 263a StGB Rz. 27 ff.
2 *Tiedemann* in LK, § 263a StGB Rz. 27–31; *Fischer*, § 263a StGB Rz. 5.
3 *Möhrenschlager*, wistra 1986, 129; *Tiedemann*, WM 1983, 1331; *Sieber*, Informationstechnologie, 38; *Lenckner/Winkelbauer*, wistra 1984, 88; *Winkelbauer*, CR 1985, 43; krit. *Haft*, NStZ 1987, 6.
4 BGH v. 22.11.1991 – 2 StR 376/91, BGHSt 38, 120 = NJW 1992, 445.
5 *Ranft*, wistra 1987, 79.
6 *Otto*, wistra 1986, 153; *Weber*, JZ 1987, 217; *Huff*, NJW 1987, 818.
7 *Fischer*, § 266b StGB Rz. 6a, 8, § 263a StGB Rz. 12–15.
8 Dazu *Tiedemann* in LK, § 263a StGB Rz. 47 ff.; *Beckemper* in BeckOK StrafR, § 263a StGB Rz. 26; *Fischer*, § 263a StGB Rz. 12a.
9 BGH v. 22.11.1991 – 2 StR 376/91, BGHSt 38, 120 = NJW 1992, 445. Vgl. auch *Dernauer*, Der Computerbetrug im japanischen Recht aus rechtsvergleichender Sicht, ZJapanR Nr. 6, 1998, S. 108.
10 *Fischer*, § 263a StGB Rz. 13 a.E.
11 A.A. *Lackner/Kühl*, § 263a StGB Rz. 14.
12 *Beckemper* in BeckOK StrafR, § 263a StGB Rz. 28; a.A. *Baier*, ZRP 2001, 454 (456).
13 BGH v. 21.11.2001 – 2 StR 260/01, BGHSt 47, 160 = NJW 2002, 905.

§ 266b StGB Anwendung; bei „Offline-Systemen" ist nach § 263 StGB zu bestrafen[1]. Bei missbräuchlicher Verwendung von Telefonkarten, dem „Phreaking" (s. Rz. 34) u.a., begründen die vermittelten Waren und Dienstleistungen Dritter Strafbarkeit nach § 263a StGB, die bloße Telekommunikationsleistung selbst grundsätzlich nach § 265a StGB[2].

Der Missbrauch des **automatisierten Mahnverfahrens** gem. § 689 Abs. 1 ZPO durch Beantragung eines Mahn- bzw. Vollstreckungsbescheids auf Grundlage einer fingierten, tatsächlich nicht bestehenden Forderung stellt eine Manipulation von IT-Ergebnissen dar[3], da das Ergebnis eines vermögensrelevanten Datenverarbeitungsvorganges[4] beeinflusst wird. Soweit der Teilnehmer am Mahnverfahren einen tatsächlich nicht bestehenden Anspruch behauptet, werden *unrichtige Daten* im dadurch veranlassten automatisierten Verfahren verwendet (§ 263a Abs. 1 Var. 2 StGB)[5]. 66

Strittig ist die Einordnung des sog. **Zeitdiebstahls**, da es sich nicht um Manipulation von IT-Ergebnissen, sondern nur um unberechtigten Maschinen- und Softwaregebrauch handle[6]. 66a

Ist die Eingabe von Daten in die IT-Anlage ohne Weiteres möglich („bloßer Zeitdiebstahl"), so werden durch ihre Benutzung keine vermögensrelevanten Ergebnisse bewirkt. Verwendet der Nutzer unberechtigt *Zugangsdaten*, so bewirkt er durch das Ergebnis des von ihm initiierten Datenverarbeitungsvorgangs die Erteilung der Zugangsberechtigung. Ihm wird so eine im Zweifel vermögenswerte *Nutzungsmöglichkeit* eröffnet.

In Abweichung von der allgemeinen Betrugsnorm muss nicht unmittelbar die Tathandlung, sondern nur das von ihr produzierte Arbeitsergebnis des Computers als kausale Folge eine **Vermögensschädigung** und eine entsprechende Bereicherung des Täters oder eines Dritten zum Ergebnis haben[7]. 67

Dabei ist insbesondere beachtlich, dass nicht nur die „Eingabe", **sondern jede Verwendung** der *unrichtigen oder unvollständigen Daten* erfasst ist[8]. Täter kann auch derjenige sein, der die Daten nicht selbst „eingibt", sondern Dritte einschaltet (§ 25 Abs. 1 StGB). Zudem ist Teilnahme nach den allgemeinen Be- 68

---

1 *Tiedemann* in LK, § 263a StGB Rz. 52 f.
2 Eingehend m.w.Nw. *Tiedemann* in LK, § 263a StGB Rz. 59.
3 *Tiedemann* in LK, § 263a StGB Rz. 39, 68; *Haft*, NStZ 1987, 6 (8).
4 *Fischer*, § 263a StGB Rz. 2.
5 BGH v. 19.11.2013 – 4 StR 292/13, NJW 2014, 155 = ZWH 2014, 190 = ZWH 2014, 233, m. Anm. *Trück*, ZWH 2014, 235; *Münker*, Der Computerbetrug im automatischen Mahnverfahren, Diss. Freiburg i. Br. 2000, S. 88, 199; zum Betrug bei Täuschung eines Rechtspflegers vgl. OLG Celle v. 1.11.2011 – 31 Ss 29/11, ZWH 2012, 28.
6 *Tiedemann* in LK, § 263a StGB Rz. 68.
7 *Möhrenschlager*, wistra 1986, 133; *Beckemper* in BeckOK StrafR, § 263a StGB Rz. 41.
8 BayObLG v. 28.8.1990 – RReg 4 St 250/89, NJW 1991, 438; BGH v. 20.12.2012 – 4 StR 580/11 – Sportwette, NJW 2013, 1017.

stimmungen möglich[1]. Häufiger vorkommende Fallgestaltungen des Computerbetrugs[2] – oftmals in Tateinheit[3] mit §§ 202a, 303a StGB – sind:

- die Nutzung fremder **Benutzerkennungen** und Passwörter zur Einwahl ins Internet oder zur Nutzung von Telekommunikationsleistungen (z.B. Datex-P[4]),

- die Verwendung total gefälschter **Telefonkarten** („Simulatoren") in einem Kartentelefon der Dt. Telekom, die durch eine automatische, elektronisch bewirkte Wiederaufladung der Karte den jeweils wiederherstellbaren Guthabenbetrag simulieren und durch die mit dem Aufladevorgang einhergehende Veränderung der Identifikationsnummer eine Manipulation des Datenverarbeitungsvorgangs herbeiführen[5],

- die heimliche, selbständige Installation eines automatischen Einwahlprogramms (**Dialer**), vor allem zur Nutzung sog. Mehrwertdienste[6] (zudem auch §§ 303a, 202a, 263 StGB)[7],

- Computermanipulationen eines Personalbuchführers, durch die Zahlungen zu Unrecht auf sein Privatkonto überwiesen werden[8],

- Dateneingabe durch den Zahlungsempfänger im **Lastschriftverfahren**[9],

- die unberechtigte Benutzung einer gefundenen (oder sonst rechtswidrig erlangten) **Scheckkarte** und der beiliegenden PIN[10] des Kontoinhabers zur Abhebung von Geld bei einer Bank[11];

- die unberechtigte Benutzung einer (rechtswidrig erlangten) fremden **Tankkarte** zum Tanken[12], das Ausnutzen eines **Defekts** einer vollautomatischen Selbstbedienungstankstelle zum kostenlosen Tanken mittels einer Bankkarte[13], dagegen soll das Ausnutzen eines nicht selbst hervorgerufenen Defekts eines Geldautomaten[14] nicht § 263a StGB unterfallen,

- die Entgegennahme und Weiterleitung von durch sog. Phishing erlangte Finanzmitteln als „Finanzmanager/**Finanzagent**" gegen Provision in bar ins Ausland – als Beihilfe zum Computerbetrug[15] (s. Rz. 119).

---

1 Vgl. LG Frankfurt v. 24.6.1998 – 3/8 O 191/97, CR 1998, 721.
2 *Achenbach*, NStZ 2008, 503 (508).
3 Ausführlich *Tiedemann* in LK, § 263a StGB Rz. 93 ff.
4 LG München I v. 23.3.1998 – 6 KLs 315 Js 18225/94, CI 1998, 209.
5 LG Würzburg v. 29.7.1999 – 5 KLs 153 Js 1019/98, wistra 1999, 429.
6 *Spendel*, „Dialermafia" verurteilt. Erfolgreiches Pilotverfahren in Hamburg, Kriminalistik 2007, 146; vgl. auch BGH v. 4.3.2004 – III ZR 96/03, BGHZ 158, 201 = NJW 2004, 1590; AG Hamburg-St Georg v. 16.12.2005 – 944 Ls 2214 Js 97/04-571/05, MMR 2006, 345; zum G zur Bekämpfung des Missbrauchs von 0190er-/0900er-Mehrwertdiensterufnummern v. 9.8.2003, BGBl. I 1590, vgl. *Rösler*, NJW 2003, 2633.
7 *Buggisch*, NStZ 2002, 178.
8 BDiG Frankfurt v. 26.5.1999 – X VL 17/99.
9 BGH v. 22.1.2013 – 1 StR 416/12, NJW 2013, 2608 (2609 f.).
10 *Lochter/Schindler*, Missbrauch von PIN-gestützten Transaktionen mit ec- und Kreditkarten aus Gutachtersicht, MMR 2006, 292.
11 LG Frankfurt v. 22.4.1998 – 2/1 S. 391/97, NJW 1998, 3785; BayObLG v. 24.6.1993 – 5 St RR 5/93, wistra 1993, 304.
12 BayObLG v. 7.11.2000 – 5 St RR 317/00.
13 OLG Braunschweig v. 12.10.2007 – Ss 64/07, NJW 2008, 1464.
14 AG Karlsruhe v. 22.7.2013 – 15 Ds 341 Js11203/11 jug, CR 2013, 642.
15 AG Hamm v. 5.9.2005 – 10 Ds 101 Js 244/05-1324/05, CR 2006, 70; LG Darmstadt v. 13.6.2006 – 7 Ns 360 Js 33848/05, wistra 2006, 468.

Nicht als **Computerbetrug** wurde angesehen: 68a

- die Benutzung fremder Telefonkarten zum Anwählen einer eigenen Mehrwertnummer[1],
- die Verwendung einer allgemein technisch zugelassenen und im Mobilfunknetz des Anbieters für den Verbindungsaufbau uneingeschränkt akzeptierten Signalisierungsvariante mit der Folge, dass der Anrufer gebührenfrei telefonieren kann[2],
- die absprachewidrige Verwendung von EC-Karte und PIN am Geldausgabeautomat, die der Täter vom Kontoinhaber erhalten hatte[3],
- die missbräuchliche Nutzung eines Online-Depotkontos ohne ausreichende Deckung, um Aktienkäufe zu tätigen[4],
- die Verwendung von EC-Karte und PIN durch den berechtigten Inhaber, um an einem Geldautomaten Bargeld abzuheben, ohne zum Ausgleich des erlangten Betrages willens oder in der Lage zu sein[5],
- der Missbrauch einer zum dienstlichen Gebrauch vom Arbeitgeber überlassenen Mobilfunk-Codekarte zu privaten Gesprächen[6],
- die Eingabe fingierter Steuerfälle durch einen Sachbearbeiter eines Finanzamts, um Steuererstattungsbeträge zu erlangen[7],
- Lockanrufe – auch durch Software –, um den Nutzer eines (Mobil-)Telefons zum Rückruf einer Mehrwertdienstenummer zu veranlassen[8],
- die Bestellung von Leistungen im Internet über ein vollautomatisch ablaufendes Computerprogramm, das – wie der Handelnde weiß – keine Bonitätsprüfung umfasst, unter Benutzung eines dem Handelnden zugeteilten Passworts in der Absicht, das Entgelt für die Leistung nicht zu bezahlen; insoweit sind auch §§ 263, 265a StGB nicht erfüllt[9],
- die Wegnahme einer Ware, für die der Barcode einen niederpreisigen Ware an einer SB-Kasse gescannt und der so angezeigte niedrige Preis gezahlt wurde[10],
- gegenüber einem Kreditinstitut im Hinblick auf die durch Täuschung veranlasste Eröffnung eines Bankkontos[11], das zur Abwicklung von Käufen mit Geldern dienen soll, die von Dritten erlangt wurden[12].

---

1 BGH v. 31.3.2004 – 1 StR 482/03, wistra 2004, 299; zust. *Bär*, MMR 2005, 96; *Achenbach*, NStZ 2006, 614 (616).
2 OLG Karlsruhe v. 26.7.2003 – 3 Ws 134/02, NStZ 2004, 333.
3 BGH v. 17.12.2002 – 1 StR 412/02, BGHR StGB § 263a Anwendungsbereich 1; BGH v. 9.4.1992 – 1 StR 158/92, BGHR StGB § 263 Abs. 1 Konkurrenzen 6.
4 LG Berlin v. 5.7.2002 – 36 O 50/02, NJW-RR 2003, 181.
5 BGH v. 21.11.2001 – 2 StR 260/01, BGHSt 47, 160 = wistra 2002, 139.
6 LG Bonn v. 18.6.1999 – 32 Qs 144/99, NJW 1999, 3726; krit. *Scheffler/Dressel*, „Unbefugtes" Verwenden von Daten beim Computerbetrug, NJW 2000, 2645.
7 BGH v. 6.6.2007 – 5 StR 127/07, BGHSt 51, 356 = NStZ 2007, 596 = wistra 2007, 388.
8 *Ellbogen/Erfurth*, Strafrechtliche Folgen von Ping- oder Lockanrufen auf Mobiltelefone, CR 2008, 635; BGH v. 1.7.2014 - VI ZR 345/13.
9 OLG Karlsruhe v. 21.1.2009 – 2 Ss 155/08, MMR 2009, 484; ebenso LG Ulm v. 4.11.2004 – 2 Qs 2099/04, MMR 2005, 191, m. Anm. *Bär*, MMR 2005, 193.
10 Insoweit Diebstahl, vgl. OLG Hamm v. 8.8.2013 – III-5 VRs 56/13, NStZ 2014, 275.
11 Dazu vgl. BGH v. 23.7.2013 – 3 StR 96/13, ZWH 2013, 191 (Gründe Rz. 10 ff.).
12 BGH v. 19.12.2012 – 1 StR 590/12, ZWH 2013, 191.

69 Im Hinblick auf die Tatvarianten des § 263a Abs. 1 StGB einerseits ist davon auszugehen, dass die Verwirklichung mehrerer Varianten nur eine Tat darstellt[1]. Andererseits sind mehrere zeitnahe, unberechtigte Abhebungen mit einer dazu entwendeten Scheckkarte, soweit § 263a StGB als solches gegeben ist, als natürliche Handlungseinheit zu bewerten, sodass die einzelnen Teilakte nicht in Tateinheit oder Tatmehrheit zueinander stehen[2]. Zur **Konkurrenz**[3] mit § 242 StGB ist bei Entwendung einer Scheckkarte grundsätzlich von Tatmehrheit zwischen Diebstahl und Computerbetrug auszugehen[4]. § 263 und § 263a StGB schließen sich aus[5], wobei Wahlfeststellung[6] möglich ist. Im Verhältnis zu § 263a StGB ist Steuerhinterziehung (§ 370 AO) lex specialis und verdrängt diesen[7].

70 Nach § 263a Abs. 2 StGB gelten § 263 Abs. 2–7 StGB entsprechend. Im **besonders schweren Fall** (z.B. Schaden über 50 000 Euro[8]) gilt ein erhöhter Strafrahmen (Abs. 3); nach Abs. 5 wird die gewerbsmäßige Begehung als Bandenmitglied als Verbrechen bestraft[9].

2. Vorbereiten von Computerbetrug

71 Handlungen, die zur Vorbereitung von Computerbetrug dienen, stellt § 263a Abs. 3 StGB[10] unter Strafe, soweit der Täter hierzu **Computerprogramme** herstellt, sich oder einem anderen verschafft, feilhält, verwahrt oder einem anderen überlässt. Ähnlich wie durch § 149 Abs. 1 Nr. 1 StGB, der die Vorbereitung der Fälschung von Geld und Wertzeichen u.a. mittels Computerprogrammen unter Strafe stellt[11], durch § 202c StGB (Rz. 93) und durch § 108b Abs. 1 Nr. 2, Abs. 2 UrhG, der u.a. „Crack"-Programme sanktioniert (vgl. § 55 Rz. 121), wird damit im Vorfeld von Computerbetrug der **Besitz** von Software (mit bis zu drei Jahren Freiheitsstrafe oder Geldstrafe) pönalisiert.

Der im Übrigen zu § 149 Abs. 1 Nr. 1 StGB wortgleiche § 275 Abs. 1 Nr. 1 StGB, der die Vorbereitung der Fälschung von Ausweispapieren unter Strafe stellt, erwähnt Computerprogramme nicht, sodass Programme, die gerade zur entsprechenden Fälschung geschaffen wurden, nicht von § 275 StGB erfasst werden.

72 Während bei § 149 Abs. 1 Nr. 1 StGB das Computerprogramm seiner Art nach zur Begehung der Tat *geeignet* sein muss, verlangt § 263a Abs. 3 StGB, dass **Zweck der Software** ist, zur Begehung eines Computerbetrugs eingesetzt zu

---

1 *Fischer*, § 263a StGB Rz. 37.
2 BGH v. 10.7.2001 – 5 StR 250/01, NStZ 2001, 595, Urt. Rz. 4.
3 Dazu allg. *Perron* in S/S, § 263a StGB Rz. 38 ff.
4 BGH v. 30.1.2001 – 1 StR 512/00, NJW 2001, 1508.
5 *Fischer*, § 263a StGB Rz. 38; BGH v. 20.2.2014 – 3 StR 178/713, NStZ 2014, 579.
6 BGH v. 5.3.2013 – 1 StR 613/12, NJW 2014, 42; BGH v. 12.2.2008 – 4 StR 623/07, NJW 2008, 1394.
7 BGH v. 6.6.2007 – 5 StR 127/07, BGHSt 51, 356 = wistra 2007, 388; a.A. *Fischer*, § 263a StGB Rz. 39.
8 Vgl. BGH v. 7.10.2003 – 1 StR 274/03, BGHSt 48, 360 = wistra 2004, 22.
9 Hierzu *Fischer*, § 263 StGB Rz. 229 ff.
10 G v. 22.12.2003, BGBl. I 2838, m. Wirkung zum 28.12.2003; *Vogel*, ZRP 2002, 7.
11 Vgl. *Fischer*, § 149 StGB Rz. 3.

werden. Die bloße „Geeignetheit", die wohl vielen Softwareprodukten nicht abgesprochen werden könnte, genügt damit nicht[1]. Allerdings ist auch nicht vorausgesetzt, dass das Programm *ausschließlich* für die Begehung eines Computerbetrugs bestimmt ist, ausreichend ist vielmehr, dass das Programm „in erster Linie", mithin zielgerichtet diesen Zweck[2] verfolgt.

Durch **tätige Reue** vermag sich der Täter der Straffreiheit zu verschaffen (§ 263a Abs. 4 i.V.m. § 149 Abs. 2 und 3 StGB)[3]. 73

3. Fälschung beweiserheblicher Daten

Nach § 269 StGB ist **entsprechend dem Urkundenstrafrecht** derjenige mit Freiheitsstrafe bis zu fünf Jahren oder mit Geldstrafe bedroht, der 74

„zur Täuschung im Rechtsverkehr beweiserhebliche Daten so speichert oder verändert, dass bei ihrer Wahrnehmung eine unechte oder verfälschte Urkunde vorliegen würde, oder derart gespeicherte oder veränderte Daten gebraucht".

Mit dieser Norm werden in enger Anlehnung an § 267 StGB einzelne **Daten** i.S. des § 263a StGB[4] (aber auch „Dateien") insoweit geschützt, als ihr Inhalt *für den Rechts- und Beweisverkehr Bedeutung* hat und die Daten über die Dauer eines einzelnen Verarbeitungsprozesses hinaus gespeichert sind. Kernpunkt ist der *Verzicht* auf die im herkömmlichen Urkundenstrafrecht geforderte sinnliche bzw. visuelle Erkennbarkeit und die Lockerung der im Urkundenstrafrecht enthaltenen strengen Rückführung auf einen Aussteller. Der Klärung durch die Rechtsprechung wird dabei überlassen, inwiefern *nicht sichtbar gespeicherte Zwischenergebnisse* im Wege der Auslegung auszuscheiden[5] sind, soweit ihnen die Beweisfunktion fehlt[6]. Für die weitere Auslegung der Norm kann wegen der in der Gesetzesfassung gewählten engen Anlehnung an § 267 StGB auf die dortigen Ausführungen verwiesen werden (s. oben § 39). Besonderheiten resultieren aus der Technik der Datenverarbeitung, wie die Beispiele des „Versteckens" der Daten durch Neuadressierung oder der Bearbeitung gespeicherter Daten nach Zuständigkeitsverlust[7] belegen. Dabei können Überschneidungen zu § 303a StGB (Datenveränderung – Rz. 96) vorliegen, wobei § 269 StGB als Spezialregelung anzuwenden ist[8]. Das häufig tateinheitliche Zusammentreffen mit §§ 263a, 266 StGB dürfte die Anwendung des § 154a Abs. 1 StPO nahelegen. 75

---

1 *Husemann*, NJW 2004, 104 (108); *Fischer*, § 263a StGB Rz. 30–32.
2 BT-Drs. 15/1720, 10 f.; *Tiedemann* in LK, § 263a StGB Rz. 83-85.
3 Dazu vgl. *Fischer*, § 149 StGB Rz. 8 ff., § 263a StGB Rz. 35; *Krack*, Die Tätige Reue im WirtschaftsstrafR, NStZ 2001, 505.
4 Vgl. *Möhrenschlager*, wistra 1986, 134.
5 So *Möhrenschlager*, wistra 1986, 135.
6 *Fischer*, § 269 StGB Rz. 4.
7 *Möhrenschlager*, wistra 1986, 135.
8 So *Möhrenschlager*, wistra 1986 135; a.A. *Fischer*, § 269 StGB Rz. 12.

76 Fälle der Fälschung beweiserheblicher Daten sind in der letzten Zeit verstärkt unter den Schlagwörtern „**Phishing**" (password fishing, Rz. 119)[1] oder „*account-take-over*"[2] bekannt geworden:

So werden immer noch Bankkunden in E-Mails, die von ihrer Bank zu stammen scheinen, aufgefordert, persönliche Daten wie Kontonummer, PIN und TAN zur „Verifikation" auf Internetseiten einzugeben (vgl. Rz. 119). Ähnlich geht die Übernahme von Online-Benutzerkonten vonstatten, indem registrierte Nutzer per E-Mail, die angeblich vom wahren Betreiber stamme, aufgefordert werden, zur Überprüfung oder Bestätigung ihres Accounts ihr Passwort anzugeben. Mit den dadurch erlangten Informationen kann der Absender der E-Mail das Zugangspasswort wie auch die übrigen gespeicherten Daten des Account-Inhabers ändern und ihn so „aussperren". Der erlangte Account wird dann für weitere Taten genutzt (z.B. betrügerische Handelsgeschäfte oder Spam-Versand[3]).

Weitere Fälle der Fälschung beweiserheblicher Daten sind z.B.:

– die Nachahmung der Unterschrift eines Paketempfängers auf einem digitalen Lesegerät[4],

– die (originäre) Errichtung eines **Online-Mitgliedkontos** (z.B. bei eBay) unter Verwendung falscher Personalien[5] (sog. fake-account)[6],

– das unberechtigte Wiederaufladen abtelefonierter Telefonkarten[7] oder die Nutzung eines **Telefonkartensimulators**[8],

– die unberechtigte Beseitigung eines sog. **SIM-Lock** eines Mobiltelefons[9],

– die missbräuchliche Veränderung der auf dem Magnetstreifen einer **Zahlungskarte** gespeicherten Daten[10].

---

1 *Knupfer*, Phishing for Money, MMR 2004, 641; *Borges*, Rechtsfragen des Phishing [...], NJW 2005, 3313; *Schulte am Hülse/Klabunde*, Abgreifen von Bankzugangsdaten [...], MMR 2010, 84; zur Carder-, Pishing- und Skimming-Szene anhand des Beispiels des Webforums „Darkmarket" vgl. *Glenny*, Cybercrime. Kriminalität und Krieg im digitalen Zeitalter, 2012.
2 Vgl. *Gercke*, „Account-takeover" bei eBay aus strafrechtlicher Sicht, MMR 2004, XIV.
3 Dazu vgl. *Sauer*, Der Einsatz von Spamfiltern am Arbeitsplatz [...], K&R 2008, 399.
4 OLG Köln v. 1.10.2013 – 1 RVs 191/13, NStZ 2014, 276, m. Anm. *Gutmann*, MMR 2014, 315.
5 AG Euskirchen v. 19.6.2006 – 5 Ds 279/05; KG v. 22.7.2009 – (4) 1 Ss 181-09 (130/09), MMR 2009, 869; *Willer*, NStZ 2010, 553; a.A. OLG Hamm v. 18.11.2008 – 5 Ss 347/08, StV 2009, 475.
6 *Petermann*, JuS 2010, 774.
7 BGH v. 13.5.2003 – 3 StR 128/03, wistra 2003, 426.
8 KG v. 17.2.2000 – (4) 1 Ss 253/99 (12/00); LG Würzburg v. 29.7.1999 – 5 KLs 153 Js 1019/98, wistra 1999, 429; *Hefendehl*, Strafrechtliche Probleme beim Herstellen, beim Vertrieb und bei der Verwendung von wiederaufladbaren Telefonkartensimulatoren [...], NStZ 2000, 348.
9 AG Nürtingen v. 20.9.2010 – 13 Ls 171 Js 13423/08, MMR 2011, 121; AG Göttingen v. 4.5.2011 – 62 Ds 51 Js 9946/10 (106/11), 62 Ds 51 Js 9946/10, MMR 2012, 626; zust. *Holch*, FD-StrafR 2011, 323246; abl. *Kusnik*, CR 2011, 718; abl. *Neubaur*, MMR 2011, 628.
10 AG Böblingen v. 10.2.1989 – 9 Ls (Cs) 1449/87, WM 1990, 64, zur Euocheque-Karte.

– über die Fälle der Fälschung von E-Mail-Kennungen[1] hinaus das sog. **Spoofing** (dt.: Manipulation, Verschleierung), d.h. alle Methoden, mit denen Authentifizierungs- und Identifikationsverfahren untergraben werden, die auf der Verwendung vertrauenswürdiger Internet-Adressen oder Internet-Hostnamen beruhen[2].

In besonders schweren Fällen der Begehung einer Tat nach § 269 StGB ist eine Freiheitsstrafe nicht unter sechs Monaten zu verhängen (§ 269 Abs 3 i.V.m. § 267 Abs. 3 StGB). Als **Verbrechen** wird die banden- und gewerbsmäßige Tatbegehung bestraft (§ 269 Abs. 3 i.V.m. § 267 Abs. 4 StGB).

Zur Vermeidung von Auslegungsschwierigkeiten in den Fällen, bei denen eine Kontrolle der Urkunden durch Menschen nicht stattfindet, wird durch **§ 270 StGB** klargestellt, dass die „**fälschliche Beeinflussung einer Datenverarbeitung im Rechtsverkehr**" der „Täuschung im Rechtsverkehr" (u.a.) in §§ 267, 268 StGB gleichsteht[3]. Damit werden von § 269 Abs. 1 StGB auch solche elektronisch gespeicherten Daten erfasst, die *allein* dazu vorgesehen sind, einen rechtlich erheblichen Datenverarbeitungsvorgang zu beeinflussen[4].

§ 271 Abs. 1 StGB soll schließlich durch die Ergänzung der **öffentlichen Urkunden** (etc.) durch das Wort „*Dateien*" sowie die Ersetzung der „*Beurkundung*" durch den Begriff der „*Speicherung*" die Strafbarkeit der mittelbaren unrichtigen Datenerfassung in *öffentlichen Dateien* sicherstellen.

Entsprechend hierzu wird in § 348 Abs. 1 StGB als Falschbeurkundung im Amt auch die **falsche Eingabe in öffentliche Dateien** geahndet. Ebenso wird der *Gebrauch einer falschen Datenspeicherung* (etwa im Datenträgeraustausch) einer falschen Beurkundung in § 271 Abs. 2 StGB und das *unbefugte Löschen* von Daten dem Unterdrücken (etc.) von Urkunden gem. § 274 Abs. 1 Nr. 1 und 2 StGB gleichgestellt.

4. Computerspionage

a) Geheimnisverrat

Außerordentlich große Bedeutung für den strafrechtlichen Schutz des IT-gespeicherten Know-how besitzen die Strafvorschrift des **Geheimnisverrats** in § 17 UWG insbesondere im Bereich des Ausspähens von Daten[5], des „Software-Diebstahls"[6], also der unbefugten Verwertung von Computerprogrammen[7] (§ 33 Rz. 49), und die Straftatbestände des Urheberrechts (§ 55 Rz. 96 ff.).

---

1 Vgl. *Buggisch*, Fälschung beweiserheblicher Daten durch Verwendung einer falschen E-Mail-Adresse?, NJW 2004, 3519; *Mankowski*, Wie problematisch ist die Identität des Erklärenden bei E-Mails wirklich?, NJW 2002, 2822; *Bleich/Braun/Mansmann*, Nachricht mit Köpfchen. Inhalt und Funktionen des E-Mail-Headers, c't 21/2006, 218.
2 Vgl. *Rinker*, Strafbarkeit und Strafverfolgung von „IP-Spoofing" und „Portscanning", MMR 2002, 663; *Bär* in W/J, Kap. 14 Rz. 61.
3 Insgesamt hierzu *Sieber*, Computerkriminalität und StrafR, 1980, S. 43.
4 BGH v. 13.5.2003 – 3 StR 128/03, wistra 2003, 426 = NStZ-RR 2003, 265.
5 Allg. zum „Datenklau" *Selk* in Conrad/Grützmacher, Recht der Daten, § 30 Rz. 283.
6 Zur Betriebsspionage *Ernst*, Rz. 257–264.
7 Vgl. AG Konstanz v. 7.10.2005 – 10 Cs 60 Js 5031/05-AK 419/05, JurPC Web-Dok 144/2005.

Eine Strafbarkeitslücke[1] der **Datenhehlerei**, d.h. die Weitergabe rechtswidrig erlangter Daten zur Erlangung von Vermögensvorteilen, soll der geplante § 202d StGB schließen.[2] Als schutzwürdig sollen (nur) Daten, an deren Nichtweiterverwendung der Berechtigte ein schutzwürdiges Interesse hat und die nicht aus allgemein zugänglichen Quellen entnommen werden können, erfasst werden. Nach dem Entwurf des § 202d StGB soll das Verschaffen, Überlassen, Verbreiten oder Zugänglichmachen von solchen ausgespähten oder sonst rechtswidrig erlangten Daten, um sich oder einen Dritten zu bereichern oder einen anderen zu schädigen, mit Freiheitsstrafe bis zu fünf Jahren oder mit Geldstrafe bestraft werden. Die gewerbsmäßig oder als Mitglied einer Bande begangene Tat soll mit Freiheitsstrafe von sechs Monaten bis zu zehn Jahren sanktioniert werden. Neben strafprozessualen Folgeänderungen sind zudem *Strafschärfungen* bei den Tatbeständen der §§ 202a, 202b StGB bei Bereicherungs- oder Schädigungsabsicht bzw. bei gewerbs- oder bandenmäßiger Begehung vorgesehen.

82 Auch selbständige Programmierer als **freie Mitarbeiter**, die bei einem Unternehmen eingesetzt sind, kommen als Täter nach § 17 Abs. 1 UWG in Betracht[3]. Ermittlungstechnische und Beweisprobleme entstehen vor allem deshalb, weil die Sicherung umfangreicher Datenbestände – etwa aus dem Gesamtbestand von mittleren bis großen Software-Häusern – und vor allem deren Auswertung im Hinblick auf die Einbeziehung unberechtigt erlangter Fremd-Software wegen der Datenfülle kaum zu bewältigen ist, mindestens aber außerordentlich hohe Kosten verursacht, die eine etwaige Geldstrafe nicht selten vielfach übersteigen[4].

83 In der **forensischen Praxis** kann § 17 UWG, trotz der zahlenmäßig geringen strafrechtlichen Relevanz, bei Handlungen herangezogen werden, die als „Vorbereitungshandlungen" angesehen werden können:

– Beschaffung von Datenträgern mit vertraulicher Software zur Steuerung von Geldspielautomaten[5],

– Einsatz kopierter Software und Kundendaten des früheren Arbeitgebers bei eigener Unternehmenstätigkeit[6],

– Entsperrung sog. SIM-Lock-Mobiltelefone[7],

– Erwerb und Besitz von „black-boxes" zur Überwindung elektronischer Wegfahrsperren von Kraftfahrzeugen[8].

---

1 *Klengel/Gans*, ZRP 2013, 16.
2 Entwurf eines G zur Strafbarkeit der Datenhehlerei, BT-Drs. 18/1288 v. 30.4.2014; *Golla/von zur Mühlen*, JZ 2014, 668. Zum Ankauf sog. Steuer-CD vgl. *Schroth* in Conrad/Grützmacher, Recht der Daten, § 68.
3 *Bornkamm* in Köhler/Bornkamm, § 17 UWG Rz. 14.
4 *Richter*, Die EDV, S. 12 f.
5 BayObLG v. 28.8.1990 – RReg 4 St 250/89, NJW 1991, 438; LG Stuttgart v. 2.7.1990 – 3 Qs 57/90, NJW 1991, 441.
6 BGH v. 17.3.1992 – 1 StR 5/92, NJW 1992, 1776.
7 *Busch/Giessler*, MMR 2001, 586; *Heghmanns* in A/R, 6 1 Rz. 215; AG Nürtingen v. 20.9.2010 – 13 Ls 171 Js 13423/08; AG Göttingen v. 4.5.2011 – 62 Ds 51 Js 9946/10 (106/11), 62 Ds 51 Js 9946/10, MMR 2012, 626; a.A. StA Mannheim v. 15.10.2010 – 620 Js 32476/09; *Kusnik*, CR 2011, 718.
8 AG Konstanz v. 7.10.2005 – 10 Cs 60 Js 5031/05-AK 419/05, JurPC Web-Dok 144/2005.

b) Ausspähen von Daten

Der Forderung, bereits das Eindringen und/oder Benutzen fremder Datenverarbeitungssysteme und damit das *Hacking i.S. eines unbefugten Eindringens in einen Rechner*[1] bzw. den früher in Rechenzentren praktizierten Zeitdiebstahl, d.h. Nutzung von „Rechnerzeit" oder Rechnerkapazitäten für eigene Zwecke[2], generell unter Strafe zu stellen, ist der Gesetzgeber zunächst nicht nachgekommen. Im Rahmen des 2. WiKG[3] wurde jedoch eine spezielle Regelung zur Strafbarkeit der **Datenspionage** in **§ 202a StGB**[4] geschaffen. Zudem wurden, da Zweifel hinsichtlich der Strafbarkeit des Löschens von Daten bestanden und weil der Schutz der Hard- und Software im Strafmaß nicht als ausreichend angesehen wurde, in § 303a StGB die rechtswidrige *Veränderung von Daten* (Rz. 96) und in § 303b StGB die *Störung der Datenverarbeitung* (Rz. 99) unter Strafe gestellt.

84

Zwar hat das *Antragsdelikt*[5] § 202a StGB als Anknüpfungspunkt der Strafbarkeit der Hacker im Bereich der **Wirtschaftskriminalität** neben § 17 UWG nur geringe Bedeutung, da die Daten regelmäßig *Geschäfts- oder Betriebsgeheimnisse* darstellen. Zudem dürfte, soweit es sich um personenbezogene Informationen handelt, auch eine Strafbarkeit nach § 41 BDSG[6] gegeben sein. Bedeutung gewinnt § 202a StGB aber zunehmend im Bereich der Datenübermittlung, wobei als Sicherungsmaßnahmen bereits einfache Passwörter oder Kennnummern ausreichen[7]. Der Zugriff oder die Kenntnisnahme frei zugänglicher Daten (z.B. auf ungeschützten Webseiten oder Passwörter auf einem am Bildschirm sichtbar angebrachten Zettel) erfüllen den Tatbestand allerdings nicht[8], wobei die spätere Nutzung der Informationen strafbar ist[9].

85

Die Veränderung der Nutzung elektronischer Daten und Netze, geändertes Täterverhalten, aber auch internationale Vorgaben der Cybercrime Convention (s. Rz. 6) und des EU-Rahmenbeschlusses vom 24.2.2005 über **Angriffe auf Informationssysteme**[10] haben den Gesetzgeber zur Anpassung des Computerstrafrechts mit dem 41. StrafrechtsÄndG vom 7.8.2007[11] veranlasst. Neben der Neu-

86

---

1 *Schnabl*, wistra 2004, 211; *Schmid*, Computerhacken und materielles StrafR unter besonderer Berücksichtigung von § 202a StGB, Diss. Konstanz 2001.
2 Vgl. *Vondenhoff*, Die nicht arbeitsbedingte Nutzung des Computers nach amerikanischen Recht, NZA 2001, 1294.
3 Dazu *Haft*, NStZ 1987, 6.
4 Art. 1 Nr. 7 G v. 15.5.1986, BGBl. I 721, m.W.v. 1.8.1986; *Hassemer*, Der unbefugte Zugriff auf gesicherte Daten und Datenbanken unter näherer Betrachtung des § 202a StGB, in FS Jochen Schneider, 2014, S. 1097.
5 Dazu *Ernst*, Rz. 251 f.
6 *Ernst*, Rz. 254–256.
7 *Lenckner/Winkelbauer*, CR 1986, 487.
8 Vgl. *Lenckner/Eisele* in S/S, § 202a StGB Rz. 14; BGH v. 6.7.2010 – 4 StR 555/09 – Skimming, MMR 2010, 711.
9 *Ernst*, Rz. 244.
10 2005/222/JI, ABl. EU Nr. L 69 v. 16.3.2005, 7.
11 BGBl. I 1783, in Kraft seit 11.8.2007; vgl. *Marberth-Kubicki*, ITRB 2007, 17.

fassung und Erweiterung des Anwendungsbereichs der §§ 202a, 303a, 303b StGB wurden mit den §§ 202b, 202c StGB neue, teils umstrittene[1] Strafnormen geschaffen. Für Taten – insbesondere für die Fälle des bloßen Hackings[2] –, die vor dem 10.8.2007 begangen wurden, bleibt das frühere Recht aber anwendbar (§ 8 StGB).

87 Tatobjekt des § 202a Abs. 1 StGB[3] sind **Daten**, die in Abs. 2 näher definiert werden. Der Datenbegriff ist hier enger als der allgemeine Begriff, der beispielsweise in § 268 StGB Anwendung findet[4]. Wert und Bedeutung der Daten sind unerheblich[5]. Tathandlung ist das *Verschaffen des Zugangs zu Daten*, das bereits mit dem bloßen „Hacken" als Eindringen in einen fremden Computer verwirklicht ist. Nicht mehr vorausgesetzt ist – neben dem Zugang – das Verschaffen der Daten, das durch das Sichtbarmachen und die Kenntnisnahme am Bildschirm des Täters oder eines Dritten[6] bzw. durch das Kopieren[7] oder den Download (Abspeichern) der Informationen[8] verwirklicht wird. Die Daten müssen ferner für den Täter *nicht bestimmt*[9] sein. Die Entscheidung, für wen die Daten bestimmt sind, trifft die an den Daten berechtigte Person. Die Berechtigung hierüber ist an das Eigentum des jeweiligen Datenträgers oder dessen Nutzungsberechtigung wie z.B. bei Zahlungskarten nicht gebunden, sondern folgt i.d.R. aus dem Recht der Erstabspeicherung (sog. Skripturakt)[10].

88 Schließlich müssen die Daten *gegen den unberechtigten Zugang* besonders gesichert sein[11]. Als **besondere Sicherungen** sind anerkannt:

Kennnummer- oder Passwortschutz, auch soweit sie einfach zu überwinden sind („schlechtes Passwort", auch ein „leeres"[12]); Zugriffskontrollsysteme; mechanische oder biometrische Zugangskontrollen (z.B. Plomben, Schlösser oder Fingerabdruckerkennung); Firewall[13] (Zugangsschutzsystem bei Rechnernetzwerken als organisatorisches und technisches Konzept zur Trennung von Netzbereichen); Verschlüsselung[14]. Das bloße Umbe-

---

1 S. *Gröseling/Höfinger*, Computerkriminalität, MMR 2007, 626 (630); *Schumann*, Das 41. StrÄndG zur Bekämpfung der Computerkriminalität, NStZ 2007, 675; *Vassilaki*, Das 41. StrÄndG – Die neuen strafrechtlichen Regelungen und ihre Wirkung auf die Praxis, CR 2008, 131.
2 Vgl. *Lenckner/Eisele* in S/S, § 202a StGB Rz. 18.
3 Neu gefasst m.W.v. 11.8.2007 durch G v. 7.8.2007, BGBl. I 1786.
4 Dazu *Fischer*, § 268 StGB Rz. 4 ff.; *Weidemann* in BeckOK StrafR, § 202a StGB Rz. 3 ff.; *Beckemper* in BeckOK StrafR, § 263a StGB Rz. 6.
5 *Ernst*, Rz. 230 m.w.Nw.
6 *Ernst*, Rz. 235.
7 *Weidemann* in BeckOK StrafR, § 202a StGB Rz. 15 f.
8 *Ernst*, Rz. 234, 245 a.E.
9 Zu Rohdaten einer Geschwindigkeitsmessanlage vgl. LG Halle v. 5.12.2013 – 5 O 110/13 – „eso ES3.0", ZfSch 2014, 114.
10 Vgl. *Hoeren* in Conrad/Grützmacher, Recht der Daten, § 23 Rz. 16; *Ernst*, Rz. 237.
11 Vgl. dazu *Ernst*, Rz. 239–241; *Dietrich*, NStZ 2011, 247; *Weidemann* in BeckOK StrafR, § 202a StGB Rz. 11.
12 So *Ernst*, Rz. 245.
13 *Heghmanns* in A/R, 6 1 Rz. 32.
14 *Ernst*, Rz. 246 m.w.Nw.; *Bär* in W/J, Kap. 25 Rz. 111 ff.

nennen von Dateien, das Setzen des „Hidden"-Dateiattributs oder eine digitale, unverschlüsselte Speicherung[1] genügen als Zugangssicherung jedoch nicht[2].

Dementsprechend sind strafbar die Verwendung von *Trojanern*[3] (Backdoor-Programme), das Entschlüsseln oder die missbräuchliche Verwendung von Passwörtern; das Mitlesen fremder verschlüsselter Kommunikation; das Ausnutzen von Softwarefehlern („bugs"), soweit ein Geheimhaltungsinteresse des unwissenden Nutzers besteht[4].

Ferner muss der Täter **unbefugt**[5] handeln. Eine Befugnis stellt einen Rechtfertigungsgrund dar, die u.U. auch bei mutmaßlicher Einwilligung gegeben sein kann. Ein Irrtum hierüber lässt Vorsatz entfallen[6].

89

Mehr als nur lästig ist für viele Internet-Nutzer das sog. **Portscanning**[7] mittels Ping. Hierdurch sollen offene Schnittstellen (Ports) oder Dienste des angefragten Rechners festgestellt werden, was zur Verbindungsaufnahme erforderlich ist. Da das Senden eines Ping ein TCP/IP-protokollkonformes Verhalten darstellt, ist ein Portscan als solcher weiterhin nicht strafbar[8]. Ausnahmen bestehen, wenn so ein „Denial of Service"-Angriff (DoS) ausgelöst wird, indem die dem Zielsystem zur Verfügung stehende Bandbreite verbraucht wird. Soweit diese Handlungen mit dem Bestreben verbunden sind, den Geschädigten zur Abwendung weiterer Angriffe zu einer Zahlung zu veranlassen[9], kann auch der Tatbestand der (versuchten) Erpressung nach § 253 StGB erfüllt sein (Rz. 24).

90

c) Abfangen von Daten

Die seit 11.8.2007 geltende Norm des § 202b StGB[10] stellt das unbefugte **Sich-Verschaffen von Daten** aus einer nichtöffentlichen *Datenübermittlung* oder aus der elektromagnetischen *Abstrahlung* einer DV-Anlage unter Anwendung von technischen Mitteln unter Strafe, soweit die Daten nicht für den Täter bestimmt sind. Umfassend geschützt sind alle elektronischen Datenübertragungen (Chat[11], E-Mail, Fax, Telefon) auch ohne Verschlüsselung[12]. Unter „nicht-

91

---

1 BGH v. 14.1.2010 – 4 StR 93/09, wistra 2010, 145 = NStZ 2010, 275, 276, zu Daten auf Magnetstreifen einer Zahlungskarte.
2 Ebenso *Ernst*, Rz. 248; *Fischer*, § 202a StGB Rz. 8a a.E.; *Hilgendorf* in LK, § 202a StGB Rz. 36.
3 *Kraft*, Anti Hackerz Book 2009: Die neuen Viren, Trojaner und Rootkits [...], 4. Aufl. 2008; AG Waldshut-Tiengen v. 30.11.2006 – 2 Ls 25 Js 3145/04 Hw – „AGOBOT/PHATBOT"; AG Düren v. 10.12.2010 – 10 Ls 806 Js 644/10 - 275/10, K&R 2011, 216.
4 *Ernst*, Rz. 247.
5 *Weidemann* in BeckOK StrafR, § 202a StGB Rz. 18; *Fischer*, § 203 StGB Rz. 31 ff.
6 *Fischer*, § 203 StGB Rz. 48.
7 Vgl. *Gruhl* in Welp, S. 61; *Pierrot* in Ernst, Rz. 57–60.
8 Vgl. *Rinker*, MMR 2002, 663.
9 Vgl. *Ernst*, NJW 2003, 3233, 3235.
10 Vgl. *Gröseling/Höfinger*, Hacking und Computerspionage [...], MMR 2007, 549; *Kusnik*; Abfangen von Daten, MMR 2011, 720.
11 AG Kamen v. 4.7.2008 – 16 Ds 104 Js 770/07 - 67/08, SchAZtg 2008, 229.
12 *Marberth-Kubicki*, ITRB 2008, 17.

öffentlich" sind wie bei § 201 Abs. 1 Nr. 1 StGB Vorgänge zu verstehen[1], die nicht zwar vertraulich[2] sein müssen, aber einen privaten oder zumindest sachlich begrenzten Teilnehmerkreis betreffen[3]. Das Tatbestandsmerkmal der technischen Mittel dürfte in der Praxis schließlich keine Probleme bereiten, da die verbotenen Zugriffe kaum ohne irgendein technisches Gerät erfolgen können[4].

Mit § 202b StGB ist die zum Teil beim Phishing genutzte Technik[5], als „man in the middle" vertrauliche Daten (wie PIN/TAN einer Finanztransaktion) abzugreifen, nun unter Strafe gestellt.

92 § 202b StGB findet nur Anwendung, wenn die Tat nicht in anderen Vorschriften mit einer schwereren, d.h. Freiheitsstrafe von zwei Jahren übersteigenden Strafe bedroht ist. § 202b StGB ist damit insbesondere zu §§ 201, 202a StGB wie auch §§ 89, 148 TKG subsidiär[6].

d) Strafbare Vorbereitungshandlungen

93 Als sog. „Hacker-Paragraf"[7] stellt § 202c StGB[8] **Vorbereitungshandlungen** zu Taten nach §§ 202a, 202b StGB unter Strafe. Zwar war auch in der Vergangenheit über Anstiftung (§ 26 StGB) oder Beihilfe (§ 27 StGB) oder wegen Aufforderns zu Straftaten (§ 111 StGB) zu §§ 202a, 263a, 303a, 303b StGB jedenfalls theoretisch eine Strafbarkeit des Vertriebs von Hacker-Tools o.Ä. gegeben. Praktisch scheiterten Ermittlungen aber spätestens an der Feststellung des erforderlichen Vorsatzes[9]. Nach § 202c Abs. 1 StGB wird nun mit Freiheitsstrafe bis zu einem Jahr bestraft, wer zur Vorbereitung des Ausspähens oder des Abfangens von Daten (sowie i.V.m. §§ 303a Abs. 3, 303b Abs. 5 StGB) Schadprogramme[10] wie

– Passwörter oder sonstige Sicherungscodes, die den Zugang zu Daten ermöglichen (Nr. 1), oder

– Computerprogramme, deren Zweck die Begehung einer solchen Tat ist (Nr. 2),

herstellt, sich oder einem anderen verschafft, verkauft, einem anderen überlässt, verbreitet oder sonst zugänglich macht. Damit werden – als abstraktes

---

1 *Weidemann* in BeckOK StrafR, § 202b StGB Rz. 6; einschränkend *Ernst*, NJW 2007, 2661, 2662.
2 Dazu *Fischer*, § 201 StGB, Rz. 4.
3 *Fischer*, § 202b StGB Rz. 4, § 201 StGB, Rz. 3.
4 *Ernst*, NJW 2007, 2661 (2662); *Fischer*, § 202b StGB, Rz. 6.
5 Dazu *Schaumann*, Man-in-the-Middle Angriffe, in: Sicherheitskultur und Informationssicherheit, online: http://www.sicherheitskultur.at/man_in_the-middle.htm; *Bachfeld*, [...] Angriff auf das EMV-Verfahren bei Bezahlkarten, c't 6/2010, 64.
6 *Hilgendorf* in LK, § 202b StGB, Rz. 21.
7 *Schultz*, Neue Strafbarkeiten und Probleme – Der Entwurf des StrafÄndG zur Bekämpfung der Computerkriminalität vom 20.9.2006, MIR 2006, Dok 180, Rz. 26 ff.; *Popp*, § 202c StGB und der neue Typus des europ. „Software-Delikts", GA 2008, 375.
8 BGBl. I 2007, 1786, in Kraft seit 11.8.2007.
9 Vgl. *Ernst*, NJW 2007, 2661 (2662).
10 Beispiele bei *Ernst*, NJW 2007, 2661 (2663).

Gefährdungsdelikt[1] – „besonders gefährliche Vorbereitungshandlungen" erfasst, die bislang weitgehend anonym über das Internet begangen wurden.

Dazu zählen die Hacker-Tools, die bereits nach Art und Weise ihres Aufbaus oder ihrer Zweckbestimmung darauf angelegt sind, (ausschließlich) illegalen Zwecken zu dienen. Nicht genügt, dass ein Programm – als sog. *dual use tool* – für die Begehung der genannten Computerstraftaten lediglich geeignet oder auch besonders geeignet ist[2].

Bei Programmen, deren funktionaler Zweck nicht eindeutig kriminell ist und die erst durch ihre Anwendung zu einem Tatwerkzeug eines Kriminellen oder aber zu einem legitimen Werkzeug würden, ist bereits der objektive Tatbestand des § 202c StGB nicht erfüllt. *IT-Forensikern* bleibt danach die Nutzung der üblichen Forschungs- und Sicherheitssoftware, mag sie auch von Straftätern genutzt werden, erlaubt. Soweit eine Einwilligung für den Auftragnehmer oder die ausführenden Mitarbeiter vorliegt als auch die umfassende Dokumentation der Verfahrensabläufe sowie der durchgeführten Maßnahmen erfolgt, besteht für IT-Forensiker oder Sicherheitsingenieure kein strafrechtliches Risiko, wenn sog. Schadsoftware an sich später als unzuverlässig herausstellende Dritte weitergegeben wird[3].

Problematisch können die Fälle sein, in denen der Täter nach Inkrafttreten der Norm sog. Hacker-Tools besitzt, da § 202c Abs. 1 StGB zwar das Verschaffen, nicht aber den **Besitz** solcher Mittel unter Strafe stellt. Soweit nicht festgestellt werden kann, dass die Inbesitznahme als Verschaffen nach dem 11.8.2007 erfolgt ist, kann wegen § 8 StGB eine Bestrafung in diesen Fällen nicht erfolgen. Nur insoweit ist der Besitz oder das Verwahren von Hacker-Tools straffrei[4]. 94

Durch **tätige Reue** vermag sich der Täter der Straffreiheit zu verschaffen (§ 202c Abs. 2 i.V.m. § 149 Abs. 2 und 3 StGB). 95

5. Computermanipulationen

a) Datenveränderung

Wer *fremde*[5] *Daten* i.S. des § 202a Abs. 2 StGB – also auch Programme – „löscht, unterdrückt, unbrauchbar macht" oder – ohne dass eine „Verschlechterung" der Daten eintreten müsste – verändert, wird nach **§ 303a** Abs. 1 StGB wegen Datenveränderung mit Freiheitsstrafe bis zu zwei Jahren oder mit Geldstrafe bestraft. **Fremd** sind die Daten auch für Mitarbeiter eines Unternehmens, da ihnen eine alleinige Verfügungsbefugnis[6] fehlt. Die einzelnen Alternativen der Norm überschneiden sich, sodass wohl alle denkbaren Sachverhalte erfasst sind. Entscheidend bleibt, dass die Tathandlung eine veränderte Information 96

---

1 BT-Drs. 16/3656, 19.
2 So schon BT-Drs. 16/3656, 18 f.; BVerfG v. 18.5.2009 – 2 BvR 2233/07 und 2 BvR 1151/08 und 2 BvR 1524/08 – „Hacker-Tool", MMR 2009, 577; *Weidemann* in BeckOK StrafR, § 202c StGB, Rz. 7.1.
3 Ähnlich *Ernst*, NJW 2007, 2661 (2664).
4 *Fischer*, § 202c StGB, Rz. 7.
5 *Ernst*, Rz. 270; *Fischer*, § 303a StGB Rz. 4.
6 OLG Nürnberg v. 23.1.2013 – 1 Ws 445/12, CR 2013, 212.

ergibt, was auch durch Hinzufügung neuer Daten oder Verknüpfung mit anderen Daten erfolgen kann.

- Ein **Löschen** von Daten kann auch durch die Zerstörung des Datenträgers erreicht werden. Das Verschieben von auf dem Datenträger gespeicherten Daten in den „Papierkorb" der Desktop-Oberfläche führt nicht stets auch zur tatsächlichen Löschung[1], sodass bis zum endgültigen Leeren des virtuellen Papierkorbs nicht von einer strafrechtlich relevanten Löschung auszugehen ist.

- Ein **Unterdrücken** ist anzunehmen, wenn ein Zugangspasswort abgeändert wird, E-Mails „umgeleitet" werden[2] oder der Datenträger als Hardware-Komponente beiseite geschafft wird.

- **Unbrauchbarmachen**[3] kann schließlich durch ein „Beschädigen" in beliebiger Form verwirklicht werden.

97 Schon die in der Praxis bekannt gewordenen Fälle haben **erhebliches Schadenspotenzial** aufgezeigt:

- Löschung einer Vielzahl von Textdateien auf der Rechneranlage des Arbeitgebers (einer Rechtsanwaltskanzlei)[4],
- Implantierung eines Virus-Programms[5],
- Installation eines Dialer-Programmes, das die Standardinternetverbindung eines Computern verändert[6],
- Veränderung der Kontonummer durch den Inhaber einer EC-Karte auf deren Magnetstreifen[7].

Entsprechendes gilt für die in der IT-Fachliteratur beschriebenen *Datenmanipulationen*[8].

98 Durch das 41. StrÄndG wurde der Tatbestand der „**virtuellen Sachbeschädigung**"[9] erweitert[10]. § 303a Abs. 3 StGB verweist für Vorbereitungshandlungen der nach Abs. 1 strafbaren Handlungen auf § 202c StGB, sodass auf die dazu gemachten Ausführungen verwiesen werden kann (Rz. 93 ff.).

---

1 Vgl. *Ernst*, Rz. 273.
2 *Jüngel/Schwan/Neumann*, Das Abfangen von E-Mails nach § 303a StGB, MMR 2005, 820.
3 Vgl. *Fischer*, § 303a StGB Rz. 11.
4 AG Brandenburg v. 22.4.2002 – 32 C 619/99, CR 2002, 721; enger bei leitenden Angestellten OLG Nürnberg v. 23.1.2013 – 1 Ws 445/12, CR 2013, 212.
5 LAG Saarland v. 1.12.1993 – 2 Sa 154/92, CR 1994, 296; LG Ulm v. 1.12.1988 – 1 Ns 229/88 – Killer-Programm, CR 1989, 825.
6 AG Hamburg-St Georg v. 16.12.2005 – 944 Ls 2214 Js 97/04-571/05, MMR 2006, 345.
7 BayObLG v. 24.6.1993 – 5 St RR 5/93, wistra 1993, 304; AG Böblingen v. 10.2.1989 – 9 Ls (Cs) 1449/87, WM 1990, 64.
8 Instruktiv *Pierrot* in Ernst, Rz. 23 ff.
9 *Ernst*, NJW 2007, 2661 (2664).
10 *Gröseling/Höfinger*, Computersabotage und Vorfeldkriminalisierung [...], MMR 2007, 626.

b) Computersabotage

Als *Qualifikation* zu § 303a sieht **§ 303b** Abs. 1 Nr. 1 StGB bis zu drei Jahren Freiheitsstrafe vor, soweit eine Datenverarbeitung, die für einen anderen von erheblicher Bedeutung ist, gestört wird. Damit sind auch die (nach der bis zum 10.8.2007 geltenden Regelung nicht erfassten) Datenverarbeitungen (einschließlich DV-Anlagen) Privater geschützt, auch wenn die Strafandrohung im Vergleich mit § 303a Abs. 1 StGB nur um ein Jahr erhöht wurde. Erfasst sind nach Abs. 1 Nr. 1 **Sabotagehandlungen** in Bezug auf die von § 303a Abs. 1 StGB erfassten *Daten* einschließlich Software, in der dritten Alternative des Abs. 1 in Bezug auf die *Hardware*, also die Datenverarbeitungsanlage selbst oder die Datenträger.

99

Als selbständiger Straftatbestand stellt § 303b Abs. 1 Nr. 2 StGB[1] denjenigen unter Strafe, der eine Datenverarbeitung, die für einen anderen von wesentlicher Bedeutung[2] ist, dadurch erheblich stört, dass er Daten in der *Absicht*, einem anderen einen **Nachteil zuzufügen**, eingibt oder übermittelt. Eine Beschränkung auf Behörden, fremde Betriebe oder Unternehmen als Tatopfer ist nicht vorgesehen. Opfer kann damit auch eine private Person sein. Als Nachteil kommt jede nachteilige Veränderung der Datenverarbeitung (DV-Anlage) in Betracht, sodass damit die bereits genannten *Denial-of-Service-Attacken* (Rz. 24, 90) erfasst werden[3], da dadurch zumindest Daten auf dem Zielrechner geändert werden, wenn nicht dessen Funktionsfähigkeit gestört wird. Ein über den Nachteil hinausgehender Vermögensschaden wird von § 303b Abs. 1 Nr. 2 StGB nicht verlangt[4].

100

Auch nach den Änderungen durch das 41. StrÄndG bleibt das Zusenden unerwünschter E-Mails (**Spamming**)[5] als eine weitere „Plage" der modernen Kommunikation im Regelfall nicht strafbar, da i.d.R. zwar Daten hinzugefügt, aber keine Daten auf dem Zielrechner (nachteilig) verändert werden[6].

101

Bereits der Entwurf eines 2. ÄndG-TDG (sog. Anti-Spam-Gesetz[7]) sah für Gewerbetreibende ein Verbot der Verschleierung der E-Mail-Absenderkennung vor. Durch § 6 Abs. 2 TMG[8] ist nun ausdrücklich vorgeschrieben, dass kommerzielle Kommunikation nur erfolgen darf, wenn weder der Absender noch der kommerzielle Charakter der Nachricht verschleiert oder verheimlicht wird[9]. Eine absichtliche Zuwiderhandlung seit dem Inkrafttreten am 1.3.2007 kann nach § 16 Abs. 1 TMG als *Ordnungswidrigkeit* mit einer Geldbuße bis zu 50 000 Euro sanktioniert werden (Abs. 3). Daneben bleiben wettbewerb-

---

1 *Ernst*, NJW 2007, 2661 (2664).
2 Dazu *Ernst*, NJW 2007, 2661 (2665).
3 *Fischer*, § 303b StGB Rz. 12; *Rinker*, MMR 2002, 663; *Ernst*, Rz. 288.
4 *Weidemann* in BeckOK StrafR, § 303b StGB Rz. 17; *Fischer*, § 303b StGB Rz. 12a.
5 *Pierrot* in Ernst, Rz. 135 ff.; *Wendlandt*, MMR 2004, 365; *Frank*, „You've got (Spam-)Mail" – Zur Strafbarkeit von E-Mail-Werbung, CR 2004, 123.
6 Sonderfälle vgl. *Frank*, CR 2004, 123 ff.
7 BT-Drs. 15/4835 v. 15.2.2005; vgl. auch BT-Drs. 16/3078 v. 23.10.2006, 15.
8 TelemedienG (TMG) v. 26.2.2007, BGBl. I 179, zuletzt geänd. durch G v. 31.5.2010, BGBl. I 692.
9 *Bender/Kahlen*, Neues TelemedienG verbessert den Rechtsrahmen für Neue Dienste und Schutz vor Spam-Mails, MMR 2006, 590; *Roßnagel*, Das TelemedienG – Neuordnung für Informations- und Kommunikationsdienste, NVwZ 2007, 743 (746).

liche Ansprüche z.B. wegen Belästigung von Marktteilnehmern nach § 7 UWG, die Wettbewerber oder Verbände geltend machen können, unberührt (§ 6 Abs. 3 TMG).

102 In § 303b Abs. 2 StGB wurde der in Abs. 1 a.F. enthaltene Strafrahmen von Freiheitsstrafe bis zu fünf Jahren übernommen. Voraussetzung der Qualifikation des § 303b Abs. 1 StGB ist die Beeinträchtigung einer Datenverarbeitung eines fremden **Betriebs** bzw. **Unternehmens**[1] oder einer **Behörde** (i.S. des § 11 Abs. 1 Nr. 7 StGB[2]), die für dieses Tatopfer „von wesentlicher Bedeutung"[3] ist. Der Begriff der „*Fremdheit*" bezieht sich aber nicht auf die in Abs. 1 Nr. 3 erwähnte Hardware. Sabotageakte sind also auch strafbar, wenn sie sich gegen eigene Anlagen oder Datenträger richten, aber Daten betroffen sind, die – etwa bei Auftragsbearbeitung – dritten Berechtigten zustehen. Für die Mitarbeiter der Geschädigten ist deren IT-Anlage einschließlich der Daten stets „fremd" i.S. des § 303b StGB, da es insoweit auf die Eigentums-, Gebrauchs- und Verfügungsrechte ankommt, die sämtlich beim Unternehmen und nicht bei den Beschäftigten liegen.

103 Eine weitere Strafschärfung normiert schließlich der seit 11.8.2007 geltende § 303b Abs. 4 StGB. **Besonders schwere Fälle** der Computersabotage[4] können mit einer Freiheitsstrafe von sechs Monaten bis zu zehn Jahren bestraft werden. Als *Regelfall* eines besonders schweren Falls sind der besonders große eingetretene Vermögensverlust (Nr. 1), die Beeinträchtigung der Bevölkerung mit lebensnotwenigen Gütern oder Dienstleistungen[5] (Nr. 3) oder das gewerbs- oder bandenmäßige Begehen der Tat (Nr. 2) erfasst. Die Voraussetzungen der Gewerbsmäßigkeit oder der Bandenabrede entsprechen denen anderer Straftatbestände wie §§ 244, 263 StGB, sodass auf die entsprechenden Darstellungen verwiesen werden kann.

104 Sowohl bei § 303a als auch § 303b StGB wird die **Rechtswidrigkeit**[6] einer Handlung, die der Täter zumindest *bedingt vorsätzlich*[7] begeht, durch eine (mutmaßliche) Einwilligung aufgrund deren rechtfertigender Wirkung beseitigt. Bei § 303b Abs. 1 Nr. 2 StGB muss die *Absicht* der Nachteilszufügung[8] hinzutreten.

6. Gemeinsamkeiten

a) Versuch, Einziehung/Verfall

105 § 202a sowie § 202b StGB stellen den **Versuch** nicht unter Strafe, wobei aber § 202c StGB – der ebenfalls keinen strafbaren Versuch vorsieht – schon Vor-

---

1 *Fischer*, § 303b StGB Rz. 15, § 14 StGB Rz. 8.
2 *Fischer*, § 11 Rz. 29 StGB.
3 Näher *Fischer*, § 303b StGB Rz. 6–8.
4 Beispiele bei *Ernst*, NJW 2007, 2661 (2665).
5 Dazu *Fischer*, § 303b StGB Rz. 25 f. Zum Entwurf eines IT-SicherheitsG mit Änderungen von TMG und TKG vgl. *Seidl*, jurisPR-ITR 10/2014 Anm. 2.
6 *Fischer*, § 303a StGB Rz. 13.
7 *Fischer*, § 303b StGB Rz. 18, 22; *Ernst*, Rz. 284; *Stree/Hecker* in S/S, § 303b StGB Rz. 14.
8 *Sternberg-Lieben/Schuster* in S/S, § 15 StGB Rz. 66 f.; *Weidemann* in BeckOK StrafR, § 303b StGB Rz. 17.

bereitungshandlungen erfasst. Dies wird zu Recht kritisiert[1]. Zumindest in überschneidenden Teilbereichen kann wegen § 17 Abs. 3 UWG eine entsprechende Handlung strafrechtlich verfolgt werden. Die weiteren IT-bezogenen Strafbestimmungen sehen jeweils eine Versuchsstrafbarkeit vor. Nach § 263a Abs. 2 StGB gelten § 263 Abs. 2–7 StGB entsprechend. Es ist sonach der Versuch strafbar (§ 263 Abs. 2, § 22 StGB). Der Versuch einer Tat nach § 269 StGB ist strafbar (Abs. 2); ebenso die Datenveränderung oder Computersabotage nach §§ 303a Abs. 2, 303b Abs. 3 StGB.

Ein **Verfall**, d.h. die Abschöpfung illegaler Erlöse, ist bei IT-bezogenen Straftaten nach den allgemeinen Regelungen nach §§ 73 ff. StGB vorzunehmen (s. § 21 Rz. 71 ff.). Auch soweit den durch Computerbetrug Geschädigten Ersatzansprüche zustehen, sind rechtzeitig Maßnahmen der *Rückgewinnhilfe* zu veranlassen (§§ 111b ff. StPO), um sicherzustellen, dass einem Täter kein Vorteil aus der Tat verbleibt (vgl. § 111i Abs. 5 StPO)[2]. Aufgrund der Verweisung von § 263a Abs. 2 auf § 263 Abs. 7 StGB kann in den Fällen des banden- oder gewerbsmäßigen Computerbetrug auch der *erweiterte Verfall* nach § 73d StGB angeordnet werden. 106

Die Tatwerkzeuge, die bei IT-Straftaten oft moderne, auch hochwertige Computer sind, können nach den allgemeinen Regelungen der §§ 74 ff. StGB eingezogen werden (vgl. § 21 Rz. 83 ff.). Voraussetzung für eine **Einziehung** ist, dass das – weit zu verstehende – *Werkzeug* bei der Tat gebraucht wurde oder dazu bestimmt war[3]. Gegenstände, die lediglich im Zusammenhang mit der Tat stehen oder gelegentlich der Tatausführung benutzt wurden, fallen nicht darunter[4]. So soll ein Computer, mit dem beleidigende Briefe geschrieben wurden, nicht der Einziehung als Tatwerkzeug unterfallen[5]. Dies wird man im Hinblick auf den Umstand, dass (beleidigende) Briefe auch per Hand oder mit Schreibmaschine geschrieben werden können, ohne dass der Strafvorwurf entfiele, akzeptieren können. Bei IT-bezogenen Straftaten, die ausschließlich – wie z.B. in § 202b Abs. 1 StGB ausdrücklich erwähnt – mit technischen Mitteln ausgeführt werden können, ist eine Einziehung allerdings nicht nur zulässig[6], sondern i.d.R. unter Berücksichtigung des stets zu beachtenden Verhältnismäßigkeitsgrundsatzes[7] auch geboten[8]. Eine differenzierte Bewertung der einzelnen Komponenten (externe/interne Datenträger, Computeranlage/Rechner, Bildschirm, Tastatur, Scanner, Drucker[9]) ist erforderlich[10]. 107

---

1 *Ernst*, NJW 2007, 2661 (2662).
2 BGH v. 19.2.2008 – 1 StR 596/07, NJW 2008, 2131; BGH v. 18.12.2008 – StR 460/08, wistra 2009, 241.
3 BGH v. 6.10.1955 – 3 StR 279/55, BGHSt 8, 205 = NJW 1956, 149 (151).
4 *Fischer*, § 74 StGB Rz. 6; Beispiele bei *Schmidt* in LK, § 74 StGB Rz. 16 ff.
5 OLG Düsseldorf v. 31.8.1992 – 1 Ws 790/92, NJW 1992, 3050.
6 BGH v. 17.12.2008 – 2 StR 461/08, NStZ-RR 2009, 103.
7 BGH v. 18.6.2014 – 4 StR 128/14, NStZ-RR 2014, 274; LG Celle v. 17.9.2008 – 31 Ss 21/08, wistra 2009, 35; LG Wuppertal v. 29.6.2007 – 28 Ns 70 Js 6906/06.
8 Vgl. LG Mainz v. 5.4.2001 – 5 Qs 24/01 und 5 Qs 25/01, wistra 2001, 318; AG Nürtingen v. 23.1.2008 – 13 Cs 82 Js 46617/06.
9 *Bär* in W/J, Kap. 27 Rz. 43 f.
10 OLG Hamburg v. 3.5.1999 – 1 Ss 39/99, NStZ-RR 1999, 329 (330 a.E.).

b) Beteiligung des Verletzten

108 Für die Verfolgung von Straftaten wegen der Verletzung des persönlichen Lebens- und Geheimbereichs nach §§ 201 ff. StGB ist grundsätzlich ein **Strafantrag** des Verletzten[1] (§§ 77–77d StGB) erforderlich (§ 205 StGB). Im Hinblick auf die oftmals sinnvolle oder erforderliche Verfolgung von Straftaten, die sich auf Daten Dritter beziehen, kann nur in Fällen der §§ 202a, 202b StGB die Tat **von Amts wegen** verfolgt werden, soweit die Staatsanwaltschaft dies im Hinblick auf ein besonderes öffentliches Interesse an der Strafverfolgung für geboten hält. Zur Verfolgung von Vorbereitungshandlungen nach *§ 202c StGB* als abstraktes Gefährdungsdelikt ist ein Strafantrag (noch nicht feststehender Geschädigter) nicht erforderlich. Insoweit sind Ermittlungen von Amts wegen zu führen.

109 Der – neben § 202a StGB u.U. tateinheitlich[2] verwirklichte – **§ 17 UWG** erlaubt als „relatives Antragsdelikt"[3] (Abs. 5) auch Ermittlungen gegen den Willen des Geschädigten. Die Staatsanwaltschaft wird insbesondere bei wirtschaftsstrafrechtlich vorbestraften Tätern oder bei erheblichem (drohendem) Schaden Ermittlungen aufnehmen (vgl. Nr. 255, 260 ff. RiStBV).

110 Computerbetrug nach **§ 263a StGB** wird nur auf **Antrag** verfolgt, soweit Täter und Opfer in *„häuslicher Gemeinschaft"* – wozu auch Internate[4], Wohngemeinschaften und nichteheliche Lebensgemeinschaften zählen[5] – leben, das Opfer Angehöriger (§ 11 StGB), Vormund oder Betreuer ist (§§ 263a Abs. 2, 263 Abs. 4, 247 StGB), oder ein *geringwertiger Schaden* bis max. 50 Euro[6] eingetreten ist (§§ 263a Abs. 2, 263 Abs. 4, 248a StGB), es sei denn, dass im letzteren Fall die Staatsanwaltschaft das besondere öffentliche Interesse an der Strafverfolgung bejaht. Soweit ein besonders schwerer Fall vorliegt, ist wegen der Verweisung auf § 243 Abs. 2 StGB ein Antrag nicht erforderlich. Ansonsten ist wegen des Verdachts auf Computerbetrug von Amts wegen zu ermitteln.

111 Eine Tat nach **§ 303a Abs. 1 und 2 StGB** – wie auch **§ 303b Abs. 1–3 StGB** – wird nur auf *Antrag* eines Verletzten[7] oder bei Bejahung des besonderen öffentlichen Interesses an der Strafverfolgung[8] durch die Staatsanwaltschaft verfolgt (§ 303c StGB). Handlungen, die die Qualifizierung des § 303b Abs. 4 StGB verwirklichen, sind hingegen ebenso wie Vorbereitungshandlungen nach §§ 303a Abs. 3, 303b Abs. 5 StGB i.V.m. § 202c StGB von Amts wegen zu verfolgen.

112 Nach § 374 Abs. 1 Nr. 3 und 6 StPO sind §§ 202a–202c, 303a, 303b – anders §§ 202, 303 StGB – **keine Privatklagedelikte**. Auch eine *Nebenklage* ist nicht zulässig. Allenfalls kann, soweit eine Tat nach § 17 UWG in Betracht kommt, Privat- bzw. Nebenklage erhoben werden (§§ 374 Abs. 1 Nr. 7, 395 Abs. 2 Nr. 2 StPO).

---

1 Dazu allg. *Fischer*, § 205 StGB Rz. 2.
2 *Weidemann* in BeckOK StrafR, § 202a StGB Rz. 23.
3 *Ernst*, Rz. 251 f.; *Köhler* in Köhler/Bornkamm, § 17 UWG Rz. 70 f.
4 *Wittig* in BeckOK StrafR, § 247 StGB Rz. 2.1.
5 *Fischer*, § 247 StGB Rz. 2.
6 *Wittig* in BeckOK StrafR, § 248a StGB Rz. 4; enger *Fischer*, § 248a StGB Rz. 3a.
7 Vgl. *Fischer*, § 303c StGB Rz. 6.
8 Dazu vgl. *Fischer*, § 303c StGB Rz. 7 m.w.Nw.

c) Wirtschaftsstrafsache

Eine Zuständigkeit der **Wirtschaftsstrafkammer** beim LG ist hinsichtlich Computerbetrug gem. § 263a StGB nach § 74c Abs. 1 S. 1 Nr. 6 Buchst. a GVG nur gegeben, soweit für die Beurteilung des Falles besondere Kenntnisse des Wirtschaftslebens erforderlich sind[1]. Diese sind bei rein technischen Fragestellungen, wegen des Umfangs[2] oder der Bedeutung der Sache nicht erforderlich[3]. Ansonsten ist eine Zuständigkeit der Wirtschaftsstrafkammer für Taten nach § 17 UWG gegeben (§ 74c Abs. 1 S. 1 Nr. 1 GVG).

113

7. Schutz besonderer technischer Vorrichtungen

a) Schutz von Zugangskontrolldiensten

Die zunächst herangezogenen §§ 202a, 265a StGB und 17 UWG haben sich als wenig tragfähig erwiesen, um bereits den „Handel" mit sog. Piratenkarten zu bekämpfen[4]. Um die Anbieter von **entgeltlichen Mediendiensten**, insbesondere Rundfunk und Fernsehen, gegen selbst ernannte „Piraten" zu schützen, hat der Gesetzgeber in Umsetzung einer entsprechenden EU-Richtlinie[5] das *„Gesetz über den Schutz von zugangskontrollierten Diensten und von Zugangskontrolldiensten"* (ZKDSG)[6] geschaffen, dass am 23.3.2002 in Kraft getreten ist. Nach § 1 ZKDSG ist:

114

„Zweck des Gesetzes [...], Zugangskontrolldienste gegen unerlaubte Eingriffe zu schützen."

Was im Einzelnen als **Zugangskontrolldienst** anzusehen ist, wird in § 2 ZKDSG definiert[7]. Zum Schutz dieser Dienste sind Umgehungsvorrichtungen verboten, die zu *gewerblichen Zwecken*[8] hergestellt, eingeführt, verbreitet oder besessen oder „gewartet" werden (§ 3 Nr. 1 und 2 ZKDSG). Die Absatzförderung ist als Vorbereitung entsprechender Handlungen ebenfalls untersagt (Nr. 3). § 4 ZKDSG sieht schließlich für einen Verstoß gegen § 3 Nr. 1 ZKDSG (Herstellung, Einfuhr oder Verbreitung einer Umgehungsvorrichtung) Freiheitsstrafe bis zu einem Jahr oder Geldstrafe vor. Entsprechende Vorrichtungen können eingezogen werden (§ 6 ZKDSG). Der Verstoß gegen § 3 Nr. 2 ZKDSG wird als Ordnungswidrigkeit mit einer Geldbuße bis zu 50 000 Euro geahndet (§ 5 ZKDSG).

115

---

1 *Diemer* in KK-StPO, § 74c GVG Rz. 4; BGH v. 21.3.1985 – 1 StR 417/84, NStZ 1985, 464 (466).
2 OLG Saarbrücken v. 10.6.2007 – 1 Ws 111/07, wistra 2007, 360.
3 *Diemer* in KK-StPO, § 74c GVG Rz. 4.
4 Vgl. *Bär/Hoffmann*, MMR 2002, 654 (656).
5 RL 1998/84/EG über den rechtlichen Schutz von zugangskontrollierten Diensten und von Zugangskontrolldiensten v. 20.11.1998, ABl. EG Nr. L 320 v. 28.11.1998, 54.
6 Zugangskontrolldiensteschutz-G (ZKDSG) v. 19.3.2002, BGBl. I 1090, zuletzt geänd. durch G v. 26.2.2007, BGBl. I 179; *Bär/Hoffmann*, MMR 2002, 654; *Dressel/Scheffler*, Rechtsschutz gegen Dienstepiraterie – Das ZKDSG in Recht und Praxis, 2003.
7 Dazu *Bär/Hoffmann*, MMR 2002, 654 (655).
8 Dazu OLG Frankfurt v. 5.6.2003 – 6 U 7/03, GRUR-RR 2003, 287.

Der Handel mit Blanko-Karten, d.h. SmartCards ohne spezifische Umgehungssoftware, ist hingegen *nicht erfasst*[1], ebenso das bloße Umgehen oder Beseitigen eines Kopierschutzes bei (Multimedia-)Dateien oder Datenträgern, da deren Kopierschutz (soweit vorhanden) nicht durch eine jeweils gegen Entgelt angebotene Entschlüsselungsvorrichtung behoben wird, um den Inhalt wahrzunehmen (s. § 95a UrhG; § 55 Rz. 117). Ebenfalls nicht erfasst werden Programme zur Entschlüsselung verschlüsselter E-Mails u.a. (vgl. § 202a StGB; Rz. 88).

b) Wegstreckenzähler und Geschwindigkeitsbegrenzer

116 Mit Wirkung zum 18.8.2005[2] wurde § 22b StVG[3] als neue, verfassungskonforme[4] Strafvorschrift in das Straßenverkehrsgesetz eingefügt, die systematisch zu den Urkundsdelikten (vgl. §§ 267–270 StGB) zu zählen und mit § 202c StGB vergleichbar ist. Anlass war eine nach der Entscheidung des BGH vom 7.2.1980[5] erkannte Strafbarkeitslücke[6], die insbesondere nach dem Aufkommen **digitaler Tachometer** und Wegstreckenanzeiger in Kraftfahrzeugen geschlossen werden sollte, da auch eine Bestrafung wegen Betrugs nach § 263 StGB oft an Nachweisproblemen scheiterte. § 22b StVG stellt – mit einer Höchststrafe von einem Jahr Freiheitsstrafe – die unbefugte[7] Verfälschung der Messung eines Wegstreckenzähler i.S. von § 57 Abs. 3 StVZO (Abs. 1 Nr. 1) bzw. die Störung der Funktion eines Geschwindigkeitsbegrenzers i.S. von §§ 57c, 57d StVZO (Abs. 1 Nr. 2) unter Strafe. Nach § 22b Abs. 1 Nr. 3 StVG sind *Vorbereitungshandlungen*, wie das Herstellen und den Vertrieb von *Computerprogrammen*, im gleichen Maß unter Strafe gestellt. Wie bei § 202c StGB (Rz. 93) ist aber Voraussetzung, dass es sich um „Verfälschungssoftware" für die strafbare Manipulation von Wegstreckenzählern oder Geschwindigkeitsbegrenzern (nicht i.S. eines Tempomaten[8]) handelt, sodass Reparatur- oder vergleichbare Software nicht erfasst wird[9]. Nach § 22b Abs. 2 StVG i.V.m. § 149 Abs. 2 und 3 StGB kann ein Täter durch tätige Reue Straffreiheit erlangen. Schließlich ermöglicht § 22b Abs. 3 StVG die erweiterte Einziehung der Tatwerkzeuge (§ 74a StGB). Tateinheit kann mit § 303a Abs. 1 StGB vorliegen[10].

8. IT-Tatkomplexe

a) Nutzung fremder Ressourcen

117 Bei allen IT-bezogenen Delikten ist zu berücksichtigen, dass es – bei Wirtschaftskriminalität typischerweise – zu Überschneidungen im Anwendungsbereich der Strafnormen kommt, weil bei den Angriffen auf IT durch ein und

---

1 LG Karlsruhe v. 24.4.2006 – 6 Qs 11/06, wistra 2006, 317 = NStZ-RR 2007, 19.
2 G v. 14.8.2005, BGBl. I 2412.
3 *Blum*, Missbrauch von Wegstreckenzählern und Geschwindigkeitsbegrenzern (§ 22b StVG), NZV 2007, 70.
4 BVerfG v. 9.5.2006 – 2 BvR 1589/05 – Tachomanipulation, NJW 2006, 2318.
5 BGH v. 7.2.1980 – 4 StR 654/79, BGHSt 29, 204 = NJW 1980, 1638.
6 *Blum*, NZV 2007, 70.
7 BVerfG v. 9.5.2006 – 2 BvR 1589/05, NJW 2006, 2318, Tz 4.
8 *König* in Hentschel/König/Dauer, StraßenverkehrsR, § 22b StVG Rz. 5.
9 BVerfG v. 9.5.2006 – 2 BvR 1589/05, Tz 8, NJW 2006, 2318; weitergehend *König* in Hentschel/König/Dauer, StraßenverkehrsR, § 22b StVG Rz. 9.
10 *Wolff* in LK, § 303a StGB Rz. 45.

dieselbe Tathandlung mehrere Straftatbestände gleichzeitig verletzt sein können[1]. Aus der Vielzahl der Fallkonstellationen[2] ist die **Nutzung fremder WLAN**[3] herauszuheben, auch wenn Unternehmen als Geschädigte eher weniger betroffen sind. Üblicherweise erhalten und benutzen die Inhaber von Breitbandfestnetzanschlüssen (DSL oder TV-Kabel) von den Netzbetreibern subventioniert bereitgestellte WLAN-Router, über die mehrere Rechner Kontakt zum Internet aufbauen können. Die dabei eingesetzte Funktechnik ist nicht an vorhandene Grenzen der Wohnung oder des Grundstücks gebunden. Dies ermöglicht es Dritten, sich unerkannt und unbefugt des Netzwerkanschlusses zu bedienen.

Damit kommen folgende **Straftatbestände** in Betracht: 118

— **Ausspähen von Daten** (§ 202a StGB): Ein Verschaffen (des Zugangs) ist zu bejahen, wenn es dem Täter gelingt, die vorhandene Verschlüsselung zu „knacken" oder an den Schlüssel zur Sichtbarmachung der Daten zu gelangen. Damit ist die Tat hinsichtlich der Zugangsdaten und anderer Daten verwirklicht; erst recht, wenn sie der Täter zur Kenntnis nimmt oder sogar abspeichert. Sofern das WLAN ungeschützt, mithin „offen"[4] ist, scheidet § 202a StGB aus.

— **Computerbetrug** (§ 263a StGB): Eine Strafbarkeit ist bei einer „Flatrate" ausgeschlossen, da es an der *Stoffgleichheit*[5] zwischen dem Vorteil des Täters und dem Schaden des Anschlussinhabers mangelt. Sollte der Anschlussinhaber durch die unberechtigte Internetnutzung mit einer Forderung des Providers belastet werden, entsteht ihm ein Schaden, der mit der erstrebten Zugangsmöglichkeit zum Internet deckungsgleich ist.

— **Leistungserschleichung** (§ 265a StGB): Da der private WLAN-Betreiber seine Leistung nicht gegen Entgelt[6] anbietet, scheidet eine Straftat nach § 265a StGB aus.

— **Datenveränderung, Computersabotage** (§§ 303a, 303b StGB): Soweit der Täter bei der Nutzung des offenen WLAN Veränderungen von Passwörtern, Zugangsdaten oder sonstigen Informationen vornimmt, kommt eine Strafbarkeit in Betracht.

— **Betriebsspionage** (§ 17 UWG): Auch wenn sich der Täter die WLAN-Nutzung aus eigennützigen Gründen verschafft, erfolgt diese i.d.R. nicht zu Zwecken des Wettbewerbs. Zudem sind die mit der WLAN-Nutzung übermittelten Daten nicht als Geschäfts- oder Betriebsgeheimnis des WLAN-Inhabers zu werten.

— **§§ 44, 43 Abs. 2 Nr. 3 BDSG**[7]: Aufgrund technischer Gegebenheiten wird dem Nutzer eines WLAN vom Router entweder eine vorgegebene oder variable interne **IP-Nummer** (mittels DHCP) zugewiesen. Zum Internet wird die Kommunikation mittels der vom Provider (i.d.R. dynamisch) vergebenen (und dem Router zugewiesenen) IP-Nummer ermöglicht. Diese externe IP-Nummer ist eine personenbezogene Information und für jedermann zugänglich. Daraus folgt aber nicht, dass anhand dieser IP-Adresse aus der Sicht des Täters die Identität des WLAN-Betreibers „bestimmbar" i.S. des § 3 Abs. 1 BDSG geworden wäre. Letztlich dürfte ein Tatnachweis wegen der von § 44 Abs. 1 BDSG geforderten Bereicherungs- oder Schädigungsabsicht nicht zu führen sein.

---

1 *Heghmanns* in A/R, 6 I Rz. 10–13.
2 Vgl. nur *Geschonneck*, S. 33 ff.
3 *Bär*, Wardriver und andere Lauscher – Strafrechtliche Fragen im Zusammenhang mit WLAN, MMR 2005, 434; *Höfinger*, Zur Straflosigkeit des sogenannten »Schwarz-Surfens«, ZUM 2011, 212.
4 Dazu vgl. *Hornung*, Die Haftung von W-LAN Betreibern, CR 2007, 88; *Ernst/Spoenle*, Zur Strafbarkeit des Schwarz-Surfens, CR 2008, 439.
5 *Perron* in S/S, § 263a StGB Rz. 29, § 263 StGB Rz. 168 f.
6 Vgl. *Fischer*, § 265a StGB Rz. 8 m.w.Nw.
7 *Bär*, MMR 2005, 434 (441); *Ernst/Spoenle*, CR 2008, 439 (442).

- Verstoß gegen das **Abhörverbot** (§§ 89 S. 1, 148 Abs. 1 Nr. 1 TKG)[1]: Soweit der Täter „nur" eine Verbindung zum Internet aufbaut und die von ihm stammenden und an ihn gerichteten „Datenpakete" erhält, hört er keinen fremden Datenverkehr, d.h. des Anschlussinhabers, ab. Sollte der Täter aber die Kommunikation anderer, am kabellosen LAN angeschlossener Rechner mitschneiden (Sniffing), macht er sich wegen Abhörens strafbar. I.d.R. wird in diesem Fall (direkter) Vorsatz gegeben sein, wobei schon die fahrlässige Tatbegehung unter Strafe steht (§ 148 Abs. 2 TKG).
- **Abfangen von Daten** (§ 202b Abs. 1 Alt. 1 StGB): Das bloße Einloggen in das fremde Netz, ohne dass Zugriff auf (fremde) Daten genommen wird, ist straflos[2].

b) „Phishing"

119 Als „Phishing" wird insbesondere der Versand von E-Mails bezeichnet, um den Empfänger der E-Mail zur **Preisgabe sensibler Daten** zu bewegen, mit denen schließlich Vermögenswerte erlangt werden. Phishing-Fälle können in vier Phasen gegliedert werden[3]:

- Erstellung einer „gefakten" Webseite einer Bank o.Ä., massenhafter Versand von E-Mails an eine Vielzahl existierender und nicht existierender E-Mailadressen (Spam),
- Eingabe der Zugangsdaten, i.d.R. Kontonummer und PIN/TAN, eines Kontos auf einer Webseite durch den (berechtigten) Bankkunden[4], der sich dazu durch „seine Bank" aufgefordert sieht[5], Sammlung dieser Daten durch Tatbeteiligte[6],
- Nutzung der Zugangsdaten zum Warenerwerb oder zur Überweisung im Onlinebanking, i.d.R. auf das Konto eines inländischen Beteiligten (sog. Finanzagent),
- Transfer der Waren[7] oder der Valuta in bar ins Ausland.

Es ist allgemein anerkannt, dass Tathandlungen im Zusammenhang mit Phishing strafbar sind (vgl. § 49 Rz. 53 ff.)[8].

120 Folgende **Detailfragen** sind allerdings zu beachten:

- Der Versand einer E-Mail, die durch ihre Gestaltung und durch die Wahl der E-Mail-Adresse des Absenders den Eindruck erweckt, die Nachricht stamme von einer zur Abfrage der Daten berechtigten Person, und mit der der Empfänger zur Offenbarung persönlicher Daten auf einer bestimmten Internetseite aufgefordert wird, wird teil-

---

1 LG Wuppertal v. 19.10.2010 – 25 Qs 10 Js 1977/08-177/10, MMR 2011, 65; *Ernst/Spoenle*, CR 2008, 439 (441).
2 *Fischer*, § 202b StGB Rz. 5; *Vassilaki*, CR 2008, 131 (133).
3 Ausf. vgl. LG Bonn v. 7.7.2009 – 7 KLs 01/09; *Hoeren*, InternetR, S. 485 ff.; *Popp*, NJW 2004, 3517.
4 Zur Pflichtwidrigkeit des Bankkunden BGH v. 24.4.2012 – XI ZR 96/11, NJW 2012, 2422.
5 *Lipski*, Social Engineering – Der Mensch als Sicherheitsrisiko in der IT, 2009.
6 KG v. 2.5.2012 – (3) 131 Ss 40/12 (26/12), ZWH 2012, 497.
7 Zu sog. Packstationen s. *Brand*, NStZ 2013, 7.
8 AG Konstanz v. 7.10.2005 – 10 Cs 60 Js 5031/05-AK 419/05, JurPC Web-Dok 144/2005; AG Strausberg v. 6.12.2006 – 5 Ds 222 Js 5874/06 (841/06); *Gercke*, Die Strafbarkeit von „Phishing" und Identitätsdiebstahl, CR 2005, 606; *Gruhl*, Nicht nur Geheimagenten leben gefährlich – sondern auch „Finanzagenten", Anm. zu AG Hamm v. 5.9.2005 – 10 Ds 101 Js 244/05-1324/05 (JurPC Web-Dok 91/2006), JurPC Web-Dok 20/2007; *Heghmanns*, Strafbarkeit des „Phishing" von Bankkontendaten und ihrer Verwertung, wistra 2007, 167; *Beck/Dornis*, „Phishing" im Marken(straf)R, CR 2007, 644; *Goeckenjan*, Auswirkungen des 41. StRÄndG auf die Strafbarkeit des „Phishing", wistra 2009, 47.

weise als versuchter Betrug gewertet[1]. Dagegen spricht, dass der Täter – über den oftmals nichts bekannt ist – durch die Erlangung der Kontodaten noch keinen Vermögenswert z.B. auf Kosten des Kontoinhabers erhalten hat. Anders als bei einer sächlich verkörperten Zahlungskarte mit Garantiefunktion, die ein Täter nebst PIN unbefugt erlangt hat, sind beim Phishing weitere Zwischenschritte erforderlich, bevor eine schadensgleiche Vermögensgefährdung zu verzeichnen ist[2]. Ebenso sind §§ 202a und 267 StGB nicht erfüllt. In Betracht kommt aber eine Strafbarkeit nach § 143 MarkenG, soweit Marken von Banken u.a. benutzt werden, und nach § 269 StGB, da i.d.R. die Absenderangaben der E-Mail verfälscht werden.

– Neben den Haupttätern geraten die sog. **Finanzagenten**, die die im Wege des Computerbetrugs des oder der Haupttäter erlangten Gelder weiter transferieren, zwingend in das Blickfeld der Strafverfolgungsbehörden[3]. Neben der eher selten nachweisbaren Beihilfe zum Computerbetrug[4] können sie sich nach § 261 StGB (Geldwäsche), aber auch nach § 31 Abs. 1 Nr. 2 i.V.m. §§ 8, 1 Abs. 1 Nr. 6 Zahlungsdiensteaufsichtsgesetz[5] – ZAG – strafbar machen.

c) Online-Verbreitung von Informationen

Das Internet mit dem meistgenutzten Dienst des World Wide Web stellt den Nutzern weltumspannend Informationen zur Verfügung. Gleichgesinnte sind jederzeit vernetzt, örtlich bedingte Grenzen sind völlig aufgehoben. Die Vielzahl der **Informationsquellen** bietet neben Unterhaltung, Meinungen und Wissen auch gewerbliche Angebote aller Sparten. Die verfügbaren Datenverbindungen erlauben auch die Verbreitung größerer Datenmengen. Dies hat vor allem zu massenhaften *Urheberrechtsverletzungen* durch sog. file-sharing geführt (vgl. § 55 Rz. 105 ff.), deren Bekämpfung mediale Aufmerksamkeit erlangt hat. In gleicher Weise ist die *Verbreitung pornographischer Schriften*[6], die online nur unter bestimmten Voraussetzungen zulässig (§ 184d S. 2 StGB) und legales Geschäftsmodell sein kann[7], im Hinblick auf §§ 184–184d StGB zu Recht in den Fokus der Strafverfolgungsbehörden geraten[8]. Darüber hinaus findet man im WWW neben persönlichen Diffamierungen (§§ 185 ff. StGB) oder Nachstellungen (*Stalking*[9], § 238 StGB) auch gewaltverherrlichende, (extreme) politische und auch terroristische *Propaganda*[10], die oftmals im Ausland gehos-

121

---

1 GenStA Stuttgart, RdErl. v. 1.2.2006 – 405/24; a.A. *Graf*, „Phishing" derzeit nicht generell strafbar!, NStZ 2007, 129, 130.
2 *Gruhl* in Liebl/Kühne, S. 17 f.
3 *Gruhl* in Liebl/Kühne, S. 19.
4 Krit. *Neuheuser*, Die Strafbarkeit des Bereithaltens und Weiterleitens des durch „Phishing" erlangten Geldes, NStZ 2008, 492 (494).
5 Art. 1 Zahlungsdienste-UmsetzungsG v. 25.6.2009, BGBl. I 1506; ZAG zuletzt geänd. durch G v. 15.7.2014, BGBl. I 934; zuvor § 54 KWG.
6 *Gercke* in Gercke/Brunst, Rz. 258 ff.
7 Vgl. BVerfG v. 24.9.2009 – 1 BvR 1231/04 und 1 BvR 710/05 und 1 BvR 1184/08.
8 Vgl. zuletzt nur LG Karlsruhe (Pforzheim) v. 23.3.2009 – Qs 45/09, MMR 2009, 418; AG Waldshut-Tiengen v. 14.3.2007 – 5 Cs 23 Js 2841/06, MMR 2007, 402; KG v. 26.4.2004 – (5) 1 Ss 436/03 (4/04), NStZ-RR 2004, 249; *Beck*, Internetbeleidigung [...], MMR 2009, 736.
9 *Huber*, Cyberstalking und Cybercrime, 2013; *Port*, Cyberstalking, 2012; *Ostendorf/Frahm/Doege*, Internetaufrufe zur Lynchjustiz und organisiertes Mobbing, NStZ 2012, 529.
10 Vgl. *Fromm*, Extremismus im Internet, in Welp, S. 41 ff.; *Gercke* in Gercke/Brunst, Rz. 362 ff.

tet wird – was die inländischen Strafverfolgungsbehörden nicht nur vor tatsächliche, sondern auch vor rechtliche Probleme[1] stellt. Trotz der Verwendung von IT handelt es sich bei den zugrunde liegenden Tathandlungen um wenig IT-spezifische Taten[2]. Zudem stehen Unternehmen, soweit die Täter nicht zielgerichtet wirtschaftliche Belange in den Vordergrund stellen, selten im Mittelpunkt der Vorgänge.

III. Sicherungs- und Aufdeckungsmaßnahmen
1. Delinquenzprophylaxe

122 Zur Vermeidung erheblicher Schäden und zur Begründung, Sicherung, aber auch Abwehr[3] zivilrechtlicher Ersatzansprüche, zur Eindämmung strafrechtlicher Handlungen[4] oder Anreize hierzu sind die Besonderheiten der IT zu beachten. Frühere empirische Forschungen[5] zum innerbetrieblichen IT-Missbrauch bei unzureichender Sicherung haben noch Gültigkeit. Weiterhin ist es ratsam[6], die Sicherungssysteme der Magnet- und Chipkarten durch biometrische Identifizierungsmethoden (Iris-, Gesichtsfeldidentifikation oder Fingerabdruck[7]) sowie die Internetsicherheit durch wirksame Identifizierungs-Pflichten[8] der Provider sowie allgemein durch Einsatz digitaler Signaturen[9] u.a. nachhaltig zu verbessern[10]. Ebenso muss als **betriebliche Sicherungsmaßnahme** erhöhte Sorgfalt bei der *Auswahl* der hier *Beschäftigten* wegen der besonderen Empfindlichkeit des IT-Bereiches empfohlen werden[11]. Die externen oder internen IT-Mitarbeiter sollen darüber hinaus in ihren Anstellungs-, Werk- oder Dienstleistungsverträgen sorgfältig auf den Umfang ihrer etwaigen Vermögensbetreuungs- und insbesondere Geheimhaltungspflicht hingewiesen werden, wobei auch an ein gestuftes Sanktionssystem[12] zu denken ist[13]. Neben vielen anderen, auch kommerziellen Anbietern, ist als Informationsquelle und Ratgeber das Bundesamt für Sicherheit in der Informationstechnik (BSI)[14] zu nennen.

---

1 *Gercke* in Gercke/Brunst, Rz. 256; *Heghmanns* in A/R, 6 2 Rz. 3–22; *Wiil* (Hrsg.), Counterterrorism and Open Source Intelligence, 2011.
2 Im Einzelnen vgl. *Gercke* in Gercke/Brunst, Rz. 255 ff. m.w.Nw.
3 *Schlösser/Dörfler*, Strafrechtliche Folgen eines Verstoßes gegen den Deutschen Corporate Governance Kodex, wistra 2007, 326; *Krause*, Managerhaftung und Strategien zur Haftungsvermeidung, BB 2009, 1370.
4 Z.B. LAG München v. 5.8.2009 – 11 Sa 1066/08.
5 *Sieber*, Computerkriminalität und StrafR, 1977, S. 39 ff., 1980 S. 97 ff.
6 Vgl. BSI, IT-Grundschutz-Kataloge, online: http://www.bsi.bund.de.
7 *Tiedemann*, ComputerstrafR, S. 1377.
8 *Döring*, MMR 2004, 231.
9 *Roßnagel*, Das neue Recht elektronischer Signaturen, NJW 2001, 1817; *Wendtland* in BeckOK BGB, § 126 BGB Rz. 11; SignaturG v. 16.5.2001, BGBl. I 876, zuletzt geänd. durch G v. 7.8.2013, BGBl. I 3154; *Skrobotz*, DuD 2004, 410; *Degen*, [...] Verschlüsselung durch Signaturkarte, NJW 2009, 199.
10 *Dehn/Paul*, CR 1989, 68; *Roßnagel/Hornung*, Ein Ausweis für das Internet, DÖV 2009, 301; *Hoeren*, InternetR S. 305.
11 Ähnlich *Mankowski* in Ernst, Rz. 493; *Reichenbach* in Ernst, Rz. 966 ff.
12 *Reichenbach* in Ernst, Rz. 1014.
13 *Reichenbach* in Ernst, Rz. 957 ff.; *Mengel*, Arbeitsrechtliche Aspekte unternehmensinterner Investigations, NZA 2006, 240 (245).
14 http://www.bsi.bund.de sowie http://www.buerger-cert.de/.

Vor allen Dingen aber ist, um mögliche **Manipulationen zu unterbinden** bzw. frühzeitig zu entdecken, darauf zu achten, dass z.B. die *Abstimmungen von Zwischensummen* durch zuständige Fachabteilungen außerhalb des IT-Bereiches vorgenommen werden, für die *Protokollierung der Systemaktivitäten*[1] Vorsorge getroffen ist, *Plausibilitätskontrollen* eingeschaltet werden und insbesondere durch personelle *Trennung der Funktionen* Kontrollen über den Zugang zu Daten eingeführt sind. Selbstverständlich wird dabei die IT nicht zur Verhinderung von IT-Kriminalität, sondern umfassend zur Delinquenzprophylaxe bzw. ganz allgemein zum *Controlling in Unternehmen* eingesetzt[2]. Wegen des urheberrechtlichen Schutzes von Software sind genaue vertragliche Bestimmungen des Nutzungsumfangs und etwaiger Unterlizenzierungsrechte dringend anzuraten[3].

2. Zusammenarbeit mit den Ermittlungsbehörden

Die Computerkriminalität stellt innerhalb des Gesamtbereiches Wirtschaftskriminalität seit Jahren ein besonderes Phänomen dar. Es ist davon auszugehen, dass eine erhebliche Diskrepanz zwischen den Zahlen der Polizeilichen Kriminalstatistik und dem **tatsächlichen Umfang der Kriminalität** in diesem Deliktsbereich besteht[4]. Ein Erklärungsansatz für ein erhebliches Dunkelfeld ist, dass geschädigte Personen und Unternehmen nur sehr zurückhaltend Anzeige erstatten[5]. Die Gründe dürften vielschichtig sein[6]:

– vermuteter Image- und Vertrauensverlust bei Bekanntwerden in der Öffentlichkeit;
– relativ gering ausgeprägtes Interesse an einer Strafverfolgung; Vorrang zivil- und arbeitsrechtlicher Ansprüche;
– Unternehmen ziehen es vor, eigene Mitarbeiter, die Täter eines entsprechenden Delikts sind, ohne Einschaltung der Strafverfolgungsbehörden selbst zu sanktionieren;
– fehlendes Vertrauen in die Fach- und Sachkenntnis der Strafverfolgungsbehörden[7];
– Nichterkennen der Verletzung eigener Rechte oder des eigenen Vermögens.

Eine weitere nicht unerhebliche Rolle spielt auch die Tatsache, dass diverse Delikte keine Offizial-, sondern **Antragsdelikte** sind. Dies zeigte sich insbesondere beim Anzeigeverhalten schon im Zusammenhang mit dem im Jahr 2000 aufgetretenen „I-love-you-Virus"[8]. Bundesweit wurden von Geschädigten Strafanträge nur im einstelligen Bereich erstattet, obwohl in der Presse zum Teil Namen geschädigter Unternehmen genannt[9] und diese konkret hinsichtlich Strafanzeigeerstattung oder Strafantragstellung von der Polizei befragt wurden.

---

1 *Reichenbach* in Ernst, Rz. 986.
2 *Odenthal*, DStR 1996, 477 ff.
3 Vgl. *Bauer*, CR 1985, 5.
4 *Schorr/Schultis* in Ernst, Rz. 781 f.
5 *Laue*, StrafR und Internet, jurisPR-StrafR 13/2009 Anm. 2.
6 *Gruhl* in Welp, S. 52; *Schorr/Schultis* in Ernst, Rz. 928.
7 Vgl. *Sieber*, Computerkriminalität und StrafR, 1980, S. 128; *Bork*, NJW 1997, 1665 (1667).
8 *Bölscher/Kaiser/Graf von der Schulenburg*, Hacker gibt es wirklich!, VW 2002, 565.
9 *Bölscher/Kaiser/Graf von der Schulenburg*, VW 2002, 565.

Gleiches war beim Auftreten des „Conficker"-Wurms[1], der zwischen Oktober 2008 und Frühsommer 2009 zahlreiche Computer auch staatlicher Stellen betraf[2], zu beobachten.

126 Die Geschädigten, aber auch die Strafverfolgungsbehörden stehen bei den dargestellten kriminogenen Handlungsweisen im Bereich der IT vor erheblichen Problemen[3]. Aus diesem Grund ist eine enge Zusammenarbeit der Geschädigten mit den Strafverfolgungsbehörden erforderlich. Hierzu werden von verschiedenen *Landeskriminalämtern*, aber auch vom Bundesamt für Sicherheit in der Informationstechnik (BSI)[4] **Beratungen zur Sicherung** des IT-Bereiches angeboten. Bei einem aufgetretenen Verdacht ist es angezeigt, sich *möglichst rasch* (vgl. auch Nr. 6 RiStBV) an die zuständige Staatsanwaltschaft zu wenden[5], durch die der Einsatz entsprechender Fachleute beim Bundeskriminalamt bzw. den Landeskriminalämtern gewährleistet ist. Weil die Gefahr der Vernichtung von Beweismitteln außerordentlich groß ist, müssen mutmaßliche Täter von der weiteren Benutzung der IT-Anlage abgehalten werden. Besondere Probleme kann ein Auslandsbezug[6] bereiten, da Ermittlungen dann *nicht ohne Rechtshilfe*[7] erfolgen können[8].

3. Staatliche Ermittlungen

127 Zur Identifizierung von Tätern und ihrer Beziehungen untereinander sind die zwischen ihnen gewechselten Informationen von ausschlaggebender Bedeutung. Telefonie-Daten in Bezug auf Inhalt und Verbindung können nur mit Maßnahmen der **Telekommunikationsüberwachung** (§§ 100a ff. StPO) erhoben werden[9], soweit die im Gesetz im Einzelnen genannten Voraussetzungen der Katalogtaten vorliegen und die Straftat von erheblicher Bedeutung ist. Als nicht schweres Delikt rechtfertigt z.B. eine Tat nach § 202a StGB keine Maß-

---

1 *Boscovich* u.a., Microsoft Security Intelligence Report, Vol 7, 2009, S. 29 ff.
2 Vgl. BSI, Lagebericht 2. Quartal 2009, S. 15 f. Der RefE „IS Sicherheitsgesetz" des BWMi v. 18.8.2014 sieht im geplanten § 8b Abs. 4 BSI-G eine Pflicht von Betreibern sog. Kritischer Infrastrukturen zur Meldung von Angriffen oder Beeinträchtigungen ihrer Systeme an das BSI, nicht jedoch an Strafverfolgungsbehörden vor.
3 *Meseke*, Ermittlungen im Internet – Positionen und Dissonanzen, Kriminalistik 2000, 245; *Gruhl*, DuD 29 (2005) 399.
4 Zu den Aufgaben s. BSI-Gesetz v. 14.8.2009, BGBl. I 2821, zuletzt geänd. durch G v. 7.8.2013, BGBl. I 3154.
5 *Geschonneck*, S. 337–340.
6 *Spatscheck*, Der Beschuldigte im virtuellen Ermittlungsverfahren – Verteidigungsmöglichkeiten im globalen Netz, in Welp, S. 85 ff.
7 *Hegmann* in BeckOK StPO, § 110 StPO Rz. 15; *Graf* in BeckOK StPO, § 100a StPO Rz. 140 ff.; *Sankol*, Verletzung fremdstaatlicher Souveränität durch ermittlungsbehördliche Zugriffe auf E-Mail-Postfächer, K&R 2008, 278.
8 Vgl. *Schomburg/Lagodny/Gleß/Hackner*, Internationale Rechtshilfe in Strafsachen, 5. Aufl. 2012; *Dieckmann*, NStZ 2001, 617; *Mertens*, NStZ-RR 2010, 265; *Spies/Schröder*, Auswirkungen der elektronischen Beweiserhebung (eDiscovery) in den USA auf deutsche Unternehmen, MMR 2008, 275; *Trüg/Habetha*, NStZ 2008, 481 zur Beweisverwertung.
9 Allg. *Keller*, Telekommunikationsüberwachung und andere verdeckte Ermittlungsmaßnahmen, 2008; *Zimmermann*, Der strafprozessuale Zugriff auf E-Mails, JA 2014, 321.

nahme nach § 100g StPO[1]. Daten (*E-Mails*) auf dem Mailserver des Providers können nach §§ 94 ff. StPO unter Berücksichtigung des Grundrechts auf Gewährleistung des Fernmeldegeheimnisses aus Art. 10 Abs. 1 GG sichergestellt oder beschlagnahmt werden[2]. Entsprechendes gilt für sog. Log-Dateien[3], soweit diese – z.B. gem. §§ 96, 100 TKG[4] – rechtmäßig erstellt werden[5]. Für noch zu erwartende E-Mails beim E-Mail-Provider kann entsprechend den Voraussetzungen eine Postbeschlagnahme nach § 99 StPO mit der Herausgabepflicht nach § 95 Abs. 2 StPO angeordnet werden[6]. *Bestandsdaten* (§§ 3 Nr. 3, 111 TKG) müssen die Telekommunikationsunternehmen im Rahmen der mit Wirkung ab 1.7.2013 neu geregelten Bestandsdatenauskunft[7] auf Anforderung der Strafverfolgungsbehörden mitteilen (§§ 112, 113 TKG, 100j StPO), ebenso Kontaktdaten (IP-Nummer eines Nutzers[8]), der Dienste des Anbieters in Anspruch genommen hat (§ 161 Abs. 1 StPO, §§ 15 Abs. 5 S. 4, 14 Abs. 2 TMG), als auch Daten zur Auflösung einer dynamisch vergebenen IP-Adresse (§ 100j Abs. 2 StPO).

Die alleinige „verdeckte Online-Durchsuchung" ist dagegen mangels einer strafprozessualen Ermächtigungsgrundlage unzulässig. Sie kann insbesondere nicht auf § 102 StPO gestützt werden[9], da diese Vorschrift keine auf heimliche Ausführung angelegte Durchsuchung gestattet (vgl. §§ 102 bzw. 103, 110 Abs. 3[10] StPO). Unzulässig ist eine anlassbezogene Überwachung der Internet-Seiten (Homepage) der Polizei durch Setzen von sog.

---

1 LG Dortmund v. 18.3.2002 – 14 (III) Qs 6/02, MMR 2003, 54.
2 LG Ravensburg v. 9.12.2002 – 2 Qs 153/02, NStZ 2003, 325; BVerfG v. 16.6.2009 – A2 BvR 902/06, NJW 2009, 2431 = K&R 2009, 559 m. Anm. *Szebrowski*, K&R 2009, 563; *Hoeren*, InternetR S. 504 ff.; BVerfG v. 15.8.2014 – 1 BvR 969/14, NJW 2014, 3085 (3088).
3 LG Konstanz v. 27.10.2006 – 4 Qs 92/06, MMR 2007, 193.
4 Neu gefasst durch G v. 17.2.2010, BGBl. I 78, zuletzt geänd. durch G v. 25.7.2014, BGBl. I 1266.
5 BVerfG v. 2.3.2010 – 1 BvR 256/08 u.a. – Vorratsdatenspeicherung, NJW 2010, 833; BGH v. 3.7.2014 – III ZR 391/13, NJW 2014, 2500.
6 *Graf* in BeckOK StPO, § 99 StPO Rz. 9–11a; *Szebrowski*, K&R 2009, 563 (564); BGH v. 31.3.2009 – 1 StR 76/09, NJW 2009, 1828.
7 G zur Änd. d. TKG und zur Neuregelung der Bestandsdatenauskunft v. 20.7.2013, BGBl. I 1602; *Dalby*, Das neue Auskunftsverfahren nach § 113 TKG [...], CR 2013, 361. Zur a.F. vgl. BVerfG v. 24.1.2012 – 1 BvR 1289/05, BVerfGE 130, 151 = NJW 2012, 1419.
8 BVerfG v. 13.11.2010 – 2 BvR 1124/10, K&R 2011, 320; Speicherung dynamischer IP-Adressen für sieben Tage zulässig, BGH v. 3.7.2014 – III ZR 391/13, NJW 2014, 2500.
9 BGH v. 31.1.2007 – StB 18/06, NJW 2007, 930. Vgl. auch BVerfG v. 27.2 2008 – 1 BvR 370/07 und 1 BvR 595/07, NJW 2008, 822; *Albrecht/Dienst*, Der verdeckte hoheitliche Zugriff auf informationstechnische Systeme – Rechtsfragen von Online-Durchsuchung und Quellen-TKÜ, JurPC Web-Dok. 5/2012; *Soiné*, Personale verdeckte Ermittlungen in sozialen Netzwerken [...], NStZ 2014, 248.
10 Abs. 3 angef. m.W.v. 1.1.2008 durch G v. 21.12.2007, BGBl. I 3198; *Schlegel*, „Online-Durchsuchung light" – Die Änderung des § 110 StPO durch das G zur Neuregelung der Telekommunikationsüberwachung, HRRS 1/2008, 23.

Cookies oder Protokollierung der IP-Nummer[1] des Aufrufenden. Ein Verdacht gegen den Aufrufenden, der mehrmals bestimmte Seiten der Polizei aufruft, besteht allein deshalb nicht[2].

128 Im Übrigen gelten für Ermittlungen, Durchsuchung[3] und Beschlagnahme[4] sowie Auswertung sichergestellter Hardware[5] die allgemeinen Bestimmungen. Ermittlungsbehörden – und auch etwaige Antragsteller – sind wegen der besonders **hohen wirtschaftlichen Risiken** bei der Beschlagnahme von IT grundsätzlich gehalten, den betroffenen Unternehmen Kopien beschlagnahmter Datenträger zur Verfügung zu stellen[6] (vergleichbar Fotokopien beschlagnahmter Papierunterlagen[7] auf deren Kosten). Auskunftspflichtige[8] Zeugen und andere Dritte i.S. des § 103 StPO haben u.U. Ersatzansprüche nach § 23 Abs. 2 JVEG[9]. Den Antragsteller (hinsichtlich der Antragsdelikte sowie der Straftatbestände des gewerblichen Rechtsschutzes, des Urheberrechts bzw. des UWG) kann bei Zurücknahme seines Antrags die Kostenfolge des § 470 StPO treffen, soweit das Ermittlungsverfahren durch den Antrag bedingt war[10].

129 Schließlich steht dem Geschädigten ein Recht auf Einsicht in die Ermittlungsakten nach § 406 StPO auch zur Vorbereitung zivilrechtlicher Ansprüche gegen einen Beschuldigten zu. Die Gewährung von **Akteneinsicht** verletzt auch dann nicht in unverhältnismäßiger Weise die Rechte des Beschuldigten, soweit ein Verfahren nach § 170 Abs. 2 StPO eingestellt wurde, und es sich nicht nur um Bagatellverstöße (vgl. § 55 Rz. 27a) handelte[11].

---

1 Vgl. auch *Wollweber*, Verbindungsdaten der Telekommunikation im Visier der Strafverfolgungsbehörden, NJW 2002, 1554.
2 Justizministerium Baden-Württemberg v. 12.7.2009 – 4100/0234.
3 *Bär* in W/J, Kap. 27 Rz. 20 ff.
4 BVerfG v. 12.4.2005 – 2 BvR 1027/02 – Beschlagnahme von Datenträgern, BVerfGE 113, 29 = NJW 2005, 1917.
5 *Röscheisen*, Spurensuche. Von IP-Adressen zu Ortsinformationen, iX 8/2002, 90; *Grunwald*, Ausgrabungen – Beweissicherung bei Computerdelikten, iX 10/2002, 100; *Demmer*, Sicherstellung und Auswertung digitaler Datenträger, Polizei-heute 4/06, 126; *Willer/Hoppen*, Computerforensik – Technische Möglichkeiten und Grenzen, CR 2007, 610; *Bär* in W/J, Kap. 25: EDV-Beweissicherung.
6 Vgl. *Heghmanns* in A/R, 6 I Rz. 234.
7 Vgl. *Schmitt* in Meyer-Goßner/Schmitt, § 94 StPO Rz. 18a.
8 Dazu *Bär* in W/J, Kap. 27 Rz. 63 f.
9 Ebenso *Bär* in W/J, Kap. 27 Rz. 71; *Heghmanns* in A/R, 6 I Rz. 233.
10 Vgl. *Meyer-Goßner* in Meyer-Goßner/Schmitt, § 470 StPO Rz. 4.
11 LG Saarbrücken v. 2.7.2009 – 2 Qs 11/09, NStZ 2010, 111.

3. Kapitel
Abgaben

§ 43
Unternehmen und Steuerstrafrecht
Bearbeiter: Manfred Muhler

	Rz.		Rz.
I. Steuerliche Pflichten	1	5. Sorgepflichten	17
1. Anzeigepflichten	5	**II. Gestaltungsfreiheit**	
2. Buchführungs- und Aufzeichnungspflichten	8	1. Maßgeblichkeit der Gestaltung	19
3. Informationspflichten	11	2. Strafrechtliche Folgen missglückter Gestaltungen	25
4. Mitwirkungspflichten	14		

Schrifttum: *Bilsdorfer*, Die Informationsquellen und -wege der Finanzverwaltung, 8. Aufl. 2009; *Lohmar*, Strafrechtliche Risiken typischer Bankgeschäfte, Diss. Potsdam 2002; *Schön*, Gestaltungsmissbrauch im europäischen Steuerrecht, 1996; *Tipke/Lang*, Steuerrecht, 21. Aufl. 2013; *Wilken*, Gestaltungen betrieblicher Schattenwirtschaft und deren steuerliche Konsequenzen, 1988.

Kommentare zur AO s. allgemeines Schrifttumsverzeichnis.

I. Steuerliche Pflichten

Es gibt eine **Vielzahl steuerlicher Pflichten**, die gewährleisten sollen, dass der Unternehmer seiner Steuerpflicht ordnungsgemäß nachkommt. Sie begleiten ein Unternehmen von seiner Gründung bis zu seinem Ende. Die *steuerlichen Pflichten eines Unternehmers* sind nicht von vornherein mit dem Risiko verbunden, sich einer Steuerstraftat oder einer Steuerordnungswidrigkeit schuldig zu machen. Eine unternehmerische Tätigkeit erweitert zwar den Kreis steuerlicher Pflichten: So fallen z.B. Körperschaftsteuer und Gewerbesteuer ausschließlich im Rahmen eines Unternehmens an und auch eine Umsatzsteuerpflicht steht regelmäßig im Zusammenhang mit einer unternehmerischen Tätigkeit. Die *Schwelle zur Steuerhinterziehung* ist indes recht *hoch*. Denn sie setzt gem. § 369 Abs. 2 AO i.V.m. § 15 StGB voraus, dass *vorsätzlich* unrichtige oder unvollständige Angaben gemacht (§ 370 Abs. 1 Nr. 1 AO) bzw. steuerlich erhebliche Tatsachen verschwiegen werden (§ 370 Abs. 1 Nr. 2 AO). Ein Unternehmer, der seine wirtschaftlichen Verhältnisse wahrheitsgemäß und pünktlich offenlegt, braucht keine Verfolgung wegen einer Steuerstraftat zu fürchten. Zur Vermeidung steuerstrafrechtlicher Risiken pflegen vor allem Großunternehmen sog. Tax-Compliance-Strategien[1]. 1

---

1 S. dazu z.B. *Rogge*, Tax Compliance – Wahrung steuerlicher Pflichten und Kontrolle steuerlicher Risiken, BB 2014, 664.

2 Es gibt „**gefahrengeneigte Bereiche**", die das Risiko in sich tragen, sich – ggf. auch – wegen Steuerhinterziehung strafbar zu machen. Wer z.B. im Rahmen unternehmerischer Tätigkeit *Schmiergelder* oder Bestechungsgelder kassiert, sie aber nicht gegenüber den Finanzbehörden erklärt, macht sich wegen Steuerhinterziehung strafbar[1]. Dabei spielt es keine Rolle, ob der Empfänger durch das Steuergeheimnis nach § 30 AO vor Strafverfolgung geschützt wäre oder nicht[2]. Wer sich als *Bankmitarbeiter* dem Verlangen von Kunden ausgesetzt sieht, bei der Verschleierung von Transaktionen mitzuwirken, die erkennbar dem Ziel der Steuerhinterziehung dienen sollen, muss sich mit dem Risiko abfinden, ggf. mit einem Verfahren wegen Beihilfe zur Steuerhinterziehung überzogen zu werden[3]. Im Handel mit Kraftfahrzeugen, Schrott, Computerteilen und Mobiltelefonen kann die Versuchung groß sein, innerhalb einer Handelskette durch das bloße Ausstellen von Rechnungen mit gesondertem Umsatzsteuerausweis hohe Provisionen zu verdienen; allerdings fand sich schon der eine oder andere Handelsteilnehmer wegen des Vorwurfs der Teilnahme an einem *Umsatzsteuerkarussell* in Untersuchungshaft wieder[4]. Auch auf einer niedrigeren Ebene ist die Beteiligung an Steuerhinterziehungen möglich. So ist z.B. mit dem Ausstellen von *Gefälligkeitsrechnungen* die Schwelle zur Beihilfe zur Steuerhinterziehung schnell erreicht.

3 Höher als das **Risiko**, eine Steuerhinterziehung zu begehen, ist die Gefahr, den Tatbestand einer **Steuerordnungswidrigkeit** zu verwirklichen. Denn in einigen Fällen reicht dafür bereits *fahrlässiges* Handeln aus. Wer sich um die Kenntnis seiner steuerlichen Sorgfaltspflichten bemüht, wird sich allerdings schwertun, die Schwelle von der einfachen Fahrlässigkeit zur *Leichtfertigkeit* zu überschreiten, wie sie z.B. in § 378 AO als Verschuldensmaßstab gefordert wird. Von einem mit steuerlichen Angelegenheiten nur wenig vertrauten Unternehmer wird verlangt, dass er sich ggf. bei der Behörde erkundigt oder sich von sachkundigen Personen beraten lässt[5].

4 Freilich gibt es auch Fälle, in denen echte oder angebliche Unternehmen **bewusst zur Steuerhinterziehung eingesetzt** werden. Solche Fälle kommen vor allem im Zusammenhang mit Umsatzsteuerhinterziehungen vor, wenn nur auf dem Papier existierende Unternehmen anderen Unternehmern für angebliche Lieferungen Rechnungen stellen, um diesen den Vorsteuerabzug zu ermöglichen[6]. Auch allzu gutwillige Bankmanager, die meinten, ihren Kunden dabei helfen zu müssen, die Steuern auf ihre Zinsen zu hinterziehen, trieben in der Vergangenheit ihre Mitarbeiter scharenweise in die Kriminalität[7].

---

1 BGH v. 11.11.2004 – 5 StR 299/03, BGHSt. 49, 317.
2 BGH v. 11.11.2004 – 5 StR 299/03, BGHSt. 49, 317.
3 BGH v. 1.8.2000 – 5 StR 624/99, BGHSt. 46, 107.
4 Dazu *Muhler*, Die Umsatzsteuerhinterziehung, wistra 2009, 1.
5 *Joecks* in FGJ, § 378 AO Rz. 39; *Schauf* in Kohlmann, § 378 AO Rz. 95 (Lfg. 44 Juli 2011); OLG Celle v. 1.10.1997 – 22 Ss 198/98, wistra 1998, 196.
6 Dazu *Tiedtke*, Umsatzsteuerbetrug in Theorie und Praxis – Von Karussellen, Schwindeleien und Gesetzgebungsarbeiten, UR 2004, 6; *Forvass*, Mehrwertsteuerbetrug in der EU, DSWR 2004, 156.
7 Zu diesem Thema s. *Lohmar*, Strafrechtliche Risiken typischer Bankgeschäfte, 2002.

1. Anzeigepflichten

Wer einen **Betrieb** der Land- und Forstwirtschaft, einen gewerblichen Betrieb oder eine Betriebstätte eröffnet, hat nach § 138 Abs. 1 AO der zuständigen Gemeinde innerhalb eines Monats die **Eröffnung** des *Betriebs* oder einer Betriebstätte **mitzuteilen**. Ebenso hat, wer eine **freiberufliche Tätigkeit** aufnimmt, dies dem zuständigen Finanzamt mitzuteilen (vgl. § 24 Rz. 48 ff.).

Beispiel: Ein Verstoß gegen diese Pflicht könnte dazu führen, dass die Festsetzung von Einkommensteuervorauszahlungen unterbleibt, was nach § 370 Abs. 1 Nr. 2 AO strafbar wäre.

Unbeschränkt Steuerpflichtige (§ 1 EStG, § 1 KStG) haben zudem Gründung oder Erwerb von *Auslands*betrieben, die Beteiligung an ausländischen Personengesellschaften und den Erwerb von wesentlichen Beteiligungen an ausländischen Kapitalgesellschaften mitzuteilen, § 138 Abs. 2 AO (vgl. § 24 Rz. 51 f.). Die Verletzung dieser Pflicht kann eine Steuergefährdung nach § 379 Abs. 2 Nr. 1 AO begründen.

Die Organe[1] von **Kapitalgesellschaften**, Genossenschaften, Versicherungsvereinen und von sonstigen Steuerpflichtigen, die der Körperschaftsteuer unterliegen, haben nach § 137 AO dem Finanzamt und der Gemeinde die Umstände anzuzeigen, die für die **steuerliche Erfassung** von Bedeutung sind, insbesondere die Gründung und bedeutsame Änderungen, und zwar innerhalb eines Monats seit dem Ereignis (vgl. § 24 Rz. 45 ff.).

In besonderen Fällen verlangt § 139 AO die **Anmeldung** schon **vor Eröffnung** des Betriebs. Dies ist der Fall, wenn an die gewonnenen oder hergestellten Waren eine *Verbrauchsteuerpflicht* geknüpft ist oder *besondere Verkehrsteuern* (z.B. Versicherungsteuer) anfallen (vgl. § 24 Rz. 53 f.).

2. Buchführungs- und Aufzeichnungspflichten

Die Pflicht zur Führung von Büchern und Aufzeichnungen ist *außerhalb* der AO in vielen anderen Gesetzen statuiert (vgl. § 26 Rz. 2, 17 ff.). Sie trifft nach § 238 HGB jeden Kaufmann, nach § 100 HGB den Handelsmakler, nach § 91 AktG und § 33 GenG den Vorstand, nach § 41 GmbHG die Geschäftsführer und nach § 14 DepotG den Verwahrer. § 140 AO knüpft an diese Pflichten an und bestimmt, dass alle sich daraus ergebenden Einzelverpflichtungen förmlicher, inhaltlicher und sachlicher Art *auch für Zwecke der Besteuerung* zu erfüllen sind. Die einzelnen Buchführungs- und Aufzeichnungsbestimmungen werden somit zu steuerlichen Pflichten erklärt.

Eine Verletzung steuerlicher Buchführungspflichten führt erst dann zur *Strafbarkeit*, wenn die Steuererklärung mit zu niedrigen Gewinnen beim Finanzamt eingereicht wird. Eine Steuerordnungswidrigkeit nach § 379 Abs. 1 Nr. 3 AO ist allerdings bereits erreicht, wenn buchungs- und aufzeichnungspflichtige Betriebsvorgänge nicht oder unrichtig verbucht werden.

---

1 Auch „tatsächliche" Organe, BGH v. 28.6.1966 – 1 StR 414/65, BGHSt. 21, 101; OLG Düsseldorf v. 16.10.1987 – 5 Ss 193/87 – 200/87 I, NJW 1988, 3166.

9 Ergänzend oder auch zusätzlich enthalten die **§§ 141–148 AO** *weitere Bestimmungen* über die Buchführungspflicht und die Anforderungen an Buchführung und Aufzeichnungen (dazu § 26 Rz. 32 ff.).

10 **Spezielle Aufzeichnungspflichten** finden sich im Einkommensteuerrecht für *nichtabzugsfähige Betriebsausgaben*, wie Aufwendungen für Geschenke an Geschäftsfreunde oder deren Bewirtung (§ 4 Abs. 7 EStG), und für den *Lohnsteuerabzug* (§ 41 EStG, § 4 LStDV). Nach § 22 UStG ist der Unternehmer verpflichtet, zur Feststellung der Steuer und der Grundlagen ihrer Berechnung Aufzeichnungen zu machen.

3. Informationspflichten

11 Zu den wichtigsten steuerlichen Pflichten gehört die Abgabe von **Steuererklärungen** und **Steueranmeldungen** gem. § 149 AO. Diese Erklärungspflicht ergibt sich allgemein aus den einzelnen Steuergesetzen mit ihren Durchführungsbestimmungen oder aus einer speziellen Aufforderung durch die Finanzbehörde (§ 149 Abs. 1 S. 2 AO). Ihre vorsätzliche Verletzung führt zu einer Steuerhinterziehung gem. § 370 Abs. 1 Nr. 2 AO (dazu § 44 Rz. 15 ff.).

12 Wer **innerbetrieblich** für die Erfüllung der steuerlichen Pflichten verantwortlich ist, bestimmt sich in erster Linie nach dem zugewiesenen Geschäftsbereich[1]. Allerdings hat sich *jeder Mitgeschäftsführer* innerhalb des ihm Möglichen und Zumutbaren zu vergewissern, ob der mit dieser Aufgabe betraute Mitgeschäftsführer die ihm übertragenen Aufgaben ordnungsgemäß ausführt und ob er genügend zuverlässig und sachkundig ist. Ist der Pflichtige zu einer solchen Kontrolle selbst nicht in der Lage, darf er sich nicht völlig auf den Beauftragten verlassen, sondern muss einen ihm als zuverlässig und erfahren bekannten Angehörigen der steuerberatenden Berufe hinzuziehen[2].

13 Zur Erklärungspflicht tritt eine nachträgliche **Berichtigungspflicht** gem. § 153 AO hinzu, wenn der Steuerpflichtige vor Ablauf der Festsetzungsfrist erkennt, dass eine von ihm oder für ihn abgegebene Erklärung *unrichtig* ist oder dass Steuerzeichen oder Steuerstempler nicht richtig verwendet worden sind[3]. Verpflichtet sind der Steuerpflichtige, sein Gesamtrechtsnachfolger sowie die nach den §§ 34 und 35 AO für sie handelnden Personen. Die durch § 370 Abs. 1 Nr. 2 AO strafbewehrte Anzeigepflicht besteht ferner dann, wenn Voraussetzungen für eine Steuervergünstigung wegfallen oder Bedingungen für sie nicht eingehalten werden (s. § 44 Rz. 25).

---

1 Zur Einkommensteuererklärungspflicht des atypisch stillen Gesellschafters BGH v. 20.5.1981 – 2 StR 666/80, BGHSt. 30, 122; zu den steuerlichen Pflichten eines Prokuristen BFH v. 17.4.1984 – V R 70/79, BStBl. II 1985, 147.
2 BGH v. 10.11.1999 – 5 StR 221/99, wistra 2000, 137.
3 Dazu *Weyand*, Korrektur von Steuererklärungen nach § 153 AO, NWB Fach 2, 5259; *Lohmeyer*, Die Berichtigungspflicht nach § 153 Abs. 1 AO, StB 1990, 192.

4. Mitwirkungspflichten

Die **allgemeine Mitwirkungspflicht** regelt § 90 Abs. 1 AO. Danach sind die Beteiligten zur Mitwirkung bei der Ermittlung des Sachverhalts verpflichtet, insbesondere dadurch, dass sie die für die Besteuerung erheblichen *Tatsachen* vollständig und wahrheitsgemäß *offenlegen* und Beweismittel angeben. Mangelnde Mitwirkung berechtigt die Finanzbehörde zur *Schätzung* der Besteuerungsgrundlagen, § 162 AO.

14

Besondere Mitwirkungspflichten entstehen *auf Verlangen* der Finanzbehörde. Wer eine *Treuhänderschaft* behauptet, hat nachzuweisen, wem die Rechte oder Sachen gehören (§ 159 AO). Wer Schulden oder Zahlungen steuerlich berücksichtigt haben will, kann angehalten werden, die Gläubiger oder die Empfänger genau zu benennen (§ 160 AO).

15

Bei **Auslandsbeziehungen** ist die Mitwirkungspflicht erhöht. Hier haben die Beteiligten nach § 90 Abs. 2 AO alle für sie bestehenden rechtlichen und tatsächlichen Aufklärungsmöglichkeiten auszuschöpfen. Steuerpflichtige, die Zahlungen ins Ausland geltend machen, haben dazu nach § 16 AStG alle Beziehungen offenzulegen.

16

5. Sorgepflichten

Unternehmer und Unternehmen können mit steuerlichen Pflichten belastet werden, die mit ihrer eigenen Steuerpflicht nichts mehr zu tun haben, die ihnen vielmehr eine **Tätigkeit für die Finanzbehörde** aufbürden.

17

Hauptfall dieser Sorgepflicht ist das *Lohnsteuerverfahren*. Der Arbeitgeber hat gem. §§ 39b ff. EStG vom Arbeitslohn Lohnsteuer einzubehalten und sie nach § 41a EStG anzumelden und abzuführen. Die vorsätzlich falsche oder unterlassene Anmeldung von Lohnsteuer begründet eine Steuerhinterziehung nach § 370 Abs. 1 Nr. 1 bzw. Nr. 2 AO.

Sorgepflichten ähnlicher Art enthält § 13b UStG, der in bestimmten Fällen dem Leistungsempfänger die Steuerschuld auferlegt. Ein solcher Fall liegt z.B. vor, wenn ein Unternehmer von einem im Ausland ansässigen Unternehmen eine Werklieferung oder sonstige Leistung erbringen lässt. Nach § 13b Abs. 5 S. 1 i.V.m. Abs. 2 Nr. 1 UStG geht die **Umsatzsteuerschuld** auf den *Leistungsempfänger* über. Wer als Bauunternehmer die Leistungen eines anderen selbständigen Bauunternehmers in Anspruch nimmt, darf ebenfalls keine Umsatzsteuer an diesen auszahlen, sondern muss diese als Steuerschuldner unmittelbar an das Finanzamt abführen (§ 13b Abs. 5 S. 2 i.V.m. Abs. 2 Nr. 4 UStG). Sorgepflichten des Steuerpflichtigen gibt es auch bei anderen *Verkehrsteuern* und den *Monopolen*.

18

II. Gestaltungsfreiheit

1. Maßgeblichkeit der Gestaltung

19 Die Berufsfreiheit nach Art. 12 GG beinhaltet, dass jedermann seine unternehmerischen Verhältnisse grundsätzlich **frei gestalten kann**. Damit darf der Unternehmer auch *alle Möglichkeiten* ergreifen, die für ihn zu steuerlich günstigen Ergebnissen führen.

20 Das Steuerrecht schreibt keine Gestaltungen vor, sondern knüpft an die wirtschaftlichen Verhältnisse an, die es vorfindet. Die Formen und Möglichkeiten der Gestaltung richten sich nach *außersteuerlichen Bestimmungen*, wie bürgerliches Recht, Handelsrecht, Gesellschaftsrecht, Arbeitsrecht. Die gemäß diesem Recht **gewählte Gestaltung** ist *für das Steuerrecht* grundsätzlich **maßgeblich**.

21 Bei der **Zurechnung von Wirtschaftsgütern** kann das Steuerrecht von zivilrechtlichen Vereinbarungen allerdings abweichen. Übt ein anderer als der Eigentümer die tatsächliche Herrschaft über ein Wirtschaftsgut in der Weise aus, dass er den Eigentümer im Regelfall für die gewöhnliche Nutzungsdauer von der Einwirkung auf das Wirtschaftsgut wirtschaftlich ausschließen kann, so ist nach § 39 Abs. 2 Nr. 1 AO das Wirtschaftsgut ihm zuzurechnen. Man spricht in diesem Falle vom *„wirtschaftlichen Eigentum"*.

22 Von anderen rechtlichen Vorgaben macht sich das Steuerrecht auch frei, wenn ein Verhalten gegen ein **gesetzliches Gebot oder Verbot** verstößt. Gem. § 40 AO ist dies für die Besteuerung des unrechtmäßigen Verhaltens *unerheblich*.

23 Gem. § 41 Abs. 1 AO ist die Unwirksamkeit eines Rechtsgeschäfts für die Besteuerung *unerheblich*, solange die Beteiligten das *wirtschaftliche Ergebnis* des Rechtsgeschäfts eintreten und bestehen lassen. **Scheingeschäfte** und Scheinhandlungen sind nach § 41 Abs. 2 S. 1 AO für die Besteuerung unbeachtlich. Verdecken sie ein anderes Rechtsgeschäft, so ist das **verdeckte Rechtsgeschäft** für die Besteuerung maßgebend (§ 41 Abs. 2 S. 2 AO).

Beispiel: K erwirbt von V eine Maschine für 100 000 Euro. Im schriftlichen Vertrag werden als Kaufpreis zum Schein nur 80 000 Euro angeführt. Maßgebend ist der verdeckte Vertrag mit 100 000 Euro, nicht der Scheinvertrag mit 80 000 Euro.

24 Wird eine rechtliche Gestaltung gewählt, die zur Erreichung des erstrebten wirtschaftlichen Ziels unangemessen ist, einer gesetzlich nicht vorgesehenen Steuerminderung dienen soll und durch wirtschaftliche oder sonstige beachtliche außersteuerrechtliche Gründe nicht zu rechtfertigen ist, so **versagt** § 42 AO **die steuerliche Anerkennung**[1]. Für diese Fälle bestimmt § 42 Abs. 1 S. 3 AO, dass der Steueranspruch so entsteht, wie dies bei einer den wirtschaftlichen Vorgängen angemessenen rechtlichen Gestaltung der Fall wäre.

---

1 BFH v. 14.1.2003 – IX R 5/00, BStBl. II 2003, 509 m.w.Nw.

2. Strafrechtliche Folgen missglückter Gestaltungen

Das Vorliegen eines **Gestaltungsmissbrauchs** beinhaltet nicht zugleich den Vorwurf einer Steuerhinterziehung. Eine solche setzt nämlich gem. § 370 Abs. 1 Nr. 1 AO voraus, dass den Finanzbehörden über steuerlich erhebliche Tatsachen unrichtige Angaben gemacht werden. Gibt der Steuerpflichtige alle Tatsachen wahrheitsgemäß an und ermöglicht es so dem Finanzamt, die zutreffenden steuerlichen Folgen zu ziehen, so bleibt ihm zwar die steuerliche Anerkennung seiner Idee versagt. In die Gefahr der Strafverfolgung oder eines Bußgeldverfahrens gerät er nicht. Allerdings zeigt die Erfahrung, dass rechtsmissbräuchliche Gestaltungen häufig mit *falschen Angaben* des Steuerpflichtigen verbunden sind. Das ist besonders bei Beziehungen zu Briefkastenfirmen im niedriger besteuernden Ausland der Fall[1] (vgl. auch § 29 Rz. 47 ff.).

25

§ 44
Steuerstraftaten

Bearbeiter: Manfred Muhler (A–C); Alexander Retemeyer (D)

	Rz.		Rz.
A. Steuerhinterziehung	1	II. Versuch	72
I. Tat		1. Objektiver Tatbestand	
1. Objektiver Tatbestand	4	a) Unmittelbares Ansetzen zur Tat	73
a) Täterkreis	6	b) Straflose Vorbereitungshandlungen	83
b) Tatbestandsmäßiges Verhalten		2. Subjektiver Tatbestand	86
aa) Unrichtige oder unvollständige Angaben	7	3. Rücktritt	90
bb) Unterlassene Angaben	15	**III. Beendigung der Tat**	92
cc) Unterlassene Verwendung von Steuerzeichen oder Steuerstemplern	27	**IV. Konkurrenzen**	100
c) Taterfolg		1. Tateinheit	102
aa) Verkürzung von Steuern	28	2. Tatmehrheit	105
bb) Nicht gerechtfertigte Steuervorteile	42	3. Gesetzeskonkurrenz	109
cc) Kompensationsverbot	46	4. Prozessualer Tatbegriff	110
dd) Zeitpunkt des Erfolgseintritts	55	**V. Rechtsfolgen**	
2. Subjektiver Tatbestand	67	1. Strafe	111
3. Unrechtsbewusstsein	71	2. Nebenfolgen	118
		VI. Strafverfolgungsverjährung	118a

---

1 *Dörn*, Domizil-, Basis- oder Briefkastengesellschaften, BuW 2003, 228.

	Rz.		Rz.
B. Selbstanzeige		**IV. Verhältnis zur Berichtigung**	166
I. Überblick	119	**V. Fremdanzeige**	172
II. Voraussetzungen der Straffreiheit		**C. Steuerstraftaten mit besonderem Unrechtsgehalt**	
1. Erklärung	124	I. Bandenmäßige Steuerhinterziehung	183
2. Adressat der Erklärung	129		
3. Zahlungspflicht	130	II. Gewerbs- oder bandenmäßige Schädigung des Umsatzsteueraufkommens	193
III. Ausschluss der Straffreiheit	140		
1. Bekanntgabe einer Prüfungsanordnung	141	**D. Sonstige Steuerstraftaten**	198
		I. Steuerhehlerei	199
2. Bekanntgabe der Einleitung eines Verfahrens	142	II. Bannbruch	206
3. Erscheinen eines Prüfers	147	III. Schwerer Schmuggel	210
4. Entdeckung der Tat	155	IV. Steuerzeichenfälschung	215
5. Betragsobergrenze	165a	V. Begünstigung nach einer Steuerstraftat	217
6. Besonders schwere Fälle	165f		
7. Erleichterungen bei Steueranmeldungen	165g		

Schrifttum: Handbücher und Monographien: *Backes*, Zur Problematik der Abgrenzung von Tatbestands- und Verbotsirrtum im Steuerstrafrecht, Diss. Köln 1981; *Bender/Möller/Retemeyer*, Zoll und Verbrauchsteuerstrafrecht, Loseblatt; *Dannecker/Jansen*, Steuerstrafrecht in Europa und den Vereinigten Staaten, 2007; *Deibel*, Die Reichweite des § 153 Abs. 1 S. 1 AO: steuerverfahrensrechtliche und steuerstrafrechtliche Aspekte der Verpflichtung zur „Berichtigung von Erklärungen", 2011; *Dürrer*, Beweislastverteilung und Schätzung im Steuerstrafrecht, 2010; *Fischer*, Telefonüberwachung und Geldwäsche im Hinblick auf das Steuerstrafrecht, 2008; *Fleck*, Das System der Steuerhinterziehung am Standort Schweiz bezogen auf deutsche Steuerpflichtige und das zur Ratifizierung anstehende neue Doppelsteuerabkommen, 2011; *Fritzen*, Verantwortungsbereiche im Steuerstrafrecht, Diss. Freiburg 2006; *Haas/Müller*, Steuerstrafrecht und Steuerstrafverfahren, 2009; *Höser*, Vorbereitungshandlung und Versuch im Steuerstrafrecht, 1984; *Jesser*, Täter-Opfer-Ausgleich und Wiedergutmachung im Steuerstrafrecht, 2004; *Kress*, Motive für die Begehung von Steuerhinterziehungen, Diss. Köln 1983; *Kuhlen*, Grundfragen der strafbaren Steuerhinterziehung, 2012; *Kuhn/Weigell*, Steuerstrafrecht, 2. Aufl. 2013; *Leitner/Toifl*, Steuerstrafrecht International, 2007; *Löwe-Krahl*, Steuerhinterziehung bei Bankgeschäften, 2. Aufl. 2000; *Lohmar*, Steuerstrafrechtliche Risiken typischer Bankgeschäfte, Diss. Potsdam 2002; *Lißewski/Suckow/Albers*, Steuerhinterziehung, 2012; *Maiwald*, Unrechtskenntnis und Vorsatz im Steuerstrafrecht, 1984; *Meine*, Das Vorteilsausgleichsverbot in § 370 Abs. 4 S. 3 AO 1977 – Schriften zum gesamten Wirtschaftsstrafrecht, Bd 3, 1984; *Merten*, Steueroasen 2014, 2013; *Müller, J.R.*, Die Selbstanzeige im Steuerstrafverfahren, 2012; *Paschen/Walz*, Steuerumgehung im nationalen und internationalen Steuerrecht, 2001; *Parsch/Nuzinger*, Selbstanzeigeberatung in der Praxis, 2013; *Roeckl*, Das Steuerstrafrecht im Spannungsfeld des Verfassungs- und Europarechts, 2002; *Rolletschke*, Steuerstrafrecht, 4. Aufl. 2012; *Sauer*, Konsensuale Verfahrensweisen im Wirtschafts- und Steuerstrafrecht, 2008; *Schaumburg/Peters*, Internationales Steuerstrafrecht, 2015; *Schürmann*, Der Bilanztrickser, 2003; *Schuster*, Das Verhältnis von Strafnormen und Bezugsnormen aus anderen Rechtsgebieten: eine Untersuchung zum allgemeinen Teil im Wirtschafts- und Steuerstrafrecht, 2012; *Sieker*, Umgehungsgeschäfte, 2001; *Stetter*, Die Lösung der Fälle mittelbarer Selbstbelastung wegen einer Steuerstraftat durch Erfüllung steuerrechtlicher Erklärungspflichten 2007; *Wannemacher & Partner*, Steuerstrafrecht Handbuch, 6. Aufl. 2013; *Wenzler*, Die Selbstanzeige, 2010; *Wulf*, Handeln und

Unterlassen im Steuerstrafrecht, 2001. **Kommentare:** s. allgemeines Schrifttumsverzeichnis.

A. Steuerhinterziehung

Steuerstraftaten sind Taten, die nach den Steuergesetzen strafbar sind (§ 369 Abs. 1 Nr. 1 AO), die Wertzeichenfälschung und deren Vorbereitung, soweit die Tat Steuerzeichen betrifft (§ 369 Abs. 1 Nr. 3 AO – näher Rz. 27, § 45 Rz. 39 f.), und die Begünstigung einer Person, die eine der vorgenannten Taten begangen hat (§ 369 Abs. 1 Nr. 4 AO). Zu den Steuerstraftaten gehören auch die *Zollstraftaten*, zu denen u.a. der in § 372 AO enthaltene Tatbestand des *Bannbruchs* (§ 369 Abs. 1 Nr. 2 AO – dazu Rz. 206 ff.) zählt. Der zentrale Tatbestand des Steuerstrafrechts ist jedoch die nach § 370 AO *strafbare Steuerhinterziehung*. Zum Steuerstrafverfahren s. § 15 Rz. 1 ff.

Geschütztes Rechtsgut des § 370 Abs. 1–5 AO ist das öffentliche Interesse am vollständigen und rechtzeitigen Aufkommen der Steuern, wobei umstritten ist, ob das Steueraufkommen in der jeweiligen Steuerart oder insgesamt geschützt wird[1]. § 370 Abs. 6 AO dehnt diesen Schutz auf die dort genannten Völkerrechtssubjekte aus.

Steuerstraftaten weisen gegenüber anderen Straftaten **Besonderheiten** auf, denen durch die nachfolgend dargestellten Vorschriften der Steuergesetze Rechnung getragen wird. Beispielhaft genannt seien die Möglichkeit der *Selbstanzeige* nach § 371 AO (Rz. 119 ff.) oder die Vorschrift des § 376 AO, wonach über § 78c StGB hinaus die Verjährung der Verfolgung einer Steuerstraftat auch dadurch unterbrochen wird, dass dem Beschuldigten die Einleitung des *Bußgeldverfahrens* bekannt gegeben oder die Bekanntgabe angeordnet wird (zu den verfahrensrechtlichen Besonderheiten § 15 Rz. 1 ff., 55 ff.). Es gibt aber auch viele Gemeinsamkeiten, weshalb nach § 369 Abs. 2 AO die allgemeinen Gesetze über das Strafrecht ergänzend gelten. In erster Linie sind dies die Vorschriften des Allgemeinen Teils des StGB, der §§ 1–32, 105 und 106 JGG sowie die allgemeinen Lehren, die Rechtsprechung und Rechtslehre zum Strafrecht entwickelt haben, z.B. zum Irrtum oder zu den Konkurrenzen.

I. Tat

1. Objektiver Tatbestand

Eine Steuerhinterziehung begeht nach **§ 370 Abs. 1 AO**, wer
1. den Finanzbehörden oder anderen Behörden über steuerlich erhebliche Tatsachen *unrichtige oder unvollständige Angaben* macht,
2. die Finanzbehörden über steuerlich erhebliche Tatsachen *pflichtwidrig in Unkenntnis lässt*,
3. pflichtwidrig die Verwendung von Steuerzeichen oder -stemplern *unterlässt*

und dadurch *Steuern verkürzt* oder für sich oder einen anderen *nicht gerechtfertigte Steuervorteile erlangt*.

---

1 Zur Darstellung des Streitstandes *Ransiek* in Kohlmann, § 370 AO Rz. 52 (Lfg. 50 August 2014).

Muhler | 1613

5 Die Steuerhinterziehung ist ein **Erfolgsdelikt**. Ihr Erfolg besteht darin, dass ein *Steuerschaden entsteht*. Bleibt der Erfolg aus, liegt lediglich ein Versuch vor, der allerdings nach § 370 Abs. 2 AO strafbar ist.

a) Täterkreis

6 § 370 Abs. 1 AO bestimmt ausdrücklich, dass eine Steuerhinterziehung auch zugunsten eines anderen begangen werden kann. Als **Täter** einer Steuerhinterziehung kommt deshalb jeder in Betracht, der in der Lage ist, durch seine Angaben die Festsetzung, Erhebung oder Vollstreckung einer Steuer zu beeinflussen[1]. Bei den Unterlassungstatbeständen des § 370 Abs. 1 Nr. 2 und 3 AO beschränkt sich der Täterkreis auf diejenigen, die eine Pflicht zur Information der Finanzbehörden oder zur Verwendung von Steuerzeichen und Steuerstemplern trifft[2]. Allerdings wird, wer zugunsten eines *anderen* Steuerverkürzungen oder nicht gerechtfertigte Steuervorteile zu erlangen sucht, häufig bloßer *Teilnehmer* an der Steuerhinterziehung eines anderen sein (dazu oben § 19).

b) Tatbestandsmäßiges Verhalten

aa) Unrichtige oder unvollständige Angaben

7 **Angabe** i.S. des § 370 Abs. 1 Nr. 1 AO ist *jede Erklärung*, gleichgültig, ob sie innerhalb einer förmlichen Steuererklärung, in einem Schriftsatz, mündlich oder durch konkludentes Handeln gemacht wird. Angaben i.S. des § 370 Abs. 1 Nr. 1 AO können im Festsetzungsverfahren, im Erhebungsverfahren, bei der Vollstreckung[3], im Rechtsbehelfsverfahren oder im gerichtlichen Verfahren erfolgen. Fälle konkludenter Angaben sind am ehesten im Vollstreckungsverfahren denkbar.

8 Die Strafbarkeit wegen Steuerhinterziehung setzt voraus, dass die Angaben über „**steuerlich erhebliche Tatsachen**" gemacht werden. *Tatsachen* sind Ereignisse, Vorgänge und Zustände. Keine Tatsachen sind Ansichten, Folgerungen, Rechtsausführungen. *Steuerlich erheblich* sind Tatsachen, wenn sie auf die Entstehung, Höhe oder Fälligkeit einer Steuer oder auf die Verwirklichung eines Steueranspruchs *Einfluss* haben[4]. Das ist bei allen Umständen der Fall, die nach den Einzelsteuergesetzen die Steuerpflicht begründen oder eine Steuer auslösen und die für die Ermittlung, die Festsetzung, die Erhebung und die Beitreibung[5] oder für die Erstattung oder Vergütung einer Steuer von Bedeutung sind.

Beispiel: Streicht der Geschäftsführer und Alleingesellschafter einer handwerklich tätigen GmbH einen Teil der von der Gesellschaft erzielten Einnahmen privat ein und erklärt er diese weder in den Steuererklärungen der GmbH noch in seiner eigenen Einkom-

---

1 *Joecks* in F/G/J, § 370 AO Rz. 19 m.w.Nw.
2 Dies kann auch ein steuernder Hintermann sein, der ihm gegenüber weisungsabhängige „Strohleute" im Rechtsverkehr nach außen im eigenen Namen auftreten lässt, BGH v. 9.4.2013 – 1 StR 586/12, BGHSt 58, 215.
3 BGH v. 25.9.1985 – 3 StR 209/85, wistra 1986, 26.
4 Vgl. BGH v. 27.9.2002 – 5 StR 97/02, wistra 2003, 20.
5 Dazu BGH v. 19.12.1997 – 5 StR 569/96, BGHSt 43, 381.

mensteuererklärung, ist dies in mehrfacher Hinsicht steuerlich erheblich. Die umsatzsteuerliche Erheblichkeit bei der GmbH ergibt sich aus § 1 Abs. 1 Nr. 1 UStG, wonach Lieferungen und sonstige Leistungen, die ein Unternehmer im Rahmen seines Unternehmens im Inland gegen Entgelt ausführt, der Umsatzsteuer unterliegen[1]. Die körperschaftsteuerliche Erheblichkeit des verschwiegenen Gewinns folgt aus § 8 Abs. 1–3 KStG i.V.m. § 4 Abs. 1 S. 1 und § 5 EStG. Was körperschaftsteuerrechtlich als Einkommen gilt, bestimmt sich nach den Vorschriften des EStG. Die Einkünfte einer GmbH sind als solche aus Gewerbebetrieb zu behandeln, auch wenn sie ihr ohne formalen Gewinnverteilungsbeschluss entzogen werden (verdeckte Gewinnausschüttung). Die gewerbesteuerliche Erheblichkeit des verschwiegenen Gewinns ergibt sich aus § 7 Abs. 1 GewStG, der an § 8 Abs. 1–3 KStG und damit ebenfalls an das Einkommensteuerrecht anknüpft. Verdeckte Gewinnausschüttungen unterliegen nach § 43 Abs. 1 S. 1 Nr. 1 EStG i.V.m. § 20 Abs. 1 Nr. 1 S. 2 EStG der Kapitalertragsteuer, die gem. § 44 Abs. 1 S. 3 EStG vom Schuldner der Kapitalerträge abzuziehen und an das Finanzamt abzuführen ist. Das ist die GmbH, der die entzogenen Gewinne zuzurechnen sind. Auch auf der Ebene des Gesellschafters haben die Schwarzeinnahmen eine steuerliche Auswirkung. Verdeckte Gewinnausschüttungen sind gem. § 20 Abs. 1 Nr. 1 S. 2 EStG Einkünfte aus Kapitalvermögen, die gem. § 2 Abs. 1 Nr. 5 EStG der Einkommensteuer unterliegen[2].

Steuerlich unerheblich sind Angaben, wenn sie sich auf *verfassungswidrige Steuern* beziehen. Solange Steuergesetze aber nicht vom BVerfG für nichtig erklärt worden sind, haben sie Geltung. Der Bestrafung des dagegen verstoßenden Steuerpflichtigen steht das strafrechtliche Rückwirkungsverbot (Art. 103 Abs. 2 GG, § 2 Abs. 1 StGB) nicht entgegen. Dies gilt selbst dann, wenn eine temporäre Unvereinbarkeit der Steuernorm mit dem GG bestanden haben sollte[3]. 9

Problematisch sind die Fälle, in denen der Steuerpflichtige eine **andere Rechtsansicht** vertritt als die Finanzverwaltung. § 370 Abs. 1 Nr. 1 AO liegt der Gedanke zugrunde, dass der Steuerpflichtige der Finanzbehörde den zutreffenden Sachverhalt liefert und diese darauf die Normen des Steuerrechts anwendet. Die Rechtswirklichkeit indes ist anders gestaltet. Angaben über steuerlich erhebliche Tatsachen werden von den Finanzbehörden überwiegend in Steuererklärungen abgefragt. Dort hat der Steuerpflichtige Zahlen einzutragen. Diese beinhalten nicht nur Tatsachen (z.B. wie viel Vorsteuer an andere Unternehmer gezahlt wurde), sondern geben auch das Ergebnis einer vom Erklärenden vorgenommenen Rechtsanwendung wieder (z.B., dass nach Prüfung der Voraussetzungen des § 15 UStG die Vorsteuerbeträge für abziehbar gehalten werden). Da der erklärten Zahl die ihr zugrunde liegende Rechtsauffassung nicht ohne Weiteres anzusehen ist, verlangt die *Rechtsprechung*, dass der Steuerpflichtige diejenigen Sachverhaltselemente offenbart, deren rechtliche Bedeutung objektiv zweifelhaft ist. Dies ist insbesondere dann der Fall, wenn die vom Steuerpflichtigen vertretene Auffassung über die Auslegung von Rechtsbegriffen oder die 10

---

1 Zur steuerlichen Erheblichkeit bei weiteren Fällen der Umsatzsteuerhinterziehung s. auch *Muhler*, Die Umsatzsteuerhinterziehung, wistra 2009, 1.
2 Zur Steuerhinterziehung bei verdeckten Gewinnausschüttungen auch BGH v. 17.4.2008 – 5 StR 547/07, wistra 2009, 31.
3 BGH v. 9.10.2007 – 5 StR 162/07, wistra 2008, 21 gegen *Joecks*, Der Strafrichter und das VerfassungsR, wistra 2006, 401.

11 Trotz zum Teil heftiger *Kritik des Schrifttums*[2] verdient diese Rechtsprechung **Zustimmung**. Steuererklärungen werden zunächst an die Behörden der *Finanzverwaltung* gerichtet. Einerseits erwartet der Steuerpflichtige, dass die Finanzbehörde seinen Angaben vertraut und ihnen bei der Steuerfestsetzung folgt, andererseits weiß er auch, dass sie eine in Richtlinien und sonstigen Verwaltungsvorschriften veröffentlichte „Verwaltungsauffassung" vertreten muss[3]. „Nackte Zahlen" darf er in seiner Steuererklärung deshalb nur angeben, wenn er sie unter Zugrundelegung der Verwaltungsauffassung ermittelt hat. Dies hat selbst dann zu gelten, wenn die Finanzverwaltung mit *Nichtanwendungserlassen*[4] höchstrichterliche Entscheidungen nicht über den Einzelfall hinaus für anwendbar erklärt. Die Möglichkeit, seine von der Verwaltungsmeinung ggf. abweichende Rechtsauffassung durchzusetzen, geht dem Steuerpflichtigen dadurch nicht verloren. Ihm wird lediglich abverlangt, auf diese *ausdrücklich hinzuweisen*, was i.d.R. – z.B. unter Hinweis auf Literaturstellen oder von der Verwaltungsmeinung abweichende Rechtsprechung – in wenigen Sätzen geschehen kann. Bei solchem Verhalten ist es der Finanzbehörde möglich, sich mit der Rechtauffassung des Steuerpflichtigen auseinanderzusetzen, ggf. eine dieser widersprechende Entscheidung zu erlassen und dem Steuerpflichtigen so den gesetzlich vorgesehenen Weg zur Rechtsfortbildung über die Gerichte zu eröffnen. Mit der Wortlautbindung des Strafrechts (Art. 103 Abs. 1 GG) ist diese strenge Auffassung entgegen der Ansicht von *Joecks*[5] vereinbar. Wer bestimmte Tatsachen auf der Grundlage seiner eigenen Beurteilung nicht für steuerlich erheblich erachtet, wird sie dem Finanzamt nicht offenbaren; damit verschweigt er aber bestimmte Ereignisse, Vorgänge oder Zustände, die steuerlich von Bedeutung sein können. Somit liegen unvollständige Angaben über steuerlich erhebliche Tatsachen vor.

12 Die Abgrenzung zwischen **unrichtigen** und **unvollständigen Angaben** ist praktisch ohne Bedeutung und häufig gar nicht möglich. Eine Angabe ist *unrichtig*, wenn ihr Inhalt nicht mit der Wirklichkeit übereinstimmt. *Unvollständig* ist eine Angabe, wenn die erklärten Tatsachen zwar der Wirklichkeit entsprechen, darüber hinaus aber noch Tatsachen bestehen, die ebenfalls steuerlich erheblich sind, aber nicht erklärt werden.

Beispiel: S wickelt einen Teil seiner Umsätze ohne Rechnungen ab und gibt diese – weil er insoweit keine Umsatzsteuer zahlen möchte – auch nicht in seinen Umsatzsteueranmeldungen an. – S lässt die Finanzbehörde über den nicht erklärten Teil seiner Umsätze in Unkenntnis. Seine Angabe über die erklärten Umsätze ist deshalb unvollständig.

---

1 BGH v. 10.11.1999 – 5 StR 221/99, wistra 2000, 137 m.w.Nw.
2 *Joecks* in F/G/J, § 370 AO Rz. 126 ff. m.w.Nw.; zurückhaltender *Ransiek* in Kohlmann, § 370 AO Rz. 244 f. (Lfg. 50 August 2014), der vollständige Angaben in dem vom BGH verstandenen Sinn nur in den Fällen verlangt, in denen eine besondere Prüfung der Besteuerungsgrundlagen in der Zukunft nicht mehr vorgesehen ist.
3 *Gersch* in Klein, § 4 AO Rz. 9.
4 Zur Problematik von Nichtanwendungserlassen *Lange*, Die Nichtanwendung von Urteilen des BFH durch die Finanzverwaltung, NJW 2002, 3657.
5 *Joecks* in F/G/J, § 370 AO Rz. 128.

Zugleich ist sie aber auch unrichtig. Sie beinhaltet die Erklärung, die Summe der erklärten Umsätze stimme mit der Wirklichkeit überein, was tatsächlich jedoch nicht der Fall ist.

Nach § 150 Abs. 2 S. 1 AO sind die Angaben in den Steuererklärungen wahrheitsgemäß nach bestem Wissen und Gewissen zu machen. Sämtliche Vordrucke für Steuererklärungen fordern vom Unterzeichner, dass er dies **schriftlich** versichert (s. § 150 Abs. 2 S. 2 AO). Auch bei Fehlen der Unterschrift ist indes eine Bestrafung wegen Steuerhinterziehung möglich[1]. 13

Für die Verwirklichung des Tatbestandes des § 370 Abs. 1 Nr. 1 AO genügt es, dass die Angaben an irgendeine **Behörde** gerichtet sind. In erster Linie wird es sich um die örtlich und sachlich zuständigen Finanzämter und Familienkassen (für Kindergeld) handeln. Finanzbehörden i.S. des § 370 Abs. 1 Nr. 1 AO sind indes auch die weiteren in § 6 Abs. 2 AO aufgezählten Einrichtungen, vom BMF (§ 6 Abs. 2 Nr. 1 AO) bis zur Deutsche Rentenversicherung Knappschaft-Bahn-See (§ 6 Abs. 2 Nr. 8 AO). Als andere Behörde i.S. des § 370 Abs. 1 Nr. 1 AO kommt jede Stelle in Betracht, die Aufgaben der öffentlichen Verwaltung wahrnimmt (§ 6 Abs. 1 AO). Behörde i.S. des § 370 Abs. 1 Nr. 1 AO kann auch ein Gericht sein, denn § 11 Abs. 1 Nr. 7 StGB gilt über § 369 Abs. 2 AO auch für Steuerstraftaten. 14

bb) Unterlassene Angaben

Die Tatbestandsalternative des § 370 Abs. 1 Nr. 2 AO greift ein, wenn der Erklärungspflichtige die Finanzbehörden über steuerlich erhebliche Tatsachen **in Unkenntnis lässt**, d.h. ihnen steuerlich erhebliche Tatsachen vorenthält. Bevor auf den Unterschied zu § 370 Abs. 1 Nr. 1 AO eingegangen wird (auch wer gegenüber den Finanzbehörden unrichtige oder unvollständige Angaben macht, lässt sie über den wahren Sachverhalt in Unkenntnis), soll geklärt werden, wer innerhalb der Finanzbehörde sich aufgrund des Verhaltens des Täters in Unkenntnis befinden muss. Nach zutreffender Auffassung des BGH ist dies der zuständige Veranlagungsbeamte des Finanzamtes[2]. Hat dieser von dritter Seite umfassende Kenntnis über den wahren steuerlich erheblichen Sachverhalt erlangt, wird es in aller Regel nicht zu der vom Täter gewollten Steuerfestsetzung kommen; die Tat bleibt im Versuchsstadium stecken. Wird die Steuer aber gleichwohl wie erklärt festgesetzt, entfällt eine Strafbarkeit wegen vollendeter Steuerhinterziehung auch dann nicht, wenn der zuständigen Finanzbehörde alle für die Steuerfestsetzung bedeutenden Tatsachen und sämtliche Beweismittel bekannt waren und sie über sämtliche Beweismittel verfügte[3]. 15

---

1 BGH v. 27.9.2002 – 5 StR 97/02, wistra 2003, 20.
2 BGH v. 19.10.1999 – 5 StR 178/99, wistra 2000, 63.
3 BGH v. 14.12.2010 – 1 StR 275/10, wistra 2011, 1295; a.A. die Vorauflage und *Ransiek* in Kohlmann, § 370 AO Rz. 575 ff. (Lfg. 50 August 2014) m. zahlreichen Hinweisen auf weitere Rspr. und Lit. S. auch *Wulf*, Vollendete Steuerhinterziehung trotz voller Sachverhaltskenntnis der Finanzbehörde, Stbg 2013, 223.

16 Der Täter muss die Information der Finanzbehörden **pflichtwidrig** unterlassen haben. Das setzt voraus, dass er zu dem Personenkreis gehört, dem die Steuergesetze Pflichten auferlegen. Nach § 33 AO ist *Steuerpflichtiger, wer*

– eine Steuer schuldet,
– für eine Steuer haftet,
– eine Steuer für Rechnung eines Dritten einzubehalten und abzuführen hat,
– eine Steuererklärung abzugeben hat,
– Sicherheit zu leisten hat,
– Bücher und Aufzeichnungen zu führen hat oder
– andere ihm durch die Steuergesetze auferlegte Verpflichtungen zu erfüllen hat.

17 Gem. § 34 Abs. 1 AO haben die **gesetzlichen Vertreter** natürlicher und juristischer Personen deren steuerliche Pflichten zu erfüllen. Die gleichen Pflichten treffen gem. § 34 Abs. 3 AO die *Vermögensverwalter*, soweit ihre Verwaltung reicht. Dazu zählen u.a. Liquidatoren, Insolvenz-, Zwangs-, Nachlassverwalter oder Testamentsvollstrecker. Wer als Verfügungsberechtigter im eigenen oder fremden Namen auftritt, hat nach § 35 AO diese Pflichten ebenfalls, soweit er sie rechtlich und tatsächlich erfüllen kann. Zu dem von § 35 AO erfassten Personenkreis gehören u.a. Prokuristen, faktische Geschäftsführer und Treuhänder.

18 Pflichtwidrig verhält sich insbesondere, wer **keine Steuererklärungen, Steueranmeldungen oder Steuervoranmeldungen** abgibt. Wer zur Abgabe einer *Steuererklärung* verpflichtet ist, richtet sich gem. § 149 Abs. 1 S. 1 AO nach den Steuergesetzen (z.B. § 25 Abs. 3 EStG i.V.m. §§ 56 und 60 EStDV; § 31 Abs. 1 KStG i.V.m. §§ 56 und 60 EStDV; § 14a GewStG i.V.m. § 25 GewStDV; § 31 ErbStG). *Steueranmeldungen* sind Steuererklärungen, in denen der Steuerpflichtige die Steuer selbst berechnet (§ 150 Abs. 1 S. 3 AO). Anzumelden sind z.B. die Umsatzsteuer (§ 18 Abs. 3 UStG), die Lohnsteuer (§ 41a EStG), die Kapitalertragsteuer (45a EStG) und die Energiesteuer (§§ 8 Abs. 3, 33, 39 EnergieStG). *Steuervoranmeldungen* kommen gem. § 18 Abs. 1 UStG bei der Umsatzsteuer vor und sind monatlich oder vierteljährlich abzugeben. Die Verpflichtung zur Abgabe einer Steuererklärung bleibt gem. § 149 Abs. 1 S. 4 AO auch dann bestehen, wenn die Finanzbehörde die Besteuerungsgrundlagen nach § 162 AO *geschätzt* hat. § 370 Abs. 1 Nr. 2 AO ist immer dann einschlägig, wenn überhaupt keine Erklärung abgegeben wurde. Der Tatbestand des § 370 Abs. 1 Nr. 1 AO ist angesprochen, wenn eine Erklärung erfolgt, diese aber unvollständig ist.

19 Wer in einer Rechnung einen Umsatzsteuerbetrag gesondert ausweist, obwohl er zum gesonderten Ausweis der Steuer nicht berechtigt ist (**unberechtigter Umsatzsteuerausweis**), schuldet gem. § 14c Abs. 2 S. 1 UStG den ausgewiesenen Betrag. Das Gleiche gilt gem. § 14c Abs. 2 S. 2 UStG, wenn jemand wie ein leistender Unternehmer abrechnet und einen Steuerbetrag gesondert ausweist, obwohl er nicht Unternehmer ist oder eine Lieferung oder sonstige Leistung nicht ausführt. Der genannte Personenkreis hat gem. § 18 Abs. 4b i.V.m. Abs. 4a UStG die Steuerbeträge in Umsatzsteuervoranmeldungen zu erklären; tut er dies nicht, macht er sich nach § 370 Abs. 1 Nr. 2 AO wegen Umsatz-

steuerhinterziehung strafbar. Eine spätere Berichtigung nach Beseitigung der Gefährdung des Steueraufkommens, wie sie § 14c Abs. 2 S. 3–5 UStG vorsieht, kann u.U. einen Rücktritt vom Versuch oder eine Selbstanzeige darstellen, mindestens aber strafmildernd berücksichtigt werden. § 14c Abs. 2 UStG hat § 14 Abs. 3 UStG a.F. ersetzt, bei dem der BGH in der Nichtanmeldung der unberechtigt ausgewiesenen Steuer ebenfalls eine Straftat nach § 370 Abs. 1 Nr. 2 AO gesehen hatte[1].

Eine **verspätete Abgabe** von Steuererklärungen ist wie ihre Nichtabgabe zu behandeln[2]. Dies folgt aus § 370 Abs. 4 S. 1 AO, wonach eine Steuerverkürzung auch dann vorliegt, wenn die Steuer nicht rechtzeitig festgesetzt wird. Reicht der Steuerpflichtige die Erklärung verspätet ein, so ist darin regelmäßig eine Selbstanzeige zu erblicken. Solange das Finanzamt wegen der Nichtabgabe der Steuererklärung noch kein Strafverfahren eingeleitet hat, darf der Täter davon ausgehen, dass die Tat im Zeitpunkt der Nachholung der Erklärung noch nicht i.S. des § 371 Abs. 2 Nr. 2 AO entdeckt war[3].

Pflichtwidrig handelt auch, wer der sich **aus § 153 AO ergebenden Pflicht zur Berichtigung** von Erklärungen zuwider handelt. Erkennt ein Steuerpflichtiger *nachträglich* vor Ablauf der Festsetzungsfrist, dass eine von ihm oder für ihn abgegebene Erklärung unrichtig oder unvollständig ist und dass es dadurch zu einer Verkürzung von Steuern kommen kann oder bereits gekommen ist, so ist er nach § 153 Abs. 1 S. 1 Nr. 1 AO verpflichtet, dies unverzüglich *anzuzeigen* und die erforderliche *Richtigstellung* vorzunehmen. Die Verpflichtung trifft auch den Gesamtrechtsnachfolger eines Steuerpflichtigen und die nach den §§ 34 und 35 AO[4] für den Steuerpflichtigen oder den Gesamtrechtsnachfolger handelnden Personen. Wer von Anfang an bewusst unrichtige oder unvollständige Angaben gemacht hat, ist nicht zur Berichtigung verpflichtet; der Tatbestand des § 153 AO erfordert ein nachträgliches Erkennen[5]. Hat der Steuerpflichtige die Unrichtigkeit seiner Angaben bei Abgabe der Steuererklärung nicht gekannt, aber billigend in Kauf genommen und ist er später zu der sicheren Erkenntnis gelangt, dass die Angaben unrichtig sind, so besteht nach Ansicht des BGH eine steuerrechtliche Anzeige- und Berichtigungspflicht nach § 153 Abs. 1 S. 1 Nr. 1 AO[6]. Der BGH nimmt dabei bewusst in Kauf, dass der Steuerpflichtige im Widerspruch zu seinem Recht, sich nicht selbst belasten zu müssen[7], zur Selbstanzeige gezwungen wird. Nach der genannten BGH-Entscheidung soll die sich aus § 153 AO ergebende steuerrechtliche Berichtigungspflicht erst mit der Bekanntgabe der Einleitung eines die unrichtigen Angaben erfassenden Steuerstrafverfahrens suspendiert werden.

---

1 BGH v. 20.2.2001 – 5 StR 544/00, wistra 2001, 220.
2 BGH v. 20.5.1981 – 5 StR 666/80, NJW 1981, 1970.
3 Vgl. OLG Hamburg v. 27.1.1970 – 2 Ss 191/69, NJW 1970, 1385 m. zust. Anm. *Herdemerten*; abl. *Kopacek*, Verspätete Abgabe der Steuererklärung als strafbefreiende Selbstanzeige, NJW 1970, 2098.
4 BGH v. 11.7.2008 – 5 StR 156/08, PStR 2008, 250.
5 BGH v. 11.9.2007 – 5 StR 213/07, wistra 2008, 22.
6 BGH v. 17.3.2009 – 1 StR 479/08, NJW 2009, 1984.
7 BVerfG v. 8.10.1974 – 2 BvR 747/73, BVerfGE 38, 105.

22 **Beispiel** zur **Berichtigungspflicht nach § 153 AO:** Der Alleinerbe A erkennt im Jahr 07, dass der Erblasser in seiner im Jahr 02 für das Jahr 01 abgegebenen Einkommensteuererklärung Renteneinkünfte nur teilweise erklärt hat. Will er sich nicht nach § 370 Abs. 1 Nr. 2 AO wegen Einkommensteuerhinterziehung strafbar machen, hat A seine Entdeckung dem Finanzamt unverzüglich anzuzeigen und die Renteneinkünfte nachzuerklären. Nach § 153 Abs. 1 S. 2 AO trifft ihn als Gesamtrechtsnachfolger die in § 153 Abs. 1 S. 1 Nr. 1 AO enthaltene Berichtigungspflicht. Die Einkommensteuererklärung des Erblassers war unrichtig und unvollständig und hatte zu einer Verkürzung von Einkommensteuer geführt. Die Festsetzungsfrist ist noch nicht abgelaufen, weil sie wegen der im Verhalten des Erblassers liegenden Steuerhinterziehung gem. § 169 Abs. 2 S. 2 AO auf zehn Jahre verlängert ist. A hat die Unrichtigkeit nachträglich erkannt; das von Anfang an vorhandene Wissen des Erblassers um die Unrichtigkeit ist ihm nicht wegen der Gesamtrechtsnachfolge zuzurechnen. Das im Strafrecht geltende Prinzip, dass sich niemand selbst zu belasten braucht („nemo tenetur")[1], befreit nur denjenigen von der Berichtigungspflicht, der bei ihrer Erfüllung Gefahr laufen könnte, seine *eigene* Steuerhinterziehung offenbaren zu müssen. Das Interesse des Erben, durch Straftaten erlangte Vermögensvorteile behalten zu dürfen, ist nicht geschützt.

23 Wer in seiner Steuererklärung **leichtfertig** unrichtige Angaben gemacht hatte (vgl. unten § 46) und dies nachträglich entdeckt, ist nach § 153 Abs. 1 S. 1 Nr. 1 AO zur *Berichtigung* verpflichtet[2]. Schon zu Zeiten der RAO war der BGH der Auffassung, es sei dem Steuerpflichtigen zumutbar, den Eintritt weiterer erheblicher Folgen seines Verhaltens zu verhindern, selbst auf die Gefahr hin, sich dabei einer Strafverfolgung auszusetzen[3]. Allerdings wird die korrekte Erfüllung der Berichtigungspflicht i.d.R. eine *bußgeldbefreiende Selbstanzeige* nach § 378 Abs. 3 AO darstellen, was die Gefahr der Strafverfolgung ausschließt. Wenn ursprünglich die Bußgeldtatbestände der §§ 379 ff. AO erfüllt wurden, bei denen eine Selbstanzeigemöglichkeit nicht vorgesehen ist, so fordert z.B. *Möller*[4], dass nach Vornahme der Berichtigung das Bußgeldverfahren eingestellt werden müsse. Dafür spricht, dass die genannten Bußgeldtatbestände gegenüber § 378 AO subsidiär sind. Kann eine Ahndung nach § 378 AO nur deshalb nicht erfolgen, weil eine wirksame Selbstanzeige erstattet wurde, so sollte dies die subsidiären Bußgeldtatbestände der 379 ff. AO nicht wieder aufleben lassen. In seinem Beschluss vom 17.3.2009[5] weist der BGH auf die Möglichkeit hin, Bußgeldverfahren nach § 47 OWiG einzustellen.

24 Ein **Steuerberater**, der für seinen Mandanten unbewusst eine unrichtige Erklärung fertigt, gehört nicht zu dem in § 153 Abs. 1 AO genannten Personenkreis; ihn persönlich trifft deshalb *keine Berichtigungspflicht*[6]. Auch wer erkennt, dass das Finanzamt *trotz richtiger Erklärung* falsch veranlagt hat, ist zu einer

---

1 BVerfG v. 8.10.1974 – 2 BvR 747/73, BVerfGE 38, 105.
2 Auch darauf weist BGH v. 17.3.2009 – 1 StR 479/08, NJW 2009, 1984 hin.
3 BGH v. 1.11.1966 – 5 StR 479/66, DStZ/B 1967, 32.
4 *Möller*, Die Berichtigungspflicht nach § 153 I AO und die strafrechtlichen Folgen einer Pflichtverletzung, 1996, 146 ff.; ebenso *Joecks* in F/G/J, § 370 AO Rz. 183.
5 BGH v. 17.3.2009 – 1 StR 479/08, NJW 2009, 1984.
6 BGH v. 20.11.1995 – 5 StR 412/95, wistra 1996, 184. Aus der bloßen beruflichen Stellung lässt sich auch keine Garantenpflicht aus § 13 StGB herleiten. Sonst würde in das gesetzlich geschützte Vertrauensverhältnis zwischen Berater und Mandant eingegriffen.

Berichtigung nach § 153 AO nicht verpflichtet. Der Wortlaut des § 153 AO ist in beiden Fällen eindeutig.

Nach § 153 Abs. 1 S. 1 Nr. 2 AO trifft eine Berichtigungspflicht den Steuerpflichtigen und den in § 153 Abs. 1 S. 2 AO genannten Personenkreis auch dann, wenn er nachträglich erkennt, dass eine durch Verwendung von **Steuerzeichen oder Steuerstempeln** zu entrichtende Steuer nicht in der richtigen Höhe entrichtet worden ist (dazu § 45 Rz. 39 f.). Die Anzeigepflicht besteht nach **§ 153 Abs. 2 AO** ferner, wenn die Voraussetzungen für eine Steuerbefreiung, Steuerermäßigung oder sonstige Steuervergünstigung nachträglich ganz oder teilweise weggefallen sind. 25

Die Pflicht zur vorherigen Anzeige bei Zweckentfremdung nach **§ 153 Abs. 3 AO** ist für Verbrauchsteuern von Bedeutung. Bei einer beabsichtigten unerlaubten Verwendung verbrauchsteuerpflichtiger Erzeugnisse (z.B. unstatthafter Beförderung oder Lagerung, soweit diese Bedingung für die Steuerbegünstigung ist) besteht auch nach Wegfall der früheren bedingten Steuerschuld gem. § 50 AO die vorherige Anzeigepflicht. Die Anzeige muss so rechtzeitig erfolgen, dass die Finanzbehörde die notwendigen Maßnahmen zur Sicherung des Steueranspruchs treffen kann[1]. 26

cc) Unterlassene Verwendung von Steuerzeichen oder Steuerstempeln

Als Steuerhinterzieher wird nach § 370 Abs. 1 Nr. 3 AO bestraft, wer pflichtwidrig die Verwendung von Steuerzeichen oder Steuerstempeln unterlässt. Nur bei der Tabaksteuer hat die Vorschrift noch praktische Bedeutung[2]. Dort ergibt sich eine Verwendungspflicht aus § 17 TabStG[3]. 27

c) Taterfolg

aa) Verkürzung von Steuern

Zum Taterfolg des § 370 Abs. 1 AO gehört die **Verkürzung von Steuern** i.S. des § 3 Abs. 1 AO. Gem. § 3 Abs. 3 AO zählen dazu auch Einfuhr- und Ausfuhrabgaben nach Art. 4 Nr. 10 und 11 des Zollkodexes. *Keine Steuern* sind die in § 3 Abs. 4 AO aufgeführten *steuerlichen Nebenleistungen*, also Verspätungszuschläge, Zinsen, Säumniszuschläge, Zwangsgelder und Kosten. Wird ihre Beitreibung durch Täuschung abgewendet, ist dies weder nach § 370 AO noch nach § 263 StGB strafbar[4]. Die Anwendung des Betrugstatbestandes scheitert, weil die steuerlichen Nebenleistungen nach dem insbesondere in § 1 Abs. 3 S. 1 AO zum Ausdruck kommenden Willen des Gesetzgebers grundsätzlich den Vorschriften der AO unterfallen sollen und nicht einem anderen Gesetz. 28

Eine Strafverfolgung wegen Steuerhinterziehung kann nach § 370 Abs. 6 S. 1 AO auch stattfinden, wenn sich die Tat auf **Einfuhr- oder Ausfuhrabgaben** be- 29

---

1 Nähere Ausführungen bei *Ransiek* in Kohlmann, § 370 AO Rz. 355 (Lfg. 50 November 2014); *Joecks* in F/G/J, § 370 AO Rz. 187 ff.
2 Beispiel: BFH v. 9.7.1996 – VII B 14/96, BFH/NV 1996, 934.
3 BGH v. 28.8.2008 – 1 StR 443/08, wistra 2008, 470 noch zu § 12 TabStG.
4 BGH v. 19.12.1997 – 5 StR 569/96, wistra 1998, 180.

zieht, die von einem anderen Mitgliedstaat der *EU* verwaltet werden oder die einem EFTA-Mitgliedstaat der Gemeinschaft oder einem damit assoziierten Staat zustehen. Durch die Einfügung dieser Norm wird das Steueraufkommen der EU und der übrigen in der Vorschrift genannten Staaten unter den dort genannten Voraussetzungen zu einem auch von der deutschen Strafrechtsordnung geschützten Rechtsgut erhoben. § 370 Abs. 6 S. 1 AO ermöglicht es, die Beeinträchtigung dieses Steueraufkommens nach deutschem Recht zu bestrafen[1].

30 Gegenstand einer Steuerhinterziehung können nach § 370 Abs. 6 S. 2 AO auch **Umsatzsteuern** oder **harmonisierte Verbrauchsteuern** für die in Art. 1 Abs. 1 der RL 2008/118/EG des Rates vom 16.12.2008 über das allgemeine Verbrauchsteuersystem und zur Aufhebung der RL[2] genannten Waren (Mineralöle, Alkohol, alkoholische Getränke und Tabakwaren[3]) sein, die von einem anderen Mitgliedstaat der EU verwaltet werden[4]. Nach dem Wegfall der Grenzkontrollen im Europäischen Binnenmarkt wurde im Bereich des gewerblichen Warenverkehrs mit den aufeinander abgestimmten Instituten umsatzsteuerbefreiter innergemeinschaftlicher Lieferungen in den Ursprungsländern und steuerpflichtiger Erwerbe in den Bestimmungsländern ein hoher Missbrauchsanreiz geschaffen, dem mit der Schaffung des § 370 Abs. 6 S. 2 AO entgegengewirkt werden sollte.

31 Da § 370 Abs. 7 AO eine Strafbarkeit wegen Steuerhinterziehung auch vorsieht, wenn die Tathandlung **außerhalb des Geltungsbereichs der AO** begangen worden ist, stellt sich u.U. das Problem, einen ausländischen Täter verfolgen zu müssen, der im Ausland gegen dortige Steuerbestimmungen verstoßen hat[5]. In solchen Fällen ist besonders darauf zu achten, dass eine *doppelte Bestrafung* vermieden wird. Dies kann ggf. unter Anwendung des § 153c StPO geschehen. Doppelbestrafungen auf europäischer Ebene werden vermieden durch Art. 54 des Durchführungsabkommens Schengen II[6].

32 Eine Steuer ist **verkürzt**, wenn sie hinter dem Betrag zurück bleibt, der sich bei richtiger und vollständiger Angabe der steuerlich erheblichen Tatsachen ergeben hätte. Nach 370 Abs. 4 S. 1 AO sind Steuern namentlich dann verkürzt, wenn sie nicht, nicht in voller Höhe oder nicht rechtzeitig *festgesetzt* werden. I.d.R. werden Steuern durch Steuerbescheide festgesetzt (§ 155 Abs. 1 S. 1 AO).

33 Zu einer **Nichtfestsetzung** kann es kommen, wenn Steuererklärungen pflichtwidrig nicht abgegeben werden (§ 370 Abs. 1 Nr. 2 AO)[7].

---

1 Vgl. *Ransiek* in Kohlmann, § 370 AO Rz. 550 (Lfg. 50 November 2014).
2 ABl. EU Nr. L 9 v. 14.1.2009, 12.
3 Dazu *Weidmann*, TabaksteuerstrafR, wistra 2012, 49.
4 Zum Thema s. *Tully/Merz*, Zur Strafbarkeit der Hinterziehung ausländischer Umsatz- und Verbrauchsteuern nach der Aufhebung des § 370 Abs. 6 AO im JStG 2010, wistra 2011, 121.
5 *Schmitz/Wulf*, Erneut: Hinterziehung ausländischer Steuern und Steuerhinterziehung im Ausland, § 370 Abs. 6, 7 AO, wistra 2001, 361.
6 BGBl. II 1993, 1013, in Kraft seit 26.3.1995.
7 Dazu *Dörn*, Die Nichtabgabe von Steuererklärungen, wistra 1993, 241.

Beispiel: Indem R nur seine Altersrente erklärte, erreichte er, dass das Finanzamt für die Folgejahre von der Anforderung von Einkommensteuererklärungen absah, weil es mit keiner Einkommensteuerschuld des R rechnete. In Wahrheit hatte R jedoch weitere Einkünfte aus einem nicht angemeldeten Gewerbebetrieb, bei deren Berücksichtigung sich eine Einkommensteuerschuld ergeben hätte. – Es liegen Steuerverkürzungen durch Nichtfestsetzungen der Steuern für die einzelnen Veranlagungszeiträume vor.

Am häufigsten sind allerdings die Fälle, in denen die Steuer **nicht in voller Höhe** festgesetzt wird. Diese Form des Taterfolges ist regelmäßig an die Handlungsalternative des § 370 Abs. 1 Nr. 1 AO geknüpft. 34

Beispiel: Der Steuerpflichtige G hat seinen Gewinn aus Gewerbebetrieb zu niedrig erklärt. Es kommt zwar zu einer Festsetzung von Einkommensteuer. Diese fällt jedoch zu niedrig aus.

Nicht rechtzeitige Steuerfestsetzungen rühren von nicht oder nicht rechtzeitig abgegebenen Steuererklärungen her (§ 370 Abs. 1 Nr. 2 AO). 35

Beispiel: Der Steuerpflichtige S ist zwar entschlossen, seine Einkommensteuererklärung für 01 noch irgendwann abzugeben. Trotz mehrerer Aufforderungen, Zwangsgeldandrohungen und einer Schätzung lässt er sich damit aber Zeit. Erst im Frühjahr 04 reicht er die Einkommensteuererklärung beim Finanzamt ein. Das Ausmaß der Verspätung bestimmt sich durch den Vergleich des tatsächlichen Zeitpunktes der Festsetzung mit dem Zeitpunkt, der sich ergeben hätte, wenn S seine Einkommensteuererklärung für 01 wie von § 149 Abs. 2 AO gefordert bis 31.5.02 abgegeben hätte. Da zugunsten des S zu unterstellen ist, dass seine Erklärung bei rechtzeitigem Eingang als letzte bearbeitet worden wäre, ist als Zeitpunkt einer noch rechtzeitigen Festsetzung derjenige anzunehmen, zu dem das zuständige Finanzamt die Veranlagungsarbeiten für den betreffenden Bezirk für den maßgeblichen Veranlagungszeitraum (hier: 01) allgemein abgeschlossen hatte[1]. Bei einfach gelagerten Sachverhalten erwägt der BGH, von einer Zeitspanne der Bearbeitung fristgerecht eingereichter Steuererklärungen von längstens einem Jahr auszugehen[2]; sonst dürfte die Spanne bei etwa 24 Monaten liegen.

Ein für eine vollendete Steuerhinterziehung ausreichender Taterfolg liegt bereits vor, wenn die Steuer **vorläufig oder unter Vorbehalt der Nachprüfung** festgesetzt wird oder eine Steueranmeldung einer Steuerfestsetzung unter Vorbehalt der Nachprüfung gleichsteht (§ 370 Abs. 4 S. 1 Hs. 2 AO). Eine Steuer kann gem. § 165 Abs. 1 AO *vorläufig festgesetzt* werden, soweit ungewiss ist, ob die Voraussetzungen für ihre Entstehung eingetreten sind. Soweit die Finanzbehörde eine Steuer vorläufig festgesetzt hat, kann sie nach § 165 Abs. 2 S. 1 AO die Festsetzung aufheben oder ändern; insoweit, d.h. *punktuell*, ist der Eintritt der Bestandskraft gehindert. Eine Steuerfestsetzung *unter Vorbehalt der Nachprüfung* gem. § 164 Abs. 1 AO ist hingegen nicht nur punktuell, sondern *in vollem Umfang* änderbar. Obgleich der vom Täter erreichte Steuervorteil in beiden Fällen noch mit dem Risiko jederzeitiger Änderbarkeit behaftet ist, reicht dies für die Bejahung eines Taterfolges und damit für eine Bestrafung wegen vollendeter Steuerhinterziehung aus. 36

Steuerfestsetzungen unter Vorbehalt der Nachprüfung sind auch **Steuervorauszahlungen**, die bei Veranlagungssteuern entweder durch gesonderten Bescheid 37

---
1 BGH v. 7.11.2001 – 5 StR 395/01, BGHSt 47, 138.
2 BGH v. 19.1.2011 – 1 StR 640/10, wistra 2012, 484.

(z.B. § 37 Abs. 3 S. 1 EStG, § 19 Abs. 3 S. 2 und 3 GewStG) oder zugleich mit dem Bescheid über Veranlagungen vergangener Jahre festgesetzt werden. Der objektive Tatbestand einer Hinterziehung von Einkommensteuer-Vorauszahlungen kann bereits erfüllt sein, wenn der Steuerpflichtige durch unrichtige Angaben in der Jahressteuererklärung bewirkt, dass neben der Einkommensteuer für den vorangegangenen Veranlagungszeitraum auch die Einkommensteuer-Vorauszahlungen für einen nachfolgenden Veranlagungszeitraum nicht in voller Höhe oder nicht rechtzeitig festgesetzt werden[1]. In der Praxis wird von der Verfolgung solcher Taten meist nach § 154 StPO abgesehen. Eine Steuerhinterziehung liegt auch vor, wenn sich der Steuerpflichtige durch falsche Angaben die *Herabsetzung* festgesetzter Vorauszahlungen erschleicht[2].

38 **Steueranmeldungen** sind Steuererklärungen, in denen der Steuerpflichtige die Steuer selbst berechnet (§ 150 Abs. 1 S. 3 AO). Eine Steueranmeldung steht gem. § 168 S. 1 AO einer Steuerfestsetzung unter Vorbehalt der Nachprüfung gleich. Führt die *Steueranmeldung* zu einer Herabsetzung der Steuer oder zu einer Steuervergütung, so gilt dies allerdings erst, wenn die Finanzbehörde zustimmt (§ 168 S. 2 AO). Ist eine Steuer aufgrund gesetzlicher Vorschriften anzumelden, wie z.B. gem. § 18 Abs. 3 UStG die Umsatzsteuer, so ergeht gem. § 167 Abs. 1 S. 1 AO nur dann ein Steuerbescheid, wenn die Festsetzung zu einer abweichenden Steuer führt oder der Steuer- oder Haftungsschuldner die Steueranmeldung nicht abgibt.

39 Anzumelden ist auch die **Lohnsteuer**, bei der sich die Frage nach der Höhe des verkürzten Steuerbetrages stellt, wenn bei der *Beschäftigung von Schwarzarbeitskräften* Arbeitgeber und Arbeitnehmer einvernehmlich zur Hinterziehung der Lohnsteuer und der Gesamtbeiträge zur Sozialversicherung zusammenwirken (vgl. dazu näher § 38 Rz. 301 ff.).

Im Anschluss an den BFH vertritt der BGH die Auffassung, dass bei derartigen Absprachen weder eine ausdrückliche noch eine stillschweigende **Nettolohnvereinbarung** vorliegt, da Sozialversicherungsbeiträge und Steuern gerade nicht abgeführt werden sollten und damit die Rechtsfolge einer Nettolohnvereinbarung, nämlich die Befreiung des Arbeitnehmers von seiner Beitragslast und Lohnsteuerpflicht, gerade nicht eintreten soll. Diese Betrachtungsweise entspreche dem für das Einkommen- und Lohnsteuerrecht maßgeblichen Zuflussprinzip nach §§ 11, 38a Abs. 1 EStG. Bei einer derartigen Abrede hafteten der Arbeitgeber und der Arbeitnehmer nach § 42d Abs. 3 EStG gesamtschuldnerisch für die Lohnsteuern. Werde der Arbeitgeber nach Aufdeckung der Tat erfolgreich in Haftung genommen, werde der Arbeitnehmer von seiner Lohnsteuerschuld befreit. Darin liege ein lohnsteuerpflichtiger Vorteil, wenn der Arbeit-

---

1 BFH v. 15.4.1997 – VII R 74/96, NJW 1997, 2543.
2 OLG Stuttgart v. 21.5.1987 – 1 Ss 221/87, wistra 1987, 263. Teilt der Steuerpflichtige dem Finanzamt nach einer vorausgegangenen richtigen Jahressteuererklärung nicht mit, dass seine Gewinne gestiegen und die Vorauszahlungen daher im Hinblick auf die zu erwartende Jahressteuerschuld zu niedrig sind, führt dies nicht zu einer Steuerhinterziehung; insoweit besteht keine Mitteilungspflicht; ebenso *Ransiek* in Kohlmann, § 370 AO Rz. 402 m.w.Nw. (Lfg. 50 August 2014).

geber die Lohnsteuer vom Arbeitnehmer nicht zurückfordern könne. Dieser Vorteil entstehe aber nicht schon mit der Absprache über die Zahlung unversteuerten Lohns und dessen Auszahlung, sondern erst dann, wenn der Haftungsfall eintrete. Der sich möglicherweise von vornherein aus den Umständen – Lohnzahlungen an eine Vielzahl wechselnder und unbekannt verbleibender Arbeitnehmer – ergebende (aufschiebend bedingte) Verzicht des Arbeitgebers auf den späteren Regress beim Arbeitnehmer führe jedenfalls bis zum Eintritt des Haftungsfalls zu keinem Zufluss an Arbeitslohn in Höhe der Rückgriffsforderung des Arbeitgebers gegen die Arbeitnehmer[1]; Bemessungsgrundlage für die Lohnsteuer sei deshalb nur der dem Arbeitnehmer zugeflossene Auszahlungsbetrag. Der Entscheidung des BGH ist in Ergebnis und Begründung in vollem Umfang zuzustimmen. Eine Nettolohnvereinbarung kann nur angenommen werden, wenn sie vor Auszahlung des Arbeitslohnes klar und unmissverständlich vereinbart wurde.

40 Werden *Umsatzsteuervoranmeldungen* mit zu niedrigen Umsätzen oder überhaupt nicht abgegeben, bemisst sich der Umfang der verkürzten Steuern oder erlangten Steuervorteile nach deren Nominalbetrag. Der Umstand, dass in solchen Fällen im Hinblick auf die Verpflichtung zur Abgabe einer Umsatzsteuerjahreserklärung (§ 18 Abs. 3 UStG) zunächst nur eine Steuerhinterziehung „auf Zeit" gegeben ist, führt nicht dazu, dass der tatbestandsmäßige Erfolg lediglich in der Höhe der Hinterziehungszinsen zu erblicken wäre[2].

41 Es ist die Pflicht des Tatrichters, die *Höhe der Steuerverkürzung* so genau wie möglich **im Urteil festzustellen**, da hiervon im Wesentlichen auch das Ausmaß der Schuld und damit die Strafzumessung abhängt[3]. Bei der Berechnung besteht keine Bindung an Entscheidungen der Finanzbehörden oder der Finanzgerichte. Weil der Grundsatz „in dubio pro reo" gilt und der Strafrichter sich nicht auf die steuerlichen Mitwirkungspflichten des Angeklagten oder auf die steuerlichen Beweislastregeln beziehen darf, wird sich im Strafverfahren nicht selten eine geringere Steuerschuld ergeben als im Besteuerungsverfahren. In den Urteilsgründen ist die verkürzte Steuer für jede Steuerart und jeden Steuerabschnitt gesondert zu berechnen[4]. Nur wenn der Täter selbst über ausreichende Sachkunde verfügt und zu Umfang und Höhe der verkürzten Steuer ein glaubhaftes Geständnis abgelegt hat, kann das Fehlen einer Berechnungsdarstellung ausnahmsweise unschädlich sein[5]. Mit den Besteuerungsgrundlagen muss sich der Tatrichter insoweit auseinandersetzen, als er diese der Berechnung der verkürzten Beträge zugrunde legen will[6]. Eine *Schätzung* der verkürzten Steuerbeträge ist auch im Steuerstrafverfahren möglich, doch muss der

---

1 BGH v. 13.5.1992 – 5 StR 38/92, 5 StR 38/92, wistra 1992, 259 = BGHSt 38, 285 im Anschluss an BFH v. 21.2.1992 – VI R 41/88, wistra 1992, 196 = NJW 1992, 2587.
2 BGH v. 17.3.2009 – 1 StR 627/08, NJW 2009, 1979.
3 BGH v. 2.12.2008 – 1 StR 416/08, wistra 2009, 312 m.w.Nw.
4 St. Rspr., s. BGH v. 7.4.1978 – 5 StR 48/78, wistra 1995, 345 m.w.Nw.
5 BGH v. 22.9.1993 – 5 StR 554/93, wistra 1993, 342.
6 Zur Berechnung eines Veräußerungsgewinns BGH v. 7.4.1978 – 5 StR 48/78, StRK AO 1977 § 370 R 4; zur Darstellung verdeckter Gewinnausschüttungen nach altem KörperschaftsteuerR BGH v. 7.4.1978 – 5 StR 48/78, wistra 1995, 345.

Strafrichter bei seiner freien Beweiswürdigung stets den Grundsatz „in dubio pro reo" im Auge behalten[1].

bb) Nicht gerechtfertigte Steuervorteile

42 Ein **Steuervorteil** i.S. des § 370 Abs. 1 AO liegt vor, wenn der Täter im Besteuerungsverfahren eine günstigere Rechtsposition erlangt als sie ihm bei richtigen und vollständigen Angaben zustehen würde. Der Begriff des Steuervorteils geht über die ein Festsetzungsverfahren voraussetzenden Steuerverkürzungen hinaus. Er umfasst *sämtliche Vorteile*, die dem Steuerpflichtigen außerhalb des Festsetzungsverfahrens durch ein **begünstigendes Verhalten** der Behörde auf steuerlichem Gebiet gewährt werden. In Betracht kommen beispielsweise *Stundung* (§ 222 AO), *Zahlungsaufschub* (§ 223 AO), *Einstellung* der Vollstreckung (§ 257 AO)[2], *Niederschlagung* (§ 261 AO) und *Aussetzung* der Vollziehung (§ 361 Abs. 2 AO)[3]. Auch die gesonderte Feststellung von Besteuerungsgrundlagen kann einen nicht gerechtfertigten Steuervorteil darstellen[4].

43 Steuervorteile sind nach § 370 Abs. 4 S. 2 Hs. 1 AO auch **Steuervergütungen**. Kennzeichen der Steuervergütung ist, dass sie denjenigen von der Steuer entlastet, der sie, *ohne ihr Schuldner zu sein*, wirtschaftlich getragen hat. Sie unterscheidet sich dadurch von der Steuererstattung, die an denjenigen zu erfolgen hat, für dessen Rechnung die Steuer bezahlt wurde. Die Verrechnung von Vorsteuern mit der Umsatzsteuerschuld ist eine Steuervergütung[5]. Weitere Steuervergütungsansprüche sind Ansprüche auf Vergütungen von Verbrauchsteuern (z.B. § 57 EnergieStG) und das nach § 31 S. 3 EStG gezahlte Kindergeld. Wie Steuervergütungen anzusehen sind Bergmannsprämien (wegen § 5a Abs. 2 Bergmannsprämiengesetz) und Wohnungsbauprämien (wegen § 8 Abs. 2 Wohnungsbauprämiengesetz).

44 Nicht gerechtfertigte Steuervorteile sind gem. § 370 Abs. 4 S. 2 Alt. 2 AO **erlangt**, soweit sie zu Unrecht gewährt oder belassen werden. Ein Steuervorteil wird *zu Unrecht gewährt*, wenn ihn die Finanzbehörde bei Kenntnis des wahren Sachverhaltes von Anfang an versagt hätte.

Beispiel: Das Finanzamt stimmt einer Umsatzsteuervoranmeldung des U zu, in der dieser überhöhte Vorsteuerbeträge geltend gemacht hat.

45 Ein Steuervorteil wird **zu Unrecht belassen**, wenn ihn die Finanzbehörde bei Kenntnis des wahren Sachverhaltes wieder aufheben würde.

---

[1] Eingehend *Huchel*, Schätzungen im Steuerstrafverfahren, Diss. Tübingen 1994; *Dörn*, Schätzung im Steuerstraf- und im Besteuerungsverfahren, wistra 1993, 1; *Joecks*, Steuerliche Schätzungen im Strafverfahren, wistra 1990, 52.
[2] *Bansemer*, Steuerhinterziehung im Beitreibungsverfahren, wistra 1994, 327.
[3] Weitere Beispiele bei *Ransiek* in Kohlmann, § 370 AO Rz. 436 (Lfg. 50 August 2014).
[4] BGH v. 10.12.2008 – 1 StR 322/08, BGHSt 53, 99; krit. dazu *Jope*, Steuerhinterziehung im Feststellungsverfahren, DStZ 2009, 247.
[5] BFH v. 21.5.1985 – VII R 191/82, BStBl. II 1985, 488.

Beispiel: V hat für seinen in Ausbildung befindlichen Sohn für 01 Kindergeld erhalten. Inzwischen hat das Kind seine Ausbildung beendet. Da V dies entgegen seiner Mitwirkungspflicht aus § 68 Abs. 1 EStG der Familienkasse nicht mitteilt, unterbleibt die Aufhebung der Kindergeldbewilligung für das Jahr 01.

cc) Kompensationsverbot

Gem. § 370 Abs. 4 S. 3 AO ist die Steuer, auf die sich die Tat bezieht, *auch* dann *verkürzt*, wenn sie aus anderen Gründen hätte *ermäßigt* werden können; ein Steuervorteil ist auch dann als nicht gerechtfertigt anzusehen, wenn er aus anderen Gründen hätte beansprucht werden können. Das Kompensationsverbot dient dem **Zweck**, einen Schuldspruch wegen Steuerhinterziehung auch dann zu ermöglichen, wenn vom Beschuldigten zunächst nicht angegebene Gründe den durch die unrichtigen, unvollständigen oder unterlassenen Angaben erlangten Vorteil ausgleichen könnten[1]. Die *Ermittlungsarbeit* scheint dadurch aber nur auf den ersten Blick erleichtert. Weil der BGH die „anderen Gründe" zwar nicht beim Schuldumfang, aber bei der *Strafzumessung* berücksichtigt sehen will[2] und ihr Vorhandensein u.U. sogar den Tatvorsatz ausschließen kann[3], muss entsprechenden Behauptungen des Beschuldigten gleichwohl nachgegangen werden.

46

Der Begriff der **Tat** i.S. des § 370 Abs. 4 S. 3 AO ist in einem engen Sinne zu verstehen. Er meint nicht die Abgabe der unrichtigen Steuererklärung in ihrer Gesamtheit, sondern hebt auf die einzelnen Angaben in der Steuererklärung ab, die diese zu einer unrichtigen oder unvollständigen machen.

47

Die **Steuer**, auf die sich die Tat bezieht, ergibt sich, indem anstelle dieser unrichtigen oder unvollständigen Angaben die Besteuerungsgrundlagen in ihrer tatsächlichen Höhe angesetzt werden.

48

Beispiel: S hat sich von seinem Freund dessen Kassenbelege über Fachliteratur geben lassen und bei seiner Einkommensteuerveranlagung 01 daraus zu Unrecht den Werbungskostenabzug geltend gemacht. Im Einkommensteuerbescheid 01 wird deshalb die Steuer um 200 Euro zu niedrig festgesetzt. – Die Tat des S besteht in den in seiner Einkommensteuererklärung gemachten Angaben zu den Werbungskosten, die insoweit unrichtig waren, als er tatsächlich nicht erfolgte Ausgaben behauptet hat. Die Steuer, auf die sich die Tat bezieht, ist der Betrag, der sich ergibt, wenn der zu Unrecht geltend gemachte Werbungskostenabzug nicht gewährt wird. Hinter diesem Betrag bleibt die tatsächlich festgesetzte Steuer um 200 Euro zurück, sodass die Steuerverkürzung nach § 370 Abs. 4 S. 1 AO 200 Euro beträgt.

Schwieriger ist „*die Steuer, auf die sich die Tat bezieht*", zu bestimmen, wenn pflichtwidrig **keine Steuererklärung** abgegeben wird. Nach § 150 Abs. 2 S. 1 AO

49

---

1 *Jäger* in Klein, § 370 AO Rz. 131 unter Hinweis auf BGH v. 18.11.1960 – 4 StR 131/60, BStBl. I 1961, 495; *Beck*, Steuerliche Wahlrechte und Steuerverkürzung nach § 370 Abs. 4 AO, wistra 1998, 131: Der Strafrichter soll den Steuerfall nicht in vollem Umfang aufrollen müssen.
2 BGH v. 23.7.1985 – 5 StR 465/85, wistra 1985, 225 für Vorsteuer; BGH v. 11.11.1987 – 3 StR 445/87, HFR 1989, 274 = StV 1988, 107 für bestimmte Betriebsausgaben; BGH v. 12.9.1990 – 3 StR 188/990, HFR 1991, 496 für tatsächliche Lohnzahlungen, die durch Scheinrechnungen abgedeckt wurden.
3 BGH v. 24.10.1990 – 3 StR 16/90, wistra 1991, 107.

sind die Angaben in den Steuererklärungen wahrheitsgemäß nach bestem Wissen und Gewissen zu machen. Das bedeutet, dass sie auch vollständig sein müssen. Das spricht dafür, die Steuer, auf die sich die Tat bezieht, als die Steuer zu verstehen, die sich ergibt, wenn der wirkliche Sachverhalt mit *allen* verschwiegenen Besteuerungsgrundlagen angesetzt wird. Für die Anwendung des Kompensationsverbots wäre dann kein Raum[1]. Der BGH sieht dies anders: Er lässt für die Berechnung des Schuldumfangs einen Vorsteuerabzug nicht zu und hebt dabei auf die fehlende Geltendmachung in einer Steuererklärung ab[2].

50 **Andere Gründe** i.S. des § 370 Abs. 4 S. 3 AO sind nach der Rechtsprechung des BGH solche, die mit den unrichtigen oder verschwiegenen Angaben in *keinem unmittelbaren wirtschaftlichen Zusammenhang* stehen[3]. Danach soll das Kompensationsverbot in folgenden Fällen Anwendung finden:

– Vorsteuerbeträge, die der Täter bislang nicht geltend gemacht hatte[4].

– Scheinrechnungen, um so Schwarzlohn- und Schmiergeldzahlungen vom Gewinn abzuziehen[5].

– Nachholung von Einlagebuchungen und Rückstellungen für Schadensersatzpflichten bei Schwarzverkäufen[6].

– Ausfuhrvergütungen für nicht erfolgte Ausfuhren, obwohl auch Ausfuhren vorgenommen waren, für die der Steuerpflichtige keine Ausfuhrvergütung geltend gemacht hatte[7].

– Verlustvortrag nach § 10d EStG[8].

– Nacherklärte Sonderausgaben zum Ausgleich höherer Gewinne[9].

51 In folgenden Fällen hat der BGH einen **Vorteilsausgleich zugelassen**:

– Rückstellungen für die Steuern, die wegen bislang nicht erklärter Gewinne nachzuzahlen sind[10].

---

1 So *Joecks* in F/G/J, § 370 AO Rz. 71 im Anschluss an *Meine*, Vorteilsausgleichsverbot, S. 70 ff.
2 BGH v. 24.10.1990 – 3 StR 16/90, wistra 1991, 107.
3 BGH v. 31.1.1978 – 5 StR 458/77, StRK AO 1977 § 370 R 2.
4 Z.B. BGH v. 23.7.1985 – 5 StR 465/85, wistra 1985, 225; BGH v. 24.10.1990 – 3 StR 16/90, wistra 1991, 107.
5 BGH v. 8.5.1979 – 1 StR 51/79, MDR 1979, 772; BGH v. 12.9.1990 – 3 StR 188/90, HFR 1991, 496. Richtigerweise hätte der Betriebsausgabenabzug zugelassen werden müssen, da die Ausgaben unmittelbar im Zusammenhang mit den verschwiegenen Gewinnen standen und die steuerliche Beweislastregel des § 160 AO dem Steuerstraftäter nicht entgegengehalten werden kann, dazu oben Rz. 41.
6 BGH v. 28.2.1978 – 5 StR 432/77, BB 1978, 1302 m. Anm. *Meine*, Tateinheit zwischen jeweils fortgesetzter Einkommensteuerhinterziehung, Gewerbesteuerhinterziehung und Umsatzsteuerhinterziehung bei gleichzeitig eingereichten Steuererklärungen?, BB 1978, 1309.
7 BGH v. 20.2.1962 – 1 StR 371/61, NJW 1962, 2311.
8 BGH v. 26.6.1984 – 5 StR 322/84, wistra 1984, 183; a.A. BayObLG v. 21.4.1982 – RReg 4 St 20/82, wistra 1982, 199.
9 BGH v. 18.4.1978 – 5 StR 692/77, DB 1979, 142.
10 BGH v. 7.12.1978 – 4 StR 604/78, DB 1979, 1876; BGH v. 17.4.2008 – 5 StR 547/07, wistra 2008, 310.

– Bisher nicht erklärte Betriebsausgaben, die im Zusammenhang mit bisher nicht erklärten Betriebseinnahmen entstanden sind[1].

– Verschwiegene Einnahmen und damit zusammenhängende Werbungskosten[2].

Das Kompensationsverbot greift nicht ein, wenn sich die Steuerminderung wegen **engen wirtschaftlichen Zusammenhangs** ohne Weiteres von Rechts wegen ergeben hätte, falls der Täter anstelle der unrichtigen die wahrheitsgemäßen Angaben gemacht hätte[3]. Ob der wirtschaftliche Zusammenhang zwischen nicht erklärten Einnahmen und nicht erklärten Ausgaben eng genug ist, ist nach Maßgabe der berührten Einzelsteuergesetze zu bestimmen. Da nach § 2 Abs. 1 EStG die *Einkünfte* der Einkommensteuer und über § 8 Abs. 1 KStG der Körperschaftsteuer unterliegen und diese sich gem. § 2 Abs. 2 EStG unter Berücksichtigung der Werbungskosten bzw. Betriebsausgaben ergeben, dürfen zur Berechnung der verkürzten Steuer die zur Erbringung der nicht erklärten Einnahmen angefallenen, direkt zuordenbaren Aufwendungen nicht außer Betracht bleiben. Dies gilt entgegen § 160 AO auch dann, wenn Belege der Zahlungsempfänger nicht mehr vorliegen. Bei den Nachweispflichten im *Steuerrecht* handelt es sich um Beweislastregeln, nach denen der Steuerpflichtige die ihm günstigen Umstände in bestimmter Form belegen muss. *Für den strafrechtlichen Vorwurf der Steuerhinterziehung* bedarf es hingegen der in freier Beweiswürdigung gewonnenen tatrichterlichen Überzeugung, dass Steuern verkürzt worden sind. Fehlende Nachweise können allenfalls im Rahmen der gebotenen Aufklärung indiziell zur Überzeugungsbildung herangezogen werden[4]. Ggf. sind die entsprechenden Aufwendungen zu schätzen[5]. 52

Der Zusammenhang zwischen der im Anmeldungszeitraum entstandenen Umsatzsteuer und der angefallenen **Vorsteuer** ist weniger eng als der zwischen Einnahmen und Betriebsausgaben bzw. Werbungskosten, die zu der unselbständigen Besteuerungsgrundlage „Einkünfte" zusammengeführt werden. Dass Umsatzsteuer und Vorsteuer unselbständige Besteuerungsgrundlagen sind, kommt erst im letzten Akt der Ermittlung der festzusetzenden Umsatzsteuer zum Ausdruck, wenn nämlich § 16 Abs. 2 UStG die Absetzung der Vorsteuer von der Umsatzsteuer anordnet. Bis dahin sind Umsatzsteuer und Vorsteuer selbständige Größen. Vor diesem Hintergrund ist die Begründung zu sehen, die der BFH[6] für die Anwendung des Kompensationsverbots auf den Vorsteuerabzug gibt: 53

Die nach § 16 Abs. 2 UStG eintretende Bindung von Umsatzsteuer und Vorsteuer eines Besteuerungszeitraums im Saldo erfordere den *Entschluss* des Steuerpflichtigen, in der Umsatzsteuererklärung die in den Besteuerungszeitraum fallende Vorsteuer in Abzug zu bringen. Die Notwendigkeit eines solchen Entschlusses liege den Regelungen des § 15

---

1 BGH v. 31.1.1978 – 5 StR 458/77, StRK AO 1977 R 2; BGH v. 20.7.1988 – 3 StR 583/87, wistra 1988, 356.
2 BGH v. 20.7.1988 – 3 StR 583/87, wistra 1988, 356.
3 BGH v. 26.6.1984 – 5 StR 322/84, wistra 1984, 183.
4 BGH v. 22.4.1999 – 5 StR 117/99, HFR 2000, 50.
5 In dem dem Urt. des BGH v. 28.2.1978 – 5 StR 432/77, BB 1978, 1302, zugrunde liegenden Fall hätte der BGH den Abzug der mit den Schwarzumsätzen zusammenhängenden Ausgaben zulassen müssen.
6 BFH v. 26.4.1979 – V R 46/72, BStBl. II 1979, 530.

Abs. 1 Nr. 1 UStG und § 16 Abs. 2 S. 1 UStG zugrunde. Nutze der Steuerpflichtige die ihm gebotene Möglichkeit nicht, unterbleibe die Zusammenführung von Umsatzsteuer und Vorsteuer des betreffenden Besteuerungszeitraums und beide Rechnungsgrößen behielten ihr steuerliches Eigenleben.

54 Nach § 10d EStG ist ein im Veranlagungszeitraum entstandener **Verlust** in den unmittelbar vorangegangenen Veranlagungszeitraum rückzutragen, ein evtl. verbleibender Rest wird in folgende Veranlagungszeiträume vorgetragen. Wird der Verlust im Entstehungsjahr durch unrichtige Angaben erhöht, tritt die Steuerverkürzung in dem Veranlagungszeitraum ein, in den der Verlust hineingetragen wird. Wird ein zutreffend ermittelter Verlust in einen Veranlagungszeitraum rückgetragen, in dem unrichtige Angaben gemacht wurden, und kommt es aufgrund des Verlustrücktrags zu einer geringeren oder gar keiner Steuer, so greift das Kompensationsverbot des § 370 Abs. 4 S. 2 AO ein; der Verlust des nachfolgenden Veranlagungszeitraums hat mit der Hinterziehung im rücktragsbegünstigten Veranlagungszeitraum nichts zu tun. Wird ein Verlust in ein Hinterziehungsjahr vorgetragen, wo es durch den Verlustvortrag zu einer geringeren oder keiner Steuer kommt, darf der Verlustvortrag ebenfalls nicht zur Straflosigkeit des Täters führen. Auch hier greift das Kompensationsverbot ein[1]. Der Verlust des vorangegangenen Veranlagungszeitraums steht mit dem erstrebten Steuervorteil aus den unrichtigen Angaben im späteren Veranlagungszeitraum in keinem Zusammenhang.

dd) Zeitpunkt des Erfolgseintritts

55 Eine Steuerhinterziehung ist **vollendet**, wenn eine Steuer verkürzt worden ist oder ein nicht gerechtfertigter Steuervorteil erlangt wurde. Der Bestimmung dieses Zeitpunktes dient § 370 Abs. 4 AO.

56 Wird bei der **Einkommensteuer, Körperschaftsteuer** oder **Erbschaft-/Schenkungsteuer** eine *Steuererklärung abgegeben* und die Steuer durch Bescheid festgesetzt, ist die Steuerhinterziehung mit Bekanntgabe des die verkürzte Steuer beinhaltenden Steuerbescheides vollendet[2]. Ob es dabei auf den Zeitpunkt der tatsächlichen Bekanntgabe ankommt oder ob die Bekanntgabefiktion des § 122 Abs. 2 Nr. 1 AO – drei Tage nach der Aufgabe zur Post – angewendet werden kann, ist streitig. Höchstrichterliche Strafrechtsprechung liegt insoweit nicht vor. Das Schrifttum geht mehrheitlich davon aus, dass der Ablauf der Drei-Tages-Frist für den Zeitpunkt der Tatvollendung auch dann maßgeblich ist, wenn der Steuerbescheid früher ergangen ist[3]. Für die Erfüllung des objektiven Tatbestands der Hinterziehung von *Einkommensteuer-Vorauszahlungen* ist es ausreichend, wenn eine Tathandlung bewirkt, dass die tatsächlich geschuldeten Vorauszahlungen im Vorauszahlungsbescheid in unzutreffender Höhe festgesetzt werden. Dabei ist es ohne Bedeutung, ob die zu niedrige Festsetzung der Vorauszahlungen auf einer unrichtigen Einkommensteuererklä-

---

1 BGH v. 26.6.1984 – 5 StR 322/84, wistra 1984, 183.
2 BGH v. 10.8.1988 – 3 StR 246/88, UR 1989, 101, Kurzwiedergabe in wistra 1988, 355.
3 *Schmitz/Wulf* in MüKo-StGB, § 370 AO Rz. 90 m.w.Nw.

rung oder auf den unrichtigen Angaben in einem Antrag auf Herabsetzung der Vorauszahlungsschulden beruht. Vollendet ist die Hinterziehung der Vorauszahlungen mit der Festsetzung der Steuer im Vorauszahlungsbescheid[1].

Unterlässt der Steuerpflichtige pflichtwidrig die Abgabe einer *Einkommensteuer- oder Körperschaftsteuererklärung*, ist die Tat i.S. von § 370 Abs. 1 Nr. 2 AO vollendet, wenn das zuständige Finanzamt die Veranlagungsarbeiten für den betreffenden Zeitraum im betreffenden Bezirk im Wesentlichen abgeschlossen hat. Entscheidend ist dabei der Zeitpunkt, zu dem bei ordnungsgemäßer Abgabe der Steuererklärung auch der unterlassende Täter spätestens veranlagt worden wäre[2]. Dazu ist ggf. der Beamte des zuständigen Veranlagungsbezirks zu vernehmen. Nimmt das Finanzamt vorher eine *Schätzung* vor, tritt die Vollendung der Steuerverkürzung mit der Festsetzung einer zu niedrigen Steuer ein[3]. Fällt die Schätzung höher aus als die nach den tatsächlichen Verhältnissen festzusetzende Steuer, liegt lediglich eine versuchte Steuerhinterziehung vor, da der erstrebte Erfolg nicht eingetreten ist[4].

57

Zur Abgabe einer **Erbschaftsteuer- oder Schenkungsteuererklärung** ist nur verpflichtet, wer dazu vom Finanzamt gem. § 31 Abs.1 ErbStG aufgefordert wurde. Dieser Aufforderung vorgeschaltet sind aber in den §§ 30, 33 und 34 ErbStG niedergelegten Anzeigepflichten, z.B. die Anzeigepflicht des Erwerbers nach § 30 Abs.1 ErbStG. Wer seiner Verpflichtung zur Anzeige nicht nachkommt, verhindert die Aufforderung zur Abgabe der *Erbschaftsteuer- oder Schenkungsteuererklärung*, welche für die Ermittlung der Besteuerungsgrundlagen zum Zwecke der Erbschaftsteuer- oder Schenkungsteuerfestsetzung erforderlich ist. Wird eine Anzeige **unterlassen** oder trotz Aufforderung die Erbschaftsteuer- oder Schenkungsteuererklärung nicht abgegeben, ist der Tat gem. § 370 Abs. 1 Nr. 2 AO in dem Zeitpunkt vollendet, in dem das zuständige Finanzamt die Veranlagung abgeschlossen hätte, wenn der Steuerpflichtige die Anzeige bzw. die Erklärung innerhalb der gesetzten Frist abgegeben hätte. Da dies wesentlich vom Umfang des steuerpflichtigen Erwerbs und den Besonderheiten des Einzelfalles abhängt, wird man zur Bestimmung dieses Zeitpunktes nicht ohne Vernehmung des für die Veranlagung zuständigen Sachbearbeiters auskommen.

58

Bei der **Gewerbesteuer** ist zu beachten, dass das Finanzamt *nach eingereichter Gewerbesteuererklärung* lediglich einen Gewerbesteuermessbescheid erlässt (§ 14 GewStG), der Grundlagenbescheid i.S. des § 171 Abs. 10 AO für den von der Gemeinde unter Anwendung ihres Hebesatzes erlassenen Gewerbesteuerbescheid ist. Bei den gleichfalls Grundlagenbescheide darstellenden Gewinnfeststellungsbescheiden hat der BGH bereits eine zu niedrige Gewinnfeststellung als nicht gerechtfertigten Steuervorteil i.S. des § 370 Abs. 4 S. 2 AO angesehen[5]. Daher scheint es sachgerecht, einen auf unrichtigen Angaben

59

---

1 BFH v. 15.4.1997 – VII R 97/2543, NJW 1997, 2543.
2 BGH v. 28.10.1998 – 5 StR 500/98, wistra 1999, 385; BGH v. 7.11.2002 – 5 StR 395/01, wistra 2002, 64 mit einer ausf. Darstellung anderer Rechtsauffassungen.
3 OLG Hamburg v. 2.6.1992 – 1 Ss 119/91, wistra 1993, 274.
4 OLG Celle v. 10.12.1964 – 1 Ss 414/64, MDR 1965, 504.
5 BGH v. 10.12.2008 – 1 StR 322/08, BGHSt 53, 99.

beruhenden und daher zu günstigen Gewerbesteuermessbescheid ebenfalls als nicht gerechtfertigten Steuervorteil i.S. des § 370 Abs. 4 S. 2 AO zu betrachten[1].

Unterlässt der Steuerpflichtige pflichtwidrig die Abgabe einer Gewerbesteuererklärung, ist die Tat i.S. von § 370 Abs. 1 Nr. 2 AO zu dem Zeitpunkt vollendet, zu dem das Finanzamt bei ordnungsgemäßer Abgabe der Gewerbesteuererklärung dem unterlassenden Täter den Gewerbesteuermessbescheid spätestens bekannt gegeben hätte.

60 Wird eine **Feststellungserklärung**, z.B. zur gesonderten und einheitlichen Feststellung der Einkünfte einer Personengesellschaft, abgegeben, so war nach früherer Rechtsauffassung die Tat erst vollendet, wenn der Feststellungsbescheid gemäß seiner Bestimmung als Grundlagenbescheid (§ 171 Abs. 10 AO) in einen Steuerbescheid, z.B. eines Gesellschafters, eingegangen war und dieser Folgebescheid (§ 182 Abs. 1 AO) bekannt gegeben worden war. Inzwischen sieht der BGH[2] die Vollendung bereits mit Bekanntgabe des Feststellungsbescheides gegeben.

61 **Unterlässt** der Erklärungspflichtige pflichtwidrig die Abgabe der Feststellungserklärung, ist die Tat i.S. von § 370 Abs. 1 Nr. 2 AO in dem Zeitpunkt vollendet, zu dem bei ordnungsgemäßer Abgabe der Feststellungserklärung der Feststellungsbescheid spätestens bekannt gegeben worden wäre. Die Abgabefrist richtet sich nach § 181 Abs. 1 S. 1 AO i.V.m. § 149 Abs. 2 AO. Nimmt das Finanzamt wegen der Nichtabgabe der Feststellungserklärung eine *Schätzung* vor, tritt die Vollendung der Steuerverkürzung mit der Festsetzung einer zu niedrigen Gewinnfeststellung ein[3].

62 Wird – z.B. bei der Umsatzsteuer, Lohnsteuer, Kapitalertragsteuer oder verschiedenen Verbrauchsteuern – eine **Steueranmeldung oder Steuervoranmeldung** *abgegeben*, bestimmt sich der Zeitpunkt der Tatvollendung nach § 168 AO. Nach § 168 S. 1 AO steht eine Steueranmeldung einer Steuerfestsetzung unter Vorbehalt der Nachprüfung gleich, was gem. § 370 Abs. 4 S. 1 Hs. 2 AO für die Annahme einer Steuerverkürzung – und damit der Tatvollendung – ausreicht. Führt die Steueranmeldung zu einer Herabsetzung der bisher zu entrichtenden Steuer oder zu einer Steuervergütung, so erhält sie nach § 168 S. 2 AO die Eigenschaft einer Steuerfestsetzung unter Vorbehalt der Nachprüfung erst dann, wenn die Finanzbehörde zustimmt.

Beispiele: U erklärt in seiner Umsatzsteuervoranmeldung für Januar 01 seine Umsätze zu niedrig. Das Finanzamt schöpft keinen Verdacht und akzeptiert die angemeldete Zahllast. – Mit Eingang der Umsatzsteuervoranmeldung beim Finanzamt steht diese gem. § 168 S. 1 AO einer Steuerfestsetzung unter Vorbehalt der Nachprüfung gem. § 164 Abs. 1 AO gleich. Gem. § 370 Abs. 4 S. 1 Hs. 2 AO liegt ein Verkürzungserfolg in Form nicht in voller Höhe festgesetzter Umsatzsteuer vor.

---

1 S. dazu auch BGH v. 2.11.2010 – 1 StR 544/09, NStZ 2011, 294, wo bereits die Feststellung eines (vortragsfähigen) Gewerbeverlustes als nicht gerechtfertigter Steuervorteil angesehen wurde.
2 BGH v. 10.12.2008 – 1 StR 322/08, BGHSt 53, 99.
3 OLG Hamburg v. 2.6.1992 – 1 Ss 119/91, wistra 1993, 274.

G erklärt in seiner Umsatzsteuervoranmeldung für Januar 01 seine Umsätze so niedrig, dass nach Abzug der in der richtigen Höhe erklärten Vorsteuerbeträge ein Überschuss zu seinen Gunsten verbleibt. Das Finanzamt schöpft keinen Verdacht und überweist den Vorsteuerüberschuss. – Hier stellt sich die Frage, ob das Kompensationsverbot des § 370 Abs. 4 S. 3 AO, das grundsätzlich eine getrennte Betrachtung von Umsatzsteuer und Vorsteuer vorschreibt, auf den Zeitpunkt der Tatvollendung durchschlägt. Dies ist indes zu verneinen. Die „Steuervergütung" i.S. des § 168 S. 2 AO entsteht als Saldo aus der Umsatzsteuer und der diese übersteigenden Vorsteuer. Das Vorliegen oder Nichtvorliegen eines solchen Saldos ist maßgebend dafür, ab welchem Zeitpunkt die Steueranmeldung als Steuerfestsetzung unter Vorbehalt der Nachprüfung wirkt. Im vorliegenden Fall erlangt die Steuervoranmeldung gem. § 168 S. 2 AO die Wirkung einer Steuerfestsetzung unter Vorbehalt der Nachprüfung *erst mit der Zustimmung* des Finanzamts, die spätestens mit der Gutschrift auf dem Konto des Steuerpflichtigen als erklärt gilt. Die selbständige Betrachtung von Umsatzsteuer und Vorsteuer greift aber bei der Beurteilung der Art des Steuervorteils Platz. Gem. § 370 Abs. 4 S. 1 Hs. 2 AO liegt ein Verkürzungserfolg in Form nicht in voller Höhe festgesetzter Umsatzsteuer und nicht etwa ein nicht gerechtfertigter Steuervorteil vor. Denn der Vorsteuerabzug steht G in der erklärten Höhe zu; sein angestrebter Vorteil folgt aus der Erklärung zu niedriger Umsätze.

Unterlässt der Steuerpflichtige pflichtwidrig die Abgabe einer **Umsatzsteuer-Voranmeldung**, ist die Hinterziehung der Umsatzsteuer für den Voranmeldungszeitraum mit dem Ausbleiben der zehn Tage nach Ablauf des Kalendermonats oder -vierteljahrs abzugebenden Voranmeldung (§ 18 Abs. 1 UStG) vollendet. Unterbleibt die Abgabe einer Umsatzsteuerjahresanmeldung oder einer sonstigen *Steueranmeldung*, ist auf den Ablauf der Frist für die Anmeldung (§ 149 Abs. 2 AO) abzustellen. 63

Beispiel: F gibt für Januar 01 keine Umsatzsteuervoranmeldung ab, obwohl er dazu nach § 18 Abs. 1 UStG verpflichtet wäre. Bei zutreffender Erklärung hätte sich eine Umsatzsteuerschuld ergeben. – F hat gem. § 370 Abs. 1 Nr. 2 AO die Finanzbehörden pflichtwidrig über steuerlich erhebliche Tatsachen in Unkenntnis gelassen. Es liegt ein Verkürzungserfolg in Form nicht festgesetzter Umsatzsteuer vor. Hätte F seine Umsatzsteuervoranmeldung unter zutreffender Erklärung seiner Umsätze fristgerecht bis 10.2.01 abgegeben, so hätte mit Eingang der Steuervoranmeldung beim Finanzamt gem. § 168 S. 1 AO eine Steuerfestsetzung unter Vorbehalt der Nachprüfung vorgelegen.

Der mögliche Abzug von Vorsteuer ist dem Steuerpflichtigen wegen des in § 370 Abs. 4 S. 3 AO enthaltenen Kompensationsverbots bei der Berechnung des Schuldumfangs nicht zugute zu halten[1] (s. Rz. 50).

Im Regelfall entsteht die Zollschuld durch ordnungsgemäßes Verbringen und die Abgabe einer Zollanmeldung (Art. 201 Abs.1 Buchst. a, Abs. 2 ZK). Der Zoll wird nach der Zollanmeldung berechnet, die Einfuhrabgaben werden buchmäßig erfasst und dem Zollschuldner gem. Art. 221 ZK mitgeteilt. Eine als Steuerhinterziehung nach § 370 Abs. 1 Nr. 1 AO zu wertende *Zollhinterziehung* ist durch die entsprechende Mitteilung mit zu niedriger Festsetzung der Einfuhrabgaben oder Freigabe der Ware ohne Zollerhebung vollendet. Bei vorschriftswidrigem Verbringen wie z.B. Schmuggel (Art. 202 ZK), Entziehen aus der zollamtlichen Überwachung (Art. 203 ZK) und Pflichtenverletzung (Art. 204 ZK) entsteht die Zollschuld durch die Verwirklichung der genannten regel- 64

---

1 BGH v. 24.10.1990 – 3 StR 16/90, wistra 1991, 107.

widrigen Tatbestände. In den letztgenannten Fällen ist die Tat in dem Zeitpunkt vollendet, in dem bei steuerehrlichem Verhalten die Einfuhrabgaben festgesetzt worden wären (vgl. § 45 Rz. 26, 31, 34)[1]. Bei den Eingangsabgaben Zoll und Einfuhrumsatzsteuer handelt es sich seit Inkrafttreten des Zollkodex nebst ZK-DVO mit Wirkung vom 1.1.1994 um Veranlagungssteuern. Werden bei einer Grenzkontrolle pflichtwidrig nicht angegebene Waren entdeckt, so kommt nur ein Versuch in Betracht, da die Einfuhrabgaben noch rechtzeitig festgesetzt werden können[2].

65 **Nicht gerechtfertigte Steuervorteile** sind gem. § 370 Abs. 4 S. 2 Alt. 2 AO **erlangt**, soweit sie zu Unrecht gewährt oder belassen werden. Wie eine Steuerfestsetzung ist auch die *Gewährung* von Steuervorteilen regelmäßig mit einer Willensäußerung der Finanzbehörde verbunden. Dementsprechend kommt es für den Zeitpunkt der Tatvollendung darauf an, wann diese Willensäußerung dem Antragsteller zugeht.

Beispiele: Eine **Vorsteuervergütung** ist erlangt, wenn das Finanzamt der Umsatzsteuervoranmeldung, die den überhöhten Vorsteuerbetrag enthält, zustimmt. Denn erst dann steht nach § 168 S. 2 AO die Steuervoranmeldung einer Steuerfestsetzung unter Vorbehalt der Nachprüfung gleich.

Das gem. § 31 S. 3 EStG eine Steuervergütung darstellende **Kindergeld** ist erlangt, wenn dem Antragsteller der auf den unrichtigen Angaben beruhende Bescheid zugeht.

Steuervorteile im **Beitreibungsverfahren** (Stundung, Erlass, Niederschlagung, Vollstreckungsaufschub) sind erlangt, wenn dem Schuldner mitgeteilt wird, dass die ihn begünstigende Maßnahme erfolgt.

66 Wird ein Steuervorteil **zu Unrecht belassen**, ist die Steuerhinterziehung in dem Zeitpunkt vollendet, in dem bei vollständiger Information der Finanzbehörde der Steuervorteil aufgehoben worden wäre.

Beispiel: V hat der Familienkasse nicht mitgeteilt, dass sein Kind im September 01 die Ausbildung beendet hat. Wäre er seiner Mitwirkungspflicht nachgekommen, so wäre nach den Bearbeitungsverhältnissen des bei der Familienkasse zuständigen Sachbearbeiters die Aufhebung des Kindergeldbescheides im Januar 02 erfolgt und V bekannt gegeben worden. – Die Steuerhinterziehung i.S. des § 370 Abs. 1 Nr. 2 AO ist damit im Januar 02 vollendet. Kommt es auf den genauen Zeitpunkt der Vollendung an, ist ggf. der Sachbearbeiter der Familienkasse zu vernehmen.

2. Subjektiver Tatbestand

67 Da § 370 AO fahrlässiges Handeln nicht mit Strafe bedroht, setzt die Steuerhinterziehung bei allen Begehungsweisen **Vorsatz** voraus (§ 369 Abs. 2 AO i.V.m. § 15 StGB). Wie sich § 16 StGB entnehmen lässt, muss der Steuerpflichtige somit alle Umstände kennen, die zum gesetzlichen Tatbestand gehören. Diese Kenntnis muss sich sowohl auf die Tathandlung als auch auf den Taterfolg erstrecken.

---

1 Der dem Urt. des BayObLG v. 27.7.1982 – RReg 4 St 28/82, NJW 1983, 1439 zugrunde liegende Fall wäre heute als Versuch zu beurteilen.
2 LG Dresden v. 14.7.1999 – 8 Ns 111 Js 45761/98, NStZ-RR 2000, 90.

68 Für den Grad der Kenntnis reicht ein **bedingter Vorsatz** aus (dazu § 17 Rz. 31 ff.). In Bezug auf die Tathandlung des § 370 Abs. 1 Nr. 1 AO genügt es, dass der Täter damit rechnet, dass seine Angaben falsch sind, und er dies billigend in Kauf nimmt. Beim Tatererfolg setzt die innere Tatseite der Steuerhinterziehung nach ständiger Rechtsprechung voraus, dass der Täter den Steueranspruch dem Grunde und der Höhe nach kennt oder zumindest für möglich hält und ihn auch verkürzen will[1]. Einer genauen Kenntnis der steuerlichen Vorschriften bedarf es aber insoweit nicht[2].

Beispiel: S. ist als Versicherungsnebenvertreter tätig. Da es ihm zu viel Arbeit ist, seine Provisionen aufzuaddieren, schätzt er ihre Summe. Die Möglichkeit, dass seine Schätzung niedriger sein könnte als der ihm tatsächlich zugeflossene Betrag, nimmt er ebenso billigend in Kauf wie die von ihm erkannte andere Möglichkeit, dass seine Erklärung eine zu niedrige Einkommensteuerfestsetzung zur Folge haben könnte. – Wenn die Einkommensteuer tatsächlich zu niedrig festgesetzt wird, hat S. mit *bedingtem Vorsatz* eine Einkommensteuerhinterziehung begangen.

69 In der Tatbestandsalternative des **§ 370 Abs. 1 Nr. 2 AO** (Rz. 15 ff.) muss der Täter mindestens billigend in Kauf nehmen, dass in seinem Fall Umstände vorliegen, die eine *steuerliche Offenbarungspflicht* begründen. Die gesetzliche Grundlage der Pflicht braucht er nicht zu kennen. Ferner muss der Täter mindestens damit rechnen und es billigend in Kauf nehmen, dass durch sein Verhalten Steuer verkürzt wird oder dass er oder ein anderer nicht gerechtfertigte Vorteile erlangt[3]. Für die Fälle des **§ 370 Abs. 1 Nr. 3 AO** (Rz. 27) gilt Entsprechendes.

Beispiel: M ist als Maurer bei einer Baufirma beschäftigt. Jahrelang hat er nach Feierabend für Bauherren aus seinem Bekanntenkreis gegen Entgelt Rohbauten errichtet und dabei jährlich ca. 30 000 Euro eingenommen. Er hat es für sehr wahrscheinlich gehalten, dass daraus Umsatzsteuer abzuführen sein könnte. Ganz genau wollte er es aber gar nicht wissen und hat deshalb weder Erkundigungen eingeholt noch beim Finanzamt Umsatzsteuererklärungen abgegeben. – Das bedingt vorsätzliche Verhalten des M erfüllt sowohl in objektiver als auch in subjektiver Hinsicht die Voraussetzungen des § 370 Abs. 1 Nr. 2 AO. Dass sich die Pflicht zur Abgabe von Umsatzsteuererklärungen aus § 18 Abs. 3 UStG ergibt, braucht M nicht zu wissen. Es genügt die sog. *Parallelwertung in der Laiensphäre* (dazu § 17 Rz. 25).

70 Zum Vorsatz der Steuerhinterziehung gehört, dass der Täter den angegriffenen bestehenden Steueranspruch kennt und dass er ihn trotz dieser Kenntnis gegenüber der Steuerbehörde verkürzen will[4]. Hat er angenommen, dass die steuerliche Behandlung der Angelegenheit richtig war, liegt ein **Tatbestandsirrtum** vor, der den Vorsatz ausschließt[5].

---

1 BGH v. 8.9.2011 – 1 StR 38/11, wistra 2011, 465 m.w.Nw.
2 BGH v. 17.2.1998 – 5 StR 624/97, wistra 1998, 225 (226).
3 S. dazu BGH v. 8.9.2011 – 1 StR 38/11, wistra 2011, 465 m.w.Nw.
4 BGH v. 8.9.2011 – 1 StR 38/11, wistra 2011, 465 m.w.Nw.
5 BGH v. 19.5.1989 – 3 StR 590/88, wistra 1989, 263; zur Irrtumsproblematik im SteuerstrafR ausführlich *Schlüchter*, Zur Irrtumslehre im SteuerstrafR, wistra 1985, 43 ff. und 94; *Reiß*, Tatbestandsirrtum und Verbotsirrtum bei der Steuerhinterziehung, wistra 1987, 161; vgl. auch § 18 Rz. 3.

Beispiel: A hat in seiner Einkommensteuererklärung Zinseinnahmen, die er auf einem Bankkonto in der Schweiz erzielt hatte, nicht angegeben. Dies geschah, nachdem ihm sein Steuerberater gesagt hatte, nach dem Doppelbesteuerungsabkommen müssten die Zinsen nur in der Schweiz versteuert werden[1]. – Zum Vorsatz des Täters bei der Steuerhinterziehung gehört, dass er den sich aus den Steuergesetzen ergebenden Steueranspruch kennt und ihn trotz dieser Kenntnis gegenüber der Finanzbehörde verkürzen will. Im vorliegenden Falle musste es A nicht ausgeschlossen erscheinen, dass die Bundesrepublik im Rahmen des Doppelbesteuerungsabkommens auf ihr Besteuerungsrecht verzichtete. Er hat sich über die steuerliche Erheblichkeit geirrt.

3. Unrechtsbewusstsein

71 Wer wissentlich und willentlich den Tatbestand der Steuerhinterziehung verwirklicht, weiß als Schuldfähiger regelmäßig, dass er Unrecht tut. Das Unrechtsbewusstsein ist ein selbständiges Schuldelement, dessen Vorhandensein bei Fehlen anderweitiger Anhaltspunkte grundsätzlich zu vermuten ist (§ 17 Rz. 41). Gegenstand des Unrechtsbewusstseins ist die Einsicht des Täters, dass sein auf die ungerechtfertigte Erlangung eines Steuervorteils gerichtetes Verhalten rechtlich verboten ist. Fehlt dem Täter bei Begehung der Tat die Einsicht, Unrecht zu tun, so liegt ein **Verbotsirrtum** i.S. des § 17 StGB vor. Konnte der Täter diesen Irrtum nicht vermeiden, so handelt er nach § 17 S. 1 StGB ohne Schuld und kann nicht bestraft werden. War der Irrtum vermeidbar, kann die Strafe nach § 17 S. 2 StGB gemildert werden.

Beispiele: Einen *unvermeidbaren Verbotsirrtum* hat der BGH in einem Fall angenommen, in dem der Angeklagte davon ausgegangen war, dass er als V-Mann der niederländischen Zollfahndungsbehörde Schmuggelfahrten mit deren Billigung durchführe, diese ihre Erkenntnisse an die betroffenen ausländischen Behörden in der EU weiterleite und er mit deren Einverständnis handle[2]. Einen – durch entsprechende Erkundigungen – *vermeidbaren Verbotsirrtum* hielt er für gegeben, als ein Unternehmer aus einem abgeschlossenen Grundstückskaufvertrag die ihm gesondert in Rechnung gestellte Umsatzsteuer als Vorsteuer geltend gemacht hatte und nach dem Rücktritt des Verkäufers vom Vertrag seiner Berichtigungspflicht nach § 17 UStG nicht rechtzeitig nachgekommen war[3]. Der Irrtum über eine steuerrechtliche Berichtigungspflicht, der nicht die Garantenstellung betrifft, fällt unter § 17 StGB[4].

Ein weiteres Beispiel aus der Rechtsprechung für einen *vermeidbaren Verbotsirrtum*: Der ungetreue Buchhalter weiß, dass seine Untreue oder Unterschlagung sich auch steuermindernd auswirkt. Er hält aber eine Aktivierung von gegen ihn selbst gerichteten, die Steuerverkürzung ausgleichenden Schadensersatzansprüchen für unzumutbar[5].

II. Versuch

72 Nach § 370 Abs. 2 AO ist auch der *Versuch* der Steuerhinterziehung *strafbar* (zum Versuch von Straftaten im Allgemeinen s. § 18 Rz. 18 ff.). Eine Steuerhin-

---

1 S. dazu das Urteil des BayObLG v. 30.1.1990 – RReg 4 St 132/89, wistra 1990, 202.
2 BGH v. 21.2.2001 – 5 StR 368/00, wistra 2001, 263.
3 BGH v. 18.12.1985 – 2 StR 461/85, wistra 1986, 219.
4 BGH v. 18.12.1985 – 2 StR 461/85, wistra 1986, 219.
5 BGH v. 18.11.1960 – 4 StR 131/60, BStBl. I 1961, 495: Die Aktivierung ist zumutbar.

terziehung versucht gem. § 369 Abs. 2 AO i.V.m. § 22 StGB, wer nach seiner Vorstellung von der Tat zur Verwirklichung einer der Tatbestände des § 370 AO unmittelbar ansetzt. Der Täter muss den Bereich der Vorbereitungshandlung verlassen und den ersten Schritt zur Tatbestandverwirklichung getan haben.

1. Objektiver Tatbestand

a) Unmittelbares Ansetzen zur Tat

Wird eine *Einkommen-, Körperschaft-, Erbschaft- oder Schenkungsteuererklärung* **abgegeben** und erwartet der Täter, dass aufgrund der darin enthaltenen unrichtigen Angaben ein Steuerbescheid mit einer zu niedrigen Steuerfestsetzung ergeht, so ist das Versuchsstadium erreicht, wenn die Steuererklärung beim Finanzamt eingeht. Denn in diesem Moment hat der Täter unrichtige Angaben über steuerlich erhebliche Tatsachen gemacht, er hat zur Verwirklichung des Tatbestandes des § 370 Abs. 1 Nr. 1 AO unmittelbar angesetzt. Das gilt auch für die Abgabe von *Gewerbesteuer- und Feststellungserklärungen*. Erreicht der Täter die angestrebte Steuerverkürzung oder den gewünschten Steuervorteil nicht und verfolgt er sein Vorhaben durch das Ergreifen von Rechtsmitteln weiter, so dauert der Versuch bis zum bestandskräftigen Abschluss des Veranlagungsverfahrens fort. Erst dann ist der *Versuch beendet und fehlgeschlagen*[1]. 73

In den **Unterlassungsfällen** des § 370 Abs. 1 Nr. 2 AO ist die Festlegung des Zeitpunkts für das Erreichen des Versuchsstadiums schwieriger. Bei einer Veranlagungssteuer beginnt in Fällen der Untätigkeit eines zur Abgabe der Steuererklärung Verpflichteten eine versuchte Steuerverkürzung erst in dem Zeitpunkt, zu dem bei pflichtgemäßem Verhalten die Steuererklärung spätestens hätte abgegeben werden müssen[2]. Das kann bereits der Ablauf der Fünfmonatsfrist des § 149 Abs. 2 AO sein, muss aber nicht. Hat der Täter eine Fristverlängerung in der ehrlichen Erwartung beantragt, er werde seine Steuererklärung noch innerhalb der verlängerten Frist abgeben, entschließt er sich währenddessen jedoch anders, so ist das Versuchsstadium erst mit Ablauf der verlängerten Frist erreicht. Wusste der Täter aber von vornherein, dass er keine Steuererklärung angeben würde und diente die beantragte Fristverlängerung lediglich dazu, das Finanzamt hinzuhalten, so ist das Erreichen des Versuchsstadiums bereits mit Ablauf des 31. Mai des auf den Veranlagungszeitraum folgenden Jahres (§ 149 Abs. 2 AO) anzunehmen. Denn die Beantragung der Fristverlängerung ist dann bereits Teil der Hinterziehungstat. 74

Entgegen der **Kritik** von *Joecks*[3] liegt dieser Zeitpunkt nicht zu früh. Denn mit dem Verstreichenlassen der Frist des § 149 Abs. 2 AO ist der Steuerpflichtige bereits in die Erfüllung des Tatbestandes des § 370 Abs. 1 Nr. 2 AO – Nichtabgabe der Steuererklärung – eingetreten. Die Gefahr, dass dadurch zu viele Steuerbürger in die Strafbarkeit geraten, besteht nicht. Da der Versuch bis zum 75

---
1 BGH v. 17.7.1991 – 5 StR 225/91, wistra 1991, 300.
2 OLG Düsseldorf v. 3.10.1986 – 3 Ws 493/86, wistra 1987, 354.
3 *Joecks* in F/G/J, § 370 AO Rz. 261a.

Ergehen eines Steuerbescheides fortdauert, kann sich der zwar träge, aber doch redliche Steuerbürger wieder aus der Strafbarkeit befreien, indem er seine Steuererklärung noch abgibt und dadurch vom Versuch der Steuerhinterziehung gem. § 24 Abs. 1 S. 1 StGB zurücktritt. Bei einer Fristüberschreitung von wenigen Monaten braucht der Steuerpflichtige ohnehin nicht damit zu rechnen, von der Einleitung des Steuerstrafverfahrens vor der Abgabe seiner Steuererklärung überrascht zu werden. Die Langmut der Finanzbehörden ist insoweit erfahrungsgemäß groß. In Ausnahmefällen kann eine (versuchte) Steuerhinterziehung durch Nichtabgabe von Erklärungen sogar ausgeschlossen sein. Das wäre dann der Fall, wenn für den Steuerpflichtigen aufgrund früherer Erfahrungen die Erwartung naheliegt, dass das Finanzamt eine höhere Steuerfestsetzung im Wege der Schätzung noch vor Abschluss der allgemeinen Veranlagungsarbeiten vornehmen werde[1].

76 Bei der Abgabe einer **Steueranmeldung oder Steuervoranmeldung** kann die Tat nur dann im Versuchsstadium stecken bleiben, wenn ein Fall des § 168 S. 2 AO vorliegt und die Zustimmung der Finanzbehörde *versagt* wird.

Beispiel: G hat während eines Gefängnisaufenthalts erfahren, dass sich mit der Anmeldung eines Gewerbebetriebes und der Geltendmachung von vorgetäuschten Vorsteuerbeträgen schnell Geld verdienen lasse. Bei Abgabe seiner ersten Umsatzsteuervoranmeldung verhält er sich aber so stümperhaft, dass das Finanzamt Verdacht schöpft, den Vorsteuerabzug versagt und stattdessen ein Steuerstrafverfahren einleitet. – G hat dem Finanzamt über nach § 15 UStG steuerlich erhebliche Tatsachen gemacht. Zum Taterfolg ist es nicht gekommen, weil mangels Zustimmung des Finanzamts die Steuervoranmeldung des G nicht die Wirkung einer Steuerfestsetzung unter Vorbehalt der Nachprüfung erreicht hat. Es liegt eine versuchte Umsatzsteuerhinterziehung vor.

77 In den Fällen, in denen das Finanzamt den **angemeldeten Steuerbetrag akzeptiert**, liegt nach § 168 S. 1 AO i.V.m. § 370 Abs. 4 S. 1 Alt. 2 AO bereits mit Eingang der Steueranmeldung oder Steuervoranmeldung beim Finanzamt eine Steuerverkürzung und damit der Taterfolg vor. Für einen Versuch ist kein Raum mehr.

78 **Unterlässt** der Steuerpflichtige pflichtwidrig die Abgabe einer **Umsatzsteuervoranmeldung, die zu einer Zahllast führen würde**, ist die Hinterziehung der Umsatzsteuer für den Voranmeldungszeitraum mit dem Ausbleiben der zehn Tage nach Ablauf des Kalendermonats oder -vierteljahrs abzugebenden Voranmeldung (§ 18 Abs. 1 UStG) vollendet. Wegen § 168 S. 1 AO bleibt für einen Versuch kein Raum. Im Falle der pflichtwidrigen Unterlassung einer Umsatzsteuervoranmeldung, die bei korrektem Verhalten eine Steuervergütung enthalten müsste, führt der Eingang der Voranmeldung wegen § 168 S. 2 AO nur zu einem Versuch. Unterbleibt die Abgabe einer zu einer Zahllast führenden Umsatzsteuerjahresanmeldung oder einer *sonstigen Steueranmeldung*, ist auf den Ablauf der Frist für die Anmeldung (§ 149 Abs. 2 AO) abzustellen. In beiden Fällen wird das Versuchsstadium übersprungen. Lediglich zum Versuch kommt es, wenn die Abgabe einer Umsatzsteuerjahresanmeldung unterlassen wird, die bei korrektem Verhalten einen Vorsteuerüberschuss enthalten würde.

---

1 BGH v. 30.9.1980 – 5 StR 394/80, HFR 1981, 286.

Die Abgabe einer unrichtigen schriftlichen oder mündlichen **Zollanmeldung** 79
ist als Versuch der Steuerhinterziehung zu werten.

Zielt das Verhalten des Täters nicht auf die Verkürzung einer Steuer, sondern 80
auf die **Erlangung** sonstiger **nicht gerechtfertigter Steuervorteile**, so ist das Versuchsstadium mit dem Anbringen des darauf gerichteten Gesuchs bei der Finanzbehörde erreicht.

Geht es dem Täter darum, dass ihm ein Steuervorteil **zu Unrecht belassen** 81
wird, so kommt es für den Zeitpunkt des Erreichens des Versuchsstadiums darauf an, durch welches Verhalten der Täter diesen Erfolg erreichen will. Macht er z.B. auf Anfrage der Behörde falsche Angaben, so beginnt der Versuch der Steuerhinterziehung mit dem Eingang dieser Angaben bei der Finanzbehörde. Unterlässt er pflichtwidrig eine *Mitteilung*, so ist das Versuchsstadium in dem Zeitpunkt erreicht, zu dem die Mitteilung spätestens abzugeben gewesen wäre.

Bei der Steuerentrichtung durch Verwendung von **Steuerzeichen** oder **Steuer-** 82
stemplern (Rz. 27) gibt es wie bei den Fälligkeitssteuern kein zwischen Vorbereitung und Vollendung liegendes Stadium des Versuchs. Die Steuer entsteht mit einem bestimmten Vorgang und ist zugleich zu entrichten. So begründet die Herstellung von Zigaretten die Pflicht zur Verwendung der Steuerzeichen. Unterlässt der Steuerpflichtige bei Ausführung des steuerpflichtigen Vorgangs die Verwendung von Steuerzeichen oder -stemplern, verkürzt er schon damit i.S. des § 370 Abs. 1 Nr. 3 AO Steuern. Die Hinterziehung ist *sogleich vollendet*.

b) Straflose Vorbereitungshandlungen

Vor dem Zeitpunkt des unmittelbaren Ansetzens zur Tatbestandsverwirk- 83
lichung liegt das Stadium der **Vorbereitungshandlungen**. Für sie ist im Steuerstrafrecht keine Strafdrohung vorgesehen. Einzelne Vorbereitungshandlungen können aber nach § 379 AO als Steuerordnungswidrigkeit (unten § 46) geahndet werden, z.B. wenn Belege ausgestellt werden, die in tatsächlicher Hinsicht unrichtig sind (§ 379 Abs. 1 Nr. 1 AO) oder nach Gesetz buchungs- oder aufzeichnungspflichtige Geschäftsvorfälle oder Betriebsvorgänge nicht oder in tatsächlicher Hinsicht unrichtig verbucht werden (§ 379 Abs. 1 Nr. 3 AO). Blickt man über das Steuerstrafrecht hinaus, so ist eine Strafbarkeit von (auch) einer Steuerhinterziehung dienenden Vorbereitungshandlungen nicht gänzlich ausgeschlossen: Bei insolvenzgefährdeten Unternehmen ist die Verletzung der handelsrechtlichen Buchführungs- und Bilanzierungspflicht nach § 283 Abs. 1 Nr. 5 und 7 bzw. § 283b StGB strafbar (unten § 85; vgl. auch oben § 26 und § 40).

Neben den bereits genannten zählen zu den *typischen Vorbereitungshandlun-* 84
gen zur Hinterziehung auch **Manipulationen** wie: Absprachen über Scheingeschäfte, über Schwarzgeschäfte, über falsche Preise; Buchung von Privataufwand als Betriebsausgaben; das Ausfüllen einer unrichtigen Steuererklärung oder Anmeldung; die Einrichtung eines Schmuggelverstecks im Pkw[1]. Weil

---

1 Weitere Beispiele bei *Hellmann* in H/H/Sp., § 370 AO Rz. 294 ff. (Lfg. 215 November 2011).

diese Maßnahmen die *Sphäre des Steuerpflichtigen noch nicht verlassen haben*, hat er es noch in der Hand, ob er seinen Entschluss zur Hinterziehung ins Werk setzen oder wieder aufgeben will.

85 Bei vorzeitiger Entdeckung eines mit erheblicher krimineller Energie ausgestatteten Täters kann sich die lange Phase der straflosen Vorbereitungszeit für diesen außerordentlich günstig auswirken, wie folgendes Beispiel zeigt:

Beispiel: Die Autowerkstatt des S wird am 10. September 01 wegen des Verdachts von Autoschiebereien durchsucht. Dabei wird eine von S selbst so bezeichnete „S-Liste" gefunden, die lauter Umsätze enthält, die er nicht in seine Buchführung aufnehmen wollte. Auf diese Weise wollte er für das Jahr 01 Einkommensteuer, Gewerbesteuer und Umsatzsteuer sparen. – S kann weder wegen versuchter Einkommensteuerhinterziehung noch wegen versuchter Gewerbesteuerhinterziehung bestraft werden, solange er noch keine Einkommensteuererklärung und Gewerbesteuererklärung für 01 abgegeben hat. In Betracht kommen lediglich Umsatzsteuerhinterziehungen aus den Voranmeldungen für die Monate Januar bis August 01.

2. Subjektiver Tatbestand

86 Mit der Vorstellung des Täters von der Tat ist der **Tatvorsatz** gemeint, der sich sowohl auf die Handlung/Unterlassung als auch auf den damit erstrebten Taterfolg beziehen muss. Dazu wird auf die obigen Ausführungen (Rz. 67 ff.) Bezug genommen.

87 Von der Vorstellung des Täters von der Tat hängt die Abgrenzung von strafbarem **Versuch** und straflosem **Wahndelikt** ab. Ist das Verhalten des Täters eine *aktive Handlung* und geht er dabei irrig von tatsächlich nicht gegebenen Tatumständen aus, so kommt ein untauglicher Versuch in Betracht.

Beispiel: A restauriert seit Februar 01 nebenberuflich Möbel gegen Entgelt. Sämtliche Geschäfte wickelt er bar und ohne Rechnung ab. A weiß, dass auch die aus seiner Nebentätigkeit erzielten Gewinne der Einkommensteuer unterliegen. Da es ihm zu mühsam ist, den Gewinn exakt zu ermitteln, schätzt er ihn auf 2000 Euro; er nimmt in Kauf, dass dadurch die Einkommensteuer zu niedrig festgesetzt wird. In Wirklichkeit hätte sich wegen der Anschaffung von Werkzeugen und eines Vorrats teurer Arbeitsmaterialien ein Verlust von 200 Euro ergeben. – In diesem Falle handelt es sich um einen *untauglichen Versuch* einer Steuerhinterziehung. Die Tatumstände, deren Vorhandensein A sich vorstellte, hätten den Tatbestand einer Steuerhinterziehung gem. § 370 Abs. 1 Nr. 1 AO erfüllt. Das Kompensationsverbot des § 370 Abs. 4 S. 3 AO greift in diesem Falle nicht ein (dazu Rz. 51).

88 Deckt sich die Vorstellung des Täters vom Tatbestand mit den tatsächlich gegebenen Verhältnissen, glaubt er aber irrig, er verhalte sich rechtwidrig, so liegt ein **Wahndelikt** vor[1].

Beispiel: B meint, auch Lottogewinne unterlägen der Einkommensteuer, und gibt in seiner Einkommensteuererklärung einen Lottogewinn in Höhe von 10 000 Euro nicht an. – Es handelt sich um ein Wahndelikt. B erfasst die tatsächlich gegebenen Umstände richtig, ordnet sie jedoch in steuerlicher Hinsicht falsch ein, weil es keine Vorschrift gibt,

---

1 *Eser* in S/S, § 22 StGB Rz. 78 ff. m.w.Nw.; s. auch OLG Düsseldorf v. 26.8.1988 – 3 Ws 512/88, NStZ 1989, 370.

nach der Lottogewinne einkommensteuerpflichtig sind. Niemand kann sich deshalb durch das Verschweigen eines Lottogewinns wegen Einkommensteuerhinterziehung strafbar machen. B meint zu Unrecht, er verhalte sich rechtswidrig.

Beim **Unterlassungsdelikt** ist ein Versuch gegeben, wenn der Täter irrig garantiepflichtbegründende Umstände für gegeben hält, ein strafloses Wahndelikt hingegen, wenn er bei zutreffender Erkenntnis der äußeren Umstände meint, aus ihnen ergebe sich eine Handlungspflicht, die in Wirklichkeit nicht besteht[1].

Beispiel: Wegen eines Versehens des Gesetzgebers gab es in den Jahren 1977 bis 1979 keine wirksame gesetzliche Grundlage für die Festlegung der Abgabefristen für die Einkommensteuererklärung. C ging irrtümlicherweise davon aus, er sei verpflichtet, die Erklärung bis zu einem bestimmten Zeitpunkt abzugeben, tat dies aber nicht. Während das Schöffengericht ein strafloses Wahndelikt angenommen hatte, verurteilte das KG C wegen eines Versuchs der Einkommensteuerhinterziehung[2]. Das KG war der Auffassung, der Angeklagte habe über die „Pflichtwidrigkeit" der Nichtabgabe seiner Steuererklärung geirrt, die nach § 149 AO a.F. i.V.m. dem EStG zu bestimmen sei. Der in diesem Fall im Vorfeld der Strafnorm liegende Rechtsirrtum sei nicht anders zu behandeln als die irrtümliche Annahme von Tatumständen infolge von Tatsachenunkenntnis. – Richtigerweise hätte das KG der Entscheidung des Schöffengerichts folgen sollen. C hatte die Tatumstände – die späte Abgabe seiner Einkommensteuererklärung – richtig erfasst, diese aber in steuerlicher Hinsicht falsch eingeordnet, weil er meinte, Einkommensteuererklärungen müssten bis zu einem bestimmten Zeitpunkt abgegeben werden. Er meinte ein Gebot verletzt zu haben, das es nicht gab, und glaubte dadurch rechtswidrig gehandelt zu haben. Wenn es eine gesetzliche Frist nicht gab, konnte sich niemand wegen der Verletzung einer solchen strafbar machen. Ist unter den gegebenen Umständen eine Strafbarkeit wegen vollendeter Steuerhinterziehung nicht denkbar, kann es auch keinen strafbaren Versuch geben[3].

3. Rücktritt

Wegen Versuchs wird nach **§ 24 Abs. 1 StGB** nicht bestraft, wer *freiwillig* die weitere Ausführung der Tat aufgibt oder deren Vollendung verhindert. Wird die Tat ohne Zutun des Zurücktretenden nicht vollendet, so wird er straflos, wenn er sich *freiwillig* und ernsthaft bemüht, die Vollendung zu verhindern. Sind an der Tat mehrere beteiligt, so wird nach § 24 Abs. 2 StGB wegen Versuchs nicht bestraft, wer *freiwillig* die Vollendung verhindert. Jedoch genügt zu seiner Straflosigkeit sein freiwilliges und ernsthaftes Bemühen, die Vollendung der Tat zu verhindern, wenn diese ohne sein Zutun nicht vollendet oder unabhängig von seinem früheren Tatbeitrag begangen wird.

Während § 24 StGB die Rückkehr zur Straflosigkeit *nur beim Versuch* ermöglicht, ist eine strafbefreiende **Selbstanzeige nach § 371 AO** auch noch *nach Vollendung* der Steuerhinterziehung möglich. § 371 AO ist aber auch auf den Versuch der Steuerhinterziehung anwendbar und schließt die Anwendbarkeit des § 24 StGB nicht aus[4]. Sind die Voraussetzungen für eine strafbefreiende

---

1 GrS des BGH v. 29.5.1961 – GSSt 1/61, BGHSt 16, 155; *Hillenkamp* in LK, § 22 StGB Rz. 220.
2 Fall nach KG v. 9.9.1981 – (1) Ss 277/80 (1/81), NStZ 1982, 73.
3 Ebenso *Ransiek* in Kohlmann, § 370 AO Rz. 687 (Lfg. 50 August 2014).
4 BGH v. 19.3.1991 – 5 StR 516/90, BGHSt 37, 340; *Kottke*, Verhältnis der Selbstanzeige bei Steuerhinterziehung zum Rücktritt zum Versuch, DStZ 1998, 151.

Selbstanzeige nach § 371 AO wegen der dortigen Ausschlussgründe nicht erfüllt, wird aber meist auch ein Rücktritt nach § 24 StGB keinen Ausweg bieten. In diesen Fällen dürfte ein Rücktritt meist an der Freiwilligkeit scheitern.

III. Beendigung der Tat

92 Wie § 2 Abs. 3 und § 78a StGB zeigen, kennt das Strafrecht mit der Beendigung einer Straftat noch eine spätere zeitliche Stufe als ihre *Vollendung*. Der **Zeitpunkt der Beendigung** hat vor allem zwei praktische Bedeutungen. Erstens beginnt nach § 78a S. 1 StGB die *Verjährung*, sobald die Tat beendet ist. Zweitens ist bis zur Beendigung einer Tat *Beihilfe* (§ 27 Abs. 1 StGB) daran möglich. Hilfeleistungen nach diesem Zeitpunkt können allenfalls den Tatbestand der *Begünstigung* (§ 369 Abs. 1 Nr. 4 AO, § 257 StGB) erfüllen[1].

93 Während die Rechtsprechung die mit der Steuerhinterziehung wesensverwandte Straftat des Betruges (§ 263 StGB) erst für beendet hält, wenn der angestrebte Vorteil erlangt ist[2], verlegt sie die Tatbeendigung bei der Steuerhinterziehung vor. Wird bei der *Einkommensteuer, Körperschaftsteuer, Schenkungsteuer und Erbschaftsteuer* eine Steuererklärung abgegeben und die **Steuer** durch Bescheid **festgesetzt**, ist die Steuerhinterziehung mit Bekanntgabe des die verkürzte Steuer beinhaltenden Steuerbescheides nicht nur vollendet, sondern auch *beendet*[3]. Daran könnte man zweifeln, wenn Steuern unter Vorbehalt der Nachprüfung (§ 164 AO) oder vorläufig (§ 165 AO) festgesetzt werden oder wenn der Täter aus sonstigen Gründen damit rechnen muss, zur Erhaltung seines Steuervorteils weitere Schritte unternehmen zu müssen. Der BGH teilt diese Zweifel nicht[4]. Er sieht in Handlungen des Steuerpflichtigen, die dieser während einer angeordneten Betriebsprüfung unternimmt, um sich die durch seine vorangegangenen Taten erlangten Vorteile zu sichern, Nachtaten, die straflos sein können. Ein daran mitwirkender Dritter, der an den Vortaten nicht beteiligt war, kann sich wegen gemeinschaftlich mit dem Steuerpflichtigen begangener versuchter Steuerhinterziehung strafbar machen. Diese Auffassung verdient *Zustimmung*, weil sich auf diese Weise der Zeitpunkt der Beendigung auf einfache und sichere Weise bestimmen lässt. Maßgeblich ist immer die Bekanntgabe der Steuerfestsetzung, sei sie nun mehr oder weniger vorläufiger Natur oder nicht. Strafbarkeitslücken entstehen dadurch nicht. Denn eine zuvor straflose Nachtat kann zu selbständiger Strafbarkeit aufleben, wenn die Strafverfolgung der Vortat verjährt ist[5].

94 **Unterlässt** der Steuerpflichtige pflichtwidrig die *Abgabe einer Einkommensteuer-, Körperschaftsteuer- oder Erbschaftsteuererklärung*, ist die Tat i.S. von § 370 Abs. 1 Nr. 2 AO nicht nur vollendet, sondern zugleich auch beendet, wenn das zuständige Finanzamt die *Veranlagungsarbeiten* für den betreffenden

---

1 BGH v. 3.3.1989 – 3 StR 552/88, wistra 1989, 188.
2 BGH v. 16.12.1988 – 2 StR 595/88, NStE zu § 78a StGB Nr. 4.
3 BGH v. 7.2.1984 – 3 StR 413/83, NStZ 1984, 414.
4 BGH v. 7.7.1993 – 5 StR 212/93, wistra 1993, 302.
5 BGH v. 27.10.1992 – 5 StR 517/92, BGHSt 38, 366.

Zeitraum allgemein *abgeschlossen* hat[1]. Der BGH hat sich damit anderen Auffassungen nicht angeschlossen, die wegen des Grundsatzes „in dubio pro reo" zugunsten des säumigen Steuerpflichtigen einen erheblichen früheren Tatbeendigungszeitpunkt – und damit früheren Verjährungszeitpunkt – annehmen wollen, z.B. wann nach einer rechtzeitigen Abgabe der Steuererklärung frühestens eine hypothetische Veranlagung erfolgt wäre[2]. Er verweist zu Recht darauf, dass die für den Beginn der Verfolgungsverjährung maßgebliche Tatbeendigung erst dann gegeben ist, wenn ein Steuerbescheid ergangen ist oder wenn feststeht, dass ein solcher Bescheid nicht mehr ergehen wird. Dieser Zeitpunkt ist durch eine Zeugenvernehmung des zuständigen Veranlagungsbeamten so genau bestimmbar, dass für die Anwendung des „In-dubio-pro-reo"-Grundsatzes kein Raum ist. Der BGH erwägt inzwischen, ob zumindest bei einfach gelagerten Sachverhalten von einer Zeitspanne der Bearbeitung fristgerecht eingereichter Steuererklärungen von längstens einem Jahr auszugehen ist.[3]

Bei eingereichter **Gewerbesteuererklärung** wird man aus den in Rz. 59 dargelegten Erwägungen bereits dann von einer Tatvollendung ausgehen müssen, wenn das Finanzamt gem. § 14 GewStG) einen Gewerbesteuermessbescheid erlässt. *Beendet* ist die Gewerbesteuerhinterziehung aber erst mit Bekanntgabe des von der Gemeinde erlassenen *Gewerbesteuerbescheides*. *Unterlässt* der Steuerpflichtige pflichtwidrig die Abgabe einer Gewerbesteuererklärung, ist die Tat i.S. von § 370 Abs. 1 Nr. 2 AO zu dem Zeitpunkt vollendet vollendet, zu welchem das Finanzamt bei ordnungsgemäßer Abgabe der Gewerbesteuererklärung den Gewerbesteuermessbescheid erlassen hätte. Beendet ist die Gewerbesteuerhinterziehung erst dann, wenn die Gemeinde dem unterlassenden Täter den Gewerbesteuerbescheid spätestens bekannt gegeben hätte.

95

Wird eine unrichtige **Feststellungserklärung** abgegeben, z.B. zur gesonderten und einheitlichen Feststellung der Einkünfte einer Personengesellschaft, so ist die Tat erst beendet, wenn der *letzte* auf ihr beruhende Einkommensteuerbescheid bekannt gegeben wurde[4]. Daran hat sich nichts geändert, auch wenn der BGH inzwischen in einem zu niedrigen Feststellungsbescheid einen nicht gerechtfertigten Steuervorteil sieht und daher die Tatvollendung auf den Zeitpunkt der Bekanntgabe des Feststellungsbescheides vorverlegt hat[5]. *Unterlässt* der Erklärungspflichtige die Abgabe der Feststellungserklärung, ist die Tat i.S. von § 370 Abs. 1 Nr. 2 AO in dem Zeitpunkt beendet, zu dem bei ordnungsgemäßer Abgabe der Feststellungserklärung der letzte Beteiligte spätestens veranlagt worden wäre. Nimmt das Finanzamt wegen der Nichtabgabe der Fest-

96

---

1 BGH v. 7.11.2001 – 5 StR 395/01, BGHSt 47, 138.
2 Z.B. OLG Hamm v. 2.8.2001 – 2 Ws 156/01, wistra 2001, 474; *Joecks* in F/G/J, § 376 AO Rz. 28; *Joecks*, Praxis des SteuerstrafR, 1998, S. 55; *Schmitz*, Der Beginn der Verjährungsfrist nach § 78a StGB bei der Hinterziehung von Einkommensteuer durch Unterlassen, wistra 1993, 248.
3 BGH v. 19.1.2011 – 1 StR 640/10, wistra 2012, 484.
4 Dementsprechend liegt erst dann ein beendeter Versuch vor, wenn die letzte Einkommensteuererklärung, für die der Feststellungsbescheid Grundlagenbescheid sein soll, abgegeben wurde, BGH v. 1.2.1989 – 3 StR 450/88, wistra 1989, 184.
5 Der BGH sagt dies in seinem Urt. BGH v. 10.12.2008 – 1 StR 322/08, BGHSt 53, 99, ausdrücklich.

stellungserklärung *Schätzungen* vor, tritt die Beendigung der Steuerverkürzung mit der Bekanntgabe des letzten Einkommensteuerbescheides ein, in dem die Steuer zu niedrig festgesetzt wurde.

97 Werden unrichtige **Umsatzsteuervoranmeldungen** und anschließend eine darauf abgestimmte **Umsatzsteuerjahresanmeldung** abgegeben, ist die Umsatzsteuerhinterziehung mit der Abgabe der Jahreserklärung beendet, es sei denn – und dann läge der Zeitpunkt der Beendigung gem. § 168 S. 2 AO noch später –, dass die Jahresanmeldung zu einer Steuerherabsetzung oder Steuervergütung führt[1]. Wenn sowohl die Abgabe von Umsatzsteuervoranmeldungen als auch der Jahresanmeldung *unterlassen* wird, ist die Tat mit dem Fristablauf für die Jahreserklärung beendet[2]. Das gilt auch, wenn *zwar Voranmeldungen* vorliegen, *aber keine Jahresanmeldung* abgegeben wird[3]. Grund hierfür ist, dass die Abgabe falscher Voranmeldungen nur zu verkürzten Vorauszahlungen führt und erst die Abgabe einer falschen Jahreserklärung die endgültige Steuerverkürzung bewirkt.

98 Werden **sonstige Steueranmeldungen** *abgegeben*, bestimmen sich sowohl der Zeitpunkt der Tatvollendung als auch der Tatbeendigung nach § 168 AO (dazu Rz. 62). Wird ihre Abgabe *unterlassen*, ist die Tat mit dem Ablauf der Frist für ihre Abgabe beendet[4].

99 Ist die Tat auf die Erlangung eines **nicht gerechtfertigten Steuervorteils** gerichtet, so ist sie beendet, wenn dieser zu Unrecht gewährt oder belassen wurde. Tatvollendung und Tatbeendigung fallen grundsätzlich zusammen, sodass zur Bestimmung des Zeitpunkts auf Rz. 65 f. verwiesen werden darf. Werden in den *Umsatzsteuervoranmeldungen* eines Veranlagungsjahres Vorsteuervergütungen zu Unrecht geltend gemacht, so sind die Steuerhinterziehungen, die in der Abgabe jeder einzelnen unrichtigen Steuervoranmeldung liegen, erst beendet, wenn die darauf abgestimmte Jahresanmeldung abgegeben wurde (vgl. Rz. 97).

IV. Konkurrenzen

100 Häufig werden **mehrere Steuerhinterziehungen hintereinander oder gleichzeitig** begangen. So kommt es nicht selten vor, dass über mehrere Monate hinweg durch die Abgabe unrichtiger Umsatzsteuervoranmeldungen Vorsteuern erschlichen werden. Vielfach werden Umsätze verschwiegen, was zur Gewährleistung des Taterfolges erfordert, dass der Täter für den Veranlagungszeitraum nicht nur eine unrichtige Umsatzsteuererklärung abgibt, sondern die Umsätze auch in der Gewinn- und Verlustrechnung weglässt und dadurch zwangsläufig den für die Einkommensteuer, Körperschaftsteuer und Gewerbesteuer maßgebenden Gewinn mindert. Werden auf diese Weise mehrere Gesetzesverletzungen begangen, muss zu Zwecken der Strafzumessung ihr Verhältnis zueinander, ihre *Konkurrenz*, geklärt werden. Bei den Konkurrenzen wird zwischen

---

1 BGH v. 3.3.1989 – 3 StR 552/88, NJW 1989, 2140.
2 BGH v. 11.12.1990 – 5 StR 519/90, NJW 1991, 1315.
3 BGH v. 10.12.1991 – 5 StR 536/91, wistra 1992, 93.
4 Für die Lohnsteueranmeldung BGH v. 15.11.1982 – 3 StR 421/82, wistra 1983, 70.

Tateinheit, Gesetzeskonkurrenz, Tatmehrheit und Dauerstraftat (dazu auch oben § 20) unterschieden. Die den Gegenstand vieler älterer Entscheidungen bildende fortgesetzte Handlung gibt es seit dem Beschluss des BGH vom 20.6.1994[1] auch im Steuerstrafrecht nicht mehr.

Jede Steuerart wird durch § 370 AO selbständig geschützt. Deshalb erfüllt die Verkürzung jeder einzelnen Steuer durch eine unrichtige und unterlassene Angabe den Tatbestand der Steuerhinterziehung. Die *Verkürzung mehrerer Steuern* führt somit zu **mehreren Steuerhinterziehungen**[2].

1. Tateinheit

Tateinheit (Idealkonkurrenz) ist nach der über § 369 Abs. 2 AO auch im Steuerstrafrecht anwendbaren Vorschrift des **§ 52 Abs. 1 StGB** gegeben, wenn dieselbe Handlung *mehrere Gesetzesverstöße* bewirkt, weil sie entweder gleichzeitig mehrere Strafgesetze oder dasselbe Strafgesetz mehrmals verletzt. In diesen Fällen wird nur auf eine Strafe erkannt.

Handlung in diesem Sinne ist jede Willensbetätigung oder – bei Unterlassung – pflichtwidrige Nichtbetätigung des Willens („natürliche Handlung"). Bewirkt **dieselbe Handlung mehrere Gesetzesverstöße, spricht man von** *ungleichartiger Tateinheit*. Tateinheit zwischen Urkundenfälschung und Umsatzsteuerhinterziehung liegt z.B. vor, wenn der Täter bei der Geltendmachung erhöhter Vorsteuern gefälschte Rechnungen einsetzt[3]. Ein Finanzbeamter, der seine Befugnisse oder seine Stellung als Amtsträger zur Mitwirkung an Steuerverkürzungen missbraucht (§ 370 Abs. 3 Nr. 2 AO), erfüllt regelmäßig nicht nur den Tatbestand der Steuerhinterziehung, sondern auch der Untreue gem. § 266 StGB. Beide Gesetzesverletzungen stehen im Verhältnis der Tateinheit[4].

Wird durch dieselbe Handlung **dasselbe Strafgesetz mehrmals** verletzt, liegt ein Fall *gleichartiger Tateinheit* vor. Ein solcher ist z.B. gegeben, wenn der Täter entsprechende Erklärungen zur Einkommensteuer, Gewerbesteuer und Umsatzsteuer gleichzeitig beim Finanzamt einreicht und diese in den für die Steuerhinterziehung entscheidenden Punkten inhaltsgleich sind[5]. Tateinheit zwischen Umsatzsteuerhinterziehung und Einkommensteuerhinterziehung liegt auch vor, wenn die Erklärung zur gesonderten und einheitlichen Feststellung der Einkünfte zusammen mit der darauf abgestimmten Umsatzsteuererklärung abgegeben wird[6]. Hingegen lehnte der BGH Tateinheit innerhalb eines Veranlagungszeitraumes für den Fall ab, dass ein Steuerpflichtiger die Abgabe von Umsatzsteuererklärung und Einkommensteuererklärung *unterlassen* hatte[7].

---

1 BGH v. 20.6.1994 – 5 StR 595/93, BGHSt 40, 195 (im Anschluss an den Beschl. des Großen Senats BGH v. 3.5.1994 – GSSt 2/93, GSSt 3/93, BGHSt 40, 138).
2 *Joecks* in F/G/J, § 370 AO Rz. 307.
3 BGH v. 15.7.1988 – 3 StR 137/88, HFR 1989, 570.
4 BGH v. 6.6.2007 – 5 StR 127/07, BGHSt 51, 356.
5 St. Rspr., z.B. BGH v. 9.6.2008 – 5 StR 98/08, wistra 2008, 384 m.w.Nw.
6 BGH v. 21.9.1994 – 5 StR 114/94, wistra 1995, 21.
7 BGH v. 28.11.1984 – 2 StR 309/84, wistra 1985, 66 m. Anm. *Puppe*, JR 1985, 245.

2. Tatmehrheit

105 Hat der Täter mehrere Steuern verkürzt und sind die Voraussetzungen der Tateinheit nicht erfüllt, so liegt Tatmehrheit *(Realkonkurrenz)* gem. **§ 53 StGB** vor. In diesem Fall sind zunächst Einzelstrafen zu bilden, die dann zu einer *Gesamtstrafe* zusammengezogen werden.

106 Begeht der Täter **über mehrere Jahre** hinweg Steuerhinterziehungen, so stehen die Steuerhinterziehungen eines Veranlagungszeitraumes zu den jeweiligen Steuerhinterziehungen der jeweils anderen Veranlagungszeiträume im Verhältnis der *Tatmehrheit*.

Beispiel: S gibt für die Jahre 01, 02 und 03 jeweils zum gleichen Zeitpunkt inhaltlich aufeinander abgestimmte Einkommensteuer-, Umsatzsteuer- und Gewerbesteuererklärungen ab, die jeweils zu Steuerverkürzungen führen. – Die Einkommensteuer-, Umsatzsteuer- und Gewerbesteuerhinterziehung des Jahres 01 stehen untereinander im Verhältnis der Tateinheit gem. § 52 StGB. Zu den jeweils tateinheitlich begangenen Einkommensteuer-, Umsatzsteuer- und Gewerbesteuerhinterziehungen der Jahre 02 und 03 stehen sie im Verhältnis der Tatmehrheit gem. § 53 StGB.

107 Werden hintereinander **mehrere unrichtige Umsatzsteuervoranmeldungen** abgegeben, so stehen diese zueinander grundsätzlich im Verhältnis der *Tatmehrheit* gem. § 53 StGB. Tatmehrheit ist auch zwischen ihnen und der Umsatzsteuerjahreserklärung gegeben. Nach dem von § 18 UStG vorgegebenen System handelt es sich bei den Voranmeldungen und den Jahreserklärungen um verschiedene Steuerfestsetzungen[1]. In seinem Beschluss vom 2.4.2008[2] sah der BGH aber in der Abgabe unrichtiger – zu nicht gerechtfertigten Steuererstattungen führender – Umsatzsteuervoranmeldungen und der *Nichtabgabe* einer Umsatzsteuerjahreserklärung für dasselbe Jahr eine Tateinheit.

108 Ob bei **Beihilfe** Tateinheit oder Tatmehrheit anzunehmen ist, hängt von der Anzahl der Beihilfehandlungen und der vom Gehilfen geförderten Haupttaten ab. Tatmehrheit nach § 53 StGB ist anzunehmen, wenn durch mehrere Hilfeleistungen mehrere selbständige Taten unterstützt werden, also den Haupttaten jeweils eigenständige Beilhilfehandlungen zuzuordnen sind[3]. Dagegen liegt eine einzige Beihilfe i.S. des § 52 StGB vor, wenn der Gehilfe mit einer einzigen Unterstützungshandlung zu mehreren Haupttaten eines anderen Hilfe leistet. Dasselbe gilt wegen der Akzessorietät der Teilnahme, wenn sich mehrere Unterstützungshandlungen auf dieselbe Haupttat beziehen. Unterstützt der Gehilfe jeweils monatlich durch die Überlassung von Scheinrechnungen die Einreichung unrichtiger Lohnsteueranmeldungen und Umsatzsteuervoranmeldungen und erleichtert damit gleichzeitig die Hinterziehung von Umsatzsteuer durch Abgabe einer unrichtigen Umsatzsteuerjahreserklärung, so-

---

1 BGH v. 1.11.1995 – 5 StR 535/95, wistra 1996, 105; a.A. *Ransiek* in Kohlmann, § 370 AO Rz. 893 (Lfg. 50 August 2014), der in der Abgabe der auf die unrichtigen Umsatzsteuervoranmeldungen abgestimmten Umsatzsteuerjahreserklärung eine mitbestrafte Nachtat sieht.
2 BGH v. 2.4.2008 – 5 StR 62/08, wistra 2008, 266.
3 BGH v. 22.9.2008 – 1 StR 323/08, NJW 2009, 690.

dass alle Unterstützungshandlungen auch der Förderung dieser Haupttat dienen, so liegt nur eine einheitliche Beihilfe zu allen Haupttaten vor[1].

3. Gesetzeskonkurrenz

Gesetzeskonkurrenz ist gegeben, wenn eine Handlung den Tatbestand mehrerer Strafnormen erfüllt, ein Tatbestand aber den anderen ausschließt, weil entweder der erste Tatbestand **Spezialnorm** ist, oder der zweite Tatbestand **subsidiär** ist. Die Steuerhinterziehung (§ 370 AO) geht als spezielle Regelung dem allgemeinen Tatbestand des Betrugs (§ 263 StGB) vor *(Spezialität)*. Wegen *Subsidiarität* muss der Tatbestand des *Bannbruchs* (§ 372 Abs. 2 AO) zurücktreten, wenn die Tat nach einem Warenverkehrsverbot mit Strafe oder Buße bedroht ist.

109

4. Prozessualer Tatbegriff

Von den Begriffen der Tateinheit gem. § 52 StGB und der Tatmehrheit gem. § 53 StGB unterscheidet sich der sog. **prozessuale Tatbegriff i.S. des § 264 StPO**. Entstammen Erstere dem Bereich der Strafzumessung, ist Letzterer maßgebend dafür, ob ein Geschehen bereits *rechtshängig*, d.h. mit angeklagt ist, bzw., falls bereits eine rechtskräftige abschließende Entscheidung ergangen ist, ob es von dieser erfasst wurde und deshalb *Strafklageverbrauch* eingetreten ist. Der prozessuale Tatbegriff hat ferner Bedeutung für die *Strafverfolgungsverjährung* (Reichweite der verjährungsunterbrechenden Wirkung bestimmter Maßnahmen), die *Verfolgungskompetenz der Finanzbehörden* (§ 386 Abs. 2 AO) und für das *Auskunftsverweigerungsrecht* des Steuerpflichtigen gem. § 393 AO. Liegt eine einheitliche Handlung i.S. des § 52 StGB vor, ist i.d.R. auch eine prozessuale Tat gegeben, i.S. des § 53 StGB in Tatmehrheit stehende Vergehen bilden meist auch mehrere rechtlich selbständige Taten. Mehrere i.S. von § 53 StGB sachlich-rechtlich selbständige Handlungen bilden dann eine einheitliche prozessuale Tat i.S. von § 264 StPO, wenn die einzelnen Handlungen nicht nur äußerlich ineinander übergehen, sondern wegen der ihnen zugrunde liegenden Vorkommnisse unter Berücksichtigung ihrer strafrechtlichen Bedeutung auch innerlich derart miteinander verknüpft sind, dass der Unrechts- und Schuldgehalt der einen Handlung nicht ohne die Umstände, die zu der anderen Handlung geführt haben, richtig gewürdigt werden kann und ihre getrennte Würdigung und Aburteilung als unnatürliche Aufspaltung eines **einheitlichen Lebensvorgangs** empfunden wird[2]. Nur in diesen Fällen ist das aus der materiellrechtlichen Realkonkurrenz folgende Indiz für die Annahme unterschiedlicher prozessualer Taten widerlegt. Danach bilden bei der Umsatzsteuerhinterziehung die Umsatzsteuervoranmeldungen eines Jahres und die anschließende Umsatzsteuerjahreserklärung des nämlichen Jahres eine einheitliche Tat i.S. des § 264 StPO[3].

110

---
1 BGH v. 4.3.2008 – 5 StR 594/07, wistra 2008, 217.
2 St. Rspr., vgl. BGH v. 14.3.2001 – 3 StR 446/00, BGHR StPO § 264 Abs. 1 Tatidentität 32, NStZ 2001, 440.
3 BGH v. 24.11.2004 – 5 StR 206/04, BGHSt 49, 359.

V. Rechtsfolgen

1. Strafe

111 Der Strafrahmen für die **einfache Steuerhinterziehung** nach § 370 Abs. 1 AO bewegt sich zwischen einer *Geldstrafe* von fünf Tagessätzen (§ 40 Abs. 1 S. 2 StGB) und einer *Freiheitsstrafe von fünf Jahren*. Grundlage für die Zumessung der Strafe ist nach § 46 Abs. 1 S. 1 StGB die Schuld des Täters (oben § 21). Von den in § 46 Abs. 2 S. 2 StGB beispielhaft genannten tat- und täterbezogenen Umständen sind bei der Strafzumessung bei Steuerhinterziehungen die Höhe der verkürzten Beträge (verschuldete Auswirkungen der Tat), aktive Mitwirkung bei der Tataufklärung und Geständnis (Verhalten nach der Tat) und die möglichst rasche Nachzahlung der verkürzten Steuern von besonderer Bedeutung. Die Schwierigkeit des Steuerrechts und der hohe Ermittlungsaufwand führen nicht selten dazu, dass zwischen Tat und Aburteilung ein langer Zeitraum liegt. Bei der Strafzumessung ist in diesen Fällen die Rechtsprechung des BVerfG zur Frage der überlangen Verfahrensdauer[1] zu berücksichtigen. Im Hinblick auf Art. 6 Abs. 1 MRK kann eine Strafmilderung oder sogar eine Verfahrenseinstellung in Betracht kommen[2] (vgl. auch § 21 Rz. 39). Allerdings darf die Strafmilderung auch nicht übermäßig ausfallen[3].

112 In **besonders schweren** Fällen der Steuerhinterziehung ist nach § 370 Abs. 3 S. 1 AO die Strafe Freiheitsstrafe von sechs Monaten bis zu zehn Jahren. § 370 Abs. 3 S. 2 AO nennt dafür fünf Regelbeispiele. Bei Vorliegen besonderer straferschwerender Umstände ist die Annahme eines besonders schweren Falles auch außerhalb der dort genannten Regelbeispiele möglich. Umgekehrt können die dort genannten Fallkonstellationen als einfache Steuerhinterziehungen zu bestrafen sein, wenn ausnahmsweise besondere schuldmildernde Umstände vorhanden sind[4].

113 Für das Merkmal der **Steuerverkürzung in großem Ausmaß** nach § 370 Abs. 3 S. 2 Nr. 1 AO gibt es keine lediglich an der Höhe des Verkürzungsbetrages orientierte Grenze, bei deren Überschreiten regelmäßig das Vorliegen eines besonders schweren Falles zu bejahen ist. Das Vorliegen eines besonders schweren Falles i.S. dieser Bestimmung ist vielmehr in einer Gesamtbetrachtung unter Berücksichtigung aller Umstände zu beurteilen, wobei dem Umfang der Steuerverkürzung je nach den Umständen des Einzelfalls indizielle Bedeutung für die grobe Eigennützigkeit zukommen kann[5]. Nach Ansicht des BGH kann eine Steuerverkürzung in großem Ausmaß bereits bei einem Betrag ab 50 000 Euro vorliegen, wenn sich der Täter durch die Beteiligung an raffinierten Hinterziehungsmodellen Vorsteuervergütungen erschleicht; bei gewöhnlichen Steuer-

---

1 BVerfG v. 19.4.1993 – 2 BvR 1487/90, wistra 1993, 219.
2 BGH v. 16.5.2002 – 5 StR 137/02, wistra 2002, 299; BGH v. 25.8.1994 – 5 StR 156/94, wistra 1994, 345.
3 BGH v. 8.8.2006 – 5 StR 189/06, wistra 2006, 428.
4 Zum Ganzen *Rüping*, Neue Probleme von schweren Fällen der Steuerhinterziehung, DStR 2008, 13.
5 BGH v. 13.1.1993 – 5 StR 466/92, wistra 1993, 109 unter Hinweis auf BGH v. 17.12.1986 – 3 StR 494/86, BGHR AO § 370 Abs. 3 Nr. 1 Eigennutz 3 = wistra 1987, 148.

hinterziehungen kann eine Wertgrenze von 100 000 Euro als Anhaltspunkt dienen[1].

Wer **Amtsträger** i.S. des § 370 Abs. 3 S. 2 Nr. 2 AO ist, bestimmt sich nach § 11 Abs. 1 Nr. 2 StGB. Zum Täterkreis zählt auch der sachlich zuständige Finanzbeamte, da dieser bei Festsetzung einer zu niedrigen Steuer nicht auf eigene Ansprüche verzichtet und bei Kenntnis seiner Vorgesetzten von seinem missbräuchlichen Verhalten an der Entscheidung über den Fall gehindert würde. Wer seine *Befugnisse als Amtsträger missbraucht*, verwirklicht nicht nur das Regelbeispiel nach § 370 Abs. 3 S. 2 Nr. 2 AO, sondern typischerweise auch den Unrechtsgehalt des zur Steuerhinterziehung in Tateinheit stehenden Untreuetatbestandes. Bei einer Verurteilung aus dem erhöhten Strafrahmen des § 370 Abs. 3 Nr. 2 AO ist darauf zu achten, dass damit regelmäßig das typische Unrecht des Straftatbestandes nach § 266 StGB abgegolten ist und nicht nochmals strafschärfend berücksichtigt werden darf[2].

114

Mit dem erhöhten Strafrahmen nach § 370 Abs. 3 S. 2 Nr. 3 AO muss auch kalkulieren, wer die **Mithilfe eines Amtsträgers ausnutzt**, der seine Befugnisse oder seine Stellung missbraucht. Dabei muss es sich um eine bewusste Mithilfe des Amtsträgers handeln. Bei einer Verkürzung von 20 000 DM hat das LG Saarbrücken im Jahr 1987 die Annahme eines besonders schweren Falles allerdings abgelehnt[3].

115

Für eine **fortgesetzte Steuerverkürzung** i.S. des § 370 Abs. 3 S. 2 Nr. 4 AO muss der Täter mindestens zwei Steuerhinterziehungen unter *Vorlage nachgemachter oder verfälschter Belege* begangen haben[4]. Die Begriffe des „Nachmachens" und „Verfälschens" in § 370 Abs. 3 S. 2 Nr. 4 AO setzen eine Täuschung über den erkennbaren Aussteller der Belege voraus. Der Gebrauch inhaltlich falscher Belege, die lediglich eine schriftliche Lüge enthalten und vom Aussteller selbst stammen oder mit dessen Kenntnis und Einverständnis hergestellt worden sind, reicht dafür nicht aus[5].

116

§ 370 Abs. 3 S. 2 Nr. 5 AO wurde durch Art. 3 Nr. 2 Buchst. d des TKÜNReglG vom 21.12.2007[6] mit Wirkung vom 1.1.2008 eingefügt. Die Vorschrift hat den Verbrechenstatbestand des § 370a AO abgelöst, der auf schwere verfassungsrechtliche Bedenken gestoßen war. Wer als Mitglied einer **Bande** (vgl. auch § 9 Rz. 2 ff.), die sich zur fortgesetzten Begehung von Taten nach Abs. 1 verbunden hat, Umsatz- oder Verbrauchsteuern verkürzt oder nicht gerechtfertigte Umsatz- oder Verbrauchsteuervorteile erlangt, verwirklicht somit i.d.R. nur einen besonders schweren Fall einer Steuerhinterziehung. Der *Begriff* der Bande setzt den Zusammenschluss von mindestens drei Personen voraus, die sich mit dem

116a

---

1 BGH v. 2.12.2008 – 1 StR 416/08, wistra 2009, 107. Zu den Wertgrenzen s. *Schäfer*, Strafmaß bei Steuerhinterziehung, NJW-Spezial 2009, 88.
2 BGH v. 21.10.1997 – 5 StR 328/67, wistra 1998, 64.
3 LG Saarbrücken v. 14.7.1987 – 5 II 1/87, wistra 1988, 202.
4 BGH v. 21.4.1998 – 5 StR 79/98, wistra 1998, 265.
5 BGH v. 16.8.1989 – 3 StR 91/89, wistra 1990, 26.
6 G zur Neuregelung der Telekommunikationsüberwachung und anderer verdeckter Ermittlungsmaßnahmen sowie zur Umsetzung der RL 2006/24/EG, BGBl. I 2007, 3198.

Willen verbunden haben, künftig für eine gewisse Dauer mehrere selbständige, im Einzelnen noch ungewisse Straftaten des im Gesetz genannten Deliktstyps zu begehen. Ein „gefestigter Bandenwille" oder ein „Tätigwerden in einem übergeordneten Bandeninteresse" ist nicht erforderlich[1]. Außerhalb von Zollstraftaten kommen Banden vorwiegend im Bereich der Umsatzsteuerkriminalität vor, weshalb § 370 Abs. 3 Nr. 5 AO gerade ihrer Bekämpfung gewidmet ist.

117 Neben der Freiheitsstrafe kann gem. § 41 StGB **zusätzlich** eine **Geldstrafe** (dazu § 21 Rz. 9) verhängt werden, wenn der Täter sich durch die Hinterziehung bereichert hat oder zu bereichern versuchte. In der gerichtlichen Praxis wird von dieser Möglichkeit gelegentlich Gebrauch gemacht, wenn gleichzeitig eine Freiheitsstrafe von zwei Jahren tat- und schuldangemessen scheint und diese zur Bewährung ausgesetzt werden soll. Nach § 56 Abs. 2 S. 1 StGB darf eine Freiheitsstrafe, deren Vollstreckung zur Bewährung ausgesetzt werden soll, nämlich nicht höher als zwei Jahre sein.

117a In seinem Urteil vom 2.12.2008[2] hat der BGH **Marken für die Strafzumessung** gesetzt, allerdings nicht ohne darauf hinzuweisen, dass es auf die besonderen Umstände eines jeden Falles ankomme. Bei einem sechsstelligen Hinterziehungsbetrag soll die Verhängung einer Geldstrafe nur bei Vorliegen von gewichtigen Milderungsgründen noch schuldangemessen sein. Bei Hinterziehungsbeträgen in *Millionenhöhe* komme eine aussetzungsfähige Freiheitsstrafe nur bei Vorliegen besonders gewichtiger Milderungsgründe noch in Betracht; ein Strafbefehlsverfahren werde in diesen Fällen regelmäßig nicht geeignet erscheinen (vgl. § 400 AO i.V.m. § 407 StPO). Bei Steuerverkürzungen in dieser Größenordnung sei i.d.R. auch das Informationsinteresse der Öffentlichkeit an der Wahrung der Gleichbehandlung vor Gericht – das eine öffentliche Hauptverhandlung am besten gewährleiste – nicht gering zu achten. Gegen eine Geldstrafe oder – bei entsprechend hohem Hinterziehungsbetrag – eine aussetzungsfähige Freiheitsstrafe spreche insbesondere, wenn der Täter Aktivitäten entfaltet habe, die von vornherein auf die Schädigung des Steueraufkommens in großem Umfang ausgelegt gewesen seien, etwa weil er unter Vorspiegelung erfundener Sachverhalte das „Finanzamt als Bank" betrachtete und in erheblichem Umfang ungerechtfertigte Vorsteuererstattungen erlangt habe oder weil er die Steuerhinterziehung in sonstiger Weise gewerbsmäßig oder gar „als Gewerbe" betrieben habe. Gleiches gelte auch für den Aufbau eines aufwendigen Täuschungssystems, die systematische Verschleierung von Sachverhalten und die Erstellung oder Verwendung unrichtiger oder verfälschter Belege zu Täuschungszwecken. Strafschärfende Bedeutung habe es zudem, wenn der Täter besondere Unternehmensstrukturen aufgebaut habe, die auch der Bereicherung durch Steuerhinterziehung dienen sollten, wenn der Täter das Ziel verfolgt habe, das Steueraufkommen durch wiederholte Tatbegehung über einen längeren Zeitraum nachhaltig zu schädigen, wenn er andere Personen verstrickt, systematisch Scheingeschäfte getätigt oder Scheinhandlungen oder in größerem Umfang buchtechnische Manipulationen vorgenommen oder gezielt

---

1 BGH v. 22.3.2001 – GSSt 1/00, wistra 2001, 298.
2 BGH v. 2.12.2008 – 1 StR 416/08, BGHSt 53, 71 = wistra 2009, 107.

durch Einschaltung von Domizilfirmen im Ausland oder Gewinnverlagerungen ins Ausland schwer aufklärbare Sachverhalte geschaffen habe.

2. Nebenfolgen

Neben einer Freiheitsstrafe von *mindestens* einem Jahr wegen Hinterziehung droht § 375 AO Nebenfolgen an. Dem verurteilten Steuerhinterzieher kann für die Dauer von zwei bis zu fünf Jahren (§ 45 Abs. 2 StGB) die Fähigkeit, öffentliche Ämter zu bekleiden, und das passive Wahlrecht aberkannt werden. Ferner können die Gegenstände, auf die sich die Hinterziehung von Verbrauchsteuer oder Zoll bezieht, und die benutzten Beförderungsmittel *eingezogen* werden. Bei systematischer Hinterziehung von Unternehmenssteuern kann unter den Voraussetzungen des § 70 StGB ein Berufsverbot in Betracht kommen, bei Schmuggelfahrten auch ein Fahrverbot nach § 44 StGB oder die Entziehung der Fahrerlaubnis nach § 69 StGB[1]. Daneben können sich an eine Steuerhinterziehung verwaltungsrechtliche, berufsrechtliche und ausländerrechtliche Nebenfolgen knüpfen[2]. Angehörigen der rechts- und steuerberatenden Berufe droht im schlimmsten Fall die Ausschließung aus dem Beruf. Beamte und Richter müssen mit disziplinarrechtlichen Folgen rechnen[3]. Bei einer Verurteilung wegen Steuerhinterziehung kann selbst die Entziehung des Waffenscheins und damit auch des Jagdscheins in Betracht kommen[4].

118

VI. Strafverfolgungsverjährung

Nach § 369 Abs. 2 AO i.V.m. § 78 Abs. 3 Nr. 4 StGB beträgt die **Verjährungsfrist** für die Strafverfolgung bei der einfachen Steuerhinterziehung fünf Jahre. In den in § 370 Abs. 3 S. 2 Nr. 1–5 AO genannten Fällen besonders schwerer Steuerhinterziehung ist die Verjährungsfrist gem. § 376 Abs. 1 AO auf zehn Jahre verlängert[5]. Die Verjährungsfrist beginnt gem. § 369 Abs. 2 AO i.V.m. § 78a S. 1 StGB, sobald die Tat beendet ist (dazu Rz. 92 ff.). Den in § 78c Abs. 1 StGB genannten Unterbrechungsgründen (§ 17 Rz. 57 ff.) fügt § 376 Abs. 2 AO einen weiteren hinzu. Danach wird die Verjährung der Verfolgung einer Steuerstraftat auch dadurch unterbrochen, dass dem Beschuldigten die Einleitung des *Bußgeldverfahrens* bekannt gegeben oder diese Bekanntgabe angeordnet wird.

118a

B. Selbstanzeige

Schrifttum: *Bergmann*, Wirksame Selbstanzeige nach vorangegangener Teilselbstanzeige?, JR 2012, 146; *Burandt/Jensen*, Schwarzgeld im Nachlass – was sollte der Erbe tun?,

---

1 Ebenso *Schauf* in Kohlmann, § 370 AO Rz. 1128.18 (Lfg. 50 August 2014) m.w.Nw.
2 Dazu *Carlé*, Verwaltungs- und berufsrechtliche Nebenfolgen der Steuerhinterziehung, AO-StB 2004, 453.
3 Einzelheiten bei *Schauf* in Kohlmann, § 370 AO Rz. 1184 ff. (Lfg. 50 August 2014).
4 *Schauf* in Kohlmann, § 370 AO Rz. 1178 f. (Lfg. 50 August 2014) m.w.Nw.
5 Dazu *Pelz*, Neuregelung der Verfolgungsverjährung für die Steuerhinterziehung – Neue Herausforderungen für die Praxis, NJW 2009, 470; *Rolletschke/Jope*, Konsequenzen auf Grund der Änderung der Verjährungsvorschrift des § 376 Abs. 1 AO im Rahmen des JahressteuerG 2009 (JStG 2009), Stbg. 2009, 213.

NWB 2012, 1433; *Kemper*, Die Selbstanzeige nach § 371 AO – Eine verfehlte Brücke zur Steuerehrlichkeit?, ZRP 2008, 105; *Mückenberger/Iannone*, Steuerliche Selbstanzeige trotz Berichterstattung über den Ankauf von Steuer-CDs, NJW 2012, 3481; *Pump/Krüger*, Selbstanzeige ist kein Strafaufhebungsgrund für sämtliche Straftaten – Die Rechtsrisiken bei der Selbstanzeige, DStR 2013, 1972; *Rolletschke*, Die Selbstanzeige im Steuerstrafrecht, ZWH 2013, 385; *Roth*, Strafbefreiende Selbstanzeige?, NWB 2010, 1004; *Schmidt-Keßeler*, Unterrichtung des Dienstvorgesetzten bei Steuerhinterziehungen von Beamten und Richtern, DStZ 2009, 52; *Schützeberg*, Der persönliche, sachliche und zeitliche Umfang der Sperrwirkung bei der Selbstanzeige nach § 371 AO, StBp 2009, 223; *Spatscheck*, Fallstricke der Selbstanzeige, DB 2013, 1073; *Voßmeyer/Harmes*, Nie war sie so wertvoll wie heute: Die Selbstanzeige – Bemerkungen zur Sanktionsverschärfung im Steuerstrafrecht, Stbg 2009, 62; *Wenzel*, Die Selbstanzeige im Spannungsverhältnis zum Rücktritt und zur Berichtigung nach § 153 AO, StBW 2011, 657; *Wulf/Kamps*, Berichtigung von Steuererklärungen und strafbefreiende Selbstanzeige im Unternehmen nach der Reform des § 371 AO, DB 2011, 1711; *Zöbeley*, Zur Verfassungsmäßigkeit der strafbefreienden Selbstanzeige bei Steuerhinterziehung, DStZ 1984, 198.

I. Überblick

119 Mit der Selbstanzeige einer Steuerhinterziehung kann sich nach § 371 Abs. 1 AO der Täter selbst bei beendeter Tat noch **Straffreiheit** verschaffen. Die Rechtfertigung für die im Verzicht auf den staatlichen Strafanspruch liegende Privilegierung des Steuerstraftäters gegenüber anderen Straftätern wird darin gesehen, dass zum einen verborgene Steuerquellen erschlossen werden sollen und zum anderen dem Steuerhinterzieher ein Anreiz gegeben werden soll, zur Steuerehrlichkeit zurückzukehren[1]. Ein so weites Entgegenkommen erfordert aber, dass der Täter in vollem Umfang unrichtige Angaben berichtigt, unvollständige Angaben ergänzt und unterlassene Angaben nachholt sowie hinterzogene Steuern kurzfristig nachzahlt (§ 371 Abs. 3 AO). Indem die Angaben für alle unverjährten Steuerstraftaten einer Steuerart gemacht werden müssen, wird der Täter zu sehr weitgehender Rückkehr zur Steuerehrlichkeit gezwungen.

119a Die Selbstanzeige hat in den letzten Jahren eine Popularität erreicht, mit der zuvor nie zu rechnen war. Lange hatten Steuerhinterziehungen als „Kavaliersdelikte" gegolten. Die Gefahr ihrer Aufdeckung war ebenso wenig ernst genommen worden wie die drohenden Folgen. Dies änderte sich, als die Medien immer wieder davon berichteten, dass indiskrete Bankangestellte vor allem in Schweizer und liechtensteinischen Banken Daten von Steuerflüchtlingen kopiert und sie an deutsche Finanzbehörden verkauft hatten. Hinzu kam, dass auf Druck der USA sich seither auf strenge Bankgeheimnisse berufende Kreditinstitute ihre Kunden plötzlich veranlassten, ihre steuerlichen Verhältnisse gegenüber den Finanzbehörden ihrer Heimat zu offenbaren. Als auch noch einige prominente Steuersünder entlarvt und teilweise hart bestraft wurden, erschien die Selbstanzeige vielen als letzter Rettungsanker. Die Zahl der Selbstanzeigen explodiert geradezu. Die lange Zeit an Gleichgültigkeit grenzende Einstellung der Öffentlichkeit zum Thema „Steuerhinterziehung" ist breiter Empörung gewichen, die der Gesetzgeber zu Gesetzesänderungen genutzt hat. Nachdem die Voraussetzungen für die Selbstanzeige bereits durch das am 3.5.2011 in Kraft

---

1 BGH v. 20.5.2010 – 1 StR 577/09, BGHSt 55, 180.

getretene Gesetz zur Bekämpfung der Geldwäsche und Steuerhinterziehung (Schwarzgeldbekämpfungsgesetz) vom 28.4.2011[1] **verschärft** worden waren, ist dies durch das Gesetz zur Änderung der Abgabenordnung und des Einführungsgesetzes zur Abgabenordnung **zum 1.1.2015** ein weiteres Mal geschehen[2].

Sofern eine wirksame Selbstanzeige vorliegt, ist die in § 371 Abs. 1 AO geregelte Rechtsfolge auch nach der Gesetzesänderung bestehen geblieben. Wenn der Täter nicht an den dann noch höheren Hürden scheitert, wird er auch in Zukunft *straffrei bleiben. Zu mehr als Straffreiheit* führt *§ 371 Abs. 1 AO aber auch künftig nicht*. Die **steuerlichen Folgen** der Steuerhinterziehung (Hinterziehungszinsen gem. § 235 AO, Haftung nach § 71 AO, verlängerte Festsetzungsfrist gem. § 169 Abs. 2 S. 2 AO und Wegfall der Änderungssperre nach einer Außenprüfung nach § 173 Abs. 2 AO) werden bestehen *bleiben*. Gegen Beamte können außerdem Disziplinarmaßnahmen ergehen. 119b

Jahrzehntelang führte eine Selbstanzeige nach § 371 Abs. 1 AO insoweit zur Straffreiheit, als der Täter unrichtige oder unvollständige Angaben bei der Finanzbehörde berichtigte oder ergänzte oder unterlassene Angaben nachholte. Der Täter konnte sich bei seinen Berichtigungsbemühungen auf einzelne strafbefangene Veranlagungszeiträume beschränken und erlangte – bei Vorliegen der übrigen Voraussetzungen, insbesondere § 371 Abs. 3 AO – insoweit Straffreiheit. Soweit er innerhalb einer Steuerart innerhalb eines Veranlagungszeitraums eine Teilselbstanzeige vornahm, blieb die Strafbarkeit wegen Steuerhinterziehung allerdings bestehen. Die berichtigten Besteuerungsgrundlagen verloren jedoch ihre strafrechtliche Relevanz, sodass die Strafe zu mildern war. 119c

In seinem **Beschluss vom 20.5.2010**[3] sah sich der **BGH** veranlasst, § 371 Abs. 1 AO enger als bisher auszulegen . Der persönliche Strafaufhebungsgrund nach § 371 Abs. 1 AO und der Verzicht auf den staatlichen Strafanspruch stelle eine Privilegierung des Steuerstraftäters gegenüber anderen Straftätern dar. Eine solche bedürfe einer doppelten Rechtfertigung: Für eine Privilegierung dieses Ausmaßes genüge es nicht, dass der Täter verborgene Steuerquellen erschließe; hinzukommen müsse die Rückkehr zur Steuerehrlichkeit. Diese sah der BGH (nur) dann gegeben, wenn der Täter nunmehr vollständige und richtige Angaben, mithin „reinen Tisch" macht; erst dann liege eine strafbefreiende Selbstanzeige i.S.d. § 371 Abs. 1 AO vor. Eine Teilselbstanzeige reiche als Rückkehr zur Steuerehrlichkeit nicht aus. Der BGH gab damit seine an frühere Entscheidungen anknüpfende Rechtsprechung aus dem Urteil vom 13.10.1998 – 5 StR 392/98 auf[4]. 119d

Im **Schwarzgeldbekämpfungsgesetz vom 28.4.2011**[5] griff der Gesetzgeber die vom BGH in seinem Beschluss vom 20.5.2010[6] gestellten Anforderungen auf. Er verlangte nunmehr, dass der Täter zur Erlangung von Straffreiheit zu **allen** 119e

---

1 BGBl. I 2011, 676.
2 BGBl. I 2014, 2415.
3 BGH v. 20.5.2010 – 1 StR 577/09, BGHSt 55, 180.
4 BGH v. 13.10.1998 – 5 StR 392/98, wistra 1999, 27.
5 G zur Verbesserung der Bekämpfung der Geldwäsche und Steuerhinterziehung v. 28.4.2011, BGBl I 2011, 676.
6 BGH v. 20.5.2010 – 1 StR 577/09, BGHSt 55, 180.

unverjährten Steuerstraftaten **einer Steuerart in vollem Umfang** die unrichtigen Angaben berichtigen und die unvollständigen oder unterlassenen Angaben nachholen muss. Über Art. 97 § 24 EGAO[1] gewährte der Gesetzgeber Vertrauensschutz. Bei Selbstanzeigen nach § 371 AO, die bis zum 28.4.2011 bei der zuständigen Finanzbehörde eingegangen sind, ist § 371 AO in der bis zu diesem Zeitpunkt geltenden Fassung mit der Maßgabe anzuwenden, dass im Umfang der gegenüber der zuständigen Finanzbehörde berichtigten, ergänzten oder nachgeholten Angaben Straffreiheit eintritt. Damit hat der Gesetzgeber die strengeren Grundsätze des BGH aus seinem Beschluss vom 20.5.2010 bis 28.4.2011 für nicht anwendbar erklärt[2]. Die Rechtsprechung des BGH vom 20.5.2010 ist daher nur für Selbstanzeigen von Bedeutung, die im Zeitraum vom 29.4.2011 bis zum 2.5.2011, dem Tag vor dem Inkrafttreten des Schwarzgeldbekämpfungsgesetzes, erstattet worden sind.

119f Durch das **zum 1.1.2015** in Kraft getretene **Gesetz zur Änderung der Abgabenordnung und des Einführungsgesetzes zur Abgabenordnung**[3] soll § 371 Abs. 1 AO weiter verschärft werden. Danach soll nicht nach § 370 AO bestraft werden, wer gegenüber der Finanzbehörde zu allen Steuerstraftaten einer Steuerart in vollem Umfang die unrichtigen Angaben berichtigt, die unvollständigen Angaben ergänzt oder die unterlassenen Angaben nachholt. Die Angaben müssen zu allen unverjährten Steuerstraftaten einer Steuerart erfolgen. Neu ist, dass dies mindestens zu allen Steuerstraftaten einer Steuerart innerhalb **der letzten zehn Kalenderjahre** erfolgen muss.

120 Zur Erlangung von Straffreiheit verlangt § 371 Abs. 1 AO, dass der Täter unrichtige oder unvollständige Angaben in Bezug auf **alle unverjährten Steuerstraftaten einer Steuerart** berichtigt oder ergänzt oder unterlassene Angaben nachholt. Mit Verjährung ist dabei die Strafverfolgungsverjährung (§§ 78 ff. StGB) und nicht die Festsetzungsverjährung (§§ 169 ff. AO) gemeint. Auf den ersten Blick scheint es der Gesetzeswortlaut genügen zu lassen, wenn die Nachholung auf die Steuerart beschränkt wird, für die der Täter Straffreiheit erlangen will. Hat dieser aber *in Tateinheit* Umsatzsteuer-, Gewerbesteuer- und Einkommensteuer- bzw. Körperschaftsteuerhinterziehungen begangen (s. Rz. 104 und 106), so wird er nur dann straffrei, wenn er für sämtliche unverjährten Hinterziehungen aller drei Steuerarten Selbstanzeigen abgibt[4]. Die einheitliche Handlung, welche eine Umsatzsteuer-, Gewerbesteuer- und Einkommensteuer- bzw. Körperschaftsteuerhinterziehung nach sich zieht, verbindet die jeweiligen Hinterziehungen zu einer „Steuerstraftat" i.S. des § 371 Abs. 1 AO.

121 Aus dem Umstand, dass § 371 AO **nur eine Bestrafung nach § 370 AO** ausschließt, geht zum einen hervor, dass eine Berichtigung, Ergänzung oder Nachholung von Angaben nur in Bezug auf Steuerstraftaten nach § 370 AO – also

---

1 Art. 97 § 24 EGAO i.d.F. v. 28.4.2011, eingef. durch Art. 3 des G zur Verbesserung der Bekämpfung der Geldwäsche und Steuerhinterziehung v. 28.4.2011, m.W. v. 3.5.2011, BGBl I 2011, 676.
2 S. dazu die Begründung in der BT-Drucks. 17/4182, S. 5.
3 BGBl. I 2014, 2015.
4 *Jäger* in Klein, § 371 AO Rz. 18b.

Steuerhinterziehungen – erforderlich ist, zum anderen aber auch, dass eine Selbstanzeige keine Straffreiheit für Delikte bewirkt, die mit Steuerhinterziehungen in Tateinheit stehen. Liegt z.B. eine tateinheitlich mit einer Einkommensteuerhinterziehung begangene Urkundenfälschung vor, so tritt Straffreiheit zwar in Bezug auf die Einkommensteuerhinterziehung, *nicht aber* auf die Urkundenfälschung ein. Allerdings wird die Selbstanzeige insoweit regelmäßig zu einer Strafmilderung führen.

Die wirksame Selbstanzeige gewährt einen **persönlichen Strafaufhebungsgrund**[1]. Nur der Anzeigeerstatter wird straffrei, andere Tatbeteiligten – Mittäter, Anstifter oder Gehilfen – werden es nicht. Sind an einer Steuerhinterziehung mehrere Personen beteiligt, sollten sie deshalb den Zeitpunkt und den Umfang der Selbstanzeige untereinander abstimmen. Prescht ein Beteiligter vor und erstattet er allein für seine Person Selbstanzeige, kann er dadurch den Tatbeitrag anderer Beteiligter aufdecken und ihnen wegen *„Entdeckung der Tat"* (Rz. 155 ff.) die Möglichkeit einer wirksamen Selbstanzeige verbauen. Das Problem war nicht selten nach der Durchsuchung von Banken aufgetreten, deren Mitarbeiter Steuerhinterziehungen ihrer Kunden durch anonyme Kapitaltransfers ins Ausland unterstützt hatten[2].

122

Aus welchen **Motiven** der Täter seine Tat offenbart, ist **belanglos**. Entscheidend ist, dass er zur Steuerehrlichkeit zurückkehrt und dem Staat zu einer Steuerquelle verhilft, die bislang noch verborgen war.

123

II. Voraussetzungen der Straffreiheit

1. Erklärung

Für die Berichtigung, Ergänzung oder Nachholung der Angaben ist **keine** bestimmte **Form** vorgeschrieben. Sie kann schriftlich oder mündlich vorgenommen werden[3]. Eine Bezeichnung als „Selbstanzeige" ist nicht erforderlich. Es kommt allein auf den *materiellen Inhalt* der Erklärung an, mit der die vollständigen Grundlagen für eine zutreffende Besteuerung geliefert werden müssen. Nach unzutreffenden Umsatzsteuervoranmeldungen kann auch die Einreichung einer wahrheitsgemäßen *Umsatzsteuerjahreserklärung* die Wirkung einer Selbstanzeige haben[4]. Ebenso reicht es für eine wirksame Selbstanzeige aus, wenn eine richtige *Einkommensteuerjahreserklärung* abgegeben wird, ohne auf einen früheren unrichtigen Antrag auf Herabsetzung der Einkommensteuervorauszahlung Bezug zu nehmen[5].

124

---

1 BGH v. 2.12.2008 – 1 StR 344/08, wistra 2009, 189; BGH v. 2.12.2008 – 1 StR 344/08, wistra 2009, 278.
2 *Plewka/Heerspink*, Die konzertierte Selbstanzeige bei Bankenprüfungen – ein Königsweg der Straffreiheit?, BB 1998, 1337.
3 Muster finden sich bei *Schauf* in Kohlmann, § 371 AO Rz. 284 ff. (Lfg. 46 Juli 2012).
4 BGH v. 13.10.1998 – 5 StR 392/98, wistra 1999, 27.
5 Ebenso OLG Stuttgart v. 21.5.1987 – 1 Ss 221/87, wistra 1987, 263; *Neck*, Selbstanzeige durch Einreichung der Einkommensteuererklärung, DStR 1985, 505; a.A. LG Stuttgart v. 25.11.1983 – 10 Qs 146/83, wistra 1984, 197.

125 Den Anforderungen des § 371 AO ist nur dann Genüge getan, wenn der Steuerpflichtige seine Fehler nach Art und Umfang offenbart und von seinem Standpunkt aus mit seinen Auskünften und Unterlagen der Finanzbehörde eine bisher verschlossene Steuerquelle in der Weise offenlegt, dass es dieser ermöglicht wird, den Sachverhalt ohne langwierige eigene Nachforschungen und unabhängig von einer weiteren Mithilfebereitschaft des Steuerpflichtigen so weit aufzuklären, dass die Steuer richtig berechnet und festgesetzt werden kann[1]. Sind die nachgelieferten Angaben des Steuerpflichtigen so **lückenhaft**, dass die Finanzbehörde daraus die Besteuerungsgrundlagen nicht ermitteln oder berechnen kann, sondern sie nach § 162 AO schätzen muss, erwächst daraus *keine Straffreiheit* nach § 371 Abs. 1 AO[2]. Ist allerdings eine bessere Sachverhaltsermittlung nicht mehr möglich und macht der Steuerpflichtige dies der Finanzbehörde deutlich, darf es ihm nicht verwehrt sein, Beträge anzugeben, die er nach „bestem Wissen und Gewissen" notgedrungen geschätzt hat[3]. Nicht ausreichend sind umschreibende Angaben wie, es sei „in erheblichem Umfang zu Schwarzgeschäften gekommen" oder „die Kapitaleinkünfte seien wesentlich zu niedrig erklärt worden". *Zahlenangaben* sind bei Selbstanzeigen regelmäßig erforderlich.

125a Mit einer „**gestuften Selbstanzeige**" lässt sich das Ziel der Straffreiheit nicht erreichen. Soweit dem Steuerpflichtigen aufgrund unzureichender Buchhaltung oder wegen fehlender Belege eine genau bezifferte Selbstanzeige nicht möglich ist, muss er von Anfang an alle erforderlichen Angaben über die steuerlich erheblichen Tatsachen berichtigen, ergänzen oder nachholen. Dazu muss er notfalls anhand der ihm bekannten Informationen schätzen. Die Angaben des Steuerpflichtigen müssen so geartet sein, dass die Finanzbehörde auf ihrer Grundlage in der Lage ist, ohne langwierige Nachforschungen den Sachverhalt vollends aufzuklären und die Steuer richtig festzusetzen[4]. Sonst liegt lediglich die Ankündigung einer Selbstanzeige vor.

126 **Geringfügige Fehler** bei den nachgeholten Angaben schließen eine Straffreiheit nicht aus. Der BGH ist in seinem Beschluss vom 25.7.2011 – 1 StR 631/10[5] der Ansicht, dass eine Abweichung mit einer Auswirkung von mehr als 5 % vom Verkürzungsbetrag i.S. des § 370 Abs. 4 AO nicht mehr geringfügig ist. Wurden z.B. Steuern im Umfang von 100 000 Euro verkürzt, so wären die Abweichungen in einer sich auf diese Tat beziehenden Selbstanzeige jedenfalls dann nicht mehr geringfügig, wenn durch die Selbstanzeige lediglich eine vorsätzliche Verkürzung von weniger als 95 000 Euro aufgedeckt würde. Allerdings fordert der BGH in der genannten Entscheidung in jedem Einzelfall eine Bewertung, ob die inhaltlichen Abweichungen vom gesetzlich vorausgesetzten Inhalt einer vollständigen Selbstanzeige noch als „geringfügig" einzustufen sind. Diese wertende Betrachtung kann auf der Grundlage einer Gesamtwürdigung der Um-

---

1 Vgl. BGH v. 5.5.2004 – 5 StR 548/03, BGHSt 49, 136; BGH v. 20.5.2010 – 1 StR 577/09, BGHSt 55, 180.
2 OLG Hamburg v. 2.6.1992 – 1 Ss 119/91, wistra 1993, 274.
3 BGH v. 5.9.1974 – 4 StR 369/74, NJW 1974, 2293.
4 BGH v. 20.5.2010 – 1 StR 577/09, BGHSt 55, 180.
5 BGH v. 25.7.2011 – 1 StR 631/10, BGHSt 56, 298; BGH v. 14.12.1976 – 1 StR 196/76, BB 1978, 698.

stände bei Abgabe der Selbstanzeige auch unterhalb der Abweichungsgrenze von 5 % die Versagung der Strafbefreiung rechtfertigen. Bei dieser Bewertung sollen neben der relativen Größe der Abweichungen im Hinblick auf den Verkürzungsumfang insbesondere auch die Umstände eine Rolle spielen, die zu den Abweichungen geführt haben. Bei der Würdigung ist z.B. von entscheidender Bedeutung, ob es sich um bewusste Abweichungen handelt. Bei einer Schätzung der Besteuerungsgrundlagen ist zu entscheiden, ob trotz der vorhandenen Abweichungen in der Selbstanzeige noch die Rückkehr zur Steuerehrlichkeit gesehen werden kann. Bewusst vorgenommene Abweichungen sind auch nach Ansicht des BGH nicht vom Willen zur vollständigen Rückkehr zur Steuerehrlichkeit getragen und daher in der Regel nicht „geringfügig". Enthält eine Erklärung bewusst neue erhebliche Unrichtigkeiten, kann von einer strafbefreienden „Berichtigung" nicht mehr die Rede sein.[1]

Bei einem **Gehilfen** sind die Anforderungen an eine Selbstanzeige geringer. Er wird häufig nicht in der Lage sein, dem Finanzamt die zutreffenden Besteuerungsgrundlagen zu offenbaren, weil ihm der Zugang zu den entsprechenden Unterlagen fehlt. Seine Selbstanzeige ist deshalb bereits wirksam, wenn er dem Finanzamt lediglich mitteilt, dass bestimmte Steuererklärungen unrichtig sind[2]. 127

Die Selbstanzeige kann auch durch einen **Vertreter** erklärt werden. Dies setzt jedoch Auftrag und Vollmacht voraus, die sich ausdrücklich auf die Selbstanzeige beziehen müssen[3]. Die allgemeine Vollmacht für das Beratungsverhältnis genügt nicht. Ein Steuerberater ist nicht verpflichtet, seinen Mandanten zu einer Selbstanzeige nach § 371 AO zu bewegen, wenn er Kenntnis von einer von diesem möglicherweise begangenen Steuerhinterziehung erhält[4]. 128

2. Adressat der Erklärung

Nach § 371 Abs. 1 AO hat die Berichtigung bei der **Finanzbehörde** zu erfolgen. Da § 371 AO möglichst viele Steuerhinterzieher zur Steuerehrlichkeit zurückführen will, würde es dem Zweck der Vorschrift zuwiderlaufen, wenn trotz vollständig berichtigter Angaben die Strafbefreiung daran scheitern sollte, dass der Täter die Zuständigkeit falsch beurteilt hat. Unter Finanzbehörde muss daher **jede** der in der Legaldefinition des § 6 AO aufgeführten Finanzbehörden verstanden werden. 129

3. Zahlungspflicht

Sind Steuerverkürzungen bereits eingetreten oder Steuervorteile erlangt, so tritt für einen an der Tat Beteiligten (gleich ob Täter, Anstifter oder Gehilfe) Straffreiheit nur ein, soweit er innerhalb der ihm bestimmten angemessenen Frist die *zu seinen Gunsten* hinterzogenen **Steuern entrichtet** (§ 371 Abs. 3 AO). 130

---

1 BGH v. 14.12.1976 – 1 StR 196/76, BB 1978, 698.
2 OLG Hamburg v. 21.11.1985 – 1 Ss 108/85, wistra 1986, 116.
3 *Joecks* in F/G/J, § 371 AO Rz. 79.
4 BGH v. 20.12.1995 – 5 StR 412/95, wistra 1996, 184.

131 Steuern sind dann **zugunsten** eines Tatbeteiligten hinterzogen, wenn er aus der Tat einen unmittelbaren wirtschaftlichen Vorteil hat. Das ist stets der Fall, wenn ein Einzelunternehmer im Rahmen seines Unternehmens Steuern hinterzieht. Verkürzt der Gesellschafter-Geschäftsführer zugunsten der von ihm geführten *Personengesellschaft* Steuern, so kommt es darauf an, inwieweit ihm aus den eingesparten Steuermitteln zusätzliche Entnahmemöglichkeiten erwachsen sind[1]. Dies gilt auch für den Gesellschafter-Geschäftsführer einer *Kapitalgesellschaft*, bei dem darauf abzustellen ist, inwieweit er sich die nicht an den Staat abgeführten Mittel faktisch – d.h. ggf. an den anderen Gesellschaftern vorbei – verschaffen konnte. Bei Steuerhinterziehungen einer Ein-Mann-GmbH kommen diese dem Alleingesellschafter zugute[2].

132 Hinterzieht ein **Geschäftsführer** *zugunsten seiner Gesellschaft* Steuern, so sind diese nicht ohne Weiteres als zugunsten der Person des Geschäftsführers hinterzogen zu betrachten. Dem Geschäftsführer kann deshalb keine Frist nach § 371 Abs. 3 AO gesetzt werden, wonach er die nachzuzahlenden Steuern aus Mitteln der Gesellschaft zu begleichen habe. Eine Selbstanzeige des Geschäftsführers kann deshalb zur Straflosigkeit führen, auch wenn die verkürzten Steuern – z.B. wegen Insolvenz der Gesellschaft – nicht mehr erlangt werden können[3]. Steuerrechtlich muss der Geschäftsführer in diesen Fällen damit rechnen, persönlich nach § 71 AO in Haftung genommen zu werden.

133 **Haftet** der Arbeitgeber wegen schuldhafter Nichtabführung von Lohnsteuer nach § 42d EStG neben dem Arbeitnehmer als Gesamtschuldner, so soll es auf der Hand liegen, dass er in diesem Umfang die Steuern auch zu seinen Gunsten hinterzogen hat[4]. Soweit der Arbeitgeber Einzelunternehmer ist, kann dem jedenfalls für die Fälle zugestimmt werden, in denen er nicht mit einer Inanspruchnahme des Arbeitnehmers rechnen kann. Ist Arbeitgeber jedoch eine Personen- oder Kapitalgesellschaft, so kommt es darauf an, ob und inwieweit der Täter über die ersparten Mittel zum eigenen wirtschaftlichen Vorteil verfügen konnte.

134 Hinterzieht ein Steuerpflichtiger im Rahmen einer **Zusammenveranlagung** Einkommensteuer, so ist diese auch dann zu seinen Gunsten hinterzogen, wenn die verkürzte Steuer teilweise seinem Ehegatten zugute kommt. Denn nach § 26b EStG werden die Ehegatten nach Zusammenrechnung ihrer Einkünfte als ein Steuerpflichtiger behandelt. Dementsprechend sind die Ehegatten nach § 44 Abs. 1 S. 1 AO Gesamtschuldner.

135 Seit der Änderung des § 371 Abs. 3 AO durch das Gesetz zur Änderung der Abgabenordnung und des Einführungsgesetzes zur Abgabenordnung[5] erstreckt sich die Nachzahlungspflicht auch auf die Hinterziehungszinsen nach § 235 AO und die Zinsen nach § 233a AO, soweit sie auf die Hinterziehungszinsen nach § 235 Abs. 4 AO angerechnet werden. Sonstige **steuerliche Nebenleistun-**

---

1 Vgl. BGH v. 4.7.1979 – 3 StR 130/79, BGHSt 29, 37.
2 *Kohlmann* in Kohlmann, § 371 AO Rz. 89.8 (Lfg. 46 Juli 2012) unter Hinweis auf BayObLG v. 27.4.1972 – RReg 4 St 26/72, DStZ/B 1972, 287.
3 BGH v. 22.7.1987 – 3 StR 224/87, wistra 1987, 343.
4 BGH v. 19.2.1985 – 5 StR 798/84, wistra 1985, 104.
5 BGBl. I 2014, 2415.

gen, wie Säumnis- oder Verspätungszuschläge oder Hinterziehungszinsen, werden von der Nachzahlungspflicht des § 371 Abs. 3 AO nicht erfasst.

Die Nachzahlungspflicht ist, obwohl der Wortlaut des § 371 Abs. 3 AO diesen Eindruck erwecken könnte, **keine höchstpersönliche** Verpflichtung. Sie wird auch erfüllt, wenn ein *Dritter* für den Täter die hinterzogenen Steuern entrichtet (§ 48 AO). 136

Die **Zahlungsfrist**[1] wird von der nach § 387 AO zuständigen Finanzbehörde bestimmt, und zwar grundsätzlich unabhängig von der im Steuerbescheid festgesetzten Frist[2]. Sie muss *angemessen* sein, hat also auf der einen Seite die wirtschaftlichen Verhältnisse des Täters gebührend zu beachten, darf auf der anderen Seite aber auch nicht etwa zu einer längeren Verzögerung der Strafverfolgung oder gar zur Verjährung der Tat führen[3]. Bei der Bemessung der Nachzahlungsfrist darf die vorausgegangene Phase berücksichtigt werden, in der der Täter wusste, dass er die offenbarten Steuern zu entrichten hat[4]. Wer eine Selbstanzeige vorbereitet, muss sich von Anfang an Gedanken darüber machen, wie er der sich aus § 371 Abs. 3 AO ergebenden Nachzahlungspflicht schnellstmöglich nachkommen kann. Eine *Frist von einem Monat* dürfte in vielen Fällen angemessen sein. Ein Haftungsbescheid ist für eine wirksame Fristsetzung nicht erforderlich[5]. 137

Fraglich ist, ob dem Steuerpflichtigen ein **Rechtsmittel** gegen eine zu kurze Frist gegeben ist, wenn das Strafverfahren noch nicht eröffnet ist. Die Angemessenheit der Frist wird zwar im späteren Strafverfahren überprüft. Doch erscheint es zweckmäßig, dem Steuerpflichtigen schon zuvor die Möglichkeit zu geben, im Wege der Beschwerde zum Amtsgericht eine zu kurze Fristsetzung durch die Straf- und Bußgeldsachenstelle anzufechten. Möglicherweise kann der Steuerhinterzieher nach einer angemessenen Verlängerung der Frist die geschuldete Steuer noch aufbringen, sodass sich der Strafrichter später nicht mehr mit der Sache zu befassen braucht[6]. 138

Die fristgerechte Nachzahlung ist eine objektive und unabdingbare **Bedingung für die Straffreiheit**. Ist der Täter, aus welchen Gründen auch immer, bei angemessener Frist zur Zahlung außerstande, so tritt für ihn auch bei größtem Bemühen die Straffreiheit nicht ein[7]. Der an der Tat Beteiligte muss eine gegenüber dem Geschäftsführer einer GmbH nach § 371 Abs. 3 AO gesetzte Frist zur 139

---

1 Dazu *Rolletschke*, Die Nachzahlungsfrist des § 371 Abs. 3 AO, DStZ 1999, 287.
2 OLG Karlsruhe v. 22.12.2006 – 3 Ss 129/06, wistra 2007, 159.
3 Die Auffassung des LG Koblenz v. 19.12.1985 – 105 Js (Wi) 17301/83 - 10 KLs, wistra 1986, 79, das der Finanzbehörde umfangreiche, sich an § 222 AO orientierende Ermittlungspflichten über die finanziellen Verhältnisse des Täters aufgibt, erscheint zu großzügig.
4 LG Hamburg v. 4.3.1987 – (50) 187/86 Ns, wistra 1988, 317.
5 LG Stuttgart v. 20.1.1987 – 6 KLs 243/86, wistra 1988, 36.
6 Ebenso *Kohlmann* in Kohlmann, § 371 AO Rz. 110.3 (Lfg. 46 Juli 2012); s. auch AG Saarbrücken v. 21.6.1983 – 9 As 86/83, DStZ 1983, 414 m. Anm. *Bilsdorfer*.
7 OLG Karlsruhe v. 22.12.2006 – 3 Ss 129/06, wistra 2007, 159 m. Nachw. aus der Literatur.

Entrichtung der hinterzogenen Steuer gegen sich gelten lassen, wenn dem Finanzamt seine Beteiligung nicht bekannt war[1].

III. Ausschluss der Straffreiheit

140 Eine grenzenlose Rückkehr zur Straflosigkeit ermöglicht auch § 371 AO nicht. Schon nach der **bis 31.12.2014** geltenden Fassung des § 371 Abs. 2 AO erzeugten folgende Ereignisse eine **Sperrwirkung:**

1. die Bekanntgabe einer Prüfungsanordnung,
2. die Bekanntgabe der Einleitung des Straf- oder Bußgeldverfahrens,
3. das Erscheinen eines Prüfers,
4. die Entdeckung der Tat,
5. ein Hinterziehungsschaden von über 50 000 Euro je Tat.

Wenn eines dieser Ereignisse vor der Berichtigung, Ergänzung oder Nachholung der Angaben auch nur bei einer der zur Selbstanzeige gebrachten unverjährten Steuerstraftaten stattgefunden hat, bleibt die Straffreiheit insgesamt unwirksam.

140a Nach dem **zum 1.1.2015** in Kraft getretenen Gesetz zur Änderung der Abgabenordnung und des Einführungsgesetzes zur Abgabenordnung[2] wurden die Sperrgründe erweitert. Nach § 371 Abs. 2 Nr. 1 Buchst. e AO n.F. tritt Straffreiheit auch dann nicht ein, wenn ein Amtsträger der Finanzbehörde zu einer **Umsatzsteuer-Nachschau** nach § 27b UStG, einer **Lohnsteuer-Nachschau** nach § 42g EStG oder einer **Nachschau nach anderen steuerrechtlichen Vorschriften** erschienen ist, ferner – nach § 371 Abs. 2 S. 1 Nr. 4 AO n.F. – wenn ein in § 370 Abs. 3 S. 2 Nr. 2-5 AO genannter **besonders schwerer Fall** vorliegt. Nach dem neuen § 371 Abs. 2a AO gelten bei der Korrektur unrichtiger oder unvollständiger Umsatzsteuervoranmeldungen und Lohnsteueranmeldungen weniger strenge Bedingungen für die Wirksamkeit der Selbstanzeige.

1. Bekanntgabe einer Prüfungsanordnung

141 Will die Finanzbehörde beim Steuerpflichtigen eine **Außenprüfung** durchführen, so bestimmt sie gem. § 196 AO deren Umfang in einer schriftlich zu erteilenden Prüfungsanordnung. Mit der Prüfungsanordnung werden gem. § 197 AO dem Steuerpflichtigen regelmäßig der voraussichtliche Prüfungsbeginn und die Namen der Prüfer bekannt gegeben. Indem der Gesetzgeber mit dem Schwarzgeldbekämpfungsgesetz[3] den neuen Sperrgrund der Bekanntgabe einer Prüfungsanordnung (§ 371 Abs. 2 S. 1 Nr. 1 Buchst. a AO) eingeführt hat, hat er den Sperrgrund für eine Selbstanzeige zeitlich vorverlegt. Zuvor konnte eine wirksame Selbstanzeige noch solange abgegeben werden bis ein Außenprüfer zur Prüfung erschienen war. Die Sperrwirkung tritt schon dann ein, wenn sich

---

1 BGH v. 21.6.1994 – 5 StR 105/94, HFR 1995, 225.
2 BGBl. I 2014, 2415.
3 G v. 28.4.2011, BGBl. I 2011, 676, in Kraft getreten am 3.5.2011.

die Prüfungsanordnung auch nur auf eine der unverjährten Steuerstraftaten bezieht, für die der Steuerpflichtige eine Selbstanzeige abgeben wollte¹.

Durch das Gesetz zur Änderung der Abgabenordnung und des Einführungsgesetzes zur Abgabenordnung² ist § 371 Abs. 2 Nr. 1 Buchst. a AO geändert worden. Nach der bisher geltenden Fassung dieser Vorschrift musste die Prüfungsanordnung „dem Täter oder seinem Vertreter" bekannt gegeben worden sein. Nach § 371 Abs. 2 S. 1 Nr. 1 Buchst. a AO n.F. tritt der Sperrgrund ein, wenn die Prüfungsanordnung „**dem an der Tat Beteiligten, seinem Vertreter, dem Begünstigten i.S. des § 370 Abs. 1 oder dessen Vertreter**" bekannt gegeben worden ist. Damit soll sich die Sperrwirkung des § 371 Abs. 2 S. 1 Nr. 1 Buchst. a AO zukünftig auch auf Anstifter und Gehilfen erstrecken. Mit der Aufnahme des Begriffs des „**Begünstigten**" i.S. des § 370 Abs. 1 AO soll eine Regelungslücke geschlossen werden. Diese betrifft vor allem ausgeschiedene Mitarbeiter, die davon profitierten, dass die Prüfungsanordnung nicht ihnen als Tatbeteiligten, sondern dem von ihrer Steuerhinterziehung profitierenden Unternehmen bekannt gegeben worden war³.

141a

Nach § 371 Abs. 2 Nr. 1 Buchst. a AO n.F. soll sich die Sperrwirkung durch die Bekanntgabe einer Prüfungsanordnung auf den **sachlichen und zeitlichen Umfang der Außenprüfung** beschränken. Dies galt auch bisher schon, sodass es sich lediglich um eine Klarstellung handelt.

141b

2. Bekanntgabe der Einleitung eines Verfahrens

Vor dem 1.1.2015 trat die Sperrwirkung ein, wenn „dem Täter oder seinem Vertreter" die *Einleitung des Straf- oder Bußgeldverfahrens* wegen der Tat bekannt gegeben worden war. Nach der Änderung des § 371 Abs. 2 S. 1 Nr. 1 Buchst. b AO durch das Gesetz zur Änderung der Abgabenordnung und des Einführungsgesetzes zur Abgabenordnung⁴ erstreckt sich die Sperrwirkung der Einleitung eines Straf- oder Bußgeldverfahrens künftig auch auf Anstifter und Gehilfen. Der Sperrgrund tritt künftig ein, wenn die Prüfungsanordnung „**dem an der Tat Beteiligten oder seinem Vertreter**" bekannt gegeben worden ist. Nach der Gesetzesbegründung soll mit der Änderung des § 371 Abs. 2 S. 2 Nr. 1 Buchst. b AO erreicht werden, dass ein Gehilfe der Steuerhinterziehung auch dann keine Selbstanzeige mehr abgeben kann, wenn die Einleitung des Straf- oder Bußgeldverfahrens dem (Haupt-)„Täter" bekannt gegeben worden ist⁵. Um diese Absicht klar zum Ausdruck zu bringen, wäre es allerdings besser gewesen zu verlangen, dass die Einleitung eines Straf- oder Bußgeldverfahrens *einem* (statt „dem") an der Tat Beteiligten oder seinem Vertreter" bekannt gegeben worden ist. Beim jetzigen Gesetzeswortlaut könnte auch die Auffassung vertreten werden, dass die Selbstanzeige für den Anstifter oder Gehilfen nur gesperrt sei, wenn ihm selbst die Einleitung eines Straf- oder Bußgeldverfahrens bekannt gegeben worden ist.

142

---

1 S. dazu auch *Wulf*, Selbstanzeige trotz laufender Betriebsprüfung?, Stbg 2013, 269.
2 RegE, BR-Drs. 431/14 v. 26.9.2014.
3 RegE, BR-Drs. 431/14 v. 26.9.2014, S. 9.
4 BGBl. I 2014, 2415.
5 RegE, BR-Drs. 431/14 v. 26.9.2014, S. 9.

143 Maßgebend ist die **Bekanntgabe**, nicht schon die Einleitung des Verfahrens. Für die **Bekanntgabe** *der Einleitung eines Verfahrens* ist keine Form vorgeschrieben. Sie kann *schriftlich* oder *mündlich* erfolgen.

> **Beispiel:** Bei dem Inhaber einer Karosseriewerkstätte findet wegen des Verdachts des Verschiebens von Kraftfahrzeugen eine Durchsuchung statt. Dabei wird eine von dem Inhaber so bezeichnete „S-Liste" gefunden, aus der sich gewichtige Anhaltspunkte dafür ergeben, dass es sich um Umsätze handelt, die nicht in den Steuererklärungen erfasst wurden. Der die Durchsuchung leitende Polizeibeamte erklärt dem Betriebsinhaber: „Das muss steuerlich überprüft werden, diese Unterlagen bekommt die Steuerfahndung." – Mit der Sicherstellung hat der Polizeibeamte das Steuerstrafverfahren eingeleitet, mit seiner nachfolgenden Erklärung hat er die Einleitung bekannt gegeben.

In vielen Fällen erfolgt die Bekanntgabe der Einleitung des Strafverfahrens durch die Vorlage des Durchsuchungsbeschlusses zu Beginn der Durchsuchung oder durch den Außenprüfer, wenn sich der Verdacht einer Steuerstraftat oder Steuerordnungswidrigkeit ergibt (§§ 9, 10 BpO[1]).

144 Das **Strafverfahren ist eingeleitet**, sobald die Finanzbehörde, die Polizei, die Staatsanwaltschaft, einer ihrer Ermittlungspersonen oder der Strafrichter eine Maßnahme trifft, die erkennbar darauf abzielt, gegen jemanden wegen einer Steuerstraftat strafrechtlich vorzugehen (§ 397 Abs. 1 AO). Die Einleitung ist *kein förmlicher Akt*, sondern eine beliebige Handlung, die als *erste Ermittlungsmaßnahme* aufgrund eines Anfangsverdachts erkennbar wird. Einleiten kann das Steuerstrafverfahren auch ein Beamter, der für die weitere Ermittlung nicht zuständig ist, beispielsweise ein Polizist, während den Sachverhalt die Finanzbehörde zu ermitteln hat (§ 386 Abs. 1 S. 1 AO)[2].

145 Die Einleitung des Straf- oder Bußgeldverfahrens, die auch nur in Bezug auf eine der unverjährten Steuerstraftaten ergangen ist, **infiziert** alle unverjährten Steuerstraftaten einer Steuerart und macht eine wirksame Selbstanzeige unmöglich. Maßgebend ist der *Umfang der* Beschuldigung wie er z.B. aus der Tatbeschreibung im Durchsuchungsbeschluss ersichtlich wird.

146 Um die Sperrwirkung eintreten zu lassen, muss die Einleitung des Straf- oder Bußgeldverfahrens „bei einer der zur Selbstanzeige gebrachten unverjährten Steuerstraftaten" bekannt gegeben worden sein. Da § 371 Abs. 1 AO Strafbefreiung in Bezug auf die einzelnen Steuerarten gewährt und durch den Hinweis auf Verjährung auch auf den Besteuerungszeitraum abhebt, folgt aus Wortlaut, Zweck und systematischen Zusammenhang von § 371 Abs. 1 und 2 AO, dass ausdrücklich angegeben werden muss, auf welche Steuerart und welchen Besteuerungszeitraum sich die Einleitung des Strafverfahrens bezieht.

---

1 Allg. Verwaltungsvorschrift für die Betriebsprüfung – Betriebsprüfungsordnung – (BpO 2000) v. 15.3.2000, BStBl. I 2000, 358), zul. geänd. durch Art. 1 der allg. Verwaltungsvorschrift v. 22.1.2008, BStBl. I 274.
2 Die Einleitung eines Steuerstrafverfahrens liegt z.B. vor, wenn ein Staatsanwalt nach Vernehmung einer Zeugin schriftlich die sie betreffende Eintragung einer Strafsache wegen Steuerhinterziehung verfügt, BFH v. 13.12.1995 – X B 50/95, BFH/NV 1996, 451.

Beispiel: S entwendet aus einem Steuerlager unversteuertes Mineralöl. Er begeht damit Diebstahl und in Tateinheit Steuerhinterziehung[1]. Die Polizei leitet nur wegen Diebstahls das Strafverfahren ein und gibt dies dem S bekannt. – Wegen der hinterzogenen Energiesteuer kann S noch wirksam Selbstanzeige erstatten.

3. Erscheinen eines Prüfers

Nach § 371 Abs. 2 S. 1 Nr. 1 Buchst. c AO in der **bis 31.12.2014** geltenden Fassung trat Straffreiheit nicht ein, wenn ein Amtsträger der Finanzbehörde zur steuerlichen Prüfung, zur Ermittlung einer Steuerstraftat oder einer Steuerordnungswidrigkeit erschienen war. Mit Wirkung **zum 1.1.2015** wurde § 371 Abs. 2 S. 1 Nr. 1 Buchst. c AO durch das Gesetz zur Änderung der Abgabenordnung und des Einführungsgesetzes zur Abgabenordnung[2] **aufgespalten**. Seitdem besteht zum einen der Ausschlussgrund des neuen § 371 Abs. 2 S. 1 Nr. 1 Buchst. c AO, wonach das Erscheinen eines Amtsträgers der Finanzbehörde zur steuerlichen Prüfung Straffreiheit nach § 371 Abs. 1 AO insoweit ausschließt, wie sich die Außenprüfung sachlich und zeitlich erstreckt. Der neue § 371 Abs. 2 S. 1 Nr. 1 Buchst. d AO soll die Sperrwirkung herbeiführen, wenn ein Amtsträger zur Ermittlung einer Steuerstraftat oder Steuerordnungswidrigkeit erschienen ist. Bei der Aufspaltung handelt es sich nach der Gesetzesbegründung um eine redaktionelle Änderung wegen der Einfügung des neuen § 371 Abs. 2 S. 2 AO. Diese Vorschrift stellt klar, dass eine wirksame Selbstanzeige insoweit möglich bleibt, als Steuerstraftaten einer Steuerart nicht von den Ausschlussgründen nach § 371 Abs. 2 S. 1 Nr. 1 Buchst. a-c AO erfasst werden.

147

Amtsträger i.S. des § 371 Abs. 2 Nr. 1 Buchst. c AO sind nach § 7 AO neben Beamten alle Personen, die dazu bestellt sind, Aufgaben der öffentlichen Verwaltung wahrzunehmen. Beamte der Steuerfahndung sind auch dann „Amtsträger der Finanzbehörde" i.S. von § 371 Abs. 2 Nr. 1 Buchst. c AO, wenn sie in einem von der Staatsanwaltschaft geführten steuerstrafrechtlichen Ermittlungsverfahren weisungsgebunden tätig werden[3].

147a

Erschienen ist ein Prüfer, wenn er an dem Ort, an dem er prüfen oder ermitteln will, eingetroffen ist oder zumindest dort in das Blickfeld des Selbstanzeigenden getreten ist[4]. Öffnet der Steuerpflichtige bei Erscheinen des Prüfers nicht, um noch Zeit zu gewinnen, ist es für eine wirksame Selbstanzeige dennoch *zu spät*[5]. Begibt sich der Steuerpflichtige selbst an den Prüfungsort, ist der Amtsträger erschienen, wenn er zu einer Prüfungshandlung *ansetzt*, wie z.B. der Zollbeamte mit der Aufforderung: „Bitte öffnen Sie den Kofferraum."

148

---

1 BGH v. 24.10.1989 – 5 StR 238-239/89, wistra 1990, 59.
2 BGBl. I 2014, 2415.
3 LG Stuttgart v. 21.8.1989 – 10 KLs 137/88, wistra 1990, 72; a.A. *Schauf* in Kohlmann, § 371 AO Rz. 122 (Lfg. 46 Juli 2012). Auch die Innenrevision der Oberfinanzdirektion ist Amtsträger, wenn ein Finanzbeamter beruflich Stellung zu Steuerhinterziehungen missbraucht, BGH v. 20.1.2010 – 1 StR 634/09, wistra 2010, 152.
4 OLG Stuttgart v. 22.5.1989 – 3 Ss 21/89, NStZ 1989, 436 m.w.Nw.
5 Viele praxisnahe Fallbeispiele bei *Burkhard*, Die Sperrwirkung des § 371 Abs. 2 Nr. 1a AO, wistra 1998, 216 und wistra 1998, 256.

149 Bei der **Außenprüfung** (§§ 193 ff. AO) dürfte das Erscheinen des Prüfungsbeamten als Sperrgrund künftig kaum noch Bedeutung haben. Einer Außenprüfung geht regelmäßig eine Prüfungsanordnung voraus, deren Bekanntgabe schon für sich einen Sperrgrund darstellt (§ 371 Abs. 2 Nr. 1 Buchst. a AO).

150 Ob auch eine **Umsatzsteuer-Nachschau** gem. § 27b UStG auch schon nach § 371 Abs. 2 S. 1 Nr. 1 Buchst. c AO in der bis zum 31.12.2014 geltenden Fassung führte, ist streitig[1]. Der Gesetzgeber wollte diesen Streit durch die Einfügung eines neuen § 371 Abs. 2 S. 1 Nr. 1 Buchst. e AO beseitigen, wonach Straffreiheit auch dann nicht eintreten soll, wenn ein Amtsträger der Finanzbehörde zu einer **Umsatzsteuer-Nachschau** nach § 27b UStG, einer **Lohnsteuer-Nachschau** nach § 42g EStG oder einer **Nachschau nach anderen steuerrechtlichen Vorschriften** erschienen ist. Voraussetzung soll sein, dass sich der Amtsträger als solcher ausgewiesen hat. In der Gesetzesbegründung wird ausgeführt, dass der betroffene Steuerpflichtige nur so wisse, ob eine Nachschau stattfinde oder nicht[2]. Bis zum 31.12.2014 sind die in § 371 Abs. 2 S. 1 Nr. 1 Buchst. e AO n.F. genannten Nachschauen als „steuerliche Prüfung" i.S. des § 371 Abs. 2 S. 1 Nr. 1 Buchst. c AO anzusehen. So dient die Umsatzsteuer-Nachschau, zu der der Amtsträger auch ohne vorherige Ankündigung erscheinen kann, dem Zweck, Sachverhalte festzustellen, die für die Besteuerung erheblich sein können. Gleichzeitig führt sie ebenso wie eine Prüfungsanordnung dem unehrlichen Steuerpflichtigen vor Augen, dass er ins Visier der Finanzbehörden geraten ist. Seit der Verschärfung des § 371 Abs. 2 AO durch das Schwarzgeldbekämpfungsgesetz besteht kein Grund mehr, sie nicht als „steuerliche Prüfung i.S. des § 371 Abs. 2 Nr.1 Buchst. c AO" anzusehen[3]. Nur wenn die Nachschau zu steuerstrafrechtlichen Erkenntnissen geführt hat, kann sie einen Sperrgrund entfalten[4].

151 Amtsträgern der Finanzbehörde, die **zur Ermittlung einer Steuerstraftat oder einer Steuerordnungswidrigkeit** erscheinen, wird der Steuerpflichtige regelmäßig erstmals bei der Durchsuchung seiner Wohn- und/oder Geschäftsräume begegnen. Für die Sperrwirkung des § 371 Abs. 2 S. 1 Nr. 1 Buchst. c AO ist dabei maßgebend, auf welchen Verdacht sich das Ermittlungsverfahren zum Zeitpunkt der Durchsuchung erstreckt. Eine Sperrwirkung nach § 371 Abs. 2 S. 1 Nr. 1 Buchst. c AO besteht für die von späteren Selbstanzeigen erfassten Sachverhalte jedenfalls dann nicht, wenn zum Zeitpunkt, in dem ein Amtsträger zur Ermittlung einer Steuerstraftat erschienen ist, kein Besteuerungszeitraum der betreffenden Steuerart vom Ermittlungswillen des Amtsträgers erfasst war und mit dem bisherigen Ermittlungsgegenstand kein enger sachlicher Zusammenhang bestand[5]. Maßgebend ist der Durchsuchungsbeschluss. Haben Be-

---

1 Dazu *Jäger* in Klein, § 371 AO Rz. 57 m.w.Nw.
2 RegE, BR-Drs. 431/14 v. 26.9.2014, S.10.
3 Wie hier *Jäger* in Klein, § 371 AO Rz. 57. Zum Streitstand *Beyna/Roth*, Umsatzsteuernachschau contra Selbstanzeige – Unter welchen Umständen ist eine strafbefreiende Selbstanzeige gesperrt?, UStB 2010, 310.
4 S. dazu RegE, BR-Drs. 431/14 v. 26.9.2014, S.10.
5 Vgl. BGH v. 5.4.2000 – 5 StR 226/99, wistra 2000, 219; BGH v. 19.4.1983 – 1 StR 859/82, wistra 1983, 146; OLG Düsseldorf v. 27.5.1981 – 2 Ss 214/81-142/71 III, wistra 1982, 119.

amte der Steuerfahndung vor einer Selbstanzeige wegen Steuerhinterziehung an einer Durchsuchung im Rahmen eines Ermittlungsverfahrens wegen Geldwäsche teilgenommen, so steht § 371 Abs. 2 S. 1 Nr. 1 Buchst. c AO der Straffreiheit nicht entgegen, wenn zum Zeitpunkt der Durchsuchung kein Verdacht für ein Steuerdelikt bestand. Auch *Vorfeldermittlungen* der Steuerfahndung gem. § 208 Abs. 1 Nr. 3 AO können eine Selbstanzeige nur insoweit ausschließen, wie der konkrete Auftrag des Prüfers reicht[1]. Kündigt ein Steuerfahnder an, wegen eines konkreten Geschäfts das private Girokonto des Steuerpflichtigen überprüfen zu wollen, sind auch die sonstigen, über dieses Girokonto ohne Rechnung abgewickelten Geschäfte entdeckungsgefährdet; eine Selbstanzeige kann deshalb keine Straffreiheit mehr bewirken[2].

Im Fall der Ermittlung einer Steuerstraftat wirkt das Erscheinen am Prüfungsort nicht nur gegen einen dort anwesenden Tatbeteiligten, sondern gegen **alle** im Betriebsbereich für diese Steuerstraftat **Verantwortlichen**. Ob ein Beschuldigter bereits namentlich bezeichnet oder zunächst nur seiner Funktion nach beschrieben werden konnte, spielt keine Rolle. Ob er die tatverantwortliche Funktion jetzt noch ausübt oder ob er in der Zwischenzeit versetzt oder befördert wurde oder ausgeschieden ist, ist ohne Bedeutung. Das LG Stuttgart vertrat in seinem Urteil vom 21.8.1989[3] die Auffassung, das Erscheinen eines Fahndungsbeamten wirke i.d.R. nicht zulasten des ausgeschiedenen Betriebsangehörigen. Denn dieser könne das vom Erscheinen eines Fahndungsbeamten ausgehende Signal, bis zu dem ohne Risiko einer Selbstbelastung eine Selbstanzeige möglich bleibt, nicht mit derselben Zuverlässigkeit wahrnehmen wie ein weiterhin im Betrieb tätiger Tatbeteiligter. Dieses Argument ist allerdings nicht überzeugend. Das Erscheinen eines Steuerfahnders kann kein Signal mehr für eine Selbstanzeige sein, weil es dann schon für eine solche zu spät ist. Das gilt für den im Betrieb Anwesenden wie für den Ausgeschiedenen gleichermaßen.

Die Sperrwirkung richtet sich andererseits nur gegen den **Personenkreis**, bei dem der Amtsträger zur Prüfung[4] oder Ermittlung *erschienen* ist. Für Geschäftspartner und Dritte, die ihrerseits im Zusammenwirken mit diesen Verantwortlichen eine Hinterziehung begangen haben, gilt dieser Ausschlussgrund nicht[5]. Wird bei *Banken* eine Steuerfahndungsprüfung wegen des Verdachts der Beihilfe von Bankmitarbeitern zu Steuerhinterziehungen von Kunden durchgeführt, sind nur die **Bankmitarbeiter** von der Prüfung und damit von der Sperrwirkung betroffen[6]; die Bankkunden können noch Selbstanzeige erstatten.

---

1 OLG Celle v. 27.3.2000 – Ws 35/00, NStZ-RR 2001, 341.
2 OLG Celle v. 21.12.1984 – 3 Ss 219/84, wistra 1985, 84; vgl. auch BayObLG v. 17.9.1986 – RReg 4 St 155/86, wistra 1987, 77.
3 LG Stuttgart v. 21.8.1989 – 10 KLs 137/88, wistra 1990, 72.
4 BGH v. 15.1.1988 – 3 StR 465/87, BGHSt 35, 188.
5 OLG Düsseldorf v. 27.5.1981 – 2 Ss 214/81, wistra 1982, 119.
6 Ebenso *Schauf* in Kohlmann, § 371 AO Rz. 140 (Lfg. 46 Juli 2012).

154 Die **Möglichkeit der Selbstanzeige lebt** *nach Durchführung der Außenprüfung* **wieder auf**, wenn der Amtsträger der Finanzbehörde keine einzige unverjährte Steuerstraftat der betreffenden Steuerart entdeckt hat und die Bescheide aufgrund der Außenprüfung ergangen sind bzw. an den Steuerpflichtigen die Mitteilung gem. § 202 Abs. 1 S. 3 AO erfolgt ist, dass die Außenprüfung zu keiner Änderung der Besteuerungsgrundlagen geführt hat. Ist die *Ermittlung einer Steuerstraftat* mit dem Abschlussvermerk der Staatsanwaltschaft nach § 169a StPO oder mit der Einstellung nach § 170 Abs. 2 S. 1 StPO abgeschlossen, wird eine Selbstanzeige ebenfalls wieder möglich. Zwar ergibt sich dies nicht ohne Weiteres aus dem Wortlaut der Vorschrift, wohl aber aus deren Zweck. Die Wahrscheinlichkeit, dass eine verheimlichte Steuerquelle dem Fiskus verborgen bleibt, ist nach einer durchgeführten Prüfung noch größer, die Gefahr der Entdeckung für den Täter dagegen kleiner geworden. Die Finanzbehörde ist in noch höherem Maße auf Angaben des Täters angewiesen als vor der Prüfung. Wenn der Täter trotz deutlich gesenktem Entdeckungsrisiko dennoch eine Selbstanzeige vornimmt, ist es gerechtfertigt, dies mit Straffreiheit zu belohnen.

4. Entdeckung der Tat

155 Straffreiheit tritt nicht ein, wenn von den unverjährten Steuerstraftaten einer Steuerart auch nur eine Tat im Zeitpunkt der Berichtigung, Ergänzung oder Nachholung ganz oder zum Teil bereits entdeckt war und der Täter dies **wusste** oder bei verständiger Würdigung der Sachlage damit **rechnen musste** (§ 371 Abs. 2 S. 1 Nr. 2 AO). Der objektive Umstand der Tatentdeckung schließt eine wirksame Selbstanzeige noch nicht aus. Konnte sich der Täter nach den gegebenen Verhältnissen noch in Sicherheit wiegen, ist eine wirksame Selbstanzeige noch möglich.

156 Die einzelne „**Steuerstraftat**" i.S. des § 371 Abs. 2 S. 1 Nr. 2 AO bestimmt sich nach Steuerart, Besteuerungszeitraum und Steuerpflichtigem[1]. Ist bei *mehreren* Steuerhinterziehungen auch nur eine einzige unverjährte Steuerstraftat innerhalb einer Steuerart entdeckt, erstreckt sich die Sperrwirkung auf alle Selbstanzeigen für die *betreffende Steuerart*. Für jede einzelne Steuerart ist zu prüfen, ob eine unverjährte Steuerhinterziehung ganz oder teilweise entdeckt ist. In einem laufenden Strafverfahren wegen anderer Delikte ist eine Steuerhinterziehung erst dann entdeckt, wenn erkannt wird, dass die Tat auch einen „Fall des § 370" AO umfasst.

Beispiel: Der Staatsanwalt durchsucht „wegen Untreue", vernimmt den Beschuldigten „wegen Untreue" und denkt überhaupt nicht an die steuerlichen Konsequenzen der Tat. – Eine tateinheitlich begangene Steuerhinterziehung ist dann noch nicht „entdeckt".

---

1 BGH v. 5.4.2000 – 5 StR 226/99, wistra 2000, 219; großzügiger *Schauf* in Kohlmann, § 371 AO Rz. 206 (Lfg. 46 Juli 2012), bei dem sich der Tatbegriff auf die Nichterfüllung bestimmter materieller Mitwirkungspflichten bezüglich einzelner Besteuerungsgrundlagen beschränkt.

Haben *mehrere Personen* an einer Hinterziehung mitgewirkt, so ist für die Frage der Wirksamkeit der Selbstanzeige des einzelnen Tatbeteiligten sein **Tatbeitrag** maßgebend. Mit der Entdeckung des Tatbeitrags eines Hinterziehers ist der noch unbekannte Tatbeitrag eines weiteren Tatbeteiligten noch nicht entdeckt. Die Sperrwirkung tritt nur gegenüber den Personen ein, deren Tatbeitrag entdeckt ist. Die Person des möglichen Täters muss identifiziert sein. 157

Ein Steuerdelikt ist **entdeckt**, wenn durch die *Kenntnis* von der Tat eine Lage geschaffen wird, die bei vorläufiger Tatbewertung eine Verurteilung des Betroffenen wahrscheinlich macht[1]. Nach dem BGH-Beschluss vom 20.5.2010[2] ist eine Tatentdeckung bereits dann anzunehmen, wenn unter Berücksichtigung der zur Steuerquelle oder zum Auffinden der Steuerquelle bekannten weiteren Umstände nach allgemeiner kriminalistischer Erfahrung eine Steuerstraftat oder -ordnungswidrigkeit naheliegt. Stets ist die Tat entdeckt, wenn der Abgleich mit den Steuererklärungen des Steuerpflichtigen ergibt, dass die Steuerquelle nicht oder unvollständig angegeben wurde. Entdeckung ist aber auch schon vor einem Abgleich denkbar, etwa bei Aussagen von Zeugen, die dem Steuerpflichtigen nahestehen und vor diesem Hintergrund zum Inhalt der Steuererklärungen Angaben machen können, oder bei verschleierten Steuerquellen, wenn die Art und Weise der Verschleierung nach kriminalistischer Erfahrung ein signifikantes Indiz für unvollständige oder unrichtige Angaben ist. 158

Noch **nicht ausgewertetes belastendes Material** im Besitz der Finanzbehörde, das bei seiner späteren Auswertung unweigerlich zur Entdeckung der Tat führen wird, schafft *noch* keine Sperrwirkung. 159

Beispiel: Das Land N hat eine CD aufgekauft, auf der ein Mitarbeiter einer Schweizer Bank auf illegale Weise gewonnene Steuer-Daten deutscher Anleger gespeichert hat. Von einer Tatentdeckung i.S. des § 371 Abs. 2 S. 1 Nr. 2 AO ist erst auszugehen, wenn die Finanzbehörde den Inhalt der CD mit der Steuererklärung der betroffenen Anleger verglichen hat. Eine „Entdeckung" in vorgenanntem Sinne setzt weiter voraus, dass der Auswertung des CD-Inhalts kein Verwertungsverbot entgegensteht. Dies ist höchst strittig[3]. Eine gesetzliche Regelung wäre dringend vonnöten. S. auch § 11 Rz. 27a.

Die Straffreiheit wird bereits dann versagt, wenn die Tat **nur zum Teil entdeckt** ist. Das muss in einem solchen Ausmaß geschehen sein, dass die zuständige Behörde bei pflichtgemäßem Verhalten die Strafverfolgung in Gang setzen kann. Bei zum Teil entdeckter Tat ist Straffreiheit auch insoweit ausgeschlossen, als weitere Besteuerungsgrundlagen zunächst noch nicht als unrichtig er- 160

---

1 BGH v. 27.4.1988 – 3 StR 55/88, wistra 1988, 308 im Anschluss an BGH v. 13.5.1983 – 3 StR 82/33, NStZ 1983, 415 und BGH v. 24.10.1984 – 3 StR 315/84, NStZ 1985, 126; BGH v. 30.3.1993 – 5 StR 77/93, wistra 1993, 227.
2 BGH v. 20.5.2010 – 1 StR 577/09, NJW 2010, 2146.
3 S. dazu *Schmidt-Keßler*, Gastkommentar: Kauf und Verwertung widerrechtlich erlangter Steuerdaten – Überblick über die zurzeit diskutierten Rechtsfragen, DStR 2010, Heft 15, VI.

kannt worden sind[1]. Zum Teil entdeckt ist die Tat auch dann, wenn **Vorbereitungshandlungen** einer – begangenen – Steuerhinterziehung aufgedeckt werden[2].

161 Eine Steuerstraftat kann auch von einem **Dritten** entdeckt werden. Als tauglicher Tatentdecker können aber nicht solche Personen angesehen werden, die zum Vertrauenskreis des Täters gehören oder die bevollmächtigt sind, für ihn tätig zu werden[3]. Für eine Tatentdeckung i.S. des § 371 Abs. 2 S. 1 Nr. 2 AO ist allerdings weiter erforderlich, dass die erlangte Kenntnis an die *Verfolgungsbehörde weitergegeben wird*[4]. Entscheidend ist bereits die *Absendung der Mitteilung*. Der *BGH* lässt es sogar schon genügen, *wenn damit zu rechnen* ist, dass der Dritte seine Kenntnis an die zuständige Behörde weiterreicht[5].

162 Keine Entdeckung ist gegeben, solange ein Partner, Geschäftspartner, Vertragspartner, Berater von der Tat weiß, ohne sein Wissen gegen den Täter zu verwenden[6]. **Bloßes Mitwissertum** eines Tatunbeteiligten bedeutet noch keine Entdeckung.

163 Die Tat ist *entdeckt*, wenn eine örtlich oder sachlich/funktionell **nicht zuständige Behörde** von der Tat Kenntnis erlangt, sie als Steuerhinterziehung erkannt und deshalb die *Strafverfolgung* durch Weitergabe/Abgabe an die Ermittlungsbehörde *in die Wege geleitet* hat. In Betracht kommen hier namentlich: Ministerium, Oberfinanzdirektion, ein anderes Finanzamt; Zoll, Polizei; Arbeitsbehörde, Sozialversicherungsbehörde, Kontrolldienst; Gericht, eine ausländische Behörde[7].

164 Die Sperrwirkung der Tatentdeckung tritt nur ein, wenn der Täter **weiß oder wissen muss**, dass die Tat *entdeckt* ist. Der ahnungslose Täter handelt trotz bereits entdeckter Tat mit seiner Berichtigung noch rechtzeitig. Dem Wissen steht Wissen-Müssen „bei verständiger Würdigung der Sachlage" gleich. Das ist der Fall, wenn der Täter Tatsachen erfährt, die ihm den Schluss aufdrängen, die Unrichtigkeit seiner Angaben oder Erklärung sei erkannt. Es muss dem Täter nachgewiesen werden, dass er aufgrund seiner persönlichen Erkenntnis- und Urteilfähigkeit in der Lage war, die Tatentdeckung zu erkennen[8].

Beispiele: Der Geschäftspartner unterrichtet S., dass dort eine Betriebsprüfung stattfinde. – Die Bank teilt ihm den Besuch der Steuerfahndung mit. – Die Rundfunkanstalt schickt ihm die Mehrfertigung einer Kontrollmitteilung. – Der Richter (oder der Ehegatte) erklärt im Scheidungsverfahren: „Das wird das Finanzamt erfahren."

---

1 *Joecks* in F/G/J, § 371 AO Rz. 195; *Schauf* in Kohlmann, § 371 AO Rz. 207 (Lfg. 46 Juli 2012).
2 BGH v. 13.5.1987 – 3 StR 37/87, wistra 1987, 293 (295).
3 BGH v. 27.4.1988 – 3 StR 55/88, wistra 1988, 309.
4 *Göggerle/Frank*, Entdeckung der Tat bei der Selbstanzeige gem. § 371 Abs. 2 Nr. 2 der Abgabenordnung, BB 1984, 398 (399).
5 BGH v. 13.5.1987 – 3 StR 37/87, wistra 1987, 293 m. Anm. *Franzen*, wistra 1987, 341.
6 H.M., vgl. *Schauf* in Kohlmann, § 371 AO Rz. 212 (Lfg. 46 Juli 2012).
7 *Göggerle/Frank*, Entdeckung der Tat bei der Selbstanzeige gem. § 371 Abs. 2 Nr. 2 der Abgabenordnung, BB 1984, 398 (399); BGH v. 13.5.1987 – 3 StR 37/87, wistra 1987, 293.
8 Vgl. BayObLG v. 24.2.1972 – RReg 4 St 135/71, BayObLGSt 1972, 39.

Die Wirksamkeit einer Selbstanzeige wird umgekehrt *nicht* dadurch ausgeschlossen, dass der Täter **irrtümlich** annimmt, die Tat sei entdeckt.

5. Betragsobergrenze

Nach § 371 Abs. 2 S. 1 Nr. 3 AO in seiner **bis zum 31.12.2014** geltenden Fassung trat Straffreiheit nicht ein, wenn die nach § 370 Abs. 1 AO verkürzte Steuer oder der für sich oder einen anderen erlangte nicht gerechtfertigte Steuervorteil einen Betrag von **50 000 Euro je Tat** überstieg. Durch das **zum 1.1.2015** in Kraft getretene Gesetz zur Änderung der Abgabenordnung und des Einführungsgesetzes zur Abgabenordnung[1] wurde dieser Betrag auf 25 000 Euro abgesenkt. Da sich die Betragsobergrenze auf jede einzelne Steuerstraftat bezieht, kann sich für einzelne Steuerhinterziehungen einer Steuerart ein Sperrgrund nach § 371 Abs. 2 S. 1 Nr. 3 AO ergeben, bei anderen nicht. Bei Tateinheit sind die Verkürzungsbeträge zu addieren[2].

Wo sich der einzige Sperrgrund aus § 371 Abs. 2 Nr. 3 AO ergibt, kann der Täter dennoch ohne Strafe davonkommen. In Fällen, in denen Straffreiheit nur deswegen nicht eintritt, weil der Hinterziehungsbetrag 50 000 Euro übersteigt, wird gem. **§ 398a AO** in seiner **bis zum 31.12.2014** geltenden Fassung von der *Verfolgung* einer Steuerstraftat *abgesehen*, wenn der Täter die aus der Tat zu seinen Gunsten hinterzogenen Steuern entrichtet und darüber hinaus einen Geldbetrag in Höhe von 5 % der hinterzogenen Steuer zugunsten der Staatskasse bezahlt. Durch das **zum 1.1.2015** in Kraft getretene Gesetz zur Änderung der Abgabenordnung und des Einführungsgesetzes zur Abgabenordnung[3] soll § 398a AO deutlich verschärft werden. Es genügt nicht mehr, dass der Täter nur die zu seinen Gunsten hinterzogenen Steuern entrichtet. § 398a Abs. 1 Nr. 1 AO verlangt darüber hinaus die Zahlung der Hinterziehungszinsen nach § 235 AO und der Zinsen nach § 233a AO, soweit sie auf die Hinterziehungszinsen nach § 235 Abs. 4 AO angerechnet werden. Der sich seither einheitlich auf 5 % der hinterzogenen Steuern belaufende Strafzuschlag soll in gestaffelter Weise drastisch erhöht werden: auf 10 % der hinterzogenen Steuer, wenn der Hinterziehungsbetrag 100 000 Euro nicht übersteigt, auf 15 % der hinterzogenen Steuer, wenn der Hinterziehungsbetrag 100 000 Euro übersteigt und 1 000 000 Euro nicht übersteigt und auf 20 % der hinterzogenen Steuer, wenn der Hinterziehungsbetrag 1 000 000 Euro übersteigt (§ 398a AO Abs. 1 Nr. 2 Buchst. a-c AO n.F.).

Durch das **zum 1.1.2015** in Kraft getretene Gesetz zur Änderung der Abgabenordnung und des Einführungsgesetzes zur Abgabenordnung[4] wurde in einem neuen § 398a Abs. 2 AO klargestellt, dass sich die Bemessung des als **Bemessungsgrundlage für den Strafzuschlag** dienenden Hinterziehungsbetrags nach den Grundsätzen des § 370 Abs. 4 AO richtet. Diese Berechnungsweise gilt, ohne dass dies gesetzlich angeordnet wäre, auch für den Strafzuschlag nach § 398a AO in der voraussichtlich bis zum 31.12.2014 geltenden Fassung. Dies

---

1 BGBl. I 2014, 2415.
2 *Jäger* in Klein, § 371 AO Rz. 75 m.w.Nw.
3 BGBl. I 2014, 2415.
4 BGBl. I 2014, 2415.

soll insbesondere der Anwendung des Kompensationsverbotes nach § 370 Abs. 4 S. 3 AO zur Anwendung verhelfen, sodass es für die Bemessung des Hinterziehungsbetrages im Rahmen des § 398a AO unerheblich ist, ob die Steuer aus anderen Gründen hätte ermäßigt oder der Steuervorteil aus anderen Gründen hätte beansprucht werden können. So findet z.B. keine Ermäßigung um zuvor nicht geltend gemachte Vorsteuer statt[1].

165d **Verfassungsrechtliche Bedenken** gegen die Regelung des § 371 Abs. 2 S. 1 Nr. 3 AO wurden zwar geäußert, sind aber nicht gerechtfertigt[2]. Sicher gibt es auch in Fällen einer Steuerverkürzung von über 50 000 Euro Sachverhalte, in denen die persönliche Schuld geringer wiegt als bei anderen. Auch wenn Schuldminderungsgründe vorliegen, wiegt der Hinterziehungsschaden aber immer noch so schwer, dass insoweit ohne Verstoß gegen den Gleichheitsgrundsatz und das Rechtsstaatsprinzip eine Typisierung vorgenommen und zur Begründung der Strafaufhebung ein Strafzuschlag von 5 % erhoben werden darf. Das gilt auch nach der beabsichtigten Absenkung der Betragsobergrenze auf 25 000 Euro und der Erhöhung der Prozentsätze für den Strafzuschlag. Der im Zusammenhang mit § 371 Abs. 2 S. 1 Nr. 3 AO zu lesende § 398a AO erlaubt es dem Steuerpflichtigen, sich von einer Bestrafung freizukaufen. In ihrer Wirkung kommt die Rechtsfolge aus § 398a AO der Wirkung des eine Ausnahme im Strafrecht darstellenden § 371 Abs. 1 AO gleich. Die Gewährung dieser Ausnahmevergünstigung erlaubt es dem Gesetzgeber, erhöhte Hürden aufzubauen.

165e Zahlt der Steuerpflichtige die zu seinen Gunsten hinterzogenen Steuern, die Hinterziehungszinsen nach § 235 AO, die nach § 235 Abs. 4 AO anzurechnenden Zinsen nach § 233a AO und den Strafzuschlag nach § 398a AO vollständig innerhalb der ihm bestimmten angemessenen Frist, so wird von der Verfolgung der Steuerstraftat abgesehen. Erkennt die Finanzbehörde, dass die Angaben im Rahmen einer Selbstanzeige unrichtig oder unvollständig waren, so ist die **Wiederaufnahme** eines nach § 398a AO abgeschlossenen Verfahrens zulässig. Der nach § 398a AO erhobene und gezahlte Geldbetrag wird nicht erstattet, wenn mangels vollständiger Erfüllung der Voraussetzungen des § 398a AO von der Verfolgung der Steuerstraftat nicht abgesehen werden kann. Das Gericht kann diesen Betrag jedoch auf eine wegen Steuerhinterziehung verhängte Geldstrafe **anrechnen**. Durch das zum 1.1.2015 in Kraft getretene Gesetz zur Änderung der Abgabenordnung und des Einführungsgesetzes zur Abgabenordnung[3] ist dies in § 398a Abs. 3 und 4 AO n.F. ausdrücklich geregelt worden. Nach dem Sinn und Zweck der Regelung des § 398a AO müssen diese Grundsätze auch schon für seine Anwendung in der Fassung bis 31.12.2014 gelten[4].

---

1 RegE, BR-Drs. 431/14 v. 26.9.2014, S. 14.
2 *Beckemper/Schmitz/Wegner/Wulf*, Zehn Anmerkungen zur Neuregelung der strafbefreienden Selbstanzeige durch das „Schwarzgeldbekämpfungsgesetz", wistra 2011, 281.
3 BGBl. I 2014, 2415.
4 Dazu *Jäger* in Klein, § 371 AO Rz. 38.

6. Besonders schwere Fälle

Seit Inkrafttreten des Gesetzes zur Änderung der Abgabenordnung und des Einführungsgesetzes zur Abgabenordnung[1] **zum 1.1.2015** führt allein der Umstand, dass eine Steuerstraftat einen in § 370 Abs. 3 S. 2 Nr. 2–5 AO genannten schweren Fall (dazu Rz. 114–116a) darstellt, zu einem Sperrgrund. Die Regelung des neuen **§ 371 Abs. 2 S. 1 Nr. 4 AO** soll die besondere Strafwürdigkeit dieser Fälle unterstreichen; auf die Höhe des Hinterziehungsschadens soll es nicht ankommen. Allerdings ist nach § 398a Abs. 1 AO n.F. auch in diesen Fällen ein Absehen von Strafverfolgung möglich. Das bedeutet, dass über die Entrichtung der hinterzogenen Steuern, der Hinterziehungszinsen und der darauf anrechenbaren Zinsen nach § 233a AO hinaus ein Strafzuschlag nach § 398a Abs. 1 Nr. 2 AO n.F. zu entrichten ist. Im Übrigen gilt das zu § 371 Abs. 2 S. 1 Nr. 3 AO Ausgeführte.

165f

7. Erleichterungen bei Steueranmeldungen

Obwohl die verspätete Abgabe und die Abgabe unrichtiger Umsatzsteuervoranmeldungen schon immer eine Steuerhinterziehung darstellten, war es vor Inkrafttreten des Schwarzgeldbekämpfungsgesetzes durchaus gebräuchlich, bei noch unklaren Verhältnissen die Abgabe der Voranmeldungen hinauszuschieben oder eine Voranmeldung mit bewusst vorläufigen Zahlen einzureichen. Aufgrund großzügiger Nachsicht der Finanzbehörden brauchte der Steuerpflichtige bei kurzfristigen Fristüberschreitungen nicht mit der Einleitung des Steuerstrafverfahrens zu rechnen, und wenn der Steuerpflichtige nach Klärung des Sachverhaltes die Voranmeldung nachreichte oder eine berichtigte Voranmeldung abgab, trat nach § 371 Abs. 1 AO a.F. Straffreiheit ein. Mit dem Schwarzgeldbekämpfungsgesetz traten Schwierigkeiten ein, die der Gesetzgeber in diesem Bereich so nicht beabsichtigt hatte. Denn zum einen fordert § 371 Abs. 1 AO, dass der Steuerpflichtige zu allen unverjährten Steuerstraftaten einer Steuerart in vollem Umfang die unrichtigen Angaben berichtigt, die unvollständigen Angaben ergänzt oder die unterlassenen Angaben nachholt, was dem Wortlaut nach sogar Voranmeldungszeiträume betrifft, die nach dem Zeitraum der nachgeholten oder berichtigten Voranmeldung liegen. Zum anderen kommt es gar nicht mehr zur Straffreiheit, sondern nach § 398a AO lediglich zum Absehen von Strafe und zu einem Strafzuschlag, wenn die Betragsobergrenze des § 371 Abs. 2 S. 1 Nr. 3 AO überschritten ist. Wird nur eine verspätete oder berichtigte Umsatzsteuervoranmeldung abgegeben, so löst sie den Sperrgrund der Tatentdeckung nach § 371 Abs. 2 S. 1 Nr. 2 AO aus und lässt keine weitere strafbefreiende Berichtigung z.B. durch die Umsatzsteuerjahreserklärung mehr zu. Der Regierungsentwurf zu dem **zum 1.1.2015** in Kraft getretenen Gesetz zur Änderung der Abgabenordnung und des Einführungsgesetzes zur Abgabenordnung wollte die genannten Schwierigkeiten mit einem neuen **§ 371 Abs. 2a AO** lösen. Soweit die Steuerhinterziehung durch Verletzung der Pflicht zur rechtzeitigen Abgabe einer vollständigen und richtigen Umsatzsteuervoranmeldung oder Lohnsteueranmeldung begangen worden ist,

165g

---

1 BGBl. I 2014, 2415.

tritt Straffreiheit bei Selbstanzeigen in dem Umfang ein, in dem der Täter gegenüber der zuständigen Finanzbehörde die unrichtigen Angaben berichtigt, die unvollständigen Angaben ergänzt oder die unterlassenen Angaben nachholt. Kraft ausdrücklicher gesetzlicher Regelung wird dabei eine Ausnahme von § 371 Abs. 1 AO geschaffen und insoweit der Weg zu einer Teilselbstanzeige eröffnet. Ebenso ist in diesen Fällen § 371 Abs. 2 S. 1 Nr. 3 AO nicht anwendbar, sodass Straffreiheit auch eintreten kann, wenn die nach § 370 Abs. 1 AO verkürzte Steuer oder der erlangte Steuervorteil 25 000 Euro überschreiten. Wenn die Entdeckung der Tat darauf beruht, dass eine Umsatzsteuervoranmeldung oder eine Lohnsteueranmeldung berichtigt wurde, soll 371 Abs. 2 S. 1 Nr. 2 AO nicht anwendbar sein: Einer späteren berichtigenden Erklärung kann also nicht der Sperrgrund der Tatentdeckung entgegengehalten werden. Die vorstehenden Sätze gelten allerdings nicht für Steueranmeldungen, die sich auf das Kalenderjahr beziehen. Wird die Berichtigung, Vervollständigung oder Nachholung von Angaben vorausgegangener Voranmeldungen in einer Jahresanmeldung vorgenommen, ist es in Abweichung von § 371 Abs. 1 AO nicht erforderlich, dass der Steuerpflichtige auch die Voranmeldungen für die Zeit nach dieser Jahresanmeldung berichtigt, vervollständigt oder nachholt[1].

IV. Verhältnis zur Berichtigung

166 Die *Berichtigung nach § 153 AO* (Rz. 21 ff.) und die *Selbstanzeige* nach § 371 AO haben gemeinsam, dass eine seither unrichtige oder unvollständige Erklärung nunmehr berichtigt wird. In beiden Fällen wird es der Finanzbehörde ermöglicht, die Steuer in der zutreffenden Höhe festzusetzen. In ihren Voraussetzungen bestehen jedoch **erhebliche Unterschiede**.

167 § 153 AO betrifft den Fall, dass ein Steuerpflichtiger **nachträglich erkennt,** dass eine von ihm oder für ihn abgegebene Erklärung unrichtig oder unvollständig ist und es dadurch zu einer Steuerverkürzung kommen kann oder bereits gekommen ist. Die Berichtigungspflicht trifft also nicht denjenigen, der von Anfang an bewusst unrichtige oder unvollständige Angaben gemacht und damit den Tatbestand der Steuerhinterziehung mit direktem Vorsatz verwirklicht hat. Nach Ansicht des BGH besteht eine steuerrechtliche Anzeige- und Berichtigungspflicht nach § 153 Abs. 1 S. 1 Nr. 1 AO aber in den Fällen, in denen der Steuerpflichtige die Unrichtigkeit seiner Angaben bei Abgabe der Steuererklärung nicht gekannt, aber billigend in Kauf genommen hat und später zu der sicheren Erkenntnis gelangt ist, dass die Angaben unrichtig sind[2]. In diesen Fällen bedingt vorsätzlicher Steuerhinterziehungen nimmt der BGH in Kauf, dass der Steuerpflichtige trotz seines Rechtes, sich nicht selbst belasten zu müssen[3], zur Selbstanzeige gezwungen wird.

---

1 RegE, BR-Drs. 431/14 v. 26.9.2014.
2 BGH v. 17.3.2009 – 1 StR 479/08, NJW 2009, 1984.
3 BVerfG v. 8.10.1974 – 2 BvR 747/73, BVerfGE 38, 105.

168 § 371 AO richtet sich an Personen, die Steuerstraftaten i.S. des § 370 AO begangen, die also mit Abgabe unrichtiger oder unvollständiger Steuererklärungen zu *vorsätzlichen* Steuerhinterziehungen angesetzt haben. Dieser Adressatenkreis hat sich mit Abgabe der Steuererklärung mindestens wegen versuchter Steuerhinterziehung strafbar gemacht. Da die Gruppe der absichtlich bzw. mit direktem Vorsatz handelnden Steuerhinterzieher wegen des Selbstbelastungsverbots nicht zu einer Berichtigung verpflichtet werden könnte, sucht § 371 AO einen anderen Weg, um Zugriff auf die zutreffenden Besteuerungsgrundlagen zu erhalten. Dieser besteht in der Lockung mit Straffreiheit.

169 Der Anreiz, eine als *Berichtigung* gem. § 153 AO bezeichnete **verdeckte Selbstanzeige** abzugeben, ist groß. Denn auch, wenn aufgrund einer wirksamen Selbstanzeige gem. § 371 AO Straffreiheit eintritt, bleiben beim Eingeständnis einer Steuerhinterziehung noch gewichtige Nachteile wie Hinterziehungszinsen (§ 235 AO), Verlängerung der Festsetzungsfrist (§ 169 Abs. 2 S. 1 AO), Haftung gem. § 71 AO und ggf. Strafzuschlag nach § 398a AO. Häufig behaupten Steuerpflichtige deshalb, von der Unrichtigkeit oder Unvollständigkeit ihrer Steuererklärung erst nach deren Abgabe erfahren zu haben.

170 Einer verdeckten Selbstanzeige wird in den meisten Fällen die Wirkung der **Straffreiheit zu versagen** sein[1]. Eine Selbstanzeige muss es der Finanzbehörde ermöglichen, den Sachverhalt ohne langwierige eigene Nachforschungen und unabhängig von einer weiteren Mitwirkungsbereitschaft des Steuerpflichtigen so weit aufzuklären, dass die Steuer richtig berechnet und festgesetzt werden kann[2]. Bleiben Angaben unerwähnt, die z.B. für die Berechnung der Festsetzungsfrist, für die Frage der Änderbarkeit (z.B. nach § 173 Abs. 2 AO) oder für eine Haftung gem. § 71 AO von Bedeutung wären, genügt die Selbstanzeige diesen Anforderungen nicht. Durch die Tarnung der Selbstanzeige als Berichtigung nach § 153 AO nimmt der Steuerpflichtige der Finanzbehörde auch die Möglichkeit, gem. § 371 Abs. 3 AO schnellstmöglich eine Frist zu setzen und die hinterzogene Steuer einzufordern; die schnelle Zahlung der Steuer ist aber Bedingung für die Gewährung von Straffreiheit.

171 Wer nachträglich die Unrichtigkeit seiner Erklärung erkennt, ist gem. § 153 AO zur Berichtigung verpflichtet. Er muss die Unrichtigkeit unverzüglich anzeigen und die erforderliche Richtigstellung vornehmen. Andernfalls lässt er die Finanzbehörde pflichtwidrig in Unkenntnis und macht sich damit nach **§ 370 Abs. 1 Nr. 2 AO** strafbar (Rz. 15 ff.).

V. Fremdanzeige

172 Die Berichtigungspflicht kann, z.B. bei Gesellschaften, **mehrere Personen** treffen. Ist eine dieser Personen ihrer Anzeigepflicht nach § 153 AO ordnungsgemäß nachgekommen, so profitieren davon nach § 371 Abs. 4 S. 1 AO auch berichtigungspflichtige Dritte, die ihrer Verpflichtung bisher nicht oder nur unzureichend nachgekommen sind. Die Dritten werden wegen der von ihnen

---
1 *Schuhmann*, Berichtigung von Erklärungen (§ 153 AO) und Selbstanzeige, wistra 1994, 45 (48).
2 Vgl. BGH v. 5.5.2004 – 5 StR 548/03, BGHSt 49, 136 m.w.Nw.

durch Verletzung der Anzeigepflicht begangenen Steuerhinterziehung nicht verfolgt, es sei denn, dass ihnen oder ihren Vertretern zuvor die Einleitung eines Straf- oder Bußgeldverfahrens wegen der Tat bekannt gegeben worden war. Haben die Dritten zum eigenen Vorteil gehandelt, so werden sie gem. § 371 Abs. 4 S. 2 AO i.V.m. Abs. 3 AO nur dann nicht strafrechtlich verfolgt, wenn sie innerhalb einer zu bestimmenden angemessenen Frist die hinterzogenen Steuern entrichtet haben.

173 *Fraglich* ist, ob auch **Steuerhinterzieher, die bewusst eine unrichtige Erklärung abgegeben haben, dank der ordnungsgemäßen** *Anzeige eines Unbeteiligten* der Strafverfolgung entgehen können. Das OLG Stuttgart[1] lehnt dies ab. Es meint, damit der Dritte Straffreiheit erlangen könne, müsse sich für seine eigene Person die Pflicht zur Abgabe einer Berichtigungserklärung aus § 153 AO ergeben haben. Da § 153 AO davon ausgehe, dass die Unrichtigkeit einer früher abgegebenen Steuererklärung erst nachträglich bekannt wurde, dies aber bei einer begangenen Steuerhinterziehung nicht der Fall sei, entgehe der Steuerhinterzieher durch die Fremdanzeige der Strafverfolgung nicht.

174 *Samson*[2] und *Joecks*[3] sind **anderer Auffassung**. Sie verstehen unter den „in § 153 AO bezeichneten Erklärungen" die fehlerhaften Ursprungserklärungen. Gegen diese Auffassung spricht allerdings der klare Wortlaut des § 371 Abs. 4 AO. Wenn der Gesetzgeber gewollt hätte, dass auch bewusste Falscherklärer durch Berichtigungserklärungen anderer straffrei werden, so würde er diese Botschaft sprachlich einfacher vermitteln als von „die in § 153 bezeichneten Erklärungen" zu sprechen. Dass er dies nicht tut, streitet dafür, dass Steuerhinterzieher, die die unrichtige Erklärung bewusst abgegeben haben, gerade nicht begünstigt werden sollen. Angesichts des in § 371 Abs. 1 AO ausgesprochenen Grundsatzes, dass straffrei nur werden soll, wer *selbst* unrichtige oder unvollständige Angaben berichtigt oder ergänzt oder nachholt, ist § 371 Abs. 4 AO eng auszulegen. Offensichtlich misst der Gesetzgeber dem Unterlassen einer Berichtigungserklärung nach später erkannter Unrichtigkeit eine geringere Strafwürdigkeit bei als einer schon bei Abgabe der Erklärung ins Auge gefassten Steuerhinterziehung, weshalb insoweit, aber auch nur insoweit, Nachsicht gerechtfertigt ist.

175–182 Einstweilen frei.

C. Steuerstraftaten mit besonderem Unrechtsgehalt

I. Bandenmäßige Steuerhinterziehung

183 § 370a AO, wonach mit Freiheitsstrafe von einem Jahr bis zu zehn Jahren bestraft werden konnte, wer in den Fällen des § 370 AO gewerbsmäßig oder als Mitglied einer Bande, die sich zur fortgesetzten Begehung solcher Taten ver-

---

1 OLG Stuttgart v. 31.1.1996 – 1 Ws 1/96, wistra 1996, 190.
2 *Samson*, Strafbefreiende Fremdanzeige (§ 371 Abs. 4 AO) und Berichtigungspflicht (§ 153 Abs. 1 AO), wistra 1990, 245; ebenso LG Bremen v. 26.6.1998 – 42 Qs 84b Ds 860 Js 22051/97, wistra 1998, 317.
3 *Joecks* in F/G/J, § 371 AO Rz. 228a.

bunden hatte, in großem Ausmaß Steuern verkürzt oder für sich oder einen anderen nicht gerechtfertigte Steuervorteile erlangt hatte, ist zum 31.12.2007 abgeschafft worden. An seine Stelle ist § 370 Abs. 3 S. 2 Nr. 5 AO getreten. Danach liegt regelmäßig ein – mit Freiheitsstrafe von sechs Monaten bis zu zehn Jahren zu bestrafender besonders schwerer Fall der Steuerhinterziehung vor, wenn der Täter als Mitglied einer **Bande**, die sich zur fortgesetzten Begehung von Taten nach Abs. 1 verbunden hat, Umsatz- oder Verbrauchssteuern verkürzt oder nicht gerechtfertigte Umsatz- oder Verbrauchssteuervorteile erlangt. Auch wenn die bandenmäßige Steuerhinterziehung nun zu einem der fünf in § 370 Abs. 3 AO dargestellten Regelbeispiele herabgesenkt worden ist, dürfte ihm die höchste kriminelle Energie innewohnen. Dies sieht wohl auch der BGH so, wenn er in seinem Urteil vom 2.12.2008[1] die von § 370 Abs. 3 S.2 Nr. 5 AO erfassten Falltypen als Beispiele dafür verwendet, wann eine Bewährungsstrafe nicht mehr in Betracht kommen sollte.

Die bandenmäßige Steuerhinterziehung nach § 370 Abs. 3 S.2 Nr. 5 AO kann nach § 261 Abs. 1 S. 2 Nr. 4 Buchst. b StGB **Vortat für eine Geldwäsche** sein. Wegen Geldwäsche wird in diesen Fällen bestraft, wer die durch die Steuerhinterziehung ersparten Aufwendungen und unrechtmäßig erlangten Steuererstattungen und -vergütungen verbirgt, deren Herkunft verschleiert oder die Ermittlung der Herkunft oder das Auffinden vereitelt oder gefährdet (§ 261 Abs. 1 S. 3 StGB). 184

Gegenüber § 370a AO **weggefallen** ist in § 370 Abs. 3 Nr. 5 AO das Merkmal der **Gewerbsmäßigkeit**. Zur Problematik dieses Tatbestandsmerkmals s. die 4. Auflage. 185

Einstweilen frei. 186–192

II. Gewerbs- oder bandenmäßige Schädigung des Umsatzsteueraufkommens

§ **26c UStG** stellt eine echte **Qualifikation zum Bußgeldtatbestand** des § 26b UStG dar. *Ordnungswidrig* handelt nach § 26b Abs. 1 UStG, wer die in einer Rechnung i.S. von § 14 UStG ausgewiesene Umsatzsteuer nicht oder nicht vollständig zu dem gesetzlich vorgesehenen *Fälligkeitszeitpunkt* entrichtet (i.d.R. bis zum 10. des Folgemonats, § 18 Abs. 1 S. 3 und Abs. 2 S. 2 UStG). Wer in diesen Fällen gewerbsmäßig oder als Mitglied einer Bande handelt, die sich zur fortgesetzten Begehung solcher Handlungen verbunden hat, macht sich strafbar. Mit der Vorschrift wollte der Gesetzgeber vor allem (angebliche) Unternehmer innerhalb von *Umsatzsteuer-Karussellgeschäften* treffen, die – zum Zwecke des Vorsteuerabzugs durch die Empfänger – in von ihnen ausgestellten Rechnungen Vorsteuer ausweisen und diese zwar in ihren Umsatzsteueranmel- 193

---

1 BGH v. 2.12.2008 – 1 StR 416/08, BGHSt 53, 71 = wistra 2009, 107.

dungen anmelden, aber nicht abführen (sog. missing trader)[1]. Über § 370 Abs. 1 AO könnten diese Fälle nicht erfasst werden.

194 Zur **Bandenmäßigkeit** gelten die Ausführungen Rz. 116a. Nach dem grundlegenden BGH-Urteil vom 8.11.1951[2] besteht die **Gewerbsmäßigkeit** in der *Absicht, sich durch wiederholte Begehung von Straftaten der fraglichen Art eine fortlaufende Einnahmequelle von einigem Gewicht zu verschaffen.* Es genügt eine Wiederholungsabsicht, zu mehreren Straftaten braucht es nicht zu kommen[3]. Es ist auch nicht erforderlich, dass es sich bei den Straftaten um die Haupteinnahmequelle des Täters handelt[4]. Um von der Verschaffung *einer* fortlaufenden Einnahmequelle sprechen zu können, ist es aber erforderlich, dass zwischen den einzelnen Taten ein innerer Zusammenhang erkennbar ist, der z.B. darin bestehen kann, dass zur wiederholten Begehung von Vorsteuererschleichungen eine Scheinfirma begründet wurde. Eine Einnahmequelle im oben genannte Sinne kann auch in der fortlaufenden *Ersparnis* von Steuern liegen; die gewerbsmäßige Steuerhinterziehung ist nicht auf Fälle beschränkt, in denen durch die Finanzbehörde *Auszahlungen* erfolgen[5].

195 Nach Abgabe einer unrichtigen Umsatzsteuerjahreserklärung nach falschen bzw. unterlassenen Umsatzsteuervoranmeldungen kann sowohl der Tatbestand des § 370 AO als auch des § 26c UStG erfüllt sein. Das **Konkurrenzverhältnis** ist *umstritten*[6]. Die Annahme von Tateinheit i.S. des § 52 StGB scheint am sachgerechtesten zu sein. Eine Selbstanzeige in Bezug auf die Steuerhinterziehung beseitigt nicht eine gleichzeitig vorliegende Strafbarkeit nach § 26c UStG wegen gewerbsmäßiger oder bandenmäßiger Schädigung des Umsatzsteueraufkommens.

196 Der **Strafrahmen** für die gewerbsmäßige oder bandenmäßige Schädigung des Umsatzsteueraufkommens liegt wie bei der einfachen Steuerhinterziehung zwischen Geldstrafe und Freiheitsstrafe bis zu fünf Jahren.

197 Die Möglichkeit einer **Selbstanzeige** ist **nicht** vorgesehen. § 371 AO betrifft ausdrücklich nur die Fälle des § 370 AO.

D. Sonstige Steuerstraftaten

Schrifttum: *Allgayer/Sackreuther*, § 52 ff. StGB: Konkurrenzen bei illegaler Einfuhr von Zigaretten, PStR 2009, 44; *Arendt*, Die Tatbestandsmerkmale „absetzt" und „absetzen hilft" bei der Steuerhehlerei, DDZ 1981 F 3; *Bender*, BTM-Schmuggel als Steuerstraftat, ZfZ 1984, 322; *Bender*, Verbote und Beschränkungen im Binnenmarkt – straf- und bußgeldrechtliche Aspekte, ZfZ 1992, 199; *Bender*, Neuigkeiten im Zollstrafrecht 2008, ZfZ 2008, 145; *Bender/Möller/Retemeyer*, Das Zoll- und Verbrauchsteuerstrafrecht mit Ver-

---

1 Vgl. die Gesetzesbegründung, BT-Drs. 14/7470, 14/7471.
2 BGH v. 8.11.1951 – 4 StR 463/51, BGHSt 1, 383.
3 Vgl. BGH v. 11.10.1994 – 1 StR 522/94, wistra 1995, 60.
4 BGH v. 11.6.1973 – 1 StR 385/73.
5 Ebenso *Hetzer*, Gewerbs- oder bandenmäßige Steuerhinterziehung – Verbrechenstatbestand und Geldwäschebekämpfung, ZfZ 2003, 221 (224) im Gegensatz zu *Spatscheck/Wulf*, „Schwere Steuerhinterziehung" und Geldwäsche, DB 2002, 392.
6 Zur Darstellung des Meinungsstandes s. *Fabl*, Der neue § 370a AO – causa finita?, wistra 2003, 10.

fahrensrecht, Loseblatt (zit.: ZuVStR); *Blankenhagen*, VuB bei der Ausfuhr, DDZ 1995 F 18; *Fehn*, Ungenehmigte Einfuhren von radioaktiven Stoffen und Zollfahndung, ZfZ 1998, 70; *Klinkhammer*, Die Bekämpfung der Artenschutzkriminalität durch die deutsche Zollfahndung, ZfZ 1995, 194; *Kratzsch*, Zur Neuregelung der Begünstigung im Steuerstrafrecht, NJW 1975, 199; *Kretschmer*, Der Versuchsbeginn bei Steuerhehlerei, NStZ 2008, 379; *Leplow*, Ahndung des Zigarettenschmuggels nach §§ 373, 374 AO n.F., PStR 2008, 63; *Möller*, Ameisenschmuggel im Postverkehr – Eine Frage der Zollhinterziehung?, PStR 2012, 1; *Retemeyer/Möller*, Grundsätze zur Strafzumessung bei Schmuggel, Anmerkung zu BGH v. 22.5.2012, ZfZ 2012, 194; *Retemeyer/Möller*, Strafrechtlich relevanter Schaden bei der Hinterziehung von Verbrauchsteuern, PStR 2013, 49; *Rönnau*, Moderne Probleme der Steuerhehlerei, NStZ 2000, 513; *Schramm*, Zum Verhältnis von (gewerbsmäßiger) Hehlerei und Geldwäsche, wistra 2008, 245; *Ullrich*, Verbringen und Mitnahme von Waffen und Munition, ZfZ 2004, 45; *Wamers*, Der Bannbruch, AW Prax 1999, 112; *Weidemann*, Steuerhehlerei bei Einfuhr und Verbringung von Zigaretten, PStR 2011, 224.

Von den **sonstigen Steuerstraftaten**, die in § 369 Abs. 1 AO aufgezählt sind, spielt im Unternehmensbereich vor allem die *Steuerhehlerei* eine gewisse Rolle. Die *übrigen* Straftatbestände bedürfen hier nur kurzer Erwähnung. Verstöße gegen *Ein-, Aus- und Durchfuhrverbote* sind für Unternehmen praktisch nur im Außenwirtschaftsbereich einschlägig; hierfür sind die Straffolgen im AWG geregelt (unten § 62). 198

I. Steuerhehlerei

Kein Betrieb ist davor gefeit, dass von ihm umgesetzte Waren nicht Gegenstand einer Zoll- oder Verbrauchsteuerhinterziehung gewesen sind. Insbesondere bei Angeboten **„ohne Rechnung" (OR) von ausländischen Erzeugnissen** sind bei deren Einfuhr mit einiger Wahrscheinlichkeit Einfuhrabgaben hinterzogen worden. Denn weil bei ordnungsgemäßer Rechnungserteilung die bei der Einfuhr hinterzogene Einfuhrumsatzsteuer, die mit 19 % weitaus höher ist als der durchschnittliche Zollsatz (sofern die Ware überhaupt einem Zoll unterliegt), automatisch nachgeholt würde, ist der kriminelle Aufwand einer Einfuhrabgabenhinterziehung z.B. durch Unterfakturierung nur sinnvoll, wenn die Umsatzsteuer auch auf den weiteren Handelsstufen hinterzogen wird. So kann man sich – neben der Hinterziehung von Umsatz- und Ertragsteuern bei „OR-Geschäften" – leicht auch der Steuerhehlerei schuldig machen, die sich – anders als die Steuerhinterziehung – nicht durch eine Selbstanzeige aus der Welt schaffen lässt. 199

Steuerhehlerei (§ 374 AO) begeht, wer Waren, hinsichtlich deren Einfuhrabgaben oder Verbrauchsteuern hinterzogen oder Bannbruch begangen worden ist, ankauft oder sich oder einem Dritten verschafft, sie absetzt oder absetzen hilft, um sich oder einen Dritten zu bereichern. Für *Bannbruch als Vortat* ist die Vorschrift jedoch nur anwendbar, wenn der Bannbruch nach der AO bestraft wird, was infolge der Subsidiaritätsklausel des § 372 Abs. 2 AO nur selten der Fall ist (s. Rz. 208); anderenfalls verbleibt es bei den Strafandrohungen der Verbotsgesetze, die regelmäßig jede Art des Umganges mit der betreffenden Ware, also auch den Ankauf, Absatz usw., mit einer Ahndungsfolge bedrohen. 200

Die Vorschrift ist der *Sachhehlerei* (§ 259 StGB; vgl. auch § 48 Rz. 74 ff.) nachgebildet, insbesondere sind die hehlerischen Handlungen dieselben, sodass insoweit wegen der Einzelheiten auf die Erläuterungswerke zum StGB verwiesen werden kann.

201 **Täter** der Steuerhehlerei kann jeder sein *außer* dem *Vortäter*; für ihn stellt das Absetzen der Ware, für die er selbst (auch als Mittäter) Zoll oder Verbrauchsteuern hinterzogen hat, eine straflose Nachtat dar[1]. Wohl aber können Anstifter und Gehilfen der Vortat, wenn sie später von der Schmuggelware einen Teil abbekommen, Hehler sein.

202 Die **hehlerische Handlung** (ankaufen usw.) setzt eine abgeschlossene Zollhinterziehung/Verbrauchsteuerhinterziehung/Bannbruch mit Strafe aus §§ 372 Abs. 2 oder 373 AO (vgl. Rz. 208, 211) als *Vortat* voraus. Die Vortat muss tatbestandsmäßig und rechtswidrig, aber nicht notwendig auch schuldhaft sein; Hehlerei ist also auch strafbar mit Schmuggelgut, das eine strafunmündige oder im Verbotsirrtum handelnde Person eingeschmuggelt hat. In Form der Absatzhilfe kann die Steuerhehlerei auch vor Beendigung der vorangegangenen Steuerhinterziehung begangen werden[2]. Der BGH stellt die Steuerhehlerei der Sachhehlerei gleich und deutet dabei an, dass wie bei der Sachhehlerei das Merkmal der beendeten Vortat nicht immer erfüllt sein muss. Es reicht danach auch eine abgeschlossene, nicht notwendig beendete Vortat[3].

202a Unter **Sichverschaffen** (wovon das Ankaufen ein Unterfall ist) ist die Erlangung einer eigenen Verfügungsgewalt durch abgeleiteten Erwerb zu verstehen; Diebstahl von Schmuggelgut ist also keine Hehlerei. Die hehlerischen Handlungen (selbständiges) *Absetzen* und (unselbständiges, der Unterstützung des Vortäters dienendes) *Absetzenhelfen* setzen voraus, dass auf die Absatzbemühungen unmittelbar der Absatz erfolgt oder erfolgen soll, z.B. wenn der Täter Schmuggelzigaretten auf den Weg zum Abnehmer bringt[4]. Jedoch wird tatbestandsmäßiges Absetzenhelfen nicht dadurch ausgeschlossen, dass die Bemühungen des Hehlers letztlich nicht zum Absatz führen[5], z.B. der Zigarettentransport auf dem Weg zum Abnehmer beschlagnahmt wird.

203 **Subjektiv** ist *Vorsatz*, also insbesondere Kenntnis der kriminellen Herkunft der Ware, sowie *Bereicherungsabsicht* erforderlich, wobei es – wie immer bei Absichten – unerheblich ist, ob sie sich verwirklicht. Wer angeblich erstklassige Hongkong-Hemden, die durch Vorlage gefälschter Präferenzpapiere zu Unrecht vom Zoll freigestellt worden sind, in Kenntnis der vorhergegangenen Zollhinterziehung erwirbt und hinterher feststellt, dass die Ware infolge minderwerti-

---

1 Ausführlich dazu *Möller/Retemeyer* in Bender/Möller/Retemeyer, ZuVStR, Rz. C 659.
2 BGH v. 9.2.2012 – 1 StR 438/11, NJW 2012, 1746.
3 So auch *Schmiemann*, NJW 2012, 1748.
4 BGH v. 7.11.2007 – 5 StR 371/07, NStZ 2008, 409; hierzu *Kretschmer*, NStZ 2008, 379.
5 Str., wie hier BGH in st. Rspr., zuletzt BGH v. 12.4.1994 – 1 StR 189/94, NStZ 1994, 396; Übersicht über die Meinungen bei *Stree* in S/S, § 259 StGB Rz. 38 und *Fischer*, § 259 StGB Rz. 18–21; vgl. auch *Arendt*, DDZ 1981 F 3.

ger Qualität nur mit Verlust abzusetzen ist, ist gleichwohl wegen Steuerhehlerei strafbar. Auch der Erwerb von Schmuggelzigaretten zum Eigenverbrauch erfolgt in Bereicherungsabsicht, wenn der Täter sich dadurch den Kauf der versteuerten teuren Zigaretten ersparen will[1].

Die **Strafe** für Steuerhehlerei ist gem. § 374 Abs. 1 AO dieselbe wie für Steuerhinterziehung, also aus § 370 AO zu entnehmen; bei gewerbsmäßigem Handeln (= in der Absicht, sich durch wiederholte hehlerische Betätigung eine fortlaufende Einnahmequelle zu verschaffen, die auch in der Vermeidung fortlaufender Ausgaben bestehen kann, z.B. fortgesetzter Erwerb von billigen Schmuggelzigaretten zum Eigenverbrauch, vgl. Rz. 212), beträgt die Strafandrohung gem. § 374 Abs. 2 AO sechs Monate bis zehn Jahre; in minder schweren Fällen, z.B. fortlaufender Erwerb von Schmuggelzigaretten lediglich zum Eigenverbrauch, bleibt es jedoch bei der Strafandrohung des § 370 AO, also Freiheitsstrafe bis zu fünf Jahren oder Geldstrafe. Das Hehlergut unterliegt der Einziehung gem. § 375 Abs. 2 AO. 204

Strafbar ist nach § 374 Abs. 4 AO auch die Hehlerei mit Waren, für die **Einfuhrabgaben anderer EU-Mitgliedstaaten** hinterzogen worden sind, und dies auch bei ausländischem Tatort (Anlehnung an § 370 Abs. 6 und 7 AO, vgl. § 45 Rz. 10). Danach ist es nach deutschem Recht strafbar, wenn Zigaretten im Transitschmuggel aus Russland nach England verbracht und dort abgesetzt werden. Wegen Hehlerei durch *Schwarzhandel mit unversteuerten Zigaretten*[2] wird auf die Ausführungen in § 15 Rz. 78 f. verwiesen. 205

II. Bannbruch

Bannbruch (**§ 372 AO**) begeht, wer **Gegenstände einem Verbot zuwider ein-, aus- oder durchführt**, wobei die einzelnen Verbringungsverbote und -beschränkungen aus einer Vielzahl einzelner Gesetze (z.B. BtMG, WaffG, AtomG) zu entnehmen sind. Mit dem Schutz des Steueraufkommens hat der Bannbruch nichts zu tun; die Strafvorschrift dient vielmehr dem Schutz der menschlichen Gesundheit, der öffentlichen Sicherheit, der Erhaltung bedrohter Tier- und Pflanzenarten und in letzter Zeit besonders dem Schutz von Markenartikeln vor Fälschungen. Nur aus Gründen des Sachzusammenhangs, nämlich weil die *Überwachung der Verbringungsverbote im grenzüberschreitenden Warenverkehr* zu den Aufgaben der Zollverwaltung gehört (§ 1 Abs. 1 ZollVG), befindet sich die entsprechende Strafnorm in der AO. 206

Die **Handlung** besteht im Ein-, Aus- oder Durchführen, wobei im Regelfall die *deutsche Hoheitsgrenze* – nicht die Zollgrenze – maßgebend ist (Bannbruchgebiet). Bannbruch ist daher, anders als Zollhinterziehung, auch über die Grenze zu den EU-Mitgliedsländern möglich; die Verfolgung solcher Straftaten – z.B. des Rauschgiftschmuggels aus den Niederlanden oder von gefälschten 207

---
1 OLG Stuttgart v. 10.6.2002 – 1 Ss 185/62, wistra 2003, 33.
2 Dazu auch *Möller/Retemeyer* in Bender/Möller/Retemeyer, ZuVStR, Rz. C 678.

Markenartikeln aus anderen Ländern der EU – ist freilich problematisch, weil an den Binnengrenzen der EU „der Zoll" nicht mehr präsent ist.

208 Die **Strafandrohung** für Bannbruch ist gem. § 372 Abs. 2 AO dieselbe wie für Steuerhinterziehung; doch ist diese nur anzuwenden, wenn die Tat nicht nach anderen Vorschriften mit Strafe oder Bußgeld bedroht ist. Da – außer für das Verbringen von Alkohol entgegen dem staatlichen Branntweinmonopol, § 3 BranntweinmonopolG[1] – alle bestehenden Verbringungsverbote mit eigenen Straf- oder Bußgeldvorschriften bewehrt sind, ist für Bannbruch die Strafandrohung des § 372 Abs. 2 AO *praktisch gegenstandslos*.

209 Auch wenn demnach eine Verbringungsstraftat regelmäßig nach anderen Gesetzen als nach § 372 AO zu bestrafen ist, so bleibt die Tat doch *im Übrigen in jeder Hinsicht ein Bannbruch* und damit eine **Steuerstraftat**. Demzufolge sind für die Verfolgung z.B. des Rauschgift- und Waffenschmuggels unter den Voraussetzungen des § 386 AO die Hauptzollämter/Zollfahndungsämter zuständig[2]. Die Staatsanwaltschaft sieht regelmäßig gem. § 154a StPO von der Verfolgung des Bannbruchs ab; ansonsten ergäbe sich auch eine besondere gerichtliche Zuständigkeit aus der Qualität als Steuerdelikt (Wirtschaftsstrafkammer bzw. besondere Abteilung des Amtsgerichtes am Sitz der Staatsanwaltschaft).

III. Schwerer Schmuggel

210 Der sog. *schwere Schmuggel* des **§ 373 AO** ist als **gewerbsmäßiger, gewaltsamer** oder **bandenmäßiger Schmuggel** eine *qualifizierte Form*[3] *der Hinterziehung von Einfuhrabgaben* oder des Bannbruchs in Form einer unselbständigen tatbestandlichen Abwandlung der Steuerhinterziehung[4]. Einfuhrabgaben sind i.S. von § 1 Abs. 1 ZollVG zu verstehen; der Begriff umfasst also *Zölle, Einfuhrumsatzsteuer* und *bei der Einfuhr zu erhebende Verbrauchsteuern*. Schwerer Schmuggel ist somit ebenso wie einfacher Schmuggel nach § 370 AO auch mit zollfreien Waren möglich.

211 **Für Bannbruch (§ 372 AO) gilt § 373 AO** auch dann, wenn die einfache Tat nach der Straf- oder Bußgeldnorm eines speziellen Verbotsgesetzes zu ahnden ist, es sei denn, die Verbotsnorm enthält selbst einen qualifizierten Straftatbestand für gewaltsames oder bandenmäßiges Handeln (vgl. Rz. 208). Dadurch kann eine unerlaubte Einfuhr, die normalerweise mit Bußgeld bedroht ist, zu einer schwerwiegenden Straftat werden[5]. Dies rechtfertigt sich aus der erhöh-

---

1 Das staatliche Brandweinmonopol wird zum 21.12.2017 abgeschafft (BT-Drs. 17/12301).
2 *Joecks* in F/G/J, § 372 AO Rz. 54; *Bender*, wistra 1990, 285.
3 BGH v. 22.5.2012 – 1 StR 103/12, NStZ 2012, 638.
4 BGH v. 15.3.2005 – 5 StR 592/04, wistra 2005, 227.
5 *Joecks* in F/G/J, § 372 AO Rz. 44; *Möller/Retemeyer* in Bender/Möller/Retemeyer, ZuVStR, Rz. C 582.

ten *Gefährdung der Zoll- und Polizeibeamten* durch bewaffnet oder bandenmäßig auftretende Schmuggler, sodass das kriminelle Gewicht der Tat weniger durch die verbotswidrige Verbringung als vielmehr durch diese Gefährdung bestimmt wird.

Gewerbsmäßig (§ 373 Abs. 1 AO) handelt, wer in der Absicht schmuggelt, dies wiederholt zu tun und daraus fortlaufende Einnahmen zu erzielen. Ob die *Absicht* sich erfüllt, ob also der Täter wirklich noch Gelegenheit zu weiteren Taten bekommt, und ob er wirklich einen Gewinn daraus erzielt, ist – wie immer bei Absichten als strafrechtliches Tatbestandsmerkmal – für die Erfüllung der Strafnorm ohne Bedeutung. Dem Tatvorsatz steht nicht entgegen, wenn der Täter – wie von vornherein beabsichtigt – die bei der Weiterveräußerung der Schmuggelware anfallende Umsatzsteuer an die Finanzbehörde mit der Gefahr der Entdeckung des vorhergehenden Schmuggels anmeldet und abführt, denn dies führt nur zu einer teilweisen Schadenswiedergutmachung[1]. 212

Soweit Bannbruch der Grundtatbestand ist, ist § 373 Abs. 1 AO nur auf den **Monopolbannbruch** anwendbar, für die übrigen Fälle verbotswidriger Ein-, Aus- und Durchfuhren verbleibt es bei den Ahndungsfolgen der einzelnen Verbotsgesetze, von denen allerdings viele eine eigene Strafschärfung für Gewerbsmäßigkeit enthalten (z.B. § 29 Abs. 3 Nr. 1 BtMG). Die Rechtsprechung des BGH zur Strafzumessung bei Steuerschäden in Millionenhöhe (§ 44 Rz. 113) ist auf den Schmuggel unmittelbar anwendbar; dabei kommt es nicht darauf an, ob die Schadensgrenze durch eine Tat oder die Addition der Schäden aus mehreren Taten überschritten wird[2]. 212a

Gewaltsam handelt, wer beim Schmuggel eine Schusswaffe (§ 373 Abs. 2 Nr. 1 AO) oder eine Waffe oder *anderes Werkzeug* zur Überwindung von Widerstand (Abs. 2 Nr. 2) mit sich führt. Die Vorschrift entspricht den qualifizierten Fällen des Diebstahls und des Raubes (§§ 244, 250 StGB) und soll der erhöhten körperlichen Gefährdung der Grenzaufsichtsbeamten durch bewaffnete Schmuggler entgegenwirken. Ob die Waffen tatsächlich eingesetzt werden, ist dabei unerheblich. 213

Bandenmäßig (§ 373 Abs. 2 Nr. 3 AO) handelt, wer als Mitglied einer Bande, die sich zur fortgesetzten Begehung der Hinterziehung von Einfuhr- oder Ausfuhrabgaben oder des Bannbruchs verbunden hat, eine solche Tat begeht. Diese Vorschrift ist den entsprechenden qualifizierten Fällen, z.B. der Geldfälschung (§ 146 Abs. 2 StGB), der Hehlerei (§ 260 Abs. 1 StGB) oder des Betruges (§ 263 Abs. 5 StGB) und anderer Intelligenzdelikte nachgebildet, was verdeutlicht, dass die Hinterziehung von Einfuhrabgaben heute weniger in Form des klassischen Schmuggels über die grüne Grenze, sondern wie Steuerhinterziehung vom Schreibtisch aus vor sich geht. Bandenmäßig handelt deshalb auch ein einzelnes Bandenmitglied, wenn die Handlung dem Bandenzweck entspricht, z.B. ständige Erstellung unrichtiger Zollanmeldungen durch einen Grenzspedi- 214

---

1 BGH v. 26.6.2012 – 1 StR 289/12, NStZ 2012, 639.
2 BGH v. 22.5.2012 – 1 StR 103/12, NStZ 2012, 637.

teur, der in Zusammenarbeit mit einem Schmugglerring den Inhalt von Containern mit Schuhen statt mit Zigaretten deklariert. Die Tat braucht also nicht unter unmittelbarer Beteiligung der anderen mit dem Täter zusammenarbeitenden Bandenmitglieder zu erfolgen. Die Bande muss aus mindestens drei Personen bestehen[1].

IV. Steuerzeichenfälschung

215 Nach § 369 Abs. 1 Nr. 3 AO ist die **Wertzeichenfälschung** und deren Vorbereitung (§§ 148, 149 StGB) eine *Steuerstraftat*, wenn sie sich auf Steuerzeichen bezieht. **Steuerzeichen** werden in Deutschland nur bei der *Erhebung der Tabaksteuer* verwendet. Die Konzentration in der Tabakwarenindustrie, die viele kleine Betriebe beseitigte und die Steueraufsicht erleichterte, hat diese Art der Kriminalität fast bedeutungslos gemacht. Allerdings werden Billigzigaretten, wie sie in Kaufhäusern und Ladenketten angeboten werden, oft aus dem Ausland importiert und in Einzelfällen von dort mit gefälschten deutschen Steuerzeichen geliefert. Auch die massenhaft aus Osteuropa eingeschmuggelten Zigaretten werden manchmal ebenfalls mit dort hergestellten gefälschten Steuerzeichen ausgestattet.

216 Die **Handlung** besteht im Nachmachen, Als-echt-Verwenden, Feilhalten und In-Verkehr-Bringen falscher Steuerzeichen. Nach § 149 StGB sind auch bestimmte Vorbereitungshandlungen zur Steuerzeichenfälschung unter Strafe gestellt. Wegen der Einzelheiten wird auf die Erläuterungswerke zu §§ 148, 149 StGB verwiesen.

V. Begünstigung nach einer Steuerstraftat

217 Wegen **Begünstigung** wird bestraft, wer einem anderen nach einer rechtswidrigen Tat Hilfe leistet in der Absicht, ihm die Vorteile der Tat zu sichern (§ 257 StGB). **Zu einer Steuerstraftat** wird die Begünstigung, wenn sie einer Person gewährt wird, die eine Steuerstraftat nach § 369 Abs. 1 Nr. 1–3 AO begangen hat (§ 369 Abs. 1 Nr. 4 AO).

218 **Täter** einer Begünstigung kann – wie bei der Hehlerei, s. Rz. 201 – jeder sein außer dem Vortäter, und ebenfalls wie bei der Hehlerei muss die Vortat beendet sowie tatbestandsmäßig und rechtswidrig, aber nicht notwendig auch schuldhaft sein.

219 **Vorteil aus einer Steuerhinterziehung** ist der dem Staat vorenthaltene Geldbetrag, den der Begünstiger für den Hinterzieher in Sicherheit bringt, gleich in welcher Form sich der finanzielle Gewinn im Vermögen des Täters darstellt[2]. Weil Schmuggelware sowie Ware, für die Verbrauchsteuern hinterzogen worden sind, der dinglichen Haftung nach § 76 AO unterliegen, kann Begünstigung insbesondere auch dadurch begangen werden, dass solche *Waren versteckt* werden, um zu verhindern, dass der Schmuggler durch deren Beschlagnahme die

---

1 BGH v. 22.3.2001 – GSSt 1/00, NJW 2001, 2266.
2 BGH v. 26.10.1998 – 5 StR 746/97, HFR 1999 Nr. 360.

hinterzogenen Einfuhrabgaben doch noch bezahlen muss. Als Tathandlung kommt jede Art von Hilfeleistung in Betracht, die nach Beendigung der Tat mit diesem Ziel erbracht wird, wobei es auf den Erfolg nicht ankommt; es genügt eine von der Begünstigungsabsicht getragene Handlung.

Subjektiv ist Vorsatz sowie die Absicht erforderlich, dem Vortäter die Vorteile der Tat zu sichern. Dass die Absicht sich erfüllt, also das Schmuggelgut – auch nur vorübergehend – tatsächlich dem Zugriff der Zollbehörde entzogen wird, ist nicht erforderlich. 220

Verwandt mit der Begünstigung und nicht selten in Tateinheit mit ihr verübt ist die **Strafvereitelung** des § 258 StGB (früher: persönliche Begünstigung), die darauf abzielt, den Täter einer Straftat der Strafverfolgung zu entziehen. Sie ist keine Steuerstraftat, wenn sie einen Steuerstraftäter der Bestrafung entziehen soll, kann jedoch in Tateinheit mit der Steuerstraftat Begünstigung stehen, z.B. durch Verstecken eines Koffers mit Schmuggelzigaretten, an dem sich das Namensschild des Schmugglers befindet. 221

Ebenfalls mit der Begünstigung verwandt ist die **Geldwäsche** (§ 261 StGB), die eine besondere Form der Sicherung kriminell erworbener Vermögenswerte betrifft (näher unten § 51). Zu den katalogmäßigen Grunddelikten der Geldwäsche zählt jede gewerbsmäßig oder bandenmäßig begangene Steuerhinterziehung (nicht nur von Einfuhrabgaben und Verbrauchsteuern), schwerer Schmuggel nach § 373 AO und *gewerbsmäßige Steuerhehlerei* (vgl. Rz. 200 ff. und 210 ff.), und „Waschobjekt" sind auch Gegenstände, hinsichtlich deren Abgaben durch diese Straftaten hinterzogen worden sind (§ 261 Abs. 1 S. 2 Nr. 3 und S. 3 StGB). Geldwäsche ist keine Steuerstraftat; jedoch haben die Zollfahndungsämter nach § 12b ZollVG die international organisierte Geldwäsche einschließlich der damit im Zusammenhang stehenden Straftaten, soweit diese in Verbindung mit dem Wirtschaftsverkehr mit außerdeutschen Wirtschaftsgebieten stehen, zu erforschen und zu verfolgen[1]. Außerdem leiten die Staatsanwaltschaften nach Einstellung des Geldwäscheverfahrens diese regelmäßig den Finanzämtern für Fahndung und Strafsachen zur Auswertung zu. Fast immer liegt nämlich den Geldwäscheverdachtsanzeigen der Kreditinstitute ein Steuerdelikt zugrunde. 222

Keine Steuerstraftat ist die *Hinterziehung von Abgaben zu Marktordnungszwecken*; es finden jedoch bei der Verfolgung solcher Zuwiderhandlungen die Vorschriften der AO sinngemäß Anwendung, und die Zollorgane werden zu deren Verfolgung maßgeblich eingeschaltet (vgl. § 45 Rz. 54 ff.). 223

---

[1] Hierzu *Möller/Retemeyer* in Bender/Möller/Retemeyer, ZuVStR, Rz. C 770.

§ 45
Besondere Bereiche der Abgabenhinterziehung

Bearbeiter: Alexander Retemeyer

	Rz.		Rz.
A. Zollhinterziehung		**II. Einzelne Formen**	
I. Besonderheiten von Zollstraftaten	1	1. Tabaksteuerhinterziehung	39
		2. Heizölverdieselung	43
II. Erscheinungsformen		3. Sonstige Formen	47
1. Intelligenzschmuggel	14	**C. Abgaben zu Marktordnungszwecken**	
2. Klassischer Schmuggel	28		
3. Schmuggel im Reiseverkehr	32	I. Allgemeines	54
B. Verbrauchsteuerhinterziehung		II. Einzelne Abgaben	61
I. Allgemeines	37		

Schrifttum: *Alexander,* Zollzuschlag im grünen Ausgang, DDZ 2007, F 55; *Anton,* Zum Begriff des Entziehens aus der zollamtlichen Überwachung, ZfZ 1995, 2; *Bender,* Versuch oder Vollendung der Zollhinterziehung, AW Prax 2000, 30; *Bender,* Rechtsfragen um den Transitschmuggel mit Zigaretten, wistra 2001, 161; *Bender,* Gestellung, Zollanmeldung und Entziehen aus der zollamtlichen Überwachung in der jüngsten Rechtsprechung des BGH, ZfZ 2003, 255; *Bender,* Der EuGH und das Zollstrafrecht, wistra 2006, 41; *Bender,* Neuigkeiten im Zollstrafrecht 2008, ZfZ 2008, 145; *Bender/Möller/Retemeyer,* Das Zoll- und Verbrauchsteuerstrafrecht mit Verfahrensrecht, Loseblatt (zit.: ZuVStR); *Fuchs,* Modernisierter Zollkodex und Komitologie, ZfZ 2011, 281; *Jäger,* Aus der Rechtsprechung des BGH zum Steuerstrafrecht, NStZ 2008, 21; *Möller,* Steuerliche Verrechnungspreise und Zollwert, ZfZ 2007, 253; *Retemeyer/Möller,* Zollstraftaten und Zollordnungswidrigkeiten, AW-Prax 2009, 340; *Retemeyer/Möller,* Strafklageverbrauch; Schmuggelfahrt durch mehrere EU-Mitgliedsstaaten, ZfZ 2010, 20; *Retemeyer/Möller,* Neues aus dem Zoll- und Verbrauchsteuerstrafrecht 2011, ZfZ 2011, 288; *Retemeyer/Möller,* Internet-Vermittler Beteiligter im Sinne des Zollschuldrechts, AW-Prax 2012, 143; *Schrömbges,* Betrugsbekämpfung im europäischen Agrarrecht, ZfZ 1995, 130; *Stobbe,* Der Zollwert des Zollkodex, ZfZ 1994, 322; *Summersberger,* Steuerflucht im internationalen Warenverkehr, AWPrax 2005, 340; *Tiedemann,* Europäisches Gemeinschaftsrecht und Strafrecht, NJW 1993, 23; *Weidemann,* Zollhinterziehung in mittelbarer Täterschaft, wistra 2003, 241; *Weidemann,* Verbrauchsteuern als Fälligkeits- und Veranlagungssteuern unter dem Blickwinkel des Steuerstrafrechts, ZfZ 2008, 97; *Weidemann,* Vorbereitungshandlung und Versuch bei der Tabaksteuerhinterziehung, wistra 2009, 174; *Zeilinger,* Der Unionszollkodex – des Kaisers neue Kleider?, ZfZ 2013, 141. Vgl. im Übrigen das allgemeine Schrifttum zum Steuerstrafrecht im allgemeinen Schrifttumsverzeichnis und bei § 44 vor Rz. 1.

A. Zollhinterziehung

I. Besonderheiten von Zollstraftaten

1 Die Strafnorm Steuerhinterziehung (§ 370 AO) umfasst jede Art von Steuern, also auch **Zölle**, die **Steuern i.S. der AO** sind (§§ 3 Abs. 1, 369 Abs. 1 AO, wo

sie in der Sprache des Zollkodex „Ein- und Ausfuhrabgaben" genannt werden). Das Zollstrafrecht weist traditionell zahlreiche Besonderheiten auf, die die Anwendung der steuerstrafrechtlichen Normen auf die Hinterziehung von Zöllen erschweren. Dies gilt besonders, seitdem das materielle Steuerrecht, mit dem die Blankettnorm „Steuerhinterziehung" auszufüllen ist, im Bereich der Zölle weitestgehend europäisches Recht ist, das auch für Juristen nicht leicht verständlich ist. Ob den Finanzbehörden über steuerlich erhebliche Tatsachen unrichtige Angaben gemacht bzw. ob sie über solche Tatsachen pflichtwidrig in Unkenntnis gelassen und ob dadurch Steuern verkürzt werden, bestimmt sich weitestgehend nach dem europäischen **Zollkodex** (ZK), der dazugehörigen *Durchführungsverordnung* (ZK-DVO) und den übrigen einschlägigen Rechtsakten des Rates und der Kommission; nur in Randbereichen können die nationalen Zollvorschriften des ZollVG und der ZollV noch strafrechtliche Bedeutung gewinnen. Rechtsunsicherheit entsteht durch die notwendige Überarbeitung des zur Zeit noch gültigen Zollkodex (ZK). Er sollte durch den „Modernisierten Zollkodex" (MZK)[1] ersetzt werden, der spätestens bis zum 24.6.2013 in nationales Recht umgesetzt werden sollte. Da sich in der Zwischenzeit jedoch zahlreiche weitere Änderungen ergeben haben, ist der MZK mittlerweile überholt und wird vor seinem Inkrafttreten durch den „modernisierten modernisierten Zollkodex" ersetzt werden müssen, nämlich durch den *Zollkodex der Union* (UZK)[2], der seit dem 1.11.2013 – in kleinen Teilen – anwendbar ist und zum 1.5.2016 voll in Kraft tritt.[3]

Wenn somit auch die Blankettstrafnorm „Zollhinterziehung" weitestgehend durch europäisches Recht auszufüllen ist und auch die allgemeinen Vorschriften der AO, soweit sie für Zölle anwendbar sind (z.B. über Steuerbescheide, Verjährung, Fälligkeit), in erheblichem Umfang durch den ZK überlagert sind, so ist doch das Zollstrafrecht als solches weiterhin **nationales Recht**. Denn dem europäischen Gesetzgeber stehen nach dem EGV/AEUV keine strafrechtlichen Kompetenzen zu. Die Mitgliedstaaten sind jedoch aufgrund von Art. 280 EGV (jetzt Art. 325 AEUV) und dem darauf beruhenden Übereinkommen vom 26.7.1995[4] nebst Erläuterungen vom 26.5.1997[5] und Protokollen[6] dazu verpflichtet, Handlungen zum Schaden der finanziellen Interessen der Union wirksam zu sanktionieren.[7] Von ihren bußgeldrechtlichen Kompetenzen, die den Unionsorganen zum Teil zustehen, haben sie im Bereich der Zölle und Steuern bisher keinen Gebrauch gemacht. Wohl aber sind im Agrarbereich

---

1 ABl. EU Nr. 145 v. 4.6.2008.
2 VO (EU) Nr. 952/2013 v. 9.10.2013, ABl. EU Nr. L 269 v. 10.10.2013, 1; VO (EU) Nr. 528/2013 v. 12.6.2013, ABl. EU Nr. 165/62 v. 18.6.2013; auf Vorschlag der Europ. Kommission v. 20.2.2012, COM/2012/064.
3 Zum UZK *Zeilinger*, ZfZ 2013, 141.
4 ABl. EG Nr. C 316 v. 27.11.1995, 48.
5 ABl. EG Nr. C 191 v. 23.6.1997, 1.
6 Insbesondere 2. Prot. v. 19.7.1997, ABl. EG Nr. C 221/1997, 11; in Deutschland umgesetzt durch G. v. 22.8.2002, BGBl. I 3387.
7 Hierzu *Möller/Retemeyer* in Bender/Möller/Retemeyer, ZuVStR, Rz. A 52; *Tiedemann*, NJW 1993, 23; *Klötzer*, Modernisierung des ZollstrafR – Der Weg zum europ. ZollstrafR?, wistra 2007, 1.

durch die Betrugsbekämpfungsklausel des Art. 51 der VO (EG) 800/99[1] finanzielle Sanktionen von erheblichem Gewicht und nach VO (EWG) 1469/95[2] die Aufnahme in eine Schwarze Liste, die den Ausschluss vom subventionierten Agrarwarenexport zur Folge haben kann, als *Verwaltungssanktionen* unterhalb der Straf- und Bußgeldschwelle vorgesehen. Da diese Sanktionen zum Teil verschuldensunabhängig sind, sind Konflikte mit deutschen rechtsstaatlichen Grundsätzen vorprogrammiert[3].

3 Was im allgemeinen Sprachgebrauch kurz Zoll genannt wird, bezeichnet **§ 1 Abs. 1 ZollVG** korrekt als **Einfuhrabgaben**, nämlich Zoll, Einfuhrumsatzsteuer und – sofern es sich um verbrauchsteuerpflichtige Waren handelt – die bei der Einfuhr zu erhebenden Verbrauchsteuern. Dieser Begriff wird im Strafrecht der AO überall da verwendet, wo Strafvorschriften nur für Einfuhrabgaben, nicht auch für andere Steuern, anwendbar sind (§§ 370 Abs. 6, 373, 374, 379 Abs. 1 S. 2, 382 AO). Zollhinterziehung ist daher auch möglich mit zollfreien Nichtunionswaren, da diese – mit wenigen Ausnahmen – jedenfalls der Einfuhrumsatzsteuer unterliegen; ob diese als Vorsteuer absetzbar ist, ändert an der Strafbarkeit der Einfuhrumsatzsteuerhinterziehung nichts[4] und ist nur für das Strafmaß von Bedeutung, da der Steuerausfall sich auf den Zinsschaden ermäßigt[5]. Wo neben Einfuhrabgaben auch Verbrauchsteuern als Binnenabgabe erfasst werden sollen (§§ 374 Abs. 1, 375 Abs. 2 AO), werden diese neben Einfuhrabgaben zusätzlich genannt.

4 Einfuhrabgaben waren auch die früheren **Abschöpfungen**, die bei der Einfuhr von landwirtschaftlichen Erzeugnissen erhoben wurden. An ihrer Stelle gibt es seit 1996 wieder **Agrarzölle**, die zum Teil ebenso wie die Abschöpfungen beweglich sind und sich damit den schwankenden Weltmarktpreisen anpassen können. Das AbschöpfungserhebungsG wurde dadurch gegenstandslos und durch Art. 2 des ZollVGÄndG vom 20.12.1996[6] förmlich aufgehoben.

5 **Keine Zollhinterziehung** ist möglich mit **Unionswaren**, da es innerhalb der EU keine Binnenzölle oder andere Einfuhrabgaben mehr gibt. Das gilt auch für den „Schmuggel" mit verbrauchsteuerpflichtigen Erzeugnissen, der infolge der noch nicht vereinheitlichten Steuersätze zwischen den EU-Mitgliedsländern nach wie vor floriert (hierzu vgl. Rz. 38). Derartige Taten sind Steuerhinterziehungen nach § 370 Abs. 1 AO[7].

---

1 ABl. EG Nr. L 102 v. 17.4.1999, 11; hierzu *Möller/Retemeyer* in Bender/Möller/Retemeyer, ZuVStR, Rz. A 58.
2 ABl. EG Nr. L 145 v. 29.6.1995, 1; hierzu *Möller/Retemeyer* in Bender/Möller/Retemeyer, ZuVStR, Rz. A 60.
3 EuGH v. 11.7.2002 – Rs. C-210/00, ZfZ 2002, 341; hierzu *Schrömbges*, ZfZ 1995, 130; *Krüger*, ZfZ 1999, 74; *Möller/Retemeyer* in Bender/Möller/Retemeyer, ZuVStR, Rz. A 59, 61; *Schweitzer/Raible*, ZfZ 2001, 290 m.w.Hw.
4 BGH v. 26.6.2012 – 1 StR 289/12, NStZ 2012, 639.
5 BFH v. 12.10.1993 – VII R 44/93, HFR 1994 Nr. 84; *Möller/Retemeyer* in Bender/Möller/Retemeyer, ZuVStR, Rz. C 350; eingehend m.Nw. *Schauf* in Kohlmann, § 370 AO Rz. 1357 ff., 1363.
6 BGBl. I 2030.
7 BGH v. 18.1.2011 – 1 StR 561/10, NStZ 2011, 410 – Kaffeeschmuggel.

Täter einer Zollhinterziehung kann wie auch sonst bei Steuerstraftaten jedermann sein, dazu als spezifisch zollrechtliche Besonderheit Spediteure (Zolldeklaranten), die im eigenen Namen, aber auf fremde Rechnung Verzollungen abwickeln (sog. indirekte Vertretung, Art. 5 Abs. 2 ZK). Daneben besteht die Möglichkeit der Vertretung wie auch sonst im Steuerrecht.

Was die **Erscheinungsformen** der Zollhinterziehung anbetrifft, so ist an die Stelle des klassischen Schmuggels über die grüne Grenze mehr und mehr der *Intelligenzschmuggel* getreten, der im regulären grenzüberschreitenden Warenverkehr vor sich geht. Der Schmuggler in heutiger Zeit nimmt nicht mehr die Unbequemlichkeiten des „Einschwärzens" von Waren durch Wälder und Gebirge auf sich, sondern hinterzieht Einfuhrabgaben vom Schreibtisch aus; er ist der Typ des „white collar criminal", der den Finanzämtern bei der Hinterziehung von Besitz- und Verkehrsteuern seit jeher bekannt ist. Die Kompliziertheit des modernen Zollrechts, der Übergang vom spezifischen zum Wertzoll, die überragende Bedeutung des Warenursprunges – alles Merkmale, die der Ware nicht anzusehen sind, sondern nur papiermäßig nachgewiesen werden können, wozu oft Ermittlungen im Ausland erforderlich sind – eröffnen dem Intelligenzschmuggler ausgezeichnete Möglichkeiten. Wo freilich ein ausgeprägtes Wohlstandsgefälle und erhebliche Preisunterschiede für Waren des täglichen Lebens bestehen – wie in den ersten Nachkriegsjahren an der deutschen Westgrenze und an den Grenzen zu Tschechien und Polen bis zum EU-Beitritt dieser Länder – blüht auch der *klassische Schmuggel* über die grüne Grenze wie eh und je, und der *Schmuggel im Reiseverkehr* ist dank der Fernreiselust der Deutschen trotz des Wegfalls vieler Grenzen in Europa nach wie vor bedeutsam (vgl. § 15 Rz. 76 ff.).

Das Tatbestandsmerkmal „*der Finanzbehörde über steuerlich erhebliche Tatsachen* **unrichtige Angaben machen**" (§ 370 Abs. 1 Nr. 1 AO) kann im Zollrecht nicht nur schriftlich oder mündlich durch unrichtige/unvollständige Zollanmeldungen (Art. 59 ZK/199 ZK-DVO) erfüllt werden, sondern auch durch *schlüssige Handlungen*, die als Erklärung gelten.

Wer bei einem Flughafenzollamt den grünen Ausgang benutzt oder bei einem Landstraßenzollamt ohne Halt durchfährt, erklärt damit, dass er nur zollfreie Waren im persönlichen Gepäck mitführt und dass sein Fahrzeug (bei EU-Inländern) als Rückware zollfrei ist bzw. (bei EU-Ausländern) die Voraussetzungen für eine zollfreie vorübergehende Verwendung im Zollgebiet der Union erfüllt sind (Art. 233 ZK-DVO). Zu strafrechtlichen Konsequenzen führen kann das freilich nur, wenn der Täter weiß, welche rechtliche Bedeutung sein Verhalten hat. Wer die Kennzeichnung bei einem Flughafenzollamt dahin missversteht, dass man den grünen Ausgang benutzen müsse, während der rote gesperrt sei, erklärt durch Passieren des grünen Ausganges nichts[1](s. auch Rz. 35).

Das Tatbestandsmerkmal „*die Finanzbehörde über steuerlich erhebliche Tatsachen pflichtwidrig in Unkenntnis lassen*" (§ 370 Abs. 1 Nr. 2 AO) wird bei der Zollhinterziehung hauptsächlich durch Nichtbeachtung der zollrechtlichen Anmeldungspflichten (z.B. Gestellung gem. Art. 40 ZK) erfüllt. Dies ist eine steuerliche Offenbarungspflicht, wonach jeder, der Waren in das Zollgebiet der Gemeinschaft/Union verbracht hat, dies unverzüglich der Zoll-

---
1 FG Hessen v. 14.2.1979 – VII 153/78, ZfZ 1980, 25; s. auch BFH v. 16.3.2007 – VII B 21/06, ZfZ 2007, 152; *Alexander*, DDZ 2007 F 55.

behörde mitzuteilen hat (Art. 4 Nr. 19 ZK). Klassischer Anwendungsfall ist der Schmuggel über die grüne Grenze oder das Verstecken von Waren unter doppelten Böden oder in Tarnpackungen. Auch muss man z.B. für Waren, die in einem sog. Nichterhebungsverfahren mit wirtschaftlicher Bedeutung (z.B. Lagerung oder vorübergehende Verwendung) unter bestimmten Bedingungen zollfrei verwendet werden dürfen, eine neue zollrechtliche Bestimmung beantragen, wenn man sie anderweitig verwenden will (Art. 89 Abs. 1 ZK); die Nichterfüllung dieser Pflicht fällt ebenfalls unter § 370 Abs. 1 Nr. 2 AO.

10 Während § 370 AO sonst nur deutsche Steuern schützt, stellt § 370 Abs. 6 AO auch die Hinterziehung von **Einfuhr- und Ausfuhrabgaben** der **EU-Mitgliedstaaten**, der Staaten der *Europäischen Freihandelsassoziation* (EFTA) und der *mit dieserassoziierten Staaten*[1] insoweit den deutschen Steuern gleich. Dabei ist, soweit es um die von den EU-Mitgliedstaaten verwalteten Zölle geht, die Überlegung maßgebend, dass diese eigene Einnahmen der EU sind und ihre Beeinträchtigung folglich zulasten aller EU-Bürger und damit auch des deutschen Steuerzahlers geht, während die Einbeziehung der übrigen Staaten auf den jeweiligen Abkommen beruht, in denen die Partnerländer sich verpflichtet haben, betrügerische Schädigungen ihrer wechselseitigen finanziellen Interessen strafrechtlich zu sanktionieren. Das Gleiche gilt nach § 370 Abs. 6 S. 2 AO auch für die Hinterziehung von Umsatzsteuern und bestimmte Verbrauchsteuern (auf Alkohol, Tabak und Energie). Eine Gegenseitigkeit ist somit durch die Änderung des § 370 Abs. 6 AO seit Ende 2011 nicht mehr erforderlich[2].

11 Wichtigster Anwendungsfall ist der **Zigarettenschmuggel** *über die EU-Außengrenze anderer Mitgliedstaaten* sowie (in umgekehrter Richtung) die Ausstellung oder das betrügerische **Erlangen unrichtiger Statuspapiere**, die den Unionscharakter einer Ware nachweisen, sowie von unrichtigen Ursprungszeugnissen oder anderer Verzollungsunterlagen durch deutsche Exporteure, die im Bestimmungsland zu einer Zollverkürzung führen; dies kann Beihilfe zur Hinterziehung ausländischer Einfuhrabgaben durch den Warenempfänger oder – wenn dieser auf die Richtigkeit der Dokumente vertraut – Hinterziehung durch den Exporteur in mittelbarer Täterschaft sein.

12 Neben den in § 44 Rz. 111 ff. behandelten Rechtsfolgen für Steuerhinterziehung sieht § 375 Abs. 2 AO für die Zoll- und Verbrauchsteuerhinterziehung sowie den Bannbruch **erweiterte Einziehungsmöglichkeiten** vor. Danach können über den Rahmen des § 74 StGB hinaus eingezogen werden

– *Waren*, auf die die Tat sich bezieht, also die Schmuggelware als Gegenstand von Zollhinterziehung/Bannbruch/Steuerhehlerei sowie unversteuerte verbrauchsteuerpflichtige Erzeugnisse;

– *Beförderungsmittel*, die zur Tat benutzt worden sind.

Dabei ist die Vorschrift über Bannbruch nur dann anwendbar, wenn dieser nach der AO bestraft wird, also praktisch nur bei gewaltsamen und bandenmäßigem Bannbruch (vgl. § 44 Rz. 208). Anderenfalls verbleibt es bei den Straf- oder Bußgeldvorschriften der Verbotsgesetze, die allerdings durchweg ebenfalls

---

1 Z.B. die Mitgliedstaaten der PAN-EURO-MED- Kumulationszone; dazu *Schumann/Möller*, Die neue Ursprungskumulierungszone Paneuropa-Mittelmeer, 2007; *Möller/Schumann*, Warenursprung und Präferenzen, 2013.
2 Beitreibungsrichtlinie-UmsetzungsG v. 7.12.2011, BGBl. I 2592, in Kraft seit 14.12.2011.

die Einziehung (in vielen Fällen sogar zwingend) der verbotswidrig ein-, aus- oder durchgeführten Waren vorsehen.

Im Übrigen finden **§§ 74 ff. StGB** Anwendung, also insbesondere der Verhältnismäßigkeitsgrundsatz des § 74b StGB (hier insbesondere: Wert der Ware im Verhältnis zur Höhe der verkürzten Einfuhrabgaben), die Einziehung bei dritten Personen mit evtl. Entschädigung (§§ 74 Abs. 2 Nr. 2, 74f StGB) und die Einziehung gegenüber juristischen Personen und Personenvereinigungen (§ 75 StGB), die bei gewerblichen Einfuhren eine besondere Rolle spielt.   13

Die besondere Hervorhebung der zur Tat benutzten Beförderungsmittel, die auch schon als Tatwerkzeuge nach § 74 StGB einziehbar sind, hat den Zweck, diese der erweiterten Einziehung nach § 375 Abs. 2 S. 2 AO, § 74a StGB zu unterwerfen.

II. Erscheinungsformen

1. Intelligenzschmuggel

Der **Begriff des Intelligenzschmuggels** umfasst die Erscheinungsformen der Zollhinterziehung, deren gemeinsames Merkmal ihre Einordnung als Intelligenzdelikt ist. Zumeist handelt es sich um unrichtige Buchführung, Erteilung falscher Belege und ähnliche Manipulationen. Entsprechend den zahlreichen und durchweg komplizierten Merkmalen und Umständen, von denen die Erhebung und Bemessung von Einfuhrabgaben abhängt, eröffnen sich dem Intelligenzschmuggler zahlreiche Möglichkeiten zu deren Hinterziehung[1].   14

a) Da Zoll und Einfuhrumsatzsteuer – mit wenigen Ausnahmen – in Prozent vom Warenwert bestimmt werden, sind **unrichtige Angaben über den sog. Transaktionswert** (= der für die Ware tatsächlich gezahlte oder zu zahlende Preis) der praktisch wichtigste Fall des Intelligenzschmuggels. Es wird z.B. mit doppelten Rechnungen gearbeitet, oder es werden Teilkosten, die normalerweise in den Warenpreis eingehen (Entwicklungs-, Lizenz-, Beförderungskosten usw.) über besondere Rechnungen, die der Zoll nicht zu sehen bekommt, abgerechnet. Bei Kaufgeschäften zwischen wirtschaftlich verbundenen Unternehmen werden sog. Verrechnungspreise nicht nur zwecks Zollhinterziehung, sondern häufig auch zum Zweck der Verlagerung ertragsteuerpflichtiger Gewinne von einem Land in ein anderes manipuliert[2]. Bei Agrarerzeugnissen und mit Antidumpingzöllen belasteten Waren kommt es dagegen zu Überfakturierungen, um den Warenpreis zum Schein über die maßgebende Grenze zu heben und dadurch diese Abgaben zu hinterziehen.   14a

Unrichtige Angaben über die Warenbeschaffenheit sind ein weiterer Ansatzpunkt für den Intelligenzschmuggler, zumal wenn geringfügige schwer feststellbare Unterschiede erhebliche abgabenrechtliche Auswirkungen haben, z.B. haltbar gemachte Konserven als vorübergehend haltbar deklariert. Da die   15

---
1 Hierzu ausf. *Möller/Retemeyer* in Bender/Möller/Retemeyer, ZuVStR, Rz. C 890 ff.; *Harder* in W/J, Kap. 20 S. 1207 ff.
2 Hierzu *Möller/Retemeyer* in Bender/Möller/Retemeyer, ZuVStR, Rz. C 915 ff.; *Möller*, ZfZ 2007, 253.

Beamten der Zollverwaltung nur weniger als 5 % der eingeführten Waren beschauen können, ist das Risiko gering[1]. Im Übrigen ist die Überprüfung auch verkehrswegabhängig.

16 **Unrichtige Angaben über die Voraussetzungen einer Präferenzbehandlung** haben durch den außerordentlichen Umfang präferenzbegünstigter Einfuhren eine überragende Bedeutung. Die hierfür geforderten Dokumente (i.d.R. die Warenverkehrsbescheinigung EUR 1 oder das Ursprungszeugnis Form A) kommen aus Drittländern und erweisen sich nicht selten als Fälschungen, oder sie sind zwar echt, aber infolge Täuschung oder Bestechung der ausstellenden Zollbehörde erlangt und inhaltlich unrichtig. Allerdings ist in diesen Fällen guter Glaube des Importeurs an die Richtigkeit des Präferenzpapiers schwer zu widerlegen; wohl aber sind die ausländischen Akteure nach deutschem Recht (§ 370 Abs. 7 AO) und auch in ihren Heimatländern strafbar, denn die geltenden Präferenzabkommen enthalten stets die Klausel, dass die präferenzbegünstigten Länder das Ausstellen unrichtiger Ursprungszeugnisse sanktionieren müssen[2]. Die Veröffentlichung eines amtlichen Warnhinweises im Amtsblatt der EU verhindert den Gutglaubensschutz vor einer Nacherhebung, macht also den Steuerschuldner bösgläubig.

17 Das **Verheimlichen von Waren** ist infolge des Stoßverkehrs auf den Amtsplätzen der großen Zollämter und des Personalmangels der Zollverwaltung eine weitere Möglichkeit des Intelligenzschmuggels. Teile der Ladung, z.B. in Containern hinter einer Ladung von Textilien verstaute Zigaretten, werden nicht angegeben oder sogar volle Lastzüge als leer deklariert. Vergleichbar und im Steuerausfall – trotz meist geringer Beträge im Einzelfall – im Ergebnis schwerwiegend ist die Aufmachung von Warensendungen *ausländischer Versandhäuser* als gestellungsbefreite Postsendungen im Wert unter 22 Euro (§ 5 Abs. 1 Nr. 2 Buchst. b Doppelbuchst. aa ZollV), die auf diese Weise gar nicht erst in den Wirkungsbereich der Zollbehörden gelangen, sondern von der Post unmittelbar dem Empfänger ausgehändigt werden. Gegenstand solcher als Brief, Drucksache oder Warensendung aufgemachter Sendungen sind vornehmlich Tabakwaren, Medikamente, Perlen und Schmuck, Sammlerbriefmarken, Rauschgift und hochwertige Software auf Datenträgern[3].

18 Der **Missbrauch bedingter Zollbefreiungen** ist eine besonders problematische Erscheinungsform des Intelligenzschmuggels, weil er sich weitgehend außerhalb zollamtlicher Kontrollmöglichkeiten vollzieht. Teils ist die Grundlage ein sog. *Nichterhebungsverfahren* (Versand, Lagerung, Veredelung oder vorübergehende Verwendung von Nichtgemeinschaftswaren, Art. 84 ff. ZK), teils sind es Waren, die bei Überführung in den freien Verkehr *unter bestimmten Bedingungen Zollfreiheit* genießen (Art. 82 ZK). Täter des Missbrauchs bedingter Zollbefreiungen können sowohl der Inhaber des Zollverfahrens sein, indem er

---

1 Hierzu *Möller/Retemeyer* in Bender/Möller/Retemeyer, ZuVStR, Rz. C 962 ff.
2 Hierzu *Möller/Retemeyer* in Bender/Möller/Retemeyer, ZuVStR, Rz. C 990 ff.
3 Hierzu *Möller/Retemeyer* in Bender/Möller/Retemeyer, ZuVStR, Rz. C 1023 ff.

die Ware zweckwidrig verwendet, als auch dritte Personen, indem sie solche Waren stehlen[1].

Insbesondere das **Versandverfahren** (Art. 91 ff. ZK), das dem Transit von Nichtgemeinschaftswaren durch das Zollgebiet oder der Beförderung von der EU-Außengrenze zum Ort der Verzollung unter Zollverschluss dient, wird zum Einschleusen von hochbelasteten Waren wie Zigaretten benutzt. So werden z.B. die Zollverschlüsse mittels kunstvoller technischer Manipulationen abgenommen und nach Entnahme oder Austausch von Waren wieder angebracht, wobei dem Täter zustatten kommt, dass die Menge und Beschaffenheit des Versandgutes bei der Abgangszollstelle fast nie nachgeprüft wird, oder die gesamte Ladung verschwindet, und der Abgangszollstelle wird durch Übersendung einer gefälschten Erledigungsbestätigung der ordnungsgemäße Abschluss des Versandverfahrens vorgetäuscht, was allerdings nach Einführung des papierlosen Versandverfahrens NCTS die Mitwirkung korrupter Zollbeamten voraussetzt.

Mittels des **Zolllagers** (Art. 98 ff. ZK) werden Einfuhrabgaben hinterzogen, indem der „Zollkredit" für die Lagerung in Anspruch genommen wird, obgleich die Ware längst aus dem Lager entnommen ist, was durch geeignete buchmäßige Manipulationen verschleiert wird.

Bei **aktiven Veredelungsverfahren** (Art. 114 ff. ZK) wird z.B. ein unrichtiger Ausbeutesatz erschlichen, sodass mehr unveredelte Waren unverzollt eingeführt werden können als in verarbeiteter Form wieder hinausgehen, während bei der **passiven Veredelung** u.a. das Vertauschen der Ware im Ausland praktiziert wird, z.B. es werden geringwertige Gewebe zur Herstellung von Hemden ausgeführt, wieder eingeführt werden aber Hemden aus hochwertigem Gewebe.

Die **vorübergehende Verwendung** (Art. 137 ff. ZK) führt insbesondere bei nicht in der EU zugelassenen Kraftfahrzeugen und anderen Beförderungsmitteln zu – wenn auch oft nur fahrlässigen – Verkürzungen von Einfuhrabgaben. Wichtigster Fall ist die sog. *Kabotage*, d.h. unzulässige Transporte innerhalb des Zollgebiets der Union durch drittländische Lkw, wodurch zugleich noch Kraftfahrzeugsteuer und Umsatzsteuer verkürzt werden.

Eine zollfreie Verwendung von Einfuhrwaren ist zu besonderen Zwecken auch ohne Wiederausfuhr möglich, nämlich durch **Überführung in den freien Verkehr**, wo sie jedoch unter – freilich nur symbolischer – *zollamtlicher Überwachung* bleiben, die ihre zweckgerechte Verwendung sicherstellen soll (Art. 82 ZK). Im Einzelnen gibt es eine Vielzahl von tariflichen und außertariflichen Zollbefreiungen, die regelmäßig an eine bestimmte Verarbeitung oder Verwendung der Ware geknüpft sind (z.B. für die Zollbefreiung von Heirats- und Übersiedlungsgut ist Bedingung, dass die Waren innerhalb eines bestimmten Zeitraumes nicht veräußert werden); der bedeutsamste Fall aber ist die sog. *Truppenzollgutverwendung*[2] für Waren der ausländischen Streitkräfte in Deutschland. Besonders in den Jahren vor der deutschen Einheit betreiben viele Angehörige der damals noch personalstarken ausländischen Streitkräfte einen schwunghaften Handel mit Tabakwaren, Spirituosen und Benzin aus Armeebeständen.

b) Die Verwirklichung des Straftatbestandes ist in den geschilderten Fällen des Intelligenzschmuggels recht *unterschiedlich*:

Soweit **unrichtige Angaben** über den Zollwert, die Warenbeschaffenheit oder die Anwendbarkeit von Präferenzen gemacht werden, besteht die Tathandlung in einer Zuwiderhandlung gegen Art. 59 ZK, Art. 199 ZK-DVO, wonach die Abgabe einer Zollanmeldung (= Steuererklärung i.S. von § 150 AO) die Erklärung

---

1 Hierzu *Möller/Retemeyer* in Bender/Möller/Retemeyer, ZuVStR, Rz. C 1061 ff. und C 1111 ff.
2 Hierzu *Möller/Retemeyer* in Bender/Möller/Retemeyer, ZuVStR, Rz. C 1324 ff.

einschließt, dass die Angaben wahrheitsgemäß und die beigefügten Unterlagen echt sind. Der Täter handelt somit durch solche unrichtigen Angaben steuerwidrig i.S. von § 370 Abs. 1 Nr. 1 AO. Die Zollschuld entsteht bei der Überführung in den freien Verkehr gem. Art. 201 ZK in der gesetzlichen Höhe, d.h. nach dem zutreffenden Zollwert, nach der tatsächlichen Warenbeschaffenheit und nach dem normalen Zollsatz, wenn z.B. die Voraussetzungen einer Präferenzbehandlung in Wahrheit nicht gegeben sind. Bei schwerwiegenden Fehlern in der Anmeldung (z.B. Zigaretten als Kochgeräte angemeldet[1]) kann jedoch bereits die Gestellungspflicht verletzt sein mit Zollschuldentstehung nach Art. 202 ZK. In jedem Fall wird die Zollschuld aufgrund der unrichtigen Anmeldung nicht in der gesetzlichen Höhe, sondern nicht oder zu niedrig festgesetzt (= mitgeteilt i.S. von Art. 221 Abs. 1 ZK). Damit ist der Verkürzungserfolg eingetreten und der objektive Tatbestand des § 370 AO erfüllt. Unerheblich ist, ob die Abgaben sofort oder innerhalb einer der in Art. 222 ff. ZK vorgesehenen Fristen zu entrichten sind und ob der Täter selbst Zollschuldner ist oder ein anderer.

26 Beim **Verheimlichen von Waren** verstößt der Täter gegen die Gestellungspflicht (Art. 40 ZK), wonach das Verbringen von Waren in das Zollgebiet der Gemeinschaft der Zollstelle unverzüglich in der vorgeschriebenen Form mitzuteilen ist (Art. 4 Nr. 19 ZK). Er lässt dadurch die Finanzbehörde über steuerlich erhebliche Tatsachen pflichtwidrig in Unkenntnis (§ 370 Abs. 1 Nr. 2 AO). Die Zollschuld entsteht nach Art. 202 ZK, da einfuhrabgabenpflichtige Waren vorschriftswidrig (= ohne Gestellung) in das Zollgebiet der Gemeinschaft verbracht werden. Infolge der Unkenntnis der Finanzbehörde werden Einfuhrabgaben nicht festgesetzt; damit ist die Tat in dem Zeitpunkt, in dem bei steuerehrlichem Verhalten die Abgaben festgesetzt worden wären (das ist spätestens bei Verlassen des Amtsplatzes, im Fall der Postsendungen spätestens mit deren Aushändigung an den Empfänger) vollendet.

27 Beim **Missbrauch von bedingten Zollbefreiungen** lässt der Täter ebenfalls die Finanzbehörde pflichtwidrig über steuerlich erhebliche Tatsachen in Unkenntnis, indem er es unterlässt, der Ware die für deren anderweitige Verwendung erforderliche neue zollrechtliche Bestimmung zu geben (Art. 89 Abs. 1 ZK) bzw. bei einer bleibenden Verwendung unter Zollbefreiung diese unter Entrichtung der fälligen Abgaben durch die Zollbehörde bewilligen zu lassen (Art. 82 Abs. 1 ZK), was beides inzidenter eine entsprechende Mitteilung an die Zollbehörde voraussetzt. Die Zollschuld entsteht durch Nichtbeachtung der einschlägigen Zollvorschriften gem. Art. 204 ZK. Da die Abgaben vor der zweckwidrigen Verwendung hätten festgesetzt werden müssen, sind sie spätestens in diesem Zeitpunkt verkürzt.

2. Klassischer Schmuggel

28 Hierunter ist der **Schmuggel über die grüne Grenze** zu verstehen, also unter Umgehung der offiziellen Übergangsstellen. Er gilt landläufig als der Schmug-

---

1 EuGH v. 3.3.2005 – Rs. C-195/03, ZfZ 2005, 192; hierzu *Bender*, wistra 2006, 41; *Witte*, Papismedov und die Auswirkungen in der Zollpraxis, AW-Prax 2009, 153.

gel schlechthin und spielt auch heute noch an Grenzen, die ein deutliches Wohlstandsgefälle und erhebliche Preisunterschiede für Waren des täglichen Lebens markieren – also an den Ostgrenzen der EU – eine bedeutende Rolle. Dabei ist die Hinterziehung von Einfuhrabgaben an den EU-Außengrenzen z.B. von Polen, Ungarn und Slowenien nach deutschem Recht strafbar (§ 370 Abs. 6 und 7 AO; vgl. Rz. 10). In Deutschland ist die illegale Einfuhr über die Küstengewässer und durch Kleinflugzeuge über zollamtlich nicht zugelassene Landeplätze eine moderne Form des klassischen Schmuggels, insbesondere für Rauschgift.

Während sonst die Zollhinterziehung ein reines Intelligenzdelikt ist, zeigt der klassische Schmuggel eine gewisse Verwandtschaft zu **Gewaltverbrechen**. So ist für ihn typisch das Mitführen von Waffen und das Auftreten von Banden. Dem suchen die erhöhten Strafandrohungen des § 373 Abs. 2 AO entgegenzuwirken (vgl. § 44 Rz. 210 ff.). 29

Die **Tathandlung** besteht in der Nichtbeachtung des Zollstraßenzwanges (§ 2 ZollVG) und der Beförderungs- und Gestellungspflicht (Art. 38, 40 ZK). Danach hat der Täter die Pflicht, die Zollstraßen einzuhalten, die Ware unverzüglich zur Zollstelle zu befördern und dies der Zollstelle mitzuteilen. Durch Nichtbefolgung dieser Pflichten lässt der Täter die Finanzbehörde pflichtwidrig über steuerlich erhebliche Tatsachen in Unkenntnis (§ 370 Abs. 1 Nr. 2 AO). 30

Die **Zollschuld entsteht** durch vorschriftswidriges Verbringen einfuhrabgabenpflichtiger Waren in das Zollgebiet gem. Art. 202 ZK und ist im selben Zeitpunkt durch Nichtfestsetzung verkürzt (§ 370 Abs. 4 AO). Damit ist die Tat – Vorsatz wie immer vorausgesetzt – im Zeitpunkt des Grenzübertritts vollendet; beendet ist sie allerdings erst, wenn die Ware „zur Ruhe kommt", d.h. ihren Bestimmungsort erreicht oder wenigstens den sog. grenznahen Raum (§ 14 ZollVG), in dem sie wegen der dort bestehenden besonderen Befugnisse der Zollverwaltung besonderen Risiken ausgesetzt ist, überwunden hat. 31

3. Schmuggel im Reiseverkehr

Hierunter ist die Hinterziehung von Einfuhrabgaben für solche Waren zu verstehen, die **auf Reisen** (wozu auch der tägliche Gang eines Arbeitnehmers über die Freihafengrenze gehört) üblicherweise *im persönlichen Gepäck zu nichtkommerziellen Zwecken mitgeführt* werden (vgl. Art. 1 Nr. 6 ZK-DVO). Hinsichtlich der Zollformalitäten, der Zollbefreiungen und des Strafverfolgungszwanges für Zollstraftaten bestehen für den Reiseverkehr erhebliche Privilegierungen, die jedoch nicht darüber hinwegtäuschen dürfen, dass der Einnahmeausfall durch Reiseschmuggel infolge des Umfangs des Reiseverkehrs erheblich ist. 32

Die **Tathandlung** besteht gewöhnlich in einer Nichtbeachtung der Anmeldepflicht (Art. 59 ZK, Art. 199 ZK-DVO), indem der Reisende die Frage des Zollbeamten nach mitgebrachten Waren wahrheitswidrig verneint (§ 370 Abs. 1 Nr. 1 AO) oder, da er nicht gefragt wird, einfach die Zollstelle passiert, ggf. auch in der Form, dass er bei einem Flughafenzollamt den *grünen Ausgang* benutzt. Das gilt nämlich als Erklärung dahin, dass man nur zollfreie Ware mit 33 sich führt (Art. 230, 233 ZK-DVO); anderenfalls muss man, auch wenn kein Beamter zu sehen ist, sich zwecks Gestellung und Zollbehandlung spontan melden.

34 Die **Zollschuld entsteht** in den vorgenannten Fällen durch vorschriftswidriges Verbringen einfuhrabgabepflichtiger Waren in das Zollgebiet der Gemeinschaft (Art. 202 ZK; Art. 234 Abs. 2 ZK-DVO). Vollendet ist die Tat in dem Zeitpunkt, in dem die Zollstelle bei steuerehrlichem Verhalten die Abgaben festgesetzt hätte, also alsbald nach der unrichtigen Anmeldung, spätestens mit Verlassen des Amtsplatzes.

35 **Subjektiv** ist, wie bei jeder Steuerhinterziehung, Vorsatz erforderlich, wozu auch eine wenigstens laienhafte Kenntnis der Zollvorschriften gehört. Die wird dem Reiseschmuggler als typischem Gelegenheitstäter nicht selten fehlen; insbesondere wird er, wenn die Beamten den Strom der Fahrzeuge nur durchwinken oder an der betreffenden Fahrspur überhaupt kein Beamter steht, kaum auf den Gedanken kommen, dass er, sofern er zollpflichtige Waren mitführt, unaufgefordert halten und eine Gestellungsmitteilung und Zollanmeldung abgeben müsste. Auch kennt kaum ein Reisender die komplizierten und oft geänderten Reisefreimengen genau; hier geht aber die Vorstellung des Reisenden meist dahin, dass er eine wert- oder mengenmäßige Überschreitung der Freimengen für möglich hält und deshalb die Waren „vorsichtshalber" nicht anmeldet und insofern mit *bedingtem Vorsatz* handelt. Bei Flughafenzollstellen kann grundsätzlich davon ausgegangen werden, dass der Reisende die Bedeutung der Rot-Grün-Ausgänge kennt; anderenfalls ist er verpflichtet, sich darüber zu informieren, sodass es als leichtfertig zu bewerten ist, wenn er dies unterlässt[1].

36 Für **kleine Zollstraftaten** (hierfür ist u.a. Voraussetzung, dass die Einfuhrabgaben für die Schmuggelware 130 Euro nicht überschreiten) gilt gem. § 32 Abs. 1 ZollVG das sog. *Schmuggelprivileg*, d.h. sie werden nicht verfolgt. Es muss sich um Taten im Reiseverkehr mit Waren, die der Reisende selbst verbrauchen will, handeln, die er nicht versteckt hat und er zudem nicht in den letzten sechs Monaten wegen gleichartiger Taten aufgefallen ist. Als Ausgleichssanktion sieht § 32 Abs. 3 ZollVG allerdings einen Abgabenzuschlag bis zur Höhe der Einfuhrabgaben vor (s. im Einzelnen § 15 Rz. 76 f.).

B. Verbrauchsteuerhinterziehung

I. Allgemeines

37 *Verbrauchsteuern* werden derzeit in Deutschland erhoben als sog. harmonisierte (d.h. in den EU-Mitgliedstaaten nach einem einheitlichen Schema, wenn auch mit unterschiedlichen Steuersätzen) auf *Mineralöl*, *Tabakwaren* und bestimmte *alkoholische Erzeugnisse*. Hinzu kommt die *Kaffee*steuer als deutsche Besonderheit. Sie werden, auch soweit sie den Ländern zufließen (Biersteuer), **von der Bundeszollverwaltung erhoben** (dies gilt im Übrigen auch für die Umsatzsteuer, soweit sie als Einfuhrumsatzsteuer bei der Einfuhr zu erhe-

---

1 BFH v. 16.3.2007 – VII B 21/06, ZfZ 2007, 152; *Alexander*, DDZ 2007, F 55.

ben ist). Sie machen einen erheblichen Teil des Bundeshaushaltes aus und sind in vielen Fällen weit höher als der Wert der Ware, für die sie erhoben werden (Zigaretten, Spirituosen, Mineralöl); entsprechend hoch ist der Anreiz zu ihrer Hinterziehung.

Soweit **Verbrauchsteuern als Einfuhrabgaben** hinterzogen werden (z.B. Schmuggel von Zigaretten aus Osteuropa), gelten die Vorschriften für Zölle und damit die vorstehenden Rz. 1 ff. Keine Einfuhrabgaben gibt es im Verkehr *innerhalb der Mitgliedstaaten* der EU, sodass zur Verhinderung des Binnenschmuggels, der nach Wegfall der Grenzkontrollen infolge der unterschiedlichen Verbrauchsteuersätze besonders verlockend ist, besondere gesetzliche Regelungen bestehen (vgl. Rz. 5 und 50–53). 38

II. Einzelne Formen

1. Tabaksteuerhinterziehung

Die Tabaksteuer nimmt als **Steuerzeichensteuer** eine Sonderstellung ein[1]. Sie muss gem. § 17 Abs. 1 TabStG durch Entwerten und Anbringen von Steuerzeichen auf den Kleinverkaufspackungen entrichtet sein, wenn die Steuer entsteht; Letzteres ist der Fall, wenn die Ware aus dem Herstellungsbetrieb oder aus einem anderen Steuerlager entfernt wird, ohne dass sich eine Steuerbefreiung (z.B. Ausfuhr) anschließt. Somit besteht die Tathandlung darin, dass der Täter bei der Entnahme aus dem Steuerlager pflichtwidrig die *Verwendung von Steuerzeichen unterlässt* (§ 370 Abs. 1 Nr. 3 AO), wobei es sich um planmäßige wirtschaftskriminelle Schwarzausgänge wie auch um Kleindiebstähle von Betriebsangehörigen handeln kann. 39

Die **Steuer entsteht** i.d.R. gem. § 15 Abs. 2 Nr. 1 TabStG mit der Entnahme aus dem Steuerlager und wird, sofern keine Steuerzeichen verwendet worden sind, mangels einer besonderen Regelung im TabStG gem. § 220 Abs. 2 AO sofort fällig, nicht bezahlt und damit verkürzt. Steuerschuldner und damit Täter ist – bei unrechtmäßiger Entnahme, z.B. Diebstahl – der Dieb, dazu ist bei jeder Entnahme der Lagerinhaber Steuerschuldner (§ 15 Abs. 4 TabStG). 40

Weitere Formen der Tabaksteuerhinterziehung, die aber keine größere Bedeutung haben, sind das *heimliche Herstellen* von Tabakwaren (die Steuer entsteht gem. § 15 Abs. 2 Nr. 2 TabStG mit der Herstellung, wird sofort fällig, nicht bezahlt und damit verkürzt), die nachträgliche *Erhöhung des Kleinverkaufspreises* (§§ 3, 28 TabStG), wobei Hauptanwendungsfall der Verkauf von Tabakwaren in Gaststätten mit Bedienungszuschlag ist, ohne dass eine Bedienungsleistung erbracht wird (die Steuer entsteht für die Preisdifferenz, und zwar für alle Erzeugnisse, die mit dem Aufschlag angeboten werden), und das Verkaufen von steuerfreien *Deputaten* durch Arbeitnehmer in Tabakwarenherstellungsbetrieben (die Steuer entsteht gem. § 30 Abs. 3 S. 3 TabStG mit der verbotswidrigen Abgabe).

Durch vorschriftswidrige **Einfuhr** in das Erhebungsgebiet **ohne Steuerzeichen** *aus anderen Mitgliedstaaten der EU* entsteht die Steuerschuld nach § 23 TabStG. Dies geschieht insbesondere im Wege des *Transitschmuggels* z.B. mit 41

---

1 Hierzu *Weidemann*, ZfZ 2008, 97; *Weidemann*, wistra 2009, 174.

Zigaretten aus Russland über Polen – Deutschland – Frankreich nach England. Hier entsteht die Steuerschuld nach den nationalen Vorschriften in unterschiedlicher Höhe in jedem der berührten Länder als Binnenabgabe, mit Verbringen über die Außengrenze der EU (Polen) jedoch als Einfuhrabgabe nebst Zoll und Einfuhrumsatzsteuer. Steuerschuldner ist nach § 23 Abs. 1 S. 2 TabStG der Verbringer und der Empfänger, er hat unverzüglich eine Steuererklärung abzugeben, die Steuer ist sofort fällig. Indem der Täter dies unterlässt, ist er nach § 370 Abs. 1 Nr. 2 AO strafbar.

42 Wegen des **Schwarzhandels mit Zigaretten** (§ 37 TabStG) wird auf § 15 Rz. 78, 79 verwiesen.

2. Heizölverdieselung

43 Verbrauchsteuerpflichtige Erzeugnisse können einem **ermäßigten Steuersatz** unterliegen oder **von der Steuer befreit** sein, wenn sie in bestimmter Weise verwendet werden. Der bei weitem wichtigste Fall des Missbrauchs dieser Möglichkeiten ist die Verwendung von gekennzeichnetem Mineralöl zum unmittelbaren Verheizen, das dem ermäßigten Steuersatz gem. § 2 Abs. 3 Nr. 1 EnergieStG (nur etwa 1/8 des regulären Steuersatzes für Dieselkraftstoff) unterliegt, als Kraftstoff. Trotz der bei Kontrollen leicht feststellbaren Kennzeichnungsstoffe, die dem steuerbegünstigten Heizöl zugesetzt werden müssen, wird Heizöl in erheblichem Umfang für motorische Zwecke verwendet („verdieselt"), mitunter nach Entfärbung durch aufwendige chemisch-technische Verfahren.

44 Die **Tathandlung** i.S. von § 370 Abs. 1 Nr. 2 AO besteht darin, dass der Täter durch die zweckwidrige Verwendung des Heizöls als Kraftstoff § 46 Abs. 1 EnergieStV zuwiderhandelt, dies entgegen § 21 Abs. 3 S. 4 EnergieStG nicht unverzüglich durch eine Steueranmeldung (§§ 167, 168 AO) anzeigt und die Finanzbehörde dadurch pflichtwidrig in Unkenntnis lässt. Die nach § 22 Abs. 2 EngergieStG entstandene und sofort fällige Energiesteuer wird nicht bezahlt und damit verkürzt, womit der Straftatbestand des § 370 Abs. 1 Nr. 2 AO – Vorsatz vorausgesetzt – erfüllt ist. Dabei obliegt die Anzeigepflicht jedermann, der zweckwidrig verwenden will, also auch dem Dieb, der Heizöl zwecks Verdieselung stiehlt, oder einem ungetreuen Verkaufsfahrer, der es zu diesem Zweck unterschlägt.

45 Nicht nur das Verwenden i.S. von Verbrauchen, sondern auch bereits das Bereithalten, Abgeben und Mitführen **als Kraftstoff** ist nach § 46 Abs. 1 EnergieStDV verboten und löst die vorherige Anzeigepflicht aus. Damit wird der Straftatbestand weit in das Vorbereitungsstadium der Heizölverdieselung hinein ausgedehnt.

Allerdings muss das Bereithalten usw. durch objektiv wahrnehmbare Handlungen erkennbar sein[1]; der bloße Entschluss, vorhandenes Heizöl künftig als Kraftstoff zu verwenden und es zu diesem Zweck weiter zu lagern, hat weder steuerliche noch strafrechtliche Auswirkungen. Wohl aber wäre dies der Fall, wenn der Täter buchmäßige Verschleierungsmanöver vornimmt, um einen Heizölbestand als Kraftstoffbestand auszuweisen

---

1 FG München v. 15.12.1982 – III 277/81 Z, EFG 1983 Nr. 282.

und damit die Grundlage für eine entsprechende demnächstige Verwertung zu schaffen. Für ein Bereithalten als Kraftstoff genügt es bereits, dass der Täter an einem Heizöltank eine Pumpe installiert, mittels deren er künftig Dieselfahrzeuge betanken will[1]. Als Kraftstoff abgegeben wird Heizöl z.B. durch einen Verteiler, wenn dieser weiß, dass der Kunde gar keinen Ölofen besitzt, und deshalb zutreffend davon ausgeht, dass das Heizöl in die Verdieselung gehen wird. Als Kraftstoff mitgeführt wird Heizöl z.B., wenn es zur Ablieferung in ein Kraftstofflager auf den Weg gebracht wird, selbst wenn dies in einem Heizöltankwagen und mit Beförderungspapieren geschieht, die die Ware als Heizöl ausweisen.

Die **Steuer entsteht** gem. § 21 Abs. 1 EnergieStG für die gesamte Heizölmenge, auf die die Handlung sich bezieht. Werden aus einem Heizöl-Lagerbehälter regelmäßig Dieselfahrzeuge betankt, dann wird dieses Heizöl insgesamt als Kraftstoff bereitgehalten, auch wenn der Inhalt des Behälters weit überwiegend ordnungsgemäß verheizt wird; das Bereithalten usw. „als Kraftstoff" setzt nicht voraus, dass auch der tatsächliche Verbrauch als Kraftstoff folgt. Gem. § 21 Abs. 2 S. 5 EnergieStG wird die Mineralölsteuer in diesen Fällen sofort fällig, nicht bezahlt und damit verkürzt; damit ist, Vorsatz vorausgesetzt, die Straftat vollendet. 46

3. Sonstige Formen

a) Für alle Verbrauchsteuern *(außer Tabaksteuer)* ist die **Entnahme** verbrauchsteuerpflichtiger Erzeugnisse **aus einem Steuerlager** ohne Anmeldung die häufigste Begehungsform. Sie hat sowohl im Rahmen planmäßiger wirtschaftskrimineller Aktionen, vor allem aber auch in Form der täglichen Kleindiebstähle durch Betriebsangehörige einen beträchtlichen Umfang. Bleiben solche Diebstähle unentdeckt, so gibt z.B. bei der *Biersteuer* der Brauereiinhaber in der gem. § 15 Abs. 1 BierStG abzugebenden Biersteuererklärung die steuerpflichtigen Ausgänge unvollständig an. Wer selbst hobbymäßig Bier braut, muss dies dem Hauptzollamt vor Braubeginn anzeigen. Eine Jahresproduktion von 200 l wird nicht besteuert, wenn das Bier zum eigenen Verbrauch bestimmt ist, da nach § 32 BiersteuerVO Kleinbeträge von weniger als 10 Euro Biersteuer nicht erhoben werden. 47

Die **Steuer entsteht** mit Entnahme des verbrauchsteuerpflichtigen Erzeugnisses, z.B. des Bieres, aus der Brauerei oder einem anderen Steuerlager. Steuerschuldner ist der Lagerinhaber. Meldet er in seiner **Steuererklärung** gem. § 15 Abs. 1 BierStG das entnommene Bier nicht vollständig an und bezahlt die Steuer nicht bei Fälligkeit am 20. des auf die Entnahme folgenden Monats (§ 15 Abs. 1 S. 6 BierStG), so ist die Steuer in diesem Zeitpunkt verkürzt. 48

Bei **unrechtmäßiger Entnahme** (z.B. Diebstahl) ist der Dieb weiterer Steuerschuldner (§ 14 Abs. 4 Nr. 1 BierStG). Er hat unverzüglich eine **Steueranmeldung** (§§ 150 Abs. 1 S. 2, 168 AO) mit Selbstberechnung abzugeben; die Steuer ist sofort fällig (§ 15 Abs. 2 BierStG). Die Tat ist vollendet in dem Zeitpunkt, in dem die Steueranmeldung beim Hauptzollamt hätte eingehen müssen. 49

---

1 BGH v. 22.9.1992 – VII R 82/80, ZfZ 1993, 51; FG MV v. 26.2.2003 – 3 K 639/00, ZfZ 2003, 242.

50 Der **Bezug** von Erzeugnissen des verbrauchsteuerrechtlich freien Verkehrs **aus EU-Mitgliedstaaten** ist infolge der weggefallenen Zollkontrollen an den Binnengrenzen der Union problemlos möglich und damit ein ergiebiges Betätigungsfeld für die Hinterziehung von Verbrauchsteuern, denn die Steuersätze sind innerhalb der EU nach wie vor sehr unterschiedlich. So wird z.B. *Heizöl* aus Belgien und Luxemburg, wo es keine Heizölsteuer gibt, importiert. Die sehr unterschiedliche Höhe der *Branntwein- und Tabaksteuer* gibt Anreiz zu den weitesten Transporten quer durch Europa. Privatpersonen können verbrauchsteuerpflichtige Erzeugnisse aus Mitgliedstaaten in beträchtlichen Mengen steuerfrei "verbringen", z.B. 800 Zigaretten (§ 22 TabStG, § 39 TabStV), 110 l Bier (§ 19 BierStG, § 34 BierStV), jedoch müssen sie diese Waren persönlich verbringen und dürfen sie nicht etwa im Postwege beziehen[1]; Letzteres gilt als gewerblicher Bezug im Versandhandel.

51 Der **Straftatbestand** der Steuerhinterziehung wird in den vorgenannten Fällen dadurch verwirklicht, dass der gewerbliche Bezug z.B. von Bier aus dem freien Verkehr eines EU-Mitgliedstaates gem. § 20 Abs. 4 BierStG vorher *der Zollbehörde anzuzeigen* ist; geschieht das nicht, lässt der Täter die Finanzbehörde pflichtwidrig über steuerlich erhebliche Tatsachen in Unkenntnis (§ 370 Abs. 1 Nr. 2 AO). Die Steuer entsteht z.B. gem. § 20 Abs. 4 BierStG mit dem Verbringen oder der Entgegennahme der Ware; gem. § 20 Abs. 5 BierStG hat der Bezieher unverzüglich eine Steueranmeldung abzugeben. Da die Steueranmeldung einem Steuerbescheid unter dem Vorbehalt der Nachprüfung gleichsteht (§ 168 AO), ist in dem Zeitpunkt, in dem die Steueranmeldung hätte abgegeben werden müssen, die Steuer i.S. von § 370 Abs. 4 AO nicht festgesetzt und damit – Vorsatz wie immer vorausgesetzt – die Tat vollendet.

52 Wer im **Versandhandel** z.B. Bier aus den Mitgliedstaaten an Empfänger im Bundesgebiet liefern will, unterliegt gem. § 21 BierStG der gleichen Pflicht zur vorherigen Anzeige und zur Abgabe einer Steueranmeldung, womit – wenn diese Verpflichtungen nicht erfüllt werden – auch die Erfüllung des Straftatbestandes die gleiche ist.

53 **b)** Ein besonderes Kapitel ist der **Bezug von Kaffee**, der in den meisten Mitgliedstaaten keiner Verbrauchsteuer unterliegt. Versandhändler bieten aus Mitgliedstaaten Kaffee über Internetverkaufsplattformen zu Niedrigpreisen an, wobei ihnen zustatten kam, dass anders als sonst nicht der Versandhändler, sondern nur der inländische Bezieher Schuldner der Kaffeesteuer wurde und eine Steueranmeldung abzugeben hatte, was oft unterblieb. Nach § 18 KaffeeStG n.F.[2] hat der Versandhändler nunmehr einen Beauftragten im Steuergebiet zu bestellen, der Steuerschuldner wird und zu den Sendungen eine Steueranmeldung (§ 168 AO) abzugeben hat. Ist diese unvollständig, so ist die Tat mit deren Eingang beim Hauptzollamt vollendet. Wird kein Beauftragter bestellt, so ist der Versandhändler Steuerschuldner und Straftäter, der inländische Empfänger ggf. Mittäter, auf jeden Fall aber Haftungsschuldner (§ 18 Abs. 5 S. 5–8 KaffeeStG).

---

1 EuGH v. 23.11.2006 – Rs. C-5/05, ZfZ 2007/19.
2 4. G zur Änderung von VerbrauchsteuerG v. 15.7.2009, BGBl. I 1870.

C. Abgaben zu Marktordnungszwecken

I. Allgemeines

Die Erhaltung des bäuerlichen Mittelstandes und dessen Abschirmung gegen das Niedrigpreisniveau des Weltmarktes zählt zu den Kernpunkten der Römischen Verträge. Träger des Schutzsystems sind einmal die Übernahmegarantie des Staates (sog. *Interventionspflicht*) zu kostendeckenden Preisen nach innen und zum anderen die Abschottung vom Weltmarkt durch **Abgaben** bei der Einfuhr (früher *Abschöpfungen*, heute *Agrarzölle*) und **Erstattungen** (Subventionen, die die Ware auf den Weltmarktpreis hinunterschleusen) bei der Ausfuhr. Die Abschöpfungen, die die wechselnden Preisunterschiede zwischen Weltmarkt und Binnenmarkt elastisch ausglichen, waren in jeder Hinsicht den Zöllen gleichgestellt und zählen deshalb *nicht* zu den hier zu behandelnden besonderen Marktordnungsabgaben; sie sind überdies seit 1996 durch die – zum Teil ebenfalls beweglichen – *Agrarzölle* abgelöst. Erstattungen werden als *Subventionen* unten in § 52 behandelt. 54

Bei *ungewöhnlich hohen Weltmarktpreisen*, wie sie z.B. Ende der 70er Jahre für Zucker bestanden, kann das System sich umkehren; es werden dann Ausfuhrzölle erhoben und Erstattungen bei der Einfuhr bezahlt[1]. Hierdurch wird das innergemeinschaftliche Preisniveau stabil gehalten.

Rechtliche Grundlage für die Marktordnung ist die **VO (EG) 1234/07**[2] über die gemeinsame Organisation der Agrarmärkte, die an die Stelle der früheren 21 sektoralen Marktordnungs-VOen für die einzelnen Agrarerzeugnisse getreten ist. Die nationale Umsetzung mit den Zuständigkeits- und Verfahrensregelungen sowie den Straf- und Bußgeldvorschriften ist im **Marktordnungsgesetz (MOG)** geregelt. 55

Die hier zu behandelnden **Abgaben zu Marktordnungszwecken**, die somit weder Einfuhrabgaben noch Ausfuhrsubventionen, sondern *innerstaatliche* – wenn auch der EU zufließende – *Abgaben* sind, dienen in erster Linie dazu, die Produzenten an den Kosten der staatlichen Intervention zu beteiligen und dadurch die heillose landwirtschaftliche Überproduktion in der EU, die immer wieder neue Schweine-, Butter-, Wein- und andere „Berge" entstehen lässt, in Grenzen zu halten. Dabei sind die Abgaben je nach Verfassung des Marktes für die einzelnen landwirtschaftlichen Produkte ständigen Änderungen unterworfen; die nachfolgend zu behandelnden Abgaben für Produktion und Lagerung im Zucker- und Milchbereich können jedoch als exemplarisch gelten. 56

Auf Abgaben zu Marktordnungszwecken sind gem. § 12 MOG **die Vorschriften der AO entsprechend anzuwenden**; das gilt, wie sich aus § 35 MOG ergibt, auch für die *Straf- und Bußgeldbestimmungen der AO*. Dabei ist die Frage, wie weit die entsprechende Anwendung reicht, nicht immer eindeutig zu beant- 57

---

1 Grundlage: VO (EWG) 120/89, ABl. EG Nr. L 16/1989, 19 und speziell für Zucker VO (EG) 1260/01, ABl. EG Nr. L 178 v. 30.6.2001, 1.
2 V. 22.10.2007, ABl. EU Nr. L 299 v. 16.11.2007, 1.

worten. Zweifellos ist jedoch die Hinterziehung von Marktordnungsabgaben nach § 370 AO strafbar, und auch die Selbstanzeige ist in entsprechender Anwendung von § 371 AO möglich.

58 Dagegen kann der nur im Zoll- und Verbrauchsteuerbereich anwendbare § 374 AO (**Steuerhehlerei**) m.E. nur insoweit gelten, als die Marktordnungsabgaben an Vorgänge anknüpfen, die mit der Einfuhr oder Herstellung von Waren vergleichbar sind. Demgemäß wäre § 374 AO entsprechend anwendbar auf Agrarerzeugnisse, hinsichtlich deren eine Produktions- oder Mitverantwortungsabgabe, die einer Verbrauchsteuer entfernt vergleichbar sind, nicht aber ein Lagerkostenausgleich hinterzogen worden ist. Natürlich bleibt das Absetzen der letztgenannten Erzeugnisse nicht etwa deshalb ungesühnt, denn dem Erwerber wird betrügerisch verheimlicht, dass die Ware mit der dinglichen Haftung für die hinterzogenen Abgaben (entsprechende Anwendung von § 76 AO) belastet ist; es liegt also strafbarer Betrug vor.

59 Anwendbar über § 12 MOG ist auch das **Bußgeldrecht der AO**; wer also Marktordnungsabgaben leichtfertig verkürzt oder durch unrichtige Belege oder Buchungen deren Erhebung gefährdet, muss mit einem Bußgeld gem. §§ 378, 379 AO rechnen. Hinzu kommen die speziellen Bußgeldtatbestände des § 36 MOG.

60 Die **Hauptzollämter und Zollfahndungsämter** sind gem. § 37 Abs. 1 MOG i.V.m. §§ 12 und 35 MOG als Hilfsorgan der Staatsanwaltschaft zur Verfolgung der vorstehend zu Rz. 57, 58 genannten Straftaten sowie der Begünstigung im Anschluss an eine dieser Straftaten zuständig. Sie haben hierzu die Rechte und Pflichten von Beamten des Polizeidienstes und sind Ermittlungspersonen der Staatsanwaltschaft i.S. von § 152 GVG. Sie sind auch die Verwaltungsbehörde im Bußgeldverfahren wegen Marktordnungsabgaben und der sonstigen Bußgeldtatbestände des MOG gem. § 38 Abs. 3 und 4 MOG.

II. Einzelne Abgaben

61 a) Die **Europäische Marktordnung für Zucker** gem. Art. 56 ff. VO (EG) 1234/07[1] und der vorhergehenden EU-VOen beruht auf dem Grundsatz der Selbstfinanzierung, d.h. die Kosten der Intervention und der Ausfuhr zu Weltmarktpreisen müssen von den Produzenten aufgebracht werden. Daher wird auf der Grundlage von Art. 64 der VO 1234/07 durch die VO ProdAbgZucker vom 7.3.1983[2] eine **Produktionsabgabe** von den Produzenten und, wenn die zugeteilte Quote überschritten wird, eine **Überschussabgabe** erhoben[3]. Zuständig für die Erhebung der Abgaben sind gem. § 9 der VO die Hauptzollämter; die Produzenten haben entsprechende Erklärungen abzugeben.

62 Da Zucker in einer zeitlich eng begrenzten Kampagne erzeugt wird und sodann gelagert werden muss, wird aufgrund der Zucker-Lagerkosten-AusgleichsVO[4]

---

1 S. erste Fn. zu Rz. 55.
2 Neufassung v. 9.11.2006, BGBl. I 2596.
3 Gem. Zucker-Quoten-VO v. 9.11.2006, BGBl. I 2601.
4 V. 26.6.1978, BGBl. I 919.

zur Finanzierung der von der EU subventionierten Lagerkosten eine **Lagerkostenausgleichsabgabe** von den Produzenten erhoben. Unter bestimmten Voraussetzungen können noch weitere Abgaben hinzukommen. Auch für die Erhebung dieser Abgaben sind die Hauptzollämter zuständig; die Produzenten haben entsprechende Erklärungen abzugeben. Werden aufgrund unrichtiger Erklärungen die Abgaben zu niedrig festgesetzt, ist – Vorsatz wie immer vorausgesetzt – der Straftatbestand des § 370 AO erfüllt.

b) Auch im Rahmen der **Europäischen Marktorganisation für Milch** sind, um den überaus kostenträchtigen „Butterberg" in Grenzen zu halten, Maßnahmen zur Beteiligung der Produzenten an diesen Kosten ergriffen worden. Auch hier haben bei Überschreiten der für jeden Erzeuger festgesetzten Quote nach Art. 78 ff. VO 1234/07 [1] i.V.m. der nationalen MilchquotenVO[2] abliefernde und selbstvermarktende Milcherzeuger eine Abgabe zu entrichten, wenn sie die ihnen zugeteilte Referenzmenge überschreiten. Wegen der veränderten Nachfrage von Milch auf dem Weltmarkt wird die Milchquotenregelung zum 1.4.2015 abgeschafft. 63

Die *Erzeuger* haben bis zum 14.5. eines jeden Jahres entsprechende **Erklärungen** abzugeben. In der Praxis wurden die Abgaben in großem Umfang hinterzogen, indem z.B. zwecks Begründung und Ausnutzung von Erzeugerquoten existente und nicht existente Kühe mittels Scheinpachtverträgen zwischen existenten und nicht existenten Betrieben papiermäßig hin und her geschoben wurden. Sog. „Sofamelker" pachteten Kühe an, die sie niemals zu Gesicht bekamen, oder ließen Milch aus anderen Betrieben über ihre Quote laufen, nachdem sie ihre Kühe längst abgeschafft hatten[3]. Diese Missbräuche sind heute durch § 7 MilchabgabenVO, der die Übertragung von Quoten nur noch zusammen mit dem gesamten Betrieb erlaubt, zum Teil abgestellt, jedoch nicht unmöglich geworden, denn im Gegensatz zu den Zuckerabgaben, die von den relativ wenigen Zuckerfabriken erhoben werden, richten sich die Milchabgaben gegen die große Zahl kaum zu überwachender Kuhhalter. So sind heute an die Stelle der „Sofamelker" die „Kannentäuscher" getreten, die nach Erschöpfung ihrer Quote ihre Milch auf die noch nicht erschöpfte Quote eines anderen Betriebs verrechnen lassen, was allerdings eine kriminelle Zusammenarbeit mit einem Molkereimitarbeiter voraussetzt[4]. Werden durch solche Tricks die Abgaben, die durch Selbstveranlagung (sinngemäße Anwendung von §§ 150 Abs. 1 S. 2, 168 AO) zu entrichten sind, unrichtig angemeldet, wodurch sie gem. § 370 Abs. 4 AO als zu niedrig oder nicht festgesetzt gelten, so ist – Vorsatz wie immer vorausgesetzt – der Straftatbestand des § 370 AO erfüllt. 64

---

1 V. 22.10.2007; zul. geänd. am 22.1.2013.
2 VO zur Durchführung der EU-Milchquotenregelung v. 3.5.2011, BGBl. I 775.
3 Hierzu BFH v. 4.12.2006 – VII B 316/05, ZfZ 2007, 78; BFH v. 25.9.2007 – VII R 28/06, ZfZ 2007, 329.
4 Hierzu *Harder* in W/J, S. 1279.

§ 46
Steuerordnungswidrigkeiten

Bearbeiter: Manfred Muhler

	Rz.		Rz.
A. Überblick	1	**III. Unzulässiger Erwerb von Steuererstattungs- und Vergütungsansprüchen**	53
B. Einzeltatbestände		**IV. Zweckwidrige Verwendung von Identifikationsnummern**	56
I. Leichtfertige Steuerverkürzung			
1. Tat	9	**V. Tatbestände aus Einzelsteuergesetzen**	
a) Objektiver Tatbestand	10	1. Einkommensteuer	57
b) Subjektiver Tatbestand und Schuld	16	2. Umsatzsteuer	
2. Buße	19	a) Bußgeld-Katalog	61
3. Selbstanzeige	20	b) Schädigung des Umsatzsteueraufkommens	70
II. Steuergefährdungen	23	3. Erbschaftsteuer	74
1. Allgemeine Steuergefährdung	25		
2. Gefährdung der Abzugsteuern	37		
3. Verbrauchsteuergefährdung	42		
4. Gefährdung der Einfuhr- und Ausfuhrabgaben	46		

Schrifttum: S. allgemeines Schrifttumsverzeichnis und Schrifttum in § 44 und § 45.

A. Überblick

1 *Steuerordnungswidrigkeiten* sind gem. § 377 Abs. 1 AO **Zuwiderhandlungen**, die nach den Steuergesetzen mit **Geldbuße geahndet** werden können. Dazu gehören auch die Zollordnungswidrigkeiten, z.B. der in § 382 AO enthaltene Tatbestand der Gefährdung der Einfuhr- und Ausfuhrabgaben.

2 **Steuergesetz** i.S. des § 377 Abs. 1 AO ist zum einen die *AO*, die in den §§ 378–383a Bußgeldtatbestände enthält. Bußgeldtatbestände finden sich auch in den §§ 26a, 26b UStG, in den §§ 50e, 50f EStG, in § 33 ErbStG und in verschiedenen Verbrauchsteuergesetzen wie z.B. § 64 EnergieStG.

3 Wie im allgemeinen Ordnungswidrigkeitenrecht, so gilt auch bei den Steuerordnungswidrigkeiten das **Opportunitätsprinzip**. Zuwiderhandlungen gegen Steuer- und Zollgesetze *können* mit Geldbuße geahndet werden. Es steht im pflichtgemäßen *Ermessen* der Verwaltungsbehörde, ob sie eine Steuerordnungswidrigkeit verfolgt.

4 Im Gegensatz zur Strafe bezweckt die **Geldbuße** nicht die Sühne der Tat, sondern sie soll eine bestimmte Ordnung durchsetzen[1]. Eine Geldbuße wegen einer Steuerordnungswidrigkeit wird im Gegensatz zu einer Strafe wegen einer Steuerstraftat nicht *in das Bundeszentralregister* eingetragen.

---

1 *Gürtler* in Göhler, Vor § 1 OWiG Rz. 9 m.w.Nw.

Für Steuerordnungswidrigkeiten gelten gem. § 377 Abs. 2 AO grundsätzlich die 5
Vorschriften des **Ersten Teils des OWiG**. Bestimmen Bußgeldvorschriften in
Steuergesetzen etwas anderes, gehen diese den Vorschriften des allgemeinen
Ordnungswidrigkeitenrechts vor. So ist z.B. bei Steuerordnungswidrigkeiten
nach den §§ 378–380 AO die Frist für die Verfolgungsverjährung gem. § 384 AO
auf fünf Jahre verlängert.

Nach **§ 17 Abs. 4 OWiG** soll die Geldbuße den wirtschaftlichen Vorteil, den 6
der Täter aus der Ordnungswidrigkeit gezogen hat, übersteigen. Reicht das gesetzliche Höchstmaß nicht aus, kann es zur **Abschöpfung** des Vorteils überschritten werden. Auf diese Weise können auch bei Steuerordnungswidrigkeiten Zinsvorteile abgeschöpft werden. Wird gegen den Täter ein Bußgeldverfahren nicht eingeleitet oder wird es eingestellt, so kann gem. § 29a Abs. 1 OWiG gegen ihn der *Verfall* eines Geldbetrages bis zu der Höhe angeordnet werden, der dem Wert des aus der Tat erzielten Vermögensvorteils entspricht.

Nach **§ 30 OWiG** kann *gegen das Unternehmen* eine **selbständige Geldbuße** 7
festgesetzt werden (näher § 23 Rz. 33 ff.). Das ist der Fall, wenn jemand als vertretungsberechtigtes *Organ* einer juristischen Person oder als Mitglied eines solchen Organs, als Vereinsvorstand oder Vorstandsmitglied, als vertretungsberechtigter Personengesellschafter oder als Generalbevollmächtigter oder in leitender Stellung als Prokurist oder Handlungsbevollmächtigter einer juristischen Person, eines Vereins oder einer Personengesellschaft eine Straftat oder Ordnungswidrigkeit begangen hat, durch die Pflichten, welche die juristische Person oder die Personenvereinigung betreffen, verletzt worden sind oder die juristische Person oder die Personenvereinigung bereichert worden ist. Die Geldbuße kann bei einer begangenen Steuerhinterziehung bis zu 10 000 000 Euro betragen (§ 30 Abs. 1 S. 1 Nr. 1 OWiG). Bei einer begangenen Steuerordnungswidrigkeit richtet sie sich nach dem dafür angedrohten Höchstmaß der Geldbuße (§ 30 Abs. 2 S. 2 OWiG).

Hat ein Betriebsangehöriger eine Steuerhinterziehung oder eine Steuerordnungswidrigkeit begangen, so ist häufig auch der Tatbestand des **§ 130 OWiG** 8
anwendbar (näher § 30 Rz. 162 ff.). Danach handelt ordnungswidrig, wer als *Inhaber* eines Betriebes vorsätzlich oder fahrlässig die **Aufsichtsmaßnahmen** unterlässt, die erforderlich sind, um in dem Betrieb oder Unternehmen Zuwiderhandlungen gegen Pflichten zu verhindern, die den Inhaber treffen und deren Verletzung mit Strafe oder Geldbuße bedroht ist. Weitere Voraussetzung ist, dass eine solche Zuwiderhandlung begangen wird und diese durch gehörige Aufsicht verhindert oder wesentlich erschwert worden wäre. Ist die Zuwiderhandlung eine Steuerhinterziehung, kann die Geldbuße gem. § 130 Abs. 3 S. 1 OWiG bis zu 1 000 000 Euro betragen. Ist die Pflichtverletzung mit Geldbuße bedroht, so bestimmt sich das Höchstmaß der Geldbuße wegen der Aufsichtspflichtverletzung nach dem für die Pflichtverletzung angedrohten Höchstmaß der Geldbuße (bei einer leichtfertigen Steuerverkürzung also 50 000 Euro, § 378 Abs. 2 AO). Obwohl die Ordnungswidrigkeit i.S. des § 130 OWiG keine Steuerordnungswidrigkeit i.S. des § 377 Abs. 1 AO ist, ist für ihre Verfolgung die Finanzbehörde zuständig (§§ 131 Abs. 3, 36 Abs. 1 OWiG i.V.m. § 386 Abs. 1 AO).

B. Einzeltatbestände

I. Leichtfertige Steuerverkürzung

1. Tat

9   Wer als Steuerpflichtiger oder bei Wahrnehmung der Angelegenheiten eines Steuerpflichtigen eine der in § 370 Abs. 1 AO bezeichneten Taten nicht vorsätzlich, sondern in der minderen Schuldform der **Leichtfertigkeit** begeht, verwirklicht gem. § 378 Abs. 1 S. 1 AO keine Steuerstraftat mehr, sondern *lediglich* eine *Ordnungswidrigkeit*. In vielen Fällen ist § 378 AO deshalb Auffangtatbestand für eine im subjektiven Bereich nicht nachweisbare Steuerhinterziehung nach § 370 AO[1].

a) Objektiver Tatbestand

10   Um den Tatbestand der leichtfertigen Steuerverkürzung zu erfüllen, muss der Betroffene eine der in **§ 370 Abs. 1 AO bezeichneten Taten** begehen, nämlich

1. den Finanzbehörden oder anderen Behörden über steuerlich erhebliche Tatsachen *unrichtige oder unvollständige Angaben* machen (dazu § 44 Rz. 7 ff.),
2. die Finanzbehörden über steuerlich erhebliche Tatsachen *pflichtwidrig in Unkenntnis lassen* (dazu § 44 Rz. 15 ff.) oder
3. pflichtwidrig die Verwendung von Steuerzeichen oder -stempeln *unterlassen* (dazu § 44 Rz. 27).

11   Wie bei der Steuerhinterziehung nach § 370 Abs. 1 AO müssen diese Verhaltensweisen zu einem **Erfolg** führen, der darin besteht, dass *Steuern verkürzt* werden (dazu § 44 Rz. 28 ff.) oder der Betroffene für sich oder einen anderen *nicht gerechtfertigte Steuervorteile erlangt* (dazu § 44 Rz. 42 ff.). Wie dort bestimmen sich die Begriffe der genannten Erfolgsmerkmale nach § 370 Abs. 4 S. 1 und 2 AO, die gem. § 378 Abs. 1 S. 2 AO entsprechend gelten. Kommt es nicht zu einem Erfolg, kann kein Bußgeld verhängt werden. Eine *versuchte* leichtfertige Steuerverkürzung gibt es *nicht*.

12   Auch das **Kompensationsverbot** des § 370 Abs. 4 S. 3 AO (dazu § 44 Rz. 46 ff.) findet gem. § 378 Abs. 1 S. 2 AO entsprechende Anwendung.

13   Eine leichtfertige Steuerverkürzung kann auch im Zusammenhang mit **Einfuhr- oder Ausfuhrabgaben** begangen werden, die von einem anderen Mitgliedstaat der EU verwaltet werden oder die einem Mitgliedstaat der Europäischen Freihandelsassoziation oder einem mit dieser assoziierten Staat zustehen. Das Gleiche gilt, wenn sich die Tat auf Umsatzsteuern oder auf bestimmte harmonisierte Verbrauchsteuern bezieht, die von einem anderen Mitgliedstaat der EU verwaltet werden (§ 370 Abs. 6 i.V.m. § 378 Abs. 1 S. 2 AO – dazu § 44 Rz. 29 f.). Nach § 378 Abs. 1 S. 2 AO i.V.m. § 370 Abs. 7 AO können auch im Ausland begangene leichtfertige Steuerverkürzungen geahndet werden (dazu § 44 Rz. 31).

---

1   BGH v. 13.1.1988 – 3 StR 450/87, NStZ 1988, 276.

Der **Täterkreis** ist enger als bei der Steuerhinterziehung nach § 370 Abs. 1 AO. Täter kann zum einen sein, wer die in § 370 Abs. 1 AO bezeichneten Taten *als Steuerpflichtiger* begeht. Der Begriff des Steuerpflichtigen ist in § 33 AO definiert (dazu § 44 Rz. 16). Nach § 377 Abs. 2 AO i.V.m. *§ 9 OWiG* kann das *besondere persönliche Merkmal „Steuerpflichtiger"* auch Personen zugerechnet werden, die für einen anderen handeln. Dies ist z.B. bei Geschäftsführern einer juristischen Person (§ 9 Abs. 1 Nr. 1 OWiG), vertretungsberechtigten Gesellschaftern einer rechtsfähigen Personengesellschaft (§ 9 Abs. 1 Nr. 2 OWiG) oder gesetzlichen Vertretern (§ 9 Abs. 1 Nr. 3 OWiG) der Fall. Diese sind aber schon über §§ 34, 35 AO als Steuerpflichtige mögliche Täter steuerrechtlicher Bußgeldtatbestände.

Zum Täterkreis des § 378 AO gehören auch Personen, die **Angelegenheiten eines Steuerpflichtigen wahrnehmen**. Dies kann durch *Berater, Vertreter, Angestellte oder Angehörige* geschehen, wenn sie in Erfüllung von Pflichten eines Steuerpflichtigen tätig werden. *Bereitet* ein steuerlicher Berater eine Steuererklärung für den Steuerpflichtigen lediglich *vor*, so kann er nicht wegen einer leichtfertigen Steuerverkürzung belangt werden. Hierin stimmen BFH[1] und Strafgerichte[2] inzwischen überein.

Der **Amtsträger** einer Finanzbehörde nimmt bei Ausübung seiner eigenen Amtspflicht *keine Angelegenheit eines Steuerpflichtigen* wahr[3]. Ebenso wenig kommen als Täter in Betracht Auskunftspersonen (§ 93 AO) und Sachverständige (§§ 96, 107 AO)[4]. Insoweit ist der mögliche *Täterkreis* beim Bußgeldtatbestand der leichtfertigen Steuerverkürzung *enger* als beim Straftatbestand der Steuerhinterziehung. Eine mittelbare Täterschaft ist bei der leichtfertigen Steuerverkürzung ausgeschlossen[5].

b) Subjektiver Tatbestand und Schuld

Zur inneren Tatseite verlangt § 378 Abs. 1 AO **Leichtfertigkeit**. Dieser im allgemeinen Strafrecht häufig verwendete Begriff[6] bezeichnet einen erhöhten Grad von Fahrlässigkeit[7]. Auf der Tatbestandsseite liegt Leichtfertigkeit vor, wenn die im Verkehr erforderliche Sorgfalt in besonders schwerem Maße verletzt worden ist; die Leichtfertigkeit entspricht insoweit etwa der groben Fahrlässigkeit des § 277 BGB[8]. Schuldhaft handelt der Betroffene, wenn er die Sorgfalt außer Acht lässt, zu der er nach den besonderen Umständen des Einzelfal-

---

1 BFH v. 29.10.2013 – VIII R 27/10, BStBl. II 2014, 295; entgegen BFH v. 19.12.2002 – IV R 37/01, wistra 2003, 312.
2 BayObLG v. 9.11.1993 – 4 St RR 54/93, wistra 1994, 34; OLG Braunschweig v. 8.3.1996 – Ss (B) 100/95, wistra 1996, 319; OLG Zweibrücken v. 23.10.2008 – 1 Ss 140/08, wistra 2009, 127.
3 *Joecks* in F/G/J, § 378 AO Rz. 6.
4 *Schauf* in Kohlmann, § 378 AO Rz. 29 (Lfg. 44 Juli 2011).
5 BayObLG v. 9.11.1993 – 4 St RR 54/93, wistra 1994, 34; OLG Braunschweig v. 8.3.1996 – Ss (B) 100/95, wistra 1996, 319.
6 So z.B. §§ 97 Abs. 2, 138 Abs. 3, 176b, 178, 239a Abs. 3, 251, 264 Abs. 4, 283 Abs. 4 Nr. 2, 308 Abs. 3 StGB.
7 BGH v. 13.1.1988 – 3 StR 450/87, NStZ 1988, 276.
8 BGH v. 13.4.1960 – 2 StR 593/59, BGHSt 14, 240.

les und seiner persönlichen Fähigkeiten und Kenntnisse verpflichtet und imstande ist, obwohl sich ihm aufdrängen musste, dass dadurch eine Steuerverkürzung eintreten wird[1].

Beispiel: Aufgrund verschiedener Vorkommnisse in der Vergangenheit erkennt Geschäftsführer G, dass der mit der Erstellung der Steuererklärungen für die GmbH beauftragte Steuerberater S restlos überfordert ist. Gleichwohl lässt er die Steuererklärungen weiterhin von S erstellen, was zu Steuerverkürzungen führt. – Der BGH[2] hielt in diesem Fall die Annahme von Leichtfertigkeit für naheliegend.

17 Leichtfertigkeit kann **bei bewusster und unbewusster Fahrlässigkeit** vorliegen[3]. *Bewusste* Fahrlässigkeit liegt vor, wenn der Täter die Tatbestandsverwirklichung erkennt, aber pflichtwidrig und vorwerfbar darauf vertraut, dass sie nicht eintreten werde[4]. Bei der *unbewussten* Fahrlässigkeit erkennt der Täter die Tatbestandsverwirklichung nicht, weil er pflichtwidrig die ihm nach seinen Kenntnissen und persönlichen Fähigkeiten mögliche und erforderliche Sorgfalt außer Betracht lässt. Die bewusste Leichtfertigkeit unterscheidet sich vom bedingten Vorsatz[5] dadurch, dass der Täter dort mit der Tatbestandsverwirklichung rechnet und diese billigend in Kauf nimmt.

18 Einstweilen frei.

2. Buße

19 Die leichtfertige Steuerverkürzung kann mit einer **Geldbuße** bis zu 50 000 Euro geahndet werden. Die Mindestbuße beträgt fünf Euro (§ 17 Abs. 1 OWiG). Da die Geldbuße den *wirtschaftlichen Vorteil* des Täters aus der Ordnungswidrigkeit übersteigen soll, kann gem. § 17 Abs. 4 OWiG das gesetzliche Höchstmaß von 50 000 Euro in entsprechenden Fällen überschritten werden. Auf diese Weise können auch bei Steuerordnungswidrigkeiten Zinsvorteile abgeschöpft werden[6]. Sind bei Tatmehrheit mehrere Geldbußen verwirkt, so wird jede gesondert festgesetzt (§ 20 OWiG).

3. Selbstanzeige

20 Wie bei der Steuerhinterziehung von der Strafe (§ 44 Rz. 119 ff.), kann sich der Täter bei der leichtfertigen Steuerverkürzung **von der Buße** durch eine Selbstanzeige **befreien**. § 378 Abs. 3 AO ist aber großzügiger gestaltet als § 371 AO. Die Berichtigung oder Ergänzung unrichtiger oder unvollständiger Angaben oder die Nachholung unterlassener Angaben ist solange möglich, wie dem Täter oder seinem Vertreter die Einleitung eines Straf- oder Bußgeldverfahrens wegen der Tat noch nicht bekannt gegeben worden ist. *Berichtigende Angaben* können also im Gegensatz zu § 371 Abs. 2 Nr. 2 Buchst. c AO auch noch gegen-

---

1 BGH v. 8.9.2011 – 1 StR 38/11, wistra 2011, 465.
2 BGH v. 24.1.1990 – 3 StR 329/89, wistra 1990, 195.
3 BGH v. 13.1.1988 – 3 StR 450/87, NStZ 1988, 276.
4 BGH v. 9.11.1957 – 4 StR 160/57, BGHSt 10, 369.
5 Der zur Annahme einer Steuerhinterziehung nach § 370 AO führen würde.
6 Denn Hinterziehungszinsen fallen gem. § 235 AO nur bei einer Steuerhinterziehung nach § 370 AO an.

über einem Prüfer und im Gegensatz zu § 371 Abs. 2 Nr. 2 AO auch dann noch gemacht werden, wenn die Tat bereits entdeckt war und der Täter dies wusste. Eine bußgeldbefreiende Selbstanzeige kann jedenfalls dann durch die Anerkennung des Prüfungsergebnisses nach einer Außenprüfung erfolgen, wenn der Täter erst durch den Prüfer von seinem Fehler erfahren hat[1].

Gem. § 378 Abs. 3 AO hängt die Wirksamkeit der Selbstanzeige davon ab, dass der Täter die zu seinen Gunsten **verkürzten Steuern fristgerecht entrichtet**. Die frühere Verweisung auf § 371 Abs. 3 AO ist entfallen, weil dort für die Straffreiheit bei einer Steuerhinterziehung zusätzlich die Entrichtung der Hinterziehungszinsen erforderlich ist, bei einer Steuerordnungswidrigkeit Hinterziehungszinsen aber nicht anfallen.

Unter den Voraussetzungen des § 371 Abs. 4 AO kann auch die **Anzeige eines Dritten** zur Bußbefreiung führen (§ 378 Abs. 3 S. 3 AO[2]; dazu § 44 Rz. 172 ff.). Eine solche Anzeige mit bußbefreiender Wirkung kann auch im Rahmen einer Lohnsteuer-Außenprüfung durch vollständige Übergabe der Besteuerungsunterlagen sowie durch Anerkennung des Prüfungsergebnisses und Stellung eines Antrags auf pauschalierte Lohnsteuerfestsetzung erstattet werden[3].

II. Steuergefährdungen

Steuergefährdungen sind **Tatbestände im Vorfeld** *von Steuerhinterziehungen (§ 370 AO) und leichtfertigen Steuerverkürzungen (§ 378 AO)*. Da es bei ihnen noch nicht zu einem Verkürzungserfolg gekommen ist, werden sie lediglich als Ordnungswidrigkeiten und milder als die Tatbestände der §§ 370 und 378 AO geahndet. Steuergefährdungstatbestände sind die allgemeine *Steuergefährdung* (§ 379 AO), die *Gefährdung der Abzugsteuern* (§ 380 AO), die *Verbrauchsteuergefährdung* (§ 381 AO) und die *Gefährdung der Eingangsabgaben* (§ 382 AO).

Erschöpft sich ein tatbestandliches Verhalten nicht in der bloßen **Gefährdung** einer Steuer oder Abgabe, sondern kommt es zu einer **Verkürzung**, geht bei vorsätzlicher Begehung der Tatbestand der Steuerhinterziehung (§ 370 AO) dem Gefährdungstatbestand vor. Hat der Täter durch sein Verhalten eine Steuerverkürzung leichtfertig verursacht, hat der Tatbestand der leichtfertigen Steuerverkürzung (§ 378 AO) Vorrang vor dem Gefährdungstatbestand. Dies ist in § 379 Abs. 4 AO, § 380 Abs. 2 AO, § 381 Abs. 2 AO und § 382 Abs. 3 AO ausdrücklich geregelt.

1. Allgemeine Steuergefährdung

§ 379 AO gilt für *jede Steuer*. Die Vorschrift enthält Sachverhalte, die typischerweise zur Gefährdung einer Steuer führen oder zur Vorbereitung einer

---

1 Bejahend OLG Karlsruhe v. 30.11.1995 – 2 Ss 158/95, wistra 1996, 117 m. Anm. *Rackwitz*, wistra 1997, 135, und *Dörn*, wistra 1997, 291; verneinend OLG Oldenburg v. 18.9.1997 – Ss 335/97 (I/102), wistra 1998, 71; differenzierend *Jestädt*, „Kleine Selbstanzeige", BB 1998, 1394.
2 RegE, BR-Drs. 431/14 v. 26.9.2014.
3 OLG Karlsruhe v. 8.2.1996 – 2 Ss 107/95, NStZ-RR 1996, 372.

Hinterziehung dienen[1]. Zur Verhinderung von Steuerstraftaten setzt der Gesetzgeber früh an und ahndet bereits die Vorbereitungshandlungen als Steuerordnungswidrigkeiten.

26 Eine **Steuergefährdung** nach § 379 AO begeht, wer

1. *Belege* ausstellt, die in tatsächlicher Hinsicht unrichtig sind,

2. Belege *gegen Entgelt* in den Verkehr bringt,

3. gesetzliche Buchungs- oder *Aufzeichnungspflichten* verletzt und dadurch Steuerverkürzungen oder nicht gerechtfertigte Steuervorteile *ermöglicht*,

4. der Mitteilungspflicht nach § 138 Abs. 2 AO (Gründung und Erwerb von *Auslandsbetrieben*, Erwerb von Auslandsbeteiligungen) nicht, nicht vollständig oder nicht rechtzeitig nachkommt,

5. den *Warenausgang* nicht in der in § 144 AO vorgeschriebenen Weise aufzeichnet,

6. die Pflicht zur *Kontenwahrheit* nach § 154 Abs. 1 AO verletzt,

7. einer Rechtsverordnung zuwiderhandelt, die nach § 117c Abs. 1 AO zur Umsetzung innerstaatlich anwendbarer *völkerrechtlicher Vereinbarungen zur Förderung der Steuerehrlichkeit* bei internationalen Sachverhalten ergangen ist oder einer vollziehbaren Anordnung aufgrund einer solchen Rechtsverordnung, soweit die Rechtsverordnung für einen bestimmten Tatbestand auf diese Bußgeldvorschrift verweist[2],

8. gegen *Auflagen* im Rahmen der zollamtlichen Überwachung (Steueraufsicht) nach §§ 209–217 AO verstößt.

27 **Beleg** ist jedes Schriftstück, das für steuerliche Zwecke geeignet ist, sei es als Beleg für eine andere Person, sei es als Eigenbeleg[3]. Ein Beleg ist in tatsächlicher Hinsicht **unrichtig**, wenn er ein beliebiges maßgebendes Kennzeichen (z.B. Ort, Datum, Person, Namen, Betrag, Zahl, Vorfall, Inhalt, Bedeutung) nicht wahrheitsgemäß angibt[4]. Ausgestellt ist ein Beleg, sobald er der Person, für die er bestimmt ist (Geschäftspartner, Buchhalter, Berater), zugeht. *Täter* kann jeder sein, der sich oder einer anderen Person einen Beleg ausstellt.

28 Der Beleg muss **ursächlich** sein für eine Steuergefährdung. Er muss seiner Art nach *geeignet* sein, eine Steuer unerlaubt zu mindern, also potenziell für eine Steuerverkürzung verwendbar sein[5]. Der Aussteller eines unrichtigen Beleges handelt (nur) dann ordnungswidrig, wenn er es durch die Ausstellung des Bele-

---

1 Dazu eingehend *Mösbauer*, Die Steuergefährdung nach § 379 AO, wistra 1991, 41.
2 Das ist bisher in § 11 der FATCA-USA-UmsetzungsVO v. 23.7.2014, BGBl. I 2014, 1222, der Fall.
3 *Matthes* in Kohlmann, § 379 AO Rz. 35 (Lfg. 50 August 2014).
4 *Jäger* in F/G/J, § 379 AO Rz. 17. So kann sich auch ein Zollbeamter, der gutgläubig eine objektiv unrichtige Ausfuhrbescheinigung ausstellt, weil er die bescheinigten Tatsachen nicht geprüft hat, der leichtfertigen Steuergefährdung schuldig machen, BayObLG v. 13.6.1989 – RReg 4 St 206/88, wistra 1989, 313.
5 *Jäger* in F/G/J, § 379 AO Rz. 16.

ges ermöglicht, Steuern zu verkürzen oder nicht gerechtfertigte Steuervorteile zu erlangen[1].

Beispiel: Eine Buchhändlerin stellt beim Kauf von Romanliteratur einen Beleg für ein Fachbuch aus.

Bei Internetauktionen wurden vermehrt **Belege** wie z.B. Tankquittungen **angeboten**. Es war zu vermuten, dass dies zu dem Zweck geschah, dem Erwerber zur Erlangung finanzieller, vor allem steuerlicher Vorteile zu verhelfen. Um solche Fälle schon im *Vorfeld der Beihilfe zur Steuerhinterziehung* ahnden zu können, hat der Gesetzgeber durch das Gesetz zur Eindämmung missbräuchlicher Steuergestaltungen v. 28.4.2006[2] § 379 Abs. 1 Nr. 2 AO eingefügt. Die Vorschrift schließt eine Bestrafung wegen Beihilfe zur versuchten bzw. vollendeten Steuerhinterziehung nicht aus. Allerdings ist deren Ermittlung nicht nur in Bezug auf den Gehilfenvorsatz, sondern auch im objektiven Tatbestand mit erheblichen Schwierigkeiten verbunden. Eine versuchte Steuerhinterziehung als für die Bestrafung der Beihilfe notwendige strafbare Haupttat setzt nämlich voraus, dass eine Steuererklärung mit unrichtigen Angaben eingereicht wird, deren Nachweis der erworbene Beleg dienen soll. Zur Bestrafung des Veräußerers wegen Beihilfe müsste deshalb auch der Erwerber des Belegs ermittelt und darüber hinaus eine gewisse Zeitspanne abgewartet werden, bis von dem ersteigerten Beleg Gebrauch gemacht wurde. 28a

Belege **bringt in den Verkehr**, wer einem anderen daran Verfügungsmacht verschafft[3]. Dieser Vorgang geschieht gegen **Entgelt**, wenn er zur Erlangung eines Vermögensvorteils erfolgt, der auch in Sach- oder Dienstleistungen bestehen kann (vgl. § 11 Abs. 1 Nr. 9 StGB). 28b

Durch Gesetz vorgegebene **Buchungs- oder Aufzeichnungspflichten** werden i.S. des § 379 Abs.1 S. 1 Nr. 3 AO verletzt, wenn einzelne Geschäftsvorfälle oder Betriebsvorgänge durch den Täter oder seine Hilfsperson falsch oder überhaupt nicht verbucht werden. Gesetz ist nach § 4 AO jede Rechtsnorm. Die Vernichtung von aufzubewahrenden Geschäftsbüchern und Belegen kann der Nichtverbuchung von Geschäftsvorfällen nicht gleichgestellt werden; zur Schließung dieser unbefriedigenden Lücken ist der Gesetzgeber aufgerufen[4]. 29

Das Nicht- oder Falschverbuchen muss ebenfalls eine **Steuerverkürzung ermöglichen**. Das ist bei solchen Handlungen regelmäßig der Fall. Ausnahmen sind gewinn- oder vermögenserhöhende unrichtige Buchungen, die beispielsweise einen Kreditgeber täuschen oder eine Überschuldung verbergen sollen. 30

Die Verletzung von **Mitteilungspflichten** nach § 138 Abs. 2 AO betrifft *Auslandsanlagen*. Nach § 1 EStG oder § 1 KStG unbeschränkt Steuerpflichtige haben die Gründung und den Erwerb von Betrieben und Betriebsstätten im Ausland, die Beteiligung an ausländischen Personengesellschaften und den Erwerb bestimmter qualifizierter Kapitalbeteiligungen dem Finanzamt mitzuteilen. 31

---

1 *Matthes* in Kohlmann, § 379 AO Rz. 30 (Lfg. 50 August 2014).
2 BGBl. I 2006, 1095.
3 Vgl. BGH v. 4.8.1987 – 1 StR 2/87, BGHSt 35, 21 zum Inverkehrbringen von Falschgeld.
4 *Jäger* in F/G/J, § 379 AO Rz. 27.

Diese Mitteilungen sind spätestens einen Monat ab Eintritt des meldepflichtigen Ereignisses zu erstatten (§ 138 Abs. 3 AO)[1].

31a Nach § 144 Abs. 1 AO müssen Großhändler und nach § 144 Abs. 5 AO buchführungspflichtige Land- und Forstwirte ihren **Warenausgang aufzeichnen**. Da gewerbliche Unternehmer nach § 143 AO auch den Wareneingang aufzuzeichnen haben, können Betriebsvorgänge auf der Veräußerer- und Erwerberseite abgeglichen werden. Wer diese Kontrollmöglichkeit durch fehlende oder mangelhafte Aufzeichnungen vereitelt, begeht eine Steuergefährdung i.S. des § 379 Abs. 2 Nr. 1a AO.

32 Die Pflicht zur **Kontenwahrheit** nach § 154 Abs. 1 AO verletzt, wer auf einen falschen oder erdichteten Namen ein Konto errichten oder Buchungen vornehmen lässt oder auf diesen Namen Wertsachen in Verwahrung geben oder verpfänden oder sich ein Schließfach geben lässt. Täter kann sowohl der Bankkunde als auch das Kreditinstitut sein.

32a Deutschland hat am 31.5.2013 mit den USA ein Abkommen geschlossen, das die Vertragspartner dazu verpflichtet, zum Zwecke der ehrlichen Besteuerung von Kapitalerträgen Daten auszutauschen. Dem Abkommen liegt der 2010 von den USA 2010 erlassene Foreign Account Tax Compliance Act (**FATCA**) zugrunde. Seiner Umsetzung dient die auf der Grundlage des neu in die AO gekommenen § 117c[2] ergangene FATCA-USA-UmsetzungsVO vom 23.7.2014[3], deren Verletzung in § 11 der VO bußgeldbewehrt ist[4].

33 Wer einer Auflage, die bei der **zollamtlichen Überwachung** (vor allem Warenverkehr und Herstellung verbrauchsteuerpflichtiger Waren) nach §§ 209–217 AO in vielfältiger Weise vorgesehen sind, zuwiderhandelt, gefährdet Zölle oder Verbrauchsteuern. Eine Auflage ist gem. § 120 Abs. 2 Nr. 4 AO eine Bestimmung, die dem Begünstigten ein Tun, Dulden oder Unterlassen vorschreibt.

34 Die Steuergefährdung setzt **Vorsatz** oder **Leichtfertigkeit** voraus. Bei der Zuwiderhandlung gegen eine Auflage für Zwecke der zollamtlichen Überwachung genügt einfache Fahrlässigkeit (§ 379 Abs. 3 AO)[5].

35 Die Ordnungswidrigkeit kann mit einer **Geldbuße** bis zu 5 000 Euro geahndet werden. Eine mögliche Ahndung nach § 378 AO geht vor (§ 379 Abs. 4 AO).

36 Anders als § 378 AO enthält § 379 AO *keine Möglichkeit* der Bußgeldbefreiung durch eine **Selbstanzeige**. Wenn nach einer begangenen Steuerhinterziehung (§ 370 AO) oder leichtfertigen Steuerverkürzung (§ 378 AO) Selbstanzeige erstattet wurde und dort Straf- bzw. Bußgeldbefreiung eintritt, lebt der subsidiäre

---

1 *Matthes* in Kohlmann, § 379 AO Rz. 112 (Lfg. 50 August 2014); zur früheren Rechtslage *Gast-de Haan* in F/G/J, 5. Aufl., § 379 AO Rz. 35.
2 Eingef. durch Art. 13 Nr. 2 des G zur Anpassung des InvestmentsteuerG und anderer G an das AIFM-UmsetzungsG (AIFM-Steuer-AnpassungsG – AIFM-StAnpG) v. 18.12.2013, BGBl. I 2013, 4318) mit Wirkung v. 24.12.2013.
3 BGBl. I 2014, 1222.
4 Zum Hintergrund der Regelung des § 117c AO s. *Eimermann*, Das FATCA-Abkommen zwischen Deutschland und den Vereinigten Staaten – ein Überblick, IStR 13, 774.
5 *Jäger* in F/G/J, § 379 AO Rz. 69.

Gefährdungstatbestand des § 379 AO sogar wieder auf[1]. Dagegen bestehen auch im Hinblick auf Art. 3 Abs. 1 GG keine verfassungsrechtlichen Bedenken[2].

2. Gefährdung der Abzugsteuern

Durch die Steuergesetze wird bestimmten Personen die Verpflichtung auferlegt, **Steuerabzugsbeträge einzubehalten** und **abzuführen**. Hauptfälle sind die *Lohnsteuer* (§§ 38 Abs. 3 S. 1, 41a Abs. 1 EStG)[3], die *Kapitalertragsteuer* (§§ 43, 44 Abs. 1 EStG) und *die Einkommensteuer bei beschränkt Steuerpflichtigen* nach § 50a Abs. 4 und 5 EStG. Wer seiner Verpflichtung, solche Steuerabzugsbeträge einzubehalten oder sie abzuführen, nicht oder nicht vollständig oder nicht rechtzeitig nachkommt, handelt ordnungswidrig gem. **§ 380 AO**. 37

Versäumt der Steuerpflichtige bereits die Anmeldung einer solchen Steuer oder meldet er eine solche in zu niedriger Höhe an, so begeht er eine Steuerhinterziehung nach § 370 Abs. 1 Nr. 2 bzw. 1 AO oder eine leichtfertige Steuerverkürzung nach § 378 AO. Diese Tatbestände gehen § 380 AO vor. § 380 AO betrifft die **Erhebung** der Abzugsteuern und hat nur dann eigenständige Bedeutung, wenn diese zuvor in der richtigen Höhe angemeldet wurden. Das Finanzamt muss nach Möglichkeit verhindern, dass der Steuerpflichtige in ein Bußgeldverfahren getrieben wird. Deshalb darf es Steuerleistungen nicht so verrechnen, dass für den Betroffenen ein Rückstand entsteht[4]. 38

Zum subjektiven Tatbestand gehört **Vorsatz**[5] oder **Leichtfertigkeit** (§ 380 Abs. 1 AO). 39

Die Ordnungswidrigkeit kann mit einer **Geldbuße** bis zu 25 000 Euro geahndet werden. Eine mögliche Ahndung nach § 378 AO geht vor (§ 380 Abs. 2 AO). 40

Eine **Selbstanzeige ist nicht möglich**. Auf den subsidiären Bußgeldtatbestand der Gefährdung der Abzugsteuern gem. § 380 AO kann auch dann zurückgegriffen werden, wenn eine Steuerhinterziehung oder leichtfertige Steuerverkürzung infolge wirksamer Selbstanzeige nicht geahndet werden kann[6]. 41

---

1 OLG Celle v. 17.7.1979 – 2 Ss (Owi) 313/78, MDR 1980, 77; *Brenner*, Entdeckung der Tat bei der Selbstanzeige gem. § 371 Abs. 2 Nr. 2 der Abgabenordnung, StW 1981, 147; *Dörn*, Anwendung der §§ 379, 380 AO auch bei Selbstanzeigen gem. §§ 371, 378 Abs. 3 AO, wistra 1995, 7; *Klos*, Die Selbstanzeige – Grundlagen und Praxisfragen des steuerstrafrechtlichen „Ablasses", NJW 1996, 2336; *Mösbauer*, Die Steuergefährdung nach § 379 AO, wistra 1991, 41; *Rüping* in H/H/Sp., § 379 AO Rz. 98 (Lfg. 188, März 2006); *Weyand* in Schwarz, § 379 AO Rz. 24 (120. Lfg. 8/2006); krit. *Matthes* in Kohlmann, § 379 AO Rz. 186 (Lfg. 50, August 2014).
2 BVerfG, Kammerbeschl. v. 11.7.1997 – 2 BvR 997/92, wistra 1997, 297.
3 OLG Hamburg v. 16.9.1986 – 3 Ss 26/86 Owi, NStZ 1987, 262.
4 OLG Köln v. 11.2.1983 – 3 Ss 18/83 B, wistra 1983, 163.
5 Zur Feststellung des Vorsatzes OLG Köln v. 2.3.1984 – 3 Ss 40/84 B (45), wistra 1984, 154.
6 BayObLG v. 3.3.1980 – RReg 4 St 266/79, NJW 1981, 1055.

3. Verbrauchsteuergefährdung

42 Die **Verbrauchsteuern** des *Bundes* (z.B. Branntweinsteuer, Energiesteuer[1], Schaumweinsteuer, Tabaksteuer[2]) und die als Kommunalabgaben von den *Gemeinden* erhobenen Verbrauchsteuern (Getränkesteuer, Hundesteuer, Vergnügungssteuer) sind zur Sicherung ihres Aufkommens mit einer Vielfalt spezieller Pflichten und Beschränkungen belegt[3]. Diese ergeben sich aus dem jeweiligen *Verbrauchsteuergesetz* oder den dazu ergangenen Rechtsverordnungen. Ihre Verletzung führt dann zu einer Ordnungswidrigkeit i.S. des § 380 AO, wenn das jeweilige Verbrauchsteuergesetz oder die dazu erlassene Rechtsverordnung für einen bestimmten Tatbestand auf diese Bußgeldvorschrift verweist.

43 Den **subjektiven Tatbestand** erfüllt, wer *vorsätzlich* oder *leichtfertig* handelt.

44 Die **Buße** beträgt bis zu 5 000 Euro. Eine nach § 378 AO mögliche Ahndung geht gem. § 381 Abs. 2 AO vor.

45 Eine **Selbstanzeige** ist *nicht* möglich.

4. Gefährdung der Einfuhr- und Ausfuhrabgaben

46 § 382 AO will die vollständige Erfassung der **Einfuhr- und Ausfuhrabgaben** sichern. Die Vorschrift enthält als **Blankettnorm** keine eigene Pflichtenbeschreibung[4], sondern knüpft an die Vorschriften der Zollgesetze, der dazu erlassenen Rechtsverordnungen oder der Verordnungen des Rates oder der Europäischen Kommission an, welche gelten für

1. die zollamtliche Erfassung des Warenverkehrs über die Grenze des Zollgebiets der EU oder über die Freizonengrenzen,
2. die Überführung von Waren in ein Zollverfahren und dessen Durchführung oder für die Erlangung einer sonstigen zollrechtlichen Bestimmung von Waren,
3. die Freizonen, den grenznahen Raum und die weiteren der Grenzaufsicht unterworfenen Gebiete.

47 Zu einer Bußgeldfestsetzung kann es allerdings nur kommen, wenn die Zollgesetze, die zu diesen erlassenen Rechtsverordnungen oder nationale Rechtsverordnungen nach § 382 Abs. 4 AO für einen bestimmten Tatbestand **auf § 382 AO verweisen**. Nach § 382 Abs. 4 AO kann unter dort näher bestimmten Voraussetzungen das BMF die Tatbestände der Verordnungen des Rates der EU oder der Europäischen Kommission, die nach § 382 Abs. 1–3 AO als Ordnungswidrigkeiten gelten sollen, bezeichnen.

---

1 BayObLG v. 18.7.1979 – 3 Ob Owi 126/79, NJW 1980, 466 zur Mineralölsteuer, die inzwischen im EnergieStG geregelt ist.
2 AG Nürnberg v. 10.3.1987 – 46 Owi 157 Js 1376/85, ZfZ 1987, 249.
3 Eine ausf. Zusammenstellung des in den Verbrauchsteuergesetzen und -verordnungen normierten Rückverweisungskatalogs bei *Jäger/Lipsky* in F/G/J, § 381 AO Rz. 15.
4 *Matthes* in Kohlmann, § 382 AO Rz. 5 ff. (Lfg. 49 Oktober 2013).

§ 382 Abs. 2 AO regelt das **Verhältnis des § 382 AO zu § 381 AO**. Gelten die Zollgesetze und die dazu erlassenen Rechtsverordnungen für Verbrauchsteuern sinngemäß, geht § 382 AO der Vorschrift des § 381 AO vor[1]. 48

§ 382 AO bedroht **Vorbereitungshandlungen**, die noch keine Verkürzung von Einfuhr- und Ausfuhrabgaben bewirken, aber das Aufkommen aus diesen Abgaben bereits gefährden, mit Buße. Kommt es zu einer Verkürzung, greifen die § 370 AO (Steuerhinterziehung) oder § 378 AO (leichtfertige Steuerverkürzung). 49

Für den **subjektiven Tatbestand** genügt neben Vorsatz *jede Fahrlässigkeit*. 50

Die **Buße** beträgt gem. § 382 Abs. 3 AO bis zu 5 000 Euro. Eine Ahndung nach § 378 AO geht vor. 51

Eine **Selbstanzeige** ist *nicht* möglich. 52

III. Unzulässiger Erwerb von Steuererstattungs- und Vergütungsansprüchen

§ 46 Abs. 4 S. 1 AO verbietet den **geschäftsmäßigen Erwerb** von Erstattungs- oder Vergütungsansprüchen zur Einziehung oder sonstigen Verwertung auf eigene Rechnung. Der Erwerb solcher Ansprüche geschieht durch Abtretung. Erstattungsanspruch und Vergütungsanspruch unterscheiden sich darin, dass der Erstattungsanspruch schon dann entsteht, wenn etwas gezahlt wird, was nach dem materiellen Recht nicht geschuldet wird[2]. Geschäftsmäßig ist der Erwerb, wenn er in Wiederholungsabsicht getätigt wird, im Gegensatz zum Gelegenheitserwerb. Nach **§ 383 AO** können Verstöße gegen das Verbot des § 46 Abs. 4 S. 1 AO mit einem Bußgeld geahndet werden. 53

Anders als die Vorschriften der §§ 379–382 AO zielt **§ 383 AO** nicht auf die Abwehr von Steuergefährdungen und Steuerverkürzungen. Diese Norm will Missbräuche verhindern, wie sie namentlich im Bereich der *gewerblichen Lohnsteuerhilfe* zu verzeichnen sind. 54

Da § 383 AO fahrlässiges Handeln nicht bedroht, ist der Tatbestand **nur** bei **vorsätzlichem** Handeln erfüllt (§ 10 OWiG). § 383 Abs. 2 AO droht eine *Geldbuße* bis zu 50 000 Euro an. 55

IV. Zweckwidrige Verwendung von Identifikationsnummern

Seit 1.7.2007 teilt das Bundeszentralamt für Steuern gem. § 139 AO i.V.m. der StIDV[3] jedem Steuerpflichtigen zum Zweck der eindeutigen Identifizierung in Besteuerungsverfahren ein einheitliches und dauerhaftes **Identifikationsmerkmal** zu, das bei Anträgen, Erklärungen oder Mitteilungen gegenüber Finanzbehörden anzugeben ist. Natürliche Personen erhalten eine sog. Identifikationsnummer, wirtschaftlich Tätige eine Wirtschafts-Identifikationsnummer. Wie 56

---

1 BT-Drs. 5/1812, 28.
2 BFH v. 6.2.1990 – VII R 86/88, BStBl. II 1990, 523.
3 VO zur Vergabe steuerlicher Identifikationsnummern v. 28.11.2006, BStBl. I 2006, 2726.

aus §§ 139a und 139b AO ersichtlich ist, unterliegen die Identifikationsmerkmale strengen Verwendungsbeschränkungen. Wer sich nicht an diese Verwendungsbeschränkungen hält, macht sich gem. **§ 383a Alt. 1 AO** einer Steuerordnungswidrigkeit schuldig. Nach **§ 383a Alt. 2 AO** begeht eine Ordnungswidrigkeit, wer entgegen der auf strengen Datenschutz gerichteten Vorschrift des § 139b Abs. 2 S. 2 Nr. 2 AO seine Dateien nach der Identifikationsnummer für andere als die zugelassenen Zwecke ordnet oder für den Zugriff erschließt. Zu beachten ist, dass sich die Bußgeldvorschrift nur an *nicht öffentliche Stellen* richtet. Das bedeutet freilich nicht, dass sich öffentliche Stellen sanktionslos über die Verwendungsbeschränkungen hinwegsetzen dürften. Hier drohen dienstrechtliche Konsequenzen oder gar eine Strafverfolgung wegen § 355 StGB oder § 353b StGB (Verletzung von Dienstgeheimnissen). Als Schuldform erfordert § 383a AO mindestens Leichtfertigkeit. Verstöße gegen **§ 383a AO** können gem. § 383a Abs. 2 AO mit einer Geldbuße bis zu 10 000 Euro geahndet werden.

V. Tatbestände aus Einzelsteuergesetzen

1. Einkommensteuer

57 a) Schuldner von Kapitalerträgen haben in den in § 44 Abs. 1 EStG genannten Fällen Kapitalertragsteuer einzubehalten und an das Finanzamt abzuführen. Das braucht insoweit nicht zu geschehen, als der Gläubiger einen **Freistellungsauftrag** vorlegt, der die Behauptung beinhaltet, insoweit den Sparer-Pauschbetrag nach § 20 Abs. 9 EStG in Anspruch nehmen zu dürfen. Um zu gewährleisten, dass die in Anspruch genommenen Freistellungen die genannten Beträge nicht übersteigen, haben die zum Steuerabzug Verpflichteten nach § 45d Abs. 1 S. 1 EStG bis zum 1. März des Folgejahres entsprechende Daten an das Bundeszentralamt für Steuern zu übermitteln. Ordnungswidrig handelt nach **§ 50e Abs. 1 EStG**, wer dieser Mitteilungspflicht nicht, nicht richtig, nicht vollständig oder nicht rechtzeitig nachkommt.

57a Um die Besteuerung der in § 20 Abs. 1 Nr. 6 EStG bezeichneten **Lebensversicherungsverträge** gewährleisten zu können, erlegt § 45d Abs. 3 S. 1 den Vermittlern solcher Verträge eine Mitteilungspflicht auf. Ihre Verletzung kann nach § 50e **Abs. 1** EStG als Steuerordnungswidrigkeit geahndet werden.

57b Aufgrund der Ermächtigung in § 45e EStG wurde am 26.1.2004 die VO zur Umsetzung der RL 2003/48/EG des Rates vom 3.6.2003[1] im Bereich der Besteuerung von Zinserträgen (**Zinsinformationsverordnung – ZIV**)[2] erlassen. Die ZinsRL soll die effektive Besteuerung von Zinserträgen natürlicher Personen im Gebiet der EU sicherstellen. Dies wird dadurch angestrebt, dass über Zinszahlungen an wirtschaftliche Eigentümer in anderen Mitgliedstaaten der EU eine Auskunft an den Ansässigkeitsstaat gegeben wird. In Deutschland müssen derartige Zinszahlungen dem Bundeszentralamt für Steuern gemeldet werden, das die Informationen an den Ansässigkeitsstaat weiterleitet. Wer die Mittei-

---

1 ABl. EU Nr. L 157 v. 26.6.2003, 38.
2 BGBl. I 2004, 128 = BStBl. I 2004, 297.

lungspflichten nach der ZIV verletzt, erfüllt den Tatbestand einer Ordnungswidrigkeit gem. § 50e **Abs. 1** EStG.

Ordnungswidrig handelt gem. § 50e Abs. 1 EStG auch, wer einer Mitteilungspflicht nach den unmittelbar geltenden Verträgen mit den in **Art. 17 der Richtlinie 2003/48/EG** genannten Staaten und Gebieten nicht, nicht richtig, nicht vollständig oder nicht rechtzeitig nachkommt. Bei diesen Staaten handelt es sich um die Schweiz, Liechtenstein, San Marino, Monaco und Andorra. Die Erfüllung der Mitteilungspflichten soll der effektiven Zinsbesteuerung im Ansässigkeitsstaat des Anlegers dienen. 57c

§ 50e Abs. 2 EStG stuft die Verletzung von Meldepflichten bei **geringfügigen Beschäftigungsverhältnissen** von an sich vorliegenden Steuerhinterziehungen zu Steuerordnungswidrigkeiten herab. 57d

Leichtfertige Begehung reicht für die Erfüllung der Tatbestände aus. 58

Die Ordnungswidrigkeit kann mit einer **Geldbuße** bis zu 5 000 Euro geahndet werden. 59

Die Möglichkeit der Bußgeldbefreiung durch eine **Selbstanzeige** besteht *nicht*. 60

Mit einer Geldbuße bis zu 10 000 Euro kann gem. § 50f EStG belegt werden, wer vorsätzlich oder leichtfertig entgegen § 22a Abs. 1 S. 1 und 2 EStG Rentenbezugsmitteilungen nicht richtig, nicht vollständig oder nicht rechtzeitig übermittelt oder eine Mitteilung nicht, nicht richtig, nicht vollständig oder nicht rechtzeitig macht oder entgegen § 22a Abs. 2 S. 9 EStG die Identifikationsnummer für andere als die dort genannten Zwecke verwendet. Die Vorschrift richtet sich an Renten- und Pensionskassen, die der Deutsche Rentenversicherung Bund **Mitteilungen** zu machen haben. 60a

2. Umsatzsteuer

a) Bußgeld-Katalog

Soweit ein *Unternehmer* einen Umsatz an einen anderen Unternehmer für dessen Unternehmen oder an eine juristische Person ausführt, muss er nach § 14 Abs. 2 S. 1 Nr. 2 S. 2 UStG innerhalb von sechs Monaten nach Ausführung der Leistung eine *Rechnung ausstellen*. Bei steuerpflichtigen Werklieferungen oder sonstigen Leistung im Zusammenhang mit einem Grundstück nach § 14 Abs. 2 S. 1 Nr. 1 UStG hat dies stets, d.h. ohne Rücksicht auf eine etwaige Unternehmereigenschaft des Leistungsempfängers, zu erfolgen. Ordnungswidrig handelt nach **§ 26a Abs. 1 Nr. 1 UStG**, wer eine Rechnung nicht oder nicht rechtzeitig ausstellt. 61

In den Fällen der Rechnungsausstellung gem. § 14 Abs. 2 S. 1 Nr. 1 UStG hat der *Leistungsempfänger*, der nach steuerlichen Vorschriften sonst nicht zur Aufbewahrung der Rechnung verpflichtet wäre, die *Rechnung*, einen Zahlungsbeleg oder eine andere beweiskräftige Unterlage zwei Jahre *aufzuwahren* (§ 14b Abs. 1 S. 5 UStG). Tut er dies nicht, begeht er eine Ordnungswidrigkeit nach **§ 26a Abs. 1 Nr. 3 UStG**. 62

Nach § 14b Abs. 1 S. 1 mit S. 4 UStG hat der Unternehmer ein *Rechnungsdoppel* in Papierform oder auf elektronische Weise zehn Jahre lang *aufzubewahren*. 63

Ein Verstoß gegen diese Verpflichtung begründet nach **§ 26a Abs. 1 Nr. 2 UStG** eine Ordnungswidrigkeit.

64 § 18 Abs. 12 S. 3 UStG sieht für *grenzüberschreitende Personenbeförderungen* durch ausländische Unternehmer eine Anzeigepflicht vor. Bei erfolgter Anzeige erteilt das Finanzamt eine Bescheinigung. Nach **§ 26a Abs. 1 Nr. 4 UStG** handelt ordnungswidrig, wer diese Bescheinigung nicht oder nicht rechtzeitig vorlegt.

65 Nach § 18a Abs. 1 und 2 UStG hat ein Unternehmer, der innergemeinschaftliche Lieferungen und sonstige Leistungen im Gemeinschaftsgebiet ausgeführt hat, eine sog. *Zusammenfassende Meldung* abzugeben. Die darin enthaltenen Daten sollen die Kontrolle ermöglichen, ob der Leistungsempfänger im anderen Mitgliedstaat pflichtgemäß einen innergemeinschaftlichen Erwerb versteuert hat bzw. seinen Pflichten als Steuerschuldner nachgekommen ist. Gibt der Unternehmer die Zusammenfassende Meldung nicht, nicht richtig, nicht vollständig oder nicht rechtzeitig ab oder unterlässt er bei erkannter Unrichtigkeit eine rechtzeitige Korrektur, handelt er nach **§ 26a Abs. 1 Nr. 5 UStG** ordnungswidrig.

65a Zur Sicherung des Steueraufkommens müssen gem. § 18c UStG *innergemeinschaftliche Lieferungen neuer Fahrzeuge* dem Bundeszentralamt für Steuern gemeldet werden. Eine Ordnungswidrigkeit nach **§ 26a Abs. 1 Nr. 6 UStG** begeht, wer die Meldung nach der FzGLiefgMeldV nicht, nicht richtig, nicht vollständig oder nicht rechtzeitig abgibt.

66 Nach § 18d UStG kann das Finanzamt von Unternehmern die *Vorlage von Büchern, Aufzeichnungen, Geschäftspapieren und anderen Urkunden* zur Einsicht und Prüfung verlangen. Ordnungswidrig handelt gem. **§ 26a Abs. 1 Nr. 7 UStG**, wer die Unterlagen nicht, nicht vollständig oder nicht rechtzeitig vorlegt.

67 **Leichtfertige** Begehung reicht für die Erfüllung der genannten Tatbestände aus.

68 Die Ordnungswidrigkeit kann in den Fällen des § 26a Abs. 1 Nr. 3 UStG mit einer **Geldbuße** bis zu 500 Euro, in den übrigen Fällen mit einer Geldbuße bis zu 5 000 Euro geahndet werden.

69 Die Möglichkeit der Bußgeldbefreiung durch eine **Selbstanzeige** besteht *nicht*.

b) Schädigung des Umsatzsteueraufkommens

70 **§ 26b UStG** soll zur Bekämpfung des „Umsatzsteuerbetrugs" beitragen. Wer in einer Rechnung Umsatzsteuer ausweist – und damit die gem. § 15 Abs. 1 S. 1 Nr. 1 UStG unerlässliche Voraussetzung für den Vorsteuerabzug schafft – soll durch die Sanktion des § 26b UStG zur **pünktlichen Zahlung** der von ihm geschuldeten Umsatzsteuer angehalten werden. Ist die Steuer – wie regelmäßig – im Rahmen monatlicher oder vierteljährlicher Umsatzsteuervoranmeldungen zu entrichten, ist sie gem. § 18 Abs. 1 S. 3 UStG am 10. Tag nach Ablauf des Voranmeldungszeitraums fällig. Die in § 26b Abs. 1 UStG genannten weiteren Fälligkeitszeitpunkte gem. § 18 Abs. 4 S. 1 oder 2 UStG betreffen die Abschlusszahlung nach der Jahresanmeldung. Insoweit ist die Steuer einen Monat

nach Eingang der Jahresanmeldung bzw. nach Bekanntgabe eines abweichenden Steuerbescheides fällig.

Der Tatbestand ist nur **vorsätzlich** erfüllbar (§ 377 Abs. 2 AO i.V.m. § 46 Abs. 1 OWiG und § 15 StGB). 71

Die Ordnungswidrigkeit kann gem. § 26b Abs. 2 UStG mit einer **Geldbuße** bis zu 50 000 Euro geahndet werden. 72

Die Möglichkeit der Bußgeldbefreiung durch eine **Selbstanzeige** besteht *nicht*. 73

3. Erbschaftsteuer

Wer sich geschäftsmäßig mit der Verwahrung oder Verwaltung fremden Vermögens befasst, hat gem. § 33 Abs. 1 ErbStG diejenigen in seinem Gewahrsam befindlichen Vermögensgegenstände und diejenigen gegen ihn gerichteten Forderungen, die beim Tod des Erblassers zu dessen Vermögen gehörten oder über die dem Erblasser zur Zeit seines Todes die Verfügungsmacht zustand, dem für die Verwaltung der Erbschaftsteuer zuständigen Finanzamt mitzuteilen. Diese Pflicht betrifft insbesondere Banken und Versicherungen. Zuwiderhandlungen gegen diese Pflicht werden nach **§ 33 Abs. 4 ErbStG** als Steuerordnungswidrigkeit mit Geldbuße geahndet. 74

Da § 33 Abs. 4 ErbStG fahrlässiges Handeln nicht mit Geldbuße bedroht, ist der Tatbestand nur **vorsätzlich** erfüllbar (§ 10 OWiG). Hat der Anzeigepflichtige eine Pflichtenstellung gem. § 34 Abs. 3 AO, kann sein leichtfertiges Unterlassen zu einer leichtfertigen Steuerverkürzung gem. § 378 AO führen, ein vorsätzliches Unterlassen sogar zu einer Steuerhinterziehung nach § 370 Abs. 1 Nr. 2 AO. 75

Die **Geldbuße** kann von fünf bis 1 000 Euro betragen (§ 17 Abs. 1 OWiG). 76

4. Kapitel
Beschaffung

§ 47
Schutz fremden Vermögens
Bearbeiter: Ulrich Hebenstreit

	Rz.		Rz.
A. Struktur des Betrugstatbestandes	1	2. Schaden	51
		3. Einzelne Fallgruppen	60
B. Objektive Merkmale		C. Subjektive Merkmale	
I. Täuschungshandlung		I. Vorsatz	70
1. Objekt der Täuschung	10	II. Bereicherungsabsicht	
2. Arten der Täuschungshandlung	13	1. Absicht	74
a) Ausdrückliche Täuschung	15	2. Stoffgleichheit	76
b) Täuschung durch konkludentes Verhalten	17	3. Rechtswidriger Vermögensvorteil	79
c) Täuschung durch Unterlassen	21	D. Beendigung	85a
		E. Konkurrenzen, Strafzumessung	
II. Irrtum	31	I. Konkurrenzen	86
III. Vermögensverfügung	38	II. Strafzumessung	87
IV. Vermögensschaden	46		
1. Vermögen	47		

Schrifttum: (außer den einschlägigen Kommentaren und Lehrbüchern zu § 263 StGB): *Achenbach*, Zur aktuellen Lage des Wirtschaftsstrafrechts in Deutschland, GA 2004, 559; *Achenbach*, Wirtschaftskriminalität und Wirtschaftsstrafrecht, in FS Schwind, 2006, S. 177; *Albrecht*, Vorspiegeln von Bonität und Schadensbestimmung beim Betrug, NStZ 2014, 17; *Amelung*, Irrtum und Zweifel des Geschädigten beim Betrug, GA 1977, 1; *Bicker*, Corporate Compliance – Pflicht und Ermessen, ZWH 2013, 473; *Bublitz/Gehrmann*, Probleme des Betrugstatbestandes bei Nichtgeltendmachung von Forderungen, wistra 2004, 126; *Cramer*, Vermögensbegriff und Vermögensschaden im Strafrecht, 1968; *Eiden/Walter*, Zur konkludenten Täuschung bei unberechtigten Abmahnschreiben durch Rechtsanwälte, NStZ 2014, 287; *Fahl*, Vermögensschaden beim Betrug, JA 1995, 198; *Frisch*, Konkludentes Täuschen, in FS Jacobs, 2007, S. 97; *Frisch*, Grundfrage der Täuschung und des Irrtums bei Betrug, in FS Herzberg, 2008, S. 729; *D. Geerds*, Wirtschaftsstrafrecht und Vermögensschutz, 1990; *Haft*, Die Lehre vom bedingten Vorsatz unter besonderer Berücksichtigung des wirtschaftlichen Betrugs, ZStW 88 (1976), 365; *Hey/Regel*, Firmenbestatter – Strafrechtliche Würdigung eines neuen Phänomens, GmbHR 2000, 115; *Harbort*, Die Bedeutung der objektiven Zurechnung beim Betrug, 2010; *Hillenkamp*, Vorsatztat und Opfermitverantwortung, 1981; *Holzhauer*, Betrügerisches Ausnutzen von Unwissenheit oder Schwäche, ZIP 2010, 87; *Jordan*, Untreue und Betrug durch Zweckverfehlung, JR 2000, 133; *Kasiske*, Die konkludente Täuschung bei § 263 StGB zwischen Informationsrisiko und Informationsherrschaft, GA 2009, 360; *Kiessner*, Kreditbetrug § 265b StGB, 1985; *Kindhäuser*, Zur Vermögensverschiebung beim Betrug, in FS Dahs, 2005, S. 65; *Kindhäuser*, Konkludentes Täuschen, in FS Tiedemann, 2008, S. 579; *Kindhäuser*, Die konkludente Täuschung bei § 263, GA 2009, 360; *Kühl*, Umfang und Grenzen des strafrechtlichen Vermögensschutzes, JuS 1989, 505; *Kühne*, Geschäftstüchtigkeit oder Betrug, 1978; *Küper*, Der so genannte Erfüllungsbetrug, in FS Tiedemann, 2008, S. 617; *Krell*, Serienbetrugstaten als strafprozessuale Herausforderung – Zugleich zur analogen Anwendung von § 154a StPO, NStZ 2014, 686; *Lampe*, Der Kreditbetrug, 1980; *Lenckner*, Vermögensschaden und Vermögensgefährdung beim sog. Eingehungsbetrug, JZ 1971, 320; *Lessner*, Betrug als Wirtschaftsdelikt, 1984; *Nack*, Bedingter Vorsatz bei Gefährdungsschaden, ein doppelter Konjunktiv?, StraFo 2008, 277; *Otto*, Die Struktur des strafrechtlichen Vermögensschutzes, 1970; *Otto*, Bargeldloser Zahlungsverkehr und Strafrecht, 1978; *Otto*, Die strafrechtliche Bekämpfung unseriöser Geschäftstätigkeit, 1990; *Otto*, Vermögensgefährdung, Vermögensschaden und Vermögensminderung, Jura 1991, 494; *Perron*, Keine Unmittelbarkeit des Vermögensschadens, ausbleibender Gewinn als Nachteil: liegt der Untreue ein anderer Begriff des Vermögensschadens zugrunde als dem Betrug?, in FS Frisch, 2013, S. 857; *Rose*, Verkaufswerbung mit (unzutreffenden) Gewinnversprechen, wistra 2002, 370; *Schlösser*, Die Bedeutung des Gegenleistungsanspruchs beim Eingehungsbetrug wegen Zahlungsunfähigkeit, wistra 2010, 164; *Schlüchter*, Der Vermögensschaden i.S. des § 263 StGB aus wirtschaftlicher Sicht, MDR 1974, 617; *Schlüchter*, Der Grenzbereich zwischen Bankrottdelikten und unternehmerischen Fehlentscheidungen, 1977; *Schröder*, Grenzen des Vermögensschadens beim Betrug, NJW 1962, 721; *Thielmann*, Die Vorbereitung eines Erfüllungsbetrugs als vollendeter Eingehungsbetrug, StraFo 2010, 422; *Tiedemann*, Wirtschaftsbetrug, 1999; *Tiedemann*, Betrug und Korruption in der europäischen Rechtsangleichung, in FS Otto 2007, S. 1055; *Vergho*, Der Maßstab der Verbrauchererwartung im Verbraucherschutzstrafrecht, 2009; *Vergho*, Das Leitbild eines verständigen Durchschnittsverbrauchers und das Strafrecht, wistra 2010, 86.

A. Struktur des Betrugstatbestandes

1 **a) Das von § 263 StGB geschützte Rechtsgut** ist ausschließlich das Vermögen. So sagt der BGH[1]:

„Der Betrug ist kein bloßes Vergehen gegen die Wahrheit und das Vertrauen im Geschäftsverkehr, sondern eine Vermögensstraftat. Nicht die Täuschung an sich, sondern die vermögensschädigende Täuschung ist strafbar."

Das Vermögen wird unabhängig davon geschützt, ob es sich um privates, öffentliches, inländisches oder ausländisches Vermögen handelt[2]. **Verletzter** kann nur der Träger des angegriffenen Vermögens sein.

2 Das Wirtschaftsleben ist derart vielgestaltig, dass man auch nicht annähernd alle möglichen Fallgestaltungen der Täuschung voraussehen kann. Deshalb ist § 263 StGB so weit gefasst, dass er flexibel die ganze Bandbreite möglicher Täuschungen erfassen kann. Er deckt z.B. so unterschiedliche Bereiche ab wie Heiratsschwindel, Zechprellerei, Prozessbetrug, Wechsel- und Scheckreiterei usw. Sein Schutzzweck und sein weiter Anwendungsbereich machen ihn zur **zentralen Norm des Wirtschaftsstrafrechts**. Denn: Es geht um den Schutz des Vermögens gegen einen spezifischen Angriff, die *Täuschung*.

3 Die zentrale Stellung des § 263 StGB bei der Bekämpfung der Wirtschaftskriminalität weist auch die Polizeiliche **Kriminalstatistik** aus. 2013 wurden ins-

---

1 BGH v. 28.6.1961 – 2 StR 83/61, BGHSt 16, 200; BGH v. 1.9.1994 – 1 StR 468/94, StV 1995, 254; BGH v. 26.10.1998 – 5 StR 746/97, StV 2000, 476.
2 Vgl. *Satzger* in S/S/W, § 263 StGB Rz. 7.

gesamt 71 663 Fälle von Wirtschaftskriminalität registriert[1]. Mehr als die Hälfte davon, insgesamt 38 357 Fälle (53,5 %), entfielen allein auf den Betrug[2].

Seine Stärke, die **weite Fassung des Tatbestands**, ist gleichzeitig auch seine Schwäche. Die Grenze zwischen *strafbarem Betrug* und *nicht strafbarer Geschäftstüchtigkeit* ist nicht so eindeutig, wie dies wünschenswert wäre. Man denke nur an großsprecherische Werbeaussagen. Das Strafrecht muss aber berechenbar sein, seine Vorschriften müssen eindeutig bestimmt sein (§ 1 StGB und Art. 103 Abs. 2 GG). Der Laie wird deshalb mit dem Wortlaut der Vorschrift nur sehr wenig anfangen können. Umso größeres Gewicht kommt deshalb *Rechtsprechung* und Lehre zu, die die einzelnen Merkmale konkretisiert und Fallgruppen gebildet haben.

b) Der **äußere Tatbestand** setzt voraus, dass jemand das Vermögen eines anderen dadurch beschädigt, dass er durch Vorspiegelung falscher oder durch Entstellung oder Unterdrückung wahrer Tatsachen einen Irrtum erregt oder unterhält. Das Gesetz nennt nur die Merkmale der Täuschungshandlung, des Irrtums und des Vermögensschadens. Das vierte Merkmal, die Vermögensverfügung, bleibt „ungeschrieben". Der Betrugstatbestand hat also *vier objektive Merkmale*, wobei jedes die Ursache des nächstfolgenden ist. Hinzu kommen *zwei subjektive Merkmale* und eine doppelte Bewertung bei der Rechtswidrigkeit.

Die **Struktur** des Betrugstatbestands sieht so aus:

(1) **Objektive** Merkmale:
  (a) Täuschungshandlung
  (b) *Irrtum* des Verfügenden
  (c) Vermögens*verfügung*
  (d) Vermögensschaden
(2) **Subjektive** Merkmale:
  (a) Der Täter muss den *Vorsatz* hinsichtlich aller objektiven Merkmale haben.
  (b) Er muss die *Absicht* haben, für sich oder einen Dritten einen Vermögensvorteil zu erlangen.
(3) Doppelte Bewertung bei der **Rechtswidrigkeit**
  (a) Der erstrebte *Vermögensvorteil* muss rechtswidrig sein.
  (b) Die Tat muss *insgesamt rechtswidrig* sein.

c) Nachfolgend werden die einzelnen Tatbestandsmerkmale näher vorgestellt und die allgemeinen Fragen des Betrugs abgehandelt. Wegen der Fülle der Probleme muss weitgehend auf die Kommentarliteratur zu § 263 StGB verwiesen werden, besonders auf die Kommentierung von *Tiedemann* im Leipziger Kommentar, von *Cramer/Perron* im Kommentar von Schönke/Schröder und von *Satzger* in Satzger/Schmitt/Widmaier. Vertiefende Darstellungen insbesondere zur Täuschungshandlung, zum Vermögensschaden und zum Vorsatz bei wichtigen Fallgruppen der Wirtschaftskriminalität finden sich: Warenkredit- oder

---

1 Bundeskriminalamt, Polizeiliche Kriminalstatistik 2013, S. 4.
2 Bundeskriminalamt, Polizeiliche Kriminalstatistik 2013, S. 81.

Lieferantenbetrug unten in § 48 und in der Krise unten in § 86; Scheck- und Wechselbetrug unten in § 49, Kreditbetrug unten in § 50 sowie Betrügerische Verkaufsmethoden unten in § 59.

8 Hinzuweisen ist auch darauf, dass der Gesetzgeber wegen der mit dem Betrugsnachweis verbundenen Schwierigkeiten Handlungen im **Vorfeld des Betrugs** unter Strafe gestellt hat:

- Subventionsbetrug § 264 StGB (§ 52 Rz. 10);
- Versicherungsmissbrauch § 265 StGB (§ 50 Rz. 201; kommt es zur Vortäuschung des Versicherungsfalls, dann handelt es sich i.d.R. um einen besonders schweren Fall des Betrugs – § 263 Abs. 3 Nr. 5 StGB; der Versicherungsmissbrauch tritt dann zurück: § 265 Abs. 1 a.E. StGB);
- Kreditbetrug § 265b StGB (§ 50 Rz. 150);
- Ausschreibungsbetrug § 298 StGB (§ 58 Rz. 1 ff.).

9 **d)** Zum besseren Verständnis zunächst ein einfaches Beispiel[1]:

Beispiel: Ein Kunde kauft bei einem Gebrauchtwagenhändler einen gebrauchten Pkw. Der Händler hat die Anzahl der gefahrenen km auf dem km-Zähler von 100 000 km auf 30 000 km nach unten frisiert, um den für ein Auto mit 100 000 km Laufleistung wegen für den Käufer verminderter Brauchbarkeit überhöhten Kaufpreis von 12 000 Euro zu erhalten. Der Kunde fragt: „Stimmt die km-Anzeige?" Dies bejaht der Händler. Der Kunde ist darauf mit dem geforderten Kaufpreis einverstanden und bezahlt.

Damit hat sich der Händler eines Betrugs zum Nachteil des Kunden schuldig gemacht: *Täuschung*shandlung ist die ausdrückliche Zusicherung des km-Standes. Infolgedessen hat sich der Kunde geirrt und dieser *Irrtum* hat ihn zur *Vermögensverfügung*, nämlich der Zahlung des Kaufpreises veranlasst. Der *Vermögensschaden* beim Kunden besteht darin, dass das Auto, welches er als Gegenleistung für seinen Kaufpreis erhalten hat, den Kaufpreis nicht wert ist. Der Händler hat *vorsätzlich* gehandelt, denn ihm war dies alles bewusst, er wollte es auch. Die Frisierung und die falsche Zusicherung hat er in der *Absicht* vorgenommen, den zu hohen Kaufpreis zu bekommen. Auf einen solchermaßen erlangten Vermögensvorteil hat er nach unserer Rechtsordnung keinen Anspruch, dieser ist also *rechtswidrig*, ebenso wie die Tat insgesamt.

B. Objektive Merkmale

I. Täuschungshandlung

1. Objekt der Täuschung

10 Beim Betrug kann nur über **Tatsachen** getäuscht werden. Tatsache ist etwas Geschehenes oder Bestehendes, das zur Erscheinung gelangt und in die Wirklichkeit getreten und daher dem *Beweis zugänglich* ist[2]. Tatsachen sind daher

---

1 Zum Schädigungsvorsatz bei der Täuschung über den wahren Kilometerstand verkaufter Gebrauchtwagen s. BGH v. 9.6.1988 – 1 StR 171/88, wistra 1988, 348; BGH v. 26.11.2003 – 2 StR 302/03, wistra 2004, 145; OLG Hamm v. 2.6.1992 – 3 Ss 203/92, NStZ 1992, 593; OLG Düsseldorf v. 10.1.1995 – 5 Ss 443/94 – 145/94 I, StV 1995, 591.
2 BGH v. 30.4.1987 – 4 StR 79/87, wistra 1987, 255; BGH v. 1.4.1992 – 2 StR 614/91, wistra 1992, 255; BGH v. 26.8.2003 – 5 StR 145/03, NStZ 2004, 218.

nur konkrete Geschehnisse oder Zustände[1] der Vergangenheit oder Gegenwart. Als Tatsache in diesem Sinne ist aber nicht nur das tatsächlich, sondern auch das angeblich Geschehene oder Bestehende anzusehen, sofern ihm das Merkmal der objektiven Bestimmtheit und Gewissheit eigen ist[2]. Eine Täuschungshandlung ist auch nicht deshalb ausgeschlossen, weil sich der Täter hierzu – isoliert betrachtet – wahrer Tatsachenbehauptungen bedient (wahre Tatsache als Fassade – Zusenden einer *Scheinrechnung*). Ein Verhalten wird in diesen Fällen zur tatbestandlichen Täuschung dann, wenn der Täter die Eignung der – inhaltlich richtigen – Erklärung, einen Irrtum hervorzurufen, planmäßig einsetzt und damit unter dem Anschein „äußerlich verkehrsgerechten Verhaltens" gezielt die Schädigung des Adressaten verfolgt, wenn also die Irrtumserregung nicht die bloße Folge, sondern der Zweck der Handlung ist[3]. Der BGH[4] formulierte zusammenfassend wie folgt:

„Eine Täuschungshandlung besteht nach dem Wortlaut des Gesetzes in der Vorspiegelung falscher oder in der Entstellung oder Unterdrückung wahrer Tatsachen. Als Tatsache in diesem Sinne ist nicht nur das tatsächlich, sondern auch das angeblich Geschehene oder Bestehende anzusehen, sofern ihm das Merkmal der objektiven Bestimmtheit und Gewissheit eigen ist. Dabei kann die Täuschung außer durch bewusst unwahre Behauptungen auch konkludent erfolgen, wenn dem irreführenden Verhalten nach der Verkehrsanschauung ein gewisser Erklärungswert beizumessen ist (BGHR StGB § 263 Abs. 1 Täuschung 20). Dagegen sind bloße Werturteile, seien es Rechtsauffassungen, Meinungsäußerungen oder reklamehafte Anpreisungen grundsätzlich keine Tatsachen im Sinne des § 263 StGB. Etwas anderes gilt allerdings dann, wenn sie zugleich einen Tatsachenkern enthalten [...]. Dies ist auf der Grundlage der Gesamtumstände zu ermitteln."

Tatsachen sind z.B. die Behauptung eines Rechts, soweit sie zugleich konkludent eine Tatsachenbehauptung enthält[5], die für die Entscheidung des Käufers wesentliche Qualität, Eigenschaft[6] oder Herkunft einer Ware[7], der Vermögensstand[8], die Zahlungs- und Kreditfähigkeit[9], die Angaben eines Immobilienmaklers über die Finanzierungskosten, die monatlich zu leistenden Zahlungen und andere mit dem Kaufobjekt zusammenhängende tatsächliche Umstände wie Mieteinnahmen und Steuervorteile[10]. Auch im Verschweigen hoher Innenprovisionen in einer Größenordnung von 20–25 % der Kaufpreissumme liegt eine

---

1 Zur Frage, inwieweit unzutreffende Füllmengen einen Betrug erfüllen können, s. KG v. 23.10.1987 – 2 Ss 255/87 - 5 Ws (B) 333/87, GewA 1988, 30.
2 BGH v. 26.4.2001 – 4 StR 439/00, BGHSt 47, 1.
3 BGH v. 19.7.2001 – 4 StR 457/00, wistra 2001, 386 (Verfassungsbeschwerde: BVerfG v. 4.11.2001 – 2 BvR 1619/01); s. auch BGH v. 26.4.2001 – 4 StR 439/00, BGHSt 47, 1; BGH v. 4.12.2003 – 5 StR 308/03, wistra 2004, 103.
4 BGH v. 26.8.2003 – 5 StR 145/03, BGHSt 48, 331 (344).
5 BGH v. 8.11.2000 – 5 StR 433/00 – Behauptung eines Anspruchs, BGHSt 46, 196.
6 Zum Verkauf von Weinen mit dem Prädikat „Spätlese" s. BGH v. 10.6.1987 – 2 StR 155/87, NJW 1988, 150 und BGH v. 30.11.1988 – 2 StR 375/88, BGHR StGB § 263 Abs. 1 Vermögensschaden 15; s. auch BGH v. 21.6.1995 – 2 StR 758/94, NStZ 1995, 605 m.w.Nw.
7 BGH v. 16.6.1989 – 2 StR 252/89, MDR 1989, 1052 m.w.Nw.; s. auch BGH v. 21.6.1995 – 2 StR 758/94, NStZ 1995, 605.
8 RGSt. 3, 332; BGH v. 8.3.2001 – 1 StR 28/01, StV 2002, 132.
9 BGH v. 15.6.1954 – 1 StR 526/53, BGHSt 6, 198.
10 BGH v. 8.10.2014 – 1 StR 359/13, Rz. 22.

tatbestandsmäßige Täuschung über einen im Vergleich zum Kaufpreis wertmindernden Faktor. Der BGH lässt dies aber ausdrücklich noch offen[1]. *Zukünftige Ereignisse*, also z.B. die Bezahlung einer Rechnung in 30 Tagen, sind demnach keine Tatsachen. Nach ganz h.M. sind damit aber nicht nur Erscheinungen in der Außenwelt (äußere Tatsachen) gemeint, auch psychische Vorgänge und Zustände (*innere Tatsachen*) können darunter fallen.

11a Eine **innere Tatsache** ist z.B. die Manipulationsabsicht bei einer Wette[2] oder – in Fortführung des vorgenannten Beispiels – der *heutige Wille*, in 30 Tagen bezahlen zu wollen. Dazu sagt der BGH[3]:

„Auch über innere Tatsachen, wie die Zahlungs- und Erfüllungswilligkeit, kann getäuscht werden. Erfüllungswilligkeit wird in der Regel bei Abschluss von Verträgen stillschweigend erklärt. Im Geschäftsverkehr ist nämlich anerkannt, dass derjenige, der eine vertragliche Verpflichtung übernimmt (sofern sich aus den Umständen nichts anderes ergibt), nach der Verkehrsauffassung die (stillschweigende) Erklärung abgibt, er sei zur Erfüllung seiner vertraglichen Pflichten willens und nach seiner Einschätzung auch in der Lage. So erklärt der Besteller bei einem Werkvertrag (stillschweigend) nicht nur, er sei willens, die vertraglichen Hauptpflichten zu erfüllen, nämlich den vereinbarten Werklohn bei Fälligkeit, d.h. bei Abnahme des Werkes zu erbringen und die Abnahme nicht ohne Grund zu verweigern, sondern sichert darüber hinaus auch die Einhaltung seiner weiteren vertraglichen Pflichten zu. Für den Fall der mangelhaften Herstellung des Werkes erklärt der Besteller danach stillschweigend, selbst vertragstreu sein zu wollen, d.h. bei Fehlschlagen des Herstellungsversuchs und deshalb verweigerter Abnahme trotzdem weiterhin an einer mangelfreien Herstellung des Werkes interessiert zu sein und das Recht und die Pflicht des Unternehmers zur Neuherstellung oder Nachbesserung nicht zu behindern oder anderenfalls das Werk unter Vorbehalt etwaiger Mängelrechte abzunehmen (§ 640 Abs. 2 BGB) bzw. von seinem Kündigungsrecht Gebrauch zu machen. Durch schlüssiges Verhalten täuscht daher auch, wer schon bei Eingehung der Verbindlichkeit die Verletzung seiner Nebenpflichten beabsichtigt."

12 *Keine Tatsachen* sind **Werturteile** („gutbürgerliche Küche"). Die Grenze zwischen Werturteil und Tatsache ist allerdings fließend, vor allem, wenn man an übertreibende Anpreisungen und marktschreierische *Reklame* denkt[4]. Das entscheidende Abgrenzungskriterium ist, ob die Äußerung einen *objektivierbaren Tatsachenkern* enthält[5]. Objektivierbar heißt, dass der Tatsachenkern einer gerichtlichen Beweisführung zugänglich ist. Zu der Anpreisung von Waren, „die sich von selbst verkaufen und eine Marktlücke darstellen", sagt der BGH[6]:

„Darin lag keine Täuschungshandlung. Denn diese Erklärungen enthielten keine Tatsachenbehauptungen, sondern lediglich Meinungsäußerungen werbenden, reklamehaften Charakters, die sich in der Prognose einer künftigen, geschäftlichen Entwicklung erschöpften. Auch wurde den abzusetzenden Artikeln keine besondere Eigenschaft zugesprochen, die sie in Wirklichkeit nicht besaßen. Es handelte sich um Genussmittel und Bedarfsgegenstände, wie sie am Markt in vielen Variationen angeboten werden. Darüber wurden die Händler nicht getäuscht und konnten auch nicht getäuscht werden. Darin

---

1 BGH v. 8.10.2014 – 1 StR 359/13, Rz. 27.
2 BGH v. 15.12.2006 – 5 StR 181/06, BGHSt 51, 16, Rz. 27; BGH v. 20.12.2012 – 4 StR 55/12, NJW 2013, 883, Rz. 19.
3 BGH v. 7.11.1991 – 4 StR 252/91, MDR 1992, 280 = NStZ 1992, 140.
4 *Tiedemann* in LK, § 263 StGB Rz. 15; zur Vortäuschung werterhöhender Umstände s. BGH v. 9.6.1988 – 1 StR 171/88, wistra 1988, 348.
5 BGH v. 26.8.2003 – 5 StR 145/03, NStZ 2004, 218.
6 BGH v. 1.4.1992 – 2 StR 614/91, wistra 1992, 255.

unterscheidet sich der hier zu beurteilende Sachverhalt wesentlich von dem Fall, in dem das zu vertreibende Produkt wegen angeblich besonderer Eigenschaften der Wahrheit zuwider als ‚konkurrenzlos' bezeichnet worden war."

Wenn jemand jedoch Ergebnisse bloßer Schlussfolgerungen oder Annahmen nicht nur als Fürwahrhalten oder als eigene Auffassung wiedergibt, sondern als **etwas objektiv Feststehendes** hinstellt, liegt indes – anders als bei dem zuvor erwähnten Fall – eine *Täuschung über Tatsachen* vor[1], etwa eine Ware sei „gut, gangbar und restlos verkaufsfähig", ein Geschäft „gehe gut", eine Anlage sei sicher[2], der Schuldner oder eine Hypothek „sei sicher"[3]. Eine zur Täuschung geeignete Tatsachenbehauptung liegt auch vor beim Angebot einer sicheren, kostengünstigen und langfristig hochrentablen Geldanlage, zumal unter der Bezeichnung „Sachwert-Plus" im Emissionsprospekt. Die Bezeichnung „Rentenvermögensplan" suggeriert eine besondere Eignung zur Altersvorsorge[4]. Bei der Verwendung der Begriffe „sicher" oder „risikolos" kommt es nach der Rechtsprechung des BGH auf den Kontext an: 12a

„Sind [...] die potentiellen Anleger über die wesentlichen betriebswirtschaftlichen Rahmendaten in Kenntnis gesetzt worden, dann kann eine allgemein gehaltene Bemerkung, wie ‚sicher' oder ‚risikolos' nur als pauschale Anpreisung verstanden werden. Fehlen dagegen wirtschaftlich konkrete Informationen, kann der gleichen Aussage ein tatsächlicher Hintergrund zukommen. Die nicht näher mit Tatsachenmaterial unterfütterte Bezeichnung als ‚sicher' oder ‚risikolos' legt dann nämlich nahe, dass ein Maß an Forderungsabsicherung vorhanden ist, welches im Verkehr üblicherweise als sicher verstanden wird, wobei insoweit die mündelsicheren Anlagen (§§ 1806 ff. BGB) und der dort vorgesehene Sicherheitsstandard einen Anhalt bieten könnten."[5]

Eine bloße **Anlageempfehlung** enthält keinen i.S. von § 263 StBG relevanten Tatsachenkern, auch wenn diese mit dem Ziel erteilt wird, Marktteilnehmer zu entsprechenden Geschäften zu veranlassen, die zu einer Preisbeeinflussung führen, und der Empfehlende hieraus wirtschaftlichen Nutzen ziehen möchte, nachdem er zuvor entsprechende Positionen eingegangen ist (*Scalping*). Allerdings stellt diese Markttäuschung eine nach dem WpHG strafbare Marktmanipulation dar[6]. 12b

Bei einer Äußerung zu zukünftigen Entwicklungen, mithin einer Prognose, hängt die Frage, ob diese tauglicher Täuschungsgegenstand i.S. von § 263 StGB ist, davon ab, ob die Behauptung über konkrete gegenwärtige oder vergangene Verhältnisse, Zustände oder Geschehnisse enthält oder nicht. In einer Prognose kann daher trotz ihres Zukunftsbezugs bzw. des mit ihr verbundenen Werturteils eine Täuschung über Tatsachen liegen. Das ist etwa dann der Fall, wenn der Täter seine eigene Überzeugung vom Eintritt dieser Prognose vorspiegelt; denn dann täuscht er über eine gegenwärtige innere Tatsache. Gleiches gilt, 12c

---

1 Weitere Einzelheiten bei *Tiedemann* in LK, § 263 StGB Rz. 14.
2 BGH v. 26.8.2003 – 5 StR 145/03, NStZ 2004, 218.
3 Zum Wertgutachten eines Sachverständigen s. BGH v. 18.4.1996 – 1 StR 14/96, BGHSt 42, 135.
4 Vgl. zu beidem BGH v. 7.3.2006 – 1 StR 385/05, NStZ-RR 2006, 206, Rz. 15.
5 BGH v. 26.8.2003 – 5 StR 145/03, BGHSt 48, 331 (345).
6 BGH v. 6.11.2003 – 1 StR 24/03, BGHSt 48, 373.

wenn die Prognose eine hinreichend bestimmte Behauptung über gegenwärtige tatsächliche Bedingungen ihres Eintritts enthält[1].

12d Das **EU-Recht** stellt bei der Bewertung von Werbeaussagen mit Tatsachenkern auf die „Opfermitverantwortung" und die Sicht eines „verständigen Verbrauchers" ab (vgl. hierzu § 50 Rz. 120 und § 59 Rz. 5b). Zu Recht verweist *Vergho* aber darauf, dass der „dumme" Verbraucher dadurch hinsichtlich des Vermögensstrafrechts nicht schutzlos gestellt werden darf[2].

2. Arten der Täuschungshandlung

13 § 263 nennt drei Begehungsformen:

- das *Vorspiegeln* falscher Tatsachen,
- die *Entstellung* wahrer Tatsachen und
- die *Unterdrückung* wahrer Tatsachen.

14 Die *Grenzen* zwischen diesen Täuschungsmodalitäten sind fließend, ihre genaue Abgrenzung spielt in der Praxis *keine Rolle*. **Wichtig** ist hingegen die **Unterscheidung** unter folgenden Gesichtspunkten:

- das ausdrückliche Vorspiegeln,
- das Vorspiegeln durch schlüssiges (konkludentes) Verhalten und
- das Unterlassen gebotener Aufklärung.

Auch hier sind die Übergänge unscharf. Zwischen den einzelnen Begehungsformen besteht ein Stufenverhältnis, d.h. zuerst wird das ausdrückliche Vorspiegeln geprüft, sodann das konkludente Verhalten und erst zuletzt das Unterlassen.

a) Ausdrückliche Täuschung

15 Die Form, in der diese Täuschung durch **positives Tun** erfolgt, ist gleichgültig. Sie kann expressis verbis, aber auch z.B. durch Gesten wie durch Kopfnicken erfolgen. Das Verhalten muss aber auf die Vorstellung eines anderen einwirken oder die Veränderung der Vorstellung des anderen verhindern wollen[3]. Die bloße *Veränderung von Tatsachen* reicht daher nicht aus, weshalb der blinde Passagier, der keine Person täuscht, keinen Betrug begeht.

16 Der Streit, ob erforderlich ist, dass die Einwirkung auf die Vorstellung des anderen durch eine **Erklärung** erfolgt[4], braucht hier nicht weiter zu interessieren, da dies bei der Wirtschaftskriminalität kaum einmal strittig ist. Expressis verbis

---

1 BGH v. 8.10.2014 – 1 StR 359/13, Rz. 21.
2 *Vergho*, Das Leitbild eines verständigen Durchschnittsverbrauchers und das StrafR, wistra 2010, 86 (91). Die ausufernde Pönalisierung jeglicher Irreführung im Wettbewerbs-, Lebensmittel-, und ArzneimittelstrafR, soweit allein die Dispositionsfreiheit geschützt werden soll, hält er dagegen zu Recht für überdenkenswert, ebenda S. 92.
3 *Tiedemann* in LK, § 263 StGB Rz. 23.
4 Vgl. *Tiedemann* in LK, § 263 StGB Rz. 23; vgl. auch BGH v. 26.4.2001 – 4 StR 439/00, BGHSt 47, 1; BGH v. 4.12.2003 – 5 StR 308/03, wistra 2004, 103.

täuscht im Eingangsbeispiel der Händler auch dann, wenn es im schriftlichen Kaufvertrag geheißen hätte: „Mündliche Nebenabreden sind unbeachtlich."

b) Täuschung durch konkludentes Verhalten

Vorspiegeln durch schlüssiges (konkludentes) Verhalten ist ein *auf Irreführung gerichtetes Gesamtverhalten*, das nach der **Verkehrsanschauung** als stillschweigende Erklärung über eine Tatsache zu verstehen ist:

„Dabei ist in Rechtsprechung und Literatur allgemein anerkannt, dass außer der ausdrücklichen Begehung, namentlich durch bewusst unwahre Behauptungen, die Täuschung auch konkludent erfolgen kann, nämlich durch irreführendes Verhalten, das nach der Verkehrsanschauung als stillschweigende Erklärung zu verstehen ist. Davon ist auszugehen, wenn der Täter die Unwahrheit zwar nicht expressis verbis zum Ausdruck bringt, sie aber nach der Verkehrsanschauung durch sein Verhalten miterklärt[1]." Wer Sportwetten anbietet, erklärt damit konkludent, dass der Verlauf oder der Ausgang der gewetteten Spiele nicht beeinflusst wird.[2]

Den aktuellen Meinungsstand stellen *Eiden/Walter* dar[3]: Es bestünden Zweifel, ob es überhaupt ein einheitliches dogmatisch befriedigendes Prinzip der konkludenten Täuschung gibt. Zentral sei immer der Begriff „Verkehrsanschauung". Es komme nämlich nach der Informationsherrschaft auf die Abgrenzung der „Informationsherrschaftssphären" an. Nur dort, wo die Informationsherrschaft beim Täter liegt und das Opfer keine Informationsobliegenheit verletzt hat, ist eine konkludente Täuschung zu bejahen. Ebenso nennt *Kasiske*[4] als entscheidende Punkte, die es erlauben, die Verkehrsanschauung dessen, was im Verkehr erwartet werden darf, im Hinblick auf den strafrechtlichen Täuschungsbegriff zu konkretisieren: Eine konkludente Täuschung kommt nur dort in Betracht, wo der Täter die *alleinige Informationsherrschaft* bezüglich einer für die Grundlage des Geschäfts maßgeblichen Tatsache innehat und das Opfer im Hinblick darauf keine *Informationsobliegenheit* trifft – also nicht nachfragen muss. Eine klare **Grenzziehung** zwischen ausdrücklicher oder konkludenter Täuschung ist *nicht möglich* und auch nicht erforderlich, da es sich immer um eine Täuschung durch aktives Tun handelt – ein auf Irreführung gerichtetes Gesamtgeschehen[5].

Der **Erklärungswert** hängt also von der Verkehrsauffassung ab und diese wird maßgeblich vom Empfängerhorizont her bestimmt. So wird z.B. bei der Zechprellerei der Bestellung des Gastes die konkludente Erklärung zugeschrieben,

---

1 BGH v. 26.4.2001 – 4 StR 439/00, BGHSt 47, 1; s. auch BGH v. 11.6.2001 – 1 StR 576/00 – Ausschreibung, BGHSt 47, 83; BGH v. 4.12.2003 – 5 StR 308/03, wistra 2004, 103.
2 BGH v. 20.12.2012 – 4 StR 55/12, NJW 2013, 883, Rz. 19.
3 *Eiden/Walter*, Zur konkludenten Täuschung bei unberechtigten Abmahnschreiben durch Rechtsanwälte, NStZ 2014, 287 (298 [299]).
4 *Kasiske*, Die konkludente Täuschung bei § 263 StGB zwischen Informationsrisiko und Informationsherrschaft, GA 2009, 360 (367).
5 Vgl. *Satzger* in S/S/W, § 263 StGB Rz. 36, Einzelfälle konkludenter Täuschung Rz. 44.

dass er sofort bezahlen wird[1]. Im Verschweigen der Manipulation einer Wette liegt eine Täuschung durch schlüssiges Handeln[2]. Dem Rechnungsschreiben einer Anstalt des öffentlichen Rechts ist die konkludent miterklärte Aussage zu entnehmen, dass die Tarifberechnung entsprechend der geltenden Rechtsvorschriften erfolgte[3]; entsprechend bei Abrechnung nach einer Gebührenordnung[4].

„Mit der Übersendung der Rechnung an die gesetzlichen Krankenkassen oder deren Rechenzentren hat der Angeklagte einen sozialrechtlichen Erstattungsanspruch konkludent behauptet (zur parallelen Situation beim Arztabrechnungsbetrug vgl. BGH, Urteil vom 10.3.1993 – 3 StR 461/92, NStZ 1993, 388) bzw. durch den Verkauf an die privat versicherten Patienten einen entsprechenden, tatsächlich nicht existenten Kaufpreisanspruchs geltend gemacht (vgl. zuletzt – zum Arztbetrug – BGH, Beschluss vom 25.1.2012 – 1 StR 45/11 mwN)"[5].

Über die innere Tatsache, sich nicht vertragstreu verhalten zu wollen, ist eine konkludente Täuschung möglich[6].

18 Bei Geschäften mit **spekulativem Einschlag** muss und darf die Risikoverteilung mit berücksichtigt werden[7]. So erklärt z.B. der Verkäufer von Aktien nicht, dass diese nach seiner Überzeugung steigen werden[8]. Deshalb darf er auch seine bessere Information oder überlegene Sachkenntnis zu seinem Vorteil ausnutzen[9]. Jeden Partner trifft danach ein *Orientierungsrisiko*. Etwas anderes kann dann gelten, wenn eine Vertragspartei eine *Beratungspflicht* trifft, etwa weil die andere Seite gerade wegen dessen überlegener Sachkunde kontrahiert.

19 Der praktische wichtigste Fall der Täuschung durch konkludentes Verhalten ist die Eingehung einer **vertraglichen Verpflichtung** (eingehend dazu § 48 Rz. 3 ff.). Die Verkehrsauffassung versteht dies dahin, dass der Schuldner stillschweigend erklärt, dass er zur Erfüllung des Vertrages willens und nach seinem eigenen Urteil in der Lage sei[10]. Hingegen kann man keine Täuschung darin sehen, dass der Schuldner die vertraglich vereinbarte *Leistung entgegennimmt*, obwohl er inzwischen zahlungsunfähig geworden ist[11]. Auch kann in der bloßen Entgegennahme einer Leistung nicht die schlüssige Erklärung gesehen werden, dass sie vom anderen geschuldet sei, denn es gehört grundsätzlich

---

1 OLG Hamburg v. 5.9.1968 – 2 Ss 87/68, NJW 1969, 335; vgl. auch BGH v. 11.12.1991 – 5 StR 626/91, NStZ 1992, 178.
2 BGH v. 15.12.2006 – 5 StR 181/06, BGHSt 51, 165, Rz. 17.
3 BGH v. 17.7.2009 – 5 StR 394/08, BGHSt 54, 44, Rz. 16 ff.
4 BGH v. 2.2.2010 – 4 StR 345/09, Rz. 16.
5 BGH v. 4.9.2012 – 1 StR 534/11, BGHSt 57, 312, Rz. 46.
6 BGH v. 14.8.2009 – 3 StR 552/08, BGHSt 54, 69, Rz. 150.
7 Vgl. BGH v. 20.9.1999 – 5 StR 729/98, NStZ 2000, 34 und BGH v. 14.7.1999 – 3 StR 66/99 – Warentermingeschäfte, NStZ 2000, 36.
8 *Cramer/Perron* in S/S, § 263 StGB Rz. 17c.
9 *Tiedemann* in LK, § 263 StGB Rz. 35.
10 St. Rspr., z.B. BGH v. 3.6.1960 – 4 StR 121/60, BGHSt 15, 24; s. auch BGH v. 10.6.1987 – 2 StR 217/87, wistra 1988, 25; BGH v. 19.12.1984 – 2 StR 474/84, StV 1985, 188.
11 *Cramer/Perron* in S/S, § 263 StGB Rz. 17a; BGH v. 24.3.1987 – 4 StR 73/87, wistra 1987, 213; BGH v. 22.3.1988 – 1 StR 106/88, wistra 1988, 262; BGH v. 16.11.1993 – 4 StR 648/93, BGHSt 39, 392.

in den Risikobereich des Leistenden, dass die Schuld nicht besteht und die Leistung den Anspruch nicht übersteigt[1].

Wer eine Ware zu einem bestimmten **Preis** anbietet, erklärt nicht schon damit schlüssig dessen *Angemessenheit* oder *Üblichkeit*[2]. Täuschung kommt nach ständiger Rechtsprechung nur dort in Betracht, wo der Wert der Ware tax- oder listenmäßig festgelegt ist und der Käufer nach allgemeinen Marktgepflogenheiten davon ausgehen darf, dass der Verkäufer nur den Listen-, Tax- oder handelsüblichen Preis verlangt[3]. 20

Mit der Einreichung eines Subventionsantrags gibt der Antragsteller zugleich die Erklärung ab, dass die geltend gemachten Kosten tatsächlich entstanden sind und keine verdeckten Zahlungsrückflüsse oder sonstige nicht näher angegebene Provisionen enthalten[4]. 20a

c) Täuschung durch Unterlassen

Auch durch **Unterlassen** kann nach h.M. getäuscht werden[5]. Hier sind die rechtlichen Anforderungen allerdings höher als beim positiven Tun und beim schlüssigen Handeln. Zum Täuschen durch Unterlassen gelangt man erst, wenn die beiden anderen Handlungsformen nicht in Betracht kommen. 21

Die Frage nach dem Unterlassen stellt sich oft dann, wenn ein Vertragspartner ihm günstige **Umstände verschweigt**[6]. Ein solches Verschweigen darf nur *ausnahmsweise* den Staatsanwalt auf den Plan rufen. Unser Schuldrecht beruht auf dem Gedanken, dass bei einem Güter- oder Leistungsaustausch jede Seite eine faire Chance haben soll, einen Vorteil zu erringen. Die unterschiedlichen Talente, Kenntnisse und Fähigkeiten der am Wirtschaftsleben teilnehmenden Personen ermöglichen es, dass bei einem solchen Austausch beide Seiten auch tatsächlich einen Vorteil erlangen können[7]. Oben wurde bereits ausgeführt, dass grundsätzlich jede Seite ihr *Orientierungsrisiko* selbst tragen muss. Dennoch: Die Grenzen zwischen dem cleveren Geschäftsmann, der den richtigen „Riecher" hat und seinen Informationsvorsprung ausnutzt, und dem arglistig täuschenden Betrüger sind unscharf, es gibt eine breite Grauzone (zum Opfermitverschulden vgl. Rz. 33). 22

---

1 OLG Köln v. 16.1.1987 – Ss 754/86, NJW 1987, 2527; s. auch BGH v. 16.11.1993 – 4 StR 648/93, BGHSt 39, 392 und BGH v. 8.11.2000 – 5 StR 433/00 – Fehlüberweisung, BGHSt 46, 196.
2 BGH v. 20.9.1999 – 5 StR 792/98 – riskante Preisgestaltung, NStZ 2000, 34; *Tiedemann* in LK, § 263 StGB Rz. 35; OLG Stuttgart v. 24.5.1985 – 1 Ss (25) 292/85, NStZ 1985, 503 m. Anm. *Lackner* und *Werle*.
3 OLG Stuttgart v. 16.2.1966 – 1 Ss 638/65, NJW 1966, 990; Fallbeispiele: *Cramer* in S/S, § 263 StGB Rz. 16d; BGH v. 27.7.1989 – 1 StR 266/89, wistra 1989, 305; insbes. auch zur Preisbindung; zum Erschleichen eines Rabatts s. BGH v. 9.6.2004 – 5 StR 136/04, NStZ 2004, 557.
4 BGH v. 25.4.2014 – 1 StR 13/13, NJW 2014, 2295, LS, mit abl. Anm. *Gaede*, 2298.
5 BGH v. 16.11.1993 – 4 StR 648/93, BGHSt 39, 392; BGH v. 8.11.2000 – 5 StR 433/00, BGHSt 46, 196.
6 Vgl. BGH v. 16.11.1993 – 4 StR 648/93, BGHSt 39, 392; BGH v. 8.11.2000 – 5 StR 433/00 – Fehlbuchung, BGHSt 46, 196.
7 *Posner*, Economic Analysis of Law, Boston 1972.

23 Entsprechend der Regelung in **§ 13 StGB** setzt das Handeln durch Unterlassen[1] voraus,

- dass der Täter die ihm *mögliche Aufklärung* des anderen über eine Tatsache unterlässt,
- dass eine vermögensbezogene *Garantenpflicht* zur Aufklärung besteht,
- dass das Unterlassen der Verwirklichung des Betrugstatbestandes durch ein *Tun entspricht* und
- dass die gebotene Aufklärung dem Täter nach den Umständen *zumutbar* ist[2].

Liegen diese Voraussetzungen vor, so kann es sogar ausreichen, dass der Täter den bereits bestehenden Irrtum nicht beseitigt[3] (näher Rz. 34).

24 Die **Garantenpflicht** kann auf **Gesetz** beruhen. Dazu zählen z.B. bestimmte gesetzlich vorgeschriebene *Auskunftspflichten* (Beauftragter: § 666 BGB, Gesellschafter: § 713 BGB, Versicherungsnehmer: § 16 Abs. 1, § 27 Abs. 2 VVG, Kreditnehmer: § 265b StGB)[4]. Den Leiter der Innenrevision einer Anstalt des öffentlichen Rechts kann eine Garantenpflicht treffen, betrügerische Abrechnungen zu unterbinden[5].

25 Sie kann auch durch **Vertrag** begründet werden, wenn ein besonderes *Vertrauensverhältnis* den Vertrag charakterisiert[6]. Ein solches Vertrauensverhältnis wird z.B. angenommen bei Gesellschaftsverträgen einschließlich stiller Beteiligungen, im Verhältnis Syndikus gegenüber seiner Firma, der *Bank* gegenüber ihrem ständigen Kunden[7], hingegen grundsätzlich nicht im Verhältnis Kunde gegenüber Bank[8], auch bei einem Darlehen und der eingetretenen Verschlechterung grundsätzlich nicht (ausnahmsweise aber z.B. bei einer vertraglich fixierten Aufklärungspflicht).

25a *Beauftragte zur Sicherung rechtskonformen Verhaltens* in Unternehmen (**Compliance** Management) haben eine – vom Vorstand abgeleitete vertraglich übernommene[9] – Garantenstellung. Der BGH[10] hat hierzu gesagt:

---

1 Grundlegend BGH v. 16.11.1993 – 4 StR 648/93, BGHSt 39, 392; BGH v. 8.11.2000 – 5 StR 433/00, BGHSt 46, 196.
2 BGH v. 12.7.1988 – 1 StR 57/88, BGHR StGB § 263 Abs. 1 Täuschung 4.
3 BGH v. 15.6.1954 – 1 StR 526/53, BGHSt 6, 198.
4 Zahlreiche gesetzliche Informationspflichten im SozialR, vgl. die Zusammenstellung gesetzlicher Garantenpflichten bei *Satzger* in S/S/W, § 263 StGB Rz. 52.
5 BGH v. 17.7.2009 – 5 StR 394/08, BGHSt 54, 44.
6 BGH v. 8.11.2000 – 5 StR 433/00, BGHSt 46, 196.
7 BGH v. 28.6.1976 – 3 StR 94/76; BGH v. 16.11.1993 – 4 StR 648/93, BGHSt 39, 392.
8 BGH v. 16.11.1993 – 4 StR 648/93, BGHSt 39, 392; BGH v. 8.11.2000 – 5 StR 433/00, BGHSt 46, 196.
9 Vgl. *Görling* in Görling/Inderst/Bannenberg, Compliance, Aufbau – Management – Risikobereiche, 2010, 451 ff.
10 BGH v. 17.7.2009 – 5 StR 394/08, BGHSt 54, 44, Rz. 27; krit. Anm. *Spring*, Die Garantenstellung des Compliance Officers oder: Neues zur Geschäftsherrschaft, GA 2010, 222.

„Eine solche, neuerdings in Großunternehmen als ‚Compliance' bezeichnete Ausrichtung, wird im Wirtschaftsleben mittlerweile dadurch umgesetzt, dass so genannte ‚Compliance Officers' geschaffen werden [...]. Deren Aufgabengebiet ist die Verhinderung von Rechtsverstößen, insbesondere auch von Straftaten, die aus dem Unternehmen heraus begangen werden und diesem erhebliche Nachteile durch Haftungsrisiken oder Ansehensverlust bringen können [...]. Derartige Beauftragte wird regelmäßig strafrechtlich eine Garantenpflicht im Sinne des § 13 Abs. 1 StGB treffen, solche im Zusammenhang mit der Tätigkeit des Unternehmens stehende Straftaten von Unternehmensangehörigen zu verhindern. Dies ist die notwendige Kehrseite ihrer gegenüber der Unternehmensleitung übernommenen Pflicht, Rechtsverstöße und insbesondere Straftaten zu unterbinden [...]." Demgegenüber „erscheint es zweifelhaft, dem Leiter der Innenrevision eines Unternehmens eine Garantenstellung auch insoweit zuzuweisen, als er im Sinne des § 13 Abs. 1 StGB verpflichtet ist, Straftaten aus dem Unternehmen zu Lasten Dritter zu unterbinden".

Einfache **Kaufverträge** vermögen i.d.R. keine Garantenpflicht zu begründen[1]. Insbesondere genügt die bloße Anstößigkeit des Schweigens nicht, um eine Offenbarungspflicht aus Treu und Glauben zu begründen. Vertragsverletzungen dürfen auch nicht auf diesem Umweg generell kriminalisiert werden. Instruktiv ist ein Beschluss des BGH[2]:

Der Angeklagte hatte veranlasst, dass Handwerker Arbeiten fortsetzten, obwohl zwischenzeitlich deren Zahlung für ihn erkennbar nicht mehr gesichert war. Der BGH verneinte eine Offenbarungspflicht des Angeklagten über die wirtschaftliche Lage seiner Firma: „Allein daraus, dass sich nach der noch vor Kenntnis der schlechten wirtschaftlichen Lage der Gesellschaft erfolgten Erteilung von Aufträgen herausstellte, eine Zahlung werde mit Wahrscheinlichkeit nicht mehr erfolgen können, kann im allgemeinen Geschäftsverkehr noch keine strafbewehrte Aufklärungspflicht hergeleitet werden [...] Es müssen vielmehr besondere Umstände, nämlich ein besonderes Vertrauensverhältnis oder auf gegenseitigem Vertrauen beruhende Verbindungen vorliegen [...] Das wäre etwa zu bejahen bei laufender Geschäftsverbindung, bei der der eine Vertragsteil auf Abruf oder weitere Bestellung ständig Waren oder Leistungen auf laufende Rechnung geliefert erhält."

Zur Frage eines **besonderen Vertrauensverhältnisses** sei nochmals der BGH[3] zitiert:

„Zu einer Offenbarung seiner wirtschaftlichen Verhältnisse insbesondere seiner Zahlungsunfähigkeit ist im Übrigen bei Abschluss eines Vertrages niemand verpflichtet. Anders ist es, wenn Umstände vorliegen, die vom Schuldner erkannt den Gläubiger, der bei ungesicherter Kreditgewährung immer ein gewisses Risiko eingeht, in Sicherheit wiegen [...] Eine Offenbarungspflicht für Tatsachen, die Zweifel an der künftigen Zahlungsfähigkeit des Schuldners begründen, besteht allerdings bei der Anbahnung besonderer Verbindungen, die auf einem gegenseitigen Vertrauensverhältnis beruhen, und bei bereits bestehenden Vertrauensverhältnissen. Ein solches Vertrauensverhältnis kann aber nicht schon allein daraus abgeleitet werden, dass mit einem Lieferanten wiederholt Kaufverträge geschlossen worden sind, es ist erst recht nicht beim erstmaligen Abschluss eines Vertrages anzunehmen. Anders wäre es nur, wenn [...] eine langjährige Geschäftsbeziehung und die korrekte Abwicklung der in ihrem Verlauf geschlossenen Verträge dem Lieferanten die dem Angeklagten bewusste Überzeugung vermittelt hätten, eine Überprüfung erübrige sich."

---

1 BGH v. 15.7.2000 – 1 StR 162/00, NJW 2000, 3013.
2 BGH v. 22.3.1988 – 1 StR 106/88, wistra 1988, 262.
3 BGH v. 10.4.1984 – 4 StR 180/84, StV 1984, 511.

28 Bei der Begründung einer Garantenpflicht aus **Treu und Glauben** ist der BGH zurückhaltend[1]:

> „Schließlich kann eine Aufklärungspflicht für den Angeklagten auch nicht aus dem allgemeinen Grundsatz von Treu und Glauben (§ 242 BGB) hergeleitet werden. In der Begründung derartiger Aufklärungspflichten ist die Rechtsprechung zunächst verhältnismäßig weit gegangen. Inzwischen ist der BGH hiervon indessen weitgehend abgerückt. Vorausgesetzt wird auch hier als Grundlage ein besonderes Vertrauensverhältnis. So ist eine Garantenpflicht verneint worden bei dem Empfänger einer Überzahlung nach Scheckvorlage sowie dem Empfänger von Rentenbezügen nach dem Tode des Rentenberechtigten. Gefordert werden von der Rechtsprechung, besondere Umstände im zwischenmenschlichen Bereich', wobei in vergleichbaren Fällen das Schutzbedürfnis der Bank verneint wurde. Auch im Fall einer Doppelzahlung wurde die Annahme einer strafrechtlich relevanten Aufklärungspflicht gegenüber der Bank abgelehnt."

28a Eine Aufklärungspflicht **aus vorangegangenem Tun** – *Ingerenz* – kommt dann in Betracht, wenn der Irrtum auf pflichtwidrigem Vorverhalten beruht. Der Täter erklärt etwas Unwahres ohne Schädigungs- und Bereicherungsabsicht. Den so entstandenen Irrtum nutzt er dann aufgrund eines erst danach gefassten Entschlusses zur Herbeiführung einer das Opfer schädigenden Vermögensverfügung[2]. Ein (selbst pflichtwidriges) Vorverhalten führt aber nur dann zu einer Garantenstellung aus Ingerenz, wenn dadurch die naheliegende Gefahr des Eintritts des konkreten tatbestandsmäßigen Erfolges verursacht worden ist. Der durch die Vorhandlung herbeigeführte Zustand muss so beschaffen sein, dass bereits ein bloßes Untätigbleiben die Gefahr vergrößert, dass es zum Eintritt des tatbestandsmäßigen Erfolges kommt oder ein bereits eingetretener Schaden vertieft wird[3].

In folgendem Fall lehnte der BGH eine Handlungspflicht aus Ingerenz ab:

Der Angeklagte war bei den Berliner Stadtreinigungsbetrieben Leiter der Rechtsabteilung. Zudem war ihm die Innenrevision unterstellt. Unter seiner Leitung setzte eine Tarifkommission versehentlich die Straßenreinigungsbeiträge der Anlieger zu deren Nachteil zu hoch fest. Von einem später eingesetzten Gremium wurde das bemerkt. Diese behob den Fehler aber nicht. Der BGH[4] lehnte eine Garantenstellung des Angeklagten allein aufgrund der Mitwirkung an der früheren falschen Tariffestsetzung ab:

> „Allerdings ergibt sich diese nicht schon daraus, dass der Angeklagte die Tarifkommission für die vorherige (nicht verfahrensgegenständliche) Abrechnungsperiode geleitet hatte. Zwar unterlief dieser von ihm geführten Kommission bereits der Fehler, dass die anliegerfreien Grundstücke in den Tarif einbezogen wurden. Eine Garantenstellung folgt hieraus jedoch nicht. In Betracht käme insoweit eine Garantenstellung aus der tatsächlichen Herbeiführung einer Gefahrenlage (Ingerenz). Ein (pflichtwidriges) Vorverhalten begründet aber nur dann eine Garantenstellung, wenn es die naheliegende Gefahr des Eintritts des konkret untersuchten, tatbestandsmäßigen Erfolgs verursacht (BGHR StGB § 13 Abs. 1 Garantenstellung 14; BGH NJW 1999, 69, 71, insoweit in BGHSt 44, 196 nicht abgedruckt; BGH NStZ 2000, 583). Eine solche nahe Gefahr bestand hier nicht. Der Umstand, dass die vorherige Tariffestsetzung fehlerbehaftet war, bedeutet nämlich nicht,

---

1 BGH v. 16.11.1993 – 4 StR 648/93, BGHSt 39, 392; s. auch BGH v. 8.11.2000 – 5 StR 433/00, BGHSt 46, 196.
2 Vgl. *Satzger* in S/S/W, § 263 StGB Rz. 53 ff.
3 BGH v. 19.11.2013 – 4 StR 292/13, Rz. 6 ff.
4 BGH v. 17.7.2009 – 5 StR 394/08, BGHSt 54, 44, Rz. 20 f.

dass sich dieser Fehler auch in die nächste Tarifperiode hinein fortsetzt. Dies gilt jedenfalls, sofern nicht – wofür hier nichts festgestellt ist – eine gesteigerte Gefahr bestand, dass die zunächst unerkannt fehlerhafte Berechnungsgrundlage ohne erneute sachliche Prüfung der neuen Festsetzung ohne weiteres zugrunde gelegt würde. Vielmehr wird in der nächsten Tarifperiode der Tarif uneingeschränkt neu bestimmt. Schon die ausschließliche Verantwortlichkeit der neuen Tarifkommission steht deshalb der Annahme einer Garantenstellung aus Ingerenz entgegen [...]. Zwar mag eine gewisse, eher psychologisch vermittelte Gefahr bestehen, zur Vertuschung des einmal gemachten Fehlers diesen zu wiederholen. Ein solcher motivatorischer Zusammenhang reicht jedoch nicht für die Begründung einer Garantenstellung aus. Der neue Tarif wird auf der Grundlage der hierfür maßgeblichen Rahmendaten selbständig festgesetzt. Seine Festsetzung erfolgt ohne Bindung an den Berechnungsmaßstab der Vorperioden, dessen Fehlerhaftigkeit nicht einmal zwangsläufig hätte aufgedeckt werden müssen. Auch ohne Eingreifen des Angeklagten wäre der Fehler nicht automatisch in die folgende Tarifperiode eingeflossen. Dies zeigt sich im Übrigen auch darin, dass die neue Tarifkommission bereits von sich aus diesen Fehler nicht wiederholen wollte, sondern hierzu erst durch die Einflussnahme des vormaligen Mitangeklagten G. veranlasst wurde."

Die Garantenstellung ergab sich dann jedoch aus der Stellung des Angeklagten als Leiter der Innenrevision im Bereich der öffentlichen Hand (vgl. Rz. 24 ff.).

Zur Aufklärungspflicht gibt es eine umfangreiche **Kasuistik**[1]. *Eser*[2] hat diese Kasuistik strukturiert und drei Leitpunkte herausgearbeitet, die eine Aufklärungspflicht begründen können: Wenn die Nichtaufklärung beim Vertragspartner einen nicht unerheblichen Schaden verursachen würde (*Schadensfaktor*[3]), bei solchen Faktoren, auf die es dem Vertragspartner ganz entscheidend ankommt (*Wesentlichkeitsfaktor*), und wenn der Vertragspartner aufgrund einer Unerfahrenheit nicht in der Lage ist, Wert und Beschaffenheit der Ware zu überprüfen (*Unerfahrenheitsfaktor*). 29

Im Bereich der **Wirtschaftskriminalität** sind die Schäden zumeist beträchtlich, sodass der Schadensfaktor oft relevant wäre. Man sollte in dieser Hinsicht aber eher restriktiv verfahren: vielleicht geeigneter wäre der Gesichtspunkt eines *ungewöhnlich hohen Geschäftsrisikos*[4], z.B. bei vorliegender Überschuldung. Zumeist werden diese Fälle aber über die Täuschung durch konkludentes Handeln erfasst; aber hier kann die **Kausalität** zwischen Täuschung und Irrtum fraglich sein[5] (s. auch Rz. 43): 30

„Wenn ein Zahlungsunfähiger Lieferanten über größere Zeiträume hinweg immer wieder zu weiteren Lieferungen veranlasst, obwohl die früheren Lieferungen noch nicht bezahlt sind, versteht es sich nicht von selbst, dass auch die späteren Lieferungen noch auf der für die erste Lieferung maßgeblich gewesenen Vorspiegelungen der Zahlungsunfähigkeit und Zahlungswilligkeit und dem hierdurch erregten Irrtum beruhen. Es bedarf deshalb in solchen Fällen näherer Feststellungen und Erörterungen, ob die Geschäftspartner Kenntnis von der Zahlungssäumigkeit hatten und weshalb sie gleichwohl weiterhin Bestellungen angenommen und entsprechend geliefert haben."

---

1 *Cramer/Perron* in S/S, § 263 StGB Rz. 22 ff.
2 *Eser*, StrafR IV, 128.
3 Wesentlich enger BGH v. 16.11.1993 – 4 StR 648/93, BGHSt 39, 392; BGH v. 8.11.2000 – 5 StR 433/00, BGHSt 46, 196.
4 Vgl. BGH v. 10.8.1993 – 1 StR 302/93.
5 BGH v. 3.8.1993 – 1 StR 432/93.

II. Irrtum

31 **a)** Irrtum ist jeder **Widerspruch zwischen Vorstellung und Wirklichkeit**[1]. Der Irrtum muss sich auf eine Tatsache beziehen. Unterschiedlich wird die Frage beantwortet, wie die Vorstellung des Irrenden beschaffen sein soll. Die h.M.[2] verlangt die *positive Vorstellung* einer der Wirklichkeit widersprechenden Tatsache. Nach der Gegenansicht reicht das *Nichtwissen* der maßgeblichen Tatsache[3]. Da aber die h.M. die „positive Vorstellung" sehr extensiv auslegt, sind die praktischen Unterschiede nicht sehr groß. Positive Vorstellung ist nämlich auch der *unreflektierte Bewusstseinsinhalt*[4], z.B. die Vorstellung des Nehmers eines nicht garantierten Schecks, dass der Aussteller ihm keinen ungedeckten Scheck „andreht". Ausreichend ist ebenfalls eine lückenhafte Vorstellung. Hingegen reicht es nicht aus, dass man glaubt, dass alles in Ordnung sei[5], diese Vorstellung muss sich zumindest auf konkrete Verhältnisse beziehen, etwa dass die Gebührenrechnung einer öffentlich-rechtlichen Anstalt zugrunde liegende Tarifberechnung „in Ordnung sei"[6].

31a Jetzt hat der BGH zum *Inverkehrbringen von Falschgeld* (200-Euro-Scheine) – nachdem das Landgericht nur auf Betrugsversuch entschieden hatte, da sich die Kassierer keine bewussten Gedanken über die der Scheine gemacht hätten – Folgendes zu den **Irrtumsvoraussetzungen** ausgeführt[7]:

„Das gänzliche Fehlen einer Vorstellung begründet für sich allein keinen Irrtum. Allerdings kann ein solcher auch in den Fällen gegeben sein, in denen die täuschungsbedingte Fehlvorstellung in der Abweichung eines "sachgedanklichen Mitbewusstseins" von den tatsächlichen Umständen besteht. Danach ist insbesondere der Bereich gleichförmiger, massenhafter oder routinemäßiger Geschäfte von als selbstverständlich angesehenen Erwartungen geprägt, die zwar nicht in jedem Einzelfall bewusst aktualisiert werden, jedoch der vermögensrelevanten Handlung als hinreichend konkretisierte Tatsachenvorstellung zugrunde liegen. Diese Grundsätze hätte das Landgericht in den vorbezeichneten Fällen in seine Prüfung des tatbestandlichen Irrtums der kassierenden Personen einbeziehen müssen. In den Einzelfällen, in denen die Kassierer oder Tatzeugen nicht ermittelt werden konnten, kommt hinzu, dass das Landgericht die Anforderungen an die beweisrechtliche Grundlage der Feststellung eines täuschungsbedingten Irrtums im Sinne von § 263 Abs. 1 StGB verkannt hat. Zwar ist in den Urteilsgründen grundsätzlich festzustellen und darzulegen, welche irrigen Vorstellungen die Person hatte, die die Verfügung getroffen hat. Danach wird es regelmäßig erforderlich sein, die irrende Person zu ermitteln und in der Hauptverhandlung über die tatrelevante Vorstellung zu vernehmen. Allerdings gilt dies nicht ausnahmslos. Vielmehr kann in Fällen eines normativ geprägten Vorstellungsbildes des Verfügenden die Vernehmung weniger Zeugen genügen; wenn deren Angaben das Vorliegen eines Irrtums (in den sie betreffenden Fällen) belegen, kann auf die Erregung eines Irrtums auch bei anderen Verfügenden geschlossen werden. In der Regel kann das Gericht auch aus Indizien auf einen Irrtum schließen. In diesem Zusammenhang kann etwa eine Rolle spielen, ob der Verfügende ein eigenes Interesse daran

---

1 *Cramer/Perron* in S/S, § 263 StGB Rz. 33.
2 *Tiedemann* in LK, § 263 StGB Rz. 78.
3 *Cramer/Perron* in S/S, § 263 StGB Rz. 36.
4 Vgl. *Tiedemann* in LK, § 263 StGB Rz. 83.
5 Vgl. BGH v. 26.10.1993 – 4 StR 347/93 – Arbeitsteilung bei Auftragsvergabe, NStZ 1994, 488; BGH v. 12.9.1996 – 1 StR 509/96 – Kassierer, NStZ 1997, 281.
6 BGH v. 17.7.2009 – 5 StR 394/08, BGHSt 54, 44, Rz. 17.
7 BGH v. 22.11.2013 – 3 StR 162/13, Rz. 8 ff.

hatte oder im Interesse eines anderen verpflichtet war, sich von der Wahrheit der Behauptungen des Täters zu überzeugen[1]. Wenn keine Anhaltspunkte dafür bestehen, dass der Verfügende kollusiv mit dem täuschenden Täter zusammengearbeitet oder aus einem sonstigen Grund Kenntnis von der Täuschung erlangt hatte und der durch die Täuschung erregte Irrtum deshalb nicht verfügungsursächlich geworden sein könnte, können sogar nähere Feststellungen dazu, wer verfügt hat, entbehrlich sein[2].

So verhält es sich hier. Da an einer Kasse beschäftigte Mitarbeiter eines Unternehmens schon aufgrund ihrer arbeitsvertraglichen Verpflichtung den Antrag eines Kunden auf Abschluss eines Kaufvertrages zurückweisen müssen, wenn der Kunde seiner Zahlungspflicht nicht sofort oder nicht vollständig nachkommt, es sich vorliegend um sehr gut gefälschte 200-Euro-Scheine handelte und auch sonst keine Anhaltspunkte für eine bewusste Entgegennahme von Falschgeld durch die Kassierenden gegeben sind, liegt auch in diesen Fällen – selbst wenn die Verfügenden keine konkrete Erinnerung an den jeweiligen Vorgang mehr hatten oder diese sowie andere Tatzeugen nicht ermittelt werden konnten – das Vorliegen eines Irrtums nahe. Dies hat das Landgericht nicht bedacht".

Wenn der Getäuschte die vorgespiegelte Tatsache für wahr hält, gibt es keine Probleme. Schwierig wird es, wenn er die Tatsache nur für möglich hält (das Gemälde ist möglicherweise ein echter Rembrandt). Man ist sich darin einig, dass auch das **Für-möglich-Halten** ausreichen kann[3]. Das Problem ist, dass gerade im Geschäftsleben niemand z.B. die Bezahlung einer Forderung für hundertprozentig sicher halten kann oder ganz sicher ist, dass der andere nicht bezahlt (dann käme es sicher zu keinem Geschäftsabschluss). Das Entscheidende ist der unterschiedliche *Grad der Wahrscheinlichkeit* bei der Erfüllung und der lässt sich nun einmal schwer messen und beweisen. Zu einer Fehlvorstellung beim Für-möglich-Halten wird man daher nur dann kommen, wenn gravierende Unterschiede im Grad des Für-wahr-Haltens festgestellt werden[4]. 32

Die Täuschung braucht nicht die alleinige Ursache des Irrtums zu sein. **Leichtgläubigkeit** schließt den Irrtum nicht aus[5], ebenso wenig „*Mitverschulden*" oder dass das Opfer den Irrtum mit zumutbaren Anstrengungen hätte vermeiden können[6]. Freilich werden diese Gesichtspunkte bei der Strafzumessung eine Rolle spielen. 33

Der Irrtum wird auch dann unterhalten, wenn der Täter die **Aufklärung verhindert** oder erschwert, wenn er das Opfer in der Fehlvorstellung bestärkt, wenn er dessen *Zweifel ausredet*. Hingegen reicht das bloße Ausnutzen einer bereits vorhandenen Fehlvorstellung nicht aus[7], es sei denn, es besteht eine Garantenpflicht zur Aufklärung. 34

---

1 Vgl. BGH v. 6.2.2013 – 1 StR 263/12, NStZ 2013, 422 (423), Rz. 13.
2 Vgl. BGH v. 20.12.2012 – 4 StR 55/12, NJW 2013, 883 (885), Rz. 24.
3 BGH v. 5.12.2002 – 3 StR 161/02, NStZ 2003, 313; dazu eingehend *Amelung*, GA 1977, 1 ff.
4 Zur restriktiven Anwendung des Betrugstatbestandes in diesen Fällen vgl. *Satzger* in S/S/W, § 263 StGB Rz. 80.
5 BGH v. 27.11.1991 – 3 StR 157/91, NStZ 1992, 602; BGH v. 4.12.2003 – 5 StR 308/03, wistra 2004, 103.
6 BGH v. 21.12.1983 – 3 StR 566/83, NJW 1985, 75; BGH v. 14.7.1999 – 3 StR 188/99, NStZ 1999, 558; BGH v. 8.3.2001 – 1 StR 28/01, StV 2002, 132; BGH v. 5.12.2002 – 3 StR 161/02 – grundlegend zu Zweifeln des Opfers, NStZ 2003, 313.
7 BGH v. 3.9.1987 – 1 StR 386/87, BGHR StGB § 181 Abs. 2 Vermittlung 1; OLG Köln v. 16.1.1987 – Ss 754/86, NJW 1987, 2527.

35 **b)** In der Praxis wird der Irrtum des Verfügenden i.d.R. nur durch dessen **Zeugenaussage** nachzuweisen sein[1]. Hier ist zu beachten, dass dann, wenn es um *Routinehandlungen* geht, diese im Normalfall nicht im Gedächtnis des Zeugen gespeichert werden[2]. Der Sachbearbeiter, der z.B. den Scheck entgegengenommen hat, wird allenfalls sagen können, was er sich normalerweise dabei denkt[3](vgl. auch Rz. 31a).

Beispiel: Sagt z.B. der Zeuge aus, er habe ganz sicher mit der Einlösung des Schecks, mit der Bezahlung der Rechnung gerechnet, so lehrt doch die Praxis der Wirtschaftsstrafsachen eine gewisse kritische Vorsicht. Gerade bei einer lang andauernden Geschäftsbeziehung wird dem Partner die finanzielle Situation kaum entgangen sein (allerdings kann der Debitor geäußerte Zweifel durch bestimmte Zusicherungen zerstreut haben)[4].

Bei *Selbstbedienungstankstellen* wird der „betrügerische" Tankvorgang häufig vom Kassenpersonal nicht bemerkt. Dann kommt nur Betrugsversuch in Betracht[5].

36 Das Auseinanderfallen von Vorstellung und Wirklichkeit wird sich zumeist auf den unterschiedlichen Grad des Für-möglich-Haltens beziehen. Wenn Angestellte als Zeugen einen bei ihnen hervorgerufenen Irrtum behaupten, wird man ihre **Aussage kritisch zu würdigen** haben, denn man muss bedenken, dass ein Angestellter der geschädigten Firma ungern einräumt, dass er ein gewisses Risiko in Kauf genommen hat, weil er sich dadurch dem Vorwurf einer Verfehlung aussetzt.

37 Zur richterlichen Aufklärungspflicht und zu den **Urteilsanforderungen** sagt der BGH mehrfach[6]:

Die Überzeugung des Gerichts, dass der Verfügende einem Irrtum erlegen war, wird dabei in aller Regel dessen Vernehmung erfordern[7]. Nur in einfach gelagerten Fällen im Bereich gleichförmiger, massenhafter oder routinemäßiger Geschäfte[8], Fällen eines normativ geprägten Vorstellungsbildes[9], - etwa bei der betrügerischen Erschleichung von Leistungen zum Nachteil von Unternehmen, in denen die Prüfung der anspruchsbegründenden Voraussetzungen in einem standardisierten, auf massenhafte Erledigung ausgerichteten Abrechnungsverfahren erfolgt – wird sich die tatrichterliche Überzeugung je nach den näheren Umständen ausnahmsweise auch in anderer Weise gewinnen lassen, etwa durch Vernehmung eines Abteilungsleiters oder Innenrevisors, der betriebsintern die Schadensfälle bearbeitet hatte und von daher zu den Vorstellungen der einzelnen Sachbearbeiter berich-

---

1 Zu den insoweit maßgeblichen Kriterien s. BGH v. 26.10.1993 – 4 StR 347/93, NStZ 1994, 488.
2 BGH v. 26.10.1993 – 4 StR 347/93, NStZ 1994, 488; BGH v. 12.9.1996 – 1 StR 509/96, NStZ 1997, 281; BGH v. 23.3.2000 – 4 StR 19/00, NStZ 2000, 375; vgl. auch *Bender/Nack*, Tatsachenfeststellung vor Gericht, Bd. I, 3. Aufl. 2007, Rz. 136.
3 Diese Aussage hat aber auch einen Beweiswert, vgl. BGH v. 13.1.1970 – 4 StR 438/69, BGHSt 23, 213.
4 Vgl. BGH v. 25.2.1993 – 1 StR 39/93, NStZ 1993, 440; BGH. v. 3.8.1993 – 1 StR 432/93.
5 BGH v. 3.12.2009 – 4 StR 477/09, Rz. 3 f.
6 Etwa BGH v. 5.12.2002 – 3 StR 161/02, NStZ 2003, 313, auch mit Ausführungen zur „Täuschung einer Organisation".
7 BGH v. 17.6.2014 – 2 StR 658/13, Rz. 13.
8 BGH v. 22.5.2014 – 4 StR 430/13, NStZ 2014, 459, Rz. 17.
9 BGH v. 17.6.2014 – 2 StR 658/13, Rz. 13.

ten kann. In einem Fall mit 136 890 Betroffenen bei denen über 300 000 vermeintliche Forderungsbeträge zwischen 55 und 80 Euro im Einzugsermächtigungsverfahren zu Unrecht eingezogen wurden, genügt die Vernehmung weniger Zeugen, wenn deren Angaben das Vorliegen eines Irrtums (in den sie betreffenden Fällen) belegen. Dann kann auf die Erregung eines Irrtums auch bei anderen Verfügenden geschlossen werden. Hinsichtlich des Irrtums der Geschädigten allein auf ein Geständnis des Täters abzustellen und überhaupt keinen Zeugen zu hören ist demgegenüber nicht ausreichend[1]. Einer Vernehmung der 170 000 Empfänger einer falsch berechneten Straßenreinigungsgebührenrechnung bedarf es ebenso wenig, um rechtsfehlerfrei zur Feststellung eines Irrtums bei diesen dahin gehend zu kommen, dass die Tarifberechnung in Ordnung sei. Es genügt auch hier die Vernehmung einzelner Zeugen, die dies bestätigten, und die Bezugnahme auf drei Aussagen in den Urteilsgründen[2]. Eine solche mittelbare Beweiserhebung wird jedoch dann nicht ausreichen, wenn vor der Verfügung ein erheblicher Verdacht einer betrügerischen Täuschung laut geworden ist oder sich sonst Anhaltspunkte für weitergehende Erkenntnisse des konkret für die Verfügung zuständigen Getäuschten ergeben haben, da dann fraglich wird, ob dieser noch einem Irrtum erlegen war und durch diesen zur Verfügung veranlasst worden ist[3].

Der BGH hat für Fälle mit einer **Vielzahl von Geschädigten** auch auf die Möglichkeit von *Fragebögen* hingewiesen. Dann kann der Ermittlungsbeamten, der die Fragebögen auswertete, als Zeuge gehört werden. In Betracht kommt auch eine Verurteilung nur wegen Versuchs[4].

37a

„Ist die Beweisaufnahme auf eine Vielzahl Geschädigter [im zugrunde liegenden Fall über 50 000 mit Schäden jeweils unter 50 Euro] zu erstrecken, besteht zudem die Möglichkeit, bereits im Ermittlungsverfahren durch Fragebögen zu ermitteln, aus welchen Gründen die Leistenden die ihr Vermögen schädigende Verfügung vorgenommen haben. Das Ergebnis dieser Erhebung kann dann – etwa nach Maßgabe des § 251 StPO – in die Hauptverhandlung eingeführt werden. Hierauf kann dann auch die Überzeugung des Gerichts gestützt werden, ob und gegebenenfalls in welchen Fällen die Leistenden eine Vermögensverfügung irrtumsbedingt vorgenommen haben."[5]

III. Vermögensverfügung

a) Die Vermögensverfügung ist das notwendige Bindeglied zwischen Irrtum und Vermögensschaden. Sie ist jedes Handeln, Dulden oder Unterlassen des Getäuschten, das **unmittelbar** eine Vermögensminderung im wirtschaftlichen Sinne bei dem Getäuschten selbst oder bei dritten Personen herbeiführt[6]. Dieser Begriff der *Verfügung* deckt sich nicht mit dem zivilrechtlichen Verfügungsbegriff, welcher sich auf Rechtsgeschäfte bezieht.

38

---

1 BGH v. 22.5.2014 – 4 StR 430/13, Rz. 17, ZWH 2014, 470, m. Anm. *Trück*, 473.
2 BGH v. 17.7.2009 – 5 StR 394/08, Rz. 15, BGHSt 54, 44; zu den notwendigen Feststellungen über die Irrenden in – getäuschten – arbeitsteiligen Unternehmen vgl. BGH v. 13.1.2010 – 3 StR 500/09, NStZ-RR 2010, 146.
3 BGH v. 5.12.2002 – 3 StR 161/02, NStZ 2003, 313.
4 Vgl. dazu *Krell*, Serienbetrugstaten als strafprozessuale Herausforderung – Zugleich zur analogen Anwendung von § 154a StPO.
5 So BGH v. 6.3.2013 – 1 StR 263/12, BGHR StGB § 263 Abs. 1 Irrtum 19.
6 BGH v. 11.3.1960 – 4 StR 588/59, BGHSt 14, 170; BGH v. 30.7.1996 – 5 StR 168/96, NStZ 1997, 32 und BGH v. 12.5.2002 – 3 StR 4/02 – Verfügung eines Dritten, NStZ 2003, 151.

39 Es genügt vielmehr jedes **tatsächliche Verhalten**. Daher ist es unwichtig, ob im Falle eines Rechtsgeschäfts dieses unwirksam, anfechtbar oder nichtig ist; sogar strafbare Handlungen können ausreichen[1]. Vermögensverfügung ist auch das Ausführen von Arbeiten und die Buchung in Handelsbüchern[2]. Ebenfalls ausreichend ist ein *Unterlassen*, z.B. das Nichtgeltendmachen einer Forderung oder eines sonstigen Anspruchs[3], die Nichtausübung eines Rechts[4] und die unterlassene Kreditkündigung. Derjenige, der die Vermögensverfügung vornimmt, braucht sich nicht einmal bewusst sein, dass er auf sein Vermögen oder dasjenige eines Dritten einwirkt[5].

40 **b)** Die Vermögensverfügung muss aber *unmittelbar* vermögensmindernd sein. **Vermögensminderung** ist das Ausscheiden eines Bestandteils aus dem Vermögen, dessen Belastung mit einer Verbindlichkeit oder eine dem Schaden gleichwertige Vermögensgefährdung[6]. Noch keine Vermögensverminderung ist die Einräumung eines Kreditrahmens etwa durch Ausgabe einer Kundenkarte im „Zwei-Partner-System". Ein Schaden tritt erst mit der missbräuchlichen Inanspruchnahme des Kreditrahmens ein. Insoweit fehlt es dann aber an der Unmittelbarkeit der Schadensverursachung durch die Vermögensverfügung[7].

41 **Unmittelbarkeit** setzt voraus, dass das irrtumsbedingte Verhalten des Getäuschten zu der Vermögensminderung führt, ohne dass dafür noch zusätzliche deliktische *Zwischenhandlungen* des Täters erforderlich sind[8]. Unmittelbarkeit liegt daher nicht vor beim „*phishing*", bei dem der Geschädigte täuschungsbedingt Kennwörter oder PIN-/TAN-Nummern bekannt gibt, die der Täter anschließend missbräuchlich zu seinem Vorteil benutzt[9]. Unmittelbarkeit ist dann gegeben, wenn der Täter arbeitsteilige Organisationsstrukturen ausnutzt. Diese Überlegung spielt namentlich eine Rolle bei den sog. *mehraktigen Verfügungen*[10]. Wird z.B. der Kreditsachbearbeiter getäuscht, so liegt dennoch eine Vermögensverfügung des Kassierers vor, der auf Anweisung des Sachbearbeiters Geld auszahlt[11].

---

1 BGH v. 12.5.2002 – 3 StR 4/02, NStZ 2003, 151.
2 BGH v. 21.10.1994 – 2 StR 328/94, BGHSt 40, 287; BGH v. 10.1.1995 – 1 StR 582/94, NStZ 1995, 232.
3 BGH v. 8.9.1992 – 4 StR 373/92, StV 1994, 185; BGH v. 1.12.1992 – 1 StR 695/92 – Verzicht auf Rückforderung; BGH v. 20.3.2000 – 2 ARs 489/99 und 2 AR 217/99, wistra 2000, 311.
4 Unterlassene Aufrechnung BGH v. 13.12.1994 – 1 StR 622/94, NStZ 1995, 233.
5 BGH v. 11.3.1960 – 4 StR 588/59, BGHSt 14, 170.
6 Vgl. *Tiedemann* in LK, § 263 StGB Rz. 111.
7 BGH v. 11.10.1988 – 1 StR 486/88; BGH v. 29. 6.2005 – 4 StR 559/04, BGHSt 50, 174 (178).
8 BGH v. 29.6.2005 – 4 StR 559/04 – durch Täuschung erreichter Abschluss eines 0190er-Nummernvertrags, BGHSt 50, 175 (178); *Tiedemann* in LK, § 263 StGB Rz. 111.
9 Vgl. *Satzger* in S/S/W, § 263 StGB Rz. 121.
10 BGH v. 26.10.1993 – 4 StR 347/93, NStZ 1994, 488.
11 BGH v. 12.9.1996 – 1 StR 509/96, NStZ 1997, 281.

c) Eine in diesem Zusammenhang wichtige Fallgruppe ist der sog. **Dreiecks-** 42
betrug[1]. Damit sind die Fälle gemeint, in denen *Verfügender und Geschädigter nicht identisch* sind[2]. Voraussetzung ist, dass der Getäuschte, der die Verfügung trifft, tatsächlich oder rechtlich in der Lage ist, über das betroffene Vermögen zu verfügen. Hierzu zählen z.B. der Bevollmächtigte, die Organe einer juristischen Person und der Insolvenzverwalter. Entscheidend ist daher ein irgendwie geartetes *Näheverhältnis*[3]. Die für die Wirtschaftskriminalität wichtigen Fälle sind die, in denen dem Verfügenden kraft Gesetz, behördlichen Auftrags oder Rechtsgeschäfts die Befugnis eingeräumt wird, solche Rechtshandlungen vorzunehmen.

d) Der Irrtum muss **kausal** für die Vermögensverfügung sein. Dabei kommt es 43
darauf an, ob die Fehlvorstellung den Getäuschten zur Vornahme der Vermögensverfügung *motiviert* oder mitmotiviert hat[4]. Hätte der Verfügende die Verfügung auch ohne den Irrtum aus einem anderen Grund vorgenommen, so ändert dies nichts an der Kausalität. Hat also z.B. die Bank das Darlehen gewährt, weil sie zu Unrecht die Bonität des Kreditnehmers angenommen hat, so vermag die Tatsache, dass der Kreditnehmer den Kredit bekommen hätte, wenn seine Ehefrau dafür gebürgt hätte, die Ursächlichkeit nicht zu beseitigen.

Umgekehrt gilt: Wenn der Irrtum die Verfügung überhaupt *nicht mitmotiviert* 44
hat, dann war er auch **nicht ursächlich**. Fälle wie der, dass der Vertragspartner zwar lügt, dies dem Gegner aber gleichgültig ist, werden aber in der Praxis sehr selten sein. Eher schon sind Fälle denkbar, dass der angegebene Verwendungszweck des Darlehens für die Kreditausreichung eine untergeordnete Rolle spielt. Ist bei einem Kleinkredit ein Punkt der Selbstauskunft falsch, etwa die Krankheitsangabe bei der Restschuldversicherung, so sollte kritisch geprüft werden, welchen Einfluss diese Angabe auf die Kreditbewilligung hatte.

e) Das Merkmal der Vermögensverfügung wird in der **Praxis der Wirtschaftskri-** 45
minalität zumeist unproblematisch sein. Der Nachweis der Kausalität zwischen Irrtum und Verfügung wird normalerweise auch keine Schwierigkeiten machen. Ebenso wie beim Irrtum gilt auch hier, dass der Zeuge an *Routinehandlungen* keine konkrete Erinnerung mehr haben wird (s. Rz. 35). Für die Beweiswürdigung fällt deshalb seine Aussage ins Gewicht, normalerweise werde ein Kredit abgelehnt, wenn die Angaben in der Bilanz gravierende Mängel aufweisen usw. Die Verwertung dieser Aussage ist zulässig[5], zumeist sogar notwendig.

---

1 BGH v. 26.10.1993 – 4 StR 347/93, NStZ 1994, 488; BGH v. 12.9.1996 – 1 StR 509/96, NStZ 1997, 281.
2 Vgl. BGH v. 30.7.1996 – 5 StR 168/96, NStZ 1997, 32.
3 Vgl. BGH v. 30.7.1996 – 5 StR 168/96, NStZ 1997, 32.
4 BGH v. 27.11.1991 – 3 StR 157/91 – Spekulationsgeschäft, NStZ 1992, 602; BGH v. 3.12.1991 – 1 StR 496/91 – Lieferantenbetrug; BGH v. 8.1.1992 – 5 StR 642/91 – Provisionsbetrug; BGH v. 10.11.1994 – 4 StR 331/94 – Spendenbetrug, NStZ 1995, 134; BGH v. 14.7.1999 – 3 StR 188/99, NStZ 1999, 558; BGH v. 8.3.2001 – 1 StR 28/01, StV 2002, 132; BGH v. 4.12.2003 – 5 StR 308/03, wistra 2004, 103.
5 BGH v. 13.1.1970 – 4 StR 438/69, BGHSt 23, 213.

IV. Vermögensschaden

46 Man könnte glauben, gerade im Bereich des Wirtschaftsstrafrechts bereite die Feststellung des Vermögensschadens keine Schwierigkeiten, weil ja erst die beträchtlichen Schäden den Fall zu einem Wirtschaftsdelikt machen. Dennoch: In der Praxis ist der **Schadensnachweis** neben dem Vorsatznachweis am schwierigsten. Der Hauptgrund ist, dass die Schäden zumeist in der Vermögensgefährdung liegen.

1. Vermögen

47 Die Literatur zum Vermögensbegriff ist unübersehbar. Hingewiesen sei deshalb besonders auf *Cramer*[1] und die Kommentierungen von *Tiedemann*[2] und *Satzger*[3]. Rechtsprechung[4] und die herrschende Literaturmeinung stehen auf dem Boden der **wirtschaftlichen Vermögenslehre**. Vermögen ist danach die *Summe aller geldwerten Güter nach Abzug der Verbindlichkeiten*[5]. Alle Güter einer Person zählen dazu, sofern sie nur nach wirtschaftlichen Kriterien einen Wert darstellen.

48 Vermögen sind danach alle **subjektiven Vermögensrechte** von wirtschaftlichem Wert, z.B. das Eigentum, Anwartschaften, klaglose Forderungen, sogar nichtige Forderungen[6], soweit sie nur einen konkreten Wert haben. Zum Vermögen gehört i.d.R. auch der Besitz[7].

49 Tatsächliche **Anwartschaften** oder Exspektanzen können ebenfalls unter den Vermögensbegriff fallen. Sie sind besonders typisch für den Bereich der Wirtschaftskriminalität. Sie lassen sich schwer abstrakt beschreiben, denn die Entscheidung muss im konkreten *Einzelfall* getroffen werden. Entscheidend ist, bis zu welchem Grad sich die Erwartung schon verdichtet hat und ab welchem Grad allgemeine, unbestimmte Aussichten, vage Hoffnungen oder Möglichkeiten einen wirtschaftlichen Wert darstellen.

50 Die **Exspektanz** hat dann einen wirtschaftlichen Wert, wenn der Vermögenszuwachs nach dem gewöhnlichen Verlauf der Dinge und den besonderen Umständen mit Wahrscheinlichkeit erwartet werden konnte. Eine solche Anwartschaft sollte rechtlich gesichert[8] und der Vermögensschaden muss konkret bestimmbar sein[9].

---

1 *Cramer*, Vermögensbegriff und Vermögensschaden im StrafR, 1968.
2 *Tiedemann* in LK, § 263 StGB Rz. 126 ff.
3 *Satzger* in S/S/W, § 263 StGB Rz. 90 ff.
4 BGH v. 28.6.1961 – 2 StR 83/61, BGHSt 16, 200; BGH v. 7.8.2003 – 3 StR 137/03, NStZ 2004, 37; BVerfG v. 10.3.2009 – 2 BvR 1980/07.
5 BGH v. 28.6.1961 – 2 StR 83/61, BGHSt 16, 200; vgl. auch BVerfG v. 20.3.2002 – 2 BvR 794/95, NJW 2002, 1779.
6 Vgl. BGH v. 27.1.1995 – 2 StR 749/94, StV 1996, 33; BGH v. 4.9.2001 – 1 StR 167/01, NStZ 2002, 33; BGH v. 12.5.2002 – 3 StR 4/02, NStZ 2003, 151; BGH v. 7.8.2003 – 3 StR 137/03, NStZ 2004, 37.
7 Vgl. BGH v. 27.11.1991 – 2 StR 312/91, StV 1992, 117; BGH v. 31.7.2002 – 1 StR 224/02, BGHR StGB § 263 Abs. 1 Vermögensschaden 61.
8 BGH v. 12.5.1992 – 1 StR 133/92 CR 1992, 557; BGH v. 20.12.1995 – 2 StR 541/95.
9 BGH v. 27.11.1991 – 2 StR 312/91, StV 1992, 117.

2. Schaden

a) Schaden ist der Unterschied zwischen dem Wert des Vermögens *vor* und *nach* der Vermögensverfügung[1]. Diese Definition ist nicht unbestritten[2], die Praxis orientiert sich aber in erster Linie an dieser Formulierung des BGH:

51

„Der Vermögensschaden beim Betrug ist nach ständiger Rechtsprechung des Bundesgerichtshofs durch einen Vermögensvergleich mit wirtschaftlicher Betrachtungsweise zu ermitteln (BGHSt 45, 1, 4; BGH NStZ 1996, 191; 1997, 32, 33)"[3]. Der „Vermögensschaden" in § 263 StGB wird traditionell als Synonym zum Tatbestandsmerkmal des Vermögensnachteils in § 266 StGB (Untreue)[4] verstanden[5].

Der maßgebliche *Zeitpunkt*, zu dem der Vermögensschaden zu ermitteln ist, ist der, zu dem die Vermögensverfügung stattfindet[6]. Der **Vermögensvergleich** ist danach so durchzuführen, dass das Vermögen vor der Verfügung zu vergleichen ist mit dem Vermögen nach der Verfügung. Der Saldo ist der Vermögensschaden. Das Nichtvorhandensein einer bei Vertragsschluss ausbedungenen *Sicherheit*[7] wird zwar i.d.R. zu einem Vermögensschaden in Form einer Vermögensgefährdung führen; das muss aber nicht stets der Fall sein, etwa, wenn der Anspruch auf andere Weise ausreichend gesichert ist oder sonst an der leichten *Realisierung* des Anspruchs keine ernsthaften Zweifel bestehen[8].

52

„An einem Vermögensschaden fehlt es, wenn der Gläubiger über Sicherheiten verfügt, die den Kreditbetrag voll decken und die er ohne finanziellen und zeitlichen Aufwand, namentlich ohne Mitwirkung des Schuldners und ohne Gefährdung durch ihn sofort nach Fälligkeit realisieren kann, wobei hinsichtlich der Bonität der Sicherheiten auf den Zeitpunkt der Vermögensverfügung abzustellen ist[9]."

---

1 BGH v. 18.7.1961 – 1 StR 606/60, BGHSt 16, 220 (221); BGH v. 3.11.1987 – 1 StR 292/87, wistra 1988, 188; BGH v. 30.7.1996 – 5 StR 168/96, NStZ 1997, 32; BGH v. 18.2.1999 – 5 StR 193/98, NStZ 1999, 302; BGH v. 4.3.1999 – 5 StR 355/98, NStZ 1999, 353; BGH v. 12.6.2001 – 4 StR 402/00, StV 2002, 133; BVerfG v. 20.5.1998 – 2 BvR 1385/95, NStZ 1998, 506.
2 *Cramer/Perron* in S/S, § 263 StGB Rz. 99.
3 BGH v. 14.8.2009 – 3 StR 552/08, BGHSt 54, 69, Rz. 155.
4 Vgl. dazu grundlegend BGH v. 13.9.2010 – 1 StR 220/09, Rz. 41 ff.
5 *Schünemann*, Der Begriff des Vermögensschadens als archimedischer Punkt des Untreuetatbestandes, StraFo 2010, 1 (2).
6 BGH v. 2.6.1993 – 2 StR 144/93, wistra 1993, 265; BGH v. 18.2.1999 – 5 StR 193/98, NStZ 1999, 302; BGH v. 4.3.1999 – 5 StR 355/98, NStZ 1999, 353; BGH v. 9.3.1999 – 1 StR 50/99; BGH v. 9.3.1999 – 1 StR 50/99, NStZ 1999, 555; BGH v. 16.2.2000 – 1 StR 189/99, NStZ 2000, 376.
7 BGH v. 17.11.1988 – 1 StR 590/88, BGHR StGB § 263 Abs. 1 Vermögensschaden 14; BGH v. 10.12.1991 – 5 StR 523/91, wistra 1992, 142; BGH v. 2.6.1993 – 2 StR 144/93, wistra 1993, 265; BGH v. 1.9.1994 – 1 StR 468/94, StV 1995, 254; BGH v. 21.12.1994 – 2 StR 415/94, NStZ 1995, 335; BGH v. 9.2.1995 – 4 StR 662/94, wistra 1995, 222; BGH v. 6.2.1996 – 1 StR 705/95, StV 1997, 416; zur Täuschung über die Werthaltigkeit der Sicherheit s. BGH v. 2.6.1993 – 2 StR 144/93, wistra 1993, 265 und BGH v. 12.6.2001 – 4 StR 402/00, StV 2002, 133.
8 BGH v. 3.11.1987 – 1 StR 292/87, wistra 1988, 188; BGH v. 5.9.1995 – 1 StR 456/95, NStZ 1996, 351; BGH v. 5.2.1997 – 3 StR 414/96; BGH v. 12.6.2001 – 4 StR 402/00, StV 2002, 133.
9 BGH v. 1.9.1994 – 1 StR 468/94, StV 1995, 254.

53 In diesen Vermögensvergleich muss auch eine eventuell stattfindende *Vermögensmehrung*[1] mit aufgenommen werden. Dieser Gesichtspunkt der **Kompensation** fällt aber nur dann ins Gewicht, wenn der Vermögenszuwachs *unmittelbar* durch die Verfügung erfolgt[2]. Ein nachträglicher Zuwachs reicht nicht aus, so z.B. wenn das Konto, auf das der ungedeckte Scheck gezogen ist, später Deckung aufweist. Auch eine **nachträgliche Schadensbeseitigung**[3] vermag den einmal eingetretenen Vermögensschaden nicht zu beseitigen. Ebenso wenig reicht ein Schadensersatzanspruch zur Kompensation aus.

54 Der **Beurteilungsmaßstab** ist *objektiv-individuell*. Es kommt darauf an, ob der aktuelle Wert des Vermögens infolge der Verfügung bei wirtschaftlicher Betrachtung, und zwar nach dem Urteil eines unbeteiligten, sachkundigen und unterrichteten Beobachters, unter Berücksichtigung der individuellen wirtschaftlichen Verhältnisse des Verletzten als gemindert erscheint[4]. Der BGH[5] entschied:

„Für die Beurteilung des Vermögenswertes von Leistung und Gegenleistung kommt es weder auf den von den Vertragsparteien vereinbarten Preis an (BGHSt 16, 220 [224]) noch darauf, wie hoch der Verfügende subjektiv ihren Wert taxiert (BGHSt 16, 321 [325]). Entscheidend für den Vermögenswert von Leistung und Gegenleistung ist vielmehr das vernünftige Urteil eines objektiven Dritten (BGHSt 16, 220, 222; 16, 321, 326; BGHR StGB § 263 Abs. 1 Vermögensschaden 70 m.w.Nw.)".

Ein Schaden liegt daher vor, wenn eine Ware geliefert wird, die – gemessen am Kaufpreis – minderwertig ist[6]. Maßgeblich ist deshalb i.d.R. der *Verkehrs- oder Marktwert*. Setzt sich eine vertraglich geschuldete Leistung aus mehreren gesondert ausgewiesenen Einzelleistungen zusammen, so kommt es für den Vermögensvergleich nicht nur auf die Werthaltigkeit der Leistung in ihrer Gesamtheit an, sondern auch auf die Angemessenheit der Einzelleistung[7].

55 Der BGH macht aber auch deutlich, dass gleichwohl die **individuelle Komponente** in die Schadensbetrachtung einfließt[8]:

„Nicht jeder Vermögensgegenstand hat den gleichen Wert für jedermann. Vor allem kann der Gebrauchswert je nach den Lebensverhältnissen des Einzelnen verschieden sein [...] Daher kann der Käufer einer Sache, sofern Umstände dieser Art gegeben sind, trotz Gleichwertigkeit von Leistung und Gegenleistung geschädigt sein. Auch dabei entschei-

---

1 Zur Frage, wenn die erwartete Vermögensmehrung ausbleibt, s. BGH v. 11.4.1985 – 4 StR 162/85, NJW 1985, 2428; s. auch BGH v. 20.12.1995 – 2 StR 541/95.
2 BGH v. 4.2.1992 – 5 StR 622/91, NStE Nr. 36 zu § 266 StGB; BGH v. 4.3.1999 – 5 StR 355/98, NStZ 1999, 353; BGH v. 14.7.1999 – 3 StR 188/99, wistra 1999, 420.
3 BGH v. 3.11.1987 – 1 StR 292/87, wistra 1988, 188; zum vertraglich vereinbarten Rücktrittsrecht s. BGH v. 22.10.1986 – 3 StR 226/86, NJW 1987, 388; BGH v. 2.6.1993 – 2 StR 144/93, wistra 1993, 256.
4 Vgl. dazu *Tiedemann* in LK, § 263 StGB Rz. 126 ff.
5 BGH v. 14.8.2009 – 3 StR 552/08, BGHSt 54, 69, Rz. 157.
6 Vgl. BGH v. 27.1.1995 – 2 StR 749/94, StV 1996, 33; BGH v. 25.10.2000 – 2 StR 232/00 – unechter Erfüllungsbetrug.
7 BGH v. 21.12.1983 – 3 StR 566/83, NJW 1985, 75.
8 BGH v. 18.7.1961 – 1 StR 606/60, BGHSt 16, 220 (222); BGH v. 2.4.1986 – 2 StR 723/85, wistra 1986, 169; BGH v. 27.1.1995 – 2 StR 749/94, StV 1996, 33; BGH v. 18.2.1999 – 5 StR 193/98, NStZ 1999, 302; BGH v. 9.3.1999 – 1 StR 50/99; zum Unternehmensverkauf vgl. BGH v. 14.7.2010 – 1 StR 245/09 – Falk.

det jedoch nicht die persönliche Einschätzung des Betroffenen, sondern das vernünftige Urteil eines unbeteiligten Dritten."

b) Die Rechtsprechung hat den Gesichtspunkt der auch individuellen Betrachtung weiterentwickelt[1]. Man spricht vom **subjektiven Schadenseinschlag**. Diese Fallgruppe ist aber in engen Ausnahmefällen[2] (vgl. dazu Rz. 57c) erst relevant, wenn die Wirtschaftsgüter objektiv gleichwertig sind. Hierzu zählen vor allem die Haustürgeschäfte. *Eser* hat die Rechtsprechung systematisiert[3]. Er nennt drei individuelle Schadensfaktoren: Die mangelnde individuelle Verwendbarkeit, den Liquiditätsverlust und den Zwang zu vermögensschädigenden Folgemaßnahmen. Festzuhalten ist, dass trotz des individuellen Schadenseinschlags der *Liebhaber- oder Affektionswert* bei der Bewertung ausscheidet[4].

56

Schwierigkeiten bereitet die Frage, ob die Verfehlung des mit der Verfügung angestrebten Zwecks (die sog. **Zweckverfehlung**) einen Schaden darstellt. Hier sind die Maßstäbe inzwischen durch den BGH weitgehend geklärt[5]:

57

„Wird dieser Zweck verfehlt, so wird das Vermögensopfer auch wirtschaftlich zu einer unvernünftigen Ausgabe, die auf Täuschung beruht. Allerdings kann, soll § 263 StGB nicht seines Charakters als einer Vorschrift zum Schutze des Vermögens beraubt und zu einer Vorschrift zum Schutze der Dispositionsfreiheit umgestaltet werden, nicht jeder auf Täuschung beruhende Motivirrtum die Strafbarkeit begründen. Erforderlich ist vielmehr die Verfehlung eines Zweckes, der dem Verfügenden in der konkreten Situation notwendig und sinnvoll erscheint, sei es, dass er einen sozialen, sei es, dass er einen indirekt wirtschaftlich relevanten Zweck verfolgt[6]."

Zu einer Geldanlage, die **entgegen der Zusage** zur *Alterssicherung* nicht geeignet war, erklärte der BGH[7]:

57a

„[...] kann die gesamte Leistung des Tatopfers als Schaden anzusehen sein, wenn es die Gegenleistung nicht zu dem vertraglich vorausgesetzten Zweck oder in anderer zumutbarer Weise verwenden kann. In Fällen der betrügerischen Vermittlung von Warenterminoptionsgeschäften hat der Bundesgerichtshof dies angenommen, wenn der Anleger über Eigenart und Risiko des Geschäftes derart getäuscht worden ist, dass er etwas völlig anderes erwirbt, als er erwerben wollte (,aliud'), die empfangene Gegenleistung für ihn mithin in vollem Umfang unbrauchbar ist (BGHSt 30, 177, 181; 32, 22; BGH NStZ 1983, 313; NJW 1992, 1709; NStZ 2000, 479; NJW 2003, 3644, 3645). Ein in dem Erlangten verkörperter Gegenwert bleibt hier regelmäßig außer Ansatz; er ist nur dann schadensmindernd zu berücksichtigen, wenn das Tatopfer imstande ist, ihn ohne finanziellen und zeitlichen Aufwand, namentlich ohne Mitwirkung des Angeklagten zu realisieren (vgl. BGHSt 47, 148, 154; BGH NStZ-RR 2000, 331)"

---

1 BGH v. 16.8.1961 – 4 StR 166/61, BGHSt 16, 321; BGH v. 2.4.1986 – 2 StR 723/85, wistra 1986, 169; BGH v. 27.1.1995 – 2 StR 749/94, StV 1996, 33; BGH v. 6.9.2000 – 3 StR 326/00, NStZ-RR 2001, 41; BGH v. 26.4.2001 – 4 StR 439/00, BGHSt 47, 1; BGH v. 19.7.2001 – 4 StR 457/00, wistra 2001, 386.
2 BGH v. 24.6.2010 – 3 StR 90/10, Rz. 18.
3 *Eser*, StrafR IV, 146.
4 BGH v. 5.7.1995 – 3 StR 178/95, BGHR StGB § 263 Abs. 1 Vermögensschaden 47.
5 BGH v. 12.5.1992 – 1 StR 133/92 – Spendenbetrug, BGHSt 38, 281; BGH v. 21.10.1994 – 2 StR 328/94 – zu Haushaltsmitteln, BGHSt 40, 287; BGH v. 4.11.1997 – 1 StR 273/97 – zu Haushaltsmitteln, BGHSt 43, 293; BGH v. 26.1.2006 – 5 StR 334/05 – zu Subventionen, wistra 2006, 261.
6 BGH v. 10.11.1994 – 4 StR 331/94 – Spendenbetrug, NStZ 1995, 134.
7 BGH v. 7.3.2006 – 1 StR 385/05, NStZ-RR 2006, 207, Rz. 19.

57b Werden aus öffentlichen Mitteln Wohnungsbauförderdarlehen infolge falscher Angaben einem Bauherrn gewährt, der die Voraussetzungen für die Leistung dieser Subvention (etwa nach den Bestimmungen des Wohnungsbauförderungsgesetzes) nicht erfüllt, begründet diese Zweckverfehlung einen materiellen Schaden und zwar von Anfang an (mit der Eingehung der Darlehensverbindlichkeit), da die zugesagten Mittel nicht mehr für andere förderungswürdige Antragsteller zur Verfügung stehen[1].

57c Aus dem Bestimmtheitsgebot des Art. 103 Abs. 2 GG folgt, dass die normative Auslegung des Merkmals des Vermögenschadens nicht die gebotene wirtschaftliche Betrachtung überlagern darf[2]. Vor diesem Hintergrund wird die Rechtsfigur des persönlichen Schadenseinschlags auch vom BGH zutreffend infrage gestellt, etwa bei der Bewertung von Inhaberschuldverschreibungen eines Produzenten von Solaranlagen[3].

58 c) Oben wurde schon ausgeführt, dass der Schaden in Form der **Vermögensgefährdung** bei der Wirtschaftskriminalität eine erhebliche Rolle spielt. Jedem Kaufmann ist klar: Eine Vermögensgefährdung hat durchaus wirtschaftliche Bedeutung. Nur so kann eine *Abschreibung oder Wertberichtigung* erklärt werden. Deshalb ist es gleichgültig, ob die Wertminderung auf einem Ausscheiden des Wirtschaftsgutes aus dem Vermögen oder nur einer Gefährdung beruht. Der Unterschied ist daher kein qualitativer, sondern nur quantitativ[4]. Die Rechtsprechung folgt somit bei der Anerkennung der schadensgleichen Vermögensgefährdung den wirtschaftlichen Gegebenheiten. Freilich reicht nicht jede Gefährdung aus. Der BGH[5] verlangt eine *konkrete, schadensgleiche Gefährdung*, d.h. eine nach den Umständen des Einzelfalls naheliegende Möglichkeit des endgültigen Verlustes. Dies setzt eine konkrete Gefährdung ihres Vermögens voraus, angesichts derer mit dem alsbaldigen Eintritt eines entsprechenden endgültigen Schadens zu rechnen ist[6]. Diese Formulierung ist noch sehr unbestimmt. Präziser ist die Literaturmeinung[7], die verlangt, dass der endgültige Verlust sich so sehr verdichtet habe, dass nach objektivem Urteil bereits abgeschrieben werden müsste. Noch konkreter wird der Gefährdungsschaden fassbar, wenn man *Fallgruppen* bildet.

59 Es kommt immer auf die bewertbare Vermögensminderung **zum Zeitpunkt der Verfügung** an. Die Wertminderung muss auch im Falle einer Erhöhung des Ausfallrisikos benennbar sein. Für die Bejahung des Betrugs muss zur Überzeu-

---

1 BGH v. 28.10.2014 – VI ZR 15/14, Rz. 20.
2 BVerfG v. 7.12.2011 – 2 BvR 2500/09, Rz. 173 ff, NJW 2012, 907 (916 f.).
3 BGH v. 19.2.2014 – 5 StR 510/13, Rz. 14 ff., NStZ 2014, 318, m. zustimmender Anm. *Piel*, NStZ 2014, 399 (400).
4 *Tiedemann* in LK, § 263 StGB Rz. 168.
5 BGH v. 20.7.1966 – 2 StR 188/66, BGHSt 21, 112; BGH v. 4.3.1999 – 5 StR 355/98, NStZ 1999, 353; BGH v. 7.10.2003 – 1 StR 212/03, NStZ 2004, 95.
6 BGH v. 21.10.1994 – 2 StR 328/94, BGHSt 40, 287; BGH v. 7.10.2003 – 1 StR 212/03, NStZ 2004, 95; BGH v. 26.8.2003 – 5 StR 145/03, NStZ 2004, 218 (auch zu den subjektiven Anforderungen).
7 Nw. bei *Tiedemann* in LK, § 263 StGB Rz. 171.

gung des Gerichts feststehen, dass ein Schaden eingetreten ist. Die für die Strafzumessung (Schuldumfang) bedeutsame Schadenshöhe kann geschätzt werden[1]. Ist dies nicht möglich, liegt kein unmittelbar herbeigeführter Schaden i.S. von § 263 StGB vor. Der Betrugstatbestand ist nicht erfüllt. Denn § 263 StGB ist *kein Gefährdungsdelikt*. Der Begriff der (schadensgleichen) Vermögensgefährdung ist daher missverständlich. Er ist auch unnötig. Auf ihn sollte in Zukunft verzichtet werden[2]. Verwirklicht sich das zum Zeitpunkt der Vermögensverfügung bestehende Verlustrisiko (über das getäuscht wurde) später nicht, stellt sich dies als Schadenswiedergutmachung dar[3] (vgl. hierzu auch § 50 Rz. 128 f.):

„Der mit der Vermögensverfügung unmittelbar eingetretene Vermögensschaden ist durch das Verlustrisiko zum Zeitpunkt der Vermögensverfügung bestimmt. Dies stellt hinsichtlich des Straftatbestands einen endgültigen Schaden dar und nicht nur eine (schadensgleiche) Vermögensgefährdung. Die Höhe des Vermögensnachteils zum Zeitpunkt der Verfügung ist nach wirtschaftlichen Maßstäben zu bewerten. Ist eine genaue Feststellung zur Schadenshöhe nicht möglich, sind hierzu Mindestfeststellungen zu treffen. Dies kann durch Schätzung geschehen. Dem Tatrichter steht dabei ein Beurteilungsspielraum zu."[4]

Wie hier verlangt seit 2010 auch das **BVerfG** in der entsprechenden Situation beim Tatbestand der Untreue (§ 266 StGB) eine konkrete Bestimmung des sog. Gefährdungsschadens zum Zeitpunkt der Vermögensverfügung[5]. Entsprechend hat es Ende 2011 auch ausdrücklich zum Betrugstatbestand entschieden[6]. Es genügt deshalb nicht mehr, bei tatsächlich minderwertigen Außenständen – etwa den Rückzahlungsansprüchen bei Geldanlagebetrugsfällen – ohne Weiteres nur die Forderungen aufzuaddieren und die Summe als Gefährdungsschaden zu bezeichnen[7]. Es muss eine *Bewertung* zum Zeitpunkt der Vermögensverfügung stattfinden. Durch Schätzung ist ein Mindestschaden zu ermitteln.

59a

3. Einzelne Fallgruppen

Hier werden einige Fallgruppen vorgestellt, die die Rechtsprechung herausgearbeitet hat und die besonders typisch sind. Dazu zählen auch einzelne Varianten des sog. Gefährdungsschadens.

60

---

1 *Satzger* in S/S/W, § 263 StGB Rz. 139; zu den Schätzmethoden vgl. BGH v. 10.11.2009 – 1 StR 283/09, wistra 2010, 148, Rz. 12 ff.
2 Vgl. auch BGH v. 30.3.2008 – 1 StR 488/07, BGHR StGB § 266 Abs. 1 Nachteil 65, Rz. 18 ff.; BGH v. 18.2.2009 – 1 StR 731/09, Rz. 16 ff.
3 BGH v. 27.3.2003 – 5 StR 508/02, BGHR StGB § 263 Abs. 1 Vermögensschaden 63; krit. *Fischer*, Strafbarer Gefährdungsschaden oder strafloser Untreueversuch, StV 2010, 95; vgl. auch *Fischer*, Der Gefährdungsschaden bei § 266 in der Rechtsprechung des BGH, StraFo 2008, 269; *Nack*, Bedingter Vorsatz beim Gefährdungsschaden, StraFo 2008, 277.
4 BGH v. 18.2.2009 – 1 StR 731/08, BGHSt 53, 199.
5 BVerfG v. 23.6.2010 – 2 BvR 2559/08, 2 BvR 105/09, 2 BvR 491/09, Rz. 149, 151.
6 BVerfG v. 7.12.2011 – 2 BvR 2500/09, NStZ 2012, 496 (503 ff.).
7 BGH v. 15.10.2013 – 3 StR 154/13, Rz. 14.

61 a) Wenn **gutes Geld für schlechte Ware** oder schlechte Leistung bezahlt wird, dann liegt ein Vermögensschaden vor[1]. Gleiches gilt für den umgekehrten Fall, dass das Entgelt zu niedrig ist. Vorsicht ist aber geboten bei Spezialmärkten, vor allem beim Kunst- und Antiquitätenhandel[2]. Rechnet der Betreiber eines ambulanten Pflegedienstes Leistungen von Mitarbeitern ab, die nicht über die mit der Kranken- und Pflegekasse vertraglich vereinbarte Qualifikation verfügen, beträgt der Schaden wirtschaftlich – nicht nur normativ – 100 %, da der wirtschaftliche Wert der Leistung der unqualifizierten Kräfte gegen null geht[3].

62 b) Der **persönliche Schadenseinschlag** wurde bereits angesprochen (Rz. 56). Hierzu zählen vor allem die Bestellung von unnützen Zeitschriften, der Kauf einer nutzlosen Lexikonbibliothek, der Abschluss einer ungewollten Lebensversicherung usw.[4].

63 c) Beim **Eingehungsbetrug** ist ein Vermögensschaden gegeben, wenn der vertragliche Anspruch auf die Leistung des Täuschenden in seinem Wert hinter der Verpflichtung zur Gegenleistung des Getäuschten zurückbleibt[5]. Beim Eingehungsbetrug wird danach gefragt, ob sich ein Saldo zum Zeitpunkt des Vertragsabschlusses ergibt. Es werden also die gegenseitigen *Leistungspflichten* miteinander verglichen. So entschied der BGH[6]:

> Beim Betrug durch Abschluss eines Vertrages (Eingehungsbetrug) [...] ist der Vermögensvergleich auf den Zeitpunkt des Vertragsschlusses zu beziehen. Ob ein Vermögensschaden eingetreten ist, ergibt sich aus einer Gegenüberstellung der Vermögenslage vor und nach diesem Zeitpunkt. Zu vergleichen sind demnach die beiderseitigen Vertragsverpflichtungen (BGHSt 16, 220, 221; 45, 1, 4). Bleibt der Anspruch auf die Leistung des Täuschenden in seinem Wert hinter der Verpflichtung zur Gegenleistung des Getäuschten zurück, so ist dieser geschädigt (BGHSt 16 aaO).

63a Schon vor einigen Jahren hat das **BVerfG** die höchstrichterliche Rechtsprechung so zusammengefasst[7]:

> „Der Vermögensschaden ergibt sich durch einen Vergleich des Vermögensstandes des Verletzten vor und nach dem Vertragsabschluss. Eine Vermögensbeschädigung i.S. des § 263 Abs. 1 StGB liegt vor, wenn der vertragliche Anspruch auf die Leistung des Täuschenden in seinem Wert hinter der Verpflichtung zur Gegenleistung des Getäuschten

---

1 BGH v. 21.6.1995 – 2 StR 758/94 – Weinpanscher, NStZ 1995, 605; zum Gebrauchtwagenkauf s. BayObLG v. 26.3.1987 – RReg 5 St 14/87, NJW 1987, 2452.
2 *Tiedemann* in LK, § 263 StGB Rz. 200.
3 BGH v. 16.6.2014 – 4 StR 21/14, Rz. 31.
4 Vgl. BGH v. 27.1.1995 – 2 StR 749/94, StV 1996, 33.
5 BGH v. 8.1.1992 – 2 StR 102/91, BGHSt 38, 186; BGH v. 2.3.1994 – 2 StR 620/93, BGHSt 40, 84; BGH v. 12.6.1991 – 3 StR 155/91 – Rabatt, NStZ 1991, 488. Zur betrügerischen Einwerbung von Gesellschaftern: BGH v. 23.9.1986 – 5 StR 389/86, wistra 1987, 24 und BGH v. 10.8.1993 – 1 StR 302/93; von Anlegern: BGH v. 12.7.1988 – 1 StR 57/88, BGHR StGB § 263 Abs. 1 Täuschung 4; Werkvertrag: BGH v. 7.11.1991 – 4 StR 252/91, MDR 1992, 280; BGH v. 27.10.1992 – 1 StR 397/92; BGH v. 7.11.1991 – 4 StR 252/91, NStZ 1992, 140; BGH v. 18.2.1999 – 5 StR 193/98, NStZ 1999, 302; BGH v. 12.6.2001 – 4 StR 402/00, StV 2002, 133; zum Versuchsbeginn s. BGH v 9.7.1996 – 1 StR 288/96, NStZ 1997, 31.
6 BGH v. 14.8.2009 – 3 StR 552/08, BGHSt 54, 69, Rz. 156.
7 BVerfG v. 20.5.1998 – 2 BvR 1385/95, NStZ 1998, 506; vgl. jetzt BVerfG v. 23.6.2010 – 2 BvR 491/09, Rz. 149, 151 zum sog. Gefährdungsschaden bei der Untreue.

zurückbleibt (vgl. BGHSt 23, 300 [302]). Die dem Vertragsabschluss nachfolgende Erfüllung des Vertrags durch den Getäuschten stellt deshalb nach dieser Auffassung nur noch die Vertiefung des bereits mit Vertragsabschluss eingetretenen Vermögensschadens dar. Die Lehre vom Eingehungsbetrug basiert auf dem Gesichtspunkt der schadensgleichen Vermögensgefährdung, wonach bei der gebotenen wirtschaftlichen Betrachtungsweise ein Vermögensschaden nicht nur in tatsächlichen Verlusten eines Vermögenswertes (,effektiver' Schaden), sondern schon in der konkreten Gefährdung vermögenswerter Positionen zu sehen sei."

d) Im Gegensatz dazu wird beim echten **Erfüllungsbetrug**[1] nicht nach den Leistungspflichten, sondern nach den *ausgetauschten Leistungen* gefragt. Hierzu zählt der Fall, dass der Verkäufer eine Ware liefert, die im Wert geringer ist als die geschuldete. Hat der Gläubiger zu einem Zeitpunkt, als der Schuldner noch leistungsfähig und leistungswillig war, *vorgeleistet*, dann ist ein Vermögensschaden nur dann zu bejahen, wenn der Gläubiger Nachteile erleidet, die über die bloße Schlechterfüllung hinausgehen. Das ist dann der Fall, wenn der Gläubiger durch die Entgegennahme der mangelhaften Leistung eine Minderung seines Anspruchs hinnehmen muss, so wenn er in Beweisschwierigkeiten gerät oder wenn er dadurch davon abgehalten wird, seinen derzeit noch, später aber nicht mehr realisierbaren Anspruch durchzusetzen[2]. Beim unechten Erfüllungsbetrug hat der Täter bereits bei Vertragsabschluss vor, später minderwertig zu leisten (vgl. hierzu § 59 Rz. 18 ff.).

64

e) Besonderheiten gelten bei einem Leistungsaustausch **Zug um Zug**; hier kommt i.d.R. nur ein versuchter Betrug in Betracht[3].

65

„Der Abschluss eines Kaufvertrages erfüllt die Voraussetzungen eines (Eingehungs-)Betrugs oder versuchten Betrugs noch nicht, wenn der durch Täuschung zustande gekommene Vertrag nur zur Zug-um-Zug-Leistung verpflichtet. In solchen Fällen liegt in dem Vertragsschluss regelmäßig noch keine schadensgleiche Vermögensgefährdung. Dem anderen Vertragspartner infolge Nichtdurchführung des Vertrages entstandene Vermögenseinbußen sind kein Vermögensschaden i.S. von § 263 StGB, weil es insoweit an der erforderlichen Stoffgleichheit zwischen Schaden und angestrebtem Vermögensvorteil fehlt. Auch eine Verurteilung wegen versuchten Betruges kommt nur dann in Betracht, wenn der Täter bei Vertragsschluss trotz der vertraglichen Gestaltung davon ausging, er werde die von dem Vertragspartner geschuldete Gegenleistung auch ohne Erbringung der eigenen Leistung erhalten[4]."

Entsprechendes gilt bei einer **Vorleistungspflicht** des Täuschenden:

66

„Ein vollendeter Betrug liegt nicht vor, wenn der Getäuschte auf Vorleistung des Täuschenden bestehen kann und dadurch gesichert ist. Brauchte die Firma also nicht vorher

---

1 Beispiele: BGH v. 21.12.1983 – 3 StR 566/83, NJW 1985, 75; BGH v. 8.1.1992 – 2 StR 102/91, BGHSt 38, 186; BGH v. 2.3.1994 – 2 StR 620/93, NStZ 1994, 341; BGH v. 25.10.2000 – 2 StR 232/00.
2 BGH v. 8.11.1988 – 1 StR 568/88; BGH v. 8.1.1992 – 2 StR 102/91 – Täuschung hält von der Geltendmachung von Schadensersatzansprüchen ab, BGHSt 38, 186.
3 BGH v. 17.8.1993 – 5 StR 410/93; BGH v. 9.12.1994 – 3 StR 433/94, StV 1995, 255; BGH v. 5.9.1995 – 1 StR 456/95, NStZ 1996, 351; BGH v. 31.10.1995 – 1 StR 584/95, NStZ-RR 1996, 34; BGH v. 18.9.1997 – 5 StR 331/97, NStZ 1998, 85; BGH v. 18.11.1997 – 1 StR 604/97, StraFo 1998, 60; BGH v. 12.6.2001 – 4 StR 402/00, StV 2002, 133.
4 BGH v. 18.9.1997 – 5 StR 331/97, NStZ 1998, 85.

zu zahlen, so konnte sie durch den Vertragsabschluss auch dann keinen Vermögensnachteil erleiden, wenn später die vereinbarte Gegenleistung ausblieb."[1]

67 **f)** Liegt bereits bei dem **Abschluss eines Vertrages** ein Schaden i.S. eines Eingehungsbetrugs vor, so stellen Rechtsprechung und h.M. nicht auf den endgültigen Schadenseintritt ab[2]. Sie gehen davon aus, dass der Betrug bereits mit Vertragsabschluss vollendet ist. Daraus wird ersichtlich, dass der Eingehungsbetrug eine wichtige Fallgruppe der *Vermögensgefährdung* ist, denn es geht um die Bewertung zukünftiger Leistungen, bezogen auf den Zeitpunkt des Vertragsabschlusses. Davon zu unterscheiden ist der für den Verjährungsbeginn (§ 78a StGB) maßgebliche Zeitpunkt der Beendigung der Tat. Dies wird regelmäßig erst mit der tatsächlichen Erlangung des endgültigen Vermögensvorteils der Fall sein[3].

68 **g)** Ein Unterfall des Eingehungsbetrugs ist der **Anstellungsbetrug**. Hier geht es darum, dass der eingestellte Bewerber die erwarteten fachlichen Voraussetzungen nicht erfüllt[4].

69 **h) Weitere Fälle** der Vermögensgefährdung sind: das Veranlassen des Getäuschten, einen ihm zustehenden Anspruch nicht oder nicht alsbald geltend zu machen[5]; das Erschleichen falscher oder Entziehen richtiger Beweismittel (Beweismittelbetrug[6]); *unrichtige Buchungen* in Handelsbüchern, sofern der durch die Gutschrift entstandene Rechtsschein eine konkrete Gefahr des endgültigen Verlusts verursacht hat[7]; *Rentenbetrug*[8]; *Spenden- und Bettelbetrug*[9]; Arzt-

---

1 BGH v. 2.3.1994 – 2 StR 620/93, NStZ 1994, 341.
2 *Satzger* in S/S/W, § 263 StGB Rz. 246 m.w.Nw.; BGH v. 23.7.1991 – 1 StR 331/91; BGH v. 3.12.1991 – 1 StR 496/91, GmbHR 1992, 678; BGH v. 7.11.1991 – 4 StR 252/91, MDR 1992, 280; s. auch die unter Rz. 63a zitierte Entscheidung des BVerfG; a.A. (differenzierend) *Cramer/Perron* in S/S, § 263 StGB Rz. 129, 130.
3 *Satzger* in S/S/W, § 263 StGB Rz. 249 m.w.Nw.; vgl. auch BVerfG v. 9.10.2009 – 2 BvR 1826/09, StraFo 2009, 458; BGH v. 22.1.2004 – 5 StR 415/04, wistra 2004, 228.
4 BGH v. 6.7.1993 – 1 StR 280/93 – Titelmissbrauch, NStZ 1994, 236; BGH v. 6.10.1994 – 4 StR 353/94; BGH v. 21.12.1994 – 2 StR 415/94 – Arbeitsunfähigkeit, NStZ 1995, 335; grundlegend: BVerfG v. 20.5.1998 – 2 BvR 1385/95, NStZ 1998, 506 und BGH v. 18.2.1999 – 5 StR 193/98, NStZ 1999, 302; Betrug durch Arbeitgeber: BGH v. 18.1.2001 – 4 StR 315/00, NStZ 2001, 258; *Kargl*, Offenbarungspflicht und Vermögensschaden beim Anstellungsbetrug, 2008.
5 BGH v. 8.1.1992 – 2 StR 102/91, BGHSt 38, 186; zur Unterlassung der Kündigung eines Leasingvertrages bei Zahlungsverzug s. BGH v. 26.4.1988 – 1 StR 43/88, wistra 1988, 303; BGH v. 1.12.1992 – 1 StR 695/92; BGH v. 20.3.2000 – 2 Ars 489/99 und 2 AR 217/99 – Vereitelung Zwangsvollstreckung, wistra 2000, 311.
6 BGH v. 16.1.1992 – 4 StR 509/91, NStZ 1992, 233; BGH v. 23.6.1992 – 5 StR 75/92, NStZ 1992, 498; BGH v. 17.10.1996 – 4 StR 389/96, NStZ 1997, 431; BGH v. 25.4.2001 – 1 StR 2001 – Erschleichen Titel, BGHR StGB § 263 Abs. 1 Täuschung 19.
7 *Tiedemann* in LK, § 263 StGB Rz. 232 ff.; s. auch BGH v. 21.10.1994 – 2 StR 328/94, NStZ 1995, 144; BGH v. 10.1.1995 – 1 StR 582/94, NStZ 1995, 232.
8 BGH v. 25.8.1993 – 5 StR 408/93.
9 BGH v. 10.11.1994 – 4 StR 331/94, NStZ 1995, 134.

abrechnungsbetrug[1]; *Prozessbetrug*[2]. Zum Ausschreibungsbetrug s. unten § 58; zum Provisionsbetrug s. Rz. 78; zum Selbsthilfebetrug s. Rz. 85.

C. Subjektive Merkmale

I. Vorsatz

Der Betrugsvorsatz bei Wirtschaftsdelikten bereitet erhebliche **Schwierigkeiten**. Zum einen sind sie in der nicht einfachen rechtlichen Konstruktion des Gefährdungsschadens begründet. Zum andern ist der Nachweis i.d.R. sehr aufwendig. 70

Der Vorsatz muss sich auf sämtliche **objektiven Tatbestandsmerkmale**[3] beziehen und auf deren kausale Verknüpfung. Es genügt bedingter Vorsatz (dolus eventualis)[4]. 71

Dort, wo es um **künftige Leistungen** geht, also insbesondere bei der Eingehung einer vertraglichen Verpflichtung, ist die Tatsache, auf die sich der Vorsatz beziehen muss, die geäußerte Überzeugung, bei Fälligkeit bezahlen zu können. Hierbei handelt es sich um eine sog. *innere Tatsache*, die genauso zur Überzeugung des Gerichts feststehen muss wie jede andere Haupttatsache. Die Vorsatzproblematik wird in den eingangs genannten Fallgruppen vertieft. 72

Wichtig ist, dass die **Hoffnung**, doch noch bezahlen zu können, den Vorsatz hinsichtlich des Vermögensschadens nicht ausschließt[5]. Derartige Zukunftserwartungen sind unbeachtlich. Da es auch bei Risikogeschäften auf den *Zeitpunkt des Vertragsabschlusses* ankommt, ist es konsequent, den Vorsatz auf 73

---

1 BGH v. 15.10.1991 – 4 StR 420/91, wistra 1992, 95; BGH v. 21.5.1992 – 4 StR 577/91, NStZ 1992, 436; BGH v. 10.3.1993 – 3 StR 461/92, NStZ 1993, 388; BGH v. 14.4.1993 – 4 StR 144/93, StV 1993, 520; BGH v. 11.8.1993 – 3 StR 123/93; BGH v. 1.9.1993 – 2 StR 258/93, NStZ 1994, 188; BGH v. 24.8.1994 – 3 StR 204/94, NStZ 1994, 585; BGH v. 22.3.1994 – 4 StR 117/94, StV 1994, 423; BGH v. 28.9.1994 – 4 StR 280/94, NStZ 1995, 85; BGH v. 22.3.1994 – 4 StR 117/94, BGHR StPO § 267 Abs. 5 Freispruch 10; BGH v. 5.12.2002 – 3 StR 161/02, NStZ 2003, 313; BGH v. 25.11.2003 – 4 StR 239/03, NStZ 2004, 266; BVerfG v. 8.9.1997 – 2 BvR 2414/97, NStZ 1998, 29.
2 BGH v. 16.1.1992 – 4 StR 509/91, NStZ 1992, 233; BGH v. 17.10.1996 – 4 StR 389/96, BGHSt 42, 268; BGH v. 17.4.2000 – 5 StR 665/99, wistra 2000, 263; BGH v. 6.11.2002 – 1 StR 197/02.
3 Zum Schädigungsvorsatz s. BGH v. 22.5.1986 – 4 StR 64/86, wistra 1987, 24; BGH v. 3.11.1987 – 1 StR 292/87, wistra 1988, 188; BGH v. 18.1.2001 – 4 StR 315/00, NStZ 2001, 258; BGH v. 12.6.2001 – 4 StR 402/00, StV 2002, 133; BGH v. 26.8.2003 – 5 StR 145/03, NStZ 2004, 218; BGH v. 5.5.2009 – 3 StR 475/08; BVerfG v. 10.3.2009 – 2 BvR 1980/07 m. Anm. *G. Schäfer*, JR 2009, 289; zur Bereicherungsabsicht s. Rz. 74 ff.
4 BGH v. 17.10.1996 – 4 StR 389/96, BGHSt 42, 268; zum Mittäter s. BGH v. 25.10.1994 – 4 StR 173/94, BGHSt 40, 299; BGH v. 21.6.1994 – 4 StR 173/94, NStZ 1994, 534.
5 BGH v. 12.6.2001 – 4 StR 402/00, StV 2002, 133; BGH v. 26.8.2003 – 5 StR 145/03, NStZ 2004, 218.

den zu diesem Zeitpunkt bereits eingetretenen Schaden (Rz. 59) zu beziehen. Deshalb sagt der BGH:

„Diese Zukunftserwartung steht einem für die jeweilige Gegenwart vorhandenem Benachteiligungsvorsatz nicht entgegen, sondern betrifft nur die spätere Nachteilsbeseitigung oder Wiedergutmachung[1]."

„Richtig ist, dass – wie in Rechtsprechung und Schrifttum öfters betont wird – der Schädigungsvorsatz beim Darlehensbetrug nicht deshalb wegfällt, weil der Täter beabsichtigt, hofft oder glaubt, den endgültigen Schaden abwenden zu können. Dies beruht darauf, dass Bezugsgegenstand solcher Absichten, Hoffnungen oder Erwartungen lediglich die strafrechtlich unbeachtliche Wiedergutmachung eines bereits mit der Kreditgewährung entstandenen Schadens ist. Davon unberührt bleibt jedoch das Erfordernis, dass der Täter im Zeitpunkt der Kreditgewährung die Minderwertigkeit des Rückzahlungsanspruchs im Vergleich zu dem erhaltenen Geldbetrag gekannt haben muss. Dazu genügt freilich bereits seine Kenntnis der die Vermögensgefährdung begründenden Umstände und das Wissen, dass die Forderung nach allgemeinen Bewertungsmaßstäben nicht als gleichwertig angesehen wird, mag er selbst sie auch anders bewerten[2]."

73a Beim betrügerisch veranlassten Eingehen eines **Risikogeschäfts** – mit einer nicht mehr vertragsimmanenten Verlustgefahr – ist zur Feststellung des Schadens auf den unmittelbar mit der Vermögensverfügung des Geschädigten eingetretenen Vermögensnachteil abzustellen. Allein hierauf muss sich das voluntative Element des Vorsatzes beim Täter beziehen. Auf die Billigung eines eventuellen Endschadens kommt es insoweit nicht an[3].

II. Bereicherungsabsicht

1. Absicht

74 Der Täter muss in der Absicht handeln, sich oder einem Dritten einen rechtswidrigen Vermögensvorteil zu verschaffen. Absicht ist **zielgerichtetes Wollen**. Für die Rechtswidrigkeit des Vermögensvorteils reicht indes bedingter Vorsatz aus (Rz. 80).

75 Der **BGH** hat sich in einer Entscheidung[4] mit den Anforderungen an die Absicht auseinandergesetzt. Zunächst ist von der *Wissensseite* die sichere Voraussicht des Bereicherungseintritts erforderlich:

„Zweifellos genügt für die auf den rechtswidrigen Vermögensvorteil gerichtete Absicht in § 263 nicht das diesen Erfolg lediglich in der Form des bedingten Vorsatzes umfassende Wissen und Wollen des Täters. Denn wer sich, wie der mit bedingtem Vorsatz Handelnde, einen Erfolg als nur möglich vorstellt, erstrebt ihn trotz seines auf ihn für den Fall seines Eintritts gerichteten Willens nicht mit der Unbedingtheit, die ein absichtliches Handeln kennzeichnet."

Sodann geht es um die Erwünschtheit, die *Willensseite*:

„Für die Absicht i.S. des Betrugstatbestandes muss es deshalb auch aus kriminalpolitischen Gründen genügen, dass es dem Täter auf den rechtswidrigen Vermögensvorteil als sichere und erwünschte Folge seines Handelns ankommt, mögen ihn daneben auch an-

---

1 BGH v. 6.2.1979 – 1 StR 685/78, NJW 1979, 1512.
2 BGH v. 2.6.1993 – 2 StR 144/93, wistra 1993, 265.
3 BGH v. 18.2.2009 – 1 StR 731/08, BGHSt 53, 199.
4 BGH v. 23.2.1961 – 4 StR 7/61, BGHSt 16, 1.

dere Zielvorstellungen und Regungen erfüllen, ja mag jene Folge für ihn nur das Mittel zu einem anderen Zweck sein."

Dieses Ziel braucht also nicht der einzige, der maßgebende oder auch nur überwiegende Zweck, noch letzte Triebfeder zu sein. Eine Bereicherungsabsicht liegt aber dann *nicht* vor, wenn die Vorteilserlangung nur eine notwendige, dem Täter aber höchst unerwünschte Nebenfolge eines von ihm erstrebten anderen Erfolges ist[1].

2. Stoffgleichheit

Der erstrebte *Vermögensvorteil* ist das genaue **Gegenstück zum Vermögensschaden**. Dazu sagt der BGH[2]:

„Dieselbe Vermögensverfügung des Getäuschten, die der Täter in der Absicht, sich zu Unrecht zu bereichern, veranlasst, muss die Vermögensschädigung unmittelbar herbeiführen. Der vom Täter erstrebte Vermögensvorteil und der verursachte Vermögensschaden müssen mit anderen Worten einander entsprechen. Das eine muss gleichsam die Kehrseite des anderen sein."

Aus dem Erfordernis der **Unmittelbarkeit** wird die Forderung nach der sog. *Stoffgleichheit* abgeleitet[3]. Entscheidend ist, dass dieselbe Vermögensverfügung des Getäuschten, die den Täter oder einem Dritten bereichern soll, den Schaden unmittelbar herbeiführt[4]. Insofern ist der Begriff der Stoffgleichheit bei der Vereitelung von Gewinnaussichten irreführend, weil es auf die Unmittelbarkeit ankommt; ein der Höhe nach mit dem Schaden identischer Vorteil wird nicht vorausgesetzt[5].

Beispiel: Stoffgleichheit und Unmittelbarkeit ist z.B. noch gegeben, wenn der Täter Aufwendungen erspart, weil der Getäuschte die Durchsetzung eines Anspruchs unterlässt, wenn er die Forderung stundet oder wenn bei Ausschreibungen der Zuschlag zugunsten eines Mitbewerbers und zulasten von Konkurrenzfirmen pflichtwidrig vereitelt wird[6]. Keine Stoffgleichheit und Unmittelbarkeit liegt hingegen vor, wenn der Täter von einem Dritten eine Belohnung erhalten will oder wenn dem Opfer mittelbare Nachteile erwachsen.

---

1 BGH v. 3.3.1999 – 2 StR 598/98, StV 2000, 78 und BGH v. 7.8.2003 – 3 StR 137/03, NStZ 2004, 37 zu der insoweit gleichen Frage bei § 253 StGB.
2 BGH v. 6.4.1954 – 5 StR 74/54, BGHSt 6, 115.
3 BGH v. 19.7.2001 – 3 StR 203/01, NStZ 2001, 650; BGH v. 4.12.2002 – 2 StR 332/02, NStZ 2003, 264; BGH v. 31.1.2007 – 2 StR 494/06, Rz. 4.
4 BGH v. 29.5.1987 – 3 StR 242/86, GmbHR 1987, 464, NJW 1988, 1397; BGH v. 2.12.1987 – 3 StR 375/87; BGH v. 20.7.1988 – 2 StR 348/88, wistra 1988, 350; BGH v. 14.9.1993 – 1 StR 546/93, wistra 1994, 24; BGH v. 9.12.1994 – 3 StR 433/94, StV 1995, 255; BGH v. 18.9.1997 – 5 StR 331/97, NStZ 1998, 85; BGH v. 19.7.2001 – 3 StR 203/01, NStZ 2001, 650; BGH v. 4.12.2002 – 2 StR 332/02, NStZ 2003, 264; BGH v. 25.11.2003 – 4 StR 239/03, NStZ 2004, 266; BGH v. 12.5.1992 – 1 StR 133/92, CR 1992, 557; BGH v. 12.3.1996 – 1 StR 702/95; BGH v. 17.8.1993 – 5 StR 410/93.
5 BGH v. 29.5.1987 – 3 StR 242/86, GmbHR 1987, 464 = NJW 1988, 1397.
6 BGH v. 29.5.1987 – 3 StR 242/86, NJW 1988, 1397; BGH v. 1.11.1988 – 5 StR 259/88, NStZ 1989, 74.

78 Das Problem der Stoffgleichheit spielt in der Praxis namentlich eine Rolle beim sog. **Provisionsbetrug**[1]. Ein derartiger Provisionsvertreter-Fall – der Provisionsvertreter erschwindelte Aufträge, um von seinem Geschäftsherrn die Provision zu erhalten – lag einer Entscheidung des BGH zugrunde[2]. Dabei ist zu differenzieren: I.d.R. liegt kein eigennütziger Betrug zum Nachteil der Kunden vor, weil es hier an der Stoffgleichheit fehlt. Jedoch liegt in derartigen Fällen zumeist ein Betrug zum Nachteil des Geschäftsherrn vor.

3. Rechtswidriger Vermögensvorteil

79 **a)** Der erstrebte Vermögensvorteil muss rechtswidrig sein. **Rechtswidrigkeit** liegt stets dann vor, wenn auf den Vorteil ein Rechtsanspruch nicht besteht. Maßgebend ist das Bürgerliche und Öffentliche Recht[3]. Dazu sagt der BGH[4]:

„Dafür, ob ein Vermögensvorteil rechtswidrig ist oder nicht, ist allein das sachliche Recht maßgebend. Ist danach ein vermögensrechtlicher Anspruch begründet, so wird er nicht deshalb rechtswidrig, weil sich der Berechtigte unerlaubter Mittel bedient, um etwaige Schwierigkeiten, die der Verwirklichung seines Anspruchs entgegenstehen, zu beseitigen."

80 **b) Bedingter Vorsatz** in Bezug auf die Rechtswidrigkeit des von ihm erstrebten Vermögensvorteils reicht aus[5]. Hinsichtlich der Vorstellungen des Täuschenden über die Rechtmäßigkeit der Bereicherung ist zu unterscheiden:

81 Ist der Vermögensvorteil (objektiv) **rechtmäßig** und **weiß** der Täter dies auch, so ist sein Vorsatz auf Erlangung eines rechtmäßigen Vorteils gerichtet. Da er keinen rechtswidrigen Vermögensvorteil erstrebt, macht er sich trotz seines Willens zur Täuschung nicht strafbar[6].

82 Im umgekehrten Fall, in dem der erstrebte Vermögensvorteil tatsächlich objektiv **rechtswidrig** ist, der Täter ihn aber fälschlicherweise **für rechtmäßig hält**, ist ein *Tatbestandsirrtum* i.S. des § 16 Abs. 1 S. 1 StGB gegeben: Der Täter kennt dann ein objektiv vorhandenes Tatbestandsmerkmal, nämlich die Rechtswidrigkeit des Vermögensvorteils, nicht und handelt somit nicht vorsätzlich. Wer mit Mitteln der Täuschung einen tatsächlich rechtswidrigen, nach seiner Vorstellung aber rechtmäßigen Anspruch durchsetzen will oder einen tatsächlich bestehenden, nach seiner Vorstellung aber unberechtigten Anspruch abwehren will, begeht daher keinen Betrugsversuch[7].

---

1 Vgl. BGH v. 4.12.2002 – 2 StR 332/02, NStZ 2003, 264 auch zur Frage der Tatidentität.
2 BGH v. 28.11.1967 – 5 StR 556/67, BGHSt 21, 384; s. auch BGH v. 8.1.1992 – 5 StR 642/91.
3 BGH v. 7.8.2003 – 3 StR 137/03, NStZ 2004, 37.
4 BGH v. 19.9.1952 – 2 StR 307/52, BGHSt 3, 160 (162); s. auch BGH v. 9.7.2003 – 5 StR 65/02, NStZ 2003, 663.
5 BGH v. 17.10.1996 – 4 StR 389/96, BGHSt 42, 268.
6 BGH v. 17.10.1996 – 4 StR 389/96, BGHSt 42, 268.
7 BGH v. 22.11.1991 – 2 StR 225/91, StV 1992, 106; BGH v. 17.10.1996 – 4 StR 389/96, BGHSt 42, 268; BGH v. 9.7.2003 – 5 StR 65/02, NStZ 2003, 663; BGH v. 7.8.2003 – 3 StR 137/03, NStZ 2004, 37.

Ist dagegen der erstrebte Vermögensvorteil tatsächlich **rechtmäßig**, hält der Täter ihn aber **fälschlicherweise für rechtswidrig**, so befindet er sich in einem sog. *„umgekehrten Tatbestandsirrtum"*: Er stellt sich einen nicht vorhandenen Umstand – nämlich die Rechtswidrigkeit des Vermögensvorteils –, an dessen Fehlen die Vollendung des vorgestellten Tatbestands zwangsläufig scheitern muss, als gegeben vor. Diese Fallkonstellation erfüllt die Voraussetzungen des strafbaren untauglichen Versuchs[1]. 83

c) Auch die **Abwehr eines berechtigten Anspruchs** und damit die Befreiung von einer Verbindlichkeit kann zu einem rechtswidrigen Vermögensvorteil führen und steht dann der Geltendmachung eines unberechtigten Anspruchs durch den Täter gleich. Jedoch macht allein der Umstand, dass die Abwehr des geltend gemachten Anspruchs durch Täuschung erreicht werden soll, den erstrebten Vorteil nicht unrechtmäßig. Wenn das verfolgte Ziel der Rechtsordnung entspricht, so wird es nicht dadurch, dass rechtswidrige Mittel zu seiner Verwirklichung angewandt werden, selbst rechtswidrig[2]. 84

Mit dem letzten Satz der in Rz. 79 zitierten Entscheidung spricht der BGH den Fall des sog. **Selbsthilfebetrugs** an. Während die Frage der Rechtswidrigkeit des Vermögensvorteils normalerweise unproblematisch ist, gibt es beim Selbsthilfebetrug einige Fallgruppen, in denen die Rechtswidrigkeit mitunter fraglich ist. Hierzu gehört namentlich der Fall, dass jemand nur deshalb eine eigene Verbindlichkeit begründet, z.B. ein Darlehen aufnimmt, um dann mit einer eigenen Forderung aufrechnen zu können[3]. Rechtswidrigkeit liegt hingegen vor, wenn der Täter durch Täuschung die Erfüllung eines noch nicht fälligen oder einredebehafteten Anspruchs erreicht. 85

D. Beendigung

Betrug ist beendet, wenn der Vermögensvorteil beim Täter endgültig eingetreten ist. Dies ist etwa bereits mit dem Eingang von Vorschusszahlungen auf den Konten des Täters der Fall, da er dann von diesem Zeitpunkt an die volle Verfügungsgewalt hat. Zieht der Täter – um unerkannt zu bleiben – nun eine andere Person zum Geldabheben heran, stellt sich deren Tun nicht mehr als Beihilfe zum Betrug, sondern als Begünstigung gem. § 257 StGB dar[4]. 85a

E. Konkurrenzen, Strafzumessung

I. Konkurrenzen

Im Bereich der Wirtschaftskriminalität kommt es häufig vor, dass im Zuge der betrügerischen Geschäftstätigkeit Serienbetrügereien begangen werden. Seit 86

---

1 BGH v. 17.10.1996 – 4 StR 389/96, BGHSt 42, 268; BGH v. 9.7.2003 – 5 StR 65/02, NStZ 2003, 663.
2 BGH v. 17.10.1996 – 4 StR 389/96, BGHSt 42, 268 (271); BGH v. 13.7.1999 – 5 StR 667/98.
3 *Tiedemann* in LK, § 263 StGB Rz. 194, 231.
4 BGH v. 16.4.2014 – 2 StR 435/13, Rz. 5.

der Aufgabe des Fortsetzungszusammenhangs stehen solche Betrugstaten in der Serie grundsätzlich in Tatmehrheit. Die Konkurrenzen machen aber dann Schwierigkeiten, wenn der **Chef** eine **institutionalisierte Anweisung** gibt, die seine Mitarbeiter dann in den einzelnen Fällen umsetzen[1]. Wichtige Fallgruppen sind insoweit insbesondere der Lieferantenbetrug[2], der Kapitalanlagebetrug[3], Drückerkolonnen[4], Warentermingeschäfte[5]. Nach der Rechtsprechung des BGH[6] gilt insoweit, dass der Chef mit der institutionalisierten Anweisung i.d.R. nur eine Tat im Rechtssinne begeht, während bei den Mitarbeitern grundsätzlich Einzeltaten vorliegen.

II. Strafzumessung

87 Die in Rz. 86 dargestellten Konkurrenzprobleme haben auch Bedeutung für die **Strafrahmenwahl**. Wenn beim Chef nur eine Tat vorliegt, kann für ihn – bei der Wahl des Normalstrafrahmens – ein niedrigerer Strafrahmen gegeben sein als für seine tatmehrheitlich handelnden Mitarbeiter. Solche Ungereimtheiten gleicht die Rechtsprechung[7] i.d.R. dadurch aus, dass für den Chef – wenn seine Schuld entsprechend schwer wiegt – ein besonders schwerer Fall angenommen wird.

88 Durch das 6. StrRG wurde der besonders schwere Fall des Betruges in § 263 Abs. 3 S. 2 StGB mit Regelbeispielen konkretisiert. Bei der Wirtschaftskriminalität kommt namentlich der Fall der Nr. 3 („**Vermögensverlust großen Ausmaßes**") in Betracht.

89 Eine Gefährdung allein ist regelmäßig noch kein **Vermögensverlust**. Bei Austauschverträgen ist deshalb ein Vermögensverlust (großen Ausmaßes) erst dann herbeigeführt, wenn der Geschädigte seine vertraglich geschuldete Leistung erbracht hat[8]. Zur Bewertung der konkreten Vermögensgefährdung, etwa bei der kaufmännisch gebotenen Abschreibung einer Forderung, vgl. Rz. 58 ff.

---

1 BGH v. 22.1.1997 – 2 StR 566/96, NStZ 1997, 233; BGH v. 25.7.2002 – 1 StR 192/02, StV 2003, 447; BGH v. 28.5.2003 – 2 StR 74/03, wistra 2003, 342; BGH v. 26.8.2003 – 5 StR 145/03, NStZ 2004, 218; BGH v. 4.12.2003 – 5 StR 308/03, wistra 2004, 103; BGH v. 17.6.2004 – 3 StR 344/03, StV 2004, 532.
2 BGH v. 27.6.1996 – 4 StR 3/96, NStZ 1996, 610; BGH v. 14.1.1998 – 1 StR 504/97, NStZ 1998, 247; BGH v. 11.12.1997 – 4 StR 323/97, wistra 1998, 148; BGH v. 14.2.2001 – 3 StR 461/00, wistra 2001, 217; BGH v. 10.5.2001 – 3 StR 52/01, StV 2002, 73.
3 BGH v. 12.6.1997 – 1 StR 245/97.
4 BGH v. 21.5.2008 – 5 StR 124/08.
5 BGH v. 18.3.1998 – 3 StR 545/97, wistra 1998, 224; BGH v. 5.6.1996 – 5 StR 275/95; BGH v. 18.2.1997 – 5 StR 584/96; BGH v. 18.3.1998 – 3 StR 545/97, wistra 1998, 224; BGH v. 19.7.2001 – 4 StR 65/01, wistra 2001, 378.
6 BGH v. 21.4.2010 – 4 StR 635/09, Rz. 4.
7 Nw. oben in Rz. 86.
8 BGH v. 7.10.2003 – 1 StR 212/03, NStZ 2004, 95; s. auch BGH v. 7.5.2002 – 3 StR 48/02, NStZ 2002, 547 und BGH v. 16.5.2002 – 3 StR 124/02.

Das Merkmal des **großen Ausmaßes** ist bei einem Vermögensverlust unter 50 000 Euro noch nicht gegeben[1]. Dies liegt nur dann vor, wenn der angerichtete Schaden mehr als 50 000 Euro beträgt.

90

Grundsätzlich ist bei der opferbezogenen Bestimmung des Ausmaßes der – allein maßgeblichen – Vermögenseinbuße auf die einzelne Betrugstat abzustellen. Nichts anderes gilt bei Betrugsserien, die nach den Kriterien der rechtlichen oder natürlichen Handlungseinheit eine Tat bilden. In diesen Fällen ist eine Addition der Einzelschäden zulässig, wenn die tateinheitlich zusammentreffenden Taten dasselbe Opfer betreffen[2]. So müssen Anzahl und Höhe der durch einen Geschädigten auf fingierte Rechnungen geleisteten Zahlungen im Tatzeitraum von etwa dreieinhalb Monaten nicht im Einzelnen festgestellt werden[3].

Da es sich bei dem Vermögensverlust großen Ausmaßes um kein Qualifikationsmerkmal sondern um ein Regelbeispiel handelt, ist die Wahl des Strafrahmens des § 263 Abs. 3 StGB – wie auch sonst bei der **Strafrahmenwahl** – stets aufgrund einer Gesamtwürdigung vorzunehmen. Das bedeutet einerseits, dass auch eine (hohe) Vermögensgefährdung den besonders schweren Fall – dann als unbenannter Regelfall – begründen kann. Andererseits kann bei einem Vermögensverlust ab 50 000 Euro die Regelwirkung des besonders schweren Falles verneint werden.

91

§ 48
Wareneinkauf

Bearbeiter: Ulrich Hebenstreit

	Rz.		Rz.
A. Warenkredit- oder Lieferantenbetrug	1	2. Mittelbare Täterschaft	17
		3. Unterlassen	18
I. Täuschung		4. Irrtum	
1. Konkludentes Handeln	4	a) Aufgrund Bestellung	20
a) Üblicher Erklärungsinhalt der Bestellung	5	b) Kausalität der Täuschung	22
b) Sonderfälle	7	**II. Schaden**	
c) Prognose über Zahlungsfähigkeit	10	1. Zeitpunkt des Vermögensvergleichs	25
d) Entgegennahme der Leistung	15	2. Vermögensvergleich beim Eingehungsbetrug	28
e) Angebotspreis	16	3. Vermögensvergleich und Prognose	30

---

1 BGH v. 7.10.2003 – 1 StR 274/03, NStZ 2004, 155.
2 BGH v. 15.3.2011 – 1 StR 529/10, NJW 2011, 1825 (1827).
3 BGH v. 28.8.2012 – 3 StR 297/12, wistra 2012, 471.

	Rz.		Rz.
4. Grad der Vermögensgefährdung.	40	1. Fallgruppen	56
5. Zulässiges Geschäftsrisiko	45	2. Zueignung	63
6. Stundung	52	II. Forderungen	69
B. Umgang mit Sicherungsgut		C. Ware zweifelhafter Herkunft	74
I. Körperliche Gegenstände	54		

A. Warenkredit- oder Lieferantenbetrug

Schrifttum: Vgl oben § 47.

1 Ein Beschuldigter hatte sich einmal zur Rechtslage auf einem Zettel notiert: „Betrug = Rechnungen nicht bezahlen". Damit war die laienhafte Umschreibung des **Lieferantenbetrugs**, besser *Warenkreditbetrugs*, gemeint. Die weit verbreitete Ansicht „Rechnung nicht bezahlen = Betrug" ist allerdings rechtlich unzutreffend. Die Nichtbegleichung einer Forderung ist eine Vertragsverletzung, die zivilrechtliche Folgen hat, aber für sich genommen in Deutschland nicht strafbar ist. Entscheidend ist, dass Gegenstände oder Leistungen bestellt werden, obgleich schon zu diesem Zeitpunkt gewiss ist oder sich abzeichnet, dass die darüber erstellte Rechnung zum Zeitpunkt der Fälligkeit der Forderung nicht wird bezahlt werden können. Also: Ein Kunde bestellt Waren, obwohl die Bezahlung des Kaufpreises infolge seiner schlechten wirtschaftlichen Situation ernsthaft gefährdet ist. Bei Bestellungen im Internet bestehen insoweit keine Besonderheiten (vgl. § 42 Rz. 45 ff.). Allerdings wird hierbei in aller Regel Vorauszahlung gefordert. Opfer von Betrugstaten ist dann der Käufer, wenn der Verkäufer seine Lieferfähigkeit und Lieferwilligkeit vorgetäuscht hat (Warenbetrug).

Der Lieferantenbetrug wird im Wirtschaftsleben sehr häufig in der Krise (unten § 85 und allgemein § 75) und zugleich mit Insolvenzdelikten begangen, aber ist davon nicht abhängig.

2 Die **Polizeiliche Kriminalstatistik** weist für 2013 folgende Zahlen[1] aus: 290 684 (2012: 272 117) Fälle von Waren- und Warenkreditbetrug mit einem Gesamtschaden von – 2012 – ca. 282 Mio. Euro. Das sind 30,9 % (2012: 28,4 %) aller bekannt gewordenen Betrugsfälle. Die Aufklärungsquote betrug 72,4 % (2012: 71,9 %). Die wirtschaftliche Bedeutung dieses Deliktfeldes dürfte allerdings wesentlich höher sein, als diesen Zahlen zu entnehmen ist.

3 **Drei Tatbestandsmerkmale** des Betrugs bedürfen beim Lieferantenbetrug einer besonderen Prüfung: die i.d.R. konkludente *Täuschung* des Lieferanten durch die Bestellung der Ware, der dadurch beim Lieferanten hervorgerufene *Irrtum* und der *Vermögensschaden* in Gestalt der sog. konkreten Vermögensgefährdung aus dem Vergleich des Werts der Ware (Leistung) mit dem Wert des Zahlungsanspruchs (Gegenleistung). Diese drei Merkmale werden hier vertieft; im Übrigen wird auf die allgemeine Darstellung zum Betrug (oben § 47) verwiesen.

---

[1] Bundeskriminalamt, Polizeiliche Kriminalstatistik 2012, Tabelle 1 und 7.

I. Täuschung

1. Konkludentes Handeln

Der Regelfall ist die Täuschung durch schlüssiges Verhalten, also durch **kon-** 4
kludentes Handeln (dazu § 47 Rz. 17 ff.), die mit der Warenbestellung erfolgt.
Man kann gelegentlich in einer Anklage oder einem Urteil lesen, der Angeklagte habe seine *Zahlungsfähigkeit* vorgespiegelt und dadurch getäuscht.
Diese Formulierung ist zumindest *unscharf*, weil sie an den eigentlichen Fragen des Lieferantenbetrugs vorbeigeht.

a) Üblicher Erklärungsinhalt der Bestellung

Selten einmal wird der Käufer **bei der Bestellung** – dies ist der für die Täu- 5
schungshandlung (§ 47 Rz. 10) relevante Zeitpunkt – ausdrücklich erklären, er
werde ganz bestimmt zahlen. Selbst diese Zusicherung würde aber, genau genommen, nicht ausreichen, um eine *Täuschungshandlung* anzunehmen. Die
Zahlung bei Fälligkeit ist nämlich ein *künftiges Ereignis* (es sei denn, die Forderung wäre sofort fällig) und deswegen keine Tatsache, über die allein getäuscht werden kann. Tatsachen sind nur konkrete Geschehnisse oder Zustände der Gegenwart und der Vergangenheit (§ 47 Rz. 10). Der Besteller
müsste schon ausdrücklich erklären: „Ich komme *heute, aufgrund der gegenwärtigen Beurteilung meiner künftigen Verhältnisse*, zu der *Überzeugung*, bei
Fälligkeit bezahlen zu können und auch zu wollen." Diese Erklärung bezieht
sich auf eine Tatsache: die *innere Tatsache* der Überzeugung beim Besteller bei
Abgabe der Bestellung zur gegenwärtigen Einschätzung seiner Zahlungswilligkeit und Zahlungsfähigkeit bei Fälligkeit der Kaufpreisforderung. Vermutlich
hat aber noch kein Kaufmann eine entsprechende Erklärung jemals gehört, geschweige denn selbst abgegeben.

Und dennoch: Die Rechtsprechung[1] misst der bloßen Bestellung einer Ware 6
konkludent diesen **Erklärungsinhalt** zu. Deutlich hat dies schon früh das OLG
Köln[2] formuliert:

„Wer sich als Kreditkäufer Waren liefern lässt gegen das Versprechen, sie zu einem späteren Zeitpunkt zu bezahlen, [...] erklärt schlüssig seine bereits jetzt vorhandene Absicht,
am Verfallstage zu leisten und seine Annahme, hierzu in der Lage zu sein."

Besonders instruktiv ist ein Beschluss des **BGH**[3], in welchem *alle wesentlichen* 6a
Komponenten der Täuschungshandlung beim Lieferantenbetrug aufgeführt
sind:

---

1 St. Rspr., z.B. BGH v. 3.6.1960 – 4 StR 121/60, BGHSt 15, 24; BGH v. 19.12.1984 –
 2 StR 474/84, StV 1985, 188; BGH v. 26.2.1987 – 1 StR 5/87, wistra 1987, 218; BGH
 v. 30.3.1987 – 1 StR 580/86, wistra 1987, 212; BGH v. 10.6.1987 – 2 StR 217/87, wistra 1988, 25; BGH v. 7.11.1991 – 4 StR 252/91, NStZ 1992, 140; BGH v. 14.1.1998 –
 1 StR 504/97, NStZ 1998, 247; BGH v. 11.12.1997 – 4 StR 323/97 – Strafbarkeit des
 faktischen Geschäftsführers, NStZ 1998, 568; BGH v. 28.10.2008 – 5 StR 166/08,
 NJW 2009, 157, Rz. 10.
2 OLG Köln v. 13.1.1967 – Ss 336/66, NJW 1967, 740 (741).
3 BGH v. 10.4.1984 – 4 StR 180/84, StV 1984, 511.

„Wenn ein Kaufmann Waren auf Kredit bestellt und dabei ein kurzes Zahlungsziel vereinbart, behauptet er nämlich in der Regel auch ohne ausdrückliche Erklärung, dass er willens sei und sich auch nach seiner gegenwärtigen wirtschaftlichen Lage und ihrer voraussichtlichen, von ihm auch tatsächlich überschauten Entwicklung für fähig halte, die Zahlungsfrist einzuhalten oder jedenfalls nicht länger zu überschreiten, als dies in dieser Geschäftsverbindung oder in dieser Branche üblicherweise hingenommen wird. Wenn er entgegen dieser Behauptung nicht an seine künftige Leistungsfähigkeit glaubt, vielmehr ernstliche Zweifel hat, ob er die eingegangene Verpflichtung werde erfüllen können, spiegelt er vorsätzlich eine falsche (innere) Tatsache vor."

Und verkürzt hat der BGH[1] bestätigt:

„[...] ist mit der Eingehung einer vertraglichen Verpflichtung in der Regel die stillschweigende Erklärung des Schuldners verbunden, dass er zur Erfüllung des Vertrages in der Lage und bereit sei (vgl. BGH wistra 1998, 177)."

Nur auf die *gegenwärtige Absicht*, zu gegebener Zeit zu leisten, also auf den Zahlungswillen, und auf die Annahme, hierzu dann auch in der Lage zu sein kommt es an. Zahlungswille und Annahme der Zahlungsfähigkeit müssen im Zeitpunkt der Bestellung vorhanden sein.

6b Der übliche – stillschweigende – Erklärungsinhalt (Überzeugung der Zahlungsfähigkeit) kann jedoch durch **entgegenstehendes Verhalten** des Bestellers *entfallen*, etwa bei Zahlungsverzug bei früheren Geschäften:

Beispiel: Beim Abschluss des ersten Kaufvertrags gewährte der Lieferant einen Zahlungsaufschub, nachdem der Angeklagte bei der Überreichung eines Schecks über die Kaufpreissumme von 14 650 Euro erklärt hatte, „sein Konto weise zurzeit keine entsprechende Deckung auf, er zahle später bar". Zudem verkaufte der Lieferant dem Angeklagten, obwohl dieser in der Folgezeit lediglich Teilzahlungen erbrachte, weiterhin Motorräder und -roller unter Vereinbarung zeitlich gestreckter Fälligkeitstermine. Werden ungeachtet offenstehender Rechnungen weitere Warenlieferungen ausgeführt, bedarf es aber im Hinblick auf die Frage, ob spätere Lieferungen auf einer Vorspiegelung der Zahlungsfähigkeit und -willigkeit beruhen, i.d.R. näherer Feststellungen dazu, weshalb der Lieferant sich trotz Kenntnis der Zahlungssäumigkeit zu weiteren Lieferungen bereit gefunden hat, um eine irrtumsbedingte Vermögensverfügung des Zeugen zu belegen[2].

Da dem *Gesamtverhalten des Abnehmers* der Ware hier die – schlüssige – Erklärung zweifelsfreier Überzeugung der Zahlungsfähigkeit zum Zeitpunkt der Fälligkeit nicht entnommen werden kann, kommt es auf die Frage, ob beim Lieferanten ein entsprechender Irrtum (Rz. 20 ff.) noch entstehen konnte (die Beruhensfrage), in diesem und in entsprechenden Fällen gar nicht mehr an. Anders ist es bei einer ausdrücklichen Erklärung zur eigenen Zahlungsfähigkeit.

b) Sonderfälle

7 Dieser Erklärungsinhalt der Bestellung gilt auch in folgenden Sonderfällen:

Bei einem **langen Zahlungsziel**, wenn also die Forderung erst mehrere Wochen später fällig wird, kann sich der Schuldner – wenn er momentan nicht zahlungsfähig ist – darauf berufen, überzeugt zu sein, dass er bei Fälligkeit wieder

---

1 BGH v. 28.6.2005 – 4 StR 376/04, wistra 2005, 376.
2 BGH v. 14.10.2004 – 4 StR 376/04, NStZ 2005, 631.

liquide sein wird, weil er mit einem Geldeingang rechnet. Er braucht auch dem Gläubiger nicht zu offenbaren, dass er gegenwärtig den Kaufpreis nicht zur Verfügung hat, sondern erst bei Fälligkeit. Dies gilt aber dann nicht, wenn er in Wirklichkeit an der künftigen Zahlungsfähigkeit ernsthaft zweifeln musste[1]. Dann kann er bei der Bestellung nicht die Überzeugung haben, zu gegebener Zeit bezahlen zu können.

Insbesondere bei **Großhändlern** entspricht es einer weit verbreiteten Übung im Geschäftsleben, dass sie Lieferanten erst aus dem Weiterverkaufserlös der von diesen bezogenen Waren bezahlen[2]. Wenn mit einem Absatz der Waren mit hoher Wahrscheinlichkeit zu rechnen ist, kann ein Großhändler ohne zu täuschen mit der Bestellung – schlüssig – seine gegenwärtige Überzeugung erklären, zu gegebener Zeit liquide zu sein. Besteht ein Lieferant auf sofortiger Bezahlung und nimmt deshalb ein Händler Vorauszahlungen seiner Kunden für die Beschaffung der zu liefernden Ware entgegen, so kann dies eine Vermögensbetreuungspflicht i.S. der Untreue nach § 266 StGB begründen[3].

In der Praxis kommen nicht selten Fälle vor, namentlich beim sog. **Stoßbetrug**[4], in denen jemand Waren in der von vornherein gefassten Absicht bestellt, diese auf keinen Fall zu bezahlen. Dann fehlt es schon an der *Zahlungswilligkeit*. Diese innere Tatsache lässt sich aber nur in krassen Fällen mit einer Vielzahl gleichartiger Vorgänge nachweisen, so etwa beim Schalten kostspieliger Anzeigen in Tageszeitungen oder Zeitschriften ohne Zahlungswillen und -fähigkeit[5].

c) Prognose über Zahlungsfähigkeit

In den meisten Fällen will der Warenbesteller seinen Betrieb weiterführen, er ist an sich *zahlungswillig*. Nur: Die wirtschaftliche Lage seines Unternehmens ermöglicht keine Bezahlung. Hier geht es also um die *Zahlungsfähigkeit*. Da diese aber ein künftiges Ereignis betrifft, nämlich die Bezahlung in beispielsweise 30 Tagen, kommt es auf die Richtigkeit der vom Besteller konkludent erklärten **gegenwärtigen Beurteilung** seiner (künftigen) Zahlungsfähigkeit an.

Das Tatbestandsmerkmal der *Täuschung* beim Lieferantenbetrug verlangt deshalb vier Feststellungen. *Erstens*: Die **Kreditwürdigkeit** muss beurteilt werden. *Zweitens*: Dabei handelt es sich um eine Prognose. *Drittens*: Die Kreditwürdigkeit muss objektiv unzureichend sein. *Viertens*: Der (wenigstens bedingte) Vorsatz des Bestellers muss dahin gehen, dass seine Kreditwürdigkeit entgegen dem konkludenten Erklärungsinhalt der Bestellung nicht gegeben war.

---

1 BGH v. 19.12.1984 – 2 StR 474/84, StV 1985, 188.
2 BGH v. 10.4.1984 – 4 StR 180/84, StV 1984, 511.
3 BayObLG v. 30.9.1988 – RReg 5 St 144/88, wistra 1989, 113; zu den Voraussetzungen einer Vermögensbetreuungspflicht vgl. auch BGH v. 13.12.2012 – 5 StR 407/12, NJW 2013, 624, Rz. 6.
4 BGH v. 8.1.1992 – 3 StR 391/91, wistra 1992, 181; BGH v. 19.10.1994 – 2 StR 336/94, NStZ 1995, 247; BGH v. 9.6.1999 – 3 StR 536/98, wistra 1999, 376; BGH v. 14.2.2001 – 3 StR 461/00, wistra 2001, 217 auch zur mittäterschaftlichen Zurechnung.
5 BGH v. 12.4.2011 – 5 StR 467/10, Rz. 3.

12 Der Warenkäufer erklärt mit der Bestellung konkludent, dass er aufgrund der gegenwärtigen Beurteilung seiner künftigen Verhältnisse zu der Überzeugung kommt, bei Fälligkeit zahlen zu können, dass er also kreditwürdig ist. Diese konkludent geäußerte Überzeugung führt nur dann zu einer Täuschung, wenn sie objektiv falsch ist. Objektiv falsch ist die Erklärung, wenn die konkludent behauptete **Bonität tatsächlich nicht** gegeben ist, wenn also Erklärungsinhalt und Wirklichkeit auseinanderfallen.

13 Ein Auseinanderfallen von Erklärung (Bonität ist gegeben) und Wirklichkeit (Bonität ist nicht gegeben) liegt *nicht nur dann* vor, wenn statt der Erklärung „ich werde ganz bestimmt bezahlen können" in Wirklichkeit zu sagen wäre „ich werde ganz bestimmt nicht bezahlen können". Die für die Praxis wichtigsten Fälle liegen dazwischen. Da müsste der Besteller eigentlich sagen: „Ich selbst habe Zweifel, ob ich bei Fälligkeit bezahlen kann." Auch dann beinhaltet die kommentarlose Bestellung eine Täuschung, weil die Wirklichkeit vom konkludenten Erklärungsinhalt der Bestellung („ich werde bezahlen können") abweicht[1]. Das Auseinanderfallen von Erklärungsinhalt und Wirklichkeit betrifft in den praktisch meisten Fällen das **Für-möglich-Halten** (§ 47 Rz. 32) der Bezahlung, mithin eine unterschiedliche Einschätzung des *Grades des Risikos*. Insoweit wird auf die Darstellung der Kreditwürdigkeitsprognose verwiesen (Rz. 30 ff.).

14 Neben der *objektiven* Unrichtigkeit der konkludent erklärten Kreditwürdigkeit muss auch nachgewiesen werden, dass der Besteller *subjektiv* wenigstens bedingten Vorsatz insoweit gehabt hat, dass er tatsächlich bei Fälligkeit nicht oder wahrscheinlich nicht zahlen konnte. Das voluntative Element des Vorsatzes muss sich (nur) auf den unmittelbar mit der Vermögensverfügung des Getäuschten eingetretenen Schaden erstrecken; auf die Billigung eines Endschadens kommt es nicht an[2]. Dieser **Vorsatz** ist eine innere Tatsache[3] (vgl. § 47 Rz. 11), die – wie innere Tatsachen regelmäßig – nur durch äußere Tatsachen mittelbar erschlossen werden kann; es handelt sich also um einen Indizienbeweis[4].

d) Entgegennahme der Leistung

15 Nimmt der Schuldner lediglich die vertraglich vereinbarte Leistung entgegen, **obwohl** er *inzwischen* (nach der Bestellung) **zahlungsunfähig** geworden ist, so stellt dies keine Täuschungshandlung dar[5]. Auch kann in der bloßen Entgegennahme einer Leistung nicht die schlüssige Erklärung gesehen werden, dass sie

---

1 Vgl. BGH v. 10.4.1984 – 4 StR 180/84, StV 1984, 511.
2 BGH v. 16.11.2010 – 1 StR 502/10, NStZ 2011, 279, Rz. 11.
3 Vgl. BGH v. 10.4.1984 – 4 StR 180/84, StV 1984, 511; s. auch BGH v. 7.11.1991 – 4 StR 252/91, NStZ 1992, 140.
4 Dazu *Bender/Nack*, Tatsachenfeststellung vor Gericht, Bd. I, 3. Aufl. 2007, Rz. 378 ff.
5 *Satzger* in S/S/W, § 263 StGB Rz. 61; *Cramer/Perron* in S/S, § 263 StGB Rz. 17a; BGH v. 24.3.1987 – 4 StR 73/87, wistra 1987, 213; BGH v. 22.3.1988 – 1 StR 106/88, wistra 1988, 262 auch zu eventuellen Aufklärungspflichten; BGH v. 16.11.1993 – 4 StR 648/93, BGHSt 39, 392.

vom anderen geschuldet sei[1]. Trifft den Käufer in besonderen Fällen eine Aufklärungspflicht (etwa aus einer Garantenstellung), kommt Täuschung durch Unterlassen (Rz. 18 f.) in Betracht.

e) Angebotspreis

Wer eine Ware zu einem bestimmten Preis anbietet, erklärt nicht schon damit schlüssig dessen Angemessenheit oder Üblichkeit. Allein das Fordern eines bestimmten überhöhten Preises enthält für sich genommen noch keine Täuschung, insbesondere beinhaltet es grundsätzlich nicht die Behauptung der Angemessenheit oder Üblichkeit des geforderten Preises, denn Vereinbarungen über den Austausch von Gütern und Leistungen unterliegen der Vertragsfreiheit[2]. Täuschung kommt nach ständiger Rechtsprechung nur dort in Betracht, wo der Wert der Ware öffentlich-rechtlich, tax- oder listenmäßig festgelegt ist und der Käufer nach allgemeinen Marktgepflogenheiten davon ausgehen darf, dass der Verkäufer nur den Listen-, Tax- oder *handelsüblichen* Preis verlangt (§ 47 Rz. 20).

2. Mittelbare Täterschaft

Die Verantwortlichen des kaufenden Unternehmens bestellen zumeist nicht selbst; das machen ihre (häufig gutgläubigen) Angestellten. Wer dazu den Auftrag erteilt, kann mittelbarer Täter sein[3]. Nach der Rechtsprechung des BGH ist als Geschäftsführer auch derjenige anzuerkennen, der die Geschäftsführung mit Einverständnis der Gesellschafter ohne förmliche Bestellung faktisch übernommen hat, tatsächlich ausübt, und gegenüber dem formellen Geschäftsführer eine überragende Stellung einnimmt oder zumindest das deutliche Übergewicht hat[4]. Er ist *faktischer Geschäftsführer*.

„Bei der gegebenen Sachlage hängt eine Strafbarkeit wegen Betruges nicht davon ab, ob die in Bezug auf die Bestellungen unmittelbar Handelnden [...] dabei gutgläubig waren oder ob sie die Bestellungen in Kenntnis der Zahlungsunfähigkeit der Firma vornahmen. Nach den in der Rechtsprechung zur strafrechtlichen Verantwortlichkeit des Hintermannes entwickelten Grundsätzen kommt als Täter kraft Tatherrschaft auch derjenige in Betracht, der durch Organisationsstrukturen bestimmte Rahmenbedingungen ausnutzt, die regelhafte Abläufe auslösen, die ihrerseits zu der vom Hintermann erstrebten Tatbestandsverwirklichung führen. Dies hat der BGH auch für unternehmerische Betätigungen bejaht. Ebenso liegt es hier. Die getroffenen Feststellungen belegen auch hinreichend, dass beide Angeklagten auf die tatsächliche Geschäftsführung – und zwar selbst gegenüber dem [...] ‚formellen Geschäftsführer' – den dafür notwendigen überragenden Einfluss ausübten. [...] Eine eigenhändige Beteiligung bei der tatbestandlichen Ausführungshandlung setzt die Annahme täterschaftlicher Beteiligung nicht voraus."

---

1 OLG Köln v. 16.1.1987 – Ss 754/86, NJW 1987, 2527; s. auch BGH v. 16.11.1993 – 4 StR 648/93, BGHSt 39, 392 und BGH v. 8.11.2000 – 5 StR 433/00 – Fehlüberweisung, BGHSt 46, 196.
2 BGH v. 14.4.2011 – 1 StR 458/10, wistra 2011, 335, Rz. 16.
3 BGH v. 11.12.1997 – 4 StR 323/97, NStZ 1998, 568; BGH v. 21.4.2010 – 4 StR 635/09, Rz. 4.
4 BGH v. 13.12.2012 – 5 StR 407/12, NJW 2013, 624, Rz. 6.

Es handelt sich hierbei um Fälle mittelbarer *Täterschaft kraft Organisationsherrschaft* (s. § 19 Rz. 9 f.):

„Eine solche mittelbare Täterschaft liegt vor, wenn die Tat durch einen Hintermann gelenkt wird. Dieser Hintermann besitzt Tatherrschaft, wenn er mit den durch die Organisationsstrukturen geschaffenen Rahmenbedingungen das deliktische Geschehen maßgeblich beeinflussen kann"[1].

3. Unterlassen

18 Täuschung durch Unterlassen (§ 47 Rz. 21 ff.) kommt beim Wareneinkauf i.d.R. nicht in Betracht, denn nur ausnahmsweise wird mit der Bestellung von Waren nicht zugleich auch konkludent die gegenwärtige Überzeugung über die Zahlungswilligkeit und Zahlungsfähigkeit des Bestellers zum Zeitpunkt der Fälligkeit der Kaufpreisforderung erklärt. Ein solcher Ausnahmefall könnte in Einzelfällen dann vorliegen, wenn das Zahlungsziel über übliche Zeiträume hinausgeschoben ist. In solchen Fällen beinhaltet die Bestellung u.U. nicht auch die konkludente Erklärung über die Kreditwürdigkeit des Käufers, sodass sich die Frage stellt, ob den Kunden eine **Aufklärungspflicht** trifft, sodass er dann, wenn er den Lieferanten nicht aufklärt, durch Unterlassen täuscht.

19 Mit der Annahme von eine Garantenstellung begründenden Aufklärungspflichten aus **Treu und Glauben** wegen eines besonderen Vertrauensverhältnisses ist der BGH allerdings restriktiv[2]:

„Ein Vertrauensverhältnis, das zu einer Offenbarung der wirtschaftlichen Verhältnisse eines Bestellers verpflichtet, ist allerdings nicht schon damit belegt, dass mit einem Lieferanten bzw. Unternehmer wiederholt Verträge abgeschlossen worden sind."

In Betracht kommt eine Aufklärungspflicht aufgrund von Treu und Glauben (oder aus Vertrag) allenfalls bei enger persönlicher Verbundenheit der Geschäftspartner, etwa aufgrund langjähriger Geschäftsbeziehung[3]. Nicht ausreichend ist die mehrmalige Belieferung[4].

Der Besteller von Ware, deren *Bezahlung erst Wochen später* fällig wird, braucht nicht unter allen Umständen bei der Bestellung zu offenbaren, dass er jetzt den Kaufpreis nicht zur Verfügung hat, aber spätestens bei der Lieferung mit Geldeingang aus einer Forderung rechnet und seine Schuld zahlen will. In solchen Fällen kommt es darauf an, mit welcher Sicherheit er den Geldeingang erwarten kann.

4. Irrtum

a) Aufgrund Bestellung

20 Normalerweise wird – wie oben dargelegt – mit der Bestellung von Waren beim Lieferanten die Vorstellung hervorrufen, dass der Besteller damit entsprechend dem **konkludenten Erklärungsinhalt** seine Überzeugung, bei Fälligkeit bezahlen zu können und zu wollen, erklärt. Ist diese Erklärung aber objektiv unrich-

---

1 BGH v. 26.8.2003 – 5 StR 145/03, BGHSt 48, 331 (342).
2 BGH v. 27.5.1992 – 1 StR 176/92, wistra 1992, 298; s. auch BGH v. 30.11.1995 – 1 StR 358/95 und oben § 47 Rz. 23 ff.; vgl. bes. das BGH-Zitat oben in § 47 Rz. 27.
3 *Satzger* in S/S/W, § 263 StGB Rz. 60.
4 *Satzger* in S/S/W, § 263 StGB Rz. 64.

tig, liegt also eine Täuschungshandlung vor. Diese verursacht beim Lieferanten i.d.R. einen entsprechenden Irrtum. Er ist das Spiegelbild der Täuschung.

Ein Irrtum liegt auch dann vor, wenn der Lieferant den **Grad seines Ausfallrisikos** infolge der konkludenten Erklärung geringer einschätzt als er tatsächlich ist. Vorstellung des Lieferanten und Wirklichkeit über das Für-möglich-Halten (Rz. 13) des Ausfalls divergieren dann, dass die Ausfallwahrscheinlichkeit höher ist als das vertragsimmanente Verlustrisiko

21

Eine Strafbarkeit wegen Betruges gem. § 263 Abs. 1 StGB setzt voraus, dass eine andere Person über Tatsachen getäuscht wird und durch den so hervorgerufenen Irrtum zu einer vermögensmindernden Verfügung veranlasst wird. Personenmehrheiten können nicht als solche Subjekt eines Irrtums sein. Vielmehr müssen bei arbeitsteilig tätigen Unternehmen oder Organisationen die Urteilsgründe regelmäßig darlegen, wer im konkreten Fall auf welcher Grundlage und mit welchen Vorstellungen die Entscheidung über die Erbringung der vom Täter erstrebten Leistung getroffen und damit die Verfügung vorgenommen hat[1].

21a

Die Beantragung eines Mahn- und eines Vollstreckungsbescheides im automatisierten Mahnverfahren auf der Grundlage einer fingierten, tatsächlich nicht bestehenden Forderung ist deshalb kein Betrug(sversuch), sondern stellt eine Verwendung unrichtiger Daten i.S. des § 263a Abs. 1 Var. 2 StGB dar[2].

21b

b) Kausalität der Täuschung

Grundsätzlich versteht es sich von selbst,

22

„[...] dass die Lieferanten, denen mit den Neubestellungen wahrheitswidrig Zahlungsfähigkeit und -willigkeit vorgespiegelt worden ist, in Kenntnis der wahren Umstände keine Waren mehr auf Rechnung geliefert hätten[3]."

Nach der höchstrichterlichen Rechtsprechung muss die Kausalität von Täuschungshandlung und Irrtum bei **länger andauernden Geschäftsbeziehungen** allerdings kritisch geprüft werden und sie erfordert dann nähere tatrichterliche Feststellungen. Dies zeigt sich auch daran, dass der BGH in solchen Fällen mehrfach Urteile mit im Wesentlichen gleichlautenden Formulierungen aufgehoben hat.

Einige Zitate[4]:

22a

„Sollte die Firma des Angeklagten wirklich [...] zahlungsunfähig gewesen sein, so versteht es sich keineswegs von selbst, dass einige Lieferanten gleichwohl über einen längeren Zeitraum eine Vielzahl von Lieferungen bewirkt haben und nichts von der Zahlungsunfähigkeit bemerkt haben sollten"[5].

---

1 BGH v. 27.3.2012 – 3 StR 472/11, NStZ 2012, 699, Rz. 2.
2 BGH v. 19.11.2013 – 4 StR 292/13, LS.
3 BGH v. 11.12.1997 – 4 StR 323/97, NStZ 1998, 568.
4 S. auch BGH v. 3.12.1991 – 1 StR 496/91, NStZ 1992, 182; BGH v. 25.2.1993 – 1 StR 39/93, NStZ 1993, 440; BGH v. 11.12.1997 – 4 StR 323/97, wistra 1998, 148; BGH v. 18.9.1997 – 5 StR 331/97, StV 1999, 24; BGH v. 27.4.2004 – 1 StR 165/03, NStZ 2004, 568; BGH v. 3.8.1993 – 1 StR 432/93.
5 BGH v. 26.2.1987 – 1 StR 5/87, wistra 1987, 218.

„[...] hätte es näherer Darlegungen bedurft, warum die genannten Firmen trotz offener Rechnungen weiterhin leisteten, ob insbesondere den späteren Lieferungen noch ursächliche Vorspiegelungen des Angeklagten über die Zahlungsunfähigkeit [...] zugrunde lagen. Die pauschale Feststellung, die Geschäftspartner hätten in Kenntnis der unsicheren Zahlungsunfähigkeit der GmbH die Verträge in den genannten Fällen nicht abgeschlossen, genügt unter den gegebenen Umständen nicht. Das Urteil muss vielmehr erkennen lassen, aus welchen Gründen sich die jeweiligen Firmen trotz möglicher Kenntnis von der Zahlungssäumigkeit der GmbH weiterhin zur Leistung bereitfanden. Wäre den Firmen die schlechte Vermögenslage der GmbH bekannt gewesen und hätten sie gleichwohl geleistet, wäre für einen durch Täuschung hervorgerufenen Irrtum ihrerseits und eine dadurch bedingte Vermögensgefährdung kein Raum"[1].

Häufig wird bei derartigen Rahmenbedingung (etwa bei Zahlungsrückständen) einer weiteren Bestellung schon nicht der – konkludente – Erklärungsinhalt, der Besteller werde nach gegenwärtiger Vorstellung pünktlich bezahlen, beigemessen werden können (Rz. 6a).

23 Die näheren Darlegungen, die der BGH in solchen Fällen verlangt, können z.B. darin liegen, dass der Besteller beim Lieferanten vorhandene und vielleicht auch von diesem geäußerte Zweifel zerstreut, ihm **Zweifel ausredet**. Gerade wenn der Lieferant die angespannte Zahlungsfähigkeit des Bestellers kennt, wird der Besteller nicht selten (zu Unrecht) auf den (sicheren) Eingang von Zahlungen oder Gewährung weiterer Bankkredite verweisen, um wieder Lieferungen zu erhalten. Hierin kann dann eine – sogar ausdrückliche – Täuschung liegen[2].

Überhaupt schließen bloße Zweifel einen Irrtum nicht aus, solange das Opfer die behauptete Tatsache für noch möglich hält. Auch dann ist es der List des Täters erlegen[3].

Leichtgläubigkeit oder Erkennbarkeit der Täuschung bei hinreichend sorgfältiger Prüfung schließen die Schutzbedürftigkeit des potenziellen Opfers und damit ggf. eine Täuschung nicht aus[4] (vgl. § 47 Rz. 33).

24 Kritisch sind auch die Aussagen von Sachbearbeitern des Lieferanten als **Zeugen** zu würdigen, die bekunden, dass bei ihnen ein Irrtum vorgelegen habe.

II. Schaden

1. Zeitpunkt des Vermögensvergleichs

25 Regelmäßig wird der Lieferantenbetrug durch den Besteller ein sog. **Eingehungsbetrug** (§ 47 Rz. 63) sein. Dabei wird der Wert der gegenseitigen Leistungspflichten verglichen. Bleibt – schon beim Vertragsschluss – der tatsäch-

---

1 BGH v. 30.3.1987 – 1 StR 580/86, BGHR StGB § 263 Abs. 1 Irrtum 2; fast gleichlautend auch BGH v. 10.6.1987 – 2 StR 217/87, wistra 1988, 25 und BGH v. 22.3.1988 – 1 StR 106/88, wistra 1988, 262; vgl. auch BGH v. 3.12.1991 – 1 StR 496/91, wistra 1992, 145.
2 Zu einer Sanierung unter Einbeziehung der Lieferanten s. BGH v. 3.8.1993 – 1 StR 432/93; s. auch oben § 47 Rz. 34.
3 *Satzger* in S/S/W, § 263 StGB Rz. 78.
4 BGH v. 22.10.1986 – 3 StR 226/86, BGHSt 34, 199 (201); BGH v. 5.12.2002 – 3 StR 161/02, NStZ 2003, 313 (314); BGH v. 4.12.2003 – 5 StR 308/03, wistra 2004, 103.

liche Wert der vertraglich geschuldeten Leistung des täuschenden Bestellers hinter dem Wert der vertraglichen Verpflichtung des getäuschten Lieferanten zurück, so liegt in der Differenz der Vermögensschaden. Weil damit schon auf den Zeitpunkt des Vertragsschlusses abgestellt wird, handelt es sich um einen sog. *Gefährdungsschaden*. Es muss sich aber immer um eine tatsächliche Vermögenseinbuße (Minderwert der Kaufpreisforderung etwa) zum Zeitpunkt der Vermögensverfügung handeln. Der Begriff Gefährdungsschaden ist daher missverständlich (§ 47 Rz. 64; auch § 50 Rz. 70 f.).

Möglich ist aber auch ein **Erfüllungsbetrug** seitens des Lieferanten (§ 47 Rz. 64). Dabei wird nicht auf die vertraglichen Leistungspflichten abgestellt, sondern auf die Leistung selbst. Ein Erfüllungsbetrug liegt trotz Gleichwertigkeit der Leistungspflichten vor, wenn der Wert der später *tatsächlich* erbrachten Leistung geringer ist als der Wert der *geschuldeten* Leistung[1]. Deshalb ist i.d.R. auf den Zeitpunkt der Leistung selbst abzustellen, es sei denn, der Lieferant hatte von vornherein die Schlechtlieferung vorgehabt. Dann liegt ein sog. unechter Erfüllungsbetrug vor[2]. Zu warnen ist allerdings davor, in jeder Schlechterfüllung bereits einen Erfüllungsbetrug zu sehen; der Erfüllungsbetrug ist äußerst selten gegeben. Zumeist wird es nämlich an der Täuschung und dem dadurch verursachten Irrtum fehlen. In der bloßen Erbringung der Leistung kann nämlich i.d.R. nicht die konkludente Erklärung gesehen werden, dass diese Leistung der geschuldeten entspricht (dies ist praktisch das Gegenstück zum Erklärungsinhalt der bloßen Entgegennahme der Leistung, vgl. Rz. 15). Mängel indizieren noch keine Täuschungsabsicht. Allerdings besteht ein Anspruch auf Verschaffung einer mängelfreien Sache (§§ 433 Abs. 1 S. 2, 434 BGB).

26

Trotz der dogmatischen Besonderheiten beim Eingehungsbetrug stellt die Praxis beim Vermögensvergleich mitunter auf den **Zeitpunkt der Lieferung** ab, wenn der Zeitpunkt der Bestellung zeitlich nicht weit vom Zeitpunkt der Lieferung entfernt ist.

27

2. Vermögensvergleich beim Eingehungsbetrug

Für den Vermögensschaden in Form der **schadensgleichen Vermögensgefährdung** (§ 47 Rz. 59, § 50 Rz. 70 f.) kommt es darauf an, ob das Vermögen des getäuschten Lieferanten nach der Verfügung einen geringeren Wert hat als vorher[3]. Es ist also ein Vermögensvergleich (§ 47 Rz. 51 ff.) durchzuführen:

28

„Der Vermögensschaden beim Betrug ist nach ständiger Rechtsprechung des Bundesgerichtshofs durch einen Vermögensvergleich mit wirtschaftlicher Betrachtungsweise zu ermitteln (BGHSt 45, 1, 4; BGH NStZ 1996, 191; 1997, 32, 33). Beim Betrug durch Abschluss eines Vertrages (Eingehungsbetrug) [...] ist der Vermögensvergleich auf den Zeitpunkt des Vertragsschlusses zu beziehen. Ob ein Vermögensschaden eingetreten ist, ergibt sich aus einer Gegenüberstellung der Vermögenslage vor und nach diesem Zeitpunkt. Zu vergleichen sind demnach die beiderseitigen Vertragsverpflichtungen (BGHSt

---

1 BGH v. 21.12.1983 – 3 StR 566/83, NJW 1985, 75.
2 *Satzger* in S/S/W, § 263 StGB Rz. 186.
3 BGH v. 18.7.1961 – 1 StR 606/60, BGHSt 16, 220 (221); BGH v. 3.11.1987 – 1 StR 292/87, wistra 1988, 188.

16, 220 [221]; 45, 1 [4]). Bleibt der Anspruch auf die Leistung des Täuschenden in seinem Wert hinter der Verpflichtung zur Gegenleistung des Getäuschten zurück, so ist dieser geschädigt (BGHSt 16 aaO)."[1]

Dies hat auch das Bundesverfassungsgericht gebilligt. Allerdings darf die Bewertung des sog. Gefährdungsschadens nicht offenbleiben; er muss konkret benannt werden[2].

29 Mit der Vermögensverfügung, etwa dem Abschluss eines Kaufvertrags über eine in zwei Monaten zu liefernde Maschine zu einem bestimmten Preis, der den Wert der Maschine bestimmt, ist das Vermögen des Lieferanten zunächst um diese Lieferverpflichtung gemindert. Gleichzeitig wächst ihm jedoch ein Vermögenswert in Form des Kaufpreisanspruchs zu. Ein **Vermögensschaden** entsteht dann, wenn der tatsächliche *Wert des Kaufpreisanspruchs* hinter dem *Wert der Ware* (vereinbarter Preis) zurückbleibt. Weil die Bezahlung in der Zukunft liegt, rechtlich aber auf den Zeitpunkt der Vermögensverfügung (Abschluss des Kaufvertrags, Annahme einer Bestellung) abzustellen ist, liegt der Schaden zu diesem Zeitpunkt im wirtschaftlichen Minderwert der Kaufpreisforderung. Dieser Minderwert ist wie beim Forderungsverkauf oder bei einer (Teil-)Wertberichtigung zu bewerten[3].

3. Vermögensvergleich und Prognose

30 Die Ermittlung des *Werts des Kaufpreisanspruchs* und die Feststellung der Täuschungshandlung (der konkludent erklärten Kreditwürdigkeit) haben eine gemeinsame Schwierigkeit: Bezogen auf den Zeitpunkt der Warenlieferung/Bestellung ist nämlich eine Prognose darüber anzustellen, ob der Besteller bei Fälligkeit wird bezahlen können. Diese **Kreditwürdigkeitsprognose** ist insbesondere bei einem Unternehmen zwar nicht ganz einfach. Sie stellt sich hier aber nicht anders dar als beim Verkauf einer Forderung oder bei der Wertberichtigung. Die Schwierigkeiten vermindern sich bei § 263 StGB dadurch, dass der Schadenseintritt sicher sein muss. Das Strafrecht kann nur eindeutige Fälle erfassen.

30a In die **Prognose** muss an sich – wie bei der Prüfung drohender Zahlungsunfähigkeit[4] –, die gesamte Finanzlage des Schuldners bis zur Fälligkeit aller bestehenden Verbindlichkeiten einbezogen werden. Der vorhandenen Liquidität und den Einnahmen, die bis zu diesem Zeitpunkt zu erwarten sind, müssen die Verbindlichkeiten gegenübergestellt werden, die bereits fällig sind oder die bis zu diesem Zeitpunkt voraussichtlich fällig werden. Ergibt die Prognose, dass der Eintritt der Zahlungsunfähigkeit wahrscheinlicher ist als deren Vermeidung, droht Zahlungsunfähigkeit[5]. Die der Prognose innewohnende Ungewissheit kann sich dabei auf die künftig verfügbaren liquiden Mittel, ebenso aber auch auf den Umfang der künftig fällig werdenden Verbindlichkeiten beziehen. Verbindlichkeiten aus einem Darlehen können deshalb nicht nur dann drohende Zahlungsunfähigkeit begründen, wenn der Anspruch auf Rückzahlung durch eine bereits erfolgte Kündigung auf ei-

---

1 BGH v. 14.8.2009 – 3 StR 552/08, BGHSt 54, 69, Rz. 155 f.
2 BVerfG v. 7.12.2011 – 2 BvR 2500/09, NJW 2012, 907, Rz. 171 ff.
3 Vgl. auch BVerfG v. 11.8.2010 – 2 BvR 491/09, Rz. 144 ff., 151.
4 Vgl. dazu BGH v. 21.8.2013 – 1 StR 665/12, Rz. 15.
5 BGH v. 5.12.2013 – IX ZR 93/11, Rz. 10.

nen bestimmten in der Zukunft liegenden Zeitpunkt fällig gestellt ist[1], sondern auch dann, wenn aufgrund gegebener Umstände überwiegend wahrscheinlich ist, dass eine Fälligstellung im Prognosezeitraum erfolgt[2].

Die Kreditwürdigkeitsprognose kann aber auch durch sog. *wirtschaftskriminalistische Beweisanzeichen* erstellt werden (wirtschaftskriminalistische Methode). So geschieht das in der Praxis überwiegend. Das Ergebnis der Prognose muss dann durch einen **Indizienbeweis** festgestellt werden. Die zu beweisende *Haupttatsache* ist die (unsichere) künftige Bezahlung der Rechnung oder aus der Sicht des Gläubigers der *Grad des Ausfallrisikos*. Indizien für diese Haupttatsache sind bestimmte Krisenindikatoren. Den Schluss vom Indiz auf die Haupttatsache ermöglichen *Erfahrungssätze*, wie z.B. der, dass derjenige, bei dem der Gerichtsvollzieher ein und aus geht, nicht zahlungsfähig ist. Als wirtschaftskriminalistische Warnzeichen kommen weiter in Betracht u.a. die ausdrückliche Erklärung, nicht zahlen zu können, das Ignorieren von Rechnungen und Mahnungen, gescheiterte Vollstreckungsversuche, Nichtzahlung von Löhnen und Gehältern, der Sozialversicherungsabgaben oder der sonstigen Betriebskosten, Scheck- und Wechselproteste oder Insolvenzanträge von Gläubigern. 31

Indizien lassen keinen deterministischen (also zwingenden), sondern nur einen probabilistischen (wahrscheinlichen, erfahrungsgemäßen) Schluss auf die Haupttatsache zu. Nicht immer, wenn ein Gerichtsvollzieher bei einem Unternehmer ein und aus geht, ist dieser auch pleite. Möglich ist also nur ein **Wahrscheinlichkeitsurteil**, das sich allerdings hinsichtlich der Tatsache, dass überhaupt ein Schaden vorliegt, zu an Sicherheit grenzender Wahrscheinlichkeit verdichtet haben muss. 32

Das Gericht muss bei der Beweiswürdigung drei Fragen beantworten. *Erstens*: Ist eine bestimmte Tatsache ein belastendes Indiz für die Haupttatsache „Ausfallrisiko", handelt es sich dabei also um einen Krisenindikator? *Zweitens*: Wie stark bzw. signifikant ist dieser Krisenindikator? *Drittens*: Führt die Gesamtschau aller Indizien/Krisenindikatoren zu der Überzeugung des Gerichts, dass die Haupttatsache gegeben ist? Diesen Fragen kann man sich mit folgenden Überlegungen nähern:

Eine Tatsache ist dann ein die Haupttatsache anzeigender Krisenindikator also ein **belastendes Indiz**, wenn das Vorliegen der Haupttatsache dadurch wahrscheinlicher wird, dass diese Indiztatsache gegeben ist. 33

Die Haupttatsache wird umso wahrscheinlicher, je stärker die **Beweiskraft** der Indiztatsache, je signifikanter der Krisenindikator ist. Um die Beweiskraft bzw. Signifikanz des *Krisenindikators* abzuschätzen, muss man einen Vergleich anstellen: Wie häufig kommt der Krisenindikator bei einem zahlungsunfähigen Unternehmen einerseits vor und wie häufig kommt er andererseits bei einem zahlungsfähigen Unternehmen vor? Je weiter der Vergleich auseinanderfällt, desto stärker ist die Beweiskraft des Krisenindikators. 34

---
1 Vgl. *Kirchhof* in HK, 6. Aufl., § 18 InsO Rz. 6.
2 Vgl. BGH v. 22.11.2012 – IX ZR 62/10, WM 2013, 88, Rz. 15; *Pape* in Kübler/Prütting/Bork, 1998, § 18 InsO Rz. 8.

35 Indizien, die als **Krisenindikatoren** in Betracht kommen können, sind[1] (ausführlicher § 86 Rz. 25 ff.): allgemeine Zahlungsmoral, Ausdehnung der Zahlungsziele, häufiger Wechsel der Bankverbindungen, Zunahme der Lieferantenkredite und Zahlungsrückstände, Gläubigerbesicherung mit Mitteln des Umlaufvermögens, vermehrte Akzeptvergabe, Mahnverfahren, Vollstreckungsaufträge, Pfändungen, Wechsel- und Scheckproteste.

36 Um den oben aufgezeigten Vergleich zur Häufigkeit des Vorkommens der Krisenindikatoren bei zahlungsunfähigen bzw. zahlungsfähigen Unternehmen zuverlässig durchführen zu können, sollte man auf **ökonomische Rechtstatsachen** zurückgreifen können. Leider gibt es keine verlässlichen Statistiken über die Signifikanz derartiger Krisenindikatoren; sie müssten zudem zumindest *branchenspezifisch*[2] erhoben werden. So bleibt bei der Beweiswürdigung nichts anderes übrig, als die Beweisstärke aufgrund von Erfahrungssätzen abzuschätzen.

37 Gerade weil es sich bei der Kreditwürdigkeitsprognose um ein ökonomisches Wahrscheinlichkeitsurteil handelt, wäre es ausgesprochen hilfreich, dieses Wahrscheinlichkeitsurteil auch betriebswirtschaftlich solide, d.h. **statistisch belegt**, untermauern zu können.

38 Für die beim Indizienbeweis vorzunehmende *Gesamtschau* könnte die Wahrscheinlichkeitstheorie ein bewährtes und vielfach erprobtes Verfahren zur Verfügung stellen, das *Theorem von Bayes*[3]. Die Gesamtschau könnte damit zumindest einer rationaleren Kontrolle unterzogen werden. Dieses Theorem wird in den Wirtschaftswissenschaften bereits vielfach eingesetzt, etwa von Banken und Wirtschaftsprüfungsgesellschaften zur Prüfung der Bonität[4].

39 Letztlich ist die Frage nach der Kreditwürdigkeitsprognose mit den Methoden der **Betriebswirtschaft** anzugehen. In der Praxis beauftragen deshalb die Staatsanwaltschaften häufig *Sachverständige* mit der Erstellung von Gutachten. In diesen Gutachten werden die Bilanzen und Gewinn- und Verlustrechnungen nach bestimmten Kennzahlen ausgewertet. Von Interesse sind namentlich Kennzahlen über die Kapitalstruktur, die Liquidität und die Rentabilität.

4. Grad der Vermögensgefährdung

40 Zu vergleichen ist das Vermögen des Lieferanten vor und nach der Vermögensverfügung. Der Schaden ergibt sich aus der beim Vermögensvergleich vorzunehmenden **Saldierung** dann, wenn der Wert der Kaufpreisforderung hinter dem durch den vereinbarten Preis der Ware bestimmten Wert der Ware zurückbleibt. Um eine solche Saldierung durchführen zu können, muss der Wert der

---

1 BGH v. 20.7.1999 – 1 StR 668/98, wistra 2000, 18.
2 S. den oben bei § 47 Rz. 27 zitierten Beschl. des BGH v. 10.4.1984 – 4 StR 180/84, StV 1984, 511.
3 Vgl. auch BGH v. 12.8.1992 – 5 StR 239/92 – statische Wahrscheinlichkeitsberechnung bei der DNA-Analyse, BGHSt 38, 320.
4 Vgl. *Lemm*, Ratingverfahren und Bayessche Statistik, Vorlesung Finanzmathematik, WS 2007/08 Universität Münster, Internetskript.

Kaufpreisforderung ebenso wie der Wert der Ware in einem *bezifferbaren Geldbetrag* ausgedrückt werden.

Eine ungünstige Kreditwürdigkeitsprognose reduziert den Wert der Kaufpreisforderung wie bei einer Wertberichtigung oder Abschreibung. Die Betriebswirtschaftslehre spricht hier vom **Erwartungswert**. Eine Kaufpreisforderung von 100 Euro, deren Bezahlung ebenso wahrscheinlich ist wie deren Nichtbezahlung, die also bei 50 % liegt, hat einen Erwartungswert von 50 Euro. Die Differenz zwischen dem Wert der Ware und dem Erwartungswert der Kaufpreisforderung ist der sog. konkrete *Gefährdungsschaden* (zur Entbehrlichkeit dieses Begriffs vgl. Rz. 25, § 47 Rz. 59 sowie § 50 Rz. 70 f.). 41

Die **Betriebswirtschaft** misst den Erwartungswert damit in einer *Kardinalskala*, denn sie drückt ihn in Zahlen aus, in dem bezifferten Geldbetrag. Grundlage für die Quantifizierung ist allerdings eine nach kaufmännischen Maßstäben vorgenommene Einschätzung der künftigen Zahlungsunfähigkeit, wobei diese Maßstäbe ihrerseits nicht exakt zu quantifizieren sind. Ein solchermaßen letzten Endes auf eine Bewertung zurückzuführender, gleichwohl aber rechnerisch bestimmter Erwartungswert könnte zu einer Scheingenauigkeit führen. Empfehlenswert wäre deshalb zumindest eine kaufmännische Bewertung auf der Grundlage von zuverlässig erhobenen betriebswirtschaftlichen Daten. 42

Die **Rechtsprechung** geht beim Vermögensvergleich nur scheinbar anders vor. Sie bewertet zwar den Vermögensschaden vornehmlich verbal, man könnte auch sagen, sie misst ihn mit einer *Nominalskala*. Sie stellt insbesondere auf den Grad der Vermögensgefährdung ab, den sie verbalisiert. Auch nach der Rechtsprechung ist nicht jede Gefährdung ein Schaden i.S. des Betrugstatbestands. Denn der Betrug ist kein Gefährdungs-, sondern ein Vermögensdelikt, das die Verursachung eines endgültigen Schadens mit Vollendung des Tatbestandes voraussetzt. Nur eine bewertbare Wertminderung, kommt einer Schädigung des Vermögens gleich[1]. Auch nach der Rechtsprechung war daher schon immer eine *wirtschaftliche Betrachtungsweise* entscheidend[2]. Der BGH und das BVerfG haben versucht, dies zu präzisieren (§ 47 Rz. 59, § 50 Rz. 70). 43

Die Forderung nach **tragfähiger Feststellung** betriebswirtschaftlicher Fakten zieht sich auch schon in der bisherigen Rechtsprechung wie ein roter Faden durch die Urteile, mit denen der BGH Verurteilungen wegen Lieferantenbetrugs aufgehoben hat[3]. Die Tendenz der höchstrichterlichen Rechtsprechung geht in die Richtung, die Schadensfeststellung an Überlegungen auszurichten, die den kaufmännischen Kriterien bei einer Wertberichtigung entsprechen. Präziser ist die Formulierung, dass der endgültige Verlust sich so sehr verdichtet hat, dass er nach einem objektiven Urteil bereits *abgeschrieben* werden müsste (§ 47 Rz. 59). Richtigerweise wird aber schon eine kaufmännisch begründete **Wertberichtigung** eine schadensgleiche Vermögensgefährdung begründen. 44

---

1 BGH v. 16.7.1970 – 4 StR 505/69, BGHSt 23, 300; BGH v. 7.10.2003 – 1 StR 212/03, NStZ 2004, 95; BGH v. 26.8.2003 – 5 StR 145/03, NStZ 2004, 218.
2 BGH v. 30.1.2003 – 3 StR 437/02, NStZ 2003, 546.
3 BGH v. 19.12.1984 – 2 StR 474/84, StV 1985, 188; BGH v. 26.2.1987 – 1 StR 5/87, wistra 1987, 218; BGH v. 30.3.1987 – 1 StR 580/86, wistra 1987, 212; BGH v. 10.6.1987 – 2 StR 217/87, wistra 1988, 25.

5. Zulässiges Geschäftsrisiko

45 Die Bezahlung des Kaufpreises hängt ab von der Ertragskraft des Bestellers, seiner Kreditwürdigkeit. Der Lieferant übernimmt durch seine Vorleistung für kurze Zeit das *Geschäftsrisiko* des Bestellers; er ist bis zum Zahlungseingang gewissermaßen dessen Ausfallrisiko ausgesetzt. Dies ist der entscheidende Ansatzpunkt für eine Vermögensgefährdung. Um schadensgleich zu sein, muss der Grad der **Gefährdung** ein Ausmaß annehmen, das für den Lieferanten untragbar ist.

46 Über das **zulässige Geschäftsrisiko** kann man nur schwer allgemeine Aussagen machen. Für die Annahme eines Betrugsvorsatzes – und damit auch für die schadensgleiche Vermögensgefährdung – reicht es aus, wenn der Täuschende eine vorübergehende, *das übliche Maß eines kaufmännischen Risikos übersteigende Gefährdung* des anderen billigend in Kauf nimmt[1]. Das Risiko hängt auch ab von der Branche (Rz. 36), in welcher das Geschäft abgewickelt wird, von der Konjunktur, von der Dauer der Geschäftsbeziehungen und auch vom Kaufobjekt, etwa wenn das Geschäft spekulativ ist und dieses Moment in einer hohen Gewinnspanne seinen Niederschlag findet[2]. Das allgemeine Geschäftsrisiko schlägt jedenfalls dann in eine schadensgleiche Vermögensgefährdung um, wenn das Geschäftsrisiko des Bestellers nach objektiven kaufmännischen Maßstäben ungewöhnlich und branchenfremd ist.

47 Eine allgemeine, von der Branche unabhängige Grenze könnte man annehmen, wenn die **Nichtbezahlung wahrscheinlicher** als die Bezahlung ist. Es ist kaum anzunehmen, dass ein Kaufmann Waren liefert, wenn er von vornherein nur eine Chance von unter 50 % hat, seinen Kaufpreis zu erhalten.

48 Eine schadensgleiche Vermögensgefährdung wird nicht immer erst dann eintreten, wenn sich das Unternehmen bereits in der Krise, namentlich in der Zahlungsunfähigkeit, befindet. Ein *ungewöhnlich hohes Geschäftsrisiko* kann auch schon **vor der Krisensituation** des § 283 StGB bestehen. Allerdings wird sich die Strafverfolgung etwa beim Vorwurf des Lieferantenkreditbetrugs im Hinblick auf Beweisprobleme (Rz. 30 ff.) meist auf Bestellungen in der Krise, also bei drohender oder eingetretener *Zahlungsunfähigkeit* beschränken.

48a Die Zahlungsunfähigkeit ist nicht zu verwechseln mit der Zahlungseinstellung. **Zahlungseinstellung** ist dasjenige nach außen hervortretende Verhalten des Schuldners, in dem sich typischerweise ausdrückt, dass er nicht in der Lage ist, seine fälligen Zahlungspflichten zu erfüllen. Es muss sich mindestens für die beteiligten Verkehrskreise der berechtigte Eindruck aufdrängen, dass der Schuldner außerstande ist, seinen fälligen Zahlungsverpflichtungen zu genügen. Die tatsächliche Nichtzahlung eines erheblichen Teils der fälligen Verbindlichkeiten reicht für eine Zahlungseinstellung aus[3].

48b Nach der Legaldefinition des § 17 Abs. 2 S. 1 InsO ist **zahlungsunfähig**, wer nicht in der Lage ist, die fälligen Zahlungspflichten zu erfüllen; es genügt also eine – kleinere (10 %[4])

---

1 BGH v. 10.8.1993 – 1 StR 302/93.
2 Vgl. BGH v. 20.9.1999 – 5 StR 729/98, NStZ 2000, 34; BGH v. 22.8.2001 – 3 StR 191/01, NStZ-RR 2002, 84.
3 BGH v. 18.7.2013 – IX ZR 143/12, Rz. 9.
4 BGH v. 18.7.2013 – IX ZR 143/12, Rz. 10.

– Liquiditätslücke, die sich nicht nur als Resultat einer momentanen Zahlungsstockung darstellt[1]. Der äußere Eindruck der Zahlungsfähigkeit wird häufig – einem Schneeballsystem vergleichbar – durch die Aufnahme weiterer – vermehrter – Warenbestellungen und Verkäufe, mit deren Erlös die dringendsten Altforderungen beglichen werden, nach außen aufrechterhalten. Gerade hierin liegt eine der Ursachen der hohen Schäden der Wirtschaftskriminalität.

49 Die Tatsache, dass der Besteller noch über einen längeren Zeitraum hinweg **Lieferantenverbindlichkeiten beglichen** hat, hindert die Feststellung eines (Gefährdungs-)Schadens deshalb nicht. Dieser Sachverhalt ist geradezu typisch für den Lieferantenbetrug und macht ihn für den kreditierenden Lieferanten so gefährlich. Die Bezahlung der einzelnen Verbindlichkeit hängt am Ende von der Hartnäckigkeit des Gläubigers und der Großzügigkeit der Banken ab. Dies ist nicht mehr handelsüblich. Die Situation ähnelt mehr einer *Lotterie*.

50 Der Schaden ist durch Vertragsabschluss bereits mit der Wertminderung des Zahlungsanspruchs eingetreten; damit ist der Betrug vollendet. Daran vermag sogar die spätere Bezahlung der Forderung nichts mehr zu ändern. Dies ist nachträgliche **Schadenswiedergutmachung.** Diese beseitigt die Straftat nicht mehr (§ 47 Rz. 53). Ein durch Schadenswiedergutmachung geminderter Endschaden wird freilich im Rahmen der Strafzumessung zu berücksichtigen sein. Ist der Schaden insgesamt wieder gutgemacht, wird häufig eine Einstellung nach den §§ 153, 153a StPO angezeigt sein. Der BGH[2] sagte hierzu zur entsprechenden Situation bei § 266 StGB:

„Der Tatbestand [...] entfällt auch nicht wieder, wenn die Darlehensrückzahlungsforderung später tatsächlich doch bedient wird, sei es freiwillig oder mit dem Nachdruck eines Inkassounternehmens. Die fehlende Werthaltigkeit zum Zeitpunkt der Valutierung des Darlehens wird dadurch nicht beeinflusst. [...] Bei der Eingehung von pflichtwidrigen Serienrisikogeschäften, etwa der fortlaufenden Belieferung eines zahlungsunfähigen Unternehmens auf Kredit, ist die Begleichung einzelner der so erlangten minderwertigen Forderungen geradezu typisch. Dass die dann doch noch – meist mit schon betrügerisch erlangten Mitteln (Schneeballsystem) – bezahlten Lieferungen regelmäßig sinnvollerweise von der strafrechtlichen Verfolgung ausgenommen werden (§§ 153, 154, 154a StPO), ändert nichts an der Tatbestandsmäßigkeit zum Zeitpunkt der Verfügung."

51 Kommt es später zur Insolvenz, so wird die Staatsanwaltschaft zumeist auch die Fälle des Lieferantenbetrugs nicht verfolgen, die vor der Krise erfolgt sind. Sie wird die **Strafverfolgung** i.d.R. gem. § 154 StPO auf Taten nach einem bestimmten Stichtag in der Krise **beschränken**, weil hier der Schadensnachweis einfacher zu führen ist (Rz. 48).

6. Stundung

52 Stundet der Lieferant dem Besteller die Kaufpreisforderung, so kann auch die *Stundung* tauglicher Ansatzpunkt für einen Betrug sein, wenn die Bestellung selbst noch zu einem Zeitpunkt erfolgt ist, zu dem eine Täuschung und ein Vermögensschaden nicht gegeben waren. Ein Schaden tritt aber nur dann ein, wenn der Wert der Forderung zum Zeitpunkt der Stundung bezogen auf den neuen Fälligkeitszeitpunkt hinter dem zurückbleibt, was der Schuldner zum

---

1 Vgl. hierzu BGH v. 23.5.2007 – 1 StR 88/07, wistra 2007, 312.
2 BGH v. 20.3.2008 – 1 StR 488/07, wistra 2008, 430, Rz. 20.

Zeitpunkt der Stundung hätte bezahlen können. Hier ist jedoch die höchstrichterliche Rechtsprechung bei der Feststellung eines Vermögensschadens – Problem der **Schadensvertiefung**[1] – besonders kritisch[2]:

> „Eine durch Täuschung erlangte Stundung einer Forderung begründet einen Vermögensschaden nur in der Höhe, in der die Erfüllung einer bis dahin realisierbaren Forderung hinausgeschoben und dadurch vereitelt oder in einem einer Vermögensschädigung gleichzusetzenden höheren Maße als zuvor gefährdet wird. War die Forderung zur Zeit der Stundung derart gefährdet, dass sie nicht mehr in diesem Umfang an Wert verlieren konnte, so kann durch die Täuschung kein weiterer Vermögensschaden herbeigeführt werden."

53 Darüber hinaus ist darauf hinzuweisen, dass die Stundung einer Geldforderung auch den Tatbestand des **Kreditbetrugs** nach § 265b StGB erfüllen kann[3] (näher § 50 Rz. 86 ff.).

B. Umgang mit Sicherungsgut

Schrifttum: *Baumann*, Pönalisierung von Kaufverträgen unter Eigentumsvorbehalt, ZStW 68, 622; *Bernsmann*, Zur strafrechtlichen Beurteilung der eigenmächtigen „In-Pfand-Nahme", NJW 1982, 2214; *Hauck*, Zueignung durch den Sicherungsgeber im Umgang mit Sicherungsgut? wistra 2008, 241; *Meyer, D.*, Die Nichtbenachrichtigung des Sicherungs-(Vorbehalts-)Eigentümers usw., MDR 1974, 809; *Oechsler*, Die Sicherungsübertragung von Vorbehaltseigentum und Anwartschaftsrecht, in FS Rüßmann, 2013, S. 317; *Otto*, Die neuere Rechtsprechung zu den Vermögensdelikten, JZ 1993, 559, 566; *Reinicke/Tiedtke*, Kreditsicherung [...], 5. Aufl. 2011.

I. Körperliche Gegenstände

54 **Verwertet** der Unternehmer Sicherungsgut unbefugt, so kann ein Vergehen der **Unterschlagung** gem. § 246 Abs. 1 StGB vorliegen. Eine Unterschlagung begeht, wer eine fremde bewegliche Sache sich oder einem Dritten rechtswidrig zueignet. Dies kommt bei Sicherungsgut, mit dem nach der vertraglichen Vereinbarung nur in bestimmter Weise zu verfahren ist, in Betracht.

War die Sache dem Täter *anvertraut*, so besteht gem. § 246 Abs. 2 StGB eine höhere Strafandrohung (veruntreuende Unterschlagung).

55 § 246 StGB – Unterschlagung – schützt **fremdes Eigentum** an beweglichen Sachen, körperlichen Gegenständen. Die Fremdheit der Sache bestimmt sich nach bürgerlichem *dinglichem* Recht; bloß schuldrechtliche Ansprüche auf Übereignung der Sache reichen nicht aus[4]. Wegen Unterschlagung wird nur

---

1 BGH v. 22.5.2001 – 5 StR 75/01, wistra 2001, 338; BGH v. 25.7.2002 – 1 StR 192/02, StV 2003, 447; BGH v. 30.1.2003 – 3 StR 437/02, NStZ 2003, 546; BGH v. 27.3.2003 – 5 StR 508/02, NStZ 2003, 539.
2 BGH v. 24.1.1986 – 2 StR 658/85, wistra 1986, 170; s. auch BGH v. 8.9.1992 – 4 StR 373/92, StV 1994, 185; BGH v. 30.1.2003 – 3 StR 437/02, NStZ 2003, 546; BGH v. 7.7.2004 – 5 StR 412/03, BGHR StPO § 263 Abs. 1 Vermögensschaden 66.
3 BGH v. 7.2.2002 – 1 StR 222/01, NStZ 2002, 433.
4 Zur unberechtigten Einlösung eines Schecks s. BGH v. 29.8.1995 – 1 StR 487/95.

verfolgt, wenn die Tat nicht in anderen Vorschriften mit schwerer Strafe bedroht ist (§ 246 Abs. 1 StGB). § 246 StGB ist nicht nur gegenüber Zueignungsdelikten subsidiär[1].

1. Fallgruppen

Beim **Sicherungseigentum**, d.h. der Übereignung einer Sache vom Sicherungsgeber (Veräußerer) an den Sicherungsnehmer (Erwerber), um den Sicherungsnehmer wegen einer Forderung gegen den Sicherungsgeber oder einen Dritten zu sichern (eigennützige Treuhand), ist der Sicherungsnehmer Eigentümer. Unterschlagung kann daher nur der Sicherungsgeber begehen[2], nicht aber der Sicherungsnehmer[3]. Mehrfache Sicherungsübereignung kann die Tatbestände der Unterschlagung und des Betrugs erfüllen. 56

Bei der **fremdnützigen Treuhand** wird das Treuhandverhältnis im Interesse des Treugebers begründet, z.B. bei der Sanierungstreuhand; auch hier ist der Treuhänder Eigentümer[4]. 57

Beim **Vorbehaltseigentum** (§ 449 BGB) bleibt der Verkäufer Eigentümer der Sache, der Erwerber kann sie also unterschlagen[5]. Wenn jedoch dem Vorbehaltskäufer der Weiterverkauf gestattet ist – bei einem Verkauf an einen *Wiederverkäufer* ist das regelmäßig der Fall – so kommt eine Unterschlagung nur dann in Betracht, wenn gegen bestimmte Bedingungen im Zusammenhang mit der Verkaufserlaubnis verstoßen wurde[6]. Bei der Verarbeitung unter Eigentumsvorbehalt verkaufter Gegenstände gilt dies entsprechend. 58

„Wer die einem anderen zur Sicherheit übereignete Sache im eigenen Namen veräußert, handelt nämlich nicht rechtwidrig, wenn der Sicherungsnehmer in die Verfügung über das Sicherungseigentum eingewilligt hat (§ 183 Satz 1 BGB) und, sofern die Veräußerungsermächtigung inhaltlich beschränkt ist [...], die dadurch gesetzten Grenzen nicht überschritten werden (vgl. OLG Düsseldorf NJW 1984, 810, 811; [...]). Wenn die Sicherungsübereignung – wie hier – im Rahmen einer Händlereinkaufsfinanzierung erfolgt, ist der Sicherungsgeber auch ohne besondere ausdrückliche Gestattung ermächtigt, die Sache im ordnungsgemäßen Geschäftsbetrieb im eigenen Namen zu veräußern ([...]; OLG Düsseldorf aaO; [...] zur Weiterveräußerung unter Eigentumsvorbehalt gekaufter Ware im Geschäftsbetrieb)."[7]

Bei der Verarbeitung unter Eigentumsvorbehalt verkaufter Gegenstände gilt dies entsprechend.

Beim **Miteigentum** (§ 1008 BGB) kann der Miteigentümer Unterschlagung begehen, allerdings nicht, wenn er sich nur den Teil zueignet, der ihm nach der Teilung zustehen würde[8]. 59

---

1 BGH v. 6.2.2002 – 1 StR 513/01.
2 BGH v. 12.12.1996 – 4 StR 489/96, wistra 1997, 146.
3 Der Sicherungsnehmer kann i.d.R. auch keine Untreue begehen, vgl. *Schünemann* in LK, § 266 StGB Rz. 50 ff.
4 Der Treuhänder hat auch eine Vermögensbetreuungspflicht i.S. der Untreue nach § 266 StGB, vgl. *Schünemann* in LK, § 266 StGB Rz. 58.
5 *Vogel* in LK, § 246 StGB Rz. 12.
6 OLG Düsseldorf v. 23.11.1983 – 5 Ss 437/83 – 360/83 I, NJW 1984, 810.
7 BGH v. 28.6.2005 – 4 StR 376/04, wistra 2005, 376.
8 *Vogel* in LK, § 246 StGB Rz. 10.

60 Beim **Gesamthandseigentum**, insbesondere bei Gesellschaftsvermögen, verletzt der Gesellschafter bei einer Verfügung zu eigenem Nutzen fremdes Eigentum.

61 Der **einzige Gesellschafter** einer GmbH mit alleiniger Vertreterbefugnis kann in die Eigentumsverletzung einwilligen; es bleibt die Möglichkeit der Strafbarkeit nach § 266 StGB[1].

62 Bei einem **Leasingvertrag** ist der Leasinggeber Eigentümer, sodass der Leasingnehmer eine – veruntreuende – Unterschlagung begehen kann[2]:

> „Die von der H-GmbH geleasten drei Pkw waren auch dem Angeklagten anvertraut im Sinn des § 246 Abs. 2 StGB (vgl. BGHR StGB § 28 Abs. 2 Merkmal 2). Die Leasingverträge begründeten – nicht anders als Mietverträge (BGHSt 9, 90) oder Sicherungsübereignungen (BGH wistra 2007, 18, 21) – besondere, auf den Erhalt und die Rückführung des Eigentums ausgerichtete Verhaltenspflichten des Leasingnehmers (vgl. Eser in Schönke/Schröder, StGB 27. Aufl. § 246 Rdn. 29; Fischer, StGB 56. Aufl. § 246 Rdn. 16)."[3]

Das Vortäuschen eines Diebstahls kann Betrug sein[4]; ebenso die wahrheitswidrige Bestätigung der Übernahme vom Lieferanten[5]. Das bloße *Behalten* des Leasinggegenstandes nach Ablauf der Vertragslaufzeit ist hingegen noch keine Unterschlagung[6] (s. auch Rz. 67). Soll der Leasingnehmer entsprechend der Regelung des Leasingvertrages Schadensersatzansprüche gegen Dritte aus einem Unfallereignis geltend machen, so liegt darin keine Vermögensbetreuungspflicht i.S. der Untreue nach § 266 StGB[7]. Nimmt der Leasingnehmer unberechtigt Schadensersatzleistungen Dritter an, kann das ein Betrug sein[8].

2. Zueignung

63 Das Gesetz verlangt seit 1998[9] nicht mehr, dass der Täter die Sache „in *Besitz oder Gewahrsam* hat" – ein Erfordernis, das früher Anlass zu manchen Meinungsverschiedenheiten gegeben hat, die mit dessen Streichung hinfällig geworden sind. Die Bezeichnung der Unterschlagung als „**Zueignung ohne Gewahrsamsbruch**" kann aber weiterhin als typisierende Faustformel zur Abgrenzung vom Diebstahl (§ 242 StGB) dienen.

64 Vereinfacht gesagt, setzt § 246 StGB die dauernde Entziehung der Sache voraus, die Aneignung durch die Anmaßung einer eigentumsähnlichen Stellung durch

---

1 *Vogel* in LK, § 246 StGB Rz. 12, 57.
2 OLG Hamm v. 2.10.1996 – 4 Ss 159/96, NStZ-RR 1997, 79; BGH v. 11.2.2009 – 5 StR 11/09.
3 BGH v. 11.2.2009 – 5 StR 11/09, Rz. 11.
4 OLG Köln v. 24.6.1994 – 19 U 14/94, OLGReport Köln 1994, 209 = CR 1995, 81 = VersR 1995, 54.
5 OLG Köln v. 27.11.1992 – 19 U 49/92, OLGReport Köln 1993, 34 = CR 1993, 287.
6 Vgl. *Vogel* in LK, § 246 StGB Rz. 43; OLG Hamburg v. 27.4.2001 – 1 Ss 21/01, StV 2001, 577.
7 OLG Köln v. 6.10.1987 – Ss 292/87, NJW 1988, 3219.
8 BGH v. 13.6.1996 – 2 StR 209/96; OLG Köln v. 8.7.1997 – 9 U 276/95, Schaden-Praxis 1998, 122.
9 6. StrRG v. 26.1.1998, BGBl. I 164.

den Täter, wobei sowohl die Sache selbst als auch ihr Sachwert Gegenstand der **Zueignung** sein kann. Die Unterschlagung setzt voraus, dass sich der *Zueignungswille manifestiert*, dass er in objektiv erkennbarer Weise betätigt wird.

„Für eine Zueignung ist in [...] Fällen bestehender Sicherungsübereignung erforderlich, dass der Täter ein Verhalten an den Tag gelegt hat, das den sicheren Schluss darauf zulässt, dass er den Sicherungsgegenstand unter Ausschluss des Sicherungseigentümers seinem eigenen Vermögen einverleiben will (BGHSt 34, 309, 312). Im Fall der [...] Drittzueignung muss das Verhalten des Täters darauf gerichtet sein, dass das Sicherungsgut dem Vermögen des Dritten zugeführt wird [...]. Die Tathandlung muss zu einer Stellung des Dritten in Bezug auf die Sache führen, wie sie auch bei der Selbstzueignung für die Tatbestandserfüllung notwendig wäre [...]. Bei der Unterschlagung von Sicherungsgut zum eigenen Vorteil ist dies anerkannt, falls der Sicherungsgeber das Sicherungsgut in einer Art und Weise weiter nutzt, die zum Ausdruck bringt, dass der Täter das Sicherungseigentum nicht mehr achtet, sondern den bisherigen Fremdbesitz an den Gegenständen in Eigenbesitz umwandeln wollte (BGHSt 34, 309, 313). Im Falle der Drittzueignung durch den Sicherungsgeber muss demnach bei der hier zu würdigenden Übertragung des unmittelbaren Besitzes auf den Dritten zum Ausdruck kommen, dass der bisherige Fremdbesitz durch dem Dritten auf Dauer verschafften Eigenbesitz ersetzt werden soll [...]."[1]

Die **Manifestation des Zueignungswillens** kommt in der Verfügung, ja schon im bloßen Abschluss von Verträgen, zum Ausdruck. Sogar ein bloßes *Angebot* zum Kauf kann ausreichen[2]. I.d.R. erfüllen auch die Verpfändung[3] und auch die nochmalige Sicherungsübereignung[4] den Tatbestand der Unterschlagung.

65

Normalerweise ist in den hier interessierenden Fällen gleichzeitig der schwerere Fall der **Veruntreuung** (§ 246 Abs. 2 StGB) mit einem Strafrahmen bis zu fünf Jahren gegeben[5]. Das Anvertrautsein ist ein besonderes persönliches Merkmal nach § 28 Abs. 2 StGB[6]. Auch bei der Veräußerung von Vorbehaltseigentum ist i.d.R. der Tatbestand einer veruntreuenden Unterschlagung erfüllt[7], und zwar bereits im Zeitpunkt eines ernsthaften Verkaufsangebots[8]. Für den Fall, dass die Weiterzahlung der Raten durch den Erwerber sichergestellt ist, macht die Rechtsprechung eine Ausnahme[9].

66

Auch das **Verheimlichen** oder **Ableugnen** des Besitzes kann Zueignung sein[10], ebenso wie die Verarbeitung oder Umbildung einer Sache[11]. Wenn der Schuld-

67

---

1 BGH v. 6.9.2006 – 5 StR 156/06, wistra 2007, 18, Rz. 24.
2 BGH bei *Dallinger*, MDR 1954, 398.
3 BGH v. 28.11.1958 – 1 StR 449/58, BGHSt 12, 227 (229).
4 BGH v. 19.6.1951 – 1 StR 42/51, BGHSt 1, 262; BGH v. 17.3.1964 – 1 StR 60/64, GA 1965, 207.
5 *Kudlich* in S/S/W, § 246 StGB Rz. 26.
6 BGH v. 27.9.1994 – 1 StR 614/93, StV 1995, 84.
7 BGH v. 17.10.1961 – 1 StR 382/61, BGHSt 16, 280; krit. *Arzt*, StrafR BT, LH 3, 77.
8 BGH v. 17.10.1961 – 1 StR 382/61, BGHSt 16, 280 (282).
9 OLG Hamm v. 24.5.1960 – 1 Ss 321/60, JMBl. NRW 1961, 44; vgl. auch OLG Celle v. 25.6.1974 – 1 Ss 125/74, JZ 1974, 555 (556).
10 RG v. 7.11.1938 – 3 D 769/38, RGSt 72, 380 (382); BGH v. 13.5.1952 – 1 StR 129/52; OLG Celle v. 8.7.1974 – 2 Ss 141/74, NJW 1974, 2326; BGH v. 8.2.2006 – 2 StR 618/05, Rz. 9.
11 *Vogel* in LK, § 246 StGB Rz. 43.

ner die sicherungsübereigneten Gegenstände auf Verlangen des *Sicherungseigentümers nicht herausgibt*, sondern sie fortschafft und über einen längeren Zeitraum weiter mit ihnen arbeitet, liegt eine Zueignung vor[1]. Benutzt der *Leasingnehmer* den Leasinggegenstand nach Kündigung des Leasingvertrages weiter, so ist er nach § 546a BGB zur Weiterzahlung der Leasingraten verpflichtet[2], er macht sich jedoch nicht nach § 246 StGB strafbar[3].

68 Eine Aneignung ist hingegen nicht anzunehmen im **Behalten** einer gemieteten Sache über die vereinbarte Zeit hinaus[4]; anders ist es, wenn die Sache durch den Gebrauch erheblich an Wert verliert[5] oder bei der bloßen Preisgabe oder Vernichtung der Sache[6].

„Allein dadurch, dass der Fahrer eines Lkw die von ihm beförderten Waren an einem anderen Ort als an der Empfangsadresse ablädt, hat er den Tatbestand der Unterschlagung noch nicht notwendig erfüllt"[7].

II. Forderungen

69 Bei einer **Sicherungsabtretung** von Forderungen und der abredewidrigen Einziehung kommt eine Unterschlagung mangels Sacheigenschaft nicht in Betracht. Wohl aber wird der Tatbestand der *Untreue* nach § 266 StGB zu prüfen sein (näher oben § 32).

70 Zieht der die Forderung abtretende **Sicherungsgeber** (Zedent) die Forderung abredewidrig ein, so liegt mangels Vermögensbetreuungspflicht keine Untreue vor[8]. Ist hingegen die Ermächtigung mit der Auflage an den Schuldner verknüpft, die eingezogene Summe an den Zessionar abzuführen, so ist die Frage einer Untreue strittig[9]. Verwendet ein Käufer entgegen seiner vertraglichen Verpflichtung den Erlös aus dem Verkauf eines unter Eigentumsvorbehalt erworbenen und zulässigerweise in seinem Handelbetrieb weiterveräußerten Gegenstands nicht zur Ablösung des Finanzierungssaldos, kommt eine Strafbarkeit wegen Untreue auch dann nicht in Betracht, wenn die Kaufpreisforderung – wie im Rahmen einer Händlerfinanzierung üblich – im Wege der Vorausabtretung auf die Bank übergangen und der Angeklagte zur Einziehung der Forderung ermächtigt war[10].

---

1 BGH v. 17.3.1987 – 1 StR 693/86, NJW 1987, 2242.
2 BGH v. 22.3.1989 – VIII ZR 155/88, CR 1990, 204 = NJW 1989, 1730.
3 AG München v. 31.10.1985 – 462 Cs 262 Js 53795/85, NStZ 1986, 458 m. Anm. *Schmidhäuser*.
4 BGH v. 12.2.1986 – 3 StR 26/86; OLG Koblenz v. 23.12.1983 – 2 Ss 490/83, StV 1984, 287.
5 BGH v. 17.3.1987 – 1 StR 693/86, BGHSt 34, 309; OLG Celle v. 8.7.1974 – 2 Ss 141/74, NJW 1974, 2326.
6 OLG Düsseldorf v. 9.1.1987 – 5 Ss 414/86-310/86 I, NJW 1987, 2526.
7 BGH v. 2.9.2008 – 4 StR 281/08, Rz. 8.
8 S. die bei *Dallinger*, MDR 1967, 173 besprochenen BGH-Urteile.
9 S. die Nw. bei *Schünemann* in LK, § 266 StGB Rz. 50.
10 BGH v. 28.6.2005 – 4 StR 376/04, wistra 2005, 376.

Zieht der **Sicherungsnehmer** (Zessionar) abredewidrig die Forderung ein, so ist gleichfalls streitig, ob eine Vermögensbetreuungspflicht verletzt wurde[1]. 71

Der **Weiterverkauf** von Waren auf **Kommissionsbasis** mit der Abrede, den Erlös abzuführen, vermag für sich allein keine Vermögensbetreuungspflicht i.S. des § 266 StGB auszulösen[2]. 72

Zum strafbaren Umgang mit einer **Mietkaution** hat der BGH eine Grundsatzentscheidung getroffen[3]: Durch einen gegen § 27 Abs. 4 S. 1 WEG verstoßenden Umgang mit Geldern der Wohnungseigentümer kann der Verwalter den Treubruchstatbestand der Untreue erfüllen. Der *Wohnungsverwalter*, der es vertraglich übernommen hat, die Vermieterpflicht aus § 551 n.F. (§ 550b Abs. 2 S. 1 a.F.) BGB zu erfüllen, kann durch einen hiergegen verstoßenden Umgang mit einer Mieterkaution Untreue i.S. des Treubruchstatbestandes begehen. Den *Vermieter* trifft insoweit i.d.R. keine Vermögensbetreuungspflicht gegenüber dem Mieter. 73

C. Ware zweifelhafter Herkunft

Schrifttum: *Arzt*, Die Hehlerei als Vermögensdelikt, NStZ 1981, 10; *Friedrich*, Strafbarkeit des Endabnehmers von Raubkopien, MDR 1985, 366; *Geerds*, Begünstigung und Hehlerei, GA 1988, 243; *Heinrich*, Die Entgegennahme von raubkopierter Software als Hehlerei?, JZ 1994, 938; *Knauth*, Hehlerei an durch Scheckeinreichung erlangtem Bargeld?, NJW 1984, 2666; *Küper*, Der „erpresserische" oder „betrügerische Hehler" und die „allgemeinen Sicherheitsinteressen" in FS Dencker, 2012, S. 203; *Rose*, Die Anforderungen an die Vortat der Hehlerei – Auswirkungen der Eigentums- und der Besitzlage des Vortäters, JR 2006, 109; *Rudolphi*, Grundprobleme der Hehlerei, JA 1981, 1, 90; *Rupp*, Zur strafrechtlichen Verantwortung des „bösgläubigen" Softwareerwerbers, wistra 1985, 137; *Seelmann*, Grundfälle zur Hehlerei, JuS 1988, 39.

Wegen **Hehlerei** (§ 259 StGB) macht sich strafbar, wer eine Sache, die ein anderer gestohlen oder sonst durch eine gegen fremdes Vermögen gerichtete rechtswidrige Tat erlangt hat, ankauft oder sonst sich oder einem Dritten verschafft, sie absetzt oder absetzen hilft, um sich oder einen Dritten zu bereichern. Das Wesen der Hehlerei besteht in der Aufrechterhaltung und *Vertiefung* der durch die Vortat geschaffenen *rechtswidrigen Vermögenslage*[4]. Sie ist Hilfeleistung zugunsten des Täters nach der Tat[5]. 74

Als **Vortat** reicht nur eine rechtswidrige Tat, die den Tatbestand eines Strafgesetzes erfüllt – ein Versuch genügt – und die sich gegen fremdes Vermögen richtet, ohne dass es sich um ein eigentliches Vermögensdelikt handeln muss, z.B. 75

---

1 Dagegen *Schünemann* in LK, § 266 StGB Rz. 50; dafür die h.M., vgl. die Nw. bei *Schünemann* in LK, § 266 StGB Rz. 50.
2 BGH v. 5.5.1987 – 1 StR 162/87, wistra 1987, 292; BGH v. 23.12.1986 – 1 StR 626/86, wistra 1987, 136; vgl. aber BGH v. 12.5.1992 – 1 StR 133/92 – selbständige Verfügungsbefugnis.
3 BGH v. 23.8.1995 – 5 StR 371/95, BGHSt 41, 224.
4 BGH v. 17.6.1997 – 1 StR 119/97, BGHSt 43, 110; *Stree/Hecker* in S/S, § 259 StGB Rz. 1.
5 BGH v. 25.7.1996 – 4 StR 202/96, BGHSt 42, 196.

Betrug[1], Untreue[2], Subventionsbetrug, Insolvenzstraftaten[3], Diebstahl, Unterschlagung[4], Pfandkehr. Auslandstaten werden so beurteilt, als ob sie im Inland verübt worden wären[5]. Immer ist jedoch Voraussetzung, dass die Vortat fremdes Vermögen verletzt und zu einer rechtswidrigen Besitzlage geführt hat. Hat der Eigentümer eines Fahrzeugs dieses als gestohlen gemeldet und dann weiterkauft, ist der Erwerber nicht der Hehlerei schuldig. Denn weder durch einen Versicherungsbetrug (§ 263 StGB) noch durch einen Versicherungsmissbrauch (§ 265 StGB) wird eine solche rechtswidrige Besitzlage hinsichtlich der versicherten Sache geschaffen[6]. – *Keine* tauglichen Straftaten sind Steuervergehen; hier kommt aber eine *Steuerhehlerei* nach § 374 AO in Betracht (§ 44 Rz. 199 ff.).

76 Der Vortäter muss die Sache durch die Vortat **erlangt**, d.h. die tatsächliche Sachherrschaft haben; es genügt Mitgewahrsam. Nach ständiger Rechtsprechung muss die gegen fremdes Vermögen gerichtete Tat zum Zeitpunkt des abgeleiteten Erwerbs abgeschlossen sein; daher liegt Hehlerei nicht vor, wenn die Vortat – etwa eine Unterschlagung – erst durch Verfügung zugunsten des Hehlers begangen wird. Dann kommt aber entweder eine mittäterschaftliche Beteiligung oder eine Beihilfe an der Unterschlagung in Betracht[7].

77 Die **Tathandlung** des Täters kann darin bestehen, dass der Hehler die Sache ankauft, sie sich oder einem Dritten verschafft, sie absetzt oder absetzen hilft. Bei allen Begehungsformen ist abgeleiteter Erwerb durch *einverständliches* Zusammenwirken mit dem Vortäter erforderlich, das auch stillschweigend erfolgen kann[8].

78 **Sichverschaffen** liegt vor, wenn der Hehler einverständlich mit dem Vortäter die tatsächliche Sachherrschaft erwirbt mit der Folge, dass der Vortäter jede Möglichkeit verliert, auf die Sache einzuwirken[9]. Das ist der Fall bei der Empfangnahme von gestohlenem Geld als *Darlehen*[10] oder bei der Entgegennahme

---

1 BGH v. 24.9.1991 – 5 StR 366/91, NStZ 1992, 84.
2 BGH v. 23.4.1969 – 3 StR 51/69, NJW 1969, 1261; BGH v. 10.4.2008 – 4 StR 443/07, Rz. 14.
3 BGH v. 2.11.1976 – 1 StR 259/76, GA 1977, 145; BGH v. 10.4.2008 – 4 StR 443/07, Rz. 14.
4 BGH v. 28.11.2001 – 2 StR 477/01, StV 2002, 542; BGH v. 10.4.2008 – 4 StR 443/07, Rz. 14.
5 *Walter* in LK, § 259 StGB Rz. 16.
6 BGH v. 22.2.2005 – 4 StR 453/04; BGH v. 23.7.2008 – 5 StR 295/08, Rz. 3; BGH v. 30.10.2008 – 3 StR 156/08, BGHSt 53, 34, Rz. 13; BGH v. 17.11.2011 – 3 StR 203/11, NStZ 2012, 700, Rz. 8.
7 BGH v. 24.10.2012 – 5 StR 392/12, Rz. 2.
8 *Walter* in LK, § 259 StGB Rz. 34; BGH v. 25.7.1996 – 4 StR 202/96, BGHSt 42, 196; BGH v. 13.3.2013 – 2 StR 586/12, NJW 2013, 2211, Rz. 11.
9 BGH v. 29.3.1977 – 1 StR 646/76, BGHSt 27, 160; BGH v. 25.7.1996 – 4 StR 202/96, BGHSt 42, 196; BGH v. 17.6.1997 – 1 StR 119/97, BGHSt 43, 110; vgl. auch BGH v. 24.3.1998 – 1 StR 558/97, BGHSt 44, 62; anders bei § 261 StGB, vgl. BGH v. 4.2.2010 – 1 StR 95/09, BGHSt 55, 36, Rz. 56 ff.
10 BGH v. 22.5.1958 – 4 StR 112/58, NJW 1958, 1244; BGH v. 7.12.1993 – 1 StR 325/93, NStE Nr. 14 zu § 25 StGB; BGH v. 7.9.1993 – 1 StR 325/93, NStZ 1994, 29.

einer unterschlagenen Sache als *Pfand*[1]. Daran fehlt es hingegen bei der Leihe oder der *Miete*[2]. Bei der Übertragung von *Mitverfügungsgewalt* kommt ein Sichverschaffen nur in Betracht, wenn der Erwerber unabhängig vom Vortäter über die Sache verfügen kann[3].

Der Tatbestand der Hehlerei in der Begehungsform des Ankaufens, das lediglich einen Unterfall des Sichverschaffens darstellt[4], setzt nur voraus, dass der Hehler die Sache zu eigener tatsächlicher Herrschaft und Verfügungsgewalt vom Vortäter dergestalt erwirbt, dass dieser jede Möglichkeit verliert, auf die Sache einzuwirken. Überträgt der Vortäter die Sache an eine Mehrheit von Personen, so genügt es, wenn diese untereinander Mitverfügungsbefugnis erlangen. Damit ist die Hehlerei in der Form des Ankaufens vollendet[5]. Für das **Ankaufen** genügt der Abschluss des Kaufvertrags allein folglich noch nicht[6], darin kann jedoch ein Versuch liegen.

Absetzen oder Helfen beim Absetzen hat nicht zur Voraussetzung, dass der Hehler selbst *Gewahrsam* an der Sache erlangt hat[7]. Die Tatbestandsverwirklichung erfordert auch nicht, dass es zu einem *erfolgreichen Absatz* kommt[8]. Vielmehr genügt zur Vollendung des Delikts jede – vom Absatzwillen getragene – vorbereitende, ausführende oder helfende Tätigkeit, die geeignet ist, den Vortäter in seinen Bemühungen um wirtschaftliche Verwertung der „bemakelten" Sache zu unterstützen. Jedoch muss das Bemühen um Absatz geeignet sein, die rechtswidrige Vermögenssituation aufrechtzuerhalten oder zu vertiefen[9].

An dieser früher ständigen **Rechtsprechung**, die – jedenfalls seit der Neufassung des § 259 StGB – nahezu einhelliger Ablehnung durch die Literatur ausgesetzt ist[10] und nur vereinzelt befürwortet wird[11], kann nach nunmehr einhelliger Auffassung des BGH nicht mehr festgehalten werden. Eine Verurteilung wegen vollendeter Hehlerei durch Absetzen setzt nunmehr die Feststellung eines Absatzerfolges voraus[12]. Für die Annahme vollendeter

---

1 OLG Karlsruhe v. 18.5.1972 – 1 Ss 60/72, Die Justiz 1972, 319.
2 BGH v. 5.8.1986 – 4 StR 359/86; BGH v. 3.2.2000 – 4 StR 604/99.
3 BGH v. 22.12.1987 – 1 StR 423/87, NStZ 1988, 271; BGH v. 7.9.1992 – 3 StR 346/92, wistra 1993, 61; BGH v. 18.2.2004 – 2 StR 423/03.
4 Vgl. *Lauer* in MüKo, § 259 StGB Rz. 78 m.Nw.
5 BGH v. 15.3.2005 – 4 StR 64/05.
6 BGH bei *Herlan*, GA 1954, 58.
7 *Walter* in LK, § 259 StGB Rz. 51.
8 BGH v. 30.10.2008 – 3 StR 156/08, BGHSt 53, 34, Rz. 13.
9 BGH v. 19.4.2000 – 5 StR 80/00 – Lieferung an Vertrauensperson der Polizei, NStZ-RR 2000, 266; s. dazu auch BGH v. 2.8.2000 – 3 StR 218/00, BGHR StGB § 242 Abs. 1 Gewahrsam 7.
10 Statt vieler: *Stree*, GA 1961, 33 ff.; *Küper*, JuS 1979, 633 ff.; *Zieschang* in GS Schlüchter, 2002, S. 403 ff.; *Berz*, Jura 1980, 57 ff.; *Franke*, NJW 1977, 857 f.; *Stree/Hecker* in S/S, § 259 StGB Rz. 29.
11 *Meyer*, MDR 1975, 721 f.; *Rosenau*, NStZ 1999, 352 f.
12 BGH v. 22.10.2013 – 3 StR 69/13.

Hehlerei in der Form des Absetzens durch Absatzhilfe kann sodann nichts anderes gelten[1].

80b Die **Lagerung** von Diebesgut allein reicht nicht[2]. Das Verwahren oder ein vorübergehendes Einlagern von Diebesgut erfüllt den Tatbestand des Absetzens oder der Absatzhilfe nur dann, wenn zur Verwahrung oder Einlagerung Begleitumstände in Gestalt einer Tätigkeit hinzutreten, die für den Vortäter einen Beginn des Absetzens bedeuten; das ist etwa der Fall, wenn der Verwahrer den Absatz bereits versucht, er das Diebesgut in Verkaufskommission übernimmt oder es mit dem Ziel lagert, die Durchführung eines bereits feststehenden Absatzplanes zu ermöglichen[3]. Absetzen kann auch das *Vermitteln* und die Zusage bei der Mitwirkung der Verwertung sein[4]. Kein Absetzen ist das Vermieten, Verpachten oder *Verleihen*[5]. Auch das Einlösen eines gestohlenen Schecks ist kein Absetzen[6].

80c Nimmt der Verkäufer (betrügerisch erlangter Leasingfahrzeuge) nach (deren) Verkauf und Übergabe an den Hehler zum Eintreiben seiner Forderung gegen diesen die Hilfe eines Dritten in Anspruch, so macht sich der Dritte nicht der Hehlerei in Form der **Absatzhilfe** strafbar[7]. Unterstützung, die dem Vortäter im Hinblick auf Absatzbemühungen geleistet wird, fällt nicht ohne Weiteres unter den Hehlereitatbestand, wenn es zum Absatz nicht kommt. Je nach Lage kann es sich bei der Unterstützung des Vortäters um bloße Hilfe bei der Vorbereitung eines künftigen Absatzes handeln, die als solche nicht strafbar ist, oder um eine versuchte Absatzhilfe. Die unselbständige, dem Vortäter geleistete Hilfstätigkeit erfüllt für sich allein den Hehlereitatbestand nicht, wenn es nicht einmal zu Absatzbemühungen kommt[8].

81 Die gehehlte Sache muss *unmittelbar* durch die Vortat erlangt sein, § 259 StGB erfasst daher nicht die sog. **Ersatzhehlerei**[9] (zur Geldwäsche unten § 51).

82 Auf den stets erforderlichen **Vorsatz** – es genügt dolus eventualis[10] –, dass es hier nicht mit rechten Dingen zugeht, kann z.B. durch die Umstände der Veräußerung (Preis, Verpackung, Ort und Zeit der Übergabe usw.) geschlossen werden[11].

---

1 So schon BGH v. 4.11.1976 – 4 StR 255/76, BGHSt 27, 45 (51).
2 BGH v. 16.12.1988 – 3 StR 509/88, NJW 1989, 1490 m. Anm. *Stree*, JR 1989, 384.
3 BGH v. 5.12.1990 – 2 StR 287/90, BGHR StGB § 259 Abs. 1 Absatzhilfe 4.
4 BGH v. 14.11.2001 – 3 StR 379/01, NStZ 2002, 200; BGH v. 13.8.2002 – 4 StR 208/02.
5 *Walter* in LK, § 259 StGB Rz. 54.
6 BGH v. 29.7.1976 – 4 StR 312/76, NJW 1976, 1950.
7 BGH v. 28.10.2008 – 4 StR 120/08, Rz. 3 f.
8 BGH v. 20.7.2004 – 3 StR 231/04.
9 *Stree/Hecker* in S/S, § 259 StGB Rz. 13; vgl. BGH v. 29.4.1998 – 2 StR 65/98, NStZ-RR 1998, 275 (276).
10 BGH v. 8.6.1993 – 5 StR 151/93, StV 1993, 472; BGH v. 23.11.1999 – 4 StR 491/99, StV 2000, 258.
11 BGH v. 21.5.1996 – 1 StR 125/96, NStZ 1996, 495; BGH v. 23.7.1996 – 1 StR 316/96.

„Die genaue Kenntnis des Hehlers von der Vortat ist nicht erforderlich; vielmehr muss er sich lediglich eine strafbare Handlung vorstellen, die als Vortat für eine Hehlerei prinzipiell geeignet ist, also fremde Vermögensinteressen verletzt und eine rechtswidrige Vermögenslage schafft (vgl. BGH NStZ 1992, 84)."[1]

Hinzukommen muss noch die **Bereicherungsabsicht**. Unter Absicht ist der zielgerichtete Wille zu verstehen, neben dem auch andere Zwecke maßgeblich sein können[2]. Beim bloßen Besitz kommt es auf die Verfolgung eines auf die Verbesserung die Vermögenslage hinauslaufenden Zwecks an[3]. **83**

Beim Erwerb von Waren zweifelhafter Herkunft ist auch im Hinblick auf den Straftatbestand des § 261 StGB (**Geldwäsche**, vgl. hierzu unten § 51) Vorsicht geboten, zumal hier auch leichtfertige Begehungsweise unter Strafe gestellt ist (§ 261 Abs. 5 StGB)[4]. **84**

§ 49
Bargeldloser Zahlungsverkehr

Bearbeiter: Thomas Trück

	Rz.		Rz.
A. Überblick	1	2. Einzugsermächtigungsverfahren	29
B. Scheck und Wechsel		3. Abbuchungsauftragsverfahren	30
I. Scheckbetrug	6	4. SEPA-Lastschriftverfahren	30b
1. Betrug im Rahmen einer Geschäftsbeziehung	7	**II. Missbrauchsvarianten**	
2. Betrug zum Nachteil einer Bank	14	1. Missbrauch der Einzugsermächtigung	31
3. Scheckreiterei	17	2. Missbrauch des Abbuchungsauftrags	34
II. Wechselbetrug	21	3. Missbrauch der SEPA-Lastschriftverfahren	34a
1. Warenwechsel und Finanzwechsel	22	4. Lastschriftkarussell und Lastschriftreiterei	35
2. Wechselprolongation	26	5. Besonderheiten beim automatisierten Verfahren	42
3. Wechselreiterei	27	**D. Überweisung**	
C. Lastschriftverfahren		I. Banktechnische Abwicklung	43
I. Banktechnische Abwicklung			
1. Rechtliche Grundlagen	28		

---

1 BGH v. 10.4.2008 – 4 StR 443/07, Rz. 14.
2 *Walter* in LK, § 259 StGB Rz. 76.
3 BGH v. 7.3.1986 – 3 StR 75/86, wistra 1986, 169; BGH v. 18.5.1995 – 4 StR 41/95, NStZ 1995, 595; vgl. auch BGH v. 31.8.1995 – 1 StR 494/95, MDR 1996, 118.
4 Vgl. etwa BGH v. 24.1.2006 – 1 StR 357/05, BGHSt 50, 347, zum Ankauf von Flugzeugteilen im Wert von ca. 7 Mio. DM, die von Mitarbeitern eines Flugzeugherstellers gestohlen worden waren, für 1 Mio. D.

	Rz.
II. Missbrauchsvarianten	
1. Ausnutzung von Fehlbuchung und Fehlüberweisung	44
2. Vorlage gefälschter Überweisungsträger	45
E. Online-Banking und Homebanking	
I. Banktechnische Abwicklung	48
II. Missbrauchsvarianten	
1. Missbrauch durch den Kontoinhaber	51
2. Missbrauch durch einen Dritten	53
F. Zahlungs- und ähnliche Karten	60
I. Arten und Funktionsweise	
1. Kreditkarte	61
2. Kundenkarte	62
3. ec-Karte/girocard	63
4. GeldKarte	67
5. SparCard	68
II. Missbrauch durch den Berechtigten	
1. Erschleichen der Karte	69

	Rz.
2. Verwendung der Karte	
a) Missbrauch von Scheck- und Kreditkarten	74
b) Verwendung der Kundenkarte	77
c) Zahlung mit der Kreditkarte	79
d) Zahlung mit der ec-Karte	92
e) Geldabhebung am Automaten	98
f) Missbrauch der GeldKarte	104
3. Konkurrenzen	107
III. Missbrauch durch den Nichtberechtigten	
1. Erlangung von Karte und Zugangsdaten	109
2. Verwendung der Karte	115
a) Geldabhebung am Automaten	116
b) Zahlung mit ec-Karte oder Kreditkarte	119
c) Nutzung von GeldKarte und SparCard	126
3. Konkurrenzen	129

Schrifttum: *Altenhain*, Missbrauch kartengestützter elektronischer Zahlungssysteme, JZ 1997, 752; *Baier*, Konsequenzen für das Strafrecht bei Abschaffung des Euroscheckverkehrs, ZRP 2001, 454; *Beckemper*, Zur Strafbarkeit des berechtigten Karteninhabers wegen Überschreitung des Kreditrahmens bei Abhebung von Bargeld an einem Bankautomaten mit einer EC-Karte, JA 2002, 545; *Block/Voß*, „Lastschriftreiterei" – Eine neue Form der risikolosen Kapitalanlage?, BKR 2006, 225; *Borges*, Rechtsfragen des Phishing – Ein Überblick, NJW 2005, 3313; *Bühler*, Ein Versuch, Computerkriminellen das Handwerk zu legen: Das Zweite Gesetz zur Bekämpfung der Wirtschaftskriminalität, MDR 1987, 448; *Casper/Pfeifle*, Missbrauch der Kreditkarte im Präsenz- und Mail-Order-Verfahren nach neuem Recht, WM 2009, 2343; *Eisele/Fad*, Strafrechtliche Verantwortlichkeit beim Missbrauch kartengestützter Zahlungssysteme, Jura 2002, 305; *Fahl*, Strafbarkeit der „Lastschriftreiterei" nach § 263 StGB, Jura 2006, 733; *Fahl*, Der Lastschriftreiter, JuS 2012, 1104; *Fest/Simon*, Examensrelevante Grundlagen des Bankrechts im Besonderen Teil des StGB, JuS 2009, 798; *Goeckenjan*, Phishing von Zugangsdaten für Online-Bankdienste und deren Verwertung, wistra 2008, 128; *Graf*, „Phishing" derzeit nicht generell strafbar!, NStZ 2007, 129; *Hadamitzky/Richter*, Strafbarkeit beim Missbrauch des Lastschriftverfahrens, wistra 2005, 441; *Hecker*, Die Strafbarkeit des Ablistens oder Abnötigens der persönlichen Geheimnummer, JA 1998, 300; *Heghmanns*, Strafbarkeit des „Phishing" von Bankkontendaten und ihrer Verwertung, wistra 2007, 167; *Heghmanns*, Vollendung des Computerbetrugs, zum Computerbetrug bei Abbuchungsauftragslastschrift, zjs 2013, 423; *Kempug*, Überblick zu den Geldkartendelikten, JuS 2007, 1084; *Knierim*, Neue strafrechtlich begründete Informationspflichten des Gläubigers beim

Lastschriftauftrag?, NJW 2006, 1093; *Knupfer*, Phishing for Money, MMR 2004, 641; *Kögel*, Die Strafbarkeit des „Finanzagenten" bei vorangegangenem Computerbetrug durch „Phishing", wistra 2007, 206; *Köndgen*, Das neue Recht des Zahlungsverkehrs, JuS 2011, 481; *Kraatz*, Der Computerbetrug (§ 263a StGB), Jura 2010, 36; *Kümpel*, Rechtliche Aspekte des elektronischen Netzgeldes (Cybergeld), WM 1998, 365; *Meder*, Kreditkartenmissbrauch im Fernabsatz, NJW 2002, 2215; *Mühlbauer*, Die Betrugsähnlichkeit des § 263a Abs. 1 Var. 3 StGB anhand der „Geschäftsgrundlagen" beim Geldautomatengebrauch, wistra 2003, 244; *Mühlbauer*, Ablisten und Verwenden von Geldautomatenkarten als Betrug und Computerbetrug, NStZ 2003, 650; *Nack*, Bedingter Vorsatz beim Gefährdungsschaden – ein „doppelter Konjunktiv"?, StraFo 2008, 277; *Neuheuser*, Die Strafbarkeit des Bereithaltens und Weiterleitens des durch „Phishing" erlangten Geldes, NStZ 2008, 492; *Nobbe*, Die neuere Rechtsprechung des Bundesgerichtshofs zum Lastschriftverkehr, WM 2012, Sonderbeilage Nr. 3; *Omlor*, Die neue Einzugsermächtigungslastschrift – Von der Genehmigungs- zur Einwilligungstheorie, NJW 2012, 2150; *Otto*, Missbrauch von Scheck- und Kreditkarten sowie Fälschung von Vordrucken für Eurochecks und Euroscheckkarten, wistra 1986, 150; *Pfeiffer*, Die Geldkarte – Ein Problemaufriss, NJW 1997, 1036; *Pichler*, Kreditkartenzahlung im Internet – Die bisherige Verteilung des Missbrauchsrisikos und der Einfluss der Verwendung von SET, NJW 1998, 3234; *Popp*, Von „Datendieben" und „Betrügern" – Zur Strafbarkeit des so genannten „phishing", NJW 2004, 3517; *Popp*, „Phishing", „Pharming" und das Strafrecht, MMR 2006, 84; *Ranft*, Missbrauch einer „Kreditkarte" im Zwei-Partner-System, NStZ 1993, 185; *Rossa*, Missbrauch beim electronic cash, CR 1997, 219; *Reymann*, Überweisung und SEPA-Zahlungsdienste – Basiswissen, JuS 2012, 781; *Schnabel*, Telefon-, Geld-, Prepaid-Karte und Sparcard, NStZ 2005, 18; *Schuhr*, Schaden und Tathandlung beim Scheckbetrug zu BGH 4 StR 669/11, ZWH 2012, 229; *Seidl*, Debit Card Fraud: Strafrechtliche Aspekte des sog. „Skimmings", ZIS 2012, 415; *Seidl/Fuchs*, Zur Strafbarkeit des sog. „Skimmings", HRRS 2011, 265; *Soyka*, Das moderne Lastschriftsystem: Eine Einladung zum straflosen Betrug?, NStZ 2004, 538; *Steinhilper*, Zur Betrugsstrafbarkeit des Kreditkartenmissbrauchs, NJW 1985, 300; *Stuckenberg*, Zur Strafbarkeit des „Phishing", ZStW 118 (2006), 878; *Valerius*, Täuschungen im modernen Zahlungsverkehr, JA 2007, 514 und 778; *Weber*, Probleme der strafrechtlichen Erfassung des Euroscheck- und Euroscheckkartenmissbrauchs nach dem Inkrafttreten des 2. WiKG, JZ 1987, 215.

A. Überblick

Der **Begriff des bargeldlosen Zahlungsverkehrs** wird vom Gesetzgeber vorausgesetzt. Anstelle der Barzahlung muss eine bargeldlose Zahlung mittels einer Zahlungsabrede gesondert vereinbart werden[1]. Maßgeblich ist dabei die *Mitwirkung von Kreditinstituten* auf zumindest einer Seite einer finanziellen Transaktion unter Verwendung eines Girokontos[2]. Dabei wird nicht Bargeld ausgetauscht, sondern *Buchgeld* auf ein Konto übertragen[3]. Hierdurch bietet sich eine Form der unbaren Schuldenregulierung, die im heutigen Rechtsverkehr nicht mehr wegzudenken ist, da sie die Zahlung beschleunigt und vereinfacht und zudem von den Risiken eines körperlichen Transportes von Geld entlastet[4].

---

1 *Reymann*, JuS 2012, 781 (781 f.).
2 *Werner* in Kümpel/Wittig, Rz. 7.10.
3 *Schimansky* in BkR-Hdb., § 46 Rz. 2; *Köndgen*, JuS 2011, 481; *Reymann*, JuS 2012, 781 (782).
4 *Werner* in Kümpel/Wittig, Rz. 7.3.

2 Bei den **Erscheinungsformen**[1] kann zunächst danach unterschieden werden, ob der Transfervorgang vom *Buchgeldzahler* oder vom *Buchgeldempfänger* seinen Ausgang nimmt. Ersteres ist bei der Überweisung der Fall. Dagegen erfolgen der Lastschrifteinzug und das Scheckinkasso auf Initiative des Buchgeldempfängers, der seine Bank beauftragt, den geschuldeten Betrag seinem Konto gutzuschreiben und von der Bank des Zahlenden einzuziehen. Daneben finden sich als moderne Formen des bargeldlosen Zahlungsverkehrs die sog. *„kartengesteuerten" Verfahren*. Hierzu sind insbesondere die Kreditkarte, die ec-Zahlungssysteme einschließlich GeldKarte zu rechnen.

3 Der bargeldlose Zahlungsverkehr stellt einen Faktor von enormer **volkwirtschaftlicher Bedeutung** dar. Dies belegen schon die statistischen Zahlen[2]. Für 2012 wurde für Deutschland eine Gesamtzahl der Transaktionen mit bargeldlosen Zahlungsinstrumenten von 18 216,7 Mio. Stück mit einem Gesamtwert von 70 204 981 Mio. Euro angegeben. Davon entfiel wertmäßig allein auf Überweisungen ein Anteil von 56 698 291 Mio. Euro und auf Lastschriften von 13 079 548 Mio. Euro. In Bezug auf den Gesamtbetrag eher gering fallen dagegen die Summen für den Einsatz von Schecks mit 228 690 Mio. Euro und Karten mit 198 287 Mio. Euro aus. Allerdings ist bei den Zahlungen mit kartengesteuerten Verfahren der enorme Anteil von 3 182,2 Mio. Stück aller bargeldlosen Transaktionen zu beachten. Die Zahl der im Inland ausgegebenen Karten lag 2012 bei zwischenzeitlich über 135 Mio. Stück. Die Anzahl der begebenen Schecks ist mit 34,4 Mio. Stück im Jahr 2012 (gegenüber noch 65,4 Mio. Stück im Jahr 2008) eher gering und stark rückläufig, was aber in Anbetracht des Gesamtvolumens der Umsätze auf durchschnittlich beachtliche Beträge bei den jeweils einzelnen Transaktion hindeutet.

4 Die hierin zum Ausdruck kommende Wichtigkeit für den Geschäftsverkehr hat auch der Gesetzgeber hervorgehoben. Er hat daher mit dem 2. WiKG die Funktionsfähigkeit des bargeldlosen Zahlungsverkehrs als **eigenständiges Rechtsgut**[3] anerkannt. Durch dieses Gesetz wurden die in diesem Bereich zentralen Vorschriften der §§ 263a, 266b StGB (näher Rz. 60 ff., 74 ff.) eingeführt. Daneben kommen aber auch die allgemeinen Strafvorschriften im Bereich der Vermögensdelikte, insbesondere die §§ 263, 266 StGB, zum Tragen. Die Darstellung orientiert sich im Folgenden unter *systematischer Vorgehensweise* an den einzelnen in Betracht kommenden Fallkonstellationen der missbräuchlichen Inanspruchnahme des bargeldlosen Zahlungsverkehrs.

5 Ungeachtet der Notwendigkeit der strafrechtlichen Verfolgung sei angemerkt, dass es vor allem und in erster Linie **Aufgabe der** von solchen Schäden besonders betroffenen **Kreditwirtschaft** ist, selbst eigene ausreichende Vorkehrungen gegen Missbräuche zu treffen. Sie kann dies viel effizienter tun als der Staat, allein schon durch *vorbeugende Maßnahmen* zur Verhinderung von Straftaten.

---

1 Hierzu *Schimansky* in BkR-Hdb., § 46 Rz. 2 und *Werner* in Kümpel/Wittig, Rz. 7.9.
2 Zahlungsverkehrs- und Wertpapierabwicklungsstatistiken in Deutschland 2008–2012 der Deutschen Bundesbank mit Stand Juli 2013 unter www.bundesbank.de.
3 BT-Drs. 10/5058, 32; BGH v. 21.11.2001 – 2 StR 260/01, BGHSt 47, 160 (166); krit. hierzu *Radtke* in MüKo, § 266b StGB Rz. 1; *Lenckner/Perron* in S/S, § 263a StGB Rz. 1.

Die Strafjustiz kann erst eingreifen, wenn die Straftat bereits begangen ist. Es gibt wohl kaum ein Feld der Kriminalpolitik, auf dem sich die potenziellen Geschädigten selbst so wirksam vor Schäden schützen könnten.

B. Scheck und Wechsel

I. Scheckbetrug

Beim „normalen" Scheckbetrug sind **zwei wesentliche Erscheinungsformen** zu unterscheiden. Einerseits kann der Scheck im Rahmen einer Geschäftsbeziehung als *Zahlungsmittel* zum Ausgleich einer Verbindlichkeit dienen, die durch den Erwerb einer Ware oder die Inanspruchnahme einer Dienstleistung entsteht. Hierbei kommt ein Betrug zum Nachteil des Geschäftspartners in Betracht (1., Rz. 7 ff.). Andererseits kann die *Einlösung* eines Schecks *bei einer Bank* einen Betrug zu deren Nachteil darstellen (2., Rz. 14 ff.). Je nach Variante sind an die Erfüllung der Tatbestandsmerkmale unterschiedliche Anforderungen zu stellen. – Eine „qualifizierte" Variante des Scheckbetrugs ist die altbekannte „Scheckreiterei" (3., Rz. 17 ff.).

6

1. Betrug im Rahmen einer Geschäftsbeziehung

a) Die **Täuschungshandlung** liegt üblicherweise in einer *konkludenten Erklärung* (§ 47 Rz. 17–20) des Scheckausstellers. Der Rechtsverkehr versteht die Hingabe eines Schecks regelmäßig als stillschweigende Behauptung des Scheckausstellers, dass der Scheck im Zeitpunkt der Vorlage gedeckt ist[1]. Auf die Deckung bei Übergabe kann es dann ankommen, wenn der Scheckaussteller im Einzelfall mit sofortiger Vorlegung rechnen muss[2].

7

Zur **Täuschung** bei der Hingabe von ungedeckten Schecks und Wechseln ist ein Beschluss des BGH[3] besonders instruktiv:

8

„[...] Betrug begeht auch, wer sich durch die Eingehung einer Wechselverpflichtung oder durch Hingabe eines Schecks eine vermögenswerte Leistung verschafft und weiß, dass Wechsel oder Scheck im Zeitpunkt der Vorlage nicht eingelöst werden. Wenn ein Kaufmann Waren auf Kredit bestellt und dabei ein kurzes Zahlungsziel vereinbart, behauptet er nämlich in der Regel auch ohne ausdrückliche Erklärung, dass er willens sei und sich auch nach seiner gegenwärtigen wirtschaftlichen Lage und ihrer voraussichtlichen, von ihm auch tatsächlich überschauten Entwicklung für fähig halte, die Zahlungsfrist einzuhalten oder jedenfalls nicht länger zu überschreiten, als dies in dieser Geschäftsverbindung oder in dieser Branche üblicherweise hingenommen wird. Wenn er entgegen dieser Behauptung nicht an seine künftige Leistungsfähigkeit glaubt, vielmehr ernstliche Zweifel hat, ob er die eingegangene Verpflichtung werde erfüllen können, spiegelt er vorsätzlich eine falsche (innere) Tatsache vor. Es ist jedoch erforderlich, dass bei Eingehung der Wechselverpflichtung oder Hingabe des Schecks eine solche Kenntnis des Täters davon, dass bei Fälligkeit keine Zahlung erfolgen werde, festgestellt wird."

---

1 BGH v. 26.7.1972 – 2 StR 62/72, BGHSt 24, 386 (389); BGH v. 17.5.1982 – 2 StR 136/82, wistra 1982, 188.
2 BGH v. 25.6.1952 – 5 StR 509/52, BGHSt 3, 69 (71 f.); vgl. auch *Hefendehl* in MüKo, § 263 StGB Rz. 122 mit Fn. 354.
3 BGH v. 10.4.1984 – 4 StR 180/84, wistra 1984, 223.

9   Die **Deckung** kann in einem Guthaben, aber auch in einer Krediteinräumung liegen. Man wird wohl auch die konkludente Erklärung einer fortbestehenden Deckung annehmen dürfen[1], und damit die Zusicherung, sie dem Scheck nicht zu entziehen[2].

10 Geht der Täter davon aus, bis zum Zeitpunkt der Vorlage werde das Konto gedeckt sein, z.B. weil bis dahin eine Überweisung erfolgt ist, so kann dies – wenn diese Annahme durch zuverlässige Tatsachen begründet ist – die **Täuschungshandlung**[3] entfallen lassen, zumindest aber den diesbezüglichen *Vorsatz* ausschließen. Allerdings reicht lediglich die Erwartung oder die Hoffnung nicht aus (vgl. § 47 Rz. 73). Es müssen *konkrete Anhaltspunkte* vorliegen, die die Deckung gewährleisten, z.B. der Eingang der Gehaltszahlung. Kennt der Täter im Zeitpunkt der Scheckhingabe die Weigerung der Bank, seine Schecks einzulösen, ist damit der Schädigungsvorsatz im Tatzeitpunkt hinreichend dargetan[4].

11 b) Die Feststellung des **Irrtums** aufseiten des Schecknehmers ist normalerweise unproblematisch. Bei Begebung eines nicht garantierten Schecks geht er i.d.R. von dessen Deckung aus[5]. Allerdings verlangt der BGH dann eine eingehende Auseinandersetzung mit der Frage der *Kausalität* des Irrtums, wenn die Geschäftsverbindung länger angedauert hat und der Schecknehmer dabei Anhaltspunkte für die mangelnde Bonität des Scheckausstellers – z.B. durch Vordatieren der Schecks – erkennen konnte[6] (allgemein hierzu § 48 Rz. 22 f.).

12 c) Der **Vermögensschaden** (eingehend dazu § 47 Rz. 46 ff. und § 48 Rz. 25 ff.) ist bei Hingabe eines ungedeckten Schecks unter dem Gesichtspunkt des *Eingehungsbetrugs* (§ 47 Rz. 63 f.) zu prüfen. Für die Feststellung kommt es darauf an, ob der Nehmer für seine Leistung einen wirtschaftlich minderwertigen Anspruch gegen seinen Geschäftspartner erlangt. Da die Bezahlung zum Zeitpunkt der Vermögensverfügung gefährdet ist, handelt es sich um einen *Gefährdungsschaden*. Dabei ist zu beachten, dass der Scheck erfüllungshalber hingegeben wird. Erfolgt dies zum Ausgleich einer im Zeitpunkt der Übergabe ohnehin uneinbringlichen Forderung, so entsteht durch die mangelnde Deckung des Schecks kein (weitergehender) Vermögensschaden[7]. Das gleiche Ergebnis ergibt sich für den umgekehrten Fall, dass die Grundforderung ohne Weiteres realisierbar ist[8] oder genügend liquide Sicherheiten (§ 47 Rz. 52 und § 50 Rz. 137 ff.) vorliegen.

13 Das wesentliche Problem bei der **Schadensfeststellung** ist in den verbleibenden Fällen nicht die Gefährdung an sich durch ein Ausfallrisiko. Eine schadensgleiche Vermögensgefährdung entsteht vielmehr aus einem zu hohen *Grad der Gefährdung* (eingehend dazu § 48 Rz. 40 ff.). Der an den Grad der Vermögens-

---

1   *Cramer/Perron* in S/S, § 263 StGB Rz. 29.
2   *Mayer*, JZ 1953, 25 (26).
3   *Tiedemann* in LK, § 263 StGB Rz. 42; *Valerius*, JA 2007, 514 (517).
4   BGH v. 15.9.1988 – 4 StR 397/88, wistra 1989, 62.
5   *Lackner/Kühl*, § 263 StGB Rz. 19; *Cramer/Perron* in S/S, 263 StGB Rz. 49, 50.
6   BGH v. 10.4.1984 – 4 StR 180/84, wistra 1984, 223.
7   BGH v. 3.11.1982 – 2 StR 159/82, NJW 1983, 461.
8   *Hefendehl* in MüKo, § 263 StGB Rz. 578.

gefährdung anzulegende Maßstab sollte beim Scheckbetrug wesentlich strenger sein als beim Lieferantenbetrug. Ein Kriterium derart, dass die Nichteinlösung nur wahrscheinlicher sein muss als die Einlösung (§ 48 Rz. 47), würde den wirtschaftlichen Gegebenheiten des bargeldlosen Zahlungsverkehrs nicht gerecht werden. Es muss ein deutlich kleineres Risiko ausreichen. Da der Anteil der ungedeckten Schecks – unbeschadet der hohen absoluten Zahl – mit etwa 2–4 % relativ klein ist, könnte man diesen als Indikator für den Grad der Vermögensgefährdung verwenden, sodass man bei einer *Ausfallquote von ca. 10 %* von einem ungewöhnlichen Risiko i.S. einer schadensgleichen Vermögensgefährdung (vgl. § 47 Rz. 58) sprechen könnte. Branchenspezifische Besonderheiten wären allerdings zu berücksichtigen (hierzu § 48 Rz. 36). Ein Gefährdungsschaden sollte daher nur dann ausgeschlossen werden, wenn die Einlösung des Schecks so gut wie sicher war. In jedem Fall ist aber, da es sich bei § 263 StGB nicht um ein Gefährdungsdelikt handelt, das Ausfallrisiko konkret zu bewerten (§ 47 Rz. 59).

2. Betrug zum Nachteil einer Bank

Die Einreichung eines Schecks enthält gegenüber der einlösenden Bank lediglich die *konkludente Erklärung*, die wesentlichen Scheckvoraussetzungen (vgl. Art. 1–3 ScheckG) entsprächen dem Willen des Ausstellers. Daher liegt keine **Täuschungshandlung** vor, wenn der Inhaber den Scheck vorlegt, obwohl die Forderung aus dem Grundverhältnis nicht oder nicht mehr besteht[1]. Gleichfalls stellt die Einlösung eines Inhaberschecks keine Behauptung über die materielle Berechtigung an der zugrunde liegenden Forderung dar[2].

14

Allerdings ist einer entsprechenden Verhaltensweise ein Erklärungswert dahin gehend beizumessen, der Scheck sei **nicht abhanden gekommen**. Dies führt wegen des Regressrisikos der Bank zu einem korrespondierenden *Irrtum* aufseiten des Bankmitarbeiters[3]. Von maßgeblicher Bedeutung ist ferner die im Geschäftsverkehr übliche Funktion des Schecks als Mittel zur bargeldlosen Zahlung. Der Einreichung bei der Bank ist demnach die stillschweigende Erklärung beizumessen, er werde in diesem Sinne verwendet und diene nicht lediglich der verdeckten Kreditbeschaffung[4]. Dies gilt auch, wenn der Aussteller selbst den Scheck bei seiner kontoführenden Bank einlöst[5].

15

Eine **Vermögensverfügung** trifft die Bank dadurch, dass sie den Scheckbetrag ausbezahlt oder dem Konto des Einreichers gutschreibt. Ein Anspruch auf Auszahlung besteht im letzteren Fall indessen zunächst nicht. Die Gutschrift er-

16

---

1 BGH v. 6.9.2001 – 5 StR 318/01, NStZ 2002, 144 (145).
2 BGH v. 18.7.2007 – 2 StR 69/07, wistra 2007, 458; BGH v. 13.2.2008 – 2 StR 406/07, Rz. 3; zur möglicherweise abweichenden Wertung beim (echten) Orderscheck BayObLG v. 21.1.1999 – 1 St RR 265/98, NJW 1999, 1648 (1649).
3 BGH v. 11.12.2008 – 5 StR 536/08, wistra 2009, 151 (152).
4 OLG Köln v. 18.3.1981 – 3 Ss 1129/80-18, NJW 1981, 1851.
5 OLG Köln v. 19.10.1990 – Ss 476/90, NJW 1991, 1122; a.A. *Hefendehl* in MüKo, § 263 StGB Rz. 125.

folgt regelmäßig unter Vorbehalt der Einlösung des Schecks durch die bezogene Bank[1]. Für die Annahme eines **Vermögensschadens** i.S. einer – auf den Zeitpunkt der Gutschrift bezogenen und konkret zu beziffernden[2] (§ 47 Rz. 59) – schadensgleichen Vermögensgefährdung sind deswegen Feststellungen dazu zu treffen, ob der Scheckeinreicher bereits während dieses Zeitraums tatsächlich die Möglichkeit hatte, auf die vorläufige Gutschrift zuzugreifen[3]. Er kann ausgeschlossen sein, wenn die Inkassobank, beispielsweise wegen anderweit verfügbarer Guthaben oder Sicherungen, durch das Rückbelastungsrecht hinreichend gesichert war[4]. Bei Einlösung eines abhanden gekommenen Inhaberschecks besteht das schadensgleiche Risiko des Vermögensverlustes wegen der drohenden Schadensersatzforderungen, denen sich die Bank ausgesetzt sieht[5]. Die verdeckte Kreditbeschaffung ist nach den Grundsätzen des Eingehungsbetrugs zu beurteilen[6].

3. Scheckreiterei

17 Bei der Scheckreiterei sind hauptsächlich **zwei Begehungsweisen** zu unterscheiden. Bei beiden Varianten macht sich der Täter ebenfalls zunutze, dass der Scheck als *Mittel bargeldloser Zahlung* angesehen wird. Mit Vorlage bringt der Einreicher zum Ausdruck, ihm stehe in Höhe der Schecksumme der unmittelbare Zugriff auf das Konto des Ausstellers zu[7].

18 Einerseits können sich **zwei** oder **mehr Personen** beteiligen, indem jeder dem anderen einen Scheck ausstellt und die Beteiligten den Scheck des jeweils anderen bei ihrer Bank zur Gutschrift einreichen. Da der Kontoinhaber zumeist bereits mit der Gutschrift, wenn auch „Ev" (Eingang vorbehalten), über das Guthaben verfügen kann, gewinnt er einen Zeitvorsprung. Bis seine Bank den Scheck an die bezogene Bank weiterreicht, vergeht die „Postlaufzeit". Dann aber ist es zu spät, der Schaden ist bereits eingetreten.

19 Andererseits kann das gleiche System auch ein **einzelner Täter** anwenden. Er zieht dann Schecks auf verschiedene Banken und nutzt auch hier die Postlaufzeit aus.

20 Rechtlich liegt **Betrug** zum *Nachteil der Bank* vor, bei dem es keine Besonderheiten gibt. Theoretisch ließen sich hier (sogar) Täuschung und Schaden leichter feststellen. Die Schwierigkeiten liegen aber in den aufwendigen Ermittlungen wegen der Vielzahl der Schecks und deren zeitlicher Einordnung. Nicht sel-

---

1 Zu den Einzelheiten BGH v. 6.3.2012 – 4 StR 669/11, ZWH 2012, 234 (235 Rz. 8).
2 Zu den Schwierigkeiten *Schuhr*, ZWH 2012, 229 (230).
3 BGH v. 24.4.2007 – 4 StR 558/06, wistra 2007, 305 (306); BGH v. 6.3.2012 – 4 StR 669/11, ZWH 2012, 234 (236 Rz. 16).
4 BGH v. 6.3.2012 – 4 StR 669/11, ZWH 2012, 234 (235 f. Rz. 9); *Schuhr*, ZWH 2012, 229 (229 f.).
5 BGH v. 11.12.2009 – 5 StR 536/08, wistra 2009, 151 (152); zum Orderscheck BayObLG v. 21.1.1999 – 1 St RR 265/89, NJW 1999, 1648 (1649).
6 OLG Köln v. 19.10.1990 – Ss 476/90, NJW 1991, 1122.
7 *Tiedemann* in LK, § 263 StGB Rz. 45; *Hefendehl* in MüKo, § 263 StGB Rz. 123; *Kindhäuser* in NK, § 263 StGB Rz. 135.

ten ist auch die Erfahrung zu machen, dass bei der zweiten Vorgehensweise (ein Täter und mehrere Banken) zumeist auch ein Bankleiter mitmacht oder zumindest eingeweiht ist. Derartige *Usancekredite* (§ 50 Rz. 143) ermöglichen nämlich eine Überschreitung der durch Gesetz und Satzung der Bank gezogenen Kreditlimits, ohne dass es ein Prüfer merkt. Vornehm ausgedrückt, heißt das Ganze „window-dressing". Strafrechtlich ist ein solches Verhalten zumeist als Untreue durch den Bankleiter zu würdigen, der Kontoinhaber kann Teilnehmer sein[1].

II. Wechselbetrug

Auch bei Hingabe eines Wechsels ist zu prüfen, inwieweit der **Betrugstatbestand** eingreift. Es ergeben sich bei den praktisch relevantesten Fallkonstellationen die nachfolgenden Besonderheiten bei einzelnen Tatbestandsmerkmalen. 21

1. Warenwechsel und Finanzwechsel

a) Bei der **Täuschungshandlung** ist zu berücksichtigen, dass dem *Handels- oder Warenwechsel* im geschäftlichen Verkehr ein höherer Wert zukommt als dem *Finanzwechsel*. Ersterem liegt eine gewerbliche Leistung zugrunde, die die Aussicht bietet, der Akzeptant werde diese während der Laufzeit gewinnbringend verwerten und so die Mittel für die Einlösung erlangen. Letzterer basiert dagegen nicht auf einem solchen Grundgeschäft, weswegen er eine reine Kreditierung darstellt. Das weitergehende Argument von der fehlenden Rediskontfähigkeit des Finanzwechsels behält nach Eintritt in die dritte Stufe der Währungsunion zumindest insofern Gültigkeit, als nur Warenwechsel an die Bundesbank zur Sicherung von Refinanzierungskrediten verpfändet werden können[2]. Daher ist in der Vorlage eines Wechsels gegenüber einer Bank, die konkludente Erklärung zu sehen, es handle sich um einen Warenwechsel[3]. 22

Eine Einschränkung dieser Grundsätze für die **Weitergabe** eines Wechsels **im Geschäftsverkehr** und die Forderung, der Täter müsse hierbei durch besondere Umstände einen falschen Eindruck erwecken[4], ist nicht gerechtfertigt. Auch beim Verkauf von Wechseln an Geschäftspartner ist für diese von Erheblichkeit, ob eine Sicherheit durch ein Grundgeschäft gegeben ist. Daher hat das Verhalten hier ebenfalls den Erklärungswert, es handle sich um einen Warenwechsel[5]. 23

---

1 Vgl. BGH v. 13.2.2001 – 1 StR 448/00, wistra 2001, 218 (219 f.).
2 Vgl. *Hefendehl* in MüKo, § 263 StGB Rz. 581; *Kümpel*, 3. Aufl., Rz. 5.343–5.347 und Rz. 20.299, nimmt eine „gewisse Kontinuität zu der früheren Rediskontierung" an.
3 BGH v. 17.8.1976 – 1 StR 371/76, NJW 1976, 2028; BGH v. 26.11.1986 – 3 StR 316/86.
4 *Tiedemann* in LK, § 263 StGB Rz. 47.
5 BGH v. 26.11.1986 – 3 StR 316/86.

24 **b)** Einen **Vermögensschaden** sehen Rechtsprechung[1] und Literatur[2] in Form einer *Vermögensgefährdung* bei Hingabe eines Finanzwechsels statt eines Warenwechsels jedenfalls dann als gegeben an, wenn der Wechselverpflichtete zahlungsunfähig oder -unwillig ist. Das Ausfallrisiko ist konkret zu beziffern (§ 47 Rz. 59). Auch hier sind aber, ebenso wie beim Scheck, Einschränkungen zu machen. Anderweitige Sicherheiten müssen berücksichtigt werden (s. Rz. 12). Außerdem führt keinen Schaden herbei, wer durch Hingabe von Wechseln die Geltendmachung einer Forderung abwendet, die ohnehin uneinbringlich war[3].

25 Unabhängig von der Frage der Bonität kann ein Schaden vorliegen, wenn ein Finanzwechsel – ohne diesen als solchen kenntlich zu machen – bei einer Bank zur **Diskontierung** eingereicht wird. Die Bank wird in diesem Fall als Diskont nur die für den Handelswechsel gültigen, niedrigeren Zwischenzinsen berechnen[4]. Dieses Problem kann sich indessen nach Eintritt in die dritte Stufe der Europäischen Währungsunion in abgeschwächter Form stellen. Mit Wegfall der Rediskontierung können die Banken nicht mehr den diesbezüglich von der Bundesbank gewährten subventionierten Vorzugszins in Anspruch nehmen. Vielmehr sollen Refinanzierungskredite, zu deren Besicherung ebenfalls nur Handelswechsel hingegeben werden können, auf eine *realwirtschaftliche Grundlage* gestellt werden[5]. Mithin wird im Einzelfall zu prüfen sein, ob die Banken in der Annahme, es handle sich um Warenwechsel, überhaupt noch nennenswerte Zinsvorteile gegenüber einem Finanzwechsel weiterreichen.

2. Wechselprolongation

26 Nicht ganz einfach ist die Feststellung des **Vermögensschadens** bei einer Wechselprolongation. Diese hat nach den Grundsätzen eines *Stundungsbetruges* zu erfolgen[6]. Ein solcher ist nur gegeben, sofern gerade durch den mit dem Zahlungsaufschub verbundenen Zeitablauf die Chancen für die Erfüllung des Anspruchs verschlechtert werden, weil der Schuldner im Zeitpunkt der Stundung in höherem Maße zahlungsfähig war als später[7]. Dies ist indessen vor allem dann nicht der Fall, wenn schon bei der Begebung des Wechsels kein pfändbares Vermögen mehr vorhanden war[8].

---

1 BGH v. 17.8.1976 – 1 StR 371/76, NJW 1976, 2028; BGH v. 26.11.1986 – 3 StR 316/86; BGH v. 13.2.1992 – 4 StR 638/91, wistra 1992, 219 (220); BGH v. 9.7.1996 – 1 StR 288/96, NStZ 1997, 31 (32).
2 *Tiedemann* in LK, § 263 StGB Rz. 221; *Hefendehl* in MüKo, § 263 StGB Rz. 582; *Cramer/Perron* in S/S, § 263 StGB Rz. 163.
3 BGH v. 30.1.2003 – 3 StR 437/02, NStZ 2003, 546 (548).
4 BGH v. 17.8.1976 – 1 StR 371/76, NJW 1976, 2028.
5 *Kümpel*, 3. Aufl., Rz. 5.343–5.347.
6 BGH v. 24.1.1986 – 2 StR 658/85, wistra 1986, 170.
7 BGH v. 7.7.2004 – 5 StR 412/03, wistra 2004, 429 (431 f.); BGH v. 24.3.2009 – 5 StR 353/08, wistra 2009, 273 (274).
8 BGH v. 30.1.2003 – 3 StR 437/02, NStZ 2003, 546 (548).

3. Wechselreiterei

Bei der Wechselreiterei ziehen mehrere, meist nicht kreditwürdige, Personen gegenseitig Wechsel aufeinander, denen **keine tatsächlichen Geschäftsvorfälle** zugrunde liegen. Durch deren Diskontierung erschleichen sie jeweils eine Kreditierung bei ihrer Bank[1]. Sie kann auch in Kombination mit einer Scheckreiterei erfolgen. Wie dort liegen die Probleme weniger in der regelmäßig gegebenen rechtlichen Wertung als *Betrug*[2] als in der Notwendigkeit umfangreicher Ermittlungen. Um die Aufdeckung weiter zu erschweren, hat sich der Vertrieb von Finanzwechseln unter Einschaltung gewerblicher Vermittler zu einem organisierten Akzepttausch verlagert[3]. Neben Teilnahmehandlungen am Betrug kommt dabei auch ein Vergehen nach § 54 KWG, das unerlaubte Betreiben von Bankgeschäften, in Betracht (§ 66 Rz. 14 ff.). 27

C. Lastschriftverfahren

I. Banktechnische Abwicklung

1. Rechtliche Grundlagen

Beim Lastschriftverfahren wird der *Zahlungsvorgang* (§ 675f Abs. 3 S. 1 BGB) nicht vom Zahlungspflichtigen, sondern *vom Zahlungsempfänger ausgelöst*. Dieser reicht die Lastschrift bei seinem Kreditinstitut (erste Inkassostelle) ein, das ihm den Betrag gutschreibt und von dem Kreditinstitut des Zahlungspflichtigen (Zahlstelle) einzieht[4]. Grundlage für die Durchführung war zunächst das am 1.1.1964 in Kraft getretene Abkommen über den Lastschriftverkehr (**Lastschriftabkommen = LSA**)[5] zuletzt in der Fassung vom 1.2.2002[6], das zwischen den Spitzenverbänden des Kreditgewerbes und der Deutschen Bundesbank vereinbart wurde. 28

Mit der RL 2007/64/EG vom 13.11.2007 über Zahlungsdienste im Binnenmarkt[7], die am 25.12.2007 in Kraft trat, wurden neue Rahmenbedingungen für einen *einheitlichen Euro-Zahlungsverkehrsraum* – **SEPA (Single Euro Payments Area)** – geschaffen. Sie erfasst u.a. über ein Konto innerhalb Europas in einer EU-/EWR-Währung abgewickelte Lastschriften. Hinsichtlich des zivilrechtlichen Teils erfolgte in *§§ 675c–676c BGB* deren Umsetzung in innerstaat- 28a

---

1 *Kümpel*, 3. Aufl., Rz. 5.351.
2 BGH v. 26.11.1986 – 3 StR 316/86; *Hefendehl* in MüKo, § 263 StGB Rz. 583; *Kindhäuser* in NK, § 263 StGB Rz. 338; *Fischer*, § 263 StGB Rz. 98.
3 *Tiedemann* in LK, § 263 StGB Rz. 222.
4 Instruktiv *Flick*, juris PR-BKR 5/2010, Anm. 3; *Hadamitzky/Richter*, wistra 2005, 441 (442 f.); *Matthies*, JuS 2009, 1074 (1074–1077); *Soyka*, NStZ 2004, 538 f.
5 *Nobbe*, WM 2012, Sonderbeil. Nr. 3 (6).
6 Abgedr. bei *Baumbach/Hopt*, 33. Aufl. 2008.
7 RL 2007/64/EG des Europ. Parl. und des Rates v. 13.11.2007 über Zahlungsdienste im Binnenmarkt, zur Änderung der RL 97/7/EG, 2005/60/EG und 2006/48/EG sowie zur Aufhebung der RL 97/5/EG, ABl. EU Nr. L 319 v. 5.12.2007, 1.

liches Recht[1] *mit Wirkung vom 31.10.2009*. Damit wurde das bislang gesetzlich nicht geregelte, nunmehr in § 1 Abs. 2 Nr. 2 ZAG[2] ausdrücklich erwähnte Lastschriftgeschäft erstmals auf eine gesetzliche Grundlage gestellt. Diese ist allerdings, unter Nutzung der Freiräume, die Art. 54 Abs. 1 der RL für eine nachträgliche Autorisierung der Zahlung eröffnete, für die Beibehaltung der bisherigen Verfahrensweisen zunächst (s. aber unten Rz. 30b) offen[3].

28b Zum *9.7.2012* wurde nunmehr das **LSA**[4] **neu gefasst** und das Einzugsermächtigungsverfahren in seiner dogmatischen Grundstruktur umgestaltet[5]. Der Zahlungspflichtige hat nach allen Rechtsgrundlagen jeweils zwei Möglichkeiten, dem Einzug von Forderungen zuzustimmen[6].

2. Einzugsermächtigungsverfahren

29 Die Einzugsermächtigung wurde nach der bis zum 8.7.2012 maßgeblichen **Genehmigungstheorie**[7] auf Grundlage des bis dahin gültigen LSA gegenüber dem *Zahlungsempfänger* erteilt. Die Zahlstelle prüfte die Berechtigung des Zahlungsempfängers nicht. Der Zahlungspflichtige konnte einer Belastung widersprechen. Die Zahlstelle hatte unverzüglich nach Kenntniserlangung von dem Widerspruch die Lastschrift gegenüber der ersten Inkassostelle zurückzugeben und deren Wiedervergütung zu verlangen. Die Rückgabe und Rückrechnung war für die Zahlstelle ausgeschlossen, wenn der Zahlungspflichtige nicht innerhalb von sechs Wochen widersprach. Da das LSA jedoch Rechte und Pflichten nur zwischen den beteiligten Kreditinstituten begründet, schlug diese zeitliche Begrenzung nicht auf das Giroverhältnis des Zahlungspflichtigen durch. Dessen Widerspruchsrecht gegen Belastungsbuchungen war unbefristet[8] und wurde gegenüber der Zahlstelle selbst durch missbräuchliche Ausübung nicht ausgeschlossen[9].

29a Durch die **gesetzliche Regelung** (Rz. 28a) trat zunächst **keine Änderung** dieser rechtlichen Bewertung ein. Bei der Einzugsermächtigung wurde die einzelne Transaktion als Zahlungsvorgang im Rahmen eines Zahlungsdiensterahmen-

---

1 Art. 1 des G zur Umsetzung der VerbraucherkreditRL, des zivilrechtlichen Teils der ZahlungsdiensteRL sowie zur Neuordnung der Vorschriften über das Widerrufs- und Rückgaberecht, BGBl. I 2009, 2355.
2 ZahlungsdiensteaufsichtsG gem. Art. 1 des G zur Umsetzung der aufsichtsrechtlichen Vorschriften der ZahlungsdiensteRL (ZahlungsdiensteumsetzungsG), BGBl. I 2009, 1506. Vgl. *Schäfer/Lang*, BKR 2009, 11 (14).
3 *Laitenberger*, NJW 2010, 192 (193).
4 Abrufbar unter www.bankenverband.de unter Themen/Fachinformationen/Recht.
5 *Omlor*, NJW 2012, 2150.
6 Zum Ablauf der beiden inländischen Verfahren *van Gelder* in BkR-Hdb., § 56 Rz. 40–47; *Block/Voß*, BKR 2006, 225 (226); *Werner* in Kümpel/Wittig, Rz. 7.435 f.
7 Hierzu BGH v. 20.7.2010 – IX ZR 37/09, NJW 2010, 3517 (3518); BGH v. 20.7.2010 – XI ZR 236/07, NJW 2010, 3510 (3510 f.); *Werner* in Kümpel/Wittig, Rz. 7.478; *Köndgen*, JuS 2011, 481 (488), jeweils m.w.Nw. zur bisherigen Rspr. und h.M.
8 BGH v. 6.6.2000 – XI ZR 258/99, NJW 2000, 2667 (2668) = BGHZ 144, 349 ff.
9 OLG Düsseldorf v. 20.6.2007 – I-16 U 129/06, BKR 2007, 514 (515–517); a.A. OLG München v. 29.5.2007 – 19 U 2796/07, WM 2007, 1840 f.

vertrages gem. § 675f Abs. 2 S. 1 BGB angesehen[1]. Die Genehmigung erfolgte, wie mit Nr. 2.4 a.F. der „Bedingungen für Zahlungen mittels Lastschrift im Einzugsermächtigungsverfahren" zwischen Lastschriftschuldner und Zahlstelle zuvor vereinbart, stillschweigend, sofern Ersterer nicht innerhalb von sechs Wochen nach Zugang des Rechnungsabschlusses Einwendungen erhob. Diese Form war nach § 675j Abs. 1 S. 2 und 3 BGB zulässig[2].

Der BGH sah bei dieser Ausgestaltung indes Schutzlücken im Hinlick auf die Insolvenzfestigkeit der Lastschrift, weswegen er eine Annäherung an das SEPA-Basismandat (s. Rz. 30b) empfahl[3]. Hierauf reagierten die deutschen Zahlungsdienstleister mit einer Änderung des LSA und der Bedingungen für Zahlungen mittels Lastschrift[4] *zum 9.7.2012*[5]. Unter Nr. 2.2.1 ist dort nunmehr festgehalten, dass der Kunde mit der Einzugsermächtigung gegenüber seiner Bank die Einlösung von Lastschriften des Zahlungsempfängers autorisiert. Unter dogmatischen Gesichtspunkten wurde dadurch der Übergang zur **Einwilligungstheorie** vollzogen. Der Zahler erteilt damit – vergleichbar mit dem SEPA-Mandat (s. Rz. 30b) – eine *Doppelweisung*. Diese richtet sich einerseits wie bisher als Ermächtigung zum Einzug an den Zahlungsempfänger, zugleich wird aber zusätzlich dem eigenen Zahlungsdienstleister (mittelbar) die Generalanweisung erteilt, die Lastschrift einzulösen (Zahlungsauftrag i.S. des § 675f Abs. 3 S. 2 BGB)[6].

29b

3. Abbuchungsauftragsverfahren

Der Abbuchungsauftrag wird gegenüber der **Zahlstelle** abgegeben mit dem Auftrag, die vom Zahlungsempfänger vorgelegten Lastschriften einzulösen. Die Zahlstelle muss vor jeder Kontobelastung prüfen, ob die Zustimmung des Zahlungspflichtigen vorliegt. Regelmäßig wird diese jedoch nicht im Einzelfall, sondern durch eine generelle Weisung erteilt, Lastschriften des im Abbuchungsauftrag bezeichneten Gläubigers einzulösen. Der Belastung kann der Zahlungspflichtige nicht widersprechen, er kann jedoch den Abbuchungsauftrag bis zur Einlösung widerrufen[7].

30

Um die Möglichkeit zu eröffnen, das Abbuchungsauftragsverfahren beizubehalten, wurde mit Einführung der gesetzlichen Regelungen im BGB die **Ausnahmevorschrift** des § 675x Abs. 3 BGB geschaffen[8]. An den zivilrechtlichen Grundstrukturen des Ablaufs hat sich damit nichts geändert.

30a

---

1 *Werner*, BKR 2010, 9.
2 *Meckel*, jurisPR-BKR 1/2010 Anm. 1; *Werner*, BKR 2010, 9 (9 f. und 11 f.).
3 BGH v. 20.7.2010 – XI ZR 236/07, NJW 2010, 3510 (3515).
4 Abrufbar unter www.bankenverband.de unter Themen/Fachinformationen/Recht.
5 *Reymann*, JuS 2012, 781 (783).
6 *Nobbe*, WM 2012, Sonderbeil. Nr. 3 (15); *Omlor*, NJW 2012, 2150 (2151).
7 Instruktiv zum Ablauf des Abbuchungsauftragsverfahrens BGH v. 22.1.2013 – 1 StR 416/12, BGHSt 58, 119 (Rz. 20–24) = ZWH 2013, 512 (Leitsatz).
8 *Meckel*, jurisPR-BKR 12/2009 Anm. 1.

4. SEPA-Lastschriftverfahren

30b Die nationalen Zahlungsinstrumente haben vor dem Hintergrund der mit der Zahlungsdienste-RL verfolgten Vereinheitlichungsbestrebungen nur noch zeitlich begrenzten Bestand. In Art. 6 Abs. 2 der am 31.3.2012 in Kraft getretenen *SEPA-VO*[1] wurde als verbindlicher Termin für die **SEPA-Migration**, d.h. für die Umstellung auf die folgend dargestellten SEPA-Verfahren[2], der 1.2.2014 festgelegt. Lediglich für Inlandzahlungen von Verbrauchern und das elektronische Lastschriftverfahren sehen Art. 16 Abs. 1 und 4, die Möglichkeit vor, eine *Übergangsfrist* bis 1.2.2016 einzuräumen, in der die bisherigen nationalen Zahulungsverfahren weiter genutzt werden dürfen. Hiervon hat der Bundesgesetzgeber mit Einfügung der §§ 7a, 7b ZAG durch das SEPA-Begleitgesetz[3] Gebrauch gemacht. Die nachfolgend dargestellte strafrechtliche Würdigung der bislang gebräuchlichen Missbrauchsvarianten ist damit nach wie vor zu beachten.

30c Neben den bislang gebräuchlichen wurden zwei neue, speziell auf die Vorgaben der Zahlungsdiensterichtlinie zugeschnittene Lastschriftverfahren entwickelt, die seit November 2009 auf dem Markt angeboten werden, die **SEPA-Basislastschrift** – SEPA Core Direct Debit – und die **SEPA-Firmenlastschrift** – SEPA Business to Business (B2B) Direct Debit. Im Gegensatz zur Einzugsermächtigung erteilt der Zahlungspflichtige hier dem Lastschriftgläubiger vor Durchführung der Belastung ein Mandat in Form einer Doppelweisung[4], mit der er die Zahlstelle zugleich ermächtigt, sein Konto zu belasten. Es liegt damit eine (vorherige) Einwilligung i.S. des § 675j Abs. 1 S. 2 BGB vor[5]. Vor allem bei der SEPA-Basislastschrift sind vor Durchführung der Belastung verschiedene Fristen einzuhalten und eine Vorabinformation zu übermitteln[6]. An die Stelle der Widerspruchmöglichkeit tritt mit dem *Erstattungsanspruch* nach § 675x Abs. 2 BGB ein eigenständiger Anspruch als aktives Gegenrecht[7]. In ihrer Basisversion ist die SEPA-Lastschrift dem Einzugsermächtigungsverfahren und in ihrer Firmenversion dem Abbuchungsauftragsverfahren ähnlich[8]. Die strafrechtliche Bewertung einer missbräuchlichen Verwendung wird sich daher an der jeweiligen der bisherigen Verfahren zu orientieren haben.

---

1 VO (EU) Nr. 260/2012 des Europ. Parl. und des Rates v. 14.3.2012 zur Festlegung der technischen Vorschriften und der Geschäftsanforderungen für Überweisungen und Lastschriften in Euro und zur Änderung der VO (EG) Nr. 924/2009, ABl. EU Nr. L 94/22 v. 30.3.2012.
2 *Nobbe*, WM 2012, Sonderbeil. Nr. 3 (9); *Reymann*, JuS 2012, 781 (787).
3 G zur Begleitung der VO (EU) Nr. 260/2012 zur Festlegung der technischen Vorschriften und der Geschäftsanforderungen für Überweisungen und Lastschriften in Euro und zur Änderung der VO (EG) Nr. 924/2009, BGBl. I 2013, 610.
4 *Laitenberger*, NJW 2010, 192 (194); *Nobbe*, WM 2012, Sonderbeil. Nr. 3 (8).
5 BGH v. 20.7.2010 – XI ZR 236/07, NJW 2010, 3510 (3512).
6 Zum Ablauf s. *Werner*, BKR 2010, 9 (13–15).
7 BGH v. 20.7.2010 – XI ZR 236/07, NJW 2010, 3510 (3512); *Laitenberger*, NJW 2010, 192 (194).
8 So die Einschätzung der Deutschen Bundesbank auf www.bundesbank.de unter Zahlungsverkehr/SEPA.

II. Missbrauchsvarianten

1. Missbrauch der Einzugsermächtigung

a) Der **typische Ablauf** besteht darin, dass der in finanzielle Schwierigkeiten geratene Täter bei seiner Bank Lastschriften zum *Einzug von fingierten Forderungen* aus angeblichen Waren- oder Dienstleistungsgeschäften einreicht, obwohl diese tatsächlich nicht getätigt wurden. Als Lastschriftschuldner setzt er Personen ein, die ihm eine Einzugsermächtigung nicht oder nicht in dem behaupteten Zusammenhang erteilt hatten. Hier liegt jeweils mangels fremdnütziger Vermögensbetreuungspflicht *keine Untreue* gegenüber Bank und Lastschriftempfänger vor. Dagegen handelt es sich um tateinheitlich begangenen *Betrug* zum Nachteil der *Inkassobank* und zum Nachteil des *Zahlungspflichtigen*, zu dem der Täter bereits mit Einreichung der Lastschrift i.S. des § 22 StGB unmittelbar ansetzt[1]. Werden mehrere Lastschriften bei demselben Kreditinstitut in engem zeitlichen Zusammenhang eingereicht, kann *natürliche Handlungseinheit* gegeben sein[2].

31

b) Bei dem **bis zum 8.7.2012 gültigen Verfahren** findet der **Betrug zum Nachteil der ersten Inkassostelle**[3] seine Grundlage in der Inkassovereinbarung, die der Gläubiger abschließen muss, um bei seiner Bank Lastschriften zum Einzug einreichen zu können. Diese stützt sich auf die „Vereinbarung über den Einzug von Forderungen durch Lastschriften"[4]. Nach deren Ziff. 1 und 2 a.F. verpflichtete sich der Zahlungsempfänger, nur „fällige Forderungen"[5] gegen diejenigen Zahlungspflichtigen einzuziehen, die ihm eine Einzugermächtigung erteilt haben. Daher liegt in der Vorlage einer Lastschrift die entsprechende konkludente Erklärung und mithin eine *Täuschung* – mit korrespondierendem *Irrtum* – des Bankangestellten, wenn dies nicht der Fall ist. Die *Vermögensverfügung* ist die Ev-Gutschrift auf dem Girokonto des Täters, der über diese regelmäßig (zumindest teilweise) sogleich verfügen kann[6]. So entsteht ein *Gefährdungsschaden*, weil die Rückgabe der Lastschrift droht und ein Ausgleich durch den zahlungsunfähigen Täter nicht erfolgen kann; das – zu beziffernde (§ 47 Rz. 59) – Ausfallrisiko für die in der Gutschrift unter dem Vorbehalt des Eingangs liegende Kreditgewährung trägt die erste Inkassostelle[7]. Ein solches muss aber konkret gegeben sein, was beispielsweise bei rechtzeitiger Sperrung des Kontos nicht der Fall ist[8].

32

---

1 BGH v. 22.5.2014 – 4 StR 430/12, NJW 2014, 2132 (2134).
2 BGH v. 14.9.2010 – 4 StR 422/10, wistra 2010, 476.
3 OLG Hamm v. 15.6.1977 – 4 Ss 363/76, NJW 1977, 1834 (1835 f.); LG Oldenburg v. 26.3.1979 – 10a KLs 12/78, NJW 1980, 1176 (1177).
4 *Werner* in Kümpel/Wittig, Rz. 7.438; Mustertexte bei *van Gelder* in BkR-Hdb., Anh. 2 zu §§ 56–59.
5 So auch I. Nr. 2 Abs. 1 des LSA.
6 Hierzu *Werner* in Kümpel/Wittig, Rz. 7.440, 7.443, 7.445; *Matthies*, JuS 2009, 1074 (1075); *Nobbe*, WM 2012, Sonderbeil. Nr. 3 (9).
7 *van Gelder* in BkR-Hdb., § 56 Rz. 74; *Werner* in Kümpel/Wittig, Rz. 7.445, 7.534; s. auch I.5 und II.3 des LSA.
8 Vgl. BGH v. 22.11.2013 – 1 StR 416/12, BGHSt 58, 119 (Rz. 44–48) = ZWH 2013, 512 (Leitsatz) zu § 263a StGB.

32a Bei dem **Betrug zum Nachteil des Zahlungspflichtigen**[1] handelt es sich um einen *Dreiecksbetrug in mittelbarer Täterschaft*. Mit Vorlage der Lastschrift gibt der Zahlungsempfänger wahrheitswidrig die schlüssige Erklärung ab, einen fälligen Anspruch gegen den Lastschriftempfänger zu haben. Hierzu bedient er sich der ersten Inkassostelle, die dies an die Zahlstelle gutgläubig weitergibt. Letztere belastet aufgrund des mit diesem bestehenden Giroverhältnisses das Konto ihres Kunden. Zwar ist sie, da die Belastungsbuchung ohne Weisung oder Auftrag erfolgte, zu wertstellungsneutraler Wiedergutschrift verpflichtet (jetzt § 675u S. 2 BGB)[2]. Gleichwohl erleidet der Kontoinhaber hiermit einen konkret zu bewertenden Gefährdungsschaden, da er nunmehr das Risiko trägt, die im Valutaverhältnis unberechtigte Abbuchung zu bemerken und ihr zu widersprechen (vgl. auch § 676b BGB[3]). Entsprechend enthalten die Bedingungen der Banken für den Lastschrifteinzug im Einzugsermächtigungsverfahren mittlerweile regelmäßig einen Passus, nach dem der Kunde versichert, lediglich Lastschriften zum Einzug einzureichen, wenn ihm eine Einzugsermächtigung des Zahlungspflichtigen vorliegt. Neuerdings hat auch der BGH in Bezug auf das frühere Einzugsermächtigungsverfahren darauf abgestellt, der Täter täusche den Zahlungspflichtigen auch darüber, dass eine durch ihn abgegebene schriftliche Einzugsermächtigung als solche vorliege[4].

33 **c)** In dem **ab dem 9.7.2012 gültigen Verfahren** stellt sich auch nach Übergang zur **Einwilligungstheorie** der missbräuchliche Einzug von Lastschriften im Einzugsermächtigungsverfahren als *Betrug zum Nachteil der ersten Inkassostelle* und (tateinheitlich) *zum Nachteil des Zahlungspflichtigen* dar. Lediglich die rechtliche Konstruktion hat sich geändert. Die *Täuschung* liegt jetzt schon darin, dass der Gläubiger konkludent vorspiegelt, es liege eine Einzugsermächtigung als solche vor[5], unabhängig von der Frage, ob ein Forderungseinzug behauptet wird oder nicht. Denn wegen der Ausgestaltung als Doppelweisung liegt in der Einreichung der Lastschrift zugleich die Erklärung, der Zahlungspflichtige habe seiner Bank im Wege der Vorabautorisierung[6] die Weisung erteilt, diese einzulösen. Der Zahlungsauftrag ist rechtliche Voraussetzung für die Ausführung der Belastungsbuchung durch die Zahlstelle (s. Rz. 29b).

2. Missbrauch des Abbuchungsauftrags

34 Zieht der Zahlungsempfänger eine Lastschrift unter Missbrauch eines Abbuchungsauftrages ein, so ist dies strafrechtlich grundsätzlich genauso zu werten wie bei der Inanspruchnahme einer Einzugsermächtigung. Allerdings wird in

---

1 OLG Hamm v. 15.6.1977 – 4 Ss 363/76, NJW 1977, 1834 (1835 f.); LG Oldenburg v. 26.3.1979 – 10a KLs 12/78, NJW 1980, 1176 (1177).
2 *Nobbe*, WM 2012, Sonderbeil. Nr. 3 (10); s. auch *Köndgen*, JuS 2011, 481 (489).
3 Hierzu *Werner* in Kümpel/Wittig, Rz. 7.194 f. und 7.512; *Meckel*, jurisPR-BKR 2/2010 Anm. 1; *Köndgen*, JuS 2011, 481 (489); vgl. auch BGH v. 20.2.2014, ZWH 2014, 354 (356) zur vergleichbaren Konstellation bei gefälschter Überweisung.
4 BGH v. 22.5.2014 – 4 StR 430/12, NJW 2014, 2132 (2134).
5 So inzwischen auch BGH v. 22.5.2014 – 4 StR 430/12, NJW 2014, 2132 (2134) zum früheren Einzugsermächtigungsverfahren.
6 BGH v. 20.7.2010 – XI ZR 236/07, NJW 2010, 3510 (3515).

der Rechtsprechung die Ansicht vertreten, es bestehe ein wesentlicher Unterschied. Da der Zahlungspflichtige mit Belastung seines Kontos nach Ausführung des Abbuchungsauftrags nicht mehr widersprechen könne, erleide die erste Inkassostelle mit der Gutschrift des Betrages keinen Vermögensschaden. Ein Betrug zu ihrem Nachteil scheide demnach aus[1]. Dies erscheint indes zweifelhaft. Die Widerspruchsmöglichkeit des Zahlungspflichtigen ist lediglich dann ausgeschlossen, sofern er einen Abbuchungsauftrag tatsächlich erteilt hat, der die eingereichte Lastschrift deckt[2]. Fehlt es an einem solchen, steht der Zahlstelle gerade kein Aufwendungsersatzanspruch zu und sie ist zur wertstellungsneutralen Wiedergutschrift verpflichtet (§ 675u S. 2 BGB)[3]. Die Lastschrift gibt sie zurück[4]. Vor diesem Hintergrund ist es gerechtfertigt, auch hier einen Gefährdungsschaden der ersten Inkassostelle in Betracht zu ziehen[5] (vgl. Rz. 32).

3. Missbrauch der SEPA-Lastschriftverfahren

Das Einzugsermächtigungsverfahren auf Grundlage der Einwilligungstheorie orientiert sich weitgehend an der **SEPA-Basislastschrift**. Die **SEPA-Firmenlastschrift** ähnelt derjenigen im Abbuchungsauftragsverfahren. Deren missbräuchliche Einreichung wird daher unter strafrechtlichen Gesichtspunkten jeweils entsprechend zu werten sein.

34a

4. Lastschriftkarussell und Lastschriftreiterei

a) Beim **Lastschriftkarussell**[6] – auch als Erteilung von *Kreditlastschriften* bezeichnet[7] – ist folgender **Ablauf** typisch: Eine Person, die sich in Liquiditätsschwierigkeiten befindet, vereinbart mit ihrer Bank die Zulassung zum Lastschriftverfahren. Über einen oder mehrere Vermittler erhält sie gegen Provision sodann hochverzinsliche Darlehen, ohne in Kontakt zu den Darlehensgebern zu treten. Die Auszahlung erfolgt in der Form, dass der Darlehensnehmer nunmehr bei seiner Bank, der ersten Inkassostelle, eine Lastschrift einreicht. Dies geschieht auf Grundlage einer vom Darlehensgeber erteilten Einzugsermächtigung. Für die Rückzahlung des Darlehens wird ein kurzer Zeitraum gewählt, i.d.R. fünf Wochen. Die im Lastschriftabkommen vorgesehene sechswöchige Frist, nach deren Ablauf die Zahlstelle die Lastschrift gegenüber der ersten In-

35

---

1 OLG Hamm v. 15.6.1977 – 4 Ss 363/76, NJW 1977, 1834 (1836).
2 *Werner* in Kümpel/Wittig, Rz. 7.468 f.; *Nobbe*, WM 2012, Sonderbeil. Nr. 3 (17).
3 *Casper* in MüKo, § 675u BGB Rz. 9; *Nobbe*, WM 2012, Sonderbeil. Nr. 3 (17).
4 *Werner* in Kümpel/Wittig, Rz. 7.459 mit Hinweis auf II.1.a des LSA.
5 Offengelassen in BGH v. 22.11.2013 – 1 StR 416/12, BGHSt 58, 119 (Rz. 44–48) = ZWH 2013, 512 (Leitsatz) zu § 263a StGB.
6 So die Bezeichnung bei *Hadamitzky/Richter*, wistra 2005, 441 (443); auch diese Variante des Missbrauchs des Lastschriftverfahrens bezeichnet indessen der BGH v. 15.6.2005 – 2 StR 30/05, BGHSt 50, 147, als Lastschriftreiterei.
7 OLG Brandenburg v. 30.5.2006 – 11 U 65/05, juris, Rz. 41; OLG Brandenburg v. 19.9.2006 – 11 U 75/05, juris, Rz. 35; OLG Düsseldorf v. 20.6.2007 – I-16 U 129/06, BKR 2007, 514 (516); OLG Stuttgart v. 20.12.2007 – 9 U 92/07, BKR 2008, 480 (482); *Nobbe*, WM 2012, Sonderbeil. Nr. 3 (6).

kassostelle nicht mehr zurückgeben kann, wird so umgangen. Der Darlehensgeber hat auf diese Weise Sicherung durch die Möglichkeit, die Lastschrift zu widerrufen und die Rückbuchung durch sein Kreditinstitut, die Zahlstelle, zu erreichen. Die erste Inkassostelle wird allerdings vom Lastschriftempfänger nicht darüber unterrichtet, dass der Lastschrifteinzug auf einer Darlehensgewährung beruht. Zur Verschleierung werden bisweilen auf der Lastschrift erfundene Rechnungsnummern angegeben und ungerade Beträge gewählt. Wegen der hohen Zinsen und Provisionen und wegen der kurzen Laufzeit ist der Darlehensnehmer zur Rückzahlung nicht in der Lage. Vom Vermittler werden daher neue – höhere – Darlehen angeboten, um die bisherigen abzulösen. Auf diese Weise gerät der Darlehensnehmer in einen Teufelskreis.

36 Bei der **Lastschriftreiterei** reichen mehrere Beteiligte, jeweils angeblich Schuldner und Gläubiger, wechselseitig Lastschriften ein. Über die Ev erteilten Gutschriften können sie verfügen und sich so während des Laufes der Widerspruchsfrist kurzfristig Kredit verschaffen[1]. Sie kann auch in der Weise erfolgen, dass die eine Seite Lastschriften einzieht und im Gegenzug Schecks begibt[2].

37 **b)** Beim **Betrug des Zahlungsempfängers zum Nachteil der ersten Inkassostelle** nimmt der BGH[3] in Anlehnung an die Rechtslage bei Einreichung von Lastschriften aufgrund fingierter Forderungen und fehlender Einzugsermächtigungen auch bei diesen Varianten der missbräuchlichen Nutzung des Lastschriftverfahrens eine **konkludente Täuschung** an. Es ist unmaßgeblich, dass tatsächlich eine Forderung in Form des Darlehensanspruchs besteht. Indem er die Lastschrift einreicht, bringt der Zahlungsempfänger zum Ausdruck, es liege ein übliches Umsatzgeschäft zugrunde, weswegen nur ein geringes Widerrufsrisiko für die Bank bestehe. Dies ist aber nicht der Fall, wenn wegen der Ausgestaltung des Grundgeschäftes als kurzfristiges Darlehen der *Widerruf der Lastschrift zu erwarten* ist und die Bank im Falle der Rückbuchung deswegen keinen Ersatz erlagen kann, weil der *Einreicher vermögenslos* ist. Daher täuscht er darüber, dass er die Lastschrift nicht ihrem Wesen nach als Instrument des bargeldlosen Zahlungsverkehrs nutzt, sondern zweckwidrig als Mittel zur kurzfristigen Kreditbeschaffung[4] (s. auch § 50 Rz. 145).

---

1 OLG Brandenburg v. 30.5.2006 – 11 U 65/05, juris, Rz. 40; OLG Brandenburg v. 19.9.2006 – 11 U 75/05, juris, Rz. 34; OLG Stuttgart v. 20.12.2007 – 9 U 92/07, BKR 2008, 480 (482); *van Gelder* in BkR-Hdb., § 56 Rz. 39; *Nobbe*, WM 2012, Sonderbeil. Nr. 3 (6 f.).
2 Vgl. BGH v. 21.4.2009 – VI ZR 304/07, WM 2009, 1073 ff.
3 BGH v. 15.6.2005 – 2 StR 30/05, BGHSt 50, 147 (153–155); BGH v. 24.8.2005 – 5 StR 221/05, wistra 2006, 20; BGH v. 17.4.2007 – 5 StR 446/06, NStZ 2007, 647.
4 Zusammenfassend OLG Hamm v. 22.11.2011 – III-3 RVs 89/11, wistra 2012, 161 (163), insoweit nicht abgedr. in ZWH 2012,190; aus zivilrechtlicher Sicht – auch zur damit verbundenen Verlagerung des Darlehensrisikos auf die erste Inkassostelle – BGH v. 21.4.2009 – VI ZR 304/07, WM 2009, 1073 ff.; OLG Düsseldorf v. 20.6.2007 – I-16 U 129/06, BKR 2007, 514 (516 f.); OLG Stuttgart v. 20.12.2007 – 9 U 92/07, BKR 2008, 480 (482); OLG Köln v. 26.10.2009 – 13 U 132/09, MDR 2010, 222 f.; *Flick*, juris PR-BKR 5/2010, Anm. 3.

Bereits mit der Gutschrift des Betrages entsteht eine **schadensgleiche Vermögensgefährdung**, wenn der Zahlungsempfänger sogleich darüber verfügen kann. Wegen der Ausgestaltung nach Art eines Schneeballsystems kann dies schon bei der ersten Lastschrifteinreichung angenommen werden[1]. Folgen, wie meist der Fall, indessen weitere Darlehensgewährungen, so ist dies bei dem für die Strafzumessung maßgeblichen **Schuldumfang** zu beachten. Durch die neue Darlehensgewährung wird die Gefährdungslage bei der jeweils früheren beseitigt. Daher kann die Schadensbestimmung nicht ohne Weiteres nach den aufaddierten Darlehenssummen vorgenommen werden[2]. 38

Erfolgte schon die **Kontoeröffnung** und der Abschluss der Inkassovereinbarung mit dem Ziel, ein Lastschriftkarussell oder eine Lastschriftreiterei durchzuführen, so kann nach der Rechtsprechung des BGH bereits hierin ein Betrug liegen. Dieser verklammert dann die einzelnen Lastschrifteinreichungen zur Tateinheit[3]. Aus den gleichen Gründen wie bei der Annahme eines Kontoeröffnungsbetruges in Zusammenhang mit der Erlangung einer Kreditkarte dürfte aber zweifelhaft sein, ob eine Vermögensverfügung gegeben ist[4] (vgl. Rz. 71–73). Selbst wenn der Zahlungsempfänger mehrere Darlehen in Anspruch nimmt, verneint der BGH[5] mangels Einlagegeschäften i.S. des § 1 Abs. 1 Nr. 1 KWG ein Vergehen nach §§ 54 Abs. 1 Nr. 2, 32 Abs. 1 KWG; es fehle dafür am banktypischen Charakter. 39

c) Wegen des kollusiven Zusammenwirkens kommen **weitere Beteiligte als Straftäter** in Betracht, primär die *Vermittler* und die *Darlehensgeber* als Teilnehmer des **Betruges** zum Nachteil der ersten Inkassostelle durch Einreichung der Lastschriften[6]. Indizien für ein vorsätzliches Handeln finden sich dabei regelmäßig in den außergewöhnlich kurzen Laufzeiten bei auffällig hoher Verzinsung der Darlehen sowie in der mangelnden Kenntnis von Bonität – und beim Darlehensgeber auch der Person – des Darlehensnehmers[7]. An den (bedingten) Schädigungsvorsatz des Darlehensgebers stellt die Rechtsprechung[8] dabei teilweise sehr weitgehende Anforderungen. Dieser könne trotz entsprechender Verdachtsmomente entfallen, wenn er vom Vermittler nicht über die Kreditunwürdigkeit der Darlehensnehmer aufgeklärt worden sei und er sich begrün- 40

---

1 BGH v. 15.6.2005 – 2 StR 30/05, BGHSt 50, 147 (156–158).
2 BGH v. 24.8.2005 – 5 StR 221/05, wistra 2006, 20.
3 BGH v. 15.6.2005 – 2 StR 30/05, BGHSt 50, 147 (159 f.); BGH v. 17.4.2007 – 5 StR 446/06, NStZ 2007, 647.
4 S. auch *Fahl*, JuS 2012, 1104 (1109); *Knierim*, NJW 2006, 1093 (1095); *Valerius*, JA 2007, 514 (518 f.).
5 BGH v. 17.4.2007 – 5 StR 446/06, NStZ 2007, 647; a.A. *Hadamitzky/Richter*, wistra 2005, 441 (444).
6 OLG Stuttgart v. 11.4.2007 – 2 Ws 41/2007, wistra 2007, 276 (277).
7 Hierzu *Hadamitzky/Richter*, wistra 2005, 441 (444 f.).
8 So OLG Stuttgart v. 20.12.2007 – 9 U 92/07, BKR 2008, 480 (481–483), aus zivilrechtlicher Sicht für den Schadensersatzanspruch nach § 823 Abs. 2 BGB i.V.m. § 263 StGB gegen die Vorinstanz; vgl. auch OLG Brandenburg v. 30.5.2006 – 11 U 65/05, juris, Rz. 39 ff. (sogar bei einem als Betriebswirt ausgebildeten Immobilienmakler) und OLG Brandenburg v. 19.9.2006 – 11 U 75/05, juris, Rz. 33 ff. im Rahmen des Schadensersatzanspruches nach § 826 BGB.

det auf Prüfung des Systems und des Darlehensnehmers durch Rechtsanwälte und Banken berufen könne.

41 Außerdem[1] ist bei Vermittler und Darlehensgeber **Wucher** zu prüfen. Wegen der Forderung des BGH nach einem banktypischen Charakter im vorgenannten Zusammenhang dürfte zumindest bei den Kreditgebern fraglich sein, ob sie *Bankgeschäfte ohne Erlaubnis* (Kreditgeschäft) gem. §§ 54 Abs. 1 Nr. 2, 32 Abs. 1, 1 Abs. 1 Nr. 2 KWG betreiben[2]. – Ein *Bankmitarbeiter* kann dagegen bei entsprechender Pflichtverletzung von § 266 StGB erfasst werden.

5. Besonderheiten beim automatisierten Verfahren

42 Die Abwicklung des Lastschriftverfahrens kann nach heutigem Stand der Technik aufseiten der Banken im **beleglosen Verfahren** erfolgen. Die Lastschriftaufträge werden automatisiert erfasst und im Wege des Datenträgertausches übermittelt[3]. In diesem Fall wird – wie bei der automatisierten Erfassung von Überweisungen (Rz. 47) – die Täuschung einer natürlichen Person, und demnach ein Betrug, ausscheiden[4]. Im Hinblick auf § 263a StGB ergeben sich dieselben Probleme wie bei Einreichung von Lastschriftaufträgen im Rahmen des Direktbankings (Rz. 52). Wegen der Besonderheiten des Abbuchungsauftragsverfahrens, des heute gebräuchlichen Einzugsermächtigungsverfahrens und der SEPA-Lastschriftverfahren kann allerdings ein Computerbetrug durch Verwendung unrichtiger oder unvollständiger Daten nach § 263a Abs. 1 Var. 2 StGB zum Nachteil des Kunden der Zahlstelle vorliegen, sofern der Einreicher der Lastschrift wahrheitswidrig vorspiegelt, es liege ein Auftrag des Zahlungspflichtigen vor (vgl. Rz. 52c und 52e f.). Geht der Täter irrig davon aus, eine Überprüfung durch einen Bankmitarbeiter fände statt, was insbesondere darin zum Ausdruck kommen kann, dass fingierte Rechnungsnummern und ungerade Beträge angegeben werden[5], so kommt ein *untauglicher Versuch* des Betruges in Betracht (hierzu § 18 Rz. 28).

D. Überweisung

I. Banktechnische Abwicklung

43 Die Überweisung wird vom *Zahlenden* in Gang gesetzt. Durch den *bis zum 30.10.2009* in § 676a BGB a.F. geregelten **Überweisungsvertrag** gibt er an seine Bank den Auftrag, zulasten seines Girokontos oder aufgrund einer Bareinzahlung eine Gutschrift auf dem Empfängerkonto zu bewirken. Bei der Konto-zu-Konto-Überweisung muss die Bank, wenn ausreichende Deckung in Form ei-

---

1 Zum Folgenden *Hadamitzky/Richter*, wistra 2005, 441 (443–446).
2 So aber OLG Stuttgart v. 11.4.2007 – 2 Ws 41/2007, wistra 2007, 276 f.
3 *Werner* in Kümpel/Wittig, Rz. 7.755; *Knierim*, NJW 2006, 1093 (1094 f.); *Soyka*, NStZ 2005, 538 (540 f.).
4 *Soyka*, NStZ 2004, 637 (638).
5 *Hadamitzky/Richter*, NStZ 2005, 636 (637).

nes Kontoguthabens oder Kreditrahmens zur Verfügung steht, den Überweisungsauftrag unverzüglich und mit der Sorgfalt eines ordentlichen Kaufmanns ausführen[1]. Hierzu hat sie bei der *Haus- oder Filialüberweisung* – falls das Empfängerkonto bei derselben Bank unterhalten wird – eine Gutschrift zugunsten des Empfängers vorzunehmen. Bei der *institutsübergreifenden Überweisung* übermittelt die Bank den Überweisungsbetrag unmittelbar oder unter Zwischenschaltung weiterer Kreditinstitute der kontoführenden Bank des Begünstigten, wo er diesem dann gutzuschreiben ist.

Mit der Umsetzung der Zahlungsdiensterichtlinie in innerstaatliches Recht (Rz. 30a) wurde das bisherige Recht des Überweisungsvertrages aufgehoben und *mit Wirkung zum 31.10.2009* durch das Zahlungsdiensterecht ersetzt[2]. Der bisherige Überweisungsvertrag fällt nunmehr unter den sämtliche bargellosen Zahlungen erfassenden **Zahlungsdienstevertrag** gem. § 675f BGB[3]. Da die diesbezüglichen Regelungen nicht in erster Linie auf die Bedürfnisse der Verbraucher abgestimmt sind, entstehen insbesondere für diese durch die Anonymisierung des Zahlungsverkehrs, die Änderung der Widerruflichkeit und die Gestaltung von Sicherungen Fehlerquellen[4], die erhöhte Missbrauchsmöglichkeiten eröffnen können. Entsprechend Art. 6 Abs. 1, 16 Abs. 1 der SEPA-VO sind die inländischen Zahlungsverfahren zum 1.2.2014 mit einer durch das SEPA-Begleitgesetz in § 7b ZAG eröffneten Übergangsfrist bis 1.2.2016 für Überweisungen von Verbrauchern durch die Verfahren und Standards der SEPA-Überweisung zu ersetzen (vgl. hierzu Rz. 30a). Hinsichtlich der strafrechtlichen Erfassung dürften sich indes keine maßgeblichen Änderungen ergeben. 43a

II. Missbrauchsvarianten

1. Ausnutzung von Fehlbuchung und Fehlüberweisung

Der BGH[5] hat die früher in der Rechtsprechung der Oberlandesgerichte vorgenommene Unterscheidung zwischen der strafrechtlichen Behandlung einer **bankinternen Fehlbuchung** und der **Fehlüberweisung** eines Dritten nicht übernommen. Einen Betrug begeht danach in beiden Fällen nur ausnahmsweise, wer zu eigenen Zwecken einen Betrag (weiter-)überweist oder bar abhebt[6], der seinem Konto zu Unrecht gutgeschrieben wurde. Es fehlt an der Behauptung einer unwahren Tatsache, da ungeachtet der Fehlerursache durch die Gutschrift (zunächst) ein entsprechender Anspruch gegen die kontoführende Bank im Rahmen des Giroverhältnisses – aus einem abstrakten Schuldversprechen oder Schuldanerkenntnis i.S. der §§ 780, 781 BGB[7] – entstanden ist. Zudem 44

---

1 *Werner* in Kümpel/Wittig, Rz. 7.206.
2 *Meckel*, jurisPR-BKR 12/2009 Anm. 1.
3 *Derleder*, NJW 2009, 3195 (3196).
4 Vgl. *Derleder*, NJW 2009, 3195 (3196 f.).
5 BGH v. 8.11.2000 – 5 StR 433/00, BGHSt 46, 196 ff., m.w.Nw. zur früheren OLG-Rspr.
6 Hierzu OLG Düsseldorf v. 16.10.2007 – III-5 Ss 174/07 – 75/07 I, wistra 2008, 34 f.
7 *Werner* in Kümpel/Wittig, Rz. 7.313 und 7.337.

kann dem bloßen Überweisungsauftrag ohne Hinzutreten besonderer Umstände kein konkludenter Erklärungswert dahin gehend entnommen werden, das Konto habe berechtigterweise eine entsprechende Deckung[1]. Eine Garantenpflicht i.S. des § 13 StGB, den fehlerhaften Ausweis des Guthabens offenzulegen, besteht allein aus dem Girovertrag nicht. Es bedarf einer konkreten Vereinbarung über eine entsprechende Aufklärungspflicht, die nicht schon aus den AGB der Banken hergeleitet werden kann[2]. Für eine Untreue fehlt die Vermögensbetreuungspflicht.

44a Diese Grundsätze gelten selbst im Falle einer **verdeckten Kreditbeschaffung**, also für die Vereinnahmung von Geldbeträgen bei der Empfängerbank, die zuvor bewusst von einem Konto ohne ausreichende Deckung überwiesen wurden, um auf diese Weise *Liquidität* zu *erschleichen*[3]. Wurde der Überweisungsvorgang zudem mittels Direktbanking angestoßen, können Strafbarkeitslücken auftreten (vgl. Rz. 52–52b).

2. Vorlage gefälschter Überweisungsträger

45 Den aus dem Geschäftstyp sich ergebenden *Prüfungsumfang des Bankmitarbeiters* berücksichtigt der BGH[4] auch, wenn die missbräuchliche Inanspruchnahme vom **Einreicher** ausgeht. Daher ist regelmäßig bei der Vorlage von *blanko unterschriebenen Überweisungsträgern*, die der Täter abredewidrig ausgefüllt hat, ein Irrtum i.S. des § 263 StGB nicht gegeben. Der Bankangestellte mache sich lediglich Gedanken darüber, ob die Überweisung formal in Ordnung sei – Angabe der Kontonummer, Vollständigkeit der übrigen im Formular angeführten Angaben, Unterschrift des Berechtigten – und das belastete Konto über ausreichende Deckung verfüge. Dies sei bei der Blankettfälschung (§ 39 Rz. 14) der Fall. Darüber hinausgehend sei nicht zu erwarten, dass einer Prüfung auch unterzogen würde, inwieweit der Anweisende das Formular insgesamt selbst ausgefüllt habe.

46 Anders wird der Sache nach der Fall beurteilt, in dem der Täter den **falschen Überweisungsträger vollständig herstellt**[5]. Diese Unterscheidung mag auf den ersten Blick konstruiert erscheinen, da die Bank zivilrechtlich im Hinblick auf den ihr zustehenden Aufwendungsersatzanspruch in jedem Fall das Risiko einer Fälschung trägt[6]. Dies gilt selbst dann, wenn sie diese nicht erkennen

---

1 BGH v. 8.11.2000 – 5 StR 433/00, BGHSt 46, 196 (198–202); so schon BGH v. 16.11.1993 – 4 StR 648/93, BGHSt 39, 392 (395–397) zur Fehlüberweisung.
2 BGH v. 8.11.2000 – 5 StR 433/00, BGHSt 46, 196 (203); vgl. BGH v. 16.11.1993 – 4 StR 648/93, BGHSt 39, 392 (397–401).
3 OLG Hamm v. 22.11.2011 – III-3 RVs 89/11, wistra 2012, 161 (162 f.), teilweise abgedr. in ZWH 2012, 190 (190 f.); missverständlich als „Kontoeröffnungsbetrug" bezeichnet ist BGH v. 29.6.2011 – 1 StR 136/11, wistra 2011, 423 (juris: „mehrere Betrugstaten"), wo – soweit ersichtlich – nur wegen Urkundenfälschung verurteilt wurde und die Konkurrenzverhältnisse nicht ohne Weiteres klar sind.
4 BGH v. 23.3.2000 – 4 StR 19/00, wistra 2000, 264.
5 BGH v. 12.2.2008 – 4 StR 623/07, wistra 2008, 263; BGH v. 18.6.2008 – 2 StR 115/08, Rz. 2–5 und 14; BGH v. 20.2.2014, ZWH 2014, 354 (355 f.).
6 BGH v. 31.5.1994 – VI ZR 12/94, NJW 1994, 2357 (2358); OLG Koblenz v. 26.11.2009 – 2 U 116/09.

konnte oder sie durch einen in der Sphäre des Kontoinhabers liegenden Umstand ermöglicht wurde. Andererseits hat sie bei Echtheit der Unterschrift im Rahmen der Beweislast zumindest die Vermutung des § 440 Abs. 2 ZPO für die Echtheit auch des Textes auf ihrer Seite[1]. Daher bezieht sich das betrugsrelevante Verhalten von Täter und Getäuschtem gerade auf die in der Unterschrift zum Ausdruck kommende *Identität des Unterzeichners*. Selbst wenn man mit dem BGH Zweifel an einem bezifferbaren Gefährdungsschaden der Bank hat, so liegt dennoch ein (Dreiecks-)Betrug zum Nachteil des Kontoinhabers vor. Mit Abbuchung des Betrages kann er faktisch hierüber nicht mehr verfügen, was zudem Folgeschäden nach sich ziehen kann und ihn dem Risiko aussetzt, die Fehlbuchung überhaupt zu bemerken[2]. Der Betrug ist nicht erst mit Auszahlung, sondern bereits *mit Gutschrift* des Betrages auf dem Konto des Täters oder eines Dritten wegen der darin liegenden schadensgleichen Vermögensgefährdung *vollendet*[3].

Ein Betrug scheidet gleichwohl mangels Täuschung einer natürlichen Person aus, wenn die **Belegerfassung** mitsamt des Unterschriftabgleichs – wie heutzutage gebräuchlich – **automatisiert** erfolgt[4]. Dann kann aber § 263a Abs. 1 StGB in der Variante der unbefugten Verwendung von Daten eingreifen. Lässt sich die Frage nicht klären, ist Wahlfeststellung zwischen § 263 StGB und § 263a StGB möglich[5]. Hier ist indes sorgfältige Aufklärung geboten. Nach Ausschöpfung aller Beweismöglichkeiten darf die Feststellung allein eines der beiden Straftatbestände nicht möglich sein. Andererseits sind mögliche Geschehensabläufe, die keine der Normen ausfüllen würden, sicher auszuschließen. Beide in Betracht kommenden Tatalternativen müssen zudem von Anklage und Eröffnungsbeschluss umfasst sein[6]. 47

Eine Konkurrenzproblematik kann sich ergeben, wenn der Täter den mittels gefälschter Überweisung transferierten Betrag unter Einsatz unrechtmäßig erlangter ec-Karte und PIN vom Konto eines Dritten abhebt. Der hierdurch verwirklichte Computerbetrug steht zu dem durch Vorlage der gefälschten Überweisung tateinheitlich mit der Urkundenfälschung begangenen Betrug/Computerbetrug nicht im Verhältnis der mitbestraften Vor- und/oder Nachtat. Vielmehr ist Tatmehrheit anzunehmen[7]. 47a

---

1 *Schimansky* in BkR-Hdb., § 49 Rz. 31 f.; vgl. auch *Werner* in Kümpel/Wittig, Rz. 7.227 zur Haftung wegen veranlasstem Rechtsschein.
2 BGH v. 20.2.2014, ZWH 2014, 354 (356).
3 BGH v. 17.10.1995 – 1 StR 372/94, NStZ 1996, 203.
4 Vgl. auch OLG Hamm v. 22.11.2011 – III-3 RVs 89/11, wistra 2012, 161 (162), insoweit nicht abgedr. in ZWH 2012, 190.
5 BGH v. 12.2.2008 – 4 StR 623/07, NJW 2008, 1394 (1395); BGH v. 18.6.2008 – 2 StR 115/08, Rz. 15; BGH v. 20.2.2014, ZWH 2014, 354 (357).
6 BGH v. 5.3.2013 – 1 StR 613/12, ZWH 2013, 270 (270 f.) m. Anm. *Kudlich*.
7 BGH v. 20.2.2014 – 3 StR 178/13, ZWH 2014, 354 (355-357).

E. Online-Banking und Homebanking

I. Banktechnische Abwicklung

48 Die Abwicklung der Bankgeschäfte durch den Kunden erfolgt zunehmend im Wege des sog. **Direktbanking**[1] unter Nutzung von Telediensten. Hier sind in erster Linie zwei Varianten zu nennen. Mit beiden können neben Kontoeröffnungen vor allem Einzeltransaktionen wie Überweisungen und Lastschriften vorgenommen werden. Gerade in diesen Bereichen eröffnen sich Missbrauchsmöglichkeiten.

49 Beim **Online-Banking**[2] nimmt der Kunde nach Zulassung zum Verfahren über einen von seiner Bank mitgeteilten Zugangskanal mit dieser Kontakt auf. Um einzelne Transaktionen durchzuführen, erfordert dies die Eingabe der Kontonummer, der ihm zugeteilten Online-PIN und einer TAN (Transaktionsnummer).

50 Das **Homebanking**[3] wird nach dem HBCI-Standard (Homebanking Computer Interface), zwischenzeitlich in weiterentwickelter Form unter der Bezeichnung FinTS (Financial Transaction Services), mittels einer speziellen Software abgewickelt. Es ist multibankfähig und ermöglicht die Nutzung offener Netze. Die Sicherung der Transaktion erfolgt über Verschlüsselung aufseiten des Absenders und Entschlüsselung aufseiten des Empfängers unter Verwendung elektronischer Signaturen.

II. Missbrauchsvarianten

1. Missbrauch durch den Kontoinhaber

51 **a)** Beim **Erschleichen des Zugangs** liegt eine *verdeckte* Form der *Kreditbeschaffung* darin, dass der Kunde Überweisungen tätigt, an einer Lastschriftreiterei oder einem Lastschriftkarussell teilnimmt, ohne zum Ausgleich der auf seinem Konto entstehenden Unterdeckung willens oder in der Lage zu sein. Hierzu kann er sich neben den oben abgehandelten Formen des beleghaften Verfahrens auch des Direktbankings bedienen. Teilweise wird angenommen, bereits in der *Zulassung zur Teilnahme* am Lastschriftverfahren und zum Überweisungsverkehr könne selbst im Rahmen einer bereits bestehenden Kontoverbindung ein Betrug zu sehen sein[4]. Die Vermögensverfügung kann dann in der Übersendung von PIN und TAN bzw. der Signaturcodes an den Kontoinhaber liegen. Dies entspräche zwar der oben aufgeführten Rechtsprechung des BGH zum Betrug bei Eröffnung eines Kontos, um an einer Lastschriftreiterei teilzunehmen (vgl. Rz. 39 und 71–73). Die Annahme einer Vermögensverfügung unterliegt indessen den gleichen Bedenken.

---

1 Zum Begriff Werner in Kümpel/Wittig, Rz. 7.763.
2 *Gößmann* in BkR-Hdb., § 55 Rz. 12–26; *Werner* in Kümpel/Wittig, Rz. 7.761 f.
3 *Gößmann* in BkR-Hdb., § 55 Rz. 27–38; *Werner* in Kümpel/Wittig, Rz. 7.782–7.784.
4 OLG Hamm v. 22.11.2011 – III-3 RVs 89/11, wistra 2012, 161 (163), insoweit nicht abgedr. in ZWH 2012,190; AG Gera v. 10.11.2004 – 750 Js 32484/03 – 10 Ls, NStZ-RR 2005, 213 (214 f.).

b) Bei den **einzelnen Transaktionen** in Form von *Überweisungen* und *Lastschriften* kommt es wegen der automatisierten Bearbeitung nicht zur Täuschung i.S. des § 263 Abs. 1 StGB (vgl. § 42 Rz. 46) und wegen fehlender Vermögensbetreuungspflicht nicht zur Untreue (vgl. Rz. 31 und 44). Ob *§ 263a Abs. 1 StGB* greift, hängt von der Art des Buchgeldtransfers ab.

52

Die Variante der unbefugten Verwendung von Daten nach **§ 263a Abs. 1 Var. 3 StGB** kommt generell **nicht** in Betracht. Nach der von der Rechtsprechung vertretenen *betrugsspezifischen Auslegung*[1] setzt diese ein täuschungsäquivalentes Verhalten voraus. Hierzu ist auf den Empfängerhorizont einer Person abzustellen, die sich unter Berücksichtigung des jeweiligen Geschäftstyps mit den Fragen befassen würde, die stattdessen der Computer prüft[2]. Durch Verwendung von PIN und TAN oder der Signatur soll sichergestellt werden, dass nur die berechtigte Person Verfügungen über das Konto vornimmt. Es kommt mithin auf deren Identifizierung an[3]. Dagegen handelt es sich um eine bloße Regelung des Innenverhältnisses, wenn Ziff. 6. der Bedingungen für Online-Banking[4] vorschreibt, der Nutzer dürfe sich nur im Rahmen seines Kontoguthabens oder des vorher eingeräumten Kredites halten. Missachtet der Kontoinhaber diese Vertragspflicht, so handelt es sich nicht um betrugsähnliches, sondern um untreueähnliches Verhalten, das nicht unter den Tatbestand fällt[5].

52a

Darüber hinaus fällt eine missbräuchliche **Überweisung nicht** unter **§ 263a Abs. 1 Var. 2 StGB**. Auch die Beantwortung der Frage, ob Daten unrichtig oder unvollständig sind, erfordert zunächst eine betrugsäquivalente Auslegung[6]. Danach ist die Datenverwendung hypothetisch dahin gehend zu prüfen, ob eine Behauptung mit entsprechendem Informationsgehalt gegenüber einer natürlichen Person als (konkludente) Täuschung zu bewerten wäre. Die Tatsache muss dabei zu den Aufgaben des Computers bzw. der durch ihn ersetzten Person gehören[7]. Neben den ausdrücklichen Erklärungen sind im Bereich des Betrugstatbestandes aber häufig die schlüssigen Kommunikationsinhalte entscheidend, die der Verkehrsanschauung und dem rechtlichen Rahmen des Geschäftsvorgangs zugrunde liegen[8]. Mithin sind solche Umstände von

52b

---

1 Hierzu ausf. *Mühlbauer*, wistra 2003, 244 (245–248); Überblick über den Meinungsstand bei *Kraatz*, Jura 2010, 36 (41).
2 BGH v. 21.11.2001 – 2 StR 260/01, BGHSt 47, 160 (163); OLG Köln v. 9.7.1991 – Ss 624/90, NJW 1992, 125 (126); OLG Karlsruhe v. 26.7.2002 – 3 Ws 134/02, wistra 2003, 116; OLG Karlsruhe v. 21.1.2009 – 2 Ss 155/08, MMR 2009, 484.
3 BGH v. 22.1.2013 – 1 StR 416/12, BGHSt 58, 119 (Rz. 28) = ZWH 2013, 512 (Leitsatz).
4 Abgedr. bei *Gößmann* in BkR-Hdb., Anh. 5 und 6 zu §§ 52–55.
5 AG Gera v. 10.11.2004 – 750 Js 32484/03 – 10 Ls, NStZ-RR 2005, 213 (214 f.); *Cramer/Perron* in S/S, § 263a StGB Rz. 14; *Fischer*, § 263a StGB Rz. 16; *Fahl*, JuS 2012, 1104 (1106); vgl. OLG Zweibrücken v. 30.9.1992 – 1 Ss 129/92, StV 1993, 196 f. zum Btx-System.
6 BGH v. 19.11.2013 – 4 StR 292/13, ZWH 2014, 233 (234 f.) m. Anm. *Trück* zum automatisierten Mahnverfahren; *Kraatz*, Jura 2012, 36 (41).
7 Ausf. hierzu *Hoyer* in SK, § 263a StGB Rz. 18-20.
8 BGH v. 15.12.2006 – 5 StR 181/06, BGHSt 51, 165 (170 Rz. 20 f.).

Bedeutung, die als notwendige Bedingung zum Inhalt der Rechtsgeschäfts gehören[1]. Bei Entgegennahme des Überweisungsbetrages gehört hierzu aber weder die Behauptung eines wirksamen Grundgeschäft noch ausreichender Deckung des Kontos (s. Rz. 44).

52c Anders ist dagegen die Fallkonstellation zu bewerten, dass der Täter im Wege des **Abbuchungsauftragsverfahrens** (Rz. 30) fingierte Lastschriften mit der Behauptung einzieht, es liege ein Abbuchungsauftrag vor. Dies stellt eine Verwendung unrichtiger Daten gem. **§ 263a Abs. 1 Var. 2 StGB** dar, und zwar auch nach der teilweise vertretenen computerspezifischen Auslegung[2], da regelmäßig das Vorliegen eines solchen automatisiert überprüft wird[3]. Der Grund liegt darin, dass der Lastschrifteinzug den Abbuchungsauftrag des Zahlungspflichtigen an seine Bank als Vorablegitimation voraussetzt[4], dieser mithin zwingender rechtlicher Bestandteil des entsprechenden Lastschriftverfahrens ist. Der (Gefährdungs-)Schaden kann darin gesehen werden, dass einerseits der Bankkunde zumindest faktisch gehindert ist, über den abgebuchten Betrag zu verfügen, andererseits im Ausfallrisiko der kontoführenden Bank[5] (s. Rz. 32 f. und 57 f.). Das Risiko des Kunden, die unberechtigte Buchung zu bemerken, ihr zu widersprechen und wertstellungsneutrale Wiedergutschrift zu verlangen (§§ 675u, 676b BGB und Rz. 32a), kann im Einzelfall gering ausfallen[6].

52d Die missbräuchliche Nutzung des **Einzugsermächtigungsverfahrens** in der **bis zum 8.7.2012** gebräuchlichen Form ist indes abweichend zu werten. *§ 263a Abs. 1 Var. 2 StGB* kann nach hier vertretener Ansicht *nicht* zur Anwendung kommen. Hier besteht nach der damals für maßgeblich gehaltenen Genehmigungstheorie (Rz. 29) die Besonderheit, dass die Zahlstelle die Belastungsbuchung zunächst ohne Auftrag oder Weisung ihres Kunden vornahm und ihr Aufwendungsersatzanspruch erst nach dessen ausdrücklicher oder konkludenter Genehmigung zustande kam[7]. Das tatsächliche Vorliegen einer Einzugsermächtigung war folglich nicht rechtliche Voraussetzung für die Inanspruchnahme des betreffenden Lastschriftverfahrens und kann mithin nicht als vom Datenverarbeitungsvorgang vorausgesetzt oder abgefragt angesehen werden. Gleiches gilt erst recht für den Zweck der Transaktion, der eben nicht darin bestehen soll, das Lastschriftverfahren zur verdeckten Kreditbeschaffung oder

---

1 Vgl. BGH v. 20.12.2012 – 4 StR 580/11, ZWH 2013, 145, zu § 263a Abs. 1 Var. 3 StGB (Sportwettenbetrug).
2 In diesem Sinne insbes. *Tiedemann/Valerius* in LK, § 263a StGB Rz. 35; *Wohlers/Mühlbauer* in MüKo, § 263a StGB Rz. 29; a.A. *Hoyer* in SK, § 263a StGB Rz. 17 f.
3 BGH v. 22.1.2013 – 1 StR 416/12, BGHSt 58, 119 (Rz. 29 f.) = ZWH 2013, 512 (Leitsatz), allerdings offengelassen, ob der computerspezifischen Auslegung zu folgen ist.
4 *Werner* in Kümpel/Wittig, Rz. 7.454, *Nobbe*, WM 2012, Sonderbeil. Nr. 3 (5).
5 BGH v. 22.1.2013 – 1 StR 416/12, BGHSt 58, 119 (Rz. 35–47) = ZWH 2013, 512 (Leitsatz).
6 *Heghmanns*, ZJS 2013, 423 (425 f.).
7 BGH v. 20.7.2010 – IX ZR 236/07, NJW 2010, 3510; *Nobbe*, WM 2012, Sonderbeil. Nr. 3 (5).

Einziehung lediglich fingierter Forderungen einzusetzen. Demgemäß führt die Input-Manipulation hier nicht zu unrichtigen oder unvollständigen Daten[1].

Beim **Einzugsermächtigungsverfahren** in der **ab 9.7.2012** gebräuchlichen Form kommt nach hiesiger Auffassung eine Verwendung unrichtiger Daten gem. § 263a Abs. 1 Var. 2 StGB in Betracht, falls es tatsächlich an einer Einzugsermächtigung fehlt. Auf Basis der nunmehr zur Anwendung kommenden Einwilligungstheorie ist deren Vorliegen rechtliche Voraussetzung für die Kontobelastung des Kunden der Zahlstelle, weswegen sie – vergleichbar mit der Situation bei der schlüssigen Behauptung eines Abbuchungsauftrags – als konkludent miterklärt anzusehen ist (s. Rz. 33a). Eine Einschränkung könnte allenfalls unter dem Gesichtspunkt der computerspezifischen Auslegung daraus folgen, wenn hier keine automatisierte Abprüfung auf Kundenseite erfolgt. Dann lägen Daten vor, auf die der Computer programmgemäß nicht reagiert[2]. Dieser Ansicht ist aber nicht zu folgen[3], da sie den Anwendungsbereich des § 263a StGB trotz seiner strukturgleichen Ausgestaltung gegenüber § 263 StGB unangemessen einschränken würde[4] und die Berücksichtigung konkludenter Erklärungsinhalte weitgehend ausschlösse.

52e

Die **SEPA-Basislastschrift** ist wegen ihrer strukturgleichen Ausgestaltung wie die Einzugsermächtigung ab 9.7.2012 zu behandeln. Bei der **SEPA-Firmenlastschrift** ist die Parallele zum Abbuchungsauftragsverfahren zu ziehen.

52f

2. Missbrauch durch einen Dritten

a) Die **Erlangung der Zugangsdaten** durch einen Dritten kann mit *Einverständnis* des Kontoinhabers erfolgen. Häufiger werden sie dem Berechtigten allerdings abgelistet.

53

Eine verbreitete Methode hierzu ist das sog. „**Phishing**"[5] (§ 42 Rz. 76 und 119). Der Täter versendet E-Mails mit einem Hyperlink zu einer von ihm selbst kontrollierten Website. Diese ist derjenigen einer Bank nachgeahmt. Ruft der Empfänger die Seite auf, wird er unter dem Vorwand einer Sicherheitsüberprüfung aufgefordert, Zugangsdaten wie PIN und TAN einzugeben. Mit diesen Daten führt der Täter nachfolgend Transaktionen vom Konto des Berechtigten aus, insbesondere Überweisungen. Um den Geldweg zu verschleiern, bedient sich der Täter i.d.R. eines Mittelsmannes – meist als „Finanzagent" oder „Finanzkurier" bezeichnet –, der ein Konto zur Verfügung stellt, auf das der unrechtmäßig erlangte Betrag zunächst gelangt. Von dort aus wird er dann nach Weisungen des Täters üblicherweise ins Ausland übermittelt.

---

1 *Fahl*, JuS 2012, 1104 (1106).
2 *Tiedemann/Valerius* in LK, § 263a StGB Rz. 35 (vgl. aber andererseits die Ausführungen bei Rz. 39); *Wohlers/Mühlbauer* in MüKo, § 263 StGB Rz. 29; *Bühler*, MDR 1987, 448 (449); *Heghmanns*, ZJS 2013, 423 (425).
3 Offengelassen in BGH v. 22.1.2013 – 1 StR 416/12, BGHSt 58, 119 (Rz. 30) = ZWH 2013, 512 (Leitsatz); der Sache nach in diese Richtung nunmehr BGH v. 19.11.2013 – 4 StR 292/13, ZWH 2014, 233 m. Anm. *Trück* zum automatisierten Mahnverfahren.
4 Hierzu *Cramer/Perron* in S/S, § 263a StGB Rz. 9; *Hoyer* in SK, § 263a StGB Rz. 18.
5 *Goeckenjan*, wistra 2009, 47 (48 f.); *Knupfer*, MMR 2004, 641 f.

54 Denselben Effekt erzielt der Täter beim **„Pharming"**[1]. Durch Manipulationen an DNS-Servern oder beim Zugriff auf die Host-Datei leitet er den Kunden bei der Anwahl über den Domainnamen des Kreditinstituts auf eine von ihm nachgeahmte Website. Beim **„Keylogging"**[2] platziert er auf dem Rechner des Kunden einen Trojaner, der die Eingabe von Zugangsdaten protokolliert und an den Täter umlenkt. Daneben findet das Phishing auch in Form eines **Man-in-the-Middle-Angriffes** statt. Mithilfe von Trojanern oder anderer Schadware schaltet sich der Phisher in die Verbindung zwischen Bank und Kunde ein. Bei Eingabe einer TAN erweckt er den Eindruck, diese sei ungültig, um den Anwender zur Eingabe der nächsten zu veranlassen. So erhält er eine unverbrauchte TAN, die er dann für eigene Zwecke nutzt, oder er leitet die abgefangenen Daten sogleich verfälscht weiter[3].

55 Welche **Straftatbestände** der Vorgang der Datenerlangung neben der oftmals verwirklichten *Fälschung beweiserheblicher Daten* gem. § 269 StGB erfüllt, ist streitig[4] (vgl. auch § 42 Rz. 76 und 120). Richtigerweise wird aber ein (versuchter) Betrug abzulehnen sein. Die bloße Weitergabe der für eine Transaktion notwendigen Daten ist noch keine unmittelbar vermögensmindernde Verfügung. Es bedarf noch eines weiteren eigenmächtigen Zugriffs durch den Täter auf das Konto[5] (s. auch § 47 Rz. 41).

56 b) Die **Nutzung der Zugangsdaten** durch einen Dritten, der sie *ohne Einverständnis* des Kontoinhabers erlangt hat, begründet neben § 269 Abs. 1 StGB[6] für jede Transaktion eine Strafbarkeit nach § 263a Abs. 1 Var. 3 StGB, wobei allerdings in der bloßen Einrichtung von Zielkonten und Erlangung der fremden Zugangsdaten noch kein unmittelbares Ansetzen zum Versuch des Computerbetrugs zu sehen ist[7]. Der Dritte täuscht durch Nutzung der für den wahren Kontoinhaber ausgegebenen Zugangssicherungen über seine Identität und handelt damit unbefugt[8]. Anders dagegen, sofern nach *einverständlichem Erhalt* eine nur abredewidrige Nutzung vorliegt. In diesem Fall ist Untreue zu prüfen[9].

---

1 Auch „DNS-Spoofing"; *Borges*, NJW 2005, 3313 (3314); *Popp*, MMR 2006, 84.
2 *Borges*, NJW 2005, 3313 (3314).
3 Vgl. die Fallkonstellation bei LG Darmstadt v. 13.6.2006 – 7 Ns 360 Js 33848/05, wistra 2006, 468; *Borges*, NJW 2005, 3313 (3314); *Schulte am Hülse/Klabunde*, MMR 2010, 84 f.; s. auch LG Köln v. 5.12.2007 – 9 S. 195/07, MMR 2008, 259 (260 f.).
4 Eingehend *Graf*, NStZ 2007, 129 (130 ff.); *Heghmanns*, wistra 2007, 167 ff.; *Popp*, NJW 2006, 86 ff.
5 *Heghmanns*, wistra 2007, 167 (168); *Goeckenjan*, wistra 2008, 128 (130 f.); *Graf*, NStZ 2007, 129 (130 f.); *Popp*, NJW 2004, 3517 (3518); a.A. *Stuckenberg*, ZStW 118 (2006), 878 (898–904).
6 *Zieschang* in LK, § 269 StGB Rz. 18; *Goeckenjan*, wistra 2008, 128 (132).
7 KG v. 2.5.2012 – (3) 121 Ss 40/12 (26/12), ZWH 2012, 497 m. Anm. *Kudlich*.
8 LG Darmstadt v. 13.6.2006 – 7 Ns 360 Js 33848/05, wistra 2006, 468 (470); LG Köln v. 5.12.2007 – 9 S. 195/07, MMR 2008, 259; *Heghmanns*, wistra 2007, 167 (169); *Goeckenjan*, wistra 2008, 128 (131 f.); ausf. *Stuckenberg*, ZStW 118 (2006), 878 (906–910); zu konkurrenzrechtlichen Besonderheiten bei Zusammenfassung mehrerer Vorgänge zu einheitlichen Taten BGH v.11.1.2012 – 4 StR 559/11, ZWH 2012, 255 (255 f.) und BGH v. 9.3.2010 – 4 StR 592/09, wistra 2010, 263 (264).
9 *Cramer/Perron* in S/S, § 263a StGB Rz. 14.

Dass durch die Ausführung der unberechtigten Transaktion ein **Vermögens-** 57
schaden eintritt, ist unproblematisch. Unterschiedlich beantwortet wird hingegen die Frage, wer diesen erleidet. Hierzu wird einerseits auf die *kontoführende Bank* verwiesen[1]. Dies ist durchaus zutreffend, da sie mangels wirksamen Überweisungsvertrages keinen Aufwendungsersatzanspruch gegen den Kontoinhaber erlangt[2]. Zwar kann der Bank ein Bereicherungsanspruch gegen den Zahlungsempfänger[3] oder ein Schadensersatzanspruch gegen den Kontoinhaber erwachsen, wenn er die missbräuchliche Verwendung seiner Zugangsdaten mit verursacht hat[4]; dies stellt jedoch eine unsichere Vermögensposition dar, die nicht geeignet ist, den entstandenen Verlust unmittelbar zu kompensieren[5]. Der BGH hat neuerdings indes wegen des Stornorechts bei Fehlbuchungen und der korrespondierenden Möglichkeit der Rückbuchung für den Fall eines gefälschten Überweisungsträgers Zeifel an einer schadensgleichen Vermögensgefährdung geäußert[6].

Andererseits tritt aufseiten des *Kontoinhabers* ein **Gefährdungsschaden** ein[7]. 58
Die durch die Bank erfolgende Belastungsbuchung hat keine rechtserzeugende Wirkung. Das Kontoguthaben wird hierdurch nicht vermindert. Vielmehr ist die Bank verpflichtet, die unrichtige Belastungsbuchung zu korrigieren und den Betrag wiedergutzuschreiben[8]. Demnach erleidet der Geschädigte in materiellrechtlicher Hinsicht keine Einbuße bei seiner Guthabenforderung gegen sein Kreditinstitut. Unbeschadet der Frage, ob die Rechtsprechung zum Anscheinsbeweis für ein schuldhaftes Verhalten des Kontoinhabers, wenn seine PIN zur Abhebung an einem Geldautomat verwendet wird, auf die vorliegende Fallkonstellation zu übertragen ist[9], liegt gleichwohl bereits zu diesem Zeitpunkt eine konkrete Minderung des Vermögenswertes vor. Die Erwägungen,

---

1 *Goeckenjan*, wistra 2008, 128 (132); *Stuckenberg*, ZStW 118 (2006), 878 (898).
2 BGH v. 5.10.2004 – XI ZR 210/03, NJW 2004, 3623, zu einem Fall der Barabhebung mittels Karte und PIN; *Borges*, NJW 2005, 3313 (3314).
3 OLG Hamburg v. 7.7.2006 – 1 U 75/06, WM 2006, 2078 f.; OLG Karlsruhe v. 22.1.2008 – 17 U 185/07, MMR 2008, 752 (753).
4 BGH v. 5.10.2004 – XI ZR 210/03, NJW 2004, 3623 f.
5 Vgl. BGH v. 30.1.2001 – 1 StR 512/00, NStZ 2001, 316 (317).
6 BGH v. 20.2.2014 – 3 StR 178/13, ZWH 2014, 354 (356), letztlich aber offengelassen.
7 LG Köln v. 5.12.2007 – 9 S. 195/07, MMR 2008, 259; vgl. *Goeckenjan*, wistra 2008, 128 (132); *Stuckenberg*, ZStW 118 (2006), 878 (898 f. i.V.m. 910 f.); BGH v. 20.2.2014 – 3 StR 178/13, ZWH 2014, 354 (356) zur gefälschten Überweisung.
8 BGH v. 31.5.1994 – VI ZR 12/94, NJW 1994, 2357 (2358); *Kümpel*, Rz. 4.77 f.
9 Vgl. BGH v. 5.10.2004 – XI ZR 210/03, NJW 2004, 3623 f.; OLG Frankfurt v. 17.6.2009 – 23 U 22/06, MMR 2009, 856–858; hierzu *Gößmann* in BkR-Hdb., § 55 Rz. 26; *Borges*, NJW 2005, 3313 (3316 f.); *Goeckenjan*, wistra 2008, 128 (132); *Stuckenberg*, ZStW 118 (2006), 878 (898 f.); nunmehr ausdrücklich verneinend wegen der vielfach nicht vom Kunden zu bemerkenden Varianten des Phishing LG Mannheim v. 16.5.2008 – 1 S 189/07, BKR 2009, 84 f. = WM 2008, 2015 = MMR 2008, 765; m. zust. Anm. und Darstellung des Meinungsstandes *Borges*, BKR 2009, 85–87, und *Mühlenbrock/Sesing*, MMR 2008, 765–767; *Schulte am Hülse/Klabunde*, MMR 2010, 84 (87); AG Berlin-Mitte v. 25.11.2009 – 21 C 442/08, NJW-RR 2010, 407 (408–410) für den Fall des Skimming.

die der BGH[1] bei einem gefälschten Überweisungsträger aus zivilrechtlicher Sicht anstellt, um im Rahmen des normativen Schadensbegriffs einen Schadensersatzanspruch des Kontoinhabers zu bejahen, tragen ebenso für die strafrechtliche Wertung. Die Belastungsbuchung führt faktisch zu einer Minderung des Kontostandes. Dieser stellt aber in seiner entsprechenden Höhe eine Buchposition mit wirtschaftlicher Bedeutung für den Kontoinhaber dar. Nur in deren Rahmen ist es ihm möglich, über seine Guthabenforderung ungehindert zu verfügen. Wird deren Ausweis im Girokonto gemindert, so schränkt dies – unabhängig von der Frage der rechtlichen Existenz der Guthabenforderung – die Dispositionsmöglichkeit hierüber ein. Bereits dies stellt eine reale Einbuße für den Kontoinhaber dar. Zudem trägt er das Risiko, die fehlerhafte Belastungsbuchung zu bemerken und ihr zu widersprechen (s. Rz. 32a)[2]. Das für den hier gegebenen *Dreiecks-Computerbetrug* notwendige Näheverhältnis[3] der Bank zum Kontoinhaber ist darüber hinaus gegeben[4]. Richtigerweise wird daher in Anlehnung an die Schadenslage bei missbräuchlicher Einreichung einer Einzugsermächtigung **Tateinheit** von Computerbetrug *zum Nachteil der Bank* und *zum Nachteil des Kontoinhabers* anzunehmen sein (vgl. Rz. 31–33).

59 Streitig ist, ob bei dem **Finanzagent** eine *Beihilfe zum Computerbetrug* des Phishers in Betracht kommt[5]. Er kann sich aber durch seine Mitwirkung der (leichtfertigen) *Geldwäsche* (§ 51 Rz. 44) strafbar machen, wobei auf unterschiedliche Varianten des § 261 Abs. 1 S. 1, Abs. 2 StGB zurückgegriffen wird[6].

Die Rechtsprechung ordnete teilweise die Tathandlung in objektiver Hinsicht bereits mit der Weitergabe der Daten des von ihm eingerichteten Kontos als Gefährdung der Sicherstellung ein[7]. Dies ist nicht überzeugend, da insoweit lediglich eine Vorbereitungshandlung vorgenommen wird, die die Vortat überhaupt erst ermöglicht[8]. Teilweise wurde in der Weiterleitung des Geldes ein Verschleiern der Herkunft und Gefährden des Auffindens i.S. des § 261 Abs. 1 S. 1 StGB[9], ein Sichverschaffen i.S. des § 261 Abs. 2 Nr. 1 StGB und Verwenden

---

1 BGH v. 31.5.1994 – VI ZR 12/94, NJW 1994, 2357 (2358).
2 BGH v. 20.2.2014, ZWH 2014, 354 (356) zum Fall der gefälschten Überweisung.
3 *Fischer*, § 263a StGB Rz. 21.
4 Vgl. BGH v. 22.1.2013 – 1 StR 416/12, BGHSt 58, 119 (Rz. 34) = ZWH 2013, 512 (Leitsatz).
5 So noch AG Hamm v. 5.9.2005 – 10 Ds 101 Js 244/05 – 1324/05, CR 2006, 70 f.
6 *Goeckenjan*, wistra 2008, 128 (134 f.); *Neuheuser*, NStZ 2008, 492 (496 f.); *Schulte am Hülse/Klabunde*, MMR 2010, 84 (89); nach *Kögel*, wistra 2007, 206 (209–211), liegt i.d.R. bedingter Vorsatz vor.
7 LG Darmstadt v. 13.6.2006 – 7 Ns 360 Js 33848/05, wistra 2006, 468 (470).
8 OLG Karlsruhe v. 21.11.2008 – 3 Ss 100/08, Justiz 2010, 97 (98) = NStZ 2009, 269 (270) = StV 2009, 417; *Goeckenjan*, wistra 2008, 128 (134).
9 OLG Zweibrücken v. 28.1.2010 – 4 U 133/08, MMR 2010, 346 (347); BGH v. 19.12.2012 – VIII ZR 302/11, NJW 2103, 1158 (1159) für den vergleichbaren Fall der „Vermietung" eines Kontos an einen fingierten Online-Handel.

für einen Dritten i.S. der Nr. 2[1] oder das Verwahren und[2]/oder Einem-Dritten-Verschaffen i.S. der Nr. 1[3] gesehen.

An einer gem. § 261 Abs. 1 S. 1 StGB erforderlichen konkreten Gefährdung kann es fehlen, wenn das Geld dem überwachten Konto des Finanzagenten nur kurzfristig gutgeschrieben und im Anschluss umgehend an das Ausgangskonto zurücktransferiert wird. In diesem Fall ist auch die für Abs. 2 erforderliche Verfügungsgewalt nicht gegeben[4].

Dem subjektiven Tatbestand wiederum genügt die bloße Einschätzung, es handle sich um eine illegale Aktion, nicht. Selbst Leichtfertigkeit ist damit nicht zu begründen[5]. § 261 Abs. 5 StGB erfordert die Feststellung konkreter Umstände, aufgrund derer sich die Herkunft des Geldes gerade aus einer Katalogtat aufdrängt[6].

Neben der Geldwäsche konnte bislang ein Verstoß gegen das KWG in Form des *unerlaubten Erbringens von Finanzdienstleistungen* zu prüfen sein[7]. Nach Aufhebung des § 1 Abs. 1a Nr. 6 KWG, der das Finanztransfergeschäft betraf, durch das Zahlungsdiensteumsetzungsgesetz[8] (s. Rz. 30a) sind insoweit §§ 31 Abs. 1 Nr. 2, 8 Abs. 1 S. 1, 1 Abs. 2 Nr. 6 ZAG einschlägig (s. § 42 Rz. 120).

F. Zahlungs- und ähnliche Karten

Der bargeldlose Zahlungsverkehr ist in wesentlichem Umfang durch den Einsatz von **Karten** verschiedener Art geprägt. Diese vereinfachen auf unterschiedliche Weise die Abwicklung wirtschaftlicher Transaktionen und führen gerade im Bereich des täglichen Massengeschäfts zu einer erheblichen Rationalisierung der Abläufe. Die zunehmende Verbreitung zieht aber auch missbräuchliche Verwendungsweisen nach sich, mitbedingt durch die weitgehende Abwicklung über Datenverarbeitungsvorgänge, die flexible Kontrollen im Einzelfall kaum zulässt. Dies stellt eine Gefährdung der Sicherheit und Funktionsfähigkeit des bargeldlosen Zahlungsverkehrs dar. Vor allem aber kann es zu Schädigungen des Vermögens der an den Zahlungsvorgängen Beteiligten kommen. Auf deren strafrechtliche Erfassung, insbesondere unter dem Gesichtspunkt der *Vermögensstraftaten* durch die Sondervorschriften der §§ 263a, 266b StGB,

60

---

1 KG v. 15.10.2009 – 8 U 26/09, MMR 2010, 128 (130).
2 OLG Zweibrücken v. 28.1.2010 – 4 U 133/08, MMR 2010, 346 (347).
3 LG Köln v. 5.12.2007 – 9 S. 195/07, MMR 2008, 259; so wohl auch LG Ellwangen v. 30.3.2007 – 1 S 184/06; so auch BGH v. 19.12.2012 – VIII ZR 302/11, NJW 2103, 1158 (1159) für den vergleichbaren Fall der „Vermietung" eines Kontos an einen fingierten Online-Handel.
4 OLG Karlsruhe v. 21.11.2008 – 3 Ss 100/08, Justiz 2010, 97 (98) = wistra 2009, 205 (206).
5 KG v. 15.10.2009 – 8 U 26/09, MMR 2010, 128 (130).
6 Hierzu s.OLG Hamburg v. 8.3.2011 – 2-39/10 (REV), StV 2013, 93 (94); OLG Zweibrücken v. 28.1.2010 – 4 U 133/08, MMR 2010, 346 f., insoweit vollständig abgedr. unter BeckRS 2010, 05524.
7 *Goeckenjan*, wistra 2008, 128 (135); *Heghmanns*, wistra 2007, 167 (170); vgl. auch *Neuheuser*, NStZ 2008, 492 (493 f.).
8 Vgl. *Schäfer/Lang*, BKR 2009, 11 (15).

aber auch den allgemeinen Betrugstatbestand, beziehen sich die nachfolgenden Ausführungen. Dazu wird nach einer kurzen Darstellung der am häufigsten gebräuchlichen Karten auf die typischen Missbrauchskonstellationen eingegangen.

I. Arten und Funktionsweise

1. Kreditkarte

61 Die für den Kartenvertrag spezifische Form der Zahlung mit der klassischen Kreditkarte – auch *„Universalkreditkarte"* genannt[1] – war ursprünglich das **Drei-Partner-System**, das zwischenzeitlich zunehmend durch **Vier-** und **Mehr-Partner-Systeme** verdrängt wird[2]. Dabei ist der Kreditkarteninhaber berechtigt, bei dem Vertragsunternehmen des Kreditkartenausstellers gegen Vorlage der Karte und Leistung der Unterschrift auf dem Abrechnungsbeleg Waren oder Dienstleistungen in Anspruch zu nehmen. Mit seiner Unterschrift anerkennt der Karteninhaber die sachliche Richtigkeit des Betrages und verpflichtet den Kartenaussteller unter Belastung seines Kontos, an das Vertragsunternehmen zu zahlen. Die so vom Karteninhaber bewirkte *Einlösungsgarantie* des Kartenausstellers gegenüber dem Vertragsunternehmen hängt dann lediglich noch von der Prüfung gewisser formeller Voraussetzungen durch das Vertragsunternehmen ab (u.a. Gültigkeit der Karte, Identität des Karteninhabers, Übereinstimmung des Namenszugs auf dem Belastungsbeleg mit der Unterschrift auf der Karte), nicht jedoch von der Bonität des Karteninhabers[3].

2. Kundenkarte

62 Vom Drei-Partner-System zu unterscheiden ist das **Zwei-Partner-System**; solche Karten bezeichnet der BGH als Kundenkarten[4]. Hierbei handelt es sich um einen Ausweis über die Eröffnung eines *Kundenkontos* bei einem Unternehmen mit bestimmtem Kreditrahmen. Er ermöglicht es den Filialen des Ausstellers oder dessen Vertragspartnern, bestimmte Leistungen nicht gegen Barzahlung, sondern gegen Rechnung zu erbringen, ohne jeweils erneut eine Prüfung der Kreditwürdigkeit vornehmen zu müssen.

---

1 *Martinek/Oechsler* in BkR-Hdb., § 67 Rz. 2 und 5, mit Hinweis auf das zwischenzeitlich ebenfalls vorkommende viergliedrige System; *Radtke* in MüKo, § 266b StGB Rz. 22; *Lenckner/Perron* in S/S, § 266b StGB Rz. 5; *Fischer*, § 266b StGB Rz. 10; *Fest/Simon*, JuS 2009, 798 (800).
2 Hierzu und zu den zivilrechtlichen Rechtsbeziehungen ausf. *Möhrenschlager* in LK, § 266b StGB Rz. 19–23.
3 BGH v. 13.6.1985 – 4 StR 213/85, BGHSt 33, 244 (245).
4 BGH v. 11.10.1988 – 1 StR 486/88, wistra 1989, 61; BGH v. 12.5.1992 – 1 StR 133/92, BGHSt 38, 281; auch als „Spezialkreditkarten" bezeichnet, *Martinek/Oechsler* in BkR-Hdb., § 67 Rz. 1.

3. ec-Karte/girocard

a) Die **Bezeichnung** „ec-Karte" stand früher für die *Euroscheckkarte*. Bei deren Vorlage im Zusammenhang mit speziellen dazugehörigen Scheckformularen garantierte das ausgebende Kreditinstitut gegenüber dem Schecknehmer bis zu einem bestimmten Betrag die Deckung. Nach Abschaffung des Euroscheck-Verfahrens zum 31.12.2001 ist diese Funktion gegenstandslos[1]. Gleichwohl wurde das Symbol „ec" und die Bezeichnung als solche, da die Verbraucher damit vertraut waren[2], für die heute gebräuchliche einheitliche *Debitkarte* zunächst beibehalten. Sie bedeutet nunmehr nach der „Vereinbarung über ein institutsübergreifendes System zur bargeldlosen Zahlung an automatisierten Kassen (electronic-cash-System)"[3] allerdings die Nutzungsmöglichkeit der Karte im electronic-cash-System, soweit sie an Geldautomaten und Kassen im Inland zur Anwendung kommt. Wird auch der Einsatz im Ausland nach dem Maestro-System gewährleistet, findet sich – meist zusätzlich auf der Karte – das entsprechende Maestro-Zeichen[4].

Im Zuge der Verwirklichung der SEPA (s. Rz. 30) wurde auch ein Rahmenwerk für den Kartenverkehr – *SEPA Cards Framework* – geschaffen. Seit 2007 stellt die Kreditwirtschaft vor diesem Hintergrund die Bezeichnung der Debitkarte inzwischen auf die Bezeichnung „**girocard**" mit dem entsprechenden Logo europaweit einheitlich um. Eine Änderung der Funktionalität ist damit nicht vorgesehen[5]. Der Inhaber kann die ec-Karte/girocard neben der Abhebung an Geldautomaten zur bargeldlosen Zahlung an automatisierten Kassen nach zwei Varianten benutzen.

b) Die Zahlung im **POS-System**[6] (Point of Sale) erfolgt in der Form des *Drei-Partner-Systems*. Der Kunde legitimiert sich durch seine ec-Karte und Eingabe seiner PIN am POS-Terminal des Händlers. Die Autorisierungszentrale der kartenausgebenden Bank nimmt eine Online-Prüfung von PIN, Echtheit der Karte, Sperre der Karte und Verfügungsrahmen vor. Nimmt sie nach positivem Ergebnis die sog. *Autorisierung* vor, gibt sie gegenüber dem Unternehmen, das die Leistung gegenüber dem Karteninhaber erbringt, online eine Zahlungsgarantie

---

1 *Baier*, ZRP 2001, 454 (455).
2 *Fischer*, § 152b StGB Rz. 5; *Baier*, ZRP 2001, 454 (455 f.).
3 Abdruck einschließlich der Bedingungen für die MasterCard und der Händlerbedingungen bei *Gößmann* in BkR-Hdb., Anh. 1–3 zu §§ 67, 68; auszugsweiser Abdruck der Bedingungen für den ec-/Maestro-Service bei *Kindhäuser* in NK, § 263a StGB Rz. 65. Die Händlerbedingungen und der technische Anhang sind auch abrufbar über www.electronic-cash.de.
4 Nach *Kümpel*, 3. Aufl., Rz. 4.771, wird das auf Europa beschränkte edc-System (electronic debit card) mit zugehörigem POSLogo „edc" daneben weiter an Bedeutung verlieren und untergehen.
5 www.zka-online.de unter Zahlungsverkehr/kartengestützter Zahlungsverkehr/girocard.
6 Hierzu ausf. – auch zu den zivilrechtlichen Rechtsbeziehungen – *Möhrenschlager* in LK, § 266b StGB Rz. 10 f.; ferner *Gößmann* in BkR-Hdb., § 68 Rz. 2; *Werner* in Kümpel/Wittig, Rz. 7.893 f.; *Fest/Simon*, JuS 2009, 798 (802).

ab, indem die Nachricht „Zahlung erfolgt" an das POS-Terminal gesandt wird. Der Karteninhaber ist am Vertragsschluss zwischen Unternehmen und Kartenaussteller nicht beteiligt. Das Unternehmen zieht seine Forderungen im Lastschriftverfahren ein; der Karteninhaber wird bei Vorlage der Lastschrift belastet. Der Kartenaussteller darf die garantierte Zahlung nicht verweigern; er kann der Lastschrift nicht widersprechen.

65 **c)** Wenn auch durch die Kreditwirtschaft gesteuert, wird die bargeldlose Zahlung im **POZ-System** (Point of Sale ohne Zahlungsgarantie) dennoch zivilrechtlich anders abgewickelt[1]. Hier legitimiert sich der Karteninhaber nicht durch seine PIN. Mittels der in der Karte gespeicherten Daten generiert der Händlerterminal eine auf den Einzelfall bezogene *Einzugsermächtigung* (Rz. 29). Der Karteninhaber bestätigt sie durch seine Unterschrift gegenüber dem Unternehmen. Dieses zieht die Forderung per Lastschrift ein, die allerdings widerrufen werden kann. Der Kartenaussteller gibt – anders als bei der Kreditkarte – keine Zahlungsgarantie ab; jedoch ist das Unternehmen bei bestimmten Rechnungsbeträgen gehalten, eine Sperrdatei abzufragen. Das Unternehmen trägt das Risiko der Nichteinlösung. Das POZ-System wurde jedoch **zum 31.12.2006 eingestellt**[2]. Es hat daher Bedeutung nur noch für Altfälle.

66 Dies führte zu einer Wiederbelebung der vor dessen Etablierung gebräuchlichen sog. **„wilden Lastschriftverfahren"**[3]. Hierzu zählen das *OLV (Online-Lastschriftverfahren)* und das heute am meisten gebräuchliche *ELV (Elektronisches Lastschriftverfahren)*[4]. Diese Systeme entsprechen vom Ablauf her dem POZ-System mit dem – vor allem im Hinblick auf die Missbrauchsanfälligkeit – wesentlichen Unterschied, dass sie nicht über die Kreditwirtschaft betrieben werden. Daher kann auch deren Sperrdatei nicht abgefragt werden, sondern lediglich – je nach Variante – haus- oder handelseigene Sperrdateien[5]. Zudem besteht, selbst wenn der Karteninhaber mit Unterzeichnung des Beleges gegenüber dem Unternehmen hierzu sein Einverständnis erklärt hat, keine Verpflichtung der kartenemittierenden Bank, die Kundendaten mitzuteilen[6]. Diese Verfahren werden allerdings im Zuge der SEPA-Vereinheitlichung nur noch bis allenfalls 1.2.2016 zur Anwendung kommen können (s. Rz. 30). In der Begründung zum Entwurf des SEPA-Begleitgesetzes wurde hervorgehoben, dass dieser Zeitraum den betroffenen Wirtschaftskreisen dazu dienen soll, ein Nachfolgeprodukt für das ELV auf Basis der SEPA-Lastschriften zu entwickeln[7].

---

1 BGH v. 21.9.2000 – 4 StR 284/00, BGHSt 46, 146 (148); LG Wuppertal v. 23.12.1996 – 14 O 113/96, NJW-RR 1998, 775.
2 *Gößmann* in BkR-Hdb., § 68 Rz. 12.
3 Hierzu van *Gelder* in BkR-Hdb., § 56 Rz. 78 ff.
4 Vgl. *Altenhain*, JZ 1997, 752 (759); *Laitenberger*, NJW 2010, 192 (194); *Kraatz*, Jura 2010, 36 (44).
5 *van Gelder* in BkR-Hdb., § 56 Rz. 80, auch zu den hieraus sich ergebenden Sicherheitsrisiken; *Werner* in *Kümpel/Wittig*, Rz. 7.914-7.917.
6 LG Wuppertal v. 23.12.1996 – 14 O 113/96, NJW-RR 1998, 775 (776).
7 BR-Drs 250/12, 19.

4. GeldKarte

Bei der „GeldKarte" kann der Inhaber einen **Chip**, der vorwiegend auf der ec-Karte, aber auch auf anderen Karten angebracht ist, an einem Bankterminal **aufladen**[1]. Dieser Vorgang erfolgt online durch den Kartenaussteller unter Verwendung der PIN. Das Laden kann gegen Bargeld erfolgen. Eine andere Variante ist das Laden gegen das (Giro-)Konto des Karteninhabers oder gegen eine andere Karte, auch zulasten des Kontos eines Dritten. Die Ladeterminals werden nur von Banken betrieben. Allerdings ist der Kunde nicht an die kartenemittierende Bank gebunden; er kann auch die Ladestationen anderer Banken nutzen. Der Vorgang ist insoweit dem Geldautomatensystem nachgebildet. Genauso wie dort ist der kartenausgebenden Bank zudem keine Rückgabemöglichkeit für die Lastschrift eingeräumt, die die Drittbank für den Ladevorgang der Geld-Karte einzieht. Auf dem Chip wird ein entsprechender Guthabenbetrag gespeichert. Dieser wird von der kartenausgebenden Bank dem Kundenkonto belastet und einem internen sog. *Börsenverrechnungskonto* gutgeschrieben. Der Inhaber kann die Karte nun über einen Händlerterminal zur Zahlung nutzen. Das Gerät überschreibt dabei die gespeicherte Summe nach Abzug des Zahlbetrages. Zugleich übernimmt der Kartenaussteller gegenüber dem Unternehmen (offline) eine Zahlungsgarantie. Der Ausgleich erfolgt seitens des Kreditinstituts über das Börsenverrechnungskonto unter Zusammenfassung sämtlicher Einzeltransaktionen des Händlers jeweils kalendertäglich. 67

5. SparCard

Ihre Funktionsweise entspricht der ec-Karte, indem sie die **Geldabhebung** unter Eingabe der PIN ermöglicht. Sie stellt indessen den Ersatz für das Sparbuch dar und bezieht sich auf ein *Sparkonto*, das über eine Online-Verbindung abgefragt wird. Daher kann nur auf Guthabenbasis verfügt werden[2]. Aus diesem Grund ist auch nur ihr Einsatz durch den Nichtberechtigten strafrechtlich relevant. 68

II. Missbrauch durch den Berechtigten

1. Erschleichen der Karte

a) Täuscht der Karteninhaber den Aussteller über seine Bonität oder Identität und erlangt so die **Kundenkarte**, stellt sich die Frage, ob aufgrund des zustande gekommenen Kartenvertrages ein *Betrug* vorliegen kann (zum Betrug durch Unterlassen bei Verschlechterung der wirtschaftlichen Verhältnisse s. § 50 Rz. 115). Der BGH[3] hat dies verneint. Deren Ausgabe stelle zunächst nur die Einräumung eines Kreditrahmens dar, die sich noch nicht unmittelbar vermögensmindernd auswirke. Eine Vermögensverfügung liege erst in der jeweiligen missbräuchlichen Inanspruchnahme (s. auch § 47 Rz. 40). 69

---

1 Zum Ablauf *Gößmann* in BkR-Hdb., § 68 Rz. 15–20.
2 *Schnabel*, NStZ 2005, 18.
3 BGH v. 11.10.1988 – 1 StR 486/88, wistra 1989, 61 f.; BGH v. 12.5.1992 – 1 StR 133/92, BGHSt 38, 281 (282).

70 **b)** Dagegen ist bereits *mit Aushändigung* einer **Kredit-** oder **ec-Karte** unter vergleichbaren Umständen nach der bisherigen Rechtsprechung[1] ein Betrug anzunehmen. Schon hierdurch entstehe eine *Vermögensgefährdung*, da sie ebenso wie ein Scheckheft einen Vermögenswert verkörpere. Dasselbe wird für **Geld-Karten** zu gelten haben, die ebenfalls ein Aufladen an Bankautomaten von Drittbanken erlauben. Zwischenzeitlich hat der BGH[2] allerdings darauf hingewiesen, dass die Parallele zum Eurocheckverfahren, die diese Entscheidungen noch ausdrücklich zogen, nach dessen Abschaffung weggefallen ist. Es soll daher für das Vorliegen eines *„Kontoeröffnungsbetruges"* maßgeblich darauf ankommen, ob der Einsatz von ec-Karten im POS-System, da nur in diesem Fall eine Zahlungsgarantie vorliegt, oder im POZ-System erfolgen sollte und erfolgte (s. auch § 50 Rz. 116).

71 Entgegen dieser Rechtsprechung liegt in der Hingabe der Karte **keine Vermögensverfügung** i.S. des § 263 Abs. 1 StGB. Diese muss unmittelbar, d.h. ohne weitere deliktische Zwischenhandlungen des Täters, zu der Vermögensminderung führen (§ 47 Rz. 41). Hier bringt der Inhaber aber erst durch den jeweiligen Einsatz der Karte die Zahlungsverpflichtung des Ausstellers zur Entstehung[3]. Die Situation ist vergleichbar mit derjenigen bei der missbräuchlichen Inanspruchnahme von telefonischen Mehrwertdiensten. Der BGH[4] nahm trotz ebenfalls bestehender Auszahlungsgarantie keinen Betrug zum Nachteil der Netzbetreiber einer Servicerufnummer allein durch Abschluss des Vertrages über die Einrichtung der Nummer an. Dies stelle noch keine unmittelbar vermögensmindernde Maßnahme dar, sondern eröffne dem Täter nur die faktische Möglichkeit, die Zahlungspflicht durch Anwählen der Servicenummern auszulösen.

72 Zudem mangelt es an der hinreichenden **Bestimmbarkeit eines Gefährdungsschadens**. Nach der Rechtsprechung des BGH[5] ist auch in diesem Fall der Minderwert des im Synallgma Erlangten zu bewerten, d.h. der mit der Vermögensverfügung unmittelbar eingetretene Schaden zu benennen (§ 47 Rz. 59). Bei der Einrichtung eines entsprechenden Kontos und der Herausgabe von Euroscheckkarte und Euroschecks ließ sich dies noch eher rechtfertigen. Diese garantierten Deckung bis zu einem bestimmten Höchstbetrag, damals 400 DM. Das

---

1 BGH v. 13.6.1985 – 4 StR 213/85, BGHSt 33, 244 (245); BGH v. 16.10.1990 – 5 StR 418/90, StV 1992, 54; BGH v. 2.2.1993 – 1 StR 849/92, wistra 1993, 183 (184); BGH v. 12.2.2008 – 4 StR 623/07, NJW 2008, 1394; BGH v. 14.10.2010 – 2 StR 447/10, NStZ 2011, 160; OLG Hamm v. 4.5.2000 – 3 Ss 376/00, StraFo 2001, 281 (282); BGH v. 21.11.2001 – 2 StR 260/01, BGHSt 47, 160 (167 und 169 f.), ausdrücklich auch für die Verwendung der damaligen Euroscheckkarte am Bankautomaten.
2 BGH v. 18.11.2008 – 4 StR 485/08, NStZ 2009, 329 (330) und BGH v. 18.11.2008 – 486/08, wistra 2009, 107; in diese Richtung auch schon BGH v. 21.11.2001 – 2 StR 260/01, BGHSt 47, 160 (167 f.).
3 *Möhrenschlager* in LK, § 266b StGB Rz. 64; *Cramer/Perron* in S/S, § 263 StGB Rz. 64; *Kühl/Lange*, JuS 2010, 42 (45).
4 BGH v. 29.6.2005 – 4 StR 559/04, BGHSt 50, 174 (177–179), wobei kein entscheidender Unterschied darin zu sehen ist, dass ein Nummernprovider zwischengeschaltet wurde, und die Funknetzbetreiber bei Abschluss des Vertrages noch nicht feststanden.
5 BGH v. 18.2.2009 – 1 StR 731/08, BGHSt 53, 199.

Kreditinstitut hatte daher durch die Anzahl der herauszugebenden Schecks einen *konkreten Betrag* festzulegen, bis zu dem es den Kunden für kreditwürdig hielt. Bei der Karte ist eine vergleichbare Konkretisierung eines Schadens nicht gegeben. Zwar kann auch hier intern ein Kreditrahmen festegelegt werden; dagegen ist nicht eingrenzbar, in welchem Umfang der Inhaber von der Karte nach außen mit verpflichtender Wirkung Gebrauch machen wird[1]. Damit kann aber auch die erforderliche Bewertung nicht erfolgen.

Auch die nunmehr vom BGH eingeführte Unterscheidung nach erfolgtem oder gewolltem **Einsatz der Karte** beseitigt diese Probleme nicht. Der Gefährdungsschaden ist für den *Zeitpunkt des Vertragsschlusses* festzustellen, in dem die Vermögensverfügung zu sehen ist[2] (§ 47 Rz. 52 und – insbesondere wenn bei Kontoeröffnung ein Kreditrahmen eingeräumt wird – zur ähnlichen Sachlage beim Kreditbetrug § 50 Rz. 125–134). Die zeitlich später liegende tatsächliche Verwendung könnte deswegen nur als Indiz für den ursprünglichen Verwendungswillen anzusehen sein. Letzterer wäre mithin entscheidend. Mit diesem Kriterium würde aber das objektive Tatbestandmerkmal der Vermögensverfügung durch den Geschädigten weitgehend in die subjektive Vorstellung des Täters verlagert. Das oben angesprochene Problem der ungenügenden Bestimmbarkeit des Schadensumfangs wird so weiter verschärft.

2. Verwendung der Karte

a) Missbrauch von Scheck- und Kreditkarten

Bei der strafrechtlichen Würdigung des missbräuchlichen Einsatzes von Zahlungs- und ähnlichen Karten ist das Augenmerk auf die **Einwicklungen in Kreditwirtschaft und Handel** zu legen. Einerseits werden – gerade auch auf die Zielgruppe junger Menschen gerichtet – Kredite, flexible Kontoüberziehungen und Ratenzahlungen intensiv beworben, um besonders diejenigen zu Vertragsabschlüssen zu bewegen, die aktuell nicht über die notwendigen finanziellen Reserven verfügen. Dies ist nicht nur im Bereich der Grundversorgung, sondern vor allem im Zusammenhang mit Luxusgütern im weitesten Sinne zu beobachten. Die Praxis zeigt dabei, dass die Kartenaussteller bei der Frage, ob sie Deckung gewähren, sehr flexibel verfahren. Sie räumen „auf dem Papier" zwar zumeist einen exakt begrenzten Kreditrahmen ein, tatsächlich halten sie sich aber selbst nicht strikt daran. Andererseits kommen aus Kostengründen bei der Abwicklung des bargeldlosen Zahlungsverkehrs technisch zur Verfügung stehende Sicherungsmaßnahmen nicht zur Anwendung[3]. Diese Interessenlage aufseiten der potenziell Geschädigten ist bei der Auslegung der jeweils in Betracht kommenden Straftatbestände miteinzubeziehen, um einer Überkriminalisierung vertragswidrigen Verhaltens entgegenzuwirken, das in erster Linie auf zivilrechtlicher Seite anzusiedeln ist.

---

1 *Hellmann* in A/R, IX 2 Rz. 73.
2 BGH v. 13.11.2007 – 3 StR 462/06, wistra 2008, 149 (150); BGH v. 18.2.2009 – 1 StR 731/08, NStZ 2009, 330; s. auch *Nack*, StraFo 2008, 277 (278 ff.).
3 Vgl. *van Gelder* in BkR-Hdb., § 56 Rz. 78 f., zu „wilden Lastschriftverfahren"; *Baier*, ZRP 2001, 454 (455), zur Kostenersparnis bei Einrichtung nur des (ehemaligen) POZ-Systems.

75 Neben den allgemeinen Straftatbeständen – insbesondere Betrug – kommt derjenige, der eine ihm überlassene Karte missbräuchlich verwendet, in erster Linie als *tauglicher Täter* des **Missbrauchs von Scheck- und Kreditkarten gem. § 266b StGB** in Betracht. Der persönliche Anwendungsbereich dieser Vorschrift ist allerdings auf (an sich) berechtigte Karteninhaber beschränkt. Dies folgt schon aus dem eindeutigen Wortlaut („durch die Überlassung einer Scheckkarte oder einer Kreditkarte eingeräumte Möglichkeit"), daneben aber auch aus der historischen Auslegung[1]. *Berechtigter Karteninhaber* i.S. des § 266b StGB ist auch derjenige, der die Karte vom Aussteller durch Täuschung über seine Vermögensverhältnisse oder unter Verwendung falscher Personalien erlangt hat[2]. Wer sie dagegen unter Verstoß gegen die Vertragsbedingungen und ohne Einverständnis des Ausstellers zur Nutzung erhält, wird nicht erfasst[3]. Damit wird die Tat wegen des besonderen persönlichen Merkmals, das die Strafbarkeit begründet (vgl. §§ 14, 28 Abs. 1 StGB), zu einem Sonderdelikt (vgl. § 22 Rz. 8)[4]. **§ 263a StGB** kommt daneben generell **nicht** zur Anwendung (s. Rz. 115 zum nichtberechtigten Karteninhaber).

76 Der Strafrahmen des § 266b StGB reicht, anders als bei Betrug und Untreue, nur bis zu drei Jahren; auch ist der Versuch nicht strafbar. Die Vorschrift hat daher für den berechtigten Karteninhaber privilegierenden Charakter und ist als **Sondervorschrift** gegenüber den allgemeineren Tatbeständen vorrangig[5]. Vor diesem Hintergrund orientiert sich die weitere Darstellung an den *Tatbestandsmerkmalen des § 266b StGB*. Ob in Bezug auf den berechtigten Karteninhaber die weiteren Voraussetzungen der Norm vorliegen, hängt dabei von Art und Anwendungsweise der Karte im Einzelfall ab. Soweit **sonstige Strafnormen** gegeben sind, wird an den jeweiligen Prüfungspunkten darauf eingegangen.

b) Verwendung der Kundenkarte

77 Bei Verwendung einer Kundenkarte, ist der **sachliche Anwendungsbereich des § 266b StGB** nicht eröffnet. Ein taugliches Tatobjekt liegt nur vor, wenn dem Inhaber durch die Überlassung der Kreditkarte die Möglichkeit eröffnet wurde, den Aussteller zu einer Zahlung zu veranlassen. Obwohl der Wortlaut es nicht zwingend vorschreibt[6], kann dies nach der Rechtsprechung des BGH nur bei

---

1 So ausdrücklich BT-Drs. 10/5058, 32.
2 BGH v. 2.2.1993 – 1 StR 849/92, wistra 1993, 183 (184); BGH v. 21.11.2001 – 2 StR 260/01, BGHSt 47, 160 (162); BGH v. 12.2.2008 – 4 StR 623/07, NJW 2008, 1394; *Kindhäuser* in NK, § 266b StGB Rz. 4.
3 BGH v. 3.12.1991 – 4 StR 538/91, NStZ 1992, 278 f.; OLG Düsseldorf v. 2.11.1992 – 2 Ss 356/92 – 102/92 II, wistra 1993, 115 (116); ausf. hierzu *Radtke* in MüKo, § 266b StGB Rz. 4; s. auch LG Dresden v. 21.6.2005 – 10 Ns 202 Js 45549/03, NStZ 2006, 633, für einen Fall der vom Aussteller vertraglich gestatteten Überlassung.
4 *Hoyer* in SK, § 266b StGB Rz. 5.
5 BGH v. 18.11.1986 – 4 StR 583/86, NStZ 1987, 120; BGH v. 8.1.1987 – 4 StR 701/86, wistra 1987, 136.
6 Vgl. *Ranft*, NStZ 1993, 185 (186); *Otto*, wistra 1986, 150 (152).

Einsatz einer Karte mit *Garantiefunktion* beim *Drei-Partner-System* angenommen werden. Hierfür spricht schon die historische Auslegung. Zwar ist der Bericht des Rechtsausschusses insofern nicht eindeutig, als auch das Zwei-Partner-System Erwähnung findet. Andererseits wird aber im Zusammenhang mit den Begriffen der Scheck- und Kreditkarte ausdrücklich auf die ihnen zukommende Garantiefunktion abgestellt[1]. Diese ist für das Zwei-Partner-System gerade nicht prägend. Vielmehr liegt das Wesen der Kundenkarte nicht darin, dass der Aussteller eine Zahlung zusichert, sondern in der bloßen Einräumung eines Kreditrahmens[2]. Bei Erfassung auch derartiger Vorgänge würde die Untreueähnlichkeit des Tatbestandes aufgeweicht[3].

Ob ein missbräuchlicher Einsatz der Kundenkarte als **Betrug** strafbar ist, hängt davon ab, welcher Erklärungswert deren Vorlage beigemessen wird. Der Bezug von Waren oder Dienstleistungen unter Nutzung der Karte kann nach Ansicht des 1. Strafsenats des BGH[4] einen Betrug darstellen, wenn der Inhaber hierbei verschweigt, dass er nicht willens oder in der Lage ist, die Gegenleistung vollständig und pünktlich zu erbringen. Jede missbräuchliche Inanspruchnahme des durch die Ausstellung der Karte eingeräumten Kreditrahmens sei dann nach den Grundsätzen des Eingehungsbetruges zu beurteilen. Dies wird vom 5. Strafsenat[5] zwischenzeitlich infrage gestellt. Die Kundenkarte „verkörpere" einen bereits eingeräumten Kredit, über dessen Berechtigung bei deren jeweiliger Verwendung keine Erwägungen mehr angestellt würden. Zumindest für den Fall, dass die Einkäufe bei Mitarbeitern des Unternehmens erfolgen, die keine Entscheidungs- oder Prüfungsbefugnis für die Kreditwürdigkeit haben – wie dies bei Kassenpersonal regelmäßig der Fall ist –, kommt dies der Auslegung des Verhaltens vor dem Hintergrund des Geschäftstyps und der dabei typischen Pflichten- und Risikoverteilung zwischen den Parteien[6] näher. Da schon die Eröffnung des Kontos nicht vom Betrugstatbestand erfasst wird (Rz. 69), wäre die Folge allerdings eine Straflosigkeit des Gesamtvorgangs.

78

c) Zahlung mit der Kreditkarte

aa) Ob der **sachliche Anwendungsbereich des § 266b StGB** eröffnet ist, wenn der Karteninhaber im Geschäftsverkehr unter Verwendung einer Kreditkarte bezahlt, hängt von der konkreten Art der Verwendung ab[7]. Eine *Kreditkarte* i.S. der Norm ist nach der Rechtsprechung des BGH gegeben, wenn sie in ihrer Ga-

79

---

1 BT-Drs. 10/5058, 32; hierzu BGH v. 12.5.1992 – 1 StR 133/92, BGHSt 38, 281 (282 ff.) m.w.Nw. auch zu den Gesetzesmaterialien und zu den abweichenden Literaturmeinungen; BGH v. 21.11.2001 – 2 StR 260/01, BGHSt 47, 160 (165 f.).
2 BGH v. 12.5.1992 – 1 StR 133/92, BGHSt 38, 281 (283 f.); s. auch OLG Celle v. 5.11.2010 – 1 Ws 277/10, juris (Rz. 10), insoweit nicht abgedr. in NStZ 2011, 218, zur Tankkarte.
3 *Radtke* in MüKo, § 266b StGB Rz. 26.
4 BGH v. 11.10.1988 – 1 StR 486/88, wistra 1989, 61 f.; BGH v. 12.5.1992 – 1 StR 133/92, BGHSt 38, 281 (282).
5 BGH v. 16.3.2005 – 5 StR 72/05, wistra 2005, 222.
6 Vgl. BGH v. 15.12.2006 – 5 StR 181/06, BGHSt 51, 165 (170), Rz. 21.
7 *Lenckner/Perron* in S/S, § 266b StGB Rz. 5; *Fischer*, § 266b StGB Rz. 11.

rantiefunktion beim *Drei/Vier-* oder *Mehr-Partner-System* zum Einsatz kommt[1]. Das Tatbestandmerkmal „zu einer Zahlung zu veranlassen" wird hierbei – darauf kommt es entscheidend an – durch die Unterschrift des Karteninhabers erfüllt, denn durch diese verpflichtet er den Kartenaussteller zur Zahlung. Diese Möglichkeit wurde ihm „durch die Überlassung" der Kreditkarte als seine Befugnis eingeräumt. Der Kartenaussteller trifft beim Zahlungsvorgang keine eigene Entscheidung mehr; diese hat er dem Karteninhaber durch die Überlassung der Kreditkarte übertragen.

80 Neben ihrer eigentlichen Funktion findet die Kreditkarte heutzutage in Sonderformen innerhalb und außerhalb des Drei-Partner-Systems Verwendung. Hier ist insbesondere das beleglose **Telefon- oder Mailorderverfahren** zu nennen, das vorwiegend bei Fernabsatzgeschäften zur Anwendung kommt[2]. Der Karteninhaber übermittelt bei einer Bestellung oder Buchung meist telefonisch oder per Internet über eine vom Vertragsunternehmen angebotene Eingabeseite die Kartendaten. Sofern sich das Kreditkartenunternehmen diesem gegenüber durch entsprechende Vereinbarung mit der Abwicklung telefonischer oder schriftlicher Bestellungen einverstanden erklärt hat, kommt die Erstattungspflicht auch ohne die Unterzeichnung der Belastungsbelege durch den Kunden zum Entstehen[3]. In diesem Fall ist für ihn bei missbräuchlichem Einsatz der Karte § 266b StGB gegeben[4]. Fehlt dagegen eine solche Vereinbarung, so liegt auch keine Zahlungsverpflichtung des Ausstellers vor[5]. Ein taugliches Tatobjekt des § 266b StGB stellt die Kreditkarte dann nicht dar. Ein Eingehungsbetrug zum Nachteil des Vertragsunternehmens kommt nur in Betracht, wenn die Abwicklung der Transaktion auf dessen Seite nicht ausschließlich über Datenverarbeitungsanlagen erfolgt, da ansonsten kein Irrtum bei einer natürlichen Person hervorgerufen wird[6].

81 Bei der bargeldlosen Zahlung im **Lastschriftverfahren** gelten die gleichen Grundsätze wie beim Einsatz der ec-Karte[7] (Rz. 94–97). Die **Bargeldabhebung** am Geldautomaten wird unten dargestellt (Rz. 98–103).

82 **bb) Ein Missbrauch i.S. des § 266b StGB** liegt vor, wenn der (berechtigte) Karteninhaber nach außen im Rahmen seines rechtlichen Könnens handelt, im Innenverhältnis aber die Grenzen seines rechtlichen Dürfens überschreitet[8]. Das

---

1 BGH v. 2.2.1993 – 1 StR 849/92, wistra 1993, 183 (184); BGH v. 12.5.1992 – 1 StR 133/92, BGHSt 38, 281 (282); *Möhrenschlager* in LK, § 266b StGB Rz. 24.
2 *Martinek/Oechsler* in BkR-Hdb., § 67 Rz. 39.
3 BGH v. 16.4.2002 – XI ZR 375/00, NJW 2002, 2234 (2235); zu Reaktionen der Vertragspraxis auf diese Entscheidung *Martinek/Oechsler* in BkR-Hdb., § 67 Rz. 40; *Casper/Pfeifle*, WM 2009, 2343 (2348 f.).
4 *Möhrenschlager* in LK, § 266b StGB Rz. 23.
5 *Pichler*, NJW 1998, 3234 (3237); a.A. *Casper/Pfeifle*, WM 2009, 2343 (2348 und 2350).
6 BGH v. 31.3.2004 – 1 StR 482/03, wistra 2004, 299 f.; OLG Düsseldorf v. 16.10.2007 – III-5 Ss 174/07 – 75/07 I, NStZ 2008, 219; vgl. das bei *Laue*, JuS 2002, 359 (363 f.), geschilderte Fallbeispiel, bei dem er einen Betrug zum Nachteil des Kartenausstellers annimmt.
7 *Radtke* in MüKo, § 266b StGB Rz. 23; *Fischer*, § 266b StGB Rz. 11.
8 BGH v. 3.12.1991 – 4 StR 538/91, NStZ 1992, 278 (279).

soll nach der Begründung des Rechtsausschusses[1] immer dann der Fall sein, wenn er Waren oder Dienstleistungen in Anspruch nimmt, deren Bezahlung zwar von seinem Kreditinstitut garantiert werden, für die aber auf seinem Konto *keine Deckung* oder *kein ausreichender Kredit* vorhanden ist. Gerade in diesem Tatbestandsmerkmal zeigt sich die Funktion der Norm. Ein Betrug scheidet hier nämlich nach der Rechtsprechung des BGH[2] aus, weil sich der Unternehmer wegen der Garantiefunktion der Karte keine Vorstellungen über die Bonität des Kunden macht. Für eine Untreue fehlt es an der Vermögensbetreuungspflicht. Das Tatbestandsmerkmal bedarf gleichwohl der einschränkenden Auslegung, um nicht jedes lediglich zivilrechtlich vertragswidrige Verhalten strafrechtlich zu sanktionieren.

Einerseits ist für die Annahme eines tatbestandlich relevanten Verhaltens im **Innenverhältnis**, das grundsätzlich nach dem Kreditkartenvertrag zu beurteilen ist[3], nicht erforderlich, dass ein vom Kartenaussteller eingeräumter Überziehungskredit überschritten wird. Vielmehr liegt ein Missbrauch schon unterhalb dieser Grenze vor, wenn eine Rückzahlungsmöglichkeit von vornherein nicht bestand[4]. *Indiz* für einen insoweit fehlenden Ausgleichswillen kann das Erschleichen bereits der Karte selbst zur späteren „Kreditschöpfung" sein[5]. 83

Andererseits sind **Deckungs-** und **Abrechnungspraxis** des Kartenausstellers zu beachten. Daher sollte schon aus Gründen der Nachweismöglichkeiten, darauf geachtet werden, ob der Kartenaussteller hinreichend genau – möglichst schriftlich – *Höchstgrenzen* der Inanspruchnahme fixiert hat. Zudem sollte er zuverlässig dartun, dass er sich selbst daran strikt hält, was in der Praxis nicht immer gewährleistet ist (Rz. 74). Ansonsten wäre es – unter bedenklichen Folgen für das Bestimmtheitsgebot – weitgehend in das Belieben der Kartenemittenten gestellt, die Strafbarkeitsvoraussetzungen im Einzelfall zu begründen. Hinzu kommt, dass die Drohung mit der Strafanzeige als Druckmittel zum Kontoausgleich eingesetzt werden kann, was vielfach auch geschieht. Zudem können zwischen Nutzung der Karte und dem *Zeitpunkt der Abrechnung* längere Zeiträume liegen. Von daher ist kein Missbrauch anzunehmen, sofern bei prognostischer Beurteilung der Vermögenslage eine ursprünglich fehlende Deckung im letzteren Zeitpunkt als sicher ausgeglichen erscheint[6]. 84

Eine missbräuchliche Nutzung im **Außenverhältnis** ist nicht gegeben, wenn die Karte entgegen der vertraglichen Vorgaben des Kartenausstellers *einem Dritten* zur Nutzung *überlassen* wird. Hierbei handelt der berechtigte Karteninhaber gerade nicht innerhalb der ihm einräumten Rechtsmacht, den Aussteller im Geschäftsverkehr zu einer Zahlung zu verpflichten. In Betracht kommt aber Hehlerei und Beteiligung an Betrug und Urkundenfälschung des Dritten, der die Karte einsetzt[7] (s. Rz. 125). 85

---

1 BT-Drs. 10/5058, 32.
2 BGH v. 13.6.1985 – 4 StR 213/85, BGHSt 33, 244 (247–251).
3 *Möhrenschlager* in LK, § 266b StGB Rz. 43.
4 *Fischer*, § 266b StGB Rz. 17; s. auch *Eisele/Fad*, Jura 2002, 305 (310 f.).
5 Vgl. BGH v. 11.10.1988 – 1 StR 486/88, wistra 1989, 61 (62), zur Kundenkarte.
6 *Möhrenschlager* in LK, § 266b StGB Rz. 43; *Fischer*, § 266b StGB Rz. 17.
7 BGH v. 3.12.2991 – 4 StR 538/91, NStZ 1992, 278 f.

86 Gleich zu behandeln ist das **kollusive Zusammenwirken** von Inhaber und Vertragshändler, indem letzterer Rechnungsbeträge ausstellt, denen eine Lieferung oder Leistung nicht oder nicht in vollem Umfang zugrunde liegt. Wegen der nach den Kreditkartenbedingungen unzulässigen (verdeckten) Bargeldbeschaffung entsteht insoweit keine Zahlungsverpflichtung. Daher liegt ein – in Mittäterschaft mit dem die falschen Belege ausstellenden Vertragsunternehmer begangener – Betrug zum Nachteil des Kartenausstellers vor[1].

87 Strittig ist dagegen, wie der Fall zu behandeln ist, wenn der Karteninhaber den von der Kreditkartengesellschaft pro Mitglied und Tag festgelegten **Höchstbetrag** ohne deren Zustimmung **überschreitet**. In Anlehnung an die frühere Rechtslage bei Hingabe eines Euroschecks wird hier teilweise ein Betrug hinsichtlich des ungedeckten Mehrbetrages und im Übrigen eine Strafbarkeit nach § 266b StGB angenommen[2]. Allerdings bleibt dabei unberücksichtigt, dass eine Einlösungsgarantie für die gesamte Rechnungssumme nicht zur Entstehung gelangt[3]. Daher scheidet § 266b StGB insgesamt aus[4]. Ein Betrug zum Nachteil des Kartennehmers ist zweifelhaft[5]. Es dürfte zumindest fraglich sein, ob der Karteninhaber mit Verwendung der Karte konkludent über die Formalia der Kartennutzung hinaus seine Bonität zum Ausdruck bringt. Für eine Untreue zum Nachteil des Kartenunternehmens fehlt es schon an der Vermögensbetreuungspflicht[6].

88 cc) Obwohl das Gesetz in § 266b StGB nur von „Zahlung" spricht, versteht man darunter nicht nur die Auszahlung von Bargeld, sondern *jede Geldleistung*, insbesondere, ja typischerweise, auch die Verrechnung im Giroverkehr.

89 dd) Der Missbrauch muss für den Kartenaussteller eine **Schädigung i.S. des § 266b StGB** zur Folge haben. Vor dem Hintergrund der im Gesetzgebungsverfahren diesbezüglich ausdrücklich hervorgehobenen Parallele zu §§ 263, 266 StGB[7] und der systematischen Stellung im Gesetz entspricht das Tatbestandsmerkmal dem *Vermögensschaden* bei diesen Vorschriften und umfasst auch einen *Gefährdungsschaden*[8]. Hiervon kann regelmäßig ausgegangen werden, wenn das Konto die zum Ausgleich der Zahlungsverpflichtung erforderliche

---

1 OLG Hamm v. 4.5.2000 – 3 Ss 376/00, StraFo 2001, 281 (283); BGH v. 13.6.1985 – 4 StR 213/85, BGHSt 33, 244 (247); *Lenckner/Perron* in S/S, § 266b StGB Rz. 9; der Einsatz von Euroschecks zur Bargeldbeschaffung wurde allerdings in BGH v. 21.11.2001 – 2 StR 260/01, BGHSt 47, 160 (162), nicht als zweckwidrig erachtet.
2 *Kindhäuser* in NK, § 266b StGB Rz. 13.
3 OLG Frankfurt v. 22.11.1990 – 9 U 70/88, NJW-RR 1991, 1465 (1466 f.).
4 OLG Hamm v. 4.5.2000 – 3 Ss 376/00, StraFo 2001, 281 (283); *Lenckner/Perron* in S/S, § 266b StGB Rz. 9; *Möhrenschlager* in LK, § 266b StGB Rz. 41; *Radtke* in MüKo, § 266b StGB Rz. 33; *Hellmann* in A/R, IX 2 Rz. 51.
5 Zu Sonderkonstellationen vgl. *Möhrenschlager* in LK, § 266b StGB Rz. 41, insbes. Fn. 126.
6 Vgl. BGH v. 13.6.1985 – 4 StR 213/85, BGHSt 33, 244 (247 ff.); LG Bielefeld v. 8.2.1983 – 1 KLs 21 Js 534/82, NJW 1983, 1335 (1336 f.).
7 BT-Drs. 10/5058, 33.
8 *Fischer*, § 266b StGB Rz. 18; *Lenckner/Perron* in S/S, § 266b StGB Rz. 10; *Radtke* in MüKo, § 266b StGB Rz. 41 f.

Deckung nicht aufweist[1]. Da beim Betrug für die Schadensfeststellung der Moment der Vermögensverfügung maßgeblich ist[2] (§ 47 Rz. 52), erscheint es konsequenter, hier für den Zeitpunkt der Deckung auf die Entstehung der konkreten Zahlungspflicht für den Kartengeber[3] – die Unterzeichnung des Belastungsbelegs – und nicht erst auf den Zeitpunkt der von diesem vorgenommenen Verrechnung[4] abzustellen. Eine hinreichend sicher abzusehende Verbesserung der Vermögensverhältnisse in der Zwischenzeit wäre bereits bei der Frage nach der missbräuchlichen Verwendung der Karte in Ansatz zu bringen (Rz. 84).

90 Wie auch sonst bei Betrug[5] (vgl. § 47 Rz. 52) und Untreue[6] (vgl. § 32 Rz. 177), liegt ein Vermögensschaden nicht vor, sofern der Täter anderweitig bereit und in der Lage ist, die **Überziehung** sofort oder jedenfalls unverzüglich **auszugleichen**[7] oder wenn der Kartenaussteller anderweitig auf problemlos zu realisierende **Sicherheiten** zurückgreifen kann[8].

91 ee) Der **Vorsatz i.S. des § 266b StGB** muss alle Tatbestandsmerkmale, also auch den Missbrauch umfassen, wobei *bedingter Vorsatz* genügt. Dennoch: Der bedingte Vorsatz wird nicht ohne Weiteres nachzuweisen sein, wenn man die – dogmatisch problematische – Meinung des Gesetzgebers teilt. Der Gesetzgeber[9] geht nämlich davon aus, dass dann ein Vorsatz fehlt, wenn der Täter bei der Kartennutzung noch nicht weiß, dass er seinen Verpflichtungen später nicht nachkommen können wird oder aber mit einem Vermögensausgleich in kürzester Zeit rechnet. Um die Wissensseite des Vorsatzes mit den allgemeinen Grundsätzen des bedingten Vorsatzes in Einklang zu bringen, sollte die Vorstellung ausreichen, dass die Beseitigung des eingetretenen Schadens durch Ausgleich des Schuldsaldos zumindest ernsthaft gefährdet ist; die bloße Hoffnung, noch leisten zu können, beseitigt daher den Vorsatz nicht. *Einschränkungen* im Vorsatzbereich können sich aus einer inkonsequenten und untransparenten Deckungspraxis des Kartenunternehmens ergeben (Rz. 74 und 84).

d) Zahlung mit der ec-Karte

92 aa) Angesichts der gewandelten Funktion stellt sich die Frage, ob die ec-Karte weiterhin als **Scheckkarte i.S. des § 266b StGB** angesehen werden kann. Der BGH[10] ordnete sie in der zuletzt hierzu ergangenen Entscheidung auch dann unter diesem Tatbestandsmerkmal ein, wenn sie zur Barabhebung am Geld-

---

1   *Kindhäuser* in NK, § 266b StGB Rz. 23.
2   BGH v. 18.2.2009 – 1 StR 731/08, StV 2009, 242, Rz. 11; BGH v. 13.11.2007 – 3 StR 462/06, wistra 2008, 149 (150).
3   *Lenckner/Perron* in S/S, § 266b StGB Rz. 10; *Möhrenschlager* in LK, § 266b StGB Rz. 51; *Radtke* in MüKo, § 266b StGB Rz. 42; *Fest/Simon*, JuS 2009, 798 (801).
4   So aber *Kindhäuser* in NK, § 266b StGB Rz. 23; ähnlich *Hoyer* in SK, § 266b Rz. 24.
5   Vgl. BGH v. 21.10.2008 – 3 StR 420/08, wistra 2009, 60.
6   Vgl. BGH v. 30.10.2003 – 3 StR 276/03, wistra 2004, 61.
7   So schon der Bericht des Rechtsausschusses, BT-Drs. 10/5058, 33.
8   *Fischer*, § 266b StGB Rz. 18; *Lenckner/Perron* in S/S, § 266b StGB Rz. 10.
9   Vgl. den Bericht des Rechtsausschusses, BT-Drs. 10/5058, 33.
10 BGH v. 21.11.2001 – 2 StR 260/01, BGHSt 47, 160 (164 f.); den entsprechenden Vergleich zog auch heran OLG Stuttgart v. 23.11.1987 – 3 Ss 389/87, NJW 1988, 981 (982).

automaten zum Einsatz kam. Allerdings ist zu berücksichtigen, dass dies noch einen Fall der Euroscheckkarte betraf. Dabei wurde ausdrücklich auf die Parallele bei der Verwendung als Codekarte mit der damals gebräuchlichen Bargeldbeschaffung abgestellt, indem Euroschecks bei anderen Kreditinstituten bar eingelöst wurden. Dies veranlasste den BGH dazu, die beiden sich funktionell entsprechenden Einsatzmöglichkeiten ein und derselben Karte strafrechtlich einheitlich zu behandeln.

93 Diese Parallele ist mit **Abschaffung des Euroscheckverkehrs** indessen weggefallen. Daher dürfte es zumindest fraglich sein, ob diese Grundsätze weiterhin Bestand haben. Die Literatur geht inzwischen teilweise davon aus, die heutige ec-Karte werde wegen des Wegfalls der Anbindung an ein Wertpapier i.S. des Art. 1 ScheckG nicht mehr vom Begriff der Scheckkarte erfasst[1]. Daneben ist sie zudem nach ihrer neuen Benennung als electronic-cash- oder Maestro-Karte bzw. girocard vom Wortlaut her nicht mehr hierunter zu subsumieren. Auch der BGH[2] selbst hebt neuerdings den Bedeutungswandel des Kürzels „ec-Karte" in anderem Zusammenhang ausdrücklich hervor. Hinzu kommt ein systematisches Argument. § 152b Abs. 4 StGB führt unter Zahlungskarten neben Kredit- und Euroscheckkarten auch sonstige Karten mit Garantiefunktion auf. Es hätte nahegelegen, im Zusammenhang mit dem absehbaren Wegfall der eigentlichen Scheckkartenfunktion eine entsprechende Anpassung des § 266b StGB vorzunehmen[3]. Hierzu bestand umso mehr Anlass, als der Begriff der Scheckkarte bei Einführung des § 266b StGB gerade deshalb nicht weiter definiert wurde, weil er nach Auffassung des Rechsausschusses des Deutschen Bundestages aufgrund seines feststehenden Bedeutungsinhaltes im Wirtschaftsleben als ausreichend bestimmt erachtet wurde[4]. Damit stellt die ec-Karte keine Scheckkarte gem. § 266b StGB (mehr) dar. Ob sie als **Kreditkarte** anzusehen ist, muss anhand ihrer *Verwendungsweise* festgestellt werden.

94 **bb)** Es spricht mehr dafür, dass auch die Verwendung der ec-Karte zur **Zahlung im POS-System** *von § 266b StGB nicht erfasst wird*[5]. Anders als bei der klassischen Kreditkarte, die der Gesetzgeber bei diesem Tatbestandsmerkmal im Blick hatte, räumt der Aussteller der ec-Karte dem Karteninhaber allein mit deren Überlassung noch nicht die Möglichkeit ein, ihn „zu einer Zahlung zu veranlassen". Das ergibt sich aus den Vereinbarungen, die diesem Zahlungssystem zugrunde liegen. Nach Ziff. 10 der Vereinbarung über das electronic-cash-System haben sich die kartenausgebenden Kreditinstitute verpflichtet, ein „Zahlungsversprechen in Höhe des am electronic-cash-Terminal autorisierten Be-

---

1 *Lenckner/Perron* in S/S, § 266b StGB Rz. 4; *Lackner/Kühl*, § 266b StGB Rz. 3; *Baier*, ZRP 2001, 454 (455).
2 BGH v. 18.11.2008 – 4 StR 485/08, StV 2009, 245 und BGH v. 18.11.2008 – 486/08, wistra 2009, 107.
3 *Radtke* in MüKo, § 266b StGB Rz. 7; a.A. *Fahl*, JuS 2012, 1104 (1107).
4 BT-Drs. 10/5058, 32.
5 Ebenso *Fischer*, § 266b StGB Rz. 6a; *Hoyer* in SK, § 266b StGB Rz. 13; *Lackner/Kühl*, § 266b StGB Rz. 3; *Möhrenschlager* in LK, § 266b Rz. 30; *Radtke* in MüKo, § 266b StGB Rz. 15; *Baier*, ZRP 2001, 454 (455 f.); *Fest/Simon*, JuS 2009, 798 (802); *Zielinski*, JR 2002 (342); *Hellmann* in A/R, IX 2 Rz. 88; a.A. *Kindhäuser* in NK, § 266b StGB Rz. 17.

trages" abzugeben. Diese „Erklärung, die Forderung zu beglichen" geben sie nach Ziff. 5 der Händlerbedingungen mit der positiven *Autorisierung des Umsatzes* ab. Insofern unterscheidet sich dieses Verfahren von der Zahlung mit der klassischen Kreditkarte. Erst durch die Autorisierung wird dem Händler die Zusage erteilt, seine Forderung zum Ausgleich zu bringen und die Lastschrift zu seinen Gunsten nicht zu widerrufen[1]. Durch die Verschaffung des Besitzes an der EC-Karte räumt die Bank dem Karteninhaber nicht unmittelbar die Möglichkeit ein, sie mit ihrer spezifischen Garantiefunktion gegenüber dem Händler einzusetzen, wie dies bei Vorlage der Kreditkarte und Unterzeichnung des Belastungsbelegs der Fall ist. Vielmehr trifft der Kartenaussteller im Rahmen der Online-Autorisierung in jedem Einzelfall selbst die Entscheidung, ob er die Zahlung zusichert und veranlasst. Das geschieht zwar nicht – wie am Bankschalter – durch seine Angestellten, sondern automatisiert, aber immerhin doch ausdrücklich durch seine Mitteilung „Zahlung erfolgt", die im Händlerterminal erscheint. Bei der POS-Zahlung wird die ec-Karte daher im Hinblick auf die Entstehung der Zahlungsgarantie nicht wie eine Kreditkarte i.S. des § 266b StGB eingesetzt.

Nachdem ein **Computerbetrug** ausscheidet, weil es bei fehlenden Mitteln, die entstehende Deckungslücke auszugleichen, oder bei der Überschreitung des vom Kartenausstellers gewährten Kreditrahmens an der Betrugsähnlichkeit fehlt[2], bleibt die Frage, ob sich der Karteninhaber wegen **Betruges** strafbar macht. Ein (vollendeter) Betrug zum Nachteil des Unternehmens scheidet aus, weil dieses aufgrund der Zahlungsgarantie keinen Schaden erleidet. Ein (Dreiecks-)Betrug zum Nachteil des Kartenausstellers kann nur vorliegen, wenn ein Angestellter des Unternehmens – er allein könnte einem (menschlichen) Irrtum unterliegen – konkludent getäuscht wird. Dies wird aber regelmäßig nicht der Fall sein. Nach Autorisierung kann das kartenausgebende Kreditinstitut die Lastschrift zum Einzug der Forderung gem. Ziff. 11 der Vereinbarung über das electronic-cash-System „wegen Widerspruchs, fehlender Deckung oder aus anderen Gründen i.S. des Abkommens über den Lastschriftverkehr" nicht zurückgeben. Die Zahlung ist für den Händler dadurch sichergestellt[3]. Entsprechend wird mit der Rechtsprechung des BGH[4] zur Universalkreditkarte davon auszugehen sein, dass er – oder die von ihm mit der Abwicklung des Zahlungsvorgangs eingesetzte Person – sich keine Gedanken über die Bonität des Kunden macht und mithin schon eine korrespondierende Täuschungshandlung fehlt[5]. 95

Das Ergebnis der **Straflosigkeit** dieses Vorgangs ist nicht unangemessen. Wie schon vom BGH[6] zur technisch vergleichbaren Sachlage bei der Geldabhebung 96

---

1 *Gößmann* in BkR-Hdb., § 68 Rz. 6.
2 OLG Stuttgart v. 23.11.1987 – 3 Ss 389/87, NJW 1988, 981 (982); *Cramer/Perron* in S/S, § 263a StGB Rz. 13; *Fischer*, § 263a StGB Rz. 15; *Kraatz*, Jura 2010, 36 (44); a.A. *Kindhäuser* in NK, § 263a StGB Rz. 53.
3 *Gößmann* in BkR-Hdb., § 68 Rz. 10; *Werner* in Kümpel/Wittig, Rz. 7.894.
4 BGH v. 13.6.1985 – 4 StR 213/85, BGHSt 33, 244 (247 ff.).
5 Nach *Tiedemann* in LK, § 263 StGB Rz. 43 und 89 fehlt es am Irrtum des Händlers.
6 BGH v. 21.11.2001 – 2 StR 260/01, BGHSt 47, 160 (166); vgl. auch *Rossa*, CR 1997, 219 (221 f.).

am Automaten der Ausstellerbank ausgeführt, hat es die kartenemittierende Bank „selbst in der Hand, die Bonität ihres Kunden durch geeignete technische Kontrollmaßnahmen zu überprüfen und eine Auszahlung des Geldes" zu verweigern.

97 cc) Nach gesicherter Rechtsprechung wird die missbräuchliche **Zahlung** mit der ec-Karte **im POZ-System** nicht von § 266b StGB erfasst[1]. Dies entspricht, da auch hier die Ausgestaltung in Form eines Zwei-Personen-Verhältnisses gegeben ist[2], der Wertung bei der Kundenkarte[3]. Allerdings wird zumeist – bei jeder Verwendung – ein *Betrug* zum Nachteil des Händlers vorliegen[4]. Da er keine anderweitige Zahlungsgarantie erwirbt, ist für ihn wie beim Barzahlungskauf[5] die schlüssige Erklärung seines Kunden maßgeblich, der Zahlungsverpflichtung nachkommen zu können und zu wollen. Diese Grundsätze gelten auch bei den **„wilden Lastschriftverfahren"** (Rz. 66), da diese einen entsprechenden Ablauf haben[6].

e) Geldabhebung am Automaten

98 **aa)** Für die Barabhebung am Geldautomaten gelten folgende **Grundsätze**: Sie kann sowohl mit der ec-Karte als auch mit der Kreditkarte – sog. Bargeldservice[7] – erfolgen. Hierbei liegt, wenn das Konto des Karteninhabers *keine ausreichende Deckung* aufweist, kein Betrug vor, da es an der Täuschung einer Person fehlt. Eine Strafbarkeit nach § 263a StGB scheidet für den berechtigten Karteninhaber auch hier wegen des Erfordernisses der betrugsspezifischen Auslegung dieser Vorschrift aus[8]. Eine Untreue scheitert an der fehlenden Vermögensbetreuungspflicht[9]. Gleichfalls kommen §§ 242, 246 StGB nicht zur Anwendung, weil die Bank das Eigentum an den Geldscheinen an den berechtigten Kontoinhaber übertragen will[10]. Die Frage stellt sich daher, inwieweit die missbräuchliche Abhebung von Bargeld an einem Geldautomaten von § 266b StGB erfasst wird. Hierbei ist unabhängig von der Art der verwendeten Karte zwischen der Abhebung am Geldautomaten der kartenausstellenden Bank und am Automaten einer Drittbank zu unterscheiden.

---

1 Vgl. BGH v. 21.11.2001 – 2 StR 260/01, BGHSt 47, 160 (171).
2 *Gößmann* in BkR-Hdb., § 68 Rz. 12.
3 BGH v. 12.5.1992 – 1 StR 133/92, BGHSt 38, 281 (282 ff.).
4 BGH v. 21.9.2000 – 4 StR 284/00, BGHSt 46, 146 (153 f.); BGH v. 21.11.2001 – 2 StR 260/01, BGHSt 47, 160 (171); BGH v. 20.11.2007 – 1 StR 518/07, wistra 2008, 102.
5 *Cramer/Perron* in S/S, § 263 StGB Rz. 16a; *Fischer*, § 263 StGB Rz. 19.
6 *Hoyer* in SK, § 266 StGB Rz. 79 und § 266b StGB Rz. 14.
7 *Werner* in Kümpel/Wittig, Rz. 7.1002.
8 BGH v. 21.11.2001 – 2 StR 260/01, BGHSt 47, 160 (162 ff.); zur Untreueähnlichkeit vgl. OLG Stuttgart v. 23.11.2987 – 3 Ss 389/87, NJW 1988, 981 (982); s. auch *Fischer*, § 263a StGB Rz. 11 und 14 f.; *Valerius*, JA 2007, 778 (782); a.A. *Kindhäuser* in NK, § 263a StGB Rz. 27, 47 und § 266b StGB Rz. 22.
9 Vgl. BGH v. 13.6.1985 – 4 StR 213/85, BGHSt 33, 244 (250 f.).
10 BGH v. 21.11.2001 – 2 StR 260/01, BGHSt 47, 160 (166); *Radtke* in MüKo, § 266b StGB Rz. 21; *Fischer*, § 266b StGB Rz. 7.

bb) Die Barabhebung bei der **kartenausstellenden Bank** wird von *§ 266b StGB nicht* erfasst. Der BGH[1] stellt darauf ab, dass die Karte insoweit nicht in ihrer Garantiefunktion verwendet wird. Vielmehr erfolgt die Verwendung wie in einem Zwei-Partner-System. Eine solche Geldabhebung bleibt mithin *straflos*[2]. 99

cc) Hingegen wird die Barabhebung bei einer **Drittbank** nach bisheriger Rechtsprechung des BGH[3] grundsätzlich vom sachlichen Anwendungsbereich des § 266b StGB erfasst. Die Zahlungsverpflichtung der Ausstellerbank wurde – bei Einsatz einer Euroscheckkarte i.S. des zur Tatzeit noch gültigen Euroschecksystems – aus den Vereinbarungen der am ec-Geldautomaten-System beteiligten Banken abgeleitet. Dem liegt zugrunde, dass die automatenbetreibende Bank den ausgezahlten Betrag im Wege der Lastschrift einzieht. Die kartenausgebende Bank darf diese insbesondere wegen fehlender Deckung des Kundenkontos nicht zurückgeben[4]. Deswegen wird die Anwendung der die Entscheidung tragenden Erwägungen auf die ec-Karte heutiger Prägung nicht deswegen abzulehnen sein, weil sie sich auf die Parallele zur Bareinlösung eines Euroschecks bei einer Drittbank stützt. Zwar kann die ec-Karte nicht einmal mehr sinngemäß als Scheckkarte angesehen werden (Rz. 92 f.); jedoch wird wegen der Zahlungsgarantie, die im Rahmen der Abhebung unter Beteiligung von drei Personen zur Entstehung gelangt, die Subsumtion unter das Tatbestandsmerkmal der *Kreditkarte* gem. § 266b StGB zumindest nicht ausgeschlossen sein. Genau dasselbe gilt bei entsprechender Verwendung der Universalkreditkarte. 100

Schon diese auf heutige Verhältnisse noch übertragbare Argumentation des BGH, mit der er zugleich die Differenzierung zwischen Ausstellerbank und Drittbank ableitete, wird jedoch selbst bei der Barabhebung bei einer Drittbank zu einer **Einschränkung der Tatbestandsmäßigkeit** i.S. des § 266b StGB führen. Der BGH-Entscheidung lag ersichtlich die Fallgestaltung zugrunde, bei welcher der Geldautomat der Drittbank nicht online mit der Ausstellerbank verbunden war. Bei der – inzwischen verbreiteten – Online-Vernetzung der Banken erfolgt die Auszahlung dagegen erst nach einer Autorisierung des Vorgangs durch die Ausstellerbank. In diesem Fall fehlt es – wie beim POS-System – an einer unmittelbaren Veranlassung der Zahlung durch den Einsatz der Karte[5] (vgl. Rz. 94). Das gilt unabhängig davon, dass bei der Autorisierungsanfrage oftmals der aktuelle Stand des Kundenkontos nicht kontrolliert wird, sondern nur der 101

---

1 BGH v. 21.11.2001 – 2 StR 260/01, BGHSt 47, 160 (165–167); vgl. auch BayObLG v. 23.4.1997 – 3 St RR 33/97, NJW 1997, 3039.
2 A.A. *Tiedemann/Valerius* in LK, § 263a StGB Rz. 51, die eine Strafbarkeit nach § 263a Abs. 1 Var. 3 StGB für möglich halten.
3 BGH v. 21.11.2001 – 2 StR 260/01, BGHSt 47, 160 (165); so auch OLG Stuttgart v. 23.11.1987 – 3 Ss 389/87, NJW 1988, 981 (982); BayObLG v. 23.4.1997 – 3 St RR 33/97, NJW 1997, 3039.
4 *Gößmann* in BkR-Hdb., § 54 Rz. 16; ausf. *Werner* in Kümpel/Wittig, Rz. 7.933-7.937 zur Rechtsnatur des Erstattungsanspruchs.
5 *Fischer*, § 266b StGB Rz. 9; *Hoyer* in SK, § 266b StGB Rz. 17; *Radtke* in MüKo, § 266b StGB Rz. 20 und 23; a.A. *Möhrenschlager* in LK, § 266b StGB Rz. 29.

allgemeine Verfügungsrahmen[1]; denn maßgeblich ist dabei das Argument des BGH für die Nichtanwendbarkeit des § 266b StGB bei Abhebung am Bankautomat der Ausstellerbank. Da es diese selbst in der Hand hat, die Bonität ihres Kunden durch geeignete technische Kontrollmaßnahmen zu überprüfen und eine Auszahlung des Geldes bei Benutzung eines Geldautomaten zu verweigern, ist eine Ausdehnung der Vorschrift auf derartige Fälle nicht geboten[2].

102 Gerade vor diesem Hintergrund ist das Ergebnis dieser Ansicht indessen **systematisch widersprüchlich**. Eine Strafbarkeit nach § 266b StGB wird angenommen, sofern eine Online-Verbindung zwischen der kartenemittierenden und der Drittbank nicht besteht[3]. Dadurch werden selbst die Fälle erfasst, in denen es Kreditinstitute unterlassen, sich einem wirksamen technischen Schutz vor Missbrauch einzugliedern. Ferner hinge die Strafbarkeit des Verhaltens im objektiven Bereich letztlich von der Zufälligkeit ab, inwieweit der jeweils aufgesuchte Geldautomat vernetzt ist oder nicht. Dies wird vermieden, geht man mit einem Teil der Literatur zutreffend davon aus, dass § 266b StGB auch bei Auszahlung über die Drittbank nicht anwendbar ist, da die Karte lediglich in ihrer Funktion als *Codekarte* und nicht mit ihrer spezifischen Garantiefunktion zum Einsatz kommt[4].

103 Das entspricht zudem den **zivilrechtlichen Rechtsbeziehungen**[5], die belegen, dass ein Fall des bargeldlosen Zahlungsverkehrs i.S. des § 266b StGB nicht gegeben ist[6]. Mit der Nutzung eines Geldautomaten übt der Kontoinhaber sein girovertragliches Weisungsrecht aus. Durch den Einsatz der Karte macht er seinen Auszahlungsanspruch gegen die kontoführende Bank geltend. Sofern dies über ein fremdes Kreditinstitut geschieht, fungiert dieses lediglich als Erfüllungsgehilfe und Zahlstelle des Kartenausstellers. Unmittelbar schuldrechtliche Beziehungen kommen zwischen dem Karteninhaber und der Drittbank gar nicht zustande[7]. Ein echtes Drei-Personen-Verhältnis liegt bei dieser Konstellation demnach nicht vor. Lediglich die Auszahlung durch die kontoführende Bank erfolgt unter Vermittlung einer Zahlstelle. Die Verpflichtung, deren Lastschrift nicht zurückzugeben, dient ausschließlich der Schadloshaltung eines am Leistungsaustausch Unbeteiligten. Dies ist deswegen notwendig, da ein Valutaverhältnis mit einer originären Leistungsbeziehung zwischen Karteninhaber und Drittem – im Gegensatz zum klassischen Einsatz der Kreditkarte – gerade nicht vorliegt. Damit fehlt es aber an der typischen Konstella-

---

1 Hierzu *Gößmann* in BkR-Hdb., § 54 Rz. 7; insoweit einschränkend *Lenckner/Perron* in S/S, § 266b StGB Rz. 8.
2 BGH v. 21.11.2001 – 2 StR 260/01, BGHSt 47, 160 (166); *Zielisiki*, JR 2002, 342 (343); *Zöller*, Jura 2003, 637 (641).
3 *Hoyer* in SK, § 266b StGB Rz. 16; *Radtke* in MüKo, § 266b StGB Rz. 21 und 23; *Zielinski*, JR 2002, 342 (343); vgl. auch *Lenckner/Perron* in S/S, § 266b StGB Rz. 8.
4 *Gribbohm* in LK[11], § 266b StGB Rz. 11; *Lackner/Kühl*, § 266b StGB Rz. 3; *Eisele/Fad*, Jura 2002, 305 (311); *Valerius*, JA 2007, 778 (783); i. Erg. genauso für ec-Karte *Möhrenschlager* in LK, § 266b StGB Rz. 17, jedoch a.A. für Kreditkarte in Rz. 28 f., die bei Abhebung bei Drittbank generell unter § 266b StGB fallen soll.
5 Hierzu ausf. *Möhrenschlager* in LK, § 266b StGB Rz. 12–14.
6 In diese Richtung *Hellmann* in A/R, IX 2 Rz. 84.
7 *Gößmann* in BkR-Hdb., § 54 Rz. 11 und 15; *Mühlbauer*, wistra 2003, 244 (251).

tion einer vertraglichen Dreiecksbeziehung, die der Gesetzgeber bei der Schaffung von § 266b StGB im Auge hatte[1].

f) Missbrauch der Geldkarte

aa) Die Frage, ob die missbräuchliche Nutzung beim **Aufladen der Karte** für den berechtigten Inhaber strafbar ist, richtet sich nach der *Variante des Aufladevorgangs*. Beim Aufladen gegen Bargeld scheidet eine Strafbarkeit schon wegen fehlender Schädigung aus. Der auf dem Chip zu speichernde Ladebetrag ist durch die Übergabe der Geldsumme gedeckt. Anders ist der Ladevorgang über einen Ladeterminal zu beurteilen. Wegen der Ausgestaltung des Systems in Anlehnung an die Auszahlung über den Geldautomat gelten für § 266b StGB die dortigen Grundsätze der strafrechtlichen Einordnung (vgl. Rz. 98–103). Dementsprechend kommt die Karte im allein vom Tatbestand erfassten Drei-Personen-Verhältnis nur dann zum Einsatz, wenn die Aufladung über eine Drittbank erfolgt. Allerdings findet hierbei regelmäßig eine Online-Prüfung durch die kontoführende Bank statt[2]. Daher wird davon auszugehen sein, dass – wie bei der Zahlung im POS-System – die GeldKarte auch in diesem Fall nicht mit einer spezifischen Garantiefunktion eingesetzt wird; das kartenemittierende Bankinstitut genehmigt mit der Autorisierung die Transaktion letztlich selbst (vgl. Rz. 94). Ein Betrug kommt wegen des automatisierten Ablaufs, eine Untreue mangels Vermögensbetreuungspflicht nicht in Betracht.

104

bb) Bei der **Zahlung** mit der **GeldKarte** übernimmt mit dem ordnungsgemäßen Abschluss des Zahlungsvorgangs die kartenausgebende Bank eine Zahlungsgarantie zugunsten des Händlers[3]. Dieser Vorgang ist daher ebenso zu beurteilen wie die Zahlung mit einer Kreditkarte[4]. Allerdings wird hierbei eine *Schädigung* des Kartenausstellers *zumeist ausscheiden*. Die Umbuchung des Ladebetrages vom Kundenkonto auf das Börsenverrechnungskonto stellt einen Vorschuss auf künftige Transaktionen durch die Bank dar[5]. Die Aufladung des Chips wird daher nur bei (noch) ausreichender Bonität erfolgt sein.

105

Sollte diese indessen – was insbesondere beim Aufladen über eine Drittbank der Fall sein kann – unter Überschreitung des Kreditrahmens erfolgt sein, so ergeben sich nicht erst Probleme bei der Vermögensverfügung[6]. Bereits der **ursächliche Zusammenhang** zwischen der Tathandlung und dem Schadenseintritt bei der Kartenemittentin, den der Wortlaut des § 266b StGB fordert[7], ist dann **nicht** gegeben. Durch den Einsatz der Karte erwirbt der Händler einen Anspruch auf Deckung gegen das Börsenverrechnungskonto, dem der Ladebetrag der Karte bankintern gutgeschrieben wurde. Das Konto des Karteninhabers

106

---

1 In diesem Sinne wird die Geldausgabe durch die Drittbank im Rahmen des § 263a StGB behandelt in BGH v. 30.1.2001 – 1 StR 512/00, wistra 2001, 178 (179 f.); BGH v. 18.7.2007 – 2 StR 69/07, wistra 2007, 458 (459 f.).
2 *Gößmann* in BkR-Hdb., § 68 Rz. 16 f.
3 *Gößmann* in BkR-Hdb., § 68 Rz. 19.
4 A.A. *Radtke* in MüKo, § 266b StGB Rz. 13.
5 *Gößmann* in BkR-Hdb., § 68 Rz. 20 und 24.
6 So *Altenhain*, JZ 1997, 752 (760), für den Gebrauch durch den Nichtberechtigten.
7 *Gribbohm* in LK, § 266b StGB Rz. 39; *Radtke* in MüKo, § 266b StGB Rz. 45.

wird hierbei nicht angesprochen. Der Schaden der Bank trat aber – vorhergehend – bereits durch das Aufladen der Karte zulasten des Kundenkontos ein, sofern dieses keine ausreichende Deckung aufwies.

3. Konkurrenzen

107 Folgt man der Rechtsprechung des BGH zum Erschleichen der Karte, gilt für die **Konkurrenzen**[1], dass der Betrug durch Kontoeröffnung mit Aushändigung der Karte vollendet ist. Der Einsatz der Karte steht hierzu, soweit § 266b StGB erfüllt ist, in Tateinheit. Mehrfache Vergehen nach § 266b StGB werden mit der Betrugstat zur Tateinheit verklammert. Der Missbrauch der Karte im Lastschriftverfahren – kein § 266b StGB, sondern Betrug zum Nachteil des Unternehmens – bildet gegenüber dem Erschleichen der Karte eine rechtlich selbständige Tat. Durch nachfolgende Geldabhebungen am Bankautomaten des Kartenausstellers – ebenfalls kein § 266b StGB – wird der bereits eingetretene Betrugsschaden lediglich vertieft[2]. Hier liegt nur eine Betrugstat vor, die allerdings erst mit der letzten Verwendung der Karte beendet ist. Bei der Kundenkarte stellt sich diese Problematik nicht, da durch deren Erlangung keine eigenständige Straftat begangen wird; jeder missbräuchliche Einsatz stellt dann – sofern dies mit dem 1. Strafsenat des BGH für strafbar erachtet wird (Rz. 78) – eine Betrugstat dar[3].

108 Ansonsten ist jede **Verwendung** der Karte grundsätzlich als rechtlich eigenständige Tat zu werten. Bei engem zeitlichem und sachlichem Zusammenhang, beispielsweise wenn dieselbe Karte in kurzer Folge bei demselben Unternehmen eingesetzt wird, liegt natürliche Handlungseinheit vor[4].

III. Missbrauch durch den Nichtberechtigten

1. Erlangung von Karte und Zugangsdaten

109 a) Die Karte und die Zugangsdaten können **mit Einverständnis** desjenigen erlangt werden, an den sie vom Kartenaussteller ausgegeben wurde.

Das kann einerseits *täuschungsbedingt* geschehen, indem der Täter dem berechtigten Inhaber vorspiegelt, die Karte nur in einem bestimmten Umfang nutzen zu wollen, obwohl er sie tatsächlich weitergehend einsetzen will. Die Rechtsprechung wertet dies als Betrug, da bereits durch die Hingabe der Karte samt PIN die für eine Vermögensverfügung erforderliche Zugriffsschwelle überschritten sei[5]. Das dürfte – außer bei GeldKarte und SparCard, die das ge-

---

1 BGH v. 21.11.2001 – 2 StR 260/01, BGHSt 47, 160 (167 ff.); vgl. auch BGH v. 2.2.1993 – 1 StR 849/92, wistra 1993, 183 (184).
2 A.A. *Hellmann* in A/R, IX 2 Rz. 74.
3 BGH v. 11.10.1988 – 1 StR 486/88, wistra 1989, 61 (62).
4 BGH v. 12.2.2008 – 4 StR 623/07, NJW 2008, 1394.
5 BGH v. 17.12.2002 – 1 StR 412/02, BGHR StGB § 263a Anwendungsbereich 1; OLG Dresden v. 13.4.2005 – 2 Ss 654/04, StV 2005, 443; OLG Jena v. 20.9.2006 – 1 Ss 226/06, wistra 2007, 236 (237); zur GeldKarte *Fischer*, § 263a StGB Rz. 15.

speicherte Guthaben als Sachwert verkörpern – aus den beim Kontoeröffnungsbetrug genannten Gründen nicht unproblematisch sein[1] (vgl. Rz. 70–73).

Die Übergabe kann auch **ohne Täuschung** erfolgen, indem der Empfänger zunächst vorhat, sich an den vom berechtigten Inhaber vorgegebenen Verfügungsrahmen zu halten, oder dieser die Karte – unter Verstoß gegen die vertraglichen Regelungen des Ausstellers – in Kenntnis der deliktischen Verwendung weitergibt[2]. Strafbares Verhalten des nichtberechtigten Karteninhabers liegt dann erst in der Nutzung der Karte. 110

b) Der Besitz an einer Karte kann dagegen auch **ohne Einverständnis** begründet werden. 111

Dies kann in erster Linie durch **Diebstahl**[3] geschehen. In Betracht kommt auch die *Übernahme* einer durch einen Dritten entwendeten Karte[4].

Ferner ist das **Abnötigen** von Karte und Zugangsdaten – teilweise als „PIN-Napping" bezeichnet[5] – hier einzuordnen[6]. In diesem Fall nimmt der BGH schon für den Zeitpunkt von deren Erhalt eine *schadensgleiche Vermögensgefährdung* i.S. des § 253 StGB jedenfalls dann an, wenn „die sofortige Abhebung des gesamten Guthabens geplant"[7] und wegen ausreichender Deckung des Kontos auch möglich war. Ist Letzteres nicht der Fall[8] oder wird dem Täter eine unzutreffende Geheimzahl mitgeteilt[9], kommt bei entsprechendem Vorstellungsbild des Täters lediglich eine Versuchsstrafbarkeit in Betracht. Der Gegensatz zu den Phishing-Fällen, bei denen überwiegend schon eine Vermögensverfügung verneint wird (vgl. Rz. 55 und 114), wird teilweise darin gesehen, dass kein längerer Zeitraum zwischen Erhalt und Nutzung der Daten liege, sondern beides weitgehend zeitgleich erfolge[10]. Das zeitliche Moment ist jedoch als Anknüpfungspunkt für die unterschiedliche Bewertung zu unscharf. Ob es weiterer Zwischenschritte des Täters zur Herbeiführung der Vermögensminderung bedarf, richtet sich nicht danach, wie viel Zeit der Geschädigte oder dessen Bank hat, eventuelle Gegenmaßnahmen zu ergreifen. Der Unterschied liegt vielmehr in den eingreifenden Tatbeständen selbst. Die für die Erpressung erforderliche erzwungene Preisgabe von Vermögenswerten braucht nach der Rechtsprechung des BGH[11] – im Gegensatz zum Betrug – nicht in Form einer Vermögensverfügung zu erfolgen. Daher werden von § 253 StGB auch Fälle der 112

---

1 *Hecker*, JA 1998, 300 (301); vgl. auch *Mühlbauer*, NStZ 2003, 650 (653 f.).
2 BGH v. 3.12.1991 – 4 StR 538/91, NStZ 1992, 278 f.
3 BGH v. 30.1.2001 – 1 StR 512/00, wistra 2001, 178 (179 f.); zu den Problemen der Zueignungsabsicht bei Rückgabewille BGH v. 16.12.1987 – 3 StR 209/87, BGHSt 35, 152 (156 ff.); OLG Köln v. 9.7.1991 – Ss 624/90, NJW 1992, 125 (127); *Altenhain*, JZ 1997, 752 f.; *Eisele/Fad*, Jura 2002, 305 (306); *Fest/Simon*, JuS 2009, 798 (799 f.); *Schnabel*, NStZ 2005, 18.
4 Vgl. den Fall BGH v. 4.11.2003 – 1 StR 384/03, wistra 2004, 139.
5 *Mühlbauer*, wistra 2003, 244 (250).
6 BGH v. 17.8.2001 – 2 StR 197/01, S. 5 f., insoweit nicht abgedr. in StV 2002, 362 f.; BGH v. 17.8.2004 – 5 StR 197/04, NStZ-RR 2004, 333 (334 f.).
7 BGH v. 17.8.2004 – 5 StR 197/04, NStZ-RR 2004, 333 (334 f.).
8 BGH v. 30.9.2010 – 3 StR 294/10, NStZ 2011, 212 (213).
9 BGH v. 17.6.2014 – 5 StR 216/14.
10 *Graf*, NJW 2007, 129 (130).
11 BGH v. 20.4.1995 – 4 StR 27/95, BGHSt 41, 123 (125).

abgenötigten Hingabe einer Beweisurkunde erfasst, sofern aus Sicht des Geschädigten konkret mit deren Verwendung zu rechnen ist (§ 63 Rz. 29), insbesondere aber auch die erzwungene Besitzerlangung an einem Fahrzeug, um dieses – ohne Zueignungsabsicht – zu benutzen (§ 63 Rz. 21). Gerade zu diesen Fällen ist die Parallele bei gewaltsamem Erhalt der Karte nebst Zugangsdaten zu sehen, die eine Strafbarkeit nach § 253 StGB trotz Fehlens einer Vermögensverfügung rechtfertigt, und die zu einem abweichenden Ergebnis gegenüber der hier vertreten Lösung der Straflosigkeit bei täuschungsbedingter Kartenübergabe führt[1].

113 Eine heimliche Variante, an die Kartendaten zu gelangen, ist das sog. **„Skimming"**, bei dem in den letzten Jahren eine enorme Steigerung der Kriminalitätsrate zu verzeichnen ist[2]. Nach einer häufig anzutreffenden Variante verwenden die Täter hierzu spezielle Geräte, die die Daten aus der Karte auslesen. Sie werden oftmals heimlich vor dem Kartenschacht eines Händlerterminals oder Geldautomaten angebracht, sodass der Inhaber die Karte bei deren Verwendung unbemerkt zuerst durch das Auslesegerät durchzieht. Ferner wird mit einer versteckt installierten Videokamera die Eingabe der PIN aufgezeichnet. Mit den so erlangten Daten wird eine neue Karte hergestellt, die dann zur missbräuchlichen Verwendung zur Verfügung steht, ohne dass es einer Entwendung oder Ablistung der Originalkarte bedarf[3]. Mitunter wird auch mittels eines am Karteneingabeschlitz angebrachten sog. „Libanesian Loop" die Karte abgefangen und der Vorgang als „ungültig" deklariert. Ein bereitstehender Täter rät dann dem Kunden, die Ausgabe der Karte zu erreichen, indem er die PIN eingibt, die er auf diesem Wege durch Beobachtung erfährt. Nach Entfernung des Kunden kann die Karte sodann aus dem Gerät geholt werden[4]. Das Herstellen[5] oder der Erwerb[6] der Doubletten sowie deren Gebrauch erfüllt den Tatbestand der *Fälschung von Zahlungskarten*[7] gem. §§ 152a, 152b StGB (vgl. § 39 Rz. 35 ff.), wobei selbst dann, wenn sich die entsprechenden Einzelakte auf zahlreiche Zahlungskarten beziehen, bei einem durchgehenden Arbeitsgang im engen räumlichen und zeitlichen Zusammenhang nur eine Tat gegeben

---

1 In diese Richtung auch *Hecker*, JA 1998, 300 (302).
2 S. hierzu *Seidl*, ZIS 2012, 415 (416 ff.); *Seidl/Fuchs*, jurisPR-ITR 9/2010 Anm. 6; *Seidl/Fuchs*, HRRS 2011, 265, jeweils auch ausf. zu den in Betracht kommenden Straftatbeständen.
3 So bspw. die Fallkonstellation bei BGH v. 11.8.2011 – 2 StR 91/11, ZWH 2012, 107 (108); BGH v. 20.12.2012 – 4 StR 458/12, ZWH 2013, 185 (186); weitere Varianten bei *Seidl*, ZIS 2012, 415.
4 Fallvariante bei LG Offenburg v. 10.7.2002 – III Qs 29/02, StV 2003, 153.
5 BGH v. 10.5.2005 – 3 StR 425/04, wistra 2005, 337 f.; BGH v. 14.1.2010 – 4 StR 93/09, wistra 2010, 145; BGH v. 18.3.2010 – 2 StR 555/09; vgl. auch BGH v. 13.1.2010 – 2 StR 439/09, NJW 2010, 623 f.; s. auch BGH v. 14.9.2010 – 5 StR 336/10, NStZ 2011, 89; BGH v. 27.1.2011 – 4 StR 338/10, ZWH 2011, 31 m. Anm. *Kudlich*; BGH v. 11.8.2011 – 2 StR 91/11, ZWH 2012, 107 (108 f.) m. Anm. *Kudlich*; OLG Jena v. 17.11.2008 – 1 Ws 486/08, wistra 2009, 204 f., jeweils zum Versuchsbeginn.
6 BGH v. 7.3.2008 – 2 StR 44/08, wistra 2008, 220.
7 Zur Tauglichkeit von Kredit- und Maestrokarten als Tatobjekt BGH v. 13.10.2011 – 3 StR 239/11, wistra 2012, 185 (186).

sein kann[1]. Da derartige Taten häufig von Tätergruppierungen begangen werden ist große Sorgfalt auf Ermittlung und rechtliche Würdigung der Beteiligungsverhältnisse zu legen[2]. Nach nunmehr einhelliger Rechtsprechung stellt das Auslesen der Daten daneben kein *Ausspähen von Daten* gem. § 202a StGB dar[3]. Es fehlt am Überwinden einer Zugangssicherung. Die Speicherung der Datensätze auf dem Magnetstreifen macht sie lediglich zu Daten i.S. des § 202a Abs. 2 StGB, stellt aber keine darüber hinausgehende Erschwerung gegen unbefugten Zugriff dar. Mit handelsüblicher Soft- und Hardware können sie ohne Weiteres ausgelesen werden.

Eine andere – auch in diesem Bereich anzutreffende – Methode, an die Kartendaten zu gelangen, ist das sog. **„Phishing"**. Hierzu kann auf die obigen Ausführungen verwiesen werden (Rz. 53 f.). 114

2. Verwendung der Karte

Die **Strafbarkeit** bei Einsatz der Karte hängt zum einen von der **Art und Weise der Verwendung** ab. Zum anderen kommt es darauf an, ob Karte und Zugangsdaten einverständlich überlassen wurden. Die Praxis wird vor erheblichen Ermittlungsaufwand und große Schwierigkeiten bei der rechtlichen Bewertung gestellt, da eine Vielzahl verschiedener Einsatzmöglichkeiten und Zahlungsverfahren zur Anwendung kommen kann. Hier ist indes Sorgfalt geboten. In jedem Fall sind, zur Vermeidung von Rechtsfehlern, dazu genaue Feststellungen zu treffen, um die durchgehende *Kausalkette* sowie den zutreffenden *Getäuschten und Geschädigten* bei §§ 263, 263a StGB zu bestimmen[4]. Von § 266b StGB wird die Kartenverwendung durch den Nichtberechtigten *generell nicht* erfasst (Rz. 75). 115

a) Geldabhebung am Automaten

Nach gesicherter Rechtsprechung[5] handelt der nichtberechtigte Karteninhaber unbefugt i.S. des § 263a Abs. 1 Var. 3 StGB und begeht – neben §§ 269, 270 116

---

1 BGH v. 23.6.2010 – 2 StR 243/10, wistra 2010, 406; BGH v. 28.9.2010 – 5 StR 383/10, wistra 2010, 482; BGH v. 20.12.2012 – 4 StR 458/12, ZWH 2013, 185 (186); andererseits BGH v. 1.9.2010 – 2 StR 418/10, wistra 2010, 481 (482).
2 Vgl. BGH v. 2.5.2012 – 2 StR 123/12, ZWH 2012, 360 m. Anm. *Oglakcioglu*; BGH v. 4.12.2012 – 2 StR 395/12, ZWH 2013, 151 m. Anm *Venn*.
3 BGH v. 14.1.2010 – 4 StR 93/09, wistra 2010, 145; BGH v. 18.3.2010 – 4 StR 555/09, wistra 2010, 265 f. (Anfragebeschluss); BGH v. 6.7.2010 – 4 StR 555/09, NStZ 2011, 154 f., auch zur Aufgabe der entgegenstehenden Rspr. des 3. Strafsenats in BGH v. 10.5.2005 – 3 StR 425/04, wistra 2005, 337 f. und der anderen Senate.
4 Vgl. BGH v. 17.6.2014 – 2 StR 658/13, juris (Rz. 15 f.).
5 BGH v. 22.11.1991 – 2 StR 376/91, BGHSt 38, 120 (121 f.); BGH v. 30.1.2001 – 1 StR 512/00, wistra 2001, 178 (179 f.); BGH v. 21.11.2001 – 2 StR 160/01, BGHSt 47, 160 (162); BGH v. 17.8.2001 – 2 StR 197/01, S. 5 f., insoweit nicht abgedr. in StV 2002, 362 f.; BGH v. 17.8.2004 – 5 StR 197/04, NStZ-RR 2004, 333 (335); BGH v. 10.5.2005 – 3 StR 425/04, wistra 2005, 337 (338); BGH v. 13.1.2006 – 2 StR 461/05, Rz. 4–6 und 18; BGH v. 18.7.2007 – 2 StR 69/07, wistra 2007, 458 (459 f.); BGH v. 19.12.2007 – 2 StR 457/07, wistra 2008, 220 f.; BGH v. 13.1.2010 – 4 StR 378/09; BGH v. 11.8.2011 – 2 StR 91/11, wistra 2011, 422 (423).

StGB – einen **Computerbetrug**, wenn er Geld am Bankautomaten abhebt (s. auch § 42 Rz. 64 f.). Nichtberechtigt ist derjenige, der eine gefälschte, manipulierte oder mittels verbotener Eigenmacht erlangte Karte verwendet, nicht dagegen, wer sie vom Kartenaussteller unter Täuschung über seine Identität erlangt hat[1]. Unerheblich ist dabei, ob die Abhebung am Geldautomaten der kontoführenden Bank oder einer Drittbank erfolgt. Auch letzterenfalls wird die Auszahlung dem geschädigten Kartenaussteller zugerechnet. Der sich eventuell gegen den berechtigten Inhaber ergebende Schadensersatzanspruch der kontoführenden Bank stellt keine Schadenskompensation dar[2]. Teilweise wird bei Verwendung einer gefälschten Karte § 263a Abs. 1 Var. 2 StGB angenommen[3].

117 In der Literatur umstritten ist die Frage, wie die Abhebung mit einer vom Berechtigten **einverständlich überlassenen Karte** zu werten ist[4]. Die Rechtsprechung[5] geht gleichwohl inzwischen einhellig davon aus, dass nach der erforderlichen *betrugsspezifischen Auslegung* der 3. Var. des § 263a Abs. 1 StGB einer solchen Verhaltensweise die notwendige Betrugsäquivalenz fehle, da die Vertragswidrigkeit im Innenverhältnis prägend sei. Ein Computerbetrug (gegenüber der kontoführenden Bank) kommt somit nicht in Betracht. Der Dritte wird aber, wenn die Weitergabe der Karte vom Aussteller nicht ausdrücklich erlaubt wurde, hierdurch auch nicht zum berechtigten Karteninhaber, weswegen § 266b StGB i.d.R. ebenso ausscheidet (Rz. 75). Allerdings sind die Vorgaben zu Art und Umfang der Nutzung, unter denen der berechtigte Karteninhaber dem Dritten die Karte überlässt, der Erteilung einer Bankvollmacht[6] vergleichbar. Der Dritte kann daher, indem er sie überschreitet, – bei Vorliegen der sonstigen Tatbestandsvoraussetzungen – eine Untreue gem. § 266 StGB zum Nachteil des Karteninhabers begehen[7]. Fehlen indessen solche beschränkenden Weisungen, so kommt eine Unterschlagung des erhaltenen Geldes in

---

1 Vgl. auch BGH v. 31.3.2004 – 1 StR 482/03, wistra 2004, 299 (300); BGH v. 20.6.2005 – 4 StR 559/04, BGHSt 50, 174 (179 f.), für Telefonkarten; BGH v. 20.12.2012 – 4 StR 580/11, ZWH 2013, 145 zum Sportwettenbetrug im Internet.
2 BGH v. 30.1.2001 – 1 StR 512/00, wistra 2001, 178 (179); zum Dreiecks-Computerbetrug *Fischer*, § 263a StGB Rz. 21.
3 *Kraatz*, Jura 2010, 36 (40).
4 Übersicht über den Meinungsstand bei OLG Köln v. 9.7.1991 – Ss 624/90, NJW 1992, 125 (126).
5 BGH v. 17.12.2002 – 1 StR 412/02, BGHR StGB § 263a Anwendungsbereich 1; BGH v. 31.3.2004 – 1 StR 482/03, wistra 2004, 299 (300); BGH v. 20.6.2005 – 4 StR 559/04, BGHSt 50, 174 (179 f.); OLG Köln v. 9.7.1991 – Ss 624/90, NJW 1992, 125 (126 f.); OLG Düsseldorf v. 5.1.1998 – 2 Ss 437/97, NStZ-RR 1998, 137; OLG Dresden v. 13.4.2005 – 2 Ss 654/04, StV 2005, 443; OLG Jena v. 20.9.2006 – 1 Ss 226/06, wistra 2007, 236 (237).
6 Hierzu BGH v. 29.8.2011 – 5 StR 247/11, wistra 2012, 22.
7 OLG Köln v. 9.7.1991 – Ss 624/90, NJW 1992, 125 (127); OLG Hamm v. 6.6.2003 – 2 Ss 367/03, wistra 2003, 356; OLG Dresden v. 13.4.2005 – 2 Ss 654/04, StV 2005, 443; s. auch OLG Brandenburg v. 10.2.2010 – (1) 53 Ss 225/09; *Kraatz*, Jura 2010, 36 (42 f.); einschränkend *Eisele/Fad*, Jura 2002, 305 (310); *Kempny*, JuS 2007, 1084 (1088).

Betracht[1]. Ebenso kann der Tatbestand der Fälschung beweiserheblicher Daten erfüllt sein[2].

Das zugrunde gelegt, ist der Vorgang unter dem Gesichtspunkt der Vermögensdelikte nicht strafbar, wenn der berechtigte Karteninhaber und der Dritte **kollusiv zusammenwirken**. Dieses Ergebnis ist auch angemessen. Der berechtigte Karteninhaber bedarf wegen seines Einverständnisses keines Schutzes. Die Bank kann dagegen nicht bessergestellt werden, als wenn er selbst missbräuchliche Abhebungen am Geldautomaten tätigt. Diese sind nach hier vertretener Auffassung generell straflos (Rz. 98–103). Eine Friktion würde sich nur über die Lösung der Rechtsprechung ergeben, sofern Abhebungen über eine Drittbank erfolgen.

b) Zahlung mit ec-Karte oder Kreditkarte

aa) Setzt der nichtberechtigte Karteninhaber die Karte zur Zahlung im Rahmen des **POS-Systems** unter Verwendung der PIN ein, so liegt nach inzwischen wohl einhelliger Meinung ein *Computerbetrug* zum Nachteil der Bank vor[3]. Eventuelle Schadensersatzansprüche gegen den Karteninhaber, der Mitwirkungs- und Sorgfaltspflichten verletzt, lassen den Entritt des Schadens bei der Bank unberührt[4]. Für einen (Computer-)Betrug zum Nachteil des Händlers fehlt es in diesem Fall schon an einer Täuschungshandlung. Wegen der zu seinen Gunsten eingreifenden Zahlungsgarantie des Kartenausstellers ist die Identität des Verwenders nicht als konkludenter Erklärungsinhalt anzusehen, da nach dem Geschäftstyp unerheblich[5]. Auf jeden Fall erleidet er jedoch keinen Schaden[6]. In Betracht kommt eine Strafbarkeit nach §§ 269, 270 StGB[7].

bb) Hiervon abweichend ist die **POZ-Zahlung** oder diejenige im „**wilden Lastschriftverfahren**" zu sehen. Beim Zahlungsvorgang kommt es nicht zu einer durch den Terminal ausgelösten Zahlungsverpflichtung des Kartenausstellers, der vermögensrelevante Datenverarbeitungsvorgang wirkt mithin nicht unmittelbar vermögensmindernd, weswegen § 263a StGB nicht greift[8]. In der Abgabe

---

1 OLG Köln v. 9.7.1991 – Ss 624/90, NJW 1992, 125 (127); OLG Dresden v. 13.4.2005 – 2 Ss 654/04, StV 2005, 443; vgl. BGH v. 16.12.1987 – 3 StR 209/87, BGHSt 35, 152 (161–163).
2 *Puppe* in NK, § 269 StGB Rz. 33; *Zieschang* in LK, § 269 StGB Rz. 18.
3 *Cramer/Perron* in S/S, § 263a StGB Rz. 13; *Fischer*, § 263a StGB Rz. 15; *Kindhäuser* in NK, § 263a StGB Rz. 53; *Tiedemann/Valerius* in LK, § 263a StGB Rz. 52; *Wohlers/Mühlbauer* in MüKo, § 263a StGB Rz. 52; *Altenhain*, JZ 1997, 752 (755–757).
4 *Fest/Simon*, JuS 2009, 798 (801) zur Kreditkarte; a.A. wohl *Wohlers/Mühlbauer* in MüKo, § 263a StGB Rz. 52.
5 BGH v. 17.6.2014 – 2 StR 658/13, juris (Rz. 10).
6 *Fischer*, § 263 StGB Rz. 34a; *Tiedemann/Valerius* in LK, § 263a StGB Rz. 52; *Altenhain*, JZ 1997, 752 (753 f.); *Kraatz*, Jura 2010, 36 (44); nach *Hoyer* in SK, § 263 StGB Rz. 79 fehlt es am Irrtum des Händlers; a.A. für gefälschte Karte *Eisele/Fad*, Jura 2002, 305 (309).
7 *Zieschang* in LK, § 269 StGB Rz. 18; *Rossa*, CR 1997, 219 (227).
8 *Cramer/Perron* in S/S, § 263a StGB Rz. 13; *Tiedemann/Valerius* in LK, § 263a StGB Rz. 53; vgl. auch OLG Hamm v. 9.3.2006 – 1 Ss 58/06, NStZ 2006, 574 (575), zur entsprechenden Problematik bei Einsatz einer Krankenversicherungskarte.

der – nicht wirksamen – Einzugsermächtigung ist aber ein Betrug zum Nachteil des Händlers zu sehen[1]. Da diese Zahlungsweise zugleich die Unterzeichnung des Belegs erfordert, weil dieser die Einzugsermächtigung für den Händler enthält, ist daneben regelmäßig eine Urkundenfälschung gem. § 267 Abs. 1 Var. 1 und 3 StGB gegeben[2].

121 Die Bezahlung mit der Kreditkarte im **Drei-Partner-System** ist gleichzubehandeln. Entgegen diesbezüglich geäußerter Zweifel[3] liegt auch hier ein Betrug vor[4]. Der nichtberechtigte Nutzer der Karte täuscht bei deren Vorlage über seine Identität. Die Zahlungsverpflichtung des Karteneremittenten kommt nur zum Entstehen, wenn die Unterschriften auf Karte und Zahlungsbeleg übereinstimmen. In Anbetracht des Geschäftstyps gilt deswegen die Übereinstimmung mit dem Karteninhaber als miterklärt[5]. Das Näheverhältnis, das erforderlich ist, da Verfügender und Geschädigter nicht identisch sind (§ 47 Rz. 42), wird darüber hinaus in der Händlervereinbarung seine Grundlage finden[6].

122 Die **Praxis** zeigt allerdings, dass aufseiten der Unternehmer gerade bei Einsatz des POZ-Systems und „wilder Lastschriftverfahren" oft sehr nachlässig verfahren wird. Einerseits wird aus Gründen der Kostenersparnis auf diese – gegenüber dem POS-System – unsicheren Systeme zurückgegriffen. Andererseits erfolgt eine Kontrolle der Unterschrift, die der Kartennutzer leistet, oftmals nicht oder nur oberflächlich. Es finden sich immer wieder Fälle, in denen eine als solche erkennbare Unterschrift gar nicht geleistet wurde, sondern lediglich ein nicht identifizierbares Gekritzel. Dies ist vor allem deswegen bedenklich, weil bei diesen Zahlungssystemen als einzige Kontrollmöglichkeit der Vergleich der Unterschriften auf Beleg und Karte zur Verfügung steht[7]. Dies sollte bei der Prüfung, ob Urkundenfälschung und Betrug vorliegen, Berücksichtigung finden.

---

1 BGH v. 21.1.2003 – 4 StR 472/02, NJW 2003, 1404; BGH v. 10.11.2006 – 5 StR 386/06, wistra 2007, 100 f.; BGH v. 18.7.2007 – 2 StR 69/07, wistra 2007, 458 (460); BGH v. 19.10.2011 – 4 StR 409/11, MMR 2012, 127.
2 Vgl. BGH v. 4.11.2003 – 1 StR 384/03, wistra 2004, 139, die dortige Bezeichnung des Lastschriftverfahrens als „POS-Verfahren" dürfte versehentlich erfolgt sein; BGH v. 10.11.2006 – 5 StR 386/06, wistra 2007, 100 f.
3 OLG Düsseldorf v. 2.11.1993 – 2 Ss 356/92 – 102/92 II, wistra 1993, 115.
4 BGH v. 25.8.2000 – 2 StR 314/00, wistra 2001, 17; BGH v. 26.1.2005 – 2 StR 516/04, wistra 2005, 177 (179); BGH v. 18.7.2007 – 2 StR 69/07, wistra 2007, 458 (460); vgl. BGH v. 3.12.1001 – 4 StR 538/91, NStZ 1992, 278 f.
5 *Cramer/Perron* in S/S, § 263 StGB Rz. 29a; *Hefendehl* in MüKo, § 263 StGB Rz. 104; *Tiedemann* in LK, § 263 StGB Rz. 43; vgl. BGH v. 13.6.1985 – 4 StR 213/85, BGHSt 33, 244 (247–250).
6 *Eisele/Fad*, Jura 2002, 305 (308); in BGH v. 26.7.1972 – 2 StR 62/72, BGHSt 24, 386 (389 f.), wurde dies bei Einlösung von Euroschecks über eine Inkassobank offensichtlich als selbstverständlich vorausgesetzt; OLG Hamm v. 23.1.1984 – 3 Ws 608/83, NJW 1633, 1635 = wistra 1984, 192 (194), und *Hellmann/Beckemper*, JuS 2001, 1095 (1098 f.), auch gegen LG Bielefeld v. 8.2.1983 – 1 KLs 21 Js 534/82, NJW 1983, 1335 (1336), zur Frage der Stoffgleichheit.
7 *Gößmann* in BkR-Hdb., § 68 Rz. 13.

Zwar lässt die fehlende oder unleserliche Unterschrift die **Urkundenqualität** 123
der Erklärung grundsätzlich nicht entfallen, wenn der Aussteller bekannt ist[1].
Der berechtigte Karteninhaber als angeblicher Aussteller ergibt sich hier aus
den vom Magnetstreifen ausgelesenen und auf dem Beleg ausgedruckten Daten. Jedoch wird dieses Schriftstück zunächst automatisiert durch den Händlerterminal hergestellt. Erst durch die Unterschrift autorisiert der Kunde die
darauf befindliche Erklärung, wodurch sie ihm im Rechtsverkehr als eigene zugerechnet wird[2]. Erfolgt die Unterschrift nicht oder offensichtlich nicht in einer
als solche erkennbaren Weise, so ist der Beleg vergleichbar mit einem *Vordruck*, der wie ein Entwurf zu behandeln ist und erst durch die Unterschrift
zur Urkunde wird[3]. Auch bei vorliegender Zahlungsweise wird gerade durch
die Unterzeichnung das Einverständnis mit der Einzugsermächtigung zum
Ausdruck gebracht. Es erscheint dabei gerechtfertigt, den Fall einer als solchen
nicht erkennbaren Unterschrift mit der gänzlich fehlenden gleichzusetzen.

Probleme ergeben sich zudem hinsichtlich des Betrugstatbestandes. Wenn eine 124
Kontrolle der Identität mangels Überprüfung der Unterschrift im Einzelfall gerade nicht erfolgt, so kann es insoweit an einem *Irrtum* des für den Geschädigten handelnden Personals fehlen. Wenigstens die *Kausalität* für die Vermögensverfügung (§ 47 Rz. 43 f.) wird zweifelhaft sein.

cc) Bei *Fernabsatzgeschäften* in Form des **Telefon- oder Mailorderverfahrens** (s. 124a
Rz. 80) scheidet ein Betrug mangels Täuschung einer natürlichen Person aus.
Hier begeht der Täter allerdings nach vorgenannten Grundsätzen einen *Computerbetrug* nach § 263a Abs. 1 Var. 3 StGB[4], je nachdem, ob eine Zahlungsgarantie zur Entstehung gelangt, *zulasten des Kartenausgebers* oder, falls dies
nicht der Fall ist, *zulasten des Händlers*. Statt einer Urkundenfälschung kann
dann eine Fälschung beweiserheblicher Daten gem. § 269 Abs. 1 StGB gegeben
sein[5]. Ein Speichern i.S. dieser Vorschrift stellt schon das Einrichten eines
E-Mail-Accounts unter falschen Personalien[6] dar oder das Versenden einer
E-Mail, indem diese auf dem Mail-Server des Empfängers abgelegt[7] oder von
ihm heruntergeladen[8] wird.

dd) Prinzipiell genauso ist das Handeln des Täters zu werten, sofern ihm die 125
Karte vom berechtigten Inhaber **einverständlich** überlassen wurde. Allerdings
scheidet § 263a StGB schon wegen der fehlenden Betrugsäquivalenz des Verhal-

---

1   *Zieschang* in LK, § 267 StGB Rz. 57.
2   *Cramer/Heine* in S/S, § 267 StGB Rz. 16; sog. Geistigkeitstheorie *Zieschang* in LK,
    § 267 StGB Rz. 29.
3   Vgl. BGH v. 1.7.1959 – 2 StR 191/59, BGHSt 13, 235 (237 f.); *Puppe* in NK, § 267
    StGB Rz. 45 f.; *Fischer*, § 267 StGB Rz. 11.
4   *Tiedemann/Valerius* in LK, § 263a StGB Rz. 58; *Fischer*, § 263a StGB Rz. 16;
    Kraatz, Jura 2010, 36 (42); vgl. auch BGH v. 17.6.2014 – 2 StR 658/13, juris (Rz. 5
    und 18).
5   *Zieschang* in LK, § 269 StGB Rz. 18; *Mankowski*, NJW 2002, 2822 (2825).
6   *Buggisch*, NJW 2004, 3519 (3520).
7   *Goeckenjan*, wistra 2008, 128 (130); *Heghmanns*, wistra 2007, 167 f.
8   *Stuckenberg*, ZStW 118 (2006), 878 (886).

tens aus[1]. Ggf. kann wieder an eine Untreue zu denken sein[2] (s. Rz. 117). Bis auf Letzteres gilt dies auch bei **kollusivem Zusammenwirken**[3], wobei es hier für einen Betrug im Präsenzgeschäft am Irrtum des Händlers fehlt[4]. Eine Urkundenfälschung gem. § 267 Abs. 1 Var. 1 und 3 StGB begeht der Kartennutzer dabei selbst dann, wenn er die Belastungsbelege absprachegemäß mit der nachgeahmten Unterschrift versieht. Ein wirksames Handeln unter fremdem Namen liegt nicht vor. Um für die mit seinem Wissen erfolgte missbräuchliche Nutzung nicht zu haften, muss der berechtigte Karteninhaber nämlich die Karte für verlustig erklären. So gibt er zu erkennen, dass ein wirksames Vertretungsverhältnis gerade nicht gewollt war[5] (vgl. auch § 39 Rz. 15, zur Beteiligung des Karteninhabers s. Rz. 85).

c) Nutzung von GeldKarte und SparCard

126 Beim **Aufladen** der GeldKarte oder SparCard durch den Nichtberechtigten unter Verwendung der PIN kommt ein Computerbetrug nach § 263a Abs. 1 Var. 3 StGB in Betracht[6]. Bei der GeldKarte ist hierbei allerdings nur das Laden gegen das Konto des Karteninhabers relevant. Das Laden gegen eine andere Karte ist als deren missbräuchliche Verwendung nach den oben genannten Grundsätzen der Abhebung am Automaten zu werten.

127 Bei **Verwendung der GeldKarte** fehlt es dagegen an der Täuschungsäquivalenz für ein unbefugtes Verwenden i.S. des § 263a StGB[7]. Dem Händler, an dessen Terminal die Karte zum Einsatz gelangt, kommt es nicht auf die Identität des Kunden an. Dessen Konto wird bei der Bezahlung gar nicht angesprochen; vielmehr wird die Zahlungsgarantie der kartenausgebenden Bank über das *Börsenverrechnungskonto* abgewickelt, auf dem ein entsprechender Guthabenbetrag zuvor bereitgestellt wurde. Bereits die Abbuchung des Zahlungsbetrages wirkt damit als Erfüllung[8]. Damit ist für den Händler die Deckung des Kundenkontos unerheblich und mithin auch die Identität des Vorlegers. Dem entspricht die

---

1 *Fischer*, § 263a StGB Rz. 13; OLG Celle v. 5.11.2010 – 1 Ws 277/10, juris (Rz. 8), insoweit nicht abgedr. in NStZ 2011, 218, zur Tankkarte.
2 Vgl. LG Dresden v. 21.6.2005 – 10 Ns 202 Js 45549/03, NStZ 2006, 633 f., für einen Fall vom Aussteller vertraglich gestatteter Überlassung; a.A. AG Eggenfelden v. 12.1.2009 – 2 Cs 54 Js 33229/06, NStZ-RR 2009, 139 (140).
3 Vgl. BGH v. 3.12.1991 – 4 StR 538/91, NStZ 1992, 278 f.; *Hellmann* in A/R, IX 2 Rz. 78.
4 *Hoyer* in SK, § 263 StGB Rz. 79.
5 BayObLG v. 30.9.1987 – 2 BGHSt 110/87, NJW 1988, 1401; vgl. BGH v. 2.12.1991 – 4 StR 538/91, NStZ 1992, 278 f.; a.A. OLG Düsseldorf v. 2.11.1992 – 2 Ss 356/92 – 102/92 II, wistra 1993, 115 (116); ausf. zum Meinungsstand *Erb* in MüKo, § 267 StGB Rz. 137–139.
6 *Fischer*, § 263a StGB Rz. 15; *Wohlers/Mühlbauer* in MüKo, § 263a StGB Rz. 54; *Altenhain*, JZ 1997, 752 (760); *Kraatz*, Jura 2010, 36 (44); *Schnabel*, NStZ 2005, 18 f.
7 *Fischer*, § 263a StGB Rz. 15; *Wohlers/Mühlbauer* in MüKo, § 263a StGB Rz. 54; a.A. *Schnabel*, NStZ 2005, 18 (19).
8 *Gößmann* in BkR-Hdb., § 68 Rz. 42 und 45; nach *Pfeiffer*, NJW 1997, 1036 (1037 f.), Leistung erfüllungshalber.

Einordnung der GeldKarte als Legitimationspapier. Durch Vorlage weist sich der (jeweilige) Inhaber als berechtigt aus, über das Börsenverrechnungskonto zu verfügen[1]. Die Situation ist vergleichbar mit der bei Vorlage eines entwendeten Sparbuchs, um Geld abzuheben. Hier wird eine Täuschung über die Berechtigung ohne Vorliegen besonderer Umstände nicht anzunehmen sein[2].

Die **Verwendung der SparCard** ist entsprechend einzustufen. Wenn die Karte einverständlich überlassen wurde, kann bei Überschreitung des vom berechtigten Inhaber vorgegebenen Rahmens Untreue, ansonsten Unterschlagung der Karte im Hinblick auf das darauf gespeicherte Guthaben gegeben sein. 128

3. Konkurrenzen

Der mit Verwendung der **Kredit- oder ec-Karte** verwirklichte Betrug oder Computerbetrug ist *keine mitbestrafte Nachtat* zum vorangegangenen Diebstahl, da die Karte keine Forderung gegen den Aussteller verbrieft und den damit verbundenen wirtschaftlichen Wert nicht selbst verkörpert. Ferner ist nicht derselbe Rechtsgutinhaber betroffen[3]. Entsprechend ist das Konkurrenzverhältnis zu werten, wenn durch gefälschte Überweisungsträger erlangte Beträge abgehoben werden (Rz. 47a). Grundsätzlich Gleiches gilt, wenn die täuschungsbedingte Erlangung der ec- oder Kreditkarte als Betrug gewertet wird, für die nachfolgenden Formen strafbaren Einsatzes. Liegt im abredewidrigen Gebrauch indessen eine Untreue zum Nachteil des Kontoinhabers, weil dessen Vorgaben missachtet wurden, so wird dies als bloße Vertiefung des bereits durch den Erhalt angelegten Schadens zu werten sein. Der Erfolg deckt sich dann mit der Beendigung[4] des hierin liegenden Betruges und betrifft dieselbe Vermögenssphäre. 129

GeldKarte und SparCard verkörpern den Sachwert des Ladebetrages. Mit ihrem Diebstahl oder sonstigem Aneignungsdelikt wird hierauf zugegriffen[5]. Nachfolgende Abhebungen stellen damit wie beim Sparbuch regelmäßig eine mitbestrafte Nachtat dar[6]. Gleiches wird gelten, wenn die Erlangung durch betrügerisches Verhalten vonstatten ging. Allerdings dürfte dieses Problem praktisch kaum auftreten. Entweder wird die Karte in geladenem Zustand angeeignet, dann ist der Entladevorgang, wie oben ausgeführt (Rz. 127), regelmäßig straflos; oder die Karte wird ohne Ladung erlangt, dann richtet sich der Computerbetrug des Aufladens (auch) gegen die Bank[7] als einen vom Inhaber verschiedenen Rechtsgutsträger. Eine eigenständige Bedeutung kann die Verwertungshand- 130

---

1 *Gößmann* in BkR-Hdb., § 68 Rz. 26; nach *Pfeiffer*, NJW 1997, 1036 f., einem qualifizierten Legitimationszeichen vergleichbar.
2 OLG Düsseldorf v. 27.2.1989 – 2 Ss 50/89 – 19/89 II, NJW 1989, 2003 (2004).
3 BGH v. 30.1.2000 – 1 StR 512/00, wistra 2001, 178 (179 f.), für die ec-Karte; BGH v. 18.7.2007 – 2 StR 69/07, wistra 2007, 458 (460), für die Kreditkarte.
4 Vgl. *Cramer/Perron* in S/S, § 263a StGB Rz. 12, der allerdings erst in diesem Zeitpunkt von „Vollendung" des Betruges ausgeht.
5 *Wohlers/Mühlbauer* in MüKo, § 263a StGB Rz. 54; *Kindhäuser* in NK, § 242 StGB Rz. 103; *Fest/Simon*, JuS 2009, 798 (799).
6 Vgl. BGH v. 18.7.2007 – 2 StR 69/07, wistra 2007, 458 (459).
7 *Altenhain*, JZ 1997, 752 (760).

lung als Untreue oder Unterschlagung erlangen, wenn die Karte ohne deliktisches Verhalten in aufgeladenem Zustand erlangt wurde oder ein solches nicht nachweisbar ist.

131 Mehrere Verwendungen der Karte stehen in Tatmehrheit, sofern nicht **natürliche Handlungseinheit** anzunehmen ist. Dies ist insbesondere dann der Fall, wenn der Täter innerhalb kurzer Zeit dieselbe Karte an demselben Bankautomaten mit dem Ziel einsetzt, eine möglichst große Summe Bargelds abzuheben[1]. Eine Zäsur, die der Annahme von Tateinheit zwischen verschiedenen Teilakten entgegensteht, kann bei einem Wechsel der Bankfiliale oder der Karte (wegen unterschiedlicher PIN) eintreten[2]. Auch kann bei einer Abnötigung von Karte und Zugangsdaten eine natürliche Handlungseinheit mit den während weiter bestehender Bevollmächtigungslage begangenen Delikten vorliegen[3]. In gleicher Weise kann die vorangegangene Fälschung von Zahlungskarten oder der Erwerb solcher Karten deren nachfolgende Nutzung zu einer deliktischen Einheit verbinden[4].

§ 50
Kapitalbeschaffung

Bearbeiter: Heiko Wagenpfeil (A); Ulrich Hebenstreit (B–D)

	Rz.		Rz.
A. Änderung des Eigenkapitals		2. Aktiengesellschaft	
I. Allgemeines	1	a) Kapitalerhöhung gegen Einlagen	25
1. Innenfinanzierung	3	b) Kapitalerhöhung mit genehmigtem Kapital	33
2. Umwandlung	7	c) Kapitalerhöhung aus Gesellschaftsmitteln	38
II. Kapitalerhöhung		d) Bedingte Kapitalerhöhung	40
1. GmbH		3. Börsengang	47
a) Kapitalerhöhung gegen Einlagen	13		
b) Kapitalerhöhung aus Gesellschaftsmitteln	19	**III. Kapitalherabsetzung**	55
c) Sonderfall Unternehmergesellschaft	22	1. Aktiengesellschaft	58
		2. GmbH	65

---

1 BGH v. 21.11.2002 – 4 StR 448/02; BGH v. 13.1.2006 – 2 StR 461/05, Rz. 18; BGH v. 19.12.2007 – 2 StR 457/07, wistra 2008, 220 f.; BGH v. 27.4.2010 – 4 StR 112/10; BGH v. 1.2.2011 – 3 StR 432/10, juris (Rz. 19); BGH v. 24.7.2012 – 4 StR 193/12 (Leitsatz); BGH v. 20.2.2014 – 3 StR 178/13, ZWH 2014, 354 (355).
2 BGH v. 10.7.2001 – 5 StR 250/01, S. 3 f., insoweit nicht abgedr. in NStZ 2001, 595.
3 BGH v. 17.8.2004 – 5 StR 197/04, NStZ-RR 2004, 333 (335).
4 BGH v. 25.8.2000 – 2 StR 314/00, wistra 2001, 17; BGH v. 26.1.2005 – 2 StR 516/04, wistra 2005, 177 (178); BGH v. 10.5.2005 – 3 StR 425/04, wistra 2005, 337 (338); BGH v. 20.12.2012 – 4 StR 458/12, ZWH 2013, 185 (186).

	Rz.		Rz.
IV. **Straftaten**	67	5. Beweisschwierigkeiten	149
1. Kapitaländerungsschwindel		II. **Kreditbetrug gem. § 265b StGB**	
a) GmbH und UG	68	1. Kriminalpolitische Bedeutung .	150
b) Aktiengesellschaft.	74	2. Tatbestand	
2. Unrichtige öffentliche Ankündigung.	80	a) Persönlicher Anwendungsbereich	155
3. Straftaten bei Umwandlungen .	85	b) Sachlicher Anwendungsbereich	160
B. **Kredite**	101	c) Täuschungshandlung	162
I. **Kreditbetrug gem. § 263 StGB**		aa) Kreditantrag	163
1. Einschlägige Tatbestandsmerkmale	102	bb) Zusammenhang mit Kreditantrag	166
a) Täuschungshandlung	103	cc) Täuschungshandlungen	171
b) Irrtum	118	d) Vorsatz und Tätige Reue	182
c) Vermögensverfügung	123	III. **Konkurrenz zwischen § 263 und § 265b StGB**	184
d) Vermögensschaden	125	C. **Besondere Finanzierungsformen**	
e) Vorsatz	135		
2. Berücksichtigung von Sicherheiten	137	I. **Factoring**	186
3. Stundung	142	II. **Leasing**	190
4. Besondere Kredite		D. **Versicherungsleistungen**	201
a) Usance-Kredite, Lastschrift und Wechsel	143		
b) Bankbürgschaft	148		

A. Änderung des Eigenkapitals

Schrifttum: Vgl. § 27. Kommentare und Schrifttum zum GmbHG vgl. allgemeines Schrifttumsverzeichnis, § 22 vor Rz. 16; § 26 vor Rz. 1; *Döser*, Erweiterte Bankenhaftung aus der Einzahlungsbestätigung bei gesellschaftsrechtlichen Kapitalmaßnahmen, NJW 2006, 881; *Holzborn/Mayston*, Grenzüberschreitender „Downstream-Merger" bei Streubesitz und Börsenhandel, ZIP 2012, 2380; *Meyer-Panhuisen*, Die fehlerhafte Kapitalerhöhung, 2003 (Diss. Bonn 2002); *Neye/Kraft*: Neuigkeiten beim Umwandlungsrecht, NZG 2011, 681; *Schanz*, Börseneinführung, 4. Aufl. 2012; *Volk*, Going Public, 4. Aufl. 2009; *Wöhe*, Einführung in die allgemeine Betriebswirtschaftslehre, 25. Aufl. 2013.

I. Allgemeines

Die Grundzüge der Kapitalbeschaffung im Zusammenhang mit der *Gründung* des Unternehmens, sind oben in § 27 behandelt. Besonderheiten für die Aufnahme von *Fremdkapital* gibt es in der Betriebsphase des Unternehmens – in zivilrechtlicher und strafrechtlicher Hinsicht – nicht, sodass insoweit auf die Ausführungen in § 27 verwiesen wird. Hier wird daher nur die Änderung des *Eigenkapitals* in der *Betriebsphase* eines Unternehmens dargestellt, beschränkt auf die Kapitalveränderung bei **Kapitalgesellschaften**, bei denen die Garantiefunktion des Haftungskapitals Schutzvorschriften erfordert. Bei Einzelunternehmen und Personengesellschaften bedarf es für die „Kapitalveränderung" keiner spezifischen (Straf-)Bestimmungen, da die Haftung der Rechtsträger unbeschränkt ist.

2 Für die Änderungen beim Eigenkapital eines Unternehmensträgers sind neben der **Innenfinanzierung** vor allem die **Kapitalerhöhung** und die **Kapitalherabsetzung** von Bedeutung, die beiden letztgenannten sowohl im Rahmen eines unveränderten Unternehmens als auch im Rahmen einer Umwandlung. Während die *Innenfinanzierung* eine Stärkung oder zumindest Aufrechterhaltung der Kapitalbasis mit bilanziellen Mitteln darstellt, bedeutet eine *Kapitalerhöhung* – die auch noch im Rahmen der Liquidation möglich ist (§ 69 GmbHG, § 264 Abs. 3 AktG) – eine Erweiterung der Kapitalbasis eines Unternehmens. Sie dient der Verbesserung der Liquidität, erhöht die Kreditwürdigkeit und kann auch zur Sanierung eingesetzt werden. Die *Kapitalherabsetzung* bedeutet zwar zunächst eine Schmälerung der Kapitalbasis. Sie kann aber ebenfalls bei der Sanierung eines Unternehmens relevant und insoweit auch als Maßnahme der Kapitalbeschaffung angesehen werden.

1. Innenfinanzierung

3 Die Innenfinanzierung – im Gegensatz zur Außenfinanzierung – stellt die Möglichkeit für das Unternehmen dar, sich von innen, d.h. aus dem betrieblichen *Umsatzprozess* heraus, Finanzierungsmittel zu verschaffen. Diese auch „**interne Kapitalbildung**" genannte Finanzierung beruht auf dem *Einbehalt von Gewinnen*, auf der Bildung von *Rückstellungen* und auf *Abschreibungen*.

4 Im Rahmen des als Selbstfinanzierung bezeichneten **Zurückbehaltens von Gewinnen** (vgl. § 247 HGB) unterscheidet man die sog. offene und die stille Form. Eine *offene Selbstfinanzierung* liegt vor, wenn Bilanzgewinne nicht ausgeschüttet werden, sondern bei Einzelfirmen und Personengesellschaften auf den Kapitalkonten stehen bleiben bzw. bei Betrieben mit festem Nominalkapital auf Rücklagekonten überführt werden[1]. Die *stille* Form der *Selbstfinanzierung* erfolgt durch die Bildung stiller Rücklagen (= *stille Reserven*). Diese entstehen durch die Unterbewertung von Vermögensgegenständen bzw. durch die Überbewertung von Fremdkapitalteilen[2]. Der Gewinnausweis wird zulässig verkürzt. Bei Auflösung der stillen Rücklage erhöht sich jedoch der ausgewiesene Gewinn, der nunmehr zu versteuern ist.

5 **Rückstellungen** werden gebildet für bestimmte künftige, aber bereits absehbare Vermögensabgänge[3]. Der Finanzierungseffekt von Rückstellungen liegt darin, dass Aufwand, der erst in der Zukunft zu Auszahlungen führt, schon jetzt in der Bilanz erfasst wird[4]. § 249 HGB schreibt Rückstellungen zwingend vor für *ungewisse Verbindlichkeiten*[5] (hierunter fallen auch Pensionsverbindlichkei-

---

1 *Vahs/Schäfer-Kunz*, Einführung in die Betriebswirtschaftslehre, 6. Aufl. 2012, Kap. 12.
2 *Wöhe*, 6. Abschn., B I 5b.
3 *Schubert* in BeBiKo, § 249 HGB Rz. 2.
4 *Wöhe*, 6. Abschn., B III 6c.
5 Vgl. BFH v. 6.4.2000 – IV R 31/99, NJW 2000, 3085 (zu erwartende strafrechtliche Anordnung des Verfalls der Gewinne aus einer Straftat); *Beier/Grimme*, Pauschalrückstellungen wegen Produkthaftung, BB 1995, 1686; weitere Beispiele vgl. *Merkt* in Baumbach/Hopt, § 249 HGB Rz. 3; *Schubert* in BeBiKo, § 249 HGB Rz. 100 Stichwort Produzentenhaftung.

ten[1]), drohende Verluste aus *schwebenden Geschäften*[2], *unterlassene Aufwendungen* für Instandhaltungen[3], die im folgenden Jahr innerhalb von drei Monaten nachgeholt werden, sowie für *Gewährleistungen*[4], die ohne rechtliche Verpflichtung (Kulanz) nachgeholt werden. In § 249 Abs. 1 Nr. 3, Abs. 2 HGB sind Rückstellungswahlrechte enthalten. Ist dagegen die Inanspruchnahme bereits gewiss, so ist keine Rückstellung zu bilden, vielmehr die Verbindlichkeit normal zu passivieren. Steuerrechtlich sind Rückstellungen in § 5 EStG geregelt.

Durch **Abschreibungen**[5] (vgl. §§ 253, 279 HGB, §§ 7 ff. EStG) werden die Wertminderungen der abnutzbaren Vermögensteile lediglich registriert, die Beträge selbst werden der Aufwandsrechnung zugeführt. Nach § 249 Abs. 1 HGB gelten für Kaufleute als Wertobergrenze der Vermögensgegenstände des Anlagevermögens die Anschaffungs- oder Herstellungskosten, die im Falle der abnutzbaren Vermögensgegenstände um planmäßige Abschreibungen zu reduzieren sind. Planmäßige Abschreibungen sind beim abnutzbaren Anlagevermögen nach § 253 Abs. 2 S. 1 HGB zwingend vorzunehmen[6]. 6

2. Umwandlung

Kapitalbeschaffungsmaßnahmen können auch im Zuge von Maßnahmen nach dem **Umwandlungsgesetz** (UmwG) (vgl. auch § 23 Rz. 99, § 27 Rz. 47 ff.) erforderlich werden[7], namentlich bei der Verschmelzung durch Aufnahme, der Spaltung zur Aufnahme sowie dem Formwechsel. Der Fall der *Vermögensübertragung* wird hier aufgrund der geringen praktischen Relevanz nicht näher dargestellt. 7

a) Die **Verschmelzung durch Aufnahme** eines anderen Rechtsträgers richtet sich nach §§ 4 ff., 46 ff. UmwG (GmbH), §§ 60 ff. UmwG (AG). Da die Anteilsinhaber des übertragenden Rechtsträgers mit der Verschmelzung Anteile am übernehmenden Rechtsträger erhalten (§ 20 Abs. 1 Nr. 3 UmwG), kann es erforderlich sein, dass der *übernehmende Rechtsträger* zur Durchführung der Verschmelzung eine *Kapitalerhöhung* durchführen muss (§ 53 UmwG), soweit dies nicht nach § 54 UmwG[8] unzulässig ist. Grundsätzlich richtet sich die Kapitalerhöhung nach den allgemeinen für die Rechtsform des übernehmenden Unternehmens geltenden Vorschriften (s. Rz. 22 ff., 34 ff.). *Ausnahmen* bestimmen § 55 UmwG für die GmbH und § 69 UmwG für die AG. 8

---

1 *Grottel/Riehl* in BeBiKo, § 249 HGB Rz. 151 ff.
2 *Schubert* in BeBiKo, § 249 HGB Rz. 52 ff.
3 *Schubert* in BeBiKo, § 249 HGB Rz. 101 ff.
4 *Schubert* in BeBiKo, § 249 HGB Rz. 112 ff.
5 *Schubert/Andrejewski/Roscher* in BeBiKo, § 253 HGB Rz. 201 ff., 238 ff.
6 *Schubert/Andrejewski/Roscher* in BeBiKo, § 253 HGB Rz. 202.
7 Zur Möglichkeit der Umwandlung auch insolventer Rechtsträger *Madaus*, Umwandlungen als Gegenstand eines Insolvenzplans nach dem ESUG, ZIP 2012, 2133; *Schwetlik*, Umwandlung überschuldeter Unternehmen auf haftungsbeschränkte Gesellschaften, GmbHR 2011, 130.
8 Hierzu *Heinz/Wilke*, Abspaltung unter Verzicht auf die Ausgabe von Gesellschaftsrechten, GmbHR 2012, 889.

9 b) Bei der **Spaltung zur Aufnahme** (§§ 123 ff., 126 ff. UmwG) gelten in Bezug auf Kapitalmaßnahmen des übernehmenden Rechtsträgers die vorgenannten Vorschriften zur Verschmelzung durch Aufnahme entsprechend (§ 125 UmwG).

10 c) Der nach § 191 UmwG auf bestimmte Rechtsträger beschränkte[1] **Formwechsel** (§§ 190 ff. UmwG, für Kapitalgesellschaften auch §§ 226 ff. UmwG) setzt zunächst einen *Umwandlungsbeschluss* der Anteilsinhaber voraus (§§ 193 f. UmwG). Das Vertretungsorgan des formwechselnden Rechtsträgers hat einen ausführlichen schriftlichen *Bericht* zu erstatten, in dem der Formwechsel und vor allem die künftige *Beteiligung* der Anteilsinhaber an dem Rechtsträger rechtlich und wirtschaftlich erläutert werden (§ 192 UmwG). Diesem Bericht ist eine *Vermögensaufstellung* beizufügen, die den wirklichen Wert jedes Vermögensgegenstandes und der Verbindlichkeiten anzugeben hat; eine nach den handelsrechtlichen Grundsätzen aufgestellte Schlussbilanz entspricht dem nicht[2].

11 Grundsätzlich sind auf den Formwechsel die **Vorschriften** anzuwenden, nach denen sich die **Gründung der neuen Rechtsform** richtet (§ 197 UmwG), mithin auch die Vorschriften für die Kapitalaufbringung (s. § 27 Rz. 17 ff., 34 ff.)[3]. Hierfür sehen § 220 und § 245 UmwG (für die GmbH bzw. die AG) weitere Bestimmung zur *Sicherstellung* einer zureichenden Kapitalisierung vor. Daraus ergibt sich, dass bei der Umwandlung in eine GmbH, eine AG oder eine KGaA neben dem Umwandlungsbericht auch der *Sachgründungsbericht* (vgl. § 27 Rz. 21, 38) erforderlich ist, der zusätzlich den bisherigen Geschäftsverlauf in der früheren Rechtsform darzulegen hat (Abs. 2). Wird die Gesellschaft in eine AG oder eine KGaA umgewandelt, ist eine *Gründungsprüfung* (vgl. § 27 Rz. 39) in jedem Fall erforderlich (§ 220 Abs. 3 UmwG).

Für den Fall der *Verschmelzung* durch Aufnahme, zu deren Durchführung der übernehmende Rechtsträger eine Kapitalerhöhung durchführt, bei der das Vermögen des übertragenden Rechtsträgers aber *überbewertet* wurde, verneint der BGH allerdings – anders als bei der Kapitalerhöhung außerhalb der Verschmel-

---

1 Zur UG (haftungsbeschränkt) *Berninger*, Aufstieg der UG (haftungsbeschränkt) zur vollwertigen GmbH, GmbHR 2011, 953 (958 ff.); *Werner*, Aktuelle Entwicklungen des Rechts der UG, GmbHR 2011, 459 (463); *Miras*, Aktuelle Fragen zur UG (haftungsbeschränkt), NZG 2012, 486 (489); zum grenzüberschreitenden Formwechsel EuGH v. 12.7.2012 – Rs. C-378/10 – Vale, ZIP 2012, 1394; hierzu *Bayer/Schmidt*, Das Vale-Urteil des EuGH – Die endgültige Bestätigung der Niederlassungsfreiheit als „Formwechselfreiheit", ZIP 2012, 1481; *Leuering/Rubner*, Grenzüberschreitende Verlegung des Satzungssitzes, NJW Spezial 2012, 527.
2 *Lüttge*, Das neue Umwandlungs- und Umwandlungssteuerrecht, NJW 1995, 417 (423).
3 *Kerschbaumer*, Praktische Probleme bei der Anwendung der GmbH-Gründungsvorschriften beim Formwechsel von der AG in die GmbH nach § 197 UmwG, NZG 2011, 892.

zung (s.u. Rz. 13 ff., 25 ff.) – jedenfalls eine verschuldensunabhängige Differenzhaftung der Gesellschafter der übertragenden Aktiengesellschaft[1].

Auch der Formwechsel ist in das für die neue Rechtsform maßgebliche **Register** einzutragen. Die Eintragung der neuen Rechtsform führt die *Wirksamkeit* des Formwechsels sowie den Wechsel in den *Beteiligungsverhältnissen* herbei (§ 202 UmwG). Dabei muss der Formwechsel nach § 198 UmwG nicht nur im Register der neuen Rechtsform, sondern auch – sozusagen abschließend – in das Register der früheren Rechtsform eingetragen werden, sofern diese überhaupt in einem Register eingetragen war. Dieser Anmeldung ist die Erklärung der Anmeldenden beizufügen, dass Klagen gegen den Umwandlungsbeschluss (§§ 194 f. UmwG) nicht oder nicht rechtzeitig eingereicht wurden (§§ 198 Abs. 3, 16 Abs. 2 und 3 UmwG; vgl. auch § 27 Rz. 59). Wem die *Anmeldungspflicht* obliegt, richtet sich nach den speziellen Vorschriften für die formwechselnden Rechtsträger. § 199 UmwG schreibt darüber hinaus noch einige mit der Anmeldung *einzureichende Unterlagen* vor.

II. Kapitalerhöhung

1. GmbH

a) Kapitalerhöhung gegen Einlagen

aa) Die Gesellschafter der GmbH können eine Erhöhung des Stammkapitals durch **Satzungsänderung** beschließen (§§ 55 Abs. 1, 53, 3 Abs. 1 Nr. 3 GmbHG). Im Umfang der Kapitalerhöhung werden *neue Geschäftsanteile* gebildet und nach Maßgabe des Erhöhungsbeschlusses von den bereits vorhandenen und/oder von neu in die Gesellschaft eintretenden Gesellschaftern übernommen (§ 55 Abs. 2, 3 GmbHG).

Auf die neuen Geschäftsanteile sind **Einlagen** gemäß der Bestimmung des Erhöhungsbeschlusses zu leisten. Auch hier kann es sich um *Bar- oder um Sacheinlagen* handeln, wobei die Sacheinlage im Erhöhungsbeschluss festzusetzen ist (§ 56 Abs. 1 S. 1 GmbHG). Die Festsetzung ist die in § 55 Abs. 1 GmbHG bezeichnete Erklärung des Übernehmers aufzunehmen (§ 56 Abs. 1 S. 2 GmbHG). Die Beschränkung der *Aufrechnung* mit dem Einlagenerfüllungsanspruch aus § 19 Abs. 2 S. 2 GmbHG gilt ebenso entsprechend wie die Regelungen des § 19 Abs. 4 GmbHG zur verdeckten Sacheinlage (§ 56 Abs. 2 GmbHG[2]) und zur *Differenzhaftung* bei Minderwertigkeit der Sacheinlage (§ 9 GmbHG). Gleiches gilt für die Mindestleistungen (§ 56a GmbHG). Auf die Ausführungen in § 27 Rz. 17 ff. wird insoweit verwiesen.

Die Kapitalerhöhung ist zum **Handelsregister** anzumelden, wenn die neuen Geschäftsanteile übernommen sind. Sie wird erst mit der *Registereintragung* wirksam (§§ 54, 57 GmbHG). Die *Übernahmeerklärung* und bei der Sachkapitalerhöhung die *Verträge*, die der Festsetzung nach § 56 GmbHG zugrunde lie-

---

1 BGH v. 12.3.2007 – II ZR 302/05, BGHZ 171, 293; hierzu *Kallmeyer*, Differenzhaftung bei Verschmelzung mit Kapitalerhöhung und Verschmelzung im Wege der Neugründung, GmbHR 2007, 1121.
2 *Zöllner/Fastrich* in Baumbach/Hueck, § 56 GmbHG.

gen oder zu ihrer Ausführung geschlossen wurden, sind der Anmeldung der Kapitalerhöhung zum Handelsregister beizufügen (§ 57 Abs. 3 Nr. 1 und 3 GmbHG).

16 Wie bei der Gründung der Gesellschaft (s. § 27 Rz. 17 ff.) muss nach § 57 Abs. 2 GmbHG auch der Anmeldung der Kapitalerhöhung die **Versicherung** nach § 7 Abs. 2 S. 1 und Abs. 3 GmbHG beigefügt sein, dass auf den Erhöhungsbetrag

- bei *Geldeinlageverpflichtung* mindestens ein *Viertel des Erhöhungsbetrages* einbezahlt ist (§ 7 Abs. 2 S. 1 GmbHG),
- *Sacheinlagen bewirkt* sind (§ 7 Abs. 3 GmbHG) und
- sich der Gegenstand dieser Leistungen endgültig in der *freien Verfügung* der Geschäftsführer befinden (§ 57 Abs. 2 GmbHG)[1].

Ferner müssen Unterlagen beigefügt werden, aus denen sich ergibt, in welchem Umfang sich die neuen Geschäftsanteile und Einlageverpflichtungen auf welche *Übernehmer* verteilen (§ 57 Abs. 3 GmbHG).

Die Verpflichtung aus § 57 Abs. 2 GmbHG soll das Registergericht in die Lage versetzen, die Einhaltung der bei Kapitalerhöhungen maßgeblichen Vorschriften des GmbHG zu **überwachen**[2]. Deshalb korrespondiert der Inhalt der geforderten Erklärung mit dem Umfang der Pflichten von Einleger und Geschäftsführung bei der Kapitalerhöhung. Die Angabe darüber, dass der Leistungsgegenstand sich endgültig in der freien Verfügung der Geschäftsführer befinde, betrifft allein die Erfüllungswirkung der fraglichen Leistung, sagt jedoch nichts darüber aus, dass die Einlage auch bei der Registeranmeldung noch unverändert im Gesellschaftsvermögen vorhanden sei[3].

17 Bei *fehlerhaft geleisteten Einlagen* erstreckt § 57 Abs. 4 GmbHG die **Schadensersatzansprüche** der Gesellschaft gegen Geschäftsführer und Gesellschafter aus §§ 9a Abs. 1 und 3, 9b GmbHG auf den Fall der Kapitalerhöhung und kann das Registergericht die *Eintragung* der Kapitalerhöhung ablehnen (§§ 57a, 9c GmbHG).

18 **bb)** Die Schaffung eines **genehmigten Kapitals** kann nicht nur in der Gründungsphase der GmbH in die Satzung aufgenommen werden (§ 27 Rz. 29), sondern auch zum Zwecke einer Kapitalerhöhung durch eine *spätere Satzungsänderung* bewirkt werden. Damit wird die erforderliche *Ermächtigung* erst geschaffen (§ 55a Abs. 2 GmbHG). Sie erlangt erst mit ihrer Eintragung in das Handelsregister Wirksamkeit (§ 54 Abs. 3 GmbHG). Bei der späteren *Ausübung der Ermächtigung* wird erneut eine Handelsregisteranmeldung erforderlich (§ 57 Abs. 1 GmbHG).

---

1 *Zöllner/Fastrich* in Baumbach/Hueck, § 57 GmbHG Rz. 11 ff.; *Goette*, Der Stand der höchstrichterlichen Rechtsprechung zur Kapitalaufbringung im GmbH-Recht, DStR 1997, 924.
2 BGH v. 30.11.1995 – 1 StR 358/95, NStZ 1996, 238.
3 BGH v. 18.2.1991 – II ZR 104/90, BGHZ 113, 335 (348).

b) Kapitalerhöhung aus Gesellschaftsmitteln

Eine GmbH kann ihr Stammkapital auch durch **Umwandlung von Rücklagen** erhöhen (§ 57c-57o GmbHG). Dieser Kapitalerhöhung ist die letzte uneingeschränkt testierte *Bilanz* (§ 57e GmbHG) oder eine andere Bilanz, die den Voraussetzungen des § 57f GmbHG entspricht, zugrunde zu legen. Die Bilanz muss die umzuwandelnden Rücklagen ausweisen, darf aber keinen Verlust oder Verlustvortrag enthalten (§ 57d GmbHG).

19

An der Kapitalerhöhung nehmen die Gesellschafter – zwingend – **im Verhältnis ihrer Anteile** teil (§ 57j GmbHG). Sie kann dadurch erfolgen, dass neue Geschäftsanteile gebildet werden oder der Nennbetrag bestehender Geschäftsanteile erhöht wird[1]. Welche Methode gewählt wird, muss im *Erhöhungsbeschluss* ausgewiesen sein (§ 57h GmbHG). Bei Geschäftsanteilen, auf die noch nicht die volle Einlage geleistet ist (vgl. § 7 Abs. 2 S. 1 GmbHG), scheidet die Bildung neuer Geschäftsanteile aus; es ist nur die Erhöhung des Nennbetrags des Geschäftsanteils zulässig (§§ 57h Abs. 1 S. 1, 57l Abs. 2 GmbHG).

20

Auch der Beschluss über die Kapitalerhöhung aus Gesellschaftsmitteln bedeutet eine *Änderung des Gesellschaftsvertrages* und bedarf zu seiner Wirksamkeit der **Eintragung in das Handelsregister** (§§ 57c Abs. 4, 54 GmbHG). Bei der Anmeldung haben die Anmeldenden insbesondere zu erklären, dass nach ihrer Kenntnis seit dem Stichtag der zugrunde gelegten Bilanz bis zum Tag der Anmeldung *keine Vermögensminderung* eingetreten ist, die der Kapitalerhöhung entgegenstünde, wenn sie am Tag der Anmeldung beschlossen würde (§ 57i Abs. 1 S. 2 GmbHG). Damit soll sichergestellt sein, dass die in zusätzliches Eigenkapital umzuwandelnden Rücklagen im erforderlichen Umfang noch vorhanden sind, auch wenn zwischen dem letzten Bilanzstichtag und der Handelsregisteranmeldung bereits einige Zeit vergangen ist. Das Gesetz verlangt die ausdrückliche Erklärung der Anmeldenden „nach ihrer Kenntnis". Deshalb müssen sich die Anmeldenden nach h.M. vor der Handelsregisteranmeldung positive Gewissheit darüber verschaffen, dass die Rücklagen noch vorhanden sind und zwischenzeitlich keine Verluste eingetreten sind, die zu einem Ausschluss der Umwandlung nach nach § 57d Abs. 2 GmbHG führen[2].

21

c) Sonderfall Unternehmergesellschaft

Die „Unternehmergesellschaft (haftungsbeschränkt)" (UG, § 5a GmbHG) ist nur eine **Variante der GmbH** (§ 23 Rz. 76; § 27 Rz. 32), sodass grundsätzlich die für die GmbH maßgeblichen Vorschriften über die Kapitalerhöhung auch für sie gelten[3].

22

Besonderheiten gelten in Bezug auf die Kapitalaufbringung insoweit, als die UG aus Gläubigerschutzgründen in jeder Jahresbilanz zwingend eine **gesetzli-**

23

---

1 *Fett/Spiering*, Typische Probleme bei der Kapitalerhöhung aus Gesellschaftsmitteln, NZG 2002, 358; zu den Vor- und Nachteilen der Methoden vgl. *Priester* in Scholz, § 57h GmbHG Rz. 5.
2 *Schnorbus* in Rowedder/Schmidt-Leithoff, § 57i GmbHG Rz. 5.
3 Hierzu *Specks*, Kapitalerhöhungen bei der UG, RNotZ 2011, 234; *Werner*, GmbHR 2011, 459.

che **Rücklage** in Höhe eines Viertels des Jahresüberschusses (§ 5a Abs. 3 S. 1 GmbHG) bilden muss. Diese Ansparpflicht entfällt erst, wenn die UG durch Erhöhung(en) ihres Kapitals das gesetzliche *GmbH-Mindeststammkapital* von 25 000 Euro (§ 5 Abs. 1 GmbHG) erreicht; dann darf die Gesellschaft statt des firmenrechtlichen Warnhinweises „UG (haftungsbeschränkt)" die Bezeichnung „GmbH" führen (§ 5a Abs. 5 GmbHG). Die gesetzliche Rücklage darf – außer zum Ausgleich eines Jahresfehlbetrags oder Verlustvortrags – nur für eine Kapitalerhöhung aus Gesellschaftsmitteln (§ 57c GmbHG) verwendet werden (§ 5a Abs. 3 S. 2 GmbHG).

24 Dass § 5a Abs. 2 S. 2 GmbHG bei der UG **Sacheinlagen ausschließt**, ist dahin gehend auszulegen, dass auch eine *spätere* Sacheinlage, mit der das Stammkapital auf bis zu 24 999 Euro erhöht werden soll, nicht zulässig ist. Die Sachkapitalerhöhung auf 25 000 Euro oder mehr hat der BGH nunmehr für zulässig erklärt[1].

2. Aktiengesellschaft

a) Kapitalerhöhung gegen Einlagen

25 Eine Möglichkeit der Erhöhung des Grundkapitals einer AG – einschließlich der KGaA (§ 278 Abs. 3 AktG[2]) und der SE (§ 1 SEAG) – liegt in der Erhöhung des Kapitals gegen Einlagen, welche die Aktionäre als Satzungsänderung mit *drei Vierteln der Stimmen* des bei der Beschlussfassung vertretenen Kapitals beschließen können (§ 182 AktG). Bestehen mehrere **Gattungen** stimmberechtigter Aktien, muss für jede Gattung gesondert ein Beschluss mit der erforderlichen Mehrheit gefasst werden (§ 182 Abs. 2 AktG).

26 Die Kapitalerhöhung ist sowohl gegen **Bareinlagen** als auch gegen **Sacheinlagen** möglich (§ 183 AktG). Bei der *Sacheinlageerhöhung* müssen die Einzelheiten im *Erhöhungsbeschluss* geregelt sein. Die Vorschriften des § 27 Abs. 3 und 4 AktG über die *verdeckte Sacheinlage* (hierzu § 27 Rz. 41) geltend entsprechend (§ 183 Abs. 2 AktG). Bei der Sachkapitalerhöhung hat gem. § 183 Abs. 3 AktG eine Prüfung nach den Vorgaben für die *Gründungsprüfung* (§§ 33 Abs. 3–5, 34, 35 AktG) stattzufinden, von der nur unter den Voraussetzungen des § 33a AktG abgesehen werden kann (§ 183a Abs. 1 AktG – s. auch § 27 Rz. 39). Soll ein Aktionär seinen Kapitalerhöhungsbeitrag im Wege der Sacheinlage erbringen, so trifft ihn die *Differenzhaftung* bis zur Höhe eines etwa festgesetzten Agios (vgl. § 27 Rz. 40)[3].

---

1 BGH v. 19.4.2011 – II ZB 25/10, BGHZ 189, 254; *Heinemann*, Die UG als Zielgesellschaft von Formwechsel, Verschmelzung und Spaltung nach dem Umwandlungsgesetz, NZG 2008, 820 (821); *Klose*, Die Stammkapitalerhöhung bei der UG, GmbHR 2009, 294 (296); *Berninger*, GmbHR 2011, 953 (957 f.); zuvor verneinend OLG München v. 23.9.2010 – 31 Wx 149/10, ZIP 2010, 1991.
2 *Perlitt* in MüKo, § 278 AktG Rz. 267.
3 BGH v. 6.12.2011 – II ZR 149/10 – Babcock, BGHZ 191, 364; hierzu *Verse*, (Gemischte) Sacheinlagen, Differenzhaftung und Vergleich über Einlageforderungen, ZGR 2012, 875 (877 ff.); *Heer*, Unternehmensakquisition im Wege der Sachkapitalerhöhung, ZIP 2012, 2325.

Sollen Gründer oder andere Aktionäre innerhalb von *zwei Jahren ab Eintragung* der Gesellschaft gegen *Sacheinlagen* mit mehr als 10% des Grundkapitals an der Gesellschaft beteiligt werden – was grundsätzlich auch im Rahmen einer *Verschmelzung* erfolgen kann (§ 67 UmwG)[1] –, liegt eine sog. **Nachgründung** vor (§ 52 AktG). Der Vertrag mit dem betreffenden Aktionär bedarf zu seiner Wirksamkeit der *Zustimmung der Hauptversammlung* und der *Handelsregistereintragung*. Vor der Beschlussfassung der Hauptversammlung hat grundsätzlich eine *Nachgründungsprüfung* stattzufinden und der Aufsichtsrat einen *Nachgründungsbericht* zu erstatten (§ 52 Abs. 3, 4 AktG). Durch diese zusätzlichen Anforderungen soll verhindert werden, dass die Gründungsvorschriften umgangen werden, indem zunächst eine (unkompliziertere) Bargründung erfolgt, und die eigentlich geplante Sachgründung anschließend über eine Kapitalerhöhung erfolgt[2]. 27

Ergebnis der Kapitalerhöhung ist die **Ausgabe neuer Aktien**, die durch schriftliche Erklärung („*Zeichnungsschein*") übernommen („*gezeichnet*") werden (§ 185 AktG). Die Altaktionäre haben dabei nach § 186 AktG grundsätzlich einen Anspruch auf einen Anteil an den neuen Aktien, um ihre Beteiligungsquote aufrechtzuerhalten. Dieses „*Bezugsrecht*" kann im Kapitalerhöhungsbeschluss ausgeschlossen werden. Die Gesellschaft selbst ist zur Zeichnung eigener Aktien nicht zugelassen (§ 56 AktG). 28

Die Kapitalerhöhung wird erst mit ihrer **Eintragung in das Handelsregister** wirksam (§ 189 AktG). Das Eintragungsverfahren ist zweistufig. Im ersten Schritt ist die Anmeldung des *Kapitalerhöhungsbeschlusses* als solchem zur Eintragung in das Handelsregister erforderlich (§ 184 AktG). Im zweiten Schritt hat die Anmeldung der *Durchführung der Kapitalerhöhung* zu erfolgen (§ 188 Abs. 1 AktG). Allerdings können beide Anmeldungen und Eintragungen gemeinsam vorgenommen werden (§ 188 Abs. 4). 29

Die **Pflicht zur Anmeldung des Kapitalerhöhungsbeschlusses** zur Eintragung obliegt dem Vorstand und dem Vorsitzenden des Aufsichtsrates. Dabei haben sie anzugeben, welche Einlagen auf die Altaktien noch ausstehen und warum (§ 184 Abs. 1 S. 2 AktG). Im Fall von Sacheinlagen ist der Bericht über die Prüfung der Sacheinlagen beizufügen (§§ 184 Abs. 2, 183 Abs. 3 AktG). Soll diese Prüfung nach §§ 183a, 33a AktG unterbleiben (§ 27 Rz. 39) und ist das Datum des Kapitalerhöhungsbeschlusses aber bereits vorab bekanntgemacht, müssen die Anmeldenden *versichern*, dass ihnen seit der Bekanntmachung des Kapitalerhöhungsbeschlusses (§§ 183a Abs. 2, 23 Abs. 4 AktG) keine außergewöhnlichen, wertbeeinflussenden Umstände bekannt geworden sind (§§ 184 Abs. 1 S. 3, 37a Abs. 2 AktG). 30

Die **Anmeldung der Durchführung der Kapitalerhöhung** zur Eintragung haben ebenfalls der Vorstand und der Vorsitzende des Aufsichtsrats zu bewirken (§ 188 Abs. 1 AktG). Der Anmeldung sind insbesondere die *Zeichnungsscheine* 31

---

1 *Watrin/Stöver*, Bewertung von Sacheinlagen im Rahmen von Sachgründung und Sachkapitalerhöhung sowie Implikationen für die Verschmelzung, WPg 2012, 999.
2 *Habersack*, Verdeckte (gemischte) Sacheinlage, Sachübernahme und Nachgründung im Aktienrecht, ZGR 2008, 48 (59 f.); *Lieder*, Rechtsfragen der aktienrechtlichen Nachgründung nach ARUG, ZIP 2010, 964.

beizufügen, um nachzuweisen, wer in welchem Umfang die neuen Aktien übernimmt, sowie die Verträge, die im Zusammenhang mit Sacheinlagen abgeschlossen wurden (§ 188 Abs. 3 AktG). Die Anmeldung darf erst erfolgen, wenn

- mindestens ein *Viertel des Barkapitalerhöhungsbetrages* geleistet ist (§§ 36 Abs. 2, 36a Abs. 1 AktG) und dem Vorstand zur endgültig *freien Verfügung* steht (§ 37 Abs. 1 S. 2 AktG), und
- *Sachkapitaleinlagen* auf den Erhöhungsbetrag *vollständig* geleistet sind (§ 36a Abs. 2 S. 1 AktG).

Dies haben Vorstand und Aufsichtsratsvorsitzender in der Anmeldung ausdrücklich zu erklären (§ 188 Abs. 2 AktG)[1].

32 Diese **Erklärung**, dass der auf eine Kapitalerhöhung einer AG eingezahlte Betrag sich endgültig in der **freien Verfügung** des Vorstandes befinde, bezieht sich allerdings – wie bei der GmbH – nur auf die Voraussetzungen für die *Erfüllung der Einlageschuld;* sie besagt nicht, dass die Einlage auch danach noch unverändert, also gegenständlich oder wertmäßig, im Gesellschaftsvermögen oder gar unangetastet auf dem Einlagekonto, im Gesellschaftsvermögen vorhanden sei[2]. Wegen der Problematik *verdeckter Sacheinlagen* und des Hin- und Herzahlens von Einlagen wird auf § 27 Rz. 41 verwiesen.

b) Kapitalerhöhung mit genehmigtem Kapital

33 § 202 AktG eröffnet die Möglichkeit, ein genehmigtes Kapital zu schaffen, nicht nur für die Gründung der Gesellschaft (§ 27 Rz. 44), sondern auch durch nachträgliche Einfügung einer entsprechenden **Satzungsbestimmung**. Diese enthält die *Ermächtigung* des Vorstands, das Grundkapital höchstens *fünf Jahre lang* ab Eintragung der Satzungsänderung in das Handelsregister (§ 202 Abs. 2 S. 1 AktG) durch Ausgabe neuer Aktien bis *höchstens zur Hälfte* des bei der Satzungsänderung vorhandenen Grundkapitals zu erhöhen. Spezielle Vorschriften erleichtern die Schaffung genehmigten Kapitals und der Ausgabe neuer Aktien *zugunsten der Arbeitnehmer* der Gesellschaft, wenn die Satzung dies vorsieht (§§ 202 Abs. 4, 203 Abs. 4, 204 Abs. 3, 205 Abs. 4 AktG).

34 Die **Ermächtigung** kann die näheren Details der Aktienausgabe selbst regeln oder dem Vorstand überlassen (vgl. §§ 204 Abs. 1, 205 Abs. 2 S. 1 AktG). Eine entsprechende Bestimmung im Ermächtigungsbeschluss selbst ist zwingend erforderlich, wenn vorgesehen ist:

- der Ausschluss des *Bezugsrechts* der Altaktionäre (§ 203 Abs. 2 S. 1 AktG);

---

1 Zur Abgrenzung der Kapitalerhöhung mit Bareinlagen von der Kapitalerhöhung mit Sacheinlagen bei einer schuldrechtlichen Verpflichtung, mit den Einlagebeträgen die Vorfinanzierungskredite zurückzuzahlen, sowie zu dem Begriff der „freien Verfügung" vgl. BGH v. 11.11.1985 – II ZR 109/84, BGHZ 96, 239; *Hommelhoff/Kleindiek*, Schuldrechtliche Verwendungspflichten und freie Verfügung bei der Barkapitalerhöhung, ZIP 1987, 477.
2 BGH v. 26.9.2005 – II ZR 380/03, BB 2005, 2540; *Kiethe/Hohmann* in MüKo-StGB, § 399 AktG Rz. 104; vgl. zur GmbH BGH v. 30.11.1995 – 1 StR 358/95, wistra 1996, 262.

- die Ausgabe weiterer stimmrechtsloser *Vorzugsaktien*, die den bestehenden Vorzugsaktien bei der Verteilung des Gewinns oder des Liquidationserlöses vorgehen oder gleichstehen sollen (§ 204 Abs. 2 AktG);
- die Ausgabe neuer Aktien gegen *Sacheinlage* (§ 205 Abs. 1 AktG).

Mit der späteren **Ausübung der Ermächtigung** gibt der Vorstand *neue Aktien* aus. Grundsätzlich hat er allerdings vorrangig noch *ausstehende Einlagen* einzufordern (§ 203 Abs. 3 AktG). Zu welchen *Bedingungen* er die neuen Aktien ausgibt, entscheidet der Vorstand mit Zustimmung des Aufsichtsrates, soweit nicht die Ermächtigung selbst bereits nähere Vorgaben hierfür macht (§§ 204 Abs. 1, 205 Abs. 2 AktG). 35

Unter *Bedingungen der Aktienausgabe* sind – unbeschadet des konkreten Inhalts der Ermächtigung – insbesondere zu verstehen: die Art der neuen Aktien (Inhaber- oder Namensaktien, Stamm- oder Vorzugsaktien), ggf. der Nennbetrag der neuen Aktien, der Zeitpunkt der Ausgabe, der Ausgabepreis, die Art der zu leistenden Einlage (Bar- oder Sacheinlage), der Zeitpunkt der Fälligkeit der Einlagen auf die neuen Aktien, der Zeitpunkt, ab dem die neuen Aktien am Gewinn teilhaben sollen, die Entscheidung über den Ausschluss des Bezugsrechts der Altaktionäre (§§ 203 Abs. 2, 204 Abs. 1 S. 2 Hs. 2 AktG)[1].

Für die **Ausgabe der neuen Aktien** gelten die Vorschriften der §§ 185–191 AktG über die *Kapitalerhöhung gegen Einlagen* entsprechend (s. Rz. 25 ff.). Bei Sacheinlagen ist eine *Sacheinlageprüfung* vorgeschrieben, § 205 Abs. 5 S. 1 AktG, soweit sie nicht nach §§ 205 Abs. 5 S. 2, 183a AktG verzichtbar ist (vgl. hierzu Rz. 26). § 206 AktG sieht vor, dass die Vorschriften des § 27 Abs. 3 und 4 AktG über die *verdeckte Sacheinlage*, das *Hin- und Herzahlen* (vgl. § 27 Rz. 41), den *Gründungsbericht* der Gründer und den *Gründungsprüfungsbericht* von Vorstand, Aufsichtsrat und Gründungsprüfer (§ 27 Rz. 38 ff.) entsprechend gelten. 36

Die **Durchführung der Kapitalerhöhung** ist entsprechend den Vorschriften über die Kapitalerhöhung gegen Einlagen (s. Rz. 25 ff.) zur Eintragung in das *Handelsregister* anzumelden (§§ 203 Abs. 1 S. 1, 188 AktG). Bei der Anmeldung ist mitzuteilen: 37

- bei Ausgabe neuer Aktien aus genehmigtem Kapital trotz noch *ausstehender Einlagen* auf Altaktien der Umfang der rückständigen Einlagen und der Gründe für die Nichteinziehung (§ 203 Abs. 3 S. 4 AktG);
- bei der *Umwandlung eines Jahresüberschusses* aus einem uneingeschränkt testierten Jahresüberschuss in Einlagen auf neue Aktien aus genehmigtem Kapital zugunsten von Arbeitnehmern die Erklärung nach § 210 Abs. 1 S. 2 AktG (vgl. Rz. 39);
- bei *Sacheinlagen* der Sacheinlageprüfungsbericht bzw. bei dessen Entbehrlichkeit die Unterlagen nach §§ 184 Abs. 3, 37a Abs. 3 AktG und bei Ausgabe neuer Aktien gegen Sacheinlagen ohne Prüfung (§§ 205 Abs. 5 S. 2, 183a AktG) die Versicherung nach § 184 Abs. 1 S. 3 AktG.

---

1 *Lutter* in Kölner Komm., § 204 AktG Rz. 2, 7, 9 ff.; *Bayer* in MüKo, § 204 AktG Rz. 11 ff.

c) Kapitalerhöhung aus Gesellschaftsmitteln

38 Die Kapitalerhöhung aus Gesellschaftsmitteln erfolgt durch **Umwandlung der** in einer Bilanz ausgewiesenen **Kapital- oder Gewinnrücklage**. Die Voraussetzungen sind in §§ 207 ff. AktG normiert und entsprechen weitestgehend denen für die Kapitalerhöhung aus Gesellschaftsmitteln bei der GmbH (Rz. 19 ff.). Grundsätzlich erfolgt die Kapitalerhöhung gegen Ausgabe neuer Aktien. Für nur teilweise eingezahlte Aktien enthält § 215 Abs. 2 AktG eine Sonderregelung.

39 Hat die Hauptversammlung eine solche Kapitalerhöhung beschlossen, wird sie *wirksam*, sobald der Beschluss und das **Handelsregister** eingetragen ist (§ 211 AktG). Die Aktionäre haben die neuen Aktien dann nach Aufforderung der Gesellschaft *abzuholen* bzw. sich *zuteilen* zu lassen, anderenfalls die AG sie bei Einhaltung bestimmter Voraussetzungen für Rechnung der Aktionäre *veräußern* kann (§ 214 AktG). In Bezug auf die Handelsregisteranmeldung schreibt § 210 Abs. 1 S. 2 AktG vor, dass die Anmeldenden dem Gericht gegenüber *erklären* müssen, dass nach ihrer Kenntnis seit dem Stichtag der zugrunde gelegten Bilanz bis zum Tag der Anmeldung keine Vermögensminderung eingetreten ist, die der Kapitalerhöhung entgegenstünde, wenn sie am Tag der Anmeldung beschlossen worden wäre (vgl. zur Parallelvorschrift des § 57i Abs. 1 S. 2 GmbHG Rz. 21).

d) Bedingte Kapitalerhöhung

40 **aa)** Die **bedingte Kapitalerhöhung** (§§ 192 ff. AktG) ist eine Kapitalerhöhung, die dem Grunde nach zwar ohne Bedingungen beschlossen wird. Sie ist jedoch in Bezug auf den *Umfang* der Kapitalerhöhung insoweit „bedingt", als bei der Beschlussfassung über die Kapitalerhöhung nur sicher ist, bis zu welchem Betrag sie *höchstens* durchgeführt werden kann, *nicht* aber bis zum welchem Betrag sie *tatsächlich* durchgeführt wird.

41 Dies liegt daran, dass die Durchführung einer bedingten Kapitalerhöhung nach § 192 Abs. 2 AktG **auf bestimmte Zwecke beschränkt** ist, nämlich

– zur Gewährung von *Umtausch- oder Bezugsrechten* an Gläubiger von Wandelschuldverschreibungen (§ 221 AktG, vgl. § 27 Rz. 79 ff.),

Da für die Ausübung des Bezugsrechts (oder des Umtauschrechts, § 192 Abs. 5 AktG) eine *schriftliche Erklärung des Berechtigten* erforderlich ist (§ 198 AktG), ist zur Zeit der Beschlussfassung über die Kapitalerhöhung zwar dem Grunde nach absehbar, dass neue Aktien – also eine Kapitalerhöhung – erforderlich sind, nicht aber, in welchem Umfang die Inhaber der Wandelschuldverschreibungen tatsächlich von ihrem Recht auf Übertragung von Aktien der Gesellschaft Gebrauch machen werden.

– zur *Vorbereitung des Zusammenschlusses* mehrerer Unternehmen

Der Begriff des Zusammenschlusses ist *weit zu fassen*. Darunter sind z.B. sowohl Kapitalerhöhungen zwecks einer Verschmelzung oder Spaltung nach §§ 60 ff., 123 ff. UmwG als auch für Abfindungszahlungen nach § 305 Abs. 2 AktG zu verstehen[1].

– oder zur *Gewährung von Bezugsrechten an Beschäftigte*[2].

---

1 *Fuchs* in MüKo, § 192 AktG Rz. 60.
2 Hierzu z.B. *Roß/Pommerening*, Bilanzierung von Mitarbeiterbeteiligungsprogrammen auf Basis von Wandelanleihen, WPg 2001, 644.

bb) Soll das Kapital zum Zweck der Gewährung von **Umtausch- oder Bezugsrechten an Gläubiger** von Wandelanleihen bedingt erhöht werden, kann die Hauptversammlung beschließen, das Grundkapital insoweit zu erhöhen, wie von einem Bezugsrecht Gebrauch gemacht wird, d.h. die endgültige Höhe der Kapitalerhöhung kann hier von vornherein an den *tatsächlichen Bedarf* gekoppelt werden (§ 192 Abs. 1 AktG). Der erforderliche Inhalt des Hauptversammlungsbeschlusses wird durch § 193 AktG festgelegt. Ab der Beschlussfassung werden die *Rechte* der Inhaber der Umtausch- und Bezugsrechte *geschützt*, indem ein späterer Beschluss der Hauptversammlung, der der beschlossenen bedingten Kapitalerhöhung entgegensteht, *nichtig* ist (§ 192 Abs. 4 AktG).

42

Die bedingte Kapitalerhöhung wird durch § 192 Abs. 2 AktG **der Höhe nach beschränkt**. Eine auf *Umtausch- oder Bezugsrechten* und auf einen *Unternehmenszusammenschluss* beruhende bedingte Kapitalerhöhung darf nur *bis zur Hälfte* des aktuellen Kapitals beschlossen werden, eine Erhöhung zwecks Ausgabe von *Aktienoptionen an Mitarbeiter* sogar nur bis zu 10% des Kapitals. Damit sollen sowohl die Aktionäre als auch die Allgemeinheit vor *unüberschaubaren Kapitalverhältnissen* geschützt werden[1].

43

cc) Auch die bedingte Kapitalerhöhung kann mittels **Sacheinlagen** erfolgen. In diesem Fall muss der *Kapitalerhöhungsbeschluss* aber die näheren Einzelheiten selbst festlegen (§ 194 AktG). Insoweit unterscheidet sich die bedingte Sachkapitalerhöhung von der Sachkapitalerhöhung mit genehmigtem Kapital, bei dem die Sacheinlage auch durch den Vorstand (mit Zustimmung des Aufsichtsrates) konkretisiert werden kann (§ 205 AktG, vgl. Rz. 34).

44

Soweit die Berechtigten ihr **Umtausch- oder Bezugsrecht** ausüben, steht dies – vergleichbar einer Kapitalerhöhung gegen Einlagen (s. Rz. 28) – einer *Zeichnung* neuer Aktien gleich (§ 198 Abs. 2 AktG). Der Vorstand der AG darf die neuen Aktien erst ausgeben (§ 199 AktG), wenn der Beschluss über die bedingte Kapitalerhöhung im *Handelsregister* eingetragen ist (§ 197 AktG). Mit der Ausgabe der Bezugsaktien ist das Grundkapital erhöht (§ 200 AktG).

45

Bei der bedingten Kapitalerhöhung ist zunächst der *Beschluss selbst* zur **Eintragung in das Handelsregister** anzumelden (§ 195 AktG). Anmeldungspflichtig sind der Vorstand und der Vorsitzende des Aufsichtsrats. Dabei ist anzugeben, in welchem Umfang und aus welchem Grund noch Einlagen ausstehen (§§ 195 Abs. 1 S. 2, 184 Abs. 1 S. 2 AktG). Insbesondere wenn *Sacheinlagen* vorgesehen sind, sind die für die Angemessenheit der Kapitalaufbringung erforderlichen Unterlagen nach Maßgabe des § 195 Abs. 2 AktG mit einzureichen. Innerhalb eines Monats nach Ablauf des Geschäftsjahres hat der Vorstand zur Eintragung in das *Handelsregister* anzumelden, in welchem *Umfang* im abgelaufenen Geschäftsjahr Bezugsaktien ausgegeben wurden. Er hat dabei die Bezugserklärungen und ein vom ihm unterschriebenes Verzeichnis beizufügen, aus dem hervorgeht, wer das Bezugsrecht ausgeübt und welche Einlagen hierauf geleistet hat (§ 201 Abs. 1 und 2 AktG). Außerdem muss der Vorstand erklären, dass die Bezugsaktien nur in Erfüllung des im Kapitalerhöhungsbeschluss festgesetzten

46

---

1 Koch in Hüffer, § 192 AktG Rz. 23.

Zwecks und nicht vor der vollen Leistung des Gegenwerts ausgegeben worden sind (§ 201 Abs. 3 AktG).

3. Börsengang

47 Vor allem in den letzten Jahren vor 2000 – dem Zeitalter der sog. „New Economy" – waren Börsengänge von Unternehmen nahezu an der Tagesordnung. Auch wenn die Frequenz der Börsengänge seither wieder deutlich abgenommen hat[1], stellt der Gang an die Börse für viele Unternehmen eine attraktive Möglichkeit der Eigenkapitalaufnahme dar[2]. Allerdings nimmt die Gesellschaft durch den Börsengang als solchen genau genommen gar kein neues Kapital ein. Die Börse ist nur ein sog. Sekundärmarkt. Das sog. **Börsenlisting** stellt lediglich einen Weg dar, die Aktien der Gesellschaft zu streuen und sie in einem mehr oder weniger liquiden Segment einer Börse täglich zu mehr oder weniger aussagekräftigen Marktpreisen handelbar, also verkehrsfähig, zu machen (vgl. § 3 Abs. 2 AktG).

Die nachfolgenden Grundsätze – mit Ausnahme des Erfordernisses einer „börsentauglichen" Rechtsform des Emittenten – gelten nicht nur für die Börsennotierung von Aktien, sondern auch für die Emission von **Schuldverschreibungen**, **Genussscheinen** oder **anderen Wertpapieren** (vgl. § 27 Rz. 70 ff.), mithin die „Beschaffung" von Fremdkapital über die Börse.

48 **a)** Der Gang eines Unternehmens an die Börse setzt zunächst die *Rechtsform* einer AG, einer KGaA oder einer SE voraus. Diese muss ggf. im Rahmen einer Umwandlung herbeigeführt werden. In Betracht kommen z.B. der Formwechsel (§§ 190 ff., 238 ff. UmwG), die Spaltung zur Neugründung in der Rechtsform einer an der Börse zu notierenden AG (§§ 123 ff. UmwG – sog. *Spin-off*[3]) oder die Verschmelzung mit einem bereits börsennotierten AG-Mantel (§§ 4 ff UmwG).

49 **b)** Das Unternehmen kann den angestrebten **Börsenhandel** auf die bereits **vorhandenen Aktien** beschränken. Dies bedeutet im Ergebnis, dass die ersten Aktien, die mit Aufnahme des Börsenhandels verkauft werden, von den „Altaktionären" stammen. Diese trennen sich folglich ganz oder teilweise vom Unternehmen, was als *Zeichen mangelnden Vertrauens* in die eigenen Aktien und deren Kurschancen gedeutet werden und sich negativ auf die Entwicklung des Börsenkurses auswirken kann.

50 Wollen die Altaktionäre dem Unternehmen verbunden bleiben, wird die AG in der Vorbereitung des Börsengangs eine **Kapitalerhöhung** nach den allgemeinen Regeln des AktG (s. Rz. 25 ff.) durchführen und *neue Aktien* ausgeben. Zum

---

1 Vgl. zum Gegenstück „Delisting" BGH v. 25.11.2002 – II ZR 133/01, BGHZ 153, 47; BVerfG v. 11.7.2012 – 1 BvR 3142/07 und 1 BvR 1569/08, NZG 2012, 826; hierzu *Klöhn*, Delisting, NZG 2012, 1041.
2 *Schanz*, § 1; *Singhof/Weber* in Habersack/Mülbert/Schlitt, § 4; *Blättchen/Jacquillat*, Börseneinführung, Theorie und Praxis, 1999, S. 19 ff.; *Ehlers/Jurcher*, Der Börsengang von Mittelstandsunternehmen, 1999, S. 1 f.; *Blättchen/Nespethal* in Volk, Going Public, S. 15 f.
3 *Eichner*, Management-buy-out-Gestaltungen beim Konzern-spin-off, 2002; *Volk* in Volk, Going Public, S. 137 ff.

Börsenhandel können dann sämtliche Aktien der Gesellschaft zugelassen werden. Das Ergebnis dieser Vorgehensweise ist, dass der „Börsengang" das Unternehmen selbst stärkt und nicht die Altaktionäre. Häufig unterwerfen sich die Altaktionäre auch einer Sperrfrist („Lock-up-Periode"), in der ihnen der Verkauf ihrer Anteile untersagt ist[1].

Entsprechend den allgemeinen Regeln für die Kapitalerhöhung der AG müssen die neuen Aktien damit bereits vor dem Börsengang von jemandem **gezeichnet** werden (§ 185 AktG). Für die Zeichnungsscheine stellt § 182 AktG strenge formale Anforderungen auf. I.d.R. zeichnen deshalb die den Börsengang begleitenden Emissionsbanken den Kapitalerhöhungsbetrag vollständig selbst, sodass die Kapitalerhöhung bereits vor dem öffentlichen Angebot der Aktien in das Handelsregister eingetragen werden kann und damit wirksam wird. Im Emissionsvertrag ist dabei vorgesehen, dass die Banken die jungen Aktien anschließend an das Publikum weiterveräußern. Die Orders der interessierten Anleger an ihre Hausbank werden folglich nur umgangssprachlich „Zeichnung" genannt. Tatsächlich handelt es sich hierbei jedoch meist „nur" um ein Angebot an die Emissionsbank, die von ihr bereits – im rechtlichen Sinne – „gezeichneten" Aktien käuflich zu erwerben[2].

c) Damit die Aktien an der Börse gehandelt werden können, müssen sie von der Geschäftsführung der betreffenden Börse **zum Handel zugelassen** werden. Dabei muss die Gesellschaft entscheiden, ob die Aktien im *regulierten Markt* oder im Freiverkehr gehandelt werden sollen.

Bis zur Neufassung des BörsenG zum 1.11.2007[3] gab es neben dem *Freiverkehr* (§ 57 BörsG a.F.) den *„amtlichen Handel"* (§ 30 BörsG a.F.) und den *„geregelten Markt"* (§ 49 Abs. 1 BörsG a.F.). Seit dem 1.11.2007 gibt es nur noch den *„regulierten Markt"* und den Freiverkehr. Die **Entscheidung für ein Börsensegment** ist insbesondere für die Pflichten maßgebend, die aus der Börsenzulassung folgen. Dies sind insbesondere *Informations- und Verhaltenspflichten*, wie z.B. die Pflicht zur Veröffentlichung von Jahres- und Halbjahresfinanzberichten und Zwischenmitteilungen der Geschäftsführung nach §§ 37v ff. WpHG. Bei im regulierten Markt notierten Aktien sind diese Folgepflichten im BörsG oder dem WpHG festgeschrieben. Bei im Freiverkehr notierten Aktien hängen die Pflichten dagegen von der jeweiligen Börsenordnung ab (vgl. z.B. § 48 Abs. 1 S. 4 BörsG)[4].

Die **Zulassung** zum regulierten Markt wird bei Vorliegen der Voraussetzungen des § 32 BörsG i.V.m. der BörsZulV durch die Geschäftsführung derjenigen Börse erteilt, bei der die Zulassung der Aktien zum regulierten Markt beantragt wird (zum Börsenrecht vgl. auch unten § 68). Im Freiverkehr richtet sich die Zulassung nach der *Geschäftsordnung* an der jeweiligen Börse (§ 48 BörsG).

---

1 *Grüger*, Veräußerung von Aktien entgegen einer Lock-up-Vereinbarung, WM 2010, 247.
2 Z.B. BFH v. 10.7.1963 – II 109/60 U, BB 1963, 1127; *Bayer* in MüKo, § 204 AktG Rz. 20; *Brandt* in Kümpel/Wittig, Rz. 15.411 ff.; *Schanz*, § 9 Rz. 35 ff.
3 BGBl. I, 1330.
4 *Schanz*, § 11 Rz. 43.

Werden die bisher ausgegebenen „*Alt-Aktien*" der Gesellschaft bereits an einer anderen organisierten Börse im regulierten Markt gehandelt, können sie nach § 33 BörsG (ohne neue Zulassungsentscheidung) in den regulierten Markt anderer Börsen **einbezogen** werden, wenn die Gesellschaft dies dort beantragt. Gleiches gilt für Aktien nach Maßgabe des § 48 BörsG und der jeweiligen Börsenordnung in Bezug auf den „*Freiverkehr*".

54 d) Vor der Erstnotierung der Aktien an der Börse muss sondiert werden, zu welchem **Ausgabepreis** die Emissionsbanken die Aktien an den Markt bringen können. Infrage kommt die Emission zum *Festpreis*, die Emission im Rahmen eines *Auktionsverfahrens*, aber auch die Preisfindung über das sog. *Bookbuilding-Verfahren*. Bei Letzterem wird vor der Zuteilung der Aktien eine Preisspanne bekanntgegeben, innerhalb deren die Interessenten ihre Angebote abgeben können. Im Fall der Überzeichnung gibt es verschiedene Möglichkeiten, die Aktien zuzuteilen, wobei das Verfahren grundsätzlich im *Ermessen* der Konsortialbanken liegt.

Die Konsortialbanken können die Aktien **beispielsweise** nach dem Zeitpunkt des Eingangs der Kaufgebote verteilen, nach Ordergröße, nach dem Losverfahren, oder in Form einer quotalen Aufteilung. Zulässig ist es auch, einen bestimmten Anteil der Aktien für bestimmte Personengruppen zu reservieren (sog. „*Friends-and-Family-Programme*") oder zur freien Verfügung der Konsortialbanken (sog. „*Free Retention*"). Im Fall der Überzeichnung kommt bisweilen auch der sog. „*Gree Shoe*" zum Einsatz, wenn den Konsortialbanken im Emissionsvertrag für den Fall der Überzeichnung der Emission eine Option auf Zuteilung weiterer Aktien eingeräumt wurde[1].

III. Kapitalherabsetzung

55 Die Kapitalherabsetzung stellt bei den Kapitalgesellschaften einen Fall der Kapitalbeschaffung im weiteren Sinne dar, auch wenn sich dies nach der Bezeichnung im ersten Augenblick nicht aufdrängt. **Zweck einer Kapitalherabsetzung** kann zum einen der *Erlass von Einlageverpflichtungen* (vgl. § 58 Abs. 2 S. 2 GmbHG), aber auch die *Rückzahlung* von Teilen des *Stammkapitals* sein.

Tritt z.B. ein Gesellschafter aus einer GmbH aus und ist er deshalb abzufinden oder wird ein Geschäftsanteil eingezogen (§ 34 GmbHG), kann das frei verfügbare Kapital der Gesellschaft für die **Abfindungszahlung** nicht ausreichen und die Abfindungszahlung daher zumindest teilweise gegen § 30 Abs. 1 S. 1 GmbHG verstoßen. Durch den Kapitalherabsetzungsbeschluss wird diese Sperre überwunden[2].

56 Vor allem aber kann die Kapitalherabsetzung der **Sanierung** eines Unternehmens – auch im Insolvenzverfahren (vgl. § 225a Abs. 2 S. 3 InsO[3]) – dienen. Denn sie führt zu einer Verringerung der Passivseite der Bilanz (vgl. § 266

---

1 *Schanz*, § 10 Rz. 102 ff. (121); *Brandt* in Kümpel/Wittig, Rz. 15.512 ff.; *Baden/Wismar* in Volk, Going Public, S. 10, 29.
2 *Priester* in Scholz, § 58 GmbHG Rz. 12.
3 *Decher/Voland*, Kapitalschnitt und Bezugsrechtsausschluss im Insolvenzplan, ZIP 2013, 103.

Abs. 3 HGB, dort A.I – gezeichnetes Kapital)[1] und kann hierdurch eine *Unterbilanz* beseitigen, bei der das Reinvermögen, bestehend aus der Differenz von Aktiva und Passiva (ohne Eigenkapital), kleiner ist als das gezeichnete Kapital. Die Optik der Bilanz wird dadurch verbessert, die Chance, in der Zukunft wieder Gewinne auszuweisen, erhöht[2].

Beispiel: Aktivseite der Bilanz: Aktiva 100 000 Euro, nicht durch Eigenkapital gedeckter Fehlbetrag 5 000 Euro. Passivseite: Fremdverbindlichkeiten 75 000 Euro, gezeichnetes Eigenkapital 30 000 Euro. Durch eine Kapitalherabsetzung um 5 000 Euro beträgt das Eigenkapital nur noch 25 000 Euro. Zusammen mit den Fremdverbindlichkeiten von 75 000 Euro sind sämtliche Aktiva (100 000 Euro) abgedeckt, der nicht durch Eigenkapital gedeckte Fehlbetrag entfällt, die Bilanz ist optisch verbessert.

Gerade weil die Kapitalherabsetzung der Gesellschaft Eigenkapital entzieht, unterliegt sie zum Schutz der Gläubiger der Gesellschaft **strengen Vorschriften**. Für die AG ist die Kapitalherabsetzung deutlich detaillierter geregelt als für die GmbH, weshalb die aktienrechtlichen Bestimmungen in Teilen auf die GmbH entsprechende Anwendung finden. Deshalb wird die AG zuerst behandelt.

1. Aktiengesellschaft

Die Kapitalherabsetzung bei der AG ist in §§ 222 ff. AktG geregelt. Sie bedarf eines entsprechenden **Beschlusses der Hauptversammlung**. Bei Vorhandensein mehrerer Aktiengattungen (§ 11 AktG) ist – wie bei der Kapitalerhöhung (Rz. 25) – ein Beschluss für jede einzelne Gattung erforderlich (§ 222 Abs. 1 und 2 AktG).

In dem Beschluss ist der **Zweck** – es können auch mehrere gleichzeitig verfolgt werden[3] – **der Kapitalherabsetzung** festsetzen (§ 222 Abs. 3 AktG). Hintergrund dieser Vorschrift ist, dass durch die Kapitalherabsetzung in der Buchhaltung ein *Ertrag* ausgewiesen werden muss[4]. Mit der Festsetzung des Zwecks der Kapitalherabsetzung wird dem Vorstand die Verwendung dieses Ertrags vorgegeben. Der Zweck darf daher nicht nur allgemein gehalten sein[5].

Eine Herabsetzung des **Grundkapitals unter 50 000 Euro** (§ 7 AktG) ist nur zulässig, wenn *gleichzeitig* mit der Herabsetzung eine *Kapitalerhöhung* beschlossen wird, durch die dieser Mindestbetrag wieder erreicht wird (§ 228 AktG).

---

1 *Zöllner/Haas* in Baumback/Hueck, GmbHG, § 58 Rz. 1.
2 *Priester* in Scholz, § 58 GmbHG Rz. 14; *Roth* in Roth/Altmeppen, § 58 GmbHG Rz. 5; *Halm*, Formelle und materielle Erfordernisse der ordentlichen Kapitalherabsetzung im Recht der GmbH, DStR 1997, 1332 (1333); *Geißler*, Rechtliche und unternehmenspolitische Aspekte der vereinfachten Kapitalherabsetzung bei der AG, NZG 2000, 719 (720); *Decher/Voland*, ZIP 2013, 103.
3 *Oechsler* in MüKo, § 222 AktG Rz. 38; *Koch* in Hüffer, § 222 AktG Rz. 20.
4 *Oechsler* in MüKo, § 222 AktG Rz. 37.
5 So schon RG v. 23.12.1923 – II 522/20, RGZ 103, 367 (370); *Oechsler* in MüKo, § 222 AktG Rz. 39.

Die Kombination von Kapitalherabsetzung und gleichzeitiger Kapitalerhöhung spielt insbesondere bei der *Sanierung* von Unternehmen eine große Rolle[1]. Eine Kapitalerhöhung alleine hätte nämlich zur Folge, dass ein Teil der neuen Einlagen zur Abdeckung der Verluste verbraucht werden muss. Setzt man aber zuerst das Kapital herab, führt dies zu einem Ertrag, mit dem die Verluste ausgeglichen werden können. Die anschließende Kapitalerhöhung steht damit vollumfänglich dem Unternehmen zur Verfügung[2].

61 Die Gläubiger der AG haben grundsätzlich einen **Anspruch auf Besicherung**. Dieser Anspruch muss *erfüllt* sein, bevor aufgrund der Kapitalherabsetzung Auszahlungen an die Aktionäre geleistet werden (§ 225 AktG). Im Gegensatz zur GmbH (Rz. 65 ff.) setzt eine Kapitalherabsetzung bei der AG nicht voraus, dass zuvor die Absicht der Kapitalherabsetzung *bekanntgemacht* und den Ablauf eines *Sperrjahres* eingehalten wurde. Vielmehr wird die Kapitalherabsetzung zuerst durchgeführt. Anschließend haben die Gläubiger Anspruch auf Sicherheitsleistung (oder Befriedigung).

62 Soll eine Kapitalherabsetzung ausschließlich dazu dienen, Wertminderungen oder sonstige Verluste auszugleichen oder die Kapitalrücklage zu erhöhen, eröffnet § 229 Abs. 1 AktG die Möglichkeit der **vereinfachten Kapitalherabsetzung**[3]. Allerdings müssen zuvor etwa vorhandene gesetzliche *Rücklagen*, die Kapitalrücklage und Gewinnrücklagen weitestgehend aufgelöst werden (§ 229 Abs. 2 AktG). *Auszahlung* an die Aktionäre sind bei der vereinfachten Kapitalherabsetzung *nicht zulässig* (§ 230 AktG). Außerdem unterliegt die Gesellschaft in Bezug auf Kapitalrücklage und Gewinnausschüttung den Beschränkungen der §§ 231 ff. AktG.

63 Der Kapitalherabsetzungsbeschluss muss vom Vorstand und dem Vorsitzenden des Aufsichtsrates zur **Eintragung in das Handelsregister** angemeldet werden (§ 223 AktG). Mit der Eintragung des Beschlusses in das Handelsregister wird die Kapitalherabsetzung *wirksam* (§ 224 AktG). Dies gilt auch für die vereinfachte Kapitalherabsetzung (§ 229 Abs. 3 AktG, Rz. 62). Nach § 227 AktG muss die *Durchführung* der Kapitalherabsetzung nochmals vom Vorstand zur Eintragung in das Handelsregister angemeldet werden, was u.U. auch einheitlich mit der Anmeldung des Beschlusses selbst geschehen kann (§ 227 AktG). Diese Eintragung hat jedoch aufgrund des § 224 AktG nur *deklaratorische* Bedeutung[4].

64 Für die Durchführung der Kapitalherabsetzung **maßgeblich** sind nach h.M. die rechtlich erforderlichen *Beschlüsse* zur Anpassung der Mitgliedsrechte an das veränderte Grundkapital, d.h. die Anpassung der Summe der Aktiennennbeträge an das herabgesetzte Grundkapital, die Entscheidung über die Zusam-

---

1 *Rusch/Brocker*, Debt Mezzanine Swap bei Unternehmensfinanzierungen, ZIP 2012, 2193; *Karsten Schmidt*, GesR, § 29 III 1; zum Erfordernis der sachlichen Rechtfertigung des Beschlusses zur sanierenden Kapitalherabsetzung vgl. OLG Dresden v. 18.9.1996 – 12 U 1727/96, ZIP 1996, 1780.
2 *Oechsler* in MüKo, § 229 AktG Rz. 5.
3 *Karsten Schmidt*, GesR, § 29 III 5; *Wirth*, Vereinfachte Kapitalherabsetzung, DB 1996, 867.
4 *Koch* in Hüffer, § 227 AktG Rz. 1.

menlegung von Aktien nach § 222 Abs. 4 S. 2 AktG sowie die Kraftloserklärung von Aktien nach § 226 Abs. 2 AktG. Auf die praktische Umsetzung dieser Maßnahmen kommt es hingegen nicht an[1].

2. GmbH

Für die GmbH ist die **(ordentliche) Kapitalherabsetzung** in § 58 GmbHG geregelt. Der Zweck der Kapitalherabsetzung ist im Kapitalherabsetzungsbeschluss anzugeben; § 222 Abs. 3 AktG gilt für die GmbH entsprechend[2]. § 58 GmbHG schreibt jedoch ein vom AktG abweichendes Verfahren vor, das einer Liquidation ähnelt[3], nämlich 65

– eine *Bekanntmachung* der Kapitalherabsetzung, sowie die Aufforderung an die Gläubiger der Gesellschaft, sich zu melden,

– das *Einverständnis* der Gläubiger, anderenfalls deren Befriedigung oder Besicherung,

– die *Anmeldung* der Kapitalherabsetzung zur Eintragung in das Handelsregister, und zwar nicht vor Ablauf eines Jahres ab ihrer Bekanntmachung und

– mit der Anmeldung die *Versicherung* der Geschäftsführer, dass die Gläubiger, die der Kapitalherabsetzung nicht zugestimmt haben, befriedigt oder gesichert sind; dies umfasst auch Gläubiger, deren Forderungen die GmbH bestritten hat[4].

Zu einer Unterschreitung des **Mindeststammkapitals** nach § 5 Abs. 1 GmbHG darf die Kapitalherabsetzung nicht führen (§ 58 Abs. 2 GmbHG). Die für die AG zulässige Vorgehensweise, eine Kapitalherabsetzung mit einer Kapitalerhöhung zu kombinieren (Rz. 60), ist nach h.M. bei der GmbH *nicht zulässig*[5].

§§ 58a–58f GmbHG ermöglichen eine **vereinfachte** nominelle **Kapitalherabsetzung** ohne Gläubigeraufruf und Sperrfrist von einem Jahr[6]. Diese dient der Beseitigung einer *Unterbilanz* (s. Rz. 56) und kann auch auf die zurückliegende Jahresbilanz zurückwirken (§§ 58e, 58f GmbHG). Sie darf nur zur Verlustdeckung nach *Auflösung offener Eigenkapitalposten* verwendet werden (§ 58a Abs. 1, 2, § 58b Abs. 1 GmbHG). Ein auf diese Weise in die Kapitalrücklage eingestellter Betrag unterliegt einer fünfjährigen *Ausschüttungssperre* (§ 58b Abs. 3 GmbHG). Dadurch ist ein sanierender Kapitalschnitt möglich. Eine *Überschuldung* kann durch bloße Kapitalherabsetzung aber nicht beseitigt werden. 66

---

1 *Oechsler* in MüKo, § 227 AktG Rz. 3; *Koch* in Hüffer, § 227 AktG Rz. 2 f.
2 *Priester* in Scholz, § 58 GmbHG Rz. 37 f.
3 *Schnorbus* in Rowedder/Schmidt-Leithoff, § 58 GmbHG Rz. 1.
4 *Tiedemann*, GmbH-StrafR, § 82 GmbHG Rz. 132; *Kiethe/Hohmann* in MüKo-StGB, § 82 GmbHG Rz. 178.
5 *Priester* in Scholz, § 58 GmbHG Rz. 33.
6 Eingefügt durch das EGInsO v. 5.10.1994, BGBl. I 2911, in Kraft getreten am 19.10.1994.

IV. Straftaten

67 Über die nachstehend dargestellten Tatbestände hinaus kommen auch im Zusammenhang mit einer Kapitalmaßnahme im laufenden Betrieb des Unternehmens sämtliche **Straftatbestände** in Betracht, die auch im Rahmen der Kapitalaufbringung im Zuge der *Unternehmensgründung* einschlägig sind (s. § 27 Rz. 110 ff.). Die Maßnahmen der Innenfinanzierung (Rz. 4 ff.) können zusätzlich *Bilanzmanipulationen* darstellen, deren Strafbarkeit in § 40 näher erläutert ist. Eine Maßnahme der Kapitalherabsetzung kann auch auf *Insolvenzverschleppung* (unten § 80) hinauslaufen.

1. Kapitaländerungsschwindel

a) GmbH und UG

68 aa) **Falsche Angaben** zum Zwecke der Eintragung einer Erhöhung des Stammkapitals werden durch § 82 Abs. 1 Nr. 3 GmbHG unter Strafe gestellt, um die *Vortäuschung der Zuführung neuen Eigenkapitals* z.B. im Fall einer Krise („*Sanierungsschwindel*") oder zur angeblichen Erweiterung der Unternehmenstätigkeit zu verhindern[1]. Der Straftatbestand ist weithin mit dem in § 27 Rz. 149 ff. dargestellten § 82 Abs. 1 Nr. 1 GmbHG identisch, sodass auf die dortigen Ausführungen verwiesen werden kann. Eine Abweichung stellt lediglich dar, dass *Täter* nur der Geschäftsführer, nicht aber der Gesellschafter sein kann[2]. Auch der Liquidator ist kein tauglicher Täter[3].

69 Gegenstand der Straftat sind:

– Angaben über die *Zeichnung neuen Kapitals*;

Damit ist die in § 55 Abs. 1 GmbHG angesprochene Übernahmeerklärung gemeint sowie die nach § 57 Abs. 3 Nr. 2 GmbHG zu erstellende Liste der Personen, die die neuen Stammeinlagen übernommen haben; aus ihr muss sich auch der Betrag der von jedem übernommenen Einlage ergeben[4] (vgl. auch § 27 Rz. 149 ff.).

– Angaben über die *Einbringung des neuen Kapitals*;

Dabei handelt es sich um die Angaben über die Höhe, die Art und Weise der Kapitaleinbringung[5] sowie um die nach § 57 Abs. 2 GmbHG abzugebende Versicherung, dass sich der Gegenstand der Leistungen endgültig zur freien Verfügung des Geschäftsführers befindet, wenn auch nicht in unveränderter Form[6] (vgl. hierzu § 27 Rz. 28 ff., 32 ff.).

---

1 *Tiedemann*, GmbH-StrafR, § 82 GmbHG Rz. 109.
2 *Ransiek* in Ulmer/Habersack/Winter, Großkomm., § 82 GmbHG Rz. 80; *Tiedemann*, GmbH-StrafR, § 82 GmbHG Rz. 109.
3 OLG Thüringen v. 29.07.1998 – 1 Ss 318/96, wistra 1998, 73; *Haas* in Baumbach/Hueck, § 82 GmbHG Rz. 41.
4 *Haas* in Baumbach/Hueck, § 82 GmbHG Rz. 37; *Ransiek* in Ulmer/Habersack/Winter, Großkomm., § 82 GmbHG Rz. 82; *Kiethe/Hohmann* in MüKo-StGB, § 82 GmbHG Rz. 128.
5 Vgl. BGH v. 20.1.1955 – 4 StR 492/54, BGHSt 7, 157.
6 *Zöllner/Fastrich* in Baumbach/Hueck, § 57 GmbHG Rz. 11 ff.; *Winter/Veil* in Scholz, § 7 GmbHG Rz. 26, 33.

– Angaben über *Sacheinlagen*[1], d.h. den Gegenstand der Sacheinlage und den Nennbetrag des Geschäftsanteils, auf den sich die Sacheinlage bezieht (s. Rz. 9 f.).

bb) Die Kapitalerhöhung aus Gesellschaftsmitteln wird durch § 82 Abs. 1 Nr. 4 GmbHG[2] strafrechtlich geschützt. Danach wird bestraft, wer als Geschäftsführer einer GmbH in der in § 57i Abs. 1 S. 2 GmbHG (s. Rz. 21) vorgeschriebenen Erklärung vorsätzlich *falsche Angaben* macht. Die Erklärung der Anmeldenden lautet lediglich dahin gehend, dass „nach ihrer Kenntnis" zwischenzeitlich keine der Kapitalerhöhung entgegenstehende Vermögensminderung eingetreten ist. Ob tatsächlich objektiv eine Vermögensminderung eingetreten ist, die der Eintragung entgegenstünde, ist deshalb für die Strafnorm unerheblich[3] und die Erklärung schon falsch, wenn die Kenntnis des Anmeldenden in Wirklichkeit eine andere ist, er mithin von einer (tatsächlichen oder vermeintlichen) Vermögensminderung ausgeht. Die Feststellung einer objektiven Vermögensminderung spielt bei dieser Strafnorm also allenfalls insoweit eine Rolle, als ihr Vorliegen einen Rückschluss auf den Kenntnisstand des Anmeldenden ermöglicht. Straflos bleibt es, wenn das Vermögen bereits *zur Zeit der Beschlussfassung* nicht ausreichend war. Der Tatbestand ist dann nicht erfüllt, da die Versicherung nach § 57i Abs. 1 S. 2 GmbHG ausdrücklich darauf gerichtet ist, dass die Vermögensminderung erst zwischen Bilanzstichtag und Handelsregisteranmeldung „*eingetreten*" ist.

70

Der Geschäftsführer hat sich zivilrechtlich vor Abgabe der Erklärung *positive Gewissheit* über die Existenz der Rücklagen zu verschaffen (vgl. Rz. 21). **Verschafft er sich diese Gewissheit nicht**, wird – grundsätzlich – von der (vorsätzlichen) Falschheit seiner Erklärung auszugehen sein[4]. Denn dem Täter wird bei der Anmeldung regelmäßig bewusst sein, dass seine Erklärung vom Registergericht dahin gehend verstanden wird, er habe sich die Kenntnis auch tatsächlich verschafft. Dass er dies in Wirklichkeit unterlassen hat und deshalb wahrheitsgemäß allenfalls erklären kann, er wisse es nicht, habe sich aber auch gar nicht um das Wissen bemüht – was mangels Ordnungsmäßigkeit der Erklärung zur Verweigerung der Registereintragung führen würde -, wird ihm ebenfalls klar sein.

71

cc) Für den sog. **Kapitalherabsetzungsschwindel** ist als Strafvorschrift § 82 Abs. 2 Nr. 1 GmbHG einschlägig[5]. Danach ist allein die unwahre *Versicherung des Geschäftsführers* gegenüber dem Registergericht gem. § 58 Abs. 1 Nr. 4 GmbHG über die Befriedigung oder Sicherstellung der Gläubiger bei der *ordentlichen Kapitalherabsetzung* unter Strafe gestellt. Hierdurch sollen die

72

---

1 *Tiedemann*, GmbH-StrafR, § 82 GmbHG Rz. 115.
2 *Tiedemann* in Scholz, § 82 GmbHG Rz. 109.
3 *Altenhain* in Kölner Komm., § 399 AktG, Rz. 195; *Hefendehl* in Spindler/Stilz, 2. Aufl. 2010, § 399 AktG Rz. 214; vgl. auch *Tiedemann* in Scholz, § 82 GmbHG Rz. 119a.
4 Vorsichtiger *Altenhain* in Kölner Komm., § 399 AktG Rz. 195.
5 *Tiedemann*, GmbH-StrafR, § 82 GmbHG Rz. 129 ff.

Gläubiger, die der Kapitalherabsetzung nicht zugestimmt haben, geschützt werden[1]. Die Strafbarkeit des *Verschweigens* der Tatsache, dass der Kreis der Gläubiger aufgrund einer mangelhaften und nicht gem. § 58 Abs. 1 Nr. 1 GmbHG erfolgten Bekanntmachung oder wegen noch nicht abgelaufener Frist (§ 58 Abs. 1 Nr. 3 GmbHG) noch nicht bestimmt ist, ist umstritten[2].

73 Da bei der **vereinfachten Kapitalherabsetzung** eine Gläubigerbeteiligung nicht stattfindet, ist hier *kein* Raum für den speziellen Tatbestand einer strafbar falschen Versicherung nach § 82 Abs. 2 Nr. 1 GmbHG[3].

b) Aktiengesellschaft

74 **aa)** Der Straftatbestand des vorsätzlichen (§ 15 StGB) **Kapitalerhöhungsschwindels**[4] nach § 399 Abs. 1 Nr. 4 AktG erfasst
- die Kapitalerhöhung gegen Einlagen (§§ 182–191 AktG, s. Rz. 25 ff.),
- die bedingte Kapitalerhöhung (§§ 192–201 AktG, s. Rz. 40 ff.) sowie
- die Kapitalerhöhung mit genehmigtem Kapital (§§ 202–206 AktG, s. Rz. 33 ff.).

Als *Täter* kommen Mitglieder des Vorstandes sowie des Aufsichtsrates in Betracht, soweit sie mit der Anmeldung der Erhöhungsbeschlüsse befasst sind[5].

75 Gegenstand der **falschen Angaben** (hierzu § 27 Rz. 138 ff.) können sein[6]:
- Angaben über die Einbringung des *bisherigen* Kapitals (§§ 184 Abs. 3, 203 Abs. 3 S. 4 AktG, s. Rz. 30, 37);
- Angaben über die Zeichnung oder Einbringung des *neuen* Kapitals (§§ 188 Abs. 2 und 203 Abs. 1 AktG i.V.m. §§ 36 Abs. 2 und 37 Abs. 1 AktG, s. Rz. 31 f., 37)[7].
- Angaben über den *Ausgabebetrag* der Aktien (§§ 188 Abs. 1, 2, 203 Abs. 1 i.V.m. § 37 Abs. 1 AktG, s. Rz. 31);
- Angaben über *Sacheinlagen* (s. Rz. 31, 36, 44);

76 § 399 Abs. 1 Nr. 4 AktG stellt ein **Schutzgesetz** i.S. von § 823 Abs. 2 BGB dar, da er die Aufbringung des Grundkapitals gewährleisten und den Rechts- und Wirtschaftsverkehr davor bewahren soll, dass Aktien in Umlauf gesetzt werden, die nur Scheinwerte darstellen. Die Vorschrift verfolgt zwar zum einen

---

1 *Tiedemann*, GmbH-StrafR, § 82 GmbHG Rz. 129; *Haas* in Baumbach/Hueck, § 82 GmbHG Rz. 69.
2 Für eine Strafbarkeit *Haas* in Baumbach/Hueck, § 82 GmbHG Rz. 70; *Tiedemann*, GmbH-StrafR, § 82 GmbHG Rz. 133.
3 *Tiedemann* in Scholz, § 82 GmbHG Rz. 129.
4 *Otto* in Großkomm., § 399 AktG Rz. 162.
5 *Altenhain* in Kölner Komm., § 399 AktG Rz. 141, 159.
6 *Otto* in Großkomm. AktG, § 399 AktG Rz. 166 ff.
7 Zur Abgrenzung der Kapitalerhöhung mit Bareinlagen von der Kapitalerhöhung mit Sacheinlagen bei einer schuldrechtlichen Verpflichtung, mit den Einlagebeträgen die Vorfinanzierungskredite zurückzuzahlen, sowie zu dem Begriff der „freien Verfügung" vgl. BGH v. 11.11.1985 – II ZR 109/84, BGHZ 96, 239; ferner *Hommelhoff/Kleindiek*, ZIP 1987, 477; *Koch*, Die Entwicklung des Gesellschaftsrechts in den Jahren 1987/88, NJW 1989, 3130 (3132).

den Zweck, das *Vertrauen der Allgemeinheit* (Öffentlichkeit) in die Korrektheit der Handelsregistereintragungen sowie der öffentlichen Ankündigungen zu schützen. Ihr Ziel ist es aber auch, die Täuschung von Personen zu verhüten, die zu der Gesellschaft rechtliche und wirtschaftliche Beziehungen unterhalten oder infolge der Durchführung der Kapitalerhöhung in solche eintreten[1].

bb) Durch § 399 Abs. 2 Alt. 1 AktG wird die **Kapitalerhöhung aus Gesellschaftsmitteln**[2] (§§ 207 ff. AktG, s. Rz. 38 f.) strafrechtlich geschützt[3]. Als *Täter* kommen nur Mitglieder des Vorstands oder des Aufsichtsrats in Betracht. Gegenstand der Tathandlung ist ausschließlich die vorsätzlich wahrheitswidrig abgegebene Erklärung nach § 210 Abs. 1 S. 2 AktG (s. Rz. 39). Der Tatbestand entspricht dem Grunde nach dem des § 82 Abs. 1 Nr. 4 GmbHG (s. Rz. 70).

cc) Die Unrichtigkeit von **Angaben im Nachgründungsbericht** (Rz. 27) wird über § 399 Abs. 1 Nr. 2 AktG erfasst. Täter kann beim Nachgründungsbericht nur der Aufsichtsrat sein, da er diesen zu erstatten hat (§ 52 Abs. 3 AktG)[4]. Im übrigen wird auf § 27 Rz. 172 ff. verwiesen.

dd) Nach § 400 Abs. 2 AktG werden **unrichtige Angaben gegenüber einem Prüfer** bei der Prüfung einer Kapitalerhöhung mit Sacheinlagen (§ 183 Abs. 3 AktG) unter Strafe gestellt. Auf die Erläuterungen in § 27 Rz. 176 wird verwiesen.

2. Unrichtige öffentliche Ankündigung

Ist der öffentliche Handel von Aktien einer Aktiengesellschaft – nicht nur über die Börse[5] – vorgesehen, wird dies i.d.R. öffentlich angekündigt. Unrichtige Angaben in dieser öffentlichen Ankündigung stellt **§ 399 Abs. 1 Nr. 3 AktG** unter Strafe. Vorausgesetzt ist lediglich, dass es sich um eine *öffentliche Ankündigung* – unabhängig von ihrer Form (Printmedien, Aushänge, Telemedien o.Ä.)[6] – nach § 47 Nr. 3 AktG handelt, d.h. eine Ankündigung, die spätestens zwei Jahre nach der Eintragung der Gesellschaft in das Handelsregister erfolgt. Gegenstand der Ankündigung muss der Handel der *ersten Aktien* der Gesellschaft sein. Die Ankündigung des Handels mit später im Rahmen einer Kapitalerhöhung geschaffene Aktien ist dagegen nicht mehr von § 47 Abs. 3 AktG erfasst[7]. Dass tatsächlich eine Schadensersatzpflicht aus § 46 Abs. 1 AktG besteht, der in § 47 Nr. 3 AktG ebenfalls genannt ist, ist für den objektiven Tatbestand der Strafnorm nicht erforderlich. Dieser erfordert lediglich die Unrichtigkeit der

---

1 BGH v. 11.7.1988 – II ZR 243/87, BGHZ 105, 121 ff.; RG v. 5.3.1938 – II 104/37, RGZ 157, 213 (217); *Altenhain* in Kölner Komm., § 399 AktG Rz. 122.
2 *Otto* in Großkomm., § 399 AktG Rz. 222 ff.
3 *Altenhain* in Kölner Komm., § 399 AktG Rz. 192.
4 *Schaal* in MüKo, § 399 AktG Rz. 116; *Altenhain* in Kölner Komm., § 399 AktG Rz. 118; *Otto* in Großkomm., § 399 AktG Rz. 126 ff.
5 *Schaal*, MüKo, § 399 AktG Rz. 141.
6 *Schaal* in MüKo, § 399 AktG Rz. 136; *Schaal* in Erbs/Kohlhaas, A 116 § 399 AktG Rz. 62.
7 *Schaal* in MüKo, § 399 AktG Rz. 137.

Ankündigung, die aufgrund der Verweisung freilich die in § 46 Abs. 1 AktG genannten Angaben betreffen muss¹.

81 Danach kann die **Ankündigung** falsch sein

– in Bezug auf Angaben, die zum Zweck der *Gründung* der Gesellschaft gemacht worden sind (§ 46 Abs. 1 AktG), wie z.B. über die Übernahme der Aktien, die Einzahlungen auf die Aktien, die Verwendung eingezahlter Beträge, Sondervorteile, Gründungsaufwand, Sacheinlagen und Sachübernahmen,

– ferner in Bezug auf Angaben über eine *Schädigung* der Gesellschaft durch Sacheinlagen oder Sachübernahmen².

82 **Öffentlich** ist die Ankündigung, wenn sie sich nicht an einen bestimmten Personenkreis richtet. Dies kann die Öffentlichkeit überhaupt sein, daneben kann es sich aber auch um eine nur *begrenzte Öffentlichkeit* handeln, wie den Kundenkreis einer Bank oder eines Anlageberaters³.

83 Eine Beschränkung des **Täterkreises** enthält § 399 Abs. 1 Nr. 3 AktG nicht. Täter kann also jeder sein, der die Aktien öffentlich ankündigt.

Beispiele: Dies können beispielsweise auch die Vorstandsmitglieder oder Geschäftsführer von *Emissionsbanken* sein. Dagegen kommen als Täter nicht in Betracht etwa Büropersonal, Schreibkräfte und untergeordnete Mitarbeiter. Diese können sich allenfalls als *Gehilfen* strafbar machen, da ihnen regelmäßig die Entscheidungsgewalt über die Ankündigung fehlt.

84 Dass die Ankündigung nach § 47 Nr. 3 AktG im *Zeitraum* vor der Handelsregistereintragung der AG und bis zu zwei Jahre danach erfolgt sein muss, stellt lediglich eine **objektive Bedingung der Strafbarkeit** dar, weshalb sich der Vorsatz des Täters hierauf nicht beziehen muss (streitig)⁴.

3. Straftaten bei Umwandlungen

85 Ist an einer Spaltung eine GmbH, eine AG oder eine KGaA beteiligt, müssen der Registeranmeldung auch die Erklärungen nach §§ 140, 146 Abs. 1 UmwG beigefügt werden. Wer als *Mitglied des Vertretungsorgans* oder als *Abwickler* einer solchen Gesellschaft in dieser Erklärung **vorsätzlich unrichtige Angaben** (hierzu s. Rz. 68, 75; § 27 Rz. 138 ff.) über die Deckung des Stamm- oder Grundkapitals der übertragenden Gesellschaft macht, macht sich nach § 313 Abs. 2 Var. 1 UmwG strafbar.

86 Die Täter können sich dabei nicht darauf berufen, die in ihrer Erklärung gemachten Angaben seien auf Basis der ihnen vorliegenden Daten zutreffend, wenn bereits diese Daten unrichtig sind, und sie dies wissen. Denn nach § 313 Abs. 2 Var. 2 UmwG können sie sich auch strafbar machen, wenn sie ihrer Erklärung bewusst **unrichtige Angaben zugrunde legen**.

---

1 *Oetker* in Karsten Schmidt/Lutter, § 399 AktG Rz. 14; *Schaal* in MüKo, § 399 AktG Rz. 138.
2 *Altenhain* in Kölner Komm., § 399 AktG Rz. 129.
3 *Schaal* in Erbs/Kohlhaas, A 116 § 399 AktG Rz. 61 f.
4 *Schaal* in MüKo, § 399 AktG Rz. 143; *Schaal* in Erbs/Kohlhaas, A 116 § 399 AktG Rz. 65.

Darüber hinaus enthält das UmwG **keine weiteren speziellen Strafvorschriften** in Bezug auf Kapitalmaßnahmen im Zusammenhang mit der *Umwandlung* eines Unternehmens nach dem UmwG. Da auch bei Umwandlungen grundsätzlich die *allgemeinen Vorschriften* für Kapitalerhöhungen gelten, kommen zunächst die dort genannten Strafvorschriften in Betracht (Rz. 68 ff.). Darüber hinaus kann vor allem die *unrichtige Darstellung* oder *Verschleierung* der Verhältnisse der beteiligten Rechtsträger im *Verschmelzungs-, Spaltungs- oder Umwandlungsbericht* nach § 313 Abs. 1 Nr. 1 und 2 UmwG einschlägig sein (hierzu in § 27 Rz. 183 ff.).

87

Einstweilen frei.

88–100

B. Kredite

Schrifttum: *Althof*, Kreditinstitute als Zielscheibe für Kreditbetrug, 2013; *Bockelmann*, Betrug trotz ausreichender Gläubigersicherung, NJW 1961, 145; *Bockelmann*, Betrug verursacht durch Schweigen, in FS Eb. Schmidt, 1966, S. 437; *Bockelmann*, Kriminelle Gefährdung und strafrechtlicher Schutz des Kreditgewerbes, ZStW 79 (1967), 28; *Fahl*, Strafbarkeit der „Lastschriftreiterei" nach § 263 StGB, Jura 2006, 733; *Gehrmann*, Checkliste: Subventions- und Kreditbetrug, PStR 2009, 117; *Geppert*, Versicherungsmissbrauch (§ 265 StGB neue Fassung), Jura 1998, 382; *Gerst*, Zwischen Verkaufsgeschick und Betrug, Strafbarkeitsrisiken beim Vertrieb von Kapitalanlageprodukten am Beispiel offener Immobilienfonds, StraFo 2011, 29; *Göhler/Wilts*, Das Erste Gesetz zur Bekämpfung der Wirtschaftskriminalität (II), DB 1976, 1658; *Guisheng*, Zur Täuschung über zukünftige Ereignisse beim Betrug, 2013; *Harbort*, Die Bedeutung der objektiven Zurechnung beim Betrug, 2010; *Hey*, Wertdifferenzgeschäfte, Kriminalistik 1997, 480; *Kiessner*, Kreditbetrug und § 265b StGB, 1985; *Holzscheck/Hörmann/Daviter*, Praxis des Konsumentenkredits, 1982; *Lampe*, Kreditbetrug, 1980; *Munoz Conde*, Über den so genannten Kreditbetrug, in FS Tiedemann, 2008, S. 677; *Münstermann*, Versicherungsbetrug in der Kaskoversicherung, DAR 1994, 288; *Obermüller*, Nachträgliche Besicherung von Krediten, ZIP 1981, 352; *Otto*, Bargeldloser Zahlungsverkehr und Strafrecht, 1978; *Otto*, Bankentätigkeit und Strafrecht, 1983; *Otto*, Konzeption und Grundsätze des Wirtschaftsstrafrechts (einschließlich Verbraucherschutz), ZStW 96 (1984), 364; *Prost*, Krediterschleichung im Vorfeldtatbestand des Betruges, JZ 1975, 18; *Risch*, Kreditvermittlungsbetrug, 2000; *Schwarz*, Die Mitverantwortung des Opfers beim Betrug, 2013; *Tiedemann/Cosson*, Straftaten und Strafrecht im deutschen und französischen Bank- und Kreditwesen, 1973; *Tiedemann/Sasse*, Delinquenzprophylaxe, Kreditsicherung und Datenschutz in der Wirtschaft, 1973.

Der **Begriff** „Kreditbetrug" hat eine **doppelte Bedeutung**. Zum einen versteht man darunter den Betrug gem. § 263 StGB zum Nachteil einer Bank bei der Gewährung eines Kredits (Rz. 102), zum anderen den selbständigen – vorverlagerten – Tatbestand des § 265b StGB, mit dem vorsätzliche Täuschungshandlungen im Zusammenhang mit der Beantragung von Betriebskrediten geahndet werden (Rz. 150).

101

I. Kreditbetrug gem. § 263 StGB

1. Einschlägige Tatbestandsmerkmale

Die **wichtigsten** beim Kreditbetrug gem. § 263 StGB zu untersuchenden **Tatbestandsmerkmale** sind die *Täuschungshandlung*, der *Irrtum* und der *Ver-*

102

mögensschaden. Diese werden hier mit ihren kreditspezifischen Besonderheiten behandelt. Wegen weiterer Einzelheiten zum Betrug sei verwiesen auf die allgemeine Darstellung zum Betrug (oben § 47), zum Warenkreditbetrug (oben § 48, unten § 86) und zur bargeldlosen Bezahlung (insbesondere Scheck- [§ 49 Rz. 6 ff.] und Wechselgeschäft [§ 49 Rz. 21 ff.]).

a) Täuschungshandlung

103 aa) In den meisten praktischen Fällen des Betrugs im Zusammenhang mit Bankkrediten braucht man zur Feststellung der Täuschungshandlung nicht auf ein konkludentes Handeln (§ 47 Rz. 17, § 48 Rz. 6) durch Beantragung des Kredits zurückzugreifen. I.d.R. werden die *Tatsachen*, die für die Werthaltigkeit des Rückzahlungs- und Verzinsungsanspruchs erheblich und damit für eine **Täuschungshandlung** tauglich sein können, vom Kreditnehmer im Kreditantrag **ausdrücklich** erklärt.

104 Maßgeblich sind Täuschungshandlungen, **die zur Kreditvergabe führen**. Spätere Manipulationen spielen nur eine Rolle, wenn dadurch eine weitere Vermögenseinbuße (Schadensvertiefung) eintritt. Dazu folgender vom BGH entschiedener Fall[1]:

> Eine Bank hatte dem Angeklagten, ohne sich dingliche Sicherheiten bestellen zu lassen, im September 1992 einen Kredit für den Ankauf eines Villengrundstücks in Höhe von 1 Mio. DM gewährt. Der Angeklagte stellte danach – am 24.2.1993 – gegenüber der B Bank ein schriftliches Negativattest aus, in dem er wahrheitswidrig erklärte, dass er das vorher mit den Kreditmitteln der Bank erworbene Grundstück vor Rückführung des Darlehens nicht mit Grundpfandrechten zugunsten Dritter belasten werde. Tatsächlich hatte er vorher bereits der Sparkasse F für eine Kreditzusage die entsprechende Bestellung einer Grundschuld zugesagt und diese dann auch am 15.3.1993 bewilligt. Ein Vermögensschaden der Bank ist aufgrund der Täuschungshandlung nur dann entstanden, wenn sich die Vermögenssituation dadurch insgesamt verschlechtert hat. Das wäre u.U. der Fall gewesen, wenn die Bank einen vertraglichen Anspruch auf spätere Absicherung des Kredits durch ein Grundpfandrecht hatte. Es ist dann eine Kausalitätsprüfung anzustellen, welche wirtschaftliche Entwicklung das Kreditengagement der Bank im Falle einer wahrheitsgemäßen Erklärung des Angeklagten genommen hätte. Dies erfordert eine Prüfung, in welchem Umfang die Rückzahlung des Darlehens im Zeitpunkt der Täuschungshandlung bereits gefährdet war. Nur wenn sich durch die Erklärung des Angeklagten das Risiko einer Nichterfüllung der Darlehensschuld erhöht haben sollte, ist die Täuschungshandlung für den Eintritt eines Vermögensschadens i.S. des § 263 Abs. 1 StGB ursächlich. Zur Feststellung dieses hypothetischen Kausalverlaufes ist dann etwa zu prüfen, ob die Bank das Darlehen aus wichtigem Grund hätte kündigen und welchen Betrag sie in diesem Falle hätte realisieren können. Ist § 263 StGB mangels Vermögensschadens nicht gegeben, kommt allerdings Kreditbetrug gem. § 265b StGB (Rz. 150 ff.) in Betracht.

105 Soweit es sich um **Konsumentenkredite** handelt, verfahren die meisten Banken nach einem standardisierten System zur Überprüfung der Kreditwürdigkeit, sei es „credit-scoring" oder ein ähnliches Verfahren. Dabei werden alle relevanten Daten schriftlich festgehalten.

106 Bei **gewerblichen Krediten** sind die Banken nach § 18 KWG grundsätzlich verpflichtet, sofern der Kredit über 750 000 Euro liegt oder 10 vom Hundert des

---

1 BGH v. 27.3.2003 – 5 StR 508/02, BGHR StGB § 263 Abs. 1 Vermögensschaden 63.

nach Art. 4 Abs. 1 Nr. 71 der VO (EU) Nr. 575/2013[1] anrechenbaren Eigenkapitals des Instituts[2] überschreitet, sich die *wirtschaftlichen Verhältnisse* des Kreditnehmers *offenlegen* zu lassen. Dies geschieht normalerweise durch Vorlage des Jahresabschlusses (§§ 242 ff. HGB) mit der Bilanz (§§ 266 ff. HGB), der Gewinn- und Verlustrechnung (§§ 275 ff. HGB), dem Anhang zur Bilanz und zur Gewinn- und Verlustrechnung (§§ 284 ff HGB) und Lagebericht (§ 289 HGB) und anderer schriftlicher Unterlagen.

bb) Erforderlich ist ein Täuschen über **Tatsachen**. Bei der Annahme einer Täuschungshandlung durch *Vorlage von Bilanzen* ist allerdings Vorsicht geboten. Die einzelnen Bilanzpositionen lassen sich wegen der mit der Bilanzierung verbundenen erheblichen *Bewertungsspielräume und Prognosen* nicht ohne Weiteres unter den Tatsachenbegriff (§ 47 Rz. 10) subsumieren (relative Bilanzwahrheit[3]). Tatsachen sind nämlich nur konkrete Geschehnisse oder Zustände der Gegenwart oder Vergangenheit. Keine Tatsachen sind daher Werturteile (§ 47 Rz. 12). Werden allerdings in einer Bilanz falsche oder fiktive Posten eingestellt und bewusst falsche Wertansätze zugrunde gelegt, stellt dies eine Täuschung über Tatsachen dar.

107

Ferner wird meist nur die **Steuerbilanz** erstellt und der Bank vorgelegt, eine Bilanz, die die Vermögenssituation des Unternehmens eher pessimistisch darstellt. *Stille Reserven* und der *Goodwill*, die beide für die Bonität wesentlich sind, gehen aus Bilanzen nicht hervor.

108

cc) Auch beim Betrug im Zusammenhang mit Krediten kommt Täuschung durch **konkludentes Verhalten** in Betracht (vgl. aber Rz. 103). Ob dem Schweigen zu einem bestimmten Punkt ein Erklärungswert zukommt, hängt vom Kontext ab. In einer Erklärung ist die Behauptung einer – nicht ausdrücklich genannten – Tatsache stets mit enthalten, wenn der entsprechende Umstand gegeben sein muss, damit das mit der Äußerung angestrebte Ziel erreicht werden kann[4]. So erklärt der Kreditnehmer mit der Beantragung des Kredits konkludent, dass er aufgrund der gegenwärtigen Beurteilung seiner künftigen Ver-

109

---

1 ABl. EU Nr. L 176 v. 27.6.2013, 1.
2 Danach sind „anrechenbare Eigenmittel" die Summe folgender Komponenten: a) Kernkapital i.S. des Art. 25; b) Ergänzungskapital i.S. des Art. 71 in Höhe von höchstens einem Drittel des Kernkapitals (Art. 25: Das Kernkapital eines Instituts besteht aus der Summe des harten Kernkapitals und des zusätzlichen Kernkapitals; die Vorschriften zur Bestimmung des Kernkapitals finden sich in den Art. 26–70 der EU-VO. Art. 71: Das Ergänzungskapital eines Instituts besteht aus den Posten des Ergänzungskapitals nach den Abzügen gem. Art. 66 und nach Anwendung des Art. 79. Dazu: Die (deutsche) VO zur Ergänzung der Großkreditvorschriften nach der VO (EU) Nr. 575/2013 des Europ. Parl. und des Rates v. 26.6.2013 über Aufsichtsanforderungen an Kreditinstitute und Wertpapierfirmen und zur Änderung der VO (EU) Nr. 646/2012 und zur Ergänzung der Millionenkreditvorschriften nach dem Kreditwesengesetz (Großkredit- und Millionenkreditverordnung – GroMiKV) v. 6.12.2013, BGBl. I 4183. Die Verordnungsermächtigung findet sich in § 13 Abs. 1 KWG.
3 *Saliger* in S/S/W, § 265b StGB Rz. 13.
4 *Kindhäuser*, Konkludentes Täuschen, in FS Tiedemann, 2008, S. 579 (586).

hältnisse der Überzeugung ist, bei Fälligkeit zahlen zu können[1] (s. § 48 Rz. 6). Denn dies ist, wie er weiß, Grundvoraussetzung für die Darlehensgewährung. Der genannte *Erklärungswert des Kreditantrags* hat im Übrigen seinen Grund darin, dass die Bedienung des Kredits keine für eine Täuschung taugliche Tatsache sein kann, da sie in der Zukunft liegt. Täuschungshandlung ist daher die erklärte gegenwärtige Überzeugung des Kreditnehmers. Banken werden sich bei der Kreditvergabe damit allerdings kaum zufriedengeben. Anders kann es beim Warenkredit des Lieferanten sein.

110 Dazu hat das OLG Stuttgart[2] ausgeführt:

„Mangelnde Zahlungswilligkeit liegt auch dann vor, wenn der Käufer bei Abschluss des Kreditgeschäfts davon überzeugt ist, er werde die versprochene Leistung nicht erbringen können. Denn er kann in derartigen Fällen den Willen zur Zahlung in Wahrheit nicht haben, da man das Unmögliche nicht wollen kann. Daher liegt bei einer Überzeugung des Täters, nicht leisten zu können, ein Fall fehlender Zahlungswilligkeit vor, der die Verurteilung wegen Betruges rechtfertigt."

111 Diese wichtige dogmatische Konstruktion sei durch einen Beschluss des **BGH**[3] zum Warenkreditbetrug nochmals verdeutlicht:

„Wenn ein Kaufmann Waren auf Kredit bestellt und dabei ein kurzes Zahlungsziel vereinbart, behauptet er nämlich in der Regel auch ohne ausdrückliche Erklärung, dass er willens sei und sich auch nach seiner gegenwärtigen wirtschaftlichen Lage und ihrer voraussichtlichen, von ihm auch tatsächlich überschauten Entwicklung für fähig halte, die Zahlungsfrist einzuhalten oder jedenfalls nicht länger zu überschreiten, als dies in dieser Geschäftsverbindung oder in dieser Branche üblicherweise hingenommen wird. Wenn er entgegen dieser Behauptung nicht an seine künftige Leistungsfähigkeit glaubt, vielmehr ernstliche Zweifel hat, ob der die eingegangene Verpflichtung werde erfüllen können, spiegelt er vorsätzlich eine falsche (innere) Tatsache vor (BGH, Urt. v. 25.11.1980 – 5 StR 356/80, NJW 1981, 354)."

Auch „über die innere Tatsache, sich vertragstreu verhalten zu wollen, ist eine konkludente Täuschung möglich"[4].

112 **dd)** Erst dann, wenn weder eine ausdrückliche noch eine konkludente Täuschung vorliegt, ist die Frage einer Täuschung durch **Unterlassen** zu prüfen. Sie wird allerdings nur selten in Betracht kommen. Wenn ein Unterlassen relevant ist, so führt dies zu der weiteren Frage, ob eine Rechtspflicht des Kreditnehmers zur Offenbarung besteht.

113 Eine solche **Offenbarungspflicht** kann in den Kreditbedingungen vereinbart worden sein. Ist dies nicht der Fall, ist zu prüfen, ob sie sich aus dem Grundsatz von Treu und Glauben ergibt[5] (vgl. § 47 Rz. 28).

114 Beim **Warenkreditbetrug** ist der BGH mit der Annahme einer Offenbarungspflicht *zurückhaltend*[6]:

„Zu einer Offenbarung seiner wirtschaftlichen Verhältnisse insbesondere seiner Zahlungsunfähigkeit ist im Übrigen bei Abschluss eines Vertrages niemand verpflichtet

---

1 BGH v. 8.3.2001 – 1 StR 28/01, StV 2002, 132.
2 OLG Stuttgart v. 11.7.1958 – 1 Ss 334/58, NJW 1958, 1833.
3 BGH v. 10.4.1984 – 4 StR 180/84, StV 1984, 511.
4 BGH v. 14.8.2009 – 3 StR 552/08, BGHSt 54, 69, Rz. 150.
5 BGH v. 12.11.1991 – 1 StR 644/91 – Privatkredit.
6 BGH v. 10.4.1984 – 4 StR 180/84, StV 1984, 511.

(BGH GA 1965, 208; bei Dallinger MDR 1968, 202). Anders ist es, wenn Umstände vorliegen, die vom Schuldner erkannt, den Gläubiger, der bei ungesicherter Kreditgewährung immer ein gewisses Risiko eingeht, in Sicherheit wiegen (BGH bei Herlan MDR 1955, 528). Eine Offenbarungspflicht für Tatsachen, die Zweifel an der künftigen Zahlungsfähigkeit des Schuldners begründen, besteht allerdings bei der Anbahnung besonderer Verbindungen, die auf einem gegenseitigen Vertrauensverhältnis beruhen (BGH GA 1967, 64), und bei bereits bestehenden Vertragsverhältnissen (BGHSt 6, 198). Ein solches Vertrauensverhältnis kann aber nicht schon allein daraus abgeleitet werden, dass mit einem Lieferanten wiederholt Kaufverträge geschlossen worden sind, es ist erst recht nicht beim erstmaligen Abschluss eines Vertrages anzunehmen. Anders wäre es nur, wenn eine langjährige Geschäftsbeziehung und die korrekte Abwicklung der in ihrem Verlauf geschlossenen Verträge dem Lieferanten die dem Angeklagten bewusste Überzeugung vermittelt hätten, eine Überprüfung erübrige sich (BGH, Beschl. v. 4.9.1979 – 3 StR 242/79, bei *Holtz* MDR 1980, 106)."

Primär entscheidend ist auch hier der Zeitpunkt der Einräumung des (Kontokorrent-)Kredits[1]. Die Behauptung des Bestellers, er habe seinen Lieferanten mit Geldmitteln bezahlen wollen, die er sich mittels höherer Kreditaufnahme im Lastschriftverfahren – missbräuchlich – zu schöpfen vorhatte, ist nicht geeignet, die Zahlungsfähigkeit zu belegen[2].

Bei dem der **Kreditkarte** (zum Missbrauch von Scheck- und Kreditkarten vgl. § 49 Rz. 74 ff.) zugrunde liegenden Schuldverhältnis – es ist dem Geldkreditbetrug eher vergleichbar als der Warenkreditbetrug – ist der BGH[3] strenger. Aus Treu und Glauben ergebe sich eine Offenbarungspflicht des Kreditkarteninhabers gegenüber der Kreditkartenfirma bei einer Verschlechterung seiner wirtschaftlichen Verhältnisse. Begründet wird dies damit, dass der Kreditkartenvertrag auf längere Dauer angelegt ist und dass jedenfalls auch Treu und Glauben dies wegen der Funktion der Kreditkarte als Zahlungs- und Kreditmittel verlangen, da es sich hierbei um Zahlungskarten mit Garantiefunktion handelt. Werden Waren mittels einer entwendeten "EC-Karte" ohne Eingabe einer PIN durch Vortäuschung der Unterschrift des "Karteninhabers" im Lastschriftverfahren „bezahlt", liegt kein Computerbetrug, sondern ein Betrug zum Nachteil des jeweiligen Geschäftspartners vor[4].

115

Zum sog. **Kontoeröffnungsbetrug** hat der BGH ausgeführt[5]:

116

„Nach der Rechtsprechung des Bundesgerichtshofs kann zwar ein vollendeter Betrug schon dann vorliegen, wenn der Täter unter Vorlage eines gefälschten Personalausweises und Täuschung über seine Zahlungswilligkeit bei einer Bank ein Konto eröffnet und ihm – antragsgemäß – eine **EC-Karte** (Eurocheque-Karte) und Schecks ausgehändigt werden (vgl. BGHSt 47, 160, 167 m.w.Nw.). Jedoch betreffen diese Entscheidungen Fälle, in denen die Kartenzahlung oder die Einlösung des Schecks von der Bank garantiert wurde oder eine Rückgabe der Lastschrift nicht möglich war (BGH aaO S. 164 f.). Der garantierte Scheckverkehr wurde in seiner gebräuchlichen Form jedoch zum 31. Dezember 2001 aufgegeben (Radtke in MünchKomm-StGB § 266b Rdn. 8; Baier ZRP 2001, 454). Seitdem werden ec-Karten (electronic-cash-Karten) im Rahmen unterschiedlicher Zahlungssys-

---

1 BGH v. 24.4.2007 – 4 StR 558/06, wistra 2007, 305, Rz. 8 ff.
2 BGH v. 21.6.2007 – 5 StR 532/06.
3 BGH v. 13.6.1985 – 4 StR 213/85, BGHSt 33, 244; BGH v. 13.6.1985 – 4 StR 213/85, NJW 1985, 2280.
4 BGH v. 19.10.2011 – 4 StR 409/11, MMR 2012, 127, Rz. 3.
5 BGH v. 18.11.2008 – 4 StR 485/08, NStZ 2009, 329.

teme eingesetzt, überwiegend im sog. POZ-System, also im elektronischen Lastschriftverfahren, oder im POS-System, bei dem es unmittelbar zu einer Abbuchung kommt (vgl. Radtke aaO § 266b Rdn 9, 11; Cramer in Schönke/Schröder StGB 27. Aufl. § 263 Rdn. 29a, 30). Vor allem im POZ-System übernimmt die kartenausgebende Bank jedoch anders als im POS-System regelmäßig keine Garantie für die Zahlung; ein etwaiger Schaden durch die Kartenbenutzung tritt in diesen Fällen daher nicht bei der Bank, sondern beim jeweiligen Geschäftspartner ein (BGHSt 47, 160, 171)" (vgl. dazu § 49 Rz. 69 ff.).

117 Dies hat der **BGH** kürzlich folgendermaßen ergänzt[1]:

„Zwar kann ein Schaden in Form einer schadensgleichen Vermögensgefährdung schon dann vorliegen, wenn der Täter unter Vorlage eines gefälschten Ausweises und Täuschung über seine Zahlungswilligkeit bei einer Bank Konten eröffnet und ihm antragsgemäß Kreditkarten (BGHSt 33, 244 ff.) oder EC-Karten (BGHSt 47, 160 ff.) ausgehändigt werden bzw. wenn ihm ein Überziehungskredit eingeräumt wird. Derartige Feststellungen hat die Strafkammer in diesen Fällen jedoch nicht getroffen (vgl. BGH wistra 2009, 107). Im Gegenteil ist festgestellt, dass die Konten zum Teil nur auf Guthabenbasis geführt wurden".

b) Irrtum

118 Infolge der Täuschungshandlung muss beim Kreditgeber ein Irrtum (§ 47 Rz. 31, § 48 Rz. 20) hervorgerufen werden. Irrtum ist jeder Widerspruch zwischen Vorstellung und Wirklichkeit. Dieser Irrtum muss sich auf die für die Bonität maßgeblichen Tatsachen beziehen. Dabei reicht es aus – es wird sogar der Regelfall sein –, wenn der Kreditgeber den **Grad des Ausfallrisikos** (dazu § 48 Rz. 40 ff.) niedriger einschätzt als er in Wirklichkeit ist. Für die *Feststellung* des Irrtums kann es hilfreich sein, in die *Kreditakten* Einsicht zu nehmen. Daraus geht oft besonders deutlich hervor, welche Tatsachen für die Kreditbewilligung entscheidend waren.

119 Größere Kreditbewilligungen werden nicht von einem Sachbearbeiter allein entschieden. Satzung und Gesetz (z.B. § 49 GenG, Sparkassengesetze und -verordnungen, § 13 Abs. 2 KWG) verlangen die **Bewilligung durch ein Gremium**, z.B. einen Beschluss des gesamten Vorstands, des Kreditausschusses, die Genehmigung des Aufsichtsrates, der Generalversammlung usw. Dann stellt sich die Frage, wer sich im Irrtum befinden muss. Ein Betrug kann auch dann vorliegen, wenn zwar ein Vorstandsmitglied von der Täuschung Kenntnis hatte, der Aufsichtsrat, dessen Genehmigung „conditio sine qua non" ist, z.B. aber nicht. Das informierte Vorstandsmitglied kann Mittäter sein, es kann auch Werkzeug des Täters sein oder er macht sich der Untreue (§ 266 StGB) schuldig. Verschärfte Vorschriften brachte das Europäische Recht (vgl. Rz. 106) und insbesondere in dessen Umsetzung die (deutsche) *Großkredit- und Millionenkreditverordnung*[2], die allerdings gewisse Übergangsfristen einräumt.

---

1 BGH v. 14.10.2010 – 2 StR 447/10, NStZ 2011, 160, Rz. 3.
2 VO zur Ergänzung der Großkreditvorschriften nach der VO (EU) Nr. 575/2013 des Europ. Parl. und des Rates v. 26.6.2013 über Aufsichtsanforderungen an Kreditinstitute und Wertpapierfirmen und zur Änderung der VO (EU) Nr. 646/2012 und zur Ergänzung der Millionenkreditvorschriften nach dem Kreditwesengesetz (GroMiKV)" v. 6.12.2013, BGBl. I 4183.

Darauf, ob die die Täuschung leicht zu durchschauen war, kommt es bei der Frage der **Kausalität** zwischen Täuschung und Irrtum nicht an, wenn der Getäuschte tatsächlich irrte, selbst wenn Leichtfertigkeit vorgeworfen werden kann. Allerdings sollte die Kausalität immer dann kritisch geprüft werden, wenn die Bank aufgrund der vom Kreditnehmer mitgeteilten Tatsachen die Bonität des Kreditnehmers selbst ausreichend beurteilen konnte. Die höchstrichterliche Rechtsprechung (§ 48 Rz. 22) tendiert dazu, die Feststellungen zur Kausalität sehr kritisch zu prüfen. Allerdings schließt nach der bisherigen Rechtsprechung selbst extremes Mitverschulden des Opfers (oder dessen Zweifel) die Kausalität und damit die Tatbestandsmäßigkeit der Täuschungshandlung nicht aus. Es gibt jedoch Tendenzen, den Betrugstatbestand im Hinblick auf die Funktion des Strafrechts als ultima-ratio in derartigen Fällen einzugrenzen[1]. Auch übergeordnetes europäisches Recht deutet in diese Richtung (§ 47 Rz. 12c, § 59 Rz. 5a). 120

Nach der Theorie der *objektiven Zurechnung*[2] liegt kein tatbestandsmäßiges Betrugsverhalten vor, wenn sich der Täuschende innerhalb des erlaubten angemessenen und **zulässigen Risikos** bewegt. Dann liegt der Irrtum der Bank innerhalb des Bereichs ihrer Eigenverantwortlichkeit. Die Folgen des Fehlens ihrer professionellen Sorgfalt muss sie dann hinnehmen[3]. Es ist jedoch zu bedenken, dass der Gesichtspunkt der Opfermitverantwortung die Tatbestandsmäßigkeit der Täuschung beim deutschen Betrugstatbestand nicht ausschließt und deshalb nicht zu einer „Alleinschuld" des täuschungsbedingt Irrenden führen kann, auch wenn er – nach seinen individuellen Fähigkeiten und Kenntnissen vorwerfbar – leichtfertig vertraute. Zu weitgehend ist deshalb die – nicht tragende – Formulierung des BGH in einer Entscheidung aus dem Jahr 2001[4]: „Allerdings gehört es nicht zum vom Betrugstatbestand geschützten Rechtsgut, sorglose Menschen gegen die Folgen ihrer eigenen Sorglosigkeit zu schützen". Derartiges wird bei der Strafzumessung[5] oder bei der Prüfung einer Einstellung des Verfahrens wegen geringer Schuld gem. §§ 153, 153a StPO zu berücksichtigen sein. 121

---

1 Vgl. *Satzger* in S/S/W, § 263 StGB Rz. 80 m.w.Nw.; vgl. auch *Holzhauer*, Betrügerisches Ausnutzen von Unwissenheit und Schwäche, ZIP 2010, 87, mit dem Vorschlag, das „betrügerische Ausnutzen eines Zustands von Unwissenheit oder Schwäche" entsprechend dem französischen Recht (Art. 223-15-2 Code Pénal) unter Strafe zu stellen.
2 Ausf. dazu *Harbort*, Die Bedeutung der objektiven Zurechnung beim Betrug, 2010.
3 So etwa nach spanischem Recht, vgl. *Munoz Conde*, Über den so genannten Kreditbetrug, in FS Tiedemann, 2008, S. 677 (680); vgl. auch rechtsvergleichend *Hermández Basulto*, Täuschung und Opferschutzniveau beim Betrug, in FS Tiedemann, 2008, S. 605.
4 BGH v. 26.4.2001 – 4 StR 439/00, BGHSt 47, 1, 4; so auch *Arzt*, Betrug durch massenhafte plumpe Täuschung, in FS Tiedemann, 2008, S. 595, 602.
5 So auch *Petropoulos*, Berücksichtigung des Opferverhaltens beim Betrugstatbestand, 2005, S. 79, 182 ff., 213; zum Schweizer Recht hierzu vgl. *Thommen*, Opfermitverantwortung beim Betrug, ZStR 2008, 17; danach kann Opfermitverschulden zwar grundsätzlich die Tatbestandsmäßigkeit ausschließen; die Rspr. insbes. des Schweizerischen Bundesgerichts ist insoweit jedoch äußerst zurückhaltend.

122 Der Irrtum wiederum muss **kausal** sein für einen mit der Verfügung eintretenden Vermögensnachteil (§ 47 Rz. 43). Legt der Kreditnehmer Bonitätsnachweise mit falschen Zahlen vor, steht die Zahlungsfähigkeit aber auch ohne diese nicht infrage, bewirkte die Täuschung und der darauf beruhende Irrtum keine Vermögenseinbuße i.S. von § 263 StGB[1].

c) Vermögensverfügung

123 Die in der Literatur erörterte Frage, ob bereits in der verbindlichen **Kreditzusage** eine Vermögensverfügung zu sehen ist[2], die grundsätzlich zu bejahen ist, dürfte in der Praxis allerdings kaum zum Tragen kommen, weil den Ermittlungsbehörden zumeist nur Fälle bekannt werden, in denen es zur Auszahlung der Kreditvaluta gekommen ist. Die entscheidende Vermögensverfügung ist deshalb die **Kreditvalutierung**.

124 In **großen Unternehmen**, wie Banken, ist es von Bedeutung, genau festzustellen, *wer* – etwa über die Kreditvergabe – verfügt hat und welche Erkenntnisse diese Person – ggf. das Vorstandsmitglied – hinsichtlich des zu finanzierenden Geschäfts hatte[3]. Denn *Personenmehrheiten* können *nicht* als solche Subjekt eines Irrtums sein. Vielmehr muss bei arbeitsteilig tätigen Unternehmen oder Organisationen festgestellt werden, wer im konkreten Fall auf welcher Grundlage und mit welchen Vorstellungen die Entscheidung über die Erbringung der vom Täter erstrebten Leistung getroffen und damit die Verfügung vorgenommen hat[4].

d) Vermögensschaden

125 Der Kreditbetrug gem. § 263 StGB ist typischerweise ein sog. **Eingehungsbetrug**[5] (§ 47 Rz. 63). Dabei werden die gegenseitigen Leistungspflichten zum Zeitpunkt der Vermögensverfügung verglichen. Übersteigt die Leistung des getäuschten Kreditgebers die – tatsächliche – Leistungsfähigkeit oder -bereitschaft des täuschenden Kreditnehmers, so liegt darin der Vermögensschaden. Dabei sind gewährte Sicherheiten zu berücksichtigen. Nach gefestigter Rechtsprechung kann es am Merkmal eines Schadens fehlen, wenn der Minderwert des Anspruchs auf Darlehensrückzahlung durch ausreichende Sicherheiten ausgeglichen wird, die das Risiko der Kreditgewährung nach wirtschaftlicher Betrachtungsweise voll abdecken und es dem Gläubiger ermöglichen, sich ohne Schwierigkeiten wegen seiner Forderung zu befriedigen[6].

---

1 BGH v. 24.4.2007 – 4 StR 558/06, wistra 2007, 305, Rz. 8 ff.
2 *Lampe*, Kreditbetrug, 25.
3 Vgl. BGH v. 13.1.2010 – 3 StR 500/09, NStZ-RR 2010, 146, Rz. 2.
4 BGH v. 27.3.2012 – 3 StR 472/11, NStZ 2012, 699, Rz. 2.
5 Zu Ausnahmen s. BGH v. 10.1.1995 – 1 StR 582/94, NStZ 1995, 232.
6 BGH v. 17.8.2005 – 2 StR 6/05, NStZ-RR 2005, 960.

Damit ist auch der für die Schadensberechnung relevante **Zeitpunkt** angesprochen: Maßgebend sind die Verhältnisse zur Zeit der Kreditgewährung[1]. Weil die Rückzahlung der Darlehensvaluta und auch die Zinszahlungen in der Zukunft liegen, wird herkömmlich von einem sog. *Gefährdungsschaden*[2] gesprochen. Dieser Begriff ist jedoch *missverständlich;* auf ihn kann verzichtet werden[3] (§ 47 Rz. 58, § 59 Rz. 16).

126

Entscheidend ist nämlich allein, ob das Vermögen des getäuschten Kreditgebers *unmittelbar* nach der Kreditbewilligung bzw. Kreditauszahlung einen geringeren Wert hat als vorher[4] (§ 47 Rz. 59). Es ist also für diesen Zeitpunkt ein **Vermögensvergleich**[5] (§ 48 Rz. 25 ff.) durchzuführen.

127

„Ob die Hingabe des Darlehens einen Vermögensschaden im Sinne des § 263 StGB bewirkt, hängt davon ab, ob nach und infolge der Darlehensgewährung das Gesamtvermögen des Darlehensgebers einen geringeren Wert hat als vorher. Entscheidend hierfür ist ein – für den Zeitpunkt der Darlehenshingabe anzustellender – Wertvergleich zwischen dem Gegenstand des Darlehens und dem Rückzahlungsanspruch des Darlehensgläubigers. Es kommt darauf an, ob der Rückzahlungsanspruch dem überlassenen Darlehensbetrag gleichwertig ist. Minderwertig ist er u.U. dann, wenn es an einer Sicherheit fehlt, aus der sich der Gläubiger bei ausbleibender Rückzahlung ohne Schwierigkeiten, namentlich ohne Mitwirkung des Schuldners, befriedigen kann. Solchenfalls liegt in der Täuschung über das Bestehen, den Wert oder die Verwertbarkeit einer vertraglich ausbedungenen Sicherheit eine vermögensschädigende Betrugshandlung. Trotz Vorspiegelung einer solchen Sicherheit entsteht aber kein Betrugsschaden, wenn der Rückzahlungsanspruch auch ohne die Sicherheit aufgrund der Vermögenslage des Darlehensnehmers oder sonstiger Umstände, die den Gläubiger vor einem Verlust seines Geldes schützen, wirtschaftlich sicher ist."[6]

„Die Darlehensgewährung ist ein Risikogeschäft. Der betrugsbedingte Vermögensschaden ist deshalb bei diesen Fallgestaltungen durch die Bewertung des täuschungsbedingten Risikoungleichgewichts im Zeitpunkt der schädigenden Vermögensverfügung zu ermitteln, für dessen Berechnung maßgeblich ist, ob und in welchem Umfang die das Darlehen ausreichende Bank ein höheres Ausfallrisiko trifft, als es bestanden hätte, wenn die risikobestimmenden Faktoren vom Täter zutreffend angegeben worden wären. Spätere Entwicklungen (bei der tatsächlichen Verwertung der Sicherheiten) haben für die strafrechtliche Bewertung außer Betracht zu bleiben"[7].

---

1 BGH v. 7.1.1986 – 1 StR 486/85, NJW 1986, 1183; BGH v. 2.6.1993 – 2 StR 144/93, wistra 1993, 265; BGH v. 9.2.1995 – 4 StR 662/94, wistra 1995, 222; BGH v. 12.6.2001 – 4 StR 402/00, StV 2002, 133; BVerfG v. 11.8.2010 – 2 BvR 491/09, Rz. 144 ff., 151.
2 BGH v. 9.2.1995 – 4 StR 662/94, wistra 1995, 222; BGH v. 29.11.1995 – 5 StR 495/95, BGHR StGB § 263 Schaden 1.
3 BGH v. 30.3.2008 – 1 StR 488/07, BGHR StGB § 266 Abs. 1 Nachteil 65 Rz. 18 ff.; BGH v. 18.2.2009 – 1 StR 731/09, BGHSt 53, 199, Rz. 16 ff.
4 BGH v. 9.2.1995 – 4 StR 662/94, wistra 1995, 222; BGH v. 18.7.1961 – 1 StR 606/60, BGHSt 16, 220 (221); BGH v. 3.11.1987 – 1 StR 292/87, wistra 1988, 188; BGH v. 21.10.2008 – 3 StR 420/08.
5 BGH v. 2.6.1993 – 2 StR 144/93, wistra 1993, 265; BGH v. 14.8.2009 – 3 StR 552/08, BGHSt 54, 69, Rz. 155; BGH v. 29.11.1995 – 5 StR 495/95, NStZ 1996, 191; BGH v. 12.6.2001 – 4 StR 402/00, StV 2002, 133.
6 BGH v. 2.6.1993 – 2 StR 144/93, wistra 1993, 265.
7 BGH v. 4. 2. 2014 – 3 StR 347/13, NStZ 2014, 457, ZWH 2014, 304, Rz. 9.

128 Die **nachträgliche Aufhebung** der „schadensgleichen" Gefährdungslage – zum Zeitpunkt der Vermögensverfügung – stellt sich als *Schadenswiedergutmachung* dar[1].

129 Betrachtet man die Vertragspflichten des Kreditnehmers näher, so erkennt man, dass er eigentlich *zwei Pflichten* übernommen hat. Er soll die Darlehensvaluta bei Fälligkeit zurückzahlen (**Rückzahlungspflicht**) und als Entgelt für die Überlassung der Kapitalnutzungsmöglichkeit auf Zeit Zinsen entrichten (**Zinszahlungspflicht**). Dies kann bei der Bewertung eine Rolle spielen. Nahezu jede Kreditvergabe ist mit einem (Rest-)Risiko für den Kreditgeber verbunden (vertragsimmanentes Risiko). Der Wert der Forderung an den Kreditnehmer erreicht daher i.d.R. nie die Höhe des als Darlehen ausbezahlten Betrags. Dies wird durch den Zinsanspruch (mit) abgegolten. Geht der nicht getäuschte Kreditgeber bewusst ein höheres Risiko ein, wird er eine bessere Verzinsung fordern.

130 *Rechtsprechung*[2] und *Literatur*[3] befassen sich aber – zu Recht pragmatisch – i.d.R. allein mit der Werthaltigkeit des **Rückzahlungsanspruchs** im Vergleich zur ausbezahlten Darlehensvaluta[4]. Die wechselseitigen Vermögenspositionen sind dann für den Zeitpunkt unmittelbar nach der maßgeblichen Vermögensverfügung zu bewerten. In diese Bewertung sind ggf. Sicherheiten (Grundpfandrechte, Bürgschaften u.a.) einzubeziehen. Ergibt sich bei der Saldierung ein Minus für den Kreditgeber, so hat er einen tatbestandlichen Schaden erlitten, der bezifferbar ist. Entwickeln sich die Dinge dann in der Zukunft anders als erwartet, spielt dies keine Rolle mehr. Gerät der Kreditnehmer überraschend in Vermögensverfall und kann überhaupt nichts mehr leisten, berührt dies die Bestimmung des (u.U. fehlenden) tatbestandlichen Schadens (§ 263 StGB) zum Zeitpunkt der Darlehensgewährung – dem Zeitpunkt der Tatbestandsverwirklichung – nicht mehr. Entsprechend gilt das, wenn der täuschende, tatsächlich mittellose Kreditnehmer aufgrund eines nicht vorhersehbaren Ereignisses (überraschender geschäftlicher Erfolg, Erbschaft) zu Vermögen kommt und den Kredit dann doch fristgerecht bedienen kann. Dies stellt sich dann als Schadenswiedergutmachung dar.

131 Mit der Kreditauszahlung gibt die Bank einen Vermögenswert in Höhe der Darlehensvaluta aus der Hand. Ist der im Gegenzug erhaltene Rückzahlungsanspruch weniger wert als die Valuta, so liegt darin der tatbestandliche Vermögensschaden. Dazu muss das Gericht die **Werthaltigkeit** des (künftigen) Rückzahlungsanspruchs zum Zeitpunkt der Kreditauszahlung nach wirtschaftlichen Gesichtspunkten bestimmen, also eine **Kreditwürdigkeitsprognose** (§ 48 Rz. 30) durchführen. Denn entscheidend für eine Kreditvergabe ist zunächst

---

1 BGH v. 27.3.2003 – 5 StR 508/02, BGHR StGB § 263 Abs. 1 Vermögensschaden 63.
2 BGH v. 3.6.1960 – 4 StR 121/60, BGHSt 15, 24; BGH v. 7.1.1986 – 1 StR 486/85, NJW 1986, 1183; BGH v. 27.4.1993 – 1 StR 838/92, wistra 1993, 263; BGH v. 2.6.1993 – 2 StR 144/93, wistra 1993, 265; BGH v. 29.11.1995 – 5 StR 495/95, NStZ 1996, 191 = BGHR StGB § 263 Schaden 1.
3 *Tiedemann* in LK, § 263 StGB Rz. 212.
4 BGH v. 4.2.2009 – 5 StR 260/08, wistra 2009, 166, Rz. 3 zur entsprechenden Sicht beim Vorwurf der Untreue gegenüber dem Bankmitarbeiter.

die Erwartung, dass der Schuldner die Forderung fristgemäß bedienen kann. In die Bewertung sind dann aber auch vom Darlehensnehmer gewährte Sicherheiten einzubeziehen.

Als Ergebnis der Kreditwürdigkeitsprognose muss feststehen, dass das Ausfallrisiko sich so weit konkretisiert, verdichtet hat, dass die Kreditforderung nach objektivem Urteil schon (teil-)wertberichtigt oder ganz oder teilweise abgeschrieben werden müsste[1]. Maßstab ist, ob ein gewissenhafter Bankleiter, der über den wirklichen Sachverhalt informiert wäre, eine Abschreibung oder **Wertberichtigung** vornehmen würde.

132

Exemplarisch sei der Sachverhalt eines vom **BGH** entschiedenen Falles[2] dargestellt:

133

Danach gewährte die geschädigte Bank dem Angeklagten einen Kredit in Höhe von 1,7 Mio. Euro zur Finanzierung des Kaufpreises für eine Immobilie, die – nach einem von der Bank in Auftrag gegebenen Gutachten – einen Wert von lediglich 1,682 Mio. Euro hatte. Um diesen Kredit zu erlangen, hatte der Angeklagte der Bank u.a. durch die Vorlage gefälschter Unterlagen über seine Einkommens- und Vermögenslage sowie durch eine inhaltlich falsche Selbstauskunft vorgespiegelt, dass er zur Bedienung des Kredits in der Lage sei. Im Vertrauen auf die wahrheitswidrigen Angaben des Angeklagten zahlte die Bank im Dezember 2003 das Darlehen aus. Zur Sicherung ihrer Ansprüche wurde der Kreditgeberin eine Grundschuld über 1,7 Mio. Euro bestellt. Nachdem der Bank später die wahren finanziellen Verhältnisse des Angeklagten – kein festes Einkommen und Verbindlichkeiten von mehr als drei Mio. Euro – bekannt geworden waren, kündigte sie den Kredit und veräußerte die Immobilie im August 2005 freihändig zum Preis von 1,3 Mio. Euro. Infolgedessen verblieb bei der Darlehensgeberin letztlich ein Schaden von 520 000 Euro inklusive der aufgelaufenen Zinsen. Diesen Betrag hat das Landgericht als Betrugsschaden zugrunde gelegt.

Der BGH beanstandete die **Schadensberechnung**:

An einem Schaden fehle es, wenn und soweit der getäuschte Gläubiger über werthaltige Sicherheiten verfügt, die sein Ausfallrisiko abdecken und – ohne dass dies der Schuldner vereiteln kann – mit unerheblichem zeitlichen und finanziellen Aufwand realisierbar sind. Danach entfiel ein Vermögensschaden i.S. des Betrugstatbestandes, soweit die als Sicherheit eingeräumte Buchgrundschuld werthaltig war. Somit liege – gemessen am damaligen, auch dem Angeklagten bekannten Wert der Immobilie – nach den getroffenen Feststellungen eine Deckungslücke in Höhe von (lediglich) 18 000 Euro vor. In dieser Höhe wurde die Bank nach Ansicht des Strafsenats in ihrem Vermögen geschädigt.

Dies **überzeugt** im Ergebnis **nicht**. Zwar ist es im Ansatz zutreffend, dass werthaltige, unproblematisch zu verwertende Sicherheiten – insoweit – trotz Zahlungsunfähigkeit des Schuldners einen Schadenseintritt verhindern. Auch ist es zutreffend, dass es nicht auf die später tatsächlich eingetretene Vermögenseinbuße ankommt. Zu bewerten ist die Sicherheit der Bank *zum Zeitpunkt der Darlehenshingabe* bei Kenntnis der tatsächlichen, durch Täuschung verschleierten Umstände. Dabei ist zu berücksichtigen, dass bei einer hier von vornherein unvermeidbaren Notverwertung oder Zwangsversteigerung einer als Sicherheit dienenden Immobilie kaum jemals der ursprüngliche Schätzwert zu erreichen ist. Mit mehr als 60 % kann ex ante betrachtet regelmäßig bei wirt-

134

---
1 Vgl. *Tiedemann* in LK, § 263 StGB Rz. 171; vgl. auch BGH v. 9.2.1995 – 4 StR 662/94, wistra 1995, 222.
2 BGH v. 21.10.2008 – 3 StR 420/08.

schaftlicher Betrachtung nicht mit der gebotenen Sicherheit gerechnet werden. Entscheidend sind allerdings immer die Umstände des Einzelfalls.

In geschilderten Fall war bei diesem Wertansatz zum Zeitpunkt der Vermögensverfügung von einem Minderwert des Anspruch an den Darlehensnehmer von ca. 690 000 Euro (1,7 Mio. Euro minus 60 % von 1,682 Mio. Euro) auszugehen. Dies war der damals bereits eingetretene Schaden. Dass die Bank dann später etwas mehr erlöste, ist wie eine Schadenswiedergutmachung zu bewerten.

e) Vorsatz

135 Der Vorsatz muss sich auf sämtliche objektiven *Tatbestandsmerkmale*[1] und deren *kausale* Verknüpfung beziehen. Es genügt **bedingter Vorsatz** (dolus eventualis)[2]. Der bedingte Schädigungsvorsatz muss sowohl das Wissens- als auch das Wollenselement umfassen[3]:

„Das Wissenselement bezieht sich auf diejenigen tatsächlichen Umstände, welche die Vermögensgefährdung begründen. Dies schließt auch die Kenntnis des Täters ein, dass die Forderung nach allgemeinen Bewertungsmaßstäben nicht als gleichwertig angesehen wird, selbst wenn er sie persönlich anders bewerten mag. Hofft oder glaubt der Täter, den endgültigen Schaden abwenden zu können, beseitigt dies deshalb nicht ohne Weiteres seine Kenntnis von der zum Zeitpunkt der Vermögensverfügung bestehenden geringeren Werthaltigkeit der Rückzahlungsforderung des jeweiligen Einlegers. Gründet sich der Vermögensschaden im Sinne des § 263 Abs. 1 StGB auf eine Gefährdung des erlangten Rückzahlungsanspruchs des Anlegers, ist diese Gefährdungslage auch für die Prüfung des Wollenselements maßgebend. Zu fragen ist nur, ob die bloße Gefährdung des Rückzahlungsanspruchs des Anlegers, nicht, ob ihr endgültiger Verlust vom Willen des Täters umfasst ist. Je größer und je offensichtlicher sich die Gefährdung des Rückzahlungsanspruchs für den Täter darstellt, desto mehr wird grundsätzlich der Schluss naheliegen, dass er diese Gefährdung auch gebilligt hat. Allerdings darf der Grad der Wahrscheinlichkeit nicht allein das Kriterium für die Frage sein, ob die Angeklagten mit dem Erfolg in Gestalt der bloßen Gefährdung einverstanden waren. Der Bundesgerichtshof hat mehrfach entschieden, dass ein zwingender Schluss von einem bestimmten Gefährdungspotenzial auf ein entsprechendes Wollen des Täters nicht möglich ist. Gerade bei solchen komplexen und mehrdeutigen Strukturen, wie sie in Wirtschaftsstrafsachen häufig gegeben sind, kann das Wollenselement nicht ausschließlich aus der Perspektive der Schadenswahrscheinlichkeit betrachtet werden. Erforderlich ist vielmehr immer eine Gesamtwürdigung des Einzelfalls, bei der auch die Motive und die Interessenlage des Täters ebenso zu berücksichtigen sind wie der konkrete Zuschnitt der zu beurteilenden Geschäfte."

136 Wichtig ist, dass die **Hoffnung**, doch noch bezahlen zu können, den *Vorsatz nicht ausschließt*. Derartige Zukunftserwartungen sind unbeachtlich. Da es auch beim sog. Gefährdungsschaden durch Kreditbetrug auf den Zeitpunkt des Vertragsabschlusses ankommt, ist es konsequent, den Vorsatz auf den zu die-

---

1 Zum Schädigungsvorsatz s. BGH v. 22.5.1986 – 4 StR 64/86, wistra 1987, 24; BGH v. 3.11.1987 – 1 StR 292/87, wistra 1988, 188; BGH v. 6.2.1996 – 1 StR 705/95, StV 1997, 416; BGH v. 12.6.2001 – 4 StR 402/00, StV 2002, 133; BGH v. 26.8.2003 – 5 StR 145/03, BGHR StGB § 263 Abs. 1 Vorsatz 5.
2 BGH v. 18.4.1996 – 1 StR 14/96, BGHSt 42, 135 (auch zum Teilnehmervorsatz); BGH v. 18.1.2001 – 4 StR 315/00, NStZ 2001, 258; BGH v. 26.8.2003 – 5 StR 145/03, BGHR StGB § 263 Abs. 1 Vorsatz 5.
3 BGH v. 26.8.2003 – 5 StR 145/03, BGHR StGB § 263 Abs. 1 Vorsatz 5.

sem Zeitpunkt bereits eingetretenen Schaden zu beziehen. Deshalb sagt der BGH[1] (s. auch § 47 Rz. 73):

„Diese Zukunftserwartung steht einem für die jeweilige Gegenwart vorhandenem Benachteiligungsvorsatz nicht entgegen, sondern betrifft nur die spätere Nachteilsbeseitigung oder Wiedergutmachung[2]."

„Richtig ist, dass – wie in Rechtsprechung und Schrifttum öfters betont wird – der Schädigungsvorsatz beim Darlehensbetrug nicht deshalb wegfällt, weil der Täter beabsichtigt, hofft oder glaubt, den endgültigen Schaden abwenden zu können. Dies beruht darauf, dass Bezugsgegenstand solcher Absichten, Hoffnungen oder Erwartungen lediglich die strafrechtlich unbeachtliche Wiedergutmachung eines bereits mit der Kreditgewährung entstandenen Schadens ist. Davon unberührt bleibt jedoch das Erfordernis, dass der Täter im Zeitpunkt der Kreditgewährung die Minderwertigkeit des Rückzahlungsanspruchs im Vergleich zu dem erhaltenen Geldbetrag gekannt haben muss. Dazu genügt freilich bereits seine Kenntnis der die Vermögensgefährdung begründenden Umstände und das Wissen, dass die Forderung nach allgemeinen Bewertungsmaßstäben nicht als gleichwertig angesehen wird, mag er selbst sie auch anders bewerten."[3]

2. Berücksichtigung von Sicherheiten

Regelmäßig werden Kredite, besonders Großkredite, nur gegen Sicherheiten gewährt. Allerdings wird jeder Bankprüfer bestätigen, dass daneben die **persönliche Kreditwürdigkeit** unabdingbar ist[4]. Gleichwohl stellt sich die Frage, in welcher Weise die Sicherheiten in die Schadensfeststellung einbezogen werden sollen. Es ist keine Frage, dass die Sicherheiten nicht außen vor bleiben können[5] (s. auch § 47 Rz. 52). Die Sicherheiten müssen allerdings ohne Schwierigkeiten verwertbar sein[6]. Hinsichtlich der Bonität der Sicherheiten ist ebenfalls auf den Zeitpunkt der Vermögensverfügung abzustellen[7].

137

Der **BGH** hat insoweit festgehalten:

138

„Bestanden zum Zeitpunkt der Gewährung des Kredits bereits vollwertige Sicherheiten, die zur Deckung des Kreditrisikos ausreichen und ohne nennenswerte Schwierigkeiten verwertbar waren, gleichen diese den Minderwert des Anspruchs auf Darlehensrückzahlung aus."[8]

---

1 BGH v. 6.2.1979 – 1 StR 685/78, NJW 1979, 1512.
2 Ebenso BGH v. 31.5.1980 – 1 StR 106/80.
3 BGH v. 2.6.1993 – 2 StR 144/93, wistra 1993, 265; entsprechend BGH v. 16.11.2010 – 1 StR 502/10, NStZ 2011, 279, Rz. 11.
4 *Rösler/Mackenthun/Pohl*, Hdb. Kreditgeschäft, 6. Aufl. 2002, S. 428.
5 BGH v. 3.6.1960 – 4 StR 121/60, BGHSt 15, 24; BGH v. 2.6.1993 – 2 StR 144/93, wistra 1993, 265; BGH v. 9.2.1995 – 4 StR 662/94, wistra 1995, 222; BGH v. 6.2.1996 – 1 StR 705/95, StV 1997, 416; BGH v. 6.6.2000 – 1 StR 161/00, StV 2000, 478; BGH v. 14.7.2000 – 3 StR 454/99, wistra 2000, 459.
6 BGH v. 21.10.2008 – 3 StR 420/08, NStZ 2009, 150, Rz. 6; BGH v. 9.2.1995 – 4 StR 662/94, wistra 1995, 222; BGH v. 1.9.1994 – 1 StR 468/94, StV 1995, 254; BGH v. 6.2.1996 – 1 StR 705/95, StV 1997, 416; BGH v. 12.6.2001 – 4 StR 402/00, StV 2002, 133.
7 BGH v. 1.9.1994 – 1 StR 468/94, StV 1995, 254; s. auch BGH v. 14.7.2000 – 3 StR 53/00, BGHR StGB § 263 Abs. 1 Gehilfe 3.
8 BGH v. 9.2.1995 – 4 StR 662/94, wistra 1995, 222.

Kürzlich hat er dies bestätigt wie folgt[1]:

„Ein Vermögensschaden im Sinne des § 263 Abs. 1 StGB tritt ein, wenn die Vermögensverfügung des Getäuschten bei wirtschaftlicher Betrachtungsweise unmittelbar zu einer nicht durch Zuwachs ausgeglichenen Minderung des wirtschaftlichen Gesamtwerts des Vermögens des Verfügenden führt (Prinzip der Gesamtsaldierung). Maßgeblich ist der Zeitpunkt der Vermögensverfügung, also der Vergleich des Vermögenswerts unmittelbar vor und unmittelbar nach der Verfügung (st. Rspr.; vgl. BGH, Beschl. v. 18.2.2009 – 1 StR 731/08, BGHSt 53, 199 Tz. 10 ff.). In den Gesamtvermögensvergleich vor und nach der Verfügung miteinzubeziehen sind auch bestehende Sicherungsmöglichkeiten, die, sofern sie werthaltig sind und von dem durch die Vermögensverfügung nachteilig Betroffenen ohne Schwierigkeiten realisiert werden können, geeignet sind, einen verfügungsbedingten Vermögensnachteil zu kompensieren (vgl. BGH, Beschl. v. 26.11.2009 – 5 StR 91/09, NStZ-RR 2010, 109; v. 5.3.2009 – 3 StR 559/08, BGHR StGB § 263 Abs. 1 Vermögensschaden 71; v. 17.8.2005 – 2 StR 6/05, NStZ-RR 2005, 374; Urt. v. 22.10.1986 – 3 StR 226/86, BGHSt 34, 199, 202; v. 3.6.1960 – 4 StR 121/60, BGHSt 15, 24, 27; vgl. SSW-StGB/Satzger, § 263 Rz. 154 ff. m.w.N.)".

139 **Verzichtet** die Bank auf die Einholung **zusätzlicher Sicherheiten**, so liegt ein Vermögensschaden nur dann vor, wenn die Bank bei Kenntnis der Wertlosigkeit der bisherigen Sicherheiten die Rückzahlung der bereits ausgereichten Kredite durch Zugriff auf Vermögensgegenstände des Kreditnehmers leichter hätte erreichen oder sichern können als zu einem späteren Zeitpunkt[2].

140 Zur Berücksichtigung von Sicherheiten, insbesondere auch zur persönlichen **Mithaftung** Dritter, etwa durch Bürgschaften (z.B. selbstschuldnerische Bürgschaft eines GmbH-Geschäftsführers für ein der GmbH gewährtes Darlehen) oder Schuldbeitritt, sagt der BGH[3]:

„Nach gefestigter Rechtsprechung kann es allerdings am Merkmal des Schadens im Sinne einer konkreten Vermögensgefährdung fehlen, wenn der Minderwert des Anspruchs auf Darlehensrückzahlung durch ausreichende Sicherheiten wettgemacht wird, die das Risiko der Kreditgewährung für den Gläubiger bei wirtschaftlicher Betrachtungsweise voll abdecken. Solche Sicherheiten können auch in der persönlichen Mithaftung Dritter etwa durch Bürgschaft oder durch Schuldbeitritt bestehen. Ist eine bei der Kreditgewährung ausdrücklich ausbedungene Sicherheit nicht vorhanden, so entfällt jedoch ein Vermögensschaden im Allgemeinen nur dann, wenn nach den Verhältnissen zur Zeit der Kreditgewährung die verbleibenden Sicherheiten es dem Gläubiger ermöglichen, sich ohne Schwierigkeiten wegen seiner Forderung zu befriedigen, oder wenn sonst Umstände vorhanden sind, die ihn vor dem Verlust seines Geldes schützen, wenn also die fehlende zusätzliche Sicherheit zu einer Übersicherung geführt hätte. Fehlen vereinbarte ausreichende *dingliche* Sicherheiten, wird in der Regel eine vorhandene persönliche Sicherheit zum vollen Ausgleich nicht hinreichen, da im Wirtschaftsverkehr Kredite, die nur gegen persönliche Mithaftung Dritter abgesichert sind, als riskanter gelten."

---

1 BGH v. 6.3.2012 – 4 StR 669/11, BGHR StGB § 236 Abs. 1 Vermögensschaden 78, Rz. 7; entsprechend BGH v. 5.3.2009 – 3 StR 559/08, BGHR StGB § 263 Abs. 1 Vermögensschaden 71.
2 BGH v. 18.8.1993 – 2 StR 299/93, wistra 1993, 340; vgl. auch BGH v. 22.9.1993 – 5 StR 554/93, StV 1994, 186; BGH v. 21.4.1998 – 5 StR 79/98, NStZ 1998, 413.
3 BGH v. 7.1.1986 – 1 StR 486/85, NJW 1986, 1183; s. auch BGH v. 3.11.1987 – 1 StR 292/87, wistra 1988, 188.

Aber selbst bei **dinglichen Sicherheiten** ist Vorsicht geboten¹. Es kommt hinzu, dass die Verwertung der Sicherheiten i.d.R. nicht ohne die Mithilfe des Kreditnehmers vonstatten gehen kann. Das sicherungsübereignete Warenlager befindet sich ja nicht in den Händen der Bank, abgetretene Forderungen kann der Kreditnehmer einziehen, solange die Abtretung nicht offengelegt ist (er begeht dann freilich eine Untreue). Nur bei erstklassigen Grundpfandrechten wird deshalb normalerweise ein Schaden ausgeschlossen werden können. Selbst hier mahnt aber die Praxis zu einer gewissen Skepsis. Der Wert eines Firmengrundstücks kann unter Liquidationsgesichtspunkten stark absinken (vgl. den Fall Rz. 133 f.).

141

3. Stundung

Zur Ermittlung des **Vermögensschadens**, wenn der Kredit gestundet wurde, sagt der BGH² (s. auch § 48 Rz. 52):

142

„Eine durch Täuschung erlangte Stundung einer Forderung begründet einen Vermögensschaden nur in der Höhe, in der die Erfüllung einer bis dahin realisierbaren Forderung hinausgeschoben und dadurch vereitelt oder in einem einer Vermögensschädigung gleichzusetzenden höheren Maße als zuvor gefährdet wird. War die Forderung zur Zeit der Stundung derart gefährdet, dass sie nicht mehr in diesem Umfang an Wert verlieren konnte, so kann durch die Täuschung kein weiterer Vermögensschaden herbeigeführt werden."

4. Besondere Kredite

a) Usance-Kredite, Lastschrift und Wechsel

Besondere Erwähnung verdienen die sog. **Usance-Kredite**, auch oft *Postlaufkredite* genannt³ (zur Scheckreiterei vgl. § 49 Rz. 17 ff., zur Wechselreiterei § 49 Rz. 27). Sie scheinen ein besonders für Straftaten anfälliger Bereich zu sein. Damit ist der Fall gemeint, dass der Kreditnehmer einen oder mehrere *Schecks* von Dritten, die auf eine andere Bank bezogen sind, zur Gutschrift auf seinem Konto einreicht. Die Gutschrift erfolgt „*Eingang vorbehalten*" (Ev). Mit der Gutschrift allein ist auch bei einem kreditunwürdigen Kunden nicht schon ohne Weiteres ein Schaden der Bank eingetreten⁴. Einen Anspruch auf Auszahlung der Schecksumme hat der Scheckeinreicher zu diesem Zeitpunkt noch nicht⁵. In der Praxis kann der Kontoinhaber aber zumeist sofort über den Betrag verfügen. Diese Auszahlung ist eine Kreditgewährung, mag auch die Frage der Meldepflicht der Usance-Kredite offen sein. Während der Postlaufzeit hat der Kreditnehmer Zeit, Deckung durch weitere Schecks zu besorgen. Auf diese

143

---

1 BGH v. 10.12.1991 – 5 StR 523/91, wistra 1992, 142; BGH v. 1.9.1994 – 1 StR 468/94, BGHR StGB § 263 Abs. 1 – Vermögensschaden 43; BGH v. 7.3.2006 – 1 StR 385/05, NStZ-RR 2006, 206, Rz. 22.
2 BGH v. 24.1.1986 – 2 StR 658/85, wistra 1986, 170; vgl. auch BGH v. 21.4.1998 – 5 StR 79/98, NStZ 1998, 413.
3 Zum Begriff „Postlaufkredite" *Reischauer/Kleinhans*, § 21 KWG Anm. 6; vgl. BGH v. 13.2.2001 – 1 StR 448/00, wistra 2001, 218.
4 BGH v. 24.4.2007 – 4 StR 558/06, wistra 2007, 305, Rz. 17.
5 *Nobbe*, WM 2000, Sonderbeilage 5, 1 (13 ff.).

Weise kann er es schaffen, ein beträchtliches Kreditpolster vor sich herzuschieben. Dies müsste freilich einem aufmerksamen Bankleiter auffallen, was dessen Irrtum beseitigen kann.

144 Zur **Scheckeinreichung** hat der BGH[1] festgestellt:

„Bei dem Scheckinkasso zur Gutschrift auf ein Konto übernimmt die beauftragte Bank für den Kontoinhaber die Einziehung des Schecks bei der bezogenen Bank. Obgleich ein Anspruch auf Gutschrift des Scheckbetrags erst mit Erhalt der buchmäßigen Deckung nach Einlösung des Schecks durch die bezogene Bank entsteht, schreiben die Inkassobanken aus bankorganisatorischen Gründen den Gegenwert eingereichter Schecks bereits bei Erteilung des Einziehungsauftrags dem bei der Einreichung genannten Konto gut. Die als abstraktes Schuldversprechen oder Schuldanerkenntnis zu qualifizierende Gutschrift erfolgt im Vorgriff auf die spätere Einlösung des Schecks und steht nach Nr. 9 Abs. 1 Satz 1 AGB-Banken unter dem Vorbehalt seiner Einlösung. Streitig ist, ob die Gutschrift aufgrund des Vorbehalts nach Nr. 9 Abs. 1 Satz 1 AGB-Banken als auflösend oder aufschiebend bedingt anzusehen ist. Ungeachtet ihres vorläufigen Charakters wird die Vorbehaltsgutschrift von der Inkassobank in das Kontokorrent eingestellt und buchmäßig, etwa bei der Ermittlung des der Verfügungsmöglichkeit des Kontoinhabers unterliegenden Tagessaldos, nicht anders behandelt als eine endgültige Gutschrift. Mit der Erteilung der Vorbehaltsgutschrift erwirbt die Inkassobank nach Nr. 9 Abs. 1 Satz 4 und 5 AGB-Banken das Recht, die Gutschrift ohne Rücksicht auf einen zwischenzeitlichen Rechnungsabschluss rückgängig zu machen, wenn der Scheck nicht eingelöst wird oder die Bank den Scheckbetrag nicht erhält. Das vertragliche Rückbelastungsrecht aus Nr. 9 Abs. 1 Satz 4 AGB-Banken ermöglicht es der Bank, den Scheckbetrag unabhängig vom Willen des Kontoinhabers zurückzubuchen, um die bei Nichteinlösung des Schecks oder anderweitigem Ausbleiben einer buchmäßigen Deckung materiell-rechtlich ohne Weiteres entfallende Vorbehaltsgutschrift buchungsmäßig im Kontokorrent zu beseitigen.

Bei der betrügerischen Einreichung gefälschter Schecks trifft die über die Existenz einer wirksamen Scheckanweisung getäuschte Inkassobank durch die Erteilung der Vorbehaltsgutschrift eine Vermögensverfügung zulasten ihres Vermögens. Die Vorbehaltsgutschrift führt zu einer schadensgleichen Vermögensgefährdung, soweit der Kontoinhaber tatsächlich die Möglichkeit hat, auf den vorläufig gutgeschriebenen Scheckbetrag zuzugreifen und die Inkassobank nach den konkreten Umständen des Einzelfalles durch das ihr zukommende Rückbelastungsrecht nicht hinreichend gegen eine Vermögenseinbuße gesichert ist. Eine solche Sicherung der Bank ist in dem Umfang gegeben, in dem das Konto ohne Berücksichtigung der Vorbehaltsgutschrift ein Guthaben aufweist und zu erwarten steht, dass die Rückbelastung des Scheckbetrags wertmäßig abgedeckt sein wird. Aber auch in Fällen, in denen aufgrund der Rückbuchung mit einem Debetsaldo zu rechnen ist, fehlt es an einer schadensgleichen Vermögensgefährdung, soweit ein aus dem Wegfall der Vorbehaltsgutschrift resultierender Ausgleichsanspruch der Bank anderweitig, etwa durch das Pfandrecht der Bank aus Nr. 14 AGB-Banken, gesichert ist oder seitens der Bank ohne Schwierigkeiten realisiert werden kann, weil der Kontoinhaber zum Ausgleich des Kontos willens und in der Lage ist."

145 Ähnliches gilt für das **Lastschriftverfahren**[2]. Dieses stellt ein Instrument des bargeldlosen Zahlungsverkehrs dar, das im Gegensatz zur Giroüberweisung nicht vom Zahlenden, sondern vom Zahlungsempfänger in Gang gesetzt wird (vgl. § 49 Rz. 28 ff., 39 f.). Es ist nicht zur Kreditschöpfung vorgesehen[3]. Wegen

---

1 BGH v. 6.3.2012 – 4 StR 669/11, NStZ-RR 2013, 80, Rz. 8, 9.
2 Grundlegend zum Lastschriftverfahren BGH v. 15.6.2005 – 2 StR 2005, BGHSt 50, 147 (151 ff.); dazu Anm. *Heinze*, HRRS 2005, 349.
3 BGH v. 24.8.2005 – 5 StR 221/05, wistra 2006, 20.

der Widerrufsmöglichkeit durch den Belasteten entsteht ein Ausfallrisiko für die Bank[1], wenn der Zahlungsempfänger über die Gutschrift bereits verfügt hat.

In folgendem Fall sah der BGH einen Betrug zum Nachteil der Bank durch **Lastschriftreiterei**: 146

„Die Angeklagte schloss mit der geschädigten Volksbank C eG eine Lastschriftvereinbarung, obwohl sie tatsächlich nicht fällige Forderungen einziehen, sondern sich kurzfristigen Kredit von Lastschriftgebern für eine Anschubfinanzierung im Immobilienbereich beschaffen wollte. Nach der Zulassung zum Lastschriftverfahren zog die Angeklagte im Online-Banking innerhalb eines Monats 535 000 Euro von acht Geldgebern ein. Wie mit diesen Gewährsleuten abgesprochen, widersprachen diese den Belastungen innerhalb von sechs Wochen, nachdem die Angeklagte nach dem (zu erwartenden) Scheitern des Immobiliengeschäfts die Beträge nicht zurückzahlen konnte. Die Volksbank, die die Lastschriften von den Banken der Geldgeber zurücknehmen musste, fiel mit über 300 000 Euro aus. Das Konto der Angeklagten wies kein Guthaben mehr aus, weil sie die gutgeschriebenen Beträge sofort in bar abgehoben bzw. an andere Vermittler überwiesen hatte"[2]. „Bei ‚Lastschriftreiterei' mit dem Ziel der Kreditbeschaffung wird die ersten Inkassostelle (Gläubigerbank) konkludent getäuscht, wenn den Lastschriften kurzfristige Darlehen mit einem deutlich erhöhten Risiko des Widerrufs zugrunde liegen und der Gläubiger seiner Bank dies nicht offenlegt"[3].

Da die Abwicklung des Lastschrifteneinzugs heute aber i.d.R. vollautomatisch geschieht, liegt dann ein *Computerbetrug* in Form von Verwendung unrichtiger Daten (§ 263a Abs. 1, 2. Alt. StGB; oben § 42 Rz. 62 ff.) vor[4].

Der BGH sieht den Tatbestand des § 263 Abs. 1 StGB als sog. **Wechselbetrug** (näher § 49 Rz. 21 ff.) regelmäßig bereits dann als erfüllt an, wenn ein Finanzwechsel unter Vorspiegelung seiner Eigenschaft als Handelswechsel begeben wird[5]. Entscheidend ist aber, ob hierdurch ein Schaden eingetreten ist. 147

b) Bankbürgschaft

Auch eine Bankbürgschaft ist eine **Kreditgewährung**[6] (vgl. § 265b Abs. 3 Nr. 2 StGB, § 21 Abs. 1 S. 1 Nr. 4 KWG). Ein dabei begangener Betrug wäre ebenfalls ein Eingehungsbetrug. Vermögensverfügung kann sowohl die Bürgschaftsverpflichtung der Bank nach § 765 Abs. 1 BGB gegenüber dem Dritten als auch die Zusage der Bank aus dem Geschäftsbesorgungsvertrag gegenüber dem Schuldner sein. 148

---

1 A.A. *Soyka*, Das moderne Lastschriftsystem: Eine Einladung zum Betrug, NStZ 2004, 538.
2 BGH v. 17.4.2007 – 5 StR 446/06, wistra 2007, 312.
3 BGH v. 15.6.2005 – 2 StR 30/05, BGHSt 50, 147 (Leitsatz); zur Strafbarkeit der „Lastschriftreiterei" nach § 263 StGB vgl. *Fahl*, Jura 2006, 733.
4 BGH v. 22.1.2013 – 1 StR 416/12, Rz. 25.
5 BGH v. 9.7.1996 – 1 StR 288/96 m.w.Nw.
6 Vgl. BGH v. 18.2.1992, BGHR StGB § 266 Abs. 1 Nachteil 29; BGH v. 18.2.1998, BGHR StGB § 263 Abs. 1 Vermögensschaden 51.

5. Beweisschwierigkeiten

149 Wer bei der Täuschung und dem Vermögensschaden die falsche und daher ungünstige Kreditwürdigkeitsprognose nachweisen will, muss sich aus der heutigen Ex-post-Betrachtung in eine **Ex-ante-Betrachtung** versetzen, um den Vermögensschaden in Form der Vermögensgefährdung zu begründen. Da dies auch vom Beschuldigten verlangt werden muss – er muss insoweit wenigstens mit bedingtem Vorsatz gehandelt haben –, ist auch der *Vorsatznachweis* nicht einfach. Zu diesen Beweisschwierigkeiten kommt die Abgrenzung von Tatsachen gegenüber bloßen Werturteilen hinzu. Diese Nachweisschwierigkeiten waren ein wesentlicher Grund dafür, dass der Gesetzgeber[1] mit dem 1. WiKG einen *Gefährdungstatbestand* im Vorfeld, den *Kreditbetrug des § 265b StGB* in das StGB eingefügt hat.

II. Kreditbetrug gem. § 265b StGB

1. Kriminalpolitische Bedeutung

150 Die Vorschrift des § 265b StGB mit der amtlichen Überschrift „Kreditbetrug" spielt in der **Praxis** der Verfolgungsbehörden **kaum eine Rolle**. 2012 wurden 446 Fälle registriert[2]. Der Grund hierfür könnte sein, dass sich in den meisten Fällen am Ende herausstellt, dass zumindest schon ein Betrugsversuch (§§ 263 Abs. 2, 22, 23 StGB) vorliegt. Wegen der Vorverlagerung der Strafbarkeit und der damit niedrigeren Schwelle für Zwangsmaßnahmen zu Beginn eines Ermittlungsverfahrens dient § 265b StGB vor allem als *„Aufgreiftatbestand"*[3]. Darin liegt kein Missbrauch des materiellen Rechts[4].

151 Der **geringe zahlenmäßige Niederschlag** des § 265b StGB bei der Strafverfolgung könnte seine Erklärung auch darin finden, dass vonseiten der Banken aus Imagegründen von Strafanzeigen sehr wenig Gebrauch gemacht wird.

152 Es muss kritisch angemerkt werden, dass die **Novellierung ein Misserfolg** gewesen ist. Die Norm hat, entgegen den in sie gesetzten Erwartungen, die Nachweisschwierigkeiten nicht erleichtert, im Gegenteil, sie hat neue Beweisprobleme gebracht, insbesondere dort, wo Legaldefinitionen geschaffen wurden (beim Lesen der Norm glaubt man manchmal, es beginne schon die Kommentierung; dabei ist man immer noch beim Tatbestand).

153 Die Vorschrift ist als **abstraktes Gefährdungsdelikt** ausgestaltet[5], das für einen begrenzten Bereich (*Unternehmenskredite*) im Vorfeld des Betrugs gem. § 263 StGB liegt und mit der Vorlage der falschen Unterlagen oder Angaben vollendet ist. Irrtumserregung, Kreditgewährung und Schadenseintritt sind *nicht* notwendig. Der Strafrahmen reicht bis zu drei Jahren Freiheitsstrafe.

---

1 Vgl. RegE 1. WiKG, BT-Drs. 7/3441, 18.
2 Polizeiliche Kriminalstatistik 2012, Grundtabelle 1.
3 *Gehrmann*, PStR 2009, 117; *Tiedemann*, WiStrafR BT, Rz. 325.
4 So auch *Tiedemann*, WiStrafR BT, Rz. 325; a.A. *Hellmann* in A/R, „Kreditbetrug" Rz. 5: „unerwünschte und bedenkliche praktische Auswirkungen".
5 *Saliger* in S/S/W, § 265b StGB Rz. 2; *Göhler/Wilts*, DB 1976, 1685.

Die Frage, welches **Rechtsgut** (Vermögen oder vorrangig Funktionsfähigkeit der Kreditwirtschaft?) von § 265b StGB geschützt wird, ist umstritten[1]. Der Streit ist müßig. Der *BGH*[2] neigt zwar der Meinung zu, dass auch bei § 265b StGB der Vermögensschutz im Vordergrund stehe. Dies könne aber dahinstehen, da § 265b StGB auch bei einem Betrugsversuch als subsidiär zurücktrete (vgl. Rz. 184 f.). Denn auch der Betrugsversuch gefährde notwendigerweise die Kreditwirtschaft[3].

154

2. Tatbestand

a) Persönlicher Anwendungsbereich

Täter (als Kreditnehmer) und **Opfer** (als Kreditgeber) eines Kreditbetruges können nur Betriebe und *Unternehmen* sein. Dies erfordert, dass bei wirtschaftlicher Betrachtung der Kreditnehmer ein (bereits existierendes oder als solches vorgetäuschtes) Unternehmen sein muss, das – nach der Legaldefinition des § 265b Abs. 3 Nr. 1 StGB – einen nach Art und Umfang in kaufmännischer Weise eingerichteten Geschäftsbetrieb hat[4]. Wichtig ist insbesondere, dass nicht nur Banken als geschädigte Kreditgeber geschützt sind. Entscheidend ist, wer wirtschaftlich Kreditgeber oder -nehmer ist. Nimmt eine Privatperson im eigenen Namen, aber für Rechnung eines Betriebs einen Kredit bei einer Bank auf, ist § 265b StGB anwendbar. Leitet das Kreditinstitut ein Darlehen der öffentlichen Hand an ein Unternehmen nur weiter, fehlt es an den Voraussetzungen der Norm[5].

155

Das Gesetz selbst definiert in § 265b Abs. 2 Nr. 1 StGB Betriebe und **Unternehmen**. Betriebe und Unternehmen sind, unabhängig von ihrem Gegenstand, solche, die nach Art und Umfang einen in *kaufmännischer Weise* eingerichteten Geschäftsbetrieb erfordern (dazu § 22 Rz. 61, 73 ff.)[6].

156

Der Anwendungsbereich geht über die Kaufmannseigenschaft hinaus, denn ihm unterliegende Betriebe oder Unternehmen sind ausdrücklich „unabhängig von ihrem Gegenstand" definiert. Das bedeutet, dass insbesondere auch **freie Berufe** von entsprechender Größenordnung unter die Vorschrift fallen können. Ebenso kommen auch **öffentliche Unternehmen** (Sparkassen und Verkehrsbetriebe) als Kreditgeber bzw. als Kreditnehmer in Betracht[7].

157

Auch dann, wenn lediglich vorgetäuscht wird, dass der Kredit für ein Unternehmen bestimmt ist, während das Unternehmen die Voraussetzungen des § 265b Abs. 3 Nr. 1 StGB nicht erfüllt, ja sogar dann, wenn das Unternehmen überhaupt nicht existiert (**Schein- und Schwindelfirmen**; vgl. oben § 29), ist

158

---

1 Vgl. *Saliger* in S/S/W, § 265b StGB Rz. 1.
2 BGH v. 3.3.1989 – 2 ARs 54/89, BGHSt 36, 130.
3 BGH v. 3.3.1989 – 2 ARs 54/89, BGHSt 36, 130 (132).
4 BGH v. 16.11.2010 – 1 StR 502/10, NStZ 2011, 279, Rz. 7.
5 *Saliger* in S/S/W, § 265b StGB Rz. 4.
6 BGH v. 27.3.2003 – 5 StR 508/02, NStZ 2003, 539.
7 *Saliger* in S/S/W, § 265b StGB Rz. 3; *Fischer*, § 265b StGB Rz. 7; *Tiedemann* in LK, § 265b StGB Rz. 24, 31.

§ 265b StGB anwendbar („oder einen vorgetäuschten Betrieb oder ein vorgetäuschtes Unternehmen").

159 Obwohl sicher zu begrüßen ist, dass der Gesetzgeber mit einer Legaldefinition des persönlichen Anwendungsbereichs eine größere Rechtsklarheit angestrebt hat, bleibt jedoch kritisch anzumerken, dass ihm dies nicht zufriedenstellend gelungen ist. Im Einzelfall kann es nämlich außerordentlich schwierig sein festzustellen, ob der Gegenstand des Betriebes oder des Unternehmens „einen nach Art und Umfang einen in kaufmännischer Weise eingerichteten Gewerbebetrieb" erfordert[1]. Dieses Tatbestandsmerkmal erscheint **wenig praktikabel** (vgl. § 22 Rz. 75); muss man doch dann ggf. eine grundlegende betriebswirtschaftliche Bestandsaufnahme des betroffenen Betriebs/Unternehmens vornehmen. Vorsatzprobleme sind dabei noch gar nicht angesprochen.

b) Sachlicher Anwendungsbereich

160 Der sachliche Anwendungsbereich ist begrenzt auf den Antrag auf Gewährung, Belassung oder Veränderung der Bedingungen eines Kredits. § 265b Abs. 3 Nr. 2 StGB enthält eine **Legaldefinition des Kredits**, die an die frühere Fassung[2] des § 19 KWG angelehnt ist.

161 **Kredite** i.S. von *§ 265b StGB* sind danach[3]:

- **Gelddarlehen** aller Art, also auch ein Kontokorrentkredit, Lombardgeschäfte, Hypotheken und Grundschulden, nicht hingegen eine gesellschaftsrechtliche Beteiligung[4]. Problematisch ist die Einbeziehung von Rückschecks, Rückwechseln, kurzfristigen Kontoüberziehungen, Usance-Krediten, Devisentermingeschäften und Einlagen[5]. – An sich würde auch – vor allem bei wirtschaftlicher Betrachtungsweise – ein (Finanzierungs-)Leasingvertrag (Rz. 190 ff.) unter den bankrechtlichen Kreditbegriff fallen (vgl. §§ 19 Abs. 1 S. 1 Nr. 4, 21 Abs. 1 S. 1 Nr. 7 KWG in der seit dem 1.1.2014 geltenden Fassung). Er ist jedoch in der (abschließenden) Legaldefinition des § 265b StGB nicht aufgeführt; deshalb kommt hier § 265b StGB nicht zur Anwendung.

- Beim **Lastschriftverfahren** liegt ein Kreditantrag i.S. von § 265b StGB dann vor, wenn nach den getroffenen Vereinbarungen der vorläufig gutgeschriebene Betrag zur freien Verfügung gestellt werden sollte[6].

- **Akzeptkredite**, also die Akzeptunterschrift unter einem Wechsel, nicht hingegen die Überlassung der Ausstellerunterschrift der Bank[7].

- Zum entgeltlichen **Erwerb von Geldforderungen** gehört der Ankauf von Teilzahlungsforderungen eines Teilzahlungskreditinstituts zur Refinanzierung,

---

1 *Tiedemann* in LK, § 265b StGB Rz. 32.
2 V. 3.5.1976, BGBl. I 1121.
3 Vgl. auch *Saliger* in S/S/W, § 265b StGB Rz. 5.
4 *Saliger* in S/S/W, § 265b StGB Rz. 5; *Lenckner/Perron* in S/S, § 265b StGB Rz. 12.
5 *Tiedemann* in LK, § 265b StGB Rz. 40.
6 BGH v. 22.1.2013 – 1 StR 416/12, Rz. 50.
7 *Tiedemann* in LK, § 265b StGB Rz. 41.

vor allem aber das Factoring-Geschäft (Rz. 186). Für das unechte Factoring (der Erwerber übernimmt das Delkredererisiko nicht) ist das unproblematisch. Auch das echte Factoring ist nach dem Gesetzeswortlaut erfasst, auch wenn es sich um ein Umsatzgeschäft und weniger um ein Kreditgeschäft handelt[1].

- Die **Stundung** von Geldforderungen (vgl. § 48 Rz. 52)[2], was bedeutet, dass auch der Warenkredit, aber auch Werk- und Dienstvertragsforderungen erfasst werden.

- Die **Diskontierung** von Wechseln und Schecks, nicht hingegen das bloße Wechsel- bzw. Scheckinkasso[3].

- Die Übernahme von **Bürgschaften**, Garantien und sonstigen Gewährleistungen; dazu gehören die Wechsel- und Scheckbürgschaft, der Kreditauftrag nach § 778 BGB, die Akkreditiveröffnung[4] und Bestätigung, Indossamentsverpflichtungen nach Wechsel- und Scheckrecht[5] und der Schuldbeitritt.

c) Täuschungshandlung

Notwendig ist eine besonders **qualifizierte Täuschungshandlung** gegenüber einem Betrieb oder Unternehmen im Zusammenhang mit einem Antrag auf Gewährung, Belassung oder Veränderung der Bedingungen eines Kredits.

162

aa) Kreditantrag

Zunächst muss ein Kreditantrag vorliegen. Der von § 265b StGB nicht definierte **Begriff des Kreditantrags** entspricht nicht dem des Antrags in § 145 BGB; dort ist der Wille zu einer rechtlichen Bindung notwendig, der sich von der „invitatio ad offerendum" unterscheidet[6].

163

Jede auch **formlose** auf Erlangung des Kredits gerichtete Erklärung reicht aus, auch die Aufforderung zur Abgabe eines Angebots (invitatio ad offerendum) und die Bitte um eine Stundung. Ein Kreditantrag kann die Einreichung eines Schecks zum Einzug („E.v.") sein[7]. Unverbindliche *Vorverhandlungen* oder Sondierungen werden hingegen nicht erfasst. Der Antragsteller muss nicht selbst der Kreditnehmer sein, wenn dies auch der Regelfall sein dürfte.

164

---

1 Für Einbeziehung *Saliger* in S/S/W, § 265b StGB Rz. 5; *Tiedemann* in LK, § 265b StGB Rz. 43; *Fischer*, § 265b StGB Rz. 13; *Lenckner/Perron* in S/S, § 265b StGB Rz. 14.
2 BGH v. 7.2.2002 – 1 StR 222/01, NStZ 2002, 433.
3 *Lenckner/Perron* in S/S, § 265b StGB Rz. 16; *Tiedemann* in LK, § 265b StGB Rz. 47; *Saliger* in S/S/W, § 265b StGB Rz. 5.
4 Zum Akkreditiv vgl. BGH v. 18.9.1997 – 5 StR 331/97, NStZ 1998, 85.
5 *Tiedemann* in LK, § 265b StGB Rz. 47 ff.
6 Für engere Anbindung an den zivilrechtlichen Antragsbegriff *Tiedemann* in LK, § 265b StGB Rz. 54 ff.
7 OLG Zweibrücken v. 10.6.1992 – 2 U 23/92, WM IV 1992, 1604.

165 Die **Antragsvarianten** bedeuten[1]: *Gewähren* ist das Erbringen der erbetenen Kreditleistung (bei der Stundung die Bewilligung). *Belassen* ist der Verzicht auf eine an sich mögliche sofortige Rückforderung, die Stundung der Leistung[2]. *Veränderung* der Bedingungen kann z.B. bei einer (nachträglich vereinbarten) Laufzeitverlängerung oder Änderung des Zinssatzes gegeben sein (nicht jedoch bei von vornherein festgelegten und u.U. einseitig vom Kreditgeber festzusetzenden variablen Zinssätzen).

bb) Zusammenhang mit Kreditantrag

166 Die Täuschungshandlung muss **im Zusammenhang** mit einem Kreditantrag erfolgen. Der Zusammenhang setzt einen sachlichen und zeitlichen Konnex in der Weise voraus, dass die falschen Unterlagen usw. erkennbar als Grundlage für die Entscheidung über den Kreditantrag dienen sollen. Die unrichtigen Angaben brauchen nicht in dem Antrag selbst enthalten oder mit diesem äußerlich verbunden zu sein, sie brauchen nicht einmal gleichzeitig mit ihm eingereicht zu werden[3]; das folgt aus den Worten „im Zusammenhang" im Umkehrschluss zur nicht erwähnten Unmittelbarkeit. Wenn also z.B. der Kreditgeber im Laufe der Bonitätsprüfung weitere Angaben nachfordert, ist dieser Konnex noch gegeben.

167 **Täter** braucht nicht der Kreditnehmer zu sein; die Täuschungshandlung kann auch von einem *Dritten* begangen werden, namentlich vom Mitverpflichteten, Bürgen[4] oder bei einem Kredit an eine Kapitalgesellschaft dessen Gesellschafter. Täter kann aber auch eine andere Bank sein, die eine unrichtige Kreditauskunft gibt, eine Auskunftei oder ein Wirtschaftsprüfer.

168 Das Gesetz spricht zwar nicht ausdrücklich davon, dass die Täuschungshandlung **gegenüber dem Kreditgeber** erfolgen muss, indessen ist dies den Worten „im Zusammenhang" zu entnehmen. Allerdings sind damit noch nicht alle Fragen beantwortet. Zusätzlich zu dem unproblematischen Normalfall, Täuschung gegenüber dem Kreditgeber (insbesondere der Bank) oder der Eigenauskunft gegenüber einer Auskunftei[5] wären zwei weitere Fallgestaltungen bei weiteren Mitverpflichteten denkbar:

169 Der Kreditnehmer einer Bank macht einem **Mitverpflichteten** oder Bürgen **gegenüber** falsche Angaben, sodass diese für die Schuld des Kreditnehmers die Mitverpflichtung oder die Bürgschaft übernehmen; dies wäre ein Kreditbetrug zumindest gegenüber dem Mitverpflichteten bzw. Bürgen, die ihrerseits dem Kreditnehmer einen Kredit (vgl. § 265b Abs. 3 Nr. 2 StGB) gewähren; vorausgesetzt sie sind Betriebe oder Unternehmen. Ein Kreditbetrug gegenüber der

---

1 Vgl. *Saliger* in S/S/W, § 265b StGB Rz. 6; *Fischer*, § 265b StGB Rz. 17 und *Tiedemann* in LK, § 265b StGB Rz. 58.
2 Vgl. BGH v. 7.2.2002 – 1 StR 222/01, NStZ 2002, 433, Rz. 8.
3 Dazu *Saliger* in S/S/W, § 265b StGB Rz. 7; *Lenckner/Perron* in S/S, § 265b StGB Rz. 27.
4 *Saliger* in S/S/W, § 265b StGB Rz. 7.
5 *Tiedemann* in LK, § 265b StGB Rz. 62.

Bank ist darin nicht zu sehen¹. Denn „Zusammenhang" ist aus dem Gedanken des geschützten Rechtsguts auszulegen und deshalb ist in diesen Fällen ein tauglicher Zusammenhang mit einem Kreditbetrug zulasten der insoweit nicht gefährdeten Bank zu verneinen.

Der Kreditnehmer kann aber auch, umgekehrt, der kreditgebenden **Bank gegenüber** falsche Angaben machen, während sich andere als Mitschuldner oder Bürgen für den Kredit verpflichten; also selbst einen Kredit i.S. von § 265b Abs. 3 Nr. 2 StGB gewähren. Auch hier sollte ein Kreditbetrug nur gegenüber dem gefährdeten Erklärungsempfänger (hier die Bank) angenommen werden. 170

cc) Täuschungshandlungen

§ 265b Abs. 1 StGB enthält **zwei Alternativen** von Täuschungshandlungen; Nr. 1 beschreibt ein positives Tun in zwei Varianten, Nr. 2 ein Unterlassen². 171

(1) Die erste Alternative von Täuschungshandlungen in § 265b Abs. 1 Nr. 1 StGB muss sich auf **wirtschaftliche Verhältnisse** beziehen. Gemeint sind zunächst die wirtschaftlichen Verhältnisse des Kreditnehmers. Dazu zählen aber auch alle weiteren Umstände, die in dessen Sphäre liegen³. Das kann auch der Verwendungszweck sein, wenn etwa bei einem Kredit für eine Investition, diese die Prognose über die Geschäftsabwicklung mitbestimmt. Nicht mehr dazu zählen Angaben zur Konjunkturlage der Brache bzw. der nationalen oder internationalen Wirtschaft⁴. Dies sind allgemein zugängliche Informationen, die sich die Bank selbst besorgen kann und muss. Insoweit scheidet daher eine Täuschungsmöglichkeit aus. 172

§ 265b Abs. 1 **Nr. 1 Buchst. a** StGB erfasst die Vorlage folgender enumerativ aufgezählter *Unterlagen*: „unrichtige oder unvollständige Unterlagen, namentlich Bilanzen, Gewinn- und Verlustrechnungen, Vermögensübersichten oder Gutachten"⁵. Mit deren Eingang ist die Tat vollendet⁶. 173

§ 265b Abs. 1 **Nr. 1 Buchst. b** StGB bezeichnet den Fall, dass der Täter „schriftlich unrichtige oder unvollständige *Angaben* macht". Die Angaben und Unterlagen brauchen nicht unterschrieben zu sein; mündliche Erklärungen reichen aber nicht aus. 174

Unvollständigkeit ist dann gegeben, wenn die Unterlagen das wirtschaftliche Verhältnis, auf das sie sich beziehen, nicht ausreichend erkennen lassen⁷. Bei *Bilanzen* ist zu beachten, dass deren Vollständigkeit und Richtigkeit ein we- 175

---

1 Dafür *Fischer*, § 265a StGB Rz. 18 und *Lenckner/Perron* in S/S, § 265a StGB Rz. 23; enger wohl *Tiedemann* in LK, § 265a StGB Rz. 62.
2 Die Begriffe sind hinreichend bestimmt; vgl. BGH v. 8.12.1981 – 1 StR 706/81, BGHSt 30, 285 m. Anm. *Lampe*, JR 1982, 430.
3 Vgl. *Fischer*, § 265b StGB Rz. 23.
4 *Saliger* in S/S/W, § 265b StGB Rz. 9.
5 Vgl. BGH v. 18.4.1996 – 1 StR 14/96 – Wertgutachten, BGHSt 42, 135; vgl. zum Begriff „Vermögensstand" auch BGH v. 16.12.2004 – 1 StR 420/03 – Fall Haffa, BGHSt 49, 381; BGH v. 11.2.2010 – 4 StR 433/09, wistra 2010, 219, Rz. 6.
6 BGH v. 8.12.1981 – 1 StR 706/81, BGHSt 30, 285 (291).
7 *Saliger* in S/S/W, § 265b StGB Rz. 13; *Fischer*, § 265b StGB Rz. 29.

sentlicher Bestandteil der Ordnungsmäßigkeit der Buchführung (vgl. § 26 Rz. 32 ff.) und des Grundsatzes der Bilanzwahrheit ist[1] (dazu § 26 Rz. 71 ff., § 40 Rz. 34 ff.). Unvollständigkeit ist auch dann gegeben, wenn der Täter zu einem nicht behandelten Punkt, dessen Entscheidungserheblichkeit er erkennt oder zu dem der Kreditgeber verständlicherweise Aufklärung erbittet, *schweigt*. Mündliche Zusatzerläuterungen können eine schriftlich vorhandene Unvollständigkeit indes beseitigen.

176 Die **Unrichtigkeit** muss sich auf den Inhalt beziehen. Bei *Bilanzen*[2] ist vom Standpunkt eines bilanzkundigen Lesers auszugehen. Ein entscheidender Unterschied zur Täuschungshandlung des § 263 StGB liegt darin, dass falsche *Bewertungen*[3] – ein für die Richtigkeit einer Bilanz wesentlicher Gesichtspunkt – ebenso wie *künftige* Ereignisse und Prognosen, also keine Tatsachen, Gegenstand der Täuschung nach § 265b StGB sein können[4].

177 Die unrichtigen oder unvollständigen Unterlagen oder Angaben müssen „für den Kreditnehmer **vorteilhaft und** für die Entscheidung über einen solchen Antrag **erheblich**" sein.

178 **Vorteilhaft** sind sie, wenn sie für den Fall ihrer Richtigkeit und Vollständigkeit geeignet sind, die Chance der Kreditgewährung zu verbessern[5]. Dazu gehört nicht nur die Kreditgewährung überhaupt, sondern auch die Kreditausreichung zu günstigeren Bedingungen.

179 **Erheblich** sind sie, wenn sie, vorausgesetzt, sie wären vollständig und richtig, als mögliche Ursache oder Mitursache der erstrebten Kreditentscheidung in Betracht kommen[6]. Die Beurteilung der Entscheidungserheblichkeit wird nicht in das Belieben des Kreditnehmers gestellt. Notwendig ist vielmehr ein *objektives* Urteil[7]. Man muss sich in die Rolle eines verständigen, durchschnittlich vorsichtigen Dritten versetzen[8]. Entscheidend ist die objektive Geeignetheit, sodass es auch nicht darauf ankommt, ob die vorgelegten Unterlagen die Kreditentscheidung tatsächlich beeinflusst haben[9]. Ebenso wenig ist von Bedeutung, ob der Kreditgeber die Unrichtigkeit und Unvollständigkeit erkennt[10]. Ob die Kreditvergabe gleichwohl wirtschaftlich vertretbar war, ist unerheblich[11]. Bagatellunrichtigkeiten sind unerheblich[12].

---

1 *Tiedemann* in LK, § 265b StGB Rz. 70 ff.
2 *Lenckner/Perron* in S/S, § 265b StGB Rz. 40; ausf. dazu *Tiedemann* in LK, § 265b StGB Rz. 56 ff.
3 Vgl. BGH v. 18.4.1996 – 1 StR 14/96 – Wertgutachten, BGHSt 42, 135.
4 *Saliger* in S/S/W, § 265b StGB Rz. 13; *Fischer*, § 265b StGB Rz. 28.
5 *Fischer*, § 265b StGB Rz. 31 ff.; *Saliger* in S/S/W, § 265b StGB Rz. 11.
6 BGH v. 8.12.1981 – 1 StR 706/81, BGHSt 30, 285 (291); BGH v. 7.2.2002 – 1 StR 222/01, NStZ 2002, 433.
7 Näher dazu *Fischer*, § 265b StGB Rz. 23, mit Hinweis auf die Gesetzesmaterialien.
8 BGH v. 7.2.2002 – 1 StR 222/01, NStZ 2002, 433.
9 LG Mannheim v. 15.11.1984 – (22) 6 KLs 12/82, wistra 1985, 158; *Fischer*, § 265b StGB Rz. 25, m.w.Hw. auf die Gesetzesmaterialien.
10 *Fischer*, § 265b StGB Rz. 34.
11 *Saliger* in S/S/W, § 265a StGB Rz. 14; *Tiedemann* in LK, § 265a StGB Rz. 83; *Fischer*, § 265a StGB Rz. 34.
12 *Saliger* in S/S/W, § 265b StGB Rz. 10; *Fischer*, § 265b StGB Rz. 34.

(2) Die Täuschungshandlung nach § 265b Abs. 1 **Nr. 2** StGB, die zweite Alternative, ist ein echtes **Unterlassungsdelikt**[1]. Der Grund für die Normierung der Verpflichtung zur Mitteilung der Verschlechterung ist der, dass häufig Schriftstücke vorgelegt werden, die früher und zu einem ganz anderen Zweck als für die Kreditentscheidung erstellt wurden. Inzwischen können sich die wirtschaftlichen Verhältnisse aber geändert haben. Die Halbfertigprodukte in der Bilanz können inzwischen vernichtet, die Warenbestände Ladenhüter geworden sein, was eine ganz andere Bewertung notwendig machen würde. *Verschlechterungen* sind nur insoweit mitzuteilen, als sie bis zur Vorlage der Unterlagen eingetreten sind und der Kreditnehmer zu diesem Zeitpunkt Kenntnis davon hat[2].

180

Unterlassen werden kann nur die Mitteilung der Verschlechterung der in den Unterlagen und Anlagen dargestellten wirtschaftlichen Verhältnisse, das zeigt schon der Wortlaut. Weggelassene Punkte (**Unvollständigkeit**) fallen also nicht darunter. Der Zeitraum, in dem die Verschlechterungen eingetreten sein müssen, beginnt in dem *Zeitpunkt*, auf den sich die Unterlagen und Angaben beziehen, und endet in dem Zeitpunkt der Vorlage („bei der Vorlage").

181

d) Vorsatz und Tätige Reue

Für den Vorsatz genügt wie bei § 263 StGB der **bedingte Vorsatz**. Der Täter muss z.B. wissen, dass Kreditgeber und Kreditnehmer Betriebe oder Unternehmen, dass die Angaben vorteilhaft, erheblich, unrichtig und unvollständig sind.

182

Der Versuch ist straflos, § 265b Abs. 2 StGB enthält die Möglichkeit **tätiger Reue**, wenn der Täter freiwillig verhindert, dass der Kreditgeber aufgrund der Tat die beantragte Leistung erbringt. Wird die Leistung ohne Zutun des Täters nicht erbracht, so wird er straflos, wenn er sich freiwillig und ernsthaft bemüht, das Erbringen der Leistung zu verhindern. Die Regelung zur tätigen Reue ist zwar dogmatisch folgerichtig, praktisch wird sie aber sicher kaum werden.

183

III. Konkurrenz zwischen § 263 und § 265b StGB

Die Frage, der Konkurrenz zwischen dem Kreditbetrug im weiteren Sinne nach § 263 StGB und Kreditbetrug im engeren Sinne nach § 265b StGB ist zwischenzeitlich höchstrichterlich geklärt. Der BGH[3] hat entschieden: Spätestens mit der Beendigung des Betrugs nach § 263 StGB ist auch der Kreditbetrug vollendet und beendet. Durch § 265b StGB wird dann kein weiteres Unrecht geschaffen, sodass der Kreditbetrug nach § 265b StGB als **subsidiär** zurücktritt.

184

---

1 *Saliger* in S/S/W, § 265a StGB Rz. 16; *Lenckner/Perron* in S/S, § 265a StGB Rz. 44; *Fischer*, § 265a StGB Rz. 36; *Tiedemann* in LK, § 265a StGB Rz. 96; a.A. *Samson* in SK, § 265a StGB Rz. 23.
2 *Saliger* in S/S/W, § 265b StGB Rz. 16.
3 BGH v. 21.2.1989 – 4 StR 643/88, BGHSt 36, 130; offengelassen OLG Stuttgart v. 14.6.1993 – 3 Ars 43/93, NStZ 1993, 545.

185 Dieses Verhältnis der Tatbestände zueinander gilt auch, wenn es lediglich beim **Versuch** des Betrugs nach § 263 StGB geblieben ist[1].

C. Besondere Finanzierungsformen

Schrifttum: *Tiedke/Peterek*, Die Rechtsprechung des BGH zum Leasing seit 2004, DB 2008, 335; *Graf von Westphalen/Hansen*, Der Leasingvertrag, 6. Aufl. 2008; *Wolf/Eckert/Ball*, Handbuch des gewerblichen Miet-, Pacht- und Leasingrechts, 10. Aufl. 2009.

I. Factoring

186 Beim Factoring (vgl. auch § 1 Abs. 1 S. 2 Nr. 7, Abs. 3 S. 1 Nr. 2 KWG) **kauft** der Factor von einem anderen Unternehmen dessen **Forderungen** aus Warenlieferungen oder Dienstleistungen gegenüber einem Drittschuldner mit einem Abschlag auf und zieht diese Forderungen ein. Je nach der Übernahme des *Delkredererisikos* unterscheidet man zwischen echtem und unechtem Factoring[2]. Eine weitere Variante ist die Forfaitierung[3], zumeist bei Auslandsforderungen.

187 Beim **echten Factoring** übernimmt der Factor das Risiko der Zahlungs(un)fähigkeit des Drittschuldners; es handelt sich um einen Forderungskauf. Der Verkauf der Forderung kann den Tatbestand des Kreditbetrugs nach § 265b StGB erfüllen; daneben kommt auch die Anwendung des allgemeinen Betrugstatbestands in Betracht.

Ein Fall über den Ankauf von Forderungen – Factoring aus Warenlieferungen und Dienstleistungen – liegt einer Entscheidung des BGH vom 5.11.2013 zugrunde: Als das Unternehmen „infolge der Wirtschaftskrise in Schieflage geriet", verschaffte sich die – dann wegen Betrugs (§ 263 StGB) verurteilte – Angeklagte durch Vorlage von insgesamt 86 Rechnungen über fingierte, verrechnete, beglichene oder einredebehaftete Forderungen zwischen 105 Euro und mehr als 18 000 Euro „Luft" und schädigte so die Bank um insgesamt rund 700 000 Euro[4].

188 *Zieht* der Verkäufer der Forderung **abredewidrig** *die Forderungen ein* und leitet er eingehende Zahlungen oder Schecks abredewidrig nicht weiter, so begeht er regelmäßig mangels Vermögensbetreuungspflicht keine Untreue nach § 266 StGB[5].

189 Beim **unechten Factoring** verbleibt das Delkredererisiko hingegen beim Verkäufer; dieses Geschäft ist den Kreditgeschäften zuzuordnen[6]. Der Verkauf der Forderung kann daher einen Kreditbetrug nach § 265b StGB erfüllen (Rz. 86).

---

1 BGH v. 21.2.1989 – 4 StR 643/88, BGHSt 36, 130.
2 BGH v. 4.11.1988 – 1 StR 480/88, NStZ 1989, 72; eingehend dazu *Otto*, Bankentätigkeit, 123.
3 Dazu *Otto*, Bankentätigkeit, 125.
4 BGH v. 5.11.2013 – 1 StR 387/13.
5 BGH v. 4.11.1988 – 1 StR 480/88, NStZ 1989, 72.
6 BGH v. 4.11.1988 – 1 StR 480/88, NStZ 1989, 72.

II. Leasing

Leasing (fällt unter den Begriff des § 19 Abs. 1 S. 1 Nr. 4 KWG) ist ein *Nutzungsüberlassungsvertrag* oder ein atypischer Mietvertrag. In den letzten Jahren hat Leasing enorm an Bedeutung gewonnen, insbesondere als **Finanzierungsalternative**, bei der das Leasingobjekt vom Leasinggeber beschafft und finanziert und dem Leasingnehmer gegen Zahlung eines vereinbarten Leasingentgelts zur Nutzung überlassen wird. Im Bereich der mittelständischen Finanzierung übertrifft es vom Volumen her inzwischen sogar die Kreditfinanzierung. Der Vorteil des Leasing gegenüber der Finanzierung einer Anschaffung über Kredit liegt auch darin, dass die dauerhafte Zahlungsverpflichtung aus dem Leasingvertrag bislang nicht immer als Verbindlichkeit bilanziert werden muss – im Gegensatz zu einer Kreditverbindlichkeit[1] (vgl. auch Rz. 197). Dieses *Finanzierungsleasing* soll hier behandelt werden. 190

a) Die Finanzierung durch (Finanzierungs-)Leasing wird regelmäßig so **abgewickelt**: Der Leasinggeber (Finanzunternehmen i.S. des § 1 Abs. 3 S. 1 Nr. 3 KWG) kauft das Leasingobjekt (z.B. Pkw oder EDV-Anlagen) bei dem Lieferanten und „vermietet" es i.d.R. unter Abtretung seiner Gewährleistungsansprüche gegen den Lieferanten an den Leasingnehmer, der dafür Leasingraten bezahlt; der Leasinggeber bleibt *Eigentümer* des Leasingobjekts. Bei dem Leasingvertrag werden zwei Varianten unterschieden. 191

Bei einem **Vollamortisationsvertrag** decken die Leasingraten alle Kosten des Leasinggebers ab. Wird der Leasingvertrag vor Ende dieser sog. Grundmietzeit beendet, muss der Leasingnehmer einen Ausgleichsbetrag bezahlen, um dem Leasinggeber die Vollamortisation zu gewähren. 192

Bei einem **Teilamortisationsvertrag** decken die Leasingraten in der Grundmietzeit die Amortisationskosten des Leasinggebers nicht. Deshalb ist der Leasingnehmer verpflichtet, am Ende der Vertragslaufzeit den sog. kalkulierten *Restwert* zu bezahlen. Oder der Gegenstand wird zurückgegeben. 193

Der Leasingvertrag ist als **Vertragstyp** im BGB nicht vorgesehen; die Vertragsgestaltung wird primär von steuerrechtlichen Vorgaben geprägt. Von daher stellen sich eine Reihe von Fragen nach seiner rechtlichen Einordnung. Dem KWG unterliegt das Finanzierungsleasing in begrenztem Umfang (vgl. § 19 Abs. 1 S. 1 Nr. 9 KWG). 194

---

1 Bei den Bilanzierungsbestimmungen zu Leasinggeschäften ist mit Änderungen zu rechnen. Es gibt hierzu Entwürfe des IASB und des FASB vom Mai 2013; vgl. *EY Scout*, Bilanzierung von Leasingverhältnissen, 2013; *Stamm/Giorgini*, Umbruch der Leasingbilanzierung nach IFRS – Darstellung und Würdigung der geplanten Bilanzierung beim Leasingnehmer, in Bilanzen im Mittelstand, 2011, 32 ff.

195 Der VIII. Zivilsenat des **BGH** hat in einer Reihe von Entscheidungen eine dogmatische Einordnung des Leasingvertrages vorgenommen[1]. Die wesentlichen Grundsätze sind: Auf den Leasingvertrag ist nach gefestigter Rechtsprechung[2] grundsätzlich *Mietrecht* anzuwenden mit der Hauptpflicht des Leasinggebers zur Gebrauchsüberlassung. Leasingtypische Besonderheiten führen jedoch teilweise zu einer vom Mietrecht abweichenden Regelung. Dies gilt insbesondere wegen des Finanzierungscharakters für den Anspruch des Leasinggebers auf Vollamortisation, das sog. Vollamortisationsinteresse.

196 **b)** Hier ist der Fall von Interesse, in dem ein Leasingnehmer einen Leasingvertrag abschließt, obwohl es an seiner **Bonität** zur Zahlung der Leasingraten *mangelt* (zu dem Problem, dass der Leasingnehmer das Leasingobjekt unterschlägt, s. § 48 Rz. 62, 67). Wegen der zivilrechtlichen Anbindung an das Mietrecht sind für die strafrechtliche Beurteilung wegen Betrugs die gleichen Kriterien anzuwenden wie beim Abschluss eines Mietvertrages.

197 Angesichts der *großen praktischen Bedeutung* des Leasinggeschäfts und weil insbesondere wenig liquide Unternehmen[3] (vgl. Rz. 190) vom Kreditgeschäft auf eine Finanzierung durch Leasing ausweichen, verwundert es, dass es nicht allzu viele veröffentlichte strafrechtliche **Entscheidungen** zu diesem Problem gibt. Soweit erkennbar, hat sich der *BGH* bislang eher *selten* mit dieser Problematik befasst[4]. Ist der Leasingnehmer beim Abschluss des Leasingvertrages für ihn erkennbar zur Bezahlung der Leasingraten nicht in der Lage, so kann ein Eingehungsbetrug (§ 47 Rz. 63) in Betracht kommen. Von den Betrugsfällen wurde der Fall Flowtex am bekanntesten: Gar nicht vorhandene Bohrgeräte

---

1 BGH v. 28.10.1981 – VIII ZR 302/80, BGHZ 82, 121; BGH v. 24.4.1985 – VIII ZR 65/84, BGHZ 94, 180; BGH v. 24.4.1985 – VIII ZR 95/84, BGHZ 94, 195; BGH v. 12.6.1985 – VIII ZR 148/84, BGHZ 95, 39; BGH v. 28.6.2000 – VIII ZR 240/99, BGHZ 144, 370 (371); BGH v. 4.4.1984 – VIII ZR 313/82, NJW 1984, 2687; BGH v. 29.1.1986 – VIII ZR 49/85, NJW-RR 1986, 594; BGH v. 12.9.2001 – VIII ZR 109/00, NJW 2002, 133; BGH v. 30.10.2002 – VIII ZR 119/02, NJW 2003, 505; BGH v. 26.2.2003 – VIII ZR 270/01, NJW 2003, 2382; BGH v. 8.10.2003 – VIII ZR 55/03, NJW 2004, 1041; BGH v. 14.7.2004 – VIII ZR 367/03, NJW 2004, 2823; BGH v. 29.10.2008 – VIII ZR 258/07, BGHZ 178, 227, Rz. 31; BGH v. 17.12.2008 – VIII ZR 92/08, MDR 2209, 318.
2 BGH v. 29.10.2008 – VIII ZR 258/07, BGHZ 178, 227, Rz. 31, wonach „dem Zivilrecht die mietrechtliche Einordnung des Finanzierungsleasingvertrags auch durch die steuerliche Regelung vorgegeben ist (*Ball* in Wolf/Eckert/Ball, Hdb. des gewerblichen Miet-, Pacht- und LeasingR, 10. Aufl. 2009, Rz. 1749; *Graf von Westphalen*, VertragsR und AGB-Klauselwerke, Leasingvertrag, Stand Feb. 2014, Rz. 163).
3 In dem der Entscheidung des BGH v. 17.12.2008 – 1StR 648/08 zugrunde liegenden Fall hatte die Hausbank die Finanzierung des Fahrzeugs für einen Kurierdienst abgelehnt. Ein Leasing-Unternehmen schloss dann einen Leasingvertrag – zunächst – ab.
4 BGH v. 26.4.1988 – 1 StR 43/88, wistra 1988, 303; BGH v. 23.1.1996 – 5 StR 642/95 – Rückkauf des Leasingobjekts, StV 1997, 416; BGH v. 27.11.1991 – 3 StR 450/91 – unberechtigte Weiterveräußerung des Leasingobjekts, BGHR StGB § 260 gewerbsmäßig 2.

wurden an Leasinggesellschaften verkauft und zurückgemietet[1] (vgl. § 40 Rz. 21). Wer schon bei Vertragsabschluss bzw. Übergabe des geleasten Gegenstandes vorhat, diesen zu verwerten, begeht einen Betrug[2].

Der *BGH* macht allerdings zu Recht gewisse **Einschränkungen beim Schaden**. Kündigt der Leasinggeber nicht fristlos wegen Zahlungsverzugs, so ist der durch die weitere Überlassung des Leasingobjekts entstehende Schaden nicht mehr durch das betrügerische Verhalten bedingt (gibt der Leasingnehmer nach Kündigung das Leasingobjekt nicht zurück, so stehen dem Leasinggeber aus § 557 BGB die Leasingraten weiter zu[3]). Auch ist zu berücksichtigen, dass ein vorzeitig zurückgegebener Leasinggegenstand noch einen höheren Marktwert hat.

198

Im Rahmen der Prüfung des **Schadens**, der Kausalität und des Vorsatzes wird weiter zu berücksichtigen sein, dass der Leasinggeber mit dem Wert des Leasingobjekts eine *Sicherheit* hat[4]. Zumindest bei der Strafzumessung sollte dem Leasingnehmer auch zugute kommen, dass die Leasinggesellschaften häufig die Bonität und insbesondere die Werthaltigkeit des Leasingobjekts nicht mit der gebotenen kaufmännischen Sorgfalt prüfen.

199

Ist die Anklageschrift in allen wesentlichen Teilen in Deutsch verfasst, so verstößt es nicht gegen § 184 GVG, wenn ihr inhaltlich in einer **fremden Sprache** errichtete Leasingverträge zugrunde liegen. Es handelt sich um außerhalb des Verfahrens entstandene, ggf. als Beweismittel in Betracht kommende Schriftstücke. Die Staatsanwaltschaft ist nicht gezwungen, derartige Urkunden bei Erhebung der Anklage nicht nur in der Ursprungssprache, sondern zudem in deutscher Übersetzung vorzulegen[5].

200

D. Versicherungsleistungen

Schrifttum: *Knaus/Wambach*, Versicherungsbetrug aus vertragstheoretischer Sicht, ZVersWiss 2003, 9; *Lindenau*, Die Betrugsstrafbarkeit des Versicherungsnehmers aus strafrechtlicher und kriminologischer Sicht, 2005; *Meschkat*, Betrug in der Kraftfahrzeugversicherung, 2008; *Schiller*, Versicherungsbetrug als ökonomisches Problem, ZVersWiss 2004, 835.

Das **6. StrRG** hat den Verbrechenstatbestand des Versicherungsbetruges nach § 265 StGB a.F. mit Wirkung vom 1.4.1998 grundlegend umgestaltet. Nach dem neuen Vergehenstatbestand des **§ 265 StGB „Versicherungsmissbrauch"** macht sich – Höchststrafe drei Jahre – strafbar, wer eine gegen Untergang, Be-

201

---

1 Niederschlag fand der Sachverhalt etwa in folgenden Entscheidungen: BGH v. 10.9.2002 – 1 StR 169/02, BGHSt 48, 4; BGH v. 22.10.2002 – 1 StR 308/02, wistra 2003, 71; BGH v. 16.4.2008 – 1 StR 83/08, BGHSt 52, 220; BVerfG v. 9.10.2001 – 2 BvR 1523/01, wistra 2001, 459.
2 Ein solcher Fall liegt der Entscheidung des BGH v. 11.2.2009 – 5 StR 11/09 zugrunde.
3 BGH v. 22.3.1989 – VIII ZR 155/88, NJW 1989, 1730.
4 Vgl. BGH v. 13.1.1999 – 3 StR 596/98.
5 BGH v. 9.11.2011 – 1 StR 302/11, Rz. 33.

schädigung, Beeinträchtigung der Brauchbarkeit, Verlust oder Diebstahl *versicherte Sache* beschädigt, zerstört, in ihrer Brauchbarkeit beeinträchtigt, beiseite schafft oder einem anderen überlässt, um sich oder einem Dritten Leistungen aus der Versicherung zu verschaffen[1].

202 Gleichzeitig wurde in § 263 Abs. 3 S. 2 Nr. 5 StGB als Regelbeispiel für einen besonders **schweren Fall des Betruges** der – § 265 StGB a.F. teilweise entsprechende – Fall eingefügt, dass der Täter einen *Versicherungsfall vortäuscht*, nachdem er oder ein anderer zu diesem Zweck eine Sache von bedeutendem Wert *in Brand gesetzt* oder durch eine Brandlegung ganz oder teilweise zerstört oder ein Schiff zum Sinken oder Stranden gebracht hat. Die Frage des milderen Gesetzes hat der BGH geklärt. § 265 StGB n.F. ist nunmehr gegenüber § 263 StGB formell subsidiär[2].

203 Zum Verhältnis zwischen § 265 StGB und §§ 306a, 306b StGB hat der BGH entschieden: „Der mit der schweren Brandstiftung nach § 306a Abs. 1 Nr. 1 StGB gleichzeitig verwirklichte Versicherungsmissbrauch gegenüber der Gebäudeversicherung ist keine andere Straftat im Sinne des § 306b Abs. 2 Nr. 2 Alt. 1 StGB, die der Täter durch die Brandlegung zu ermöglichen beabsichtigt. Dieser Qualifikationstatbestand ist auch dann nicht verwirklicht, wenn der Täter durch das Feuer in dem Wohngebäude befindliches Inventar eines Dritten zerstören und damit eine Sachbeschädigung begehen will, um dem Dritten Leistungen aus dessen Hausratversicherung zu verschaffen."[3]

204 Wer ein Versicherungsunternehmen, z.B. eine Kraftfahrzeughaftpflichtversicherung, durch eine Täuschungshandlung zu einer *unberechtigten Auszahlung* der Versicherungsleistung veranlasst, macht sich wegen **Betrugs nach § 263 StGB** strafbar. Die Tatbestandsmerkmale des Betrugs sind hier im Allgemeinen unproblematisch. Betrug zum Nachteil von Versicherungen ist von erheblicher volkswirtschaftlicher Relevanz. Der hierdurch in Deutschland jährlich verursachte Schaden wird auf 2,5–4 Mrd. Euro geschätzt[4]. Bei der Privathaftpflichtversicherung soll der Betrugsanteil zwischen 20 und 24 % betragen[5]. Beim Kfz-Diebstahl ging die kriminalpolitische Bedeutung wegen verbesserter Sicherungssysteme zurück[6].

205 Der *neue Tatbestand* des **Versicherungsmissbrauchs** ist wie der alte § 265 StGB ein *Vorfeldtatbestand* des Betrugs nach § 263 StGB, der schon bloße Vorbereitungshandlungen erfasst. Anders als früher sind nicht mehr nur die Brand- oder Schiffsversicherung erfasst, sondern praktisch alle Sachversicherungen. § 265 StGB ist nach der ausdrücklichen gesetzlichen Regelung subsidiär gegenüber dem Betrug nach § 263 StGB.

206 Wegen der weitreichenden Erfassung von Vorfeldhandlungen gilt § 265 StGB verfassungsrechtlich und kriminalpolitisch als sehr problematisch[7]. Dies gebietet jedenfalls eine **restriktive Auslegung** dieser Strafbestimmung.

---

1 Vgl. *Geppert*, Jura 1998, 382.
2 BGH v. 5.1.1999 – 3 StR 405/98, NStZ 1999, 243; BGH v. 5.4.2000 – 3 StR 58/00, NStZ-RR 2000, 304 (305); BGH v. 19.10.1999 – 4 StR 471/99, NStZ 2000, 93.
3 BGH v. 15.3.2007 – 3 StR 454/06, BGHSt 51, 236 (Leitsätze).
4 *Schiller*, ZVersWiss 2004, 835.
5 *Knaus/Wambach*, ZVersWiss 2003, 9.
6 *Saliger* in S/S/W, § 265 StGB Rz. 2.
7 Umfassend zum Meinungsstand *Saliger* in S/S/W, § 265 StGB Rz. 2.

Deshalb ist auch der Begriff **"versicherte Sache"** entgegen der wohl noch h.M. orientiert am Schutzzweck der Norm eng auszulegen, teleologisch zu reduzieren. Bislang wurde überwiegend auf das Bestehen eines förmlichen Versicherungsvertrags abgestellt. Ob dieser nichtig oder anfechtbar ist, ist danach unerheblich. Ebenso ist danach ein Leistungsverweigerungsrecht des Versicherers ohne Bedeutung[1]. Demgegenüber ist mit der im Vordringen befindlichen Gegenansicht auf die Leistungspflicht aus einem wirksamen und nicht anfechtbaren Vertrag abzustellen. Hat die Versicherung offenkundig hinreichende eigene Schutzmöglichkeiten, besteht insoweit kein strafrechtliches Schutzbedürfnis[2]. 207

§ 51
Geldwäsche
Bearbeiter: Michael Wahl

	Rz.		Rz.
I. Erscheinungsformen und Bekämpfung	1	2. Subjektiver Tatbestand	43
		3. Versuch	45
1. Kriminelle Praxis	3	4. Sanktionen	47
2. Zweck der Geldwäschebekämpfung	11	III. Geldwäschegesetz	51
		1. Adressaten des Gesetzes	53
3. Internationale Entwicklung	15	2. Identifizierungs- und Dokumentationspflichten	56
4. Zweispurige Bekämpfungsstrategie	18	3. Meldepflichten	61
II. Straftatbestand der Geldwäsche		4. Bußgeldbestimmungen	67
1. Objektiver Tatbestand		IV. Zollverwaltungsgesetz	71
a) Schutz- und Tatobjekte	20		
b) Herkunft aus Vortaten	22		
c) Tathandlungen	35		

Schrifttum: *Ambos*, Internationalisierung des Strafrechts: das Beispiel "Geldwäsche", ZStW 114 (2002), 236; *Bernsmann*, Geldwäsche und Vortatkonkretisierung, StV 1998, 46; *Bittmann*, Die gewerbs- oder bandenmäßige Steuerhinterziehung und die Erfindung des gegenständlichen Nichts als geldwäscherelevante Infektionsquelle, wistra 2003, 161; *Burger*, Die Einführung der gewerbs- und bandenmäßigen Steuerhinterziehung sowie aktuelle Änderungen im Bereich der Geldwäsche, wistra 2002, 1; *Busch/Teichmann*, Das neue Geldwäscherecht, 2003; *Carl/Klos*, Regelungen zur Bekämpfung der Geldwäsche und ihre Anwendung in der Praxis, 1994; *Dehl/Gleb*, Geldwäscheprävention in Deutschland und in ehemaligen Sowjetstaaten – ein Rechtsvergleich, WiRO 2014,19; *Diergarten*, Der Geldwäscheverdacht, 2007; *Findeisen*, Geldwäschebekämpfung im Zeitalter des Electronic Banking, Kriminalistik 1998, 107; *Herzog*, GwG, 2. Aufl. 2014; *Gradowski*/

---

1 BGH v. 1.12.1955 – 3 StR 399/55, BGHSt 8, 343 (344); BGH v. 20.4.1988 – 2 StR 88/88, BGHSt 35, 261 ff.; Fischer, § 265 StGB Rz. 3.
2 Vgl. umfassend dazu *Saliger* in S/S/W, § 265 StGB Rz. 4.

Ziegler, Geldwäsche, Gewinnabschöpfung, 1997; *Helmers*, Zum Tatbestand der Geldwäsche: Beispiel einer rechtsprinzipiell verfehlten Strafgesetzgebung, ZStrW Bd. 121, 509; *Helmrich*, Handelsunternehmen und Geldwäsche, NJW 2009,3686; *Herzog/Mülhausen*, Geldwäschebekämpfung und Gewinnabschöpfung – Handbuch der straf- und wirtschaftsrechtlichen Regelungen, 2006; *Hetzer*, Deutsche Umsetzung neuer europäischer Vorgaben zur Bekämpfung der Geldwäsche und der Terrorismusfinanzierung, EuZW 2008,560; *Hoyer/Klos/Carl*, Regelungen zur Bekämpfung der Geldwäsche und ihre Anwendung in der Praxis, 2. Aufl. 1998; *Katholnigg*, Kann die Honorarannahme des Strafverteidigers als Geldwäsche strafbar sein?, NJW 2001, 2041; *Kögel*, Die Strafbarkeit des „Finanzagenten" bei vorangegangenem Computerbetrug durch „Phishing", wistra 2007, 206; *Körner/Dach*, Geldwäsche – ein Leitfaden zum geltenden Recht, 1994; *Körner/Patzak/Vollmer*, Betäubungsmittelgesetz, 7. Aufl. 2012; *Klugmann*, Gesetz zur Optimierung der Geldwäscheprävention und seine Auswirkungen auf die anwaltliche Praxis, NJW 2012, 641; *Kress*, Das neue Recht der Geldwäschebekämpfung, wistra 1998, 121; *Löwe/Maiwald*, Auslegungsprobleme im Tatbestand der Geldwäsche, in FS H.J. Hirsch, 1999, S. 631; *Meyer/Hetzer*, Neue Gesetze gegen die Organisierte Kriminalität, NJW 1998, 1017; *Neuheuser*, Die Strafbarkeit des Bereithaltens und Weiterleitens des durch Phishing erlangten Geldes, NStZ 2008,492; *Petropoulos*, Der Zusammenhang von Vortat und Gegenstand in § 261 StGB, wistra 2007, 241; *Raschke*, Strafverteidigung als privilegiertes Berufsbild – „privilegium" oder „ a maiore ad maius"?, NStZ 2012, 606; *Rüping*, Der Steuerberater als „Organ der Steuerrechtspflege" im System staatlicher Kontrollen, in FS Kohlmann, 2003, S. 499; *Scherp*, Internationale Tendenzen in der Geldwäschebekämpfung, wistra 1998, 81; *Schramm*, Zum Verhältnis von Hehlerei und Geldwäsche, wistra 2008, 245; *Sommer*, Geldwäschemeldungen und Strafprozess, StraFo 2005, 327; *Spies*, Terror und Justiz, StraFo 2005, 324; *Vogel*, Geldwäsche – ein europaweit harmonisierter Straftatbestand?, ZStW 1997, 335; *Wegner*, Die Reform der Geldwäsche-Richtlinie und die Auswirkungen auf rechtsberatende Berufe, NJW 2002, 794; *Werner*, Bekämpfung der Geldwäsche in der Kreditwirtschaft, 1996; *Zuck*, Die verfassungswidrige Indienstnahme des Rechtsanwalts für die Zwecke der Strafverfolgung, NJW 2002, 1397.

I. Erscheinungsformen und Bekämpfung

1 Als **Geldwäsche** oder Geldwäscherei werden kriminologisch gemeinhin – international weitgehend einheitlich – Vorgehensweisen bezeichnet, mittels denen aus strafbaren Handlungen stammende Gelder oder sonstige Vermögenswerte unauffällig, meist jedoch unter bewusster Verschleierung ihrer inkriminierten Herkunft, in den normalen Wirtschaftskreislauf eingeschleust werden[1]. *Schwerpunkte* der Geldwäsche sind einerseits das Investieren und sonstige *„Waschen"* von *Bargeld*, andererseits die unauffällige Unterbringung von Geldern bei *Bankinstituten*.

2 Strafrechtlich ist der **Tatbestand** der Geldwäsche für die Bundesrepublik im Einzelnen in **§ 261 StGB** umschrieben. Die mit dem „Gesetz zur Bekämpfung des illegalen Rauschgifthandels und anderer Erscheinungsformen der Organisierten Kriminalität (OrgKG)" vom 15.7.1992 geschaffene Vorschrift ist inzwi-

---

1 Eine Definition des Begriffs enthält die EG-RL v. 10.6.1991 zur Verhinderung der Nutzung der Finanzsysteme zum Zwecke der Geldwäsche, veröffentlicht u.a. in WM 1991, 1486 ff., ferner die 2. EG-RL v. 4.12.2001 (abgedr. in NJW 2002, 805). Zum Begriff vgl. ferner *Werner*, 12; *Carl/Klos*, 29 f.; *Körner*, § 29 BtMG Rz. 2292. Zu int. Regelungen s. *Vogel*, ZStW 1997, 335.

schen wiederholt geändert worden, um ihre mangelnde Effektivität zu beheben. Insbesondere wurde der Vortatenkatalog des § 261 Abs. 1 StGB mehrfach geändert, zunächst durch das VerbrechensbekämpfungsG vom 28.10.1994[1] und durch das „Gesetz zur Verbesserung der Bekämpfung der Organisierten Kriminalität" vom 4.5.1998[2], ferner durch das SteuerverkürzungsbekämpfungsG vom 19.12.2001[3] und weitere Gesetze[4]. Erwähnenswert ist dabei das Geldwäschebekämpfungsergänzungsgesetz vom 13.8.2008[5], durch das auch das Geldwäschegesetz komplett neu gefasst wurde. Eine – vorerst – letzte Ausweitung des Vortatenkatalogs auf Straftaten des Wertpapierhandelsgesetzes, des Urheber- und des Erfinderschutzes erfolgte durch das Gesetz zur „Optimierung" der Bekämpfung der Geldwäsche und Steuerhinterziehung vom 28.4.2011[6].

1. Kriminelle Praxis

Hohe Bargeldsummen fallen vor allem im *Drogenhandel* an, aber auch – in erheblich geringerem Umfang – in den Deliktsbereichen Prostitution, Glücksspiel, Erpressung, Menschenhandel, Zigarettenschmuggel, Anlagebetrug[7]. Demgegenüber kommt dem Waschen von Bargeld geringere Bedeutung zu in manchen Deliktbereichen der *Wirtschaftskriminalität*, beispielsweise im illegalen Waffenhandel, in Bereichen der Kreditkarten- und sonstigen Fälschungskriminalität sowie des Betrugs und Subventionsbetrugs, der Produktpiraterie und bei Korruptionsdelikten. Meist ist allerdings nicht der Deliktsbereich entscheidend dafür, ob Bargeld zum Waschen anfällt, sondern neben allgemeinen Handelsbräuchen sind maßgeblich die infrage stehenden Handels- oder Verteilerstufen.

Von der Darstellung von Modellen[8], mit denen die **Praxis der Geldwäsche** beschrieben wird, soll abgesehen werden, nachdem die bisherige Praxis der Strafverfolgung die beschriebenen Strukturen nicht zu verifizieren vermochte[9] und die Erfahrung bei der Vermögensabschöpfung lediglich lehrt, dass das aus Straftaten unmittelbar Erlangte oft in die Herkunftsländer der Täter verschoben wird. Jedenfalls ist die Praxis der Geldwäsche ebenso umfangreich wie die wachsenden Möglichkeiten, Geld legal zu transferieren. Erleichtert wird die Geldwäsche deshalb auch durch vielfache Möglichkeiten, elektronische Medien national und international für übertragungs- und banktechnische Zwecke einzusetzen. Die *Automatisierung des Bankgeschäfts* (z.B. Internetbanking) und elektronische Zahlungssysteme im Internet lassen zu, Finanztransaktio-

---

1 BGBl. I 3186.
2 BGBl. I 845.
3 BGBl. I 3922.
4 Wegen der weiteren Änderungen im Einzelnen vgl. *Fischer*, § 261 StGB Rz. 1–1c, zur mangelnden Effektivität der ursprünglichen Fassungen vgl. *Gradowski/Ziegler*, 11 ff., krit. zur Hektik des Gesetzgebers u.a. *Bernsmann*, StV 1998, 46.
5 BGBl I 2008, 1690.
6 BGBl. I 2011, 676.
7 Vgl. *Werner*, 13; *Körner/Dach*, Geldwäsche, 16 ff.
8 Zum Stufenmodell *Körner/Volkmer*, § 29 Teil 22 Rz. 104 f.
9 Dazu auch *Körner/Volkmer*, § 29 Teil 22 Rz. 29 ff.

nen elektronisch vorzunehmen, ohne dass persönliche Kontakte zwischen Kunden und Bank erforderlich sind, was es erschwert, Transaktionen nachzuvollziehen[1].

5 Um ihr Ziel zu erreichen, sind Geldwäscher jedenfalls darauf angewiesen, in irgendeiner Form die *Möglichkeiten der* **Bank- und sonstigen Finanzsysteme** *zu nutzen*. Denn Geldtransaktionen aller Art, Nutzung und Gestaltung der Kapitalmärkte und der internationalen Zahlungssysteme gehören zum natürlichen Tätigkeitsfeld von Finanzinstituten und haben zu einem vielfältigen Spektrum von Dienstleistungsangeboten geführt. Diese Angebote können im Grundsatz von jedermann, also von Straftätern wie von seriösen Bankkunden, ohne äußere Auffälligkeiten genutzt werden.

6–10 Einstweilen frei.

2. Zweck der Geldwäschebekämpfung

11 Strafrechtlich wird die Geldwäsche sowohl national als auch international erst seit einigen Jahren gezielt bekämpft. Dies ist deshalb erstaunlich, weil es das Phänomen, in strafbarer Weise erlangte Vermögenswerte unauffällig in den legalen Finanzkreislauf einzuschleusen, seit Jahrzehnten, ja Jahrhunderten gegeben hat. Dies zu verhindern und Straftätern ihre Beute abzujagen, gab es in der **Vergangenheit** zwar einige, in der Praxis aber schwer handhabbare Möglichkeiten[2]. Einem Straftäter konnten Deliktsgegenstände und Verbrechensgewinne nach §§ 73 ff., 74 ff. StGB a.F. unter engen Voraussetzungen entzogen werden; Dritte, die dem Täter einer Straftat nach deren Begehung halfen, die Beute zu sichern, abzusetzen oder sonst zu verwerten, konnten nur nach den Tatbeständen der *sachlichen Begünstigung* (§ 257 StGB) oder der *Hehlerei* (§§ 259, 260 StGB) strafrechtlich belangt werden. Dass ein grundlegend neues und wirksameres Instrumentarium erforderlich sei, Geldwäscherei zu bekämpfen, beruht vor allem auf der Erkenntnis, dass die Dimension der Verbrechensgewinne und -umsätze international enorm zugenommen hat.

12 Ins Auge fielen insbesondere die **riesigen Umsätze**, die im internationalen **Drogenhandel** erzielt werden. Diese werden weltweit auf ca. 300 Mrd. US-Dollar jährlich geschätzt[3]; für die Bundesrepublik wird mit Gewinnen aus Rauschgiftgeschäften, die zur Geldwäsche heranstehen, von immerhin ein bis zwei Mrd. Euro jährlich gerechnet[4]. Der Drogenhandel ist die derzeit wichtigste Erscheinungsform der Organisierten Kriminalität (zur Organisierten Kriminalität vgl. oben § 9).

13 Von deren **weiteren Tätigkeitsfeldern** sind beispielhaft zu nennen der illegale internationale Waffenhandel, der internationale Menschenhandel mit Einschleusen von Immigranten, Arbeitskräften und Prostituierten, die internatio-

---

1 Vgl. hierzu schon früher *Findeisen*, Kriminalistik 1998, 107; *Scherp*, wistra 1998, 81 (85).
2 Vgl. dazu *Arzt*, NStZ 1990, 1 ff.
3 Teil I, A S. 3 des Berichts der int. Expertengruppe Financial Action Task Force (FAFT), vgl. dazu unten Rz. 20.
4 BT-Drs. 12/989, 20.

nale Produktpiraterie, der Schmuggel von Branntwein, Zigaretten und imitierten Luxusgütern, die Geldfälschung, die Fälschung und der Missbrauch von Kreditkarten und Wertpapieren, die planmäßige Verschiebung gestohlener Maschinen, Kraftfahrzeuge und Fahrzeugladungen, neuerdings auch die illegale Abfallbeseitigung und die Manipulation des unbaren Zahlungsverkehrs sowie Internetbetrügereien.

Nicht entzogene *kriminelle Gelder* können naturgemäß als *Finanzierungskapital* für lukrative weitere Straftaten, aber auch für terroristische Maßnahmen und Strukturen genutzt werden. Sie können aber auch zur Erzielung und Anhäufung von **wirtschaftlicher Macht** eingesetzt werden und auf diese Weise zu Machtmissbräuchen, zur Schaffung von Abhängigkeiten mancher Mandatsträger und sonstiger staatlicher Institutionen führen. Dies kann die Unabhängigkeit von Behörden und Mandatsträgern nachhaltig bedrohen und letztlich die demokratischen Strukturen eines Gemeinwesens gravierend gefährden[1]. Z.B. können mit inkriminiertem Geld Bewerber um knappe Wirtschaftsgüter überboten werden und damit eine Verdrängung legal aufgebauter Strukturen stattfinden. 14

3. Internationale Entwicklung

Geldwäsche ist eine die **nationalen Grenzen überschreitende** Erscheinungsform. Einerseits werden schon die zugrunde liegenden Straftaten vielfach grenzüberschreitend begangen, z.B. – neben dem Drogen-, Waffen- und Menschenhandel – die Bereiche der Geldfälschung, der Korruption und insbesondere der Internetbetrügereien. Andererseits werden Erlöse aus illegalen Geschäften bevorzugt deshalb über Finanzinstitutionen verschiedener Länder geleitet, um die Herkunft der Erlöse möglichst gut zu verschleiern (s. Rz. 2 ff.). Denn angesichts des nach wie vor auch bei willigen Staaten zeitaufwendigen Rechtshilfewegs ist die Verfolgung von unbaren Zahlungen über Banken verschiedener Staaten nicht zu leisten. 15

Die Internationalität des Problems hat in den achtziger Jahren des letzten Jahrhunderts, vorrangig in Anlehnung an die Rechtslage der USA und unter Verwertung der dort gewonnenen Erkenntnisse, zu verschiedenen **völkerrechtlichen Abkommen** sowie zu Empfehlungen und **Richtlinien internationaler Organisationen** geführt, Geldwäsche zu verhindern und zu bekämpfen. Auf diese Grundlagen für die deutsche Geldwäschegesetzgebung soll hier aus Raumgründen nicht im Einzelnen eingegangen werden[2]. 16

Genannt werden soll lediglich der Bericht einer internationalen Expertengruppe vom 19.4.1990, der **Financial Task Force** (FATF), der insbesondere eine Reihe Empfehlungen zur Bekämpfung der Geldwäsche enthält, die noch heute richtungsweisend sind, und die **EG-RL** zur *Verhinderung der Nutzung des Finanzsystems* zum Zwecke der Geldwäsche vom 10.6.1991, in der schwer- 17

---

1 Vgl. die Entwurfsbegründungen zum OrgKG, BT-Drs. 12/989, 1, 20 f., zum GeldwäscheG, BT-Drs. 12/2704, 1 und für ein 2. OrgKG, BT-Drs. 12/6784, 1.
2 Vgl. dazu die Vorauflage sowie bes. *Werner*, 38 ff.; *Wöss*, Geldwäscherei, 48 ff.; *Carl/Klos*, 49 ff.

punktmäßig Regelungen zur Bekämpfung und Verhinderung von Geldwäsche im Bankenbereich vorgesehen wurden[1]. Diese RL ist durch RL vom 4.12.2001 aktualisiert worden, nachdem schon das **EG-Finanzschutzübereinkommen** vom 26.7.1995 samt einiger ergänzender Protokollregelungen verstärkte Kontroll- und Überwachungspflichten für Finanztransaktionen begründet hatte. Inzwischen ist die 3. EU-GeldwäscheRL vom 25.11.2005[2] in Kraft. Sie zielt mit ihren Regelungen auf eine Prävention der Geldwäsche und Bekämpfung der Finanzierung des Terrorismus.

4. Zweispurige Bekämpfungsstrategie

18　Die Bekämpfung der Geldwäsche in Deutschland ruht maßgeblich auf *zwei Säulen*. Einerseits wurde – im Anschluss an die gewerbsmäßige Bandenhehlerei (§ 260a StGB) – der **neue Straftatbestand des § 261 StGB** geschaffen. Er wurde durch das Gesetz zur Bekämpfung des illegalen Rauschgifthandels und anderer Erscheinungsformen der Organisierten Kriminalität (OrgKG) vom 15.7.1992 eingeführt und ist am 22.9.1992 in Kraft getreten. Inzwischen wurde der Tatbestand mehrfach geändert (Rz. 2), insbesondere der Vortatenkatalog ausgeweitet, um ihn wirkungsvoller anwenden zu können. Allerdings lässt sich angesichts der fehlenden Beweislastumkehr zu Recht nach wie vor das trotz der Weite des Tatbestands erstaunliche Anwendungsdefizit des § 261 StGB beklagen[3].

19　Als *Begleitgesetz* wurde andererseits das „Gesetz über das Aufspüren von Gewinnen aus schweren Straftaten – **Geldwäschegesetz (GwG)**" – vom 25.10.1993 beschlossen, das am 19.11.1993 in Kraft trat. Ihm liegt der Gedanke zugrunde, die gewerbliche Wirtschaft, vor allem Finanzinstitute, durch Auferlegung von unterschiedlichen Prüfungs-, Dokumentations- und Meldepflichten in die Geldwäschebekämpfung einzubeziehen. Die im GwG enthaltenen Verpflichtungen sollen einerseits präventiv zur Verhinderung von Geldwäsche beitragen, andererseits repressiv wirken, also den Nachweis der Geldwäsche ermöglichen.

II. Straftatbestand der Geldwäsche

1. Objektiver Tatbestand

a) Schutz- und Tatobjekte

20　**Schutzobjekt** der Geldwäsche sind vorrangig die *Rechtspflege* und die *in* bestimmten, gewichtigen *Vortaten geschützten Rechtsgüter*. Dabei sollen Ge-

---

1　Vgl. *Werner*, 53; ausf. *Carl/Klos*, 63 ff.
2　ABl. EU Nr. L 309 v. 25.11.2005, 15.
3　So *Neuheuser*, NStZ 2001, 647, ähnlich auch *Fischer*, § 261 StGB Rz. 4b.

winne aus schwerwiegenden Straftaten besser entzogen, Vortäter isoliert und Anschlusstaten möglichst verhindert werden[1].

Tatobjekt kann *jeder Gegenstand mit Vermögenswert* sein, der aus bestimmten, in § 261 Abs. 1 S. 2 StGB genannten Vortaten herrührt. Es kann sich also handeln um Sachen aller Art, aber auch um Rechte, also z.B. Gelder, Wertpapiere, Grundstücke und Grundstücksrechte, Bankguthaben, Forderungen, Patente u.a.[2]. 21

Soweit inzwischen *Steuerstraftaten* (§§ 373, 374 AO) taugliche Vortaten geworden sind (§ 261 Abs. 1 Nr. 3 StGB), sind die Tatobjekte stark abstrahiert. Sie können sich auf ersparte Aufwendungen, auf unrechtmäßig erlangte Steuererstattungen und -vergütungen sowie auf Gegenstände beziehen, hinsichtlich denen Abgaben hinterzogen worden sind (§ 261 Abs. 1 S. 3 StGB). Insoweit fehlen der gesetzlichen Regelung hinreichend konkrete inhaltliche Konturen; sie ist deshalb rechtsstaatlich nicht unbedenklich[3].

b) Herkunft aus Vortaten

Mit „**Herrühren**" ist *nicht nur* das *unmittelbar* aus einer einschlägigen Vortat Erlangte angesprochen, sondern es werden grundsätzlich auch alle Gegenstände erfasst, die sich über eine *Kette von Verwertungs- und Umwandlungshandlungen* auf die Vortat bzw. auf das aus der Vortat unmittelbar Erlangte zurückführen lassen[4]. Dabei muss der Ersatzgegenstand mit dem Ursprungsgegenstand nicht wertgleich sein[5]. Ebenso sind *Geschäftsgewinne* aus Verwertungshandlungen taugliche Tatobjekte. Dazu wird die Auffassung vertreten, dass nicht jede ursächliche Verknüpfung zwischen Vermögensgegenstand und Vortat ausreichend sein könne, da dies zu einer uferlosen Ausweitung des Tatbestandes führe[6]. 22

Andererseits ist eine möglichst weitgehende Erfassung irgendwie inkriminierter Vermögenswerte dem Anliegen der Geldwäschebekämpfung immanent. Sowohl durch die Regelung des § 261 Abs. 6 StGB als auch durch die rein tatsächliche Schwierigkeit, das „Herrühren" über eine längere Kette hinweg in objek- 23

---

1 *Stree/Hecker* in S/S, § 261 StGB Rz. 2; *Fischer*, § 261 StGB Rz. 2f. Einzelheiten dazu sind bisher str., krit. zur Weite des Tatbestandes, zu kriminalpolitischen Defiziten der Regelungen und zu rechtsstaatlichen Bedenken *Fischer*, § 261 StGB Rz. 4b ff., 8a, 8b m.w.Nw., dazu auch BGH v. 24.6.2008 – 5 StR 89/08, wistra 2008, 424 = NStZ 2009, 326, der ausführt, der Tatbestand bewege sich an der Grenze der Verständlichkeit.
2 Zur Problematik bei Kauf eines Spielers mit inkriminierten Geldern *Petropoulos*, wistra 2007, 241.
3 Vgl. insoweit *Fischer*, § 261 StGB Rz. 8a, 8b, 13, 16a ff.
4 Dazu BGH v. 18.2.2009 – 1 StR 4/09, wistra 2009, 310 = NStZ 2009, 328; BGH v. 26.11.2009 – 5 StR 91/09, NStZ-RR 2010, 109; nach OLG Karlsruhe v. 20.1.2005 – 3 Ws 108/04, NJW 2005, 767 wird der Bemakelungszusammenhang auch nicht durch einen zivilrechtlich wirksamen Eigentums- oder Rechtserwerb aufgehoben.
5 *Stree/Hecker* in S/S, § 261 StGB Rz. 9.
6 Vgl. *Stree/Hecker* in S/S, § 261 StGB Rz. 10; *Barton*, NStZ 1993, 159; *Arzt*, JZ 1993, 914. Dieses Bedenken erscheint bezüglich steuerstrafrechtlicher Vortaten berechtigt, vgl. oben Rz. 21 sowie *Löwe-Krahl* in A/R, XIII Geldwäsche S. 995; ferner *Salditt*, StV 2002, 2014 (2015 f.); *Fischer*, § 261 StGB Rz. 8a, 16a.

tiver und subjektiver Hinsicht feststellen zu können, wird bewirkt, dass der **praktische Anwendungsbereich beschränkt** bleibt. Darüber hinaus besteht für eine restriktive Auslegung des Tatbestandsmerkmals „herrühren" keine Notwendigkeit.

24 Der **Katalog der geldwäschetauglichen Vortaten** ist zwischenzeitlich, wie oben erwähnt (Rz. 2), erheblich ausgeweitet worden. Erfasst sind nunmehr neben allen *Verbrechen* also im Mindestmaß mit einer Freiheitsstrafe von einem Jahr bedrohte Taten, wie z.B. Tötungsdelikte, Raubdelikte, schwere Rauschgiftdelikte sowie gewerbs- und bandenmäßig begangene Delikte einschließlich der gewerbs- oder bandenmäßigen Steuerhinterziehung nach § 370 AO auch eine *Reihe von Vergehen*, die insbesondere für die Bekämpfung Organisierter Kriminalität von Bedeutung sind.

25 Genannt sind insoweit in **§ 261 Abs. 1 StGB**:

– **Nr. 2:** *Korruptionsdelikte* nach §§ 332 Abs. 1 und 334 sowie Vergehen nach § 29 Abs. 1 Nr. 1 BtMG und § 29 Abs. 1 Nr. 1 Grundstoffüberwachungsgesetz;

– **Nr. 3:** *Schmuggeldelikte* nach § 373 AO und gewerbsmäßige *Steuerhehlerei* nach § 374 AO;

– **Nr. 4:** *Gewerbs- oder bandenmäßige Vergehen* (Nr. 4 Buchst. a): von Zuhälterei, Menschenhandel, Diebstahl, Unterschlagung, Hehlerei, Betrug, Urkundenfälschung, Glücksspiel, umweltgefährdende Abfallbeseitigung, umweltgefährdender Umgang mit gefährlichen Stoffen u.a., ferner (Nr. 4 Buchst. b) Schleusungsdelikte (§ 96 AufenthaltsG, § 84 AsylVerfG) sowie seit 1.1.2008 Steuerhinterziehung (§ 370 AO). Erwähnenswert ist dabei, dass bei der Vortat gewerbsmäßiges Handeln des Täters selbst, nicht nur das eines Teilnehmers erforderlich ist[1]. Kriminalpolitisch unbefriedigend ist allerdings, dass das Vorenthalten und Veruntreuen von Arbeitsentgelt nicht in den Vortatenkatalog aufgenommen wurde.

26 Wichtig sind die in § 261 Abs. 1 **Nr. 5** StGB genannten *Vergehen eines Mitglieds einer* **kriminellen oder terroristischen Vereinigung** (§§ 129, 129a Abs. 3 StGB). Dazu gehören nicht nur Straftaten aus dem Katalog des Abs. 1 Nr. 1–4, sondern es kann sich um *Taten aller Art*, also auch Geldwäsche selbst, handeln. Diese braucht der Vortäter im Übrigen nicht in seiner Eigenschaft als Mitglied der kriminellen oder terroristischen Vereinigung begangen zu haben[2]. Die Ermittlungsbehörden müssen insoweit also nur nachweisen, dass der Vortäter bei Begehung der Vortat einer entsprechenden Vereinigung angehört hat[3]. Dies stellt eine erhebliche Erleichterung des Vortatennachweises dar.

27 Abs. 8 stellt ausdrücklich klar, dass auch **im Ausland** begangene Taten als **Vortaten gelten,** wenn es sich bei der im Ausland begangenen Vortat um eine solche „der in Absatz 1 genannten Art" handelt, die auch am Tatort strafbar ist. Dabei kann nicht gefordert werden, dass die auf die Vortat bezogenen inländischen und ausländischen Strafbestimmungen übereinstimmen müssen. Aus-

---

1 BGH v. 24.6.2008 – 5 StR 89/08, wistra 2008, 424 = NStZ 2009, 326.
2 So zutr. *Stree/Hecker* in S/S, § 261 StGB Rz. 5 gegen *Lampe*, JZ 1994, 127.
3 OLG Stuttgart v. 29.5.2007 – 1 HEs 22 – 24/07 m.w.Nw.

reichend ist vielmehr, dass das inkriminierte Verhalten gegen ähnliche Strafbestimmungen verstößt, die eine im Wesentlichen gleichartige Schutzrichtung verfolgen[1]. Schwierigkeiten dabei dürfte allerdings weniger die Feststellung der Entsprechung der Vortaten als die Feststellung im Ausland zugetragener strafrechtlich relevanter Sachverhalte im Rahmen einer streitigen Hauptverhandlung machen, bei der Sachverhalte, die sich im Ausland zugetragen haben, umfangreich geklärt werden müssen.

Problematisch ist, inwieweit bezüglich der Vortaten, aus welchen der Gegenstand der Geldwäsche herrührt, **konkrete Feststellungen** getroffen werden müssen[2]. Im Hinblick auf die mögliche Arbeitsteilung zwischen Vortäter und Geldwäschern sowie auf die Möglichkeiten einer weitgehenden Abschottung der Erstgenannten kann die Verfolgbarkeit des Geldwäschers nicht davon abhängig sein, ob nähere Feststellungen zu Ort, Zeit, Beteiligten oder auch nur zur bestimmten Art der Vortat getroffen werden können. Um den Geldwäschetatbestand nicht leerlaufen zu lassen, muss es vielmehr grundsätzlich ausreichen, wenn als sicher festgestellt werden kann, dass der Vermögensgegenstand aus einer (oder mehreren) der in § 261 Abs. 1 StGB genannten, tatbestandsmäßig und rechtswidrig begangenen Vortaten herrührt, gleichgültig aus welchen Anlässen und wann sie von wem begangen worden sind[3]. 28

Soweit im Falle des § 370 AO nunmehr auch **ersparte Aufwendungen** u.Ä. vom Tatbestand erfasst sind, können auch legal erworbene Vermögenswerte, bezüglich denen steuerliche Erklärungspflichten verletzt worden sind, Anknüpfungsgegenstand der Geldwäsche sein. Dies ist insbesondere dann äußerst problematisch, wenn man der vorherrschenden Meinung folgt, dass i.S. von § 261 Abs. 1 S. 3 StGB unredlich zugegangener Erwerb zur Kontamination des gesamten Vermögens des Vortäters führt[4]. Ungeklärt ist dabei auch, inwieweit eine wirksame Selbstanzeige sich auf die Bemakelung des Vermögens auswirkt. Nachdem die damit verbundene Nachzahlung die ersparten Aufwendungen übersteigt, dürfte vom Schutzzweck der Vorschrift her kein Bedürfnis mehr bestehen, die Verkehrsfähigkeit des Vermögens einzuschränken. Vertreten wird jedenfalls hinsichtlich des Steuerhinterziehers, dass eine Selbstanzeige nach § 371 AO den Täter eines Steuerdelikts aufgrund analoger Anwendung des Abs. 9 S. 1 von der Geldwäschestrafbarkeit hinsichtlich des aus der Vortat her- 29

---

1 Vgl. hierzu *Stree/Hecker* in S/S, § 261 StGB Rz. 8.
2 S. dazu grundsätzlich *Bernsmann*, StV 1998, 46 f. sowie unter Hinweis auf die Rspr. zur Vortat bei der Hehlerei *Kreß*, wistra 1998, 121 (125); *Körner/Volkmer*, § 29 Teil 22 Rz. 72 f.
3 Vgl. hierzu die Entscheidungen des BGH v. 17.7.1997 – 1 StR 791/96, NJW 1997, 3323 = wistra 1998, 22; BGH v. 17.7.1997 – 1 StR 208/97, NJW 1997, 3322 = wistra 1998, 26; BGH v. 17.7.1997 – 1 StR 230/97, wistra 1998, 25; ferner *Stree/Hecker* in S/S, § 261 StGB Rz. 6, 18; *Altenhain* in NK, § 261 StGB Rz. 49; *Kreß*, wistra 1998, 121; enger *Bernsmann*, StV 1998, 46; Beispiele bei *Löwe-Krahl* in A/R, XIII „Geldwäsche" S. 995.
4 Vgl. dazu *Bittmann*, wistra 2003, 161; *Vogelberg*, PStR 2002, 243 f. Besonders krit. *Löwe-Krahl* in A/R, XIII Geldwäsche, S. 996; *Burger*, wistra 2002, 2; *Joecks*, wistra 2002, 201; *Fischer*, § 261 StGB Rz. 16c; *Körner/Volkmer*, § 29 Teil 22 Rz. 72 f.

rührenden Gegenstands befreien soll[1], weil die Geldwäschestrafbarkeit wiederauflebt, nachdem Straffreiheit wegen der Steuerdelikte eingetreten ist.

30 Ob die Vortat (noch) **verfolgbar** ist oder nicht oder ob der Gegenstand der Geldwäsche der Einziehung unterliegt, ist für die Strafbarkeit *nicht relevant*[2]. Auch bei *verjährter Vortat* kann also Geldwäsche begangen werden.

31 Seit der Neufassung des § 261 StGB im Jahr 1998 kann auch ein **Täter oder Mittäter der Vortat** den Tatbestand des § 261 Abs. 1 oder 2 StGB erfüllen. Dabei geht eine Bestrafung wegen Beteiligung an der Vortat, die nach deutschem Recht strafbar sein muss[3], derjenigen wegen Geldwäsche vor (§ 261 Abs. 9 S. 2 StGB). Dies hindert allerdings eine Verurteilung im Wege der sog. Postpendezfeststellung[4] bei Ungewissheit über die Beteiligung an der Vortat nicht[5]. Im Übrigen gelten die allgemeinen Teilnahmeregeln (dazu oben § 19). Kriminalpolitisch unbefriedigend ist, dass im Gegensatz zur Begünstigung die Strafbarkeit des Vortäters wegen Anstiftung zur Geldwäsche auch dann durch § 261 Abs. 9 S. 2 StGB ausgeschlossen, wenn er einen an der Vortat Unbeteiligten zur Geldwäsche anstiftet.

32 Die heftig geführte Diskussion[6], ob und inwieweit sich **Rechtsanwälte** strafbar machen, wenn sie aus Straftaten stammende Vermögenswerte als *Honorar* entgegennehmen, wurde durch das BVerfG entgegen dem BGH, der zunächst eine

---

1 *Stree/Hecker* in S/S, § 261 StGB Rz. 34.
2 *Stree/Hecker* in S/S, § 261 StGB Rz. 10.
3 BGH v. 18.2.2009 – 1 StR 4/09, wistra 2009, 310 = NStZ 2009, 328.
4 Dazu z.B. *Fischer*, § 1 StGB Rz. 30.
5 Grundlegend BGH v. 21.6.1995 – 2 StR 157/95, NStZ 1995, 500.
6 Vgl. dazu *Balzer*, Die berufstypische Strafbarkeit des Verteidigers unter besonderer Berücksichtigung des Problems der Begehung von Geldwäsche (§ 261 StGB) durch Honorarannahme, 2004; *Bernsmann*, Der Rechtsstaat wehrt sich gegen seine Verteidiger – Geldwäsche durch Strafverteidiger?, in FS Lüderssen, 2002, S. 683; *Beulke*, Gedanken zur Diskussion über die Strafbarkeit des Verteidigers wegen Geldwäsche, in FS Rudolphi, 2004, S. 391; *Bussenius*, Geldwäsche und Strafverteidigerhonorar, 2004; *Fischer*, Ersatzhehlerei als Beruf und rechtsstaatliche Verteidigung – Bemerkungen zu BVerfG, Urteil v. 30.3.2004 – 2 BvR 1520/01 und 2 BvR 1521/01, NJW 2004, 1305; *von Galen*, Die reduzierte Anwendung des Geldwäschetatbestands auf die Entgegennahme von Strafverteidigerhonorar – Drahtseilakt oder Rechtssicherheit?, NJW 2004, 3304; *Glotzens/Schneider*, Geldwäsche durch Annahme von Strafverteidigerhonoraren?, wistra 2002, 121; *Hamm*, Geldwäsche durch die Annahme von Strafverteidigerhonorar?, NJW 2000, 636; *Katholnigg*, Kann die Honorarannahme des Strafverteidigers als Geldwäsche strafbar sein?, NJW 2001, 2041; *Matt*, Strafverteidigerhonorar und Geldwäsche, in FS Rieß, 2002, S. 739; *Müssig*, Strafverteidiger als Organ der Rechtspflege und die Strafbarkeit wegen Geldwäsche, wistra 2005, 201; *Nestler*, Der Bundesgerichtshof und die Strafbarkeit des Verteidigers wegen Geldwäsche, StV 2001, 647; *Neuheuser*, Strafbarkeit des Strafverteidigers wegen Geldwäsche durch Annahme von Honorar, NStZ 2001, 647; *Salditt*, Geldwäsche durch Strafverteidigung, StraFo 2002, 181; *Schmidt*, Die Rechtslage nach der Geldwäscheentscheidung des BGH, StraFo 2003, 2.

Privilegierung von Verteidigern abgelehnt hatte[1], entschieden. In seinem Urteil vom 30.3.2004[2] hat es den Anwendungsbereich des § 261 Abs. 2 Nr. 1 StGB für *Rechtsanwälte als* **Strafverteidiger** deutlich *eingeschränkt* und in einer weiteren Entscheidung verlangt, bereits bei der Prüfung des Anfangsverdachts der Geldwäsche gegen einen Strafverteidiger auf die Gefahren für betroffene verfassungsrechtlich geschützte Rechtsgüter besonders Bedacht zu nehmen[3]. Nach Ansicht des BVerfG ist ein Verteidiger, der sich aus Tatbeute honorieren lässt, nur dann strafbar, wenn er im Zeitpunkt der Honorarannahme *sichere Kenntnis* von dessen Herkunft aus einer Katalogtat des § 261 Abs. 1 StGB besitzt. Bei nur bedingt vorsätzlichem oder leichtfertigem Verhalten entfällt bei verfassungskonformer Auslegung des § 261 Abs. 2 StGB die Strafbarkeit. Ohne diese restriktive Auslegung werde in unverhältnismäßiger Weise in die Berufsausübungsfreiheit eingegriffen und dabei zugleich das Institut einer rechtsstaatlichen Strafverteidigung, speziell das der Wahlverteidigung gefährdet.

Die **Entscheidung des BVerfG** kann rechtspolitisch und rechtsdogmatisch kaum überzeugen[4]. Andererseits ist durch sie klargestellt, dass sich die Privilegierung auf *Strafverteidiger* beschränkt, auch wenn in der Literatur die Ausweitung der Privilegierung auf andere Beraterberufe wie Rechtsanwälte, Steuerberater und Wirtschaftsprüfer gefordert wird[5]. Nach einer Entscheidung des OLG Frankfurt[6] soll die Privilegierung allerdings nicht gelten, wenn der Strafverteidiger aus seiner Rolle als Organ der Rechtspflege heraustritt. Zudem ist eine Privilegierung eines Rechtsanwalts auch dann nicht geboten, wenn er im Auftrag eines Gläubigers auf inkriminiertes Vermögen zugreift und ihm bewusst ist, dass seine anwaltliche Tätigkeit gezielt zum Zwecke der Geldwäsche in Anspruch genommen wird[7]. Gleiches gilt, soweit er als Treuhänder inkriminiertes Vermögen verwaltet. Auch eine Privilegierung von Staatsanwälten und Richtern ist zu verneinen[8]. 33

Für **steuerliche Berater** können sich dadurch besondere Probleme ergeben. Einerseits umfasst § 261 Abs. 1 S. 2 StGB die bandenmäßige Steuerhinterziehung nach § 370 AO, andererseits entfällt aufgrund der Regelung des § 261 Abs. 1 S. 3 StGB der sonst erforderliche Zusammenhang zwischen Vortat und inkriminiertem Gegenstand weitgehend[9] (Rz. 29). Insoweit ist noch ungeklärt, wie 34

---

1 BGH v. 4.7.2001 – 2 StR 513/00, BGHSt 47, 68 = NStZ 2001, 535 = wistra 2001, 379; vgl. dazu *Fischer*, § 261 StGB Rz. 34 m.w.Nw.
2 BVerfG v. 30.3.2004 – 2 BvR 1520/01 und 2 BvR 1521/01, NJW 2004, 1305 = StV 2004, 254; vgl. dazu *Fischer*, § 261 StGB Rz. 36; *Barton*, JuS 2004, 1033; *Leitner*, StraFo 2004, 149; *Dahs*, NStZ 2004, 261.
3 BVerfG v. 14.1.2005 – 2 BvR 1975/03 = NStZ 2005, 443.
4 Zur Kritik vgl. *Fischer*, § 261 StGB Rz. 36, 36a m.w.Nw.; *Fischer*, NStZ 2004, 473.
5 So *Raschke*, Strafverteidigung als „privilegiertes" Berufsbild – „privilegium" oder „ad minore ad maius"?, NStZ 2012, 606.
6 OLG Frankfurt v. 10.3.2005 – 2 Ws 66/04, NJW 2005, 1727; dazu auch *Müssig*, wistra 2005, 201.
7 BGH v. 4.2.2010 – 1 StR 95/09, NJW 2010, 3730 hält Straflosigkeit bei lediglich bedingtem Vorsatz für bedenkenswert, dazu auch *Rübenstahl/Stapelberg*, NJW 2010, 3692 und *Putzke*, StV 2011, 176.
8 Dazu überzeugend *Körner/Volkmer*, § 29 Teil 22 Rz. 130.
9 Vgl. *Fischer*, § 261 StGB Rz. 38; *Salditt*, StV 2002, 214.

eine restriktive Anwendung des § 261 Abs. 2 StGB erfolgen kann, damit steuerliche Berater von Vortätern i.S. des § 370 AO überhaupt Honorar entgegennehmen können.

c) Tathandlungen

35 Bei den Tathandlungen der Geldwäsche ist zwischen den in § 261 Abs. 1 StGB angeführten *Verschleierungshandlungen* und den in Abs. 2 genannten *Erwerbs-, Besitz-* und *Verwendungshandlungen* zu unterscheiden. Die **Verschleierungshandlungen** des § 261 Abs. 1 StGB (Verbergen des Gegenstandes, Verschleiern der Herkunft, Vereiteln oder Gefährden der Herkunftsermittlung u.Ä.) sind grundsätzlich darauf ausgerichtet, die Identität und Herkunft inkriminierter Gegenstände zu verschleiern und einen staatlichen Zugriff auf sie zu vereiteln. Einvernehmliches Handeln mit einem Vortäter ist dabei nicht erforderlich[1].

36 Die in § 261 Abs. 2 StGB genannten Tathandlungen des **Sichverschaffens**[2], des **Verwahrens**[3] **oder Verwendens** sind die Konsequenz aus dem Bestreben, den/die Täter der Vortat zu isolieren und die Tatobjekte weitgehend verkehrsunfähig zu machen. Letzteres ist in § 261 Abs. 6 StGB im Interesse des redlichen Geschäftsverkehrs eingeschränkt worden. Danach entfällt eine Strafbarkeit nach Abs. 2, nicht jedoch in den Fällen des Abs. 1, wenn zuvor ein *Dritter* innerhalb einer Erwerbskette den inkriminierten Gegenstand erlangt hatte, ohne sich strafbar zu machen. Wann von einem *straflosen Zwischenerwerb* auszugehen ist, ist ungeklärt. Gegen die h.M.[4], wonach die Strafbarkeit nur aus einer Straftat nach § 261 StGB folgen kann, wendet *Fischer*[5] zu Recht ein, dass dies im Hinblick auf den Wortlaut zweifelhaft ist und zu nicht nachvollziehbaren Ergebnissen führen kann. Von praktischer Relevanz ist, wann die Überweisung von aus Katalogtaten stammenden Geldern eine Unterbrechung der Kontaminationskette bewirken kann. Die h.M.[6] verneint dies bei einem bösgläubigen Überweisungsempfänger, wogegen die zivilrechtlichen Regelungen über den Zahlungsdienstevertrag angeführt werden[7]. Der BGH[8] deutet jedenfalls an, dass die Dekontaminierung erfolgen kann, wenn ein Auszahlungsanspruch der vom Angeklagten vertretenen GmbH gegen die Bank gutgläubig erworben wurde. Ob dies auch gelten kann, wenn eine Kontogutschrift durch Dritte eigenmächtig veranlasst worden ist, hat er allerdings nicht problematisiert[9].

---

1 *Stree/Hecker* in S/S, § 261 StGB Rz. 13.
2 Dazu eingehend BGH v. 4.2.2010 – 1 StR 95/09, NJW 2010,3730.
3 Dazu BGH v. 26.1.2012 – 5 StR 461/11, NStZ 2012,321, wonach Verwahren eine irgendwie geartete Übernahmehandlung, durch die der Wille zur Sachherrschafft zum Ausdruck kommt, voraussetzt
4 *Stree/Hecker* in S/S, § 261 StGB Rz. 17 m.w.Nw. zur h.M.
5 *Fischer*, § 261 StGB Rz. 27, differenzierend *Hoyer* in SK, § 261 StGB Rz. 25 ff.
6 Dazu *Fischer*, § 261 StGB Rz. 29.
7 Vgl. dazu *Jahn/Ebner*, ZWH 2013, 19 f., Anm. zu BGH v. 23.8.2012.
8 BGH v. 23.8.2012 – 2 StR 42/12, ZWH 2013, 18 f.
9 Für diesen Fall zu Recht verneinend *Jahn/Ebner*, ZWH 2013, 19 f.

Soweit in der **Literatur** für *weitere Einschränkungen* des bewusst weit gefassten Tatbestandes plädiert wird[1], findet dies im Gesetz keine Stütze. Insbesondere kann der Auffassung, die Entgegennahme eines Tatobjekts unterfalle dem Tatbestand des § 261 Abs. 2 StGB nicht, wenn sie zum Ausgleich einer redlich erworbenen Forderung erfolge oder zur Deckung des Lebensbedarfs oder gar nur der Rechts- und Finanzberatung diene[2], soweit nicht der oben behandelte Fall der Honorierung eines Strafverteidigers gegeben ist (Rz. 32, 33), grundsätzlich nicht gefolgt werden. Eine ausufernde Bestrafung ist jedenfalls angesichts des erforderlichen subjektiven Tatnachweises nicht zu erwarten. Allerdings sind dennoch Fälle denkbar, in denen eine vom Wortlaut her gegebene Strafbarkeit gesetzgeberischen Wertungen widerspricht und deshalb zu untragbaren Ergebnissen führen würde. 37

So wird in Fällen, in denen ein **Insolvenzverwalter**[3] oder **Testamentsvollstrecker** inkriminiertes Vermögen verwaltet und damit in § 261 Abs. 2 StGB genannte Tatbestandsmerkmale verwirklicht, der Tatbestand teleologisch zu reduzieren sein. Bei den Vorgenannten liegt eine Pflichtenkollision zwischen den Normbefehlen des § 266 StGB und des § 261 StGB vor, die nur dadurch gelöst werden kann, dass die Strafbarkeit entfällt, soweit sie ihre ihnen gesetzlich obliegenden Pflichten erfüllen. 38

Auch der Fall, dass **Geschädigte** aus Vortaten des § 261 StGB durch den Täter entschädigt werden, unterfällt dem in Abs. 2 genannten Sichverschaffen. Gleiches gilt, wenn Geschädigte mittels eines Titels auf inkriminiertes Vermögen zugreifen. Nachdem darin keine Verletzung des durch § 261 StGB geschützten Rechtsguts der staatlichen Rechtspflege und des Ermittlungsinteresses der Strafverfolgungsbehörden erkennbar ist, ist auch insoweit eine teleologische Reduktion geboten. 39

Darüber hinaus muss der gutgläubige Erwerber eines inkriminierten Gegenstands unbeschadet späterer Kenntnis der Herkunft aus Vortaten darüber **verfügen können**, ohne sich nach § 261 Abs. 2 StGB strafbar zu machen. § 261 Abs. 6 StGB erfasst diesen Fall nicht, weil kein Dritter gutgläubig erworben hat. Trotz des eindeutigen Wortlauts ist nach zutreffender Auffassung[4] der Anwendungsbereich des Abs. 6 auf sämtliche Fälle auszudehnen, in denen ein gutgläubiger Zwischenerwerb stattfand. Ansonsten käme man zu nach dem Normzweck des Abs. 6 unerwünschten Ergebnissen, wenn jemand zwar als Dritter einen Gegenstand ohne Begehung einer Straftat zivilrechtlich gutgläubig erwerben kann, aber bei späterer Kenntniserlangung von der inkriminierten Herkunft durch die Strafdrohung der Gegenstand nicht mehr verkehrsfähig wäre. 40

Eine teleologische Reduktion bei Annahme inkriminierter Gelder, die **Ansprüche auf Unterhalt** befriedigen sollen, dürfte grundsätzlich zu verneinen sein. Allerdings wäre bei Kindesunterhalt, der über die bösgläubige Mutter geleistet 41

---
1 Vgl. *Stree/Hecker* in S/S, § 261 StGB Rz. 17–20 m.w.Nw.; *Barton*, StV 1993, 156.
2 *Barton*, StV 1993,156; *Hartung*, AnwBl. 1994, 440; s. auch *Kreß*, wistra 1998, 121 (126). Wie hier *Körner/Dach*, 25 f.; *Neuheuser* in MüKo, § 261 StGB Rz. 71 ff.
3 Dazu *Brüning*, wistra 2007, 241.
4 *Lackner/Kühl*, § 261 StGB Rz. 5; dagegen *Fischer*, § 261 StGB Rz. 28.

wird, zu berücksichtigen, dass diese für das Kindeswohl verantwortlich ist und sie sicherlich nicht willkürlich Unterhaltszahlungen für ihre Kinder wird zurückweisen können. Deshalb dürfte, wenn bei der Kindesmutter nicht direkter Vorsatz vorliegt, wegen der Pflichtenkollision eine Strafbarkeit wegen Geldwäsche ausscheiden.

42 Praktisch relevant ist, inwieweit sich etwa Bankangestellte wegen Geldwäsche **durch Unterlassen** strafbar machen können, wenn sie Transaktionen inkriminierter Gelder nicht verhindern. Voraussetzung ist eine Garantenstellung, also dass der Nichthandelnde dafür einzustehen hat, dass der strafrechtlich missbilligte Erfolg nicht eintritt. Diese ergibt sich aus § 11 Abs. 1, Abs. 1a GwG[1]. Zwar schützen die *Meldepflichten* nicht die Vermögensinteressen der durch die Vortat Geschädigten[2], sodass diese aus einer Verletzung der Meldepflichten keine zivilrechtlichen Ansprüche herleiten können. Sie verpflichten aber bei entsprechendem Verdacht zu einer Meldung und zur Verhinderung einer angetragenen Transaktion, nehmen also Private gesetzlich zur effektiven Bekämpfung der Geldwäsche in Anspruch. Auch die Meldung einer Transaktion entbindet nicht davon, diese zunächst bis zur Freigabe durch die Staatsanwaltschaft anzuhalten. Allerdings tritt Strafbarkeit wegen Geldwäsche aufgrund einer Verletzung der Pflicht nach § 11 Abs. 1a GwG nur bei bedingtem Vorsatz bzw. leichtfertiger Verkennung der inkriminierten Herkunft der transferierten Gelder ein. Eine angetragene Transaktion ist hingegen bereits – wie in Rz. 62 und 66 näher ausgeführt – bei wesentlich geringerem Verdachtsgrad zu melden und anzuhalten.

2. Subjektiver Tatbestand

43 In subjektiver Hinsicht erfordert die Tatbestandserfüllung grundsätzlich **Vorsatz**, der sich auf alle Tatbestandsmerkmale beziehen muss. Dabei reicht *bedingter Vorsatz* jeweils aus[3]. Nicht gelten soll dies allerdings nach der oben (Rz. 32) zitierten Rechtsprechung des BVerfG für Strafverteidigerhonorare. Ein Strafverteidiger muss demnach die inkriminierte Herkunft der angenommenen Honorare kennen. Ansonsten genügt auch für § 261 Abs. 2 StGB, dass der Geldwäscher, also auch jeder Handeltreibende oder Privatmann, damit gerechnet hat, dass der inkriminierte Gegenstand aus einer der Katalogtaten des § 261 Abs. 1 StGB stammt. Unerheblich ist, wenn er dabei die Katalogtat a statt der – tatsächlich gegebenen – Katalogtat b angenommen hat[4] oder er sich die jeweilige Katalogtat nur in groben Zügen bei rechtlich richtiger Beurteilung vorgestellt hat[5].

---

1 *Neuheuser* in Müko, § 261 StGB Rz. 93.
2 BGH v. 6.5.2008 – XI ZR 56/07, NJW 2008, 2245.
3 Dazu BGH v. 23.8.2012 – 2 StR 42/12, ZWH 2013, 18 f. mit Anm. *Jahn*.
4 *Stree/Hecker* in S/S, § 261 StGB Rz. 26.
5 Grundlegend dazu BGH v. 28.1.2003 – 1 StR 393/02, wistra 2003, 260.

Nur hinsichtlich des Verkennens, dass ein Tatobjekt aus einer Katalogtat herrührt, genügt nach § 261 Abs. 5 StGB auch **Leichtfertigkeit**[1]. Diesem Merkmal kommt besondere Bedeutung zu, wenn ungewöhnliche Transaktionen oder besonders hohe Werte in Rede stehen und sich Gedanken an eine illegale Herkunft aufdrängen müssen, beispielsweise für Bankangestellte[2] oder sog. „Finanzagenten", so z.B. von Vortätern angeworbene Kontoinhaber, die auf ihre Konten überwiesene Gelder an die Vortäter weiterleiten sollen[3], denen *Transaktionen unter auffälligen Umständen*, so z.B. unter Versprechen einer nicht im Verhältnis zur geforderten Leistung stehenden Entlohnung angetragen werden[4]. Nachdem § 261 Abs. 1 und 2 StGB als Schutzgesetz i.S. des § 823 BGB anerkannt ist, hat auch der wegen leichtfertiger Geldwäsche strafbare Finanzagent den durch sein Tun (mit-)entstandenen Schaden aus den Vortaten zu ersetzen[5].

44

3. Versuch

Der Versuch der Geldwäsche ist nach § 261 Abs. 3 StGB **ebenfalls strafbar**. Die Abgrenzung zwischen *Vorbereitungshandlung und Versuchsbeginn* richtet sich nach allgemeinen Kriterien (vgl. § 18 Rz. 21 ff.). Sie ist wegen der Unklarheiten um die durch § 261 StGB geschützten Rechtsgüter und deren Gefährdungsbeginn problematisch.

45

Strafbar ist nach allgemeinen Kriterien auch der **untaugliche Versuch**[6] der Geldwäsche. Dessen Bedeutung wird in der Praxis der Ermittlungsbehörden oft noch nicht hinreichend erkannt. Hinreichender Tatverdacht bezüglich eines untauglichen Versuchs wird nämlich öfters zu bejahen sein, wenn zwar keine sicheren objektiven Feststellungen zur Vortat getroffen werden können, die Umstände aber dafür sprechen, dass der „Geldwäscher" zumindest bedingt vorsätzlich mit einer Herkunft aus einer Straftat gerechnet hat, die möglicherweise zu den Katalogtaten des § 261 Abs. 1 StGB gehört[7].

46

---

1 Näher dazu und zu Irrtumsfragen *Stree/Hecker* in S/S, § 261 StGB Rz. 26, 27; ferner BGH v. 17.7.1997 – 1 StR 791/96, wistra 1998, 22; zum Verhältnis von leichtfertiger Geldwäsche und Hehlerei grundlegend BGH v. 24.1.2006 – 1 StR 357/05, NJW 2006, 1297; *Schramm*, wistra 2008, 245.
2 Dazu und zu deren Exkulpationsmöglichkeit nach § 261 Abs. 9 StGB *Diergarten*, Der Geldwäscheverdacht, S. 114, *Neuheuser* in MüKo, § 261 StGB Rz. 89.
3 Dazu *Neuheuser*, NStZ 2008, 492; *Kögel*, wistra 2007, 206.
4 Vgl. die vom Zentralen Kreditausschuss und dem Bundeskriminalamt entwickelten „Anhaltspunkte, die auf Geldwäsche [...] hindeuten können", abgedr. bei *Körner/Dach*, Anh. 5; ferner allg. zum leichtfertigen Handeln *Fischer*, § 261 StGB Rz. 42.
5 Dazu statt vieler KG v. 15.10.2009 – 8 U 26/09, WM 2010, 312, BGH v. 19.12.2012 – VIII ZR 302/11; *Fischer*, § 261 StGB Rz. 3.
6 *Stree/Hecker* in S/S, § 261 StGB Rz. 29.
7 Beispielsfälle dazu, die zur Verfahrenseinstellung geführt haben, bei *Gradowski/Ziegler*, 25 ff.

4. Sanktionen

47 Die **Strafdrohung** für Geldwäsche ist seit 1998 verschärft. Sie lautet für vorsätzliche Tatbegehung auf *Freiheitsstrafe* zwischen drei Monaten und fünf Jahren. Die Möglichkeit zur Verhängung von Geldstrafe ist entfallen[1]. Für *besonders schwere Fälle* ist Freiheitsstrafe von sechs Monaten bis zehn Jahren angedroht (§ 261 Abs. 4 StGB). Diese liegen im Regelfall vor bei gewerbsmäßiger oder bandenmäßiger Geldwäsche. Dabei kann auch ein Beteiligter an der Vortat der Geldwäsche, der gem. § 261 Abs. 9 S. 2 StGB selbst nicht strafbar ist, Mitglied einer Bande sein, die sich zur fortgesetzten Begehung einer Geldwäsche verbunden hat[2]. Auch die Strafbarkeit von nicht an der Vortat beteiligten Personen wegen *Teilnahme* an § 261 StGB bleibt möglich, wenn zugunsten des Haupttäters Abs. 9 S. 2 eingreift[3]. Ob diese Vorschrift die Strafbarkeit wegen Geldwäsche ausschließt, wenn die Strafbarkeit des an der Vortat Beteiligten deshalb nicht gegeben ist, weil etwa bei Vortaten zum Nachteil Angehöriger kein Strafantrag gestellt wurde, ist bisher nicht entschieden worden. Bei der gleichlautenden gesetzlichen Regelung des § 257 Abs. 3 S. 1 StGB wird dies mit der Begründung vertreten, dass Selbstbegünstigung nicht strafbar sein könne[4]. Nachdem es sich bei Abs. 9 S. 2 jedoch um eine auf dem Gedanken der mitbestraften Nachtat basierende Konkurrenzregel handelt, steht der fehlende Strafantrag wegen der Vortat einer Verfolgung wegen Geldwäsche nicht entgegen. Dafür spricht, dass Rechtsgut des § 261 SGB nicht nur das durch die Vortat verletzte Rechtsgut ist, sondern auch die staatliche Rechtspflege und das Ermittlungsinteresse, über das die Strafantragsberechtigten hinsichtlich der Vortat nicht disponieren können.

48 Nach § 261 Abs. 7 StGB können Geldwäschegegenstände **eingezogen** werden, unter den Voraussetzungen des § 74a StGB auch fremdes Vermögen; allerdings ist nach § 74c StGB die Einziehung des Wertersatzes nicht möglich, wenn der Geldwäscher zum Tatzeitpunkt nicht Eigentümer z.B. von ihm verwahrter Gelder war[5]. Ferner kommt bei banden- und gewerbsmäßigem Handeln der *erweiterte Verfall* nach § 73d StGB (zu Einziehung und Verfall vgl. § 21 Rz. 71 ff.) in Betracht. Dabei kann § 261 Abs. 7 StGB nicht zur Anwendung kommen, wenn der Verfall wegen vorrangiger Ansprüche Geschädigter ausscheidet. Denn ansonsten liefe der in § 73 Abs. 1 S. 2 StGB normierte Vorrang zivilrechtlicher Schadensersatzansprüche gegenüber staatlichen Rückerstattungsansprüchen leer[6]. Zur Sicherung des staatlichen Anspruchs auf Einziehung können Geldwäschegegenstände nach §§ 111b Abs. 1, 111c StPO im Ermittlungsverfahren beschlagnahmt werden.

49 Bei **tätiger Reue** tritt unter den Voraussetzungen des § 261 Abs. 9 StGB Straflosigkeit ein. Nach dem ehemaligen § 261 Abs. 10 StGB, einer der wenigen bisherigen Kronzeugenregelungen im StGB, konnte Strafmilderung erfolgen oder

---

1 Zur Begründung vgl. *Meyer/Hetzer*, NJW 1998, 1017 (1020).
2 BGH v. 26.8.2005 – 2 StR 225/05, NJW 2005, 3507.
3 *Stree/Hecker* in S/S, § 261 StGB Rz. 7.
4 Zum Meinungsstand *Stree/Hecker* in S/S, § 257 StGB Rz. 25.
5 BGH v. 28.4.2010 – 5 StR 136/10.
6 BGH v. 25.3.2010 – 5 StR 518/09, mit Anm. *Barreta da Rosa*, NStZ 2012, 419.

von Bestrafung abgesehen werden. Im Rahmen der Einführung des § 46b StGB, der nunmehr allgemein die Strafzumessung bei Aufklärungs- und Präventionshilfe regelt, wurde § 261 Abs. 10 StGB gestrichen.

In der Praxis wichtig ist, dass die Geldwäsche Katalogtat des § 100a StPO ist und auch weitere **verdeckte Eingriffsmaßnahmen** wie die akustische Wohnraumüberwachung auf den durch bestimmte Tatsachen begründeten Verdacht des besonders schweren Falls der Geldwäsche (§ 100c Abs. 2 Nr. 1 Buchst. l StPO) gestützt werden können. Mithin wird die Geldwäsche vom Gesetzgeber als eine gewichtige, intensive Grundrechtseingriffe rechtfertigende Tat, angesehen. Voraussetzung ist allerdings wie auch bei einer Durchsuchungs- oder Beschlagnahmeanordnung ein doppelter Anfangsverdacht hinsichtlich der Geldwäschehandlung und der Vortat, ohne dass allerdings strenge Anforderungen an deren Konkretisierung zu stellen sind[1]. Trotzdem liegt darin die Schwäche der Geldwäschebekämpfung. Denn selbst bei durch Verdachtsmeldungen bekannt gewordenen offensichtlich wirtschaftlich sinnlosen Transaktionen sind nach Ausschöpfung der Erkenntnismöglichkeiten aus öffentlich zugänglichen Quellen und behördlichen Datenbeständen jegliche Eingriffsmöglichkeiten versagt, wenn die an den Transaktionen Beteiligten es bisher verstanden haben, ihre Verstrickungen in kriminelle Machenschaften zu verhehlen oder wenn diese nur in Ländern bekannt sind, bei denen Auskünfte über Rechtshilfe nicht oder nur verzögert zu erlangen sind. In solchen Fällen könnte lediglich der an der Transaktion Beteiligte als Beschuldigter dazu gehört werden. Davon wird jedoch regelmäßig abzusehen sein. Denn sollten transferierte Gelder tatsächlich inkriminierter Herkunft sein, ist nicht mit entsprechenden Angaben des Beschuldigten zu rechnen.

50

Erwähnenswert ist auch, dass § 31b AO die Weitergabe von vom **Steuergeheimnis** geschützter Daten, soweit dies zur Durchführung eines Strafverfahrens wegen einer Straftat nach § 261 StGB erforderlich ist, erlaubt. Umgekehrt ist die Finanzverwaltung auch Hauptprofiteur der Geldwäschebekämpfung, nachdem § 15 Abs. 2 GwG die Staatsanwaltschaft verpflichtet, nach Einleitung eines Ermittlungsverfahren wegen Verdachts der Geldwäsche oder einer in § 261 Abs. 1 StGB oder § 129a Abs. 2 StGB aufgeführten Katalogtat dies der Finanzbehörde mitzuteilen und nach § 15 Abs. 2 S. 3 GwG Mitteilungen und Aufzeichnungen für Besteuerungsverfahren und Steuerstrafverfahren verwendet werden dürfen.

50a

Auf im Ausland begangene Geldwäschehandlungen eines Ausländers ist deutsches Strafrecht anwendbar, wenn der Gegenstand der Geldwäsche aus einer Vortat zum Nachteil eines Deutschen herrührt. Ungeklärt ist dabei allerdings, ob es bei jeder verwirklichten Tatbestandsvariante der Gerichtsstandsbestimmung nach § 13a StPO bedarf oder ob der Ort der Vortat als der Ort angesehen werden kann, an dem der tatbestandliche Erfolg eingetreten ist[2].

50b

---

1 Dazu LG München v. 13.7.2005 – 5 Qs 36/05, wistra 2005, 398, *Neuheuser* in MüKo, § 261 StGB Rz. 119.
2 Für die Tatbestandsvariante des § 261 Abs. 2 StGB wird dies von LG Köln v. 15.4.2011 – 113 Qs 15/11 - NZWiSt 2012, 188 und BGH v. 23.4.2013 – 2 AR 91/13, NStZ-RR 2013, 253 abgelehnt, anders *Valerius*, ebenda, in der Anm. zu OLG Köln.

III. Geldwäschegesetz

51 Das Geldwäschegesetz (GwG) ist das **wichtigste Begleitgesetz** für die Bekämpfung der Geldwäsche. Im Rahmen der Umsetzung einer EU-RL[1] wurde das GwG am 13.8.2008 durch das *Geldwäschebekämpfungsergänzungsgesetzes* komplett neu gefasst und bereits am 29.12.2011 im Rahmen des Gesetzes zur Optimierung der Geldwäscheprävention erneut in wesentlichen Teilen geändert. So wurden u.a. die Sorgfalts- und Meldepflichten erweitert und die Sanktionen bei Verstößen verschärft[2]. Aufgrund internationaler Vorgaben soll es der Geldwäsche vorbeugen, die Nachweisbarkeit von Geldwäsche ermöglichen oder erleichtern und frühzeitige Geldwäscheermittlungen herbeiführen[3]. Zu diesem Zweck legt das Gesetz praktisch der *gesamten gewerblichen Wirtschaft* – für einzelne Branchen und Geschäftszweige allerdings unterschiedlich weit gehende – Verpflichtungen auf. Seit 2002 sind zusätzliche Berufsgruppen, u.a. Rechtsanwälte, Steuerberater und Notare unter die Pflichtigen aufgenommen, werden mithin Private in erheblichem Umfang zur effektiven Bekämpfung der Geldwäsche in Anspruch genommen. Am 26.2.2013 wurden erneut umfangreiche Meldepflichten von Veranstaltern, Vermittlern und auch Teilnehmern von Onlineglücksspielen durch das Geldwäscheergänzungsgesetz entsprechend den Vorschlägen der Financial Action Task Force on Money Laundering (FATF) in den neu eingefügten §§ 9a-9d GwG normiert.

52 Diese **Verpflichtungen** lassen sich in *drei Kategorien* einteilen:
– *Identifizierungs-* und *Dokumentationspflichten* (§§ 3–8 GwG);
– *Meldepflichten* in Verdachtsfällen (§§ 11, 14 GwG);
– *Organisationspflichten* zur Verhinderung von Geldwäsche (§ 9 GwG).

Die Verletzung verschiedener Verpflichtungen ist als Ordnungswidrigkeit mit Geldbußen bedroht (§ 17 GwG).

1. Adressaten des Gesetzes

53 In § 2 Abs. 1 GwG werden die **Verpflichteten** im Einzelnen aufgezählt, wobei auch Dienstleister für Gesellschaften und Treuhandvermögen (Nr. 9) sowie alle Personen, die gewerblich mit Gütern handeln (Nr. 12) darunter fallen.

54 Zu den verpflichteten „**Instituten**" gehören Kreditinstitute (§ 2 Abs. 1 Nr. 1 GwG), Finanzdienstleistungsinstitute (Nr. 2), Finanzunternehmen (Nr. 3) sowie Versicherungsmittler (Nr. 5) und die Versicherungsunternehmen, die Le-

---

1 RL 2005/60/EG des Europ. Parl. und Rates v. 26.10.2005 zur Verhinderung der Nutzung des Finanzsystems zum Zwecke der Geldwäsche und Terrorfinanzierung und der RL 2006/70/EG der Kommission v. 1.8.2006 zur Begriffsbestimmung von politisch exponierten Personen.
2 Zu den Gründen für die erneute Überarbeitung *Klugmann*, NJW 2012, 641.
3 Zu Zweck und Hintergrund des G sowie zur Entstehungsgeschichte vgl. *Werner*, 65 ff., 70 ff.; *Carl/Klos*, 167 ff.; *Häberle* in Erbs/Kohlhaas, Vorbem. GwG Rz. 1 ff., zu dessen zwischenzeitlichen Änderungen (u.a. durch G v. 4.5.1998, BGBl. I 845; G v. 3.12.2001, BGBl. I 3306; G v. 8.8.2002, BGBl. I 3105, v. 13.8.2008, BGBl. I 1690 und insbes. v. 22.12.2011, BGBl. I 2959) *Fischer*, § 261 StGB Rz. 1a.

bensversicherungen oder Unfallversicherungen mit Prämienrückgewähr anbieten (Nr. 4). Diese Institute sind von ihrem natürlichen Tätigkeitsfeld und Dienstleistungsangebot her prädestiniert, für Zwecke der Geldwäsche benutzt zu werden.

Sonstige Identifizierungspflichtige sind insbesondere *auch Rechtsanwälte* (§ 2 Abs. 1 Nr. 7 GwG), Notare (Nr. 7), Wirtschaftsprüfer (Nr. 8), Steuerberater (Nr. 8) sowie Immobilienmakler (Nr. 10) Spielbanken (Nr. 11) und ausnahmslos gewerblich mit Gütern Handelnde (Nr. 13)[1]. Auch für sie gelten grundsätzlich Identifizierungs-, Dokumentations- und ggf. Anzeigepflichten. 55

2. Identifizierungs- und Dokumentationspflichten

Zweck dieser Pflichten ist es, **schriftliche Unterlagen** hervorzubringen, die als „Papierspuren" erfolgreiche Ermittlungsansätze ermöglichen sollen. Die zu erstellenden Unterlagen (§ 8 GwG) dürfen von den Ermittlungsbehörden nicht generell, sondern nur zur Verfolgung der Geldwäsche oder ihrer Vortaten, inzwischen allerdings auch für steuerliche Zwecke verwendet werden (§ 15 Abs. 1 und 2 GwG). 56

Der **Begriff des Identifizierens** ist in § 1 Abs. 1 GwG definiert. Er bezeichnet das *Feststellen und die Überprüfung der Identität* einer Person. Die entsprechenden Feststellungen sind aufzuzeichnen, im Regelfall durch Kopieren von Ausweisdokumenten (§ 8 Abs. 1 GwG). Diese Dokumente sind wie auch sonstige Unterlagen über Finanztransaktionen fünf Jahre lang in Schriftform oder auf Bild- oder Datenträgern aufzubewahren (§ 8 Abs. 3 GwG). 57

Eine wichtige Ergänzung der Identifizierungspflicht bildet die in § 3 Abs. 1 Nr. 3 GwG enthaltene *Zusatzverpflichtung*, den zu Identifizierenden befragen zu müssen, ob er für eigene oder fremde Rechnung handelt, um auf diese Weise ggf. den **wirtschaftlich Berechtigten**, legal definiert in § 1 Abs. 6 GwG, *festzustellen*. Diese Verpflichtung gilt auch für Rechtsanwälte und sonstige Berufsgeheimnisträger. Bei derartigen Berufsgeheimnisträgern gilt die Identifizierungspflicht unter zwei unterschiedlichen Aspekten. Soweit sie Transaktionen vornehmen, sind sie gegenüber identifizierungspflichtigen Berechtigten selbst erklärungspflichtig, dies auch in Fällen, in denen sie treuhänderisch oder vertretungsweise für Mandanten handeln. Denn ihre etwaige *Berufspflicht*, den Namen des Mandanten geheim zu halten, ist gegenüber der gesetzlichen Offenbarungspflicht *nachrangig*[2]. Anderseits sind die genannten Berufsgeheimnisträger nach §§ 2 Abs. 1 Nr. 7, 3 Abs. 1 GwG selbst aktiv identifizierungspflichtig. 58

Trotz eingeschränkter Sorgfaltspflichten (§ 3 Abs. 2 S. 2 GwG) besteht grundsätzlich für **alle Gewerbetreibenden**, die Bargeld im Betrag von 15 000 Euro oder mehr entgegennehmen (§ 3 Abs. 2 S. 5 GwG), also beispielsweise Händler von Schmuck, Edelsteinen oder Fahrzeugen, die allgemeine Identifizierungspflicht. 59

---

1 Zu deren Pflichten *Helmrich*, NJW 2009, 3686.
2 *Körner/Dach*, 25 f., 120 f.

60 Bei **mehreren Transaktionen** über kleinere Werte sind diese zusammenzuzählen, wenn tatsächliche Anhaltspunkte gegeben sind, dass zwischen den Transaktionen eine Verbindung besteht (§ 3 Abs. 2 S. 1 Nr. 2 GwG).

3. Meldepflichten

61 Die Meldepflicht nach § 11 Abs. 1 GwG bestand zunächst *nur für Institute* i.S. von § 2 Abs. 1 Nr. 1, 2, 4, 6 GwG und für Spielbanken. Inzwischen ist diese wichtige Pflicht grundsätzlich auf **alle** in § 2 Abs. 1 GwG genannten **Verpflichteten** ausgedehnt. Für *Berufsgeheimnisträger* gilt die Meldepflicht bezüglich ihrer Mandanten allerdings dann nicht, wenn sie den Tatverdacht aus Informationen der Mandanten im Rahmen einer Rechtsberatung oder Prozessvertretung erlangt haben (§ 11 Abs. 3 S. 1 GwG). Diese Privilegierung entfällt wiederum, wenn Rechtsberatung gewährt wird in dem Wissen, dass diese Beratung vom Mandanten bewusst zum Zweck der Geldwäsche in Anspruch genommen wird (§ 11 Abs. 3 S. 2 GwG). Die Meldepflicht nach § 11 GwG ist eine besonders einschneidende Maßnahme, die das GwG ursprünglich vor allem der Kreditwirtschaft in Durchbrechung des vertraglichen Bankgeheimnisses, nun aber auch Berufsgeheimnisträgern in teilweiser Durchbrechung von Berufsgeheimnissen und Zeugnisverweigerungsrechten[1] auferlegt hat[2].

62 Die Meldepflicht besteht nunmehr bereits für alle der bezeichneten Verpflichteten, wenn **Tatsachen vorliegen**, die darauf hindeuten, dass eine vorgenommene oder anstehende *Finanztransaktion* (Begriff: § 1 Abs. 4 GwG) einer Geldwäsche nach § 261 StGB oder einer Terrorismusfinanzierung dient. Da die Verpflichteten und ihre Mitarbeiter praktisch nie konkrete Erkenntnisse über die Art der möglichen Vortaten haben können, reicht es für die Meldepflicht aus, wenn einer auffälligen, aus dem geschäftlichen Rahmen fallenden Transaktion unbekannte Vortaten, die *möglicherweise* dem Katalog des § 261 Abs. 1 StGB unterfallen, zugrunde liegen können. Ein Anfangsverdacht im strafprozessualen Sinn (§ 152 Abs. 1 StPO) muss nicht gegeben sein. Nur mit dieser nunmehr durch die Neufassung des § 11 Abs. 1 GwG bestätigten Auslegung kann der gesetzgeberische Zweck erreicht werden, der mit der Regelung des § 11 Abs. 1 S. 1 GwG angestrebt wird[3].

63 Die **Verdachtsmeldung** ist grundsätzlich bei der zuständigen Strafverfolgungsbehörde zu erstatten und in Kopie dem Bundeskriminalamt – Zentralstelle für Verdachtsanzeigen – (vgl. § 10 GwG) zu übersenden (§ 11 Abs. 1 S. 1 GwG). Verdachtsmeldungen von Berufsgeheimnisträgern sind diesen Behörden nicht direkt, sondern über die jeweiligen Berufskammern zuzuleiten (§ 11 Abs. 4 GwG). Zuständige Strafverfolgungsbehörden sind je nach Bundesland das jeweilige Landeskriminalamt oder die betreffende Generalstaatsanwaltschaft.

---

1 § 53 Abs. 2 S. 2 Nr. 3 StGB, vgl. auch BGH v. 7.4.2005 – 1 StR 326/04, NJW 2005, 2406.
2 Einzigartig ist diese Inpflichtnahme Privater für Zwecke der Strafverfolgung gleichwohl nicht, vgl. *Werner*, 78 ff.
3 Dazu OLG Frankfurt v. 17.12.2012 – 19 U 210/12, juris.

Die Meldung darf dem Auftraggeber der Transaktion nicht bekannt gegeben werden (§ 12 Abs. 1 GwG). Die *Transaktion* selbst darf grundsätzlich erst nach **Ablauf von zwei Werktagen** nach dem Abgangstag der Mitteilung durchgeführt werden (§ 11 Abs. 1a S. 1 GwG), es sei denn, es handelt sich um einen nicht aufschiebbaren Auftrag (§ 11 Abs. 1a S. 2 GwG) oder die zuständige Staatsanwaltschaft hat die Durchführung vor Fristablauf genehmigt. Die Zwei-Tages-Frist soll der Staatsanwaltschaft ermöglichen, Ermittlungen vorzunehmen und ggf. auf den Gegenstand der Transaktion Zugriff zu nehmen. Nachdem das GwG selbst keine Eingriffsbefugnisse enthält, muss der Zugriff nach den allgemeinen strafprozessualen Regelungen (§§ 111b, 111c, 111d StPO) durch Beschlagnahme und Arrestierung erfolgen. In der Praxis ist die Zeit zwischen Verdachtsmeldung und Durchführung einer Transaktion durch den Anzeigenden, innerhalb derer zur Verhinderung einer Vermögensverschiebung vorläufige Sicherungsmaßnahmen getroffen werden müssen, oft nicht ausreichend. Denn zur vorläufigen Sicherung bedarf es nicht nur des Verdachts einer Geldwäschehandlung, sondern auch des Verdachts des Herrührens aus Katalogtaten des § 261 StGB, was oft intensiver Ermittlungen bedarf, die in der Kürze der Zeit nicht zu leisten sind. **64**

Die Meldung von Verdachtsfällen nach § 11 Abs. 1 GwG unterliegt nach Abs. 6 nur **geringen Verwendungsbeschränkungen**. Grundsätzlich können die aufgrund von Ermittlungen gewonnenen Erkenntnisse, denen eine Verdachtsanzeige zugrunde liegt, fast uneingeschränkt auch für die Verfolgung allgemeiner Delikte mit einer Freiheitsstrafe von im Höchstmaß mehr als drei Jahren und inzwischen sogar für Besteuerungsverfahren und zu Zwecken der Gefahrenabwehr verwendet werden. § 15 Abs. 1 GwG bestimmt darüber hinaus eine engere Verwendungsbeschränkung für die Aufzeichnungen nach § 8 GwG, der dazu verpflichtet, auf Vorrat indifferente Spuren zu sichern[1]. Eine Verwertung ebenso wie eine Beschlagnahme dieser Unterlagen ist damit für andere als die dort genannten Straftaten ausgeschlossen. Auch die Gewährung von Akteneinsicht zu privaten Zwecken in entsprechende staatsanwaltliche Unterlagen verbietet § 15 Abs. 1 GwG[2]. **65**

Wer eine Meldung wegen Geldwäscheverdachts erstattet, kann nach § 13 GwG dafür **nicht** zur **Verantwortung** gezogen werden, es sei denn, die Anzeige ist vorsätzlich oder grob fahrlässig falsch erstattet worden. Zudem ist nach der Neuregelung nach § 11 Abs. 1 GwG bereits bei Tatsachen, *die darauf hindeuten*, dass eine Transaktion einer Tat nach § 261 StGB oder der Terrorismusfinanzierung dient, die Meldepflicht zu erfüllen, mithin bedarf es nicht mehr der Feststellung von Tatsachen die darauf schließen lassen. Damit dürften auch zivilrechtliche Klagen wegen Verletzung des Bankgeheimnisses durch Erstattung einer Verdachtsmeldung nahezu aussichtslos sein, nachdem das OLG Frankfurt zur bisherigen Gesetzeslage ausführt, dass ausreichend für den Vortatverdacht ist, dass ein krimineller Hintergrund i.S. des § 261 StGB nicht aus- **66**

---

1 *Häberle* in Erbs/Kohlhaas, § 15 GwG Rz. 1.
2 *Häberle* in Erbs/Kohlhaas, § 15 GwG Rz. 2; OLG Hamm v. 11.4.2000 – 1 VAs 18/2000, NJW 2000, 2599.

geschlossen werden kann[1]. Ob dies auch gilt, wenn, wie neuerdings häufig zu beobachten, Institute ihre Meldung gleichzeitig als solche nach § 261 Abs. 9 StGB bezeichnen, ist fraglich. Darüber hinaus gilt die Haftungsfreistellung nunmehr auch für die Anzeige einer anderen Straftat, womit dem praktischen Bedürfniss der Finanzinstitute und ihrer Mitarbeiter ebenso wie privater Anzeigeerstatter nach weitgehender Haftungsfreistellung entsprochen wurde. Denn die Abgrenzung einer Straftat nach § 261 StGB von sonstigen Straftaten dürfte im Stadium der Verdachtschöpfung schwierig sein. Nach § 475 StPO können der meldenden Stelle auf Antrag auch mit Gründen versehene Abschlussverfügungen in den aufgrund ihrer Meldungen eingeleiteten Verfahren übersandt werden.

4. Bußgeldbestimmungen

67 Das GwG enthält in § 17 diverse Bußgeldbestimmungen für diejenigen, die im Gesetz enthaltene Verpflichtungen, insbesondere **Identifizierungs-, Aufzeichnungs- oder Aufbewahrungsregelungen**, verletzen. *Vorsätzliche oder leichtfertige Verstöße* nach § 17 Abs. 1 GwG sind mit Geldbußen bis zu 100 000 Euro bedroht, allerdings kann nach § 17 Abs. 4 OWiG das Höchstmaß überschritten werden, wenn der wirtschaftliche Vorteil aus der Ordnungswidrigkeit dieses übersteigt. Dies dürfte angesichts der arbeits- und personalintensiven sowie bei manchen Händlern kundenabschreckenden Erfüllung der Pflichten aus dem GwG in vielen Fällen praxisrelevant sein.

68 Die **neugefassten Bußgeldtatbestände** des § 17 Abs. 1 GwG sanktionieren nicht mehr wie bisher nur die Nichterfüllung einer Verpflichtung aus dem GwG, sondern auch die fehlerhafte, unvollständige, regelwidrige oder verspätete Pflichterfüllung. Angesichts der Komplexität der auch beispielsweise für Gewerbetreibende geltenden Pflichten, dürfte eine Vielzahl bußgeldbewehrter Verstöße begangen werden, zumal auch die leichtfertige Begehung bußgeldbewehrt ist.

69 Seit der Neufassung des GwG ist die **Verletzung der Meldepflicht** nach § 11 Abs. 1 GwG, sicher eine der für erfolgreiche Geldwäscheermittlungen wichtigsten Verpflichtungen, nach § 17 Abs. 1 Nr. 7 GwG bußgeldbewehrt. Nicht bußgeldbewehrt ist allerdings, wenn eine angetragene Transaktion entgegen § 11 Abs. 1a GwG durchgeführt wird.

70 **Zuständige Bußgeldbehörden** sind gem. §§ 17 Abs. 4, 16 GwG je nach der Branchenzugehörigkeit des Bußgeldpflichtigen insbesondere die Bundesanstalt für Finanzdienstleistungsaufsicht[2], die Versicherungsaufsichtsbehörden, die örtlichen Finanzämter und nach Landesrecht zuständige Behörden etwa für gewerblich mit Gütern Handelnde. Ersterer kommt als für den Bankenapparat zuständiger Aufsichtsbehörde überragende Bedeutung zu für die Durchsetzung des GwG und damit sowohl für die Verhinderung von Geldwäsche als auch für die Anzeige von Verdachtsfällen. Sie hat mehrere Rundschreiben und „Verlaut-

---

1 OLG Frankfurt v. 17.12.2012 – 19 U 210/12, juris.
2 Näher zu Rechtsstellung und Aufgaben *Herzog/Mühlhausen*, Geldwäschebekämpfung und Gewinnabschöpfung, § 36 Rz. 27 ff.

barungen" an Banken abgefasst und stand auch nach Neufassung des GwG in der Pflicht, für die Banken mit Verhaltensanweisungen einzelne Pflichten und Aufgaben zu konkretisieren, zumal z.B. die Identifizierung des wirtschaftlich Berechtigten bei Bareinzahlungen für Dritte mit praktischen Schwierigkeiten verbunden sein kann. Gleiches gilt für die Frage, ob es sich bei einem ausländischen Kunden um eine politisch exponierte Person handelt.

IV. Zollverwaltungsgesetz

Zur Verhinderung und Verfolgung von Geldwäsche durch die Zollbehörden unterliegt nach § 1 Abs. 3a ZollVG die *Ausfuhr, Einfuhr* oder *Durchfuhr* von *Bargeld* oder ihm *gleichstehenden Zahlungsmitteln* und *Wertgegenständen* der **zollamtlichen Überwachung**. Weitergehend als nach § 2 Abs. 1 GwG sind neben Bargeld erfasst: Wechsel, Schecks, Wertpapiere, Edelsteine, Edelmetalle. Es handelt sich also um Werte, die leicht zu Geld gemacht werden können und oft als Schmuggelobjekte dienen. 71

Wer Gegenstände der genannten Art im Wert von 10 000 Euro oder mehr mit sich führt, muss nähere **Angaben über** den Eigentümer bzw. den wirtschaftlich Berechtigten, die Herkunft und den Verwendungszweck u.Ä. (§ 12a Abs. 1 ZollVG i.V.m. Art. 3 VO [EG] 1889/2005 und § 12a Abs. 2 ZollVG) machen. Bei Verdacht der Geldwäsche besteht die Möglichkeit, die festgestellten Vermögenswerte zunächst zollamtlich in Verwahrung zu nehmen (§12a Abs. 4 ZollVG), sodass diese ggf. nach allgemeinen strafprozessualen Regelungen (§§ 111b ff. StPO) sichergestellt werden können. 72

Wer seine **Anzeigepflichten** nach § 12a Abs. 1 und 2 ZollVG nicht erfüllt, z.B. unvollständige oder unwahre Angaben macht[1], macht sich einer *Ordnungswidrigkeit* schuldig (§§ 31a, 31b ZollVG). Diese kann mit Geldbuße bis zu einer Mio. Euro geahndet werden. Zudem ist die Übermittlung von personenbezogenen Daten nach § 12a Abs. 5 S. 3 ZollVG an die Finanzbehörden zulässig. 73

§ 52
Subventionen

Bearbeiter: Alexander Retemeyer

	Rz.		Rz.
I. Einführung		2. Subventionserhebliche Tatsachen	18
1. Allgemeines	1		
2. Begriff der Subvention	6	3. Subjektive Tatseite	29
II. Subventionsbetrug		4. Beendigung und Verjährung	36
1. Tathandlungen	10	5. Verhältnis zum Betrug	39

---

1 Art. 3 Abs. 1 S. 2 VO (EG).

	Rz.		Rz.
6. Sanktionen		7. Verfahrensfragen	54
a) Strafandrohungen	43	**III. Subventionen nach EG/EU-**	
b) Tätige Reue	51	**Recht**	56
c) Gewinnabschöpfung	53		

Schrifttum: *Adick*, Zum Begriff der subventionserheblichen Tatsachen (§ 264 Abs. 8 StGB), HRRS 2011, 408; *Braeuer*, Subventionen im Steuer- und Wirtschaftsstrafrecht, Berlin 2011; *Dörn*, Verfolgung von Subventionsbetrug durch die Finanzbehörden, DStZ A 1995, 16; *Esser*, Die Europäische Staatsanwaltschaft: Eine Herausforderung für die Strafverteidigung, StV 2014, 494; *Gaede/Leydecker*, Subventionsbetrug mit Hilfe der Kurzarbeit im Schatten der globalen Finanzmarktkrise, NJW 2009, 3542; *Harings*, Subventionen im Marktordnungsrecht, ZfZ 2007, 141; *Heß*, Die Fortsetzung der Investitionsförderung durch das InvZulG 2005, DStR 2004, 940; *Heß*, Das Anwendungsschreiben zum InvZulG 2005, DStR 2005, 501; *Kindhäuser*, Zur Auslegung des Merkmals „vorteilhaft" in § 264 StGB, JZ 1991, 492; *Lüderssen*, Das Merkmal „vorteilhaft" in § 264 Abs. 1 Satz 1 StGB, wistra 1988, 43; *Lührs*, Subventionen, Subventionsvergabepraxis und Strafverfolgung, wistra 1999, 89; *Meine*, Der Vorteilausgleich beim Subventionsbetrug, wistra 1988, 13; *Mischke*, Der Subventionsbetrug – eine strafrechtliche Haftungsfalle, KommJur 2011, 281; *Mitsch*, Ruhen der Verjährung ab Eröffnung der Hauptverhandlung, NStZ 2012, 508; *Möller/Retemeyer*, Strafrechtliche Bekämpfung von gegen die finanziellen Interessen der EU gerichtetem Betrug – Neues für das Zollstrafrecht, ZfZ 2013, 29; *Möller/Retemeyer*, Besserer Schutz der finanziellen Interessen der Europäischen Union? – Europäische Kommission schlägt Errichtung einer europäischen Staatsanwaltschaft vor, BDZ-Fachteil Heft 3/2014, F 7; *Ranft*, Die Rechtsprechung zum sog. Subventionsbetrug, NJW 1986, 3163; *Röhrig*, Delikte gegen die staatliche Wirtschaftslenkung, wistra 2012, 338; *Sannwald*, Rechtsgut und Subventionsbegriff des § 264, 1982; *Schmidt-Hieber*, Verfolgung von Subventionserschleichungen nach Einführung des § 264 StGB, NJW 1980, 322; *Schrömbges*, Ist eine Ausfuhrerstattung eine Subvention im Sinne des § 264 StGB?, wistra 2009, 249; *Schweda*, Der Insolvenzverwalter als Täter eines leichtfertigen Subventionsbetruges, ZInsO 2011, 1433; *Stam*, Das „große Ausmaß" – ein unbestimmter Rechtsbegriff, NStZ 2013, 144; *Streck/Spatscheck*, Investitionszulage und Subventionsbetrug, DStR 1997, Beilage zu Heft 34; *Tiedemann*, Strafbare Erschleichung von Subventionszulagen, NJW 1980, 1557; *Tiedemann*, Der Strafschutz der Finanzinteressen der Europäischen Gemeinschaft, NJW 1990, 2226; *Uhlmann*, Fortführung der steuerlichen Investitionsförderung durch das InvZulG 2007, DStR 2006, 1577; *Wassmann*, Strafrechtliche Risiken bei Subventionen, 1997.

I. Einführung

1. Allgemeines

1   Bis zum Inkrafttreten des § 264 StGB – sog. Subventionsbetrug – zum 1.9.1976[1] konnten Subventionserschleichungen *nur* durch den allgemeinen *Betrugstatbestand* (§ 263 StGB) erfasst werden. Diese Rechtslage war unbefriedigend. Untersuchungen haben gezeigt[2], dass der *Betrugstatbestand* wegen seiner komple-

---

1   Eingeführt durch das 1. WiKG v. 29.7.1976, BGBl. I 2034; durch das 6. StrafRG (BGBl. I 1998, 164) wurde Abs. 3 – banden- und gewerbsmäßige Begehung – eingefügt; die Abs. 3–7 wurden zu Abs. 4–8. Durch das EG-FinanzschutzG v. 10.9.1998 (BGBl. II 2322) wurde Nr. 2 in Abs. 1 (Nichtbeachtung von Verwendungsbeschränkungen) eingefügt und Abs. 7 neu gefasst.
2   *Tiedemann*, Subventionskriminalität in der Bundesrepublik, 1974.

xen und durch eine Kausalitätskette verbundenen subjektiven und objektiven Merkmale (oben § 47) **zur Bekämpfung der Subventionskriminalität** *unzulänglich* ist. So kann es an einer Irrtumserregung fehlen z.B., wenn wegen des pauschalierten Vergabeverfahrens eine Prüfung der Vergabevoraussetzungen nicht oder nur über die Datenverarbeitung erfolgt oder wenn der Subventionsnehmer im Einvernehmen mit der Vergabestelle handelt[1]. Schließlich muss von einem Bürger, der für sich eine besondere Leistung des Staates beansprucht, ein hohes Maß an Sorgfalt verlangt werden; deshalb erscheint, anders als beim Betrug, auch Leichtfertigkeit im Umgang mit Subventionen als strafwürdig. Diese kriminalpolitischen Erwägungen waren der Grund für die Benennung von § 264 StGB als „Subventionsbetrug", wobei die Bezeichnung „Betrug" irreführend ist, da wesentliche Teile des Betrugstatbestandes entfallen und „nur" noch eine Täuschung und ein abgestufter Vorsatz (inklusive Leichtfertigkeit) ohne Bereicherungsabsicht erforderlich sind[2]. Die Vorschrift kommt in der Praxis gleichwohl relativ selten zur Anwendung. Haupteinsatzgebiet sind die Agrarsubventionen. Dies wird seinen Grund darin haben, dass der Subventionsnehmer häufig von weiteren Subventionen ausgeschlossen wird und die bisherigen Zahlungen zurückgefordert werden. Da diese verwaltungsrechtlichen Folgen den Beschuldigten schon hart treffen, bietet sich vielfach eine Einstellung nach §§ 153/153a StPO (§ 11 Rz. 132 ff.) an.

Diesen Defiziten des § 263 StGB hilft **§ 264 StGB** durch eine – gemessen am traditionellen Verständnis des Betruges – **erhebliche Erweiterung** des objektiven und subjektiven Tatbestandes ab: 2

- **objektiv** durch Umgestaltung vom Erfolgs- zum Handlungsdelikt bzw. vom Verletzungs- zum abstrakten Gefährdungsdelikt[3]; es genügen dem Vorspiegeln falscher Tatsachen vergleichbare Handlungen; auf Irrtumserregung/Vermögensverfügung/Vermögensschaden kommt es nicht an;
- **subjektiv** genügt neben vorsätzlichem auch leichtfertiges (= grob fahrlässiges) Handeln, was dann freilich nach dem Wortsinn nicht mehr als „Subventionsbetrug" bezeichnet werden kann, sondern sich korrekt als „leichtfertige Subventionsgefährdung" darstellt.

Ergänzt wird § 264 StGB durch das gleichzeitige erlassene **Subventionsgesetz** (SubvG)[4], das die verwaltungsrechtlichen Bestimmungen für die Gewährung von Subventionen durch den *Bund* enthält. Für die Subventionen der *Länder* haben diese jeweils eigene Bestimmungen erlassen[5]. Die Neuregelung der Subventionserschleichung im StGB hat *vielfältige Streitfragen*, etwa bezüglich des geschützten Rechtsguts oder über die Rechtsnatur des Delikts, ausgelöst; we- 3

---

1 *Sannwald*, 56.
2 *Straßer* in G/J/W, § 264 StGB Rz. 1.
3 *Straßer* in G/J/W, § 264 StGB Rz. 6 m.w.Nw.
4 BGBl. I 1976, 2037, abgedr. auch bei *Tiedemann* in LK, § 264 StGB Rz. 9; *Hoyer* in SK, § 264 StGB vor Rz. 1.
5 Übersicht bei *Wattenberg* in A/R, IV 2 Rz. 8.

gen der Einzelheiten kann auf die umfangreiche Kommentar-Literatur verwiesen[1] und die nachfolgende Darstellung auf einen Abriss beschränkt werden. Auch die geltend gemachten *verfassungsrechtliche Bedenken*[2] werden von der heute ganz herrschenden Ansicht als nicht durchschlagend angesehen[3].

4 Von besonderer Bedeutung ist die Einbeziehung der von der **EG bzw. EU** gewährten Subventionen in den neuen Straftatbestand. Während die erste Fassung des § 264 StGB die europäischen Subventionen den deutschen Subventionen gleichgestellt hatte (Abs. 6 a.F.), hat das *EG-Finanzschutzgesetz*[4] – neben einer Erweiterung des Abs. 1 – durch den neu gefassten Abs. 7 zwei variierende Subventionsbegriffe eingeführt (s. Rz. 8, 9)[5].

5 Der durch fehlgeleitete Subventionen entstandene wirtschaftliche **Schaden** sowohl auf nationaler als auch auf europäischer Ebene lässt sich nur sehr grob und überschlägig schätzen[6] (vgl. auch Rz. 60). Auch wenn die Zahl der Verurteilungen im Vergleich zu Betrug und Steuerhinterziehung nicht hoch ist, haben sich insgesamt die neuen Tatbestände bei der Bekämpfung der *Subventionskriminalität* als durchaus nützlich erwiesen. – Das **Schutzgut** des § 264 StGB ist noch ungeklärt; wahrscheinlich ist es eine Mischung aus dem öffentlichen Vermögen[7], der Institution der Subvention als Instrument der Wirtschaftspolitik[8] und der staatlichen Planungs- und Dispositionsfreiheit[9] inklusive dem allgemeinen Interesse an einer wirksamen staatlichen Förderung[10]. Kein Schutzgut ist das Subventionsverfahren als solches[11].

2. Begriff der Subvention

6 Eine **Subvention** i.S. des Gesetzes ist eine „Leistung aus öffentlichen Mitteln nach Bundes- oder Landesrecht an Betriebe oder Unternehmen, die wenigstens zum Teil ohne marktmäßige Gegenleistung – dies ist das entscheidende Tatbestandsmerkmal – gewährt wird und der Förderung der Wirtschaft dienen soll" (§ 264 Abs. 7 Nr. 1 StGB). – Erweitert ist der Subventionsbegriff für Leistungen aus öffentlichen Mitteln nach dem *Recht der „Europäischen Gemeinschaften"* (§ 264 Abs. 7 Nr. 2 StGB). Hier kommen auch andere Empfänger als Betriebe und Unternehmen in Betracht, und es werden nicht nur Subventionen zur Förderung der Wirtschaft erfasst (Rz. 9).

---

1 *Tiedemann* in LK, § 264 StGB; *Hoyer* in SK, § 264 StGB; *Lenckner/Perron* in S/S, § 264 StGB; *Hellmann* in NK, § 264 StGB; *Fischer*, § 264 StGB; *Lackner/Kühl*, § 264 StGB; *Straßer* in G/J/W, § 264 StGB Rz. 1.
2 Vgl. *Hoyer* in SK, § 264 StGB Rz. 5–9.
3 *Tiedemann* in LK, § 264 StGB Rz. 6; *Lenckner/Perron* in S/S, § 264 StGB Rz. 3; *Fischer*, § 264 StGB Rz. 3.
4 EG-FinSchG v. 10.8.1998, BGBl. II 2322; vgl. *Dannecker* in W/J, Kap. 2 Rz. 133 ff.
5 *Lenckner/Perron* in S/S, § 264 StGB Rz. 6 ff.
6 Zum kriminologischen Hintergrund vgl. *Tiedemann* in LK, § 264 StGB Rz. 3 ff.; *Wattenberg* in A/R, IV 2 Rz. 5 ff.
7 BGH v. 13.12.1988 – VI ZR 235/87, BGHZ 106, 204.
8 *Straßer* in G/J/W, § 264 StGB Rz. 2.
9 BT-Drs. 7/5291 S. 3; OLG Hamm v. 25.6.2012 – 6 U 67/11, juris.
10 *Straßer* in G/J/W, § 264 StGB Rz. 5.
11 So aber *Fischer*, § 264 StGB Rz. 25.

Die **Leistung** kann z.B. in einem verlorenen Zuschuss, einem verbilligten Kredit, der Übernahme einer Bürgschaft[1] oder der Zahlung von Ausfuhrerstattungen nach den EG-Marktordnungen bestehen, um die Agrarüberschüsse der Gemeinschaft auf dem Weltmarkt absetzen zu können.

Ganz oder zum Teil **ohne marktmäßige Gegenleistung** schließt die für viele Subventionen typische Gemengelage ein, d.h. der Subventionsnehmer erbringt zwar eine Gegenleistung, deren Marktwert erreicht aber nicht die Höhe der Subvention, z.B. Übernahme landwirtschaftlicher Erzeugnisse durch staatliche Intervention auf Grund der EG-Agrarmarktordnungen (vgl. Rz. 56 ff.). Nur direkte Leistungen in Geld oder Geldwert werden erfasst. Unerheblich ist, ob die Auszahlung unmittelbar vom Staat oder über andere Institutionen erfolgt. Entscheidend ist lediglich die öffentliche Herkunft der Mittel[2].

Die weiteren Merkmale einer Subvention sind unterschiedlich definiert:

Von den Subventionen **nach nationalem Recht** fallen gem. § 264 Abs. 7 Nr. 1 StGB nur solche *zur Förderung der Wirtschaft* und *an Betriebe und Unternehmen* (dazu zählen auch Unternehmen der öffentlichen Hand[3]) unter die Strafvorschrift, dagegen nicht die Erschleichung sonstiger Subventionen, etwa sog. *Sozialsubventionen* (Kindergeld[4], Wohnungs- und Sozialhilfe), die sog. Abwrackprämie für Kraftfahrzeuge bestimmten Alters oder Leistungen für Forschung oder kulturelle Zwecke; – hier ging der Gesetzgeber davon aus, dass diese ausreichend durch den Tatbestand des Betruges erfasst werden können.

Beispiele für wirtschaftsfördernde Subventionen: Investitionszulage nach dem Investitionszulagengesetz[5], dem früheren Berlinförderungsgesetz und dem Zonenrandförderungsgesetz; Leistungen nach dem 2. Wohnungsbaugesetz. Da Subventionen für die Filmwirtschaft nicht vom künstlerischen Wert, sondern vom wirtschaftlichen Erfolg eines sog. Referenzfilms abhängig sind, sind auch diese wirtschaftsfördernd[6]. Keine Subvention ist das Kurzarbeitergeld, weil es nicht der Förderung der Wirtschaft dient, sondern kurzfristige Arbeitslosigkeiten mit anschließender Wiedereinstellung der Mitarbeiter des betroffenen Unternehmens verhindern soll[7].

Subventionen nach EG- bzw. EU-Recht fallen dagegen *sämtlich* unter die Strafvorschrift (§ 264 Abs. 7 Nr. 2 StGB).

Damit werden neben Subventionen des Europäischen Garantiefonds für die Landwirtschaft – EGFL – (z.B. Interventionen, Beihilfen, Ausfuhrerstattungen – hierzu Rz. 51 ff.) oder des Fonds für regionale Entwicklung z.B. auch erfasst Leistungen zum Schutz der Umwelt oder zur Förderung der Berufsbildung, auch wenn sie an öffentliche Gebietskörperschaften, Idealvereine usw. gehen.

---

1 Insbes. die sog. Hermes-Deckungen; hierzu *König/Müller*, NStZ 2005, 607.
2 Straßer in G/J/W, § 264 StGB Rz. 19.
3 Nicht aber solche direkt an öffentlich-rechtliche Gebietskörperschaften, LG Mühlhausen v. 25.1.1996 – 30 Js 169a/91, NJW 1999, 2069.
4 Steuerliche Subvention, die nach § 370 AO als Steuerhinterziehung bestraft wird.
5 Zuletzt InvZulG 2010 v. 7.12.2008, BGBl. I 2356.
6 S. FilmförderungsG i.d.F. v. 25.1.1993, BGBl. I 67; hierzu BGH v. 20.6.1986 – 1 StK 184/86, NJW 1987, 1426; Zusammenstellung aller wirtschaftsfördernden Subventionsgesetze s. *Tiedemann* in LK, § 264 StGB Rz. 52.
7 A.A. offenbar *Gaede/Leydecker*, NJW 2009, 3542 (3545).

II. Subventionsbetrug

1. Tathandlungen

10 a) Von den *vier Handlungsvarianten* des § 264 Abs. 1 StBG stellt **Nr. 1 unrichtige** oder **unvollständige Angaben** über **subventionserhebliche Tatsachen** gegenüber dem Subventionsgeber unter Strafe. Damit greift der Tatbestand des Subventionsbetruges bereits bei einem Verhalten ein, das noch im *Vorfeld des Betruges* liegt: Der Tatbestand ist schon durch einen Täuschungsversuch gegenüber dem Subventionsgeber erfüllt; ob dieser den wahren Sachverhalt bereits kennt oder sonst den Täuschungsversuch sofort durchschaut oder ob er sich täuschen lässt und die Subvention aufgrund der unwahren Angaben ausbezahlt wird, ist allenfalls für die Strafzumessung von Bedeutung. Der Subventionsbetrug hat damit fast den Charakter eines Unternehmensdeliktes (§ 23 Rz. 9). § 264 StGB begnügt sich somit mit einem *einzigen Betrugsmerkmal*, nämlich der *Täuschungshandlung*. Auf die weiteren Voraussetzungen des Betrugstatbestandes (vgl. Rz. 2) wurde verzichtet.

11 Insbesondere durch die Inszenierung von **Scheingeschäften** und **Scheinhandlungen** (vgl. oben § 29) sowie von Rechtsgeschäften und Handlungen unter Missbrauch von Gestaltungsmöglichkeiten werden unrichtige Angaben i.S. der Strafvorschrift gemacht, denn nach § 4 SubvG ist nicht der vorgeschobene, sondern der verdeckte tatsächliche Sachverhalt subventionsrechtlich maßgebend.

Die Bedeutung dieser aus dem Steuerrecht übernommenen Bestimmung (§§ 41 Abs. 2, 42 AO) ist allerdings gering. In den Fällen, in denen sich der Subventionszweck aus dem Gesetz ergibt, macht nämlich in aller Regel die gebotene zweckorientierte Auslegung einen Rückgriff auf § 4 SubvG unnötig[1]. Nicht gering einzuschätzen ist dagegen die von § 4 SubvG ausgehende *Warnfunktion*; die Bestimmung zeigt dem potenziellen Täter, dass er sich zur Begründung eines Subventionsanspruchs nicht immer auf die zivilrechtliche Gestaltungsfreiheit wird berufen können.

Die Gründung einer *Briefkastenfirma* im früheren Zonenrandgebiet bzw. heute im Fördergebiet gem. § 1 InvZulG ist keine „Einrichtung eines Gewerbebetriebes" i.S. der Gesetze. Dies ergibt schon die Auslegung; eines Rückgriffs auf § 4 SubvG bedarf es nicht[2]. Ähnlich liegt es, wenn die für eine Subventionsgewährung geforderten Eigenmittel nur scheinbar durch Umschichtung von Vermögenswerten erbracht werden[3].

12 Die unrichtigen/unvollständigen Angaben müssen für den Subventionsnehmer **vorteilhaft**[4] sein, d.h. seine Aussichten auf Gewährung der Subvention verbessern. Das sind z.B. unrichtige Angaben über Ort und Zeitpunkt einer Investition, wenn davon der Subventionsanspruch abhängt. Als vorteilhaft anzusehen sind aber solche Angaben bereits auch dann, wenn es auf sie letztlich nicht ankommt, weil der Subventionsanspruch bereits durch andere Tatsachen begrün-

---

1 Lenckner/Perron in S/S, § 264 StGB Rz. 46; *Schmidt-Hieber*, NJW 1980, 322 (326); zu Umgehungsgeschäften zur Erlangung der Investitionszulage *Ranft*, NJW 1986, 3163 (3167 ff.).
2 *Lenckner/Perron* in S/S, § 264 StGB Rz. 46.
3 BGH v. 8.3.2006 – 5 StR 587/05, NStZ 2006, 625.
4 Zum Begriff OLG Rostock v. 12.11.2012 – I Ws 321/12, juris.

det ist[1] (vgl. hierzu Rz. 23 ff.). Die Entscheidung erfolgt „ex ante" aus der Sicht des Subventionsgebers[2].

b) Nr. 2 des § 264 Abs. 1 StGB stellt die **zweckwidrige Verwendung** von Gegenständen oder Geldleistungen, die im Hinblick auf eine dafür geleistete Subvention nur in bestimmter gesetzlich vorgeschriebener Weise verwendet werden dürfen, unter Strafe. Auch hier stellt sich der *Subventionsbetrug als reine Tathandlung* dar, wobei Subventionen nach den EG-Marktordnungen besonders betrugsanfällig sind, z.B. ein Winzer schenkt Wein, für den er die Destillationsvergütung erhalten hat, in seiner Straußwirtschaft aus; ein Bäcker, der von der Investitionsstelle verbilligte Butter zur Herstellung von feinen Backwaren bezogen hat, verkauft diese als Sonderangebot in seinem Laden. Bei zweckgebundenen Geldleistungen kann bereits eine vorübergehende zinsbringende „Zwischenlagerung" eine strafbare Zweckentfremdung begründen. Zweckwidrig verwendet sind Subventionsmittel bereits durch Missachtung von Auflagen, mag auch der Subventionszweck erreicht und der Subventionsgeber nicht geschädigt worden sein[3]. Zur Erfüllung des Straftatbestandes bedarf es hier weder unrichtiger Angaben noch eines In-Unkenntnis-Lassens der zuständigen Vergabebehörde. Täter kann auch eine andere Person als der Subventionsnehmer sein, wenn er solche Gegenstände in Kenntnis der Verwendungsbeschränkung erwirbt oder stiehlt. Der Insolvenzverwalter fällt aber nicht unter die Vorschrift, wenn er subventionierte Gegenstände aus der Insolvenzmasse veräußert[4]. 13

Regelmäßig löst die zweckwidrige Verwendung von Gegenständen oder Geldleistungen die **Anzeigepflicht nach § 3 SubvG** aus, sodass auch die Handlungsvariante Nr. 3 (s. Rz. 15) erfüllt ist. Allerdings für Subventionen nach EG-Recht, so die vorstehenden Beispiele der zweckwidrigen Verwendung von Marktordnungswaren, gilt das nationale Recht des SubvG nicht; hier ist nur Nr. 2 anwendbar. Soweit das SubvG anwendbar ist, *verdrängt* die Pflicht gem. § 3 Abs. 2 SubvG, eine beabsichtigte zweckwidrige Verwendung dem Subventionsgeber rechtzeitig *vorher* anzuzeigen, und damit die Handlungsvariante Nr. 3 die *nachfolgende* Verwendung als strafbare Handlungsvariante Nr. 2[5], die zur straflosen Nachtat wird. 14

c) Nr. 3 des § 264 Abs. 1 StGB stellt das **In-Unkenntnis-Lassen** des Subventionsgebers über subventionserhebliche Tatsachen unter Strafe, wenn der Täter durch Rechtsvorschriften zur Offenbarung verpflichtet ist, und begründet dadurch ein **echtes Unterlassensdelikt**. Anders als beim Betrug durch Unterlassen bedarf es somit nicht der sog. Garantenstellung des Täters, die zur Aufklärung verpflichtet (vgl. § 17 Rz. 16 ff.). Da jedoch das Gesetz ein In-Unkenntnis-Lassen „entgegen den Rechtsvorschriften über die Subventionsvergabe" verlangt, 15

---

1 BGH v. 8.3.1990 – 2 StR 367/89, BGHSt. 36, 374 = NJW 1990, 1921.
2 *Straßer* in G/J/W, § 264 StGB Rz. 66.
3 BGH v. 26.1.2006 – 5 StR 334/05, wistra 2006, 228 m. Anm. *Allgayer*, wistra 2006, 261.
4 *Schweda*, ZInsO 2011, 1433; a.A. *Röhrig*, wistra 2012, 340.
5 A.A. *Fischer*, § 264 StGB Rz. 27, der der Handlungsvariante Nr. 2 in jedem Fall den Vorrang gibt.

beschränkt es als sog. Sonderdelikt den Täterkreis auf Personen, denen eine *Mitteilungspflicht* gesetzlich auferlegt ist, was der Garantenstellung beim unechten Unterlassungsdelikt nahekommt. Insoweit gleicht die Vorschrift dem § 370 Abs. 1 Nr. 2 AO (die Finanzbehörde über steuerlich erhebliche Tatsachen pflichtwidrig in Unkenntnis lassen) im Steuerstrafrecht (vgl. § 44 Rz. 15 ff.). Der BFH hat Zweifel, ob bei einem Gehilfen zum Subventionsbetrug die Haftungsnorm des § 71 AO entsprechend anwendbar ist[1]. – Rechtsvorschrift ist im Wesentlichen das *SubvG*, nicht aber vertragliche Vereinbarungen, ministerielle Erlasse[2], Richtlinien, Bedingungen und Auflagen[3].

16 § 264 Abs. 1 Nr. 3 StGB ist daher stets **im Zusammenhang mit dem SubvG** zu lesen, das die grundlegenden Pflichten des Subventionsnehmers bestimmt. Dazu zählt vor allem gem. § 3 SubvG eine *umfassende Offenbarungspflicht*; der Subventionsnehmer ist nach dieser Bestimmung verpflichtet, dem Subventionsgeber u.a. alle Tatsachen mitzuteilen, die der „Bewilligung, Gewährung, Weitergewährung, Inanspruchnahme oder dem Belassen der Subvention oder des Subventionsvorteils entgegenstehen oder für die Rückforderung erheblich sind".

17 **d) Nr. 4** des § 264 Abs. 1 StGB stellt den **Gebrauch** einer **durch unrichtige/unvollständige Angaben erlangten Bescheinigung** über subventionserhebliche Tatsachen in einem Subventionsverfahren unter Strafe. Diese Handlungsvariante hat *wenig praktische Bedeutung*, weil mit dem Gebrauchmachen von einer unrichtigen Bescheinigung i.d.R. zugleich auch unrichtige Angaben i.S. von Abs. 1 Nr. 1 (Rz. 10) gemacht werden. Anwendbar sein kann die Vorschrift z.B., wenn die unrichtige Bescheinigung nicht vom Antragsteller, sondern von einer Auskunftsperson vorgelegt wird, was aber zugleich auch eine Mittäterschaft oder Beihilfe zu Nr. 1 sein kann. In solchen Fällen geht Nr. 1 vor[4].

2. Subventionserhebliche Tatsachen

18 Sämtliche Täuschungshandlungen des § 264 Abs. 1 StGB müssen sich auf subventionserhebliche Tatsachen beziehen. Nach § 264 **Abs. 8** StGB sind dies *Tatsachen*

– die entweder durch Gesetz oder durch den Subventionsgeber aufgrund eines Gesetzes **als subventionserheblich bezeichnet** sind (Nr. 1) *oder*
– von denen die **Subventionsberechtigung gesetzlich abhängt** (Nr. 2).

Als Gesetz i.S. dieser Bestimmung kommt vor allem auch hier das SubvG in Betracht. Besondere Bedeutung hat in diesem Zusammenhang § 2 SubvG: Diese Vorschrift verpflichtet nämlich den Subventionsgeber, dem Subventionsnehmer in *jedem Fall* die subventionserheblichen Tatsachen zu bezeichnen. Folglich liegen sehr oft die Alternativen der Nr. 1 und 2 gleichzeitig vor.

---

1 BFH v. 5.7.2012 – III R 25/10(NV), GmbHR 2014, 669.
2 BGH v. 11.11.1998 – 3 StR 101/98, BGHSt 44, 233.
3 BGH v. 30.9.2012 – 5 StR 61/10, NStZ-RR 2011, 81; *Straßer* in G/J/W, § 264 StGB Rz. 76.
4 Vgl. *Fischer*, § 264 StGB Rz. 29.

a) Zum **Verhältnis der Nr. 1 und 2**[1]: Den *Vorrang* hat das Gesetz; was im Gesetz klar geregelt ist – z.B. der begünstigte Zeitraum in § 4 InvZulG 2010 –, braucht der Subventionsgeber nicht auch noch zu bezeichnen[2] (ungeachtet der erweiterten Bezeichnungspflicht nach § 2 SubvG). Allerdings muss es ein Gesetz oder eine Rechtsverordnung sein; ministerielle Richtlinien reichen nicht[3]. Bezeichnet der Subventionsgeber Tatsachen als subventionserheblich, die es in Wirklichkeit nicht sind, so können unrichtige Angaben über solche Tatsachen die durch § 264 StGB pönalisierte Gefährdung öffentlicher Mittel und damit eine Strafbarkeit nicht begründen[4]. In jedem Fall muss die Bezeichnung eindeutig und auf den konkreten Fall bezogen sein; eine pauschale Bezugnahme auf einen „Rahmenplan zur Verbesserung der regionalen Wirtschaftsstruktur" reicht nicht, und ebenso bestimmt muss die Zusage sein. Bei einer Klausel „Ein Rechtsanspruch auf Fördermittel besteht nicht" fehlt es an einer zweifelsfreien Bezeichnung[5]. Allerdings erfüllen unrichtige Angaben über gesetzlich statuierte subventionserhebliche Tatsachen den objektiven Straftatbestand auch dann, wenn der Subventionsgeber sie entgegen seiner Pflicht gem. § 2 SubvG *nicht als solche bezeichnet* hat (oder als EU-Subventionsgeber sie nicht zu bezeichnen braucht, weil für ihn das nationale SubvG nicht gilt); jedoch wird dann dem Antragsteller die Kenntnis der Subventionserheblichkeit und damit vorsätzliches Handeln oft nicht nachzuweisen sein.

Selbständige Bedeutung hat § 264 Abs. 8 Nr. 1 Alt. 2 StGB (Bezeichnung durch den Subventionsgeber) demnach i.d.R. nur dann, wenn die Tatsachen nicht durch Gesetz, sondern nur aufgrund eines Gesetzes vom Subventionsgeber *selbständig bestimmt und bezeichnet* werden oder das Gesetz der Vergabebehörde einen *Ermessensspielraum* hinsichtlich der Anforderungen an eine Subventionsvergabe einräumt. Die 3. Alternative (Abs. 8 Nr. 2) hat praktisch nur für Subventionen der EU Bedeutung, weil für diese das nationale SubvG mit der dort statuierten Bezeichnungspflicht nicht gilt, was freilich dem Irrtum über Inhalt und Bedeutung dieser überaus komplizierten Vorschriften und damit dem strafrechtlichen Tatbestandsirrtum (§ 16 StGB, vgl. Rz. 31) Tor und Tür öffnet.

Allerdings ist *nicht* erforderlich, dass das Gesetz oder der Subventionsgeber bei der Bezeichnung der Tatsache gerade den **Ausdruck „subventionserheblich"** gebraucht. Den Anforderungen ist vielmehr auch dann Genüge getan, wenn durch die Bezeichnung zweifelsfrei deutlich wird, dass die fragliche Tatsache *für die Bewilligung* der Subvention *von Bedeutung* ist[6]. Es genügt jedoch nicht,

---

1 S. hierzu OLG München v. 1.7.1981 – ZWS 668/81, NJW 1982, 457; *Fischer*, § 264 StGB Rz. 13; *Tiedemann* in LK, § 264 StGB Rz. 64.
2 OLG München v. 1.7.1981 – 2 WS 668/81, NJW 1982, 457; *Lenckner* in S/S, § 264 StGB Rz. 31.
3 BGH v. 11.11.1998 – 3 StR 101/98, BGHSt. 44, 233 = NJW 1999, 1196.
4 *Göhler/Wilts*, DB 1976, 1614; *Lenckner/Perron* in S/S, § 264 StGB Rz. 29 f; *Fischer*, § 264 StGB Rz. 15.
5 LG Magdeburg v. 14.10.2004 – 24 KLS, wistra 2005, 155; BGH v. 11.11.1998 – 3 StR 101/98, NJW 1999, 1196.
6 *Lenckner/Perron* in S/S, § 264 StGB Rz. 30; *Fischer*, § 264 StGB Rz. 13–17.

dass sich die Subventionserheblichkeit erst aus dem Zusammenhang ergibt[1]; im Übrigen sind die bezeichneten Tatsachen oft auslegungsbedürftige unbestimmte Rechtsbegriffe. Werden die „wirtschaftlichen Verhältnisse" als subventionserheblich bezeichnet, so sind unrichtige Angaben über die Eigenkapitalausstattung davon erfasst[2].

22 Wird die Bezeichnung der Subventionserheblichkeit **unterlassen**, so kommt eine Bestrafung nach § 264 StGB nur dann in Betracht, wenn ein Fall des Abs. 8 Nr. 2 vorliegt, die Vorgabevoraussetzungen sich also *eindeutig aus der Interpretation des Gesetzes* ergeben[3]. An die Konkretisierung der Subventionserheblichkeit im Zuwendungsbescheid sind hohe Anforderungen zu stellen[4]. Lediglich formelhafte Wendungen oder gar die Einbeziehung des gesamten Sachverhaltes reichen nicht aus. Die Subventionserheblichkeit muss klar bezeichnet sein; auf den Zusammenhang kommt es nicht an[5]. Liegt auch diese Variante nicht vor, so ist damit freilich noch nicht entschieden, dass das Verhalten straffrei bliebe: Evtl. kann nämlich *Betrug* vorliegen (Rz. 39 ff.).

23 **b)** Für die Tatbestandserfüllung des § 264 Abs. 1 StGB ist **unerheblich**, ob die Subvention ausbezahlt, also ein **Schaden** beim Subventionsgeber herbeigeführt wurde. *Zweifelhaft* ist jedoch, ob die *Täuschungshandlung geeignet* sein muss, einen Schaden herbeizuführen. Diese Problematik taucht dann auf, wenn der Täter über eine ihm vorteilhafte (vgl. § 264 Abs. 1 Nr. 1 StGB) subventionserhebliche Tatsache täuscht, die Täuschung seine Lage im Ergebnis jedoch deswegen *nicht verbessert*, da sich die Subventionsberechtigung aus anderen Umständen ergibt. Fälle dieser Art kommen in der Praxis recht häufig vor.

24 **Beispiel:** Fördermittel gewährende Gesetze und Programme verlangen häufig, dass Investitionen innerhalb eines **bestimmten Zeitraumes** getätigt werden. Anknüpfungspunkt ist hierbei i.d.R. der Zeitpunkt der Bestellung, Herstellung oder Anschaffung (vgl. z.B. § 4 InvZulG 2010). Ein Unternehmer entschließt sich am letzten Tag des Begünstigungszeitraumes, eine Maschine zu bestellen, und gibt die Bestellung telefonisch beim Lieferanten auf. Da er Beweisschwierigkeiten gegenüber der Subventionsvergabestelle befürchtet, wird ein Bestellschreiben mit einem früheren Datum abgesetzt und zur Erlangung der Subvention vorgelegt[6].

25 Nach der **h.M.**[7], der sich der BGH freilich nicht angeschlossen hat (s. Rz. 27), hat der Unternehmer zwar über eine ihm vorteilhafte subventionserhebliche Tatsache getäuscht, denn eine (schriftliche) Bestellung zum angegebenen Zeitpunkt ist nicht erfolgt; dennoch sei die Tatbestandsmäßigkeit zu verneinen, da die Subvention *nach dem tatsächlichen Sachverhalt* hätte gewährt werden

---

1 BayObLG v. 30.12.1981 – 5 StR 85/81, NJW 1982, 2202; eingehend zur Bezeichnungspflicht *Ranft*, NJW 1986, 3163.
2 BGH v. 13.5.1992 – 5 StR 440/91, wistra 1992, 257.
3 Hierzu OLG München v. 1.7.1981 – 2 Ws 668/81, NJW 1982, 457; BGH v. 11.11.1998 – 3 StR 101/98, NJW 1999, 1196; *Ranft*, NJW 1986, 3163 (3165).
4 *Adick*, HRRS 2011, 409.
5 BGH v. 11.11.1998 – 3 StR 101/98, BGHSt 44, 233.
6 Vgl. auch BGH v. 30.6.1982 – 3 StR 757/81, NJW 1982, 2453; vgl. allg. zu „Umdatierungen" *Ranft*, NJW 1986, 3167.
7 Übersicht zum Meinungsstreit: *Lenckner/Perron* in S/S, § 264 StGB Rz. 47; *Fischer*, § 264 StGB Rz. 24.

müssen. Denn nach h.M. gleicht § 264 StGB dem verwandten Betrugstatbestand § 263 StGB insofern, als der erstrebte Vermögensvorteil ein rechtswidriger sein muss; daran fehlt es bei bloßer Unwahrheit, wenn sie diese Folge nicht haben kann[1].

Dies bedarf jedoch einer *wichtigen Einschränkung* (sog. **Kompensationsverbot**): Die Strafbarkeit nach § 264 StGB entfällt nicht dadurch, dass der Betroffene, der mit unwahren Angaben Subventionen erschlichen hat, zur Begründung der Vergabevoraussetzungen plötzlich einen ganz anderen Sachverhalt nachschiebt. 26

Beispiel: Ein Unternehmer beantragte und erhielt Leistungen für die Anschaffung von Wirtschaftsgütern. Es stellt sich heraus, dass die im Antrag bezeichneten Wirtschaftsgüter nie angeschafft und die vorgelegten Unterlagen fingiert worden waren. Die Strafbarkeit nach § 264 StGB entfällt hier nicht deswegen, weil er im selben Zeitpunkt für ein anderes Investitionsvorhaben andere gleichwertige Wirtschaftsgüter angeschafft wurden, für die Investitionszulage in derselben Höhe hätte beantragt werden können.

Dies entspricht der vergleichbaren ausdrücklichen gesetzlichen Regelung des § 370 Abs. 4 S. 3 AO, wonach eine strafbare Steuerhinterziehung nicht dadurch entfällt, dass eine der verkürzten Steuer entsprechende Steuerermäßigung aus anderen Gründen hätte beansprucht werden können[2].

Die h.M. wird freilich **vom BGH nicht geteilt**[3]. Er ist der Auffassung, eine Angabe sei schon dann *vorteilhaft* i.S. des § 264 Abs. 1 Nr. 1 StGB, wenn sie geeignet erscheint, das Subventionsverfahren günstig zu beeinflussen, unabhängig davon, wie sich die Dinge bei Kenntnis sämtlicher Umstände der Subventionsbehörde darstellen würden. 27

Die Angeklagten hatten Milchpulver mit einem unzutreffenden Fettgehalt deklariert und dafür Ausfuhrerstattungen erhalten. Der BGH hat den Einwand nicht gelten lassen, die Angeklagten hätten bei wahrheitsgemäßer Deklarierung aufgrund des tatsächlich gegebenen Sachverhalts Ausfuhrerstattung immerhin in geringerer Höhe erhalten und daher die Subvention nur in Höhe des Differenzbetrages zu Unrecht erschlichen. Es sei das Anliegen des Gesetzgebers gewesen, „bereits der Gefahr der Fehlleitung von Subventionen durch eine Vorschrift entgegenzuwirken, die einerseits klare Beschreibung der Vergabevoraussetzungen durch den Subventionsgeber verlangt, andererseits aber den Antragsteller zu wahrheitsgemäßen und vollständigen Angaben verpflichtet und schon allein die (vorsätzliche oder auch nur leichtfertige) Verletzung dieser Pflicht mit Strafe bedroht".

Demgegenüber wäre eine überhöhte Wertangabe für Ausfuhrwaren zwecks Erschleichung einer **zu hohen Umsatzsteuervergütung** nur in Höhe des Differenzbetrages als Erlangung einer nicht gerechtfertigten Steuervergünstigung (§ 370 Abs. 4 S. 2 AO) strafbar; das Kompensationsverbot würde infolge der 28

---

1 OLG Karlsruhe v. 16.10.1980 – 3 Ss 9/80, NJW 1981, 1383; hierzu *Ranft*, NJW 1986, 3166; BGH v. 12.3.1985 – 5 StR 617/84, wistra 1985, 150; *Hoyer* in SK, § 264 StGB Rz. 57 ff.; *Lenckner/Perron* in S/S, § 264 StGB Rz. 47 m.w.Hw.
2 Hierzu *Joecks* in F/G/J, § 370 AO Rz. 71.
3 BGH v. 20.1.1987 – 3 StR 456/86, BGHSt. 34, 270 = NJW 1987, 2093; BGH, v. 8.3.1990 – 2 StR 367/89, BGHSt. 36, 373 = NJW 1990, 1921; hierzu *Meine*, wistra 1988, 13; *Achenbach*, JR 1988, 251; *Lüderssen*, wistra 1988, 43; *Kindhäuser*, JZ 1991, 492; *Tiedemann* in LK, § 264 StGB Rz. 67; *Straßer* in G/J/W, § 264 StGB Rz. 66 a.E.

Sachverhaltsidentität (keine „anderen Gründe" i.S. von § 370 Abs. 4 S. 3 AO) nicht eingreifen. Es ist schwer einsehbar, dass im Subventionsstrafrecht, wo eine dem steuerstrafrechtlichen Kompensationsverbot entsprechende Vorschrift gar nicht existiert, eine strengere Anwendung der Strafbestimmung gelten soll als im Steuerstrafrecht.

3. Subjektive Tatseite

29 **a)** Die in § 264 Abs. 1 StGB angedrohten Strafen setzen **Vorsatz** voraus; bedingter Vorsatz ist ausreichend. Für die vorsätzliche Begehungsweise kann es also genügen, dass der Subventionsnehmer an der Richtigkeit seiner Behauptungen über das Vorliegen der Vergabevoraussetzungen *zweifelt* und trotzdem die Subvention unter Inkaufnahme einer möglichen ungerechtfertigten Inanspruchnahme beantragt; positive Kenntnis von der Unrichtigkeit muss ihm nicht nachgewiesen werden.

30 **b)** Wegen der komplexen Tatbestandsmerkmale des § 264 StGB sowie der Verzahnung dieser Strafvorschrift mit den Bestimmungen über die Subventionsvergabevoraussetzungen treten bei Subventionserschleichungen *häufig* **Irrtumsfragen** auf (allgemein dazu § 18 Rz. 1 ff.).

31 Irrt der Täter über *subventionserhebliche Tatsachen*, so liegt ein den Vorsatz ausschließender **Tatbestandsirrtum** vor (§ 16 StGB). In Betracht kommt allerdings eine Bestrafung wegen leichtfertigen Handelns (§ 264 Abs. 4 StGB; Rz. 49 f.), wenn der Irrtum für den Täter leicht vermeidbar war.

Beispiel: Ein durch Hochwasser geschädigter Unternehmer nimmt Fördermittel in Anspruch, die von der Landesregierung für derartige Katastrophenfälle bereitgestellt wurden. Aufgrund fehlerhafter Berechnungen beziffert er seinen Schaden irrtümlicherweise zu hoch. Eine Bestrafung wegen eines vorsätzlich begangenen Subventionsbetruges kommt nicht in Betracht (wohl aber u.U. wegen leichtfertigen Handelns; s. auch Rz. 35).

32 Eventuell kann es sich allerdings bei dem geltend gemachten Irrtum um einen **Verbotsirrtum** (§ 17 StGB) handeln. Ein Verbotsirrtum schließt zwar den Vorsatz nicht aus, doch bleibt der Täter, wenn der *Irrtum* für ihn *unvermeidlich* war, straflos; hätte er den Irrtum vermeiden können, so kann die Strafe nach § 49 Abs. 1 StGB gemildert werden.

Ein solcher Irrtum ist insbesondere dann gegeben, wenn der Täter zwar das Gesetz und den Sachverhalt kennt, aber die Anwendbarkeit des Gesetzes auf den Sachverhalt unrichtig beurteilt. Ob ein solcher Subsumtionsirrtum beachtlich ist, beurteilt sich nach der Parallelwertung in der Laiensphäre. Wertet der Subventionsnehmer den Sachverhalt richtig, so liegt ein i.d.R vermeidbarer und damit strafbarer Subsumtionsirrtum vor.

Beispiel: Ein Landwirt ist der Auffassung, die von ihm durch wahrheitswidrige Angaben erstrebte Leistung falle nicht unter den Begriff der wirtschaftsfördernden Subvention nach § 264 Abs. 7 Nr. 1 StGB, weil ein Bauernhof kein Wirtschaftsunternehmen sei. Hier liegt ein unbeachtlicher Subsumtionsirrtum vor, denn es liegt ein betriebswirtschaftlich geführtes Unternehmen vor.

33 Zu erheblichen Abgrenzungszweifeln führt § 3 Abs. 1 **InvZulG 2010**, wonach „Betriebe des verarbeitenden Gewerbes" Subventionen beanspruchen können.

Ein Subsumtionsirrtum ist auch die unrichtige Einreihung einer Ware in den Zolltarif und die auf einem solchen Irrtum beruhende Beantragung einer Ausfuhrerstattung nach den Agrarmarktordnungen.

Schließlich kann sich der Täter über die einschlägigen **Bestimmungen des Subventionsvergaberechts** irren. § 264 StGB ist eine sog. *Blankettvorschrift*, die durch subventionsrechtliche Bestimmungen – hierzu gehört vor allem das SubvG – ausgefüllt wird. Solche „blankettausfüllenden" Normen werden als *Bestandteil des Tatbestandes* der Blankettvorschrift angesehen (dazu § 18 Rz. 15). Daraus folgt: Irrt der Täter über ein Tatbestandsmerkmal oder überhaupt über Existenz oder Inhalt der Blankettvorschrift, so liegt ein vorsatzausschließender Tatbestandsirrtum vor[1]. 34

Beispiel: Nach § 2 des InvZulG 2010 wird nur die Investition **neuer** Wirtschaftsgüter subventioniert. A beantragt für eine gebrauchte Maschine eine Subvention. Glaubt A irrigerweise, die Maschine sei neu, liegt Tatbestandsirrtum vor. Glaubt er, die Maschine, die generalüberholt und praktisch neuwertig ist, sei neu i.S. des Gesetzes, ist Verbotsirrtum in Form des Subsumtionsirrtums gegeben. Hat A infolge unsorgfältiger Lektüre des InvZulG übersehen, dass nur neue Wirtschaftsgüter begünstigt sind, so liegt wieder ein Tatbestandsirrtum (in diesem Fall über blankettausfüllende Vorschriften) vor. Bei Tatbestandsirrtum (1. und 3. Variante) bleibt A strafbar, wenn sein Irrtum als grob fahrlässig zu bewerten ist; bei Verbotsirrtum (2. Variante) bleibt er, da der Irrtum nicht unvermeidbar war, strafbar, jedoch kann die Strafe gemildert werden.

c) Eine Besonderheit des subjektiven Tatbestandes des Subventionsbetruges ist die Bestrafung **leichtfertigen Handelns**. Vermögensdelikten ist eine Bestrafung eines fahrlässigen Handelns fremd[2]. Leichtfertigkeit ist eine besondere gesteigerte Ausprägung der Fahrlässigkeit (vorsatznah)[3], bei der die Pflichten gröblich verletzt werden[4]. Wer staatliche Leistungen annimmt, muss genau prüfen, ob die Voraussetzungen dafür vorliegen. Der Subventionsnehmer trägt eine gesteigerte Mitverantwortung, darf aber im Rahmen seiner individuellen Möglichkeiten bleiben[5]. Notfalls muss er sich erkundigen. Ein Unternehmer muss auf die Qualifikation seiner Mitarbeiter achten (dazu Rz. 49). Tut er dies nicht, bietet sich eine empfindliche Ahndung des Unternehmens nach §§ 30, 130 OWiG an. 35

4. Beendigung und Verjährung

a) Als Gefährdungsdelikt (vgl. Rz. 2) ist Subventionsbetrug bereits **vollendet** und damit strafbar, wenn die unrichtigen Angaben über subventionserhebliche Tatsachen bei der zuständigen Behörde eingehen (§ 264 Abs. 1 Nr. 1 StGB, s. Rz. 10), wenn subventionsbegünstigte Gegenstände oder Geldleistungen entgegen der subventionsbegünstigten Zweckbestimmung verwendet werden (Abs. 1 Nr. 2, s. Rz. 13), wenn der Täter über subventionserhebliche Tatsachen nicht unverzüglich, nachdem er von diesen Kenntnis erlangt hat, die zuständige Behörde in Kenntnis setzt (Abs. 1 Nr. 3, s. Rz. 15), wenn die durch unrichtige Angaben erlangte Bescheinigung der zuständigen Behörde vorgelegt wird 36

---

1 *Lenckner/Perron* in S/S, § 264 StGB Rz. 62; *Tiedemann* in LK, § 264 StGB Rz. 121.
2 *Straßer* in G/J/W, § 264 StGB Rz. 95.
3 BGH v. 20.5.2012 – 5 StR 138/10, NStZ-RR 2012, 311.
4 BGH v. 13.12.2012 – 5 StR 542/12, wistra 2013, 149 mit Anm. *Sieber*, FD-StrafR 2013, 342501.
5 BGH v. 13.12.2012 – 5 StR 542/12, wistra 2013, 149.

(Abs. 1 Nr. 4, s. Rz. 17), dies alles unter der Voraussetzung vorsätzlichen oder leichtfertigen Handelns.

37 **Beendet** ist eine Straftat dagegen erst, wenn der Täter das Ziel seiner Tat verwirklicht hat, d.h. die Subvention – bei ratenweiser Auszahlung den letzten Teilbetrag – erhalten hat[1].

38 b) Die **Strafverfolgungsverjährung** beginnt mit der Beendigung der Straftat und richtet sich nach dem Höchstmaß der angedrohten Strafe. Das ergibt bei höchstens fünf Jahren Freiheitsstrafe für Subventionsbetrug gem. § 78 Abs. 3 StGB eine Verjährungsfrist von fünf Jahren nach Beendigung; dabei bleibt eine Veränderung des Strafrahmens für besonders schwere Fälle (§ 264 Abs. 2 StGB) außer Betracht (§ 78 Abs. 4 StGB). Der Verbrechenstatbestand des gewerbsmäßigen bandenmäßigen Subventionsbetruges (§§ 264 Abs. 3, 263 Abs. 5 StGB; hierzu Rz. 48) unterliegt einer Verjährungsfrist von zehn Jahren; leichtfertige Subventionsgefährdung (§ 264 Abs. 4 StGB; Rz. 49) einer Verjährungsfrist von drei Jahren. Wegen § 78b Abs. 4 StGB hat das Landgericht insgesamt fünfzehn Jahre Zeit, das Verfahren abzuschließen[2].

5. Verhältnis zum Betrug

39 Eine Handlung, die die Tatbestandsmerkmale des Subventionsbetruges erfüllt, wird häufig auch *gleichzeitig* diejenigen des Betrugs erfüllen. Wird nämlich die Subvention aufgrund einer Täuschungshandlung des Subventionsnehmers ausbezahlt, so liegt nach heute unbestrittener Ansicht der Betrugsschaden des Subventionsgebers in der „Zweckverfehlung" der Leistung[3]. In solchen Fällen stellt sich die Frage nach dem Verhältnis des § 264 StGB zu § 263 StGB. Da beide Strafvorschriften **verschiedene Rechtsgüter** schützen – § 263 StGB dient dem individuellen Vermögensschutz, § 264 StGB hingegen der staatlichen Dispositionsfreiheit –, müssten sie eigentlich in *Tateinheit* (§ 52 StGB) zueinander stehen.

40 Tatsächlich aber ist § 264 StGB eine den Betrugstatbestand verdrängende **Spezialvorschrift**[4]. Das Verhältnis ist dasselbe wie Steuerhinterziehung/Betrug, wenn die Steuerhinterziehung in der Form eines Betruges zum Nachteil des Finanzamts begangen wird. Allerdings bedeutet dies nicht, dass der Täter straflos bliebe, wenn bei einer Subventionserschleichung ein Tatbestandsmerkmal des Subventionsbetruges nicht vorliegt oder nicht nachweisbar ist. In solchen Fällen tritt eine Verdrängung nicht ein. § 264 StGB hat keine Sperrwirkung gegenüber § 263 StGB[5].

---

1 BGH v. 21.5.2008 – 5 StR 93/08, wistra 2008, 348; OLG Rostock v. 17.1.2012 – I Ws 404/11, ZWH 2012, 239; *Straßer* in G/J/W, § 264 StGB Rz. 144.
2 *Mitsch*, NStZ 2012, 509.
3 *Fischer*, § 264 StGB Rz. 54a; *Cramer* in S/S, § 263 StGB Rz. 104 f.
4 *Fischer*, § 264 StGB Rz. 5; *Lenckner/Perron* in S/S, § 264 StGB Rz. 87; *Tiedemann* in LK, § 264 StGB Rz. 161; *Lackner/Kühl*, § 264 StGB Rz. 30; a.A. *Hellmann* in NK, § 265 StGB Rz. 181.
5 *Fischer*, § 264 StGB Rz. 54a.

Beispiel: Die Subventionsvergabestelle unterlässt es, eine subventionserhebliche Tatsache als solche zu bezeichnen (§ 264 Abs. 8 Nr. 1 StGB). Der Täter, der über eine solche Tatsache unwahre Angaben macht, kann zwar nicht nach § 264 StGB bestraft werden, wenn die Vergabevoraussetzungen nicht ausdrücklich gesetzlich geregelt sind, sondern – wie häufig – aufgrund eines Ansatzes im Haushaltsplan gewährt werden (vgl. § 264 Abs. 8 Nr. 1 Alt. 2 StGB). Kennt der Täter jedoch die Subventionserheblichkeit solcher Tatsachen und macht er über diese unwahre Angaben und wird die Subvention daraufhin gewährt, so ist der Straftatbestand des Betruges erfüllt[1]. 41

Ebenso wenig hindert die Straflosigkeit des versuchten Subventionsbetrugs die Verurteilung wegen **versuchten** Betrugs[2]. 42

6. Sanktionen

a) Strafandrohungen

aa) § 264 Abs. 1 StGB sieht **Freiheitsstrafe** bis zu fünf Jahren oder **Geldstrafe** vor. Daneben kann das Gericht gem. Abs. 6 als Nebenfolge insbesondere die *Einziehung* von Gegenständen, auf die sich die Tat bezieht, anordnen. Das sind insbesondere subventioniert bezogene Gegenstände, z.B. von den Interventionsstellen verbilligt abgegebenes Rindfleisch zur Verarbeitung zu Konserven, das zweckwidrig verwendet wird. Sind solche Waren nicht mehr greifbar – etwa mit erschlichener Ausfuhrerstattung exportierte Agrarerzeugnisse –, kann gem. § 74c StGB *Wertersatz* eingezogen werden. Bedeutsam sind diese Maßnahmen, weil sie – anders als Geldstrafen – schon beim ersten Tatverdacht gem. §§ 111b, 111d StPO durch Beschlagnahme oder Arrestanordnung gesichert werden können, während Geldstrafen gerade bei Wirtschaftskriminellen oft wirkungslos bleiben, weil ihnen bis zum Erlass eines Urteils genügend Zeit bleibt, ihr Vermögen in Sicherheit zu bringen. 43

bb) Für **besonders schwere Fälle** des vorsätzlichen Subventionsbetrugs droht § 264 Abs. 2 StGB Freiheitsstrafe von *sechs Monaten bis zu zehn Jahren* an. Das Gesetz nennt hierfür *drei Regelbeispiele*: 44

– Erlangen einer Subvention großen Ausmaßes aus grobem Eigennutz oder unter Verwendung nachgemachter oder verfälschter Belege,

– Befugnismissbrauch durch einen Amtsträger oder

– Ausnutzung der Mithilfe eines Amtsträgers[3].

Ein besonders schwerer Fall kann jedoch auch außerhalb der genannten Regelbeispiele in Betracht kommen, z.B. bei einer besonders raffinierten Begehungsweise[4] oder wiederholter Tatbegehung. Dem Tatrichter ist es aber bei entsprechender Begründung unbenommen, auch bei Verwirklichung von Regelbeispielen den Normalstrafrahmen anzusetzen[5].

---

1 BGH v. 11.11.1998 – 3 StR 101/98, BGHSt. 44, 233 (243) = NJW 1999, 1196.
2 Hierzu *Schmidt-Hieber*, NJW 1980, 32 ff.
3 Vgl. zu den Regelbeispielen *Lenckner/Perron* in S/S, § 264 StGB Rz. 72 ff.
4 *Lenckner/Perron* in S/S, § 264 StGB Rz. 72; *Fischer*, § 264 StGB Rz. 49.
5 BGH v. 13.3.2012 – 5 StR 411/11, wistra 2012, 116.

45 Wo ein „**großes Ausmaß**" anfängt, ist zweifelhaft. Nachdem zu § 370 Abs. 3 AO (Steuerhinterziehung) mit gleichem Wortlaut in der Literatur Beträge zwischen 50 000[1] und 500 000 Euro[2] genannt worden sind, ist durch BGH vom 2.12.2008[3] eine Regelgrenze von 50 000 Euro für Steuererstattung und 100 000 Euro für Steuerverkürzung vorgegeben. Da Subventionen mit Steuererstattungen vergleichbar sind, müsste auch hier eine Regelgrenze von 50 000 Euro gelten. Zwar dürften einerseits beim Subventionsbetrug die Beträge größer sein als bei einer durchschnittlichen Steuerhinterziehung, jedoch sind andererseits beim Umgang mit Subventionen schärfere Maßstäbe anzulegen, was sich in der Vorverlegung der Strafbarkeit zum Gefährdungsdelikt und der Kriminalisierung leichtfertigen Handelns zeigt, beides im Gegensatz zur Steuerhinterziehung. Eine absolute Gleichsetzung des Begriffes des „großen Ausmaßes" beim Subventionsbetrug und bei der Steuerhinterziehung ist deshalb nicht möglich[4]. Die jeweils ergangenen Entscheidungen können aber zur Auslegung des Begriffes jeweils herangezogen werden. Dabei ist zu beachten, dass der BGH gerade bei einem „Griff in die Kasse" – und dies ist beim Subventionsbetrug stets gegeben – besonders harte Strafen verlangt. Ansonsten sind aber die Strafzumessungsregeln des § 46 StGB maßgeblich, was angesichts des nach Schadenssummen gestaffelten Strafhöhenkataloges des BGH außer Sicht zu geraten droht. Die Tat ist auch bei sukzessivem Abruf der Mittel als eine Tat nach § 52 StGB anzusehen[5].

46 Die Tat muss weiter entweder „**aus grobem Eigennutz**" (hierunter ist ein normale kaufmännische Maßstäbe deutliche übersteigendes Gewinnstreben zu verstehen[6]) oder *unter Verwendung nachgemachter oder verfälschter Belege* (d.h. falsche Urkunden i.S. von § 267 StGB, s. § 39 Rz. 5 ff.) begangen sein. Schließlich muss der Täter die Subvention großen Ausmaßes *tatsächlich erlangt* haben; die Straftat ist in diesem Fall also kein Gefährdungs-, sondern ein Erfolgsdelikt.

47 Die **weiteren besonders schweren Fälle** *Befugnismissbrauch durch einen Amtsträger* oder *Mithilfe eines Amtsträgers* setzen voraus, dass der Subventionsbetrug nicht gerade niedrig ist. Eine Hinterziehung von 250 Euro Einfuhrabgaben unter Mitwirkung eines Beamten der Bundespolizei begründet keinen besonders schweren Fall[7].

48 **cc)** Für **bandenmäßig verübten gewerbsmäßigen Subventionsbetrug** droht § 264 Abs. 3 i.V.m. § 263 Abs. 5 StGB Freiheitsstrafe von *mindestens einem bis zu zehn Jahren* an, womit die Tat als Verbrechen gilt. Diese Strafschärfung will die *Organisierte Kriminalität* treffen, die gerade im Subventionsbereich durch

---

1 *Harbusch*, „Großes Ausmaß" und „grober Eigennutz" in § 370 Abs. 3 Nr. 1 AO, DDZ 1985, F 13.
2 *Joecks* in F/G/J, § 370 AO Rz. 270; *Schauf* in Kohlmann, § 370 AO Rz. 1099 ff.
3 BGH v. 2.12.2008 – 3 StR 416/08, NJW 2009, 528; hierzu *Bilsdorfer*, NJW 2009, 476; *Wulf*, DStR 2009, 459.
4 *Stam*, NStZ 2013, 144.
5 BGH v. 16.6.2011 – 2 StR 435/10, wistra 2011, 383.
6 *Joecks* in F/G/J, § 370 AO Rz. 269.
7 OLG Dresden v. 12.12.1997 – 101 Js 44995/95, NStZ-RR 1999, 37; s. auch LG Saarbrücken v. 14.7.1987 – 5 II 1/87, wistra 1988, 202.

abgestimmtes arbeitsteiliges Vorgehen eingespielter krimineller Gruppen große Schäden anrichtet. Bandenmäßig handelt, wer als Mitglied einer mindestens aus drei Personen bestehenden Bande, die sich zur fortgesetzten Begehung von Subventionsbetrug, sonstigen Betrügereien oder Urkundenfälschungen verbunden hat, einen Subventionsbetrug begeht; gewerbsmäßig handelt, wer einen Subventionsbetrug in der Absicht begeht, sich durch fortgesetzte Subventionsbetrügereien eine fortlaufende Einnahmequelle zu verschaffen. Ob diese Absichten sich verwirklichen, ob also der Täter wirklich Gelegenheit findet, mehr als eine Straftat bandenmäßig zu begehen, und ob er tatsächlich Einnahmen daraus erzielt, ist, wie immer bei Absichten als strafrechtliche Tatbestandsmerkmale, ohne Bedeutung; Strafe aus § 264 Abs. 3 StGB also auch, wenn der Täter schon beim ersten Versuch eines Subventionsbetruges, den er mit den genannten Absichten begeht, erwischt wird.

dd) Die **leichtfertige Subventionsgefährdung** bedeutet eine weitere wesentliche Erweiterung der Strafbarkeit gegenüber dem Betrugstatbestand. Nach § 264 Abs. 4 StGB ist auch eine leichtfertige – dies bedeutet: eine *grob fahrlässige* – Handlung unter Strafe gestellt. Das ist allerdings kein Auffangtatbestand, der bei nicht nachweisbarem Vorsatz ohne Weiteres Platz greift, sondern dem Täter muss nachgewiesen werden, dass er mit nur geringer Mühe hätte erkennen können, dass sein Verhalten den objektiven Tatbestand eines Subventionsbetruges verwirklicht. Grob fahrlässig handelt z.B., wer sich um die Vergabebedingungen gar nicht oder nur ganz oberflächlich kümmert, wer Vorlagen seiner Mitarbeiter ungeprüft übernimmt – insbesondere wenn er an deren Fähigkeiten Zweifel hat oder haben muss –[1] oder wer, wenn er die Hinweise des Subventionsgebers nicht versteht, sich nicht um Aufklärung bemüht. 49

Die Kriminalisierung der Leichtfertigkeit ist gerechtfertigt, da dem öffentliche Mittel in Anspruch nehmenden Bürger eine **erhöhte Sorgfalt** zugemutet werden kann. Unangemessen ist es jedoch, das leichtfertige Verhalten ebenfalls als „Subventionsbetrug" zu erfassen oder als Subventionserschleichung zu bezeichnen, da diese Begriffe nach dem Sprachempfinden eine vorsätzliche Täuschungshandlung voraussetzen. 50

b) Tätige Reue

Die Vorverlagerung der Strafbarkeit ist – wie bei anderen Vorfelddelikten, bei denen noch kein Schaden eingetreten ist (z.B. § 149 Abs. 2 StGB) – Anlass für **eine besondere Rücktrittsbestimmung**. Straflos bleibt nach § 264 Abs. 5 StGB, wer freiwillig verhindert, dass aufgrund der Tat die Subvention gewährt wird. Dies geschieht i.d.R. dadurch, dass der Täter die unrichtigen Angaben berichtigt/vervollständigt, was auch noch nach Bewilligung der Subvention geschehen kann, solange nur die Subvention noch nicht ausbezahlt worden ist. Wird die Subvention ohne Zutun des Täters nicht gewährt, so wird er straflos, wenn er sich freiwillig und ernsthaft bemüht, das Gewähren der Subvention zu ver- 51

---

1 BGH v. 20.5.2012 – 5 StR 138/10, NStZ-RR 2012,311; *Fischer*, § 264 StGB Rz. 37 m.w.Nw.

hindern[1]. Allerdings wirkt tätige Reue nur für den Grundtatbestand Subventionsbetrug (§ 264 Abs. 1 StGB) und für leichtfertige Subventionsgefährdung (§ 264 Abs. 4 StGB) strafbefreiend; in den besonders schweren und den qualifizierten Fällen (§ 264 Abs. 2 und 3 StGB) kann es sich aber immerhin auf das Strafmaß günstig auswirken, wenn der Täter freiwillig verhindert, dass die Subvention gewährt wird.

52 Hat der Täter seine unrichtigen Angaben *rechtzeitig vor der Bewilligung berichtigt* und wird **die Subvention trotzdem zu Unrecht bewilligt** und ausbezahlt, so ist der Täter nicht verpflichtet, die Gewährung der Subvention zu verhindern, denn es fehlt dann der Kausalzusammenhang zwischen den (nunmehr richtigen) Angaben und der (fehlerhaften) Subventionsgewährung[2].

c) Gewinnabschöpfung

53 Aufgrund der hohen Schadenssummen und der häufig noch vorhandenen Vermögenswerte sollte beim Subventionsbetrug stets daran gedacht werden, die erlangten **Vorteile abzuschöpfen** (näher § 21 Rz. 75b). Zwar kommt wegen § 76 Abs. 1 S. 2 StGB häufig nur eine Gewinnabschöpfung in Betracht, gleichwohl ist es Aufgabe der Staatsanwaltschaft, den Schaden für das Opfer zu minimieren, zumal hier öffentliche Kassen betroffen sind. Dabei kann das Erlangte nur vom Täter zurückgefordert werden. In Verschiebungsfällen muss genau geprüft werden, ob die Subventionsleistung noch vorhanden ist[3].

7. Verfahrensfragen

54 Für **Auslandstaten** gilt beim Subventionsbetrug das deutsche Strafrecht (§ 6 Nr. 8 StGB). Sofern EU-Subventionen betroffen sind, muss der deutsche Tatrichter in eigener Zuständigkeit die Subventionsvoraussetzungen nach EU-Recht prüfen[4]. Beim bandenmäßigen Subventionsbetrug bzw. bei der Ausnutzung einer Stellung als Amtsträger können Telefonüberwachungsmaßnahmen angeordnet werden (§ 100a Abs. 2 Nr. 1 Buchst. o StPO). Für die Hauptverhandlung ist beim Landgericht die Wirtschaftsstrafkammer zuständig (§ 74c Abs. 1 Nr. 5 GVG). In der Urteilsbegründung muss der Tatrichter die subventionserheblichen Tatsachen und die Rechtsgrundlagen der Subvention umfassend darlegen[5].

55 Nach § 6 SubvG haben Gerichte und Behörden Tatsachen, die für einen Subventionsbetrug sprechen, den Strafverfolgungsbehörden **mitzuteilen**. Dies entspricht der Pflicht aus § 116 AO, wobei anders als dort ein Steuergeheimnis nach § 30 AO nicht existiert.[6] Die Finanzbehörde ist nach § 31a Abs. 1 Nr. 2 AO verpflichtet, aus dem Besteuerungsverfahren erlangte Hinweise auf einen Subventionsbetrug den Staatsanwaltschaften oder dem Subventionsgeber mitzuteilen[7].

---

1 Einzelheiten bei *Lenckner/Perron* in S/S, § 264 StGB Rz. 67 ff.
2 BGH v. 9.11.2009 – 5 StR 136/09, wistra 2010, 100 m. Anm. *Bittmann*.
3 OLG Rostock v. 13.5.2013 – I Ws 61/13, ZWH 2014, 24.
4 OLG Rostock v. 13.5.2012 – I Ws 321/12, juris.
5 BGH v. 30.9.2012 – 5 StR 61/10, NStZ-RR, 2011, 81.
6 *Straßer* in G/J/W, § 264 StGB Rz. 146.
7 Beisp. für Bayern, LfSt v. 18.1.2012, DStR 2012, 465.

59 Weiter gibt es zahlreiche Subventionen aus dem **Sozial- und Regionalfonds** der EU für Unternehmen und Betriebe, die nicht zuletzt auch in die neuen Bundesländer fließen.

60 **b)** EU-Subventionen sind **für Subventionsbetrug besonders anfällig**. Unrichtige Angaben über Menge und Beschaffenheit von Agrarerzeugnissen, Scheinexporte, Kreisverkehre mit wechselnden Frachtpapieren, Täuschung über das Bestimmungsland durch Vorlage unrichtiger Vermarktungsnachweise, die in vielen Ländern durch Bestechung leicht zu erlangen sind, sind die gebräuchlichsten Methoden. 2011 beliefen sich die bekannt gewordenen Betrügereien auf 1,495 Mrd. Euro, d.h. 1,07 % des Gesamthaushalts der EU[1] *Schrömbges* schätzt den tatsächlichen Anteil betrügerisch erschlichener Agrarsubventionen auf 10–15 %[2], *Hetzer* gar auf 20 %[3] der verausgabten Haushaltsmittel. Im Zeitraum 1999–2004 deckte OLAF Betrügereien zum Nachteil der finanziellen Interessen der Gemeinschaft in Höhe von 5,3 Mrd. Euro auf; der tatsächliche Schaden wird auf das Zehnfache geschätzt[4]. Rat und Kommission nehmen daher nachdrücklich Einfluss auf die Gesetzgebung der Mitgliedstaaten, wirksame Sanktionsmöglichkeiten zum Schutz der finanziellen Interessen der EU zu schaffen.

61 **c)** Auf der Grundlage von **Art. 280 EGV**, wonach die Mitgliedstaaten Betrügereien zum Nachteil der Gemeinschaft mit abschreckenden effektiven Sanktionen zu bekämpfen haben, die hinter den Sanktionen zum Schutz ihrer nationalen finanziellen Interessen nicht zurückstehen dürfen (dazu allgemein § 5 Rz. 10 ff.), sind die Mitgliedstaaten durch *Rechtsakte vom 26.7.1995*[5] *und 26.3.1997*[6] aufgefordert worden, *bestimmte Mindeststandards* bei der Ausgestaltung der geforderten Ahndungsnormen einzuhalten. Dies war der Anlass für die Einfügung der Nr. 2 in § 264 Abs. 1 StGB[7], weil das deutsche SubvG für die von der EU verwaltete Subventionen nicht gilt und deshalb die Offenbarungspflicht des § 3 SubvG und damit der Straftatbestand des § 264 Abs. 1 Nr. 3 StGB (In-Unkenntnis-Lassen des Subventionsgebers) bei zweckwidriger Verwendung von Subventionsmitteln oder subventionierten Gegenständen oft nicht erfüllt ist (vgl. Rz. 15). Auch die Beschränkung des § 264 StGB auf wirtschaftsfördernde Subventionen gilt für Subventionen nach Gemeinschaftsrecht nicht mehr (§ 264 Abs. 7 Nr. 2 StGB, vgl. Rz. 6 und 8). Aktuell gibt es Bemühungen der Europäischen Kommission für eine Harmonisierung des Strafrechtes, insbesondere auf dem Gebiet der finanziellen Interessen der EU[8].

62 **d)** Unberechtigter Bezug von Subventionen nach den EG-Marktordnungen kann nicht nur Straffolgen nach nationalem Recht – § 264 StGB – haben, sondern sie lösen als sog. **Unregelmäßigkeiten** auch einschneidende **Verwaltungs-**

---

1 Bericht zum Übk. über den Schutz der finanziellen Interessen der Gemeinschaft v. 26.7.1997, ABl. EG Nr. C 191 v. 23.6.1997; vgl. hierzu *Möller/Retemeyer* in Bender/Möller/Retemeyer, ZuVStR, Rz. C. 8 ff.
2 *Schrömbges*, ZfZ 1995, 130.
3 *Hetzer*, ZfZ 2001, 154.
4 *Hetzer*, ZfZ 2006, 187.
5 ABl. EG Nr. C 316 v. 27.11.1995, 48.
6 ABl. EG Nr. C 191 v. 23.6.1997, 1.
7 Durch EG-FinanzschutzG v. 10.9.1998, BGBl. II 2322.
8 Ausf. dazu *Möller/Retemeyer*, ZfZ 2013, 29.

III. Subventionen nach EG/EU-Recht

§ 264 Abs. 7 Nr. 2 StGB umfasst ausdrücklich Subventionen „nach dem **Recht** **der Europäischen Gemeinschaften**". Hierunter fallen vor allem die zahlreichen Subventionen der EG-Agrarmarktordnungen auf Grund der VO (EG) 1234/07 vom 22.10.2007[1]. § 6 Abs. 1 MOG zählt nicht weniger als 18 Typen von landwirtschaftlichen Subventionen auf, die in einer oder mehreren Agrarmarktordnungen zur Anwendung kommen. Dass die Anpassung des Wortlauts des § 264 Abs. 7 StGB weder an den Vertrag von Amsterdam ("Europäische Gemeinschaft") noch – bisher – an den seit 1.11.2009 geltenden Vertrag von Lissabon ("*Europäische Union*") erfolgt ist, steht einer Strafbarkeit nicht entgegen, denn die einschlägigen Rechtsnachfolge-Klauseln (vgl. Art. 1 Abs. 3 S. 3 EUV; § 5 Rz. 11) sorgen für die erforderliche Bestimmtheit. 56

a) Agrarsubventionen können z.B. geleistet werden als *Ausfuhrerstattung* beim Export landwirtschaftlicher Erzeugnisse in Drittländer, damit der Ausführer diese zu Weltmarktpreisen anbieten kann; dabei kann deren Höhe je nach Warenbeschaffenheit, Bestimmungsland und Zeitpunkt der Ausfuhr erhebliche Unterschiede aufweisen. *Produktionserstattungen* werden z.B. für die Verarbeitung von Getreide und Reis zur Herstellung chemischer Erzeugnisse gewährt, *Beihilfen und Vergütungen* z.B. für die Verarbeitung von Magermilch zu Milchpulver oder von Wein zu Alkohol durch Destillation. *Erzeugerprämien* werden für in der Gemeinschaft erzeugten Rohtabak geleistet, und auch die sog. *Intervention* (garantierter Ankauf durch staatliche Interventionsstellen zu kostendeckenden Preisen, § 7 MOG) ist als Subvention jedenfalls dann anzusehen, wenn der Interventionspreis deutlich über dem Weltmarktpreis liegt. 57

Nach *Schrömbges*[2] sind Leistungen aus dem Europäischen Garantiefonds für die Landwirtschaft (EGFL) in Form der **Ausfuhrerstattung** *keine Subventionen* i.S. von § 264 StGB, weil sie für den Ausführer nur ein „Nullsummenspiel" ist, d.h. sie ersetzt dem Ausführer nur die Kosten, die er zuvor durch den Kauf von Agrarerzeugnissen zu den hohen innergemeinschaftlichen Preisen hat aufwenden müssen. Das ist zwar richtig, jedoch ist es im Subventionsrecht die Regel und ändert an der Anwendbarkeit der Vorschrift nichts, dass der Subventionsempfänger (= Ausführer) und die durch die Subvention geförderten Wirtschaftsunternehmen (= die Landwirtschaft in der Gemeinschaft) nicht identisch sind. Beachtung verdient jedoch die kriminalpolitische Folgerung *Schrömbges*, wonach Unregelmäßigkeiten bei der Ausfuhrerstattung durch die rigiden Verwaltungssanktionen (hierzu Rz. 62) zu Genüge sanktioniert werden. Trotzdem sind weitere Straffolgen aus §§ 263 oder 264 StGB keine Doppelbestrafung[3], weil der Verwaltungssanktion der strafrechtliche Charakter fehlt. Sie sind aber bei der Strafzumessung zu beachten. 58

---

1 ABl. EU Nr. L 299 v. 16.11.2007, 1; hierzu *Dannecker* in W/J, Kap. 2 Rz. 133 ff.; *Schrömbges*, wistra 2009, 249.
2 *Schrömbges*, wistra 2009, 249.
3 EuGH v. 5.6.2012 – Rs. C-489/10, wistra 2012, 341 mit Schlussantrag des Generalanwaltes v. 15.12.2011, BeckRS 2011, 81911.

sanktionen nach europäischem Recht aus, die den Betroffenen härter treffen können als eine Kriminalstrafe und kein Verschulden voraussetzen.

So ist z.B. bei Rückforderung einer Ausfuhrerstattung, weil der Empfänger im Bestimmungsland die Ware nicht dort vermarktet, sondern in ein anderes, nicht subventionsbegünstigtes Land reexportiert hat, über die Rückerstattung hinaus ein Strafzuschlag zu bezahlen, auch wenn der Ausführer davon nichts wusste und, wenn er es gewusst hätte, es nicht hätte verhindern können[1].

Darüber hinaus können Marktbeteiligte, die Unregelmäßigkeiten begangen haben oder auch nur im Verdacht einer solchen stehen, in die in allen Mitgliedstaaten geführte „Schwarze Liste"[2] aufgenommen werden, was den *Ausschluss von Subventionsverfahren* bedeuten und damit einem Berufsverbot i.S. von § 70 StGB nahekommen kann. Im Gegensatz zum EuGH[3], der Sanktionen auch ohne Verschulden als Instrument der Abschreckung für zulässig hält, geht das deutsche Schrifttum deshalb ganz überwiegend von der Rechtswidrigkeit solcher Sanktionen aus, die im Gegensatz zu dem verfassungsgleichen Grundsatz „nulla poena sine culpa" stehen[4].

Zur Ermittlung von Subventionsbetrügereien im Bereich der Agrarmarktordnungen sind gem. § 37 Abs. 1 MOG die **Hauptzollämter und Zollfahndungsämter** als Hilfsorgan der Staatsanwaltschaft zuständig. Sie haben hierzu die Rechte und Pflichten von Polizeibeamten und sind Ermittlungspersonen (früher: Hilfsbeamte der Staatsanwaltschaft, § 152 GVG; § 11 Rz. 8)[5]. Da die Ermittlungen insbesondere bei *Ausfuhrsubventionen* meist grenzüberschreitend sind, sind Marktordnungsbetrügereien der praktisch wichtigste Anwendungsfall für die zahlreichen internationalen Unterstützungsabkommen zwischen den Zollverwaltungen in- und außerhalb der EU (s. § 15 Rz. 80 ff.). 63

§ 53
Korruption

Bearbeiter: Ilka Ludwig

	Rz.		Rz.
A. Überblick	1	I. Gemeinsame Tatbestandsmerkmale	
B. Im Amt	10	1. Täterkreis	12

---

1 Art. 51 VO (EG) 800/99 v. 15.4.1999, ABl. EG Nr. L 102 v. 17.4.1999, 11.
2 VO (EG) 1469/95 v. 22.6.1995, ABl. EG Nr. L 145/1995, 1; s. auch das „Sanktions-RahmenG", VO (EG) 2988/95 v. 18.12.1995, ABl. EG Nr. L 1312/1995, 1.
3 EuGH v. 11.2.2002 – Rs. C-210/00, ZfZ 2002, 341.
4 Vgl. bes. *Schrömbges*, ZfZ 1997, 430 und ZfZ 2001, 2; *Schweitzer/Raible*, ZfZ 2001, 290; eingehend *Möller/Retemeyer* in Bender/Möller/Retemeyer, ZuVStR, Rz. A 58–60.
5 Hierzu *Dannecker* in W/J, Kap. 2 Rz. 146.

	Rz.		Rz.
2. Vorteil	22	4. Unlautere Bevorzugung im Wettbewerb	83
3. Unrechtsvereinbarung	29	5. Bezug von Waren oder gewerblichen Leistungen	87
4. Subjektiver Tatbestand	40		
II. Einzelne Tatbestände		II. Wirtschaftliche Bestechlichkeit	91
1. Vorteilsannahme	41	1. Täterkreis	92
2. Bestechlichkeit	50	2. Tathandlungen	108
3. Vorteilsgewährung und Bestechung	54	III. Wirtschaftliche Bestechung	109
III. Strafandrohungen, Konkurrenzen, Verfahrensrecht	58	IV. Handeln im ausländischen Wettbewerb	113
C. Im geschäftlichen Verkehr	69	V. Weitere Merkmale	
I. Gemeinsame Tatbestandsmerkmale	72	1. Subjektiver Tatbestand	116
1. Geschäftlicher Verkehr	73	2. Versuch und Beendigung	117
2. Vorteil	77	3. Rechtsfolgen, Konkurrenzen, Verfahrensrecht	120
3. Unrechtsvereinbarung	80	D. Ausblick	128

Schrifttum: Außer den Kommentaren zu §§ 298 ff., 331 ff. StGB seien genannt: *Hefermehl/Köhler/Bornkamm*, Wettbewerbsrecht, 27. Aufl. 2009; *Köhler/Bornkamm*, Wettbewerbsrecht, 32. Aufl. 2013; *Ohly/Sosnitza*, Gesetz gegen den unlauteren Wettbewerb, 6. Aufl. 2014.

Monografien: *Bannenberg*, Korruption in Deutschland und ihre strafrechtliche Kontrolle, 2002; *Bartsch/Paltzow/Trautner*, Korruptionsbekämpfung, Loseblatt; *Bernsmann/Gatzweiler*, Verteidigung bei Korruptionsfällen, 2008; *Dölling*, Handbuch der Korruptionsprävention, 2007; *Greeve*, Korruptionsdelikte in der Praxis, 2005; *Kliche/Thiel (Hrsg.)*, Korruption: Forschungsstand, Prävention, Probleme, 2011; *Pfefferle/Pfefferle*, Korruption im geschäftlichen Verkehr, 2011; *Pragal*, Die Korruption innerhalb des privaten Sektors und ihre strafrechtliche Kontrolle durch § 299 StGB, Diss. Hamburg 2006; *Walther, Felix*, Bestechlichkeit und Bestechung im geschäftlichen Verkehr – Internationale Vorgaben und deutsches Strafrecht, Diss. Freiburg 2011; *Wollschläger*, Der Täterkreis des § 299 Abs. 1 StGB und Umsatzprämien im Wettbewerb, 2008.

Aufsätze: *Brand*, Der Insolvenzverwalter als Amtsträger und Täter der §§ 331 ff. StGB, DZWIR 2008, 318; *Bussmann/Salvenmoser*, Internationale Studie zur Wirtschaftskriminalität, NStZ 2006, 203; *Dahs/Müssig*, Strafbarkeit kommunaler Mandatsträger als Amtsträger? Eine Zwischenbilanz, NStZ 2006, 191; *Deiters*, Zur Frage der Strafbarkeit von Gemeinderäten wegen Vorteilsannahme und Bestechlichkeit, NStZ 2003, 453; *Dölling*, Die Neuregelung der Strafvorschriften gegen Korruption, ZStW 2000, 334; *Haft/Schwoerer*, Bestechung im internationalen Geschäftsverkehr, in FS Weber 2004, 367; *Heinrich*, Rechtsprechungsüberblick zu den Bestechungsdelikten (§§ 331–335 StGB), NStZ 2005, 197 (Teil 1), 256 (Teil 2); *Höffling*, Korruptionsforschung als kriminalsoziologisches Projekt, Kriminologisches Journal 2003, 83; *Kiethe/Hohmann*, Das Spannungsverhältnis von Verfall und Rechten Verletzter (§ 73 I 2 StGB) – Zur Notwendigkeit der effektiven Abschöpfung von Vermögensvorteilen aus Wirtschaftsstraftaten, NStZ 2003, 505; *Kindhäuser/Goy*, Zur Strafbarkeit unangemeldeter Drittmitteleinwerbung, NStZ 2002, 291; *Klötzer*, Ist der niedergelassene Vertragsarzt tatsächlich tauglicher Täter der §§ 299, 331 StGB, NStZ 2008, 12; *Korte*, Bekämpfung der Korruption und Schutz des freien Wettbewerbs mit den Mitteln des Strafrechts, NStZ 1997, 513; *Kuhlen*, Sollten §§ 331 Abs. 1, 333 Abs. 1 StGB neuerlich geändert werden?, in FS Schroeder, 2006, S. 535; *Littwin*, Aktuelle Entwicklungen bei der steuerlichen Behandlung von Schmier- und Bestechungsgeldern, BB 1998, 2398; *Mansdörfer*, Strafrechtliche Haftung für Drittmitteleinwerbung an staatlichen Hochschulen, wistra 2003, 211; *Michalke,* Die Korruptionsdelikte – Aktuelle Entwicklungen der obergerichtlichen Rechtsprechung, StV 2011, 492; *Möhrenschlager,* Strafrechtliche Vorhaben zur Bekämpfung der Korruption auf nationaler und internationaler Ebene, JZ 1996, 822; *Nepomuck/Groß,* Zuwendungen an den Anstellungsbetrieb als Drittvorteile im Sinne des § 299 StGB?, wistra 2012, 132; *Odenthal,* Der „geschäftliche Betrieb" als Leistungsempfänger nach § 299 StGB, wistra 2005, 170; *Randt,* Schmiergeldzahlungen bei Auslandssachverhalten. Steuerliche, steuerstrafrechtliche und strafrechtliche Bestandsaufnahme, BB 2000, 1006; *Randt,* Abermals Neues zur Korruptionsbekämpfung: Die Ausdehnung der Angestelltenbestechung auf den Weltmarkt, BB 2002, 2252; *Ransiek,* Zur Amtsträgereigenschaft nach § 11 I Nr. 2c StGB, NStZ 1997, 519; *Schaupensteiner,* Gesamtkonzept zur Eindämmung der Korruption, NStZ 1996, 409; *Schmidt,* Möglichkeiten und Grenzen der Vermögensabschöpfung bei Bestechlichkeit im geschäftlichen Verkehr (§ 299 Abs. 1 StGB), wistra 2011, 321; *Sedemund,* Zivilrechtliche Regressmöglichkeiten bei Verfallsanordnung aufgrund Schmiergeldzahlung zwecks Auftragserlangung, DB 2003, 2423; *von Tippelskirch,* Schutz des Wettbewerbs vor Korruption – Überlegungen zu Rechtsgut und Auslegung von § 299 StGB, GA 2012, 574; *Verrel,* Überkriminalisierung oder Übertreibung, Die neue Furcht vor der Korruptionsstrafbarkeit in der Medizin, MedR 2003, 319; *Vormbaum,* Probleme der Korruption im geschäftlichen Verkehr – zur Auslegung des § 299 StGB, in FS Schroeder, 2006, S. 649; *Weidemann,* Zum Abzugsverbot des § 4 V S. 1 Nr. 10 EStG: Erfasst § 299 Abs. 2 StGB auch „Auslandssachverhalte"?, DStZ 2002, 329; *Weigend,* Internationale Korruptionsbekämpfung – Lösung ohne Problem?, in FS Jakobs, 2007, S. 747; *Winkelbauer,* Ketzerische Gedanken zum Tatbestand der Angestelltenbestechlichkeit, in FS Weber, 2004, S. 385; *Zieschang,* Das EU-Bestechungsgesetz und das Gesetz zur Bekämpfung internationaler Bestechung, NJW 1999, 105; *Zimmer/Stetter,* Korruption und Arbeitsrecht, BB 2006, 1445.

A. Überblick

a) Die Korruption gehört nicht nur zu den ältesten (§ 1 Rz. 36 f.), sondern auch zu den subversivsten Delikten unserer Strafrechtsordnung, denn sie ist geeignet, die Grundlage gemeinschaftlichen Zusammenlebens, das **Vertrauen**, zu **zerstören** und die empfundene Kluft zwischen „Machthabern" und „Machtlosen" zu vertiefen. Das zeigt die allgemeine Empörung, die regelmäßig aufkommt, wenn erneut ein Skandal aufgedeckt und durch die Medien verbreitet wird. Soweit die Korruption die *staatlichen Stellen* betrifft – Politik, Verwaltung, Justiz, usw. –, ist das Vertrauen der Gesellschaft in die Objektivität und Gerechtigkeit der hoheitlichen Entscheidungen und damit letztlich nicht weniger als der staatliche Machtanspruch gefährdet. Doch auch wenn sie *Entscheidungsträger der Wirtschaft* betrifft, kann sie – nach möglicherweise kurzfristig positiven Auswirkungen durch Erlangung von Aufträgen – nicht nur zum Ruin ehrlicher Mitbewerber führen, sondern durch das mangelnde Vertrauen in den freien Markt und durch allgemeine Preissteigerungen – Schmiergelder müssen refinanziert werden – das Wirtschaftssystem und damit mittelbar die finanzielle Grundlage staatlichen Handelns, das Steueraufkommen, beeinträchtigen oder gar zerstören. In zahlreichen Staaten dieser Erde ist die Korruption sogar das Haupthindernis für eine wirtschaftliche Entwicklung.

1

Deshalb haben nicht nur OECD und EU[1], sondern auch die UN die weltweite Korruptionsbekämpfung zu ihrer Aufgabe gemacht[2].

2 Aus diesem Grund sollte der Staat ein hohes **Interesse an** einer **effektiven Verfolgung** und Unterbindung von Korruptionstaten nicht nur in seiner Verwaltung, sondern auch in der Politik und in der Wirtschaft zeigen. In den letzten beiden genannten Bereichen scheint der gesetzgeberische Wille jedoch aktuell wenig ausgeprägt. Das zeigt zum einen der – gescheiterte – Versuch zum Ende der 16. Legislaturperiode, einen – für die Praxis wenig geeigneten – Straftatbestand gegen Schmiergeldzahlung im medizinischen Bereich[3] einzuführen; zum anderen steht seit Jahren die – international gebotene – Regelung der Bestechung von Abgeordneten aus; die „Wählerbestechung" (§ 108b StGB) erfasst nur einen sehr kleinen Teil des Politik-Bereichs; der mit Wirkung zum 1.9.2014 neu gefasste § 108e StGB, der die Bestechung und Bestechlichkeit von Mandatsträgern regelt und Freiheitsstrafen bis fünf Jahren vorsieht, ist derart eng gefasst, dass er sich in der Praxis als wirkungslos erweisen wird[4]. Die Anti-Korruptions-Übereinkommen des Europarats (vgl. § 5 Rz. 13 ff.) hat Deutschland zwar schon vor Jahren gezeichnet, aber immer noch nicht – ausreichend – ratifiziert[5].

3 Das **Ausmaß** der Korruptionstaten ist aufgrund der Heimlichkeit der Begehung **kaum zu schätzen**, was die große Bandbreite der geschätzten Dunkelfeldzahlen zeigt[6]. Einigkeit besteht jedoch darin, dass die aufgedeckten Taten nur ein kleiner Bruchteil der tatsächlich begangenen Straftaten darstellen. Insgesamt ist festzustellen, dass die polizeilich verzeichneten Taten nicht die Quantität aufweisen, die aufgrund der Präsenz des Themas in der Öffentlichkeit zu vermuten wären. Die jährliche **Polizeiliche Kriminalstatistik** des BKA wies für das Jahr 2013 im Bereich der Amtsträgerbestechung/-bestechlichkeit 1 128 Ermittlungsverfahren und damit eine Reduzierung um 140 Fälle im Vergleich zum Jahr 2012 aus. Im Vorjahr war noch ein Anstieg von 158 Taten im Vergleich zum Jahr 2011 zu verzeichnen[7]. Die in den Jahren zuvor zu verzeichnenden sinkenden Fallzahlen sind vermutlich mit der Privatisierung staatlicher Unternehmen zu erklären, was durch entsprechende Anstiege in den Fallzahlen der

---

1 Näher *Dannecker* in Böse (Hrsg.), Europ. StrafR, 2013, § 8 Rz. 79 ff.
2 Z.B. UN-Übereinkommen gegen Korruption v. 31.10.2003 (Resolution 58/4), in Kraft seit 14.12.2005; vgl. *Dannecker* in Böse, Europ. StrafR, § 8 Rz. 99; *Tiedemann* in LK, vor § 298 StGB, Entst. Gesch.
3 Vgl. FAZ v. 24.8.2013, S. 11; krit. *Schneider*, Sonderstrafrecht für Ärzte?, HRRS 2013, 473 ff.
4 Vgl. www.abgeordnetenwatch.de/blog/2014-02-11/gesetz-gegen-abgeordnetenbestechung-nur-eine-beruhigungspille-fur-das-Volk, v. 11.2.2014 „Warum der Gesetzentwurf gegen Abgeordnetenbestechung untauglich ist".
5 Vgl. *Fischer*, § 299 StGB Rz. 1a.
6 Vgl. *Schneider* in Kliche/Thiel, Weltwirtschaftskrise, Schattenwirtschaft und Korruption in Österreich und Deutschland: Umfang, Folgen, Gegenmaßnahmen – Was wissen wir (nicht)?, S. 219 ff.; *Koenen* in Kliche/Thiel, Ältere und neuere Sichtbarkeiten von ‚Korruption', S. 76 ff., jeweils m.w.Nw.; PKS Bundeskriminalamt, 2013, Bl. 8.
7 Vgl. PSK Bundeskriminalamt, Jahrgang 2011–2013.

Wirtschaftsbestechung/-bestechlichkeit bestätigt wird. Im Bereich der Wirtschaftsbestechung/-bestechlichkeit ist, nachdem im Jahresbericht 2012 ein Absinken der Fallzahlen ausgewiesen war (die Statistik für das Jahr 2012 wies insoweit insgesamt 519 Fälle auf und damit signifikant weniger als im Jahr 2011 mit 898 Ermittlungsverfahren), nunmehr ein Anstieg von rund 23 % zu verzeichnen (637 Ermittlungsverfahren im Jahr 2013)[1].

b) Das 1997 erlassene „**Gesetz zur Bekämpfung der Korruption**" (BKorrG)[2] hat die Bestechungstatbestände sowohl im geschäftlichen Verkehr als auch im Bereich des öffentlichen Dienstes in wesentlichen Teilen neu geregelt. Das Merkmal der Unrechtsvereinbarung wurde in den §§ 331 Abs. 1 und 333 Abs. 1 StGB entscheidend gelockert (dazu Rz. 29 ff.) und die Drittzuwendungen (Rz. 26 ff.) wurden in alle Straftatbestände der §§ 331 ff. StGB aufgenommen.

Die vorher von § 12 UWG a.F.[3] erfasste „*Angestelltenbestechung*" wurde durch das Gesetz als § 299 in den 26. Abschnitt des StGB („Straftaten gegen den Wettbewerb") übernommen und um den qualifizierten Tatbestand des „besonders schweren Fall" (§ 300 StGB) bereichert. Dadurch sind sämtliche Bestechungstatbestände sowohl für den öffentlichen Dienst als auch für den privatwirtschaftlichen Bereich im StGB geregelt[4]. Durch Gesetz vom 22.8.2002[5] wurde dem § 299 StGB ein Abs. 3 hinzugefügt, der auch „*Handlungen im ausländischen Wettbewerb*" unter Strafe stellt (dazu Rz. 113 ff.).

Ergänzt werden die Korruptionstatbestände des StGB durch das **EU-Bestechungsgesetz** (EUBestG) vom 10.9.1998[6]. Diesem Gesetz liegt das erste Protokoll[7] zum Übereinkommen über den Schutz der finanziellen Interessen der EG[8] vom 27.9.1996 zugrunde. Die Mitgliedstaaten der EU haben sich darin verpflichtet, auch ihren gemeinschaftlichen Einrichtungen strafrechtlichen Schutz zu gewähren. So sind die §§ 332, 334–336 und 338 StGB auch anwendbar bei Bestechlichkeit oder Bestechung (nicht aber bei Vorteilsannahme oder -gewährung §§ 331, 333 StGB)

– eines Amtsträgers eines anderen Mitgliedstaates der EU, sofern seine Stellung einem Amtsträger des § 11 Abs. 1 Nr. 2 StGB entspricht,

– eines Gemeinschaftsbeamten,

– eines Mitglieds der Kommission oder des Rechnungshofes der EG,

– eines Richters eines anderen Mitgliedstaates und

– eines Mitglieds eines Gerichtes der EG.

---

1 PSK Bundeskriminalamt, Jahrgang 2013, Bl. 230.
2 G. v. 13.8.1997, BGBl. I 2038; in Kraft seit 20.8.1997.
3 G. gegen den unlauteren Wettbewerb v. 7.6.1909, RGBl. 499; abgelöst durch G. v. 3.7.2004, BGBl. I 1414, in Kraft seit 8.7.2004 (§ 22 UWG n.F.).
4 Zur Entstehungsgeschichte *Korte*, NStZ 1997, 513.
5 BGBl. I 3387.
6 G zum Protokoll v. 27.9.1996 zum Übk. über den Schutz der finanziellen Interessen der EG, BGBl. II 2340, geänd. durch G v. 22.8.2002, BGBl. I 3387, zul. geänd. am 21.7.2004 BGBl. I 1763.
7 ABl. EG Nr. C 313 v. 23.10.1996, 1.
8 ABl. EG Nr. C 316 v. 27.11.1995, 49.

Auslandstaten unterliegen auch dem deutschen Strafrecht, sofern der Täter Deutscher oder ausländischer Amtsträger oder Gemeinschaftsbeamter ist (§ 2 Nr. 1 StGB) oder die Tat gegenüber deutschen Richtern oder Amtsträgern begangen wird (§ 2 Nr. 2 StGB).

6 Das **„Gesetz zur Bekämpfung internationaler Bestechung"** (IntBestG) vom 10.9.1998[1] ist die Umsetzung eines am 17.12.1997 von 33 Staaten, darunter auch der Bundesrepublik Deutschland, unterzeichneten, auf OECD-Ebene erarbeiteten Abkommens[2] zum Schutz vor Korruption im internationalen Bereich. Mit diesem Gesetz werden Richter ausländischer Staaten[3] und internationaler Gerichte, Amtsträger ausländischer Staaten und internationaler Organisationen und ausländische Soldaten deutschen Richtern, Amtsträgern und Soldaten gleichgesetzt. Das IntBestG enthält einen *eigenständigen Straftatbestand*. Nach § 2 IntBestG ist die Bestechung ausländischer Abgeordneter oder von Mitgliedern parlamentarischer Versammlungen internationaler Organisatoren im Zusammenhang mit internationalem geschäftlichem Verkehr mit Freiheitsstrafe bis zu fünf Jahren oder Geldstrafe bedroht. Für die Bestechungshandlung nach § 2 IntBestG eines Deutschen im Ausland ist in § 3 IntBestG ein inländischer Gerichtsstand begründet.

7 c) Eine weitere Maßnahme, die Korruption einzudämmen, ist das **steuerrechtliche Abzugsverbot** für die Zuwendung von Vorteilen i.S. des § 4 Abs. 5 S. 1 Nr. 10 EStG[4]. *Zuwendungen von Vorteilen* einschließlich der damit zusammenhängenden Aufwendungen (darunter fallen auch die Kosten für ein Strafverfahren und ein eventuell durch das Strafgericht erklärter Verfallsbetrag[5]) mindern u.a. dann nicht den steuerlichen Gewinn, wenn strafrechtliche Tatbestände, also sowohl Amtsdelikte als auch Bestechung im geschäftlichen Verkehr vorliegen. Eine Zuwendung von Vorteilen liegt jedoch nur vor, wenn der Steuerpflichtige eine Betriebsausgabe getätigt hat. Unberücksichtigt bleiben entgangene Einnahmen (z.B. die Gewährung eines verbilligten oder zinslosen Darlehens). Die Vorteilszuwendungen müssen dem Steuerpflichtigen zuzurechnen sein; sofern Mitarbeiter gehandelt haben, muss auf Kenntnis des Unternehmers bzw. der vertretungsberechtigten Organe abgestellt werden, die dann zu einer Tatbeteiligung führen können. Im Gesetz ist weiterhin die Verpflichtung der gegenseitigen Information von Finanzbehörden, Gerichten und Staatsanwaltschaften niedergelegt. Dabei haben die Finanzbehörden, soweit Tatsachen den Verdacht begründen, Vorteile könnten rechtswidrig zugewendet sein, ohne eigene Prüfung der strafrechtlichen Relevanz die Erkenntnisse an die Strafverfolgungsbehörden weiterzuleiten[6].

---

1 G zu dem Übk. v. 17.12.1997 über die Bekämpfung der Bestechung ausländischer Amtsträger im int. Geschäftsverkehr, BGBl. II 2327.
2 BT-Drs. 13/10428, 9.
3 Zum Amtsträger ausländischer Staaten BGH v. 29.8.2008 – 2 StR 587/07, NJW 2009, 89 ff.; dazu auch *Randt*, BB 2002, 2252.
4 I.d.F. v. 29.12.2003, BGBl. I 2840; dazu auch *Littwin*, BB 1998, 2398.
5 BFH v. 14.5.2014 – X R 23/12, BB 2014, 2005.
6 BFH v. 14.7.2008 – VII B 92/08, wistra 2008, 434 ff.

Die Straftatbestände enthalten – trotz vielfach geäußerter Forderung – **keine** **8**
Kronzeugenregelung, obwohl eine solche für die Strafverfolgungspraxis sicherlich sehr hilfreich wäre. Da sich Korruptionstaten dadurch auszeichnen, dass sich *beide Seiten* als *Täter* strafbar machen, dass sie i.d.R. im Verborgenen stattfinden und dass Geschädigte nicht unmittelbar beteiligt sind und daher als Zeugen nicht in Betracht kommen, sind die Strafverfolgungsbehörden auf die Kooperation eines Tatbeteiligten oder eines anderen Hinweisgebers („Whistleblower") angewiesen; Letzterer muss jedoch in Deutschland ebenfalls nahezu ungeschützt arbeitsrechtliche Konsequenzen fürchten. Der Gesetzgeber hat – leider – die Einführung einer entsprechenden Norm mit dem Hinweis auf die Möglichkeiten, über die §§ 153 f. StPO zu agieren, abgelehnt[1].

Unbefriedigend ist zudem, dass weiterhin der **Wettbewerb um den privaten** **9**
Endkunden keiner strafrechtlichen Kontrolle unterliegt. Es mag zwar stimmen, dass die einzelne Beeinträchtigung des Wettbewerbs sowie des Interesses des Verbrauchers marginal ist im Vergleich zu den Schmiergeldbeträgen, die im Zusammenhang mit Wirtschaftsaufträgen bereits bekannt geworden sind. Jedoch ist dieses Argument zum einen nicht zwingend – es gibt sowohl kleinere Unternehmen als auch finanzstarke Endkunden – und zum anderen ist durch die Vielzahl der Fälle eine erhebliche Beeinträchtigung des Marktes durchaus naheliegend, etwa wenn Elektronikhersteller Mitarbeitern großer Einzelhandelsketten „Provisionen" für jeden Verkauf eines ihrer Produkte zahlen. Der Arbeitgeber wird diesem Vorgehen eher nicht entgegentreten, bekommt er doch motivierte Mitarbeiter, ohne selbst investieren zu müssen; den höheren Preis zahlt der Verbraucher. Möglich sind solche Modelle in jedem Wirtschaftsbereich, der auf Beratung angelegt ist, z.B. auch bei der Finanzanlageberatung. Die Folge der schlechteren – weil nicht objektiven – Beratung sind überhöhte Preise und verzerrte Marktverhältnisse. Der Endkunde ist nicht nur strafrechtlich ungeschützt, sondern auch zivilrechtlich aufgrund der Beweislastverteilung in einer schwachen Position. Während bei Bestechung/Bestechlichkeit im Wirtschaftsverkehr häufig auch Strafbarkeit wegen Untreue oder Betrug gegeben sein wird, scheiden diese Straftatbestände im Geschäftsverkehr mit dem Privatkunden regelmäßig mangels Vermögensbetreuungspflicht bzw. nachweisbaren Schaden aus.

B. Im Amt

Die Korruptionsdelikte für den **Bereich des öffentlichen Dienstes** sind unterteilt in Straftaten, begehbar durch **10**

– den Amtsträger, d.h. den Annehmenden: § 331 StGB *(Vorteilsannahme)* und § 332 StGB *(Bestechlichkeit)* und

– jedermann, d.h. den Gebenden: § 333 StGB *(Vorteilsgewährung)* und § 334 StGB *(Bestechung).*

---

1 Gegenäußerung der BReg., BT-Drs. 13/6464.

Dazu kommt – in Gestalt eines qualifizierten Tatbestands – die Strafzumessungsnorm des *besonders schweren Falls* der Bestechlichkeit und der Bestechung in § 335 StGB mit den Regelbeispielen in Abs. 2 (dazu Rz. 61 f.).

11 Das **Schutzgut** der §§ 331 ff. StGB ist umstritten. Nach der Rspr. sollen die Reinheit und Lauterkeit der Amtsausübung sowie das öffentliche Vertrauen in diese Lauterkeit und die Nichtkäuflichkeit von Diensthandlungen sowie die Integrität der öffentlichen Verwaltung gewahrt werden[1]. Nach dem Willen des Gesetzgebers soll die *Lauterkeit des öffentlichen Dienstes* geschützt und damit die *Verfälschung des Staatswillens verhindert* werden, die droht, wenn Amtsträger käuflich und damit befangen sind[2]. In der Literatur finden sich darüber hinaus vielfältige weitere Ausdifferenzierungen der Schutzrichtung der Amtsträgerkorruption[3].

I. Gemeinsame Tatbestandsmerkmale

1. Täterkreis

12 a) Voraussetzung für das Vorliegen eines der Tatbestände der §§ 331 ff. StGB ist die Beteiligung eines **deutschen Amtsträgers** oder eines *für den öffentlichen Dienst besonders Verpflichteten* auf der Seite des Vorteilsempfängers. Der Begriff des Amtsträgers ist in **§ 11 Abs. 1 Nr. 2 StGB** geregelt. Die §§ 331 f. StGB sind *Sonderdelikte* (vgl. § 22 Rz. 8 ff.); die Eigenschaft als Amtsträger oder für den öffentlichen Dienst besonders Verpflichteter muss zum Tatzeitpunkt gegeben sein[4]. Nicht ausreichend ist, wenn sie zum Tatzeitpunkt bereits beendet ist[5] oder erst später – vor Vornahme der Diensthandlung – begründet wird[6]. Unerheblich nach h.M. ist jedoch, wenn vor der Dienstausübung die neuerliche Wahl notwendig ist[7].

13 Amtsträger sind grundsätzlich alle **Beamten und Richter** (§ 11 Abs. 1 Nr. 2 Buchst. a StGB). Damit sind Beamte im staatsrechtlichen Sinne erfasst, d.h. Personen, die nach *beamtenrechtlichen* Vorschriften durch eine dafür zuständige Stelle in ein Beamtenverhältnis berufen sind[8].

---

1 BGH v. 25.7.1960 – 2 StR 91/60, BGHSt 15, 88 ff.; BGH v. 20.2.1981 – 2 StR 644/80, BGHSt 30, 46 ff.; BGH v. 11.5.2001 – 3 StR 549/00, BGHSt 47, 22 ff.; BGH v. 16.7.2004 – 2 StR 486/03, BGHSt 49, 214 ff.; zust. *Fischer*, § 331 StGB Rz. 3; *Korte* in MüKo, § 331 StGB Rz. 8 m.w.Nw.; a.A. *de la Mata Barranco* in FS Tiedemann, 2008, S. 869 ff.; *Kindhäuser*, ZIS 2011, 461 ff.
2 BT-Drs. 7/550, 269.
3 Ausf. *Kuhlen* in NK, § 331 StGB Rz. 9 ff. m.w.Nw.
4 *Fischer*, § 331 StGB Rz. 4.
5 BGH v. 1.3.2004 – 5 StR 271/03, wistra 2004, 302 f.; vgl. zur Beurlaubung eines Beamten BGH v. 16.7.2004 – 2 StR 486/03, BGHSt 49, 214 ff. = NJW 2004, 3129 ff.
6 BGH v. 28.10.2004 – 3 StR 301/03, NJW 2004, 3569 ff.; a.A. *Jescheck* in LK, § 331 StGB Rz. 27.
7 Nur BGH v. 26.10.2006 – 5 StR 70/06, wistra 2007, 17 f.; a.A. *Beckemper/Stage*, NStZ 2008, 35.
8 BGH v. 20.1.1952 – 3 StR 913/51, BGHSt 2, 119 f.

b) Das „**sonstige öffentlich-rechtliche Amtsverhältnis**" des § 11 Abs. 1 Nr. 2 Buchst. b StGB setzt Beziehungen zwischen den Beteiligten voraus, die einem *öffentlich-rechtlichen Treueverhältnis* vergleichbar sind, ohne dass es sich um ein Beamtenverhältnis handelt[1]. Die von dieser Vorschrift erfasste bedeutsamste Gruppe sind die *Notare* (ausgenommen die badischen Amtsnotare und die württembergischen Bezirksnotare, die Beamte sind). *Keine Amtsträger i.S.* dieser Vorschriften sind Gemeinderäte; sie unterliegen in strafrechtlicher Hinsicht der Vorschrift des § 108e StGB (Abgeordnetenbestechung)[2], dessen Regelung abschließend ist. 14

c) § 11 Abs. 1 Nr. 2 Buchst. c StGB hat durch das BKorrG eine Änderung erfahren, die nicht nur klarstellenden Charakter hat[3]. Danach ist Amtsträger auch, wer dazu **bestellt ist**, bei einer Behörde oder bei einer sonstigen Stelle oder in deren Auftrag **Aufgaben der öffentlichen Verwaltung wahrzunehmen**, unbeschadet der zur Aufgabenerfüllung gewählten Rechtsform. Diese Ergänzung ist ausgelöst worden durch ein Urteil des BGH[4], in dem die Amtsträgereigenschaft eines Geschäftsführers eines in der Rechtsform der GmbH geführten landeseigenen Unternehmens auf dem Gebiet des sozialen Wohnungsbaus abgelehnt worden war. Die Bestellung ist grundsätzlich formlos möglich[5], muss nach Ansicht des BGH jedoch zu einer über einen „einzelnen Auftrag hinausgehende längerfristige Tätigkeit oder zu einer organisatorischen Eingliederung in die Behördenstruktur führen"[6]. Die Amtsträgerschaft i.S. des § 11 Abs. 1 Nr. 2 Buchst. c StGB setzt aber einen öffentlichen Bestellungsakt voraus, wenn einer behördenexternen Person Aufgaben der öffentlichen Verwaltung nicht unmittelbar durch die beauftragende Behörde, sondern in einer Kette von Unterbeauftragten übertragen werden[7]. 15

Notwendig ist, dass die sonstige Stelle *Aufgaben der öffentlichen Verwaltung* wahrnimmt. Voraussetzung für die Begründung einer Amtsträgerschaft ist unabhängig von der Rechtsform die **Eingliederung** der Stelle **in die Staatsverwaltung**. Dabei reicht die von staatlicher Seite ausgeübte Rechtsaufsicht auch bei einer Körperschaft öffentlichen Rechts nicht aus, wenn eine solche Eingliederung in die Staatsverwaltung tatsächlich und rechtlich nicht erfolgt ist[8]. Die Wahrnehmung der Aufgaben muss derart staatlicher Steuerung unterliegen, dass die jeweilige Organisation sich quasi als „verlängerter Arm des Staates" darstellt[9]. 16

---

1 *Eser* in S/S, § 11 StGB Rz. 20.
2 *Deiters*, NStZ 2002, 453; *Dahs/Müssig*, NStZ 2006, 195.
3 So aber die Begründung des Entwurfs der BReg., BT-Drs. 13/5584, 12, in dem mit Recht ausgeführt wird, dass die Wahl der Rechtsform nicht entscheidend sein kann.
4 BGH v. 29.1.1992 – 5 StR 338/91, BGHSt 38, 199 ff. = NJW 1992, 847 ff.
5 BGH v. 29.8.2007 – 5 StR 103/07, NStZ 2008, 87 ff.
6 BGH v. 15.5.1997 – 1 StR 233/96, BGHSt 43, 96 ff. = NJW 1997, 3034 ff.; a.A. *Radtke* in MüKo, § 11 StGB Rz. 53.
7 OLG Stuttgart v. 15.10.2008 – 2 Ss 371/08 – StV 2009, 77 ff.
8 BGH v. 15.3.2001 – 5 StR 454/00, wistra 2001, 267 ff. (270).
9 Ausf. BGH v. 19.12.1997 – 2 StR 521/97, BGHSt 43, 370 ff. = NJW 1998, 1874 ff.; BGH v. 26.10.2010 – 5 StR 70/06, wistra 2007, 17 f.; *Fischer*, § 331 StGB Rz. 4b.

Beispiele: Bejaht für: (faktischen) Geschäftsführer einer kommunalen Fernwärmeversorgungs-GmbH, die im öffentlichen Interesse gesteuert war[1]; Vorstandsvorsitzenden der WestLB[2]; Redakteur einer öffentlich-rechtlichen Rundfunkanstalt[3]; Projektleiter der GEZ[4]; Aufsichtsratsvorsitzenden einer Stadtwerke-AG[5]; TÜV-Prüfer[6].

Verneint für: Mitarbeiter der Frankfurter Flughafen-AG[7]; Geschäftsführer einer GmbH, deren einzige Gesellschafterin das Bayerische Rote Kreuz war[8]; Geschäftsführer einer Müllverwertungsgesellschaft unter Beteiligung eines Privaten mit Sperrminorität[9]; Mitarbeiter einer kommunalen Wohnraumgesellschaft, die als ein Unternehmen von vielen im Wettbewerb tätig war[10]; Vertragsärzte[11].

17 **Keine Amtsträger** sind Angehörige von ehemals staatlichen, mittlerweile privatisierten Unternehmen, wie etwa der Deutschen Bahn AG, auch wenn sie den Beamtenstatus beibehalten und nur aus dienstlichen Gründen *beurlaubt* sind, um als Angestellte für das Unternehmen zu arbeiten[12]. Der Beamte erbringt in diesen Fällen seine Dienstleistung nicht gegenüber seinem Dienstherrn, da durch die Beurlaubung eine Entbindung eingetreten ist, sondern als Angestellter der Bahn, mit dem Ergebnis, dass nicht die §§ 331 ff. StGB, sondern § 299 StGB Anwendung findet. Wird der Beamte allerdings nicht beurlaubt, sondern übt die Tätigkeit als (aktiver) Beamter für das privatisierte Unternehmen aus, bleibt es bei der Amtsträgerschaft des § 11 Abs. 1 Nr. 2 Buchst. a StGB.

Der BGH hat sich in der genannten Entscheidung auch damit befasst, ob ein solcher Täter Amtsträger i.S. des § 11 Abs. 1 Nr. 2 Buchst. c StGB ist. Dies wäre dann der Fall, wenn das Unternehmen *öffentliche Aufgaben* wahrnähme und dabei *staatlicher Steuerung* unterläge, sodass es bei der Gesamtbetrachtung als „verlängerter Arm" des Staates erscheinen würde[13]. Dies ist z.B. der Fall, wenn *Aufgaben der Daseinsvorsorge* oder Aufgaben, die dem Staat als Gewaltträger zugewiesen sind, aus dem öffentlichen Verwaltungsapparat ausgegliedert werden. Dies gilt insbesondere im Bereich der aktuell diskutierten Privatisierung von Aufgaben des Strafvollzugs, des Gerichtsvollzieherwesens und verschiedener sozialer Dienste, wie etwa der Familien-, Jugend- und Drogenberatung.

18 Der Streit, ob ein Amtsträgerverhältnis ausscheidet, wenn sich ein Träger öffentlicher Verwaltung zur Erfüllung seiner **hoheitlichen Aufgabe** einer *privatrechtlichen Organisationsform* bedient, ist damit gegenstandslos geworden. Für Altfälle gilt, unstreitig war schon immer derjenige Amtsträger, der öffent-

---

1 BGH v. 14.11.2003 – 2 StR 164/03, NJW 2004, 693 ff.
2 BGH v. 10.3.1983 – 4 StR 375/82, BGHSt 31, 264 ff.
3 BGH v. 27.11.2009 – 2 StR 104/09, NJW 2010, 784 ff.
4 BGH v. 11.5.2001 – 3 StR 549/00, BGHSt 47, 22 ff. = NJW 2001, 2560 ff.
5 BGH v. 11.5.2006 – 3 StR 389/05, wistra 2006, 344 ff.; OLG Düsseldorf v. 9.10.2007 – III-5 Ss 67/07-35/07 I, NStZ 2008, 459 f.
6 AG Strausberg v. 8.1.2014 – 22 Ds 273 Js 17331/13.
7 BGH v. 3.3.1999 – 2 StR 437/98, BGHSt 45, 16 ff. = NJW 1999, 2378 ff.
8 BGH v. 15.3.2001 – 5 StR 454/00, BGHSt 46, 310 ff. = NJW 2001, 310 ff.
9 BGH v. 2.12.2005 – 5 StR 119/05 – Kölner Müllverbrennungsskandal, BGHSt 50, 299 ff. = NJW 2006, 925 ff.
10 BGH v. 18.4.2004 – 5 StR 506/06, NJW 2007, 2932 ff.
11 BGH (Großer Senat für Strafsachen) v. 20.3.2012 – GSSt 2/11, BGHSt 57, 202 ff. = wistra 2012, 388 ff.
12 BGH v. 16.7.2004 – 2 StR 486/03, BGHSt 49, 214 ff. = NJW 2004, 3129 ff.
13 So schon BGH v. 12.7.2001 – 4 StR 550/00 = NJW 2001, 3062 ff.

lich-rechtliche Befugnisse, also *hoheitliche Gewalt* ausübte, sofern ihm die Ausübung von einer dafür zuständigen öffentlich-rechtlichen Stelle *übertragen* worden ist. Dies gilt insbesondere für den Bereich der **Eingriffsverwaltung**[1].

Nach der Rechtsprechung kann aber auch Amtsträger sein, wer im Bereich der **Leistungsverwaltung** tätig ist. Der BGH schränkt jedoch ein, dass nicht jedes Handeln des Staates eine Betätigung der Staatsgewalt ist. Es ist zu unterscheiden zwischen der *Daseinsvorsorge* durch wirtschaftliche Unternehmungen und der *erwerbswirtschaftlichen-fiskalischen* Betätigung. Der Betrieb wirtschaftlicher Unternehmungen, die der Daseinsvorsorge des Staates dienen, die also bestimmt sind, unmittelbar für die Daseinsvoraussetzungen der Allgemeinheit oder ihrer Glieder zu sorgen, ist Betätigung der Staatsgewalt[2]. 19

Beispiel: Eine solche wurde beispielsweise abgelehnt, wenn eine *privatrechtlich* organisierte Gesellschaft den Zwecken des *II. Wohnungsbaugesetzes* (der ausreichenden Wohnungsversorgung aller Bevölkerungsschichten – § 1 Abs. 2 II. WoBauG) dient. Es spreche i.d.R. dafür, dass auf die Angestellten privatrechtliche Regeln anzuwenden seien, wenn sich die öffentliche Verwaltung für die privatrechtliche Organisationsform entscheide[3]. So wurde ein Mitarbeiter einer kommunalen Wohnungsbaugesellschaft, wenn diese eine von vielen Anbietern von Wohnraum ist, die mit städtischen Belegrechten belastet ist, nicht als Amtsträger angesehen, denn eine Gesellschaft, die lediglich ihre Wohnungen zur Verfügung stelle, nicht aber über die Belegung bestimme, nehme nicht an der öffentlichen Aufgabe der Wohnungsfürsorge teil, sondern konkurriere mit anderen privaten Wohnungsanbietern[4].

Bedeutsam kann auch das **Erscheinungsbild** eines Unternehmens sein, da durch die Amtsdelikte das Vertrauen der Allgemeinheit in die *Integrität der staatlichen Institutionen* geschützt werden soll. Wird das privatrechtlich strukturierte Unternehmen nicht als Träger der Staatsverwaltung angesehen, weil die Erfüllung öffentlicher Aufgaben nicht mehr deutlich wird, kann vor dem Hintergrund des durch die §§ 331 ff. StGB verfolgten Strafzwecks auch im Korruptionsfall das Bedürfnis nach einer Ahndung nach diesen Vorschriften wegfallen[5]. 20

Über den formalen Bestellungsakt hinaus wird in der Literatur inzwischen überwiegend auf die „**funktionale Betrachtungsweise**" abgestellt. Danach kommt es maßgeblich auf Art der Aufgabe des Amtsträgers an und nicht darauf, in welcher organisatorischen Form die Verwaltung ihre Ziele verfolgt[6]. Dabei ist auch nicht erheblich, ob der Bestellungsakt, aus welchen Gründen auch immer, unwirksam oder gar nichtig ist. Entscheidend für die Beurteilung ist nicht das Innenverhältnis des Amtsträgers zu seinem Dienstherrn, sondern das Auftreten nach außen, da die Strafwürdigkeit sich gerade im Missbrauch der ihm verliehenen Gewalt nach außen begründet[7]. 21

---

1 BGH v. 29.1.1992 – 5 StR 338/91, BGHSt 38, 199 ff. (201) = NJW 1992, 847 ff.
2 BGH v. 10.10.1958 – 5 StR 404/58, BGHSt 12, 89 ff. = NJW 1958, 1932.
3 BGH v. 29.1.1992 – 5 StR 338/91, BGHSt 38, 199 ff. (203) = NJW 1992, 847 ff.
4 BGH v. 18.4.2007 – 5 StR 506/06, NStZ 2007, 461 ff.
5 BGH v. 22.3.2007 – 4 StR 60/07, NStZ 2007, 463 ff.
6 Z.B. *Fischer*, § 11 StGB Rz. 21; *Eser* in S/S, § 11 StGB Rz. 21, 22.
7 *Heine* in S/S, vor §§ 331 ff. StGB Rz. 5.

2. Vorteil

22 Der **Begriff** des Vorteils wird *weit ausgelegt*. Ein Vorteil ist jede Leistung, auf die der Amtsträger keinen Rechtsanspruch hat und die seine wirtschaftliche, rechtliche oder persönliche Lage objektiv verbessert[1]. Der Vorteil ist damit nicht auf wirtschaftliche Leistungen beschränkt und hat aus Sicht des Empfängers eine *stark subjektive Komponente*[2].

23 Der klassische Fall des Vorteils sind **Geschenke und direkt zugewendete wirtschaftliche Leistungen**. Aber auch die *Vermeidung eines Übels*, sofern dem Empfänger daraus ein materieller Vorteil (z.B. ersparte Aufwendungen) erwächst[3], kann den Tatbestand erfüllen. Auch die Beibehaltung des bestehenden Zustands stellt dann einen Vorteil dar, wenn der Amtsträger mit der Verschlechterung seiner Situation – unabhängig von der Dienstausübung – rechnen muss[4]. Wird die Nachteilszufügung hingegen zur Veranlassung der Dienstausübung erst angedroht und die Dienstausübung vorgenommen, um den Nachteil zu vermeiden, liegt – bei unterlassener Nachteilszufügung – kein Vorteil, sondern ggf. eine Nötigung vor[5].

24 **Beispiele für materielle Vorteile:** Honorare[6]; Verkaufsprämien[7]; Provisionen[8]; Sondervergütungen[9]; Rabatte[10]; zinslose bzw. -reduzierte Darlehen bzw. Darlehen, wenn der Amtsträger unter den gegebenen Umständen für eine Bank nicht mehr kreditwürdig ist[11]; Stundung einer Schuld[12]; Überlassung eines Leihwagens[13] oder einer Wohnung; Ermöglichung der Beteiligung an einem gewinnbringenden Unternehmen[14]; (Zusage einer) Unterstützung eines Stellengesuchs[15]; Vermittlung einer entgeltlichen Nebentätigkeit[16]; Urlaubsreise; Bonusmeilen einer Fluggesellschaft[17]; bevorzugte Zahlung des Kaufpreises[18] oder

---

1 BGH v. 10.3.1983 – 4 StR 375/82, BGHSt 31, 264 (270); BGH v. 3.12.1987 – 4 StR 554/87, BGHSt 35, 128 ff. (133) = NJW 1988, 2547 ff.; OLG Köln v. 21.9.2001 – 2 Ws 170/01, NStZ 2002, 35 ff.
2 H.M., BGH v. 24.4.1985 – 3 StR 66/85, BGHSt 33, 190 ff. = NStZ 1985, 497 ff. (499); *Fischer*, § 331 StGB Rz. 11c.
3 RG v. 17.10.1930 – I 898/30, RGSt 64, 374 ff.
4 *Korte* in MüKo, § 331 StGB Rz. 64; *Sowada* in LK, § 331 StGB Rz. 35; *Kuhlen* in NK, § 331 StGB Rz. 43; *Walther*, Jura 2010, 511 ff.
5 BGH v.11.4.2001 – 3 StR 503/99, NStZ 2001, 425 ff.; zust. *Kuhlen* in NK, § 331 StGB Rz. 42 f. m.w.Nw.; a.A. BGH v. 24.4.1985 – 3 StR 66/85, NJW 1985, 2654 ff.
6 BGH v. 16.7.2004 – 2 StR 486/03, BGHSt 49, 214 ff.
7 RG v. 14.5.1914 – III 140/14 – Kronkorkenfall, RGSt 48, 291 ff.
8 BGH v. 27.3.1968 – I ZR 163/65 – Bierexport, BB 1968, 520 ff.
9 BGH v. 26.3.1962 – II ZR 151/60 – Festgeldanlage, WM 1962, 578 ff.
10 RG v. 7.2.1930 – I 38/30, RGSt 63, 426 ff.; BGH v. 11.4.2001 – 3 StR 503/00 – Ausländeramt, NJW 2001, 2558 ff.
11 BGH v. 2.2.2005 – 5 StR 168/05, NStZ 2005, 334 ff.
12 BGH v. 8.2.1961 – 2 StR 566/60 – Finanzbauamt, BGHSt 16, 40 ff. (42); BGH v. 5.10.1960 – 2 StR 427/60, BGHSt 15, 37 ff.
13 RG v. 6.10.1930 – II 910/29 – Tabaksteuerbücher, RGSt 64, 328 ff.
14 RG(Z) – Abdampfvorwärmer, GRUR 1941, 482 ff.
15 RG v. 6.12.1921 – II 318/21 – Bankbote, RGSt 56, 249 ff.; *Diemer/Krick* in MüKo, § 299 StGB Rz. 9.
16 RG v. 31.5.1943 – 2 D 40/43 – Reichskommissar, RGSt 77, 75 ff. (78).
17 *Fischer*, § 299 StGB Rz. 13; *Dannecker* in NK, § 299 StGB Rz. 37.
18 BGH v. 7.12.1956 – 1 StR 56/56, BGHSt 10, 294 ff. (296).

matisch. Ein Geschenk an den Amtsträger ist aber auch etwa die Alimentierung der Freundin, sofern dem Zuwendenden bekannt ist, dass er sich damit das *Wohlwollen des Amtsträgers* erkauft und dessen Billigung der Zuwendung bekannt ist. Gleichfalls sind Zuwendungen an den Amtsträger *mittelbar* geleistet, wenn dem Leistenden bekannt ist, dass der Amtsträger aufgrund der Leistung an einen Dritten einen Vorteil erhält, beispielsweise die Gewährung sonst nicht oder nicht in dieser Höhe gewährter Rabatte.

28   Werden die *Kosten des Zuwendenden* allerdings mit Wissen des Amtsträgers auf dessen **Dienstherrn** übergewälzt, etwa durch Abrechnung fingierter – also tatsächlich nicht erbrachter – Leistungen, so liegt kein Bestechungsdelikt vor, sondern das Verhalten der Beteiligten gerät in den Bereich der Untreue bzw. der Beihilfe dazu[1]. Anders, wenn der Vorteil durch überhöhte Rechnungsstellung letztlich durch den Dienstherren finanziert wird („Kick-back"-Konstellation), dann ist neben dem Bestechungsdelikt eine Untreue bzw. Beihilfe zur Untreue gegeben.

3. Unrechtsvereinbarung

29   a) Für *alle* Bestechungsdelikte ist eine **Unrechtsvereinbarung erforderlich**. Gewährender und Empfänger der Leistung müssen sich *ausdrücklich oder konkludent* einig sein, dass der Vorteil als Gegenleistung für die Diensthandlung gewährt wird[2]. Dabei ist nicht erforderlich, dass eine Unrechtsvereinbarung abgeschlossen wird, solange das Handeln auf eine Unrechtsvereinbarung bezogen ist[3].

30   Der **BGH** hat es für die Unrechtsvereinbarung als ausreichend angesehen, dass der Vorteilsgeber mit dem Ziel handelt, auf die künftige Dienstausübung des Amtsträgers Einfluss zu nehmen und/oder seine vergangenen Dienstleistungen zu honorieren. Dabei genügt es, wenn zwischen den Beteiligten Einverständnis besteht, dass der Amtsträger innerhalb eines bestimmten Aufgabenbereichs oder Kreises von Lebensbeziehungen nach einer „gewissen Richtung hin tätig werden soll und die ins Auge gefasste Diensthandlung dabei nach ihrem sachlichen Gehalt mindestens **in groben Umrissen erkennbar** und festgelegt ist."[4] Vorteilsgeber und Vorteilsnehmer müssen sich über die Art der vergüteten Dienste einig sein, auch wenn sie keine genauen Vorstellungen davon haben, wann, bei welcher Gelegenheit und in welcher Weise der Amtsträger die Unrechtsvereinbarung einlösen soll[5]. Bloße „Klimapflege", d.h. Leistungen ohne

---

1 *Fischer*, § 332 StGB Rz. 6.
2 BGH v. 27.10.1960 – 2 StR 177/60, BGHSt 15, 239 ff.; BGH v. 29.2.1984 – 2 StR 560/83, BGHSt 32, 290 ff. = NJW 1985, 391 f.
3 OLG Hamm NStZ 2002, 38 ff.; zust. *Kuhlen* in NK, § 331 StGB Rz. 82; krit. *Kargel*, ZStW 114, 763 ff.
4 BGH v. 19.11.1992 – 4 StR 456/92, BGHSt 39, 45 ff. (46 f.); BGH v. 14.10.2008 – 1 StR 260/08 – BGHSt 53, 6 ff. = juris PR StrafR 1/2009 m. Anm. *Paster*.
5 BGH v. 10.2.1994 – 1 StR 792/93, wistra 1994, 227 f.

der Vertragsabwicklung[1]; Nichtgeltendmachung von Mängeln oder im Erhalt der Geschäftsbeziehung[2]; Erweiterung der Arbeitsmöglichkeiten, wenn daraus mittelbar ein wirtschaftlicher Vorteil gezogen werden kann[3].

Nach ganz h.M.[4] kommen auch **Zuwendungen immaterieller Art** als Vorteil in Betracht. Diese müssen jedoch – wegen der Unbestimmtheit – eine gewisse Erheblichkeitsschwelle überschreiten[5]. 25

Beispiele: Bejaht für: Auszeichnungen und Ehrenämter[6]; Stärkung der Stellung im Unternehmen[7]; Förderung des beruflichen Fortkommens[8]; Steigerung der Reputation bei einem Wissenschaftler[9]; Gewährung von Geschlechtsverkehr[10]; Befriedigung von Ehrgeiz, Eitelkeit oder Geltungsbedürfnis[11]; **Verneint** für: bloß flüchtige Zärtlichkeiten/Kuss[12]; bloße Gelegenheit zu sexuellem Kontakt[13].

Ausreichend ist – seit 1997 ausdrücklich[14] – die **Zuwendungen an Dritte**. Dem Amtsträger muss allerdings die Drittzuwendung bekannt sein, zumindest muss er sie gebilligt haben[15]. 26

Unzweifelhaft erfüllten **Zuwendungen an einen Verwandten**[16] auch schon die früher geltenden Tatbestände. Der Vorteil musste allerdings beim Amtsträger in „irgendeiner Form" zu Buche schlagen[17]. Soweit sich der Amtsträger von Unterhaltspflichten oder sonstigen Verbindlichkeiten befreit, ist dies unproble- 27

---

1 RG v. 13.4.1932 – 5 C 79/42, RGSt 76, 108 ff. für rationierte Betriebsmittel.
2 RG v. 19.11.1931 – II 409/31 – Papierlieferung, RGSt 66, 16; OLG (Z) Stuttgart v. 15.2.1974 – 2 U 90/73, BB 1974, 1265 ff.
3 OLG Köln v. 21.9.2001 – 2 Ws 170/01, NStZ 2002, 36, für den Fall eines Chefarztes, bei dem durch Verbesserung der Ausstattung eine günstigere Möglichkeit der Liquidation nicht ausgeschlossen werden konnte.
4 St. Rspr., RGSt 77, 75 ff.; BGH v. 10.3.1983 – 4 StR 375/82, BGHSt 31, 264 ff.; BGH v. 21.10.1985 – 1 StR 316/85, BGHSt 33, 336 ff.; BGH v. 3.12.1987 – 4 StR 554/87, BGHSt 35, 128 ff.; *Fischer*, § 311 StGB Rz. 11; *Korte* in MüKo, § 311 StGB Rz. 65; *Sowada* in LK, § 331 StGB Rz. 36; *Kuhlen* in NK, § 331 StGB Rz. 44.
5 H.M., *Kuhlen* in NK, § 331 StGB Rz. 44 f.; *Heine* in S/S, § 331 StGB Rz. 19; *Korte* in MüKo, § 331 StGB Rz. 68; *Sowada* in LK, § 331 StGB Rz. 39; a.A. *Klug*, JZ 1960, 724 ff.; *Geerds*, JR 1986, 253 ff.
6 *Fischer*, § 331 StGB Rz. 11; *Kuhlen* in NK, § 331 StGB Rz. 44 ff.
7 AG Saarbrücken v. 31.5.1990 – 35-300/89, wistra 1991, 318.
8 BGH v. 3.2.1960 – 2 StR 437/59 – Laufbahnprüfung, BGHSt 14, 123 ff. (128).
9 OLG Karlsruhe v. 30.3.2000 – 2 Ws 181/99, StV 2001, 288 f., OLG Hamburg v. 11.7.2000 – 2 Ws 129/00, StV 2001, 284 ff.
10 RGSt 9, 166 ff.; BGH v. 29.3.1994 – 1 StR 12/94, StV 1994, 527; zust. m.w.Nw. *Kuhlen* in NK, § 331 StGB Rz. 44.
11 RGSt 77, 75 ff.; BGH v. 3.2.1960 – 4 StR 437/59, BGHSt 14, 123 ff.; a.A. BGH v. 23.5.2002 – 1 StR 372/01, BGHSt 47, 295 ff.; zust.: *Korte*, NStZ 2003, 157; *Kuhlen*, JR 2003, 231 ff.
12 BGH v. 21.7.1959 – 5 StR 188/59, MDR 1960, 63 ff. = NJW 1959, 1834.
13 BGH v. 9.9.1988 – 2 StR 352/88, NJW 1989, 914 f.
14 Zur Rspr. vor der Gesetzesänderung: vgl. BGH v. 3.12.1987 – 4 StR 554/87, BGHSt 35, 128 ff.
15 Vgl. *Fischer*, § 331 StGB Rz. 16 m.w.Nw.
16 BGH v. 21.11.1958 – 1 StR 453/58, NJW 1959, 345.
17 *Heine* in S/S, § 331 StGB Rz. 20.

konkreten Bezug zu Diensthandlungen, die geleistet werden, sich den Amtsträger allgemein gewogen zu halten, ist dabei nicht ausreichend[1]. Speziell für die Tatbestände der Vorteilsannahme und Vorteilsgewährung, die sehr weit gefasst sind, dürfte die Abgrenzung jedoch schwierig sein (vgl. Rz. 41 ff., 54 ff.).

Zur Begrenzung der ansonsten uferlosen Ausweitung der Strafbarkeit nach §§ 331 ff. StGB und der unerwünschten Folge, dass auch gewünschte Zuwendungen der Strafbarkeit unterfielen, wird zu Recht von der neueren Rechtsprechung und der h.M. gefordert, dass die Unrechtsvereinbarung – d.h. die Verknüpfung von dienstlichem Handeln und Vorteilszuführung – gegen Regeln verstößt bzw. **unlauter** ist[2] (vgl. Rz. 50). 31

b) Problematisch ist die Beurteilung des „**Sponsoring**", das insbesondere im medizinischen und medizintechnischen Bereich Aufsehen erregt hat. Die hier aufgetretenen Konstellationen können jedoch auch jeden anderen Bereich wissenschaftlicher, kultureller und sozialer Tätigkeit treffen, die Aufgabe der öffentlichen Hand ist. 32

Bekannt geworden ist die Problematik in der Öffentlichkeit unter dem Stichwort „*Herzklappenskandal*", der zu Ermittlungen gegen Ärzte an Kliniken, deren Träger die öffentliche Hand war, führte; ihnen wurde vorgeworfen, Zuwendungen von Lieferanten und Herstellern von Medizintechnik angenommen und sie unter Verletzung hochschul- und haushaltsrechtlicher Vorschriften für Forschungs- und Lehrzwecke verwendet zu haben.

Die (zumindest unmittelbar) nicht eigennützige **Einwerbung von Drittmitteln** für den öffentlichen Bereich verdient aber differenziertere Betrachtung. Der BGH[3] hatte sich bisher dazu nur im Bereich der medizinischen Hochschulforschung zu befassen. Die zu den §§ 331, 332 StGB a.F. und zur Untreue (§ 266 StGB) ergangenen Entscheidungen haben auch für die Beurteilung nach neuem Recht und alle anderen vergleichbaren Bereiche Bedeutung. 33

Der **BGH** hat Zuwendungen eines *Medizintechnikunternehmens* an den Förderverein, dem der Ärztliche Direktor eines Universitätsklinikums vorstand, und die tatsächlich als Provisionen für im Zusammenhang mit seiner Tätigkeit an der Universität erworbenen (nicht überteuerten) Geräte anzusehen waren, mangels Verletzung einer Vermögensbetreuungspflicht und eines Vermögensnachteils nicht als Untreue angesehen, die Voraussetzungen des § 331 StGB (a.F.) jedoch bejaht[4]. Er hat den erlangten Vorteil nach altem Recht bejaht; nach geltendem Recht bestünden, da die Drittbegünstigung in das Gesetz aufgenommen wurde, insoweit keine Bedenken. Der BGH hat jedoch auf die zur Beurteilung der Unrechtsvereinbarungen wesentlichen *Vorschriften zur Einwerbung von Drittmitteln* (hier §§ 8 Abs. 2, 119 Abs. 2, 3 Nr. 5 Universitätsgesetz BW) hingewiesen. Eine Tatbestandserfüllung liege dann nicht vor, wenn das gesetzlich vorgesehene Verfahren eingehalten, namentlich die Annahme der Mittel angezeigt und genehmigt wurde. Eine Verletzung dieser Vorschriften hat letztlich zur Verurteilung geführt[5]. 34

---

1 LG Karlsruhe v. 29.11.2007 – 3 KLs 620 Js 13113/06, NStZ 2008, 407 ff. – Entsch. zu durch EnBW verschenkten WM-Tickets; bestätigt durch BGH v. 14.10.2008 – 1 StR 260/08, NJW 2008, 3580 ff.; ausf. m.w.Nw. *Kuhlen* in NK, § 331 StGB Rz. 86 ff.
2 Statt vieler *Kuhlen* in NK, § 331 StGB Rz. 96 ff. m.w.Nw.
3 BGH v. 23.5.2002 – 1 StR 372/01, BGHSt 47, 295 ff.; BGH v. 23.10.2002 – 1 StR 541/01, BGHSt 48, 44 ff.; BGH v. 25.3.2003 – 5 StR 363/02, wistra 2003, 303 ff.
4 BGH v. 23.5.2002 – 1 StR 372/01, BGHSt 47, 295 ff. = NJW 2002, 2801 ff.
5 BGH v. 23.5.2002 – 1 StR 372/01, BGHSt 47, 295 ff. = NJW 2002, 2801 ff.; BGH v. 23.10.2002 – 1 StR 541/01, BGHSt 48, 44 ff.; zust. *Korte* in MüKo, § 331 StGB Rz. 106.

35 *Fehlen* derartige *gesetzliche Vorschriften*, so wird man unter den vom BGH aufgestellten Grundsätzen dann zur Straflosigkeit kommen können, wenn vom Amtsträger ein diesen Grundsätzen entsprechendes Verhalten gezeigt wird, das insbesondere die **Transparenz** des Vorganges bewirkt: Die Durchschaubarkeit des Vorganges muss sichergestellt, den Kontroll- und Aufsichtsorganen eine Überwachung ermöglicht und so der Notwendigkeit des Schutzes vor dem Anschein der „Käuflichkeit" von Entscheidungen des Amtsträgers angemessen Rechnung getragen werden[1].

36 c) Die Frage, in welchem Umfang gewährte Vorteile *gewohnheitsrechtlich anerkannt* sind und wie dies rechtlich zu beurteilen ist, ist nicht unumstritten. Geringwertige Werbegeschenke und Aufmerksamkeiten wie Kalender, Notizbücher, Bleistifte und Kugelschreiber oder alkoholische Getränke in geringem Umfang, wie etwa eine Flasche Wein, sind unter dem Gesichtspunkt der **sozialen Adäquanz** zu beurteilen. Eine „Unrechtsvereinbarung" i.S. der §§ 331 ff. StGB liegt in diesen Fällen nicht vor.

37 Eine **feste Grenze** zu ziehen, wann die Zuwendung als nicht mehr sozial-adäquat anzusehen ist, ist schwierig. Eine Orientierung an der *Geringwertigkeitsgrenze des § 248a StGB*, die zurzeit mit etwa 30–35 Euro angenommen wird[2], kann nur eine ganz grobe Orientierung sein und auf keinen Fall ausschließliches Kriterium. Zu berücksichtigen ist nicht nur der Wert des Zugewendeten, sondern auch die *Verkehrssitte*; die Höflichkeit kann die Annahme von Zuwendungen sogar gebieten, insbesondere wenn es sich um Einladungen zu Speisen und Getränken handelt[3]. Haben die aus Anlass oder bei Gelegenheit einer Diensthandlung dem Amtsträger gewährten Vorteile ihren Grund in den Regeln des sozialen Verhaltens und der Höflichkeit und sind der sozialen Stellung des Amtsträgers angemessen, liegt ein strafbares Verhalten mangels Unrechtsvereinbarung nicht vor[4]. Es fehlt dann schon an der Tatbestandserfüllung des jeweiligen Bestechungsdelikts, sodass die Überlegungen, ob nur die Rechtswidrigkeit beseitigt werden könnte, hinfällig sind. Nach der Rechtsprechung soll eine Strafbarkeit wegen Vorteilsannahme ausscheiden, wenn (bei mehraktigen Taten für jeden Einzelfall) keine Abhängigkeit der Höhe der Vorteilsgewährung von dem durch die Diensthandlung des Empfängers beeinflussten Absatzumfang zugunsten des Zuwendenden festzustellen ist[5].

38 Bei der Beurteilung der Sozialadäquanz ist aber *grundsätzlich* auf den **Einzelfall** abzustellen, wobei hier enge Grenzen zu ziehen sind. Ein Abweichen vom Grundsatz, dass nur die Zuwendung *kleiner* Werbegeschenke zulässig ist, sollte nur bei besonderen Umständen erfolgen.

---

1 BGH v. 23.5.2002 – 1 StR 372/01, BGHSt 47, 295 ff. = NJW 2002, 2801 ff.
2 *Fischer*, § 248a StGB Rz. 3 m.w.Nw. und Beisp.
3 BGH v. 10.3.1983 – 4 StR 375/82, BGHSt 31, 264 ff. (279) = NJW 1983, 2509 ff.
4 BGH v. 27.6.2002 – 4 StR 28/02, NStZ-RR 2002, 373.
5 BGH v. 25.2.2003 – 5 StR 363/02, wistra 2003, 303 ff.

d) Die **Genehmigung** der Annahme durch die zuständige Behörde beseitigt die Strafbarkeit von Empfänger und Zuwendenden im Bereich der Vorteilsannahme bzw. Vorteilsgewährung (§§ 331 Abs. 3, 333 Abs. 3 StGB)[1]. Sie beseitigt auch das steuerrechtliche Abzugsverbot des § 4 Abs. 5 S. 1 Nr. 10 EStG (vgl. Rz. 8), selbst wenn die Genehmigung rückwirkend erteilt wird. 39

4. Subjektiver Tatbestand

Alle vier Tatbestände der Amtsträger-Korruption setzen jeweils **Vorsatz** voraus, der sich auf alle jeweiligen Tatbestandsmerkmale erstrecken muss; bedingter Vorsatz genügt (vgl. § 17 Rz. 22 ff.). Fahrlässige Korruption ist somit ausgeschlossen. Wegen weiterer Einzelheiten wird auf Rz. 116 verwiesen. 40

II. Einzelne Tatbestände

1. Vorteilsannahme

Nach der Neufassung der Bestechungstatbestände 1997 wurde das Erfordernis der Unrechtsvereinbarung bei den *Grundtatbeständen* der Vorteilsannahme (**§ 331 Abs. 1 StGB**) und der Vorteilsgewährung (§ 333 Abs. 1 StGB) **gelockert**. Strafbar ist nach der neuen Fassung die Annahme und Gewährung von Vorteilen *„für die Dienstausübung"*. Dabei genügt das Bewusstsein, der Vorteil werde gerade aufgrund der dienstlichen Stellung des Versprechensempfängers und der Art der bisherigen Dienstausübung gewährt werden[2]. Der Täter – aktiv oder passiv – muss sich der Rechtswidrigkeit seines Tuns bewusst sein oder dieses Bewusstsein bei genügender Anspannung seines Gewissens haben können. Dieses muss bezogen auf die Bestechlichkeitsdelikte spezifisch tatbestandsbezogen sein, sich also auf das dem Tatbestand zugrunde liegende Verbot beziehen. Ein allgemeines Bewusstsein, Unrecht zu tun, soll nicht genügen[3]. 41

a) Die **Tathandlung** des § 331 StGB ist das Fordern, Sichversprechenlassen oder Annehmen eines Vorteils durch einen Amtsträger oder einen für den öffentlichen Dienst besonders Verpflichteten (bzw. einen Richter oder Schiedsrichter nach § 331 Abs. 2 StGB). 42

Unter **Fordern** ist das einseitige Verlangen eines Vorteils zu verstehen[4]. Die bloße Anregung soll nicht genügen[5], die indirekte Bitte hingegen schon[6]. Auf den Abschluss einer Unrechtsvereinbarung kommt es dabei nicht an[7]. Voll- 43

---

1 *Schneider*, Die Dienstherrengenehmigung des § 331 Abs. 3 StGB – Bedeutung und Reichweite am Beispiel der Kooperation zwischen Ärzten und der Arzneimittel- bzw. Medizinprodukteindustrie, in FS H.-H. Kühne zum 70. Geburtstag, 2013, S. 477 ff.
2 BGH v. 28.10.2004 – 3 StR 301/03, NJW 2004, 3569 ff.; vgl. auch BGH v. 14.10.2008 – 1 StR 260/08, NJW 2009, 3580 ff.
3 OLG Köln v. 21.9.2001 – 2 Ws 170/01, NStZ 2002, 35 ff.
4 St. Rspr., RGSt 31, 389 ff.; BGH v. 30.4.1957 – 1 StR 287/56, BGHSt 10, 237 ff.
5 *Korte* in MüKo, § 331 StGB Rz. 52 m.w.Nw.
6 BGH v. 11.5.2006 – 3 StR 389/05, NStZ 2006, 628 ff.
7 BGH v. 11.5.2006 – 3 StR 389/05, NStZ 2006, 628 ff.

endet ist die Tathandlung des Forderns mit Kundgabe, d.h. bei Kenntnisnahme durch den Adressaten oder einer Mittelsperson[1], ob dieser die Forderung versteht, ist dabei unerheblich, wenn der Fordernde den Willen hat, „dass der Aufgeforderte den wahren Zusammenhang erkennt" und für einen durchschnittlich befähigten Adressaten erkennbar ist, dass der Vorteil für eine Dienstausübung gefordert wird[2].

44 **Sichversprechenlassen** ist die Annahme des Angebotes eines (noch nicht geleisteten) Vorteils[3]. Damit wird die Unrechtsvereinbarung geschlossen, was sowohl ausdrücklich als auch konkludent oder bedingt erfolgen kann[4].

45 Mit dem **Annehmen** des Vorteils für die Dienstausübung wird die Unrechtsvereinbarung durch tatsächliches Empfangen vollzogen. Bei gutgläubiger Entgegennahme eines Vorteils liegt das Annehmen dann vor, wenn der Amtsträger erkennt, dass die Zuwendung für eine Dienstausübung geleistet wurde und er diese trotzdem behält[5]. Nach dem Gesetzeswortlaut genügt, wenn der Amtsträger den Vorteil für einen Dritten annimmt. Wird der Vorteil hingegen direkt dem Dritten zugewendet, kommt für den Amtsträger nur ein Sichversprechenlassen in Betracht[6].

46 **b)** Durch die vom Gesetzgeber 1997 gewählte Formulierung wird zwar weiterhin eine *Beziehung* zwischen Forderung oder Annahme des Vorteils und den Diensthandlungen des Amtsträgers verlangt; die vom BGH[7] früher auch für die Vorteilsannahme geforderte hinreichend bestimmte Gegenleistung muss jedoch nicht mehr vorliegen. Durch den weit auszulegenden[8] Begriff „**für die Dienstausübung**" ist die in der vorherigen Fassung ausdrückliche Erwähnung der vorgenommenen und künftig vorzunehmenden Diensthandlungen überflüssig geworden, da beide Möglichkeiten damit erfasst sind. Erfasst sind nun auch solche Zuwendungen, die in dem Bewusstsein vorgenommen werden, der Amtsträger werde hierfür irgendeine dienstliche Tätigkeit vornehmen oder vorgenommen haben[9]. An die Bestimmtheit der dienstlichen Handlung sind nur geringe Anforderungen in zeitlicher, sachlicher oder örtlicher Hinsicht zu stellen[10], ausreichend ist, wenn der sachliche Gehalt grob umrissen ist und

---

1 H.M., RGSt 39, 193 ff.; BGH v. 11.5.2006 – 3 StR 389/05, NStZ 2006, 628 ff.; *Fischer*, § 331 StGB Rz. 18; *Kuhlen* in NK, § 331 StGB Rz. 21 m.w.Nw.
2 BGH v. 11.5.2006 – 3 StR 389/05, NStZ 2006, 628 ff.; BGH v. 30.4.1957 – 1 StR 287/56, BGHSt 10, 237 ff.; a.A. frühere Rspr.: RGSt 70, 166 ff.; BGH v. 28.10.1955 – 2 StR 315/55, BGHSt 8, 214 ff.
3 BGH v. 30.4.1957 – 1 StR 287/56, BGHSt 10, 237 ff.; *Fischer*, § 311 StGB Rz. 19.
4 Ganz h.M., bereits RGSt 57, 28 ff.; BGH v. 27.6.2002 – 4 StR 28/02, NStZ-RR 2002, 272 ff.; statt vieler *Kuhlen* in NK, § 311 StGB Rz. 24 ff. m.w.Nw.
5 Bereits RGSt 58, 263 ff.; BGH v. 25.7.1960 – 2 StR 91/60, BGHSt 15, 88 ff.; BGH v. 28.8.2007 – 3 StR 212/07, NJW 2007, 3446 ff.
6 *Kuhlen* in NK, § 331 StGB Rz. 28 f. m.w.Nw.
7 BGH v. 19.11.1992 – 4 StR 456/92, BGHSt 39, 45 ff. = NJW 1993, 1085 f.
8 BGH v. 29.2.1984 – 2 StR 560/83, BGHSt 32, 290 f.; BGH v. 19.11.1992 – 4 StR 456/92, BGHSt 39, 45 ff.; *Korte* in MüKo, § 331 StGB Rz. 96.
9 *Heine* in S/S, § 331 StGB Rz. 7.
10 RGSt 64, 328 ff.; BGH v. 29.2.1984 – 2 StR 560/83, BGHSt 32, 290 ff.; BGH v. 28.10.2004 – 3 StR 460/03, NStZ 2005, 214 ff.

dem Aufgabenkreis des Amtsträgers zuzuordnen[1]. Leistungen zur bloßen „Klimapflege" (vgl. Rz. 30), um sich den Amtsträger gewogen zu halten, reichen hingegen nicht aus[2].

Unerheblich ist, wenn der Amtsträger die für den Vorteil **zugesagte Dienstausübung** gar nicht vornehmen will und seine Absicht nur vortäuscht[3]. Wenn der Amtsträger hingegen vortäuscht, die Diensthandlung bereits vollzogen zu haben, liegt eine Bestechlichkeitsstrafbarkeit nicht vor[4]. Pflichtwidrigkeit der Handlung begründet nicht zwingend den dienstlichen Charakter einer Tätigkeit, notwendig ist, dass der Amtsträger „seine amtliche Stellung dazu missbraucht, eine durch eine Dienstvorschrift verbotene Handlung vorzunehmen, die ihm gerade seine amtliche Stellung ermöglicht"[5]. Jedoch können auch pflichtwidrige oder strafbare Handlungen dienstliche Handlungen i.S. der Norm sein[6]. Neben außenwirksamen Entscheidungen reichen bereits vorbereitende oder unterstützende Tätigkeiten aus[7]. Ein Handeln wird nicht dadurch zum dienstlichen Handeln, dass es vorschriftswidrig während der Dienstzeit vorgenommen wird[8]. Nebentätigkeiten reichen nicht aus, auch dann nicht, wenn dienstlich erworbene Fähigkeiten genutzt werden. Eine Ausnahme soll gelten, wenn der Amtsträger Eingaben oder Anträge einreicht bzw. beratend tätig und selbst am Entscheidungsvorgang beteiligt ist[9].

c) In **§ 331 Abs. 2 StGB** ist die Vorteilsannahme durch *Richter und Schiedsrichter* geregelt. Wer ein solches herausgehobenes Amt ausübt (vgl. Art. 97 GG), dem droht eine deutlich höhere Strafe (Rz. 58 ff.). Der Verzicht auf die Lockerung der Unrechtsvereinbarung lässt bei deren Fehlen zumindest bei Richtern nicht die Strafbarkeit entfallen, da diese Amtsträger sind und dann regelmäßig der Grundtatbestand des § 331 Abs. 1 StGB eingreift.

---

1 St. Rspr., BGH v. 29.2.1984 – 2 StR 560/83, BGHSt 32, 290 ff.; BGH v. 19.11.1992 – 4 StR 456/92, BGHSt 39, 45 ff.; BGH v. 23.5.2002 – 1 StR 372/01, BGHSt 47, 295 ff.; BGH v. 16.3.1999 – 5 StR 470/98, wistra 1999, 224; BGH v. 28.10.2004 – 3 StR 460/03, NStZ 2005, 214 f.
2 BGH v. 27.10.1960 – 2 StR 342/60, BGHSt 15, 217 ff.; BGH v. 25.2.2003 – 5 StR 363/02, NStZ-RR 2003, 171 f.; zust. *Fischer*, § 331 StGB Rz. 24; *Korte* in MüKo, § 331 StGB Rz. 96 m.w.Nw.
3 BGH v. 25.7.1960 – 2 StR 91/60, BGHSt 15, 88 ff.
4 BGH v. 2.7.1980 – 3 StR 201/80, BGHSt 29, 300 ff.; *Sowada* in LK, § 331 StGB Rz. 63 m.w.Nw.; a.A. *Korte* in MüKo, § 331 StGB Rz. 22; *Kuhlen* in NK, § 331 StGB Rz. 36 f. m.w.Nw.
5 St. Rspr., BGH v. 22.6.2000 – 5 StR 268/99, wistra 2000, 426 ff.; *Fischer*, § 331 StGB Rz. 6; a.A. RGSt 72, 70 ff.
6 Vgl. § 332 StGB; BGH v. 11.1.1955 – 5 StR 290/54, BGHSt 7, 149 ff.; BGH v. 3.2.1960 – 4 StR 437/59, BGHSt 14, 123 ff.; krit. *Ebert*, GA 1979, 361 ff.; abl. *Wagner*, JZ 1987, 594 ff.; *Amelung/Weidemann*, JuS 1984, 595 ff.
7 St. Rspr., RGSt 68, 251 ff.; BGH v. 5.9.1952 – 4 StR 885/51, BGHSt 3, 145 ff.; BGH v. 21.3.2002 – 5 StR 138/01, BGHSt 47, 260 ff.
8 BGH v. 22.6.2000 – 5 StR 268/99, wistra 2000, 426 ff.
9 BGH v. 5.9.1952 – 4 StR 885/51, BGHSt 3, 143 ff.; BGH v. 19.12.1957 – 4 StR 485/57, BGHSt 11, 125 ff.; BGH v. 30.10.1962 – 1 StR 385/62, BGHSt 18, 59 ff.; BGH v. 19.2.1963 – 1 StR 349/62, BGHSt 18, 263 ff.; BGH v. 10.3.1983 – 4 StR 375/82, BGHSt. 31, 264 ff.

Im Gegensatz zu Abs. 1 ist bei der Vorteilsannahme durch Richter und Schiedsrichter *bereits der Versuch* strafbar (Abs. 2 S. 2).

49 Gem. § 11 Abs. 1 Nr. 3 StGB gehören zu den **Richtern** nicht nur die Berufsrichter, sondern auch die ehrenamtlichen Richter, nicht hingegen Rechtsreferendare und Rechtspfleger. Notwendig ist, dass der Vorteil für eine *konkrete richterliche Handlung* gewährt wird, darunter fallen nur solche Tätigkeiten, für die die richterliche Unabhängigkeit garantiert ist[1]. **Schiedsrichter** sind Richter in einem Schiedsverfahren. Schiedsrichter im Sport unterfallen nicht dem Begriff des „Schiedsrichters", im Gegensatz zu Mitgliedern von Sportgerichten[2].

2. Bestechlichkeit

50 a) Der Tabestand der Bestechlichkeit unterscheidet sich von der Vorteilsannahme durch die besondere Qualität des Handelns seitens des Amtsträgers: Die – vorgenommene oder künftige – **konkrete Diensthandlung** (Rz. 26 f.) des Amtsträgers muss **pflichtwidrig** sein, d.h., der Täter muss gegen das Gesetz, Dienstvorschriften oder Anordnungen seiner Vorgesetzten verstoßen[3]. Im Fall dienstlicher Anordnung wird man aber fordern müssen, dass die Anordnungen essenziell die *Art der Dienstverrichtung* bestimmen. Strafbar braucht die Handlung nicht zu sein. Der *Versuch* ist strafbar (§ 332 Abs. 1 S. 3 StGB). Sofern *Richter* betroffen sind, können sie wegen der richterlichen Unabhängigkeit nur bei Gesetzesverstößen den Tatbestand erfüllen.

51 **Beispiele:** für pflichtwidriges Verhalten sind die Verletzung der Dienstverschwiegenheit[4]; die bewusst verzögerte Bearbeitung von Dienstangelegenheiten; die bevorzugte Bearbeitung kann nur dann pflichtwidrig sein, wenn dadurch andere ungerechtfertigt beeinträchtigt werden[5]; wettbewerbsverzerrende Informationsweitergabe[6]. *Ermessensfehlgebrauch und Ermessensüberschreitung* sind stets pflichtwidrig. Eine Pflichtwidrigkeit kann aber schon dann vorliegen, wenn der Amtsträger sich von dem Vorteil beeinflussen lässt, selbst wenn die Entscheidung innerhalb seines Ermessensspielraums liegt[7], etwa bei einer freihändigen Auftragsvergabe. Ein pflichtwidriges Handeln kann bereits dann gegeben sein, wenn die Entscheidung nicht im Ergebnis, aber beim Zustandekommen durch Einfluss sachfremder Erwägungen zu beanstanden ist[8].

52 In dem Fall, dass der Amtsträger für eine **künftige Handlung** einen Vorteil fordert, sich versprechen lässt oder annimmt, ist der Tatbestand des § 332 Abs. 3 StGB bereits erfüllt, wenn er sich dem anderen gegenüber – schlüssig oder ausdrücklich – zur Verletzung seiner Dienstpflicht bereit erklärt hat. Allein maßgeblich für diese Tatbestandsalternative ist das Zustandekommen einer entsprechenden Unrechtsvereinbarung, die das Vertrauen in die Lauterkeit gefähr-

---

1 BT-Drs. 7/550, 271; *Sowada* in LK, § 331 StGB Rz. 95; *Korte* in MüKo, § 331 StGB Rz. 115.
2 *Korte* in MüKo, § 331 StGB Rz. 112 f.
3 *Heine* in S/S, § 332 StGB Rz. 7.
4 BGH v. 18.6.1953 – 4 StR 115/53, BGHSt 4, 293 ff.
5 BGH v. 16.2.1961 – 1 StR 611/60, BGHSt 15, 350 ff.
6 OLG Hamm v. 26.10.1972 – 5 Ss 751/72, MDR 1973, 335.
7 *Fischer*, § 332 StGB Rz. 6.
8 *Heine* in S/S, § 332 StGB Rz. 10.

det[1]. Unerheblich ist, ob der Täter die Pflichtwidrigkeit dann auch tatsächlich begeht[2] oder eine Zuwendung erfolgt.

Das **Unterlassen** der Vornahme einer Diensthandlung oder richterlichen Handlung steht gem. § 336 StGB der Vornahme gleich.

3. Vorteilsgewährung und Bestechung

Das **spiegelbildliche Gegenstück** zur Vorteilsannahme und zur Bestechlichkeit sind **§ 333 StGB** (*Vorteilsgewährung*) und **§ 334 StGB** (*Bestechung*). Im Gegensatz zu den §§ 331, 332 StGB, wo nur Amtsträger oder der für den öffentlichen Dienst besonders Verpflichtete Täter sein können (Sonderdelikt), können diese Tatbestände von *jedermann* erfüllt werden (vgl. § 22 Rz. 10). Die Tat ist vollendet mit der Vorteilshingabe, auf die (im Fall des § 332 StGB pflichtwidrige) Gegenleistung kommt es nicht an.

a) Durch die *Neufassung* des § 333 Abs. 1 StGB ist die „**Vorteilsgewährung**" **erweitert** worden. Die vorherige Beschränkung des Tatbestandes auf künftige Ermessenshandlungen wurde zugunsten der Fassung: „für die Dienstausübung" aufgegeben. Für die – nicht pflichtwidrige – Vornahme einer solchen muss ein Vorteil *angeboten, versprochen oder gewährt* werden. Die Tathandlungen sind jeweils das Gegenstück zum Fordern, Annehmen und Sichversprechenlassen, das dazu oben (Rz. 42) Ausgeführte gilt entsprechend.

Der **Versuch** ist lediglich im Fall der Richterbestechung (§ 334 Abs. 2 StGB) unter Strafe gestellt.

b) Die (aktive) **Bestechung** setzt – spiegelbildlich zur Bestechlichkeit – voraus, dass eine **pflichtwidrige** Diensthandlung vorgenommen wurde oder vorgenommen werden soll. Unterschiedliche Behandlung erfahren Empfänger und Zuwendender nur im Bereich der *Richter- und Schiedsrichterbestechung*. Für den Bestechenden ist die Erfüllung dieses Tatbestands kein Verbrechen; der Versuch ist dennoch strafbar (§ 334 Abs. 2 S. 2 StGB).

III. Strafandrohungen, Konkurrenzen, Verfahrensrecht

a) Die Strafdrohung für die **Vorteilsannahme** (§ 331 Abs. 1 StGB) wurde durch das BKorrG von Geldstrafe oder Freiheitsstrafe bis zu zwei Jahren auf Geldstrafe oder Freiheitsstrafe bis zu drei Jahren angehoben, für Richter und Schiedsrichter (Abs. 2) auf Geldstrafe oder Freiheitsstrafe von nun bis zu fünf Jahren (vormals höchstens drei Jahre).

Die Strafdrohung für **Bestechlichkeit** ist – durch die Gesetzesneufassung unverändert – Freiheitsstrafe von sechs Monaten bis zu fünf Jahren, in minder schweren Fällen bis zu drei Jahren. Die *Richterbestechlichkeit* (Abs. 2) ist zum *Verbrechenstatbestand* angehoben worden; sie ist mit Freiheitsstrafe von einem bis zehn Jahren, in minder schweren Fällen von sechs Monaten bis fünf Jahren bedroht.

---

1 BGH v. 27.6.2002 – 4 StR 28/02, NStZ-RR 2002, 272 ff.
2 *Fischer*, § 332 StGB Rz. 4.

60 Auch bei der **Vorteilsgewährung** und der **Bestechung** wurde der Strafrahmen entsprechend den Strafvorschriften für die Amtsträger (Rz. 58 f.) erhöht.

61 b) *Neu eingefügt* durch das BKorrG wurden Fälle der **besonders schweren Bestechung und Bestechlichkeit** (§ 335 StGB). Der vormalige § 335 StGB – Rechtsbeugung – wurde inhaltsgleich zu § 336 StGB. Die Qualifikation zum Verbrechenstatbestand setzt die Grundtatbestände der §§ 332 Abs. 1 S. 1, 334 Abs. 1 S. 1, 334 Abs. 2 und 332 Abs. 2 StGB voraus und erhöht den Strafrahmen auf Freiheitsstrafe von einem bis zu zehn Jahren; bei der Richterbestechlichkeit (§ 332 Abs. 2 StGB) droht Freiheitsstrafe nicht unter zwei Jahren.

62 Das Gesetz arbeitet auch hier mit **Regelbeispielen**. Das erste Beispiel „*Vorteil großen Ausmaßes*" bezieht sich nur auf materielle Vorteile und ist pauschal zu beurteilen[1], was in der Praxis wegen der Unbestimmtheit schwer zu bestimmen ist, wie der Mangel an entsprechenden Verurteilungen erkennen lässt. Bei der ähnlich gefassten Vorschrift des besonders schweren Falls des Subventionsbetrugs (§ 264 Abs. 2 Nr. 1 StGB – § 52 Rz. 44 f.) wurden Summen in einer Größenordnung von 50 000 Euro als dem Tatbestand entsprechend angesehen[2]; im Bereich der Bestechung wird man aber möglicherweise von geringeren Summen ausgehen können. Die *fortgesetzte Annahme* durch den Amtsträger setzt initiatives Verhalten des Amtsträgers und zumindest drei Vorteilsannahmen durch diesen voraus, wobei unerheblich ist, ob diese aus einer Unrechtsvereinbarung (mit offenem Ende) oder aus mehreren Unrechtsveinbarungen von verschiedenen Gebern stammen[3]. Für die Regelbeispiele des *gewerbs- oder bandenmäßigen* Handelns von Amtsträger und Leistendem ergeben sich keine Besonderheiten im Vergleich zu anderen Vorschriften.

63 c) Bei der Frage möglicher **Konkurrenzen** steht eine Strafbarkeit wegen *Untreue* (§ 266 Abs. 1 Alt. 2 StGB; näher oben § 32) im Vordergrund; sie kann grundsätzlich tatmehrheitlich in Betracht kommen. Die mögliche Pflichtwidrigkeit kann sich u.a. aus dem Spendenvolumen, der Interessenlage im Einzelfall und aus den Anforderungen an die interne Publizität ergeben[4]. Für die Verletzung des *Treubruchtatbestands* sind Inhalt und Umfang der Treuabrede, die sich aus dem zugrunde liegenden rechtlichen Verhältnis, den getroffenen Vereinbarungen und deren Auslegung ergeben, maßgebend. Wer ihm zugewiesene Haushaltmittel zu bewirtschaften hat und damit sächliche und personelle Mittel zweckbestimmt, wirtschaftlich und sachgerecht einzusetzen hat, wird in aller Regel einer Vermögensbetreuungspflicht unterliegen. Dies gilt umso mehr, wenn er eine auch nur mittelbare Kompetenz für die Auswahl zu beschaffender Produkte hat[5].

64 Der Vertretungsberechtigte hat zwar auf günstige Vertragsabschlüsse für den Treugeber hinzuwirken; die Pflicht, persönliche Provisionen oder Schmiergel-

---

1 *Kuhlen* in NK, § 335 StGB Rz. 3.
2 BGH v. 20.1.1987 – 1 StR 456/86, BGHSt 34, 270 = NJW 1987, 2093 ff.; *Fischer*, § 264 StGB Rz. 46.
3 *Kuhlen* in NK, § 335 StGB Rz. 5 m.w.Nw.
4 *Fischer*, § 266 StGB Rz. 46; grunds. auch BGH v. 6.12.2001 – 1 StR 215/01, BGHSt 47, 187 ff.
5 Vgl. auch BGH v. 23.5.2002 – 1 StR 372/01, BGHSt 47, 295 ff. = NJW 2002, 2801 ff.

der an den Geschäftsherrn herauszugeben, ist jedoch **keine spezifische Treupflicht**[1]. Anderes kann allenfalls dann in Betracht kommen, wenn der Provisionsanspruch dem Treugeber selbst zusteht und vom Treunehmer pflichtwidrig vereinnahmt wird[2]. Der Vertretungsberechtigte handelt auf jeden Fall dann treuwidrig, wenn er dazu beiträgt, überhöhte Preise zu akzeptieren, oder wenn sein Dienstherr nicht in den Stand gesetzt wird, noch günstigere Preise auszuhandeln, obgleich seines Wissens das liefernde Unternehmen zu deren Gewährung bereit wäre[3]. Schließlich muss in all den Fällen der Eintritt eines *Vermögensschadens* vorliegen. Durch den Untreuetatbestand wird nicht die Dispositionsfreiheit geschützt; der Vermögensnachteil muss grundsätzlich durch einen Vergleich des gesamten Vermögens vor und nach der beanstandeten Verfügung nach wirtschaftlichen Gesichtspunkten geprüft werden[4].

Soweit den Zuwendungen **rechtswidrige**, d.h. die Dienstpflicht verletzende **Gegenleistungen** der annehmenden Personen gegenüberstehen, wie z.B. der Ankauf nicht erforderlicher Geräte oder Arzneimittel oder der Erwerb zu überhöhten Preisen, gelangt man aus dem Bereich des § 331 StGB hin zur Bestechlichkeit (§ 332 StGB) und zur Untreue und, soweit es sich nicht um Amtsträger handelt, zu § 299 StGB (Rz. 69 ff.)[5]. 65

Ebenso unproblematisch ist die Beurteilung von Zuwendungen, wie etwa Provisionen oder Bezahlung von Kongress- oder Tagungsteilnahmen oder von sonstigen Geschenken, die einen **geldwerten Vorteil** darstellen und – sofern sie den Finanzbehörden verschwiegen werden – auch den Tatbestand der Steuerhinterziehung (§ 370 AO) erfüllen können. 66

Beendet sind die Taten mit der Annahme des Vorteils oder dem endgültigen Fehlschlagen des Forderns oder Sichversprechenlassens[6]. Damit beginnt der Lauf der Verjährung. Wird die Diensthandlung als letztes Tatbestandsmerkmal erfüllt, beginnt die Verjährung erst mit dieser zu laufen[7]. Bei Hingabe eines unbefristeten Darlehens als Vorteil ist die Tat mit der Hingabe beendet[8]. 67

§ 338 StGB, der auf die Vorschriften des erweiterten Verfalls gem. § 73d StGB und der Vermögensstrafe gem. § 42a StGB verweist, wenn die Täter gewerblich oder als Mitglieder einer Bande handeln, bleibt wohl ohne größere praktische Bedeutung. Unter den Voraussetzungen des *gewerbsmäßigen* und des *fortgesetzten* Handelns kann auf **erweiterten Verfall** (§ 73d StGB) erkannt werden, der jedoch bei entgegenstehenden Rechten eines Geschädigten (vor allem des Geschäftsherrn) gem. § 73 Abs. 1 S. 2 StGB unanwendbar bleiben muss (vgl. 68

---

1 BGH v. 23.5.2002 – 1 StR 372/01, BGHSt 47, 295 ff. = NJW 2002, 2801 ff.
2 BGH v. 13.7.1999 – 5 StR 667/98, wistra 1999, 420 ff.
3 BGH v. 23.5.2002 – 1 StR 372/01, BGHSt 47, 295 ff. = NJW 2002, 2801 ff.
4 BGH v. 23.5.2002 – 1 StR 372/01, BGHSt 47, 295 ff. = NJW 2002, 2801 ff.
5 Dazu auch BGH v. 19.10.1999 – 1 StR 264/99, wistra 2000, 22 f.
6 BGH v. 30.4.1957 – 1 StR 287/56, BGHSt 10, 237 ff.; BGH v. 22.5.1958 – 1 StR 551/57, BGHSt 11, 345 ff.; BGH v. 23.8.1961 – 2 StR 267/61, BGHSt 16, 207 ff.; BGH v. 6.9.2011 – 1 StR 633/10, wistra 2012, 29.
7 BGH v. 19.6.2008 – 3 StR 90/08, NJW 2008, 3076 ff.; a.A. *Kuhlen*, JR 2009, 53; *Bernsmann*, GA 2009, 296 ff.; *Korte* in MüKo, § 331 StGB Rz. 192.
8 BGH v. 23.8.1961 – 2 StR 267/61, BGHSt 16, 207 ff.

auch Rz. 127). Mit der Nichtigkeit der Vermögensstrafe (§ 43a StGB; vgl. § 21 Rz. 1) entfällt jedenfalls der Anwendungsbereich.

C. Im geschäftlichen Verkehr

69 Der mit **Straftaten gegen den Wettbewerb** überschriebene 26. Abschnitt des StGB ist durch das Gesetz zur Bekämpfung der Korruption (BKorrG) vom 13.8.1997[1] in das StGB eingefügt worden.

In **§ 298 StGB** ist die „wettbewerbsbeschränkende Absprache bei Ausschreibungen" unter Strafe gestellt. Damit wird die *strafrechtliche Ahndung von Kartellabsprachen* ermöglicht, unabhängig von der Reaktion des Ausschreibungsveranstalters und ohne das Tatbestandsmerkmal des Vermögensschadens, dessen es für eine Betrugsstrafbarkeit[2] (dazu unten § 58) – in der Praxis kaum nachweisbar – bedarf.

70 Die Regelung des **§ 299 StGB** entspricht im Wesentlichen dem früheren – bereits 1909 eingeführten[3] – § 12 UWG, wurde jedoch bei Übernahme in das Strafgesetzbuch redaktionell an die Vorschriften der Amtsträgerbestechung (§§ 331 ff. StGB, vgl. Rz. 10 ff.) angepasst. Nach dem Willen des Gesetzgebers sollte durch die Übernahme in das Kernstrafrecht das Bewusstsein geschärft werden, „dass es sich auch bei der Korruption im geschäftlichen Bereich um eine Kriminalitätsform handelt, die nicht nur die Wirtschaft selbst betrifft, sondern Ausdruck eines allgemein sozialethisch missbilligten Verhaltens ist."[4] Eine inhaltliche Änderung der Tatbestandsmerkmale wurde hingegen – abgesehen von einer Erweiterung auf Drittvorteile und einer Anhebung des Regelstrafrahmens von einem auf drei Jahre – nicht für nötig gehalten. Eingeführt wurde zudem eine Vorschrift zu besonders schweren Fällen mit entsprechender Strafschärfungsmöglichkeit (§ 300 StGB, vgl. Rz. 108). Von großer Bedeutung war indes eine verfahrensrechtliche Erweiterung: das absolute Strafantragserfordernis, das § 12 UWG zu einer ziemlich ineffektiven Norm gemacht hatte, wurde gem. § 301 Abs. 1 StGB in ein relatives umgewandelt: Bei Bejahung eines besonderen öffentlichen Interesses kann nun auch von Amts wegen die Korruption im Geschäftsverkehr verfolgt werden (vgl. Rz. 125 ff.). Zusätzlich ordnet § 302 StGB bei gewerbs- oder bandenmäßiger Begehungsweise den erweiterten Verfall gem. § 73d StGB an (vgl. Rz. 127).

71 **Geschützt** durch § 299 StGB wird nach allgemeiner Meinung[5] vorrangig der lautere Wettbewerb als Allgemeininteresse sowie in- und ausländische Mitbewerber in ihren Vermögensinteressen und ihrem Anspruch auf Chancengleichheit[6]. Daneben werden eine Vielzahl weiterer Rechtsgüter – u.a. die Inte-

---

1 KorruptionsbekämpfungsG, BGBl. I 2038.
2 BGH v. 8.1.1992 – 2 StR 102/91 – Wasserbauentscheidung, BGHSt 38, 186.
3 Als „Angestelltenbestechung", RGBl., 499.
4 BT-Drs. 13/5884, 15; BR-Drs. 553/96, 32; krit. dazu *König*, JR 1997, 397 ff. (401).
5 BGH v. 10.7.1957 – 4 StR 5/57, BGHSt 10, 358 ff. = NJW 1957, 1604; *Tiedemann* in LK, § 299 StGB Rz. 1 m.w.Nw.
6 BGH (Z) v. 27.3.1968 – I ZR 163/65, NJW 1968, 1572 ff.; *Dannecker* in NK, § 299 StGB Rz. 5; *Tiedemann* in LK, § 299 StGB Rz. 5.

ressen der Geschäftsherrn[1], Kunden bzw. Verbraucher[2] – als weitere durch die Norm geschützte Rechtsgüter angeführt. Zuzugeben ist den Vertretern dieser Ansichten, dass der genannte Personenkreis größtenteils dem Kreis entspricht, der nach § 301 StGB (vgl. Rz. 125) strafantragsberechtigt ist[3]. Zu Recht wird jedoch dagegen eingewendet, dass die Abgrenzung der unterschiedlichen Schutzgüter zueinander ungeklärt ist und damit ein beliebig wirkender Strauß von Rechtsgütern entsteht[4]. I.S. einer klaren Auslegung und Begrenzung eines – ansonsten grenzenlos ausufernden – Tatbestandes sind somit nur das Kollektivinteresse des lauteren Wettbewerbs sowie die Ansprüche der Wettbewerber als primäres Schutzgut anzuerkennen. Die weiteren angeführten (Einzel-)Rechtsgüter sind als bloßer Reflex durch § 299 StGB mit geschützt[5].

I. Gemeinsame Tatbestandsmerkmale

Die Bestechung / Bestechlichkeit im geschäftlichen Verkehr ist in den Abs. 1 und 2 des § 299 StGB **spiegelbildlich** geregelt – gleiche Tatbestandsmerkmale sind daher gleich auszulegen. Im Gegensatz zu Abs. 2 stellt Abs. 1 ein Sonderdelikt für Angestellte oder Beauftragte eines geschäftlichen Betriebes dar; insoweit findet § 28 Abs. 1 StGB Anwendung[6].

72

1. Geschäftlicher Verkehr

Der **Begriff** des geschäftlichen Verkehrs umfasst das Handeln des Unternehmens, und zwar alle Maßnahmen – auch das Unterlassen, soweit eine Pflicht zum Tun besteht –, die auf die *Förderung eines beliebigen Geschäftszweckes* abzielen, d.h. jede selbständige Tätigkeit zur Verfolgung eines wirtschaftlichen Zweckes, in der die Teilnahme am Wettbewerb zum Ausdruck kommt[7]. Der Begriff ist weit auszulegen[8]. Zweckmäßig ist die negative Abgrenzung, wonach als Handeln im geschäftlichen Verkehr anzusehen ist, was nicht unter die Begriffe privater oder amtlicher Verkehr in Ausübung von Hoheitsrechten einzuordnen ist[9]. Umfasst sind daher sowohl freie Berufe als auch Künstler und Wissenschaftler, wenn ihre Tätigkeit dem Erwerb dient und einen Marktbezug

73

---

1 BGH v. 18.1.1983 – 1 StR 490/82, BGHSt 31, 207 ff. = NJW 1983, 1919 ff.; *Diemer/Krick* in MüKo § 299 StGB Rz. 2 m.w.Nw., *Fischer*, § 299 StGB Rz. 2.
2 BGH (Z) v. 27.3.1968 – I ZR 163/65, NJW 1968, 1572 ff.; BGH v. 16.7.2004 – 2 StR 486/03, BGHSt 49, 214 ff. = NJW 2004, 3129 ff.
3 *Fischer*, § 299 StGB Rz. 2; *Heine* in S/S, § 301 StGB Rz. 3.
4 *Vormbaum* in FS Schroeder, S. 649 ff.; *Rönnau* in A/R, Teil 3 § 299 StGB Rz. 6 m.w.Nw.; *Bernsmann/Gatzweiler*, Rz. 551 ff.
5 *Walther, F.*, Diss. 2011, S. 59 ff.; *Vormbaum* in FS Schroeder, S. 649 ff.; *Rönnau* in A/R, Teil 3 § 299 StGB Rz. 7 m.w.Nw.
6 *Fischer*, § 299 StGB Rz. 3.
7 H.M., statt vieler *Tiedemann* in LK, § 299 StGB Rz. 21 m.w.Nw.
8 *Dannecker* in NK, § 299 StGB Rz. 28.
9 *Tiedemann* in LK, § 299 StGB Rz. 19.

aufweist[1]. Der private Endverbraucher ist nicht von § 299 StGB umfasst, auch dann nicht, wenn die bezogene Ware nach Nutzung weiterverkauft werden soll[2]; der Wettbewerb um den Endkunden ist nicht vom Schutzbereich der Norm erfasst. Unerheblich ist, ob mit dem einzelnen Geschäft ein Gewinn erzielt wird. Auch ein Gewerbetreibender, der seine Waren mit Verlust verkauft, handelt geschäftlich[3]. Kein Zweifel am geschäftlichen Verkehr besteht, wenn Waren nur in der Absicht, sich Marktanteile zu verschaffen, unter dem Einstandswert veräußert werden, da der kurzfristige Verlust für das Betreiben des Unternehmens als „Geschäft" kalkuliert ist. Auch das Verschenken von Ware ist ein Handeln im geschäftlichen Verkehr, wenn damit Kunden gewonnen werden sollen[4]. Nicht unter den Begriff des „geschäftlichen Verkehrs" fallen rein interne Vorgänge innerhalb des Unternehmens[5].

74 Auch ein **Idealverein** kann am geschäftlichen Verkehr teilnehmen, wenn in einem bestimmten Bereich seiner Tätigkeit ein Erwerbszweck hinzutritt.

Der „*Fußballprogramm*"-Entscheidung[6] des BGH lag zugrunde, dass der Deutsche Fußballbund zu Länderspielen Programmhefte vertreiben ließ und dabei einen Überschuss erzielte. Ein Unternehmer gab anlässlich eines Länderspiels eine Druckschrift heraus, die gerade auf dieses Länderspiel der deutschen Nationalmannschaft abstellte, und erweckte durch die Gestaltung den Eindruck, es handele sich um das vom Fußballbund herausgegebene offizielle Programm. Der BGH hat in diesem Fall die geschäftliche Tätigkeit des DFB bejaht, da auch ein Idealverein, der keinen Geschäftsbetrieb unterhält und dessen Zweck nicht auf Gewinnerzielung gerichtet sei, im geschäftlichen Verkehr handeln kann, *wenn in einem bestimmten Bereich seiner Tätigkeit ein Erwerbszweck hinzutritt*, er etwa die daraus erzielten Überschüsse zur Finanzierung der gemeinnützigen Zwecke verwendet.

75 Gleichermaßen hat der BGH die Tätigkeit von **Unternehmen der öffentlichen Hand** im geschäftlichen Verkehr bejaht, wenn diese sich auf dem Boden des Privatrechts erwerbswirtschaftlich betätigen. Eine staatliche Kurverwaltung, die auf Anfragen von potenziellen Kurgästen im Hinblick auf die wirtschaftlichen Interessen des Staatsbades das Staatliche Kurhaus oder andere ihr nahestehende oder genehme Einrichtungen oder Unterkünfte empfiehlt, handelt dann im geschäftlichen Verkehr, wenn sie mit der Beantwortung von Fragen nach Unterkunftsmöglichkeiten die *wirtschaftlichen Interessen* der sie tragenden öffentlich-rechtlichen Körperschaft (hier des Landes) verfolgt[7]. Ebenfalls bejahte der BGH das Handeln im geschäftlichen Verkehr für eine Ortskrankenkasse, die Heilmittel von privaten Unternehmen bezieht[8].

76 Dagegen wurde nicht als Handeln im geschäftlichen Verkehr das Handeln einer **Gewerkschaft** im Bereich der Mitgliederwerbung und Betreuung angesehen[9]. Trotz der in dieser

---

1 *Dannecker* in NK, § 299 StGB Rz. 28 m.w.Nw.
2 H.M., *Fischer*, § 299 StGB Rz. 12; *Dannecker* in NK, § 299 StGB Rz. 28; a.A. *Rönnau* in A/R, 3. Teil 2 Rz. 16.
3 *Baumbach/Hefermehl*, UWG, 22. Aufl. 2000, Einl. Rz. 208.
4 BGH v. 3.7.1974 – I ZR 91/73 – Werbegeschenk, GRUR 1975, 320 = NJW 1974, 1906 ff.; a.A. *Dannecker* in NK, § 299 StGB Rz. 29.
5 BGH v. 28.11.1969 – I ZR 139/67 – Sportkommission, NJW 1970, 378 ff.
6 BGH v. 19.12.1961 – I ZR 115/60 – Schaumweinwerbung naturrein, GRUR 1962, 254.
7 BGH v. 20.12.1955 – I ZR 24/54 – Bad Ems, BGHZ 19, 299 ff.
8 BGH v. 26.10.1961 – KZR 1/61 – Gummistrümpfe, BGHZ 36, 91 ff.
9 BGH v. 6.10.1964 – VI ZR 176/63 – Gewerkschaft, BGHZ 42, 210 ff. (218) = NJW 1956, 156.

Entscheidung wiederholten Darlegung der *weiten Auslegung des Begriffs „geschäftlicher Verkehr"* sei es verfehlt, die zum hergebrachten Aufgabenbereich einer Gewerkschaft gehörende soziale Betreuung der Mitglieder dem geschäftlichen Verkehr zuzurechnen und damit die auf diese Betreuung Bezug nehmende Mitgliederwerbung Wettbewerbsregeln zu unterstellen, die auf die Konkurrenz von Gewerbetreibenden zugeschnitten seien.

2. Vorteil

Grundsätzlich gilt für das Tatbestandsmerkmal des Vorteils nichts anderes als bei der Beamtenbestechung, sodass auf die dortigen Ausführungen verwiesen werden kann (Rz. 22 ff.). Generell kommt es bei vermögenswerten Zuwendungen weder auf die konkrete Höhe an[1] noch muss die Zuwendung bestimmt sein, die Zusage von „Erkenntlichkeiten" reicht aus[2]. Die Drohung mit einem Entzug rechtmäßig bestehender Ansprüche und das spätere Unterlassen dieses Entzuges stellen keinen Vorteil i.S. von § 299 StGB, sondern ggf. eine Nötigung i.S. von § 240 StGB dar[3]. Irrelevant ist zudem, woher die Mittel zur Leistung des Vorteils stammen. Diese können auch über einen entsprechenden Aufschlag und eine damit überhöhte Rechnung letztlich durch den geschäftlichen Betrieb, für den der Bestochene als Angestellter oder Beauftragter tätig ist, finanziert werden (sog. Kick-back-Konstellationen; dann kommt eine tateinheitliche Strafbarkeit wegen Untreue in Betracht, vgl. Rz. 122). 77

Der **Sozialadäquanz** kommt im Rahmen des § 299 StGB eine größere Bedeutung als im Rahmen der §§ 331 ff. StGB (vgl. Rz. 36 ff.) zu, weshalb weitere Grenzen gezogen werden müssen als im Bereich der öffentlichen Verwaltung[4]. Eine Beurteilung allein nach dem Wert des Vorteils ist hier nicht ausreichend, entscheidend ist, dass die Zuwendung nicht geeignet ist, auf die Willensbildung einzuwirken[5]. Das ist im jeweiligen Einzelfall anhand der Eignung zur sachwidrigen Beeinträchtigung des lauteren Wettbewerbs zu beurteilen. Maßstab ist dabei ein außenstehender objektiver Beobachter, der mit den Marktgewohnheiten in Deutschland vertraut ist[6]. Das *Umfeld und die Lebensumstände der Beteiligten* sowie die – nicht unlauteren – Verkehrsgebräuche – auch anderer Länder und Kulturkreise (vgl. Rz. 113 ff.) – sind bei der Beurteilung mit zu berücksichtigen. Dass in bestimmten Wirtschaftsbereichen die Zahlung von Schmiergeldern üblich ist, ist dabei jedoch unerheblich und steht einer Strafbarkeit nicht entgegen[7]. 78

Seit Inkrafttreten des Gesetzes zur Bekämpfung der Korruption 1997 erfasst der Straftatbestand der Bestechung/Bestechlichkeit im Wirtschaftsverkehr auch 79

---

1 *Dannecker* in NK, § 299 StGB Rz. 36.
2 Bereits RG v. 20.5.1892 – 1174/92, RGSt 23, 141 ff.
3 *Fischer*, § 299 StGB Rz. 7; *Dannecker* in NK, § 299 StGB Rz. 35.
4 H.M., *Diemer/Krick* in MüKo, § 299 StGB Rz. 20; *Fischer*, § 331 StGB Rz. 36; *Tiedemann* in LK, § 299 StGB Rz. 29.
5 *Dannecker* in NK, § 299 StGB Rz. 39 m.w.Nw.
6 *Diemer/Krick* in MüKo, § 299 StGB Rz. 20; *Dannecker* in NK, § 299 StGB Rz. 40 m.w.Nw.
7 *Rönnau* in A/R, 3. Teil 2 Rz. 24; *Tiedemann* in LK, § 299 StGB Rz. 28; *Dannecker* in NK, § 299 StGB Rz. 39; *Fischer*, § 299 StGB Rz. 16; *Park*, wistra 2010, 321 ff. m.w.Nw.

das Fordern bzw. Gewähren von **Drittvorteilen**. Nach ganz h.M. kann der Geschäftsbetrieb, für den der Angestellte oder Beauftragte tätig ist, Dritter i.S. der Norm sein[1]. Dabei ist nach h.M.[2] nicht notwendig, dass der Angestellte oder Beauftragte unmittelbar oder mittelbar durch die Zuwendung bessergestellt ist[3]. Eine Strafbarkeit soll nach h.M. jedoch dann ausscheiden, wenn der Angestellte oder Beauftragte nach Kartell- bzw. Wettbewerbsrecht zulässige Vorteile zugunsten des Geschäftsbetriebes fordert und dies seinen arbeits- bzw. gesellschaftsrechtlichen Pflichten entspricht. Damit sollen Pflichtenkollisionen und Wertungswidersprüche vermieden werden[4].

3. Unrechtsvereinbarung

80 Aufgrund der unterschiedlichen Schutzrichtungen – Schutz des Staatsinteresses an dem Erscheinungsbild eines rechtsstaatlichen Verwaltungsapparates bei §§ 331 ff. StGB gegen Schutz des Wettbewerbs bei § 299 StGB[5] – ist die Tatbestandsvoraussetzung der **Unrechtsvereinbarung** (vgl. Rz. 29 ff.) bei § 299 StGB enger auszulegen. Notwendig ist, dass zwischen den Tatbeteiligten eine Willensübereinstimmung besteht, dass der Vorteil für eine mehr oder weniger bestimmte, zukünftige unlautere Bevorzugung als Gegenleistung erfolgt[6]. Ausreichend ist jedoch die stillschweigende Übereinkunft, dass die Leistung für eine zukünftige unlautere Bevorzugung geleistet wird.

81 Belohnungen für bereits erfolgte, in der **Vergangenheit liegende Bevorzugungen** werden nicht erfasst[7]. Ebenfalls nicht ausreichend sind Leistungen zur reinen „Klimapflege", mit denen das allgemeine Wohlwollen des Vorteilsempfängers gesichert werden sollen, ohne dass eine konkrete Gegenleistung vereinbart wird[8]. In der Rechtsprechung wurde als ausreichend angesehen, wenn durch die Zuwendung der Verlust der Stellung als Lieferant bzw. des Kunden abge-

---

1 *Fischer*, § 299 StGB Rz. 11a; *Tiedemann* in LK, § 299 StGB Rz. 26; *Heine* in S/S, § 299 StGB Rz. 12; *Diemer/Krick* in MüKo, § 299 StGB Rz. 10; a.A. *Winkelbauer* in FS Weber, 2004, S. 385 ff. (390 f.).
2 *Dannecker* in NK, § 299 StGB Rz. 41; *Nepomuk/Groß*, Zuwendungen an den Anstellungsbetrieb als Drittvorteil i.S. des § 299 StGB?, wistra 2012, 132 ff. m.w.Nw.; a.A. BGH v. 2.12.2005 – 5 StR 119/05 – Rz. 28, NJW 2006, 925 ff.
3 So noch im Geltungsbereich des § 12 UWG a.F., der den Drittvorteil nicht vorsah, *von Gamm*, WettbewerbsR, 5. Aufl., Kap. 47 Rz. 12; BGH v. 3.2.1960 – 4 StR 437/59, BGHSt 14, 123 ff. (128); BGH v. 21.10.1985 – 1 StR 316/85, BGHSt 33, 336 ff. (339).
4 Ausf. *Nepomuk/Groß*, wistra 2012, 132 ff. m.w.Nw.; *Dannecker* in NK, § 299 StGB Rz. 42 f.; *Fischer*, § 299 StGB Rz. 11a; *Rönnau* in A/R, 3. Teil 2 Rz. 26 f.; *Winkelbauer* in FS Weber, 2004, S. 385 ff.
5 Ausf. *Bürger*, wistra 2003, 130 ff.
6 BGH v. 29.2.1984 – 2 StR 560/83, BGHSt 32, 290 ff. = wistra 1984, 144 f.; *Dannecker* in NK, § 299 StGB Rz. 44; *Tiedemann* in LK, § 299 StGB Rz. 29.
7 Bereits RGSt 66, 81 ff.; BGH v. 27.3.1968 – I ZR 163/65 – Bierexport, BB 1968, 520 ff.; *Rogall* in SK, 299 StGB Rz. 61; *Dannecker* in NK, § 299 StGB Rz. 47.
8 H.M., statt vieler *Tiedemann* in LK, § 299 StGB Rz. 29 m.w.Nw.

wendet[1] oder zukünftige Bevorzugungen im Wettbewerb bewirkt werden sollten[2].

Ist die Unrechtsvereinbarung vor Inkrafttreten des Korruptionsbekämpfungsgesetzes, mithin im Geltungsbereich des § 12 UWG, abgeschlossen worden, die Beendigung durch Entgegennahme des Vorteils jedoch erst nach dessen Inkrafttreten eingetreten, findet § 299 StGB, also die strengere Norm, Anwendung[3]. 82

4. Unlautere Bevorzugung im Wettbewerb

Durch die Vorteilsgewährung muss eine unlautere Bevorzugung im Wettbewerb erfolgen. Bevorzugung bedeutet lediglich die Entscheidung zugunsten eines von zumindest zwei Bewerbern[4]. Diese muss im wirtschaftlichen Leben unabdingbar getroffen werden. Zur unlauteren Bevorzugung wird sie durch die kausale Verknüpfung mit einem geforderten, versprochenen oder gewährten Vorteil und der zwischen den Beteiligten getroffenen *Unrechtsvereinbarung*. Unlauter handelt, wer sich *wegen* des versprochenen, verlangten oder gewährten Vorteils, auf den er keinen rechtmäßigen Anspruch hat, für einen Anbieter oder Abnehmer entscheidet, sich also von sachfremden Erwägungen leiten lässt. Eine Bevorzugung muss dabei tatsächlich nicht gegeben sein, solange sich die Täter diese vorstellen und sie subjektiv Zweck der Unrechtsvereinbarung ist[5]. Die Unlauterkeit der Bevorzugung setzt keine Pflichtwidrigkeit gegenüber dem Geschäftsherrn voraus[6]. Nach h.M.[7] muss die Bevorzugung geeignet sein, den Wettbewerb zu beeinträchtigen und Mitbewerber zu schädigen. 83

In der Literatur[8] wird das Tatbestandsmerkmal „*in unlauterer Weise*" teilweise als verzichtbar angesehen. Die Formulierung hat in der Tat nur klarstellende Bedeutung[9]. Sie bringt das Erfordernis der Unrechtsvereinbarung und den Verstoß gegen den lauteren Wettbewerb (§ 3 UWG, früher die guten Sitten gem. § 1 UWG a.F.) zum Ausdruck.

---

1 Bereits RG – Samenhandel, RGSt 63, 426 ff.
2 BGH bei *Herlan*, GA 1953, 78.
3 BGH v. 9.10.2007 – 4 StR 444/07, wistra 2008, 64.
4 BGH v. 16.7.2004 – 2 StR 486/03, BGHSt 49, 214 ff. = NJW 2004, 3129 ff.; BGH v. 18.6.2003 – 5 StR 489/02, NJW 2003, 2996 ff.
5 BGH v. 2.12.2005 – 5 StR 119/05, NJW 2006, 925 ff.; *Fischer*, § 299 StGB Rz. 15; *Dannecker* in NK, § 299 StGB Rz. 45.
6 H.M., *Dannecker* in NK, § 299 StGB Rz. 52 m.w.Nw.; a.A. *v. Tippelskirch*, GA 2012, 574 ff.; *Bürger*, wistra 2003, 130 ff.
7 *Fischer*, § 299 StGB Rz. 15; *Dannecker* in NK, § 299 StGB Rz. 53 m.w.Nw.
8 *Fischer*, § 299 StGB Rz. 16; *Tiedemann* in LK, § 299 StGB Rz. 42; *Tiedemann*, ZStW 86 (1974), 1030; *Winkelbauer* in FS Weber, 2004, S. 385 ff.
9 So offenbar auch BGH v. 16.7.2004 – 2 StR 486/03, NJW 2004, 3129 ff., wo Bevorzugung als „sachfremde Entscheidung zwischen zumindest zwei Bewerbern" definiert ist, was die Unlauterkeit bereits indiziert; und BGH v. 9.8.2006 – 1 StR 50/06, NJW 2006, 3290 ff., wo durch das Anerbieten geheime Informationen zu beschaffen, die Unlauterkeit als gegeben angenommen wurde.

84 Die Bevorzugung muss im **Wettbewerb** erfolgen, also als Bevorzugung gegenüber Mitbewerbern. Mitbewerber sind alle Marktteilnehmer, die Waren oder gewerbliche Leistungen gleicher oder ähnlicher Art herstellen oder in den Geschäftsverkehr bringen[1]. Ein konkret betroffener Mitbewerber muss dabei im Tatzeitpunkt nicht bestimmt sein[2]. Bei bestehender *Monopolstellung* fehlt die Wettbewerbssituation[3]. Das soll nicht gelten, wenn durch die Bevorzugung gerade der zukünftige, potenzielle Wettbewerb verhindert werden soll[4]. § 299 StGB soll auch dann keine Anwendung finden, wenn de facto eine Monopolstellung in der Form gegeben ist, dass nur ein Anbieter im Markt überhaupt die Ausschreibungsvoraussetzungen erfüllt[5]. Diese Einschränkung ist jedoch in Fällen abzulehnen, in denen die „maßgeschneiderte" Ausschreibung gerade Inhalt der Unrechtsvereinbarung ist und durch die Schmiergeldzahlung erkauft wurde.

85 **Beispiele:** Eine **unlautere Bevorzugung** soll z.B. vorliegen, wenn ein Vertriebsunternehmen den Angestellten einer Abnehmerfirma Prämien für den Verkauf seiner Produkte verspricht und gewährt und der Angestellte sich *nicht* aus *sachlichen*, sondern aus *eigennützigen* Gründen – nämlich um in den Genuss der Prämie zu gelangen – besonders für den Verkauf des Produktes einsetzt. Dabei reiche für den Gebenden aus, dass seine Vorteilszuwendung geeignet sei, ein solches Verhalten zu bewirken[6]. Eine Bevorzugung im Wettbewerb ist auch, wenn in Vorbereitung des Vergabeverfahrens für einen Auftrag ein potenzieller Bewerber durch Vorteilsversprechung in den Kreis der möglichen Bewerber aufgenommen wird. Dies führt bereits zu einer Benachteiligung anderer Konkurrenten, die auch nicht dadurch beseitigt wird, dass etwa mehr Wettbewerb entsteht[7]. In der Aufrechterhaltung der Geschäftsbeziehung wurde ebenfalls eine Bevorzugung gesehen[8]. Unlauterkeit ist dann nicht gegeben, wenn ein Angestellter oder Beauftragter seiner (arbeitsrechtlichen) Pflicht zur Geltendmachung von Vorteilen zugunsten des Geschäftsherrn erfüllt, dann ist die Entscheidung nicht sachfremd[9]. Die Sachfremdheit des Vorteils bei Gewährung an eine Kapitalgesellschaft beurteilt sich nach dem Geschäftszweck des Unternehmens[10].

86 Problematisch ist in diesem Zusammenhang die **Verkaufsförderung** – nicht jede erfüllt den Tatbestand des § 299 StGB. Gestaffelte Mengenrabatte werden allgemein als zulässig angesehen. Die Grenze wird allerdings auch hier an dem

---

1 BGH v. 9.10.1990 – 1 StR 538/89, NJW 1991, 367 ff.
2 BGH v. 10.7.1957 – 4 StR 5/57, BGHSt 10, 358 ff.
3 H.M., *Rönnau* in A/R, 3. Teil 2 Rz. 36; *Tiedemann* in LK, § 299 StGB Rz. 37; *Dannecker* in NK, § 299 StGB Rz. 46b; a.A. *Fischer*, § 299 StGB Rz. 15.
4 *Fischer*, § 299 StGB Rz. 15; zust. *Dannecker* in NK, § 299 StGB Rz. 46b.
5 *Gercke/Wollschläger*, wistra 2008, 5 ff.
6 OLG Stuttgart v. 15.2.1974 – 2 U 90/73, WRP 1974, 222; vgl. auch BGH v. 28.10.1970 – I ZR 39/69 – clix-Mann, GRUR 1971, 223.
7 BGH v. 16.7.2004 – 2 StR 486/03, BGHSt 49, 214 ff. = NJW 2004, 3129 ff.; zust. *Rönnau* in A/R 3 Teil 2 Rz. 37; *Dannecker* in NK, § 299 StGB Rz. 46c; krit. *Krehl*, StV 2005, 325 ff.
8 Bereits RG v. 19.11.1931 – II 409/31 – Papierlieferung, RGSt 66, 16 ff.; OLG Stuttgart v. 15.2.1974 – 2 U 90/73, BB 1974, 1265 ff.; *Bach*, wistra 2008, 47 ff.
9 *Winkelbauer* in FS Weber, 2004, S. 385 ff.; *Dannecker* in NK, § 299 StGB Rz. 53a.
10 Ausf. *Dannecker* in NK, § 299 StGB Rz. 53d.

Kriterium zu messen sein, wie hoch die Prämie ist und in welchem *Verhältnis sie zum Wert* der zu verkaufenden Sache steht[1]. Auch in diesen Fällen ist nach den Einzelumständen der Branche zu urteilen. Ein Anreiz ist aber immer dann unlauter, wenn es wahrscheinlich ist, dass der Verkäufer den die Prämie Gewährenden in einer Weise bevorzugt, die geeignet ist, andere Wettbewerber aus dem Markt zu drängen.

5. Bezug von Waren oder gewerblichen Leistungen

87 Die Bevorzugung muss sich auf den Bezug von Waren oder gewerblichen Leistungen beziehen. Dabei beschränkt sich dieser nicht auf eine Seite der an dem Geschäft Beteiligten. Bezieher der Leistung oder Ware kann der Vorteilgeber, aber auch der Geschäftsherr des Angestellten oder Beauftragten sein[2]. Der Begriff „Bezug" wird weit ausgelegt[3], er umfasst den *gesamten wirtschaftlichen Vorgang* von der Bestellung über die Lieferung, die Prüfung bis hin zur Bezahlung der Ware oder Leistung[4].

Notwendig ist jedoch, dass der Bezug der Ware oder gewerblichen Leistung in einem Zusammenhang mit der geschäftlichen Tätigkeit des Betriebes steht, dem der Vorteilsnehmer als Angestellter oder Beauftragter angehört[5]. Das ist u.a. nicht gegeben, wenn Vorteile für Adressen aus einer Kundenkartei angeboten werden, die durch den Betrieb nicht genutzt werden[6].

88 Auch die *unterlassene oder unvollständige Prüfung* oder der *Verzicht auf die Beanstandung* eines erkannten Mangels ist unter „Bezug" zu fassen, zudem die *bevorzugte Erledigung der Auszahlungsanordnung* durch einen „geschmierten" Angestellten[7] und im umgekehrten Fall der *Verzicht auf die Geltendmachung* der Forderung gegenüber einem Besteller oder die *verspätete Eintreibung*.

89 Die Begriffe **Ware** und **gewerbliche Leistung** sind wirtschaftlich und weit auszulegen[8]. Unter *Ware* ist jedwedes wirtschaftliche Gut, das Gegenstand eines Handelsgeschäfts sein kann, zu verstehen. Unter *gewerblicher Leistung* sind alle geldwerten Leistungen des gewerblichen oder geschäftlichen Lebens zu

---

1 Vgl. *Heiseke*, „Schmiergelder" als Verkaufshilfen, WRP 1969, 362; *Tiedemann* in LK, § 299 StGB Rz. 41; *Dannecker* in NK, § 299 StGB Rz. 51.
2 BGH v. 13.5.1952 – 1 StR 670/51 – Sub-Post-Ingenieur, BGHSt 2, 396 ff.
3 BGH v. 2.5.1957 – 4 StR 119-120/56 – Vorzimmer, BGHSt 10, 269 ff. = GRUR 1958, 25; *Dannecker* in NK, § 299 StGB Rz. 54 f.; *Diemer/Krick* in MüKo, § 299 StGB Rz. 17.
4 Bereits RG v. 14.5.1914 – III 114/14 – Kronkorkenfall, RGSt 48, 291 ff.; BGH v. 2.5.1957 – 4 StR 119-120/56 – Vorzimmer, BGHSt 10, 269 ff.
5 Bereits RG v. 21.3.1938 – 3 D 154/38, RGSt 72, 132 ff.
6 OLG Nürnberg v. 23.6.1981 – 3 U 872/81, DB 1981, 1721 ff.
7 BGH v. 2.5.1957 – 4 StR 119-120/56 – Vorzimmer, BGHSt 10, 269 ff. = GRUR 1958, 25.
8 *Tiedemann* in LK, § 299 StGB Rz. 30.

verstehen. Leistungen der *freien Berufe* sind ebenfalls gewerblich i.S. der Norm und werden daher von § 299 StGB erfasst[1].

90 Beim Bezug einer Ware oder Leistung muss es sich nicht um eine solche handeln, *die das empfangende Unternehmen umsetzt*, wie früher von der Rechtsprechung[2] angenommen wurde. Entscheidend für die Beurteilung ist, ob sich die Tat auf die **Wettbewerbslage** auswirkt[3].

Beispiel: Dies kann – wie in dem der Entscheidung des RG zugrunde liegenden Fall – von Lieferungen für das eigene Unternehmen vorliegen. Dort hatte ein Unternehmer einen Angestellten eines Kohlelieferanten bestochen, ihn verbilligt zu beliefern, wobei allen Beteiligten klar war, dass die Kohle beim Bestechenden verbraucht werden sollte. Damit unterscheidet sich die Kohle aber nicht von anderen Lieferungen, die vom Empfänger verarbeitet werden und in ein von ihm gefertigtes Endprodukt einfließen.

II. Wirtschaftliche Bestechlichkeit

91 **§ 299 Abs. 1 StGB**, der strukturell dem § 332 StGB entspricht (Rz. 50 ff.), regelt die **passive Bestechung** im geschäftlichen Verkehr. Tauglicher Täter dieses Sonderdelikts[4] kann nur ein Angestellter oder Beauftragter eines geschäftlichen Betriebes sein, der einen Vorteil fordert, sich versprechen lässt bzw. annimmt. Soweit die handelnde Person diese Kriterien nicht erfüllt, kommt nur eine Strafbarkeit wegen Anstiftung oder Beihilfe in Betracht.

1. Täterkreis

92 **a)** Als Vorteilsempfänger kann *Täter* der Bestechlichkeit der **Angestellte** eines geschäftlichen Betriebes sein. Der Begriff ist weit zu verstehen, es kommt nicht auf die arbeitsrechtliche Einordnung oder die rechtliche Wirksamkeit des Vertrages an, sondern auf das faktische Dienst- bzw. Auftragsverhältnis und die Weisungsgebundenheit zum Geschäftsherrn[5]. Die Dauer des Beschäftigungsverhältnisses[6] ist ebenso wie ihre Entgeltlichkeit[7] unbedeutend; steht er zum Zeitpunkt der Tat jedoch (noch) nicht oder nicht mehr in einem *Dienstverhältnis*, kommt nur eine Strafbarkeit über die Beauftragteneigenschaft in

---

1 Wohl h.M., *Fischer*, § 299 StGB Rz. 14; *Diemer/Krick* in MüKo, § 299 StGB Rz. 17; *Rogall* in SK, § 299 StGB Rz. 63; *Heine* in S/S, § 299 StGB Rz. 9; *Rönnau* in A/R, 3. Teil 2 Rz. 31; a.A. LG Magdeburg v. 28.11.2001 – 24 Qs 18/01, wistra 2002, 156 ff.; *Tiedemann* in LK, § 299 StGB Rz. 30; *Dannecker* in NK, § 299 StGB Rz. 54.
2 RG v. 1.12.1924 – III 474/24 – Kohlenlieferung, RGSt 58, 429.
3 *Diemer/Krick* in MüKo, § 299 StGB Rz. 18; *Fischer*, § 299 StGB Rz. 14 m.w.Nw.
4 Ganz h.M., statt vieler *Diemer/Krick* in MüKo, § 299 StGB Rz. 3.
5 BGH v. 27.3.1968 – I ZR 163/65 – Bierexport, GRUR 1968, 587; *Dannecker* in NK, § 299 StGB Rz. 19; *Heine* in S/S, § 299 StGB Rz. 7; *Tiedemann* in LK, § 299 StGB Rz. 11.
6 *Dannecker* in NK, § 299 StGB Rz. 19; *Rogall* in SK, § 299 StGB Rz. 25; *Tiedemann* in LK, § 299 StGB Rz. 11.
7 *Dannecker* in NK, § 299 StGB Rz. 19; *Diemer/Krick* in MüKo, § 299 StGB Rz. 4; *Rogall* in SK, § 299 StGB Rz. 25; *Tiedemann* in LK, § 299 StGB Rz. 11.

Betracht[1]. Bei einem wirksam bestehenden Anstellungsvertrag steht einer Strafbarkeit jedoch nicht entgegen, wenn der Dienst noch nicht angetreten wurde[2]. Angestellte in *Anstellungsverhältnissen von untergeordneter Bedeutung* ohne Entscheidungskompetenz bzw. zumindest der Möglichkeit der Beeinflussung von Entscheidungen, die nicht nur firmenintern sein dürfen, sondern nach außen in den Markt wirken können, scheiden als taugliche Täter i.S. von § 299 Abs. 1 StGB aus[3].

Der **Geschäftsführer** einer GmbH – wie auch der (geschäftsführende) **Vorstand** einer AG – unterfällt dann dem Angestelltenbegriff des § 299 Abs. 1 StGB, wenn er gegenüber dem Geschäftsherrn weisungsabhängig ist. Seine Organstellung steht dem nicht entgegen[4]. Auch der *faktische Geschäftsführer*[5] kann als Angestellter tauglicher Täter des Abs. 1 sein, im Gegensatz zum bloßen Strohmanngeschäftsführer, der – definitionsgemäß (vgl. oben § 29 zur Abgrenzung von Strohmanngeschäften) – über keine Einflussmöglichkeit verfügt. Zur Strafbarkeit eines GmbH-Geschäftsführers, der (Allein-)Gesellschafter ist, vgl. Rz. 98 ff. 93

b) Außerdem kann ein **Beauftragter** des geschäftlichen Betriebs Täter sein. Dies ist, wer – ohne Geschäftsinhaber oder Angestellter zu sein – berechtigt und verpflichtet ist, für den Betrieb zu handeln und aufgrund seiner Stellung auf betriebliche Entscheidungen über den Waren- oder Leistungsaustausch Einfluss nehmen kann[6]. Ein besonderes Vertragsverhältnis ist nicht Voraussetzung[7]. Die bloße wirtschaftliche Abhängigkeit des Bestochenen reicht aber noch nicht aus. Entscheidend ist, dass der Täter „die Stellung eines ausschließlich an die Interessen" seines Geschäftsherrn „gebundenen Beauftragten haben sollte, 94

---

1 BGH v. 1.3.2004 – 5 StR 271/03, wistra 2004, 302 ff.; *Dannecker* in NK, § 299 StGB Rz. 19; *Tiedemann* in LK, § 299 StGB Rz. 15.
2 Bereits RG v. 4.7.1916 – V 265/16, RGSt 50, 130 ff. zu § 17 Abs. 1 UnlWG; *Dannecker* in NK, § 299 StGB Rz. 19.
3 Ausf. und m.w.Nw. und Beisp. *Dannecker* in NK, § 299 StGB Rz. 19.
4 BGH v. 15.3.2001 – 5 StR 454/00, BGHSt 46, 310 ff. für den GmbH-Geschäftsführer; BGH v. 24.3.1965 – 2 StR 541/64, BGHSt 20, 210 ff. für den Vorstand einer AG; *Dannecker* in NK, § 299 StGB Rz. 21 m.w.Nw.; a.A. BGH v. 9.8.2006 – 1 StR 50/06 – „Allianz Arena München", NJW 2006, 3290 ff. (3298), wo der Geschäftsführer ohne nähere Begründung als Beauftragter angesehen wird; *Diemer/Krick* in MüKo, § 299 StGB Rz. 5: ebenfalls Einordnung als Beauftragter; *Rönnau* in A/R, 3. Teil § 299 StGB Rz. 10 nimmt für den GmbH-Geschäftsführer die Angestelltenfunktion an, lehnt sie für den geschäftsführenden Vorstand einer AG jedoch ab und ordnet ihn als Beauftragten ein.
5 *Dannecker* in NK, § 299 StGB Rz. 21; *Tiedemann* in LK, § 299 StGB Rz. 14; a.A. *Fischer*, § 299 StGB Rz. 10a, im Ergebnis aber gleich, da Einordnung als Beauftragter.
6 BGH v. 13.5.1952 – 1 StR 670/51 – Sub-Post-Ingenieur, BGHSt 2, 401; BayObLG v. 20.7.1995 – 4 StRR 4/95, wistra 1996, 30 m.w.Nw.; *Dannecker* in NK, § 299 StGB Rz. 22; *Tiedemann* in LK, § 299 StGB Rz. 16.
7 BGH v. 13.5.1952 – 1 StR 670/51 – „Sub-Post-Ingenieur", BGHSt 2, 397; BGH v. 29.3.2012 – GSSt 2/11 – Rz. 30, NJW 2012, 2530 ff. m.w.Nw.

dem es verwehrt gewesen wäre, ein Entgelt von der anderen Seite anzunehmen"[1]. Untergeordnete Hilfskräfte scheiden auch hier aus[2].

95 **Freiberufler** können – selbst wenn sie Inhaber eines eigenen geschäftlichen Betriebes sind – § 299 Abs. 1 StGB unterfallen[3]. Als Beauftragter wurde ein mit einem entgeltlichen Unternehmensberatungsvertrag ausgestatteter *Unternehmensberater* angesehen, dessen Aufgabe es u.a. war, Lieferanten für den Geschäftsherrn zu vermitteln[4]. Beauftragter ist auch, wer eine *Geschäftsbesorgung* i.S. der §§ 667, 675 BGB vornimmt. Anerkannt ist, dass **Vereins-, Vorstands- oder Aufsichtsratsvorsitzende** mangels einer vertraglichen Regelung Beauftragte – und nicht Angestellte – sind[5]. *Mitarbeiter einer Personalüberlassungsfirma*, die einem Unternehmen Arbeitskräfte zur Verfügung stellt, fallen mit der Eingliederung in den Betrieb des Geschäftsherrn unter den Begriff des „Beauftragten", da sie dann nicht nur von den Weisungen ihres Arbeitgebers, sondern auch von denen des Geschäftsherrn abhängig sind. Ebenso werden Partner erfasst, die mittels eines *Werkvertrags* an das Unternehmen gebunden sind.

96 Handelnde Personen, die dem **Amtsträger**begriff des § 11 Abs. 1 Nr. 2 StGB unterfallen (vgl. Rz. 12 ff.), können sich nicht als Angestellte bzw. Beauftragte i.S. des § 299 Abs. 1 StGB strafbar machen[6]. Die §§ 331 ff. StGB finden exklusiv und vorrangig Anwendung.

97 **Amtlich bestellte Personen**, also Personen, die *gesetzlich, gerichtlich oder behördlich* bestellt sind, wie z.B. Insolvenzverwalter und Testamentsvollstrecker, können ebenfalls Beauftragte i.S. des § 299 Abs. 1 StGB sein[7]; einer Beauftragung durch Rechtsgeschäft oder besonderer personeller Berufung durch den Geschäftsherren bedarf es nicht[8], da eine Zurechnung des wettbewerbsbeeinträch-

---

1 BGH v. 27.3.1968 – I ZR 163/65, GRUR 1968, 587.
2 BayObLG v. 20.7.1995 – 4 StRR 4/95, wistra 1996, 30.
3 BGH v. 29.3.2012 – GSSt 2/11 – Rz. 30, NJW 2012, 2530 ff. für Kassenärzte; *Tiedemann* in LK, § 299 StGB Rz. 16; *Fischer*, § 299 StGB Rz. 10c; a.A. *Brockhaus/Dann/Teubner/Tsambikakis*, wistra 2010, 418 ff.; *Klötzer*, NStZ 2008, 12 ff.; *Taschke*, StV 2005, 406 ff.
4 OLG Karlsruhe v. 18.3.1999 –19 U 59/98, BB 2000, 635 f.: Ein auf diese Weise Beauftragter verstößt gegen § 299 StGB, wenn er ohne Wissen der beratenen Firma für sich Provisionen für Lieferungen vereinbart.
5 Dazu die durchweg bejahrte Rspr., z.B. RGSt 68, 263; RG MuW 1933, 67; RGSt 68, 71.
6 St. Rspr., BGH v. 13.5.1952 – 1 StR 670/51, BGHSt 2, 396 ff.; bestätigt durch BGH v. 10.2.1994 – 1 StR 792/93, NStZ 1994, 277 ff.; Grundlage der Entsch. BGH v. 15.5.1997 – 1 StR 233/96, BGHSt 43, 96 ff.; BayObLG v. 20.7.1995 – 4St RR 4/95, NJW 1996, 268 ff.; zust. *Tiedemann* in LK, § 299 StGB Rz. 19, 61; *Fischer*, § 331 StGB Rz. 40; a.A. *Dannecker* in NK, § 299 StGB Rz. 26; *Diemer/Krick* in MüKo, § 299 StGB Rz. 31.
7 H.M., BGH, v. 29.3.2012 – GSSt 2/11 – Rz. 30, NJW 2012, 2530 ff. für Kassenärzte; *Dannecker* in NK, § 299 StGB Rz. 23a; *Tiedemann* in LK, § 299 StGB Rz. 17 f.; *Diemer/Krick* in MüKo, § 299 StGB Rz. 5; a.A. *Klötzer*, NStZ 2008, 12 ff.; *Geis*, wistra 2005, 369 ff.; *Geis*, wistra 2007, 361 ff.
8 So aber *Geis*, wistra 2005, 369 ff.; *Geis*, wistra 2007, 361 ff.; *Rönnau* in A/R, Teil 3 § 299 StGB Rz. 12, 16.

tigenden Verhaltens zum (gutgläubigen) Geschäftsherrn, der allein in einem Rechtsverhältnis zu den Wettbewerbern steht, nicht notwendig ist. Strafrechtlich verantwortlich ist allein der tatsächlich Handelnde[1], der durch seine unlautere Tätigkeit eine unsachgemäße Entscheidung des Geschäftsherrn und damit eine Beeinträchtigung des Wettbewerbs verursacht.

Umstritten war insbesondere die Einordnung des **niedergelassenen Vertragsarztes** als Beauftragter der jeweiligen Krankenkassen[2]. In neuster Rechtsprechung hat der Große Senat des BGH[3] nunmehr entschieden, dass der gem. § 95 SGB V zur vertragsärztlichen Versorgung zugelassene Arzt aufgrund seiner Stellung im System der gesetzlichen Krankenversicherungen bei der Verordnung von Arzneimitteln nicht als Beauftragter dieser anzusehen ist. Vielmehr sei das Verhältnis zwischen Vertragsärzten und Krankenkassen gesetzlich in Form der Gleichordnung ausgestaltet, zudem habe die Krankenkasse keinerlei und der Vertragsarzt nur geringe Möglichkeiten, auf das Zustandekommen eines Behandlungsverhältnisses einzuwirken, die Entscheidung liege vielmehr beim Patienten, der den Arzt wertend als „seinen Arzt" wahrnehme und nicht als Teil der Krankenversicherung. 98

Das bloße sich Anbieten eines **Außenstehenden**, gegen einen Vorteil auf einen Angehörigen eines geschäftlichen Betriebs einzuwirken, und auch die erfolgreiche Einwirkung selbst reichen nicht aus. Der so gewonnene Mittelsmann kann aber *Gehilfe* der Beteiligten sein. 99

c) Der **Geschäftsherr** scheidet als möglicher Täter des § 299 Abs. 1 StGB aus[4], jedoch nur soweit es seinen eigenen Betrieb betrifft[5]. Auch bei Vorliegen eines Anstellungs- oder Beauftragtenverhältnisses und damit grundsätzlicher Weisungsunterworfenheit ist eine Strafbarkeit des *Alleingesellschafters einer juristischen Person* nicht gegeben, da wirtschaftlich Geschäftsherreneigenschaft gegeben ist[6]. Ebenso scheidet eine mögliche Strafbarkeit aus, wenn die *Gesamtheit der Gesellschafter* die Entscheidung trifft[7]. Der Geschäftsinhaber ist zudem auch bei Kenntnis entsprechender Handlungen von Angestellten bzw. Beauftragen seines Betriebes, um Wertungswidersprüche zu vermeiden, nicht wegen Unterlassens strafbar, wenn er diese nicht verhindert[8]. 100

---

1 LG Magdeburg v. 28.11.2001 – 24 Qs 18/01, wistra 2002, 156 ff. m.w.Nw. (zum gerichtlich bestellten Insolvenzverwalter); zust. *Dannecker* in NK, § 299 StGB Rz. 23a; *Tiedemann* in LK, § 299 StGB Rz. 17 f.; a.A. *Bernsmann/Gatzweiler*, Rz. 574.
2 Ausf. zum Streitstand vor der BGH-Entscheidung LG Hamburg v. 9.12.2010 – 618 KLs 10/09 – Rz. 58 ff. m.w.Nw., die Beauftragteneigenschaft des niedergelassenen Vertragsarztes noch bejahend; *Dannecker* in NK, § 299 StGB Rz. 23c ff. m.w.Nw.
3 BGH v. 29.3.2012 – GSSt 2/11 – Rz. 30, NJW 2012, 2530 ff.; zust. *Wengenroth/Meyer*, JA 2012, 646 ff.; *Hecker*, JuS 2012, 852 ff.
4 Krit. *Bürger*, wistra 2003, 130 ff.; *Zöller*, GA 2009, 137 ff.
5 BGH v. 29.3.2012 – GSSt 2/11 – Rz. 30, NJW 2012, 2530 ff.
6 *Dannecker* in NK, § 299 StGB Rz. 27; a.A. *Fischer*, § 299 StGB Rz. 8a.
7 *Dannecker* in NK, § 299 StGB Rz. 27.
8 *Rengier* in FS Tiedemann, 837 ff.; *Dannecker* in NK, § 299 StGB Rz. 27; krit. *Wollschläger*, Der Täterkreis des § 299 Abs. 1 StGB, S. 95 f.

101 Diese – angesichts des Schutzgutes der Norm nicht recht nachvollziehbare – **Einschränkung des Täterkreises** wird häufig damit begründet, dass vom Geschäftsherren keine sachfremden Erwägungen zu erwarten seien, er mithin im Interesse des Unternehmens immer das beste Angebot im Wettbewerb wählen wird[1]. Angesichts der in der Praxis nicht selten vorkommenden Fälle von gezielt eingesetzten Unternehmensinsolvenzen und Untreuetaten zulasten von Unternehmen, die als juristische Person (mit beschränkter Haftung) eingerichtet sind, ist diese Argumentation – in Fallkonstellationen, in denen der Geschäftsherr den Vorteil in sein Privatvermögen bezieht – im Ergebnis nicht zu rechtfertigen. Allerdings ist diese Einschränkung als Folge der derzeitigen Gesetzeslage hinzunehmen. Für eine wirksamere Bekämpfung der wirtschaftlichen Bestechlichkeit ist jedoch eine Gesetzesänderung zu fordern.

102 Problematisch und derzeit (noch) nicht ausreichend geklärt sind Fallkonstellationen, in denen die **Schmiergeldzahlungen offen** – oder sogar durch den Geschäftsherrn gefordert bzw. gebilligt – vom Angestellten bzw. Beauftragten gefordert oder entgegengenommen werden. Nach h.M. ändert die bloße Offenlegung der Tat gegenüber dem Geschäftsherrn an der Strafbarkeit nichts[2], kann jedoch das Antragsrecht des Geschäftsherrn ausschließen (vgl. Rz. 110a). Die Heimlichkeit ist jedenfalls ein Indiz für die Unlauterkeit der Forderung.

103 Da vorrangig die Mitbewerber und die Allgemeinheit – nämlich das ordnungsgemäße Funktionieren des Marktes als wesentlichster Punkt unserer Wirtschaftsordnung – durch § 299 StGB geschützt werden sollen (vgl. auch § 1 UWG), kommt nach der überwiegend vertretenen Meinung der **Einwilligung des Geschäftsherrn** zur Vorteilsannahme seines Angestellten *keine rechtfertigende Wirkung zu*[3], da er über das Schutzgut nicht disponieren kann. Nach überwiegender Ansicht lässt aber eine ausdrückliche Billigung der Vorteilsannahme des Angestellten durch den Geschäftsherrn den Tatbestand entfallen[4]. Der Geschäftsherr, der selbst nicht Täter sein kann (Rz. 100), macht sich dadurch das unlautere Verhalten seines Angestellten zu Eigen. Eine Bestrafung des nachgeordneten, i.d.R. weisungsabhängigen Angestellten oder Beauftragten bei gleichzeitiger Straflosigkeit des Geschäftsherrn, dem letztendlich die Entscheidung obliegt, von wem er seine Leistungen bezieht, erscheint bei der gegebenen Gesetzeslage unbillig. Daran ändern auch die durchaus vorhandenen Gefahren für den Wettbewerb nichts.

---

1 Vgl. *Rönnau* in A/R, Teil 3 § 299 StGB Rz. 82 m.w.Nw.
2 Bereits RG v. 14.5.1914 – III 140/14 – Kronkorkenfall, RGSt 48, 291 ff.; zust. *Fischer*, § 299 StGB Rz. 18; *Tiedemann* in LK, § 299 StGB Rz. 40; *Dannecker* in NK, § 299 StGB Rz. 52.
3 *Fischer*, § 299 StGB Rz. 23; *Tiedemann* in LK, § 299 StGB Rz. 55; *Diemer/Krick* in MüKo, § 299 StGB Rz. 30; *Dannecker* in NK, § 299 StGB Rz. 80; a.A. *Rengier* in FS Tiedemann, S. 837 ff.
4 So auch *Rönnau* in A/R, 3. Teil 2 Rz. 42; *Winkelbauer* in FS Weber, S. 385 ff.; *Rengier* in FS Tiedemann, S. 837 ff.; zust. *Dannecker* in NK, § 299 StGB Rz. 80, argumentiert über teleologische Reduktion; *Walther, F.*, Diss. 2011, S. 105 f. m.w.Nw.; *Fischer*, § 299 StGB Rz. 18, verneint Unlauterkeit gegenüber Mitbewerbern bei Kenntnis des Geschäftsherrn; a.A. wohl *Tiedemann* in LK, § 299 StGB Rz. 55.

d) Unter einem **geschäftlichen Betrieb** wird nach ganz h.M. jede auf eine gewisse Dauer angelegte, regelmäßige Tätigkeit im Wirtschaftsleben, die sich durch den Austausch von Leistungen auszeichnet, verstanden[1]. Nur gelegentliche oder vereinzelte Teilnahme am Geschäftsverkehr reicht nicht aus[2]. Auf eine Gewinnerzielungsabsicht kommt es dabei nicht an[3](vgl. auch § 23 Rz. 10 ff.), sodass auch wohltätige und gemeinnützige Einrichtungen, gesetzliche Krankenkassen, Konsumvereine und ähnliche Einrichtungen dem Erfordernis eines „geschäftlichen Betriebs" genügen können. Ebenso erfüllen freiberufliche Tätigkeiten von Ärzten, Rechtsanwälten, Steuerberatern u.ä. das Erfordernis eines geschäftlichen Betriebs i.S. der Norm[4].

Auch **Behörden, öffentliche Unternehmen und staatliche Stellen**[5] – insbesondere bei (erwerbs-)fiskalischem Handeln – können einen „geschäftlichen Betrieb" unterhalten. Entscheidend ist allein, dass sie in einem Markt tätig werden, der sich durch eine Wettbewerbssituation auszeichnet[6].

Öffentliche Stellen im Bereich der *Eingriffsverwaltung* unterfallen indes *nicht* dem Begriff des geschäftlichen Betriebes; insofern finden die §§ 331 ff. StGB Anwendung (Rz. 8 ff.). Im *Bereich der Daseinsvorsorge* (Müllentsorgung, Energie-, Wasserversorgung usw.) hängt die Beurteilung vom Einzelfall ab. Ein wichtiges Indiz ist die Organisationsform. Jedoch kommen auch privatrechtlich organisierte Unternehmen als „sonstige Stellen" i.S. von § 11 Abs. 1 Nr. 2 Buchst. c StGB in Betracht (vgl. Rz. 13 ff.). Ausgeschlossen ist diese Zuordnung und damit eine Strafbarkeit gem. §§ 331 ff. StGB jedoch dann, wenn ein Privater an dem Unternehmen in einem Umfang beteiligt ist, dass er zumindest durch eine Sperrminorität wesentliche unternehmerische Entscheidungen mitbestimmen kann[7]. In einem solchen Fall ist das Unternehmen als geschäftlicher Betrieb i.S. von § 299 StGB einzuordnen.

e) Der Wettbewerb um **Privatpersonen** unterfällt nicht der Strafbarkeit wegen wirtschaftlicher Bestechung/Bestechlichkeit, sodass Angestellte oder Beauftragte von Privatpersonen als taugliche Täter ausscheiden[8]. Das gilt unabhän-

---

1 St. Rspr., bereits RG v. 16.4.1935 – 4 D 1189/34, JW 1935, 1861; BGH v. 13.5.1952 – 1 StR 670/51, BGHSt 2, 396 ff.; BGH v. 29.3.2012 – GSSt 2/11, NJW 2012, 2530 ff.; statt vieler *Dannecker* in NK, § 299 StGB Rz. 24 m.w.Nw.
2 *Dannecker* in NK, § 299 StGB Rz. 24; *Tiedemann* in LK, § 299 StGB Rz. 19.
3 Bereits RG v. 8.6.1920 – II 426/20, RGSt 55, 31 ff.; BGH v. 13.5.1952 – 1 StR 670/51 – Sub-Post-Ingenieur, BGHSt 2, 396 m.w. Beisp.; zuletzt BGH v. 29.03.2012 – GSSt 2/11, NJW 2012, 2530 ff.
4 St. Rspr.; RGSt 37, 173 ff.; *Dannecker* in NK, § 299 StGB Rz. 24 m.w.Nw.; krit. *Bernsmann/Gatzweiler*, Rz. 580.
5 BGH v. 13.5.1952 – 1 StR 670/51 – Sub-Post-Ingenieur, BGHSt 2, 396 ff.; BGH v. 21.7.2005 – I ZR 170/02, GRUR 2005, 960 ff.
6 Zuletzt BGH v. 29.3.2012 – GSSt 2/11, NJW 2012, 2530 ff.; ausf. *Dannecker* in NK, § 299 StGB Rz. 24 m.w.Nw.
7 BGH v. 2.12.2005 – 5 StR 119/05 – Kölner Müllverbrennungsskandal, NJW 2005, 925 ff.
8 Nur BGH v. 13.5.1952 – 1 StR 670/51 – Sub-Post-Ingenieur, BGHSt 2, 396 ff.; *Dannecker* in NK, § 299 StGB Rz. 25; krit. *Baumbach/Hefermehl*, 19. Aufl. 1996, Vor § 12 UWG Rz. 1; *Pragal*, ZIS 2006, 63 ff.

gig von der Größe und dem Umfang der geschäftlichen Tätigkeit. Ebenfalls nicht unter den Anwendungsbereich der Norm fallen **gesetz- oder sittenwidrige Unternehmen**, da – so auch grundsätzlich für das UWG anerkannt – nur der legale Wettbewerb geschützt wird[1]. Dass ein Betrieb im generell legalen Wettbewerb illegal erlangte (Geld-)Mittel zur Erlangung eines Vorteils verwendet – und damit etwa den Tatbestand der Geldwäsche oder Hehlerei erfüllt – ist hingegen unschädlich.

107 Bisher – soweit ersichtlich – weder thematisiert noch gerichtlich entschieden ist die Frage der Einordnung der **Wohnungseigentümergemeinschaft** (WEG). Spätestens mit Anerkennung ihrer (Teil-)Rechtsfähigkeit[2] ist sie in einem Maß unabhängig von den einzelnen Privatleuten als Mitgliedern, dass man sie als geschäftlichen Betrieb ansehen kann, sodass ein Verwalter, der z.B. Gewerke am Gemeinschaftseigentum an Handwerker gegen Zahlung von Schmiergeld vergibt, als Beauftragter der WEG der Strafbarkeit gem. § 299 StGB unterfällt. Dass die WEG regelmäßig nur Leistungen beziehen wird und keine Waren bzw. Dienstleistungen in den Markt einbringt, steht dem – genau wie bei dem allgemein als geschäftlichen Betrieb anerkannten Konsumverein – nicht entgegen.

2. Tathandlungen

108 Tathandlungen des § 299 Abs. 1 StGB sind das **Fordern, Sichversprechenlassen** und **Annehmen** eines Vorteils. Diese entsprechen denen der §§ 331 ff. StGB, sodass auf die Ausführungen zu diesen (vgl. Rz. 42 ff.) verwiesen werden kann.

III. Wirtschaftliche Bestechung

109 Entsprechend den Regelungen der Bestechlichkeit in § 299 Abs. 1 StGB ergibt sich aus **§ 299 Abs. 2 StGB** die spiegelbildliche Strafbarkeit des **aktiv Bestechenden**. Identische Tatbestandsmerkmale sind daher gleich auszulegen[3].

110 **a)** Im Gegensatz zu Abs. 1 sieht § 299 Abs. 2 StGB keine Einschränkung des **Täterkreises** vor. Als *Täter* des früheren § 12 UWG sollten nur Mitbewerber oder für sie handelnde Personen in Betracht kommen; ein Privater sollte allenfalls Anstifter oder Gehilfe sein[4]. Der gegenüber § 12 UWG leicht geänderte Wortlaut des § 299 Abs. 2 StGB sieht vor, dass die unlautere Bevorzugung für den Täter „oder einen anderen" erfolgt. Damit muss auch ein Privater, *der im Lager eines Bewerbers* steht und in dessen Interesse handelt, selbst Täter sein

---

1 *Tiedemann* in LK, § 299 StGB Rz. 19; *Dannecker* in NK, § 299 StGB Rz. 25; a.A. *Fischer*, § 299 StGB Rz. 5, schließt nur Betriebe mit ausschließlich illegalem Inhalt wie Drogen- oder Menschenhandel aus dem Schutzbereich aus.
2 § 10 WEG; BGH (Z) v. 2.6.2005 – V ZB 32/05, BGHZ 163, 154 ff. = NJW 2005, 2061 ff.
3 Ganz h.M., statt vieler: *Rönnau* in A/R, 3. Teil 2 Rz. 45.
4 *Baumbach/Hefermehl*, 19. Aufl. 1996, § 12 UWG Rz. 16.

können[1]. Private, die diese Voraussetzung nicht erfüllen, können nur Anstifter oder Gehilfe sein[2], u.a. wenn sie Mittel zur Bestechung zur Verfügung stellen[3].

b) Die **Tathandlungen** des § 299 Abs. 2 StGB sind spiegelbildlich zum Abs. 1 und identisch wie bei den §§ 331 ff. StGB auszulegen (vgl. Rz. 42, 108). 111

Die Handlung des Bestechenden muss „**zu Zwecken des Wettbewerbs**" erfolgen. Ein Handeln zu Zwecken des Wettbewerbs liegt in jedem Tun, *das objektiv geeignet ist, eigenen oder fremden Absatz zu fördern*[4]. Es muss auch eine Wettbewerbslage, d.h. ein Konkurrenzverhältnis zu mindestens einem oder mehreren Konkurrenten vorliegen[5]. 112

Eine **Wettbewerbslage** liegt vor,

„wenn der Täter in einen wirtschaftlichen Kampf mit anderen tritt, der darauf abzielt, den Geschäftsbetrieb dieser anderen durch Schmälerung ihres Absatzes, Entziehung von Kunden oder sonstige geeignete Mittel zu beeinträchtigen, gerade hierdurch aber den eigenen Geschäftsbetrieb auf dem Markt auszudehnen und sich die den Konkurrenten entzogenen geschäftlichen Vorteile zuzuwenden [...] dabei müssen die Mitbewerber nicht bekannt sein, es genügt, dass (der Täter) mit der Möglichkeit des Wettbewerbs anderer gerechnet hat."[6]

Auch die Vorbereitung für künftigen Wettbewerb ist Wettbewerbshandlung[7].

IV. Handeln im ausländischen Wettbewerb

§ 299 StGB wurde im Jahr 2002 durch **Abs. 3** dahin ergänzt[8], dass die Abs. 1 und 2 „auch für Handlungen im ausländischen Wettbewerb" gelten. Damit wollte der Gesetzgeber „klären", dass auch der Wettbewerb ausländischer Märkte vom Schutzbereich der Abs. 1 und 2 umfasst ist[9] und den internationalen Schutz vor Korruption konsequent verstärken. 113

Umstritten ist jedoch, inwiefern es sich bei der Einführung des Abs. 3 tatsächlich nur um eine Klarstellung handelt und nicht um eine Änderung mit materiell-rechtlichem Charakter, die § 2 Abs. 3 StGB unterfällt. Die ganz h.M. setzt für die Anwendbarkeit des § 299 StGB a.F. voraus, dass *deutsche Wettbewerbsinteressen* durch die Tat verletzt sein müssen[10]; für die Bejahung der Strafbar- 114

---

1 H.M., *Heine* in S/S, § 299 StGB Rz. 25; *Tiedemann* in LK, § 299 StGB Rz. 20; *Dannecker* in NK, § 299 StGB Rz. 62.
2 H.M., *Dannecker* in NK, § 299 StGB Rz. 62; *Tiedemann* in LK, § 299 StGB Rz. 20; *Baumbach/Hefermehl*, 19. Aufl. 1996, § 12 UWG Rz. 16, jew. m.w.Nw.
3 BGH v. 29.3.2000 – 2 StR 603/99, wistra 2000, 269 f.
4 BGH v. 26.10.1951 – I ZR 8/51 – Fall Constanze I, BGHZ 3, 270 (277); *Heine* in S/S, § 299 StGB Rz. 23 ff.
5 BGH v. 16.7.2004 – 2 StR 486/03, NJW 2004, 3129; *Heine* in S/S, § 299 StGB Rz. 23; *Diemer/Krick* in MüKo, § 299 StGB Rz. 18.
6 BGH v. 9.10.1990 – 1 StR 538/89, NJW 1991, 367 ff.; *Fischer*, § 299 StGB Rz. 15.
7 BGH v. 16.11.1954 – I ZR 12/53 – Holländische Obstbäume, NJW 1954, 546 ff.
8 G v. 22.8.2002, BGBl. I, 3387; in Kraft getreten: 30.8.2002.
9 BT-Drs. 14/8998, 9 f.
10 BGH v. 29.8.2008 – 2 StR 587/07 – Fall Siemens, BGHSt 52, 323 ff. (339 ff.) = NJW 2009, 89 ff.; *Rönnau* in A/R, 3. Teil § 299 StGB Rz. 51; *Vormbaum* in FS Schroeder, 2006, S. 649 ff. (655 ff.) m.w.Nw.

keit von Taten in einem ausländischen Markt sei notwendig, dass sich der Wettbewerb ausschließlich bzw. überwiegend zwischen deutschen Mitbewerbern abspielt[1], da keine allgemeine Pflicht deutscher Gewerbetreibender bestehe, sich bei ausschließlich ausländischem Wettbewerb an deutsches Wettbewerbsrecht zu halten[2]. Die Vertreter der Gegenmeinung führen zwar richtig an, dass aus § 299 StGB a.F. dem Wortlaut nach keine entsprechende Beschränkung zu entnehmen ist[3]. Jedoch würde eine Erstreckung der Norm auf alle ausländischen Sachverhalte dem (damaligen, 1997 bestehenden) Willen des Gesetzgebers widersprechen, mit der Überführung des § 12 UWG in das Strafgesetzbuch keine inhaltliche Änderung der Vorschrift vorzunehmen, sodass der h.M. zu folgen ist[4].

115 Für die **Strafbarkeit von Auslandstaten** nach dem StGB sind jedoch weiterhin die §§ 3–9 StGB maßgebend (dazu § 4 Rz. 3 ff.). Insgesamt wird die Möglichkeit, ausländische Märkte betreffende Korruptionstaten in Deutschland zu verfolgen, teilweise kritisiert. Angeführt wird, dass nicht in allen Ländern der gleiche gesetzliche Standard gegeben ist und so Wettbewerbsnachteile zu befürchten seien. Die Regelung des § 299 StGB beachte nicht ausreichend, dass es für Handlungen im Wettbewerb auf einem Auslandsmarkt allein auf die Wettbewerbsordnung dieses Marktes ankomme und nicht für einzelne Marktteilnehmer deutsches Recht gelten könne[5]. Als Lösung wird eine teleologische Reduktion der §§ 3 ff. StGB nach Maßgabe der Sozialadäquanz im jeweils betroffenen ausländischen Markt gefordert[6]. Richtig ist, dass nicht auf die Sicht eines mit den deutschen Marktgepflogenheiten vertrauten objektiven Beobachters abgestellt werden kann. Vielmehr muss auf die Sichtweise eines mit den internationalen Wirtschaftsbräuchen vertrauten objektiven Beobachters abgestellt und im Zweifelsfall § 299 StGB restriktiv angewendet werden[7].

V. Weitere Merkmale

1. Subjektiver Tatbestand

116 Der Täter muss **Vorsatz** für das Fordern, Sichversprechenlassen oder Annehmen (*Bestechlichkeit*) bzw. Anbieten, Versprechen oder Gewähren (*Beste-

---

1 So der BGH in Zivilsachen, BGH v. 30.6.1961 – I ZR 39/60, BGHZ 35, 329 ff.; BGH v. 20.12.1963 – Ib ZR 104/62, BGHZ 40, 391; zust. *Kiesel*, DStR 2000, 949 ff.; *Randt*, BB 2002, 2252 ff.
2 Ganz h.M. in der Rspr. vor Überführung des § 12 UWG ins StGB; näher und m.w.Nw. *Mölders*, Bestechung, S. 178 ff.
3 LG Darmstadt v. 14.5.2007 – 712 Js 5213/04-9KLs – Rz. 137 ff., CCZ 2008, 37 ff. (erstinstanzliche Entscheidung im Fall „Siemens").
4 Ausf. zum Streitstand und weiteren Argumentationsansätzen *Rönnau* in A/R, 3. Teil § 299 StGB Rz. 50 ff.
5 *Wollschläger*, Der Täterkreis des § 299 Abs. 1 StGB und Umsatzprämien im Stufenwettbewerb, S. 85 ff.; *Lenk*, Zur Nichtanwendbarkeit des § 299 Abs. 3 StGB bei Inlandstaten mit Auslandsbezug, wistra 2014, 50 ff.
6 *Wollschläger*, Zur Nichtanwendbarkeit des § 299 Abs. 3 StGB bei Inlandstaten mit Auslandsbezug, wistra 2014, 50 ff..
7 So auch *Dannecker* in NK, § 299 StGB Rz. 40a m.w.Nw.

chung) des Vorteils für die Gegenleistung der unlauteren Bevorzugung haben. *Bedingter* Vorsatz ist ausreichend. Die Einsicht in die Unlauterkeit seines Tuns braucht er aber nicht zu besitzen. Unerheblich ist zudem, ob er die Gabe für zulässig hält und ob tatsächlich bevorzugt wurde. Der Täter muss die Kenntnis der tatsächlichen Umstände haben und bezüglich der Unlauterkeit zumindest eine Parallelwertung in der Laiensphäre treffen[1].

2. Versuch und Beendigung

a) Der **Versuch** ist bei § 299 StGB *nicht strafbar*, die Straftatbestände sind jedoch – insbesondere durch die Tatvarianten des Forderns und Anbietens – so weit gefasst, dass bereits einseitige Bestechungs- oder Bestechlickeitsbemühungen als vollendete Delikte zu bestrafen sind.

Auf die Normierung der **tätigen Reue** hat der Gesetzgeber bei § 299 StGB verzichtet[2]; eine – teilweise diskutierte – analoge Anwendung des § 298 Abs. 3 StGB kommt daher nicht in Betracht.

b) Vollendet ist die Tat beim Angestellten bereits mit dem Fordern, Sichversprechenlassen oder Annehmen, beim Bestechenden mit dem Anbieten, Versprechen oder Gewähren. **Beendet**[3] ist die Tat erst mit der *letzten Annahme* bzw. mit dem letzten Gewähren des Vorteils. Ein Erfolg der Tat – insbesondere eine tatsächliche Bevorzugung – ist nicht erforderlich[4]. Bei den Varianten Fordern bzw. Anbieten ist der Abschluss der Unrechtsvereinbarung nicht notwendig, vollendet ist die Tat mit Zugang bzw. Kenntnisnahme der Erklärung[5]. Wird ein Vorteil nur versprochen, nicht aber gewährt, so ist die Bestechung erst beendet, wenn sich das Versprechen endgültig als fehlgeschlagen erweist[6]. Dies gilt für die geschäftliche Bestechung gleichermaßen wie für die Amtsdelikte.

Beachtlich unter Verjährungs- und Konkurrenzgesichtspunkten ist nach dem Wegfall der fortgesetzten Handlung (§ 20 Rz. 17), dass *jede einzelne Forderung* oder Annahme eines Vorteils eine **selbständige Tat** bilden kann. Insbesondere ist eine einmal getroffene Unrechtsvereinbarung *nicht* dazu geeignet, alle Handlungen, die auf sie zurückgehen, zu *einer Tat* zusammenzufassen[7].

---

1 *Tiedemann* in LK, § 299 StGB Rz. 51; *Dannecker* in NK, § 299 StGB Rz. 59 f.
2 BT-Drs. 13/5584, 9 ff.; *Fischer*, § 299 StGB Rz. 21b; *Diemer/Krick* in MüKo, § 299 StGB Rz. 29; a.A. *Krack*, NStZ 2001, 505 ff.
3 *Diemer/Krick* in MüKo, § 299 StGB Rz. 29 m.w.Nw.
4 BGH v. 10.7.1957 – 4 StR 5/57 – Beschaffungsstelle, BGHSt 10, 358 ff. (268); *Fischer*, § 299 StGB Rz. 21; *Dannecker* in NK, § 299 StGB Rz. 82; a.A. *Wollschläger*, Der Täterkreis des § 299 Abs. 1 StGB und Umsatzprämien im Stufenwettbewerb, S. 88.
5 BGH v. 30.4.1957 – 1 StR 287/56, BGHSt 10, 237 ff. (243); *Fischer*, § 299 StGB Rz. 21a; *Diemer/Krick* in MüKo, § 299 StGB Rz. 29; *Rönnau* in A/R, 3. Teil 2 Rz. 56; a.A. *Tiedemann* in LK, § 299 StGB Rz. 70.
6 BGH v. 23.10.2002 – 1 StR 541/01, wistra 2003, 59 ff.
7 BGH v. 13.10.1994 – 1 StR 614/93, wistra 1995, 61 ff.

3. Rechtsfolgen, Konkurrenzen, Verfahrensrecht

120 a) Die **Strafdrohung** ist im Falle des § 299 StGB Freiheitsstrafe bis zu drei Jahren oder Geldstrafe und gilt sowohl für den Bestechenden als auch den Bestochenen. Die *Verjährungsfrist* für die Strafverfolgung beträgt fünf Jahre (§ 78 Abs. 3 Nr. 4 StGB). Die Verjährungsverlängerung und die Erhöhung der Strafandrohung durch die Gesetzesänderung von 1997 unterliegen nach ganz h.M.[1] dem Rückwirkungsverbot des Art. 103 Abs. 2 GG, sodass auf Tathandlungen, die vor dem Inkrafttreten des § 299 StGB am 19.08.1997 beendet waren, die Regelungen des § 12 UWG mit einer Verjährungsfrist von drei Jahren Anwendung finden.

121 Durch **§ 300 StGB** werden **besonders schwere Fälle** der geschäftlichen Bestechung und Bestechlichkeit erfasst. Die Qualifikation bezieht sich auf den Grundtatbestand des § 299 StGB für Bestechende und Bestochene gleichermaßen und führt als *Regelbeispiele* den „Vorteil großen Ausmaßes" und die gewerbs- oder bandenmäßige Begehung an. Die Vorschrift sieht als Sanktion Freiheitsstrafe von drei Monaten bis zu fünf Jahren vor. Sie entspricht insoweit größtenteils dem Amtsdelikt (§ 335 Abs. 2 StGB). Wegen der Problematik der Bestimmtheit der Regelbeispiele wird auf das oben bei den Amtsdelikten Ausgeführte verwiesen (Rz. 54 f.).

122 b) Beim Bestochenen ist **Tateinheit** mit *Untreue* in beiden Alternativen (§ 266 StGB) oder Erpressung (§ 253 StGB) möglich[2]. Der Bestechende kann tateinheitlich Anstifter oder Gehilfe einer Untreue sein. Ebenso kommt Tateinheit mit Betrug in Betracht. Zudem sind Bestechungsgelder als Einnahmen zu versteuern, die Selbstbelastungsfreiheit des § 393 Abs. 2 S. 2 AO steht dem nicht entgegen[3], sodass eine **tatmehrheitlich** begangene *Steuerhinterziehung* gegeben sein kann.

Soweit die §§ 331 ff. StGB Anwendung finden, kommt eine Strafbarkeit wegen Bestechung/Bestechlichkeit im geschäftlichen Verkehr gem. § 299 StGB nicht in Betracht; insofern sind die Amtsträgerdelikte exklusiv und vorrangig anwendbar (vgl. Rz. 58).

123 c) Sowohl die Bestechung als auch die Bestechlichkeit im geschäftlichen Verkehr werden nur **auf Antrag oder** bei Vorliegen eines **besonderen öffentlichen Interesses** verfolgt (§ 301 Abs. 1 StGB). Der Strafantrag ist als Prozessvoraussetzung[4] in jedem Verfahrensstadium von Amts wegen zu beachten.

124 **Strafantragsberechtigt** sind gem. § 301 Abs. 2 StGB neben dem Verletzten die in § 8 Abs. 3, Nr. 1, 2 und 4 UWG bezeichneten Gewerbetreibenden, Verbände und Kammern[5], wenn ihre satzungsmäßigen Interessen berührt sind[6]. Diese

---

1 Statt vieler BGH v. 7.6.2005 – 2 StR 122/05, BGHSt 50, 138 ff. m.w.Nw.; *Dannecker* in NK, § 2 Rz. 62 m.w.Nw.
2 BGH v. 18.1.1983 – 1 StR 490/82, NJW 1983, 1919 ff.
3 Vgl. nur BGH v. 2.12.2005 – 5 StR 119/05 – Kölner Müllverbrennungsskandal Rz. 80 ff., NJW 2006, 925 ff. m.w.Nw.
4 BGH v. 8.4.1954 – 3 StR 836/53, BGHSt 6, 155; *Dannecker* in NK, § 299 StGB Rz. 2.
5 Geänd. durch § 20 Abs. 6 UWG v. 3.7.2004.
6 Bereits RG v. 23.1.1912 – V 824/11, RGSt 45, 355 ff.

sind neben dem Verletzten auch berechtigt, Privatklage zu erheben (§ 374 Abs. 1 Nr. 5a, Abs. 2 StPO).

Verletzter i.S. der Norm ist zunächst der unmittelbar beeinträchtigte Mitbewerber[1], der im selben Markt die gleichen oder ähnliche Waren oder Dienstleistungen anbietet oder bezieht. Darüber hinaus sind auch Mitbewerber als Verletzte unabhängig davon strafantragsberechtigt, ob sie sich ebenfalls um den konkreten Auftrag beworben haben, insofern ist von einer weiten, marktbezogenen Sicht auszugehen[2]. Eine zukünftig geplante Wettbewerbsstellung reicht jedoch nicht aus[3].

Nach h.M.[4] ist ebenfalls der **Geschäftsherr** antragsberechtigt, unabhängig davon, dass er nur nachrangig vom Schutzbereich der Norm erfasst wird (vgl. Rz. 63). Dies gilt jedoch nur, soweit das Handeln des Täters ihm gegenüber pflichtwidrig war, mit der Folge, dass das Antragsrecht entfällt, wenn die Schmiergeldzahlung durch den Geschäftsherrn gebilligt wurde[5].

Das BKorrG hat die Möglichkeit eingeführt, die Korruption im Geschäftsverkehr bei Bejahung des **besonderen öffentlichen Interesses** von Amts wegen durch die Strafverfolgungsbehörden zu verfolgen. Dabei handelt es sich um eine Ermessensentscheidung der Staatsanwaltschaft[6], die gem. Nr. 260 RiStBV jedoch regelmäßig zu einer Bejahung des Vorliegens führen wird. Bei Vorliegen eines besonders schweren Falles gem. § 300 StGB kann das öffentliche Interesse an der Strafverfolgung nur ausnahmsweise verneint werden (Nr. 242a Abs. 2 RiStBV).

125

Nach h.M.[7] kann die Staatsanwaltschaft noch in der Hauptverhandlung und im Revisionsverfahren ihre Entscheidung über das Vorliegen des öffentlichen Interesses treffen, auch gegen den ausdrücklichen Willen des Verletzten[8]. Die Möglichkeit der Verfolgung von Amts wegen erfasst auch Altfälle, die vor dem 19.8.1997 – im Geltungsbereich des § 12 UWG als absolutes Antragsdelikt – beendet wurden, insofern findet § 2 Abs. 3 StGB keine Anwendung[9].

d) Gem. § 74c Abs. 1 Nr. 5a GVG sind die **Wirtschaftsstrafkammern** des Landgerichts zur Aburteilung zuständig (vgl. § 1 Rz. 92), wenn der Sache besondere Bedeutung zukommt (§ 24 Abs. 1 Nr. 3 GVG) bereits in erster Instanz, im Übrigen bei Berufungen gegen Urteile des Schöffengerichts[10].

126

---

1 H.M., *Tiedemann* in LK, § 301 StGB Rz. 2; *Diemer/Krick* in MüKo, § 301 StGB Rz. 2; *Dannecker* in NK, § 301 StGB Rz. 4.
2 *Tiedemann* in LK, § 301 StGB Rz. 2; *Dannecker* in NK, § 301 StGB Rz. 4; a.A. *Walter*, wistra 2001, 321 ff.
3 *Dannecker* in NK, § 301 StGB Rz. 4.
4 BGH v. 18.1.1983 – 1 StR 490/82, BGHSt 31, 207 ff.; *Fischer*, § 301 StGB Rz. 4; *Dannecker* in NK, § 301 StGB Rz. 6 m.w.Nw.
5 *Dannecker* in NK, § 301 StGB Rz. 6.
6 BGH v. 15.3.2001 – 5 StR 454/00, BGHSt 46, 310 ff. = NJW 2001, 2102 ff.
7 BGH v. 15.3.2001 – 5 StR 454/00, BGHSt 46, 310 ff.; BGH v. 18.6.2003 – 5 StR 489/02, NJW 2003, 2996 ff.; krit. *Horn/Wolters* in SK, § 230 StGB Rz. 6.
8 *Dannecker* in NK, § 301 StGB Rz. 14.
9 Ausf. BGH v. 15.3.2001 – 5 StR 454/00 – Bayerisches Rotes Kreuz – Rz. 64 ff., NJW 2001, 310 ff.; krit. *Knauth*, StV 2003, 418.
10 OLG Stuttgart v. 17.11.1981 – 1 Ws 339/81, MDR 1982, 252 f.

127 Hinsichtlich der in § 302 StGB angedrohten Vermögensstrafe und des **erweiterten Verfalls** gilt das Gleiche wie im Bereich der Amtsdelikte (Rz. 70). Besonders zu beachten ist, dass regelmäßig § 73 Abs. 1 S. 2 StGB Anwendung finden und damit einer Verfallsentscheidung entgegenstehen wird, wenn dem Geschäftsherrn ein Herausgabeanspruch gem. §§ 687 Abs. 2, 681 S. 2, 667 BGB zusteht[1].

D. Ausblick

128 Seit über 10 Jahren wird die Einführung eines allgemeinen **Korruptionsregisters** diskutiert. Darin sollen Unternehmen und/oder Personen geführt werden, die in diesem Bereich in besonderem Maße straffällig wurden. Diskutiert wird eine gesetzliche Pflicht öffentlicher Auftraggeber zur Meldung solcher Personen und Unternehmen sowie eine Pflicht zur Berücksichtigung bei der öffentlichen und steuerfinanzierten Auftragsvergabe. Ein von der Fraktion Bündnis 90/Die Grünen am 7.11.2012 eingebrachter Gesetzesentwurf[2] wurde noch am letzten Sitzungstag des Bundestages am 26.6.2013 durch die Mehrheitsfraktion mit dem Argument, damit einen modernen Pranger zu errichten, abgelehnt.

129 In einigen **Bundesländern** wurden in den letzten Jahren **Korruptionsregister** eingeführt. So bestehen entsprechende Listen nach Erlass gesetzlicher Vorgaben in Nordrhein-Westfalen (seit Ende 2004) und Berlin (seit 2006), sowie nach Erlass entsprechender Verwaltungsvorschriften in Baden-Württemberg (seit 1997), Bayern (seit 2004, für die Bauverwaltung), Bremen (seit 2001), Hessen (seit 2007) und Rheinland-Pfalz (seit 2003). Das in Hamburg seit 2004 geführte Korruptionsregister wurde mit Blick auf die Bundesinitiative aufgehoben, das in Niedersachsen ab 2001 geführte Register wird mangels Verlängerung der Ende 2008 ausgelaufenen Erlassregelung seither nicht mehr geführt.

130 Nachdem das Bundesjustizministerium im Juni 2014 einen „*Entwurf eines Gesetzes zur Bekämpfung der Korruption*"[3] präsentiert hatte, war im Rahmen der angefragten Stellungnahmen von Verbänden und Fachleuten vielfache Kritik an der geplanten Ausweitung der Norm sichtbar geworden[4]. Nunmehr liegt der **„Regierungsentwurf eines Gesetzes zur Bekämpfung der Korruption"** vom 21.1.2015 vor[5]. Damit sollen europarechtliche Vorgaben sowie ein Übereinkommen der Vereinten Nationen im Bereich der Wirtschaftskorruption umgesetzt werden, indem § 299 StGB derart erweitert wird, dass zum einen zusätzlich die Verletzung von Pflichten gegenüber dem Unternehmen (sog. Geschäftsherrenmodell) als Tatvariante berücksichtigt und zum anderen die grenzüberschreitende internationale Korruption besser erfasst wird.

---

1 BGH v. 31.3.2008 – 5 StR 631/07, wistra 2008, 262 ff.
2 BT-Drs. 17/11415.
3 www.bmjv.de/sharedDocs/Downloads/DE/pdfs/Gesetze/RefE-Korr-BekG.pdf?__blob=publicationFile.
4 Der Tagesspiegel v. 16.9.2014.
5 www.bmjv.de/SharedDocs/Downloads/DE/pdfs/Gesetze/GE-Korruptionsbekaempfung.pdf?__blob=publicationFile.

Des Weiteren legte das Bundesjustizministerium Anfang Februar 2015 seinen **131** Referentenentwurf eines „**Gesetzes zur Bekämpfung von Korruption im Gesundheitswesen**"[1] vor. Geplant ist, mit der Neueinführung von § 299a StGB – der spiegelbildlich zum § 299 StGB gestaltet sein soll – die durch den Beschluss des Großen Senats des BGH vom 29.3.2012 festgestellte Regelungslücke zu schließen, wonach niedergelassene, für die vertragsärztliche Versorgung zugelassene Ärzte weder als Amtsträger noch als Beauftragte der gesetzlichen Krankenversicherungen einer Strafbarkeit nach den §§ 299 ff. StGB unterfallen (vgl. Rz. 98). Als taugliche Täter will der Entwurf sämtliche Angehörige eines Heilberufs, die für die Berufsausbildung oder die Führung der Berufsbezeichnung eine staatlich geregelte Ausbildung erfordern, erfassen. Zudem ist vorgesehen, durch eine Änderung des Fünften Buches des Sozialgesetzbuches (SGB V) einen regelmäßigen Erfahrungsaustausch der Stellen zur Bekämpfung von Fehlverhalten im Gesundheitswesen bei der Kassenärztlichen Vereinigung und ihren Mitgliedern sowie bei den Kranken- und Pflegekassen unter Einbeziehung der Staatsanwaltschaften einzuführen.

---

1 www.bmjv.de/SharedDocs/Downloads/DE/pdfs/Gesetze/RefE_Bekaempfung_Korruption_Gesundheitswesen.pdf?__blob=publicationFile.

Das Weitere regelt das Unionsrecht mit seit zum Anfang Februar 2018 schon 131
Referentenentwurf eines Gesetzes zur Bekämpfung von Korruption im Gesundheitswesen, vor. Capitel 12 an, der den Anhang von § 299 a StGB
... zum § 299 StGB gestaltet sein soll – die durch den Be-
schluß des Großen Senats des BGH von 29.03.2012 erfolgte Regelung
... auszuschließen, wonach niedergelassene, für die vertragsärztliche Versorgung zugelassene Ärzte weder als Vertreter noch als Beauftragte der gesetzlichen Krankenversicherungen ... tätig sind, nach d. a. §§ 299 ff. StGB
... Als Aufgabe des Landesrechts entwurf staatliche Auf-
hören können. Hinblick darauf, dass Fortbildung oder die Tagung der Tag-
... eine staatlich vorgegebene Ausbildung, Fordern, erfassen, zudem ist vor dem durchlaufenen Anfang des Faches. Bei des besonderen
verstoßen, (StGB V) gibt es ausnahmslos... Unternehmerschaft, den Stellen zu-
beschäftigen, in Fällen, in denen Stifter sein bei der Kassenarztlichen
Vereinigung und in Hinblick ... sowie bei den Handeln und Zurückweisen
einer Entlassung der Erlaubnis, machten an ausrichten.

5. Kapitel
Erzeugung

§ 54
Schutz der Umwelt
Bearbeiter: Michael Pfohl

	Rz.
A. Umweltverwaltungsrecht	1
I. Allgemeines Umweltverwaltungsrecht	6
II. Besonderes Umweltverwaltungsrecht	
1. Gewässerschutz	15
2. Bodenschutz	25
3. Immissionsschutz	32
4. Kreislaufwirtschaft	
a) Kreislaufwirtschaftsgesetz	50
b) Abfallverbringung	83
5. Kernenergie und Strahlenschutz	85
6. Schutz vor gefährlichen Stoffen	89
7. Gentechnik	93
8. Natur-, Pflanzen- und Tierschutz	100
B. Allgemeines zum Umweltstrafrecht	
I. Rechtsgrundlagen	104
1. „Straftaten gegen die Umwelt"	105
2. Nebenstrafrecht	109
II. Geschützte Rechtsgüter und Deliktsnatur	110
III. Verwaltungsakzessorietät	
1. Grundsatz	113
2. Erfordernis einer Genehmigung	122
3. Verstoß gegen Auflagen und Bedingungen	137
4. „Informelles Verwaltungshandeln"	142
5. Reichweite der Erlaubnis	148
6. Europäische und ausländische Verwaltungsakzessorietät	150
IV. Allgemeine Rechtfertigungsgründe	151
V. Tätige Reue	153
C. Strafrechtliche Normen für die einzelnen Schutzbereiche	
I. Gewässerschutz	
1. Gewässerverunreinigung	155
2. Unerlaubter Betrieb wassergefährdender Anlagen	168
3. Gefährdung schutzbedürftiger Gebiete	169
4. Besonders schwerer Fall	171
5. Störung öffentlicher Betriebe	174
6. Ordnungswidrigkeiten	175
7. Hinterziehung von Abwasserabgaben	178
II. Bodenschutz	
1. Bodenverunreinigung	180
2. Weitere Sanktionsnormen	189
III. Immissionsschutz	
1. Luftverunreinigung	192
a) Immissionen	194
b) Emissionen	202
c) Emissionen ohne Anlagenbezug	205
d) Gemeinsames	206
2. Verursachen von Lärm, Erschütterungen und nicht ionisierenden Strahlen	208
3. Unerlaubtes Betreiben von Anlagen	211
4. Besonders schwerer Fall	218
5. Ordnungswidrigkeiten	219
IV. Kreislaufwirtschaft/Abfallentsorgung	
1. Unerlaubter Umgang mit Abfällen	223
2. Unerlaubte grenzüberschreitende Abfallverbringung	247

	Rz.		Rz.
3. Unerlaubtes Betreiben einer Abfallentsorgungsanlage	251	VIII. Naturschutz und Landschaftspflege	300
4. Besonders schwerer Fall	254	IX. Pflanzen- und Tierschutz	304
5. Ordnungswidrigkeiten	255	X. Umwelthaftung	306
V. **Kernenergie und Strahlenschutz**	258	D. **Umweltstrafrechtliche Besonderheiten**	
1. Gemeingefährliche Straftaten	259	I. Strafbarkeit von Amtsträgern	307
2. Unerlaubter Umgang mit radioaktiven Abfällen	266	1. Amtsträger als Anlagenbetreiber	308
3. Unerlaubtes Betreiben einer kerntechnischen Anlage	267	2. Bedienstete der Genehmigungs- und Überwachungsbehörden	310
4. Unerlaubter Umgang mit Kernbrennstoffen	269	3. Verletzung von Anzeigepflichten	318
5. Besonders schwerer Fall	273	II. Verantwortlichkeiten im Betrieb	
6. Strahlenschutzvorsorgegesetz	274	1. Verantwortungsverteilung	320
7. Ordnungswidrigkeiten	275	2. Strafbarkeit des Betriebsbeauftragten	322
VI. **Schutz vor gefährlichen Stoffen**		3. Unternehmensstrafbarkeit?	325
1. Unerlaubter Umgang mit radioaktiven und anderen gefährlichen Stoffen	276	III. Verfahrensrechtliche Einzelfragen	328
2. Unerlaubter Umgang mit gefährlichen Gütern	282	1. Verwertbarkeit von Erkenntnissen der Eigenüberwachung	329
3. Besonders schwerer Fall	287	2. Telefonüberwachung	331a
4. Schwere Gefährdung durch Freisetzen von Giften	288	3. Sonderzuständigkeiten	332
5. Chemikaliengesetz	290	IV. Ahndungspraxis	
6. Ordnungswidrigkeiten	294	1. Strafverfolgungsstatistik	334
VII. **Gentechnik**		2. Verfahrenseinstellungen	345
1. Gefährdungen durch Gentechnik	295	3. Verständigung in Strafverfahren	346a
2. Ordnungswidrigkeiten	297	4. Verfall	347
3. Unzureichende Deckungsvorsorge	299	5. Ordnungswidrigkeiten	350
		6. Reformbedarf?	352

A. Umweltverwaltungsrecht

1 Gewerbliche Betätigungen sind häufig mit *Beeinträchtigungen der Umwelt* verbunden. So kann die Errichtung eines Betriebsgebäudes zu einem weiteren Landschaftsverbrauch führen. Fallen bei der Produktion Abwässer an, werden diese zwar meist vorbehandelt, am Ende aber doch in ein natürliches Gewässer eingeleitet. Abgase können die Luft beeinträchtigen, Lärm die Gesundheit von Anwohnern stören, die Abfallentsorgung zu Verschmutzungen von Wasser, Luft oder Boden führen. Dabei kann das **Gut „Umwelt"** auch für wirtschaftliche Unternehmungen nicht unbegrenzt zur Verfügung stehen. Vielmehr ist ein sachgerechter Ausgleich zwischen ökonomischen und ökologischen Interessen zu suchen.

Bereits dieser Interessenkonflikt zeigt, dass im Rahmen einer Gesamtdarstellung des Wirtschaftsstrafrechts das Umweltstrafrecht nicht fehlen darf. Nicht wenige Umweltdelikte gehen auf *wirtschaftliche Überlegungen* zurück, wie z.B. auf das Ansinnen, übermäßig erscheinende Abfallentsorgungskosten einzusparen. Die Darstellung des Umweltstrafrechts muss hier jedoch schon aus räumlichen Gründen unvollständig bleiben. Praxisbezogen soll im Wesentlichen auf grundlegende obergerichtliche Entscheidungen eingegangen werden. Im Übrigen sollen die Ausführungen nur als ein **erster Einblick** in eine sich stetig verändernde und immer spezialisiertere Rechtsmaterie verstanden werden, zu deren Vertiefung auf die weiterführenden Literaturangaben verwiesen werden muss.

Während einige Umweltdelikte schon seit Langem als gemeingefährliche Straftaten ihren Platz **im StGB** (28. Abschnitt) hatten, etwa die sprichwörtliche *Brunnenvergiftung* (§ 324 StGB a.F.), war der praktisch wichtige Teil der einschlägigen Normen bis 1980 nur in zahlreichen verwaltungsrechtlichen Einzelgesetzen geregelt und somit „Nebenstrafrecht". Das *18. Strafrechtsänderungsgesetz* (Rz. 105) hat die wichtigsten Umweltdelikte als neuen damals 28. Abschnitt in das StGB verlagert und dadurch das Augenmerk sowohl der Strafverfolgungsorgane als auch der Strafrechtswissenschaft auf diese Deliktsgruppe gelenkt. Darüber hinaus wurde der Allgemeinheit verdeutlicht, dass es sich insoweit um echtes Kriminalunrecht handelt. Dieses Signal wurde durch das im Jahr 1994 verabschiedete *2. Gesetz zur Bekämpfung der Umweltkriminalität* (Rz. 107) bestätigt und verstärkt, welches zur Ergänzung und Lückenschließung des 18. StrÄndG dienen sollte. Eine letzte wesentliche Erweiterung erfuhren die Vorschriften durch das 45. StrÄndG vom 6.12.2011, mit dem eine Richtlinie des Europäischen Parlaments und des Rates vom 19.11.2008 umgesetzt wurde (vgl. Rz. 108b). Auch danach sind jedoch weitere Straf- und Bußgeldnormen außerhalb des inzwischen 29. Abschnitts des StGB in einzelnen verwaltungsrechtlichen Gesetzen verblieben.

Ähnlich wie im Steuerstrafrecht (oben §§ 43 ff.) wäre eine isolierte Darstellung des Umweltstrafrechts wenig sinnvoll. Abgesehen von § 330a StGB sind alle Vorschriften des nun 29. Abschnitts im StGB *verwaltungsakzessorisch* ausgestaltet (vgl. näher Rz. 113) und gründen auf der Überlegung, dass die rechtliche Bewältigung der Aufgabe, das knappe Gut Umwelt zu verteilen und zu schützen, vorrangig dem präventiven Polizeirecht, d.h. dem **Verwaltungsrecht**, obliegt. Eine knappe Darstellung der insoweit mit Blick auf das Umweltstrafrecht wesentlichen verwaltungsrechtlichen Grundlagen ist daher schon aus Verständnisgründen unumgänglich (Rz. 6 ff.).

Daraus ergibt sich der **weitere Aufbau**: Zunächst werden die *allgemeinen Grundsätze* des Umweltstrafrechts (Rz. 104 ff.) und dann die hinsichtlich der *einzelnen Schutzbereiche* bedeutsamen Strafrechtsnormen erörtert (Rz. 155 ff.). Der darauf folgende Abschnitt (Rz. 307 ff.) enthält *Sonderprobleme* des Umweltstrafrechts sowie allgemeine Fragen unter dem besonderen Blickwinkel dieses Rechtsgebiets, nämlich die Strafbarkeit von Amtsträgern, Verantwortlichkeiten im Betrieb, einzelne verfahrensrechtliche Fragen und schließlich die Ahndungspraxis.

I. Allgemeines Umweltverwaltungsrecht

Schrifttum: *Becker*, Das neue Umweltrecht 2010, 2010; *Breuer* in Schmidt-Aßmann/ Schoch (Hrsg.), Besonderes Verwaltungsrecht, 14. Aufl. 2008; *Erbguth/Schlacke*, Umweltrecht, 5. Aufl. 2014; *Giesberts/Reinhardt*, Umweltrecht, Beck'scher Online-Kommentar; *Hansmann/Sellner*, Grundzüge des Umweltrechts, 2012; *Kloepfer*, Umweltrecht, 3. Aufl. 2004; *Kloepfer*, Umweltschutzrecht, 2. Aufl. 2011; *Koch* (Hrsg.), Umweltrecht, 4. Aufl. 2014; *Peters*, Umweltrecht, 4. Aufl. 2010; *Rengeling* (Hrsg.), Handbuch zum europäischen und deutschen Umweltrecht, 2003; *Schmidt/Kahl*, Umweltrecht, 9. Aufl. 2014; *Sparwasser/Engel/Voßkuhle*, Umweltrecht, 5. Aufl. 2003.

Gesetzessammlung: *Kloepfer*, Umweltschutz I und II, Loseblatt.

6 Das Umweltverwaltungsrecht hat in den letzten Jahrzehnten eine geradezu sprunghafte Entwicklung genommen. Derzeit besteht es aus einem Geflecht von **über 20 verschiedenen Umweltgesetzen**, die meist in den 70er Jahren des letzten Jahrhunderts entstanden und inzwischen zahlreichen Änderungen unterworfen worden sind.

7 So wurde das derzeit älteste bestehende **Umweltverwaltungsgesetz**, das aus dem Jahr 1957 stammende *Wasserhaushaltsgesetz*, nach mehreren Änderungsgesetzen am 31.7.2009 grundlegend reformiert und neu gefasst. Aus dem 1972 verabschiedeten Abfallbeseitigungsgesetz wurde 1986 das Abfallgesetz, 1996 das Kreislaufwirtschafts-/Abfallgesetz und 2012 schließlich das *Kreislaufwirtschaftsgesetz*. Das 1974 erstmals verabschiedete *Bundes-Immissionsschutzgesetz* wurde ebenfalls mehrfach geändert und weist derzeit 41 ergänzende Verordnungen auf. 1998 wurde das *Bundes-Bodenschutzgesetz* verabschiedet. Das *Chemikaliengesetz* aus dem Jahr 1980 wurde 1990, 1994, 2002, 2008 und 2011 umfassend reformiert.

8 Diese rastlose Tätigkeit des nationalen Gesetzgebers wird ergänzt durch eine gelegentlich aktionistisch erscheinende Normsetzung der EU, die zu ständigen Änderungen des nationalen Rechts führt. Beispielhaft sei hier nur die Industrieemissions-Richtlinie erwähnt, deren Umsetzung zu größeren Änderungen des BImSchG, aber auch des WHG und des KrWG sowie zahlreicher Verordnungen geführt hat (vgl. Rz. 32a). Mögen solche Reformen einerseits dazu dienen, bei stattfindenden gesellschaftlichen und technischen Entwicklungen gewisse ökologische Mindeststandards zu wahren, haben sie andererseits doch eine **Unübersichtlichkeit** zur Folge, die sowohl bei den zuständigen Verwaltungsbehörden als auch bei den Betroffenen schon deshalb zu einem Vollzugsdefizit führt, weil die einschlägigen Vorschriften kaum noch vollständig erfasst und verarbeitet werden können. *Erhebliche Handhabungsschwierigkeiten* haben sich auch durch die Aufspaltung des Umweltverwaltungsrechts in eine Vielzahl von Spezialgesetzen ergeben, deren Anwendungsbereiche sich gelegentlich überschneiden und nur schwer voneinander abzugrenzen sind, wie

etwa zwischen dem Wasser- und Abfallrecht[1], dem Bodenschutz- und dem Immissionsschutzrecht[2] oder dem Atom- und Immissionsschutzrecht[3].

Abhilfe sollte hier ein einheitliches **Umweltgesetzbuch** schaffen. Für dieses Vorhaben lagen zunächst zwei sog. Professorenentwürfe aus den Jahren 1990 und 1994 vor. Darauf aufbauend fertigte eine vom Bundesumweltminister eingesetzte Sachverständigenkommission 1997 einen Entwurf für ein Umweltgesetzbuch Allgemeiner und Besonderer Teil[4], der in einen Referentenentwurf des Bundesumweltministeriums aus dem Jahr 2008 mündete[5]. Dieser in fünf Einzelbücher und einige Verordnungen aufgegliederte Vorschlag fand jedoch in der vorletzten Legislaturperiode keine Mehrheit. In der Diskussion verblieben dann vier sektoral aufgegliederte Vorlagen, von denen u.a. das Wasserhaushaltsgesetz und das Bundes-Naturschutzgesetz in ihren Neufassungen vom 31.7. bzw. 29.7.2009 umgesetzt wurden (vgl. Rz. 15, 101).

9

Einzelne für mehrere Schutzbereiche geltende allgemeine Vorschriften enthält zurzeit u.a. das Gesetz über die **Umweltverträglichkeitsprüfung**[6]. Dieses Regelungswerk soll sicherstellen, dass bei bestimmten, in einer Anlage zu § 3 aufgeführten *Groß-Vorhaben* die Auswirkungen auf die Umwelt frühzeitig und umfassend ermittelt, beschrieben und bewertet werden und das Ergebnis dieser Umweltverträglichkeitsprüfung baldmöglichst bei allen behördlichen Entscheidungen über die Zulässigkeit des Vorhabens berücksichtigt wird.

10

Das **Umweltinformationsgesetz**[7] soll den rechtlichen Rahmen für den freien Zugang zu den bei Behörden über die Umwelt vorhandenen Informationen sowie für die Verbreitung dieser Informationen schaffen. Hierzu enthält es Vorschriften über den Anspruch, die Antragstellung, aber auch über den Ausschluss und Beschränkungen des Anspruchs. So ist der Anspruch z.B. während eines Gerichts- oder strafrechtlichen Ermittlungsverfahrens hinsichtlich aller

11

---

1 Vgl. etwa *Fluck*, ZfW 1996, 489 m.w.Nw.
2 Vgl. BGH v. 18.2.2010 – III ZR 295/09, NVwZ 2010, 789.
3 Vgl. z.B. den Fall des Kernkraftwerks Mülheim-Kärlich, für dessen Inbetriebnahme zwar eine atomrechtliche, nicht aber die für die Kühltürme erforderliche immissionsschutzrechtliche Genehmigung vorlag: OVG Koblenz v. 6.10.1986 – 7 B II 2/86, NVwZ 1987, 73 m. Bespr. *Kutscheidt*, NVwZ 1987, 33 und *Weides*, NVwZ 1987, 200.
4 Vgl. dazu *Kloepfer*, UmweltR, 38 sowie Homepage des Bundesministeriums für Umwelt, Stichwort „Umweltgesetzbuch".
5 Vgl. dazu *Guckelberger*, NVwZ 2008, 1161; *Winter*, ZUR 2008, 337.
6 Bek. der Neufassung v. 24.2.2010, BGBl. I 94, zul. geänd. am 25.7.2013, BGBl. I 2749; kommentiert von *Erbguth/Schink*, G über die Umweltverträglichkeitsprüfung, 2. Aufl. 1996; *Gassner*, G über die Umweltverträglichkeitsprüfung, 2006; *Hoppe/Beckmann*, G über die Umweltverträglichkeitsprüfung (UVPG), 4. Aufl. 2012; *Peters/Balla*, G über die Umweltverträglichkeitsprüfung, 3. Aufl. 2007; *Storm/Bunge*, Hdb. der Umweltverträglichkeitsprüfung, Loseblatt.
7 I.d.F. der Bek. v. 27.10.2014, BGBl. I 1643, kommentiert von *Röger*, UmweltinformationsG, 1995; *Schomerus/Schrader/Wegener*, UmweltinformationsG, 2. Aufl. 2002; *Turiaux*, UmweltinformationsG, 1995.

Daten ausgeschlossen, die Gegenstand des anhängigen Verfahrens sind[1]. Das UIG wird durch das Geodatenzugangsgesetz ergänzt[2].

12 Mit der **EU-Umwelt-Audit-Verordnung** (nun: **EMAS II**)[3] wurde ein System zur Bewertung und Verbesserung des *betrieblichen Umweltschutzes* im Rahmen von gewerblichen Tätigkeiten eingeführt. Zur wirksamen Durchführung dieser Verordnung wurde das nationale *Umweltaudit-Gesetz*[4] erlassen, das u.a. die Zulassung und die Aufsicht über die Umweltgutachter und Umweltgutachterorganisationen regelt. Das Gesetz wird ergänzt durch die EMAS (Environmental Management and Audit Scheme)-Privilegierungs-Verordnung[5], die gestützt auf § 58e BImSchG und § 57 KrWG immissionsschutz- und abfallrechtliche Überwachungserleichterungen regelt.

13 Nicht unmittelbar dem Schutz der natürlichen Lebensgrundlagen dient das *Gesetz über die* **Umwelthaftung** (UHG) vom 10.12.1990[6]. Dieses Regelungswerk will in Ergänzung der §§ 823, 906, 1004 BGB, § 89 WHG die *zivilrechtlichen* Ansprüche derjenigen sicherstellen, die durch Umwelteinwirkungen getötet, deren Körper oder Gesundheit verletzt oder deren Sachen beschädigt werden.

14 Das Gesetz über die Vermeidung und Sanierung von Umweltschäden (**UmweltschadensG** – USchadG) vom 10.5.2007[7] dient der Umsetzung der europäischen Umwelthaftungsrichtlinie, deren Ziel es ist, unter Orientierung am Verursacherprinzip und am Grundsatz der nachhaltigen Entwicklung Umweltschäden zu vermeiden und zu sanieren[8]. Das Gesetz betrifft Umweltschäden, und zwar Schäden an den Gütern Gewässer, Boden sowie Arten und natürliche Lebensräume (vgl. § 2 Nr. 1 USchadG). Das Gesetz regelt keine zivilrechtlichen Ansprüche. Begründet wird vielmehr ein öffentlich-rechtliches Haftungsregime, das an das Polizei- und Ordnungsrecht anknüpft und Informations- (§ 4 USchadG), Gefahrenabwehr- (§ 5 USchadG) und Sanierungspflichten (§ 6

---

1 BVerwG v. 28.10.1999 – 7 C 32.98, NuR 2000, 215.
2 V. 10.2.2009, BGBl. I 278, zul. geänd. am 7.11.2012, BGBl. I 2289.
3 VO (EG) Nr. 1221/2009 des Europ. Parl. und des Rates v. 25.11.2009 über die freiwillige Teilnahme von Organisationen an einem Gemeinschaftssystem für das Umweltmanagement und die Umweltbetriebsprüfung, ABl. EU Nr. L 342 v. 22.12.2009, 1, zul. geänd. am 13.5.2013, ABl. EU Nr. L 158 v. 10.6.2013, 1; dazu *Adam*, Die Privilegierung des EMAS-auditierten Unternehmens, 2010; *Ewer/Lechelt/Theuer*, Hdb. Umweltaudit, 1998; *Kothe*, Das neue UmweltauditR, 1997 sowie die Kommentare zu § 58e BImSchG.
4 I.d.F. v. 4.9.2002, BGBl. I 3490, zul. geänd. am 7.8.2013, BGBl. I 3154.
5 V. 24.6.2002, BGBl. I 2247; zul. geänd. am 2.5.2013, BGBl. I 1021.
6 BGBl. I 2634; zul. geänd. am 23.11.2007, BGBl. I 2631; kommentiert von *Kohler* in Staudinger, BGB, 2010; *Salje/Peter*, UmwelthaftungsG, 2. Aufl. 2005. Vgl. darüber hinaus *Vogel/Stockmeier*, Umwelthaftpflichtversicherung/Umweltschadensversicherung, Komm., 2. Aufl. 2009.
7 BGBl. I 666, zul. geänd. am 23.7.2013, BGBl. I 2565.
8 RL 2004/35/EG des Europ. Parl. und des Rates v. 21.4.2004 über Umwelthaftung zur Vermeidung und Sanierung von Umweltschäden, ABl. EU Nr. L 143 v. 30.4.2004, 56, zul. geänd. am 12.6.2013, ABl. EU Nr. L 178 v. 28.6.2013, 66. Näher dazu u.a. *Balensiefen*, Umweltschadensgesetz, 2013; *Becker*, Das neue UmweltschadensG, 2007; *Petersen*, Umweltschadensgesetz, Komm., 2011; *Becker*, NVwZ 2005, 371; *Knopp*, UPR 2007, 414; *Schmidt*, NVwZ 2006, 635.

USchadG) statuiert. Durchzusetzen sind diese Pflichten von der zuständigen Behörde (§§ 7, 8 USchadG), die nicht zu beneiden ist, führen diese neuen Bestimmungen doch zu erheblichen Abgrenzungsproblemen gegenüber bereits bestehenden bodenschutz- und naturschutzrechtlichen Vorschriften[1].

II. Besonderes Umweltverwaltungsrecht

1. Gewässerschutz

Schrifttum: *Berendes/Frenz/Müggenborg*, Wasserhaushaltsgesetz, 2011; *Breuer*, Öffentliches und privates Wasserrecht, 3. Aufl. 2004; *Czychowski/Reinhardt*, Wasserhaushaltsgesetz, 11. Aufl. 2014; *Kotulla*, Wasserhaushaltsgesetz, 2. Aufl. 2011; *Sieder/Zeitler/Dahme/Knopp*, Wasserhaushaltsgesetz, Loseblatt.

Die wesentlichen Vorschriften über Maßnahmen, die auf ein Gewässer einwirken können, enthält das **Wasserhaushaltsgesetz** (WHG)[2], das am 6.8.2009 mit Wirkung vom 1.3.2010 maßgeblich novelliert und zuletzt zur Umsetzung der Industrieemissions-Richtlinie (näher dazu Rz. 32a) geändert wurde. Es gilt für *oberirdische Gewässer, Küstengewässer*, das *Grundwasser* (§ 2 Abs. 1 WHG) und (eingeschränkt) für *Meeresgewässer* (vgl. § 2 Abs. 1a WHG). Es verfolgt den Zweck, durch eine nachhaltige Gewässerbewirtschaftung die Gewässer als Bestandteil des Naturhaushalts, als Lebensgrundlage des Menschen, als Lebensraum für Tiere und Pflanzen sowie als nutzbares Gut zu schützen.

§ 3 WHG definiert die **Begriffe** oberirdische Gewässer, Küstengewässer, Grundwasser, Meeresgewässer, Gewässereigenschaften, Wasserbeschaffenheit, schädliche Gewässerveränderungen, Stand der Technik, u.a. § 5 WHG statuiert die allgemeinen, von jeder Person einzuhaltenden Sorgfaltspflichten. Das zweite Kapitel regelt die Bewirtschaftung von Gewässern, wobei sich zunächst gemeinsame, dann aber auf oberirdische Gewässer, Küstengewässer und Grundwasser aufgegliederte Bestimmungen finden. Dabei sieht § 8 Abs. 1 WHG vor, dass die Benutzung eines Gewässers grundsätzlich einer **Erlaubnis** oder **Bewilligung** bedarf. Welche Maßnahmen als Benutzungen i.S. des Gesetzes gelten, ergibt sich aus § 9 WHG, wobei für die strafrechtliche Praxis insbesondere § 9 Abs. 1 Nr. 4 WHG, das Einbringen und Einleiten von Stoffen in Gewässer, relevant ist.

Ausnahmen vom Erfordernis einer Erlaubnis oder Bewilligung bestehen im Wesentlichen nur hinsichtlich gewisser alter Rechte und Befugnisse (§§ 20 ff. WHG) bzw. hinsichtlich der nach §§ 25, 26 WHG vorgesehenen, eng umgrenzten erlaubnisfreien Benutzungen des Gemeingebrauchs, Eigentümer- und Anliegergebrauchs.

Weitere Einzelheiten über Inhalt und Verfahren für die Erteilung einer Erlaubnis und Bewilligung sind in §§ 10 ff. WHG geregelt. In Ausnahmefällen kann die Verwaltungsbehörde den vorzeitigen Beginn einer Benutzung zulassen (§ 17

---

1 Vgl. dazu *Scheidler*, NVwZ 2007, 1113 m.w.Nw.
2 I.d.F. v. 31.7.2009, BGBl. I 2585, zul. geänd. am 7.8.2013, BGBl I 3154. Vgl. dazu *Caßor-Pfeiffer*, ZGW 2010, 1; *Knopp*, Das neue WasserhaushaltsR 2010; *Kotulla*, NVwZ 2010, 79; *Müggenborg*, NJW 2010, 961; *Stüer/Buchsteiner*, DÖV 2010,1.

WHG). § 13 WHG sieht vor, dass die Erlaubnisse und Bewilligungen mit **Inhalts- und Nebenbestimmungen** versehen werden können, die sich u.a. auf die Anforderungen an die Beschaffenheit einzubringender oder einzuleitender Stoffe beziehen. Von wesentlicher Bedeutung ist in diesem Zusammenhang § 57 WHG, der in Fortschreibung von § 7a WHG a.F. die Anforderungen an das Einleiten von Abwasser in Gewässer regelt. Danach darf eine Erlaubnis für Direkteinleitungen (in ein Gewässer) nur erteilt werden, wenn die in Nr. 1–3 aufgelisteten Bedingungen erfüllt sind, wobei Nr. 1 verlangt, dass die Menge und Schädlichkeit des Abwassers so gering gehalten werden muss, wie dies bei Einhaltung der jeweils in Betracht kommenden Verfahren nach dem **Stand der Technik** (vgl. § 3 Nr. 11 WHG) möglich ist.

18 Die maßgeblichen Anforderungen werden in Rechtsverordnungen nach §§ 23 Abs. 1 Nr. 3, 57 Abs. 2 WHG geregelt, so etwa durch die **Abwasserverordnung**[1]. Diese enthält wiederum zahlreiche Anhänge, die jeweils branchenspezifische Anforderungen bestimmen, so z.B. der Anhang 1 für häusliches und kommunales Abwasser oder der Anhang 40 für metallbearbeitende oder -verarbeitende Betriebe. Für Anlagen nach der Industrieemissions-Richtlinie gelten die besonderen Regeln der „besten verfügbaren Techniken" (vgl. dazu § 57 Abs. 3 und 4 WHG). In Ergänzung von § 57 regelt § 58 WHG das Einleiten von Abwasser in öffentliche Abwasseranlagen, d.h. sog. Indirekteinleitungen. Auch § 60 WHG will einer Schädigung natürlicher Gewässer entgegenwirken. Danach sind **Abwasseranlagen** so zu errichten, zu betreiben und zu unterhalten, dass die Anforderungen an die Abwasserbeseitigung eingehalten werden. Anlagen i.S. der Industrieemissions-Richtlinie haben den Stand der Technik, die anderen Abwasseranlagen die allgemein anerkannten Regeln der Technik einzuhalten (vgl. § 60 Abs. 1, 3 WHG).

19 Das Wasserrecht geht vom **Grundsatz der Selbstüberwachung** aus. So sollen die wasserrechtlichen Vorgaben von den Einleitern und den Betreibern von Abwasseranlagen selbst überwacht werden (vgl. im Einzelnen § 61 WHG; zur strafprozessualen Verwertbarkeit der dabei gewonnenen Erkenntnisse wird auf Rz. 329 verwiesen).

20 Einem vorbeugendem Gewässerschutz dienen §§ 32, 45 und 48 WHG, die jeweils Vorgaben über das Einbringen, die Lagerung und Ablagerung von Stoffen sowie das Befördern von Flüssigkeiten und Gasen durch Rohrleitungen im Bereich von oberirdischen Gewässern, Küstengewässern und Grundwasser machen. Ebenfalls einen vorbeugenden Gewässerschutz bezwecken §§ 62, 63 WHG, in denen die früher in §§ 19a–19l WHG a.F. enthaltenen Bestimmungen komprimiert zusammengefasst wurden. § 62 WHG bestimmt die Anforderungen an den **Umgang mit wassergefährdenden Stoffen**, und zwar für Anlagen zum Lagern, Abfüllen, Herstellen, Behandeln, Verwenden und zum Umschlagen wassergefährdender Stoffe sowie für Rohrleitungsanlagen. Für vergleichbare Anlagen in der Landwirtschaft sowie für Anlagen zum Lagern und Abfüllen von Jauche, Gülle und Silagesickersäften gelten die Regelungen entsprechend, allerdings mit der (fragwürdigen) Einschränkung, dass (nur) der

---

1 Abwasser-V i.d.F. der Bek. v. 17.6.2004, BGBl. I 1108, zul. geänd. am 2.9.2014, BGBl. I 1474.

„bestmögliche" Schutz der Gewässer zu erreichen ist. Als wassergefährdende Stoffe werden gem. § 62 Abs. 3 WHG feste, flüssige und gasförmige Stoffe eingestuft, die geeignet sind, dauernd oder in einem nicht nur unerheblichen Ausmaß nachteilige Veränderungen der Wasserbeschaffenheit herbeizuführen. Nähere Regelungen können durch Rechtsverordnungen erlassen werden. Dies ist mit der Verordnung über Anlagen zum Umgang mit wassergefährdenden Stoffen geschehen[1]. Sie enthält in § 2 eine Regelung über besondere Pflichten beim Befüllen und Entleeren von Anlagen, die mit der in strafrechtlicher Hinsicht zuvor bedeutsamen Vorschrift des § 19k WHG a.F. deckungsgleich ist[2].

Ebenfalls einem vorbeugenden Gewässerschutz soll die in § 64 WHG vorgesehene Bestellung eines **Betriebsbeauftragten für Gewässerschutz** dienen. Er hat gem. § 65 WHG u.a. die Einhaltung von Vorschriften, Bedingungen und Auflagen im Interesse des Gewässerschutzes betriebsintern zu überwachen (sog. „*Kontrollpflicht*"). Darüber hinaus hat er u.a. auf die Anwendung geeigneter Abwasserbehandlungsverfahren und umweltfreundlicher Produktion hinzuwirken (sog. „*Initiativpflicht*"). Schließlich hat er die Betriebsangehörigen über betrieblich verursachte Gewässerbelastungen sowie über Einrichtungen und Maßnahmen zu ihrer Verhinderung aufzuklären (sog. „*Informationspflicht*")[3].

Bei dieser Tätigkeit befindet sich der Gewässerschutzbeauftragte in einer Zwitterstellung. Ihm ist einerseits eine unterstützende Tätigkeit im Interesse der staatlichen Gewässeraufsicht übertragen, andererseits ist er Mitarbeiter des jeweiligen Betriebs, wobei er nicht nur ein Benachteiligungsverbot, sondern auch einen gewissen Kündigungsschutz genießt (vgl. § 66 WHG i.V.m. § 58 BImSchG[4]).

§§ 67 ff. bzw. §§ 72 ff. WHG regeln den Gewässerausbau bzw. **Hochwasserschutz**. Dabei sieht § 78 WHG besondere Schutzvorschriften für festgesetzte Überschwemmungsgebiete vor, z.B. die verbotene Ausweisung neuer Baugebiete in derartigen Gebieten. Einzelne dieser Vorschriften dürften auch als gesetzlich normierte Sorgfaltspflichten i.S. der § 313 StGB (Herbeiführen einer Überschwemmung) und § 324 Abs. 3 StGB (Gewässerverunreinigung) anzusehen sein (vgl. Rz. 167).

Die Vorschriften des WHG werden durch eine *Reihe anderer Gesetze* ergänzt[5], die ebenfalls zu einer Reinhaltung der Gewässer führen sollen. Von besonderer Bedeutung ist hierbei das **Abwasserabgabengesetz**[6], das weniger zu einem höhe-

---

1 V. 31.3.2010, BGBl. I 377.
2 Vgl. zur diesbezüglich reichhaltigen Kasuistik *Czychowski/Reinhardt*, 9. Aufl. 2007, § 19k WHG Rz. 4 ff.
3 Ausf. zum Betriebsbeauftragten für Gewässerschutz *Kotulla*, Umweltbeauftragte, 1995.
4 Vgl. dazu *Ehrich*, DB 1996, 2625; *Kaster*, GewA 1998, 129.
5 Nw. der wesentlichen internationalen Abkommen finden sich bei *Sieder/Zeitler/Dahme/Knopp*, Anh. IV.
6 G über Abgaben für das Einleiten von Abwasser in Gewässer i.d.F. der Bek. 18.1.2005, BGBl. I 114, zul. geänd. am 2.9.2014, BGBl. I 1474; näher dazu *Köhler/Meyer*, AbwasserabgabenG, 2. Aufl. 2006 sowie *Sieder/Zeitler/Dahme/Knopp*.

ren Abgabenaufkommen als – vielmehr dem Grundsatz des § 1a WHG entsprechend – dazu beitragen soll, über die Erhebung von Abwasserabgaben Abwassereinleitungen in ein Gewässer zu minimieren, somit Gewässer nachhaltig zu bewirtschaften.

24 Das **Wasch- und Reinigungsmittelgesetz**[1] regelt einen mittelbar dem Gewässerschutz dienenden Fall der Produktverantwortung. Danach sollen Wasch- und Reinigungsmittel nur so in den Verkehr gebracht werden, dass bei ihrem Gebrauch jede vermeidbare Beeinträchtigung der Umwelt, insbesondere der Beschaffenheit der Gewässer unterbleibt (§ 3 WRMG).

2. Bodenschutz

Schrifttum: *Bickel*, Bundes-Bodenschutzgesetz, 3. Aufl. 2004; *Frenz*, Bundes-Bodenschutzgesetz, 2000; *Holzwarth/Radtke/Hilger/Bachmann*, Bundes-Bodenschutzgesetz, 2. Aufl. 2014; *Landel/Vogg/Wüterich*, Bundes-Bodenschutzgesetz, 2001; *Oerder/Numberger/Schönfeld*, Bundes-Bodenschutzgesetz, 1999; *Sanden/Schoeneck*, Bundes-Bodenschutzgesetz, 1998; *Schwartmann*, Bundes-Bodenschutzgesetz, 2012; *Versteyl/Sondermann*, BBodSchG, 2. Aufl. 2005.

25 Während die Umweltmedien Wasser und Luft durch das WHG und das – unten noch näher zu erläuternde – BImSchG schon länger geschützt waren, wurde ein eigenständiges **bundesweites Bodenschutzgesetz** erst am 17.3.1998 verabschiedet[2]. Zuvor bestanden lediglich in Baden-Württemberg, Berlin und Sachsen entsprechende, als Vorreiter dienende Ländergesetze[3]. Im Übrigen wurde der Boden mittelbar über andere verwaltungsrechtliche Vorschriften, wie etwa §§ 19g, 34 Abs. 2 WHG (a.F.), das Düngemittelgesetz und das Pflanzenschutzgesetz mit geschützt. Diese Normen erwiesen sich jedoch, was den Zweck des Bodenschutzes betrifft, als unzureichend, sodass die 1998 erfolgte bundesweite Regelung, insbesondere auch zur umstrittenen Behandlung der *Altlastenproblematik*, erforderlich erschien[4]. Diese wurde auf der Grundlage eines 1994 vorgelegten Referentenentwurfs des Bundesministeriums für Umwelt getroffen, der auch Gegenstand der Diskussionen des 60. Deutschen Juristentags 1994 war[5].

26 Wie bereits die Gesetzesüberschrift, vor allem aber § 1 BBodSchG zum Ausdruck bringt, werden **zwei Bereiche** geregelt: zum einen der *Schutz vor schädli-*

---

1 G über die Umweltverträglichkeit von Wasch- und Reinigungsmitteln i.d.F. der Bek. v. 17.7.2013, BGBl. I 2538, zul. geänd. am 7.8.2013, BGBl. I 3154.
2 BGBl. I 502, zul. geänd. am 24.2.2012, BGBl. I 212, vgl. dazu *Kobes*, NVwZ 1998, 786; *Spieth/Wolfers*, NVwZ 1999, 355; *Vierhaus*, NJW 1998, 1262.
3 Vgl. die Nw. bei *Kloepfer*, UmwR, 1009.
4 Näher zur Altlastenproblematik u.a. *Brandt*, AltlastenR, 1993; *Franzius/Altenbockum/Gerhold*, Hdb. Altlastensanierung und Flächenmanagement, 2012; *Lwowski/Tetzlaff*, Umweltrisiken und Altlasten in der Insolvenz, 2002.
5 Vgl. die Diskussionsgrundlage zum 60. DJT 1994, Vorschläge zur Regelung der Altlasten im Rahmen des Bodenschutzes, sowie die Beiträge von *Breuer*, DVBl. 1994, 890; *Dolde*, NJW 1994, Beilage zu Heft 25; *Oerder*, NJW 1994, 2181 und *Pape*, JZ 1994, 810.

chen Bodenveränderungen, zum anderen die *Sanierung von Altlasten*, d.h. die Wiederherstellung der Funktionen des Bodens.

Der Begriff „**Boden**" wird in § 2 Abs. 1 BBodSchG legal definiert[1], der Anwendungsbereich des Gesetzes, insbesondere auch im Verhältnis zu den Vorschriften des KrWG, BImSchG, GenTG und des Baurechts in § 3 Abs. 1 BBodSchG geregelt.

Die in §§ 4–10 BBodSchG normierten **Grundsätze und Pflichten** sind, soweit sie sich nicht auf die unten näher angesprochenen Altlasten beziehen, wenig konkret gefasst. Gem. § 4 Abs. 1 BBodSchG hat sich jeder, der auf den Boden einwirkt, so zu verhalten, dass schädliche Bodenveränderungen nicht hervorgerufen werden. Grundstückseigentümer und Inhaber der tatsächlichen Gewalt über ein Grundstück sind verpflichtet, Gefahrenabwehrmaßnahmen vor drohenden schädlichen Bodenveränderungen zu ergreifen (§ 4 Abs. 2 BBodSchG). Entsprechend einer im Umweltverwaltungsrecht beliebten Regelungstechnik ermächtigen §§ 5 und 6 BBodSchG zum Erlass von *Rechtsverordnungen* über die Entsiegelung und das Auf- und Einbringen von Materialien auf oder in den Boden. Abweichend vom RefE zum BBodSchG, der in § 6 Abs. 2 die *Bodenversiegelung* auf das notwendige Maß begrenzt haben wollte, enthält das BBodSchG diesbezüglich – leider – keine Vorgaben[2]. Von der Verordnungsermächtigung des § 5 BBodSchG wurde bislang auch kein Gebrauch gemacht.

27

Gem. § 7 BBodSchG sind der Grundstückseigentümer, der Inhaber der tatsächlichen Gewalt über ein Grundstück und der Nutzer eines Grundstücks verpflichtet, **Vorsorgemaßnahmen** gegen das Entstehen schädlicher Bodenveränderungen zu treffen. Im BBodSchG wird diese Pflicht nur hinsichtlich der *landwirtschaftlichen Bodennutzung* (§ 17 BBodSchG) genauer ausgestaltet. Danach gilt die Pflicht durch die gute fachliche Praxis erfüllt, deren Grundsätze wiederum durch die nachhaltige Sicherung der Bodenfruchtbarkeit und Leistungsfähigkeit des Bodens als natürliche Ressource bestimmt sind (vgl. hierzu § 17 Abs. 2 BBodSchG). Im Übrigen wird die Vorsorgepflicht in der auf § 8 Abs. 2 BBodSchG beruhenden **Bundes-Bodenschutz- und Altlastenverordnung**[3] konkretisiert (vgl. §§ 9 ff. BBodSchV).

28

Wesentlicher Inhalt des BBodSchG sind die erstmals bundesweit geltenden Vorschriften über die **Altlastenproblematik**[4], zu deren Lösung früher die Abfall- sowie Wasser- und Polizeigesetze der Länder herangezogen werden mussten[5]. § 4 Abs. 3 BBodSchG legt hier eine *grundsätzliche Verpflichtung* des Schadensverursachers, dessen Gesamtrechtsnachfolgers, des Grundstückseigentümers und des Inhabers der tatsächlichen Gewalt über ein Grundstück fest, den Boden und Altlasten sowie durch schädliche Bodenveränderungen oder Altlasten verursachte Verunreinigungen von Gewässern so zu sanieren, dass dauerhaft

29

---

1 Näher dazu *Kloepfer*, UmwR, 1032.
2 Krit. auch *Vierhaus*, NJW 1998, 1262.
3 BBodSchV v. 12.7.1999, BGBl. I 1554, zul. geänd. am 24.2.2012, BGBl. I 212; vgl. dazu *Knopp/Ebermann-Finken*, BB 1999, 2469; *Kobes*, NVwZ 2000, 261; *Sandner*, NJW 2000, 2542; *Troidl*, NVwZ 2010, 154.
4 Vgl. dazu *Finger*, NVwZ 2011, 1288; *Kügel*, NJW 2004, 1570.
5 Vgl. dazu *Pohl*, NJW 1995, 1645.

keine Gefahren, erheblichen Nachteile oder erheblichen Belästigungen für den Einzelnen oder die Allgemeinheit entstehen. Hierzu zählen neben Dekontaminations- auch Sicherungsmaßnahmen, die eine Ausbreitung der Schadstoffe langfristig verhindern.

30 Prüfwerte, ab deren Erreichen festzustellen ist, ob eine schädliche Bodenveränderung oder eine Altlast vorliegt, sowie **Maßnahmenwerte**, bei deren Überschreitung Maßnahmen erforderlich werden, sind gem. § 8 BBodSchG in der BBodSchV festgelegt. Sie regelt auch, welche Anforderungen an die *Sanierung* von schädlichen Bodenveränderungen und Altlasten gestellt werden.

31 Erste Maßnahmen zur Ermittlung von schädlichen Bodenveränderungen oder Altlasten sollen nach § 9 Abs. 1 BBodSchG von der *zuständigen Behörde* von Amts wegen vorgenommen werden. Besteht ein hinreichender Altlastenverdacht, können die weiteren **Gefahrerforschungseingriffe** gegenüber den oben genannten Verantwortlichen angeordnet werden, wobei auch verlangt werden kann, dass die Maßnahmen von Sachverständigen durchgeführt werden (§ 9 Abs. 2 BBodSchG). Weitere ergänzende Vorschriften zur Altlastenproblematik finden sich im 3. Teil des BBodSchG, wobei hier aus räumlichen Gründen auf die Lektüre der §§ 11 ff. BBodSchG verwiesen werden muss.

3. Immissionsschutz

Schrifttum: *Feldhaus*, Bundesimmissionsschutzrecht, Loseblatt; *Jarass*, BImSchG, 10. Aufl. 2013; *Koch/Scheuing/Pache*, Gemeinschaftskommentar zum BImSchG, Loseblatt; *Kotulla* (Hrsg.), Bundes-Immissionsschutzgesetz, Loseblatt; *Landmann/Rohmer*, Umweltrecht, Loseblatt; *Sellner/Reidt/Ohms*, Immissionsschutzrecht und Industrieanlagen, 3. Aufl. 2006; *Ule/Laubinger/Repkewitz*, Bundes-Immissionsschutzgesetz, Loseblatt.

32 Den Schutz von Menschen, Tieren und Pflanzen, des Bodens, des Wassers, der Atmosphäre sowie von Kultur- und sonstigen Sachgütern vor schädlichen Umwelteinwirkungen, d.h. Immissionen wie Luftverunreinigungen, Geräuschen, Erschütterungen, Licht, Wärme, Strahlen und ähnlichen Umwelteinwirkungen (vgl. § 3 Abs. 2 BImSchG), soll das **Bundesimmissionsschutzgesetz** (BImSchG)[1] gewährleisten, das an die *Gewerbeordnung* a.F. anknüpfte und die dort in §§ 16 ff. enthaltenen Vorschriften ausdehnte.

32a Auch das BImSchG ist nach seinem ersten Inkrafttreten im Jahr 1974 immer wieder geändert worden. Zuletzt musste die Richtlinie 2010/75/EU „über Industrieemissionen (integrierte Vermeidung und Verminderung der Umweltverschmutzung)"[2], die sog. **Industrieemissions-Richtlinie**, eingearbeitet werden.[3] Diese Richtlinie regelt die integrierte Vermeidung und Verminderung der Umweltverschmutzung infolge industrieller Tätigkeiten (Art. 1 Abs. 1). Gem. Art. 4 Abs. 1 treffen die Mitgliedstaaten die erforderlichen Maßnahmen, um si-

---

1 G zum Schutz vor schädlichen Umwelteinwirkungen durch Luftverunreinigungen, Geräusche, Erschütterungen u.ä. Vorgänge i.d.F. der Bek. v. 17.5.2013, BGBl. I 1274, zul. geänd. am 2.7.2013, BGBl. I 1943.
2 V. 24.11.2010, ABl. EU Nr. L 334 v. 17.12.2010, 17.
3 Näher dazu *Jarass*, NVwZ 2013, 169 sowie krit. im Hinblick auf das WHG *Reinhardt*, NVwZ 2014, 484.

cherzustellen, dass keine Anlage, Feuerungsanlage, Abfallverbrennungs- oder Abfallmitverbrennungsanlage ohne eine Genehmigung betrieben wird. Abweichend davon kann für bestimmte Anlagen auch ein Registrierungsverfahren durchgeführt werden.

Um den in § 1 Abs. 1 BImSchG dargelegten Zweck zu erreichen, enthält der zweite Teil des Gesetzes Vorschriften über die *Errichtung* und den *Betrieb* von **Anlagen**. Dabei wird zwischen genehmigungsbedürftigen und nicht genehmigungsbedürftigen Anlagen unterschieden. 33

Gem. § 4 Abs. 1 BImSchG bedürfen die Errichtung und der Betrieb solcher Anlagen einer *Genehmigung*, „die auf Grund ihrer Beschaffenheit oder ihres Betriebs in besonderem Maße geeignet sind, schädliche Umwelteinwirkungen hervorzurufen oder in anderer Weise die Allgemeinheit oder die Nachbarschaft zu gefährden, erheblich zu benachteiligen oder erheblich zu belästigen". Im Einzelnen aufgezählt werden diese Anlagen im *Anhang 1* der gem. § 4 Abs. 1 S. 3 BImSchG erlassenen **Verordnung über genehmigungsbedürftige Anlagen** (4. BImSchV)[1]. Dort werden in Spalte c jene Anlagen mit „G" gekennzeichnet, die gem. § 10 BImSchG einem Genehmigungsverfahren mit Öffentlichkeitsbeteiligung unterliegen, während jene Anlagen mit „V" gekennzeichnet sind, die gem. § 19 BImSchG vereinfacht genehmigt werden können (vgl. § 2 der 4. BImSchV). Neu in Anhang I der Verordnung ist die Spalte d. Dort werden Anlagen nach Art. 10 i.V.m. Anh. I der Industrieemissions-Richtlinie (gekennzeichnet mit „E") aufgeführt. *Genehmigungsbedürftig* nach Spalte c sind etwa 34

– Kraftwerke und Heizwerke mit bestimmten Feuerungswärmeleistungen (Nr. 1.1),

– Anlagen zur Nutzung von Windenergie mit einer Gesamthöhe von mehr als 50 Metern (Nr. 1.6)[2],

– Anlagen zum Brechen, Mahlen oder Klassieren von natürlichem oder künstlichem Gestein (Nr. 2.2),

– Eisen-, Temper- oder Stahlgießereien mit einer bestimmten Produktionsleistung (Nr. 3.7),

– Anlagen zur Herstellung von Stoffen, z.B. durch chemische Umwandlung in industriellem Umfang (Nr. 4.1),

– Anlagen zur Behandlung von Oberflächen ab einer bestimmten Größenordnung (Nr. 5.1).

Seit 1993 sind *ortsfeste Abfallentsorgungsanlagen* zur Lagerung oder Behandlung von Abfällen, die früher nach §§ 4, 7 AbfG genehmigungs- oder planfeststellungsbedürftig waren, dem Abfallrecht entzogen und ebenfalls der Genehmigungspflicht nach § 4 BImSchG unterworfen, womit insbesondere eine Er- 35

---

1 V. 2.5.2013, BGBl I 973.
2 Näher dazu im Hinblick auf § 327 Abs. 2 Nr. 1 StGB *Schall*, NStZ-RR 2007, 32.

leichterung des Zulassungsverfahrens erreicht werden sollte.[1] Diese Regelung wurde durch § 35 Abs. 1 KrWG im Jahr 2012 noch erweitert. Danach bedürfen die Errichtung und Betrieb von Abfallentsorgungsanlagen ebenso wie deren wesentliche Änderung einer Genehmigung nach dem BImSchG. Eine Ausnahme gilt nur noch für Deponien (§ 35 Abs. 2 KrWG). Die nach dem BImSchG genehmigungsbedürftigen Abfallentsorgungsanlagen sind in Nr. 8 ff. des Anhangs zur 4. BImSchV im Einzelnen aufgelistet.

36 In der Verwaltungs-, aber auch in der Strafverfolgungspraxis immer wieder *umstritten* sind die in § 1 Abs. 1–3 der 4. BImSchV geregelten *Einzelfragen*. So bedürfen die Errichtung und der Betrieb von Anlagen nach § 1 Abs. 1 der 4. BImSchV nur dann der Genehmigung, wenn „den Umständen nach zu erwarten ist, dass sie länger als während der 12 Monate, die auf die Inbetriebnahme folgen, an demselben Ort betrieben werden". Um hier festgestellten Missbräuchen vorzubeugen, gilt diese Vorschrift seit 13.7.2001 (mit einer Ausnahme) nicht mehr für die Errichtung und den Betrieb von Abfallentsorgungsanlagen[2]. Im Übrigen bedeutet § 1 Abs. 1 der 4. BImSchV entgegen einem (häufig vorgebrachten) Missverständnis nicht, dass jeder kurzfristige Anlagenbetrieb, insbesondere auch der Probebetrieb (mit Ausnahme von § 1 Abs. 6 der 4. BImSchV) genehmigungsfrei wäre. Dem Wortlaut der Norm entsprechend, ist hier vielmehr die Erwartung ausschlaggebend. Soweit die **Genehmigungsbedürftigkeit** vom Erreichen einer bestimmten Leistungsgrenze abhängig ist, wurde in § 1 Abs. 1 S. 4 der 4. BImSchV klargestellt, dass auf den rechtlich und tatsächlich *möglichen* (nicht unbedingt ausgeübten) *Betriebsumfang* abzustellen ist.

37 Der Ablauf des **Genehmigungsverfahrens** ist in §§ 10, 19 BImSchG sowie der 9. BImSchV[3] geregelt. Der Genehmigungsbescheid ist schriftlich zu erlassen und zu begründen (§ 10 Abs. 7 BImSchG). Um die häufig sehr langwierigen *Genehmigungsverfahren* in einem zeitlich überschaubaren Rahmen zu halten, sieht § 10 Abs. 6a BImSchG vor, dass das *vereinfachte Verfahren* in drei und das „normale" Verfahren innerhalb von sieben Monaten abzuschließen sind, wobei der zuständigen Behörde jedoch die Möglichkeit von jeweils dreimonatigen Fristverlängerungen eingeräumt wird. Darüber hinaus sehen §§ 8, 8a und 9 BImSchG die Möglichkeiten einer Teilgenehmigung, einer Zulassung des vorzeitigen Beginns bzw. eines Vorbescheides vor[4].

38 Die Genehmigung kann gem. § 12 Abs. 1 BImSchG unter **Bedingungen** erteilt und mit **Auflagen** verbunden werden, wobei diese Nebenbestimmungen vornehmlich dazu dienen, die Erfüllung der Genehmigungsvoraussetzungen si-

---

1 G zur Erleichterung von Investitionen und der Ausweisung und Bereitstellung von Wohnbauland v. 22.4.1993, BGBl. I 466. Vgl. dazu u.a. *Fröhlich*, ZUR 1994, 126; *Gaßner/Schmidt*, NVwZ 1993, 946; *Kretz*, UPR 1994, 44; *Kutscheidt*, NVwZ 1994, 209; *Michler*, NVwZ 1997, 977; *Müllmann*, DVBl. 1993, 637 und *Schink*, DÖV 1993, 725.
2 G zur Sicherstellung der Nachsorgepflichten bei Abfalllagern v. 13.7.2001, BGBl. I 1633.
3 VO über das Genehmigungsverfahren i.d.F. der Bek. v. 29.5.1992, BGBl. I 1001, zul. geänd. am 2.5.2013, BGBl. I 973.
4 Vgl. näher dazu *Kloepfer*, UmwR, 1282.

cherzustellen. Die hier maßgeblichen materiellen *Pflichten des Anlagenbetreibers* regelt § 5 BImSchG, wobei Abs. 1 Nr. 2 vorsieht, dass Vorsorge gegen schädliche Umwelteinwirkungen zu treffen ist, insbesondere die dem Stand der Technik (vgl. dazu § 3 Abs. 6 BImSchG) entsprechenden Maßnahmen zur Emissionsbegrenzung durchzuführen sind.

Näheres über die hier gestellten Anforderungen findet sich in den auf der Grundlage des § 7 BImSchG erlassenen **Rechtsverordnungen**, wie etwa der 13. BImSchV (**Großfeuerungsanlagenverordnung**)[1], die u.a. konkrete Emissionsgrenzwerte für den Einsatz bestimmter Brennstoffe vorschreibt. Ebenso aufgrund des § 7 Abs. 1 BImSchG erlassen wurde die *Störfall-Verordnung* (12. BImSchV)[2], die umfassende Pflichten zur Störfallvorsorge und -abwehr bei genehmigungsbedürftigen Anlagen normiert. Die 17. BImSchV[3] statuiert die Anforderungen an die Errichtung, die Beschaffenheit und den Betrieb von *Abfallverbrennungs- und Abfallmitverbrennungsanlagen* (§ 4 der 17. BImSchV), die Verbrennungsbedingungen (§§ 5–7 der 17. BImSchV) und die einzuhaltenden Emissionsgrenzwerte (§§ 8–10 der 17. BImSchV). Als normkonkretisierendes Regelungswerk ist die TA-Luft zu beachten, die zur näheren Ausgestaltung der Begriffe der schädlichen Umwelteinwirkungen durch Luftverunreinigungen und des Standes der Technik dient[4]. Für Anlagen i.S. der Industrieemissions-Richtlinie sind neben dem Stand der Technik die „besten verfügbaren Techniken" zu berücksichtigen, aus denen Emissionsgrenzwerte abgeleitet werden. Auf § 3 Abs. 6a–6e sowie § 7 Abs. 1a und 1b BImSchG sowie die weiterführende Literatur wird insoweit verwiesen.[5]

Genehmigungsbedürftig i.S. der §§ 4 ff. BImSchG sind nicht nur die Errichtung und der Betrieb einer Anlage. Auch wesentliche **Änderungen** einer genehmigungsbedürftigen Anlage bedürfen der Genehmigung (§ 16 Abs. 1 BImSchG), wobei entscheidend ist, ob durch die Änderung nachteilige Auswirkungen hervorgerufen werden können, die für die Prüfung der Genehmigungsvoraussetzungen erheblich sein können. Sind diese Auswirkungen offensichtlich gering, ist keine Genehmigung erforderlich (§ 16 Abs. 1 S. 2 BImSchG). Hier genügt die Durchführung des in § 15 BImSchG geregelten **Anzeigeverfahrens mit Genehmigungsoption**[6].

Stellt sich erst beim Betrieb einer genehmigten Anlage heraus, dass schädliche Umwelteinwirkungen auftreten, soll die zuständige Behörde mit **nachträglichen Anordnungen** i.S. des § 17 BImSchG reagieren. Wird gegen eine solche nachträgliche Anordnung, gegen Auflagen der Genehmigung oder aber gegen eine abschließend bestimmte Pflicht aus einer Rechtsverordnung verstoßen,

---

1 V. 2.5.2013, BGBl. I 1021.
2 I.d.F. der Bek. v. 8.6.2005, BGBl. I 1598, zul. geänd. am 14.8.2013, BGBl. I 3230.
3 VO über die Verbrennung und die Mitverbrennung von Abfällen v. 2.5.2013, BGBl. I 1021.
4 Technische Anleitung zur Reinhaltung der Luft v. 24.7.2002, GMBl. S. 511; näher dazu *Hansmann*, NVwZ 2003, 266; *Jarass*, BImSchG, § 48 Rz. 28 ff.
5 *Jarass*, NVwZ 2013, 169.
6 Näher dazu *Führ*, ZUR 1997, 293; *Hansmann*, NVwZ 1997, 105; *Knopp/Wolf*, BB 1997, 1593; *Kutscheidt*, NVwZ 1997, 111 und *Schäfer*, NVwZ 1997, 526.

kann die Behörde den Betrieb der Anlage untersagen (§ 20 Abs. 1 BImSchG). Beim Betrieb ungenehmigter Anlagen soll sie eine Stilllegungs- und Beseitigungsanordnung erlassen (§ 20 Abs. 2 BImSchG)[1], bei unzureichenden Unfallverhütungsmaßnahmen nach der StörfallV hat sie die Inbetriebnahme oder Weiterführung der Anlage zu untersagen (vgl. § 20 Abs. 1a BImSchG).

42 Die Pflichten der Betreiber weniger umweltgefährdender und somit **nicht genehmigungsbedürftiger Anlagen** sowie die Anforderungen an die Errichtung, die Beschaffenheit und den Betrieb solcher Anlagen werden in §§ 22 ff. BImSchG geregelt. Hier sehen §§ 24 und 25 BImSchG die Möglichkeiten von *Einzelfall- und Untersagungsanordnungen* vor.

Ergänzt werden die §§ 22 ff. BImSchG durch zahlreiche **Bundesimmissionsschutzverordnungen**, insbesondere durch

- die 1. BImSchV (Verordnung über kleine und mittlere Feuerungsanlagen)[2],
- die 2. BImSchV (Verordnung zur Emissionsbegrenzung von leichtflüchtigen halogenierten organischen Verbindungen)[3],
- die 10. BImSchV (Verordnung über die Beschaffenheit und die Auszeichnung der Qualitäten von Kraftstoffen)[4],
- die 20. BImSchV (Verordnung zur Begrenzung der Emissionen flüchtiger organischer Verbindungen beim Umfüllen und Lagern von Otto-Kraftstoffen)[5] und
- die 21. BImSchV (Verordnung zur Begrenzung der Kohlenwasserstoffemissionen bei der Betankung von Kraftfahrzeugen)[6].

43 Um die von genehmigungsbedürftigen, u.U. auch von nicht genehmigungsbedürftigen Anlagen verursachten Emissionen besser überwachen zu können, sehen §§ 26, 28, 29 BImSchG die dort geregelten **Emissions- und Immissionsmessungen** vor. § 27 BImSchG verpflichtet den Betreiber einer genehmigungsbedürftigen Anlage darüber hinaus zur Abgabe einer *Emissionserklärung*, die gem. der 11. BImSchV[7] grundsätzlich alle vier Jahre zu ergänzen ist.

44 Während sich der 3. und 4. Teil mit der Beschaffenheit von Anlagen, Stoffen, Fahrzeugen, Straßen, Schienenwegen u.a. befassen, finden sich im 5. Teil des BImSchG die **gebietsbezogenen Regelungen** über *Luftreinhaltepläne* (vgl. § 47 BImSchG) sowie im 7. Teil die Rechtsgrundlagen für den Erlass von *Smog-Verordnungen*, die in die Zuständigkeit der Länder fallen (§ 49 Abs. 2 BImSchG)[8].

45 Die Durchführung des BImSchG und der darauf beruhenden Verordnungen ist von den **zuständigen Behörden** gem. § 52 BImSchG zu *überwachen*. Dort fin-

---

1 Vgl. BVerwG v. 15.12.1999 – 7 C 35/87, NVwZ 1990, 963.
2 V. 26.1.2010, BGBl. I 38.
3 V. 10.12.1990, BGBl. I 2694, zul. geänd. am 2.5.2013, BGBl. I 1021.
4 V. 27.1.2009, BGBl. I 123, zul. geänd. am 2.5.2013, BGBl. I 1021.
5 I.d.F. der Bek. v. 18.8.2014, BGBl. I 1447.
6 I.d.F. der Bek. v. 18.8.2014, BGBl. I 1453.
7 VO über Emissionserklärungen v. 5.3.2007, BGBl. I 289, zul. geänd. am 2.5.2013, BGBl. I 1021.
8 Eine Übersicht der vorhandenen Smog-Verordnungen findet sich bei *Kloepfer*, UmwR, 1317.

den sich auch die aus der Industrieemissions-Richtlinie resultierenden Überprüfungspflichten (§ 52 Abs. 1 S. 4 ff., Abs. 1a und 1b BImSchG). Überwachungspläne und Überwachungsprogramme für Anlagen nach der Industrieemissions-Richtlinie sind in § 52a BImSchG geregelt. Wie das WHG verlangt § 53 BImSchG aus Vorsorgegesichtspunkten, dass bei genehmigungsbedürftigen Anlagen einer bestimmten Größenordnung[1] sowie im Einzelfall auf Anordnung der zuständigen Behörde bei anderen genehmigungsbedürftigen, aber auch nicht genehmigungsbedürftigen Anlagen ein **Immissionsschutzbeauftragter** zu bestellen ist, dessen Aufgaben und Pflichten in § 54 BImSchG näher geregelt sind. Auch ihm steht ein Benachteiligungsverbot und ein verstärkter Kündigungsschutz zu (vgl. § 58 BImSchG).

Bei bestimmten Anlagen, die sich ebenfalls aus der 5. BImSchV ergeben, ist wegen der bei einer Störung auftretenden Gefahren für die Allgemeinheit und die Nachbarschaft darüber hinaus zumindest ein **Störfallbeauftragter** zu bestellen[2] dessen Aufgaben, Rechte und Pflichten in §§ 58b ff. BImSchG näher umschrieben sind. Schließlich begründet § 52b BImSchG eine *Anzeigepflicht* von dort näher bezeichneten Kapital- oder Personengesellschaften, den Geschäftsführer zu benennen, der für die Einhaltung der Pflichten des Betreibers der immissionsschutzrechtlich genehmigungsbedürftigen Anlage zuständig ist (sog. „**Organisationsverantwortlicher**"). 46

Das BImSchG wird durch einige *weitere Gesetze* sachlich ergänzt. Hierzu zählen die gem. § 2 Abs. 2 BImSchG ausgeklammerten und auch hier unter Rz. 85 ff. gesondert behandelten Vorschriften des Atom- und Strahlenschutzrechts. Darüber hinaus sollen auch das **Benzin-Blei-Gesetz**[3] sowie das **Gesetz zum Schutz gegen Fluglärm**[4] übermäßigen Beeinträchtigungen durch Immissionen vorbeugen. 47

Einen neuen Ansatz im Bereich des Umweltrechts verfolgt das im Jahr 2004 erstmals verabschiedete Gesetz über den Handel mit Berechtigungen zur Emission von Treibhausgasen (**Treibhausgas-Emissionshandelsgesetz – TEHG**)[5]. Dieses zur Umsetzung einer EG-Richtlinie ergangene Regelungswerk soll die Grundlagen für den Handel mit Berechtigungen zur Emission von Treibhausgasen schaffen, um (mittelbar) durch eine kosteneffiziente Verringerung von Treibhausgasen zum weltweiten Klimaschutz beizutragen. Die vom Gesetz betroffenen Treibhausgase (Kohlendioxid u.a.) sind in § 3 Nr. 14 TEHG aufgezählt. Die Freisetzung dieser Gase durch eine Tätigkeit i.S. des § 3 Nr. 12 i.V.m. Anh. 1 Teil 2 Nr. 1–32 TEHG bedarf der Genehmigung (§ 4 Abs. 1 TEHG). Bei Anlagen, die vor dem 1.1.2013 nach dem BImSchG genehmigt worden sind, gilt auch die immissionsschutzrechtliche Genehmigung nach § 4 BImSchG als Genehmigung (§ 4 Abs. 4 TEHG). Der für die Treibhausgasemis- 48

---

1 Vgl. § 1 der 5. BImSchV.
2 Vgl. dazu die VO über Immissionsschutz- und Störfallbeauftragte, 5. BImSchV v. 30.7.1993, BGBl. I 1433, zul. geänd. am 2.5.2013, BGBl. I 1021.
3 V. 5.8.1971, BGBl. I 1234, zul. geänd. am 31.10.2006, BGBl. I 2407.
4 V. 31.10.2007, BGB I 2550.
5 Treibhausgas-EmissionshandelsG (TEHG) v. 21.7.2011, BGBl. I 1475; zul. geänd. am 7.8.2013, BGBl. I 3154.

sionen Verantwortliche hat die durch seine Tätigkeit verursachten Emissionen zu ermitteln und der zuständigen Behörde darüber zu berichten. Dieser Bericht muss anschließend von einem Sachverständigen geprüft und darf erst dann der zuständigen Behörde vorgelegt werden (§ 5 Abs. 2 TEHG). Bemessen nach den im vorangegangenen Kalenderjahr verursachten Emissionen hat der Verantwortliche dann dem entsprechende Berechtigungen abzugeben (§§ 7 ff. TEHG). Wird der vorgeschriebene Bericht nicht rechtzeitig vorgelegt, verfügt die Behörde eine Kontosperrung. Für jede unberechtigte Emission wird eine Zahlungspflicht festgesetzt (§§ 29 f. TEHG).

49 Der Zuteilungsplan sowie die Regeln für die Zuteilung und Ausgabe von Emissionsberechtigungen richten sich nach dem **Zuteilungsgesetz** 2012[1] und der Zuteilungsverordnung 2020[2]. Hinsichtlich der Einzelheiten wird auf den Gesetzeswortlaut sowie die weiterführende Literatur verwiesen[3].

4. Kreislaufwirtschaft

Schrifttum: *Fluck/Frenz/Fischer/Franßen*, Kreislaufwirtschafts-, Abfall- und Bodenschutzrecht, Loseblatt; *Jahn/Deifuß-Kruse/Brandt*, Kreislaufwirtschaftsgesetz, Komm., 2014; *Jarass/Petersen*, Kreislaufwirtschaftsgesetz, 2013; *Jarass/Ruchay/Weidemann*, Kreislaufwirtschafts- und Abfallgesetz (KrW-/AbfG), Loseblatt; *Kurth/Oexle*, Handbuch der Kreislauf- und Rohstoffwirtschaft, 2013; *von Lersner/Wendenburg/Versteyl*, Recht der Abfallbeseitigung, Loseblatt; *Schink/Versteyl*, KrWG, Kommentar zum Kreislaufwirtschaftsgesetz, 2012; *Schmehl* (Hrsg.), GK-KrWG, Gemeinschaftskommentar zum Kreislaufwirtschaftsgesetz, 2013; *Versteyl/Mann/Schomerus*, Kreislaufwirtschaftsgesetz, 3. Aufl. 2012.

a) Kreislaufwirtschaftsgesetz

50 **aa)** Mit dem **Abfallbeseitigungsgesetz**[4] vom 7.6.1972 wurde die Materie der Abfallentsorgung erstmals bundesweit geregelt. Dieses Gesetz wurde in der Folgezeit mehrfach geändert und im Jahr 1986 in das „Gesetz über die Vermeidung und Entsorgung von Abfällen" (AbfG)[5] umbenannt, wodurch die vom Gesetzgeber verfolgte Zielsetzung deutlich werden sollte: der Vorrang der *Abfallvermeidung*.

51 Auf der Grundlage eines Sondergutachtens des Umweltrats, eines Zusammenschlusses von Sachverständigen für Umweltfragen, kam Anfang der 90er Jahre

---

1 G über den nationalen Zuteilungsplan für Treibhausgas-Emissionsberechtigungen in der Zuteilungsperiode 2008 bis 2012 v. 7.8.2007, BGBl. I 1788, zul. geänd. am 7.8.2013, BGBl. I 3154.
2 V. 26.9.2011, BGBl. I 1921.
3 Vgl. dazu *Frenz*, EmissionshandelsR, 3. Aufl. 2012; *Körner/Vierhaus*, Treibhausgas-EmissionshandelsG, ZuteilungsG 2007, Kommentar, 2005; *Maslaton*, Treibhausgas-EmmissionshandelsG, Kommentar, 2005; *Burgi*, NJW 2003, 2486; *Frenz*, ZUR 2006, 393; *Kobes*, NVwZ 2004, 513; *Michaelis/Holtwisch*, NJW 2004, 2127; *Weinreich/Marr*, NJW 2005, 1078.
4 AbfallbeseitigungsG v. 7.6.1972, BGBl. I 873.
5 G über die Vermeidung und Entsorgung von Abfällen (AbfG) v. 27.8.1986, BGBl. I 1410, ber. 1501.

immer mehr der Gedanke auf, die umweltverträgliche Abfallwirtschaft bereits als Bestandteil einer *ökologischen Stoffwirtschaft* zu sehen. Diese Diskussion führte mit dem **Kreislaufwirtschafts-/Abfallgesetz** vom 27.9.1994[1] zu einer grundlegenden Umgestaltung des Abfallrechts. Das am 7.10.1996 in Kraft getretene Gesetz bezweckte „die Förderung der Kreislaufwirtschaft zur Schonung der natürlichen Ressourcen und die Sicherung der umweltverträglichen Beseitigung von Abfällen" (§ 1 KrW-/AbfG). Dementsprechend sah § 4 KrW-/AbfG eine Zielhierarchie vor, der zufolge Abfälle in erster Linie zu vermeiden, in zweiter Linie stofflich oder energetisch zu verwerten und erst in dritter Linie (§ 10 KrW-/AbfG) ordnungsgemäß zu beseitigen waren.

Damit entsprach das KrW-/AbfG im Wesentlichen der **Abfallrahmenrichtlinie** Nr. 2006/12 des Europäischen Parlaments und des Rates vom 5.4.2006, mit der die mehrfach geänderte frühere Richtlinie 75/442/EWG des Rates vom 15.4.1975 neu gefasst wurde[2]. Auch diese Richtlinie forderte von den Mitgliedstaaten in erster Linie „die Verhütung oder Verringerung der Erzeugung von Abfällen und ihrer Gefährlichkeit" und erst in zweiter Linie die Verwertung von Abfällen (Art. 3). Diese Richtlinie wurde umfassend überarbeitet und am 19.11.2008 durch die **Richtlinie 2008/98/EG** des Europäischen Parlaments und des Rates ersetzt, die bis zum 12.12.2010 in nationales Recht umzusetzen war[3]. Diese neue Richtlinie sieht in Art. 4 eine geänderte Prioritätenfolge bei der Abfallvermeidung und -bewirtschaftung vor: Vermeidung – Vorbereitung zur Wiederverwendung – Recycling – sonstige Verwertung, z.B. energetische Verwertung – Beseitigung.

bb) Die Umsetzung der Richtlinie ist mit dem Gesetz zur Förderung der Kreislaufwirtschaft und Sicherung der umweltverträglichen Bewirtschaftung von Abfällen, dem **Kreislaufwirtschaftsgesetz** (KrWG) vom 24.2.2012, erfolgt[4]. Die Zielrichtung des KrWG kommt in dessen § 1 zum Ausdruck: Zweck des Gesetzes ist es, die Kreislaufwirtschaft zur Schonung der natürlichen Ressourcen zu fördern und den Schutz von Mensch und Umwelt bei der Erzeugung und Bewirtschaftung von Abfällen sicherzustellen.

Vom **Geltungsbereich** des KrWG **ausgenommen** sind nach dessen § 2 Abs. 2 u.a. *Kernbrennstoffe* und sonstige radioaktive Stoffe i.S. des AtomG, nicht in Behälter gefasste *gasförmige Stoffe* sowie sämtliche Stoffe, sobald diese in Gewässer oder Abwasseranlagen eingeleitet oder eingebracht werden, d.h. auch *Abwasser*. Nach Inkrafttreten der Tierische Nebenprodukte-VO der EU[5], die seit dem 1.5.2003 unmittelbar anwendbar ist, sowie dem hierzu ergänzend erlassenen Tierische Nebenprodukte-Beseitigungsgesetz vom 25.1.2004 gilt dies

---

1 BGBl. I 2705, zul. geänd. am 11.8.2009, BGBl. I 2727.
2 ABl. EU Nr. L 114 v. 27.4.2006, 9.
3 ABl. EU Nr. L 312 v. 22.11.2008, 3. Näher dazu *Petersen*, NVwZ 2009, 1063; *Reese*, NVwZ 2009, 1073.
4 BGBl. I 212, zul. geänd. am 22.5.2013, BGBl. I 1324. Näher dazu *Petersen/Doumet/Stöhr*, NVwZ 2012, 521 m.w.Nw.
5 Tierische Nebenprodukte-VO (VO) EG Nr. 1774/2002, ABl. EG Nr. L 273 v. 10.10.2002, 1, inzwischen ersetzt durch die Verordnung über tierische Nebenprodukte, VO (EG) Nr. 1069/2009 v. 21.10.2009, ABl. EU Nr. L 300 v. 14.11.2009, 1, zul. geänd. am 17.12.2013, ABl. EU Nr. L 354 v. 28.12.2013, 86.

auch für Gülle, Mist und Jauche[1]. Bereits aus der Formulierung des § 2 Abs. 2 KrWG ergibt sich jedoch, dass diese Stoffe lediglich nicht den Vorschriften des KrWG unterliegen. Dies hindert nicht, sie als Abfall i.S. des Umweltstrafrechts, insbesondere des § 326 StGB, zu betrachten, zumal § 2 Abs. 2 KrWG nur dazu dienen soll, die Anwendungsbereiche verschiedener umweltverwaltungsrechtlicher Regelungen (etwa dem Wasser- und dem Abfallrecht) voneinander abzugrenzen[2].

53 cc) Den Einstieg in das System des KrWG eröffnet der **Schlüsselbegriff des „Abfalls"**, der in § 3 KrWG bestimmt wird. *Abfälle* sind danach „Stoffe oder Gegenstände", also nicht mehr – wie nach dem AbfG oder KrW-/AbfG – „bewegliche Sachen". Damit wurde das nationale Recht an die Abfallrahmenrichtlinie angeglichen, die eine derartige Beschränkung auf bewegliche Sachen nicht kennt und damit einer Entscheidung des EuGH vom 7.9.2004 entspricht, der zufolge auch mit Kraftstoffen verunreinigtes Erdreich, das noch nicht „ausgekoffert" ist, Abfall darstellen soll[3]. Im Hinblick auf die im deutschen Bodenschutzrecht ausdrücklich geregelte Altlastenproblematik, das UmweltschadensG sowie den eindeutigen Wortlaut des § 3 Abs. 1 KrW-/AbfG bestand Einigkeit, dass diese Auffassung des EuGH nicht „eins zu eins" auf das nationale Recht, insbesondere nicht auf das Strafrecht, zu übertragen war[4]. Dies soll nun mit § 2 Abs. 2 Nr. 10 KrWG sichergestellt werden. Danach gelten die Vorschriften des KrWG nicht, wenn (auch kontaminierte) Böden am Ursprungsort dauerhaft mit dem Grund und Boden verbunden sind. Rein sprachlogisch schließt dies aber nicht aus, dass derartige „Stoffe oder Gegenstände" nicht doch Abfall i.S. des § 326 Abs. 1 StGB sein könnten, wie etwa die oben Rz. 52b erwähnte Rechtsprechung zum Begriff des Abwassers zeigt. Hier hilft letztlich nur, auf den im Gesetz nur unvollkommen zum Ausdruck gekommenen tatsächlichen Willen des Gesetzgebers und auf systematische Erwägungen zu rekurrieren und den strafrechtlichen Abfallbegriff weiterhin auf bewegliche Stoffe oder Gegenstände zu beschränken[5].

54 Weitere begriffsbestimmende Merkmale des § 3 Abs. 1 KrWG sind, dass sich der Besitzer der Stoffe oder Gegenstände entledigt, entledigen will oder entledigen muss. Damit wurde bereits im KrW-/AbfG die nach dem alten Abfallrecht begründete Dichotomie zwischen subjektivem und objektivem Abfallbegriff grundsätzlich beibehalten, der **subjektive Abfallbegriff** jedoch zur Klarstellung um die Alternative der Vermutung eines Entledigungswillens ergänzt.

55 Eine **tatsächliche Entledigung** ist gem. § 3 Abs. 2 KrWG anzunehmen, wenn „der Besitzer Stoffe oder Gegenstände einer Verwertung [...] oder einer Beseitigung [...] zuführt oder die tatsächliche Sachherrschaft über sie unter Wegfall je-

---

1 BGBl. I 82, zul. geänd. am 22.12.2011, BGBl. I 3044; vgl. dazu *Fluck/Strack*, NuR 2004, 503.
2 BGH v. 26.4.1990 – 4 StR 24/90, BGHSt 37, 21.
3 EuGH v. 7.9.2004 – Rs. C-1/03 – Paul van de Walle, NVwZ 2004, 1341.
4 Vgl. dazu *Alt*, StraFo 2006, 441; *Petersen/Lorenz*, NVwZ 2005, 257; *Schall*, NStZ-RR 2006, 292; *Versteyl*, NVwZ 2004, 1297; *Wrede*, NuR 2005, 28.
5 So im Ergebnis auch *Alt* in MüKo, § 326 StGB Rz. 20; *Heine/Hecker* in S/S, § 326 StGB Rz. 2b; *Saliger*, Rz. 276.

der weiteren Zweckbestimmung aufgibt". Der *Entledigungswille* wird gem. § 3 Abs. 3 KrWG zunächst für sog. Produktionsabfälle *vermutet*, d.h. hinsichtlich jener Stoffe oder Gegenstände, die bei einem der in § 3 Abs. 3 Nr. 1 KrW-/AbfG genannten Produktionsvorgänge anfallen, ohne dass der Zweck der jeweiligen Handlung hierauf gerichtet ist. Entsprechendes gilt gem. § 3 Abs. 3 Nr. 2 KrWG hinsichtlich jener Stoffe oder Gegenstände, „deren ursprüngliche Zweckbestimmung entfällt oder aufgegeben wird, ohne dass ein neuer Verwendungszweck unmittelbar an deren Stelle tritt."

Nachdem bei der Auslegung des „alten" Abfallbegriffs immer wieder die **Streitfrage** aufgetreten war, ob die (u.U. nur behauptete) *Wiederverwertungsabsicht* des Abfallerzeugers bzw. -besitzers *oder* aber die *Verkehrsanschauung* maßgeblich war[1], sah sich der Gesetzgeber bereits in § 3 Abs. 3 S. 2 KrW-/AbfG zur Klarstellung veranlasst. Danach beurteilt sich die Zweckbestimmung nach der Auffassung des Erzeugers oder Besitzers unter Berücksichtigung der *Verkehrsanschauung*, wobei auch der Marktwert des Produkts zumindest als Indiz herangezogen werden kann[2]. § 3 Abs. 2 und Abs. 3 KrWG enthalten Vermutungen („ist anzunehmen"), was ihre Anwendung im Strafrecht nur eingeschränkt zulässt. Dass die Normen dennoch für das Strafrecht nutzbar gemacht werden können, wird unten Rz. 226 näher erläutert.

55a

Der subjektive Abfallbegriff wird durch den **objektiven Abfallbegriff** *ergänzt*, dessen Voraussetzungen in § 3 Abs. 4 KrWG umschrieben werden. Danach muss sich der Besitzer beweglicher Stoffe oder Gegenstände entledigen,

56

„wenn diese entsprechend ihrer ursprünglichen Zweckbestimmung nicht mehr verwendet werden, auf Grund ihres konkreten Zustands geeignet sind, gegenwärtig oder künftig das Wohl der Allgemeinheit, insbesondere die Umwelt zu gefährden und deren Gefährdungspotenzial nur durch eine ordnungsgemäße und schadlose Verwertung oder gemeinwohlverträgliche Beseitigung [...] ausgeschlossen werden kann."

Der Abfallbegriff des europäischen und des deutschen Rechts (noch zum KrW-AbfG) war in den letzten Jahren mehrfach Gegenstand der obergerichtlichen **Rechtsprechung**, insbesondere des **EuGH**. Bei sog. (molybdänhaltigen) LUWA-Bottoms und Holzspänen[3], Bruchgestein aus einem Granitsteinbruch[4], sog. „Pappenlumpen"[5], Eisenmaterialien, die durch organische Substanzen verunreinigt waren[6], Abwasser, das aus dem Kanalisationsnetz austrat[7], sowie Futtermitteln aus Nahrungsabfällen[8] wurde der Begriff jeweils bejaht. Dabei sind die Entscheidungen stark einzelfallbezogen und – wohl auch übersetzungs-

57

---

1 Vgl. beispielhaft BGH v. 26.2.1991 – 5 StR 444/90 – Pyrolyseöl-Entscheidung, BGHSt 37, 333 m. Anm. *Horn*, JZ 1991, 886 und *Sack*, JR 1991, 338; BVerwG v. 24.6.1993 – 7 C 10/92; BVerwG v. 24.6.1993 – 7 C 11/92 – Bauschutt- und Altreifenentscheidung, NVwZ 1993, 988.
2 Vgl. zum Kriterium der Verkehrsauffassung z.B. OVG Lüneburg v. 3.6.2010 – 7 A 36/09, NVwZ 2010, 1111.
3 EuGH v. 15.6.2000 – Rs. C-418/97, NVwZ 2000, 1156.
4 EuGH v. 18.4.2002 – Rs. C-9/00, NVwZ 2002, 1362.
5 BVerwG v. 19.11.1998 – 7 C 31/97, NVwZ 1999, 1111.
6 EuGH v. 11.11.2004 – Rs. C-457/02, NVwZ 2005, 306.
7 EuGH v. 10.5.2007 – Rs. C-252/05, ZUR 2007, 366.
8 EuGH v. 18.12.2007 – Rs. C-195/05, NVwZ 2008, 295.

bedingt – in sprachlicher Hinsicht teilweise nur schwer verständlich[1]. Mit Blick auf das Abfallstrafrecht, das klare, vorhersehbare Begriffsbestimmungen benötigt, ist dies nicht unproblematisch[2].

58 Wenn „Abfall" i.S. des § 3 Abs. 1 KrWG vorliegt, ist, der Zielhierarchie des KrWG folgend, weiter zu differenzieren: **Abfälle zur Verwertung** sind solche, die verwertet werden. Abfälle die nicht verwertet werden, sind **Abfälle zur Beseitigung** (§ 3 Abs. 1 S. 2 KrWG). Die Kriterien der hier vorzunehmenden *Abgrenzung* waren bereits nach Inkrafttreten des KrW-/AbfG heftig umstritten[3] und haben die verwaltungs- und europarechtliche Rechtsprechung mehrfach beschäftigt: Während z.B. § 6 Abs. 2 KrW-/AbfG bestimmte numerische Heizwerte für die Verwendung eines Stoffes im Bereich der energetischen Verwertung anführte, stellte der EuGH darauf ab, ob „durch die Verbrennung der Abfälle mehr Energie erzeugt und erfasst wird, als beim Verbrennungsvorgang verbraucht wird und dass ein Teil des bei dieser Verbrennung gewonnenen Energieüberschusses tatsächlich genutzt wird, und zwar entweder unmittelbar in Form von Verbrennungswärme oder nach Umwandlung in Form von Elektrizität [...]" Die Verbrennung von Abfällen war daher eine Verwertungsmaßnahme, wenn es ihr **Hauptzweck** war, die Abfälle für einen sinnvollen Zweck, nämlich zur Energieerzeugung einzusetzen und dadurch eine Primärenergiequelle zu ersetzen, die sonst für diesen Zweck hätte eingesetzt werden müssen. „Andere Kriterien, wie der Heizwert der Abfälle, der Schadstoffgehalt der verbrannten Abfälle oder die Frage der Vermischung der Abfälle dürfen nicht herangezogen werden"[4].

59 Entsprechende Überlegungen wurden für den **Bergversatz** angestellt:

> Die „Einbringung von Abfällen in ein stillgelegtes Bergwerk stellt nicht zwingend eine Beseitigung [...] dar. Diese Einbringung muss je nach Einzelfall beurteilt werden, um festzustellen, ob es sich um eine Beseitigung oder eine Verwertung i.S. der Richtlinie handelt. Eine solche Einbringung stellt eine Verwertung dar, wenn ihr Hauptzweck darauf gerichtet ist, dass die Abfälle eine sinnvolle Aufgabe erfüllen können, indem sie andere Materialien ersetzen, die für diese Aufgabe hätten verwendet werden müssen [...]"[5].

Diese Verwertung muss allerdings umweltverträglich und schadlos erfolgen[6]. Das KrWG regelt die Abgrenzung nun i.S. des EuGH (vgl. § 3 Abs. 23 KrWG) und verweist u.a. auf eine nicht abschließende Liste von Verwertungsverfahren (Anlage 2 zum KrWG).

---

1 Vgl. z.B. den Leitsatz der Entscheidung EuGH v. 18.12.2007 – Rs. C-195/05, NVwZ 2008, 295.
2 Vgl. zur Kritik an der Rspr. *Stuttmann*, NVwZ 2006, 401; dagegen *Herbert*, NVwZ 2007, 617.
3 Vgl. u.a. *Dolde/Vetter*, NVwZ 1997, 937 sowie NVwZ 1998, 378; *Kunig*, NVwZ 1997, 209; *Weidemann*, NVwZ 1995, 631 sowie NVwZ 1998, 258.
4 EuGH v. 13.2.2003 – Rs. C-228/00, NVwZ 2003, 455; EuGH v. 13.2.2003 – Rs. C-458/00, NVwZ 2003, 457 (585). Näher dazu u.a. *Begemann*, NJW 2002, 2613; *Frenz*, NuR 2003, 395; *Kropp*, NVwZ 2003, 430; *Petersen*, NVwZ 2004, 34.
5 EuGH v. 27.2.2002 – Rs. C-6/00, NJW 2002, 1935; ebenso BVerwG v. 14.4.2000 – 4 C 13/98, NVwZ 2000, 1057; BVerwG v. 14.4.2005 – 7 C 26/03, NVwZ 2005, 954; vgl. dazu u.a. *Stengler*, NVwZ 2002, 568.
6 OVG Lüneburg v. 21.4.2005 – 7 LC 41/03, ZUR 2005, 537.

dd) Erhebliche Unklarheiten bestanden auch bei der Abgrenzung der Begriffe **Abfall** und **Produkt**. Hierzu hatte der EuGH ausgeführt, dass ein Gegenstand, Material oder Stoff, der bei einem nicht hauptsächlich seiner Gewinnung dienenden Herstellungs- oder Abbauverfahren anfällt, dann als nicht dem Abfallbegriff unterliegendes „Nebenerzeugnis" anzusehen ist, wenn seine Wiederverwendung ohne vorherige Bearbeitung und in Fortsetzung des Gewinnungsverfahrens nicht nur möglich, sondern gewiss ist[1]. Entsprechendes gilt, wenn die Wiederverwendung für den Besitzer wirtschaftlich vorteilhaft ist. Dann könne der Stoff nicht mehr als Last betrachtet werden, deren sich der Besitzer zu entledigen versucht, sondern habe als echtes Erzeugnis zu gelten. Diese Vorgaben wurden nun in § 4 KrWG durch eine wortgleiche Übernahme von Art. 5 der Abfallrahmenrichtlinie umgesetzt und definiert, wann ein Stoff oder Gegenstand als Nebenprodukt anzusehen ist[2]. Hinsichtlich der vier angeführten Kriterien wird auf den Gesetzeswortlaut verwiesen. Besonders zu beachten ist Nr. 4: Danach darf die weitere Verwendung des Nebenprodukts nicht zu schädlichen Auswirkungen auf Mensch und Umwelt führen.

60

Auch wenn § 4 KrWG die europäischen Vorgaben erfreulich klarstellend umsetzt, ist die Norm aus strafrechtlicher Sicht kritisch zu betrachten. Hier besteht die Gefahr, dass durch das Jonglieren mit Begriffen die alte Abgrenzungsproblematik zwischen „Abfall" und „Wirtschaftsgut" und das „Schlupfloch der Wirtschaftsguteinrede" wieder zum Leben erweckt wird[3].

§ 5 KrWG stellt klar, wann die **Abfalleigenschaft** eines Stoffes oder Gegenstandes **endet**. Vorausgesetzt ist, dass er ein Verwertungsverfahren durchlaufen hat und so beschaffen ist, dass er vier in der Norm aufgeführte Bedingungen erfüllt. Dabei ist auch hier die Umweltverträglichkeit wie beim Nebenprodukt ein wesentliches Kriterium (§ 5 Abs. 1 Nr. 4 KrWG). Solange die Abfalleigenschaft eines Stoffes oder Gegenstandes noch nicht beendet ist, unterliegt dieser noch der abfallrechtlichen Überwachung[4]. Der Erzeuger oder Besitzer bleibt noch in der Pflicht, den Abfall ordnungsgemäß zu beseitigen (vgl. § 15 Abs. 1 KrWG), und zwar auch dann, wenn sich der Abfallerzeuger oder -besitzer zur Pflichterfüllung eines Dritten bedient und diesem einen Entsorgungsauftrag erteilt[5] (vgl. auch die Falisan-Entscheidung Rz. 243).

61

In strafrechtlicher Hinsicht haben diese lang gestreckten Pflichten vor allem dann Bedeutung, wenn gegen einen **unzuverlässigen Entsorger** Betrugsvorwürfe erhoben werden. Auch wenn dieser beauftragte Dritte die übernommenen Abfälle zwar tatsächlich, aber – z.B. in einer dafür nicht zugelassenen Anlage – illegal beseitigt, bleibt die ursprüngliche Pflicht des Abfallerzeugers bzw. -besitzers zur ordnungsgemäßen Entsorgung aufrechterhalten, sodass er hinsicht-

62

---

1 EuGH v. 11.11.2004 – Rs. C-457/02, NuR 2005, 514; EuGH v. 18.12.2007 – Rs. C-195/05, NVwZ 2008, 295; OVG Münster v. 17.8.2005 – 8 A 1598/04, ZUR 2005, 608; näher dazu *Sobotta*, ZUR 2007, 383.
2 Ausf. dazu *Saliger* in S/S/W, § 326 StGB Rz. 15.
3 Weniger skeptisch *Schall*, NStZ-RR 2006, 292.
4 Vgl. BGH v. 23.10.2013 – 5 StR 505/12, NJW 2014, 91.
5 BVerwG v. 28.6.2007 – 7 C 5/07, NVwZ 2007, 1185; dazu *Versteyl*, NVwZ 2007, 1150.

lich des an den Entsorger bezahlten Entgelts in seinem Vermögen geschädigt ist (vgl. Rz. 331a).

63 ee) Die §§ 6 ff. KrWG regeln die Grundsätze der Abfallvermeidung und Abfallbewirtschaftung. Nach § 6 Abs. 1 KrWG gilt folgende „**Abfallhierarchie**": Vermeidung, Vorbereitung zur Wiederverwendung, Recycling, sonstige Verwertung [...], Beseitigung.

64 Als *Maßnahmen zur* **Abfallvermeidung** sind in § 3 Abs. 20 KrWG u.a. die anlageninterne Kreislaufführung von Stoffen, die abfallarme Produktgestaltung sowie ein auf den Erwerb abfall- und schadstoffarmer Produkte gerichtetes Konsumverhalten aufgeführt. Hinreichend konkretisierte Pflichten für eine derartige Abfallvermeidung finden sich im KrWG jedoch nicht. § 13 KrWG verweist insofern bei den Pflichten der Betreiber von Anlagen i.S. des BImSchG auf die Vorschriften dieses Gesetzes. Nach der in §§ 23 ff. KrWG vorgesehenen **Produktverantwortung** sollen Erzeugnisse möglichst so gestaltet werden, dass bei ihrer Herstellung und ihrem Gebrauch die Entstehung von Abfällen vermindert wird und die umweltverträgliche Verwertung und Beseitigung der nach ihrem Gebrauch entstandenen Abfälle sichergestellt ist (§ 23 Abs. 1 S. 2 KrWG). Die nähere Ausgestaltung dieser nach dem KrWG nur latenten Verpflichtung soll in Rechtsverordnungen über Verbote, Beschränkungen und Kennzeichnungen (§ 24 KrWG) sowie Rücknahme- und Rückgabepflichten (vgl. § 25 KrWG) erfolgen. Bislang sind insoweit u.a. die AltölV[1], das BatterieG[2], die VerpackungsV[3] ergangen. Auch das Elektro- und Elektronikgerätegesetz[4] enthält entsprechende Regelungen.

65 Die **Abfallverwertung** wird in § 6 Abs. 1 KrWG anders als im KrWG-/AbfG in drei Rubriken aufgeteilt, wobei die Maßnahmen Vorrang haben, die den Schutz von Mensch und Umwelt am besten gewährleisten. Bei der Verwertung sind auch die Möglichkeiten mehrfacher, hintereinander geschalteter Maßnahmen (sog. Kaskadennutzung) zu berücksichtigen (§ 8 Abs. 2 S. 2 KrWG). §§ 9 ff. KrWG enthalten zum Teil recht differenzierte Normen über das Getrennthalten von Abfällen, das Vermischungsverbot, Anforderungen an die Kreislaufwirtschaft, Pflichten der Anlagenbetreiber, u.a.

66 Die eigentliche **Abfallbeseitigung** wird in §§ 15, 16 KrWG geregelt. Nach § 16 Abs. 2 S. 1 KrWG sind Abfälle, die nicht verwertet werden, so zu beseitigen, dass das Wohl der Allgemeinheit nicht beeinträchtigt wird. Nicht abschließende Beispiele einer solchen Beeinträchtigung finden sich in § 16 Abs. 2 S. 2 KrWG.

67 ff) Von großer wirtschaftlicher Bedeutung sind die in § 17 KrWG geregelten **Überlassungspflichten**. Nach den von öffentlichen Entsorgungsträgern getätigten erheblichen Investitionen in den Bau und Betrieb geeigneter Beseitigungsanlagen besteht ein verständliches Interesse, diese Anlagen auch auszulasten. Dem steht ein ebenso verständliches Interesse der gewerblichen Abfallerzeuger

---

1 I.d.F. der Bek. v. 16.4.2002, BGBl. I 1368, zul. geänd. am 24.2.2012, BGBl. I 212.
2 V. 25.6.2009, BGBl. I 1582, zul. geänd. am 24.2.2012, BGBl. I 212.
3 V. 21.8.1998, BGBl. I 2379, zul. geänd. am 17.7.2014, BGBl. I 1061.
4 ElektroG v. 16.3.2005, BGBl. I 762, zul. geänd. am 20.9.2013, BGBl. I 3642.

entgegen, ihre Rückstände möglichst kostengünstig zu verwerten oder zu beseitigen. Das KrWG versucht hier, einen gerechten Interessenausgleich zu finden[1]. Grundsätzlich geht das Gesetz vom Verursacherprinzip aus. Alle Erzeuger und Besitzer von Abfällen sind daher für die Verwertung und Beseitigung selbst verantwortlich, dabei jedoch an die gesetzlichen Pflichten, etwa §§ 7,8 und 15 KrWG gebunden. Auch können sie gem. § 22 KrWG Dritte beauftragen.

Dieses Prinzip wird jedoch für **Abfälle aus privaten Haushaltungen** durchbrochen. Sie sind gem. § 17 Abs. 1 S. 1 KrWG den öffentlich-rechtlichen Entsorgungsträgern zu überlassen, soweit Abfallerzeuger oder -besitzer nicht zu einer Verwertung auf ihren privaten Grundstücken in der Lage sind oder dies nicht beabsichtigen. Eine entsprechende grundsätzliche Pflicht gilt für Abfälle zur Beseitigung aus anderen Herkunftsbereichen (§ 17 Abs. 1 S. 2, § 20 KrWG). 68

Die Diskussion über die Verwertung durch private oder öffentlich-rechtliche Entsorgungsträger erfasste zuletzt auch die gewerbliche Sammlung und Verwertung von **Altpapier**. Das BVerwG ging nach dem KrW-/AbfG davon aus, dass für den Hausmüll privater Haushaltungen (einschließlich der verwertbaren Bestandteile) grundsätzlich eine Überlassungspflicht an den öffentlich-rechtlichen Entsorgungsträger bestand, von der nur in Ausnahmefällen abgewichen werden durfte[2]. Da diese Auffassung EU-rechtlich problematisch erschien, konkretisierte das KrWG die Anforderungen an gewerbliche Sammlungen in §§ 17,18 sowie § 3 Abs. 18 KrWG (vgl. im Einzelnen den Gesetzeswortlaut). Danach ist die gewerbliche Sammlung grundsätzlich zulässig, wenn die Abfälle ordnungsgemäß und schadlos verwertet werden und der Sammlung überwiegende öffentliche Interessen nicht entgegenstehen[3]. 68a

gg) Die Errichtung und der Betrieb von **Abfallentsorgungsanlagen** sowie wesentliche Änderungen einer solchen Anlage bedürfen einer Genehmigung nach dem BImSchG (§ 35 Abs. 1 KrWG, vgl. dazu bereits Rz. 35). Die Errichtung und der Betrieb von **Deponien** bedürfen einer Planfeststellung oder einer Plangenehmigung nach dem KrWG (§ 35 Abs. 2, 3 KrWG). Um eine Deponie handelt es sich, wenn ein Grundstück als sachliche Funktionseinheit zur zeitlich unbegrenzten Ablagerung von Abfällen dienen soll[4]. Im Rahmen des Planfeststellungsverfahrens ist auch eine Umweltverträglichkeitsprüfung nach dem UVPG (vgl. Rz. 10) vorzunehmen. 69

Gem. § 46 KrWG ist den Entsorgungsträgern und Selbstverwaltungskörperschaften der Wirtschaft eine *Abfallberatungspflicht* übertragen. Die **Überwachung** der ordnungsgemäßen Abfallbewirtschaftung obliegt gem. § 47 KrWG den zuständigen Behörden. Ebenfalls den Behörden übertragen werden soll die Überwachung der Abfallvermeidung nach den Maßgaben der zur Produktverantwortung zu erlassenden Rechtsverordnungen. Die behördliche Überwachung erstreckt sich auch auf die Frage, ob im Einzelfall die Voraussetzun- 70

---

1 Ausf. dazu *Petersen/Doumet/Stöhr*, NVwZ 2012, 521 m.w.Nw.
2 BVerwG v. 18.6.2009 – 7 C 16/08, BVerwGE 134, 154; vgl. dazu *Murswiek*, JuS 2010, 564; *Schmehl*, NVwZ 2009, 1262.
3 Näher dazu *Petersen/Doumet/Stöhr*, NVwZ 2012, 521.
4 Vgl. *Heine/Hecker* in S/S, § 327 StGB Rz. 17; *Krell*, NZWiSt 2014, 14.

gen der §§ 4 und 5 KrWG (vgl. Rz. 60 f.) eingehalten werden (vgl. § 47 Abs. 6 KrWG).

71 An die Entsorgung und die **Überwachung gefährlicher Abfälle** sind besondere Anforderungen zu stellen (**§ 48 KrWG**). Bis zum 1.2.2007 unterschied das deutsche Abfallrecht zwischen besonders überwachungsbedürftigen Abfällen zur Beseitigung, überwachungsbedürftigen Abfällen zur Beseitigung, besonders überwachungsbedürftigen Abfällen zur Verwertung sowie überwachungsbedürftigen Abfällen zur Verwertung. Seither wird, europäischen Vorgaben entsprechend, nur noch zwischen gefährlichen und nicht gefährlichen Abfällen differenziert. Die Einordnung folgt dem europäischen Abfallverzeichnis, welches durch die Verordnung über das europäische Abfallverzeichnis in das deutsche Recht überführt wurde. Als gefährlich werden die Abfälle angesehen, die in der Abfallverzeichnisverordnung mit einem Sternchen versehen sind[1].

72 Das **Nachweisverfahren** findet nur noch für gefährliche Abfälle statt, wenn die jährliche Schwellenmenge von mehr als 2000 kg/a in der Summe aller gefährlichen Abfälle erreicht wird oder im Falle einer entsprechenden behördlichen Einzelfallanordnung. Seit 2010 wird das Verfahren elektronisch durchgeführt. Die Einzelheiten hierzu sind in der Nachweisverordnung[2] geregelt. Ob das Nachweisverfahren seine Kontrollfunktion tatsächlich erfüllt, ist zu bezweifeln, da inhaltlich fehlerhafte Meldungen, etwa nach unerlaubten Abfallvermischungen und Fehldeklarationen, nicht auffallen müssen. Eine bessere Kontrolle könnte hier nur durch eine stärkere Überwachung vor Ort erreicht werden.

73 Ebenfalls als Kontrollinstrument sind die Institute des Anzeige- und Genehmigungsverfahrens der §§ 53, 54 KrWG gedacht. Danach bedürfen insbesondere Sammler, Beförderer, Händler und Makler von gefährlichen Abfällen einer Erlaubnis. Auch hier sind die Einzelheiten in einer ergänzenden Rechtsverordnung, der *Anzeige- und Erlaubnisverordnung*[3], geregelt.

74 Eine Neuerung des KrW-/AbfG stellten die sog. **Entsorgungsfachbetriebe** und Entsorgergemeinschaften i.S. des § 52 KrW-/AbfG dar, die nun in §§ 56, 57 KrWG geregelt sind. Sie bedürfen einer Zertifizierung durch eine technische Überwachungsorganisation oder eine Entsorgergemeinschaft (vgl. § 56 Abs. 5 und 6 KrWG). Die näheren Einzelheiten werden in der gem. § 57 KrWG erlassenen Entsorgungsfachbetriebeverordnung[4] geregelt, die sicherstellen soll, dass bei den zugelassenen Entsorgungsfachbetrieben tatsächlich die gewünschten Anforderungen erfüllt werden, wie das erforderliche Know-how, die persönliche Zuverlässigkeit, eine ausreichende Haftpflichtversicherung u.a.

75 In Anlehnung an § 52b BImSchG sieht § 58 KrWG bei Betrieben einer bestimmten Größenordnung die Bestellung eines sog. **Organisationsverantwortlichen** vor. Für dort im Einzelnen aufgeführte Anlagen verlangt § 59 KrWG da-

---

1 AbfallverzeichnisV v. 10.12.2001, BGBl. I 3379; zul. geänd. am 24.2.2012, BGBl. I 212.
2 V. 20.10.2006, BGBl. I 2298, zul. geänd. am 5.12.2013, BGBl. I 4043. Näher dazu *Stöhr*, ZUR 2007, 71; *Kropp*, ZUR 2007, 82.
3 V. 5.12.2013, BGBl. I 4043.
4 V. 10.9.1996, BGBl. I 1421, zul. geänd. am 5.12.2013, BGBl. I 4043.

rüber hinaus die Bestellung eines **Betriebsbeauftragten für Abfall**, der gem. § 60 KrWG den Anlagenbetreiber und die Betriebsangehörigen in Angelegenheiten zu beraten hat, die für die Abfallvermeidung und die Abfallbewirtschaftung bedeutsam sein können. Seine Tätigkeit richtet sich nach den in § 60 KrWG detailliert beschriebenen Aufgaben sowie den entsprechend anzuwendenden Vorschriften der §§ 55–58 BImSchG (vgl. § 60 Abs. 3 KrWG). Ist in einem Unternehmen ein Immissions- oder Gewässerschutzbeauftragter zu bestellen, kann auch er die Aufgaben des Abfallbeauftragten wahrnehmen (vgl. § 59 Abs. 3 KrWG).

hh) Das KrWG wird durch mehrere **Verordnungen** ergänzt. Von Bedeutung ist u.a. die Gewerbeabfallverordnung, in der die Entsorgung von gewerblichen Siedlungsabfällen und von bestimmten Bau- und Abbruchabfällen geregelt ist[1]. Die Verwertung von Bioabfällen auf landwirtschaftlich, forstwirtschaftlich und gärtnerisch genutzten Böden richtet sich nach der BioabfallVO[2]. Für Altholz ist die AltholzVO einschlägig[3].

76

Die **Verpackungsverordnung** (vgl. Rz. 64) soll dazu dienen, die Auswirkungen von Abfällen aus Verpackungen auf die Umwelt zu vermeiden oder zu verringern (§ 1 S. 1 VerpackV).

77

Die frühere Altautoverordnung[4] wurde im Jahr 2002 durch die **Altfahrzeugverordnung** ersetzt, die u.a. Rücknahme- und Entsorgungspflichten der Industrie vorsieht[5]. Den Besitzer eines dem Abfallbegriff entsprechenden Altfahrzeugs verpflichtet § 4 AltfahrzeugV, dieses nur einer anerkannten Annahme- oder Rücknahmestelle oder einem anerkannten Demontagebetrieb zu überlassen.

78

Das u.a. zur Ausgestaltung der Produktverantwortung erlassene **Batteriegesetz** (vgl. Rz. 64) verfolgt das Ziel, den Eintrag von Schadstoffen in Abfällen durch Batterien zu verringern. Dies soll erreicht werden durch

79

– ein Verbot des Inverkehrbringens bestimmter schadstoffhaltiger Batterien,
– Rücknahme- und Verwertungspflichten für Hersteller und Vertreiber von Batterien,
– Rückgabepflichten der Endnutzer.

Noch auf dem AbfG a.F. beruht die **Klärschlammverordnung**[6], die sich an diejenigen richtet, die Abwasserbehandlungsanlagen betreiben und Klärschlamm abgeben oder aber Klärschlamm auf landwirtschaftliche oder gärtnerisch genutzte Böden aufbringen oder aufbringen wollen. Mit dieser Verordnung soll erreicht werden, dass Klärschlamm auf Böden nur so aufgebracht wird, dass das Wohl der Allgemeinheit nicht beeinträchtigt wird und sich die Aufbringung nach dem Nährstoffbedarf der Pflanzen richtet (§ 3 Abs. 1 AbfKlärV). Hierzu statuiert die Verordnung Untersuchungspflichten hinsichtlich des Klärschlamms und des Bodens sowie Aufbringungsverbote und Beschränkungen.

80

---

1 V. 19.6.2002, BGBl. I 1938, zul. geänd. am 24.2.2012, BGBl. I 212.
2 I.d.F.der Bek. v. 4.4.2013, BGBl. I 658, zul. geänd. am 5.12.2013, BGBl. I 4043.
3 V. 15.8.2002, BGBl. I 3302, zul. geänd. am 24.2.2012, BGBl. I 212.
4 V. 4.7.1997, BGBl. I 1666.
5 V. 21.6.2002, BGBl. I, zul. geänd. am 5.12.2013, BGBl. I 4043.
6 V. 15.4.1992, BGBl. I 912, zul. geänd. am 24.2.2012, BGBl. I 212.

81 In engem Zusammenhang damit steht das **Düngegesetz**[1], das zunächst bestimmt, welche Stoffe als Düngemittel angewendet werden dürfen. Nach § 3 Abs. 2 DüngeG sollen diese Stoffe nur nach guter fachlicher Praxis eingesetzt werden, wozu auch gehört, „dass die Düngung nach Art, Menge und Zeitpunkt der Anwendung am Bedarf der Pflanzen und des Bodens" ausgerichtet wird. Nähere Bestimmungen hierzu finden sich in der ergänzend erlassenen *Düngeverordnung*[2], der Tierische Nebenprodukte-Verordnung sowie dem hierzu ergangenen Gesetz (vgl. Rz. 52b).

82 Die stoffliche und energetische Verwertung sowie die Beseitigung von Altöl sind in der **Altölverordnung** (vgl. Rz. 64) geregelt. Sie sieht in § 2 einen grundsätzlichen Vorrang der Aufbereitung gegenüber der Entsorgung vor. In § 4 enthält sie ein Vermischungsverbot. Im 2. Abschnitt regelt sie die Anforderungen an die Abgabe von Verbrennungsmotoren- und Getriebeölen.

b) Abfallverbringung

83 Die Überwachung und Kontrolle der grenzüberschreitenden Verbringung von Abfällen wird in der Verordnung (EG) Nr. 1013/2006 des Europäischen Parlaments und des Rates vom 14.6.2006 über die Verbringung von Abfällen, die **EG-Abfallverbringungsverordnung,** geregelt[3]. Die Rechtsform der Verordnung (§ 6 Rz. 49) wurde dabei ganz bewusst gewählt, um eine übereinstimmende Anwendung dieser Rechtsvorschriften in allen Mitgliedstaaten sicherzustellen. Die sehr differenziert ausgestaltete und auch für den Fachmann nur schwer verständliche Verordnung differenziert bei der Verbringung der Abfälle zunächst danach, ob es sich um

- eine Verbringung innerhalb der Gemeinschaft mit oder ohne Durchfuhr durch Drittstaaten (Art. 3 ff.),
- eine Verbringung ausschließlich innerhalb der Gemeinschaft (Art. 33 ff.) oder
- eine Ausfuhr aus der Gemeinschaft in Drittstaaten (Art. 34 ff.) handelt,

wobei zwischen EFTA-Staaten (Art. 35 ff.) und Staaten, für die der OECD-Beschluss nicht gilt (Art. 36 ff.) bzw. gilt (Art. 38 ff.) unterschieden wird. Für die praktisch bedeutsame Verbringung innerhalb der Gemeinschaft, die das Kernstück der Verordnung bildet, wird zunächst danach unterschieden, ob es sich um Abfälle zur Beseitigung oder um Abfälle zur Verwertung handelt. Bei Abfällen zur Beseitigung ist grundsätzlich ein Verfahren der vorherigen schriftlichen Notifizierung und Zustimmung durchzuführen. Entsprechendes gilt für Abfälle zur Verwertung, die in Art 3 Abs. 1 Buchst. b der Verordnung aufgeführt sind. Andere zur Verwertung bestimmte Abfälle unterliegen einer allgemeinen Informationspflicht (vgl. Art. 3 Abs. 2, Abs. 4 i.V.m. Art. 18). Das **Notifizierungsverfahren** ist in Art. 4 ff. geregelt.

---

1 V. 9.1.2009, BGBl. I 54, zul. geänd. am 15.3.2012, BGBl. I 481.
2 VO über die Grundsätze der guten fachlichen Praxis beim Düngen i.d.F. der Bek. v. 27.1.2007, BGBl. I 221, zul. geänd. am 24.2.2012, BGBl. I 212.
3 V. 14.6.2006, ABl. EU Nr. L 190 v. 12.7.2006, 1; zul. geänd. am 15.5.2014, ABl. EU Nr. L 189 v. 27.6.2014, 135.

Die Ausfuhr von Beseitigungsabfällen aus der Gemeinschaft in *Drittstaaten* ist gem. Art. 34 Abs. 1 grundsätzlich verboten. Eine Ausnahme gilt jedoch hinsichtlich der Ausfuhr in bestimmte EFTA-Staaten. Für Abfälle zur Verwertung sind die differenziert ausgestalteten Vorschriften der Art. 36 ff. maßgeblich. Für die Ein- und Durchfuhr von Abfällen gelten vergleichbar komplizierte Vorschriften.

Das nationale **Abfallverbringungsgesetz**[1] sieht in § 2 Abs. 1 zusätzlich den Grundsatz der Autarkie vor. Im Übrigen enthält es ergänzende Bestimmungen zum Notifizierungsverfahren und zu den Pflichten der Beteiligten. Ergänzend ist hier auf die weiterführende verwaltungsrechtliche Rechtsprechung und Literatur zu verweisen[2].

84

5. Kernenergie und Strahlenschutz

Schrifttum: *Bayer/Huber* (Hrsg.), Rechtsfragen zum Atomausstieg, 2000; *Ewen/Holte*, Die neue Strahlenschutzverordnung, 2. Aufl. 2003; *Posser/Schmans/Müller-Dehn*, Atomgesetz, Kommentar zur Novelle 2002, 2003; *Schmatz/Nöthlichs*, Strahlenschutzrecht, Loseblatt; *Schmidt-Preuß*, Rechtsfragen des Ausstiegs aus der Kernenergie, 2000.

Die wegen ihres außergewöhnlichen Gefährdungspotenzials aus dem BImSchG und KrW-/AbfG ausgegliederte Materie der *Kernenergie* wird im Wesentlichen im **Atomgesetz**[3] und der Strahlenschutzverordnung[4] geregelt. Das Atomgesetz (AtomG) hat im Jahr 2002 durch das sog. *„Ausstiegsgesetz"* eine neue Zweckbestimmung erfahren[5]. Nach § 1 Nr. 2 AtomG verfolgt es u.a. den Zweck, Leben, Gesundheit und Sachgüter vor den Gefahren der Kernenergie und der schädlichen Wirkung ionisierender Strahlen zu schützen. Neben diesem beibehaltenen Schutzgedanken soll das Gesetz seit der Reform auch dazu dienen, die Nutzung der Kernenergie zur gewerblichen Erzeugung von Elektrizität geordnet zu beenden und bis zum Zeitpunkt der Beendigung den geordneten Betrieb sicherzustellen (§ 1 Nr. 1 AtomG). Das früher verfolgte Ziel, die Erforschung, Entwicklung und Nutzung der Kernenergie zu friedlichen Zwecken zu

85

---

1 G zur Ausführung der VO (EG) Nr. 1013/06 [...] v. 19.7.2007, BGBl. I 1462, zul. geänd. am 7.8.2013, BGBl. I 3154.
2 EuGH v. 27.2.2002 – Rs. C-6/00, NVwZ 2002, 579; EuGH v. 13.2.2003 – Rs. C-228/00, NVwZ 2003, 457; EuGH v. 13.2.2003 – Rs. C-458/00, NVwZ 2005, 309 (432); BVerwG v. 13.3.2003 – 7 C 1/02, NVwZ 2003, 1127; BVerwG v. 6.11.2003 – 7 C 2/03, NVwZ 2004, 344; OVG Lüneburg v. 22.6.2004 – 7 ME 104/04, NVwZ 2004, 1266; VGH München v. 10.12.2009 – 20 B 09.45, NVwZ 2010, 527; OVG Münster v. 29.4.2004 – 20 A 3956/02, NVwZ 2004, 1261 (jeweils noch zum alten Recht). Aus der Literatur: *Heine* in Hecker/Heine/Rische/Windolph/Hühner, Abfallwirtschaftskriminalität im Zusammenhang mit der EU-Osterweiterung, 2008, 251; *Dieckmann*, ZUR 2006, 561; *Oexle*, ZUR 2007, 460; *Raasch*, ZfW 2009, 125.
3 G über die friedliche Verwendung der Kernenergie und den Schutz gegen ihre Gefahren i.d.F. der Bek. v. 15.7.1985, BGBl. I 1565, wesentlich geänd. durch das G zur geordneten Beendigung der Kernenergienutzung v. 22.4.2002, BGBl. I 1357, zul. geänd. am 28.8.2013, BGBl. I 3313.
4 VO über den Schutz vor Schäden durch ionisierende Strahlen v. 20.7.2001, BGBl. I 1714, zul. geänd. am 24.2.2012, BGBl. I 212.
5 Näher dazu *Kühne/Brodowski*, NJW 2002, 1458.

fördern (vgl. § 1 AtomG a.F.), wurde aufgegeben. Vielmehr wurde die Regellaufzeit bestehender Atomkraftwerke auf durchschnittlich 32 Jahre seit Inbetriebnahme befristet und der Neubau von kommerziellen Atomkraftwerken verboten. Am 28.10.2010 wurde dann jedoch eine Laufzeitverlängerung für die Kernkraftwerke beschlossen und im 11. Gesetz zur Änderung des AtomG umgesetzt[1]. Nach der Naturkatastrophe von Fukushima wurde diese Entscheidung schließlich wieder rückgängig gemacht und mit dem 13. ÄndG zum AtomG erneut der Ausstieg aus der friedlichen Nutzung der Kernenergie beschlossen[2].

Der zweite Abschnitt des jetzigen Gesetzes enthält *Überwachungsvorschriften* über die Ein- und Ausfuhr (§ 3 AtomG), die Beförderung (§§ 4a, 4b AtomG), den Besitz, die Verwahrung, die Aufbewahrung und die Ablieferung von Kernbrennstoffen (§§ 5 und 6 AtomG).

86 Die Errichtung, der Betrieb und die wesentliche Änderung von Anlagen zur Erzeugung, Bearbeitung, Verarbeitung oder Spaltung von Kernbrennstoffen bzw. zur Aufarbeitung bestrahlter Kernbrennstoffe sind **genehmigungsbedürftig** (§ 7 AtomG). Da das Verfahren, das zur Erteilung der Genehmigung führt, stets sehr zeitaufwendig und umfangreich ist, wird in aller Regel ein *gestuftes Genehmigungsverfahren* durchgeführt, in welchem Vorbescheide und Teilgenehmigungen (§§ 7a, 7b AtomG), etwa für die Errichtung einer Anlage (Standort) einerseits und deren späteren Betrieb andererseits, erteilt werden[3]. Die rechtlichen Regelungen zur Verwertung radioaktiver Reststoffe und die Beseitigung radioaktiver Abfälle finden sich in §§ 9a ff. AtomG.

Die Überwachung und Kontrolle grenzüberschreitender Verbringungen radioaktiver Abfälle und abgebrannter Brennelemente richtet sich nach der Atomrechtlichen Abfallverbringungsverordnung, die der Umsetzung der Richtlinie 2006/117/Euratom des Rates vom 20.11.2006 dient[4].

87 Ergänzt wird das Atomgesetz durch die aufgrund der §§ 10, 11, 12 AtomG erlassene **Strahlenschutzverordnung**, die insbesondere Regelungen für den Umgang mit radioaktiven Stoffen außerhalb des Bereichs der Kernenergienutzung enthält. In strafrechtlicher Hinsicht besonders bedeutsam sind hierbei §§ 72 ff. StrlSchV, die vorsehen, dass radioaktive Abfälle an Anlagen des Bundes oder an Landessammelstellen abzuliefern sind.

88 Da nach dem Reaktorunfall von Tschernobyl erhebliche Unsicherheiten über die richtige Reaktion auf einen solchen Störfall zutage traten, wurde am 19.12.1986 das **Strahlenschutzvorsorgegesetz** (StrVG) erlassen[5]. Es soll gewährleisten, dass zum Schutz der Bevölkerung die Radioaktivität in der Umwelt überwacht wird und die Strahlenexposition der Menschen sowie die radioaktive Kontamination der Umwelt im Falle von Ereignissen mit möglichen

---

1 BGBl. I 1814.
2 V. 31.7.2011, BGBl. I 1704. Näher dazu *Schotka/Helmes*, NJW 2011, 3185.
3 VO über das Verfahren bei der Genehmigung von Anlagen nach § 7 des AtomG (Atomrechtliche VerfahrensVO) i.d.F. der Bek. v. 3.2.1995, BGBl. I 180, zul. geänd. am 9.12.2006, BGBl. I 2819. Näher dazu *Ronellenfitsch*, Das atomrechtliche Genehmigungsverfahren, 1983.
4 AtAV v. 30.4.2009, BGBl. I 1000.
5 BGBl. I 2610, zul. geänd. am 8.4.2008, BGBl. I 686.

nicht unerheblichen radiologischen Auswirkungen so gering wie möglich gehalten werden (§ 1 StrVG).

Sowohl für den Bereich der Kriegswaffenkontrolle (vgl. dazu unten § 73) als auch für den Schutz vor Strahlenbelastung generell von Bedeutung ist schließlich der Vertrag vom 24.9.1996 über das umfassende **Verbot von Nuklearversuchen**, der mit dem Ausführungsgesetz vom 23.7.1998 in das deutsche Recht umgesetzt wurde[1].

6. Schutz vor gefährlichen Stoffen

Schrifttum: *Becker/Tiedemann*, Chemikalienrecht, 2011; *Landmann/Rohmer/Storm*, Umweltrecht, Bd. III, Loseblatt; *Schiwy/Becker*, Chemikaliengesetz, Loseblatt; *Weinmann/Thomas/Klein*, Gefahrstoffrecht und Chemikaliensicherheit, Loseblatt.

Über die bisher geschilderten Gesetze hinaus enthält das aus dem Jahr 1980 stammende und seither mehrfach reformierte **Chemikaliengesetz** (ChemG)[2] erheblich weitergehende *stoffbezogene Regelungen*. Es verfolgt den Zweck, den Menschen und die Umwelt vor schädlichen Einwirkungen gefährlicher Stoffe und Zubereitungen zu schützen, diese insbesondere erkennbar zu machen, abzuwenden und ihrem Entstehen vorzubeugen (§ 1 ChemG). Der Anwendungsbereich des Gesetzes, vor allem die Abgrenzung zu anderen Rechtsvorschriften, ist in § 2 ChemG geregelt. Die im Mittelpunkt des Regelungswerks stehenden Begriffe der Stoffe, Gemische und Erzeugnisse werden in § 3 ChemG definiert. § 3a ChemG enthält eine Aufzählung jener Stoffe und Gemische, die als gefährlich angesehen werden, wobei als Kriterien „explosionsgefährlich", „leicht entzündlich", „giftig", „ätzend", „reizend" u.a. angeführt werden. Nähere Vorschriften über die Festlegung der Gefährlichkeitsmerkmale finden sich in § 3 GefStoffV[3]. Über § 3a Abs. 1 ChemG hinaus sieht § 3a Abs. 3 ChemG vor, dass auch solche Stoffe und Gemische gefährlich sind, die in der **EG-KennzeichnungsVO** entsprechend eingestuft sind[4]. 89

Der 2. Abschnitt des Gesetzes dient zur Umsetzung der **REACH-Verordnung**[5]. Er regelt die Durchführung dieser Verordnung, d.h. die Zuständigkeiten und Aufgaben der damit betrauten Behörden. Die am 1.6.2007 in Kraft getretene, in allen Mitgliedstaaten gleichermaßen und unmittelbar geltende Verordnung soll das Chemikalienrecht grundlegend harmonisieren und vereinfachen. REACH steht als Abkürzung für *Registration, Evaluation, Authorisation and* 90

---

1 BGBl. I 1882.
2 G zum Schutz vor gefährlichen Stoffen (ChemikalienG) i.d.F. der Bek. v. 28.8.2013, BGBl. I 3498, zul. geänd. am 20.6.2014, BGBl. I 824.
3 VO zum Schutz vor Gefahrstoffen – GefStoffV – v. 26.11.2010, BGBl. I 1643, zul. geänd. am 15.7.2013, BGBl. I 2514.
4 VO (EG) Nr. 1272/2008 des Europ. Parl. und des Rates v. 16.12.2008 über die Einstufung, Kennzeichnung und Verpackung von Stoffen und Gemischen, ABl. EU Nr. L 353 v. 31.12.2008, 1, zul. geänd. am 5.6.2014, ABl. EU Nr. L 167 v. 6.6.2014, 36. Näher dazu *Becker*, NVwZ 2009, 1011.
5 VO (EG) Nr. 1907/2006 des Europ. Parl. und des Rates v. 18.12.2006 zur Registrierung, Bewertung, Zulassung und Beschränkung chemischer Stoffe, ABl. EU Nr. L 396 v. 30.12.2006, 1, zul. geänd. am 14.8.2014, ABl. EU Nr. L 244 v. 19.8.2014, 6.

Restriction of Chemicals, also für die Registrierung, Bewertung, Zulassung und Beschränkung von Chemikalien.

Die Verordnung beruht auf dem Gedanken der Eigenverantwortung der Industrie. Im Mittelpunkt der Regulierung steht die Zeit vor der *Herstellung* von Chemikalien: Bereits für die Aufnahme der Produktion sieht die Verordnung in Art. 5 eine Registrierungspflicht vor, d.h. ohne Daten keine Herstellung. Auch im Folgenden gilt das Prinzip „no data, no market", d.h. es dürfen nur noch chemische Stoffe in den Verkehr gebracht werden, die zuvor registriert worden sind und eine Registrierungsnummer besitzen. Hinsichtlich der weiteren Einzelheiten kann hier aus räumlichen Gründen nur auf die sehr ausführliche Verordnung selbst sowie die weiterführende Literatur verwiesen werden[1].

91 § 13 Abs. 1 ChemG stellt klar, dass sich die Einstufung, Kennzeichnung und Verpackung von Stoffen und Gemischen nach der **VO (EG) Nr. 1272/08** richtet (vgl. bereits Rz. 89). Dieses auch GHS-Verordnung (**G**lobally **H**armonised **S**ystem of **C**lassification, **L**abelling and **P**ackaging of Substances and Mixtures) oder CLP-Verordnung (Regulation on **C**lassification, **L**abelling and **P**ackaging of Substances and Mixtures) genannte Regelungswerk will eine weltweite Harmonisierung von Vorschriften für die Einstufung und Kennzeichnung von Stoffen und Gemischen gewährleisten. Dadurch sollen das Inverkehrbringen und Verwenden der Stoffe und Gemische weltweit einheitlicher, transparenter und vergleichbarer gemacht werden. Dies soll neben dem Schutz des menschlichen Lebens und der Umwelt auch zu einer Vereinfachung des Welthandels führen[2]. Nähere Bestimmungen über die Einstufung von Stoffen und Gemischen enthält u.a. die aufgrund von § 14 ChemG erlassene Gefahrstoffverordnung. Nach § 17 ChemG besteht die Möglichkeit, die Herstellung, das Inverkehrbringen oder Verwenden bestimmter gefährlicher Stoffe, Zubereitungen oder Erzeugnisse zu verbieten oder zumindest einzuschränken. Die Einzelheiten hierzu sind in der **Chemikalien-Verbots-Verordnung**[3], der Gefahrstoffverordnung (vgl. Rz. 89), der PCB/PCT-Abfallverordnung[4], der Chemikalien-Ozonschichtverordnung[5], der Lösemittelhaltige Farben- und Lack-Verordnung[6], der Biozid-Zulassungsverordnung[7] und der Chemikalien-Klimaschutzverordnung[8] geregelt.

---

1 Näher dazu *Calliess/Lais*, NuR 2005, 290; *Fischer*, DVBl. 2007, 853; *Lamarche*, GewA 2007, 468; *Rehbinder* in Hansmann/Sellner, Grundzüge des UmweltR, 3. Aufl. 2007, S. 763.
2 Vgl. http://www.reach-clp-helpdesk.de.
3 VO über Verbote und Beschränkungen des Inverkehrbringens gefährlicher Stoffe, Zubereitungen und Erzeugnisse nach dem ChemikalienG i.d.F. der Bek. v. 13.6.2003, BGBl. I 867, zul. geänd. am 24.2.2012, BGBl. I 212.
4 V. 26.6.2000, BGBl. I 932; zul. geänd. am 24.2.2012, BGBl. I 212.
5 I.d.F. der Bek. v. 15.2.2012, BGBl. I 409, zul. geänd. am 24.4.2013, BGBl. I 944.
6 Chemikalienrechtliche VO zur Begrenzung der Emissionen flüchtiger organischer Verbindungen (VOC) durch Beschränkung des Inverkehrbringens lösemittelhaltiger Farben und Lacke v. 16.12.2004, BGBl. I 3508, zul. geänd. am 10.4.2013, BGBl. I 775.
7 V. 4.7.2002, BGBl. I 2514, zul. geänd. am 22.8.2006, BGBl. I 1970.
8 V. 2.7.2008, BGBl. I 1139, zul. geänd. am 24.2.2012, BGBl. I 212.

Die nähere Ausgestaltung der Maßnahmen zum Schutz von Beschäftigten findet sich in der zur Ausfüllung des § 19 ChemG erlassenen **Gefahrstoffverordnung**.

Neben den bereits genannten Vorschriften über die Einstufung, Kennzeichnung und Verpackung von Stoffen und Zubereitungen im 2. Abschnitt enthält diese Verordnung in ihrem 3. und 4. Abschnitt Vorgaben zur Gefährdungsbeurteilung und Grundpflichten. §§ 8-11 GefStoffV legen fest, welche Schutzmaßnahmen der Arbeitgeber für die Gesundheit und Sicherheit der Beschäftigten zu treffen hat. Die in der betrieblichen Praxis gelegentlich verletzte Pflicht zur Unterrichtung und Unterweisung von Beschäftigten regelt § 14 GefStoffV.

Der 5. Abschnitt der Verordnung sieht auch (strafrechtlich relevante) Herstellungs- und Verwendungsverbote für bestimmte, im Anhang IV im Einzelnen aufgeführte Stoffe wie z.B. Asbest, Benzol, PCP, Teeröle, PCB, DDT vor.

7. Gentechnik

Schrifttum: *Eberbach/Lange/Ronellenfitsch*, Recht der Gentechnik und Biomedizin, Loseblatt; *Kauch*, Gentechnikrecht, 2009; *Landmann/Rohmer/Wahl*, Umweltrecht, Bd. IV, Loseblatt; *Nöthlichs*, Bio- und Gentechnik, Loseblatt.

Zumindest dem Umweltrecht im weiteren Sinne zuzurechnen sind die gesetzlichen Vorschriften über die Gentechnik. Nachdem der VGH Kassel 1989 in einer umstrittenen Entscheidung der Firma Hoechst AG versagt hatte, 500 t Humaninsulin jährlich zu produzieren, weil die hierfür erforderliche spezialgesetzliche Grundlage nicht vorlag[1], schuf der Gesetzgeber durch das **Gentechnikgesetz** (GenTG) Abhilfe[2].

Das laut Kritikern zunächst mit „heißer Nadel gestrickte"[3] Regelungswerk[4] verfolgt den Zweck, unter Berücksichtigung ethischer Werte Menschen, die Umwelt in ihrem Wirkungsgefüge, Tiere, Pflanzen und Sachgüter vor schädlichen Auswirkungen **gentechnischer Verfahren und Produkte** zu schützen und dem Entstehen solcher Gefahren vorzubeugen. In Umsetzung europarechtlicher Vorgaben soll das Gesetz seit seiner Änderung vom 21.12.2004 auch die Möglichkeit gewährleisten, dass Produkte, insbesondere Lebens- und Futtermittel, konventionell, ökologisch oder unter Einsatz gentechnisch veränderter Organismen erzeugt und in den Verkehr gebracht werden können[5]. Schließlich soll es den rechtlichen Rahmen für die *Erforschung, Entwicklung, Nutzung und Förderung* der Möglichkeiten der Gentechnik schaffen (§ 1 GenTG). Dabei stellt es letztlich einen Kompromiss zwischen zwei gegensätzlichen Positionen

---

1 VGH Kassel v. 6.11.1989 – 8 TH 685/89, NJW 1990, 336 m. Anm. und Bespr. *Deutsch*, NJW 1990, 336; *Fluck*, BB 1990, 1716; *Hirsch*, NJW 1990, 1445; *Sendler*, NVwZ 1990, 231.
2 I.d.F. der Bek. v. 16.12.1993, BGBl. I 2066, zul. geänd. am 7.8.2013, BGBl. I 3154. Ausf. zur Entwicklung des GenTG *Schubert*, NVwZ 2010, 871 sowie *Alt* in MüKo-StGB, 2. Aufl. 2013, Vor §§ 1 ff. GenTG Rz. 4 ff.
3 So etwa *Fluck*, BB 1990, 1716; vgl. auch *Zuck*, MDR 1991, 17.
4 Einen instruktiven Überblick bieten *Sinn/Groß*, JuS 2011, 797.
5 Vgl. zu diesem GenTNeuOG *Dolde*, ZRP 2005, 25; *Palme*, NVwZ 2005, 253.

dar, und zwar einer ökologisch bewahrenden und einer technisch-progressiven, die auf keinen gemeinsamen Nenner zu bringen sind[1]. Gem. § 2 gilt das GenTG für gentechnische Anlagen und Arbeiten, das Freisetzen von gentechnisch veränderten Organismen und das Inverkehrbringen von Produkten, die gentechnisch veränderte Organismen enthalten oder aus solchen bestehen. Das Gesetz regelt somit nur die **„grüne Gentechnik"**. Die Anwendung der Gentechnik auf den Menschen (Humangenetik) wird vom GenTG nicht erfasst (§ 2 Abs. 3 GenTG).

95 § 6 GenTG legt die **Grundpflichten** desjenigen fest, der gentechnische Anlagen errichtet oder betreibt, gentechnische Arbeiten durchführt, gentechnisch veränderte Organismen freisetzt oder Produkte i.S. des § 2 GenTG in den Verkehr bringt. Er hat die mit seiner Tätigkeit verbundenen Risiken vorher umfassend zu bewerten (Abs. 1), Vorsorge gegen Gefahren zu treffen (Abs. 2) und die vorgenommenen Arbeiten aufzuzeichnen (Abs. 3). Ergänzt werden diese Regelungen durch die *Gentechnik-Sicherheitsverordnung*[2] und die *Gentechnik-Aufzeichnungsverordnung*[3]. Sicherheitsrelevante Fragen nach den Vorschriften des Gesetzes sind gem. § 4 GenTG von einer **„Zentralen Kommission für die biologische Sicherheit"** zu prüfen und zu bewerten. Diese Kommission wurde beim Bundesamt für Verbraucherschutz und Lebensmittelsicherheit eingerichtet. Ihre Zusammensetzung ist in § 4 GenTG geregelt[4].

96 Ähnlich wie das BImSchG und das AtomG enthält auch das GenTG in seinem zweiten Teil anlagenbezogene Regelungen. Ausgehend von vier unterschiedlichen Sicherheitsstufen (vgl. § 7 Abs. 1 GenTG) bedürfen gentechnische Anlagen, in denen gentechnische Arbeiten durchgeführt werden sollen, stets einer Zulassung der Behörde. Bei den Zulassungsarten unterscheidet das Gesetz zwischen Genehmigung, Anzeige und Anmeldung. Gem. § 8 Abs. 1 GenTG dürfen gentechnische Arbeiten nur in **gentechnischen Anlagen** durchgeführt werden. Die Errichtung und der Betrieb von Anlagen einer mäßigen oder hohen Risikostufe sind unter den Voraussetzungen des § 8 Abs. 1 S. 2 GenTG genehmigungsbedürftig. Genehmigungsverfahren, Genehmigungsvoraussetzungen sowie Anmeldeverfahren sind in §§ 10–12 GenTG geregelt, die durch die Gentechnik-Verfahrensverordnung ergänzt werden[5].

97 Der dritte Teil des GenTG enthält in §§ 14–16 nicht anlagenbezogene Regelungen über das **Freisetzen** und das **Inverkehrbringen** von gentechnisch veränderten Organismen sowie von Produkten, die gentechnisch veränderte Organismen enthalten oder aus solchen bestehen. Beide Verhaltensweisen sind nach

---

1 So *Sinn/Groß*, JuS 2011, 797.
2 VO über die Sicherheitsstufen und Sicherheitsmaßnahmen bei gentechnischen Arbeiten in gentechnischen Anlagen i.d.F. der Bek. v. 14.3.1995, BGBl. I 297, zul. geänd. am 18.12.2008, BGBl. I 2768.
3 VO über Aufzeichnungen bei gentechnischen Arbeiten und bei Freisetzungen i.d.F. der Bek. v. 4.11.1996, BGBl. I 1644, zul. geänd. am 28.4.2008, BGBl. I 766.
4 Vgl. dazu die VO über die Zentrale Kommission für die biologische Sicherheit i.d.F. der Bek. v. 5.8.1996, BGBl. I 1232, zul. geänd. am 31.10.2006, BGBl. I 2407.
5 VO über Antrags- und Anmeldeunterlagen und über Genehmigungs- und Anmeldeverfahren nach dem GentechnikG i.d.F. der Bek. v. 4.11.1996, BGBl. I 1657, geänd. am 28.4.2008, BGBl. I 766.

§§ 14–16 GenTG genehmigungsbedürftig. Durch die Reform im Dezember 2004 wurden hier zusätzlich die Einrichtung eines Standortregisters (§ 16a GenTG) sowie Regelungen über den Umgang mit und die Beobachtung von in den Verkehr gebrachten Produkten, über Vorsorgepflichten und die gute fachliche Praxis eingeführt (§§ 16b–16d GenTG)[1].

Im vierten Teil finden sich gemeinsame Vorschriften über die **Kennzeichnung von Produkten**, die gentechnisch veränderte Organismen enthalten oder aus solchen bestehen und in den Verkehr gebracht werden, das Anhörungsverfahren einschließlich der Beteiligung Dritter, Nebenbestimmungen, der einstweiligen Einstellung des Betriebs einer gentechnischen Anlage oder Arbeit, Anzeigepflichten usw. Hinsichtlich der Einzelheiten muss hier auf den Gesetzestext verwiesen werden.

98

Im fünften Teil sind schließlich **Haftungsvorschriften** enthalten. Dabei sehen §§ 32 ff. GenTG eine *verschuldensunabhängige Gefährdungshaftung* vor, die – mit einer Beweiserleichterung nach § 34 GenTG – in § 33 GenTG auf einen Haftungshöchstbetrag von 85 Mio. Euro für alle Geschädigten begrenzt wurde. Um eine Haftung hinreichend abzusichern, ist der Betreiber einer gentechnischen Anlage ab einer gewissen Sicherheitsstufe (näher hierzu § 7 GenTG) verpflichtet, für eine Deckungsvorsorge, etwa durch den Abschluss einer Haftpflichtversicherung, zu sorgen (zur vergleichbaren Regelung nach dem Umwelthaftungsgesetz Rz. 306), wobei Einzelheiten in einer zu § 36 GenTG zu erlassenden, noch immer ausstehenden Rechtsverordnung geregelt werden sollen. § 36a GenTG konkretisiert und ergänzt die verschuldensunabhängige Störerhaftung im privaten Nachbarrecht (§§ 1004, 906 BGB)[2].

99

8. Natur-, Pflanzen- und Tierschutz

Schrifttum: *Frenz/Müggenborg*, Bundesnaturschutzgesetz, 2011; *Gassner/Heugel*, Das neue Naturschutzrecht, 2010; *Hirt/Maisack/Moritz*, Tierschutzgesetz, 2. Aufl. 2007; *Kluge* (Hrsg.), Tierschutzgesetz, 2002; *Lorz/Konrad/Mühlbauer/Müller-Walter/Stöckel* Naturschutzrecht, 3. Aufl. 2013; *Landmann/Rohmer/Gellermann*, Umweltrecht, Bd. IV, Loseblatt; *Lorz/Metzger*, Tierschutzgesetz, 6. Aufl. 2008; *Lütkes/Ewer*, Bundesnaturschutzgesetz, 2011; *Schlacke*, Gemeinschaftskommentar zum Bundesnaturschutzgesetz, 2012; *Schumacher/Fischer-Hüftle*, Bundesnaturschutzgesetz, 2. Aufl. 2010.

Hinsichtlich dieses Bereichs, der den Betrieb eines Unternehmens selten berührt, sollen nur kurz die wesentlichen gesetzlichen Regelungen erwähnt werden:

100

Das **Pflanzenschutzgesetz** (PflSchG)[3] erfasst sowohl Bereiche des Naturschutzes (2. Abschnitt: Pflanzenschutz) als auch des Umgangs mit gefährlichen Stoffen (4. bis 6. Abschnitt: Anwendung, Abgabe und Inverkehrbringen von Pflanzenschutzmitteln).

---

1 Vgl. zur Verfassungsmäßigkeit dieser Regelungen BVerfG v. 24.11.2010 – 1 BvF 2/05, NVwZ 2011, 94 mit Bespr. *Luttermann*, NJW 2011, 431; *Sachs*, JuS 2011, 950.
2 Näher dazu BVerfG v. 24.11.2010 – 1 BvF 2/05, NVwZ 2011, 94.
3 G zum Schutz der Kulturpflanzen v. 6.2.2012, BGBl. I 148, ber. 1281, zul. geänd. am 7.8.2013, BGBl. I 3154.

101 Die Grundsätze zum Schutz, zur Pflege und Entwicklung und, soweit erforderlich, zur Wiederherstellung von Natur und Landschaft als Lebensgrundlage des Menschen werden im **Bundesnaturschutzgesetz** (BNatSchG)[1] geregelt. Dieses Gesetz wird ergänzt durch die Naturschutz- und Landschaftspflegegesetze der Länder[2].

Den Schutz und die Pflege wild lebender Tier- und Pflanzenarten in ihrer natürlich und historisch gewachsenen Vielfalt (Artenschutz) sollen mehrere nicht gerade übersichtliche Regelungswerke gewährleisten, die insbesondere den Handel mit besonders gefährdeten Arten beschränken und kontrollieren sollen. Neben den nationalen Bestimmungen der §§ 39 ff. BNatSchG und der Bundesartenschutzverordnung[3] sind dabei insbesondere die EU-Artenschutz-Verordnung (EG) Nr. 338/97[4] sowie das Washingtoner Artenschutzübereinkommen zu beachten[5].

102 Von Bedeutung ist schließlich das ebenfalls durch länderrechtliche Regelungen ergänzte **Bundeswaldgesetz**[6], das u.a. die Nutzfunktion sowie die Schutz- und Erholungsfunktion des Waldes erhalten und mehren sowie zugleich die Forstwirtschaft fördern soll.

103 Den speziellen Schutz der Tiere (als Mitgeschöpfe der Menschen) bezweckt das **Tierschutzgesetz**[7]. Sein Grundsatz lautet: „Niemand darf einem Tier ohne vernünftigen Grund Schmerzen, Leiden oder Schäden zufügen" (§ 1 S. 2 TierSchG). Um dies zu erreichen, enthält das Gesetz u.a. Vorschriften über die Tierhaltung, das Töten von Tieren, Eingriffe an Tieren, Tierversuche, die Zucht von, den Handel mit Tieren sowie Verbringungs-, Verkehrs- und Haltungsverbote. Das Tierschutzgesetz wird durch verschiedene *Verordnungen* ergänzt, in denen die Anforderungen an die Haltung bestimmter Tiere näher geregelt werden, wie die Tierschutz-SchlachtV[8], die Tierschutz-HundeV[9] und die Tierschutz-NutztierhaltungsV[10]. Von wesentlicher praktischer Bedeutung ist darüber hinaus die *Tierschutztransportverordnung*, in welcher die Beförderung von Tieren geregelt wird[11].

---

1 G zur Neuregelung des Rechts des Naturschutzes und der Landschaftspflege v. 29.7.2009, BGBl. I 2542, zul. geänd. am 7.8.2013, BGBl. I 3154.
2 Einen Überblick bietet *Kloepfer*, UmwR, 706 f.
3 V. 16.2.2005, BGBl. I 258, 896, zul. geänd. am 21.1.2013, BGBl. I 95.
4 VO (EG) Nr. 338/97 des Rates v. 9.12.1996, ABl. EG Nr. L 61 v. 3.3.1997, zul. geänd. am 29.7.2013, ABl. EU Nr. L 212 v. 7.8.2013, 1.
5 Vgl. hierzu das G zum Washingtoner Artenschutzübk. v. 22.5.1975, BGBl. II 773; zul. geänd. am 14.2.2001, BGBl. I 3714. Näher dazu *Kloepfer*, UmwR, 831.
6 G zur Erhaltung des Waldes und zur Förderung der Forstwirtschaft v. 2.5.1975, BGBl. I 1037, zul. geänd. am 31.7.2010, BGBl. I 1050.
7 I.d.F. der Bek. v. 18.5.2006, BGBl. I 1206, ber. 1313, zul. geänd. am 8.7.2014, BGBl. I 1308.
8 V. 20.12.2012, BGBl. I 2982.
9 V. 2.5.2001, BGBl. I 838, zul. geänd. am 12.12.2013, BGBl. I 4145.
10 V. 22.8.2006, BGBl. I 2043, zul. geänd. am 5.2.2014, BGBl. I 94.
11 V. 11.2.2009, BGBl. I, 375, zul. geänd. am 12.12.2013, BGBl. I 4145.

B. Allgemeines zum Umweltstrafrecht

Schrifttum: *Busch/Iburg*, Umweltstrafrecht, 2002; *Franzheim/Pfohl*, Umweltstrafrecht, 2. Aufl. 2001; *Kloepfer/Vierhaus*, Umweltstrafrecht, 2. Aufl. 2002; *Michalke*, Umweltstrafsachen, 2. Aufl. 2000; *Sack*, Umweltschutzstrafrecht, Loseblatt; *Saliger*, Umweltstrafrecht, 2012; *Steindorf*, Umweltstrafrecht, Sonderband des Leipziger Kommentars, 11. Aufl. 1997 sowie die gängigen Kommentare zum StGB.
Rechtsprechungsübersichten: *Horn*, JZ 1994, 1097; *Horn/Hoyer*, JZ 1991, 703; *Schall*, NStZ 1992, 209, 265; 1997, 420, 462, 577; NStZ-RR 1998, 353; 2001, 1; 2002, 33; 2003, 65; 2005, 33, 97, 161, 263, 292; 2007, 33; 2008, 97, 129.

I. Rechtsgrundlagen

Dem strafrechtlichen Beitrag zum Schutz der Umwelt dienen neben einigen Vorschriften des 28. Abschnitts im Wesentlichen die Normen des **29. Abschnitts im StGB** (§§ 324–330d StGB), der den Titel „*Straftaten gegen die Umwelt*" trägt. Dazu kommen noch zahlreiche Bestimmungen des Nebenstrafrechts. 104

1. „Straftaten gegen die Umwelt"

Die §§ 324 ff. StGB wurden 1980 nach einer umfangreichen Reformdiskussion durch das **18. Strafrechtsänderungsgesetz** (18. StrÄndG)[1] in das StGB eingeführt. Damit wollte der Gesetzgeber ein Signal setzen, deutlich machen, dass auch das Strafrecht als ultima ratio zum Schutz der natürlichen Lebensgrundlagen eingesetzt wird. Hierzu wurden verschiedene, bereits in Verwaltungsgesetzen vorhandene nebenstrafrechtliche Vorschriften dort ausgegliedert und zum Teil erweitert in das StGB eingefügt. Es sollte zum Ausdruck kommen, dass Umweltstraftaten „*echtes Kriminalunrecht*" darstellen und ebenso zu verfolgen sind wie etwa Betrug oder Diebstahl. 105

Mit diesem sog. **1. Gesetz zur Bekämpfung der Umweltkriminalität** wurden folgende Normen in das StGB übernommen: 106

– Aus § 38 WHG a.F. wurde die heutige Vorschrift des § 324 StGB *(Gewässerverunreinigung)*.

– § 325 StGB *(Luftverunreinigung)* ging auf § 64 a.F. BImSchG zurück.

– § 326 StGB *(umweltgefährdende Abfallbeseitigung)* beruhte hinsichtlich seines Abs. 1 auf § 16 a.F. des AbfallbeseitigungsG a.F., hinsichtlich Abs. 3 auf § 45 a.F. AtomG.

– In § 327 StGB *(unerlaubtes Betreiben von Anlagen)* wurden verschiedene Normen zusammengefasst, die sich früher im AtomG, BImSchG und Abfallbeseitigungsgesetz befanden.

---

1 G zur Bekämpfung der Umweltkriminalität v. 28.3.1980, BGBl. I 373. Aus dem Schrifttum zum 18. StrÄndG: *Hermann*, ZStW 92 (1980), 1054; *Laufhütte/Möhrenschlager*, ZStW 92 (1980), 912; *Möhrenschlager*, ZRP 1979, 97; *Rogall*, JZ-GD 1980, 101; *Sack*, NJW 1980, 1424; *Tiedemann*, Die Neuordnung des UmweltstrafR, 1980; *Triffterer*, UmweltstrafR, 1980.

- Ebenfalls aus dem AtomG (§ 45 a.F.) stammte § 328 StGB (*unerlaubter Umgang mit Kernbrennstoffen*).
- § 329 StGB (*Gefährdung schutzbedürftiger Gebiete*) begründete eine weitgehend neu gefasste, gebietsbezogene Strafnorm.
- Vornehmlich als Qualifikation der §§ 324–327 StGB stellte § 330 StGB die *schwere Umweltgefährdung* unter Strafe, während § 330a StGB in einem neu konstruierten Tatbestand das *Freisetzen von Giften* sanktionierte.

107 Nachdem bereits Mitte der 80er Jahre deutlich wurde, dass sich die neu gefassten Normen in der Praxis nur zum Teil bewährten, im Übrigen doch wesentliche Strafbarkeitslücken vorhanden waren, begann bereits Mitte der 80er Jahre eine breite Reformdiskussion, die schließlich 1994 zum **2. Gesetz zur Bekämpfung der Umweltkriminalität** (2. UKG) führte[1]. Zum 1.11.1994 ist es in Kraft getreten[2].

108 Mit dieser Reform sollten aufgetretene Lücken des Umweltstrafrechts geschlossen und bekannt gewordene Mängel beseitigt werden. Hierzu wurden die Bestimmungen der Verwaltungsakzessorietät in § 330d Nr. 4 und Nr. 5 StGB zum Teil neu gefasst. Im Besonderen Teil wurden im Wesentlichen folgende **Straftatbestände eingefügt**:

- § 324a StGB – Bodenverunreinigung;
- § 325 Abs. 2 StGB – Emissionstatbestand bei der Luftverunreinigung;
- § 325a StGB – Verursachen von Lärm, Erschütterungen und ionisierenden Strahlen;
- § 326 Abs. 2 StGB – unerlaubte Ein-, Aus- und Durchfuhr von umweltgefährlichen Abfällen;
- § 327 Abs. 2 Nr. 2 StGB – unerlaubtes Betreiben von wasserrechtlich genehmigungsbedürftigen oder anzeigepflichtigen Rohrleitungsanlagen;
- § 328 Abs. 3 StGB – unerlaubter Umgang mit gefährlichen Stoffen und Gütern;
- § 330 StGB, die schwere Umweltstraftat wurde völlig neu gestaltet.

108a Nachdem ein vom Europäischen Rat im Jahr 2003 verabschiedeter **Rahmenbeschluss über den Schutz der Umwelt durch das Strafrecht** vom EuGH aus Kompetenzgründen für nichtig erklärt worden war,[3] erließen das Europäische Parlament und der Rat am 19.11.2008 die **Richtlinie 2008/99/EG über den strafrechtlichen Schutz der Umwelt**.[4] Diese Richtlinie, die der Harmonisierung des strafrechtlichen Umweltschutzes in der Gemeinschaft dienen soll, trat am 26.12.2008 in Kraft und war bis 26.12.2010 umzusetzen. Mit der Richtlinie wurden die Mitgliedstaaten verpflichtet, in ihren nationalen Rechtsvorschrif-

---

1 31. StrÄndG – 2. G zur Bekämpfung der Umweltkriminalität – v. 27.6.1994, BGBl. I 1440.
2 Vgl. die zusammenfassenden Darstellungen des 2. UKG von *Möhrenschlager*, NStZ 1994, 513, 566; *Otto*, Jura 1995, 134; *Schmidt/Schöne*, NJW 1994, 2514.
3 EuGH v. 13.9.2005 – Rs. C-176/03, JZ 2006, 307 mit Bespr. v. *Wegener/Greenawalt*, ZUR 2005, 585; *Böse*, GA 2006, 211; *Braum*, wistra 2006, 121; *Heger*, JZ 2006, 310.
4 ABl. EU Nr. L 328 v. 6.12.2008, 28. Näher dazu *Hecker* in MPI (Hrsg.), Europ. StrafR, 2. Aufl. 2013, § 28; *Möhrenschlager*, wistra 1/2009, VI; *Ruhs*, ZJS 2011, 13.

ten strafrechtliche Sanktionen für schwere Verstöße gegen das gemeinschaftliche Umweltschutzrecht vorzusehen.

Mit wirksamen, angemessenen und abschreckenden Strafen sollen bedroht werden:[1]

– Beeinträchtigungen von Umweltmedien, die schwere Schäden an Personen, Tieren oder Pflanzen oder der Luft-, Boden- oder Wasserqualität verursachen oder verursachen können,

– der für Mensch oder Umwelt schädliche oder zumindest gefährliche Umgang mit gefährlichen Abfällen oder radioaktiven Stoffen sowie das Betreiben gefährlicher Anlagen und

– die Gefährdung oder Zerstörung von geschützten wildlebenden Tier- oder Pflanzenarten oder von geschützten Gebieten oder der Ozonschicht.

Am 4.2.2011 – also nach Ablauf der Umsetzungsfrist – legte die Bundesregierung einen ersten Gesetzentwurf zur Umsetzung der Richtlinie vor. Nach Einwänden des Bundesrats und einer Beratung im Rechtsausschuss des Bundestags wurde das Gesetz schließlich – mit fast einjähriger Verspätung – am 6.12.2011 beschlossen[2]. Für den Bereich des StGB brachte dieses **45. Strafrechtsänderungsgesetz** auf den ersten Blick nur kleinere Änderungen mit sich[3]. Bei näherer Betrachtung zeigt sich jedoch, dass es teilweise eine „nicht geringe Sprengkraft" besitzt[4]. Dies gilt zumindest für die Änderungen in §§ 325 Abs. 2 und 3, 326 Abs. 2, 328 Abs. 3 Nr. 1 und 2 sowie § 329 Abs. 4 StGB, die im Folgenden jeweils detaillierter erörtert werden. Weitere Änderungen wurden in den §§ 311, 326 Abs. 1, 327 Abs. 2, 330, 330d Abs. 2 StGB und §§ 71, 71a BNatSchG sowie bei jagdrechtlichen Bestimmungen vorgenommen.

108b

2. Nebenstrafrecht

Ergänzt werden die §§ 324 ff. StGB auch nach dem 45. StrÄndG durch mehrere Vorschriften des **Nebenstrafrechts**, die in den letzten Jahren einige Veränderungen erfahren haben. Von größerer *praktischer Bedeutung* sind §§ 27–27c ChemG, § 24 Abs. 2 GefahrstoffV, § 36 PflSchG, §§ 71, 71a BNatSchG sowie § 17 TierSchG. Schließlich sind zahlreiche Bußgeldtatbestände zu berücksichtigen, von denen insbesondere § 103 WHG, § 62 BImSchG und § 69 KrWG relevant sind.

109

---

1 Vgl. BT-Drs. 58/11, S. 10.
2 BGBl. I 2557, in Kraft seit 14.12.2011. Vgl. zum Gesetzgebungsverfahren BR-Drs. 58/11, BT-Drs. 17/5391/11, BT-Drs. 17/7674; *Möhrenschlager*, wistra 3/2011, V, sowie wistra 4/2011, V. Zutr. krit. zum zeitlichen Ablauf des Gesetzgebungsverfahrens *Schall* in SK, Vor § 324 StGB Rz. 4, 5b.
3 Ausf. dazu *Heger*, HRRS 2012, 211; *Pfohl*, ZWH 2013, 95; *Schall* in FS Wolter, 2013, S. 643; *Szesny/Görtz*, ZUR 2012, 405.
4 So *Saliger*, Rz. 23.

II. Geschützte Rechtsgüter und Deliktsnatur

110 Während der Alternativ-Entwurf zum StGB die Vorschriften zum Schutz der Umwelt im Vorfeld des Lebens- und Gesundheitsschutzes (gewissermaßen als „Unterfall der Körperverletzungsdelikte") in das StGB einfügen wollte (anthropozentrischer Ansatz)[1], entschloss sich der Gesetzgeber, mit dem 18. StrÄndG *nicht nur Individualrechtsgüter*, sondern auch die „**natürlichen Lebensgrundlagen der Menschheit**" generell zu schützen[2]. Dies bedeutet grundsätzlich, dass eine Strafbarkeit auch dann in Betracht kommen kann, wenn eine Beeinträchtigung bzw. konkrete Gefährdung von Leben oder Gesundheit nicht vorliegt. Der Bezug auf den Menschen bleibt dabei aber nicht völlig außer Betracht. Vielmehr ist die Umwelt in ihrer Funktion geschützt, dem Menschen der Gegenwart humane Lebensbedingungen im weitesten Sinne zu erhalten und sie auch für zukünftige Generationen zu gewährleisten (so der ökologisch-anthropozentrische Ansatz der h.L.)[3]. Der Bezug auf den Menschen, insbesondere das Rechtsgut der körperlichen Integrität, ist in den Straftatbeständen der §§ 324 ff. StGB jedoch unterschiedlich stark ausgeprägt:

111 Völlig unabhängig von etwaigen Auswirkungen auf den Menschen ist § 324 StGB ausgestaltet, der jede unbefugte nachteilige Veränderung eines Gewässers unter Strafe stellt. Erforderlich ist lediglich, dass ein „Minus an Wassergüte" auftritt. Es handelt sich um ein rein ökologisch orientiertes **Erfolgsdelikt**[4].

112 Anders hingegen verhält es sich bei § 325 StGB: Hier wird über den eigentlich ökologisch bedeutsamen Erfolg („Veränderungen der Luft") hinaus verlangt, dass die emittierten Schadstoffe eine gewisse Schädigungseignung für die Gesundheit eines anderen, Tiere, Pflanzen oder andere Sachen von bedeutendem Wert haben. Es handelt sich um ein potenzielles **Gefährdungsdelikt oder Eignungsdelikt**, das zumindest mittelbar auf weitere Folgen einer bereits eingetretenen Umweltbeeinträchtigung abstellt[5]. Ebenfalls ein Gefährdungsdelikt stellt § 326 StGB dar, der allerdings als gefährdetes und somit geschütztes Rechtsgut die Reinheit von Luft, Boden oder Gewässer anführt, d.h. wiederum die natürlichen Lebensgrundlagen der Menschheit. Noch enger als § 325 Abs. 1 StGB war schließlich § 328 Abs. 3 StGB ausgestaltet, der – vergleichbar mit den Verkehrsdelikten der §§ 315 ff. StGB – die *konkrete Gefährdung* der Gesundheit eines anderen, ihm nicht gehörender Tiere oder fremder Sachen von

---

[1] Alternativentwurf BT: Straftaten gegen die Person, 1971, §§ 151 ff.; näher dazu *Baumann*, ZRP 1972, 51.

[2] Zur Diskussion über die geschützten Rechtsgüter u.a. *Bloy*, ZStW 100 (1988), 485; *Frisch* in Leipold (Hrsg.), Umweltschutz und Recht in Deutschland und Japan, 2000, 361; *Kloepfer/Vierhaus*, Rz. 14; *Lackner/Kühl*, Vor § 324 StGB Rz. 7; *Rengier*, NJW 1990, 2506; *Wegscheider*, NuR 1988, 318.

[3] Vgl. dazu *Saliger*, Rz. 27 ff.; *Schall* in SK, Vor § 324 StGB Rz. 13 ff.; *Schmitz* in MüKo, Vor §§ 324 ff. StGB Rz. 17 m.w.Nw.

[4] So die h.L.; vgl. *Alt* in MüKo, § 324 StGB Rz. 7 m.w.Nw.; *Schall* in SK, Vor § 324 StGB Rz. 18, 23; a.A. *Kuhlen*, GA 1986, 389: Kumulationstatbestand; dagegen wiederum *Rogall* in FS der rechtswissenschaftlichen Fakultät der Universität Köln, 1988, S. 505: potenzielles Gefährdungsdelikt.

[5] Grundlegend dazu *Hoyer*, Die Eignungsdelikte, 1987; dazu auch *Schall* in SK, Vor § 324 StGB Rz. 23 ff.

bedeutendem Wert voraussetzte. Dieser systematische Bruch wurde erst durch das 45. StrÄndG „gekittet", indem nun auch auf die Umweltrechtsgüter Wasser, Luft und Boden abgestellt wird[1].

III. Verwaltungsakzessorietät

1. Grundsatz

Um sicherzustellen, dass es nicht zu unterschiedlichen Bewertungen der mit der Sache befassten Verwaltungsbehörde einerseits und der Strafverfolgungsorgane andererseits kommt, d.h., jemand für eine Umweltbeeinträchtigung zur Verantwortung gezogen wird, die ihm die zuständige Verwaltungsbehörde gestattet hat, sind die §§ 324 ff. StGB **verwaltungsakzessorisch** ausgestaltet[2]. 113

Dabei erfolgt die Anbindung an das Verwaltungsrecht in unterschiedlicher Form[3]: Zunächst kann es sich um eine **begriffliche Akzessorietät** insoweit handeln, als das Strafrecht Rechtsbegriffe aus dem Verwaltungsrecht übernimmt, die jeweils gleich verstanden werden, wie etwa „Gewässer" und „kerntechnische Anlage". Darüber hinaus kann eine sog. **Verwaltungsrechtsakzessorietät** vorliegen, der zufolge das Strafrecht in gewissem Rahmen umweltverwaltungsrechtlichen Vorgaben folgt. Beispielhaft hierfür sind etwa die atom-, immissionsschutz-, wasser- und abfallrechtlichen Genehmigungserfordernisse, die den Tatbestand des § 327 StGB ausfüllen. Schließlich gibt es die Form der **Verwaltungsaktsakzessorietät**, bei der die einzelne Befugnis i.S. der §§ 324 ff. StGB von einer Einzelfallentscheidung der Verwaltungsbehörde abhängig ist. 114

Die *Anbindung* an verwaltungsrechtliche Vorgaben ist in den einzelnen Straftatbeständen *unterschiedlich geregelt*: 115

In § 324 StGB wird darauf abgestellt, ob die Gewässerverunreinigung **unbefugt** erfolgt. Entscheidend ist hier die verwaltungsrechtliche Einzelfallentscheidung, die nach h.L. ggf. – wie bei §§ 201 ff. StGB – einen Rechtfertigungsgrund darstellt[4].

§§ 324a, 325 ff. StGB setzen hingegen eine als Tatbestandsmerkmal zu betrachtende[5] **Verletzung verwaltungsrechtlicher Pflichten** voraus. Diese wurden im Rahmen des 2. UKG mit einer stärkeren Hinwendung zum Grundsatz der Verwaltungsrechtsakzessorietät in § 330d Abs. 1 Nr. 4 StGB gesetzlich definiert. Eine derartige Pflicht kann sich danach ergeben aus 116

a) einer Rechtsvorschrift,
b) einer gerichtlichen Entscheidung,

---

1 Vgl. dazu BT-Drs. 17/5391, S. 19.
2 Vgl. die Nw. des kaum noch zu überblickenden Schrifttums bei *Schall* in SK, Vor § 324 StGB Rz. 40 sowie *Schmitz* in MüKo, Vor §§ 324 ff. StGB Rz. 41.
3 Vgl. ausf. *Frisch*, Verwaltungsakzessorietät und Tatbestandsverständnis im Umweltstrafr, 1993; *Saliger* in S/S/W, Vor §§ 324 ff. StGB Rz. 19; *Schall*, NJW 1990, 1263; *Schall* in SK, Vor § 324 StGB Rz. 42 ff.; *Tiedemann/Kindhäuser*, NStZ 1988, 337.
4 So u.a. *Heine/Hecker* in S/S, Vorbem. §§ 324 ff. StGB Rz. 14 m.w.Nw.
5 So u.a. *Fischer*, § 325 StGB Rz. 3 m.w.Nw.

c) einem vollziehbaren Verwaltungsakt,
d) einer vollziehbaren Auflage oder
e) einem öffentlich-rechtlichen Vertrag, wobei dies zur Vermeidung einer überobligatorischen Beanspruchung des Vertragspartners nur gelten soll, soweit die Pflicht auch durch Verwaltungsakt hätte auferlegt werden können[1].

In sämtlichen Fällen des § 330d Abs. 1 Nr. 4 StGB muss die Pflicht darüber hinaus dem Schutz vor Gefahren oder schädlichen Einwirkungen auf die Umwelt dienen.

§ 330d Abs. 1 StGB stellt sich danach als eine Mischform der Verwaltungsakts- (b–e) und der Verwaltungsrechtsakzessorietät (a) dar.

117 Rein **verwaltungsrechtsakzessorisch** zu beantworten ist die Frage, ob eine Anlage genehmigungsbedürftig i.S. des § 327 Abs. 1 oder Abs. 2 StGB ist. Die Erfüllung dieses Tatbestandsmerkmals richtet sich allein nach den Vorgaben des AtomG (Abs. 1), BImSchG (Abs. 2 Nr. 1), UVPG[2] (Abs. 2 Nr. 2), KrWG (Abs. 2 Nr. 3) und WHG (Abs. 2 Nr. 4)[3].

118 Während die begriffliche sowie die Verwaltungsrechtsakzessorietät in der rechtswissenschaftlichen Diskussion eine hohe Akzeptanz erfahren, ist die **Verwaltungsaktsakzessorietät** des Umweltstrafrechts bereits ihrer Konzeption nach *nicht unproblematisch*. Sie führt letztlich zur Frage nach der *Legitimation des Umweltstrafrechts*. So ist folgender Vergleich zumindest auf den ersten Blick irritierend:

Der Liebhaber eines schrottreifen Autowracks, der sich von seinem Fahrzeug nicht trennen kann und es über Monate hinweg mit allen wassergefährdenden Betriebsstoffen auf einer Wiese abstellt, wird wegen eines Vergehens nach § 326 Abs. 1 Nr. 4 StGB verfolgt. Derjenige, der in einer atomrechtlich genehmigten Anlage tonnenweise radioaktiven Abfall produzieren lässt, von dem zumindest unsere Generation noch nicht sicher weiß, wie sie ihn dauerhaft gefahrlos beseitigen kann, verhält sich in aller Regel genehmigungskonform und erfüllt keinen Straftatbestand.

118a So unbefriedigend dies sein mag, hat sich das Strafrecht hier doch auf seine subsidiäre Funktion zu beschränken[4]. Die Frage, ob und in welchem Umfang Umweltbelastungen zugelassen werden, ist nach unserer rechtsstaatlichen Kompetenzordnung zunächst vom Gesetzgeber zu entscheiden. Die jeweils auf die Zukunft bezogenen Zulassungen oder Erlaubnisse sind von den Verwaltungsbehörden zu treffen. Diese Aufgabe obliegt nicht dem Strafrecht, könnte von ihm auch nicht bewältigt werden. Dies bedeutet aber nicht, dass auf ein **Strafrecht**, welches sich seiner **begrenzten Funktion** bewusst ist, verzichtet werden kann. *Frisch* hat dies treffend formuliert: „Das Strafrecht kann die Welt des Legalen nicht verändern, sondern lediglich (und auch das nur be-

---

1 Vgl. zum Hintergrund dieser Beschränkung BT-Drs. 12/192, 45; 12/7300, 25.
2 Bis zum 1.3.2010: WHG (a.F.).
3 § 327 Abs. 2 Nr. 4 StGB wurde durch das G zur Umsetzung der RL über Industrieemissionen v. 8.4.2013, BGBl. I 734, eingefügt.
4 Näher dazu *Pfohl*, NuR 2012, 307.

grenzt) dem danach Illegalen entgegenwirken. Dieses Bedürfnis besteht auch dann, wenn die Welt des Legalen großzügig – vielleicht zu großzügig – bemessen sein sollte."[1]

Die erforderliche Begrenzung derartiger Beeinträchtigungen ist Aufgabe des **präventiven Polizeirechts**, d.h. der hierfür zuständigen Verwaltung. Die Entscheidung der Verwaltungsbehörde muss auch für das *Strafrecht verbindlich* sein. Jede andere Regelung wäre für den Anlagenbetreiber, der im Vertrauen auf die Zulässigkeit seines Vorgehens handelt, nicht nachvollziehbar und einer generellen Akzeptanz des Umweltstrafrechts durch die rechtstreue Bevölkerung abträglich. Zur verwaltungsaktsakzessorischen Ausgestaltung des Umweltstrafrechts gibt es also, wie von der h.L. angenommen, keine vorzugswürdige Alternative[2]. 119

Tatsächlich unbefriedigend werden die Folgen der Verwaltungsaktsakzessorietät jedoch dann, wenn *gleiche Sachverhalte* von Verwaltungsbehörden *ungleich* behandelt werden. 120

Beispiel: Wird etwa dem Lederbetrieb A eine wasserrechtliche Einleiteerlaubnis erteilt, der zufolge das Abwasser einen Chrom-Grenzwert von 3 mg/l einzuhalten hat, während beim benachbart gelegenen Betrieb B ein solcher von 1 mg/l festgesetzt worden ist, hat dies bei einem tatsächlich auftretenden Wert von 2 mg/l beim Betrieb A ein unbefugtes, beim Betrieb B ein befugtes Vorgehen i.S. des § 324 StGB zur Folge.

Derartigen **Ungleichbehandlungen** kann nur durch eindeutige Vorgaben des Gesetz- und Verordnungsgebers sowie ein konsequent gleichförmiges Verwaltungshandeln begegnet werden[3]. Beispielhaft für solche Vorgaben sind etwa die in §§ 3 ff. der 13. BImSchV festgelegten Emissionsgrenzwerte für bestimmte Großfeuerungsanlagen sowie die in den Anhängen zur AbwasserV bestimmten Einleitungsgrenzwerte.

Wie in § 330d Abs. 1 Nr. 4 Buchst. a StGB hinsichtlich der Verletzung verwaltungsrechtlicher Pflichten gewährleistet, sollten derartige **Vorgaben des Gesetz- und Verordnungsgebers** über den Grundsatz der Verwaltungsrechtsakzessorietät stärker in die strafrechtliche Würdigung einfließen. 121

Beispiel: Hat etwa die zuständige Immissionsschutzbehörde bei der Großfeuerungsanlage A einen Staubgrenzwert von 50 mg/cbm behördlicherseits vorgeschrieben, jedoch bei der vergleichbaren Anlage B auf einen entsprechenden Grenzwert verzichtet, wären bei einem regelmäßigen Ausstoß von 60 mg/cbm in beiden Fällen verwaltungsrechtliche Pflichten verletzt. Im Falle A ergäbe sich dies aus dem Verstoß gegen eine vollziehbare Auflage nach § 330d Abs. 1 Nr. 4 Buchst. d StGB sowie in beiden Fällen A und B aus § 330d Abs. 1 Nr. 4 Buchst. a StGB i.V.m. §§ 3–5 der 13. BImSchV.

---

1 Ausf. dazu *Frisch* in Leipold (Hrsg.), Umweltschutz und Recht in Deutschland und Japan, 2000, 361.
2 Für die Beibehaltung der Verwaltungsakzessorietät war bereits die überwältigende Mehrheit beim 57. DJT 1988, Sitzungsbericht L, 279, Beschl. 4. Vgl. zum aktuellen Diskussionsstand *Saliger*, Rz. 133 ff.; *Schall* in SK, Vor § 324 StGB Rz. 58 m.w.Nw.
3 Vgl. etwa *Keller*, 57. DJT 1988, Sitzungsbericht L, 19.

2. Erfordernis einer Genehmigung

122 Die Beurteilung, ob ein Verhalten nach dem Grundsatz der Verwaltungsrechts-, insbesondere aber der Verwaltungsaktsakzessorietät unbefugt ist oder verwaltungsrechtliche Pflichten verletzt sind, kann im Einzelfall erhebliche Schwierigkeiten bereiten. Dies soll im Folgenden – vornehmlich bezogen auf die Frage der rechtfertigend wirkenden **Befugnis** i.S. des § 324 StGB – näher untersucht werden, wobei die Ausführungen cum grano salis auch auf die Frage der beim Tatbestand zu prüfenden Verletzung verwaltungsrechtlicher Pflichten zu übertragen sind:

123 Unumstritten sind i.d.R. die Fälle, in denen keine Genehmigung vorliegt, obwohl sie erforderlich wäre, wie etwa bei einer nach § 8 Abs. 1 WHG erlaubnis- oder bewilligungspflichtigen Gewässerbenutzung. Nur für wenige Ausnahmefälle lassen §§ 25, 26 WHG über den **Gemein-, Eigentümer- und Anliegergebrauch** erlaubnisfreie Benutzungen, somit ein befugtes Handeln i.S. des § 324 StGB zu. Eine über das WHG hinausgehende Rechtfertigung durch Gewohnheitsrecht, wie sie etwa vom BayObLG bei bestimmten Abwassereinleitungen der Schifffahrt angenommen wurde[1], lässt sich heutzutage nicht mehr begründen. Auch die gelegentlich behauptete Einschränkung wasserrechtlicher Vorschriften durch das sog. Schifffahrtsprivileg lässt sich in Anbetracht der technischen Entwicklung nicht aufrechterhalten[2]. Für diese Fälle sind nun die Bestimmungen des Straßburg-Übereinkommens über die Sammlung, Abgabe und Annahme von Abfällen in der Rhein- und Binnenschifffahrt maßgeblich[3].

124 Die bloße wasserrechtliche *Genehmigungsfähigkeit* eines Verhaltens, also etwa der Schadstoffeinleitungen in ein Gewässer, hat als solche noch *keine* rechtfertigende Wirkung. Befugt wird ein derartiges Verhalten – entsprechend dem wasserrechtlichen System eines grundsätzlichen Einleitungsverbots mit Erlaubnisvorbehalt (vgl. dazu Rz. 16) – erst mit der **formellen Wirksamkeit** eines Erlaubnisbescheids[4].

125 Liegt ein Genehmigungsbescheid der zuständigen Verwaltungsbehörde vor, ist zunächst seine *Wirksamkeit* zu überprüfen. Maßgeblich hierfür sind die Vorschriften der jeweiligen **Länderverwaltungsverfahrensgesetze**, die im Wesentlichen dem (Bundes-)Verwaltungsverfahrensgesetz (VwVfG) entsprechen, das u.a. Vorschriften über die Verfahrensgrundsätze, den Erlass eines Verwaltungsakts, den öffentlich-rechtlichen Vertrag, das förmliche Verwaltungsverfahren,

---

1 BayObLG v. 22.6.1982 – 4 St 224/81, BayObLGSt 1982, 75; zutr. dagegen *Steindorf* in LK, § 324 StGB Rz. 97, 101 m.w.Nw.
2 Vgl. zutr. LG Hamburg v. 13.3.2003 – 614 Qs 8/03, NuR 2003, 776 entgegen OLG Köln v. 26.11.1985 – Ss 307/85, JR 1987, 297. Vgl. dazu *Heine* in FS Otto, 2007, S. 1015.
3 G zu dem Übk. v. 9.9.1996 über die Sammlung, Abgabe und Annahme von Abfällen in der Rhein- und Binnenschifffahrt v. 13.12.2003, BGBl. II 1799, zul. geänd. am 18.9.2013, BGBl. I 3602.
4 *Fischer*, Vor § 324 StGB Rz. 7 m.w.Nw. Vgl. zur entsprechenden Problematik der Tatbestandswirkung ausländerrechtlicher Erlaubnisse BGH v. 27.4.2005 – 2 StR 457/04, NJW 2005, 2095.

Planfeststellungsverfahren und das Rechtsbehelfsverfahren enthält[1]. Für das Umweltstrafrecht sind hierbei vor allem §§ 35 ff. VwVfG über das Zustandekommen des Verwaltungsakts sowie die §§ 43 ff. VwVfG über seine Bestandskraft von Bedeutung.

Gem. § 43 Abs. 2 VwVfG bleibt ein erlassener Verwaltungsakt *wirksam*, so lange und soweit er nicht zurückgenommen, widerrufen, anderweitig aufgehoben, durch Zeitablauf oder durch andere Weise erledigt ist. *Unwirksam* ist lediglich ein **nichtiger Verwaltungsakt**, d.h. ein solcher, der an einem besonders schwerwiegenden Fehler leidet, was bei verständiger Würdigung aller in Betracht kommender Umstände offenkundig sein muss. *Einzelne Nichtigkeitsgründe* werden in § 44 Abs. 2 VwVfG aufgezählt. Danach wäre etwa eine wasserrechtliche Erlaubnis, die von der Straßenverkehrsbehörde erteilt wurde, nichtig. Bemerkenswerterweise nicht von § 44 VwVfG erfasst werden Fälle, in denen der Bescheid der Verwaltungsbehörde durch Bestechung, Bedrohung oder Täuschung des Verwaltungsbeamten erlangt worden ist. Darauf wird unten Rz. 133 näher eingegangen.

126

Handelt es sich um einen lediglich **rechtswidrigen Verwaltungsakt**, trifft das Verwaltungsverfahrensgesetz für die Fälle einer belastenden bzw. einer begünstigenden Entscheidung unterschiedliche Regelungen. Belastend in diesem Sinne ist es etwa, wenn die Immissionsschutzbehörde in Ergänzung einer bereits erteilten Genehmigung nachträglich anordnet, dass weitere Staubfilter einzubauen sind. Begünstigender Natur ist z.B. die Erteilung einer wasserrechtlichen Einleiteerlaubnis.

127

Während ein **belastender Verwaltungsakt** gem. § 48 Abs. 1 VwVfG sowohl für die Zukunft als auch für die Vergangenheit *zurückgenommen* werden kann, ist dies beim rechtswidrigen **begünstigenden Verwaltungsakt** grundsätzlich nur für die Zukunft möglich. Für die Vergangenheit kann ein begünstigender Verwaltungsakt lediglich unter den einschränkenden Voraussetzungen des § 48 Abs. 2–4 VwVfG zurückgenommen werden.

128

Für die *strafrechtliche* Beurteilung hat dies folgende *Auswirkungen:*

129

Unproblematisch sind **rechtmäßige Verwaltungsakte**. In strafrechtlicher Hinsicht ist selbstverständlich von ihrer Wirksamkeit auszugehen. In verwaltungsrechtlicher Hinsicht dürfen sie nach § 49 VwVfG lediglich unter den dort genannten Voraussetzungen *für die Zukunft* widerrufen werden. Bis zur Bestandskraft eines solchen Widerrufs kommt einer entsprechenden wasserrechtlichen Erlaubnis somit die rechtfertigende Wirkung einer Befugnis i.S. des § 324 StGB zu.

Stellt sich ein **belastender Verwaltungsakt** *im Nachhinein als rechtswidrig* heraus, so etwa die oben erwähnte Anordnung, bestimmte Staubfilter einzubauen, ist an und für sich davon auszugehen, dass der Verwaltungsakt formell wirksam, der Verstoß somit auch in strafrechtlicher Hinsicht tatbestandsmäßig (bei einer Verletzung verwaltungsrechtlicher Pflichten) oder rechtswidrig (beim Verstoß gegen eine Befugnis) ist. Die wohl noch überwiegende Mei-

130

---

1 VwVfG i.d.F. der Bek. v. 23.1.2003, BGBl. I 102, zul. geänd. am 25.7.2013, BGBl. I 2749.

nung in der Lehre folgt auch hier einer strengen formalen Verwaltungsakzessorietät[1]. Gestützt auf *Kühl* wird in der Literatur hingegen zunehmend die Auffassung vertreten, dass in einem solchen Fall regelmäßig keine Umweltgüter gefährdet würden, somit der der Schutzzweck der §§ 324 ff. StGB nicht beeinträchtigt sei[2]. Die h.M. würde hier nur einen bloßen *Verwaltungsungehorsam* bestrafen.

130a So bestechend diese Argumentation erscheint, steht ihr entgegen, dass sich die Rechtslage im Umweltverwaltungsrecht nicht immer eindeutig aus Gesetzen und Verordnungen ergibt[3]. I.d.R. bedürfen die Normen einer Umsetzung durch einen konkretisierenden Verwaltungsakt, aus dem sich letztlich erst die **verbindliche Handlungsanweisung** für den Betroffenen entnehmen lässt. Dies wird etwa bei der Umsetzung von Altlastensanierungspflichten deutlich, die sich nicht unmittelbar aus der BBodSchV ergeben, sondern stets einer konkreten Anordnung der Bodenschutzbehörden bedürfen[4]. Die Nichtbefolgung eines solchen Verwaltungsakts stellt eine bewusste Missachtung sowohl der Entscheidung der Umweltbehörde als auch des Strafgesetzgebers dar, der die Strafbarkeit ausdrücklich von der entsprechenden behördlichen Anordnung abhängig gemacht hat[5].

Die Gegenauffassung könnte zu *Strafbarkeitslücken*, zumindest aber zu Privilegierungen von geschickt argumentierenden Beschuldigten führen. Die bei der gelegentlich komplizierten Rechtslage nur schwer widerlegbare Einlassung, man sei von der Rechtswidrigkeit des Verwaltungsakts überzeugt gewesen und habe ihn deshalb nicht eingehalten, hätte einen vorsatzausschließenden Irrtum zur Folge und könnte allenfalls zu einer Fahrlässigkeitsstrafbarkeit führen. Bei § 325 Abs. 3 und § 329 Abs. 4 StGB, die zumindest Leichtfertigkeit voraussetzen, entfiele eine Strafbarkeit.

130b Auch der theoretisch überzeugende Vorschlag, in diesen Fällen nachträglich einen objektiven **Strafaufhebungsgrund** anzunehmen, wenn der Verwaltungsakt für rechtswidrig erklärt wird[6], dürfte in der Praxis häufig nicht umzusetzen sein. Bei der langen Dauer von Verwaltungsrechtsstreitigkeiten hätte die Prüfung des Strafaufhebungsgrunds – etwa bei einer Verfahrensaussetzung nach §§ 154d, 272 StPO – eine unvertretbar lange Ungewissheit über die Strafbarkeit zur Folge. Würde das Strafverfahren hingegen nicht ausgesetzt und die Rechtswidrigkeit des Verwaltungsakts erst nach einer strafrechtlichen Verurteilung festgestellt, käme eine Wiederaufnahme des Strafverfahrens mangels eines Wiederaufnahmegrundes i.S. des § 359 StPO nicht in Betracht[7]. Naheliegender-

---

1 Vgl. *Schall* in SK, Vor § 324 StGB Rz. 66 m.w.Nw.
2 Näher dazu *Kühl* in FS Lackner, 1987, S. 843 ff.; Lackner/*Kühl*, § 325 StGB Rz. 9; *Saliger*, Rz. 115 ff.; *Saliger* in S/S/W, Vor §§ 324 ff. StGB Rz. 30 f.
3 So zutr. *Schall* in SK, Vor § 324 StGB Rz. 69 ff.
4 Näher dazu *Franzheim/Pfohl*, Rz. 178 ff.
5 So *Schall* in SK, Vor § 324 StGB Rz. 69.
6 So u.a. *Heine/Hecker* in in S/S, Vorbem. §§ 324 ff. StGB Rz. 1 m.w.Nw.
7 Vgl. *Pfohl*, NuR 2012, 307.

weise behilft sich die Praxis hier daher mit den strafprozessualen Opportunitätsvorschriften der §§ 153 ff. StPO[1].

Erweist sich ein **begünstigender Verwaltungsakt** *im Nachhinein als rechtswidrig*, etwa weil eine wasserrechtliche Erlaubnis erteilt wurde, die entgegen den Vorschriften des WHG nicht dem Stand der Technik entsprach, ändert dies bis zum Zeitpunkt der Rücknahme nichts an der Wirksamkeit des Verwaltungsakts. Das Vertrauen des Adressaten in die Wirksamkeit wird auch strafrechtlich geschützt, d.h. sein Handeln nach ganz überwiegender Auffassung als *gerechtfertigt* angesehen[2]. 131

Ein nach § 44 VwVfG **nichtiger begünstigender Verwaltungsakt** kann weder tatbestandsausschließend noch rechtfertigend wirken. Der Verstoß gegen einen *nichtigen belastenden* Verwaltungsakt führt andererseits nicht zu einem unbefugten Verhalten i.S. des § 324 StGB bzw. zu einer Verletzung verwaltungsrechtlicher Pflichten i.S. des § 330d Nr. 4 StGB. 132

Die *lange umstrittene Frage*, ob und in welchen Fällen über die verwaltungsrechtliche Nichtigkeit hinaus eine Berufung auf einen bestandskräftigen Verwaltungsakt unter dem Gesichtspunkt des **Rechtsmissbrauchs** versagt werden sollte[3], wurde vom Gesetzgeber durch **§ 330d Abs. 1 Nr. 5 StGB** entschieden. Danach wird bei der strafrechtlichen Beurteilung jeder Genehmigung, Planfeststellung oder sonstiger Zulassung die Anerkennung abgesprochen, die durch 133

– Drohung,
– Bestechung,
– Kollusion,
– unrichtige oder unvollständige Angaben

erschlichen worden ist.

Diese in der Literatur zum Teil kritisierte Abweichung vom Verwaltungsrecht[4] ist sachgerecht, da es hier an einem schützenswerten Vertrauen des strafrechtlich Verfolgten in die Entscheidung der Verwaltungsbehörde fehlt[5].

Nicht hinreichend *geklärt* ist in diesem Zusammenhang die Auslegung des aus § 34 Abs. 8 AWG a.E. entnommenen Begriffs „**Kollusion**". Der Rechtsausschuss hat insoweit einvernehmlich davon Abstand genommen, die hier in Betracht kommenden Fallgestaltungen im Gesetzestext zu definieren und sich darauf berufen, dass möglicherweise einschlägige Sachverhaltsgestaltungen noch 134

---

1 Zustimmend *Schall* in SK, Vor § 324 StGB Rz. 71.
2 Vgl. OLG Frankfurt v. 22.5.1987 – 1 Ss 401/86, NJW 1987, 2756 m. Anm. *Keller*, JR 1988, 172; *Fischer*, Vor § 324 StGB Rz. 7 m.w.Nw.
3 Vgl. dazu u.a. *Lenckner* in FS Pfeiffer, 1988, S. 27 sowie die Monographien von *Fenner*, Der Rechtsmissbrauch im Umweltstrafrecht, 2000; *Jünemann*, Rechtsmissbrauch im Umweltstrafrecht, 1999.
4 Sehr krit. dazu *Breuer*, JZ 1994, 1077; vgl. zu § 330d Nr. 4 und 5 StGB des Weiteren *Heghmanns*, GA 2000, 197; *Paetzold*, NStZ 1996, 170; *Perschke*, wistra 1996, 161; *Rogall*, GA 1995, 299; *Schall* in FS Otto, 2007, S. 743; *Weber* in FS Hirsch, 1999, S. 795; *Wegener*, NStZ 1998, 608; *Wohlers*, JZ 2001, 850.
5 Ausf. dazu *Heine/Hecker* in S/S, § 330d StGB Rz. 23 ff.; *Schall* in SK, § 330d StGB Rz. 41.

nicht zu übersehen seien[1]. Insofern wurde der Rechtsprechung ausdrücklich Raum für eine weitere Klärung gelassen. Eine einschlägige obergerichtliche Entscheidung liegt bislang nicht vor. Soweit in der Literatur einzelne Fallgestaltungen diskutiert werden, ist insbesondere umstritten, ob auch das Zusammenwirken mit einem privaten Sachverständigen eine Kollusion begründen kann[2].

135 Der Sonderfall (stark) **veralteter Genehmigungen**, Planfeststellungen oder sonstiger Zulassungen wird in § 330d Abs. 1 Nr. 5 StGB nicht erwähnt. Da es sich bei dieser Vorschrift um eine vom Gesetzgeber bewusst begrenzte Regelung für den 29. Abschnitt handelt[3], ist es ausgeschlossen, veralteten verwaltungsrechtlichen Entscheidungen über die Figur des Rechtsmissbrauchs die Anerkennung zu versagen[4]. Auch heute noch wäre daher das Verhalten der Verantwortlichen der *Papierwerke Waldhof-Aschaffenburg* als befugt i.S. des § 324 StGB anzusehen, die, wie in einer bemerkenswerten Einstellungsverfügung der Staatsanwaltschaft Mannheim dargelegt[5], noch 1975 unter Außerachtlassung des damaligen Stands der Technik auf der Grundlage einer wasserrechtlichen Erlaubnisentscheidung aus dem Jahr 1921 Abwasser dem Mannheimer Frei-Rhein-Kanal zuführten.

136 In Fällen dieser Art ist es *Aufgabe der Wasserbehörde*, die jeweils bestehende wasserrechtliche Entscheidung dem neuesten **Stand der Technik** anzugleichen. Geschieht dies nicht, ist zu prüfen, ob ein strafrechtlich relevantes Fehlverhalten des zuständigen Amtsträgers gegeben ist (vgl. dazu näher Rz. 307).

3. Verstoß gegen Auflagen und Bedingungen

137 Liegt ein wirksamer Genehmigungsbescheid der zuständigen Behörde vor, kommt ein unbefugtes Handeln dann in Betracht, wenn der Genehmigungsinhaber **gegen Bedingungen oder Auflagen der Genehmigung verstößt**.

Beispiel: Eindeutig ist dies etwa, wenn lediglich gestattet wird, Abwasser in die öffentliche Kanalisation einzuleiten, das einen pH-Wert von maximal 9,5 enthält, jedoch Abwasser mit einem pH-Wert von 11,5 eingeleitet wird. Ist in der Genehmigung ein derartiger *Höchstwert* vorgesehen, führt schon dessen Überschreitung zu einem unbefugten Handeln.

138 Schwieriger wird die Beurteilung, wenn der Genehmigungsbescheid *keinen Höchstwert*, sondern **nur Überwachungswerte** enthält, wie sie etwa in §§ 57, 58 WHG i.V.m. § 6 AbwV vorgesehen sind (vgl. Rz. 18). Danach gilt ein festgesetzter Überwachungswert als eingehalten, „wenn die Ergebnisse dieser und der vier vorausgegangenen staatlichen Überprüfungen in vier Fällen den jeweils

---

1 BT-Drs. 12/7300, 25; sehr krit. dazu *Tröndle*, 48. Aufl., § 330d StGB Rz. 13.
2 Ausf. dazu *Saliger*, Rz. 106; *Schall* in SK, § 330d StGB Rz. 56 f.
3 Vgl. *Schall* in SK, § 330d StGB Rz. 43 m.w.Nw.
4 So zutr. *Paetzold*, NStZ 1996, 170; *Heine/Hecker* in S/S, § 330d StGB Rz. 25; *Weber* in FS Hirsch, 1999, S. 795.
5 StA Mannheim v. 16.2.1976 – 41 Js 5656/75, NJW 1976, 585; ausf. kommentiert von *Just-Dahlmann* in FS Sarstedt, 1981, S. 81.

maßgebenden Wert nicht überschreiten und kein Ergebnis den Wert um mehr als 100 % übersteigt."

Ein derartiger *Überwachungswert* ist *auch* im **Strafrecht als Kriterium** der Befugtheit heranzuziehen, da er eine Umgrenzung der wasserrechtlichen Gestattung bewirkt[1]. Ein unbefugtes Verhalten liegt aber nur dann vor, wenn der festgesetzte Wert tatsächlich i.S. der Vorgaben des § 6 Abs. 1 AbwV überschritten ist. Der Strafrichter muss hier also die verwaltungsrechtlich vorgegebenen Berechnungen durchführen[2]. Ein Verstoß gegen das strafrechtliche Rückwirkungsverbot kann in der Heranziehung dieser Überwachungswerte nicht gesehen werden[3]. Beurteilt wird die aktuelle Probe. Überschreitet diese den festgesetzten Wert, wird geprüft, ob aufgrund der vorhergehenden Ergebnisse die Voraussetzungen der Fiktion erfüllt sind, dass der Wert als eingehalten gilt. Insoweit kann dem Beschuldigten allenfalls die „Wohltat" eines fingierten Ausgleichs zukommen, nicht aber eine rückwirkende Belastung[4].

Unbefriedigende Ergebnisse können entstehen, wenn **Nebenbestimmungen** oder nachträgliche Anordnungen noch **nicht bestandskräftig** sind.

Beispiel: Verursacht der Betreiber einer Lackieranlage auch im Jahr 2013 lösemittelhaltige Emissionen mit einem Gehalt von 50 mg/m³ C, obwohl ihm die Immissionsschutzbehörde am 15.12.2010 gem. § 17 BImSchG nachträglich auferlegt hat, maximal 20 mg/m³ C zu emittieren, hängt die Verletzung verwaltungsrechtlicher Pflichten davon ab, ob die Anordnung bestandskräftig geworden ist. Hat der Betreiber gegen die Anordnung Widerspruch eingelegt und ist über diesen noch nicht entschieden, fehlt es gem. § 80 Abs. 1 VwGO an einem nach § 330d Abs. 1 Nr. 4 Buchst. a StGB erforderlichen sofort vollziehbaren Verwaltungsakt. Anders verhält es sich, wenn die Behörde den Sofortvollzug ihrer Anordnung verfügt hat.

Auch bei **bestandskräftigen** Auflagen oder Bedingungen bereitet es nicht selten Schwierigkeiten, ihren Umfang festzustellen. Folgende *Nebenbestimmung* für den Betrieb eines Metallschmelzwerks spricht für sich:

Beispiel: „Bis zu dem Zeitpunkt, an dem durch registrierende Messungen nachgewiesen werden kann, dass die in dem immissionsschutzrechtlichen Genehmigungsbescheid des Amts für öffentliche Ordnung vom 11.5.1981 festgesetzten Emissionsgrenzwerte durch den Einsatz von PVC-behaftetem Schmelzgut in keiner Betriebsphase überschritten werden, darf der PVC-Restanteil der zum Schmelzen eingesetzten Flaschenkapseln nach erfolgter mechanischer Entfernung des PVC 4 % des ursprünglichen PVC-Gehalts nicht übersteigen. Der Gesamtanteil der Flaschenkapseln im Schmelzeinsatz darf dabei höchstens 10 % des Schmelzgutes betragen."

---

1 Vgl. dazu u.a. ausf. *Steindorf* in LK, § 324 StGB Rz. 104; *Ransiek* in NK, § 324 StGB Rz. 39 und *Sack*, Umweltschutz-StrafR, § 324 StGB Rz. 95 sowie LG Bonn v. 8.9.1986 – 35 Qs 29/86, NStZ 1987, 461; *Dahs*, NStZ 1987, 440; *Franzheim*, NStZ 1987, 437; *Franzheim*, NStZ 1988, 208; *Kloepfer/Brandner*, ZfW 1989, 1; *Rudolphi*, ZfW 1982, 197.
2 Näher dazu mit Berechnungsbeispielen *Franzheim/Pfohl*, Rz. 79.
3 So zutr. *Steindorf* in LK, § 324 StGB Rz. 104 gegen LG Bonn v. 8.9.1986 – 35 Qs 29/86, NStZ 1987, 461.
4 BVerwG v. 2.11.2006 – 7 C 5/06, NVwZ-RR 2007, 127; BVerwG v. 20.8.1997 – 8 B 170/97, NVwZ 1998, 408.

Eine derartige Nebenbestimmung muss sich in der Praxis als Makulatur erweisen, da ihre Einhaltung nicht zu überprüfen ist. Auch dieses (reale) Beispiel macht deutlich, wie wesentlich es ist, dass die Verwaltungsbehörden ihr rechtliches Instrumentarium mit hinreichender **Bestimmtheit** umsetzen, und zwar in einer Form, die eine hinreichende Kontrolle ermöglicht. Ist der Bereich des sanktionierten Verhaltens in den Nebenbestimmungen **des Verwaltungsakts** nicht hinreichend klar erkennbar festgelegt, fehlt es an der von Art. 103 Abs. 2 GG geforderten Bestimmtheit des gesetzlichen Blanketttatbestandes[1].

4. „Informelles Verwaltungshandeln"

142 Schwierig ist die Beurteilung der Befugtheit dann, wenn die Verwaltungsbehörde „informell" gehandelt bzw. nicht gehandelt hat, insbesondere eine **Duldung** bestimmter Vorgänge gegeben ist. Ob und ggf. in welchem Umfang eine derartige Duldung gleich einer Genehmigung rechtfertigend wirken kann, ist umstritten und in der strafgerichtlichen Rechtsprechung noch nicht abschließend entschieden[2]. Das BVerwG ging im Fall einer formell illegal betriebenen kerntechnischen Anlage davon aus, dass eine behördliche Duldung auf atypische Ausnahmefälle beschränkt bleiben muss[3]. Für eine Duldung müssten drei Voraussetzungen erfüllt sein:

– das Fehlen der erforderlichen Genehmigung müsse dem Anlagenbetreiber verborgen geblieben sein, ohne dass ihn insoweit ein Verschuldensvorwurf treffe,
– es müsse mit den staatlichen Schutzpflichten vereinbar sein, wenn eine solche Anlage nicht nach § 19 Abs. 3 S. 2 Nr. 3 AtomG stillgelegt wird,
– die Duldung dürfe Drittbetroffene nicht schlechterstellen als sie stünden, wenn seinerzeit die erforderliche Genehmigung erteilt worden wäre.

143 Ein Teil der Lehre differenziert danach, ob eine **aktive oder passive Duldung** vorliegt. Vereinfacht gesagt, wird einem augenzwinkernden Zusehen der Verwaltungsbehörde rechtfertigende Wirkung beigemessen, einem bloß stillschweigenden Zusehen oder einem Nichterkennen bestimmter Verstöße hingegen nicht[4].

144 Abgesehen davon, dass hier Missverständnisse vorprogrammiert sind (der Anlagenbetreiber versteht das „Signal" der Verwaltungsbehörde ganz anders als diese es meint), ist eine klare Abgrenzung der beiden Alternativen kaum vorzunehmen und **äußerste Zurückhaltung** bei der Annahme eines entsprechenden Rechtfertigungsgrundes **geboten**. Auch wenn im Einzelfall aus Sicht der

---

1 So BVerfG v. 15.9.2011 – 1 BvR 519/10, NVwZ 2012, 504.
2 Die Entscheidungen OLG Celle v. 4.6.1986 – 3 Ss 67/68, ZfW 1987, 126; OLG Stuttgart v. 22.4.1977 – 3 Ss 88/77, ZfW 1977, 177; LG Bonn v. 7.8.1986 – 35 Qs 20/86225, NStZ 1988, 224 sind jeweils einzelfallbezogen und können nicht generell auf andere Sachverhalte übertragen werden.
3 BVerwG v. 25.10.2000 – 11 C 1/00, NVwZ 2001, 567.
4 Vgl. zum reichhaltigen Schrifttum die Zusammenstellungen bei *Heine/Hecker* in S/S, Vorbem. §§ 324 ff. StGB Rz. 20; *Saliger* in S/S/W, Vor §§ 324 ff. StGB Rz. 36 ff.; *Schall* in SK, Vor § 324 StGB Rz. 83 ff.; *Schmitz* in MüKo, Vor §§ 324 ff. StGB Rz. 96.

Verwaltungsbehörde das hinter der Duldung stehende „flexible Verwaltungshandeln" schneller zu sachgerechten Ergebnissen führen mag, bleibt die Behörde doch an die gesetzlichen Vorschriften gebunden. Das Erfordernis, im Umweltrecht schnelle und sachgerechte Entscheidungen treffen zu müssen, ist vom Gesetzgeber, wenn auch u.U. nicht weit genug, berücksichtigt und die Möglichkeit geschaffen worden, auch vorläufige Genehmigungen erteilen zu können. Insoweit kann etwa auf § 17 WHG, §§ 8, 8a, 9 BImSchG, § 37 KrWG verwiesen werden. Bei all diesen Verfahren ist gewährleistet, dass auch die in Umweltbelangen häufig berührten Interessen Dritter, vor allem Nachbarn, hinreichend berücksichtigt werden. Das lediglich duldende Verhalten von Behörden birgt hingegen die Gefahr in sich, dass derartige Belange Dritter außer Acht gelassen werden.

Den genannten strengen einzelgesetzlichen Vorgaben steht die Regelung des § 37 VwVfG gegenüber, der zufolge ein *Verwaltungsakt auch mündlich* erlassen werden kann. Diese Vorschrift wird jedoch durch die **spezialgesetzlichen Normen** des WHG, BImSchG, KrW-/AbfG verdrängt, wenn diese ein bestimmtes Genehmigungsverfahren oder (wie etwa in § 10 Abs. 7 BImSchG) eine Entscheidung in Schriftform vorschreiben. Nur in den dann verbleibenden, nicht ausdrücklich anders geregelten Fällen kann dem Verwaltungsakt bei konsequenter Anwendung des Grundsatzes der Verwaltungsakzessorietät rechtfertigende Wirkung beigemessen werden. Etwas anderes gilt bei einem bloß internen *Aktenvermerk* oder einem lediglich *stillschweigenden Zusehen* der Verwaltungsbehörde. Hier fehlt es jeweils an einer nach außen wirksamen zustimmenden Erklärung der Behörde. Auch die häufig vorgebrachte angebliche Rechtfertigung durch bloß unterbliebenes Einschreiten der Behörde ist nicht anzuerkennen, was selbstverständlich insbesondere dann gilt, wenn ein bestimmter Umweltverstoß der Behörde gar nicht bekannt geworden ist. 145

Eine sinnvolle, die Rechtsfigur begrenzende Vorgabe enthält ein *Erlass des baden-württembergischen Umweltministeriums*, der folgende Voraussetzungen für eine **rechtfertigende Duldung** im Bereich des Wasserrechts vorsieht[1]: 146

– „Die Behörde kennt den regelungsbedürftigen Zustand bzw. die Regelungsbedürftigkeit eines Sachverhaltes. Über die Einleitungserlaubnis kann aus Gründen, die die Behörde nicht zu vertreten hat, noch nicht endgültig entschieden werden, weil z.B. die erforderlichen Unterlagen nicht vorliegen, es liegt jedoch der Behörde eine Konzeption des Einleiters vor, nach welcher innerhalb eines bestimmten Zeitraums rechtmäßige Zustände geschaffen werden. Die Einhaltung lediglich geringerer Anforderungen ist über einen gewissen Zeitraum unter Verhältnismäßigkeitsgesichtspunkten vertretbar.

– Die Duldung erfolgt in schriftlicher Form und ist befristet auf den zeitlich notwendigen Rahmen.

– In der Duldung ist festzulegen, bis wann die erforderlichen Anträge gestellt und bis wann die Voraussetzungen für eine Einleitungserlaubnis wenigstens in der Form eines Stufenbescheides erfüllt sein müssen, bis wann die baulichen und betrieblichen Maßnahmen durchgeführt sein müssen und welche Einleitungsbedingungen jeweils gelten. Es soll darauf hingewiesen werden, dass die Nichteinhaltung dieser Bedingungen zur Strafbarkeit führen kann."

---

1 Wiedergegeben bei *Kibele*, KommPraxBW 1994, 3.

147 Sind im Einzelfall die Voraussetzungen einer rechtfertigend wirkenden Duldung nicht erfüllt, ist bei der strafrechtlichen Subsumtion ergänzend zu berücksichtigen, dass dem Beschuldigten beim Vertrauen auf eine entsprechende Zusage der Verwaltungsbehörde[1] das erforderliche Unrechtsbewusstsein fehlen, d.h. ein unvermeidbarer **Verbotsirrtum** nach § 17 StGB gegeben sein kann.

5. Reichweite der Erlaubnis

148 Liegen verwaltungsrechtliche *Genehmigungsentscheidungen* vor, entsteht nicht selten das Problem, deren **Reichweite** zu bestimmen. Hierzu ist der jeweilige Bescheid einschließlich der zugrunde gelegten Antragsunterlagen eingehend daraufhin zu prüfen, welche Handlungen und Folgen die zuständige Behörde mit ihrer Entscheidung abdecken wollte. Ist etwa in den 60er Jahren eine gewerberechtliche Erlaubnis erteilt worden, erfasst diese nicht eine in den 70er bzw. 80er Jahren eingetretene Grundwasserverunreinigung und kann sie somit auch nicht rechtfertigen. Bei Vorliegen eines Erlaubnistatbestandes nach § 8 WHG wäre in einem solchen Fall neben der gewerberechtlichen Genehmigung eine wasserrechtliche Erlaubnis erforderlich[2].

149 Insbesondere in Fällen der *Luftverunreinigung* tritt gelegentlich das Problem auf, dass zwar die vorgeschriebenen Auflagen und Bedingungen eingehalten werden, dabei aber Schäden an fremden Rechtsgütern entstehen. Folgendes Beispiel soll dies verdeutlichen:

Beispiel: Eine Großfeuerungsanlage wird gemäß einer verwaltungsrechtlichen Erlaubnis nur mit Heizöl beschickt, das einen maximalen Schwefelgehalt von 1 % aufweist. Dennoch kommt es beim Anfahren der Anlage regelmäßig zu einem Ausstoß von Rußpartikeln, die sich auf anliegend abgestellten Personenkraftwagen niederschlagen und den Lack verätzen.

149a In diesen Fällen fragt es sich, ob die verwaltungsrechtliche Erlaubnis nicht nur **rechtfertigende Wirkung hinsichtlich** eines Umwelt-, sondern auch **eines** etwaigen **Allgemeindelikts** (hier einer Sachbeschädigung nach § 303 StGB) entfalten kann. Während die Rechtsprechung dies für schwere Körperverletzungen bereits verneint hat[3], ist die Frage bei weniger gewichtigen Delikten noch nicht abschließend geklärt. Insoweit ist auf die Dispositionsbefugnis der Verwaltungsbehörden abzustellen. Ihr Gestaltungsspielraum beschränkt sich auf die allgemeinen Rechtsgüter Wasser, Boden und Luft, umfasst jedoch keine höchstpersönlichen Rechtsgüter wie insbesondere die körperliche Integrität Dritter. Die Verletzung dieser Rechtsgüter (z.B. Körperverletzungen, aber auch Sachbeschädigungen) kann daher durch eine Entscheidung der Verwaltungs-

---

1 Vgl. etwa AG Lübeck v. 13.3.1989 – 712 Js 8861/88 – 73 Ds, NStE Nr. 12 zu § 324 StGB.
2 OLG Braunschweig v. 29.5.1990 – Ws 25/90, ZfW 1991, 52.
3 BGH in *Tiedemann*, Die Neuordnung des UmweltstrafR, 1980, 58 („Kronkorken-Entscheidung").

behörde nicht gedeckt werden¹. Der Täter, der sich an die Vorgaben der behördlichen Entscheidung hält, wird in diesen Fällen aber häufig nicht vorsätzlich oder i.S. der Fahrlässigkeitstatbestände sorgfaltswidrig handeln.

6. Europäische und ausländische Verwaltungsakzessorietät

Werden Umweltstraftaten grenzüberschreitend oder im Ausland begangen, stellt sich, wenn das deutsche Strafrecht nach den allgemeinen Regeln der §§ 3-7 StGB anwendbar ist, die Frage, ob und in welchem Umfang Vorgaben des ausländischen Verwaltungsrechts bzw. gar ausländische Verwaltungsakte bei der deutschen Strafrechtsanwendung zu berücksichtigen sind. Hier hat das 45. StrÄndG in § 330d Abs. 2 StGB eine gewisse Klarstellung erbracht. Für die §§ 311, 324a, 325, 326, 327 und 328 StGB ist grundsätzlich von einer **europäischen Verwaltungsakzessorietät** auszugehen². 150

Hinsichtlich § 324 StGB sah der Gesetzgeber keine Notwendigkeit einer ausdrücklichen Regelung, da der Straftatbestand bereits über das Merkmal „unbefugt" nicht auf die Verletzung deutschen Verwaltungsrechts beschränkt sei³. Da dies aber so eindeutig nicht ist, wäre eine entsprechende Klarstellung im Gesetz vorzugswürdig gewesen⁴. Dass § 329 Abs. 4 StGB, der ausdrücklich auf eine Verletzung verwaltungsrechtlicher Pflichten aus europäischem Recht (FFH-Richtlinie und der EG-Vogelschutzrichtlinie) abstellt, in § 330d Abs. 2 StGB nicht erwähnt wird, ist inkonsequent⁵.

So sehr § 330d Abs. 2 StGB ansonsten i.S. einer Europäisierung des Umweltstrafrechts zu begrüßen ist, darf doch nicht übersehen werden, welche **Anwendungsschwierigkeiten** mit dieser Norm verbunden sein können. Ist etwa eine von Frankreich ausgehende Luftverunreinigung i.S.des § 325 StGB zu prüfen, müssen die deutschen Strafverfolgungsbehörden die französischen verwaltungsrechtlichen Vorgaben für den Anlagenbetrieb erheben, was angesichts unterschiedlicher verwaltungsrechtlicher Systeme und Rechtsbehelfe sowohl in tatsächlicher Hinsicht (Rechtshilfe) als auch wegen des rechtlichen Verständnisses problematisch werden kann⁶. 150a

Noch nicht geregelt ist die **generelle Auslandsrechtsakzessorietät**. Da der Gesetzgeber dieses Thema beim Entwurf des 45. StrÄndG im Blick hatte, sich letztlich aber auf die europäische Verwaltungsrechtsakzessorietät beschränkt hat, spricht dies eher gegen eine generelle Auslandsrechtsakzessorität⁷. Hinzu kommen systematische Bedenken, die sich insbesondere aus den doch sehr un- 150b

---

1 Ausf. dazu *Schall* in FS Roxin, 2001, S. 927 sowie *Kuhlen*, WiVerw, 1992, 215, 238; a.A. StA Landau v. 14.2.1984 – 24 Js 3176/81, NStZ 1984, 553; *Lackner/Kühl*, § 324 StGB Rz. 13 m.w.Nw.
2 Ausf. dazu *Hecker* in MPI (Hrsg.), Europ. StrafR, 2. Aufl. 2013, § 28 Rz. 30 ff.; *Meyer*, wistra 2012, 371; *Schall* in SK, § 330d StGB Rz. 61 ff.
3 BT-Drs. 17/5391, S.10.
4 So *Meyer*, wistra 2012, 371; *Schall* in SK, § 330d StGB Rz. 71.
5 Vgl. *Meyer*, wistra 2012, 371.
6 Skeptisch daher auch *Saliger*, Rz. 132; optimistischer hingegen *Hecker* in MPI (Hrsg.), Europ. StrafR, 2. Aufl. 2013, § 28 Rz. 30 ff.
7 So *Schall* in SK, § 330d StGB Rz. 74.

terschiedlichen Vorgaben des Umweltrechts anderer Staaten ergeben. Eine über § 330d Abs. 2 StGB hinausgehende generelle Auslandsrechtsakzessorität ist daher abzulehnen[1].

IV. Allgemeine Rechtfertigungsgründe

151 Liegt ein unbefugtes Handeln vor, wird bei Vergehen im Rahmen einer betrieblichen Tätigkeit häufig eingewandt, ein vorschriftsmäßiges Verhalten sei an der *finanziellen Unmöglichkeit* gescheitert, die für Umweltschutzmaßnahmen erforderlichen Investitionen zu tätigen. Bei pflichtgemäßem Verhalten hätte für eine Vielzahl von Mitarbeitern die Gefahr eines **Verlustes an Arbeitsplätzen** bestanden[2]. So häufig dieser Einwand vorgetragen wird, so selten trifft er in tatsächlicher Hinsicht zu, was sich oft schon durch einen Blick in die Buchhaltungsunterlagen und Bilanzen ergibt.

152 In rechtlicher Hinsicht ist in Fällen tatsächlich gegebener Mittelknappheit die Annahme eines **rechtfertigenden Notstandes nach § 34 StGB** grundsätzlich möglich[3]. Sie bedarf jedoch stets eingehender Überprüfung. Besonders zu berücksichtigen ist dabei, dass i.d.R. die Verwaltungsbehörde vor Erlass eines belastenden Verwaltungsakts die wirtschaftliche Ertragskraft eines Unternehmens geprüft hat und die dabei gewonnenen Erkenntnisse in der verwaltungsrechtlichen Entscheidung Niederschlag gefunden haben[4]. Nur wenn diese bereits im Verwaltungsverfahren vorgenommene Güterabwägung fehlerhaft gewesen sein sollte, kann bei der verwaltungsakzessorischen Ausgestaltung des Umweltstrafrechts Raum für die Anwendung des § 34 StGB bleiben[5]. Bei dessen Prüfung wird dann aber im Einzelfall sorgfältig und vorsichtig *abzuwägen* sein, ob das Interesse am Erhalt von Arbeitsplätzen das Interesse am Schutz der beeinträchtigten Umwelt tatsächlich wesentlich überwiegt[6].

V. Tätige Reue

153 Bereits bei der Entstehung des 18. StrÄndG heftig umstritten war, wie weit man dem Umwelttäter entgegenkommen sollte, der zwar eine missbilligte *Umweltgefahr* geschaffen, diese jedoch vor Eintritt eines Schadens *wieder beseitigt* hat. Es entstand die bald als unzureichend empfundene Vorschrift des § 330b StGB a.F. über die tätige Reue. Diese Norm wurde im Rahmen des

---

1 Vgl. *Ransiek* in NK, Vor §§ 324 ff. StGB Rz. 66; *Saliger* in S/S/W, § 330d StGB Rz. 28; *Schall* in SK, § 330d StGB Rz. 75.
2 Ausf. dazu *Schall* in Osnabrücker rechtswissenschaftliche Abhandlungen, Bd. I, Recht und Wirtschaft, 1985, 1. Vgl. zu § 34 StGB auch OLG Stuttgart v. 12.4.1976 – 3 Ss (8) 501/75, ZfW 1976, 378.
3 So BGH in *Tiedemann*, Die Neuordnung des UmweltstrafR, 1980, 58; OLG Stuttgart v. 18.10.1976 – 3 Ss (8) 550/76, ZfW 1977, 122.
4 *Lackner/Kühl*, § 324 StGB Rz. 14; *Perron* in S/S, § 34 StGB Rz. 41; *Heine/Hecker* in S/S, § 324 StGB Rz. 13.
5 Vgl. *Saliger*, Rz. 262.
6 Nach *Saliger* in S/S/W, Vor §§ 324 ff. StGB Rz. 78 ist dem Argument der Arbeitsplatzsicherung allgemein mit Skepsis zu begegnen.

2. UKG wesentlich erweitert[1]. Sie sieht nun vor, dass in einzelnen abschließend aufgeführten Fällen von abstrakten und konkreten (!) Gefährdungsdelikten das Gericht die **Strafe** nach seinem pflichtgemäßen Ermessen **mildern oder von Strafe absehen** kann, wenn der Täter freiwillig die Gefahr abwendet oder den von ihm verursachten Zustand beseitigt, bevor ein erheblicher Schaden entsteht. Entsprechendes gilt, wenn dieser Erfolg ohne Zutun des Täters eintritt, er sich jedoch freiwillig und ernsthaft *bemüht* hat, die Gefahr abzuwenden oder den Schaden zu verhindern (§ 330b Abs. 2 StGB).

Nicht zur Anwendung kommt diese Vorschrift, wenn bereits ein erheblicher **Schaden**, wie z.B. eine Verunreinigung der Umweltmedien oder Gesundheitsschäden, *eingetreten* ist. Für die praktisch bedeutsamen Delikte der Gewässerverunreinigung, Bodenverunreinigung und des unerlaubten Betreibens von Anlagen gilt die Norm schon ihrem Wortlaut nach nicht. Der Gesichtspunkt der tätigen Reue kann aber in diesen Fällen, auch wenn die gesetzlichen Voraussetzungen des § 330b StGB nicht gegeben sind, ein gewichtiges Argument für die Anwendung der §§ 153 ff. StPO sein. 154

C. Strafrechtliche Normen für die einzelnen Schutzbereiche

I. Gewässerschutz

1. Gewässerverunreinigung

Die nachteilige Veränderung von Gewässern wird in § 324 StGB unter Strafe gestellt, der praktikabelsten und in den 1980er Jahren am meisten angewandten Vorschrift des Umweltstrafrechts. Dabei treten in der Praxis erfahrungsgemäß folgende **Sachverhaltskonstellationen** am häufigsten auf: 155

- Unfälle beim Befüllen und Betreiben einer Anlage zur Lagerung wassergefährdender Flüssigkeiten (z.B. Heizöl, Lösemittel),
- Verkehrsunfälle, bei denen Benzin, Öl oder transportierte wassergefährdende Flüssigkeiten in ein Oberflächengewässer oder das Grundwasser gelangen,
- Abwassereinleitungen in ein Gewässer durch Industriebetriebe und Privathaushalte,
- Grund- und Oberflächenwasserverunreinigungen durch das Ausbringen von Jauche, Gülle, Pflanzenschutzmitteln u.Ä.,
- heimliches „Lenzen" im Bereich der Schifffahrt,
- der Betrieb von unzureichend dimensionierten oder überbeanspruchten Kanalisationssystemen oder Kläranlagen,
- Grundwasserverunreinigungen durch sorglose betriebliche Tätigkeiten, etwa Verunreinigungen durch das Verschütten oder Vertröpfeln von chlorierten Kohlenwasserstoffen.

Die Vorschrift des § 324 StGB ist bereits ihrem Wortlaut nach kurz und prägnant: *„Wer unbefugt ein Gewässer verunreinigt oder sonst dessen Eigenschaften nachteilig verändert, wird [...] bestraft."* 156

Gem. § 330d Abs. 1 Nr. 1 StGB werden *oberirdische Gewässer*, das *Grundwasser* und das *Meer* als **Gewässer** angesehen. Geschützt werden demnach z.B.

---

1 Näher dazu *Möhrenschlager*, NStZ 1994, 568.

Seen, Flüsse, Bäche, Wassergräben und das gesamte Grundwasser. Die frühere Begrenzung auf den räumlichen Geltungsbereich dieses Gesetzes wurde durch die im Rahmen des 2. UKG erfolgte Reform des § 330d Nr. 1 StGB aufgehoben[1]. Danach werden nun z.B. auch Verunreinigungen eines *ausländischen* Flusses, etwa des Rheins in den Niederlanden, oder der gesamten Nordsee durch § 324 StGB grundsätzlich erfasst. Die weiteren Voraussetzungen der Strafbarkeit richten sich in solchen Fällen nach den Regelungen des internationalen Strafrechts, §§ 3 ff. StGB.

Der Gewässerbegriff des StGB geht somit über jenen des WHG hinaus, das gem. § 2 Abs. 1 Nr. 1 WHG nur für Küstengewässer in vollem Umfang, für *Meeresgewässer* jedoch nur sehr eingeschränkt gilt (vgl. § 2 Abs. 1a WHG). Im Übrigen sehen die Begriffsbestimmungen der § 3 Nr. 2 und Nr. 3 WHG räumliche Begrenzungen der Küsten- und Meeresgewässer vor, die sich aus § 330d Abs. 1 Nr. 1 StGB so nicht ergeben.

157 Nicht unter den Gewässerbegriff fällt das in der öffentlichen Kanalisation befindliche **Abwasser**[2]. Werden in derartige Kanäle übermäßig Schadstoffe eingetragen, kann ein versuchtes bzw. vollendetes Vergehen der Gewässerverunreinigung nur dann vorliegen, wenn die Schadstoffe durch die nachgeschaltete Kläranlage nicht vollständig abgebaut werden können oder etwa über Regenentlastungen zumindest zum Teil in den Vorfluter gelangen. Ansonsten kommt hier lediglich eine Strafbarkeit wegen unerlaubten Umgangs mit *Abfällen* nach § 326 Abs. 1 StGB in Betracht[3].

158 Eine **nachteilige Veränderung** der Eigenschaften eines Gewässers (die Verunreinigung betrifft nur den wegen seiner Bedeutung hervorgehobenen Unterfall einer optisch wahrnehmbaren Beeinträchtigung)[4] setzt ein *„Minus an Wassergüte*, d.h. eine nicht unerhebliche objektive Verschlechterung der faktischen Benutzungsmöglichkeiten oder der physikalischen, chemischen, biologischen oder thermischen Beschaffenheit des Wassers", voraus[5]. Ausschlaggebend für die Beurteilung sind dabei die Größe und die Tiefe des Gewässers, die Wasserführung, die Fließgeschwindigkeit, die Menge und die Gefährlichkeit des Schadstoffs sowie die Vorbelastung des Gewässers[6], wobei Letzteres nicht ausschließt, dass auch ein bereits stark belastetes Gewässer noch weiter verunrei-

---

1 Vgl. *Alt* in MüKo, § 324 StGB Rz. 19 sowie *Heine/Hecker* in S/S, § 330d StGB Rz. 1 ff.
2 BayObLG v. 24.2.1988 – RReg 4 St 248/87, JR 1988, 344 m. Anm. *Sack*; OLG Koblenz v. 23.9.1987 – 2 Ss 338/87, OLGSt § 324 Nr. 2 m. Anm. *Möhrenschlager*.
3 Ausf. dazu *Himmel/Sanden*, ZfW 1994, 449; *Pfohl*, wistra 1994, 6.
4 *Steindorf* in LK, § 324 StGB Rz. 39.
5 BGH v. 31.10.1986 – 2 StR 33/86, NStZ 1987, 323; OLG Frankfurt v. 22.5.1987 – 1 Ss 401/86, NJW 1987, 2753; OLG Karlsruhe v. 21.1.1982 – 3 Ss 238/81, JR 1983, 339; OLG Oldenburg v. 22.1.1990 – Ss 1/90, NuR 1990, 480; OLG Stuttgart v. 2.12.1988 – 1 Ss 550/88, NStZ 1989, 123; OLG Stuttgart v. 26.8.1994 – 2 Ss 38/94, NStZ 1994, 590.
6 BGH v. 20.2.1991 – 2 StR 478/90, NStZ 1991, 281; OLG Frankfurt v. 22.5.1987 – 1 Ss 401/86, NJW 1987, 2753 und OLG Stuttgart v. 2.12.1988 – 1 Ss 550/88, NStZ 1989, 122.

nigt wird¹. Die Beseitigung eines Gewässers wird als stärkste Form der Beeinträchtigung ebenfalls vom Tatbestand erfasst².

Bei der strafrechtlichen Beurteilung können hier auch die **Begriffsbestimmungen** des **§ 3 WHG** berücksichtigt werden, die allerdings nicht völlig deckungsgleich sind. So definieren § 3 Nr. 7 WHG die Gewässereigenschaften und § 3 Nr. 8 WHG den Gewässerzustand. § 3 Nr. 9 WHG bestimmt die Wasserbeschaffenheit als „die physikalische, chemische oder biologische Beschaffenheit des Wassers eines oberirdischen Gewässers oder Küstengewässers sowie des Grundwassers", führt allerdings abweichend von der bisherigen strafrechtlichen Rechtsprechung die thermische Beschaffenheit nicht an, was jedoch für die Auslegung des § 324 StGB unschädlich sein dürfte. Auch die Definition der „schädlichen Gewässerveränderung" in § 3 Nr. 10 WHG entspricht nicht ganz der „nachteiligen Veränderung von Gewässereigenschaften" i.S. des § 324 StGB. In Anbetracht der relativen Unbestimmtheit des § 3 Nr. 10 WHG sowie seiner etwas anderen Zielsetzung (Sicherung der nachhaltigen Gewässerbewirtschaftung) sollte sich die Strafrechtspraxis hier jedoch weiter an der bisherigen Rechtsprechung des BGH und der Oberlandesgerichte orientieren. 159

Ob eine nur *unerhebliche* objektive *Verschlechterung* i.S. dieser Rechtsprechung vorliegt, ist gelegentlich umstritten und wird in gerichtlichen Verfahren in aller Regel mithilfe von Sachverständigen geklärt. Geht man davon aus, dass § 324 StGB auch der Gefahr einer **kumulativen Schadstoffeinleitung** entgegenwirken will³, wird man die Grenze jedoch nicht allzu eng ziehen dürfen und wirklich nur bagatellartige Einleitungen, wie die häufig zitierte Flasche Salatöl, die in den Rhein geleert wird, nicht genügen lassen. Bei einer großzügigeren Auslegung bestünde die Gefahr, dass § 324 StGB etwa in jenen Fällen nicht zur Anwendung kommen könnte, in denen sämtliche Einwohner einer kleineren Gemeinde ihre Waschmaschinenabwässer unmittelbar in den vorbeifließenden Bach leiten und in diesem durch die Summe der Abwässer eine starke Schäumung bewirken⁴. 160

Als *Erfolgsdelikt* verlangt § 324 StGB neben der nachteiligen Veränderung der Gewässereigenschaften eine **schadensursächliche Verletzungshandlung**. Dabei wird – anders als bei der Vorgängernorm des § 38 WHG a.F. – ein zielgerichtetes Einleiten von Schadstoffen in ein Gewässer, wie etwa das bewusste Entleeren von Altöl in einen Bach, nicht vorausgesetzt. Es genügt vielmehr jede Handlung oder garantenpflichtwidrige Unterlassung, die letztlich zu einer Gewässerverunreinigung führt, wie etwa die unterlassene Prüfung und Wartung einer unterirdisch verlegten Rohrleitung, in der sich durch nicht erkannte Korrosion ein Leck entwickelt, über welches dann Heizöl in das Erdreich und in das Grundwasser versickert⁵. Ebenfalls ausreichend ist es daher, wenn ein Tanklastzug durch überhöhte Geschwindigkeit zum Kippen kommt und transportiertes Heizöl in einen vorbeifließenden Bach gelangt. 161

---

1 LG Kleve v. 17.4.1980 – 1 I 36/78, NStZ 1981, 266.
2 OLG Oldenburg v. 22.1.1990 – Ss 1/90, NuR 1990, 480.
3 So die h.L., vgl. *Saliger* in S/S/W, Vor §§ 324 ff. StGB Rz. 73 m.w.Nw.
4 Vgl. ausf. zur hier maßgeblichen Gesamterfolgszurechnung *Saliger*, Rz. 240 ff.
5 OLG Düsseldorf v. 26.9.1990 – 2 Ss 187/90, NJW 1991, 1123.

162 Erhebliche tatsächliche Nachweisschwierigkeiten können hinsichtlich der **Kausalität** eines bestimmten Fehlverhaltens auftreten[1]. Dies gilt insbesondere für Verunreinigungen des *Grundwassers*, die durch eine Vielzahl verschiedener Einwirkungen hervorgerufen sein können, so etwa erhöhte Nitratbelastungen, die sich aus ordnungsgemäßen, aber auch aus übermäßigen Düngemaßnahmen verschiedener Landwirte ergeben können. Ähnliches gilt für die in Gewerbegebieten häufig entdeckten Fälle von Grundwasserverunreinigungen durch chlorierte Kohlenwasserstoffe, bei denen zwar des Öfteren nachgewiesen werden kann, dass bestimmte Anwender in einer bestimmten Zeit sorgfaltswidrig mit diesen Stoffen umgegangen sind, jedoch nicht zu belegen ist, wessen Sorgfaltswidrigkeit letztlich zu einem Schadstoffeintrag an einer bestimmten Stelle geführt hat[2].

163 Für die Tatbestandserfüllung *nicht* erforderlich ist, dass dem Täter neben der Überschreitung der Grenzwerte zusätzlich ein *Verstoß* gegen die allgemein anerkannten *Regeln der Technik* bezüglich bestimmter Produktions- und Einleiteverfahren nachgewiesen wird. Soweit verschiedentlich gefordert wird, derartige **materielle Betreiberpflichten** zur Eingrenzung des § 324 StGB heranzuziehen, wird dies von der Rechtsprechung zu Recht nicht anerkannt[3].

164 Die Gewässerverunreinigung muss **unbefugt** erfolgen. In rechtlicher Hinsicht ist insoweit auf die Ausführungen Rz. 115 zu verweisen. In *tatsächlicher Hinsicht* können hier durch **Messungenauigkeiten** besondere Nachweisschwierigkeiten entstehen[4]. Abgesehen von etwaigen Fehlern bei der Probenahme[5], kommt es bei deren späterer Analyse gelegentlich zu Unsicherheiten. So können hinsichtlich ein und derselben Probe bei verschiedenen Untersuchungsinstituten bezüglich einzelner Parameter Schwankungsbreiten von 20–30 % und mehr auftreten. In diesen Fällen kann letztlich nur nach dem Grundsatz in dubio pro reo entschieden werden, mit der Folge, dass ein unbefugtes Verhalten nur dann angenommen werden darf, wenn eine Grenzwertüberschreitung sicher feststeht[6].

165 Nach § 324 Abs. 2 StGB ist auch die **versuchte Gewässerverunreinigung** strafbar. Praktisch bedeutsam wird dies dann, wenn, wie oben dargestellt, der Kausalitätsnachweis nicht gelingt. Da für die Versuchsstrafbarkeit bereits *bedingter Vorsatz* genügt, kann also auch das Einleiten von Schadstoffen in die öffentliche Kanalisation von §§ 324, 22 StGB erfasst werden, wenn der Täter zumindest billigend in Kauf nimmt, dass diese Stoffe in einer Kläranlage nicht

---

1 Vgl. hierzu *Kleine-Cosack*, Kausalitätsprobleme im UmweltstrafR, 1988; *Kuhlen*, WiVerw 1991, 181 (195); *Möhrenschlager*, WiVerw 1984, 47; *Samson*, ZStW 99 (1987), 617.
2 Vgl. etwa den Sachverhalt in OLG Koblenz v. 9.12.1992 – 1 Ws 502/92, NJW 1994, 1887.
3 OLG Frankfurt v. 22.5.1987 – 1 Ss 401/86, NStZ 1987, 508 entgegen *Papier*, Gewässerverunreinigung, Grenzwertfestsetzung und Strafbarkeit, 1984, 29 ff.
4 Vgl. hierzu *Peters*, Messungenauigkeiten und GewässerstrafR, 1986; *Peters*, NuR 1989, 167; *Samson*, ZfW 1988, 21.
5 Zum Erfordernis von Probeentnahmen OLG Stuttgart v. 12.4.1976 – 3 Ss 501/75, MDR 1976, 690; OLG Stuttgart v. 22.4.1977 – 3 Ss 88/77, ZfW 1977, 148.
6 So zutr. *Peters*, NuR 1989, 167.

hinreichend abgebaut werden können. Dementsprechend kann eine versuchte Grundwasserverunreinigung vorliegen, wenn jemand trotz der erkannten Gefährlichkeit einer Chemikalie für das Grundwasser diese dennoch auf das ungeschützte Erdreich ablaufen lässt[1].

§ 324 StGB stellt sowohl die vorsätzliche (Abs. 1) als auch die **fahrlässige** (Abs. 3) **Gewässerverunreinigung** unter Strafe. Während Fälle vorsätzlicher Taten selten sind, bilden fahrlässige Gewässerverunreinigungen, insbesondere auch im Rahmen von gewerblichen Tätigkeiten, häufiger den Gegenstand strafrechtlicher Ermittlungsverfahren. Erforderlich ist hier entsprechend den in § 17 Rz. 30 ff. dargestellten Grundsätzen insbesondere die Verletzung einer *Sorgfaltspflicht*, wie sie sich etwa aus den Vorschriften des WHG oder den Normen über den Umgang mit und die Lagerung von wassergefährdenden Flüssigkeiten ergeben kann. Von Bedeutung sind dabei insbesondere § 62 WHG, die Vorsorgenorm für Anlagen zum Umgang mit wassergefährdenden Stoffen, sowie § 2 der Verordnung über Anlagen zum Umgang mit wassergefährdenden Stoffen (vgl. Rz. 20), der die besonderen (auch für Dritte) geltenden Pflichten beim Befüllen und Entleeren solcher Einrichtungen regelt.

166

Grundsätzlich ist davon auszugehen, dass an die **Sorgfaltsanforderungen** im Hinblick auf oft gravierende Schäden an der Umwelt, wie etwa die Rheinverschmutzung infolge des Unfalls bei der Firma Sandoz zeigt, ein strenger Maßstab anzulegen ist[2]. Von der Rechtsprechung wird hier zumindest die Sorgfalt eines *„umweltbewussten Rechtsgenossen"* gefordert, wobei die Grenzziehung im Einzelfall umstritten sein kann[3]. Nach mehreren Jahren praktischer Erfahrungen mit den §§ 324 ff. StGB sind jedoch die Sorgfaltspflichten in zunehmendem Maße durch die Rechtsprechung konkretisiert, wie etwa die Judikatur zu § 19k WHG a.F. zeigt. Dabei sind stets auch vom Gesetz- und Verordnungsgeber vorgegebene Entwicklungen zu berücksichtigen. So wird in Zukunft zu prüfen sein, ob sich in den immer wieder im Zusammenhang mit Hochwasser z.B. durch aufgeschwemmte Öltanks verursachten Gewässerverunreinigungen aus § 78 WHG neue, auch strafrechtlich relevante Sorgfaltsanforderungen ergeben (z.B. § 78 Abs. 5 Nr. 5 WHG i.V.m. einer entsprechenden Rechtsverordnung).

167

2. Unerlaubter Betrieb wassergefährdender Anlagen

a) Der abstrakte Gefährdungstatbestand des § 327 Abs. 2 Nr. 2 StGB sanktioniert den unerlaubten **Betrieb von Rohrleitungsanlagen** zum Befördern wassergefährdender Stoffe. Die Norm erfasst nur *Anlagen, die nach dem UVPG genehmigungsbedürftig* (nicht anzeigepflichtig!) sind. Maßgebliche Bezugsnormen hierbei sind §§ 3 Abs. 1, 21 Abs. 4 S. 7 i.V.m. Anhang I Nr. 19.3 UVPG.

168

---

1 BGH v. 10.1.1978 – 5 StR 383/77.
2 So zutr. OLG Stuttgart v. 2.12.1988 – 1 Ss 550/88, NStZ 1989, 122; OLG Celle v. 24.11.1994 – 3 Ss 149/94, ZfW 1996, 331 und OLG Düsseldorf v. 26.9.1990 – 2 Ss 187/90, NJW 1991, 1123.
3 Vgl. OLG Stuttgart v. 2.12.1988 – 1 Ss 550/88, NStZ 1989, 122 einerseits und OLG Karlsruhe v. 3.12.1991 – 1 Ss 243/90, wistra 1992, 270 andererseits.

Die vorsätzliche und fahrlässige Verletzung dieses Genehmigungserfordernisses wird von § 327 Abs. 2 Nr. 2 und Abs. 3 Nr. 2 StGB unter Strafe gestellt.

Wichtigster praktischer Anwendungsfall sind die Errichtung und der Betrieb von *Mineralöl- und Erdgas-Pipelines*[1].

168a b) Durch das Gesetz zur Umsetzung der Industrieemissions-Richtlinie vom 8.4.2013 (vgl. Rz. 32a) wurde § 327 Abs. 2 StGB um eine neue Nr. 4 ergänzt und der **unerlaubte Betrieb von Abwasserbehandlungsanlagen** nach § 60 Abs. 3 WHG unter Strafe gestellt. Die Vorschrift betrifft Anlagen,

– die dem UVPG unterliegen (§ 60 Abs. 3 Nr. 1 WHG),
– eigenständig betriebene Abwasserbehandlungsanlagen aus Anlagen, die nach § 3 der 4. BImSchV (d.h. Anlagen nach der Industrieemissions-Richtlinie) genehmigungsbedürftig sind, es sei denn, die immissionsschutzrechtliche Genehmigung hat sich auch auf Nebeneinrichtungen wie Abwasserbehandlungsanlagen erstreckt.

Über § 327 Abs. 2 Nr. 2 Buchst. b werden (mittels einer nur schwer verständlichen Formulierung) kommunale Abwasserbehandlungsanlagen ausgenommen[2].

168b c) Mit dem 45. StrÄndG wurde § 327 Abs. 2 StGB durch Satz 2 ergänzt und auch der **unerlaubte Betrieb** bestimmter Anlagen in einem **anderen Mitgliedstaat der EU** unter Strafe gestellt. Erfasst werden Anlagen, in denen „gefährliche Stoffe oder Gemische gelagert oder verwendet oder gefährliche Tätigkeiten ausgeübt werden". Dazu können auch wassergefährdende Stoffe zählen bzw. Tätigkeiten umfasst sein, die sich gewässerschädigend auswirken können.

168c Abweichend vom rein abstrakten Gefährdungstatbestand des § 327 Abs. 2 S. 1 StGB ist die neue Vorschrift als **Eignungsdelikt** ausgestaltet. Gefordert wird ein Anlagenbetrieb, der geeignet ist, „Leib oder Leben eines anderen Menschen zu schädigen oder erhebliche Schäden an Tieren oder Pflanzen, Gewässern, Luft oder dem Boden herbeizuführen." Diese Eignung ist vor Ort festzustellen. Für die Praxis dürften damit erhebliche Beweisschwierigkeiten verbunden sein. Berücksichtigt man, dass die Abklärung der verwaltungsrechtlichen Rechtslage in einem anderen EU-Mitgliedstaat zusätzliche Probleme bereiten kann (vgl. dazu bereits zu § 330d Abs. 2 StGB), wird die Praxis voraussichtlich bemüht sein, unnötige Parallelverfahren, die mit der Gefahr eines Strafklageverbrauchs verbunden sein können, zu vermeiden und weitgehend von §§ 153c, 154 StPO Gebrauch zu machen[3].

3. Gefährdung schutzbedürftiger Gebiete

169 Ebenfalls einen vorbeugenden Gewässerschutz bezweckt der *abstrakte Gefährdungstatbestand* des § 329 Abs. 2 StGB. Erfasst werden gewisse, in Nr. 1–3 näher aufgeführte Tathandlungen, die in einem **Wasserschutzgebiet** (vgl. § 51

---

1 *Kloepfer/Vierhaus*, Rz. 100; *Alt* in MüKo, § 327 StGB Rz. 17.
2 Näher dazu *Möhrenschlager*, wistra 7/2013, XI.
3 Vgl. *Pfohl*, ZWH 2013, 95; ebenso skeptisch *Sack*, § 327 StGB Rz. 153a.

WHG) bzw. **Heilquellenschutzgebiet** (vgl. § 53 WHG) vorgenommen werden, und zwar:

– das Betreiben einer betrieblichen Anlage zum Umgang mit wassergefährdenden Stoffen (Nr. 1)[1],
– das Betreiben von Rohrleitungsanlagen zum Befördern wassergefährdender Stoffe oder das Befördern solcher Stoffe (Nr. 2),
– das Abbauen von Kies, Sand, Ton oder anderen festen Stoffen im Rahmen eines Gewerbebetriebs (Nr. 3).

Dabei wird in sämtlichen Fällen auch die in einem öffentlichen Unternehmen betriebene Anlage vom Tatbestand erfasst (§ 329 Abs. 2 S. 2 StGB).

§ 329 Abs. 2 StGB erfordert darüber hinaus jeweils, dass die Tathandlung **verbotswidrig**, d.h. *entgegen* einer für das genannte Schutzgebiet erlassenen *Schutzanordnung* vorgenommen wird. Rechtsquellen derartiger Schutzanordnungen können vor allem die einschlägigen speziellen Wasser- und Heilquellenschutzgebietsverordnungen, die Landeswassergesetze, Verordnungen über Anlagen zum Umgang mit wassergefährdenden Stoffen i.S. der §§ 62 f. WHG sowie vollziehbare untersagende einzelfallbezogene Verwaltungsakte sein[2]. Strafbar ist sowohl der vorsätzliche als auch der fahrlässige Verstoß (§ 329 Abs. 5 StGB). 170

4. Besonders schwerer Fall

Für *besonders schwere Fälle* einer vorsätzlichen Umweltstraftat i.S. der §§ 324 bis 329 Abs. 2 StGB sieht § 330 Abs. 1 StGB eine erhöhte Strafdrohung von sechs Monaten bis zu zehn Jahren, Abs. 2 von einem Jahr bis zu zehn Jahren vor. Abs. 1 stellt eine an die Regelbeispielstechnik des § 243 StGB angelehnte **Strafzumessungsregelung** dar. Aufgeführt sind *vier Regelbeispiele*, die jedoch nicht abschließend sind. Neben den ausdrücklich angeführten Varianten kommt ein unbenannter besonders schwerer Fall in Betracht, wenn das gesamte Tatbild einschließlich der Täterpersönlichkeit vom Durchschnitt erfahrungsgemäß vorkommender Fälle („nach oben") abweicht[3]. 171

Der **erhöhte Strafrahmen** des § 330 Abs. 1 StGB soll i.d.R. zur Anwendung kommen, wenn der Täter ein Gewässer, den Boden oder ein Schutzgebiet i.S. des § 329 Abs. 3 StGB derart beeinträchtigt, dass die Beeinträchtigung nicht, nur mit außerordentlichem Aufwand oder erst nach längerer Zeit beseitigt werden kann *(Nr. 1)*[4], die öffentliche Wasserversorgung konkret gefährdet *(Nr. 2)* oder einen Bestand von Tieren oder Pflanzen einer streng geschützten Art (vgl. § 7 Abs. 2 Nr. 14 BNatSchG) nachhaltig schädigt *(Nr. 3)*. Nach einem Reformvorschlag des Landes Baden-Württemberg wurde in § 330 Abs. 1 Nr. 4 StGB – 172

---
1 Sehr restriktiv zum Anlagenbegriff BayObLG v. 9.12.1996 – 3 ObOwi 150/96, NuR 1997, 309; näher dazu *Franzheim/Pfohl*, Rz. 453.
2 *Heine/Hecker* in S/S, § 329 StGB Rz. 10.
3 Vgl. *Saliger*, Rz. 497 m.w.Nw.
4 Z.B. OLG Düsseldorf v. 26.9.1990 – 2 Ss 187/90 – 45/90 III, NJW 1991, 1123: Ölaustritt in erheblicher Menge, der dazu führt, dass eine Fläche von 30.000 qm in einem Landschaftsschutzgebiet geschädigt wird.

im Vergleich zu den ansonsten angeführten ökologischen Gefährdungen unsystematisch, aber kriminalpolitischen Erfordernissen entsprechend – auch das aus §§ 235 a.F., 283a StGB entnommene Handeln aus **Gewinnsucht** als Regelbeispiel aufgenommen. Unter Gewinnsucht wird dabei ein überzogenes, rücksichtsloses und sittlich anstößiges Erwerbsinteresse verstanden[1].

173 § 330 Abs. 2 StGB begründet einen **Qualifikationstatbestand**. Nr. 1 verlangt als konkretes Gefährdungsdelikt, dass ein anderer Mensch in die Gefahr des Todes oder einer schweren Gesundheitsschädigung oder aber eine große Zahl von Menschen in die Gefahr einer Gesundheitsschädigung gebracht werden. Nr. 2 kommt als Erfolgsqualifikation zur Anwendung, wenn der Tod eines anderen Menschen (wenigstens fahrlässig, § 18 StGB) verursacht worden ist. Diese Fälle stuft das Gesetz als *Verbrechen* mit einer gesetzlichen Mindeststrafe von einem Jahr ein. Die Grenze für die große Zahl von Menschen wurde vom BGH beim entsprechend formulierten § 306b StGB bei mehr als 14 Personen gezogen[2], die wohl h.L. geht bei § 330 StGB von mehr als 20 Personen aus[3].

5. Störung öffentlicher Betriebe

174 In einem weiteren Sinn mit der Gewässerverunreinigung verbunden sind die zur Gruppe der „Gemeingefährlichen Straftaten" (28. Abschnitt des StGB) gehörenden § 316b StGB und § 318 StGB.

§ 316b StGB stellt u.a. auch die Störung eines solchen Betriebs unter Strafe, der der **öffentlichen Wasserversorgung** dient, z.B. also einer Trinkwassergewinnungsanlage. § 318 StGB sanktioniert die **Beschädigung wichtiger Anlagen**, z.B. von Wasserleitungen, Schleusen, Wehren, Deichen, Dämmen und anderen Wasserbauten. Hinsichtlich der Einzelheiten der beiden Tatbestände wird auf die gängigen Kommentierungen zu § 316b StGB sowie hinsichtlich § 318 StGB auf die Materialien zum 6. StrRG verwiesen[4].

6. Ordnungswidrigkeiten

175 Lässt sich in strafrechtlichen Ermittlungsverfahren wegen Gewässerverunreinigung nur eine Sorgfaltspflichtverletzung, nicht aber eine dadurch verursachte nachteilige Veränderung von Gewässereigenschaften nachweisen, ist stets zu prüfen, ob nicht eine **Ordnungswidrigkeit nach § 103 WHG** oder nach den Bußgeldvorschriften der *länderrechtlichen Wassergesetze* vorliegt[5]. Von erheblicher praktischer Bedeutung sind dabei insbesondere folgende Fallkonstellationen:

– § 103 Abs. 1 Nr. 1 WHG i.V.m. § 8 WHG durch die unbefugte Benutzung eines Gewässers,

---

1 Vgl. etwa *Fischer*, § 283a StGB Rz. 2.
2 BGH v. 11.8.1998 – 1 StR 326/98, BGHSt 44, 125 = JR 1999, 210 m. Anm. *Ingelfinger*.
3 *Fischer*, § 330 StGB Rz. 8.
4 Vgl. dazu ausf. den Entwurf des BMJ für ein 6. StrafRG zu § 314 E, 176 f.
5 Ausf. zu § 103 WHG *Häberle* in Erbs/Kohlhaas, W17, § 103 WHG.

- § 103 Abs. 1 Nr. 2 WHG i.V.m. § 13 WHG durch die auflagenwidrige Benutzung eines Gewässers,
- § 103 Abs. 1 Nr. 7 i.V.m. § 62 Abs. 2 WHG durch Sorgfaltswidrigkeiten im Zusammenhang mit einer Anlage zum Umgang mit wassergefährdenden Flüssigkeiten.

Besonders häufig sind *in der Praxis* Fälle des sorgfaltswidrigen Befüllens von Anlagen zum **Lagern wassergefährdender Stoffe**[1]. Ein solches Fehlverhalten war früher gem. § 41 Abs. 1 Nr. 6d i.V.m. § 19k WHG a.F. bußgeldbewehrt. Nach der Neufassung des WHG hätte eine entsprechende Bußgeldnorm in die Verordnung über Anlagen zum Umgang mit wassergefährdenden Stoffen (vgl. Rz. 20) eingestellt werden müssen, ist dort jedoch (versehentlich?) unterblieben. 176

Ordnungswidrigkeiten nach § 103 Abs. 1 WHG können mit Geldbußen bis zu 50 000 Euro geahndet werden (§ 103 Abs. 2 WHG).

Bis zu 100 000 Euro können darüber hinaus für **Ordnungswidrigkeiten nach landeswasserrechtlichen Vorschriften** festgesetzt werden, so etwa nach § 120 Wassergesetz Baden-Württemberg. Dort wird z.B. – besonders praxisrelevant – das unerlaubte Herstellen, Ändern oder Betreiben einer Abwasseranlage ohne Genehmigung oder Planfeststellung sanktioniert (vgl. § 120 Abs. 1 Nr. 12 i.V.m. § 45e Wassergesetz). 177

7. Hinterziehung von Abwasserabgaben

Nur mittelbar dem strafrechtlichen Umweltschutz dient der Straftatbestand über die Hinterziehung von Abwasserabgaben in § 14 AbwAG, demzufolge § 370 Abs. 1, 2 und 4 sowie § 371 AO entsprechend anzuwenden sind (vgl. dazu oben § 44). Auch die Bußgeldvorschrift des § 378 AO gilt entsprechend. § 15 AbwAG statuiert darüber hinaus einen eigenständigen Bußgeldtatbestand für die unterlassene, unvollständige bzw. unrichtige Vorlage von Berechnungen oder Unterlagen, die zur Festsetzung der Abwasserabgabe erforderlich sind. 178

Verstöße gegen einzelne Pflichten des **Wasch- und Reinigungsmittelgesetzes** können nach dessen § 15 ebenfalls als Ordnungswidrigkeiten geahndet werden[2]. 179

II. Bodenschutz

1. Bodenverunreinigung

Mit **§ 324a StGB** wurde im Rahmen des 2. UKG ein **eigenständiger Straftatbestand** zum *Schutz des Bodens* geschaffen[3]. 180

---

1 Vgl. etwa OLG Düsseldorf v. 26.6.1989 – 5 Ss (Owi) 197/89, wistra 1990, 35.
2 Näher dazu *Häberle* in Erbs/Kohlhaas, W14, § 15 WRMG.
3 Aus der Literatur zu § 324a StGB: *Bartholme*, Der Schutz des Bodens im UmweltstrafR, 1995; *Hofmann*, Bodenschutz durch StrafR?, 1996; *Hofmann*, wistra 1997, 89; *Sanden*, wistra 1996, 283.

181 Die Norm enthält sowohl Elemente des § 324 StGB (Verletzungsdelikt) als auch der §§ 325 und 326 StGB (Gefährdungsdelikte). **Geschützt** werden die dem Boden in seinem Naturzustand innewohnenden Funktionen für die Umwelt und den Menschen.

182 Der Begriff „**Boden**" wird in § 2 Abs. 1 BBodSchG definiert als die obere Schicht der Erdkruste, soweit sie Träger der in § 2 Abs. 2 BBodSchG genannten Bodenfunktionen ist, einschließlich der Bodenlösung und der Bodenluft, (allerdings) ohne Grundwasser und Gewässerbetten. Wie die erste Tatbestandsvariante des § 324a Abs. 1 StGB zeigt, soll mit der Norm auch ein Grundwasserschutz verfolgt werden. Über § 2 BBodSchG hinaus ist der strafrechtliche Bodenbegriff daher weiter auszulegen. Er umfasst „die gesamte Erdschicht einschließlich der tieferen unbelebten Schichten"[1]. Geschützt sind somit auch die Filter- und Pufferfunktionen des Bodens. Ob auch Gewässerbetten, insbesondere die Böden einzelner Grundwasserschichten erfasst sind, ist umstritten[2].

183 Dem Tatbestand des § 324 StGB entsprechend, muss der Boden verunreinigt oder sonst nachteilig verändert werden. Während bei § 324 StGB bagatellartige Beeinträchtigungen im Wege der Auslegung vom Tatbestand ausgenommen werden, sieht § 324a StGB eine gesetzliche Schwelle für **bedeutende nachteilige Veränderungen des Bodens** vor. Die Beeinträchtigung muss entweder in einer Weise erfolgen, die (generell und nicht notwendigerweise konkret[3]) geeignet ist, „die Gesundheit eines anderen, Tiere, Pflanzen oder andere Sachen von bedeutendem Wert oder ein Gewässer zu schädigen" (Nr. 1) oder aber „in bedeutendem Umfang" (Nr. 2) erfolgen. Im Rahmen der Nr. 1 ist dabei in der Praxis vor allem die Gefahr einer Grundwasserverunreinigung von Bedeutung. Bei Nr. 2 wollte der Gesetzgeber der Nr. 1 vergleichbar gewichtige Fälle erfassen, wobei allerdings Zweifel angemeldet werden, ob mit der gewählten Formulierung der verfassungsrechtliche Bestimmtheitsgrundsatz des Art. 103 Abs. 2 GG noch gewahrt ist[4]. *Nach Erlass des BBodSchG* und der BBodSchV bietet es sich hier an, auf die Vorsorgewerte i.S. des § 9 Abs. 1 Nr. 1 i.V.m. Anhang 2 der BBodSchV abzustellen. Ergänzend sind einzelfallbezogene Sanierungsanordnungen der Verwaltungsbehörden als Kriterien heranzuziehen.

184 Der beschriebene Taterfolg muss durch eine der drei in § 324a StGB genannten **Tathandlungen** verursacht worden sein[5]. In Betracht kommt zunächst ein Einbringen von Stoffen, d.h. – anders als bei § 324 StGB – ein finaler Schadstoffeintrag. Das Eindringen lassen erfasst das pflichtwidrige Nichthindern des Schadstoffeintrags, wobei umstritten ist, ob dieses besonders geregelte Unterlassensdelikt eine Garantenstellung voraussetzt[6]. Freisetzen bedeutet das Schaffen

---

1 So die h.M., vgl. *Franzheim/Pfohl*, Rz. 157; *Kloepfer/Vierhaus*, Rz. 104 m.w.Nw.; *Lackner/Kühl*, § 324a StGB Rz. 2.
2 Vgl. *Saliger*, Rz. 370 m.w.Nw.
3 *Busch/Iburg*, UmweltstrafR, S. 154; *Alt* in MüKo, § 324a StGB Rz. 23 m.w.Nw.
4 Krit. dazu u.a. *Fischer*, § 324a StGB Rz. 10; *Szesny* in Leipold/Tsambikakis/Zöller, Anwaltskommentar, § 324a StGB Rz. 10.
5 Vgl. ausf. dazu *Sanden*, wistra 1996, 283.
6 Vgl. *Fischer*, § 324a StGB Rz. 4a; *Heine/Hecker* in S/S, § 324a StGB Rz. 7; *Sack*, Umweltschutz-StrafR, § 324a StGB Rz. 11; *Saliger* in S/S/W, § 324a StGB Rz. 9.

einer Lage, in der sich Stoffe unkontrolliert ausbreiten können. Sonstige unerwünschte Bodenbeeinträchtigungen wie Abgrabungen, Aufschüttungen oder Überbauungen, die zu Bodenerosionen oder -verdichtungen führen können, sind vom Tatbestand des § 324a StGB nicht, sondern allenfalls von § 329 Abs. 2 oder 3 StGB erfasst[1].

Der Tatbestand des § 324a StGB setzt des Weiteren vorausgesetzt, dass die Tathandlung **unter Verletzung verwaltungsrechtlicher Pflichten** geschieht. Grundsätzlich ist dabei von der Legaldefinition der Pflichtenquellen in § 330d Abs. 1 Nr. 4 StGB auszugehen. Als *Rechtsvorschriften* sind einzelne, nicht nur als Programmsätze ausgestaltete, sondern hinreichend bestimmte Normen des Umweltverwaltungsrechts heranzuziehen, die in einem tatbestandsspezifischen Schutzzweckzusammenhang zu § 324a StGB stehen[2]. Untauglich sind daher die nur programmatischen Regelungen des BBodSchG. Anwendbar aber sind etwa §§ 10, 12 BBodSchV, §§ 48 Abs. 2, 62 WHG i.V.m. der VO über Anlagen zum Umgang mit wassergefährdenden Stoffen (vgl. Rz. 20), § 17 ChemG i.V.m. der GefahrstoffV, §§ 7, 23 BImSchG sowie § 28 KrWG. Ob und inwieweit auch einzelne straßenverkehrsrechtliche Vorschriften dem Schutz vor schädlichen Einwirkungen auf den Boden dienen, ist obergerichtlich noch nicht entschieden und in der Literatur umstritten[3]. Normen, die einen speziellen Umweltbezug aufweisen, wie etwa die Wasserschutzgebietshinweise oder Gefahrgutbestimmungen wie § 41 StVO, Zeichen 261 und 269, werden allgemein als taugliche Bezugsgrößen angesehen. Allgemeine Verhaltenspflichten im Straßenverkehr sollen nach überwiegender Ansicht nicht ausreichen[4]. 185

Wie die anderen Umweltstraftatbestände kann § 324a StGB sowohl durch positives Tun als auch durch **Unterlassen** verwirklicht werden. Letzteres ist vor allem im Zusammenhang mit unterbliebenen oder verzögerten Erkundungen und Sanierungen von Altlasten von Bedeutung[5]. Als Tathandlung wird hier i.d.R. ein „Eindringen lassen" gegeben sein, wenn sich im Boden befindliche Schadstoffe dort „weiterfressen", d.h. insbesondere in tiefere Bodenschichten, ausbreiten und dies nicht verhindert wird. Die für eine Unterlassensstrafbarkeit nach § 13 StGB erforderliche *Garantenstellung* kann sich dabei zunächst aus Ingerenz ergeben, was jedoch dann erhebliche Schwierigkeiten bereitet, wenn die Gefahrenlage auf die Tätigkeit Dritter, also z.B. auf die vor Jahren oder gar Jahrzehnten tätigen Geschäftsführer, nicht aber auch auf das aktuell vertretungsberechtigte Gesellschaftsorgan zurückzuführen ist. In diesen Fällen 186

---

1 *Lackner/Kühl*, § 324a StGB Rz. 6.
2 *Saliger*, Rz. 379.
3 Vgl. *Krell*, NZV 2012, 116; *Rengier* in FS Boujong, 1996, S. 791; *Rengier* in FS Brohm, 2002, S. 525; *Saliger* in S/S/W, § 330d StGB Rz. 13; *Schall* in FS Küper, 2007, S. 505.
4 AG Schwäbisch-Hall v. 16.11.2001 – 4 Cs 42 Js 9455/01, NStZ 2002, 152; krit. dazu *Rengier* in FS Brohm, 2002, S. 525; weitergehend auch *Ransiek* in NK, § 324a StGB Rz. 17.
5 Vgl. dazu BGH v. 4.7.1991 – 4 StR 179/91, NJW 1992, 122; StA Hannover v. 15.5.2012 – 1342 AR 2758/11, NuR 2013, 300; aus dem Schrifttum *Dahs* in FS Redeker, 1993, S. 427; *Franzheim/Pfohl*, Rz. 140, 172; *Robra/Meyer*, wistra 1996, 243; *Sanden*, wistra 1996, 283; *Schall* in FS Achenbach, 2011, 470 .

wird man die Zurechnung der Garantenpflicht bei fortbestehenden Gesellschaften über § 14 StGB vornehmen können[1], zumal dies auch im Gleichklang mit dem Verwaltungsrecht stünde, das die juristische Person als Handlungsstörer ansieht und die Umsetzung der daraus resultierenden Verpflichtung vom jeweils aktuell tätigen Organ verlangt.

187 Eine **Garantenstellung** kann sich darüber hinaus aus dem Gesichtspunkt der *Sachherrschaft über ein Grundstück* ergeben, von dem eine Gefahr für fremde Rechtsgüter, hier die Reinheit des Bodens und des Grundwassers, ausgeht. In Anbetracht des Tatbestandsmerkmals der Verletzung verwaltungsrechtlicher Pflichten ist diese Garantenstellung jedoch im Gleichklang mit den einschlägigen verwaltungsrechtlichen Vorgaben zu bemessen. Maßgeblich sind insoweit die Altlastenbestimmungen des BBodSchG i.V.m. der BBodSchV[2]. Zustandsstörer kann hier auch der Insolvenzverwalter sein. Er kann sich aber nach der Rechtsprechung des BVerwG durch die Freigabe von Massegegenständen, d.h. auch des sanierungsbedürftigen Grundstücks, aus der ordnungsrechtlichen und somit auch der strafrechtlichen Haftung befreien[3] (vgl. zur Kritik an dieser Rechtsprechung Rz. 237).

188 Gem. der in § 4 Abs. 5 S. 2 sowie § 4 Abs. 6 S. 2 BBodSchG getroffenen Regelungen ist dabei auch eine etwaige „**Opferposition**" des Zustandsstörers zu berücksichtigen[4], der u.U. gutgläubig ein altlastenbehaftetes Grundstück erworben und nun *Sanierungskosten* zu tragen haben könnte, die dessen Wert oder seine Mittel bei weitem übersteigen. Entfällt hier eine Strafbarkeit nicht bereits mangels einer Garantenpflicht, kann diese Opferposition beim strafrechtlichen Unterlassungsdelikt zur Unzumutbarkeit führen, die von der Rechtsprechung nicht ganz einheitlich als tatbestandsausschließendes Element oder aber als Schuldausschließungsgrund behandelt wird[5].

2. Weitere Sanktionsnormen

189 a) Über § 324a StGB hinaus wird das Medium Boden im Tatbestand der **Gefährdung schutzbedürftiger Gebiete** (§ 329 StGB) besonders unter Schutz gestellt. Da dies im Zusammenhang mit *Naturschutzbestimmungen* geschieht, wird insoweit auf die Ausführungen unter Rz. 300 ff. verwiesen.

190 b) Auch bei **besonders schweren Fällen** einer Bodenverunreinigung können die Strafzumessungsregel des § 330 Abs. 1 StGB sowie der Qualifikationstatbestand des § 330 Abs. 2 StGB eingreifen, die bereits oben (Rz. 171) erörtert worden sind.

191 c) Der **Bußgeldtatbestand** des § 26 BBodSchG sanktioniert insbesondere Verstöße gegen einzelne Altlastenbestimmungen des BBodSchG i.V.m. der

---

1 So wohl auch BGH v. 4.7.1991 – 4 StR 179/91, NJW 1992, 122.
2 Näher dazu *Franzheim/Pfohl*, Rz. 172; *Michalke*, Rz. 137.
3 BVerwG v. 23.9.2004 – 7 C 22/03, NVwZ 2004, 1505.
4 Vgl. dazu BVerfG v. 16.2.2000 – 1 BvR 242/91, NJW 2000, 2573; BVerfG v. 24.8.2000 – 1 BvR 83/97, NVwZ 2001, 65; näher dazu *Schall*, NStZ-RR 2002, 34 und *Schall*, NStZ-RR 2003, 65.
5 Vgl. etwa BGH v. 16.7.1993 – 2 StR 294/93, JR 1994, 510 m. Anm. *Loos*.

BBodSchV sowie Zuwiderhandlungen gegen darauf beruhende Anordnungen der Verwaltungsbehörden. Die Ordnungswidrigkeiten können mit Geldbußen bis zu 50 000 bzw. 10 000 Euro geahndet werden.

Weitere Bußgeldtatbestände finden sich in einzelnen landesrechtlichen Bodenschutzgesetzen.

§ 22 des bad-württ. Landes-Bodenschutz- und Altlastengesetzes[1] betrifft die Verletzung von Mitwirkungs- und Auskunftspflichten sowie Verstöße gegen vollziehbare Anordnungen, die im Zusammenhang mit der Bodenüberwachung oder Maßnahmen gegen Bodenbelastungen getroffen worden sind. Insoweit können empfindliche Geldbußen bis zu 50 000 Euro festgesetzt werden.

III. Immissionsschutz

1. Luftverunreinigung

Der bereits 1980 eingefügte Tatbestand der Luftverunreinigung (§ 325 StGB) hatte stets nur eine geringe Bedeutung. Durch das 2. UKG wurde die Norm, die zuvor nur einen Immissionstatbestand (jetziger Abs. 1) aufwies, um einen Emissionstatbestand (jetziger Abs. 2) ergänzt, ohne dass dies zu einer effektiveren Strafverfolgung geführt hätte (vgl. Rz. 334 ff.). Dies liegt zum einen an der Materie an sich: Veränderungen der Luft sind allein wegen der Leichtflüchtigkeit der Schadstoffe schwieriger festzustellen und zu analysieren als Beeinträchtigungen eines Gewässers. Zum anderen hatte der Gesetzgeber den Tatbestand auch mit zu vielen einschränkenden Merkmalen versehen („außerhalb des Betriebsgeländes", „grobe Verletzung verwaltungsrechtlicher Pflichten"), sodass beinahe der Eindruck entstand, hier sei die „kriminalpolitische Leertaste gedrückt" worden[2]. Dieser Zustand war überaus unbefriedigend, zumal einige an die Ermittlungsbehörden herangetragene Sachverhalte strafwürdig erschienen, wie etwa übermäßige Ruß- und Staubemissionen aus veralteten Heizkraftwerken oder Lösemittelemissionen metallverarbeitender Betriebe. 192

Im Rahmen des 45. StrÄndG wurde der anlagenbezogene Emissionstatbestand des Abs. 2 erweitert und durch einen nicht anlagenbezogenen Abs. 3 ergänzt. Zudem wurde die bisherige Ausschlussklausel für verkehrsbedingte Emissionen erheblich eingeschränkt. Die neue Vorschrift ist danach in **drei Tatbestände** aufgegliedert: Abs. 1 enthält den sog. *Immissions-*, Abs. 2 den anlagenbezogenen, Abs. 3 den nicht anlagenbezogenen *Emissionstatbestand*. 193

a) Immissionen

Beim *Immissionstatbestand* – **§ 325 Abs. 1 StGB** – sind folgende Merkmale zu prüfen: 194

---

1 GBl. BW 2004, 908.
2 Krit. zu § 325 StGB u.a. *Dölling*, ZRP 1988, 336; *Heine/Meinberg*, GA 1990, 1 (21); *Tiedemann/Kindhäuser*, NStZ 1988, 337. Ausf. *Pfeiffer*, Verunreinigung der Luft nach § 325 StGB, 1992; *Pfeiffer*, DRiZ 1995, 299; zur grenzüberschreitenden Luftverunreinigung *Hecker*, ZStW 115 (2004), 880.

Die Luftveränderungen müssen beim **Betrieb einer Anlage** auftreten. Der Anlagenbegriff wird dabei weit ausgelegt. Als Anlage i.S. des § 325 StGB wird allgemein eine auf gewisse Dauer berechnete, als Funktionseinheit organisierte Einrichtung von nicht ganz unerheblichen Ausmaßen angesehen, die der Verwirklichung beliebiger Zwecke dient[1], wobei eine für die Praxis konkretere Umschreibung noch nicht gefunden ist. Grundsätzlich wird man sich hier zunächst an § 3 Abs. 5 BImSchG orientieren, bei dessen Vorliegen mit Sicherheit auch eine Anlage i.S. des § 325 StGB gegeben ist. Soweit in den Gesetzesmaterialien ausgeführt wird, dass der Begriff des § 325 StGB über § 3 Abs. 5 BImSchG hinausgehen soll[2], wird eine weitere Klärung durch die Rechtsprechung erforderlich sein, die bislang nur in wenigen Einzelfällen mit dieser Thematik befasst gewesen ist[3].

195 Der Begriff des **Betreibens** ist wie in § 4 Abs. 1 BImSchG weit auszulegen. Er umfasst sämtliche Formen des Einsetzens einer Anlage zu Produktionszwecken im weiteren Sinne[4], d.h. auch den Probebetrieb. Durch den Anlagenbetreiber müssen Veränderungen der Luft verursacht werden, wobei auch hier, wie in § 324 StGB, keine Beschränkung auf eine bestimmte, etwa finale Tathandlung gegeben ist.

196 Die Feststellung der **Emissionen**, insbesondere der genauen Schadstoffkonzentrationen, ist in der Praxis oft schwierig. Dies gilt weniger für länger anhaltende oder stetig wiederkehrende Emissionen, bei denen mittels kontinuierlicher Messungen durchaus repräsentative Ergebnisse erzielt werden können, weshalb aus strafrechtlicher Sicht möglichst umfassend Messanordnungen nach § 29 BImSchG getroffen werden sollten. Problematisch sind *kurzfristig auftretende* einzelne, oft durch Störfälle bedingte *Schadstoffausstöße*, bei denen sich die Emissionssituation bereits vor Einrichtung der Messapparaturen maßgeblich verändern kann. Hier lassen sich nur in Ausnahmefällen über tatsächlich in der Nachbarschaft eingetretene Schäden (z.B. Rußpartikel auf abgestellten Pkw) mithilfe von Sachverständigen oder aber schließlich über eine vom tatsächlichen Störfall ausgehenden hypothetischen Emissionsberechnung einigermaßen aussagekräftige Ergebnisse ermitteln.

197 Im Gegensatz zu § 324 StGB, der eine bloß nachteilige Veränderung der Gewässereigenschaften als Taterfolg genügen lässt, verlangt § 325 Abs. 1 StGB, dass die Luftveränderungen **geeignet sein** müssen, außerhalb des zur Anlage gehörenden Bereichs die Gesundheit eines anderen, Tiere, Pflanzen oder andere Sachen von bedeutendem Wert **zu schädigen**. Mit der angeführten räumlichen Beschränkung wollte der Gesetzgeber – worüber rechtspolitisch trefflich gestritten werden kann – sicherstellen, dass nur die *Allgemeinheit*, insbesondere die Nachbarschaft eines Betriebs geschützt wird, nicht jedoch die innerhalb des Betriebs Tätigen. Für sie sollen ausschließlich Arbeitsschutzvorschriften maß-

---

1 *Lackner/Kühl*, § 325 StGB Rz. 2; *Saliger* in S/S/W, § 325 StGB Rz. 9.
2 Vgl. *Steindorf* in LK, § 325 StGB Rz. 17 m.w.Nw.
3 OLG Koblenz v. 26.9.1985 – 1 Ss 300/85, MDR 1986, 162; StA Hannover v. 21.10.1986 – 29 Js 27242/85, NStZ 1987, 176; w.Nw. bei *Alt* in MüKo, § 325 StGB Rz. 14 ff.; *Saliger*, Rz. 400 f.
4 *Steindorf* in LK, § 325 StGB Rz. 25.

geblich sein, wozu in strafrechtlicher Hinsicht aber auch die in Rz. 276 erläuterten Umweltstraftatbestände des § 328 Abs. 3 Nr. 1 StGB und § 27 ChemG i.V.m. der Gefahrstoffverordnung gehören.

Die Eignungsklausel stellt einerseits klar, dass die bloße nachteilige Veränderung der Luft als Taterfolg nicht genügt, andererseits wird jedoch nicht vorausgesetzt, dass es zu einer konkreten Gefährdung oder einem entsprechenden Schadenseintritt kommt. Vielmehr müssen Dauer und Intensität der Immissionen nach gesicherter naturwissenschaftlicher Erfahrung in ihrer konkreten Beschaffenheit oder unter den konkreten Umständen **generell tauglich** sein, Schädigungen an den genannten Rechtsgütern zu verursachen[1]. 198

In der Praxis bedeutet dies, dass die ermittelten Emissionswerte regelmäßig mithilfe sog. Ausbreitungsrechnungen auf Immissionswerte umzurechnen sind, somit ein zweites Sachverständigengutachten einzuholen ist. Die so festgestellten **Immissionswerte** sind dann auf ihre Schädigungseignung zu prüfen. Dabei können zwar die Werte der TA-Luft i.S. antizipierter Sachverständigengutachten als Orientierungswerte herangezogen werden[2], im Zweifelsfall wird man aber um die Einholung eines dritten (!) Sachverständigengutachtens nicht umhinkommen. Dass bei dieser Ausgestaltung des Tatbestands eine effiziente Strafverfolgung kaum möglich ist, liegt auf der Hand. 199

Als letztes Tatbestandsmerkmal setzt § 325 Abs. 1 StGB voraus, dass der Täter, wie bei § 324a StGB, **verwaltungsrechtliche Pflichten** verletzen muss. Insoweit kann zunächst auf Rz. 113 ff. Bezug genommen werden. Besonders ist hier auf § 330d Abs. 1 Nr. 4 Buchst. e StGB hinzuweisen. Danach kann sich eine verwaltungsrechtliche Pflicht nicht nur aus einer Rechtsvorschrift, einem vollziehbaren Verwaltungsakt u.a., sondern auch aus einem *öffentlich-rechtlichen Vertrag* ergeben. Dies ist gerade bei § 325 StGB von Bedeutung, da etwa in Baden-Württemberg die Verwaltungsbehörden in immissionsschutzrechtlichen Genehmigungsverfahren gern von diesem gelegentlich rascher durchzusetzenden Institut Gebrauch machen[3]. Um sicherzustellen, dass auch in diesem Rahmen für den Anlagenbetrieb vereinbarte Maßgaben von strafrechtlicher Relevanz sind, wurden sie vom Gesetzgeber in § 330d Abs. 1 Nr. 4 Buchst. e StGB aufgenommen, dabei jedoch eine Beschränkung insoweit vorgenommen, als überobligatorisch eingegangene Verpflichtungen des Vertragspartners nicht als Grundlage einer strafrechtlichen Verfolgung herangezogen werden dürfen[4]. 200

Über die verwaltungsrechtlichen Pflichten i.S. der §§ 325 Abs. 1, 330d Abs. 1 Nr. 4 StGB lässt sich auch der bei einem derartigen Delikt in Betracht kommende **Täterkreis** bestimmen. Verpflichtet eine verletzte Rechtsvorschrift (§ 330d Abs. 1 Nr. 4 Buchst. a StGB) oder der verletzte vollziehbare Verwal- 201

---

1 OLG Karlsruhe v. 3.11.1995 – 1 Ws 192/94, ZfW 1996, 406; *Lackner/Kühl*, § 325 StGB Rz. 13.
2 Nach BVerwG v. 21.6.2001 – 7 C 21/00, NVwZ 2001, 1165 handelt es sich um normkonkretisierende Verwaltungsvorschriften; einschränkend *Busch/Iburg*, UmweltstrafR, S. 10; *Heine/Hecker* in S/S, § 325 StGB Rz. 19 m.w.Nw.
3 Vgl. etwa *Bulling*, DÖV 1989, 277; *Spannowsky*, Grenzen des Verwaltungshandelns durch Verträge und Absprachen, 1994.
4 Vgl. zur Begründung den Bericht des Rechtsausschusses, BT-Drs. 12/7300, 25.

tungsakt nur den Anlagenbetreiber oder seinen Vertreter (§ 14 StGB), kommen auch nur sie als Täter in Betracht. Richten sich die Pflichten gegen jedermann – was vor allem bei Rechtsvorschriften der Fall sein kann – können auch andere Personen, insbesondere Arbeitnehmer des Betriebs, Täter und nicht nur Teilnehmer eines Vergehens nach § 325 StGB sein. Dies gilt selbst für außenstehende Dritte[1].

b) Emissionen

202 Der *Emissionstatbestand* des **§ 325 Abs. 2 StGB** ist zunächst wie Abs. 1 auf Beeinträchtigungen beschränkt, die beim *Betrieb einer Anlage* auftreten. Dabei müssen **Schadstoffe** *in bedeutendem Umfang* in die Luft **freigesetzt** werden, d.h. sich ganz oder wenigstens zum Teil unkontrollierbar in die Umwelt ausbreiten können[2].

203 Der Begriff der **Schadstoffe** wird in § 325 Abs. 6 StGB definiert. Danach müssen die Stoffe geeignet sein, die Gesundheit eines anderen, Tiere, Pflanzen oder andere Sachen von bedeutendem Wert zu schädigen (Nr. 1) oder nachhaltig ein Gewässer, die Luft oder den Boden zu verunreinigen oder sonst nachteilig zu verändern (Nr. 2). Hierzu genügt eine entsprechende generelle Eignung, die jedoch im Zweifelsfall wiederum nur mithilfe eines medizinischen oder ökologischen Sachverständigengutachtens zu belegen ist. Um geringfügigere Beeinträchtigungen aus dem Tatbestand auszuscheiden, müssen die Schadstoffe in bedeutendem Umfang (vgl. grundsätzlich dazu oben bei § 324a StGB, Rz. 183) freigesetzt worden sein, wobei § 29 Abs. 1 S. 2 BImSchG Anhaltspunkte für die Beurteilung geben kann[3].

204 Schließlich müssen die Schadstoffe „**außerhalb des Betriebsgeländes**" freigesetzt werden. Mit diesem Tatbestandsmerkmal hat der Gesetzgeber den Anwendungsbereich der Norm, um sie *nicht* zu einer *Arbeitnehmerschutzvorschrift* werden zu lassen, stark eingeschränkt. Entscheidende Bezugsgröße ist danach, anders als in § 325 Abs. 1 StGB, nicht mehr nur der Bereich der Anlage, sondern des Betriebsgeländes – eine Privilegierung des Anlagenbetreibers, der auf einem großen Gelände mehrere verschiedene Anlagen betreibt. Werden in einem solchen Fall in Anlage A Schadstoffe emittiert und im Bereich der in Anlage B befindlichen Luft freigesetzt, ist dies nur dann strafbar, wenn sich die Anlage B nicht auf demselben Betriebsgelände befindet. Für die tatsächliche *Nachweisführung* bedeutet dies in der Praxis, dass im Zweifelsfall auch hier, wie bei Abs. 1, drei Sachverständigengutachten erforderlich werden können, und zwar ein Emissionsgutachten (Schadstoffe in die Luft freigesetzt), ein Immissionsgutachten (in bedeutendem Umfang außerhalb des Betriebsgeländes) und ein medizinisches oder ökologisches Gutachten (Schadstoffeignung i.S. des Abs. 4).

---

1 Eingehend dazu *Rengier* in FS Kohlmann, 2003, S. 225; *Saliger* in S/S/W, Vor §§ 324 ff. StGB Rz. 45.
2 *Heine/Hecker* in S/S, § 325 StGB Rz. 23.
3 *Steindorf* in LK, § 325 StGB Rz. 57.

Im Rahmen des 2. UKG wollte der Gesetzgeber § 325 Abs. 2 StGB auf wirklich strafwürdige Fälle beschränken[1] und verlangte nicht nur eine einfache, sondern eine **grobe Verletzung verwaltungsrechtlicher Pflichten**. Dieses unangemessen einschränkende Erfordernis wurde durch das 45. StrÄndG zu Recht gestrichen[2]. 204a

c) Emissionen ohne Anlagenbezug

Mit dem 45. StrÄndG wurde in **§ 325 Abs. 3 StGB** ein dritter, *nicht anlagenbezogener Tatbestand* eingefügt[3]. Wie in Abs. 2 wird auch hier auf die Emissionen und nicht wie in Abs. 1 auf Immissionen abgestellt. Verlangt wird, dass „**Schadstoffe in bedeutendem Umfang** in die Luft freigesetzt werden". Dabei ist die Erheblichkeit wie bei § 325 Abs. 2 StGB nach Art, Beschaffenheit oder Menge der freigesetzten Stoffe zu werten.[4] In der Literatur wird inzwischen – wie bereits früher zu 325 Abs. 2 StGB vorgebracht – infrage gestellt, ob eine solche Tatbestandsumschreibung noch den Anforderungen des Bestimmtheitsgrundsatzes des Art. 103 Abs. 2 GG genügt.[5] Wie beim bedeutenden Wert i.S. der §§ 315 ff. StGB wird man allerdings auch hier auf eine hinreichende Konkretisierung durch die Rechtsprechung vertrauen dürfen.[6] 205

Laut der Gesetzesbegründung soll über Abs. 3 etwa das Entweichenlassen von Giftstoffen aus einem Vorratsbehälter oder das an stets wechselnden Orten erfolgende Abbrennen der Plastikummantelungen von Kupferkabeln in offenen Feuerstellen geahndet werden, welches zu einer erheblichen Dioxinbelastung führen kann.[7] Generell sei der **Anwendungsbereich** der Norm allerdings gering, da doch Emissionen meist anlagenbezogen erfolgten und in einem solchen Fall die Subsidiaritätsklausel des Abs. 3 einschlägig sei.[8] Dem Wortlaut nach wäre es allerdings denkbar, Abs. 3 zur Anwendung zu bringen, wenn anlagenbezogene Emissionen i.S. des Abs. 2 verursacht werden, die Schadstoffe aber nicht den Bereich außerhalb des Betriebsgeländes erreichen[9]. Damit würden über Abs. 3 Arbeitnehmer mitgeschützt. Die Gesetzesbegründung spricht allerdings eher gegen eine solche Auslegung[10]. 205a

d) Gemeinsames

Sowohl beim *Immissions-* als auch beim *Emissionstatbestand* (Rz. 194, 202) sind die **vorsätzliche** und die **fahrlässige** Tatbegehung unter Strafe gestellt (§ 325 Abs. 4 StGB). 206

---

1 BT-Drs. 12/7300, 22.
2 Vgl. zur Begründung BT-Drs. 12/192, 18.
3 Krit. dazu *Norouzi/Rettenmaier* in Matt/Renzikowski, § 325 StGB Rz. 8: eigenständiger Regelungsgehalt der Norm bleibt unklar.
4 Vgl. *Heine/Hecker* in S/S, § 325 StGB Rz. 23; *Ransiek* in NK, § 325 StGB Rz. 13.
5 Krit. insoweit *Szesny/Görtz*, ZUR 2012, 405.
6 Vgl. dazu etwa *Fischer*, § 315 StGB Rz. 16 ff.
7 BT- Drs. 58/11, S. 21.
8 BT- Drs. 58/11, S. 21.
9 So *Fischer*, § 325 StGB Rz. 18a; *Lackner/Kühl*, § 325 StGB Rz. 14a.
10 BT-Drs. 17/5391, 16.

Da der neue Abs. 3 (Rz. 205) die als weniger gravierend erachteten nicht anlagenbezogenen Emissionen erfassen soll, genügt hier die einfache Fahrlässigkeit nicht. Gem. § 325 Abs. 5 StGB wird vielmehr *Leichtfertigkeit* (grobe Fahrlässigkeit) verlangt – eine Schuldform, die im 29. Abschnitt des StGB bislang nicht vorgesehen war.[1] Abweichend von § 325 Abs. 1 und 2 StGB sieht der neue Abs. 3 auch keinen Strafrahmen von bis zu fünf Jahren, sondern nur von bis zu drei Jahren Freiheitsstrafe vor.

206a Der **Versuch** ist nur beim Immissionstatbestand strafbar (§ 325 Abs. 1 S. 2 StGB).

207 Gem. § 325 Abs. 5 a.F. galt der Tatbestand der Luftverunreinigung generell nicht für Kraftfahrzeuge, Schienen-, Luft- oder Wasserfahrzeuge. Hier sollten allein **verkehrsrechtliche** Bußgeldtatbestände eingreifen.[2] Diese Klausel wurde durch das 45. StrÄndG nur noch für den Immissionstatbestand beibehalten, für die beiden **Emissionstatbestände** der Abs. 2 und 3 jedoch gestrichen (vgl. Abs. 7). Gemäß der Gesetzesbegründung soll dies keine unverhältnismäßige Kriminalisierung des Verkehrsbereichs zur Folge haben[3]. Grundsätzlich wird damit aber bei einer Verletzung verwaltungsrechtlicher Pflichten, die zu einer Schadstofffreisetzung in bedeutendem Umfang führt, eine strafrechtliche Ahndung von verkehrsrechtlichen Verstößen ermöglicht. In rechtlicher Hinsicht wird zum einen die Grenzziehung, ab wann ein „bedeutender Umfang" vorliegt, Probleme bereiten[4]. Zum anderen wird noch eingehender zu diskutieren sein, welche verkehrsrechtlichen Vorschriften den erforderlichen Umweltbezug haben und hinreichend konkret sind.[5]

2. Verursachen von Lärm, Erschütterungen und nicht ionisierenden Strahlen

208 Die 1980 noch in § 325 StGB mit geregelte Lärmerregung wurde im Rahmen des 2. UKG ausgegliedert und in § 325a StGB in einen erweiterten, eigenständigen Tatbestand umgestaltet. Das Eignungsdelikt des **§ 325a Abs. 1** StGB stellt (in seiner Ausgestaltung dem Immissionstatbestand des § 325 Abs. 1 StGB entsprechend) das **Verursachen von Lärm** beim Betrieb einer Anlage unter Strafe. Erforderlich ist auch hier eine Eignung zur Gesundheitsschädigung, die nicht nur dann anzunehmen ist, wenn ein Schallpegel erreicht ist, der zur Schwerhörigkeit führt, sondern auch dann, wenn andere physiologische Störungen durch Lärm verursacht werden, wie etwa dauerhafter Schlafentzug[6]. Die Rechtspre-

---

1 Vgl. zur Begründung BT- Drs. 58/11, S. 21.
2 Näher dazu *Heine/Hecker* in S/S, § 325 StGB Rz. 20.
3 BT-Drs. 58/11, S. 22; so auch *Heger*, HRRS 2012, 211; zu diesbezüglichen Zweifeln *Pfohl*, ZWH 2013, 95.
4 Vgl. zum bedeutenden Umfang *Heine/Hecker* in S/S, § 325 StGB Rz. 20; *Saliger* in S/S/W, § 325 StGB Rz. 16.
5 Vgl. dazu *Pfohl*, ZWH 2013, 95 sowie zur Diskussion im Zusammenhang mit § 324a StGB *Krell*, NZV 2012, 116; *Rengier* in FS Brohm, 2002, S. 525; *Schall* in SK, § 330d StGB Rz. 25 m.w.Nw.
6 *Sack*, Umweltschutz-StrafR, § 325 StGB Rz. 29; Beispielsfälle aus der Praxis: AG Dieburg v. 25.9.1997 – 58 Js 56829.5/96a – 4 Ds, NStZ-RR 1998, 73; StA Hannover v. 21.10.1986 – 29 Js 27242/86, NStZ 1987, 176.

chung der Verwaltungs- und Zivilgerichte nimmt hier für die Gesundheitsgefährdung äquivalente Dauerschallpegel von 70–75 dB(A) tagsüber sowie von 60–65 dB(A) nachts an[1]. Wie bei § 325 Abs. 1 und 2 StGB wird auch hier eine Verletzung verwaltungsrechtlicher Pflichten vorausgesetzt. Soweit dabei auf einschlägige Rechtsvorschriften i.S. des § 330d Abs. 1 Nr. 4 Buchst. a StGB abgestellt wird, können je nach Lärmquelle unterschiedliche, zum Teil nur unzureichend aufeinander abgestimmte Bestimmungen heranzuziehen sein, so etwa die 18. BImSchV für Sportanlagen, die Freizeit-Lärmrichtlinie, §§ 41–43 BImSchG für Straßenlärm u.a.[2]. Zu beachten ist dabei, dass Richtlinien und die TA-Lärm keine Rechtsvorschriften darstellen, somit nur dann herangezogen werden können, wenn sie in einem Verwaltungsakt umgesetzt wurden[3].

Das **konkrete Gefährdungsdelikt** des § 325a Abs. 2 StGB setzt einen Anlagenbetrieb voraus, bei dem zusätzlich verwaltungsrechtliche Pflichten verletzt werden, „die dem Schutz vor *Lärm, Erschütterungen oder nicht ionisierenden Strahlen*" dienen[4]. Gemeint sind damit etwa §§ 1, 4, 5 Abs. 1 BImSchG, aber auch andere entsprechende Pflichten, die sich aus dem ChemG ergeben können. Hinsichtlich der nichtionisierenden Strahlung ist das Gesetz zur Regelung des Schutzes vor nichtionisierender Strahlung heranzuziehen[5]. Durch die Pflichtverletzung muss eine *konkrete Gefährdung der Gesundheit* eines anderen, ihm nicht gehörender Tiere oder anderer Sachen von bedeutendem Wert auftreten. Dies kann z.B. der Fall sein, wenn eine Textilbearbeitungsmaschine so stark vibriert, dass an einem in der Nachbarschaft gelegenen Gebäude Risse auftreten können. 209

Bei § 325a Abs. 1 und 2 StGB sind sowohl die **vorsätzliche** als auch die **fahrlässige** Tatbegehung unter Strafe gestellt (Abs. 3). Der *Versuch* ist nicht strafbar. Der Strafrahmen ist bei § 325a Abs. 1 StGB auf eine Freiheitsstrafe von höchstens drei Jahren beschränkt, beträgt beim konkreten Gefährdungsdelikt des Abs. 2 jedoch fünf Jahre. Beeinträchtigungen durch Kraftfahrzeuge, Schienen-, Luft- oder Wasserfahrzeuge sind vom Anwendungsbereich der Norm nach wie vor ausgenommen. Dass der Gesetzgeber dies im Rahmen des 45. StrÄndG anders als bei § 325 StGB nicht geändert hat, erscheint inkonsequent. 210

3. Unerlaubtes Betreiben von Anlagen

a) Das **abstrakte Gefährdungsdelikt** des unerlaubten Betreibens von immissionsschutzrechtlich relevanten Anlagen nach **§ 327 Abs. 2 Nr. 1 StGB** soll sicherstellen, dass das oben erläuterte immissionsschutzrechtliche Genehmigungsverfahren (Rz. 34) in der gesetzlich vorgesehenen Form durchgeführt werden kann. Die Verwaltungsbehörde soll nicht vor vollendete Tatsachen gestellt werden, bevor sie über den Betrieb einer Anlage entschieden hat. Sanktioniert werden darüber hinaus bestimmte Fälle, in denen untersagende Entscheidun- 211

---

1 Vgl. *Halama/Stüer*, NVwZ 2003, 137 m.w.Nw.
2 Näher dazu u.a. *Halama/Stüer*, NVwZ 2003, 137; *Schall*, NStZ-RR 2005, 33.
3 *Franzheim/Pfohl*, Rz. 235; *Saliger*, Rz. 430.
4 Näher dazu *Heine/Hecker* in S/S, § 325a StGB Rz. 9; *Alt* in MüKo, § 325a StGB Rz. 19.
5 V. 29.7.2009, BGBl. I 2433, zul. geänd. am 8.4.2013, BGBl. I 734.

gen der Verwaltungsbehörde nicht befolgt werden. Dementsprechend stellt § 327 Abs. 2 Nr. 1 StGB *drei* verschiedene *Sachverhaltsgestaltungen* unter Strafe[1]:

211a Erfasst wird zunächst der unerlaubte Betrieb einer Anlage, die nach **§ 4 Abs. 1 BImSchG** i.V.m. der 4. BImSchV oder infolge einer wesentlichen Änderung nach §§ 4, 16 BImSchG[2] genehmigungsbedürftig ist. Dem wird der Betrieb einer solchen Einrichtung gleichgestellt, der entgegen einer auf dem BImSchG beruhenden vollziehbaren Untersagung erfolgt (vgl. dazu Rz. 41). Schließlich erfasst die Vorschrift auch den unerlaubten Betrieb nicht genehmigungsbedürftiger, aber nach §§ 22, 23 BImSchG untersagter Anlagen.

212 Durch die Bezugnahme auf § 4 Abs. 1 BImSchG i.V.m. der 4. BImSchV sowie deren Anhang stellt § 327 Abs. 2 Nr. 1 StGB einen **Blankettstraftatbestand** dar. Die Reichweite der Norm ist durch die Verweisung auf die immissionsschutzrechtlichen Regelungen nachvollziehbar, der Straftatbestand somit hinreichend bestimmt i.S. des Art. 103 Abs. 2 GG[3].

213 Tathandlung ist das **Betreiben einer Anlage**, d.h. ihr Einsatz zu Produktionszwecken. Dieses Verhalten muss – den oben genannten Voraussetzungen entsprechend – *verwaltungsrechtlich unzulässig* sein. Dabei ist es für die Tatbestandserfüllung unerheblich, ob die Anlage materiell genehmigungsfähig ist oder nach Einleitung eines entsprechenden Genehmigungsverfahrens später – so wie bereits betrieben – genehmigt wird[4]. Entscheidend ist lediglich, dass der Formalakt der immissionsschutzrechtlichen Genehmigung nicht erfolgt ist. Dies ergibt sich bereits aus dem oben dargelegten Schutzzweck der Gewährleistung eines geordneten Verwaltungsverfahrens. Die Genehmigungsfähigkeit oder spätere Genehmigung eines späteren Anlagenbetriebs können daher lediglich schuldmildernd berücksichtigt werden[5].

214 Vom Schutzzweckgedanken des § 327 StGB ausgehend, sind allerdings jene Fälle problematisch, in denen eine nicht genehmigte Anlage *mit Wissen* der zuständigen Genehmigungsbehörde (weiter-)betrieben wird, diese vielmehr ausdrücklich von einer **Stilllegungsanordnung nach § 20 Abs. 2 BImSchG** absieht. Für diese Fälle wird zum Teil eine Tatbestandserfüllung verneint, da der Schutzbereich der Norm, d.h. die ungestörte Tätigkeit der Verwaltungsbehörde, nicht tangiert sei[6]. Dabei ist jedoch zu beachten, dass durch die – i.d.R. ohne Kenntnis der Verwaltungsbehörde erfolgte – frühere Inbetriebnahme der Anlage eine Situation geschaffen worden ist, die das Ermessen der Behörde bei

---

1 Ausf. zu dieser Norm *Ocker*, Das unerlaubte Betreiben von genehmigungsbedürftigen Anlagen oder sonstigen Anlagen i.S. des BImSchG, deren Betrieb zum Schutz vor Gefahren untersagt worden ist (§ 327 Abs. 2 Nr. 1 StGB), 1995.
2 Vgl. etwa OLG Oldenburg v. 9.4.2013 – 2 Ss Bs 59/13, BeckRS 2013, 07742.
3 BVerfG v. 6.5.1987 – 2 BvL 11/85, BVerfGE 75, 329 auf Vorlage des AG Nördlingen v. 22.10.1995 – Ds 300 Js 58742/85, NStZ 1986, 315.
4 *Steindorf* in LK, § 327 StGB Rz. 15.
5 LG Bremen v. 16.11.1980 – 18 Ns 71 Js 146/77, NStZ 1982, 163; a.A. etwa *Weber* in Koch/Scheuing (Hrsg.), GK, Vor § 62 BImSchG Rz. 73: Strafaufhebungsgrund; restriktiv auch *Bloy*, ZStW 100 (1988), 485 (506).
6 Vgl. u.a. *Heine*, NJW 1990, 2425 (2433) m.w.Nw.

Entscheidungen nach § 20 Abs. 2 BImSchG stark einschränken, somit auch den Ablauf des Genehmigungsverfahrens beeinträchtigen kann. Darüber hinaus wird man dem Verhalten der Verwaltungsbehörde hier nur den tatsächlich gemeinten Erklärungswert beimessen können, der sich darauf beschränkt, von einer Untersagungsanordnung abzusehen, nicht aber die Anlage zu gestatten. Dennoch wird der Anlagenbetreiber in diesen Fällen spätestens ab der unterbliebenen Stilllegungsanordnung subjektiv von einem Einverständnis der Verwaltungsbehörde mit einer weiteren Anlagennutzung ausgehen, ihm also ein unvermeidbarer *Verbotsirrtum* zuzuerkennen sein[1]. Nicht übersehen werden darf aber, dass die Anlage bereits bis zur Kenntnisnahme der Verwaltungsbehörde in Betrieb war, somit für diesen Zeitraum eine Strafbarkeit nach § 327 Abs. 2 Nr. 1 StGB anzunehmen ist.

Einen Sonderfall des unerlaubten Betreibens von Anlagen begründet der **Verstoß gegen** sog. **modifizierende Auflagen** eines vorhandenen Genehmigungsbescheids. Wird beim Betrieb der Anlage gegen wesentliche Genehmigungsvoraussetzungen verstoßen, die in sog. modifizierenden Auflagen ihren Niederschlag gefunden haben, wird der Anlagenbetreiber so behandelt, als ob er ohne Genehmigung, d.h. tatbestandsmäßig i.S. des § 327 Abs. 2 Nr. 1 StGB gehandelt hätte[2]. Diese Rechtsprechung führt zu einer wesentlichen Erweiterung und Ergänzung des § 325 StGB in den Fällen, in denen zwar wesentliche grenzwertüberschreitende Schadstoffemissionen, nicht aber die im dortigen Abs. 1 geforderte Schädigungseignung oder aber eine Schadstoff-Freisetzung außerhalb des Betriebsgeländes i.S. des Abs. 2 festzustellen sind. 215

§ 327 StGB stellt sowohl den **vorsätzlichen** als auch den **fahrlässigen** (Abs. 3) unerlaubten Betrieb einer Anlage unter Strafe. Geht der Anlagenbetreiber irrtümlich davon aus, die erforderliche Genehmigung liege vor, führt dies gem. § 16 StGB zu einem Vorsatzausschluss. Weit häufiger sind indes die Fälle, in denen Beschuldigte behaupten, die Genehmigungsbedürftigkeit einer bestimmten Anlage nicht erkannt zu haben. Da der Tatbestand des § 327 Abs. 2 StGB gerade durch den Verstoß gegen das verwaltungsrechtliche Genehmigungsverfahren geprägt ist, wird eine derartige Fehlvorstellung über die Voraussetzungen der Genehmigungsbedürftigkeit als Irrtum über ein Tatbestandsmerkmal nach § 16 StGB behandelt[3]. Dabei wird ein Sorgfaltspflichtverstoß häufig bereits dann vorliegen, wenn es der Anlagenbetreiber versäumt hat, sich bei den zuständigen Behörden zu erkundigen. 216

---

1 Näher dazu *Franzheim/Pfohl*, Rz. 391.
2 BayObLG v. 13.8.1987 – RReg. – 4 St 138/87, OLGSt § 327 Nr. 3; anders jedoch bei nicht nach dem BImSchG genehmigungsbedürftigen Altanlagen OLG Köln v. 19.2.1999 – Ss 610-98, NStZ-RR 1999, 270. Näher dazu *Franzheim/Pfohl*, Rz. 223; *Schall*, NStZ-RR 2001, 1.
3 So auch BGH v. 23.10.2013 – 5 StR 505/12, NJW 2014, 91; OLG Braunschweig v. 2.2.1998 – Ss 97/97, NStZ-RR 1998, 175 m. Anm. *Brede*, NStZ 1999, 137; *Kirchner/Jakielski*, JA 2000, 813; *Steindorf* in LK, § 327 StGB Rz. 28; *Heine/Hecker* in S/S, § 325 StGB Rz. 26; a.A., Verbotsirrtum nach § 17 StGB, OLG Braunschweig v. 29.5.1990 – Ws 25/90, ZfW 1991, 52; *Sack*, Umweltschutz-StrafR, § 327 StGB Rz. 178; *Horn* in SK, § 327 StGB Rz. 6.

216a **b)** Die mit dem 45. StrÄndG neu eingefügte Vorschrift des § 327 Abs. 2 S. 2 StGB erfasst das unerlaubte *Betreiben einer gefährlichen Anlage* in einem **anderen Mitgliedstaat der EU**. Sie betrifft auch Anlagen, die nach unserem Verständnis immissionsschutzrechtlich genehmigungsbedürftig wären. Zur näheren Erläuterung der Vorschrift wird auf Rz. 168b,c verwiesen.

217 **c)** Dem strafrechtlichen Immissionsschutz dient auch der in der Praxis bislang unbedeutend gebliebene § 329 Abs. 1 StGB. Die Norm stellt den **verbotswidrigen Betrieb einer Anlage** i.S. des § 3 Abs. 5 BImSchG **in** einem **besonderen Schutzgebiet** nach § 49 BImSchG, insbesondere einem *Smog-Gebiet*, unter Strafe. Auch nach den Reformen durch das 45. StrÄndG wurde in § 329 Abs. 1 S. 3 StGB das Ausnahmeprivileg für verkehrsbedingte Emissionen aufrechterhalten, was im Hinblick auf die tatsächlich durch den Verkehr verursachten Schadstoff-Freisetzungen schwer verständlich ist. Der Gesetzgeber hält hier jedoch eine Ahndung über bußgeldrechtliche Bestimmungen für ausreichend[1].

4. Besonders schwerer Fall

218 Auch bei Erfüllung der Tatbestände zum Schutz der Luft (§§ 325, 325a, 327 Abs. 2 S. 1 Nr. 1, S. 2, 329 Abs. 1 StGB) können, wenn die oben Rz. 171 geschilderten Voraussetzungen vorliegen, die Regelbeispiele für das Vorliegen eines *besonders schweren Falls* (**§ 330 Abs. 1** StGB) oder der **Qualifikationstatbestand** des § 330 Abs. 2 StGB zur Anwendung kommen.

5. Ordnungswidrigkeiten

219 Die dargestellten Strafnormen werden durch eine **Vielzahl von Bußgeldtatbeständen** ergänzt. Von besonderer Bedeutung sind hierbei[2]:
- das unerlaubte Errichten genehmigungsbedürftiger Anlagen (**§§ 62** Abs. 1 Nr. 1, 4 Abs. 1 **BImSchG**);
- die Nichterfüllung vollziehbarer Auflagen (§§ 62 Abs. 1 Nr. 3, 12 Abs. 1 BImSchG);
- die unerlaubte wesentliche Änderung genehmigungsbedürftiger Anlagen (§§ 62 Abs. 1 Nr. 4, 16 Abs. 1 BImSchG);
- der Verstoß gegen eine vollziehbare Anordnung (§§ 62 Abs. 1 Nr. 5, 17 Abs. 1 BImSchG);
- die unterlassene, unrichtige, unvollständige oder verspätete Mitteilung über Abweichungen vom Genehmigungsbescheid (§§ 62 Abs. 2 Nr. 1, 15 Abs. 1 oder Abs. 3 BImSchG);
- die unterlassene Anzeige einer genehmigungsbedürftigen Altanlage (§§ 62 Abs. 2 Nr. 6, 67 Abs. 2 BImSchG).

220 Darüber hinaus sind in den einzelnen **Verordnungen zum BImSchG** *Ordnungswidrigkeitenvorschriften* enthalten, wie z.B. § 24 der 1. BImSchV, § 20 der 2. BImSchV, § 21 der 12. BImSchV, § 29 der 13. BImSchV, § 24 der 17. BImSchV,

---

1 Krit. dazu auch *Saliger*, Rz. 451 m.w.Nw.
2 Vgl. hierzu die ausf. Kommentierung von *Weber* in Koch/Scheuing (Hrsg.), GK-BImSchG.

§ 9 der 26. BImSchV. Auch das BenzinbleiG und das Gesetz zur Regelung des Schutzes vor nichtionisierender Strahlung sanktionieren in § 7 BzBlG bzw. § 8 NiSG im Einzelnen aufgeführte Verstöße als Ordnungswidrigkeiten.

Für den Fall der Lärmverursachung wird § 325a StGB durch den in der Praxis häufig angewandten **§ 117 OWiG** („Unzulässiger Lärm") ergänzt, der insbesondere nicht anlagenbedingte (auch private) übermäßige Lärmerregungen erfasst[1]. 221

Eng mit § 62 BImSchG verknüpft ist auch der Bußgeldtatbestand des **§ 23 UVPG**. Danach handelt u.a. ordnungswidrig, wer vorsätzlich oder fahrlässig ein UVP-Vorhaben ohne den erforderlichen Planfeststellungsbeschluss bzw. ohne Plangenehmigung durchführt. Nicht nachvollziehbar ist allerdings, weshalb der Gesetzgeber diesen (u.U. gravierenderen) Verstoß nur als Ordnungswidrigkeit, das unerlaubte Betreiben immissionsschutzrechtlich genehmigungsbedürftiger Anlagen hingegen grundsätzlich als Straftat eingestuft hat (§ 327 Abs. 2 Nr. 1 StGB). Mit den Neuregelungen des WHG sowie des Gesetzes zur Umsetzung der Industrieemissions-Richtlinie (Rz. 32a) ist hinsichtlich der wassergefährdenden Rohrleitungsanlagen sowie bestimmter Abwasserbehandlungsanlagen immerhin eine erste Angleichung erfolgt (§ 327 Abs. 2 Nr. 2 und Nr. 4 StGB, vgl. Rz. 168 f.). 222

Einen eigenen Bußgeldtatbestand enthält schließlich auch § 22 des oben Rz. 49 dargestellten Zuteilungsgesetzes 2012.

IV. Kreislaufwirtschaft/Abfallentsorgung

1. Unerlaubter Umgang mit Abfällen

Mehr als zwei Drittel der zuletzt abgeurteilten Umweltstraftaten betrafen Vergehen des unerlaubten Umgangs mit *Abfällen*. Insbesondere folgende **Fallgestaltungen** treten hier in der Praxis häufiger auf: 223

– die heimliche Entsorgung von untergemischten gefährlichen Abfällen auf/in dafür nicht zugelassenen Deponien und Verbrennungsanlagen,
– das längerfristige unbefugte Zwischenlagern von „Sonderabfällen" in Betrieben,
– das unbefugte Verbrennen von Abfällen,
– übermäßige, grenzwertüberschreitende Schadstoffeinleitungen in die öffentliche Kanalisation,
– landwirtschaftliche Missstände, z.B. unsachgemäße Jauche- und Gülleablagerungen[2],
– das Hinterlassen „wild" abgestellter Autowracks,
– der unsachgemäße Abbruch asbesthaltiger Baumaterialien, insbesondere von Faserzementplatten.

---

1 Vgl. hierzu *Hartmann* in Dölling/Duttge/Rössner, § 325a StGB, § 117 OWiG sowie die Kommentierungen zum OWiG von *Göhler*, *Rogall* in KK-OWiG und *Rebmann/Roth/Herrmann*.
2 Vgl. zu Abfalldelikten in der Landwirtschaft *Henzler*, NuR 2003, 270; *Krell*, NuR 2009, 327.

223a Während die „Autowrack- und Asbestfälle" eher der Alltagskriminalität zuzuordnen sind, belegen die zuerst genannten Fälle immer wieder, dass Umweltstraftaten auch aus rein **wirtschaftlichen Gründen** begangen werden, wobei häufig arbeitsteilig vorgegangen wird[1]. So wurden in den letzten Jahren immer wieder Fälle bekannt, in denen Abfälle, die nach der AbfallverzeichnisV als gefährlich eingestuft sind, vermischt und über mehrere beteiligte Entsorger und Makler so umdeklariert wurden, dass sie „papiermäßig" den Annahmebedingungen von Altdeponien entsprachen. Wird dem ursprünglichen Abfallerzeuger in diesen Fällen eine ordnungsgemäße Entsorgung der gefährlichen Abfälle nach den dafür üblichen Tarifen in Rechnung gestellt, ergibt sich eine außergewöhnliche Gewinnspanne, gleichzeitig jedoch ein u.U. erheblicher Schaden der Deponiebetreiber, die Gefahr laufen, eine sanierungsbedürftige Altlast zu bekommen[2].

224 In rechtlicher Hinsicht setzt der hier maßgebliche Tatbestand des **§ 326 Abs. 1 StGB** Folgendes voraus:

Es muss mit **Abfällen** i.S. des § 3 Abs. 1 KrWG umgegangen werden. Insoweit ist zunächst auf die Ausführungen zum Abfallverwaltungsrecht Rz. 53 oben zu verweisen. Eine Einschränkung durch das Unionsrecht findet hinsichtlich des strafrechtlichen Abfallbegriffs nicht statt. Auch Stoffe, die im europäischen Verzeichnis gefährlicher Abfälle nicht aufgeführt sind, können bei Vorliegen der sonstigen Voraussetzungen Abfall i.S. des § 326 StGB sein. Die Mitgliedstaaten sind insoweit befugt, eigene zusätzliche Schutzmaßnahmen durchzuführen[3].

225 Entgegen einer früher verschiedentlich vertretenen Ansicht werden vom Tatbestand nicht nur Abfälle zur Beseitigung, sondern **auch Abfälle zur Verwertung** umfasst[4]. Dies wurde spätestens durch das 45. StRÄndG klargestellt, das die Tathandlung „verwertet" ausdrücklich in den Gesetzestext aufgenommen hat[5]. Von praktischer Bedeutung wird die Abgrenzung jedoch für die verwaltungsrechtlichen Genehmigungserfordernisse, somit für das Tatbestandsmerkmal „außerhalb einer dafür zugelassenen Anlage" (vgl. dazu Rz. 238). Hier folgt die Rechtsprechung des BGH jener aus dem Verwaltungsrecht (vgl. Rz. 58), wobei der BGH bei einer wertenden Betrachtung von der Verkehrsanschauung unter Berücksichtigung der Vorstellungen desjenigen ausgeht, der die Maßnahme durchführt[6].

226 Während der der objektive Begriff des § 3 Abs. 4 KrWG auf den strafrechtlichen Abfallbegriff ohne Weiteres übertragbar ist, stellen § 3 Abs. 2 und **§ 3 Abs. 3 KrWG** Fiktionen dar, die im Strafrecht keine unmittelbare Anwendung finden

---

1 Ausf. zum Verhältnis von Umwelt- zum Wirtschaftsstrafrecht *Saliger*, Rz. 13 ff. m.w.Nw.
2 Symptomatisch etwa der Sachverhalt in BGH v. 20.2.2013 – 5 StR 306/12, NStZ 2013, 401.
3 BGH v. 6.6.1997 – 2 StR 339/96, BGHSt 43, 219.
4 Vgl. zur früheren Streitfrage die Voraufl. Rz. 225 m.w.Nw.
5 Vgl. *Pfohl*, ZWH 2013, 95; *Saliger*, Rz. 281.
6 BGH v. 23.10.2013 – 5 StR 505/12, NJW 2014, 91; vgl. dazu *Krell*, NZWiSt 2014, 14.

Schutz der Umwelt   Rz. 228 § 54

dürfen[1]. Die in beiden Normen zum Ausdruck kommenden Überlegungen können aber zur kritischen Überprüfung der Einlassungen des Abfallbesitzers oder -entsorgers, somit als Auslegungshilfe bei der Beurteilung nach § 3 Abs. 1 KrWG i.S. einer Verobjektivierung des subjektiven Abfallbegriffs[2] herangezogen werden, zumal sie bereits bei der früheren strafrechtlichen Auslegung des Abfallbegriffs in der sog. Pyrolyseöl-Entscheidung[3] zugrunde gelegt wurden. Soweit auch § 3 Abs. 2 KrWG durch die Neufassung des KrWG als Vermutungsregelung ausgestaltet wurde („ist anzunehmen"), gelten entsprechende Überlegungen.

Vom Abfallbegriff des § 326 Abs. 1 StGB umfasst werden die in Rz. 53 ff. im Einzelnen angeführten beweglichen *Sachen*, darüber hinaus aber auch sämtliche *Schadstoffe*, die in die öffentliche Kanalisation eingeleitet werden. Die Anwendungsbeschränkung des § 2 Abs. 2 Nr. 9 KrWG gilt für die verwaltungsrechtliche Abgrenzung zwischen **Abwasser**- und Abfallrecht, nicht aber für das Strafrecht, wo eine solche Differenzierung nicht vonnöten ist[4]. Entsprechende Überlegungen gelten für tierische Nebenprodukte. Auch sie können Abfall i.S. des § 326 StGB sein, obwohl das KrWG im Hinblick auf die Verordnung über tierische Nebenprodukte (vgl. Rz. 52b) für sie nicht gilt (§ 2 Abs. 2 Nr. 2 KrWG). Dies gilt auch für Fäkalien (§ 2 Abs. 2 Nr. 4 KrWG). 227

Besondere Probleme können bei Stoffen auftreten, die vom Abfallerzeuger bzw. Abfallbesitzer als „**Nebenprodukt**" deklariert werden (vgl. § 4 KrWG sowie Rz. 60). Hier ist erforderlich, dass alle Voraussetzungen des § 4 Abs. 1 Nr. 1-4 (!) KrWG erfüllt sind. So genügt z.B. die bloße Behauptung, dass ein Granulat, das bei der Aufbereitung ölhaltiger Schlämme entsteht, problemlos als Ersatzbrennstoff verwendet werden kann, allein noch nicht. Die Behauptung ist nur tragfähig, wenn (tatsächlich) sichergestellt ist, dass der Stoff oder Gegenstand weiter verwendet wird (§ 4 Abs. 1 Nr. 1 KrWG). Findet sich über Jahre hinweg kein entsprechender Abnehmer, fehlt es an dieser Voraussetzung. Für das strafrechtliche Ermittlungsverfahren bedeutet dies, dass über diese Frage gründlich Beweis zu erheben ist, um etwaigen Schutzbehauptungen zu begegnen. 227a

Um den Tatbestand auf den Umgang mit tatsächlich gefährlichen Abfällen zu begrenzen, werden die **Tatobjekte** in § 326 Abs. 1 StGB *enumerativ aufgelistet:* 228

§ 326 Abs. 1 **Nr. 1** StGB führt *Gifte oder Erreger* von auf Menschen oder Tiere übertragbaren gemeingefährlichen Krankheiten an. Unter Gift wird – wie bei § 224 Abs. 1 StGB – jeder organische oder anorganische Stoff verstanden, der unter bestimmten Bedingungen geeignet ist, durch chemische oder chemisch-

---

1 Vgl. BayObLG v. 17.4.1998 – 3 ObOWi 43/98, BayObLGSt 1997, 11; OLG Köln v. 19.6.2002 – Ss 92/02 B, NuR 2002, 635; *Heine*, NJW 1998, 3665; *Saliger* in S/S/W, § 326 StGB Rz. 6 m.w.Nw.; *Schall* in FS Samson, 2010, S. 491.
2 OLG Düsseldorf v. 2.11.1998 – Ss (Owi) 358/98, NStZ-RR 2000, 19; *Krell*, NZWiSt 2014, 14.
3 BGH v. 26.2.1991 – 5 StR 444/90, BGHSt 37, 334; bestätigt in BGH v. 6.6.1997 – 2 StR 339/96 – EUMET, BGHSt 43, 219.
4 BGH v. 26.4.1990 – 4 StR 24/90, BGHSt 37, 21; BGH v. 20.11.1996 – 2 StR 323/96, NStZ 1997, 189; OLG Koblenz v. 23.9.1987 – 2 Ss 338/87, OLGSt § 324 Nr. 2 m. Anm. *Möhrenschlager*.

physikalische Wirkung die Gesundheit zu schädigen (nach a.A. zu „zerstören")[1]. Erfüllt ist der *Giftbegriff* z.B. bei der Beseitigung fester, aber auch flüssiger cyanid- und chrom$_6$-haltiger Abfälle aus Galvanikbetrieben. Der Begriff des Krankheitserregers lehnt sich an das Infektionsschutz- und das TierseuchenG an.

229 § 326 Abs. 1 **Nr. 2** StGB erfasst für die Menschen **krebserzeugende**, *fortpflanzungsgefährdende oder erbgutverändernde* **Materialien**. Zur Auslegung dieser Eigenschaften ist auf § 3a Abs. 1 Nr. 12 und 14 ChemG sowie § 3 Nr. 12-14 GefStoffV zu verweisen. In strafrechtlichen Verfahren von größerer praktischer Bedeutung sind vor allem die krebserzeugenden Stoffe, die z.B. beim unsachgemäßen Abbruch von Eternitplatten in Form von Asbestfasern auftreten können[2].

§ 326 Abs. 1 **Nr. 3** StGB betrifft Abfälle, die *explosionsgefährlich*, selbstentzündlich oder nicht nur geringfügig radioaktiv sind[3].

230 Die letzte Tatbestandsvariante des § 326 Abs. 1 **Nr. 4** StGB führt die Abfälle an, die „nach Art, Beschaffenheit oder Menge *geeignet* sind, nachhaltig ein Gewässer, die Luft oder den Boden zu verunreinigen oder sonst nachteilig zu verändern oder einen Bestand von Tieren oder Pflanzen zu gefährden". Diese Umschreibung soll deutlich machen, dass der Tatbestand **nur wirklich umweltgefährdende Sachen** erfasst, wofür i.d.R. die Eigenschaft als gefährlicher Abfall i.S. der AbfallverzeichnisV oder als besonders wassergefährdender Stoff i.S. des § 62 Abs. 3 WHG spricht.

231 Entgegen einem (gelegentlich auch in der Rechtsprechung vorzufindenden[4]) Missverständnis ist es nicht erforderlich, dass eine konkrete Gefährdung oder gar Beeinträchtigung der genannten Umweltmedien auftritt. § 326 StGB lässt es als **abstraktes Gefährdungsdelikt**[5] vielmehr genügen, dass der zu überprüfende und zu analysierende konkrete Abfall nach seinem Untersuchungsbefund generell geeignet ist, nachhaltig ein Gewässer, die Luft oder den Boden zu verunreinigen. Wie sich aus den Begriffen *ein* Gewässer, *die* Luft usw. ergibt, ist auch nicht auf die konkrete Gefährdung eines bestimmten, örtlich nahe liegenden Mediums, z.B. den Vorfluter, abzustellen, sondern auf das Medium schlechthin[6].

---

1 Wie hier *Lackner/Kühl*, § 326 StGB Rz. 4; a.A. *Ransiek* in NK, § 326 StGB Rz. 20.
2 Ausf. dazu *Franzheim/Pfohl*, Rz. 364; *Kuchenbauer*, NJW 1997, 209; *Müller*, NuR 2001, 202; *Alt* in MüKo, § 326 StGB Rz. 73.
3 Näher dazu *Steindorf* in LK, § 326 StGB Rz. 83 ff.; *Heine/Hecker* in S/S, § 326 StGB Rz. 5.
4 Zweifelhaft daher etwa BGH v. 23.10.2013 – 5 StR 505/12, NJW 2014, 91; zutr. krit. dazu *Krell*, NZWiSt 2014, 14; OLG Zweibrücken v. 12.8.1991 – 1 Ss 104/90, NJW 1992, 2841 mit zutr. krit. Bespr. *Winkelbauer*, JuS 1994, 112; OLG Köln v. 4.6.1991 – Ss 157-158/91, JR 1991, 523 mit zutr. krit. Anm. *Sack*.
5 So ausdrücklich BGH v. 3.10.1989 – 1 StR 372/89, BGHSt 36, 255; BGH v. 3.11.1993 – 2 StR 321/93, BGHSt 39, 381; BGH v. 20.11.1996 – 2 StR 323/96, NStZ 1997, 189 m.w.Nw.
6 BGH v. 20.11.1996 – 2 StR 323/96, NStZ 1997, 189.

Als umweltgefährdende Abfälle in diesem Sinne wurden in der **Rechtsprechung** bislang u.a. bewertet: 232

- Altöl mit einer grenzwertüberschreitenden Beimengung von Clophen[1],
- Tausende Kubikmeter arsenhaltigen Hausmülls[2],
- große Mengen an Fäkalschlamm[3],
- 10 000 Liter Rindergülle, die punktförmig abgelassen wurden[4],
- große Mengen Schlachthofabwässer, die in ein öffentliches Gewässer eingeleitet wurden[5],
- große Mengen abgelagerten Klärschlamms[6],
- Haushaltsabwässer, die in großen Mengen abgelassen wurden[7],
- die Betriebsstoffe (Altöl, Benzin, Bremsflüssigkeit, Kühlerflüssigkeit und Batteriesäure) in „wild" abgestellten Schrottfahrzeugen[8].

Die *Gefährlichkeit* muss im Zeitpunkt der Tathandlung, d.h. bis zu deren Beendigung gegeben sein. Damit ist z.B. auch das Verbrennen von zunächst unschädlichen Stoffen (Holz, Styropor, Plastik) tatbestandsmäßig, wenn beim Verbrennungsvorgang umweltgefährdende Schadstoffe wie Dioxine oder Furane freigesetzt werden[9].

---

1 OLG Köln v. 21.5.1985 – 1 Ss 90/85, NJW 1986, 1117.
2 BGH v. 31.10.1986 – 2 StR 33/86, BGHSt 34, 211 m. Anm. *Rudolphi*, NStZ 1987, 324; *Sack*, NJW 1987, 1248 und *Schmoller*, JR 1987, 470. Vgl. dazu auch *Rogall*, NStZ 1992, 561.
3 BayObLG v. 29.6.1987 – RReg 4 St 89/87, NStZ 1988, 26.
4 BayObLG v. 10.2.1989 – RReg 4 St 267/88, NJW 1989, 1290. Allgemein zu Abfalldelikten in der Landwirtschaft *Henzler*, NuR 2003, 270; *Krell*, NuR 2009, 327.
5 BGH v. 20.11.1996 – 2 StR 323/96, NStZ 1997, 189.
6 OLG Stuttgart v. 20.8.1991 – 2 Ss 347/91, NStZ 1991, 590 m. krit. Anm. *Franzheim*, JR 1992, 481.
7 OLG Celle v. 11.3.1992 – 2 Ss 393/91, ZfW 1992, 517.
8 Vgl. aus der uneinheitlichen und daher unbefriedigenden Rspr. u.a. BayObLG v. 4.12.1992 – 3 ObOwi 106/92, DÖV 1993, 959; BayObLG v. 27.10.1994 – 3 ObOwi 91/94, NVwZ 1995, 935; BayObLG v. 9.3.1995 – 3 ObOwi 19/95, NuR 1995, 431; OLG Braunschweig v. 6.12.1993 – Ss 71/93, NuR 1995, 162; OLG Braunschweig v. 2.2.1998 – Ss 97/97, NStZ-RR 1998, 175; OLG Braunschweig v. 10.5.2000 – 1 Ss 7/00, NStZ-RR 2001, 42; OLG Celle v. 2.11.1995 – 3 Ss 144/95, NStZ 1996, 191; OLG Celle v. 15.10.2009 – 32 Ss 113/09 , NuR 2011, 531; OLG Düsseldorf v. 2.11.1998 – 2 Ss Owi 358/98, NStZ-RR 2000, 19; OLG Koblenz v. 15.9.1995 – 1 Ss 146/95, NStZ-RR 1996, 9; OLG Schleswig v. 20.5.1997 – 2 Ss 334/96, NStZ 1997, 546; LG Stuttgart v. 5.4.2005 – 18 Qs 24/05, NStZ 2006, 291 m. Anm. *Henzler*. Überwiegend krit. die Literatur: *Brede*, NStZ 1999, 137; *Franzheim/Pfohl*, Rz. 328; *Henzler*, wistra 2002, 413 (zu Oldtimern); *Iburg*, NStZ 1997, 547; *Kirchner/Jakielski*, JA 2000, 813; *Krell*, NuR 2011, 487; *Meeder/Eßling*, NZV 2004, 446; *Sack*, NStZ 1998, 198; *Sack*, NZV 2005, 179; *Schall*, NStZ-RR 2001, 1; *Schall*, NStZ-RR 2008, 129.
9 OLG Zweibrücken v. 4.2.1986 – 2 Ss 309/85, NStZ 1986, 411; OLG Zweibrücken v. 18.4.1988 – 1 Ss 58/88, NJW 1988, 3029.

233 Nach dem Inkrafttreten des 2. UKG umfasst der Schutzbereich des § 326 Abs. 1 Nr. 4 Buchst. a StGB auch das **Ausland**. Die hierzu früher vertretene anderweitige Auffassung der Rechtsprechung[1] ist nach der Erweiterung des § 330d Abs. 1 Nr. 1 StGB auf alle Gewässer nicht mehr aufrechtzuerhalten[2].

234 Die **Tathandlungen** des § 326 Abs. 1 StGB wurden mit dem 45. StrÄndG an die Sprachregelung des KrWG angeglichen und damit erheblich erweitert. Sie umfassen nun den kompletten Vorgang der Abfallbewirtschaftung i.S. des § 3 Abs. 14 KrWG. Das Gesetz führt *11 Handlungsvarianten* auf (vgl. den Gesetzeswortlaut). Für die Auslegung der einzelnen Handlungen kann zum Teil auf Begriffsbestimmungen des KrWG zurückgegriffen werden. Dies gilt für das *Sammeln* (§ 3 Abs. 10, 15 KrWG), *Befördern* (§ 3 Abs. 11 KrWG), *Verwerten* (§ 3 Abs. 23 KrWG), *Beseitigen* (§ 3 Abs. 26 KrWG), *Handeln* (§ 3 Abs. 12 KrWG), *Makeln* (§ 3 Abs. 13 KrWG) und *sonst Bewirtschaften* (§ 3 Abs. 11 KrWG).

234a Bei der Bezugnahme auf das KrWG ist allerdings noch *nicht geklärt*, ob und welche der Tathandlungen allein auf **gewerbliche Tätigkeiten** beschränkt sind.[3] Während § 3 Abs. 10 KrWG die Abfallsammlung auf gewerbliche oder wirtschaftliche Tätigkeiten bezieht und auch der Begriff des Beförderns in § 3 Abs. 11 KrWG allein die gewerbsmäßige oder im Rahmen wirtschaftlicher Unternehmen erfolgende Tätigkeit erfasst, sehen die strafrechtlichen Tathandlungen eine entsprechende Beschränkung nicht vor. Daraus lässt sich aber nicht schließen, dass diese beiden Tathandlungen nur bei gewerblichem Tätigwerden zur Anwendung kommen sollen. Eine völlige Deckungsgleichheit der Begriffe des Abfallverwaltungs- und Abfallstrafrechts ist, wie beim Abfallbegriff, der im Strafrecht nur in Anlehnung an das KrWG zu bestimmen ist (vgl. Rz. 52 ff.), nicht zwingend. Berücksichtigt man, dass gerade der „unprofessionelle" Umgang mit Abfällen zu Umweltgefahren führen kann, erscheint eine entsprechende Eingrenzung kriminalpolitisch nicht geboten. Eine uferlose Strafbarkeit ist dabei nicht zu befürchten, wird doch zusätzlich gefordert, dass die Tathandlungen „außerhalb einer dafür zugelassenen Anlage" oder unter „wesentlicher Abweichung von einem vorgeschriebenen oder zugelassenen Verfahren" erfolgen[4]. Beim Makeln von Abfällen wird die Problematik voraussichtlich nicht auftreten, da diese Tathandlung kaum anders als gewerbsmäßig denkbar ist[5].

235 Die **übrigen**, im KrWG nicht ausdrücklich definierten **Tathandlungen** waren bereits in der alten Fassung des § 326 Abs. 1 StGB enthalten. Das *Behandeln* soll u.a. das Aufbereiten, Zerkleinern, Kompostieren, Entgiften oder Verbrennen erfassen[6]. Während die Tathandlung des *Ablagerns* Vorgänge der endgülti-

---

1 BGH v. 2.3.1994 – 2 StR 604/93, BGHSt 40, 79 m. Anm. *Cramer*, NStZ 1995, 186; *Michalke*, StV 1994, 428; *Otto*, NStZ 1994, 437; krit. *Rengier*, JR 1996, 34.
2 So die allg. Meinung, vgl. etwa *Heine/Hecker* in S/S, § 326 StGB Rz. 7.
3 Vgl. dazu *Pfohl*, ZWH 2013, 98; *Saliger* in S/S/W, § 326 StGB Rz. 32.
4 Grundsätzlich dazu *Alt* in MüKo, § 326 StGB Rz. 68 ff.; *Heine/Hecker* in S/S, § 326 StGB Rz. 12.
5 So *Lackner/Kühl*, § 326 StGB Rz. 7c.
6 Vgl. etwa *Heine/Hecker* in S/S, § 326 StGB Rz. 10a.

gen Abfallbeseitigung, etwa auf einer Deponie, betrifft[1], werden unter „*Lagern*" sämtliche Formen des Zwischenlagerns zur weiteren Verwertung und Beseitigung verstanden[2]. Noch nicht tatbestandsmäßig ist hingegen das bloße „Bereitstellen zur Abholung". Die Abgrenzung hat im Einzelfall zu erfolgen, wobei als Kriterien insbesondere die Gefährlichkeit des Abfalls, die Dauer und die Art der Aufbewahrung sowie das Vorhandensein eines regelmäßigen Entsorgungsturnus von Bedeutung sind[3].

Die Tatmodalität des *Ablassens*, unter der jegliches Ausfließen ohne Rücksicht auf seine Ursache verstanden wird[4], kommt fast nur bei flüssigen Abfällen in Betracht, insbesondere bei sog. Indirekteinleitungen in die öffentliche Kanalisation[5]. Das „**sonst Beseitigen**" i.S. des § 326 Abs. 1 StGB a.F. wurde als Auffangtatbestand verstanden, mit welchem die Entsorgung außerhalb der Kontrolle des Abfallregimes erfasst werden sollte, also z.B. das nicht nachvollziehbare Vermischen verschiedener Abfälle wie das „Panschen" von Altöl und Sonderabfällen[6]. Diese Funktion als „Auffangvariante" wird nach der Neufassung wohl dem „sonst Bewirtschaften" zufallen. 236

Die dargestellten Tathandlungen können grundsätzlich auch durch **Unterlassen** verwirklicht werden. Dabei kann sich die nach § 13 StGB erforderliche *Garantenpflicht* zum einen aus Ingerenz, zum anderen – was besonders praxisrelevant ist – aus der Verantwortung für eine Gefahrenquelle, insbesondere die *Sachherrschaft über ein Grundstück* ergeben[7]. Umstritten ist die Reichweite einer derartigen Verpflichtung für den Eigentümer eines Grundstücks, auf dem Abfälle von Dritten „wild" abgelagert oder gar durch Überschwemmungen angetragen worden sind[8]. Hier ist die strafrechtliche Garantenpflicht im Einklang mit der verwaltungsgerichtlichen Rechtsprechung auf die Fälle zu beschränken, in denen der Besitzer ein Mindestmaß an Sachherrschaft an dem Grund- 237

---

1 *Steindorf* in LK, § 326 StGB Rz. 107; *Sack*, Umweltschutz-StrafR, § 326 StGB Rz. 210.
2 BGH v. 2.3.1994 – 2 StR 604/93, StV 1994, 426; *Sack*, Umweltschutz-StrafR, § 326 StGB Rz. 208. Zur Abgrenzung von Verwertung und Beseitigung bei längerfristiger Lagerung OLG Stuttgart v. 19.2.2004 – 1 Ss 515/03, NuR 2004, 556.
3 Vgl. aus der Rspr. BGH v. 26.2.1991 – 5 StR 444/90, BGHSt 37, 333; BayObLG v. 26.7.1990 – RReg 4 St 46/90, MDR 1991, 78; BayObLG v. 4.12.1998 – 3 ObOwi 132/98, NStZ 1999, 574; OLG Düsseldorf v. 16.3.1982 – 5 Ss (Owi) 93/82 I, MDR 1982, 868.
4 *Fischer*, § 326 StGB Rz. 34.
5 Vgl. z.B. LG Frankfurt v. 14.4.1982 – 92 Js 3894/81 – Ns, NStZ 1983, 171; *Pfohl*, wistra 1994, 6 m.w.Nw.
6 OLG Köln v. 21.5.1985 – 1 Ss 90/85, NJW 1986, 1117; OLG Düsseldorf v. 18.6.1993 – 4 Ws 367/92, wistra 1994, 73.
7 *Heine/Hecker* in S/S, § 326 StGB Rz. 11 m.w.Nw.
8 Vgl. etwa BVerwG v. 11.12.1997 – 7 C 58/96, NJW 1988, 1004; BVerwG v. 8.5.2003 – 7 C 15/02, NVwZ 2003, 1252.

stück hat, woran es etwa bei frei zugänglichen Wald- und Flurgrundstücken fehlen kann[1].

Für den *Insolvenzverwalter* sollen hier nach der Rechtsprechung der Verwaltungsgerichte dieselben Grundsätze gelten wie bei der Altlastensanierungspflicht (vgl. Rz. 187). Der Insolvenzverwalter soll sich durch die erklärte Freigabe von Abfallgegenständen aus der Masse grundsätzlich von der Entsorgungspflicht befreien können, wenn er den Betrieb der Anlage, aus der die Gegenstände stammen, nicht aufgenommen hat[2]. Wirtschaftlich führt dies zu einer zweifelhaften Verlagerung der Kosten von der Insolvenzmasse auf den Fiskus[3], in strafrechtlicher Hinsicht zum Fehlen einer Garantenpflichtverletzung.

238 Als *einschränkende Voraussetzung* sieht § 326 Abs. 1 StGB des Weiteren vor, dass die Abfallentsorgung **außerhalb einer dafür zugelassenen Anlage** oder unter wesentlicher Abweichung von einem vorgeschriebenen oder zugelassenen Verfahren geschehen muss.

Dabei stellt die *erste Tatbestandsalternative* auf die verwaltungsrechtlichen Zulassungserfordernisse, insbesondere für Deponien nach dem KrWG (vgl. Rz. 69) sowie für die weiteren Abfallanlagen nach dem BImSchG ab (vgl. Rz. 35). Auch sonstige Anlagen, z.B. nach der Tierischen Nebenprodukteverordnung oder § 9a Abs. 3 AtomG sind hier zu berücksichtigen[4]. Soweit ersichtlich noch nicht abschließend geklärt ist, welche Konsequenzen es hat, wenn Zwischenlager für Abfälle nur einer baurechtlichen Genehmigung, nicht aber einer Genehmigung nach dem BImSchG bedürfen. Hier wird man wohl von einer Zulassungsfiktion für diese Einrichtungen, somit davon auszugehen haben, dass in diesen Fällen nicht außerhalb einer dafür zugelassenen Anlage gehandelt wird. Etwas anderes gilt unter Heranziehung der Rechtsprechung zur *Genehmigungsfiktion für Altanlagen*[5] jedoch dann, wenn der Anlagenbetrieb materiell rechtswidrig, z.B. unter Verstoß gegen grundwasserschützende Vorschriften wie § 48 Abs. 2 oder § 62 WHG erfolgt. Ebenso verhält es sich, wenn eine erforderliche *baurechtliche Genehmigung* fehlt. Derartige Zulassungen weisen zwar grundsätzlich keinen unmittelbaren Bezug zu Umweltbelangen auf, in sie können jedoch durchaus auch dem Umweltschutz dienende Nebenbestimmungen aufgenommen werden.

239 Ausgestanden ist der Streit über die Frage, welche Konsequenzen es hat, wenn für ein bestimmtes Vorgehen, z.B. das Beseitigen von Silagesaft, **keine zugelas-**

---

1 Ausf. dazu *Hecker*, Die abfallstraf- und bußgeldrechtliche Verantwortlichkeit für illegale Müllablagerungen, 1991; *Hecker*, NJW 1992, 873; sowie des Weiteren *Geidies*, NJW 1989, 821; *Hohmann*, NJW 1989, 1254; *Iburg*, NJW 1988, 2338; *Schmitz*, NJW 1993, 1167; w.Nw. bei *Alt* in MüKo, § 326 StGB Rz. 120 f.; *Heine/Hecker* in S/S, § 326 StGB Rz. 11.
2 OVG Berlin-Brandenburg v. 10.11.2009 – 11 N 30/07, NVwZ 2010, 594; OVG Lüneburg v. 3.12.2009 – 7 ME 55/09, NJW 2010, 1546; VGH Kassel v. 11.9.2009 – 8 B 1712/09, NJW 2010, 1545.
3 Zutr. krit. *Karsten Schmidt*, NJW 2010, 1489.
4 *Alt* in MüKo, § 326 StGB Rz. 69 ff.
5 BVerwG v. 1.12.1982 – 7 C 97/78, NVwZ 1983, 409; BVerwG v. 8.3.1989 – 7 B 173.88, UPR 1989, 229.

senen **Anlagen** existieren. Hier geht die Rechtsprechung davon aus, dass die Anwendung des § 326 Abs. 1 StGB vom Bestehen einer derartigen Einrichtung unabhängig ist[1].

Die Tatbestandsalternative der **wesentlichen Abweichung** *von einem vorgeschriebenen oder zugelassenen* **Verfahren** nimmt auf einschlägige Rechtsvorschriften oder Verwaltungsakte, insbesondere des Abfallverwaltungsrechts Bezug. Nach überzeugender, da mit dem Wortlaut übereinstimmender und den kriminologischen Bedürfnissen entsprechender h.M. kommt sie auch zum Tragen, wenn die Abfallbeseitigung in einer zugelassenen Anlage vorgenommen wird[2]. 240

Bei den neuen, mit dem **45. StrÄndG** eingefügten Tathandlungen ist die Variante „außerhalb einer dafür zugelassenen Anlage" vor allem für das *Sammeln* von Bedeutung. Die zweite Variante der *wesentlichen Abweichung* wird etwa u.a. im Zusammenhang mit § 54 Abs. 1 KrWG relevant. Danach bedürfen Sammler, Beförderer, Händler und Makler von Abfällen der Erlaubnis. Ob der bloße Verstoß gegen diese formale Bestimmung eine wesentliche Abweichung von dem auf materielle Belange abstellenden Verfahren i.S. des § 326 Abs. 1 StGB begründen kann, ist zu bezweifeln. Gem. § 69 Abs. 1 Nr. 7 KrWG ist der Verstoß gegen diese Erlaubnispflicht aber als Ordnungswidrigkeit zu ahnden. Eine wesentliche Abweichung von einem vorgeschriebenen Verfahren i.S. des § 326 Abs. 1 StGB wird jedoch dann vorliegen, wenn mit der Art und Weise der Sammlung, Beförderung usw. eine Umweltgefährdung verbunden ist, die beim Einhalten eines vorgeschriebenen Verfahrens vermieden worden wäre[3]. Dies gilt vor allem für die unbefugte *innerstaatliche Beförderung* gefährlicher Abfälle, die unter Verstoß gegen hinreichend konkrete materielle Beförderungsbedingungen erfolgt, insbesondere bei der nach § 55 Abs. 1 KrWG unzureichenden Kennzeichnung der Ladung oder bei einem Verstoß gegen § 19 Abs. 2 Nr. 2, Nr. 5 oder Nr. 9 GGVSEB. 240a

Wegen der stark verwaltungsakzessorischen Ausgestaltung der zuletzt dargestellten Tatbestandsmerkmale kommt der als allgemeines Verbrechensmerkmal der Rechtswidrigkeit zu verstehenden **Unbefugtheit** bei § 326 Abs. 1 StGB i.d.R. keine eigenständige praktische Bedeutung zu. Im Übrigen gilt hier grundsätzlich dasselbe wie oben (Rz. 122) zu § 324 StGB ausgeführt. 241

Nach § 326 Abs. 4 StGB ist auch der **versuchte unerlaubte Umgang mit Abfällen** strafbar. Damit sind – für die Praxis relevant – auch jene Fälle strafrechtlich zu erfassen, in denen jemand eine Abfallbeseitigungsanlage anfährt, um dort nicht zugelassene umweltgefährliche Abfälle zu entsorgen, jedoch im Rahmen des Abladevorgangs ertappt wird. 242

---

1 BayObLG v. 10.2.1989 – RReg 4 St 267/88, NJW 1989, 1290; OLG Celle v. 14.2.1989 – 1 Ss 13/89, MDR 1989, 842; OLG Oldenburg v. 13.6.1988 – Ss 432/87, NJW 1988, 2391.
2 Zutr. OLG Karlsruhe v. 3.11.1989 – 2 Ss 61/89, NStZ 1990, 128; a.A. OLG Düsseldorf v. 7.3.1989 – 2 Ss 393/88, ZfW 1990, 352; vgl. im Übrigen die Nw. bei *Heine/Hecker* in S/S, § 326 StGB Rz. 12.
3 *Alt* in MüKo, § 326 StGB Rz. 72.

243 Wie bei §§ 324 und 325 StGB ist auch in § 326 StGB sowohl die *vorsätzliche* als auch die fahrlässige Tatbegehung unter Strafe gestellt (vgl. Abs. 5). Besondere Bedeutung hat diese **Fahrlässigkeitsstrafbarkeit** dann, wenn ein Abfallerzeuger seine umweltgefährdenden Rückstände an einen *unzuverlässigen Entsorger* weitergibt. Bei einer solchen Abfallüberlassung muss sich der Erzeuger nach der sog. „Falisan"-Entscheidung zuvor erkundigen, ob das beauftragte Unternehmen zur ordnungsgemäßen Abfallentsorgung tatsächlich imstande und rechtlich befugt ist[1]. Ebenso ist der Abfallerzeuger verpflichtet, die ihm u.U. unbekannte Zusammensetzung und den Schadstoffgehalt zu entsorgender Rückstände in Erfahrung zu bringen, damit anschließend der *richtige Entsorgungsweg* gewählt werden kann. Schließlich begründet § 326 Abs. 5 StGB ein Gebot, Mitarbeiter sorgfältig auszuwählen bzw. unzureichend ausgebildete oder gelegentlich unzuverlässig handelnde Mitarbeiter eines Unternehmens bei ihrer Tätigkeit anzuleiten und zu *überwachen*[2]. Ansonsten kann bei einer unzulässigen Entsorgung umweltgefährdender Abfälle, wie im Beispiel Rz. 324 näher erläutert, durchaus eine Strafbarkeit des vorgesetzten Betriebsleiters oder Geschäftsführers nach § 326 Abs. 1, 5 StGB in Betracht kommen.

244 Einen gewissen Ausgleich für den recht weit gefassten abstrakten Gefährdungstatbestand des § 326 Abs. 1 StGB[3] soll der sachliche **Strafausschließungsgrund** des Abs. 6 bieten, die sog. *Minima-Klausel*. Danach ist die Tat des § 326 StGB nicht strafbar, wenn schädliche Umwelteinwirkungen wegen der geringen Abfallmenge offensichtlich ausgeschlossen sind[4]. Häufig dürfte es in solchen Fällen bereits an einer Eignung zur nachhaltigen Beeinträchtigung der in Abs. 1 genannten Umweltmedien fehlen. Ist eine Gefährdung nicht wegen der geringen Menge, sondern aus anderen Gründen, etwa wegen der besonders sicheren Aufbewahrung der Abfälle ausgeschlossen, ist diese Vorschrift, wie sich bereits aus ihrem Wortlaut ergibt, nicht anwendbar[5]. Zweifel über die Gefährlichkeit gehen zulasten des Täters[6].

245 Nur eine sehr eng begrenzte Anwendung findet § 326 StGB bei „**Altlasten**", die durch lange zurückliegende Abfallablagerungen verursacht worden sind. Hier scheitert eine Strafverfolgung meist an der nach Ablauf von fünf Jahren eintretenden *Verfolgungsverjährung*, wobei diese Frist bereits mit der Beendigung des Ablagerungsvorgangs zu laufen beginnt[7]. Kommt es allerdings auch zu einer *Grundwasserverunreinigung*, beginnt die für § 324 StGB maßgebliche Verjährungsfrist erst mit dem Eintritt des Erfolgs, d.h. mit dem Einsickern des

---

1 BGH v. 2.3.1994 – 2 StR 620/93, BGHSt 40, 86 m. Anm. *Hecker*, MDR 1995, 757; *Michalke*, StV 1995, 137; *Versteyl*, NJW 1995, 1071.
2 BGH v. 26.9.2006 – VI ZR 166/05, NJW 2006, 3628; dazu *Schall*, NStZ-RR 2008, 134.
3 Vgl. zur grundsätzlichen Kritik an dieser weiten Tatbestandsfassung *Frisch* in Leipold (Hrsg.), Umweltschutz und Recht in Deutschland und Japan, 2000, 361.
4 Näher zu dieser Minima-Klausel *Schittenhelm*, GA 1983, 310.
5 *Heine/Hecker* in S/S, § 326 StGB Rz. 18.
6 *Heine/Hecker* in S/S, § 326 StGB Rz. 19.
7 BGH v. 3.10.1999 – 1 StR 372/89, BGHSt 36, 255 = NJW 1990, 194; OLG Düsseldorf v. 9.9.1998 – 3 Ws 618-620/88, NJW 1989, 537; vgl. im Übrigen *Heine/Hecker* in S/S, § 326 StGB Rz. 20 m.w.N.

letzten Tropfens der Schadstoffe in das Grundwasser. Die Verjährung scheint hier also ad infinitum hinausgeschoben. Eine Strafbarkeit nach § 324 StGB scheitert in diesen Fällen jedoch in aller Regel an tatsächlichen Nachweisschwierigkeiten, etwa Kausalitätsproblemen[1]. Für den Tatbestand der Bodenverunreinigung gilt Entsprechendes mit der Maßgabe, dass § 324a StGB erst zum 1.11.1994 in Kraft getreten ist. Hinsichtlich einer etwaigen Strafbarkeit wegen unzureichender Erkundung und Sanierung von entstandenen Altlasten wird im Übrigen auf Rz. 186 verwiesen.

Ob die **Verjährungsfrist** auch bei der Tatmodalität des Lagerns mit dem Abschluss der eigentlichen Tathandlung oder aber erst mit der Beendigung des Lagerns zu laufen beginnt, ist umstritten. Sieht man auch diese Tat als ein Tätigkeitsdelikt an, verhält es sich wie beim „Ablagern"[2]. Da jedoch, anders als beim Ablagern eine fortdauernde Willensbetätigung des Täters gegeben ist, der den Zustand als nicht abgeschlossen betrachtet, sondern ihn eines Tages verändern will, spricht mehr dafür, hier auf den längeren Zeitraum abzustellen[3].

2. Unerlaubte grenzüberschreitende Abfallverbringung

Bis zum Inkrafttreten des 2. UKG am 1.11.1994 war der **unerlaubte Export** umweltgefährdender Abfälle nach §§ 18, 13 AbfG *lediglich bußgeldbewehrt*. Diese Rechtslage wurde wegen der immer wieder auch die Öffentlichkeit berührenden Missstände einhellig als unbefriedigend empfunden[4] und daher mit dem 2. UKG der Tatbestand des **§ 326 Abs. 2 StGB** eingefügt, mit dem die unerlaubte Ein-, Aus- und Durchfuhr gefährlicher Abfälle unter *Strafe* gestellt wurde[5]. Mit dem 45. StrÄndG wurde der Tatbestand umgestaltet und erheblich erweitert:

a) Der neu gefasste **§ 326 Abs. 2 Nr. 1** StGB nimmt in vollem Umfang Bezug auf die **europäische Abfallverbringungsverordnung**. Diese Verweisung soll einer vollständigen Harmonisierung dienen[6]. In gesetzestechnischer Hinsicht erweckt das Vorgehen allerdings Bedenken. Zum einen sind die Vorschriften der EG-AbfallverbringungsVO außerordentlich komplex und nur schwer verständlich[7]. Zum anderen unterliegen derartige EG-Verordnungen, wie sich bereits

---

1 Symptomatisch etwa der Sachverhalt in OLG Koblenz v. 9.12.1992 – 1 Ws 502/92, NJW 1994, 1887.
2 So die h.L., *Alt* in MüKo, § 326 StGB Rz. 140; *Heine/Hecker* in S/S, § 326 StGB Rz. 20 m.w.Nw. sowie in der Tendenz auch BGH v. 3.10.1989 – 1 StR 372/89, BGHSt 36, 255.
3 So *Franzheim/Pfohl*, Rz. 310; *Iburg*, NJW 1988, 2340.
4 Vgl. nur die bei *Timm*, Kriminalistik 1992, 87 wiedergegebenen Fälle.
5 Ausf. dazu *Breuer*, Der Im- und Export von Abfällen innerhalb der EU aus umweltstrafrechtlicher Sicht, 1998; *Heine* in FS Triffterer, 1996, S. 41.
6 Näher dazu *Hecker* in MPI (Hrsg.), Europ. StrafR, 2. Aufl. 2013, § 28 Rz. 2.
7 Der Deutsche Richterbund spricht in seiner Stellungnahme zum RefE des 45. StrÄndG (vgl. Homepage www.drb.de, Stellungnahme Nr. 48/10) von „einem undurchsichtigen Verweisungsgestrüpp", das die Grenzen der Zumutbarkeit überschreitet.

aus dem Wortlaut des § 326 Abs. 2 Nr. 1 StGB ergibt, ständigen Veränderungen. Die Bezugnahme auf diese Verordnung erfolgt statisch.[1] Im Gesetzestext wird die zugrunde liegende EG-Verordnung bis zur letzten Änderung ausdrücklich mit Fundstelle erwähnt. Bei jeder Veränderung der Verordnung wird somit eine Anpassung des StGB erforderlich, die, wie Erfahrungen mit dem BNatSchG oder dem Weinstrafrecht zeigen, gelegentlich nicht rechtzeitig erfolgen könnte[2]. Ahndungslücken sind daher vorprogrammiert.[3]

248a **Tatobjekte** sind Abfälle i.S. der europäischen Abfallverbringungsverordnung. Damit werden auch nicht gefährliche Abfälle vom Tatbestand erfasst, sofern sie in nicht unerheblicher Menge verbracht werden. Ob eine nicht unerhebliche Menge gegeben ist, wird sich im konkreten Einzelfall nach Art und Beschaffenheit der Abfälle bestimmen[4] Mehrere Verbringungen sind als eine einheitliche Tat zu sehen, wenn die verschiedenen Einzelhandlungen in engem Zusammenhang stehen und mit einheitlichem Vorsatz begangen werden.[5] Die Mengen mehrerer Verbringungen sind in solchen Fällen zusammenzurechnen. Dies bedeutet, dass etwa auch der unerlaubte Export nicht unerheblicher Mengen „Grüner-Punkte-Abfälle" strafbewehrt ist.

248b Die Tathandlung des Verbringens umfasst die Ein-, Aus- und Durchfuhr von Abfällen. Nach Art. 2 Nr. 34 der VO (EG) Nr. 1013/2006 ist **Verbringung** der Transport von Abfällen, der zwischen zwei Staaten „erfolgt oder erfolgen soll". Legt man i.S. einer europarechtsakzessorischen Auslegung diese Definition zugrunde, ergibt sich eine wesentliche Erweiterung gegenüber dem bisherigen Recht: Umfasst ist damit nicht nur das Überschreiten der Staatsgrenze, sondern bereits der Beginn des Beförderungsvorgangs. Dann könnte schon der Transportbeginn den Tatbestand der vollendeten Verbringung i.S. des § 326 Abs. 2 Nr. 1 StGB erfüllen[6]. Dem steht jedoch der übrige Wortlaut der Norm entgegen, die eine Verbringung „in den, aus dem oder durch den" Geltungsbereich des StGB verlangt. Dies spricht dafür, dass die Tathandlung des Verbringens einen Grenzübertritt voraussetzt[7].

---

1 Vgl. zu dieser Verweisungstechnik *Hecker*, Europ. StrafR, 4. Aufl. 2012, § 7 Rz. 76 ff.
2 Vgl. etwa OLG Stuttgart v. 6.11.1998 – 1 Ss 437/98, NStZ-RR 1999, 161 zum BNatSchG sowie BayObLG v. 20.10.1992 – 4 StRR 172/92, ZLR 1993, 404; OLG Koblenz v. 27.3.1987 – 1 Ss 83/87, LRE 20, 231; OLG Stuttgart v. 28.8.1989 – 3 Ss 589/88, NJW 1990, 657 zum Weinstrafrecht; BGH v. 23.7.1992 – 4 StR 194/92, NStZ 1992, 535 zum Lebensmittelstrafrecht.
3 Krit. auch *Hecker* in Verantwortlichkeit und Haftung für Umweltschäden, 28. Trierer Kolloquium zum Umwelt- und Technikrecht, 2013, 117; *Ransiek* in NK, Vor §§ 324 StGB Rz. 26; *Saliger* in S/S/W, § 326 StGB Rz. 36; *Weber* in FS Kühl, 2014, S. 747 sowie *Heger*, HRRS 2012, 211 zu § 328 Abs. 3 Nr. 1 StGB, wo die gleiche Problematik auftritt.
4 So *Häberle* in Erbs/Kohlhaas, A 22b, § 18 AbfVerbrG, Rz. 1.
5 BT- Drs. 17/5391, S. 18.
6 So *Kropp*, NStZ 2011, 674; a.A. *Fischer*, § 326 StGB Rz. 48; *Szesny/Görtz*, ZUR 2012, 405, die eine Grenzüberschreitung für erforderlich halten.
7 So überzeugend *Saliger* in S/S/W, § 326 StGB Rz. 35 sowie die inzwischen h.L. (Meine früher in ZWH 2013, 95 vertretene abweichende Meinung halte ich nicht aufrecht.)

Auch die **Verwaltungsakzessorietät** ist bei § 326 Abs. 2 Nr. 1 StGB europarechtlich geprägt. Verlangt wird ein illegales Verbringen von Abfällen i.S. von Art. 2 Nr. 35 der EG-AbfverbrVO. Damit wird zunächst auf die komplizierten Vorgaben der Notifizierung und Zustimmung des europäischen Rechts Bezug genommen. Über Art. 2 Nr. 35 EG-AbfverbrVO ergibt sich aber auch eine bedenkliche Weite des Straftatbestandes. So sieht etwa die Übergangsvorschrift des Art. 63 Abs. 4 und 5 VO (EG) 1013/2006 eine Notifizierungspflicht für das Verbringen von Abfällen nach Bulgarien und Rumänien vor. Da auch Altkleider, Elektroaltgeräte, Kühlschränke dem weiten europäischen Abfallbegriff unterfallen, kann der unerlaubte Export von mehreren Tonnen Altkleidern nach Rumänien strafbewehrt sein. Hier stellt sich die Frage, ob die Ultima-ratio-Funktion des Strafrechts tatsächlich noch gewahrt ist[1].

248c

b) Der *zweite Tatbestand* des **§ 326 Abs. 2 Nr. 2 StGB** erfasst nur „*sonstige Abfälle*" i.S. des Abs. 1. Daraus ergibt sich zum einen, dass hier nur umweltgefährdende Abfälle erfasst sind. Zum anderen kann diese Norm nur zur Anwendung kommen, wenn Abs. 2 Nr. 1 nicht erfüllt ist, d.h. im Wesentlichen bei der unerlaubten Verbringung geringer Mengen gefährlicher Abfälle. Die verwaltungsrechtlichen Vorgaben richten sich auch hier nach der EG-AbfverbrVO. Soweit dort von „Notifizierung" und „Zustimmung" die Rede ist, können auch diese Termini noch im Wege der Auslegung unter den Oberbegriff „Genehmigung" subsumiert und § 326 Abs. 2 StGB mit den verwaltungsrechtlichen Vorgaben in Einklang gebracht werden[2].

249

c) Die Tatbestände des **unerlaubten Umgangs mit radioaktiven Abfällen (§ 326 Abs. 1 Nr. 3** und **326 Abs. 3** StGB) werden wegen des Sachzusammenhangs beim Abschnitt Kernenergie und Strahlenschutz (Rz. 266) erläutert.

250

3. Unerlaubtes Betreiben einer Abfallentsorgungsanlage

Wie oben Rz. 35 näher dargestellt, unterliegt ein Großteil der abfallrechtlichen Entsorgungseinrichtungen seit Inkrafttreten des InvErl-/WohnbaulG und der Regelung des § 35 Abs. 1 KrWG einem immissionsschutzrechtlichen *Genehmigungserfordernis*. Dies bedeutet, dass für das unerlaubte Betreiben dieser Anlagen der Tatbestand des § 327 Abs. 2 Nr. 1 StGB einschlägig ist, auch wenn es sich de facto um **Abfallentsorgungsanlagen** handelt. § 327 Abs. 2 Nr. 3 StGB, der den unerlaubten Betrieb einer Abfallentsorgungsanlage i.S. des KrWG regelt, betrifft nur noch den Betrieb von Deponien i.S. des § 35 Abs. 2 KrWG[3].

251

Die zu § 327 Abs. 2 Nr. 2 StGB a.F. i.V.m. dem alten Abfallrecht ergangenen zahlreichen obergerichtlichen Entscheidungen zu Autowracklager- und Be-

252

---

1 Krit. auch *Szesny/Görtz*, ZUR 2012, 405.
2 So zutr. BayObLG v. 22.2.2000 – 4 StR 7/2000, NuR 2000, 407; näher dazu *Schall*, NStZ-RR 2001, 1.
3 So auch BGH v. 23.10.2013 – 5 StR 505/12, NJW 2014, 91.

handlungsplätzen[1], Zwischenlager für Sondermüll[2], unerlaubt weiterbetriebenen Hausmülldeponien[3] u.a. sind heute stets unter dem Vorbehalt der geänderten verwaltungsrechtlichen Genehmigungslage zu würdigen, haben jedoch etwa für die immer wieder umstrittene Bestimmung des Anlagenbegriffs nach wie vor Bestand. Insoweit geht die Rechtsprechung übereinstimmend davon aus, dass dieser Begriff weit auszulegen und ein *Grundstück* dann als **Anlage** anzusehen ist, wenn es mit einer gewissen Stetigkeit für einen nicht unerheblichen Zeitraum zur Lagerung oder Behandlung von Abfällen genutzt wird, sodass es auch für den Durchschnittsbürger als Einrichtung für solche Gegenstände zu erkennen ist[4].

253 Hinsichtlich der Tathandlung des **Betreibens** kann auf die Ausführungen zu § 327 Abs. 2 Nr. 1 StGB (Rz. 213) verwiesen werden. Ergänzend ist lediglich anzumerken, dass der Tatbestand des § 327 Abs. 2 StGB ebenso wie § 326 Abs. 1 Nr. 4 Buchst. a StGB auch durch *Unterlassen* verwirklicht werden kann, so etwa, wenn der Betreiber einer stillgelegten Deponie weitere wilde Müllablagerungen Dritter pflichtwidrig nicht verhindert oder gegen solche pflichtwidrig nicht einschreitet. Die Einzelheiten sind hier jedoch umstritten[5].

4. Besonders schwerer Fall

254 Auch bei den Taten im Bereich der Abfallentsorgung nach §§ 326 Abs. 1, Abs. 2 und 327 Abs. 2 Nr. 3 StGB kann unter den oben genannten Voraussetzungen (Rz. 171) die **Strafzumessungsregel** der besonders schweren Umweltstraftat nach § 330 Abs. 1 *oder* der *Qualifikationstatbestand* des § 330 Abs. 2 StGB eingreifen. Wegen des großen Anreizes, die häufig als zu hoch empfundenen Kosten für eine ordnungsgemäße Sondermüllentsorgung zu ersparen, ist dabei die Strafzumessungsregel der *Gewinnsucht* (§ 330 Abs. 1 Nr. 4 SGB) besonders zu beachten.

5. Ordnungswidrigkeiten

255 Mit der Entwicklung des Abfallverwaltungsrechts wurde aus der Bußgeldvorschrift des § 18 AbfG zunächst § 61 KrW-/AbfG und nunmehr **§ 69 KrWG**. Diese Norm erfasst vor allem folgende praktisch bedeutsamen Verstöße:

---

1 BayObLG v. 13.4.1984 – 4 StRR 67/84, BayObLGSt 1984, 48; BayObLG v. 14.1.1986 – RReg 4 St 273/85, NStZ 1986, 319; OLG Stuttgart v. 21.8.1986 – 5 Ss 229/86, wistra 1987, 306; OLG Köln v. 13.2.1990 – 2 Ws 648/89, wistra 1991, 74. Vgl. zur heutigen Rechtslage *Henzler/Pfohl*, wistra 2004, 331; aus verwaltungsrechtlicher Sicht VGH München v. 23.11.2006 – 22 Bv 06.2223, NVwZ-RR 2007, 382.
2 OLG Köln v. 26.5.1987 – Ss 693-695/86, NStZ 1987, 461; vgl. auch BayObLG v. 27.4.1987 – 4 Ss 240/87, NStZ 1988, 26 sowie BayObLG v. 26.7.1990 – RReg 4 St 46/90, MDR 1991, 78.
3 OLG Stuttgart v. 5.12.1986 – 1 Ss 629/86, NuR 1987, 281.
4 BayObLG v. 13.4.1984 – 4 StRR 67/84, BayObLGSt 1984, 48; OLG Stuttgart v. 21.8.1986 – 5 Ss 229/86, wistra 1987, 306.
5 Vgl. BayObLG v. 19.11.1991 – RReg 4 St 166/91, NJW 1992, 925 einerseits und OLG Stuttgart v. 5.12.1986 – 1 Ss 629/86, NuR 1987, 281 andererseits; vgl. dazu *Franzheim/Pfohl*, Rz. 405 sowie *Sack*, Umweltschutz-StrafR, § 327 StGB Rz. 200 f.

– das unerlaubte Behandeln, Lagern oder Ablagern von Abfällen zur Beseitigung (Abs. 1 Nr. 2),
– das unerlaubte Sammeln, Befördern, Handeltreiben oder Makeln von Abfällen (Abs. 1 Nr. 7).

Darüber hinaus enthält § 69 Abs. 1 Nr. 8 KrWG die Rechtsgrundlage für weitere in einzelnen **Rechtsverordnungen** vorgesehenen *Bußgeldtatbestände*, etwa § 12 TransportgenehmigungsV, § 29 NachweisV, § 9 AbfklärV, § 15 VerpackV[1], § 10 AltölV, § 13 BioAbfV, § 11 GewAbfV[2] und § 5 PCB AbfV. Einzelne Verstöße gegen die branchenspezifische Regelung der Produktverantwortung für Elektrogeräte können gem. § 23 ElektroG[3] geahndet werden.

Zuwiderhandlungen gegen die Vorschriften über die Abfallverbringung können, soweit nicht § 326 Abs. 2 StGB eingreift, nach § 18 AbfverbrG und der darauf beruhenden **Abfallverbringungsbußgeldverordnung** geahndet werden, die sehr detailliert ausgestaltete Bußgeldtatbestände vorsieht[4]. 256

An der Schnittstelle zum Wasserrecht können sich in **Abwassersatzungen** der einzelnen Gemeinden Bußgeldtatbestände für unzulässige Abwassereinleitungen in die öffentliche Kanalisation befinden. Im Bereich der Landwirtschaft ist schließlich § 14 DüngeG zu beachten. 257

V. Kernenergie und Strahlenschutz

Wenngleich sie im Einzelfall ein großes Interesse der Öffentlichkeit hervorrufen („Alkem", „Nukem", der Handel mit radioaktiven Stoffen)[5], sind Fälle aus dem Bereich des **Atomstrafrechts** doch sehr *selten*, weshalb die einschlägigen Normen hier nur kurz dargestellt werden. 258

1. Gemeingefährliche Straftaten

Im **28. Abschnitt des StGB**, der die gemeingefährlichen Straftaten regelt und im Rahmen des 6. StrRG neu gefasst worden ist, sind folgende, im Zusammenhang mit dem Umweltstrafrecht relevanten Tatbestände enthalten: 259

– § 307 StGB: das Herbeiführen einer Explosion durch Kernenergie,
– § 309 StGB: der Missbrauch ionisierender Strahlen,
– § 310 StGB: die Vorbereitung eines Strahlungsverbrechens,
– § 311 StGB: das Freisetzen ionisierender Strahlen,
– § 312 StGB: die fehlerhafte Herstellung einer kerntechnischen Anlage.

---

1 Näher dazu *Häberle* in Erbs/Kohlhaas, K 185h.
2 Näher dazu *Steindorf/Häberle* in Erbs/Kohlhaas, K 185m.
3 Näher dazu *Steindorf/Häberle* in Erbs/Kohlhaas, K 185n.
4 V. 29.7.2007, BGBl. I 1761, zul. geänd. am 12.9.2012, BGBl. I 2016. Vgl. dazu OLG Oldenburg v. 17.3.2008 – Ss 287/07, NStZ-RR 2008, 243.
5 LG Hanau v. 12.11.1987 – 6 Js 13470/84 KLs, NJW 1988, 571; LG Hanau v. 12.11.1987 – 6 Js 13248/87, NStZ 1988, 179 m. Anm. *Bickel*; hierzu des Weiteren *Dolde*, NJW 1988, 2339; *Horn*, NJW 1988, 2335; *Winkelbauer*, JuS 1988, 691.

260 Im Hinblick auf das besondere Gefahrenpotenzial der Kernenergie stellt § 312 StGB die bereits vor Inbetriebnahme erfolgte **fehlerhafte Herstellung** oder **Lieferung** einer kerntechnischen Anlage oder von Gegenständen, die zur Errichtung oder zum Betrieb einer Anlage bestimmt sind, unter Strafe, wenn sie eine konkrete Gefahr für Leib oder Leben eines anderen Menschen oder für fremde Sachen von bedeutendem Wert herbeiführen. Erforderlich ist jedoch, dass ein Zusammenhang mit der Wirkung eines Kernspaltungsvorgangs oder der Strahlung eines radioaktiven Stoffes vorliegt. In subjektiver Hinsicht ist zumindest Leichtfertigkeit bezüglich der Tathandlung vorausgesetzt, für das Gefährdungselement genügt die einfache Fahrlässigkeit (vgl. Abs. 6).

261 Im Zusammenhang mit medizinischen Vorgängen, aber auch im Rahmen des Handels mit radioaktiven Stoffen (vgl. dazu auch Rz. 269), hat § 311 StGB gelegentlich praktische Bedeutung erlangt[1]. Die Vorschrift ist vergleichbar zu § 325 StGB aufgebaut:

Gem. § 311 Abs. 1 **Nr. 1** StGB wird vorausgesetzt, dass **ionisierende Strahlen freigesetzt** werden. Dabei wird unter ionisierender Strahlung wie bei § 309 StGB eine Strahlung verstanden, die von natürlichen oder künstlichen radioaktiven Stoffen ausgeht, ferner die Neutronenstrahlung, die bei der Spaltung von Kernbrennstoffen entsteht, sowie künstlich erzeugte ionisierende Strahlung, insbesondere auch die Röntgenstrahlung[2]. Freigesetzt ist eine solche Strahlung, wenn – entsprechend der Definition des Begriffs bei § 324a StGB – eine Lage geschaffen ist, in der sich solche Strahlen unkontrollierbar im Raum ausdehnen können.

262 § 311 Abs. 1 **Nr. 2** StGB sieht als alternative Tathandlung das **Bewirken von Kernspaltungsvorgängen** vor, d.h. das Verursachen der bei der Spaltung von Kernbrennstoffen ablaufenden physikalischen Prozesse[3].

263 Beide Tathandlungen müssen *geeignet* sein, Leib oder Leben eines anderen Menschen oder fremde Sachen von bedeutendem Wert zu *schädigen* oder erhebliche Schäden an Tieren oder Pflanzen, Gewässern, Luft oder Boden herbeizuführen. Die Eignung ist wie bei § 325 StGB zu verstehen, d.h. eine konkrete Gefährdung wird nicht vorausgesetzt. Es genügt eine generelle Eignung zur Schadensverursachung (potenzielles Gefährdungsdelikt)[4]. Dabei können die in der Strahlenschutzverordnung genannten Werte als antizipierte Sachverständigengutachten für die **Gesundheitsschädigungseignung** herangezogen werden[5].

264 Wie bei § 325 StGB muss die Tat unter **Verletzung verwaltungsrechtlicher Pflichten** begangen werden, wobei sich Rechtsvorschriften i.S. des § 330d Abs. 1 Nr. 4 Buchst. a StGB aus dem AtomG, der Strahlenschutzverordnung so-

---

1 Vgl. BGH v. 26.10.1993 – 1 StR 559/93, BGHSt 39, 371 = JR 1995, 32 m. Anm. *Geerds*; BGH v. 3.12.1997 – 2 StR 397/97, NJW 1998, 833.
2 BGH v. 3.12.1997 – 2 StR 397/97, NJW 1998, 833.
3 *Lackner/Kühl*, § 311 StGB Rz. 4.
4 *Fischer*, § 311 StGB Rz. 1 m.w.Nw.
5 BGH v. 26.10.1993 – 1 StR 559/93, BGHSt 39, 371 = JR 1995, 32 m. Anm. *Geerds*; BGH v. 28.4.1994 – 4 StR 65/94, NJW 1994, 2161.

wie der Röntgenverordnung[1] ergeben können. Vorschriften des BBodSchG oder der BBodSchV fallen, da sie einen anderen Schutzzweck verfolgen, nicht darunter[2].

Während § 311 Abs. 1 StGB nur die **vorsätzliche** Tatbegehung erfasst, stellt Abs. 3 auch die **fahrlässige Tat** unter Strafe, dies allerdings nur unter weiteren tatbestandseinschränkenden Voraussetzungen. Dabei stellt Abs. 3 Nr. 1, wiederum vergleichbar zu § 325 Abs. 1 StGB, darauf ab, dass die Tathandlung – anders als beim Vorsatzdelikt des Abs. 1 – bei einem Anlagenbetrieb erfolgen und die Schädigungseignung für den Bereich außerhalb des Anlagenbereichs gegeben sein muss. Alternativ dazu begründet Abs. 3 Nr. 2 eine nicht anlagengebundene Fahrlässigkeitshaftung für den Fall einer groben Pflichtverletzung. Dies setzt entweder voraus, dass die jeweilige Pflicht in besonders schwerem Maß missachtet wird oder sich der Verstoß gegen eine besonders gewichtige Pflicht richtet[3]. 265

2. Unerlaubter Umgang mit radioaktiven Abfällen

Im *29. Abschnitt des StGB* ist zunächst der unerlaubte Umgang mit radioaktiven Abfällen geregelt. Dabei enthält § 326 Abs. 3 StGB ein echtes Unterlassungsdelikt für die Fälle, in denen gegen eine bestehende *Rechtspflicht zur Ablieferung* von radioaktiven Abfällen (vgl. Rz. 85) verstoßen wird. § 326 Abs. 1 Nr. 3 StGB hingegen erfasst das unbefugte Bewirtschaften (vgl. zu den 11 möglichen Tathandlungen Rz. 234) sämtlicher nicht nur geringfügig radioaktiver Abfälle, sofern dieses Fehlverhalten nicht bereits unter § 326 Abs. 3 StGB fällt[4]. 266

3. Unerlaubtes Betreiben einer kerntechnischen Anlage

§ 327 Abs. 1 StGB begründet als Spezialfall zu § 327 Abs. 2 Nr. 1 StGB eine Strafnorm für das unerlaubte Betreiben **kerntechnischer Anlagen**, d.h. einer Anlage zur Erzeugung, Bearbeitung, Verarbeitung oder Spaltung von Kernbrennstoffen oder zur Aufarbeitung bestrahlter Kernbrennstoffe (§ 330d Abs. 1 Nr. 2 StGB). 267

Anders als § 327 Abs. 2 Nr. 1 StGB erfasst Abs. 1 nicht nur die **Tathandlung** des *Betreibens* einer kerntechnischen Anlage, sondern auch das *Innehaben* einer betriebsbereiten oder stillgelegten kerntechnischen Anlage, deren ganzen oder teilweisen Abbau sowie deren wesentliche Änderung. Die Genehmigungsbedürftigkeit als solche richtet sich nach den oben erörterten Vorschriften des Atomgesetzes, insbesondere des § 7 AtomG. 268

4. Unerlaubter Umgang mit Kernbrennstoffen

Wegen der besonderen Gefährlichkeit dieser Objekte wurde der **unerlaubte Umgang mit Kernbrennstoffen und sonstigen radioaktiven Stoffen** bereits im 269

---

1 RöntgenVO i.d.F. der Bek. v. 30.4.2003, BGBl. I 604.
2 StA Hannover v. 15.5.2012 – 1342 AR 2758/11, NuR 2013, 300.
3 *Heine* in S/S, 28. Aufl. 2010, § 325 StGB Rz. 24 m.w.Nw.
4 *Heine/Hecker* in S/S, § 326 StGB Rz. 5.

Rahmen des 1. UKG in § 328 Abs. 1 und 2 StGB unter Strafe gestellt. Nachdem die Vorschriften zunächst so gut wie keine praktische Anwendung fanden, wurden sie nach Öffnung der Grenzen zum Ostblock relevant, als zumindest vorübergehend versucht wurde, mit derartigen Materialien zu handeln[1], wobei allerdings derartige Angebote – wohl mangels Nachfrage – inzwischen wieder zum Erliegen gekommen zu sein scheinen.

270 Der für diese Fälle einschlägige § 328 Abs. 1 StGB sanktioniert in Nr. 1 das unerlaubte Herstellen, Aufbewahren, Befördern, Bearbeiten, Verarbeiten oder sonst Verwenden, Einführen oder Ausführen von Kernbrennstoffen, d.h. besonders spaltbaren Stoffen i.S. des § 2 Abs. 1 Nr. 1 AtomG (z.B. Plutonium 239 und 241, Uran 233). § 328 Abs. 1 Nr. 2 StGB stellt entsprechende **Tathandlungen** mit sonstigen radioaktiven Stoffen i.S. des § 2 Abs. 1, Abs. 2 AtomG, § 3 Abs. 1 StrlSchV unter Strafe, verlangt jedoch zusätzlich, dass die Stoffe nach Art, Beschaffenheit oder Menge geeignet sein müssen, durch ionisierende Strahlen den Tod oder eine schwere Gesundheitsbeschädigung eines anderen Menschen oder erhebliche Schäden an im einzelnen aufgeführten Umweltgütern herbeizuführen.

271 Als Pendant zu § 326 Abs. 3 erfasst § 328 Abs. 2 Nr. 1 StGB die **Verletzung der Ablieferungspflicht** für Kernbrennstoffe, die sich aus § 5 Abs. 2-4, § 7 und § 19 Abs. 3 S. 2 AtomG ergibt. Um den Anfang der 90er Jahre vermehrt aufgetretenen Handel mit diesen Materialien bereits im Keim zu ersticken, wurde schließlich in Abs. 2 Nr. 2 die *Abgabe* oder *Vermittlung der Abgabe* von Kernbrennstoffen oder sonstigen radioaktiven Stoffen an Unberechtigte unter Strafe gestellt. Zur Umsetzung des Nuklearversuchsverbotsvertrags (vgl. Rz. 88) wurden zum 1.1.1999 in Abs. 2 Nr. 3 und 4 ergänzend das unerlaubte *Verursachen einer nuklearen Explosion* sowie das Verleiten zu oder Fördern einer solchen Handlung in den Tatbestand aufgenommen. Beide Tatbestände sollen dazu beitragen, Nuklearversuche zu verhindern[2].

272 Einen weiteren **Sondertatbestand** über den sachwidrigen Umgang mit radioaktiven Stoffen enthält § 328 Abs. 3 Nr. 1 StGB, der, weil er sich auch auf andere Gefahrstoffe bezieht, unten Rz. 276 näher erläutert wird.

5. Besonders schwerer Fall

273 Für besonders schwere Fälle der vorsätzlichen Umweltstraftaten nach §§ 326 Abs. 1 Nr. 3, Abs. 3, 327 Abs. 1 und 328 Abs. 1 und 2 StGB sieht **§ 330** Abs. 1 StGB bei Vorliegen der bereits oben erläuterten (vgl. Rz. 171) Regelbeispiele einen Strafrahmen von sechs Monaten bis zu zehn Jahren Freiheitsstrafe vor. Liegen die erfolgsqualifizierenden Merkmale des § 330 Abs. 2 StGB vor, wird die Tat als Verbrechen mit einer Mindeststrafe von einem Jahr bedroht.

---

1 Näher dazu *Bartholme*, JA 1996, 730; *Braun/Ferchland*, Kriminalistik 1993, 481.
2 Ausf. dazu *Heine/Hecker* in S/S, § 328 StGB Rz. 13a ff. m.w.Nw.

6. Strahlenschutzvorsorgegesetz

Als Folge des *Reaktorunfalls von Tschernobyl* wurde die Strafnorm des **§ 13 StrVG** geschaffen. Nach § 13 Nr. 1 StrVG soll der Verstoß gegen bestimmte nach § 7 Abs. 1, 2 oder 3 StrVG zu verabschiedende Rechtsverordnungen, die zur Einhaltung bestimmter Kontaminations- bzw. Dosiswerten erlassen werden, mit Strafe bedroht werden. Von der Ermächtigung zum Erlass derartiger Verordnungen ist bislang nur einmal, und zwar nach dem Reaktorunfall in Tschernobyl, für das Jahr 1987 Gebrauch gemacht worden. Seit 1.1.1988 ist keine derartige Rechtsverordnung mehr in Kraft.

274

§ 13 Nr. 2–4 StrVG stellen weitere Verstöße gegen einzelne Euratom- bzw. EG-Verordnungen unter Strafe.

7. Ordnungswidrigkeiten

Die dargestellten Vorschriften des Atomstrafrechts werden durch die **Bußgeldtatbestände** der § 46 AtomG, § 81 StrlSchV und § 14 StrVG ergänzt.

275

VI. Schutz vor gefährlichen Stoffen

1. Unerlaubter Umgang mit radioaktiven und anderen gefährlichen Stoffen

Die bereits in den 1980er Jahren bemängelte *Lücke im strafrechtlichen* **Schutz vor gefährlichen Stoffen und Gütern** sollte im Rahmen des 2. UKG geschlossen werden. Dabei war zunächst daran gedacht worden, § 326 StGB nicht nur auf Abfälle zu beschränken, sondern auf Gefahrstoffe generell zu erweitern. Diese Überlegung wurde vom Gesetzgeber jedoch verworfen, der – plausibel – davon ausging, dass mit Stoffen, deren man sich entledigen will, weit sorgloser umgegangen wird als mit zwar gefährlichen, aber doch zur weiteren wirtschaftlichen Verwendung vorgesehenen Gütern[1]. Für den sachwidrigen Umgang mit derartigen Stoffen und Gütern wurde daher in § 328 Abs. 3 StGB ein eigenständiger *neuer Tatbestand* geschaffen, der mit dem 45. StrÄndG in Nr. 1 wieder wesentlich geändert wurde.

276

§ 328 Abs. 3 Nr. 1 StGB betrifft den *unerlaubten Umgang mit* **radioaktiven Stoffen** (Kernbrennstoffe und sonstige radioaktive Stoffe) i.S. der § 2 Abs. 1, 2 AtomG, § 3 Abs. 1 StrlSchV sowie mit **gefährlichen Stoffen und Gemischen.** Während hier früher auf die Begriffsbestimmungen des ChemG sowie der GefahrstoffV Bezug genommen wurde, verweist die Norm nun auf die „EG-KennzeichnungsV" (vgl. dazu Rz. 89). Dies ist problematisch. Die Regelung wird dadurch sowohl vom Wortlaut her als auch inhaltlich sehr unübersichtlich, zumal allein die im Internet veröffentlichte konsolidierte Fassung der EG-VO 1399 Seiten umfasst[2]. Es ist daher kaum möglich, in überschaubarer Zeit zu klären, ob etwa Heizöl ein gefährlicher Stoff i.S. der Strafnorm ist[3]. Die Behaup-

277

---

1 Vgl. den Gesetzesentwurf, BT-Drs. 12/192, 21.
2 *Sack*, Umweltschutz-StrafR, § 328 StGB Rz. 71a, erinnert zu Recht daran, dass ein solch monströser Wortlaut „eigentlich eine Todsünde in unserem StGB" sei.
3 Vgl. noch zum alten Recht BayObLG v. 20.12.1994 – 4 StRR 190/94 –NJW 1995, 540.

tung des Gesetzgebers, dass sich i.d.R. vergleichsweise einfach ermitteln lässt, ob ein konkreter Stoff oder ein konkretes Gemisch unter den Tatbestand fällt[1], hält einem Praxistest nicht stand. Hinzu kommt, dass die Technik der *statischen Verweisung* – wie bei § 326 Abs. 2 StGB – stets die Gefahr einer nicht rechtzeitigen Angleichung der Strafnorm an geänderte Vorgaben des europäischen Rechts in sich birgt[2].

278 Die gefährlichen Stoffe oder Gemische müssen gelagert, bearbeitet, verarbeitet oder sonst *verwendet* werden, wobei – § 325 Abs. 1 und 2 StGB entsprechend – vorausgesetzt wird, dass dies beim **Betrieb einer Anlage**, insbesondere einer Betriebsstätte oder technischen Einrichtung, geschieht.

279 Die Verwendung der genannten Stoffe muss unter **Verletzung verwaltungsrechtlicher Pflichten** erfolgen. Dabei lassen sich einschlägige Rechtsvorschriften i.S. des § 330d Abs. 1 Nr. 4 Buchst. a StGB u.a. aus der GefStoffV, der StrlSchutzV, der Arbeitsstättenverordnung oder § 62 WHG[3] entnehmen[4]. Einschlägige Verwaltungsakte können etwa auf § 13 WHG, §§ 12, 17 BImSchG, § 8 GefStoffV gestützt werden.

280 § 328 Abs. 3 Nr. 1 StGB ist als **konkretes Gefährdungsdelikt** ausgestaltet. Erforderlich ist, dass durch eine der genannten Tathandlungen die Gesundheit eines anderen, Tiere oder Pflanzen, Gewässer, die Luft oder der Boden oder fremde Sachen von bedeutendem Wert (konkret) gefährdet werden. Dieser Nachweis ist hinsichtlich der Gesundheitsgefährdung gelegentlich nur schwer zu führen, da bei Chemikalien in Einzelfällen umstritten sein kann, ob und bzw. ab welcher Konzentration von ihnen konkrete gesundheitliche Beeinträchtigungen drohen.

281 Anders als § 325 Abs. 1 StGB verlangt § 328 Abs. 3 Nr. 1 StGB nicht, dass die Gefährdung „außerhalb des zur Anlage gehörenden Bereichs" auftreten muss. Damit können über diese Norm auch **arbeitsschutzrechtliche Verstöße** geahndet werden, die zur *Gefährdung von Mitarbeitern* führen, was etwa im folgenden Fall anzunehmen war:

Beispiel: Der Beschuldigte war Geschäftsführer eines Entlackungsbetriebs, in welchem giftige und ätzende Abwässer anfielen. Entgegen einer für sofort vollziehbar erklärten Anordnung der Immissionsschutzbehörde ließ der Beschuldigte das verschmutzte Abwasser nicht ordnungsgemäß entsorgen, sondern im Kreislauf fahren sowie in einigen stillgelegten Becken zwischenlagern. Dadurch traten starke geruchliche Beeinträchtigungen auf, die bei den vor Ort beschäftigten Arbeitern zu tränenden Augen und Reizungen der Mundschleimhäute führten.

Auch bei § 328 Abs. 3 StGB sind sowohl der *Versuch* (Abs. 4) als auch die *fahrlässige* Tatbegehung unter Strafe gestellt (Abs. 5).

---

1 So BR-Drs. 58/11, S. 25.
2 Krit. auch *Heger*, HRRS 2012, 211; *Hecker* in MPI (Hrsg.), Europ. StrafR, 2. Aufl. 2013, § 28 Rz. 26; *Pfohl*, ZWH 2013, 95; *Saliger* in S/S/W, § 328 StGB Rz. 10.
3 Vgl. BayObLG v. 20.12.1994 – 4 StRR 190/94 – sorgfaltswidriger Umgang mit Heizöl, NJW 1995, 540 m. Anm. *Bartholme*, JA 1995, 540 und *Heine*, JR 1996, 300.
4 Grundsätzliche Bedenken gegen die Bezugnahme auf diese aus seiner Sicht nicht hinreichend bestimmten verwaltungsrechtlichen Grundlagen hat *Peters* in FS D. Leuze, 2003, S. 419; er hält § 328 Abs. 3 Nr. 1 StGB wegen Verstoßes gegen Art. 103 Abs. 2 GG für verfassungswidrig.

2. Unerlaubter Umgang mit gefährlichen Gütern

§ 328 Abs. 3 Nr. 2 StGB regelt den unerlaubten Umgang mit **gefährlichen Gütern**. Diese Tatgegenstände werden in § 330d Abs. 1 Nr. 3 StGB gesetzlich definiert, indem auf die einschlägigen Vorschriften des *Gesetzes über die Beförderung gefährlicher Güter (GBG)*, darauf beruhende Rechtsverordnungen oder Rechtsvorschriften über die internationale Beförderung gefährlicher Güter verwiesen wird (näher dazu § 71 Rz. 29 ff.).

Die nach § 328 Abs. 3 Nr. 2 StGB möglichen **Tathandlungen** sollen den *gesamten Transportvorgang* abdecken, weshalb das Befördern[1], Versenden, Verpacken oder Auspacken, Verladen oder Entladen, Entgegennehmen oder anderen Überlassen aufgeführt werden. Wie bei § 328 Abs. 3 Nr. 1 StGB wird auch hier eine Verletzung verwaltungsrechtlicher Pflichten vorausgesetzt. Das kriminalpolitisch verfehlte Erfordernis einer groben Verletzung verwaltungsrechtlicher Pflichten wurde mit dem 45. StrÄndG gestrichen. Die genannten Pflichten können sich entsprechend § 330d Abs. 1 Nr. 4 StGB aus behördlichen Einzelfallentscheidungen, gem. § 330d Abs. 1 Nr. 4 Buchst. a StGB aber auch aus Rechtsvorschriften ergeben, wobei hier vor allem das GBG i.V.m. den einschlägigen Gefahrgutverordnungen Straße, Eisenbahn, und -Binnenschifffahrt bzw. See sowie die ADR von Bedeutung sind (vgl. dazu § 71 Rz. 29 ff.). Da nach § 330d Abs. 1 Nr. 4 StGB Verstöße gegen jede der Gefahrenabwehr dienende Vorschrift unabhängig von ihrer umweltschützenden Zielrichtung erfasst sind, können hier auch einzelne Regelungen der StVO herangezogen werden[2].

Im Gegensatz zu § 328 Abs. 3 Nr. 1 StGB, der einen Anlagenbetrieb verlangt, ist der Gefahrguttatbestand der Nr. 2 nicht als Sonderdelikt ausgestaltet. Dies hat zur Folge, dass grundsätzlich *jedermann* Täter sein kann, der in den Transportvorgang eingeschaltet ist. Wiederum vergleichbar mit § 328 Abs. 3 Nr. 1 StGB stellt die Norm ein **konkretes Gefährdungsdelikt** dar. Verlangt wird auch hier, dass durch eine der beschriebenen Tathandlungen die Gesundheit eines anderen, Tiere oder Pflanzen, Gewässer, die Luft oder der Boden oder fremde Sachen von bedeutendem Wert gefährdet werden.

Nach § 328 Abs. 5 StGB wird bei beiden Alternativen des § 328 Abs. 3 StGB auch das **fahrlässige** Fehlverhalten unter Strafe gestellt. Dies spielt erfahrungsgemäß vor allem bei Abs. 3 Nr. 2 eine erhebliche Rolle, wo in der Praxis doch immer wieder – durch den im Transportwesen herrschenden Konkurrenz- und Termindruck mit bedingt – einschlägige Tathandlungen bekannt werden, bei denen es häufig nicht nur zu konkreten Gesundheitsgefährdungen, sondern tatsächlich auch zu Beeinträchtigungen, somit zu tateinheitlich begangenen Vergehen der *fahrlässigen Körperverletzung* nach § 229 StGB kommt.

So war der Tatbestand des § 328 Abs. 3 Nr. 1 i.V.m. Abs. 5 StGB (in Tateinheit mit zehn Fällen der fahrlässigen Körperverletzung) in folgendem nicht atypischem Fall erfüllt:

Beispiel: Der Beschuldigte beförderte als Lkw-Fahrer einer österreichischen Spedition 36 Hobbocks mit jeweils 25 Liter Fassungsvermögen, die eine stark ätzend und lähmend

---

1 Vgl. dazu BGH v. 25.6.2009 – 4 StR 610/08, juris.
2 *Heine/Hecker* in S/S, § 328 StGB Rz. 23.

wirkende kresol- und phenolhaltige Kunstharzlösung enthielten und somit ein Gefahrgut darstellten, mit einem Lkw von Österreich nach Deutschland, obwohl er bemerkt hatte, dass die Behältnisse rostig waren und ein gefahrloser Transport der Flüssigkeiten voraussichtlich nicht möglich sein würde. Noch am selben Tag begann er sein Fahrzeug auf einem Betriebshof in Stuttgart zu entladen. Dabei liefen aus einem der bereits leckgeschlagenen Fässer mindestens fünf Liter der Kunstharzlösung aus, wodurch sich Dämpfe entwickelten, die bei einem Mitarbeiter der belieferten Firma zu Verätzungen der Haut und einer vorübergehenden Beeinträchtigung der Atemwege sowie bei neun herbeigerufenen Feuerwehrleuten zu Juckreiz, Augenbrennen, einem Kratzen im Hals, Atembeschwerden und Kopfschmerzen führten.

3. Besonders schwerer Fall

287 Kommt es bei einem vorsätzlichen Vergehen nach § 328 Abs. 3 Nr. 1 oder Nr. 2 StGB zum leichtfertig verursachten Tod eines Menschen oder anderen **gravierenden Tatfolgen**, kann ein besonders schwerer Fall einer Umweltstraftat i.S. des **§ 330** Abs. 1 oder Abs. 2 StGB gegeben sein. Hinsichtlich der einzelnen Voraussetzungen des § 330 Abs. 1 und des Abs. 2 StGB wird auf die Ausführungen Rz. 171 verwiesen.

4. Schwere Gefährdung durch Freisetzen von Giften

288 Der konkrete Lebensgefährdungstatbestand des **§ 330a StGB** ist als einzige Vorschrift des 29. Abschnitts im StGB *nicht verwaltungsakzessorisch* ausgestaltet. Die Norm verfolgt auch einen rein anthropozentrischen Ansatz: geschützt werden nur Leib oder Leben anderer Menschen. Umweltgüter werden nicht geschützt. § 330a StGB betrifft Stoffe, die Gifte enthalten oder (durch den Kontakt mit Umweltmedien) hervorbringen können. Dabei werden unter „**Gift**" (wie bei § 326 Abs. 1 Nr. 1 StGB, vgl. Rz. 228) alle organischen oder anorganischen Stoffe verstanden, die geeignet sind, durch chemische oder chemisch-physikalische Einwirkung nach ihrer Beschaffenheit und Menge Gesundheit und Leben von Menschen zu schädigen. Diese Stoffe müssen verbreitet oder *freigesetzt* werden, d.h. sich ganz oder zumindest zum Teil unkontrolliert in die Umwelt ausbreiten können[1]. Erfasst wird danach z.B. das Emittieren giftiger Stoffe in die Luft, wie es infolge des Absprühens von Schädlingsbekämpfungsmitteln oder nach dem Aufbringen von Holzschutzmitteln[2] geschehen kann.

289 Durch diese Tathandlung muss die Gefahr des Todes oder einer schweren Gesundheitsschädigung eines anderen oder die **Gefahr einer Gesundheitsschädigung** einer großen Zahl von Menschen verursacht werden. Dabei genügt es nach § 330a Abs. 3 StGB, wenn die Gefahr fahrlässig verursacht wird, während

---

1 *Fischer*, § 330a StGB Rz. 3; zwischen den beiden Tathandlungen stärker differenzierend *Sack*, Umweltschutz-StrafR, § 330a StGB Rz. 8; *Steindorf* in LK, § 330a StGB Rz. 5.
2 Vgl. dazu den Frankfurter „Holzschutzmittelfall", LG Frankfurt/M v. 27.7.1990 – 5/26 Kls 65 Js 8793/84, NStZ 1990, 592; LG Frankfurt/M, ZUR 1994, 37 m. Anm. *Schultz*; BGH v. 2.8.1995 – 2 StR 221/94, NStZ 1995, 590; LG Frankfurt/M v. 6.11.1996 – 5/29 KLs 65 Js 8793/84.

die eigentliche Tathandlung *vorsätzlich* (Abs. 1), zumindest aber *leichtfertig* (Abs. 4) begangen werden muss. Diese Einschränkung hat in der Praxis zur Folge, dass die immer wieder auftretenden Fälle von Gesundheitsbeschädigungen durch das fahrlässige Freisetzen von Giftstoffen den Tatbestand des § 330a StGB nicht erfüllen, sondern nur eine fahrlässige Körperverletzung nach § 229 StGB begründen.

Der tatsächlich sehr enge Anwendungsbereich der Norm korrespondiert mit einer *hohen Strafdrohung*. Der Grundtatbestand des § 330a Abs. 1 StGB ist als Verbrechen mit Freiheitsstrafe von einem bis zu zehn Jahren bedroht. Wird der Tod eines anderen Menschen verursacht, beträgt die Mindeststrafe nicht unter drei Jahren (§ 330a Abs. 2 StGB)[1].

5. Chemikaliengesetz

Vor allem bei möglichen Gesundheitsgefährdungen am Arbeitsplatz ist, wenn § 328 Abs. 3 Nr. 1 StGB nicht vorliegt, der gelegentlich weiterreichende *Straftatbestand* des **§ 27 ChemG** zu prüfen, der gegenüber §§ 328, 330 und 330a StGB subsidiär ist (vgl. § 27 Abs. 6 ChemG). Diese wegen ihrer Verweisungstechnik wenig übersichtliche Norm bietet in Abs. 1 Nr. 1 die gesetzliche Grundlage für einzelne in Rechtsverordnungen enthaltene Straftatbestände, insbesondere § 8 ChemverbotsV, §§ 22 Abs. 2, 24 Abs. 2 GefStoffV, § 7 ChemOzonschichtV, § 7 ChemVOCFarbV (vgl. Rz. 91). Von größerer praktischer Bedeutung ist dabei insbesondere **§ 24 Abs. 2 GefStoffV**, der in der Praxis vor allem beim sachwidrigen Umgang mit **Asbest**, insbesondere bei Abbruch- und Sanierungsarbeiten zur Anwendung kommt[2]. 290

Ebenfalls unter Strafe gestellt sind in § 27 Abs. 1 Nr. 2 ChemG Zuwiderhandlungen gegen vollziehbare *behördliche Anordnungen* nach § 23 Abs. 2 S. 1 ChemG sowie in Nr. 3 unter den dort näher ausgeführten Voraussetzungen Zuwiderhandlungen gegen unmittelbar geltende *Vorschriften der EG*. Diese werden wiederum über §§ 1, 2 Abs. 2 der **Chemikalien- Straf- und Bußgeldverordnung** in das nationale Recht umgesetzt[3]. Danach ist seit 29.1.2005 u.a. auch der unerlaubte Export FCKW-haltiger Kühlgeräte unter Strafe gestellt. 291

Führen derartige Verstöße sowie weitere in § 27 Abs. 2 ChemG näher ausgeführte Zuwiderhandlungen zu einer **konkreten Gefährdung** für Leben oder die Gesundheit eines anderen Menschen oder fremde Sachen von bedeutendem Wert, kommt eine *erhöhte Strafdrohung* von Freiheitsstrafe bis zu fünf Jahren zum Tragen. 292

Als weitere Strafnorm betrifft **§ 27a ChemG** im Einzelnen näher ausgeführte Täuschungshandlungen, die im Zusammenhang mit Erklärungen oder Bescheinigungen für die gute Laborpraxis nach §§ 19a, 19b ChemG stehen. Einzelne 293

---

1 Krit. dazu *Saliger*, Rz. 501: „exorbitant hohe Strafdrohung".
2 Vgl. dazu *Henzler*, NuR 2012, 91.
3 VO zur Durchsetzung gemeinschaftsrechtlicher Verordnungen über Stoffe und Zubereitungen (Chemikalien-Straf- und Bußgeldverordnung – ChemStrOWiV) i.d.F. der Bek. v. 27.10.2005, BGBl. I 3111, zul. geänd. am 17.7.2007, BGBl. I 1417.

Zuwiderhandlungen gegen die REACH-Verordnung der EG (Rz. 90) können schließlich gem. § 27b ChemG als Vergehen geahndet werden.

6. Ordnungswidrigkeiten

294 § 27 ChemG wird ergänzt durch eine *Vielzahl verschiedener* **Bußgeldvorschriften**, die insbesondere auf § 26 ChemG sowie weiteren Normen des ChemG beruhen. Von Bedeutung sind dabei insbesondere § 7 ChemVerbotsV, §§ 22 ff. GefStoffV, §§ 3–5 ChemStrOwiV, § 6 ChemVOCFarbV und § 6 ChemOzonSchichtV.

VII. Gentechnik

1. Gefährdungen durch Gentechnik

295 Vergleichbar mit § 327 StGB stellt **§ 39 Abs. 2 Nr. 2 GenTG** (Rz. 93) das unerlaubte Betreiben einer *gentechnischen Anlage* unter Strafe[1]. Ebenso mit Freiheitsstrafe bis zu drei Jahren oder mit Geldstrafe ist das unerlaubte Freisetzen gentechnisch veränderter Organismen bedroht (§ 39 Abs. 2 Nr. 1 GenTG).

296 § 39 Abs. 3 GenTG sieht eine **Qualifikation** für die Fälle vor, in denen durch eine Tat nach § 39 Abs. 2 oder eine in § 38 Abs. 1 Nr. 2, 8, 9 oder 12 GenTG bezeichnete Handlung eine *Gefährdung* für Leib oder Leben eines anderen, fremde Sachen von bedeutendem Wert oder wesentliche Bestandteile des Naturhaushalts von erheblicher ökologischer Bedeutung eintritt. Die dabei vorgesehene Höchststrafe von fünf Jahren erscheint allerdings im Hinblick auf denkbare Schäden sowie im Vergleich zur Strafdrohung des § 330 StGB zweifelhaft niedrig bemessen.

§ 39 Abs. 4–7 GenTG enthalten nähere Bestimmungen über den Versuch sowie die fahrlässige Handlung bzw. fahrlässige Verursachung der Gefahr.

2. Ordnungswidrigkeiten

297 **§ 38 GenTG** enthält in Anlehnung an § 62 BImSchG umfassende **Bußgeldvorschriften**, die u.a. vorsätzliche und fahrlässige Verstöße gegen Aufzeichnungspflichten, das unerlaubte Errichten, wesentliche Ändern einer gentechnischen Anlage, Verstöße gegen Anmeldeverpflichtungen, gegen Auflagen und Anordnungen usw. erfassen. Derartige Ordnungswidrigkeiten können mit einer Geldbuße bis zu 50 000 Euro geahndet werden.

298 Die **Einordnung verschiedener Verstöße** in Ordnungswidrigkeiten nach § 38 GenTG einerseits und Straftaten nach § 39 GenTG andererseits erscheint nicht immer ganz geglückt. So stuft § 38 Abs. 1 Nr. 4 GenTG den unerlaubten wesentlich geänderten Betrieb einer gentechnischen Anlage seinem Wortlaut nach nur als Ordnungswidrigkeit ein, während ein entsprechender Verstoß bei

---

[1] Näher zu den Strafbestimmungen des GenTG *Alt* in MüKo, § 39 GenTG; *Wache* in Erbs/Kohlhaas, § 39 GenTG.

immissionsschutzrechtlich genehmigungsbedürftigen Anlagen im Bereich des § 327 Abs. 2 Nr. 1 StGB als Vergehen gewertet wird[1]. Entsprechendes gilt hinsichtlich der in § 38 Abs. 1 Nr. 8 GenTG vorgesehenen Ordnungswidrigkeit des Zuwiderhandelns gegen eine vollziehbare Auflage oder Anordnung, die im Falle einer modifizierenden Auflage im immissionsschutzrechtlichen Bereich ebenfalls ein Vergehen begründet (vgl. Rz. 215). Unter Heranziehen der Überlegungen zu § 327 Abs. 2 StGB erscheint es daher durchaus vertretbar, in beiden Fällen eine Strafbarkeit nach § 39 Abs. 2 Nr. 2 GenTG anzunehmen, da sich der jeweilige Betreiber außerhalb des Bereichs der erteilten Genehmigung bewegt[2].

3. Unzureichende Deckungsvorsorge

Während § 39 Abs. 2–7 und § 38 GenTG eher dem unmittelbaren Schutz der in § 1 GenTG genannten Rechtsgüter dienen, will **§ 39 Abs. 1 GenTG** sicherstellen, dass die vorgesehenen Haftungsregelungen befolgt werden, und stellt hierzu gewisse Zuwiderhandlungen gegen die Einhaltung der Deckungsvorsorge unter *Strafe*. Im Gegensatz zum verwaltungsakzessorisch ausgeprägten Umweltstrafrecht dient diese Vorschrift also der Sicherstellung zivilrechtlicher Ansprüche. Die Norm geht allerdings ins Leere, da eine einschlägige Verordnung noch nicht erlassen worden ist[3].

299

VIII. Naturschutz und Landschaftspflege

a) Die Beschädigung oder Zerstörung *fremder Bäume* kann gem. § 303 Abs. 1 StGB als Sachbeschädigung strafrechtlich verfolgt werden. Handelt es sich um ein **Naturdenkmal** i.S. des § 28 BNatSchG, kann darüber hinaus auch ein Vergehen der gemeinschädlichen Sachbeschädigung nach § 304 StGB gegeben sein[4]. Voraussetzung ist allerdings, dass die wesentliche Zweckbestimmung der Sache, die sie besonders schützenswert gemacht hat, beeinträchtigt wird.

300

b) Einen besonderen strafrechtlichen Schutz genießen die nach § 23 bzw. § 24 BNatSchG ausgewiesenen **Naturschutzgebiete** und **Nationalparks** sowie die als Naturschutzgebiet *einstweilig sichergestellten Flächen*. Hier werden vom Tatbestand des **§ 329 Abs. 3** in Nr. 1–8 StGB aufgelistete, einzelne Zuwiderhandlungen unter Strafe gestellt, wie etwa das unerlaubte Abbauen oder Gewinnen von Bodenschätzen (Nr. 1), das Schaffen, Verändern oder Beseitigen von Gewässern (Nr. 3), das Roden von Wald (Nr. 5) u.a. Diese Tathandlungen müssen entgegen einer zum Schutz des Gebiets erlassenen Rechtsvorschrift oder vollziehbaren Untersagung begangen werden. Als weiterer Taterfolg muss der jeweilige Schutzzweck durch die Tathandlung nicht unerheblich beeinträchtigt werden. Nach der im Rahmen des 2. UKG getroffenen Neufassung der Vorschrift wer-

301

---
1 Zu Recht krit. auch *Fluck*, BB 1990, 1716.
2 So *Alt* in MüKo-StGB, § 38 GenTG Rz. 9, § 39 GenTG Rz. 3.
3 *Alt* in MüKo-StGB, § 36 GenTG Fn. 1; *Wache* in Erbs/Kohlhaas, § 39 GenTG Rz. 2.
4 OLG Oldenburg v. 14.9.1987 – Ss 403/87, NJW 1988, 924.

den auch im Schutzgebiet auftretende Beeinträchtigungen erfasst, die durch *außerhalb des Schutzgebiets* vorgenommene Maßnahmen verursacht werden, wie etwa das Absinken des Grundwasserspiegels durch benachbarte Bauarbeiten[1].

302 Vorsätzliche Vergehen nach § 329 Abs. 3 StGB können mit Freiheitsstrafen bis zu fünf Jahren, fahrlässige Verstöße nach Abs. 5 Nr. 2 mit Freiheitsstrafe bis zu drei Jahren **geahndet** werden. Auch hier können beim Vorliegen weiterer Merkmale die Strafzumessungsregel des **§ 330 Abs. 1 StGB** und der Qualifikationstatbestand des besonders schweren Falls einer Umweltstraftat nach § 330 Abs. 2 StGB zum Tragen kommen (vgl. dazu Rz. 171).

302a In Ergänzung des § 329 Abs. 3 StGB wurde mit dem 45. StrÄndG der neue Tatbestand des *§ 329 Abs. 4 StGB* eingefügt. Diese Norm stellt erhebliche **Schädigungen in „Natura-2000-Gebieten"** unter Strafe[2]. Der Tatbestand ist durch seine Verweisung auf die FFH-Richtlinie und die EG-Vogelschutzrichtlinie sehr unübersichtlich. Bei näherer Betrachtung zeigt sich, dass die Norm zumindest derzeit mangels hinreichend bestimmter verwaltungsrechtlicher Pflichten nur selten zur Anwendung kommen wird[3].

303 c) Wesentliche Bedeutung für das Naturschutzrecht außerhalb des StGB haben die **Artenschutzstraftatbestände der §§ 71, 71a BNatSchG**[4]. Diese mit einer sehr komplizierten Verweisungstechnik ausgestalteten Normen sanktionieren Verstöße gegen Zugriffs-, Besitz-, Vermarktungs- und Einfuhrverbote streng bzw. besonders geschützter Arten. Darüber hinaus werden Zuwiderhandlungen gegen die sog. Tellereisen-VO[5] unter Strafe gestellt.

Ergänzt wird die Strafnorm durch die als Grundtatbestand konzipierte *Bußgeldvorschrift* des § 69 BNatSchG sowie den Ordnungswidrigkeitentatbestand des § 16 BArtSchV.

IX. Pflanzen- und Tierschutz

304 Den **Pflanzenschutz** (Rz. 100) sichert der Gefährdungstatbestand des § 39 PflSchG strafrechtlich ab, der das unerlaubte *Verbreiten von Schadorganismen* erfasst, wenn dieses zu einer Gefährdung von bestimmten, im Einzelnen aufgeführten Pflanzenbeständen führt. Ergänzt wird diese Strafnorm durch einen sehr detailliert gehaltenen Bußgeldtatbestand (§ 40 PflSchG).

---

1 Vgl. *Heine/Hecker* in S/S, § 329 StGB Rz. 45.
2 BT-Drs. 17/5391, S. 19 f.
3 Vgl. *Pfohl*, NuR 2013, 311.
4 Vgl. dazu aus der Rspr. BGH v. 30.7.1996 – 5 StR 37/96, NJW 1996, 3219; BGH v. 16.8.1996 – 1 StR 745/95, NJW 1996, 3220. Ausf. dazu die Kommentierungen von *Engelstätter* in Schlacke (Hrsg.), GK-BNatSchG; *Kraft* in Lütkes/Ewer, BNatSchG; *Pfohl* in MüKo-StGB, §§ 71, 71a BNatSchG; *Stöckel* in Erbs/Kohlhaas, BNatSchG.
5 ABl. EG Nr. L 308 v. 10.1.1997, 1; vgl. dazu *Pfohl* in MüKo-StGB, § 71 BNatSchG Rz. 32, 116.

Den *strafrechtlichen* **Tierschutz**[1] soll § 17 TierSchG gewährleisten. Diese Norm stellt in Nr. 1 das Töten eines Wirbeltiers ohne vernünftigen Grund, in Nr. 2 die quälerische Misshandlung von Wirbeltieren unter Strafe. Dabei wird in Nr. 2 Buchst. a auf die Gesinnung des Täters abgestellt und ein Handeln aus Rohheit verlangt, während in Nr. 2 Buchst. b vorausgesetzt wird, dass dem betroffenen Tier länger anhaltende oder sich wiederholende erhebliche Schmerzen oder Leiden zugefügt werden. Tateinheitlich zu § 17 TierSchG kann bei der Verletzung oder Tötung fremder Tiere der Tatbestand der Sachbeschädigung nach § 303 StGB erfüllt sein. Ergänzt wird § 17 TierSchG durch den sehr umfangreichen *Bußgeldtatbestand* des § 18 TierSchG, der insgesamt 30 verschiedene Verstöße aufzählt und Geldbußen bis zu 25 000 Euro zulässt.

X. Umwelthaftung

Auch das oben Rz. 13 erwähnte *Umwelthaftungsgesetz* sieht – dem GenTG vergleichbar – vor, dass Inhaber bestimmter gefahrträchtiger Anlagen verpflichtet sind, **Deckungsvorsorgemaßnahmen** für etwaige auf sie zukommende Schadensersatzansprüche zu treffen (**§ 19 UHG**). Wer entgegen § 19 UHG bzw. zu dessen Ergänzung erlassener Rechtsverordnungen keine oder keine ausreichende Deckungsvorsorge trifft bzw. hierzu erlassenen vollziehbaren Anordnungen zuwiderhandelt, kann bei einem vorsätzlichen Verstoß gem. § 21 Abs. 1 UHG mit Freiheitsstrafe bis zu einem Jahr, bei Fahrlässigkeit mit Freiheitsstrafe bis zu sechs Monaten belangt werden.

Ergänzt wird diese mit § 39 Abs. 1 GenTG vergleichbare Strafnorm durch die *Bußgeldvorschrift* des § 22 UHG. Auch 22 Jahre nach Inkrafttreten des UHG wurde noch keine Rechtsverordnung geschaffen. §§ 21, 22 UHG stehen daher ebenso wie § 39 Abs. 1 GenTG nur auf dem Papier.

D. Umweltstrafrechtliche Besonderheiten

I. Strafbarkeit von Amtsträgern

Wenngleich für den Unternehmer nicht unmittelbar von Bedeutung, so aber doch zumindest für das bessere Verständnis der Verhaltensweisen von Behördenvertretern ist die Frage interessant, welche strafrechtlichen Folgen ein Amtsträger, insbesondere ein Bediensteter der Umweltverwaltungsbehörde gewärtigen muss, wenn er sich pflichtwidrig verhält, d.h. Fehler bei seiner Genehmigungs- oder Überwachungstätigkeit vorkommen.

1. Amtsträger als Anlagenbetreiber

Strikt von dieser Genehmigungs- und Überwachungstätigkeit zu unterscheiden sind zunächst die Fälle, in denen die *öffentliche Hand selbst* als **Anlagen-**

---

1 Vgl. dazu die oben vor Rz. 97 aufgelisteten Kommentierungen zum TierschutzG sowie *Metzger* in Erbs/Kohlhaas, TierSchG; *Pfohl* in MüKo-StGB, § 17 TierSchG und *Sack*, Umweltschutz-StrafR, § 17 TierSchG.

betreiber auftritt und es zu strafrechtlich relevanten Umweltverstößen kommt. Einschlägige Verfahren sind, bedingt durch die zahlreichen öffentlichen Aufgaben von Gemeinden und Kreisen, gar nicht so selten. Sie betrafen u.a. Gewässerverunreinigungen durch unzureichend ausgestaltete Abwasserleitungen[1], fehlerhaft dimensionierte Kläranlagen[2], Abwasserableitungen eines städtischen Schwimmbads[3] oder eines Schlachthofs[4], den unerlaubten Umgang mit gefährlichen Abfällen beim Betrieb von Abfalldeponien[5] und das unerlaubte Weiterbetreiben stillgelegter Müllkippen[6].

309 In all diesen Fällen gilt grundsätzlich, dass die **öffentlichen Anlagenbetreiber** genauso als Täter zu behandeln sind *wie jede Privatperson* auch. Die hier bestehenden Pflichten sind dem jeweils für die öffentliche Hand handelnden Amtsträger gem. § 14 Abs. 2 S. 3 StGB zuzurechnen[7].

2. Bedienstete der Genehmigungs- und Überwachungsbehörden

310 Einer ganz anderen rechtlichen Würdigung unterliegt die Tätigkeit von *Bediensteten der Genehmigungs- und Überwachungsbehörden*.

Bereits der Gesetzgeber des 18. StrÄndG hatte sich mit dieser Thematik befasst, sich jedoch bewusst gegen eine gesetzliche Regelung der Strafbarkeit von diesen Amtsträgern entschieden. Dabei wurde vor allem darauf abgestellt, dass es parallele Probleme auch in anderen Bereichen der Verwaltung gebe und es nicht einsichtig sei, nur für den Umweltbereich einen Sondertatbestand für Amtsträger zu schaffen. Eine umfassende Regelung im Rahmen des 1. UKG wurde daher abgelehnt. Obwohl der RefE des BMJ[8] und auch der Entwurf der SPD für ein 2. UKG[9] einen Vorschlag für einen eigenständigen Straftatbestand über die „**Umweltstraftat im Amt**" unterbreiteten, wurde auch im Rahmen dieser Reform eine entsprechende Vorschrift letztlich nicht verabschiedet. Die Mehrheit im Rechtsausschuss des Deutschen Bundestages befürchtete, dass ein eigener Tatbestand letztlich kontraproduktiv wirken, eine Absicherungsmentalität der Umweltbehörden,

---

1 BGH v. 19.8.1992 – 2 StR 86/92 – „Bürgermeister-Entscheidung", NJW 1992, 3247 m. Anm. *Jung*, JuS 1993, 346; *Knopp*, DÖV 1994, 676; *Michalke*, NJW 1994, 1693; *Nestler*, GA 1994, 514; *Schall*, JuS 1993, 719; *Schwarz*, NStZ 1993, 285; OLG Saarbrücken v. 27.6.1991 – Ss 84/90, NJW 1991, 3045 m. Anm. *Franzheim*, ZfW 1991, 325; *Groß/Pfohl*, NStZ 1992, 119 und *Kühne*, NJW 1991, 3020.
2 LG München II v. 16.7.1985 – 10 Ns 14 Js 1595/85, NuR 1986, 259; ausf. zu solchen Fällen *Odersky* in FS Tröndle, 1989, S. 291; *Pfohl*, NJW 1994, 418.
3 OLG Köln v. 17.5.1988 – Ss 84/90, NJW 1988, 2119.
4 BGH v. 20.11.1996 – 2 StR 323/96, NStZ 1997, 189.
5 LG Koblenz v. 22.12.1986 – 9 Qs 219/86, NStZ 1987, 281.
6 OLG Stuttgart v. 5.12.1986 – 1 Ss 629/86, NuR 1987, 281.
7 Vgl. ausf. zu Strafbarkeit kommunaler Amtsträger u.a. *Nappert*, Die strafrechtliche Haftung von Bürgermeistern und Gemeinderäten im UmweltstrafR, 1997; *Schmeken/Müller*, UmweltstrafR in den Kommunen, 3. Aufl. 1993; *Scholl*, Strafrechtliche Verantwortlichkeit von Gemeinde-, Kreisräten und Mitgliedern der Zweckverbandsversammlungen im UmweltR, 1996; *Weber*, Strafrechtliche Verantwortlichkeit von Bürgermeistern und Leitenden Verwaltungsbeamten im UmweltR, 1988.
8 Vgl. § 329a des nicht veröffentlichten RefE.
9 BT-Drs. 12/376, § 329a.

eine Lähmung dieser Verwaltungsstellen oder gar die Abwanderung qualifizierten Personals zur Folge haben könnte. Auch sei es nicht Aufgabe der Strafverfolgungsbehörden, als „Oberumweltschützer" zu agieren[1].

Diese Entscheidung des Gesetzgebers hat zur Folge, dass die Rechtsprechung die Problematik mit der üblichen Dogmatik des Strafrechts Allgemeiner Teil bewältigen muss, die allerdings an ganz anderen Tatbeständen, wie z.B. Totschlag, Diebstahl, entwickelt worden und daher nicht ohne Weiteres übertragbar ist. Inzwischen haben sich folgende **Fallgruppen** herauskristallisiert, bei denen eine *Strafbarkeit von Amtsträgern* in Betracht kommt[2]:
– beim Erlass einer materiell fehlerhaften Genehmigung oder Erlaubnis,
– bei der Nichtrücknahme einer fehlerhaft erteilten Genehmigung oder Erlaubnis,
– beim Nichteinschreiten gegen rechtswidrige Umweltbeeinträchtigungen.

311
In all diesen Fällen ist unumstritten, dass grundsätzlich eine **Beihilfe des Amtsträgers** möglich ist. Gem. § 27 Abs. 1 StGB setzt sie allerdings voraus, dass sich der unmittelbar Handelnde einer vorsätzlich begangenen rechtswidrigen Haupttat schuldig macht. Daran fehlt es vor allem dann, wenn der Haupttäter eine zwar verwaltungsrechtlich *rechtswidrige*, aber doch strafrechtlich *wirksame* Genehmigung (vgl. Rz. 122 ff.) erhalten hat.

312
Ist dies der Fall, stellt sich die Frage, ob der Amtsträger für die Genehmigungserteilung als **mittelbarer Täter** verantwortlich gemacht werden kann[3]. Der BGH hat dies grundsätzlich bejaht und damit begründet, dass

„der Amtsträger durch die Genehmigung unter vorsätzlicher Missachtung des materiellen Umweltrechts die entscheidende Rechtsschranke für die Herbeiführung des tatbestandsmäßigen Erfolgs öffne"[4]. Es sei „kein überzeugender Grund dafür ersichtlich, es einem Amtsträger, mit dessen Genehmigung die Durchführung eines Umweltverstoßes steht und fällt, nicht als Täterschaft zuzurechnen, wenn er vorsätzlich unter Verstoß gegen das Umweltrecht die Tatbestandsverwirklichung durch einen gutgläubigen Unternehmer freigibt".

Man kann über die Begründung des Urteils streiten[5] – der Passus „aber kein überzeugender Grund dafür ersichtlich" enthält m.E. eine bloße Leerformel –, für die Strafverfolgungsorgane hat die Entscheidung jedenfalls zur Konsequenz, dass auch die Streitfrage der mittelbaren Täterschaft des Amtsträgers im positiven Sinne entschieden und so zu beachten ist.

313
In Betracht kommt diese Lösung indes nur bei *Allgemeindelikten*, die jedermann begehen kann, wie etwa §§ 324 und 326 Abs. 1 StGB. Anders verhält es

---

1 Vgl. zusammenfassend *Schmidt/Schöne*, NJW 1994, 2514.
2 Vgl. RefE S. 100.
3 Vgl. zum kaum noch überschaubaren Schrifttum die Zusammenstellungen in *Fischer*, Vor § 324 StGB Rz. 13; *Saliger* in S/S/W, Vor §§ 324 ff. StGB Rz. 52; *Schall* in SK, Vor § 324 StGB Rz. 90; *Schmitz* in MüKo, Vor §§ 324 ff. StGB Rz. 102.
4 BGH v. 3.11.1993 – 2 StR 321/93, BGHSt 39, 381; bestätigt von BVerfG v. 4.10.1994 – 2 BvR 322/94, NJW 1995, 186.
5 Krit. dazu u.a. *Arzt/Weber/Heinrich/Hilgendorf*, StrafR BT, 2. Aufl. 2009, 1061; *Knopp*, DÖV 1994, 676; *Michalke*, NJW 1994, 1963; *Rudolphi*, NStZ 1994, 433; *Schirrmacher*, JR 1995, 386; *Schmitz* in MüKo, Vor §§ 324 ff. StGB Rz. 108; *Wohlers*, ZStW 108 (1996), 61.

sich bei **Sonderdelikten**, für die nur ein bestimmter Personenkreis verantwortlich gemacht werden kann. Hier haben sich zwei Problembereiche herausgebildet, über die in der Literatur vor allem diskutiert wird. Zum einen geht es um die Frage, ob bei den anlagenbezogenen Delikten, etwa §§ 325 und 327 StGB, nur der Anlagenbetreiber oder sein Vertreter i.S.des § 14 StGB tauglicher Täter sein kann. Zum anderen geht es um die Frage, ob und inwieweit sich aus verwaltungsrechtlichen Pflichten i.S.des § 330d Abs. 1 Nr. 4 StGB eine Zuordnung zu Allgemein- oder Sonderdelikten ableiten lässt. Hinsichtlich der noch nicht abgeschlossenen Diskussion muss hier auf die weiterführende Literatur verwiesen werden[1].

314 Für das Strafbarkeitsrisiko hat die Differenzierung zwischen Allgemein- und Sonderdelikten eine ungerechtfertigte **Ungleichbehandlung verschiedener Amtsträger** zur Folge. Insbesondere die Beamten der Wasserbehörden sind gegenüber jenen der Immissionsschutzbehörden schlechtergestellt. So kann sich z.B. der Amtsträger wegen fahrlässiger Gewässerverunreinigung strafbar machen, der als Bediensteter der Unteren Wasserbehörde nicht gegen eine bekannt gewordene Einleitung häuslicher Abwässer aus einem Grundstück in einen Bach einschreitet, weil er die einschlägigen Akten verlegt hat. Straflos bleibt hingegen der Beamte der atomrechtlichen Genehmigungsbehörde, der eine kerntechnische Anlage unter bewusster Verletzung einschlägiger verwaltungsrechtlicher Vorgaben genehmigt. § 327 Abs. 1 StGB begründet, wie sich bereits aus dem Wortlaut ergibt, ein Sonderdelikt, bei dem der Amtsträger nicht Täter sein kann. Eine Beihilfe scheitert wiederum an der fehlenden rechtswidrigen Haupttat, da die Anlage bestandskräftig genehmigt ist. Zumindest hinsichtlich dieser Ungleichbehandlung hätte der Gesetzgeber Abhilfe schaffen sollen[2].

315 Ebenfalls im positiven Sinne entschieden hat die Rechtsprechung die Frage, ob dem Amtsträger der Wasserbehörde im Falle der Nichtrücknahme eines Verwaltungsakts bzw. des Nichteinschreitens gegen rechtswidrige Umweltbeeinträchtigungen eine **Garantenpflicht** zum Einschreiten obliegt[3]. Diese Verpflichtung kann sich zum einen aus *Ingerenz* (vorangegangenem pflichtwidrigen Tun) ergeben, z.B. dann, wenn der Amtsträger durch die Erteilung einer rechtswidrigen Genehmigung eine Gefahr geschaffen hat, die rückgängig zu machen ist. Zumindest dem Bediensteten der Wasserbehörde kommt darüber hinaus eine Garantenstellung als sog. Beschützergarant zu, da das WHG diesen Behörden einen genau abgegrenzten Aufgabenbereich zuweist, innerhalb dessen ihnen der Schutz der Gewässerreinheit obliegt. Aus dieser Rechtsstellung ergibt sich eine konkrete Rechtspflicht des zuständigen individuellen Amtsträgers, tatbestandsmäßige Gewässerverunreinigungen Dritter zu verhindern[4].

316 Liegt ein tatbestandsmäßiges Tun oder Unterlassen des Amtsträgers vor, ist des Weiteren zu berücksichtigen, dass auch er **unbefugt** handeln muss, d.h. die

---

1 *Saliger*, Rz. 143 ff., 174 ff.; *Schall* in SK, Vor § 324 StGB Rz. 31 ff., 90 ff.; *Schall* in FS Schöch, 2010, S. 619.
2 Ausf. dazu *Franzheim/Pfohl*, Rz. 606; *Pfohl*, NuR 2012, 307.
3 Vgl. BGH v. 19.8.1992 – 2 StR 86/92, NJW 1992, 3247.
4 So OLG Frankfurt v. 22.5.1987 – 1 Ss 401/86, NStZ 1987, 508. Ausf. dazu *Saliger*, Rz. 203 ff.; *Schall* in SK, Vor § 324 StGB Rz. 102 ff., jew. m.w.Nw.

ihm verwaltungsrechtlich eingeräumten Beurteilungs- und Ermessensspielräume überschreitet[1]. Die insoweit maßgeblichen Kriterien sind noch nicht abschließend geklärt[2].

Während etwa der Generalstaatsanwalt beim OLG Hamm davon ausgeht, dass die Garantenhaftung eines Beamten der Aufsichtsbehörde auf den „nur theoretisch denkbaren Fall eingeengt" wird, „wo nur eine Entscheidung, aber kein Entscheidungsspielraum bleibt"[3], stellt ein Teil der Lehre in Anbetracht der weiten Entscheidungsspielräume des Verwaltungsrechts m.E. weit überzeugender darauf ab, ob die Entscheidung vertretbar war[4], oder lässt es genügen, „dass zwar keine Ermessensreduzierung auf null vorliegt, aber jede der mehreren infrage stehenden Handlungsmöglichkeiten eine Umweltverunreinigung ausgeschlossen oder wenigstens vermindert hätte"[5].

In der Praxis *sind* Anklagen und **Verurteilungen von Amtsträgern außerordentlich selten.** Die Gefahr einer strafrechtlichen Verfolgung ist tatsächlich gering[6]. Nicht verkannt werden soll aber, dass bereits die Einleitung und Durchführung eines Ermittlungsverfahrens zu schwerwiegenden Belastungen des hiervon Betroffenen führen können. 317

3. Verletzung von Anzeigepflichten

Unterlässt es der Amtsträger, eine ihm bekannt gewordene Umweltstraftat bei den Strafverfolgungsbehörden anzuzeigen, erfüllt dies in aller Regel keinen Straftatbestand. 318

Eine § 6 Subventionsgesetz entsprechende **gesetzliche Anzeigepflicht** für Umweltdelikte hat der Gesetzgeber trotz mehrfach geäußerter Forderungen *nicht eingeführt*[7]. Vielmehr wurden in den *einzelnen Bundesländern* lediglich **Verwaltungsvorschriften** erlassen, die eine Anzeigepflicht für bestimmte Sachverhalte normieren.

In *Baden-Württemberg* gilt dies etwa für die recht seltenen Fälle von Straftaten nach §§ 330, 330a StGB[8]. Hinsichtlich der übrigen Umweltstraftaten wird den Verwaltungsbehörden ein Ermessen eingeräumt, ob eine Mitteilung an die Strafverfolgungsorgane erfolgen soll oder nicht, wobei allerdings im Zweifel zugunsten einer Anzeige zu entscheiden ist.

Derartige Verwaltungsvorschriften begründen keine gesetzlichen Pflichten, somit auch **keine Garantenstellung** i.S. des § 13 StGB. Ihre Nichtbefolgung führt daher nicht zu einem Vergehen der Strafvereitelung im Amt durch Unterlassen nach §§ 258, 258a StGB. Anders verhält es sich jedoch mit dem von Bußgeldbe- 319

---

1 OLG Karlsruhe v. 3.8.2004 – 1 Ws 157/03, juris.
2 Ausf. dazu *Heine/Hecker* in S/S, Vorbem. §§ 324 ff. StGB Rz. 30; *Saliger*, Rz. 184 ff.
3 GenStA Hamm v. 23.8.1983 – 2 Zs 1636/83, NStZ 1984, 219.
4 *Kuhlen*, WiVerw 1992, 299.
5 *Winkelbauer*, NStZ 1986, 149.
6 So ein Ergebnis der empirischen Untersuchung von *Rogall*, Die Strafbarkeit von Amtsträgern im Umweltbereich, 1991.
7 Für eine Anzeigepflicht der Verwaltungsbehörden etwa *Busch/Iburg*, UmweltstrafR, S. 79; *Kloepfer/Vierhaus*, Rz. 48; *Scheu*, NJW 1983, 1707; *Tiedemann*, Neuordnung, S. 43.
8 Die Justiz 2014, 23.

hörden gelegentlich übersehener. § 41 OWiG, aus dem als gesetzlicher Vorschrift eine strafrechtliche Garantenpflicht i.S. des § 13 StGB folgt[1].

II. Verantwortlichkeiten im Betrieb

1. Verantwortungsverteilung

320 Wer im Rahmen eines Unternehmens für eine Umweltstraftat in welchem Umfang zur Verantwortung zu ziehen ist, richtet sich zunächst nach den **allgemeinen Grundsätzen** der Täterschaft und Teilnahme und zum *Handeln für einen anderen* (vgl. oben § 19 und § 30 Rz. 1 ff.). Insofern gelten keine Besonderheiten. Vor allem gibt es auch für den Bereich des Umweltstrafrechts keine strafrechtliche Haftung juristischer Personen (vgl. ausführlich dazu § 23 Rz. 31 ff.).

321 In tatsächlicher Hinsicht können sich aus der **Aufgaben- und Verantwortungsverteilung** innerhalb eines Betriebs erhebliche *Nachweisschwierigkeiten* ergeben. Wie die Verantwortlichkeiten aufgeklärt werden, ist dabei vom jeweiligen Vorwurf und Einzelfall abhängig. Geht es um den Verdacht einer einmalig fehlerhaft bedienten Abwasserbehandlungsanlage, werden sich die Ermittlungen zunächst gegen den für den Anlagenbetrieb zuständigen Mitarbeiter richten. Sollte sich dabei herausstellen, dass kein Bedienungsfehler vorlag, sondern die Anlage generell unterdimensioniert oder unzureichend ausgestattet war, werden sich die Ermittlungen auch „bottom up" in Richtung Geschäftsführung erstrecken. Handelt es sich hingegen um den Vorwurf eines generell unerlaubten Anlagenbetriebs nach § 327 Abs. 2 Nr. 1 StGB, werden sich die Ermittlungen zunächst gegen den Geschäftsführer des Unternehmens als vertretungsberechtigtes Organ i.S.des § 14 StGB sowie den Organisationsverantwortlichen (nach § 52b BImSchG) richten. Bei einer wirksamen Delegation werden die Ermittlungen „top down" fortgeführt. Allerdings bewirkt nicht jede Delegation von Pflichten zwangsläufig eine Exkulpation. Auch die fehlerhafte Auswahl, mangelnde Anleitung eines Mitarbeiters oder eine etwaige *Aufsichtspflichtverletzung* können zur Begründung zumindest einer Fahrlässigkeitstat führen, vorausgesetzt, eine Kausalität lässt sich insofern nachweisen. In diesen Fällen kann eine Verantwortungsverteilung letztlich auch eine Vervielfältigung der strafrechtlichen Haftung bedeuten[2].

2. Strafbarkeit des Betriebsbeauftragten

322 Besondere „**Umweltschutzbeauftragte**" im weiteren Sinne sind in § 64 WHG (Gewässerschutz), § 53 BImSchG (Immissionsschutz), § 58a BImSchG (Störfall), § 59 KrWG (Abfall), § 31 StrlSchV (Strahlenschutz) sowie § 3 GGBefG

---

1 Vgl. *Gürtler* in Göhler, § 41 OWiG Rz. 1 m.w.Nw.
2 Vgl. das „Ledersprat-Urteil" BGH v. 6.7.1990 – 2 StR 549/89, BGHSt 37, 107 sowie einschränkend BGH v. 1.7.1997 – 1 StR 244/97, NStZ 1997, 545; OLG Düsseldorf v. 16.1.2002 – 2b Ss (Owi) 02/01 – (Owi) 75/101 IV, wistra 2002, 357. Ausf. zur individuellen Zurechnung einer Umweltstraftat *Busch/Iburg*, UmweltstrafR, S. 86; *Franzheim/Pfohl*, Rz. 500; *Heine/Hecker* in S/S, Vorbem. §§ 324 ff. StGB Rz. 28 ff.

i.V.m. der GefahrgutbeauftragtenV (Gefahrgut) vorgesehen. Diesen Beauftragten kommt eine Wächterfunktion im öffentlichen Interesse zu, sie sind jedoch nicht „verlängerter Arm der Verwaltungsbehörde", sondern Innenorgan des Unternehmens, somit Betriebsbeauftragte. Ihnen obliegen Kontroll-, Informations- und Initiativpflichten (vgl. Rz. 21)[1]. Sie haben regelmäßig gegenüber der Geschäftsleitung zu berichten.

323 Wie ein Fehlverhalten dieser Personen in strafrechtlicher Hinsicht zu würdigen ist, wird noch diskutiert[2]. Im Wesentlichen ist Folgendes festzuhalten: Sind dem Betriebsbeauftragten über die gesetzlichen Pflichten hinaus zusätzliche Aufgaben, z.B. die Leitung der Abwasserbehandlungsanlage, übertragen, kann er wie jeder andere Mitarbeiter Täter oder Teilnehmer eines Umweltdelikts sein. Soweit es nur um die Verletzung der Pflichten als Betriebsbeauftragter geht, die zu einem bestimmten Erfolg, z.B. einer Gewässerverunreinigung, führt, ist i.d.R. ein **Unterlassungsdelikt** zu prüfen. Dabei obliegt dem Betriebsbeauftragten keine umfassende, generelle, für alle vom Betrieb ausgehende Umweltverstöße begründete **Garantenstellung**, da ihm seiner Aufgabe entsprechend nur begrenzte Pflichten zukommen. Werden jedoch diese speziellen, dem Umweltschutzbeauftragten obliegenden Pflichten verletzt, kann der Beauftragte Überwachergarant i.S. des § 13 StGB, d.h. z.B. dafür verantwortlich sein, dass durch betriebliche Abwassereinleitungen keine unbefugten Gewässerverunreinigungen verursacht werden. Eine Beschützergarantenstellung ist hingegen abzulehnen, da der Umweltschutzbeauftragte nicht im Auftrag der Allgemeinheit für die Reinhaltung von Umweltgütern wie Gewässer oder Luft auf den Posten gestellt ist.

Erfüllt der Betriebsbeauftragte seine Pflichten als Beschützergarant nicht, kann er grundsätzlich Täter oder Teilnehmer des jeweiligen Umweltdelikts sein[3]. Maßgeblich ist hier seine Position im jeweiligen Einzelfall, d.h. ob er lenkende Zentralgestalt des Geschehens ist (dann wäre er Täter) oder ob ihm nur in einem Teilbereich seines Aufgabenkreises Fehler unterlaufen (dann wäre er Teilnehmer).

324 Wie sich die hier nur in Umrissen dargestellte Problematik der betriebsinternen Verantwortlichkeiten in der Praxis darstellen kann, soll anhand eines Fallbeispiels verdeutlicht werden:

Beispiel: Aus einem Pelzveredelungsbetrieb wurden 1,5 Tonnen halogenhaltiger Destillationsrückstände mit Sägemehl vermischt und mit Pappe zugedeckt in einem Container zu einer Hausmülldeponie angeliefert. Im Rahmen der Ermittlungen ließ sich noch verhältnismäßig einfach klären, dass die Kanister mit den Abfällen vom Arbeitnehmer A in den Container geworfen wurden. Gibt A an, auf Anordnung des Betriebsbeauftragten für Abfall, des Meisters M gehandelt zu haben, ist M Mittäter. Handelte M nach entspre-

---

1 Vgl. aus dem Schrifttum *Böse*, NStZ 2003, 636; *Dahs*, NStZ 1986, 97; *Kaster*, GewA 1998, 129; *Nisipeanu*, NuR 1990, 439; *Rudolphi* in FS Lackner, 1987, S. 863; *Saliger*, Rz. 171 ff.; *Schall* in FS Amelung, 2009, S. 287; *Schall* in SK, Vor § 324 StGB Rz. 148 ff.
2 Vgl. OLG Frankfurt v. 22.5.1987 – 1 Ss 401/86, NStZ 1987, 508; *Böse*, NStZ 2003, 636; *Schall* in FS Amelung, 2009, S. 287.
3 *Schall* in FS Amelung, 2009, S. 287.

chender Übereinkunft mit dem Geschäftsführer, wäre auch jener Mittäter – soweit der theoretische Lehrbuchfall.

Tatsächlich sagt A, er sei erst seit drei Wochen im Betrieb und habe nicht gewusst, dass die Abfälle nicht in diesen Container gehörten. M habe ihn auch nicht darauf hingewiesen. In diesem Fall hätte M wiederum die Tätigkeit von A nur ungenügend angeleitet und beaufsichtigt. Es bliebe bei einer Fahrlässigkeitsstrafbarkeit von M. Der Geschäftsführer hätte sich nur dann strafbar gemacht, wenn er selbst M nicht ordnungsgemäß ausgebildet bzw. beaufsichtigt hätte. Dies lässt sich aber i.d.R. nicht nachweisen.

Selbstverständlich wird sich aber auch M entlasten wollen: Er sei zur Zeit der falschen Abfallentsorgung für vier Wochen in Kur gewesen und habe A gar nicht anleiten können. Hier könnte eine Verantwortlichkeit des M ausscheiden, falls er seine Aufgaben ordnungsgemäß auf einen anderen delegiert hätte. Strafbar wäre dann u.U. der insofern Beauftragte. Sollte M für keine Vertretung gesorgt haben, bliebe die Verantwortlichkeit bei ihm oder gar bei dem Geschäftsführer, wenn jener M in Kur gehen ließ, ohne für eine richtige Vertretungsregelung gesorgt zu haben.

3. Unternehmensstrafbarkeit?

325 Fälle dieser Art, bei denen sich durch das arbeitsteilige Zusammenwirken mehrerer Personen eine Schuld des Einzelnen kaum nachweisen lässt oder diese am unteren Rand liegt, sind u.a. Anlass für die Forderung, eine **Unternehmensstrafbarkeit** einzuführen (dazu auch § 23 Rz. 28 ff.).

Verknüpft mit der Überlegung, dass sich *gerade das Umweltstrafrecht* mit seinen weit vorverlagerten Gefährdungsdelikten vom Schuldstrafrecht entfernt habe, wurde etwa von *Heine*[1] vorgeschlagen, Sanktionsmöglichkeiten gegen juristische Personen zu eröffnen. Dabei wurde gewissermaßen in Aufwertung des § 30 Abs. 4 OWiG propagiert, Geldstrafen gegen juristische Personen festsetzen zu können. Gedacht wurde des Weiteren an die Möglichkeiten von Restitutionsleistungen, der Abberufung verantwortlicher Organe eines Unternehmens, der Einsetzung von Sequestern sowie schließlich der zeitweisen oder gar vollständigen Stilllegung eines Betriebs.

325a Auch die **europäische Richtlinie** *über den strafrechtlichen Schutz der Umwelt* enthält Vorgaben zur Verantwortlichkeit juristischer Personen (Art. 6). Gegen sie müssen wirksame, angemessene und abschreckende Sanktionen verhängt werden können (Art. 7). Allerdings verlangt die Richtlinie nicht, dass es sich dabei zwingend um Sanktionen strafrechtlicher Natur handelt[2]. Im Hinblick auf die bereits bestehenden Möglichkeiten der §§ 30, 130 OWiG sowie die sanktionsähnlich wirkenden Verfallsanordnungen gegen juristische Personen (§ 73 Abs. 3 StGB) sah der Gesetzgeber daher keine Notwendigkeit weitreichende, u.U. über das Umweltstrafrecht hinausreichende Neuregelungen zu schaffen[3].

---

1 *Heine*, Die strafrechtliche Verantwortlichkeit von Unternehmen – Von individuellem Fehlverhalten zu kollektiven Fehlentwicklungen, insbes. bei Großrisiken, 1995; *Ransiek*, UnternehmensstrafR, 1996; vgl. im Übrigen die w.Nw. bei *Lackner/Kühl*, § 14 StGB Rz. 1a; *Ransiek* in NK, Vor §§ 324 ff. StGB Rz. 37 ff.; zum europ. Recht und Rechtsvergleich *Radtke* in MüKo, § 14 StGB Rz. 124.
2 BR-Drs. 58/11, S.11.
3 *Hecker* in MPI (Hrsg.), Europ. StrafR, 2.Aufl. 2013, § 28 Rz. 15; *Schall* in SK, Vor § 324 StGB Rz. 180.

Abweichend davon hat das Land Nordrhein- Westfalen am 17.9.2013 den Entwurf eines Gesetzes zur Einführung der strafrechtlichen Verantwortlichkeit von Unternehmen und sonstigen Verbänden vorgelegt[1] (vgl. näher dazu § 23 Rz. 51), der inzwischen umfassend kritisch beleuchtet wurde[2], aber nach dem gegenwärtigen Diskussionsstand gute Aussichten hat, sich in absehbarer Zeit durchzusetzen[3]. 325b

Die bisherige Zurückhaltung des Gesetzgebers ist berechtigt. Zwar kann der Nachweis des schuldhaften Fehlverhaltens eines einzelnen Mitarbeiters im Unternehmen im Einzelfall erhebliche Probleme bereiten und mögen die hierzu erforderlichen Ermittlungen angesichts der aufgetretenen Tat- und zu erwartenden Rechtsfolgen gelegentlich unverhältnismäßig erscheinen. Auch kann man trefflich darüber streiten, ob Sorgfaltspflichten im Einzelfall nicht zu streng gefasst und die reinen Formaldelikte, etwa des § 327 Abs. 2 StGB, eher den Charakter typischer Ordnungswidrigkeiten haben. All dies rechtfertigt es jedoch nicht, das **Wagnis eines Sonderstrafrechts** zu beschreiten, das – ohne die erforderliche Trennschärfe – Elemente verwaltungsrechtlicher und strafrechtlicher Reaktionen vermengt. Die vorgeschlagenen Sanktionen sind – abgesehen von der Geldstrafe gegen Unternehmen – bislang Maßnahmen, die dem präventiven Verwaltungshandeln zugeordnet sind. Würden sie ins Strafrecht verlagert, käme es zu einer Überlappung von verwaltungs- und strafrechtlicher Sanktionstätigkeit, die bei der unterschiedlichen Ausrichtung und Arbeitsweise der Beteiligten in der Praxis nicht ohne Reibungsverluste oder gar Widersprüchlichkeiten zu leisten wäre. Darüber hinaus bestünde die Gefahr, dass der einzelne Mitarbeiter eines Unternehmens die Einführung einer Verbandsstrafe als falsches Signal interpretieren und bei seinen Anstrengungen, die ihm obliegenden Sorgfaltspflichten einzuhalten, nachlassen könnte, wenn er wüsste, dass sein Fehlverhalten am Ende nicht zu seiner, sondern nur zu einer Sanktionierung der juristischen Person seines Arbeitgebers führen wird. 326

Soweit es im Übrigen darum geht, im Einzelfall unlauter entstandene Gewinne eines Unternehmens „abzuschöpfen", besteht bereits heute die Möglichkeit, nach **§ 73 Abs. 1, 3 StGB** eine Verfallsanordnung gegen die juristische Person auszusprechen, wovon in der Praxis zunehmend Gebrauch gemacht wird[4]. Die Notwendigkeit einer darüber hinausgehenden Geldstrafe gegen Unternehmen besteht m.E. nicht. 327

---

[1] Der Gesetzesentwurf ist unter www.justiz.nrw.de abrufbar, eine erläuternde Darstellung findet sich bei *Möhrenschlager*, wistra 2/2014, XI.

[2] Vgl. u.a. *Hoven/Wimmer/Schwarz/Schumann*, NZWiSt 2014, 161, 201, 241; *Leipold*, NJW-Spezial 2013, 696; *Mitsch*, NZWiSt 2014, 1; *Schünemann*, ZIS 2014, 1.

[3] So die Prognose in *Lackner/Kühl*, § 14 StGB Rz. 1a m.w.Nw.

[4] Vgl. aus der Rechtsprechung zuletzt BGH v. 20.2.2013 – 5 StR 306/12, NStZ 2013, 401, bespr. von *Mahler*, ZWH 2013, 189; LG Münster v. 17.3.2011 – 9 Qs 44 FSH 94-10 Js 450/10-6/11, NStZ-RR 2012, 110.

III. Verfahrensrechtliche Einzelfragen

328 Hinsichtlich der Grundsätze des Strafverfahrens ist auf die Ausführungen oben in §§ 10 ff. zu verweisen. Für den Bereich des Umweltstrafrechts bedürfen neben der bereits erwähnten Anzeigepflicht noch zwei „**Sonderprobleme**" der Erwähnung:

1. Verwertbarkeit von Erkenntnissen der Eigenüberwachung

329 Umstritten und vor allem in der Rechtsprechung noch *nicht abschließend geklärt ist*, wie in Umweltstrafverfahren Erkenntnisse zu behandeln sind, die im Rahmen der betrieblichen **Eigenüberwachung** gewonnen worden sind.

Davon zu *unterscheiden* ist zunächst die Fragestellung[1], ob und unter welchen Umständen dem Auskunftspflichtigen ein **Auskunftsverweigerungsrecht** *gegenüber den Verwaltungsbehörden* zusteht. Ein derartiges Recht sehen u.a. § 101 Abs. 3 WHG, § 52 Abs. 5 BImSchG und § 47 Abs. 5 KrWG für die Fälle der in § 101 Abs. 1 und 2 WHG, § 52 Abs. 2 BImSchG und § 47 Abs. 3 KrWG statuierten Auskunftspflichten vor. Danach kann der zur Auskunft Verpflichtete – § 55 StPO entsprechend – die Auskunft auf solche Fragen verweigern, deren Beantwortung ihn selbst oder einen seiner im Gesetz näher bezeichneten Angehörigen der Gefahr strafgerichtlicher Verfolgung oder eines Verfahrens nach dem OWiG aussetzen würde.

Erteilt der Betroffene in Kenntnis des ihm zustehenden Verweigerungsrechts *Auskünfte*, die ihn selbst belasten, steht einer späteren Verwertung im Strafverfahren nichts entgegen, da sich der Betroffene nicht einem verfassungsrechtlich verbotenen Zwang zur Selbstbelastung unterworfen, sondern aus eigenen Stücken Angaben gemacht hat. Eine Erweiterung des Nemo-tenetur-Grundsatzes, auch keinen Dritten, etwa einen Arbeitnehmer des Betriebs, belasten zu müssen[2], ist gesetzlich nicht vorgesehen und auch kriminalpolitisch nicht wünschenswert.

330 Im Mittelpunkt der weiteren *Diskussion* steht die Frage, ob und ggf. in welchem Umfang dem Gemeinschuldnerbeschluss des BVerfG entsprechend[3], ein strafprozessuales **Verwertungsverbot für schriftliche Aufzeichnungen** besteht, die in einem Unternehmen im Wege der Eigenüberwachung über betriebliche Emissions-, Abwasserwerte oder vergleichbare Daten gefertigt worden sind[4]. Dabei ist im Wesentlichen von Folgendem auszugehen:

Wurden die Aufzeichnungen *freiwillig* gefertigt, besteht kein Selbstbezichtigungszwang, somit kein Raum für die Anwendung des Grundsatzes „nemo tenetur se ipse accusare". Bei Unterlagen, die aufgrund *gesetzlicher Verpflichtungen* oder behördlicher Anordnungen erstellt werden, gehen die Meinungen aus-

---

1 So zutr. *Kloepfer/Vierhaus*, Rz. 178.
2 So aber *Michalke*, Rz. 498.
3 BVerfG v. 13.1.1981 – 1 BvR 116/77, NJW 1981, 1431.
4 Vgl. dazu u.a. *Franzheim*, NJW 1990, 2049; *Günther*, ZfW 1996, 290; *Michalke*, NJW 1990, 417; *Rogall* in SK, Vor § 133 StPO Rz. 141; *Schall* in FS Samson, 2010, S. 483 sowie umfassend *Mäder*, Betriebliche Offenbarungspflichten und Schutz vor Selbstbelastung, 1997, 221 ff.

einander. Zum Teil wird hier eine Verwertbarkeit unter Bezugnahme auf den Gemeinschuldnerbeschluss grundsätzlich verneint. Bei automatisch erstellten Messergebnissen fehlt es jedoch an einer Konfliktsituation i.S. des Nemo-tenetur-Grundsatzes. So sieht das BVerwG Abwasservolumenmesswerte, die Behördenbedienstete von einer entsprechend der wasserrechtlichen Erlaubnis installierten Messeinrichtung ablesen, nicht als Ergebnisse der Eigen-, sondern der staatlichen Überwachung an[1]. Umstritten ist, ob es sich anders verhält, wenn der Betroffene zusätzlich zum rein mechanischen Überwachungsvorgang und der bloßen Erneuerung von Dokumentationsmitteln weitere Eigenleistungen in Form von Auswertungen oder Zusammenfassungen der Messergebnisse vornehmen muss[2].

Auch hier begründet das Nemo-tenetur-Prinzip m.E. **keine** derart **weitreichenden**, auch auf schriftliche Aufzeichnungen der Eigenüberwachung bezogenen **Verwertungsverbote**. Gegen eine solche erweiternde Auslegung des Gemeinschuldnerbeschlusses spricht zunächst die grundsätzliche Überlegung, dass jede Ausweitung der Verwertungsverbote gleichzeitig zu einer *Beschränkung der Wahrheitsfindung* führt und dadurch die materielle Gerechtigkeit beeinträchtigen kann[3] (vgl. dazu § 93 Rz. 17 ff.). Dagegen sprechen im Übrigen die in den vergleichbaren Fällen der Fahrtenschreiberaufzeichnungen, Buchhaltungsunterlagen und Bilanzen angestellten Überlegungen, bei denen eine Verwertbarkeit im Strafverfahren grundsätzlich bejaht wird. Die Situation desjenigen, der in Erfüllung einer behördlichen Anordnung eine Liste über die letzten Ergebnisse von Abwasserproben erstellt, unterscheidet sich bei deren späterer Verwendung nicht von jener des Kaufmanns, dessen zur Erfüllung handelsrechtlicher Pflichten erstellte Buchhaltung und Bilanzen in einem späteren Strafverfahren gegen ihn herangezogen werden dürfen[4]. 331

2. Telefonüberwachung

Im Bereich der Abfallkriminalität hat sich in den letzten Jahren ein Schwerpunkt bei der Entsorgung heimlich vermischter und falsch deklarierter Abfälle ergeben, die auf nicht zugelassenen Altdeponien oder in Tagebaugruben abgelagert wurden, wobei häufig mehrere Personen arbeitsteilig zusammenwirkten[5]. Ein wesentliches Ermittlungsinstrument kann in diesen Fällen die Telefonüberwachung sein. Im Katalog des § 100a Abs. 2 StPO sind die Umweltdelikte leider nicht aufgeführt, und zwar nicht einmal § 330 StGB, obwohl diese Norm einen Strafrahmen von bis zu zehn Jahren Freiheitsstrafe vorsieht. Eine **Ergänzung des § 100a Abs. 2 StPO** wäre kriminalpolitisch wünschenswert. Bislang kann in solchen Fällen nur auf den Verdacht des gewerbsmäßigen Betrugs zum Nachteil des Abfallerzeugers abgestellt werden. Dieser wird durch 331a

---

1 BVerwG v. 31.8.2005 – 9 C 3/04, BVerwGE 124, 172.
2 *Mäder*, Betriebliche Offenbarungspflichten und Schutz vor Selbstbelastung, 1997, 221.
3 So auch dezidiert *Kloepfer/Vierhaus*, Rz. 179.
4 A.A. *Schall* in SK, Vor § 324 StGB Rz. 161 f. m.w.Nw.
5 Vgl. Drs. 16/1568 des Landtags von Rheinland-Pfalz, wiedergegeben bei *Wegner*, wistra 3/2013, VI.

die nicht ordnungsgemäße Vertragserfüllung des Abfallentsorgers von seiner abfallrechtlichen Entsorgungspflicht nicht endgültig befreit und dadurch in seinem Vermögen geschädigt[1]. Besteht der Verdacht eines entsprechenden gewerbsmäßigen Vorgehens des Abfallerzeugers, kann eine entsprechende Ermittlungsmaßnahme auf § 100a Abs. 2 Nr. 1 Buchst. n StPO gestützt werden.

3. Sonderzuständigkeiten

332 Anders als im Bereich des Wirtschaftsstrafrechts findet sich für das Umweltstrafrecht bislang keine Regelung, die § 74c GVG entspricht. Die Einrichtung von **Schwerpunktstaatsanwaltschaften** zur Bekämpfung der Umweltkriminalität erscheint auch nicht sinnvoll[2]. Zwar ist es erforderlich, auch für dieses Sachgebiet bei den Strafverfolgungsorganen gut ausgebildete *Spezialisten* zu beschäftigen und Sonderzuständigkeiten festzulegen. Die Staatsanwälte sollten jedoch in verhältnismäßig kurzer räumlicher Entfernung zum jeweiligen Tatort tätig und im Hinblick auf die sich aus der Verwaltungsakzessorietät ergebende besondere rechtliche Situation in der Lage sein, einen engen Kontakt mit den örtlich zuständigen Verwaltungsbehörden zu pflegen. Dies ist bei einer zentralen Schwerpunktstaatsanwaltschaft nicht in dem erforderlichen Umfang möglich.

333 Zu befürworten ist jedoch, dass insbesondere bei großen **Gerichten** im Geschäftsverteilungsplan vermehrt *Spezialzuständigkeiten* vorgesehen werden, wie dies in einigen größeren Landgerichtsbezirken der Fall ist.

IV. Ahndungspraxis

1. Strafverfolgungsstatistik

334 Die seit Inkrafttreten des 18. Strafrechtsänderungsgesetzes eingetretene **Entwicklung des Umweltstrafrechts** macht folgende aus der Strafverfolgungsstatistik übernommene Übersicht am besten deutlich[3]:

Abgeurteilte wegen Umweltdelikten :

Delikt	1981	1986	1989	1990	1994	1997	1998	2001	2002
§ 324	1179	1844	2544	2106	1100	723	576	430	351
§ 324a	–	–	–	–	–	200	202	185	151
§ 325/§ 325a	10	26	36	42	20	40	25	19	17
§ 326	122	760	1 564	1 780	2 551	4 019	3 701	3 853	3 660
§ 327	107	388	682	624	434	291	268	164	114
§ 328	–	–	3	–	15	9	8	6	16

---

1 Vgl. BVerwG v. 28.6.2007 – C 5.07, BVerwGE 129, 93 m. Bespr. *Versteyl*, NVwZ 2007, 1150.
2 So auch der Beschl. Nr. 36 beim 57. DJT 1988, Sitzungsbericht L 279.
3 Diese Daten sind jeweils den vom Statistischen Bundesamt herausgegebenen Arbeitsunterlagen „Strafverfolgung" entnommen.

Delikt	1981	1986	1989	1990	1994	1997	1998	2001	2002
§ 329	20	10	7	6	10	7	8	6	7
§ 330	42	43	47	45	22	17	18	6	11
§ 330a	56	6	4	6	3	8	3	3	2
Gesamt	1 636	3 077	4 887	4 609	4 155	5 314	4 809	4 672	4 329

Delikt	2005	2006	2007	2008	2009	2010	2011	2012
§ 324	302	335	265	257	269	231	253	214
§ 324a	126	92	156	123	103	109	94	84
§ 325/§ 325a	15	11	5	9	15	12	14	7
§ 326	2 411	2 136	1 952	1 510	1 229	1 315	1 208	1 081
§ 327	120	106	146	137	91	16	83	135
§ 328	5	7	9	9	6	8	8	2
§ 329	3	–	–	3	–	5	5	2
§ 330	6	6	4	12	2	8	8	7
§ 330a	2	-	–	2	–	2	4	–
Gesamt	2 990	2 493	2 437	2 062	1 833	1 803	1 677	1 532

Bis 2006: alte Bundesländer
Seit 2007: Deutschland
Aus diesen Daten lässt sich u.a. Folgendes entnehmen[1]:
Die Zahl der bei Gerichten **anhängigen Strafverfahren** hat sich in den 1980er Jahren verdreifacht. In den darauf folgenden Jahren war bis 1993 ein Rückgang, dann jedoch ein Anstieg bis zur Rekordzahl von 5 314 Sachen im Jahr 1997 zu verzeichnen. Seither nehmen die Verfahren stetig ab, und zwar bis auf 1677 im Jahr 2011[2].
Für den allgemeinen **Rückgang** der registrierten Umweltkriminalität seit 1998 sind verschiedene **Faktoren** maßgeblich. Die behördliche Kontrolldichte hat in jener Zeit stark abgenommen. So wurden etwa in Baden-Württemberg die früheren Wasserwirtschaftsämter und Gewerbeaufsichtsämter aufgelöst und in die Landkreisverwaltungen bzw. Regierungspräsidien integriert. Die früher aufsuchende kontrollierende Tätigkeit der Behörden ist weitgehend einer Eigenkontrolle von Anlagenbetreibern gewichen. Der Wirtschaftskontrolldienst, die früher spezialisierte „Umweltpolizei", wurde aufgelöst und in den allgemeinen Polizeidienst integriert, wodurch die Schlagkraft der polizeilichen Arbeit in diesem Bereich erheblich gelitten hat. Auch in den Medien und in der Bevölke-

---

1 Ausf. zur Rechtswirklichkeit u.a. *Dölling* in FS Kohlmann, 2003, S. 111; *Pfohl*, NuR 2012, 307; *Ransiek* in NK, Vor §§ 324 ff. StGB Rz. 27; *Schall* in FS Schwind, 2006, S. 395.
2 Die hier nicht wiedergegebenen Daten der polizeilichen Kriminalstatistik weisen einen entsprechenden Trend aus, vgl. *Schall* in SK, Vor § 324 StGB Rz. 8.

rung ist der Umweltgedanke in den letzten Jahren in den Hintergrund getreten und hat vor allem ökonomischen Fragestellungen Platz gemacht[1].

336 Auffallend ist, dass in den 1980er Jahren jeweils mehr als die Hälfte der Verfahren Delikte der **Gewässerverunreinigung** betrafen. Seit 1990 sind diese Fälle ständig zurückgegangen. Dies dürfte u.a. an der besseren Vorsorge und Sorgfalt bei Gewerbebetrieben sowie dem gestiegenen Umweltbewusstsein von Privatpersonen liegen. Der 1994 verabschiedete Tatbestand der Bodenverunreinigung bewährt sich, während jener der Luftverunreinigung bislang wenig praxistauglich geblieben ist.

337 Am häufigsten sind die Strafverfolgungsbehörden mit Vergehen des **unerlaubten Umgangs mit Abfällen** befasst, die von 1981–1997 von 122 auf 4 019 Verfahren angestiegen, inzwischen jedoch auch rückläufig sind. Dies dürfte mehrere Ursachen haben:

338 Die teilweise recht hohen Entsorgungskosten für umweltgefährdende Abfälle haben zumindest zeitweise einen großen Anreiz für „Einsparmöglichkeiten" geboten. Durch den verbesserten Anschluss an die öffentliche Kanalisation erfolgen heute viele Schadstoffeinleitungen nicht mehr unmittelbar in ein natürliches Gewässer, sondern in öffentliche Abwasserleitungen. Derartige Indirekteinleitungen werden i.d.R. nicht über § 324 StGB, sondern gem. § 326 StGB geahndet. Schließlich hat die (zwar durch die uneinheitliche Rechtsprechung der Oberlandesgerichte erschwerte, aber doch in einigen Bundesländern unter dem Aspekt des § 326 Abs. 1 Nr. 4 StGB weiterhin praktizierte) Verfolgung des Missstandes **wild abgestellter Autowracks** zu einem zumindest zeitweisen Anstieg derartiger Verfahren geführt. Einschlägige Vorfälle werden bereits von der Polizei standardisiert erfasst und von den Staatsanwaltschaften ebenso an die Gerichte weitergeleitet.

339 Während sich bei § 327 StGB eine einheitliche und im Vergleich zu § 325 StGB auf hohem Niveau bewegende **Handhabung** feststellen lässt, wurden Vergehen nach § 328 StGB trotz dessen weit gefassten Abs. 3 nur verhältnismäßig selten angeklagt. Dies müsste sich nach der Neufassung des § 328 Abs. 3 Nr. 2 StGB ändern.

340 Zu welchen Ergebnissen die Gerichtsverfahren wegen Umweltdelikten führen, zeigt die zweite **Übersicht**:

Rechtskräftig wegen Umweltdelikten Verurteilte:

	1981	1986	1989	1990	1994	1997	1998	1999	2001	2002
Abgeurteilte insgesamt	1 536	3 077	4 887	4 609	4 155	5 314	4 809	4 599	4 672	4 329
rechtskräftig Verurteilte insgesamt	938	1 562	2 678	2 624	2 640	3 895	3 443	3 420	3 417	3 581

---

1 Ausf. dazu *Schall* in FS Schwind, 2006, S. 395.

	2005	2006	2007	2008	2009	2010	2011	2012
Abgeurteilte insgesamt	2 990	2 493	2 437	2 062	1 833	1 803	1 677	1 532
rechtskräftig Verurteilte insgesamt	1 981	1 695	1 807	1 505	1 321	1 215	1 163	1 078

Danach haben in den 1980er Jahren nur etwas mehr als die Hälfte der angeklagten Verfahren auch zu einer **rechtskräftigen Verurteilung** geführt. In den übrigen Fällen sind (seltener) Freisprüche oder aber (weit häufiger) Verfahrenseinstellungen nach den *Opportunitätsvorschriften*, insbesondere den §§ 153 Abs. 2, 153a Abs. 2 StPO erfolgt. Im Laufe der 1990er Jahre hat sich dieses Verhältnis verschoben. In den Jahren 2009 und 2010 haben mehr als zwei Drittel der gerichtlichen Verfahren auch zu rechtskräftigen Verurteilungen geführt. Dies bestätigt den auch in der gerichtlichen Alltagspraxis feststellbaren Eindruck, wonach sich die Antragspraxis der Staatsanwaltschaften und die Spruchpraxis der Gerichte im Bereich des Umweltstrafrechts allmählich eingependelt haben.

Einen sich verfestigenden Trend vermitteln auch die Daten über die **Art der Verurteilungen:**

Festgesetzte Strafen (nur Erwachsene):

Jahr	1981	1989	1994	1996	1997	1998	1999	2001	2002
Rechtskräftig Verurteilte	907	2 659	2 614	3 604	3 863	3 419	3 385	3 683	3 545
Freiheitsstrafen	26	76	105	95	105	98	85	106	76
Freiheitsstrafen mit Bewährung	19	67	88	80	87	83	70	94	69
Freiheitsstrafen ohne Bewährung	7	9	17	15	18	15	15	12	7
Geldstrafen	881	2 583	2 509	3 509	3 758	3 221	3 300	3 577	3 469

Jahr	2005	2006	2007	2008	2009	2010	2011	2012
Rechtskräftig Verurteilte	1 967	1 682	1 798	1 493	1 228	1 195	1 154	1 075
Freiheitsstrafen	59	48	60	53	46	42	34	43
Freiheitsstrafen mit Bewährung	53	42	56	48	44	40	30	40
Freiheitsstrafen ohne Bewährung	6	6	4	5	2	2	4	3
Geldstrafen	1 908	1 634	1 738	1 440	1 182	1 153	1 120	1 032

343 Diese Zahlen zeigen, dass **Freiheitsstrafen** in Umweltstrafsachen zwar selten, aber nicht mehr extraordinär sind. Bei einem gelungenen Tatnachweis werden i.d.R. **Geldstrafen** im unteren Bereich bis zu 30 Tagessätzen festgesetzt.

344 Im Interesse aller Beteiligter wird dabei, wenn möglich, das **Strafbefehlsverfahren** gewählt. Den Staatsanwaltschaften und Gerichten erspart dies gelegentlich aufwändige Beweisaufnahmen, die mit der Einvernahme zahlreicher Sachverständiger und Zeugen verbunden sein können. Dem Angeklagten bleibt darüber hinaus der mit einem Umweltdelikt verbundene besondere öffentliche Makel erspart, der sich bereits aus der Durchführung einer öffentlichen Hauptverhandlung und, wie gelegentlich geschehen, breiter Berichterstattung in den Medien ergeben kann.

2. Verfahrenseinstellungen

345 Obwohl sich Anklage- und Verurteilungspraxis allmählich zu verfestigen scheinen, werden Umweltstrafverfahren auch heute noch häufig *wegen geringer Schuld* des Täters **nach §§ 153, 153a StPO eingestellt**. Die Ursachen dafür sind vielfältig. Umweltdelinquenten sind meist Ersttäter, sollen also bei ihrem ersten Fehlverhalten nicht immer gleich mit einer in das Bundeszentralregister einzutragenden Sanktion bedacht werden. Die Taten werden häufig fahrlässig begangen, zumindest lässt sich ein Vorsatz nicht nachweisen. Ist darüber hinaus ein in ökologischer Sicht unbedeutender Schaden entstanden und hat sich schließlich die zuständige Genehmigungs- oder Überwachungsbehörde zwar nicht rechtfertigend duldend, aber doch sehr langmütig gezeigt, spricht vieles für eine geringe Schuld des Täters.

346 Nicht geleugnet werden soll, dass die strafprozessualen **Opportunitätsvorschriften** gelegentlich auch zu pragmatisch gehandhabt werden. Staatsanwaltschaften und Gerichte scheuen sich vor einem tatsächlich und rechtlich schwierigen Verfahren, einer bisweilen äußerst umfangreichen Beweisaufnahme und einem ungewissen Verfahrensausgang – der Beschuldigte mag sich zwar keiner Schuld bewusst sein, will aber das Risiko einer öffentlichen Erörterung nicht auf sich nehmen und erklärt sich bereit, bereits vor einer etwaigen Hauptverhandlung eine *Geldbuße an eine gemeinnützige Einrichtung* zu begleichen. Dass derartige Überlegungen keine Begründung für eine Verfahrenseinstellung sein dürfen, liegt auf der Hand.

3. Verständigung in Strafverfahren

346a Ähnlich wie in Wirtschafts- und Steuerstrafsachen hat die **Verfahrensverständigung** in umfangreichen Umweltstrafsachen erhebliche praktische Bedeutung. Die Gründe dafür liegen in der faktischen und rechtlichen Komplexität der Materie mit entsprechenden Beweis- und Rechtsproblemen sowie der regelmäßigen Präsenz einer starken anwaltlichen Vertretung[1]. Ein wesentliches Indiz dafür ist auch die Tatsache, dass es, soweit ersichtlich, trotz einiger offener Rechtsfragen des Umweltstrafrechts seit dem Jahr 2000 nur drei (!) veröffent-

---

1 Vgl. *Kloepfer/Vierhaus*, Rz. 175; *Saliger*, Rz. 542.

lichte BGH-Entscheidung zu den §§ 324 ff. StGB gibt¹, d.h. offenbar die meisten Verfahren bei den großen Strafkammern „einvernehmlich" erledigt werden. Ob diese Praxis auch nach der Entscheidung des BVerfG zur Verfahrensverständigung beibehalten werden kann, ist allerdings fraglich² (näher dazu § 12 Rz. 39a ff).

4. Verfall

Auch in Umweltstrafverfahren bietet das Gesetz die Möglichkeit, zu Unrecht erlangte **Gewinne abzuschöpfen**³. Dies gilt insbesondere für ersparte Aufwendungen, die sich beim Betrieb unzureichend dimensionierter Abwasserbehandlungsanlagen, bei kostensparenden, aber unsachgemäßen Entsorgungen gefährlicher Abfälle oder beim unerlaubten Betrieb von Anlagen ergeben können⁴. 347

Gem. § 73 Abs. 1 StGB ordnet das Gericht den Verfall eines Vermögensvorteils an, den der Täter oder Teilnehmer für die Tat oder aus ihr erlangt hat. Diese Anordnung richtet sich gem. § 73 Abs. 3 StGB auch gegen einen Dritten, für den der Täter oder der Teilnehmer gehandelt hat. Im Einzelfall ist daher zu prüfen, ob die Vermögensmehrung beim Täter als natürlicher Person oder bei der juristischen Pereson eingetreten ist⁵. Bei beiden Entscheidungen, die grundsätzlich obligatorisch sind (!), gilt seit 1992 das sog. *Bruttoprinzip*. Danach unterliegt der Vermögenszuwachs als solcher, d.h. der jeweilige Gesamterlös dem Verfall⁶. Aufwendungen, die der Täter im Zusammenhang mit dem Delikt getätigt hat, sind grundsätzlich nicht zu berücksichtigen. Ist das tatsächlich Erlangte beim Täter oder Dritten nicht mehr vorhanden, muss gem. § 73a StGB ein Geldbetrag für verfallen erklärt werden, der dem Wert des Erlangten entspricht.

Die **Bestimmung des „Erlangten"** kann sowohl in rechtlicher als auch in tatsächlicher Hinsicht Probleme bereiten. In rechtlicher Hinsicht gilt dies etwa für die Frage, ob für die unerlaubte Entgegennahme von Abfällen gezahlte Entgelte aus der Tat oder für diese erlangt sind. Der BGH hat dies verneint und nur die für eine rechtmäßige Entsorgung ersparten Aufwendungen als erlangt angesehen⁷. Beim unerlaubten Betrieb einer nicht genehmigten, aber genehmigungsfähigen Anlage sah das LG Münster den Sondervorteil nicht im Gewinn aus dem Anlagenbetrieb, sondern im eigentlichen Sondervorteil, der darin bestand, dass die Aufwendungen für das Genehmigungsverfahren erspart wurden⁸. In tatsächlicher Hinsicht empfiehlt es sich, ersparte Aufwendungen im 347a

---

1 BGH v. 25.6.2009 – 4 StR 610/08, juris.
2 BVerfG v. 19.3.2013 – 2 BvR 2628/10, NJW 2013, 1058.
3 Näher zu den bestehenden Möglichkeiten *Franzheim/Pfohl*, Rz. 620; aus der Rspr. OLG Düsseldorf v. 29.6.1999 – 5 Ss 52/99, wistra 1999, 477.
4 Vgl. BGH v. 23.10.2013 – 5 StR 505/12, NStZ 2014, 89 m. Bespr. *Kämpfer*.
5 Vgl. BGH v. 23.10.2013 – 5 StR 505/12, NStZ 2014, 89 m. Bespr. *Kämpfer*.
6 Vgl. *Fischer*, § 73 StGB Rz. 4 m.w.Nw.
7 BGH v. 23.10.2013 – 5 StR 505/12, NStZ 2014, 89 m. Bespr. *Kämpfer*.
8 LG Münster v. 17.3.2011 – 9 Qs 44 FSH 94-10 Js 450/10-6/11, NStZ-RR 2012, 110; vgl. dazu *Pelz* in FS Imme Roxin, 2012, S. 181. Vgl. auch BGH v. 20.2.2013 – 5 StR 306/12, NStZ 2013, 401, bespr. von *Mahler*, ZWH 2013, 189.

Zweifelsfall mit Hilfe eines Sachverständigen zu bemessen. Vor allem bei Abfallentsorgungsmaßnahmen kann es erhebliche Preisunterschiede zwischen verschiedenen Entsorgern geben, sodass deren Auskünfte u.U. keine hinreichende Grundlage für eine Verfallsberechnung bieten.

348 Eingeschränkt wird die obligatorische Verfallsanordnung durch § 73 Abs. 1 S. 2 StGB. Wird durch das Umweltdelikt ein Schaden verursacht, der einem Verletzten zu ersetzen ist, sind dessen Schadensersatzansprüche vorrangig zu bedienen. So hatte im Fall einer unerlaubt verfüllten Deponie der gutgläubige Deponiebetreiber als künftiger Zustandsstörer Ersatzansprüche gegenüber dem Abfalldelinquenten, die im Rahmen des § 73 Abs. 1 S. 2 StGB zu berücksichtigen waren und einer Verfallsanordnung entgegenstanden[1]. In diesen Fällen ist aber § 111i Abs. 2 StPO zu beachten.

349 Die vom Gesetzgeber bewusst „zupackend" gestalteten Verfallsvorschriften erfahren eine gewisse Milderung durch die **Härteklausel des § 73c StGB**. Danach wird der Verfall nicht angeordnet, soweit er für den Betrieb eine „unbillige Härte" wäre. Ob dies der Fall ist, entscheidet das Gericht nach pflichtmäßigem Ermessen, wobei die hier anzustellenden Überlegungen immer wieder Gegenstand obergerichtlicher Entscheidungen gewesen sind[2].

5. Ordnungswidrigkeiten

350 Für die Ahndung von Umwelt-Ordnungswidrigkeiten ist der von den Umweltministerien beschlossene **Muster-Bußgeldkatalog** von wesentlicher Bedeutung, der von den einzelnen *Bundesländern übernommen* wurde[3]. Sein Ziel ist es, eine bundes- und landeseinheitliche Praxis bei der Verfolgung und Ahndung von Ordnungswidrigkeiten im Bereich des Umweltschutzes sicherzustellen. Für die Bußgeldbehörden begründet er als Verwaltungsanweisung einen verbindlichen Maßstab, die Gerichte sind daran jedoch, da er nicht als Rechtsverordnung erlassen wurde, nicht gebunden.

351 Bei der gelegentlich nicht ganz aufzuklärenden Verantwortungsvielfalt in Unternehmen ist der Bußgeldtatbestand des **§ 130 OWiG** über die *Verletzung der Aufsichtspflicht* (vgl. § 30 Rz. 125) auch im Umweltbereich häufiger anzuwenden. Zu berücksichtigen ist darüber hinaus die nach **§ 30 OWiG** gegebene (im Strafrecht nicht bekannte) Möglichkeit, eine *Geldbuße gegen die juristische Person* festzusetzen (vgl. dazu § 21 Rz. 93, § 23 Rz. 33 ff.). Schließlich kennt § 29a OWiG im Wesentlichen §§ 73 ff. StGB entsprechende Möglichkeiten des Verfalls.

6. Reformbedarf?

352 Basierend auf den oben Rz. 334 wiedergegebenen sowie den ergänzend beigezogenen Daten der polizeilichen Kriminalstatistik wurde vornehmlich in den

---

1 BGH v. 20.2.2013 – 5 StR 306/12, NStZ 2013, 401 m. krit. Bespr. *Bittmann*, wistra 2013, 309; *Mahler*, ZWH 2013, 190.
2 Vgl. *Fischer*, § 73c StGB Rz. 4 ff. m.w.Nw.
3 Vgl. etwa in Baden-Württemberg GABl. 2006, 725, abrufbar von der Homepage des UM Baden-Württemberg.

80er Jahren vielfältig und vehement **Kritik am geltenden Umweltstrafrecht** geübt, die auch heute nicht völlig verstummt ist[1].

Bemängelt wurde u.a. die soziale Selektion, die sich aus der verwaltungsakzessorischen Ausgestaltung des Rechts ergebe. So würden Privatpersonen oder wirtschaftlich weniger mächtigen Betrieben nur weit geringere Umweltbeeinträchtigungen gestattet als größeren gewerblichen Anlagenbetreibern. Dies habe zur Folge, dass vornehmlich Delikte mit Bagatellcharakter verfolgt würden, während schwerwiegende Umweltschäden zum Teil straffrei blieben. Überspitzt wird häufig der populäre Schluss gezogen, man hänge die Kleinen und lasse die Großen laufen. Da dies nicht vermittelbar sei, erweise sich das Umweltstrafrecht in weiten Teilen als kontraproduktiv[2].

Entgegen dieser Kritik ist m.E. eine **differenzierte und positivere Betrachtung** angebracht[3]: 353

Soweit auf die unbefriedigenden Auswirkungen der *Verwaltungsakzessorietät* abgestellt wird, kann auf die Ausführungen Rz. 113 ff. verwiesen werden, die deutlich machen sollten, dass zu dieser Konstruktion keine vorzugswürdige Alternative besteht, allenfalls durch eine stärkere Anbindung an das Verwaltungsrecht erreicht werden kann, dass gleiche Sachverhalte im Umweltstrafrecht auch gleich behandelt werden.

Nur mit entsprechenden verwaltungsrechtlichen Vorgaben kann auch gravierenden Umweltbeeinträchtigungen begegnet werden, die sich durch sog. Kumulations- oder Summationseffekte ergeben. Das Strafrecht kann hier – seiner verwaltungsakzessorischen Ausgestaltung entsprechend – allenfalls nachrangig reagieren. Es hat nur eine flankierende und ergänzende Funktion[4].

Ein immer größer werdendes Problem in der praktischen Handhabung des Umweltstrafrechts stellt allerdings der unbändige **Reformeifer** dar, der, wie unter Rz. 6 ff. geschildert, das derzeitige Umweltverwaltungsrecht prägt. Normen, die sich ständig ändern (wie einige europarechtliche Vorgaben), teilweise schon sprachlich nur schwer verständlich sind und letztlich nur noch von einem kleinen Kreis an Experten umfassend nachvollzogen werden, überfordern die damit befassten Umweltverwaltungsbehörden und führen letztlich auch zu einem Leerlaufen des akzessorischen Strafrechts. Hier muss darauf geachtet werden, dass sich das Strafrecht nicht so entwickelt, wie *Fischer* es bereits jetzt (etwas überspitzt) einschätzt, indem er die Tatbestände des Umweltstrafrechts so weit vom allgemeinen Verständnis kriminellen Handelns entfernt sieht, dass sie nur noch als Verwaltungsstrafrecht wahrgenommen würden[5]. Auch ergeben sich immer stärkere Zweifel, ob im Einzelfall (z.B. bei § 328 Abs. 3 Nr. 1 StGB) noch der verfassungsrechtliche Bestimmtheitsgrundsatz gewahrt ist. 354

Soweit vorgetragen wird, die Justiz verfolge vornehmlich **Bagatelldelikte**, während schwerwiegende Taten außer Betracht blieben, ist zweifelhaft, ob sich dies aus den empirischen Daten eindeutig ableiten lässt, da nicht ersichtlich 355

---

1 Vgl. dazu u.a. *Heine*, ZUR 1995, 63; *Lackner/Kühl*, Vor § 324 StGB Rz. 6; *Meinberg*, ZStW 100 (1988), 112; *Saliger*, Rz. 60 ff.; *Weber* in Koch/Scheuing (Hrsg.), GK, Vor § 62 BImSchG Rz. 43.
2 So etwa *Meinberg*, ZStW 100 (1988), 112.
3 So auch *Dölling* in FS Kohlmann, 2003, S. 111; *Schall* in FS Schwind, 2006, S. 395.
4 *Kloepfer/Vierhaus*, Rz. 2.
5 *Fischer*, Vor § 324 StGB Rz. 5a.

wird, ob die Justiz gravierende Fälle als Bagatellen behandelt oder tatsächlich nur Bagatellen vor Gericht verhandelt werden. Außerdem geht die Kritik darüber hinweg, dass auch in den übrigen Bereichen des Kriminalstrafrechts, etwa bei Diebstahl oder Betrug, die Verfolgung der kleineren Kriminalität überwiegt, ohne dass dort entsprechende Folgerungen gezogen würden[1]. Schließlich übersehen die Kritiker, dass gerade bei sozial integrierten Tätern auch eine maßvolle Sanktion nach § 153a StPO durchaus spezialpräventiv wirken kann[2].

356 Die gelegentlich erhobene Forderung, die als zu weitreichend empfundene **Fahrlässigkeitsstrafbarkeit** einzelner Tatbestände zu „korrigieren" und solche Verstöße zu Ordnungswidrigkeiten **herabzustufen**, ist unbegründet. Dies zeigt schon die Überlegung, das dann u.U. ein Umweltunfall wie bei der Deep Water Horizon im Golf von Mexiko oder dem Auslaufen einer metall- und laugenhaltigen Brühe aus der Aluminiumproduktion wie beim Kolontar- Dammbruch in Ungarn im Jahr 2010 strafrechtlich nicht zu ahnden wäre. Wenn in solchen Fällen nur mit einem Bußgeldverfahren reagiert werden könnte, wären Forderungen nach einer Verschärfung des Umweltstrafrechts nicht zu überhören[3].

357 Entgegen mancher Einwände gegen die Übernahme der wesentlichen Umweltdelikte in das StGB[4] deuten die Daten der Strafverfolgungsstatistik darauf hin, dass sich die **Lokation im StGB** *bewährt* hat. Es zeigt sich, dass eine weit größere Neigung der Strafverfolgungsorgane besteht, sich mit „echtem Strafrecht" zu befassen als mit eher „exotisch" anmutenden Normen des Nebenstrafrechts. Auch ist festzustellen, dass sich die vielerorts vorhanden gewesene Scheu vor der zunächst unbekannt gewesenen Materie des Umweltstrafrechts gelegt hat.

358 Wenngleich sich die gerichtliche *Sanktionspraxis*, wie oben gezeigt, stabilisiert hat, ist sie gelegentlich noch verbesserungswürdig. Zu oft bleiben unliebsame Umweltstrafsachen wegen sonstiger übermäßiger Arbeitsbelastung und gelegentlich auch wegen fehlender Spezialkenntnisse oder Neigungen bei der Polizei, Staatsanwaltschaft oder den Gerichten unnötig lange liegen. Die dann entstehende **überlange Verfahrensdauer** (vgl. § 21 Rz. 39) muss sich strafmildernd auswirken[5]. Hier gilt es im Interesse aller Verfahrensbeteiligter Abhilfe zu schaffen.

---

[1] Zutr. *Sack*, MDR 1990, 286.
[2] So zutr. *Steindorf* in LK, Vor § 324 StGB Rz. 8 f.
[3] Vgl. auch *v. Danwitz*, Examens-Repetitorium Kriminologie, 2004, S. 145: Die ersatzlose Streichung der §§ 324 ff. StGB wäre kontraproduktiv, würde sie doch den Eindruck hervorrufen, dass Schädigungen der Umwelt kein strafwürdiges Verhalten mehr seien.
[4] Vgl. insbes. *Hamm*, Referat zum 57. DJT 1988, L 61 ff. sowie *Hamm*, StV 1990, 219.
[5] Vgl. als abschreckende Beispiele das Holzschutzmittelverfahren (oben Rz. 288); LG Bad Kreuznach v. 22.6.1992 – 7 Js 8677/87 KLs, NJW 1993, 1725 und OLG Koblenz v. 9.12.1992 – 1 Ws 502/92, NJW 1994, 1887 sowie EGMR v. 31.5.2001 – 37591/97 – Metzger/Deutschland, NJW 2002, 2856. Vgl. dazu auch *Saliger*, Rz. 551 ff.

§ 55
Gewerbliche Schutzrechte

Bearbeiter: Jens Gruhl

	Rz.		Rz.
A. Schutzrechte und Wettbewerb		**II. Straftatbestände**	96
I. Überblick	1	1. Urheberrechtsverletzung	97
II. Gemeinsamkeiten der gewerblichen Schutzrechte		a) Werk	98
		b) Tathandlungen	101
1. Grenzbeschlagnahme	17	c) Vorsatzfragen	113
2. Zivilrechtliche Maßnahmen	23	2. Verletzung verwandter Schutzrechte	114
3. Erstreckungsgesetz	29	3. Eingriff in Kopierschutzmaßnahmen	117
B. Patent- und Musterrechte		4. Unzulässige Signierung	124
I. Gemeinsamkeiten der technischen Schutzrechte	31	**D. Gemeinsamkeiten der Straftatbestände**	
II. Patente		I. Materiell-Rechtliches	
1. Rechtsgrundlagen	37	1. Strafrahmen	
2. Straftatbestände	44	a) Regelstrafrahmen	128
III. Musterrechte		b) Qualifikationstatbestand	130
1. Gebrauchsmuster	54	2. Versuch	134
2. Design	60	II. Verfahrensrechtliches	
3. Halbleiterschutz	66	1. Beteiligung des Verletzten	
4. Sortenschutz	73	a) Beschränkung des Antragserfordernisses	135
C. Urheberrechte		b) Nebenklagebefugnis	138
I. Rechtsgrundlagen		2. Verjährung	139
1. Geschützte Werke und verwandte Schutzrechte	77	3. Einziehung	140
2. Ausgestaltung des Urheberrechts	86	4. Wirtschaftsstrafsache	143

A. Schutzrechte und Wettbewerb

Schrifttum: *Ahrens,* Gewerblicher Rechtsschutz, 2008; *Büscher/Dittmer/Schiwy* (Hrsg.), Gewerblicher Rechtsschutz – Urheberrecht – Medienrecht, 2. Aufl. 2011; *Busche/Stoll/Wiebe* (Hrsg.), TRIPs, 2. Aufl. 2013; *Conrad/Grützmacher* (Hrsg.), Recht der Daten und Datenbanken im Unternehmen, FS Jochen Schneider, 2014; *Eisenmann/Jautz,* Grundriss Gewerblicher Rechtsschutz und Urheberrecht, 9. Aufl. 2012; *Ensthaler,* Gewerblicher Rechtsschutz und Urheberrecht, 3. Aufl. 2009; *Erdmann/Rojahn/Sosnitza,* Handbuch des Fachanwalts Gewerblicher Rechtsschutz, 2. Aufl. 2011; *Götting,* Gewerblicher Rechtsschutz, 9. Aufl. 2010; *Hoeren,* Internet- und Kommunikationsrecht, 2. Aufl. 2012; *Hoeren,* IT Vertragsrecht, 2. Aufl. 2010; *Ilzhöfer/Engels,* Patent-, Marken- und Urheberrecht, 8. Aufl. 2010; *Köhler/Bornkamm,* Gesetz gegen den unlauteren Wettbewerb, 32. Aufl. 2014; *Lampe/Wölker,* Der strafrechtliche Schutz der Geisteswerke, UFITA Bd 76 (1974), Bd. 83 (1978), Bd. 87 (1983); *Marly,* Praxishandbuch Softwarerecht, 6. Aufl. 2014; *Meister,* Leistungsschutz und Produktpiraterie, 1990; Münchener Anwaltshandbuch: Gewerblicher Rechtsschutz, 4. Aufl. 2012; *Ohly/Bodewig/Dreier/Götting/Haedicke/Lehmann* (Hrsg.), Perspektiven des Geistigen Eigentums und des Wettbewerbsrechts,

FS Schricker, 2005; *Pierson/Ahrens/Fischer*, Recht des geistigen Eigentums, 2. Aufl. 2010; *Schulte*, Rechtsprechungskartei Gewerblicher Rechtsschutz, 1975 ff.; *Speckmann*, Die Wettbewerbssache. UWG – Markenrechtsverletzung – Wettbewerbsverfahrensrecht, 3. Aufl. 2000; *Wenzel/Burkhardt*, Urheberrecht, 5. Aufl. 2009; *Windisch*, Gewerblicher Rechtsschutz und Urheberrecht im zwischenstaatlichen Bereich, 1969.

I. Überblick

1   Aus dem Grundsatz der **Gewerbefreiheit** und des freien Wettbewerbs ergibt sich auch das grundsätzliche Recht zur Nachahmung fremder geistiger Leistungen. Nur dort, wo die Voraussetzungen für ein sog. *Schutzrecht* erfüllt sind, lässt sich das geistige Eigentum vor dem Zugriff Dritter schützen in ähnlicher Weise wie Eigentum an Sachen mit der Folge, dass eine Verletzung eines solchen Schutzrechts primär zivilrechtliche, aber ggf. auch strafrechtliche Sanktionen auslöst[1].

2   So muss jeder Unternehmer mehr denn je einerseits bei der Entwicklung und Herstellung neuer Produkte die Schutzrechte anderer strikt respektieren und sich auch über den Bestand an solchen Schutzrechten genau informieren. Andererseits ist er, wenn er eigene geistige Leistungen wirtschaftlich nutzen und die Früchte seiner Entwicklungsarbeit ziehen will, gehalten, auch in formeller Hinsicht für die Entstehung des Schutzrechtes zu sorgen, etwa durch Anmeldung, und dann gegen Verletzungen vorzugehen. Die Möglichkeit, *geistige Leistungen* als **immaterielle Rechtsgüter** eigentumsähnlich für eine bestimmte Zeit zu schützen, bildet einen unverzichtbaren Anreiz für Innovation und Kreativität, der gesamtwirtschaftlich weitaus nützlicher ist als die daraus resultierende „Wettbewerbsbeschränkung"[2].

3   Unter dem Begriff der **gewerblichen Schutzrechte** werden die Rechte zusammengefasst, die dem Schutz des geistigen Schaffens und dessen gewerblicher Verwertung dienen. Mehrere Einzelgesetze haben zum Ziel, die schöpferische Entfaltung der Persönlichkeit auf wirtschaftlichem Gebiet zu sichern, indem deren Interessen gegenüber den Belangen der übrigen Gewerbetreibenden und der Allgemeinheit abgegrenzt werden. Aus der Vielzahl möglicher geistiger Leistungen werden bestimmte Leistungen – Erfindungen, Muster, Werke der Kunst und Wissenschaft – herausgehoben und gegen das geistige Gemeingut abgegrenzt, wenn die jeweiligen gesetzlichen Voraussetzungen erfüllt sind.

4   Diese geistigen Leistungen werden als **ausschließliches** („dingliches") **Recht** demjenigen zugeordnet, der sie zuerst durch seine persönliche geistige Schöpfung hervorgebracht bzw. gewerblich verwertbar gemacht oder gewerblich genutzt hat, wobei teilweise auf die Formalität der *Anmeldung* oder der *Eintragung* in einem Register abgestellt wird. Die geistige Leistung des Einzelnen ist der gemeinsame Schutzgegenstand und damit auch das Rechtsgut der entsprechenden Strafvorschriften. Die dahinterstehenden Interessen der Allgemeinheit an der Förderung individueller schöpferischer Tätigkeit sind jedoch mit zu berücksichtigen.

---

1 Vgl. *Speckmann*, I.1.1 Rz. 4.
2 Vgl. *Götting*, § 6 Rz. 27.

Der Bereich des gewerblichen Rechtsschutzes wird nicht einheitlich abgegrenzt. Übereinstimmung besteht darin, dass die sog. **technischen Schutzrechte** *Patentrecht* und *Gebrauchsmusterrecht* für „große" und „kleine" Erfindungen und das *Designrecht* den Kernbereich des gewerblichen Rechtsschutzes bilden. Obwohl dem Patentrecht in Ansatz und Ziel nahestehend, wird das *Urheberrecht* vielfach nicht zum gewerblichen Rechtsschutz gerechnet, weil die gewerbliche Verwertbarkeit der geistigen Leistung nicht vorausgesetzt ist[1]. Gleichwohl besteht zwischen den gewerblichen Schutzrechten im engeren Sinn und den Urheberrechten eine enge Verwandtschaft, weil hier wie dort die Verstärkung eines individuellen schöpferischen Gedankens zu einem verkehrsfähigen Recht vorliegt und die Art der Schutzgewährung sehr ähnlich ausgestaltet ist.

Das *Wettbewerbsrecht* schützt auch gewerbliche Individualrechte, geht aber aufgrund seines anderen Anknüpfungspunkts – Schutz eines fairen Wettbewerbs – darüber hinaus; daneben tritt der Schutz des Verbrauchers zunehmend unmittelbar in Erscheinung. Die Brücke zwischen dem Recht des unlauteren Wettbewerbs einerseits und den gewerblichen Schutzrechten (einschließlich des Urheberrechts) andererseits bildet das **Markenrecht**, dessen systematische Zugehörigkeit zum Wettbewerbsrecht weitgehend anerkannt ist[2].

Ohne auf die unterschiedlichen dogmatischen Konzeptionen weiter einzugehen, ist die folgende Darstellung pragmatisch orientiert; in diesem Paragraphen wird behandelt:

- der **gewerbliche Rechtsschutz** im engeren Sinne (Rz. 31 ff.), nämlich das
  - Patentrecht,
  - Gebrauchsmusterrecht,
  - Designrecht (bisher: Geschmacksmusterrecht),
  - Halbleiterschutzrecht,
  - Sortenschutzrecht

sowie

- das **Urheberrecht** an Werken der Literatur, Wissenschaft und Kunst (Rz. 77 ff.).

Das Recht des *unlauteren Wettbewerbs* (§ 60 Rz. 8 ff.) und das *Markenrecht* (§ 60 Rz. 51 ff.) sowie das Recht am eigenen Bild (§ 60 Rz. 104 ff.) werden nicht hier, sondern im Wesentlichen im Kapitel „Absatz" unter „Werbung" (unten § 60) behandelt.

Diese Gliederung rechtfertigt sich dadurch, dass die hier behandelten Schutzrechte auf eine bestimmte wenn auch unterschiedlich lange Höchstdauer des Schutzes begrenzt sind; nach Ablauf dieser Zeit ist das Individualgut zum Allgemeingut geworden, was die Geltendmachung dieser Schutzrechte grundsätzlich ausschließt, wenn auch die gewerbliche Nutzung nach Ablauf der **Schutz-**

---

1 *Götting*, § 1 Rz. 7.
2 Vgl. *Fikentscher*, WirtschaftsR II, § 23 III; *Speckmann*, I.1.1 Rz. 6; *Fezer*, MarkenR, Einl. A Rz. 20, Einl. C Rz. 4 ff.

dauer u.U. unlauter sein kann[1]. Die Marke hat zwar auch eine zunächst begrenzte Dauer, kann aber beliebig oft verlängert werden, was die Nähe zum Wettbewerbsrecht begründet.

9 Nach dem **Territorialprinzip** ist ein Schutz der immateriellen Rechtsgüter auf den Staat beschränkt, der das betreffende Schutzrecht[2] gewährt. Um Schutzrechtsverletzungen im Ausland oder vom Ausland aus begegnen zu können, sind eine Vielzahl *zwischenstaatlicher Abkommen* (vgl. § 60 Rz. 52) mit inzwischen nahezu weltweiter Geltung geschlossen worden.

Der gewerbliche Rechtsschutz fand 1883 seine erste internationale Regelung in der (inzwischen mehrfach revidierten) Pariser Verbandsübereinkunft[3] (PVÜ), während das Urheberrecht in der (ebenfalls mehrfach revidierten) Berner Übereinkunft[4] (RBÜ) erstmals 1886 über die Grenzen hinweg geregelt wurde. Für alle Bereiche des gewerblichen Rechtsschutzes gilt das TRIPS-Übereinkommen vom 15.4.1994[5].

10 Im Bereich der EU gehört zwar der Schutz des geistigen Eigentums zu den Vorbehaltsbereichen (Art. 30 EGV = Art. 36 AEUV) mit der Folge, dass das Ziel eines *Binnenmarkts* dem Erlass einzelstaatlicher Schutzvorschriften nicht entgegensteht. Zugleich ist jedoch alsbald nach Gründung der EWG damit begonnen worden, die gewerblichen Schutzrechte zu „europäisieren" (vgl. Art. 229a EGV = Art. 262 AEUV)[6]. Nach der Verabschiedung des Übereinkommens über das Gemeinschaftspatent (jetzt *EU-Patent*) als Etappenziel hat die EU weitere Regelungen geschaffen[7], die zu einem europäischen Patent mit einheitlicher Wirkung (**Einheitspatent**) führen sollen[8]. Diese Regelungen beeinflussen vielfach auch das Strafrecht, wenn auch die unmittelbare Strafnorm dem nationalen Gesetzgeber vorbehalten bleibt.

---

1 Vgl. *Köhler* in Köhler/Bornkamm, § 4 UWG Rz. 9.3, 9.6a ff.
2 *Wenzel/Burkhardt*, Kap. 12 Rz. 1; *Hoeren*, InternetR, S. 93; Rechtstexte vgl. *Mächtel/Uhrich/Förster*, Geistiges Eigentum, 4. Aufl. 2014, sowie online http://www.wipo.int/wipolex/en oder http://www.transpatent.com. Zur Anwendbarkeit des deutschen Strafrechts z.B. *Hildebrandt/Reinbacher* in Wandtke/Bullinger, UrhR, § 106 Rz. 46 f.
3 Vgl. *Wrede*, Strafrechtliche Sanktionen bei Verstößen gegen Geistiges Eigentum in Europa, MarkenR 2006, 469.
4 *Rehbinder*, Rz. 984; *Wenzel/Burkhardt*, Kap. 12 Rz. 4 ff.
5 ABl. EG Nr. L 336/1994, 213; BGBl. II 1994, 1438, 1730; BGBl. II 1995, 456; vgl. *Sasdi*, Innovationsschutz im TRIPS-Übk., Diss. Tübingen 2004; *Flechsig*, CR 1998, 225; *Holeweg/Ullrich*, GRURInt 2001, 141; *Götting*, § 7 Rz. 26 ff.; *Wenzel/Burkhardt*, Kap. 12 Rz. 13 ff.
6 *Brosinger/Fischer/Früh/Jaeger/Postl*, Europ. Union – Unterzeichnung des Reformvertrags von Lissabon, GRURInt 2008, 178 (179).
7 VO (EU) Nr. 1257/2012 v. 17.12.2012 über die Umsetzung der Verstärkten Zusammenarbeit im Bereich der Schaffung eines einheitlichen Patentschutzes, ABl. EU Nr. L 361 v. 31.12.2012, 1; VO (EU) Nr. 1260/2012 v. 17.12.2012 [...] im Hinblick auf die anzuwendenden Übersetzungsregelungen, ABl. EU Nr. L 361 v. 31.12.2012, 89.
8 *Luginbühl*, Das europäische Patent mit einheitlicher Wirkung (Einheitspatent), GRURInt 2013, 305; *Jaeger*, NJW 2013, 1998.

Im Gegensatz zur Frühphase des gewerblichen Rechtsschutzes (im weiteren Sinne) liegt der Schwerpunkt der Rechtsverfolgung im Falle einer Rechtsverletzung heute auf dem **Zivilrecht** mit seinen *Unterlassungs-, Beseitigungs-* und *Schadensersatzansprüchen*[1]. Die Ausgestaltung der Strafnormen als Antrags- und Privatklagedelikte hat diese Verlagerung gefördert. Deshalb hat die Mehrzahl der Straftatbestände des gewerblichen Rechtsschutzes (im weiteren Sinne) in der strafrechtlichen Praxis über lange Zeit eine geringe Rolle[2] gespielt. Auch heute sind insbesondere im Bereich des gewerblichen Rechtsschutzes – mit Ausnahme des Urheberrechts – strafrechtliche Entscheidungen selten.

Die zunehmende Internationalisierung[3] der Wirtschaft und die Entwicklung einfacher Vervielfältigungstechniken in jüngerer Zeit haben attraktive Möglichkeiten eröffnet, die geistigen Leistungen anderer im großen Stil zum eigenen Vorteil auszubeuten. Neben den „Raubdrucken" ganzer Werke beschäftigen „Raubkopien" von Audio-, Videomedien und digitalen Werken[4] sowie von Computerprogrammen (Software) die Strafjustiz. Als noch schwerwiegender haben sich Herstellung und Vertrieb billiger, oft sogar minderwertiger oder gar gefährlicher Imitate von Markenwaren erwiesen, was unter dem Schlagwort **Markenpiraterie** oder allgemeiner Produktpiraterie in die gesellschaftliche Diskussion Eingang gefunden hat. Dabei wird häufig mit den Methoden organisierter *Bandenkriminalität* über die Grenzen hinweg vorgegangen, was auf Täterseite enorme Gewinne, bei den Schutzrechtsinhabern aber schwerwiegende Schäden herbeiführt. Diese Schäden gehen in ihrer Tragweite über den Einzelfall dadurch hinaus, dass insgesamt die Bereitschaft zu Kreativität und Innovation, zu Entwicklung und Forschung zunehmend infrage gestellt wird. Dazu kommen vielfach hohe Schäden bei den Verbrauchern bei minderwertigen Nachahmungen[5]. Besonders problematisch sind hier *Arzneimittelfälschungen* (sog. Pillenpiraterie)[6].

Um der unbestrittenen Sozialschädlichkeit solcher Praktiken entgegenzuwirken, hat der Gesetzgeber insbesondere mit dem **Produktpirateriegesetz**[7] (PrPG) die Sanktionen gegen Schutzrechtsverletzungen und die diesbezüglichen Verfahren verbessert und untereinander harmonisiert, die einen wesentlichen Teil des sog. Nebenstrafrechts (§ 142 PatG, § 25 GebrMG, § 10 HalblSchG, § 39

---

1 Zu regelmäßigen Übersichten zur Rspr. von BGH und BPatG zum gewerbl. Rechtsschutz zuletzt vgl. *Engels/Morawek*, GRUR 2014, 409; *Kopacek/Korte*, GRUR 2014, 311.
2 Vgl. *Rogge/Grabinski* in Benkard, § 142 PatG Rz. 1.
3 Hilfreich *von Uexküll*, Wörterbuch der Patent- und Markenpraxis, 8. Aufl. 2011 (dt./engl.).
4 Vgl. auch *Adolphsen/Mutz*, Das Google Book Settlement, GRURInt 2009, 789; *Bachfeld*, Raubschau. So funktioniert die Moviez-Szene, c't 1/2011, 86.
5 *Meister*, Leistungsschutz und Produktpiraterie, 1990; *Ganter*, NJW 1986, 1479; *Sternberg-Lieben*, Musikdiebstahl, 1985; *Besner*, Produktimitationen im internationalen und nationalen gewerblichen Rechtsschutz und UrheberR, 1990; *Bussmann/Salvenmoser*, Internationale Studie zur Wirtschaftskriminalität, NStZ 2006, 203 (204).
6 *Deutsch*, Arzneimittel im gewerblichen Rechtsschutz, GRURInt 1983, 489; *Philipp*, Fälschung von Arzneimitteln bekämpfen, EuZW 2006, 645.
7 *Ensthaler*, ProduktpirateriG, GRUR 1992, 273.

SortSchG, § 51 GeschmMG (jetzt § 51 DesignG), §§ 106–108a UrhG) zum Schutz des *geistigen Eigentums* darstellen.

14 Das am 1.7.1990 in Kraft getretene „Gesetz zur Stärkung des Schutzes des **geistigen Eigentums** und zur Bekämpfung der Produktpiraterie" vom 7.3.1990[1] hat einerseits Lösungen der Urheberrechtsnovelle 1985 wie Schaffung eines *qualifizierten Tatbestands* und *Einschränkung des Antragserfordernisses* auf alle gewerblichen Schutzrechte übertragen; andererseits sind bisher auf das (frühere) Warenzeichenrecht beschränkte Regelungen, vor allem das Institut der *Grenzbeschlagnahme*, in verbesserter Form auf alle Schutzrechte ausgedehnt worden.

15 Der grundsätzliche **Vorrang der zivilrechtlichen Rechtsverfolgung**[2] und der nur subsidiäre Einsatz des Strafrechts sind indessen beibehalten und sogar noch akzentuiert worden; nur die wechselseitigen Hemmnisse sind abgebaut worden. Ebenso sind die in den einzelnen Schutzgesetzen normierten strafrechtlichen Grundtatbestände im Wesentlichen unverändert geblieben.

16 Für das Urheberrecht und Patent, Gebrauchsmuster, Design (Geschmacksmuster), Halbleiter- und Sortenschutzrecht ergeben sich die nachfolgend dargestellten **Gemeinsamkeiten**. Ebenso wurde in § 143 MarkenG die durch das PrPG eingeführte Systematik beibehalten (§ 60 Rz. 55 ff.), während bei § 108b UrhG (Rz. 121) davon abgewichen wurde.

II. Gemeinsamkeiten der gewerblichen Schutzrechte

1. Grenzbeschlagnahme

17 Eine Grenzbeschlagnahme[3] ist bei allen Schutzrechtsverletzungen neben anderen Maßnahmen oder Sanktionen[4] zulässig. Nach § 28 WZG a.F. waren die Zollbehörden gesetzlich verpflichtet, ausländische Waren, die widerrechtlich mit deutschen geschützten Kennzeichen versehen waren, bei der Einfuhr oder Durchfuhr auf Antrag des Verletzten zu beschlagnahmen, damit die widerrechtliche Kennzeichnung entfernt, notfalls die Ware eingezogen werden konnte[5].

18 §§ 146 ff. MarkenG ebenso wie die im Wesentlichen gleichlautenden Bestimmungen der § 111b UrhG, § 142a PatG[6], § 25a GebrMG, §§ 55 ff. DesignG, § 40a SortSchG sowie (im Wege der Verweisung) § 9 Abs. 2 HalblSchG regeln das Verfahren der *Grenzbeschlagnahme* im Einzelnen näher und rücken dabei den Zugriff der **Zollbehörden** näher an die zivilrechtliche Rechtsverfolgung he-

---

1 PrPG, BGBl. I, 422; dazu *Asendorf*, NJW 1990, 1283; *Tilmann*, BB 1990, 1565.
2 Vgl. *Nieder*, Außergerichtliche Konfliktlösung im gewerblichen Rechtsschutz, 1998; *Heide*, Produktpiraterie – Strukturwandel und rechtliche Entwicklungen, BB 2012, 2831 (2835).
3 *Kather*, Die Grenzbeschlagnahme [...], in FS Peter Mes, 2009, S. 185.
4 EuGH v. 12.2.2009 – Rs. C-93/08, GRUR 2009, 482.
5 *Cordes*, Die Durchfuhr patentverletzender Erzeugnisse, GRUR 2012, 141.
6 *Cordes*, Die Grenzbeschlagnahme in Patentsachen, GRUR 2007, 483.

ran. Zugleich ist die Regelung auf die Verhältnisse im europäischen *Binnenmarkt* abgestimmt worden.

Vorausgesetzt ist ein *Antrag* bei der zuständigen Bundesfinanzdirektion (z.B. § 148 MarkenG) und eine entsprechende Sicherheitsleistung des Rechtsinhabers. Bei einer **offensichtlichen Rechtsverletzung** ist die Zollbehörde gehalten, die Waren zu beschlagnahmen und das dem Betroffenen mitzuteilen. Wird der Beschlagnahme nicht innerhalb von 14 Tagen widersprochen, werden die beschlagnahmten Güter eingezogen. Widerspricht der Betroffene, muss der Antragsteller, wenn er seinen Antrag aufrechterhält, innerhalb von 14 Tagen eine *gerichtliche Entscheidung* zu seinen Gunsten erwirken; andernfalls hebt die Zollbehörde die Beschlagnahme auf (z.B. § 147 Abs. 4 MarkenG). Erweist sich die Beschlagnahme als von Anfang an ungerechtfertigt, macht sich der Antragsteller schadensersatzpflichtig (z.B. § 149 MarkenG).

Auch wenn sich das vorgesehene Rechtsmittel gegen Beschlagnahme und Einziehung nach dem OWiG richtet (z.B. § 148 Abs. 3 MarkenG), handelt es sich hier zunächst um eine rein **verwaltungsrechtliche Maßnahme** zum vorläufigen Schutz privater Rechte, die in keinem Zusammenhang mit einem Straf- oder Bußgeldverfahren steht. Allerdings kann die Dauer der Grenzbeschlagnahme auch genutzt werden, ein *strafrechtliches* Ermittlungsverfahren einzuleiten und eine Sicherstellung der Waren nach den Vorschriften der StPO zu erwirken. Bei erheblichen Rechtsverletzungen, insbesondere bei Verdacht auf eine gewerbsmäßige Schutzrechtsverletzung, bei denen die Strafverfolgungsbehörden auf einen Strafantrag nicht mehr angewiesen sind, erleichtert der zollbehördliche Zugriff die strafrechtliche Verfolgung erheblich.

Die Vorschriften stehen den Grundsätzen des europäischen **Binnenmarkts** nicht entgegen, denn ausdrücklich ist der Vorbehalt eingefügt, dass die Grenzbeschlagnahme im Verkehr mit den anderen Mitgliedstaaten nur zulässig ist, soweit Kontrollen durch Zollbehörden (noch) stattfinden. Umso wichtiger ist eine ausreichende Kontrolle an den *Außengrenzen* der Union.

Soweit es um die Verletzung von Rechten bei **Einfuhren in den EU-Raum** aus Drittländern geht, hat die (unmittelbar geltende) EU-Verordnung „zur Durchsetzung der Rechte geistigen Eigentums durch die Zollbehörden"[1] als Rechtsgrundlage Vorrang vor den nationalen Bestimmungen (z.B. § 146 MarkenG). Dementsprechend regeln § 150 MarkenG, § 111c UrhG, § 142b PatG, § 57a DesignG und § 40b SortSchG das Verfahren, soweit die Zollbehörde Waren auf Grundlage der EU-Verordnung zurückhält. Insoweit sind diese Vorschriften verfahrensrechtliche Ausführungsbestimmungen zur EU-Verordnung.

---

1 VO (EU) Nr. 608/2013 v. 12.6.2013, ABl. EU Nr. 181 v. 29.6.2013, 15, Inkrafttreten am 1.1.2014; zuvor VO (EG) Nr. 1383/2003 v. 22.7.2003, ABl. EG Nr. L 196 v. 2.8.2003, 7, aufgehoben zum 1.1.2004; *Rinnert/Witte*, Anwendung der Grenzbeschlagnahmeverordnung auf Markenwaren in Zollverfahren, GRUR 2009, 29; EuGH v. 1.12.2011 – Rs. C-446/09, C-495/09, NJOZ 2012, 395, m. Anm. *Sujecki*, NJW 2012, 1497.

2. Zivilrechtliche Maßnahmen

23 Neben der Vereinheitlichung der strafrechtlichen Maßnahmen wurden die **zivilrechtlichen Befugnisse** der Schutzrechtsinhaber verbessert; sie sind primär berufen, gegen eine Schutzrechtsverletzung anzugehen.

24 So hat der Rechtsinhaber einen echten **Vernichtungsanspruch** aus § 140a PatG, § 24a GebrMG, § 43 DesignG, § 37a SortSchG, § 98 UrhG, § 18 MarkenG sowie durch Verweisung auf das GebrMG aus § 9 Abs. 2 HalblSchG. Der Vernichtungsanspruch ist nicht nur – wie früher – auf die Entfernung der unerlaubten Kennzeichen begrenzt, sodass sog. Piratenware effektiv „aus dem Markt genommen" werden kann.

25 Ferner besteht ein umfassender **Auskunftsanspruch** sowohl gegenüber dem Schutzrechts-Verletzer als auch gegenüber dem Vertreiber von sog. Piratenware zur Benennung der Herkunft der Waren und der Vertriebswege[1] (§ 140b PatG, § 24b GebrMG, § 46 DesignG, § 37b SortSchG[2], § 101 UrhG[3], § 19 MarkenG sowie § 9 Abs. 2 HalblSchG). Bei offensichtlicher Rechtsverletzung kann diese Auskunft im Wege der einstweiligen Verfügung verlangt und notfalls nach § 888 ZPO erzwungen werden[4]. Ausdrücklich geregelt ist, dass eine solchermaßen erzwungene Auskunft in einem eventuellen Straf- oder Bußgeldverfahren gegen den Auskunftspflichtigen oder einen seiner Angehörigen nur dann verwertet werden darf, wenn der Auskunftspflichtige zustimmt – soweit nicht mit einer unrichtigen Auskunft andere Straftatbestände wie Betrug oder falsche Versicherung an Eides statt erfüllt werden[5]. Damit soll der Zwang zur Selbstbezichtigung[6] abgefedert werden.

26 Europarechtliche Vorgaben[7], aber auch vermehrte Rechtsverletzungen[8] – vor allem durch *file-sharing*[9] urheberrechtlich geschützter Werke in *peer-to-peer-Netzwerken* (P2P[10]) – haben den Gesetzgeber nach einem „Ersten Korb"[11] zur

---

1 *Gräfin von Merveldt*, Der Auskunftsanspruch im gewerblichen Rechtsschutz [...] von Internetauktionshäusern [...] im Falle des Vertriebs von Produktpirateriewaren durch Dritte, 2007.
2 Vgl. OLG München v. 25.9.2003 – 6 U 3623/02, GRUR-RR 2003, 361.
3 *Wenzel/Burkhardt*, Kap. 10 Rz. 3 ff.
4 *McGuire*, Beweismittelvorlage und Auskunftsanspruch nach der RL 2004/48/EG zur Durchsetzung der Rechte des Geistigen Eigentums [...], GRURInt 2005, 15.
5 *Schmaltz/Kuczera*, Patentverletzung und Betrug – Kollision von StrafR und ZivilprozessR bei der Auskunft und Rechnungslegung im Patentverletzungsstreit, GRUR 2006, 97.
6 Vgl. BVerfG v. 13.1.1981 – 1 BvR 116/77, NJW 1981, 1431 (1432).
7 RL 2004/48/EG v. 29.4.2004 zur Durchsetzung der Rechte des geistigen Eigentums, ABl. EU Nr. L 195 v. 2.6.2004, 16 und VO (EG) Nr. 1383/2003 v. 22.7.2003 (GrenzbeschlagnahmeVO), ABl. EU Nr. L 196 v. 2.8.2003, 7.
8 Vgl. *Kondziela*, Staatsanwälte als Erfüllungsgehilfen der Musik- und Pornoindustrie? – Akteneinsicht in Filesharing-Verfahren, MMR 2009, 295.
9 *Heinemeyer/Kreitlow/Nordmeyer/Sabellek*, Kampf gegen Filesharing als Modell verfehlter Mehrfachkompensation? – Fragen zur Schadenshöhe, zu Gesamtschuldnern und Beweisen bei Tauschbörsen, MMR 2012, 279.
10 *Schwartmann*, Filesharing, Sharehosting & Co., K&R 2011/11, Beihefter 2.
11 G zur Regelung des UrheberR in der Informationsgesellschaft v. 10.9.2003 BGBl. I 1774.

Schaffung eines „Zweiten Korbes"[1] veranlasst, der am 1.1.2008 in Kraft getreten ist[2] und Änderungen des UrhG enthielt[3]. Da bis dahin weder das UrhG noch andere Regelungen des gewerblichen Rechtsschutzes einen **Auskunftsanspruch gegen Internet-Provider** auf Mitteilung der Verbindungsdaten eines Verletzers gaben[4], wurde mit Wirkung zum 1.9.2008 der Auskunftsanspruch des Verletzten erweitert[5]. Zur Auskunft als gewerblich tätiger Provider[6] ist nach § 140b Abs. 2 PatG, § 24b Abs. 2 GebrMG (sowie § 9 HalblSchG), § 46 Abs. 2 DesignG, § 101 Abs. 2 UrhG und § 19 Abs. 2 MarkenG verpflichtet, wer bei offensichtlicher Rechtsverletzung – ohne einen geschäftlichen Betrieb (dazu § 53 Rz. 73 ff.) zu unterhalten – im gewerblichen Ausmaß rechtsverletzende Objekte in seinem Besitz hatte, rechtsverletzende Dienstleistungen in Anspruch nahm, für rechtsverletzende Tätigkeiten genutzte Dienstleistungen erbrachte oder sonst beteiligt war.

Zudem hat der Verletzte nach § 140b Abs. 9 PatG, § 24b Abs. 9 GebrMG (sowie § 9 HalblSchG), § 46 Abs. 9 DesignG, § 101 Abs. 2 UrhG und § 19 Abs. 9 MarkenG einen Anspruch gegen den Provider auf Mitteilung von *Verkehrsdaten*[7] i.S. des § 3 Nr. 30 TKG, soweit dies für Auskunftserteilung nach Abs. 2 der Normen erforderlich ist und eine entsprechende, vom Verletzten zu beantragende Anordnung der Zivilkammer des Landgerichts am (Wohn-)Sitz des Auskunftsverpflichteten erlassen wurde[8]. Die Strafverfolgungsbehörden können vom Provider nach § 100j Abs. 2 StPO i.V.m. § 113 TKG[9] die Mitteilung der Bestandsdaten nach § 3 Abs. 1 Nr. 3 TKG zu einer bereits bekannten (dynamischen) IP-Adresse verlangen[10].

Eine **offensichtliche Rechtsverletzung** liegt vor, wenn die tatsächlichen Umstände und ihre rechtliche Beurteilung so eindeutig sind, dass eine Fehlentscheidung und damit eine ungerechtfertigte Belastung des Auskunftspflichtigen ausgeschlossen erscheint[11]. Dies ist z.B. beim unbefugten Anbieten von

27

---

1 Vgl. *Lüft* in Wandtke/Bullinger, UrhR, Vor §§ 44a ff. UrhG Rz. 9 f; *Albrecht*, RdW 2005, 1.
2 2. G zur Regelung des UrheberR in der Informationsgesellschaft v. 26.10.2007, BGBl. I 2007, 2513.
3 *Spindler*, Reform des UrheberR im „Zweiten Korb, NJW 2008, 9; *Hansen*, Das G zur Verbesserung der Durchsetzung von Rechten des geistigen Eigentums, CR 2008, 568.
4 *Sieber/Höfinger*, Drittauskunftsansprüche nach § 101a UrhG gegen Internetprovider zur Verfolgung von Urheberrechtsverletzungen, MMR 2004, 575; *Gercke*, Zugangsprovider im Fadenkreuz der Urheberrechtsinhaber, CR 2006, 210.
5 G v. 7.7.2008 BGBl. I, 1191; Vorschriften zul. geänd. m.W.v. 1.9.2009 durch G v. 17.12.2008, BGBl. I 2586; *Gietl/Mantz*, Die IP-Adresse als Beweismittel im Zivilprozess, CR 2008, 810.
6 BGH v. 19.4.2012 – I ZB 80/11 – Alles kann besser werden, NJW 2012, 2958.
7 *Maaßen*, Urheberrechtlicher Auskunftsanspruch und Vorratsdatenspeicherung, MMR 2009, 511; *Welp*, Die Auskunftspflicht von Access-Providern nach dem UrheberrechtsG, 2009.
8 Vgl. *Jüngel/Geißler*, Der neue Auskunftsanspruch aus § 101 UrhG unter Berücksichtigung der bisherigen Rechtsprechung, MMR 2008, 787; *Welp*, Die Auskunftspflicht von Access-Providern nach dem UrheberrechtsG, 2009; *Hoffmann*, Das Auskunftsverfahren nach § 101 Abs. 9 UrhG n.F. [...], MMR 2009, 655.
9 G v. 20.6.2013, BGBl. I 1602.
10 *Graf* in BeckOK, § 100j StPO Rz. 17 ff.
11 OLG Karlsruhe v. 1.9.2009 – 6 W 47/09, Rz. 35.

nur entgeltlich erhältlichen Werkstücken (Musik-CD oder Video-DVD) zum Download im Internet der Fall.

27a Der Rechtsverletzer selbst muss dagegen nicht **im gewerblichen Ausmaß handeln**[1]. Eine Auskunftspflicht des Providers besteht also auch dann, wenn die Rechtsverletzung durch den Nutzer des Providers nur den privaten Bereich des Nutzers erfasst und nicht zwecks Erlangung eines mittelbaren oder unmittelbaren wirtschaftlichen oder kommerziellen Vorteils vorgenommen wird[2]. Ein Handeln im gewerblichen Ausmaß ist bei einer Privatperson zu bejahen, wenn ein komplettes Werk (z.B. Musikalbum bzw. CD oder Film[3]) online für jedermann angeboten wird[4].

28 Auf die **Verjährung** der Ansprüche wegen Schutzrechtsverletzungen finden einheitlich die zivilrechtlichen Vorschriften[5] des Abschnitts 5 des 1. Buches des BGB (§§ 194–218 BGB) entsprechende Anwendung. Hat der Verpflichtete durch die Verletzung auf Kosten des Berechtigten etwas erlangt, gilt § 852 BGB entsprechend.

3. Erstreckungsgesetz

29 Mit der Herstellung der **staatlichen Einheit Deutschlands** am 3.10.1990 wurde in den Bundesländern Brandenburg, Mecklenburg-Vorpommern, Sachsen, Sachsen-Anhalt und Thüringen sowie dem früheren Ost-Berlin Bundesrecht eingeführt[6]. Alle bundesdeutschen Vorschriften des gewerblichen Rechtsschutzes gelten daher auch im Gebiet der ehemaligen *DDR*[7]. Bestehende Rechte haben über den 3.10.1990 Geltung behalten.

30 Das am 1.5.1992 in Kraft getretene **ErstreckungsG**[8] bestimmt in § 1 Abs. 1, § 4 Abs. 1 die (wechselseitige) Geltung der am 1.5.1992 bestehenden und vor dem 3.10.1990 begründeten gewerblichen Schutzrechte, d.h. Patente, Gebrauchsmuster, Halbleiterschutzrechte, Geschmacksmuster, Warenzeichen (Marken) und Dienstleistungsmarken, typographische Schriftzeichen sowie der entspre-

---

1 BGH v. 19.4.2012 – I ZB 80/11 – Alles kann besser werden, NJW 2012, 2958.
2 BGH v. 16.5.2013 – I ZB 25/12, NJW 2013, 3039. Zur früheren Rspr. vgl. *Otten*, Die auskunftsrechtliche Anordnung nach § 101 IX UrhG in der gerichtlichen Praxis, GRUR-RR 2009, 369 (371).
3 LG Frankfurt/M v. 18.9.2008 – 2/6 O 534/08, GRUR-RR 2009, 15; OLG Köln v. 9.2.2009 – 6 W 182/08, MMR 2009, 334; OLG Karlsruhe v. 1.9.2009 – 6 W 47/09, CR 2009, 706.
4 *Musiol*, Erste Erfahrungen mit der Anwendung des § 101 IX UrhG – wann erreicht die Verletzung ein „gewerbliches Ausmaß"?, GRUR-RR 2009, 1; LG Oldenburg v. 15.9.2008 – 5 O 2421/08, MMR 2008, 832; einschränkend LG Kiel v. 6.5.2009 – 2 O 112/09, MIR 10/2009, Dok.-Nr. 211/2009.
5 G zur Modernisierung des SchuldR v. 26.11.2001, BGBl. I 3184.
6 Art. 8 EinigungsV v. 31.8.1990, BGBl. II, 892, mit G v. 31.8.1990, BGBl. II, 885.
7 EinigungsV, Anl. I, Kap. III, Sachgebiet E, Abschn. II: Gewerblicher Rechtsschutz, Recht gegen den unlauteren Wettbewerb, UrheberR, BGBl. 1990 II, 961; s. dazu Erläuterungen der BReg. zum EinigungsV, BT-Drs. 11/7817 v. 10.9.1990, S. 55–59.
8 G über die Erstreckung von gewerblichen Schutzrechten – ErstrG – v. 23.4.1992, BGBl. I 938, zul. geänd. durch Art. 2 Abs. 10 GeschmacksmusterreformG v. 12.3.2004, BGBl. I 390.

chenden Anmeldungen des „Alt-Bundesgebiets" auf das Gebiet der früheren DDR und umgekehrt[1]. Das ErstrG enthält auch Bestimmungen für die sich (notwendigerweise) ergebenden *Kollisionsfälle*[2].

B. Patent- und Musterrechte

Schrifttum: *Ann/Anders/Dreiss/Jestaedt/Stauder* (Hrsg.), Materielles Patentrecht, FS Reimar König, 2003; *Benkard*, Patentgesetz, Gebrauchsmustergesetz, 10. Aufl. 2006; *Berlit*, Das neue Geschmacksmusterrecht, GRUR 2004, 635; *Bühring* (Hrsg.), Gebrauchsmustergesetz, 8. Aufl. 2011; *Busse/Keukenschrijver* (Hrsg.), Patentgesetz, 7. Aufl. 2013 (zit.: *Bearb.* in Busse); *Eichmann/von Falckenstein*, Geschmacksmustergesetz, 4. Aufl. 2010; *Fontaine*, Grund- und Strukturpobleme des § 142 PatG, 2011; *Gerstenberg/Buddeberg*, Geschmacksmustergesetz, 3. Aufl. 1996; *Gruber/von Zumbusch/Haberl/Oldekop*, Europäisches und internationales Patentrecht, 7. Aufl. 2012; *Günther/Beyerlein*, Geschmacksmustergesetz, 2. Aufl. 2011; *Jestaedt*, Der Schutzbereich des eingetragenen Geschmacksmusters nach dem neuen Geschmacksmustergesetz, GRUR 2008, 19; *Kappl*, Vom Geschmacksmuster zum eingetragenen Design, GRUR 2014, 326; *Keukenschrijver*, Sortenschutzgesetz, 2001; *Koschtial*, Das Gemeinschaftsgeschmacksmuster, GRURInt 2003, 973; *Kraßer*, Patentrecht, 6. Aufl. 2009; *Kühnen*, Handbuch der Patentverletzung, 6. Aufl. 2013; *Leßmann/Würtenberger*, Deutsches und Europäisches Sortenschutzrecht, 2. Aufl. 2009; *Mes*, Patentgesetz Gebrauchsmustergesetz, 3. Aufl. 2011; *Nieder*, Die Patentverletzung, 2004; *Nirk/Kurtze*, Geschmacksmustergesetz, 2. Aufl. 1997; *Nirk/Ullmann*, Patent-, Gebrauchsmuster- und Sortenschutzrecht, 3. Aufl. 2007; *Osterrieth*, Patentrecht, 4. Aufl. 2010; *Pitz*, Patentverletzungsverfahren, 2. Aufl. 2010; *Rehmann*, Designgesetz, 2. Aufl. 2014; *Schicker/Haug*, Grundzüge des Designgesetzes, NJW 2014, 726; *Schulte*, Patentgesetz mit Europäischem Patentübereinkommen, 9. Aufl. 2014; *Singer/Stauder*, Europäisches Patentübereinkommen, 6. Aufl. 2013; *Wandtke/Ohst*, Zur Reform des deutschen Geschmacksmustergesetzes, GRURInt 2005, 91.

I. Gemeinsamkeiten der technischen Schutzrechte

Dieser Bereich des *gewerblichen Rechtsschutzes im engeren Sinne* wird zunächst dadurch geprägt, dass die geistige Leistung des Schöpfers sich erst dann zu einem ausschließlichen Recht verstärkt, wenn durch – bei im Einzelnen variierenden Formalitäten – Anmeldung beim Patentamt oder Eintragung im vorgesehenen Register eine **überprüfbare Heraushebung der individuellen Leistung** vom geistigen Allgemeingut erfolgt ist. 31

Zwar hat der **Erfinder** (oder Muster-Entwerfer) bereits mit Vollendung seiner Schöpfung ein Recht an seiner Leistung, das sowohl persönlichkeitsrechtliche als auch verwertungsrechtliche Befugnisse (etwa Vergabe von Lizenzen) enthält. Dieses sog. *unvollkommene Schutzrecht* ist jedoch nicht stark genug, um Beeinträchtigungen durch Dritte abzuwehren. 32

Erst die **Anmeldung oder Eintragung** begründet ein *vollwertiges Schutzrecht*[3], das trotz seiner Unkörperlichkeit ähnlich wie eine Sache vom Berechtigten ge- 33

---

1 *Rogge* in Benkard, PatG, Einl. Rz. 29; *Keukenschrijver* in Busse, PatG, Einl. Rz. 29.
2 Vgl. BGH v. 10.4.1997 – I ZR 178/94, DtZ 1997, 285; OLG Dresden v. 27.3.2001 – 14 U 3542/97, GRUR-RR 2002, 257; *Püschel*, GRUR 1992, 579; *Katzenberger*, GRURInt 1993, 2; *Fezer*, MarkenR, § 14 MarkenG Rz. 1087, § 15 MarkenG Rz. 147, Einl. Rz. 125 f. m.w.Nw.
3 *Jestaedt*, GRUR 2008, 19 (20).

nutzt, verwertet, übertragen oder auch vorzeitig wieder aufgegeben werden kann. Nunmehr hat der Schutzrechtsinhaber die ausschließliche Befugnis zur Herstellung bzw. Nachbildung des geschützten Gegenstandes im Ganzen oder in seinen vom Schutz erfassten Teilen und die alleinige Berechtigung, diesen Gegenstand gewerbsmäßig in den Verkehr zu bringen. Erst an die Verletzung dieses Vollrechtes knüpft sowohl der eigenständige zivilrechtliche als auch der strafrechtliche Schutz an. Zuvor können noch nicht offengelegte, nicht patentierte Schöpfungen indes als *Geschäfts- oder Betriebsgeheimnisse* auch einen strafrechtlichem Schutz nach §§ 17, 18 UWG[1] genießen (§ 33 Rz. 49).

34 Ergänzt werden die Vorschriften über die technischen Schutzrechte durch das „Gesetz über **Arbeitnehmererfindungen**"[2], das das Rechtsverhältnis regelt zwischen dem Arbeitgeber, der die äußeren Bedingungen für eine Erfindung bereitgestellt und meist auch einen konkreten Entwicklungsauftrag erteilt hat, und dem Arbeitnehmer, der die eigentliche schöpferische Leistung hervorgebracht hat. Dieses praktisch sehr wichtige Gesetz (die weitaus meisten Erfindungen werden im Rahmen eines Arbeits- oder Dienstverhältnisses gemacht) enthält keine Strafbestimmungen.

35 Gemeinsam haben Patent und die verwandten Schutzrechte, dass es sich bei der geistigen Leistung zum einen um etwas **Neues und Eigenartiges** handeln muss und dass zum anderen dies gewerblich verwertbar sein muss. Das Erfordernis der *gewerblichen Verwertbarkeit* der zugrunde liegenden schöpferischen Idee bedeutet, dass diese so ausgereift sein muss, dass bei Anwendung der vorgesehenen technischen Regel oder des konkreten Formgedankens jeweils das gleiche, beliebig wiederholbare Ergebnis zustandekommt.

36 Schließlich ist bei diesen Schutzrechten gleichermaßen festzustellen, dass Strafverfahren als Reaktion auf Rechtsverletzungen bislang selten sind[3]. Die Rechtspositionen werden üblicherweise auf dem *Zivilrechtsweg* oder außergerichtlich durchgesetzt; das Mittel der einstweiligen Verfügung ist regelmäßig schneller und wirksamer als ein Strafverfahren. Über **Schadensersatzansprüche** kann auch der wirtschaftliche Nutzen einer solchen Rechtsbeeinträchtigung in angemessener Weise abgeschöpft werden. Wenn sich Strafverfolgungsbehörden mit technischen oder ästhetischen Neuerungen befassen müssen, geschieht dies ganz überwiegend im Rahmen des § 17 UWG (Verrat von *Geschäftsgeheimnissen*). Die folgenden Strafbestände lassen gleichwohl den hohen Stel-

---

[1] *Kiethe/Hohmann*, Der strafrechtliche Schutz von Geschäfts- und Betriebsgeheimnissen, NStZ 2006, 185 (187); *Brandau/Gal*, Strafbarkeit des Fotografierens von Messe-Exponaten, GRUR 2009, 118.
[2] ArbNErfG v. 25.7.1957, BGBl. I 756, zul. geänd. durch G v. 31.7.2009, BGBl. I 2521, mit 2. DurchführungsVO v. 1.10.1957, BGBl. I 1679, 1680 zul. geänd. durch G v. 31.7.2009, BGBl. I 2521; *Bartenbach/Volz*, Arbeitnehmererfindungen, 6. Aufl. 2014; *Gärtner/Simon*, BB 2011, 1909; zur Rspr. *Trimborn*, MittdtPatA 2012, 70; BGH v. 29.4.2003 – X ZR 186/01, BGHZ 155, 8 = GRUR 2003, 789.
[3] Vgl. *Beukelmann*, Der strafrechtliche Schutz des geistigen Eigentums, NJW Spezial 2008, 664.

lenwert erkennen, den die Rechtsordnung dem Schutz dieser Rechtsgüter zumisst; ihre Präventivwirkung lässt sich zwar schwer abschätzen, aber wohl nicht ganz in Abrede stellen. Zudem verschaffen sie dem „vermögensschwachen" Erfinder einen angemessenen Schutz seiner Rechte.

II. Patente

1. Rechtsgrundlagen

Das **Patentgesetz** (PatG) wurde seit seinem Erlass 1877 mehrmals tief greifend geändert[1] und im Anschluss an das Gesetz über das europäische Gemeinschaftspatent am 16.12.1980 mit neuer Paragrafenfolge neu bekannt gemacht[2]. Es regelt sowohl die materiellen Voraussetzungen, unter denen eine Erfindung schutzfähig ist, als auch das speziell ausgestaltete Verfahren zur Klärung der Frage, ob für eine technische Idee ein Patent erteilt werden kann. Einem besonderen Verwaltungsverfahren[3] beim *Deutschen Patent- und Markenamt*[4] (DPMA, „Patentamt", bis 31.10.1998 „Deutsches Patentamt" DPA) in München folgt ggf. ein juristisches Streitverfahren[5] vor dem *Bundespatentgericht*[6] (in München) als Rechts- und Tatsacheninstanz und dem *Patentsenat* beim BGH als Revisionsinstanz[7]. Dabei wird die Interessenvertretung der Verfahrensbeteiligten i.d.R. vom speziellen Berufsstand der *Patentanwälte* wahrgenommen[8]. Das PatG wird durch mehrere Verordnungen und Gesetze (z.B. Patentverordnung – PatV –, PatKostenG) ergänzt.

37

Trotz mehrfach verbesserter internationaler Abkommen[9] – wie das Europäische Patentübereinkommen (EPÜ 2000), die Pariser Verbandsübereinkunft zum Schutz des gewerblichen Eigentums vom 20.3.1883 (PVÜ) und der Patentzusammenarbeitsvertrag (PCT) von 1970[10] – ist die Schutzwirkung eines vom DPMA erteilten Patents auf das Inland bezogen. In Europa hat die Entwicklung

38

---

1 Zur Entwicklung *Rogge* in Benkard, PatG, Einl. Rz. 7–39; *Hacker*, GRUR 2010, 99.
2 G v. 26.7.1979, BGBl. I 1269, i.d.F. v. 16.12.1980, BGBl. I 1981 1, zul. geänd. durch G v. 19.10.2013, BGBl. I 3830.
3 Dazu *van Hees*, VerfahrensR in Patentsachen, 3. Aufl. 2007.
4 2. PatGÄndG v. 16.7.1998, BGBl. I 1827; *Völp*, GRUR 2009, 918.
5 *Schramm*, Der Patentverletzungsprozess, 7. Aufl. 2013.
6 *Völp*, GRUR 2009, 918.
7 Zur Rspr. des BPatG und des BGH vgl. Übersichten von *Winterfeldt/Engels*, GRUR 2007, 449 (537); GRUR 2008, 553 (641); GRUR 2009, 525 (613); *Meier-Beck*, GRUR 2010, 1041; 2011, 857.
8 Vgl. Patentanwaltsordnung v. 7.9.1966, BGBl. I 557, zul. geänd. durch G v. 10.10.2013, BGBl. I 3799.
9 *Schade*, Die Zusammenarbeit des Deutschen Patent- und Markenamts mit ausländischen Ämtern im Patentbereich, GRUR 2009, 338; vgl. zum Ganzen *Ullmann* in Benkard, PatG, Internat. Teil Rz. 1 ff.; *Götting*, § 3, § 7 Rz. 10 ff., §§ 32–37.
10 In Kraft seit 14.1.1978; *Schade*, GRUR 2009, 338, Fn. 15; *Mishiro*, Parallel-/Reimport, Patentschöpfung und Recycling in Japan – mit Blick auf das deutsche Schrifttum, ZJapanR 23 (2007), 77.

zur Überwindung dieses **Territorialitätsprinzips**[1] auf zwei unterschiedlichen, aber miteinander verschlungenen Wegen große Fortschritte gemacht:

39 Das *Europäische Patentübereinkommen* (EPÜ)[2], das nicht auf die EU-Staaten beschränkt ist, hat ein einheitliches, in den Vertragsstaaten (neben Deutschland u.a. Belgien, Frankreich, Großbritannien, Italien, Luxemburg, Niederlande, Österreich, Schweden, Schweiz) unmittelbar geltendes **„Europa-Patent"** geschaffen, das vom *Europäischen Patentamt* in München erteilt wird und das in den Vertragsstaaten wie ein nationales Patent wirkt (sog. Bündel-Patent)[3].

40 Das von den EG-Staaten in Verfolgung der Zielsetzung des EG-Vertrags, einen einheitlichen europäischen Markt zu schaffen, 1975 abgeschlossene *Gemeinschaftspatentübereinkommen* (GPÜ)[4], ist nicht in Kraft getreten. Materielle Vorgaben wurden durch das Gemeinschaftspatentgesetz (GPatG, zum 1.1.1981 in Kraft getreten) in deutsches Recht transformiert. Nach verschiedenen europarechtlichen Vorgaben[5] wurden mit der **Einheitspatentverordnung** (EPVO; VO (EU) Nr. 1257/2012)[6] die Voraussetzungen für ein „europäisches Patent mit einheitlicher Wirkung" (*Einheitspatent*) geschaffen[7]. Erforderlich ist dazu weiter das Inkrafttreten des Übereinkommens über ein *Einheitliches Patentgericht* (EPG)[8]. Ein durch das Europäische Patentamt im Verfahren nach den Regelungen des EPÜ erteiltes Einheitspatent verschafft dem Inhaber im gesamten Geltungsbiet (EU mit Ausnahme von Spanien und Italien[9]) dieselben Rechte, Art. 5 EPVO[10].

---

1 *Haupt*, Territorialitätsprinzip im Patent- und Gebrauchsmusterrecht bei grenzüberschreitenden Fallgestaltungen, GRUR 2007, 187.
2 V. 5.10.1973, in Kraft seit 7.10.1977, ratifiziert durch G v. 21.6.1976, BGBl. II 649, 826; vgl. Bek. v. 19.2.2008, BGBl. II 179.
3 *Götting*, § 33 Rz. 13, § 34 Rz. 21; *Beier/Haertel/Schricker*, Europ. Patentübereinkommen (Münchner Gemeinschaftskommentar) (in Lfgen), 1986 ff.; *Benkard/Dobrucki/Ehlers*, Europ. Patentübereinkommen EPÜ, 2002; *Bossung*, Unionspatent statt Gemeinschaftspatent – Entwicklung des europ. Patents zu einem Patent der EU, GRURInt 2002, 463 (468).
4 V. 15.12.1975, ratifiziert durch G v. 26.7.1979, BGBl. II 833; 2. G über das Gemeinschaftspatent v. 20.12.1991, BGBl. II 1354; *Götting*, § 35 Rz. 1 ff.
5 Z.B. Biopatent-RL 98/44/EG mit Regelungen zur Patentierung von Innovationen auf dem Gebiet der belebten Natur, umgesetzt durch G v. 21.1.2005; *Pfeiffer*, GRUR 2003, 581; *Probst/Wurze*. BayVBl. 2003, 229.
6 VO (EU) Nr. 1257/2012 des Europ. Parl. und des Rates v. 17.12.2012 über die Umsetzung der Verstärkten Zusammenarbeit im Bereich der Schaffung eines einheitlichen Patentschutzes, ABl. EU Nr. L 361 v. 31.12.2012, 1.
7 *Tilmann*, Durchbruch: die Entscheidungen zum Einheitspatent und zum Europäischen Patentgericht, GRUR 2013, 157; *Luginbühl*, Das europäische Patent mit einheitlicher Wirkung (Einheitspatent), GRURInt 2013, 305; *Götting*, Das EU-Einheitspatent, ZEuP 2014, 349.
8 EPGÜ, Übereinkommen über ein einheitliches Patentgericht, Rat der EU Dok. 16351/12 v. 11.1.2013; *Eck*, Europäisches Einheitspatent und Einheitspatentgericht [...], GRURInt 2014, 114.
9 *Jaeger*, NJW 2013, 1998.
10 *Müller-Stoy/Paschold*, Europäisches Patent mit einheitlicher Wirkung [...], GRURInt 2014, 646.

Voraussetzung für die Erteilung eines Patents ist das Vorliegen einer gewerb- 41
lich verwertbaren **Erfindung** (§ 1 Abs. 1 PatG)[1]. Eine neue *technische*[2] *Idee* ist
dann eine Erfindung, wenn sie objektiv darüber hinausgeht, was dem „Durch-
schnittsfachmann", dem der *Stand der Technik* bekannt ist, naheliegt, und
sich in einer technischen Regel mit der Folge der Wiederholbarkeit konkretisiert[3]. Im Begriff der Erfindung liegt die *Neuheit*, die vom Patentamt durch Vergleich mit dem allgemeinen Stand der Technik und mit den bereits erteilten
oder zuvor angemeldeten Patenten festgestellt wird; auch die für die Patentfähigkeit erforderliche „Erfindungshöhe" wird vom Patentamt bzw. im Streitfall von den Patentgerichten im Rahmen der Prüfung untersucht. Die Prüfung
der *wirtschaftlichen Verwertbarkeit* beschränkt sich jedoch darauf, ob eine
technische Neuheit überhaupt mithilfe der technischen Gegebenheiten in ein
Produkt umgesetzt werden kann, während der wirtschaftliche Erfolg einer solchen Umsetzung nicht Gegenstand der Beurteilung ist.

Die Patentanmeldung führt zunächst nur zu einer Prioritätssicherung; für die Durchführung der amtlichen Prüfung ist ein gesonderter Prüfungsauftrag innerhalb von sieben Jahren nach Anmeldung erforderlich (§ 44 Abs. 2 PatG). Ist eine Erfindung materiell patent-
fähig, hat der Anmelder einen Anspruch auf Patenterteilung (§ 49 PatG); anschließend erfolgt die Veröffentlichung, die eine dreimonatige Einspruchsfrist eröffnet; danach kann
das Patent von jedermann noch mit der Nichtigkeitsklage angefochten werden (§§ 81 ff.,
22 ff. PatG).

Die **Dauer** des Patentschutzes beträgt – auch für das Europa- und das Gemein- 42
schaftspatent – 20 Jahre (§ 16 PatG, Art. 63 EPÜ). Voraussetzung dafür ist die
pünktliche Zahlung von Gebühren (§§ 35 Abs. 3, 44 Abs. 3, 57 Abs. 2 PatG).

Sind die Voraussetzungen für eine Patenterteilung nicht erfüllt, kann die Erfin- 43
dung eventuell noch als **Gebrauchsmuster** geschützt werden[4] (s. Rz. 54). Den
Erwerb von Patenten ausschließende Sonderregelungen bestehen für Halblei-
tererzeugnisse durch das *Halbleiterschutzgesetz* (s. Rz. 66) und für Pflanzen-
züchtungen[5] durch das *Sortenschutzgesetz* (s. Rz. 73).

2. Straftatbestände

Zentraler Tatbestand des PatG ist **§ 142 Abs. 1**, der unmittelbar die mit Strafe 44
bedrohten Handlungen umschreibt. Der direkte Zusammenhang mit dem materiellen Recht des Patents wird durch die ausdrückliche Abstimmung auf § 9
S. 2 PatG hervorgehoben, welcher die Wirkung des Patents bestimmt[6].

---

1 Vgl. *Ahrens*, GRUR 2003, 89 (Genttechnik); *Kleine/Klingelhöfer*, GRUR 2003, 1 (Biotechnologie); *Marly*, Rz. 420 ff., 472 ff. (Software); *Pfeiffer*, GRUR 2003, 581 (Software); *Pierson*, JurPC 163, 181–183/2004 (Software); *Sedlmaier*, CR 2002, 718 (geschäftliche Tätigkeit).
2 BGH v. 24.2.2011 – X ZR 121/09 – Webseitenanzeige, GRUR 2011, 610; ferner *Anders*, GRUR 2004, 461; *Tauchert*, JurPC 28/2002; *Schauwecker*, GRURInt 2009, 27 (Nanotechnologie).
3 Zum Ganzen *Götting*, § 10 Rz. 23 ff.; *Melullis* in Benkard, § 1 PatG Rz. 72 ff.; *von Hellfeld*, GRURInt 2008, 1007.
4 *Witte/Vollrath*, Praxis der Patent- und Gebrauchsmusteranmeldung, 6. Aufl. 2008.
5 Vgl. aber *Gersteuer*, Patente auf Pflanzen und Tiere [...], NVwZ 2008, 370.
6 *Bausch/Kröger*, Produktpiraterie im Patentwesen, GRUR 1997, 321.

45 Strafbar ist danach jede **Beeinträchtigung** des mit der Patenterteilung geschaffenen ausschließlichen Rechts des Patentinhabers, also jede Benutzung des Produktes durch Herstellen, Anbieten, Inverkehrbringen, Gebrauchen oder Besitzen zu diesen Zwecken (§ 142 Abs. 1 S. 1 Nr. 1 PatG) oder die Anwendung des geschützten Verfahrens (§ 142 Abs. 1 S. 1 Nr. 2 PatG), das Gegenstand des Patents ist, ohne Zustimmung des Rechtsinhabers. Ausdrücklich erwähnt ist auch die Beeinträchtigung durch unberechtigte *Einfuhr*[1].

46 Keine Beeinträchtigung stellt allerdings eine **Benutzung** dar, auf die sich der Patentschutz nicht erstreckt (§§ 11–13 PatG). So ist z.B. die Benutzung einer patentierten Erfindung im privaten Bereich zu nichtgewerblichen Zwecken oder zu Versuchszwecken allgemein zulässig[2].

47 Für das Strafrecht kommt es darauf an, ob das Patent erteilt ist, was sich leicht feststellen lässt[3]. Durch die Anknüpfung an die **Erteilung** des Patents durch das Patentamt sind Streitigkeiten über die Patentfähigkeit aus dem Bereich der Strafverfolgung weitgehend herausgehalten. Ein Patentrechtsstreit nach Erteilung des Patents hat auf die Tatbestandsmäßigkeit und Rechtswidrigkeit der Beeinträchtigung keinen Einfluss[4], soweit das Patent nur für die Zukunft (ex nunc, nach §§ 16, 20 Abs. 1 Nr. 1 und 2, 23 Abs. 7 S. 4 PatG) entfällt[5]. Erlischt das Patent mit Wirkung *ex tunc* nach Nichtigkeitserklärung oder Verzicht gem. §§ 21, 22 PatG[6], so entfällt auch die Strafbarkeit.[7] Im Ermittlungsverfahren wird eine Aussetzung nach § 154d StPO, im gerichtlichen Verfahren nach § 262 Abs. 2 StPO [8] angezeigt sein.

48 Im subjektiven Bereich setzt die Strafbarkeit **Vorsatz** voraus. Derjenige, der das Bestehen des Schutzrechtes nicht kennt oder den Schutzumfang falsch auslegt oder sich über den Gegenstand der Erfindung täuscht, bleibt grundsätzlich straffrei. Ein Irrtum über das Schutzrecht ist Tatbestandsirrtum[9]. Allerdings genügt *bedingter* Vorsatz. Wer mit der Möglichkeit der Verletzung eines fremden Schutzrechts rechnet[10], es aber unterlässt, sich zuverlässig zu informieren[11], etwa durch Anfrage beim Patentamt oder Beauftragung eines Patentanwalts, setzt sich dem Vorwurf einer vorsätzlichen Patentverletzung aus.

49 Für die (einfache) Patentrechtsverletzung nach § 142 Abs. 1 PatG bzw. die Qualifikation nach Abs. 2 können die für die Strafnormen des gewerblichen

---

1 Vgl. *Scharen* in Benkard, § 9 PatG Rz. 47.
2 *Gaul/Bartenbach*, Nutzung von Schutzrechten in der Industrieforschung als Patentverletzung?, GRUR 1968, 281 (282).
3 Vgl. *Rogge/Grabinski* in Benkard, § 142 PatG Rz. 3.
4 *Rogge/Grabinski* in Benkard, § 142 PatG Rz. 3 a.E.; *Mes*, § 142 PatG Rz. 4.
5 *Mes*, § 142 PatG Rz. 4, § 20 PatG Rz. 3, 8; *Keukenschrijver* in Busse, § 142 PatG Rz. 15.
6 *Fontaine*, S. 36 ff.
7 Grundlegend *Fontaine*, S. 49 ff., 156 ff.
8 Vgl. *Mes*, § 142 PatG Rz. 4; *Schoreit* in KK, § 154d StPO Rz. 1 f.; *Keukenschrijver* in Busse, § 142 PatG Rz. 48.
9 *Rogge/Grabinski* in Benkard, § 142 PatG Rz. 7; *Witte*, GRUR 1958, 419 ff.; *Hesse*, GA 1968, 225 ff.
10 Vgl. OLG Düsseldorf v. 29.10.1981 – 2 U 4/81, GRUR 1982, 35 (36).
11 *Bendl/Weber*, Patentrecherche und Internet, 4. Aufl. 2013.

Rechtsschutzes gültigen **Gemeinsamkeiten** (Rz. 128 ff.), auch zur *Grenzbeschlagnahme* (Rz. 17 ff.), herangezogen werden.

§ 142 PatG ist anzuwenden, wenn eine durch ein **Gemeinschaftspatent** geschützte Erfindung in der im PatG bezeichneten Weise unberechtigt benutzt wird, auch wenn das Gemeinschaftspatent durch das Europäische Patentamt erteilt wurde. Das Gemeinschaftspatent ist ein unmittelbar wirkendes supranationales Schutzrecht, der Strafrechtsschutz richtet sich nach nationalem Recht; vgl. Art. 74 GPÜ[1]. Im Falle der Verletzung eines „Europa-Patents" kommt § 142 PatG unmittelbar zur Anwendung, da es sich nicht um ein supranationales Schutzrecht wie das Gemeinschaftspatent handelt, sondern es in den Vertragsstaaten jeweils als nationales Recht wirkt (sog. Bündelpatent, Art. 2, 64 EPÜ)[2]. 50

§ 52 Abs. 2 PatG enthält noch einen *weiteren*, in den Bereich des Staatschutzes gehörenden und deshalb hier nicht näher zu erörternden *Straftatbestand*, nämlich die Patentanmeldung einer Erfindung, die ein **Staatsgeheimnis** i.S. des § 93 StGB ist, im Ausland ohne die Zustimmung der zuständigen Bundesbehörde und die Zuwiderhandlung gegen eine Auflage, die die Bundesbehörde bei der Genehmigung auferlegt hat; der Strafrahmen dieses Offizialdelikts reicht bis fünf Jahre Freiheitsstrafe[3]. 51

Einstweilen frei. 52–53

III. Musterrechte

1. Gebrauchsmuster

Das **Gebrauchsmustergesetz** (GebrMG)[4] will einen wirtschaftlichen Anreiz schaffen zur Verbesserung von Gegenständen des täglichen Lebens durch „kleinere" Erfindungen, also technische Ideen mit geringerem Fortschritt oder geringerer Erfindungshöhe. Gebrauchsmuster und Patent ergänzen sich und schließen sich nicht gegenseitig aus. Die Eintragung eines Gebrauchsmusters kann allerdings rascher und kostengünstiger als die eines Patents erreicht werden[5]. 54

Als Gebrauchsmuster sind schutzfähig alle „**Erfindungen**[6] [...], die neu sind, auf einem erfinderischen Schritt beruhen[7] und gewerblich anwendbar sind" (§ 1 55

---

1 BGBl. II 1991, 1361. Vgl. *Keukenschrijver* in Busse, § 142 PatG Rz. 14; *Rogge/Grabinski* in Benkard, § 142 PatG Rz. 1.
2 Vgl. *Rinken/Kühnen* in Schulte, § 142 PatG Rz. 2.
3 Vgl. dazu *Schäfers* in Benkard, § 52 PatG Rz. 5; *Hesse*, Der Schutz von Staatsgeheimnissen im neuen PatentR, BB 1968, 1058; krit. *Breith*, GRUR 2003, 587; vgl. auch Art. II § 14 IntPatÜG zur entsprechenden Anmeldung beim EPA; zu Einzelheiten vgl. *Keukenschrijver* in Busse, § 52 PatG Rz. 7 ff.
4 G i.d.F. der Neubekanntmachung v. 28.8.1986, BGBl. I 1455, in Kraft seit 1.1.1987, zul. geänd. durch G v. 19.10.2013, BGBl. I 3830.
5 *Braitmayer* in Bühring, § 1 GebrMG Rz. 110.
6 *Goebel*, Der erfinderische Schritt nach § 1 GebrMG [...], Köln 2005; *Braitmayer* in Bühring, § 1 GebrMG Rz. 121 ff.; BGH v. 20.6.2006 – X Z.B. 27/05, NJW 2006, 3208.
7 *Götting*, § 12 Rz. 1 ff.; BGH v. 17.1.1995 – X Z.B. 15/93, BGHZ 128, 270 = GRUR 1995, 330.

Abs. 1 GebrMG). Nicht Gegenstand eines Gebrauchsmusters sein können die in § 1 Abs. 2 Nr. 1–5 GebrMG beispielhaft genannten Gegenstände und Tätigkeiten (Entdeckungen sowie wissenschaftliche Theorien und mathematische Methoden; ästhetische Formschöpfungen; Pläne, Regeln und Verfahren für gedankliche Tätigkeiten, für Spiele oder für geschäftliche Tätigkeiten sowie Programme für Datenverarbeitungsanlagen; Wiedergabe von Informationen; biotechnologische Erfindungen gem. § 1 Abs. 2 Nr. 5 GebrMG[1]). Vom Schutz ausgenommen sind nach § 2 GebrMG ferner Erfindungen, die gegen den „ordre public"[2] verstoßen, Pflanzensorten und Tierarten sowie *Verfahren*, d.h. Arbeits-, Herstellungs- oder Anwendungsmethoden[3]. Allerdings können z.B. Stoffe und *Stoffmischungen* als Gebrauchsmuster angemeldet werden[4].

56 Die **Schutzdauer** beträgt ab dem Tag der Anmeldung (maximal) zehn Jahre (§ 23 Abs. 1 GebrMG), sofern durch Zahlung der Gebühren die Laufzeit aufrechterhalten wird (nach den ersten drei Jahren um weitere drei Jahre, anschließend jeweils um weitere zwei Jahre bis zur maximalen Dauer von zehn Jahren, § 23 Abs. 2 GebrMG).

57 Während eine Erfindung auf ihre Patentfähigkeit durch ein eingehendes amtliches Verfahren geprüft wird, gilt beim Gebrauchsmuster das **Anmeldesystem**: Eine formell ordnungsgemäße Anmeldung (§ 4 GebrMG) führt zur Eintragung und damit zur Entstehung des Schutzrechts (§ 11 GebrMG). Ob überhaupt ein schutzfähiges Muster vorliegt, wird vom Patentamt grundsätzlich nicht untersucht. Indessen besteht ein materielles Schutzrecht nur dann, wenn die angemeldete Erfindung die Voraussetzungen eines Gebrauchsmusters, etwa bezüglich der *technischen Neuerung* i.S. des § 3 GebrMG, auch tatsächlich erfüllt; diese Prüfung erfolgt regelmäßig im (zivilrechtlichen) Verletzungsprozess[5] oder im speziellen Löschungsverfahren[6] vor dem Patentamt.

58 § 25 Abs. 1 GebrMG stellt die **vorsätzliche rechtswidrige Benutzung** eines (eingetragenen) Gebrauchsmusters unter *Strafe*. Seine Systematik gleicht der des § 142 PatG. Diese Ähnlichkeit droht allerdings einen wichtigen Unterschied zwischen Patent- und Gebrauchsmusterverletzung zu verdecken: Während im ersten Fall die Entscheidung des Patentamtes maßgebliches Tatbestandsmerkmal ist, muss im zweiten Fall der Strafrichter ebenso wie der Zivilrichter im Verletzungsprozess in eigener Zuständigkeit prüfen, ob materiell überhaupt ein schutzfähiges Recht vorliegt[7].

---

1 G zur Umsetzung der RL über den rechtlichen Schutz biotechnologischer Erfindungen v. 21.1.2005, BGBl. I 146, in Kraft ab 28.2.2005; vgl. dazu BT-Drs. 15/1709, 15/4417.
2 *Braitmayer* in Bühring, § 2 GebrMG Rz. 7 ff.
3 *Braitmayer* in Bühring, § 2 GebrMG Rz. 29 ff.
4 *Braitmayer* in Bühring, § 1 GebrMG Rz. 153 ff.; *Mes*, § 1 GebrMG Rz. 4.
5 Dazu näher *Oldekop* in Schramm, Patentverletzungsprozess, 7. Aufl. 2013, S. 251 ff.
6 Vgl. *Ilzhöfer/Engels*, Rz. 561 ff.
7 So schon RGSt 46, 92; vgl. *Rogge* in Benkard, § 25 GebrMG Anm. Abs. 3; *Mes*, § 25 GebrMG Rz. 3; *Schneider* in Schramm, Patentverletzungsprozess, S. 378 f.

Zum **Qualifikationstatbestand** der *gewerbsmäßigen* Gebrauchsmusterverletzung nach § 25 Abs. 2 GebrMG und zur weiteren Systematik wird auf die Ausführungen zur Patentverletzung (Rz. 49, 128 ff.) verwiesen.

59

2. Design

Während Patent und Gebrauchsmuster „technische Schutzrechte" sind, gewährt das *eingetragene Design* aufgrund des mit Wirkung ab 1.1.2014 neu gefassten[1] „Gesetzes über den rechtlichen Schutz von Design" vom 10.10.2013 (**Designgesetz** – DesignG) einen Schutz für ein Design (sog. Muster, d.h. Gestaltung *ästhetischer* Art, wie Tapeten- und Stoffmuster, Internetauftritt[2], Kleiderschnitte, Flaschen- und Besteckformen), das neu[3] ist und Eigenart hat (§ 2 Abs. 1 DesignG). Das in das DesignG überführte GeschmacksmusterG vom 13.2.2004[4] setzte die europarechtlichen Vorgaben der Richtlinie vom 13.10.1998 über den rechtlichen Schutz von Mustern und Modellen sowie der EG-Verordnung zum *Gemeinschaftsgeschmacksmuster* vom 12.12.2001 um[5]. Der Schutz des Geschmacksmusters wurde vom Urheberrechtsgedanken gelöst[6], der bis dahin im *Schriftzeichengesetz* geregelte Schutz von typographischen Zeichen wurde in das GeschmMG übernommen (§ 61 GeschmMG, jetzt § 61 DesignG, Art. 2 SchriftZeichG[7]). Die Regelung des Designschutzes führt den Schutz des *Geschmacksmusters* fort, wobei der moderne Begriff Design auch zu mehr Rechtsverständnis führen soll[8].

60

§ 1 DesignG enthält die Definitionen der im DesignG verwendeten Begriffe wie in Nr. 1 den des „**Designs**" in zwei- oder dreidimensionaler Form als Erscheinungsform eines ganzen Erzeugnisses oder eines Teils davon, das eine besondere ästhetische Gesamtwirkung aufweist[9]. Zu den Erzeugnissen zählen auch typografische Schriftzeichen (Nr. 2). Der Entwerfer eines neuen Designs, das Eigenart hat und das durch § 3 DesignG nicht ausgeschlossen ist[10], ist allein zur Nutzung und (gewerblichen) Verwertung dieser Gestaltung berechtigt (§ 38 DesignG, Einschränkungen in § 40 DesignG). Das *eingetragene Design*

61

---

1 G zur Modernisierung des Geschmacksmustergesetzes sowie zur Änderung der Regelungen über die Bekanntmachungen zum Ausstellungsschutz, BGBl. I 2013 3799; Neubekanntmachung des DesignG v. 24.2.2014, BGBl. I 122; bis 31.12.2013 G „über den rechtlichen Schutz von Mustern und Modellen (Geschmacksmustergesetz – GeschmMG)".
2 *Heutz*, Freiwild Internetdesign? – Urheber- und geschmacksmusterrechtlicher Schutz der Gestaltung von Internetseiten, MMR 2005, 567.
3 LG Düsseldorf v. 9.9.2011 – 14c O 194/11, GRUR-RR 2011, 361.
4 Art. 1 GeschmacksmusterreformG v. 12.3.2004, BGBl. I 390, in Kraft ab 1.6.2004; dazu *Berlit*, GRUR 2004, 636.
5 ABl. EG Nr. L 289 v. 28.10.1998, 28 und ABl. EG Nr. L 3 v. 5.1.2002, 1; *Berlit*, GRUR 2004, 635 f.
6 *Wandtke/Ohst*, GRURInt 2005, 91.
7 V. 6.7.1981, BGBl. II 382, zul. geänd. durch Art. 2 Abs. 16 GeschmMReformG v. 12.3.2004, BGBl. I 390.
8 BT-Drs. v. 10.5.2013 – 17/13428, S. 2; *Kappl*, GRUR 2014, 326 (328).
9 *Götting*, § 38 Rz. 1–6; *Nirk/Kurtze*, § 1 GeschmMG Rz. 131 ff.
10 *Berlit*, GRUR 2004, 636.

als ausschließliches Recht gewährt einen Schutz gegen Nachahmung und gegen eine gleichartige Gestaltung, die ein anderer eigenständig entwickelt haben mag, die aber später zur Eintragung angemeldet wird[1].

62 Designschutz entsteht gem. § 27 Abs. 1 DesignG mit der Eintragung im zentrales **Register**, das vom *Deutschen Patent- und Markenamt* geführt wird. Das in der *Designverordnung* geregelte Verfahren[2] nach §§ 11–26 DesignG ist dem gebrauchsmusterrechtlichen Verfahren nachgebildet.

63 Auch hier gilt das **Anmeldesystem**; die Prüfung der materiellen Voraussetzungen, etwa der Eigentümlichkeit des Musters, erfolgt erst in einem eventuell späteren Rechtsstreit (vgl. §§ 33–36 DesignG)[3] oder einem Strafverfahren. Die *Schutzdauer* beträgt 25 Jahre (§ 27 Abs. 2 DesignG), vorausgesetzt, die entsprechenden Aufrechterhaltungsgebühren (§ 28 DesignG) werden regelmäßig bezahlt.

64 Die **Strafbarkeit** der vorsätzlichen Beeinträchtigung eines Geschmacksmusters ergibt sich aus § 51 Abs. 1, der *gewerbsmäßigen*[4] Verletzung aus § 51 Abs. 2 DesignG. Im Übrigen gilt das Gleiche wie bei den anderen Schutzrechtsverletzungen von den Einleitungsvoraussetzungen über die Grenzbeschlagnahme bis zu den angedrohten Sanktionen (Rz. 49, 128 ff.)[5]. Die in §§ 40, 41 DesignG genannten Beschränkungen wie Handlungen im privaten Bereich zu nichtgewerblichen Zwecken schließen eine Strafverfolgung aus.

65 Neben das nationale Design tritt das europäische **Gemeinschaftsgeschmacksmuster**, für das nach der Rats-VO vom 12.12.2001[6] das Harmonisierungsamt für den Binnenmarkt zuständig ist (vgl. §§ 62–64 DesignG). Auch hier wird ein neues und eigenartiges[7] Design bzw. Geschmacksmuster geschützt[8]. Ein eingetragenes Gemeinschaftsgeschmacksmuster ist für die Dauer von fünf bis zu 25 Jahren, ein nicht eingetragenes Gemeinschaftsgeschmacksmuster ist für eine Frist von drei Jahren geschützt (Art. 12, 11 Abs. 1 GGVO)[9]. Die *Verletzung* eines Gemeinschaftsgeschmacksmusters ist (wie die Verletzung eines inländischen Designs nach § 51 Abs. 1 DesignG) durch § 65 Abs. 1 DesignG *unter Strafe gestellt*. Die Regelungen in § 51 Abs. 2–6 DesignG finden entsprechende Anwendung (§ 65 Abs. 2 DesignG).

3. Halbleiterschutz

66 Ein gewerbliches Schutzrecht für den speziellen Bereich der „Microchips" enthält das „Gesetz über den Schutz der *Topographien* von mikroelektronischen

---

1 *Berlit*, GRUR 2004, 640.
2 DesignV v. 2.1.2014, BGBl. I 18; *Schricker/Haug*, NJW 2014, 726 (727).
3 *Kappl*, GRUR 2014, 326.
4 *Kraßer*, § 38 II; *Rogge/Grabinski* in Benkard, § 142 PatG Rz. 8; *Sternberg-Lieben/Bosch* in S/S, vor §§ 52 ff. StGB Rz. 95.
5 *Berlit*, GRUR 2004, 641.
6 VO (EG) Nr. 6/2002 (GGVO), ABl. EG Nr. L 3 v. 5.1.2002, 1.
7 *Eichmann*, MarkenR, 2003, 10, 15.
8 *Koschtial*, GRURInt 2003, 974.
9 Vgl. *Rahlf/Gottschalk*, GRURInt 2000, 821; *Gottschalk/Gottschalk*, Das nicht eingetragene Gemeinschaftsgeschmacksmuster [...], GRURInt 2006, 461.

Halbleitererzeugnissen" vom 22.10.1987[1], das **Halbleiterschutzgesetz** (HalblSchG)[2]. In verfahrensrechtlicher Hinsicht steht dieses Schutzrecht dem Gebrauchsmuster sehr nahe, sodass das HalblSchG fortgesetzt auf das GebrMG verweist. In der Sache besteht dagegen eine Verwandtschaft mit dem Design, weil Voraussetzung nicht ein „erfinderischer Schritt" ist, sondern die „Eigenart" als Ergebnis geistiger Arbeit.

Gegenstand des Schutzrechts ist nicht der Mikrochip selbst, sondern seine *Topografie* genannte **dreidimensionale Struktur**[3], also die musterartige Anordnung seiner einzelnen Schichten. Diese Anordnung muss nicht neu i.S. eines erfinderischen Schritts sein, sondern nur eigenartig. Diese Eigenart liegt vor, wenn die Topografie als „Ergebnis geistiger Arbeit nicht nur durch bloße Nachbildung einer anderen Topografie hergestellt und nicht alltäglich ist" (§ 1 Abs. 2 HalblSchG). 67

Das Halbleiterschutzrecht erfordert ebenfalls eine **Anmeldung** und Registrierung beim Patentamt, wobei allerdings geringere Anforderungen an die Dokumentation des Schutzobjekts gestellt werden. Auch die Tragweite dieses Schutzrechts bleibt hinter einem Patent oder Gebrauchsmuster zurück, weil die angemeldete Topografie nicht den „Stand der Technik" beeinflusst, sodass gleiche Topografien, die jeweils selbständig entwickelt wurden, solange schutzrechtsfähig sind, bis sie alltäglich sind. Es wird also ein *Nachbildungs- und Verwertungsverbot* angeordnet[4]. 68

Das Schutzrecht entsteht entweder mit der Anmeldung oder bereits vorher mit der ersten geschäftlichen **Verwertung**, die bis zu zwei Jahre vor der Anmeldung liegen kann. Diese und weitere Besonderheiten im Vergleich zu den sonstigen Musterrechten haben ihre Ursache darin, dass die zugrunde liegende EG-Richtlinie[5] auch einen urheberrechtlichen Schutz ohne Registrierung als gleichwertig zulässt. Die *Schutzdauer* beträgt zehn Jahre und ist nicht verlängerbar. Außerdem darf die „Schöpfung" der Topografie nicht länger als 15 Jahre vor der Anmeldung oder geschäftlichen Verwertung liegen (§ 5 HalblSchG). 69

Die **Schutzwirkungen** im Einzelnen und deren Beschränkungen sind näher in §§ 6, 7 HalblSchG geregelt, der Löschungsanspruch in § 8 HalblSchG. Im Übrigen nimmt das HalblSchG vor allem zum Verfahren umfassend auf das Patent- und Gebrauchsmusterrecht Bezug (§§ 11, 9 HalblSchG). 70

§ 10 HalblSchG stellt unter Verweisung auf § 6 HalblSchG die **unerlaubte Nachbildung** der geschützten Topografie und den *unerlaubten Vertrieb* einer solchen Topografie bzw. des entsprechenden Halbleitererzeugnisses unter Strafe, und zwar bis zu drei Jahren Freiheitsstrafe, im Fall der gewerbsmäßigen Tat bis zu fünf Jahren (Abs. 2). Auch der Versuch ist strafbar (Abs. 3). 71

Bezüglich **Strafantrag** (§ 10 Abs. 4 HalblSchG) und **Privatklage** sowie bezüglich der Nebenfolge einer Urteilsbekanntmachung gilt das Gleiche wie bei den 72

---
1 Dazu *Koch*, NJW 1988, 2446.
2 BGBl. I 2294, zul. geänd. durch G v. 19.10.2013, BGBl. I 3830.
3 *Nirk/Kurtze*, Annex zu § 1 GeschmMG (a.F.) Rz. 55.
4 Dazu *Koch*, NJW 1988, 2450; *Koch* in Lehmann, S. 354.
5 RL Nr. 87/54 (EWG) v. 16.12.1986, ABl. EG Nr. L 24 v. 27.1.1987, 36.

sonstigen Schutzrechten (Rz. 128 ff.). Hinsichtlich der strafrechtlichen Einziehung wird durch § 10 Abs. 5 HalblSchG auf das GebrMG verwiesen.

4. Sortenschutz

73 Zum Schutz von Züchtungserfolgen[1] bei Pflanzen besteht eine Spezialregelung[2] für Nutzpflanzensorten, die in einem Artenverzeichnis aufgeführt sind; sie geht dem Patenterwerb vor (§ 2a Abs. 1 PatG, § 41 SortSchG). Der Züchter bzw. Entdecker (oder sonstige Berechtigte) einer neuen **Pflanzensorte** kann ein *Sortenschutzrecht* erwerben, wenn nach Anmeldung beim an die Stelle des Patentamtes tretenden Bundessortenamt und Amtsprüfung die Schutzfähigkeit dieser Sorte festgestellt worden ist. Am Ende des dem Patentverfahren weithin nachgebildeten Verfahrens steht die Eintragung in die Sortenrolle. Die *Schutzdauer* beträgt 25 Jahre, bei Hopfen, Rebe, Kartoffel und Baumarten 30 Jahre (§ 13 SortSchG). Auch diese Regelung ist durch internationale Abkommen und europäische Richtlinien geprägt[3].

74 Der Sortenschutzinhaber erwirbt ein **ausschließliches Nutzungsrecht**, dessen Verletzung unter denselben Voraussetzungen mit der gleichen *Strafe* bedroht ist wie im Fall von Patentrechtsverletzungen. § 39 SortSchG stellt in Abs. 1 die einfache, in Abs. 2 die gewerbsmäßige Sortenschutzrechtsverletzung, Abs. 3 den Versuch unter Strafe. Auch hier ist das Antragserfordernis eingeschränkt (Abs. 4) und die Einziehungsmöglichkeit erweitert (Abs. 5). Da § 39 SortSchG im Wesentlichen § 142 PatG entspricht, kann die Kommentierung zum PatG weitgehend herangezogen werden[4].

75 Die fehlende, unrichtige oder verwechselungsfähige *Sortenbezeichnung* ist mit **Bußgeld** bis 5000 Euro bedroht (§ 40 SortSchG). Zuständig ist das Bundessortenamt in Hannover (§ 40 Abs. 4 SortSchG, § 36 Abs. 1 OWiG), für das gerichtliche Verfahren das AG Hannover[5]. Auch hier bestehen Möglichkeiten zur Einziehung (§ 40 Abs. 3 SortSchG i.V.m. § 23 OWiG).

76 Im sachlichen Zusammenhang mit dem Sortenschutz, aber schon außerhalb des gewerblichen Rechtsschutzes steht der **Verkehr mit Saatgut**[6], für den auf der Grundlage von EG-Vorschriften eine Sortenzulassung (und Erfassung in ei-

---

1 *Würtenberger*, Wem gehört die Mutation einer geschützten Pflanzensorte?, GRUR 2009, 378.
2 SortenschutzG v. 11.12.1985, Bek. v. 19.12.1997, BGBl. I 3164, zul. geänd. durch G v. 7.8.2013, BGBl. I 3154; vgl. *Leßmann*, DB 1986, 679; BGH v. 15.12.1987 – X ZR 55/86, NJW 1988, 2110; zu „alten Sorten vgl. EuGH v. 12.07.2012 – Rs. C-59/11, GRURInt 2012, 1012.
3 Vgl. *Moufang* in Schulte, § 2a PatG Rz. 10 ff.; zur VO (EG) Nr. 2100/94 v. 27.7.1994 (SaatSchVO) vgl. *Götting*, § 14 Rz. 8.
4 *Keukenschrijver*, § 39 SortSchG Rz. 4; *Götting*, § 14 Rz. 2; *Seitz/Kock*, [...] Sortenschutz- und Patentlizenzen im Saatgutbereich [...], GRURInt 2012, 711.
5 *Keukenschrijver*, § 40 SortSchG Rz. 17.
6 SaatgutverkehrsG (SaatG) i.d.F. v. 16.7.2004, BGBl. I 1673, zul. geänd. am 7.8.2013, BGBl. I 3154; mit SaatgutVO (SaatV) v. 8.2.2006, BGBl. I 344, zul. geänd. am 6.1.2014, BGBl. I 26.

ner Sortenliste) beim *Bundessortenamt* vorgesehen ist. § 60 SaatG enthält einen langen Ordnungswidrigkeitenkatalog.

C. Urheberrechte

Schrifttum: *Ahlberg/Götting*, Urheberrecht, Ed. 2, Stand 1.3.2013; *Bröcker/Czychowski/ Schäfer*, Praxishandbuch Geistiges Eigentum im Internet, 2003; *Dreier/Schulze*, Urheberrechtsgesetz, 4. Aufl. 2013; *Dreyer/Kotthoff/Meckel*, Urheberrecht, 3. Aufl. 2013; *Ernst* (Hrsg.), Hacker, Cracker & Computerviren, 2004; *Fromm/Nordemann*, Urheberrecht, 11. Aufl. 2014; *von Hartlieb/Schwarz*, Handbuch des Film-, Fernseh- und Videorechts, 5. Aufl. 2011; *Hoeren*, Internet- und Kommunikationsrecht, 2. Aufl. 2012; *Lehmann* (Hrsg.), Rechtsschutz und Verwertung von Computerprogrammen, 2. Aufl. 1993; *Loewenheim* (Hrsg.), Urheberrecht im Informationszeitalter, FS Nordemann, 2004; *Loewenheim*, Handbuch des Urheberrechts, 2. Aufl. 2010; *Rehbinder*, Urheberrecht, 16. Aufl. 2010; *Sandmann*, Die Strafbarkeit der Kunstfälschung, Diss. Augsburg, 2004; *Schack*, Urheber- und Urheberverlagsrecht, 6. Aufl. 2013; *Schmid/Wirth/Seifert*, Urheberrechtsgesetz, 2. Aufl. 2008; *Schricker/Loewenheim*, Urheberrecht, 4. Aufl. 2010; *Spindler* (Hrsg.), Rechtsfragen bei Open Source, 2004; *Wandtke* (Hrsg.), Urheberrecht, 4. Aufl. 2014; *Wandtke/Bullinger*, Praxiskommentar zum Urheberrecht, 4. Aufl. 2014; *Wenzel/ Burkhardt*, Urheberrecht, 5. Aufl. 2009.

I. Rechtsgrundlagen

1. Geschützte Werke und verwandte Schutzrechte

Während früher der *Künstler* durch das Kunsturhebergesetz (KUG) v. 9.1.1907 – Letzteres ist (gem. § 141 Nr. 5 UrhG) nur hinsichtlich des Rechts am eigenen Bild in Kraft geblieben (vgl. dazu § 60 Rz. 104 ff.) – und der *Schriftsteller* durch das Literatururhebergesetz (LUG) v. 10.6.1901 geschützt wurden[1], gewährleistet seit 1965 das „**Gesetz über Urheberrecht und verwandte Schutzrechte**" (UrhG)[2] den Schöpfern von „Werken der Literatur, Wissenschaft und Kunst" den erforderlichen Schutz vor unberechtigter Ausbeutung ihrer *geistigen Leistung*[3].

Die Spannweite der **geschützten Werke** (§ 2 Abs. 1 UrhG) reicht von *Schriftwerken* und Reden[4] über die Werke der *Musik*, der Pantomime, der bildenden Kunst und Architektur, der Photographie und des *Films* bis zu den Darstellungen wissenschaftlicher oder technischer Art und bis zum *Computerprogramm*. Allerdings muss es sich um eine „persönliche geistige Schöpfung"[5] handeln (§ 2 Abs. 2 UrhG), was ein gewisses Maß an *Originalität*, an individueller Ei-

---

1 Zur geschichtlichen Entwicklung vgl. *Wenzel/Burkhardt*, Kap. 1 Rz. 1 ff.
2 V. 9.9.1965, BGBl. I 1273; zul. geänd. durch G v. 1.10.2013 BGBl. I 3728.
3 Zur Rechtsentwicklung und Rspr.-Übersichten zuletzt *Czychowski/Nordemann/ Waiblinger*, GRUR-RR 2014, 233; *Klett/Schlüter*, K&R 2014, 468; *Eichelberger*, WRP 2013, 996; *Bullinger*, MittdtPatA 2013, 330.
4 *Wenzel/Burkhardt*, Kap. 1 Rz. 12 ff. m.w.Nw.
5 Zu computergeneriertem Werk vgl. *Hoeren*, InternetR, S. 95; abl. für Pornografie LG München I v. 29.5.2013 – 7 O 22293/12, GRUR-RR 2014, 17; zu Leistungsschutzrechten als Laufbilder für Pornofilme vgl. OLG Hamburg v. 10.5.1984 – 3 U 28/84, GRUR 1984, 663.

genart voraussetzt. An die dabei vorausgesetzte *Gestaltungshöhe* werden traditionell keine hohen Anforderungen gestellt. Ob die Leistung einen kulturellen Wert verkörpert, ist gleichgültig; ein „Werk" kann auch zu praktischen Zwecken bis hin zur Reklame oder auch ohne jede Zweckbestimmung geschaffen sein. Vorausgesetzt bleibt aber die Individualität der geistigen Leistung, durch die es sich nach Form oder Inhalt als etwas Eigentümliches darstellt, das sich vom Allgemeingut abhebt.

79 Als sog. kleine Münze können grundsätzlich auch **triviale „Schöpfungen"** wie Kataloge, Werbesprüche, Anwaltsschriftsätze[1] oder musikalische Potpourris, in seltenen Fällen auch Buchtitel (regelmäßig Schutz über § 5 MarkenG[2]) als „Werk" schutzfähig sein. Dabei ist sowohl die Grenzziehung zu den übrigen Schutzrechten als auch die Abgrenzung „nach unten" im Einzelfall häufig schwierig und hat zu einer reichhaltigen zivilrechtlichen Rechtsprechung geführt[3].

80 Der Urheberrechtsschutz von *„Programmen für die Datenverarbeitung"* war in der Vergangenheit trotz ihrer Nennung in § 2 Abs. 1 Nr. 1 UrhG (als Sprachwerke) aufgrund der Anforderungen des BGH zur erforderlichen *Gestaltungshöhe*[4] anders als bei den anderen Werkarten in der Praxis schwierig. Aufgrund der EG-Richtlinie vom 14.5.1991[5] wurden mit §§ 69a–69g UrhG besondere Bestimmungen für den Schutz von **Computerprogrammen**[6] (Software) geschaffen, da patentrechtlicher Schutz für Software grundsätzlich nicht eröffnet ist (vgl. Rz. 41)[7]. Voraussetzung des Schutzes ist nach § 69a Abs. 3 S. 1 UrhG, dass eine

---

1 *Wenzel/Burkhardt*, Kap. 1 Rz. 10; BGH v. 13.11.2013 – I ZR 143/12 – Geburtstagszug, NJW 2014, 469.
2 *Lehmann* in Lehmann, S. 410 f; *Loewenheim* in Schricker/Loewenheim, § 2 UrhG Rz. 69–72; *Deutsch*, Neues zum Titelschutz, GRUR 2013, 113.
3 Vgl. zum Ganzen *Nordemann* in Fromm/Nordemann, UrhR, § 2 UrhG Rz. 30, 36; *Loewenheim* in Schricker/Loewenheim, § 2 UrhG Rz. 38 ff.; *Bullinger* in Wandtke/Bullinger, UrhR, § 2 UrhG Rz. 23 ff.; LG München I v. 29.5.2013 – 7 O 22293/12, ZUM-RD 2013, 558.
4 BGH v. 9.5.1985 – I ZR 52/83 – Inkasso-Programm, BGHZ 94, 279 = NJW 1986, 192; ähnlich BGH v. 4.10.1990 – I ZR 139/89 – Betriebssystem, BGHZ 112, 264 = NJW 1991, 1231; vgl. auch OLG Celle v. 28.9.1987 – 13 W 113/87, StV 1988, 257 m. Anm. *Heischel/Benner* (bzgl. Computerspielen); *Loewenheim* in Schricker/Loewenheim, § 69a UrhG Rz. 19; noch zum alten Recht, jedoch mit teilweise geringeren Anforderungen BGH v. 14.7.1993 – I ZR 47/91 – Buchhaltungsprogramm, BGHZ 123, 208 = CR 1993, 752; BGH v. 20.1.1994 – I ZR 267/91 – Holzhandelsprogramm, CR 1994, 275.
5 Nr. 91/250, ABl. EG Nr. L 122/1991, 42; dazu näher *Lehmann*, NJW 1991, 2112.
6 RL 2009/24/EG v. 23.4.2009 über den Rechtsschutz von Computerprogrammen, ABl. EU Nr. L 111 v. 5.5.2009, 16; *Marly*, Rz. 206 ff.; *Hoeren*, IT Vertragsrecht, S. 21 ff.
7 Vgl. *Kindermann*, CR 1992, 577 (658); a.A. *Wiebe*, CR 2004, 881; allg. dazu *Junker*, NJW 2004, 3162 (3166); *Laub*, Patentfähigkeit von Softwareerfindungen: Rechtliche Standards in Europa und in den USA und deren Bedeutung für den internationalen Anmelder, GRURInt 2006, 629; *Ensthaler*, Der patentrechtliche Schutz von Computerprogrammen nach der BGH-Entscheidung „Steuerungseinrichtung für Untersuchungsmodalitäten, GRUR 2010, 1; ausführlich *Marly*, Rz. 420 ff., 472 ff.; BGH v. 24.2.2011 – X ZR 121/09 – Webseitenanzeige, GRUR 2011, 610 (612).

persönliche geistige Schöpfung vorliegt[1]. Zur Bestimmung der Schutzfähigkeit sind andere Kriterien nicht heranzuziehen. Qualitative oder ästhetische Kriterien sind nach § 69a Abs. 3 S. 2 UrhG ausgeschlossen[2]. Im Regelfall ist jedenfalls bei kommerziell vertriebener Software einschließlich Computerspielen, bei denen auch § 95 UrhG zu berücksichtigen ist[3], von einem nach UrhG geschützten Werk auszugehen[4]. Programmhandbücher und Dokumentationen können als Sprachwerke urheberrechtlichen Schutz genießen, nicht dagegen die Funktionalität eines Computerprogramms, die Programmiersprache oder das Dateiformat, die im Rahmen des Computerprogramms verwendet werden[5]. Bildschirmmasken (grafische Benutzeroberflächen) genießen als Bestandteil eines Programms keinen Schutz als Computerprogramm, können aber als Werk, bei Vorliegen der Voraussetzungen (Rz. 78 f.), eigenen Schutz erlangen[6].

Die in § 4 Abs. 2 S. 1 UrhG[7] definierten **Datenbankwerke** genießen ebenfalls Urheberrechtsschutz, sofern die Anordnung oder Auswahl der Daten – und nicht die Daten als solche – eine *persönliche geistige Schöpfung* ist[8]. 81

Das Urheberrecht entsteht mit der **Werkschöpfung** in der Person des Urhebers als vollwertiges Schutzrecht, ohne dass es irgendeiner Formalität wie Anmeldung oder Eintragung bedarf. Die (gem. § 138 UrhG beim Patentamt geführte) Urheberrolle[9] dient allein dem Schutz des Verfassers von anonymen i.S. des § 66 UrhG oder pseudonymen Werken. Auch spielt es keine Rolle, ob der Urheber das Werk im Rahmen eines Arbeitsverhältnisses[10] geschaffen hat; dem Arbeitgeber bleibt nur die Möglichkeit, sich das entsprechende Nutzungsrecht einräumen zu lassen (§ 43 UrhG)[11]. Dem Arbeitgeber steht aber nach § 69b UrhG das Recht zur wirtschaftlichen Nutzung von im Rahmen eines Arbeits- 82

---

1 *Loewenheim* in Schricker/Loewenheim, § 69a UrhG Rz. 15 ff.; *Hoeren* in Möhring/Nicolini, § 69a UrhG Rz. 15 f.
2 Vgl. auch OLG Karlsruhe v. 13.6.1994 – 6 U 52/94 – Bildschirmmaske, GRUR 1994, 726; *Loewenheim* in Schricker/Loewenheim, § 69a UrhG Rz. 18.
3 *Kreutzer*, Computerspiele im System des deutschen UrheberR, CR 2007, 1; *Bär* in W/J, Kap. 14 Rz. 151.
4 Ebenso *Bär* in W/J, Kap. 14 Rz. 149; *Wenzel/Burkhardt*, Kap. 1 Rz. 22 ff., Kap. 7 Rz. 7 ff.
5 EuGH v. 2.5.2012 – Rs. C-146/10 – SAS Institute, GRUR 2012, 814; *Marly*, Der Schutzgegenstand des urheberrechtlichen Softwareschutzes [...], GRUR 2012, 773.
6 *Loewenheim* in Schricker/Loewenheim, § 69a UrhG Rz. 21, 28; EuGH v. 22.12.2010 – Rs. C-393/09; GRUR 2011, 220.
7 Eingefügt durch Art. 7 IuKDG v. 22.7.1997, BGBl. I 1870; *Hackemann*, CR 1998, 510; *Berger*, GRUR 1997, 169; *Leistner*, Der Rechtsschutz von Datenbanken im deutschen und europ. Recht [...], 2000.
8 Beispiele bei *Hoeren*, InternetR, S. 104 ff., und *Marquardt*, in Wandtke/Bullinger, UrhR, § 4 UrhG Rz. 12, 16 f.; *Auer-Reinsdorff* in Conrad/Grützmacher, § 15 Rz. 19 ff.; *Funk* in Conrad/Grützmacher, § 37 Rz. 35 ff.; *Koch* in Conrad/Grützmacher, § 42 Rz. 42 ff.
9 VO über das Register anonymer und pseudonymer Werke i.d.F. v. 13.12.2001, BGBl. I 3656.
10 Vgl. *von Olenhusen*, GRUR 2002, 11; BGH v. 6.2.2002 – X ZR 215/00, GRUR 2002, 609; krit. *Wandtke*, GRUR 1999, 390.
11 Vgl. OLG Frankfurt v. 1.9.2009 – 11 U 51/08 – Ghostwriter, NJW 2010, 780.

oder Dienstverhältnisses erstellten Computerprogrammen zu. Bei mehreren Urhebern eines gemeinsamen Werks hat jeder *Miturheber* ein Urheberrecht am Gesamtwerk (§ 8, vgl. auch § 9 UrhG)[1]. So können beispielsweise bei einem Buch neben einem oder mehreren Autoren des Textes ein Fotograf oder Zeichner für das Titelbild oder Illustrationen – sowie der Herausgeber und Verlag, bei einem Hörbuch zudem auch der Vortragende und der Tonträgerhersteller u.a. – beteiligt sein, denen jeweils verschieden ausgeprägte Rechte zustehen.

83 Das Urheberrecht besteht aus einer persönlichkeitsrechtlichen und einer vermögensrechtlichen Komponente (§ 11 UrhG). Während die aus dem **Urheberpersönlichkeitsrecht**[2] unmittelbar hergeleiteten Befugnisse (§§ 12–14 UrhG), insbesondere das Bestimmungsrecht, ob ein Werk überhaupt veröffentlicht werden soll, nicht übertragbar sind, kann das **Recht zur wirtschaftlichen Nutzung** übertragen werden und ist damit Gegenstand des Rechtsverkehrs[3]. Die gewerbliche Verwertbarkeit ist zwar anders als bei den gewerblichen Schutzrechten im engeren Sinne (Rz. 35) keine Voraussetzung für den Bestand des Urheberrechts. Jedoch spielen die auf die wirtschaftliche Nutzung ausgerichteten Verwertungsrechte[4] (§§ 15–22 UrhG) – Recht zur Vervielfältigung, Verbreitung[5] gem. § 17 Abs. 1 UrhG[6], Ausstellung, öffentlichen Wiedergabe und zur öffentlichen Zugänglichmachung nach § 19a UrhG[7] – in der Praxis die entscheidende Rolle[8], auch soweit Urheber ihre Werke der Allgemeinheit „frei" zur Verfügung stellen[9].

84 Durch die sog. **verwandten Schutzrechte** werden insbesondere die ausübenden Künstler und bestimmte Formen der *Werkvermittlung* (durch Ton- und Bildträger, Funksendungen) partiell geschützt (§§ 70–87 UrhG).

85 Das „Informations- und Kommunikationsdienstegesetz"[10] hat zudem die Rechte der **Datenbankhersteller** neu geregelt. Über § 4 Abs. 2 S. 1 UrhG hinaus werden Datenbanken durch § 87a UrhG dem Urheberrechtsschutz unterstellt,

---

1 *von Becker*, Rechtsprobleme bei Mehr-Autoren-Werksverbindungen, ZUM 2002, 581; *Wenzel/Burkhardt*, Kap. 3 Rz. 3 ff.
2 *Wenzel/Burkhardt*, Kap. 4 Rz. 3 ff.
3 Zum Verhältnis von Haupt- zu Unterlizenz s. BGH v. 19.7.2012 – I ZR 70/10 – M2Trade, BGHZ 194, 136 = GRUR 2012, 916.
4 Anschaulich *Hoeren*, InternetR, S. 113 ff.
5 LG München I v. 10.1.2007 – 21 O 20028/05, MMR 2007, 260 zum sog. Framing.
6 Eingefügt durch 3. UrhGÄndG v. 28.6.1995, BGBl. I 842 in Umsetzung der EG-RL 92/100/EWG v. 19.11.1992, ABl. EG Nr. L 346 v. 27.11.1992, 61.
7 Eingefügt m.W.v. 13.9.2003 durch G v. 10.9.2003, BGBl. I 1774; *Poll*, Neue internetbasierte Nutzungsformen [...], GRUR 2007, 476; *Schack*, Rechtsprobleme der Online-Übermittlung, GRUR 2007, 639.
8 Vgl. *Reber*, GRUR 1998, 792 (digitale Verwertungstechniken); OLG München v. 19.3.1998 – 29 U 2643/97, CR 1998, 559; *Ostermeier*, CR 1998, 539 (Video-on-demand); *Bechtold*, GRUR 1998, 18.
9 Vgl. *Grassmuck*, Freie Software zwischen Privat- und Gemeinschaftseigentum, 2002.
10 Art. 7 IuKDG v. 22.7.1997, BGBl. I 1870, in Umsetzung der EG-Datenbank-RL v. 11.3.1996 – 96/9/EG, ABl. EG Nr. L 77/1996, 28.

sofern die Herstellung nach Art oder Umfang wesentliche Investitionen erfordert[1] und die Auswahl oder die Anordnung der in der Datenbank enthaltenen Daten *Originalität* erkennen lässt[2]. Soweit die Benutzung der Datenbank den *Einsatz elektronischer Mittel* erfordert, ist – wie bei Computerprogrammen – eine *Vervielfältigung* von wesentlichen Teilen[3] auch für den nur privaten Gebrauch *unzulässig* (§ 87c Abs. 1 S. 1 Nr. 1 UrhG)[4]. Allenfalls unwesentliche Teile dürfen vervielfältigt werden. Die Software, die zur Auswertung der Datenbank benötigt oder benutzt wird, darf jedoch nach §§ 4 Abs. 2 S. 2, 69d UrhG auch dazu nicht ohne Berechtigung vervielfältigt werden[5].

2. Ausgestaltung des Urheberrechts

Der Urheber einer persönlichen geistigen Leistung hat das *ausschließliche Recht*, über sein Werk zu bestimmen und Beeinträchtigungen durch Dritte abzuwehren. Die Einzelheiten und die Grenzen des urheberrechtlichen Schutzes sind detailliert geregelt. Dieser **Schutz** beginnt mit der Werkschöpfung und endet 70 Jahre nach dem Tod des Urhebers (§§ 64–69 UrhG)[6].

Gleichwohl muss er es nach Veröffentlichung hinnehmen, dass das Werk in bestimmtem Umfang unentgeltlich oder gegen Entgelt *benutzt* wird. Diese **Schranken** des Urheberrechts zugunsten der Allgemeinheit sind detailliert umschrieben in den §§ 44a–63 UrhG und umfassen z.B. die Berichterstattung[7], die Zitierfreiheit[8], die Vervielfältigung zum eigenen Gebrauch als sog. *Privatkopie* nach § 53 Abs. 1 UrhG[9] (Rz. 107) – die aber grundsätzlich ausgeschlossen ist bei Computerprogrammen nach § 69c Nr. 1 UrhG[10]. Als Ausgleich erhält der Urheber eine Vergütung, die als pauschale Geräteabgabe erhoben wird. Als Beschränkung des Urheberrechts stellt sich auch das Recht zur *freien Benutzung*

---

1 Vgl. *Nordemann/Czychowski*, NJW 1998, 1603 (Gesetzessammlung); LG Berlin v. 8.10.1998 – 16 O 448/98 – Online-Datenbank, CR 1999, 388; LG Mannheim v. 23.1.2004 – 7 O 262/03 – Gedichts-Datenbank, GRUR-RR 2004, 196; BGH v. 6.5.1999 – I ZR 199/96 – Tele-Info-CD, BGHZ 141, 329 = CR 1999, 496; BGH v. 17.7.2003 – I ZR 259/00 – Paperboy, Verlinkung auf Online-Datenbank, BGHZ 156, 1 = NJW 2003, 3406; OLG Hamburg v. 16.4.2009 – 5 U 101/08, CR 2009, 526.
2 EuGH v. 1.3.2012 – Rs C-604/10 – Football Dataco/Yahoo, GRUR 2012, 386; *Wenzel/Burkhardt*, Kap. 8 Rz. 41; *Wiebe*, Der Schutz von Datenbanken [...], CR 2014, 1.
3 *Loewenheim* in Schricker/Loewenheim, § 4 UrhG Rz. 49; EuGH v. 18.10.2012 – Rs. C-173/11 – Football Dataco/Sportradar, GRUR 2012, 1245.
4 BGH v. 30.4.2009 – I ZR 191/05 – Elektronischer Zolltarif, GRUR 2009, 852; BGH v. 22. 6. 2011 – I ZR 159/10 –Automobil-Onlinebörse, NJW 2011, 3443.
5 *Loewenheim* in Schricker/Loewenheim, § 4 UrhG Rz. 43.
6 Für verwaiste oder vergriffene Werke vgl. *Peifer*, NJW 2014, 6.
7 BVerfG v. 17.11.2011 – 1 BvR 1145/11, NJW 2012, 754.
8 *Wenzel/Burkhardt*, Kap. 6 Rz. 5 ff.
9 BVerfG v. 7.10.2009 – 1 BvR 3479/08, MMR 2010, 40; *Wenzel/Burkhardt*, Kap. 6 Rz. 25 ff.
10 Vgl. *Czychowski*, NJW 2003, 2409; *Nitschke*, Verbrechen Privatkopie, FoR 2004, 85; *Stickelbrock*, Die Zukunft der Privatkopie im digitalen Zeitalter, GRUR 2004, 736; OLG München v. 20.3.2003 – 29 U 5494/02 – CD-Münzkopierautomat, GRUR-RR 2003, 365.

eines geschützten Werks dar, um daraus ein anderes selbständiges Werk zu machen (§ 24 UrhG). Die Schranken des Urheberrechts sind bei der strafrechtlichen Bewertung von Handlungen, die das Urheberrecht betreffen, zu berücksichtigen[1].

88 Die dem Anwender von Software eingeräumten Rechte werden von der *„bestimmungsgemäßen Benutzung"* bestimmt, in deren Rahmen auch der Einsatz von Programmsperren (durch Soft- oder Hardware, sog. Dongle), die einen Kopierschutz ermöglichen, wirksam vereinbart werden kann[2]. Der Einsatz von Umgehungsprogrammen ist unzulässig[3] (vgl. § 69f Abs. 2 UrhG), ihr Vertrieb ist wettbewerbswidrig[4]. Die bestimmungsgemäße Benutzung kann andererseits auch in Individualvereinbarungen nicht so stark ausgehöhlt werden, dass kein brauchbarer Kern der **Nutzungsrechte** übrig bleibt. In AGB können Beschränkungen der bestimmungsgemäßen Benutzung kaum wirksam vereinbart werden. Beispielsweise sind bei Software das Installieren, das Laden[5] und der Ablauf des Programms, die jeweils zu einer Vervielfältigung führen, hiervon gedeckt[6]. Ebenso ist die Herstellung einer *Sicherungskopie* grundsätzlich von der bestimmungsgemäßen Benutzung gedeckt und nach § 69d Abs. 2 UrhG erlaubt[7].

89 Der **Vertrieb** von Medien und Software erfolgt immer noch durch den Verkauf von Vervielfältigungsstücken (sog. Standardsoftware, „Schachtel"- oder „Boxware"), was fälschlich als *Lizenzieren* bezeichnet wird. Zudem wird *Software* durch den Verkauf von Hardware mit vorinstallierter Software (sog. „bundeling" mit OEM-Software) vertrieben. Teilweise wird dem Kaufgegenstand ein Datenträger beigefügt, der als Sicherungskopie dient, teilweise ist diese vom Erwerber selbst herzustellen[8]. Zulässig ist der Vertrieb von Software ohne Hardware als sog. OEM-Software, d.h. Software, die von Computerherstellern (Original Equipment Manufacturer) lizenziert und ggf. unter eigenem Label versehen mit Hardware vertrieben wird, da eine Bündelung mit Hardware als auf diesen Vertriebsweg beschränktes Nutzungsrecht urheberrechtlich nicht wirksam vereinbart werden kann[9]. Zunehmend werden Medien und Software ausschließlich digital vertrieben, wobei zur Übertragung leitungsgebundene Wege (z.B. TV-Kabel, DSL) oder Funknetze (z.B. UMTS/LTE, d.h. *over the air* –

---

1 Vgl. BGH v. 17.7.2008 – I ZR 219/05 – Clone-CD, NJW 2008, 3565 (3568).
2 *Koch*, CR 2002, 629.
3 *Loewenheim* in Schricker/Loewenheim, § 69f UrhG Rz. 10 ff.
4 BGH v. 9.11.1995 – I ZR 220/95 – Umgehungsprogramm, CR 1996, 79; *Hoeren*, RDV 2005, 11.
5 *Marly*, Rz. 155 ff.
6 Vgl. EuGH v. 5.6.2014 – Rs. C-360/13, GRUR 2014, 654, zu Art. 5 RL 2001/29/EG v. 22.5.2001, ABl. EG Nr. L 167 v. 22.6.2001, 10.
7 Vgl. auch OLG Frankfurt v. 23.6.2009 – 11 U 71/08, GRUR-RR 2010, 5 – Rz. 9.
8 Anschaulich OLG Frankfurt v. 23.6.2009 – 11 U 71/08, GRUR-RR 2010, 5; LG Frankfurt/M v. 6.1.2010 – 2-06 O 556/09, MMR 2010, 465.
9 BGH v. 6.7.2000 – I ZR 244/97 – OEM-Version, BGHZ 145, 7 = NJW 2000, 3571.

OTA) genutzt werden. Schließlich wird Software als „Lizenz" für bestimmte Zeiträume vermietet[1].

Daneben werden Medien und vorangig **Software** für den Privatanwender dauerhaft als Freeware[2], Open-Source[3]- oder Public-Domain-Software[4] oder als sog. Shareware[5] unentgeltlich vom Urheber zur Verfügung gestellt[6], wobei die Weiterverbreitung ggf. gegen angemessenen Ersatz der Vervielfältigungskosten zulässig ist[7]. Auch in diesen Fällen besteht Urheberrecht, soweit ein Programm Werkcharakter hat (vgl. § 69a Abs. 3 S. 2 UrhG), was ggf. im Zivil- oder Strafverfahren zu prüfen ist[8]. Darüber hinaus ist im Einzelfall stets zu prüfen, wie die Übertragung der Rechte (Lizenzvertrag) auf den Benutzer oder die Gestattung der Nutzung erfolgt ist[9]. Vertragliche Klauseln, die die Nutzung von Freeware nur zum privaten Gebrauch erlauben, sind nicht geeignet, urheberrechtliche Beschränkungen zu vermitteln[10], wenn auch eine unternehmerische Nutzung Schadensersatzansprüche auslösen dürfte[11].

Hervorzuheben ist, dass die **Vervielfältigung** von EDV-Programmen zu eigenem Gebrauch auch dann, wenn es sich um *privaten Gebrauch* handelt, *nur mit Einwilligung* des Berechtigten zulässig ist (§ 69d UrhG). Die Einhaltung dieser Bestimmung ist angesichts der Tatsache, dass Computer längst alle Lebensbereiche durchdrungen haben, schwer kontrollierbar[12]. Die faktisch freie Verbreitung auch von Software über das *Internet*[13] kommt hinzu, sodass die „klassische" Form der Weiterverbreitung über Datenträger weitgehend verschwunden ist.

---

1 Vgl. *Metzger*, NJW 2003, 1994; BGH v. 24.10.2002 – I ZR 3/00 – CPU-Klausel, BGHZ 152, 233 = NJW 2003, 2014.
2 *Grützmacher* in Wandtke/Bullinger, UrhR, § 69c UrhG Rz. 68; *Marly*, Rz. 895 ff.
3 *Grützmacher* in Wandtke/Bullinger, UrhR, § 69c UrhG Rz. 73 ff.; *Marly*, Rz. 935 ff.; *Lang*, Nehmen und geben. Open-Source-Lizenzen und ihre Implikationen, c't 15/2014, 144.
4 *Grützmacher* in Wandtke/Bullinger, UrhR, § 69c UrhG Rz. 68, 70.
5 *Loewenheim* in Schricker/Loewenheim, § 69c UrhG Rz. 3; *Marly*, Rz. 919 ff.
6 *Jaeger/Metzger*, Open Source Software, Rechtliche Rahmenbedingungen der freien Software, 4. Aufl. 2015 (angekündigt).
7 Vgl. OLG Hamburg v. 1.2.1994 – 3 U 20/94, NJW-RR 1995, 1324; OLG Köln v. 12.7.1996 – 6 U 136/95, InVo 1997, 48; OLG Düsseldorf 26.7.1995 – 20 U 65/95, NJW-RR 1996, 555; *Grützmacher* in Wandtke/Bullinger, UrhR, § 69c UrhG Rz. 71, 74; *Kiel*, Urheberrechtsschutz im Zeitalter der Digitalisierung, 2007.
8 Vgl. LG Frankfurt/M v. 6.9.2006 – 2-6 O 224/06 zur GNU General Public License (GPL).
9 Vgl. *Grützmacher* in Wandtke/Bullinger, UrhR, § 69c UrhG Rz. 74 ff.
10 *Grützmacher* in Wandtke/Bullinger, UrhR, § 69c UrhG Rz. 72; *Marly*, Rz. 909; einschränkend bei Shareware *Marly*, Rz. 930, 932.
11 Vgl. *Marly*, Rz. 906 f.
12 Vgl. AG Kaufbeuren v. 14.11.1984 – Ds 31 Js 10067/84 – Verbreitung von Computerspielen, NStZ 1985, 180; AG München v. 27.2.1996 – 1129 Ds 335 Js 19231/94 – Überprüfungspflicht bei Verdacht auf Fälschung, CR 1997, 749.
13 Vgl. *Klett*, UrheberR im Internet aus deutscher und amerikanischer Sicht, UFITA 149, 1998, S. 27, 30; *Dreier/Leistner*, Urheberrecht im Internet [...], GRUR 2013, 881.

Der – mit Strafandrohung verstärkte – gewollte Schutz der Programme[1] erfordert deshalb eine mit Augenmaß, aber doch energisch durchgeführte Verfolgung der „Raubkopierer"[2]. Begleitend ist es Aufgabe der Rechtsinhaber und der Schutzverbände, die Rechtslage ins Bewusstsein der Bevölkerung zu bringen und Tendenzen einer „Entkriminalisierung" der Verletzung des geistigen Eigentums entgegenzuwirken.

92 Der Urheber bzw. der Verwertungsberechtigte hat einen **Anspruch** auf *Vernichtung* oder Überlassung der unberechtigt hergestellten Vervielfältigungsstücke und ggf. der dazu benutzten Vorrichtungen (§§ 98, 99 UrhG), dazu auf *Unterlassung*[3] und *Schadensersatz* (§ 97 UrhG). Diese Ansprüche werden durch einen umfassenden *Auskunftsanspruch* (§ 101, § 101a UrhG) und das Institut der *Grenzbeschlagnahme* (§ 111b UrhG) unterstützt (Rz. 17 ff.).

93 Überträgt der Urheber die ihm zustehenden Verwertungsrechte zur ausschließlichen Nutzung auf einen Dritten, so gibt er damit sein Urheberrecht nicht völlig auf, sondern steht hinter oder neben dem Nutzungsberechtigten als ebenfalls Berechtigter. Für das Strafrecht hat das die Konsequenz, dass neben dem **Nutzungsberechtigten** auch der *Urheber* **Strafantrag** stellen kann[4].

94 Die Rechtsbeziehungen des Autors eines Schriftwerks zum verwertungsberechtigten **Verleger** regelt das Verlagsgesetz (VerlG)[5], das keine Straf- oder Bußgeldtatbestände enthält. Ergänzt wird das UrhG durch das Urheberrechtswahrnehmungsgesetz[6], das die kollektive Wahrung von Urheberrechten durch die sog. Verwertungsgesellschaften regelt; es enthält nur eine Zwangsgeld-, aber keine Bußgeld- oder Strafvorschrift.

95 Im **internationalen Rahmen** gewährt vor allem die sog. *Revidierte Berner Übereinkunft*[7] (RBÜ) den Urhebern Schutz. Hinzuweisen ist ferner auf das im Rahmen des GATT geschlossene Abkommen über handelsrechtliche Aspekte des Schutzes des geistigen Eigentums vom 15.4.1994 (*TRIPS-Übereinkommen*)[8], das den Schutz aller Arten geistigen Eigentums regelt[9]. Es ist am 1.1.1995 in

---

1 *Meier*, CR 1992, 657.
2 Vgl. *Jaeger*, Computerkriminalität, 2. Aufl. 1998, 59.
3 Vgl. BGH v. 15.1.2009 – I ZR 57/07 – Cybersky, GRUR 2009, 841.
4 *Ernst*, Rz. 383.
5 V. 19.6.1901, RGBl. 217, zul. geänd. durch G v. 22.3.2002, BGBl. I 1155; *Schricker*, VerlagsR, 3. Aufl. 2001; *Delp*, Der Verlagsvertrag, 8. Aufl. 2008.
6 G über die Wahrnehmung von Urheberrechten und verwandten Schutzrechten (UrhWahrnG) v. 9.9.1965, BGBl. I 1294, zul. geänd. durch G v. 1.10.2013, BGBl. I 3728; dazu die VO über die Schiedsstelle für Urheberrechtsstreitfälle (Urheberrechtsschiedsstellenverordnung – UrhSchiedsV 1985) v. 20.12.1985, BGBl. I 2543, zul. geänd. durch G v. 12.12.2007, BGBl. I 2840.
7 G v. 17.8.1973, BGBl. II 1973, 1069, BGBl. II 1974, 1079; vgl. *Marly*, Rz. 403 ff.; *Katzenberger* in Schricker/Loewenheim, vor §§ 120 ff. UrhG Rz. 41 ff.; *Nordemann-Schiffel* in Fromm/Nordemann, UrhR, Vor §§ 120 ff. UrhG Rz. 12 ff.; *Nordemann/Vinck/Hertin*, Int. UrheberR, 1977; *Rehbinder*, Rz. 984.
8 BGBl. II 1730; ABl. EG Nr. L 336 v. 23.12.1994, 213.
9 *Marly*, Rz. 398 ff.; *Rehbinder*, Rz. 992.

Kraft getreten. Ergänzenden Schutz der Rechte der Urheber sollen die am 20.12.1996 unterzeichneten *WIPO-Verträge*[1] – WIPO-Urheberrechtsvertrag (WCT), WIPO-Vertrag über Darbietungen und Tonträger (WPPT) – bringen. Außerdem ist nach dem Zweiten Weltkrieg das Welturheberrechtsabkommen (WUA)[2] geschaffen worden, dem zahlreiche Länder[3] beigetreten sind[4]. Der nationale[5] strafrechtliche Schutz richtet sich aber ausschließlich nach dem UrhG.

II. Straftatbestände

Während für die oben (Rz. 44 ff.) behandelten Schutzrechte jeweils nur ein strafrechtlicher Grundtatbestand besteht, enthält das UrhG vier unterschiedliche **Strafbestimmungen** (§§ 106–108, 108b UrhG) sowie einen Bußgeldtatbestand (§ 111a UrhG). Außer bei § 108b UrhG ist der Versuch jeweils unter Strafe gestellt und beträgt die Höchststrafe drei Jahre (Rz. 128 ff.). Bereits die Urheberrechtsnovelle 1985 hatte das Erfordernis eines *Strafantrags* (§ 109 UrhG) eingeschränkt auf die Fälle, in denen kein besonderes öffentliches Interesse an der Strafverfolgung besteht[6]. Auch die Verweisung auf die *Privatklage* (§ 374 Abs. 1 Nr. 8 StPO) ist nur zulässig, wenn das *öffentliche Interesse* an der Strafverfolgung zu verneinen ist (§ 376 StPO; Rz. 135 ff.). Von Bedeutung ist schließlich neben der Verbesserung der zivilrechtlichen Ansprüche (Rz. 23 ff.) und der Einführung der Grenzbeschlagnahme (§ 111b UrhG; Rz. 17 ff.) die Erweiterung der strafrechtlichen *Einziehung* (§ 110 UrhG; Rz. 140 ff.).[7]

96

1. Urheberrechtsverletzung

Unter der weit gefassten Überschrift „Unerlaubte Verwertung urheberrechtlich geschützter Werke" stellt der Grundtatbestand des § 106 UrhG die praktisch wichtigsten Formen der **Urheberrechtsverletzung** unter Strafe, nämlich

97

– das Vervielfältigen,

– das Verbreiten und

---

1 Vgl. *Katzenberger* in Schricker/Loewenheim, vor §§ 120 ff. UrhG Rz. 50 ff., 84 ff.; *Rehbinder*, Rz. 990; *Marly*, Rz. 409 ff.
2 G v. 17.8.1973, BGBl. 1974 II, 1309; *Katzenberger* in Schricker/Loewenheim, vor §§ 120 ff. UrhG Rz. 58 ff.; *Marly*, Rz. 414 ff.
3 Vgl. Liste der Beitrittsländer bei *Katzenberger* in Schricker/Loewenheim, vor §§ 120 ff. UrhG Rz. 60.
4 Allg. *Kuhlen*, Erfolgreiches Scheitern – eine Götterdämmerung des UrheberR?, 2008, S. 94 ff.
5 Vgl. *Rehbinder*, Rz. 980; BGH v. 3.3.2004 – 2 StR 109/03, BGHSt 49, 93 = GRUR 2004, 421; *Nordemann-Schiffel* in Fromm/Nordemann, UrhR, Vor §§ 120 ff. UrhG Rz. 2.
6 Vgl. *Heghmanns*, NStZ 1991, 112; krit. zur strafrechtlichen Regelung *Bork*, NJW 1997, 1665 (1667).
7 Zu Regelungen gegen Produktpiraterie im UrhR vgl. *Patnaik*, GRUR 2004, 191.

– die öffentliche Wiedergabe, u.a. schon durch Hyperlink-Setzung[1] oder Framing[2]

eines geschützten Werks ohne Berechtigung[3]. Damit wird primär das Verwertungsrecht (vgl. § 15 UrhG), reflexartig[4] aber auch das Urheberpersönlichkeitsrecht geschützt.

a) Werk

98 Ob ein bestimmtes Objekt ein **geschütztes Werk** ist, bestimmt sich nach § 2 UrhG und der dazu ergangenen umfangreichen Rechtsprechung[5]. Den „Werkcharakter" i.S. des § 2 UrhG haben Staatsanwalt und Strafrichter eigenständig zu prüfen. Das betroffene Werk, bei Computerprogrammen das jeweilige Programm[6], muss in Anklage oder Strafbefehl genau bezeichnet sein[7]. Es genügt nicht, dass sich der Hersteller des urheberrechtlichen Schutzes berühmt, etwa durch Verwendung des „Copyright"-Zeichens[8] oder einen Aufdruck „urheberrechtlich geschützt" (s. aber Rz. 109). Soweit neben dem Werk auch die Bearbeitung und Umgestaltung im Tatbestand erwähnt sind, handelt es sich um eine Klarstellung; die Bearbeitung einschließlich der Übersetzung und die Umgestaltung, deren Veröffentlichung der Zustimmung des Urhebers bedarf (§ 23 UrhG), bilden entweder ein neues (geschütztes) Werk (§§ 3, 24 UrhG) oder lassen, soweit die Stufe einer eigenständigen Bearbeitung nicht erreicht ist, den Schutz des ursprünglichen Werks zum Zuge kommen[9]. Als Grundlage einer unrechtmäßigen Kopie kommt auch eine sog. Raubkopie, d.h. ein unbefugt hergestelltes Vervielfältigungsstück, in Betracht[10].

---

1 Vgl. OLG Köln v. 14.9.2012 – I-6 U 73/12 – Linksetzung, GRUR-RR 2013, 49; BGH v. 15.8.2013 – I ZR 80/12 – File-Hosting Dienst (Rapidshare); BGH v. 14.10.2010 – I ZR 191/08 – AnyDVD, BGHZ 187, 240 = GRUR 2011, 513.
2 BGH v. 16.5.2013 – I ZR 46/12 – Framing, GRUR 2013, 818; *Rauer/Ettig*, Zur urheberrechtlichen Zulässigkeit des Framing, K&R 2013, 429.
3 Instruktiv KG v. 1.12.1982 – (2) Ss 169/82 (30/82), wistra 1983, 204 = NStZ 1983, 561; BGH v. 3.3.2004 – 2 StR 109/03, BGHSt 49, 93 = GRUR 2004, 421; *Letzgus*, Umfang und Grenzen des strafrechtlichen Schutzes von unveröffentlichten wissenschaftlichen Gutachten, in FS Rebmann, 1989, S. 277 ff.
4 *Kann*, Musikpiraterie, 1995, S. 90.
5 *Spautz* in Möhring/Nicolini, § 106 UrhG Rz. 6; *Hildebrandt/Reinbacher* in Wandtke/Bullinger, UrhR, § 106 UrhG Rz. 7; vgl. auch *Tiedemann*, Rechtsnatur und strafrechtliche Bedeutung von technischem Know-how, in FS von Caemmerer, 1978, S. 634 ff.; vgl. auch die regelmäßigen Übersichten: *von Ungern-Sternberg*, GRUR 2014, 209; *Czychowski/Nordemann/Waiblinger*, NJW 2014, 742.
6 *Hildebrandt/Reinbacher* in Wandtke/Bullinger, UrhR, § 106 UrhG Rz. 8.
7 OLG Düsseldorf v. 23.12.1987 – 1 Ws 990/87, StV 1989, 473.
8 LG Frankfurt/M v. 6.1.2010 – 2-06 O 556/09, MMR 2010, 465.
9 Vgl. *Ruttke/Scharringhausen* in Fromm/Nordemann, UrhR, § 106 UrhG Rz. 3; *Haß* in Schricker/Loewenheim, § 106 UrhG Rz. 3; *Oldekop*, Elektronische Bildbearbeitung im UrheberR, 2006; *Bullinger/Garbers-von Boehm*, [...] Nachgestellte Fotos [...], GRUR 2008, 24.
10 AG Mainz v. 22.2.1989 – 302 Js 12274/87-16 Ds, NJW 1989, 2637; *Solmecke/Bäremfänger*, Urheberrechtliche Schutzfähigkeit von Dateifragmenten, MMR 2011, 567.

Nicht tatbestandsmäßig ist die **Benutzung** eines geschützten Werks, soweit sie ausnahmsweise als Beschränkung des Urheberrechts zugunsten der Allgemeinheit vom Gesetz ausdrücklich freigegeben ist.[1]

99

Außerdem beseitigt die – auch konkludente[2] – **Zustimmung** des Berechtigten die Strafbarkeit der Verwertungshandlung, wobei die unterschiedlich beantwortete Frage, ob dadurch nur die Rechtswidrigkeit[3] – was im Hinblick auf die Übereinstimmung von straf- und zivilrechtlichem Schutz anzunehmen ist – oder schon die Tatbestandsmäßigkeit[4] ausgeschlossen wird, hier keiner Erörterung bedarf. Bei dieser Zustimmung kommt es auf den Verwertungsberechtigten an; hat ein Autor die Verwertungsrechte übertragen, etwa auf einen Verleger, vermag die Zustimmung des Urhebers zu einer anderweiten Veröffentlichung die Urheberrechtsverletzung nicht zu beseitigen. Die nachträgliche Zustimmung lässt die Tatbestandsmäßigkeit und Rechtswidrigkeit einer Verletzungshandlung unberührt, muss aber als Verzicht oder Rücknahmeverpflichtung auf den Strafantrag Auswirkung haben.

100

b) Tathandlungen

Die in § 106 UrhG angesprochenen Tathandlungen nehmen Bezug auf die §§ 16–20b UrhG und die dort wiedergegebenen Konkretisierungen, wobei für die Frage, ob eine **Vervielfältigung** berechtigt oder unberechtigt erfolgt, auch die Bestimmungen über die Nutzungsrechte und ihre Übertragung (§§ 31 ff. UrhG) herangezogen werden müssen.

101

Soweit das Vervielfältigungs- und Verbreitungsrecht nur örtlich begrenzt vergeben worden ist, stellt auch der *Import* von Vervielfältigungen aus dem Ausland, das von der vergebenen Berechtigung nicht umfasst ist, eine unberechtigte Verbreitungshandlung dar. Innerhalb des Europäischen Wirtschaftsraums (EWR)[5] oder der EU[6] hat jedoch Art. 28 EGV = Art. 34 AEUV Vorrang mit der Folge, dass die innerhalb eines EWR- oder EU-Staats erfolgte berechtigte Verbreitung auch die Verbreitung in den übrigen EWR- oder EU-Staaten durch Import erlaubt[7]. Die damit eingetretene **Erschöpfung** des Verbreitungsrechts (§§ 17 Abs. 2, 69c Nr. 3 S. 1 UrhG) erlaubt dem Erwerber jedoch nicht eine gewerbliche Verwertung durch Vermietung i.S. des § 17 Abs. 3 UrhG, die zudem eine Vergütungspflicht nach § 27 UrhG auslöst. Bei Computerprogrammen ist

102

---

1 Ausführlich *Wenzel/Burkhardt*, Kap. 2 Rz. 49 ff.
2 BGH v. 29.4.2010 – I ZR 69/08 – Thumbnails/Vorschaubilder, MIR 2010, Dok. 078 = NJW 2010, 2731; *Spindler*, Bildersuchmaschinen [...], GRUR 2010, 785; *Tinnefeld*, Die Einwilligung in urheberrechtliche Nutzungen im Internet, Diss. Bayreuth, 2012.
3 *Ruttke/Scharringhausen* in Fromm/Nordemann, UrhR, § 106 UrhG Rz. 25; *Wenzel/Burkhardt*, Kap. 10 Rz. 11.
4 *Haß* in Schricker/Loewenheim, § 106 UrhG Rz. 28; für Doppelfunktion *Hildebrandt/Reinbacher* in Wandtke/Bullinger, UrhR, § 106 UrhG Rz. 24.
5 *Hartmann* in Möhring/Nicolini, § 120 UrhG Rz. 27.
6 *Heerma* in Wandtke/Bullinger, UrhR, § 17 UrhG Rz. 32 ff.; zum UrheberR in der EU vgl. *Rehbinder*, Rz. 1003 ff.
7 *Dustmann* in Fromm/Nordemann, UrhR, § 17 UrhG Rz. 25; *Loewenheim* in Schricker/Loewenheim, § 17 UrhG Rz. 62.

eine Erschöpfung[1] auch abhängig von der Art des Vertriebsweges. Vertragliche Beschränkungen, die beispielsweise den Vertrieb nur mit Hardware erlauben (sog. OEM-Software), führen nicht zu dinglichen Beschränkungen des UrhG, sodass der Vertrieb von OEM-Software oder sog. Upgrade-Software[2] urheberrechtlich zulässig ist[3]. Entsprechendes gilt für Software, die keine eigenständige Nutzungsart darstellt (z.B. Schüler- und Studentenversionen oder Schulversionen[4]).

103 Erschöpfung tritt immer nur für genau das in Verkehr gebrachte, körperliche Werkstück ein. Seit geraumer Zeit werden Computerprogramme unkörperlich, d.h. durch Datenübertragung verbreitet. Dieser Verbreitungsweg hat sich auch für andere Werke (Film, Musikstück, Buch) etabliert. Die **Erstverbreitung in unkörperlicher Form** führt allerdings grds. nicht zur Erschöpfung nach § 17 UrhG, auch wenn dieser Verbreitungsweg von den Rechteinhabern bewusst gewählt wurde[5]. Zwar wird das „Vervielfältigungsstück" spätestens beim Abspeichern auf einen Datenträger verkörperlicht. Da diese Verkörperung erst durch den Erwerber erfolgt, wird dies nicht dem Veräußerer zugerechnet[6]. Der Erwerber kann allerdings unter Überlassung der von ihm gefertigten Kopie dem Zweiterwerber das Recht übertragen, unter Berufung auf die unbefristet erworbene Lizenz das Programm zukünftig rechtmäßig zu nutzen[7]. Im Übrigen ist die online erworbene Kopie wie ein körperlich erworbenes Werkstück zu behandeln, z.B. ist eine mehrfache Weiterverbreitung auch durch den Erwerber nicht gestattet (Rz. 105 ff.)[8].

---

1 S. *Mäger*, CR 1996, 522.
2 *Grützmacher* in Wandtke/Bullinger, UrhR, § 69c UrhG Rz. 85–88.
3 BGH v. 6.7.2000 – I ZR 244/97 – OEM-Version, BGHZ 145, 7 = NJW 2000, 3571; *Loewenheim* in Schricker/Loewenheim, § 69c UrhG Rz. 30; krit. *Grützmacher* in Wandtke/Bullinger, UrhR, § 69c UrhG Rz. 91.
4 *Grützmacher* in Wandtke/Bullinger, UrhR, § 69c UrhG Rz. 88.
5 OLG Hamm v. 15.5.2014 – 22 U 60/13, CR 2014, 498; a.A. *Ganzhorn*, Ist ein E-Book ein Buch?, CR 2014, 492.
6 OLG München v. 3.8.2006 – 6 U 1818/06, MMR 2006, 748; OLG Stuttgart v. 3.11.2011 – 2 U 49/11, MMR 2012, 834; *Söbbing*, K&R 2009, 487; *Hoeren/Försterling*, Onlinevertrieb „gebrauchter Software, MMR 2012, 642; *Hilgert*, Keys und Accounts beim Computerspielvertrieb. Probleme der Erschöpfung beim Vertrieb hybrider Werke, CR 2014, 354; a.A. *Knies*, Erschöpfung Online [...], GRURInt 2002, 314; *Sosnitza*, Gemeinschaftsrechtliche Vorgaben und urheberrechtlicher Gestaltungsspielraum für den Handel mit gebrauchter Software, ZUM 2009, 521; *Heerma* in Wandtke/Bullinger, UrhR, § 17 UrhG Rz. 13, 27 ff.
7 EuGH v. 3.7.2012 – Rs. C-128/11 – UsedSoft/Oracle, NJW 2012, 2565; BGH v. 17.7.2013 – I ZR 129/018 – „UsedSoft II", CR 2014, 168; *Schneider/Spindler*, Der Erschöpfungsgrundsatz bei „gebrauchter" Software im Praxistest, CR 2014, 214; *Weisser/Färber*, Weiterverkauf gebrauchter Software – UsedSoft-Rechtsprechung und ihre Folgen – Erschöpfungsgrundsatz und Schutz der Softwarehersteller, MMR 2014, 364.
8 *Heerma* in Wandtke/Bullinger, UrhR, § 17 UrhG Rz. 26; *Zecher*, Zur Umgehung des Erschöpfungsgrundsatzes bei Computerprogrammen, 2004; *Hoeren*, Der Erschöpfungsgrundsatz bei Software – Körperliche Übertragung und Folgeprobleme, GRUR 2010, 665.

104 Obwohl die wirtschaftliche Beeinträchtigung des Urhebers bzw. Nutzungsberechtigten erst mit der unberechtigten Verbreitung oder Wiedergabe einsetzt, erfüllt bereits das **Vervielfältigen** als körperliche Festlegung des Werkes den Tatbestand. Schon die Herstellung der Druckplatten oder des Reprofilms, der „Masterkopie" oder der Speicherung auf einem Server[1] ist eine Vervielfältigung des Werks[2]; die Herstellung der vertriebsfertigen Raubdrucke oder Datenträger etc. braucht nicht abgewartet zu werden, um die Vollendung einer Urheberrechtsverletzung annehmen zu können. Die Handlungsalternative der Vervielfältigung stellt sich so als ein *Gefährdungstatbestand* dar[3]. Als *Verbreitung* ohne vorherige Vervielfältigung gilt schon das Zusenden einer Angebotsliste (z.B. Software) zum Kauf oder Tausch an einen Dritten[4], die zu einer Bestrafung führen kann[5]. Kommt es nach der unberechtigten Vervielfältigung zur Verbreitung durch Kauf, Miete, Leihe oder Schenkung, handelt es sich nur um ein tateinheitlich begangenes Delikt[6].

105 Die forensische Praxis[7] beschäftigt sich, nicht zuletzt aufgrund der weiten Verbreitung von Computern in privaten Haushalten und Unternehmen sowie des einfachen Zugangs zum Internet, verstärkt mit **„Raubkopien" digitaler Medien**, was auch die polizeilichen Kriminalstatistiken (PKS)[8] belegen. Die Verwendung des im Gesetz nicht genannten, negativ belegten Begriffs der Raubkopie[9] erspart nicht die Prüfung der Fragen, von *wem*[10], wann und welche Tathandlung begangen wurde.

106 Die Verbreitung körperlicher Vervielfältigungsstücke von Musik auf CD, Filmen auf DVD und Software auf Diskette oder anderen Datenträgern tritt gegenüber der **unkörperlichen Verbreitung** von Audiodaten (z.B. als MP3- oder Wave-Dateien)[11], Videodaten (z.B. als AVI- oder MPEG-Dateien)[12] und Software

---

1 *Wenzel/Burkhardt*, Kap. 4 Rz. 61.
2 *Loewenheim* in Schricker/Loewenheim, § 16 UrhG Rz. 10.
3 Vgl. *Loewenheim* in Schricker/Loewenheim, § 16 UrhG Rz. 11, 13; *Dustmann* in Fromm/Nordemann, UrhR, § 16 UrhG Rz. 3.
4 BGH v. 13.12.1990 – I ZR 21/89 – Einzelangebot, BGHZ 113, 159 = GRUR 1991, 316; AG Velbert v. 26.11.1997 – E 24 Ls 24 Js 155/96, MMR 1998, 153; AG Mainz v. 22.2.1989 – 302 Js 12274/87-16 Ds, NJW 1989, 2637.
5 Krit. *Hildebrandt/Reinbacher* in Wandtke/Bullinger, UrhR, § 106 UrhG Rz. 18.
6 Vgl. *Ruttke/Scharringhausen* in Fromm/Nordemann, UrhR, § 106 UrhG Rz. 52.
7 Vgl. *Gruhl* in Welp, kriminalität@net, 2003, S. 52. Fallbeispiele bei *Schorr/Schultis* in Ernst, Rz. 893 ff.
8 S. http://www.bka.de/pks/.
9 Vgl. *Schaefer* in Wandtke/Bullinger, UrhR, § 85 UrhG Rz. 35 ff.; *Leipold*, Strafbarkeit von Raubkopien, NJW-Spezial 2006, 327.
10 *Hildebrandt/Reinbacher* in Wandtke/Bullinger, UrhR, § 106 UrhG Rz. 41 ff.; AG Mainz v. 24.9.2009 – 2050 Js 16878/07.408 ECs, MMR 2010, 117.
11 Vgl. LG München I v. 30.3.2000 – 7 O 3625/98, NJW 2000, 2214 – auch zur Providerhaftung nach § 5 TDG a.F.; AG Cottbus v. 25.5.2004 – 95 Ds 1653 Js 15556/04 (57/04), CR 2004, 782; *Braun*, Filesharing"-Netze und deutsches UrheberR – Zugleich eine Entgegnung auf *Kreutzer* – GRUR 2001, 193 ff. und 307 ff. –, GRUR 2001, 1106.
12 *Nordemann/Dustmann*, To Peer Or Not To Peer, CR 2004, 380; zum Schweizer Recht *Rigamonti*, GRURInt 2004, 278.

(in ausführbaren Installationspaketen oder digitalen Abbildern von Speichermedien)[1] zurück. Je nach Zielrichtung (private oder berufliche bzw. gewerbliche[2] Nutzung) und Werk ergeben sich Besonderheiten[3].

107 Von **Musik- und Filmwerken** kann eine *natürliche Person* zum ausschließlich *privaten und sonstigen eigenen Gebrauch* (§ 53 Abs. 1 S. 1 UrhG) Kopien – auch in digitaler Form[4] – herstellen und ggf. in begrenztem Umfang[5] weitergeben. Üblich und zulässig ist das Kopieren eigener, gemieteter oder geliehener[6] Datenträger zur Gänze oder in Teilen[7], das Aufzeichnen von Rundfunk-/Fernsehausstrahlungen oder Datenströmen aus dem Internet (*Streaming*[8], Internet-Radio)[9]. Auch das „Kopieren aus dem Netz", d.h. der Download (Herunterladen) einer mittels Hyperlink (http-Dienst) oder in einem Verzeichnis (ftp-Dienst) zugänglichen Datei[10], ist grundsätzlich zulässig[11]. Die natürliche Person darf sich zur Vervielfältigung auch der Dienste Dritter bedienen, soweit sich diese auf die technisch-maschinelle Vervielfältigung beschränken und dies im Rahmen einer konkreten Anweisung der natürlichen Person erfolgt[12]. Der bloße Besitz „selbst gebrannter" Datenträger kann deshalb ohne Hinzutreten weiterer Anhaltspunkte[13] keinen Anfangsverdacht einer Straftat nach dem UrhG begründen (vgl. Rz. 112).

108 Soweit aber die natürliche Person die Kopie zu privaten Zwecken z.B. durch den Download aus einer **offensichtlich rechtwidrigen Quelle** beschafft, stellt

---

1 Instruktiv LG Braunschweig v. 8.7.2003 – 6 KLs 1/03, CR 2003, 801 = MMR 2003, 755.
2 Vgl. auch *Renner/Schmidt*, Unterlassung von Handlungen Dritter? – Die Erfolgshaftung im gewerblichen Rechtsschutz und UrheberR, GRUR 2009, 908.
3 S. auch *Bär* in W/J, Kap. 14 Rz. 158; *Büchele*, UrheberR im World Wide Web, 2002.
4 *Lüft* in Wandtke/Bullinger, UrhR, § 53 UrhG Rz. 12; *Staudacher*, Die digitale Privatkopie gem. § 53 UrhG in der Musikbranche, 2008.
5 BGH v. 13.12.1990 – I ZR 21/89 – Einzelangebot, BGHZ 113, 159 = GRUR 1991, 316.
6 *Lüft* in Wandtke/Bullinger, UrhR, § 53 UrhG Rz. 15.
7 *Pleister/Ruttig*, MMR 2003, 763 (765).
8 *Fangerow/Schulz*, Die Nutzung von Angeboten auf www.kino.to [...], GRUR 2010, 677; *Janisch/Lachenmann*, Konvertierung von Musikvideo-Streams in Audiodateien [...], MMR 2013, 213; *Brackmann/Oehme*, Der strafrechtliche Vervielfältigungsbegriff des § 106 Abs. 1 UrhG am Beispiel des Streaming-Verfahrens, NZWiSt 2013, 170; *Redlich*, RedTube-Abmahnungen: Urheberrechtsverstoß durch Streaming?, K&R 2014, 73.
9 Vgl. *v. Zimmermann*, Recording-Software für Internetradios, MMR 2007, 553.
10 *Hoeren*, Das Internet für Juristen [...], NJW 1995, 3295.
11 *Rigamonti*, GRURInt 2004, 278 (288); *Janisch/Lachenmann*, MMR 2013, 213 (216); zur früheren Rechtlage *Bosak*, Urheberrechtliche Zulässigkeit privaten Downloadings von Musikdateien, CR 2001, 176.
12 *Lüft* in Wandtke/Bullinger, UrhR, § 53 UrhG Rz. 18; *Klickermann*, Urheberschutz bei zentralen Datenspeichern, MMR 2007, 7; *Graf Fringuelli/Nink*, Auswirkungen der Rechtsprechung zum internetbasierten Videorekorder auf das Webhosting, CR 2008, 791; BGH v. 22.4.2009 – I ZR 216/06 – Internet-Videorecorder, GRUR 2009, 845; BGH v. 11.4.2013 – I ZR 152/11 –Internet-Videorecorder II, MMR 2013, 522.
13 Vgl. BVerfG v. 8.4.2009 – 2 BvR 945/08, MMR 2009, 459.

dies eine nach § 53 Abs. 1 S. 1 a.E. UrhG unerlaubte Vervielfältigung dar, die bei Vorliegen der übrigen Voraussetzungen strafbar ist[1]. Ein Irrtum über das Nichtvorliegen einer offensichtlich rechtswidrigen Vorlage ist wegen § 16 StGB tatbestandsausschließend[2].

Ob es sich um eine offensichtlich, d.h. für jedermann erkennbar, rechtwidrig erstellte Vorlage nach § 53 Abs. 1 S. 1 UrhG handelt, ist von der **konkreten Ausgestaltung der Quelle** abhängig. Internetseiten, die hackerszene[3]-typisch ausgestaltet sind und ausdrücklich mit dem Vertrieb von Raubkopien werben, sind für jedermann als illegal erkennbar[4]. Gleiches gilt für Anbieter, die vor einem offiziell angekündigten Veröffentlichungstermin, z.B. einem landesweiten Kinostart eines Filmes, das Werk anbieten.[5] Online-Anbieter, die sich geschäftsmäßig geben und marktübliche Preise verlangen, gar auf Rechnung liefern und übliche Zahlungswege (Überweisung, Kreditkarte) anbieten, dürften hingegen nicht als offensichtlich rechtswidrige Quelle angesehen werden können[6], sofern nicht die zuvor genannten Umstände gegen das Geschäftsmodell sprechen[7]. 109

Nicht vom „Recht auf Privatkopie" gedeckt und deshalb strafbar sind Handlungen, durch die Musik- oder Filmwerke einer **unbegrenzten Zahl von Personen** zur Vervielfältigung bereitgestellt werden, sei es durch das Bereitstellen im Internet[8] (http-/Web-Seiten oder ftp-Server) oder durch die Teilnahme an Tauschbörsen (*filesharing*)[9] wie Napster (alt), eDonkey, eMule, KaZaA, Gnutella oder BitTorrent, die den Zugriff anderer Teilnehmer auf die Dateien oder Teile einer Datei[10] des eigenen Computers ermöglichen[11]. Hierzu gehören auch Plattformen, die neben dem Werkgenuss (Betrachten/Anhören in Echtzeit) den Download der entsprechenden Dateien erlauben[12]. Eine strafrechtliche Verfol- 110

---

1 EuGH v. 10.4.2014 – Rs. C-435/12, CR 2014, 360; *Reinbacher*, Strafbarkeit der Privatkopie von offensichtlich rechtswidrig hergestellten oder öffentlich zugänglich gemachten Vorlagen, GRUR 2008, 394.
2 Ebenso *Reinbacher*, GRUR 2008, 394 (400); *Hoeren*, InternetR, S. 191.
3 *Bachfeld*, Raubschau. So funktioniert die Moviez-Szene, c't 2011/1, 86.
4 LG Hamburg v. 6.5.2010 – 310 O 154/10.
5 AG Leipzig v. 21.12.2011 – 200 Ls 390 Js 184/11 – kino.to, NZWiSt 2012, 390.
6 Vgl. *Schaefer* in Wandtke/Bullinger, UrhR, § 85 UrhG Rz. 40.
7 Vgl. *Reinbacher*, GRUR 2008, 394 (399).
8 OLG Köln v. 18.7.2014 – I-6 U 192/11, BB 2014, 1921; *Röhl/Bosch*, Musiktauschbörsen im Internet [...],NJW 2008, 1415.
9 *Heerma* in Wandtke/Bullinger, UrhR, § 16 UrhG Rz. 19; *Beck/Kreißig*, Tauschbörsen-Nutzer im Fadenkreuz der Strafverfolgungsbehörden, NStZ 2007, 304; *Gercke/Brunst*, Praxishdb. InternetstrafR, 2009, Rz. 411 ff.; *Gercke*, JA 2009, 90; *Heckmann/Nordmeyer*, [...] Verletzung des Urheberrechts durch das öffentliche Zugänglichmachen von Dateifragmenten („Chunks") in Peer-to-Peer-Netzwerken?, CR 2014, 41.
10 AG München v. 3.4.2012 – 161 C 19021/11, CR 2014, 60.
11 AG Cottbus v. 25.5.2004 – 95 Ds 1653 Js 15556/04 (57/04), CR 2004, 782 zu KaZaA.
12 *Galetzka/Stamer*, Streaming – aktuelle Entwicklungen in Recht und Praxis – Redtube, kinox.to & Co., MMR 2014, 292.

gung der Plattformbetreiber – über die zivilrechtliche Haftung als sog. *Hoster* hinaus (vgl. § 42 Rz. 35 ff.) – ist nicht ausgeschlossen[1].

110a Während die (zivilrechtliche) Haftung und (strafrechtliche) Verantwortlichkeit der Anbieter urheberrechtlich geschützter Werke grundsätzlich gegeben sein wird, ist die Beurteilung der **Nutzung von Streaming-Angeboten** strittig. Dabei wird darauf abgestellt, dass beim Streaming grundsätzlich keine vollständige (digitale) Kopie übermittelt, sondern kleinste, einzeln grundsätzlich[2] nicht nutzbare Datenpakete übertragen werden, die den Werkgenuss in Echtzeit („live") erlauben.[3] Üblicherweise werden diese Fragmente, auch wenn sie für einen gewissen Zeitraum automatisch zwischengespeichert werden, nach Abschluss der Übermittlung bzw. bei Beendigung des entsprechenden Programmes aus dem sog. Cache automatisiert gelöscht. Wegen § 44a Nr. 1 UrhG,

> wonach „vorübergehende Vervielfältigungshandlungen, die flüchtig oder begleitend sind und einen integralen und wesentlichen Teil eines technischen Verfahrens darstellen und deren alleiniger Zweck es ist, eine Übertragung in einem Netz zwischen Dritten durch einen Vermittler eines Werkes oder sonstigen Schutzgegenstands zu ermöglichen, und die keine eigenständige wirtschaftliche Bedeutung haben,"

wird diese Werknutzung als zulässig angesehen[4], da die in § 44a UrhG in Nr. 2 genannte „rechtmäßige Nutzung" alternativ und nicht kumulativ zu Nr. 1 gestellt ist[5].

Soweit der Nutzer die dem Streaming zugrunde liegende Datei nach einem Download lokal speichert, ist dies nur bei Vorliegen der Voraussetzungen des § 53 UrhG als sog. Privatkopie rechtlich zulässig (§ 55 Rz. 107 ff.)[6].

111 Bei **Computerprogrammen** ist das Recht zur Vervielfältigung in § 69c UrhG stärker reglementiert.[7] So ist schon die Installation einer „Einzelplatz-Lizenz"

---

1 AG München v. 8.10.2012 unter Bezug auf Strafbef. v. 20.4.2012 – 1111 Cs 404 Js 44538/07 – „uploaded.to", JurPC Web-Dok. 88/2013; BGH v. 15.8.2013 – I ZR 80/12 – „File-Hosting Dienst (Rapidshare)", CR 2013, 728; zur Sperranordnung gegenüber Access-Provider vgl. EuGH v. 27.3.2014 – Rs. C-314/12, NJW 2014, 1577; *Hügel*, Haftung von Internetanbietern privater Internetanschlüsse für fremde Urheberrechtsverletzungen, Diss. München, 2014.
2 *Heckmann/Nordmeyer*, [...] Verletzung des Urheberrechts durch das öffentliche Zugänglichmachen von Dateifragmenten („Chunks") in Peer-to-Peer-Netzwerken?, CR 2014, 41.
3 LG Leipzig v. 14.6.2012 – 11 KLs 390 Js 191/11 – „kino.to", ZUM 2013, 338; *Ensthaler*, Streaming und Urheberrechtsverletzung, NJW 2014, 1553.
4 *Reinbacher*, Zur Strafbarkeit der Betreiber und Nutzer von Kino.to, NStZ 2014, 57; *Knies*, Redtube.com: Kann den Streamen Sünde sein?, CR 2014, 140; *Hildebrandt/Reinbacher* in Wandtke/Bullinger, UrhR, § 106 Rz. 14; a.A. *Ensthaler*, Streaming und Urheberrechtsverletzung, NJW 2014, 1553.
5 LG Köln v. 24.1.2014 – 209 O 188/13, GRUR-RR 2014, 114; enger *Wandtke/von Gerlach*, Die urheberrechtliche Rechtmäßigkeit der Nutzung von Audio-Video Streaminginhalten im Internet, GRUR 2013, 676.
6 *Heinemeyer/Kreitlow*, Umgehung technischer Schutzmaßnahmen von Medienangeboten – Rechtmäßige Nutzung von Streaming-Technologie und Wirksamkeit des RTMPE gem. § 95a UrhG, MMR 2013, 623.
7 LG Frankfurt/M. v. 31.3.2011 – 2-03 O 331/10, MMR 2011, 683: unzulässiger Vertrieb bloßer Einzelbestandteile aus Software-Boxen.

auf mehreren Computern unzulässig. Auch der *Download* von Software aus dem Internet stellt aufgrund der lokalen Speicherung eine grundsätzlich rechtwidrige Vervielfältigung dar. Das Anbieten und Zur-Verfügung-Stellen (Upload) von Software in digitaler Form in *Tauschbörsen*, auf (eigenen oder fremden) Webseiten[1] oder die Weitergabe von selbst hergestellten Kopien auf Datenträgern[2] – bei Ident-Fälschungen unter unbefugter Verwendung von Marken[3] – ist ohne Zustimmung des Rechtsinhabers unzulässig[4] und daher nach § 106 UrhG strafbar[5]. Die Bekanntgabe von Hyperlinks, die den unmittelbaren Download von Programmdateien ermöglichen, die Dritte unrechtmäßig bereitstellen, ist im Hinblick auf §§ 106, 69c, 19a UrhG ebenfalls strafbar[6]. Teilnahme nach § 27 StGB liegt nahe, wenn *Freischaltcodes* oder Passwörter für Software im Internet veröffentlicht oder sonst weitergegeben werden[7]. Das Publizieren der Freischaltcodes dürfte wegen fehlender Konkretisierung einer Straftat nach dem UrhG noch keine strafbare Aufforderung zu Straftaten nach § 111 StGB darstellen[8].

Der **Besitz einer „Raubkopie"** ist, soweit dem nicht ein eigener unrechtmäßiger Vervielfältigungsvorgang vorausging oder der Besitzer als Anstifter oder beim Erwerb als Gehilfe zu einer solchen Tat angesehen werden kann[9], wie auch der bloße Erwerb nicht strafbar[10]. Bei Computerprogrammen besteht stets ein Vernichtungsanspruch nach § 69f Abs. 1 UrhG gegen den Besitzer der Kopie[11], wenn auch die tatsächliche Durchsetzung des Anspruchs eher selten ist. Das Nutzen einer illegalen Softwarekopie führt allerdings regelmäßig zu weiteren, nach § 69c Nr. 1 UrhG unrechtmäßigen Vervielfältigungen, die teils dauerhaft (Installation), teils vorübergehend (Laden, Anzeigen, Ablaufen) sind. Hierdurch kann sich der zunächst straflose Besitzer einer durch einen anderen unrechtmäßig vervielfältigten Software selbst strafbar machen.

112

---

1 AG Velbert v. 26.11.1997 – E 24 Ls 24 Js 155/96, MMR 1998, 153; AG Nagold v. 31.10.1995 – Ds 25 Js 1348/94, CR 1996, 240.
2 LG Frankfurt/M. v. 24.7.2011 – 2-06 O 428/10, MMR 2011, 617.
3 Vgl. auch *Ernst*, Rz. 392.
4 Vgl. BGH v. 20.5.2009 – I ZR 239/06 – CAD-Software, GRUR 2009, 864; LG Frankfurt/M v. 27.4.2011 – 2-06 O 428/10, MMR 2011, 617; *Senftleben*, Die Fortschreibung des urheberrechtlichen Erschöpfungsgrundsatzes im digitalen Umfeld, NJW 2012, 2924.
5 *Ernst*, Rz. 334.
6 Krit. *Heerma* in Wandtke/Bullinger, UrhR, § 16 UrhG Rz. 24 f.
7 *Ernst*, Rz. 335.
8 *Fischer*, § 111 StGB Rz. 4a; a.A. *Ernst*, Rz. 402.
9 AG Donaueschingen v. 23.11.1999 – 13 Cs 33 Js 8253/98 AK 112/99 – Bootleg, wistra 2000, 193 = MMR 2000, 179 (181); *Ruttke/Scharringhausen* in Fromm/Nordemann, UrhR, § 106 UrhG Rz. 40; *Hansen*, Open Season – Der Vertrieb von Kinofilmdateien über illegale Vertriebsplattformen im Internet in strafrechtlicher Hinsicht, Abschn. III 3b, Telepolis 29.6.2005, http://www.heise.de/tp/r4/artikel/20/20250/1.html.
10 *Lütje* in Möhring/Nicolini, § 97 UrhG Rz. 21; *Ruttke/Scharringhausen* in Fromm/Nordemann, UrhR, § 106 UrhG Rz. 40; *Hoeren*, InternetR, S. 191.
11 *Grützmacher* in Wandtke/Bullinger, UrhR, § 69f UrhG Rz. 5; *Dreier* in Dreier/Schulze, § 69f UrhG Rz. 1.

c) **Vorsatzfragen**

113 Nur die vorsätzliche Begehung ist strafbar. Der Bereich des bedingten **Vorsatzes** ist jedoch erreicht, wenn ein konkreter Anlass zu Zweifeln[1] an der Berechtigung etwa des Auftraggebers eines Reproduktionsauftrags besteht und dennoch die mögliche Überprüfung unterbleibt.

Wer eine Vorlage mit einer Verlagsangabe oder dem *Copyright*-Zeichen einfach reproduziert, nimmt bewusst eine Urheberrechtsverletzung in Kauf[2]. Wer in der Lage ist, mithilfe seiner technischen Möglichkeiten Vervielfältigungsstücke in beliebiger Zahl herzustellen und dadurch nachhaltig in fremde Urheberrechte einzugreifen, muss sich Gewissheit über die Berechtigung verschaffen; die Berufung auf allgemeine Geschäftsbedingungen, wonach der Auftraggeber die Verantwortung für die Urheberrechte trage, reicht als Entlastung nicht aus. Kommen weitere Indizien hinzu, etwa die Abwicklung ohne Rechnung (OR-Geschäft) oder mit unzutreffendem Rechnungstext, ungewöhnlich niedrige Preisgestaltung[3], die Herstellung von Vervielfältigungsstücken ohne die sonst übliche Kennzeichnung von Datenträgern mit Identnummern oder Herstellerangaben, wird die Behauptung des Reproduzenten, an die Berechtigung des Auftraggebers geglaubt zu haben, nichts mehr fruchten[4].

Der *Irrtum* darüber, ob ein Produkt ein „Werk" i.S. des UrhG ist, stellt grundsätzlich einen Tatbestandsirrtum dar[5]. Als Gegenstand eines Strafverfahrens eignen sich somit nur Sachverhalte, bei denen der Werkcharakter außer Zweifel steht; die Klärung von Grenzfällen[6] vollzieht sich besser durch zivilrechtliche Verfahren.

2. Verletzung verwandter Schutzrechte

114 Bestimmte, einzeln aufgeführte **Leistungen von kultureller Bedeutung**, die jedoch nicht als „persönliche geistige Leistung" und damit nicht als „Werk" i.S. des § 2 Abs. 2 UrhG eingestuft werden können, haben als sog. verwandte Schutzrechte einen vom Urheberrecht gleichsam abgeleiteten Schutz erfahren (verwandte Schutzrechte nach §§ 70–87e UrhG, Bestimmungen für Filme nach §§ 88–95 UrhG), der allerdings inhaltlich begrenzt ist. Die *Schutzfristen* betragen 25 bzw. 50 Jahre (§ 82 UrhG).

---

1 BGH v. 3.3.2004 – 2 StR 109/03, BGHSt 49, 93 = GRUR 2004, 421 (426).
2 OLG Düsseldorf v. 9.9.2008 – 20 U 123/08, MMR 2009, 869; a.A. *Hildebrandt/Reinbacher* in Wandtke/Bullinger, UrhR, § 106 UrhG Rz. 30.
3 AG München v. 27.2.1996 – 1129 Ds 335 Js 19231/94, CR 1997, 749.
4 Vgl. zum Ganzen *Kirchner*, Tatbestandsirrtum und Verbotsirrtum im UrheberR, Diss. Erlangen, 1973; *Haß* in Schricker/Loewenheim, § 106 UrhG Rz. 30; *Letzgus* in FS Rebmann, 1989, S. 277 (291 f.).
5 *Hildebrandt/Reinbacher* in Wandtke/Bullinger, UrhR, § 106 UrhG Rz. 33.
6 Beispiele bei *Hildebrandt/Reinbacher* in Wandtke/Bullinger, UrhR, § 106 UrhG Rz. 29 ff.

Neben den von den Fernsehsendern auf ihren Webseiten selbst zur Verfügung gestellten Videodaten, deren digitale Aufzeichnung unmöglich oder jedenfalls erschwert ist[1], werden im Internet verschiedene sog. *internetbasierte persönliche Videorekorder* (PVR) angeboten. Der Nutzer kann damit wie mit einem realen Videorekorder Fernsehsendungen zeitgesteuert aufzeichnen und anschließend die Videodateien auf seinen Rechner herunterladen[2]. Soweit dies durch einen vollautomatisierten Aufzeichnungsprozess, der allein vom Nutzer gesteuert wird, erfolgt, wird durch die so erstellte Kopie wegen § 53 Abs. 1 S. 1 UrhG das Vervielfältigungsrecht des Fernsehsenders nach §§ 87 Abs. 1 Nr. 2, 15 Abs. 1 Nr. 1, 16 UrhG nicht verletzt[3]. Der Anbieter des PVR greift seinerseits in das Weitersenderecht der Fernsehsender nach §§ 87 Abs. 1 Nr. 1, 20 UrhG ein, die ihrerseits verpflichtet sind die Nutzung zu lizenzieren[4].

Dem Urheberrecht nahe steht der Schutz von *wissenschaftlichen Ausgaben* und von Ausgaben *nachgelassener Werke* (§§ 70, 71 UrhG) und von *Lichtbildern* (§ 72 UrhG)[5], die nicht als Lichtbildwerke i.S. von § 2 Abs. 1 Nr. 5 UrhG einzuordnen sind. Besondere Bedeutung hat der Schutz der **ausübenden Künstler** (§§ 73 ff. UrhG), deren interpretatorische Leistung für viele Werke (insbesondere Musikwerke) eine unverzichtbare Umsetzung der Schöpfung des Urhebers ist. Dagegen geht es beim Schutz des Veranstalters (§ 81 UrhG), des Sendeunternehmens gem. §§ 20–20b UrhG[6] (§ 87 UrhG) und des Herstellers von Tonträgern (§ 85 UrhG)[7] und Filmen (§§ 94, 95 UrhG) der Sache nach um den Schutz unternehmerischer Leistungen, der ansonsten durch das UWG geboten wird[8].

115

Der vielfach durch *internationale Abkommen*[9] vereinbarte Schutz wird nicht nur mit den Mitteln des Zivilrechts gewährt; vielmehr stellt § 108 Nr. 1–8

116

---

1 *Eichelberger*, Vorübergehende Vervielfältigungen und deren Freistellung zur Ermöglichung einer rechtmäßigen Werknutzung im Urheberrecht, K&R 2012, 393; *Schulze*, Werkgenuss und Werknutzung in Zeiten des Internets, NJW 2014, 721.
2 *Damm*, K&R 2009, 577.
3 BGH v. 22.4.2009 – I ZR 216/06, MMR 2009, 620 (621); *Brisch/Laue*, MMR 2009, 624.
4 BGH v. 11.4.2013 – I ZR 151/11 – Internet-Videorecorder II, MMR 2013, 522.
5 OLG Düsseldorf v. 15.4.2008 – 20 U 143/07, GRUR-RR 2009, 45; OLG Brandenburg v. 3.2.2009 – 6 U 58/08, MMR 2009, 258.
6 In Umsetzung der EG-RL 92/100/EWG v. 19.11.1992, ABl. EG Nr. L 346/1992, 61, durch das 3. UrhRÄndG v. 28.6.1995; vgl. OLG Hamburg v. 8.2.2006 – 5 U 78/05, GRUR-RR 2006, 148.
7 BGH v. 20.11.2008 – I ZR 112/06 – Metall auf Metall, NJW 2009, 770 zum sog. Sampling.
8 *Rehbinder*, Rz. 778.
9 Z.B. Straßburger Abkommen zum Schutz von Fernsehsendungen v. 22.6.1960, BGBl. II 1965, 1234, mit zwei Zusatzprotokollen von 1974 und 1985; Konvention zum Schutz der Aufführungsrechte v. 26.10.1961, BGBl. II 1967, 1785; Übk. von Rom zum Schutz der ausübenden Künstler, der Hersteller von Tonträgern und der Sendeunternehmen v. 26.10.1961, in Kraft seit 21.10.1966, BGBl. II 1965, 1244, BGBl. II 1966, 1473; Genfer Übk. zum Schutz der Hersteller von Tonträgern gegen unerlaubte Vervielfältigung v. 29.10.1971, in Kraft seit 18.5.1974, BGBl. II 1973, 1669, BGBl. II 1974, 336; Brüsseler Übk. über die Verbreitung der durch Satelliten übertragenen programmtragenden Signale v. 21.5.1974, BGBl. II 1979, 113, in Kraft seit 1979; vgl. *Reber* in von Hartlieb/Schwarz, Kap. 68.

UrhG all die erwähnten verwandten Schutzrechte mit Ausnahme des Rechts des Veranstalters unter strafrechtlichen Schutz. Die unerlaubte Verwertung von Tonträgern (Nr. 5), von Bildträgern bzw. Bild- und Tonträgern, zu denen auch Computerspiele mit Bild-/Tonfolgen zählen können[1], (Nr. 7) und von Funk- (und Fernseh-)sendungen (Nr. 6) beschäftigt die Strafverfolgungsorgane in zunehmendem Maße[2]. Auch die unerlaubte Vervielfältigung von (digitalen) **Datenbankwerken**, die wie Computerprogramme inzwischen von „jedermann" vervielfältigt werden können, tritt verstärkt in den Vordergrund[3].

3. Eingriff in Kopierschutzmaßnahmen

117 Durch das „Gesetz zur Regelung des Urheberrechts in der Informationsgesellschaft"[4] wird erstmals der **Kopierschutz**, d.h. „wirksame technische Maßnahmen zum Schutz" eines Werkes, selbst geschützt[5]. Hierdurch sollen die Auswüchse des digitalen Kopierens von Multimediawerken[6], oftmals unter dem Deckmantel einer angeblichen Privatkopie, unterbunden werden[7]. Computerprogramme, auch wenn sie (i.d.R.) Werke nach § 2 Abs. 1 Nr. 1 UrhG darstellen, sind vom Schutz allerdings ausdrücklich ausgenommen (§ 69a Abs. 5 UrhG), da bei diesen mit Ausnahme einer Sicherungskopie Kopien ohnehin unzulässig sind[8]. § 95a UrhG stellt auf technische, durch Hard- oder Software verwirklichte[9] und nicht auf vertragliche[10] Sicherungsmechanismen ab, die in § 95a Abs. 2 S. 1 UrhG definiert werden. Die dort genannten *technischen Maßnahmen* müssen folglich den Zugang (beispielsweise durch den Einsatz von Passwörtern oder durch eine Verschlüsselung bei der Übertragung oder der Sendung)[11], die Nutzung durch den Einsatz von Programmsperren (Dongle) oder Produktaktivierungen – auch online[12] – oder die Integrität[13] des Werkes durch digitale Signaturen schützen, ohne dass der heutige Stand der Technik[14] fest-

---

1 BayObLG v. 12.5.1992 – 4 St RR 64/92, NStZ 1992, 547.
2 Vgl. *Rochlitz*, Der strafrechtliche Schutz des ausübenden Künstlers und Tonträgerherstellers, in Rechtspolitische Überlegungen zum UrheberstrafR […], Schriften zum MedienR, Bd. 91, 1978, S. 29 ff.; *Wulff*, BB 1985, 427.
3 Vgl. BGH v. 30.4.2009 – I ZR 191/05 – Elektronischer Zolltarif, GRUR 2009, 852; BGH v. 24.5.2007 – I ZR 130/04 – Gedichttitelliste I, BGHZ 172, 268 = NJW 2008, 755.
4 G v. 10.9.2003, BGBl. I 1774, BGBl. I 2004, 312, in Kraft getreten am 13.9.2003; dazu vgl. *Czychowski*, NJW 2003, 2409; *Lauber/Schwipps*, GRUR 2004, 293.
5 *Pleister/Ruttig*, MMR 2003, 763; *Arlt*, MMR 2005, 148.
6 *Pleister/Ruttig*, MMR 2003, 763; kritisch *Hoeren*, InternetR, S. 144 f.
7 *Dreier* in Dreier/Schulze, § 95a UrhG Rz. 2 f.
8 *Ernst*, Rz. 376; *Wandtke/Ohst* in Wandtke/Bullinger, UrhR, § 95a UrhG Rz. 8; *Arlt*, MMR 2005, 148 (155).
9 *Ernst*, Rz. 355.
10 *Wandtke/Ohst* in Wandtke/Bullinger, UrhR, § 95a UrhG Rz. 12 a.E.
11 *Wandtke/Ohst* in Wandtke/Bullinger, UrhR, § 95a UrhG Rz. 14.
12 *Ernst*, Rz. 367.
13 *Wandtke/Ohst* in Wandtke/Bullinger, UrhR, § 95a UrhG Rz. 17, § 95c UrhG Rz. 9 f.
14 Beispiele bei *Wandtke/Ohst* in Wandtke/Bullinger, UrhR, § 95a UrhG Rz. 18–41.

geschrieben wäre. Die Maßnahme muss wirksam[1], nicht jedoch unüberwindlich[2] sein. Der bei Filmen auf DVD noch eingesetzte Verschlüsselungsalgorithmus CSS (Content Scrambling System) wird durch weit verbreitete Software (DeCSS) in „Sekundenschnelle" geknackt, sodass insoweit eine wirksame Maßnahme verneint werden muss[3]. Die bloße Beschriftung „dieses Werk ist kopiergeschützt" ist hingegen nicht ausreichend.

§ 95a UrhG steht neben den Bestimmungen des Zugangskontrolldiensteschutz-Gesetz[4] – ZKDSG – (§ 42 Rz. 114), das die gewerbsmäßige Verbreitung von Vorrichtungen verhindern soll, mit denen sich der Zugangsschutz von Fernseh- und Radiosendungen sowie von Diensten der Informationsgesellschaft unbefugt überwinden lässt[5].

§ 95a Abs. 1 UrhG untersagt die vorsätzliche oder bewusst fahrlässige[6] **Umgehung** einer technischen Maßnahme gegen den Willen des Rechtsinhabers, wenn dadurch der Zugang zum Werk erlangt oder das Werk genutzt werden kann. Alle Handlungen, die zu einer Verwertung des Werks führen, sind damit untersagt, wie das Ausschalten oder Manipulieren des Kopierschutzes[7]. Sie sind auch nicht durch ein „Selbsthilferecht" zu rechtfertigen[8]. Maßnahmen der Strafverfolgungsbehörden sind dagegen ausdrücklich zulässig, wie § 95a Abs. 4 UrhG zeigt.

118

Durch § 95a Abs. 1 UrhG ist ferner die Erstellung einer *1:1-Kopie* untersagt, auch wenn der Kopierschutz mit kopiert wird[9]. Nicht gegen einen Kopierschutz verstößt das *analoge Aufzeichnen* digitaler Quellen (Aufzeichnung während der Wiedergabe in „Echtzeit"), da beispielsweise bei Musik-CD so nur die Musik, nicht aber der Datenträger (CD) kopiert wird („analoge Lücke")[10].

Um bereits im Vorfeld des Einsatzes von Kopierschutzknackern tätig werden zu können, hat der Gesetzgeber in § 95a Abs. 3 UrhG bestimmte **Vorbereitungshandlungen** verboten. Die – unübersichtliche, aber abschließende[11] – Aufzählung in § 95a Abs. 3 UrhG ist sehr weit und umfasst alle Geräte und Teile einschließlich Software[12], die zur Umgehung technischer Schutzmaßnahmen

119

---

1 *Ernst*, Rz. 356, 367; *Wandtke/Ohst* in Wandtke/Bullinger, UrhR, § 95a UrhG Rz. 47 ff.
2 *Wandtke/Ohst* in Wandtke/Bullinger, UrhR, § 95a UrhG Rz. 50.
3 *Wandtke/Ohst* in Wandtke/Bullinger, UrhR, § 95a UrhG Rz. 34, 50 a.E.; District Court Helsinki v. 25.5.2007 – R 07/1004; *Dreier* in Dreier/Schulze, § 95a UrhG Rz. 15; a.A. OLG München v. 23.10.2008 – 29 U 5696/07, GRUR-RR 2009, 85 (87).
4 BGBl. I 2002, 1090.
5 *Wandtke/Ohst* in Wandtke/Bullinger, UrhR, § 95a UrhG Rz. 7; *Arlt*, Digital Rights Management-Systeme – [...] zum Verhältnis der §§ 95a ff. UrhG zum ZKDSG, GRUR 2004, 548.
6 *Wandtke/Ohst* in Wandtke/Bullinger, UrhR, § 95a UrhG Rz. 62 f.
7 *Ernst*, Rz. 358.
8 *Götting* in Schricker/Loewenheim, § 95a UrhG Rz. 6.
9 *Arlt*, GRUR 2004, 548 (550); *Wandtke/Ohst* in Wandtke/Bullinger, UrhR, § 95a UrhG Rz. 55.
10 *Ernst*, Rz. 356; LG Frankfurt/M v. 31.5.2006 – 2-06 O 288/06, MMR 2006, 766; *Dreier* in Dreier/Schulze, § 95a UrhG Rz. 15 a.E.; *Wandtke/Ohst* in Wandtke/Bullinger, UrhR, § 95a UrhG Rz. 51.
11 *Wandtke/Ohst* in Wandtke/Bullinger, UrhR, § 95a UrhG Rz. 68.
12 *Arnold*, Das Verbot von Umgehungsmitteln [...], NJW 2008, 3545.

geeignet sind. Auch auf die Umgehung technischer Schutzmaßnahmen gerichteten Dienstleistungen sind verboten. Strittig ist, ob z.B. Software, die virtuelle Laufwerke erzeugt und dabei identische Abbilder von (kopiergeschützten) Datenträgern erstellt, Abs. 3 Nr. 2 bzw. Nr. 3 unterfällt[1]. Soweit sich der Zweck dieser Software nicht überwiegend im Erstellen (und damit dem leichterem Verbreiten) von „Images" erschöpft, dürfte eine nach § 95a UrhG unzulässige Vorrichtung nicht vorliegen[2]. Der rein privaten Zwecken dienende Besitz von Kopierschutzknackern ist von der Regelung nicht umfasst[3].

120 Den notwendigen **Interessenausgleich** zwischen Rechtsinhaber und Nutzer stellen die §§ 95b–95d UrhG sicher[4]. § 95b Abs. 1 S. 1 UrhG verpflichtet den Rechtsinhaber, soweit er technische Maßnahmen nach Maßgabe des UrhG anwendet, den ausdrücklich durch das UrhG Begünstigten die notwendigen Mittel zur Verfügung zu stellen, soweit sie rechtmäßig Zugang zum Werk haben. So soll gewährleistet werden, dass die Begünstigten, darunter die Rechtspflege, das Werk bestimmungsgemäß gebrauchen können. Wie der Rechtsinhaber dies umsetzt, ist vor dem Hintergrund einer sich ständig wandelnden Technik nicht im Einzelnen festgelegt[5].

§ 95c UrhG untersagt die wissentlich *unbefugte Entfernung eines Kopierschutzes* (Abs. 1), d.h. die in Abs. 2 definierten Informationen für die Rechtswahrnehmung, sowie die Weiterverbreitung eines derart veränderten Werkes (Abs. 3). Zur Wahrung der Rechte des Erwerbers schreibt § 95d UrhG schließlich vor, dass mit einem Kopierschutz versehene Werke und Schutzgegenstände entsprechend *gekennzeichnet* werden[6].

121 Im Einzelnen sind nach § 108b UrhG *strafbar*

– die **Umgehung eines Kopierschutzes** in der *Absicht* (dolus directus 1. Grades)[7], sich oder einem anderen Zugang zu einem geschützten Werk zu verschaffen (§§ 108b Abs. 1 Nr. 1, 95 Abs. 1 UrhG). Strafbar ist die Umgehung „ohne Zustimmung". Ob dadurch, anders als „ohne Einwilligung" bei §§ 106, 108 UrhG (Rz. 113), eine nachträgliche Zustimmung des Rechtsinhabers rechtfertigende Wirkung hat, ist fraglich[8].

– die **Entfernung** oder Veränderung **einer Information** für die *Rechtswahrnehmung* wie ein sog. digitales Wasserzeichen oder eine Information für ein Digitales-Rechte-Management-System (DRM)[9] (§§ 108b Abs. 1 Nr. 2a, 95c Abs. 1 UrhG) oder die Verbreitung eines Werkes, bei dem diese Information unbefugt manipuliert wurde (§§ 108b Abs. 1 Nr. 2 Buchst. b, 95c Abs. 3

---

1 Vgl. *Wandtke/Ohst* in Wandtke/Bullinger, UrhR, § 95a UrhG Rz. 84 f.; *Arnold*, Rechtmäßige Anwendungsmöglichkeiten zur Umgehung von technischen Kopierschutzmaßnahmen?, MMR 2008, 144.
2 Zur Abgrenzung vgl. auch *Ernst*, Rz. 362, 368.
3 *Wandtke/Ohst* in Wandtke/Bullinger, UrhR, § 95a UrhG Rz. 78.
4 *Ernst*, Rz. 370.
5 Vgl. *Arlt*, GRUR 2004, 548 (550).
6 *Götting* in Schricker/Loewenheim, § 95d UrhG Rz. 3 f.
7 Dazu *Fischer*, § 15 StGB Rz. 6.
8 Vgl. *Haß* in Schricker/Loewenheim, § 108b UrhG Rz. 12.
9 *Arlt*, GRUR 2004, 548.

UrhG). Dabei muss der Täter wissentlich (dolus directus 2. Grades)[1] unbefugt gehandelt und wenigstens leichfertig, d.h. im erhöhten Maß fahrlässig[2], die Verletzung von Urheberrechten veranlasst haben.

– die zumindest bedingt vorsätzliche **Herstellung** oder sonstige Beschaffung sowie **Verbreitung** eines Kopierschutzknackers zu *gewerblichen Zwecken* (§§ 108b Abs. 2, 95a Abs. 3 UrhG).

Als **Strafe** sieht § 108b Abs. 1 UrhG Freiheitsstrafe bis zu einem Jahr oder Geldstrafe vor. Die Tat wird auch bei *gewerbsmäßigem* Handeln, wobei nach Abs. 3 der Strafrahmen auf Freiheitsstrafe bis zu drei Jahren erhöht ist, nur auf Antrag oder bei Vorliegen des besonderen öffentlichen Interesses an der Strafverfolgung von Amts wegen verfolgt (§ 109 UrhG; s. Rz. 135 ff.). Dieses wird bei Gewerbsmäßigkeit wohl stets zu bejahen sein (vgl. Nr. 261a RiStBV).

121a

Soweit die Handlung zugleich auch §§ 106, 108 oder 108a UrhG verletzt, tritt § 108b Abs. 1 Nr. 2 UrhG als subsidiär zurück. Gegenüber § 108b Abs. 1 Nr. 1 und Abs. 2 UrhG ist § 4 ZKDSG seinerseits subsidiär. Zu anderen Strafvorschriften kann ggf. Idealkonkurrenz bestehen[3].

Straflos bleibt bei Taten nach § 108b Abs. 1 UrhG der Täter nur, wenn er ausschließlich zum eigenen privaten Gebrauch oder für seinen (engen[4]) persönlichen Kreis gehandelt hat[5].

Um der weiteren Verbreitung von „Crack"-Werkzeugen grundsätzlich Einhalt zu bieten, wurde zudem die **Bußgeldvorschrift** des § 111a UrhG zum 13.9.2003 neu[6] in das UrhG aufgenommen. Abs. 1 Nr. 1 Buchst. a sieht für Verstöße gegen § 95a Abs. 3 UrhG, d.h. den Verkauf, die Vermietung oder die den *privaten Bereich überschreitende Verbreitung* einer Vorrichtung, eines Erzeugnis oder eines Bestandteil eine Geldbuße vor. Abs. 1 Nr. 1 Buchst. b sanktioniert den *gewerblichen Zwecken dienenden Besitz* eines solchen Werkzeuges, die *Werbung* für Verkauf oder Vermietung oder die Erbringung einer *Dienstleistung*. Bei beiden Alternativen kann die Geldbuße bis zu 50 000 Euro betragen (Abs. 2).

122

Um den in § 95 Abs. 1 S. 1 UrhG näher umrissenen bestimmungsgemäßen Gebrauch zu gewährleisten, kann die Weigerung, ein *zur Nutzung notwendiges Mittel* zur Verfügung zu stellen, seit dem 1.9.2004 als **Ordnungswidrigkeit** nach Abs. 1 Nr. 2 i.V.m. Abs. 2 mit einer Geldbuße bis zu 50 000 Euro geahndet werden. Nach Abs. 1 Nr. 3 ist ein Verstoß des Rechtsinhabers (z.B. Hersteller) gegen die *Kennzeichnungspflicht* (gem. § 95d Abs. 2 S. 1 UrhG) seit dem 1.9.2004 mit einer Geldbuße bis zu 10 000 Euro (Abs. 2) bewehrt.

123

---

1 Dazu *Fischer*, § 15 StGB Rz. 7.
2 Dazu *Fischer*, § 15 StGB Rz. 20.
3 *Hildebrandt/Reinbacher* in Wandtke/Bullinger, UrhR, § 108b UrhG Rz. 11.
4 *Ernst*, Rz. 379.
5 *Haß* in Schricker/Loewenheim, § 108b UrhG Rz. 10.
6 G v. 10.9.2003, BGBl. I 1774.

4. Unzulässige Signierung

124 § 107 UrhG enthält zwei verschiedene in der Praxis wenig bedeutsame[1] Tatbestände[2], die sich speziell mit der Anbringung der **Urheberbezeichnung** auf Werken der bildenden Kunst beziehen:

125 § 107 Abs. 1 Nr. 1 UrhG pönalisiert die Anbringung der **Signatur** des Urhebers gegen dessen Willen auf einem Original und die Verbreitung eines solchermaßen signierten Werks. Damit soll die ausschließliche Befugnis des Werkschöpfers geschützt werden, sein Werk mit einer Urheberbezeichnung zu versehen (vgl. §§ 10, 13 UrhG). Dies ist Ausfluss des Urheberpersönlichkeitsrechts.

126 § 107 Abs. 1 Nr. 2 UrhG stellt dagegen die **irreführende** Signierung unter Strafe, damit vermieden wird, dass ein Vervielfältigungsstück, eine Bearbeitung oder Umgestaltung als Original erscheint. Hier geht es weniger um den Schutz des Urhebers – Täter kann hier auch der Urheber selber sein – als um den Schutz des Rechtsverkehrs bzw. des Kunsthandels vor Scheinoriginalen.

127 In den tatsächlich erheblichen Fällen ist jedoch regelmäßig der Tatbestand der Urkundenfälschung (§ 267 StGB) und vielfach auch des Betrugs bzw. Betrugsversuchs (§ 263 StGB) erfüllt[3]; dahinter tritt § 107 UrhG als ausdrücklich **subsidiär** zurück, sodass die rechtspolitische Berechtigung dieser Sondernorm des Urheberrechts in Zweifel gezogen wird[4].

D. Gemeinsamkeiten der Straftatbestände

I. Materiell-Rechtliches

1. Strafrahmen

a) Regelstrafrahmen

128 Für alle Straftatbestände liegt die Obergrenze des **Strafrahmens** bei drei Jahren (außer § 108b Abs. 1 UrhG). Damit ist zwar noch nicht der für Diebstahl, Betrug oder Steuerhinterziehung angesetzte Rahmen von fünf Jahren erreicht, wie es im Bestreben einer Gleichbehandlung von sächlichem und geistigem Eigentum teilweise gefordert worden war. Dennoch ist mit dieser Strafdrohung, die etwa auch beim Kreditbetrug oder Wucher angesetzt ist und die den Rahmen etwa bei der Sachbeschädigung (zwei Jahre) übertrifft, deutlich geworden, dass die Verletzung geistigen Eigentums nicht zum Bereich der *Bagatellkriminalität* zählt. Dem entsprechend enthalten die bundeseinheitlichen Richtlinien für das Strafverfahren und das Bußgeldverfahren (RiStBV)[5] Kriterien zur Bewertung des (besonderen) öffentlichen Interesses an der Strafverfolgung (s. Rz. 137).

---

[1] *Spautz* in Möhring/Nicolini, § 107 UrhG Rz. 1.
[2] *Löffler*, Künstlersignatur und Kunstfälschung – Zugleich ein Beitrag zur Funktion des § 107 UrhG, NJW 1993, 1421 (1427).
[3] *Spautz* in Möhring/Nicolini, § 107 UrhG Rz. 2.
[4] *Haß* in Schricker/Loewenheim, § 107 UrhG Rz. 15 a.E.; ausf. zum Ganzen *Sieg*, Das unzulässige Anbringen der richtigen Urheberbezeichnung, 1985.
[5] I.d.F. v. 1.11.2007, BAnz. 2007, 7950.

Die Möglichkeit, dass ein eine Strafe aussprechendes Urteil als Nebenfolge durch **Presseveröffentlichung** bekannt gemacht wird, ist nach dem Vorbild der Urheberechtsnovelle vom 24.6.1985[1] einheitlich geregelt (§ 111 UrhG, § 144 Abs. 5 MarkenG sowie jeweils Abs. 6 der § 142 PatG, § 25 GebrMG, § 51 DesignG, § 10 HalblSchG, § 39 SortSchG, § 143 MarkenG; vgl. auch Nr. 261b RiStBV). Eine solche Kundgabe, deren Einzelheiten das Urteil bestimmt, ist Teil der Strafe. Eine häufige Anwendung dieser Sanktion ist allerdings nicht zu verzeichnen. 129

b) Qualifikationstatbestand

Die Begrenzung des Regelstrafrahmens auf „nur" drei Jahre wird dadurch ausgeglichen, dass für alle Schutzrechte ein *qualifizierter Tatbestand* für schwerwiegende Schutzrechtsverletzungen besteht, durch den sich die **Höchststrafe** auf fünf Jahre Freiheitsentzug erhöht (§ 108b UrhG: drei Jahre). Damit dürften die schweren Fälle eine angemessene Sanktion erfahren können. 130

Dieser Qualifikationstatbestand (§§ 108a, 108b Abs. 3 UrhG und jeweils Abs. 2 der § 142 PatG, § 25 GebrMG, § 10 HalblSchG, § 51 DesignG, § 39 SortSchG, § 143 MarkenG) ist einheitlich gefasst: „Handelt der Täter gewerbsmäßig, so ist [...]" Das Merkmal der „**Gewerbsmäßigkeit**" knüpft nicht etwa an den gewerberechtlichen oder handelsrechtlichen Begriff des Gewerbes an, sondern an die aus anderen Straftatbeständen bekannte, speziell strafrechtliche Umschreibung (z.B. bei den Tatbeständen Diebstahl § 243 Abs. 1 Nr. 3 StGB, Hehlerei § 260 StGB, Wucher § 291 Abs. 2 Nr. 2 StGB, Schmuggel und Steuerhehlerei §§ 373 Abs. 1, 374 Abs. 2 AO; dazu § 22 Rz. 66). 131

Danach handelt gewerbsmäßig, wer sich aus wiederholter Tatbegehung eine nicht nur vorübergehende Einnahmequelle von einigem Umfang verschaffen möchte; dabei kann schon die erste in **Wiederholungsabsicht** begangene Tat genügen[2]. Gewinnsucht ist nicht vorausgesetzt. Dagegen reicht es nicht aus, wenn der Täter im Rahmen eines *Gewerbebetriebs* oder im „geschäftlichen Verkehr" handelt („gewerbliches Handeln")[3]. Andererseits ist nicht erforderlich, dass der Täter aus der Rechtsverletzung ein „kriminelles Gewerbe" gemacht hat[4]. Gewerbsmäßigkeit liegt z.B. vor, wenn raubkopierte Software in großem Umfang in Form eines Abonnements als Paket auf Datenträgern vertrieben wird[5]. 132

---

1 BGBl. I 1137.
2 RG v. 27.11.1923 – IV 398/23, RGSt. 58, 19; RG v. 5.5.1930 – II 331/30, RGSt. 64, 151 (154); BGH v. 8.11.1951 – 4 StR 563/51, BGHSt 1, 383; BGH v. 9.10.1974 – 2 StR 485/73, BGHSt 26, 8; *Hildebrandt/Reinbacher* in Wandtke/Bullinger, UrhR, § 108a UrhG Rz. 2.
3 St. Rspr., vgl. BGH v. 10.4.1953 – 1 StR 115/53, NJW 1953, 955; BGH v. 19.12.2007 – 5 StR 543/07, NStZ 2008, 282.
4 BGH v. 8.11.1951 – 4 StR 563/51, BGHSt 1, 383 = NJW 1952, 113; *Fischer*, vor § 52 StGB Rz. 61.
5 LG Frankfurt v. 20.6.2005 – 5/2 KLs 11/04 – 7430 Js 213895/03, ZUM-RD 2006, 445 (auch zu Konkurrenzen); LG Braunschweig v. 8.7.2003 – 6 KLs 1/03, MMR 2003, 755; AG Velbert v. 26.11.1997 – E 24 Ls 24 Js 155/96, MMR 1998, 153.

133 Die Erhöhung des Regelstrafrahmens und die Schaffung dieses Qualifikationstatbestands haben die Basis für eine wirksame Bekämpfung gebildet. Die Änderungen wirken sich mittelbar auf die gerichtliche Zuständigkeit und damit auch auf das Anklageverhalten und die „Ermittlungsbereitschaft" der Staatsanwaltschaft und ihrer Ermittlungspersonen aus. Die Erweiterung der **Zuständigkeit** des Strafrichters bzw. des Schöffengerichts beim Amtsgericht (§ 24 Abs. 1 Nr. 2, § 25 GVG) führt allerdings zu einer Verlagerung zahlreicher Verfahren auf den Strafrichter, wenn nicht eine Anklage zum Landgericht geboten erscheint (§§ 24 Abs. 1 Nr. 3, 74 Abs. 1 GVG).

2. Versuch

134 Bei allen Schutzrechten ist bereits der Versuch unter Strafe gestellt (§§ 108 Abs. 2, 108a Abs. 2 UrhG sowie jeweils Abs. 3 der § 142 PatG, § 25 GebrMG, § 10 HalblSchG, § 51 DesignG, § 39 SortSchG, § 143 MarkenG), nicht jedoch bei § 108b UrhG. Dies erlaubt vor allem, die Ermittlungen frühzeitig ansetzen und vor dem Abschluss der Tat zugreifen zu können. Dagegen hat der Gesetzgeber grundsätzlich davon abgesehen, ein sog. Unternehmensdelikt, mit dem auch alle Vorbereitungshandlungen erfasst werden, zu schaffen.

II. Verfahrensrechtliches

1. Beteiligung des Verletzten

a) Beschränkung des Antragserfordernisses

135 Die einfachen Schutzrechtsverletzungen sind im Grundsatz Antragsdelikte und zugleich **Privatklagedelikte** (§ 374 Abs. 1 Nr. 8 StPO). Eine *Verfolgung von Amts wegen* bei Schutzrechtsverletzungen kann jedoch erfolgen, wenn die Strafverfolgungsbehörde dies wegen des *besonderen öffentlichen Interesses* an der Strafverfolgung für geboten erachtet (§ 109 UrhG sowie jeweils Abs. 4 der § 142 PatG, § 25 GebrMG, § 10 HalblSchG, § 51 DesignG, § 39 SortSchG, § 143 MarkenG).

136 Im Falle des **Qualifikationstatbestands** (gewerbsmäßiges Handeln sowie in den Fällen des § 144 MarkenG) ist dagegen kein Strafantrag erforderlich, also aufgrund des *Legalitätsprinzips* (§ 152 Abs. 2 StPO) immer von Amts wegen zu verfolgen[1]. Eine Verweisung auf den Privatklageweg ist nach § 374 Abs. 1 Nr. 8 StPO ausgeschlossen. Unterstützung erhalten Polizei und Justiz für den Bereich der Multimedia-Piraterie durch Geschädigte und Interessenverbände, z.B. die GVU Gesellschaft zur Verfolgung von Urheberrechtsverletzungen eV, Hamburg. Deren Mitarbeiter können zwar als sachverständige Zeugen, nicht aber als Sachverständige in Ermittlungsverfahren tätig sein[2]. Entsprechendes gilt für die Verwertungsgesellschaften[3].

---

1 OLG Celle v. 11.8.2010 – 1 Ws 395/10, wistra 2010, 494.
2 Vgl. *Ernst*, Rz. 389; LG Berlin v. 3.5.2012 – 526 Qs 10 - 11/12, CR 2013, 19.
3 Vgl. *Gerlach* in Wandtke/Bullinger, UrhR, Vor §§ 1 ff. WahrnG Rz. 4 ff.; *Rehbinder*, Rz. 877 ff. sowie http://www.vffvg.de/links/andere/index.html.

Die Abhängigkeit von einem Strafantrag des Verletzten hatte in der Vergangenheit den Abschluss mancher Strafverfahren verhindert: Nicht selten hat sich der Verletzte, nachdem er mithilfe der Strafverfolgungsbehörden den Verletzer ausfindig gemacht hatte, mit diesem gegen eine Abfindungszahlung („Lizenzgebühr") dahin geeinigt, den *Strafantrag zurückzunehmen*[1]. Für die Verfolgungspraxis der Staatsanwaltschaft von Bedeutung sind die in den RiStBV niedergelegten Kriterien zur Beurteilung des **öffentlichen Interesses** an der Strafverfolgung (Nr. 261 RiStBV), welches bei §§ 153, 153a StPO eine Rolle spielt, sowie des besonderen öffentlichen Interesses an der Strafverfolgung (Nr. 261a RiStBV[2]) i.S. der der Schutzrechtsnormen. So soll ein (besonderes) öffentliches Interesse an der Strafverfolgung, was eine Verweisung auf den Privatklageweg ausschließt, bei umfangreichen oder auf Gewinnsucht beruhenden Verletzungen bejaht werden[3]. 137

b) Nebenklagebefugnis

Nach Erhebung der öffentlichen Klage, d.h. Einreichung der Anklageschrift (§§ 151, 200 StPO) bzw. des Strafbefehlsantrags (§ 407 Abs. 1 S. 4 StPO) bei Gericht, kann sich der durch eine (zumindest rechtswidrige[4]) Schutzrechtsverletzung Verletzte als **Nebenkläger** anschließen[5]. Dies ermöglicht ihm eine sachkundige Begleitung[6] des Strafverfahrens. 138

2. Verjährung

Bei allen Straftatbeständen des gewerblichen Rechtsschutzes einschließlich des Urheber- und Markenrechts mit Ausnahme von § 108b Abs. 1 und 2 UrhG tritt **Verfolgungsverjährung** gem. § 78 Abs. 3 Nr. 4 StGB nach fünf Jahren ein. Nicht gewerbsmäßige, unerlaubte Eingriffe in technische Schutzmaßnahmen oder in zur Rechtewahrnehmung erforderliche Informationen nach § 108b Abs. 1 und 2 UrhG verjähren nach § 78 Abs. 3 Nr. 5 StGB nach drei Jahren[7]. 139

3. Einziehung

Bei Schutzrechtsverletzungen ist nach § 110 UrhG und nach Abs. 5 der § 142 PatG, § 25 GebrMG (sowie § 9 HalblSchG), § 51 DesignG sowie § 143 MarkenG gleichermaßen die strafrechtliche **Einziehung** von schutzrechtsverletzenden *Waren* und *Produktionseinrichtungen* nach §§ 74 ff. StGB vorgesehen: „Gegenstände, auf die sich die Straftat bezieht, können eingezogen werden." Zugleich wird auf die „Erweiterte Einziehung" des § 74a StGB verwiesen. Die Einziehung von Gegenständen, die im Eigentum Dritter stehen und die nach § 74 Abs. 2 Nr. 2 StGB nur sehr eingeschränkt zulässig ist (sog. Dritteinzie- 140

---

1 Vgl. KG v. 29.5.1986 – 4 Ws 78/86, JR 1986, 478.
2 *Engelstätter* in BeckOK-StPO, Nr. 261a RiStBV Rz. 1 f.
3 Allg. *Senge* in KK, § 376 StPO Rz. 1 ff.
4 Vgl. *Gruhl*, NJW 1991, 1874, Abschn. II 1.
5 *Pelchen* in KK, § 395 StPO Rz. 11.
6 *Schulz*, Beiträge zur Nebenklage, 1982, S. 178, 185.
7 *Hildebrandt/Reinbacher* in Wandtke/Bullinger, UrhR, § 108b UrhG Rz. 12.

hung), wird damit auf breiter Linie möglich. Auch wenn kein Zwang zur strafrechtlichen Einziehung besteht, sondern es sich nur um eine fakultative Folge der Rechtsverletzung handelt, wird die Einziehung regelmäßig dem vom Gericht auszuübenden pflichtgemäßen Ermessen entsprechen. Sofern der Zweck der Einziehung durch weniger einschneidende Maßnahmen erfolgen kann, sind diese anzuordnen und die Einziehung vorzubehalten (§ 74b Abs. 2 StGB)[1].

141 Durch die Verweisung auf die allgemeinen Einziehungsbestimmungen ist auch für das Ermittlungsverfahren die Anwendbarkeit der Vorschriften über die **Beschlagnahme** zur Sicherstellung und zum Verfall (§§ 111b ff. StPO) einschließlich der sog. Rückgewinnhilfe[2] klargestellt.

142 Nur wenn der Verletzte seinen zivilrechtlichen Einziehungsanspruch im immer noch selten[3] angewandten **Adhäsionsverfahren**[4] geltend macht (§§ 403 ff. StPO), hat dieser vor der strafrechtlichen Einziehung Vorrang. Damit wird erneut deutlich, dass die private Rechtsverfolgung im Bereich des geistigen Eigentums nach wie vor grundsätzlich Vorrang haben soll.

4. Wirtschaftsstrafsache

143 Vergehen der „Produktpiraterie" sind in den Katalog der Straftaten, die beim Landgericht von der **Wirtschaftsstrafkammer** zu verhandeln sind (§ 74c Abs. 1 Nr. 1 GVG), aufgenommen worden. Auch diese Zuständigkeitsregelung macht deutlich, dass es sich hier nicht mehr um „nebensächliche" Kavaliersdelikte handelt.

§ 56
Produkthaftung

Bearbeiter: Wolfgang Schmid

	Rz.		Rz.
A. Überblick	1	2. Richtlinien zur Konformitätsbewertung von Produkten	32
I. Markante Fälle	3	3. Verbraucherinformationen zu gefährlichen Produkten	37
II. Europäische Normsetzung			
1. Richtlinien über Produktsicherheit	27		

---

1 BGH v. 18.6.2014 – 4 StR 128/14, NStZ-RR 2014, 274: Löschung statt Einziehung; BGH v. 28.8.2012 – 4 StR 278/12, StraFo 2012, 509: Kosten des Betroffenen ohne Relevanz.
2 Vgl. *Hess*, GRUR 2002, 1037.
3 Vgl. *Engelhardt* in KK, §§ 403 ff. StPO; *Meyer-Goßner*, in Meyer-Goßner/Schmitt, vor § 403 StPO Rz. 1 f.
4 *Hansen/Wolff-Rojczyk*, Schadenswiedergutmachung für geschädigte Unternehmen der Marken- und Produktpiraterie – das Adhäsionsverfahren, GRUR 2009, 644.

	Rz.
III. Zivilrechtliche Folgen	44
1. Deliktsrechtliche Produzentenhaftung	45
2. Produkthaftungsgesetz	66
3. Handlungspflichten im Unternehmen	72
B. Strafrecht	74
I. Allgemeine Tatbestände	77
1. Verantwortliche Personen	79
2. Tatbegehung und Kausalität	90
3. Produktbezogene Pflichten	98

	Rz.
4. Subjektive Voraussetzungen	108
II. Besondere Straftatbestände im StGB	110
III. Produktschutzgesetze	
1. Produktsicherheit	117
2. Elektromagnetische Verträglichkeit von Geräten	125
3. Bauprodukte	130
4. Medizinprodukte	140

Schrifttum: Monografien, Handbücher, Sammelwerke: *Alexander,* Die strafrechtliche Verantwortlichkeit für die Wahrung der Verkehrssicherungspflichten in Unternehmen, 2005; *Amelung* (Hrsg.), Individuelle Verantwortung und Beteiligungsverhältnisse bei Straftaten in bürokratischen Organisationen des Staates, der Wirtschaft und der Gesellschaft, 2000; *Beck,* Die präventive Durchsetzung der Rückrufpflicht. Möglichkeiten zur Erzwingung eines Produkterückrufs, 2002; *Bock,* Produktkriminalität und Unterlassen, 1997; *Bodewig,* Der Rückruf fehlerhafter Produkte, 1999; *Bosch,* Organisationsverschulden in Unternehmen, 2002; *Lautaro Contreras,* Normative Kriterien zur Bestimmung der Sorgfaltspflichten des Produzenten, 2012; *Eidam,* Strafrechtliche Produktverantwortung und zivilrechtliche Produkthaftpflicht, in Eidam, Unternehmen und Strafe, 4. Aufl. 2014, 7. Kap. Rz. 1253; *Eisenberg/Gildeggen/Reuter/Willburger,* Produkthaftung, 2. Aufl. 2014; *Gerst* in Böttger (Hrsg.), Wirtschaftsstrafrecht in der Praxis, Kap. 13 , Produktstrafrecht, 2011; *Greeve/Leipold,* Handbuch des Baustrafrechts, 2004; *Große Vorholt,* Behördliche Stellungnahmen in der strafrechtlichen Produkthaftung, 1997; *Grünewald,* Zivilrechtlich begründete Garantenpflichten im Strafrecht, 2001; *Grunewald/Pfeifer,* Verbraucherschutz im Zivilrecht, 2010; *Hess/Holtermann,* Produkthaftung in Deutschland und Europa: das Praxishandbuch für Unternehmer und Führungskräfte: mit Fallbeispielen, Mustern und Checklisten, 2008; *Höhfeld,* Strafrechtliche Produktverantwortung und Zivilrecht, 1999; *Holtermann,* Neue Lösungsansätze zur strafrechtlichen Produkthaftung: eine Untersuchung unter Heranziehung des Tatbestandes der gemeingefährlichen Vergiftung – § 314 Abs. 1 Nr. 2 StGB, 2007; *Kaufmann,* Möglichkeiten der sanktionsrechtlichen Erfassung von (Sonder-)Pflichtverletzungen im Unternehmen, 2003; *Knauer,* Die Kollegialentscheidungen im Strafrecht, 2001; *Kraas,* Produkthaftung und Warnhinweise, 2004; *Kuhlen,* Fragen einer strafrechtlichen Produkthaftung, 1989; *Kuhlen,* Strafrechtliche Produkthaftung, in Achenbach/Ransiek, Handbuch Wirtschaftsstrafrecht, 3. Aufl. 2012, 2. Teil 1. Kap.; *Kullmann/Pfister/Stöhr/Spindler,* Produzentenhaftung, Ergänzbares Handbuch zur gesamten Produkthaftpflicht, Loseblatt; *Kupjetz,* Moderne Produktions- und Absatzformen im Spiegel strafrechtlicher Verantwortlichkeit, 2002; *Lege,* Strafbarkeitsbegründende Rechtspflichten zu Abwendung von Schäden durch gefährliche Produkte, insbesondere zum Rückruf rechtsgutgefährdender Produkte, Diss. Tübingen, 2000; *Löhr/Burkatzki* (Hrsg.), Wirtschaftskriminalität und Ethik, 2008; *Mayer, Michael,* Strafrechtliche Produktverantwortung bei Arzneimittelschäden, 2007; *Reus,* Das Recht in der Risikogesellschaft: der Beitrag des Strafrechts zum Schutz vor modernen Produktgefahren, 2010; *Schaal,* Strafrechtliche Verantwortlichkeit bei Gremiumsentscheidungen in Unternehmen, 2001; *Schiffer/Rödl/Rott u.a.* (Hrsg.), Haftungsgefahren im Unternehmen, 2004; *Schmidt-Salzer,* Entscheidungssammlung (ES) Produkthaftung, Strafrecht, Loseblatt; *Schmidt-Salzer,* Produkthaftung, Bd. I Strafrecht, 2. Aufl. 1988; *Schmucker,* Die Dogmatik einer strafrechtlichen Produktverantwortung, 2001; *Schulz,* Kausalität und strafrechtliche Produkthaftung, 1994; *Schwartz,* Strafrechtliche Produkthaftung: Grundlagen, Grenzen und Alternativen, 1999; *Spindler,* Unternehmensorganisationspflichten,

Zivilrechtliche und öffentlich-rechtliche Regelungskonzepte, 2. Aufl. 2011; *Spitz*, Strafrechtliche Produkthaftung, 2001; *Voigtel*, Produkthaftung und Strafrecht – Strafrechtliche Haftung für Betriebsunfälle und Schäden beim Bau, in Momsen/Grützner, Wirtschaftsstrafrecht, 2013, 10. Kap. Abschn. E; *Weiß*, Die rechtliche Gewährleistung der Produktsicherheit, 2008; *Weißer*, Kausalitäts- und Täterschaftsprobleme bei der strafrechtlichen Würdigung pflichtwidriger Kollegialentscheidungen, 1996; *Wellner* in Geigel, Haftpflichtprozeß, 14. Kap. Anwendungsfälle des § 823 Abs. 1 BGB – Abschn. IV Produkthaftung, 26. Aufl. 2011; *Winkelbauer*, Strafrechtliche Produkthaftung, in Foerste/Graf von Westphalen, (Hrsg.), Produkthaftungshandbuch, 3. Aufl. 2012, 6. Teil, §§ 80 ff.; *Wessing/Dann*, Produkthaftung, in Volk (Hrsg.), Münchener Anwaltshandbuch Verteidigung in Wirtschafts- und Steuerstrafsachen, 2. Aufl. 2014, 122.

Kommentare: *Klindt*, Produktsicherheitsgesetz, 2. Aufl. 2014; *Lach/Polly*, Produktsicherheitsgesetz: Leitfaden für Hersteller und Händler, 2012; *Oechsler* in Staudinger, BGB, Buch 2, Recht der Schuldverhältnisse §§ 826-829, ProdHaftG (unerlaubte Handlungen 2, Produkthaftung), Neubearbeitung 2009; *Putz*, Strafrechtliche Produktverantwortlichkeit, insbesondere bei Arzneimitteln, 2004; *Poelzig*, Die Haftung des Herstellers und des Vertriebsunternehmens im deutsch-russischen Wirtschafts- und Handelsverkehr, 2005; *Wagner* in Münchener Kommentar BGB, 6. Aufl. 2013, § 823 BGB Rz. 617–702.

Aufsätze: *Backmann*, Produkthaftung bei Medizinprodukten, MPR 2012, 37; *von Bernuth/Gutman*, Zivilrechtliche Rückrufpflicht und Kostenregress im Bereich lebensmittelrechtlicher Produzentenhaftung, ZLR 2007, 541; *Bloy*, Die strafrechtliche Produkthaftung auf dem Prüfstand der Dogmatik, in FS Maiwald, 2010, S. 35; *Bode*, Zur strafrechtlichen Produkthaftung, in Geiß u.a., FS 50 Jahre Bundesgerichtshof, 2000, S. 515; *Böse*, Die gesellschaftsrechtlichen Regeln über die Geschäftsführung als Grenze von Garantenpflichten am Beispiel der strafrechtlichen Produktverantwortung, wistra 2005, 41; *Brammsen*, Strafrechtliche Rückrufpflichten bei fehlerhaften Produkten, GA 1993, 1997; *Dannecker*, Stufenverantwortung – wer haftet wofür? Verantwortlichkeit in der Lebensmittelkette (from farm to fork) nach der Basisverordnung für Lebensmittelrecht, ZLR 2002, 19; *Deutscher/Körner*, Die strafrechtliche Produktverantwortung von Mitgliedern kollegialer Geschäftsleitungsorgane, wistra 1996, 292, 327; *Frick/Kluth*, Produkthaftpflicht international (PHi) 2006, 206; *Gauger/Hartmannsberger*. Rechtliche Anforderungen an Verbraucherprodukte – Pflichten, Risiken, Praxisprobleme, NJW 2014 1137; *Gerecke*, Zur lebensmittelrechtlichen Haftung des Einzelhändlers nach dem neuen EU-Recht, ZLR 2006, 267; *Gesmann-Nuissl/Wenzel*, Produzenten- und Produkthaftung infolge abfallrechtlicher Produktverantwortung, NJW 2004, 117; *Hauschka/Klindt*, Eine Rechtspflicht zur Compliance im Reklamationsmanagement?, NJW 2007, 2726; *Katzenmeier*, Entwicklung des Produkthaftungsrechts, JuS 2003, 943; *Klindt/Handorn*, Haftung eines Herstellers für Konstruktions- und Instruktionsfehler, NJW 2010, 1105; *Kühne*, Strafrechtliche Produkthaftung in Deutschland, NJW 1997, 195; *Kuhlen*, Grundfragen der strafrechtlichen Produkthaftung, JZ 1994, 1142; *Kuhlen*, Strafrechtliche Produkthaftung, in Roxin/Widmaier (Hrsg.), Festgabe 50 Jahre Bundesgerichtshof, Festgabe aus der Wissenschaft, Bd. IV, 2000, S. 647; *Kuhlen*, Die Pflicht zum Rückruf in der strafrechtlichen Produkthaftung, in Arnold u.a. (Hrsg.), FS Albin Eser, 2005, S. 359; *Medicus*, Die Außenhaftung des Führungspersonals juristischer Personen im Zusammenhang mit Produktmängeln, GmbHR 2002, 809; *Molitoris/Klindt*, Produkthaftung und Produktsicherheit – Ein aktueller Rechtsprechungsüberblick, NJW 2008, 1203, NJW 2010, 1569; *Molitoris/Klindt*, Die Entwicklung im Produkthaftungs- und Produktsicherheitsrecht, NJW 2012, 1489, NJW 2014, 1567; *Nehm*, Produkthaftung im Strafrecht, in Deutscher Anwaltsverein, Produkthaftung, 2001, 7; *Otto*, Grundsätze der strafrechtlichen Produkthaftung nach dem „Holzschutzmittel-Urteil", WiB 1995, 929; *Otto*, Die strafrechtliche Haftung für die Auslieferung gefährlicher Produkte, in FS Hirsch, 1999, S. 291 ff.; *Otto*, Die strafrechtliche Verantwortung für die Verletzung von Sicherungspflichten in Unternehmen, in Hoyer u.a. (Hrsg.), FS Friedrich-Christian Schroeder, 2006, S. 339; *Puppe*, „Naturgesetze" vor Gericht, JZ 1994, 1147; *Ransiek*, Strafrecht im Unternehmen und Konzern, ZGR 1999, 613; *Röckrath*, Kollegialentscheidung und Kausalitätsdogmatik – Zurechnung überbestimmter Erfolge im Straf- und Haftungsrecht, NStZ 2003, 641, 645 f.; *Schmidt-Salzer,* Strafrechtliche Produktverantwortung, NJW 1988, 1937 ff.; *Schmidt-Salzer,* Verbraucherschutz, Produkthaftung, Umwelthaftung, Unternehmensverantwortung, NJW 1994, 1305; *Seher,* Herstellung oder Vertrieb gesundheitsgefährdender Produkte: Ein Fall des § 314 StGB? – Versuch der Aufhellung einer neu gefassten „Dunkelnorm", NJW 2004, 113; *Tiedemann,* Körperverletzung und strafrechtliche Produktverantwortung, in FS Hirsch, 1999, S. 765 ff.; *Volk,* Kausalität im Strafrecht, NStZ 1996, 105.

EU und Ausland: *Kullmann/Pfister/Stöhr/Spindler,* Produzentenhaftung, mit Rechtsquellen der Mitgliedstaaten der Europäischen Union und weiterer Staaten; *Eichinger/Kellam,* Strafrechtliche Produkthaftung in Australien, Haftpflicht international – Recht und Versicherung (PHi) 2001, Nr. 2; *Endrös,* Die strafrechtliche Produkthaftung des Unternehmens in Frankreich, Produkthaftung International (PHi) 2002, 82; *Kanrei,* Strafhaftung des Arzneimittelherstellers für die Infizierung mit HIV durch Blutprodukte – Aktuelle Probleme der strafrechtlichen Produkthaftung in Japan, Matsuyama University Law Review 2003, 85; *Mild,* Strafrechtliche Produkthaftung, 2000 (Österreich); *von Hopffgarten,* Produkthaftung USA, 2009; *Rödl* und Partner, Handbuch Internationale Produkthaftung: Produktsicherheit in den wichtigsten Märkten weltweit, 2013; *Schaumann-Werder,* Strafrechtliche Produkthaftung im europäischen Binnenmarkt, 2008; *Tönnis,* Punitive Damages. Eine einführende Darstellung, verdeutlicht an einem Vergleich zwischen den USA und Deutschland, 2007; *Whittaker,* Liability for Products: English Law, French Law and European Harmonization, 2005.

A. Überblick

Die Rechtsentwicklung der Produkthaftung ist durch eine **Wechselwirkung von Zivilrecht und Strafrecht** geprägt. Die Pflicht des Unternehmers, bei der Entwicklung und Herstellung von Produkten dafür Sorge zu tragen, dass durch sie niemand Schaden erleidet, hat sowohl über den Weg des Schadensersatzes als auch durch strafrechtliche Sanktionen eine *fortgesetzte Steigerung der Organisations- und Sorgfaltspflichten* erfahren. Produktrisiken sind nicht allein unter dem Gesichtspunkt der zivilrechtlichen Haftung des Unternehmens und der damit verbundenen Konstruktions-, Beobachtungs- und Instruktionspflichten, sondern auch der persönlichen strafrechtlichen Verantwortung der Unternehmensleitung und führender Mitarbeiter zu beurteilen.

Strafrechtliche Sanktionen durch Verletzung der Produkthaftungspflichten erfolgten zunächst zögerlich[1]. Inzwischen ist die strafrechtliche Produkthaftung etabliert[2] und hat erheblich zum *Verbraucherschutz* beigetragen. Strafrechtlich relevante Produkthaftungsfälle zeigen, dass *Wirtschaftsstraftaten* nicht nur Vermögensschäden oder abstrakte Gefährdungen verursachen, sondern auch massive Einwirkungen auf Leben und Gesundheit von Verbrauchern haben können.

---

1 Vgl. *Winkelbauer* in Produkthaftungshdb., § 80 Rz. 2 f.
2 *Kuhlen* in A/R, 2. Teil, 1. Kap. Rz. 14.

I. Markante Fälle

3 Aus der nationalen und internationalen Rechtsprechung[1] seien einige Fälle genannt, die für die Entwicklung der strafrechtlichen Produkthaftung von Bedeutung waren[2] und die die Problematik dieses Bereichs der strafrechtlichen Verantwortung beispielhaft veranschaulichen. Das inzwischen reichhaltige Spezialschrifttum bietet zahllose weitere Fälle.

4 Aus dem Bereich der **Kraftfahrzeug-Technik** seien genannt:

Die Firma **General Motors** hat im Jahr 1993 durch eine fehlhafte Konstruktion des **Chevrolet Malibu** mögliche Todesopfer in der Form von Risikobetrachtungen planmäßig in ihre Kalkulation einbezogen. Dem Autohersteller war ein sehr gefährlicher Konstruktionsmangel am Tank dieses Fahrzeugs bekannt. Es wurde mit 500 Schwerverletzten bzw. Toten pro Jahr bei 41 Mio. Fahrzeugen gerechnet. Damit ergab sich eine Sterbewahrscheinlichkeit von $1,2 \times 10^{-5}$, d.h., General Motors ging davon aus, dass 1,2 Personen von 100 000 Menschen, die einen Cevrolet Malibu besitzen, sterben werden[3]. Aus dem internen Bericht eines GM-Ingenieurs („Ivey Memorandum") über die Sicherheitsprobleme des Malibu ergab sich, dass bei 10 Mio. Fahrzeugen die Todesfälle durch Feuer im Fahrzeug den Konzern 2,40 Dollar je Auto kosten, die notwendigen Nachbesserungen (Austausch des Tanks) je Fahrzeug sich aber auf vier bis zwölf Dollar belaufen würden[4]. Bei einem der (erwarteten) Autounfällen im Jahr 1993 (Fall Patricia Anderson) explodierte der Tank, die Insassen erlitten schwerste Verbrennungen[5]. GM wurde 1999 vom Los Angeles Superior Court in zweiter Instanz zu hohen Schadensersatzzahlungen verurteilt mit der Begründung „Das Gericht ist anhand der klaren und überzeugenden Indizien zu der Auffassung gelangt, dass der Tank der Beklagten bei Fahrzeugen dieses Typs und Baujahrs hinter der Radachse angebracht wurde, um die Gewinne zu erhöhen auf Kosten der öffentlichen Sicherheit". Insgesamt geht man davon aus, dass ca. 1 000 Menschen durch den Konstruktionsfehler zu Tode gekommen sind.

5 In den Jahren ab 1970 wusste die Firma Ford aufgrund gesetzlich vorgeschriebener Crashtests, dass der Tank des **Ford Pinto** konstruktionsbedingt explosionsgefährdet war, da er bei Auffahrunfällen mit niedrigen Geschwindigkeiten bersten, das auslaufende Benzin in den Innenraum des Fahrzeugs gelangen und dann explodieren konnte. Auch nach mehreren, zum Teil tödlichen Unfällen wurde die Konstruktion nicht verändert. Nach der Aussage eines Ex-Mitarbeiters von Ford lag dieser Entscheidung eine Kosten-Nutzen-Analyse zugrunde, bei welcher das Management die Kosten für eine eventuelle Entschädigung von Opfern billiger einschätzte als die Kosten einer Fahrzeugverbesserung. Der Einbau einer Plastikpufferung am Tank hätte ca. 11 US-Dollar pro Pkw gekostet. Ford ging damals von 200 000 US-Dollar für ein Menschenleben aus und 67 000 US-Dollar für eine schwere Verletzung. Es wurden ca. 11 Mio. Fahrzeuge verkauft. Pro Jahr wurde mit 2 100 verbrannten Fahrzeugen gerechnet. Die Wahrscheinlichkeit für den Verlust des Fahrzeuges betrug damit ca. $2,0 \times 10^{-3}$ pro Jahr und für den Eintritt des Todes $1,6 \times 10^{-4}$ pro

---

1 Vgl. die umfangreiche Loseblatt-Entscheidungssammlung (ES) von *Schmidt-Salzer*, Produkthaftung StrafR, 1976 ff.
2 Anschaulich *Sternberg-Lieben* in S/S, § 15 StGB Rz. 223.
3 *Proske*, Katalog der Risiken, Risiken und ihre Darstellung, 2004, 179; Stern v. 22.7.1999, Eiskalte Rechnung.
4 *Rusch, Arnold*, Der Chevrolet Malibu, sein Tank und das „Ivey Memo", AJP – Aktuelle Juristische Praxis (CH), 1/2014, 137; http://www.motherjones.com/politics/1998/03/ivey-memo-costbenefit-analysispage-1.
5 Handelszeitung v. 4.8.1999, 31/99; *Michael Head/Scott Mann*, Law in Perspective: Ethics, Society and Critical Thinking, 2005, 328.

Jahr, d.h. Ford rechnete mit 1,6 Toten pro 10 000 Fahrzeuge im Jahr. Obwohl das Management die Ergebnisse der Crashtests kannte und wusste, dass der Pinto damit nicht den gesetzlichen Anforderungen entsprach, entschied es, den Pinto auf den Markt zu bringen[1]. In vier Jahren starben bei Auffahrunfällen mit dem Fahrzeug rund 9 000 Menschen. Die häufigste Todesursache war die Folge von Verbrennungen. Innerhalb weniger Jahre musste Ford mehrere Mio. Dollar Schadenersatz (Punitive Damages[2]) an Unfallopfer leisten (Richard Grimshaw-Fall[3]).

Nachdem **MonzaSteel** im Jahr 1971 mit der Produktion und dem Verkauf von Hochgeschwindigkeitsreifen begonnen hatte, traten ab Herbst 1972 Defekte an den Reifen mit zum Teil schweren Unfällen auf. Bis zum Rückruf 1972 waren aufgrund solcher Reifen-Unfälle sieben Menschen verstorben und 22 schwer verletzt worden. Die Geschäftsführung hatte die Reifen zu wenig im Versuch erprobt, zu früh zur Produktion freigegeben und zu spät auf Schadensmeldungen reagiert. Ein Angestellter der Firma wurde wegen *fahrlässiger Tötung* verurteilt[4].

Auch ein **Autozubehörhändler** hat mit strafrechtlichen Sanktionen zu rechnen, wenn er seine Pflichten verletzt[5]. Er hatte Reifen verkauft, die kurz zuvor vom Hersteller zurückgerufen worden waren, ohne dass dieser Rückruf den Händler erreicht hatte. Am Vorderrad des Pkw eines Käufers hatte sich die Lauffläche gelöst. Nach der Reklamation löste sich einige Zeit später auch am linken Hinterreifen die Lauffläche; das Fahrzeug schleuderte und überschlug sich, der Käufer erlitt schwere Verletzungen. Die objektive Sorgfaltswidrigkeit des Händlers, die zur Bejahung einer *fahrlässigen Körperverletzung* führte, bestand darin, dass er nicht bereits beim Kauf der Reifen von seinem Lieferanten sichergestellt hatte, von künftigen Rückrufaktionen des Herstellers Kenntnis zu erhalten; zum anderen darin, dass er beim Auftreten des ersten Schadens an dem Vorderreifen keine weiteren Nachforschungen angestellt hatte. Hiervon wäre er nur befreit gewesen, wenn konkrete Anhaltspunkte auf einen Einzelfallschaden hingedeutet hätten.

Fälle aus dem **Gesundheitswesen** zeigen ebenfalls gravierende Pflichtverletzungen auf:

Ende der fünfziger Jahre traten bei 2 500 Neugeborenen, deren Mütter während der Schwangerschaft **Contergan** eingenommen hatten, schwere Missbildungen auf. Das ge-

---

1 *Gioia*, Pinto Fires and Personal Ethics: A Script Analysis of Missed Opportunities, in Journal of Business Ethics, 11, 5/6, 379-389, 1992; Managing Product Safety: The Ford Pinto, in Harvard Business School (Hrsg.), Ethics in Management, Boston, Mass. 1984, 111–119; *Baum/Flores* (Hrsg.), Ethical Problems in Engineering. Bd. 2. Cases, 1980, 167–174; *Lenk*, Ethikkodizes für Ingenieure, in Lenk/Ropohl, Technik und Ethik, 2. Aufl. 1993, 194, 198.
2 Vgl. *Tönnis*, Punitive Damages. Eine einführende Darstellung, verdeutlicht an einem Vergleich zwischen den USA und Deutschland, 2007; *Mörsdorf-Schulte*, Funktion und Dogmatik US-amerikanischer punitive damages, 1999.
3 Grimshaw v. Ford Motor Co., 119 Cal. App. 3d 757, 174 Cal. Rptr. 348 (1981); *Malcom E. Wheeler*, Product Liability, Civil or Criminal – The Pinto Litigation, ABA, Tort and Insurance Law Journal, 14, 1981; *Bodewig*, Der Rückruf fehlerhafter Produkte, 1999, 28; The Ford Pinto Case: A Study in Applied Ethics, Business, and Technology. Edited by *D. Birsch* and *J.H. Fielder*, 1994, 55–60.
4 LG München II v. 21.4.1978 – IV KLs 58 Js 5534/76 – Monza-Steel; *Schmidt-Salzer*, ES ProdHaft, IV 28, S. 300.
5 OLG Karlsruhe v. 21.11.1980 – 1 Ss 97/80, NJW 1981, 1054 mit Anm. *Scholl*, NJW 1981, 2737.

gen Mitarbeiter des Herstellerunternehmens geführte Strafverfahren wurde schließlich gem. § 153 StPO eingestellt[1]. Das Landgericht war zu der Feststellung gekommen, dass die fahrlässige Verursachung von Missbildungen beim Menschen durch Einwirkung auf die Leibesfrucht den Tatbestand *der Körperverletzung* und, wenn die Missbildungen zum Tod führen, den Tatbestand der *fahrlässigen Tötung* erfüllen. Auch von einem Kausalzusammenhang zwischen längerer Thalidomid-Einnahme und Missbildungen war das Gericht überzeugt[2].

9   Im Jahr 1982 wurde bekannt, dass nicht wärmebehandelte **Blutplasma-Produkte**, die Bluter mit Blutgerinnungsstoffen versorgen, ein hohes HIV-Übertragungsrisiko hatten. Bereits im Juli 1982 lagen der US-amerikanischen Gesundheitsbehörde FDA (Food and Drug Administration) erste entsprechende Hinweise vor. Die besondere Gefährlichkeit beruhte darauf, dass das Blut der einzelnen Spender in einen großen Pool kam, bevor es weiterverarbeitet wurde. Die Spende eines/r einzelnen AIDS-Kranken reichte deshalb aus, ganze Herstellungschargen zu infizieren. Ein halbes Jahr später bestand auch bei der Bayer-Tochter CUTTER kein Zweifel mehr an der Gefährlichkeit von Faktor-VIII-Präparaten. Als die Nachfrage nach den wärmebehandelten Präparaten stieg und die Behörden in *Frankreich* zunächst keine alten Produkte mehr erwerben wollten, warb CUTTER mit dem Argument, AIDS habe in einigen Ländern irrationale Reaktionen hervorgerufen, es handle sich aber um „substanzlose Spekulationen". Französischen Behörden bestellten darauf weiterhin nicht wärmebehandelte Faktor-VIII-Blutplasma-Produkte. Viele französische Bluter starben in der Folgezeit. Der verantwortliche Minister *Laurent Fabius* musste zurücktreten, zwei Beamte des Gesundheitsministeriums erhielten Freiheitsstrafen; u.a. wurde der Generaldirektor des französischen staatlichen Transfusionszentrums, der Arzt Dr. *Michel Garretta*, zu einer vierjährigen Gefängnisstrafe verurteilt[3]. Er war Hauptverantwortlicher dafür, dass wirtschaftliche Überlegungen, persönlicher Geltungsdrang und Autonomiestreben des staatlichen Blutspendezentrums dazu geführt hatten, dass noch 1984 und 1985 wissentlich verseuchte Blutkonserven verabreicht worden waren.

10 Auch in der *Schweiz*[4] kam es zu großen Strafverfahren mit beachtlichen Strafen (z.B. 12 Monate Freiheitsstrafe). Dem ehemaligen Generaldirektor des Zentrallabors des Schweizerischen Roten Kreuzes wurde vorgeworfen, die erforderlichen Maßnahmen, die von Art. 29 EpidemienG vorgeschrieben waren, nicht getroffen haben, obwohl er seit April 1985 vom Verdacht wusste, dass Präparate die belieferten Bluter mit dem HIV-Virus anstecken könnten. Noch im Mai 1986 wurden für Bluter bestimmte **Blutpräparate** verarbeitet und abgegeben, die nicht auf HIV getestet waren. – Auf den internationalen Märkten, vor allem in Schwellen- und Dritte-Welt-Ländern, wurden über die Fa. Cutter weiterhin große, nicht erhitzte Bestände alter Faktor-VIII-Einheiten verkauft, insgesamt 25 Mio. im Wert von vier Mio. Dollar. Allein in Taiwan und Hongkong wurden hierdurch mehr als hundert Menschen getötet[5].

11 In **Deutschland** hat nicht wärmebehandeltes **Blutplasma** ab 1983 dazu geführt, dass ca. 2 000 Bluter-Kranke und andere Empfänger von Blut und Blutprodukten mit dem Aids-

---

1   LG Aachen v. 18.12.1970 – 4 KMs 1/68, 15-115/67, JZ 1971, 507; dazu *A. Kaufmann*, Tatbestandsmäßigkeit und Verursachung im Contergan-Verfahren, JZ 1971, 569; *Beyer*, Grenzen der Arzneimittelhaftung: dargestellt am Beispiel des Contergan-Falles, 1989; *Blei*, JA 1971, 652; *Bruns*, Ungeklärte materiell-rechtliche Fragen des Contergan-Prozesses, in FS Heinitz, 1972, S. 317; Stellungnahme der Staatsanwaltschaft Aachen, DRiZ 1971, 45 ff.; *Kaufmann*, Tatbestandsmäßigkeit und Verursachung im Contergan-Verfahren, JZ 1971, 569.
2   LG Aachen v. 18.12.1970 – 4 KMs 1/68, 15-115/67, JZ 1971, 507 (511).
3   *Despeux*, Sondergerichtsbarkeit für Minister in Frankreich – die strafrechtliche Behandlung des Aids-Skandals, ZStW 112 (2000), 254.
4   BGE v. 7.3.2000, NZZ v. 30.3.2000.
5   Die Welt v. 23.5.2003.

virus infiziert worden sind. Der 1993 eingerichtete Untersuchungsausschuss „HIV-Infektionen durch Blut und Blutprodukte" stellte 1994 in seinem Abschlussbericht[1] fest, „dass rund 60 % der durch kontaminierte Blutprodukte ausgelösten HIV-Infektionen hätten verhindert werden können". Ferner kam er zu dem Ergebnis, dass zahlreiche beteiligte Unternehmen ihre zwingenden Handlungspflichten nicht erfüllt und insbesondere erforderliche *Rückrufaktionen nicht durchgeführt* haben.

In einem weitern **Blutplasma**-Fall[2] hatte ein Arzt entgegen dem Auftrag eines Blutplasma-Vertreibers Blutproben nicht untersucht und diese als unbedenklich freigegeben. Er wurde 1997 wegen *Körperverletzung mit Todesfolge* zu einer langjährigen Freiheitsstrafe verurteilt. **12**

Der Leiter eines universitären Instituts für Blutgerinnungswesen und Transfusionsmedizin war für fünf tödliche Transfusionszwischenfälle verantwortlich, die durch eine **bakterielle Kontamination von Blutkonserven** verursacht worden waren[3]. Zur strafrechtlichen Verantwortung seiner Stellvertreterin verweist der BGH zum einen darauf, dass evtl. Sofortmaßnahmen aufgrund der bekannt gewordenen Zwischenfälle einzuleiten gewesen wären, zum anderen, dass es kein „Ärzteprivileg" gibt, wonach die strafrechtliche Haftung sich nur auf Fälle grober Behandlungsfehler beschränkt. Maßgebend ist der *Standard eines erfahrenen Facharztes*, also das zum Behandlungszeitpunkt in der ärztlichen Praxis und Erfahrung bewährte, nach naturwissenschaftlicher Erkenntnis gesicherte, von einem durchschnittlichen Facharzt verlangte Maß an Kenntnis und Können. Da aus medizinischen Maßnahmen besonders ernste Folgen entstehen können und der Patient regelmäßig die Zweckmäßigkeit oder Fehlerhaftigkeit der Handlung nicht beurteilen kann, sind an das Maß der ärztlichen Sorgfalt hohe Anforderungen zu stellen[4]. Diese schon grundsätzlich hohen Sorgfaltsanforderungen gelten für den besonders gefahrenträchtigen Bereich der Transfusionsmedizin erst recht. **13**

Im Dezember 1990 hatte ein Toxikologe Anzeige „gegen die Herstellung von **Zahnamalgam**" erstattet und die quecksilberhaltigen Zahnfüllungen für sieben Todesfälle verantwortlich gemacht. Weitere 1 500 Anzeigen folgten. Die Staatsanwaltschaft ermittelte gegen drei Verantwortliche der Degussa AG, Frankfurt, wegen des Verdachts der vorsätzlichen Körperverletzung[5]. Nachdem sich die Firma bereit erklärt hatte, mit dem Betrag von 1,2 Mio. DM ein Amalgam-Forschungsprojekt zur Lösung medizinischer Fragen zu ermöglichen, stellte die Staatsanwaltschaft Frankfurt das Verfahren gegen die Beschuldigten mit Zustimmung des Landgerichts gem. § 153a StPO mit der Auflage ein, dass jeder der Beschuldigten 100 000 DM zu bezahlen hatte. Die Staatsanwaltschaft sah eine Kausalität zwischen der Verwendung von Amalgam und verschiedenen Erkrankungen als gesichert an. Erörtert wurde in diesem Zusammenhang auch die strafrechtliche Haftung der Krankenkassen, soweit diese trotz der Erkenntnisse über Amalgam eine amalgamfreie Versorgung der Patienten verhindern. **14**

---

1 BT-Drs. 12/8591 v. 25.10.1994.
2 LG Göttingen v. 23.6.1997 – 800 Js 20985/99 5 KLs, zit. bei *Kuhlen* in A/R, 2. Teil 1. Kap. Rz. 14.
3 BGH v. 19.4.2000 – 3 StR 442/99, NJW 2000, 2754; *Eichholz*, Die Bedeutung der arzneimittelrechtlichen Produkthaftung für das Blutspenden und den Vertrieb von Blutkonserven, NJW 1991, 732.
4 St. Rspr., vgl. BGH v. 1.7.1954 – 3 StR 869/53, BGHSt 6, 282 (288); BGH bei *Dallinger*, MDR 1972, 384 (385); *Ulsenheimer*, ArztstrafR in der Praxis, 4. Aufl. 2007, Rz. 18; *Schroeder* in LK, § 16 StGB Rz. 197; *Sternberg-Lieben* in S/S, § 15 StGB Rz. 219, 219 b; zur Transfusionsmedizin vgl. BGH v. 6.6.1967 – 1 StR 131/67, GA 1969, 246 = DMW 1969, 92 (93); BGH v. 27.2.1957 – 2 StR 5/57.
5 *R. Hamm*, StV 1997, 159 (163); *Tiedemann* in FS Hirsch, 1999, S. 765; zur zivilrechtlichen Seite vgl. OLG Koblenz v. 2.3.1999 – 3 U 328/97, NJW 1999, 3419; OLG Hamm v. 29.11.2000 – 13 U 210/99, VersR 2002, 312.

15 Mitte August 2001 nahm der Chemiekonzern Bayer das von ihm hergestellte Medikament **Lipobay**[1] vom Markt. Das zur Senkung des Cholesterinspiegels eingesetzte Arzneimittel soll als Nebenwirkung Muskelschwäche (Rhabdomyolyse) hervorrufen, die u.U. zu Organversagen, zu Muskelgewebszerfall und sogar zum Tod führen kann. Die Staatsanwaltschaft Köln hatte 2001 gegen leitende Mitarbeiter des Konzerns ein Ermittlungsverfahren wegen des Verdachts eingeleitet, diese hätten nach Bekanntwerden der Nebenwirkungen nicht unverzüglich den Vertrieb von Lipobay eingestellt und sich aus diesem Grund nach § 95 Abs. 1 Nr. 1, Abs. 4 AMG strafbar gemacht. Ebenso bestand der Verdacht der fahrlässigen Körperverletzung. Das Ermittlungsverfahren wurde 2007 mangels hinreichendem Tatverdacht eingestellt; die beschuldigten Mitarbeiter hätten bei Zulassung oder Vermarktung Risiken des Mittels nicht ignoriert, vielmehr sei bei Kenntnis jede Unverträglichkeit umgehend mitgeteilt worden. In Spanien wurde Bayer vom Gerichtshof von Cornellà de Llobregat zu einer Strafzahlung von 145 000 Euro verurteilt, da der Beipackzettel in vor den Gefahren des Muskelzerfalls nur in „mangelhafter Weise" warnte.

16 In *Panama* verstarben 2006 mehr als 100 Menschen, die einen **Erkältungssaft** mit **giftgem Frostschutzmittel** eingenommen hatten. Das Mittel war in China hergestellt worden und über Barcelona nach Mittelamerika gelangt[2].

17 Bei der Staatsanwaltschaft Saarbrücken haben zahlreiche Patienten aus dem gesamten Bundesgebiet Anzeige gegen Verantwortliche der Firma DePuy wegen fahrlässiger Körperverletzung im Zusammenhang mit der Implantation **fehlerhafter Hüftprothesen** erstattet, die mit gesundheitlichen Folgeschäden kämpfen[3]. Die Ermittlungen dauern an[4]. Fehlerhafte Prothesen, die zu Komplikationen geführt haben, sollen nicht rechtzeitig zurückgerufen worden sein, sondern erst, als der Firma schon länger bekannt war, dass die Prothesen überdurchschnittlich fehleranfällig sind. Ermittelt wird auch gegen einen Chefarzt und einen weiteren Arzt, denen die Schäden schon länger bekannt gewesen sein sollen. Die DePuy-Gelenke sind gefährlich wegen Metallabriebs, der schwere Entzündungen an den Knochen auslöst, die zu brechen drohen. Ferner setzt der Abrieb giftige Kobalt- und Chrom-Ionen frei, die vom Körper nicht abgebaut werden und langfristig innere Organe wie Niere, Leber und Bauchspeicheldrüse schädigen.

18 Die *französische* Aufsichtsbehörde für Medizinprodukte (Afssaps) und das *österreichische* Bundesamt für Sicherheit im Gesundheitswesen haben 2010 die **Brustimplantate** des französischen Herstellers Poly Implant Prothèse (PIP) aus dem Handel nehmen lassen und einen Rückruf veranlasst. Auch das deutsche Bundesinstitut für Arzneimittel und Medizinprodukten (BfArM) hat vor den Implantaten der Firma PIP gewarnt. Aufgrund des hohen Risikos einer gesundheitsgefährdenden Rissbildung waren Vertrieb und Verwendung von PIP-Brustimplantaten bereits im April 2010 europaweit untersagt worden. Bei PIP-Brustimplantaten wurde illegal minderwertiges Industriesilikon verwendet, das nicht den strengen Qualitätsanforderungen wie medizinisches Silikon unterliegt. Die Billigimplantate von PIP und die baugleichen Produkte der niederländischen Firma Rofil Medro Nederland B.V. hätten in Deutschland nicht als Medizinprodukt zugelassen werden dürfen, da eine erhebliche Gefahr für Leib und Leben von dem sachfremd verwandten Silikon ausging. In Deutschland sind etwa 5 000, in Frankreich 7 400 Frauen betroffen. Der Firmengründer *Jean-Claude Mas* wurde Ende 2013 vom Strafgericht (tribunal correctionnel) Marseille zu vier Jahren Haft, 75 000 Euro Geldstrafe und Berufsverbot verurteilt[5]; gegen vier weitere Angestellte wurden Haftstrafen zwischen 18 Monaten auf Bewährung und drei Jahren verhängt.

---

1 *Colussi*, Produzentenkriminalität und strafrechtliche Verantwortung, 2003.
2 Tagesspiegel v. 17.3.2008.
3 Der Spiegel 2011, Heft 16, S. 44; Saarbrücker Zeitung v. 1.2.2012.
4 SOL.de, Saarbrücker Zeitung online v. 2.10.2014.
5 Wikipedia, „Poly Implant Prothèse" (Stand 16.8.2014).

Aus dem Bereich der **Lebensmittel** seien folgende Verfahren genannt: 19

Nach dem Verzehr von **Mandelbienenstich**[1], der von der Lebensmittelgroßhandelsfirma geliefert worden war, erkrankte eine Vielzahl von Patienten an Übelkeit, Bauchschmerzen, Erbrechen und Durchfall, weil der Kuchen mit Staphylokokken befallen war. *Trotz Kenntnis* von diesem Befall hatten die Geschäftsführer beschlossen, *keine umfassende Rückrufaktion* durchzuführen, weil sie die gemeldeten Erkrankungen für nicht besonders gefährlich hielten. Der BGH bestätigte die Verurteilung wegen vorsätzlicher Körperverletzung in Tateinheit mit vorsätzlichem Inverkehrbringen verdorbener Lebensmittel, da sie sich der „naheliegenden Wahrscheinlichkeit" weiterer Erkrankungen bewusst waren und dennoch die notwendigen Vorsichtsmaßnahmen unterließen. Erwogen hatten die Geschäftsführer, die durch den Genuss von verdorbenem Bienenstich betroffenen Kunden durch Zuwendung eines Präsents in Form von Pralinen besänftigen zu können. Dies zeigt, dass sie mit weiteren Erkrankungen rechneten und diese billigend in Kauf nahmen.

Mitarbeiter einer Weinvertriebsgruppe waren an dem Verkauf von **Weinverschnitt** beteiligt, der nach den weinrechtlichen Bestimmungen verkehrsunfähig war, weil er zum Teil nicht mit den nach den Ausfuhrdokumenten untersuchten Weinen identisch war, zum Teil weinrechtlich unzulässige Zusätze (*Diäthylenglykol* – DEG) enthielt. Das Landgericht hatte die Angeklagten mangels zurechenbarer Handlungen freigesprochen. Der BGH[2] hat in seinem aufhebenden Urteil klargestellt, dass bei innerbetrieblichen Vorgängen für jeden einzelnen Angeklagten zu ermitteln ist, welches Verhalten zurechenbar der Schadensfolge ausgelöst hat; jedoch ist zu berücksichtigen, dass auch gemeinschaftliches Handeln in Betracht kommt und Mittäterschaft sowie Beihilfe durch die Beteiligung an Vorbereitungshandlungen begründet werden können. Ferner verweist der BGH darauf, dass Täterschaft nicht die eigenhändige Verwirklichung des Straftatbestandes erfordere und Mitglieder der Leitungsebene eines Unternehmens für den Vertrieb eines schadenstiftenden Produkts auch dann strafrechtlich haften, wenn sie das Produkt in Kenntnis des Mangels weitervertreiben[3]. 20

In *Spanien* erkrankten Anfang Mai 1981 an **vergiftetem Rapsöl**[4] über 15 000 Menschen, 330 Betroffene starben. Aufgrund epidemiologischer Studien ergab sich der Verdacht, dass die Krankheit mit dem Genuss von Speiseöl zusammenhänge. Die Ermittlungen ergaben, dass die Speiseöle durch Beimischung von mit Anilin vergälltem Rapsöl hergestellt worden waren. Der Rapsölimporteur Colza, der das Öl an Speiseölhändler geliefert hatte, wurde wegen fahrlässiger Tötung und Körperverletzung verurteilt (Colza I). Der Leiter des zentralen Labors des Zollamtes sowie der Leiter der Einfuhrabteilung der spanischen Generaldirektion der Tarifpolitik und Einfuhren wurden wegen grober fahrlässiger Tötungs- und Körperverletzungsdelikte (Art. 586 spStGB 1973) verurteilt (Colza II). 21

In der Volksrepublik China haben 2008/09 **Milchpulver**-Produzenten „verlängernde" Zusatzstoffe beigemischt, was zum Tod oder zu irreparablen Dauerschäden von zahlreichen Säuglingen und Kleinkindern geführt hat. Gegen mehrere Verantwortliche wurde sogar die Todesstrafe verhängt und vollstreckt. 22

---

1 BGH v. 4.5.1988 – 2 StR 89/88, BGHR StGB § 13 Abs. 1 Garantenstellung 5 Lebensmittel-Lieferant.
2 BGH v. 19.7.1995 – 2 StR 758/94, NJW 1995, 2933 = NStZ 1995, 605 = StV 1996, 73 m. Anm. *Langkeit*, WiB 1995, 1017; *Fezer*, StV 1996, 77; *Samson*, StV 1996, 93; zu Glykol vgl. *G.F. Fuhrmann*, Toxikologie für Naturwissenschaftler, 2006, 272.
3 Vgl. dazu BVerfG v. 26.6.2002 – 1 BvR 558/91, BVerfGE 105, 252 Abs.-Nr. 1–79.
4 Spanischer Oberster Gerichtshof v. 23.4.1992 – Kassationsverf. 3654/90, NStZ 1994, 37 ff.; eingehend hierzu *Contreras*, Sorgfaltspflichten, 2012, 56 ff.

23 Fälle aus dem Bereich der **Gebrauchsgüter**:

Lederspray-Fall[1]: Eine Unternehmensgruppe in Mainz hatte ein Lederspray entwickelt, hergestellt und vertrieben, das Meldungen auslöste, wonach Verbraucher bei der Verwendung des Produktes gesundheitliche Beeinträchtigungen erlitten hatten. Innerbetriebliche Untersuchungen über die toxische Wirkung des Produktes führten nicht zu einem Ergebnis. Bei einer Sondersitzung beschlossen die vier Geschäftsführer, das Spray in der bisherigen Rezeptur weiter herzustellen und zu vertreiben; lediglich die künftig auszuliefernden Spraydosen sollten einen warnenden Hinweis erhalten. Sowohl vor als auch nach der Sondersitzung hatten Benutzer des Sprays Schäden erlitten, die von Atembeschwerden bis hin zu Lungenödemen reichten. Die Geschäftsführer wurden in den Fällen, die sich *vor* der Sitzung ereignet hatten, wegen *fahrlässiger Körperverletzung* und in den Fällen *nach* der Sitzung wegen *gefährlicher Körperverletzung* verurteilt.

24 **Holzschutzmittel-Fall**[2]: Der kaufmännische und der technische Geschäftsführer einer Holzschutzmittelfirma wurden wegen fahrlässiger und vorsätzlicher Körperverletzung, in mehreren Fällen auch wegen Giftfreisetzung mit der Gefahr von Tod oder schweren Körperverletzung angeklagt, da es bei den Anwendern der Holzschutzmittel zu unterschiedlichen Vergiftungserscheinungen gekommen sein soll, was für die Angeschuldigten vorhersehbar gewesen sei. Das LG Frankfurt verurteilte die Angeklagten wegen fahrlässiger Körperverletzung zu Freiheitsstrafe mit Bewährung[3]. Nach Aufhebung des Urteils in der Revisionsinstanz[4] wurde das Verfahren gem. § 153a StPO eingestellt[5]. Die Firma der Angeklagten hatte 4 Mio. DM zur Gründung einer Stiftung zur Erforschung der – im Anklagevorwurf enthaltenen – Schädigung durch Holzschutzmittel zur Verfügung gestellt[6], der Angeklagte hatte eine Auflage von 100 000 DM zu bezahlen.

25 **Asbest-Produkte:** Die Herstellung und der Vertrieb von Asbest-Produkten hatten zu Ermittlungen wegen des Verdachts der Körperverletzung geführt[7]. Die *US-Tochter* Combustion Engineering der schweizerischen Asea Brown Boveri hatte asbesthaltiges Material in Heizkesseln für Kraftwerke eingesetzt. Mehr als 100 000 Betroffene hatten in den USA gegen ABB geklagt. ABB verpflichtete sich in einem Vergleich, insgesamt 1,4 Mrd. Dollar

---

1 BGH v. 6.7.1990 – 2 StR 549/89, BGHSt 37, 106 = NJW 1990, 2560 = StV 1990, 466 = wistra 1990, 342 = DB 1990, 1859 = JuS 1991, 253 Nr. 13 = NStZ 1990, 588 m. Anm. *Kuhlen*, NStZ 1990, 566 = GA 1994, 348 = JZ 1994, 1144; *Schmidt-Salzer*, Das Lederspray-Urteil des BGH, NJW 1990, 2966; *Beulke/Bachmann*, Die „Lederspray-Entscheidung", JuS 1992, 737; *Brammsen*, Kausalitäts- und Täterschaftsfragen bei Produktfehlern, Jura 1991, 533; *Hilgendorf*, Fragen der Kausalität bei Gremiumsentscheidungen am Beispiel des Lederspray-Urteils, NStZ 1994, 561; *Puppe*, JR 1992, 30; *Puppe*, JZ 1995, 1148; *Samson*, Probleme Strafrechtlicher Produkthaftung, StV 1991, 182; *Schmidt-Salzer*, ES ProdHaft, IV 3, 22, IV 1, 17.
2 LG Frankfurt v. 27.7.1990 – 5/26 KLs 65 Js 8793/84, NStZ 1990, 592 hatte die Eröffnung des Verfahrens abgelehnt; vgl. auch *Micklitz*, NJW 1989, 1076; OLG Frankfurt v. 19.12.1991 – 1 Ws 206/90 hatte das Verfahren eröffnet.
3 LG Frankfurt v. 27.7.1990 – 5/26 KLs 65 Js 8793/84, NStZ 1990, 592 m. Anm. *Schulz*, ZUR 1994, 26; *Rönnau*, Strafrechtliche Produkthaftung und der Grundsatz des freien Warenverkehrs, wistra 1994, 203.
4 BGH v. 2.8.1995 – 2 StR 221/94, MDR 1995, 1153 = BGHSt 41, 206 (215) = NJW 1995, 2930 = NStZ 1995, 590 = DB 1995, 1908 = JZ 1996, 315 m. Anm. *Puppe* (318).
5 LG Frankfurt v. 6.11.1996 – 5/29 KLs 65 Js 8793/84, NJW 1997, 1994; vgl. dazu *Kühne*, NJW 1997, 1951.
6 Lehrstuhl für „Toxikologie der Innenraumluft".
7 *Franzheim/Pfohl*, UmweltstrafR, 2. Aufl. 2001, Rz. 364; *Kuchenbauer*, Asbest und StrafR, NJW 1997, 2009, *Mackenthun/Jaeschke*, Der sorglose Umgang mit Asbest, ZUR 2003, 408; *Müller*, Strafrechtliche Relevanz des privaten Umgangs mit Asbest, NUR 2001, 202; LG Stuttgart v. 5.3.1999 – 13 KLs 174 Js 93891/98.

an eine Stiftung zu zahlen, welche die Summe dann an die Asbestopfer verteilt. Bereits früher sind 800 Mio. Dollar an Asbestopfer ausgezahlt worden. ABB kostet die Asbestkatastrophe seit 1990 insgesamt 2,2 Mrd. Dollar[1]. In *Frankreich* hat das französische Oberste Verwaltungsgericht (Conseil d'Etat) in vier Grundsatzurteilen am 3.3.2004 eine Haftung des französischen Staats bejaht, weil er den Kläger mit gesetzlichen Maßnahmen weder rechtzeitig noch hinreichend vor Asbestrisiken geschützt hat[2].

Wie die Beispielsfälle zeigen, sind die Regeln der zivilrechtlichen und strafrechtlichen Produkthaftung **erforderlich**, da sich der **Verbraucher** in der arbeitsteiligen Gesellschaft auf die Sicherheit der nicht selbst hergestellten Produkte verlassen können muss[3]. Dies gilt sowohl für die moderne Industriegesellschaft als auch für Dritt- und Schwellenländer. Gründe für technische Mängel bzw. fehlerhafte Produkte sind vorrangig das Bestreben, Kosten zu senken, bzw. übersteigertes Gewinnstreben. Ob mit den Produktsicherheitsregeln die Verhältnisse besser werden, wird sich erst zeigen müssen. 26

II. Europäische Normsetzung

1. Richtlinien über Produktsicherheit

Seit Anfang 2004 gelten in der EU neue Bestimmungen für mehr Sicherheit bei Konsumerzeugnissen. Die **RL 2001/95 über die allgemeine Produktsicherheit** (RLAP)[4] legt die *Sicherheitsanforderungen* fest, die für jedes Produkt gelten, das – auch im Rahmen der Erbringung einer Dienstleistung – für Verbraucher bestimmt ist oder unter vernünftigerweise vorhersehbaren Bedingungen von Verbrauchern benutzt werden könnte, selbst wenn es nicht für diese bestimmt ist, und entgeltlich oder unentgeltlich im Rahmen einer Geschäftstätigkeit geliefert oder zur Verfügung gestellt wird, unabhängig davon, ob es neu, gebraucht oder wiederaufgearbeitet ist (Kap. 1 Art. IIa RLAP). 27

Ferner regeln spezielle **produktbezogene Richtlinien** die sicherheitstechnischen Anforderungen, denen die Waren genügen müssen. Vor kurzem sind acht überarbeitete Fassungen von „CE-Richtlinien" verabschiedet worden[5], die bis 19.4.2016 in einzelstaatliches Recht umzusetzen sind. Die RLAP sowie die produktbezogenen Richtlinien betreffen z.B. Geräte für Sport- und Spielplätze, Babyartikel und Feuerzeuge, aber auch die meisten Haushaltsartikel wie Textilerzeugnisse und Einrichtungsgegenstände. Ausgenommen sind Lebensmittel. Genannt seien folgende Richtlinien: 28

- MedizinprodukteRL „Medical Devices Directive" 93/42/EWG (MDD);
- MaschinenRL 2006/42/EG;
- NiederspannungsRL „Low Voltage Directive" (LVD) 2014/35/EU vom 26.2.2014;
- RL über die elektromagnetische Verträglichkeit (EMV) 2014/30/EU;

---

1 Handelsblatt v. 2.4.2006.
2 *Endrös/Boizel*, Staatshaftung für Asbest in Frankreich, PHi 2004, 118.
3 *Reus*, Das Recht in der Risikogesellschaft, 2010, 22.
4 ABl. EG Nr. L 11 v. 15.1.2002, 4.
5 RL ... des Europ. Parl. und des Rates v. 26.2. 2014, ABl. EU Nr. L 96 v. 29.3.2014, 45 ff.

- DruckbehälterRL 2014/29/EU;
- DruckgeräteRL 2014/68/EU;
- ATEX-RL 2014/34/EU (Explosionsschutz – ATmosphère EXplosibles).

29 Über das Verhältnis zwischen der Richtlinie über die allgemeine Produktsicherheit und den sektoralen Richtlinien mit Vorschriften zur Produktsicherheit geben **Leitlinien** der Generaldirektion Gesundheit und Verbraucherschutz (GD SANCO) Auskunft[1]. Danach stellt die Richtlinie über die allgemeine Produktsicherheit (RALP) eine Ergänzung zu den sektoralen Richtlinien mit Sicherheitsvorschriften dar. Mit ihr soll ein einheitliches Verbraucherschutzniveau für alle Verbrauchsgüter im Binnenmarkt geschaffen werden, ohne dass in sektorspezifische Gemeinschaftsvorschriften oder -praktiken eingegriffen wird oder Überschneidungen auftreten.

30 Für den Fall, dass gefährliche Produkte festgestellt werden, sind die Befugnisse der EU, die **Rücknahme** dieser Produkte **anzuordnen** oder ein sofortiges Verbot des Inverkehrbringens zu verhängen, erweitert worden. Sobald eine „ernsthafte Gefahr erkannt wird, die rasches Handeln erfordert", kann die EU-Kommission unverzüglich und mit sofortiger Wirkung das Inverkehrbringen des fraglichen Produkts für einen Zeitraum bis zu einem Jahr untersagen. Produkte, deren Inverkehrbringen aufgrund einer Sofortmaßnahme untersagt ist, dürfen nicht mehr aus der EU in Drittländer ausgeführt werden.

31 Die EU-Kommission hat im Februar 2013 ein Legislativpaket über eine **neue Produktsicherheitsverordnung** vorgelegt, das seither zwischen den Mitgliedstaaten verhandelt wird[2]. Das Europäische Parlament hat am 15.4.2014 im Rahmen seiner ersten Lesung Stellung genommen und den Vorschlag mit Änderungen gebilligt. Mit der geplanten Verordnung sollen die ProduktsicherheitsRL (2001/95/EG – Rz. 27) und die RL 87/357/EWG über Lebensmittelimitate abgelöst werden. Die geplante Produktsicherheitsverordnung beschränkt sich wie die bisherige Produktsicherheitsrichtlinie allerdings nur auf Verbraucherprodukte. Sie soll – dem Entwurf zufolge – ab 1.1.2015 unmittelbar in jedem Mitgliedstaat gelten.

2. Richtlinien zur Konformitätsbewertung von Produkten

32 Art. 114 AEUV (ex Art. 95 EGV) ermöglicht es, zur Durchsetzung der Warenverkehrsfreiheit im europäischen Binnenmarkt mit Richtlinien grundlegende Sicherheits- und Gesundheitsanforderungen als Mindestanforderungen für Produkte festzulegen, die vom Hersteller erfüllt werden müssen. Zur Sicherheit der Verbraucher werden gefährliche Produkte auf Übereinstimmung mit den Anforderungen der zu den Produkten erlassenen EU-Richtlinie überprüft. Hierzu muss der Hersteller vor dem erstmaligen Inverkehrbringen eines Produkts ein **Konformitätsbewertungsverfahren** durchlaufen und nachweisen,

---

1 Stand November 2003; abrufbar unter http://ec.europa.eu/consumers/archive/cons_safe/prod_safe/gpsd/guidance_gpsd_de.pdf.
2 Vorschlag für eine VO des Europ. Parl. und des Rates über die Sicherheit von Verbraucherprodukten und zur Aufhebung der RL 87/357/EWG und 2001/95/EG v. 13.2.2013, COM/2013/078 final.

dass er die grundlegenden Gesundheits- und Sicherheitsanforderungen der jeweiligen Richtlinie eingehalten hat. War dieses Verfahren erfolgreich, stellt der Hersteller eine EG-Konformitätserklärung aus, wonach das Produkt zu den Anforderungen der entsprechenden Richtlinie(n) konform ist; das Produkt erhält dann die **CE-Kennzeichnung**.

Für Produkte mit **höherem Risiko** ist für die Prüfung die Einbeziehung einer „Benannten Stelle" (*Notified Bodies*) zwingend vorgeschrieben. Hierbei handelt es sich um neutrale und unabhängige Organisationen, die von einem EU-Mitgliedstaat „benannt" werden. Einzelheiten enthält der Beschluss des Rates 93/465/EWG vom 22.7.1993 über die in den technischen Harmonisierungsrichtlinien zu verwendenden Module für die verschiedenen Phasen der Konformitätsbewertungsverfahren und die Regeln für die Anbringung und Verwendung der CE-Konformitätskennzeichnung[1] sowie die nachfolgenden Verordnungen und Richtlinien. In *Deutschland* nehmen z.B. die Zentralstelle der Länder für Sicherheitstechnik (ZLS)[2] für allgemeine technische Produkte und die Zentralstelle der Länder für Gesundheitsschutz bei Arzneimitteln und Medizinprodukten (ZLG)[3] für Arzneimittel und Medizinprodukte die *Prüfung* und *Meldung* von Unternehmen, Vereinen etc. als „Benannte Stellen" wahr. Eine *Datenbank* mit dem Namen *Nando* (New Approach Notified and Designated Organisations) *Information System*[4] verzeichnet die in Europa als „Benannte Stellen" zugelassenen Organisationen.

33

Unter dem Thema „*New Legislative Framework*" wurde am 13.8.2008 der Beschluss 768/2008/EG des Europäischen Parlaments und des Rates vom 9.7.2008 über einen *gemeinsamen Rechtsrahmen* für die Vermarktung von Produkten und zur Aufhebung des Beschlusses 93/465EWG des Rates veröffentlicht[5]. Ferner wurde die EG-VO 765/2008 – **Marktüberwachungsverordnung** (MÜ-VO) erlassen, die den Beschluss 768/2008/EG um die Vorschriften für die Marktüberwachung und die Akkreditierung der Konformitätsbewertungsstellen (Benannte Stellen) ergänzt[6].

34

Der *Entwurf* einer *neuen MarktüberwachungsVO* [7] mit dem Ziel einer höheren Effektivität der Überwachung ist derzeit im Gesetzgebungsverfahren.. Die VO soll bereits ab Anfang 2015 gelten.

Die derzeit geltende **Marktüberwachungsverordnung** (EG) 765/2008, die die Akkreditierung und Marktaufsicht regelt, gilt seit dem 1.1.2010 in den Mit-

35

---

1 ABl. EG Nr. L 220 v. 30.8.1993, 23.
2 Zentralstelle der Länder für Sicherheitstechnik im Bayerischen Staatsministerium für Arbeit und Sozialordnung, Familie und Frauen (StMAS), Winzererstraße 9, 80797 München, http://www.zls-muenchen.de/.
3 Mit Sitz in Bonn, Sebastianstraße 189; http://www.zlg.de/ m.w.Nw.
4 http://ec.europa.eu/enterprise/newapproach/nando/.
5 ABl. EU Nr. L 218 v. 13.8.2008, 82.
6 VO (EG) Nr. 765/2008 des Europ. Parl. und des Rates v. 9.7.2008 über die Vorschriften für die Akkreditierung und Marktüberwachung von Produkten. Angenommen vom Europ. Parl. in erster Lesung am 21.2.2008, verabschiedet vom Europ. Rat am 23.6., ABl. EU Nr. L 218 v. 13.8.2008, 30. Die VO trat am 2.9.2008 in Kraft und ist ab dem 1.1.2010 von den Mitgliedstaaten verbindlich anzuwenden.
7 COM/2013/075 final v. 13.2.2013.

gliedstaaten direkt. Je nach Risiko müssen bestimmte Produkte durch eine unabhängige Konformitätsbewertungsstelle, sog. „notifizierte" Stelle, geprüft werden. Die Mitgliedstaaten sind für die Marktüberwachung auf ihrem Hoheitsgebiet verantwortlich, weswegen die Marktüberwachungsbehörden mit ausreichenden Befugnissen und Ressourcen ausgestattet werden müssen. Die Konformitätsbewertungsstellen erhalten mit ihrer Benennung eine Kennnummer und sind fortan berechtigt, die Einhaltung der wesentlichen Anforderungen bestimmter Richtlinien entsprechend der in dem einschlägigen Konformitätsbewertungsverfahren genannten Weise zu prüfen und zu bescheinigen (zertifizieren)[1].

36 Aufgrund des Gesetzes über die Akkreditierungsstelle (AkkStelleG)[2], das der Umsetzung von Kapitel II der VO (EG) Nr. 765/2008 dient, und der AkkStelleG-BeleihungsVO[3] ist in Deutschland seit 1.1.2010 für die Akkreditierung der „Benannten Stellen" ausschließlich die **Deutsche Akkreditierungsstelle** (DAkkS) zuständig.

3. Verbraucherinformationen zu gefährlichen Produkten

37 **Informationen** über die mangelnde Sicherheit von Produkten, von denen die Mitgliedstaaten und die EG-Kommission Kenntnis erhalten, sind generell *öffentlich zugänglich* zu machen. Vorgesehen sind allerdings Ausnahmen, mit denen einer Offenlegung von Informationen, die die Marktüberwachungstätigkeiten der Behörden beeinträchtigen oder den Grundsatz der Geheimhaltung von Geschäftsgeheimnisse verletzen könnte, vorgebeugt wird. Außerdem wurde ein *Schnellwarnsystem* eingerichtet. Die EG-Kommission muss über jedes Produkt, das eine ernsthafte Gefahr darstellen kann, unverzüglich benachrichtigt werden. Die entsprechende Meldung hat die EU-Kommission dann an alle übrigen Mitgliedstaaten weiterzugeben[4].

38 In der RL 2001/95/EG vom 3.12.2001 über die allgemeine Produktsicherheit wurde in den einleitenden Erwägungen Nr. 25 festgelegt, dass ein europaweites **Netzwerk der Aufsichtsbehörden** der Mitgliedstaaten gefördert werden soll, um so in einer mit anderen Gemeinschaftsverfahren, insbesondere dem gemeinschaftlichen System zum raschen Informationstausch (Rapid Exchange of Information System – **RAPEX**), abgestimmten Weise eine verbesserte operative Zusammenarbeit in Fragen der Marktüberwachung und bei anderen Überwachungsmaßnahmen zu erleichtern.

39 Verbraucher können sich über **Produktsicherheit in Europa** auf den Internetseiten der EG/EU-Kommission, der Bundesanstalt für Arbeitsschutz und Arbeitsmedizin (BAuA) sowohl über potenziell gefährliche Konsumerzeugnisse als auch über gefährliche Nahrungsmittel informieren.

---

1 *Kapoor/Klindt*, Die Reform des Akkreditierungswesens im Europ. ProduktsicherheitsR, EuZW 2009, 134.
2 V. 31.7.2009, BGBl. I 2009, 2625.
3 AkkStelleG-BeleihungsVO v. 21.12.2009, BGBl I 2009, 3962.
4 EG-Komm., Pressemitteilung v. 15.1.2004 – IP/04/53.

Folgende **Datenbanken** im Internet stehen zur Verfügung: 40

– Warnungen und Rückrufe von Produkten im Geltungsbereich des Produktsicherheitsgesetzes der **Bundesanstalt für Arbeitsschutz und Arbeitsmedizin**[1].
– Datenbanksystem der **Marktüberwachungsbehörden ICSMS** (internet-supported information and communication system for the pan-European market surveillance of technical products)[2]. Dort können sich Marktüberwachungsbehörden sowie Hersteller, Händler und Käufer technischer Produkte Informationen i.S. des Arbeits- und Verbraucherschutzes und des fairen Wettbewerbs austauschen. Das Bundesamt für Verbraucherschutz und Lebensmittelsicherheit (BVL) koordiniert gemeinsam mit den Bundesländern Überwachungsprogramme, spricht Zulassungen aus, und sorgt im Rahmen des europäischen Schnellwarnsystems für den Informationsfluss zwischen der EU und den Bundesländern.
– Schnellwarnsystem für Verbraucherprodukte auf EU-Ebene, das **Rapex-System**[3]. Deutsche Kontaktstelle für das RAPEX-System ist die *Bundesanstalt für Arbeitsschutz und Arbeitsmedizin* (BAuA). Das Bundesamt für Verbraucherschutz und Lebensmittelsicherheit (BVL) übernimmt im Bereich des Schnellwarnsystems RAPEX die Weiterleitung von Meldungen über Bedarfsgegenstände (chemisch hygienische Risiken), kosmetische Mittel sowie Tabakerzeugnisse an die BAuA.
– Schnellwarnsystem für *Lebensmittel-, Lebensmittelbedarfsgegenstände und Futtermittel* auf EU-Ebene: Rapid Alert System for Food and Feed – **RASFF**[4]. Das Schnellwarnsystem RASFF beruht auf Art. 50 EG-VO Nr. 178/2002, in welcher Grundsätze und Anforderungen des Lebensmittelrechts, zur Errichtung der Europäischen Behörde für Lebensmittelsicherheit und zur Festlegung von Verfahren zur Lebensmittelsicherheit festgelegt sind. Das BVL nimmt Meldungen der Bundesländer über bestimmte Produkte entgegen, von denen Gefahren für Verbraucher ausgehen können. Nach einem vorgeschriebenen Verfahren werden die Meldungen geprüft, ergänzt und an die Mitgliedstaaten der EU weitergeleitet. Ein *Merkblatt* sowie ein Leitfaden für Korrekturmaßnahmen einschließlich Rückrufen stehen im Internet zur Verfügung[5].

Einstweilen frei. 41–43

III. Zivilrechtliche Folgen

Zivilrechtliche Schadensersatzansprüche wegen fehlerhafter Produkte können einerseits auf die „klassische" deliktsrechtliche Produkthaftung (Rz. 45 ff.), andererseits seit 1990 auf das Produkthaftungsgesetz (ProdHaftG) (Rz. 66 ff.) ge- 44

---

1 http://www.baua.de/de/Produktsicherheit/Produktinformationen/Produktrueckrufliste.html.
2 www.icsms.de.
3 http://ec.europa.eu/consumers/dyna/rapex/rapex_archives_de.cfm und http://www.baua.de/de/Produktsicherheit/Produktinformationen/RAPEX.html.
4 http://ec.europa.eu/food/food/rapidalert/index_en.htm.
5 http://ec.europa.eu/consumers/cons_safe/action_guide_de.pdf.

stützt werden[1]. Die Entwicklung der deliktsrechtlichen Produzentenhaftung scheint im Wesentlichen abgeschlossen zu sein, da nur noch selten Revisionsverfahren zum BGH gelangen[2].

1. Deliktsrechtliche Produzentenhaftung

45 **a)** Für fehlerhafte Produkte, die *vor* dem Inkrafttreten des *ProdHaftG* am 1.1.1990 (Rz. 66) in den Verkehr gebracht worden sind, sowie für Fallgestaltungen, die nicht unter das ProdHaftG fallen, ist Grundlage für einen Schadensersatzanspruch weiterhin die allgemeine **Haftung für unerlaubte Handlungen** nach § 823 BGB[3] (*deliktsrechtliche Produzentenhaftung*).

46 Anspruchsgrund nach § 823 *Abs. 1* BGB ist die **Verletzung eines absoluten Rechts** (Leben, Körper, Gesundheit, Eigentum und sonstige gleichrangige Rechte). Die Verletzung sonstiger Normen im Zusammenhang mit der Herstellung von Produkten kann außerdem die **Verletzung eines Schutzgesetzes** i.S. des § 823 *Abs. 2* BGB darstellen, wenn diese Normen gerade (auch) dem Schutz Dritter dienen. Hier kommen Vorschriften nach der Straßenverkehrszulassungsordnung, dem Lebensmittel-, dem Arzneimittel- und dem MedizinprodukteG in Betracht. Weitere Schutzgesetze sind z.B. im AbfallG, im EmbryonenschutzG, im FuttermittelG, in der Gefahrgutverordnung Straße, im Geräte- und ProduktsicherheitsG, im Milch- und FettG sowie im SprengstoffG enthalten.

47 Eine deliktsrechtliche Haftung setzt allgemein voraus, dass der Geschädigte sowohl die **Verursachung** des Schadens als auch das **Verschulden** – mindestens Fahrlässigkeit i.S. von § 276 BGB – seitens des Produktherstellers **nachweist** – eine hohe Hürde für einen geschädigten Verbraucher. Die Rechtsprechung hat indes in langjähriger Entwicklung zugunsten der Konsumenten *Beweiserleichterungen* bis hin zur Beweislastumkehr geschaffen und zugleich die Sorgfaltspflichten des Produzenten ständig erhöht[4]. So hat der BGH bei Schadensersatzansprüchen gegen Arzneimittelhersteller aus Haftung für Arzneimittelschäden ausgeführt[5], dass an die Darlegungslast des Patienten keine überhöhten Anforderungen gestellt werden dürfen, um ein weitgehendes Leerlaufen der Vorschriften über die Haftung für Arzneimittelschäden zu vermeiden[6]. Der Her-

---

1 *Molitoris/Klindt*, Die Entwicklung im Produkthaftungs- und Produktsicherheitsrecht, NJW 2012, 1489.
2 So *Kullmann*, Die Rechtsprechung des BGH zum ProdukthaftpflichtR in den Jahren 2001–2003, NJW 2003, 1908.
3 Sog. Produzentenhaftung; vgl. hierzu *Foerste* in Produkthaftungshdb., 3. Aufl. 2012, §§ 20 ff.; umfassend *Wagner* in MüKo, 6. Aufl. 2013, § 823 BGB Rz. 617-702.
4 Grundlegend BGH v. 26.11.1968 – VI ZR 212/66 – sog. „Hühnerpest"-Fall, BGHZ 51, 104 = NJW 1969, 269; vgl. *Kullmann*, NJW 1991, 675 (682); *Birkmann*, DAR 1990, 124; vgl. auch Milupa-Fall: BGH v. 12.11.1991 – VI ZR 7/91, MDR 1992, 130 = NJW 1992, 560; *Wagner* in MüKo, § 823 BGB Rz. 624, 684 ff.
5 BGH v. 1.7.2008 – VI ZR 287/07 – VIOXX, NJW 2008, 2994 zu § 84 AMG.
6 Vgl. auch BGH v. 19.3.1991 – VI ZR 248/90, NJW 1991, 2351 = VersR 1991, 780 zu § 84 AMG a.F.; *Deutsch*, NJW 2007, 3586; sowie *Spickhoff*, Die Entwicklung des ArztR 2007/2008, NJW 2008, 1636 (1639); *Voit* in Dieners/Reese, Hdb. des Pharmarechts, 2010, § 13 Arzneimittelhaftung Rz. 33 f.

steller einer Ware, die fehlerhaft ist, haftet danach auf Ersatz des dadurch verursachten Schadens, wenn er nicht den Entlastungsbeweis führen kann, also beweist, dass er den Fehler bzw. seine Auswirkung nicht verhindern konnte[1]. *Innerhalb* des Unternehmens haben der Hersteller bzw. die Organe einer juristischen Person die Pflicht, für eine Organisation zu sorgen, die das Risiko von Produktfehlern minimiert[2].

Die Rechtsprechung hat folgende **Fehlergruppen** entwickelt: 48

- **Konstruktionsfehler**[3]: Das Produkt entspricht schon seiner Konzeption nach nicht einem Sicherheitsstandard, der nach dem im Zeitpunkt des Inverkehrbringens des Produkts vorhandenen *neuesten Stand der Wissenschaft und Technik* und nicht nur nach der Branchenüblichkeit konstruktiv möglich ist. Die Frage, ob eine Sicherungsmaßnahme nach objektiven Maßstäben zumutbar ist, lässt sich nur unter Berücksichtigung sämtlicher Umstände des Einzelfalls beurteilen. Der Maßstab für die Sicherheitsanforderungen an das Produkt ist der bestimmungsgemäße Gebrauch durch den durchschnittlichen Benutzer. Je gefährlicher das Produkt ist, desto größer sind die Anforderungen an die Sorgfalt des Herstellers. Allerdings gehen berechtigte Sicherheitserwartungen bei einem Produkt nur dahin, dass bei vorhersehbarer üblicher Verwendung und unter Beachtung der Gebrauchs- bzw. Installationsanleitung keine erheblichen Gefahren für Leib und Leben der Nutzer oder unbeteiligter Dritter ausgehen[4].

- **Fabrikations-**[5] oder **Herstellungsfehler:** *Einzelne Produktexemplare* einer Serie sind fehlerhaft, da in der Produktion nicht mit ausreichender Präzision und Sorgfalt gearbeitet und bei der Qualitätskontrolle der Fehler nicht entdeckt wird.

- **Instruktionsfehler**[6]: *Fehlerhafte Gebrauchsanleitung* oder nicht ausreichende Warnungen vor produktspezifischen Gefahren/Eigenschaften. Die Verständlichkeit der Bedienungsanleitung und der Umfang der Aufklärung müssen an Grad und Nähe der Gefahren ausgerichtet und so formuliert sein, dass der durchschnittliche Benutzer Bedienung und Gefahren eines Produkts erkennt. Lassen sich die mit der Verwendung eines Produkts verbundenen Gefahren nach dem Stand von Wissenschaft und Technik durch konstruktive Maßnahmen nicht vermeiden oder sind konstruktive Gefahrvermeidungsmaßnahmen dem Hersteller nicht zumutbar und darf das Produkt trotz der von ihm ausgehenden Gefahren in den Verkehr gebracht werden, so ist der Hersteller grundsätzlich verpflichtet, die Verwender des Produkts vor denjenigen Gefahren zu warnen, die bei bestimmungsgemäßem Gebrauch oder naheliegendem Fehlgebrauch drohen und die nicht zum allgemeinen Gefahrenwissen des Benutzerkreises gehören.

- **Entwicklungsfehler** sind solche, die sich im Zeitpunkt des Inverkehrbringens des Produkts nicht erkennen oder nicht vermeiden ließen. Für solche haftet der Hersteller nur, wenn das Produkt schon nach *damaligem Stand von Wissenschaft und Technik so gefährlich* war, dass es nicht hätte vermarktet werden dürfen[7]. Bei der Prüfung ist ein objektiver Maßstab zugrunde zu legen.

---

1 *Deutsch/Ahrens*, DeliktsR, 6. Aufl. 2014, § 18 Rz. 371.
2 *Foerste* in Produkthaftungshdb., § 24 Rz. 300 m.w.Nw.
3 *Wagner* in MüKo, § 823 BGB Rz. 654 ff. m.w.Nw; BGH v. 16.6. 2009 – VI ZR 107/08, NJW 2009, 2952.
4 BGH v. 5.2.2013 – VI ZR 1/12, NJW 2013, 1302.
5 *Wagner* in MüKo, § 823 BGB Rz. 658 ff. m.w.Nw.
6 BGH v. 16.6. 2009 – VI ZR 107/08, NJW 2009, 2952; *Wagner* in MüKo, § 823 BGB Rz. 662 ff. m.w.Nw.; *Meyer*, Instruktionshaftung, 1992.
7 *Wagner* in MüKo, § 823 BGB Rz. 652 ff. m.w.Nw.; *Hager* in Staudinger, § 823 BGB Rz. F 19 ff.

49 Produkthaftungsrechtliche Probleme bestehen auch im Bereich der **Software**[1]. Computerprogramme, die im medizinischen Bereich verwendet werden, die Maschinen steuern oder Anlagen überwachen, müssen hohen Sicherheitsanforderungen genügen. Von ihrer Funktionstüchtigkeit und Fehlerfreiheit können Leben und Gesundheit von Menschen und die Unversehrtheit von Gütern abhängen. Bei ihrer Herstellung, bei Vertrieb und Verwendung kommen zumindest die Grundsätze der deliktischen Produzentenhaftung zur Anwendung. Dies ist z.B. der Fall, wenn im Rahmen der Softwareentwicklung Konstruktions-, Fabrikations-, Instruktionsfehler begangen wurden oder eine ausgelieferte Software Viren enthält. Wegen der Anwendbarkeit des ProdHaftG vgl. Rz. 70.

50 b) Wurde das Produkt in den Verkehr gebracht, hat der Produzent die Pflicht, zu beobachten, ob und wie es sich in der praktischen Anwendung bewährt (**Produktbeobachtungspflicht**)[2], da er für Fehler in der Entwicklung, die dem Stand der Wissenschaft und der Technik entsprach und die noch nicht erkannt werden konnten, nicht haftet[3]. Diese Pflicht bezieht sie sich nicht nur auf eigene Ware, sondern auch auf Kombinationsprodukte, insbesondere *Zulieferteile*[4]. Der Hersteller ist verpflichtet, die organisatorischen Voraussetzungen für die Produktüberwachung zu schaffen[5]. Es darf sich nicht nur um eine passive Beobachtung (Entgegennahme von Beschwerden) handeln, vielmehr muss eine *aktive Beobachtung* stattfinden, wie z.B. die Auswertung von Testberichten, Zeitungen und Fachzeitschriften[6] sowie die Analyse von Unfallberichten und Schadensmeldungen[7]. Auch das *Internet* ist in die Beobachtung einzubeziehen, zumindest in den Ländern, in denen die Produkte strategisch vertrieben werden[8]. Die Beobachtung hat hinsichtlich der Konstruktion, der Information über das Produkt und hinsichtlich dessen Verwendung zusammen mit anderen Pro-

---

1 *Taeger*, Produkt- und Produzentenhaftung bei Schäden durch fehlerhafte Computerprogramme, CR 1996, 257 (266); *Lehmann*, Produkt- und Produzentenhaftung für Software, NJW 1992, 1721; *Reese*, Produkthaftung und Produzentenhaftung für Hard- und Software, DStR 1994, 1121; *Hoeren*, Produkthaftung für Software, PHi 1989, 138; *Uskenbayeva*, Produkthaftung für Software im Internet, 2008; *Redeker*, IT-Recht, 5. Aufl. 2012, Kap. C IV.
2 *Foerste* in Produkthaftungshdb., § 24 Rz. 290; *Frick/Kluth*, PHi 2006, 206; *Wagner* in MüKo, § 823 BGB Rz. 671 m.w.Nw.; *Bodewig*, Der Rückruf fehlerhafter Produkte, 1999, 111, 119; *Lautaro Contreras*, Normative Kriterien zur Bestimmung der Sorgfaltspflichten des Produzenten, 2012, 223; *Dietrich*, Produktbeobachtungspflicht und Schadensverhütungspflicht des Produzenten, 1994; *Michalski*, BB 1998, 961.
3 *Wagner* in MüKo, § 823 BGB Rz. 671 ff.
4 BGH v. 9.12.1986 – VI ZR 65/86 – Lenkerverkleidung, BGHZ 99, 167 (172 ff.) = MDR 1987, 396 = CR 1987, 230 (172 ff.) = NJW 1987, 1009 (1010 f.).
5 BGH v. 28.9.1970 – VIII ZR 166/68 , BB 1970, 1414 (1415).
6 BGH v. 17.3.1981 – VI ZR 286/78, BGHZ 80, 199 (203) = MDR 1981, 744 = NJW 1981, 1606 (1608) = BB 1981, 1048 (1049) = VersR 1981, 636 (638); *Foerste* in Produkthaftungshdb., § 24 Rz. 294.
7 *Foerste* in Produkthaftungshdb., § 24 Rz. 2294; BGH v. 17.10.1989 – VI ZR 258/88, MDR 1990, 425 = NJW 1990, 906; BGH v. 27.9.1994 – VI ZR 150/93, MDR 1995, 46 = NJW 1994, 3349.
8 *Hauschka/Klindt*, Eine Rechtspflicht zur Compliance im Reklamationsmanagement?, NJW 2007, 2726.

dukten zu erfolgen. Ferner muss der Hersteller sicherstellen, dass er von seinem Händler- oder *Vertriebsnetz* über eine etwaige Häufung von Unfällen informiert wird[1]. Bei gefährlichen Produkten sind die relevanten internationalen Fachjournale zu verfolgen und auszuwerten[2]. Neu entwickelte Produkte bedürfen eines intensiveren Beobachtungsaufwand als eingeführte Waren.

Im Rahmen der *Corporate Compliance* des Unternehmens (dazu allgemein § 31 Rz. 1 ff.) muss die **Problemerkennung organisiert werden**. Sicherzustellen ist, dass Reklamationen, die im weitesten Sinne auf Probleme mit Gesundheit, Sicherheit, Umwelt hindeuten, erkannt, sicher aufgenommen, innerbetrieblich zugeordnet und Problemlösungen dokumentiert werden. 51

Den **Quasi-Hersteller,** der den Eindruck erweckt, Hersteller zu sein, während sich seine Tätigkeit in Wahrheit auf den Vertrieb fremder Waren unter eigener Marken oder Unternehmenskennzeichen beschränkt, trifft ebenfalls eine *deliktsrechtliche Mitverantwortung* im Produktbeobachtungsbereich[3]. Der BGH[4] hält den Quasi-Hersteller für verpflichtet, selbst Produktkontrollen vorzunehmen bzw. vornehmen zu lassen, wenn der Hersteller nach eingetretenen Schadensfällen untätig blieb. Dies gilt selbst dann, wenn der Quasi-Hersteller die von dem eigentlichen Produzenten hergestellten Produkte nicht kontrolliert, sondern die Produkte durch eine Drittfirma direkt an die Kunden ausliefern lässt[5]. 52

Der **Händler** hat ebenfalls produktbezogene Verantwortung und ist Produkthaftungsansprüchen[6] ausgesetzt. Vertriebsgesellschaften, die *ausländische Produkte* im Inland vertreiben, haben eine solche Beobachtungspflicht[7]. Das Gleiche gilt für den **Importeur**, der ausländische Produkte unter seiner Marke in den Verkehr bringt[8]. Auch der an letzter Stelle im Vertriebsweg stehende **Einzelhändler** hat eine Produkthaftung, da er die Ware in den Verkehr bringt[9]. Beobachtungspflichten hat auch ein Händler, der an einen Produzenten eine Ware 53

---

1 *Kullmann*, BB 1987, 1958; *Foerste* in Produkthaftungshdb., § 24 Rz. 294.
2 BGH v. 17.3.1981 – VI ZR 286/78 – Benomyl, BGHZ 80, 199 (203) = NJW 1981, 1606 (1608).
3 *Wagner* in MüKo, § 823 BGB Rz. 633; *Wagener/Wahle*, Hersteller, Quasi-Hersteller und Lieferant im Produkthaftungsgesetz, NJW 2005, 3179; *Graf v. Westphalen*, Jura 1983, 133 (136).
4 BGH v. 7.12.1993 – VI ZR 74/93, NJW 1994, 517.
5 OLG Celle v. 7.11.2001 – 9 U 162/01, VersR 2003, 467; BGH v. 24.9.2002 – VI ZR 428/01 Nichtannahmebeschluss; *Winkelbauer* in Produkthaftungshdb., § 82 Rz. 53.
6 *Johannsen/Rademacher*, Produkthaftungsrisiken im Handel und Lösungsansätze, BB 1996, 2636.
7 *Kullmann*, BB 1987, 1959; *Link*, BB 1985, 1424; BGH v. 18.1.1983 – VI ZR 270/80, MDR 1983, 390 = BB 1983, 464; BGH v. 7.12.1993 – VI ZR 74/93, MDR 1994, 254 = CR 1994, 205 = NJW 1994, 517 = BB 1994, 242 (244) = JZ 1994, 574 m. Anm. *Brüggemeier*; *Johannsen/Rademacher*, Produkthaftungsrisiken im Handel und Lösungsansätze, BB 1996, 2636 (2640); *Schmidt-Salzer*, Produkthaftung, Bd. III/1, 2. Aufl. 1985 ff., Rz. 4.399.
8 BGH v. 7.12.1993 – VI ZR 74/93, MDR 1994, 254 = CR 1994, 205 = NJW 1994, 517.
9 *Dunz/Kraus*, Haftung für schädliche Ware, 1969, 75; *Gerecke*, Rechtsgüterschutz und Einzelhandel, 2007; BGH v. 5.5.1981 – VI ZR 280/79, NJW 1981, 2250.

liefert, die für dessen Herstellungspalette untypisch ist, sodass eine Fehlanwendung erhebliches Schädigungspotenzial hat, oder wenn sogar Anhaltspunkte für eine fehlerhafte, zweckentfremdete oder missbräuchliche Verwendung seines Produkts vorliegen.

Beispiel Wird z.B. Industriesilikonöl, das normalerweise zur Herstellung von Dichtungen dient, in größeren Mengen an einen Hersteller von Medizinprodukten geliefert (vgl. Rz. 18), so hat der Lieferant – wenn sich dies nach den Umständen aufdrängt – zu prüfen, was mit dem Industriesilikon hergestellt wird, ggf. hat er einen Nachweis über die Verwendung zu fordern.

54 **c)** Eine Reihe **besonderer Vorschriften** regelt ausdrücklich die *Produktbeobachtung* sowie die *Erfassung und Umsetzung der Ergebnisse der Beobachtung* in Unternehmen.

55 Im **Produktsicherheitsrecht** (vgl. Rz. 117) haben der Hersteller, sein Bevollmächtigter oder der Einführer eines Verbraucherprodukts nach § 6 Abs. 3 Nr. 1 ProdSG im Rahmen ihrer Geschäftstätigkeit bei den auf dem Markt bereitgestellten Produkten die Pflicht, abhängig vom Grad des Risikos, das mit den Produkten verbunden ist, und den Möglichkeiten, das Risiko zu vermeiden, *gebotene Stichproben* durchzuführen, *Beschwerden zu prüfen* und erforderlichenfalls ein *Beschwerdebuch* zu führen. Ferner sind die Händler über weitere das Verbraucherprodukt betreffende Maßnahmen zu unterrichten. Darüber hinaus enthält § 6 Abs. 2 ProdSG die Pflicht zum Aufbau eines Rückrufmanagements. Rückruf ist jede Maßnahme, die darauf abzielt, die Rückgabe eines dem Endverbraucher bereitgestellten Produkts zu erwirken (§ 2 Nr. 25 ProdSG).

56 Nach § 6 Abs. 4 ProdSG haben der Hersteller, sein Bevollmächtigter und der Einführer nach Maßgabe von Anhang I der Richtlinie 2001/95/EG des Europäischen Parlaments und des Rates vom 3.12.2001 über die allgemeine Produktsicherheit[1] jeweils unverzüglich die an ihrem Geschäftssitz zuständige **Marktüberwachungsbehörde zu unterrichten**, wenn sie wissen oder aufgrund der ihnen vorliegenden Informationen oder ihrer Erfahrung wissen müssen, dass ein Verbraucherprodukt, das sie auf dem Markt bereitgestellt haben, ein Risiko für die Sicherheit und Gesundheit von Personen darstellt; insbesondere haben sie die Marktüberwachungsbehörde über die Maßnahmen zu unterrichten, die sie zur Vermeidung dieses Risikos getroffen haben. Ähnliche Regelungen enthält der Vorschlag für eine erneuerte VO über die Marktüberwachung von Produkten (Rz. 34).

57 Im **Medizinprodukterecht** (vgl. Rz. 140 ff. sowie § 72 Rz. 117 ff.) regeln das Medizinproduktegesetz (MPG) und die Medizinprodukte-Sicherheitsplanverordnung (MPSV) die *interne Bearbeitung* von Beschwerden und sonstigen Markt-Erkenntnissen i.S. des Patienten- und Verbraucherschutzes. Nach § 30 Abs. 4 MPG hat der Sicherheitsbeauftragte für Medizinprodukte bekannt gewordene Meldungen über Risiken bei Medizinprodukten zu sammeln, zu bewerten und die notwendigen *Maßnahmen zu koordinieren*.

Ferner verpflichtet § 14 Abs. 1 MPSV den Verantwortlichen nach § 5 MPG, die gebotenen korrektiven Maßnahmen durchzuführen. Er hat Vorkehrungen zu treffen, damit erforderlichenfalls der *Rückruf von Medizinprodukten*, von denen unvertretbare Risiken ausgehen, schnell und zuverlässig durchgeführt werden kann. Dies bedeutet, dass eine Unternehmensorganisation vorhanden sein muss, die bei entsprechenden Reklamationshinweisen in ein vorbereitetes Alarm-System einmündet. Das Bundesinstitut für Arzneimittel und Medizinprodukte hat für den Zeitraum vom 1.1.2005 bis 31.12.2012 insgesamt 4 622 Produktrückrufe von Medizinprodukten, d.h. rund 600 Produktrückrufe pro Jahr festgestellt.

---

1 ABl. EG Nr. L 11 v. 15.1.2002, 4.

Im **Lebens- und Futtermittelrecht** (dazu § 72 Rz. 1 ff.) verlangt Art. 18 der EG-VO **58**
Nr. 178/2002 über Lebensmittelsicherheit und Futtermittelsicherheit „die Rückverfolgbarkeit von Lebensmitteln und Futtermitteln, von der Lebensmittelgewinnung dienenden Tieren und allen sonstigen Stoffen, die dazu bestimmt sind oder von denen erwartet werden kann, dass sie in einem Lebensmittel oder Futtermittel verarbeitet werden, in allen Produktions-, Verarbeitungs- und Vertriebsstufen sicherzustellen". Art. 19 postuliert eine Pflicht zur Rückrufplanung.

Die Nichtbeachtung der **abfallrechtlichen Produktverantwortung** nach § 23 ff. KrWG **59**
kann zu einer Haftung nach den Grundsätzen der Produzenten- und Produkthaftung führen[1] (s. auch § 54 Rz. 50 ff., 223 ff.). Hierzu sind bislang die Altöl-, die Verpackungs-, die Altfahrzeug- und die Altholzverordnung sowie das Batterie- und das Elektro- und Elektronikgerätegesetz ergangen.

d) Werden *Fehler entdeckt*, so entstehen aufgrund der zivilrechtlichen Haftungs- **60**
normen, weiterer Einzelfallregelungen[2] und der strafrechtlichen Folgen der Verursachung von Schäden **Handlungspflichten**. In Betracht kommen – je nach Umfang der Gefahren – Änderung der Konstruktion oder der Fertigung, verbesserte Instruktionen, Stopp der Produktion und *Warnungen vor Gefahren*. Ferner besteht eine – im Einzelnen umstrittene – **Rückrufpflicht**[3]. Den jeweils Verantwortlichen treffen jedoch erhebliche Sanktionen, wenn durch fehlende Produktbeobachtung oder unterbliebenen Rückruf Schäden entstehen (vgl. Rz. 74 f.). Mit beachtlichen Gründen wird in Literatur und Rechtsprechung die Ansicht vertreten, dass ein Hersteller, der die ihm obliegenden Pflichten zu gefahrloser Konstruktion und Fabrikation verletzt hat, zu Rückruf und Reparatur auf eigene Kosten verpflichtet[4] ist. Das Pflegebetten-Urteil (vgl. Rz. 61) hält zwar eine Warnung der Produktnutzer für ausreichend und verneint darüber hinausgehende deliktische Rückrufpflichten. Dies kann jedoch nicht für den Fall gelten, dass ein fehlerhaftes Produkt unter Verletzung der dem Hersteller obliegenden Sorgfaltspflichten in den Verkehr gebracht wird. Könnte durch eine bloße Warnung vor der Gefahr die Haftung vermieden werden, käme dies einer indirekten Aufforderung zu wirtschaftskriminellem Verhalten gleich. Der Anreiz, mithilfe niedriger Entwicklungs- und Herstellungskosten billige, aber gefährliche Produkte herzustellen und später vor den Gefahren zu warnen, liegt auf der Hand.

Der **Umfang der Maßnahmen** richtet sich nach den *Gefahren*, die von dem Pro- **61**
dukt ausgehen. Mit dem sog. Pflegebetten-Urteil[5] hat der BGH entschieden, dass bei manchen Konstellationen bereits die deutliche Warnung vor der Wei-

---

1 *Gesmann-Nuissl/Wenzel*, NJW 2004, 117.
2 *Schneider*, ZIP 2003, 645 (647).
3 *Wagner* in MüKo, § 823 BGB Rz. 653, 677 ff.; *Wagner*, Der Produktrückruf zwischen öffentlichen Sicherheits- und privatem Vertrags- und Deliktsrecht, in Aktuelle Probleme des Umwelt- und Technikrechts, 2011, 51.
4 *Wagner* in MüKo, § 823 BGB Rz. 677; bejaht von OLG Düsseldorf v. 16.3.2007 – 17 U 11/06 – Gartendünger-Fall, NJW-RR 2008, 411.
5 BGH v. 16.12.2008 – VI ZR 170/07, NJW 2009, 1080 m. Anm. *Molitoris*, NJW 2009, 1049; *Molitoris/Klindt*, Die Entwicklung im Produkthaftungs- und Produktsicherheitsrecht, NJW 2012, 1489; *Klindt*, Produktrückrufe und deren Kostenerstattung nach der Pflegebetten-Entscheidung des BGH, BB 2009, 792; vgl. dagegen OLG Nürnberg, v. 3.8.2011 – 12 U 1143/06.

terverwendung des unsicheren Produkts ausreiche, um die in § 823 Abs. 1 BGB genannten Rechtsgüter zu schützen.

62 In besonderen Bereichen ist auch ein **öffentlich-rechtlicher Produktrückruf** vorgesehen, der den jeweils zuständigen Behörden obliegt.

Das **Produktsicherheitsgesetz** (ProdSG) setzt die EG-Produktsicherheitsrichtlinie in nationales Recht um (vgl. Rz. 117). Nach § 26 Abs. 2 Nr. 7, Abs. 4 ProdSG haben Behörden die Befugnis, Rückrufanordnungen zu erlassen. Unter Rückruf sind gem. § 2 Nr. 25 ProdSG Maßnahmen zu verstehen, die auf Erwirkung der Rückgabe eines bereits in den Verkehr gebrachten Produkts durch den Verwender abzielt. Nach § 41 Abs. 4 ProdSG kann die Bundesanstalt für Arbeitsschutz und Arbeitsmedizin die Öffentlichkeit auf eine bereits durch den Betroffenen selbst erfolgte Information der Öffentlichkeit über eine von ihm veranlasste Rücknahme oder Rückrufaktion hinweisen.

63 Das am 25.11.2011 in Kraft getretene **Gesetz über die umweltgerechte Gestaltung energieverbrauchsrelevanter Produkte** (Energieverbrauchsrelevante-Produkte-Gesetz – EVPG)[1] setzt die neugefasste Ökodesign-RL 2009/125/EG vom 21.10.2009[2] in deutsches Recht um. Das EVPG bestimmt, dass der Hersteller, sein Bevollmächtigter und der Importeur eines energiebetriebenen Produkts, das von einer Durchführungsrechtsvorschrift erfasst wird, jeweils im Rahmen ihrer Geschäftstätigkeit sicherzustellen haben, dass sie imstande sind, geeignete Maßnahmen zu ergreifen, um die Nutzung energiebetriebener Produkte, die nicht den Anforderungen nach Abs. 1 entsprechen, zu verhindern (§ 4 Abs. 8 EVPG). Maßnahmen i.S. des Satzes 1 sind insbesondere *Rücknahme* des Produkts, angemessene und wirksame Hinweise und *Rückruf*. § 2 Abs. 15 EVPG versteht unter Rückruf jede Maßnahme, die auf die Rückgabe eines bereits in den Verkehr gebrachten energiebetriebenen Produkts durch den Verwender abzielt.

Nach § 7 EVPG überwachen die *zuständigen Behörden*, dass von einer Durchführungsrechtsvorschrift erfasste energiebetriebene Produkte nur in Verkehr gebracht oder in Betrieb genommen werden, wenn die in diesem Gesetz oder aufgrund dieses Gesetzes dafür festgelegten Voraussetzungen erfüllt sind. Hierzu erstellen sie ein Überwachungskonzept. Ferner trifft nach Abs. 3 die zuständige Behörde alle erforderlichen Maßnahmen, wenn sie den begründeten Verdacht hat, dass die Anforderungen nach § 4 EVPG nicht erfüllt werden oder sind. Sie ist insbesondere befugt (Nr. 7), die Rücknahme oder den *Rückruf* eines in Verkehr gebrachten oder in Betrieb genommenen Produkts anzuordnen oder ein solches Produkt sicherzustellen, wenn die Anforderungen nach § 4 Abs. 1 EVPG nicht erfüllt sind.

64 Das **Gesetz über die elektromagnetische Verträglichkeit von Betriebsmitteln**[3] – EMVG – (vgl. Rz. 125) legt in § 14 Abs. 3 S. 1 EMVG fest, dass die Bundesnetzagentur für den Fall, dass ein Gerät mit CE-Kennzeichnung nicht den nach § 14 Abs. 1 Nr. 1 oder Nr. 2 EMVG zu prüfenden Anforderungen entspricht, die erforderlichen Anordnungen erlässt, um diesen Mangel zu beheben und einen weiteren Verstoß zu verhindern. Wenn der Mangel nicht behoben wird, trifft die Bundesnetzagentur nach § 14 Abs. 3 S. 2 EMVG alle erforderlichen Maßnahmen, um *das Inverkehrbringen* oder die Weitergabe des betreffenden Gerätes einzuschränken, zu unterbinden oder *rückgängig* zu machen. Die Anordnungen und Maßnahmen können gegen den Hersteller, seinen Bevollmächtigten mit Niederlas-

---

1 BGBl. I 2224; am 14.8.2013 wurde die VO zur Durchführung des G über die umweltgerechte Gestaltung energieverbrauchsrelevanter Produkte (EVPGVerordnung – EVPGV), BGBl. I 3221, erlassen.
2 ABl. EU Nr. L 285 v. 31.10.2009, 10; Rechtsgrundlage für die Ökodesign-RL ist Art. 95 EGV.
3 V. 26.2.2008, BGBl. I 220, geänd. durch Art. 4 Abs. 119 des G v. 7.8.2013, BGBl. I 3154.

sung in einem Mitgliedstaat der EU oder einem anderen Vertragsstaat des Abkommens über den EWR und den Importeur, die Maßnahmen nach Satz 2 auch gegen jeden, der das Gerät weitergibt, gerichtet werden.

Das **Gesetz über Funkanlagen und Telekommunikationsendeinrichtungen**[1] sieht in § 15 Abs. 1 FTEG vor, dass der Bundesnetzagentur für Elektrizität, Gas, Telekommunikation, Post und Eisenbahnen die Befugnisse zur Ausführung dieses Gesetzes nach den §§ 14 (Inverkehrbringen, Weitergabe des Gerätes rückgängig machen) und 15 des Gesetzes über die elektromagnetische Verträglichkeit von Betriebsmitteln (EMVG) zur Verfügung stehen. § 16 EMVG (Zwangsgeld) findet entsprechende Anwendung[2].

65

Auch im **Lebensmittelrecht** kann sich für eine Behörde aus § 39 Abs. 2 Nr. 4 LFGB[3] eine *öffentlich-rechtliche Rückrufpflicht* ergeben.

2. Produkthaftungsgesetz

Das in Umsetzung der 1985 verabschiedeten EG-RL zur Angleichung der Rechts- und Verwaltungsvorschriften der Mitgliedstaaten über die Haftung für fehlerhafte Produkte[4] am 1.1.1990 in Kraft getretene Produkthaftungsgesetz (**ProdHaftG**) vom 15.12.1989[5] hat das Recht der Produkthaftung durch Einführung einer *Gefährdungshaftung* neu geregelt[6] und deutliche Verbesserungen zugunsten der Verbraucher gebracht[7]. Es gilt jedoch nur für Produkte, die *nach* seinem Inkrafttreten in Verkehr gegeben worden sind (§ 16 ProdHaftG). Die Haftung für *Sach- und Personenschäden* ist vom Verschulden unabhängig (§ 1 Abs. 1 ProdHaftG).

66

Die **Ansprüche** aus dem ProdHaftG stehen eigenständig neben den Ansprüchen aus dem allgemeinen Deliktsrecht (§ 15 Abs. 2 ProdHaftG). Da das ProdHaftG Lücken im Rechtsschutz aufweist, wird die deliktische Haftung nach § 823 Abs. 1 BGB durch das ProdHaftG nicht berührt, zumal die Haftungssumme im Rahmen der Gefährdungshaftung begrenzt ist. Nach § 1 Abs. 2 ProdHaftG ist die *Ersatzpflicht* in einzelnen Fällen *ausgeschlossen*, z.B. wenn der Fehler darauf beruht, dass das Produkt in dem Zeitpunkt, in dem es der Hersteller in den Verkehr brachte, *zwingenden Rechtsvorschriften* entsprochen hat (Nr. 4)

67

---

1 V. 31.1.2001, BGBl. I 170.
2 *Loerzer*, Das EMV-G 2008 für Maschinen- und Anlagenbau 2009; *Klindt*, Geräte- und ProduktsicherheitsG (mit EMVG) 2007; *Schwab/ Kürner*, Elektromagnetische Verträglichkeit 2010.
3 Neugefasst durch Bek. v. 3.6.2013, BGBl. I 1426.
4 RL des Rates der EG v. 25.7.1985 zur Angleichung der Rechts- und Verwaltungsvorschriften der Mitgliedstaaten über die Haftung für fehlerhafte Produkte (85/374 EWG), ABl. EG Nr. L 210 v. 7.8.1985, 29.
5 BGBl. I 1989, 2198, zul. geänd. durch das Zweite G zur Änderung schadensersatzrechtlicher Vorschriften v. 19.7.2002, BGBl. I 2674; *Kullmann*, G über die Haftung für fehlerhafte Produkte, 6. Aufl. 2010.
6 Str. vgl. *von Westphalen*, Produkthaftungshdb., 3. Aufl. 2012, § 45 Rz. 3 f.
7 *Schiemann* in Erman, BGB, ProdHaftG S. 3567 ff.; *Oechsler* in Staudinger, BGB, Unerlaubte Handlungen 2, Produkthaftung, 2009, S. 295 ff.; *Hess/Holtermann*, Produkthaftung in Deutschland und Europa, Das Praxishdb. für Unternehmer und Führungskräfte, 2008.

oder dass der Fehler nach dem Stand der *Wissenschaft und Technik* zu diesem Zeitpunkt nicht erkannt werden konnte (Nr. 5)[1]. Wird durch den Fehler eines Produktes ein Mensch getötet, sein Körper oder seine Gesundheit verletzt oder eine Sache beschädigt, so ist der Hersteller des Produktes nach § 1 Abs. 1 ProdHaftG verpflichtet, den daraus entstehenden Schaden zu ersetzen.

68 Die für die Haftung **grundlegenden Begriffe** sind in den §§ 2–4 ProdHaftG definiert. *Produkt* i.S. des § 2 ProdHaftG ist jede bewegliche Sache, auch wenn sie Teil einer anderen Sache ist. Unverarbeitete landwirtschaftliche Naturprodukte sowie Jagderzeugnisse unterfallen seit Erkennen der durch den Rinderwahnsinn BSE hervorgerufenen Gefahren der verschuldensunabhängigen Ersatzpflicht[2]. Ein Produkt ist gem. § 3 ProdHaftG *fehlerhaft*, wenn es aufgrund eines Konstruktionsfehlers, Fabrikationsfehlers oder Instruktionsfehlers nicht die Sicherheit bietet, die der Verbraucher legitimerweise erwarten darf[3]. Gem. § 4 ProdHaftG *haftet der Hersteller* des Gesamtproduktes, eines Teilprodukts oder eines Grundstoffes, auch der *Zulieferer* und der *Quasihersteller*. Mehrere Hersteller haften nach § 5 ProdHaftG als Gesamtschuldner.

69 Die **Höhe der Haftung** ist in §§ 7–11 ProdHaftG geregelt. Bei Personen-Massenschäden besteht eine Haftungshöchstgrenze gem. § 10 ProdHaftG in Höhe von 85 Mio. Euro. Ein Mitverschulden des Geschädigten i.S. des § 254 BGB kann gem. § 6 ProdHaftG anspruchsmindernd berücksichtigt werden. Der Ersatz von Schäden, die im Vermögen des Betroffenen auftreten, ohne dass ihnen ein Personen- oder Sachschaden vorangegangen ist[4], kann aufgrund der Regelungen im ProdHaftG nicht verlangt werden. *Schmerzensgeld* kann ein Geschädigter nach Inkrafttreten des 2. Gesetzes zur Änderung des Schadensersatzrechts[5] geltend machen, wenn er seine Ansprüche nur auf § 1 ProdHaftG und nicht daneben noch auf § 823 BGB stützen kann[6].

70 Das ProdHaftG ist nach h.M. zumindest auf **Standardsoftware** anwendbar[7]. Bei Software, die weitgehend im Wege des *„Customizing"* an die Bedürfnisse des Kunden angepasst wurde, sind die Meinungen ebenso geteilt wie bei Individualsoftware. Ergänzend kommt jedenfalls bei Vorliegen der Voraussetzungen eine Haftung des Herstellers entsprechend der deliktischen Produzentenhaftung nach §§ 823 ff. BGB in Betracht.

71 Da die Produktion immer internationaler wird und Zulieferungen aus verschiedenen Ländern stattfinden, kommt der Produkthaftung auch bei **internationa-**

---

1 In Betracht kommt aber eine Produktbeobachtungspflicht als Verkehrspflicht im Rahmen von § 823 Abs. 1 BGB, § 15 Abs. 2 ProdHG.
2 *Stockmeier*, Haftungs- und versicherungsrechtliche Folgen der Einbeziehung landwirtschaftlicher Grunderzeugnisse in den Anwendungsbereich der EG-ProdukthaftungsRL, VersR 2001, 271; *Kullmann*, § 2 ProdHaftG Rz. 20.
3 BGH v. 9.5.1995 – VI ZR 158/94, NJW 1995, 2161; *Kullmann*, § 3 ProdHaftG Rz. 10, 13, 17 m.w.Nw.
4 Vgl. *Landscheidt*, ProdHaftG, Rz 79.
5 BGBl I 2674.
6 *Kullmann*, §§ 7–11 ProdHaftG Rz. 19.
7 Str., bejahend *Kullmann*, § 2 ProdHaftG Rz. 17 m.w.Nw.; *Hohmann*, Haftung der Softwarehersteller für das „Jahr 2000"-Problem, NJW 1999, 524 m.w.Nw.; *Cahn*, Produkthaftung für verkörperte geistige Leistungen, NJW 1996, 2899.

ler **Zusammenarbeit** zunehmende Bedeutung zu. Nach § 4 Abs. 1 S. 2 ProdHaftG ist Hersteller jeder, der sich durch das Anbringen seines Namens, seines Warenzeichens oder eines anderen unterscheidungskräftigen Kennzeichens als Hersteller ausgibt. Der Importeur, der das Produkt zum Zweck des Vertriebs in den Bereich der EG einführt, haftet ebenfalls (§ 4 Abs. 2 ProdHaftG). Kann der Hersteller nicht festgestellt werden, gilt gem. § 4 Abs. 3 ProdHaftG der Lieferant als Hersteller. Die deliktische Haftung der Mitglieder einer Unternehmensleitung gilt auch bei internationaler Produktion und Zulieferung.

3. Handlungspflichten im Unternehmen

Das Produkthaftungsrecht erfordert die Einrichtung eines funktionierenden **Compliance-Systems**[1] (dazu näher oben § 31). Die *Geschäftsführung* ist gehalten, laufend zu kontrollieren, ob die verantwortlichen Mitarbeiter ihren Aufgabenbereich und ihre im Bereich der Produkthaftung liegenden Pflichten sorgfältig wahrnehmen. Die Reklamationsbearbeitung muss in den unternehmensinternen Informationsfluss eingebunden sein[2]. Ein ordnungsgemäßes *Dokumenten-Management-System* (DMS) hat eine spätere Warnungs- oder Rückrufaktion zügig zu ermöglichen. Neben den zentralen Vorschriften zur Aufbewahrung von Geschäftsdokumenten in §§ 238, 239 und 257 HGB und §§ 146 und 147 AO empfiehlt es sich auch, intern erstellte oder externe Richtlinien, Standards und Normen zu dokumentieren, ferner Prüfberichte, Testate, Zertifikate, Störfall-, Notfall-Dokumentationen, Beschlussprotokolle, Anleitungen und Nachweise, ebenso Projektdokumentation, Pflichtenhefte und Leistungsverzeichnisse[3].

72

Im Rahmen des **Risikomanagements** muss die *Unterrichtung der Geschäftsleitung* bei aufgedeckten Konstruktions-, Produktions- und Instruktionsfehlern sichergestellt sein. Werden im Rahmen der Reklamationsbearbeitung Produktbeobachtungspflichtversäumnisse bekannt, so sind diese ebenfalls mitzuteilen. Mängelrügen besonders wichtiger Kunden sind zu beachten. Auch die Unternehmensführung selbst muss sich rechtskonform verhalten. Schulungsmaßnahmen der verantwortlichen Mitarbeiter sind erforderlich. Das Unterlassen einer sorgfältig geplanten Organisation im Unternehmen zur Vermeidung von Rechtsverletzungen stellt eine *Sorgfaltspflichtverletzung* dar, die jedenfalls die zivilrechtliche Haftung begründet.

73

---

1 *Steimle/Dornieden*, Praxistipps Produkthaftung, in Wecker/van Laak, Compliance in der Unternehmerpraxis, 2008, 65 ff.; *Veltins* in Hauschka, Corporate Compliance, 2. Aufl. 2010, §§ 22-24; *Bergmoser/Theusinger/Gushurst*, Corporate Compliance – Grundlagen und Umsetzung, BB 2008, Beilage Nr. 5, 1.
2 Str., vgl. *Hauschka/Klindt*, Eine Rechtspflicht zur Compliance im Reklamationsmanagement?, NJW 2007, 2726; *Grundmeier*, Rechtspflicht zur Compliance im Konzern, 2012.
3 Vgl. *Brand*, Compliance-Check für Dokumente, ECM-Blog v. 3.8.2012, http://www.zoeller.de/index.php/blog/item/79-compliance-check-fuer-dokumente.

B. Strafrecht

74 Das ProdHaftG enthält weder einen speziellen Straftatbestand noch Bußgeldvorschriften. Die Herstellung und der Vertrieb fehlerhafter Produkte begründen jedoch regelmäßig nicht nur zivilrechtliche Schadensersatzansprüche, sondern verletzen auch allgemein **strafrechtlich geschützte Rechtsgüter**[1]. Ferner können durch Anwendung, Verwendung, Gebrauch und Entsorgung solcher Produkte Rechtsgutverletzungen entstehen, die durch deren Herstellung bzw. Vertrieb verursacht oder zumindest mit verursacht worden sind. Straftaten gegen die *körperliche Unversehrtheit* und gegen das *Leben* sind die primär einschlägigen Straftatbestände. Spektakuläre Fälle haben nicht nur die Grenzen dieser allgemeinen Strafbestimmungen aufgezeigt und Anlass zu spezialgesetzlichen Sanktionsvorschriften gegeben, sondern auch grundsätzliche Probleme einer strafrechtlichen Unternehmenshaftung sichtbar gemacht; die Grundlinien dieser viel diskutierten Problematik werden unter Rz. 98 ff. behandelt. Außerdem enthält das StGB weitere *besondere Straftatbestände*, die Gefährdungen durch schadhafte Produkte verhindern sollen (Rz. 110 ff.).

75 Neben dem ProdHaftG gibt es zudem **besondere,** der Sicherheit der Verbraucher dienende neuere **Produktschutzgesetze**, die nicht nur für die Durchsetzung von Schadensersatzansprüchen bedeutsam sind, sondern jeweils auch Bußgeld- und teilweise auch Straftatbestände enthalten; diese Spezialnormen werden im Anschluss (Rz. 117) behandelt.

76 **Weitere verbraucherschützende Straf- und Bußgeldnormen** sind u.a. in folgenden Gesetzen enthalten:

- §§ 58–62 Lebensmittel-, Bedarfsgegenstände- und Futtermittelgesetzbuch (Lebensmittel- und Futtermittelgesetzbuch – LFGB) (§ 72 Rz. 4 ff., 49 ff.)[2];

- § 6 Verordnung über kosmetische Mittel (Kosmetik-Verordnung)[3] i.V.m. §§ 51 ff. LMBG bzw. §§ 58 ff. LFGB;

- § 95 Arzneimittelgesetz (§ 72 Rz. 100 ff.)[4];

- §§ 48–50 Weingesetz (§ 72 Rz. 74 ff.);

- §§ 26–27a Chemikaliengesetz (§ 34 Rz. 41; § 54 Rz. 290);

- §§ 39, 40 Pflanzenschutzgesetz (§ 54 Rz. 304);

- §§ 51–54 Waffengesetz und §§ 40–43 Sprengstoffgesetz (vgl. § 25 Rz. 61 ff.);

---

1 *Sternberg-Lieben* in S/S, 28. Aufl. 2010, § 15 StGB Rz. 223; *Winkelbauer*, Strafrechtliche Produktverantwortung, in Produkthaftungshdb., §§ 80-82; *Kühne*, Strafrechtliche Produkthaftung in Deutschland, NJW 1997, 195.
2 *Kullmann*, Die Produzentenhaftung für Lebensmittel, ZLR 2002, 37; *Krell*, Haftungsverteilung im LebensmittelR: Geltung und Anwendbarkeit der Modelle Kettenverantwortung und Stufenverantwortung im Lichte aktueller europ. und nationaler Rechtssetzung, 2005.
3 KosmetikVO v. 16.12.1977, BGBl. 1 1977, 2589; neugefasst durch Bek. v. 7.10.1997, BGBl I 2410.
4 Zur Problemen im ArzneimittelR vgl. *Setsevits*, Der hilflose Staatsanwalt – Von der Wirkungslosigkeit des StrafR in Arzneimittelsachen, StV 1982, 280.

- § 15 Wasch- und Reinigungsmittelgesetz (§ 54 Rz. 24);
- §§ 38–39 Gentechnikgesetz (Gefährdungshaftung nach §§ 32–37 GenTG; vgl. § 54 Rz. 93 ff., 295 ff.; § 25 Rz. 60)[1].

I. Allgemeine Tatbestände

Der Vertrieb schädigender Produkte kann vor allem folgende allgemeine Straftatbestände erfüllen:

- vorsätzliche (§ 212 StGB) und fahrlässige **Tötung** (§ 222 StGB)[2];
- vorsätzliche (§ 223 StGB)[3], gefährliche (§ 224 StGB)[4] und fahrlässige **Körperverletzung** (§ 229 StGB);
- **versuchte** Körperverletzung (§ 223 Abs. 2 StGB); diesem Tatbestand kommt in den Fällen eine besondere Bedeutung zu, in denen zwar eine gefahrbegründende Handlung festgestellt werden kann, jedoch Schwierigkeiten bestehen, eine Erfolgskausalität nachzuweisen[5];

Außerdem können die Tatbestände der *Sachbeschädigung* (§ 303 StGB) und darüber hinaus der *Brandstiftung* (§ 309 StGB) erfüllt sein. Beim Vertrieb von Finanzanlagen kommt die Verletzung von vermögensschützenden Strafnormen, insbesondere *Betrug*, in Betracht, beim Vertrieb von IT-Anlagen auch Verstöße gegen datenschutzrechtliche Straf- und Verwaltungsnormen (vgl. § 33 Rz. 115 ff.).

Bei der Prüfung, ob durch die Herstellung oder den Vertrieb gefährlicher Produkte Straftatbestände erfüllt wurden, haben sich folgende **Hauptfragen** ergeben:

- *Wer* kann sich im Rahmen der heutigen innerbetrieblichen und zwischenbetrieblichen Arbeitsteilung strafbar gemacht haben?
- Wer hat *welche Sorgfaltspflichten* zu beachten?
- Liegt ein *pflichtwidriges* Verhalten vor? Abgrenzung Handeln/Unterlassen.
- Welche Anforderungen sind an den Nachweis der *Kausalität* zwischen gefährlichem Produkt und Schadenseintritt zu stellen?
- Kann der Erfolg objektiv jemandem *zugerechnet* werden?
- Welche *Maßnahmen sind zur Vermeidung* des Schadenseintritts zu ergreifen?
- Besteht eine strafrechtlich relevante *Rückrufpflicht*?

1. Verantwortliche Personen

Täter einer Straftat im Zusammenhang mit der strafrechtlichen Produkthaftung kann *jede natürliche Person* sein, die mit dem gefährlichen Produkt im

---

1 *Eberbach/Lange/Ronellenfitsch*, Recht der Gentechnik und Biomedizin, Loseblatt.
2 *Fischer*, § 222 StGB Rz. 12.
3 OLG Düsseldorf v. 20.12.2002 – 14 U 99/02 – Diabetes-Entscheidung, ZLR 2003, 340 m. Anm. *Foerste*.
4 BGH v. 6.7.1990 – 2 StR 549/89 – Lederspray, BGHSt 37, 106 = MDR 1990, 1025.
5 *Fischer*, § 223 StGB Rz. 9.

Rahmen der Herstellung und dem Vertrieb *befasst* war. Die strafrechtliche Verantwortung trifft insbesondere die **Geschäftsleitung** eines Unternehmens. Dort sind die Pflichten zu Auswahl und Herstellung von Produkten, Auswahl von Mitarbeitern, Organisation, Führung, Aufsicht und Kontrolle im Unternehmen *gebündelt*. Dies gilt auch für die Einrichtung und Beaufsichtigung einer Compliance-Struktur. Insbesondere über Entwicklung, Herstellung, Produktion/Produktionsstopp, Warnaktionen gegenüber Kunden, Produktrückrufe o.Ä. wird im Regelfall durch die oberste Leitung des Unternehmens entschieden. Deshalb kommen als Verantwortliche in erster Linie der Vorstand, insbesondere der Vorstandsvorsitzende einer Gesellschaft[1], der Geschäftsführer[2], bzw. der Betriebsinhaber[3], aber auch besondere Betriebsbeauftragte oder ein *„Compliance Officer"* (vgl. § 31 Rz. 18 ff., 42, 56) in Betracht. Der faktische Geschäftsführer (vgl. § 30 Rz. 56) haftet ebenfalls strafrechtlich[4].

80 **Zulieferer** für die Herstellung eines Produktes sind ihrerseits *Hersteller* und unterliegen denselben Pflichten wie der Hersteller des Endprodukts. Dieser hat sowohl bei der *Auswahl* des Zulieferers als auch beim *Eingang* der geordneten Teile Prüfpflichten. Um Vorwürfen mangelhafter Auswahl des Zulieferers vorzubeugen, kann der Hersteller mit dem Zulieferer vereinbaren, dass sich dieser nach DIN ISO 9000 zertifizieren lässt. ISO 9000:2005 definiert Grundlagen und Begriffe zu Qualitätsmanagementsystemen, ISO 9001 legt die Mindestanforderungen an ein Qualitätsmanagementsystem (QM-System) fest[5].

81 Werden von *Arbeitnehmern* auf Veranlassung von Angehörigen der Geschäftsleitung gefährliche Produkte hergestellt und vertrieben, so kommt eine Haftung der *Unternehmensleitung* nach der vom BGH entwickelten Rechtsprechung des *„Täters hinter dem Täter"*[6] in Betracht. Als Verantwortliche innerhalb einer **festen Organisationsstruktur** setzen sie bestimmte Rahmenbedingungen, welche einen regelhaften Ablauf auslösen, der dann gewissermaßen automatisch zu einem bestimmten vorausehbaren Ereignis (Straftat), z.B. einer Körperverletzung, führt. In diesen Fällen liegt regelmäßig eine *mittelbare Täterschaft* vor[7]. Für den Vertrieb betrügerischer Finanzprodukte ist dies anerkannt[8].

---

1 *Schmidt-Salzer*, ES ProdHaft, IV, S. 336 Fn. 2.
2 LG Aachen v. 18.12.1970 – 4 KMs 1/68, 15-115/67, JZ 1971, 507; BGH v. 6.7.1990 – 2 StR 549/89 – Lederspray-Fall, BGHSt 37, 106.
3 BGH v. 17.2.1959 – 1 StR 618/58 – Zwischenstecker-Fall, RdE 1959, 47 ff. = *Schmidt-Salzer*, ES ProdHaft 1982, IV 4, S. 170 ff.
4 *Gübel*, Faktische Betrachtungsweise, 135; LG Kleve v. 17.4.1980 – 1 I 36/78, NStZ 1981, 266.
5 Vgl. hierzu *Alexander*, Die strafrechtliche Verantwortlichkeit für die Wahrung der Verkehrssicherungspflichten in Unternehmen, 2005, 309 f.
6 BGH v. 26.7.1994 – 5 StR 98/94, BGHSt 40, 218 (236 ff.), NJW 1994, 2703 = NStZ 1994, 537; BGH v. 8.11.1999 – 5 StR 632/98, BGHSt 45, 270 (296 ff.) = NJW 2000, 443: „Auch das Problem der Haftung beim Betrieb eines wirtschaftlichen Unternehmens lässt sich so lösen"; BGH v. 26.8.2003 – 5 StR 145/03, NJW 2004, 375 (378) = NStZ 2004, 218; vgl. auch oben § 30 Rz. 8.
7 Zust. *Kuhlen* in A/R, 2. Teil, 1. Kap Rz. 59; *Bosch*, Organisationsverschulden, 226.
8 BGH v. 21.12.1995 – 5 StR 392/95, NStZ 1996, 296.

Aufgrund der sich aus der Arbeitsteilung ergebenden *Verantwortungsteilung* 82
können sich aber auch **Mitarbeiter** (i.d.R. weisungsabhängige Funktionsträger)
aus allen Hierarchiestufen („lower", „middle" und „top management") strafbar machen[1].

Beispiele: Als Beispiele seien genannt: der Leiter des Einkaufs, der Entwicklungs- und Forschungsleiter[2], der Laborleiter[3] bzw. der Leiter des Zentrallabors[4], der Leiter der Entwicklungsabteilung[5], der Bereichsleiter Technik[6], der Produktions- und Teilbetriebsleiter[7] oder der Produktionsmeister[8], der Leiter der Qualitätskontrolle, aber auch der Geschäftsführer eines Lebensmittelgroßhandelsbetriebes[9] oder der Vertriebshändler[10].

Ein Pflichtenverstoß kann sich z.B. aus dem Unterlassen der Produktbeobachtung (Rz. 50 ff.), der Nicht-Weitergabe von Informationen an die Entscheidungsträger oder auch aus der aktiven Befürwortung „falscher" Maßnahmen der Geschäftsführung ergeben.

Kommen diese *Mitarbeiter* ihren Pflichten nach, sind sie unter strafrechtlichen 83
Gesichtspunkten i.d.R. nicht verpflichtet, Maßnahmen gegen den **Willen** ihrer
Geschäftsführung eigenverantwortlich durchzuführen, da sie ansonsten verbindliche Weisungen der Geschäftsführer überschreiten müssten. Die Grenze dessen, was einem weisungsabhängigen Mitarbeiter zuzumuten ist, hängt jedoch von der Gefahr ab, die von dem Produkt ausgeht, und bedarf noch weiterer Präzisierung.

Vielfach sind nachgeordnete Mitarbeiter im Rahmen von Verfahrensanweisungen eines Qualitätsmanagementsystems verpflichtet, Entscheidungen höherer Entscheidungsträger oder auch der obersten Leitung einzuholen. Verstoßen sie gegen diese Pflicht, kommt ebenfalls eine Strafbarkeit in Betracht.

Mit der Verringerung der Fertigungstiefe in Unternehmen (*Outsourcing*) 84
kommt der **Kontrolle fremder Arbeitsleistung** oder Produkte, die für das eigene
Endprodukt Verwendung finden, zunehmende Bedeutung zu. Übt ein Mitarbeiter diese Kontrolle nicht ordnungsgemäß aus, kann er strafrechtlich zur Verantwortung gezogen werden.

---

1 *Kassebohm/Malorny*, Die strafrechtliche Verantwortung des Managements, BB 1994, 361.
2 LG Aachen v. 18.12.1970 – 4 KMs 1/68, 15-115/67, JZ 1971, 507; *Bruns* in FS Heinitz, 1972, S. 317 (325); LG München II v. 21.4.1978 – IV KLs 58 Js 5534/76.
3 BayObLG v. 30.10.1974 – RReg. 8 St 158/73 – penicillinhaltige Trinkmilch, BayObLGSt 1974, 113, = DLR 1975, 155 = *Schmidt-Salzer*, ES ProdHaft 1982, IV 13, S. 222 ff.
4 BGH v. 6.7.1990 – 2 StR 549/89 – Lederspray-Fall, BGHSt 37, 106.
5 *Sternberg-Lieben* in S/S, 28. Aufl. 2010, § 15 StGB Rz. 223.
6 LG München II v. 21.4.1978 – IV KLs 58 Js 5534, 76 – Monza-Steel.
7 BGH v. 6.4.1973 – 1 StR 85/72 – Skiabfahrt, MDR 1973, 596.
8 LG Kleve v. 17.4.1980 – 1 I 36/78 – Glyzerinwasser-Fall, NStZ 1981, 266 = *Schmidt-Salzer*, ES ProdHaft, IV 31.
9 BGH v. 4.5.1988 – 2 StR 89/88 – Mandelbienenstich, NStE Nr. 5 zu § 223 StGB BGHR StGB § 13 Abs. 1 Garantenstellung 5.
10 BGH v. 6.7.1990 – 2 StR 549/89, BGHSt 37, 106.

85 Sind in der Geschäftsleitung **mehrere Geschäftsführer** tätig[1], so greift der Grundsatz der *Generalverantwortung* und *Allzuständigkeit* der Geschäftsleitung ein, wenn aus besonderem Anlass das Unternehmen als Ganzes betroffen ist[2]. Eine Begrenzung der Verantwortlichkeit für einzelne Ressorts ist aus diesem Grund nicht möglich. Tritt z.B. eine Häufung von Verbraucherbeschwerden über Schadensfälle durch Benutzung eines vom Unternehmen massenweise hergestellten und vertriebenen Serienprodukts auf, dann ist die Geschäftsleitung insgesamt zum Handeln berufen[3]. Dies gilt auch dann, wenn eine Aufteilung in Ressorts, z.B. Forschung, Entwicklung, Beschaffung, Produktion, Personal, Betriebswirtschaft und Finanzwesen, vorgenommen wurde (vgl. § 30 Rz. 25).

86 Für die Praxis sind **Gremienentscheidungen** am problematischsten (vgl § 30 Rz. 25 ff.). In der Lederspray-Entscheidung (Rz. 23) hatte der BGH über das Problem zu entscheiden, dass bei einer Mehrheitsentscheidung mehr Stimmen abgegeben wurden, als für die Entscheidungsfindung erforderlich waren. Den Einwand jedes Einzelnen, auch ohne seine eigene positive Stimmabgabe wäre es zu der Mehrheitsentscheidung gekommen, hat der BGH durch Anwendung der mittäterschaftlichen Zurechnung zutreffend widerlegt[4]. Dies ist zwar umstritten, aber nach den Überlegungen zur additiven Mittäterschaft[5] im Ergebnis zutreffend.

87 *Jedes* einzelne *Mitglied der Geschäftsleitung* ist verpflichtet, eine **Beschlussfassung des Kollegialorgans** herbeizuführen und auf schadensverhindernde Maßnahmen zu dringen. Dies gilt auch bei einer hierarchisch gegliederten Geschäftsleitung (Vorstand/stellvertretender Vorstand). Weiß ein Mitglied der Geschäftsleitung, dass es in dem Gremium überstimmt werden wird, muss es gleichwohl für eine schadensverhindernde Unternehmensentscheidung stimmen. Eine *Stimmenthaltung* reicht *nicht* aus[6]. Im Mannesmann-Fall[7] hat der BGH die Stimmenthaltung i.S. einer Mittäterschaft gewertet, da zumindest die Teilnahme an der Abstimmung die Beschlussfähigkeit des Gremiums hergestellt habe[8] Geheime Abstimmungen bei grundlegenden Unternehmensentscheidungen werden nicht als zulässig erachtet.

---

1 *Dreher*, ZGR 1992, 22.
2 Vgl. im Einzelnen *Fischer*, § 13 StGB Rz. 73; BGH v. 6.7.1990 – 2 StR 549/89, BGHSt 37, 106 (123); *Schmidt-Salzer*, Konkretisierung der strafrechtlichen Produkt- und Umweltverantwortung, NJW 1996, 1.
3 BGH v. 6.7.1990 – 2 StR 549/89, BGHSt 37, 106; *Goll*, Produktverantwortung, Rz. 14 Fn. 15; *Deutscher/Körner*, Die strafrechtliche Verantwortung von Mitgliedern kollegialer Geschäftsleitungsorgane, wistra 1996, 292 (327).
4 *Kuhlen* in A/R, 2. Teil, 1. Kap. Rz. 57; *Schünemann* in LK, § 25 StGB Rz. 196.
5 *Becker*, Das gemeinschaftliche Begehen und die sogenannte additive Mittäterschaft, 2009, 100; *Geppert*, Jura 2011, 30 ff.; *Schünemann* in LK, § 25 StGB Rz. 196; *Rengier*, Strafrecht AT, 5. Aufl. 2013, § 44 Rz. 49.
6 *Wittig*, WirtschaftsstrafR, 3. Aufl. 2014, Rz. 48.
7 BGH v. 21.12.2005 – 3 StR 470/04, BGHSt 50, 331 = JZ 2006, 564.
8 Krit. *Ransiek*, Anerkennungsprämien und Untreue – Das „Mannesmann"-Urteil des BGH, NJW 2006, 814; *Vogel/Hocke*, Anm. zu BGH v. 21.12.2005 – 3 StR 470/04, JZ 2006, 568.

Wird das Mitglied, das rechtmäßig für schadensverhindernde Maßnahmen gestimmt hat, von der Mehrheit der Geschäftsleitung **überstimmt**, dann muss dieses Mitglied nach den Grundsätzen der Haftung für Gefahren alles in seiner Möglichkeit Stehende tun, um die Gefahrenlage zu beseitigen und deshalb weitere eigene Schritte zur Schadensverhinderung unternehmen[1]. Das überstimmte Mitglied hat zunächst die Pflicht, sich *an Aufsichtsorgane* der Gesellschaft zu wenden[2]. In Fällen, in denen erhebliche Körperverletzungen oder Todesfolgen drohen, sind die *Aufsichtsbehörden* und die zur *Gefahrenabwehr zuständigen Behörden* zu informieren (Recht zur Warnung) bzw. vor einem Zivilgericht Klage zu erheben[3]. 88

Um die Schädigung hochwertiger Güter zu verhindern ist ggf. eine **Strafanzeige** bei der Polizei oder Staatsanwaltschaft erforderlich[4](vgl. dazu § 30 Rz. 38 f). Hierfür spricht, dass bei einem strafrechtlich relevanten Verhalten der übrigen Geschäftsführer die durch die interne Aufgabenverteilung begrenzte *Generalverantwortlichkeit* und Allzuständigkeit *des einzelnen Geschäftsführers* wieder voll zum Tragen kommt. Die konsequente Durchsetzung dieser Grundsätze kann Fehlentwicklung und gravierende Schäden, wie sie in den Beispielsfällen oben Rz. 4 ff dargestellt sind, vermeiden. 89

Ergreift ein Geschäftsleiter *nach rechtswidriger Stimmabgabe* Maßnahmen zur Schadensabwehr, so kommt ein Rücktritt vom Versuch (vgl. § 18 Rz. 31) in Betracht.

2. Tatbegehung und Kausalität

a) Die Straftat kann durch positives **Tun** oder durch **Unterlassen** begangen werden[5]. Die Abgrenzung erfolgt nach dem Schwerpunkt des Verhaltens (vgl. § 17 Rz. 3) 90

Beispiele für **aktives Handeln** sind

– fehlerhafte Konstruktion,
– Herstellung eines Produkts unter Missachtung der sicherheitsrelevanten Erkenntnisse in Wissenschaft und Technik,
– verfrühte Produktfreigabe durch den Leiter der Entwicklungsabteilung,
– Abgabe fehlerhafter Produkte,
– fehlerhafte Lagerung,
– fehlerhafte Gebrauchsanleitungen[6],
– weiterer Vertrieb einer als mangelhaft erkannten Ware.

---

1 *Neudecker*, Die strafrechtliche Verantwortlichkeit der Mitglieder von Kollegialorganen, 249.
2 *Raum* in W/J, Kap. 4 Rz. 31.
3 *Kropff* in MüKo, § 399 AktG Rz. 51.
4 *Winkelbauer* in Produkthaftungshdb., § 82 Rz. 30.
5 *Kuhlen* in A/R, 2. Teil, 1. Kap. Rz. 22; *Firgau* in HWiStR, „Strafbare Produkthaftung".
6 *Meyer*, Instruktionshaftung, 1992.

91 Das *Unterlassen* setzt eine **Garantenstellung** voraus. Diese kann sich aus vorangegangenem pflichtwidrigem Gefährdungsverhalten[1] ergeben (vgl. § 30 Rz. 121). Die Verletzung von Sorgfaltspflichten, d.h. ein fahrlässiges Verhalten, ist zur Begründung der Garantenstellung nicht erforderlich. Ausreichend ist die rechtliche Missbilligung des Gefährdungserfolges.

Beispiele für Unterlassen:
- unterbliebene Warnhinweise oder Sicherheitshinweis in der Gebrauchsanleitung, wenn aufgrund der Erfahrung davon auszugehen ist, dass ohne solche Hinweise ein Gesundheitsschaden für den Verbraucher entstehen kann[2],
- fehlende Produktbeobachtung,
- unterbliebene Weiterleitung von Informationen des Händlers über ein fehlerhaftes Produkt an seinen Lieferanten[3],
- unterlassene Änderung eines Zubehörteiles, das bei falscher Handhabung schwere Schäden verursachen kann[4],
- unterlassene Auswahl-, Aufsichts- und Kontrollpflichten[5],
- unterbliebene Kontrolle von Fremdprodukten,
- unterbliebene Produktbeobachtung,
- unterbliebene Warnungen vor einem als gefährlich erkannten Produkt,
- unterbliebener Produktionsstopp,
- unterlassener Rückruf von Produkten, der Garant, der ein gefährliches Produkt in den Verkehr gebracht hat, muss das Produkt zurückrufen[6] (vgl. Rz. 60).

92 Da im Rahmen der **Corporate Compliance** die Pflicht besteht, geeignete organisatorische Vorkehrungen zu treffen, damit nicht nur die Geschäftsleitung selbst, sondern auch deren Untergebene sich gesetzestreu verhalten, sind die oben Rz. 72 angesprochenen Maßnahmen zu treffen. Insbesondere müssen die Vorstandsmitglieder sicherstellen, dass sie ihrer Überwachungs- und Kontrollpflicht für die ihnen nicht zugewiesenen Ressorts- oder Geschäftsbereiche nachkommen können. Risikoüberwachungsprozesse, deren Ausgestaltung sich an den in § 91 Abs. 2 AktG vorgesehenen *Risikoüberwachungssystemen* (Risikomanagement) orientiert, stellen ein geeignetes Mittel zur Vermeidung von Produkthaftung dar. Die fehlende Installation kann zum Vorwurf der Untreue führen (zur Haftung des Compliance-Leiters vgl. § 17 Rz. 19a; § 31 Rz. 42, 56).

93 Häufig wird eine **zweistufige Deliktsbegehung** vorliegen, die sowohl aus einem Unterlassen als auch aus einem aktives Tun bestehen kann. Im *Lederspray-Fall*

---

[1] *Fischer*, § 13 StGB Rz. 71,72; *Winkelbauer* in Produkthaftungshdb., § 81 Rz. 4, 6; zur Kritik vgl. zusammenfassend *Bode*, Zur strafrechtlichen Produkthaftung, in FS 50 Jahre BGH, 2000, S. 515 (523).
[2] BGH v. 24.1.1989 – VI ZR 112/88, MDR 1989, 534 = NJW 1989, 1542; zu Warnhinweisen oder Sicherheitsratschlägen bei Verzinkungsspray vgl. BGH v. 7.10.1986 – VI ZR 187/85, MDR 1987, 222 = CR 1986, 812 = NJW 1987, 372.
[3] OLG Karlsruhe v. 21.11.1980 – 1 Ss 97/80, NJW 1981, 1054; *Sternberg-Lieben* in S/S, § 15 StGB Rz. 224.
[4] BGH v. 27.9.1994 – VI ZR 150/93 – Elektrodenkabel eines Atemüberwachungsgeräts, MDR 1995, 46 = ZIP 1994, 1960.
[5] *Sternberg-Lieben* in S/S, § 15 StGB Rz. 223.
[6] *Heuchemer* in BeckOK, § 13 StGB Rz. 59.

(Rz. 23) lag in der ersten Phase ein Unterlassen dadurch vor, dass trotz Bekanntwerden von gravierenden Problemen das gefährliche Produkt nicht zurückgerufen wurde. Dass die gefährlichen Produkte weiter auf den Markt gebracht wurden, war aktives Tun[1].

b) Schwierig ist in den Fällen der Herstellung und des Vertriebs gesundheitsgefährdender Produkte häufig der **Nachweis der Kausalität**[2] zwischen Produktverwendung und eingetretenem Schaden (z.B. einer Körperverletzung)[3], zur Kausalität vgl. § 17 Rz. 12 ff. Bei den reinen *Erfolgsdelikten* ist relevant, ob ein Kausalzusammenhang zwischen Handlung und Erfolg besteht, nicht dagegen, wie er im Einzelnen physikalisch, chemisch, medizinisch usw. beschrieben werden kann.

94

Nach den Grundsätzen, die der BGH im *Lederspray-Urteil* aufgestellt hat, kann die Kausalität selbst für den Fall bejaht werden, dass es nicht möglich ist, diejenige Substanz oder Kombination von Substanzen naturwissenschaftlich exakt zu identifizieren, die den Produkten ihre spezifische Eigenschaft zur Verursachung gesundheitlicher Schäden verleiht[4]. Ist festgestellt, *dass* die inhaltliche Beschaffenheit eines Produkts schadensursächlich war, so ist zum Nachweis des Ursachenzusammenhangs nicht noch weiter erforderlich, dass festgestellt wird, *warum* diese Beschaffenheit schadensursächlich werden konnte. Wurde im *Lederspray-Urteil* noch für erforderlich angesehen, dass alle anderen in Betracht kommenden Schadensursachen auszuschließen sind[5] – was z.B. mithilfe von Sachverständigen erfolgen könne –, wird darauf in der stark kritisierten[6] *Holzschutzmittel-Entscheidung* (vgl. Rz. 24) verzichtet. Der Grundsatz der freien richterlichen Beweiswürdigung nach § 261 StPO gilt somit nach der Rechtsprechung auch für die Feststellung der Kausalität in Produkthaftungsfällen.

Auch in Fällen des **pflichtwidrigen Unterlassens** – durch mangelhafte Aufsichts- oder Organisationspflichten bzw. durch fehlende Warn- oder Rückrufaktionen – bedarf es der Feststellung der Kausalität zwischen Unterlassen und eingetretenem Schaden[7].

95

---

1 BGH v. 6.7.1990 – 2 StR 549/80, BGHSt 37, 106; *Kuhlen* in A/R, 2. Teil 1. Kap. Strafrechtliche Produkthaftung Rz. 23 f.
2 *Fischer*, vor § 13 StGB Rz. 32a; *Schulz*, Kausalität und strafrechtliche Produkthaftung, 1994; *Volk*, NStZ 1996, 105.
3 *Kaufmann*, JZ 1971, 569; *Kuhlen*, 70 ff.; *Winkelbauer* in Produkthaftungshdb., § 47 Rz. 46 ff.; LG Frankfurt/M v. 27.7.1990 – 5/26 KLs 65 Js 8793/84, NStZ 1990, 592; *Hoyer*, Die traditionelle Strafrechtsdogmatik vor neuen Herausforderungen: Probleme der strafrechtlichen Produkthaftung, GA 1996, 160; *Wohlers*, Generelle Kausalität als Problem richterlicher Überzeugungsbildung, JuS 1995, 1019.
4 *Kuhlen* in A/R, 2. Teil 1. Kap. Rz. 44.
5 BGH v. 6.7.1990 – 2 StR 549/89, BGHSt 37, 106 (112); zust. *Kuhlen*, NStZ 1990, 566 (567) unter Bezugnahme auf § 261 StPO; *Fischer*, vor § 13 StGB Rz. 32a; abl. *Samson*, StV 1991, 182 (183).
6 *Wittig*, WirtschaftsstrafR, 3. Aufl. 2014, Rz. 44 f.; *Tiedemann*, WiStrafR AT, Rz. 180; *Winkelbauer* in Produkthaftungshdb., § 81 Rz. 53.
7 *Winkelbauer* in Produkthaftungshdb., § 81 Rz. 56 ff.

96 Ausreichend ist, dass die **Mitverursachung** des Produktes für die Gesundheitsschädigung auf nachprüfbare Weise festgestellt wird[1]. Ein Fall des erlaubten Risikos wird indes angenommen in Fällen, in denen bei der Herstellung von Massenprodukten, sofern sie generell einwandfrei sind, ein *einzelner „Ausreißer"* einen Schaden verursacht[2].

97 Sind **mehrere Personen** für einen eingetretenen Schaden verantwortlich, z.B. wegen Fehlern auf verschiedenen Herstellungsstufen, so ist *jeder einzelne* verantwortlich, wenn sein Tatbeitrag kausal war. Dies gilt auch für Fehler auf unterschiedlichen Verantwortungsebenen, z.B. Geschäftsleitung, Herstellung und Kontrolle.

3. Produktbezogene Pflichten

98 Wer ein Produkt mit sich eröffnenden Gefahrenquellen in den Verkehr bringt, ist verpflichtet, dieses zu beobachten[3] (**Produktbeobachtungspflicht** – Rz. 50 f.). Im Bereich der Pharmazie wird von der Pflicht zur Marktüberwachung (*PMCF = Post market clinical follow-up*) gesprochen, dem sich der *Product safety update report (PSUR)* anschließt.

Für die *Notwendigkeit* dieser Produktbeobachtungspflicht spricht, dass bei der derzeitigen geringen Fertigungstiefe in Unternehmen das schadensursächliche Produkt selten vollständig von einem Unternehmen hergestellt wird. Vielmehr werden viele Teile von Dritten gefertigt. Auf deren ordnungsgemäße Qualität werden sich Unternehmen grundsätzlich verlassen müssen. Eine Sicherheit hierfür besteht jedoch nicht, sodass Produkte auf den Markt gelangen können, die der Endhersteller bzw. der Händler „nicht im Griff" hat.

Neben der marktbezogenen Beobachtung sind – je nach Gefährlichkeit des Produkts – *interne Produktprüfungen* erforderlich, entweder in Form ständiger Produktkontrollen oder durch Erhebung von Stichproben. Dies gilt insbesondere auch für Produkte, für welche behördliche Genehmigungen oder Grenzwerte bestehen (vgl. Rz. 107).

99 Häufen sich Hinweise auf Gesundheitsschäden, die im Zusammenhang mit dem bestimmungsgemäßen Gebrauch eines Produkts stehen, dann hat der Hersteller *Maßnahmen zur Abwendung der Gefahren* zu ergreifen. Diese Pflicht besteht, wenn ein **ernst zu nehmender Gefahrverdacht** besteht[4]. Eine eindeutige Definition dieses Begriffs wird sich sicher nicht finden lassen; er wird jedoch in vielen Bereichen des Rechts verwendet und ist handhabbar[5]. Ein ausdifferenziertes System zu entwickeln, wäre nicht lebensnah. Einigkeit besteht jedoch zumindest darin, dass weder eine wissenschaftlich begründete Gefahr

---

1 BGH v. 2.8.1995 – 2 StR 221/94 – Holzschutzmittel, BGHSt 41, 206 (215); *Fischer*, vor § 13 StGB Rz. 32a.
2 *Fischer*, vor § 32 StGB Rz. 13; BGH v. 26.6.1990 – 2 StR 549/89 – Lederspray, BGHSt 37, 118; aus zivilrechtlicher Sicht *Wagner* in MüKo, § 823 BGB Rz. 592 f.
3 In diesem Sinne wohl auch *Winkelbauer* in Produkthaftungshdb., § 81 Rz. 44 ff.
4 LG Aachen v. 18.12.1970 – 4 KMs 1/68, 15-115/67, JZ 1971, 507; hierzu eingehend *Kuhlen* in A/R, 2. Teil, 1. Kap. Rz. 35 f.
5 Vgl. zur ernst zu nehmenden Gefahr *Prittwitz*, StrafR und Risiko, 1993, 357.

noch der wissenschaftlich begründete Verdacht einer Gefahr vorliegen muss; ausreichend ist der ernst zu nehmende Verdacht einer Gefahr[1]. Hierfür gibt es Kriterien, nach denen sich Betriebe für das Ergreifen von Maßnahmen richten können. Letztlich geht es in den hier in Rede stehenden Fällen um Gesundheit und Leben von Menschen, die es zu schützen gilt. Damit stehen sich die Höhe der Rechtsgutverletzung und wirtschaftliche Interessen des Herstellers gegenüber. Letztere müssen hinter denen der Verbraucher am Schutz ihrer Gesundheit zurücktreten[2].

Ein erster *wichtiger Meilenstein* ist, dass in Unternehmen ein funktionierendes **Reklamationsmanagement** vorhanden ist und betrieben wird, das eingehende Schadensmeldungen mithilfe eines soliden DMS erfasst, auswertet und die Unternehmensleitung zeitnah informiert (Rz. 72, 73). Das Internet mit seinen kurzen Informationswegen hat diese Wege der Informationsgewinnung erheblich vereinfacht. Auf eine Medienkampagne[3] wird es durch das veränderte Kommunikationsverhalten der Verbraucher nicht mehr ankommen. Wenn eine Reihe von Meldungen und Informationen vorliegt, hat das Unternehmen eigene Recherchen anzustellen[4]. Dazu verpflichtet ein *Risikomanagement* i.S. von § 91 Abs. 2 AktG. 100

Wenn **Einzelfälle mit konkreten Sachverhalten** gemeldet werden, ist diesen nachzugehen. Entsprechende Informationen können nicht nur als Mutmaßungen mit indiziellem Wert abgetan werden. Zu differenzieren ist danach, ob irgendjemand nur die Gefährlichkeit eines Produkts behauptet[5], was für einen ernsthaften Gefahrverdacht nicht genügen kann, oder ob in einem Unternehmen eine nennenswerte *Anzahl von Meldungen* mit konkreten Sachverhalten über Folgen von Produktverwendungen eingehen. Die Auffassung, ein Sachverhalt wie im Lederspray-Fall – dem Hersteller werden durch voneinander unabhängige Schadensmeldungen binnen weniger Monate eine ganze Reihe von erheblichen und einander ähnlichen Gesundheitsbeeinträchtigungen in unmittelbarem zeitlichen Zusammenhang mit der Produktverwendung bekannt – könne kein Präjudiz für andere Fallgruppen bilden[6], wird nicht geteilt. Wie oben dargelegt, kommt es *nicht auf einen wissenschaftlich geklärten Verdacht* an, sondern auf einen *ernsthaften Verdacht*. 101

Dies bedeutet, dass Fälle, in denen zwar ein **wissenschaftlich noch ungeklärter Verdacht** besteht, in denen aber in hoher Dosierung *schädliche Substanzen* bei niedrig dosierter, aber länger andauernder Exposition zu Gesundheitsschäden führen können[7] (Holzschutzmittel, Amalgam, Elektrosmog u.Ä.), Anlass zu Überprüfungen geben und damit auch zu Maßnahmen führen müssen. Der Ver- 102

---

1 *Alexander*, Die strafrechtliche Verantwortlichkeit, 2005, 79 ff.
2 BGH v. 6.7.1990 – 2 StR 549/89, BGHSt 37, 106 (122).
3 *Kuhlen*, JZ 1994, 1142 (1147).
4 *Winkelbauer* in Produkthaftungshdb., § 81 Rz. 27; *Alexander*, Die strafrechtliche Verantwortlichkeit, 2005, 81.
5 Im vergangenen Jahrtausend wurde auch die Fortbewegung mit mehr als 40 km/h als gesundheitsschädlich behauptet.
6 *Kuhlen* in A/R, 2. Teil 1. Kap. Rz. 35 f; *Nehm*, Produkthaftung, S. 14.
7 *Kuhlen* in A/R, 2. Teil 1. Kap. Rz. 35 f.

braucher ist nicht das Versuchslaboratorium für neue Produkte. Je gefährlicher Produkte für Leib und Leben sind, also schädliche Substanzen enthalten, und je konkreter Hinweise erfolgen, umso eher müssen Maßnahmen getroffen werden. Dies gilt selbst dann, wenn dies – wovon in vielen Fällen auszugehen ist – zu einem Streit zwischen Gutachtern führen wird.

103 Als *weitere Aktionen*, zu denen eine Geschäftsleitung verpflichtet sein kann, kommen – je nach Gefahrenlage auch *stufenweise* – folgende konkrete *Maßnahmen* zur **Verhinderung des Schadenseintritts** in Betracht:

- ernsthafte, dokumentierte und nachvollziehbare *Erhebungen von Beschwerden* und anschließende Untersuchungen;
- *geeignete Warnungen*, durch die die Nutzer/Verbraucher über ihnen drohende Gefahren in Kenntnis gesetzt werden, damit sie selbst die Gefahrsteuerung übernehmen können.

Beispiel: So wurden die Geschäftsführer im sog. *Mandelbienenstich*-Fall[1] (Rz. 19) verurteilt, weil sie beschlossen hatten, wegen des damit verbundenen zeitlichen, sachlichen und finanziellen Aufwands, aber auch, um eine mögliche Schädigung des Rufs der Firma zu vermeiden, keine alle Kunden umfassende Warnaktion durchzuführen, ebenso im *Lederspray*-Fall (Rz. 23).

Die noch nicht abschließend geklärte Frage, in welcher Art und Weise die Öffentlichkeit informiert werden soll, wie groß also etwa eine Anzeige sein muss, in wie vielen und in welchen Medien sie zu veröffentlichen ist, an welchen Tagen und während welcher Zeit, bzw. wie sie inhaltlich und formal gestaltet sein muss[2], wird sich durch das geänderte Kommunikationsverhalten leichter beantworten lassen. Jedenfalls muss sichergestellt sein, dass der Kreis der Verbraucher erreicht wird.

104 Als nächste Stufe kann ein **Vertriebsstopp** erforderlich sein, um z.B. zu verhindern, dass Produkte, bei denen die Gefahr einer Gesundheitsbeschädigung besteht, weiter an die Verbraucher gelangen, verbunden mit einer Rückführung der noch im Vertrieb befindlichen Produkte.

105 Schließlich sind die Verantwortlichen eines Unternehmens zum Rückruf bereits in den Handel gelangter, gesundheitsgefährdender Produkte verpflichtet[3]. Im Zivilrecht (Rz. 60 f.) ist die **Rückrufpflicht** anerkannt[4]. Das *Unterlassen des Rückrufs* gesundheitsgefährdender Güter stellt daneben auch eine *Straftat* dar[5]. Der BGH[6] hat hierzu ausgeführt, dass der Hersteller oder Vertriebshändler, der Produkte in den Verkehr bringt, die derart beschaffen sind, dass deren bestim-

---

1 BGH v. 4.5.1988 – 2 StR 89/88 – Mandelbienenstich-Fall, BGHR StGB § 13 Abs. 1 Garantenstellung 5 Lebensmittel-Lieferant.
2 *Kuhlen* in A/R, 2. Teil 1. Kap. Rz. 35 f.
3 *Fischer*, § 13 StGB Rz. 72; *Stree/Bosch* in S/S, § 13 StGB Rz. 53.
4 *Michalski*, BB 1998, 961; *Rettenbeck*, Die Rückrufpflicht in der Produkthaftung, 1994.
5 *Brammsen*, Strafrechtliche Rückrufpflichten bei fehlerhaften Produkten, GA 1993, 97; *Kuhlen*, Strafhaftung bei unterlassenem Rückruf gesundheitsgefährdender Produkte, NStZ 1990, 566; *Winkelbauer* in Produkthaftungshdb., § 81 Rz. 58.
6 BGH v. 6.7.1990 – 2 StR 549/89 – Lederspray-Fall, BGHSt 37, 106 m.w.Nw. aus Rspr. und Literatur.

mungsgemäße Verwendung für die Verbraucher die Gefahr des Eintritts gesundheitlicher Schäden begründet, zur Schadensabwendung verpflichtet ist. Kommt er dieser Pflicht schuldhaft nicht nach, so haftet er für dadurch verursachte Schäden strafrechtlich unter dem Gesichtspunkt der durch Unterlassen begangenen Körperverletzung[1]. Die Handlungspflicht beruht auf der *Garantenstellung aus vorangegangenem pflichtwidrigem Gefährdungsverhalten (Ingerenz)*. Für dieses Vorverhalten reicht es aus, wenn es objektiv pflichtwidrig war; eine schuldhafte Sorgfaltspflichtverletzung ist nicht erforderlich[2]. Daneben kann sich die Garantenstellung auch aus der *Schaffung einer Gefahrenquelle* ergeben.

Die *Betriebswirtschaftslehre* und die Forschungen im Bereich der **Corporate Compliance** haben sich hiermit bereits intensiv auseinandergesetzt, und die Ergebnisse zeigen konkret, wie die Umsetzung in Unternehmen erfolgen kann. So werden zum Thema „*Strategisches Management*" Lehrinhalte zu Fragen der Haftung, Risikomanagement, Beschwerdemanagement, Planung von Rückrufaktionen, Vorbeugendes Vertragsmanagement (Vertragscontrolling), Betriebliche Beweissicherung, Qualitätssicherungsvereinbarungen und sonstige Vereinbarungen mit Lieferanten, Mitherstellern, Vertriebsbeteiligten vermittelt.

106

Eine **behördliche Genehmigung** oder Zulassung für ein Produkt kann die strafrechtliche Produkthaftung nicht ausschließen[3]. Der Hersteller kann nicht davon ausgehen, dass er bei Vorliegen einer Genehmigung nicht pflichtwidrig handelt, eine Verwaltungsakzessorietät ist nicht vorhanden. Die Verantwortung für das Produkt liegt deshalb auch nach einer behördlichen Genehmigung bei dem Hersteller. Entscheidend dürfte sein, wie vollständig die eingereichten Prüfungsunterlagen waren, in welchem Umfang die Behörde eigene Prüfungen vorgenommen hat, wie häufig Kontrollprüfungen erfolgt sind und wie gefährlich das Produkt ist. Die behördliche Genehmigung kann zwar ein starkes Indiz dafür sein, dass der Vertrieb durch ein erlaubtes Risiko gedeckt war. Der Hersteller muss jedoch im Rahmen ständiger Überprüfungen sowohl der bereits auf dem Markt befindlichen als auch neuer Produkte deren Gesundheitsschädlichkeit prüfen, bei Auffälligkeiten muss er sogar Sonder- oder Metastudien veranlassen. Zu Recht wird in der Literatur vertreten, dass es – insbesondere bei Grenzwerten – kein „blindes" Vertrauen in die behördlichen Grenzwerte in Anbetracht der stark unterschiedlichen Beurteilungen in den einschlägigen Wissenschaften und wegen der erheblichen Rechtsgutsverletzun-

107

---

1 BGH v. 6.7.1990 – 2 StR 549/89, BGHSt 37, 106.
2 *Fischer*, § 13 StGB Rz. 71; *Dannecker/Bülte* in W/J, Kap. 1 Rz. 28, 29; a.A. *Samson*, StV 1991, 182 (184).
3 BGH v. 6.7.1990 – 2 StR 549/89, BGHSt 37, 106 (122); *Dannecker/Bülte* in W/J, Kap. 1 Rz. 35; a.A. *Kuhlen* in A/R, 2. Teil, 1. Kap. Rz. 36; *Kuhlen* in 50 Jahre BGH, Bd. IV, S. 662; *Tiedemann* in FS Hirsch, 1999, S. 662; *Voigtel* in Momsen/Grützner, 10. Kap. Rz. 47-49; *Große Vorholt*, Behördliche Stellungnahmen in der strafrechtlichen Produkthaftung – Zur Konkretisierung von Sorgfaltspflichten bei Risikoentscheidungen 1997; *Fortun*, Die behördliche Genehmigung im strafrechtlichen Deliktsaufbau 1998; *Gerst*, Dosis sola venenum facit – Aber welche Dosis? – Ein Beitrag zur produktstrafrechtlichen Verantwortlichkeit bei der Verwendung gefährlicher Stoffe am Beispiel von Bisphenol A –, NStZ 2011, 136.

gen gibt[1]. Ferner kann sich der Stand von Wissenschaft und Technik nach einer behördlichen Genehmigung ändern; der Hersteller eines Produkts ist hierbei i.d.R. näher an der Entwicklung als eine produktferne Behörde.

4. Subjektive Voraussetzungen

108 Werden durch das Inverkehrbringen von gefährlichen Produkten Schäden *billigend* in Kauf genommen, so liegt **vorsätzliches** Handeln vor[2]. In den meisten Fällen der Produkthaftung geht es jedoch um das *Unterlassen gebotener Handlungen*. Solche Pflichtverletzungen sind regelmäßig nur als **fahrlässig** einzustufen[3]. Wer allerdings bei Kenntnis von der Gefährlichkeit eines Produkts mit weiteren Schäden rechnet und sie billigend in Kauf nimmt, muss sich den Vorwurf einer vorsätzlichen Unterlassungstat gefallen lassen. Letzteres ist z.B. der Fall, wenn sich ein Unternehmer der „naheliegenden Wahrscheinlichkeit" weiterer Erkrankungen bewusst ist und es dennoch unterlässt, die notwendigen Vorsichtsmaßnahmen zu treffen. Dass ihm solche Folgen unerwünscht sind, ist für den *bedingten Vorsatz* ohne Bedeutung.

109 Dabei handelt *vorsätzlich* auch derjenige, der davon ausgeht, es würden keine besonders schwerwiegenden Schäden eintreten. Die **Grenze** von der *Fahrlässigkeit* **zum Vorsatz** ist also überschritten, wenn die Geschäftsführung Schäden vorhersieht und nur darauf vertraut, die Schäden würden kein großes Ausmaß annehmen oder könnten durch Kompensationsmaßnahmen ausgeglichen werden. Werden keine Schutzmaßnahmen zur Verhinderung von Schäden ergriffen, stellt dies ein vorsätzliches strafbares Unterlassen dar.

II. Besondere Straftatbestände im StGB

110 a) Der Straftatbestand der **gemeingefährlichen Vergiftung** (§§ 314, 314a StGB)[4] stellt u.a. unter Strafe, wenn Wasser in gefassten Quellen, in Brunnen, Leitungen oder Trinkwasserspeichern (§ 314 Abs. 1 Nr. 1 StGB) oder Gegenstände, die zum öffentlichen Verkauf oder Verbrauch bestimmt sind (§ 314 Abs. 1 Nr. 2 StGB), vergiftet wird oder ihnen gesundheitsschädliche Stoffe beimischt werden oder mit gesundheitsschädlichen Stoffen vermischte Gegenstände verkauft, feilgehalten oder sonst in den Verkehr gebracht werden. Wird durch die

---

1 *Gerst*, NStZ 2011, 136 (139); *Tiedemann* in FS Hirsch, 1999, S. 765 (771); *Kuhlen* in FS Eser, 2007, S. 359 ff.
2 *Winkelbauer* in Produkthaftungshdb., § 47 Rz. 68 ff.
3 *Winkelbauer* in Produkthaftungshdb., § 81 Rz. 68 f.
4 Geänd. durch das 6. StrafrechtsreformG v. 26.1.1998; vgl. zu § 319 StGB a.F. *Horn*, Strafrechtliche Haftung für die Produktion von und den Handel mit vergifteten Gegenständen, NJW 1986, 153 ff.; *Geerds*, Herstellen und Absatz gesundheitsgefährlicher Ver- und Gebrauchsgüter, in FS Tröndle, 1989, S. 241 (256); der BGH hat sich in der Lederspray-Entscheidung nicht mit diesen Vorschriften auseinandergesetzt; *Gretenkordt*, Herstellen und Inverkehrbringen stofflich gesundheitsgefährlicher Verbrauchs- und Gebrauchsgüter, Bochum 1993.

Tat die Gesundheit eines Menschen oder eine Gesundheitsschädigung einer größeren Anzahl von Menschen verursacht, so ist eine Freiheitsstrafe von nicht unter zwei Jahren zu verhängen. Wird wenigstens leichtfertig der Tod eines anderen Menschen verursacht, so ist eine lebenslange Freiheitsstrafe oder eine zeitige Freiheitsstrafe nicht unter zehn Jahren zu verhängen (§ 314 Abs. 2 i.V.m. § 308 Abs. 2–4 StGB). Nach § 314a Abs. 1 Nr. 1 StGB ist eine tätige Reue möglich. Für die strafrechtliche *Produkthaftung* ist in erster Linie § 314 Abs. 1 Nr. 2 StGB von Bedeutung.

Die *Neufassung* des § 314 StGB ist gegenüber § 319 StGB a.F. insofern *weiter*, als statt der Eignung der beigemischten Stoffe, die menschliche Gesundheit zu zerstören, nur noch deren **Gesundheitsschädlichkeit** verlangt wird[1]. Neben Lebensmitteln kommen als Tatmittel alle Gegenstände in Betracht, deren üblicher Ge- oder Verbrauch gesundheitsgefährlich ist, wie z.B. Textilien, Kosmetika, Pflege und Reinigungsmittel, Baumaterialien[2] (Rz. 130 f.) oder Spielwaren (z.B. mit Weichmachern). Auch einzelne Teile eines Gegenstandes, wie die Lackierung oder die Umhüllung, können gefährlich i.S. von § 314 StGB sein.

Umstritten ist, ob die **Gefährlichkeit** von dem Gegenstand[3] oder dem beigemischten Stoff[4] ausgehen muss. Dem Gesetzestext zufolge kommen Produkte als Tatmittel in Betracht, denen während oder nach der Herstellung gesundheitsschädliche Stoffe beigefügt werden. Wurden gesundheitsschädliche Stoffe beigemischt, so stellt das Nichtbeseitigen der Gefahren wegen der Garantenstellung ein strafbares Unterlassen dar. Häufig dürfte § 314 StGB in Tateinheit mit Verstößen gegen das Lebens- und Arzneimittelrecht bzw. mit Körperverletzung stehen.

b) Die Tatbestände der **Gewässer-, Luft- und Bodenverunreinigung** (§§ 324, 324a, 325, 325a, 326 StGB)[5] und des unerlaubten Betreibens von Anlagen (§ 327 StGB) dienen zwar auch dem Schutz vor gefährlichen Produkten; der Schwerpunkt des Schutzes ist jedoch gleichsam vorverlagert auf den Schutz der Umwelt, weshalb sie oben in § 54 behandelt sind.

---

1 *Seher,* Herstellung oder Vertrieb gesundheitsgefährdender Produkte: Ein Fall des § 314 StGB? – Versuch der Aufhellung einer neu gefassten „Dunkelnorm", NJW 2004, 113.
2 *Fischer,* § 314 StGB Rz. 5.
3 H.M., *Kuhlen,* Fragen einer strafrechtlichen Produkthaftung, 1989, 157; *Heine* in S/S, § 314 StGB Rz. 13.2.
4 *Horn,* Strafrechtliche Haftung für die Produktion von und den Handel mit vergifteten Gegenständen, NJW 1986, 153 (154).
5 Umstr. *Kuhlen,* Produkthaftung, 24, vertritt die Auffassung, dass diese Vorschriften nicht zum Bereich der Produkthaftung gehören; vgl. aber andererseits *Hager,* JZ 1990, 397, der zu dem Ergebnis gelangt, dass sich Produkt- und Umwelthaftung bei toxischen Produkten überschneiden, da diese den Produktbenutzer und Dritte, aber auch die Umwelt gefährden.

114 **c) Wegen Baugefährdung** (§ 319 StGB)[1] wird mit Freiheitsstrafe bis zu fünf Jahren oder mit Geldstrafe bestraft, wer bei der *Planung, Leitung oder Ausführung eines Baues* oder des *Abbruchs eines Bauwerks* gegen die allgemein anerkannten Regeln der Technik verstößt und dadurch Leib oder Leben eines anderen Menschen gefährdet (Abs. 1); ebenso wird bestraft, wer in Ausübung eines Berufs oder Gewerbes bei der Planung, *Leitung oder Ausführung eines Vorhabens*, technische Einrichtungen in ein Bauwerk einzubauen oder eingebaute Einrichtungen dieser Art zu ändern, gegen die *allgemein anerkannten Regeln der Technik* verstößt und dadurch Leib oder Leben eines anderen Menschen gefährdet (Abs. 2); wird die Gefahr fahrlässig verursacht, kommt Freiheitsstrafe bis zu drei Jahren oder Geldstrafe in Betracht. Nach Abs. 4 wird Freiheitsstrafe bis zu zwei Jahren oder Geldstrafe verhängt, wenn der Täter in den Fällen der Abs. 1 und 2 fahrlässig handelt und die Gefahr fahrlässig verursacht.

115 Einen **Bau leitet**, wer technisch die Einrichtung des Baus als eines ganzen nach seinen Anordnungen tatsächlich so bestimmt, dass seine Anweisungen für die Ausführenden maßgeblich sind[2]. Mit der *Bauausführung* sind alle die befasst, die an der Herstellung mitwirken. Hierzu zählen der Polier, Bauhandwerker, aber auch Dienstleistungen wie z.B. Sicherungsleistungen oder die Erstellung von Zufahrten. Ob der Hersteller eines Baugerüstes hierzu zu rechnen ist, ist fraglich[3], da Gerüste für viele verschiedene Zwecke verwendet werden können. Jedenfalls die Aufstellung des Gerüstes gehört dazu.

116 Die **Tathandlung** besteht in dem *Verstoß gegen die allgemein anerkannten Regeln der Technik*, die bei den Praktikern anerkannt und bekannt sein müssen. Sowohl durch Tun als auch Unterlassen kann die Tat begangen werden[4].

III. Produktschutzgesetze

1. Produktsicherheit

117 Das neue **„Gesetz über die Bereitstellung von Produkten auf dem Markt"** (Produktsicherheitsgesetz – ProdSG) ist am 1.12.2011 in Kraft getreten[5]. Es löst das „Gesetz über technische Arbeitsmittel und Verbraucherprodukte" (Geräte- und Produktsicherheitsgesetz – GPSG) vom 6.1.2004[6] ab und dient – wie

---

1 Vgl. *Esser/Keuten*, Strafrechtliche Risiken am Bau – Überlegungen zum Tatbestand der Baugefährdung (§ 319 StGB) und seinem Verhältnis zu §§ 222, 229 StGB, NStZ 2011, 314; *Gallas*, Die strafrechtliche Verantwortlichkeit der am Bau Beteiligten, 1963; *Landau*, Das strafrechtliche Risiko der am Bau Beteiligten, wistra 1999, 47; *Bottke*, Krankmachende Bauprodukte. Produkthaftung aus zivil- und strafrechtlicher Sicht unter besonderer Berücksichtigung krankmachender Gebäude (Sick Building Syndrom), Teil 1: ZfBR 1991, 183, Teil 2: ZfBR 1991, 383; *Sternberg-Lieben/Hecker* in S/S, 28. Aufl., § 319 StGB Rz. 1; *Wolff* in LK, § 319 StGB; *Wieck-Noodt* in MüKo, 2006, § 319 StGB.
2 *Fischer*, § 319 StGB Rz. 5.
3 Bejahend *Fischer*, § 319 StGB Rz. 6.
4 *Fischer*, § 319 StGB Rz. 10 m.w.Nw.
5 ProduktsicherheitsG v. 8.11. 2011, BGBl. I 2011, 2178, 2179; ber. 26.1.2012, BGBl. I 2012, 131.
6 BGBl. I 2004, 2.

schon das Vorgängergesetz – der Umsetzung der in Rz. 27 ff. genannten Richtlinien des Europäischen Parlaments und des Rates. Das Produktsicherheitsgesetz soll sicherstellen, dass sich ausschließlich sichere Produkte auf dem Markt befinden[1].

Das ProdSG gilt nach § 1 Abs. 1, wenn im Rahmen einer Geschäftstätigkeit **118** **Produkte** auf dem Markt **bereitgestellt, ausgestellt** oder **erstmals verwendet** werden. Das neue ProdSG erfasst nicht nur all jene Produkte, die bisher als technische Arbeitsmittel oder Verbraucherprodukte galten, sondern erstmals insbesondere auch nicht verwendungsfertige Bauteile, Stoffe und Zubereitungen aus dem B2B-Bereich, die ausschließlich dazu bestimmt sind, weiterverarbeitet zu werden. *Bereitstellung auf dem Markt* ist nach § 2 Nr. 4 ProdSG jede entgeltliche oder unentgeltliche Abgabe eines Produkts zum Vertrieb, Verbrauch oder zur Verwendung auf dem Markt der EU im Rahmen einer Geschäftstätigkeit. Das *Inverkehrbringen* als Sonderfall des Bereitstellens stellt nach § 2 Nr. 15 ProdSG nur das erstmalige Bereitstellung eines Produkts auf dem Markt dar (vgl. Rz. 120); die Einfuhr (aus dem EWR-Ausland) in den Europäischen Wirtschaftsraum steht dem Inverkehrbringen eines neuen Produkts gleich. *Ausstellen* ist das Anbieten, Aufstellen oder Vorführen von Produkten zu Zwecken der Werbung oder der Bereitstellung auf dem Markt (§ 2 Nr. 2 ProdSG).

Ferner gilt das Gesetz nach § 1 Abs. 2 ProdSG für die Errichtung und den Betrieb *überwachungsbedürftiger Anlagen*, die gewerblichen oder wirtschaftlichen Zwecken dienen oder durch die Beschäftigte gefährdet werden können. Sie unterliegen einer besonderen Regelung (vgl. auch § 25 Rz. 31).

Nach § 2 Nr. 22 ProdSG umfasst der **Begriff „Produkte"** die Menge der *technischen Arbeitsmittel* und der *Verbraucherprodukte*. Das ProdSG verzichtet auf den Begriff technische Arbeitsmittel i.S. größerer Rechtsklarheit, da er in der Vergangenheit häufig mit dem Begriff Arbeitsmittel der Betriebssicherheitsverordnung verwechselt wurde. Produkt wird nunmehr definiert i.S. des Art. 15 Abs. 4 der VO (EG) Nr. 765/2008 als „Waren, Stoffe oder Zubereitungen, die durch einen Fertigungsprozess hergestellt worden sind". Mit dieser Definition werden alle Produkte erfasst, die bisher als technische Arbeitsmittel (Arbeitseinrichtungen, Geräte, Komponenten, Anlagen, etc.) oder Verbraucherprodukte bezeichnet waren. Stoffe oder Zubereitungen werden in der Produktdefinition zwar explizit genannt; für sie gibt es mit der europäischen VO (EG) Nr. 1907/2006 (REACH) jedoch eine speziellere Rechtsvorschrift i.S. des § 1 Abs. 4 ProdSG. Anforderungen des ProdSG kommen insoweit nur ergänzend zum Tragen. **119**

Der **Begriff „Inverkehrbringen"** in § 2 Nr. 15 ProdSG ist inhaltlich an die VO (EG) Nr. 765/2008 angepasst und wurde – entgegen dem bisherigen GPSG, das mit Inverkehrbringen noch jedes Überlassen eines Produkts an einen anderen **120**

---

1 Vgl. *Lach/Polly*, Produktsicherheitsgesetz: Leitfaden für Hersteller und Händler, 2012; *Lach/Polly*, Das neue Produktsicherheitsgesetz – Empfehlungen an Wirtschaftsakteure zur Compliance in der Produktsicherheit, CCZ 2012, 59; *Kapoor/Klindt*, Das neue deutsche Produktsicherheitsgesetz (ProdSG), NVwZ 2012, 719; *Schucht*, Das Recht der Verbraucherprodukte im neuen Produktsicherheitsgesetz, VuR 2013, 86; *Schucht*, Die behördliche Meldepflicht für gefährliche Verbraucherprodukte – ein Leitfaden für die betriebliche Praxis, BB 2013, 905; *Wiebauer*, Import und Produktsicherheit, EuZW 2012, 14; *Wilrich*, Das neue Produktsicherheitsgesetz (ProdSG), 2012.

umfasst hat – im neuen ProdSG auf die *erstmalige Bereitstellung eines Produkts auf dem Markt* beschränkt. Mit der Anpassung des Begriffs „Inverkehrbringen" an die EG-Verordnung entfällt auch der Terminus des „wesentlich veränderten Produktes". Ein gebrauchtes Produkt, das gegenüber seinem ursprünglichen Zustand wesentlich verändert wird, wird als neues Produkt angesehen. In § 6 ProdSG sind für alle Verbraucherprodukte Handlungs- und Organisationspflichten[1] enthalten, die die Hersteller, deren Bevollmächtigte und der Importeur einzuhalten haben. Verstöße hiergegen stellen Ordnungswidrigkeiten dar (vgl. Rz. 124).

121 Die **CE-Kennzeichnung** (abgeleitet von Communauté Européenne; heute grafisches Symbol) wendet sich an die Überwachungsbehörden und stellt klar, dass das Produkt alle relevanten Richtlinien erfüllt (§ 7 ProdSG). Mit der CE-Kennzeichnung erklärt der Hersteller, dass sein Produkt den wesentlichen Anforderungen an Sicherheit und Gesundheit der für das jeweilige Produkt geltenden Richtlinie entspricht, die in der gesamten EU gleich sind. Die CE-Kennzeichnung muss sichtbar, lesbar und dauerhaft auf dem Produkt selbst oder der Verpackung angebracht sein. § 7 Abs. 1 ProdSG weist i.S. von Rechtsklarheit auf die unmittelbare Geltung der VO (EG) Nr. 765/2008 hin. Nach § 7 Abs. 2 ProdSG ist es verboten, ein Produkt auf dem Markt bereitzustellen, wenn das Produkt, seine Verpackung oder ihm beigefügte Unterlagen mit der CE-Kennzeichnung versehen sind, ohne dass die Rechtsverordnungen nach § 8 Abs. 1 ProdSG oder andere Rechtsvorschriften dies vorsehen oder ohne dass die Anforderungen der Abs. 3–5 erfüllt sind (Nr.1) oder das nicht mit der CE-Kennzeichnung versehen ist, obwohl eine Rechtsverordnung nach § 8 Abs. 1 ProdSG oder eine andere Rechtsvorschrift ihre Anbringung vorschreibt (Nr. 2).

122 Mit dem Zeichen „GS" (= *Geprüfte Sicherheit*) (§ 20 ProdSG) bescheinigt die zuständige GS-Stelle (§ 23 ProdSG) auf Antrag des Herstellers, dass das Produkt bestimmten, in §§ 3, 6 ProdSG im Einzelnen festgelegten Sicherheitsanforderungen entspricht. Die Pflichten der GS-Stelle sind im Einzelnen in § 21 ProdSG festgelegt.

123 Das ProdSG regelt in § 24 ff., wie eine Marktüberwachung vorzunehmen ist und welche Befugnisse die Behörden zu diesem Zweck haben. Die Marktüberwachung nehmen gem. § 24 Abs. 1 ProdSG die nach Landesrecht **zuständigen Behörden** wahr, deren Aufgaben in § 25 ProdSG festgelegt sind. Sie können gem. § 26 Abs. 1 ProdSG z.B. Stichproben auf geeignete Art und Weise und in angemessenem Umfang ziehen und daraufhin kontrollieren, ob die Produkte die Anforderungen nach Abschnitt 2 oder nach anderen Rechtsvorschriften erfüllen. Wenn die Marktüberwachungsbehörden den begründeten Verdacht haben, dass ein Produkt nicht die Anforderungen nach Abschnitt 2 oder nach anderen Rechtsvorschriften, bei denen nach § 1 Abs. 4 ProdSG die Vorschriften dieses Gesetzes ergänzend zur Anwendung kommen, treffen sie nach Abs. 2 die erforderlichen Maßnahmen. So können sie das Ausstellen eines Produkts zu untersagen, nach Abs. 4 die Rücknahme oder der *Rückruf von Produkten* **angeordnen** oder die Bereitstellung von **Produkten auf dem Markt** untersagen,

---

1 *Gauger/Hartmannsberger*, Rechtliche Anforderungen an Verbraucherprodukte – Pflichten, Risiken, Praxisprobleme, NJW 2014 1137.

wenn diese ein ernstes Risiko insbesondere für die Sicherheit und **Gesundheit von Personen darstellen**. In § 31 ProdSG ist geregelt, unter welchen Voraussetzungen Anordnungen nach § 26 Abs. 2 und Abs. 4 ProdSG bekannt zu machen sind, welche erhebliche wirtschaftliche Folgen für Hersteller und Händler haben können. In § 30 ProdSG ist die Information des Schnellinformationssystems **RAPEX geregelt** (vgl. Rz. 38 f.).

Ordnungswidrigkeiten sind in § 39 Abs. 1 Nr. 1–17 ProdSG normiert. So sind z.B. Verstöße gegen die Verwendung der CE–Kennzeichnung nach Abs. 1 Nr. 5 und 6 bußgeldbewehrt, die unzulässige Verwendung des Zeichens „*GS = geprüfte Sicherheit*" oder das unrechtmäßige Werben mit solchen Zeichen ist ebenfalls bußgeldbewehrt (§ 39 Abs. 1 Nr. 8, 10 und 11 ProdSG). Die Ordnungswidrigkeiten können mit Geldbuße bis zu 100 000 Euro, in einigen Fällen nur bis 10 000 Euro, geahndet werden. **124**

Straftaten stellen nach § 40 ProdSG die *beharrliche Wiederholung* einer in § 39 Abs. 1 Nr. 7 Buchst. a, Nr. 8 Buchst. b oder Nr. 9, Nr. 16 Buchst. a, Nr. 17 Buchst. a ProdSG bezeichneten vorsätzlichen Handlung oder die Gefährdung von Leben oder Gesundheit eines anderen oder fremder Sachen von bedeutendem Wert durch eine solche vorsätzliche Handlung dar.

2. Elektromagnetische Verträglichkeit von Geräten

Das Gesetz über die elektromagnetische Verträglichkeit von Geräten[1] (**EMVG**)[2] ist seit 26.2.2008 in Kraft. Es setzt die RL 2004/108/EG über die elektromagnetische Verträglichkeit in deutsches Recht um. Mit der Umsetzung erfolgte eine Neuorganisation der Marktaufsicht, die nunmehr die Bundesnetzagentur wahrnimmt, die eigentlich für die Beaufsichtigung der Märkte für Elektrizität, Gas und Telekommunikation sowie Post und Eisenbahn zuständig ist. Das EMVG regelt die Fähigkeit eines Geräts, in der elektromagnetischen Umwelt zufriedenstellend zu arbeiten, ohne dabei selbst (unannehmbare) elektromagnetische Störungen für andere Geräte zu verursachen (vgl. § 4 EMVG). Gegenstand der Neuregelungen sind u.a. die Informationspflichten des Herstellers gegenüber den Gerätenutzern. **125**

Der erste Abschnitt (§§ 1–3 EMVG) regelt den **Anwendungsbereich** sowie alle wesentlichen **Begriffsbestimmungen** für dieses Gesetz. Im zweiten Abschnitt (§§ 3–6 EMVG) finden sich die grundlegenden Anforderungen an die elektromagnetische Verträglichkeit von Betriebsmitteln, an das Inverkehrbringen, die Inbetriebnahme und den Betrieb von Betriebsmitteln. § 7 EMVG regelt die *Konformitätsbewertungsverfahren* für Geräte. § 8 EMVG enthält die Voraussetzungen für die *CE-Kennzeichnung*; nach § 8 Abs. 2 EMVG dürfen keine Kennzeichnungen angebracht werden, deren Bedeutung oder Gestalt mit **126**

---

1 I.d.F. v. 26.2.2008, BGBl. I 220, Umsetzung der RL 2004/108/EG des Europ. Parl. und des Rates v. 15.12.2004 zur Angleichung der Rechtsvorschriften der Mitgliedstaaten über die elektromagnetische Verträglichkeit und zur Aufhebung der RL 89/336/EWG, ABl. EU Nr. L 390 v. 31.12.2004, 24; geänd. durch Art. 4 Abs. 119 des G v. 7.8.2013, BGBl. I 3154.
2 *Nedtwig/Lutz*, Elektromagnetische Verträglichkeit I, Loseblatt; *Schwab/Kürner*, Elektromagnetische Verträglichkeit, 6. Aufl. 2010; *Loerzer/Green*, Das EMV-G 2008 für Maschinen- und Anlagenbau: Dokumentensammlung mit Erläuterungen, 2009.

der Bedeutung oder Gestalt der CE-Kennzeichnung verwechselt werden kann. Andere Kennzeichnungen dürfen auf dem Gerät, der Verpackung oder der Gebrauchsanleitung nur angebracht werden, wenn sie die Sicht- und Lesbarkeit der CE-Kennzeichnung nicht beeinträchtigen. § 10 EMVG regelt die sog. „Benannte Stellen", die das Recht und die Aufgaben nach § 7 Abs. 4 EMVG haben und damit Aufgaben der Konformitätsbewertung nach Anhang III der RL 2004/108/EG wahrnehmen. Im 2. Abschnitt des Gesetzes regelt § 14 EMVG die Befugnisse der *Bundesnetzagentur*.

127 Das EMVG *tritt* hinter **produktbezogene Spezialgesetze** in dem Umfang *zurück*, in welchem diese zugleich auch Aspekte der elektromagnetischen Gebrauchseignung regeln. So normiert das *Medizinproduktegesetz* (Rz. 140 ff.) i.V.m. der Medizinprodukteverordnung die Fragen der elektromagnetischen Störungen und der Störfestigkeit für Medizinprodukte abschließend. Für *Kraftfahrzeuge* und Zubehörteile gilt ausschließlich die RL 95/54/EG.

128 Nach § 20 EMVG stellen das Inverkehrbringen, die gewerbsmäßige Weitergabe oder die Inbetriebnahme eines Geräts, bei dem der Hersteller (§ 3 Nr. 8 EMVG) die in §§ 6–8, 12 EMVG genannten Normen (Schutzanforderungen) zu Unrecht oder nicht angewandt hat, **Ordnungswidrigkeiten** dar. Wegen der Einzelheiten muss auf das Gesetz verwiesen werden. Bußgeldbehörde ist gem. § 20 Abs. 4 EMVG die *Bundesnetzagentur*.

129 Das EMVG sieht **Bußgelder** von maximal 50 000 bzw. 10 000 Euro (§ 20 Abs. 2 EMVG) vor; nach Abs. 3 können Geräte, auf die sich eine Ordnungswidrigkeit nach Abs. 1 Nr. 1, 2 oder 6 bezieht, eingezogen werden; ferner ist eine *Vorteilsabschöpfung* gem. § 17 Abs. 4 S. 2 OWiG möglich.

3. Bauprodukte

130 a) Die Bauwirtschaft, eine der Schlüsselindustrien der EU, wird durch die neue, europaweit geltende **Bauproduktenverordnung (EU)** – BauPVO (EU) – Nr. 305/2011 des Europäischen Parlaments und des Rates vom 9.3.2011 für Hersteller, Importeur und Händler neu gestaltet. Die Verordnung (engl.: Construction Products Regulation – CPR), trat am 24.4.2011 in Kraft und ersetzt die RatsRL 89/106/EWG, die BauproduktenRL 1 (BPR) vom 21.12.1988, umgesetzt in Deutschland durch das Bauproduktengesetz (BauPG) vom 10.8.1992. Die neue Bauproduktenverordnung (EU) muss nicht in nationales Recht umgesetzt werden, da europäische Verordnungen unmittelbar in allen Mitgliedstaaten rechtswirksam werden, gem. Art. 68 BauPVO (EU) ist sie seit 1.7.2013 in vollem Umfang in Kraft.

131 Mit Art. 1 legt die BauPVO (EU) **Bedingungen für das Inverkehrbringen von Bauprodukten** durch die Aufstellung von harmonisierten Regeln in Bezug auf ihre wesentlichen Merkmale fest. Die BauPVO (EU) setzt also nicht selbst Bauprodukte-Standards. Die harmonisierten technischen Spezifikationen werden von europäischen Gremien erstellt und enthalten die Verfahren und Kriterien für die Bewertung der Leistung von Bauprodukten in Bezug auf ihre wesentlichen Merkmale.

Die BauPVO (EU) legt ferner die Verwendung der *CE-Kennzeichnung* für sog. harmonisierte Bauprodukte fest, also Bauprodukte, die unter die harmonisierten technischen Spezifikationen fallen.

Gem. Art. 10 BauPVO (EU) müssen die EU-Mitgliedsstaaten **Produktinformationsstellen** für das Bauwesen benennen, die Informationen über die in ihrem Hoheitsgebiet geltenden nationalen Bauproduktbestimmungen in leicht verständlicher Formulierung bereitstellen. Eine Liste der Produktinformationsstellen in der EU kann im Internet abgerufen werden[1]. In Deutschland ist die *Bundesanstalt für Materialforschung und –prüfung* (BAM) als deutsche Produktionsinformationsstelle benannt; als nationale notifizierende Behörde wurde das *Deutsche Institut für Bautechnik* (DIBt) bestimmt.

Der **Übergang** von der BPR (EU) zur BauPVO (EU) erfolgte in Deutschland durch das *Gesetz zur Anpassung des Bauproduktengesetzes und weiterer Rechtsvorschriften an die VO (EU) Nr. 305/2011 zur Festlegung harmonisierter Bedingungen für die Vermarktung von Bauprodukten* (BauPGAnpG)[2]. In Art. 2 dieses Gesetzes ist das (neue) Gesetz zur Durchführung der VO (EU) Nr. 305/2011 zur Festlegung harmonisierter Bedingungen für die Vermarktung von Bauprodukten und zur Umsetzung und Durchführung anderer Rechtsakte der EU in Bezug auf Bauprodukte (Bauproduktengesetz – BauPG) enthalten; Art. 7 legt fest, dass das (alte) Bauproduktengesetz[3] zum 1.7.2013 außer Kraft tritt.

132

Ab dem 1.7.2013 entfällt damit die Erteilung von europäischen technischen Zulassungen. Auf Antrag werden **Europäische Technische Bewertungen** nunmehr vom *Deutschen Institut für Bautechnik*[4] erteilt. Diese werden auf der Grundlage von Europäischen Bewertungsdokumenten erteilt, die von der Organisation Technischer Bewertungsstellen nach einem festgelegten Verfahren erarbeitet werden.

Bauprodukte, die nach dem 1.7.2013 in Verkehr gebracht werden, müssen der EU-BauPVO entsprechen. Unter „**Inverkehrbringen**" ist *die erstmalige Verfügbarmachung eines Bauprodukts auf dem europäischen Markt* durch den Hersteller, seinen Bevollmächtigten oder den Importeur zu verstehen. Davon abgegrenzt ist der Begriff der „Bereitstellung", der die Weitergabe eines in Verkehr gebrachten Bauprodukts in der Lieferkette bezeichnet, z.B. vom Baustofffachhandel an den Endkunden.

133

Die auf Grundlage der (alten) BauproduktenRL erarbeiteten **Harmonisierungsdokumente** bleiben jedoch erhalten. Dazu zählen ca. 400 harmonisierte Europäische Normen, die Europäische Zulassungsrichtlinien (ETAG) und über 1 300 Europäische Technische Zulassungen (ETA). Alle bis zum 1.7.2013 nach der BauproduktenRL erstellten Dokumente wie EG-Zertifikate und Herstellerkonformitätserklärungen sowie alle Bauprodukte, die vor dem 1.7.2013 in Übereinstimmung mit der BauproduktenRL in Verkehr gebracht wurden, gelten als konform mit der Bauproduktenverordnung.

134

---

1 http://ec.europa.eu/enterprise/sectors/construction/files/cpr-nat-contact-points_en.pdf.
2 G v. 5.12.2012, BGBl. I 2449.
3 I.d.F. der Bek. v. 28.4.1998, BGBl. I 812.
4 http://www.dibt.de.

135 Anders als bei der früheren Bauprodukten-RL liegt die alleinige **Verantwortung für das Inverkehrbringen von Bauprodukten** jetzt bei dem *Hersteller*, der eine Leistungserklärung für ein Produkt abgibt und aufgrund dieser Leistungserklärung das Bauprodukt mit einer CE-Kennzeichnung versieht. Mit der CE-Kennzeichnung übernimmt der Hersteller die Verantwortung für die Übereinstimmung des Bauprodukts mit den in der Leistungserklärung angegebenen Leistungen sowie der Einhaltung der sonstigen einschlägigen europäischen Rechtsvorschriften. *Nationale Behörden* spielen lediglich als **Marktüberwachungsbehörden** eine Rolle. Sie haben keine aktive Rolle als Zulassungsbehörde für bestimmte Bauprodukte.

136 b) **Bußgeldvorschriften** und **Straftatbestände** sind in § 8 bzw. 9 Bauproduktengesetz – BauPG enthalten. Die Ordnungswidrigkeiten können gem. § 8 Abs. 3 BauPG mit einer *Geldbuße* bis zu 50 000 Euro bzw. bis 10 000 Euro geahndet werden. Ob im Hinblick auf die Gewinnspannen mit nichtkonformen Bauprodukten diese Geldbußen eine abschreckende Wirkung haben werden, ist fraglich. Im Einzelnen:

137 Nach **§ 8 Abs. 1 BauPG** handelt ordnungswidrig, wer vorsätzlich oder fahrlässig einer *Rechtsverordnung* nach § 7 Abs. 1 BauPG oder einer vollziehbaren Anordnung aufgrund einer solchen Rechtsverordnung *zuwiderhandelt*, soweit die Rechtsverordnung für einen bestimmten Tatbestand auf diese Bußgeldvorschrift verweist. Hierbei handelt es sich um Rechtsverordnungen, durch die die Voraussetzungen für das Inverkehrbringen von solchen Bauprodukten geregelt werden, die nicht unter die EU-Bauproduktenverordnung fallen. Dabei können insbesondere Prüfungen, Überwachungen, Bescheinigungen, Kennzeichnungen, Aufbewahrungs- und Mitteilungspflichten, behördliche Maßnahmen sowie andere als die nach der EU-Bauproduktenverordnung erforderlichen Konformitätsnachweisverfahren vorgeschrieben werden. Entsprechende Ordnungswidrigkeiten werden gem. § 8 Abs. 3 BauPG mit Ordnungsgeld bis zu 50 000 Euro geahndet.

138 Nach **§ 8 Abs. 2 Nr. 1–18 Buchst. c BauPG** werden Verstöße gegen die BauPVO (EU) geahndet; auf die in der BauPVO (EU) festgelegten Pflichten wird in den einzelnen Tatbeständen des **BauPG** direkt Bezug genommen. *Ordnungswidrig* handelt danach u.a., wer

- die *CE-Kennzeichnung* nicht, nicht richtig oder nicht rechtzeitig anbringt (Nr. 2 Buchst. b),
- nicht sicherstellt, dass die *erklärte Leistung* bei Serienfertigung beständig sichergestellt ist (Nr. 5),
- nicht sicherstellt, dass ein Bauprodukt eine *Typen-, Chargen- oder Seriennummer* oder ein anderes Kennzeichen zur Identifizierung trägt (Nr. 6),
- nicht sicherstellt, dass einem Bauprodukt eine *Gebrauchsanleitung* oder eine Sicherheitsinformation in deutscher Sprache beigefügt ist (Nr. 8),
- als *Importeur* ein Bauprodukt in Verkehr bringt oder auf dem Markt bereitstellt (Nr. 14), das den europäischen Anforderungen nicht entspricht,
- gegen eine Maßnahme der Marktüberwachungsbehörden zuwiderhandelt, mit welcher sichergestellt werden soll, dass Bauprodukte den Anforderungen der BauPVO (EU) entsprechen.

§ 9 BauPG enthält **Strafvorschriften**, die eine *Freiheitsstrafe* bis zu einem Jahr oder *Geldstrafe* androhen, wenn bestimmte in § 8 Abs. 2 genannte Ordnungswidrigkeiten beharrlich wiederholt werden oder durch eine solche vorsätzliche Handlung **Leben oder Gesundheit** eines anderen oder fremde **Sachen von bedeutendem Wert** gefährdet wird. Als Straftat wird unter diesen Bedingungen z.B verfolgt, wenn eine Leistungserklärung vorsätzlich nicht, nicht richtig oder nicht rechtzeitig erstellt wird (Verstoß gegen § 8 Abs. 2 Nr. 2 Buchst. a BauPG) oder vorsätzlich nicht sicherstellt, dass die erklärte Leistung bei Serienfertigung beständig sichergestellt ist (Verstoß gegen § 8 Abs. 2 Nr. 5 BauPG). Strafbar sind ferner vorsätzliche Zuwiderhandlungen gegen eine vollziehbare Anordnung nach Art. 56 Abs. 1 Unterabs. 2 oder Abs. 4 Unterabs. 1 oder Art. 58 Abs. 1 BauPVO (EU) (Verstoß gegen § 8 Abs. 2 Nr. 18 Buchst. a oder b BauPG).

4. Medizinprodukte

Schrifttum: *Deutsch/Lippert/Ratzel/Tag*, Kommentar zum Medizinproduktegesetz (MPG), 2. Aufl. 2010; *Gärtne*r, Medizinproduktegesetzgebung und Regelwerk, Bd. 1 der Reihe Medizinproduktesicherheit, 2008; *Hill/Schmitt*, WiKo – Medizinprodukterecht, Kommentar, Loseblatt; *Rehmann/Wagner*, Medizinproduktegesetz, 2. Aufl. 2010; *Schorn/Baumann*, Medizinprodukte-Recht, Kommentar, Loseblatt.

Der **Bereich der Medizintechnik** ist aufgrund seines Umfangs ebenfalls durch wirtschaftskriminelles Verhalten gefährdet. An dem Weltmarkt für Medizintechnik von ca. 220 Mrd. Euro ist Deutschland mit ca. 22 Mrd. Euro im Jahr 2012 beteiligt. In der Branche sind etwa 175 000 Personen tätig. Weltweit ist Deutschland der drittgrößte Markt für Medizinprodukte, als Produktionsstandort steht Deutschland an dritter Stelle[1]. In Europa beträgt das Marktvolumen etwa 95 Mrd. Euro mit rund 500 000 verschiedenen Produktarten.

Mit dem **Gesetz über Medizinprodukte** (MPG)[2] (s. dazu auch § 72 Rz. 117 ff.) und der auf seiner Grundlage erlassenen Medizinprodukte-Verordnung wurden die europäischen Richtlinien über aktive implantierbare medizinische Geräte (90/385/EWG), über Medizinprodukte (93/42/EWG) und über In-vitro-Diagnostika (98/79/EG) in nationales Recht umgesetzt. Zweck dieses Gesetzes ist es, den *Verkehr mit Medizinprodukten* zu regeln und dadurch für die Sicherheit, Eignung und Leistung der Medizinprodukte und für die Gesundheit und den erforderlichen Schutz der Patienten, Anwender und Dritter zu sorgen (§ 1 MPG).

Medizinprodukte sind gem. § 3 MPG Gegenstände, die

a) der Erkennung, Verhütung, Überwachung, Behandlung oder Linderung von Krankheiten,

b) der Erkennung, Überwachung, Behandlung, Linderung oder Kompensierung von Verletzungen oder Behinderungen,

---

1 Mitteilung des Bundesministeriums für Gesundheit v. 14.5.2013.
2 Aus dem Jahr 1994, neugefasst durch Bek. v. 7.8.2002, BGBl. I 3146, laufend geänd., zuletzt durch Art. 16 des G v. 21.7.2014, BGBl. I 1133.

c) der Untersuchung, der Ersetzung oder der Veränderung des anatomischen Aufbaus oder eines physiologischen Vorgangs oder

d) der Empfängnisregelung dienen.

143 Das Europäische Parlament hat am 22.10.2013 eine neue **EU-Medizinprodukte-Verordnung** (Medical Device Regulation – MDR) verabschiedet, welche die bisherigen Richtlinien über aktive und über sonstige Medizinprodukte zu einem Regelwerk zusammenfasst und Änderungen bringt[1]. Die Verordnung soll **ab dem Jahr 2017** in den EU-Mitgliedstaaten direkt gelten. Damit werden sowohl aus dem Brustimplantateskandal des französischen Herstellers Poly Implant Prothèse (PIP; vgl. Rz. 18) als auch aus dem Vertrieb schadensverursachender Hüftgelenke, die viele Folgeoperationen notwendig gemacht haben (vgl. Rz. 17), die Konsequenzen gezogen.

144 Zukünftig soll es nach der Zulassung **unangekündigte Kontrollbesuche** bei den Herstellern geben. Bislang erfolgten diese Kontrollen stets nach vorheriger Anmeldung. Auch sollen ein System der Rückverfolgbarkeit von Medizinprodukten und ein sog. **Implantatepass** für Patienten für mehr Sicherheit sorgen. Medizinprodukte sind von der vorgeschlagenen *Europäischen Produktsicherheitsverordnung* (vgl. Rz. 31) ausgenommen worden, da sämtliche Ziele der Produktsicherheitsverordnung für Medizinprodukte bereits in bestehenden Richtlinien sowie zukünftig durch die am 22.10.2013 verabschiedete EU-Medizinprodukteverordnung sichergestellt werden.

145 Dass Medizinprodukte sicher sind, muss vor dem Inverkehrbringen belegt werden. Sog. „Benannte Stellen" wie etwa der TÜV überprüfen dies und dokumentieren die **Sicherheit der Produkte** mit dem CE-Kennzeichen. Bei Produkten höherer Risikoklassen – als besonders riskant gelten Medizinprodukte, die in den Körper eingepflanzt werden, wie Brustimplantate, Insulinpumpen oder Knieprothesen – sind hierzu umfangreiche *Dokumentationen* notwendig. Hochrisikoprodukte, etwa Herzschrittmacher, sollen künftig nur noch *bestimmte Prüfstellen* zertifizieren können. Die Stellen sollen von der europäischen Arzneimittelagentur in London (EMA) ausgewählt werden. Die „Benannten Stellen" arbeiten nach festgelegten Kriterien und werden selbst wiederum von Behörden überwacht. Darüber hinaus überwachen staatliche Stellen die Medizinproduktehersteller in den Regionen.

146 Die derzeit noch geltenden §§ 4–16 MPG enthalten Vorschriften über die **Anforderungen an Medizinprodukte**, die §§ 17–19 MPG über die *klinische Prüfung* von Medizinprodukten, die §§ 22–24 MPG für das Errichten, Betreiben und Anwenden von Medizinprodukten; die §§ 25–31 MPG regeln die Überwachung und den Schutz vor Risiken. Ergänzende Vorschriften sind in der *Medizinprodukteverordnung* (MPV), der *Medizinprodukte-Betreiberverordnung* (MPBetreibV) und den *Verordnungen über Vertriebswege für Medizinprodukte* (MPVertrV) enthalten. Vorschriften für das Inverkehrbringen bzw. die Inbe-

---

1 Abänderungen des Europ. Parl. v. 22.10.2013 zu dem Vorschlag für eine VO des Europ. Parl. und des Rates über Medizinprodukte und zur Änderung der RL 2001/83/EG, der VO (EG) Nr. 178/2002 und der VO (EG) Nr. 1223/2009 (COM[2012]0542 – C7-0318/2012 – 2012/0266[COD]).

triebnahme von Medizinprodukten, die CE-Kennzeichnung und die Anwenderinformationen müssen in deutscher Sprache vorliegen.

Folgende Verhaltensweisen werden von **§ 40 Abs. 1 MPG** unter **Strafe** gestellt: 147

- Nr. 1: Inverkehrbringen, Errichten, Inbetriebnahme oder Anwenden von Medizinprodukten entgegen § 4 Abs. 1 Nr. 1 MPG, d.h., wenn der begründete Verdacht besteht, dass sie die Sicherheit und Gesundheit von Patienten, der Anwender oder Dritter bei sachgemäßer Anwendung, Instandhaltung und ihrer Zweckbestimmung entsprechenden Verwendung über ein nach den Erkenntnissen der medizinischen Wissenschaft vertretbares Maß hinaus gefährden;
- Nr. 2: Inverkehrbringen oder Inbetriebnahme von Medizinprodukten – mit normierten Ausnahmen – entgegen § 6 Abs. 1 S. 1 MPG, die den Vorschriften der StrahlenschutzVO oder der RöntgenVO unterliegen oder bei deren Herstellung ionisierende Strahlen verwendet wurden, ohne CE-Kennzeichnung (§ 8 Abs. 1 S. 1 MPG);
- Nr. 3: CE-Kennzeichnung von Medizinprodukten, die den Vorschriften der StrahlenschutzVO oder der RöntgenVO unterliegen oder bei deren Herstellung ionisierende Strahlen verwendet wurden, entgegen § 6 Abs. 2 S. 1 MPG i.V.m. einer Rechtsverordnung nach § 37 Abs. 1 MPG, d.h., *ohne dass* die grundlegenden Anforderungen nach Maßgabe einer RechtsVO nach § 5 Abs. 1 MPG erfüllt sind und ein für das jeweilige Medizinprodukt vorgeschriebenes Konformitätsbewertungsverfahren nach Maßgabe einer RechtsVO nach § 14 Abs. 3 durchgeführt worden ist (§ 8 Abs. 2 MPG);
- Nr. 4: Betreiben oder Anwenden von Medizinprodukten entgegen § 14 S. 2 MPG, d.h. von solchen Produkten, die Mängel aufweisen, durch die Patienten, Beschäftigte oder Dritte gefährdet werden können.

In § 40 **Abs. 3** MPG sind **besonders schwere Fälle** unter Freiheitsstrafe von einem Jahr bis zu fünf Jahren gestellt. 148

Ein *besonders schwerer Fall* liegt vor bei der (konkreten) Gefährdung einer großen Zahl von Menschen, wobei hier eine mindestens „dreistellige Zahl"[1] angenommen wird. Ein weiteres Beispiel ist die Todesgefahr und die schwere Schädigung an Körper oder Gesundheit. Letzteres setzt voraus, dass eine dauernde oder zumindest unabsehbar lang andauernde Verletzung erfolgt ist, die den Lebensablauf des Geschädigten erheblich beeinträchtigt. Letztlich führt noch der grobe Eigennutz zur Qualifizierung. Grob eigennützig handelt dabei, wer sich bei seinem Verhalten von dem Streben nach eigenem Vorteil in einem besonders anstößigen Maß leiten lässt[2]. Bei der Beurteilung, ob dies der Fall ist, hat das Tatgericht einen Beurteilungsspielraum[3]. Das Tatgericht muss hierbei eine Gesamtbetrachtung sämtlicher Tatumstände vornehmen, namentlich der vom Täter gezogenen Vorteile, der Art, Häufigkeit und Intensität der Tatbegehung und des Verwendungszwecks der erlangten Vorteile. Diese Umstände müssen im Zusammenhang gesehen und daraufhin überprüft werden, ob sie den Schluss auf groben Eigennutz des Täters rechtfertigen[4].

Wird in den Fällen des Abs. 1 *fahrlässig* gehandelt, so ist die Strafe Freiheitsstrafe bis zu einem Jahr oder Geldstrafe.

---

1 *Ambs* in Erbs/Kohlhaas, MedizinprodukteG Rz. 15.
2 St. Rspr., BGH v. 13.6.2013 – 1 StR 226/13; BGH v. 20.11.1990 – 1 StR 548/90, wistra 1991, 106.
3 Vgl. BGH v. 1.8.1984 – 2 StR 220/84, NJW 1985, 208; BGH v. 7.11.1986 – 2 StR 280/86, wistra 1987, 71.
4 BGH v. 22.6.1990 – 3 StR 471/89, BGHR AO § 370 Abs. 3 Nr. 1 Eigennutz 3 m.w.Nw.

149 Außerdem enthält **§ 41 MPG** folgende **Straftatbestände**:

- Nr. 1: Inverkehrbringen von Medizinprodukten, die mit *irreführender Bezeichnung*, Angabe oder Aufmachung versehen sind (§ 4 Abs. 2 S. 1 i.V.m. S. 2 MPG);
- Nr. 2: Inverkehrbringen oder die Inbetriebnahme eines Medizinprodukts entgegen § 6 Abs. 1 S. 1 MPG, das nicht den Vorschriften der StrahlenschutzVO oder der RöntgenVO unterliegt oder bei dessen Herstellung ionisierende Strahlen nicht verwendet wurden;
- Nr. 3: *unzulässige CE-Kennzeichnung* unter bestimmten Umständen;
- Nr. 4: Beginn, *Durchführung oder Fortsetzung der klinischen Prüfung* eines MP entgegen den Vorschriften über den Schutz von Menschen im MPG, d.h. entgegen § 20 Abs. 1 S. 1 oder S. 4 Nr. 1-6 oder Nr. 9, jeweils auch i.V.m. § 20 Abs. 4 oder Abs. 5 oder § 21 Nr. 1 oder entgegen § 22b Abs. 4;
- Nr. 5: Beginn, *Durchführung oder Fortsetzung einer Leistungsbewertungsprüfung* entgegen § 24 Abs. 1 S. 1 i.V.m. § 20 Abs. 1 Nr. 1–6 oder 9, Abs. 4 oder 5 MPG;
- Nr. 6: Zuwiderhandlungen gegen eine RechtsVO nach § 37 Abs. 2 S. 2 MPG über Abgabebeschränkungen für Medizinprodukte, soweit sie für einen bestimmten Tatbestand auf diese Strafvorschrift verweist.

150 **Ordnungswidrigkeiten** sind nach § 42 MPG die *fahrlässige* Begehung einer der in § 41 MPG bezeichneten Handlungen (Abs. 1) sowie nach § 42 Abs. 2 Nr. 1–16 MPG eine große Zahl weiterer Verhaltensweisen, die mit Bußgeldern bis zu 25 000 Euro geahndet werden können.

6. Kapitel
Absatz

§ 57
Wettbewerbsbeschränkungen
Bearbeiter: Christian Müller-Gugenberger

	Rz.		Rz.
A. Überblick	1	C. Deutsches Recht	
B. Europäisches Recht		I. Allgemeines	
I. Rechtsgrundlagen		1. Rechtsentwicklung	91
1. Primärrecht	16	2. Grundzüge des GWB	94
2. Sekundärrecht	27	3. Zuwiderhandlungen	102
a) Kartell-Verordnung	28	II. Materiell-rechtliche Verstöße	
b) Ergänzende Verordnungen	32	1. Gegen europäische Verbote	114
c) Fusionskontroll-Verordnung	37	2. Gegen deutsche Verbote	117
II. Materielles Wettbewerbsrecht	39	a) Kartellverbot	118
1. Kartellverbot	41	b) Marktmacht-Missbrauchsverbot	123
2. Marktmacht-Missbrauchsverbot	46	c) Boykottverbot	129
3. Fusionskontrolle	48	d) Verbot von Druck und Lockung	132
III. Wettbewerbsrechtliches Verfahren		e) Verbot von Organisationszwang und Repressalien	134
1. Europäische Kommission und nationale Wettbewerbsbehörden	54	f) Fusionsvollzugsverbot	136
2. Europäisches Verfahren	59	III. Verstöße gegen Verhaltenspflichten	137
3. Einzelstaatliches Verfahren	66	1. Schwere Behinderung der Kartellbehörden	138
IV. Bußgeldtatbestände		2. Einfache Behinderung der Kartellbehörden	140
1. Allgemeines	70	IV. Sanktionen	142
2. Verstöße gegen Verhaltenspflichten	79	1. Verfolgungsverjährung	146
3. Wettbewerbsbeeinträchtigung	81	2. Bußgeld-Bemessung	148
4. Unerlaubter Zusammenschluss	85		
5. Sanktionen	87		

A. Überblick

Schrifttum: Europäisches und deutsches Recht – Kommentare und Handbücher: Frankfurter Kommentar zum Kartellrecht, hrsg. von *Jäger/Pohlmann/Schroeder*, Loseblatt (zit.: Bearbeiter in FK); *Immenga/Mestmäcker*, Wettbewerbsrecht, 5. Aufl.; Bd. 1 (in 3 Teilen): EU, 2012/14; Bd. 2 (in 3 Teilen): GWB 2014 (zit.: Bearbeiter in I/M); *Langen/Bunte* (Hrsg.), Kommentar zum deutschen und europäischen Kartellrecht, 2 Bde., 12. Aufl. 2014; *Loewenheim/Meessen/Riesenkampff*, Kartellrecht – Europäisches und Deutsches Recht – Kommentar, 2. Aufl. 2009; *Mäsch* (Hrsg.), Praxiskommentar zum deutschen und europäischen Kartellrecht, 2010; Münchener Kommentar zum Europäischen und Deutschen Wettbewerbsrecht (Kartellrecht), hrsg. von *Hirsch* u.a., Bd. 1: Europäisches Wettbewerbsrecht, 2007, Bd. 2: GWB, 2008 (z.t.: Bearbeiter in MüKo-WbR I usw.); *Schulte/Just* (Hrsg.), Kartellrecht (Kommentar), 2012; *Wiedemann* (Hrsg.), Handbuch des Kartellrechts, 2. Aufl. 2008.

Lehrbücher/Monografien: *Aberle*, Sanktionsdurchgriff und wirtschaftliche Einheit im deutschen und europäischen Kartellrecht, 2013; *Bunte*, Kartellrecht, 2. Aufl. 2008; *v. Dietze/Janssen*, Kartellrecht in der anwaltlichen Praxis, 4. Aufl. 2011; *Emmerich*, Kartellrecht, 13. Aufl. 2014; *Kapp*, Kartellrecht in der Unternehmenspraxis, 2. Aufl. 2013; *Lange/Pries*, Einführung in das europäische und deutsche Kartellrecht, 2. Aufl. 2011; *Lettl*, Kartellrecht, 3. Aufl. 2013; *Rittner/Kulka*, Wettbewerbs- und Kartellrecht, 7. Aufl. 2008; *Schmidt, Ingo/Haucap*, Wettbewerbspolitik und Kartellrecht – eine interdisziplinäre Einführung, 10. Aufl. 2013; *Schwarze* (Hrsg.), Rechtsschutz und Wettbewerb in der neueren europäischen Rechtsentwicklung, 2010; w.Nw. vor Rz. 16 und vor Rz. 91.

1 Ein freier und fairer Wettbewerb ist das tragende *Grundprinzip der Marktwirtschaft*, die unser Gesellschaftssystem maßgeblich prägt. Dieser Wettbewerb bedarf des Schutzes gegen den Missbrauch durch die Wettbewerbsteilnehmer selbst. Der Schutz der Wettbewerbsordnung wird – soweit nicht die Vorschriften zum Schutz des „geistigen Eigentums" eingreifen (oben § 55) – im Wesentlichen durch *zwei Normbereiche* gewährleistet, nämlich

– den Schutz des **fairen Wettbewerbs** durch das *„Gesetz gegen unlauteren Wettbewerb"* (UWG; „Lauterkeitsrecht"; dazu unten § 60) und

– den Schutz des **freien Wettbewerbs**, der primär durch *europäische* Normen (Rz. 16 ff.) und ergänzend durch das *„Gesetz gegen Wettbewerbsbeschränkungen"* (GWB; Rz. 91 ff.) gewährleistet wird. Dabei geht es vor allem um zwei Bereiche:

  – einerseits um die Verhinderung von Kartellen (also die Koordinierung mehrerer Marktteilnehmer zur Beschränkung des freien Wettbewerbs) und von Marktmacht-Missbrauch (*Kartellrecht* im engeren Sinne),

  – andererseits um die Kontrolle über die Bildung von marktmächtigen Stellungen (Zusammenschluss-Kontrolle/*Fusionskontrolle*).

Der *Ausdruck* „Wettbewerbsrecht" ist ebenso wie „Europäisches Wettbewerbsrecht" *mehrdeutig*, insbesondere auch bei Buchtiteln: Einmal bezeichnet es den ersten Bereich (= Lauterkeitsrecht), ein anderes Mal den zweiten (hier behandelten) Bereich (= Kartellrecht), bisweilen auch beides zusammen.

Der dem Kartellrecht zugehörige, aber wegen seiner Nähe zur Korruption doch abtrennbare[1] und seit 1997 auch speziell sanktionierte (Rz. 13, 142 f.) Bereich der *Ausschreibungsabsprachen* ist anschließend in § 58 behandelt.

2 **a)** Der Schutz vor Wettbewerbsbeschränkungen wird heute in materiell-rechtlicher Hinsicht **primär** durch das **europäische Wettbewerbsrecht** gewährleistet. Auf der Grundlage der „Römischen Verträge" über eine Europäische Wirtschaftsgemeinschaft – die zeitgleich wie das GWB Anfang 1958 in Kraft getreten sind – hat sich mit der vorrangigen Zielsetzung, private Handelsschranken zwischen den Mitgliedstaaten zu verhindern, ein äußerst dynamisches Rechtsgebiet herausgebildet. Die damals vereinbarten Regelungen (Art. 85–90 EWGV)

---

1 So schon die 1. und 2. Aufl. (1987/1992): jeweils § 47.

bestimmen bis heute (als Art. 101–106 AEUV) einen zentralen Bereich der europäischen Rechtsentwicklung (näher Rz. 16 ff.).

Mit der **Europäischen Kartellverordnung** von 1962 – ergänzt 1989 durch die VO über die **Europäische Fusionskontrolle** – hat das europäische Wettbewerbsrecht eine Vorreiterrolle für das gesamte Gemeinschafts- bzw. Unionsrecht erhalten und diese bis heute beibehalten. In keinem anderen Rechtsbereich hat das gemeinschaftliche Recht so unmittelbare Auswirkungen auf die Unternehmen wie im Wettbewerbsrecht: Die europäischen Organe sind aufgrund der im primären Gemeinschaftsrecht enthaltenen Ermächtigung befugt, unmittelbar Ermittlungen, auch durch eigenes Personal, in den Mitgliedstaaten anzustellen und unmittelbar Sanktionen in Gestalt von *Zwangsgeldern* und *Geldbußen* zu verhängen (vgl. § 6 Rz. 68 ff.). Daran hat der Vertrag von Lissabon festgehalten. Das europäische Wettbewerbsrecht ist so nicht nur zu einem Motor der wirtschaftlichen Liberalisierung und des Gemeinschaftsrechts im Allgemeinen, sondern auch zur Keimzelle eines europäischen „Unternehmensstrafrechts" bzw. Wirtschaftsstrafrechts (im weiteren Sinne; § 1 Rz. 12) geworden.

In **Deutschland** hat die Entwicklung eines modernen Kartellrechts erst nach dem 2. Weltkrieg eingesetzt (zur früheren Rechtslage § 1 Rz. 42, 49). Zur Ablösung der von den alliierten Besatzungsmächten erlassenen Dekartellierungsvorschriften wurde nach lebhaften Diskussionen 1957 das **Gesetz gegen Wettbewerbsbeschränkungen** (GWB)[1] verabschiedet. Dieses wurde seither durch *acht Novellen* und verschiedene andere Änderungsgesetze erheblich fortentwickelt und zugleich immer stärker an das europäische Recht angeglichen (näher Rz. 91 f.), zuletzt durch die 8. GWB-Novelle vom 26.6.2013.

Obwohl das Gemeinschaftsrecht im Verhältnis zum einzelstaatlichen Recht schon von Anfang an den Vorrang beanspruchen konnte, standen **europäisches und deutsches Kartellrecht** über Jahrzehnte hinweg tatsächlich gleichsam *nebeneinander*. Gemeinschaftsweit wirkende Wettbewerbsbeschränkungen fielen in die Zuständigkeit „von Brüssel" und wurden nach europäischem Recht bekämpft, während das Bundeskartellamt (BKartA) nach deutschem Kartellrecht gegen die nationalen Wettbewerbsbeschränkungen vorging. Verstieß ein wettbewerbsbeschränkendes Verhalten sowohl gegen deutsches als auch gegen europäisches Kartellrecht, löste dies Bußgeldsanktionen nach beiden Rechtsordnungen aus; dabei hatte beim 2. Bußgeldbescheid eine Anrechnung der Höhe des 1. Bescheids zu erfolgen[2].

Vor einigen Jahren hat das *europäische Wettbewerbsrecht* jedoch eine **grundlegende Neuausrichtung** vollzogen, die vielfach als wettbewerbsrechtlicher *Systemwechsel* bezeichnet wurde. Anlass dafür war die nicht mehr zu bewältigende Arbeitsbelastung der europäischen Wettbewerbsbehörde im Hinblick auf die anstehende Aufnahme von zehn neuen Mitgliedstaaten. Formal ist das primäre Gemeinschaftsrecht (Rz. 2, 16 f.) unverändert geblieben, hat aber eine *neue Auslegung* erfahren, die es ermöglicht hat, „nur" die Durchführungs-

---
1 V. 27.7.1957, BGBl. I 1081, in Kraft seit 1.1.1958.
2 EuGH v. 13.2.1969 – Rs. 14/68 – Walt Wilhelm, Slg. 1969, 1 (15); BGH v. 17.12.1970 – KRB 1/70 – Teerfarben, BGHSt. 24, 54 = NJW 1971, 521; vgl. *Mestmäcker/Schweitzer*, EurWbR, § 6 Rz. 4 ff., 21 ff.

bestimmungen, also das Sekundärrecht, neu zu regeln. Mit **Wirkung vom 1.5.2004** – zeitgleich mit der Erweiterung der EU auf 25 Mitglieder – hat die Rats-*VO (EG) Nr. 1/2003* vom 16.12.2002 (KartVO; Rz. 29) die berühmte Europäische Kartellverordnung (VO 17/62) abgelöst; zugleich ist die verbesserte Fusionskontroll-Verordnung (*VO Nr. 139/2004* – FKVO; Rz. 38) wirksam geworden. Dieser – anfangs besonders in Deutschland heftig umstrittene – „Systemwechsel" war im Hinblick auf die Erweiterung auf 25 und mehr Mitgliedstaaten[1] dringend geboten. Die bisherigen Erfahrungen haben die Richtigkeit dieser Neuausrichtung bestätigt[2].

7 Dadurch hat sich das **Verhältnis** des europäischen zum deutschen bzw. – allgemeiner – **zum einzelstaatlichen Wettbewerbsrecht** nachhaltig **verändert**. Im deutschen materiell-rechtlichen Kartellrecht sind tief greifende Änderungen erforderlich geworden, die im Wesentlichen durch die 7. *Novelle zum GWB* umgesetzt wurden (Rz. 92). Die bisherige Monopolstellung der EU-Kommission zur Durchsetzung des europäischen Wettbewerbsrechts ist aufgegeben; vielmehr sind auch alle nationalen Kartellbehörden und -gerichte berufen, unter Anwendung ihres einzelstaatlichen Verfahrensrechts dem europäischen Wettbewerbsrecht Geltung zu verschaffen (näher Rz. 66 f.). Zugleich kann sich die Europäische Kommission auf zentrale Probleme und große Fälle beschränken. Das Problem der Doppelsanktion (Rz. 5) stellt sich nach der Reform praktisch nicht mehr: Entweder wird ein konkretes Verhalten durch die Kommission bearbeitet und nach europäischem Recht sanktioniert *oder* durch die Wettbewerbsbehörde eines Mitgliedstaats, die europäisches oder nationales Sachrecht nach nationalem Verfahrensrecht anwendet. Sowohl die Ermittlungen der Kommission als auch anderer europäischer Wettbewerbsbehörden unterbrechen die Verjährung in gleicher Weise wie die Ermittlungen des BKartA (§ 81 Abs. 9 GWB). Deshalb gilt der europaweit anerkannte Grundsatz des Doppelstrafverbots („*ne bis in idem*"; dazu § 6 Rz. 141 ff.) jetzt auch im Verhältnis der „beiden" Kartellrechte zueinander[3]. Das einzelstaatliche materielle Wettbewerbsrecht ist damit zu einem sekundären Regionalrecht „*unterhalb*" des

---

1 Übersicht über die Wettbewerbsgesetze der Mitgliedstaaten bei *Schröter* in Schröter/Jakob/Klotz/Mederer, Art. 101 AEUV Rz. 3 Fn. 4.
2 Vgl. den (von Art. 44 KartVO vorgeschriebenen, nach fünf Jahren zu erstattenden) Erfahrungsbericht der Kommission (KOM/2009/0206 endg.) v. 29.4.2009 und den Bericht der Kommission über die Wettbewerbspolitik 2013 v. 6.5.2014 (KOM [2014] 249 final), S. 3 ff., jeweils ergänzt durch ein ausf. „Arbeitsdokument der Kommissionsdienststellen" sowie die Tätigkeitsberichte des BKartA (Rz. 10); vgl. auch *Brinker*, Modernisierung des KartellR – Erste Erfahrungen mit der VO 1/2003, EuR Beiheft 2/2009, 47; *van Vormizeele*, Die Bewährung der Kartellrechtsreform ... aus Unternehmersicht, in Schwarze (Hrsg.), Rechtsschutz und Wettbewerb ..., S. 11 ff.; *Bechtold*, GWB, Einf. Rz. 64 a.E.
3 *Cramer/Paganis* in Loewenheim/Meessen/Riesenkampff, § 81 GWB Rz. 89; *Dannecker/Biermann* in I/M, vor Art. 23 VO 1/2003 Rz. 242 ff.; vor § 81 GWB Rz. 224 f.; *Böse* in G/J/W, KartVO Rz. 56; *Achenbach* in A/R Teil 3 Kap. 6 Rz. 4 f.; *Kindhäuser/Meyer* in FK, Art. 101 AEUV Bußg. Rz. 257 ff., 273 ff. (Stand 10/2012); *Bechtold/Bosch/Brinker*, Art. 23 VO 1/2003 Rz. 10 f.; *Bramer*, Ne bis in idem im europ. Kartellrecht, EuZW 2013, 617.

europäischen Rechts geworden. An erster Stelle steht deswegen ein Abriss des Rechts der EU (Rz. 16 ff.), dem der des deutschen Rechts folgt (Rz. 91 ff.).

Ähnlich wie Deutschland hat z.B. **Österreich** in Vollzug der europäischen Vorgaben sein (umfangreiches) Kartellgesetz von 1988 mit Wirkung vom 1.1.2006 durch das (kürzere) „Bundesgesetz gegen Kartelle und andere Wettbewerbsbeschränkungen" (KartG 2005) ersetzt[1] und das ergänzende „Bundesgesetz über die Errichtung einer Bundeswettbewerbsbehörde (WettbG)" von 2002 entsprechend novelliert[2]. So hat nach § 2 Abs. 1 Nr. 2, § 3 WettbG die beim Wirtschaftsministerium eingerichtete weisungsfreie und unabhängige „Bundeswettbewerbsbehörde" die europäischen Wettbewerbsregeln durchzuführen. Das im Frühjahr 2013 in Kraft getretene „Kartell- und Wettbewerbs-Änderungsgesetz 2012" (KaWeRÄG 2012) hat auch dort eine weitere Anpassung an die europäische Rechtslage gebracht[3]. Die in der *Schweiz* angestrebte Novellierung[4] des Kartellgesetzes 2004 ist dagegen im September 2014 im Nationalrat gescheitert. 8

Das neue europäische Sekundärrecht hat im Verhältnis zu den einzelstaatlichen Wettbewerbsrechten einen nachhaltigen **Konvergenzprozess** eingeleitet. Dieser hat sich nicht nur unmittelbar auf die einzelstaatliche Gesetzgebung ausgewirkt, sondern auch die Praxis der jeweiligen Wettbewerbsbehörden und -gerichte erfasst. Das frühere Forum der einzelstaatlichen Wettbewerbsbehörden unter dem Namen *ECA* (European Competition Authorities) ist durch das *Europäische Wettbewerbsnetz* (EWN = *ECN* – European Competition Network) abgelöst worden, in dem alle nationalen Wettbewerbsbehörden und die Kommission im Wege der Amtshilfe zunehmend effektiver zusammenarbeiten[5]. Durch diese Neuausrichtung des europäischen Wettbewerbsrechts sind zahlreiche herkömmliche rechts- und wirtschaftspolitische Streitfragen bedeutungslos geworden: Die europaweite Angleichung hat dieses schwierige Rechtsgebiet für die Unternehmen trotz erhöhter rechtlicher Risiken (dazu Rz. 44 f.) insgesamt überschaubarer gemacht. 9

Die *Europäische Kommission* als „Europäische Wettbewerbsbehörde" erstellt alljährlich einen „**Bericht über die Wettbewerbspolitik**", der nicht nur Angaben über die Ziele dieses Politikfeldes enthält, sondern auch konkrete Informationen über ihre Tätigkeit und ihr Zusammenwirken mit den Wettbewerbsbehörden der Mitgliedstaaten sowie im zunehmend wichtiger werdenden internationalen Austausch[6]. Ebenso enthält der vom *BKartA* im zweijährigen Turnus verfasste **Tätigkeitsbericht** (TB; § 53 GWB), dem eine Stellungnahme der Bundesregierung vorangestellt ist, umfassende Angaben über die Maßnahmen und Verfahren, Rechtsänderungen und Reformbemühungen sowie über die 10

---

1 Öst. BGBl. I 2005 Nr. 61.
2 Öst. BGBl. I 2005 Nr. 62.
3 Öst. BGBl. I 2013 Nr. 13; dazu *Barbist/Hoffer*, WuW 2013, 726.
4 Dazu *Eufinger/Maschemer*, WuW 2013, 137.
5 Erwähnenswert das ECN-Kronzeugenregelungsmodell v. 29.9.2006 (abgedr. in FK Ordner I, T C 12 ff.), das inzwischen EU-weit umgesetzt ist. Allg. dazu *Oelke*, Das Europ. Wettbewerbsnetz, 2007; vgl. auch unten Rz. 30, 53, 58.
6 Die Berichte der Kommission für 2012 v. 7.5.2013 (KOM [2013] 257 final) und 2013 v. 6.5.2014 (KOM [2014] 249 final) sind – ebenso wie die Berichte der Vorjahre und die jeweils ausführlicheren begleitenden Arbeitsdokumente – über http://ec.europa.eu/competition/publications/annual_report abrufbar.

grenzüberschreitende Zusammenarbeit[1]. Aus diesen Berichten lassen sich auch die Einzelheiten über die Bußgeldpraxis – einschließlich der namentlichen Benennung der beteiligten Unternehmen – entnehmen.

11 Darüber hinaus ist eine weitergehende **Internationalisierung** der Wettbewerbspolitik und des Wettbewerbsrechts im Gange[2]. Neben der *OECD* (§ 5 Rz. 20) engagiert sich auch die „Konferenz der Vereinten Nationen für Handel und Entwicklung" (*UNCTAD*) für eine Verbreitung einheitlicher Standards zum Schutze des freien Wettbewerbs. Im *ICN* (= International Competition Network) sind inzwischen über 100 einzelstaatliche Wettbewerbsbehörden in allen Teilen der Welt vernetzt.

12 b) Obwohl **GWB und UWG** auf nationaler Ebene die *gleiche* Wettbewerbsordnung schützen (Rz. 1), hat sich *kein einheitlicher Begriff des Wettbewerbs* herausbilden können, zumal der wirtschaftliche Wettbewerb als offener Prozess zu begreifen ist. Vielmehr kommt es auf den konkreten Zweck und Sinnzusammenhang der einzelnen Norm an; denn jede Bestimmung kann immer nur einen Teilaspekt der vielschichtigen Erscheinung „Wettbewerb" zum Gegenstand haben[3]. Grundsätzlich *ergänzen sich* GWB und UWG, bilden gleichsam zwei Seiten derselben Medaille. Gleichwohl sind manche Widersprüche und *Überschneidungen* beider Normbereiche erkennbar[4].

Nahe liegt die Gefahr, dass die Wettbewerber ein vom bisher Üblichen abweichendes und somit den freien Wettbewerb intensivierendes Verhalten als unlauter bekämpfen. Deshalb ist bei der Auslegung von UWG und GWB jeweils immer auch Sinn und Ziel des anderen Normbereichs ins Auge zu fassen; beide Gesetze stehen in permanenter Wechselwirkung. Ein wettbewerbswidriges Verhalten – etwa ein Boykott – kann auch einen „Doppelverstoß" gegen UWG und GWB darstellen. Dabei kommt es für die strafrechtliche Behandlung auf das Konkurrenzverhältnis der Tatbestände an; grundsätzlich treten die Ordnungswidrigkeitentatbestände des GWB hinter die Straftatbestände des UWG oder des StGB zurück, erlangen jedoch wieder Bedeutung, wenn eine Strafe nicht verhängt wird oder werden kann (§ 21 OWiG; Rz. 142, 145).

13 Trotz dieser Unterschiede hat vor einigen Jahren ein strafrechtliches Gesetz das Gemeinsame beider Bereiche in den Vordergrund gestellt und den „Wettbewerb" zum *Rechtsgut im strafrechtlichen Sinne* erhoben: Das Korruptionsbekämpfungsgesetz[5] hat 1997 einen neuen (26.) Abschnitt „**Straftaten gegen den Wettbewerb**" in das StGB eingefügt und dort je einen Straftatbestand aus

---

1 Der Tätigkeitsbericht (TB) des BKartA für den Zeitraum 2011/2012 (der letzte, der hier verwertet werden konnte) wurde als BT-Drs. 17/13675 am 29.5.2013 veröffentlicht; er ist – ebenso wie die früheren Berichte (ab 1993) – unter www.bundeskartellamt.de/publikationen abrufbar. Auch viele ausländische Behörden erstatten solche Berichte, vgl. z.B. § 2 Abs. 4 öst. WettbG.
2 Vgl. TB 2011/12, BT-Drs. 17/13675, XIII, 49 ff. Vgl. auch *Terhechte* (Hrsg.), Internationales Kartell- und FusionskontrollverfahrensR, 2008.
3 Vgl. z.B. *Emmerich*, KartR, § 1 Rz. 2 f.; *Rittner/Kulka*, Einl. Rz. 5; *Meessen* in Loewenheim/Meessen/ Riesenkampff, Einf. Rz. 6 ff., 131 ff.; *Zimmer* in I/M, § 1 GWB Rz. 109 ff.; *Säcker* in MüKo-WbR I, Einl. Rz. 34 ff.; *Wiedemann* in Wiedemann, Hdb., § 1 Rz. 2 ff.; *Bunte* in Langen/Bunte, Bd. 1, GWB, Einf. Rz. 78 ff.
4 *Köhler* in Köhler/Bornkamm, UWG, 31. Aufl. 2013, Einl. Rz. 6.1, 6.11 ff.; *Ahrens* in Harte/Henning, UWG, 3. Aufl. 2013, Einl. G Rz. 110 ff.; *Fezer* in Fezer, UWG, 2. Aufl. 2010, Einl. Rz. 214 ff.; näher *Pichler*, Das Verhältnis Kartell- und LauterkeitsR, 2009; *Schwipps*, Wechselwirkungen von LauterkeitsR und KartellR, 2009.
5 G v. 13.8.1997, BGBl. I 2038.

dem Bereich des Kartellrechts und aus dem UWG platziert: neben den – früher in § 12 UWG geregelten – § 299 StGB „*Bestechlichkeit und Bestechung im geschäftlichen Verkehr*" (nebst ergänzenden Bestimmungen; § 53 Rz. 69 ff.) ist der § 298 StGB „*Wettbewerbsbeschränkende Absprachen bei Ausschreibungen*" (Rz. 142 f. und unten § 58) gestellt worden[1]. Wenn auch vorrangige Motivation für diese Neuerung – wie der Name des Gesetzes auch besagt – die Korruptionsbekämpfung war und nicht wettbewerbsrechtliche Bestrebungen, so ist damit doch der langjährigen Forderung, das Kartellrecht nicht grundsätzlich von strafrechtlichen Sanktionen im engeren Sinne auszunehmen, zumindest für einen wichtigen Bereich Rechnung getragen worden[2]. Angesichts der unverändert intensiven und immer neue Blüten treibenden „Absprachekriminalität" – etwa die Manipulation der Referenzzinssätze durch Mitarbeiter europäischer Großbanken (Rz. 88) – stellt sich allerdings erneut die rechtspolitische Frage, ob nicht weitere Straftatbestände zu schaffen sind (Rz. 143).

Insgesamt hat sich das Recht zur Sicherung des freien Wettbewerbs – in stetiger Wechselwirkung mit den Wirtschaftswissenschaften – zu einer außerordentlich differenzierten **Spezialmaterie** ausgewachsen, in der verwaltungsrechtliche, zivilrechtliche und strafrechtliche (im weiteren Sinne) Normen in besonderer Weise verzahnt sind. Ausdruck dieser Spezialisierung ist nicht nur die Schaffung *besonderer Behörden* und besonderer Verfahren, sondern auch die Begründung *spezieller gerichtlicher Zuständigkeiten* (§ 15 Rz. 121 ff., 135 ff.). Ist das Wettbewerbsrecht auch bezüglich seiner Grundsatzfragen national und international in „ruhigeres Fahrwasser" gekommen, so hat die letzte Finanzkrise sowohl im Bereich der (hier nicht zu behandelnden) staatlichen Beihilfen (Rz. 18) als auch im Bereich der Kartelle und der Fusionskontrolle neue Herausforderungen mit sich gebracht[3]. Trotz aller Spezialität und trotz der Tatsache, dass das GWB in § 74c GVG (oben § 1 Rz. 90 ff.) nicht genannt wird, ist das Kartellrecht ein angestammter *Teil des Wirtschaftsstrafrechts*, weshalb es hier nicht ausgespart werden kann; auf europäischer Ebene ist seine Pilot-Funktion sogar noch ausgeprägter. 14

Aufgrund dieser Spezialzuständigkeit kommen die *Staatsanwaltschaften* und die allgemeinen *Strafgerichte* – einschließlich der Strafsenate des BGH – mit 15

---

1 Zum Rechtsgut „Wettbewerb" näher *Tiedemann* in LK, vor § 298 StGB Rz. 1 f., § 298 StGB Rz. 6 f., § 299 StGB Rz. 1–5; *Heine* in S/S, vor § 298 StGB Rz. 2; *Lackner/Kühl*, § 298 StGB Rz. 1; *Fischer*, vor § 298 StGB Rz. 6; *Dannecker* in NK, vor § 298 StGB Rz. 11 ff.; *Hohmann* in MüKo, § 298 StGB Rz. 2 f.; *Rogall* in SK, vor § 298 StGB Rz. 2 ff.; *Bosch* in S/S/W, § 298 StGB Rz. 1; *Wollschläger* in AnwK, § 298 StGB Rz. 2; *Hefendehl*, Kollektive Rechtsgüter im StrafR, 2002, 277 ff.; vgl. auch *Böse* in G/J/W, KartVO Rz. 1.
2 Zur langjährigen Diskussion vgl. auch die 2. Aufl. 1992, § 46 Rz. 63–69, § 47 Rz. 2–5 sowie *Rittner/Kulka*, § 14 Rz. 125 f.; *Achenbach* in FK, § 81 GWB Rz. 11 f., 21 ff.; *Dannecker/Biermann* in I/M, vor § 81 GWB Rz. 1 ff.; ausf. *Tiedemann* in LK, Vor § 298 StGB „Entstehungsgeschichte", Rz. 1 ff., § 298 StGB Rz. 1 ff. mit rechtsvergleichenden Hinweisen; vgl. auch *Federmann*, Kriminalstrafen im Kartellrecht (2006).
3 Vgl. *Heitzer*, Banken zwischen Fusionen und staatlicher Rettung – Auswirkungen auf den Wettbewerb, Orientierungen zur Wirtschafts- und Gesellschaftspolitik 120 (2/2009).

dem Kartellrecht sehr *selten* in Berührung. Gleichwohl gibt es immer wieder *Überschneidungsbereiche*, nicht nur auf dem Feld der Ausschreibungsabsprachen (unten § 58), sondern auch in anderen Bereichen, etwa beim Boykott oder sonstiger Ausübung von Druck und Zwang (vgl. Rz. 129 ff. sowie unten § 63). Insbesondere im Zusammenhang mit § 82 GWB (Rz. 110, 145) sind verfahrensrechtliche Komplikationen aufgetreten. Eine zunehmende Intensivierung der **Zusammenarbeit** zwischen Kartellbehörden und Staatsanwaltschaften wirkt diesen Friktionen entgegen[1].

Trotz der großen Bedeutung des Kartellrechts für die Unternehmenspraxis kann im Rahmen dieses Buchs nur ein ganz **knapper** und vereinfachender **Überblick** (mit nur beispielhaften Nachweisen) über die *Grundlinien* der wettbewerbsrechtlichen Zuwiderhandlungen gegeben werden; die oft lebhafte wettbewerbspolitische Diskussion muss ausgeblendet bleiben.

B. Europäisches Recht

Schrifttum: (außer vor Rz. 1 und den Kommentaren zum AEUV – Allgemeines Schrifttumsverzeichnis und § 6 vor Rz. 1):

Kommentare und Handbücher: *Bechtold/Bosch/Brinker*, EU-Kartellrecht, 3. Aufl. 2014; *de Bronett*, Kommentar zum europäischen Kartellverfahrensrecht, 2. Aufl. 2011; *Dannecker/Fischer-Fritsch*, Das EG-Kartellrecht in der Bußgeldpraxis, 1989; *Dauses* (Hrsg.), Handbuch des EU-Wirtschaftsrechts, Loseblatt, Abschn. H „Wettbewerbsregeln", bearbeitet von *Emmerich, Sauter* u.a.; *Ensthaler/Stopper*, EG-Kartellrecht, Loseblatt; *Frenz*, Europäisches Kartellrecht, Handbuch des Europarechts, Bd. 2, 2. Aufl. 2014; *Schröter/Jakob/Klotz/Mederer* (Hrsg.), Europäisches Wettbewerbsrecht, 2. Aufl. 2014.

Lehrbücher und Monografien: *Breuer*, Das EU-Kartellrecht im Kraftfeld der Unionsziele, 2013; *Karenfort/Weitbrecht*, Entscheidungen zum Europäischen Kartellrecht, 2010; *Kilian*, Europäisches Wirtschaftsrecht, 4. Aufl. 2010; *Koenig/Schreiber*, Europäisches Wettbewerbsrecht, 2010; *Mäger* (Hrsg.), Europäisches Kartellrecht, 2. Aufl. 2011; *Mestmäcker/Schweitzer*, Europäisches Wettbewerbsrecht, 3. Aufl. 2014; *Winkler*, Rechtsnatur der Geldbuße im Wettbewerbsrecht der EWG, 1971; *Yomere*, Die Problematik der Mehrfachsanktionierung von Unternehmen im EG-Kartellrecht, 2010.

Aufsätze: *Bosch*, Die Entwicklung des deutschen und europäischen Kartellrechts, NJW 2014, 1714; *de Bronnet*, Die Rechtmäßigkeit der neueren Geldbußenpraxis der EU-Kommission ..., WuW 2012, 1163; *Dannecker*, Der strafrechtliche Schutz des Wettbewerbs, in FS Tiedemann, 2008, S. 789; *Engelsing*, Die Bußgeldleitlinien der Europäischen Kommission von 2006, WuW 2007, 470; *Hirsbrunner*, Die Entwicklung der europäischen Fusionskontrolle 2013, EuZW 2014,658; *Kersting*, Die Rechtsprechung des EuGH zur Bußgeldhaftung in der wirtschaftlichen Einheit, WuW 2014, 1156; *Klees*, Der Grundsatz ne bis in idem und seine Auswirkungen auf die Zusammenarbeit der Kartellbehörden ..., WuW 2006, 1222; *Weitbrecht/Mühle*, Europäisches Kartellrecht 2003–2008, EuZW 2008, 551; *Weitbrecht/Mühle*, Die Entwicklung des europäischen Kartellrechts 2011, EuZW 2012, 290; *Weitbrecht/Mühle*, Die Entwicklung des europäischen Kartellrechts 2012, EuZW 2013, 255; *Weitbrecht /Mühle*, Die Entwicklung des europäischen Kartellrechts 2013, EuZW 2014, 209.

---

1 Dazu Tätigkeitsbericht (oben Rz. 10) 2011/12, S. 32.

I. Rechtsgrundlagen

1. Primärrecht

a) Bereits der Vertrag über die **Montanunion** (EGKSV[1]; § 6 Rz. 10) hatte ungeachtet der Regulierung des Kohle- und Stahl-Marktes konkrete Bestimmungen gegen Wettbewerbsbeschränkungen (besonders Art. 65, 66 EGKSV) enthalten; die „Hohe Behörde" (heute: Europäische Kommission) hatte darin die Befugnis erhalten, gegen Unternehmen nicht nur Zwangsgelder, sondern auch Bußgelder – deren Bemessung sich am Umsatz ausrichtete – unmittelbar zu verhängen[2]. Nach Auslaufen des EGKSV im Sommer 2002 gelten auch für den Montanbereich die Wettbewerbsbestimmungen des EGV bzw. jetzt des AEUV.

Beim Vorhaben einer **Europäischen Wirtschaftsgemeinschaft** war es noch notwendiger, Vorsorge zu treffen dagegen, dass nach Beseitigung der staatlichen Handelsschranken private Vereinbarungen und Verhaltensweisen die nationalen Märkte abschotten und dadurch die Zielsetzung eines großen Gemeinsamen Marktes infrage stellen und dass Unternehmen die Beherrschung einzelstaatlicher Märkte auf den Gemeinsamen Markt ausdehnen. Deshalb gab der EWG-Vertrag schon in seiner *ursprünglichen Fassung* (1957) in Art. 3 Buchst. f (später Art. 3 Buchst. g) als Ziel die Schaffung eines unverfälschten Wettbewerbs vor. Darüber hinaus enthielten die **Art. 85–90 EWGV** grundlegende, aber zugleich durchaus konkrete materiell-rechtliche und verfahrensrechtliche Bestimmungen gegen Beeinträchtigungen des Wettbewerbs im Gemeinsamen Markt.

Dabei waren die **Art. 85 und 86** EWGV – die die *materiell-rechtlichen Normen* des europäischen Wettbewerbsrechts enthalten – nicht als Programmsätze oder Handlungsanweisungen an die Mitgliedstaaten konzipiert, sondern als unmittelbar in allen Mitgliedstaaten geltendes Recht, wie auch die Übergangsbestimmung des *Art. 88 EWGV* verdeutlicht. **Art. 87** EWGV enthielt die *Ermächtigungsnorm* zum Erlass aller „zweckdienlichen Verordnungen oder Richtlinien zur Verwirklichung der in den Artikeln 85 und 86 niedergelegten Grundsätze" und sprach ausdrücklich von der Verhängung von „Geldbußen und Zwangsgeldern", während **Art. 89** EWGV die *Kommission* mit der Durchsetzung des Gemeinschaftsrechts betraute. Die weitgehende Einbeziehung auch der *öffentlichen* und monopolartigen Unternehmen in den Wirkungsbereich dieser Normen (**Art. 90** EWGV) verdeutlicht die entschiedene Absicht der Vertragsparteien, mit einem freien Wettbewerb im Gemeinsamen Markt Ernst zu machen. Nicht unmittelbar von diesen Normen des Primärrechts erfasst ist die Fusionskontrolle (Rz. 37 f.). Ergänzt wird dieses Wettbewerbskonzept durch die Bestimmungen über *Staatliche Beihilfen* (Art. 92–95 EWGV = Art. 87–89 EGV = Art. 107–109 AEUV), die ebenfalls im Wesentlichen unverändert geblie-

---

1 Vertrag über die Gründung der Europ. Gemeinschaft für Kohle und Stahl (EGKSV) v. 18.4.1951 mit ZustG v. 29.4.1952, BGBl. II 445.
2 Vgl. außer den Art. 65, 66 auch Art. 4, 60–64 EKSV; weitere Bußgeldtatbestände enthielten die Art. 47, 54, 58, 64 EGKSV, letzterer bzgl. der Missachtung der (damals) vorgegebenen Stahlquoten.

ben sind; wegen der Andersartigkeit der dagegen vorgesehenen Maßnahmen kann dieser Bereich im Folgenden außer Betracht gelassen werden.

19 Durch den **Vertrag von Amsterdam** (§ 6 Rz. 11) sind die Art. 85–90 EWGV *ohne inhaltliche Änderung* zu den **Art. 81–86 EGV** geworden. Die – anfangs stürmische – Entwicklung, die das europäische Wettbewerbsrecht seit den 60er-Jahren genommen hatte, konnte unverändert weitergehen. Auch die späteren Vertragsänderungen, insbesondere der *Vertrag von Nizza*, haben das gesamte Wettbewerbsrecht nicht berührt. Diese Bestimmungen hatten formal Geltung bis zum **30.11.2009**.

Der im Herbst 2004 unterzeichnete, aber nicht in Kraft getretene **Verfassungsvertrag für Europa** (VVE – § 6 Rz. 12) hatte das bisherige Wettbewerbsrecht im Wesentlichen unverändert unter der bisherigen Überschrift „Wettbewerbsregeln – Vorschriften für Unternehmen" als Art. III-161-166 übernommen. Allein Art. III-165 sollte um einen – die künftige Handhabung vereinfachenden – 3. Absatz ergänzt werden.

20 Nachdem der **Vertrag von Lissabon** (§ 6 Rz. 4, 13 ff.) am 1.12.2009 in den (damals) 27 EU-Staaten in Kraft getreten ist, hat das europäische Wettbewerbsrecht *formal* eine *neue* Rechtsgrundlage erhalten: Im neuen Vertragswerk regeln die **Art. 101–106 AEUV** als Abschnitt 1 des Kapitels 1 im Titel VII des 3. Teils des AEUV diese Materie. *Inhaltlich* ist das europäische Wettbewerbsrecht auch bei dieser Revision unverändert geblieben – abgesehen von rein redaktionellen Änderungen und einer marginalen Ergänzung (Rz. 21). Obwohl der Vertrag von Lissabon allgemein die Mitwirkungsrechte des *Europäischen Parlaments* an der Rechtsetzung sehr gestärkt hat (§ 6 Rz. 19), ist es im Wettbewerbsrecht bei der bisherigen Kompetenzverteilung geblieben: das Parlament hat nur ein Recht auf Anhörung – der Rat erlässt die sekundärrechtlichen Normen (Art. 103 Abs. 1 AEUV; Rz. 17 ff.).

Dass der Vertrag von Lissabon den Schutz des Wettbewerbs vor Verfälschungen nicht mehr ausdrücklich – wie in Art. 3 Buchst. g EGV – als Ziel der Union benennt, sondern nur noch im *Protokoll Nr. 26* behandelt, mag Wettbewerbsschützer bekümmern[1]. Eine Änderung der materiellen Rechtslage ist damit aber nicht verbunden, denn die europäischen Wettbewerbsregeln sind – auch ausweislich dieses Protokolls – als zwingender Bestandteil des Binnenmarkts (Art. 3 Abs. 3 EUV) anzusehen (vgl. auch Art. 119 Abs. 1, 120 AEUV).

21 **Neu** ist allein die – schon im VVE vorgesehene (Rz. 19) – Anfügung eines **Abs. 3** an **Art. 105 AEUV**, die die komplizierte Rechtsetzungstechnik der Union in diesem Bereich vereinfacht. Früher enthielten die wettbewerbsrechtlichen Rats-Verordnungen regelmäßig jeweils eine Ermächtigung an die Kommission, Ausführungsbestimmungen zu erlassen; nun ist die *Kommission* allgemein ermächtigt, „Verordnungen zu den Gruppen von Vereinbarungen" zu erlassen, zu denen zuvor der Rat in Ausführung des Art. 101 Abs. 2 Buchst. b eine entsprechende Norm gem. Art. 101 Abs. 3 AEUV erlassen hatte (Rz. 35).

22 **b)** Für die **Auslegung** der europäischen Wettbewerbsregeln sind zum einen die allgemeinen Zielsetzungen des europäischen Vertragswerks von Bedeutung, zum anderen auch die anderen Bestimmungen zum Binnenmarkt. Beim *EGV*

---

[1] Das BKartA, TB 2007/08 (oben Rz. 10), S. 7, sah darin ein „wettbewerbspolitisch falsches Signal".

waren dies neben der Präambel vor allem die „Grundsätze" (Art. 2 ff. EGV) und die Art. 28 ff., besonders Art. 30, 31 EGV. Nunmehr ist dies einmal der (neue) *EUV* mit Präambel und Art. 3, zum zweiten der *AEUV* mit Präambel, den Art. 2 Abs. 3, Art. 3, 4, und den Art. 26 ff., besonders Art. 36, 37 AEUV. – Die eingangs angesprochene (Rz. 6) Neuausrichtung des europäischen Wettbewerbsrechts ist somit ohne jegliche Änderung des Primärrechts „nur" durch eine *neue Auslegung* des Art. 81 Abs. 3 EGV bewirkt worden, die Rat und Kommission der neuen Kartellverordnung (Rz. 29) zugrunde gelegt haben.

Die alte KartVO beruhte auf dem naheliegenden Verständnis, Art. 81 Abs. 3 EGV enthalte einen *Genehmigungsvorbehalt*, der der Kommission die Befugnis verleiht, im Wege einer (konstitutiven) Einzelfall-Entscheidung oder einer Gruppenfreistellungsverordnung eine Ausnahme vom generellen Verbot wettbewerbsbeschränkender Vereinbarungen auszusprechen. Dieses anfängliche *zentralisierte Anmeldesystem* war in einer erweiterten EU nicht mehr praktikabel. Die **Umdeutung** des Abs. 3 **in** eine **Legalausnahme** vom Verbot des Abs. 1 ist zur Grundlage der neuen Kartellverordnung geworden. Der anfänglich heftige Streit um die Rechtmäßigkeit dieses Wechsels der Auslegung ist inzwischen Geschichte. Der EuGH wendet die neue KartVO an, ohne die Bedenken gegen ihre Rechtmäßigkeit auch nur zu erwähnen[1]. 23

Dass das primäre EU-Wettbewerbsrecht in unserer sich schnell wandelnden Zeit seit 1957 sachlich unangetastet geblieben ist, zeigt, dass das damals erarbeitete Verhandlungsergebnis unter den sechs Gründerstaaten eine weitsichtige und konsensfähige Meisterleistung war. Hinzu kommt aber auch, dass jeder Versuch einer inhaltlichen Änderung wirtschaftliche und rechtspolitische Debatten ausgelöst hätte, deren Verlauf ziemlich unabsehbar gewesen wäre. Die Entscheidung zunächst des Europäischen Verfassungskonvents und dann der Staats- und Regierungschefs in Lissabon, auf diesem Feld der **Kontinuität** den Vorzug zu geben, wird voraussichtlich zur Folge haben, dass auch in absehbarer Zukunft eine Reform des wettbewerbsrechtlichen Primärrechts nicht zu erwarten ist. Die angestauten tatsächlichen Unzuträglichkeiten sind durch die Änderungen des Sekundärrechts wirksam beseitigt worden. 24

c) Im Wesentlichen gleichartige Bestimmungen gegen Wettbewerbsbeschränkungen (aber erweitert um die Fusionskontrolle) enthalten die Art. 53 ff. des Abkommens über den **Europäischen Wirtschaftsraum**[2] (vgl. § 5 Rz. 12, § 6 Rz. 23) mit der – vereinfacht formulierten – Folge, dass das europäische Kartellrecht auch in Norwegen, Island und Liechtenstein unmittelbar gilt, nun also insgesamt in 31 Staaten. Dabei ist die Auslegung des Gemeinschaftsrechts durch den EuGH als verbindlich von den EWR-Staaten mit übernommen wor- 25

---

1 Z.B. EuGH (Große Kammer) v. 18.6.2013 – Rs. C 681/11 – Schenker, NJW 2013, 3083; vgl. auch *Meessen* in Loewenheim/Meessen/Riesenkampff, Art. 81 Abs. 3 EG Rz. 7 ff.; *Ellger* in I/M, Art. 101 Abs. 3 EVG Rz. 39 ff.; *Habermeier* in MüKo-WbR I, Art. 81 EGV Rz. 657 ff.; *Schuhmacher* in Grabitz/Hilf/Nettesheim, AEUV Art. 101 Rz. 6 f. (Stand 4/2012); *Schröter/Voet van Vormizeele* in Schröter/Jakob/Klotz/Mederer, Art. 101 AEUV Rz. 265 a.E.; vgl. auch *Mestmäcker/Schweitzer*, EurWbR, § 14 Rz. 9 ff.
2 EWR-Abkommen (EWRAbk.) v. 17.3.1993; dazu z.B. *Meessen* in Loewenheim/Meessen/Riesenkampff, „IntKartR" Rz. 20 ff.; *Dieckmann* in MüKo-WbR I, Einl. Rz. 504 ff.; *Jakob/Schultheiß* in Schröter/Jakob/Klotz/Mederer, Teil 7 B Rz. 1 ff.

den (Art. 6 EWRAbk). Jedoch sorgt für die Einhaltung der wettbewerbsrechtlichen Vertragsbestimmungen in den assoziierten Staaten nicht die Europäische Kommission und der EuGH, sondern die EFTA-Überwachungsbehörde mit Sitz in Genf und der EFTA-Gerichtshof, der seinen Sitz ebenfalls in Luxemburg hat[1]. Der gemeinsame EWR-Ausschuss hat die Neu-Interpretation des Art. 81 Abs. 3 EGV (Rz. 23) durch Beschluss übernommen[2].

26 d) Zunehmend wichtiger geworden sind die **Abkommen mit Drittstaaten,** die die EU (bzw. früher die EG) im Rahmen ihrer Zuständigkeit für die Außenbeziehungen abschließt, etwa mit den USA, Kanada, Japan oder (Süd-) Korea, um die Zusammenarbeit zur Bekämpfung von wettbewerbswidrigen Verhaltensweisen auf eine gesicherte Grundlage zu stellen[3].

2. Sekundärrecht

27 Neben den materiell-rechtlichen Bestimmungen ist die erwähnte (Rz. 18: Art. 87 EWGV) **Ermächtigungsnorm** des jetzigen **Art. 103 AEUV** von zentraler Bedeutung. Der *Rat* hat vom Rechtsinstrument der – unmittelbar wirksamen – *Verordnung* (Art. 249 Abs. 2 EGV = 288 Abs. 2 AEUV) vielfach Gebrauch gemacht. Auf dieser Rechtsgrundlage beruht auch die neue europäische *Kartell-Verordnung* (Rz. 29). Dagegen hat die dort ebenfalls vorgesehene *Richtlinie* (Art. 288 Abs. 3 AEUV; allgemein dazu § 6 Rz. 48 ff.) bisher im Wettbewerbsrecht – abgesehen vom Beihilferecht (Art. 106 AEUV) – keine Rolle gespielt. Inzwischen ist für kartellrechtliche Schadensersatzklagen eine Richtlinie verabschiedet worden (vgl. Rz. 99, § 15 Rz. 126). – **Art. 105 AEUV** betraut die *Kommission* nicht nur mit den Durchführungsmaßnahmen im Einzelfall, sondern auch mit dem Erlass von Ausführungsverordnungen (Rz. 34 f.).

a) Kartell-Verordnung

28 Auf der Basis des Art. 87 EWGV war 1962 die unmittelbar geltende „*Verordnung Nr. 17*", die **Europäischen Kartell-Verordnung**[4] (im Folgenden: KartVO a.F.), erlassen worden. Unter ihrer Geltung hat das gemeinschaftliche Wettbewerbsrecht eine bemerkenswerte eigendynamische Entwicklung genommen und ist zum Vorreiter des europäischen Rechts überhaupt geworden. Durch die kreative Rechtsprechung des EuGH hat das europäische Kartell- und Kartellverfahrensrecht schrittweise eine konkrete Ausgestaltung gewonnen, die auch rechtsstaatlichen Anforderungen genügt (Rz. 60). Durch die Einführung eines Europäischen Gerichts erster Instanz (EuG) ist die gerichtliche Kontrolle (Rz. 65) auf zwei Instanzen erweitert worden[5].

29 Seit 1.5.2004 – zeitgleich mit dem Beitritt von zehn neuen Staaten (§ 6 Rz. 12) – gilt die „**neue Kartell-Verordnung**" 1/2003 (im Folgenden: *KartVO*), die die er-

---

1 Vgl. Art. 108 EWRAbk; Liste der Fälle unter www.eftacourt.lu.
2 Beschl. 130 v. 24.9.2004; *Pohlmann* in FK, Art. 81 Abs. 3 EGV GrFragen Rz. 20 (Stand 4/2008).
3 Text-Nw. z.B. bei *von der Gröben/Thiesig/Ehlermann*, Hdb. des Europ. Rechts, I A 50/9; vgl. bzgl. USA und Kanada auch *Eilmansberger* in Streinz, EUV/AEUV, vor Art. 101 Rz. 23.
4 Rats-VO Nr. 17/62 v. 6.2.1962, ABl. EG v. 21.2.1962, 204 ff.
5 Art. 225 EGV, eingefügt durch die Einheitliche Europ. Akte (1986); jetzt Art. 19 EUV n.F. und Art. 256 AEUV.

wähnte (Rz. 6, 22) Neuausrichtung bewirkt hat, in jedem Mitgliedstaat unmittelbar (Art. 45 KartVO). Sie ist bereits im Januar 2003 in Kraft getreten, damit die Mitgliedstaaten ihr Recht innerhalb von 15 Monaten anpassen konnten. Dass die deutsche Durchführungsgesetzgebung, also das GWB 2005, wegen Schwierigkeiten im Gesetzgebungsverfahren erst im Juli 2005 in Kraft getreten ist (dazu Rz. 111 f.), hat letztlich keine gravierend negativen Auswirkungen gehabt.

Die neue KartVO – die ausdrücklich nicht auf den Bereich der Fusionskontrolle (Rz. 37 f.) anwendbar ist – enthält im Anschluss an ausführliche Erwägungsgründe **Regelungen** nicht nur für das (modifizierte) europäische **Kartellverfahren** und die Befugnisse der europäischen Organe, sondern auch für das *Verhältnis des europäischen zum nationalen Kartellrecht* (besonders Art. 3, 16 KartVO) und für die Durchsetzung des *gemeinschaftlichen* Kartellrechts durch die einzelstaatlichen Kartellbehörden und -gerichte (Art. 5, 6, 22, 35 KartVO). Ein ganzes Kapitel ist der Zusammenarbeit zwischen der Kommission als „Europäischer Wettbewerbsbehörde" und den nationalen Wettbewerbsbehörden gewidmet (Art. 11–16 KartVO), die zusammen nun ein „Netzwerk" (vgl. Rz. 9, 58) bilden. 30

In dieser **Dezentralisierung der Durchsetzung** des EG/EU-Kartellrechts und in der Neubestimmung des Verhältnisses zwischen Gemeinschaftsrecht und einzelstaatlichem Recht liegt – im Anschluss an die veränderte Auslegung des Primärrechts (Rz. 22) – der zweite Teil des „Systemwechsels". Die früher in Art. 15, 16 der KartVO a.F. enthaltenen Bestimmungen über *Bußgeld und Zwangsgeld* finden sich nun in den Art. 23 und 24 KartVO (näher Rz. 64, 70 ff.). Eine allgemeine Ermächtigung der Kommission zum Erlass von Freistellungsverordnungen enthält die KartVO nicht, sondern nur zum Erlass von verfahrensrechtlichen Vorschriften (Art. 33 KartVO; Art. 105 Abs. 3 AEUV – Rz. 24, 34 f.). 31

b) Ergänzende Verordnungen

Die KartVO wird durch **mehrere Rats-Verordnungen** für bestimmte Bereiche ergänzt, deren Rechtsgrundlage Art. 87 EWGV = Art. 83 EGV = Art. 103 AEUV ist. Die Vielzahl von – teilweise mehrfach – geänderten Verordnungen erschwert den Überblick über die Rechtslage[1], weshalb hier nur die wichtigsten erwähnt werden können. 32

---

1 Vgl. nur Art. 36–43 KartVO; eine praxis-orientierte Auswahl bieten z.B. die Kommentare von *Bechtold/Bosch/Brinker* und *Schulte/Just*; umfassend ist die Textsammlung des „Frankfurter Komm. zum KartellR" (FK) sowie im „Hdb. des Europ. Rechts" unter I A 50/1 ff.; vgl. auch die Übersicht bei *Rittner/Kulka*, S. XXXVIII ff. und *Mestmäcker/Schweitzer*, EurWbR, S. LV.

33 Soweit die Rats-Verordnungen betreffend den Eisenbahn-, Straßen- und Binnenschiffsverkehr[1], den Seeverkehr[2] und den Luftverkehr[3] früher **gesonderte**, der VO 17/62 entsprechende **Bußgeld- und Zwangsgeldbestimmungen** enthalten hatten, sind sie durch die neue KartVO (Art. 36–39) aufgehoben worden. Die Bestimmungen der Rats-Verordnung 2988/74 über die *Verfolgungs- und Vollstreckungsverjährung* im Verkehrs- und Wettbewerbsrecht[4] sind sachlich in die neue KartVO (Art. 25, 26) übernommen worden – nicht aber in die neue FKVO, weshalb insoweit die VO 2998/74 weiter gilt (Art. 37 KartVO). Die für den Ausnahmebereich der *Landwirtschaft* (Art. 42 EWGV = Art. 36 EGV = Art. 42 AEUV) 1962 erlassene VO 26 ist durch die VO 1184/2006 ersetzt worden[5].

34 Auf der Grundlage jeweiliger Ermächtigung (vgl. Rz. 21) sind zahlreiche **Kommissions-Verordnungen** erlassen worden. Einige regeln Einzelheiten des Verfahrens[6] (vgl. Rz. 59 ff.); in anderen hat die Kommission als „Europäische Wettbewerbsbehörde" in Gestalt verbindlicher Rechtsnormen Einzelheiten für die Behandlung von häufigen Fallgestaltungen festgelegt, insbesondere über die „gruppenweise" Freistellung vom Kartellverbot (Rz. 35). – Große Bedeutung haben daneben die von der Kommission herausgegebenen **Leitlinien** und **Mitteilungen** (vgl. auch Rz. 84, 88). Sie haben zwar – ebenso wie die Bekanntmachungen des BKartA – nicht den Charakter einer Rechtsnorm, sondern sind nur *Verwaltungsanweisungen*, durch die sich die Kommission selbst bindet; für die europäischen und nationalen Gerichte sind sie nicht verbindlich. Sie fördern jedoch die Berechenbarkeit des Verwaltungshandelns der Kommission und geben damit der Praxis des europäischen Wettbewerbsrechts wichtige Konturen.

35 Der Bereich der sog. **Gruppenfreistellungsverordnungen** (GVO) ist komplex und setzt sich aus einem „Geflecht" von Verordnungen des Rates einerseits und der Kommission anderseits zusammen[7]. Materielle Rechtsgrundlage ist nunmehr Art. 103 Abs. 2 Buchst. b AEUV i.V.m. Art. 101 Abs. 3 AEUV (vgl. Rz. 21). – Mit der Umdeutung des Art. 81 Abs. 3 EGV von einem Genehmi-

---

1 VO 1017/68 v. 19.7.1968, ABl. EG Nr. L 175 v. 23.7.1968, 1, aufgeh. und ersetzt durch Rats-VO 169/2009 v. 26.2.2009, ABl. EU Nr. L 61 v.5.3.2009, 1.
2 VO 4056/86 v. 22.12.1986, ABl. EG Nr. L 378 v. 31.12.1986, 4, aufgeh. durch VO 1419/2006 v. 25.9.2006, ABl. EU Nr. L 269 v. 28.9.2006, 1; vgl. auch Rats-VO 246/2009 v. 26.2.2009, ABl. EU Nr. L 79 v. 25.3.2009, 1 mit Komm-VO 906/2009 v. 28.9.2009, ABl. EU Nr. L 256 v. 29.9.2009, 31.
3 VO 3975/87 v. 14.12.1987, ABl. EG Nr. L 374 v. 31.12.1987, 1; im Wesentlichen aufgeh. durch VO 411/2004 v. 26.2.2004, ABl. EU Nr. L 68 v. 6.3.2004, 1 und ergänzt durch die Komm.-VO 1459/2006 v. 28.9.2006, ABl. EG Nr. L 272 v. 3.10.2006, 3 sowie die Rats-VO 487/2009 v. 25.9.2009, ABl. EU Nr. L 148 v. 11.6.2009, 1.
4 V. 26.11.1974, ABl. EG Nr. L 319 v. 29.11.1974, 1.
5 Rats-VO v. 24.7.2006, ABl. EU Nr. L 214 v. 4.8.2006, 7.
6 Besonders die VO 773/2004 v. 7.4.2004, ABl. EU Nr. L 123 v. 27.4.2004, 18 für den Bereich der KartVO und die VO 802/2004 v. 7.4.2004, ABl. EU Nr. L 133 v. 30.4.2004, 1 für den Bereich der FKVO.
7 Überblick z.B. bei *Emmerich*, KartR, § 8 Rz. 5 f, 23 ff.; *Rittner/Kulka*, § 8 Rz. 25 ff., § 9 Rz. 11 ff. (mit Übersicht vor § 1); *Mestmäcker/Schweitzer*, EurWbR, § 20 Rz. 20 ff., § 15; *Mäger* in Mäger, Europ. KartR, Kap. 1 Rz. 102 ff., Kap. 4 Rz. 13 ff.; *Schröter/Voet van Vormizeele* in Schröter/Jakob/Klotz/Mederer, Art. 101 AEUV, Rz. 278 ff., 285; umfassend *Liebscher/Flohr/Petsche* (Hrsg.), Hdb. der EU-Gruppenfreistellungsverordnungen, 2. Aufl. 2012.

gungsvorbehalt in eine Legalausnahme (Rz. 23) hat sich nicht nur die rechtliche Tragweite dieser Norm, sondern auch die Funktion der GVO gewandelt (Rz. 45). Die neueren GVO sind regelmäßig befristet, meist auf zehn Jahre, und ihre Verlängerung ist von einer Überprüfung der Rechtsfolgen abhängig.

Obwohl das europäische Wettbewerbsrecht auf der Ebene des Primärrechts – anders als früher das GWB – eine rechtliche Unterscheidung zwischen horizontalen und vertikalen Vereinbarungen nicht kennt, spielt dieser Unterschied auf der Ebene der GVO und damit in der gesamten Praxis eine zentrale Rolle. **Gegenstand der GVO** auf der Ebene der *horizontalen* Vereinbarungen sind – auf der Grundlage einer unbefristeten Ermächtigungs-Verordnung des Rates[1] – zum einen Spezialisierungsvereinbarungen[2], zum anderen Vereinbarungen über Forschung und Entwicklung (F&E-Vereinbarungen)[3]; hinzu kommen GVO für einzelne Branchen. Aus dem Bereich der *vertikalen* Vereinbarungen[4] – von denen grundsätzlich eine geringere Gefährdung des Wettbewerbs ausgeht als von den horizontalen Vereinbarungen – sind zu nennen: primär die *allgemeine GVO für vertikale* Wettbewerbsbeschränkungen[5] und dazu die spezielle GVO für *Kfz-Vertriebsvereinbarungen*[6]. Bedeutsam ist weiter die GVO für *Technologie-Transfer*-Vereinbarungen (TT-Vereinbarungen)[7]. Die praktische Anwendung wird jeweils durch entsprechende *Leitlinien* und *Mitteilungen* der Kommission erleichtert.

c) Fusionskontroll-Verordnung

Im Gegensatz zu Art. 66 EGKSV enthielt der EWG-Vertrag keine Bestimmungen über die **Kontrolle von Unternehmenszusammenschlüssen**, obwohl die Gefahr einer Beeinträchtigung des Wettbewerbs durch extreme Unternehmenskonzentration auch damals nicht auf den Montan-Bereich begrenzt war. Ermutigt durch die EuGH-Rechtsprechung hat der Rat Ende 1989 eine *Verordnung über die Kontrolle von Unternehmenszusammenschlüssen*[8] erlassen, die nicht nur auf Art. 87 EWGV (= Art. 83 EGV) gestützt war, sondern auch auf die subsidiäre Ermächtigungsgrundlage des Art. 235 EWGV (= Art. 308 EGV, nun Art. 352 AEUV; vgl. § 6 Rz. 44 f.); sie ist im Herbst 1990 in Kraft getreten und 1997 erstmals novelliert worden[9]. Damit ist das europäische Instrumentarium zum

---

1 Rats-VO 2821/1971 v. 2012.1971, ABl. EG Nr. L 285 v. 29.12.1971, 46.
2 Komm.-VO 1218/2010 v. 14.12.2010, ABl. EU Nr. L 335 v. 18.12.2010, 43, befristet bis Ende 2022.
3 Komm.-VO 1217/2010 v. 14.12.2010, ABl. EU Nr. L 335 v. 18.12.2000, 36, ebenfalls befristet bis Ende 2022.
4 Rechtsgrundlage ist die Rats-VO 19/65 v. 2.3.1965, ABl. EG 36 v. 6.3.1965, 533, mehrfach geänd., insbes. durch die Rats-VO 1215/99 v. 22.12.1999, ABl. EG Nr. L 336 v. 29.12.1999, 21.
5 Sog. Schirm-VO: Komm.-VO 330/2010 v. 20.4.2010, ABl. EU Nr. L 102 v. 23.4.2010, 1, befristet bis 31.5.2022 und dazu Leitlinien v. 19.5.2010, ABl. EU Nr. C 130 v. 19.5.2010, 1.
6 Komm-VO 461/2010 v. 27.5.2010, ABl. EU Nr. L 129 v. 28.5.2010, 52, befristet bis Ende Mai 2023.
7 Die Komm-VO Nr. 316/2014 v. 21.3.2014, ABl. EU Nr. L 93 v. 28.3.2014, 17 hat die Vorgänger-VO Nr. 772/2004 v. 7.4.2004, ABl. EU Nr. L 123 v. 27.4.2004, 11 abgelöst und gilt bis 30.4.2026.
8 Rats-VO 4064/89 v. 21.12.1989, ABl. EG Nr. L 395 v. 30.12.1989, 1.
9 Rats-VO 1310/97 v. 30.6.1997, ABl. EG Nr. L 180/1997.

Schutze des freien Wettbewerbs auch ohne primärrechtliche Einzelermächtigung auf ein „zweites Bein" gestellt worden, das seither – mit Billigung des EuGH – an praktischer Bedeutung ständig zugenommen hat.

38 Im Anschluss an die VO 1/2003 (Rz. 29) ist auch die Zusammenschlusskontrolle reformiert worden: Die **Fusionskontroll-Verordnung** vom 20.1.2004 (im Folgenden: FKVO)[1], die ebenfalls seit 1.5.2004 (unmittelbar) gilt, hat die bisherige Verordnung abgelöst. Die Änderungen sind jedoch – anders als bei der KartVO – nicht grundsätzlicher Art, sondern tragen „nur" den bisherigen Erfahrungen und insbesondere auch der Rechtsprechung Rechnung. Dabei haben die – teilweise neu gefassten – Buß- und Zwangsgeldbestimmungen (Rz. 48 ff.) ihre bisherige Artikelnummer jeweils behalten.

II. Materielles Wettbewerbsrecht

39 Das materielle europäische Wettbewerbsrecht umfasst
- zum einen das Kartellrecht im engeren Sinne mit seinen zwei zentralen Verboten,
  - dem **Kartellverbot** (Art. 101 AEUV; Rz. 41 ff.) und
  - dem **Verbot des Missbrauchs** einer marktbeherrschenden Stellung (Art. 102 AEUV, Rz. 46 f.),
- zum anderen die Kontrolle von Zusammenschlüssen (kurz: **Fusionskontrolle** – Rz. 48 ff.).

40 Von Anfang an stand – auch ohne ausdrückliche Bestimmung – außer Zweifel, dass das europäische Wettbewerbsrecht **nicht** etwa **nur grenzüberschreitende** Sachverhalte erfasst. Denn auch (ein oder mehrere) Unternehmen nur *eines* Mitgliedstaats können den Wettbewerb innerhalb der EU spürbar beeinträchtigen, zumal ein „wesentlicher Teil" des Binnenmarktes (Art. 102 AEUV) genügt. – Ebenso richten sich die europäischen Wettbewerbsregeln gegen Unternehmen mit Sitz in **Drittstaaten**, wenn die wettbewerbsbeschränkende Wirkung in der Gemeinschaft eintritt[2]. Dies gilt sowohl für das Kartellrecht als auch für die Fusionskontrolle. Umgekehrt wirkt das Kartellrecht von Drittstaaten, etwa der USA oder neuerdings China, auch in die EU hinein, wenn die hier bewirkte Wettbewerbsbeschränkung dort Wirkung entfaltet.

1. Kartellverbot

41 **Art. 101 AEUV** (ex Art. 81) normiert in **Abs. 1** ein **umfassendes Kartellverbot**:

„[...] verboten sind alle Vereinbarungen zwischen Unternehmen, Beschlüsse von Unternehmensvereinigungen und aufeinander abgestimmte Verhaltensweisen, welche den

---

1 Rats-VO 139/2004, ABl. EU Nr. L 24 v. 29.1.2004, 1.
2 Näher z.B. *Lindemann* in FK, EU-KartR Teil I C „Räuml. AnwBer." (Stand 5/2014) Rz. 1 ff.; *Meessen* in Loewenheim/Meessen/Riesenkampff, Abschn. „Int. KartR"; *Roebling* in MüKo-WbR I, Einl. Rz. 551 ff.; *Schnyder* in MüKo-WbR I, Einl. Rz. 830 ff.; *Wiedemann* in Wiedemann, Hdb., § 5 Rz. 9 ff.; *Bechtold/Bosch/Brinker*, Einl. Rz. 15 ff.; *Mestmäcker/Schweitzer*, EurWbR, § 7; *Emmerich*, KartR, § 3 Rz. 14 ff.

Handel zwischen Mitgliedstaaten zu beeinträchtigen geeignet sind und eine Verhinderung, Einschränkung oder Verfälschung des Wettbewerbs bezwecken oder bewirken."

Die gegen dieses Verbot verstoßenden Vereinbarungen sind *nichtig*, also zivilrechtlich von Anfang an unwirksam (Abs. 2).

Dieses Verbot wird durch einen Katalog von **fünf Fallgruppen** veranschaulicht, die „insbesondere" von diesem Verbot erfasst werden, nämlich: 42

– Festsetzung von Preisen und Geschäftsbedingungen,
– Einschränkung von Erzeugung, Absatz, Entwicklung und Investitionen,
– Aufteilung von Märkten oder Versorgungsquellen,
– Diskriminierung von Handelspartnern,
– unsachliche Koppelungsgeschäfte.

Von diesem umfassenden Verbot normiert **Art. 101 Abs. 3** AEUV eine – nun auch für das deutsche Recht (Rz. 119) unmittelbar bedeutsame – **Ausnahme** (vgl. Rz. 21 f.): 43

„Die Bestimmungen des Absatzes 1 können für nicht anwendbar erklärt werden auf

– Vereinbarungen oder Gruppen von Vereinbarungen zwischen Unternehmen,
– Beschlüsse oder Gruppen von Beschlüssen von Unternehmensvereinigungen,
– aufeinander abgestimmte Verhaltensweisen oder Gruppen von solchen,

die unter angemessener Beteiligung der Verbraucher an dem entstehenden Gewinn zur Verbesserung der Warenerzeugung oder -verteilung oder zur Förderung des technischen oder wirtschaftlichen Fortschritts beitragen, ohne dass den beteiligten Unternehmen

a) Beschränkungen auferlegt werden, die für die Verwirklichung dieser Ziele nicht unerlässlich sind, oder

b) Möglichkeiten eröffnet werden, für einen wesentlichen Teil der betreffenden Waren den Wettbewerb auszuschalten."

Damit sollen insbesondere wirtschaftlich und wettbewerbspolitisch positiv zu beurteilende **Unternehmenskooperationen** ermöglicht werden (vgl. auch Rz. 120). Wegen der Unbestimmtheit dieser Ausnahme (war und) ist der Rat ermächtigt (Art. 103 Abs. 2 Buchst. b AEUV), nähere Einzelheiten zu bestimmen. Das frühere System der Anmeldung zwecks Einzelfreistellung ist seit 2004 abgeschafft. Ob Abs. 3 zum Ausschluss des Verbotstatbestands führt oder „nur" ein Rechtfertigungsgrund ist, wird unterschiedlich beurteilt[1], hat aber auf die Praxis keine nennenswerten Auswirkungen. – Die KartVO selbst enthält keine materiellen Verbotstatbestände, sondern nur Bestimmungen über die Durchsetzung der Verbote. 44

Die Umdeutung (Rz. 22 f.) dieser primärrechtlichen Ausnahmebestimmung des Abs. 3 in eine **Legalausnahme** vom grundsätzlichen Verbot (Art. 1 Abs. 2 KartVO) hat zur Folge, dass die *Unternehmensträger in eigener Verantwortung* zu prüfen und zu entscheiden haben, ob die Voraussetzungen einer Ausnahme in ihrem konkreten Fall erfüllt sind. Nach Art. 2 KartVO sind die Unterneh- 45

---

1 Vgl. dazu *Böse* in G/J/W, KartVO Rz. 25 f.

men gehalten, ihre Berechtigung zur Wettbewerbsbeschränkung gegenüber der Kommission zu belegen[1]. Dabei gibt die bisherige Spruchpraxis von Kommission und EuG/EuGH wichtige Anhaltspunkte, ebenso die diversen einschlägigen „Mitteilungen" der Kommission. Die europäischen und nationalen Kartellbehörden nehmen sich der Sache erst auf Anzeige („Beschwerde") oder von Amts wegen an, wenn bestimmte Verdachtsmomente vorliegen. Damit hat sich die Arbeitsbelastung der Kommission massiv verringert, aber das **Risiko der Unternehmen** deutlich erhöht. Den Unternehmen obliegt eine „Selbstveranlagung"[2]. Letztlich entscheidet im Konfliktfall das Gericht, meist unter dem Gesichtspunkt des Verbotsirrtums (Rz. 77a).

Die bisherigen *Gruppenfreistellungsverordnungen* (Rz. 35 f.) wirken zwar weiter, bilden aber keinen absolut sicheren Freibrief mehr; letztlich kommt es darauf an, ob die Gerichte im konkreten Fall noch die Erfüllung des Ausnahmetatbestand feststellen können; andernfalls sind dann aber Abstriche beim Verschulden (Rz. 77) zu erwarten. Die Kommission und die einzelstaatlichen Kartellbehörden können außerdem den durch eine GVO erlangten Rechtsvorteil für die Zukunft entziehen (Art. 29 KartVO).

2. Marktmacht-Missbrauchsverbot

46 **Art. 102 AEUV** verbietet

„die missbräuchliche Ausnutzung einer beherrschenden Stellung auf dem Gemeinsamen Markt oder einem wesentlichen Teil desselben durch ein oder mehrere Unternehmen, soweit dies dazu führen kann, den Handel zwischen Mitgliedstaaten zu beeinträchtigen".

Dies ist ebenfalls durch vier Fallgruppen erläutert, die denen beim Kartellverbot (Rz. 42) ähneln. Genehmigungsfähige *Ausnahmen* sind *nicht* vorgesehen, da ein Missbrauch grundsätzlich rechtswidrig ist. Ein Marktmacht-Missbrauch wird auch nicht dadurch ausgeschlossen, dass das oder die Unternehmen im Rahmen einer (Einzel- oder) Gruppenfreistellung vom Kartellverbot handeln[3].

47 Die Innehabung einer marktbeherrschenden Stellung oder auch die schlichte Erlangung einer solchen Stellung erfüllt noch nicht den Tatbestand des Art. 102 AEUV. Vorausgesetzt ist vielmehr ein **missbräuchliches Ausnützen** dieser Marktmacht[4]. Dabei ist der EuGH in der bekannten Continental-Can-Entscheidung[5] recht weit gegangen und hat in der Verstärkung der Machtstellung dann ein missbräuchliches Verhalten gesehen, wenn der damit erreichte Beherrschungsgrad die restlichen Wettbewerber in wirtschaftliche Abhängigkeit

---

1 Ausf. *Schuhmacher* in Grabitz/Hilf/Nettesheim, AEUV Art. 101 (4/2012) Rz. 267 ff.; *Schröter/Voet van Vormizzele* in Schröter/Jakob/Klotz/Mederer, Art. 101 AEUV Rz. 264 ff., bes. 274.
2 *Bechthold/Bosch/Brinker*, Art. 101 AEUV Rz. 148, 170 ff.
3 EuG v. 10.7.1990 – Rs. T-51/89 – TetraPak I, Slg. 1990 II-309 = EuZW 1991, 731; *Eilmansberger* in MüKo-WbR I, Art. 82 EGV Rz. 35 ff.; *Bechtold/Bosch/Brinker*, Art. 102 AEUV Rz. 2, 27 ff.
4 Vgl. die Mitteilung der Komm. bzgl. Prioritäten beim Behinderungsmissbrauch, ABl. EU Nr. C 45 v. 24.9.2009, 7.
5 EuGH v. 21.2.1973 – Rs. 6/72, Slg. 1973, 215 = NJW 1973, 966; *Eilmansberger* in MüKo-WbR I, Art. 82 EGV Rz. 540 ff.

bringt. Das in Art. 102 AEUV liegende Behinderungsverbot kann im Einzelfall auf einen Kontrahierungszwang hinauslaufen[1]. Die einschlägigen Kriterien und Fallgestaltungen stehen denen der §§ 19–21 GWB (Rz. 123–135) trotz unterschiedlicher Formulierung ziemlich nahe. Der Fall „Microsoft" veranschaulicht das Bemühen der Kommission, dem Missbrauch von Marktmacht entgegenzuwirken (vgl. Rz. 64).

3. Fusionskontrolle

Die Kontrolle von Unternehmenszusammenschlüssen bildet zwar zur Sicherung eines freien Wettbewerbs innerhalb der EU einen notwendigen „Flankenschutz", hat jedoch im primären Gemeinschaftsrecht keine hinreichend sichere Einzelermächtigung. Nicht nur die früheren Fassungen, sondern auch die **neue FusionskontrollVO** (FKVO – Rz. 38) ist deshalb auf die subsidiäre Generalermächtigungsklausel (Art. 308 EGV, jetzt Art. 352 AEUV) gestützt – die Norm, an der das BVerfG in der sog. Lissabon-Entscheidung (§ 6 Rz. 21) seine Bedenken besonders „festgemacht" hat. Im Protokoll Nr. 26 zum Vertrag von Lissabon (Rz. 20) ist allerdings die Heranziehung dieser – vom EuGH nie infrage gestellten – Rechtsgrundlage ausdrücklich von allen Mitgliedstaaten gebilligt worden; dies lässt sich als primärrechtliche „Genehmigung" verstehen. Die neue FKVO hat nicht zuletzt die Mitwirkungsbefugnisse der beteiligten Unternehmen im Verfahren gestärkt. Die ergänzende Verfahrensverordnung[2] ist Ende 2013 vereinfacht worden[3].

48

Die FKVO enthält nicht nur Verfahrensbestimmungen, sondern auch die *materiell-rechtlichen Vorgaben*. Danach erfasst die europäische Fusionskontrolle nicht nur Zusammenschlüsse oder gar Fusionen im engen Sinne, sondern auch jeden *Anteilserwerb*, der einem Unternehmen die (dauerhafte) **Kontrolle über ein anderes Unternehmen** verschafft (vgl. Art. 3 FKVO). Hier besteht – anders als im Kartellrecht – nach wie vor ein Anmeldesystem (Art. 4 FKVO; Rz. 51). Vorausgesetzt ist, dass der Zusammenschluss *„gemeinschaftsweite Bedeutung"* hat – ein Kriterium, das der Zwischenstaatsklausel im Kartellrecht (Rz. 82) entspricht. Dabei kommt es nicht darauf an, ob die beteiligten Unternehmen in verschiedenen Mitgliedstaaten ihren Sitz haben. Nach der Spruchpraxis der Kommission ist auch ein entsprechender Zusammenschluss von Unternehmen mit Sitz in einem *Drittstaat* – etwa den USA – der europäischen Fusionskontrolle unterworfen, wenn er sich in der EU auswirkt[4].

49

---

1 So schon EuGH v. 6.3.1974 – Rs. 6/73 – Commercial Solvents, Slg. 1974, 223; *Emmerich*, KartR, § 11 Rz. 2; *Mestmäcker/Schweitzer*, EurWbR, § 19 Rz. 46 ff.; vgl. näher *Möschel* in MüKo-WbR I, Art. 82 EGV Rz. 26 ff.; *Jung* in Grabitz/Hilf/Nettesheim, Art. 102 AEUV, Rz. 373 ff., 393 (Stand 3/2011); vgl. auch die Übersicht über die Entscheidungspraxis von *Deselaers*, ebenda, Rz. 396 ff.
2 VO (EG) Nr. 802/2004 der Kommission v. 7.4.2004, ABl. EU Nr. L 133 v. 30.4.2004, 1.
3 DurchführungsVO (EU) Nr. 1269/2013 der Kommission v. 5. 12.2013, ABl. EU Nr. L 336 v. 14.12.2013, 1; dazu die „Bekanntmachung ... über ein vereinfachtes Verfahren..." v. 14.12.2013, ABl. EU Nr. C 366, 5.
4 Zur Praxis vgl. die jährlichen Berichte von *Hirsbrunner*, zuletzt für 2013: EuZW 2014, 658 ff.; für 2012: EuZW 2013, 657 ff.; für 2011: EuZW 2012, 646.

50 Die **„gemeinschaftsweite Bedeutung"** wird an *zwei* (unverändert gebliebenen) *Umsatzschwellen* gemessen, nämlich dem weltweiten Gesamtumsatz der beteiligten Unternehmen von über 5 Mrd. Euro und einem Mindestumsatz von mindestens zwei beteiligten Unternehmen innerhalb der Gemeinschaft von über 250 Mio. Euro, soweit nicht 2/3 dieses gemeinschaftsweiten Umsatzes innerhalb eines Mitgliedstaates erzielt werden (Art. 1 Abs. 2 FKVO). Die Berechnungsweise des Umsatzes ist gesondert geregelt (Art. 5 FKVO).

Ergänzend (Art. 1 Abs. 3 FKVO) ist die gemeinschaftsweite Bedeutung auch dann gegeben, wenn der weltweite Umsatz „nur" 2,5 Mrd. Euro beträgt, aber der Gesamtumsatz aller beteiligten Unternehmen in *mindestens drei Mitgliedstaaten* und zudem der gemeinschaftsweite Umsatz von mindestens zwei Unternehmen jeweils 100 Mio. Euro übersteigt, wobei der Umsatz von mindestens zwei Unternehmen in jedem der drei Mitgliedstaaten jeweils mehr als 25 Mio. Euro übersteigen muss. Durch die Absenkung der Umsatzschwellen bei Betroffenheit von mindestens drei Mitgliedstaaten soll *Mehrfachanmeldungen* bei den nationalen Fusionskontrollbehörden entgegengewirkt werden.

51 Den Unternehmen, deren beabsichtigter Zusammenschluss (Rz. 49) die genannten Schwellenwerte überschreitet, ist eine (bußgeldbewehrte) **Anmeldepflicht vor Vollzug** der Fusion auferlegt (Art. 4, 7 FKVO). Ein ernsthaft geplanter Zusammenschluss kann bereits vor Abschluss der entsprechenden Verschmelzungs- oder Übernahmeverträge zur Prüfung angemeldet werden (Art. 4 Abs. 2 FKVO). Für öffentliche Übernahmeangebote und für den Kontrollerwerb über die Börse gibt es Sonderbestimmungen.

52 Einen konkreten **Untersagungsmaßstab** enthält Art. 2 Abs. 1 FKVO. Abs. 3 bestimmt: Mit dem Gemeinsamen Markt *unvereinbar* und deshalb zu untersagen sind Zusammenschlüsse, durch die ein wirksamer Wettbewerb im Gemeinsamen Markt oder in einem wesentlichen Teil desselben erheblich behindert würde, insbesondere durch Begründung oder Verstärkung einer beherrschenden Stellung. Im Falle von – oft besonders problematischen – Gemeinschaftsunternehmen spielen auch die Kriterien des Art. 101 Abs. 3 AEUV (Rz. 43) eine entscheidende Rolle (vgl. Art. 2 Abs. 4 FKVO).

53 Das problematische **Verhältnis zur einzelstaatlichen Fusionskontrolle** wird – klarer als in der früheren FKVO – durch wechselseitige Ausschließlichkeit bestimmt: Entweder hat ein Zusammenschluss gemeinschaftsweite Bedeutung oder nicht (Art. 21 Abs. 1, 2 und Abs. 3 FKVO); im ersten Fall ist ausschließlich die Kommission zuständig, im anderen Fall die nationale Wettbewerbsbehörde. Eine detaillierte Verweisungsregelung (Art. 9, 22 FKVO) soll i.V.m. dem *Netzwerk* der Wettbewerbsbehörden (Art. 19 FKVO; Rz. 30) dafür sorgen, dass Doppelarbeit vermieden wird.

III. Wettbewerbsrechtliches Verfahren

1. Europäische Kommission und nationale Wettbewerbsbehörden

54 **a)** Bereits durch Art. 89 EWGV (später Art. 85 EGV) und die alte KartVO von 1962 hat die *Europäische Kommission* – und nicht etwa eine rechtlich selbständige Einrichtung wie z.B. Eurojust oder Europol oder die EZB (§ 6 Rz. 161, 152, 35) – die Aufgabe eines **„Europäischen Kartellamts"** erhalten und damit die Befugnis, in Einzelentscheidungen das materielle europäische Wettbewerbsrecht durchzusetzen, obwohl sie *auch* für die *Wettbewerbspolitik* zuständig ist. Nicht nur die neue KartVO, sondern auch das Primärrecht hat in **Art. 105 AEUV** – trotz gelegentlicher Kritik – an diesem Konzept festgehalten.

Diese Aufgabe hindert nicht, dass die Kommssion die EU vor einem nationalen Gericht in einem kartellrechtlichen Schadensersatzprozess vertritt[1].

Die Befugnisse der **Kommission** zur Erfüllung dieser Aufgabe ergeben sich im Einzelnen aus der KartVO, insbesondere aus den Art. 17–21 KartVO, soweit nicht ausnahmsweise ein der Fusionskontrolle unterliegender Sachverhalt gegeben ist, für den (ausschließlich) die FKVO (Rz. 38, 48) und deren spezielles Verfahren einschlägig ist (Rz. 63). Dabei wird die Kommission seit geraumer Zeit nur noch in besonderen Ausnahmefällen als Kollegialorgan tätig; aufgrund einer Ermächtigungsentscheidung der Kommission ist der für Wettbewerbsfragen zuständige *Kommissar*, der für die sachbearbeitende Generaldirektion IV verantwortlich ist („Wettbewerbs-Kommissar"), befugt, Entscheidungen im Namen der Kommission zu erlassen. Die Rüge, mit dieser Delegation sei in die Tatbestandsvoraussetzungen für die Verhängung von Sanktionen eingegriffen worden, hat der EuGH wiederholt zurückgewiesen[2]. Mehr denn je lässt sich die Kommission von wirtschaftlichen Erwägungen („economic approch")[3] leiten. 55

In ihrer praktischen Arbeit wird die **Generaldirektion IV**[4] unterstützt: 56

– vom *Juristischen Dienst* der Kommission, der eine interne Rechtmäßigkeitskontrolle ausübt,
– vom *Anhörungsbeauftragten*, der insbesondere für die Sicherung des rechtlichen Gehörs der betroffenen Unternehmen zu sorgen hat,
– vom *Beratenden Ausschuss für Kartell- und Monopolfragen*, in den jeder Mitgliedstaat einen Vertreter entsendet und der vor jeder Entscheidung der Kommission zu hören ist (Art. 14 KartVO); dieser bereits von der VO 17/62 eingeführte Ausschuss hat sich bewährt.

b) Von zentraler Bedeutung ist die durch die neue KartVO eingeführte **Dezentralisierung** der Durchsetzung des europäischen Wettbewerbsrechts (Rz. 6, 30 f.), indem die einzelstaatlichen Kartellbehörden und -gerichte berufen sind, ebenfalls für die Einhaltung der Art. 101, 102 AEUV zu sorgen. Diese *geänderte Zuständigkeitsverteilung* hat die Kommission (und damit indirket das gemeinschaftliche Wettbewerbsrecht insgesamt) vor dem „Kollaps" bewahrt. Zwar hat die Kommission nach wie vor alle Befugnisse zur Durchsetzung des europäischen Wettbewerbsrechts (Art. 4 KartVO); für dessen Anwendung „in Einzelfällen" sind aber seit 2004 die einzelstaatlichen Wettbewerbsbehörden (Art. 5 KartVO) und Gerichte (Art. 6 KartVO) zuständig. 57

Das Verfahren der Kommission richtet sich ausschließlich nach **europäischem** Verfahrensrecht (Rz. 59 ff.) – also nach der KartVO oder FKVO sowie den diesbezüglichen Kommissionsverordnungen, Leitlinien und Mitteilungen –, wäh- 58

---

1 EuGH (Große Kammer) v. 6.11.2012 – Rs. C-199/11 – Otis, WuW 2013, 49 (= EU-R 2578), wo es um den Schaden der EG/EU als Auftraggeberin durch ein Aufzugskartell ging.
2 Z.B. EuGH v. 23.9.1986 – Rs. C-5/85 – AKZO-Chemie, Slg. 86, 2519 = NJW 1987, 3070; EuGH v. 21.9.1989 – Rs. C-227/88 – Höchst, Slg. 89, 2859 (2923) = NJW 1989, 3080.
3 Überblick bei *Bechtold*, GWB, Einf. Rz. 75 ff.; näher *Mestmäcker/Schweitzer*, EurWbR, § 3 Rz. 43 ff.; *Schröter* in Schröter/Jakob/Klotz/Mederer, Teil 1 B Rz. 31 ff.
4 Organigramm der GD im Internet; s. auch *von Dietze/Janssen*, KartR in der anwaltlichen Praxis, S. 198 (dort auch Schaubilder zum Verfahren nach FKVO).

rend die **einzelstaatlichen** Behörden und Gerichte nach ihrem jeweiligen Verfahrensrecht vorgehen (Rz. 66 ff.). Diese grundsätzliche Parallelzuständigkeit wird durch eine intensive Zusammenarbeit der europäischen und nationalen Wettbewerbsbehörden im Rahmen eines *Netzwerks* (Rz. 9, 30, 53) so gehandhabt[1], dass der Kommission Grundsatz- und Modell-Entscheidungen vorbehalten bleiben. Außerdem hat sie die Befugnis, jeden Fall an sich zu ziehen, aber auch Fälle abzugeben (vgl. Art. 11 KartVO; Art. 9, 22 FKVO). Aus den jeweiligen Jahresberichten (Rz. 10) ergibt sich, dass dies inzwischen gut funktioniert.

2. Europäisches Verfahren

59   Anders als im deutschen Recht mit unterschiedlichen Verfahrensarten (Verwaltungs- und Bußgeldverfahren – Rz. 67) gibt auf Gemeinschaftsebene nur ein **einheitliches Verfahren**, allerdings **in zwei** unterschiedlichen **Varianten**: für das *Kartellverfahren* nach der **KartVO** (Rz. 29), für die *Zusammenschlusskontrolle* nach der **FKVO** (Rz. 38). Diese beiden Varianten stehen formal selbständig nebeneinander, schließen sich also gegenseitig aus, denn sie gelten für unterschiedliche Sachverhalte. Inhaltlich ist das Verfahren nach der FKVO aber so weit wie möglich der KartVO nachgebildet.

60   Das von der alten KartVO etablierte Verfahren hatte sich durch die Entscheidungen der Kommission und des EuGH weiter konkretisiert und die früher erhobenen Bedenken, das Verfahren genüge **rechtsstaatlichen Anforderungen** nicht, hatten schon länger kein durchschlagendes Gewicht mehr. Die beiden neuen Verordnungen haben die bisherige Spruchpraxis festgeschrieben. Erwägungsgrund Nr. 37 der neuen KartVO stellt ausdrücklich fest, dass die Grundrechte und die Prinzipien, wie sie in der Charta der Grundrechte der EU (§ 6 Rz. 14) verankert sind, gewahrt seien.

61   **a)** Die Kommission wird in *Kartellverfahren* entweder **auf Antrag** („Beschwerde", Art. 7 KartVO) **oder im Amtsverfahren** tätig. Sowohl natürliche oder juristische Personen mit berechtigtem Interesse als auch Mitgliedstaaten sind beschwerdeberechtigt (Art. 7 Abs. 2 KartVO). Vor einer belastenden Entscheidung haben die Beteiligten ein Recht auf Anhörung durch den *Anhörungsbeauftragten*[2]. Große praktische Bedeutung hat die – wiederholt verbesserte – Kronzeugen-Regelung (Bonus-Regelung; vgl. Rz. 88)[3]. Außerdem ist in jüngerer Zeit die Verfahrenserledigung durch Vergleich näher (sog. Settlement-Verfahren) geregelt worden[4], ebenso die zulässigen Abhilfemaßnahmen[5].

62   Zur Vorbereitung ihrer Entscheidung oder Untersuchung kann die Kommission die erforderlichen **Ermittlungen** (Art. 20 KartVO) entweder durch eigene Er-

---

1   Dazu die Bek. der Komm. v. 27.4.2004 über die „Zusammenarbeit innerhalb des Netzes der Wettbewerbsbehörden" (ECN), ABl. EU Nr. C 101 v. 27.4.2004, 43, und die Zusammenarbeit zwischen Komm. und den Gerichten der Mitgliedstaaten, ABl. EU Nr. C 101 v. 27.4.2004, 54.
2   Komm.-Beschl. 2001/462 v. 23.5.2001, ABl. EG Nr. L 162 v. 19.6.2001, 21; Art. 11–14 der (Komm.-)VO 773/04.
3   Nunmehr Mitteilung der Komm. „über den Erlass und die Ermäßigung von Geldbußen in Kartellsachen" v. 8.12.2006, ABl. EU Nr. C 298 v. 8.12.2006, 17.
4   VO 622/2008 v. 30.6.2008, ABl EU Nr. L 171 v. 1.7.2008, 3; Komm.-Mitteilung ABl. EU Nr. C 167 v. 2.7.2008, 1.
5   Mitteilung ABl. EU Nr. C 267 v. 22.10.2008, 1.

mittlungsbeamte vornehmen oder durch die zuständigen Behörden der Mitgliedstaaten durchführen lassen. Die Kommission ist nicht nur befugt, „alle natürlichen oder juristischen Personen" unmittelbar zu befragen (Art. 19 KartVO), sondern kann von Unternehmen(strägern) und Unternehmensvereinigungen vollständige und richtige *Auskunft* durch deren Vertreter verlangen unter Hinweis auf die für unzutreffende Auskünfte vorgesehenen Sanktionen (Art. 18 KartVO). Ein *Auskunftsverweigerungsrecht* wegen Unzumutbarkeit einer Selbstbezichtigung oder zum Schutz von Geschäftsgeheimnissen, das schon bisher nicht anerkannt war, ist auch in der KartVO 2001 nicht vorgesehen[1]. Wie nach GWB sind die Unternehmen auch hier verpflichtet, Zutritt zu allen Geschäftsräumen und nun auch – nach richterlichem Beschluss – zu den Wohnräumen der Leitungs- und Aufsichtsorgane sowie sonstiger Mitarbeiter (Art. 20, 21 KartVO) zu gewähren und alle Unterlagen zur Einsicht vorzulegen[2]. Unternehmensjuristen können, auch im Falle einer Zulassung als Rechtsanwalt (Syndikusanwalt; s. § 91 Rz. 13, 40), nicht wie ein unabhängiger Rechtsanwalt Beschlagnahmefreiheit geltend machen[3]. Ermittlungspersonen haben das Recht, Geschäftsräume oder Unterlagen für die Dauer der Nachprüfung zu versiegeln; der Siegelbruch ist ein eigenständiger Bußgeldtatbestand mit durchaus praktischer Bedeutung[4].

Der mit einem *Durchsuchungsantrag* befasste Richter beim Amtsgericht ist darauf beschränkt, neben der Echtheit der zugrunde liegenden Kommissionsentscheidung nur zu prüfen, ob die beabsichtigte Zwangsmaßnahme nicht willkürlich oder unverhältnismäßig ist; jede weitere Rechtmäßigkeitskontrolle obliegt allein dem EuGH (Art. 20 Abs. 7, 8 KartVO).

b) Für die Kontrolle von **Zusammenschlüssen** nach der **FKVO** gilt nach wie vor das *Anmeldesystem* (Rz. 51). Die *Kommission* hat nach Anmeldungseingang innerhalb relativ kurzer, nunmehr flexibilisierter Fristen in einem zweistufigen Verfahren (*Vorprüfung/Hauptprüfung*) zu prüfen, ob der Zusammenschluss mit dem Gemeinsamen Markt vereinbar ist oder nicht (Art. 8 FKVO). Auch im Rahmen dieses Prüfungsverfahrens darf die Kommission Auskünfte einholen (Art. 11 FKVO) oder Nachprüfungen entweder durch die Behörden der Mitgliedstaaten vornehmen lassen oder selbst vornehmen (Art. 12, 13 FKVO); der Wahrung des rechtlichen Gehörs dient Art. 18 FKVO. Wird die Unvereinbarkeit mit dem Gemeinsamen Markt bejaht, untersagt die Kommission den Vollzug des Zusammenschlusses oder löst ihn, falls er verbotswidrig doch schon vollzogen wurde, wieder auf.

63

---

1 Näher dazu z.B. *Bechtold/Bosch/Brinker*, Art. 18 VO 1/2003 Rz. 12 ff.; *Burrichter* in I/M, VO 1/2003 Rz. 64; *Nowak* in Loewenheim/Meessen/Riesenkampff, Art. 20 VerfVO Rz. 36 ff.
2 Näher *Bischke* in MüKo-WbR I, VO 1/2003 Art. 18–21; *Dieckmann* in Wiedemann, Hdb., § 42 Rz. 1 ff.; *Sura* in Langen/Bunte, Bd. 2, VO 1/2003, je zu Art. 18–21; vgl. auch EuG v. 6.9.2013 – T-289/11 – Deutsche Bahn (n. rkr.); zum früheren Recht ausf. *Gillmeister*, Ermittlungsrechte im dt. und europ. Kartell-OWi-Verfahren, 1985.
3 EuGH v. 14.9.2010 – Rs. C-550/07 P – Akzo Nobel, EuZW 2010, 778.
4 Art. 20 Abs. 2 Buchst. d i.V.m. Art. 23 Abs. 1 Buchst. e KartVO; ebenso Art. 13 Abs. 2 Buchst. d i.V.m. Art. 14 Abs. 1 Buchst. f FKVO n.F.; dazu instruktiv EuGH v. 22.11.2012 – C-89/11 P – E.ON Energie, WuW 2013, 61 (= EU-R 2578).

64 c) Die Kommission kann nach beiden Verfahrensordnungen ihre Entscheidungen mithilfe von *Geldbußen* (Art. 23 KartVO, Art. 14 FKVO – Rz. 70 ff.) oder von *Zwangsgeldern* (Art. 24 KartVO, Art. 15 FKVO) durchsetzen. Dabei dient das **Zwangsgeld** der Unterbindung künftiger Rechtsverstöße bzw. einer Fortsetzung wettbewerbswidrigen Verhaltens. Die Verhaltensweisen, die mit Zwangsgeld belegt werden können, sind in ähnlicher Weise konkretisiert wie die Bußgeld-Tatbestände.

Das Zwangsgeld wird in bestimmter Höhe für jeden Arbeitstag angedroht, mit dem das jeweilige Unternehmen über die festgesetzte Frist hinaus mit der Umsetzung der Kommissionsentscheidung – etwa Abstellung eines Verstoßes oder Einhaltung einer Verpflichtungszusage – in Verzug gerät. Das Zwangsgeld ist in erster Linie ein **Beugemittel**, hat aber auch den Charakter einer Sanktion für die über den bestimmten Termin hinaus fortgesetzte Gehorsamsverweigerung gegenüber der Kommissionsentscheidung und insoweit auch eine Ähnlichkeit mit dem deutschen *Ordnungsgeld* nach § 890 ZPO oder § 335 HGB (vgl. § 1 Rz. 125 ff.). Bei nachträglicher Beendigung der Gehorsamsverweigerung entfällt das Zwangsgeld nicht, sondern kann nur noch herabgesetzt werden (Art. 24 Abs. 2 KartVO; Art. 15 Abs. 2 VO FKVO n.F.). Der Rahmen für die Höhe des Zwangsgeldes ist nicht mehr in Ecu bzw. Euro angegeben, sondern ist – für Kartellrecht und Fusionskontrolle einheitlich – auf höchstens 5 % des durchschnittlichen Tagesumsatzes für jeden Tag des Verzugs ab dem in der Entscheidung angegebenen Zeitpunkt begrenzt. Im Fall *Microsoft* hat die Kommission 2008 wegen ungenügender Erfüllung von Auflagen immerhin ein Zwangsgeld in Höhe von 899 Mio. Euro verhängt[1].

65 Gegen alle belastenden Entscheidungen der Kommission ist der – seit 1989 zweistufige – Klageweg zum **Gerichtshof der Europäischen Union** (s. § 6 Rz. 55 ff.) eröffnet (Art. 31 KartVO, Art. 16 FKVO; Art. 19 Abs. 1 EUV n.F., Art. 263, 256 AEUV). Das nunmehr nur noch als „Gericht" bezeichnete europäische *Gericht 1. Instanz* (EuG) hat ein umfassendes Nachprüfungsrecht in tatsächlicher und rechtlicher Hinsicht, während der *EuGH* seitdem insoweit nur noch als Rechtsbeschwerdegericht entscheidet. Nachdem die Phase der Normsetzung im europäischen Wettbewerbsrecht weitgehend abgeschlossen zu sein scheint, liegt der Schwerpunkt der weiteren Entwicklung eindeutig auf der Fall-Praxis der Kommission und deren Kontrolle durch EuG und EuGH[2].

3. Einzelstaatliches Verfahren

66 Nachdem die neue KartVO die Durchsetzung des europäischen Kartellrechts hinsichtlich des „Massengeschäfts" in die Hand der einzelstaatlichen Kartellbehörden – in Deutschland also in die Hand des BKartA (vgl. § 50 Abs. 1–5 GWB) – gelegt hat, richtet sich das jeweils anzuwendende Verfahren nach **einzelstaatlichem Recht**, in Deutschland also primär nach den §§ 48–95 **GWB**. Die beiden letzten GWB-Novellen haben das deutsche Verfahrensrecht (näher § 15 Rz. 121 ff.) der neuen KartVO angepasst.

---

1 Komm.-Bericht zur Wettbewerbspolitik 2008 v. 23.7.2009 (oben Rz. 10), Nr. 23.
2 Vgl. *Weitbrecht/Mühle*, EuZW 2012, 290; EuZW 2013, 255; instruktiv zum Ganzen *Karenfort/Weitbrecht*, Entscheidungen zum Europ. KartellR, 2010; anschaulich der Fall einer Aufhebung und Zurückverweisung an das EuG durch EuGH v. 11.9.2014 – C-67/13P – Groupement des cartes bancaires, EuZW 2014, 901 m. Anm. v. *Köckritz*.

Der neu gefasste und später geänderte § 50 GWB regelt den „Vollzug des europäischen Rechts" und wird durch die §§ 50a–50b GWB über die Zusammenarbeit mit europäischen und ausländischen Wettbewerbsbehörden ergänzt. Zahlreiche im europäischen Kartellrecht bewährte Möglichkeiten sind in das nationale Wettbewerbsrecht übernommen worden, wie etwa die Befugnis, Zuwiderhandlungen nicht nur zu untersagen, sondern durch Verpflichtungszusagen der Unternehmen aktiv abzustellen (§§ 32–32b GWB), gewährte Freistellungen zu entziehen (§ 32d GWB) oder einzelne Wirtschaftszweige oder Arten von Vereinbarungen zu untersuchen (§ 32e GWB).

Das BKartA kann auch hinsichtlich des europäischen Wettbewerbsrechts im Rahmen seines pflichtgemäßen Ermessens entweder im **Verwaltungsverfahren oder** im **Bußgeldverfahren** vorgehen (§ 15 Rz. 125 f.). Soweit das BKartA wegen eines Verstoßes gegen Art. 101, 102 AEUV die Bearbeitung eingeleitet oder von der Kommission übernommen hat und nach seinen Ermittlungen zum Ergebnis gekommen ist, eine schuldhafte Verletzung z.B. gegen das europäische Kartellverbot sei zu bejahen, erlässt es einen Bußgeldbescheid nach *deutschem* Recht, also nach § 81 Abs. 1 GWB (Rz. 114 f.) i.V.m. dem OWiG – und nicht etwa nach Art. 23 KartVO. Allerdings ist das BKartA nicht befugt, eine negative Feststellungsentscheidung zu treffen dahin, dass ein Verstoß gegen Art. 101/102 AEUV nicht vorliegt[1]. Auch die Höhe der Sanktionen richtet sich in diesem Fall allein nach *deutschem* Recht, auch soweit dies inhaltlich dem gemeinschaftlichen Recht entspricht. 67

Dass zu den betroffenen Unternehmen auch solche mit Sitz in einem **anderen EU-Staat** oder auch in einem *Drittstaat* gehören, steht einem Verfahren in Deutschland nicht entgegen. Art. 22 KartVO räumt darüber hinaus den einzelstaatlichen Kartellbehörden die Befugnis ein, auch in den *anderen Mitgliedstaaten* im Zusammenwirken mit den dortigen Wettbewerbsbehörden zu **ermitteln**. Das BKartA ist also berechtigt – und verpflichtet –, bei gegebener Fallgestaltung EU-weit zu ermitteln. Umgekehrt können – unter Einschaltung des BKartA – auch ausländische Wettbewerbsbehörden in Deutschland in gleicher Weise ermitteln (vgl. § 50 GWB). Auch Bedienstete der Kommission können an solchen Ermittlungen zur Aufdeckung von Verstößen gegen die Art. 101, 102 AEUV beteiligt sein. 68

Der **Rechtsschutz** gegen diesbezügliche Entscheidungen und Maßnahmen des BKartA richtet sich ebenfalls nach GWB (näher § 15 Rz. 135 ff.). Die *deutschen Gerichte* sind insoweit zur Anwendung des *Gemeinschafts- bzw. Unionsrechts* verpflichtet (Art. 6 KartVO). Dabei können sie – unabhängig vom Vorab-Entscheidungsverfahren beim EuGH (Art. 267 AEUV) – bei der Kommission Stellungnahmen einholen. Nicht nur den Entscheidungen des EuGH, sondern auch den Sachentscheidungen der Kommission kommt insoweit der Charakter eines Präjudizes zu (Art. 16 KartVO). 69

IV. Bußgeldtatbestände

1. Allgemeines

a) Im Gegensatz zur Androhung von Zwangsgeld (Rz. 64) ist die *Geldbuße* eine Sanktion für **begangene Verstöße**. Sie kann auch dann verhängt werden, wenn 70

---

1 EuGH v. 3.5.2011 – Rs. C-375/09 – Tele2 Polska, EuZW 2011, 514; EuGH v. 18.6.2013 – Rs- C-681/11 – Schenker, EuZW 2013, 624 (s. unten Rz. 77a).

das Verhalten auf eine Nachfrage oder Beanstandung der Kommission sofort eingestellt wird. Bußgeld kann wegen der unterschiedlichen Zielsetzung auch *neben* Zwangsgeld verhängt werden[1] – ohne Verstoß gegen den anerkannten Grundsatz des Doppelstrafverbots („ne bis in idem" – vgl. Rz. 7).

71 Die Bußgeldtatbestände des europäischen Wettbewerbsrechts sind einerseits in **Art. 23 KartVO und** andererseits in **Art. 14 FKVO** normiert. Beide enthalten im Hinblick auf die angedrohten Sanktionen *„leichte"* (jeweils Abs. 1) und *„schwere"* (jeweils Abs. 2) Zuwiderhandlungen. Die zweite Gruppe lässt sich trennen in materiell-rechtliche und „formale" Verstöße, letztere formal in dem Sinne, dass eine konkrete Maßnahme der Kommission Anknüpfungspunkt des Tatbestands ist. – Wegen des Wegfalls des Anmeldesystems im Kartellrecht (Rz. 23, 45) unterscheidet sich Art. 23 KartVO deutlich von der Vorgängerregelung in Art. 15 VO 17/62, während Art. 14 FKVO nur geringfügige Änderungen erfahren hat.

72 In allen Bußgeld-Bestimmungen des europäischen Wettbewerbsrechts ist jeweils ausdrücklich bestimmt, dass es sich bei den Bußgeldentscheidungen um solche *„nicht strafrechtlicher Art"* handelt (z.B. Art. 23 Abs. 5 KartVO). Diese Einordnung hat primär politische Bedeutung, denn damit ist das überkommene Prinzip, der Einsatz von Strafe sei allein den Mitgliedstaaten vorbehalten (vgl. § 6 Rz. 73, § 23 Rz. 48), gewahrt. Indessen besteht weithin Übereinstimmung, dass die Bußgeldbestimmungen des Gemeinschaftsrechts den *Ordnungswidrigkeiten des deutschen Rechts* entsprechen, also dem **Strafrecht im weiteren Sinne** zuzurechnen sind. Auch der EuGH hat immer auf die Wahrung von quasi-strafrechtlichen Mindeststandards geachtet. Dies steht im Einklang mit der Rechtsprechung des EGMR in Straßburg (§ 5 Rz. 17 f.). Die Geldbuße des Gemeinschaftsrechts dient – wie die Geldbuße des deutschen Rechts – der *Ahndung begangenen Unrechts* und soll zugleich auf andere abschreckend wirken[2].

73 Diese Einordnung unter das Strafrecht im weiteren Sinne hat zur Folge, dass zum einen – unstrittig – das **Schuldprinzip** gilt. Ausdrücklich wird immer *Vorsatz oder Fahrlässigkeit* der Zuwiderhandlung verlangt und das Maß des Verschuldens ist auch für die Höhe der Geldbuße relevant[3]. Außerdem nimmt das (neuere) europäische Sekundärrecht ausdrücklich auf die Charta der Grundrechte der EU Bezug; die *rechtsstaatlichen Garantien*, die sowohl die EMRK als auch die Strafverfahren aller Mitgliedstaaten gewähren, kommen auch dem

---

1 Ausf. *Dannecker/Biermann* in I/M, VO 1/2003 Art. 24 Rz. 13, zum Grundsatz „ne bis in idem" vor Art. 23 Rz. 242 ff.; *Kindhäuser/Meyer* in FK, Art. 101 AEUV, Bußg. Rz. 17; Art. 23 VO 1/2003 Rz. 4 Stand 10/2012).
2 Vgl. dazu z.B. *Tiedemann*, WiStrafR AT, Rz. 408, 414 ff.; *Satzger*, Int. und Europ. StrafR, § 8 Rz. Rz. 2, 5 f.; *Dannecker/Bülte* in W/J, Kap. 2 Rz. 168; *Dannecker/N. Müller* in W/J, Kap. 18 Rz. 217; *Achenbach* in A/R, Teil 3 Kap.1 Rz. 5, Kap. 6 Rz. 27 ff.; *Dannecker/Biermann* in I/M, vor Art. 23 VO 1/2003 Rz. 23 ff.; *Kindhäuser/Meyer* in FK, Art. 101 AEUV (10/2012) Bußg. Rz. 15 ff.; *Engelsing/Schneider* in MüKo-WbR I, Art. 23 VO 1/2003 Rz. 12 ff.; *Dieckmann* in Wiedemann, Hdb., § 46 Rz. 1; *Winkler*, Rechtsnatur der Geldbuße ..., bes. 85 ff.; vgl. auch § 6 Rz. 70.
3 Dazu die Geldbußen-Leitlinien 2006 der Komm., ABl. EU Nr. C 210 v. 1.9.2006, 2, bes. Tz. 2, 4, 20.

europäischen Bußgeldverfahren zugute[1]. Dies schließt Differenzen zu einzelstaatlichen Grundrechten indes nicht völlig aus, wie die unterschiedliche Bewertung des sog. Selbstbezichtigungsverbots („Nemo-tenetur"-Prinzip; Rz. 62, § 15 Rz. 133) verdeutlicht.

b) **Adressat** der Verbote des europäischen Wettbewerbsrechts sind allein Unternehmen, also **Unternehmensträger** (§ 23 Rz. 13), und Unternehmensvereinigungen[2]. Dabei wird – wie auch im deutschen Recht (Rz. 107) ein weites Verständnis vom Unternehmen zugrunde gelegt: Vorausgesetzt ist nur Teilnahme am Wirtschaftsleben („wirtschaftliche Tätigkeit"), nicht etwa Gewinnerzielung. So gehören auch Idealvereine oder gemeinnützige Unternehmen zum Kreis der Adressaten[3]. Betreibt eine natürliche Person ein Unternehmen, ist sie ebenfalls „Unternehmen", was für die Fusionskontrolle ausdrücklich klarstellt ist (Art. 3 Abs. 1 Buchst. b FKVO). Auch *außerhalb der EU* ansässige Unternehmen sind Adressaten der Bußgeld-Tatbestände, da es darauf ankommt, wo die wettbewerbsbeschränkende Wirkung eintritt, also ob der Wettbewerb innerhalb der EU berührt wird (Rz. 40, 49, 82). 74

Anders als im deutschen Recht ist dagegen **nicht Adressat** der Bußgeldbestimmungen das **Organmitglied** (Geschäftsführer, Vorstand usw.) oder eine sonstige verantwortliche natürliche Person im Unternehmen. Eine Festsetzung von Geldbuße ihnen gegenüber ist ausgeschlossen (es sei denn, die natürliche Person ist selbst der Unternehmensträger – Rz. 74). Auch wenn dies aus deutscher Sicht als ein Mangel des Gemeinschaftsrechts erscheinen mag, wurde daran nichts geändert. 75

Dass der Unternehmensträger als juristische Person oder Personenverband – und i.d.R. nicht eine natürliche Person – **Zurechnungsobjekt** des vorausgesetzten Verschuldens ist, bereitet zwar der deutschen Strafrechtslehre einige dogmatische Probleme (vgl. § 23 Rz. 31 ff.). Kommission und EuGH sind jedoch insoweit von Anfang an ganz pragmatisch vorgegangen und haben sich auch nicht gescheut, bei *verbundenen Unternehmen* auf die „Mutter" oder die „Tochter" durchzugreifen oder gar gesamtschuldnerische Geldbußen zu ver- 76

---

1 *Dannecker/N. Müller* in W/J, Kap. 18 Rz. 217; *Mestmäcker/Schweitzer*, EurWbR, § 22 Rz. 10 ff.; *Dannecker/Biermann* in I/M, vor Art. 23 VO 1/2003 Rz. 38 ff.; *Kindhäuser/Meyer* in FK, Art. 101 AEUV, Bußg. Rz. 23 ff., 201 ff. (Stand 10/2012); *Sura* in Langen/Bunte, Bd. 2, Art. VO 1/2003 Rz. 6 f.; *Sauer* in Schulte/Just, Art. 23 VO 1/2001 Rz. 39 ff.; *Kienapfel* in Schröter/Jakob/Klotz/Mederer, Art. 23 VO 1/2003 Rz. 13 ff.
2 Zu den Unternehmensvereinigungen gehören auch Berufsverbände, weshalb die von ihnen niedergelegten Standesregeln ohne Weiteres mit dem europ. WettbewerbsR in Konflikt geraten können: EuGH v. 18.7.2013 – Rs. C–136/12 – Consiglio nazionale dei geologi, EuZW 2013, 782 m. Anm. *Leupold*; ebenso EuGH v. 28.2.2013 – Rs. C-1/12 – OTOC, EuZW 2013, 386 m. Anm. *Werner*; und EuGH v. 19.2.2002 – Rs. C-309/99 – Wouters, EuZW 2002, 172.
3 So z.B. EuGH v. 11.7.2006 – Rs. C-205/03 – FENIN, WuW 2007, 407 = EU-R 1213; näher zum Ganzen *Dannecker/N. Müller* in W/J, Kap. 18 Rz. 205 ff.; *Böse* in G/J/W, KartVO Rz. 4 ff.; *Roth/Ackermann* in FK, Art. 81 EGV Abs. 1 GrFragen Rz. 30 ff.; *Hengst* in Langen/Bunte, Bd. 2, Art. 101 AEUV Rz. 5 ff.

hängen[1]. Bei *Unternehmensvereinigungen* ist die subsidiäre Haftung aller beteiligten Unternehmen nun ausdrücklich festgeschrieben worden (Art. 23 Abs. 4 KartVO), allerdings der Höhe nach begrenzt auf 10 % des Gesamtumsatzes des in Anspruch genommenen Unternehmens; beweist das in Anspruch genommene Unternehmen Unkenntnis oder tätige Reue, ist es von der Zahlungspflicht befreit. Es wird für die Zurechnung eines Handelns nicht verlangt, dass Inhaber, Geschäftsführer, Vorstand usw. selbst gehandelt oder von den betreffenden Vorgängen Kenntnis gehabt haben; es genügt, wenn eine Person im Rahmen der Befugnisse, die ihr vom Unternehmensträger eingeräumt sind, tätig geworden ist[2]. Diese weite Zurechnung des Handelns natürlicher Personen auf das Unternehmen vermeidet die Notwendigkeit eines gesonderten Tatbestands der „Aufsichtspflichtverletzung".

77 Bei der **Feststellung des Verschuldens** läuft dies auf eine *Art von „Kollektivverschulden"* oder gar ein Organisationsverschulden als eigenes „Verschulden" des Unternehmensträgers bzw. -verbundes hinaus. Dabei genügt es, dass der Vorsatz der Verantwortlichen die Kenntnis der tatsächlichen Umstände und deren Bedeutung umfasst; die Kenntnis, dass dieses Verhalten gegen europäisches Wettbewerbrecht verstößt, ist nicht erforderlich. Die Tatsache, dass *jeder* auch nur *fahrlässige* Verstoß die Bußgeldsanktion auslösen kann, hat dem europäischen Wettbewerbsrecht von Anfang an eine beachtlich hohe Effektivität verliehen.

77a Ein **Verbotsirrtum** wird regelmäßig als *vermeidbar* angesehen. Auch bei kleineren Unternehmen bewerten Kommission und EuGH die Unkenntnis des gemeinschaftlichen Wettbewerbsrechts als vorwerfbar[3]. Selbst ein Gutachten einer *spezialisierten Anwaltskanzlei* kann das Unternehmen nach Ansicht des EuGH nicht entlasten[4]. Bemerkenswert ist, dass der EuGH in der letztgenannten Entscheidung – in Abweichung von den Anträgen der Generalanwältin – nicht nur eine Äußerung zur Beachtlichkeit von Verbotsirrtum total vermei-

---

1 Anschaulich z.B. EuGH v. 10.9.2009 – Rs. C-97/08 – Akzo Nobel; krit. dazu *Voet van Vormizeele*, WuW 2010, 1008; ebenso EuGH v. 8.5.2013 – Rs. C-508/11 P – ENI, EuZW 2013, 547 m. Anm. *Nehl* = WuW 2013, 777 (= EU-R 2726); EuGH v. 10.4.2014 – Rs. C-231/11 P u.a. – Siemens Österreich, EuZW 2014, 713; vgl. auch den Vorlagebeschluss BGH v. 9.7.2013 – KZR 15/12, EuZW 2013, 760. Dazu *Tiedemann*, WiStrafR AT, Rz. 426 ff.; *Dannecker/Biermann* in I/M, vor Art. 23 VO 1/2003 Rz. 82 ff.; *Kindhäuser/Meyer* in FK, Art. 101 Bußg. Rz. 22 ff., 76 ff., 136 ff. (Stand 10/2012); *Vogt*, Verbandsgeldbuße gegen eine herrschende Konzerngesellschaft, 2009, 33 ff.; *Tschierscke*, Sanktionierung des Unternehmensverbundes, 2013, S. 35 ff.; *Kellerbauer*, Die Einordnung der Rechtsprechung der EU-Gerichte zur gemeinschaftlichen Haftung für Kartellbußen in Konzernen ..., WuW 2014, 1173.
2 So bes. EuGH v. 7.6.1983 – Rs. 103/80 – Pioneer, Slg. 1983, 1825 = WuW/E EWG 617; vgl. *Achenbach* in A/R, III 6 Rz. 23; *Dannecker/N. Müller* in W/J, Kap. 186 Rz. 214 f.
3 Deutlich EuGH v. 8.2.1990 – Rs. C-279/87 – Tipp-Ex, EuZW 1990, 93.
4 EuGH (Große Kammer) v. 18.6.2013 – Rs. C–681/11 – Schenker (auf Vorlage des öst. OGH), NJW 2013, 3083 m. Anm. *Weitbrecht* = EuZW 2013, 624 m. Anm. *Meyer-Lindemann*; dazu auch die Anm. *Kersting*, WuW 2013, 845; *Fleischer*, Verbotsirrtum und Vertrauen auf Rechtsrat im europ. WettbewerbsR, EuZW 2013, 326.

det, sondern darüber hinaus ausspricht, dass es den Behörden und Gerichten der Mitgliedstaaten im Interesse der Wirksamkeit des Unionsrechts verwehrt ist, bei der Verhängung von Bußgeldern für Verstöße gegen Art. 101/102 AEUV in Anwendung ihres nationalen Rechts höhere subjektive Anforderungen zu stellen als das Unionsrecht[1].

Von der Verhängung von Bußgeldern hat die Kommission bisher allerdings nur Gebrauch gemacht, wenn die **Rechtswidrigkeit** des beanstandeten Verhaltens hinreichend **eindeutig** war, nicht jedoch, wenn es erst darum ging, die Grenze zwischen Verbotenem und Erlaubtem zu ziehen. Mit zunehmender Konkretisierung der Verbotstatbestände durch die Spruchpraxis von Europäischer Kommission, EuG und EuGH sind die Sanktionen mit dem Ziel der Abschreckung verschärft worden.

2. Verstöße gegen Verhaltenspflichten

a) **Abs. 1** der europäischen Bußgeldbestimmungen enthält jeweils mehrere Einzeltatbestände, die *Ordnungsunrecht* zum Gegenstand haben (sog. „**einfacher Ungehorsam**"). Art. 23 KartVO und Art. 14 FKVO nennen im Wesentlichen übereinstimmend:

– unrichtige oder verspätete Angaben im förmlichen Auskunftsverfahren,
– unvollständige Vorlage von Geschäftsunterlagen im Nachprüfungsverfahren,
– Behinderung der Ermittlungen der Kommission oder der von ihr beauftragten nationalen Behörden und
– Siegelbruch nach förmlicher Versiegelung (s. Rz. 62).

Dazu kommt in der FKVO der weitere Einzeltatbestand (Buchst. a) von unrichtigen Angaben im Anmeldeverfahren. Die angedrohte *Sanktion* für diesen „*einfachen Ungehorsam*" beträgt nur 1/10 der Sanktion, die für die anderen, nachfolgend genannten Zuwiderhandlungen angedroht ist.

b) Unter den jeweils in **Abs. 2** geregelten schweren Zuwiderhandlungen enthält Art. 23 KartVO zwei Tatbestände von sog. „**schwerem Ungehorsam**":

– Zuwiderhandlung gegen eine einstweilige Anordnung (Buchst. b) und
– Nichteinhaltung einer Verpflichtungszusage (Buchst. c).

Art. 14 Abs. 2 FKVO enthält ebenfalls zwei derartige „Ungehorsamstatbestände":

– den Vollzug eines für unzulässig erklärten Zusammenschlusses (Buchst. c Alt. 1) und
– die Zuwiderhandlung gegen näher bezeichnete (vorläufige) Maßnahmen (Buchst. c Alt. 2) oder gegen bestimmte Bedingungen oder Auflagen (Buchst. d).

Die vorgesehene Sanktion entspricht wegen des größeren Unrechtsgehalts derjenigen für materiell-rechtliche Verstöße (Rz. 81 ff.).

---

[1] Dazu *Weitbrecht* in seiner Anm. NJW 2013, 3085 f.

3. Wettbewerbsbeeinträchtigung

81 Der *zentrale Tatbestand* des Art. 23 Abs. 2 Buchst. a KartVO ist formal sehr einfach, inhaltlich jedoch sehr weit: Mit Geldbuße bedroht ist **jeder** vorsätzliche oder fahrlässige **Verstoß**

– gegen das **Kartellverbot** (Art. 101 Abs. 1 AEUV) und

– gegen das **Missbrauchsverbot** (Art. 102 AEUV).

Damit ist das *gesamte materielle EU-Kartellrecht* Tatbestandsmerkmal (ausgenommen die von der FusionskontrollVO erfassten Konzentrationsvorgänge). Beide Verbotstatbestände werden von Europäischer Kommission, EuG und EuGH grundsätzlich weit ausgelegt. Den Einwand, dieser Tatbestand sei nicht hinreichend bestimmt, hat der EuGH immer wieder zurückgewiesen[1].

82 Voraussetzung für die Annahme eines Verstoßes gegen Art. 101 und Art. 102 AEUV ist, dass die sog. **Zwischenstaatsklausel** (Zwischenstaatlichkeitsklausel) erfüllt wird. Diese ist zwar in den beiden Verboten unterschiedlich formuliert (Rz. 41, 46), beruht aber auf dem gleichen Grundgedanken: Wettbewerbsbeschränkungen ohne diese Reichweite sind Sache des nationalen Wettbewerbsrechts und der nationalen Kartellbehörden. Im Ergebnis wird praktisch jedes zielgerichtete Verhalten erfasst, das *geeignet* ist, den freien Handel *zwischen den Mitgliedstaaten* nennenswert zu beeinträchtigen. Nicht erforderlich ist, dass die Beeinträchtigung durch das darauf gerichtete Verhalten tatsächlich auch eingetreten ist.

83 Die in den Art. 101 Abs. 1 und 102 AEUV enthaltenen, weithin übereinstimmenden **Regelbeispiele** von verbotenen Verhaltensweisen (Rz. 43, 46) tragen viel zur Konkretisierung der abstrakten, generalklauselartig weiten Umschreibung der Verbote bei. Ein von diesen Beispielsfällen direkt erfasstes Verhalten wird regelmäßig als ein schwerer Verstoß bewertet[2]. Im Verborgenen gehaltene Preis-, Quoten- und Gebietsabsprachen – verbreitet als *Hardcore-Kartelle* bezeichnet – werden zu Recht als besonders verwerflich eingestuft.

84 Den Bedenken gegen die Weite des Tatbestands haben Kommission und EuGH schon früh dadurch Rechnung getragen, dass sie diesen auf **spürbare Verstöße** beschränkt haben – ähnlich wie es beim GWB gehandhabt wird (Rz. 122). Durch mehrere, teilweise umfangreiche *Mitteilungen*[3] hat die Kommission versucht, ihr Vorgehen transparent zu machen. Unter ihnen ist die mehrfach

---

1 Beispielhaft EuGH v. 22.5.2008 – Rs. C-266/06 – Degussa, PWuW 2008, 1027 = EU-R 1451 (noch zur Vorgänger-Norm Art. 15 Abs. 2 VO 17/62).
2 Vgl. Geldbußen-Leitlinien 2006 (oben Rz. 73), Tz. 23.
3 Aus jüngerer Zeit z.B. „Leitlinien zur Anwendbarkeit von Art. 101 AEUV auf Vereinbarungen über horizontale Zusammenarbeit", ABl. EU Nr. C 11 v. 14.1.2011, 1; Bekanntmachung „über bewährte Vorgehensweisen in Verfahren nach Art. 101 und 102 AEUV", ABl. EU Nr. C 308 v. 20.10.2011, 6; „über ein vereifachtes Verfahren für bestimmte Zusammenschlüsse ...", ABl EU Nr. C 366 v. 14.12.2013, 5; Leitlinien zur Anwendung von Art. 101 AEUV auf Technologietransfer-Vereinbarungen, ABl. EU Nr. C 89 v. 28.3.2014, 3.

neugefasste **Bagatell-Bekanntmachung**[1] von besonderer Bedeutung. Wettbewerbsbeschränkungen von geringer Bedeutung für den gemeinsamen Markt sollen vom Verbot nicht erfasst sein. Die Spürbarkeit einer Wettbewerbsbeschränkung wird nur bejaht, wenn bestimmte Marktanteils-Schwellen der betreffenden Produkte (5 % bei horizontalen, 10 % bei vertikalen Vereinbarungen) überschritten sind. *Kleine und mittlere Unternehmen* (KMU) sind durch eigenständige Schwellenwerte (weniger als 250 Beschäftigte und 50 Mio. Euro Umsatz bzw. [nun] 43 Mio. Euro Bilanzsumme)[2] aus dem Anwendungsbereich des europäischen Wettbewerbsrechts herausgenommen.

4. Unerlaubter Zusammenschluss

Zwei weitere Tatbestände des § 14 Abs. 2 FKVO (vgl. Rz. 80) sichern die präventive **Kontrolle von Zusammenschlüssen**. Sie haben trotz förmlicher Kriterien gleichsam materiell-rechtlichen Charakter: 85

– *Verstoß gegen die Anmeldepflicht* vor Vollzug (Buchst. a), es sei denn, es ist ein Ausnahmetatbestand gegeben, und
– *Vollzug* eines Zusammenschlusses vor Abschluss des Prüfungsverfahrens der Kommission oder vor Ablauf der Prüfungsfristen (Buchst. b).

Die **Prüfung der Anmeldepflicht**, also das Überschreiten der Schwellenwerte des § 1 Abs. 2 oder Abs. 3 FKVO durch den geplanten Zusammenschluss, liegt im Verantwortungsbereich aller daran beteiligten Unternehmen. Soweit diese Unternehmen zugleich einer nationalen Fusionskontrolle unterliegen – was zunehmend der Fall ist –, handelt es sich in der Sache nicht um eine zusätzliche Prüfung, sondern im Regelfall um die Klärung der alleinigen Frage, ob die niedrigeren nationalen *oder* die höheren unionsrechtlichen Schwellenwerte erreicht bzw. überschritten werden. 86

5. Sanktionen

Die **Höhe der Geldbuße** ist in der KartVO und in der FKVO in gleicher Weise deutlich *verschärft* worden. Der frühere Rahmen in „Rechnungseinheiten" – für „einfachen Ungehorsam" (Abs. 1) 100–5 000 Euro, für materiell-rechtliche Wettbewerbsverstöße und „schweren Ungehorsam" 1 000 bis 1 Mio. Euro – wurde ganz aufgegeben. Vielmehr sind die angedrohten Sanktionen *nur noch vom Umsatz bestimmt*. 87

– Beim „einfachen Ungehorsam" (Art. 23 Abs. 1 KartVO/Art. 14 Abs. 1 FKVO; Rz. 79) kann die Sanktion bis zu 1 % des Jahresumsatzes betragen.
– Bei materiell-rechtlichen Verstößen und „schwerem Ungehorsam" (jeweils Abs. 2; Rz. 80, 81, 85) kann die Geldbuße für jedes am Verstoß beteiligte Un-

---

[1] Die sog. De-minimis-Bekanntmachung v. 22.12.2001, ABl. EG Nr. C 368 v. 22.12.2001, 13 ist durch die Neufassung v. 30.8.2014, ABl. EU Nr. C 291, 1 abgelöst worden.
[2] Vgl. *Emmerich*, KartR, § 8 Rz. 2; *Mestmäcker/Schweitzer*, EuWbR, § 4 Rz. 82 f., § 11 Rz. 74 ff.; *Roth/Ackermann* in FK, Art. 81 EGV GrFragen Rz. 401 ff., 407 (Stand 5/2009); *Schröter/Voet van Vormizeele* in Schröter/Jakob/Klotz/Mederer, Art. 101 AEUV Rz. 173 ff.

ternehmen bis zu 10 % des erzielten Gesamtumsatzes des letzten Geschäftsjahres betragen.

Mit dieser von festen Geldbeträgen – und damit auch von jeder Geldentwertung – unabhängigen Bußgeldandrohung kann auch den größten Unternehmensträgern der gebührende Respekt vor dem europäischen Wettbewerbsrecht nahegebracht werden. Die besonders in Deutschland diskutierte Frage, ob solche Sanktionsandrohungen noch dem verfassungsrechtlichen Bestimmtheitserfordernis genügen[1], hat bisher im Unionsrecht keine Resonanz ausgelöst (vgl. auch Rz. 150).

88 Bei der **konkreten Bemessung** des Bußgelds kommen neben der Schwere und der Dauer des Verstoßes (vgl. Art. 23 KartVO/Art. 14 FKVO, jeweils Abs. 3) und neben der Größe des Unternehmens zahlreiche Erschwerungs- und Milderungsfaktoren zum Zuge. Besonders bedeutsam ist, in welchem Umfang sich das jeweilige Unternehmen gegenüber der Kommission als kooperativ oder widerspenstig gezeigt hat. Großes Gewicht hat eine wiederholte Verletzung; dabei genügt für das Kriterium der Wiederholung auch, dass im Falle eines Konzerns z.B. ein anderes Tochter-Unternehmen als bei der ersten Ahndung gehandelt hat. Die 1998 von der Kommission erstmals festgelegten *„Leitlinien zur Festsetzung von Geldbußen"* liegen in einer Neufassung von 2006 vor[2]. Ziel dieser Bekanntmachung war nicht nur die Schaffung von mehr Transparenz, sondern auch eine Anhebung des Bußgeld-Niveaus[3]. Außerdem hat die erneuerte *Kronzeugenregelung*[4] großen Einfluss auf die Bußgeldhöhe. Schließlich hat die Kommission auch Regelungen für *verfahrensbeendende Absprachen* erlassen[5].

Sanktionen in *vielfacher Millionenhöhe* sind im Bereich des Kartellrechts seit vielen Jahren gängige Praxis. Die Kommission hatte 2007 in acht Entscheidungen gegen 41 Unternehmen Geldbußen in Höhe von 3,334 Mrd. Euro und 2008 in sieben Entscheidungen gegen 34 Unternehmen in Höhe von 2,271 Mrd. Euro festgesetzt. 2010 betrug die Summe der verhängten Bußgelder 2,868 Mrd. Euro, Euro, 2012: 1,876 Mrd. Euro und 2013: 1,882 Mrd. Euro. Die Milliardengrenze in einem Einzelfall wurde wiederholt überschritten: In der Sache „Autoglas" hat die Kommission 2008 gegen die beteiligten Unternehmensträger insgesamt 1,383 Mrd. Euro festgesetzt, im Fall „Kathodenstrahlröhren" 2012 zusam-

---

1 *Soltész/Steinle/Bielesz*, Rekordgeldbußen gegen Bestimmtheitsgebot, EuZW 2003, 709; *Schwarze*, Rechtsstaatliche Defizite des europ. Kartellbußgeldverfahrens, WuW 2009, 6; dazu auch *Dannecker/Biermann* in I/M, Art. 23 VO 1/2003 Rz. 100ff.; *Kindhäuser/Meyer* in FK KartR, Art. 101 AEUV, Bußg. Rz. 41 ff., 47 f. (Stand 10/2012); *Kienapfel* in Schröter/Jabob/Klotz/Mederer, Art. 23 VO 1/2003, Rz. 7, 13, 53 ff.
2 ABl. EU Nr. C 210 v. 1.9.2006, 2.
3 *Dannecker/N. Müller* in W/J, Kap. 18 Rz. 219; Überblick zur Bußgeldbemessung z.B. bei *Böse* in G/J/W, KartVO Rz. 43 ff.; *Niggemann* in Streinz, EUV/AEUV, 2. Aufl. 2012, nach Art. 103 KartVO Rz. 51 ff.; *Mestmäcker/Schweitzer*, EurWbR, § 22 Rz. 40 ff.
4 Mitteilung über Erlass und Ermäßigung von Geldbußen in Kartellsachen („Leniency-Bekanntmachung") v. 8.12.2006, ABl. EU Nr. C 298 v. 8.12.2006, 17; näher z.B. *Böse* in G/J/W, KartVO Rz. 50 ff.; *Mestmäcker/Schweitzer*, EurWbR, § 22 Rz. 50 ff.; vgl. auch EuGH v. 12.6.2014 – Rs. C-578/11 P – Deltafina, EuZW 2014, 632.
5 Mitteilung über die Durchführung von Vergleichsverfahren, ABl. EU Nr. C 167 v. 2.7.2008, 1; Rechtsgrundlage ist die VO der Komm. 622/08 v. 30.6.2008 zur Änderung der VO 773/04, ABl. EU Nr. L 171 v. 1.7.2008, 3.

men 1,47 Mrd. Euro[1]. Die Manipulation der Referenzzinssätze im Euro-Bereich („Libor" und „Euribor") durch mehrere Großbanken, darunter die „Deutsche Bank", sowie ähnlich beim Yen hat die Kommission in zwei Verfahren Ende 2013 mit insgesamt über 1,7 Mrd. Euro geahndet[2].

Die **Verjährung** ergibt sich für den Anwendungsbereich der KartVO nun unmittelbar aus Art. 25, 26 KartVO, während für die Sanktionen nach der neuen FKVO insoweit nach wie vor die Rats-VO 2988/74 (Rz. 33) maßgebend ist. In der Sache ist die Regelung übereinstimmend. Die Befugnis zur *Verfolgung* von „einfachen" Zuwiderhandlungen verjährt in drei, von „schweren" in fünf Jahren, also wie seit 1997 auch im deutschen Kartellrecht (Rz. 146). Die *Vollstreckungs*verjährung beträgt ebenfalls fünf Jahre. Die Berechnung der Verjährungsfrist und die Voraussetzungen der Unterbrechung und des Ruhens sind näher geregelt. Entsprechende Handlungen der nationalen Wettbewerbsbehörden haben im Hinblick auf die Verjährung die gleiche Wirkung wie die Handlungen der Kommission.

89

Die **gerichtliche Kontrolle** erstreckt sich auch auf die Höhe der von der Kommission verhängten Geldbuße. Dabei kann der Gerichtshof den Betrag auch erhöhen (Art. 31 KartVO, Art. 16 FKVO); das Verbot der „reformatio in peius" (Verschlechterungsverbot) gilt nicht. Die richtige Handhabung der Bußgeldbemessung steht häufig im Zentrum der Überprüfung durch EuG und EuGH; jedoch nur eine „unverhältnismäßige" Geldbuße stellt einen Rechtsfehler dar[3].

90

C. Deutsches Recht

Schrifttum außer vor Rz. 1: *Bechtold*, GWB, Kommentar, 7. Aufl. 2013; *Bien* (Hrsg.), Das deutsche Kartellrecht nach der 8. GWB-Novelle, 2013; *Federmann*, Kriminalstrafen im Kartellrecht, 2006.

Älteres Schrifttum: *Möschel*, Recht der Wettbewerbsbeschränkungen, 1983; *Tiedemann*, Kartellrechtsverstöße und Strafrecht, 1976; *Tiedemann*, Wettbewerb und Strafrecht, 1976.

Aufsätze: *Achenbach*, Die 8. GWB-Novelle und das Wirtschaftsstrafrecht, wistra 2013, 369; *Achenbach*, Grauzement, Bewertungseinheit und Bußgeldobergrenze, WuW 2013, 688; *Bechtold*, Die 8. GWB-Novelle, NZKart 2013, 263; *Bernhard*, Europarechtliche Stolpersteine der 8. GWB-Novelle, EuZW 2013, 732; *Bosch/Fritzsche*, Die 8. GWB-Novelle – Konvergenz und eigene wettbewerbspolitische Akzente, NJW 2013, 2225; *Buntscheck*, § 81 Abs. 4 GWB n.F. – die geänderte Obergrenze für Unternehmensgeldbußen, WuW 2008, 941; *Dannecker/Dannecker/Müller*, Das Kartellordnungswidrigkeitenrecht nach der 8. GWB-Novelle, ZWeR 2013, 417; *Gaier*, Garantien des deutschen Verfassungsrechts bei Verhängung von Kartellgeldbußen, wistra 2014, 161; *Gronemeyer/Slobodenjuk*, Die

---

[1] Berichte der Komm. über die Wettbewerbspolitik 2012 (KOM [2013] 257 final.), S. 2 und 2013 (KOM [2014] 249 final); zu den anderen Daten die früheren Jahresberichte; vgl. auch die Übersicht bei *Weitbrecht/Mühle*, EuZW 2013, 255 ff. und 2014, 209 ff.

[2] PresseMitt. der EU-Kommission (IP/13/1208) v. 4.12.2013; Jahresbericht 2013 (v. 6.5.2014 – KOM [2014] 249 final), S. 4 f. und dazugehörige „Arbeitsunterlagen" (SWD[2014] 148), S. 20 f.

[3] Z.B. EuGH v. 22.11.2012 – Rs. C-89/11 P – E.On Energie, WuW 2013, 61 (Tz. 123 ff.); vgl. auch EuGH v. 12.11.2009 – Rs. C-564/08 – SGL Carbon, EuZW 2010, 394.

8. GWB-Novelle – ein Überblick, WRP 2013, 1279; *Kahlenberg/Neuhaus*, Die Achte GWB-Novelle ..., BB 2013, 131; *Mestmäcker*, 50 Jahre GWB: die Erfolgsgeschichte eines unvollkommenen Gesetzes, WuW 2008, 6; *Mühlhoff*, ... Zu den wesentlichen Änderungen des allgemeinen Ordnungswidrigkeitenrechts und des Kartellordnungswidrigkeitenrechts durch die 8. GWB-Novelle, NZWiSt 2013, 312; *Nickel*, Submissionskartelle zwischen Kartell- und Strafrecht – Reichweite und Bedeutung der Bonusregelung des BKA, wistra 2014, 7; *Ost*, Kartellbußgelder, Grundrechte und eur. Konvergenz, NZKart 2014, 173; *Yomere*, Die Novellierung des Kartellbußgeldverfahrens durch die 8. GWB-Novelle, WuW 2013, 1187.

I. Allgemeines

1. Rechtsentwicklung

91 **a)** Die ersten **fünf Novellen** *zum GWB*[1] hatten – neben wichtigen wettbewerbsrechtlichen Neuerungen (etwa Einführung der Fusionskontrolle, Aufhebung der Preisbindung für Markenartikel) – die Verständlichkeit und Handhabbarkeit des GWB 1957 (Rz. 4) zunehmend erschwert. Deshalb hatte die Anfang 1999 in Kraft getretene **6. Novelle**[2] – mit dem ausdrücklichen Ziel einer besseren Lesbarkeit[3] – das ganze GWB einer *Totalrevision*[4] unterzogen und dabei eine neue Paragraphenzählung eingeführt. Außerdem wurde das neue – ebenfalls europarechtlich bestimmte – *Vergaberecht* in das GWB aufgenommen (Rz. 101).

92 Die **7. Novelle** hat im Sommer 2005 die *größte sachliche Änderung* in der Geschichte des GWB (= GWB 2005) mit sich gebracht[5]. Die KartVO 1/2003 und die von ihr herbeigeführte Neu-Ausrichtung (Rz. 6, 22 f., 29) hat es teils erforderlich gemacht, teils zweckmäßig erscheinen lassen, das deutsche Recht weitgehend dem **europäischen Recht anzupassen**. Dadurch sind im Bereich des Kartellverbots langjährig vertraute Vorschriften ersatzlos entfallen: die bisherigen §§ 1–18 sind auf die § 1–3 GWB „zusammengeschrumpft", ohne dass damit ein Substanzverlust verbunden ist[6]. Während die Verfahrensvorschriften nur geringfügig erweitert wurden, bedurfte die Durchführung des Gemeinschaftsrechts einschließlich der Zusammenarbeit im neuen Netzwerk (Rz. 30, 58) ergänzender Bestimmungen. Auch die Bußgeldtatbestände (§ 81 GWB, s. Rz. 102 ff.) sind erheblich geändert und zugleich erneut verschärft worden.

---

1 1. Novelle G v. 15.9.1965, BGBl. I 1363; 2. Novelle G v. 3.8.1973, BGBl. I 917; 3. Novelle G v. 28.6.1976, BGBl. I 1697; 4. Novelle G v. 26.4.1980, BGBl. I 458; 5. Novelle G v. 22.12.1989, BGBl. I 2486; näher zur geschichtlichen Entwicklung z.B. *Achenbach* in FK, § 81 GWB Rz. 208 ff. (Stand 11/2014); *Bunte* in Langen/Bunte, Bd. 1, Einl. Rz. 1 ff.; *Emmerich*, KartR, § 2.
2 G v. 26.8.1998, BGBl. I 2521.
3 Begründung zum RegEntw. der 6. Novelle, BT-Drs. 13/9720, 30.
4 *Baron*, WuW 1998, 651.
5 Bek. v. 15.7.2005, BGBl. I 2115.
6 Übergangsbestimmungen in § 131 GWB.

Nach mehreren (teilweise befristeten) **Änderungen**[1] – darunter eine erneute 92a
Änderung des § 81 GWB und dessen Neubekanntmachung (Rz. 111) und das
Arzneimittelmarkt-Neuordnungsgesetz[2] – ist Ende 2012 zunächst das *Markt-
transparenzstellen-Gesetz* zur Überwachung des Großhandels mit Strom und
Gas erlassen worden[3], nachdem zuvor das BKartA eine Markttransparenzstelle
für Kraftstoffe eingerichtet hatte[4]. Diese Markttransparenzstellen sind in einem neuen Abschnitt am Schluss des 1. Teils geregelt (§§ 47a– 47l GWB) und
haben auch den Bußgeldkatalog um einige Positionen verlängert (§ 81 Abs. 2
Nr. 2 Buchst. c, d, Nr. 5a, 5b).

b) Nicht – wie geplant – bis Ende 2012, sondern erst im Frühsommer 2013 ist 93
die **8. GWB-Novelle** verabschiedet worden, die im Wesentlichen am 30.6.2013
in Kraft getreten ist[5]. Zugleich ist das GWB (= GWB 2013) *neu bekannt gemacht* worden[6]. Die Novelle hat die Grundzüge des GWB 2005 unverändert gelassen, weil sich diese Regelung insgesamt bewährt hat. Sie hat vielmehr eine
Fülle kleinerer Änderungen gebracht, die eine effektivere Rechtsanwendung sicherstellen sollen. Die Angleichung an das europäische Recht wurde fortgesetzt, besonders im Bereich der Fusionskontrolle. Schließlich sind auch im
Bereich der Ordnungswidrigkeiten-Tatbestände erwähnenswerte Änderungen
vorgenommen worden (Rz. 102 ff.)[7].

Darüber hinaus hat das 8. GWB-Änderungsgesetz in Art. 4 – zunächst im Ent- 93a
wurf nicht vorgesehene – **allgemeine Änderungen des OWiG** für den Bereich
der Verbandsgeldbuße gebracht (vgl. § 1 Rz. 121a), die auf eine Anregung einer
Arbeitsgruppe der OECD zur Bekämpfung der Bestechung im internationalen
Geschäftsverkehr zurückgehen und das gesamte Wirtschaftsstrafrecht betreffen[8]. Die markanteste Änderung ist die Heraufsetzung der Obergrenze der *Verbandsgeldbuße auf 10 Mio. Euro* für vorsätzliche und auf 5 Mio. Euro für fahrlässige Straftaten (§ 30 Abs. 2 S. 1 OWiG). Ist die Tat eine Ordnungswidrigkeit,
kann das dafür angedrohte Bußgeld gegenüber dem Verband verzehnfacht werden, wenn dies eine entsprechende Verweisung vorsieht (§ 30 Abs. 2 S. 2–4
OWiG). Eine erste derartige Verweisung findet sich beim – auch im Kartellrecht bedeutsamen – Tatbestand der Aufsichtspflichtverletzung, wenn die

---

1 Neben dem G „zur Bekämpfung des Preismissbrauchs im Bereich der Energieversorgung und des Lebensmittelhandels" (sog. GWB-Novelle 2007) v. 18.12.2007,
BGBl. I 2966 ist das 3. Mittelstands-EntlastungsG v. 24.3.2009, BGBl. I 550 zu nennen, das im Bereich der Fusionskontrolle eine weitere Eingriffsschwelle gebracht
hat, die das BKartA von Bagatellfällen spürbar entlastet (vgl. TB 2009/10, BT-Drs.
17/6640 v. 20.7.2011, S. 19 f.).
2 AMNOG v. 27.12.2010, BGBl. I, 2262; vgl. TB 2009/10, S. IV f., 20 f.
3 G v. 12.12.2012, BGBl. I 2403.
4 TB 2011/12, S. 16 f.
5 8. GWB-ÄndG v. 26.6.2013, BGBl. I 1738.
6 Bek. v. 26.6.2013, BGBl. I 1750.
7 Dazu z.B. *Bechtold*, NZKart 2013, 263; *Bosch/Fritzsche*, NJW 2013, 2225 ff.; *Gro-
nemeyer/Slobodenjuk*, WRP 2013, 1279 ff.; *Bernhard*, Europarechtliche Stolpersteine der 8. GWB-Novelle, EuZW 2013, 732; *Bosch*, NJW 2014, 1714.
8 Näher zum Ganzen *Achenbach*, Die 8. GWB-Novelle und das WirtschaftsstrafR,
wistra 2013, 369 ff.; *Mühlhoff*, NZWiSt 2013, 312; *Yomere*, WuW 2013, 1187
(1192).

Pflichtverletzung eine Straftat ist (§ 130 Abs. 3 S. 2 OWiG; s. § 30 Rz. 125)[1]. Außerdem wurde eine besondere Reglung für den Fall einer *Gesamtrechtsnachfolge* eingeführt (§ 30 Abs. 2a OWIG), die im Kartellrecht häufig eine Rolle spielt[2].

Nach wie vor enthält das GWB *keine Straftatbestände*. Der einzige kartellrechtliche Straftatbestand der „Wettbewerbsbeschränkenen Absprachen bei Ausschreibungen" ist 1997 als § 298 in das StGB eingestellt worden (Rz. 13, 142 f., unten § 58).

2. Grundzüge des GWB

94 a) Der **Anwendungsbereich** des GWB 2013 erstreckt sich inzwischen praktisch auf die gesamte Wirtschaft – einschließlich der Unternehmen in öffentlicher Hand (§ 130 Abs. 1 GWB); der Streit über die Einbeziehung der gesetzlichen Krankenkassen war wesentliche Ursache für die Verzögerung der 8. Novelle (Rz. 93). Die anfangs zahlreichen Ausnahmebereiche sind fortgesetzt stärker eingeschränkt worden, zuletzt auch im Bereich der Energieversorgung und der Wasserversorgung (§§ 31–31b GWB n.F.). Dass auch *ausländische* Unternehmen erfasst sind, wenn sich die von ihnen bezweckte Wettbewerbsbeschränkung im Inland auswirkt, stellt seit Langem § 130 Abs. 2 GWB klar.

Abgesehen vom Sonderfall der Bundesbank und der Kreditanstalt für Wiederaufbau (§ 130 Abs. 1 S. 2 GWB) bestehen besondere *Ausnahmebestimmungen* für die Landwirtschaft – wie in der EU – (§ 28 GWB) und für die Preisbindung von Zeitungen und Zeitschriften (§ 30 GWB). Die *Buchpreisbindung* ist dagegen – nach langem Streit mit der Kommission – außerhalb des GWB geregelt[3].

95 **§ 1 GWB** normiert (seit 2005) wie Art. 101 AEUV (Rz. 41) – allerdings ohne Angabe von Beispielsfällen – ein **umfassendes Kartellverbot** für alle Vereinbarungen zwischen Unternehmen, für Beschlüsse von Unternehmensvereinigungen und für abgestimmte Verhaltensweisen mit wettbewerbsbeschränkender Wirkung. Die bisherige Unterscheidung zwischen *horizontalen* und *vertikalen* Vereinbarungen ist im Gesetzestext *entfallen*, besteht aber in der Sache fort (vgl. auch Rz. 36).

Diese systematisch bedeutsame Änderung ist zunächst – recht unscheinbar – dadurch bewirkt worden, dass in § 1 GWB bei Benennung der Adressaten die Wörter „miteinander im Wettbewerb stehenden" gestrichen wurden; erst der ersatzlose Wegfall der §§ 4–18 GWB a.F. macht das Ausmaß der Änderung erkennbar. Sowohl das bisherige *Anmeldeverfahren* für Normen-, Typen- und Konditionenkartelle, Spezialisierungs- und Mittelstandskartelle (§§ 2–4, 9, 11, 12 GWB a.F.) als auch das bisherige *Genehmigungsverfahren* für Rationalisierungskartelle, Strukturkrisenkartelle und „Verbesserungskartelle" (§§ 5–

---

1 Näher zu den – vielfach auch strittigen – Detailfragen vgl. *Rogall* in KK, § 130 OWiG Rz. 121 ff.; § 30 OWiG Rz. 130 ff.; *Achenbach* in FK, § 81 GWB Rz. 119 ff., 203, 470 ff., 517 ff., bes. 522, 538 (Stand 11/2014); *Raum* in Langen/Bunte, Bd.1, § 81 GWB Rz. 36 ff.
2 Dazu näher *Achenbach* in FK, § 81 GWB Rz. 133 ff., 657; *Raum* in Langen/Bunte, Bd.1, § 81 GWB Rz. 42 f.; *Eisele*, Gesamtschuldnerische Haftung – eine neue Rechtsfigur im dt. Sanktionenrecht?, wistra 2014, 81 ff.
3 G zur Regelung der Preisbindung bei Verlagserzeugnissen v. 2.9.2002, BGBl. I 3448; dazu *Franzen/Wallenfels/Russ*, BuchpreisbindungsG, 6. Aufl. 2013.

7, 10, 11 GWB a.F.) ist **entfallen**. Das Gleiche gilt für die Sonderbestimmungen über *Vertikalvereinbarungen* (§§ 14–18 GWB a.F.). Die Zulässigkeit derartiger Vereinbarungen beurteilt sich seither nur noch nach den §§ 2, 3 GWB n.F., den beiden einzigen Ausnahmebestimmungen vom Kartellverbot.

Der **neue § 2 GWB** formuliert unter der Überschrift „Freigestellte Vereinbarungen" mit direkter Übernahme der Regelung des Art. 81 Abs. 3 EGV = Art. 101 Abs. 3 AEUV eine entsprechende **Legalausnahme** für den Fall, dass die an sich verbotenen Verhaltensweisen dann freigestellt sind, wenn sie die genannten wirtschaftlichen Vorteile (Rz. 43) zur Folge haben. Dieser Gleichklang der Regelung macht die – früher oft problematische – Prüfung, ob ein von den deutschen Kartellbehörden bearbeiteter Fall auch gegen europäisches oder „nur" gegen deutsches Recht verstößt, rechtlich weitgehend bedeutungslos. Ergänzend enthält **§ 3 GWB** – an Stelle des § 4 GWB a.F. – noch eine gesetzliche Klarstellung für sog. (horizontale) Mittelstandskartelle: *Unternehmenskooperation* ist dann von Gesetzes wegen vom Kartellverbot freigestellt, wenn dadurch die Wettbewerbsfähigkeit kleiner oder mittlerer Unternehmen gestärkt wird, ohne dass der Wettbewerb wesentlich beeinträchtigt wird. 96

Der – bereits im Rahmen der 6. und 7. Novelle reformierte – 2. Abschnitt *„Marktbeherrschung, sonstiges wettbewerbsbeschränkendes Verhalten"* ist durch die 8. Novelle nochmals mit dem Ziel besserer Verständlichkeit und Handhabbarkeit stark verändert worden. Die Definition der Marktbeherrschung ist in einem neuen § 18 GWB vorangestellt, während die §§ 19–21 GWB weithin neu gefasst wurden. Die **Missbrauchsaufsicht** ist damit deutlich gestärkt worden. Art. 102 AEUV (Rz. 46) ist nicht unmittelbar ins deutsche Recht übernommen worden, sondern nur dessen Hauptkriterien; unter Ausnutzung der europäischen Ermächtigung in Art. 3 Abs. 2 S. 2 KartVO sind in den §§ 19–21 GWB *konkrete Verbote* von Wettbewerbsbeschränkungen beibehalten worden (näher Rz. 123 ff.; 129–135). – Das frühere Empfehlungsverbot (§§ 22, 23 GWB a.F.) einschließlich aller Ausnahmen, insbesondere der unverbindlichen Preisempfehlung für Markenwaren, ist mit dem GWB 2005 ersatzlos entfallen. 97

Die weitgehende Angleichung der Bestimmungen über die **Fusionskontrolle** (§§ 35–43 GWB) an das europäische Recht, die bereits durch die 6. Novelle (Rz. 91) eingeleitet worden war, ist durch die 8. Novelle (Rz. 93) weitergeführt worden[1], u.a. durch die Übernahme des sog. SIEC-Tests (§ 36 GWB n.F.)[2]. – Im Wesentlichen unverändert geblieben sind der – dem Schutz gegen unlauteren Wettbewerb nahestehende – Abschnitt über *Wettbewerbsregeln* und deren Anerkennung (§§ 24–27 GWB) sowie die Bestimmungen über die Monopolkommission (§§ 44–47 GWB). 98

b) Nennenswert erweitert ist – nach europäischem Vorbild – der Abschnitt über die **verwaltungsrechtlichen** Befugnisse und **Sanktionen** (§§ 32–34 GWB), 98a

---

1 Vgl. Reg.Entw. zum 8. GWB-ÄndG, BT-Drs. 17/9852 v. 31.5.2012, S. 19 f.
2 SIEC = significant impediment to effective competition; dazu *Immenga*, EuZW 2013, 761; *Bechtold/Bosch/Brinker*, Art. 2 FKVO Rz. 1 f.; *Mestmäcker/Schweitzer*, EurWbR, § 26 Rz. 17 ff.; *Kallfaß* in Langen/Bunte, Bd. 1, § 36 GWB Rz. 3, 12 ff.

die nur im Verwaltungsverfahren ausgesprochen werden können, nicht aber im Bußgeldverfahren (§ 15 Rz. 125).

§ 32 GWB ermächtigt die Kartellbehörde, das oder die betroffenen Unternehmen zu verpflichten, ein (nach deutschem oder europäischem Wettbewerbsrecht) unzulässiges Verhalten abzustellen, ggf. unter Anordnung bestimmter Maßnahmen (Abs. 2) oder auch einstweiliger Maßnahmen (§ 32a GWB). Eine *Verpflichtungszusage* eines Unternehmens kann vom Kartellamt für verbindlich erklärt werden (§ 32b GWB). Zum nunmehr geregelten Instrumentarium der deutschen Kartellbehörden gehört auch der *Entzug einer Freistellung* (§ 32d GWB) sowie die *„Negativentscheidung"* (§ 32c GWB), die besagt, dass – vorbehaltlich neuer Erkenntnisse – kein Anlass zum Tätigwerden besteht. Auch die Befugnis des Kartellamts zur Untersuchung einzelner Wirtschaftszweige oder Arten von Vereinbarungen (§ 32e GWB) beruht auf europäischem Vorbild. – Die bisherige Mehrerlösabschöpfung (§ 34 GWB a.F.) ist durch neue, ausführlichere Bestimmungen über die (von § 17 Abs. 4 OWiG, § 81 Abs. 5 GWB zu unterscheidende) *Vorteilsabschöpfung* (§§ 34, 34a GWB n.F.) ersetzt worden.

99   Die schon bisher bestehende Möglichkeit einer **privatrechtlichen Sanktion** (vgl. § 15 Rz. 126 sowie oben Rz. 27) in Gestalt eines Unterlassungs-, Beseitigungs- oder Schadensersatzanspruchs des durch einen Wettbewerbsverstoß Verletzten (§ 33 GWB) ist deutlich erweitert und erleichtert worden mit dem Ziel, die Durchsetzung des Wettbewerbsrechts stärker von den Behörden auf die Marktteilnehmer zu verlagern. Die 8. Novelle hat den Verbraucherverbänden die – aus dem Schutz des lauteren Wettbewerb bekannte (§ 60 Rz. 2) – Möglichkeit eröffnet, auch gegen Wettbewerbsbeschränkung vorzugehen (§ 34a GWB n.F.), um dadurch die bisher vergleichsweise geringe Bedeutung der privatrechtlichen Ansprüche zur Sicherung des freien Wettbewerbs zu steigern[1]. Der diesbezügliche Kommissionsvorschlag einer entsprechenden *europäischen Richtlinie*[2] hat inzwischen das Normsetzungsverfahren durchlaufen[3]; die Umsetzung in nationales Recht hat nach Art. 21 Abs. 1 der RL bis 27.12.2016 zu erfolgen.

100 Die Bestimmungen im 2. und 3. Teil des GWB über die *Kartellbehörden* (§§ 48–53 GWB) und das **Verfahren** in *Verwaltungssachen* (§§ 54–80 GWB) sowie in *Bußgeldsachen* sind durch die 7. und 8. Novelle nur punktuell geändert worden. Dem *BKartA* kommt bei der Durchsetzung des europäischen und des deutschen Kartellrechts eine zentrale Rolle zu. Dabei kann das Amt in beiden Rechtsbereichen entweder im Verwaltungsweg (§§ 54 ff. GWB) oder – bei Verdacht auf eine Kartellordnungswidrigkeit – im Bußgeldverfahren (§§ 81–86 GWB i.V.m. dem OWiG; näher § 15 Rz. 125 ff.) vorgehen.

---

1 Vgl. – neben den Tätigkeitsberichten von Kommission und BKartA (oben Rz. 10) – z.B. *Möschel/Bien* (Hrsg.), Kartellrechtsdurchsetzung durch private Schadensersatzklagen?, 2010; *Buntscheck*, „Private Enforcement" in Deutschland, WuW 2013, 947.
2 KOM (2013) 404 endg.; dazu *Gussone/Schreiber*, Private Kartellrechtsdurchsetzung, WuW 2013, 1040; *Kersting*, Die neue Richtlinie zur privaten Rechtsdurchsetzung ..., WuW 2014, 564; vgl. auch EuGH v. 5.6.2014 – Rs. C-557/12 – Kone, EuZW 2014, 586 m. Anm. *Zöttl*.
3 RL 2014/104/EU des Europ. Parl. und des Rates v. 26.11.2014, ABl EU Nr. L 349 v. 5.12.2014, 1.

Die Befugnis der Kartellbehörden zur Durchsetzung ihrer Anordnungen mittels **Zwangsgeld** – zwischen 1 000 und 10 Mio. Euro und damit weit über Zwangsgeldrahmen des § 11 VwVG hinaus – ist in allgemeiner Form in einem eigenen Abschnitt „Vollstreckung" geregelt (§ 86a GWB).

c) Der durch die 6. Novelle – ebenfalls aufgrund gemeinschaftsrechtlicher Vorgaben[1] eingefügte – 4. Teil des GWB betreffend die **Vergabe öffentlicher Aufträge** (§§ 97–129 GWB)[2], der mit dem Recht der Wettbewerbsbeschränkungen nur in einem lockeren Zusammenhang steht, ist zwar von der 7. Novelle unberührt geblieben, aber 2009 novelliert worden[3]. Die Überprüfung der Vergabe wird nach einem eigenen, dem Kartellverfahren ähnlichen Verfahren durch gesonderte *Vergabekammern* (§§ 102, 104 ff. GWB) wahrgenommen. Die Vergabekammern des Bundes sind beim BKartA eingerichtet (§ 106 GWB), während die Länder ihre Nachprüfungsstellen eigenständig bestimmt haben. Die sofortige Beschwerde gegen eine Entscheidung der Vergabekammer geht nicht etwa an ein Verwaltungsgericht, sondern an einen Vergabesenat beim Oberlandesgericht (§§ 116 ff. GWB), oft identisch mit dem Kartellsenat.

101

Das **Vergaberecht** enthält *keine* eigenständigen *Bußgeld-* oder gar *Straftatbestände*, weshalb es hier außer Betracht bleiben kann[4]. Der schon zuvor eingeführte § 298 StGB (unten § 58) hängt zwar sachlich mit dem Vergaberecht zusammen, aber nicht normativ. Manipulationen im Vergabeverfahren können ggf. durch § 298 StGB oder als Kartellordnungswidrigkeit erfasst werden[5]. – Hinzuweisen ist auf eine Sonderregelung im *SchwarzArbG*[6] (allgemein dazu § 36 Rz. 1 ff., § 37 Rz. 110 ff.): § 21 SchwarzArbG erlaubt es, Unternehmen von der Teilnahme an öffentlichen Ausschreibungen für bis zu drei Jahren *auszuschließen*, wenn eine näher bestimmte Strafe oder erhebliches Bußgeld wegen Beschäftigung von Schwarzarbeitern oder illegalen Arbeitskräften usw. verhängt worden oder zweifelsfrei zu erwarten ist (vgl. § 36 Rz. 54 ff.).

101a

3. Zuwiderhandlungen

a) Nachdem die 6. *Kartellnovelle* die zuvor in den §§ 38 und 39 GWB a.F. geregelten wettbewerbsrechtlichen **Bußgeldtatbestände** *inhaltlich modifiziert* in § 81 GWB zusammengefasst hatte, hat die 7. *Novelle* (Rz. 92) im Hinblick auf das europäische Recht eine erhebliche Veränderung und Erweiterung gebracht;

102

---

1 Näher *Egger*, Europ. VergabeR, 2008; *de Koninick/Pelzer/Ronse*, Europ. VergabeR – 25 Jahre Rechtsprechung durch den EuGH, 2009; zu den neuen EU-Richtlinien 2014/23 +/24 +/25 vgl. *Soudry/Hettich* (Hrsg.), Das neue Vergaberecht, 2014.
2 VergaberechtsänderungsG (VgRÄG) v. 26.8.1998, BGBl. I 2512; dazu die (inzwischen mehrfach geänd.) Vergabeverordnung (VgV) v. 9.1.2001 i.d.F. der Bek. v. 11.2.2003, BGBl. I 169.
3 G v. 20.4.2009, BGBl. I 790; vgl. aus dem umfangreichen Schrifttum z.B. *Gabriel/Krohn/Neun* (Hrsg.), Hdb. VergabeR, 2014; *Noch,* Vergaberecht – kompakt, 6. Aufl. 2014; *Weyand,* Vergaberecht, Kommentar, 4. Aufl. 2013; *Immenga/Mestmäcker* (Hrsg.) Bd. 2 TeilBd. 2, 5. Aufl. 2014.
4 Dazu *Vogel,* „VergabestrafR": Zur straf- und bußgeldrechtlichen Verantwortlichkeit öffentlicher Auftraggeber bei Verletzung des VergabeR, in FS Tiedemann, 2008, S. 817 (823 f.) mit Vorschlägen de lege ferenda; *Dannecker* in NK, § 298 StGB Rz. 117.
5 Näher *Kretschmer,* Strafrechtliche Risiken im Vergaberecht, ZWH 2013, 355.
6 G v. 23.7.2004, BGBl. I 1842 mit zahlreichen Änderungen.

außerdem hat sie einige inhaltliche Mängel der 6. Novelle beseitigt, insbesondere die vielfach kritisierte Überdehnung der Fahrlässigkeit. Neben einigen kleineren Korrekturen hat die 8. *Novelle* (Rz. 93) einen weiteren Ordnungswidrigkeiten-Tatbestand eingeführt (Rz. 141a).

Die 1999 in ungegliederter Reihenfolge in § 81 Abs. 1 GWB a.F. zusammengefassten Bußgeldtatbestände verteilen sich seit 2005 auf *drei Absätze*. Damit ist wieder eine gewisse sachliche Strukturierung der Ordnungswidrigkeiten erkennbar geworden:

- Abs. 1 erfasst die Zuwiderhandlungen gegen die *europäischen* Verbote von Wettbewerbsbeschränkungen (Art. 101, 102 AEUV – Rz. 39–47, 114–116);
- Abs. 2 enthält den zunächst gekürzten und dann wiederholt erweiterten *Katalog* des früheren § 81 Abs. 1 GWB, der schwere, mittelschwere und leichte Zuwiderhandlungen (Rz. 104) umfasst (Rz. 118–128, 139–141a);
- Abs. 3 normiert drei besondere „schwere" Tatbestände aus dem früheren Abs. 1, die ausnahmsweise *nur vorsätzlich* begangen werden können (Rz. 129 ff., 132 ff., 138).

103 § 81 Abs. 4 GWB enthält die (verschärfte) Androhung der **Bußgeld-Sanktion**. Der durch das GWB 2005 verdoppelte (und 2013 nicht erhöhte) Bußgeldrahmen „bis 1 Mio. Euro" für die aufgeführten schweren Verstöße (S. 1) beschränkt sich im Ergebnis auf *natürliche* Personen, also primär verantwortliche/leitende Mitarbeiter eines Unternehmensträgers. Für „Unternehmen und Unternehmensvereinigungen" sieht – nach europäischem Vorbild (Rz. 87) – der vorrangige Abs. 4 S. 2 ein über diesen Höchstbetrag hinausgehendes Bußgeld vor, das *bis zu 10 % des* im vorangegangenen Geschäftsjahr erzielten *Gesamtumsatzes* des Unternehmens (oder der Unternehmensvereinigung) betragen darf. Dabei ist „der weltweite Umsatz aller natürlichen und juristischen Personen zugrunde zu legen, die als wirtschaftliche Einheit operieren"(S. 3); dieser Umsatz kann geschätzt werden (S. 4). Im Einzelnen sind viele Fragen dieser besonderen Ausgestaltung der Verbandsgeldbuße strittig, zumal die Begrifflichkeiten des Abs. 4 nicht mit denen der §§ 9, 30 und 130 OWiG übereinstimmen (vgl. Rz. 149 f.). – Für die leichten Verstöße reicht der Bußgeldrahmen bis 100 000 Euro (Abs. 4 S. 5; zur Bußgeldbemessung näher Rz. 148 ff.); anders als im EU-Recht (Rz. 87) scheidet hier eine umsatzbezogene Bemessung aus.

104 Aufgrund der unterschiedlichen Höhe des angedrohten Bußgelds (§ 81 Abs. 4 GWB) und der unterschiedlichen Länge der Verjährung (Abs. 8) lassen sich die Kartellordnungswidrigkeiten nach **drei Stufen** gewichten[1]:

- *„leichte"* Zuwiderhandlungen – im Wesentlichen Verstöße gegen Auskunfts- und Meldepflichten – mit niedriger Bußgelddrohung und kurzer Verjährung: § 81 Abs. 2 Nr. 2 Buchst. b–d, 3, 4, 5a, 5b, 6 und (neu) 7 GWB,
- *„mittelschwere"* Zuwiderhandlungen – Verstöße gegen behördliche Verfügungen – mit hoher Bußgelddrohung und kurzer Verjährung (drei Jahre, § 31 Abs. 2 OWiG): § 81 Abs. 2 Nr. 2 Buchst. a und Nr. 5 GWB,

---

1 Ebenso *Cramer/Pananis* in Loewenheim/Meessen/Riesenkampff, § 81 GWB Rz. 3; *Többens*, WiStrafR, C 106; abl. *Achenbach* in FK, § 81 GWB Rz. 2 Fn. 2.

– *„schwere"* Zuwiderhandlungen mit hoher Bußgelddrohung und langer Verjährung (fünf Jahre, § 81 Abs. 8 S. 2 GWB – wie mittelschwere Vergehen (§ 78 Abs. 2 Nr. 4 StGB)): § 81 Abs. 1, Abs. 2 Nr. 1 und Abs. 3 GWB, also alle Zuwiderhandlungen gegen *materielle* wettbewerbsrechtliche Verbote.

b) Die einzelnen Ordnungswidrigkeiten sind nunmehr teils als echte, teils als unechte **Blankettnormen**[1] gestaltet, was verfassungsrechtlich unbedenklich ist. Von einem *unechten* Blankettgesetz spricht man, wenn sich der vollständige Zuwiderhandlungstatbestand aus einen „Zusammenlesen" von Normen innerhalb ein und desselben Gesetzes, hier also des GWB, ergibt: § 81 Abs. 2 und 3 GWB nehmen inhaltlich Bezug auf andere materiell-rechtliche oder verfahrensrechtliche Normen durch ein ausdrückliches Paragrafen-Zitat und vielfach auch durch eine schlagwortartige Benennung des Verbots; dabei umfassen die einzelnen Nummern der Verbotsnorm häufig jeweils *mehrere* unterschiedliche *Verhaltensweisen* (sehr ausgeprägt Abs. 2 Nr. 1). Als *echte* Blankettnormen werden dagegen Sanktionsnormen bezeichnet, die zur Ausfüllung auf Normen in anderen Gesetzen verweisen, etwa auf eine ergänzende Verordnung oder ein Landesgesetz oder aber auf die unmittelbar anwendbaren europäischen Normen (Art. 101 und 102 AEUV), wie sie in § 81 Abs. 1 GWB genannt sind.

Für die Verwirklichung der meisten Bußgeldtatbestände genügt nach europäischem Vorbild **neben Vorsatz auch Fahrlässigkeit**. Allein die drei Tatbestände des § 81 Abs. 3 GWB nennen ausdrücklich keine fahrlässige Begehung; über § 10 OWiG ergibt sich, dass hier *nur eine vorsätzliche Begehung* eine Ahndung auslösen kann. In der weitgehenden Erfassung fahrlässigen Verhaltens (§ 81 Abs. 1 und 2 GWB) liegt eine beachtliche *Verschärfung* der Sanktionsmöglichkeiten im Vergleich zur Rechtslage vor 1998. Nachweisprobleme im subjektiven Bereich haben erheblich an Gewicht verloren. Die praktische Auswirkung dieser Verschärfung hält sich allerdings insoweit in Grenzen, als Irrtumsfragen auch schon bisher ganz überwiegend als Fälle des *Verbotsirrtums* (vgl. Rz. 77a) behandelt wurden[2]. Außerdem gehen die Kartellbehörden in Anwendung des Verhältnismäßigkeitsprinzips und des darauf beruhendenden Opportunitätsprinzips (§ 47 OWiG) nur dann mit bußgeldrechtlichen Sanktionen vor, wenn das Verhalten neben der erforderlichen *Erheblichkeit* (Spürbarkeit; Rz. 122) auch hinreichende Vorwerfbarkeit aufweist.

Unverändert besteht die Problematik, inwieweit die Kartellordnungswidrigkeiten *Allgemeindelikte* sind *oder* **Sonderdelikte**, also Delikte mit beschränktem Täterkreis (vgl. § 22 Rz. 1 ff.). Zwar wird in § 81 Abs. 1, 2 und 3 GWB eingangs der potenzielle Täter nur mit „wer" bezeichnet, was für ein „Jedermann-Delikt" spricht. Andererseits kann Täter nur derjenige sein, der auch Adressat der materiell-rechtlichen Verbote des GWB ist. Diese Verbote richten sich ganz überwiegend – und im europäischen Wettbewerbsrecht ausschließlich (Rz. 74)

---

1 Näher *Dannecker/Biermann* in I/M, vor § 81 GWB Rz. 57 ff.; *Vollmer* in MüKo-WbR II, § 81 GWB Rz. 7.
2 Vgl. *Bechtold*, § 81 GWB Rz. 24 f.; speziell zum Verbotsirrtum bei Kartell-Ordnungswidrigkeiten vgl. bes. *Achenbach* in FK, § 81 GWB Rz. 52, 60 ff. (Stand 11/2014) und *Dannecker/Biermann* in I/M, vor § 81 GWB Rz. 97 ff. sowie je zu den einzelnen Tatformen.

– an „Unternehmen" und „Vereinigungen von Unternehmen". Dabei ist nicht zweifelhaft, dass mit Unternehmen die Unternehmensträger (Unternehmensinhaber) angesprochen sind[1] (vgl. § 23 Rz. 14 ff., 25 ff.). „Unternehmen" wird allgemein in einem weiten, speziell wettbewerbsrechtlichen Sinne verstanden; z.B. gehören auch Idealvereine (z.B. Sportvereine) oder öffentlich-rechtliche Körperschaften zu den Adressaten des Kartellrechts[2] (vgl. Rz. 74). Ist „Unternehmer" eine juristische Person oder eine rechtsfähige Personengesellschaft, ergibt sich über § 9 Abs. 1 OWiG, im Übrigen ggf. aus § 9 Abs. 2 OWiG, wer als verantwortliche natürliche Person heranzuziehen ist[3] (dazu § 30 Rz. 74 ff.). Im Ergebnis erweisen sich die meisten Tatbestände als Sonderdelikte[4]; umstritten ist dies beim Tatbestand der „Irreführung der Kartellbehörde" (Rz. 138).

108 c) Von großer praktischer Bedeutung ist, dass **Geldbußen** nicht nur gegen die verantwortlichen natürlichen Personen, sondern **gegen Unternehmen(sträger)** festgesetzt werden können (Verbandsgeldbußen; § 30 OWiG; vgl. § 21 Rz. 94 ff.; § 23 Rz. 37 ff). Davon machen die Kartellbehörden und -gerichte seit Langem regen Gebrauch (Rz. 149 f.). Die Verbandsgeldbuße ist (seit 1976) eine „Hauptfolge" der Zuwiderhandlung[5].

109 Nach § 30 Abs. 4 OWiG kann ein Unternehmen(sträger) auch dann **selbständig mit Bußgeld** belegt werden, wenn eine verantwortliche natürliche Person im Unternehmen nicht ermittelt werden konnte, solange nicht ein rechtliches Hindernis der Verfolgung entgegensteht (§ 30 Abs. 4 OWiG – § 21 Rz. 111)[6]. Hilfsweise kann Verfall der Vermögensvorteile angeordnet werden (§ 29a OWiG).

110 Die **Verhängung der Unternehmensgeldbuße** obliegt nach § 82 GWB den Kartellbehörden – auch dann, wenn der Kartellrechtsverstoß zugleich eine Straftat darstellt (vgl. Rz. 15, 145, § 58 Rz. 37)[7]. Diese Zentralisierung soll eine gleichmäßige Handhabung dieser Sanktion sicherstellen. Die dadurch entstandene Konfliktsituation wird in der Praxis durch die Zusammenarbeit von Staats-

---

1 Vgl. *Tiedemann*, WiStrafR BT, Rz. 165; *Rittner/Kulka*, § 6 Rz. 3 ff.; *Achenbach* in FK, § 81 GWB Rz. 165 ff.; *Dannecker/Biermann* in I/M, vor § 81 GWB Rz. 76 f. (sowie jeweils bei den einzelnen Tatformen).
2 Vgl. § 130 Abs. 1 S. 1 GWB; vgl. z.B. *Bechtold*, § 1 GWB Rz. 7, 11, 13 ff.; *Diemer* in Erbs/Kohlhaas, W 59 § 1 GWB Rz. 5 ff.; *Böse* in G/J/W, GWB § 81 Rz. 6 ff.
3 Dazu näher *Dannecker/Biermann* in I/M, vor § 81 GWB Rz. 83; *Achenbach* in FK, § 81 GWB Rz. 166 ff., 254; *Vollmer* in MüKo-WbR II, § 81 GWB Rz. 38; *Cramer/Pananis* in Loewenheim/Meessen/Riesenkampff, § 81 GWB Rz. 5 ff.
4 Näher *Dannecker/Biermann* in I/M, vor § 81 GWB Rz. 81 ff.; *Achenbach* in FK, § 81 GWB Rz. 73 f. (und bei den Einzeltatbeständen).
5 Dazu *Achenbach* in FK, § 81 GWB Rz. 100 ff., 107; *Dannecker/Biermann* in I/M, vor § 81 GWB Rz. 115; *Förster* in Rebmann/Roth/Herrmann, vor § 30 OWiG Rz. 11 (Stand 1/2003); *Rogall* in KK, § 30 OWiG Rz. 25 ff.
6 Dazu *Gürtler* in Göhler, § 30 OWiG Rz. 39 ff.; *Förster* in Rebmann/Roth/Herrmann, § 30 OWiG Rz. 51 ff.; *Rogall* in KK, § 30 OWiG Rz. 185 ff.; *Achenbach* in FK, § 81 GWB Rz. 129 ff.; *Dannecker/Biermann* in I/M, vor § 81 GWB Rz. 147.
7 Einzelfragen sind umstr.; vgl. *Achenbach*, wistra 1998, 168 (173 ff.); *Achenbach*, NJW 2001, 2232; *Achenbach* in A/R, Teil 1 Kap. 2 Rz. 20, Teil 3 Kap. 5 Rz. 69; *Böse* in G/J/W, § 82 GWB Rz. 2 ff.; *Dannecker/N. Müller* in W/J, Kap. 18 Rz. 54 f.; *Tiedemann* in LK, § 298 StGB Rz. 58 f.

anwaltschaft und Kartellbehörden abgemildert; Letztere können auch insoweit das Verfahren an die Strafverfolgungsbehörde abgeben.

d) Ein vorübergehendes Problem war der (unbeabsichtigte) **Verstoß** der 7. GWB-Novelle **gegen** das verfassungsrechtliche **Rückwirkungsverbot** (vgl. § 3 Rz. 1 ff.): Art. 4 des 7. Gesetzes zur Änderung des GWB vom 7.7.2005, verkündet im Gesetzblatt vom 12.7.2005[1], legt das Datum des In-Kraft-Tretens (und des Außer-Kraft-tretens des GWB 1999) auf den 1.7.2005 – und damit knapp zwei Wochen rückwirkend. Dies ist für die verwaltungs- und zivilrechtlichen Bestimmungen – und damit für fast alle Normen – unproblematisch, nicht aber für die *Bußgeldtatbestände*. Diese fallen als Strafrecht im weiteren Sinne unstreitig in den Schutzbereich des Art. 103 Abs. 2 GG – umgesetzt in den §§ 3 und 4 OWiG –, der die rückwirkende Normierung neuer (oder schärferer) Sanktionen untersagt, während die rückwirkende Milderung oder Aufhebung von Sanktionsnormen unbedenklich ist. Da für die belastenden Normen ein Inkrafttreten am 1.7.2005 ausgeschlossen war, ging es um die Frage, ob die Erweiterung der Ordnungswidrigkeitentatbestände – etwa § 81 Abs. 1 GWB n.F. (Rz. 114 f.) – oder die deutliche Verschärfung der Sanktionen – § 81 Abs. 4 GWB 2005 (Rz. 103) – schon ab ihrer (erstmaligen) Verkündung gilt oder erst zu einem späteren Zeitpunkt wirksam geworden ist. Der Gesetzgeber hat jedenfalls „aus Gründen der Rechtssicherheit" mit der (am 22.12.2007 in Kraft getretenen) GWB-Novelle 2007 vom 18.12.2007[2] (Rz. 92a) den § 81 GWB insgesamt *neu verkündet*. Dabei hat er in § 81 Abs. 4 GWB eine „Klarstellung" normiert, die sich zwanglos als – erneute – Verschärfung verstehen lässt[3].

111

Die (teilweise vertretene) Ansicht einer „irreversiblen Sanktionslücke"[4] hat der **BGH** – in Übereinstimmung mit der Vorinstanz[5] – in einer **Grundsatzentscheidung** zum „Grauzementkartell"[6] überzeugend zurückgewiesen und dabei die strittige Frage, ob die Novelle insoweit am 13.7.2005 oder (gem. Art. 82 Abs. 2 S. 2 GG) am 27.7.2005 in Kraft getreten ist, offengelassen; nach dem aus dem Gesetzgebungsverfahren erkennbaren Willen des Gesetzgebers habe „§ 81 GWB 2005 die Vorgängerbestimmung des § 81 GWB 1999 [...] ohne zeitliche Lücke ersetzt"[7].

112

e) Ergänzend zu den nachstehenden Ordnungswidrigkeiten ist vorab auf den Bußgeldtatbestand des **§ 130 OWiG (Aufsichtspflichtverletzung)** hinzuweisen

113

---

1 BGBl. I 1954; am 20.7.2005 – BGBl. I 2115 – erfolgte eine Neubekanntmachung des GWB 2005.
2 BGBl. I 2007, 2966.
3 Vgl. *Bechtold*, 5. Aufl., § 81 GWB Rz. 1b.
4 So *Thomas*, ZWeR 2010, 138 ff.; ähnlich z.B. *Wegner*, NJW 2008, 3271; *Bechtold*, 6. Aufl., § 81 GWB Rz. 2.
5 OLG Düsseldorf v. 26.6.2009 – VI-2a Kart 2-6/08; dazu *Barth/Budde*, WRP 2009, 1357.
6 BGH v. 26.2.2013 – KRB 20/12 – Tz 46 ff., BGHSt 58, 158 = NJW 2013, 1972 m. Anm. *Meyer-Lindemann* = wistra 2013, 391= WuW 2013, 609 (= WuW/E DE-R 3861); dazu *Achenbach* WuW 2013, 688; *Achenbach* in FK, § 81 GWB Rz. 648 ff.
7 BGH (vorst. Fn.) Tz. 49; insoweit zust. *Achenbach*, WuW 2013, 688 (691 f.); *Raum* in Langen/Bunte, Bd. 1, § 81 GWB Rz. 4.

(§ 30 Rz. 125 ff.), der gerade im Kartellrecht große praktische Bedeutung erlangt hat[1]. Kommt es zu verbotenen Wettbewerbsbeschränkungen durch „ein Unternehmen", ohne dass dafür ein Mitglied der Unternehmensleitung als (Mit-)Täter verantwortlich gemacht werden kann, kommt eine solche Aufsichtspflichtverletzung in Betracht. Sie hat im Kern den Vorwurf zum Inhalt, keine ausreichenden organisatorischen Maßnahmen zur Verhinderung von Kartellrechtsverstößen getroffen zu haben. Es handelt sich um ein Dauerdelikt, das auch mehrere in verschiedenen Niederlassungen begangene Verstöße umfassen kann[2].

Dagegen ist der Tatbestand des § 116 OWiG – *Aufforderung zu Ordnungswidrigkeiten* –, der § 111 StGB entspricht und die Vorschriften über die Beteiligung (Einheitstäterschaft – § 14 OWiG – § 19 Rz. 30) ergänzt, wenn eine Anstiftung nicht festgestellt werden kann, in der Praxis des Kartellrechts ohne Bedeutung geblieben[3].

II. Materiell-rechtliche Verstöße

1. Gegen europäische Verbote

114 Der 2005 in § 81 GWB eingefügte **Abs. 1** macht das **gesamte materielle europäische Wettbewerbsrecht** zum Tatbestand einer deutschen Ordnungswidrigkeit[4]. Danach handelt ordnungswidrig, wer gegen gegen den AEUV verstößt, indem er vorsätzlich oder fahrlässig

1. entgegen Art. 101 Abs. 1 AEUV eine Vereinbarung trifft, einen Beschluss fasst oder Verhaltensweisen aufeinander abstimmt *oder*

2. entgegen Art. 102 S. 1 AEUV eine beherrschende Stellung missbräuchlich ausnutzt.

Hinsichtlich des sachlichen Gehalts dieser gemeinschaftsrechtlichen Verbote wird auf Rz. 81–84 verwiesen. Dagegen können Verstöße gegen europäisches *Kartellverfahrensrecht* nicht Gegenstand einer deutschen Ordnungswidrigkeit sein; hier greifen nur die europäischen Bußgeldtatbestände ein (Rz. 79 f.), deren Ahndung allein der Kommission vorbehalten ist, während das von den deutschen Kartellbehörden anzuwendende Verfahrensrecht eigenständige Bußgeld-Tatbestände enthält (Rz. 137 ff.).

---

1 Ursprünglich § 40 GWB; *Achenbach* in FK, § 81 GWB Rz. 176 ff.; *Dannecker/Biermann* in I/M, vor § 81 GWB Rz 155 ff.; *Bechtold*, § 81 GWB Rz. 70 ff.; *Vollmer* in MüKo-WbR II, § 81 GWB Rz. 44 ff.

2 Im Bereich der – praktisch im Vordergrund stehenden – Submissionsabsprachen hat dies insbes. unter dem Gesichtspunkt des Strafklageverbrauchs (§ 264 StPO) zu differenzierenden Lösungen geführt; vgl. z.B. BGH v. 10.12.1985 – KRB 3/85, NJW 1987, 267 = wistra 1986, 111; EGH v. 25.10.1988 – KRB 2/88, wistra 1989, 109; BGH v. 25.7.1989 – KRB 1/89, wistra 1990, 67 = WuW/E BGH 2597 (wo die Aufspaltung einer einheitlichen Aufsichtspflichtverletzung in zwei Teile und die Ahndung durch zwei Bußgeldbescheide gebilligt wurde); vgl. zum Ganzen auch *Gürtler* in Göhler, § 130 OWiG Rz. 9, 16; *Rogall* in KK, § 130 OWiG Rz. 35 ff., 113.

3 Dazu *Achenbach* in FK, § 81 GWB Rz. 81; *Gürtler* in Göhler, § 116 OWiG Rz. 1, 4, 12; *Rogall* in KK, § 116 OWiG Rz. 1 ff., 7 ff.

4 Bereits Art. 6 des G v. 4.11.2010, BGBl. I 1480, in Kraft seit 12.11.2010, hat den Wortlaut des Art. 81 Abs.1 GWB dem Vertrag von Lissabon angepasst.

115 Auch im Rahmen einer Ordnungswidrigkeit nach § 81 Abs. 1 GWB ist Voraussetzung für die Annahme eines Verstoßes gegen Art. 101, 102 AEUV, dass die jeweilige die **Zwischenstaatsklausel** (Rz. 82) erfüllt ist. Sowohl das BKartA als auch die deutschen Kartellgerichte müssen somit positiv feststellen, dass die konkrete Verletzung des Kartellverbots geeignet ist, den Handel zwischen den Mitgliedstaaten zu beeinträchtigen, und eine Verhinderung, Einschränkung oder Verfälschung des Wettbewerbs *innerhalb des Gemeinsamen Marktes* bezweckt oder bewirkt bzw. dass die missbräuchliche Ausnutzung einer beherrschenden Stellung dazu führen kann, den Handel *zwischen den Mitgliedstaaten* zu beeinträchtigen. Lässt sich dies unter Berücksichtigung der bisherigen europäischen Praxis nicht mit der gebotenen Eindeutigkeit feststellen, kommt nur eine Ordnungswidrigkeit nach Art. 81 Abs. 2 oder 3 GWB – Verstoß gegen *deutsches* Kartellrecht – in Betracht (Rz. 117 ff.).

116 Mit dieser Erweiterung des § 81 GWB ist den deutschen Kartellbehörden das verfahrensrechtlich notwendige Mittel gegeben, die durch die KartVO 1/2003 **angeordnete Durchsetzung** des europäischen Wettbewerbsrechts „in Einzelfällen" (Art. 5 i.V.m. Art. 35 KartVO) mithilfe des deutschen Bußgeldverfahrens zu gewährleisten. Denn die europäischen Bußgeldtatbestände (Art. 23 KartVO, Art. 14 FKVO) ermächtigen – trotz unmittelbarer Geltung dieser Verordnungen in jedem Mitgliedstaat – nur die Europäische Kommission zur Verhängung von Bußgeldern. § 81 GWB 1999 hätte nicht ausgereicht, Verletzungen des europäischen Wettbewerbsrechts unmittelbar zu ahnden. Das BKartA hat sich – wie seine seitherigen Tätigkeitsberichte detailliert belegen – dieser Aufgabe aktiv angenommen.

2. Gegen deutsche Verbote

117 Die **„nachrangigen" Verbote** des *deutschen* Kartellrechts sind seit 2005 in den **Abs. 2 und 3** des § 81 GWB platziert. Lässt sich ein Verstoß gegen gemeinschaftsrechtliche Verbote nicht feststellen, ist ein Verstoß gegen die subsidiären deutschen Bußgeldtatbestände zu prüfen. Wie im europäischen Recht stehen das umfassende Kartellverbot (Rz. 118) und das Marktmacht-Missbrauchsverbot (Rz. 123) im Vordergund der materiell-rechtlichen Kartellrechtsverstöße. Unter den speziellen Verstößen haben die beiden Vorsatz voraussetzenden (vgl. Rz. 102) Tatbestände des Boykottverbots (§ 81 Abs. 3 Nr. 1 GWB – Rz. 129) und des Verbots von Zwang und Lockung (§ 81 Abs. 3 Nr. 2 GWB – Rz. 132) besondere Bedeutung, während die (nur vorsätzlich mögliche) Irreführung der Kartellbehörden (§ 81 Abs. 3 Nr. 3 GWB) den „formalen" Tatbeständen zuzuordnen ist (Rz. 138), die ansonsten in § 81 Abs. 2 Nr. 2 ff. GWB aufgeführt sind. § 81 Abs. 2 Nr. 1 GWB enthält die weiteren, auch fahrlässig begehbaren (Rz. 106) materiell-rechtlichen Verstöße.

a) Kartellverbot

118 **§ 81 Abs. 2 Nr. 1** GWB enthält *mehrere* Verbote, an der Spitze i.V.m. § 1 GWB das **umfassende Kartellverbot**. Wie in Art. 101 AEUV sind alle Vereinbarungen zwischen Unternehmen, ebenso Beschlüsse von Unternehmensvereinigungen und schließlich aufeinander abgestimmte Verhaltensweisen untersagt, die eine

Verhinderung, Beschränkung oder Verfälschung des Wettbewerbs bezwecken oder bewirken. In Übereinstimmung mit dem europäischen Recht erfasst dieses Verbot sowohl *horizontale* als auch *vertikale* Vereinbarungen, Beschlüsse und Verhaltensweisen.

Beispiele: Dazu gehören z.B. so markante Begehungsformen wie *Preisabsprachen* (einschließlich Preismeldestellen und sog. Marktinformationsverfahren), *Quotenabsprachen* (Regelung von Produktionsmengen, Investitionen), Vertriebsbeschränkungsabsprachen (einschließlich sog. Kundenschutzvereinbarungen), *Submissionsabsprachen* (vgl. unten § 58) und *Ein- und Verkaufssyndikate*.

119 Soweit aber Vereinbarungen, Beschlüsse und abgestimmte Verhaltensweisen zwischen Unternehmen von der Ausnahmevorschrift des § 2 GWB (n.F.) erfasst werden, entfällt eine Ahndbarkeit. Wie bereits erwähnt (Rz. 96), hat § 2 GWB die **Freistellungsvorschrift** des Art. 101 Abs. 3 AEUV in der Sichtweise der europäischen KartVO als *Legalausnahme* in das deutsche Recht übernommen. Damit sind zugleich die *europäischen Freistellungsverordnungen* auch für innerdeutsche Verhältnisse maßgeblich geworden, was § 2 Abs. 2 GWB ausdrücklich bestätigt.

120 Wie der ergänzende § 3 GWB mit der Überschrift „**Mittelstandskartelle**" klarstellt, fällt die den freien Wettbewerb stärkende *Unternehmenskooperation* insbesondere unter *kleinen und mittleren Unternehmen* aus dem Kartellverbot und damit aus dem Bußgeldtatbestand heraus. Unter Wahrung ihrer wirtschaftlichen Selbständigkeit können sich damit mittelständische Unternehmen die Möglichkeit eröffnen, in Wettbewerb mit Großunternehmen zu treten. Musterbeispiele sind Bieter- und Arbeitsgemeinschaften, insbesondere im Baubereich, Forschungs- und Entwicklungskooperationen oder Werbegemeinschaften[1].

121 Gleichgestellt mit dem Abschluss einer Vereinbarung ist das aufeinander **abgestimmte Verhalten** von zwei oder mehr Unternehmen(strägern) ohne nachweisbaren Vertragsschluss. Da ein bloßes *Parallelverhalten* nicht genügt, liegt die Hauptproblematik dieser Tatbestandsvariante im Nachweis der Abstimmung und des dadurch herbeigeführten wettbewerbsbeschränkenden Marktverhaltens.

122 Seit Langem hat der weit gefasste objektive Tatbestand des Kartellverbots eine *verfassungskonforme Einschränkung* durch das ungeschriebene Merkmal der **Spürbarkeit** erfahren: Das Verhalten muss geeignet sein, die Marktverhältnisse „spürbar" zu beeinflussen. Dieses – auch im Gemeinschaftsrecht geforderte (Rz. 84) – Merkmal, das in der sog. *Bagatellbekanntmachung*[2] Niederschlag gefunden hat, ist eine Ausprägung des alles staatliche Handeln begrenzenden *Verhältnismäßigkeitsgrundsatzes*. Daraus ergibt sich, dass bei belanglosen Verstö-

---

1 Näher zu diesem Ausnahmebereich *Schneider* in Langen/Bunte, § 3 GWB Rz. 1 ff., 13 ff.; *Nordemann* in Loewenheim/Meessen/Riesenkampff, § 3 GWB Rz. 11 ff., 41 ff.; *Bunte* in FK, § 3 GWB Rz. 2 ff. (Stand 4/2007); *Lübbig* in Wiedemann, Hdb., § 7 Rz. 86 ff.
2 Bek. Nr. 18/2007 des BKartA „über die Nichtverfolgung von Kooperationsabreden mit geringer wettbewerbsbeschränkender Bedeutung" v. 13.3.2007, die die Bek. Nr. 57/80 v. 8.7.1980 abgelöst hat.

ßen kein Bußgeld zu verhängen ist (§ 47 OWiG) und dass nur eindeutig verbotswidrige Fälle bußgeldbedroht sind, während die Bereiche, in denen unter den Fachleuten ernsthaft darüber gestritten wird, ob sie von einem Verbot erfasst werden, aus dem Bußgeldtatbestand herausfallen[1]. Auch wird man danach unterscheiden müssen, ob eine Wettbewerbsbeschränkung bezweckt ist – was ein klarer Hinweis auf die Erheblichkeit bzw. Spürbarkeit ist – oder ob das Verhalten „nur" eine wettbewerbsbeschränkende Folge hervorruft.

b) Marktmacht-Missbrauchsverbot

aa) Der **Missbrauch einer marktbeherrschenden Stellung** ist erst 1999 unter dem Einfluss des europäischen Kartellrechts (Rz. 46) als allgemeiner Verbotstatbestand in das deutsche Recht eingeführt worden. Der damals neu gefasste § 19 GWB ist durch die 8. Novelle erheblich geändert worden. **§ 18 GWB n.F.** definiert in sieben Absätzen die Voraussetzungen einer *Marktbeherrschung* (bisher § 19 Abs. 2, 3 GWB a.F.), während **§ 19** Abs. 1 GWB – wie bisher – das *allgemeine Missbrauchsverbot* enthält, das in Abs. 2 (bisher: Abs. 4) durch nunmehr fünf Fallgruppen konkretisiert wird. Eine besondere Fallgruppe bilden die Betreiber von Netzen und anderen Infrastruktureinrichtungen (§ 19 Abs. 2 Nr. 4 GWB). Für marktbeherrschende Unternehmen der Energiewirtschaft gilt zusätzlich ein erweitertes Missbrauchsverbot (§ 29 S. 1 GWB). Wer diesen Varianten des Missbrauchsverbots zuwiderhandelt, den bedroht **§ 81 Abs. 2 Nr. 1** GWB mit Geldbuße[2].

bb) Besondere Fälle von Marktmacht-Missbrauch stellen die durch § 20 GWB erfassten Sachverhalte dar. Ein **Diskriminierungs- und Behinderungsverbot**[3] gehört in unterschiedlicher Formulierung schon lange zum Kernbestand des deutschen Kartellrechts (früher § 26 GWB). Das Verbot unbilliger Behinderung gegenüber kleinen und mittleren Wettbewerbern (§ 20 Abs. 3 GWB), das 2007 um ein befristetes Verbot von Verkäufen von Lebensmitteln *unter Einstandspreis* verschärft worden war[4], gilt nun in der verschärften Fassung bis Ende 2017; ab 2018 soll wieder eine mildere Form gelten[5]. Alle Verbotsvarianten des § 20 GWB werden von der Bußgeldandrohung des **§ 81 Abs. 2 Nr. 1** GWB n.F. erfasst.

Anders als in § 19 GWB sind **Adressaten** der Verbote des § 20 GWB nicht nur marktbeherrschende Unternehmen, sondern auch andere Unternehmensträger

---

1 Deutlich z.B. *Dannecker/Biermann* in I/M, vor § 81 GWB Rz. 74; allgemeiner *Roth/Ackermann* in FK, § 1 GWB Rz. 91 ff. (Stand 1/2011).
2 Zu den Problemen und Fällen näher *Achenbach* in FK, § 81 GWB Rz. 316 ff.; *Dannecker/Biermann* in I/M, § 81 GWB Rz. 148 ff.; *Raum* in Langen/Bunte, Bd. 1, § 81 GWB Rz. 96 ff.
3 Dazu *Dannecker/Biermann* in I/M, § 81 GWB Rz. 116 ff.; *Achenbach* in FK, § 81 GWB Rz. 322 ff.; *Dannecker/N. Müller* in W/J, Kap. 18 Rz. 105 ff.; ausf. *Richter*, Die Diskriminierung als Kartellordnungswidrigkeit, 1982.
4 Durch das Preismissbrauchs-BekämpfungsG (oben Rz. 92a).
5 Art. 2 i.V.m. Art. 7 S. 2 des 8. GWB-ÄndG (oben Rz. 93)

und -verbindungen mit *relativer oder überlegener Marktmacht*[1], soweit kleine und mittlere Unternehmen als Anbieter oder Nachfrager auf sie angewiesen sind. Es handelt sich zweifelsfrei um Sonderdelikte[2], wobei die Feststellung der Tätereigenschaft tatsächlich nicht ganz einfach ist.

126 Ob eine solche *überlegene Marktmacht* vorliegt, ist jeweils für den **relevanten Markt** zu prüfen; dabei wird nach dem sachlich relevanten, räumlich relevanten und zeitlich relevanten Markt unterschieden[3]. Nach diesem konkreten Markt – und nicht nach bestimmten Zahlen – wird auch bestimmt, ob ein Unternehmen als kleines oder mittleres geschützt wird. Dass die Beweiserleichterung hinsichtlich des Missbrauchs der Marktmacht durch eine widerlegbare Vermutung (§ 20 Abs. 4 GWB n.F.) im Bußgeldverfahren nicht wirksam sein kann, steht außer Zweifel[4].

127 Schließlich enthält § 20 Abs. 5 GWB n.F. das Diskriminierungsverbot für **Wirtschafts- und Berufsvereinigungen** – einschließlich *Gütezeichengemeinschaften* – für die Aufnahme eines Unternehmens in die Vereinigung. Auch dieser fast schon klassische Fall von Kontrahierungszwang ist durch ausdrückliche Erwähnung in § 81 Abs. 2 Nr. 1 GWB unter unmittelbare Bußgeldandrohung gestellt.

128 cc) Wegen der **generalklauselartigen** Weite der Tatbestände des Marktmacht-Missbrauchs, insbesondere der Unbestimmtheit der Begriffe „unbillig" bzw. „ohne sachlich gerechtfertigten Grund", hat sich die Handhabung der Diskriminierungs- und Behinderungsverbote bisher als schwierig erwiesen, und zwar schon im kartellrechtlichen Untersagungsverfahren und im Zivilprozess. Aus der Vielzahl unterschiedlicher Entscheidungen hat das Spezialschrifttum Fallgruppen und Untergruppen herausgearbeitet; als ein krasser Fall von Behinderungswettbewerb wird die „Preisunterbietung zu Vernichtungszwecken" genannt[5]. In der *Bußgeldpraxis* hat dieser Tatbestand bis jetzt noch *keine* nennenswerte Bedeutung entfaltet[6]. Die Verwendung von Tatbestandsmerkmalen mit ausgeprägt wertendem Charakter macht dieses Verbot nicht sehr geeignet zur Verhängung von Sanktionen, die dem Strafrecht im weiteren Sinne zuzurechnen sind.

---

1 *Bechtold*, § 20 GWB Rz. 2 ff.; *Nothdurfft* in Langen/Bunte, Bd. 1, § 20 GWB Rz. 1 ff., 9 ff.; *Emmerich*, KartR, § 28.
2 *Dannecker/Biermann* in I/M, § 81 GWB Rz. 112, 127; *Achenbach* in FK, § 81 GWB Rz. 332.
3 Vgl. *Emmerich*, KartR, § 27 Rz. 11 ff.; *Bechtold*, § 18 GWB Rz. 5 ff., 23 ff.
4 *Dannecker/Biermann* in I/M, § 81 GWB Rz. 118; *Achenbach* in FK, § 81 GWB Rz. 320; *Bechtold*, § 20 GWB Rz. 49, § 18 GWB Rz. 70.
5 *Tiedemann*, KartRVerstöße, 133 ff.; *Tiedemann*, WiStrafR BT, Rz. 178 ff. unter Hinweis auf RGZ 134, 342 (Benrather Tankstellen-Fall).
6 Erwähnt sei die „Nordmende"-Entscheidung des BGH v. 23.4.1985 – KRB 8/84, WuW/E 2145, wo ausgesprochen ist, dass dem strafrechtlichen Bestimmtheitserfordernis Genüge getan ist; vgl. auch BGH v. 10.12.1985 – KZR 22/85 – Abwehrblatt II, BGHZ 96, 337 = NJW 1986, 1877; *Richter*, Der Fall „Ölbrenner", wistra 1982, 209.

c) Boykottverbot

129 Der – nur vorsätzlich begehbare – **Boykott** ist zwar eine „klassische" Fallgruppe des unlauteren Wettbewerbs nach UWG, erfüllt dort aber keinen Straf- oder Bußgeldtatbestand. Deshalb ist das eigenständige Verbot von *Liefersperren* oder *Bezugssperren* in § 21 Abs. 1 GWB, dem die Bußgeldandrohung in § 81 Abs. 3 Nr. 1 GWB Nachdruck verleiht, zunehmend wichtiger geworden. Anders als beim Diskriminierungsverbot (Rz. 124) spielt hier das Bußgeldverfahren eine zentrale Rolle[1] und die sachliche Nähe zum Kriminalstrafrecht ist offensichtlich.

130 Vorausgesetzt sind **drei Arten von Beteiligten**, erstens der *Veranlasser* des Boykottaufrufs („Verrufer"), zweitens der/die *Adressaten* des Boykottaufrufs und drittens der *Boykottierte* („Verrufene"). Das Verbot richtet sich nur gegen den Veranlasser; der Adressat ist regelmäßig notwendiger Teilnehmer[2]. Alle Beteiligten müssen *Unternehmen*(sträger) oder Vereinigungen von Unternehmen(strägern) sein, während ein Wettbewerbsverhältnis zwischen Verrufer und Verrufenem nicht (mehr) vorausgesetzt ist[3]. Der Boykottaufruf des Deutschen Milchbauernverbandes zwecks Durchsetzung „auskömmlicher" Milchpreise veranschaulicht diese Fallgruppe[4].

131 Tatbestandsmäßige Mittel des Boykotts sind nur **Liefer- und Bezugssperren**. Die Aufforderung an *Verbraucher*, eine bestimmte Ware nicht zu kaufen, wird also vom GWB *nicht* erfasst[5]. Der Aufruf muss von der Absicht einer „unbilligen Beeinträchtigung" anderer Unternehmen getragen sein. Dabei erfordert die Feststellung der Unbilligkeit eine Gesamtschau, bei der die Interessen der Beteiligten und die Zielsetzung des GWB einzubeziehen sind. Letzteres gilt auch für die Abgrenzung zwischen freier Meinungsäußerung und Boykottaufruf[6].

d) Verbot von Druck und Lockung

132 Das mit dem Schlagwort „**Druck-, Lock- und Zwangsmittel**" bezeichnete und über § 81 Abs. 3 Nr. 2 GWB mit Bußgeld bedrohte Verbot des § 21 Abs. 2 GWB untersagt die Androhung oder Zufügung von *Nachteilen und* das Versprechen oder Gewähren von *Vorteilen*, um andere Unternehmen zu einem dem GWB oder den Art. 101, 102 AEUV[7] widersprechenden Verhalten zu veranlassen. Wie

---

1 Bisher sind alle einschlägigen Verfahren als Bußgeldverfahren geführt worden; so *Bechtold*, § 21 GWB Rz. 11.
2 Instruktiv BGH v. 24.6.1965 – KZR 7/64 – Brotkrieg II, BGHZ 44, 279 (285) = NJW 1965, 2249; auch BGH v. 25.1.1983 – KZR 12/81 – Familienzeitschrift, BGHZ 86, 324 (326) = NJW 1984, 2819.
3 Seit der 4. Kart.-Novelle (oben Rz. 91); vgl. *Dannecker/Biermann* in I/M, § 81 GWB Rz. 265 ff., 268; *Achenbach* in FK, § 81 GWB Rz. 420.
4 Dazu OLG Düsseldorf v. 9.9.2009 – VI-Kart 13/08 (V) LRE 59, 259.
5 Dies folgt schon daraus, dass der private Verbraucher kein „Unternehmen" ist; vgl. nur *Bechtold*, § 21 GWB Rz. 5.
6 Z.B. BVerfG v. 27.10.1987 – 1 BvR 385/85 – Mietboykott, NJW 1989, 381; näher *Rixen* in FK, § 21 GWB Rz. 46 f. (Stand 10/2007); *Nothdurft* in Langen/Bunte, Bd. 1, § 21 GWB Rz. 20 f.; *Bechtold*, § 21 GWB Rz. 10.
7 Die Erweiterung des Tatbestands auf das europ. Wettbewerbsrecht ist durch die 8. GWB-Novelle (oben Rz. 93) erfolgt.

beim Boykott geht es um *einseitige*, also nicht um vereinbarte oder abgestimmte Maßnahmen. Deren fahrlässige Begehung scheidet aus. Damit sollen die anderen kartellrechtlichen Verbote vor dem Unterlaufen durch einseitige Willensbeeinflussung anstelle von Vereinbarungen gesichert werden.

133 Dabei genügt nicht allein die Verfolgung des vom Gesetz missbilligten Zwecks einer Wettbewerbsbeschränkung; das **missbilligte Mittel**, der beabsichtigten Willensbeeinflussung durch *Vor- oder Nachteile* Nachdruck zu verleihen, muss hinzutreten. Dass die angekündigten oder bewirkten Vor- bzw. Nachteile selbst rechtswidrig sind, ist nicht vorausgesetzt; es reicht jeder Vor- oder Nachteil aus, der geeignet ist, den Willen des oder der anderen im gewünschten Sinne zu beeinflussen. Auf den Erfolg der eingesetzten Mittel kommt es nicht an. Sind auch derartige Fallgestaltungen in der bisherigen Spruchpraxis nicht gerade zahlreich, so hat sich doch gezeigt, dass dieses Verbot mit gutem Grund aufgestellt ist[1]. Denn die nahestehenden *Straftatbestände* der (versuchten) Nötigung (§ 240 StGB) oder gar der Erpressung (§ 253 StGB – näher unten § 63) können allenfalls ganz krasse Verstöße abdecken.

e) Verbot von Organisationszwang und Repressalien

134 Das in **§ 21 Abs. 3** GWB normierte und in § 81 Abs. 2 Nr. 1 GWB in Bezug genommene **Verbot von Organisationszwang** richtet sich gegen die Anwendung von Zwang zur Herbeiführung an sich zulässiger Wettbewerbsbeschränkungen. Der *Zwang* stellt eine intensivere Form der Droh- und Lockmittel dar. Der Unternehmer soll frei und ohne massiven Druck von außen entscheiden, ob er einem erlaubten Kartell beitreten, sich mit einem anderen Unternehmen zusammenschließen oder sich im Markt gleichförmig verhalten will[2].

135 Das in der Sache seit Langem bestehende **Verbot von Repressalien (§ 21 Abs. 4 GWB)** untersagt, demjenigen wirtschaftliche Nachteile zuzufügen, der von seinem Recht Gebrauch macht, sich an die *Kartellbehörden* zu wenden, sei es mit einem förmlichen Antrag oder nur mit einer formlosen Anregung. Die Bußgeldandrohung ergibt sich ebenfalls über die Verweisung in § 81 Abs. 2 Nr. 1 GWB. Beim Täter ist nicht die Absicht vorausgesetzt, auf das Verhalten des anderen Einfluss zu nehmen; die schlichte Durchführung der Vergeltungsmaßnahme genügt. Dass es bislang – soweit ersichtlich – noch zu keiner Bußgeldverhängung gekommen ist, rechtfertigt nicht die Schlussfolgerung, der – in der KartVO 1923 mit Strafe bedroht gewesene – Tatbestand sei überflüssig[3].

f) Fusionsvollzugsverbot

136 Die Beschränkung auf eine präventive **Kontrolle von Unternehmenszusammenschlüssen** führt in § 41 Abs. 1 S. 1 GWB zu einem vergleichsweise leicht

---

1 Beispiele bei *Dannecker/Biermann* in I/M, § 81 GWB Rz. 282 ff.; *Achenbach* in FK, § 81 GWB Rz. 420 ff.; *Bechtold*, § 21 GWB Rz. 12 ff.
2 Näher *Achenbach* in FK, § 81 GWB Rz. 421 ff.; vgl. auch BGH v. 7.10.1980 – KZR 25/79 – Rote Liste, BHGZ 78, 190 (200) = NJW 1981, 634.
3 Dazu *Dannecker/Biermann* in I/M, § 81 GWB Rz. 142; *Achenbach* in FK, § 81 GWB Rz. 430 ff.; *Raum* in Langen/Bunte, Bd. 1, § 81 GWB Rz. 113 ff.

verständlichen *Vollzugsverbot*. Untersagt und damit über § 81 Abs. 2 Nr. 1 GWB mit Bußgeld bedroht ist es, einen nach § 39 GWB anmeldepflichtigen Vorgang vor Freigabe (Genehmigung) oder Ablauf der Prüfungsfristen nach § 40 GWB zu vollziehen.

Neben der Sanktionierung des verbotenen Fusionsvollzugs durch Verhängung von Bußgeld steht die Möglichkeit einer *Entflechtung im Verwaltungsweg*, wobei dem Kartellamt die Möglichkeit eröffnet ist, die Ausübung von Stimmrechten zu untersagen oder den Einsatz eines Treuhänders anzuordnen. Das Gleiche gilt nach Widerruf einer Genehmigung wegen Nichterfüllung von Auflagen. Diesen Anordnungen kann mit Zwangsgeld Nachdruck verliehen werden (§ 86a GWB). Jedoch kommt es auch bei der Fusionskontrolle immer wieder zur Ahndung von Verstößen durch Verhängung von Bußgeld.

III. Verstöße gegen Verhaltenspflichten

Damit die **Kartellbehörden** möglichst wirksam ihre gesetzliche Aufgabe erfüllen können, sichern mehrere Bußgeldtatbestände deren Tätigkeit. Dabei lässt sich – wie im europäischen Recht (Rz. 87) – aus der unterschiedlichen Höhe der Bußgeldandrohung (§ 81 Abs. 4 GWB n.F.) – bis 1 Mio. Euro oder nur bis 100 000 Euro – entnehmen, ob es sich um ein Fehlverhalten mit Gewicht handelt („*mittelschwere Zuwiderhandlung*" – Rz. 104) oder nur um eine „leichte Zuwiderhandlung". Gemeinsam ist all diesen Tatbeständen, dass an leicht zu beweisende *formale Umstände* angeknüpft wird, sodass die oft schwierigen Abgrenzungen des materiellen Kartellrechts aus dem Bußgeldverfahren herausgehalten werden können. 137

1. Schwere Behinderung der Kartellbehörden

Eine Zuwiderhandlung von Gewicht bildet die – nur vorsätzlich mögliche – **Irreführung der Kartellbehörde** durch *unrichtige* oder *unvollständige Angaben* (**§ 81 Abs. 3 Nr. 3 GWB**), um dadurch eine günstige Entscheidung bei der Anmeldung von *Wettbewerbsregeln* (§ 24 Abs. 4 GWB) oder im Rahmen der *Fusionskontrolle* (§ 39 Abs. 3 GWB) zu erlangen. Umstritten ist, ob es sich um ein Allgemeindelikt[1] oder ein Sonderdelikt[2] handelt (vgl. Rz. 107). Ob die Verwendung falscher (oder unvollständiger) Angaben zu dem mit der Vorlage beim Kartellamt erstrebten Erfolg führt, ist für die Erfüllung des Tatbestands unerheblich; die „versuchte Täuschung" der Behörde genügt[3]. 138

Als schwerwiegend werden außerdem die Zuwiderhandlungen gegen bestimmte förmliche, **unanfechtbar** gewordene **oder** für **vollziehbar** erklärte **Verwaltungsakte** der Kartellbehörden eingestuft[4]. 139

---

1 So z.B. *Achenbach* in FK, § 81 GWB Rz. 463; *Vollmer* in MüKo-WbR II, § 81 GWB Rz. 31.
2 So z.B. *Böse* in G/J/W, § 81 GWB Rz. 67; *Raum* in Langen/Bunte, Bd. 2, § 81 GWB Rz. 160.
3 Allg. M.; *Dannecker/Biermann* in I/M, § 81 GWB Rz. 307; *Achenbach* in FK, § 81 GWB Rz. 449, 458; *Vollmer* in MüKo-WbR II, § 81 GWB Rz. 31; *Raum* in Langen/Bunte, Bd. 1, § 81 GWB Rz. 159.
4 Beispiel: BGH v. 1.6.1977 – KRB 3/76 – Brotfrischdienst, BGHSt. 27, 196 (203) = BGHZ 69, 398 = NJW 1977, 1784.

Im Einzelnen handelt es sich um *vorsätzliche oder fahrlässige* Zuwiderhandlungen insbesondere gegen kartellamtliche

- *Anordnungen* (**§ 81 Abs. 2 Nr. 2 Buchst. a** GWB) im Rahmen der kartellamtlichen Gestaltungsbefugnisse (§§ 32 ff. GWB) und der Fusionskontrolle und

- *einstweilige Anordnungen* (§ 60 GWB i.V.m. § 81 Abs. 2 Nr. 2 Buchst. a GWB);

- *Auflagen* bei der Freigabe von Zusammenschlüssen (§§ 40 Abs. 3, 42 Abs. 2 i.V.m. **§ 81 Abs. 2 Nr. 5** GWB).

2. Einfache Behinderung der Kartellbehörden

140   Die übrigen in **§ 81 Abs. 2 Nr. 2 Buchst. b–d, 3, 4, 6 und 7** GWB geregelten – früher oft als „**Ungehorsamstatbestände**" bezeichneten[1] – Verbotstatbestände sind „nur" mit einem Bußgeld bis zu 100 000 Euro bedroht. Anders als im EU-Recht ist eine Verknüfung des Bußgeldrahmens mit dem Umsatz des Unternehmens(trägers) nicht vorgesehen (vgl. Rz. 87). Wie der geringere Bußgeldrahmen zeigt, handelt sich um Tatbestände minderen Gewichts, die der Gruppe des sog. „Verwaltungsunrechts" zuzuordnen sind und die sich auch in zahllosen Bußgeldtatbeständen anderer Gesetze finden. Dadurch soll vor allem eine sichere und zuverlässige Informationsgewinnung der Kartellbehörden gewährleistet werden. Durch die Vereinfachung des deutschen Kartellrechts – Wegfall der §§ 4–18 GWB a.F. – ist dieser Katalog gekürzt, aber durch die 8. Novelle auch erweitert worden (Rz. 141a).

141   Von Bedeutung ist das umfassende **Auskunfts- und Prüfungsrecht** der Kartellbehörden (vgl. § 15 Rz. 127, 133). Jeder Verantwortliche in einem Unternehmen oder einer Unternehmensvereinigung ist nicht nur verpflichtet, umfassend, richtig und fristgemäß die verlangten Auskünfte zu erteilen, sondern auch die geschäftlichen Unterlagen zur Prüfung vorzulegen und die Vornahme dieser *Prüfung in* seinen *Geschäftsräumen* zu dulden. Dies gilt gleichermaßen, ob die Prüfung zur Durchführung des EU-Kartellrechts oder des deutschen Kartellrechts erfolgt (§ 50 GWB). Vorausgesetzt ist eine förmliche Anordnung der Kartellbehörde (§ 59 Abs. 6, 7 GWB).

141a Der bisherige Ordnungswidrigkeiten-Tatbestand der „**Falschangabe**" (§ 81 Abs. 2 Nr. 6 GWB) erfasst tatsächlich eine Vielzahl von Verhaltensweisen, die die Informationsgewinnung der Kartellbehörden beeinträchtigen. Dem hat die 8. GWB-Novelle eine **neue Nr. 7** angefügt, die speziell die Verletzung der neu eingefügten Auskunftsverpflichtung des § 81a GWB n.F. betr. die Umsatzhöhe und sonstige Angaben zur Bemessung der Geldbuße sanktioniert[2].

---

[1] Vgl. *Tiedemann,* WiStrafR BT, Rz. 160, 163; *Dannecker/Biermann* in I/M, vor § 81 GWB Rz. 53 f.; als nicht mehr zeitgemäß bewertet diese Bezeichnung mit gutem Grund *Achenbach* in A/R, Teil 3 Kap. 5 Rz. 44 Fn. 74, *Achenbach* in FK, § 81 GWB Rz. 2 Fn. 1.

[2] Näher *Achenbach,* wistra 2013, 369 (370 f.); *Raum* in Langen/Bunte, Bd. 1, § 81 GWB Rz. 146, § 81a GWB Rz. 1 ff.

Die **Auskunft** darf nur insoweit **verweigert** werden, als die wahrheitsgemäße Beantwortung für den Betroffenen oder seine Angehörigen die Gefahr eines Straf- oder Bußgeldverfahrens begründen würde (§ 59 Abs. 5 n.F. GWB; vgl. auch Rz. 62; § 15 Rz. 133). Die Ermittlungsbeamten sind berechtigt, die Räume des Unternehmens zur Vornahme von Prüfungen zu *betreten*, um sich die von ihnen gewünschten Unterlagen vorlegen zu lassen. Dabei besteht kein Vorlageverweigerungsrecht. Zur weitergehenden Suche nach nicht vorgelegten Unterlagen bedarf es dagegen im Regelfall eines *richterlichen Durchsuchungsbeschlusses,* für dessen Voraussetzungen (einschließlich Rechtsbehelf) die StPO gilt (§ 11 Rz. 80 ff.) und der nur bei Gefahr im Verzug entbehrlich ist (§ 59 Abs. 4 GWB). 141b

IV. Sanktionen

Wie bereits erwähnt (Rz. 92), enthält das GWB auch heute **nur Bußgeldtatbestände**. Das historisch bedingte grundsätzliche Absehen von Straftatbeständen im GWB – wegen des in Wirtschaft und Öffentlichkeit noch unterentwickelten Gefühls für die Verwerflichkeit von Wettbewerbsbeschränkungen[1] – hat jedoch dadurch eine entscheidende Veränderung erfahren, dass das Korruptionsbekämpfungsgesetz 1997 „*Wettbewerbsbeschränkende Absprachen bei Ausschreibungen*" (§ 298 StGB) unter (Kriminal-)Strafe gestellt hat (Rz. 13; unten § 58). Damit wurde der strafwürdigste Fall im Kartellrecht vom Odium einer kriminalpolitisch verfehlten Privilegierung befreit – was jedoch kein grundsätzliches Hindernis sein sollte, ggf. weitere massive Kartellrechtsverstöße einem hinreichend konkreten Straftatbestand zu unterstellen (Rz. 13, 143). – Ein Verstoß gegen § 81 Abs. 1 GWB i.V.m. Art. 101 AEUV bzw. § 81 Abs. 2 Nr. 1 i.V.m. § 1 GWB steht mit einem Vergehen nach § 298 StGB in *Gesetzeskonkurrenz* (§ 21 OWiG), tritt also grundsätzlich als subsidiär zurück, erhält aber wieder eigenes Gewicht, wenn eine Strafe nicht verhängt werden kann[2]. Dabei sind die verlängerten Verjährungsfristen (Rz. 146) von besonderer Bedeutung. 142

Mit § 298 StGB ist dem nachdrücklichsten und dringendsten Ruf, angesichts der unbestritten erheblichen Sozialschädlichkeit von massiven Wettbewerbsbeschränkungen die frühere prinzipielle Freistellung dieses Bereichs von echten Strafen zu beenden, Rechnung getragen worden. Diese Korrektur ist der *Nähe* dieser Praktik *zur Korruption* und auch zur organisierten Kriminalität geschuldet, denn flächendeckende Submissionsabsprachen sind mancherorts die Grundlage mafioser Strukturen. Obwohl auch andere schwerwiegende Kartellrechtsverstöße (aus dem Bereich sog. *Hardcore-Kartelle*; Rz. 83) nach ihrem Unrechtsgehalt eine Bedrohung mit Kriminalstrafe verdienen würden – vorausgesetzt, die Schwierigkeit einer hinreichend bestimmten Umschreibung der Tatbestandsmerkmale wäre gelöst –, war es um die Forderung nach **weiterer „Kriminalisierung des Kartellrechts"** längere Zeit still geworden[3]. Doch 143

---

[1] Vgl. Nw. in der 2. Aufl., § 46 Rz. 58.
[2] *Achenbach* in FK, § 81 GWB Rz. 18 ff., 306, 314 f.; *Dannecker/Biermann* in I/M, vor § 81 GWB Rz. 192 ff.; *Tiedemann* in LK, § 298 StGB Rz. 51, 58.
[3] Vgl. *Achenbach* in A/R, Teil 3 Kap. 5 Rz. 1; vgl. auch *Tiedemann*, WiStrafR BT Rz. 157, 158 f.; *Rittner/Dreher*, WiR, § 23 Rz. 132.

in jüngerer Zeit lässt sich diese Forderung im Anschluss an Entwicklungen im Ausland wieder stärker vernehmen[1].

Andererseits gibt es aber auch Stimmen, die das Kartellrecht ganz aus dem Bereich des Strafrechts im weiteren Sinne herausnehmen und *nur* mithilfe des *Verwaltungsrechts* operieren wollen. Das würde jedoch einen völligen Verzicht auf die Sanktion der Geldbuße (vgl. § 1 Rz. 113 ff.) voraussetzen – was jedenfalls für die Zuwiderhandlungen nach § 81 Abs. 1 GWB (Rz. 114) gegen höherrangiges Europarecht verstoßen würde und im Übrigen der Verwerflichkeit solcher Verhaltensweisen nicht gerecht würde[2].

144 Im Übrigen können Wettbewerbsverstöße – über § 298 StGB hinaus – wie auch sonst dann Gegenstand der Strafverfolgung sein, wenn die Zuwiderhandlung gegen das GWB *zugleich* einen **allgemeinen Straftatbestand** erfüllt[3]. In erster Linie kommt die Konkurrenz mit *Betrug* in Betracht, vor allem bei Submissionsabsprachen[4]. Daneben sind *Nötigung* und *Erpressung*, etwa im Zusammenhang mit Boykott, „klassische Berührungspunkte" zwischen Straf- und Kartellrecht, aber auch Beleidigungsdelikte, Urheberrechtsverstöße oder Wucher sind denkbar. Letztlich sind die Fälle möglicher Überschneidungen nahezu unbegrenzt.

145 Besteht ein konkreter Verdacht auf eine Straftat, hat nach dem *allgemeinen Verhältnis* zwischen Straftat und Ordnungswidrigkeit die **Strafverfolgung** – also die Staatsanwaltschaft vor dem Kartellamt – den **Vorrang**[5]. Dies kann zwar – nicht nur bei Submissionsabsprachen – wegen der unterschiedlichen Sichtweise der Behörden zu gewissen Konflikten oder Reibungsverlusten führen; die gute Zusammenarbeit zwischen den Behörden dürfte tatsächlich jedoch überwiegen[6]. Bisweilen können die besseren Ermittlungsmöglichkeiten der Staatsanwaltschaft bei Verdacht auf Straftaten (bis hin zur Erwirkung von Untersuchungshaft) auch den Zielen der Kartellbehörden sehr entgegenkommen.

Dies gilt auch für die erwähnte (Rz. 110) Regelung des § 82 GWB, wonach die Festsetzung einer *Unternehmensgeldbuße* nach § 30 OWiG grundsätzlich auch dann Sache der *Kartellbehörden* ist, wenn eine Straftat verwirklicht worden ist[7]. Ergibt sich im Bußgeldver-

---

1 *Dannecker*, Der strafrechtliche Schutz des Wettbewerbs: Notwendigkeit und Grenzen einer Kriminalisierung von Kartellrechtsverstößen, in FS Tiedemann, 2008, S. 789 (815); *Wagner-von Papp*, Kriminalisierung von Kartellen, WuW 2010, S. 268 (268 f., 281 f.); *Dannecker* in NK, 4. Aufl. 2013, vor §§ 298 ff. StGB Rz. 19a-c; a.A. z.B. *Dreher*, WuW 2011, 232, 235 ff.;skeptisch *Achenbach* in FK, § 81 GWB Rz. 21 ff.; *Achenbach*, ... Weitere „Kriminalisierung" des Kartellrechts?, in FS Kühl, 2014, S. 653; *Emmerich*, KartR, § 43 Rz. 22 („keine Realisierungschancen").
2 Zu Recht abl. *Achenbach* in FK, § 81 GWB Rz. 26 f. m.w.Nw.
3 Vgl. *Dannecker/Biermann* in I/M, vor § 81 GWB Rz. 168 ff., 195 ff.
4 Beispiel: BGH v. 4.11.2003 – KRB 20/03 – Frankfurter Kabelkartell, NJW 2004, 1539.
5 Vgl. *Dannecker/Biermann* in I/M, vor § 81 GWB Rz. 211 ff.; *Raum* in Langen/Bunte, § 81 GWB Rz. 11 ff.; *Klussmann* in Wiedemann, Hdb., § 57 Rz. 4 ff.
6 Vgl. auch Nr. 242 RiStBV.
7 § 96 des 2. Energiewirtschafts-NeuregelungsG v. 7.7.2005, BGBl. I 1970, 2005, enthält eine gleichartige Regelung zugunsten der zuständigen Regulierungsbehörde.

fahren vor dem Kartellsenat, dass hinreichender Verdacht auf eine Straftat gegeben ist, muss die Sache nach Ansicht des BGH – nach rechtlichem Hinweis – an den Strafrichter beim Amtsgericht oder die Strafkammer beim Landgericht verwiesen werden[1].

1. Verfolgungsverjährung

Durch die (schrittweise) **Verlängerung der Verjährungsfrist** *auf fünf Jahre* bei allen materiell-rechtlichen Kartellverstößen (§ 81 Abs. 8 S. 2 i.V.m. Abs. 1, Abs. 2 Nr. 1 und Abs. 3 GWB) hat der Gesetzgeber dem Unrechtsgehalt dieser Zuwiderhandlungen Ausdruck verliehen. Die typischerweise langwierige Ermittlung solcher wirtschaftlich schwerwiegenden Verstöße soll nicht durch eine kurze Verjährung, wie sie bei sonstigen Ordnungswidrigkeiten gerechtfertigt ist, erschwert bzw. unmöglich gemacht werden. Die Verlängerung der Verjährungsfrist ist auch bei vorher abgeschlossenen Zuwiderhandlungen verfassungsrechtlich unbedenklich, solange die bisherige Frist bei Wirksamwerden der Verlängerung noch nicht abgelaufen ist[2]. Gleiches gilt auch für die Aufsichtspflichtverletzung (§ 130 OWiG). – Für die übrigen Kartellverstöße (§ 81 Abs. 2 Nr. 2–7 GWB; Rz. 140 f.) gilt die normale, längstmögliche Verjährung von *drei* Jahren (§ 31 Abs. 2 Nr. 1 OWiG). Die Ausschaltung der sechsmonatigen presserechtlichen Verjährung gilt für alle Kartellordnungswidrigkeiten[3].

146

Nach allgemeinen Grundsätzen setzt der **Beginn der Verjährung** erst mit *Beendigung der Tathandlung* ein. Bei einer Submissionsabsprache ist dies nach (umstrittener) Ansicht des BGH erst mit Erstellung der Schlussrechnung durch das Unternehmen, das sich den Zuschlag verschafft hat, geschehen – und nicht schon durch Abgabe des manipulierten Angebots[4]. Wiederholte Absprachen in Umsetzung einer Grundabrede werden – ungeachtet des Wegfalls der „fortgesetzten Handlung" (§ 20 Rz. 17) – zu einer „*Bewertungseinheit*" zusammengefasst[5]. Verjährungsfragen spielen in der Praxis immer wieder eine nennenswerte Rolle.

147

2. Bußgeld-Bemessung

Schon immer hatte das GWB den „normalen" Rahmen des § 17 Abs. 1 OWiG (früher 5–1000 DM, nunmehr 5–1000 Euro) deutlich überschritten, um den Ver-

148

---

1 BGH v. 20.4.1993 – KRB 15/92, BGHSt. 39, 202 = NJW 1993, 2325 gegen das KG als Vorinstanz; umstr.
2 BGH v. 4.11.2003 – KRB 20/93 – Frankfurter Kabelkartell, NJW 2004, 1539 (1541).
3 Anschaulich BGH v. 4.2.1986 – KRB 11/85 – Brancheninformationsdienst, NJW 1987, 266 = NStZ 1986, 367, wo auch Bedenken gegen die Verfassungsmäßigkeit dieser Bestimmung zurückgewiesen wurden.
4 BGH v. 9.7.1984 – KRB 1/84 – Schlussrechnung, BGHSt. 32, 389 = NJW 1984, 2372 = NStZ 1985, 77; krit. dazu *Achenbach* in FK, § 81 GWB Rz. 290 f.; *Dannecker/Biermann* in I/M, § 81 GWB Rz. 590.
5 BGH v. 28.6.2005 –KRB 2/05 – Berliner Transportbetonkartell, NJW 2006, 163; BGH v. 4.11.2003 – KRB 20/03 – Frankfurter Kabelkartell, NJW 2004, 1539 = NStZ 2004, 567; BGH v. 19.12.1995 – KRB 33/95, BGHSt. 41, 1539 = NJW 1996, 1973; ebenso BGH v. 26.2.2013 – Grauzementkartell (oben Rz. 112; unten Rz. 151).

boten Gewicht zu verleihen. Die 4. Kartellnovelle (1980) hatte die **Bußgeld-Obergrenze** für vorsätzliche schwere Zuwiderhandlungen – insbesondere für alle materiell-rechtlichen Zuwiderhandlungen – von 100 000 DM auf 1 Mio. DM und die 7. Novelle die (auf 500 000 Euro umgestellte) Sanktion nochmals auf **1 Mio. Euro** heraufgesetzt (§ 81 Abs. 4 S. 1 GWB). – Die Obergrenze für die *leichten* Zuwiderhandlungen (Rz. 140) ist durch die 7. Novelle von 25 000 Euro auf immerhin **100 000 Euro** (§ 81 Abs. 4 S. 5 GWB) heraufgesetzt worden. Über § 17 Abs. 2 OWiG ergibt sich für *fahrlässige* Taten eine Obergrenze von 500 000 Euro bzw. 50 000 Euro.

149 Gegen **Unternehmen** und Unternehmensvereinigungen kann statt dessen seit 2005 bei schweren Zuwiderhandlungen in Anlehnung an das europäische Recht (Rz. 87) eine *weit höhere* Geldbuße verhängt werden (§ 81 Abs. 4 S. 2, 3 GWB), nämlich **bis zu 10 % des Gesamtumsatzes** jedes beteiligten Unternehmensträgers. Die Novelle 2007 (Rz. 93) hat, um den geäußerten Bedenken gegen die Bestimmtheit dieser Androhung zu begegnen, in Satz 2 ausdrücklich „klargestellt", dass eine über 1 Mio. Euro hinausgehende Geldbuße zulässig ist.

Eine Unternehmensgeldbuße (Rz. 108 f.) ist – seit 2005 – alsbald nach Zustellung des Bußgeldbescheids zu **verzinsen** (§ 81 Abs. 6 GWB), um der Rechtmitteleinlegung zwecks „Zinsgewinnen" entgegenzuwirken; die dagegen erhobenen verfassungsrechtlichen Bedenken greifen nicht durch[1]. Dabei handelt es sich nicht um eine strafrechtliche Sanktion[2].

150 Die – auch schon früher – im Hinblick auf Art. 92 GG aufgeworfenen Zweifel, ob derart hohe Bußgeldsanktionen mit der Einstufung als *Ordnungswidrigkeit* vereinbar oder nicht vielmehr **verfassungswidrig** seien[3], sind bisher weder bei den Gerichten noch beim Gesetzgeber auf fruchtbaren Boden gefallen. Sowohl bei der Verbandsgeldbuße (§ 30 OWiG; Rz. 108) als auch bei der Aufsichtspflichtverletzung (§ 130 OWiG; § 30 Rz. 125) war der Sanktionsrahmen ebenfalls auf 1 Mio. Euro erhöht worden; die 8. GWB-Novelle hat die Obergrenze auf 10 Mio. Euro angehoben (Rz. 93a). Auch in anderen Bereichen sind inzwischen *Bußgeldandrohungen in Millionenhöhe* anzutreffen[4].

151 Die weitere lebhaft diskutierte Frage, ob die am Umsatz anknüpfende, betragsmäßig nach oben offene Unternehmensgeldbuße mit dem verfassungsrechtlichen **Bestimmtheitsgebot** (Art. 103 Abs. 2 GG) vereinbar sei, hat der *BGH* in seiner Grundsatzentscheidung zum Grauzementkartell in Übereinstimmung mit der Vorinstanz – m.E. letztlich überzeugend – bejaht[5]. Von namhafter Seite

---

1 BVerfG v. 19.12.2012 – 1 BvL 18/11 – wistra 2013, 177; krit. dazu *Vollmer*, wistra 2013, 289.
2 OLG Düsseldorf v. 20.4.2014 – V-4 Kart 8/13 OWi, wistra 2014, 363.
3 So z.B. *Möschel*, Kartellbußen und Art. 92 GG, WuW 2010, 869 ff., der insoweit von „Lebenslüge" spricht und Verfassungswidrigkeit bejaht.
4 Z.B. § 39 Abs. 4 WpHG; ähnlich die DenkmalschutzG einzelner Länder; vgl. oben § 1 Rz. 121.
5 BGH v. 26.2.2013 – KBR 20/12 – Tz. 50 ff (oben Rz. 112); ebenso BGH v. 3.6.2014 – KRB 46/13 – Silostellgebühren III – WuW/E DE-R 4317; insoweit abl. z.B. *Achenbach*, WuW 2013, 688 (692 ff.); *Achenbach* in FK, § 81 GWB Rz. 531 ff., 533: „durchgreifende Bedenken"; *Bechtold*, § 81 GWB Rz. 30; vgl. dazu näher *Dannecker/Biermann* in I/M, § 81 GWB Rz. 334 ff., 348 ff.

wird insbesondere unter Hinweis auf die Entscheidung des BVerfG zur Nichtigkeit der Vermögensstrafe[1] vertreten, eine solchermaßen unbestimmte Bußgeldandrohung sei „rechtsstaatlich nicht hinnehmbar"[2]. Der EuGH hat indessen an dieser – schon im Vertrag über die Montanunion eingeführten – Sanktionsbemessung bisher keinerlei rechtsstaatliche Bedenken gelten lassen[3].

Die Diskussion, ob die 10-%-Umsatzgrenze als *„Kappungsgrenze"* – so die europäische Praxis und bis dahin das BKartA – zu verstehen sei oder als *„Obergrenze" des Bußgeldrahmens* – so der BGH – wird wohl mit dieser Entscheidung noch nicht beendet sein. Die vom BGH (Tz. 60) betonte Unterschiedlichkeit der zu beurteilenden Sachverhalte kann nicht außer Acht gelassen werden. Deshalb wird an der bereits in der Vorauflage[4] vertretenen Ansicht festgehalten, dass eine prozentual an den Umsatz gekoppelte Begrenzung der Sanktionshöhe mehr zur materiellen Gerechtigkeit, zur Belastungsgleichheit und zur Rechtssicherheit beiträgt als ein starrer Höchstbetrag in Rechnungseinheiten. Angesichts der oft gigantischen Größe von Unternehmen, die sich schwere Wettbewerbsbeschränkungen – auch wiederholt – zu Schulden kommen lassen, könnte selbst ein Milliardenbetrag als Obergrenze nicht ausreichen, sodass auch ein formal „fester" Bußgeldrahmen keinen Gewinn an Bestimmtheit bietet. Der Vorrang des Unionsrechts sollte auch hier helfen, die auf einzelstaatlicher Dogmatik beruhenden Bedenken im Hinblick auf die praktischen Erfordernisse zurückzustellen.

Um zu verhindern, dass (niedrige) Geldbußen einfach als „Kosten" von vornherein mit einkalkuliert werden, bestimmt § 81 **Abs. 5** GWB i.V.m. § 17 Abs. 4 OWiG, dass die Geldbuße so zu bemessen ist, dass sie den wirtschaftlichen Vorteil der Zuwiderhandlung übersteigen soll. Da die frühere Regelung in § 81 Abs. 2 GWB 1999 einige Probleme bereitet hatte, ist Abs. 5 im GWB 2005 anders formuliert. Diese – in den Einzelheiten viel diskutierte – **Vorteilsabschöpfung** ist keine zusätzliche Sanktion (wie die nach § 8 WiStG oder diejenige im

152

---

1 § 43a StGB, eingeführt durch G v. 15.7.1992, BGBl. I 1302, für nichtig erklärt durch BVerfG v. 20.3.2002 – 2 BvR 794/95, BGBl. I 1340 = BVerfGE 105, 135 = NJW 2002, 1779 (mit Minderheitsvotum).
2 So *Bechtold*, § 81 GWB Rz. 29; ähnlich *Bach* in FS Bechtold, 2006, S. 1 ff.; *Koch*, ZHR 171 (2007), 554 ff. (566 ff.); *Thiele*, WRP 2006, 999; *Gürtler* in Göhler, § 17 OWiG Rz. 48c; *Hassemer/Dallmeyer*, Gesetzliche Orientierung im dt. Recht der Kartellgeldbußen und das GrundG, 2010; sehr entschieden *Achenbach* in FK, § 81 GWB Rz. 518 ff, 531 ff. (Stand 11/2014); Bedenken auch bei *Cramer/Pananis* in Loewenheim/Meessen/Riesenkampff, § 81 GWB Rz. 62; *Dannecker/Biermann* in I/M, 4. Aufl. 2007, § 81 GWB Rz. 313, 346 ff., 357; *Klussmann* in Wiedemann, Hdb., § 57 Rz. 78 f.; a.A. z.B. schon BGH v. 19.6.2007 – KRB 12/07 – Papiergroßhandel, NJW 2007, 3792; *Weitbrecht/Mühle*, WuW 2006, 1106 ff. (1118); *Raum* in Langen/Bunte, § 81 GWB Rz. 163 ff.; *Diemer* in Erbs/Kohlhaas, W 59 § 81 GWB Rz. 20; wohl auch *Emmerich*, KartR, § 43 Rz. 28.
3 Vgl. z.B. EuGH v. 22.5.2008 – Rs. C-266/06 P, WuW 2008, 1027 (EU-R 1451); EuGH v. 12.11.2009 – Rs. C-564/08 – SGL-Carbon, EuZW 2010, 394.
4 Voraufl. § 57 Rz. 150.

Verwaltungsweg nach § 34, 34a GWB n.F. angeordnete Abschöpfung – Rz. 98), sondern *Teil der* einheitlich zu verhängenden *Geldbuße*[1]. Dabei ist allerdings jeweils zu begründen, inwieweit die Geldbuße der Ahndung und/oder Abschöpfung dient (vgl. Abs. 5 S. 2), zumal dies die steuerrechtliche Behandlung (Absetzbarkeit als Betriebskosten) berührt[2].

153 Auf der Rechtsgrundlage des (2005 eingefügten) § 81 Abs. 7 GWB hat das BKartA nach dem Vorbild der EU-Kommission und in Fortführung früherer Ansätze 2006 neue **Bußgeld-Leitlinien** erlassen[3]. Sie sind inzwischen durch eine *Neufassung vom 25.6.2013* abgelöst worden[4], die der neuen BGH-Rechtsprechung im Grauzement-Fall zur Bußgeldobergrenze und zur Ablehnung der sog. Kappungsgrenze (Rz. 151) Rechnung trägt. – Die vom BKartA *vereinnahmten* Geldbußen haben im Jahr 2008 den bisherigen Spitzenbetrag von 317 Mio. Euro erreicht; 2009 waren es 178 Mio. Euro, 2010 „nur" 124 Mio., 2011 dann 162 Mio. und 2012 schließlich 224 Mio. Euro. Die vom BKartA *verhängten* Geldbußen lagen 2011 bei fast 190 Mio. Euro, 2012 bei insgesamt 316 Mio. Euro[5]. Die Höhe der Geldbuße ist häufiger Gegenstand der gerichtlichen Überprüfung (§ 15 Rz. 135 ff.)

154 Daneben besteht noch die 2006 neu gefasste Bekanntmachung über die sog. *Bonusregelung* (oder auch **Kronzeugenregelung**)[6]. Diese hat sich – wie die entsprechende Bonusregelung der Europäischen Kommission (Rz. 88) – als zunehmend wichtiges Instrument bei der Bekämpfung von Wettbewerbsbeschränkungen erwiesen; die meisten Verfahren werden durch Hinweise aus dem Kreis der Beteiligten ausgelöst. Die reale Gefahr, dass ein „Kartellbruder" die „Flucht nach vorn" antritt und die Absprache den Kartellbehörden offenlegt, um die „eigene Haut" möglichst zu retten, hat sich zum wirksamsten Mittel gegen die wirtschaftlichen Anreize zur Bildung verbotener Kartelle entwickelt. Nach dieser Regelung können die Kartellbehörden nicht nur die zu verhängenden Beträge reduzieren, sondern unter näher bezeichneten Voraussetzungen auf jegliche Bußgeld-Verhängung verzichten.

---

1 Dazu *Böse* in G/J/W, § 81 GWB Rz. 79 ff.; *Wrede/Theurer* in Momsen/Grützner, WiStrafR, Kap. 7/1 Rz. 100 ff.; *Kühnen*, WuW 2010, 16 ff.
2 Vgl. BGH v. 19.6.2007 – KRB 12/07 – Papiergroßhandel, NJW 2007, 3792 = NStZ 2008, 106. Näher zur Bußgeldbemessung – einschließlich der verfassungsrechtlichen Fragen – *Dannecker/Biermann* in I/M, § 81 GWB Rz. 319 ff.; *Achenbach* in FK, § 81 GWB Rz. 470 ff., 517 ff.; *Raum* in Langen/Bunte, § 81 GWB Rz. 161 ff.
3 Bek. 38/2006 v. 15.9.2006.
4 „Leitlinien für die Bußgeldzumessung in Kartellordnungswidrigkeitenverfahren" mit amtlichen „Erläuterungen", abgedr. z.B. bei *Bechtold*, GWB, Anh. C 3 (S. 846); dazu näher *Dannecker/Biermann* in I/M, § 81 GWB Rz. 486 ff.; *Achenbach* in FK, § 81 GWB Rz. 591 ff.
5 Tätigkeitsbericht 2011/12, S. 28 ff.
6 Bek. 9/2006 v. 7.3.2006 (oben § 15 Rz. 132); vgl. dazu auch Tätigkeitsbericht (oben Rz. 10) 2011/12, S. 28.

§ 58
Ausschreibungsabsprachen

Bearbeiter: Jens Gruhl

	Rz.		Rz.
A. Submissionsbetrug		1. Gegenüber dem Ausschreibenden	22
I. Einführung	1	2. Gegenüber Mitbewerbern	31
II. Wettbewerbsbeschränkende Absprachen bei Ausschreibungen	6	**B. Kartellrechts-Ordnungswidrigkeiten**	
1. Tatbestandsmerkmale	8	**I. Deutsches Recht**	
2. Tätige Reue	14	1. Submissionsabsprache als Kartell	32
3. Strafrahmen und Verjährung	16	2. Unternehmensgeldbuße	36
4. Konkurrenzen und Zuständigkeiten	18	3. Zuständigkeiten	39
III. Betrug		**II. Europäisches Recht**	43

Schrifttum (außer den Kommentaren und Lehrbüchern zum GWB, oben § 57): *Achenbach*, Pönalisierung von Ausschreibungsabsprachen und Verselbständigung der Unternehmensgeldbuße durch das Korruptionsbekämpfungsgesetz 1997, WuW 1997, 958; *Achenbach*, Die Verselbständigung der Unternehmensgeldbuße bei strafbaren Submissionsabsprachen – ein Papiertiger?, wistra 1998, 168; *Bender*, Sonderstraftatbestände gegen Submissionsabsprachen, Diss. Freiburg i. Br., 2005; *Best*, Betrug durch Kartellabsprachen bei freihändiger Vergabe, GA 2003, 157; *Cramer*, Zur Strafbarkeit von Preisabsprachen in der Bauwirtschaft 1995; *Dahs* (Hrsg.), Kriminelle Kartelle – Zur Entstehungsgeschichte des neuen § 298, 1996 (mit Beiträgen von *Cramer*, *Korte*, *Lüderssen* u.a.); *Geißler*, Strukturen betrugsnaher Tatbestände. Zur Legitimation und Begrenzung modernen Wirtschaftsstrafrechts, 2011; *Greeve*, Ausgewählte Fragen zu § 298 StGB seit Einführung durch das Gesetz zur Bekämpfung der Korruption vom 13.8.1997, NStZ 2002, 505; *Grützner*, Die Sanktionierung von Submissionsabsprachen. Eine Untersuchung der bestehenden Möglichkeiten einer Bekämpfung von Submissionsabsprachen unter besonderer Berücksichtigung des § 298 StGB, Diss. Göttingen, 2003; *Hefendehl*, Die Submissionsabsprache als Betrug [...], JuS 2003, 805; *Hohmann*, Die strafrechtliche Beurteilung von Submissionsabsprachen, NStZ 2001, 566; *Jaath*, Empfiehlt sich die Schaffung eines strafrechtlichen Sondertatbestandes des Ausschreibungsbetrugs, in FS Karl Schäfer, 1980, S. 89; *Korte*, Bekämpfung der Korruption und Schutz des freien Wettbewerbs mit den Mitteln des Strafrechts, NStZ 1997, 513; *Kretschmer*, Strafrechtliche Risiken im Vergaberecht, ZWH 2013, 355; *Möschel*, Zur Problematik einer Kriminalisierung von Submissionsabsprachen, 1980; *Oldigs*, Möglichkeiten und Grenzen der strafrechtlichen Bekämpfung von Submissionsabsprachen, 1998; *Oldigs*, Die Strafbarkeit von Submissionsabsprachen nach dem neuen § 298 StGB, wistra 1998, 291; *Otto*, Wettbewerbsbeschränkende Absprachen bei Ausschreibungen, § 298 StGB, wistra 1999, 41; *Satzger*, Der Submissionsbetrug, 1994; *Schuler*, Strafrechtliche und ordnungswidrigkeitenrechtliche Probleme bei der Bekämpfung von Submissionsabsprachen, Diss. Konstanz, 2002; *Stoffers/Möckel*, Reichweite der Strafbarkeit von Submissionsabsprachen, NJW 2012, 3270; *Theile/Mundt*, Strafbarkeitsrisiken bei horizontalen Absprachen, NZBau 2011, 715; *Walter*, § 298 StGB und die Lehre von den Deliktstypen, GA 2001, 131; *Wiesmann*, Die Strafbarkeit gemäß § 298 StGB bei der Vergabe von Bauleistungen [...], Diss. Aachen, 2006.

A. Submissionsbetrug

I. Einführung

1 **Absprachen unter Anbietern** – meist auf *oligopolistisch strukturierten Märkten* – bei *Ausschreibungen* der öffentlichen Hand (oder auch privater Auftraggeber) dahin, dass die Konkurrenten überhöhte *Scheinangebote* abgeben, damit reihum jeweils ein Unternehmer mit seinem Angebot als „Billigster" den Zuschlag erhält, sind seit Langem eine weit verbreitete Erscheinung, insbesondere – aber keineswegs nur – in der Bauwirtschaft[1]. Eine oligopolartige Lage auf der Nachfrageseite begünstigt derartige Absprachen, die in den betroffenen Branchen als „Abwehrmaßnahmen" zur Verhinderung von „ruinösem Wettbewerb" – zulasten der Auftraggeber[2] – zu rechtfertigen versucht werden[3].

2 Derartige *Submissionskartelle* sind nicht etwa eine Erscheinung des Industriezeitalters[4], sondern ein klassischer Fall von **Wettbewerbsbeschränkungen**, eine Keimzelle sowohl des Kartellrechts wie auch des Wirtschaftsstrafrechts allgemein. Solche Preiskartelle gehören in der Entwicklung des Gesellschaftsrechts zu den traditionellen Musterbeispielen für Gesellschaften mit einem unerlaubten Zweck. Einschlägige Strafvorschriften finden sich deshalb nicht nur in historischen, sondern auch in ausländischen Strafgesetzbüchern[5].

3 Auf der gleichen Ebene, aber in gleichsam umgekehrter Konstellation liegen die **Absprachen unter Bietinteressenten** *bei öffentlichen Versteigerungen*, die den Markt der Bieter künstlich verengen oder gar völlig ausschalten[6]. Dagegen sind regelmäßig keine Submissionskartelle die sog. *Bietergemeinschaften* (Bieterkonsortien), die unter mehreren Unternehmen gebildet werden, zur Abgabe eines gemeinsamen Angebots, das das einzelne Unternehmen wegen der Größe oder Komplexität des Vorhabens nicht abgeben könnte;[7] es handelt sich im Re-

---

1 Vgl. *Jaath* in FS Karl Schäfer, 1980, S. 90 ff.; *Tiedemann* in LK, § 298 StGB Rz. 1; *Ohrtmann*, Korruption im VergabeR, NZBau 2007, 201 (278).
2 Vgl. *Dörr* in Dreher/Motzke, Beck'scher Vergaberechtskommentar, 2. Aufl. 2013, Einl. Rz. 5 ff., *Opitz* in Dreher/Motzke, § 16 VOB/A Rz. 116.
3 Vgl. *Möschel*, Submissionsabsprachen, 36 ff.; *Tiedemann*, ZStW 94 (1982), 338 ff.
4 *Möschel*, Recht der Wettbewerbsbeschränkungen, 1983, Rz. 10 ff.; *Trinkner*, BB 1973, 860.
5 Vgl. *Tiedemann* in LK, vor § 298 StGB Rz. 9 ff.; *Christ*, Die Submissionsabsprache. Rechtswirklichkeit und Rechtslage, Diss. Freiburg/Schweiz, 1999; *Besler*, Submissionsabsprachen – ihre Strafbarkeit in Österreich, Deutschland und der Schweiz, Diss. Innsbruck, 2005; *Heitz*, Die Sanktionierung von Submissionsabsprachen, 2008; *Zachhuber*, Zur Strafbarkeit von Submissionsabsprachen in Österreich und Deutschland, 2008.
6 Vgl. dazu einerseits *Engisch*, ZStW 76 (1964), 177 (198 ff.); andererseits *Otto*, Die strafrechtliche Bekämpfung unlauterer Einflussnahme auf öffentlichen Versteigerungen durch Scheingebote, NJW 1979, 681; *Henning*, DB 1986, 313; OLG Frankfurt v. 26.1.1989 – 6 U (Kart) 176/88, WM 1989, 1102; *Tiedemann* in LK, § 263 StGB Rz. 36.
7 Vgl. OLG Düsseldorf v. 11.11.2011 – VII-Verg 92/11, NZBau 2012, 255.

gelfall um eine der Arbeitsgemeinschaft (Arge) entsprechende Form der Unternehmenskooperation[1].

Nicht dazu zählen Verkaufsofferten, die über Internet-Handelsplattformen, z.B. *eBay*, abgegeben werden[2]. Soweit „Bieter" im Auftrag des Verkäufers – oder er selbst – den Preis durch Scheingebote künstlich hochtreiben, kann Betrug zum Nachteil des Erwerbers vorliegen.[3]

Der fortgesetzte Kampf gegen die gewinnbringende Ausnutzung von Not- und Mangellagen durch Preisabsprachen hat ihren Niederschlag auch in den **Wuchertatbeständen** gefunden, bei denen der Gesichtspunkt der Wettbewerbsbeschränkung hinter dem individuellen Vermögensschutz zurückgetreten ist[4].

Was derartige Submissionsabsprachen von den übrigen Wettbewerbsverstößen abhebt, ist die Tatsache, dass zum einen eine gezielte **Täuschung** des Ausschreibenden (bzw. des Versteigerers) **über die Marktlage** bewirkt wird und zum anderen typischerweise der Zuschlagsempfänger einen Vermögensvorteil[5] zulasten des Zuschlagenden erfährt. Diese *Nähe* der Submissionsabsprachen *zum Betrug* hebt sie aus dem Kreis der übrigen Kartellrechtsverstöße heraus.

II. Wettbewerbsbeschränkende Absprachen bei Ausschreibungen

Am 20.8.1997 trat das Gesetz zur **Bekämpfung der Korruption** (BKorrG)[6] in Kraft. Sein Schwerpunkt liegt bei der Bekämpfung der Korruption als gesellschaftspolitische Aufgabe der Gegenwart[7]. Zum einen wurden die Vorschriften gegen die Korruption im öffentlichen Bereich erweitert; die Strafdrohungen (dazu oben § 53) wurden verschärft[8].

Zum anderen enthält der Abschnitt „*Straftaten gegen den Wettbewerb*" den Straftatbestand „Bestechlichkeit und Bestechung im geschäftlichen Verkehr" gem. § 299 StGB (vorher § 12 UWG; § 53 Rz. 4, 69 ff.) sowie die Strafnorm des **§ 298 StGB**: „**Wettbewerbsbeschränkende Absprachen bei Ausschreibungen**". Durch § 298 StGB wurde ein Teilbereich wettbewerbswidrigen Verhaltens (Ausschreibungs- bzw. Submissionsabsprachen, „Submissionsbetrug"), wel-

---

1 Vgl. BGH v. 13.12.1983 – KRB 3/83 – Bauvorhaben Schramberg, GRUR 1984, 379; OLG Karlsruhe v. 15.10.2008 – 15 Verg 9/08, NZBau 2008, 784; *Immenga*, Bietergemeinschaften im KartellR, DB 1984, 385; *Jäger/Graef*, Bildung von Bietergemeinschaften durch konkurrierende Unternehmen, NZBau 2012, 213; *Krauß* in Langen/Bunte, § 1 GWB Rz. 197 ff.
2 BGH v. 3.11.2004 – VIII ZR 375/03, NJW 2005, 53.
3 *Popp*, Strafbarkeit des regelwidrigen Mitbietens bei so genannten Internetauktionen?, JuS 2005, 689; krit. *Heyers*, Manipulation von Internet-Auktionen durch Bietroboter, NJW 2012, 2548.
4 Vgl. *Dannecker/Biermann* in I/M, vor § 81 GWB Rz. 167.
5 Vgl. *Helmedag*, „Ausschreibungsbetrug" im Licht der Gemeinsamkeiten und Unterschiede von Bietverfahren, WuW 54 (2004), 1000.
6 G v. 13.8.1997, BGBl. I 2038; *Korte*, NStZ 1997, 513 (516); *Bartmann*, Der Submissionsbetrug, 1999 (Diss. Berlin 1997); *Grützner*, S. 379 ff.
7 *Korte*, Kampfansage an die Korruption, NJW 1997, 2556; *Bauer*, Korruptionsbekämpfung durch Rechtsetzung, Diss. Freiburg i. Br., 2002.
8 *König*, Neues StrafR gegen die Korruption, JR 1997, 397.

ches bislang nur nach § 38 Abs. 1 Nr. 1, 8 GWB a.F. als Ordnungswidrigkeit sanktioniert wurde, verfassungskonform[1] dem Strafrecht unterstellt[2]. **Schutzgut** ist vorrangig der *freie Wettbewerb*; daneben genießen aber auch die Vermögensinteressen des Veranstalters sowie der anderen Teilnehmer strafrechtlichen (und über § 823 Abs. 2 BGB zivilrechtlichen) Schutz.[3]

1. Tatbestandsmerkmale

8 § 298 Abs. 1 StGB stellt die *Abgabe eines Angebots*, welches auf einer **rechtswidrigen Absprache** beruht, unter Strafe, wenn die Absprache darauf abzielt, den Veranstalter der *Ausschreibung* zur Annahme eines bestimmten Angebots zu veranlassen. Der Ausschreibung steht die freihändige Vergabe eines Auftrages[4] nach vorausgegangenem *Teilnahmewettbewerb* gleich (§ 298 Abs. 2 StGB). Das Gesetz unterscheidet nicht zwischen öffentlich- und privatrechtlich organisiertem Auftraggeber (Veranstalter)[5].

9 Erfasst werden Ausschreibungen zu allen Arten[6] von *Waren* (auch Immobilien, Rechte, Unternehmen) oder **gewerblichen Leistungen**.

10 Eine **Ausschreibung** (bzw. ein Wettbewerb oder Vergabeverfahren[7]) soll aus einem unbeschränkten oder ggf. beschränkten Teilnehmerkreis den besten (preiswertesten) Anbieter ermitteln[8]. Als *Vergabeverfahren* (vgl. § 101 GWB) kommen eine öffentliche Ausschreibung (unbeschränkte Zahl von Bewerbern), eine (auf bestimmte Bewerber) beschränkte Ausschreibung[9], ein Verhandlungsverfahren, aber auch eine freihändige Vergabe nach Angebotsanfrage an zumindest zwei Bieter[10] in Betracht. Eine freihändige Vergabe unterhalb sog. Schwellenwerte ohne Angebotsanfrage (d.h. ohne *Teilnahmewettbewerb*) wird dagegen nicht von § 298 StGB erfasst[11]. Zweck der Ausschreibung ist es, in einem geordneten Verfahren allen Anbietern eine gleiche Chance zur Erlangung des Auftrags zu geben. Für den Bereich der öffentlichen Auftraggeber sind die Grundsätze zur Vergabe von Aufträgen in §§ 97 ff. GWB[12] festgelegt[13]. Soweit

---

1 BVerfG v. 2.4.2009 – 2 BvR 1468/08, NZBau 2009, 530.
2 *Tiedemann* in LK, § 298 StGB Rz. 5; a.A. *Achenbach, M.*, Strafrechtlicher Schutz des Wettbewerbs?, Diss. Frankfurt a.M. 2009, S. 106, 112.
3 *Momsen* in BeckOK, § 298 StGB Rz. 11 ff.; LAG Rheinland-Pfalz v. 9.5.2012 – 8 Sa 600/11, BeckRS 2012, 74764 Gründe II 1 a.
4 LG München II v. 3.5.2006 – W5 KLs 567 Js 30966/04.
5 *Greeve*, NStZ 2002, 505 (507); *Stoffers/Möckel*, NJW 2012, 3270 (3272); *Wedlich*, Die Strafbarkeit von Submissionsabsprachen [...], 2004 (Diss. Kiel 2003), 101.
6 *Heine/Eisele* in S/S, § 298 StGB Rz. 10.
7 *Lux*, Einführung in das VergabeR, JuS 2006, 969; *Gabriel*, NJW 2009, 2011.
8 Vgl. *Dreher* in I/M, vor §§ 97 ff. GWB Rz. 1.
9 BGH v. 17.10.2013 – 3 StR 167/13, NJW 2014, 1252 = NStZ 2014, 400 = ZHW 2014, 269.
10 BGH v. 11.7.2001 – 1 StR 576/00, NJW 2001, 3718 (3719); krit. *Rönnau*, JuS 2002, 545 (546).
11 *Greeve*, NStZ 2002, 505 f; *Tiedemann* in LK, § 298 StGB Rz. 22.
12 Neugefasst durch Bek. v. 26.6.2013, BGBl. I 1750, 3245; zuletzt geänd. durch G v. 21.7.2014, BGBl. I 1066.
13 Vgl. *Byok*, Das G zur Modernisierung des VergabeR – GWB 2009, NVwZ 2009, 551.

öffentliche Auftraggeber (gem. § 98 GWB) Veranstalter von Ausschreibungen sind, finden zudem die Bestimmungen der Teile A der Vergabe- und Vertragsordnungen für Bauleistungen[1] und für Leistungen (außer Bauleistungen)[2] sowie für freiberufliche Leistungen[3] Anwendung.[4] Sicherheitsrelevante Ausschreibungen sind nach der Vergabeverordnung Verteidigung und Sicherheit[5] durchzuführen. Die Praxis zeigt, dass auch private Auftraggeber weitgehend entsprechend vorgehen, indem sie die Vergabevorschriften (sinngemäß) anwenden[6].

Unter **Absprachen** sind alle tatsächlichen Verhaltensweisen zu subsumieren, durch die sich Anbieter (Wettbewerber[7]) zu gleichgerichtetem Verhalten verabreden[8]. Das Zustandekommen eines *Vertrages* ist nicht erforderlich, zumal wettbewerbsbeschränkende Verträge verboten (§ 1 GWB) und damit nichtig (§ 134 BGB) sind. Eine Absprache liegt deshalb auch schon bei einverständlichem Verhalten der Anbieter vor, sofern dadurch ein Anbieter durch den – unwissenden – Auftraggeber bevorzugt werden soll.

Als **rechtswidrig** sind die *horizontalen Absprachen* zwischen Bietern[9] anzusehen, die schon bisher gegen Bestimmungen des GWB verstoßen haben, sowie entsprechend § 1 GWB auch *vertikale* Absprachen zwischen nur einem Bieter und dem Auftraggeber oder dessen Mitarbeitern[10]. Nicht erfasst sind die schon bislang zulässigen *Bietergemeinschaften*[11] (Rz. 3), sofern nicht die an einer Bietergemeinschaft beteiligten Anbieter zusätzlich Einzelangebote abgeben, um etwa der Bietergemeinschaft zum Zuschlag zu verhelfen[12].

Strafbar ist nach § 298 StGB *nicht nur der Anbieter*, den die Absprache begünstigen soll. **Täter** entsprechend § 25 StGB – und nicht nur Teilnehmer nach § 27 StGB –[13] ist vielmehr jeder, der absprachegemäß ein Angebot, sei es auch ver-

---

1 VOB 2012, BAnz. AT v. 13.7.2012 B3; vgl. *Steinberg*, Die neue Vergabe- und Vertragsordnung für Bauleistungen [...], NVwZ 2006, 1349; *Leinemann/Maibaum* (Hrsg.), Die VOB 2012, BGB-Bauvertragsrecht und neues Vergaberecht, 8. Aufl. 2013; *Weyand*, VergabeR, 4. Aufl. 2013.
2 VOL, Ausgabe 2009, Teil A v. 29.12.2009, BAnz. Nr. 196a, und 26.2.2010, BAnz. Nr. 32, S. 755; *Schaller*, Verdingungsordnung für Leistungen (VOL) – Teile A und B, 5. Aufl. 2013.
3 VOF, Ausgabe 2009, BAnz. Nr. 185a v. 8.12.2009, S. 1; *Voppel/Osenbrück/Bubert*, VOF Verdingungsordnung für freiberufliche Leistungen, 3. Aufl. 2012.
4 Vgl. Vergabe- und Vertragshdb. für die Baumaßnahmen des Bundes (VHB 2008), Stand Sep. 2013.
5 VSVgV v. 12.7.2012, BGBl. I 1509; vgl. *Scherer-Leydecker*, Verteidigungs- und sicherheitsrelevante Aufträge – Eine neue Auftragskategorie im Vergaberecht, NZBau 2012, 533.
6 BGH v. 19.12.2002 – 1 StR 366/02, wistra 2003, 146; abl. *Greeve*, NStZ 2003, 549.
7 BGH v. 22.6.2004 – 4 StR 428/03, NJW 2004, 2761 (2763) = BGHSt. 49, 201.
8 *Dannecker/Biermann* in I/M, vor § 81 GWB Rz. 151; *Momsen* in BeckOK, § 298 StGB Rz. 13, 21.
9 OLG Celle v. 29.3.2012 – 2 Ws 81/12, wistra 2012, 318.
10 BGH v. 25.7.2012 – 2 StR 154/12, NJW 2012, 3318; *Stoffers/Möckel* NJW 2012, 3270 (3272).
11 *Tiedemann* in LK, § 298 StGB Rz. 36; vgl. BT-Drs. 13/8079, 14.
12 LG Düsseldorf v. 8.3.2007 – 24b Ns 9/06, WuW 2007, 1135.
13 Vgl. *Fischer*, § 298 StGB Rz. 17; *Grützner*, S. 534.

spätet oder vergaberechtlich zwingend auszuschließen[1], *abgibt*, das dem Ausschreibenden zugeht[2], oder der – auch auf Veranstalterseite[3] – an der Absprache mitwirkt[4]. Beteiligte eines „Kartells", die in Absprache mit den Anbietern kein Angebot abgeben, um sicherzustellen, dass ein bestimmter Anbieter den Zuschlag erhält, können wegen Anstiftung oder Beihilfe strafbar sein[5]. Dies ermöglicht auch dem – absprachegemäß – „zu kurz gekommenen" Anbieter, über tätige Reue Straffreiheit zu erlangen.

2. Tätige Reue

14 *Vollendet* ist die Tat mit der Abgabe des auf einer Absprache beruhenden Angebots[6]. Da dies Handlungen umfasst, die nach bisheriger Rechtslage (§§ 263, 22 StGB) allenfalls als Versuch bestraft worden wären, hat der Gesetzgeber wie bei vergleichbaren Strafnormen (§§ 264, 264a, 265b, 266a StGB) eine Regelung der tätigen Reue[7] geschaffen.

15 Der Täter, der *freiwillig*[8] die Annahme seines Angebots durch den Ausschreibenden verhindert, bleibt straflos. Gleiches gilt, wenn der Täter sich freiwillig und ernsthaft um die **Nichtannahme** bemüht. Da der „Schaden" der wettbewerbswidrigen Absprache letztlich erst bei der Bezahlung der vom Anbietenden erbrachten Leistung durch den Auftraggeber eintritt, bleibt der Täter auch dann straffrei, wenn er die *Leistungserbringung* durch den Auftraggeber verhindert[9] (bzw. sich ernsthaft bemüht).

3. Strafrahmen und Verjährung

16 Der **Strafrahmen** des § 298 StGB reicht – wie beim „klassischen" Betrug – von Geldstrafe bis *Freiheitsstrafe* bis zu fünf Jahren. Einen besonders schweren Fall mit erhöhtem Strafrahmen sieht das Gesetz nicht vor.

17 Die **Verjährungsfrist** beträgt daher nach § 78 Abs. 2 Nr. 4 StGB *fünf* Jahre, die mit der Beendigung der Tat beginnt (§ 78a StGB). Auch wenn die Vollendung der Tat bereits mit Abgabe des abgesprochenen Angebots eintritt[10], ist die Tat

---

1 BGH v. 17.10.2013 – 3 StR 167/13, NJW 2014, 1252 = NStZ 2014, 400 = ZHW 2014, 269; *Greeve*, NStZ 2014, 403.
2 *Heine/Eisele* in S/S, § 298 StGB Rz. 12.
3 BGH v. 25.7.2012 – 2 StR 154/12, NJW 2012, 3318; *Momsen* in BeckOK, § 298 StGB Rz. 23.
4 BGH v. 22.6.2004 – 4 StR 428/03, NJW 2004, 2761 (2764); *Tiedemann* in LK, § 298 StGB Rz. 18.
5 *Dannecker/Biermann* in I/M, vor § 81 GWB Rz. 148.
6 *Tiedemann* in LK, § 298 StGB Rz. 31; *Dannecker/Biermann* in I/M, vor § 81 GWB Rz. 150.
7 Vgl. *Krack*, Die Tätige Reue im WirtschaftsstrafR, NStZ 2001, 505.
8 Vgl. *Eser/Bosch* in S/S, § 24 StGB Rz. 42 ff.
9 Vgl. *Eser/Bosch* in S/S, § 24 StGB Rz. 59 ff.
10 *Fischer*, § 298 StGB Rz. 15; vgl. auch *Perron* in S/S, § 264 StGB Rz. 66.

nicht schon mit dem Zuschlag[1], sondern erst mit der Leistung des Auftraggebers (Veranstalters der Ausschreibung) *beendet*[2]. Da Zahlungen insbesondere bei lang laufenden Bauaufträgen im öffentlichen Bereich erst geraume Zeit nach Angebotsabgabe erfolgen, tritt *Verfolgungsverjährung* recht spät ein. Diese für die Strafverfolgung sinnvolle Folge wird durch die Möglichkeit der tätigen Reue abgemildert.

4. Konkurrenzen und Zuständigkeiten

§ 298 StGB ist **Offizialdelikt**. Straftaten sind, ohne dass es auf einen Strafantrag des Ausschreibenden ankäme, von Amts wegen zu verfolgen. 18

Das BKorrG hat auch die Zuständigkeit der **Wirtschaftsstrafkammer** beim Landgericht erweitert. Nach § 74c Abs. 2 Nr. 5a GVG ist in erstinstanzlichen und Berufungsverfahren gegen Urteile des Schöffengerichts stets eine Wirtschaftsstrafkammer des Landgerichts zuständig. 19

Schon die Einordnung des § 298 StGB in den neuen Abschnitt „Straftaten gegen den Wettbewerb" und nicht in den Abschnitt „Betrug und Untreue" zeigt, dass § 298 StGB **nicht** als **betrugsähnliches** Delikt anzusehen ist. Ziel des Gesetzes ist vielmehr, den *freien Wettbewerb* im Inland und zumindest im EU-Bereich[3] zu schützen und Korruption zu bekämpfen, sodass die Vorschriften der §§ 73–73e StGB die Entziehung von Tatvorteilen im Weg des *Verfalls* ermöglichen[4]. § 298 StGB ist nicht subsidiär zu § 263 StGB; ggf. besteht *Idealkonkurrenz*[5]. In der Praxis wird die Strafverfolgung wohl eine Beschränkung auf die Verfolgung der Tat nach § 298 StGB vornehmen. 20

In Einzelfällen wird allerdings ein Rückgriff auf § 263 StGB in besonders **schweren Fällen** (vgl. § 263 Abs. 3 StGB) erforderlich sein[6]. 21

III. Betrug

1. Gegenüber dem Ausschreibenden

Die Nähe der Submissionsabsprachen zum Betrug (vgl. oben § 47) setzt an der Täuschung des Auftraggebers über die Marktverhältnisse und die Art der **Preisbildung** an; dieses Tatbestandsmerkmal lässt sich i.d.R. verhältnismäßig leicht 22

---

1 So *Tiedemann* in LK, § 298 StGB Rz. 58; *Momsen* in BeckOK, § 298 StGB Rz. 25; *Grützner*, S. 531; *Wedlich*, Die strafrechtliche Würdigung von Submissionsabsprachen [...], 2004 (Diss. Kiel 2003), 181.
2 BGH v. 4.11.2003 – KRB 20/03, NJW 2004, 1539 (1541); *Heine/Eisele* in S/S, § 298 StGB Rz. 27; *Fischer*, § 298 StGB Rz. 15b; a.A. *Dannecker/Biermann* in I/M, vor § 81 GWB Rz. 156.
3 *Heine/Eisele* in S/S, § 298 StGB Rz. 1.
4 *Kiethe/Hohmann*, Das Spannungsverhältnis von Verfall und Rechten Verletzter [...], NStZ 2003, 505 (509).
5 *Korte*, NStZ 1997, 513 (516); *Heine/Eisele* in S/S, § 298 StGB Rz. 29.
6 *Grützner*, S. 537; *Momsen* in BeckOK, § 298 StGB Rz. 31.

feststellen[1]. Das Gleiche gilt regelmäßig für die *Kausalität* dieser Täuschung für die *Vermögensverfügung*[2].

23 Problematisch ist aber die Feststellung eines Schadens[3]. Während vor allem das RG in der Ausschaltung des Wettbewerbs durch die Anbieter einen **Vermögensschaden** bejaht hat[4], hat der BGH betreffend eine beschränkte Ausschreibung in einer früheren Entscheidung die gegenteilige Position bezogen[5]: Die Verhinderung der Abgabe günstiger Angebote begründe für sich allein noch keinen Schaden; vielmehr müsse positiv festgestellt werden, dass die aufgrund des manipulierten Angebots erbrachte Leistung weniger wert ist als die Gegenleistung des Auftraggebers.

24 Die Frage, wie der Schaden bei Submissionsabsprachen ermittelt werden könne, ist durch die Entscheidung des BGH vom 8.1.1992 im sog. „**Wasserbauverfahren**"[6] grundlegend[7] entschieden.

25 Die Feststellung eines Vermögensschadens[8] ist trotz der *bleibenden praktischen Schwierigkeiten* Sache der tatrichterlichen Beweiswürdigung des Einzelfalls. Ausreichend ist dabei die Überzeugung des Tatrichters auf der Grundlage von **Indizien**, aus denen sich mit *hoher Wahrscheinlichkeit* ergibt, dass der Auftraggeber ohne Absprache und die Täuschung durch den Auftragnehmer ein nur geringeres Entgelt hätte versprechen – insoweit Eingehungsbetrug – und zahlen – dann Erfüllungsbetrug[9] – müssen[10].

26 Eine absolute, das Gegenteil denknotwendig ausschließende, von niemandem anzweifelbare Gewissheit ist dagegen nicht erforderlich[11]. Wenn zur Überzeugung des Tatrichters ein Schaden feststeht, weil der vereinbarte Preis höher als der Wettbewerbspreis ist, kann er die Höhe des Schadens unter Beachtung des Zweifelsatzes **schätzen**.[12]

---

1 BGH v. 31.8.1994 – 2 StR 256/94, wistra 1994, 346.
2 BGH v. 8.1.1992 – 2 StR 102/91, BGHSt. 38, 186 = wistra 1992, 98; vgl. *Perron* in S/S, § 263 StGB Rz. 137a.
3 *Helmedag*, WuW 54 (2004), 1000; *Dannecker/Biermann* in I/M, vor § 81 GWB Rz. 140.
4 RG v. 7.6.1929, RGSt. 63, 186 (188); ähnlich OLG Hamm v. 17.9.1957 – 1 Ss 772/57, NJW 1958, 1151.
5 BGH v. 21.11.1961 – 1 StR 424/61, BGHSt. 16, 367 = NJW 1962, 312; vgl. dazu *Möschel*, 23 ff., 28 f.
6 BGH v. 8.1.1992 – 2 StR 102/91, BGHSt. 38, 186 (193) = wistra 1992, 98; BGH v. 31.8.1994 – 2 StR 256/94, wistra 1994, 346.
7 Vgl. BGH v. 15.5.1997 – 1 StR 233/96, wistra 1997, 336 (340); *Achenbach*, NStZ 1998, 560 (561).
8 *Schuler*, S. 98 ff.
9 Vgl. BGH v. 8.1.1992 – 2 StR 102/91, BGHSt. 38, 186 (Gründe IV 1); BGH v. 31.8.1994 – 2 StR 256/94, wistra 1994, 346 (Gründe III 4).
10 BGH v. 8.1.1992 – 2 StR 102/91, BGHSt. 38, 186 (Gründe III 3).
11 So auch *Grützner*, S. 296.
12 Vgl. auch OLG München v. 19.2.2002 – 9 U 3318/01, NJW-RR 2002, 886, zur Werklohnbestimmung gem. § 631 BGB.

Der BGH[1] weist zudem zu Recht darauf hin, dass ein **hypothetischer Wettbewerbspreis** feststellbar ist, wie die Praxis der Kartellbehörden zeigt[2]. 27

Zwar haben Waren und gewerbliche Leistungen, die auf einem freien Markt angeboten werden, keinen festen, auf einheitlichen Vorstellungen beruhenden **Wert**. Erst über *Angebot* und *Nachfrage* wird ein Marktpreis (**Wettbewerbspreis**) herausgebildet, wobei die Ausschreibung der Ermittlung des Wettbewerbspreises dienen soll. 28

Als **Indiz** für einen den Vergabepreis unterschreitenden Wettbewerbspreis ist schon die Bildung und Existenz eines *Submissionskartells* zu werten. Auch die Bekanntgabe der Beteiligung an der Ausschreibung und *Offenlegung der Angebote* legen nahe, dass Anbieter sich an den bekannten Preisen „orientieren". Insbesondere die kartellinterne Bildung eines „Nullpreises" – gar noch durch interne *Vorsubmission* – und *Ausgleichszahlungen* an Kartellmitglieder oder Außenseiter und Schmiergeldzahlungen belegen die Existenz eines (geringeren) Marktpreises[3] nahezu zwingend[4]. 29

Nicht zur Bestimmung des Marktpreises sind dagegen behördliche Vorkalkulationen geeignet; auch **Sachverständigengutachten** können nur als Indiz herangezogen werden und sind nicht als stets notwendig anzusehen[5]. 30

2. Gegenüber Mitbewerbern

Beim **Zusammenwirken** eines Anbieters (oder einer Gruppe von Anbietern) mit dem Sachbearbeiter des Ausschreibenden als einer besonderen Fallgestaltung von „Machenschaften" bei Ausschreibungen sind die Voraussetzungen des *Betrugs* erfüllt, wenn durch Zusammenwirken erreicht wird, dass jener Anbieter und nicht der günstigste Anbieter gem. § 97 Abs. 5 GWB den Zuschlag erhält; der Bietende mit dem wirtschaftlichsten, nicht preisgünstigsten Angebot[6] hat in einem geregelten Ausschreibungsverfahren eine vermögenswerte Erwerbsaussicht auf Erteilung des Zuschlags[7]. Zudem wird nach kriminalistischer Erfahrung[8] auch § 299 StGB gegeben sein. 31

---

1 BGH v. 8.1.1992 – 2 StR 102/91, BGHSt. 38, 186 (Gründe III 3).
2 *Emmerich* in I/M, § 34 GWB Rz. 16 ff.
3 BGH v. 8.1.1992 – 2 StR 102/91, BGHSt. 38, 186 sowie BGH v. 11.7.2001 – 1 StR 576/00, NJW 2001, 3718; *Fischer*, § 263 StGB Rz. 170.
4 BGH v. 11.7.2001 – 1 StR 576/00, NJW 2001, 3718 (3719); krit. *Rönnau*, JuS 2002, 545 (550).
5 Enger *Perron* in S/S, § 263 StGB Rz. 137a a.E.
6 Vgl. *Dreher* in I/M, § 97 GWB Rz. 230 ff; enger *Theile/Mundt*, NZBau 2011, 715 (718).
7 RGSt. 73, 382 (384); BGH v. 20.2.1962 – 1 StR 496/61, BGHSt. 17, 147; BGH v. 29.1.1997 – 2 StR 633/96, NStZ 1997, 542 = wistra 1997, 144; abl. *Schuler*, Strafrechtliche und ordnungswidrigkeitenrechtliche Probleme bei der Bekämpfung von Submissionsabsprachen, Diss. Konstanz, 2002, 142 f.
8 Vgl. BGH v. 29.1.1997 – 2 StR 633/96, NStZ 1997, 542 = wistra 1997, 144.

B. Kartellrechts-Ordnungswidrigkeiten

I. Deutsches Recht

1. Submissionsabsprache als Kartell

32 Die hier interessierenden **Ausschreibungen** werden i.d.R. nach einem förmlichen Verfahren nach den Vorgaben der §§ 97 GWB, der Verdingungsordnungen und der Vergabeverordnung[1] durchgeführt. Zudem ist von öffentlichen Auftraggebern auch das jeweilige Haushaltsrecht zu beachten. Dabei ist zwischen offenen und beschränkten Ausschreibungen zu unterscheiden[2]. Auf jeden Fall wird der Ausschreibende durch die Vorlage abgesprochener Angebote darüber getäuscht, dass die angebotenen Preise das Ergebnis einer durch die Konkurrenzsituation herbeigeführten möglichst knappen Kalkulation sind, während tatsächlich der Wettbewerb durch die Absprache ausgeschlossen ist. Dass die erwähnten Verdingungsordnungen die öffentlichen Auftraggeber zur Betonung des Preiswettbewerbs zwingen, macht das Zuschlagsverhalten des Ausschreibenden berechenbar[3]. Da wegen der typischerweise gegebenen Individualität der geforderten Leistung nach den jeweiligen Bedürfnissen des Auftraggebers sich erst aufgrund der Ausschreibung ein Markt und ein Marktpreis bildet, verhindert ein solches Kartell eine echte Preisbildung[4].

33 Submissionsabsprachen stellen eine **Kartellordnungswidrigkeit** nach § 81 Abs. 2 Nr. 1 i.V.m. § 1 GWB[5] dar (vgl. § 57 Rz. 142). Die Tätigkeitsberichte des BKartA und auch einzelner Landeskartellbehörden geben Aufschluss über die Ahndungspraxis einschließlich der Höhe der verhängten Geldbußen und zugleich mittelbar einen gewissen Einblick in die Praktiken. In der deutschen Bußgeldpraxis bilden die Ausschreibungsabsprachen bislang die weitaus größte Fallgruppe aller Kartellordnungswidrigkeiten. Allerdings gibt der *Bußgeldrahmen* von 1 Mio. Euro – im Rahmen der Verbandsgeldbuße bis 10 Mio. Euro[6] – und die Vorteilsabschöpfung (§ 81 Abs. 4, 5 GWB) die Möglichkeit, für die Beteiligten einigermaßen spürbare Sanktionen auszusprechen.

34 Die VO PR Nr. 1/72 über die Preise für Bauleistungen bei öffentlichen oder mit öffentlichen Mitteln finanzierte Aufträge vom 6.3.1972 wurde durch VO vom 16.6.1999 aufgehoben[7]. In der Vergabepraxis werden bei der Prüfung von Angebotspreisen nach § 24 VOB/A der Regelungsinhalt dieser VO, insbesondere die Leitsätze für die Ermittlung von Preisen für Bauleistungen weiterhin herangezogen[8].

---

1 VgV i.d.F. v. 11.2.2003, BGBl. I 169, zul. geänd. durch G v. 10.10.2013, BGBl. I 3854.
2 Vgl. *Dreher* in I/M, § 97 GWB Rz. 233.
3 *Noch*, VergabeR Kompakt, 5. Aufl. 2011, Rz. 372 ff., 394; *Leinemann*, Die Vergabe öffentlicher Aufträge, 5. Aufl. 2011, Rz. 40.
4 *Tiedemann*, Wettbewerb und StrafR, 17 ff.
5 Vgl. *Achenbach*, Das neue Recht der Kartellordnungswidrigkeiten, wistra 1999, 241; *Raum* in Langen/Bunte, § 81 GWB Rz. 10 f., 26, 91 ff.; *Grützner*, S. 112, 115.
6 § 30 Abs. 2 S. 1 OWiG i.d.F. des 8. GWBÄndG v. 26.6.2013, BGBl I 1738, 1748.
7 BGBl. I 1419.
8 *Petersen*, NZBau 2000, 549.

Die bisweilen angesprochene Möglichkeit einer Sanktion nach der Verordnung über die Preise bei öffentlichen Aufträgen[1] – *PreisV 30/53* – (ohne Bauleistungen) i.V.m. dem **Wirtschaftsstrafgesetz** 1975[2] nach §§ 4 Abs. 1, 3 Abs. 1 Nr. 1, 16 WiStG i.V.m. § 11 VO PR 30/53 kann in ihrer Wirksamkeit vernachlässigt werden, da es sich ebenfalls nur um eine Ordnungswidrigkeit (Geldbuße bis 25 000 Euro) handelt.

Als weitere, nicht strafrechtliche Sanktion bleibt es Auftraggebern vorbehalten, durch sog. **Vergabesperren**[3] Unternehmen, die sich an Preisabsprachen beteiligt haben, zukünftig zumindest für eine gewisse Zeit von der Teilnahme an Ausschreibungen und der Vergabe von Aufträgen auszuschließen (vgl. § 21 Rz. 134).[4]

35

2. Unternehmensgeldbuße

§ 30 OWiG – wie auch vergleichbare EU-Regelungen[5] (§ 57 Rz. 108, § 23 Rz. 36 ff.) – ermöglicht es, gegen Unternehmensträger oder gem. § 30 Abs. 2a OWiG deren Rechtsnachfolger[6] eine eigene Geldbuße (**Unternehmensgeldbuße**) zu verhängen, sofern eine *Führungsperson* ihrerseits eine sog. *Anknüpfungstat* (Straftat oder Ordnungswidrigkeit) begangen hat (dazu allgemein § 21 Rz. 94 ff.; § 23 Rz. 37 ff.). I.d.R. wird die Unternehmensgeldbuße in dem Verfahren verhängt, in dem die Sanktion gegen die Leitungsperson[7] ausgesprochen wird, d.h. im Bußgeld- oder im Strafverfahren gem. §§ 30 Abs. 1, 46 Abs. 1, 88 Abs. 1 OWiG, § 444 Abs. 1 StPO. Hieraus folgen ggf. unterschiedliche Rechtswege[8].

36

Um die Erfahrungen der mit Submissionsabsprachen überwiegend befassten *Kartellbehörden* zu nutzen, wurde durch das BKorrG die **Zuständigkeit** zur Sanktionierung der natürlichen Person nach Strafrecht und des Unternehmens nach Ordnungswidrigkeitenrecht **aufgespalten**[9]. Die Kartellbehörde kann in ei-

37

---

1 PR Nr. 30/53 v. 21.11.1953, BAnz. 1953 Nr. 244, zul. geänd. durch Art. 70 G v. 8.12.2010, BGBl. I 1864.
2 Zul. geänd. durch Art. 70 G v. 8.12.2010, BGBl. I 1864; vgl. *Eichler*, BB 1972, 1347 f.
3 Z.B. Gemeinsamer Runderlass der Hess. LReg. v. 14.11.2007, Hess. StAnz 2007, 2327; § 6 Abs. 1 Brem. KorruptionsregisterG (v. 17.5.2011, Brem.GBl. S. 365); G zur Einrichtung eines Registers zum Schutz fairen Wettbewerbs – GRfW v. 13.11.2013, GVOBl. Schl.-H. 405; *Dreher* in I/M, § 97 GWB Rz. 160 ff.; *Sterner*, NZBau 2001, 423; KG v. 8.12.2011 – 2 U 11/11, NZBau 2012, 389; allg. *Dreher/Hoffmann*, Sachverhaltsaufklärung und Schadenswiedergutmachung bei der vergaberechtlichen Selbstreinigung, NZBau 2012, 265.
4 *Leinemann*, Die Vergabe öffentlicher Aufträge, 5. Aufl. 2011, Rz. 708 ff.
5 Vgl. auch *Tiedemann*, NJW 1993, 23 (30).
6 *Bosch/Fritzsche*, NJW 2013, 2225 (2228).
7 OLG Celle v. 29.3.2012 – 2 Ws 81/12, wistra 2012, 318, Gründe II 2a.
8 Näher *Achenbach*, wistra 1998, 168 (169).
9 OLG Celle v. 29.3.2012 – 2 Ws 81/12, wistra 2012, 318, Gründe II 1; *Korte*, NStZ 1997, 513 (517); krit. *Achenbach*, wistra 1998, 168 (171); *Achenbach*, NJW 2001, 2232 (2233).

gener Zuständigkeit (§ 82 S. 1 Nr. 1 GWB) Geldbußen *gegen Unternehmen* in der Höhe festsetzen, die § 81 Abs. 4, 5 GWB vorsieht (§ 30 Abs. 2 S. 2, 3 OWiG)[1].

37a In der Praxis führt diese gespaltene Zuständigkeit bisweilen zu Konflikten, die durch eine bereits bewährte und in Zukunft zu verstärkende **Zusammenarbeit** zwischen den **Staatsanwaltschaften und** den **Kartellbehörden** gelöst werden sollen[2]. Ein strukturelles Problem liegt darin, dass die Kartellbehörden für Ordnungswidrigkeiten berechtigterweise nach dem Opportunitätsprinzip (§ 47 OWiG) vorgehen und deshalb im Rahmen des Hinweisgebersystems Zusagen zur Nicht-Ahndung oder prozentualen Minderung der Ahndung machen können, bevor ihnen die Details der Absprache offengelegt werden; den Staatsanwaltschaften ist es aber wegen des Legalitätsprinzips (§ 10 Rz. 17 ff.) verwehrt, im Rahmen des Verdachts einer Straftat nach § 298 StGB solche Zusagen zugunsten der persönlich Verantwortlichen vor Offenbarung der Details zu geben.

38 Ergänzend ermöglicht der Auffangtatbestand der **Aufsichtspflichtverletzung** eine Sanktionierung von Submissionsabsprachen, sofern der Geschäftsherr (Inhaber) vorwerfbar die erforderlichen Aufsichtsmaßnahmen (vgl. § 130 Abs. 1, 2 OWiG; näher § 30 Rz. 125 ff.) unterlässt[3]. Auch insoweit kann eine gesonderte Unternehmensbuße festgesetzt werden (§ 82 S. 1 Nr. 2 GWB).

3. Zuständigkeiten

39 Zuständig für die Ermittlung von **Straftaten** nach § 298 StGB ist die *Staatsanwaltschaft*. Eine Zuständigkeit der *Kartellbehörden* (§ 48 GWB) besteht insoweit nicht (wie sich aus § 82 GWB folgern lässt). Insoweit ist in diesen Fällen die Kartellbehörde verpflichtet, ein Verfahren (gegen eine natürliche Person) an die Staatsanwaltschaft abzugeben (§ 41 OWiG)[4], auch wenn zudem eine Kartell-Ordnungswidrigkeit vorliegen mag (vgl. § 21 OWiG)[5].

40 Zuständig für die Ermittlung von **Ordnungswidrigkeiten** nach dem GWB sind die *Kartellbehörden* (§ 81 Abs. 10 GWB; § 15 Rz. 121 ff.). Diese sind auch zuständig für Ordnungswidrigkeiten nach § 130 OWiG, soweit diese Zuwiderhandlungen nach § 81 Abs. 2 Nr. 1 GWB, d.h. die hier interessierenden Submissionsabsprachen, betreffen (§ 82 S. 1 GWB)[6]. Die zulässige Abgabe[7] einer Unter-

---

1   Geänd. durch G v. 13.8.1997, BGBl. I 2038; OWiG zuletzt geänd. durch G v. 10.10.2013, BGBl. I 3786.
2   BKartA, Tätigkeitsbericht 2011/2012 (BT-Drs. 17/13657), S. 32.
3   Näher *Leube*, wistra 1987, 41 ff.; *Bechtold*, NJW 1990, 481 (487); *Többens*, NStZ 1999, 1; *Grützner*, S. 116 ff.; vgl. BGH v. 25.6.1985 – KRB 2/85, NStZ 1986, 34; BGH v. 21.10.1986 – KRB 5/86, wistra 1987, 148.
4   Vgl. *Korte*, NStZ 1997, 513 (517, dort Fn. 77); *Dannecker/Biermann* in I/M, vor § 81 GWB Rz. 135.
5   *Raum* in Langen/Bunte, § 81 GWB Rz. 13; *Dannecker/Biermann* in I/M, vor § 81 GWB Rz. 134 f.
6   Vgl. *Korte*, NStZ 1997, 513 (517); *Förster* in Rebmann/Roth/Herrmann, § 30 OWiG Rz. 40a (3. Aufl. 18. Lfg. 2013).
7   *Raum* in Langen/Bunte, § 82 GWB Rz. 5.

nehmens-Bußgeldsache nach § 82 GWB, § 30 OWiG an die Staatsanwaltschaft beendet die Zuständigkeit der Kartellbehörde (§ 82 S. 2 GWB).

Nach **Einstellung** eines Ermittlungsverfahrens gem. § 154 StPO[1] oder gem. §§ 153 ff., 170 Abs. 2 StPO[2] durch die Staatsanwaltschaft ist die Kartellbehörde jedoch – sofern nichts anderes entschieden wurde – nicht gehindert, das Bußgeldverfahren nach § 81 GWB weiterzuführen[3]. Eine *Trennung von Bußgeld- und Strafverfahren* darf zuvor nicht erfolgen, wenn sich beide Verfahren auf dieselbe Tat beziehen[4]. Dies ist allerdings bei einer Tat nach § 298 StGB und einer Ordnungswidrigkeit nach § 81 Abs. 2 Nr. 1 GWB der Fall[5], sodass bei Submissionsabsprachen ein Abschluss des gerichtlichen Verfahrens, auch soweit (nur) eine Verurteilung wegen Betrugs erfolgte, grundsätzlich auch das Bußgeldverfahren, nicht jedoch jenes der Kartellbehörde nach § 30 OWiG, § 82 GWB beendet[6]. 41

Die Kartellordnungswidrigkeiten nach § 81 Abs. 2 Nr. 1 GWB **verjähren** nach § 81 Abs. 8 S. 2 GWB in fünf Jahren, gerechnet ab Schlussrechnung[7]. Die Ordnungswidrigkeit nach § 130 OWiG sowie die Sanktionierung des Unternehmens nach § 30 OWiG verjähren, gleich ob eine Tat nach § 298 StGB oder § 81 GWB Anknüpfungstat ist, ebenfalls in fünf Jahren (§ 131 Abs. 3 Alt. 1 OWiG, § 78 Abs. 3 Nr. 4 StGB bzw. § 131 Abs. 3 Alt. 2 OWiG, § 81 Abs. 3 S. 2 GWB; § 57 Rz. 146)[8]. 42

II. Europäisches Recht

Größere Projekte werden zunehmend nach EG-Richtlinien, die in den Verdingungsordnungen umgesetzt wurden[9], grenzüberschreitend ausgeschrieben[10]. Dass Submissionskartelle den Wettbewerb im **Gemeinsamen Markt** auf gleiche Weise behindern wie im nationalen Bereich, liegt auf der Hand. Insoweit kommt Art. 81 EGV bzw. nunmehr Art. 101 AEUV i.V.m. Art. 23 Abs. 2 Buchst. a KartVO[11] oder i.V.m. § 81 Abs. 1 GWB zum Zuge (dazu § 57 Rz. 41, 114 f.)[12]. Die RL über die Koordinierung der Verfahren zur Vergabe öffentlicher 43

---

1 BGH v. 19.12.1995 – KRB 33/95, BGHSt. 41, 385 = NJW 1996, 1973.
2 *Gürtler* in Göhler, § 40 OWiG Rz. 6 f., § 43 OWiG Rz. 2, 5; *Raum* in Langen/Bunte, § 81 GWB Rz. 13.
3 *Raum* in Langen/Bunte, § 81 GWB Rz. 13.
4 Vgl. *Seitz* in Göhler, vor § 59 OWiG Rz. 50 ff.
5 BGH v. 4.11.2003 – KRB 20/03, NJW 2004, 1539.
6 *Seitz* in Göhler, § 84 OWiG Rz. 15 f; *Raum* in Langen/Bunte, § 82 GWB Rz. 6 f.
7 BGH v. 4.11.2003 – KRB 20/03, NJW 2004, 1539 (1541); krit. *Achenbach*, NStZ 2004, 549 (552).
8 Näher *Korte*, NStZ 1997, 513 (517).
9 Vgl. *Steinberg*, NVwZ 2006, 1349; *Dreher* in I/M, vor §§ 97 ff. GWB Rz. 5 ff., 32 ff. Zu EU-Reformbestrebungen *Summa*, NZBau 2012, 729; *Burgi*, NZBau 2012, 601.
10 Vgl. *Schabel/Ley*, Öffentliche Auftragsvergabe im Binnenmarkt, 1996; *Heiermann/Riedl/Rusam*, VOB A/B, 13. Aufl. 2013. Zum EU-VergabeR nach der Osterweiterung vgl. *Steiff*, NZBau 2004, 75.
11 VO (EG) Nr. 1/2003 v. 16.12.2002, ABl. EG Nr. L 1 v. 4.1.2003, 1, zuletzt geänd. durch ÄndVO (EG) 487/2009 v. 25.5.2009, ABl. EG Nr. L 148, 1.
12 Zum Ganzen *Möschel*, Submissionsabsprachen, 52 ff.; vgl. auch *Dannecker/N. Müller* in W/J, Kap. 18 Rz. 170 ff.; *Achenbach* in A/R, Teil 3 Kap. 6 Rz. 12.

Bauaufträge, Lieferaufträge und Dienstleistungsaufträge vom 31.3.2004[1] sieht in Art. 45 u.a. vor, dass ein Bieter, gegen den ein rechtskräftiges Urteil ergangen ist, welches seine „berufliche Zuverlässigkeit infrage stellt", vom Vergabeverfahren ausgeschlossen werden kann.

44 Zur **Bekämpfung der Korruption** auf europäischer Ebene sind *Übereinkommen der EU-Mitgliedstaaten* in nationales Recht überführt worden[2] (§ 53 Rz. 5). Zukünftig sollen auch Ausschreibungsabsprachen erfasst werden.[3] Auf internationalem Gebiet sind bereits Rechtsnormen zur Bekämpfung der Bestechung geschaffen worden[4] (§ 53 Rz. 6).

§ 59
Betrügerische Verkaufsmethoden
Bearbeiter: Ulrich Hebenstreit (A); Markus Haas (B)

	Rz.		Rz.
A. Betrug und Verbraucherschutz	1	III. Fallgruppen	
I. Zum Verbraucherschutz		1. Zeitschriftenwerbung	20
1. Zivilrechtlicher Schwerpunkt	3	2. Unterschriftenerschleichung, Abo-Fallen im Internet	21
2. Strafrechtliche Flankierung	4	3. Zusendung von Scheinrechnungen	28
II. Fragen des Betrugstatbestandes	5	4. Provisionsvertreter	33
1. Täuschungshandlung	6	5. Fassadenbauer	35
2. Vermögensschaden	15	6. Psychologischer Kaufzwang	38
a) Eingehungsbetrug	16		
b) Erfüllungsbetrug	18		

---

1 RL 2004/18/EG, ABl. EU Nr. L 134 v. 30.4.2004, 114, und 26.11.2004, ABl. EU Nr. L 351, 44, in Kraft seit 1.5.2004, zuletzt geänd. durch Art. 91 ÄndRL (EU) 2014/24/EU v. 26.2.2014, ABl. EU Nr. L 94, 65; s. auch RL 2004/17/EG v. 31.3.2004, ABl. EU Nr. L 134, 1, Erwägung Nr. 54 und Art. 54 Abs. 3, zuletzt geänd. durch Art. 107 ÄndRL (EU) 2014/25/EU v. 26.2.2014, ABl. EU Nr. L 94, 243; vgl. *Opitz*, NZBau 2003, 183.
2 EG-FinanzschutzG (EGFinSchG) v. 10.9.1998, BGBl. II 2322; EU-BestechungsG (EUBestG) v. 10.9.1998, BGBl. II 2340, zuletzt geänd. durch G v. 21.7.2004, BGBl. I 1763; vgl. *Korte*, NJW 1998, 1464; *Hetzer*, NJW 2004, 3746; *Neuhann*, Im Schatten der Integration – OLAF und die Bekämpfung von Korruption in der Europäischen Union, 2005.
3 Art 4 Nr. 1 RL-Vorschlag – 2012/0193 (COD) v. 11.7.2012, COM(2012) 363 final.
4 G zur Bekämpfung internat. Bestechung (IntBestG) v. 10.9.1998, BGBl. II 2327.

	Rz.
B. Progressive Kundenwerbung	
I. Allgemeines	41
1. Erscheinungsformen	42
2. Sozialschädlichkeit	48
II. Wettbewerbsrechtliche Strafvorschrift	51
1. Geschäftlicher Verkehr	53

	Rz.
2. Veranlassen zur Abnahme	56
3. Abnahme von Waren, Dienstleistungen oder Rechten	58
4. Besondere Vorteile	61
5. Täterschaft und Teilnahme	64
6. Strafverfolgung	66

A. Betrug und Verbraucherschutz

Schrifttum: *Amelung*, Irrtum und Zweifel des Getäuschten beim Betrug, GA 1977, 2; *Arzt*, Betrug durch massenhafte plumpe Fälschung, in FS Tiedemann, 2008, S. 595; *Dingler*, Betrug bei Online-Auktionen, 2008; *Eser*, Die Beeinträchtigung der wirtschaftlichen Bewegungsfreiheit als Betrugsschaden, GA 1962, 289; *Gerst*, Zwischen Verkaufsgeschick und Betrug, Strafbarkeitsrisiken beim Vertrieb von Kapitalanlageprodukten am Beispiel offener Immobilienfonds, StraFo 2011, 294; *Heinz/Otto/Weber*, Konzeption und Grundsätze des Wirtschaftsstrafrechts (einschließlich Verbraucherschutz), ZStW 96 (1984), 339, 376, 417; *Kubiciel*, Wetten und Betrug, HRRS 2007, 68; *Kühne*, Geschäftstüchtigkeit oder Betrug, 1978; *Lampe*, Strafrechtliche Aspekte der „Unterschriftenerschleichung" durch den Provisionsvertreter, NJW 1978, 679; *Lenckner*, Vertragswert und Vermögensschaden beim Betrug des Verkäufers, MDR 1961, 652; *Lenckner*, Vermögensschaden und Vermögensgefährdung beim sog. Eingehungsbetrug, JZ 1971, 320; *Loch*, Der Adressbuch- und Anzeigenschwindel, 2008; *Otto*, Die strafrechtliche Bekämpfung unseriöser Geschäftstätigkeit, 1990; *Otto*, Progressive Kundenwerbung, Strukturvertrieb und Multi-Level-Marketing, WiB 1996, 281; *Otto*, Wirtschaftliche Gestaltung am Strafrecht vorbei, Jura 1999, 97; *Paschke*, Der Insertionsoffertenbetrug, 2007 (Diss. Hamburg 2006); *Rettenmaier/Kopf*, Der unlautere Abschluss und Widerruf von Fernabsatzverträgen, JR 2007, 226; *Rose*, Betrug bei Warentermingeschäften, wistra 2009, 289; *Scheinfeld*, Betrug durch unternehmerisches Werben?, wistra 2008, 167.

Mancher Käufer fühlt sich nach dem **Kaufabschluss** durch den Verkäufer betrogen, getäuscht, hereingelegt oder einfach falsch oder unzureichend informiert. Umgekehrt gilt gerade der Verkäufer als besonders clever und erfolgreich, der dem Käufer ein Produkt „angedreht" oder aufgeschwätzt hat, das dieser womöglich gar nicht braucht. Ein „aggressiver" Verkäufertyp zu sein, ist nicht selten eine unabdingbare Eignungsvoraussetzung für eine Stellenbewerbung im Vertrieb. In Seminaren und Trainingsbüchern wird das „richtige" Verkaufen vermittelt; Verkaufspsychologie ist eine eigene Disziplin, die auch die Körpersprache mit einschließt. 1

Einige **Stichwörter** mögen den Bereich der **Vertriebsmethoden** umreißen, der hier einschlägig ist: Lockvogel-Angebote[1], psychologischer Kaufzwang, moralischer Kaufzwang, Straßenwerbung, Haustürgeschäfte, Drückerkolonnen, Di- 2

---

1 Vgl. BGH v. 15.8.2002 – 3 StR 11/02, NStZ 2003, 39.

rektvertrieb, Medikamentenvertrieb[1], Kaffeefahrten[2], Zusendung unbestellter Ware[3], Zusendung von Scheinrechnungen[4], Lotterien und Ausspielungen[5], Gewinnspiele[6], Wetten[7], Preisausschreiben, progressive Kundenwerbung, Mailings[8], Kettenbriefe, Fernunterricht[9], Call-Agenten, etwa Abkassieren über teure Telefon-[10] oder Internetverbindungen, Kapitalanlagen[11] (Fondanlagen[12], Investmentgeschäfte, Warentermingeschäfte[13], Schneeballsysteme[14]).

2a   Über die **rechtliche Bewertung** derartiger Vertriebsmethoden gibt es keinen allgemeinen Konsens. Man streitet vor allem darüber, wie weit der Verbraucher gegen derartige Praktiken durch marktwirtschaftliche oder staatliche, insbesondere gesetzliche Maßnahmen zu schützen ist. Andererseits gehört die „Verbesserung des Verbraucherschutzes" seit geraumer Zeit zu den *Kernkompetenzen der EU*[15]. Der Schwerpunkt der gesetzlichen Maßnahmen liegt auf *zivilrechtlichem* Gebiet (Rz. 3 ff.); doch auch das Strafrecht (im weiteren Sinne) spielt bei diesen Schutzmaßnahmen eine wichtige Rolle (Rz. 4 ff., Rz. 51 ff.). Zum Verbraucherschutz gehört zudem ebenso der ganze Bereich der Produktsicherheit (oben § 56) wie auch große Teile des Kapitalmarktrechts (besonders das neue KAGB) einschließlich Wertpapierhandel (vgl. auch § 27, § 66).

---

1 BGH v. 29.7.2009 – 2 StR 91/09 – Krebsmittel, m. krit. Anm. *Kubiciel*, JZ 2010, 422.
2 BGH v. 15.8.2002 – 3 StR 11/02, NStZ 2003, 39.
3 Vgl. OLG Köln v. 19.10.2001 – 6 U 11/01, NJW-RR 2002, 472.
4 BGH v. 26.4.2001 – 4 StR 439/00, BGHSt 47, 1; BGH v. 4.12.2003 – 5 StR 308/03, BGHR StGB § 263 Abs. 1 Täuschung 25.
5 BGH v. 28.11.2002 – 4 StR 260/02 – Oddset-Wette, NStZ 2003, 372.
6 BGH v. 15.8.2002 – 3 StR 11/02 – Konservendose mit Erbsensuppe als „reichhaltiges Mittagsmenu", NStZ 2003, 39.
7 BGH v. 15.12.2006 – 5 StR 181/06 – Bundesliga Wettskandal I – Hoyzer, BGHSt 51, 165.
8 BGH v. 30.5.2008 – 1 StR 166/07, BGHSt 52, 227.
9 Zum Begriff des Fernunterrichts s. VG München v. 14.9.1988 – M 6 K 86.7044, NVwZ-RR 1989, 473; vgl. auch BGH v. 4.11.1992 – VIII ZR 235/91, BGHZ 120, 108; *Bülow*, NJW 1993, 2837.
10 BGH v. 15.8.2002 – 3 StR 11/02, NStZ 2003, 39 zum Betrug; s. auch BGH v. 31.3.2004 – 1 StR 482/03, StV 2004, 488; zur Täuschung bei Abschluss eines „0190-Nummervertrages" vgl. BGH v. 29.6.2005 – 4 StR 559/04, BGHSt 50, 174 (176).
11 BGH v. 26.8.2003 – 5 StR 154/03, BGHSt 48, 331 (344).
12 BGH v. 7.3.2006 – 1 StR 379/05, BGHSt 51, 10; BGH v. 7.3.2006 – 1 StR 385/05 – Villa Elvira, NStZ-RR 2006, 207.
13 BGH v. 13.11.2007 – 3 StR 462/06, BGHR StGB § 263 Abs. 1 Vermögensschaden 70.
14 BGH v. 18.2.2009 – 1 StR 731/08; BGH v. 29. 7 2009 – 2 StR 160/09.
15 Art. 4 Abs. 2 Buchst. f, Art. 169 AEUV; zuvor Art. 3 Buchst. s, Art. 129a EGV i.d.F. von Maastricht bzw. Art. 3 Buchst. t, Art. 153 i.d.F. von Amsterdam.

I. Zum Verbraucherschutz

1. Zivilrechtlicher Schwerpunkt

a) Zu den wichtigsten zivilrechtlichen Verbraucherschutznormen gehören neben umfangreichen *Informationspflichten* die **Widerrufsrechte**, etwa bei Haustürgeschäften und Fernabsatzverträgen (bisher: §§ 312 bzw. 312d BGB), bei Verbraucherverträgen (§§ 355, 356 BGB) oder Versicherungsverträgen (§ 8 VVG). Auch für den Fernunterricht (§ 4 FernUSG) oder den Erwerb von Kapitalanlagen (§ 305 KABG, zuvor § 126 InvG) gelten detailliert geregelte Widerrufsrechte.

Über das Widerrufsrecht muss in der von § 360 BGB vorgegebenen Form belehrt werden. Dann ist das Widerrufsrecht auf 14 Tage befristet (§ 355 Abs. 2 BGB). Muster für Widerrufsbelehrungen finden sich – nach Aufhebung des Art. 245 EGBGB – in Art. 246, 247 EGBGB. Fehlt die Widerrufsbelehrung oder ist sie fehlerhaft, so konnte der betreffende bisher Vertrag unbefristet widerrufen werden. Künftig endet die Widerrufsfrist – entsprechend der Richtlinienvorgabe – auch bei fehlender oder fehlerhafter Widerrufsbelehrung grundsätzlich nach einem Jahr und 14 Tagen.

Auch das *Gesetz gegen den unlauteren Wettbewerb* (**UWG**) enthält überwiegend zivilrechtliche Regelungen (zu den strafrechtlichen Normen unten Rz. 51 ff. und § 60 Rz. 8 ff.). Weiter kommen gewerberechtliche Regelungen, insbesondere das Reisegewerbe nach §§ 55, 56 GewO (§ 24 Rz. 19), in Betracht.

Im Mittelpunkt der **Normsetzung der EU** standen bisher insbesondere die Richtlinie über irreführende und vergleichende Werbung[1], die Richtlinie über den Vertragsabschluss im Fernabsatz[2] sowie die Richtlinie zu unlauteren Geschäftspraktiken[3]. Der Vorschlag der Europäischen Kommission vom Herbst 2008, die vier bestehenden Verbraucherschutzrichtlinien zusammenzufassen[4] mündete in die *EU-RL über Rechte der Verbraucher* (**VerbraucherrechteRL**)[5] vom 25.10.2011. Die neue RL geht vom Grundsatz der Vollharmonisierung aus, ermöglicht den Mitgliedstaaten jedoch durch Öffnungsklauseln in verschiedenen Bereichen, ein höheres Verbraucherschutzniveau vorzusehen. Die Mitgliedstaaten hatten bis zum 13.12.2013 Zeit, die RL in ihr innerstaatliches Recht umzusetzen; die zur Umsetzung erlassenen Vorschriften der Mitgliedstaaten sind ab 13.6.2014 anzuwenden.

Die Transformation in *deutsches* Recht erfolgte mit dem **Verbraucherrechterichtlinie-Umsetzungsgesetz**[6]. Es beinhaltet u.a. die Neufassung und Erweite-

---

1 RL 84/450/EWG v. 10.9.1984 über die irreführende Werbung, geänd. durch RL 97/55/EG v. 6.10.1997 über vergleichende Werbung.
2 RL 97/7/EG v. 20.5.1997.
3 RL 2005/29/EG v. 11.5.2005; in deutsches Recht umgesetzt mit der am 30.12.2008 in Kraft getretenen Novellierung des UWG, vgl. § 60 Rz. 1.
4 KOM (2008) 614/4 v. 8.10.2008.
5 RL 2011/83/EU, ABl. EU Nr. L 304 v. 22.11.2011, 64.
6 Der volle Titel dieses Artikelgesetzes v. 20.9.2013, BGBl. I 3642, lautet G zur Umsetzung der VerbraucherrechteRL und zur Änderung des G zur Regelung der Wohnungsvermittlung.

rung der §§ 312 ff. BGB und der §§ 355-361 BGB und zahlreicher anderer Normen. Von besonderer Bedeutung ist § 126b BGB n.F. zur Textform im elektronischen Geschäftsverkehr. Die neuen Vorschriften treten am 13.6.2014 in Kraft.

3d **b)** Am 9.10.2013 trat außerdem das **Gesetz gegen unseriöse Geschäftspraktiken**[1] in Kraft. Dieses Artikelgesetz – ebenfalls mit überwiegend zivilrechtlichem Inhalt – dient der Umsetzung von Art. 13 der Datenschutzrichtlinie für elektronische Kommunikation[2], die 2009 geändert wurde[3]. Darin wurde insbesondere die Höhe von Abmahngebühren und Inkassoforderungen – die transparent sein müssen – begrenzt. Verbraucher können nicht mehr an einem beliebigen Gericht verklagt werden, sondern nur noch an ihrem Wohnsitz. Dies ist insbesondere beim Internethandel von Bedeutung. *Bußgelder* – auch bei unerlaubter Telefonwerbung (vgl. Rz. 4a) – wurden massiv erhöht. Schließlich können Gewinnspiele nicht mehr wirksam am Telefon verabredet werden. Den weiteren Inhalt der Änderungen darzustellen, würde hier den Rahmen sprengen.

3e **c)** Verbraucherschutz ist wichtig. Gerade im Online-Geschäft muss Vorsorge getroffen werden. Die gesetzliche Regelung der oben (Rz. 2) exemplarisch genannten Praktiken macht durchaus Sinn. Andererseits fragt es sich schon, ob der nunmehr geschaffene **Regelungsumfang** wirklich hilfreich ist. Die Vorgaben treffen überwiegend seriöse Unternehmen und belasten auch diese. Es fragt sich, ob hier nicht – wie auch bei den Vorgaben hinsichtlich der Belehrungs- und Dokumentationspflichten der Banken (vgl. z.B. § 34 WpHG) – über das Ziel hinausgeschossen wurde. Ein gewisses Maß an Eigenverantwortung kann man beim mündigen Kunden voraussetzen. Der Gesetzgeber sollte nicht versuchen, jeden möglichen Lebenssachverhalt im Gesetz zu regeln. Dies führt zu überlangen und unübersichtlichen Normen, ohne tatsächlich alle zukünftig auftauchenden Fallkonstitutionen erfassen zu können. Die Ausgestaltung im Detail, insbesondere den Schutz besonders gefährdeter Personen, wie etwa ältere oder kranke Menschen, sollte man der Rechtsprechung überlassen, die dann im Einzelfall situationsgerecht – mit Präjudizwirkung für die entsprechende Gruppe – entscheiden kann.

2. Strafrechtliche Flankierung

4 Neben dem allgemeinen Tatbestand des Betrugs (Rz. 5 ff.) sind als wettbewerbsrechtliche **Spezialtatbestände** zum Schutz der Verbraucher zunächst die gesondert behandelten Tatbestände der *strafbaren Werbung*[4] (§ 16 Abs. 1 UWG; § 60 Rz. 8 ff.) und der *progressiven Kundenwerbung* nach § 16 Abs. 2 UWG (Rz. 41 ff.) zu nennen.

---

1 G v. 1.10.2013, BGBl I 3714.
2 RL 2002/58/EG des Europ. Parl. und des Rates v. 12.7.2002 über die Verarbeitung personenbezogener Daten und den Schutz der Privatsphäre in der elektronischen Kommunikation ABl. EG Nr. L 201 v. 31.7.2002, 37.
3 Art. 2 RL 2009/136/EG, ABl. EU Nr. L 337 v. 18.12.2009, 11.
4 Vgl. BGH v. 30.5.2008 – 1 StR 1166/07, BGHSt 52, 227; BGH v. 15.8.2002 – 3 StR 11/02, NStZ 2003, 39.

Dazu tritt ein relativ neuer **Bußgeldtatbestand** des § 20 UWG, der durch Art. 6 Nr. 4 des Gesetzes gegen unseriöse Geschäftspraktiken (Rz. 3d) neu gefasst wurde. Ordnungswidrig handelt, wer vorsätzlich oder fahrlässig gegenüber einem Verbraucher ohne dessen vorherige ausdrückliche Einwilligung mit einem *Telefonanruf* oder unter *Verwendung einer automatischen Anrufmaschine* wirbt (§ 20 i.V.m. § 7 Abs. 1, Abs. 2 Nr. 2 UWG n.F.). Die Zuwiderhandlung kann mit einer Geldbuße bis zu 300 000 Euro (zuvor: 50 000 Euro) geahndet werden (§ 20 Abs. 2 UWG n.F.; vgl. § 60 Rz. 7b).

4a

Vorbereitete Erklärungen über die *Einwilligung zu Anrufen* unterliegen der zivilrechtlichen Inhaltskontrolle. Der BGH hat dazu ausgeführt:

4b

„Die Vorschriften der §§ 305 ff. BGB finden auch Anwendung auf von Veranstaltern vorformulierte Erklärungen, die Verbraucher im Rahmen von Gewinnspielen abgeben und mit denen sie ihr Einverständnis zu Werbeanrufen zum Ausdruck bringen. Eine Einwilligung ist nicht bereits deshalb unwirksam, weil sie im Rahmen einer vor-formulierten Erklärung abgegeben wurde, die der Kontrolle nach §§ 305 ff. BGB unterliegt. Eine Einwilligung ist nur wirksam, wenn sie in Kenntnis der Sachlage und für den konkreten Fall erklärt wird. Dies setzt voraus, dass der Verbraucher hinreichend auf die Möglichkeit von Werbeanrufen hingewiesen wird und weiß, auf welche Art von Werbemaßnahmen und auf welche Unternehmen sich seine Einwilligung bezieht"[1].

Zur RL über irreführende und vergleichende Werbung[2] hat der **EuGH** schon mehrfach Entscheidungen getroffen, zuletzt auf Vorlage des BGH mit Urteil vom 3.10.2013[3]: Gesetzliche Krankenkassen unterliegen, auch wenn es sich um Körperschaften des öffentlichen Rechts handelt, bei der Kundenwerbung denselben Regeln wie Unternehmen; auch diese Kassen müssen sich an das EU-weite Verbot irreführender Werbung halten.

4c

II. Fragen des Betrugstatbestandes

Soweit das allgemeine Strafrecht angesprochen ist, ist insbesondere der **Betrug** (§ 263 StGB) einschlägig. Hier beweist die Vorschrift ihre Stärke: die flexible Fassung des Tatbestandes ermöglicht es, auch neue Erscheinungsformen aufzufangen. Gleichzeitig wird aber auch die Kehrseite der Flexibilität als Schwäche der Vorschrift erkennbar, denn das Strafrecht muss bestimmt und berechenbar sein. Man muss deshalb bestimmte Fallgestaltungen typisieren (näher Rz. 20 ff.).

5

Die Schwäche der weiten Fassung des Betrugstatbestandes zeigt sich insbesondere im Nachweis des Vermögensschadens. Auch wenn die Rechtsprechung mit dem von ihr geschaffenen Institut des **subjektiven Schadenseinschlags** (§ 47 Rz. 55 ff.) – individuelle Verwendbarkeit, Liquiditätsverlust und Zwang zu vermögensschädigenden Folgemaßnahmen – von rein objektiven Kriterien abgewichen ist, so müssen doch diese subjektiven Momente objektivierbar sein. Bei der Quantifizierung des Schadens ist weiter zu beachten, dass es sich zumeist um einen sog. Gefährdungsschaden handelt, der aber auf den Zeitpunkt der Vermögensverfügung (s. § 47 Rz. 58 ff.) bewertbar sein muss (Rz. 16).

5a

---

1 BGH v. 25.10.2012 – I ZR 169/10, Leitsatz.
2 RL 2005/29/EG.
3 EuGH v. 3.10.2013 – Rs. C-59/12.

Das bedeutet aber, dass der endgültige Schadenseintritt mit einem Wahrscheinlichkeitsurteil verbunden ist, und dieses Wahrscheinlichkeitsurteil kann je nach Fallgestaltung unterschiedlich ausfallen und damit auch die Schadenshöhe zum Zeitpunkt der Tatbestandsverwirklichung.

5b Die bisherige deutsche Rechtsprechung zum Betrug ist sehr **verbraucherfreundlich**. Nur extrem Leichtgläubige verlieren den Schutz des § 263 StGB. Inwieweit das auf europarechtlicher Ebene entwickelte Verbraucherbild ein Umdenken, eine neue, *europakonforme Auslegung* des Betrugstatbestandes unter Betonung der Opfermitverantwortung erfordert, ist noch offen. Das europäische Verbraucherbild orientiert sich am informierten, aufmerksamen und verständigen Verbraucher[1]. Die konsumentenfreundlichere Sicht im deutschen Strafrecht ist zwar bei innerstaatlichem Handel unproblematisch. Sie könnte aber bei grenzüberschreitendem innergemeinschaftlichem Handel mit der Warenverkehrsfreiheit nach EU-Recht kollidieren[2].

Wegen der allgemeinen Betrugsfragen wird auf die Abhandlung zum Betrug (oben § 47) verwiesen. Hier sollen nur einzelne spezifische Fragen weiter vertieft werden.

1. Täuschungshandlung

6 Die Täuschung kann **ausdrücklich** durch Vorspiegelung falscher oder Entstellung oder Unterdrückung wahrer Tatsachen erfolgen. Die Täuschungsmodalitäten überschneiden sich, es läuft letzten Endes stets auf die Täuschung über Tatsachen hinaus.

7 Die Täuschung muss sich also auf **Tatsachen** beziehen (§ 47 Rz. 10). Tatsachen sind konkrete Geschehnisse oder Zustände der Vergangenheit oder Gegenwart; Zukünftiges gehört als solches nicht hierher. Wesentlich für die Einstufung als Tatsachenbehauptung ist, ob die Aussage einer Überprüfung auf ihre Richtigkeit mit den Mitteln des Beweises zugänglich ist[3].

8 Kein taugliches Täuschungsobjekt sind auch **Werturteile** (§ 47 Rz. 12), die sich von Tatsachen dadurch unterscheiden, dass sie keinen objektivierbaren Tatsachenkern haben. Tatsachen sind also auch Angaben über die Beschaffenheit, Verkehrsfähigkeit und Herkunft sowie die Vertragsmäßigkeit einer Ware. Erklärungen über die Qualität einer Ware können Tatsachenbehauptungen sein, wenn damit zugleich gewisse Eigenschaften gekennzeichnet werden. Das Angebot einer „sicheren, kostengünstigen und langfristig hochrentablen Geldanlage" ist nicht mehr nur ein Werturteil[4]. Eine Tatsache ist die Behauptung, zur Einlagensicherung sei ein Betrag von 2,45 Mio. US-Dollar hinterlegt[5]. Das zum Verkauf angebotene Unternehmen sei „solide", ist aber nur eine Bewertung. Wird zudem behauptet, der Betrieb habe bereits zwei Aufträge im Gesamtvolumen von 250 000 Euro erhalten, enthält dies einen zur Täuschung

---

1 EuGH v. 13.1.2000 – Rs. C-220/98 – Lifting Creme, Slg. 2000, I-117.
2 Vgl. zu allem *Satzger* in S/S/W, § 263 StGB Rz. 10, 22 ff., 66 ff.
3 BGH v. 22.2.2011 – VI ZR 120/10, Rz. 10.
4 BGH v. 7.3.2006 – 1 StR 379/05, BGHSt 51, 10, Rz. 15.
5 BGH v. 27.3.2012 – 3 StR 447/11, Rz. 4.

ausreichenden Tatsachenkern[1]. Reine Rechtsausführungen ohne Behauptung anspruchsbegründender Umstände im Rahmen des § 263 StGB stellen keine Tatsachen, sondern Werturteile dar[2].

Bringt der Verkäufer seine **Meinung** in der Weise zum Ausdruck, dass er sie nicht nur als eigene Auffassung kundgibt, sondern dass er eine Eigenschaft als etwas Feststehendes hinstellt, so liegt eine Tatsachenbehauptung vor. So z.B., wenn er behauptet, die Ware sei „gut gangbar und restlos verkaufsfähig"[3] oder ein Geschäft „gehe gut"[4]. Wer dagegen nur erklärt, ein Unternehmen werde sich rentieren[5], täuscht nur, wenn er nicht in der behaupteten Weise glaubt oder hofft. Die Äußerung „Im Hinblick auf die Anlagestrategie und die speziellen Kenntnisse der Mitarbeiter überwiege die Gewinnaussicht das Verlustrisiko" ist dagegen eine Tatsachenbehauptung[6]. Eine Bonitätsbeurteilung beruht zwar auf Tatsachen. Diese werden aber nach – subjektiven – Bewertungskriterien gewichtet. So ergibt sich ein Werturteil, das aber i.d.R. nicht selbst zu einer Tatsachenbehauptung wird; es überwiegt das „Meinen" und „Dafürhalten"[7]. 9

Gleiches gilt für **Reklame**[8] (s. auch § 47 Rz. 12) und Anpreisungen; sie erfüllen nur dann die Täuschungshandlung, wenn konkrete Tatsachen nach der Verkehrsanschauung ernsthaft behauptet werden. Es kommt auch immer auf den Zusammenhang an und auf weitere Darstellungen, etwa in einem Prospekt[9]. Je allgemeiner und verschwommener die Anpreisung oder Redewendung ist, umso mehr spricht für die Annahme eines Werturteils. Hinzu kommt, dass die Verkehrsanschauung Äußerungen im Bereich der Werbung vielfach nicht als ernsthafte Behauptungen von Tatsachen mit Wahrheitsgehalt begreift[10]. Genau auf diesen Grenzbereich zielen aber viele verkaufspsychologische Argumente ab, etwa die Zukunftsprognosen von Provisionsvertretern[11]. 10

Die Täuschung braucht nicht durch ausdrückliche Erklärungen zu erfolgen; sie kann auch **konkludent** durch aktives Tun[12], aber auch durch *Unterlassen* (§ 13 StGB; § 47 Rz. 21 ff.)[13] erfolgen, wenn eine Aufklärungspflicht (§ 47 Rz. 24 ff.) besteht. Beschränkt sich der Verkäufer von unbrauchbaren Gegenständen lediglich darauf, die Gegenstände so wie sie sind vorzuweisen, liegt selbst dann 11

---

1 BGH v. 6.10.2009 – 4 StR 307/09, Rz. 5.
2 BGH v. 8.1.2013 – VI ZR 386/11, Rz. 18.
3 BGH v. 1.4.1992 – 2 StR 614/91, wistra 1992, 255.
4 RG Recht 1913, 3207; BGH v. 1.4.1992 – 2 StR 614/91 – konkurrenzlos, wistra 1992, 255.
5 BGH bei *Dallinger*, MDR 1973, 18; vgl. auch BGH v. 1.4.1992 – 2 StR 614/91, wistra 1992, 255.
6 BGH v. 13.11.2007 – 3 StR 462/06, BGHR StGB § 263 Abs. 1 – Vermögensschaden 70, Rz. 32.
7 BGH v. 22.2.2011 – VI ZR 120/10, Rz. 11.
8 BGH v. 1.4.1992 – 2 StR 614/91, wistra 1992, 255.
9 BGH v. 22.10.2009 – I ZR 73/07 – „Hier spiegelt sich Erfahrung".
10 Vgl. die Beispiele bei *Tiedemann* in LK, § 263 StGB Rz. 15.
11 OLG Köln v. 26.11.1963 – Ss 313/63, BB 1964, 154.
12 Vgl. BGH v. 15.12.2006 – 5 StR 181/06 – Sportwette, BGHSt 51, 165, Rz. 27 f.
13 Zur Garantenstellung BGH v. 17.7.2009 – 5 StR 394/08, BGHSt 54, 44, Rz. 19 ff.

keine Täuschung vor, wenn er die Mängel kennt und in der Hoffnung handelt, der andere werde sich täuschen[1]. Die Grenze zur Manipulation wird erst überschritten, wenn der Verkäufer die Chance des anderen, zur richtigen Beurteilung zu kommen, absichtlich verschlechtert. Wer im *Internet* massenhaft Waren – gegen Vorkasse – anbietet, die aus einer Insolvenzmasse stammen sollen, erklärt seine Lieferfähigkeit und Lieferwilligkeit.

12 **Grenzfälle** liegen namentlich bei mehrdeutigen oder *unvollständigen Äußerungen* vor, wenn jemand einem erkennbarerweise von ihm beim anderen hervorgerufenen Irrtum nicht widerspricht oder bei Tatsachen, die nach zivilrechtlichen Maßstäben Geschäftsgrundlage sind. Wer Ware zu einem bestimmten *Preis* anbietet (s. § 48 Rz. 16), erklärt damit nicht schon schlüssig dessen Angemessenheit und Üblichkeit.

13 Ausgehend von der zivilrechtlichen Judikatur zu Aufklärungspflichten, namentlich bei einem erheblichen Informations- und Kompetenzgefälle können im Einzelfall durchaus **Aufklärungspflichten** bestehen[2]. Den Verkäufer eines Gebrauchtwagens trifft ohne Vorliegen besonderer Anhaltspunkte für einen Unfallschaden nicht die Obliegenheit, das zum Verkauf angebotene Fahrzeug auf Unfallschäden zu untersuchen Der Händler ist grundsätzlich nur zu einer fachmännischen äußeren Besichtigung („Sichtprüfung") verpflichtet. Dann muss der Verkäufer auch nicht mitteilen, dass er weitere Nachforschungen nicht angestellt hat[3].

14 Wichtig bei spekulativen Geschäften ist der Begriff des **Orientierungsrisikos** (§ 47 Rz. 18, 22). Jeder Beteiligte hat für sich selbst zu sorgen und sich vor Benachteiligung zu schützen. Bei der Abschätzung künftiger Entwicklungen darf jeder Teilnehmer am Geschäftsverkehr seine besseren Informationen und seine bessere Sachkunde zu seinem Vorteil nutzen. Ein Minimum an Redlichkeit ist aber jedenfalls zu fordern.

2. Vermögensschaden

15 Der Vermögensschaden (§ 47 Rz. 46 ff.) ist insbesondere im Hinblick auf die beiden Fallgruppen **Eingehungs**-und **Erfüllungsbetrug** (§ 47 Rz. 63, 64) problematisch.

a) Eingehungsbetrug

16 Ein Vermögensschaden i.S. des § 263 Abs. 1 StGB tritt beim *Eingehungsbetrug* dann ein, wenn die Vermögensverfügung des Getäuschten unmittelbar zu einer nicht durch Zuwachs ausgeglichenen **Minderung des** wirtschaftlichen **Gesamtwerts seines Vermögens** führt (Prinzip der *Gesamtsaldierung*). Maßgeblich ist der Zeitpunkt der Vermögensverfügung, also der Vergleich des Vermögenswerts unmittelbar vor und nach der Verfügung.

---

[1] So schon RG v. 5.7.1886 – Rep. 1568/86, RGSt. 14, 310.
[2] Ausf. dazu *Tiedemann* in LK, § 263 StGB Rz. 5 ff.
[3] BGH v. 19.6.2013 – VIII ZR 183/12, Rz. 25, 27.

Ob etwa die *Hingabe eines Darlehens* einen Vermögensschaden bewirkt, ist daher durch einen für den Zeitpunkt der Darlehenshingabe anzustellenden Wertvergleich mit dem Rückzahlungsanspruch des Darlehensgläubigers zu ermitteln. Die Werthaltigkeit des Rückzahlungsanspruchs wird dabei durch die Bonität des Schuldners und den Wert der bestellten Sicherheiten bestimmt. Ein Schaden entsteht daher nur, wenn die vorgespiegelte Rückzahlungsmöglichkeit nicht besteht und auch gegebene Sicherheiten wertlos oder minderwertig sind.

Auch bei einer eingeschränkten oder fehlenden finanziellen Leistungsfähigkeit des Schuldners entsteht demnach **kein Schaden**, wenn und soweit der getäuschte Gläubiger über werthaltige Sicherheiten verfügt, die sein Ausfallrisiko abdecken und – ohne dass der Schuldner dies vereiteln kann – mit unerheblichem zeitlichen und finanziellen Aufwand realisierbar sind. Der Vermögensschaden muss, von einfach gelagerten und eindeutigen Fällen – etwa bei einem ohne Weiteres greifbaren Mindestschaden – abgesehen, der *Höhe nach beziffert* werden[1]. Da es immer auf die bewertbare Vermögensminderung zum Zeitpunkt der Verfügung ankommt, ist der Begriff der (schadensgleichen) Vermögensgefährdung ist verzichtbar[2]. Für die Beurteilung des Vermögenswertes von Leistung und Gegenleistung kommt es weder auf den von den Vertragsparteien vereinbarten Preis an noch darauf, wie hoch der Verfügende subjektiv ihren Wert taxiert; entscheidend für den Vermögenswert von Leistung und Gegenleistung ist vielmehr das vernünftige Urteil eines objektiven Dritten[3].

16a

Für den Eingehungsbetrug ist in den behandelten Fallgruppen das Institut des **subjektiven Schadenseinschlags** (§ 47 Rz. 56, 62) besonders wichtig. Dabei ist nicht mehr der Verkehrs- oder Marktwert der Ware allein maßgebend, sondern der auf die Person des Käufers bezogene Zweck[4], der konkrete Gebrauchs- oder Nutzungswert. Die praktisch wichtigste Fallgruppe der Zweckverfehlung war in der älteren Rechtsprechung der Zeitschriften- und Buchvertrieb; neuere Entscheidungen behandeln eine Vielzahl von Fallgruppen, so die Grundstücksnutzung[5], den Anstellungsbetrug[6], die Todesanzeigen-Fälle[7] und die Umschuldung bei einer Kreditvermittlung[8]. Bloße Affektionsinteressen oder Motive, die enttäuscht werden, begründen keinen Schaden.

17

In einem Fall, bei dem der Vertreter einer Verlagswerbefirma einen Kunden durch unwahre Vorspiegelungen zur Bestellung einer für seine Zwecke unbrauchbaren **Zeitschrift** veranlasst hatte, prüfte der BGH[9] das Vorliegen eines Eingehungsbetruges. Beim Kunden,

17a

---

1 BGH v. 4.6.2013 – 2 StR 59/13, Rz. 8.
2 BGH v. 30.3.2008 – 1 StR 488/07, BGHR StGB § 266 Abs. 1 Nachteil 65, Rz. 18 ff.; BGH v. 18.2.2009 – 1 StR 731/09, Rz. 16 ff.
3 BGH v. 13.11.2007 – 3 StR 462/06, BGHR StGB § 263 Abs. 1 – Vermögensschaden 70, Rz. 36.
4 Zur Bedeutung des Zwecks bei der Schadensbestimmung vgl. BGH v. 26.1.2006 – 5 StR 334/05.
5 BGH v. 6.9.2000 – 3 StR 326/00, NStZ-RR 2001, 41.
6 BGH v. 18.2.1999 – 5 StR 193/98, BGHSt 45, 1.
7 BGH v. 26.4.2001 – 4 StR 439/00, BGHSt 47, 1.
8 BGH v. 19.7.2001 – 4 StR 457/00, wistra 2001, 386.
9 BGH v. 16.7.1970 – 4 StR 505/69, JZ 1971, 339; krit. dazu *Lenckner*, JZ 1971, 320.

so der BGH, ist eine Vermögensschädigung gegeben, wenn der vertragliche Anspruch auf die Leistung des Täuschenden – hier auf die Lieferung der Zeitschrift – in seinem Wert hinter der Verpflichtung zur Gegenleistung des Getäuschten – hier zur Zahlung des Kaufpreises – zurückbleibt. Es kommt zur Feststellung des Vermögensschadens darauf an, ob durch den Abschluss des Bestellervertrages das Vermögen des Bestellers bereits in der Weise gefährdet worden ist, dass dies bei einer lebensnahen und daher nicht einseitig dogmatisch-zivilrechtlichen, sondern weitgehend wirtschaftlichen Betrachtungsweise einer Wertminderung und damit einer Schädigung des Vermögens gleichkommt.

b) Erfüllungsbetrug

18 Beim Erfüllungsbetrug[1] (dazu § 47 Rz. 64) werden nicht die gegenseitigen Vertragspflichten (wie beim Eingehungsbetrug), sondern das vom Getäuschten vorher erworbene Vertragsrecht und der **Wert der Leistung**, die er tatsächlich erhalten hat, verglichen. Ergibt sich hier eine Differenz zum Nachteil des Empfängers, so spricht man vom Erfüllungsschaden.

19 **Umstritten** ist[2], ob es dabei erforderlich ist, dass eine **Zusicherung** von werterhöhenden Eigenschaften Vertragsbestandteil war oder nicht. Es dürfte wohl kaum nur auf die zivilrechtlich wirksame Zusicherung ankommen; ausreichen muss eine Tatsachenbehauptung zur Eigenschaft der Sache, mag sie nun zugesichert sein oder nicht. Handelt es sich um einen Stückkauf, so kommt ein Erfüllungsbetrug wohl nur in den Fällen in Betracht, in denen der Käufer veranlasst wird, anstelle der verkauften eine andere Sache von geringerem Wert als Erfüllung anzunehmen[3]. Der praktisch häufigste Fall dürfte deshalb der Gattungskauf sein.

In einem Fall des *unechten Erfüllungsbetrugs* hat der BGH einen Schaden verneint[4]. Verkauft und übergeben wurde eine (geringerwertige) Zellwollhose mit der Behauptung, es handele sich um eine Hose aus reiner Wolle. Der Preis entsprach aber dem Marktwert einer Zellwollhose. Die Erwartung des Getäuschten, ein gutes Geschäft gemacht zu haben, ist nicht betrugsrelevant.

III. Fallgruppen

1. Zeitschriftenwerbung

20 Eine wichtige Gruppe des **Eingehungsbetrugs** bilden nach wie vor die Fälle, in denen der Besteller zum Abonnement einer für ihn unbrauchbaren Zeitschrift veranlasst wird[5]. Auch hier kommt es auf einen Vergleich der vertraglich vereinbarten Leistungen an. Die Vermögensgefährdung wird nicht dadurch beseitigt, dass der Firmeninhaber von vornherein bereit ist, auf eine bloße Beanstandung hin den Vertrag zu stornieren[6]. Entscheidend ist nicht eine dogmatisch-zivilrechtliche, sondern eine *wirtschaftliche Betrachtungsweise*. Für den Ver-

---

1 Dazu *Lenckner*, MDR 1961, 652.
2 Dazu *Lenckner*, MDR 1961, 652.
3 So *Lenckner*, MDR 1961, 652 Anm. 12.
4 BGH v. 18.7.1961 – 1 StR 606/60, BGHSt 16, 220.
5 BGH v. 16.7.1970 – 4 StR 505/69, BGHSt 23, 300; OLG Hamm v. 2.5.1969 – 3 Ss 257/69, NJW 1969, 1778; AG Mannheim v. 1.6.1960 – 3 Ms 24/60, MDR 1960, 945.
6 BGH v. 16.7.1970 – 4 StR 505/69, JZ 1971, 339.

mögensschaden kommt es dabei darauf an, ob der Besteller, noch ehe er seine Gegenleistung ganz oder teilweise erbringt, die den Vertragsabreden entgegenstehende Unbrauchbarkeit für seine Zwecke erkennt oder ob er von einer Beanstandung absehen wird.

2. Unterschriftenerschleichung, Abo-Fallen im Internet

Immer wieder kommt es vor, dass ein „Kunde" im Rahmen einer Werbeaktion aufgefordert wird, ein Los entgegenzunehmen und die Aushändigung des Gewinns zu quittieren oder den Vertreterbesuch zu bestätigen, während er in Wahrheit zu der Unterschrift für eine **vertragliche Verpflichtung** veranlasst wird. Derartige Fälle der Unterschriftenerschleichung lassen sich wie folgt differenzieren[1]: 21

Der Vertreter versetzt den Kunden in den Glauben, er gäbe keine oder jedenfalls keine ihn verpflichtende **rechtsgeschäftliche Erklärung** ab. Ein praktisch nicht ganz seltener Fall ist, dass der Vertreter ihn zur Unterschrift unter ein Vertragsformular veranlasst mit der Erklärung, es handle sich lediglich um die Bestätigung eines Vertreterbesuchs. 22

Der Kunde will zwar eine rechtlich verpflichtende Erklärung abgeben, wird von dem Vertreter aber über den wahren **Umfang der Verpflichtung** getäuscht. Der Vertreter lässt sich ein Blankett geben und füllt dieses abredewidrig aus (z.B. Datum oder Inhalt); angeblich werde nur die Richtigkeit eines „Korrekturabzugs" bestätigt[2]. 23

Täuschung, Irrtum und Vermögensverfügung sind in diesen Fällen meist unproblematisch. Schwierigkeiten macht der **Vermögensschaden**. Der BGH hat in einer Entscheidung (statt angeblicher Besuchsbestätigung wurde eine Waschmaschine bestellt)[3] bei objektiver Gleichwertigkeit von Leistung und Gegenleistung einen Vermögensschaden verneint. Ein Vermögensschaden ist danach nicht schon deshalb ohne Weiteres zu bejahen, weil der Kunde in Wahrheit nichts bestellen wollte. Bei der Prüfung des Vermögensschadens muss von dem ausgegangen werden, was der Getäuschte nach der Sachlage, die durch die Täuschung entstanden ist, und abgesehen von seinen bürgerlich-rechtlichen Verteidigungsmöglichkeiten leisten soll. Es muss mit dem verglichen werden, was ihm dafür zugesagt ist. Geschädigt ist er dann, wenn der Vergleich zu seinen Ungunsten ausfällt. Hier ist auch Raum für den subjektiven Schadenseinschlag. 24

Gelegentlich kommt es vor, dass der Vertreter auf der Vertragsurkunde das Datum des Vertragsschlusses **vordatiert**. Damit soll die rechtzeitige Ausübung eines Widerrufsrechts verhindert werden. Der Kunde ist leicht geneigt, ein falsches Datum zu übersehen. Die Erschwerung der Durchsetzung des Widerrufsrechts kann eine schadensgleiche *Vermögensgefährdung* darstellen. Besser wäre es, wenn der Kunde das Formular selbst ausfüllt; dies ist freilich eine For- 25

---

1 Dazu *Lampe*, NJW 1978, 679.
2 *Otto*, GRUR 1979, 90 (99).
3 BGH v. 20.2.1968 – 5 StR 694/67, BGHSt 22, 88.

derung an den Gesetzgeber oder an die Zivilgerichte, soweit diese den Beweiswert der Urkunde würdigen.

26 Ist die **Belehrung** über die Ausübung eines **Widerrufsrechts falsch**, so führt dies zivilrechtlich zur Unwirksamkeit der Belehrung (Rz. 3a ff.) In einer unrichtigen Belehrung wird nur ausnahmsweise eine Täuschungshandlung zu sehen sein, allenfalls dann, wenn die Belehrung grob falsch ist. Eine eventuelle Vermögensgefährdung wird beseitigt, wenn das Widerrufsrecht ohne größere Schwierigkeiten durchgesetzt werden kann.

27 Bei **Haustürgeschäften** lassen sich Vertreter gelegentlich vom Kunden ein *Bestellformular* unterschreiben, wonach der Kunde um den Besuch gebeten hat. Liegt in Wirklichkeit keine oder eine *provozierte Bestellung* vor und täuscht der Vertreter den Kunden über die rechtliche Bedeutung der Erklärung (Rz. 22), etwa mit der Behauptung, die Unterschrift unter das Bestellformular sei bloße Formsache, so kann eine Täuschungshandlung vorliegen.

27a Hierher gehören auch sie sog. **Abo-Fallen im Internet.** Damit befasste sich der BGH in einem Urteil vom 5.3.2014[1].

Der Angeklagte betrieb verschiedene kostenpflichtige Internetseiten, die jeweils ein nahezu identisches Erscheinungsbild aufwiesen, u.a. einen sog. Routenplaner. Die Inanspruchnahme des Routenplaners setzte voraus, dass der Nutzer zuvor seinen Vor- und Zunamen nebst Anschrift und E-Mail-Adresse sowie sein Geburtsdatum eingab. Aufgrund der vom Angeklagten gezielt mit dieser Absicht vorgenommenen Gestaltung der Seite war für flüchtige Leser nur schwer erkennbar, dass es sich um ein kostenpflichtiges Angebot handelte. Die Betätigung der Schaltfläche „Route berechnen" führte nach einem am unteren Seitenrand am Ende eines mehrzeiligen Textes klein abgedruckten Hinweis zum Abschluss eines kostenpflichtigen Abonnements, das dem Nutzer zum Preis von 59,95 Euro eine dreimonatige Zugangsmöglichkeit zu dem Routenplaner gewährte. Dieser Fußnotentext konnte in Abhängigkeit von der Größe des Monitors und der verwendeten Bildschirmauflösung erst nach vorherigem „Scrollen" wahrgenommen werden. Nach Ablauf der Widerrufsfrist erhielten die Nutzer zunächst eine Zahlungsaufforderung. An diejenigen, die nicht gezahlt hatten, versandte der Angeklagte Zahlungserinnerungen; einige Nutzer erhielten zudem Schreiben von Rechtsanwälten, in denen ihnen für den Fall, dass sie nicht zahlten, mit einem Eintrag bei der „SCHUFA" gedroht wurde.

Durch die auf Täuschung abzielende Gestaltung der Internetseite sei die Kostenpflichtigkeit der angebotenen Leistung gezielt verschleiert worden, so der BGH. Dies stelle eine Täuschungshandlung i.S. des § 263 StGB dar. Die Erkennbarkeit der Täuschung bei sorgfältiger Lektüre schließe die Strafbarkeit nicht aus, denn die Handlung sei gerade im Hinblick darauf unternommen worden, die bei einem – wenn auch nur geringeren – Teil der Benutzer vorhandene Unaufmerksamkeit oder Unerfahrenheit auszunutzen. Auch ein Vermögensschaden sei gegeben. Dieser liege in der Belastung mit einer bestehenden oder auch nur scheinbaren Verbindlichkeit, da die Gegenleistung in Form einer dreimonatigen Nutzungsmöglichkeit für den Nutzer praktisch wertlos sei.

Dass diese Verschleierung einer kostenpflichtigen Bestellung im Internet seit dem 1.8.2012 gem. § 312g Abs. 3 BGB[2] ausdrücklich zivilrechtlich verboten ist, schließt nicht aus, dass dies weiterhin so praktiziert wird.

---

1 BGH v. 5.3.2014 – 2 StR 616/12.
2 Eingefügt durch Art 10 des G v. 10.5.2012, BGBl. I 1084.

3. Zusendung von Scheinrechnungen

Die Zusendung von **Scheinrechnungen** kann eine Täuschungshandlung i.S. des § 263 StGB sein. Dazu zwei *BGH-Entscheidungen*: 28

a) Der Leitsatz der **ersten Entscheidung** *(Todesanzeigen im Internet)*[1] lautet: 29

„Wer Angebotsschreiben planmäßig durch Verwendung typischer Rechnungsmerkmale (insbesondere durch die hervorgehobene Angabe einer Zahlungsfrist) so abfasst, dass der Eindruck einer Zahlungspflicht entsteht, demgegenüber die – klein gedruckten – Hinweise auf den Angebotscharakter völlig in den Hintergrund treten, begeht eine (versuchte) Täuschung i.S. des § 263 Abs. 1 StGB."

Zur **Täuschungshandlung** hat der BGH dabei ausgeführt: 30

„Das Merkmal der Täuschung im strafrechtlichen Sinne ist deshalb nicht schon ohne Weiteres dadurch erfüllt, dass die Empfänger der Schreiben die ‚Insertionsofferte' missverstehen konnten und dies dem Angeklagten bewusst war. Die Täuschung stellt nach der Tatbestandsstruktur des § 263 Abs. 1 StGB die eigentliche deliktische Handlung dar, die ihrerseits Bedingung für einen darauf beruhenden Irrtum ist. Dies schließt aus, die Täuschung bereits aus einem Irrtum als solchem herzuleiten. [...] Zur tatbestandlichen Täuschung wird ein Verhalten hierbei dann, wenn der Täter die Eignung der – inhaltlich richtigen – Erklärung, einen Irrtum hervorzurufen, planmäßig einsetzt und damit unter dem Anschein ‚äußerlich verkehrsgerechten Verhaltens' gezielt die Schädigung des Adressaten verfolgt, wenn also die Irrtumserregung nicht die bloße Folge, sondern der Zweck der Handlung ist."

Auch eine „**wahre Tatsache**" als „*Fassade*" kann deshalb eine Täuschung sein[2]: 31

„Die Feststellungen belegen die hiernach vorausgesetzte objektive und subjektive Tatseite; denn danach war das vom Angeklagten verfolgte ‚Konzept' gerade darauf angelegt, mit den zwar inhaltlich wahren Schreiben bei den Adressaten Missverständnis und Irrtum hervorzurufen. Unter diesen Umständen diente der isoliert betrachtet wahre Inhalt der Schreiben lediglich als ‚Fassade', um die von vornherein in betrügerischer Absicht angestrebte Zahlung nach außen hin als vertraglich geschuldet und damit als rechtmäßig erscheinen lassen zu können. Dass sich der Angebotscharakter der Schreiben bei genauem Hinsehen aus den beigefügten Allgemeinen Geschäftsbedingungen ergab, beseitigt unter diesen Umständen die – für den (angestrebten) Irrtum kausale – tatbestandliche Täuschung nicht."

b) In der **zweiten Entscheidung**[3] hat der BGH diese Rechtsprechung bestätigt. Sie betraf eine rechnungsähnliche Offerte, ein „*Angebotsschreiben*", das einer amtlichen Rechnung glich: 32

„Leichtgläubigkeit oder Erkennbarkeit der Täuschung bei hinreichend sorgfältiger Prüfung schließen die Schutzbedürftigkeit des potenziellen Opfers und damit ggf. eine Täuschung nicht aus. Eine Täuschung kann auch konkludent erfolgen, nämlich durch irreführendes Verhalten. Eine Täuschungshandlung kann somit auch gegeben sein, wenn sich der Täter hierzu – isoliert betrachtet – wahrer Tatsachenbehauptungen bedient. In solchen Fällen wird ein Verhalten dann zur tatbestandlichen Täuschung, wenn der Täter die Eignung der – inhaltlich richtigen – Erklärung, einen Irrtum hervorzurufen, planmäßig einsetzt und damit unter dem Anschein ‚äußerlich verkehrsgerechten Verhaltens' gezielt die Schädigung des Adressaten verfolgt, wenn also die Irrtumserregung nicht die bloße Folge, sondern der Zweck der Handlung ist."

---

1 BGH v. 26.4.2001 – 4 StR 439/00, BGHSt 47, 1.
2 Krit. dazu *Scheinfeld*, wistra 2008, 167 (169).
3 BGH v. 4.12.2003 – 5 StR 308/03, wistra 2004, 103.

32a Mit dem Verschicken von **Rechnungen mit amtlichem Eindruck** nach Handelsregister- oder Marken- bzw. Patenteintragungen hat sich der BGH in einem Urteil vom 28.5.2014[1] befasst. Sie hatten ein Erscheinungsbild wie Rechnungen von den Registerstellen. Nur undeutlich wurde mitgeteilt, dass die Rechnung tatsächlich für die (tatsächlich wertlose) Eintragung in ein elektronisches Verzeichnis erging. Der BGH sah darin eine Täuschung durch konkludentes Handeln. Der Täter habe die Eignung einer – inhaltlich richtigen – Erklärung, einen Irrtum hervorzurufen, planmäßig einsetzt und damit unter dem Anschein äußerlich verkehrsgerechten Verhaltens gezielt die Schädigung des Adressaten verfolgt. Die Irrtumserregung sei der Zweck der Handlung gewesen[2].

An dieser Rechtsprechung sei auch mit Blick auf die RL 2005/29/EG des Europäischen Parlaments und des Rates vom 11.5.2005 über unlautere Geschäftspraktiken im binnenmarktinternen Geschäftsverkehr zwischen Unternehmen und Verbrauchern[3] festzuhalten. Dabei könne dahinstehen, ob die RL 2005/29/EG auch dann gilt, wenn sich die irreführende Geschäftspraktik an einen Unternehmer richtet. Denn die RL führe nicht zu einer Einschränkung des strafrechtlichen Rechtsgüterschutzes.

Mit einem ähnlichen Fall befasste sich der BGH in einem Beschluss vom 24.7.2014[4]. Auch hier sollte durch entsprechende Gestaltung der Schreiben bei den Adressaten der Irrtum hervorrufen werden, es handle sich um die Gebührenrechnungen des Registergerichts.

4. Provisionsvertreter

33 Damit sind die Fälle gemeint, dass der Vertreter **Aufträge erschwindelt oder fingiert**, um von seinem Geschäftsherrn die Provision zu erhalten. Hier ist eine differenzierende Betrachtungsweise geboten[5].

34 Hat der Provisionsvertreter **bei Kunden** Aufträge erschwindelt, so kommt ein *eigennütziger* Betrug des Vertreters zum Nachteil des Kunden nicht infrage. Es fehlt an der Stoffgleichheit (§ 47 Rz. 76 ff.), weil die vom Vertreter erstrebte Provision nicht unmittelbar aus dem Vermögen des Kunden, sondern aus dem des Geschäftsherrn fließt. Hingegen kann ein *fremdnütziger* Betrug zugunsten des Geschäftsherrn und zum Nachteil des Kunden vorliegen[6], weil es dem Vertreter i.d.R. auf eine Bereicherung seines Geschäftsherrn ankommt; dann erhält er seinerseits die Provision. Möglich ist auch ein Betrug zum Nachteil des Geschäftsherrn, weil dieser nur einen anfechtbaren Vertrag erreicht hat[7].

---

1 BGH v. 28.5.2014 – 2 StR 437/13.
2 BGH v. 28.5.2014 – 2 StR 437/13, Rz. 19 ff.
3 RL über unlautere Geschäftspraktiken; ABl. EU Nr. L 149 v. 11.6.2005, 22.
4 BGH v. 24.7.2014 – 3 StR 176/14.
5 Vgl. BGH v. 4.3.1999 – 5 StR 355/98, NStZ 1999, 353; BGH v. 4.12.2002 – 2 StR 332/02, NStZ 2003, 264.
6 BGH v. 10.1.1961 – 5 StR 563/60, NJW 1961, 684; OLG Braunschweig v. 17.3.1961 – Ss 224/60, NJW 1961, 1272; OLG Düsseldorf v. 28.6.1974 – 3 Ss 312/74, NJW 1974, 1833.
7 BGH v. 28.11.1967 – 5 StR 556/67, BGHSt 21, 384.

5. Fassadenbauer

Die Vertriebsmethoden mancher Fassadenbauer sollen hier stellvertretend für einen **Vertrieb von Werkleistungen an der Haustür** genannt werden, weil dort nicht ganz selten sehr problematische „Verkaufstricks" angewendet werden. Man besorgt sich die Adressen von Bauherrn, sucht sie an der Baustelle auf, die Post legt teilweise Antwortkarten für „Informationen" der Telefonrechnung bei, man tritt als Vertreter von Institutionen auf, die mit einer Behörde verwechselt werden können usw. Bei dem Besuch werden die Bauherrn dann zu einem Vertragsabschluss überredet, etwa mit dem Argument, man könne nicht noch einmal kommen, weil das zu teuer wäre; das Haus sei dann ein Musterhaus, Interessenten würden dann zu dem Musterhaus geschickt und der Bauherr bekäme aus deren Abschlüssen Provisionen.

35

Einen **typischen Fall** hat der BGH entschieden[1]. Die angeklagten Fassadenbauer warben mit besonders günstigen (Material-)Preisen, glichen jedoch ihre Mindereinnahmen dadurch aus, dass sie stattdessen jedoch eine erheblich größere Materialmenge (Aluminium) verarbeiteten, als notwendig gewesen wäre. Der BGH verneinte einen *Eingehungsbetrug*, weil durch den günstigen Vertragsinhalt ihr Vermögensstand nicht verschlechtert wurde. Der BGH bejahte jedoch einen *Erfüllungsbetrug*, obwohl seriöse Firmen insgesamt den gleichen Preis verlangt hätten, weil über den Umfang der nach dem Vertrag zu erbringenden Leistungen getäuscht wurde.

36

Auch die Tricks der „**Dachhaie**" laufen nach einem ganz gleichartigen Muster ab:

37

Drückerkolonnen tauchen an der Haustür meist älterer Gebäude auf und geben vor, Reparaturbedarf entdeckt zu haben. Sie bieten dann vermeintlich kostengünstige Dachsanierungsmaßnahmen oder kleinere Reparaturen an. Plötzlich werden scheinbar große Schäden festgestellt, die nicht sofort gesehen worden seien und dringend repariert werden müssten. Ein Trick ist es, gleich aufs Dach zu steigen und dem Kunden danach einen – vorbereiteten – beschädigten Ziegel zu zeigen. Herrschen Sturm und Regen, dann kann die besondere Dringlichkeit der Reparatur noch besser vorgetäuscht werden. Das Geschäft kommt dann an der Haustür zustande. Das zweiwöchige Widerrufsrecht des Kunden wird ausgehebelt, indem die Baustelle noch am gleichen Tag eingerichtet und sofortige (Bar-)Zahlung verlangt wird. Die Kosten für den Hausbesitzer sind dann plötzlich unerwartet hoch. Die Arbeiten werden häufig von ungelernten Hilfskräften ausgeführt. Mit Mängeln ist deshalb zu rechnen. Die Gewährleistung ist faktisch kaum durchsetzbar.

6. Psychologischer Kaufzwang

Methoden des psychologischen Kaufzwangs[2] spielen in der Praxis eine große Rolle, schlagen sich aber, soweit erkennbar, vorwiegend in der zivilrichterlichen Rechtsprechung zum Wettbewerbsrecht nieder, insbesondere im Zusam-

38

---

1 BGH v. 21.12.1983 – 3 StR 566/83, NJW 1985, 75.
2 Vgl. BGH v. 26.3.1998 – I ZR 231/95 – Schmuck-Set, WRP 1998, 727; BGH v. 18.9.1997 – I ZR 119/95, MDR 1998, 671 = NJW-RR 1998, 401; BGH v. 7.5.1992 – I ZR 176/90, MDR 1992, 1141 = NJW-RR 1992, 1192; BGH v. 17.2.2000 – I ZR 239/97, MDR 2000, 1263 = NJW-RR 2000, 1136.

menhang mit den §§ 3 ff. UWG in Form von **Gewinnspielen**[1], *Werbegeschenken*[2], *Preisausschreiben*[3] oder *Glückscoupons*[4]. Ähnliche Bedeutung haben *Lockvogelangebote*[5].

39 Möglich ist hier ein Vergehen nach § 16 Abs. 1 UWG (§ 60 Rz. 8 ff.); es stellt sich aber auch die Frage nach einem Vergehen des *Betrugs* (oben § 47). I.d.R. wird aber schon das Tatbestandsmerkmal der **Täuschung** problematisch sein, zumal es schwer zu beweisen ist. Häufig wird die Täuschung nicht explizit zu erkennen sein; das ist geradezu typisch für den psychologischen Kaufzwang. Hinzu kommt, dass über Tatsachen getäuscht werden muss.

40 Von besonderer Bedeutung sind die **Staatsverträge zur Regelung des Glücksspiels**.

Zur Bekämpfung der Spielsucht schlossen die 16 Bundesländer im Jahr 2007 den Staatsvertrag zum Glücksspielwesen in Deutschland (GlüStV), der bundeseinheitliche Rahmenbedingungen für die Veranstaltung von Glücksspielen schuf. Der Inhalt entsprach den Vorgaben des BVerfG[6]. Er trat am 1.1.2008 in Kraft. Am 8.9.2010 entschied der Europäische Gerichtshof[7], dass das im Glücksspielstaatsvertrag verankerte Sportwettmonopol für staatliche Anbieter nicht gerechtfertigt ist. Er verwies auf die intensive Werbung der staatlichen Gesellschaften, die der Suchtprävention als notwendiger Grundlage eines Glücksspielmonopols zuwiderlaufen würden. Am 31.12.2011 trat der GlüStV wieder außer Kraft, da die Ministerpräsidenten und Regierenden Bürgermeister der Bundesländer seine Fortgeltung über dieses Datum hinaus nicht beschlossen hatten (§ 28 Abs. 1 S. 1 GlüStV a.F.). Gleichwohl galten seine wesentlichen Bestimmungen in 15 Ländern – ohne Schleswig-Holstein – als Landesrecht bis zum Inkrafttreten eines neuen Staatsvertrages fort.

40a Am 15.12.2011 unterzeichneten alle Bundesländer (mit Ausnahme von Schleswig-Holstein) einen **Glücksspieländerungsstaatsvertrag**. Er beendet u.a. das Vertriebsverbot für Lotto über das Internet, ermöglicht einen grenzüberschreitenden Lotto-Jackpot und Spielbankenwerbung. Nicht mehr enthalten sind die im Entwurf vom April 2011 noch enthal-

---

1 BGH v. 4.12.1986 – I ZR 170/84, MDR 1987, 468 = NJW 1987, 908; BGH v. 16.3.1989 – I ZR 241/86, MDR 1989, 791 = NJW-RR 1989, 811; BGH v. 29.6.1989 – I ZR 180/87, MDR 1990, 128 = NJW 1989, 3013; BGH v. 7.7.1994 – I ZR 104/93, MDR 1995, 279 = NJW 1994, 2953; BGH v. 7.7.1994 – I ZR 162/92, MDR 1995, 280 = NJW 1994, 2954; BGH v. 2.2.1995 – I ZR 31/93, MDR 1996, 492 = NJW-RR 1995, 808; BGH v. 16.10.1997 – IX ZR 10/97, NJW 1998, 385 (386); BGH v. 5.2.1998 – I ZR 151/95, MDR 1998, 1176 = NJW-RR 1998, 1199; BGH v. 17.2.2000 – I ZR 239/97, MDR 2000, 1263 = NJW-RR 2000, 1136; BGH v. 11.4.2002 – I ZR 225/99, MDR 2002, 1445 = NJW-RR 2002, 1466; BGH v. 26.4.2001 – I ZR 314/98, BGHZ 147, 296 = MDR 2001, 1369 = BGHReport 2001, 651 m. Anm. *Spätgens*.
2 BGH v. 30.5.2008 – 1 StR 166/07, BGHSt 52, 227; OLG Stuttgart v. 20.2.1987 – 2 U 234/86, NJW-RR 1987, 1131; OLG Stuttgart v. 17.7.1987 – 2 U 41/87, NJW-RR 1988, 292; OLG Hamburg v. 5.7.1984 – 3 U 42/84, GRUR 1984, 825; OLG Köln v. 22.1.1989 – 6 U 112/87, NJW-RR 1989, 750.
3 OLG Stuttgart v. 19.2.1986 – 1 U 166/85, MDR 1986, 756; KG v. 22.4.1986 – 5 U 598/86; KG v. 27.6.1986 – 5 U 475/86, NJW-RR 1987, 420; OLG Köln v. 30.11.1984 – 6 U 262/84, WRP 1985, 294.
4 OLG Düsseldorf v. 9.7.1987 – 2 U 208/86, WRP 1988, 39.
5 OLG Köln v. 4.11.1984 – 6 U 279/83, GRUR 1984, 827.
6 BVerfG v. 28.3.2006 – 1 BvR 1054/01.
7 EuGH v. 8.9.2010 – Rs. C-316/07.

tenen Websperren von Online-Casinos. Zur Umsetzung des Änderungsstaatsvertrages wurden in den Jahren 2011 und 2012 auf Länderebene Ausführungsgesetze beschlossen. Schleswig-Holstein schuf eigene Bestimmungen.

Das Glücksspielkollegium der Länder beschloss im Dezember 2012 gem. § 5 Abs. 4 S. 1 GlüStV, § 6 Abs. 2 VwVGlüStV gemeinsame Richtlinien zur Konkretisierung von Art und Umfang der nach § 5 Abs. 1-3 GlüStV erlaubten Werbung (Werberichtlinie)[1]. Die Entwicklungen auf EU-Ebene könnten Änderungen für die deutsche Gesetzgebung mit sich bringen. Im März 2011 stellte die Europäische Kommission ein Grünbuch[2] vor, welches einen Konsultationsprozess zur künftigen Regulierung des Online-Glücksspiel-Marktes in der EU in Gang gesetzt hat.

B. Progressive Kundenwerbung

Schrifttum: *Beckemper*, Die Strafbarkeit des Veranstaltens eines Pyramidenspiels nach § 6c UWG, wistra 1999, 169; *Brammsen/Apel*, Madoff, Phoenix, Ponzi und Co, – Bedarf das „Schneeballverbot" der progressiven Kundenwerbung in § 16 II UWG der Erweiterung?, WRP 2011, 400; *Brammsen/Apel*, Anm. zur Entscheidung des BGH vom 24.02.2011 – Az. 5 StR 514/09, EWiR 2011, 439; *Dornis*, Der „Schenkkreis" in der Strafbarkeitslücke?, WRP 2007, 1303; *Granderath*, Strafbarkeit von Kettenbriefaktionen!, wistra 1988, 173; *Lampe*, Strafrechtliche Probleme der „progressiven Kundenwerbung", GA 1977, 33; *Lampe* in HWiStR, Art „Kundenwerbung, progressive"; *Otto*, Die Reform des strafrechtlichen Schutzes gegen irreführende Werbung, GRUR 1982, 274; *Otto*, „Geldgewinnspiele" und verbotene Schneeballsysteme nach § 6c UWG, wistra 1997, 81; *Otto*, Wirtschaftliche Gestaltung am Strafrecht vorbei, Jura 1999, 97; *Otto/Brammsen*, Progressive Kundenwerbung, Strukturvertrieb und Multi-Level-Marketing, WiB 1996, 281; *Richter*, Strafloses Betreiben eines Kettenbriefsystems, wistra 1987, 276; *Richter*, Kettenbriefe doch straflos?, wistra 1990, 216; *Wegner*, Reform der „Progressiven Kundenwerbung" (§ 6c UWG), wistra 2001, 171; *Weitemeier/Große*, System- und Kettenspiele, Kriminalistik 1996, 787; *Wünsche*, Abgrenzung zulässiger Multi-Level-Marketing-Systeme von unzulässiger progressiver Kundenwerbung, BB 2012, 273.

I. Allgemeines

Die progressive Kundenwerbung verbindet die **Vertriebsorganisation** des werbenden Unternehmens mit der Werbung von Kunden durch Kunden. Sie bezieht Kunden in der Weise in den Vertrieb ein, dass sie ihnen für den Fall der Anwerbung weiterer Kunden besondere Vorteile (Preisnachlässe, Sonderleistungen) in Aussicht stellt. Die Werbung ist deshalb „*progressiv*", weil dem von dem ersten Kunden geworbenen Kunden nach dem vom Werbenden geplanten System entsprechende Vorteile für die Werbung weiterer Kunden gewährt werden[3].

41

---

1 MBl. NRW 2013, 15 ff.
2 Grünbuch der Europ. Kommission „Online-Glücksspiele im Binnenmarkt" – SEK(2011) 321.
3 Vgl. BT-Drs. 9/1707, 14; BT-Drs. 10/5058, 38; *Brammsen* in MüKo-LauterkeitsR, § 16 UWG Rz. 56.

1. Erscheinungsformen

42 Als **Grundformen** der progressiven Kundenwerbung sind das *Schneeball-* und das *Pyramidensystem* zu nennen[1], wobei sich beide Formen häufig nicht streng trennen lassen und ineinander übergehen. Eine spezielle Ausformung der progressiven Kundenwerbung stellen *Kettenbriefsysteme* dar.

43 Bei einem **Schneeballsystem** schließt der Veranstalter mit Verbrauchern *Abnahmeverträge*, die für den Fall besondere Vorteile in Aussicht stellen, dass weitere Abnahmeverträge vermittelt werden[2]. Darunter können auch Franchise-Verträge fallen[3].

44 Von einem **Pyramidensystem** spricht man dann, wenn Verbraucher (durch Vortäuschen leichter und attraktiver Möglichkeiten der Weiterveräußerung) zur Abnahme von Waren oder sonstiger Leistungen veranlasst werden, für die sie selbst keine oder keine ausreichende Verwendung haben und die sie deshalb selbst oder über Dritte *weiterverkaufen* müssen[4]. Im Pyramidensystem tritt der Veranstalter folglich vertraglich nur gegenüber den zunächst angeworbenen Verbrauchern in Erscheinung[5]. Im Gegensatz zum Schneeballsystem fließt der Geldstrom über den Absatzmittler, der die Verträge mit den neu angeworbenen Verbrauchern selbst abschließt.

45 Dem Pyramidensystem ist der Fall verwandt, bei dem **Vertragshändler** angeworben werden[6], indem sie über die *Konkurrenzlosigkeit* des zu vertreibenden Produkts und über die Aussichten einer längerfristigen Erwerbsquelle getäuscht werden. Hier kommen ein Vergehen nach § 16 Abs. 1 UWG und ein Betrug in Betracht[7].

46 Bei **Kettenbriefen**[8] erwirbt ein Teilnehmer – i.d.R. gegen Zahlung eines festen Entgelts – eine Liste (Kettenbrief), die Anschriften mehrerer Personen und die Spielregeln enthält. Nach diesen Spielregeln soll er an die an erster Stelle der Liste stehende Person einen Geldbetrag bezahlen, den Namen dieser Person

---

1 Vgl. *Lampe* in HWiStR, „Progressive Kundenwerbung", S. 1.
2 Beispiele: BGH v. 3.12.1954 – I ZR 262/52, BGHZ 15, 356; LG Frankfurt/M v. 4.6.1986 – 2/6 O 626/85, wistra 1987, 36; OLG München v. 12.9.1985 – 5 U 4430/85, wistra 1986, 34; BFH v. 28.6.1996 – X B 15/96, BFH/NV 1996, 743; BFH v. 28.6.1996 – X B 148/96, BFH/NV 1996, 750; BFH v. 14.5.1997 – XI B 145/96, BFH/NV 1997, 658; BFH v. 22.7.1997 – VIII R 73/95, BFH/NV 1998, 300; BFH v. 7.10.1997 – VIII R 40/97, BFH/NV 1998, 958.
3 BGH v. 1.4.1992 – 2 StR 614/91, wistra 1992, 255; OLG München v. 12.9.1985 – 5 U 4430/85, wistra 1986, 34.
4 Beispiele: BGH v. 22.10.1997 – 5 StR 223/97, BGHSt 43, 270; BGH v. 22.4.1997 – XI ZR 191/96 – Sittenwidrigkeit des „World Trading System", NJW 1997, 2314; LG München v. 14.7.1997 – W 5 KLs 65 Js 35152/96; s. auch LG Offenburg v. 7.8.1997 – 2 O 90/96, WRP 1998, 85; OLG Frankfurt v. 17.5.1994 – 14 U 153/93, WRP 1994, 848; VG Berlin v. 25.11.1995 – 25 A 166/94, VuR 1997, 52 zur Frage der Qualifikation als Bankgeschäft; BGH v. 10.11.2005 – III ZR 72/05 – Schenkkreis, NJW 2006, 45.
5 *Ebert-Weidenfeller* in A/R, 3. Teil 3. Kap. 3 Rz. 42 f. (S. 319).
6 Vgl. BGH v. 1.4.1992 – 2 StR 614/91, wistra 1992, 255.
7 OLG Frankfurt v. 22.5.1985 – 5 Ws 10/84, wistra 1986, 31.
8 Vgl. BGH v. 29.9.1986 – 4 StR 148/86, BGHSt 34, 171 (179).

von der Liste streichen und seinen eigenen Namen sowie seine Anschrift an die letzte Stelle der Liste setzen. Anschließend soll er die Liste weiterveräußern.

Kettenbriefe treten in vielfältigen **Erscheinungsformen** auf; es gibt sog. *Selbstläufersysteme*, bei denen der Initiator das Spiel nur in Gang setzt, ohne es anschließend zu überwachen, und (zentral) *verwaltete Kettenbriefsysteme*. Bei Letzteren kann der Veranstalter die Gefahr ausschließen, dass Mitspieler durch Manipulationen ihre Gewinnchance erhöhen, und gleichzeitig für seine Arbeit Gebühren verlangen[1]. Zivilrechtlich werden Kettenbriefe als sittenwidrig nach § 138 BGB und § 1 UWG eingestuft[2]. 47

2. Sozialschädlichkeit

Das schadensträchtige Risiko der progressiven Kundenwerbung besteht darin, dass sich das „System" sehr schnell in **geometrischer Reihe** ausweitet und zu einer „*Verstopfung*" des Marktes führt (salopp gesagt: „Den Letzten beißen die Hunde."). 48

Da keiner der Kunden einen ausreichenden Überblick über den Entwicklungsstand des „Systems" hat, sind die Werbechancen aller Kunden mit einem **erheblichen Risiko** behaftet. Dieses Risiko verleiht der progressiven Kundenwerbung einen aleatorischen (glückspielartigen) Charakter, der viele Kunden reizt und damit die Gefährlichkeit der Werbeform für den einzelnen Kunden noch erhöht[3]. 49

Bei einem **Schneeballsystem** ist die Sozialschädlichkeit darin begründet, dass Verbraucher durch die Aussicht auf scheinbar kostenlosen oder wenigstens verbilligten Erwerb zu Aufwendungen veranlasst werden, die sie sonst nicht getätigt hätten, und weil sie ferner dazu verleitet werden, weitere Verbraucher zum Abschluss gleichartiger Geschäfte zu bewegen[4]. Bei einem **Pyramidensystem** werden Verbraucher zur Abnahme von so großen und zumeist kaum absetzbaren Warenvorräten veranlasst, dass sie leicht ihre wirtschaftliche Existenz aufs Spiel setzen und infolgedessen andere Verbraucher einspannen und in die gleiche Lage bringen. 50

II. Wettbewerbsrechtliche Strafvorschrift

Da die allgemeinen Straftatbestände (§§ 263, 284, 285 StGB) die progressive Kundenwerbung nicht befriedigend erfassten[5] und zudem zivilrechtliche Sank- 51

---

1 Vgl. BayObLG v. 21.3.1990 – RReg 4 St 226/89, wistra 1990, 240; *Rengier* in Fezer, § 16 UWG Rz. 133.
2 OLG München v. 12.9.1985 – 5 U 4430/85, wistra 1986, 34; AG Berlin Charlottenburg v. 18.6.1988 – 91 AR 214/88, GewArch 1988, 348; OLG Karlsruhe v. 10.5.1989 – 6 U 282/88 – Karlsbader Goldkreis, WRP 1989, 812.
3 Vgl. BT-Drs. 9/1707, 14.
4 BGH v. 3.12.1954 – I ZR 262/52, BGHZ 15, 356 (369).
5 Vgl. BT-Drs. 9/1707, 14 f.; BGH v. 9.3.1976 – 1 StR 610/75, GA 1978, 332; StA München I, Einstellungsverfügung v. 30.7.1985, wistra 1986, 36 (37); OLG Frankfurt v. 22.5.1985 – 5 Ws 10/84, wistra 1986, 31; *Rengier* in Fezer, § 16 UWG Rz. 121.

tionen[1] als nicht ausreichend angesehen wurden, wurde durch das 2. WiKG die Strafvorschrift des § 6c UWG **„Progressive Kundenwerbung"** eingefügt. Bei der im Jahr 2004 erfolgten Neufassung des UWG[2] wurde der Straftatbestand mit geringfügigen Änderungen[3] in den Abs. 2 von § 16 UWG „Strafbare Werbung" übernommen.

52 Nach **§ 16 Abs. 2 UWG** macht sich strafbar, wer es im geschäftlichen Verkehr unternimmt, Verbraucher zur Abnahme von Waren, Dienstleistungen oder Rechten durch das Versprechen zu veranlassen, sie würden entweder vom Veranstalter selbst oder von einem Dritten besondere Vorteile erlangen, wenn sie andere zum Abschluss gleichartiger Geschäfte veranlassen, die ihrerseits nach der Art dieser Werbung derartige Vorteile für eine entsprechende Werbung weiterer Abnehmer erlangen sollen.

1. Geschäftlicher Verkehr

53 Das Merkmal geschäftlicher Verkehr umfasst jede Tätigkeit, die irgendwie der Förderung eines beliebigen Geschäftszweckes dient. Hierzu zählt jede selbständige, wirtschaftliche Zwecke verfolgende Tätigkeit, in der eine Teilnahme am Erwerbsleben zum Ausdruck kommt. Zum geschäftlichen Verkehr gehört demnach die geschäftliche Betätigung im weitesten Sinne; unerheblich ist es dabei, ob ein Gewinn erzielt wird[4].

54 In den Fällen von Schneeball- und Pyramidensystemen ist das Tatbestandsmerkmal regelmäßig erfüllt. Bedeutung erlangt es indessen vor allem bei **Kettenbriefsystemen** (s. Rz. 47). Nicht tatbestandsmäßig sind die sog. *Selbstläufersysteme*, da es sich dabei nur um „private Rechtsbeziehungen" und nicht um einen geschäftlichen Verkehr i.S. des UWG handelt[5]. Demgegenüber wird das Merkmal bei *verwalteten Kettenbriefsystemen* als erfüllt angesehen[6].

55 Ein (zusätzliches) wettbewerbsrechtliches Element ist nicht Voraussetzung einer Strafbarkeit nach § 16 Abs. 2 UWG[7]. Die – von der Rechtsprechung des

---

[1] Dazu BGH v. 22.4.1997 – XI ZR 191/96, NJW 1997, 2314; OLG München v. 12.9.1985 – 5 U 4430/85, wistra 1986, 34; LG Offenburg v. 7.8.1997 – 2 O 90/96, WRP 1998, 85.
[2] G v. 3.7.2004, BGBl. I 1414; vgl. auch BT-Drs. 15/1487, 26.
[3] Der geschützte Personenkreis, der zuvor alle Nichtkaufleute umfasste, wurde auf Verbraucher beschränkt, weil nach Ansicht des Gesetzgebers nur insoweit ein erhebliches Gefährdungspotenzial vorliegt, vgl. BT-Drs. 15/1487, 26.
[4] BGH v. 12.10.1993 – 1 StR 417/93, wistra 1994, 24; BGH v. 22.10.1997 – 5 StR 223/97, BGHSt 43, 270; OLG Karlsruhe v. 10.5.1989 – 6 U 282/88, WRP 1989, 812; *Rengier* in Fezer, § 16 UWG Rz. 137; *Krehl* in LK, Vor § 287 StGB Rz. 16.
[5] BGH v. 29.9.1986 – 4 StR 148/86, BGHSt 34, 171 (179); BayObLG v. 21.3.1990 – RReg 4 St 226/89, wistra 1990, 240; *Brammsen* in MüKo-LauterkeitsR, § 16 UWG Rz. 86.
[6] OLG Karlsruhe v. 10.5.1989 – 6 U 282/88, WRP 1989, 812; *Rengier* in Fezer, § 16 UWG Rz. 138.
[7] *Krehl* in LK, Vor § 287 StGB Rz. 16; *Dreyer* in Harte-Bavendamm/Henning-Bodewig, § 16 UWG Rz. 51 f.

BGH[1] abweichende – Auffassung des OLG Rostock[2], ein **wettbewerbsrechtlicher Bezugspunkt** sei erforderlich, findet im Gesetz keine Stütze. Auch die Ersetzung des Begriffs „Nichtkaufleute" durch den Begriff „Verbraucher" durch die UWG-Reform 2004 spricht eher gegen einen wettbewerbsrechtlichen Bezugspunkt. Diese Auffassung ist zudem schon vom tatsächlichen Ausgangspunkt her unzutreffend. Zum einen kann es keinen „Wettbewerb" zwischen strafrechtlich verbotenen wirtschaftlichen Tätigkeiten (kein Sondermarkt „kriminelle Erwerbstätigkeit") geben. Zum anderen steht die progressive Kundenwerbung durchaus im Wettbewerb mit dem legalen Geldanlagemarkt und ähnlichen Vertriebsformen, was zahlreiche Urteile der Zivil- und der Finanzgerichte zeigen.

2. Veranlassen zur Abnahme

Die **Tathandlung** besteht darin, Verbraucher[3] durch das Versprechen besonderer Vorteile zur Abnahme von Waren, Dienstleistungen oder Rechten zu veranlassen. Maßgebender Zeitpunkt der Verbrauchereigenschaft ist der Zeitpunkt, in dem der Geworbene erstmals durch das Absatzkonzept des Veranstalters in der Weise angesprochen wird, dass die Werbung unmittelbar in die Abnahme des Produktes einmünden soll[4]. Das *Veranlassen zur Abnahme* ist weit auszulegen und umfasst alle Handlungen, die darauf abzielen, den Verbraucher zur Abnahme von Waren, Dienstleistungen oder Rechten zu bewegen[5]. 56

Das Merkmal „**unternimmt**" bringt zum Ausdruck, dass es nicht erforderlich ist, dass dem Veranstalter die Anwerbung von Kunden zur Werbung weiterer Kunden schon gelungen ist[6]. Es reicht bereits der *Versuch* einer solchen Anwerbung aus (sog. Unternehmensdelikt; vgl. § 11 Abs. 1 Nr. 6 StGB; § 23 Rz. 8). Es reicht ferner aus, dass das System auf die weitere Anwerbung ausgerichtet ist, ohne dass der Erstkunde den Zweitkunden und dieser die weiteren Abnehmer gerade durch das Inaussichtstellen der Vorteile zum Abschluss veranlassen muss („nach der Art dieser Werbung"). Auch müssen die Gegenstände nicht vollständig gleich sein, es genügen „gleichartige Geschäfte" und „derartige Vorteile". 57

3. Abnahme von Waren, Dienstleistungen oder Rechten

Abnahme bedeutet ein entgeltliches Erwerben, unabhängig davon, wie das Entgelt bezeichnet wird (z.B. Kaufpreis, Gebühr oder Unkostenbeteiligung)[7]. 58

Der **Warenbegriff** wird allgemein weit verstanden und umfasst alle vermögenswerten wirtschaftlichen Güter, die Gegenstand des geschäftlichen Verkehrs 59

---

1 BGH v. 22.10.1997 – 5 StR 223/97, BGHSt 43, 270.
2 OLG Rostock v. 31.3.1998 – I Ws 9/97, wistra 1998, 234; vgl. auch OLG Brandenburg v. 16.7.2002 – 2 Ws 373/00, wistra 2003, 74.
3 Für den Verbraucherbegriff gilt § 13 BGB entsprechend (vgl. § 2 Abs. 2 UWG). Vgl. dazu auch *Olesch*, WRP 2007, 908 und *Brammsen/Apel*, EWiR 2011, 439.
4 Vgl. BGH v. 24.2.2011 – 5 StR 514/09, BGHSt 56, 174; a.A. OLG Sachsen-Anhalt v. 18.11.2009 – 1 Ws 673/09, OLGSt UWG § 16 Nr. 1.
5 *Rengier* in Fezer, § 16 UWG Rz. 141; *Brammsen* in MüKo-LauterkeitsR, § 16 UWG Rz. 79.
6 Vgl. BT-Drs. 10/5058, 39.
7 *Krehl* in LK, Vor § 287 StGB Rz. 15.

sein können. Folglich fallen neben beweglichen körperlichen Sachen auch unbewegliche Sachen und Rechte darunter[1].

60 Der **Erwerb eines Mitgliedschaftsrechts** ist, auch wenn keine Waren abgenommen werden (etwa in einem Pyramidensystem), die Abnahme eines Rechts[2]. Im Allgemeinen gewährt eine solche Mitgliedschaft ein *Provisionsversprechen* für den Fall der Anwerbung weiterer Mitglieder. Dieses Provisionsversprechen begründet eine Chance oder Exspektanz zur Erlangung der Provision durch die werbende Tätigkeit („Lizenz zur Anwerbung"). Darüber hinaus stellt bereits die Mitgliedschaft als solche – ähnlich wie die Mitgliedschaft in einer Börse – einen Vermögenswert dar. Je höher das Mitglied in der Pyramide steht, desto wertvoller ist das Mitgliedschaftsrecht (Provisionen am angeworbenen Stamm), über das – wenn dies zivilrechtlich und strafrechtlich zulässig wäre – auch verfügt werden könnte. Ansprüche auf *Schulung* und Dienstleistungen mögen gleichfalls wirtschaftliche Vorteile sein, sie sind aber – da sie eher vorgeschoben werden, um den hohen „Mitgliedsbeitrag" zu „rechtfertigen" – von untergeordneter Bedeutung. Der eigentliche wirtschaftliche Wert besteht in der aufgrund der Mitgliedschaft gewährten Chance, an der progressiven Mitgliederwerbung zu verdienen.

4. Besondere Vorteile

61 Den Teilnehmern müssen besondere Vorteile für den Fall der Anwerbung versprochen werden. Darunter sind solche Vorteile zu verstehen, die nach ihrer Beeinflussungswirkung geeignet sind, die **typische Dynamik** eines Systems der progressiven Kundenwerbung in Gang zu setzen[3]. Das Merkmal des „besonderen Vorteils" soll geringwertige Vorteile ausscheiden, die nicht geeignet sind, die besondere Dynamik der Werbung auszulösen.

62 Der besondere Vorteil ist nicht identisch mit dem durch die Mitgliedschaft begründeten Provisions*versprechen*, das nur die Chance auf den tätigkeitsbedingten **Provisionsanspruch** eröffnet. Dieser Provisions*anspruch* entsteht erst durch den Tätigkeitserfolg, die zusätzliche Leistung der Anwerbung von weiteren Mitgliedern. Er ist daher ein – zusätzlich[4] zur Exspektanz, die schon durch das Mitgliedschaftsrecht entsteht – gewährter und schon damit ein besonderer Vorteil[5]. Man kann das vergleichen mit dem Börsenmakler, der Mitglied der Börse ist, seine Provisionen aber erst verdient, wenn er aktiv tätig wird.

---

1 *Rengier* in Fezer, § 16 UWG Rz. 143; *Krehl* in LK, Vor § 287 StGB Rz. 15.
2 BGH v. 22.10.1997 – 5 StR 223/97, BGHSt 43, 270 (274).
3 BGH v. 22.10.1997 – 5 StR 223/97, BGHSt 43, 270 m.w.Nw.; s. auch OLG Bamberg v. 5.12.1996 – Ws 390/96, wistra 1997, 114; *Ebert-Weidenfeller* in A/R, 3. Teil 3. Kap. Rz. 48 ff. (S. 320); *Dreyer* in Harte-Bavendamm/Henning-Bodewig, § 16 UWG Rz. 57.
4 Das G verlangt noch nicht einmal einen „zusätzlichen", sondern nur einen „besonderen" Vorteil für die Anwerbung.
5 BGH v. 22.10.1997 – 5 StR 223/97, BGHSt 43, 270 (274 f.); a.A. OLG Rostock v. 31.3.1998 – I Ws 9/97, wistra 1998, 234; OLG Brandenburg v. 16.7.2002 – 2 Ws 373/00, wistra 2003, 74.

Die besonderen Vorteile müssen nicht unbedingt aus dem **Vermögen des Veranstalters** erbracht oder von ihm selbst gewährt werden. Der Straftatbestand des § 16 Abs. 2 UWG ist vielmehr auch dann erfüllt, wenn die Vorteile *von Dritten* gewährt werden; bei (verwalteten) Kettenbriefsystemen ist es folglich ausreichend, wenn die Vorteilsgewährung durch den neu geworbenen Teilnehmer erfolgen soll[1]. Auch ist nicht erforderlich, dass der Vorteil dem Mitglied tatsächlich zugewendet wird[2]. 63

5. Täterschaft und Teilnahme

Als **Täter** ist in erster Linie derjenige strafbar, der das System als Veranstalter betreibt. Andere Personen, die an dem System beteiligt sind, können nach den allgemeinen Vorschriften (§ 25 ff. StGB) als (Mit-)Täter, Anstifter oder Gehilfen strafbar sein. 64

§ 6c UWG a.F. ließ es ausdrücklich ausreichen, wenn der Täter die Einleitung oder Durchführung des Systems „**selbst oder durch andere**" besorgen ließ. Durch den Wegfall dieses Merkmals ist aber keine sachliche Änderung eingetreten; es gelten vielmehr die allgemeinen Teilnahmeregeln, insbesondere auch die mittelbare Täterschaft des Veranstalters. Nach wie vor machen sich auch Teilnehmer der niedrigeren Hierarchieebene strafbar. Der Veranstalter selbst begeht i.d.R. nur eine Tat im Rechtssinne[3] (vgl. § 47 Rz. 86). 65

6. Strafverfolgung

Zur Strafverfolgung bedarf es *keines Strafantrages*; die Verfolgung erfolgt grundsätzlich **von Amts wegen**, soweit ein öffentliches Interesse an der Strafverfolgung bejaht wird (§§ 374 Abs. 1 Nr. 7, 376 StPO; vgl. auch § 60 Rz. 45 ff.). 66

§ 16 Abs. 2 UWG sieht einen **Strafrahmen** bis zu zwei Jahren Freiheitsstrafe oder Geldstrafe vor. – Die 82. Konferenz der Justizministerinnen und Justizminister hat im Frühjahr des Jahres 2011 eine *Erhöhung der Strafdrohung* in § 16 Abs. 2 UWG vorgeschlagen. Da der gegenwärtige Strafrahmen „nicht geeignet sei, eine ausreichende differenzierte und an der individuellen Schuld orientierte Strafzumessung nach § 46 StGB zuzulassen", haben sich die Justizministerinnen und Justizminister für eine Erhöhung der Strafobergrenze auf fünf Jahre Freiheitsstrafe ausgesprochen. Dem Vorschlag wurde in der rechtspolitischen Diskussion bislang wenig Aufmerksamkeit gewidmet; der Bundesgesetzgeber hat ihn (bislang) nicht aufgegriffen. 67

---

1 BT-Drs. 14/2959, 12 f; *Rengier* in Fezer, § 16 UWG Rz. 151 f.
2 BGH v. 22.10.1997 – 5 StR 223/97, BGHSt 43, 270.
3 S. auch LG Berlin v. 6.4.2004 – (514) 5 Wi Js 608/99 (17/03), wistra 2004, 317.

§ 60
Werbung

Bearbeiter: Jens Gruhl

	Rz.		Rz.
A. Überblick	1	b) Geschäftliche Bezeichnungen	69
B. Strafbare Werbung		3. Geografische Herkunftsangaben	73
I. Allgemeines	8	4. Europäische Zeichen	76
II. Objektiver Tatbestand		5. Verletzungshandlungen	
1. Täterschaft	10	a) Marke	77
2. Bekanntmachung	12	b) Geschäftliche Bezeichnungen	84
3. Unwahre Angaben	19	c) Geografische Herkunftsangaben	87
4. Irreführende Werbung	30	6. Gemeinsamkeiten	
III. Subjektiver Tatbestand	39	a) Widerrechtlichkeit	88
IV. Strafverfolgung	45	b) Vorsatz und Versuch	96
C. Geschäftliche Verleumdung	49	c) Verfahrensfragen	98
D. Marken und Geschäftsbezeichnungen		III. Missbrauch von Hoheitszeichen	103
I. Allgemeines	51	E. Persönlichkeitsrechte	
II. Strafbare Zeichenverletzung		I. Recht am eigenen Bild	104
1. Geschäftlicher Verkehr	55	II. Schutz des höchstpersönlichen Lebensbereichs	114
2. Kennzeichen	57		
a) Marke	58		

A. Überblick

Schrifttum: *Ackermann,* Wettbewerbsrecht, 1997; *Berlit,* Wettbewerbsrecht, 8. Aufl. 2011; *Eberle/Rudolf/Wasserburg,* Mainzer Rechtshandbuch der Neuen Medien, 2003; *Emmerich,* Unlauterer Wettbewerb, 9. Aufl. 2012; *Fezer,* UWG, 2. Aufl 2010; *Gaul/Bartenbach,* Handbuch des gewerblichen Rechtsschutzes, 2002; *Gloy/Loschelder/Erdmann* (Hrsg.), Handbuch des Wettbewerbsrechts, 4. Aufl. 2010; *Götting/Nordemann* (Hrsg.), UWG, 2. Aufl. 2013; *Harte-Bavendamm/Henning-Bodewig* (Hrsg.), UWG, 3. Aufl 2013; *Heermann/Schlingloff* (Hrsg.), Münchener Kommentar zum Lauterkeitsrecht (UWG), 2. Aufl. 2014; *Köhler/Alexander,* Fälle zum Wettbewerb, 2. Aufl. 2012; *Köhler/Bornkamm,* Gesetz gegen den unlauteren Wettbewerb, 32. Aufl. 2014; *Lettl,* Wettbewerbsrecht, 2. Aufl. 2013; *Nordemann/Nordemann/Nordemann-Schiffel,* Wettbewerbsrecht – Markenrecht, 11. Aufl. 2012; *Ohly/Sosnitza,* Gesetz gegen den unlauteren Wettbewerb, 6. Aufl. 2014; *Rittner/Dreher/Kulka,* Wettbewerbs- und Kartellrecht, 8. Aufl. 2014; *Teplitzky/Peifer/Leistner* (Hrsg.), Großkommentar zum Gesetz gegen den unlauteren Wettbewerb, 2. Aufl. 2013.

1 Der Bereich der Werbung – ohne die eine freie, vom Wettbewerb gesteuerte Marktwirtschaft nicht existieren kann – wird primär vom *„Gesetz gegen den unlauteren Wettbewerb" (UWG)* geregelt. Das aus dem Jahr 1909 stammende UWG a.F. ist – unter Umsetzung europäischer Vorgaben – durch Gesetz vom

3.7.2004 neu gefasst[1] worden. Weitere Änderungen waren zur Umsetzung der Richtlinie 2005/29/EG über unlautere Geschäftspraktiken[2] erforderlich[3]. Während die Freiheit des Wettbewerbs durch das Gesetz gegen Wettbewerbsbeschränkungen (GWB) gesichert wird (oben § 57), bezweckt das UWG die **Sicherung eines fairen Wettbewerbs**[4]. Zum einen sollen die Mitbewerber, zum anderen auch die andere Marktseite, vor allem Verbraucher (§ 1 UWG), aber auch sonstige Marktteilnehmer vor Auswüchsen im Werben um die Gunst des Kunden geschützt werden[5]. Untersagt sind nach § 3 UWG *geschäftliche Handlungen* i.S. des § 2 Abs. 1 Nr. 1 UWG, die die Interessen der Marktteilnehmer spürbar beeinträchtigen. Sog. Bagatellverstöße sind von den Marktteilnehmern hinzunehmen[6].

Soweit vor der Gesetzesänderung eine Handlung im *Wettbewerb* (§ 2 Abs. 1 Nr. 1 UWG 2004) verlangt war, unterfiel eine bloße versehentliche Verletzung einer vertraglichen Pflicht, auch wenn sie einen Mitbewerber nachteilig beeinträchtigen konnte, nicht dem Verbot des § 3 UWG a.F., da ein Wettbewerbsbezug fehlte[7]. Bei einer **geschäftlichen Handlung** nach §§ 2 Abs. 1 Nr. 1, 3 UWG genügt nun der objektive Bezug zum Warenabsatz[8]. Es wäre aber zu weitgehend, wenn nunmehr bloße Bagatellen oder versehentliche Handlungen minderen Gewichts als unlautere Absatzförderung i.S. des UWG sanktioniert würden[9]. 1a

Der Schutz des lauteren Wettbewerbs vollzieht sich weitestgehend über das **Zivilrecht**[10], wobei das Klagerecht der Verbraucher- und Wirtschaftsverbände (§ 8 Abs. 3 Nr. 2 und 3 UWG) eine zentrale Rolle spielt. Die in § 10 UWG vorgesehene *Gewinnabschöpfung*, die auch von den Verbänden betrieben werden kann, ist als weitere Sanktion unlauteren Verhaltens vorgesehen[11]. Entspre- 2

---

1 BGBl. I, 1414, in Kraft seit 8.7.2004, unter Umsetzung der RL Nr. 97/55/EG und 98/34/EG, i.d.F. v. 3.3.2010, BGBl. I 254, zul. geänd. G v. 29.7.2009, BGBl. I 2413, neugefasst durch Bek. v. 3.3.2010, BGBl. I 254, zuletzt geänd. durch G v. 1.10.2013, BGBl. I 3714; zum Hintergrund vgl. *Henning-Bodewig*, Das neue G gegen den unlauteren Wettbewerb, GRUR 2004, 713.
2 RL 2005/29/EG v. 11.5.2005, ABl. EU Nr. L 149 v. 11.6.2005, 22.
3 *Schöttle*, Aus eins mach zwei – die neuen Generalklauseln im LauterkeitsR, GRUR 2009, 546.
4 *Henning-Bodewig*, GRUR 2004, 713 (715).
5 Vgl. *Köhler*, Das neue UWG, NJW 2004, 2121.
6 *Köhler*, Die „Bagatellklausel" in § 3 UWG, GRUR, 2005, 1; OLG Naumburg v. 8.11.2007 – 1 U 70/07, GRUR-RR 2008, 173; *Köhler*, Das neue Gesetz gegen unseriöse Geschäftspraktiken, NJW 2013, 3473. 17/227, 28321) sowie BT-Drs. v. 13.3.2013 – 17/12694.
7 BGH v. 29.3.2007 – I ZR 164/04, GRUR 2007, 987.
8 *Schirmbacher*, K&R 2008, 433.
9 *Isele*, GRUR 2009, 727 (730).
10 *Kempf/Schilling*, Nepper, Schlepper, Bauernfänger – zum Tatbestand strafbarer Werbung (§ 16 Abs. 1 UWG), wistra 2007, 41; *Sosnitza* in Ohly/Sosnitza, § 16 UWG Rz. 2, 29 f.
11 *Schaub*, Schadensersatz und Gewinnabschöpfung im Lauterkeits- und ImmaterialgüterR, GRUR 2005, 918.

2a Die **Strafbestimmungen im UWG** sind in jüngerer Zeit fortgesetzt *reduziert* worden. Nach der „kleinen UWG-Novelle" 1994[1], die mit dem Ziel einer Deregulierung u.a. einige erst 1986 eingeführte Verbote (§§ 6d, 6e UWG a.F.) wieder aufgehoben hat, und nach der Umwandlung des § 12 UWG – Angestelltenbestechung – in § 299 StGB durch das Korruptionsbekämpfungsgesetz 1997 (§ 53 Rz. 69) blieb auch in der Neufassung des UWG die strafrechtliche Seite nicht unberührt. Der Verleumdungstatbestand des § 15 UWG a.F. wurde im Hinblick auf § 187 StGB als entbehrlich aufgehoben. Ebenso wurde der Bußgeldtatbestand des § 6 UWG a.F. – Warenverkauf aus der Insolvenzmasse – gestrichen. Die verbliebenen strafrechtlichen Tatbestände sind nunmehr in den *§§ 16–19 UWG zusammengefasst*.

Zu Beginn des Abschnitts steht allgemein: chende Maßnahmen dürften bei vorsätzlich begangenen, einfach gelagerten Fällen wie Adressbuch-Scheinrechnungen eine Rolle spielen, wobei der abgeschöpfte Gewinn dem Bundeshaushalt zufließt.

3 Im Einzelnen enthält das UWG – neben den im Vordergrund stehenden *zivilrechtlichen* Unterlassungs- und Schadensersatzansprüchen – Strafbestimmungen mit **verschiedener Schutzrichtung**, die deshalb in diesem Buch in unterschiedlichem Zusammenhang behandelt werden. Der Schutz des *Geschäfts- und Betriebsgeheimnisses* (§§ 17, 18, 19 UWG) ist im Rahmen der Geheimnisverletzungen dargestellt (§ 33 Rz. 45 ff.). Der Tatbestand der strafbaren Werbung in Form der *progressiven Kundenwerbung* (§ 16 Abs. 2 UWG) ist wegen seiner Nähe zum Betrug vorstehend in § 59 Rz. 41 ff. erörtert.

4 Im Folgenden wird an erster Stelle der Tatbestand der **strafbaren Werbung** nach **§ 16 Abs. 1 UWG** (früher § 4 UWG a.F.[2]) dargestellt (Rz. 8 ff.), der trotz des Übergewichts der zivilrechtlichen Rechtsverfolgung von Wettbewerbsverstößen noch eine erhebliche praktische Bedeutung[3] hat. Auch wenn veröffentlichte Rechtsprechung weiter selten ist[4], haben sich insbesondere die Amtsgerichte[5] nach wie vor mit diesem Delikt zu befassen. Der folgende Abschnitt befasst sich kurz mit der (geschäftlichen) Verleumdung (Rz. 49).

5 Von größerer praktischer Bedeutung für die Zulässigkeit von werblichen Maßnahmen ist das **Markenrecht** oder – allgemeiner – *Kennzeichnungsrecht* (Rz. 51 ff.; früher sog. Warenzeichenrecht)[6]. Systematisch gehört das Marken-

---

[1] UWGÄndG v. 25.7.1994, BGBl. I 1738.
[2] *Bornkamm* in Köhler/Bornkamm, § 16 UWG Rz. 1.
[3] Krit. *Kunkel*, Zur praktischen Bedeutung der strafbaren Werbung gemäß § 16 Abs. 1 UWG vor dem Hintergrund der Ausgestaltung als Privatklagedelikt, WRP 2008, 292.
[4] BGH v. 15.8.2002 – 3 StR 11/02 – Kaffeefahrten, NJW 2002, 3415 = wistra 2002, 467; BGH v. 30.5.2008 – 1 StR 166/07 – Versandhandel/Gewinnversprechen, BGHSt 52, 227 = wistra 2008, 387 = NStZ 2009, 275. Vgl. auch *Claus*, Die Strafbarkeit der Lüge nach § 16 UWG, Jura 2009, 439. Allg. zur Rspr. zum UWG: *Lichtnecker*, Ausgewählte Werbeformen im Internet [...], GRUR 2014, 523; *Berlit*, GRUR-RR 2014, 49 (und früher); *Köhler*, GRUR-RR 2008, 145 (und früher).
[5] Z.B. AG Königstein v. 15.3.2007 – 50 Cs 7400 Js 205867/02 Wi, GewArch 2007, 263.
[6] *Bornkamm*, MarkenR und wettbewerbsrechtlicher Kennzeichenschutz – Zur Vorrangthese der Rechtsprechung, GRUR 2005, 97.

recht zwar zum Wettbewerbsrecht, weist aber eine große Nähe zu den gewerblichen Schutzrechten (oben § 55) auf[1]. Schließlich wird hier noch das „**Recht am eigenen Bild**" behandelt (Rz. 104), weil dessen Verletzung durch Werbemaßnahmen nicht selten ist.

Dagegen werden **weitere wettbewerbsrechtliche Nebengesetze** in anderem Zusammenhang erörtert: Die Vorschriften über *Preisangaben* sind im Rahmen der Preisgestaltung behandelt (§ 61 Rz. 98). Die durch ein gesondertes Gesetz geregelte *Heilmittelwerbung* ist im Sonderbereich „Lebensmittel und Gesundheit" (§ 72 Rz. 129 ff.) platziert, während das *Ladenschlussrecht* dem Arbeitnehmerschutzrecht zugeordnet ist (§ 34 Rz. 6, 52).

Im Gegensatz zum Kartellrecht, das seit Langem stark europäisch überlagert und geprägt ist (§ 57 Rz. 2, 16 ff.), war der Bereich des lauteren Wettbewerbs lange eine vom nationalen Recht beherrschte Domäne, auch wenn internationale Abkommen schon früh einschlägige Regelungen enthielten[2]. Inzwischen bestimmt jedoch das **europäische Recht** nicht nur das Kennzeichenrecht (Rz. 51 ff.), sondern in erheblichem Maße auch das Wettbewerbsrecht. Auch dieser Einfluss wirkt sich primär zivilrechtlich aus, weshalb hier wenige Hinweise genügen müssen[3].

Während die RL des Rates Nr. 84/450/EWG vom 19.9.1984 „zur Angleichung der Rechts- und Verwaltungsvorschriften der Mitgliedstaaten über irreführende Werbung"[4] keiner Umsetzung durch den deutschen Gesetzgeber bedurfte, da das deutsche Recht den europäischen Vorgaben als voll entsprechend angesehen wurde, kam dieser RL bei der Auslegung des § 3 UWG a.F. praktische Bedeutung zu[5].

Anforderungen zum **Schutz vor irreführender Werbung** und des Verbrauchers vor Irreführung gem. Richtlinien Nr. 2006/114/EG vom 12.12.2006 und Nr. 2005/29/EG vom 11.5.2005 sind im UWG umgesetzt[6]. Gleiches gilt für die Regelungen zur *vergleichenden Werbung*, nachdem die Änderungs-Richtlinie Nr. 97/55 vom 6.10.1997[7] bezüglich der Einbeziehung der vergleichenden Werbung zur Änderung des UWG[8] geführt hat. Zuvor hatte bereits die Rechtsprechung eine Neuorientierung vorweggenommen[9]. Von den zahlreichen anderen europäischen Richtlinien mit werberechtlichem Bezug seien hier nur erwähnt

---

1 Vgl. *Ingerl/Rohnke*, MarkenG, Einl. Rz. 6.
2 Insbesondere Ergänzungen der „Pariser Verbandsübereinkunft" (PVÜ); dazu *Schricker* in Großkomm. UWG, 1. Aufl., Einl. Rz. F 19 ff., zu weiteren Abkommen Rz. F 107 ff.; *Ohly* in Ohly/Sosnitza, UWG, Einf. B Rz. 1 ff.
3 Näher dazu *Köhler* in Köhler/Bornkamm, UWG, Einl. Rz. 3.1 ff.; *Ohly* in Ohly/Sosnitza, UWG, Einf. C Rz. 3 ff.
4 ABl. EG Nr. L 250 v. 19.9.1984, 17; abgelöst durch RL 2006/114/EG v. 12.12.2006, vgl. *Köhler* in Köhler/Bornkamm, UWG, Einl. Rz. 3.41 ff.
5 *Ullmann*, JZ 1994, 928 ff.
6 *Köhler* in Köhler/Bornkamm, UWG, Einl. Rz. 3.44.
7 ABl. EG Nr. L 290/1997, 18; *Köhler* in Köhler/Bornkamm, UWG, Einl. Rz. 3.45.
8 G v. 1.9.2000 BGBl. I 1374.
9 Vgl. BGH v. 5.2.1998 – I ZR 211/95 – Testpreis-Angebot, BGHZ 138, 55 = NJW 1998, 2208.

die „Fernseh-RL" zur *Fernsehwerbung* von 1989[1] samt Ergänzungen von 1997[2] und 2007[3] zu audiovisuellen Mediendiensten, die Richtlinien über die Etikettierung von Tabakerzeugnissen von 1989[4] und über das Verbot von *Tabakwerbung*[5], das national in § 22 Vorläufiges TabakG (LMBG) kodifiziert ist. Bei der Durchsetzung dieser Richtlinien spielt bislang das (einzelstaatliche) Strafrecht eine nur untergeordnete Rolle, zumal das Verbandsklagerecht auch europarechtlich[6] ausgeweitet wurde[7].

7b Das Artikelgesetz „zur Bekämpfung unerlaubter Telefonwerbung und zur Verbesserung des Verbraucherschutzes bei besonderen Vertriebsformen"[8] war erforderlich geworden, weil Teile der Werbewirtschaft die rechtswidrige Telefonwerbung in einer erheblich belästigenden Weise, insbesondere gegenüber älteren Menschen, eingesetzt hatte.

Nach § 20 UWG kann die **unerlaubte Telefonwerbung** mit einer Geldbuße bis zu 300 000 Euro geahndet werden. Anrufer dürfen zudem bei Werbeanrufen ihre *Rufnummer nicht* mehr *unterdrücken*, um ihre Identität zu verschleiern[9]; bei Verstößen ist eine Geldbuße bis zu 100 000 Euro angedroht (§ 149 Abs. 1 Nr. 17c TKG)[10]. Ferner erhalten Verbraucher die Möglichkeit, Verträge zu widerrufen, die sie am Telefon abgeschlossen haben (§§ 312g, 355 BGB). Fehlt eine ordnungsgemäße Belehrung über das *Widerrufsrecht* (§ 312d BGB), können telefonisch oder im Internet geschlossene Verträge über Warenlieferungen oder Dienstleistungen (*Fernabsatzverträge*) widerrufen werden[11].

B. Strafbare Werbung

Schrifttum: S. vor Rz. 1, außerdem: *Alexander*, Die strafbare Werbung in der UWG-Reform, WRP 2004, 407; *Dornis*, Der „Anschein eines besonders günstigen Angebots" i.S. des § 16 I UWG – Von Kaffeefahrten, Zeitschriftenwerbern und der Auslegung lauterkeitsrechtlicher Strafnormen, GRUR 2008, 742; *Gribkowsky*, Strafbare Werbung, Diss. Freiburg i. Br., 1989; *Härting*, Internetrecht, 5. Aufl. 2014; *Hernandez Basualto*, Straf-

---

1 Nr. 89/552/EWG v. 3.10.1989, ABl. EG Nr. L 298 v. 17.10.1989, 33; *Köhler* in Köhler/Bornkamm, UWG, Einl. Rz. 3.51 ff.
2 RL 97/36, ABl. EG Nr. L 202 v. 30.7.1997, 60; vgl. dazu *Schmitt-Vockenhausen*, ZUM 1998, 377.
3 RL 2007/65/EG v. 11.12.2007, ABl. EU Nr. L 332 v. 18.12.2007, 27.
4 RL 89/622 v. 13.11.1989, ABl. EG Nr. L 359 v. 8.12.1989, 1.
5 RL 98/43 v. 6.7.1998, ABl. EG Nr. L 213 v. 30.7.1998, 9; vgl. *Wägenbaur*, EuZW 1998, 709; *Köhler* in Köhler/Bornkamm, § 4 UWG Rz. 11.136.
6 Vgl. RL 98/27, ABl. EG Nr. L 166 v. 11.6.1998, 51; ersetzt durch RL 2009/22/EG v. 22.4.2009, ABl. EU Nr. 110 v. 1.5.2009, 30, Inkrafttreten 29.12.2009.
7 *Tamm*, [...] Ausbau des kollektiven Rechtsschutzes für Verbraucher, EuZW 2009, 439 (440).
8 G v. 29.7.2009, BGBl. I 2413, Inkrafttreten 4.8.2009.
9 § 20 UWG geänd. durch Art. 6 Nr. 4a G v. 1.10.2013, BGBl. I 3714. m.W.v. 9.10.2013; *Hecker*, Neue Regeln gegen unerlaubte Telefonwerbung, K&R 2009, 601 (605).
10 § 149 Abs. 2 S. 1 TKG geänd. durch Art. 1 Nr. 111c G v. 3.5.2012, BGBl. I 958, m.W.v. 10.5.2012, und durch Art. 1 Nr. 3d, Art. 9 G v. 20.6.2013, BGBl. I 1602, m.W.v. 1.7.2013.
11 *Ebnet*, Widerruf und Widerrufsbelehrung, NJW 2011, 1029 (1035); *Schärtl*, JuS 2014, 577.

rechtlicher Vermögensschutz vor irreführender Werbung – § 4 UWG, Diss. Freiburg i. Br., 1999; *Isele*, Von der „Wettbewerbshandlung" zur „geschäftlichen Handlung": Hat die „Änderung der Voreinstellung" ausgedient?, GRUR 2009, 727; *Kempf/Schilling*, Nepper, Schlepper, Bauernfänger – zum Tatbestand strafbarer Werbung (§ 16 Abs. 1 UWG), wistra 2007, 41; *Kilian*, Strafbare Werbung (§ 16 UWG), 2011 (Diss. Köln 2010); *Kugler*, Die strafbare Werbung (§ 16 Abs. 1 UWG) nach der UWG-Reform 2004, Diss. Konstanz, 2008; *Möller*, „20 % auf (fast) alles" – Rabattwerbung in der Beurteilung des Wettbewerbsrechts, NJW 2009, 2510; *Schirmbacher*, UWG 2008 – Auswirkungen auf den E-Commerce, K&R 2008, 433; *Ullmann*, juris Praxis-Kommentar UWG, 3. Aufl. 2013.

I. Allgemeines

Nach § 16 Abs. 1 UWG (§ 4 UWG a.F.)[1] wird mit Freiheitsstrafe bis zu zwei Jahren oder mit Geldstrafe bestraft, 8

„wer in der Absicht, den Anschein eines besonders günstigen Angebots hervorzurufen, in öffentlichen Bekanntmachungen oder in Mitteilungen, die für einen größeren Kreis von Personen bestimmt sind, durch unwahre Angaben irreführend wirbt."

Es handelt sich um den in der Praxis **wichtigsten Straftatbestand** im Bereich der Werbung. In seinen Voraussetzungen steht er dem *§ 5 UWG*[2], der i.V.m. §§ 3, 8 UWG einen *zivilrechtlichen* Unterlassungs- und Schadensersatzanspruch gewährt und der eine viel größere praktische Rolle spielt, sehr nahe. Die zivilrechtliche Rechtsprechung zu den einzelnen Tatbestandsmerkmalen sowie die zu §§ 3, 4 UWG a.F. ergangene Rechtsprechung lassen sich weithin auf § 16 Abs. 1 UWG übertragen[3]. Als *abstraktes Gefährdungsdelikt*, das auch eingreift, wenn Betroffene tatsächlich nicht getäuscht oder gar geschädigt wurden, ermöglicht § 16 Abs. 1 UWG ein Eingreifen der Strafverfolgung schon zu Beginn relevanter Werbemaßnahmen. 9

II. Objektiver Tatbestand

1. Täterschaft

Der Straftatbestand der strafbaren Werbung ist *nicht* als *Sonderdelikt* ausgestaltet, die Täterschaft also nicht auf den an der Werbemaßnahme wirtschaftlich interessierten Unternehmer beschränkt. **Täter** kann vielmehr **jedermann** sein, auch ein außerhalb des werbenden Unternehmens stehender Dritter[4]. 10

Dagegen ist die Bestimmung des § 4 Abs. 2 UWG a.F. – nach der auch der Geschäftsinhaber für von seinen Angestellten begangene Straftaten strafrechtlich einzustehen hatte, wenn er davon wusste – als entbehrlich entfallen. Der *Ge*- 11

---

1 *Bornkamm* in Köhler/Bornkamm, § 16 UWG Rz. 1.
2 Vgl. *Wiring*, § 5 UWG über irreführende geschäftliche Handlungen […], NJW 2010, 580.
3 Vgl. OLG Celle v. 1.9.2004 – 21 Ss 47/04, NStZ-RR 2005, 25 (26); *Sosnitza* in Ohly/Sosnitza, § 16 UWG Rz. 5, 10.
4 Vgl. RG v. 20.10.1902 – 3799/02, RGSt 35, 417; *Bornkamm* in Köhler/Bornkamm, § 16 UWG Rz. 20; vgl. auch *Henning-Bodewig*, Haften Privatpersonen nach dem UWG?, GRUR 2013, 26.

schäftsherr (Leiter oder Inhaber eines Betriebs) kann vielmehr nach allgemeinen Grundsätzen aufgrund seiner **Garantenstellung** (§ 13 StGB; vgl. § 30 Rz. 112 ff.) wegen irreführender Werbung durch Unterlassen strafbar sein, wenn seine Mitarbeiter Tathandlungen nach § 16 Abs. 1 UWG begehen[1].

Bei periodischen *Druckwerken* ist Täter der verantwortliche *Redakteur*, wenn er vorsätzlich oder fahrlässig seine Verpflichtung verletzt hat, Druckwerke von strafbarem Inhalt freizuhalten. Bei sonstigen Druckwerken hat der *Verleger* strafrechtlich einzustehen, wenn er vorsätzlich oder fahrlässig seine Aufsichtspflicht verletzt hat und die unwahre und irreführende Werbeaussage hierauf beruht[2]. Schadensersatz ist in diesen Fällen aber nur zu leisten, wenn eine vorsätzliche Zuwiderhandlung vorliegt (§ 9 Abs. 2 UWG).

2. Bekanntmachung

12 **Öffentliche Bekanntmachungen** sind Veröffentlichungen, die sich an einen grundsätzlich *unbegrenzten Personenkreis*, also an jedermann wenden.

Beispiel: Werbeanzeigen, Werbeanschläge, Unternehmens-Geschäftsberichte, Lichtwerbung, Werbefilme und Werbefunksendungen, Veröffentlichungen im Internet bzw. world wide web, Warenzeichen und Ausstattungen, Ausverkaufsankündigungen[3].

13 **Mitteilungen**, die für einen **größeren Kreis von Personen** bestimmt sind, richten sich nicht wie die öffentliche Bekanntmachung an die Allgemeinheit schlechthin, sondern an einen „größeren Kreis von Personen" als einen Teil der Öffentlichkeit. Der größere Personenkreis muss – im Gegensatz zum geschlossenen Kreis – *grundsätzlich unbestimmt* sein. Er darf individuell weder begrenzt noch begrenzbar sein, sondern muss eine nach Zahl und Persönlichkeit im Voraus unbestimmte und unbegrenzte Mehrheit von Personen bilden.

Beispiel: Geschäftspapiere, Preislisten, Prospekte, Etiketten, Schaufenstergestaltung, Serienbriefe[4], Internetwerbung[5].

14 Die Mitteilungen, die die unwahre Angabe enthalten, können **bildlich**[6]**, schriftlich oder mündlich** geschehen, und zwar gegenüber einer Mehrheit von Personen und gegenüber einer einzelnen Person. Die Mitteilung an *Einzelne* oder an einen *engen Kreis* erfüllt den Tatbestand des § 16 Abs. 1 UWG jedoch nur, wenn sie in der für sie gewählten Erscheinungsform selbst und unmittelbar zum Gegenstand einer Verbreitung gemacht werden soll[7], der Täter also die Absicht hat, gleichartige Mitteilungen an einen größeren Kreis von Personen in

---

1 *Bornkamm* in Köhler/Bornkamm, § 16 UWG Rz. 12a, 21; *Sosnitza* in Ohly/Sosnitza, § 16 UWG Rz. 22.
2 *Bornkamm* in Köhler/Bornkamm, § 16 UWG Rz. 22; vgl. § 20 Abs. 2 LPresseG Bad.-Württ.
3 *Bornkamm* in Köhler/Bornkamm, § 16 UWG Rz. 13; *Otto* in Großkomm., 1. Aufl., § 4 UWG a.F. Rz. 83 f.
4 *Bornkamm* in Köhler/Bornkamm, § 16 UWG Rz. 15.
5 *Härting*, InternetR, Rz. 1476, 1487.
6 *Härting*, InternetR, Rz. 1423.
7 RG v. 9.31915 – V 1222/14 – Kassenbons, RGSt 49, 230.

zeitlich-räumlichem Zusammenhang zu machen[1]. Mitteilungen eines Unternehmens an *Vertreterkollektive* haben keine betriebsinterne Bedeutung, wenn sie zur Verbreitung an eine Vielzahl von Personen bestimmt sind[2].

Ebenso wie bei den öffentlichen Bekanntmachungen ist es auch bei den Mitteilungen an einen größeren Personenkreis **belanglos**, *wer* **Kenntnis** genommen hat und *ob* überhaupt Kenntnis genommen wurde. Ebenso ist es ohne Belang, ob die Mitteilungen gleichzeitig oder nacheinander[3] gemacht worden sind[4] oder ob sie eine Anfrage – selbst die eines Lockspitzels – beantworten. Es genügt sogar die Herstellung schriftlicher Mitteilungsstücke in größeren Mengen, wenn die Absicht des Inverkehrsetzens klar ist; es bleibt dann gleich, wie viel in Verkehr gesetzt wird[5]. 15

Fraglich war, ob **mündliche Werbung** mit der im Vordergrund der Betrachtung stehenden Werbung durch mechanische Vervielfältigung (Druckschriften, Tonträger) das *Kennzeichen völliger Gleichförmigkeit* gemein haben muss. Dieser Auffassung schien das RG zu sein, als es § 4 UWG a.F. nur in Fällen anwenden wollte, in denen mündliche Mitteilungen den verschiedenen Personen gegenüber „im selben sprachlichen Gewande" gemacht wurden[6]. 16

Eine solche Begrenzung würde jedoch dem Wortlaut und dem Zweck der Vorschrift zuwiderlaufen. Entscheidend kann es nur darauf ankommen, dass eine bestimmte, in ihrem sachlichen Gehalt gleich bleibende Behauptung wiederholt wird, die eine unlautere Anpreisung enthält. Nur die **Gleichheit dem Sinne** nach, *nicht* die *Wortfassung* gibt den Ausschlag[7]. 17

Beispiele: 18

– Reisende Provisionsvertreter spiegeln den von ihnen aufgesuchten Personen vor, sie bekämen eine Prämie, wenn sie eine Waschmaschine als Vorführgerät aufstellen, zu dem Kaufinteressenten zwecks Besichtigung nach vorheriger Anmeldung Zutritt haben sollten. In diesem Zusammenhang geben die Vertreter an, dass den Kunden im Zuge einer Nachwerbung von den Vertretern selbst oder ihrer Firma Kaufinteressenten zugeführt würden. Diese Angaben waren falsch[8].

---

1 Vgl. BGH v. 15.8.2002 – 3 StR 11/02 – Kaffeefahrten, wistra 2002, 467 = NJW 2002, 3415.
2 *Bornkamm* in Köhler/Bornkamm, § 16 UWG Rz. 14; OLG Oldenburg v. 25.5.1965 – 1 Ss 114/65 – Wäschefabrik, GRUR 1967, 106.
3 BGH v. 15.12.1971 – 2 StR 566/71 – Vorführgeräte, GRUR 1972, 479 m. Anm. *Harmsen*.
4 *Bornkamm* in Köhler/Bornkamm, § 16 UWG Rz. 14; *Tiedemann*, ZStW 86 (1990), 1024 f.; RG v. 21.11.1922 – II 865/21, RGZ 105, 382.
5 *Bornkamm* in Köhler/Bornkamm, § 16 UWG Rz. 14; RG v. 23.1.1912 – V 824/11, RGSt 45, 361.
6 RG v. 19.6.1930 – III 106/30, RGSt 64, 247; *Fabricius*, Die rechtliche Behandlung von Falschreklame durch Vertreterkollektive gemäß §§ 3, 4 UWG, GRUR 1965, 521 (522).
7 BGH v. 15.12.1971 – 2 StR 566/71 – Vorführgeräte, BGHSt 24, 273; OLG Oldenburg v. 25.5.1965 1 – Ss 114/65, GRUR 1967, 106.
8 BGH v. 15.12.1971 – 2 StR 566/71 – Vorführgeräte, BGHSt 24, 273.

- Kellner servieren Gästen, die koffeinfreien „Kaffee Hag" bestellten, koffeinhaltigen Kaffee unter Aufmachung des koffeinfreien „Kaffee Hag"[1].
- Obwohl sich das Unternehmen des Angeklagten seit Längerem nur noch mit dem Verkauf von Wäsche befasste, wies der Angeklagte seine Vertreter an, die aufzusuchenden Kunden darauf aufmerksam zu machen, dass sie von einer Wäschefabrik kämen und dass der Einkauf „direkt ab Fabrik" zu erheblichen Ersparnissen führe[2].
- Der Angeklagte organisierte Tagesbusfahrten mit Verkaufsveranstaltungen, bei denen er in Werbeschreiben neben der Busreise ein – im Fahrpreis enthaltenes – reichhaltiges Mittagsmenü versprach. Die Teilnehmer erhielten aber nur eine verschlossene Konservendose mit einer Suppe zum Mitnehmen[3].

3. Unwahre Angaben

19 Die gleichen Gründe, die in der Rechtsprechung dazu geführt haben, den Begriff der *Tatsache* in den Fällen des Ehrenschutzes und der wettbewerblichen Anschwärzung, bei denen das Gesetz den Begriff der Tatsache verwendet, weit zu fassen[4], sprechen dafür, auch den **Begriff der Angabe** i.S. des § 16 Abs. 1 UWG möglichst weit zu ziehen. Er umfasst *jede Aussage*, die auf ihren Inhalt hin – das ist wettbewerbsrechtlich diejenige Bedeutung, die ein nicht unerheblicher Teil der angesprochenen Verkehrskreise der Aussage in ungezwungener Betrachtung beilegt – *nachprüfbar*, also dem *Beweis zugänglich* ist.

20 Den *Gegensatz* bilden reine, vom Verkehr nicht als Tatsachen, insbesondere nicht als Qualitätsbehauptung, aufgefasste **Werturteile**. Entscheidend ist, ob die Äußerung bei den Verbrauchern die Vorstellung hervorruft, die Angabe sei nachprüfbar. Hinzukommen muss dabei freilich, dass die Werbeäußerung vom Verkehr auch als eine *ernst gemeinte* Behauptung und nicht nur als reklamehafte Übertreibung aufgefasst wird, da anderenfalls eine Irreführung des Verkehrs nicht eintreten würde[5].

21 **Unwahr** sind die Angaben, die mit der *objektiven Wahrheit nicht* übereinstimmen. Bei der Beurteilung des Tatbestandsmerkmals der „unwahren Angaben" i.S. des § 16 Abs. 1 UWG kommt es allein hierauf und nicht auf die Vorstellung an, die sich die Verkehrskreise machen, an die sich die Werbung richtet[6]. Die *frühere Auffassung*[7], wonach die Unwahrheit einer Angabe aus der Sicht der von der Werbung angesprochenen Kunden und ihrem Verständnis aus zu beurteilen sei, ist durch die Gesetzesänderungen überholt.

---

1 RG v. 24.5.1939, GRUR 1939, 801; *Essig*, Die gattungsmäßige Verwendung von Marken, Diss. Bayreuth, 2010, S. 15 f.
2 OLG Oldenburg v. 25.5.1965 – 1 Ss 114/65 – Wäschefabrik, GRUR 1967, 106.
3 BGH v. 15.8.2002 – 3 StR 11/02, wistra 2002, 467 = NJW 2002, 3415; *Dierlamm*, NStZ 2003, 268.
4 BGH v. 26.10.1951 – I ZR 8/51 – Constanze I, BGHZ 3, 270 (273).
5 BGH v. 15.6.1966 – Ib ZR 72/64 – Rum-Verschnitt, GRUR 1967, 30; OLG Düsseldorf v. 9.9.2008 – 20 U 123/08, MMR 2009, 869.
6 BGH v. 30.5.2008 – 1 StR 166/07, BGHSt 52, 227 = wistra 2008, 387 = GRUR 2008, 818; OLG Stuttgart v. 1.3.1981 – 3 Ss 168/80 – statt-Preise, GRUR 1981, 750; *Diemer* in Erbs/Kohlhaas, U 43, § 16 UWG Rz. 16; *Bornkamm* in Köhler/Bornkamm, § 16 UWG Rz. 11.
7 Vgl. *Bornkamm* in Köhler/Bornkamm, § 16 UWG Rz. 10.

In der noch zum alten Recht ergangenen **Kaffeefahrten-Entscheidung** hat der BGH[1] schon ausgeführt, dass das beworbene *Angebot in seiner Gesamtheit* zu bewerten sei. Eine entgeltliche Werbefahrt, die eine Busbeförderung, ein Mittagessen, verschiedene Sachgeschenke und einen wertvollen Gewinn zum Gegenstand habe, könne nach Wendungen wie „im Fahrpreis enthalten", „als Dankeschön für Ihre regelmäßige Teilnahme an unseren Fahrten", „erhalten Sie auf dieser Fahrt" nicht auf die Leistung der Busbeförderung begrenzt werden, wenn die anderen Leistungen im Angebot aufgezählt werden. Soweit unter Einbeziehung des mit der Gewinnmitteilung versprochenen Gewinns die geschuldete Leistung (Ware und Gewinn, vgl. § 661a BGB) hinter dem Wert der Gegenleistung (Preis) so deutlich zurückbleibt, dass nach dem „Prinzip der Gesamtsaldierung" ein Vermögensschaden zu bejahen ist, kann auch eine Strafbarkeit wegen § 263 StGB begründet sein[2]. 22

Eine **wahre Angabe** ist *nicht* nach § 16 Abs. 1 UWG *strafbar*, auch wenn sie möglicherweise geeignet ist, eine rechtlich beachtliche Verkehrsgruppe irrezuführen. Ein Verstoß gegen § 5 UWG (= § 3 UWG a.F.) – der nicht unwahre, sondern lediglich irreführende Angaben verlangt – begründet keine Strafbarkeit, sondern allenfalls zivilrechtliche Folgen. 23

Unwahre (und zur Irreführung geeignete) Angaben, durch die das Publikum *angelockt* werden soll, die sich aber nicht auf die für den Vertragsabschluss selbst maßgebenden Verhältnisse beziehen oder überhaupt noch **kein Angebot** einer Ware oder Leistung enthalten, sind nicht geeignet, den Tatbestand der strafbaren Werbung zu erfüllen[3]. 24

Dient die Anzeige dazu, auf **Vorzüge einer Leistung** hinzuweisen, so ist § 16 Abs. 1 UWG auch dann erfüllt, wenn der Täter die Leistung zwar erbringen will, aber nicht in der Form, wie sie sich nach seiner Werbung darstellt[4]. § 16 Abs. 1 ist im folgenden Beispiel erfüllt: 25

Beispiel: Der Täter gibt folgende Anzeige auf: „Wir suchen Sie als Fotomodell. Art der Tätigkeit: Kataloge, Konfektion, Kosmetika." Tatsächlich bot er den Interessenten nur an, sich in seinem Katalog, den er an Werbeagenturen schickt, für 1596 DM abbilden zu lassen[5].

Auch durch **Verschweigen** können unwahre (und zur Irreführung geeignete) Angaben[6] i.S. des § 16 Abs. 1 UWG gemacht werden, wenn erst die Offenbarung der verschwiegenen Tatsache den wahren Gehalt der Ware oder gewerblichen Leistung erkennen lässt, die Gegenstand der Werbung ist. Denn bei der Prüfung der Frage, ob durch öffentliche, zur Werbung bestimmte Bekannt- 26

---

1 BGH v. 15.8.2002 – 3 StR 11/02, wistra 2002, 467 = NJW 2002, 3415 (3416).
2 *Bornkamm* in Köhler/Bornkamm, § 16 UWG Rz. 2, 30; krit. *Scheinfeld*, Betrug durch unternehmerisches Werben?, wistra 2008, 167; zum Schaden bei Plagiatsware vgl. BGH v. 27.6.2012 – 2 StR 79/12, NStZ 2012, 629, m. Anm. *Bittmann*, ZWH 2012, 446 (449).
3 BayObLG v. 29.11.1988 – RReg 4 St 156/88, wistra 1989, 118 = NStZ 1989, 235.
4 BGH v. 26.10.1977 – 2 StR 432/77, BGHSt 27, 293 = NJW 1978, 173; LG Hamburg v. 12.5.2009 – 312 O 74/09, MMR 2010, 32.
5 BayObLG v. 29.11.1988 – RReg 4 St 156/88, wistra 1989, 118 = NStZ 1989, 235.
6 *Schirmbacher*, K&R 2008, 433 (437); *Härting*, InternetR, Rz. 1632 ff.

machungen unwahre (und irreführende) Angaben gemacht werden, ist stets auf die Gesamtwirkung der Werbung abzustellen. Eine *Offenbarung* ist danach immer *geboten*, wenn ein wesentlicher Umstand verschwiegen wird, dessen Angabe geeignet wäre, den Entschluss des durch die Werbung angesprochenen Personenkreises zur Vornahme bestimmter mit der Werbung erstrebter Handlungen zu beeinflussen (§ 5a UWG)[1]. Es müssen also besondere Umstände eine Offenbarung der verschwiegenen Tatsache zur Vermeidung von Missverständnissen erforderlich machen[2]. Den Werbenden trifft eine *Garantenstellung*, die ihn rechtlich verpflichtet, nicht durch Weglassen wesentlicher Umstände den tatbestandlichen Erfolg der Irreführung herbeizuführen[3]. Wird durch Weglassen von (Teil-)Informationen eine Angabe in ihrer Gesamtheit unwahr[4], ist aber i.d.R. von positivem Tun auszugehen, da insoweit das Unterlassungselement zurücktritt[5].

27 **Beispiele:**
   – Ein *Möbelhändler* versuchte, seinen Möbelhandel dadurch zu fördern, dass er in verschiedenen Tageszeitungen preisgünstigen Wohnraum anbot, dessen Vermittlung aber später von dem Abschluss von Möbelkaufverträgen abhängig machte. Dass die Vermittlung der Wohnungen durch einen Möbelhändler erfolgte und von einem Möbelkauf abhängig gemacht wurde, ließ sich den Anzeigen nicht entnehmen. Das KG[6] hat aus den oben genannten Gründen die Voraussetzung des § 4 UWG a.F. bejaht.
   – Ein *Einzelhändler* der Elektronikbranche warb in Zeitungsanzeigen für bestimmte (dem schnellen Fortschritt und Veränderungen unterworfene) technische Geräte, ohne darauf hinzuweisen, dass es sich um sog. Auslaufmodelle handelte. Dies wurde als irreführend angesehen[7].
   – Ein Nicht-Vertragshändler muss in Anzeigen, in den er Neuwagen anbietet, auf eine fehlende Hersteller-Garantie hinweisen[8]. Bei Parallel-Importen aus Mitgliedstaaten der EU ist aber darauf zu achten, dass der freie Warenverkehr nicht unangemessen behindert wird[9].

28 **Weitere Beispiele** über „*wissentlich unwahre Angaben*" in der Rechtsprechung[10]:
   – Ein Unternehmer bezeichnet sich als Wäschefabrik, obwohl er sich nur mit dem Verkauf von Wäsche befasst[11].

---

1 *Bornkamm* in Köhler/Bornkamm, § 5a UWG Rz. 9.
2 BGH v. 13.11.1951 – I ZR 44/51, GRUR 1952, 416; OLG Sachsen-Anhalt v. 29.5.2009 – 10 U 56/08, Magazindienst 2009, 678; OLG München v. 5.2.2009 – 29 U 3255/08, MMR 2009, 562.
3 *Bornkamm* in Köhler/Bornkamm, § 16 UWG Rz. 12.
4 OLG Celle v. 1.9.2004 – 21 Ss 47/04, NStZ-RR 2005, 25.
5 *Bornkamm* in Köhler/Bornkamm, § 16 UWG Rz. 12.
6 KG v. 1.3.1973 – (2) Ss 286/72 (105/72) – Wohnraum-Angebot, GRUR 1973, 601.
7 BGH v. 3.12.1998 – I ZR 63/96 – Auslaufmodelle I, GRUR 1999, 757; *Bornkamm* in Köhler/Bornkamm, § 5a UWG Rz. 12 ff.
8 OLG Düsseldorf v. 14.10.1976 – 2 U 86/76, GRUR 1977, 261; KG v. 23.12.1983 – 5 U 5091/83, WRP 1984, 406.
9 *Bornkamm* in Köhler/Bornkamm, § 5a UWG Rz. 18 f.
10 Umfangreiche Sammlung von Beispielen bei *Otto* in Großkomm., 1. Aufl., § 4 UWG a.F. Rz. 18 ff., 38; *Diemer* in Erbs/Kohlhaas, U 43 § 16 UWG Rz. 44 ff.; vgl. *Bornkamm* in Köhler/Bornkamm, § 5 UWG Rz. 2.111 ff.
11 OLG Oldenburg v. 25.5.1965 – 1 Ss 114/65, GRUR 1967, 106.

– Versendung standardisierter Werbesendungen (sog. Mailings), die unzutreffende Gewinnmitteilungen und Geschenkversprechen enthielten, zusammen mit Warenkatalogen für im Versandhandel tätige Gesellschaften, wodurch der Warenabsatz gesteigert wurde[1].
– Werbung für einen *Totalausverkauf* mit zuvor nicht ernsthaft verlangten „statt"-Preisen[2]. Nach § 5 Abs. 4 S. 1 UWG ist eine Werbung mit einer Preisreduktion i.d.R. irreführend, sofern der ursprüngliche (höhere) Preis nur unangemessen kurze Zeit gefordert wurde.
– Werbeanzeigen, in denen das Publikum auf den Totalausverkauf aufmerksam gemacht wurde, obwohl auch solche Waren zum Verkauf angeboten wurden, die erst für diese Gelegenheit angeschafft worden waren[3].
– Stellenanzeigen, hinter denen ein teurer *Telefonmehrwertdienst* steht[4].
– Werbung für einen SMS-Chat-Dienst mit irreführenden Angaben über die entstehenden Kosten und über die Möglichkeit, Personen weiblichen Geschlechts kennenzulernen[5].
– Werbung eines blinden Vertreters in Zeitungsanzeigen „zum Vertrieb von Blindenerzeugnissen [...] *Blindenwerkstatt T*", obwohl die zu vertreibende Ware von ihm von einer Fabrik bezogen wurde[6].
– Gestaltung einer Videokassette in der Weise, dass der Verbraucher einen Kinofilm (*Hitlerjunge Salomon*) und nicht einen unterrichtenden, belehrenden Dokumentarfilm erwartet[7].

Beispiele:

– **Progressive Anwerbung** von Vertragshändlern für den Direktvertrieb eines Motoröls mit Teflonzusatz, wobei immer wieder – wissentlich unwahr – darauf hingewiesen wurde, dass das Produkt konkurrenzlos sei und dass die Mitarbeit den beitretenden Vertragshändlern die Möglichkeit einer Existenzgründung eröffne[8].
– Anzeige, dass „*Handwerker für den Außendienst*" gesucht werden, obwohl in Wahrheit Handelsvertreter für den Möbelverkauf gesucht wurden[9].
– Öffentliche Ankündigung, Ware werde im Rahmen der *Zwangsvollstreckung* veräußert, obwohl die Angeklagten tatsächlich ihnen gehörende Ware mit fingierten Schuldtiteln versteigern[10].

---

1 BGH v. 30.5.2008 – 1 StR 166/07, BGHSt 52, 227 = wistra 2008, 387 = GRUR 2008, 818; *Brammsen*, NStZ 2009, 279; *Soyka*, Zur strafbaren Werbung (§ 16 Abs. 1 UWG) in Fällen der Zusendung von Gewinnmitteilungen, HRR-Strafrecht 2008, 418.
2 OLG Stuttgart v. 31.3.1981 – 3 Ss 168/80, NJW 1982, 115; *Bornkamm* in Köhler/Bornkamm, § 5 UWG Rz. 7.71 ff.
3 OLG Celle v. 10.9.1985 – 1 Ss 339/85, wistra 1986, 39 = NJW 1987, 78; LG Flensburg v. 31.1.2006 – 1 S. 101/05, NJOZ 2006, 1182.
4 AG Achim v. 7.2.2002 – 2a Cs 302 Js 4153/01, wistra 2002, 272.
5 LG München I v. 17.6.2003 – 22 O 9966/03, MMR 2004, 48.
6 BGH v. 7.2.1953 – 2 StR 341/52, BGHSt 4, 45.
7 KG v. 20.10.1995 – 5 U 4741/94, KGR Berlin 1996, 151.
8 OLG Frankfurt v. 22.5.1985 – 5 Ws 10/84, wistra 1986, 31.
9 BayObLG v. 18.9.1973 – RReg. 4 St 112/73, GRUR 1974, 400.
10 OLG Köln v. 13.2.1976 – Ss 392/75, NJW 1976, 1547.

4. Irreführende Werbung

30 **Irreführend** bzw. *zur Irreführung geeignet*[1] ist die Angabe, wenn ein nicht unbeachtlicher Teil der Interessenten, an die sich die Werbung richtet, aufgrund der Unrichtigkeit der Angabe mit Recht oder Unrecht den *Eindruck eines besonders günstigen Angebots* gewinnt[2]. Dieses Tatbestandsmerkmal wird im Wesentlichen von den Vorstellungen der jeweils Umworbenen bestimmt. Die Eignung zur Irreführung ist im Hinblick auf die jeweilige Verbrauchervorstellung – und diese u.U. schon mit Rücksicht auf eine rechtlich beachtliche Mehrheit – zu bestimmen. Da durch § 16 Abs. 1 UWG vor allem der Verbraucher und die Allgemeinheit vor falschen und irreführenden Angaben geschützt werden sollen, gebietet es gerade der *Schutzzweck dieser Norm*, bei Ermittlung des Merkmals der irreführenden Angabe auf die Sichtweise dieses geschützten Personenkreises abzuheben[3]. Danach reicht es zur Irreführung aus, wenn auch nur ein Teil des angesprochenen Personenkreises auf die Werbeangabe vertraut[4].

31 Die bloße **Gefahr** einer Irreführung **genügt;** ob das Publikum tatsächlich irregeführt wird, ist unerheblich. Ob eine Irreführung wirklich eingetreten ist, bleibt hier – wie bei § 5 UWG – belanglos[5].

32 **Beispiele** aus der Rechtsprechung zum Tatbestandsmerkmal „zur Irreführung geeignet"[6], die insbesondere zu § 3 UWG a.F. (§ 5 UWG) ergangen ist, der – im Gegensatz zu § 4 UWG a.F. (§ 16 Abs. 1 UWG) – nicht von unwahren, sondern lediglich von irreführenden Angaben sprach und damit auf eine Eignung zur Irreführung abstellte:

– Bezeichnung eines Unternehmens als „Stadtwerke" ohne (Mehrheits-)Beteiligung der öffentlichen Hand[7].

– Bezeichnung *„Hollywood Duftschaumbad"* für einen nicht aus Hollywood stammenden Badezusatz[8].

– Werbung, die Ware werde nur gegen Hingabe eines 10-DM-Scheines mit bestimmter *Seriennummer* verkauft. Da das Publikum in diesem Fall eine besondere Verkaufsaktion annimmt, bei der der Preis unter dem liegt, den der Werbende normalerweise fordert, wird der Verkehr irregeführt, wenn der Werbende tatsächlich über längere Zeit keinen anderen Preis gefordert hat[9].

– Verwendung von *vor Jahrzehnten verliehenen Medaillen* bei der Werbung für ein neu aufgenommenes Erzeugnis in einer Weise, dass der irrige Eindruck erweckt wird, es

---

1 Vgl. im Einzelnen *Bornkamm* in Köhler/Bornkamm, § 5 UWG Rz. 2.64 ff.; *Sack*, Irreführungsverbot und Interessenabwägung in der deutschen Rechtsprechung, GRUR 2014, 609.
2 BayObLG v. 18.9.1973 – RReg. 4 St 112/73, GRUR 1974, 400.
3 OLG Stuttgart v. 31.3.1981 – 3 Ss 168/80, NJW 1982, 115.
4 BGH v. 16.2.1954 – 5 StR 471/53, BB 1954, 299; *Tiedemann*, JR 1973, 429; *Härting*, Rz. 1590 f.
5 *Bornkamm* in Köhler/Bornkamm, § 16 UWG Rz. 9.
6 Vgl. *Bornkamm* in Köhler/Bornkamm, § 5 UWG Rz. 2.111 ff.; zum Internet vgl. *Härting*, InternetR, Rz. 1596 ff.
7 BGH v. 13.6. 2012 – I ZR 228/10, GRUR 2012, 1273; OLG Hamm v. 8.12.2009 – 4 U 129/09, RdE 2010, 390.
8 BGH v. 30.1.1963 – Ib ZR 183/61, GRUR 1963, 482.
9 BGH v. 12.7.1974 – I ZR 92/73, NJW 1975, 120.

handle sich um ein vielfach prämiertes, seit Langem hergestelltes, altbewährtes Erzeugnis[1]. Der BGH führt dazu aus: „Dabei ist rechtsgrundsätzlich davon auszugehen, dass es für die Frage der Richtigkeit oder Unrichtigkeit einer Werbebehauptung i.S. des § 3 UWG (a.F.) allein darauf ankommt, in welchem Sinn die Angabe von den Kreisen verstanden wird, für die die Ankündigung bestimmt ist. Es ist daher weder die Meinung des Werbenden noch der Umstand, dass die Angabe objektiv nicht unrichtig ist, entscheidend. Auch eine objektiv richtige Angabe kann i.S. des § 3 UWG (a.F.) unrichtig sein, wenn zumindest ein nicht unbeachtlicher Teil des Publikums ihr etwas Unrichtiges entnimmt."

- Die Bezugnahme auf einen „statt"-Preis ist irreführend, wenn in der Werbeanzeige nicht klargestellt wird, um was für einen Preis es sich bei dem „statt"-Preis handelt[2].
- Werbung für „*kostenloses*" Sicherheitspaket, wenn eine Zahlungspflicht nach sechs Monaten entsteht[3].
- Versand formularmäßig aufgemachter Angebotsschreiben – *Eintragungsofferte* – für einen Eintrag in ein Branchenverzeichnis, das nach seiner Gestaltung und seinem Inhalt darauf angelegt ist, bei einem flüchtigen Leser den Eindruck hervorzurufen, mit der Unterzeichnung und Rücksendung des Schreibens werde lediglich eine Aktualisierung von Eintragungsdaten im Rahmen eines bereits bestehenden Vertragsverhältnisses vorgenommen[4].

Eine Irreführung liegt nach § 5 Abs. 2 UWG grundsätzlich *auch* dann vor, wenn die Gefahr der Verwechslung mit einer **Marke** verursacht wird.[5] Ein Vorrang[6] des markenrechtlichen Schutzes besteht aber grundsätzlich nicht[7].   32a

Für den Zusammenhang zwischen Unwahrheit und Irreführung einer Angabe instruktiv ist das folgende Beispiel: 33

Beispiel: Der Angeklagte befasste sich mit der *Vermittlung von Finanzierungsgeschäften*. Meldete sich bei ihm ein Kunde, der Kredit erhalten wollte, so prüfte der Angeklagte zunächst, ob dieser mindestens einen monatlichen Verdienst von 300 DM brutto hatte. Wurde dieser Nachweis erbracht, gab der Angeklagte den Kreditantrag an ein Kreditinstitut weiter, das dann dem Kunden nach nochmaliger Überprüfung seiner Angaben ein Darlehen bis zur vierfachen Höhe seines Monatsverdienstes gewährte. Um für sein Kreditgeschäft zu werben, gab er in einer Zeitung folgende Anzeige auf: „Kredit – für jedermann bis 10 000 DM. Zinsgünstig bis 48 Monatsraten. – Rufen Sie an [...]"

Das *KG*[8] hat § 4 UWG a.F. in diesem Fall verneint. Zwar sei die Angabe „Kredit für jedermann" objektiv *unwahr*, denn tatsächlich wollte der Angeklagte keineswegs jedem Kunden einen Kredit vermitteln, sondern machte die Vermittlung von bestimmten Voraussetzungen abhängig. Kein „normaler Bürger" gehe aber beim Lesen einer derartigen Anzeige davon aus, dass ihm ein Kredit gewährt werde, ohne dass er bestimmte Voraussetzungen erfüllen müsse. Die Angabe sei deshalb *nicht zur Irreführung geeignet*. Das Schweigen des Angeklagten über seine Tätigkeit bei der Kreditgewährung könnte al-

---

1 BGH v. 1.12.1960 – I ZR 6/59, GRUR 1961, 193.
2 BGH v. 4.5.2005 – I ZR 127/02, NJW 2005, 2550.
3 OLG Koblenz v. 22.12.2010 – 9 U 610/10, K&R 2011, 349.
4 BGH v. 30.6.2011 – I ZR 157/10 – Branchenbuch Berg, MMR 2012, 99.
5 BGH v. 2.4.2009 – I ZR 144/06, GRUR 2009, 1069.
6 BGH v. 22.11.2001 – I ZR 138/99 – shell.de, NJW 2002, 2031 (2033); OLG München v. 5.10.2006 – 29 U 3143/06, MMR 2007, 115; *Schirmbacher*, K&R 2008, 433 (436).
7 *Fezer*, Imitationsmarketing als irreführende Produktvermarktung, GRUR 2009, 451 (454); *Jonas/Hamacher*, „Mac Dog" und „shell.de" ade, WRP 2009, 535.
8 KG, JR 1968, 433; OLG Düsseldorf v. 12.6.1980 – 2 U 136/79, GRUR 1980, 865; *Bornkamm* in Köhler/Bornkamm, § 5 UWG Rz. 4.88 ff.

lerdings einer „Angabe" i.S. des § 4 UWG a.F. gleichstehen. Besondere Umstände, die ein Tätigwerden des Angeklagten verlangt hätten, seien jedoch nicht ersichtlich.

Differenzierend der *BGH*[1], der die *unwahre Werbung eines Kreditvermittlers* – der sich als solcher zu erkennen geben muss[2] –, er könne „Baugeld zu 4,5 %" vermitteln, als irreführend ansah, soweit verschwiegen wurde, dass der Abschluss eines Bausparvertrags Voraussetzung eines Darlehens sei.

34 Sog. **Lockvogelangebote**, bei denen mit der Preisstellung einer Ware geworben wird, die dem Werbenden nicht oder nur in unzureichender Menge zur Verfügung steht (§ 5 Abs. 1 Nr. 2 UWG) oder die zwar in hinreichender Menge vorhanden ist, aber in der Absicht herausgestellt wird, den Kunden im Verkaufsgespräch zum Erwerb einer anderen, teureren Ware der gleichen Art zu überreden, sind ebenso zur *Irreführung geeignet*, wie, wenn ein Händler einige wenige Waren, mit denen der Verbraucher bereits genaue Preisvorstellungen verbindet, auffallend preisgünstig und ins Auge fallend anbietet, ohne gleichzeitig deutlich werden zu lassen, dass es sich um die Einzelerscheinung eines Sonderangebots handelt. Dann besteht die Gefahr, dass sich bei einem nicht unerheblichen Teil der Verbraucher die Vorstellung aufdrängt, der Werbende sei auch in seinem übrigen Angebot besonders preisgünstig[3].

35 Maßgebend für die Frage, wie eine Werbeanzeige *auf das Publikum wirkt*, ist *nicht* der *Wortlaut* der Ankündigung, sondern der dadurch **hervorgerufene Eindruck**[4].

36 **Beispiele:**

– Werbung eines Instituts für *Nachhilfeunterricht* mit der Anzeige: „Bewährte Nachprüfungskurse bietet die Schülerhilfe. Bei Misserfolg Geld zurück." Hier geht der Eindruck dahin, es werde neben dem Versprechen der Kostenrückerstattung bei negativem Ausgang auch die Gewähr für eine erfolgreiche Nachprüfung geboten; ein nicht unerheblicher Teil von Lesern geht davon aus, der Erfolg des angebotenen Unterrichts sei sicher, weil es Schulungsinstitute mit dafür garantierenden Unterrichtsmethoden gebe. Die Werbeanzeige erweckt zumindest bei einem nicht unerheblichen Teil der angesprochenen Interessenten den Eindruck, dass die Teilnahme am Nachprüfungskursus den Erfolg mit Sicherheit erwarten lasse[5].

– Die Werbung *„Test gut"* für eine von der Stiftung Warentest mit „gut" bezeichnete Spiegelreflex-Kleinbildkamera ist irreführend, wenn sie mit dieser Note unter dem Notendurchschnitt der getesteten Waren geblieben ist und der Werbende weder die Zahl noch die Noten der besser beurteilten Erzeugnisse angibt[6].

37 Die unwahren und zur Irreführung geeigneten Angaben müssen wegen § 3 UWG **geschäftsbezogen**, d.h. zur Absatzförderung, gemacht werden[7]. Ein Wett-

---

1 BGH v. 8.3.1967 – Ib ZR 37/65 – Baugeld, BB 1967, 772.
2 AG München v. 27.9.1979 – 71 Cs 302 Js 11400/79, BB 1980, 1009.
3 BGH v. 17.9.1969 – I ZR 35/68, BGHZ 52, 303 = NJW 1969, 2143; OLG Oldenburg v. 12.1.2006 – 1 U 121/05, GRUR-RR 2006, 202.
4 *Bornkamm* in Köhler/Bornkamm, § 5 UWG Rz. 7.23 ff.; BGH v. 6.10.2011 – I ZR 42/10, GRUR 2012, 286.
5 BGH v. 2.2.1983 – I ZR 191/80, NJW 1983, 1327.
6 BGH v. 11.3.1982 – I ZR 71/80, NJW 1982, 1596; *Bornkamm* in Köhler/Bornkamm, § 5 UWG Rz. 4.258.
7 *Bornkamm* in Köhler/Bornkamm, § 5 UWG Rz. 2.2, § 16 UWG Rz. 5.

bewerbsbezug ist hingegen nicht mehr gefordert, auch wenn dieser – nebst entsprechender Absicht – bei Unternehmen weiterhin naheliegen dürfte[1]. § 5 Abs. 1 UWG nennt eine – keineswegs abschließende[2] – Kette wichtiger *Beispielsfälle irreführender Werbung*, nämlich Angaben

- über die Beschaffenheit, den Ursprung, die Herstellungsart von Waren,
- über die Preisbemessung von Waren oder gewerblichen Leistungen,
- über die Art des Bezugs[3] oder die Bezugsquelle von Waren,
- über den Besitz von Auszeichnungen[4],
- über den Anlass oder den Zweck des Verkaufs oder
- über die Menge der Vorräte.

Der **Begriff** „*Werbung*" ist **weit** auszulegen. Hierzu zählt jede Äußerung, die irgendwie der Förderung eines beliebigen Geschäftszweckes dient. Erfasst wird dabei jede selbständige wirtschaftliche Tätigkeit, in der eine Teilnahme am Erwerbsleben zum Ausdruck kommt. Nur das, was privat oder amtlich ist, ist ohne Relevanz[5]. 38

Unwahre Angaben eines *Zeitschriftenwerbers* über die persönlichen Lebensverhältnisse wie die Motive seiner Werbetätigkeit (z.B. zum Studium oder zur Rehabilitation) können nach § 16 Abs. 1 UWG[6] strafbar sein, in der Praxis wird es aber an der **Relevanz** fehlen[7]. Angaben eines Unternehmens zur Förderung altruistischer Belange (z.B. Sponsoring i.S. von § 8 Rundfunkstaatsvertrag i.d.F. vom 15./21.12.2010) müssen hingegen zutreffen, wenn das Unternehmen konkrete Beiträge in Aussicht stellt[8].

§ 16 Abs. 1 UWG verlangt *kein* Handeln „*zu Zwecken des Wettbewerbs*". Daher ist auch die unwahre und irreführende Werbung eines Monopolisten, der keine Konkurrenten hat – sofern es so etwas noch gibt –, nach § 16 Abs. 1 UWG strafbar[9].

III. Subjektiver Tatbestand

Die bekannt gemachten Angaben müssen in der **Absicht**, den *Anschein eines besonders günstigen Angebots hervorzurufen*, gemacht worden sein. „Absicht" ist hier nichts anderes als *direkter Vorsatz*. Der Täter muss durch das 39

---

1 *Isele*, GRUR 2009, 727, (730 Fn. 26) m.w.Nw.
2 *Bornkamm* in Köhler/Bornkamm, § 5 UWG Rz. 1.87; *Wiring*, NJW 2010, 580.
3 LG Hamburg v. 12.5.2009 – 312 O 74/09 – Nicht-Einhaltung der Lieferfrist II, MIR 2009, Dok. 236.
4 Zur behaupteten Presseempfehlung vgl. OLG Frankfurt v. 9.8.2012 – 6 U 91/12, MMR 2012, 824; zum gekauften Ranking auf Internet-Portal vgl. LG Berlin v. 25.8.2011 – 16 O 418/11, MMR 2012, 683.
5 BayObLG v. 18.9.1973 – RReg 4 St 112/73, GRUR 1974, 400; *Bornkamm* in Köhler/Bornkamm, § 16 UWG Rz. 5; *Köhler* in Köhler/Bornkamm, § 2 UWG Rz. 51.
6 *Bornkamm* in Köhler/Bornkamm, § 16 UWG Rz. 8.
7 *Bornkamm* in Köhler/Bornkamm, § 16 UWG Rz. 8.
8 *Köhler* in Köhler/Bornkamm, § 4 UWG Rz. 3.47a ff.; *Schaub*, Sponsoringverträge und LauterkeitsR, GRUR 2008, 955.
9 *Köhler* in Köhler/Bornkamm, § 2 UWG Rz. 44.

Mittel einer unwahren und zur Irreführung geeigneten Angabe irgendwelche Vorteile des Angebots in den Augen des Publikums besonders in Erscheinung treten lassen und so zum Kauf bewegen wollen[1].

Bei der Prüfung, ob ein Angebot besonders günstig erscheint, sind als *Vergleichsmaßstab* andere Angebote heranzuziehen, die Leistungen der Art zum Inhalt haben, wie sie der Täter in Wirklichkeit erbringen kann und will[2].

40 Der Hinweis eines besonders günstigen Angebots liegt schon dann vor, wenn durch die unwahre Angabe die Vorteile des Angebots in den Augen des Publikums besonders in Erscheinung treten. Erforderlich ist **nicht**, dass der Werbende sich **gegenüber den Mitbewerbern** Vorteile am Markt verschaffen will. Auf einen tatsächlich bestehenden Wettbewerb kommt es bei § 16 Abs. 1 UWG nicht an; es reicht aus, dass die Eigenschaften des angebotenen Produkts selbst besonders in Erscheinung treten sollen, sodass sie einen *Anreiz zum Erwerb* bilden. Günstig ist dabei nicht nur etwas, was materiell vorteilhaft erscheint, sondern auch dasjenige, was die geistigen Bedürfnisse des Abnehmers zu befriedigen verspricht[3].

Beispiel: Ein promovierter Jurist wirbt unter der Bezeichnung „Institut für Medizinschaden-Begutachtung. Verantwortlich: Dr. G. mit Ärzten", obwohl er es ohne Mediziner allein betrieb. Die Patienten gehen bei dieser Werbung davon aus, für das Institut seien neben dem Angeklagten auch Ärzte verantwortlich.

41 Die Unwahrheit oder zur Irreführung geeignete Angabe muss sich **nicht** *auf die Vorteilhaftigkeit des Angebots* **beziehen**. Es genügt vielmehr, dass der Wettbewerber beabsichtigt, durch unwahre Angaben die Vorteile seines Angebots in den Augen des Publikums besonders in Erscheinung treten zu lassen – mögen die Vorteile tatsächlich bestehen oder nicht. Der Ausdruck „Anschein eines günstigen Angebots", den § 16 Abs. 1 UWG verwendet, bedeutet nicht, dass das Angebot nur scheinbar günstig sein müsse. Da der Schutzzweck des § 16 Abs. 1 UWG sich auch auf die Konkurrenten erstreckt, reicht es aus, dass ein tatsächlicher Vorteil in Aussicht gestellt wird, sofern nur durch unlautere Mittel zum Kauf verlockt wird[4].

Beispiel: Es wird mit dem Hinweis „bis zu 50 % reduziert" bei einem Totalausverkauf geworben, obwohl nicht nur Lagerbestände aus der Geschäftsaufgabe, sondern auch solche, die für diese Gelegenheit angeschafft worden waren, verkauft wurden.

Ob die *„nachgeschobenen"* Waren im vorliegenden Fall tatsächlich ebenso günstig verkauft wurden wie die Ausverkaufsware, kann in diesem Beispiel unentschieden bleiben. Die Absicht, den Anschein eines besonders günstigen Angebots hervorzurufen, hatte der Verkäufer in jedem Fall.

---

1 *Bornkamm* in Köhler/Bornkamm, § 16 UWG Rz. 17; RG v. 30.5.1913 – V 57/13, RGSt 47, 280; KG v. 1.3.1973 – (2) Ss 286/72 (105/72), GRUR 1973, 601.
2 BayObLG v. 29.11.1988 – RReg. 4 St 156/88, NStZ 1989, 235; BGH v. 15.8.2002 – 3 StR 11/02, wistra 2002, 467 = NJW 2002, 3415; *Bornkamm* in Köhler/Bornkamm, § 16 UWG Rz. 18.
3 BGH v. 26.2.1987 – 1 StR 615/86, wistra 1987, 221; OLG Düsseldorf v. 6.3.1990 – 5 Ss 449/89 – 168/89 I, wistra 1990, 200 = NJW 1990, 2397.
4 OLG Celle v. 10.9.1985 – 1 Ss 339/85, wistra 1986, 39 = NJW 1987, 78; *Bornkamm* in Köhler/Bornkamm, § 16 UWG Rz. 18 ff.

Ein Angebot kann auch deshalb besonders günstig erscheinen, weil es ein **ideelles Bedürfnis** zu befriedigen geeignet ist[1]. Dies gilt auch dann, wenn der versprochene Vorteil nicht dem versprochenen Produkt selbst anhaftet, wenn z.B. unwahr behauptet wird, *„Blindenseife"* zu vertreiben, sondern der Vorteil durch den Abschluss des Vertrages im Zusammenhang mit dem Geschäft auf andere Weise zustande kommt.

42

Beispiel: Der Zeitschriftenwerber behauptet wahrheitswidrig, der Gewinn des Zeitschriftenabonnements werde vom Unternehmen für Rehabilitationsmaßnahmen für Betäubungsmittelabhängige bzw. für die Gefangenenfürsorge verwendet[2].

In diesem Fall liegt jedoch § 16 Abs. 1 UWG nur vor, wenn die unwahren Angaben des Werbenden nicht nur die allgemeine Gewinnverwendung des Unternehmens, sondern die Verwendung des Gewinns aus der Veräußerung der konkret angebotenen Ware oder Leistung betreffen. Dann ist ein zumindest mittelbarer – und damit noch ausreichender – objektiver Bezug zwischen dem unzutreffenden Werbevorbringen und dem angebotenen Produkt selbst gegeben[3].

Verspricht der Werbende eine **Leistung**, die er überhaupt **nicht erbringen** will (z.B. als *Abo-Falle*[4]) oder kann, so liegt der Straftatbestand des § 16 Abs. 1 UWG nicht vor[5]. § 16 Abs. 1 UWG verlangt, dass der unwahr Werbende nicht so leisten will, wie er es in seiner Werbung verspricht. Insoweit ist nur Betrug und nicht auch – tateinheitlich – § 16 Abs. 1 UWG verwirklicht[6]. Weist der Täter auf Vorzüge seiner wirklich beabsichtigten Leistung hin, so ist er nach § 16 Abs. 1 UWG dann strafbar, wenn er die Leistung in der Form, in der sie sich nach der Werbung darstellt, nicht erbringen will.

43

Während die „Absicht" bezüglich des scheinbar besonders günstigen Angebots insoweit direkten Vorsatz verlangt, genügt der übrigen Tatbestandsmerkmale **bedingter Vorsatz**[7].

44

Der Vorsatz muss sich auf die *Eignung zur Irreführung* erstrecken. Es genügt nicht, dass die Angaben gutgläubig gemacht werden, aber wegen der Auffassung der betroffenen Verkehrskreise irreführen. Vielmehr muss der Täter die

---

1 BGH v. 7.2.1953 – 2 StR 341/52, BGHSt 4, 44; BGH v. 26.2.1987 – 1 StR 615/86, wistra 1987, 221; OLG Düsseldorf v. 6.3.1990 – 5 Ss 449/89 - 168/89 I, wistra 1990, 200 = NJW 1990, 2397.
2 BayObLG v. 29.11.1989 – RReg 4 St 87/89, wistra 1990, 114 = NStZ 1990, 132; a.A. OLG Köln v. 23.1.1979 – 1 Ss 1024/78, NJW 1979, 1419; grundlegend dazu BGH v. 29.3.1990 – 1 StR 22/90, BGHSt 36, 389 = NJW 1990, 2395 = MDR 1990, 844.
3 BayObLG v. 9.11.1990 – RReg 4 St 128/90, wistra 1991, 119; vgl. *Endriß*, wistra 1990, 335.
4 OLG Frankfurt v. 17.12.2010 – 1 Ws 29/09, NJW 2011, 398; *Ernst* in Ullmann, jurisPK, § 16 UWG Rz. 5.
5 BGH v. 26.10.1977 – 2 StR 432/77, BGHSt 27, 293 = NJW 1978, 173; *Bornkamm* in Köhler/Bornkamm, § 16 UWG Rz. 18.
6 BGH v. 26.10.1977 – 2 StR 432/77, BGHSt 27, 293 = NJW 1978, 173.
7 *Otto* in Großkomm., 1. Aufl., § 4 UWG a.F. Rz. 90 ff.; *Diemer* in Erbs/Kohlhaas, U 43 § 16 UWG Rz. 101 f.

Eignung mindestens für möglich gehalten und billigend in Kauf genommen haben[1]. Ob eine Irreführung wirklich eingetreten ist, bleibt hier belanglos. Spätere Aufklärung des Käufers durch eigene Wahrnehmung oder durch den Täter befreit nicht von der Strafe[2].

IV. Strafverfolgung

45 Im Gegensatz zu den sonstigen Straftaten im UWG ist die Verfolgung irreführender Werbung von **keinem Strafantrag** abhängig; dieses Delikt wird von Amts wegen verfolgt. Allerdings wird die öffentliche Klage nur erhoben, wenn es im *öffentlichen Interesse* liegt (§§ 374 Abs. 1 Nr. 7, 376 StPO).

46 Daneben ist § 16 Abs. 1 UWG **Privatklagedelikt**. Zur Privatklage sind der Verletzte (§ 374 Abs. 1 Nr. 7 StPO) und damit auch *Verbände*, die Mitbewerber zu ihren Mitgliedern zählen, berechtigt.

47 Grundsätzlich tritt **Verjährung** nach fünf Jahren ein (§ 78 Abs. 3 Nr. 4 StGB). In sehr vielen Fällen kommt jedoch die *kurze presserechtliche Verjährung* zum Zuge. Bei **Pressedelikten**, die durch die Verbreitung von Druckschriften mit nach UWG strafbarem Inhalt begangen werden, verjährt die Strafverfolgung in *sechs Monaten*[3]. Die *Verjährungsfrist beginnt* mit der Veröffentlichung oder bei sukzessiver Verbreitung mit dem ersten Verbreitungsakt und läuft für jeden an der Verbreitung beteiligten Täter hinsichtlich seiner Verbreitungstätigkeit gesondert. Wird auch nur ein Exemplar verbreitet, so erfasst die hiermit beginnende Presseverjährung sämtliche aus demselben Vervielfältigungsprozess stammenden Druckwerke derselben Art, die der Täter zum Zwecke der Verbreitung vorrätig hält.

48 Die **kurze Verjährung** wird damit **gerechtfertigt**, dass es im Hinblick auf das hohe Rechtsgut der *Meinungs- und Pressefreiheit* geboten erscheint, die strafrechtliche Relevanz des Inhalts von Druckwerken wegen der typischerweise sich über einen längeren Zeitraum erstreckenden Verbreitung alsbald zu klären, und dass dies den Strafverfolgungsbehörden schon mit der ersten Verbreitung möglich wird. Mit der Verbreitung des Druckwerks tritt der Gesetzesverstoß offen zutage, sodass die Strafverfolgungsbehörden eingreifen können[4].

---

1 *Bornkamm* in Köhler/Bornkamm, § 16 UWG Rz. 16; RG v. 17.12.1907 – V 841/070, RGSt 40, 442; BayObLG v. 8.3.1977 – RReg 4 St 6/77, BayObLGSt 77, 32 = WRP 1977, 524 (525).
2 *Bornkamm* in Köhler/Bornkamm, § 16 UWG Rz. 9; *Diemer* in Erbs/Kohlhaas, U 43 § 16 UWG Rz. 28.
3 Z.B. § 24 Abs. 1 LPresseG Bad.-Württ.
4 BGH v. 17.7.1974 – 3 StR 239/73, BGHSt 25, 347; BGH v. 26.6.1985 – 3 StR 129/85, BGHSt 33, 271 = NJW 1986, 331.

C. Geschäftliche Verleumdung

§ 15 UWG a.F. enthielt einen Vergehenstatbestands, der als *Sonderfall der* **Geschäftsehrverletzung**[1] einerseits den zivilrechtlichen Normen des **§ 4 Nr. 7 und 8 UWG** (= § 14 UWG a.F.: *"Anschwärzung"*) sowie § 824 BGB und andererseits den allgemeinen Beleidigungstatbeständen (§§ 185 ff., besonders § 187 StGB) nahestand. Die geringe praktische Bedeutung[2] hat zum *Wegfall* dieser speziellen Norm geführt. Der strafrechtliche Schutz des wirtschaftlichen „guten Rufs" wird nun insbesondere durch § 187 StGB sichergestellt. Dieser ist in der Variante der *Verleumdung* (Verächtlichmachung/Herabwürdigung) ein Ehrverletzungsdelikt (vgl. § 186 StGB – Üble Nachrede), in der Variante der *Kreditgefährdung* ein Vermögensgefährdungsdelikt[3]. 49

Wissentlich unwahre[4] Behauptungen von Tatsachen in Beziehung auf einen anderen, also auch über ein Unternehmen[5], seine Leitung und seine Produkte, sind nach **§ 187 StGB** unter der Überschrift **„Verleumdung"** mit Freiheitsstrafe bis zu zwei Jahren, und, wenn die Tat öffentlich, in einer Versammlung oder durch Verbreiten von Schriften nach § 11 Abs. 3 StGB begangen ist, mit bis zu fünf Jahren bedroht. Bei der Bewertung als unwahr ist auf den Kern der Äußerung abzustellen; die Behauptung ist bei Übertreibungen nur unwahr, wenn sie grob übertreibt und damit die Realität verzerrt[6]. Bei § 187 StGB handelt es sich – wie bei allen Beleidigungsdelikten und wie bei § 15 UWG a.F. – um ein *Antrags- und Privatklagedelikt* (§ 194 Abs. 1 StGB, § 374 Abs. 1 Nr. 2 StPO). Nebenklage ist möglich (§ 395 Abs. 1 Nr. 6 StPO). Die Wahrnehmung berechtigter Interessen (§ 193 StGB) kann die Tat nicht rechtfertigen[7]. Der Eintritt eines wirtschaftlichen Schadens ist nicht vorausgesetzt; seine Möglichkeit genügt[8]. Die Tat ist vollendet mit Zugang der Äußerung an einen Dritten, nicht an den Betroffenen selbst[9]. 50

Als unlautere geschäftsbezogene **Anschwärzung** eines Mitbewerbers (§ 4 Nr. 8 UWG), und nicht als zulässige Meinungsäußerung, wurde u.a. gewertet die Behauptung, 50a

– ein Börsenjournalist habe schon *zwei Mal pleite* gemacht[10],

---

1 Näher *Köhler* in Köhler/Bornkamm, § 4 UWG Rz. 7.1 ff., 8.1 ff.; *Pfeiffer*, Die geschäftliche Verleumdung nach § 15 UWG, in FS Quack, 1991, S. 89.
2 Dazu näher *Messer* in Großkomm., 1. Aufl., § 15 UWG a.F. Rz. 6.
3 *Soehring* in Soehring/Hoene, § 12 Rz. 15; *Lenckner/Eisele* in S/S, § 187 StGB Rz. 1.
4 *Lenckner/Eisele* in S/S, § 187 StGB Rz. 5.
5 *Fischer*, § 187 StGB Rz. 3a.
6 OLG München v. 10.12.2003 – 21 U 2392/03, NJW 2004, 224 (229); BGH v. 24.1.2006 – XI ZR 384/03 – Kirch/Dt. Bank, BGHZ 166, 84 = NJW 2006, 830; OLG München v. 14.12.2012 – 5 U 2472/09.
7 *Lenckner/Eisele* in S/S, § 193 StGB Rz. 2 a.E., § 187 StGB Rz. 6; BGH v. 23.10.1951 – 1 StR 7/50, NJW 1952, 194; OLG Hamm v. 15.1.1971 – 3 Ss 972/70, NJW 1971, 853.
8 *Fischer*, § 187 StGB Rz. 3a.
9 *Lenckner/Eisele* in S/S, § 186 StGB Rz. 17, § 187 StGB Rz. 2.
10 BGH v. 28.6.1994 – VI ZR 252/93, NJW 1994, 2614.

- ein Journalist verbreite zwecks Erlangung von Anzeigenaufträgen der Pharmaindustrie immer wieder bewusst und vorsätzlich die Unwahrheit und erhebe damit die Lüge zum Geschäftsprinzip („*Mit Verlogenheit zum Geld*")[1],
- ein Konkurrent habe einen Katalog „*nachgemacht*", unter Hinweis auf „*Machenschaften*"[2].

50b Dagegen wurde die Einstufung einer Webseite als „Spam" als zulässig angesehen, soweit der Betreiber die Platzierung seiner Webseite in der Ergebnisliste einer sog. Suchmaschine durch manipulative Maßnahmen erreicht[3]. Auch das Aufstellen eines Bauschildes durch einen Auftraggeber, auf dem in satirischer Form **wahrheitsgemäß** auf Baumängel, eine sich hinschleppende Baumängelbeseitigung und Baugewährleistungsansprüche hingewiesen wird, wurde nicht als Verleumdung gewertet[4].

50c Bezüglich der Unwahrheit der Behauptung ist *direkter Vorsatz* erforderlich („wider besseres Wissen"), während bezüglich der Eignung der Behauptung zur Schädigung bedingter **Vorsatz** genügt[5].

D. Marken und Geschäftsbezeichnungen

Schrifttum: *Bender*, Europäisches Markenrecht, 2008; *Berlit*, Markenrecht, 9. Aufl 2012; *Büscher/Kochendörfer*, Gemeinschaftsmarkenverordnung: GMV. Kommentar zur Verordnung (EG) Nr. 207/2009 mit Nebenvorschriften, 2014; *Eisenführ/Schennen*, Gemeinschaftsmarkenverordnung, 4. Aufl 2014; *Ekey/Klippel/Bender*, Markenrecht, 2. Aufl 2009; *Fezer*, Markenrecht, 4. Aufl 2009; *Götting*, Gewerblicher Rechtsschutz, 9. Aufl 2010; *Hacker*, Markenrecht. Einführung in das deutsche Markensystem, 3. Aufl. 2013; *Harte-Bavendamm* (Hrsg.), Handbuch der Markenpiraterie in Europa, 2000; *Ilzhöfer*, Patent-, Marken- und Urheberrecht, 8. Aufl 2010; *Ingerl/Rohnke*, Markengesetz, 3. Aufl 2010; *Klaka/Schulz*, Die Europäische Gemeinschaftsmarke, 1996; *Lange*, Internationales Handbuch des Marken- und Kennzeichenrechts, 2009; *Lange*, Marken- und Kennzeichenrecht, 2. Aufl. 2012; *Marx*, Deutsches, europäisches und internationales Markenrecht, 2. Aufl 2007; *von Mühlendahl/Ohlgart/Bomhard*, Die Gemeinschaftsmarke, 1998; *Müller*, Markengesetz, in Spindler/Schuster, Recht der elektronischen Medien, 2. Aufl. 2011; *Nägele*, Das Verhältnis des Schutzes geschäftlicher Bezeichnungen nach § 15 MarkenG zum Namensschutz nach § 12 BGB, GRUR 2007, 1007; *Schricker/Bastian/Knaak*, Gemeinschaftsmarke und Recht der EU-Mitgliedstaaten, 2006; *von Schultz* (Hrsg.), Markenrecht, 3. Aufl 2012; *Ströbele/Hacker*, Markengesetz, 10. Aufl 2012.

I. Allgemeines

51 Pflichten bei der Werbung, deren Verletzung (auch) strafrechtliche Sanktionen zur Folge haben kann, enthält des Weiteren das **Markengesetz** (MarkenG)[6]. Die *Marke* ist als echtes gewerbliches Schutzrecht (dazu oben § 55) ausgebildet.

---

1 BGH v. 22.10.1987 – I ZR 247/85, GRUR 1988, 402.
2 OLG Stuttgart v. 7.2.1997 – 2 U 242/96, NJWE-WettbR 1997, 271.
3 OLG Hamm v. 1.3.2007 – 4 U 142/06, GRUR-RR 2007, 282. Vgl. auch OLG Düsseldorf v. 22.1.1999 – 2 U 32/97, AfP 2000, 175.
4 OLG Frankfurt v. 2.12.2002 – 17 U 97/02, NJW-RR 2003, 1281.
5 RG v. 10.10.1899 – 3082/99, RGSt 32, 303; *Fischer*, § 187 StGB Rz. 4.
6 G über den Schutz von Marken und sonstigen Kennzeichen v. 25.10.1994, BGBl. I 3082, BGBl. I 1995, 156; zul. geänd. durch G v. 19.10.2013, BGBl. I, 3830.

Der vom MarkenG gewährte Schutz geht indessen erheblich über den Schutz des früheren[1] *Warenzeichens*[2] hinaus: Der Schutz vor irreführenden Angaben auf Waren und gegen Missbrauch von Namen und Ausstattung sowie von Hoheitszeichen rückt das MarkenG neben das UWG.[3]

52 Weiter hat das Markenrecht mit dem Recht der technischen Schutzrechte gemeinsam, dass zahlreiche **internationale Abkommen** den Schutz auch jenseits der Grenzen gewährleisten[4]. Die wichtigsten sind – jeweils mehrfach revidiert – die Pariser Verbandsübereinkunft[5] (PVÜ) vom 20.3.1883, das Madrider Markenabkommen[6] (MMA) vom 14.4.1891 mit Protokoll vom 27.6.1989, das Madrider Herkunftsabkommen (MHA) vom 14.4.1891 und das Nizzaer Klassifikationsabkommen[7] (NKA) vom 15.6.1957; das Übereinkommen zur Errichtung der Weltorganisation für geistiges Eigentum[8] vom 14.7.1967 (WIPO); das Übereinkommen über handelsbezogene Aspekte des geistigen Eigentums[9] (TRIPS) vom 15.4.1995 als Anhang 1C zum WTO-Abkommen.

52a Außerdem ist, – ähnlich wie beim Patent – eine **Gemeinschaftsmarke** geschaffen worden, die innerhalb der EU einen Schutz mit einheitlicher Wirkung sicherstellt[10]. Voraussetzung ist eine Anmeldung beim *Harmonisierungsamt für den Binnenmarkt (HABM)* in Alicante (Spanien)[11]. Das Verfahren hierzu ist in §§ 125a–125i MarkenG geregelt[12]. Das Verfahren zum internationalen Schutz von Marken nach dem MMA ist in §§ 107–125 MarkenG geregelt[13].

---

1 *Fezer*, Entwicklungslinien und Prinzipien des MarkenR in Europa – Auf dem Weg zur Marke als einem immaterialgüterrechtlichen Kommunikationszeichen, GRUR 2003, 457.
2 *Fezer*, MarkenR, Einl. A Rz. 23 ff.; *Vogt*, Die Entwicklung des WettbewerbsR in den Jahren 1995–1997, NJW 1997, 2558 (2561).
3 Allg. *Fezer*, Kumulative Normenkonkurrenz [...], GRUR 2010, 953.
4 *Fezer*, MarkenR, 2. Teil Rz. 1 ff. und Anh. Gesetzestexte; *Ingerl/Rohnke*, MarkenG, Einl. Rz. 16 ff.; *Kur*, Die Harmonisierung der europ. Markengesetze – offene Fragen – Harmonisierungslücken, GRUR 1997, 241; *Schäfer*, Seniorität und Priorität, GRUR 1998, 350.
5 *Fezer*, MarkenR, 2. Teil Rz. 2.
6 *Jaeger-Lenz/Freiwald*, Die Bedeutung der Erweiterung des Madrider Markensystems für die markenrechtliche Praxis, GRUR 2005, 118; *Fezer*, MarkenR, 2. Teil Rz. 4 f.
7 *Fezer*, MarkenR, 2. Teil Rz. 7 f.
8 BGBl. II 1970, 295, BGBl. II 1984, 799, BGBl. II 2002, 598; GRURInt 1968, 413; *Fezer*, MarkenR, 2. Teil Rz. 16.
9 BT-Drs. 12/7655; BGBl. II 1994, 1438, 1730, BGBl. II 1995, 456; *Fezer*, MarkenR, 2. Teil Rz. 17 ff.; *Schmidt-Pfitzner*, Das TRIPS-Übk. und seine Auswirkungen auf den deutschen Markenschutz, 2005.
10 RatsVO 40/94 v. 20.12.1993, ABl. EG Nr. L 11/1994, 1 (gestützt auf Art. 235 EGV a.F. = Art. 308 EGV n.F.) und DurchführungsVO 2868/95 v. 12.12.1995, ABl. EG Nr. L 303/1995, 1; *Bumiller*, Durchsetzung der Gemeinschaftsmarke in der Europ. Union, 1997; *Kur*, Die Harmonisierung der europ. Markengesetze – offene Fragen – Harmonisierungslücken, GRUR 1997, 241.
11 Vgl. §§ 125a–h MarkenG, eingefügt durch G v. 19.7.1996, BGBl. I 1014; *Sosnitza*, Erwerb und Erhalt von Gemeinschaftsmarken, GRUR 2013, 105.
12 *Fezer*, MarkenR, § 125a MarkenG Rz. 1 m.w.Nw.
13 *Fezer*, MarkenR, vor § 107 MarkenG Rz. 2, § 107 MarkenG Rz. 2.

53 Das **MarkenG**[1] setzt die Richtlinie 89/104 EWG vom 21.12.1988[2] in nationales Recht um. Es verwendet den Begriff der *Marke* für alle Kategorien von Marken/Warenzeichen (Warenmarken, Dienstleistungsmarken, Kollektivmarken). Das MarkenG regelt zudem den Schutz von Unternehmenskennzeichen, Werktiteln, international registrierten Marken und sog. notorisch bekannten Marken[3]. Weiter wurden die Bestimmungen zu den europarechtlich[4] vorgegeben *geographischen Herkunftsangaben* (§§ 130–139) in das MarkenG aufgenommen.

53a Rechte, die vor dem 3.10.1990 in der Bundesrepublik Deutschland bzw. in der **DDR** begründet worden waren, wurden unter Wahrung ihres Zeitranges auf das jeweils andere Schutzgebiet erstreckt (§§ 1, 4 ErstrG, vgl. § 55 Rz. 29)[5].

53b Bezug zum Markenrecht haben auch das **Namensrecht**[6] nach § 12 BGB hinsichtlich Vor-[7] oder Nachname[8] und das Recht der *Firma*[9] nach §§ 17 ff. HGB (vgl. § 22 Rz. 31). Während für das Namensrecht nur zivilrechtlicher Schutz gewährt (§ 12 S. 2 BGB) wird, kann der Schutz der Firma[10] auch durch das registergerichtliche Ordnungsgeld-Verfahren (§ 37 Abs. 1 HGB) erreicht werden.

54 Ähnlich wie früher das WZG enthält das MarkenG – neben einem *Bußgeldtatbestand* über unbefugte Benutzung von Hoheitszeichen u.Ä. (§ 145 MarkenG, früher 27 WZG, Rz. 103) – **zwei Straftatbestände**:

---

1 I.V.m. MarkenVO v. 3.11.1994, BGBl. I 3555, in Kraft seit 1.1.1995. *Wirtz*, Aktuelles aus dem MarkenR, MittdtschPatAnw 2009, 221.
2 ABl. EG Nr. L 40 v. 11.2.1989, 1.
3 *Niedermann*, „Verkehrsdurchsetzung" und „bekannte Marke". Die empirische Ermittlung in Deutschland und auf EU-Ebene, GRUR 2014, 634; *Pflüger*, Aktuelle rechtsdemoskopische Entwicklungen im Marken- und Wettbewerbsrecht, GRUR 2014, 423.
4 VO (EWG) 2081/92 v. 14.7.1992, ABl. EG Nr. L 208 v. 24.7.1992, 1.
5 *Fezer*, MarkenR, § 14 MarkenG Rz. 1087, Einl. A Rz. 29 ff., Einl. E Rz. 1 ff.; BGH v. 29.6.1995 – I ZR 24/93 – Altenburger Spielkartenfabrik, BGHZ 130, 134 = GRUR 1995, 754; BGH v. 10.4.1997 – I ZR 178/94, DtZ 1997, 285.
6 *Fezer*, MarkenR, § 15 MarkenG Rz. 52 ff., § 23 MarkenG Rz. 34 f.; *Ingerl/Rohnke*, Nach § 15 MarkenG Rz. 1 ff.; OLG München v. 25.3.1999 – 6 U 4557/98 – shell.de, CR 1999, 382 m. Anm. *Hackbarth*, 384; OLG Köln v. 18.1.1999 – 13 W 1/99, GRUR 2000, 798 zu Städtenamen; OLG München v. 27.6.2000 – 2 Ws 654/00, wistra 2001, 33 zum Domain-Grabbing; *Beier*, Recht der Domainnamen. Kennzeichen- und wettbewerbsrechtliche Aspekte des dt., int. und ausl. Rechts, 2004; *Ingerl/Rohnke*, Nach § 15 MarkenG Rz. 29 ff.; *Wendlandt*, Cybersquatting, Metatags und Spam, 2002; *Reinholz/Schätzle*, DomainR [...], K&R 2009, 606.
7 BGH v. 27.1.1983 – I ZR 160/80 – Uwe, NJW 1983, 1184; BGH v. 23.10.2008 – I ZR 11/06 – raule.de, CR 2009, 679.
8 BGH v. 1.12.1999 – I ZR 49/97 – Marlene Dietrich, BGHZ 143, 214 = GRUR 2000, 709; OLG Nürnberg v. 12.4.2006 – 4 U 1790/05, NJW-RR 2006, 906; OLG Düsseldorf v. 21.5.2013 – I-20 U 67/12 – Der Wendler, GRUR-RR 2013, 384.
9 Vgl. *Fezer*, MarkenR, § 23 MarkenG Rz. 46, § 15 MarkenG Rz. 159 ff.; *Ingerl/Rohnke*, § 5 MarkenG Rz. 21 ff.
10 Vgl. *Ingerl/Rohnke*, Nach § 15 MarkenG Rz. 250 ff.; *Pahlow*, Firma und Firmenmarke im Rechtsverkehr – Zum Verhältnis von § 23 HGB zu den §§ 27 ff. MarkenG, GRUR 2005, 705.

- die „*strafbare Kennzeichenverletzung*" (§ 143 MarkenG), ergänzt durch den zusätzlichen Tatbestand der „strafbaren Verletzung der Gemeinschaftsmarke" (§ 143a MarkenG), und
- die „*strafbare Benutzung geographischer Herkunftsangaben*" (§ 144 MarkenG).

Diese Tatbestände sind weithin parallel aufgebaut, haben also viele Gemeinsamkeiten, weshalb sie hier auch gemeinsam behandelt werden.

II. Strafbare Zeichenverletzung

1. Geschäftlicher Verkehr

Nach der Änderung der warenzeichenrechtlichen Strafnormen (§§ 25d, 26, 27 WZG) durch das PrPG (dazu s. § 55 Rz. 14) stellen §§ 143, 143a MarkenG die **widerrechtliche Zeichennutzung** unter Strafe. Erforderlich ist stets, dass die Benutzung im geschäftlichen Verkehr, wie er in §§ 14, 15 MarkenG vorgegeben wird, vorgenommen wird.

Der Begriff des **geschäftlichen Verkehrs**[1] wird weit ausgelegt. Ein Handeln im geschäftlichen Verkehr ist jede wirtschaftliche Tätigkeit auf dem Markt[2], die der Förderung eines eigenen oder fremden Geschäftszwecks zu dienen bestimmt ist[3]. Kein geschäftlicher Verkehr sind daher der *Amtsverkehr*, der *Privatverkehr*[4] sowie der *unternehmensinterne Verkehr*[5].

Nicht als geschäftlicher Verkehr sondern dem **privaten Bereich** zugehörig wurde z.B. angesehen

- die Beschaffung von Trainingsanzügen im Ausland, die mit gefälschten Markenzeichen versehen waren, durch einen sog. Idealverein (Sportverein)[6],
- die Veredelung von Markenwaren durch eine Privatperson, auch wenn diese sich hierzu der Hilfe Dritter bedient, die dies im Rahmen eines Gewerbebetriebs tun; der im Auftrag der Privatperson handelnde Dritte macht sich selbst nicht strafbar[7],
- das Anbieten einer Vielzahl verschiedener Gegenstände (z.B. anlässlich eines Umzugs in eine kleinere Wohnung) über eine Internet-Verkaufsplattform, sodass jedermann auf das Angebot zugreifen kann[8].

Hingegen wurde das wiederholte, gleichartige oder gleichzeitige Anbieten von gebrauchten, ggf. auch von neuen Gegenständen, das Anbieten erst kurz zuvor erworbener Waren, häufige sog. Feedbacks (Bewertungen von Käufern) und Ver-

---

1 Vgl. *Hacker* in Ströbele/Hacker, § 14 MarkenG Rz. 39.
2 Zum Inlandbezug vgl. BGH v. 13.10.2004 – I ZR 163/02 – HOTEL MARITIME, GRURInt 2005, 433 m. Anm. *Ohly*, JZ 2005, 736.
3 *Fezer*, MarkenR, § 14 MarkenG Rz. 23 ff. m.w.Nw.
4 *Fezer*, MarkenR, § 14 MarkenG Rz. 27.
5 *Fezer*, MarkenR, § 14 MarkenG Rz. 27, 33; krit. *Ingerl/Rohnke*, § 14 MarkenG Rz. 87.
6 BayObLG v. 29.1.2002 – 4 St RR 122/01, wistra 2002, 233.
7 BGH v. 12.2.1998 – I ZR 239/95 – Rolex, NJW 1998, 2045.
8 BGH v. 19.4.2007 – I ZR 35/04, BGHZ 172, 119 = NJW 2007, 2636.

kaufsaktivitäten für Dritte auf einer *Internet-Verkaufsplattform* (z.B. eBay) als geschäftlicher Verkehr angesehen[1]. Ein weiteres Indiz stellt auch eine ansonsten gewerbliche Tätigkeit des Anbieters dar[2]. Der bloße Zusatz „Privatverkauf" genügt jedenfalls nicht[3].

2. Kennzeichen

57 § 14 Abs. 1 MarkenG gewährt dem Inhaber einer Marke (§ 4 MarkenG, Rz. 58 ff.) oder geschäftlichen Bezeichnung (§ 5 MarkenG, Rz. 69 ff.) ein **ausschließliches Recht**. Der Tatbestand des § 143 Abs. 1 MarkenG knüpft an die Verletzung dieses Rechts an, indem er die in § 14 Abs. 2 Nr. 1–3, Abs. 4 Nr. 1–3, § 15 Abs. 2 und 3 MarkenG untersagten Handlungen Dritter unter Strafe stellt. Die *Erfüllung der zivilrechtlichen Tatbestände* ist damit Voraussetzung der Strafbarkeit, was auch im strafrechtlichen Verfahren geprüft werden muss.

a) Marke

58 Das MarkenG definiert den Begriff der Marke nicht, sondern bezeichnet eine Marke im Rechtssinne als ein nach § 1 Nr. 1 MarkenG geschütztes Kennzeichen. Auch legt § 3 Abs. 1 MarkenG nur fest, welches Zeichen als Marke geschützt werden kann[4], sodass sich eine umfangreiche **Rechtsprechung** entwickelt hat[5]:

– *Wörter* einschließlich Personennamen[6],

– *Abbildungen*[7],

– Buchstaben, Zahlen oder Kombinationen hiervon,

– Hörzeichen wie Töne, Tonfolgen, Geräusche oder Tierstimmen[8],

– dreidimensionale Gestaltungen einschließlich der *Form*[9] einer Ware oder ihrer Verpackung[10], soweit nicht die Ware selbst die Form vorgibt (§ 3 Abs. 2 MarkenG)[11],

---

1 BGH v. 11.3.2004 – I ZR 304/01, BGHZ 158, 236 = NJW 2004, 3102; BGH v. 4.12.2008 – I ZR 3/06, MMR 2009, 538.
2 BGH v. 19.4.2007 – I ZR 35/04, BGHZ 172, 119 = NJW 2007, 2636.
3 OLG Frankfurt v. 22.12.2004 – 6 W 153/04, GRUR-RR 2005, 319.
4 *Fezer*, MarkenR, § 3 MarkenG Rz. 19 ff.
5 Vgl. regelmäßige Übersichten zur Rspr. von EuGH, BGH, Instanzgerichten und BPatG zum MarkenR: *Kopacek/Kortge*, GRUR 2014, 311; *Rohnke/Thiering*, GRUR 2012, 967; *Thiering*, GRUR 2014, 925; *Kopacek/Grabrucker*, GRUR 2010, 369; *Grabrucker/Fink*, GRUR 2009, 429.
6 *Fezer*, MarkenR, § 3 MarkenG Rz. 505, 508 ff.
7 *Fezer*, MarkenR, § 3 MarkenG Rz. 525.
8 *Schmieder*, NJW 1997, 2908 (2909 f.); *Schmitz*, Zur grafischen Darstellbarkeit von Hörmarken [...], GRUR 2007, 290; *Fezer*, MarkenR, § 3 MarkenG Rz. 468 ff.
9 *Hacker* in Ströbele/Hacker, § 3 MarkenG Rz. 29.
10 *Schmieder*, NJW 1997, 2908 (2909); *Daniels*, Die dreidimensionale Marke, Diss. Hamburg, 1999.
11 *Hacker* in Ströbele/Hacker, § 3 MarkenG Rz. 98; *Hager*, Verletzung von Formmarken, GRUR 2002, 566; *Köhler*, Der Schutz vor Produktnachahmung im MarkenR, GeschmacksmusterR und neuen LauterkeitsR, GRUR 2009, 445.

– sonstige Aufmachungen[1] einschließlich *Farben* und Farbzusammenstellungen[2].

Erforderlich ist stets die **Geeignetheit zur Unterscheidung**[3] von Waren und Dienstleistungen eines Unternehmens von denen anderer Unternehmen oder von Unternehmen, die nicht Mitglied eines Kollektivs (§ 97 MarkenG) sind. 59

In Erweiterung des früheren Warenzeichenbegriffs können Marken als **Produktnamen** *Warenmarke*[4] – nicht zu verwechseln mit dem Begriff der Markenware[5] nach § 23 Abs. 2 GWB a.F. – oder *Dienstleistungsmarke*[6] sein.

Zu beachten ist, dass das Recht an einer Marke nach § 27 MarkenG **übertragbar**[7] ist. Die Marke muss deshalb auch nicht von dem Unternehmen, welches sie nutzt, zur Entstehung gebracht worden sein. 60

Der **Markenschutz** entsteht nach § 4 Nr. 1–3 MarkenG durch 61

– *Eintragung* in das vom Deutschen Patent- und Markenamt (DPMA) geführte Register,

> Entsprechendes gilt für international registrierte Marken nach dem MMA (§§ 107, 119 MarkenG) oder Gemeinschaftsmarken (§ 125b MarkenG), soweit sich deren Schutz auf das Inland erstreckt[8].

– *Benutzung* eines Zeichens im geschäftlichen Verkehr mit Verkehrsgeltung[9],

> Da die benutzte Marke mit Verkehrsgeltung sachlich der Ausstattung nach § 25 WZG entspricht, kann die bisherige Rechtsprechung zu § 25 WZG grundsätzlich herangezogen werden[10].

– *notorische Bekanntheit* einer Marke i.S. von Art. 6bis PVÜ[11].

Das für das Entstehen einer (eingetragenen) Marke maßgebliche **Register** wird beim Deutschen Patent- und Markenamt geführt, das auch sachlich[12] prüft, ob die gesetzlichen Voraussetzungen für eine Eintragung erfüllt sind (§§ 32–42 62

---

1 BGH v. 5.10.2006 – I ZB 73/05 – Tastmarke, GRURInt 2007, 252.
2 *Schmieder*, NJW 1997, 2908 (2909); *Berlit*, Der Schutzumfang von Farbmarken, GRUR 2005, 998; *Fezer*, MarkenR, § 3 MarkenG Rz. 443 ff.; BGH v. 20.3.1997 – I ZR 246/94 – grau/magenta, NJW 1997, 2379; BGH v. 10.12.1998 – I Z.B. 20/96 – gelb/schwarz, NJW 1999, 1186; BPatG v. 15.7.1998 – 28 W (pat) 1/98 – blau/weiß, GRUR 1999, 61; BPatG v. 21.5.2008 – 29 W (pat) 33/08 – gelb-rot, GRUR 2009, 164; BPatG v. 13.8.2008 – 29 W (pat) 146/06 – rapsgelb, GRUR 2009, 170.
3 Vgl. BPatG v. 4.11.1997 – 24 W (pat) 144/96, NJW-RR 1998, 480; *Fezer*, MarkenR, § 3 MarkenG Rz. 362.
4 Vgl. *Fezer*, MarkenR, § 3 MarkenG Rz. 28.
5 *Fezer*, MarkenR, § 3 MarkenG Rz. 176.
6 *Fezer*, MarkenR, § 3 MarkenG Rz. 27, 90; *Ströbele*, Markenschutz für Einzelhandelsdienstleistungen – Chancen und Gefahren, GRURInt 2008, 719.
7 *Fezer*, MarkenR, § 3 MarkenG Rz. 179, § 27 MarkenG Rz. 9.
8 *Fezer*, MarkenR, § 112 MarkenG Rz. 1.
9 *Fezer*, MarkenR, § 4 MarkenG Rz. 38.
10 *Fezer*, MarkenR, § 4 MarkenG Rz. 44; *Wölfel*, Rechtsfolgen von Markenverletzungen und Maßnahmen zur Bekämpfung der Produktpiraterie, 1990 (Diss. München 1989); *Klaka*, Schutzfähigkeit der dreidimensionalen Benutzungsmarke nach § 4 Nr. 2 MarkenG, GRUR 1996, 613.
11 BGBl. II 1970, 391, BGBl. II 1985, 975, BGBl. II 1984, 799.
12 Vgl. BPatG v. 17.7.2008 – 26 W (pat) 69/05, GRUR 2009, 68.

MarkenG). Vor Eintragung wird das Zeichen bekannt gemacht, damit innerhalb von drei Monaten Widerspruch eingelegt werden kann. Die Durchführung des Verfahrens[1] beim *Patentamt* erfolgt in der Praxis – wie bei den gewerblichen Schutzrechten – unter Beteiligung von Patentanwälten. Auf die Verkehrsgeltung kommt es bei der Eintragung nicht an. Auch ein bestimmter Qualitätsstandard der Ware ist zu keinem Zeitpunkt vorausgesetzt. Ein Geschäftsbetrieb muss, im Gegensatz zum früheren WZG, nicht bestehen[2].

63 Mit **Eintragung** erwirbt der Berechtigte zum einen die Möglichkeit, gegen eine Verletzung mit zivilrechtlichen *Unterlassungs-, Beseitigungs*[3]*-, Auskunfts- und Schadensersatzansprüchen* sowie mit *strafrechtlichen* Mitteln vorzugehen. Zum anderen ist dem Markeninhaber die Möglichkeit eröffnet, gegen die Eintragung übereinstimmender Zeichen *Widerspruch* (§ 42 MarkenG) einzulegen, über den das Patentamt entscheidet, und ggf. Löschungsklage zu erheben. Wird aber das eingetragene Warenzeichen innerhalb von fünf Jahren nicht benutzt, kann jeder Dritte Löschungsantrag stellen (§§ 49 ff. MarkenG). Ziel des Markenrechts ist, dem Unternehmer die Möglichkeit zu geben, einem Zeichen durch planmäßige Benutzung *Verkehrsgeltung* zu verschaffen.

Der Grundsatz der unzulässigen Rechtsausübung durch Missbrauch einer formellen Rechtsstellung[4] findet auch im Markenrecht Anwendung, sodass „Freizeichen"[5] oder Gattungsbezeichnungen nach § 8 Abs. 2 Nr. 3 MarkenG keinen Schutz genießen können.

64 Die **Schutzdauer** einer eingetragenen Marke beträgt zehn Jahre, lässt sich aber – anders als bei technischen Schutzrechten – *beliebig* oft um jeweils zehn Jahre *verlängern* (§ 47 MarkenG; Art. 46 GMV).

65 Die Marke muss geeignet sein, die Ware oder Dienstleistung von anderen Waren oder Leistungen unterscheidbar zu machen. Eine **Verwechselbarkeit** mit anderen Warenzeichen oder mit freien, nicht eintragungsfähigen Zeichen muss ausgeschlossen sein (vgl. § 14 Abs. 2 Nr. 2, § 9 Abs. 1 Nr. 2 MarkenG)[6]. Das Zeichen wird nur für die angemeldeten Waren (bzw. Dienstleistungen) eingetragen und gewährt grundsätzlich nur Schutz in Bezug auf gleichartige Waren oder Dienstleistungen[7], da bei nicht gleichartigen Waren oder Dienstleistungen eine Verwechslung nicht entstehen kann (vgl. § 14 Abs. 2 Nr. 1 a.E. MarkenG). Der Feststellung der Gleichartigkeit dient die *„Klasseneinteilung* von Waren

---

1 Vgl. *Ingerl/Rohnke*, Vor §§ 32–44 MarkenG Rz. 1 ff.; *Fezer*, Hdb. der Markenpraxis, Bd. 1, 2007; *Fezer*, MarkenR, Vor §§ 32–44 MarkenG Rz. 1 f.
2 OLG Frankfurt v. 9.10.1997 – 6 U 147/96, GRUR 1998, 704.
3 Vgl. BGH v. 10.4.1997 – I ZR 242/94, BGHZ 135, 183.
4 *Fezer*, MarkenR, § 14 MarkenG Rz. 1067 ff.
5 BGH v. 23.3.1966 – Ib ZR 120/63, GRUR 1967, 298 m. Anm. *Hefermehl*, GRUR 1967, 303; *Fezer*, MarkenR, § 8 MarkenG Rz. 528.
6 *Fezer*, Erste Grundsätze des EuGH zur markenrechtlichen Verwechslungsgefahr oder „Wie weit springt die Raubkatze?", NJW 1998, 713; *Ingerl/Rohnke*, § 4 MarkenG Rz. 15, § 14 MarkenG Rz. 497 ff.; HABM v. 19.7.2006 – R0450/2006-2 – Hormel Foods Corporation (SPAM/spam).
7 LG Düsseldorf v. 4.4.1997 – 34 O 191/96 – epson.de, CR 1998, 165.

und Dienstleistungen", die in der zum 1.1.2007 geänderten Anlage 1[1] zu § 19 Abs. 1 MarkenV[2] aufgeführt sind.

Eine benutzte **Marke mit Verkehrsgeltung** nach § 4 Nr. 2 MarkenG liegt zum einen vor, wenn eine unterscheidungskräftige benutzte Marke eine auch (nur) geringe Verkehrsgeltung, zum anderen eine benutzte Marke einen sehr hohen Bekanntheitsgrad im Inland[3] besitzt[4]. Eine Verkehrsgeltung setzt voraus, dass das Zeichen innerhalb beteiligter Verkehrskreise[5] als ein identifizierendes *Unterscheidungskriterium* für Waren oder Dienstleistungen eines Unternehmens dient. Der erforderliche *Grad der Verkehrsgeltung* (weniger als Verkehrsdurchsetzung i.S. des § 8 Abs. 3 MarkenG[6]) ist dabei nicht absolut festgelegt, sondern auch von der Art und Unterscheidungskraft des Zeichens abhängig[7]. Zumindest ist aber ein Bekanntheitsgrad von 40–50 % erforderlich, die Marke muss im ganzen Bundesgebiet vertreten sein[8]. Solange die Marke benutzt wird und Verkehrsgeltung besteht, besteht der markenrechtliche Schutz[9]. 66

Als notorisch bekannt (*allbekannt*) ist eine Marke anzusehen, deren Bekanntheitsgrad im allgemeinen Verkehr deutlich über dem der bekannten Marke (vgl. Rz. 82) liegt, wobei Werte zwischen 25 % und 70 % als Minimum angegeben werden[10]. Die **Marke mit notorischer Bekanntheit** muss im Inland bekannt sein[11], aber nicht benutzt werden. Sie gewährt nach dem MarkenG umfassend Schutz für Waren- und Dienstleistungsmarken[12]. Die Allbekanntheit ist bei *Weltmarken*[13] als produktidentifizierendes Unterscheidungszeichen auch im Inland gegeben. 67

Mit der Entstehung des Markenrechts erwirbt der Inhaber (§ 7 MarkenG) das **ausschließliche Recht** (§ 14 MarkenG), Waren und Dienstleistungen der angemeldeten Art oder ihre Verpackung oder Umhüllung mit dieser Marke zu versehen und in den Verkehr zu bringen sowie damit zu werben. I.d.R. wird die Ware mit der Marke durch Aufkleben, Aufprägen, Einpressen, Einstanzen, Einsetzen oder Einweben versehen. 68

---

1 V. 22.11.2006, BGBl. I 2660.
2 V. 11.5.2004, BGBl. I 2004, 872, zul. geänd. 2.1.2014, BGBl. I 18.
3 *Fezer*, MarkenR, § 4 MarkenG Rz. 27, 106 ff., 110, 129.
4 *Ingerl/Rohnke*, § 4 MarkenG Rz. 11, 19 ff.
5 Vgl. *Fezer*, MarkenR, § 4 MarkenG Rz. 124 ff.
6 *Fezer*, MarkenR, § 4 MarkenG Rz. 117 f., 135.
7 BGH v. 21.11.1991 – I ZR 263/89 – quattro, GRUR 1992, 72.
8 *Fezer*, MarkenR, § 4 MarkenG Rz. 128.
9 *Fezer*, MarkenR, § 4 MarkenG Rz. 214 f.
10 *Ingerl/Rohnke*, § 4 MarkenG Rz. 31; vgl. auch *Fezer*, MarkenR, § 4 MarkenG Rz. 229 ff.
11 EuGH v. 22.11.2007 – C-328/06, GRUR 2008, 70; *Ingerl/Rohnke*, § 4 MarkenG Rz. 29; *Hacker* in Ströbele/Hacker, § 4 MarkenG Rz. 76.
12 *Fezer*, MarkenR, § 4 MarkenG Rz. 223.
13 Beispiele bei *Fezer*, MarkenR, Art. 6bis PVÜ Rz. 5; BGH v. 30.4.1998 – I ZR 268/95 – MAC Dog, BGHZ 138, 349 = NJW 1998, 3781; OLG München v. 26.7.2001 – 29 U 2361/97 – adidas, GRUR-RR 2001, 303; EuGH v. 10.4.2008 – C-102/07, GRUR 2008, 503.

b) Geschäftliche Bezeichnungen

69 Geschäftliche Bezeichnungen nach § 5 Abs. 1 MarkenG können sein:

- Unternehmenskennzeichen[1],
- Werktitel[2].

Das nach § 15 Abs. 1 MarkenG ausschließliche Recht entsteht *ohne Eintragung* mit *Benutzung* einer unterscheidungskräftigen geschäftlichen Bezeichnung oder – bei fehlender Unterscheidungskraft – mit *Verkehrsgeltung* der geschäftlichen Bezeichnung[3].

70 **Unternehmenskennzeichen** sind nach der Legaldefinition des § 5 Abs. 2 S. 1 MarkenG Zeichen, die im geschäftlichen Verkehr als *Name*[4] oder *Firma*[5] eines Geschäftsbetriebs oder Unternehmens benutzt werden. Das registerrechtliche Firmenrecht wird §§ 17 ff. HGB geregelt. Das materielle Firmenrecht ergibt sich aus dem Namensrecht nach § 12 BGB sowie §§ 5, 15 MarkenG, § 1 UWG[6]. Unternehmenskennzeichen ist nach § 5 Abs. 2 S. 2 MarkenG auch eine besondere Bezeichnung[7], die innerhalb der beteiligten Verkehrskreise als Kennzeichen eines Geschäftsbetriebs oder Unternehmens gilt.

71 **Werktitel** sind nach der Legaldefinition des § 5 Abs. 3 MarkenG, der einen umfassenderen Titelschutz als § 16 Abs. 1 UWG a.F. gewährt, Bezeichnungen von Druckschriften, Filmwerken einschließlich Fernsehsendungen[8], Tonwerken,

---

1 Zu Einzelheiten vgl. *Fezer*, MarkenR, § 5 MarkenG Rz. 3, § 15 MarkenG Rz. 15 ff.; *Goldmann/Rau*, Der Schutz von Buchstabenkombinationen als Unternehmenskennzeichen – BGH, GRUR 1998, 165 – RBB, GRUR 1999, 216; EuGH v. 29.9.1998 – C-39/97 – CANNON/Canon, NJW 1999, 933; OLG Hamm v. 31.3.2009 – 4 U 94/05, NZM 2009, 716; BGH v. 14.5.2009 – I ZR 231/06 – airdsl, GRUR 2009, 1055; *Härting*, Kennzeichenrechtliche Ansprüche im DomainR, ITRB 2008, 41; *Härting*, InternetR, Rz. 1825 ff.; *Kochendörfer*, Originäre Unterscheidungskraft von Unternehmenskennzeichen, WRP 2009, 239; *Schreiber*, Wettbewerbsrechtliche Kennzeichenrechte?, GRUR 2009, 113.
2 Zu Einzelheiten vgl. *Fezer*, MarkenR, § 5 MarkenG Rz. 5, § 15 MarkenG Rz. 239 ff.; *Deutsch/Ellerbrock*, Der Werktitelschutz nach MarkenR, 2. Aufl. 2004. Titelschutz wird auch für Fernsehserien gewährt, vgl. *Berlit*, NJW 1999, 791 m.w.Nw.; BPatG v. 13.3.1998 – 29 W (pat) 90/97, NJWE-WettbR 1999, 37; BVerfG v. 28.10.1998 – 1 BvR 341/93, NJW 1999, 709; BGH v. 14.5.2009 – I ZR 231/06 – airdsl, GRUR 2009, 1055.
3 *Günther*, Die Entstehung des Unternehmenskennzeichenschutzes nach § 5 Abs. 2 Satz 1 MarkenG, WRP 2005, 975.
4 Zu Einzelfällen vgl. *Fezer*, MarkenR, § 15 MarkenG Rz. 61 ff.; BGH v. 9.6.2005 – I ZR 231/01, NJW 2006, 146.
5 Vgl. BGH v. 12.7.1995 – I ZR 140/93 – Torres, BGHZ 130, 276 = NJW 1995, 2985; *Fezer*, MarkenR, § 15 MarkenG Rz. 64 ff.
6 Vgl. *Fezer*, MarkenR, § 15 MarkenG Rz. 69; *Nägele*, Das Verhältnis des Schutzes geschäftlicher Bezeichnungen nach § 15 MarkenG zum Namensschutz nach § 12 BGB, GRUR 2007, 1007.
7 Beispiele bei *Fezer*, MarkenR, § 15 MarkenG Rz. 181.
8 BPatG v. 13.3.1998 – 29 W (pat) 90/97, NJWE-WettbR 1999, 37; *Ingerl/Rohnke*, § 5 MarkenG Rz. 75 ff.

Bühnenwerken¹. Vergleichbare Werke, wie Messen² und insbesondere *Computerprogramme*³, genießen ebenfalls Titelschutz⁴.

Der **Schutzumfang** des Zeichens richtet sich nach § 15 MarkenG. Als *ausschließliches Recht* ermöglicht es dem Inhaber, von Dritten, die die Bezeichnung oder ein ähnliches Zeichen widerrechtlich im geschäftlichen Verkehr verwenden, Unterlassung oder Schadensersatz zu verlangen. 72

3. Geografische Herkunftsangaben

Geografische Herkunftsangaben (§ 126 Abs. 1 MarkenG) kennzeichnen Waren und Dienstleistungen unmittelbar⁵ oder mittelbar⁶ nach ihrer **geographischen Herkunft**, ohne Gattungsbezeichnung (§ 126 Abs. 2 S. 2 MarkenG) bzw. Typen- oder Sortenbezeichnung zu sein⁷. Das Entstehen des Schutzes bedarf nicht der formellen Eintragung. Schon die *Benutzung* (vgl. § 26 MarkenG) lässt außer bei Lebensmitteln und Agrarerzeugnissen (vgl. §§ 130–136 MarkenG) das Schutzrecht entstehen. Agrarerzeugnisse und Lebensmittel i.S. der der VO 2081/92 EWG bedürfen der Eintragung der Bezeichnung in die bei der Kommission geführte Liste⁸. National ist das Patentamt zuständig. 73

Schutz genießen nur geographische Herkunftsangaben, die lokalisierenden Charakter haben⁹. Durch *entlokalisierende* Zusätze kann die Gefahr einer Irreführung beseitigt werden¹⁰.

---

1 *Fezer*, MarkenR, § 5 MarkenG Rz. 6.
2 LG Stuttgart v. 22.11.2007 – 17 O 560/07 m. Anm. *Wilhelm*, WRP 2008, 902.
3 BGH v. 21.1.1993 – I ZR 25/91 – Zappel-Fisch, BGHZ 121, 157 = CR 1993, 684; BGH v. 24.4.1997 – I ZR 44/95 – PowerPoint, BGHZ 135, 278 = NJW 1997, 3313; OLG Dresden v. 29.9.1998 – 14 U 433/98 – dresden-online.de, CR 1999, 102; *Lehmann*, Titelschutz für Software, CR 1998, 2.
4 *Fezer*, Zum Anwendungsbereich des WerktitelR, GRUR 2001, 369; *Fezer*, MarkenR, § 15 MarkenG Rz. 238 ff.
5 *Fezer*, MarkenR, § 126 MarkenG Rz. 10.
6 *Fezer*, MarkenR, § 126 MarkenG Rz. 11.
7 *Reinhard*, Die geographische Herkunftsangabe nach dem MarkenG unter Berücksichtigung int. Regelungen, 1999; *McGuire*, Die geographische Herkunftsangabe im GemeinschaftsR, WRP 2008, 620; *Holzer*, Koexistenz von Marken und geografischen Herkunftsangaben, MarkenR 2008, 53; LG Leipzig v. 21.12.1993 – 7 O 1823/93 – Dresdner Stollen, GRUR 1994, 379; dazu *Fezer*, MarkenR, § 126 MarkenG Rz. 26, 27; *Honig*, Ortsnamen in Warenbezeichnungen, WRP 1996, 399.
8 EU-Qualitätsregister, http://ec.europa.eu/agriculture/quality/door/list.html; *Meyer/Koch*, Rechtsschutz im Verfahren zum Schutz geographischer Angaben und Ursprungsbezeichnungen, GRUR 1999, 113; *León Ramírez*, Der Schutz von geographischen Angaben und Ursprungsbezeichnungen für Agrarerzeugnisse und Lebensmittel nach der Verordnung (EG) Nr. 510/2006, 2007 (Diss. Göttingen 2006); *Fezer*, MarkenR, § 130 MarkenG Rz. 3 ff.
9 Z.B. „Schwäbische Maultasche" gem. VO (EG) Nr. 991/2009 v. 22.10.2009, ABl. EU Nr. L 278 v. 23.10.2009, 5.
10 *Fezer*, MarkenR, § 127 Rz. 26, 33, 36 m.w.Nw.; BGH v. 2.7.1998 – I ZR 55/96 – Warsteiner II, BGHZ 139, 138 = NJW 1998, 3489; OLG Jena v. 18.9.2002 – 2 U 244/02, GRUR-RR 2003, 77.

74 Der **Schutzinhalt**[1] wird durch § 127 Abs. 1–3 MarkenG bestimmt und umfasst den

- Irreführungsschutz[2] (Abs. 1),
- Qualitätsschutz[3] (Abs. 2), wobei die qualitativen Produktmerkmale, die mit einer geographischen Herkunftsangabe verbunden sind, im Einzelfall festgestellt werden müssen,
- Rufgefährdungsschutz[4] (Abs. 3).

Darüber hinaus sind nach § 127 Abs. 4 MarkenG den Herkunftsangaben ähnliche Zeichen verboten, soweit die Gefahr besteht, dass der Schutz nach Abs. 1–3 beeinträchtigt wird[5].

75 **Zivilrechtlich** gewährt § 128 MarkenG einen *Unterlassungs- und Schadensersatzanspruch*. Einen individuellen Schutz gewährt das MarkenG insoweit nicht. Die Herkunftsangabe kann von allen im Gebiet ansässigen Unternehmen, die entsprechende Waren oder Dienstleistungen anbieten, benutzt werden. Daneben kann ein Schutz geografischer Herkunftsangaben nach dem Wettbewerbsrecht[6] (§ 5 UWG) erreicht werden; die bisherige Rechtsprechung zu § 3 UWG a.F.[7] kann weiterhin herangezogen werden.

4. Europäische Zeichen

76 Durch § 143a Abs. 1 MarkenG[8] ist seit dem 20.12.2001 die *Strafbarkeit* auch auf Handlungen erstreckt, durch die Rechte an einer *Gemeinschaftsmarke* verletzt werden[9], die durch unmittelbare Rechtsvorschriften der **EG** geschützt sind[10]. Eine Gemeinschaftsmarke wird damit im gleichen Umfang[11] strafbewehrt geschützt wie eine nationale Marke. Entsprechendes gilt auch für die durch EG-Verordnung geschützten geographischen Angaben und Ursprungsbezeichnungen (§ 144 Abs. 2 MarkenG)[12].

---

1 *Fezer*, MarkenR, § 127 MarkenG Rz. 1, 3 ff., 18 ff., 22 ff.
2 *Fezer*, MarkenR, §127 MarkenG Rz. 2.
3 *Fezer*, MarkenR, § 127 MarkenG Rz. 19.
4 Vgl. BGH v. 4.6.1987 – I ZR 109/85 – Champagner, NJW 1988, 644.
5 *Fezer*, MarkenR, § 127 MarkenG Rz. 32.
6 *Fezer*, MarkenR, § 126 MarkenG Rz. 2.
7 *Baumbach/Hefermehl*, 22. Aufl. 2001, § 3 UWG Rz. 188b, 232a mit Beispielen in Rz. 241–259.
8 Eingefügt durch Art. 9 G v. 13.12.2001, BGBl. I 3656.
9 *Ingerl/Rohnke*, § 143a MarkenG Rz. 2; *Fezer*, MarkenR, § 143a MarkenG Rz. 5 ff.; *Knaak*, Die Durchsetzung der Rechte aus der Gemeinschaftsmarke, GRUR 2001, 21.
10 GemeinschaftsmarkenVO (EG) Nr. 207/2009 v. 26.2.2009, ABl. EU Nr. L 78 v. 24.3.2009, 1; *Hacker* in Ströbele/Hacker, § 143a MarkenG Rz. 2 f.; *Fezer*, MarkenR, § 143a MarkenG Rz. 8.
11 *Fezer*, MarkenR, § 143a MarkenG Rz. 9.
12 *Fezer*, MarkenR, § 144 MarkenG Rz. 21.

5. Verletzungshandlungen

a) Marke

§ 143 MarkenG stellt die **widerrechtliche Nutzung**[1] **von Zeichen** im geschäftlichen Verkehr (s. Rz. 55 ff.) unter Strafe, wobei auf die ausschließlichen, dem Inhaber einer Marke zugewiesenen Rechte gem. § 14 bzw. § 15 MarkenG Bezug genommen wird. Im Einzelnen sind dies: 77

- Identitätsschutz der Marke[2] nach §§ 143 Abs. 1 Nr. 1, 14 Abs. 2 Nr. 1, 2 MarkenG,
- Verwechslungsschutz der Marke[3] nach §§ 143 Abs. 1 Nr. 2, 14 Abs. 2 Nr. 2 MarkenG,
- Bekanntheitsschutz der Marke[4] nach §§ 143 Abs. 1 Nr. 2, 14 Abs. 2 Nr. 3 MarkenG,
- Vorbereitungshandlungen[5] §§ 143 Abs. 1 Nr. 3, 14 Abs. 4 Nr. 1–3 MarkenG.

Zudem ist die widerrechtliche Nutzung von geschäftlichen Bezeichnungen bei Verwechselungsgefahr (§§ 143 Abs. 1 Nr. 4, 15 Abs. 2 MarkenG) bzw. bei Ausnutzung der Bekanntheit (§§ 143 Abs. 1 Nr. 5, 15 Abs. 3 MarkenG) strafbar[6].

Strafbar macht sich nach §§ 143 Abs. 1 Nr. 1, 14 Abs. 2 Nr. 1 MarkenG, wer ein mit dem geschützten Zeichen identisches Zeichen (**Markenidentität**) für gleichartige Waren oder Dienstleistungen (*Produktidentität*) benutzt[7]. In der forensischen Praxis sind die häufigsten Fälle das *Einschmuggeln* von „gefälschten" Waren, d.h. Waren (oftmals minderer Güte) mit unberechtigt angebrachten Marken[8]. Oftmals handelt es sich um nachgeahmte *Markenware* aus dem Bereichen Textil, Schmuck, Uhren, Elektronik. Bei gleichfalls betroffener Software steht i.d.R. der zugleich (tateinheitlich) begangene Urheberrechtsverstoß im Vordergrund.[9] Die Plagiate werden beim Grenzübertritt aus dem (i.d.R. Nicht-EU-)Ausland versteckt eingeführt und bei Zollkontrollen entdeckt. Das Einschmuggeln kann dabei als kaum widerlegbares Indiz für vorsätzliches Handeln sowohl hinsichtlich der Zoll- bzw. Steuervergehen als auch für den Markenrechtsverstoß angesehen werden. Zu den Markenidentitätsverstößen zählen auch die Fälle „klassischer Produktpiraterie" durch Verwendung identischer Zeichen[10]. 78

---

1 Vgl. *Hotz*, Die rechtsverletzende Markenbenutzung in der neueren Rechtsprechung von EuGH und BGH, GRUR 2003, 993.
2 OLG Stuttgart v. 26.10.1998 – 1 Ss 433/98, wistra 1999, 152.
3 BGH v. 14.3.1996 – I Z.B. 36/93 – Blendax Pep, GRUR 1996, 404; s. auch *Fezer*, NJW 1998, 713.
4 OLG München v. 2.4.1998 – 6 U 4798/97 – Freundin, NJW-RR 1998, 984; LG Köln v. 25.9.2012 – 33 O 719/11 – Scheiß RTL, GRUR-RR 2013, 106.
5 *Fezer*, MarkenR, § 143 MarkenG Rz. 23.
6 *Fezer*, MarkenR, § 143 MarkenG Rz. 24 f.
7 *Fezer*, MarkenR, § 143 MarkenG Rz. 20, § 14 MarkenG Rz. 183 ff.; Beispiele bei *Ingerl/Rohnke*, § 14 MarkenG Rz. 766 ff. zur Warenähnlichkeit, Rz. 796 ff. zur Ähnlichkeit von Waren/Dienstleistungen, Rz. 804 ff. zur Zeichenähnlichkeit.
8 *Fezer*, MarkenR, § 14 MarkenG Rz. 196.
9 Vgl. LG Duisburg v. 12.12.2012 – 34 Qs 144 Js 151/12 - 42/12.
10 *Ingerl/Rohnke*, § 143 MarkenG Rz. 10 a.E.

79 Das Tatbestandsmerkmal der **Benutzung** wird durch die in § 14 Abs. 3 Nr. 1–5 MarkenG nicht abschließend aufgezählten Handlungen näher umschrieben. Insbesondere umfasst sind in Bezug auf das Zeichen (Marke):

- das *Anbringen* auf Waren, ihrer Aufmachung oder Verpackung,

- das *Anbieten, Inverkehrbringen* oder Besitzen von Waren oder Dienstleistungen,

- das *Ein-* oder *Ausführen* von Waren[1],

  Hingegen stellt die *Durchfuhr*, d.h. der im Inland nicht unterbrochene Transit von Waren, keine[2] widerrechtliche Benutzung der inländischen Marke dar, wenn die Waren im Ausland (möglicherweise unberechtigt[3]) mit einer auch im Inland geschützten Marke gekennzeichnet worden sind, soweit ein Inverkehrbringen im Gebiet der Bundesrepublik Deutschland nicht stattfinden soll[4] und tatsächliche hinreichende Anhaltspunkte für ein unbefugtes Inverkehrbringen im Inland nicht bestehen[5].

- die Benutzung in *Geschäftspapieren*, im Internet[6] wie auch beim *Phishing*[7], auch in „unsichtbaren" Meta-Tags[8], oder in der Werbung.

80 Die *Benutzung* einer Marke nach § 143 Abs. 1 Nr. 1 MarkenG liegt *nicht* vor, wenn die mit der Marke versehene Ware **eingeschmuggelt** wird, da die Marke dabei versteckt gehalten und gerade nicht gezeigt oder sonst „benutzt" wird. Allerdings liegt eine Benutzungshandlung i.S. des MarkenG in dem Fall des Einschmuggelns dann vor, wenn der Besitz der geschmuggelten Ware zum Zwecke des *Inverkehrbringens für geschäftliche Zwecke* (z.B. Verkauf, kostenlose Abgabe als „Werbegeschenk") dient[9].

---

1 *Hacker* in Ströbele/Hacker, § 14 MarkenG Rz. 150 ff.; LG Meiningen v. 11.9.2000 – 4 Qs 114/00, NStZ 2003, 41.
2 BGH v. 25.4.2012 – I ZR 235/10, GRUR 2012, 1263; *Hacker* in Ströbele/Hacker, § 14 MarkenG Rz. 163 ff.
3 BGH v. 21.3.2007 – I ZR 246/02 – DIESEL II, GRUR 2007, 876 (877 Rz. 20); krit. *Hacker* in Ströbele/Hacker, § 14 MarkenG Rz. 166.
4 EuGH v. 9.11.2006 – Rs. C-281/05 – Diesel, GRUR 2007, 146; BGH v. 21.3.2007 – I ZR 246/02 – DIESEL II, GRUR 2007, 876; BGH v. 21.3.2007 – I ZR 66/04, GRUR 2007, 875; a.A. *Rehaag*, Strafbare Kennzeichen- und Gemeinschaftsmarkenverletzung [...], MittdtschPatAnw 2008, 389.
5 BGH v. 21.3.2007 – I ZR 66/04, GRUR 2007, 875 (876).
6 *Ubber/Jung-Weiser/Bousonville*, MarkenR im Internet, 2002; OLG Hamburg v. 2.7.2008 – 5 U 73/07 – rapidshare, MMR 2008, 823 (827), auch zu Beihilfe; zur Catch-All-Funktion einer Internetseite vgl. KG v. 23.5.2012 – 5 U 119/11, MMR 2012, 757.
7 *Ingerl/Rohnke*, § 143 MarkenG Rz. 10; *Hacker* in Ströbele/Hacker, § 143 MarkenG Rz. 11.
8 BGH v. 18.5.2006 – I ZR 183/03, GRUR 2007, 65; *Hartl*, Fremde Kennzeichen im Quelltext von Webseiten – Marken- und wettbewerbsrechtliche Zulässigkeit, MMR 2007, 12; *Meyer*, Aktuelle Rechtsentwicklungen bei Suchmaschinen [...], K & R 2012, 236.
9 OLG Stuttgart v. 26.10.1998 – 1 Ss 433/98, wistra 1999, 152; *Fezer*, MarkenR, § 146 MarkenG Rz. 24 f.

Strafbar macht sich nach §§ 143 Abs. 1 **Nr. 1**, 14 Abs. 2 Nr. 1 MarkenG, wer eine **identische Marke**[1] benutzt[2], beispielsweise beim Import aus Drittstaaten (auch als Produktpiratereiware). Allein das Vorliegen von Doppelidentität genügt, ohne dass eine Verwechslungsgefahr i.S. des § 14 Abs. 2 Nr. 2 MarkenG verlangt würde oder strengere Anforderungen zu stellen wären[3]. 80a

Strafbar macht sich nach §§ 143 Abs. 1 **Nr. 1**, 14 Abs. 2 Nr. 2 MarkenG, wer ein Zeichen *benutzt*, das mit der geschützten Marke verwechselt werden *kann*[4]. Erforderlich ist nur die objektiv[5] bestehende **Gefahr der Verwechslung**, tatsächliche Verwechslungen sind dagegen nicht erforderlich. Maßgebend für die Verwechslungsgefahr sind das Publikum oder die betroffenen Verkehrskreise[6]. Bei einer Verwechslungsgefahr im engeren Sinne wird das fragliche Zeichen entweder *unmittelbar* mit der Marke verwechselt, weil das Publikum beide Zeichen nicht unterscheiden kann. Eine *mittelbare* Verwechslungsgefahr liegt dagegen vor, wenn Zeichen vom Publikum zwar auseinandergehalten werden (können), aufgrund Gemeinsamkeiten beider Zeichen[7] aber dem Markeninhaber zugeordnet werden (beispielsweise bei zusammengesetzten Wortmarken bezüglich eines [Haupt-]Bestandteils). Eine Verwechslungsgefahr im weiteren Sinne soll dann vorliegen, wenn das Publikum ähnliche Zeichen zwar unterscheiden und unterschiedlichen Unternehmen zuordnen kann, aufgrund der Ähnlichkeit im Übrigen aber von einer Verbundenheit der Unternehmen ausgeht[8]. 81

Auch die Gefahr bloßer[9] gedanklicher (*assoziativer*) Verbindungen zweier Zeichen führt nach § 14 Abs. 2 Nr. 2 a.E. MarkenG zur Strafbarkeit[10], wenn Verwechslungsgefahr gegeben ist[11]. In diesem Fall ist das Vorliegen eines (bedingten) Vorsatzes (s. Rz. 96) besonders zu prüfen.

Strafbar macht sich nach §§ 143 Abs. 1 **Nr. 2**, 14 Abs. 2 Nr. 3 MarkenG, wer ein Zeichen benutzt, das mit einer im Inland **bekannten Marke**, die bei einem Bekanntheitsgrad von 30–33 % im Inland vorliegen wird[12], in der Weise kollidiert, dass ein mit der Marke identisches oder verwechselbares Zeichen für Waren oder Dienstleistungen benutzt wird, *um*[13] die Unterscheidungskraft oder Wert- 82

---

1 EuGH v. 20.3.2003 – Rs. C-291/00, GRUR 2003, 422.
2 *Sack*, „Doppelidentität" und „gedankliches Inverbindungbringen" im neuen dt. und europ. MarkenR, GRUR 1996, 663; *Fezer*, MarkenR, § 14 MarkenG Rz. 184.
3 *Fezer*, MarkenR, § 14 MarkenG Rz. 185 f.
4 *Fezer*, MarkenR, § 143 MarkenG Rz. 21.
5 *Ingerl/Rohnke*, § 14 MarkenG Rz. 396.
6 *Hacker* in Ströbele/Hacker, § 4 MarkenG Rz. 30 f., § 14 MarkenG Rz. 294; *Ballke*, Bestimmung des Publikums zur Beurteilung der kennzeichenrechtlichen Verwechslungsgefahr, StoffR 2007, 266, StoffR 2008, 26.
7 *Ingerl/Rohnke*, § 14 MarkenG Rz. 1062 ff.
8 *Fezer*, MarkenR, § 143 MarkenG Rz. 21 m.w.Nw.; LG Hamburg v. 12.5.2009 – 312 O 140/09 – pur O2, GRUR-RR 2010, 12.
9 *Ingerl/Rohnke*, § 8 MarkenG Rz. 119, § 14 MarkenG Rz. 379, 1161 ff.
10 *Büscher*, Der Schutzbereich zusammengesetzter Zeichen, GRUR 2005, 802.
11 Beispiele bei *Ingerl/Rohnke*, § 14 MarkenG Rz. 1234 ff.
12 LG Frankfurt/M v. 28.4.2000 – 3/12 O 13/00 – Fisherman's Friend, NJWE-WettbR 2000, 294; OLG Hamburg v. 20.1.2005 – 5 U 38/04 – Ahoj-Brause, GRUR-RR 2005, 258.
13 *Fezer*, MarkenR, § 143 MarkenG Rz. 26.

schätzung der *bekannten Marke* auszunutzen oder zu beeinträchtigen[1]. Eine Strafbarkeit ist auch dann gegeben, wenn die mit dem Zeichen versehenen Waren oder Dienstleistungen mit denen der bekannten Marke weder identisch noch ähnlich sind. Nach dem Gesetzeszweck soll damit jede Art der „Verwässerung" strafbar sein.

83 Strafbar macht sich nach §§ 143 Abs. 1 **Nr. 3**, 14 Abs. 4 i.V.m. § 14 Abs. 2 Nr. 1–3 MarkenG, wer markenrechtsverletzende **Vorbereitungshandlungen** begeht und die in § 14 Abs. 4 MarkenG aufgeführten *Kennzeichnungsmittel* mit identischen oder ähnlichen Zeichen herstellt, anbietet, in den Verkehr bringt, besitzt, ein- oder ausführt[2]. Damit kann Produktpiraterie frühzeitig auch mit strafrechtlichen Mitteln wirksam bekämpft werden[3].

b) Geschäftliche Bezeichnungen

84 Wie bei den Zeichen stellt § 143 MarkenG die **widerrechtliche Benutzung** von **geschäftlichen Kennzeichen** unter Strafe, wobei auf die in § 15 MarkenG aufgeführten absoluten Rechte Bezug genommen wird. Dies sind:

– Verwechslungsschutz[4] nach §§ 143 Abs. 1 Nr. 4, 15 Abs. 2 MarkenG,
– Bekanntheitsschutz nach §§ 143 Abs. 1 Nr. 5, 15 Abs. 3 MarkenG als Schutz vor „Verwässerung".

85 Strafbar macht sich nach §§ 143 Abs. 1 **Nr. 4**, 15 Abs. 2 MarkenG, wer geschäftliche Bezeichnungen so benutzt, dass **Verwechslungen** mit der geschützten Bezeichnung möglich sind[5]. Der Tatbestand entspricht der strafbaren Zeichennutzung nach §§ 143 Abs. 1 Nr. 1, 14 Abs. 2 Nr. 1 und 2 MarkenG, sodass auf Rz. 81 verwiesen werden kann.

86 Strafbar macht sich nach §§ 143 Abs. 1 **Nr. 5**, 15 Abs. 3 MarkenG, wer geschäftliche Bezeichnungen in **Verwässerungsabsicht** benutzt[6]. Der Tatbestand entspricht der strafbaren Zeichennutzung nach §§ 143 Abs. 1 Nr. 2, 14 Abs. 2 Nr. 3 MarkenG (Rz. 82).

c) Geografische Herkunftsangaben

87 § 144 MarkenG regelt die Strafbarkeit der rechtswidrigen Benutzung von geografischen Herkunftsangaben: Strafbar ist danach die **irreführende Verwendung** einer geografischen Herkunftsangabe nach §§ 144 Abs. 1 Nr. 1, 127 Abs. 1, 2 MarkenG. Strafbar ist weiter die Ausnutzung wie auch die Beeinträchtigung des Rufs oder der Unterscheidungskraft einer bekannten geografischen Herkunftsangabe, sofern eine Verletzungsabsicht vorliegt (§§ 144 Abs. 1 Nr. 2, 127 Abs. 3 MarkenG). Jeweils tatbestandsmäßig ist zudem die Verwendung von ähnlichen Bezeichnungen, die den vom Gesetz bezweckten Schutz der geogra-

---

1 *Fezer*, MarkenR, § 143 MarkenG Rz. 22.
2 *Fezer*, MarkenR, § 143 MarkenG Rz. 23.
3 *Hacker* in Ströbele/Hacker, § 14 MarkenG Rz. 217.
4 Beispiele vgl. *Hacker* in Ströbele/Hacker, § 15 MarkenG Rz. 88 ff.
5 *Fezer*, MarkenR, § 143 MarkenG Rz. 24.
6 *Fezer*, MarkenR, § 143 MarkenG Rz. 25.

fischen Herkunftsangabe beeinträchtigen (§ 144 Abs. 1, 127 Abs. 4 Nr. 1, 2 MarkenG).

6. Gemeinsamkeiten

a) Widerrechtlichkeit

Das Merkmal der Widerrechtlichkeit meint eine objektive Rechtswidrigkeit, eine fehlende Befugnis, und weist auf die rechtlichen Schranken hin, die für jeden einzelnen Schutzbereich bestehen[1]. Eine *Gestattung* („Lizenz") des Rechteinhabers ist daher tatbestandsausschließend[2]. 88

Daneben ist ein Handeln *nicht widerrechtlich*, wenn der Geltendmachung des Rechts die **Schranken** der §§ 20–25 MarkenG entgegenstehen[3]. Im Einzelnen sind dies: 89

- Verjährung (§ 20 MarkenG),
- Verwirkung (§ 21 MarkenG),
- Marke mit jüngerem Zeitrang (§ 22 MarkenG),
- lautere Benutzung[4], Ersatzteilgeschäft (§ 23 MarkenG),
- Erschöpfung (§ 24 MarkenG),
- Verfall (§ 25 MarkenG).

Die Regelung der **Verjährung** der kennzeichenrechtlichen Ansprüche entspricht aufgrund der Verweisung in § 20 S. 1 MarkenG auf §§ 194 ff. BGB der allgemeinen zivilrechtlichen Regelung. Unterlassungs- und Schadensersatzansprüche[5] nach den §§ 14–19c MarkenG verjähren in drei Jahren (§ 195 BGB) ab Kenntniserlangung des Berechtigten bzw. in zehn Jahren (§ 199 BGB), längstens in 30 Jahren (§ 20 MarkenG, §§ 197, 852 BGB)[6]. 90

Die **Verwirkung** des Unterlassungsanspruchs tritt ein, wenn der Berechtigte die Benutzung eines angreifbaren Zeichens über einen Zeitraum von *fünf Jahren* duldet. Das angreifbare Zeichen muss allerdings selbst eingetragen sein oder sonst bestehen[7], wobei der Nutzer des prioritätsjüngeren Zeichens bei Anmeldung nicht bösgläubig gewesen sein darf (§ 21 Abs. 1 MarkenG)[8]. Neben der markenrechtlichen Verwirkung kann auch aus anderen Gründen, z.B. nach § 242 BGB, Verwirkung eingetreten[9] oder die Ausübung der Ansprüche unlauter sein[10]. 91

---

1 *Berlit*, Markenrechtliche und europarechtliche Grenzen des Markenschutzes, GRUR 1998, 423.
2 *Hacker* in Ströbele/Hacker, § 143 MarkenG Rz. 18; *Ingerl/Rohnke*, § 143 MarkenG Rz. 2.
3 Vgl. *Fezer*, MarkenR, Vor §§ 20–26 MarkenG Rz. 1 ff.
4 Vgl. KG v. 27.9.2011 – (1) 1 Ss 128/09 (8/09), wistra 2012, 359, zu „Repliken".
5 Vgl. *Fezer*, MarkenR, § 20 MarkenG Rz. 9 ff.
6 Näher dazu *Fezer*, MarkenR, § 20 MarkenG Rz. 29 ff.
7 *Hacker* in Ströbele/Hacker, § 21 MarkenG Rz. 10.
8 *Hacker* in Ströbele/Hacker, § 21 MarkenG Rz. 24.
9 *Hacker* in Ströbele/Hacker, § 21 MarkenG Rz. 38 ff.
10 BGH v. 10.5.1957 – I ZR 33/56, GRUR 1957, 499, 503; vgl. *Fezer*, MarkenR, § 21 MarkenG Rz. 25.

92 Unterlassungsansprüche des Inhabers einer prioritätsälteren Marke sind auch dann ausgeschlossen, wenn die **prioritätsjüngere Marke** bestandskräftig ist[1]. Umgekehrt bleibt aber die Benutzung der prioritätsälteren Marke erlaubt (Koexistenz, § 22 Abs. 2 MarkenG)[2].

93 § 23 MarkenG erlaubt den Drittgebrauch einer Marke, wenn dies den **guten Sitten** nicht widerspricht. Insbesondere darf der eigene Name[3], auch wenn er einer Marke oder geschäftlichen Bezeichnung entspricht, benutzt werden (§ 23 Nr. 1 MarkenG), soweit nicht der Name ebenfalls als Marke benutzt werden soll[4]. Erlaubt ist weiter die Verwendung als beschreibende Angabe für Leistungen (§ 23 Nr. 2 MarkenG)[5] und im sog. Ersatzteilgeschäft (§ 23 Nr. 3 MarkenG)[6].

94 Um den freien Warenverkehr in der *EU* nicht unzulässig zu beschränken, hat der Gesetzgeber die in Art. 7 Abs. 1 der Markenrichtlinie geregelte **Erschöpfung** in § 24 MarkenG in nationales Recht umgesetzt. Danach ist ein Unterlassungsanspruch grundsätzlich ausgeschlossen, wenn der Markeninhaber die Original-Markenware in Deutschland[7], in der EU[8] oder im Europäischen Wirtschaftsraum (EWR)[9], nicht jedoch in sog. Drittstaaten[10] (z.B. Schweiz[11]), auf den Markt gebracht hat[12]. Ein *Neuauszeichnen* mit der Marke ist allerdings nicht von der Erschöpfung umfasst. Ebenso tritt nach § 24 Abs. 2 MarkenG keine Erschöpfung ein, wenn die gekennzeichnete Ware verändert oder verschlechtert wird[13].

---

1 *Fezer*, MarkenR, § 22 MarkenG Rz. 2.
2 *Hacker* in Ströbele/Hacker, § 22 MarkenG Rz. 15, § 21 MarkenG Rz. 35 f.
3 *Fezer*, MarkenR, § 23 MarkenG Rz. 33, 38 ff.; *Hacker* in Ströbele/Hacker, § 23 MarkenG Rz. 27; OLG Düsseldorf v. 21.5.2013 – I-20 U 67/12 – Der Wendler".
4 BGH v. 28.2.1991 – I ZR 110/89 – Caren Pfleger, GRUR 1991, 475; OLG Hamburg v. 15.5.1997 – 3 U 59/96 – KLAUS BREE, GRUR 1997, 659; *Heim*, Der Schutz von Handelsnamen unter dem TRIPS-Übk. – Zugleich eine Anmerkung zur Entscheidung Anheuser-Busch – EuGH, Rs. C-245/02, GRUR Int 2005, 545.
5 *Fezer*, MarkenR, § 23 MarkenG Rz. 56 ff.
6 *Fezer*, MarkenR, § 23 MarkenG Rz. 98 ff.
7 BGH v. 14.12.1995 – I ZR 210/9F3 – Gefärbte Jeans/Levis, NJW 1996, 994.
8 *Albert/Heath*, MarkenR und Paralleleinfuhr, GRUR 1998, 642; *Fezer*, Wettbewerbsrechtlicher und markenrechtlicher Bestandsschutz funktionsfähiger Distributionssysteme selektiven Vertriebs vor Außenseiterwettbewerb, GRUR 1999, 99 (103); EuGH v. 16.7.1998 – Rs. C-355-96, NJW 1998, 3185.
9 *Ingerl/Rohnke*, § 24 MarkenG Rz. 45 ff.
10 *Fezer*, MarkenR, § 24 MarkenG Rz. 181.
11 *Fezer*, MarkenR, § 24 MarkenG Rz. 182 m.w.Nw.; *Ingerl/Rohnke*, § 24 MarkenG Rz. 45.
12 Vgl. bereits BGH v. 22.1.1964 – Ib ZR 92/62, GRUR 1964, 372 (373); BGH v. 10.4.1997 – I ZR 65/92 – Sermion II, NJW 1997, 2449; OLG Stuttgart v. 13.10.1997 – 2 U 107/97, NJWE-WettbR 1998, 109; OLG Stuttgart v. 15.8.1997 – 2 U 116/97, NJW-RR 1998, 482; EuGH v. 16.7.1998 – Rs. C-355/96 – Silhouette, NJW 1998, 3185; *Fezer*, MarkenR, § 24 MarkenG Rz. 27 ff.; *Sack*, Die Erschöpfung von gewerblichen Schutzrechten und Urheberrechten nach europ. Recht, GRUR 1999, 193, 210.
13 *Schmieder*, NJW 1997, 2908 (2914); *Lieck*, GRUR 2008, 661; *Böttcher*, Parallelimporte und deren Abwehr – Gestaltungsmöglichkeiten im Rahmen der regionalen markenrechtlichen Erschöpfung, GRURInt 2009, 646.

Der **Benutzungszwang** soll als markenrechtliches Grundprinzip[1] Konflikte zwischen bestehenden Marken vermeiden helfen. Deshalb sind Ansprüche nach §§ 14, 18, 19 MarkenG nach § 25 MarkenG ausgeschlossen, wenn der Inhaber einer seit zumindest fünf Jahre eingetragenen Marke diese in den letzten fünf Jahren nicht genutzt hat. Arten der Benutzung sind in § 26 MarkenG aufgeführt[2].

b) Vorsatz und Versuch

In subjektiver Hinsicht setzt jede Kennzeichenverletzung **Vorsatz**, also das Bewusstsein voraus, ein fremdes Kennzeichen zu verletzen[3]. Eine weitergehende *Absicht* – mit Ausnahme von §§ 143 Abs. 1 Nr. 3 Buchst. b sowie Nr. 5, 144 Abs. 1 Nr. 2 MarkenG – ist nicht vorausgesetzt. Vielmehr genügt *bedingter Vorsatz*[4]; konkrete Zweifel begründen eine Erkundigungspflicht. Eine vorherige Abmahnung durch den Berechtigten lässt wenig Raum für Zweifel am Vorsatz des Verletzers. Insbesondere bei verwechslungsfähigen Kennzeichen ist es indessen im Einzelfall schwierig, zwischen Tatbestandsirrtum und Verbotsirrtum abzugrenzen[5].

Der **Versuch** einer Zeichenverletzung ist unter Strafe gestellt (§§ 143 Abs. 3, 144 Abs. 3 MarkenG), damit mit einem Zugriff nicht abgewartet werden muss, bis die Verletzungshandlung beendet ist. Entsprechendes gilt aufgrund der Verweisung in § 143a Abs. 2 auf § 143 Abs. 2–6 MarkenG für die Verletzung einer Gemeinschaftsmarke.

c) Verfahrensfragen

Der **Strafrahmen** reicht bei §§ 143, 143a MarkenG bis zu drei Jahren Freiheitsstrafe. Damit ist die Kennzeichenverletzung mit den Verletzungen der sonstigen (gewerblichen) Schutzrechte gleichgestellt (vgl. § 55 Rz. 128). Bei *gewerbsmäßigem Handeln* (vgl. § 55 Rz. 130) sieht § 143 Abs. 2 MarkenG Freiheitsstrafe bis zu fünf Jahren für eine Kennzeichenverletzung vor. Dieser Qualifikationstatbestand gilt entsprechend für die Verletzung der Gemeinschaftsmarke nach § 143a MarkenG.

§ 144 MarkenG sieht für die Verletzung geografischer Herkunftsbezeichnungen nur eine Höchststrafe von zwei Jahren Freiheitsstrafe vor.

---

1 *Fezer*, MarkenR, Vor §§ 25, 26 MarkenG Rz. 3 ff.; *Ingerl/Rohnke*, § 25 MarkenG Rz. 1.
2 *Ingerl/Rohnke*, § 26 MarkenG Rz. 24 ff.; *Bergmann*, Rechtserhaltende Benutzung von Marken, MarkenR 2009, 1; vgl. BGH v. 5.6.1997 – I ZR 38/95 – L'Orange, NJW 1997, 2948; BGH v. 5.11.2008 – I ZR 39/06 – Lewi's, GRUR 2009, 766 (771).
3 Vgl. BGH v. 11.3.2004 – I ZR 304/01 – Internet-Versteigerung, BGHZ 158, 236 = NJW 2004, 3102; RG v. 12.1.1909 – V 863/08, RGSt 42, 137; *Fezer*, MarkenR, § 143 MarkenG Rz. 26, § 144 MarkenG Rz. 8.
4 RG v. 12.1.1909 – V 863/08, RGSt 42, 137 (140); *Hacker* in Ströbele/Hacker, § 143 MarkenG Rz. 20.
5 *Ingerl/Rohnke*, § 143 MarkenG Rz. 6; *Hacker* in Ströbele/Hacker, § 143 MarkenG Rz. 21.

99 Wie bei den anderen gewerblichen Schutzrechten sind auch Privat- bzw. Nebenklage (vgl. § 55 Rz. 135, 138) zugelassen (§§ 374 Abs. 1 Nr. 8, 395 Abs. 1 Nr. 6 StPO). Ebenso (s. § 55 Rz. 135) wird die Tat grundsätzlich nur *auf Antrag des Verletzten* verfolgt, es sei denn, es wird wegen des besonderen öffentlichen Interesses eine Strafverfolgung für geboten erachtet (§ 143 Abs. 4 MarkenG) – was dann regelmäßig eine Verweisung auf den Privatklageweg ausschließt (§ 376 StPO).

§ 143 Abs. 2 MarkenG (gewerbsmäßige Zeichenverletzung) und § 144 MarkenG (Missbrauch von geografischen Herkunftsangaben) hingegen sind **Offizialdelikte**.

100 Wie bei den gewerblichen Schutzrechten (vgl. § 55 Rz. 140) ermöglicht § 143 Abs. 5 MarkenG (i.V.m. § 74a StGB) die strafrechtliche **Einziehung** von „Piratenware" und der Herstellungswerkzeuge. § 144 Abs. 4 MarkenG schreibt dies sogar zwingend vor. Der Verletzte hat aber auch die Möglichkeit, seinen zivilrechtlichen Vernichtungsanspruch nach § 18 MarkenG im Adhäsionsverfahren (s. § 55 Rz. 142) geltend zu machen (§§ 403–406c StPO).

101 § 143 Abs. 6 MarkenG regelt die Möglichkeit einer **öffentlichen Bekanntmachung** eines Strafurteils auf Antrag des Verletzten, falls ein berechtigtes Interesse dargetan wird. § 144 Abs. 5 MarkenG schreibt, wenn das öffentliche Interesse dies erfordert, die Veröffentlichung vor.

102 Wie auch bei den gewerblichen Schutzrechten sieht das MarkenG die **Grenzbeschlagnahme** von Bannware auf Antrag des Berechtigten, der bei der Bundesfinanzdirektion[1] zu stellen ist, durch die Zollbehörden[2] vor (§§ 146–151 MarkenG)[3]. Auf die Darstellung bei § 55 Rz. 17 ff. wird hingewiesen[4].

III. Missbrauch von Hoheitszeichen

103 § 145 Abs. 1 MarkenG enthält schließlich noch einen **Ordnungswidrigkeitentatbestand**: Die unbefugte Bezeichnung von Waren mit identischen oder nachgeahmten (inländischen) Hoheitszeichen (Wappen, Flaggen[5] usw.), amtlichen Prüfzeichen, Siegeln oder mit Bezeichnungen der zwischenstaatlichen Organi-

---

1 *Fezer*, MarkenR, § 148 MarkenG Rz. 5.
2 *Fezer*, MarkenR, Vor §§ 146–151 MarkenG Rz. 6; *Rinnert/Witte*, Anwendung der Grenzbeschlagnahmeverordnung auf Markenwaren in Zollverfahren, GRUR 2009, 29.
3 Vgl. *Fezer*, MarkenR, Vor §§ 146–151 MarkenG Rz. 4; *Hunsicker*, Marken- und Produktpiraterie, Kriminalistik 2007, 25.
4 Vgl. auch *Ahrens*, Die gesetzlichen Grundlagen der Grenzbeschlagnahme von Produktpiraterieware nach dem deutschen nationalen Recht, BB 1997, 902; *Hacker*, Die Warendurchfuhr zwischen Markenverletzung, Grenzbeschlagnahme und Warenverkehrsfreiheit, MarkenR 2004, 257; *Dörre/Maaßen*, Das G zur Verbesserung der Durchsetzung von Rechten des Geistigen Eigentums – Teil III: Änderungen im Grenzbeschlagnahmeverfahren und im Recht der geografischen Herkunftsangaben, GRUR-RR 2008, 269; EuGH v. 12.2.2009 – Rs. C-93/08, GRUR 2009, 482.
5 LG Hamburg v. 22.3.1989 – 15 O 79/89 – BP CARD, GRUR 1990, 196; BPatG v. 22.3.2005 – 27 W (pat) 136/02 – Bundesfarben, GRUR 2005, 679; BPatG v. 9.12.2008 – 33 W (pat) 32/07 – Flaggenball, GRUR 2009, 495.

sationen wird mit Geldbuße bis zu 2500 Euro geahndet. Es sind Marken, die nach § 8 Abs. 2 Nr. 6–8 MarkenG als Warenzeichen *nicht eintragungsfähig* sind[1]. Hierdurch soll Verwendung dieser „Marken" im Wirtschaftsverkehr[2] verhindert werden[3], soweit nicht bereits § 124 OWiG die Verwendung der Wappen oder Flaggen des Bundes oder der Bundesländer sanktioniert.

Diese Tat kann nur *vorsätzlich* begangen werden (§ 10 OWiG)[4].

Nach § 145 Abs. 2 MarkenG kann wegen einer **Verletzung von Auskunftspflichten** nach § 134 MarkenG oder wegen eines Verstoßes gegen eine nach § 139 Abs. 1 MarkenG erlassenen Rechtsvorschrift, die dies vorsieht, ein Bußgeld verhängt werden[5]. In diesen Fällen genügt auch eine fahrlässige Begehung.

103a

E. Persönlichkeitsrechte

Schrifttum: *Bächli*, Das Recht am eigenen Bild, 2002 (Diss. Basel 2001); *Bartnik*, Der Bildnisschutz im deutschen und französischen Zivilrecht, Diss. Saarbrücken, 2004; *Burkhardt/Gamer/Strobl-Albeg*, Das Recht der Wort- und Bildberichterstattung, 5. Aufl 2003; *Conrad/Grützmacher* (Hrsg.), Recht der Daten und Datenbanken im Unternehmen, FS Jochen Schneider, 2014; *Dasch*, Die Einwilligung zum Eingriff in das Recht am eigenen Bild, 1990 (Diss. München 1989); *Dreyer/Kotthoff/Meckel*, Urheberrecht, Heidelberger Komm., 3. Aufl. 2013; *Eisele*, Strafrechtlicher Schutz vor unbefugten Bildaufnahmen, JR 2005, 6; *Flechsig*, Schutz gegen Verletzung des höchstpersönlichen Lebensbereichs durch Bildaufnahmen, ZUM 2004, 605; *Franke*, Die Bildberichterstattung im Strafverfahren, Diss. Saarbrücken, 1978; *Fricke*, Personenbildnisse in der Werbung für Medienprodukte, GRUR 2003, 406; *Götting*, Das Recht am eigenen Bild, in Schricker/Loewenheim, Urheberrecht, 4. Aufl. 2010, Anhang zu § 60; *Hesse*, § 201a StGB aus Sicht des öffentlichrechtlichen Rundfunks, ZUM 2005, 432; *Hoppe*, Bildaufnahmen aus dem höchstpersönlichen Lebensbereich – der neue § 201a StGB, GRUR 2004, 990; *Lederer*, Quo vadis Bildberichterstattung?: Eine Standortbestimmung im Spannungsfeld zwischen nationaler und europäischer Rechtsprechung, 2009; *Löffler*, Presserecht, 5. Aufl. 2006; *Mesic*, Das Recht am eigenen Bild: Entstehung, Entwicklung Perspektiven, 2000; *Neumann-Klang*, Das Recht am eigenen Bild aus rechtsvergleichender Sicht, Diss. Saarbrücken, 1999; *Rehbinder*, Urheberrecht, 16. Aufl. 2010; *Ricker/Weberling*, Handbuch des Presserechts, 6. Aufl. 2012; *Schierbaum*, Videoüberwachung am Arbeitsplatz. Datenschutz und Mitbestimmung, PersR 2008, 180; *Soehring/Hoene*, Presserecht, 5. Aufl. 2013; *Stender-Vorwachs*, Bildberichterstattung über Prominente – Heide Simonis, Sabine Christiansen und Caroline von Hannover, NJW 2009, 334; *Strothmann*, Werbung mit bekannten Persönlichkeiten, GRUR 1996, 693; *Teichmann*, Abschied von der absoluten Person der Zeitgeschichte NJW 2007, 1917; *Vahle*, Das allgemeine Persönlichkeitsrecht im Spiegel der Rechtsprechung, Kriminalistik 2003, 463; *Vahle*, Strafrechtlicher Schutz bei unbefugten Bildaufnahmen, NWB 2004, 2745; *Wagenknecht/Tölle*, Recht am eigenen Bild, 2012; *Wandtke/Bullinger*, Urheberrecht, 4. Aufl. 2014; *Wanckel*, Personenbezogene Prominentenberichterstattung anlässlich zeitgeschichtlicher Ereignisse, NJW 2011, 726.

---

1 Vgl. BPatG v. 15.6.2009 – 27 W (pat) 115/09 – Bundesflagge, GRUR 2010, 77.
2 *Fezer*, MarkenR, § 145 MarkenG Rz. 3.
3 *Vahle*, Hoheitliche Wappen und Flaggen – Der rechtliche Schutz staatlicher Symbole, DVP 2009, 315.
4 *Fezer*, MarkenR, § 145 MarkenG Rz. 13.
5 Dazu *Fezer*, MarkenR, § 145 MarkenG Rz. 14 ff.

I. Recht am eigenen Bild

104 Zu den Pflichten bei der Werbung gehört auch die Beachtung des Persönlichkeitsrechts[1] Dritter in Gestalt des **„Rechts am eigenen Bild"**. Grundsätzlich braucht es niemand hinzunehmen, dass sein Bild ohne seine Einwilligung *veröffentlicht* wird. Seit der Erfindung (und Weiterentwicklung) der Fotografie hat sich das Bedürfnis nach einem derartigen Schutz der Person gezeigt[2]. Kennzeichnend für dieses Schutzbedürfnis sind der (aus anderen Gründen bekannt gewordene) „Herrenreiter-Fall"[3] und die Verfahren im Zusammenhang mit der Bildberichterstattung über die Angehörigen des monegassischen Fürstenhauses[4]. Die schnelle Verbreitung und Veröffentlichung von Bild- und audiovisuellen Medien über das Internet[5] (z.B. *YouTube*) durch beliebige Dritte birgt zudem ein erhöhtes Risiko für jedermann[6], mit Veröffentlichungen seines Bildes konfrontiert zu werden[7].

105 Die maßgebenden Vorschriften über den Schutz von Bildnissen wurden seinerzeit in das „Gesetz betreffend das Urheberrecht an Werken der bildenden Künste und der Photographie" (**Kunsturhebergesetz**) eingestellt, die gem. § 141 Nr. 5 UrhG nach wie vor gültig sind. Insoweit handelt es sich systematisch nicht um ein Urheberrecht[8] – die abgelichtete eigene Erscheinung ist keine persönliche Leistung –, sondern um einen Teil des *allgemeinen Persönlichkeitsrechts*[9].

---

1 *Seifert*, NJW 1999, 1889; EGMR v. 7.2.2012 – 40660/08, GRUR 2012, 745.
2 Vgl. schon RG v. 28.12.1899 – VI 259/99, RGZ 45, 170.
3 BGH v. 14.2.1958 – I ZR 151/56 – Herrenreiter, BGHZ 26, 349; vgl. z.B. OLG Karlsruhe v. 18.11.1988 – 14 U 285/87, NJW 1989, 401; s. BVerfG v. 17.2.1998 – 1 BvF 1/91, NJW 1998, 1627 (1632).
4 *Frenz*, Recht am eigenen Bild für Prinzessin Caroline, NJW 2008, 3102; BVerfG v. 26.2.2008 – 1 BvR 1602/07, NJW 2008, 1793; BGH v. 18.10.2011 – VI ZR 5/10, NJW 2012, 762; BVerfG v. 8.12.2011 – 1 BvR 927/08, NJW 2012, 756.
5 Vgl. LG Stuttgart v. 8.5.2008 – 41 O 3/08 KfH, MMR 2008, 551 m. Anm. *Hoeren/Schröder*, MMR 2008, 553; *Beck*, Lehrermobbing durch Videos im Internet – ein Fall für die Staatsanwaltschaft?, MMR 2008, 77; *Petershagen*, Der Schutz des Rechts am eigenen Bild vor Hyperlinks, NJW 2011, 705.
6 BVerfG v. 21.8.2006 – 1 BvR 2606/04, 2845/04, 2846/04, 2847/04, NJW 2006, 3406.
7 AG Ingolstadt v. 3.2.2009 – 10 C 2700/08, MMR 2009, 436; *Ernst*, jurisPR-ITR 17/2009 Anm. 4.
8 Vgl. *Soehring* in Soehring/Hoene, § 9 Rz. 23 ff., zum UrheberR des Fotografen oder Zeichners.
9 *Soehring* in Soehring/Hoene, § 9 Rz. 3a; *Rehbinder*, Rz. 856; *Götting*, § 22 KUG Rz. 7; *Fricke* in Wandtke/Bullinger, UrhR, § 22 KUG Rz. 3; *Tinnefeld/Viethen*, Das Recht am eigenen Bild als besondere Form des allgemeinen PersönlichkeitsR – Grundgedanken und spezielle Fragen des Arbeitnehmerdatenschutzes, NZA 2003, 468; zum vermögenswerten Bestandteil des allg. Persönlichkeitsrechts vgl. BGH v. 31.5.2012 – I ZR 234/10 – Playboy am Sonntag, NJW 2013, 793. *Dillmann*, Der Schutz der Privatsphäre gegenüber Medien in Deutschland und Japan [...], Diss. Tübingen, 2012, S. 94 ff.

§ 22 KUrhG enthält die materiell-rechtliche Schutzbestimmung, der zufolge "Bildnisse [...] nur **mit Einwilligung** des Abgebildeten verbreitet oder öffentlich zur Schau gestellt werden" dürfen[1]; nach dem Tode des Abgebildeten bedarf es während eines Zeitraums von zehn Jahren der Einwilligung der (näher bezeichneten) Angehörigen.[2] Die Entgegennahme eines *Entgelts* gilt regelmäßig[3] als Einwilligungserklärung des Abgebildeten. Die *Herstellung* des Bildes ohne Einwilligung wird vom Tatbestand nicht erfasst[4]; der Abgebildete kann unter Bezug auf sein allgemeines Persönlichkeitsrecht Unterlassung geltend machen[5]. Allerdings wirft die zunehmende Bilderstellung durch Videoüberwachung datenschutzrechtliche Fragen auf[6].

Bildnis ist die Abbildung eines Menschen ohne Rücksicht auf den Umfang der Abbildung, sofern der Abgebildete als Person individualisierbar ist[7]. Durch wirksame[8] Verfremdung kann die Erkennbarkeit ausgeschlossen werden[9]. Die Art der Abbildung (Zeichnung, Gemälde, Lichtbild, Plastik) ist gleichgültig, wenn es sich nur um die optische Wiedergabe eines äußeren Erscheinungsbildes einer Person handelt[10]. Dagegen ist die Beschreibung eines Menschen durch Worte kein „Bildnis"[11], auch wenn sie die Darstellung des Lebens einer Person, was im Hinblick auf das allgemeine Persönlichkeitsrecht bedenklich sein kann, beinhaltet[12].

Von diesem **Schutz ausgenommen** sind (§ 23 KUrhG) insbesondere:

– zeitgeschichtliche[13] Bildnisse[14],

---

1 *Ehmann* in Conrad/Grützmacher, § 28 Rz. 25 ff.; AG Menden v. 3.2.2010 – 4 C 526/09 – Sorgeberechtigter für Kind, NJW 2010, 1614.
2 BGH v. 20.3.2012 – VI ZR 123/11, ZUM 2012, 474.
3 *Ehmann* in Conrad/Grützmacher, § 28 Rz. 62 f.
4 *Rehbinder*, Rz. 858.
5 BGH v. 25.4.1995 – VI ZR 272/94, NJW 1995, 1955; BGH v. 23.6.2009 – VI ZR 232/08, WRP 2009, 990; *Soehring* in Soehring/Hoene, § 9 Rz. 14a, § 30 Rz. 2 ff.; *Fricke* in Wandtke/Bullinger, UrhR, § 22 KUG Rz. 23 ff.; *Lettl*, Kein vorbeugender Schutz des PersönlichkeitsR gegen Bildveröffentlichung?, NJW 2008, 2160.
6 *Tinnefeld/Viethen*, NZA 2003, 468 (471); *Wilke*, Videoüberwachung, AiB 2006, 31.
7 LG Hamburg v. 20.10.2006 – 324 O 922/05, MMR 2007, 398; *Soehring* in Soehring/Hoene, § 13 Rz. 38 ff.
8 AG München v. 15.6.2012 – 158 C 28716/11, CR 2013, 128.
9 *Fricke* in Wandtke/Bullinger, UrhR, § 22 KUG Rz. 7; OLG Frankfurt v. 26.7.2005 – 11 U 13/03, NJW 2006, 619 (620).
10 *Rehbinder*, Rz. 857; *Götting*, § 22 KUG Rz. 14 f.; *Fricke* in Wandtke/Bullinger, UrhR, § 22 KUG Rz. 5; BGH v. 8.11.2005 – VI ZR 64/05 – Fotomontage, NJW 2006, 603; *Gerecke*, Der Einsatz von Doppelgängern und Lookalikes zu kommerziellen Zwecken, GRUR 2014, 518.
11 Vgl. *Nordemann* in Fromm/Nordemann, UrhR, § 60 UrhG Rz. 7.
12 *Dreyer* in Dreyer/Kotthoff/Meckel, UrhR, § 23 KUG Rz. 85; a.A. *Rehbinder*, Rz. 868.
13 Hierzu vgl. *Platena*, Das Lichtbild im UrheberR, Diss. Marburg, 1998, S. 220; BGH v. 18.10.2011 – VI ZR 5/10, NJW 2012, 762 (763).
14 BGH v. 1.10.1996 – VI ZR 206/95, NJW 1997, 1152; *Hahn*, NJW 1997, 1348; *Nixdorf*, Presse ohne Grenzen: Probleme grenzüberschreitender Presseveröffentlichungen, GRUR 1996, 842; *Götting*, § 23 KUG Rz. 6 ff.

- Personenabbildungen als „Beiwerk einer Landschaft oder sonstigen Örtlichkeit"[1],

- Bilder von Teilnehmern an öffentlichen Veranstaltungen wie Demonstrationen[2] einschließlich dienstlich anwesender Polizeibeamter[3], Faschingsumzüge[4], Sportveranstaltungen oder Tagungen[5],

- Bildnisse im „höheren Interesse der Kunst"[6] (soweit nicht auf Bestellung gefertigt, vgl. § 60 UrhG).

108a Die wichtigste Ausnahme nach § 23 Abs. 1 Nr. 1 KUrhG bezieht sich auf den weit zu fassenden Begriff der **Zeitgeschichte**, was zu umfangreicher Rechtsprechung geführt hat[7]. Zur Zeitgeschichte zählt das gesamte politische, soziale, wirtschaftliche und kulturelle Leben, das von der Öffentlichkeit beachtet wird und an dem sie ein Interesse hat. Umfasst wird sowohl das historische als auch das aktuelle Geschehen, wie auch das lokale und das überregionale[8]. Ebenso ist das Unterhaltungsinteresse[9] ein berechtigtes Interesse.

108b Ob ein Geschehen zum zeitgeschichtlichen Bereich zu zählen ist, ist anhand einer Abwägung der – widerstreitenden – Interessen der Abgebildeten und der Öffentlichkeit bzw. der veröffentlichenden Medien zu entscheiden[10]. Die früher den Ausschlag gebende Festlegung einer **Person des öffentlichen Lebens**[11] als absolute oder relative *Person der Zeitgeschichte*[12] kann heute nur noch als,

---

1 *Fricke* in Wandtke/Bullinger, UrhR, § 23 KUG Rz. 24; *Loy*, Zulässigkeit von Webcams auf Baustellen, ZfIR 2004, 181; OLG Karlsruhe v. 14.05.2014 – 6 U 55/13, MIR 2014, Dok. 067.
2 *Rebmann*, AfP 1982, 189 (193); *Koranyi/Singelnstein*, Rechtliche Grenzen für polizeiliche Bildaufnahmen von Versammlungen, NJW 2011, 124; *Soehring* in Soehring/Hoene, § 21 Rz. 10 ff.
3 Vgl. *Fricke* in Wandtke/Bullinger, UrhR, § 23 KUG Rz. 26 m.w.Nw.; *Soehring* in Soehring/Hoene, § 21 Rz. 13a; enger BVerwG v. 28.3.2012 – 6 C 12/11, NJW 2012, 2676; a.A. *Eckstein*, VBlBW 2001, 97.
4 *Hoeren*, NJW 1997, 376 (377).
5 *Fricke* in Wandtke/Bullinger, UrhR, § 23 KUG Rz. 25.
6 LG Düsseldorf v. 28.11.2012 – 12 O 545/11, juris; *Schertz*, Bildnisse, die einem höheren Interesse der Kunst dienen – Die Ausnahmevorschrift des § 23 I Nr. 4 KUG, GRUR 2007, 558; *Fricke* in Wandtke/Bullinger, UrhR, § 23 KUG Rz. 27.
7 Vgl. BGH v. 11.3.2009 – I ZR 8/07 – Wer wird Millionär?, NJW 2009, 3032; BGH v. 10.3.2009 – VI ZR 261/07, BGHZ 180, 114 = NJW 2009, 1499; BGH v. 28.10.2008 – VI ZR 307/07, BGHZ 178, 213 = NJW 2009, 757.
8 *Fricke* in Wandtke/Bullinger, UrhR, § 23 KUG Rz. 13 f.
9 BVerfG v. 26.2.2008 – 1 BvR 1626/07, GRUR 2008, 539 (542); *Sajuntz*, NJW 2012, 3761 (3763).
10 *Fricke* in Wandtke/Bullinger, UrhR, § 23 KUG Rz. 6; BVerfG v. 26.2.2008 – 1 BvR 1626/07, GRUR 2008, 539; BGH v. 6.3.2007 – VI ZR 13/06, NJW 2007, 1981; BGH v. 3.7.2007 – VI ZR 164/06 – Abgestuftes Schutzkonzept II, NJW 2008, 749.
11 Dazu vgl. OLG Hamburg v. 31.1.2006 – 7 U 81/05, NJW-RR 2006, 1702; *Soehring* in Soehring/Hoene, § 21 Rz. 2e ff.
12 *Fricke* in Wandtke/Bullinger, UrhR, § 23 KUG Rz. 8 ff.

wenn auch gewichtiges, Indiz gewertet werden[1]. Entscheidend ist, ob am beruflichen oder gesellschaften Verhalten des Abgebildeten ein (legitimes) Informationsinteresse, auch zur Unterhaltung[2], besteht[3].

Die Ausnahmen des § 23 Abs. 1 KUrhG werden ihrerseits dadurch eingegrenzt, dass durch eine Publizierung nicht die berechtigten – auch wirtschaftlichen[4] – *Interessen der Abgebildeten* verletzt werden dürfen (Abs. 2). Dies hat zu einer reichhaltigen Rechtsprechung mit differenzierten Abwägungen zwischen **Informationsinteresse** der Öffentlichkeit und Persönlichkeitsschutz geführt[5]. Bei Fotoaufnahmen im privaten Kreis (*Privatsphäre*[6]), d.h. aus dem Privatleben oder bei Freizeitaktivitäten auch von sog. Prominenten, bleibt das Recht am eigenen Bild bestehen[7]. In stärkerem Maße gilt dies bei Abbildungen aus der *Intimsphäre*[8], d.h. in Bezug auf Sexualität, Krankheit[9] oder Tod. 109

Auch die **Beteiligten eines Strafverfahrens**, insbesondere der Angeklagte[10], aber auch Richter und Schöffen[11], müssen die Verbreitung ihrer Bildnisse ohne ihre Einwilligung hinnehmen, wenn sie wegen des begründeten Informationsinte- 110

---

1 EGMR v. 24.6.2004 – 59320/00, GRUR 2004, 1051; *Fricke* in Wandtke/Bullinger, UrhR, § 23 KUG Rz. 7; *Teichmann*, Abschied von der absoluten Person der Zeitgeschichte, NJW 2007, 1917; *Hoffmann-Riem*, Die Caroline II-Entscheidung des BVerfG [...], NJW 2009, 20 (22).
2 Zum Adel vgl. BGH v. 18.10.2011 – VI ZR 5/10, NJW 2012, 762 (763); betr. Lebensgefährtin eines Politikers vgl. BGH v. 22.11.2011 – VI ZR 26/11, NJW 2012, 763.
3 *Soehring* in Soehring/Hoene, § 21 Rz. 3 ff.; OLG Karlsruhe v. 2.2.2011 – 1 (7) Ss 371/10 - AK 99/10, ZUM-RD 2011, 348.
4 *Fricke* in Wandtke/Bullinger, UrhR, § 23 KUG Rz. 37.
5 Vgl. *Fricke* in Wandtke/Bullinger, UrhR, § 23 KUG Rz. 30 ff.; *Seelmann-Eggebert*, Die Entwicklung des Presse- und ÄußerungsR in den Jahren 2005 bis 2007, NJW 2008, 2551 (2556); *Heldrich*, Persönlichkeitsschutz und Pressefreiheit nach der Europ. Menschenrechtskonvention, NJW 2004, 2634 (2636); BGH v. 10.3.2009 – VI ZR 261/07, NJW 2009, 1499; BGH v. 14.10.2008 – VI ZR 272/06, GRUR 2009, 86; BGH v. 17.2.2009 – VI ZR 75/08, NJW 2009, 1502.
6 *Fricke* in Wandtke/Bullinger, UrhR, § 23 KUG Rz. 30–32; LG Berlin v. 12.9.2006 – 27 O 856/06, GRUR-RR 2007, 198; LG Köln v. 21.11.2012 – 28 O 328/12, ZUM-RD 2013, 668.
7 *Frenz*, NJW 2008, 3102 (3103); BVerfG v. 14.9.2010 – 1 BvR 1842/08, 1 BvR 6/09, 1 BvR 2538/08, NJW 2011, 740.
8 *Fricke* in Wandtke/Bullinger, UrhR, § 23 KUG Rz. 33 f.; OLG Karlsruhe v. 18.11.2005 – 14 U 169/05, NJW 2006, 617 (618).
9 BGH v. 14.10.2008 – VI ZR 272/06, NJW 2009, 754; BGH v. 18.9.2012 – VI ZR 291/10, NJW 2012, 3645; *Soehring* in Soehring/Hoene, § 21 Rz. 17a.
10 BGH v. 7.6.2011 – VI ZR 108/10, NJW 2011, 3153, m. Anm. *Gostomzyk*, NJW 2011, 3156; OLG Köln v. 15.11.2011 – 15 U 62/11 – Hofgang, AfP 2012, 66.
11 BVerfG v. 21.7.2000 – 1 BvQ 17/00, wistra 2000, 417 = NJW 2000, 2890; *Soehring* in Soehring/Hoene, § 21 Rz. 6.

resses der Allgemeinheit als sog. *Personen im Blickpunkt der Öffentlichkeit* anzusehen sind[1].

111 § 24 KUrhG enthält eine weitere Ausnahme vom Verbot ungewollter Bildverbreitung im Interesse der Rechtspflege und der öffentlichen Sicherheit, was z.B. die **Fahndung** mittels Steckbrief oder über die Medien (Fernsehfahndungen wie „Aktenzeichen XY ungelöst"[2] und vergleichbare Reihen der privaten Fernsehanbieter, Fahndung im Internet[3]) ermöglicht. Auch hier ist jeweils eine *Interessenabwägung* vorzunehmen[4]. Kriterien hierzu enthalten die Anlage B der *Richtlinien für das Strafverfahren und das Bußgeldverfahren*[5] und §§ 131–131c StPO.

112 § 33 KUrhG stellt die **vorsätzliche** Verbreitung (oder Ausstellung) eines Bildnisses, soweit es nicht in den Ausnahmebereich fällt, ohne Einwilligung[6] des Abgebildeten für die konkrete Veröffentlichung[7] unter die Androhung einer Freiheitsstrafe bis zu einem Jahr oder Geldstrafe. Straflos bleibt die zwar rechtswidrige, aber offene bzw. unverdeckte Anfertigung eines Bildnisses[8] (vgl. Rz. 106, 114 ff.).

113 Es handelt sich – da Persönlichkeitsrechtsverletzung – um ein **Antragsdelikt** (§ 33 Abs. 2 KUrhG) und zugleich um ein *Privatklage-* (§ 374 Abs. 1 Nr. 8 StPO) und *Nebenklagedelikt* (§ 395 Abs. 1 Nr. 6 StPO). Tatsächlich sind Strafverfahren dieser Art selten[9], da der zivilrechtliche Rechtsschutz[10] meist effektiver ist.

---

1 Vgl. *Bornkamm*, NStZ 1983, 102; *Lehr*, NStZ 2001, 63; *Müller*, Probleme der Gerichtsberichterstattung, NJW 2007, 1617 (1619); *Fricke* in Wandtke/Bullinger, UrhR, § 23 KUG Rz. 16; BVerfG v. 28.1.2003 – 1 BvQ 2/03, NJW 2003, 2671; BVerfG v. 14.7.1994 – 1 BvR 1595/92 – Honecker, NJW 1995, 185; zum „Gerichtsfernsehen" krit. *Hamm*, NJW 1995, 760; *Zuck*, NJW 1995, 2082; VerfGH Berlin v. 7.11.2006 – VerfGH 56/05, NJW-RR 2007, 1686; BGH v. 28.10.2008 – VI ZR 307/07 – Haftausgang, GRUR 2009, 150.
2 *Bartnik*, S. 221; EuGH v. 1.12.2011 – C-145/10, GRUR 2012, 166.
3 *Pätzel*, Das Internet als Fahndungshilfsmittel der Strafverfolgungsbehörden, NJW 1997, 3131; *Schiffbauer*, Steckbrief 2.0 – Fahndungen über das Internet als rechtliche Herausforderung, NJW 2014, 1052.
4 OLG Frankfurt v. 24.9.1970 – 6 U 41/70, NJW 1971, 47.
5 RiStBV v. 1.1.1977, BAnz. Nr. 208 v. 8.11.2007, 7950, i.d.F. v. 23.7.2014 m.W.v. 1.9.2014, BAnz AT v. 18.8.2014, B1; *Engelstätter* in BeckOK StPO, RiStBV Anl. B Rz. 1 ff.
6 *Soehring* in Soehring/Hoene, § 21 Rz. 20 ff.; *Hoeren*, Internet u. KommR, 2. Aufl. 2012, S. 339; *Sauer*, Nutzungsrechte von Arbeitnehmerfotos im Unternehmen, K&R 2012, 404; zur konkludenten Einwilligung vgl. LG Köln v. 22.6.2011 – 28 O 819/10, ZD 2011, 37.
7 *Hoeren*, Internet u. KommR, 2. Aufl. 2012, S. 338.
8 *Dreier/Specht* in Dreier/Schulze, §§ 33–50 KUG Rz. 4; *Dreyer* in Dreyer/Kotthoff/Meckel, UrhG, KUG Einl. Rz. 12.
9 LG Frankfurt v. 26.6.1981 – 10/50 Js 2573/80 Ns, NStZ 1982, 35; AG Marburg v. 9.1.2006 – 51 Ls 2 Js 6842/04; StA Konstanz v. 25.5.2007 – 60 Js 1255/07.
10 *Steffen*, Schmerzensgeld bei Persönlichkeitsverletzungen durch Medien, NJW 1997, 10; *Fricke* in Wandtke/Bullinger, UrhR, § 22 KUG Rz. 28–35.

Die **Verjährung** von Straftaten nach § 33 KUrhG tritt gem. § 78 Abs. 3 Nr. 5 StGB nach drei Jahren ein, sofern nicht eine presserechtliche Vorschrift (vgl. Rz. 47) eine kürzere Verjährungsfrist von sechs Monaten[1] vorsieht.

113a

II. Schutz des höchstpersönlichen Lebensbereichs

Vor der Veröffentlichung von Fotoaufnahmen steht die oftmals verdeckte Aufnahme vor allem von berühmten Personen etwa durch sog. Paparazzi.[2] Grundsätzlich braucht es niemand hinzunehmen, dass er ohne seine Einwilligung auf Foto oder Film[3] *bildlich abgebildet* wird. Seit der rasanten Entwicklung und Verbreitung der digitalen Fotografie, von Kombinationsgeräten wie Mobiltelefon mit Kamera[4] und der schnellen weltweiten digitalen Weitergabe hat sich das Bedürfnis nach einem **Schutz der Intimsphäre** gezeigt[5]. Wenn auch Aufnahmen aus dem sog. Intimsphäre eher in der Yellow-Press[6] als in der Werbung[7] Verwendung finden, stehen derartige Aufnahmen oft am Anfang gewerblicher Nutzung.

114

Nach § 201a StGB[8] ist neben der Vertraulichkeit des Wortes (§ 201 StGB), dem Briefgeheimnis (§ 202 StGB), gesicherten Daten (§ 202a StGB) und dem Privatgeheimnis (§ 203 StGB; § 33 Rz. 25 ff.) auch der Bereich des persönlichen Lebens- und Geheimbereiches einschließlich des Ansehenes vor Verletzung durch Bildaufnahmen geschützt[9].

115

Im Zuge des Falles *Edathy*[10] soll mit der Änderung des § 201a StGB[11] auch verhindert werden, dass Nacktbilder von Kindern und Jugendlichen verbreitet oder mit diesen Geschäfte gemacht werden. Nach § 201a StGB wird auf Entgelt bezogenes Herstellen oder Anbieten (Abs. 3 Nr. 1) bzw. das Beschaffen solcher Bildaufnahmen gegen Entgelt (Abs. 3 Nr. 2) mit Geld- oder Freiheitsstrafe bis zu zwei Jahren bestraft, sofern die Handlung nicht der Wahrnehmung berechtigter Interessen dient (Abs. 4).

---

1 *Soehring* in Soehring/Hoene, § 26 Rz. 18 ff.
2 *Soehring* in Soehring/Hoene, § 10 Rz. 8a.
3 *Lenckner/Eisele* in S/S, § 201a StGB Rz. 4.
4 *Borgmann*, Von Datenschutzbeauftragten und Bademeistern – Der strafrechtliche Schutz am eigenen Bild durch den neuen § 201a StGB, NJW 2004, 2133.
5 *Frotscher*, Zladko und Caroline – Der verfassungsrechtliche Schutz der menschlichen Würde und Persönlichkeit in der Medienberichterstattung, ZUM 2001, 555; *Tinnefeld/Viethen*, Das Recht am eigenen Bild als besondere Form des allgemeinen PersönlichkeitsR – Grundgedanken und spezielle Fragen des Arbeitnehmerdatenschutzes, NZA 2003, 468; EGMR v. 24.6.2004 – 59320/00 – Caroline von Hannover, NJW 2004, 2647; krit. zum Merkmal „höchstpersönlicher Lebensbereich" *Borgmann*, NJW 2004, 2133 (2134).
6 *Prinz*, ZRP 2000, 138.
7 Dazu *Fricke*, GRUR 2003, 406.
8 36. StrÄndG v. 30.7.2004, BGBl. I 2012, in Kraft seit 6.8.2004; *Ernst*, NJW 2004, 1277. Zuletzt geänd. durch G v. 21.1.2015, BGBl. I 2015, 10 m.W.v. 27.1.2015.
9 *Kargl*, Zur Differenz zwischen Wort und Bild im Bereich des strafrechtlichen Persönlichkeitsschutzes, ZStW 2005, 324.
10 *Hoven*, Die Grenzen des Anfangsverdachts – Gedanken zum Fall Edathy, NStZ 2014, 361.
11 BT-Drs. v. 23.9.2014 – 18/2601; *Gercke*, Lex Edathy? Der Regierungsentwurf zur Reform des Sexualstrafrechts, CR 2014, 687 (690).

116 § 201a StGB stellt die **unbefugte Herstellung** oder die Übertragung[1] (Abs. 1 Nr. 1 und Nr. 2) mit Kabel oder Funk, das Gebrauchen oder Zugänglichmachen (Abs. 1 Nr. 3) von Bildaufnahmen oder die wissentliche unbefugte Weitergabe[2] berechtigt erstellter Aufnahmen (Abs. 1 Nr. 4) einer anderen Person unter Strafe. Das bloße Beobachten, auch mit technischen Mitteln (z.B. Fernglas), ohne dass *Daten digital oder analog gespeichert* werden[3], ist vom Tatbestand nicht erfasst.

117 Die Aufnahme muss in einer **Wohnung** oder in einem *gegen Einblick besonders geschützten Raum* erfolgt sein. Geschützter Bereich sind sowohl die eigene[4] als auch die fremde Wohnung sowie z.B. Gäste- oder Hotelzimmer[5], Solarien, Duschen, Toiletten, Umkleidekabinen und ärztliche Behandlungszimmer[6], nicht aber öffentlich zugängliche Orte.[7] Z.B. ist ein für zahlreiche Personen zugänglicher Saunabereich kein besonders geschützter Raum[8]. Bildaufnahmen in Geschäfts[9]- oder Diensträumen, auf offener Straße oder am Strand[10] erfüllen den Tatbestand ebenfalls nicht, sofern nicht die Bildaufnahme die *Hilflosigkeit* einer anderen Person zur Schau stellt (Abs. 1 Nr. 2) oder die – einem Dritten auch zugänglich gemachte – Bildaufnahme geeignet ist, dem *Ansehen* der abgebildeten Person *erheblich zu schaden* (Abs. 2)[11].

118 **Unbefugt** im Hinblick auf die Herstellung (§ 201a Abs. 1 Nr. 1 und 2 StGB) handelt derjenige nicht, der z.B. Bildaufnahmen zu Beweiszwecken[12] anfertigt. Rechtfertigend hinsichtlich der Tatmodalitäten nach Abs. 1 und 2 wirkt eine Einwilligung des Abgebildeten[13], auch hinsichtlich des Zugänglichmachens i.S. des Abs. 1 Nr. 3 und Nr. 4[14]. Im Übrigen kann nach Abs. 4[15] die Wahrnehmung – beispielhaft genannter – berechtigter Interessen die Strafbarkeit ausschließen.

---

1 *Hoppe*, Bildaufnahmen aus dem höchstpersönlichen Lebensbereich [...], GRUR 2004, 990 (992); AG Kamen v. 4.7.2008 – 16 Ds 104 Js 770/07 – 67/08, SchAZtg 2008, 229. Zum Einsatz von Drohnen vgl. *Solmecke/Nowak*, MMR 2014, 431 (435), und *Werner*, JuS 2013, 1074.
2 *Dreyer* in Dreyer/Kotthoff/Meckel, UrhG, §§ 33-50 KUG Rz. 50.
3 *Vahle*, NWB 2004, 2745; *Lenckner/Eisele* in S/S, § 201a StGB Rz. 9 a.E.
4 AG Kamen v. 4.7.2008 – 16 Ds 104 Js 770/07 – 67/08, SchAZtg 2008, 229; *Senkel/Niggeweg*, Videoüberwachung im Miet-, Nachbarschafts- und WEG-Recht, WuM 2010, 72.
5 *Sternberg-Lieben* in S/S, § 123 StGB Rz. 4.
6 LG Frankenthal v. 11.11.2013 – 5221 Js 25913/11.6 KLs, juris.
7 *Lenckner/Eisele* in S/S, § 201a StGB Rz. 7.
8 OLG Koblenz v. 11.11.2008 – 1 Ws 535/08, NStZ 2009, 268.
9 OLG Karlsruhe v. 7.4.2006 – 14 U 134/05, NJW-RR 2006, 987.
10 *Dreyer* in Dreyer/Kotthoff/Meckel, UrhG, §§ 33-50 KUG Rz. 43.
11 Fassung aufgrund G v. 21.1.2015, BGBl. I 10, m.W.v. 27.1.2015.
12 *Huff*, Videoüberwachung im öffentlichen und privaten Bereich – Eine Zwischenbilanz, JuS 2005, 896 (899); *Dreyer* in Dreyer/Kotthoff/Meckel, UrhG, §§ 33-50 KUG Rz. 48; enger *Lenckner/Eisele* in S/S, § 201a StGB Rz. 13 a.E.
13 *Fischer*, § 201a StGB Rz. 16, 21.
14 *Fischer*, § 201a StGB Rz. 27.
15 Fassung aufgrund G v. 21.1.2015, BGBl. I 10, m.W.v. 27.1.2015. Zu Einzelheiten berechtiger Interessen vgl. *Fischer*, § 193 StGB Rz. 6 ff.

Die – zumindest bedingt – vorsätzliche Tat wird auf **Antrag** oder bei Bejahung 119
des besonderen öffentlichen Interesses an der Strafverfolgung verfolgt (§ 205
Abs. 1 S. 2 StGB; Privatklage ist zulässig, § 374 Abs. 1 Nr. 2a StPO[1], wobei hinsichtlich der Unbefugheit bei Abs. 1 Nr. 4 direkter Vorsatz[2] gegeben sein muss.
Die Strafandrohung wurde zum 27.1.2015 im Höchstmaß von einem auf zwei
Jahre Freiheitsstrafe erhöht[3]. Ab dem 27.1.2015 begangene Taten *verjähren* entsprechend § 78 Abs. 3 Nr. 4 StGB in fünf Jahren (zu § 32 KUG vgl. Rz. 113a).
Idealkonkurrenz zwischen § 201a StGB und § 33 KUrhG ist anzunehmen,
wenn der Täter sowohl Bilder aus dem höchstpersönlichen Lebensbereich als
auch unbefugt (weitere) Bilder aus der Privatsphäre veröffentlicht[4].

§ 61
Preisgestaltung
Bearbeiter: Markus Haas

	Rz.		Rz.
A. Wucher		c) Vergleich von Vertrags- und Marktzins	50
I. Allgemeiner Wuchertatbestand		aa) Berechnung des effektiven Vertragszinses	58
1. Allgemeines	1	bb) Berechnung des Marktzinses	66
2. Leistungen des Täters	5	**B. Preisüberhöhung**	73
3. Gegenleistung des Opfers	7	**I. Mietpreisüberhöhung**	
4. Schwächesituation des Opfers	10	1. Anwendungsbereich und Bedeutung	74
5. Ausbeutung der Schwächesituation	17	2. Tathandlung	79
6. Auffälliges Missverhältnis	18	**II. Preisüberhöhung in einem Beruf oder Gewerbe**	84
7. Additionsklausel	20	**C. Sonstige Preisregelungen**	
8. Strafrahmen	25	**I. Verstöße gegen die Preisregelung**	
II. Mietwucher		1. Allgemeines	92
1. Räume zum Wohnen	26	2. Preisgesetz	94
2. Auffälliges Missverhältnis	29	3. Preisverordnungen	97
III. Kreditwucher	37	4. Preisangabenverordnung	98
1. Kreditbegriff	39	**II. Weitere Vorschriften**	108
2. Schwächesituation des Opfers	41		
3. Auffälliges Missverhältnis			
a) Strafrechtliche Rechtsprechung	43		
b) Grundsätze der Zivilrechtsprechung	46		

---
1 G v. 21.1.2015, BGBl. I 10, m.W.v. 27.1.2015.
2 *Fischer*, § 201a StGB Rz. 24, 26.
3 G v. 21.1.2015, BGBl. I 10, m.W.v. 27.1.2015.
4 *Hoppe*, GRUR 2004, 990 (995).

A. Wucher

Schrifttum: *Bohnert*, Ordnungswidrige Staffel- und Indexmiete, JZ 1994, 605; *Braun*, Marktlohn oder § 291 StGB?, AnwBl 2000, 544; *Haberstroh*, Wucher im vermittelten Kreditgeschäft, NStZ 1982, 265; *Heinsius*, Das Rechtsgut des Wuchers, 1997; *Hohendorf*, Das Individualwucherstrafrecht nach dem Ersten Gesetz zur Bekämpfung der Wirtschaftskriminalität von 1976, 1982; *Holzscheck/Hörmann/Daviter*, Die Praxis des Konsumentenkredits in der Bundesrepublik Deutschland, 1982; *Keckemeti*, Mietwucher bei Gewerberäumen, NZM 2000, 598; *Kindhäuser*, Zur Struktur des Wuchertatbestandes, NStZ 1994, 105; *Lammel*, Theorie und Praxis der Mietpreisüberhöhung nach § 5 WiStrG, NZM 1999, 989; *Laufen*, Der Wucher, 2004; *Löw*, Lohnwucher – Unangemessene Entgeltvereinbarungen und ihre Folgen, MDR 2004, 734; *Nack*, § 302a StGB ein Faraday'scher Käfig für Kredithaie?, MDR 1981, 621; *Otto*, Neue Tendenzen in der Interpretation der Tatbestandsmerkmale des Wuchers beim Kreditwucher, NJW 1982, 2745; *Otto* in HWiStR, Art. „Mietwucher"; *Otto* in HWiStR, Art. „Kreditwucher"; *Reifner*, Wucherprüfung nach Abschaffung der Schwerpunktzinsstatistik und ihre Ersetzung durch die EWU-Statistik im Jahre 2005, VuR 2005, 370; *Rühle*, Das Wucherverbot – effektiver Schutz des Verbrauchers vor überhöhten Preisen?, 1978; *Scheffler*, Zum Verständnis des Wuchers gem. § 302a StGB, GA 1992, 1; *Sickenberger*, Wucher als Wirtschaftsstraftat, 1985; *Sturm*, Die Neufassung des Wuchertatbestandes und die Grenzen des Strafrechts, JZ 1977, 84; *Vollmer*, Auswirkungen des neuen Mietrechts auf die Vorschriften der Mietpreisüberhöhung und des Mietwuchers, NJW 1983, 555.

I. Allgemeiner Wuchertatbestand

1. Allgemeines

1   Durch das **1. WiKG**[1] wurden die (zuvor) in den §§ 302a–302f StGB selbständig geregelten Formen des Kredit-, Sach- und Mietwuchers in einem Tatbestand (§ 302a StGB a.F.) zusammengefasst. Durch das Gesetz zur Bekämpfung der Korruption[2] wurde § 302a StGB a.F. (ohne inhaltliche Änderungen) zu § 291 StGB.

2   Nach **§ 291 StGB** macht sich strafbar, wer eine bestimmte Schwächesituation eines anderen dadurch ausbeutet, dass er sich oder einem Dritten für eine bestimmte Leistung Vermögensvorteile versprechen oder gewähren lässt, die in einem auffälligen Missverhältnis zu der Leistung oder deren Vermittlung stehen.

3   Der Tatbestand des § 291 StGB erfasst, da er auf eine individuelle Zwangslage, die Unerfahrenheit etc. bei einem einzelnen Opfer abstellt, den **Individualwucher**. Der **Sozialwucher**, der an eine allgemeine Notlage anknüpft, ist von § 291 StGB grundsätzlich nicht erfasst und wird nur als Ordnungswidrigkeit (vgl. §§ 3–6 WiStG) sanktioniert.

4   Nach h.M. ist der Wuchertatbestand des § 291 StGB ein **Vermögensgefährdungsdelikt**[3]. Seine praktische Bedeutung ist eher gering[4]. Nach der polizei-

---

1   G v. 29.7.1976, BGBl. I 2034.
2   G v. 13.8.1997, BGBl. I 2038.
3   *Fischer*, § 291 StGB Rz. 3; *Bernsmann* in A/R, V 3 Rz. 4; *Heine* in S/S, § 291 StGB Rz. 2. Zum Schutzgut des § 291 StGB s. ausf. *Wolff* in LK, § 291 StGB Rz. 3.
4   *Fischer*, § 291 StGB Rz. 2; *Bernsmann* in A/R, V 3 Rz. 6; *Wolff* in LK, § 291 StGB Entstehungsgeschichte.

lichen Kriminalstatistik wurden im Jahr 2013 593 (2012: 330) Fälle erfasst[1]. Die Aufklärungsquote betrug im Jahr 2013 91,7 % (2012: 87,9 %).

2. Leistungen des Täters

Die Ausbeutung des Opfers muss an eine der folgenden Leistungen geknüpft sein, die vonseiten des Täters in Aussicht gestellt oder erbracht werden:

– die Vermietung von Räumen zum Wohnen oder damit verbundene Nebenleistungen (Nr. 1),

– die Gewährung eines Kredites (Nr. 2),

– eine sonstige Leistung (Nr. 3) oder

– die Vermittlung einer der vorbezeichneten Leistungen (Nr. 4).

Die beiden wichtigsten Fallgruppen des Wuchers sind der **Mietwucher** und der **Kreditwucher**. Der *Leistungswucher* spielt nur selten eine Rolle[2]. Der Kreditwucher wiederum ist praktisch nahezu ausschließlich beim Konsumenten-Ratenkredit relevant. Die Fallgruppe des Mietwuchers wird in Rz. 26 ff., die des Kreditwuchers in Rz. 37 ff. vertieft behandelt.

3. Gegenleistung des Opfers

Der Täter muss sich oder einem Dritten für die von ihm in Aussicht gestellte bzw. erbrachte Leistung einen Vermögensvorteil **versprechen** oder **gewähren lassen**.

Ein **Vermögensvorteil** ist i.S. von § 263 StGB als jede günstigere Gestaltung der Vermögenslage zu verstehen[3]. Der Vermögensvorteil ist dem Täter *gewährt*, wenn er die Gegenleistung erhalten hat. Das *Sichversprechenlassen* bedeutet die Annahme einer Verpflichtungserklärung mit dem Willen, sich das Versprochene tatsächlich gewähren zu lassen. Eine Strafbarkeit entfällt, wenn die Verpflichtungserklärung nur zum Schein angenommen wird[4]. Zur Entgegennahme der Leistung bzw. der Verpflichtungserklärung reicht ein schlüssiges Handeln aus[5].

Unerheblich ist, ob das zugrunde liegende **Rechtsgeschäft wirksam** oder (z.B. nach § 138 Abs. 2 oder § 107 BGB) nichtig ist[6].

---

1 Polizeiliche Kriminalstatistik (hrsg. vom Bundeskriminalamt), Berichtsjahr 2013, S. 72. Zur Anzahl der Verurteilungen wegen Wuchers vgl. Strafverfolgungsstatistik des Statistischen Bundesamtes, Fachreihe 10, Reihe 3, 2012, S. 38 ff.
2 Z.B. hohe Getränkepreise einer Bar: BayObLG v. 31.8.1984 – RReg 4 St 112/84, wistra 1985, 36; Lohnwucher: BGH v. 22.4.1997 – 1 StR 701/96, NJW 1997, 2689; OLG Köln v. 28.3.2003 – 1 Zs 120/03 – 19/03, NStZ-RR 2003, 212; BAG v. 24.3.2004 – 5 AZR 303/03, NZA 2004, 971; Provision des Immobilienmaklers: BGH v. 16.2.1994 – IV ZR 35/93, BGHZ 125, 135.
3 *Heine* in S/S, § 291 StGB Rz. 10; *Fischer*, § 291 StGB Rz. 15.
4 Vgl. *Bernsmann* in A/R, V 3 Rz. 18.
5 *Wolff* in LK, § 291 StGB Rz. 52; *Heine* in S/S, § 291 StGB Rz. 19.
6 *Bernsmann* in A/R, V 3 Rz. 17; *Wolff* in LK, § 291 StGB Rz. 54.

4. Schwächesituation des Opfers

10 Der Täter muss eine **Schwächesituation** – Zwangslage, Unerfahrenheit, Mangel an Urteilsvermögen oder erhebliche Willensschwäche – des Opfers ausbeuten. Es handelt sich um gleichwertige Merkmale, die zusammentreffen oder ineinander übergehen können.

11 Das frühere Merkmal der Notlage wurde durch den weit auszulegenden Begriff der **Zwangslage** ersetzt. Der Gesetzgeber[1] versteht darunter schon die Ausbeutung einer wirtschaftlichen Bedrängnis, die zwar nicht die Existenz des Betroffenen bedroht, aber schwere wirtschaftliche Nachteile mit sich bringt. Eine Zwangslage liegt auch vor, wenn nicht eine wirtschaftliche Bedrängnis, sondern Umstände anderer Art ein zwingendes Sach- oder Geldbedürfnis entstehen lassen. D.h., es muss nicht die wirtschaftliche Existenz des Bewucherten bedroht sein; es genügt, wenn dem Kreditbedürftigen schwere wirtschaftliche Nachteile drohen. Dabei muss es sich aber stets um eine Gefährdung des Bestehenden handeln; es reicht nicht aus, wenn ohne die in Aussicht gestellte Leistung bloße Zukunftspläne scheitern würden[2]. Unerheblich ist, ob der Bewucherte die Zwangslage verschuldet hat oder ob sie sich hätte vermeiden lassen[3].

12 Der Begriff der **Unerfahrenheit** verlangt nicht eine allgemeine Unerfahrenheit, sondern eine Unerfahrenheit im *Geschäftsleben*. Maßgebend soll nach h.M. eine auf Mangel an Geschäftskenntnis und Lebenserfahrung beruhende Eigenschaft des Opfers sein, durch die es gegenüber dem *Durchschnittsmenschen* benachteiligt ist[4]. Wer genauso wenig erfahren ist wie der Durchschnittsmensch, soll nicht unerfahren sein. Auf den Durchschnittsmenschen stellt indes der IV. Zivilsenat des BGH bei der Auslegung des entsprechenden Merkmals in § 138 Abs. 2 BGB zu Recht nicht ab[5].

13 Die am „Durchschnittsmenschen" orientierte **Auslegung** der h.M. wird – zumindest bei kaufmännisch schwierigen Geschäften wie der Kreditaufnahme – der spezifischen Situation des Geschäfts und der dadurch bedingten Ausbeutungsmöglichkeit **nicht gerecht**[6]. Hier wird nämlich der Preis der Ware „Geld" nicht im Alltagsmaßstab „Euro" bewertet, sondern in Form eines Zinses. Das ist auch der Grund, weshalb der „Durchschnittsmensch" dem sachkundigen Vertragspartner (Bank oder Kreditvermittler) unterlegen ist. Der Gesetzgeber

---

1 BT-Drs. 7/3441, 40 f.; so auch *Fischer*, § 291 StGB Rz. 10 und *Wolff* in LK, § 291 StGB Rz. 14a.
2 BGH v. 8.2.1994 – XI ZR 77/93, NJW 1994, 1275 zu dem vergleichbaren Merkmal des § 138 Abs. 2 BGB.
3 BGH v. 23.12.1957 – 1 StR 400/57, BGHSt 11, 182 (186); *Wolff* in LK, § 291 StGB Rz. 15; *Fischer*, § 291 StGB Rz. 10.
4 BGH v. 4.4.1959 – 2 StR 596/58, BGHSt 13, 233; BGH v. 29.4.1983 – 2 StR 563/82, NStZ 1984, 23; BGH v. 22.4.1997 – 1 StR 701/96, BGHSt 43, 53 (61); *Heine* in S/S, § 291 StGB Rz. 25.
5 BGH v. 16.2.1994 – IV ZR 35/93 – Bürger in den neuen Bundesländern, BGHZ 125, 135.
6 S. *Nack*, NStZ 1984, 24.

hat das erkannt und verlangt deshalb die Angabe des Effektivzinses (§ 492 BGB, § 6 PAngV). Dennoch: Nur etwa die Hälfte der Kreditnehmer hat den Vertragstext gelesen, lediglich 1/3 der Kreditnehmer hat vorher die Kosten verglichen, was nur auf der Grundlage des Effektivzinses möglich ist, mit dem die Mehrzahl der Kreditnehmer nichts anzufangen weiß.

Die hier vertretene Auslegung[1], welche sich aber bislang nicht durchsetzen konnte, entspricht der Anregung im Bundestags-Sonderausschuss, den „**typischen Informationsmangel** des unterlegenen Vertragspartners"[2] erweiternd mit dem Merkmal der Unerfahrenheit zu verbinden. 14

Ein **Mangel an Urteilsvermögen** ist anzunehmen, wenn dem Bewucherten in erheblichem Maße die Fähigkeit fehlt, sich durch vernünftige Beweggründe leiten zu lassen. Das ist mehr als die bloße Unerfahrenheit und umfasst auch die Unfähigkeit, die beiderseitigen Leistungen und die wirtschaftlichen Folgen des Geschäftsabschlusses richtig zu bewerten. Meist wird dieses Unvermögen die Folge von Verstandesschwäche sein[3]. 15

Erhebliche Willensschwäche ist jede Form einer verminderten Widerstandsfähigkeit, die in der Persönlichkeit und dem Wesen des Bewucherten ihre Ursache hat[4]. Erheblich ist eine Willensschwäche in erster Linie bei Personen, deren Willensschwäche krankheitsbedingt ist (z.B. Alkoholiker und Drogenabhängige)[5]. 16

5. Ausbeutung der Schwächesituation

Der Täter muss eine der genannten Schwächesituationen des Opfers ausbeuten; nach § 291 Abs. 1 S. 2 StGB muss er sie zur Erzielung eines übermäßigen Vermögensvorteils „*ausnutzen*". Nach einer in der Literatur vertretenen (strengen) Ansicht meint das „Ausbeuten" eine qualifizierte, besonders anstößige Form des Ausnutzens[6]. Dieser engen Auslegung kann nicht gefolgt werden[7]. Vorzugswürdig ist es, darunter lediglich ein Verhalten zu verstehen, das auf die Ausnutzung eines Schwächezustandes zur Erzielung einer in auffälligem Missverhältnis zur Leistung stehenden Gegenleistung gerichtet ist. Das Wort „Ausbeuten" dient also nur dazu, das Verwerfliche dieses Verhaltens zum Ausdruck zu bringen. 17

6. Auffälliges Missverhältnis

Leistung und Gegenleistung müssen in einem auffälligen Missverhältnis stehen. Ob ein **Missverhältnis** vorliegt, ergibt sich aus einem für den jeweiligen Einzelfall vorzunehmenden *Vergleich* des Wertes der Leistung mit dem der Ge- 18

---

1 Ebenso *Bernsmann* in A/R, V 3 Rz. 37; *Fischer*, § 291 StGB Rz. 11; für Extremfälle ebenso auch *Wolff* in LK, § 291 StGB Rz. 20.
2 Prot. der 88. Sitzung des Sonderausschusses des Dt. BT für die StrafRReform, 7. Wahlperiode, 2796 f.
3 BT-Drs. 7/3441, 41; *Wolff* in LK, § 291 StGB Rz. 21.
4 BT-Drs. 7/3441, 41.
5 BT-Drs. 7/5291, 20.
6 *Heine* in S/S, § 291 StGB Rz. 29; ähnlich wohl *Bernsmann* in A/R, V 3 Rz. 44.
7 Vgl. auch *Wolff* in LK, § 291 StGB Rz. 24; *Fischer*, § 291 StGB Rz. 14.

genleistung. Maßgebend ist, ob vom *Standpunkt des Gläubigers* (= des Täters) ein Missverhältnis vorliegt[1]. Daher sind Vorteile, die dem Täter aus dem wucherischen Geschäft zufließen sollen oder zugeflossen sind, mit dem Wert seiner Leistung zu vergleichen. Auf die Vorteile, welche das Opfer sich aus dem Geschäft verspricht oder die es erlangt, kommt es nicht an[2].

19 **Auffällig** ist das Missverhältnis, wenn für den Kundigen sofort erkennbar ist, dass das Verhältnis von Leistung und Gegenleistung völlig unangemessen ist. Ausreichend ist dabei, wenn das Missverhältnis einem Kundigen, sei es auch erst nach Aufklärung des – oft verschleierten – Sachverhalts, ohne Weiteres ins Auge springt[3].

7. Additionsklausel

20 Die sog. Additionsklausel (§ 291 Abs. 1 S. 2 StGB), welche die **Strafbarkeit** des § 291 Abs. 1 S. 1 StGB **ausdehnt**, lautet:

„Wirken mehrere Personen als Leistende, Vermittler oder in anderer Weise mit und ergibt sich dadurch ein auffälliges Missverhältnis zwischen sämtlichen Vermögensvorteilen und sämtlichen Gegenleistungen, so gilt Satz 1 für jeden, der die Zwangslage oder sonstige Schwäche des anderen für sich oder einen Dritten zur Erzielung eines übermäßigen Vermögensvorteils ausnutzt."

21 Die Additionsklausel enthält eine Sonderregelung bezüglich der **Wuchergrenze**, wenn an einem aus wirtschaftlicher Sicht einheitlichen Geschäftsvorgang *mehrere Personen* als Leistende, Vermittler oder in anderer Weise mitwirken.

Vor allem bei Kreditgeschäften sieht sich der Kreditnehmer nicht selten mehreren Personen gegenüber. Außer dem eigentlichen Kreditgeber, der für den Kredit Zinsen verlangt, wird vorher oft ein Vermittler tätig, an den Provision und Bearbeitungsgebühren zu zahlen sind. In nicht wenigen Fällen ist darüber hinaus auch noch ein Versicherungsagent beteiligt, an den für den Abschluss einer Restschuldversicherung ebenfalls Zahlungen zu entrichten sind.

22 Wirken in einem solchen Fall die an dem Geschäftsvorgang Beteiligten bewusst und gewollt zusammen, um den Kreditnehmer in wucherischer Weise auszubeuten, so ist jeder von ihnen als **Mittäter** wegen Wuchers nach § 291 Abs. 1 S. 1 StGB strafbar, wenn als Endergebnis des gemeinsamen Handelns ein auffälliges Missverhältnis zwischen den gesamten Leistungen und Gegenleistungen festzustellen ist. Der Additionsklausel bedarf es in diesem Fall nicht[4].

23 Anders ist es dagegen, wenn bei *mehreren* Mitwirkenden das für eine Mittäterschaft erforderliche bewusste und gewollte Zusammenwirken fehlt oder nicht feststellbar ist. In diesen Fällen könnte keiner der Mitwirkenden wegen Wuchers bestraft werden, wenn sich das auffällige Missverhältnis von Leistung und Gegenleistung erst aus der Addition aller Leistungen ergibt. Hier greift die

---

1 BGH v. 22.4.1997 – 1 StR 701/96, BGHSt 43, 53; *Wolff* in LK, § 291 StGB Rz. 26; *Lackner/Kühl*, § 291 StGB Rz. 3; *Bernsmann* in A/R, V 3 Rz. 22.
2 BayObLG v. 31.8.1984 – Rreg 4 St 112/84, wistra 1985, 36; *Bernsmann* in A/R, V 3 Rz. 22.
3 BGH v. 22.4.1997 – 1 StR 701/96, BGHSt 43, 53; OLG Stuttgart v. 23.10.1981 – 5 Ss 534/81, wistra 1982, 36; *Wolff* in LK, § 291 StGB Rz. 28; *Fischer*, § 291 StGB Rz. 16.
4 BT-Drs. 7/5291, 20; *Fischer*, § 291 StGB Rz. 21.

Additionsklausel ein. Sie **dehnt die Strafbarkeit** – wenn an einem aus wirtschaftlicher Sicht einheitlichen Geschäftsvorgang mehrere Personen mitwirken – **auf jeden Mitwirkenden aus**, der sich oder einem Dritten unter Ausnutzung der Schwäche eines Opfers Vorteile verschafft hat, die in einem *Missverhältnis* zu seinen eigenen Leistungen stehen; nicht erforderlich ist, dass die Vermögensvorteile dieses Mitwirkenden für sich genommen den Grad des *auffälligen* Missverhältnisses erreichen[1]. Hinzukommen muss jedoch im subjektiven Bereich, dass er das auffällige Missverhältnis zwischen sämtlichen Leistungen und sämtlichen Vermögensvorteilen kennt oder zumindest billigend in Kauf nimmt.

Aus dem Täterkreis des § 291 Abs. 1 S. 2 StGB scheiden folglich Mitwirkende aus, die für ihre Einzelleistung lediglich einen **angemessenen Vermögensvorteil** erhalten. Das gilt auch dann, wenn sie Kenntnis vom auffälligen Missverhältnis als Ergebnis des gesamten Geschäftsvorgangs haben[2]. Nicht ausgeschlossen ist aber eine Strafbarkeit nach § 291 Abs. 1 S. 1 StGB, wenn die Mitwirkung zugleich eine Teilnahme (Beihilfe) an der Tat einer nach Abs. 1 S. 1 strafbaren Person darstellt[3]. 24

8. Strafrahmen

Der *Regelstrafrahmen* reicht neben Geldstrafe bis zu einer Freiheitsstrafe von drei Jahren. In **besonders schweren Fällen** droht § 291 Abs. 2 StGB Freiheitsstrafe von sechs Monaten bis zu zehn Jahren an. Dafür nennt das Gesetz folgende Regelbeispiele: Der Täter bringt durch die Tat den anderen in wirtschaftliche Not (Nr. 1), begeht die Tat gewerbsmäßig (Nr. 2) oder lässt sich durch Wechsel wucherische Vermögensvorteile versprechen (Nr. 3)[4]. Neben diesen im Gesetz ausdrücklich genannten Regelbeispielen kann ein besonders schwerer Fall aber auch bei besonders auffälligen Missverhältnis oder einer besonders rücksichtslosen Ausnutzung der Schwächesituation des Opfers gegeben sein[5]. 25

II. Mietwucher

1. Räume zum Wohnen

Der in § 291 Abs. 1 Nr. 1 StGB geregelte Mietwucher betrifft die Vermietung von Räumen zum Wohnen. Dieser Begriff reicht weiter[6] als der zivilrechtliche Begriff des Wohnraums (§§ 535 ff. BGB)[7]. Erfasst sind alle Raumgebilde, die 26

---

1 *Tiedemann*, WiStrafR BT, Rz. 272.
2 *Bernsmann* in A/R, V 3 Rz. 59; *Fischer*, § 291 StGB Rz. 23.
3 *Wolff* in LK, § 291 StGB Rz. 45; *Heine* in S/S, § 291 StGB Rz. 34.
4 Zu den Regelbeispielen des § 291 Abs. 2 S. 2 StGB s. ausf. *Wolff* in LK, § 291 StGB Rz. 68 ff.
5 *Wolff* in LK, § 291 StGB Rz. 74.
6 Zur Einweisung in ein Obdachlosenheim s. StA Darmstadt v. 31.8.1994 – 22 Js 17684.1/94, HSGZ 1994, 515.
7 Ebenso *Bernsmann* in A/R, V 3 Rz. 73.

zum Wohnen vermietet werden[1], wie z.B. Nebenräume, Hotelzimmer, Schuppen, Bunker[2], Schlafstellen oder Wohnwagen.

27 Für die Geschäftsraummiete, die Miete beweglicher Sachen, wozu auch der **Leasingvertrag** gehört, ist der *Leistungswucher* nach § 291 Abs. 1 Nr. 3 StGB einschlägig[3].

28 Ausdrücklich von § 291 Abs. 1 Nr. 1 StGB erfasst sind auch mit der Vermietung verbundene **Nebenleistungen** – unabhängig von der Frage, ob sie üblich sind oder nicht[4]. Zu den Nebenleistungen zählen beispielsweise Heizung, Strom, Wasser, Mobiliargestellung, Reinigung von Gemeinschaftseinrichtungen, Gartenbenutzung oder die Verpflichtung, „kostenlos" Nachhilfeunterricht zu geben.

2. Auffälliges Missverhältnis

29 Zur Ermittlung, ob ein auffälliges Missverhältnis vorliegt, ist der *Wert der Leistung* des Vermieters mit dem *Wert der Gegenleistung* des Mieters zu **vergleichen**.

30 Zur Bestimmung des Werts der **Leistung des Mieters** sind zur Miete auch Nebenkosten, Baukostenzuschüsse, Ablösesummen und Nebenleistungen zu addieren.

31 Der **Wert der Vermieterleistung** wird von den Entgelten bestimmt, die in der Gemeinde oder in vergleichbaren Gemeinden für die Vermietung von Räumen vergleichbarer Art, Größe, Ausstattung, Beschaffenheit und Lage sowie damit verbundene Nebenleistungen üblich sind. Vergleichsmaßstab ist folglich grundsätzlich die ortsübliche Vergleichsmiete, wie sie in § 5 Abs. 2 WiStG definiert ist[5].

32 Dabei ist zu beachten, dass es immer noch zwei **verschiedene Märkte** gibt: *preisbindungsfreien* und *preisgebundenen* Wohnraum. Es ist daher der jeweilige Markt zu Vergleichszwecken heranzuziehen.

33 Beim *preisbindungsfreien* Wohnungsmarkt kann zur Bestimmung der ortsüblichen Vergleichsmiete in erster Linie ein gemeindlicher **Mietspiegel** herangezogen werden; fehlen solche Mietwerttabellen, so ist i.d.R. ein Sachverständigengutachten einzuholen[6]. Besteht Anlass zu der Annahme, dass der Mietspiegel

---

1 *Heine* in S/S, § 291 StGB Rz. 4.
2 Vgl. LG Köln v. 25.6.1986 – 14-15/85, ZMR 1987, 272.
3 Grundlegend zum (zivilrechtlichen) Wucher bei Leasingverträgen BGH v. 11.1.1995 – VIII ZR 82/94, BGHZ 128, 255; zum Zinsvergleich beim Leasing s. BGH v. 30.1.1995 – VIII ZR 316/93, NJW 1995, 1146.
4 *Fischer*, § 291 StGB Rz. 5; *Heine* in S/S, § 291 StGB Rz. 5.
5 H.M., BGH v. 8.12.1981 – 1 StR 416/81, BGHSt 30, 281; *Heine* in S/S, § 291 StGB Rz. 13; *Wolff* in LK, § 291 StGB Rz. 30; *Fischer*, § 291 StGB Rz. 17.
6 Vgl. BVerfG v. 12.10.2000 – 2 BvR 2306/97.

die ortsübliche Vergleichsmiete im konkreten Fall nicht zuverlässig widerspiegelt, mit der Folge, dass damit kein auffälliges Missverhältnis nachgewiesen werden kann, so ist immer ein Sachverständigengutachten einzuholen[1]. Ist andererseits die Überschreitung so erheblich, dass sich eventuelle Fehlergrenzen des Mietspiegels nicht auswirken können, so kann auch ohne Sachverständigen das auffällige Missverhältnis festgestellt werden.

Als **auffällig** ist das Missverhältnis nach ganz h.M.[2] im Allgemeinen bei einer Überschreitung der ortsüblichen Miete um 50 % und mehr anzusehen. Bei preisgebundenem Wohnraum wird überwiegend eine niedrigere Grenze angenommen[3]. Im Falle einer Geschäftsraummiete verlangt die Rechtsprechung eine Überschreitung der Vergleichsmiete um 100 %[4]. 34

Im Gegensatz zur Mietpreisüberhöhung (§ 5 Abs. 2 S. 2 WiStG) finden beim Mietwucher bei der Beurteilung, ob ein auffälliges Missverhältnis vorliegt, (hohe) **Gestehungskosten des Vermieters** keine Beachtung[5]. Hingegen können besondere Risiken des Vermieters, z.B. eine überhöhte Abnutzung, zu einem **Zuschlag** führen. Überwiegend[6] werden auch besondere Risiken in der Person des Mieters zur Begründung eines Zuschlags herangezogen. Dem kann nur insoweit zugestimmt werden, als es um ein konkretes, in der Person des *einzelnen* Mieters – die Vorschrift betrifft den Individualwucher – begründetes Risiko geht, nicht jedoch, wenn das Risiko *pauschal* mit der Zugehörigkeit zu einer bestimmten Bevölkerungsgruppe begründet wird, etwa – so verschiedene Urteile – bei Soldaten der Alliierten[7], farbigen (!) Studenten und Gastarbeitern[8] sowie bei (asiatischen!) Asylanten[9]. 35

Zu beachten ist schließlich, dass unterhalb der Schwelle des Strafrechts die **Ordnungswidrigkeit** der Mietpreisüberhöhung des § 5 WiStG greifen kann (Rz. 74 ff.). 36

---

1 OLG Hamburg v. 17.2.2000 – 1 Ss 88/99, WuM 2002, 172; die Auffassung des OLG Karlsruhe v. 7.8.1997 – 2 Ws 61/97, NJW 1997, 3388, das die Anwendung des Mietspiegels grundsätzlich ablehnt (ähnlich OLG Frankfurt v. 1.6.1994 – 2 Ws (B) 335/94 OWiG, NJW-RR 1994, 1233), geht zu weit.
2 H.M., BGH v. 8.12.1981 – 1 StR 416/81, BGHSt 30, 281; AG Schöneberg v. 27.1.2000 – 6 C 234/99, Grundeigentum 2000, 347; *Heine* in S/S, § 291 StGB Rz. 15; *Wolff* in LK, § 291 StGB Rz. 30; *Fischer*, § 291 StGB Rz. 17; *Lackner/Kühl*, § 291 StGB Rz. 4.
3 *Wolff* in LK, § 291 StGB Rz. 30; a.A. *Fischer*, § 291 StGB Rz. 17.
4 KG v. 22.1.2001 – 12 U 5939/99, NZM 2001, 587; KG v. 19.11.2001 – 20 U 812/00, Grundeigentum 2002, 328; a.A. LG Halle v. 30.3.2001 – 9 O 415/99 – 40 %-Grenze, ZMR 2002, 427.
5 BGH v. 8.12.1981 – 1 StR 416/81, BGHSt 30, 281; *Wolff* in LK, § 291 StGB Rz. 30; *Bernsmann* in A/R, V 3 Rz. 82.
6 *Fischer*, § 291 StGB Rz. 17; *Bernsmann* in A/R, V 3 Rz. 83; *Heine* in S/S, § 291 StGB Rz. 13.
7 BGH v. 23.12.1957 – BGHSt 11, 184.
8 OLG Köln v. 29.7.1975 – Ss 147/75, NJW 1976, 120.
9 BGH v. 8.12.1981 – 1 StR 416/81, BGHSt 30, 281; eine derartige rechtliche Diskriminierung von Bevölkerungsgruppen ist auch rechtspolitisch nicht hinnehmbar.

III. Kreditwucher

37 Die **Neufassung** der Wuchervorschriften durch das 1. WiKG zielte vor allem auch auf eine **effizientere** Bekämpfung des Kreditwuchers ab. Davor gab es jährlich etwa 30 Verurteilungen wegen Kreditwuchers. Die geringe Zahl war ein wesentliches Motiv für den Gesetzgeber, einen Handlungsbedarf zu bejahen[1]. Aus den Beratungen ist das Zitat von *Tröndle*[2] besonders einprägsam: „Wucherer brauchen ihre Verurteilung fast ebenso wenig zu fürchten, wie auf der Promenade vom Blitz erschlagen zu werden."

38 Aus einer effizienteren Bekämpfung wurde indessen nichts. Im Gegenteil: Die neugefasste Vorschrift hat leider **keine praktische Bedeutung**[3]. Seit ihrem Inkrafttreten gibt es jährlich statt der zuvor 30 nur noch weniger als fünf[4] Verurteilungen wegen Kreditwuchers.

1. Kreditbegriff

39 Das Gesetz selbst definiert den Begriff des Kredits nicht; insoweit kann aber auf die Legaldefinition in § 265b Abs. 3 Nr. 2 StGB zurückgegriffen werden (§ 50 Rz. 161).

40 Ein **Ratenkredit** mit einer Laufzeit von 48 Monaten wird üblicherweise folgendermaßen kalkuliert und vertraglich fixiert:

Nettokredit	10 000,00 Euro
+ Maklerprovision 5 %	500,00 Euro
+ Restschuldversicherung	600,00 Euro
= **Finanzierungsbetrag**	**11 100,00 Euro**
+ Kreditgebühren 0,60 % pM vom Finanzierungsbetrag × 48 Monate =	3 196,80 Euro
+ Bearbeitungsgebühren 2,5 % vom Finanzierungsbetrag =	277,50 Euro
= **Bruttokredit**	**14 574,30 Euro**
÷ **48 Monate ergibt monatliche Raten von**	**303,63 Euro**

Die Kreditkosten können je nach Bemessung bewirken, dass die strafrechtlich relevanten Grenzwerte überschritten werden.

---

1 *Nack*, MDR 1981, 621 und *Otto*, NJW 1982, 2475, jew. m.w.Nw.
2 Prot. der 79. und 80. Sitzung des Sonderausschusses des Dt. BT für die StrafRReform, 7. Wahlperiode, 2561.
3 *Nack*, MDR 1981, 621 und *Otto*, NJW 1982, 2475; s. auch *de With/Nack*, ZRP 1984, 1.
4 Vgl. Strafverfolgungsstatistik des Statistischen Bundesamtes, 2012, Fachserie 10, Reihe 3, S. 38.

2. Schwächesituation des Opfers

Für die Schwächesituation des Opfers gelten die Rz. 10 ff. dargestellten **allgemeinen Grundsätze**. Neben der Zwangslage ist in Fällen des Kreditwuchers insbesondere das Merkmal der Unerfahrenheit von Bedeutung. 41

Vor allem in Fällen des Kreditwuchers wird die vom BGH vertretene – am sog. Durchschnittsmenschen orientierte – Auslegung des Begriffs der **Unerfahrenheit** der spezifischen Situation und der dadurch bedingten Ausbeutungsmöglichkeit nicht gerecht (Rz. 12 f.). Entscheidend muss die Unerfahrenheit des Opfers in Bezug auf das *konkrete Geschäft* sein, denn genau diese ist der Grund, weswegen der Täter das Opfer ausbeuten kann. Selbstverständlich wird eine derartige Unerfahrenheit in erster Linie bei kaufmännisch unterdurchschnittlich versierten Kreditnehmern anzutreffen sein. 42

3. Auffälliges Missverhältnis

a) Strafrechtliche Rechtsprechung

Zu der erwähnten **Ineffizienz** der Vorschrift über den Kreditwucher hat das *Urteil des 2. Strafsenats des BGH* vom 29.4.1983 beigetragen[1]. In dem bislang einzigen höchstrichterlichen Urteil zum Kreditwucher nach § 291 StGB (= § 302a StGB a.F.) hat der BGH zum Tatbestandsmerkmal des auffälligen Missverhältnisses unpraktikable, nach Literaturmeinung[2] sogar schlechthin unverständliche, Kriterien entwickelt. 43

Nach dem **Urteil des 2. Strafsenats** sind bei der Entscheidung, ob ein auffälliges Missverhältnis besteht, „auch die Gestehungskosten und das besondere Risiko des Kreditgebers zu beachten, soweit sie sich im Rahmen redlicher Geschäftskalkulation halten". Dieses Kriterium ist – worauf *Otto*[3] zutreffend hinweist – „nichtssagend". Die entscheidende Frage, wie die Faktoren im Rahmen der verlangten „notwendigen Gesamtbetrachtung" zu berücksichtigen sind, hat der 2. Strafsenat nicht beantwortet. 44

Die Entscheidung des 2. Strafsenats des BGH dürfte, was die Kriterien für das auffällige Missverhältnis anbelangt, inzwischen **überholt** sein. Zur Bestimmung, ob ein auffälliges Missverhältnis vorliegt, ist vielmehr auf die mittlerweile gefestigte Rechtsprechung der Zivilsenate des BGH zur entsprechend zu beantwortenden Frage nach der Kreditwuchergrenze bei § 138 BGB abzustellen. Denn soviel lässt sich dem Urteil vom 29.4.1983 entnehmen, der 2. Strafsenat wollte sich nicht in Widerspruch zu den Entscheidungen der Zivilsenate des BGH zu § 138 BGB setzen. Dass die von der Zivilrechtsprechung entwickelten 45

---

1 BGH v. 29.4.1983 – 2 StR 563/82, NStZ 1984, 23 m. Anm. *Nack*, NStZ 1984, 23 und *Otto*, JR 1984, 252; daneben gibt es nur noch zwei veröffentlichte obergerichtliche Entscheidungen zum Kreditwucher: OLG Stuttgart v. 23.10.1981 – 5 Ss 534/81, wistra 1982, 36 und OLG Karlsruhe v. 9.2.1988 – 3 Ws 126/87, wistra 1988, 280; zum Lohnwucher s. BGH v. 22.4.1997 – 1 StR 701/96, BGHSt 43, 53.
2 Vgl. *Otto*, JR 1984, 252.
3 *Otto*, JR 1984, 252.

Grundsätze maßgeblich sind, hat das OLG Stuttgart ausdrücklich herausgestellt[1]. Dies entspricht auch der herrschenden Lehre[2].

b) Grundsätze der Zivilrechtsprechung

46 Nach der hier vertretenen Ansicht zur Bestimmung des auffälligen Missverhältnisses beim Kreditwucher (§ 291 Abs. 1 Nr. 2 StGB) kann grundsätzlich auf die von der **zivilrechtlichen Rechtsprechung** zur Sittenwidrigkeit von Ratenkrediten entwickelten Grundsätze zurückgegriffen werden. Die nachfolgenden Ausführungen beruhen daher auf der zivilrechtlichen Judikatur.

47 Ab 1978 begann die Sittenwidrigkeit von Ratenkrediten die Zivilrechtsprechung verstärkt zu beschäftigen. Seit Ende der 80er Jahre des 20. Jahrhunderts kann die diesbezügliche **höchstrichterliche Rechtsprechung**, welche sich fast ausschließlich auf § 138 Abs. 1 BGB stützt, als gefestigt bezeichnet werden[3].

48 Bei der **zivilrechtlichen Sittenwidrigkeitsprüfung** kommt es auf zwei Voraussetzungen an: eine *objektive* Voraussetzung, das auffällige Missverhältnis zwischen Leistung und Gegenleistung, und eine *subjektive* Voraussetzung, die Schwächemerkmale beim Kreditnehmer. Für die strafrechtliche Beurteilung von Relevanz ist die zivilrechtliche Rechtsprechung zur objektiven Voraussetzung; die zur subjektiven Voraussetzung ist hingegen allenfalls indirekt von Bedeutung.

49 Zur Feststellung eines zum objektiven Tatbestand des wucherähnlichen Ratenkreditgeschäfts gehörenden auffälligen Missverhältnisses zwischen Leistung und Gegenleistung ist in erster Linie ein **Vergleich des effektiven Jahreszinses**, der sich aus den vereinbarten Belastungen des Darlehensnehmers ergibt, **mit dem marktüblichen Effektivzins** eines entsprechenden Kredits anzustellen[4].

c) Vergleich von Vertrags- und Marktzins

50 Der **Zinsvergleich** ist das wesentliche Kriterium für ein auffälliges Missverhältnis. Dabei wird der Preis des Kredits (das ist der *Vertragszins*[5] und damit der Wert der Gegenleistung des Kreditnehmers) mit dem Marktpreis (das ist der *Marktzins* und damit der Wert der Leistung des Kreditgebers) verglichen. Der Vergleich erfolgt im Hinblick auf die relative und absolute Überschreitung des Vertragszinses gegenüber dem Marktzins auf der Basis der jeweiligen Effektivzinsen.

51 Zur Bestimmung der **relativen Differenz** zwischen Vertragszins und Marktzins kommt es folglich auf das *Verhältnis* von Vertragszins zu Marktzins an. Beträgt

---

1 OLG Stuttgart v. 23.10.1981 – 5 Ss 534/81, wistra 1982, 36.
2 Vgl. *Bernsmann* in A/R, V 3 Rz. 90; *Wolff* in LK, § 291 StGB Rz. 33, der in der Rspr. der Zivilgerichte zu § 138 BGB indessen nur eine „Leitlinie" sieht.
3 Zusammenfassend BGH v. 11.1.1995 – VIII ZR 82/94, BGHZ 128, 255.
4 Vgl. BGH v. 11.1.1995 – VIII ZR 82/94, BGHZ 128, 255; *Ellenberger* in Palandt, § 138 BGB Rz. 25.
5 Vgl. § 6 PAngV, § 492 BGB.

der Vertragszins 20 % und der Marktzins 10 %, so beträgt die relative Überschreitung 100 %, errechnet nach der Formel[1]

$$\frac{(\text{effektiver Vertragszins} - \text{effektiver Marktzins}) \times 100}{\text{effektiver Marktzins}}$$

Übersteigt der Vertragszins den marktüblichen Effektivzins relativ **um mehr als 100 %** (das Doppelte), so kann grundsätzlich ein auffälliges Missverhältnis bejaht werden[2]. Dies gilt nicht nur für den reinen Privatkredit, sondern gleichermaßen auch für den gewerblichen Kredit[3]. In Niedrigzinsphasen kann ein auffälliges Missverhältnis auch höher anzusiedeln sein[4]. Liegt die Zinsdifferenz dagegen unter 100 %, bedarf es im Rahmen der in jedem Fall vorzunehmenden Gesamtbetrachtung besonderer Umstände, um zu einer Sittenwidrigkeit eines Darlehensvertrages zu kommen. Die kritische Grenze beginnt – wenn den Kreditnehmer belastende sonstige Umstände hinzukommen – bereits bei einer relativen Überschreitung von 90 %[5].

52

Da in Hochzinsphasen die relative Überschreitung immer mehr absinkt, je höher der Marktzins ist, ist bei der Prüfung des auffälligen Missverhältnisses zwischen Leistung und Gegenleistung einem **absoluten Zinsunterschied von 12 %** eine ähnliche Richtwertfunktion wie einem relativen Unterschied von circa 100 % zuzumessen[6]. Die absolute Überschreitung errechnet sich als *Differenz* von Vertragszins minus Marktzins. Beträgt der Vertragszins 20 % und der Marktzins 10 %, so beträgt die absolute Überschreitung 20 % – 10 % = 10 %.

53

Da Vertragszins und Marktzins auf der Basis des **Effektivzinses** verglichen werden, wird dieser im Folgenden näher definiert:

54

Bei einem Kredit fließen sog. **Zahlungsströme**. Vom Kreditgeber fließt die Valuta, der sog. *Nettokredit* an den Kreditnehmer. Vom Kreditnehmer fließen dafür *Raten* (die in ihrer Summe den Bruttokredit ausmachen) an den Kreditgeber zurück.

55

Dabei können natürlich nicht einfach die Euro-Beträge von Nettokredit und Bruttokredit saldiert werden. Vielmehr spielt der **Zeitfaktor** mit hinein. Kredit ist ja die Überlassung von Kapital auf Zeit.

56

Beispiel: A gibt B und C ein Darlehen von jeweils 1 000 Euro, vereinbart aber unterschiedliche Rückzahlungsmodalitäten. B darf das Geld ein Jahr lang behalten und muss dann 1 200 Euro zurückzahlen. C muss es in 12 monatlichen Raten zu je 100 Euro zurückzahlen. Beide „kostet" das Darlehen 1200 Euro. B hat aber ein Jahr lang 1 000 Euro zur Verfügung; C hingegen 1 000 Euro nur im 1. Monat, im 2. Monat nur noch 900 Euro

---

1 BGH v. 11.1.1995 – VIII ZR 82/94, BGHZ 128, 255 (266).
2 Vgl. BGH v. 11.1.1995 – VIII ZR 82/94, BGHZ 128, 255 (266); BGH v. 29.11.2011 – XI ZR 220/10, NJW-RR 2012, 416; LG Bonn v. 10.5.2007 – 3 O 396/05, BKR 2008, 78.
3 Vgl. BGH v. 11.1.1995 – VIII ZR 82/94, BGHZ 128, 255 (267).
4 BGH v. 11.12.1990 – XI ZR 69/90 – 110 % bei langfristig gewährtem Kredit in Niedrigzinsphase, NJW 1991, 834 (835).
5 Vgl. BGH v. 4.5.1993 – XI ZR 9/93, NJW-RR 1993, 1013.
6 BGH v. 13.3.1990 – XI ZR 252/89, BGHZ 110, 336; BGH v. 11.1.1995 – VIII ZR 82/94, BGHZ 128, 255 (266).

usw. Deswegen kostet das Darlehen den B effektiv einen Zins von 20 %, den C hingegen wesentlich mehr, nämlich ca. 41 %.

57 Das Beispiel macht deutlich: **Effektivzins** ist der Preis für die Überlassung von Geld für einen bestimmten Zeitraum. Entscheidend dafür sind die sog. *Zahlungsströme* und *Zahlungsperioden*. Beide Zahlungsströme, die vom Kreditgeber an den Kreditnehmer (Auszahlungen) und die vom Kreditnehmer an den Kreditgeber (Raten) müssen auf denselben Zeitpunkt bezogen, d.h. entweder auf den Vertragsbeginn abgezinst oder auf das Vertragsende aufgezinst werden; erst dann sind sie vergleichbar und können saldiert werden. Derjenige Zinssatz, bei dem die ab- bzw. aufgezinsten Zahlungsströme gleich groß sind, gibt den Effektivzins wieder.

aa) Berechnung des effektiven Vertragszinses

58 Der Effektivzins kann bei Laufzeiten von Ratenkrediten bis 48 Monaten (der BGH verlangt die finanzmathematisch genauere Zinsberechnung jedenfalls bei Krediten mit einer Laufzeit von mehr als 48 Monaten[1]) mit der sog. **Uniformmethode** oder exakt nach § 492 Abs. 2 BGB i.V.m. § 6 PAngV[2] errechnet werden. Die Uniformmethode führt insbesondere bei Kreditlaufzeiten, die von 48 Monaten gravierend abweichen, zu ungenauen Ergebnissen, kann dafür aber mit einem Taschenrechner leicht durchgeführt werden. Wegen ihrer unzureichenden Genauigkeit wird die Uniformmethode heute von der Rechtsprechung nicht mehr als entscheidende Berechnungsformel angewendet; sie ist aber nach wie vor hilfreich, um einen Kredit „prima facie" auf Wucher zu überprüfen.

59 Nach der **Formel** der Uniformmethode wird der Effektivzins wie folgt berechnet[3]:

$$\frac{\text{Gesamtkreditkosten} \times 2\,400}{\text{Nettokredit} \times (\text{Laufzeitmonate} + 1)}$$

60 Bei der exakten Berechnung, insbesondere bei nicht gleich hohen Zahlungsströmen, kann der Effektivzins nicht in Form einer Gleichung aufgelöst werden. Um den richtigen Zins, bei dem die Zahlungsströme gleich sind, herauszufinden, muss die komplexe Formel (mathematisch: Funktion) durch probieren (**Iteration**) mit verschiedenen Zinssätzen aufgelöst werden. Es ist offensichtlich, dass eine solche Berechnung nur mithilfe eines geeigneten Computerprogramms durchgeführt werden kann.

61 Als entscheidendes Ergebnis ist festzuhalten: Für die Effektivzinsberechnung nach der exakten Methode benötigt man sowohl den Zeitpunkt und die Höhe der Auszahlungen des Nettokredits als auch die verschiedenen Zeitpunkte und Beträge der einzelnen Raten. Man muss also die **Zahlungsströme kennen**. Die *Kosten* des Kredits spielen bei der exakten Berechnung – anders als bei der For-

---

1 BGH v. 5.3.1987 – III ZR 43/86, NJW 1987, 2220; BGH v. 11.1.1995 – VIII ZR 82/94, BGHZ 128, 255 (266).
2 Die Formel zur Berechnung des Effektivzinses enthält die Anlage zu § 6 PAngV.
3 Vgl. BGH v. 11.1.1995 – VIII ZR 82/94, BGHZ 128, 255.

mel der Uniformmethode – nur indirekt eine Rolle, da sie in den für die Berechnung relevanten Raten bereits anteilig enthalten sind. Die Kosten sind folglich eine Rechengröße als Differenz der Summe der Raten (Bruttokredit) minus Auszahlungen (Nettokredit).

Die **Kosten** sind allerdings für *Rechtsfragen* von Bedeutung. Es ist nämlich eine Rechtsfrage, wie verschiedene Zahlungen eingestuft werden; also ob etwa die Maklerprovision als Auszahlung (Leistung) der Bank oder als Rückzahlung (Leistung und damit als Kosten) des Kreditnehmers angesehen wird. 62

Nach inzwischen gefestigter höchstrichterlicher Rechtsprechung ist **Leistung des Kreditgebers** i.d.R. nur der *Nettokredit*. **Gegenleistung des Kreditnehmers** sind die Raten (darin sind bereits alle Kosten enthalten). I.d.R. zählt auch die Maklerprovision als Leistung des Kreditnehmers[1] (eine Ausnahme von dieser Regel gilt jedoch dann, wenn sich aus den Umständen des Einzelfalls ergibt, dass die Tätigkeit des Vermittlers eher im Interesse des Kreditnehmers lag[2]). 63

Nach der **Uniformmethode** errechnet sich der *Vertragszins* folglich mit folgenden Parametern[3]: 64

$$\frac{(\text{Maklercourtage} + \text{Kreditgebühren} + \text{Bearbeitungsgebühren} + \text{sonstige Kosten}) \times 2\,400}{\text{Nettokredit} \times (\text{Laufzeitmonate} + 1)}$$

Die **Restschuldversicherung** erfährt eine Sonderbehandlung. Die zivilrechtliche Judikatur bezieht die Kosten einer Restschuldversicherung weder in die Berechnung des Vertrags- noch des Marktzinses ein[4]. 65

Vgl aber auch § 6 Abs. 3 PAngV: Danach ist die obligatorische Restschuldversicherung in den Effektivzins einzubeziehen. Das ist richtig, weil sonst die Vergleichbarkeit zum Marktkredit nicht mehr gegeben ist. Beim Marktkredit werden Kredite ohne Restschuldversicherung zugrunde gelegt, bei denen folglich die Kosten für den Ausfall infolge Tod und/oder Arbeitsunfähigkeit in den Kreditgebühren enthalten sind. Der BGH rechnet beim Vertragskredit genau diese mit der Restschuldversicherungsprämie gezahlten Kosten aber heraus. Rechtlich und betriebswirtschaftlich korrekter wäre es, jedenfalls die Hälfte der angemessenen Prämie als Auszahlung der Bank zu behandeln, dafür aber die Raten in ihrer tatsächlichen Höhe zu belassen. Gleichwohl ist die BGH-Rechtsprechung, solange keine Änderung erfolgt, zumindest für den Vorsatz zugrunde zu legen.

Dieser Rechtsprechung ist auch für die strafrechtliche Beurteilung im Rahmen des § 291 StGB zu folgen[5]. Beim *Zinsvergleich nach der exakten Methode* rechnet der BGH die Restschuldversicherungsprämie und die darauf erhobenen Kredit- und Bearbeitungsgebühren aus den Raten, bei der Uniformmethode die auf die Restschuldversicherungsprämie entfallenden Kredit- und Bearbeitungsgebühren aus den Kosten heraus.

---

1 *Heine* in S/S, § 291 StGB Rz. 16; a.A. *Bernsmann* in A/R, V 3 Rz. 94. Vgl. auch BGH v. 6.10.1988 – III ZR 94/87, NJW 1989, 584.
2 BGH v. 20.6.2000 – XI ZR 237/99, NJW-RR 2000, 1431.
3 Wobei Gebühren und Kosten als Euro-Beträge in die Formel eingesetzt werden.
4 Vgl. BGH v. 24.3.1988 – III ZR 24/87, NJW 1988, 1661; BGH v. 4.5.1993 – XI ZR 9/93, NJW-RR 1993, 1013; BGH v. 29.11.2011 – XI ZR 220/10, NJW-RR 2012, 416.
5 *Pananis* in MüKo, § 291 StGB Rz. 33; *Bernsmann* in A/R, V 3 Rz. 95; a.A. *Heine* in S/S, § 291 StGB Rz. 16.

Das macht der BGH bei der exakten Methode in der Weise, dass er vom Bruttokredit die Prämie und die darauf entfallenden Kredit- und Bearbeitungsgebühren abzieht. Diesen neuen, fiktiven Bruttokredit teilt er durch die Laufzeitmonate, sodass sich eine um die Restschuldversicherungsprämie bereinigte, fiktive Rate ergibt. Diese fiktive Rate stellt der BGH in den Zinsvergleich ein.

bb) Berechnung des Marktzinses

66 Dem Vertragszins ist als Vergleichsmaßstab der marktübliche Zins gegenüberzustellen. Der effektive Marktzins gibt als Vergleichsgröße die **marktübliche Belastung eines Kreditnehmers** für einen vergleichbaren Kredit an.

67 Um den Marktzins zu errechnen, muss ein **Kredit gebildet** werden, wie er sich marktmäßig darstellen würde. Also ein Nettokredit in *gleicher Höhe* (wobei mathematisch der Betrag keine Rolle spielt, denn alle Kosten werden prozentual davon errechnet) und mit *gleicher Laufzeit* wie der Vertragskredit.

68 Den effektiven Marktzins hat die Rechtsprechung des BGH grundsätzlich anhand des von der Deutschen Bundesbank monatlich veröffentlichten sog. **Schwerpunktzinses für Ratenkredite**[1] und einer durchschnittlichen Bearbeitungsgebühr von 2,5 % berechnet.

69 Der Schwerpunktzins wird von der Deutschen Bundesbank seit Mitte 2003 nicht mehr veröffentlicht. An die Stelle der früheren Bundesbank-Zinsstatistik ist die **EWU-Zinsstatistik**[2] getreten, die seit Januar 2003 nach einheitlicher Methode in den Ländern des Euroraums erhoben wird.

70 Auch wenn die Ergebnisse beider Statistiken aufgrund konzeptioneller Unterschiede nur eingeschränkt miteinander vergleichbar sind, kann auf den **deutschen Beitrag zur EWU-Zinsstatistik**, welcher von der Deutschen Bundesbank monatlich veröffentlicht wird, als Ausgangspunkt des Zinsvergleichs zurückgegriffen werden[3]. Eine höchstrichterliche Entscheidung zu dieser Frage sowie dazu, ob Zu- oder Abschläge vorzunehmen sind, ist bislang noch nicht ergangen.

71 In einem Zivilrechtsstreit hat das **LG Bonn**[4] den deutschen Beitrag zur EWU-Zinsstatistik (lediglich um die Bearbeitungsgebühr ergänzt) herangezogen. Das Gericht hat das damit begründet, dass die „neue" EWU-Zinsstatistik trotz der Unterschiede in der Konzeption und den methodischen Grundlagen der Erhebung (im Vergleich zum „alten" Schwerpunktzins) eine taugliche Grundlage für die Ermittlung der marktüblichen Belastung eines Kreditnehmers für einen vergleichbaren Kredit darstelle. Die EWU-Zinsstatistik gebe unter verschiedenen Gesichtspunkten sogar ein realistischeres Marktbild ab. Daher hat das LG Bonn der EWU-Statistik den konkreten Zinssatz der Kategorie „Kredite an private Haushalte – Konsumentenkredite mit anfänglicher Zinsbindung" entnommen und um eine Bearbeitungsgebühr von 2,5 % entsprechend der Laufzeit des Vertrages ergänzt.

---

1 Zinssatz für Ratenkredite mit einem Kreditvolumen von 5 000–15 000 Euro und einer Laufzeit von 36–60 Monaten.
2 Zur Methodik der Erhebung des deutschen Beitrags zur EWU-Zinsstatistik vgl. Dt. Bundesbank, Monatsbericht Januar 2004.
3 Vgl. auch *Ellenberger* in Palandt, § 138 BGB Rz. 26.
4 LG Bonn v. 10.5.2007 – 3 O 396/05, BKR 2008, 78.

Reifner[1] empfiehlt zur überschlägigen Berechnung des Marktzinses folgende Berechnungsmethode: EWU-Zinssatz erhöht um einen Prozentsatz, der sich aus 2,5 geteilt durch die Hälfte der Laufzeit des Kredits (in Jahren) ergibt.

Um nach der exakten Methode die **Raten** des Marktkredits zu errechnen, muss der Bruttokredit (Nettokredit + Kreditgebühren + Bearbeitungsgebühren) durch die Laufzeitmonate geteilt werden.

72

B. Preisüberhöhung

Schrifttum: s. vor Rz. 1.

Das „Gesetz zur weiteren Vereinfachung des Wirtschaftsstrafrechts" (**Wirtschaftsstrafgesetz 1954 – WiStG**)[2] enthält *Bußgeldtatbestände für Preisverstöße*. Unter dem Gesichtspunkt der Preisüberhöhung sind die Preisüberhöhung in einem Beruf oder Gewerbe § 4 WiStG und die Mietpreisüberhöhung § 5 WiStG einschlägig. Für die Wohnungsvermittlung ist darüber hinaus § 8 des Wohnungsvermittlungsgesetzes[3] zu beachten.

73

I. Mietpreisüberhöhung

1. Anwendungsbereich und Bedeutung

Die **Ordnungswidrigkeit** der Mietpreisüberhöhung nach § 5 WiStG ist die praktisch bedeutsamste Vorschrift des WiStG[4]. Sie kann mit einer *Geldbuße bis zu 50 000 Euro* geahndet werden; bei leichtfertigem Handeln kommt eine Geldbuße bis zu 25 000 Euro in Betracht (vgl. § 17 Abs. 2 OWiG). Da ein berufs- oder gewerbsmäßiges Handeln – im Gegensatz zu § 4 WiStG – nicht erforderlich ist, kann auch der private Vermieter die Ordnungswidrigkeit des § 5 WiStG verwirklichen[5].

74

Die Mietpreisüberhöhung liegt unter dem Gesichtspunkt der Überhöhung **unterhalb** der Schwelle des **auffälligen Missverhältnisses** beim Mietwucher. Zu beachten ist allerdings, dass der Preisvergleich teilweise anders vorzunehmen ist und dass auch die sonstigen Voraussetzungen von denen des Mietwuchers teils abweichen.

75

Ferner ist der **Schutzzweck** der Mietpreisüberhöhung ein anderer. Sie richtet sich gegen den *Sozialwucher*, durch den nicht persönliche Unzulänglichkeiten des Vertragspartners, sondern ein die ganze Bevölkerung betreffender Mangel ausgenutzt wird, um wirtschaftlich unangemessene Entgelte zu erzielen[6].

76

---

1 *Reifner*, VuR 2005, 370 (373).
2 V. 9.7.1954, BGBl. I 175, zul. geänd. durch G v. 9.4.2008, BGBl. I 714; vgl. auch § 1 Rz. 54 ff.
3 V. 4.7.1971, BGBl. I 1745, zul. geänd. durch G v. 9.12.2004, BGBl. I 3214.
4 Zur Verfassungsmäßigkeit der Norm s. BVerfG v. 19.7.1995 – 2 BvL 3/95, NJW-RR 1995, 1291.
5 *Tiedemann*, WiStrafR BT, Rz. 251; *Zieschang* in A/R, IV 1 Rz. 51.
6 BGH v. 23.12.1957 – 1 StR 400/57, BGHSt 11, 183; vgl. auch BVerwG v. 17.10.1997 – 8 C 18/96, NJW 1998, 94.

Demgegenüber erfasst § 291 StGB grundsätzlich (nur) den *Individualwucher*. Treffen beide Vorschriften zusammen, so kommt nach § 21 Abs. 1 OWiG nur die Strafbestimmung des § 291 StGB zur Anwendung.

77 Die Bestimmung des § 5 WiStG ist darüber hinaus aus zwei weiteren Gründen praktisch bedeutsam: Nach § 8 WiStG ist der **Mehrerlös** an das Land abzuführen. Auf Antrag des Geschädigten kann (statt der Abführung) auch die Rückerstattung des Mehrerlöses an diesen angeordnet werden (§ 9 WiStG). Verdrängt § 291 StGB den § 5 WiStG, so kommen die Vorschriften über den Verfall (§§ 73 ff. StGB) zur Anwendung. Auch kommen zivilrechtliche Sanktionen in Betracht[1].

78 Bei einer **Sozialwohnung** ist die Sondervorschrift des § 26 Wohnungsbindungsgesetz einschlägig[2].

2. Tathandlung

79 Nach § 5 Abs. 1 WiStG handelt ordnungswidrig, wer vorsätzlich oder leichtfertig für die Vermietung von Räumen zum Wohnen (dazu Rz. 26) oder damit verbundene Nebenleistungen **unangemessen hohe Entgelte**[3] fordert, sich versprechen lässt oder annimmt.

80 Unangemessen hoch sind nach der Legaldefinition des § 5 Abs. 2 S. 1 WiStG Entgelte, die infolge der Ausnutzung eines geringen Angebots an vergleichbaren Räumen die üblichen Entgelte um **mehr als 20 vom Hundert** übersteigen, die in der Gemeinde oder in vergleichbaren Gemeinden für die Vermietung von Räumen vergleichbarer Art, Größe, Ausstattung, Beschaffenheit und Lage oder damit verbundene Nebenleistungen in den letzten vier Jahren vereinbart oder, von Erhöhungen der Betriebskosten abgesehen, geändert worden sind.

81 Vergleichsbasis ist also die **ortsübliche Vergleichsmiete**, für die i.d.R. der Mietspiegel[4] maßgeblich ist (dazu Rz. 33). Unter Umständen ist ein Sachverständigengutachten einzuholen[5]. Auf die Person des Mieters kommt es, anders als beim Mietwucher, nicht an; so sind insbesondere Zuschläge für Ausländer nicht zulässig[6].

---

1 Vgl. OLG Hamburg v. 5.8.1992 – 4 U 22/92, WuM 1992, 527; OLG Karlsruhe v. 26.5.1994 – 9 ReMiet 1/93, NJW-RR 1994, 1034.
2 Zu einer preisgebundenen Wohnung im „Beitrittsgebiet" s. KG v. 26.6.1998 – 2 Ss 326/97 – 5 Ws (B) 17/98.
3 S. die Legaldefinition des Begriffs „Entgelt" in § 11 Abs. 1 Nr. 9 StGB.
4 Zum Vergleichsmaßstab s. OLG Frankfurt v. 1.6.1994 – 2 Ws (B) 335/94 OWiG, NJW-RR 1994, 1233; OLG Stuttgart v. 18.3.1996 – 2 Ss 93/96, NStZ-RR 1996, 367; zum maßgeblichen Zeitpunkt und zur Staffelmiete s. KG v. 1.2.2001 – 8 RE-Miet 10411/00, NJW-RR 2001, 871.
5 *Zieschang* in A/R, IV 1 Rz. 65.
6 OLG Stuttgart v. 26.2.1982 – 8 REMiet 5/81, NJW 1982, 1160; Studenten: OLG Hamm v. 13.3.1986 – 4 REMiet 1/85, NJW-RR 1986, 812; *Zieschang* in A/R, IV 1 Rz. 64.

Nach § 5 Abs. 2 S. 2 WiStG sind Entgelte nicht unangemessen hoch, die zur Deckung der laufenden Aufwendungen[1] des Vermieters erforderlich sind, sofern sie [...] nicht in einem auffälligen Missverhältnis zu der Leistung des Vermieters stehen. Das bedeutet, dass der Vermieter die zur **Kostendeckung** erforderliche Miete (selbst bei Grundstücksspekulation und bei Anmietung einer überteuerten Wohnung zur Untervermietung) bis zur Grenze des auffälligen Missverhältnisses verlangen darf. 82

Ein **Ausnutzen eines geringen Angebots an vergleichbaren Räumen**[2] setzt keine Mangellage (insbesondere in Ballungsgebieten) voraus. Es reicht aus, wenn das Angebot auf dem Teilmarkt für die betreffende Wohnung unausgeglichen ist[3]. Bei dem Tatbestandsmerkmal der „*Ausnutzung*" kommt es nicht allein auf das Verhalten des Vermieters und die objektive Lage auf dem maßgeblichen Wohnungsmarkt an. Auch die Motivlage des Mieters – etwa, wenn er eine objektiv bestehende Ausweichmöglichkeit nicht wahrnimmt – findet Beachtung[4]. 83

II. Preisüberhöhung in einem Beruf oder Gewerbe

§ 4 WiStG erfasst die Preisüberhöhung in einem *Beruf oder Gewerbe*. Danach handelt **ordnungswidrig**, wer vorsätzlich oder leichtfertig in befugter oder unbefugter Betätigung in einem Beruf oder Gewerbe für Gegenstände oder Leistungen des täglichen Bedarfs Entgelte fordert, verspricht, vereinbart, annimmt oder gewährt, die infolge einer Beschränkung des Wettbewerbs oder infolge der Ausnutzung einer wirtschaftlichen Machtstellung oder einer Mangellage unangemessen hoch sind. 84

Die derzeitige wirtschaftliche Lage, insbesondere der lebhafte Wettbewerb bewirkt, dass die Vorschrift des § 4 WiStG gegenwärtig praktisch nicht zur Anwendung kommt. So stammen auch viele einschlägige Entscheidungen aus den 50er Jahren des 20. Jahrhunderts. Die Vorschrift sollte daher im Zweifel **restriktiv ausgelegt** werden. 85

Der **Schutzzweck** der Norm geht dahin, Störungen einer der sozialen Marktwirtschaft angemessenen Preisbildung zu verhindern, die dadurch entstehen können, dass bestimmte Umstände zu Preisüberhöhungen ausgenutzt werden. Die Aufzählung der Ausnutzungstatbestände ist abschließend. 86

Täter kann nur sein, wer sich in einem Beruf oder Gewerbe betätigt. Für den Begriff des *Gewerbes* ist ein einmaliges Tun – selbst mit der Absicht der Wiederholung – nicht ausreichend, sondern der Täter muss *Gewerbetreibender* 87

---

1 Zu fiktiven Eigenkapitalkosten s. OLG Stuttgart v. 30.9.1988 – 8 REMiet 1/88, NJW-RR 1989, 11 und BGH v. 5.4.1995 – VIII ARZ 4/94, NJW 1995, 1838; s. auch LG Stuttgart v. 27.7.1997 – 5 S. 205/96, DWW 1997, 271 und KG v. 22.1.1998 – 8 RE-Miet 5543/97NJW-RR 1998, 1232; *Lützenkirchen*, MietR, Anh. zu § 535 BGB (§ 5 WiStrG) Rz. 11.
2 S. dazu AG Hamburg v. 24.7.1997 – 48 C 526/96, Grundeigentum 1998, 435.
3 BGH v. 25.1.2006 – VIII ZR 56/04, NJW-RR 2006, 591; *Zieschang* in A/R, IV 1 Rz. 61.
4 BGH v. 28.1.2004 – VIII ZR 190/03, NJW 2004, 1740; a.A. *Blank* in Schmidt-Futterer, MietR, 11. Aufl. 2013, Nach § 535 BGB (§ 5 WiStG) Rz. 66.

sein oder sich wie ein solcher betätigen[1]. Der Begriff des *Berufes* ist weitergehend, darunter fällt auch eine Tätigkeit in abhängiger Berufsstellung, die nebenberufliche Tätigkeit und i. d. R. auch der *Schwarzhändler*[2].

88 In den Schutzbereich fallen **Gegenstände** (alle Güter, auch wenn sie keine Sachen i.S. des BGB sind) und Leistungen des lebenswichtigen Bedarfs, für die keine gesetzlichen Preisregeln bestehen.

89 **Lebenswichtig** sind sie dann, wenn sie unter Berücksichtigung des heutigen Lebensstandards zur unmittelbaren oder mittelbaren Befriedigung der berechtigten materiellen und kulturellen Bedürfnisse der Bevölkerung erforderlich sind[3], nicht jedoch Luxusgegenstände. Zur „Lebenswichtigkeit" gibt es eine umfangreiche Kasuistik, die fast den gesamten „Warenkorb" (z.B. kulturelle Veranstaltungen, Sportveranstaltungen, Bockbier, Wein, Teppiche, Möbel oder gebrauchte Kraftwagen) umfasst.

90 Anders als bei § 5 WiStG ist in § 4 WiStG der Schwellenwert nicht definiert, sodass es große Schwierigkeiten macht, festzustellen, wann ein Entgelt **unangemessen hoch** ist. Die erste Schwierigkeit besteht darin, dass Vergleichsmaßstab nicht der tatsächliche Marktpreis sein kann, sondern nur ein *fiktiver Marktpreis*, wie er bei ausgeglichener Marktlage entstanden wäre[4]. Die zweite Schwierigkeit besteht in der Bestimmung des zu fordernden *Ausmaßes* der Überschreitung. Hierzu gibt es keine von der Rechtsprechung vorgegebenen Grenzen. Wegen des gleichen Wortlauts („unangemessen hoch") wie in § 5 WiStG könnte man daran denken, die dort entwickelten Maßstäbe zu übernehmen. Aufgrund der weniger scharfen Vergleichsgröße „fiktiver Marktpreis" sollte aber eher eine höhere Grenze, mindestens 30 %, angenommen werden.

91 Das unangemessen hohe Entgelt muss infolge einer **Beschränkung des Wettbewerbs** (hier ist an die kartellrechtlichen Maßstäbe des GWB (dazu oben § 57) anzuknüpfen; mit Kartellordnungswidrigkeiten ist Tateinheit möglich) *oder* infolge der Ausnutzung einer *wirtschaftlichen Machtstellung* (ähnlich wie die Marktbeherrschung, § 19 GWB) *oder* einer *Mangellage* (die Bedarfsdeckung muss örtlich und zeitlich nachhaltig gestört sein) zustande kommen.

C. Sonstige Preisregelungen

Schrifttum: *Gelberg*, Verwaltungspraxis und Rechtsprechung 1999/2001 zur Preisangabenverordnung, GewArch 2002, 225; *Gelberg*, Vierte Verordnung zur Änderung der Preisangabenverordnung, GewArch 2003, 137; *Michaelis/Rhösa*, Preisbildung bei öffentlichen Aufträgen, Loseblatt; *Völker*, Neue Entwicklungen im Recht der Preisangaben, NJW 2000, 2787; *Wimmer*, Die neue Preisangabenverordnung, WM 2001, 447.

---

1 BGH v. 4.12.1962 – 5 StR 440/62, BGHSt 18, 156; *Tiedemann*, WiStrafR BT, Rz. 247.
2 *Tiedemann*, Tatbestandsfunktionen, S. 225. Zum Verstoß gegen die GewO s. BGH v. 30.8.1994 – 4 StR 45/94, NStZ 1995, 38.
3 BayObLG v. 29.7.1952 – Beschw (W) Reg 1 St 32/51, BayObLGSt 52, 169; OLG Hamburg v. 11.6.1959 – Ws (a) 272/59, BB 1960, 502; *Zieschang* in A/R, IV 1 Rz. 34.
4 *Tiedemann*, WiStrafR BT, Rz. 248; *Zieschang* in A/R, IV 1 Rz. 38.

I. Verstöße gegen die Preisregelung

1. Allgemeines

Die zentrale Bußgeldvorschrift für Verstöße gegen Preisregelungen ist § 3 WiStG. Sie ist eine **Blankettvorschrift**, die durch andere Rechtsvorschriften ausgefüllt wird. Die blankettausfüllenden Normen müssen grundsätzlich für den jeweiligen Tatbestand auf § 3 WiStG verweisen (§ 3 Abs. 1 S. 1 a.E. WiStG). Soweit andere Rechtsvorschriften eigene Straf- oder Bußgeldvorschriften enthalten, gehen diese vor.

92

Nach § 3 Abs. 1 WiStG handelt **ordnungswidrig** (Geldbuße bis zu 25 000 Euro), wer vorsätzlich oder fahrlässig einer Rechtsvorschriften über

93

– Preise, Preisspannen, Zuschläge oder Abschläge,
– Preisangaben,
– Zahlungs- oder Lieferungsbedingungen,
– andere der Preisbildung oder dem Preisschutz dienende Maßnahmen

oder einer aufgrund einer solchen Rechtsvorschrift ergangenen vollziehbaren Verfügungen zuwiderhandelt.

2. Preisgesetz

Die wichtigste Rechtsvorschrift über Preise ist das Preisgesetz[1]. § 2 PreisG enthält eine umfassende Ermächtigung für den Erlass von Anordnungen und Verfügungen auf dem Gebiet des Preisrechts. Daneben nennt § 3 Abs. 1 Nr. 1 WiStG Preisspannen (z.B. Handelsspannen) und Zu- oder Abschläge (darunter fällt nicht die Rabattgewährung).

94

Die Geltungsdauer des Preisgesetzes war mehrfach befristet worden. Es wurde als **Übergangsgesetz** konzipiert, bis ein neues Preisgesetz erlassen wird. Das ist indessen bislang nicht geschehen. Wegen seiner ursprünglichen Ausgestaltung als Behelfsmittel für die Nachkriegszeit gab es Probleme, die zu mehreren Entscheidungen des BVerfG führten.

95

Von großer Bedeutung für die Weitergeltung des Preisgesetzes ist das Urteil des **BVerfG** vom 8.11.1983[2]. Das BVerfG hatte die alte Verordnung über Preisangaben vom 10.5.1973 in wesentlichen Teilen für verfassungswidrig erklärt, weil das Preisgesetz keine ausreichende gesetzliche Grundlage für eine „dauerhafte, eigenständig marktgestaltende Regelung für die wirtschaftliche Normallage" darstelle.

96

3. Preisverordnungen

Auch wenn die Entscheidung des BVerfG zur PreisangabenVO a.F. ergangen ist, so sind doch dem Preisgesetz als **Ermächtigungsgrundlage** (§ 2 PreisG) für den Erlass von Preisverordnungen insgesamt enge Grenzen gesetzt. Man muss da-

97

---

1 ÜbergangsG über Preisbildung und Preisüberwachung v. 10.4.1948, BGBl. III 720–1; zul. geänd. durch G v. 18.2.1986, BGBl. I 265.
2 BVerfG v. 8.11.1983 – 1 BvR 1249/81, BVerfGE 65, 248.

von ausgehen, dass das Preisgesetz jetzt nur noch echte staatliche Preisfestsetzungen sowie solche Maßnahmen trägt, die damit in einem engen Zusammenhang stehen[1]. Zu nennen ist hier insbesondere die VO PR Nr. 30/53 über die Preise bei öffentlichen Aufträgen vom 21.11.1953[2] (gilt für Nichtbauleistungen).

4. Preisangabenverordnung

98 Die mit Abstand wichtigste Regelung ist die Preisangabenverordnung (PAngV)[3]. Sie enthält Rechtsvorschriften über Preisangaben i.S. von § 3 Abs. 1 Nr. 2 WiStG. Durch die Verweisung in § 10 PAngV werden praktisch die meisten Pflichtenverstöße zu einer Ordnungswidrigkeit gemacht.

99 Die PAngV schreibt für den gesamten Bereich des Handels- und Dienstleistungsgewerbes die Angabe von **Endpreisen**[4] vor, wenn Waren oder Leistungen gegenüber Letztverbrauchern angeboten werden oder unter Angabe von Preisen geworben wird.

100 Der **Grundtatbestand** des § 1 Abs. 1 PAngV bestimmt:

„Wer Letztverbrauchern gewerbs- oder geschäftsmäßig oder regelmäßig in sonstiger Weise Waren oder Leistungen anbietet oder als Anbieter von Waren oder Leistungen gegenüber Letztverbrauchern unter Angabe von Preisen wirbt, hat die Preise anzugeben, die einschließlich der Umsatzsteuer und sonstiger Preisbestandteile zu zahlen sind (*Endpreise*)".

101 Die Abs. 2–5 von § 1 PAngV enthalten Ergänzungstatbestände, etwa für Verrechnungssätze und Lieferfristen. Abs. 6 schließlich normiert den Grundsatz der **Preisklarheit** und der **Preiswahrheit**[5]. Zu § 1 PAngV sind zahlreiche Entscheidungen ergangen, dazu wird auf die Kommentarliteratur verwiesen.

102 §§ 2 ff. PAngV konkretisieren für die häufigsten Angebote des Handels von *Waren* besondere **Preisauszeichnungspflichten**[6].

103 § 5 PAngV regelt die Form der Preisangabe für das Angebot von *Dienstleistungen*. Er schreibt vor, dass ein **Preisverzeichnis** mit den Preisen für die wesentlichen Leistungen im Geschäftslokal oder am sonstigen Ort des Leistungsangebots und, sofern vorhanden, zusätzlich im Schaufenster oder Schaukasten anzubringen ist.

---

1 Vgl. *Boest*, NJW 1985, 1440.
2 BAnz. Nr. 244, BGBl. III 722-2-1, zul. geänd. durch G v. 8.12.2010, BGBl. I 1864.
3 Neugefasst durch Bek. v. 18.10.2002, BGBl. I 4197; zul. geänd. durch VO v. 1.8.2012, BGBl. I 1706.
4 Dazu OLG Frankfurt v. 23.7.1987 – 6 U 117/86, NJW-RR 1988, 555; BGH v. 30.4.1998 – I ZR 40/96, NJW-RR 1998, 1574; BGH v. 22.4.2009 – I ZR 14/07, WRP 2009, 1180.
5 Zur Hervorhebung des Endpreises bei Aufgliederung von Preisen BGH v. 30.4.1998 – I ZR 40/96, NJW-RR 1998, 1574.
6 Zur Pflicht zur Angabe des Grund- und Endpreises in unmittelbarer räumlicher Nähe BGH v. 26.2.2009 – I ZR 163/06, NJW 2009, 3095; BGH v. 7.3.2013 – I ZR 30/12, GRUR 2013, 850.

Am bedeutsamsten ist § 6 PAngV, der bei **Krediten** die Angabe des effektiven Jahreszinses regelt (s. Rz. 58). 104

§ 7 PAngV enthält eine Sonderregelung für das **Gaststätten- und Beherbergungsgewerbe**. Gaststätten haben Preisverzeichnisse für Speisen und Getränke aufzustellen, auf den Tischen auszulegen und dem Gast vorzulegen. Daneben ist am Eingang ein Preisverzeichnis anzubringen. Beherbergungsbetriebe haben in jedem Zimmer den Zimmerpreis ersichtlich zu machen. Auch die Kosten für die Benutzung einer Telekommunikationsanlage sind anzugeben. 105

Nach § 8 PAngV müssen **Tankstellen** die Kraftstoffpreise deutlich lesbar auszeichnen; wer **Parkplätze** vermietet, hat am Anfang der Zufahrt ein Preisverzeichnis anzubringen. 106

§ 9 PAngV enthält schließlich einen umfangreichen **Ausnahmekatalog**. 107

II. Weitere Vorschriften

Zahlreiche Vorschriften, von denen hier nur einige wichtige erwähnt seien, sanktionieren in näher bestimmten wirtschaftlichen Zusammenhängen eine **falsche Preisbildung**: 108

– Das *Wertpapierhandelsgesetz* und das *Börsengesetz* stellen die manipulative Einwirkung auf den Börsen- oder Marktpreis unter Strafe (näher unten § 68).

– Die *Sicherstellungsgesetze* sichern die Preisstabilität im Notfall (unten § 64).

– Im (noch gültigen) *Gaststättengesetz*[1] ist Erhöhung der Preise bei Nichtbestellung alkoholischer Getränke im Gaststättengewerbe eine Ordnungswidrigkeit (§ 28 Abs. 1 Nr. 9 i.V.m. § 20 Nr. 4 GastG).

– Selbst *Steuervorschriften* enthalten bisweilen Preisvorschriften, deren Verletzung mit Bußgeld geahndet werden kann, z.B. § 126 Abs. 1 Nr. 6 i.V.m. § 106 *Branntweinmonopolgesetz*[2] bezüglich des Handels mit Trinkbranntwein oder § 36 *Tabaksteuergesetz*[3] bezüglich der Kleinverkaufspreise für Tabakerzeugnisse.

---

1 V. 5.5.1970, BGBl. I 465, 1298, neugefasst durch Bek. v. 20.11.1998, BGBl. I 3418, zul. geänd. durch G v. 7.9.2007, BGBl. I 2246; durch die Föderalismusreform ist das Gaststättenwesen Ländersache geworden.
2 V. 8.4.1922, RGBl. I 335 zul. geänd. durch G v. 21.6.2013, BGBl. I 1650. Das G tritt am 31.12.2017 aufgrund europarechtlicher Vorgaben außer Kraft.
3 V. 17.7.2009, BGBl. I 1870 zul. geänd. durch G v. 22.12.2011, BGBl. I 3044. Das am 1.4.2010 in Kraft getretene G ersetzt das TabStG v. 21.12.1992.

§ 62
Auslandsgeschäfte

Bearbeiter: Thorsten Alexander/Wolfgang Winkelbauer

	Rz.
A. Einführung	
I. Geschichte und Ziele des Außenwirtschaftsrechts	1
II. Allgemeine Regeln im Außenwirtschaftsrecht	
1. Blanketttechnik	12
2. Behördliche Genehmigung	17
3. Einziehung und Verfall	25
4. Zeitliche Geltung	32
5. Auslandstaten	35
B. Straftatbestände	39
I. Kriegswaffen-Embargoverstöße	
1. Objektiver und subjektiver Tatbestand	40
2. Rechtswidrigkeit	43
3. Beteiligung, Qualifikationen und Versuch	48
4. Rechtsfolgen und Strafzumessung	51
II. Sonstige Außenwirtschaftsstraftaten	52
1. Verstöße gegen EU-Embargos	53
2. Verstöße gegen die Außenwirtschaftsverordnung	62
3. Verstöße gegen das „Blut-Diamanten"-Embargo	75
4. Verstöße gegen die EU-Anti-Folter-VO	81
5. Verstöße gegen die Dual-Use-VO	87
6. Versuch	99
C. Bußgeldtatbestände	
I. Ordnungswidrigkeiten des AWG	100
1. Fahrlässige Außenwirtschaftsverstöße	101
2. Sonstige Außenwirtschaftsverstöße	103
II. Ordnungswidrigkeiten der AWV	119
1. Verstöße gegen nationale Regelungen	120
2. Verstöße gegen EU-Regelungen	123
III. Sanktionen	
1. Bußgeldrahmen	125
2. Selbstanzeige	128

Schrifttum: *Alexander/Winkelbauer*, Die AWG-Novelle 2013 aus straf- und ordnungswidrigkeitenrechtlicher Sicht, ZWH 2013, 341; *Bieneck* (Hrsg.), Handbuch des Außenwirtschaftsrechts, 2. Aufl. 2005 (Hdb. AWR); *Bundesamt für Wirtschaft und Ausfuhrkontrolle – BAFA –* (Hrsg.), Handbuch der deutschen Exportkontrolle, Loseblatt (HADDEX); *BAFA*, Praxis der Exportkontrolle, 2. Aufl. 2011; *Dahme*, Terrorismusbekämpfung durch Wirtschaftssanktionen, 2007; *Deiters*, Inlandsgeschäfte als außenwirtschaftsstrafrechtliches Risiko, ZIS 2009, 306; *Hocke/Friedrich*, Außenwirtschaftsrecht, Loseblatt; *Hohmann*, Die AWG-Novelle 2013, AW-Prax 2013, 3; *Hohmann*, Neufassung von AWG und AWV, AW-Prax 2013, 312; *John* in Hohmann/John (Hrsg.), Ausfuhrrecht, 2002; *Knierim/Oehmichen* in Volk, Verteidigung in Wirtschafts- und Steuerstrafsachen, 2. Aufl. 2014, § 27 (Außenwirtschaft); *Kollmann*, Das „Gesetz zur Modernisierung des Außenwirtschaftsrechts", AW-Prax 2013, 267; *Krach*, Die Europäisierung des nationalen Außenwirtschaftsstrafrechts, 2005; *Krause/Prieß*, Die bußgeldbefreiende Selbstanzeige bei fahrlässigen Verstößen im neuen Außenwirtschaftsrecht (§ 22 IV AWG n.F.), NStZ 2013, 688; *Krenzler/Herrmann* (Hrsg.), EU-Außenwirtschafts- und Zollrecht, Loseblatt; *Pottmeyer*, Der Ausfuhrverantwortliche, 5. Aufl. 2014; *Simonsen*, Außenwirtschaftsrecht – Textsammlung mit Einführung, 2010; *Voland*, „Wellnesskur" für das Außenwirtschaftsrecht: Überblick über die AWG-Novelle, GWR 2013, 264; *Weith/Wegner/Ehrlich*, Grundzüge der Exportkontrolle, 2006; *Wolffgang/Simonsen* (Hrsg.), AWR-Kommentar, Loseblatt, bearbeitet u.a. von *Bieneck* (§§ 34 Abs. 1–3, 5, 7–8, 35 AWG) und *Morweiser* (§ 34 Abs. 4, 6, § 36 AWG).

A. Einführung

I. Geschichte und Ziele des Außenwirtschaftsrechts

1. Die **Geschichte** des modernen Außenwirtschaftsrechts reicht zurück in die Zeit des *Ersten Weltkrieges*, als der vom Wirtschaftsliberalismus geprägte freie Warenverkehr zwischen den Nationen kriegsbedingt sein Ende fand und zunächst eine Devisenbewirtschaftung und im Weiteren auch die **Reglementierung des Warenverkehrs** eingeführt wurde, indem nahezu alle Import- und Exportgeschäfte einer staatlichen Genehmigung bedurften (vgl. auch § 1 Rz. 43 f.). An diesem Befund änderte das Kriegsende wenig, denn die Notsituationen in der *Weimarer Republik* verlangten zur Sicherung der Versorgung der Bevölkerung gleichfalls Devisen- und Warenverkehrsbeschränkungen. Die in der Folgezeit eingeführten Lockerungen endeten mit dem Beginn des *Zweiten Weltkrieges*, als mit Ausfuhr- und Einfuhrverboten der Warenhandel für kriegswichtige Güter sichergestellt wurde. Nach Kriegsende war der Außenhandel durch *Besatzungsrecht* geprägt, das für alle Ein- und Ausfuhren ein generelles Verbot verhängte. Ab 1947 wurde dieses Verbot durch in größerem Umfang erteilte Genehmigungen gelockert, weil andernfalls Teile der deutschen Bevölkerung zu verhungern drohten. Nach Gründung der Bundesrepublik (1949) wurde das Verbotsprinzip zwar beibehalten, jedoch die Bundesregierung durch das Besatzungsrecht zur Erteilung von Genehmigungen auf dem Gebiet des Warenverkehrs ermächtigt, wovon auch in der Weise Gebrauch gemacht wurde, dass allgemeine Genehmigungen erteilt wurden. Dies führte faktisch dazu, dass das generelle Verbotsprinzip nicht mehr existierte.

Nachdem die *Bundesrepublik 1955* ihre Souveränität erlangt hatte, sollte durch ein neues Außenwirtschaftsgesetz dieser Rechtswirklichkeit des freien Handelsverkehrs Rechnung getragen werden, indem man sich von dem Prinzip des generellen Verbots mit Erlaubnisvorbehalt verabschiedete und an dessen Stelle der *Grundsatz der Handelsfreiheit* mit dem *Vorbehalt ausnahmsweiser staatlicher Beschränkungen* treten sollte. Diese Überlegungen waren Grundlage des schließlich (nach jahrelangen Beratungen) **1961** in Kraft getretenen **Außenwirtschaftsgesetzes (AWG)**. Die Grundgedanken dieses Gesetzes haben bis heute Bestand, wenngleich freilich gerade auf der Sanktionsseite bei Gesetzesverstößen maßgebliche Änderungen erfolgt sind. Die bis in die *80er-Jahre* des letzten Jahrhunderts existierende großzügige Genehmigungs- und zurückhaltende Überwachungspraxis sowie die geringe Sanktionshöhe der Strafbestimmungen (Höchstmaß: Freiheitsstrafe bis zu drei Jahren) führte dazu, dass die deutsche Außenwirtschaftspolitik auf internationaler Ebene in Verruf geriet, nachdem zahlreiche Entwicklungen vor allem atomarer und chemischer Waffen in Staaten der Dritten Welt unter Beteiligung deutscher Unternehmen und deren Lieferungen stattfanden.

Dies hat Anfang der *90er-Jahre* zu einer radikalen Änderung des bisherigen Zustandes geführt. Nicht nur die **Genehmigungspraxis** wurde durch die Einrichtung eines *Bundesausfuhramtes* verschärft, sondern es wurden vor allem auch für Verstöße *Sanktionen* vorgesehen, die bislang nur aus dem Bereich schwerster Kapitaldelikte bekannt waren. Selbst im Ergebnis „harmlose" Verstöße gegen Genehmigungsvorbehalte oder im Rahmen von Embargos wurden als Verbrechen qualifiziert, die einen Strafrahmen bis zu 15 Jahren Freiheitsstrafe vorsahen. Daneben wurde außerdem die **Verfolgungspraxis** effektiver gestaltet, indem man ein zentral zuständiges *Zollkriminalamt* einrichtete. Für dessen repressive Ermittlungen wurden nicht nur alle herkömmlichen strafprozessual vorgesehenen Möglichkeiten eröffnet, sondern es wurden diesem selbst nachrichtendienstliche Ermächtigungen eingeräumt[1].

4 Im Jahr **2013** wurde – unter Beibehaltung der Grundsätze des freien Außenhandels und der Grundprinzipien des bisherigen Rechts – das **AWG neu** gestaltet und deutlich gestrafft[2]. Vor allem der Bereich der *Straf- und Bußgeldvorschriften* wurde *durchgreifend neu* geregelt und dabei erheblich vereinfacht[3]. Hintergrund dieser Novellierung waren u.a. die bislang mit Blick auf den Bestimmtheitsgrundsatz des Art. 103 Abs. 2 GG bestehenden verfassungsrechtlichen Bedenken über die bisherigen Straf- und Bußgeldvorschriften der §§ 33, 34 AWG a.F.[4] Als Ersatz wurden die Bestimmungen der §§ 17, 18 und 19 AWG geschaffen, wobei nunmehr § 17 AWG vorsätzliche oder leichtfertige Verstöße gegen Waffenembargos (Güter des Teils I Abschn. A der Ausfuhrliste) als *Straftat* erfasst, während § 18 AWG die Strafbarkeit sonstiger strafwürdiger vorsätzlicher Verstöße gegen das Außenwirtschaftsrecht betrifft. Der neue *Bußgeldtatbestand* des § 19 AWG regelt schließlich die Ahndung der bloßen fahrlässigen Tatbegehung der in § 18 Abs. 1–5 AWG erfassten Handlungen sowie weiterer vorsätzlicher oder fahrlässiger, jedoch nicht strafwürdiger Verstöße gegen das Außenwirtschaftsrecht. Nachdem somit die §§ 17 ff. AWG an die Stelle der schwer durchschaubaren Strafnorm des § 34 AWG a.F. sowie des (noch) unübersichtlicheren § 33 AWG a.F. getreten sind, erforderte dies – im Vergleich zur Vorauflage – nicht nur eine völlige Neufassung, sondern erlaubte auch – trotz der fortbestehenden Komplexität der Materie – eine kürzere Darstellung als bisher[5].

5 **2.** Das AWG ist das klassische Beispiel eines staatlichen Eingriffs in das Wirtschaftsleben mit dem **Ziel** der *staatlichen Regulierung* der Außenwirtschafts-Märkte. Nachdem die wirtschaftliche Betätigung einschließlich der Außenhandelstätigkeit in der Bundesrepublik Deutschland grundsätzlich frei ist, sind staatliche Einschränkungen dieser Betätigungsfreiheit des Einzelnen nur zuläs-

---

1 Vgl. zum Gesamten *Wolffgang* in Bieneck, Hdb. AWR, § 1 Rz. 7 ff. m.w.N.
2 BGBl. I 2013, 1482; näher dazu z.B. *Alexander/Winkelbauer*, ZWH 2013, 341 ff.; *Voland*, GWR 2013, 264 ff.
3 Eine synoptische Gegenüberstellung von AWG „alt" und „neu" geben *Kollmann*, AW-Prax 2013, 267 (276 f.); *Wolffgang/Simonsen*, AWR-Komm., Bd. 2, Änderungsübersicht AWG 2013, S. 1 ff.
4 BT-Drucks. 17/11127, 25; BVerfG v. 3.3.2004 – 1 BvF 3/92, BVerfGE 110, 33 (67) = NJW 2004, 2213 (2219); BGH v. 13.1.2009 – AK 20/08, BGHSt 53, 128 (132 f.) = NJW 2009, 1681 (1682 f.).
5 Bearbeitet von *Klaus Bieneck*; auch die diversen Tabellen (5. Aufl., § 62 Rz. 77 ff., 149 ff.) sind entbehrlich geworden.

sig, wenn sie durch **übergeordnete Gründe des Gemeinwohls** erforderlich sind[1]. Auch wenn dieser Grundsatz nur für die demokratische Verfassung der Bundesrepublik Geltung beanspruchen kann, waren solche Überlegungen auch in früheren Zeiten maßgeblich. Die Unterschiede lagen allein in der *Definition des Gemeinwohlinteresses*.

In den Zeiten der Weltkriege wurde dieses Gemeinwohl in der Aufrechterhaltung und Stützung der *Kriegswirtschaft* gesehen, in der Weimarer Zeit lag der Schwerpunkt in der Stützung der einheimischen Wirtschaft zur Versorgung der Bevölkerung und in der Besatzungszeit nach dem Zweiten Weltkrieg dienten die regulativen Eingriffe den Interessen der Siegermächte und der Militärregierung dazu, einen Abfluss von Waren und Geldern in das Ausland zu vermeiden, um Reparationsansprüche realisieren zu können.

a) Betrachtet man die momentane Situation – in Krisenzeiten könnte dies auch für die Bundesrepublik völlig anders aussehen –, werden solche Gemeinwohlinteressen in den unterschiedlichsten Aspekten gesehen, sodass sich nur schwer ein einheitliches Gesamtbild und damit auch eine Definition der vom Außenwirtschaftsstrafrecht **geschützten Rechtsgüter** finden lässt. Denn der Außenwirtschaftsverkehr wird nicht nur durch das AWG und die weiteren in diesem Zusammenhang (vor allem auch von der EU/EG) erlassenen Regelungen bestimmt, sondern von einer Vielzahl von Verboten und Beschränkungen in den verschiedensten *Spezialgesetzen*[2]. Als Beispiele für außerhalb des Außenwirtschaftsstrafrechts geregelte Beschränkungen sind zu nennen: Bestimmungen betreffend Abfälle, geschützte Tier- und Pflanzenarten, Kernbrennstoffe, Kriegswaffen, Kulturgüter etc. Versucht man die speziell vom AWG im engeren Sinne verfolgten übergeordneten Interessen und damit gleichzeitig die *Rechtsgüter des Außenwirtschaftsstrafrechts* zu definieren, so stehen derzeit folgende Interessen im Vordergrund (vgl. § 4 Abs. 1, 2 AWG):

– die Gewährleistung der wesentlichen Sicherheitsinteressen der Bundesrepublik,
– die Vermeidung einer Störung des friedlichen Zusammenlebens der Völker,
– die Vermeidung einer erheblichen Störung der auswärtigen Beziehungen der Bundesrepublik,
– der Schutz wichtiger wirtschaftlicher Interessen der Bundesrepublik und
– die Vertragstreue zur EU.

Betrachtet man diese Interessenlagen und damit spiegelbildlich die durch das Außenwirtschaftsstrafrecht geschützten Rechtsgüter, dann stehen im Vordergrund des Schutzes *politische und staatliche Interessen*, sodass man beim Außenwirtschaftsstrafrecht durchaus von einem **Staatsschutzrecht**[3] und bei den Strafbestimmungen weniger von Wirtschaftsstrafrecht als vielmehr von politischem Strafrecht sprechen könnte[4]. An diesem Befund hat sich letztlich wenig dadurch geändert, dass sich die AWG-Novelle 2013 an einer entscheidenden

---

1 BVerfG v. 27.1.1965 – 1 BvR 213/58, 1 BvR 715/58, 1 BvR 66/60, BVerfGE 18, 315 (327) = NJW 1965, 435 (436).
2 Vgl. dazu z.B. *Henke*, Verbote und Beschränkungen bei der Ein- und Ausfuhr, 2000.
3 *Diemer* in Erbs/Kohlhaas, § 34 AWG Rz. 4.
4 Vgl. *Herzog*, wistra 2000, 41.

Stelle vom „politischen" Strafrecht verabschiedet hat: Die Systematik zwischen den §§ 33 und 34 AWG a.F., wonach die Bußgeldtatbestände des § 33 AWG a.F. in § 34 Abs. 2 AWG a.F. zur Straftat „hochgestuft" wurden, wenn ein Bußgeldverstoß nach politischer Beurteilung der Regierung das friedliche Zusammenleben der Völker oder die auswertigen Beziehungen erheblich zu gefährden geeignet war[1], ist aufgegeben. Denn geblieben ist in weiten Teilen die Genehmigungspraxis (vgl. Rz. 17 ff.), bei der politische und staatliche Interessen zum Tragen kommen.

8 **b)** Betrachtet man die Strafvorschriften näher, ist festzustellen, dass die mittlerweile eindeutig überwiegende Zahl der Beschränkungen *nicht mehr* dem Schutz *nationaler* Interessen, sondern **EG/EU-Gemeinschaftsinteressen** dient. Dies liegt zum einen am gemeinsamen Wirtschaftsraum, der gegen nationale Begrenzungen spricht; zum anderen geht es seit Inkrafttreten des Vertrages von Lissabon (dazu § 6 Rz. 13) und der damit verbundenen Übertragung von nationalen Zuständigkeitskompetenzen im Bereich des Außenhandels auf die EU mehrheitlich um Gemeinschafts- bzw. Unionsrecht als handelspolitische Maßnahmen nach Art. 209 AEUV[2]. Ein herausragendes Beispiel einer solchen Gemeinschaftsrechtsetzung mit tragenden Auswirkungen auf das Außenwirtschaftsstrafrecht ist die sog. *Dual-Use-Verordnung* (s. Rz. 87 ff.). Nachdem die EU zwar die Rechtsetzungskompetenz für den Außenhandel besitzt und deshalb die Dual-Use-VO und andere den Außenwirtschaftsverkehr einschränkenden (z.B. Embargo-)Bestimmungen erlassen darf, aber insoweit keine Gesetzgebungskompetenz auf strafrechtlichem Gebiet besteht (vgl. § 6 Rz. 60 ff.), erfolgt der *strafrechtliche Schutz* solcher EG/EU-Akte durch die Gesetzgeber der Mitgliedsländer. Da die Mitgliedstaaten auf strafrechtlichem Gebiet ein Gesetzgebungsermessen besitzen, sind allerdings die nationalen Strafbestimmungen innerhalb der EU auch bei Außenhandelsverstößen weder gleich noch ernsthaft vergleichbar.

9 Nach den Anschlägen vom 11.9.2001 auf das World Trade Center sind auf das Außenwirtschaftsrecht vielfältige Maßnahmen zur *Terrorismusbekämpfung* in Umsetzung entsprechender Resolutionen des **Sicherheitsrats der Vereinten Nationen** (§ 5 Rz. 26 ff.) zugekommen. Es handelt sich hierbei um Maßnahmen und Beschränkungen, die durch internationale Instanzen getroffen werden und sich teilweise nur schwer in das klassische System des Außenwirtschaftsrechts einordnen lassen. Denn solche UN-Sanktionen richten sich gegen in (wechselnden) Listen aufgeführte Personen und Organisationen und sehen als Maßnahmen in erster Linie Finanzsanktionen durch eine Einschränkung des Kapital- und Zahlungsverkehrs, teilweise aber auch durch Verbote im Güter-, Technologie- und Dienstleistungsverkehr vor. Hier wird nicht der Außenhandel zur Wahrung übergeordneter Interessen reguliert, sondern die Beschränkung des *Außenhandels* findet als vermeintliche *Waffe gegen den Terrorismus* Anwendung.

---

1 *Alexander/Winkelbauer*, ZWH 2013, 341 (348).
2 Vgl. dazu *Krenzler/Herrmann* in Krenzler/Herrmann, EU-Außenwirtschafts- und ZollR, Einl. Rz. 10 ff.

Gesetzestechnisch finden solche UN-Sanktions- oder Embargo-Entscheidungen *Eingang in das nationale Recht* und insbesondere in das nationale Strafrecht, indem diese Maßnahmen entweder durch nationale Rechtsverordnungen oder durch Rechtsakte der EU oder der EG umgesetzt werden (zur „Blankett-Technik" Rz. 12 ff.).

Geschütztes Rechtsgut bei solchen Maßnahmen ist entweder die äußere und innere *Sicherheit der Bundesrepublik*, soweit ihr selbst terroristische Maßnahmen drohen, oder das Interesse an einem friedlichen Zusammenleben der Völker und das politische Ansehen der Bundesrepublik im Kreise der Weltpolitik, das gefährdet würde, wenn Embargos der UN oder der EU durch deutsche Unternehmen sanktionslos verletzt werden könnten.

II. Allgemeine Regeln im Außenwirtschaftsrecht

1. Blanketttechnik

a) Angesichts der Zielsetzung des Außenwirtschaftsrechts, auf aktuelle Gegebenheiten mit Exportbeschränkungen oder Exportkontrollen flexibel reagieren zu können, um damit den wechselnden wirtschaftlichen Verhältnissen und Außen-, Sicherheits- und wirtschaftspolitischen Erfordernissen zu entsprechen[1], ist das AWG ganz überwiegend als **Blankettgesetz** (vgl. auch § 1 Rz. 14; § 17 Rz. 8 ff.) ausgestaltet. Dieses ermächtigt die *Bundesregierung* bzw. das Ministerium für Wirtschaft und Energie in §§ 4, 11, 12 AWG, durch Rechtsverordnungen und durch einzelne Maßnahmen, insbesondere auch durch Verbote und Genehmigungsvorbehalte, den Außenwirtschaftsverkehr zu regeln. Von dieser Ermächtigung hat die Regierung mit der *Verordnung zur Durchführung des AWG*, der sog. **Außenwirtschaftsverordnung (AWV)**[2], Gebrauch gemacht. In weit größerem Umfang wird aus Anlass aktueller Gegebenheiten jedoch das Außenwirtschaftsrecht durch Rechtsakte der *EG/EU* beeinflusst, die unmittelbar – ohne dass es eines Umsetzungsaktes bedürfte – inländische Strafblankette des AWG ausfüllen können.

Blankettgesetze sind in der Weise ausgestaltet, dass der Straftatbestand (*Blankettstrafgesetz*) die strafbare Handlung als solche nicht definiert, sondern hierfür auf einen weiteren Rechtsakt (*Ausfüllungsnorm*) verweist[3]. Beim Außenwirtschaftsstrafrecht beschränkt sich jedoch die Blanketttechnik nicht nur auf die Existenz einer Straf- und einer Ausfüllungsnorm; vielmehr weist es sog. **Blankettkaskaden** auf, indem die Ausfüllungsnorm ihrerseits auf weitere Regelungen oder Akte weiterverweist. Regelmäßig verweisen nämlich die Ausfüllungsbestimmungen wegen der im Außenwirtschaftsverkehr beschränkten Handelsfreiheiten auf Anhänge mit *Listen*, in denen die für die Ausfuhr verbotenen oder mit einem Genehmigungsvorbehalt versehenen Güter detailliert

---
1 Zur Politikabhängigkeit des Außenwirtschaftsstrafrechts vgl. *Bieneck* in Bieneck, Hdb. AWR, § 23 Rz. 6 ff.; *Bieneck*, wistra 1994, 193; *Diemer* in Erbs/Kohlhaas, § 34 AWG Rz. 2.
2 Aktuell v. 2.8.2013, BGBl. I 2013, 2865 (Neufassung auf der Grundlage des AWG 2013).
3 *Eser/Hecker* in S/S, Vorbem. § 1 StGB Rz. 3.

aufgeführt sind. Zu nennen sind hier insbesondere der *Anhang zur Dual-Use-VO*[1], die *Ausfuhrliste* als Anlage zur AWV[2] oder etwa die *Personenliste* nach Art. 2 Abs. 3 der VO (EG) Nr. 2580/2001 (Terrorismus-Embargo)[3]. Der Abgleich eines konkreten, zur Ausfuhr bestimmten Gutes mit den Produktbezeichnungen der Güterliste ist dabei regelmäßig kein simpler Vorgang, sondern bedarf in der Praxis oft eingehender technischer und rechtlicher Prüfung, wobei selbst nach einer solchen Prüfung bisweilen Zweifelsfragen offenbleiben.

14 **b)** Dass angesichts dieser Verweisungskaskaden die Frage nach der *„lex certa"* aufgeworfen wurde, ist deshalb nicht verwunderlich. Der BGH jedoch hat in der Vergangenheit die **Gesetzesbestimmtheit** des § 34 Abs. 2 Nr. 3 AWG a.F. (als Vorgängervorschrift des heutigen § 17 AWG) nicht infrage gestellt[4]. Die Frage der lex certa stellt sich jedoch auch unter dem Aspekt des *Sanktionsrahmens*, der im Außenwirtschaftsstrafrecht häufig von einem Jahr Freiheitsstrafe bis zur höchsten zeitigen Freiheitsstrafe von 15 Jahren reicht, ohne dass dem Rechtsanwender Strafzumessungsregeln an die Hand gegeben wären[5]. Hier droht der Verlust der vom Gesetzgeber dem Richter für die zu verhängende Freiheitsstrafe vorzugebende *normative Orientierung*.

15 Die komplexe Verweisungs- und Weiterverweisungstechnik der Außenwirtschaftsstrafnormen mit teils unbestimmten Rechtsbegriffen vor allem bei den Güterlisten wirft zudem die Frage auf, ob es dem Rechtsunterworfenen überhaupt möglich ist, das Unrecht der Tat und damit seine *Strafbarkeit zu erkennen*. Dabei geht es nicht um die Frage der Gesetzesbestimmtheit, sondern um die der Verbotskenntnis und damit des Irrtums. Auch wenn sich die Rechtsunkenntnis bzw. der Rechtsirrtum im rechtlichen Bereich nicht nur bei der Sanktionsnorm, sondern auch bei der *Ausfüllungsnorm* oder einer *Güterliste* niederschlägt, ist dieser Irrtum mehrheitlich nicht als Tatbestands-, sondern nach allgemeinen Grundsätzen als **Verbotsirrtum** gem. § 17 StGB zu qualifizieren[6] (oben § 18). Ob ein solcher Irrtum angesichts komplexer Gesetzesmaterien unvermeidbar ist und damit zur Straflosigkeit führt, ist eine Frage des Einzelfalls. Allerdings ist zu beachten, dass der auf dem Exportmarkt tätige Unternehmer *verpflichtet* ist, sich über das Export-Recht zuverlässig *zu informieren*; bei erkennbaren Rechtszweifeln muss er sich fachkundiger Unterstützung be-

---

1 ABl. EU Nr. L 134 v. 29.5.2009.
2 BGBl. I 2013, 2898.
3 ABl. EG Nr. L 344 v. 28.12.2010, 70.
4 BGH v. 13.1.2009 – AK 20/08, BGHSt 53, 128 (132 f.) = NJW 2009, 1681 (1682). Diese Auffassung wird von der überwiegenden Meinung zwar geteilt (vgl. die Nw. bei *Niestedt* in Krenzler/Herrmann, EU-Außenwirtschafts- und ZollR, Embargo- und Sanktionsmaßnahmen, Rz. 97 Fn. 4). Nichtsdestoweniger wird – auch vom BVerfG, vgl. BVerfGE v. 3.3.2004 – 1 BvF 3/92, BVerfGE 110, 33 (64 ff.) = NJW 2004, 2213 (2219) – Kritik an der gewählten Regelungstechnik mit ihren Verweisungen und Weiterverweisungen geäußert, wobei diese BVerfG-Entscheidung die Zulässigkeit der Überwachung des Brief-, Post- und Fernmeldeverkehrs im Zusammenhang mit §§ 39 ff. AWG a.F. zum Gegenstand hatte.
5 *Stree/Kinzig* in S/S, Vorbem. §§ 38 ff. StGB Rz. 40 ff.
6 BGH v. 15.11.2012 – 3 StR 295/12, wistra 2013, 153 = NZWiSt 2013, 113 mit krit. Anm. *Krell*; *Sternberg-Lieben/Schuster* in S/S, § 15 StGB Rz. 29.

dienen, sodass die Rechtsunkenntnis über die Sanktionsstrukturen des AWG für einen Exportunternehmer im Zweifel vermeidbar ist[1].

An den vorgenannten Grundsätzen verfassungsrechtlich zulässiger Rechtsgestaltung ändert sich auch nichts dadurch, dass der Blankettstraftatbestand durch einen **Rechtsakt der EG/EU** ausgefüllt wird. Zwar verfügt die EU insoweit über keine Befugnis zur Setzung kriminalstrafrechtlicher Normen. Allerdings ist der nationale Gesetzgeber als Gemeinschaftsmitglied verpflichtet, Verstöße gegen das Unionsrecht in ähnlicher Weise zu verfolgen wie vergleichbare Zuwiderhandlungen gegen nationales Recht. Die Bundesrepublik ist deshalb nicht nur berechtigt, sondern sogar verpflichtet, *unionsrechtsakzessorische Blankettstrafgesetze* zu schaffen[2]. Dass die EG/EU selbst keine Strafgesetzgebungskompetenz besitzt, stellt eine Blankettausfüllung durch ihre Rechtsakte nicht infrage. Da selbst Verfügungen oder Verwaltungsakte der Exekutive geeignet sind, Strafblankette auszufüllen, obwohl sie selbst keinerlei Rechtsetzungsbefugnis besitzt, kann für EG/EU-Rechtsakte kein anderer Maßstab gelten[3].

16

2. Behördliche Genehmigung

Im Außenwirtschaftsstrafrecht kommt der behördlichen Genehmigung eine zentrale Bedeutung zu[4], nachdem bei zahlreichen Exportverboten ein **präventives Verbot mit Erlaubnisvorbehalt** besteht. Eine Strafbarkeit setzt häufig ein Handeln ohne die erforderliche Genehmigung des BAFA voraus. Dass auch diese Verwaltungs*akts*akzessorietät, also die Abhängigkeit der Strafbarkeit von einem Verwaltungsakt, den Anforderungen des Art. 103 Abs. 2 GG genügt, wird überwiegend anerkannt[5]. Ernsthafte rechtliche Fragen stellen sich deshalb lediglich bei den Auswirkungen eines *fehlerhaften Verwaltungshandelns auf das Strafrecht*. Hier gilt Folgendes:

17

a) Grundsätzlich ist ein **Verwaltungsakt** – sei er begünstigend oder belastend – auch im Falle seiner Rechtswidrigkeit **wirksam**, bis er (ggf. mit Rückwirkung) verwaltungsrechtlich aufgehoben wird (vgl. § 48 VwVfG). Nachdem im Strafrecht jedoch solche Rückwirkungsfiktionen keine Geltung beanspruchen können, muss der Rechtsunterworfene eine zu Unrecht versagte Genehmigung oder ein zu Unrecht durch Verwaltungsakt verhängtes Verbot anerkennen und macht sich andernfalls wegen verbotenen oder ungenehmigten Verhaltens ggf. strafbar. Dies gilt selbst dann, wenn die Verbote im Nachhinein aufgehoben

18

---

1 Vgl. *Sternberg-Lieben/Schuster* in S/S, § 17 StGB Rz. 17.
2 *Hecker/Eser* in S/S, Vorbem. § 1 StGB Rz. 28.
3 Zweifelnd *Knierim/Oehmichen* in Volk, Verteidigung in Wirtschafts- und Steuerstrafsachen, § 27 Rz. 6. Zu den Auswirkungen der Rechtswidrigkeit von EG/EU-Rechtsakten auf die Strafbarkeit vgl. *Heine*, NStZ 2009, 428, wobei die Frage von deren Rechtswidrigkeit ausschließlich vom EuGH zu klären ist.
4 Zu den verschiedenen Arten der Genehmigung – Einzelakte, Allgemeinverfügungen, Sammelgenehmigungen – und den entsprechenden Formerfordernissen vgl. §§ 1 ff. AWV.
5 BVerfG v. 15.9.2011 – 1 BvR 519/10, NVwZ 2012, 504 (505).

oder die Genehmigung im Nachhinein erteilt wird[1]. Entsprechende Grundsätze gelten auch für begünstigende (rechtswidrige) Genehmigungsakte, sodass eine zu Unrecht erteilte rechtswidrige Genehmigung tatbestandliches (ungenehmigtes) Verhalten ausschließt[2].

19 Dieser Umstand ist bei bloßen rechtswidrigen Genehmigungen zu akzeptieren. In Fällen der Ausnutzung **rechtsmissbräuchlich** – durch Bestechung, Nötigung, Kollusion oder durch unzutreffende oder unvollständige Angaben – *erlangter Genehmigungen* erscheint dies aus strafrechtlicher Sicht inakzeptabel. Um diese Friktionen aufzulösen, hat der Gesetzgeber die ausdrückliche Regelung getroffen (vgl. §§ 17 Abs. 6, 18 Abs. 9 AWG), dass ein Handeln aufgrund einer durch Drohung, Bestechung oder Kollusion erwirkten oder durch unrichtige oder unvollständige Angaben erschlichenen Genehmigung einem *Handeln ohne Genehmigung gleichsteht*. Damit hat der Gesetzgeber in das AWG eine Regelung übernommen, die bereits seit Längerem als § 330d Abs. 1 Nr. 5 StGB für das gleichfalls verwaltungsakzessorische Umweltstrafrecht existiert (vgl. § 54 Rz. 133, 134).

20 b) Für die **Strafbarkeit** des **Genehmigungsbeamten** bei der BAFA gelten die für *Amtsträgerstrafbarkeit* im Umweltstrafrecht entwickelten Grundsätze entsprechend (vgl. dazu § 54 Rz. 307 ff.). Nachdem die Ausführereigenschaft kein Sonderdelikt begründet (vgl. Rz. 48), kommt deshalb eine Strafbarkeit des Amtsträgers bei Erteilung rechtswidriger Ausfuhrgenehmigungen in Betracht.

21 c) Wird eine Ausfuhr ohne die erforderliche Genehmigung vorgenommen, obwohl die vorgenommene Ausfuhr genehmigungsfähig war und genehmigt worden wäre (z.B. Export eines Rüstungsgutes an einen NATO-Verbündeten), ändert dies an einem tatbestandlichen ungenehmigten Verhalten nichts. Die bloße **Genehmigungsfähigkeit** schließt weder den Tatbestand aus noch stellt sie einen Rechtfertigungsgrund dar. Der Umstand der Genehmigungsfähigkeit kann deshalb lediglich bei der Sanktionsfolge Berücksichtigung finden und damit also ggf. – vor allem bei einem bloß fahrlässigen Verstoß – eine **Verfahrenseinstellung** gem. §§ 153, 153a StPO gebieten[3].

22 Bei einem Handeln in rechtlicher **Unkenntnis** eines *Genehmigungserfordernisses* geht jedenfalls ein Teil der Rechtsprechung (im Zweifel) von einem vermeidbaren und damit die Vorsatztat nicht infrage stellenden Verbotsirrtum und nicht von einem zur bloßen Fahrlässigkeitstat führenden Tatbestandsirrtum aus[4]. Allerdings findet sich auch eine differenzierte Sicht, wonach lediglich bei Tatbeständen, bei denen die Genehmigung ausnahmsweise bestehendes Unrecht ausschließt, bei fehlender Verbotskenntnis ein bloßer Verbotsirrtum vorläge, während bei Tatbeständen, die ein zunächst für sich genommen

---

1 Vgl. dazu näher *Lenckner/Sternberg-Lieben* in S/S, Vorbem. §§ 32 ff. StGB Rz. 62c.
2 Vgl. *Lenckner/Sternberg-Lieben* in S/S, Vorbem. §§ 32 ff. StGB Rz. 62a.
3 *Heine/Hecker* in S/S, Vorbem. §§ 324 ff. StGB Rz. 19 zum Meinungsstand.
4 Vgl. OLG Celle v. 8.4.1986 – 2 Ss (OWi) 33/96, NJW 1987, 1563; i.E. zust. *Sternberg-Lieben/Schuster* in S/S, § 17 StGB Rz. 12a.

nur unauffälliges Verhalten beschreiben, die fehlende Kenntnis eines Genehmigungserfordernisses einen Tatbestandsirrtum darstelle[1].

Einen *Sonderfall* verwaltungsrechtlicher Eingriffsbefugnisse stellen die in §§ 6, 7 AWG normierten **Einzeleingriffe** dar. Diese ermöglichen es der Bundesregierung, in „Eilfällen" ohne den Erlass einer förmlichen Rechtsverordnung als Ermächtigungsnorm mit einem Einzelakt Eingriffe vorzunehmen. Damit kann die Bundesregierung in Einzelfällen legales, aber sicherheits- oder außenpolitisch bedenkliches faktisches oder rechtliches Handeln beschränken oder untersagen, wenn die Zeit bis zum Erlass einer Rechtsverordnung nicht ausreichen würde, um der Gefährdung zu begegnen[2]. Die *Einzelanordnung entfällt*, wenn nicht innerhalb von sechs Monaten eine sie im Nachhinein legitimierende Rechtsverordnung erlassen wird. Verstöße gegen solche *„rechtsgrundlosen" Einzelakte* werden jedoch weder von § 17 AWG noch § 18 AWG als Straftaten erfasst. Verstöße können lediglich teilweise als Ordnungswidrigkeit geahndet werden (§ 19 Abs. 3 Nr. 2 AWG). 23

d) Für die Genehmigungserfordernisse beim Rüstungsexport gilt Folgendes: Die Kriegswaffenkontrolle ist – abgeleitet aus Art. 26 Abs. 2 GG (vgl. § 73 Rz. 1) – nationales Recht. Das Genehmigungserfordernis für den Umgang und insbesondere den Transport von Kriegswaffen (auch zum Zwecke der Ausfuhr) ergibt sich aus dem KWKG, wobei entsprechende Verstöße durch § 22a Abs. 1 KWKG sanktioniert werden (vgl. § 73 Rz. 90 ff.). Daneben wird aber auch durch das AWG die Verbringung bzw. Ausfuhr von Rüstungsgütern einem Verbot oder jedenfalls einer Genehmigungspflicht unterworfen und ein Verstoß gegen Genehmigungserfordernisse als Straftat oder Ordnungswidrigkeit geahndet. Der Rüstungsexporteur bedarf deshalb formal zweier **Genehmigungen**, nämlich einer nach dem **KWKG** und einer nach dem **AWG**. Für die KWKG-Genehmigung ist die Bundesregierung bzw. das jeweilige Ministerium zuständig; für die Genehmigung nach dem AWG das BAFA. Materiell-rechtlich präjudiziert die KWKG-Genehmigung das die Ausfuhrgenehmigung erteilende BAFA, sodass diesem nach Vorliegen der KWKG-Genehmigung kein Versagungsrecht für die AWG-Genehmigung mehr zukommt[3]. Erfolgt ein Rüstungsexport ohne Genehmigung, bedeutet dieser Befund jedoch spiegelbildlich, dass zwischen § 22a KWKG und § 18 AWG Idealkonkurrenz vorliegt[4]. 24

3. Einziehung und Verfall

§ 20 AWG erweitert die **Nebenfolgen** der Einziehung und des Verfalls gegenüber den allgemeinen Regelungen des StGB und OWiG (vgl. § 21 Rz. 71 ff.). 25

a) Zunächst handelt es sich um die bereits im StGB vorgesehene mögliche Erweiterung, nämlich um die in *§ 74a StGB* geregelte **erweiterte Voraussetzung** 26

---

1 Vgl. BGH v. 22.7.1993 – 4 StR 322/93, NStZ 1993, 594 (595) m. krit. Anm. *Puppe*; BGH v. 11.9.2002 – 1 StR 73/02, NStZ-RR 2003, 55 (56).
2 *Kollmann*, AW-Prax 2013, 267 (273).
3 Vgl. dazu *Simonsen* in Wolffgang/Simonsen, AWR-Komm. § 1 AWG a.F. Rz. 37.
4 OLG Düsseldorf v. 15.12.1983 – 1 WS 1053-1055/83, NStZ 1987, 565 (566); *Lampe* in Erbs/Kohlhaas, § 22a KWKG Rz. 29.

der **Einziehung** für den Fall, dass ein Gesetz auf diese Vorschrift Bezug nimmt. Diese Bezugnahme erfolgt durch § 20 Abs. 2 AWG für alle *Straftaten* (und nicht nur für die Qualifikationstatbestände) gem. §§ 17, 18 AWG. Eine entsprechende Regelung der erweiterten Einziehungsvoraussetzungen findet sich in § 23 OWiG, die dann Anwendung findet, wenn für einen Bußgeldtatbestand auf diese Vorschrift verwiesen wird. Dieser Hinweis erfolgt gleichfalls in § 20 Abs. 2 AWG für die *Bußgeldtatbestände* des § 19 AWG.

27 Die tatbestandlichen Voraussetzungen für die **erweiterte Einziehung** gem. § 74a StGB bzw. § 23 OWiG bestehen darin, dass – anders als bei den Grundtatbeständen des § 74 StGB bzw. § 22 OWiG – der einzuziehende Gegenstand nicht dem *Täter* oder *Teilnehmer* der Straftat bzw. dem *Betroffenen* des Bußgeldtatbestandes gehören muss, sondern die Einziehung auch gegenüber einem *Dritten* angeordnet werden kann, wenn dieser zumindest leichtfertig dazu beigetragen hat, dass sein Eigentum Gegenstand der Tat oder ihrer Vorbereitung war oder er das Einziehungsobjekt in Kenntnis der eine Einziehung begründenden Umstände in verwerflicher Weise erworben hat[1].

28 b) Die andere, gleichfalls nach allgemeinen Grundsätzen vorgesehene Erweiterung besteht in der Möglichkeit des **erweiterten Verfalls** gem. *§ 73d StGB*, wenn eine Vorschrift auf diese Nebenfolge verweist. Eine solche Verweisung ist durch § 20 Abs. 3 AWG für die selbständigen Qualifikationen der §§ 17, 18 AWG erfolgt, soweit die Qualifikation nicht auf einem Handeln für den Geheimdienst einer fremden Macht beruht, also für die Qualifikation der §§ 17 Abs. 2 Nr. 2, Abs. 3 (Rz. 49) und 18 Abs. 7 Nr. 2, Abs. 8 AWG (Rz. 60, 74, 80, 86, 98).

29 Der erweiterte Verfall geht **über den einfachen Verfall** gem. § 73 StGB insoweit **hinaus**, als zum einen die Verfallsobjekte (also die Tatbeute) nicht nachweislich aus der abgeurteilten Tat stammen müssen, sondern von einer beliebigen anderen rechtswidrigen Tat herrühren können, und zum anderen nicht festgestellt werden muss, dass der Verfallsgegenstand tatsächlich für oder aus einer rechtswidrigen Tat erlangt wurde, sondern die Umstände die Annahme eines solchen Sachverhalts gebieten[2].

30 c) Die eigentliche **Besonderheit** der Regelung des **§ 20 AWG** besteht jedoch in dessen Abs. 1. Danach werden als Einziehungsobjekte aus einer begangenen Straftat bzw. Ordnungswidrigkeit nach §§ 17, 18 und 19 AWG nicht nur die producta bzw. instrumenta sceleris (also dasjenige, was aus einer Straftat hervorgebracht oder für ihre Begehung genutzt wurde) eingezogen, sondern gem. § 20 Abs. 1 Nr. 1 AWG auch Gegenstände, „auf die sich die Straftat oder die Ordnungswidrigkeit bezieht". Das *Sich-Beziehen* ist gegenüber dem in § 74 StGB verwandten Merkmal des Hervorbringens weitergehend[3]. Eingezogen können danach auch – obwohl nicht aus der Straftat hervorgebracht – Waren

---

1 Wegen der Einzelheiten vgl. *Eser* in S/S, § 74a StGB Rz. 1 ff.; *Mitsch* in KK, § 23 OWiG Rz. 4 ff.
2 Vgl. dazu *Eser* in S/S, § 73d StGB Rz. 1; *Rönnau*, Vermögensabschöpfung in der Praxis, 2003, S. 9 f.
3 Vgl. dazu auch *Diemer* in Erbs/Kohlhaas, § 36 AWG, Rz. 2 (zur entsprechenden parallelen Fassung des § 36 AWG a.F.).

bzw. Güter, die Gegenstand eines verbotenen und gem. §§ 17, 18 bzw. 19 AWG strafbaren bzw. ahndbaren Exportgeschäfts waren.

Nachdem die Einziehung keine zwingende Maßnahme ist, sondern eine nach *pflichtgemäßem Ermessen* anzuordnende Nebenfolge, ist von dieser dann **Abstand zu nehmen**, wenn die Straftat bzw. Ordnungswidrigkeit nur darin besteht, dass bei einem Geschäft das Genehmigungsverfahren nicht eingehalten wurde, das Exportgeschäft jedoch *genehmigungsfähig* war. Denn das Verbotene ist hier nicht das Geschäft als solches, sondern die Art seiner Durchführung ohne förmliche Genehmigung. Mit der vergleichbaren Überlegung hat der BGH im Zusammenhang einer Verfallsanordnung aus einem solchen ohne Genehmigung durchgeführten, aber grundsätzlich genehmigungsfähigen Exportgeschäft den Verfall nicht in Höhe des aus diesem Geschäft erzielten Umsatzes angeordnet, sondern lediglich in Höhe der Kosten, die durch das nicht eingehaltene Genehmigungsverfahren erspart wurden[1]. 31

4. Zeitliche Geltung

Nachdem die Strafbestimmungen des novellierten AWG am 1.9.2013 in Kraft getreten sind, ist für Taten, die **nach Inkrafttreten** der Gesetzesänderung beendet wurden, nach den allgemeinen Grundsätzen für die zeitliche Geltung (§ 2 Abs. 2 StGB, § 4 Abs. 2 OWiG; § 3 Rz. 5 ff.) das AWG in seiner neuen Fassung anzuwenden[2]. 32

Waren die Taten hingegen bereits vor dem Inkrafttreten des novellierten AWG *beendet*, ist gem. § 2 Abs. 3 StGB, § 4 Abs. 3 OWiG das **mildeste Gesetz** anzuwenden. Nachdem durch die AWG-Novelle die Straf- und Bußgeldvorschriften im Vergleich zur alten Rechtslage teilweise verschärft, teilweise aber auch gemildert wurden, bleibt das alte Recht weiterhin – jedenfalls in Teilen als das mildere Gesetz – für vor der AWG-Novelle beendete Taten anwendbar[3]. Insofern wird auf die Ausführungen zu den §§ 33 ff. AWG a.F. in der Vorauflage[4] verwiesen. 33

Die die Straf- und Bußgeldtatbestände *ausfüllenden Normen* und Rechtsakte sind regelmäßig als **Zeitgesetze** zu qualifizieren mit der Folge, dass § 2 Abs. 4 StGB Anwendung findet (§ 3 Rz. 12 ff.). Dies bedeutet z.B., dass ein Verstoß gegen ein von der EG/EU verhängtes Embargo gem. § 18 Abs. 1 AWG zu bestrafen ist, auch wenn dieses Embargo vor Durchführung des Strafverfahrens bereits aufgehoben war[5]. 34

---

1 BGH v. 19.1.2012 – 3 StR 343/11, BGHSt 57, 79 (85 f.) = NJW 2012, 1159 (1160 f.) m. Anm. *Rönnau/Krezer*, NZWiSt 2012, 147.
2 Anschaulich zum Übergangsrecht BGH v. 24.7.2014 – 3 StR 314/13, NJW 2014, 3047 = ZWH 2014, 383.
3 *Knierim/Oehmichen* in Volk, MüAnwHdb. Wirtschafts- und Steuerstrafsachen, § 27 Rz. 51.
4 Voraufl., § 62 Rz. 139 ff.
5 Vgl. dazu im Einzelnen *Bieneck* in Bieneck, Hdb. AWR, § 25 Rz. 31 ff.

5. Auslandstaten

35 Sowohl § 17 Abs. 7 AWG als auch § 18 Abs. 10 AWG regeln *abweichend* vom *allgemeinen internationalen Strafrecht* der §§ 3 ff. StGB (§ 4 Rz. 1 ff.) ein weitgehendes **aktives Personalitätsprinzip** dahin gehend, dass unabhängig vom Tatortrecht auch für Taten, die von einem Deutschen begangen werden, die Strafvorschriften der §§ 17 und 18 AWG Anwendung finden. Denn nach den allgemeinen Grundsätzen findet deutsches Strafrecht auf von Deutschen begangenen Straftaten im Ausland nur dann Anwendung, wenn die Tat auch im Ausland strafbar ist, also eine doppelte Strafbarkeit vorliegt (§ 7 Abs. 2 Nr. 1 StGB). Die Frage nach dem Personalitätsprinzip stellt sich jedoch erst dann, wenn sich die Anwendung des deutschen Strafrechts nicht bereits aus dem Territorialitätsgrundsatz (§ 3 StGB, wonach deutsches Strafrecht für alle im Inland begangenen Taten gilt) oder durch sonstige Sonderregelungen (§ 5 StGB: Auslandstaten gegen deutsche Rechtsgüter, § 6 StGB: Auslandstaten gegen international geschützte Rechtsgüter) ergibt.

36 **a)** Eine Tat wird **dort** begangen, wo der **Täter** gehandelt hat bzw. im Falle eines Unterlassens hätte handeln müssen oder wo der zum Tatbestand gehörende Erfolg eingetreten ist oder hätte eintreten sollen (vgl. § 9 Abs. 1 StGB; s. § 4 Rz. 6). Dies bedeutet, dass i.d.R. die Exportstraftaten (z.B. durch Ausfuhr aus dem Inland ins Ausland) im Inland (als Handlungsort) begangen werden. Dagegen dürfte es wohl nicht ausreichen, dass der Täter bei im Übrigen im Ausland stattfindenden Handlungen eine erforderliche Genehmigung im Inland nicht eingeholt hat. Denn die unterlassene Einholung einer Genehmigung begründet kein Unterlassungsdelikt[1]. Erst wenn sich nach diesen Grundsätzen eine Anwendung deutschen Strafrechts nicht ergibt, kommen die Regelungen der **§§ 17 Abs. 7, 18 Abs. 10 AWG** zum Tragen. Dies gilt jedoch aufgrund deren eindeutigen Wortlauts nur für *täterschaftliches Handeln* und erweitert deshalb nicht die Anwendung deutschen Strafrechts für bloße Tatbeteiligungen (Anstiftung oder Beihilfe).

37 **b)** Für die **Teilnahme** eines *Deutschen* an einer von einem Ausländer *im Ausland* begangenen (und dort nicht strafbaren) Exportstraftat gilt für die Anwendung deutschen Strafrechts Folgendes:

Anders als das KWKG (vgl. § 73 Rz. 29 ff.) und – mit Einschränkungen – das ehemalige AWG (§ 34 Abs. 1 AWG a.F.) kennt das AWG 2013 *keinen Fördertatbestand*, der unter weitgehender Lockerung der Akzessorietät die Beihilfe zur selbständigen Haupttat ausgestaltet mit der Folge, dass eine Förderungshandlung eines Deutschen unbeschadet des Schicksals der Haupttat und deren Strafbarkeit im Ausland entweder nach dem Personalitätsprinzips oder nach dem Territorialitätsprinzip als täterschaftliches Handeln bestraft werden kann bzw. konnte; deshalb verbleibt es bei solchen Fördermaßnahmen bei einer bloßen Beteiligung. Für die bloße *Teilnahme* eines Deutschen sind jedoch die die Geltung deutschen Strafrechts erweiternden Regelungen in § 17 Abs. 7 AWG bzw. § 18 Abs. 10 AWG nicht anwendbar, nachdem diese nur an täterschaftli-

---

1 Vgl. *Bieneck*, Hdb. AWR, § 25 Rz. 48.

ches Handeln anknüpfen. Sie finden nach dem eindeutigen Wortlaut nur Anwendung, wenn ein Deutscher Täter und nicht lediglich z.B. Gehilfe ist.

Eine Anwendung deutschen Strafrechts für den **Gehilfen** kommt deshalb nur nach der *allgemeinen Regelung* des **§ 9 Abs. 2 S. 2 StGB** in Betracht. Dies bedeutet, dass der deutsche Teilnehmer an einer Auslandstat nur dann strafbar ist, wenn seine Teilnahme i.S. des § 9 Abs. 1 S. 1 StGB im Inland begangen wurde[1].

38

B. Straftatbestände

Mit der AWG-Novelle 2013 ging eine wesentliche **Umgestaltung** der Sanktionsvorschriften einher. Die ursprünglich in § 34 AWG a.F. geregelten Straftaten finden sich nunmehr in §§ 17 und 18 AWG n.F.:

39

– § 17 AWG betrifft als Verbrechenstatbestand vorsätzliche oder leichtfertige *Verstöße gegen Waffenembargos*;
– § 18 AWG sanktioniert *sonstige* strafwürdige vorsätzliche *Verstöße* gegen das Außenwirtschaftsrecht als Vergehen.

Beide Strafnormen sind als *Blankett-Straftatbestände* (Rz. 12 ff.) ausgestaltet, die entweder durch Rechtsakte der EG/EU oder des nationalen Verordnungsgebers oder durch Einzelakte der Exekutive ausgefüllt werden.

I. Kriegswaffen-Embargoverstöße

1. Objektiver und subjektiver Tatbestand

a) Als (objektive) **Tathandlung** des § 17 AWG wird die Zuwiderhandlung gegen eine Rechtsverordnung nach § 4 Abs. 1 AWG, die der Durchführung von *Embargos* des Sicherheitsrates der UN oder des Rates der EU dient, oder gegen einen auf einer solchen Rechtsverordnung beruhenden vollziehbaren Verwaltungsakt erfasst, wenn sich die Verordnung auf **Kriegswaffen** (Teil I Abschn. A der Ausfuhrliste) bezieht (*Kriegswaffen-Embargoverstoß*). Die entsprechenden Regelungen durch Rechtsverordnungen werden in den §§ 74 ff. AWV getroffen. Dabei geht es überwiegend um Ausfuhrverbote für Kriegswaffen in eine Vielzahl von Staaten, wie z.B. Birma, Elfenbeinküste, Nordkorea, Irak, Iran, Libanon, Libyen, Simbabwe, Sambia, Syrien (§ 74 AWV), sowie um das Verbot von Handels- und Vermittlungsgeschäften für Kriegswaffen, die für diese Länder bestimmt sind (§ 75 AWV). Während zwischen den Verkaufs- und Ausfuhrverboten des § 74 AWV Idealkonkurrenz (§ 52 StGB) besteht, tritt das Handels- und Vermittlungsverbot des § 75 AWV hinter dem spezielleren Verkaufsverbot des § 74 AWV zurück[2]. In § 76 AWV werden Genehmigungsvorbehalte für Ausfuhr- und Vermittlungsgeschäfte geregelt, die sich auf nichtletale militärische Güter oder Schutzkleidung für gewisse Staaten beziehen.

40

---

1 Vgl. dazu *Werle/Jeßberger* in LK, § 9 StGB Rz. 47 ff.
2 BGH v. 24.7.2014 – 3 StR 314/13, NJW 2014, 3047 (3047 f.) = ZWH 2014, 383 (385).

41 Der im Gesetz verwandte Begriff einer **wirtschaftlichen Sanktionsmaßnahme** ist weitgehend synonym mit dem Begriff des Embargos und dem bei EU-Maßnahmen gebrauchten Begriff der „restriktiven Maßnahme"[1]. Soweit auf *EU-Maßnahmen* Bezug genommen wird, kann es sich um Maßnahmen handeln, die in Umsetzung einer Sanktion des *UN-Sicherheitsrats* erfolgen oder von diesem unabhängig verhängt wurden oder über dessen Sanktion hinausgehen[2]. Aufgrund der Kompetenzverteilung (Art. 215 AEUV) sind nationale Embargos nicht mehr zulässig[3]. Dem nationalen Gesetzgeber kommt nur noch die Befugnis zu, die Sanktionsnorm für den Fall eines Embargoverstoßes zu regeln, was nun in § 17 AWG erfolgt ist.

Soweit die AWV nationale *embargo-ähnliche Beschränkung* regelt, sind diese auf deutsches Staatsgebiet, deutsche Schiffe oder Luftfahrzeuge beschränkt; sie werden gleichfalls in der AWV geregelt (vgl. §§ 74 ff. AWV)[4], werden aber (nur) in § 18 Abs. 2 AWG sanktioniert (Rz. 62 ff.).

42 **b)** Auf der **subjektiven Seite** verlangt § 17 Abs. 1 AWG **Vorsatz** (wobei Eventualvorsatz genügt). Rechtsunkenntnis oder *Rechtsirrtum* (auch bezogen auf die blankettausfüllende Bestimmung) stellt den Vorsatz nicht infrage.

Bei **leichtfertigem** Handeln sieht das Gesetz in § 17 Abs. 5 AWG – anders als bei § 18 AWG – gleichfalls eine Strafbarkeit vor. Als leichtfertig wird – ähnlich der groben Fahrlässigkeit im Zivilrecht – ein wesentlich gesteigertes Maß der Fahrlässigkeit qualifiziert[5]. Speziell bei wirtschaftlicher Betätigung lässt sich ein leichtfertiges Handeln u.a. dann annehmen, wenn der Täter eine ihm obliegende Prüfungs-, Erkundigungs-, Informations- oder Aufsichtspflicht gröblich verletzt oder sich gleichgültig oder grob unachtsam verhält[6]. *Einfache Fahrlässigkeit* ist demgegenüber nicht strafbar, weil der Gesetzgeber bloße „Arbeitsfehler" nicht kriminalisieren wollte[7]. Diesem Argument ist zuzustimmen. Ein Widerspruch liegt jedoch darin, dass bei den „gewichtigeren" Verstößen gem. § 17 AWG einfache Fahrlässigkeit nicht einmal als Ordnungswidrigkeit verfolgt werden kann, während bei dem als Vorsatztat lediglich als Vergehen ausgestalteten § 18 AWG nicht nur die Leichtfertigkeit, sondern auch die einfache Fahrlässigkeit als Ordnungswidrigkeit verfolgt wird (§ 19 Abs. 1 AWG)[8].

---

1 Vgl. dazu näher *Niestedt* in Krenzler/Herrmann, EU-Außenwirtschafts- und ZollR, Kap. 50 (Sanktionen) Rz. 1 f.
2 Vgl. dazu *Niestedt* in Krenzler/Herrmann, EU-Außenwirtschafts- und ZollR, Kap. 50 (Sanktionen) Rz. 26.
3 *Niestedt* in Krenzler/Herrmann, EU-Außenwirtschafts- und ZollR, Kap. 50 (Sanktionen) Rz. 53.
4 *Niestedt* in Krenzler/Herrmann, EU-Außenwirtschafts- und ZollR, Kap. 50 (Sanktionen) Rz. 58.
5 *Sternberg-Lieben/Schuster* in S/S, § 15 StGB Rz. 205.
6 BGH v. 13.12.2012 – 5 StR 542/12, NStZ 2013, 406; BGH v. 20.5.2010 – 5 StR 138/10, NStZ-RR 2010, 311 (312).
7 *Kollmann*, AW-Prax 2013, 267 (278).
8 *Alexander/Winkelbauer*, ZWH 2013, 341 (345 f.); *Oehmichen*, NZWiSt 2013, 339 (342, 344).

2. Rechtswidrigkeit

Als **Rechtfertigung** kommt – ähnlich den Grundsätzen im Umweltstrafrecht (vgl. dazu § 54 Rz. 142 ff. [Duldung] bzw. § 54 Rz. 151, 152 [Notstand]) – die *behördliche Duldung* oder der *Notstand* in Betracht, während eine *behördliche Genehmigung* bereits den Tatbestand ausschließt. Dies gilt allerdings nicht für die sog. *Negativbescheinigung* bzw. für eine *Auskunft zur Güterliste* durch das BAFA[1]. Erteilt der zuständige Mitarbeiter beim BAFA hier eine rechtlich unzutreffende (falsche) Auskunft und wird deshalb eine Ware ohne Genehmigung ausgeführt, führt dies weder zum Tatbestandsausschluss noch zur Rechtfertigung, sondern stellt für den Ausführer regelmäßig einen *un*vermeidbaren Verbotsirrtum dar (zur Strafbarkeit des Genehmigungsbeamten vgl. Rz. 20). 43

a) Sollte das BAFA einen Genehmigungsantrag weder positiv bescheiden noch einen förmlichen „Negativentscheid" erteilen, sondern erklären, gegen eine Ausfuhr oder Verbringung einer bestimmten Ware nicht einschreiten zu wollen, wäre dies als *rechtfertigende* **Duldung**[2] (s. § 54 Rz. 142 ff.) des Vorgangs zu qualifizieren. Eine solche Rechtfertigung käme allerdings dann nicht in Betracht, wenn die Duldung durch rechtsmissbräuchliches Verhalten (vgl. Rz. 19) erlangt worden wäre. 44

b) Als Rechtfertigungsgrund kommt des Weiteren der **Notstand** gem. § 34 StGB in Betracht. Denkbar sind klassische Notstandssituationen, für die die allgemeinen zu *§ 34 StGB* bekannten Grundsätze gelten: 45

Eine von einem Totalembargo betroffene Terrororganisation hat einen Mitarbeiter eines Unternehmens als Geisel genommen und droht mit dessen Ermordung, falls das Unternehmen der Terrorgruppe nicht ein von einem Embargo erfasstes Wirtschaftsgut zur Verfügung stellt oder ein Lösegeld bezahlt.

Wenn in diesem Fall das Unternehmen dieser Forderung entspricht, sind die Entscheidungsträger des Unternehmens nach allgemeinen Grundsätzen gerechtfertigt, da das Interesse, die aktuell drohende Ermordung eines Menschen zu verhindern, höher wiegt als die mit dem Embargo verfolgte staatliche Interessenlage, eine Terroreinrichtung nicht mit finanziellen Mitteln oder verbotenen Gütern zu versorgen.

Eine andere, schwerer zu beantwortende Frage geht dahin, ob eine **wirtschaftliche Notsituation** einen Embargobruch rechtfertigt. Folgendes Beispiel aus der Zeit des Jugoslawien-Embargos mag die Problematik zeigen: 46

Ein deutsches Modeunternehmen hat seine gesamte Kollektion im damaligen Jugoslawien fertigen lassen. Als die Kollektion nahezu fertiggestellt war und vom jugoslawischen Hersteller hätte ausgeliefert werden sollen, trat ein Totalembargo in Kraft, das jede Einfuhr von Gütern aus Jugoslawien und jede Zahlung an jugoslawische Stellen verboten hat. Ohne Embargoverstoß hätte das Unternehmen die großenteils bereits angezahlte Ware nicht erhalten und seine Kunden nicht beliefern können. Das Unternehmen wäre mit höchster Wahrscheinlichkeit zahlungsunfähig geworden und hätte Konkurs anmelden müssen. Zwar hätte das Unternehmen seinen Kunden keinen Schadensersatz wegen

---

1 Vgl. dazu *Knierim/Oehmichen* in Volk, Verteidigung in Wirtschafts- und Steuerstrafsachen, § 27 Rz. 44.
2 Vgl. auch *Lenckner/Sternberg-Lieben* in S/S, Vorbem. §§ 32 ff. StGB Rz. 62d m.w.Nw.

Nichterfüllung geschuldet, weil Embargos als höhere Gewalt zu qualifizieren und deshalb nicht zu vertreten sind[1], jedoch wegen des nicht erfüllten Vertrages keinen Kaufpreisanspruch besessen. Ein Ersatzanspruch gegen die öffentliche Gewalt (z.B. EU) wegen der Anordnung des Embargos besteht bei rechtmäßigen Maßnahmen grundsätzlich nicht. Lediglich bei rechtswidrigen Maßnahmen dürfte eine Haftung der Union aus Art. 340 Abs. 2 AEUV in Betracht kommen[2].

47 Hier stellt sich die Frage, ob die **Interessenlagen** des Unternehmens, nämlich die seiner Mitarbeiter am Erhalt der Arbeitsplätze und seiner Inhaber am Erhalt ihres Vermögens, die öffentlichen Embargo-Interessen überwiegen oder nicht.

Eine scheinbar ähnliche Situation wird im Umweltstrafrecht diskutiert, wenn es um die fehlenden finanziellen Möglichkeiten eines Unternehmens geht, Umweltstandards einzuhalten. Dort wird das Vorliegen eines Notstandes gemeinhin (und auch zutreffend) verneint (vgl. § 54 Rz. 151 f.). In diesen Fällen war dem Unternehmensleiter die Situation um das Erfordernis der Einhaltung von umweltrechtlichen Standards bekannt und kein Unternehmen kann für sich in Anspruch nehmen, – letztlich zulasten der Mitbewerber und zulasten der Umwelt – billiger produzieren zu dürfen und gerechtfertigt Umweltstraftaten zu begehen, um sich am Markt zu halten.

Demgegenüber ist die Notstandssituation bei **überraschend angeordneten Embargos** für das Unternehmen völlig *anders* gelagert. Hier konnte das Unternehmen sich auf ein Embargo nicht einstellen und auch nicht im Vorfeld anders disponieren. Eine Notstandssituation ist deshalb nicht von vornherein abzulehnen; vielmehr ist für den jeweiligen Einzelfall die gem. § 34 StGB gebotene Interessenabwägung vorzunehmen. Die Übernahme der Modekollektion aus einem Embargo-Land gegen Zahlung eines Restkaufpreises führt selbstverständlich zu einer anderen Beurteilung als die Auslieferung von bestellten Kampfpanzern, nachdem der Besteller zum Krisenstaat wurde und die Ausfuhr von Kriegsgerät verboten wurde.

3. Beteiligung, Qualifikationen und Versuch

48 **a)** Grundsätzlich ist § 17 Abs. 1 AWG – vorbehaltlich der Ausgestaltung der Ausfüllungsnormen – **kein Sonderdelikt**, sondern ein von *jedermann* (der die Merkmale der Ausfüllungsnorm erfüllt) begehbarer Tatbestand (§ 22 Rz. 1 ff.). Zwar bezeichnet § 3 Abs. 2 AWG den „*Ausführer*" als die Person, die zum Zeitpunkt der Ausfuhr Vertragspartner des Empfängers in einem Drittland ist und über die Lieferung von Waren aus dem Inland in ein Drittland bestimmt; dies führt jedoch nicht dazu, dass im Bereich des Exportstrafrechts nur diejenigen (bzw. deren Vertreter und Beauftragte gem. § 14 StGB; § 30 Rz. 74 ff.) Täter sein können, die das Ausfuhrgeschäft rechtlich und wirtschaftlich betreiben und die jeweils erforderliche Genehmigung besitzen müssen. Vielmehr gilt ein materieller Ausführerbegriff; danach ist Ausführer derjenige, der die Ausfuhr vornimmt, ohne dass jedoch Eigenhändigkeit vorliegen muss. Dies kann auch ein Mitarbeiter im exportierenden Unternehmen sein, auch wenn er nicht die Kriterien des § 14 StGB erfüllt; es genügt, wenn er über die für das Verbotensein

---

[1] Vgl. *Niestedt* in Krenzler/Herrmann, EU-Außenwirtschafts- und ZollR, Kap. 50 Rz. 91.
[2] Vgl. *Niestedt* in Krenzler/Herrmann, EU-Außenwirtschafts- und ZollR, Kap. 50 Rz. 82.

begründenden Umstände Kenntnis besitzt[1]. Für die Abgrenzung von Täterschaft und Beteiligung gelten die allgemeinen Grundsätze (oben § 19).

b) Wegen der **Qualifikationsmerkmale** des § 17 **Abs. 2 Nr. 1** AWG – Handeln für den *„Geheimdienst einer fremden Macht"* – kann auf § 99 Abs. 1 StGB und die dortigen Kommentierungen verwiesen werden[2]. Die Qualifikation des **Abs. 2 Nr. 2** als eines – alternativ – *gewerbsmäßigen oder bandenmäßigen* Handelns ist im Wirtschaftsstrafrecht gängig (vgl. § 22 Rz. 66 f.; § 9 Rz. 2) und findet sich etwa bei Untreue oder Betrug[3]. Die Qualifikation des **Abs. 3** unterscheidet sich von Abs. 2 Nr. 2 dadurch, dass hier bandenmäßiges *und* gewerbsmäßiges Handeln *kumulativ* vorliegen muss. Diese kumulative Qualifikation ist zwar gegenüber der bisherigen Fassung des AWG (§ 34 Abs. 6 Nr. 2 AWG a.F.) neu; im StGB findet sie jedoch verbreitet (z.B. bei § 263 Abs. 5 StGB) Anwendung[4]. 49

c) Da es sich bei sämtlichen Tatbeständen des § 17 AWG um *Verbrechen* i.S. des § 12 Abs. 1, 3 StGB handelt, ist immer **Versuchsstrafbarkeit** gem. § 23 Abs. 1 StGB gegeben. Beim Ausfuhrdelikt liegt Versuch dann vor, wenn der Täter die Ware nach seinem Transportplan endgültig auf den Weg gebracht hat. Dies ist der Fall, wenn der Täter die Ware auf einem Fahrzeug verstaut hat, um sie demnächst ungenehmigt über die Grenze zu bringen oder aber um sie von dort aus auf ein Frachtschiff zum Zwecke der Ausfuhr zu verladen[5]. 50

4. Rechtsfolgen und Strafzumessung

Der *Grundtatbestand* des § 17 Abs. 1 AWG erfasst den **vorsätzlichen** Kriegswaffenembargo-Verstoß mit einer Strafdrohung von **einem Jahr bis zu zehn Jahren** und stellt somit einen Verbrechenstatbestand i.S. des § 12 Abs. 1 StGB dar. Die *Qualifikationstatbestände* des § 17 Abs. 2 und Abs. 3 AWG sind nicht bloße Strafzumessungsregeln, sondern eigenständige Qualifikationen und ihrerseits – angesichts der Strafandrohung – gleichfalls Verbrechenstatbestände. In *Abs. 2* wird gegenüber dem Grundtatbestand des § 17 Abs. 1 AWG das dort geltende Höchststrafmaß von zehn Jahren ersetzt durch das gesetzlich zulässige Höchstmaß einer zeitigen Freiheitsstrafe von **15 Jahren** (vgl. § 38 Abs. 2 StGB). Bei der Qualifikation in *Abs. 3* wird zusätzlich das Mindestmaß einer Freiheitsstrafe auf **zwei Jahre** erhöht. § 17 Abs. 4 AWG regelt als Strafzumessungserwägung *minder schwere Fälle* mit einer Strafdrohung von drei Monaten bis zu fünf Jahren, ohne dass damit der Verbrechenstatbestand infrage gestellt würde (§ 12 Abs. 3 StGB). 51

Leichtfertiges Handeln wird vom Vergehenstatbestand des § 17 Abs. 5 AWG mit Freiheitsstrafe **bis zu drei Jahren** oder Geldstrafe geahndet.

---

1 BGH v. 20.8.1992 – 1 StR 229/92, NJW 1992, 3114; *Bieneck* in Bieneck, Hdb. AWR, § 24 Rz. 3; *Diener* in Erbs/Kohlhaas, § 34 AWG Rz. 6 m.w.Nw.
2 Vgl. etwa *Sternberg-Lieben* in S/S, § 99 StGB Rz. 4 f.
3 Vgl. dazu etwa *Perron* in S/S, § 263 StGB Rz. 188a.
4 Vgl. dazu *Perron* in S/S, § 263 StGB Rz. 188a.
5 BGH v. 24.7.2014 – 3 StR 314/13, wistra 2014, 446 (449) = ZWH 2014, 383 (386).

II. Sonstige Außenwirtschaftsstraftaten

52 § 18 AWG erfasst alle strafwürdigen Verstöße sowohl gegen europäisches als auch nationales Außenwirtschaftsrecht, soweit diese nicht schon durch § 17 AWG (Rz. 40 ff.) erfasst sind. Er ist damit ein **Auffangtatbestand**. Der Gesetzgeber erachtet die Verstöße gegen diese Interessen des Außenwirtschaftsrechts als weniger gewichtig als die Zuwiderhandlungen gegen die durch das Kriegswaffenembargo geschützten Interessen. Deshalb ist der Tatbestand insgesamt als bloßes **Vergehen** ausgestaltet mit einer Strafandrohung mit Freiheitsstrafe von drei Monaten bis fünf Jahren. Damit ist im Hinblick auf die Vermeidung kurzfristiger Freiheitsstrafen unter sechs Monaten (§ 47 Abs. 2 StGB) bei § 18 Abs. 1 AWG auch die Möglichkeit der Verhängung einer Geldstrafe eröffnet.

1. Verstöße gegen EU-Embargos

53 a) § 18 Abs. 1 AWG tritt an die Stelle von § 34 Abs. 4 Nr. 2 und 3 AWG a.F. Erfasst werden damit vom **objektiven Tatbestand** Verstöße gegen Verbote (Nr. 1) bzw. Verstöße gegen Genehmigungspflichten (Nr. 2) bei **Embargos** der **EG** bzw. **EU**, die als außenwirtschaftliche Sanktionsmaßnahmen der gemeinsamen Außen- und Sicherheitspolitik der EU dienen sollen. Diese Rechtsakte – meist in Gestalt einer EU-Verordnung (§ 6 Rz. 49 f.) – besitzen *unmittelbare Wirkung* als blankettausfüllende Norm durch ihre Veröffentlichungen im *Amtsblatt* der EG bzw. EU, ohne dass es eines nationalen Umsetzungsaktes bedürfte. Angesichts dieser Zielsetzung der Strafsanktion handelt es sich hierbei um eine klassische Blankettstrafnorm, deren sanktionierte Verhaltenspflichten sich nicht aus dem (Blankett-) Straftatbestand ergeben, sondern erst aus dem die Strafnorm ausfüllenden EU/EG-Rechtsakt. Die Strafvorschrift als solche besagt lediglich, dass die sanktionierten Verstöße

- (Nr. 1) entweder gegen ein Ausfuhr-, Einfuhr-, Durchfuhr-, Verbringungs-, Verkaufs- usw. Verbot oder gegen ein Verfügungsverbot über eingefrorene Gelder oder sonstige wirtschaftliche Ressourcen gerichtet sein müssen bzw.
- (Nr. 2) in einem Verstoß gegen die Genehmigungspflicht im Zusammenhang mit solchen Handlungen bestehen müssen und die jeweiligen Rechtsakte wirtschaftliche Sanktionsmaßnahmen in Verfolgung der gemeinsamen Außen- und Sicherheitspolitik sind.

Im Unterschied zu § 17 AWG handelt es sich hierbei nicht um Waffenembargos, sondern es kann um *reine Wirtschaftsembargos* gehen. Herausragende Beispiele für solche Embargos[1] sind die sog. Al-Qaida-Netzwerk-VO[2], das Syrien-Embargo[3] oder – aktuell – das Embargo angesichts der Lage in der Ukraine[4].

54 Die **Tathandlungen** bestehen in *Nr. 1* im Verstoß gegen ein *Ausfuhrverbot* usw. (Buchst. a) bzw. gegen ein Verfügungsverbot über eingefrorene Gelder und wirtschaftliche Ressourcen (Buchst. b) und in *Nr. 2* im Verstoß gegen eine *Geneh-*

---

1 Vgl. *Hocke/Friedrich*, AußenwirtschaftsR, Ordner 2, Fach „Embargo".
2 VO (EG) Nr. 881/2002.
3 VO (EU) Nr. 529/2012.
4 Beschluss (EU) v. 5.3.2014.

migungspflicht für solche Handlungen, soweit sich die Verbote und Genehmigungspflichten aus dem EU/EG-Rechtsakt ergeben.

Angesichts dieser **umfänglichen Tatbestandsbeschreibung** (Ausfuhr, Einfuhr, Durchfuhr, Verbringung, Verkauf, Erwerb, Lieferung, Bereitstellung, Weitergabe, Dienstleistung, Investition) konnte auf das im alten Recht geregelte zusätzliche Merkmal der *Umgehungshandlung* (§ 34 Abs. 4 Nr. 2 AWG a.F.) *verzichtet* werden, zumal ein solches Tatbestandsmerkmal aus Gründen der Gesetzesbestimmtheit und des Analogieverbotes zweifelhaft anmutet.

b) Der **subjektive Tatbestand** setzt *vorsätzliches* Handeln voraus. Bei *fahrlässigen* Verstößen sieht § 19 Abs. 1 AWG eine Ordnungswidrigkeit vor. Auch hier gilt, dass mangelnde Rechtskenntnis über die Verbote bzw. die Genehmigungspflicht den Vorsatz unberührt lässt und lediglich einen Verbotsirrtum begründen kann.

c) Als **Rechtfertigungsgründe** kommen – entsprechend den Ausführungen zu § 17 AWG (Rz. 43 ff.) – auch hier der rechtfertigende *Notstand* oder (allerdings nur bei Nr. 2) die *behördliche Duldung* in Betracht. Dagegen schließt (bei Nr. 2) eine Genehmigung auch hier bereits den Tatbestand aus, soweit kein Missbrauchsfall vorliegt (§ 18 Abs. 9 AWG).

d) Sowohl § 18 Abs. 1 AWG als auch dessen selbständige Qualifikationen stellen – von **jedermann** begehbare – Allgemeindelikte dar. Daran kann sich auch jedermann durch Anstiftung oder Beihilfe *beteiligen*. Die Beihilfe (§ 27 StGB) erfasst insbesondere auch das frühere Unterstützungsverbot (§ 34 Abs. 4 Nr. 2 AWG a.F.).

e) Ein – wohl – Novum der Gesetzgebung findet sich in dem **persönlichen Strafaufhebungsgrund** (§ 17 Rz. 46 f.) des *§ 18 Abs. 11 AWG* für den Fall, dass zwischen der Veröffentlichung des Verbots im Amtsblatt der EU/EG und dem Verstoß weniger als *zwei Werktage* vergangen sind und der Täter keine Kenntnis vom Rechtsakt besaß. Zwar ist ein solcher Strafaufhebungsgrund dogmatisch nicht plausibel, wenngleich ihm eine gewisse Praktikabilität nicht abgesprochen werden kann. Der Sache nach handelt es sich bei diesem Strafaufhebungsgrund um einen *vermuteten unvermeidbaren Verbotsirrtum*, nachdem der Gesetzgeber der Wirtschaft eine solche Frist zubilligt, um auf neue Verbotsbestimmungen reagieren zu können[1].

Soweit teilweise in der *Literatur* kritisiert wird, die Frist sei bei weitem zu kurz bemessen und die Schonfrist „müsste mindestens 14 Tage ausmachen"[2], ist diese Argumentation wenig überzeugend. Denn auch sonst ist bislang niemand auf die Idee gekommen, bei Strafgesetzen, die am Tag ihrer Verkündung in Kraft treten, eine Regelung zu schaffen mit dem Inhalt, dass innerhalb einer gewissen Schonfrist ein Strafgesetz mangels Kenntniserwartung bei den Rechtsunterworfenen keine Strafbarkeit begründen könne. Fragen dieser Art regelt der Verbotsirrtum (§ 17 StGB). Deshalb gilt auch hier, dass mit dieser Regelung ein möglicher (unvermeidbarer) Verbotsirrtum nicht abgeschnitten ist, wenn dem Bürger die Norm über diesen Zwei-Tages-Zeitraum hinaus unbe-

---

1 Vgl. *Alexander/Winkelbauer*, ZWH 2013, 341 (344).
2 *Hohmann*, AW-Prax 2013, 3 (6); *Hohmann*, ExportManager, 8/2012, 19 (20 f.).

kannt geblieben ist. Denn wenn der Gesetzgeber selbst eine Kenntnisnahme- bzw. Umsetzungsfrist vorsieht, kann die Berufung auf eine Unkenntnis nicht versagt werden, nur weil der Bürger bis zur Kenntniserlangung die gesetzliche Zwei-Tages-Frist z.B. um einige Stunden überschritten hat.

60 f) Tatbestandsumschreibungen und Strafandrohungen der **Qualifikationen** des *§ 18 Abs. 7 und 8* AWG zum Grundtatbestand des § 18 Abs. 1 AWG entsprechen inhaltlich weitestgehend denen des § 17 Abs. 2 und 3 AWG (Rz. 49). Hinzu kommt mit § 18 Abs. 7 Nr. 3 AWG noch die Qualifikation für Handlungen nach § 18 Abs. 1 AWG, die sich auf die Entwicklung, Herstellung, Wartung oder Lagerung von *Flugkörpern für ABC-Waffen* beziehen.

61 Die Bedeutung der Qualifikationen ist – gegenüber § 17 AWG – für § 18 AWG jedoch einschneidender, weil mit Verwirklichung eines Qualifikationstatbestands der Vergehenstatbestand des Abs. 1 zum **Verbrechen** hochgestuft wird. In materiell-rechtlicher Hinsicht hat dies die Folge der „automatischen" Versuchsstrafbarkeit und der Anwendbarkeit des § 30 StGB (Strafbarkeit der versuchten Beteiligung und Verbrechensverabredung). Auf prozessualer Ebene bewirkt dies den Ausschluss einer Verfahrenseinstellung gem. §§ 153, 153a StPO sowie des Strafbefehlsverfahrens (§ 407 Abs. 1 S. 1 StPO).

2. Verstöße gegen die Außenwirtschaftsverordnung

62 **§ 18 Abs. 2 AWG** sanktioniert **nationale Einschränkungen** der Außenwirtschaftsfreiheit und stellt die *Sanktionsnorm* bei entsprechenden Verstößen gegen die *Außenwirtschaftsverordnung (AWV)* dar. Es handelt sich um eine Blankettstrafnorm, die durch die Bestimmungen der AWV als Rechtsverordnung ausgefüllt wird.

63 a) Die **objektiven Tathandlungen** bestehen in *sieben Begehungsalternativen*:

64 **Ziffer 1** erfasst die **genehmigungslose Ausfuhr** von Gütern in Teil 1 Abschn. A und B der Ausfuhrliste (§ 8 Abs. 1 AWV) sowie von Gütern, die zwar nicht in der Ausfuhrliste und auch nicht im Anhang der Dual-Use-VO enthalten sind, bei denen der Ausführer jedoch vom BAFA darüber unterrichtet wurde, dass die Güter ganz oder teilweise für die Errichtung oder den Betrieb einer kerntechnischen Anlage bestimmt sind oder bestimmt sein können und Bestimmungsland Algerien, Irak, Iran, Israel, Jordanien, Libyen, Nordkorea, Pakistan oder Syrien ist (§ 9 Abs. 1 AWV) oder es sich um Ausrüstung für die Herstellung von Banknoten oder -papier handelt, die nach Nordkorea ausgeführt werden soll (§ 78 AWV).

65 **Ziffer 2** betrifft die **Ausfuhr** von Gütern, bei denen dem Ausführer bekannt ist, dass diese für eine kerntechnische Anlage bestimmt sind oder bestimmt sein können, die er in die Länder Algerien usw. exportieren will, und das von ihm hierüber unterrichtete BAFA hierfür keine Genehmigung erteilt oder aber auch nicht entschieden hat, dass es keiner Genehmigung bedarf. Zwar ist die Meldeverpflichtung des § 9 Abs. 2 S. 1 AWV nicht sanktionsbewehrt. Nichtsdestoweniger macht sich der Ausführer strafbar, wenn er die Meldung unterlässt und das BAFA deshalb nicht über die Erforderlichkeit einer Genehmigung entscheiden oder eine Genehmigung versagen kann.

Ziffer 3 erfasst das **unerlaubte Verbringen**, also die Lieferung aus dem Inland in das übrige Zollgebiet der EU (vgl. § 2 Abs. 21 AWG), von Gütern in Teil 1 Abschn. A der Ausfuhrliste, mithin von Kriegswaffen.

Ziffer 4 betrifft das Betreiben von **Handels- und Vermittlungsgeschäften** über Kriegswaffen, wenn sich diese Güter in einem Drittland befinden oder im Inland noch nicht einfuhrrechtlich abgefertigt sind oder in ein anderes Drittland geliefert werden sollen (§ 46 Abs. 1 AWV). Dies gilt auch dann, wenn die Handels- und Vermittlungsgeschäfte in einem Drittland durch einen Deutschen mit gewöhnlichem Aufenthaltsort oder Wohnsitz im Inland vorgenommen werden, falls es sich um spezielle Kriegswaffen handelt. Erfasst werden darüber hinaus Handels- und Vermittlungsgeschäfte über Dual-Use-Güter gem. Anhang I zur Dual-Use-VO.

Ziffer 5 erfasst **Handels- und Vermittlungsgeschäfte** eines Deutschen mit Wohnsitz oder Aufenthaltsort im Inland bei Geschäften in einem Drittland über Güter, die sich in einem Drittland oder noch nicht abgefertigt im Inland befinden und in ein anderes Drittland weiter geliefert werden sollen, wenn dieser weiß, dass es sich um Dual-Use-Güter handelt, die bestimmt sind oder bestimmt sein können zur Entwicklung oder Herstellung usw. von ABC-Waffen. Diese den Vermittler treffende Mitteilungspflicht an das BAFA ist zwar auch hier nicht unmittelbar sanktionsbewehrt. Wenn er jedoch ohne eine solche vorherige Mitteilung und daraufhin erteilte Genehmigung das Vermittlungsgeschäft betreibt, wird dies vom Tatbestand gleichfalls erfasst.

Ziffer 6 erfasst **ohne Genehmigung** erbrachte **Dienstleistungen** durch einen Deutschen oder ein inländisches Unternehmen in einem Drittland, wenn er vom BAFA unterrichtet wurde, dass es sich dabei um die technische Unterstützung im Zusammenhang mit der Entwicklung, Herstellung, Handhabung usw. von ABC-Waffen bzw. Flugkörpern zur Ausbringung derartiger Waffen handelt. In gleicher Weise wird erfasst, wenn es um eine technische Unterstützung geht, die im Zusammenhang mit einer militärischen Endverwendung steht und in einem Land erbracht wird, über das ein Waffenembargo verhängt ist. Entsprechendes gilt für eine Unterstützung im Inland durch einen Inländer (§ 51 AWV) oder wenn die technische Unterstützung im Zusammenhang mit der Errichtung oder dem Betrieb einer kerntechnischen Anlage erfolgt (§ 52 AWV).

Ziffer 7 erfasst die vorgenannten **technischen Unterstützungen** in denjenigen Fällen, in denen nicht das BAFA den Inländer über die Verwendung der von ihm unterstützten Tätigkeiten unterrichtet hat, der Inländer jedoch über den Zweck und die Zielsetzung seiner Unterstützung Kenntnis besitzt und er nach Unterrichtung des BAFA ohne dessen Genehmigung oder Negativtestat tätig wird. Zwar gilt auch hier wiederum, dass die unterlassene Unterrichtung des BAFA als solche nicht sanktionsbewehrt ist, jedoch der Tatbestand auch dann erfüllt ist, wenn die Unterrichtung unterbleibt und ohne Genehmigung die Tätigkeit entfaltet wird (§§ 49 Abs. 2 S. 3, 50 Abs. 2 S. 3, 51 Abs. 3 S. 3 oder 52 Abs. 2 S. 3 AWV).

b) Die Begehungsalternativen sind teilweise **Jedermann-Delikte**. Sie besitzen teilweise jedoch dann **Sonderdeliktscharakter**, wenn sie an den Aufenthaltsort oder die Staatsangehörigkeit des Täters (Deutscher bzw. Inländer) anknüpfen. Im Ergebnis handelt es sich hier um eine Spezialregelung des sog. aktiven Personalitätsprinzips[1], die insoweit die Regelung des § 7 Abs. 2 Nr. 1 StGB modifiziert (vgl. Rz. 35).

72 c) In **subjektiver Hinsicht** verlangt der Tatbestand des § 18 Abs. 2 AWG (zumindest bedingt) *vorsätzliches* Handeln. Rechtsunkenntnis – auch bezogen auf die Ausfüllungsnormen der AWV – führen regelmäßig nicht zum Vorsatzausschluss. Bei *Fahrlässigkeit* kommt eine Ordnungswidrigkeit gem. § 19 Abs. 1 Nr. 1 AWG in Betracht.

73 d) Als mögliche **Rechtfertigungsgründe** kommen die zu § 17 AWG genannten Rechtfertigungssachverhalte in Betracht (Rz. 43 ff.).

74 e) Die **Qualifikationsmerkmale** des alternativen oder kumulativen *gewerbs-* und *bandenmäßigen* Handelns beziehen sich auch auf § 18 Abs. 2 AWG und begründen *Verbrechenstatbestände.* Die Begehungsalternativen des Handelns für den Geheimdienst einer fremden Macht (§ 18 Abs. 7 Nr. 1 AWG) sowie der Handlungen in Bezug auf Flugkörper (§ 18 Abs. 7 Nr. 3 AWG) finden hier allerdings als Qualifikationsmerkmal keine Anwendung.

3. Verstöße gegen das „Blut-Diamanten"-Embargo

75 § **18 Abs. 3 AWG** ist ein klassischer Blankettstraftatbestand, der ursprünglich in §§ 33 Abs. 4, 34 Abs. 2 AWG a.F. geregelt war. Ausfüllungsnorm dieses Blanketts ist die VO (EG) Nr. 2368/2002[2], die die Verbote der UN umsetzt, mit denen der *Handel mit Diamanten durch Rebellenbewegungen* in Afrika („Blutdiamanten") verhindert werden soll. Dies erfolgt durch das Zertifikationssystem des Kimberley-Prozesses, in dem die gesamten Diamanten produzierenden und mit ihnen Handel treibenden Länder und Stellen mit dem Ziel vertreten sind, nicht zertifizierte Diamanten aus dem Handel auszuschließen.

76 Tathandlung ist gem. § 18 *Abs. 3 Nr. 1* AWG die **Einfuhr von Rohdiamanten** unter Verstoß gegen Art. 3 der vorgenannten VO, wonach eingeführte Diamanten mit einem Zertifikat einer zuständigen Behörde eines am Kimberley-Prozess Beteiligten begleitet werden müssen, die Rohdiamanten sich in geschützten und versiegelten Behältnissen befinden müssen und das Zertifikat eine eindeutige Zuordnung zur Sendung enthält.

77 § 18 *Abs. 3 Nr. 2* AWG sanktioniert die **Ausfuhr von Rohdiamanten** entgegen Art. 11 der VO, wonach Rohdiamanten von einem Zertifikat der Gemeinschaftsbehörde begleitet werden müssen und sich die Diamanten in einem gegen Eingriffe geschützten Behältnis zu befinden haben.

78 Der **subjektive Tatbestand** erfordert *vorsätzliches* Handeln. *Fahrlässiges* Handeln stellt eine Ordnungswidrigkeit nach § 19 Abs. 1 AWG dar.

79 Hinsichtlich möglicher **Rechtfertigungsgründe** wird auf die Ausführungen zu § 17 AWG verwiesen (Rz. 43 ff.).

---

1 Vgl. dazu *Eser* in S/S, Vorbem. §§ 3–9 StGB Rz. 15.
2 VO v. 20.12.2002, ABl. EG Nr. L 358, 28, zul. geänd. durch VO (EG) Nr. 1268/2008, ABl. EU Nr. L 338 v. 7.12.2008, 39.

Die **Qualifikationen** des alternativen bzw. kumulativen *gewerbs-* und *banden-* 80
mäßigen Handelns (§ 18 Abs. 7 Nr. 2, Abs. 8 AWG) begründen auch in Bezug
auf den als Vergehen ausgestalteten Grundtatbestand des § 18 Abs. 3 AWG *Ver-*
brechenstatbestände.

4. Verstöße gegen die EU-Anti-Folter-VO

§ 18 Abs. 4 AWG ist wiederum ein Blanketttatbestand, der durch die VO (EG) 81
Nr. 1236/2005[1] (sog. *EU-Anti-Folter-VO*) ausgefüllt wird. Vor der AWG-Reform
2013 war dieser Sachverhalt als Ordnungswidrigkeit gem. § 33 Abs. 1 AWG a.F.
und nur unter den Voraussetzungen des § 34 Abs. 2 AWG a.F. als Straftat erfasst. Der Tatbestand hat fünf jeweils auf die Verordnung verweisende Begehungsalternativen. Die VO enthält im Anhang Güterlisten, in denen verbotene
Folterwerkzeuge gelistet sind[2].

Der *objektive Tatbestand* umfasst **fünf Tathandlungen**: 82

- **Nr. 1** erfasst die **Ausfuhr** von Gütern aus der im Anhang II zur Verordnung
  befindlichen Güterliste, die Güter enthält, die objektiv nur zur Vollstre-
  ckung der Todesstrafe, zum Zwecke der Folter oder anderer grausamer un-
  menschlicher oder erniedrigender Behandlungen und Strafen dienen kön-
  nen[3].
- **Nr. 2** erfasst das **technische Hilfeleisten** im Zusammenhang mit den unter
  Ziffer 1 genannten Gütern im Zollgebiet der Gemeinschaft zugunsten von
  Stellen, Personen oder Einrichtungen in einem Drittland[4].
- **Nr. 3** erfasst die **Einfuhr** solcher Güter[5].
- **Nr. 4** erfasst die **Entgegennahme** von **technischer Hilfe** durch eine Person,
  Organisation oder Einrichtung eines Drittlandes gegenüber einem Gebiets-
  ansässigen im Zusammenhang mit den genannten Gütern[6].
- **Nr. 5** erfasst eine **Ausfuhr ohne Genehmigung** von ihm Anhang III auf-
  geführten Güter, die zum Zwecke der Folter oder anderer grausamer unmenschlicher oder erniedrigender Behandlungen oder Strafen verwendet
  werden *könnten*[7]. Anders als bei den Tathandlungen Nrn. 1–4 handelt es
  sich hier um einen genehmigungsfähigen Vorgang.

---

1 VO v. 27.6.2005, ABl. EU Nr. L 200 v. 30.7.2005, 1, ABl. EU Nr. L 79 v. 16.3.2006,
  32; zul. geänd. durch VO (EU) Nr. 775/2014 v. 21.7.2014.
2 Vgl. dazu im Einzelnen *Bungenberg* in Krenzler/Herrmann, EU-Außenwirtschafts-
  und ZollR, Anti-Folter-VO, Allgemein Rz. 1 ff.
3 *Bungenberg* in Krenzler/Herrmann, EU-Außenwirtschafts- und ZollR, Anti-Folter-
  VO, Allgemein Rz. 1 ff.
4 *Bungenberg* in Krenzler/Herrmann, EU-Außenwirtschafts- und ZollR, Anti-Folter-
  VO, Allgemein Rz. 4.
5 *Bungenberg* in Krenzler/Herrmann, EU-Außenwirtschafts- und ZollR, Anti-Folter-
  VO, Allgemein Rz. 2 ff.
6 *Bungenberg* in Krenzler/Herrmann, EU-Außenwirtschafts- und ZollR, Art. 4 Anti-
  Folter-VO Rz. 5.
7 *Bungenberg* in Krenzler/Herrmann, EU-Außenwirtschafts- und ZollR, Art. 4 Anti-
  Folter-VO Rz. 2.

83 **Nicht erfasst** ist die Durchfuhr von Folterwerkzeugen sowie die Ausfuhr in überseeische Gebiete der Mitgliedsstaaten und in Drittländer, wenn sie dort für Friedenssicherungsmaßnahmen oder Krisenmanagementoperationen eingesetzt werden[1].

84 In **subjektiver Hinsicht** ist (zumindest bedingter) Vorsatz erforderlich. *Fahrlässiges* Handeln wird als Ordnungswidrigkeit gem. § 19 Abs. 1 AWG geahndet. Ein Irrtum über die Genehmigungspflicht, der regelmäßig jedoch ohnehin nur einen Verbotsirrtum begründet, kommt bei diesem Tatbestand nur bei der Nr. 5 in Betracht, weil es andernfalls um absolute Verbote und nicht um genehmigungsfähiges Handeln geht.

85 Zur **Rechtswidrigkeit** kann auf die Ausführungen zu § 17 AWG verwiesen werden (Rz. 43 ff.).

86 Die **Qualifikationen** des alternativen bzw. kumulativen *gewerbs-* und *bandenmäßigen* Handelns (§ 18 Abs. 7 Nr. 2, Abs. 8 AWG) begründen auch in Bezug auf den als Vergehen ausgestalteten Grundtatbestand des § 18 Abs. 4 AWG *Verbrechenstatbestände*.

5. Verstöße gegen die Dual-Use-VO

87 **§ 18 Abs. 5 AWG** wird durch die VO (EG) Nr. 428/2009[2] ausgefüllt und ist als Strafbewehrung der **Dual-Use-VO** eine der zentralen Strafbestimmungen des Gesetzes. Ursprünglich war dieser Sachverhalt durch § 34 Abs. 1 Nr. 3 AWG a.F. als Straftat, teilweise gem. § 33 Abs. 1 AWG a.F. als Ordnungswidrigkeit geregelt. Die Dual-Use-VO bezieht sich auf *Güter „mit doppeltem Verwendungszweck"*, die also zur Verwendung sowohl für militärische als auch für zivile Zwecke bestimmt oder geeignet sind. Die Anfänge der heutigen Dual-Use-VO reichen zurück in das Jahr 1984 und betrafen seinerzeit vor allem Außenwirtschaftsregeln für Plutonium und hoch angereichertes Uran. Die Dual-Use-VO bewegt sich in einem *Spannungsfeld* zwischen *wirtschafts-* und *sicherheitspolitischen* Gesichtspunkten und soll zum einen der Umsetzung der (internationalen) Verpflichtung der Union und ihrer Mitgliedsstaaten bei der Proliferationskontrolle dienen, zum anderen den freien Verkehr von Dual-Use-Gütern im Binnenmarkt ermöglichen und mehr Sicherheit und Wettbewerbsgleichheit sowie Rechtssicherheit und geringeren bürokratischen Aufwand für EU-Exporteure bieten[3]. Indem die strafrechtliche Bewehrung der Dual-Use-VO mangels Regelungskompetenz der EU im nationalen Recht angeordnet ist, bleibt die VO – jedenfalls bezogen auf die Strafbewehrung – eine Rahmenverordnung, weil die Strafbewehrung in den Mitgliedsländern in unterschiedlicher Weise erfolgt.

---

1 Vgl. dazu im Einzelnen *Bungenberg* in Krenzler/Herrmann, EU-Außenwirtschafts- und ZollR, Art. 5 Anti-Folter-VO Rz. 2 ff.
2 VO v. 5.5.2009, ABl. EU Nr. L 134 v. 29.5.2009, 1, ABl. EU Nr. L 224 v. 27.8.2009, 21; zul. geänd. durch VO (EU) Nr. 388/2012, ABl. EU 2012 Nr. L 129, 12 (Dual-Use-Verordnung).
3 *Karpenstein/Kottmann* in Krenzler/Herrmann, EU-Außenwirtschafts- und ZollR, Dual-Use-VO, Allgemein, Rz. 11.

a) Der *objektive Tatbestand* umfasst auch hier hauptsächlich **fünf Tatvarianten** mit teilweise Untervarianten.

aa) In **§ 18 Abs. 5 S. 1 Nr. 1 AWG** wird zunächst eine Ausfuhr (legal definiert in Art. 2 Nr. 2 Dual-Use-VO) von Gütern ohne Genehmigung erfasst, die sich aus dem Anhang I der VO ergeben. Der Anhang umfasst eine Vielzahl von Gütern aus den unterschiedlichen Bereichen und wurde am 29.4.2012 durch die VO (EU) Nr. 388/12 neu gefasst. Trotz der scheinbaren detailgenauen Beschreibung der Dual-Use-Güter sind unbestimmte Rechtsbegriffe enthalten. Insbesondere die Beschreibung eines Produkts als „besonders konstruiert" wirft nach seiner Bedeutung die Frage auf, ob dieses Produkt eine ausschließliche Zweckbestimmung in einem gewissen Sinne haben muss oder ob es genügt, dass es „vor allem" einem solchen Zwecke dient[1].

Erfasst wird darüber hinaus eine Ausfuhr von Gütern gem. *Art. 4 Abs. 1, 2 S. 1 oder Abs. 3 Dual-Use-VO*. Dadurch werden Güter erfasst, die in der Liste gem. Anhang I nicht aufgeführt sind, wenn folgende alternative *Voraussetzungen* vorliegen:

– Der Ausführer erhält von den zuständigen Behörden die Mitteilung, dass die Güter ganz oder teilweise für die Entwicklung, Herstellung, Handhabung, Lagerung, Ordnung, Identifizierung oder Verbreitung chemischer, biologischer oder Kernwaffen oder sonstiger Kernsprengkörper oder für Flugkörper für diese Waffen bestimmt sind oder bestimmt sein können.

– Gegen das Käufer- oder Bestimmungsland wurde ein Waffenembargo erlassen und der Ausführer wurde von den zuständigen Behörden darauf hingewiesen, dass die Güter für eine militärische Endverwendung bestimmt sind oder bestimmt sein können.

– Der Ausführer wird von den Behörden unterrichtet, dass die Güter ganz oder teilweise für die Verwendung als Bestandteile von militärischen Gütern bestimmt sind oder bestimmt sein können, die in der nationalen Militärliste aufgeführt sind und aus dem Hoheitsgebiet dieses Mitgliedstaates ohne Genehmigung oder unter Verstoß gegen Rechtsvorschriften ausgeführt worden sind.

Damit soll die **Ausfuhr von Gütern** *unter Genehmigungsvorbehalt* gestellt werden, die Eingang in Kriegsmaterial finden können, das zuvor illegal exportiert wurde. Zudem sollen mit diesen Ergänzungen zur Güterliste gem. Anhang I i.S. einer **Catch-all-Klausel** die Listenkasuistik ergänzt und mögliche Umgehungsgeschäfte (z.B. durch die Automatisierung von Aufträgen) erfasst werden. Im Unterschied zu einem Verstoß gegen Art. 3 Abs. 1 der Dual-Use-VO ist hier allerdings zunächst ein *Hinweis* der zuständigen Behörde an den Ausführer erforderlich[2].

bb) § 18 Abs. 5 S. 1 Nr. 2 AWG knüpft an Art. 4 Abs. 4 Halbs. 2. Dual-Use-VO an und ergänzt damit die Verbotsnorm der Nr. 1. Danach muss ein Ausführer, dem bekannt ist, dass er im Anhang I nicht gelistete Güter mit dennoch doppeltem Verwendungszweck ausführen möchte, die in Art. 4 Abs. 1 Dual-Use-VO genannten **Behörden unterrichten**, damit diese über die Genehmigung

---

[1] *Karpenstein/Kottmann* in Krenzler/Herrmann, EU-Außenwirtschafts- und ZollR, Art. 3 Dual-Use-VO Rz. 4.
[2] Vgl. dazu und zu den Einzelheiten die Kommentierung bei *Karpenstein/Kottmann* in Krenzler/Herrmann, EU-Außenwirtschafts- und ZollR, Art. 4 Dual-Use-VO Rz. 1 ff., 9, 14, 17.

der Ausfuhr entscheiden können. Erfolgt eine Ausfuhr ohne die Entscheidung der zuständigen Behörde über die Genehmigungspflicht oder ohne Genehmigung, handelt der Täter tatbestandsmäßig. Obwohl die Unterrichtungspflicht des Exporteurs gegenüber der Behörde selbst nicht strafbewehrt ist, wird mittelbar diese unterlassene Unterrichtung erfasst, weil dann nämlich der Exporteur ohne Entscheidung oder Genehmigung der zuständigen Behörde ausführt.

92 cc) § 18 Abs. 5 S. 1 Nr. 3 AWG erfasst eine **Vermittlungstätigkeit ohne Genehmigung** bezogen auf Güter des Anhangs I der Dual-Use VO, wenn diese einem besonderen Verwendungszweck bei chemischen, biologischen oder Kernwaffen oder Kernsprengkörpern oder der Entwicklung von Flugkörpern für derartige Waffen haben.

93 dd) § 18 Abs. 5 S. 1 Nr. 4 AWG umfasst die **Vermittlungstätigkeit** desjenigen, der die Behörde über seine Kenntnisse der Waffenqualität (als ABC-Waffen) unterrichten muss und seine Vermittlungstätigkeit vornimmt, ohne die Entschließung oder Genehmigung der zu unterrichtenden Behörde abzuwarten. Wegen des Umfangs der Strafbarkeit gilt das zu Nr. 2 Gesagte entsprechend.

94 ee) § 18 Abs. 5 S. 2 AWG enthält die klarstellende Regelung, dass bei Verweisungen auf die Verbotsnorm die jeweils aktuelle Fassung des Anhangs I zur Dual-Use-VO Anwendung findet. Obwohl Einigkeit darüber besteht, dass die Strafvorschriften des AWG aufgrund ihres Blankettcharakters regelmäßig **Zeitgesetze** sind, könnte diese Bestimmung darauf hindeuten, dass die im Zeitpunkt der Aburteilung maßgebliche Liste des Anhanges Anwendung findet (jedenfalls soweit dies zugunsten des Beschuldigten geht). Eine solche Interpretation wäre jedoch wenig plausibel, sodass die Formulierung die lediglich klarstellende und selbstverständliche Aussage beinhaltet, dass für die Blankettausfüllung die jeweils gültige VO mit dem dazugehörigen Anhang gilt.

95 § 18 Abs. 5 S. 3 AWG erweitert den **Täterkreis** der Nr. 2 auf diejenige Person, die die Ausfuhr durch einen anderen vornehmen lässt, wenn diese Person die Kenntnis über einen doppelten Verwendungszweck besitzt. Diese Erweiterung ist der Legaldefinition des Art. 2 Nr. 3 Dual-Use-VO geschuldet, wonach Ausführer jede natürliche und juristische Person oder Personenvereinigung ist, für die eine Ausfuhrmeldung abgegeben wurde und die Vertragspartner des Empfängers im Drittland ist und über die Versendung der Güter entscheidet, oder – wenn kein Ausfuhrvertrag geschlossen oder ein Handeln für einen anderen vorliegt – derjenige, der die Versendung der Güter aus dem Zollgebiet der Gemeinschaft tatsächlich bestimmt. Mit dieser Definition wird zwar nicht der „körperliche" Ausführer, sondern derjenige als Ausführer erfasst, der die Ausfuhr aufgrund eigener wirtschaftlicher oder rechtlicher Beziehungen zum ausländischen Empfänger betreibt (Geschäftsherrntheorie)[1].

Dieser Befund wirft die Frage auf, auf *wessen Kenntnis* es ankommt. Nachdem die Straftat Vorsatz verlangt, ist zwingende Minimalvoraussetzung, dass derje-

---

1 *Bieneck* in Bieneck, Hdb. AWR, § 29 Rz. 35; *Karpenstein/Kottmann* in Krenzler/Herrmann, EU-Außenwirtschafts- und ZollR, Art. 2 Dual-Use-VO Rz. 14 ff.

nige, der die Ausfuhr selbst oder für einen Dritten (z.B. seinen Arbeitgeber) betreibt, Kenntnis vom doppelten Verwenderzweck besitzen muss[1]. Ob und inwieweit die Kenntnis eines untergeordneten Mitarbeiters, der in irgendeiner Weise an dem Ausfuhrvorgang beteiligt ist, ohne ihn selbst jedoch bestimmen zu können, die Strafbarkeit (ggf. als mittelbarer Täter) auslöst, wird durch diese Regelung nicht beantwortet. Erfasst werden hiermit vielmehr diejenigen Fälle, in denen mit der Ausfuhr Dienstleister, insbesondere *Ausfuhrkommissionäre*, beauftragt werden. In diesen Fällen macht sich der Kommittent strafbar, wenn er den Auftrag dem gutgläubigen Kommissionär erteilt, während er selbst über die doppelte Verwendbarkeit der Ware Kenntnis besitzt.

b) In **subjektiver Hinsicht** ist für alle Begehungsalternativen *Vorsatz* erforderlich. *Fahrlässiges* Handeln wird gem. § 19 Abs. 1 AWG als Ordnungswidrigkeit erfasst. 96

c) In Betracht kommen auch hier als mögliche **Rechtfertigungsgründe** die *behördliche Duldung* (bei Verstößen gegen Genehmigungsvorbehalte) oder der *Notstand* (Rz. 43 ff.). 97

d) Die **Qualifikationen** des alternativen bzw. kumulativen *gewerbs-* und *bandenmäßigen* Handelns (§ 18 Abs. 7 Nr. 2, Abs. 8 AWG) begründen auch in Bezug auf den als Vergehen ausgestalteten Grundtatbestand des § 18 Abs. 5 AWG *Verbrechenstatbestände*. 98

6. Versuch

Nachdem es sich bei den Tatbeständen des § 18 Abs. 1–5 AWG jeweils um *Vergehen* handelt und der Vergehensversuch nicht „automatisch" strafbar ist, ordnet **§ 18 Abs. 6** AWG die **Versuchsstrafbarkeit** an. 99

Bei den in **§ 18 Abs. 7 und 8** AWG geregelten *selbständigen Qualifikationstatbeständen*, die aufgrund ihrer Strafandrohung von Freiheitsstrafe nicht unter einem Jahr bzw. nicht unter zwei Jahren als *Verbrechenstatbestände* ausgestaltet sind, ergibt sich die Strafbarkeit des Versuchs bereits unmittelbar aus § 23 Abs. 1 StGB i.V.m. § 12 Abs. 1 StGB.

C. Bußgeldtatbestände

I. Ordnungswidrigkeiten des AWG

Die Bußgeldtatbestände des **§ 19 AWG** werden erst über zahlreiche Verweisungsketten mit Bedeutung ausgefüllt[2]. Die Vorschrift übernimmt die früheren Regelungen des § 33 AWG a.F. in ihrem Kernbestand und erfasst sowohl *fahrlässige* als auch nicht strafwürdige *vorsätzliche* Verstöße gegen das Außenwirtschaftsrecht. Während bereits nach früherer Rechtslage insbesondere Verstöße gegen Melde- und Unterrichtungspflichten vom Bußgeldtatbestand erfasst wa- 100

---

1 *Karpenstein/Kottmann* in Krenzler/Herrmann, EU-Außenwirtschafts- und ZollR, Art. 4 Dual-Use-VO Rz. 20.
2 *Weyand* in Eidam, Unternehmen und Strafe, Rz. 1007.

ren, ist die Vorschrift nunmehr u.a. um Verstöße erweitert worden, die zuvor in der AWV bußgeldbewehrt waren[1].

1. Fahrlässige Außenwirtschaftsverstöße

101 § 19 Abs. 1 AWG erfasst als Ordnungswidrigkeit die *fahrlässigen* Außenwirtschaftsverstöße, deren vorsätzliche Begehung in § 18 AWG als Straftat sanktioniert ist. Der ungewöhnlichen Gesetzesformulierung („§ 18 Absatz 1 bis 4 oder Absatz 5") kommt keine weitergehende besondere Bedeutung zu. Es handelt sich folglich um Zuwiderhandlungen gegen *Ausfuhr-, Einfuhr-, Durchfuhr usw. -Verbote*, sodass zum objektiven Tatbestand auf die Ausführungen zu § 18 AWG verwiesen werden kann (vgl. Rz. 53 ff.).

102 Während § 18 Abs. 1–5 AWG (zumindest bedingt) vorsätzliche Verstöße unter Strafe stellt, ahndet § 19 Abs. 1 AWG entsprechende **fahrlässige Zuwiderhandlungen**. Auch *leichtfertiges* Handeln, das einem erhöhten Grad von Fahrlässigkeit entspricht (und in § 17 Abs. 5 AWG für die dortigen Tathandlungen unter Strafe gestellt ist), unterfällt diesem Bußgeldtatbestand.

2. Sonstige Außenwirtschaftsverstöße

103 **a)** Durch § 19 Abs. 2 AWG werden Verstöße gegen **Verfahrensvorschriften** geahndet. Erfasst ist hierbei das nicht richtige oder nicht vollständige Machen sowie das nicht richtige oder nicht vollständige Benutzen von *Angaben* bei der Beantragung einer *Genehmigung* gem. § 8 Abs. 5 AWG bzw. des Antrags auf Erteilung eines *Zertifikats* nach § 9 S. 2 i.V.m. § 8 Abs. 5 AWG.

104 In **Abgrenzung** zu den Bestimmungen der §§ 17 Abs. 6, 18 Abs. 9 AWG über missbräuchliche Genehmigungen (Rz. 19) ist es hier nicht erforderlich, dass eine Genehmigung aufgrund falscher oder unvollständiger Angaben tatsächlich erteilt wird oder gar von ihr Gebrauch gemacht wird[2]. Kommt es jedoch zur Genehmigungserteilung und liegt ein vorsätzliches Handeln vor, wird eine aufgrund falscher oder unvollständiger Angaben „erschlichene" Genehmigung gem. §§ 17 Abs. 6, 18 Abs. 9 AWG einer fehlenden Genehmigung gleichgestellt[3], sodass nicht die Bußgeldnorm, sondern eine Straftat verwirklicht ist.

105 Die Bußgeldvorschrift des § 19 Abs. 2 AWG erfasst lediglich **vorsätzliches** Verhalten, da fahrlässiges Handeln nicht ausdrücklich i.S. des § 10 OWiG mit Geldbuße bedroht ist.

106 **b)** § 19 Abs. 3 AWG bezieht sich auf Zuwiderhandlungen gegen *vollziehbare Anordnungen* sowie insbesondere auf Verstöße gegen nationale Vorzeige-, Erklärungs- und Gestellungspflichten, sodass mit diesem Tatbestand ebenfalls Verstöße gegen **Verfahrensvorschriften** – sowohl im Falle *vorsätzlichen* als auch *fahrlässigen* Handelns – geahndet werden.

---

1 BT-Drucks. 17/11127, 29.
2 BT-Drucks. 17/11127, 29.
3 *Knierim/Oehmichen* in Volk, Münchener AnwHdb. Wirtschafts- und Steuerstrafsachen, § 27 Rz. 103.

aa) Von § 19 Abs. 3 **Nr. 1 Buchst. a** AWG werden Zuwiderhandlungen gegen eine Rechtsverordnung nach § 4 Abs. 1 AWG bzw. gegen eine vollziehbare Anordnung aufgrund einer solchen Rechtsverordnung erfasst, soweit jene Rechtsverordnung auf diesen Bußgeldtatbestand verweist und die Handlung nicht bereits in den §§ 17 Abs. 1–5, 18 Abs. 2 AWG strafbewehrt ist. § 19 Abs. 3 Nr. 1 Buchst. a AWG wird durch den Ordnungswidrigkeitentatbestand des *§ 81 Abs. 1 AWV* näher *konkretisiert*, indem die einzelnen sanktionsbewehrten Verstöße genannt werden und die Rückverweisung auf § 19 Abs. 3 Nr. 1 Buchst. a AWG erfolgt (vgl. Rz. 120 f.).

107

bb) Durch § 19 Abs. 3 **Nr. 1 Buchst. b** AWG sind Verstöße gegen eine Rechtsverordnung nach § 11 Abs. 1–4 AWG bzw. eine vollziehbare Anordnung aufgrund einer solchen Rechtsverordnung bußgeldbewehrt, soweit jene Rechtsverordnung auf diese Bußgeldnorm verweist und die Tat nicht in den §§ 17 Abs. 1–5, 18 Abs. 2 AWG mit Strafe bedroht ist. Eine *Konkretisierung* dieser Verstöße erfolgt in *§ 81 Abs. 2 AWV*, der wiederum auf § 19 Abs. 3 Nr. 1 Buchst. b AWG zurückverweist (vgl. Rz. 122).

108

cc) § 19 Abs. 3 **Nr. 2** AWG erfasst Zuwiderhandlungen gegen vollziehbare Anordnungen nach §§ 7 Abs. 1, Abs. 3 oder Abs. 4, 23 Abs. 1 oder Abs. 4 S. 2 AWG. Bei diesen Anordnungen handelt es sich um konkrete **Einzeleingriffe** (z.B. Maßnahmen zur Lenkung, Beschleunigung und Beschränkung der Beförderung der Güter sowie Auskunftsverlangen) **im Seeverkehr** außerhalb des deutschen Küstenmeeres nach § 7 AWG sowie um näher bezeichnete Auskunftsverlangen im Zusammenhang mit der Überwachung der Einhaltung der außenwirtschaftsrechtlichen Vorschriften.

109

dd) Das auf ein entsprechendes Verlangen nach § 27 Abs. 1 S. 1 AWG unterlassene, nicht richtige, nicht vollständige oder nicht rechtzeitige **Vorzeigen der Waren**, die ausgeführt, verbracht, eingeführt oder durchgeführt werden, ist in § 19 Abs. 3 **Nr. 3** AWG bußgeldbewehrt.

110

ee) § 19 Abs. 3 **Nr. 4** AWG ahndet die fehlende, nicht richtige, nicht vollständige oder nicht rechtzeitige Abgabe einer Erklärung bei der **Überwachung des Reiseverkehrs** (§ 27 Abs. 3 AWG) betreffend das Mitführen von Waren bei der Ausreise aus dem Inland bzw. der Einreise in das Inland.

111

ff) Werden auszuführende Waren den zuständigen Zollstellen **zur Ausfuhrabfertigung** nicht, nicht richtig, nicht vollständig oder nicht rechtzeitig gem. § 27 Abs. 4 S. 1 AWG gestellt, ist der objektive Tatbestand des § 19 Abs. 3 **Nr. 5** AWG erfüllt.

112

c) § 19 Abs. 4 AWG ahndet Zuwiderhandlungen gegen unmittelbar geltende Vorschriften in **Rechtsakten der EG** bzw. EU, welche inhaltlich den vollziehbaren Anordnungen aufgrund einer Rechtsverordnung nach § 4 Abs. 1 AWG oder § 11 Abs. 1–4 AWG entsprechen. Insofern sind in § 82 Abs. 1 AWV, der eine entsprechende Rückverweisung auf § 19 Abs. 4 S. 1 Nr. 1 AWG enthält, die von § 19 Abs. 4 S. 1 Nr. 1 AWG erfassten europäischen Verordnungen ersichtlich (vgl. Rz. 123). Gleiches gilt für § 82 Abs. 2 AWV in Bezug auf § 19 Abs. 4 S. 1 Nr. 2 AWG für näher bezeichnete Verstöße im Zusammenhang mit den dort genannten europäischen Verordnungen (vgl. hierzu Rz. 124).

113

114 In beiden Varianten des § 19 Abs. 4 AWG ist eine **Subsidiarität** im Hinblick auf eine mögliche Strafbarkeit nach § 18 Abs. 1, 3–5, 7 oder Abs. 8 AWG angeordnet. Damit ist die Interpretation der Norm als Tatbestand mit privilegierter Sperrwirkung gegenüber einer Straftat nach § 18 AWG ausgeschlossen.

115 § 19 Abs. 4 AWG ahndet sowohl **vorsätzliche** als auch **fahrlässige** Verstöße gegen die genannten Rechtsakte.

116 d) **§ 19 Abs. 5 AWG** erfasst Verstöße gegen **Verfahrensvorschriften** aufgrund von **EG/EU-Sanktionsverordnungen**, worunter insbesondere die Verletzung von Informationspflichten fällt. Die maßgeblichen Verstöße sind nach der AWG-Novelle in § 19 Abs. 5 AWG abstrakt zusammengefasst, während aus Übersichtlichkeitsgründen keine gesonderte Bußgeldbewehrung für bestimmte Verstöße gegen EG/EU-Sanktionsverordnungen in der AWV vorgesehen ist[1]. Wie schon § 18 Abs. 1 AWG verweist § 19 Abs. 5 AWG vielmehr auf die Veröffentlichung der jeweiligen EG/EU-Sanktionsverordnung im Amtsblatt der EG bzw. EU.

117 Als konkrete **Zuwiderhandlungen** nennt § 19 Abs. 5 AWG:
– **Nr. 1**: Unterlassene, nicht richtige, nicht vollständige oder nicht rechtzeitige **Information**;
– **Nr. 2**: Unterlassene, nicht richtige, nicht vollständige, nicht in der vorgeschriebenen Weise vorgenommene oder nicht rechtzeitige **Abgabe einer Vorabanmeldung**;
– **Nr. 3**: Unterlassene oder nicht für die vorgeschriebene Dauer vorgenommene **Aufbewahrung** einer Aufzeichnung von Transaktionen sowie unterlassene oder nicht rechtzeitige **Zurverfügungstellung** einer solchen Aufzeichnung;
– **Nr. 4**: Unterlassene oder nicht rechtzeitige **Unterrichtung** einer zuständigen Stelle oder Behörde.

118 Die Zuwiderhandlungen nach § 19 Abs. 5 AWG sind sowohl bei **vorsätzlicher** als auch bei **fahrlässiger** Verwirklichung bußgeldbewehrt.

II. Ordnungswidrigkeiten der AWV

119 In **§ 19 Abs. 3 Nr. 1 AWG** und **§ 19 Abs. 4 AWG** ist die Möglichkeit eröffnet, nicht bereits von §§ 17, 18 AWG als Straftaten erfasste Verstöße gegen Bestimmungen von Rechtsverordnungen, die zur Durchführung des AWG bzw. zur Durchsetzung der Rechtsakte der EG oder der EU zur Beschränkung des Außenwirtschaftsverkehrs erlassen wurden, als Ordnungswidrigkeiten zu ahnden. Der Verordnungsgeber hat hiervon in §§ 81, 82 AWV Gebrauch gemacht. Durch diese Bestimmungen werden vielfältige Verhaltensweisen und Verstöße bußgeldrechtlich geahndet.

1. Verstöße gegen nationale Regelungen

120 **§ 81 AWV** erfasst vorsätzliche oder fahrlässige Verstöße gegen „nationale" Regelungen der AWV.

---

1 BT-Drucks. 17/11127, 29.

a) Die Bußgeldbestimmungen des **§ 81 Abs. 1 AWV** (i.V.m. § 19 Abs. 3 Nr. 1 AWG) haben die *unterschiedlichsten Vorgänge* zum Gegenstand und lassen sich wie folgt zusammenfassen:

– **Nr. 1** betrifft die Abgabe einer Boykotterklärung unter Verstoß gegen § 7 AWV.
– **Nr. 2** betrifft die ungenehmigte Ausfuhr von in Teil II Spalte 3 der AL mit „G" bzw. „G 1" gekennzeichneten Waren pflanzlichen Ursprungs.
– **Nr. 3** erfasst die genehmigungslose Verbringung von in Teil I Abschn. B der AL genannten Gütern in Kenntnis dessen, dass das endgültige Bestimmungsziel außerhalb der EU liegt.
– **Nr. 4** erfasst die Verbringung von Gütern, bei denen der Ausführer deren endgültiges Bestimmungsziel außerhalb der EU und ihre Verwendung für kerntechnische Zwecke kennt und nach Unterrichtung des BAFA hierüber die Güter ohne deren Bescheid oder Genehmigung verbringt.
– **Nr. 5** betrifft das Verwenden einer Ware durch den Einführer oder Erwerber in anderer als der vorgeschriebenen Weise.
– **Nr. 6** regelt die Ahndung von Zuwiderhandlungen gegen einstweilige Anordnungen des BAFA im Zusammenhang mit der Durchfuhr von Gütern, die für die Herstellung von ABC-Waffen relevant sein können, sowie gegen einstweilige Anordnungen im Zusammenhang mit der Genehmigung für die Beteiligung eines Unionsfremden an einem inländischen Unternehmen (§§ 59, 62 AWV).[1]
– **Nr. 7** enthält Verbote über Zahlungen oder sonstiger Leistungen im Zusammenhang mit dem Abkommen über deutsche Auslandsschulden aus dem Jahr 1953. Diese Regelung hat im Wesentlichen nur noch historische Bedeutung.

Zusammenfassend ist festzustellen, dass es sich bei den Verboten des *§ 81 Abs. 1 AWV* um **materiale Vorgänge** handelt und es nicht lediglich um Verstöße gegen Formalien geht.

b) Die Bußgeldtatbestände des **§ 81 Abs. 2 AWV** haben demgegenüber **formale Verstöße** im Blick, die sich im Vorfeld eigentlicher Ausfuhren bewegen[2]. Die unterschiedliche Bedeutung der Verbote des Abs. 1 und des Abs. 2 spiegelt sich auch darin wider, dass die Bußgeldandrohung des § 19 Abs. 6 AWG für die Fälle des § 19 Abs. 3 Nr. 1 Buchst. a AWG (und damit für § 81 Abs. 1 AWV) bis 500 000 Euro beträgt, während § 19 Abs. 6 AWG für die Fälle des § 19 Abs. 3 Nr. 1 Buchst. b AWG (der die Vorgänge des § 81 Abs. 2 AWV umfasst) lediglich 30 000 Euro an Bußgeld androht.

2. Verstöße gegen EU-Regelungen

Die Bußgeldtatbestände des **§ 82 AWV** sanktionieren i.V.m. **§ 19 Abs. 4 S. 1 Nr. 1 bzw. 2 AWG** vorsätzliche und fahrlässige Verstöße gegen **Rechtsakte der**

---

1 Vgl. dazu im Einzelnen *Wolffgang/Simonsen*, AWR-Komm., Anm. zu §§ 55–59 AWV sowie §§ 60–62 AWV.
2 Vgl. hierzu nur die Übersicht bei *Wolffgang/Simonsen*, AWR-Komm., §§ 81, 82 AWV.

EU. § 82 AWV ist einerseits eine zentrale Bußgeldnorm für Ordnungswidrigkeiten im Zusammenhang mit EU-Embargos und sanktioniert andererseits sonstige Ordnungsverstöße gegen zentrale EU-Außenhandelsbestimmungen.

124 **Embargoverstöße** werden in § 82 **Abs. 1 Nr. 1–10** sowie **Abs. 6, 7** und **Abs. 10–13** AWV geahndet.

Abs. 1 Nr. 1–10 erfassen zunächst den speziellen Embargoverstoß in der Form, dass *Ansprüche bzw. Forderungen von Embargostaaten erfüllt werden* bzw. *ihnen stattgegeben wird*. Dies betrifft folgende Embargos: **Irak**-Embargo gem. VO (EWG) Nr. 3541/92 (**Nr. 1**), **Libyen**-Embargo gem. VO (EG) Nr. 3275/93 (**Nr. 2**), **Haiti**-Embargo gem. VO (EG) Nr. 1264/94 (**Nr. 3**), **Ex-Jugoslawien**-Embargo gem. VO (EG) Nr. 1733/94 (**Nr. 4**), **Nordkorea**-Embargo gem. VO (EG) Nr. 329/2007 (**Nr. 4a**), **Iran**-Embargo gem. VO (EU) Nr. 267/2012 (**Nr. 5**), **Zentralafrikanische Republik**-Embargo gem. VO (EU) Nr. 224/2014 (**Nr. 6**), **Krim/Sewastopol**-Embargo gem. VO (EU) Nr. 692/2014 (**Nr. 7**), **Sudan**-Embargo gem. VO (EU) Nr. 747/2014 (**Nr. 8**), **Südsudan**-Embargo gem. VO (EU) Nr. 748/2014 (**Nr. 9**) und **Russland**-Embargo gem. VO (EU) Nr. 833/2014 (**Nr. 10**).

Darüber hinaus werden folgende Embargoverstöße erfasst:

– **Abs. 6** betrifft Embargoverstöße im Zusammenhang mit Schuldverschreibungen oder Wertpapieren beim Embargo gegen die **Elfenbeinküste** – VO (EG) Nr. 560/2005.

– **Abs. 7 Nr. 1–8** erfassen weitere Verstöße gegen das Embargo gegen **Nordkorea** – VO (EG) Nr. 329/2007.

– **Abs. 10 Nr. 1–3** ahnden die dort näher bezeichneten Verstöße im Zusammenhang mit dem **Syrien**-Embargo – VO (EU) Nr. 36/2012.

– **Abs. 11 Nr. 1–9** erfassen weitere genannte Verstöße gegen das **Iran**-Embargo – VO (EU) Nr. 267/2012.

– **Abs. 12 Nr. 1 und 2** betreffen die dort genannten Verstöße gegen das **Krim/Sewastopol**-Embargo – VO (EU) Nr. 692/2014.

– **Abs. 13 Nr. 1 und 2** ahnden schließlich die dort genannten Verstöße gegen das **Russland**-Embargo – VO (EU) Nr. 833/2014.

124a In § 82 **Abs. 2–5** sowie **8 und 9** AWV werden folgende weitere Bußgeldverstöße gegen **EU-Bestimmungen** erfasst:

– **Abs. 2 Nr. 1–9** erfassen Verstöße gegen die Durchführungsverordnung zum **Zollkodex** – VO (EWG) Nr. 2454/93. Dabei handelt es sich um bloße Formalverstöße.

– **Abs. 3** sanktioniert Verstöße gegen Genehmigungspflichten im Zusammenhang mit der Einfuhr von **Textilwaren** – VO (EG) Nr. 517/94.

– **Abs. 4** ahndet den Verstoß gegen die VO (EG) Nr. 2271/96 zum Schutz des **freien Kapitalverkehrs**. Erfasst werden die Fälle, in denen der Betroffene Verbotsnormen fremder Staaten erfüllt, die diesen freien Zahlungsverkehr beeinträchtigen.

– **Abs. 5** erfasst den Verstoß gegen Verfahrensregeln der VO (EG) Nr. 2368/2002 („**Blutdiamanten**").

– **Abs. 8** ahndet die unterlassene oder nicht rechtzeitige Vorlage einer Einfuhrgenehmigung im Zusammenhang mit dem Stahlhandel mit der Republik **Kasachstan** – VO (EG) Nr. 1340/2008.

– **Abs. 9 Nr. 1 und 2** erfassen Verstöße gegen die **Dual-Use-VO** (EG) Nr. 428/2009 bei der Durchfuhr von Gütern.

III. Sanktionen

1. Bußgeldrahmen

Gem. **§ 19 Abs. 6 AWG** können Verstöße nach § 19 Abs. 1, Abs. 3 Nr. 1 Buchst. a, Abs. 4 S. 1 Nr. 1 AWG mit einer Geldbuße bis zu *500 000 Euro* und Zuwiderhandlungen in den übrigen Fällen des § 19 Abs. 2–5 AWG mit Geldbuße von bis zu *30 000 Euro* geahndet werden. 125

Nachdem in den Fällen des § 19 Abs. 3–5 AWG sowohl vorsätzliches als auch fahrlässiges Handeln bußgeldbewehrt ist, ohne dass § 19 Abs. 6 OWiG selbst insofern die Bußgeldandrohung im Höchstmaß unterscheidet, *reduziert* sich das *Höchstmaß der Geldbuße* im Falle **fahrlässigen Handelns** auf die Hälfte des angedrohten Höchstbetrages (§ 17 Abs. 2 OWiG). 126

Unabhängig davon gilt, dass gem. **§ 17 Abs. 4 OWiG** der gesetzlich vorgesehene Bußgeldrahmen überschritten werden kann, wenn der *wirtschaftliche Vorteil* des Täters aus der Ordnungswidrigkeit höher war. 127

2. Selbstanzeige

Im Zuge der AWG-Novelle 2013 wurde mit **§ 22 Abs. 4 AWG** ein – seinem Wortlaut nach – **Bußgeldbefreiungstatbestand** für *fahrlässig* begangene *Ordnungswidrigkeiten* nach § 19 Abs. 2–5 AWG eingeführt. Danach unterbleibt die Verfolgung eines fahrlässig begangenen Verstoßes als Ordnungswidrigkeit, wenn der Verstoß im Wege der Eigenkontrolle aufgedeckt und der zuständigen Behörde angezeigt wurde sowie angemessene Maßnahmen zur Verhinderung eines (erneuten) Verstoßes aus gleichem Grund getroffen werden. Diese neue Regelung der Selbstanzeige[1] ist den entsprechenden Vorschriften im Steuerrecht (§ 371 AO; § 44 Rz. 119 ff.) und Sozialversicherungsrecht (§ 266a Abs. 6 StGB; § 38 Rz. 291) nachgebildet und stellt einen besonderen Fall der „tätigen Reue" (§ 18 Rz. 32, 35) dar, auch wenn in den Einzelheiten Unterschiede bestehen. 128

a) Seinem *Wortlaut* nach unterbleibt die Verfolgung als Ordnungswidrigkeit in Fällen der **fahrlässigen Begehung eines Verstoßes i.S. des § 19 Abs. 2–5 AWG**. Die Selbstanzeigemöglichkeit bezieht sich somit vor allem auf Verstöße gegen Form- und Verfahrensvorschriften (insbesondere Melde-, Informations-, Vorlage-, Bestellungs-, Aufbewahrungs-, Offenlegungs- und Unterrichtungspflichten) und somit auf bloße Arbeits-, Form- und Flüchtigkeitsfehler bei der Abwicklung von Ausfuhrvorgängen gem. § 19 Abs. 2 (bzw. korrekt: Abs. 3, vgl. Rz. 130) bis Abs. 5 AWG[2]. 129

Dem Gesetzgeber ist bei dieser Regelung ein offensichtlicher **redaktioneller Fehler** insoweit unterlaufen, als er die Bestimmung des § 22 Abs. 4 AWG auch auf § 19 Abs. 2 AWG bezieht. Denn nachdem § 19 Abs. 2 AWG keine Bußgeldbewehrung fahrlässigen Verhaltens vorsieht, ist die Bußgeldandrohung nach der allgemeinen Regelung des § 10 OWiG ausschließlich auf vorsätzliche Ver- 130

---

1 Vgl. dazu nur *Klengel/Raschke*, ZWH 2014, 369.
2 *Krause*, ExportManager 5/2013, 22; *Pelz/Hofschneider*, AW-Prax 2013, 173 (173 f.); *Wolffgang*, DB 2013, Heft 12, M1.

stöße beschränkt. Damit geht die Selbstanzeigemöglichkeit des § 22 Abs. 4 AWG für fahrlässiges Verhalten im Hinblick auf § 19 Abs. 2 AWG ins Leere[1].

Des Weiteren ist eine **Ungereimtheit** festzustellen, weil gem. § 19 Abs. 1 AWG ahndbare fahrlässige Verstöße gem. § 18 AWG nicht „selbstanzeigefähig" sind, während fahrlässige Verstöße gegen § 17 AWG, die bei Vorliegen einer entsprechenden Rückverweisung auf § 19 Abs. 3 AWG von § 19 Abs. 3 AWG erfasst würden, „selbstanzeigefähig" wären.

131 **Ausgeschlossen** ist die Möglichkeit einer solchen Selbstanzeige jedenfalls bei den fahrlässigen Verstößen gegen Embargos oder Genehmigungspflichten nach § 19 Abs. 1 AWG, bei vorsätzlichen Verstößen gegen § 19 Abs. 2–5 AWG sowie erst recht bei den Straftatbeständen der §§ 17, 18 AWG[2], was auch für leichtfertiges Handeln nach § 17 Abs. 5 AWG gilt.

132 b) Eine **Aufdeckung im Wege der Eigenkontrolle** kann zunächst durch *Unternehmensangehörige* erfolgen, was insbesondere durch ein unternehmenseigenes internes Kontrollsystem oder durch die interne Revision, ebenso aber auch durch den Unternehmensangehörigen, der den Bußgeldtatbestand selbst verwirklicht hat, geschehen kann. Nachdem das Merkmal „im Wege der Eigenkontrolle" weit auszulegen ist, wird auch das Aufdecken des Verstoßes durch *Unternehmensexterne*, die (zumindest auch) im Auftrag des betroffenen Unternehmens tätig sind (z.B. Steuerberater, Wirtschaftsprüfer), erfasst[3]. Entscheidend für eine Aufdeckung des Verstoßes im Wege der Eigenkontrolle ist in letztgenannten Fällen allerdings, dass der entdeckte Verstoß auf Grundlage eines unternehmensinternen Entscheidungsprozesses zur Selbstanzeige gebracht wird[4].

133 c) Der Verstoß muss der *zuständigen Behörde* **angezeigt** werden. Hierbei ist regelmäßig das *Hauptzollamt* als sachlich zuständige Verwaltungsbehörde nach § 22 Abs. 3 AWG die *zuständige Behörde* für die *Entgegennahme der Anzeige*. Da § 22 Abs. 4 AWG lediglich von der zuständigen „Behörde" (und nicht „Verwaltungsbehörde") spricht, ist die Anzeige auch bei den *Zollfahndungsämtern* möglich. *Örtlich* zuständig ist das Hauptzollamt bzw. Zollfahndungsamt, in dessen Bezirk sich der Unternehmenssitz, der Wohnsitz des Betroffenen oder der Handlungsort befindet[5].

134 Obwohl das Gesetz – anders als etwa der Selbstanzeigetatbestand des § 266a Abs. 6 StGB – *keine schriftliche Anzeige* verlangt, ist eine solche aus Beweisgründen dennoch anzuraten[6]. Das Bundesministerium der Finanzen weist darauf hin, dass der Anzeigende aufzufordern ist, die Selbstanzeige „**möglichst schriftlich**" einzureichen, und mündlich abgegebene Selbstanzeigen jedenfalls vollumfänglich aktenkundig zu machen sind[7]. In der Selbstanzeige ist der Ver-

---

1 S. bereits *Alexander/Winkelbauer*, ZWH 2013, 341 (346); vgl. nachfolgend auch Erlass des BMF v. 12.2.2014, S. 2.
2 *Haellmigk/Vulin*, AW-Prax 2013, 176 (177).
3 *Krause*, ExportManager 5/2013, 22.
4 Erlass des BMF v. 12.2.2014, S. 2.
5 Erlass des BMF v. 12.2.2014, S. 3.
6 *Krause*, ExportManager 5/2013, 22 (23).
7 Erlass des BMF v. 12.2.2014, S. 3.

stoß zumindest durch Angabe der Art der Zuwiderhandlung, des Handelnden und der Handlung so zu beschreiben, dass eine konkrete Handlung durch die Hauptzollämter bzw. Zollfahndungsämter eingegrenzt und bewertet werden kann[1].

§ 22 Abs. 4 AWG verlangt **keine Unverzüglichkeit** der Anzeige, sodass allein ein längerer Zeitablauf nach (unternehmensinterner) Entdeckung des Verstoßes eine Selbstanzeige nicht ausschließt[2] (vgl. aber Rz. 136). 135

Obwohl von dem Erfordernis einer Freiwilligkeit in § 22 Abs. 4 S. 1 AWG zunächst keine Rede ist, gilt nach § 22 Abs. 4 S. 2 AWG eine Anzeige als **freiwillig**, wenn die zuständige Behörde (Hauptzollamt bzw. Staatsanwaltschaft) wegen des Verstoßes *noch keine Ermittlungen aufgenommen* hat. Auch wenn diese Gesetzesgestaltung verunglückt erscheint, wird man davon ausgehen müssen, dass die Anzeigemöglichkeit verwehrt ist, sobald die Behörde eine Maßnahme trifft, die erkennbar darauf abzielt, gegen jemanden straf- oder bußgeldrechtlich vorzugehen[3], auch wenn dies nicht unbedingt etwas mit Freiwilligkeit zu tun hat. Denn einerseits ist Freiwilligkeit i.S. dieser Regelung auch dann gegeben, wenn das Unternehmen von dritter Seite mit einer Fremdanzeige bedroht wird, während andererseits Freiwilligkeit auch dann nicht vorliegen soll, wenn der Betroffene autonom anzeigt, weil er von den eingeleiteten Ermittlungen noch keine Kenntnis besitzt. Die behördlichen Ermittlungen müssen allerdings wegen der *konkreten* Zuwiderhandlung geführt werden, sodass Ermittlungen wegen anderer Verstöße nicht ausreichen[4]. Eine Selbstanzeige ist auch nicht dadurch ausgeschlossen, dass eine Prüfung beim betroffenen Wirtschaftsbeteiligten angekündigt oder begonnen wurde, solange der betreffende Sachverhalt noch nicht vom Prüfer geprüft worden ist[5]. Eine darüber hinausgehende Kenntnis (oder auch grob fahrlässige Unkenntnis) des Unternehmens bzw. Betroffenen von der Aufnahme der Ermittlung ist – anders als bei § 371 Abs. 2 Nr. 2 AO – für den Ausschluss der Selbstanzeige nicht erforderlich[6]. 136

Erfolgt die Selbstanzeige wegen einer bereits erfolgten, dem Betroffenen aber nicht bekannten Tatentdeckung **nicht rechtzeitig**, ist bei der *Ermessensausübung* wegen einer Einstellung nach § 47 OWiG zu berücksichtigen, ob und wie der Betroffenen an der Aufklärung mitgewirkt hat und bereits Maßnahmen zur Verhinderung weiterer Verstöße veranlasst hat[7]. Hierbei wird § 47 OWiG in § 22 Abs. 4 S. 3 AWG explizit – aber im Grunde überflüssigerweise – angesprochen. 137

---

1 Erlass des BMF v. 12.2.2014, S. 3.
2 *Pelz/Hofschneider*, AW-Prax 2013, 173 (174).
3 *Krause*, ExportManager 5/2013, 22 (23); *Prieß/Arend*, AW-Prax 2013, 71 (72).
4 Erlass des BMF v. 12.2.2014, S. 4.
5 Vgl. erneut Erlass des BMF v. 12.2.2014, S. 4.
6 Zweifelnd bis abl. *Voland*, GWR 2013, 264 (267).
7 *Alexander/Winkelbauer*, ZWH 2013, 341 (347); vgl. nachfolgend auch Erlass des BMF v. 12.2.2014, S. 4.

138 **d)** § 22 Abs. 4 S. 1 AWG verlangt des Weiteren, dass – *zukunftsorientiert* – **Maßnahmen getroffen** werden, die bei vorausschauender Prognose[1] Verstöße aus gleichem Grund vermeiden.

Da Verstöße gegen denselben Bußgeldtatbestand bei gleichartiger oder vergleichbarer Begehungsweise zu verhindern sind, können bereits punktuelle Verbesserungen in der Unternehmensorganisation genügen[2]. Bei der Beurteilung der **Angemessenheit** der Maßnahmen sind nämlich jeweils Art und Umfang der Verstöße[3] sowie das hieraus abzuleitende Risiko einer zukünftigen Wiederholung zu berücksichtigen.

139 Zwar kann aus der Formulierung, dass Maßnahmen getroffen „werden", um eine Wiederholung zu vermeiden, nicht abgeleitet werden, dass es genügt, die Maßnahmen erst in der Zukunft zu treffen[4], um bereits aktuell Bußgeldfreiheit zu erlangen. Es ist jedoch möglich, **bis zur rechtskräftigen Entscheidung** diese angemessenen Maßnahmen i.S. des § 22 Abs. 4 AWG zu ergreifen[5].

140 **e)** Die Selbstanzeige stellt ein **„Ahndungshindernis"** für den angezeigten Verstoß dar[6]. Dogmatisch handelt es sich dabei um einen **„Bußgeldbefreiungstatbestand"**, da von der Verfolgung der Ordnungswidrigkeit erst dann abgesehen wird, wenn auf den bereits begangenen Verstoß mit adäquaten Maßnahmen reagiert wurde[7].

141 Mit der Regelung des § 22 Abs. 4 AWG sollen Unternehmen, die im Rahmen einer innerbetrieblichen Unternehmenskontrolle fahrlässige Verstöße aufdecken, den zuständigen Behörden anzeigen und eine angemessene Anpassung ihrer außenwirtschaftsrechtlichen Compliance (internes Exportkontrollprogramm) vornehmen, die Verhängung eines Bußgeldes vermeiden können. Nachdem Ziel der Regelung einerseits sein soll, einen Anreiz in Form einer Bußgeldvermeidung zu schaffen, um die Eigenkontrolle zu verbessern und dadurch langfristig Verstöße gegen das AWG zu reduzieren[8], und andererseits die Behörden entlastet werden sollen, ohne das Schutzniveau des AWG abzusenken[9], begründet eine solche Anzeige ein **Verfolgungshindernis** nicht nur für den angezeigten Verstoß im engeren Sinne. Vielmehr entfällt eine Bebußung des Aufsichtspflichtigen nach *§ 130 OWiG sowie konsequenterweise eine Unternehmensgeldbuße gem. § 30 OWiG* gegenüber juristischen Personen oder Personenvereinigungen[10]. Darüber hinaus hat im Falle einer wirksamen Selbstanzeige auch eine Einziehung gem. § 20 AWG zu unterbleiben[11], wobei freilich

---

1 *Krause*, ExportManager 5/2013, 22 (23).
2 *Pelz/Hofschneider*, AW-Prax 2013, 173 (174).
3 Erlass des BMF v. 12.2.2014, S. 3.
4 Insofern etwas unklar *Krause*, ExportManager 5/2013, 22 (23).
5 In diesem Sinne auch *Krause*, ExportManager 5/2013, 22 (23).
6 Erlass des BMF v. 12.2.2014, S. 4.
7 In diesem Sinne auch (jedoch mit der unzutreffenden Bezeichnung als „Strafaufhebungsgrund") *Knierim/Oehmichen* in Volk, MüAnwHdb. Wirtschafts- und Steuerstrafsachen, § 27 Rz. 73; *Oehmichen*, NZWiSt 2013, 339 (342).
8 *Prieß/Arend*, AW-Prax 2013, 71 (72); *Wendling*, AW-Prax 2013, 157 (158).
9 *Prieß/Arend*, AW-Prax 2013, 71 (73).
10 Erlass des BMF v. 12.2.2014, S. 4.
11 *Voland*, GWR 2013, 264 (267).

die fraglichen, von § 22 Abs. 4 AWG erfassten Verstöße regelmäßig ohnehin keine Einziehung begründen können (vgl. Rz. 31). Es handelt sich folglich um einen sachlichen (und nicht lediglich persönlichen) Bußgeldbefreiungstatbestand[1].

f) Die Regelung des § 22 Abs. 4 AWG ist am 1.9.2013 in Kraft getreten. Unter Berücksichtigung des „**Meistbegünstigungsgrundsatzes**" des § 4 Abs. 3 OWiG begründet sie auch dann ein Verfolgungshindernis, wenn die Zuwiderhandlung, die inhaltlich den in § 19 Abs. 3–5 AWG geregelten Ordnungswidrigkeiten entspricht, vor dem 1.9.2013 begangen wurde und die übrigen Voraussetzungen der Selbstanzeige vorliegen[2].

142

§ 63
Ausübung von Druck und Zwang

Bearbeiter: Thomas Trück

	Rz.		Rz.
I. Nötigung und Erpressung	1	5. Besonderheiten bei juristischen Personen	
1. Nötigungshandlung		a) Drohung gegenüber einer juristischen Person	33
a) Gewalt	3	b) Produkterpressung und Druckausübung auf Kunden.	37
b) Drohung	14	c) Juristische Person als Vermögensinhaber	39
c) Einsatz des Nötigungsmittels gegen Dritte	18	**II. Selbsthilfebetrug**	43
2. Abgenötigtes Verhalten	20		
3. Verwerflichkeitsklauseln	22		
4. Vermögensschaden und Bereicherungsabsicht	29		

Schrifttum: *Donath/Mehle*, Drohung durch den Rechtsanwalt, NJW 2009, 2363 und 2509; *Geppert*, Die Nötigung (§ 240 StGB), Jura 2006, 31; *Hilgendorf*, Denial of service-Angriffe straflos?, jurisPR-ITR 10/2006 Anm. 5; *Horn*, Die Drohung mit einem erlaubten Übel: Nötigung?, NStZ 1983, 497; *Jahn*, Strafrechtlicher Gewaltbegriff bei Blockade einer Firmenhomepage, JuS 2006, 943; *Kapitza*, Aus der Praxis: Nötigung durch Drohung mit Inkassounternehmen? – Zur Beurteilung privater Mahnschreiben, JuS 2007, 442; *Kitz*, Der Gewaltbegriff im Informationszeitalter und die strafrechtliche Beurteilung von Onlineblockaden, ZUM 2006, 730; *Kraft/Meister*, Rechtsprobleme virtueller Sit-ins, MMR 2003, 366; *Kudlich/Melloh*, Aus der Praxis – Nötigung durch Drohung mit einer Strafanzeige wegen „falscher EV"?, JuS 2005, 912; *Küper*, Drohung und Warnung. Zur Rekonstruktion und Revision des klassischen Drohungsbegriffs, GA 2006, 439; *Laue*, Strafrecht und Internet – Teil 1, JurisPR-StrafR 13/2009 Anm. 2; *Lausen*, Strafrechtliche Risiken bei der Forderungseintreibung, wistra 1991, 279; *Lesch*, Das Rechtsgut des § 240 StGB, in FS Rudolphi, 2004, S. 483; *Lesch*, Gewalt als Tatbestandsmerkmal des § 240 StGB, in FS Ja-

---

1 Vgl. insofern auch *Knierim/Oehmichen* in Volk, MüAnwHdb. Wirtschafts- und Steuerstrafsachen, § 27 Rz. 73 f., 108; *Oehmichen*, NZWiSt 2013, 339 (342).
2 Erlass des BMF v. 12.2.2014, S. 5.

kobs, 2007, S. 327; *Lüderssen*, Mißbräuchliche akteinrechtliche Anfechtungsklagen und Strafrecht – Vorüberlegungen und Materialien, in FS Heinsius, 1991, S. 457; *Magnus*, Der Gewaltbegriff der Nötigung (§ 240 StGB) im Lichte der neuesten BVerfG-Rechtsprechung, NStZ 2012, 538; *Mitsch*, Erpresser versus Betrüger – BGH, NJW 2002, 2117, JuS 2003, 122; *Petri*, Mobbing: Strafbarkeit eines Phänomens, StraFo 2007, 221; *Rengier*, „Dreieckserpressung" gleich „Dreiecksbetrug"?, JZ 1985, 565; *Rieble/Klebeck*, Strafrechtliche Risiken der Betriebsratsarbeit, NZA 2006, 758; *Sinn*, Gewaltbegriff – quo vadis?, NJW 2002, 1024; *Sinn*, Die Nötigung, JuS 2009, 577; *Swoboda*, Grundwissen – Strafrecht: Der Gewaltbegriff, JuS 2008, 862; *Wallau*, Der „Mensch" in §§ 240, 241, 253 StGB und die Verletzung der Rechte juristischer Personen, JR 2000, 312; *Zopfs*, Drohen mit einem Unterlassen?, JA 1998, 813.

I. Nötigung und Erpressung

1   Im Wirtschaftsleben leistet nicht jeder Schuldner freiwillig zum Fälligkeitstermin. Der Gläubiger wird nicht selten hartnäckig sein oder listig vorgehen müssen, um zu „seinem Geld zu kommen". Die Ausübung von **Druck** und **Zwang** sind auch ansonsten probate Mittel, um eigene Ziele und Interessen gegen andere durchzusetzen. Unter dem Gesichtspunkt des Wirtschaftsstrafrechts sind hier vor allem Verhaltensweisen relevant, mit denen unternehmerische Entscheidungen oder Arbeitnehmer beeinflusst werden sollen. Dabei kann es mitunter vorkommen, dass die Grenzen des Erlaubten überschritten werden und sogar strafbares Verhalten im Raum steht. In diesem Abschnitt werden primär die Straftatbestände der *Nötigung* und der *Erpressung* erörtert, soweit sie für entsprechende Verhaltensweisen relevant sind, deren Bewertung besondere Kenntnisse wirtschaftlicher Zusammenhänge erfordert. Nachfolgend wird kurz der sog. *Selbsthilfebetrug* angesprochen[1]. Weil sich bei der Krise des Schuldners eine spezifische Situation der Gläubiger ergibt, sind im Insolvenzstrafrecht spezielle Rechtsvorschriften enthalten, deren Darstellung unten erfolgt (§§ 75 ff.). Die nahestehenden Bußgeldtatbestände des Kartellrechts sind oben in § 57 Rz. 129 ff. angesprochen.

2   § 253 StGB, **Erpressung,** schützt das Vermögen gegen eine besondere Art des Angriffs, nämlich den Zwang, während § 263 StGB, der Betrug, gegen Täuschung schützt[2]. Das Tatmittel der Erpressung entspricht demjenigen der **Nötigung** i.S. des § 240 StGB[3], und kann gleichermaßen in Gewalt oder Drohung mit einem empfindlichen Übel bestehen. *Rechtsgut* beider Tatbestände ist daher – bei § 253 StGB neben dem Vermögen – die Freiheit der Willensentschließung und Willensbetätigung[4]. § 240 StGB tritt deshalb im Wege der Gesetzes-

---

1 Wegen weiterer Einzelheiten zu den Strafvorschriften wird auf die StGB-Komm. verwiesen.
2 *Lackner/Kühl*, § 253 StGB Rz. 1; zur Abgrenzung vgl BGH v. 10.10.1983 – 4 StR 405/83, NJW 1984, 501.
3 BGH v. 13.1.1983 – 1 StR 737/81, BGHSt 31, 195 (198).
4 BVerfG v. 10.1.1995 – 1 BvR 718/89, 719/89, 722/89, 723/89, NJW 1995, 1141 (1142) = BVerfGE 92, 1 = NStZ 1995, 275 = StV 1995, 242, zur Nötigung; BGH v. 18.1.1955 – 2 StR 284/54, BGHSt 7, 197 (198); BGH v. 5.9.1986 – 3 StR 359/86, StV 1986, 530; BGH v. 20.4.1995 – 4 StR 27/95, BGHSt 41, 123 (125); OLG Hamm v. 21.6.2007 – 3 Ss 62/07, NStZ-RR 2008, 143, zur Erpressung.

konkurrenz grundsätzlich hinter den spezielleren § 253 StGB zurück[1]. Ausnahmsweise kann Tateinheit gegeben sein, wenn eine weitere Nötigungshandlung nach Vollendung und vor Beendigung der Erpressung erfolgt, die neue Rechtsgüter betrifft, insbesondere durch Nötigung bislang unbeteiligter Personen[2].

1. Nötigungshandlung

a) Gewalt

Der umstrittene **Begriff der Gewalt** i.S. der §§ 240, 253 StGB erfordert aufseiten des Täters eine *körperliche Kraftentfaltung*, die aufseiten des Opfers zu einer physischen Einwirkung in Form *körperlich wirkenden Zwangs* führt[3]. Dabei wird von der Rechtsprechung nicht vorausgesetzt, dass die Kraftentfaltung des Täters eine bestimmte Intensität besitzt. Es genügt geringfügige körperliche Energie[4]. Dagegen müssen beim Genötigten mehr als rein psychische Zwangswirkungen hervorgerufen werden. Es bedarf physischer Auswirkungen der Gewalthandlung[5]. Hierfür kann allerdings schon die körperliche Empfindung des Opfers ausreichend sein, die in einer physisch merkbaren Angstreaktion besteht[6].

Im Bereich des Wirtschaftsstrafrechts wird nicht die Anwendung körperlicher Gewalt durch einen Gläubiger oder sonstigen Anspruchsteller im Vordergrund stehen. In Betracht kann aber **Gewalt gegen Sachen** kommen. Diese wird als unmittelbar gegen Sachen gerichtetes Vorgehen tatbestandlich erfasst, soweit sie vom Genötigten als körperlich vermittelter Zwang empfunden wird[7]. Die Abgrenzung ist allerdings schwierig und sehr stark von *Einzelfallrechtsprechung* geprägt.

Gewalt wurde **bejaht**

— bei eigenmächtigem Ausräumen von Waren und Geschäftsunterlagen aus Geschäftsräumen, um den Inhaber am Weiterbetrieb seines Unternehmens zu hindern[8],

---

1 BGH v. 19.10.1999 – 4 StR 467/99, NStZ-RR 2000, 106; vgl. BGH v. 17.3.2005 – 5 StR 57/05, Rz. 1 f.
2 BGH v. 27.8.2002 – 1 StR 287/02, NStZ-RR 2002, 334; BGH v. 24.2.2005 – 1 StR 33/05, NStZ 2005, 387.
3 *Geppert*, Jura 2006, 31, 35; *Swoboda*, JuS 2008, 862.
4 BVerfG v. 24.10.2001 – 1 BvR 1190/90, 2173/93, 433/96, NJW 2002, 1031 (1032) = BVerfGE 104, 92; BVerfG v. 29.3.2007 – 2 BvR 932/06, NStZ 2007, 397 (398).
5 BVerfG v. 10.1.1995 – 1 BvR 718/89, 719/89, 722/89, 723/89, NJW 1995, 1141 (1142 f.); BVerfG v. 7.3.2011 – 1 BvR 388/05, NJW 2011, 3020 (3021).
6 BVerfG v. 29.3.2007 – 2 BvR 932/06, NStZ 2007, 397 (398).
7 *Fischer*, § 240 StGB Rz. 25; *Vogel* in LK, § 253 StGB Rz. 4; *Jahn*, JuS 2006, 943; *Lackner/Kühl*, § 240 StGB Rz. 11; abl. *Sinn* in MüKo, § 240 StGB Rz. 65; vgl. BGH v. 22.6.2004 – 4 StR 135/05, NStZ 2005, 35, zu § 177 StGB.
8 BGH v. 17.3.1987 – 1 StR 15/87 – "vis absoluta", wistra 1987, 212 = JR 1988, 75; anders noch RG v. 9.4.1890 – Rep. 707/90, RGSt 20, 354 (356).

- für das eigenmächtige Ausräumen einer Wohnung, selbst zu einem Zeitpunkt, an dem der Bewohner nicht anwesend ist, weil sie eine wesentliche Grundlage der Existenz darstelle[1],

- für das Aushängen von Fenstern und Türen zum Zwecke der Räumung[2],

- bei Abschalten der Heizung zumindest während der Frostperiode. Hierbei werde physischer Zwang entfaltet, da es das Verbleiben in den Räumen unmöglich mache und gesundheitliche Gefahren heraufbeschwöre. Die erforderliche Kraftentfaltung aufseiten des Täters könne aber nur angenommen werden, sofern er die Heizung durch Betätigung der vorgesehenen Einrichtungen abstelle, nicht jedoch bei bloßem verbalem Unterbinden der Nachlieferung von Brennstoff[3].

6 Als **zweifelhaft** wird angesehen,

- ob das Unterbrechen von Wasser- und Stromzufuhr die Anforderungen an eine *Gewalthandlung* erfülle[4].

7 **Verneint** wurde *Gewalt* dagegen

- bei eigenmächtiger Inpfandnahme einer Sache des Schuldners mangels physischer Zwangswirkung. Sie bewirke als bloßer Zwang, vom Täter geschaffene vollendete Tatsachen hinzunehmen, keinen Angriff auf die Willensentschließungs- und -betätigungsfreiheit als Schutzgut des § 240 StGB[5] (s. aber Rz. 16 zur Drohung).

8 – In diesen Zusammenhang sind auch die Fälle einer **Internetblockade** einzuordnen. Durch Herbeiführung eines massenhaften Zugriffs auf die Internetseite eines Unternehmens soll deren Aufruf durch Kunden unterbunden oder deren Totalausfall bewirkt werden. Derartige Vorgehensweisen traten bislang vor allem im Zusammenhang mit *Online-Demonstrationen* – auch als „*Virtuelle Sit-Ins*" bezeichnet – auf[6]. Sie dienen insbesondere als Protestaktionen der Verfolgung ideologischer Ziele, weswegen hierzu öffentlich aufgerufen und eine große Teilnehmerzahl mobilisiert wird. Der gleiche Erfolg kann aber auch durch **Denial-of-Service-(DoS)-** oder **Distributed-Denial-of-Service-(DDoS)-Angriffe**[7] (vgl. § 42 Rz. 90 und 100) erreicht werden. Bei diesen werden Programme über das Netzwerk verbreitet und unbemerkt auf einer Vielzahl fremder Rechner installiert. Sie ermöglichen die einheitliche Steuerung durch eine einzige kaum festzustellende Person, wodurch ebenfalls der erforderliche Überlastungseffekt herbeigeführt werden kann. Diese

---

1 OLG Köln v. 25.7.1995 – Ss 340/95, NJW 1996, 472, unter ausdrücklicher, wenngleich wenig überzeugender, Ablehnung der vorgenannten BGH-Entscheidung; vgl. auch RG v. 13.1.1927 – III 916/26, RGSt. 61, 156 (157 f.).
2 RG v. 1.12.1882 – Rep. 2705/82, RGSt. 7, 269 (270–272); *Träger/Altvater* in LK, § 240 StGB Rz. 51.
3 OLG Hamm v. 16.3.1983 – 2 Ss 2026/82, NJW 1983, 1505 (1506), was aber u.U. unter die Drohung mit einem empfindlichen Übel fallen könne; *Träger/Altvater* in LK, § 240 StGB Rz. 51.
4 Vgl OLG Hamm v. 16.3.1983 – 2 Ss 2026/82, NJW 1983, 1505 (1506); OLG Frankfurt v. 22.5.2006 – 1 Ss 319/05, StV 2007, 244 (247), jew. m.w.Nw.
5 OLG Köln v. 12.12.1989 – Ss 533/89, StV 1990, 266 f.
6 Vgl. den Überblick bei *Kitz*, ZUM 2006, 730; *Kraft/Meister*, MMR 2003, 366 f.; s. auch *Gercke*, MMR 2006, 552; *Laue*, jurisPR-StrafR 13/2009 Anm. 2.
7 Hierzu LG Düsseldorf v. 22.3.2011 – 3 KLs 1/11, MMR 2011, 624; *Ernst*, NJW 2003, 3233 (3235).

Variante eignet sich auch, um *finanziellen Druck* auf Unternehmen auszuüben[1] (s. auch Rz. 15 und § 42 Rz. 24).

In einem derartigen Angriff, der sich gegen eine Fluggesellschaft richtete, sah das OLG Frankfurt am Main **keine Gewalt**[2]. Das Betätigen der Maustaste reiche *nicht* für die *notwendige Kraftentfaltung* auf Täterseite. Hier fiele sonst der allgemeine Handlungsbegriff mit dem Merkmal der Gewalt zusammen, sodass Letzteres jegliche Unterscheidungskraft verlöre. Zudem beschränke sich die Wirkung der Handlung auf den Bereich des Internets und entbehre jeder auf den Körper einer Person ausgerichteten Wirkung. Dem entspreche auch die Opferperspektive. Als unmittelbar von der Tathandlung Betroffene wäre auf die User abstellen, die die Internetseite des Unternehmens aufrufen wollen. Sie würden allein dahin gehend eingeschränkt, dies nicht tun zu können, womit *keine physische Beeinträchtigung* verbunden sei.

Bei diesen Entscheidungen zur Thematik Gewalt gegen Sachen ist zu berücksichtigen, dass einer vollständigen „**Vergeistigung" des Gewaltbegriffs** vom BVerfG **entgegengetreten** wurde[3]. Daher kann auf einen Bezug zur Körperlichkeit weder aufseiten des Opfers noch aufseiten des Täters verzichtet werden[4]. Ansonsten würde der Begriff der Gewalt konturlos und verlöre entgegen des Wortlauts der §§ 240, 253 StGB seine eigenständige Funktion gegenüber dem Nötigen[5], das eine Handlung gegen den Willen des Genötigten – und damit die Zwangswirkung als solche – schon enthält[6]. Jedoch muss er offen bleiben, um den Anforderungen der modernen Gesellschaft gerecht zu werden und subtile Formen der Gewalt zu erfassen[7].

Unter diesen Voraussetzungen ist es nicht gerechtfertigt, Gewalt gegen Sachen gänzlich abzulehnen[8]. Vielmehr ist denjenigen Entscheidungen beizupflichten, die erst einen solchen **Sachentzug** als tatbestandsmäßig annehmen, der eine über dessen bloße Erduldung hinausgehende Wirkung nach sich zieht. Hiervon kann ausgegangen werden, wenn es dem davon Betroffenen unmöglich gemacht wird, seine Erwerbstätigkeit weiter auszuüben, oder ihm sein Lebensmittelpunkt in Form der Wohnung faktisch entzogen wird.

Demgegenüber wird zu Recht davon ausgegangen, dass **Angriffe auf Internetseiten** nicht mehr die Voraussetzung einer hinreichend greifbaren Körperlichkeit auf Opferseite erfüllen[9]. Dieses Manko kann nicht durch das Argument

---

1 Vgl *Hilgendorf*, JurisPR-ITR 10/2006 Anm. 5.
2 OLG Frankfurt v. 22.5.2006 – 1 Ss 319/05, StV 2007, 244 (244) = MMR 2006, 547 (548–550), m. Anm. *Jahn*, JuS 2006, 943 ff.; *Magnus*, NStZ 2012, 538 (543 Fn. 53); s. auch LG Düsseldorf v. 22.3.2011 – 3 KLs 1/11, MMR 2011, 624 (625); *Gercke*, MMR 2006, 552; *Kitz*, ZUM 2006, 730 (733); *Laue*, juris PR-StrafR 13/2009 Anm. 2, zu §§ 303a, 303b StGB.
3 BVerfG v. 10.1.1995 – 1 BvR 718/89, 719/89; 722/89, 723/89, NJW 1995, 1141 (1142); Überblick über die Enwicklung der Rspr. bei *Magnus*, NStZ 2012, 538 (539 f.).
4 Anders *Lesch* in FS Jakobs, 2007, S. 327–337; *Eser/Eisele* in S/S, vor §§ 234 ff. StGB Rz. 6 und 8–10.
5 S. hierzu die präzise begriffliche Eingrenzung dieses Tatbestandmerkmals bei RG v. 20.10.1930 – III 266/30, RGSt 64, 379 (381).
6 *Geppert*, Jura 2006, 31 (35); *Sinn*, NJW 2002, 1024.
7 *Swoboda*, JuS 2008, 862 f; vgl. auch *Magnus*, NStZ 2012, 538.
8 So aber *Sinn* in MüKo, § 240 StGB Rz. 65.
9 *Eser/Eisele* in S/S, § 240 StGB Rz. 5; *Kitz*, ZUM 2006, 730 (732 f.).

überwunden werden, die minimale Kraftentfaltung beim Mausklick würde durch die ausgelösten technischen Vorgänge verstärkt[1]. Im Gegensatz zu anderen Fällen ebenfalls nur minimalen Körpereinsatzes des Nötigenden wie beim Beibringen eines Betäubungsmittels[2], Sprühen in die Augen[3], Einsperren in einen umschlossenen Raum[4] und Betätigen des Abzugs einer Waffe[5], fehlt der Übertragung des auslösenden Verhaltens hier der Wirkungszusammenhang in der physischen Außenwelt. Die Technik ist lediglich das Medium für elektronische Übermittlungs- und Rechenabläufe. Der Vorgang bleibt zwischen den beteiligten Personen sowohl auf Wirkseite als auch auf Wirkungsseite *rein virtueller Natur* und dürfte sich schon mit dem Wortverständnis der Gewalt nicht mehr in Einklang bringen lassen (zur Drohung Rz. 16).

12 Es verbleibt allerdings ein **Zwischenbereich** von Maßnahmen, bei denen im Einzelfall schwer zu entscheiden ist, ob und ab wann ihnen eine ausreichende Kraftentfaltung zugrunde liegt oder sie sich konkret physisch auswirken[6]. Hier hilft nur *sorgfältige Aufklärung* der Tatumstände und deren *ausgewogene Gewichtung* – spätestens über das Regulativ der Verwerflichkeitsprüfung.

13 Im Bereich der **Erpressung** besteht die Besonderheit, dass *Gewalt gegen eine Person* unter den Qualifikationstatbestand des § 255 StGB fällt. Daher kommt § 253 StGB nur bei *Gewalt gegen Sachen* zur Anwendung[7]. Da die Rechtsprechung – im Gegensatz zum Betrug – bei der Erpressung keine Vermögensverfügung voraussetzt (Rz. 21), kann prinzipiell auch *vis absoluta* den Tatbestand erfüllen[8].

b) Drohung

14 Die Androhung von Repressalien für den Fall, dass der Schuldner nicht zahlt oder ein Unternehmer zu einer bestimmten Verhaltensweise bewegt werden soll, kann das Merkmal der **Drohung mit einem empfindlichen Übel** erfüllen. Ein solches liegt vor, wenn der angekündigte Nachteil von solcher Erheblichkeit ist, dass er geeignet erscheint, den Bedrohten i.S. des Täterverhaltens zu motivieren[9]. Es kann in Maßnahmen bestehen, die, für sich betrachtet, recht-

---

1 *Kraft/Meister*, MMR 2003, 366 (370).
2 BGH v. 27.1.2009 – 4 StR 473/08, StV 2009, 408, zu § 249 StGB.
3 BGH v. 13.3.2002 – 1 StR 47/02, NStZ 2003, 89, zu § 249 StGB.
4 BGH v. 10.10.2002 – 2 StR 153/02, NStZ-RR 2003, 42 (43), zu § 177 StGB.
5 So noch die Vorinstanz AG Frankfurt/M v. 1.7.2005 – 991 Ds 6100 Js 226314/01, NStZ 2006, 399 (400) = MMR 2005, 863 (864), vgl. auch *Magnus*, NStZ 2012, 538 (540) – Auslösen einer Bombe.
6 *Eser/Eisele* in S/S, vor §§ 234 ff. StGB Rz. 10a a.E., hält diese Unterscheidung für kaum durchführbar.
7 *Fischer*, § 253 StGB Rz. 5; *Sinn* in SK, § 253 StGB Rz. 8; *Vogel* in LK, § 253 StGB Rz. 3 f.; im Ergebnis *Cramer* in S/S, § 253 StGB Rz. 3; a.A. *Sander* in MüKo, § 253 StGB Rz. 9, der der Tatvariante der Gewalt in § 253 StGB insgesamt keine eigenständige Bedeutung gegenüber § 255 StGB beimisst.
8 A.A. die wohl h.M. in der Literatur, vgl. *Eser/Bosch* in S/S, § 253 StGB Rz. 3 und 8 f.; *Sander* in MüKo, § 253 StGB Rz. 13–21; *Sinn* in SK, § 253 StGB Rz. 8, jew. m.w.Nw.
9 BGH v. 13.1.1983 – 1 StR 737/81, BGHSt 31, 195 (201).

mäßig sind[1]. Das Inaussichtstellen kann *konkludent* erfolgen[2] und sich auch auf ein *Unterlassen* beziehen. Dabei ist es unerheblich, ob der Nötigende zu der Handlung, deren Unterlassung er androht, verpflichtet wäre[3] oder nicht[4].

Entsprechend kann hierunter der Fall subsumiert werden, falls der Werkunternehmer ankündigt, das vereinbarte Werk nur verzögert oder nicht fertigzustellen, sofern ihm nicht ein ursprünglich nicht vereinbarter Zuschlag zum Werklohn gewährt wird[5].

Der Drohende muss sich in jedem Fall **Verwirklichungsmacht**[6] in dem Sinne zuschreiben, dass er den Eintritt der Übelszufügung als *von seinem Willen abhängig* herausstellt. Hierzu muss der Nötigende *nicht* in Aussicht stellen, die Zufügung des Übels *selbst vorzunehmen*; es genügt der Hinweis, dass dies durch einen Dritten geschehen solle, wenn damit der Eindruck erweckt wird, der Täter könne diesen in die entsprechende Richtung beeinflussen und wolle dies auch[7]. 15

Demnach kann beispielsweise in dem Verweis eines Rechtsanwalts, der die Durchsetzung von angeblichen Forderungen betreibt, seine Mandantschaft behalte sich die Erstattung einer Strafanzeige vor, nicht von vornherein lediglich eine von §§ 240, 253 StGB nicht erfasste *Warnung* gesehen werden. Ergibt sich aus dem Gesamtzusammenhang seiner Äußerungen, dass er sich maßgeblichen Einfluss auf die Anzeigeerstattung zuschreibt, ist die Grenze zur Drohung überschritten[8]. Andererseits stellt die Behauptung des Täters, er könne ein – tatsächlich nicht existentes – von Dritten beauftragtes „Killerkommando" durch Weiterleitung eines Geldbetrages aufhalten, keine Drohung, sondern eine *Täuschung* dar. Ein solches Verhalten ist dann unter den Tatbestand des Betruges gem. § 263 Abs. 1 StGB zu subsumieren[9]. Kommt der Täuschung allerdings eigenständiges Gewicht neben der Drohung zu, kann ausnahmsweise Tateinheit zwischen § 253 StGB und § 263 StGB angenommen werden[10]. Dies trifft auch zu, wenn der Täter einem Arbeitgeber mit der Anzeige unzulässiger Sonntagsarbeit droht und hierbei gleichzeitig wahrheitswidrig vorspiegelt, das „Schweigegeld" zurückzahlen zu wollen[11], oder wenn er

---

1 RG v. 20.10.1930 – III 266/30, RGSt 64, 379 (383); BGH v. 3.6.1964 – 2 StR 431/63, JurionRS 1964, 13630 (Rz. 10); BGH v. 13.1.1983 – 1 StR 737/81, BGHSt 31, 195 (202); *Vogel* in LK, § 253 StGB Rz. 10; a.A. *Horn*, NStZ 1983, 497 (499); *Lesch* in FS Rudolphi, 2004, S. 483 (487).
2 BGH v. 17.3.1955 – 4 StR 8/55, BGHSt 7, 252 (253).
3 BGH v. 21.10.1999 – 4 StR 376/99.
4 BGH v. 13.1.1983 – 1 StR 737/81, BGHSt 31, 195 (200 f.); einschränkend, aber letztlich offengelassen in BGH v. 22.4.1998 – 5 StR 5/98, BGHSt 44, 68 (74); vgl. auch *Schneider/Gottschaldt*, wistra 2009, 133 (134 f.); a.A. (noch) RG v. 7.2.1930 – I 74/30, RGSt 63, 424 (425); *Horn/Wolters* in SK, § 240 StGB Rz. 16; vorsichtiger RG v. 25.6.1886 – Rep. 1362/86, RGSt 14, 264 (265).
5 *Vogel* in LK, § 253 StGB Rz. 11.
6 RG v. 29.11.1900 – Rep. 2888/00, RGSt 34, 15 (19); *Küper*, GA 2006, 439 (441), jeweils auch zur Abgrenzung von der Warnung.
7 BGH v. 18.1.1955 – 2 StR 284/54, BGHSt 7, 197 (198); BGH v. 2.12.2008 – 3 StR 203/08, NStZ 2009, 692 (693).
8 BGH v. 5.9.2013 – 1 StR 162/13, NJW 2014, 401 (403).
9 BGH v. 3.4.1996 – 3 StR 59/96, NStZ 1996, 435; BGH v. 17.8.2006 – 3 StR 238/06, StV 2006, 694 = NStZ-RR 2007, 16; a.A. *Sinn*, JuS 2009, 577 (582 f.).
10 RG v. 17.3.1890 – Rep. 403/90, RGSt 20, 326 (330); *Sinn* in SK, § 253 StGB Rz. 13 und 38.
11 BGH v. 15.5.1956 – 2 StR 35/56, BGHSt 9, 245 (247).

mit einer Anzeige wegen Steuerhinterziehung droht, um eine Forderung einzuziehen, die er zuvor bereits abgetreten hatte.

16 **Beispiele** für Fälle, bei denen die Rechtsprechung ein **empfindliches Übel** annahm, sind die Androhung,

- geschäftliche Verbindungen, auf die der Vertragspartner wirtschaftlich existenziell angewiesen ist[2], abzubrechen;
- einen Zivilprozesses einzuleiten[3];
- eine „domain" nicht ohne langwierigen Zivilprozess freizugeben[4];
- die Webssite eines gewerblichen Anbieters durch DDoS-Attacken (Rz. 8) lahmzulegen[5];
- die Zwangsvollstreckung zu beantragen[6];
- einen Insolvenzantrag zu stellen[7];
- ein Inkassounternehmen werde den Schuldner aufsuchen[8];
- den Arbeitgeber oder andere Personen über Schulden zu unterrichten[9];
- des Insolvenzverwalters gegenüber dem Ehegatten des Gemeinschuldners, die getrennte Veranlagung zur Einkommensteuer zu beantragen[10];
- Gegenstände nach eigenmächtiger „Inpfandnahme" bis zur Zahlung nicht herauszugeben[11] oder bei Nichtzahlung selbst zu verwerten[12];
- einer Strafanzeige[13] – vor allem durch einen Rechtsanwalt in einem Mahnschreiben[14] –, etwa wegen Betrugs[15] oder Abgabe einer falschen eidesstattlichen Versicherung[16] oder einer hierauf gestützten Kündigung[17];
- eine erstattete Strafanzeige nicht aus dem Geschäftsgang zu nehmen[18] bzw. deren Absendung durch Dritte nicht zu verhindern[19].

---

1 *Rengier*, JZ 1985, 565 (568).
2 BGH v. 11.11.1998 – 5 StR 325/98, BGHSt 44, 251 (252); krit. hierzu *Fischer*, § 253 StGB Rz. 8; *Vogel* in LK, § 253 StGB Rz. 10.
3 RG v. 17.3.1890 – Rep. 403/90, RGSt. 20, 326 (329); RG v. 6.7.1914 – V 997/13, RGSt. 49, 354 (356 f.); *Träger/Altvater* in LK, § 240 StGB Rz. 59; *Kindhäuser* in NK, § 253 StGB Rz. 9; vgl. BGH v. 19.11.1953 – 3 StR 17/53, BGHSt 5, 254 (260).
4 OLG München v. 27.6.2000 – 2 Ws 654/2000, wistra 2001, 33 (34).
5 LG Düsseldorf v. 22.3.2011 – 3 KLs 1/11, MMR 2011, 624 (625).
6 RG v. 3.4.1894 – Rep. 900/94, RGSt. 25, 254 (255); RG v. 11.12.1894 – Rep. 2977/94, RGSt. 26, 305 (306 f.); *Kindhäuser* in NK, § 253 StGB Rz. 9.
7 *Kindhäuser* in NK, § 253 StGB Rz. 9, *Vogel* in LK, § 253 StGB Rz. 10, jew. unter Hinweis auf RG v. 12.2.1880 – Rep. 208/80 – „Hülfsvollstreckung", RGSt. 1, 205 (206 f.).
8 AG Celle v. 29.6.2005 – 16 C 1309/05, BeckRS 2006, 13028 = ZVI 2005, 550; *Kapitzka*, JuS 2007, 442; vgl auch *Lausen*, wistra 1991, 279 (287).
9 *Kapitzka*, JuS 2007, 442; *Lausen*, wistra 1991, 279 (287).
10 LG Kleve v. 13.6.2012 – 2 O 433/11, ZIP 2013, 85.
11 BGH v. 17.12.1987 – 4 StR 628/87, NStZ 1988, 216 = StV 1988, 385.
12 BGH v. 14.6.1982 – 4 StR 255/82, NJW 1982, 2265.
13 *Vogel* in LK, § 253 StGB Rz. 10; *Kapitzka*, JuS 2007, 442.
14 BGH v. 5.9.2013 – 1 StR 162/13, NJW 2014, 401 (403).
15 BGH v. 25.7.1996 – 4 StR 202/96, BGHSt 42, 196 (198).
16 *Kudlich/Melloh*, JuS 2005, 912 (913).
17 *Petri*, StraFo 2007, 221 (223).
18 OLG Karlsruhe v. 20.10.2004 – 1 Ss 76/03, NJW 2004, 3724.
19 BGH v. 13.1.1983 – 1 StR 737/81, BGHSt 31, 195 (196).

- an deutsche Finanzbehörden Kontounterlagen weiterzuleiten, die bei ausländischen Banken verborgene Vermögenswerte betreffen[1] (s. hierzu aber Rz. 26),
- in der Presse bloßstellende[2], unwahre oder entstellte Tatsachen[3] zu veröffentlichen, insbesondere dann, wenn bereits die Veröffentlichung als solche zu gravierenden negativen Folgen für den Geschäftsbetrieb führen kann[4],
- einen Streik zu beginnen oder fortzusetzen, jedenfalls bei rechtswidrigem Arbeitskampf[5], oder
- die (missbräuchliche) Ausübung von Beteiligungsrechten des Betriebsrats von einem Verhalten des Arbeitgebers in anderen Fällen abhängig zu machen (Koppelungsgeschäfte)[6].

Nach dem **Selbstverantwortungsprinzip**[7] fehlt es dagegen an einem empfindlichen Übel, wenn von dem konkret Bedrohten in seiner Lage erwartet werden kann, der Drohung in besonnener Selbstbehauptung standzuhalten[8].   17

Hiervon kann bei der bloßen Ankündigung der Einschaltung eines Rechtsanwalts[9] oder wahrheitsgemäßer Presseveröffentlichungen[10] (s. aber auch Rz. 16 a.E.) regelmäßig ausgegangen werden.

c) Einsatz des Nötigungsmittels gegen Dritte

Eine besondere Variante der Druckausübung auf Unternehmer ist die **Produkterpressung**[11]. Hierzu kündigt der Täter an, sofern seiner Forderung nicht nachgekommen werde, Produkte des Unternehmens so zu manipulieren, dass eine Gefährdung der Abnehmer eintreten kann, vor allem durch *Vergiftung* von Lebensmitteln[12]. Aus Sicht des Unternehmens vergleichbar ist die Situation, wenn direkte **Druckausübung auf Kunden** in Aussicht gestellt wird, um sie von der Inanspruchnahme der Leistungen oder dem Kauf von Waren abzuhalten. Dies kann beispielsweise durch *Bombendrohungen* erfolgen oder sonstige   18

---

1 BGH v. 10.6.2010 – 4 StR 474/09, Rz. 14, insoweit nicht abgedr. in NStZ-RR 2011, 143.
2 RG v. 20.10.1930 – III 266/30, RGSt 64, 379 (380 f.).
3 BGH v. 3.2.1993 – 2 StR 410/92, NStZ 1993, 282 = NJW 1993, 1484; OLG Bremen v. 7.11.1956 – Ss 102/56, NJW 1957, 151.
4 OLG Hamm v. 16.4.1957 – 3 Ss 304/57, NJW 1957, 1081; BayObLG v. 22.9.2004 – 1 St RR 110/04, wistra 2005, 235 (236); vgl auch BGH v. 3.6.1964 – 2 StR 431/63, JurionRS 1964, 13630 (Rz. 10).
5 *Rieble/Klebeck*, NZA 2006, 758 (760).
6 *Rieble/Klebeck*, NZA 2006, 758 (760 f.).
7 *Sinn* in MüKo, § 240 StGB Rz. 81; *Lackner/Kühl*, § 240 StGB Rz. 13; *Sinn* in SK, § 253 StGB Rz. 14.
8 BGH v. 13.1.1983 – 1 StR 737/81, BGHSt 31, 195 (201).
9 OLG Karlsruhe v. 18.4.1996 – 3 Ss 138/95, NStZ-RR 1996, 296; OLG Karlsruhe v. 6.6.2002 – 1 Ss 277/01, JZ 2004, 101.
10 BGH v. 28.1.1992 – 5 StR 4/92, NStZ 1992, 278; OLG Bremen v. 7.11.1956 – Ss 102/56, NJW 1957, 151.
11 Hierzu *Träger/Altvater* in LK, § 240 StGB Rz. 60; *Toepel* in NK, § 240 StGB Rz. 20 und 111.
12 Vgl. BGH v. 22.12.1993 – 3 StR 419/93, NJW 1994, 1166 = NStZ 1994, 187 = StV 1994, 656; BGH v. 18.6.1996 – 1 StR 244/96, NStZ 1996, 494.

Sabotageakte, wie die an ein Bahnunternehmen gerichtete Mitteilung, Züge zum Entgleisen zu bringen[1].

19 Die zu gewärtigenden *Umsatzeinbußen*[2] treten erst mittelbar als Folge des vom Täter eingesetzten Nötigungsmittels ein. Die Gewaltanwendung selbst oder die eigentliche Drohung richten sich indessen gegen die Kunden des Unternehmens. In diesen Fällen liegt **Gewalt** oder **Drohung gegen Dritte** vor, die unter die Tatbestände der §§ 240, 253 StGB fällt. Die Rechtsprechung und ein Teil der Literatur nehmen dies deswegen an, weil die Einwirkung auf den Dritten mit einem *Übel für den Unternehmer* selbst verbunden sei[3]. Nach anderer Ansicht ist diese Fallkonstellation – indessen mit weitgehend gleichen Ergebnissen – über die Grundsätze des Notstands oder der Einwilligung zu lösen[4]. Richtet sich die Drohung dabei gegen die Gesundheit oder das Leben dieser Personen, wie es bei Drohungen mit Bombenlegung oder Vergiftung von Lebensmitteln der Fall ist, so liegt regelmäßig der Qualifikationstatbestand der *räuberischen Erpressung* gem. § 255 StGB vor[5].

2. Abgenötigtes Verhalten

20 Für das abgenötigte Verhalten im Rahmen des § 240 StGB genügt **jedes Verhalten** des Genötigten. Durch die Erfassung auch einer Duldung erfordert dies *keine Handlung* im Rechtssinne. Eine Nötigung liegt nach der h.M. selbst bei Herbeiführung einer nicht willkürlichen Verhaltensweise vor[6]. Voraussetzung für die Tatvollendung ist allerdings, dass sich das Opfer gerade der Zwangswirkung des Nötigungsmittels beugt und durch dieses zu der erstrebten Verhaltensweise motiviert wird. Dies ist nicht der Fall, wenn hierfür ausschließlich Ratschläge von dritter Seite, beispielsweise der Polizei zur Überführung des Täters, maßgeblich sind[7].

21 Bei § 253 StGB wird eine nachteilige Einwirkung auf das Vermögen des Geschädigten vorausgesetzt. Der BGH[8] geht nach ständiger Rechtsprechung – ent-

---

1 BGH v. 27.8.1998 – 4 StR 332/98, NStZ-RR 1999, 266 = StV 1999, 377.
2 Vgl *Träger/Altvater* in LK, § 240 StGB Rz. 60.
3 *Fischer*, § 240 StGB Rz. 26; *Lackner/Kühl*, § 240 StGB Rz. 11; *Eser/Eisele* in S/S, § 240 StGB Rz. 6, für Gewalt gegen Dritte; *Träger/Altvater* in LK, § 240 StGB Rz. 46: Gewalt gegen Dritte wirke als Drohung gegen Genötigten; in diese Richtung auch BGH v. 20.4.1995 – 4 StR 27/95, BGHSt 41, 123 (124 f.); BGH v. 21.11.1961 – 1 StR 442/61, BGHSt 16, 316 (318); BGH v. 7.3.1985 – 4 StR 82/85, NStZ 1985, 408; BGH v. 18.5.2010 – 5 StR 51/10, NJW 2010, 3670 (3672), für Drohung gegen Dritte.
4 *Kindhäuser/Wallau*, StV 1999, 379; *Toepel* in NK, § 240 StGB Rz. 20 und 25–28.
5 BGH v. 18.6.1996 – 1 StR 244/96, NStZ 1996, 494; BGH v. 27.8.1998 – NStZ-RR 1999, 266 (267), jew. auch zur Gegenwärtigkeit; *Sinn* in SK, § 253 StGB Rz. 11; krit. hierzu *Cramer*, NStZ 1998, 299 (300).
6 *Eser/Eisele* in S/S, § 240 StGB Rz. 12; a.A. *Sinn* in MüKo, § 240 StGB Rz. 97 und 99-101.
7 BGH v. 18.6.2009 – 3 StR 194/09, NStZ 2010, 215.
8 BGH v. 17.3.1955 – 4 StR 8/55, BGHSt 7, 252 (255); BGH v. 20.4.1995 – 4 StR 27/95, BGHSt 41, 123 (125).

gegen großen Teilen in der Literatur[1] – davon aus, diese erfordere im Gegensatz zum Betrug **keine Vermögensverfügung** (vgl. § 49 Rz. 112).

Die Wegnahme einer Sache ohne Zueignungsabsicht, um sie vorübergehend zu nutzen[2] oder als Pfand einzusetzen[3] (zur regelmäßig dann fehlenden Stoffgleichheit Rz. 32), fällt daher nach der Rechtsprechung ebenso unter den Tatbestand wie der zwangsweise Bruch eines Pfandrechts[4].

3. Verwerflichkeitsklauseln

Wegen der Weite des Rechtsguts (Rz. 2) bedürfen die Tatbestände der Nötigung und der Erpressung einer gesonderten Prüfung der **Rechtswidrigkeit** anhand der Verwerflichkeitsklauseln der §§ 240 Abs. 2, 253 Abs. 3 StGB. Nach der Rechtsprechung[5] sind deren Anforderungen erfüllt, wenn die Anwendung des Nötigungsmittels zu dem angestrebten Zweck als verwerflich anzusehen ist. Die Rechtswidrigkeit kann weder allein aus der Rechtswidrigkeit des Nötigungsmittels noch allein aus der Rechtswidrigkeit des Nötigungszwecks hergeleitet werden. Entscheidend ist vielmehr die Verwerflichkeit der *Mittel-Zweck-Relation*. Hierbei ist im Rahmen einer umfassenden Abwägung aller wesentlichen Umstände und Beziehungen auf den jeweiligen Einzelfall abzustellen[6]. Selbst bei Anwendung von Gewalt liegt nicht per se Nötigungsunrecht vor[7]. Als *Faustformel* kann zugrunde gelegt werden, dass die Anwendung von Zwang umso tolerierbarer ist, je billigenswerter der verfolgte Zweck ist, und umso weniger sozial hinnehmbar, je weniger billigenswert der Zweck[8]. Zu beachten ist dabei, dass nach der (umstrittenen) Rechtsprechung des BGH unter den „Zweck" nur das abgenötigte Verhalten zu subsumieren ist, das mit Nötigungsmitteln erzwungen werden soll, nicht dagegen Fernziele, inbesondere sozialer oder politischer Art, die erst auf Strafzumessungsebene Berücksichtigung finden sollen[9]. 22

Bei der **Erpressung** ergeben sich dadurch, dass sie auf eine rechtswidrige Bereicherung gerichtet ist, Vorgaben für den Abwägungsvorgang und dessen Ergebnis. Die bei der Nötigung problematische Fallgruppe der Anwendung von Zwangsmitteln zur Erreichung eines für sich gesehen rechtmäßigen Zwecks scheidet aus[10]. Darüber hinaus wird angenommen, wegen des maßgeblich in der unrechtmäßigen Bereicherung liegenden Zwecks sei die Verwerflichkeit 23

---

1 Ausf. und m.w.Nw. *Sander* in MüKo, § 253 StGB Rz. 13–19.
2 BGH v. 5.7.1960 – 5 StR 80/60, BGHSt 14, 386 (388 f.).
3 BGH v. 26.2.1998 – 4 StR 54/98, NStZ-RR 1998, 235 (236).
4 BGH v. 22.9.1983 – 4 StR 376/83, BGHSt 32, 88 (91).
5 Grundlegend BGH v. 18.3.1952 – GSSt 2/51, BGHSt 2, 194 (196).
6 BVerfG v. 24.10.2001 – 1 BvR 1190/90, 2173/93, 433/96, NJW 2002, 1031 (1033).
7 *Geppert*, Jura 2006, 31; *Fischer*, § 240 StGB Rz. 45; *Lackner/Kühl*, § 240 StGB Rz. 19.
8 *Eser/Eisele* in S/S, § 240 StGB Rz. 18; *Sinn*, JuS 2009, 577 (584).
9 BGH v. 5.5.1988 – 1 StR 5/88, BGHSt 35, 270; a.A. bspw. *Eser/Eisele* in S/S, § 240 StGB Rz. 29, jew. m.w.Nw.
10 *Kindhäuser* in NK, § 253 StGB Rz. 38; *Sinn* in SK, § 253 StGB Rz. 32.

i.d.R. gegeben[1]. Auch wenn dies nicht unbestritten ist[2], wird bei der einzig ernsthaft problematischen Fallgruppe, der Nötigung mit einem erlaubten Verhalten, wie bei § 240 StGB ein Unwerturteil dann anzunehmen sein, wenn *Inkonnexität* zwischen Mittel und Zweck vorliegt[3], d.h., diese in keinem *inneren Zusammenhang* stehen, zumindest aber bei einer sachlich nicht gerechtfertigten, *willkürlichen Verknüpfung* von angewandtem Mittel und erstrebtem Zweck[4]. Diese Grundsätze seien an **folgenden Fallkonstellationen** verdeutlicht:

24 – Bei der Drohung mit einer **Strafanzeige** oder **Kündigung**[5] ist in diesem Sinn danach zu differenzieren, ob der Anspruch, der durchgesetzt werden soll, in innerer Beziehung zu dem Lebenssachverhalt steht, aus dem sich das Recht zur Strafanzeige (oder Kündigung) ableitet. Ist dies der Fall, fehlt es an der Rechtswidrigkeit[6], jedenfalls soweit nicht lediglich ein bedeutungsloser Restbetrag aussteht[7] und so lange wie die Strafantragsfrist des § 77b StGB nicht abgelaufen ist[8]. Das kann beispielsweise anzunehmen sein bei der Bedrohung mit einer Anzeige wegen Lieferantenbetrugs, um die Erfüllung der aus dieser Straftat folgenden Schadensersatzforderung zu erwirken. Verwerflich handelt hingegen ein Rechsanwalt, der eine Strafanzeige in Aussicht stellt, mit der er die Zahlung auf eine Forderung erreichen will, deren ordnungsgemäßes Zustandekommen ihm ersichtlich gleichgültig ist[9], ebenso wie derjenige, der weiß, dass keine Straftat begangen wurde[10]. Auch kann die Ankündigung, Betrugstaten zum Nachteil anderer Geschädigter[11] oder eine Steuerhinterziehung[12] anzuzeigen, verwerflich sein, wenn sie erfolgt, um eine eigene Kaufpreisforderung einzuziehen oder einen der Höhe nach nicht geschuldeten Geldbetrag[13]. So auch der Hinweis, vertrauliche, einer Bank entwendete Kontounterlagen würden nur bei Zahlung eines Geldbetrages nicht an deutsche **Finanzbehörden** weitergegeben[14].

---

1 *Eser* in S/S, § 253 StGB Rz. 12; *Lackner/Kühl*, § 253 StGB Rz. 10; *Vogel* in LK, § 253 StGB Rz. 34.
2 *Sander* in MüKo, § 253 StGB Rz. 36; s. auch *Horn/Wolters* in SK, § 240 StGB Rz. 41-43.
3 OLG Düsseldorf v. 11.9.1995 – 5 Ss 220/95 – 26/95 IV, NStZ-RR 1996, 5 (6); OLG Karlsruhe v. 20.10.2004 – 1 Ss 76/03, NJW 2004, 3724; *Fischer*, § 240 StGB Rz. 50; *Kudlich/Melloh*, JuS 2005, 912 (913); *Sander* in MüKo, § 253 StGB Rz. 37; *Kindhäuser* in NK, § 253 StGB Rz. 40; *Eser/Eisele* in S/S, § 240 StGB Rz. 23; *Sinn*, JuS 2009, 577 (584).
4 BGH v. 10.6.2010 – 4 StR 474/09, Rz. 14, NStZ-RR 2011, 143 (144).
5 *Eser/Eisele* in S/S, § 240 StGB Rz. 23a; *Petri*, StraFo 2007, 221 (224).
6 BGH v. 19.11.1953 – 3 StR 17/53, BGHSt 5, 254; *Tsambikakis*, NJW 2014, 406 f.
7 BGH v. 19.11.1953 – 3 StR 17/53, BGHSt 5, 254 (260).
8 *Kapitzka*, JuS 2007, 442 (443).
9 BGH v. 5.9.2013 – 1 StR 162/13, NJW 2014, 401 (404).
10 *Tsambikakis*, NJW 2014, 406.
11 BGH v. 25.7.1996 – 4 StR 202/96, BGHSt 42, 196 (198); vgl. auch OLG Karlsruhe v. 22.10.2004 – 1 Ss 76/03, NJW 2004, 3724.
12 *Geppert*, Jura 2006, 31 (40).
13 *Vogel* in LK, § 253 StGB Rz. 37.
14 BGH v. 10.6.2010 – 4 StR 474/09, Rz. 14, NStZ-RR 2011, 143 (144).

– Die Drohung mit der **gerichtlichen Beitreibung** wird normalerweise keine 25
Nötigung darstellen. Anders ist es dann, wenn ein unbegründeter, zweifelhafter oder überhöhter Anspruch geltend gemacht wird[1]. Freilich ist auch hier äußerste Zurückhaltung geboten. Zweck eines Zivilrechtsstreits ist es gerade, Uneinigkeiten der Parteien über den Grund und die Höhe von Ansprüchen zu klären. Deswegen kann kein Unwerturteil allein aus der Inanspruchnahme dieses Rechtsinstituts erwachsen[2]. Es müsste sich daher um eine offenkundige Unbegründetheit handeln oder die klagweise Geltendmachung müsste missbräuchlich sein, weil sie beispielsweise in offensichtlichem Missverhältnis zur geltend gemachten Forderung steht oder schikanös ist[3]. In Erwägung zu ziehen ist eine solche Wertung bei einem Rechtsanwalt, der gegenüber Laien seine Autorität als Organ der Rechtspflege in Anspruch nimmt und bei völliger Geichgültigkeit gegenüber den zivilrechtlichen Beziehungen eine Forderung durchsetzt[4]. Wer lediglich zur Erlangung einer Ablösesumme androht, eine markenrechtswidrig erlangte domain nicht ohne langwierigen Zivilprozess freizugeben, handelt ebenfalls verwerflich[5]. Eine Inkonnexität zwischen Zweck und Mittel in diesem Sinne kann auch bei Abfindungen zu sehen sein, die gefordert werden, um **Aktionärsanfechtungsklagen** nicht zu erheben oder zurückzunehmen, mit denen für die betroffene Gesellschaft bedeutsame Entscheidungen blockiert werden, und die diese damit schädigen[6].

– Naheliegender ist die Rechtswidrigkeit dagegen bei der Durchsetzung von 26
Rechten im Wege der **Selbsthilfe**. Hält sich der Gläubiger nicht an das korrekte Verfahren und beachtet er nicht den *Vorrang staatlicher Zwangsmittel*, wird dies i.d.R. zur Rechtswidrigkeit führen[7]. Dies gilt insbesondere bei der Eintreibung von Forderungen mittels eigenmächtiger Inpfandnahme von Gegenständen des Schuldners[8], durch körperliche Gewalt[9] oder Drohung mit solcher[10], bei Abschalten der Heizung in der Frostperiode – jedenfalls soweit die Miete unter berechtigter Berufung auf Gegenansprüche nicht bezahlt

---

1 RG v. 6.7.1914 – V 997/13, RGSt 49, 354 (357); *Eser/Bosch* in S/S § 253 Rz. 11; *Donath/Mehle*, NJW 2009, 2363 (2364); *Lausen*, wistra 1991, 279 (288); *Toepel* in NK, § 240 StGB Rz. 172; vgl. auch BGH v. 5.9.2013 – 1 StR 162/13, NJW 2014, 401 (404, Rz. 60).
2 Vgl. OLG Karlsruhe v. 18.4.1996 – 3 Ss 138/95, NStZ-RR 1996, 296 (297).
3 Vgl. BGH v. 19.11.1953 – 3 StR 17/53, BGHSt 5, 254 (260 f.); *Träger/Altvater* in LK, § 240 StGB Rz. 59; *Vogel* in LK, § 253 StGB Rz. 37.
4 Vgl. BGH v. 5.9.2013 – 1 StR 162/13, NJW 2014, 401 (404).
5 OLG München v. 27.6.2000 – 2 Ws 654/2000, wistra 2001, 33 (34).
6 *Vogel* in LK, § 253 StGB Rz. 35; *Lüderssen* in FS Heinsius, S. 457 (464 ff.).
7 AG Celle v. 29.6.2005 – 16 C 1309/05, BeckRS 2006, 13028; *Horn/Wolters* in SK, § 240 StGB Rz. 47; *Fischer*, § 240 StGB Rz. 41; *Kapitzka*, JuS 2007, 442 (443); *Lausen*, wistra 1991, 280 (288); krit. *Lesch* in FS Rudolphi, 2004, S. 483 (492).
8 BGH v. 14.6.1982 – 4 StR 255/82, NJW 1982, 2265.
9 BGH v. 30.10.1991 – 2 StR 384/91; BGH v. 18.10.2007 – 4 StR 422/07, NStZ 2009, 37 = NStZ-RR 2008, 76.
10 BGH v. 30.1.1990 – 1 StR 690/89, StV 1990, 205; BGH v. 9.10.2008 – 1 StR 359/08, wistra 2009, 25 (26); BGH v. 28.4.2010 – 2 StR 595/09, NJW 2010, 2226 (2227).

wird und nicht wegen Zahlungsunfähigkeit der Mieter[1] –, bei Vollzug eines Räumungsanspruchs durch Verbringen von Waren und Geschäftsunterlagen an einen geheimen Ort[2] oder Ausräumen der Wohnung[3]. Stellt der Insolvenzverwalter dem Ehegatten des Gemeinschuldners den mit steuerlich erheblichen Nachteilen verbundenen Antrag auf getrennte Veranlagung zur Einkommensteuer in Aussicht, sofern nicht eine Ausgleichszahlung geleistet wird, handelt er nicht rechtswidrig, falls hierdurch ein bei gemeinsamer Veranlagung möglicher finanzieller Nachteil für die Insolvenzmasse vermieden werden soll[4]. Ein(e) *Streik(maßnahme)* ist jedenfalls bei einem sachlichen Zusammenhang mit einem Arbeitskampf regelmäßig nicht rechtswidrig[5]. Teilweise wird angenommen, ein Verstoß gegen das Arbeitskampfverbot nach § 74 Abs. 2 BetrVG begründe stets die Verwerflichkeit[6] oder auch Koppelungsgeschäfte (Rz. 16 aE)[7].

27 – Übt der Nötigende Druck durch Ankündigung von **Veröffentlichungen** aus, ist grundsätzlich das Grundrecht auf *freie Meinungsäußerung* aus Art. 5 Abs. 1 S. 1 GG in die Abwägung miteinzubeziehen. Indessen ergibt sich auch hieraus keine Befugnis, falsche Tatsachen zu verbreiten[8], oder zu einer verzerrten oder herabwürdigenden Darstellung[9]. Gesichtspunkte fehlender Konnexität zwischen dem Gegenstand der angekündigten Bekanntgabe und dem hiermit verfolgten Ziel können ebenfalls zur Verwerflichkeit führen[10]. Hier ist insbesondere die *Chantage* zu nennen, bei der durch komprimitierende Enthüllungen Vorteile erlangt werden sollen. Selbst die Ankündigung, wahre Tatsachenbehauptungen zu publizieren, ist verwerflich, soweit sie dazu dienen soll, Schweigegeld oder andere nicht geschuldete Vermögensvorteile zu erlangen[11].

28 – Die Drohung mit dem **Abbruch der Geschäftsbeziehungen**[12] wird normalerweise nicht rechtswidrig sein, vor allem dann nicht, wenn sie zur Errei-

---

1 OLG Hamm v. 16.3.1983 – 2 Ss 2026/82, NJW 1983, 1505 (1506 f.); zur zivilrechtlichen Seite des „Ausfrierens" BGH v. 6.5.2009 – XII ZR 137/07, NJW 2009, 1947–1950.
2 BGH v. 17.3.1987 – 1 StR 15/87, wistra 1987, 212 f.
3 OLG Köln v. 25.7.1995 – Ss 340/95, NJW 1996, 472 (473); vgl. unter dem Gesichtspunkt des § 826 BGB *Lehmann-Richter*, NZM 2009, 177 (180 f.).
4 LG Kleve v. 13.6.2012 – 2 O 433/11, ZIP 2013, 85.
5 Hierzu *Eser/Eisele* in S/S, § 240 StGB Rz. 25; *Sinn* in MüKo, § 240 StGB Rz. 161 f.
6 *Rieble/Klebeck*, NZA 2006, 758 (762) gegen eine dort (Fn. 58) zitierte Entscheidung der Generalstaatsanwaltschaft Stuttgart v. 6.10.2005 – 23 Zs 1634/05.
7 *Rieble/Klebeck*, NZA 2006, 758 (762).
8 BayObLG v. 22.9.2004 – 1 St RR 110/04, wistra 2005, 235 (236 f.); vgl. BGH v. 3.2.1993 – 2 StR 410/92, NStZ 1993, 282.
9 OLG Bremen v. 7.11.1956 – Ss 102/56, NJW 1957, 151.
10 Vgl. OLG Hamm v. 16.4.1957 – 3 Ss 304/57, NJW 1957, 1081; BayObLG v. 22.9.2004 – 1 St RR 110/04, wistra 2004, 235 (237).
11 RG v. 20.10.1930 – III 266/30, RGSt 64, 379 (383); BGH v. 3.6.1964 – 2 StR 431/63, JurionRS 1964, 13630 (Rz. 9-11); *Vogel* in LK, § 253 StGB Rz. 35 und 37.
12 Grundsatzentscheidung: BGH v. 11.11.1998 – 5 StR 325/98, BGHSt 44, 251 (252–254), bei der allerdings die Verknüpfung mit der Forderung von Schmiergeldzahlungen zu beachten ist.

chung günstigerer Konditionen erfolgt[1] oder wenn der Schuldner nicht bezahlt. Der Abbruch wird nahezu stets von der *Privatautonomie* gedeckt sein. Denkbar wäre eine Rechtswidrigkeit unter Heranziehung des Rechtsgedanken des § 826 BGB[2] allenfalls dann, wenn der Abbruch erkennbar in vorsätzlicher Schädigungsabsicht[3] angedroht wird und wenn dies weiter gravierende Folgen für den Schuldner hätte.

4. Vermögensschaden und Bereicherungsabsicht

a) Das abgenötigte Verhalten muss, um unter den Tatbestand der Erpressung zu fallen, zu einem **Vermögensnachteil** führen. Insoweit gelten dieselben Grundsätze wie beim Vermögensschaden i.S. des § 263 StGB[4] (§ 47 Rz. 46–69). 29

– Daher kann auch die erzwungene Ausstellung eines Schuldscheins einen *Gefährdungsschaden* verursachen, wenn bereits im Zeitpunkt der Tatbegehung konkret mit der daraus folgenden Inanspruchnahme zu rechnen ist[5]. Dies ist aber nur dann der Fall, wenn er der Realisierung einer nicht bestehenden Forderung dienen soll[6]. Entsprechend zu werten ist die Abnötigung eines Pfandgegenstandes[7]. Ansonsten ist das Freiwerden von der Forderung aufseiten des Schuldners ein gleichzeitig zufließender Vorteil, der die Schädigung ausgleicht[8]. Es verbleibt dann bei einer *Nötigung* oder *Körperverletzung* i.S. der §§ 223, 240 StGB.

– Der Verzicht auf eine bestehende Forderung stellt einen Vermögensschaden dar, wenn sie werthaltig und realisierbar ist[9].

b) In subjektiver Hinsicht setzt die Erpressung u.a. die *Bereicherungsabsicht* des Täter voraus. Bei der in diesem Zusammenhang erforderlichen **Rechtswidrigkeit** des erstrebten **Vermögensvorteils** handelt es sich um ein *normatives Tatbestandsmerkmal*, das vom zumindest *bedingten Vorsatz* des Täters umfasst sein muss[10]. Sie ist dann ausgeschlossen, wenn ein fälliger und einrede- 30

---

1 *Kindhäuser* in NK, § 253 StGB Rz. 40; *Vogel* in LK, § 253 StGB Rz. 39.
2 *Eser/Bosch* in S/S, § 253 StGB Rz. 11.
3 RG v. 7.2.1938 – 5 D 876/37, RGSt 72, 75 (76 f.) – Schikane.
4 BGH v. 9.7.1987 – 4 StR 216/87, BGHSt 34, 394 (395); BGH v. 5.2.1998 – 4 StR 622/97, NStZ-RR 1998, 233.
5 BGH v. 5.2.1998 – 4 StR 622/97, NStZ-RR 1998, 233 (234); BGH v. 9.11.1999 – 4 StR 492/99, NStZ 2000, 197; BGH v. 15.5.2001 – 4 StR 139/01, S. 3 f.
6 BGH v. 9.7.1987 – 4 StR 216/87, BGHSt 34, 394 (395); BGH v. 11.8.1999 – 5 StR 207/99, NStZ 1999, 618 f.; BGH v. 18.1.2000 – 4 StR 599/99, NStZ-RR 2000, 234 (235); vgl. *Cramer/Perron* in S/S, § 263 StGB Rz. 146 f.; sowie BGH v. 25.11.2009 – 2 StR 495/09, Rz. 3–6, auch zum Vorsatz.
7 BGH v. 13.4.2011 – 3 StR 70/11, BGHR StGB § 253 Abs. 1 Bereicherungsabsicht 19.
8 BGH v. 13.7.1999 – 5 StR 667/98, wistra 1999, 420 (422 f.); *Mitsch*, JuS 2003, 122 (124); vgl. BGH v. 27.1.1995 – 2 StR 749/94, StV 1996, 33; BGH v. 11.11.1998 – 5 StR 325/98, BGHSt 44, 251 (254).
9 BGH v. 17.8.2006 – 3 StR 279/06, NStZ 2007, 95 (96); BGH v. 27.5.2008 – 4 StR 58/08, StV 2009, 354 (355); *Sinn* in SK, § 253 StGB Rz. 21.
10 RG v. 20.10.1930 – III 266/30, RGSt 64, 379 (385); BGH v. 16.12.1997 – 1 StR 456/97, NStZ-RR 1999, 6; BGH v. 26.2.1998 – 4 StR 54/98, NStZ-RR 1998, 235 (236); BGH v. 9.10.2008 – 1 StR 359/08, wistra 2009, 25 = NStZ-RR 2009, 17 (18); BGH v. 17.12.2008 – 1 StR 648/08, StV 2009, 357; BGH v. 28.10.2010 – 4 StR 402/10, NStZ 2011, 519.

freier Anspruch in der geltend gemachten Höhe besteht oder die Durchsetzung unbegründeter Ansprüche abgewehrt werden soll (*Selbsthilfeerpressung*)[1]. Hierfür ist ausschließlich die materielle Rechtslage ausschlaggebend, die die Strafverfolgungsorgane erforderlichenfalls eigenverantwortlich festzustellen haben[2].

Erzwingt der Gläubiger die Ausstellung eines Wechsels, so fehlt die Bereicherungsabsicht, falls er sich hierdurch keine zweite selbständige Verbindlichkeit des Schuldners, sondern lediglich einen leichter durchsetzbaren Schuldgrund verschaffen will[3]. Gleichfalls kommt für die mit Nötigungsmitteln erreichte Unterzeichnung von Quittungen für die angebliche Bezahlung auf nicht existente Forderungen keine Erpressung[4], sondern ggf nur eine Strafbarkeit nach §§ 223, 240 StGB in Betracht[5]. Entsprechendes gilt, sofern der Täter den Abschluss eines wirtschaftlich ausgewogenen Vertrages erzwingen will, den er auch seinerseits ordnungsgemäß zu erfüllen gedenkt[6].

31 Glaubt der Täter zu Unrecht, einen Rechtsanspruch zu haben, so kommt ein **Tatbestandsirrtum** in Betracht[7]. Maßgeblich ist dabei seine „laienhafte" Einschätzung der Rechtslage[8]. Nur vage Vorstellungen über Grund und Höhe der geltend gemachten Forderung genügen indes nicht[9]; wer eine auch ihm selbst zweifelhafte Forderung eintreibt, wird nicht entlastet[10]. Andererseits führt die irrige Annahme, keinen Anspruch zu haben, wegen des darin zu sehenden *umgekehrten Tatbestandsirrtums* zu einer Strafbarkeit wegen untauglichen Versuchs[11].

32 Wie beim Betrug muss schließlich **Stoffgleichheit** zwischen dem verursachten Schaden und der erstrebten Bereicherung bestehen. Bei eigenmächtiger Inpfandnahme von Gegenständen des Schuldners fehlt diese, da es dem Täter

---

1 *Vogel* in LK, § 253 StGB Rz. 30.
2 RG v. 20.10.1930 – III 266/30, RGSt 64, 379 (384); BGH v. 7.8.2003 – 3 StR 137/03, BGHSt 48, 322 (325); BGH v. 9.10.2008 – 1 StR 359/08, wistra 2009, 25; BGH v. 17.12.2008 – 1 StR 648/08, StV 2009, 357 (358). Nach BGH v. 18.12.1964 – 2 StR 461/64, BGHSt 20, 136 (137 f.); *Eser/Bosch* in S/S, § 253 StGB Rz. 19; *Kindhäuser* in NK, § 253 StGB Rz. 36; *Sinn* in SK, § 253 Rz. 21; *Vogel* in LK, § 253 StGB Rz. 30, soll es schon am Vermögensschaden fehlen.
3 BGH v. 3.3.1999 – 2 StR 598/98, wistra 1999, 378 f. = StV 2000, 78 f; BGH v. 10.2.2009 – 3 StR 542/08, NStZ 2009, 386 (387); zweifelnd *Eser/Bosch* in S/S, 253 StGB Rz. 19.
4 BGH v. 18.12.1964 – 2 StR 461/64, BGHSt 20, 136.
5 *Sinn* in SK, § 253 Rz. 26; *Vogel* in LK, § 253 StGB Rz. 30.
6 BGH v. 11.4.2013 – 2 StR 592/12, NStZ 2014, 41.
7 BGH v. 14.6.1982 – 4 StR 255/82, NJW 1982, 2265; BGH v. 3.5.1985 – 4 StR 211/85, NJW 1986, 1623; BGH v. 17.12.1987 – 4 StR 628/87, NStZ 1988, 216; BGH v. 30.1.1990 – 1 StR 690/89, StV 1990, 205; BGH v. 13.5.1997 – 4 StR 200/97, NStZ-RR 1997, 321; BGH v. 4.11.2003 – 4 StR 266/03, S. 3.
8 BGH v. 26.9.1989 – 1 StR 438/89, BGHR StGB § 253 Abs. 1 Bereicherungsabsicht 5; BGH v. 7.8.2003 – 3 StR 137/03, BGHSt 48, 322 (329).
9 BGH v. 16.12.1997 – 1 StR 456/97, NStZ-RR 1999, 6.
10 BGH v. 2.3.1984 – 3 StR 37/84, StV 1984, 422.
11 BGH v. 20.9.2007 – 3 StR 274/07, NStZ 2008, 214; BGH v. 23.2.2010 – 4 StR 438/09, NStZ 2010, 391.

nicht auf deren vorübergehenden Besitz ankommt[1]. Es verbleibt dann – wie in den vorgenannten Fällen, in denen der Täter einen Anspruch auf den erlangten Vermögensvorteil hat oder irrig annimmt – bei einer Strafbarkeit wegen *Körperverletzung* oder *Nötigung*, wobei darüber hinausgehend auch *(versuchte) Erpressung* im Hinblick auf denjenigen Vermögensgegenstand vorliegen kann, dessen Übergabe der Täter unter Einsatz des Pfandes durchsetzen will[2].

5. Besonderheiten bei juristischen Personen

a) Drohung gegenüber einer juristischen Person

Der Täter kann sich auf eine als anstößig dargestellte *Geschäftspraktik* des Unternehmens selbst berufen. So kommt beispielsweise die **Drohung** gegenüber einer **Gesellschaft** in Betracht, angebliche Unregelmäßigkeiten in Bilanzen zu veröffentlichen[3] oder scheinbare Verstrickungen in Geschäfte mit Unrechtsstaaten zu offenbaren[4]. Gewalt gegen eine juristische Person wird dagegen ausscheiden, da das Erfordernis zumindest geringfügig physisch wirkenden Zwangs nicht eintreten kann. 33

Die §§ 240, 253 StGB setzen indessen die Nötigung eines „**Menschen**" voraus. Dieses Tatbestandsmerkmal ist auch dann erfüllt, wenn sich die Tathandlung gegen eine Mehrheit von Personen richtet und die entsprechenden Einzelpersonen individualisierbar sind[5]. Daher ist der Inhaber eines Einzelunternehmens von einer Nötigungshandlung betroffen, die sich gegen dieses richtet. Gleiches wird für eine Personengesellschaft zu gelten haben, wie bei der GbR oder der OHG. Die juristische Person ist dagegen schon nach dem eindeutigen Wortlaut der §§ 240, 253 StGB als Opfer der Nötigungshandlung ausgeschlossen[6]. Die gegenüber einer Gesellschaft ausgesprochene Drohung kann allerdings unter dem Gesichtspunkt der *Gewalt oder Drohung gegen Dritte* erfasst werden, die zu einer Nötigung des Repräsentanten führt. 34

Teilweise wird in diesem Zusammenhang das Entstehen der von der Rechtsprechung vorausgesetzten **Motivationsbeziehung** zu den verantwortlich Handelnden, insbesondere den Organen, als nicht darstellbar betrachtet. Eine eigene (psychische) Betroffenheit des Organwalters (Rz. 19) sei in einer ausdifferenzierten Gesellschaft illusorisch und widerspreche dem Befund, dass eine 35

---

1 BGH v. 31.7.1979 – 1 StR 304/79, bei *Holtz*, MDR 1980, 104 (106) = JurionRS 1979, 12330 (Rz. 25); BGH v. 14.6.1982 – 4 StR 255/82, NJW 1982, 2265 f.; BGH v. 17.12.1987 – 4 StR 628/87, NStZ 1988, 216; BGH v. 26.2.1998 – 4 StR 54/98, NStZ-RR 1998, 235 (236).
2 BGH v. 31.7.1979 – 1 StR 304/79, bei *Holtz*, MDR 1980, 104 (106) = JurionRS 1979, 12330 (Rz. 26).
3 BayObLG v. 22.9.2004 – 1 St RR 110/04, wistra 2005, 235 f.
4 Vgl das Fallbeispiel von *Wallau*, JR 2000, 312 (313).
5 RG v. 13.11.1930 – 2 D 682/30, JW 1931, 942 (943) m. Anm. *Honig* (weitergehend), *Eser/Eisele* in S/S, § 240 StGB Rz. 2.
6 *Geppert*, Jura 2006, 31 (32); *Lesch* in FS Jakobs, 2007, S. 327 (337); *Kindhäuser* in NK, § 253 StGB Rz. 27; *Eser/Eisele* in S/S, § 240 StGB Rz. 2; vgl. BGH v. 12.6.2001 – 4 StR 80/01, S. 4 zu § 241 StGB.

Drohung gegenüber der juristischen Person als solcher gar nicht denkbar sei[1]. Bei dieser Argumentation werden allerdings die *Pflichten der Vertretungsberechtigten* zu stark in den Hintergrund gedrängt. Sie sind zur sorgfältigen Geschäftsführung gehalten und sehen sich im Falle des Verstoßes hiergegen Schadensersatzansprüchen ausgesetzt (vgl § 93 AktG, § 43 GmbHG). Diese gesellschaftsrechtlich verankerten normativen Vorgaben lassen für die juristische Person nachteilige Entwicklungen auch als handlungsmotivierend i.S. des abgenötigten Verhaltens zumindest für den Vorstand oder den Geschäftsführer erscheinen.

36 So hat es der BGH[2] in anderem Zusammenhang als ausreichend angesehen, wenn sich die Drohung gegen einen Dritten richtet, dessen **Fürsorge** dem Nötigungsadressaten oblag. In diesem Sinne wird auch eine Bedrohung gewertet, die sich unmittelbar gegen eine von § 241 StGB in gleicher Weise nicht erfasste juristische Person richtet. Kann der Repräsentant von dem angedrohten Verhalten – im konkreten Fall einer Brandstiftung – selbst betroffen sein, so richtet sich diese (mittelbar) ebenfalls gegen ihn[3]. Das BayObLG hat eine entsprechende Wertung für eine Rechtsanwältin vorgenommen, die die Interessen einer Bank vertritt[4].

b) Produkterpressung und Druckausübung auf Kunden

37 In diesem Zusammenhang sind zudem die Fallkonstellationen der Produkterpressung und der Druckausübung auf Kunden anzusprechen (Rz. 18). Für diese Fälle, bei denen sich die **Gewalt oder Drohung gegen Dritte** auf die Kunden bezieht (Rz. 19), ist Genötigter nach den vorgenannten Grundsätzen gleichfalls der *Repräsentant* der juristischen Person. Für diesen kann sich die gegen andere natürliche Personen gerichtete Übelszufügung oder -androhung – insbesondere bei gravierenden Nachteilen für die Betroffenen – auch ohne Näheverhältnis als motivierend darstellen[5].

38 Im Hinblick auf den eindeutigen Wortlaut der §§ 240, 253 StGB liegt dagegen **keine** Nötigung der **juristischen Person** selbst vor. Zwar sah der BGH im Fall der Drohung, Flaschen mit vergiftetem Bier in Umlauf zu bringen, „die bedrohte Brauerei" als Genötigte an, ohne diesen Punkt weiter zu problematisieren[6]; diese Entscheidung erging jedoch noch zu der vorherigen Fassung, nach der sich die Nötigung gegen „einen anderen" zu richten hatte. In späteren Urteilen wird dagegen auf die „verantwortlichen Mitarbeiter" oder die „Verantwortlichen" der Gesellschaft abgestellt[7].

---

1 *Wallau*, JR 2000, 312 (314 f.); vgl. auch *Lesch* in FS Jakobs, 2007, S. 327 (338).
2 BGH v. 15.10.1991 – 4 StR 349/91, BGHSt 38, 83 (86).
3 BGH v. 12.6.2001 – 4 StR 80/01, S. 5.
4 BayObLG v. 22.9.2004 – 1 St RR 110/04, wistra 2005, 235 (236).
5 *Geppert*, Jura 2006, 31 (32 f.); *Sinn* in MüKo, § 240 StGB Rz. 66 und 84.
6 BGH v. 22.12.1993 – 3 StR 419/93, NJW 1994, 1166.
7 BGH v. 18.6.1996 – 1 StR 244/96, NStZ 1996, 494; BGH v. 27.8.1998 – 4 StR 332/98, NStZ-RR 1999, 266 (267).

c) **Juristische Person als Vermögensinhaber**

aa) Sofern das abgenötigte Verhalten in einer Zahlung des Repräsentanten aus dem Vermögen der juristischen Person besteht, so liegt § 253 StGB – je nach Art des Zwangmittels § 255 StGB – in Form der **Dreieckserpressung** vor. Das vertretungsberechtigte Organ der Gesellschaft steht schon wegen seiner gesellschaftsrechtlichen Pflichten zur ordnungsgemäßen Geschäftsführung deren Vermögensinteressen nicht gleichgültig gegenüber[1]. Daneben kommen auch andere Vertretungsberechtigte in Betracht, da schon ein *Näheverhältnis* genügt[2]. 39

Der Wortlaut des § 253 StGB hindert nicht, die **juristische Person** als **Geschädigte** anzusehen, denn die nötigungsbedingte Herbeiführung eines Nachteils kann sich auf das Vermögen „eines anderen" als des Genötigten beziehen[3]. Eine Verknüpfung des Vermögensinhabers mit dem Adressaten der Tathandlung, der nur noch ein „Mensch" sein kann, ist nach grammatikalischer Auslegung nicht vorgegeben[4]. Die historische Interpretation, die sich auf den Vorentwurf der jetzigen Gesetzesfassung bezieht[5], ist nicht zwingend. Die dort noch gewählte Formulierung der Nachteilszufügung gegen eine „andere Person" ist einerseits für die Auslegung im hier verstandenen Sinn offen, andererseits gerade nicht Gesetz geworden. Letztlich entscheidend ist ein *systematisches Argument*. Dieselbe Formulierung findet sich im strukturgleichen Betrugstatbestand. Nach § 263 Abs. 1 StGB kann der durch die Täuschung verursachte Schaden ebenfalls das Vermögen „eines anderen" betreffen. Für die hiermit eröffnete Strafbarkeit des Dreiecksbetruges wird die Verfügung eines Verantwortlichen zulasten einer juristischen Person aber gerade als eine der typischen Fallkonstellationen angesehen[6]. 40

bb) Der Täter kann indessen auch Interesse an einer **Umgehung** der juristischen Person haben, gegen die ihm eine Forderung zusteht. Erweist sie sich als insolvent, so kann ihm daran gelegen sein, direkt auf die Verantwortlichen zuzugreifen. Er wird dann unter Einsatz von Nötigungsmitteln versuchen, Letztere zu einer Zahlung zu veranlassen, die gegenüber der Gesellschaft uneinbringlich (geworden) ist. 41

Die *Abgrenzung zwischen Nötigung und Erpressung* richtet sich in diesen Fällen maßgeblich danach, ob die Absicht rechtswidriger Bereicherung festgestellt werden kann. Hierbei ist die genaue **Beachtung** der beteiligten **Vermögensphä-** 42

---

1 Insoweit zweifelnd *Wallau*, JR 2000, 312 (314).
2 BGH v. 20.4.1995 – 4 StR 27/95, BGHSt 41, 123 (125 f.); BGH v. 10.6.2010 – 4 StR 474/09, NStZ-RR 2011, 143 (144); OLG Celle v. 13.9.2011 – 1 Ws 355/11, NStZ 2012, 447 (448); nach RG v. 8.5.1929 – II 240/29, RGSt 63, 164 (165) ist ein Vertretungs-, Autoritäts- oder Vertrauensverhältnis; nach *Eser/Bosch* in S/S, § 253 StGB Rz. 6; *Sinn* in SK, § 253 StGB Rz. 18, *Rengier*, JZ 1985, 565 (568); eine „faktische Sonderbeziehung" zum Vermögen des Geschädigten, nach *Mitsch*, NStZ 1995, 499, eine „Opfergemeinschaft" notwendig.
3 BGH v. 10.6.2010 – 4 StR 474/09, Rz. 14, NStZ-RR 2011, 143 (144).
4 *Vogel* in LK, § 253 Rz. 19; vgl aber *Wallau*, JR 2000, 312 (316).
5 *Kindhäuser* in NK, § 253 StGB Rz. 27; *Kindhäuser/Wallau*, StV 1999, 379 (381).
6 *Kindhäuser* in NK, § 263 StGB Rz. 209.

ren geboten. Da sich die zu realisierende Forderung gegen die juristische Person richtet, deren Begleichung jedoch vom Verantwortlichen persönlich erzwungen werden soll, sind die Rechtswidrigkeit der Bereicherung und der diesbezügliche Vorsatz des Täters regelmäßig gegeben. Die Unrechtmäßigkeit kann aber bei einer *Durchgriffshaftung* gegen den Gesellschafter-Geschäftsführer ausgeschlossen sein, da dem Nötigenden ein Anspruch dann (auch) gegen diesen selbst zusteht; bei einer entsprechenden – hinreichend begründeten – Vorstellung des Nötigenden kann insoweit der Vorsatz entfallen. Es verbleibt dann beim Nötigungstatbestand. Allerdings kommt der Haftungsdurchgriff nur ausnahmsweise in Betracht, wenn beispielsweise die Insolvenz der Gesellschaft mit der Absicht herbeigeführt wurde, deren Gläubiger zu benachteiligen[1]. Liegen entsprechende Voraussetzungen nicht vor, entfällt die Rechtswidrigkeit einer Bereicherung nicht, die dem Gesellschafter-Geschäftsführer selbst abgenötigt werden soll, und der Tatbestand der Erpressung ist erfüllt[2].

II. Selbsthilfebetrug

43 Ein Gläubiger kann nicht nur durch den Einsatz von Nötigungsmitteln, sondern auch durch *Täuschungshandlungen* versuchen, seine Lage bei der Durchsetzung von (vermeintlichen) Ansprüchen zu verbessern. Bei einem solchen *Selbsthilfebetrug*[3] stellt sich in erster Linie die Frage, ob die zur Erfüllung des § 263 Abs. 1 StGB erforderliche **Rechtswidrigkeit** der erstrebten *Bereicherung* und der diesbezügliche **bedingte Vorsatz** vorliegen (§ 47 Rz. 85). Wegen der insoweit gegebenen Übereinstimmung des Betrugstatbestandes mit dem Erpressungstatbestand[4] kann auf das oben Ausgeführte verwiesen werden (Rz. 30 f.).

44 Daher begeht i.d.R. **keinen Betrug**, wer sich durch Täuschung des Schuldners eine *Aufrechnungslage* durch Erschleichen eines Darlehens von seinem Schuldner verschafft, sofern ein rechtlich begründeter Gegenanspruch besteht oder der Gläubiger hiervon ausgeht[5]. Gleiches gilt unter diesen Voraussetzungen für den Einsatz falscher oder manipulierter *Beweismittel*[6] auch im Rahmen eines Rechtsstreits[7] (s. auch § 47 Rz. 80–83).

---

1 Vgl. BGH v. 24.9.2009 – 5 StR 353/08, wistra 2009, 273 (274), zur „Firmenbestattung".
2 BGH v. 9.10.2008 – 1 StR 359/08, wistra 2009, 25.
3 Hierzu ausf. *Tiedemann* in LK, § 263 StGB Rz. 194, 231, 265.
4 BGH v. 18.12.1964 – 2 StR 461/64, BGHSt 20, 136 (137 f.); BGH v. 3.3.1999 – 2 StR 598/98, wistra 1999, 378; BGH v. 7.8.2003 – 3 StR 137/03, BGHSt 48, 322 (325).
5 BGH v. 16.4.1953 – 3 StR 63/53, NJW 1952, 1479.
6 BGH v. 9.7.2003 – 5 StR 65/02, wistra 2003, 383 = NStZ 2003, 663 (664).
7 BGH v. 19.9.1952 – 2 StR 307/52, BGHSt 3 160 (162 f.).

§ 64
Sicherstellung im Notfall

Bearbeiter: Joachim Dittrich

	Rz.		Rz.
I. Sicherstellungsgesetze nach dem Wirtschaftsstrafgesetz	1	II. Andere Sicherstellungsgesetze .	9

Schrifttum: *Dähn*, Das neugefasste Wirtschaftsstrafgesetz, JZ 1975, 617; *Nadler*, Wirtschaftsstrafgesetz, Loseblatt.

I. Sicherstellungsgesetze nach dem Wirtschaftsstrafgesetz

a) Die Sicherung und Versorgung der Bevölkerung mit den lebensnotwendigen Mitteln einerseits und die besonderen Bedürfnisse der Ordnungs- und Streitkräfte andererseits in **Krisen-, Kriegs- und Notzeiten** wurden seit Langem durch wirtschaftsstrafrechtliche Normen geregelt. Zwar scheinen durch die weltpolitische Entwicklung seit den späten achtziger Jahren, den Wegfall des militärisch organisierten Ostblocks und die Schaffung friedenssichernder Allianzen und Konferenzen derartige Krisenbestimmungen obsolet geworden zu sein. Die jüngsten weltpolitischen Ereignisse lassen es jedoch nicht ausgeschlossen erscheinen, dass Spannungsherde auch aus anderweitigen Lagern entstehen können, die in gleichartiger Weise eine Volkswirtschaft beeinträchtigen können. 1

Aus diesen Gründen ist ein kurzer Überblick über die verschiedenen Notfall-Gesetze nicht überflüssig, zumal einige Sanktionsnormen bereits vor dem Eintritt eines Notfalls gelten.

Die regelmäßig in solchen Notsituationen herrschenden, von der staatlichen Gewalt zu verwaltenden Mängel erfordern auch den Schutz durch Sanktionsnormen, die wirksam durchgesetzt werden können. Die Notwendigkeit, eine von Schiebern, Kriegsgewinnlern, Schwarzmarkthändlern aufrechterhaltene **Schattenwirtschaft zu unterbinden**, die den Notstand der Bevölkerung ausnutzt, ist einsichtig, zumal inzwischen die Existenz *organisierter Strukturen* in Betracht gezogen werden muss, die sich mit großer Sicherheit einer solchen Krisensituation bedienen könnten. Dabei hat es durchaus einen Sinn, dass bereits rechtzeitig und mit Augenmaß die entsprechenden gesetzlichen Regelungen geschaffen werden, da die Geschichte gezeigt hat, dass in Notzeiten verfasste Gesetze für oft geringfügige Übertretungen unverhältnismäßig drakonische Strafen verhängt haben. 2

Die in der Kriegs- und Nachkriegszeit oft zusammenhanglos und ad hoc geschaffenen *zahllosen* wirtschafts- und preisregelnden *Vorschriften* wurden dann nach der Normalisierung der Verhältnisse im **Wirtschaftsstrafgesetz 1949**[1] zusammengefasst. 3

---

1 G zur Vereinfachung des WirtschaftsstrafR v. 26.7.1949, GBl. der Verwaltung des Vereinigten Wirtschaftsgebietes (WiGBl) 1949, 193.

Die weitere politische Stabilisierung und die wirtschaftliche Entwicklung in Westdeutschland führte im Jahr 1954 zum Wirtschaftsstrafgesetz 1954 (*WiStG 1954*)[1]. Dieses Gesetz enthielt nur noch wenige Vorschriften und war zunächst befristet. Seit der Gesetzesänderung vom 21.12.1962[2] gilt es unbefristet.

4   Eine sehr wesentliche Renovierung brachte Art. 149 EGStGB vom 2.3.1974[3]: Das Gesetz wurde *weiter vereinfacht*; als einzigen Straftatbestand enthielt es noch den § 1; die §§ 2–6 stellten Ordnungswidrigkeiten dar. Am 9.12.1974 wurde das Gesetz erneut geändert und am 3.6.1975 neu bekannt gemacht (**WiStG 1975**)[4]. Seither wurde es nur geringfügig geändert, insbesondere durch das 4. Mietrechtsänderungsgesetz vom 21.7.1993[5] (vgl. § 61 Rz. 74 ff.), mit dem der Schutz vor überhöhten Mieten verstärkt wurde (§ 5 WiStG), durch das Gesetz vom 13.12.2001 im Rahmen der Umstellung auf den Euro[6].

Das Gesetz richtet sich nur noch gegen die Verletzung der *Sicherstellungsgesetze* (§§ 1 und 2 WiStG) und gegen *einzelne Preisvorschriften* als Ordnungswidrigkeiten[7].

5   **b)** Das WiStG führt in § 1 Abs. 1 **vier Sicherstellungsgesetze** auf, nämlich

– das Wirtschaftssicherstellungsgesetz[8],

– das Verkehrssicherstellungsgesetz[9],

– das Ernährungssicherstellungsgesetz[10] und

– das Wassersicherstellungsgesetz[11].

Diese sämtlich im Jahr 1965 erlassenen und 1968 nach Verabschiedung der „*Notstandsverfassung*"[12] geänderten Sicherheitsgesetze sind Ermächtigungsnormen für die Bundesregierung zum Erlass nicht näher umschriebener Rechtsverordnungen, um im Spannungs- und Verteidigungsfall die Versorgung der Bevölkerung und der Streitkräfte sicherzustellen.

Bei § 1 WiStG handelt es sich um eine *Blankettnorm*, die vorsätzliches und fahrlässiges (Abs. 4) Zuwiderhandeln gegen je einen Paragraphen der aufgeführten Sicherstellungsgesetze unter Strafe stellt (§ 18 WiSichG, § 26 VerkSichG, § 22 ErnährSichG, § 28 WassSichG).

---

1   G zur weiteren Vereinfachung des WirtschaftsstrafR, BGBl. I 175; vgl. auch *Jeske*, JZ 1959, 457.
2   BGBl. I 761.
3   BGBl. I 469, 578.
4   BGBl. I 1313.
5   BGBl. I 1257.
6   BGBl. I 3574, die letzte Änderung v. 9.4.2008, BGBl. I 714 betrifft die Strafvorschriften nicht.
7   § 6 WiStG (Preisüberhöhung bei der Wohnungsvermittlung) ist aufgehoben; vgl. nunmehr unten § 70 Rz. 10.
8   I.d.F. v. 3.10.1968, BGBl. I 1069, ÄndVO v. 31.10.2006, BGBl. I 2047; ergänzt durch die WirtschaftssicherstellungsVO (WiSiV) v. 18.8.2004, BGBl. I 2159.
9   I.d.F. v. 8.10.1968, BGBl. I 1082, ÄndG v. 6.6.2013, BGBl. I 1482.
10 I.d.F. v. 27.8.1990, BGBl. I 1802, ÄndVO v. 31.10.2006, BGBl. I 2407.
11 V. 24.8.1965, BGBl. I 1225, 1817, ÄndG v. 12.8.2005, BGBl. I 2354.
12 G zur Ergänzung des GrundG v. 24.6.1968, BGBl. I 709.

Die Gesetze – mit Ausnahme des Wassersicherstellungsgesetzes, das nur im Verteidigungsfall anwendbar ist – rechtfertigen den Erlass von Rechtsverordnungen nur für die in Art. 80a GG genannten Fälle, namentlich für den **Verteidigungs- und Spannungsfall**. Dieser muss vorher förmlich vom Bundestag festgestellt sein. 6

Damit ist ein Instrumentarium geschaffen, mit dem in allerkürzester Zeit die erforderlichen Ausführungsbestimmungen in Kraft gesetzt und Unternehmen mit einer Fülle von Pflichten konfrontiert werden können. Auch angesichts der in § 1 WiStG aufgeführten Verhältnismäßigkeit und des Erfordernisses des geringstmöglichen Eingriffes (jeweils § 2 der Sicherstellungsgesetze) ist dadurch eine Handhabe (z.B. im WirtschaftssicherstellungsG) gegeben, eine weitgehende Zwangswirtschaft einzuführen.

§ 1 WiStG sieht *neben Geldstrafe* **Freiheitsstrafe** vor, und zwar bei Vorsatztaten bis zu fünf Jahren, bei Fahrlässigkeit bis zu zwei Jahren. Der Versuch ist strafbar. Bei Vorliegen besonders schwerer Fälle ist bei einer Mindeststrafe von sechs Monaten Freiheitsstrafe von fünfzehn Jahren möglich. Das Gesetz arbeitet hier wie im Falle des Diebstahls mit Regelbeispielen. Dabei wird entweder auf die Schwere der Folgen (Abs. 3 Nr. 1) oder die besonders verwerfliche Gesinnung des Täters (Abs. 3 Nr. 2) abgestellt. 7

Umgekehrt führen *besonders leichte Verstöße* (§ 2 Abs. 1 Nr. 1 und 2 WiStG) *zur Herabstufung* zur **Ordnungswidrigkeit** mit einer möglichen Geldbuße bis zu 25 000 Euro. Der „beharrliche" minderschwere Verstoß führt aber wieder zur Straftat zurück (Abs. 2). 8

II. Andere Sicherstellungsgesetze

Außerhalb des WiStG stehen 9

– das Arbeitssicherstellungsgesetz[1] (ASG),

– das Energiesicherungsgesetz[2] (EnSiG),

– das Ernährungsvorsorgegesetz[3] (EVG),

– das Post- und Telekommunikationssicherstellungsgesetz[4] (PTSG) und

– das Verkehrsleistungsgesetz[5] (VerkLG).

Der festgestellte *Spannungs- oder Verteidigungsfall* wird für die Anwendung des ASG, nicht aber für EnSiG und EVG vorausgesetzt; für Letztere muss lediglich eine **Versorgungskrise** vorliegen, es bedarf also keines parlamentarischen Aktes. Eine solche Versorgungskrise i.S. des EVG (§ 1 Abs. 2) liegt vor, wenn 10

---

1 V. 9.7.1968, BGBl. I 787, ÄndG v. 29.7.2009, BGBl. I 2424.
2 V. 20.12.1974, BGBl. I 3681, ÄndVO v. 31.10.2006, BGBl. I 2407.
3 V. 20.8.1990, BGBl. I 1766, ÄndVO v. 31.10.2006, BGBl. I 2407.
4 V. 24.3.2011, BGBl. I 506.
5 V. 27.3.2004, BGBl. I 1865, ÄndG v. 7.8.2013, BGBl. I 3113.

die „Deckung des Bedarfs an lebenswichtigen Erzeugnissen in wesentlichen Teilen des Bundesgebietes ernsthaft gefährdet ist und diese Gefährdung durch marktgerechte Maßnahmen nicht, nicht rechtzeitig oder nur mit unverhältnismäßigen Mitteln zu beheben ist".

Das ASG erlaubt für Zwecke der Verteidigung und des Schutzes der Zivilbevölkerung u.a. die Verpflichtung von Wehrpflichtigen in Arbeitsverhältnisse (§ 2 ASG), wobei der Arbeitgeber zum Schutz des Verpflichteten Auflagen erhalten kann (§ 13 Abs. 2 ASG).

11 Das EnSiG wurde als Reaktion auf die „Ölkrise" zu Beginn der siebziger Jahre geschaffen. Es gibt in den §§ 1 und 2 die Möglichkeit, Rechtsverordnungen zur Sicherung der Bedarfsdeckung an Energie für den Fall zu erlassen, dass die **Einfuhr von Erdöl, Erdölerzeugnissen und Erdgas** *gefährdet oder gestört ist* und diese Gefährdung oder Störung durch marktgerechte Maßnahmen nicht oder nicht schnell genug beseitigt werden kann. Die Anwendung des Gesetzes steht unter dem Verhältnismäßigkeitserfordernis (§ 1 Abs. 4 EnSiG).

Durch *Rechtsverordnungen* kann u.a. die Verteilung, die Preisbemessung bei der Abgabe, die Lagerung und der Transport geregelt werden (§ 1 Abs. 1 EnSiG) Auch die Einschränkung des Gebrauchs von Motorfahrzeugen ist möglich (§ 1 Abs. 3 EnSiG).

Aufgrund des EnSiG wurden am 26.4.1982 die *Elektrizitätssicherungsverordnung*[1], die *Gassicherungsverordnung*[2], die *Kraftstoff-Lieferbeschränkungs-Verordnung*[3] und die *Heizöl-Lieferbeschränkungs-Verordnung*[4] erlassen.

12 Grundsätzlich sind die Verstöße gegen die auf Grund des ASG, des EnSiG und des EVG erlassenen Verordnungen nur **Ordnungswidrigkeiten** (§ 32 ASG, § 15 EnSiG, § 14 EVG). Bei beharrlicher Wiederholung sowie bei einer *schweren Gefährdung des Gesetzeszwecks* werden die Ordnungswidrigkeiten in allen Gesetzen zu **Straftatbeständen** (§ 13 Abs. 5 ASG, § 15 Abs. 3 EnSiG, § 15 EVG).

13 Das **Post- und Telekommunikationssicherstellungsgesetz** (PTSG) dient einer ausreichenden Versorgung mit Post- und Telekommunikationsdienstleistungen bei Naturkatastrophen, besonders schweren Unglücksfällen, bei Notfallbewältigung aufgrund internationaler Abkommen, im Rahmen der Bündnisverpflichtungen, aber auch im festgestellten Spannungs- und Verteidigungsfall. Das Gesetz enthält in § 11 PTSG Ordnungswidrigkeiten. Sanktioniert sind Verstöße gegen einzelne Vorschriften des Gesetzes, das mit seinem Neuerlass[5] den Regelungsgehalt verschiedener Rechtsverordnungen inkorporiert hat, die infol-

---

1 BGBl. I 514, ÄndG v. 7.7.2005, BGBl. I 1970.
2 BGBl. I 517, ÄndG v. 7.7.2005, BGBl. I 1970.
3 BGBl. I 520, ÄndG v. 25.4.2007, BGBl. I 594.
4 BGBl. I 536.
5 G v. 24.3.2011, BGBl. I 506.

gedessen aufgehoben wurden[1]. Die in § 14 PTSG a.F. enthaltene Aufstufung zu *Vergehen* bei beharrlicher Wiederholung ist mit dem Neuerlass des Gesetzes entfallen.

Das **Verkehrsleistungsgesetz** (VerkLG) ergänzt das Verkehrssicherstellungsgesetz (Rz. 5 f.) um Regelungen, die ausreichende Verkehrsleistungen u.a. auch bei einer Naturkatastrophe oder einem besonders schweren Unglücksfall, einschließlich eines terroristischen Anschlags, sowie bei einer wirtschaftlichen Krisenlage, durch die die *Versorgung mit Gütern des lebenswichtigen Bedarfs* gestört ist, sicherstellen sollen (§ 1 VerkLG). Zu diesem Zweck kann von den in § 4 VerkLG genannten Leistungspflichtigen die Beförderung von Gütern und Personen sowie die Überlassung von Verkehrsmitteln und Infrastruktur verlangt werden (§ 3 VerkLG).

14

Verstöße gegen einen Verpflichtungsbescheid nach § 5 VerkLG oder gegen die Auskunftspflicht nach § 8 VerkLG sind in § 13 VerkLG als **Ordnungswidrigkeiten** sanktioniert. Verstoßen Verpflichtete wiederholt und beharrlich gegen einen Verpflichtungsbescheid oder handeln sie mit dem Ziel, bedeutende Vermögensvorteile zu erlangen, kann dies nach § 14 VerkLG als **Vergehen** mit Freiheitsstrafe bis zu zwei Jahren oder Geldstrafe geahndet werden.

15

---

1 VO zur Sicherstellung des Postwesens v. 23.10.1996, BGBl. I 1535, zul. geänd. 7.7.2005, BGBl. I 1970; VO über die Auskunftspflichten zur Sicherstellung der Versorgung mit Post- und Telekommunikationsdienstleistungen v. 22.4.2003, BGBl. I 1529, 1531, zul. geänd. 31.10.2006, BGBl. I 2407; VO zur Sicherstellung der Post- und Telekommunikationsversorgung durch Schutzvorkehrungen und Maßnahmen des Zivilschutzes v. 23.10.1996, BGBl. I 1539, zul. geänd. 31.10.2006, BGBl. I 2407; VO zur Sicherstellung der Postversorgung der Bundeswehr durch eine Feldpost v. 23.10.1996, BGBl. I 1543, zul. geänd. 7.7.2005, BGBl. I 1970; und VO zur Sicherstellung von Telekommunikationsdienstleistungen sowie zur Einräumung von Vorrechten bei deren Inanspruchnahme v. 26.11.1997, BGBl. I 2751, zul. geänd. 31.10.2006, BGBl. I 2407.

7. Kapitel
Besondere Geschäftszweige

§ 65
Versicherungsunternehmen
Bearbeiter: Joachim Dittrich

	Rz.		Rz.
I. Versicherungsaufsicht	1	2. Ordnungswidrigkeiten	19
II. Sanktionen	8	3. Sanktionen nach dem HGB	27
1. Straftatbestände	9		

Schrifttum: *Fahr/Kaulbach/Bähr/Pohlmann*, Versicherungsaufsichtsgesetz, 5. Aufl. 2012; *Laars*, Versicherungsaufsichtsgesetz-Onlinekommentar, 2. Aufl. 2013; *Prölss*, Versicherungsaufsichtsgesetz, 12. Aufl. 2005.

I. Versicherungsaufsicht

Versicherungsunternehmen unterliegen ähnlich wie Banken und Sparkassen dem öffentlichen Interesse, nicht zuletzt auch im Interesse eines wirksamen Verbraucherschutzes, im Grundsatz einer strengen öffentlich-rechtlichen *Rechts- und Finanzaufsicht*. Maßgebliche Rechtsgrundlage dafür ist das Gesetz über die Beaufsichtigung der Versicherungsunternehmen – **Versicherungsaufsichtsgesetz** (VAG) – in der Fassung der Bekanntmachung vom 17.12.1992[1] mit zahlreichen späteren Änderungen, die vielfach der Anpassung und Umsetzung von EG-Recht gedient haben. Mit Ausnahme von Trägern der Sozialversicherung (§ 1 Abs. 1 VAG), gewissen Unterstützungskassen, kommunalen Schadensausgleichskassen und berufsständischen Versorgungswerken (§ 1 Abs. 3 VAG) unterfallen im Wesentlichen alle privaten und öffentlich-rechtlichen Versicherungsunternehmen dem VAG. Darüber hinaus sind auch die mit dem Altersvermögensgesetz[2] geschaffenen Pensionsfonds (§§ 112 ff. VAG) der Versicherungsaufsicht unterworfen (§ 1 Abs. 1 VAG). Dabei werden sie grundsätzlich wie Lebensversicherungsunternehmen behandelt (§ 113 VAG). Ebenso sind auch die *Rückversicherungsunternehmen* in den Geltungsbereich des Gesetzes einbezogen worden[3] (jetzt §§ 119 ff. VAG), und – in eingeschränktem Umfang – öffentlich-rechtliche Versorgungseinrichtungen, § 1a VAG, und Versicherungs-Holdinggesellschaften, § 1b VAG[4].

1

---

1 BGBl. I 1993, 2.
2 V. 26.6.2001, BGBl. I 1310.
3 Durch G v. 22.5.2005, BGBl. I 1373; krit. hierzu *Fricke*, Die VAG-Novelle 2002, VersR 2002, 1078 (1079).
4 Durch G v. 15.12.2004, BGBl. I 3416.

2   Im Zuge der Verwirklichung der Niederlassungs- und Dienstleistungsfreiheit der Römischen Verträge (vgl. § 5 Rz. 20) ist das **europäische Versicherungswesen** einschließlich der Versicherungsaufsicht seit den siebziger Jahren umgestaltet und vereinheitlicht worden. Mehrere Richtlinien des Rates der EG[1] wurden mittels Durchführungsgesetzen[2] in nationales Recht umgesetzt. Dabei hat auch die Versicherungsaufsicht inhaltliche Veränderungen erfahren. So haben inzwischen die nationalen Aufsichtsbehörden nicht nur die Niederlassungen inländischer Versicherungsunternehmen im EWR-Ausland zu überwachen (vgl. § 85 VAG), sondern für die Aufsichtsbehörden dieses Raumes wurden auch umfangreiche Informations- und Zusammenarbeitsregelungen getroffen (vgl. §§ 111a ff. VAG). Zuletzt wurde in § 117a VAG die Zusammenarbeit mit der neu entstandenen *Europäischen Aufsichtsbehörde für das Versicherungswesen und die betriebliche Altersversorgung* (EIOPA – European Insurance and Occupational Authority) geregelt[3]. Dieser werden Beteiligungsrechte an Geschäftsprüfungen eingeräumt (§§ 110a Abs. 3, 121h VAG), außerdem werden für die nationale Aufsichtsbehörde Mitteilungs- und Unterrichtungspflichten begründet (§§ 113 Abs. 5, 117 Abs. 4 VAG).

3   Schon *Gründung* und *Betriebsbeginn* eines Versicherungsunternehmens sind gem. § 5 VAG **erlaubnispflichtig;** für jede einzelne der zahlreichen Versicherungssparten sind grundsätzlich gesonderte Erlaubnisse zu beantragen (§ 6 Abs. 2–4 VAG). Diese Erlaubnispflicht gilt auch für Pensionsfonds (§ 112 Abs. 2 VAG) und Pensionskassen (§§ 118a ff.).

Betriebserlaubnisse können insbesondere wegen mangelnder wirtschaftlicher Leistungsfähigkeit, unangemessener Versicherungs- und Tarifbestimmungen sowie fehlender Qualifikation und Zuverlässigkeit von Geschäftsleitern *versagt* (§ 8 VAG) bzw. *widerrufen* werden (§ 87 VAG). Daneben kann eine Genehmigung nach § 6 Abs. 5 VAG auch *erlöschen*, wenn etwa innerhalb von 12 Monaten nach der Erteilung kein Gebrauch von ihr gemacht worden ist.

4   Im Grundsatz gelten die Regelungen des VAG auch für Versicherungsunternehmen mit **Sitz im Ausland** – nicht aber für ausländische Pensionsfonds, § 113 Abs. 3 VAG –, die Geschäfte im Inland betreiben. Dabei bestehen inzwischen erhebliche Unterschiede, je nachdem, ob es sich um innerhalb oder außerhalb der Staaten des EWR ansässige, im Inland tätige Unternehmen handelt (§§ 105 ff., 110a ff. VAG).

5   Bei **Unternehmen mit Sitz im EWR-Bereich** ist aufgrund von EG-Richtlinien für die Zulassung zum Geschäftsbetrieb und für die Finanzaufsicht das Herkunftsland zuständig (Herkunftsprinzip, § 110a Abs. 1–3 VAG). Für *inländische Niederlassungen* entsprechender ausländischer Versicherungsunternehmen hat die Aufsichtsbehörde über das Versicherungswesen deshalb eingeschränkte Aufsichtsbefugnisse (§ 110a Abs. 4 VAG). Umgekehrt gelten für

---

1   S. dazu *Schmidt/Präve* in Prölss, Vorbem. vor § 1 VAG Rz. 29 ff., ferner Anh. I 1–39.
2   DurchführungsG v. 18.12.1975 (BGBl. I 3139), v. 29.6.1990 (BGBl. I 1249) und v. 21.7.1994 (BGBl. I 1630). Zu weiteren Durchführungsregelungen vgl. *Prölss*, Anh. II 1–28 und 7. VAG-ÄndG.
3   Durch G v. 4.12.2011, BGBl. I 2427; vgl. hierzu *Goldmann/Purnhagen*, EIOPA – Die neue europäische Versicherungsaufsicht, VersR 2012, 29.

Niederlassungen deutscher Versicherungsunternehmen im EWR-Ausland grundsätzlich die inländischen Regelungen (§ 85 VAG). Die Zulassung und Überwachung von Niederlassungen ausländischer Unternehmen, deren Sitz außerhalb des EWR-Bereichs liegt, richtet sich dagegen nach dem VAG (§ 105 VAG)[1].

Die **Versicherungsaufsicht** obliegt seit der Zusammenlegung der Bundesaufsichtsämter für das Kreditwesen, für das Versicherungswesen und für den Wertpapierhandel aufgrund des zum 1.5.2002 in Kraft getretenen Finanzdienstleistungsaufsichtsgesetzes (FinDAG)[2] der *Bundesanstalt für Finanzdienstleistungsaufsicht* (BAFin). Allerdings können Aufsichtspflichten, vor allem für Unternehmen mit geringerer wirtschaftlicher Bedeutung, nach § 147 VAG n.F. auch den Landesbehörden übertragen werden. 6

Aufgaben und Umfang der laufenden **Aufsicht** über die Versicherungsunternehmen sind in den §§ 81 ff. VAG näher geregelt. *Ziel der Aufsicht* ist vor allem, zu gewährleisten, dass die Geschäfte der Unternehmen im Einklang mit den gesetzlichen Bestimmungen, ihren jeweiligen Geschäftsplänen und den genehmigten Tarifbestimmungen betrieben werden, dass Belange der Versicherten nicht gefährdet werden und dass die Vermögensverhältnisse der Unternehmen so geordnet sind, dass die Verpflichtungen aus den jeweiligen Versicherungsverhältnissen stets erfüllt werden können (§ 81 Abs. 1 und 2 VAG). Insgesamt gliedert sich die Versicherungsaufsicht in eine Finanzaufsicht und eine Funktionsaufsicht. Letztere ist vorrangig darauf gerichtet, Missstände zu erkennen und abzustellen[3]. 7

II. Sanktionen

Die in §§ 134 ff. VAG enthaltenen **Straf- und Bußgeldvorschriften** erfüllen unterschiedliche Zwecke und betreffen unterschiedliche Personen als mögliche Täter, darunter insbesondere Angehörige von Versicherungsunternehmen, aber auch Außenstehende wie Bilanzprüfer u.ä. 8

1. Straftatbestände

a) Nach § 140 Abs. 1 VAG wird bestraft, wer das **Versicherungsgeschäft** vorsätzlich **ohne** die vorgeschriebene **Erlaubnis** betreibt, eine *Geschäftstätigkeit* entgegen § 110a Abs. 2 VAG *aufnimmt* oder das Pensionsfondsgeschäft ohne Erlaubnis nach § 112 Abs. 2 VAG betreibt bzw. entgegen § 111b Abs. 1 S. 2 und 3 VAG (Entzug der Betriebserlaubnis für die Niederlassung eines ausländischen Versicherungsunternehmens) eine Geschäftstätigkeit *fortführt*. Die früher einheitliche Strafandrohung von Freiheitsstrafe bis drei Jahren oder Geldstrafe ist 9

---

1 Zu Einzelheiten vgl. *Pohlmann* in Fahr/Kaulbach/Bähr/Pohlmann, §§ 105 und 110a VAG Rz. 1 ff.; *Schmidt* in Prölss, vor § 105 VAG Rz. 1 ff.
2 BGBl. I 1310.
3 Zur Kontrolle von Versicherungsbedingungen durch das Bundesaufsichtsamt vgl. BVerwG v. 25.6.1998 – 1 A 6/96, NJW 1998, 3216; zur Missbrauchsaufsicht allg. *Kollhosser* in Prölss, § 81 VAG Rz. 11 ff.

mit Wirkung vom 30.4.2011[1] für die drei erstgenannten Fälle auf fünf Jahre oder Geldstrafe erhöht worden.

Der Begriff des *Versicherungsgeschäfts* ist zwar in der Theorie umstritten[2], in einer langjährigen Rechtsprechung aber weitgehend geklärt[3].

10 Nach der Rechtsprechung des *BVerwG* ist ein Unternehmen ein **Versicherungsunternehmen** i.S. von § 1 VAG, wenn es

– gegen Entgelt

– für den Fall eines ungewissen Ereignisses

– bestimmte Leistungen übernimmt (Garantieversprechen),

– wobei das Risiko auf eine Vielzahl durch die gleiche Gefahr bedrohter Personen verteilt wird

– und der Risikoübernahme eine auf dem Gesetz der großen Zahl beruhende Kalkulation zugrunde liegt[4].

Nach § 2 VAG entscheidet die Aufsichtsbehörde – mit verbindlicher Wirkung für Verwaltungsbehörden[5] – über die Aufsichtspflichtigkeit und damit über den Charakter als Versicherungsgeschäft.

11 Als **Täter** kommen bei § 140 VAG die *Inhaber* und *Betreiber* des Unternehmens, aber auch *organschaftliche Vertreter* und Beauftragte (§ 14 StGB) in Betracht.

12 Die **fahrlässige** Tatbegehung ist nach § 140 Abs. 2 VAG im Fall des § 140 Abs. 1 Nr. 3 VAG mit Freiheitsstrafe bis zu einem Jahr oder Geldstrafe, in den Fällen des § 140 Abs. 1 Nr. 1, 2 und 4 VAG mit Freiheitsstrafe bis zu drei Jahren oder Geldstrafe bedroht.

13 **b)** Freiheitsstrafe bis zu drei Jahren wird in **§ 134** VAG demjenigen angedroht, der gegenüber den Aufsichtsbehörden **falsche Angaben** macht, um für ein Versicherungsunternehmen oder einen Pensionsfonds die Erlaubnis zum Geschäftsbetrieb, die Erlaubnis zur Erweiterung des Geschäftsbetriebs (§§ 119 Abs. 1 S. 1, 121i Abs. 2 S. 1 VAG), die Verlängerung einer Erlaubnis oder die Genehmigung von Geschäftsplanänderungen oder Bestandsübertragungen (§§ 14, 108, 121 f., 121i VAG) zu erreichen. Als *Täter* kommen auch hier in erster Li-

---

1 G v. 1.3.2011, BGBl. I 288.
2 Vgl. *R. Schmid* in FS Prölss, 1957, S. 247; *Wache* in Erbs/Kohlhaas, V 57, § 1 VAG Rz. 1; *Kaulbach* in Fahr/Kaulbach/Bähr/Pohlmann, § 1 VAG Rz. 4 ff.; *Schmidt* in Prölss, § 1 VAG Rz. 10 ff.
3 RGZ 88, 29 (32 ff.); BFH v. 11.5.1967 – V 5/64, BStBl. 1967, 643; BVerwG v. 22.3.1956 – I C 147.54, BVerwGE 3, 220; BVerwG v. 12.5.1992 – 1 A 126/98, BVerwGE 90, 168 = NJW 1992, 2978; BGH v. 14.7.1962 – III ZR 21/61, VersR 1962, 974; BGH v. 17.3.1965 – IV ZR 161/64, VersR 1965, 663.
4 BVerwG v. 19.5.1987 – 1 A 88/83, VersR 1987, 701.
5 Die früher in § 2 VAG enthaltene Bindung auch der Gerichte an Entscheidungen der Aufsichtsbehörden ist bei der Gesetzesnovellierung am 20.10.1983 weggefallen.

nie *Gründer, Geschäftsleiter* (Vorstände und Aufsichtsräte) und *Hauptbevollmächtigte* (§ 106 Abs. 2 VAG) sowie ggf. auch gem. § 14 StGB *Beauftragte* in Betracht[1]. Die Unrichtigkeit der Angaben muss vom *Vorsatz* umfasst sein; ebenso ist das Bewusstsein erforderlich, dass die Angaben für die erstrebte Erlaubnis von Bedeutung sein können. Die Tat ist vollendet, sobald die unrichtigen Angaben der Aufsichtsbehörde zugegangen sind[2].

c) Nach **§ 141** VAG werden *Vorstandsmitglieder, Hauptbevollmächtigte* (nach § 106 Abs. 2 VAG) und *Liquidatoren* mit Freiheitsstrafe bis zu drei Jahren oder Geldstrafe bedroht, die es vorsätzlich unterlassen, eine eingetretene **Überschuldung** oder **Zahlungsunfähigkeit** gem. § 88 Abs. 2 VAG der Aufsichtsbehörde *mitzuteilen*. Es handelt sich dabei, ähnlich wie z.B. § 84 Abs. 1 GmbHG (vgl. hierzu § 40 Rz. 80), um einen Sonder- und Vorfeldtatbestand der *Insolvenzverschleppung*. Zweck der Vorschrift ist es, die Unterrichtung der Aufsichtsbehörde sicherzustellen, die allein einen Antrag auf Eröffnung des Insolvenzverfahrens stellen kann (§ 88 Abs. 1 VAG)[3]. Falls einer von mehreren Mitteilungspflichtigen die Anzeigepflicht erfüllt, wirkt dies für alle Pflichtigen, sodass die Strafbarkeit entfällt[4]. Die *fahrlässige* Tatbegehung ist mit Freiheitsstrafe bis zu einem Jahr bedroht.

d) Der Tatbestand der **unrichtigen Darstellung (§ 143** VAG) umfasst einerseits Falschangaben von Vorstands- und Aufsichtsratsmitgliedern, Hauptbevollmächtigten und Liquidatoren eines Versicherungsvereins auf Gegenseitigkeit (VVaG) *über* den *Vermögensstand* und die sonstigen Verhältnisse eines Versicherungsvereins auf Gegenseitigkeit, andererseits falsche Angaben und Verschleierungshandlungen *gegenüber Prüfern*. Die Bestimmung entspricht dem für die Versicherungs-AG geltenden § 400 AktG und ergänzt § 331 Nr. 1 und 4 HGB (vgl. dazu § 40 Rz. 54 ff.), demgegenüber sie nur subsidiär zur Anwendung kommt.

e) Nach **§ 137** VAG machen sich **Prüfer** und **Prüfergehilfen** strafbar, wenn sie über das Ergebnis einer Prüfung *falsch berichten*. Die Bestimmung entspricht den Regelungen der §§ 403 AktG und 332 HGB, weshalb auf die Ausführungen in § 94 Rz. 8 ff. verwiesen werden kann.

f) Die **Verletzung von Geheimhaltungspflichten** wird in **§ 138** VAG mit Freiheitsstrafe bis zu einem Jahr und bei Handeln in Schädigungs- oder Bereicherungsabsicht oder bei der Verwertung von Betriebs- oder Geschäftsgeheimnissen mit Freiheitsstrafe bis zu zwei Jahren bedroht. *Täter* können einerseits *Mitglieder des Vorstands* und des *Aufsichtsrats* sowie *Liquidatoren*, andererseits von dem Versicherungsunternehmen oder Pensionsfonds beauftragte *Abschluss-* und *Konzernabschlussprüfer* gem. §§ 341k, 319 HGB sein. *Sonstige Prüfer*, insbesondere von den Aufsichtsbehörden beauftragte, sind von der Bestimmung nicht erfasst[5]. Ihre Strafbarkeit richtet sich nach den gleichartigen

---

1 *Kollhosser* in Prölss, § 134 VAG Rz. 2.
2 *Göertz* in Fahr/Kaulbach/Bähr, § 134 VAG Rz. 5.
3 *Göertz* in Fahr/Kaulbach/Bähr, § 141 VAG Rz. 1.
4 *Kollhosser* in Prölss, § 141 VAG Rz. 3.
5 *Kollhosser* in Prölss, § 138 VAG Rz. 2; *Wache* in Erbs/Kohlhaas, V 57, § 138 VAG Rz. 4.

Bestimmungen der §§ 203 Abs. 1 Nr. 3, 6, 204, 205 StGB, § 404 Abs. 1 Nr. 2 und Abs. 2 AktG sowie § 333 HGB. Bei der Tat handelt es sich um ein *Antragsdelikt* (§ 138 Abs. 3 VAG), welches gegenüber § 404 AktG, § 333 HGB subsidiär ist.

18 g) Strafbar nach **§ 139 Abs. 1** VAG machen sich Verantwortliche Aktuare (§ 11a VAG), die bei Lebens-, Kranken-, Haftpflicht- oder Unfallversicherungen vorsätzlich *unrichtige Bestätigungen* i.S. von § 65 Abs. 2 VAG über die Ordnungsmäßigkeit von *Deckungsrückstellungen* erteilen. Die Tat kann mit Freiheitsstrafe bis zu drei Jahren geahndet werden. Dieselbe Strafdrohung gilt nach § 139 Abs. 2 VAG, wenn **Treuhänder** für den Deckungsstock (§ 70 VAG) bewusst *wahrheitswidrig* i.S. von § 73 VAG *Bestätigungsvermerke für Bilanzen* dahin erteilen, dass die eingestellten *Deckungsrücklagen* vorschriftsmäßig angelegt und aufbewahrt seien.

2. Ordnungswidrigkeiten

19 Weniger gewichtige Verstöße gegen die Bestimmungen des VAG sind in §§ 144–144c VAG als **Ordnungswidrigkeiten** mit Geldbußen bedroht. Zuständige *Bußgeldbehörde* ist nach § 145a VAG die BaFin, soweit es um ihrer Aufsicht unterstehende Unternehmen geht. Im Übrigen richtet sich die Zuständigkeit nach *Landesrecht*.

20 a) **§ 144** VAG stellt bestimmte Handlungen im Rahmen des **laufenden Geschäftsbetriebs** unter Bußgelddrohung. *Täter* können nur Organe des Versicherungsunternehmens sein sowie der Hauptbevollmächtigte einer ausländischen Niederlassung (§ 106 Abs. 3 VAG). Unter bestimmten Voraussetzungen können auch Aufsichtsratsmitglieder sowie Liquidatoren Täter sein.

21 Danach handelt *ordnungswidrig*,
(1) wer die **Verteilung** eines entgegen den Vorschriften des Gesetzes oder dem genehmigten Geschäftsplan über die Bildung von Rücklagen ermittelten **Gewinns** vorschlägt oder zulässt (Abs. 1 Nr. 1) – gemeint ist in erster Linie der Vorschlag an die Hauptversammlung,
(2) wer den gesetzlichen Vorschriften über die Berechnung und Buchung, Verwaltung und Aufbewahrung der **Deckungsrückstellungen** zuwiderhandelt oder die Bescheinigung nach § 66 Abs. 6 S. 6 VAG (Deckungsstockverzeichnis) falsch erteilt (Abs. 1 Nr. 2),
(3) wer dem genehmigten Geschäftsplan über die **Anlegung von Geldbeständen** zuwiderhandelt (Abs. 1 Nr. 3),
(4) wer Geschäfte betreibt, die im genehmigten **Geschäftsplan** nicht vorgesehen sind, oder den Betrieb solcher Geschäfte zulässt (Abs. 1 Nr. 4).

22 Weitere, in § 144 Abs. 1a VAG aufgeführte **Bußgeldtatbestände** erfassen die Verletzung von Anzeige-, Berichts- und Auskunftspflichten gegenüber der Aufsichtsbehörde (BAFin).

23 Diese Ordnungswidrigkeiten können mit **Geldbußen** bis zu 150 000 Euro geahndet werden (§ 144 Abs. 2 VAG). Die Bußen können nach § 17 Abs. 4 OWiG zur Abschöpfung von erlangten Vermögensvorteilen erhöht werden.

b) Geldbußen bis 100 000 Euro droht § 144a VAG demjenigen an, der vorsätzlich oder fahrlässig einen *Versicherungsvertrag* für ein *nicht* als Versicherung *zugelassenes Unternehmen* abschließt oder *geschäftsmäßig* einen Vertrag für ein solches Unternehmen **vermittelt**, ferner demjenigen, der entgegen gem. § 81 Abs. 2 S. 3 und 4 VAG ergangenen Anordnungen *Sondervergütungen einräumt* oder *Begünstigungsverträge abschließt*. Im letztgenannten Sinne kommen *Vermittler* von Versicherungsverträgen als Täter in Betracht. 24

c) Nach **§ 144b** VAG werden Verstöße gegen § 8a Abs. 3 und 4 VAG, die eine *Trennung* des Bereichs **Rechtsschutzversicherung** von *sonstigen Versicherungssparten* bewirken sollen, mit Geldbuße bis zu 20 000 Euro bedroht. 25

d) Derselbe Bußgeldrahmen gilt nach **§ 144c** VAG für denjenigen, der beim Betrieb eines **Sicherungsfonds** gegen § 130 Abs. 2 S. 1 VAG verstößt. 26

3. Sanktionen nach dem HGB

Weitere Sanktionen finden sich in den Bestimmungen des HGB über Handelsbücher, nämlich in den durch das *Versicherungsbilanzrichtlinie-Gesetz*[1] eingefügten §§ 341–341o HGB. 27

§ 341m HGB erstreckt die Anwendung der **Strafvorschriften** der §§ 331–333 HGB (vgl. hierzu § 40 Rz. 50 ff.) auf nicht in der Rechtsform einer Kapitalgesellschaft betriebene *Versicherungsfonds* und *Pensionsfonds* sowie im Falle des § 331 HGB auf die Verletzung von Pflichten des *Hauptbevollmächtigten* nach § 106 Abs. 3 VAG. 28

§ 341n HGB enthält **Bußgeldtatbestände** für Verstöße gegen die Bestimmungen des HGB u.a. bei der Aufstellung oder Feststellung des Jahresabschlusses (Abs. 1 Nr. 1), bei der Feststellung des Konzernabschlusses (Abs. 1 Nr. 2), bei der Aufstellung des Lageberichts (Abs. 1 Nr. 3) und der Aufstellung des Konzernlageberichts (Abs. 1 Nr. 4). Inhaltlich entsprechen sie weitgehend § 334 HGB (§ 40 Rz. 75 ff.). Die Ordnungswidrigkeit kann mit einer Geldbuße bis zu 50 000 Euro geahndet werden (§ 341n Abs. 3 HGB). 29

Außerdem gelten die Regelungen über die Festsetzung von **Ordnungsgeld** nach §§ 335, 335b HGB (vgl. § 41 Rz. 31 ff.) auch hier (**§ 341o** HGB). 30

Der später[2] eingeführte **§ 341p** HGB erweitert den Anwendungsbereich der §§ 341m, 341n und 341o HGB auf **Pensionsfonds** i.S. von § 341 Abs. 4 HGB. 31

---

1 V. 24.6.1994, BGBl. I 1377.
2 Durch G v. 26.6.2001, BGBl. I 1310.

§ 66
Kreditinstitute und Finanzdienstleistungen
Bearbeiter: Alexander Schumann

	Rz.		Rz.
I. Einführung		2. Betrug zum Nachteil der Einleger und Investoren	26
1. Kreditwesengesetz und europarechtliche Regelungen	1	3. Bilanzdelikte	30
2. Nationale und europäische Finanzmarktaufsicht	7	4. Verletzung der Insolvenzanzeigepflicht	32
II. Kredit- und Finanzdienstleistungsinstitute	10	5. „Bestandsgefährdung" eines Instituts	34
III. Unzulässiger Geschäftsbetrieb		IV. Zum sog. Bankgeheimnis	
1. Verstöße gegen Erlaubnispflichten		1. Grundlagen	35
a) Unerlaubte Bankgeschäfte und Finanzdienstleistungen	14	2. Strafvorschriften	
		a) Organmitglieder und Mitarbeiter von Banken	38
b) Verbotene Zahlungsdienste	17	b) Externe Aufsichtspersonen	40
c) Unerlaubte Investmentgeschäfte	22		

Schrifttum: Kommentare und Handbücher: *Boos/Fischer/Schulte-Mattler*, Kreditwesengesetz, Kommentar, 4. Aufl. 2012; *Konesny*, KWG Kommentar, 27. Aufl. 2011; *Luz/Neus/Schaber/Schneider/Weber*, Kreditwesengesetz (und Nebenbestimmungen), Kommentar, 2. Aufl. 2011; *Schimanski/Bunte/Lwowski* (Hrsg.) Bankrechts-Handbuch, 4. Aufl. 2011; *Schwennicke/Auerbach*, Kreditwesengesetz, 2. Aufl. 2013.

Weiteres Schrifttum: *Hartrott/Goller*, Immobilienfonds nach dem Kapitalanlagegesetzbuch, BB 2013, 1603; *Jung*, Die Auswirkungen der 6. KWG-Novelle auf Anlagevermittler, (Börsen-)Makler und Vermögensverwalter, BB 1998, 649; *Meincke*, Geheimhaltungspflichten im Wirtschaftsrecht, WM 1998, 749; *Meixner*, Neuerungen im Bankenaufsichts- und Kapitalmarktrecht, NJW 1998, 862; *Oelkers*, Der Begriff des „Eigenhandels für andere" im KWG, WM 2001, 340; *Otto*, Bargeldloser Zahlungsverkehr und Strafrecht, 1978; *Otto*, Straftaten leitender Personen von Banken, Beiheft zur ZStW 1982, 29; *Otto*, Bankentätigkeit und Strafrecht, 1983; *Schröder*, Straf- und Bußgeldtatbestände des KWG und sonstige Strafnormen im Bankrecht, in HWSt; *Schröder/Hansen*, Die Ermittlungsbefugnisse der BaFin nach § 44c KWG und ihr Verhältnis zum Strafprozessrecht, ZBB 2003, 113; *Steck/Fischer*, Aktuelle Praxisfragen der Investmentaktiengesellschaft, ZBB 2009, 188–197; *van Kann/Rosak*, Der Regierungsentwurf des Trennbankengesetzes, BB 2013, 1475; *Wiebke*, Das neue Aufsichtsrecht für Finanzdienstleistungsunternehmen, DStR 1998, 491; *Zimmer*, Neue Vorschriften für den nicht organisierten Kapitalmarkt, DB 1998, 969.

I. Einführung

1. Kreditwesengesetz und europarechtliche Regelungen

1 Das **Gesetz über das Kreditwesen** (KWG) ist der allgemeine gewerberechtliche Kodex der Kreditinstitute und bildet – neben den zwischenzeitlich in Kraft getretenen europarechtlichen Vorgaben – noch immer die Grundlage der Banken-

aufsicht in Deutschland. Die Bankenaufsicht soll durch vorbeugende Überwachung allgemein das Entstehen von Schäden im Kreditwesen und von Verlusten der Institutsgläubiger verhindern; sie wird insbesondere mit der Schlüsselfunktion der Kreditwirtschaft für alle wesentlichen Zweige der Volkswirtschaft und als Instrument staatlicher Geld- und Wirtschaftspolitik gerechtfertigt[1].

Die Einführung einer für alle Kreditinstitute geltenden Bankenaufsicht in Deutschland geht auf die *Bankenkrise von 1931* zurück. Nach dem New Yorker Börsencrash von 1929 und dem Zusammenbruch der Darmstädter und Nationalbank im Juli 1931 war es zu einer allgemeinen Bankenkrise mit einem „Run auf die Bankschalter" gekommen. Diese Krise hatte u.a. zur Einführung der Gewährträgerhaftung bei Sparkassen, zur Einführung einer staatlichen Bankenaufsicht (zunächst im Verordnungsweg) und schließlich 1934 zum Erlass des Reichsgesetzes über das Kreditwesen vom 5.12.1934 geführt.

Das heute **geltende KWG** trat am 1.1.1962 in Kraft. Es wurde – insbesondere aufgrund der EG-Rechtsetzung – seitdem mehrfach novelliert[2], insbesondere bezüglich der Vorschriften, welche das Kreditgeschäft betreffen. Dazu zählen in erster Linie die sog. *Strukturnormen*, d.h. allgemeine gesetzliche Ordnungsvorschriften für die innere Struktur der Kreditinstitute. Ihr Zweck ist es, die Krisenanfälligkeit der Kreditinstitute zu vermindern und insbesondere die Gefahren auszuschließen, die sich aus einer Verletzung der gesetzlich verankerten allgemein gültigen Bankregeln ergeben können[3]. Sie *begrenzen* den Umfang der *Kreditausreichung* durch die Bank.

2

Eine wichtige Änderung brachte die **6. KWG-Novelle**, mit der die EG-Richtlinien zur Harmonisierung bank- und wertpapieraufsichtsrechtlicher Vorschriften umgesetzt wurden[4]. Ab 1998 wurden auch *Finanzdienstleistungsinstitute* – gesetzlich definiert in § 1 Abs. 1a KWG – der staatlichen Aufsicht unterstellt. Der damals neu eingeführte **§ 25a KWG** schrieb erstmals ausdrücklich gesetzlich bestimmte organisatorische Mindestpflichten der Geschäftsleitung fest[5].

3

Das **Vierte Finanzmarktförderungsgesetz** vom 21.6.2002[6] erweiterte die Auskunfts- und Eingriffsbefugnisse der Aufsichtsbehörde.

4

Ein wichtiges Ergebnis der *internationalen Zusammenarbeit* der Bankenaufsichtsbehörden und Zentralbanken im sog. Baseler Ausschuss war die überarbeitete Rahmenvereinbarung „Internationale Konvergenz der Eigenkapitalmessung und Eigenkapitalanforderungen" vom 26.6.2004 (sog. **Basel-II-Übereinkunft**), die auf europäischer Ebene durch die Neufassung der *BankenRL* und der *KapitaladäquanzRL* und auf nationaler Ebene durch zahlreiche, teils

5

---

1 Zum Bedarf an Bankenaufsicht ausf. *Fischer* in Boos/Fischer/Schulte-Mattler, Einf. KWG Rz. 61.
2 Zur historischen Entwicklung *Fischer* in Schimansky/Bunte/Lwowski, BkR-Hdb., § 125 Rz. 26 ff.; *Fischer* in Boos/Fischer/Schulte-Mattler, Einf. KWG Rz. 1 ff.
3 Begründung der BReg. zum KWG-Entwurf 1959, BT-Drs. 1114 v. 25.5.1959.
4 BGBl. I 1997, 2518; Inkrafttreten im Wesentlichen am 1.1.1998.
5 Vgl. dazu *Fischer* in Boos/Fischer/Schulte-Mattler, § 25a KWG Rz. 1.
6 BGBl. I 2010.

Ende 2006, teils am 1.1.2007 in Kraft getretene Änderungen des KWG umgesetzt wurde[1]. Das **Finanzmarkt-RL-Umsetzungsgesetz (FRUG)**, durch das in Deutschland die *MiFID*[2] umgesetzt wurde, brachte u.a. Änderungen im Bereich der Zusammenarbeit der europäischen Bankaufsichtsbehörden sowie bei den organisatorischen Anforderungen an die Institute.

6 Die Finanzkrise gab Anlass für das *Gesetz* zur Umsetzung eines Maßnahmenpakets zur **Stabilisierung des Finanzmarktes**[3], das am 18.10.2008 in Kraft trat. Zu weiteren – am 26.3.2009 in Kraft getretenen – Änderungen kam es durch das Gesetz zur *Fortentwicklung des Pfandbriefrechts*[4].

6a Die Finanzmarktkrise hat eine Reihe von Schwachstellen bezüglich des Risikomanagements und der **Beaufsichtigung von Kreditinstituten** offengelegt. Besonders im Bereich der Verbriefungen fehlte es häufig an der zutreffenden Risikoeinschätzung durch die Institute[5]. Durch das im Juli 2010 beschlossene *Gesetz zur Umsetzung der geänderten BankenRL und der geänderten KapitaladäquanzRL*[6] wurden insbesondere einheitliche Prinzipien für die Anerkennung von hybriden Kapitalbestandteilen als Kernkapital, Regelungen für Verbriefungen und Wiederverbriefungen eingeführt und Offenlegungsanforderungen verschärft.

6b Seit 2009 kam es zu **zahlreichen Änderungen des KWG**, u.a. durch das *Zweite Finanzmarktstabilisierungsgesetz* vom 24.2.2012 und das *Dritte Finanzmarktstabilisierungsgesetz* vom 20.12.2012. Zum 1.1.2013 ist das *„Gesetz zur Überwachung der Finanzstabilität"*[7] in Kraft getreten, das insbesondere die Bildung eines Ausschusses für Finanzstabilität beim Bundesministerium der Finanzen vorsieht. Ziel ist die Stärkung der Zusammenarbeit des Bundesministeriums der Finanzen, der Deutschen Bundesbank und der BaFin im Bereich der Finanzstabilität.

6c Das *Gesetz zur Abschirmung von Risiken und zur Planung der Sanierung und Abwicklung von Kreditinstituten und Finanzinstituten* vom 7.8.2013[8] brachte weitere Änderungen insbesondere des KWG. Es unternimmt den Versuch, ein **„Trennbankensystem"** einzurichten, um Risiken unterschiedlicher Geschäftsbereiche besser voneinander abzuschotten. Durch den modifizierten § 25c KWG werden bestimmte, bislang schon von der BaFin aufgestellte Regeln zum Risikomanagement als weitere, gesetzliche Pflichten der Geschäftsleiter definiert. Von Interesse sind aus strafrechtlicher Sicht insbesondere § 25c Abs. 3, Abs. 4 und die neuen Absätze 4a, 4b und 4c KWG sowie die Einführung des

---

1 Dazu vgl. *Fischer* in Schimansky/Bunte/Lwowski, BkR-Hdb., § 125 Rz. 45b ff.
2 RL 2004/39/EG des Europ. Parl. und des Rates v. 21.4.2004 über Märkte für Finanzinstrumente, MiFID (Markets in Financial Instruments Directive); dazu *Fischer* in Boos/Fischer/Schulte-Mattler, Einf. KWG Rz. 82.
3 BGBl. I 1982, mit zeitlich befristeter Änderung des § 36 KWG.
4 BGBl. I 607.
5 Vgl. auch *Lutter*, ZIP 2009, 197 ff.
6 Vgl. BT-Drs. 17/1720 v. 17.5.2010, BT-Drs. 17/2472 und BT PlProt. v. 8.7.2010, 5704.
7 BGBl. I 2012, 2369.
8 BGBl. I 2013, 3090.

neuen Straftatbestands § 54a KWG. Diese Änderungen sind zum 2.1.2014 in Kraft getreten. Nachdem der neue Straftatbestand (Verstoß gegen die Pflicht, dafür „Sorge zu tragen", dass bestimmte im künftigen § 25c Abs. 4b KWG vorgegebene Strategien, Prozesse etc. zur Risikominimierung implementiert werden) nicht nur eine durch den Verstoß hervorgerufene „Bestandsgefährdung" des Instituts voraussetzt, sondern darüber hinaus auch eine gegen den Täter gerichtete vollziehbare Anordnung der BaFin, bleibt abzuwarten, ob diese Vorschrift nennenswerte praktische Bedeutung erlangen wird.

Die Umsetzung der **Empfehlungen von „Basel III"** gilt als weiterer Meilenstein des Bankaufsichtsrechts. Ziel ist die Schaffung eines besseren Ordnungsrahmens für die Finanzmärkte, um die Widerstandskraft der Kreditinstitute gegenüber Schocks aus Stresssituationen im Finanzsektor und in der Wirtschaft zu stärken. 6d

Der Umsetzung von Basel III dient zum einen die für das Bankaufsichtsrecht künftig zentrale **VO (EU) Nr. 575/2013** über *Aufsichtsanforderungen an Kreditinstitute und Wertpapierfirmen* („Capital Requirement Regulation – CRR")[1], auf die nun auch § 6 Abs. 1 KWG Bezug nimmt, der die Aufgaben der nationalen deutschen Bankenaufsicht zusammenfasst.

Zum anderen ist die **RL 2013/36/EU** über *den Zugang zur Tätigkeit von Kreditinstituten und die Beaufsichtigung von Kreditinstituten und Wertpapierfirmen, zur Änderung der RL 2002/87/EG und zur Aufhebung der Richtlinien 2006/48/EG und 2006/49/EG* („**CRD IV**")[2] zu nennen, die in Deutschland durch das *Gesetz zur Anpassung von Gesetzen auf dem Gebiet des Finanzmarktes vom 28.8.2013* („CRD-IV-Umsetzungsgesetz")[3] in nationales Recht umgesetzt wurde. Sie ist an die Mitgliedstaaten gerichtet und enthält Vorgaben für die Zulassung und Beaufsichtigung von Kreditinstituten und Wertpapierfirmen sowie für die Struktur der mit der Leitung und Aufsicht von Instituten vorgesehenen Organe einschließlich der Grundsätze der Unternehmensführung (Corporate Governance). 6e

Die VO (EU) Nr. 575/2013 und die RL 2013/36/EU werden zusammengefasst häufig als **CRD-IV-Paket** bezeichnet. Die meisten Neuregelungen, insbesondere zur Kapitalausstattung sowie zu den *Großkreditregeln* sind seit 1.1.2014 anzuwenden. Jedoch gibt es umfangreiche Übergangsregelungen. Am 19.7.2014 traten die wesentlichen Bestimmungen des *Gesetzes zur Anpassung von Gesetzen auf dem Gebiet des Finanzmarktes* in Kraft. Es betraf u.a. das Kreditwesengesetz (KWG), das Kapitalanlagegesetzbuch (KAGB) sowie weitere Gesetze wie das Wertpapierhandelsgesetz (WpHG), das Finanzkonglomerate-Aufsichtsgesetz (FKAG), das Versicherungsaufsichtsgesetz (VAG) und auch die GroMiKV. 6f

---

1 ABl. EU Nr. L 176 v. 27.6.2013, 1 ff.
2 ABl. EU Nr. L 176 v. 27.6.2013, 338 ff.
3 BGBl. I S. 3395.

2. Nationale und europäische Finanzmarktaufsicht

7 Die **Bundesanstalt für Finanzdienstleistungsaufsicht (BaFin)** beaufsichtigt und kontrolliert als Aufsichtsbehörde den Finanzmarkt in Deutschland. Die BaFin wurde 2002 durch Zusammenlegung der Bundesaufsichtsämter für das Kreditwesen (BAKred), den Wertpapierhandel (BAWe) und das Versicherungswesen (BAV) gegründet[1]. Die BaFin[2] ist eine bundesunmittelbare, rechtsfähige Anstalt des öffentlichen Rechts und unterliegt der Rechts- und Fachaufsicht des BMF. Sie übt neben der Versicherungsaufsicht auch die Aufsicht über **Institute** i.S. des KWG, also *Kreditinstitute* und *Finanzdienstleistungsinstitute*, aus (§ 6 KWG; Rz. 10).

8 Die BaFin und die **Deutsche Bundesbank** arbeiten eng zusammen (§§ 7, 8 Abs. 3 KWG). Der Deutschen Bundesbank obliegen in der laufenden Überwachung vor allem die Auswertungen der von den Instituten eingereichten Unterlagen, Meldungen, Jahresabschlüsse und Prüfungsberichte sowie regelmäßige bankgeschäftliche Prüfungen. Sie führt routinemäßig – oder nach Bedarf – Aufsichtsgespräche mit den Instituten. Die BaFin trägt die Verantwortung für alle hoheitlichen Maßnahmen. Nur im Ausnahmefall nimmt sie gemeinsam mit der Bundesbank oder auch selbständig bankgeschäftliche Prüfungen vor[3].

9 Die **Zusammenarbeit** der **Ermittlungsbehörden** mit der (deutschen) Bankenaufsicht regeln § 60a KWG, Nr. 25 MiStra und Nr. 238 RiStBV (zur Zusammenarbeit mit anderen Stellen § 8 KWG). Nach Nr. 238 der RiStBV soll sich die Staatsanwaltschaft beim Verdacht einer Straftat von Bankleitern möglichst frühzeitig mit der Aufsichtsbehörde in Verbindung setzen. Nach § 60a KWG und Nr. 25 MiStra sind die Erhebung der öffentlichen Klage und der Ausgang des Verfahrens der BaFin mitzuteilen. Die Angehörigen der BaFin unterliegen zwar nach § 9 KWG grundsätzlich der Verschwiegenheitspflicht, es besteht allerdings eine Mitteilungsbefugnis der BaFin gegenüber den Strafverfolgungsbehörden. Eine Offenbarung gegenüber den Strafverfolgungsbehörden ist nicht unbefugt, § 9 Abs. 1 S. 4 Nr. 1 KWG.

9a Daneben wird das System der Europäischen Finanzmarktaufsicht ausgebaut. Die **Europäische Bankenaufsichtsbehörde** (EBA, European Banking Authority) ist eine Agentur der Europäischen Union zur Finanzmarktaufsicht[4], die zum 1.1.2011 aus dem Ausschuss der Europäischen Aufsichtsbehörden für das Bankwesen (CEBS, Committee of European Banking Supervisors) hervorgegangen ist. Sie ist Bestandteil des Europäischen Finanzaufsichtssystems. Zentrale Aufgabe ist die Entwicklung europäischer Aufsichtsstandards. Direkte Eingriffsbefugnisse gegenüber Finanzinstituten bestehen bislang nur unter be-

---

1 Vgl. FinanzdienstleistungsaufsichtsG v. 22.4.2002, BGBl. I 1310.
2 Homepage: www.bafin.de.
3 Vgl. www.bundesbank.de unter „Bankenaufsicht".
4 Rechtsgrundlage: VO (EU) Nr. 1093/2010 des Europ. Parl. und des Rates v. 24.11.2010 zur Errichtung einer Europ. Aufsichtsbehörde (Europ. Bankenaufsichtsbehörde), ABl. EU Nr. L 331 v. 15.12.2010, 12.

stimmten Voraussetzungen[1]. Die Zusammenarbeit zwischen den deutschen Aufsichtsbehörden und der Europäischen Bankenaufsichtsbehörde, der Europäischen Wertpapier- und Marktaufsichtsbehörde und dem Europäischen Bankenausschuss regeln §§ 7b, 7c KWG, die Zusammenarbeit zwischen der BaFin und der Kommission § 7a KWG.

Im Frühjahr 2013 haben sich die Mitgliedstaaten der EU und das Europäische Parlament auf eine gemeinsame Aufsicht für die Banken im Euroraum geeinigt. Zum 4.11.2014 wurde der **Europäischen Zentralbank** (EZB) die Aufsicht über systemrelevante Institute übertragen. Grundlage dieser neuen Aufgaben der EZB ist die VO (EU) Nr. 1024/2013 („SSM-VO")[2]. Der Großteil der rund 6 000 Institute wird aber weiter von den nationalen Aufsichtsbehörden kontrolliert. 9b

Die BaFin arbeitet gem. § 7d KWG eng mit dem **Europäischen Ausschuss für Systemrisiken** zusammen, der wiederum integraler Bestandteil des seit 1.1.2011 bestehenden Europäischen Finanzaufsichtssystems ist und der Warnungen und Empfehlungen erlassen kann. 9c

II. Kredit- und Finanzdienstleistungsinstitute

Das KWG differenziert zwischen Kreditinstituten und Finanzdienstleistungsinstituten, wobei beide Kategorien unter den in § 1 Abs. 1b KWG legaldefinierten Begriff des **Instituts** fallen und nach § 6 Abs. 1 KWG der Aufsicht durch die BaFin unterliegen. 10

– Der Begriff des **Kreditinstituts** ist mit dem des Bankgeschäfts verknüpft: Kreditinstitute sind Unternehmen, die Bankgeschäfte gewerbsmäßig oder in einem Umfang betreiben, der einen in kaufmännischer Weise eingerichteten Geschäftsbetrieb erfordert (§ 1 Abs. 1 S. 1 KWG).

– Der Begriff des Finanzdienstleistungsinstituts ist mit dem der Finanzdienstleistung verknüpft: **Finanzdienstleistungsinstitute** sind Unternehmen, die Finanzdienstleistungen für andere gewerbsmäßig oder in einem Umfang erbringen, der einen in kaufmännischer Weise eingerichteten Geschäftsbetrieb erfordert, und die keine Kreditinstitute sind (§ 1 Abs. 1a S. 1 KWG).

§ 2 KWG enthält Ausnahmen und Sonderregelungen. Wichtig ist auch die Abgrenzung zu **Finanzunternehmen**: (§ 1 Abs. 3 KWG: Unternehmen, die keine Institute und keine Kapitalverwaltungsgesellschaften oder extern verwaltete Investmentgesellschaften sind). Die Beaufsichtigung von *Fonds* ist im Kapitalanlagegesetzbuch geregelt (dazu Rz. 22). 10a

Der Begriff der **Bankgeschäfte** ist in § 1 Abs. 1 S. 2 KWG legaldefiniert. Er umfasst insbesondere das Einlagengeschäft[3], das Pfandbriefgeschäft, Kreditgeschäft, Diskontgeschäft, Finanzkommissionsgeschäfte[4], das Depotgeschäft, 11

---

1 Vgl. Art. 17 Abs. 6, 18 Abs. 4 und 19 Abs. 4 der VO (EU) Nr. 1093/2010.
2 ABl. EU Nr. L 287 v. 29.10.2013, 63 ff.
3 Dazu BGH v. 23.3.2010 – VI ZR 57/09, Rz. 16.
4 Auch dazu BGH v. 23.3.2010 – VI ZR 57/09, Rz. 19.

die Übernahme von Bürgschaften, Garantien und sonstigen Gewährleistungen für andere (*Garantiegeschäft*), die Durchführung des bargeldlosen Scheck- und Wechseleinzugs, die Übernahme von Finanzinstrumenten für eigenes Risiko zur Platzierung oder die Übernahme gleichwertiger Garantien (*Emissionsgeschäft*).

12 Unter den Begriff der **Finanzdienstleistungen**, der in § 1 Abs. 1a S. 2 KWG definiert ist, fallen *Anlagevermittlung*, *Anlageberatung*, der Betrieb eines multilateralen Handelssystems für Finanzinstrumente, das Platzieren von Finanzinstrumenten ohne feste Übernahmeverpflichtung (*Platzierungsgeschäft*), die Anschaffung und die Veräußerung von Finanzinstrumenten im fremden Namen für fremde Rechnung (*Abschlussvermittlung*), die Verwaltung einzelner in Finanzinstrumenten angelegter Vermögen für andere mit Entscheidungsspielraum (*Finanzportfolioverwaltung*)[1], die Anschaffung und die Veräußerung von Finanzinstrumenten für eigene Rechnung als Dienstleistung für andere (*Eigenhandel*)[2], die Vermittlung von Einlagengeschäften mit Unternehmen mit Sitz außerhalb des Europäischen Wirtschaftsraums (*Drittstaateneinlagenvermittlung*), der Handel mit Sorten (*Sortengeschäft*), das *Factoring*, *Finanzierungsleasing* und die *Anlageverwaltung*.

13 Bei zahlreichen Tätigkeiten, die als Finanzdienstleistung qualifiziert sind (§ 1 Abs. 1a KWG), handelt es sich um Geschäfte mit **Finanzinstrumenten**. Zu den Finanzinstrumenten gehören *Wertpapiere*, *Geldmarktinstrumente*, *Devisen* oder *Rechnungseinheiten* sowie *Derivate* (vgl. § 1 Abs. 11 KWG).

III. Unzulässiger Geschäftsbetrieb

1. Verstöße gegen Erlaubnispflichten

a) Unerlaubte Bankgeschäfte und Finanzdienstleistungen

14 Wer im Inland gewerbsmäßig oder in einem Umfang, der einen in kaufmännischer Weise eingerichteten Geschäftsbetrieb erfordert, Bankgeschäfte i.S. des KWG betreiben (vgl. Rz. 11) oder Finanzdienstleistungen i.S. des KWG erbringen will (vgl. Rz. 12), bedarf der **schriftlichen Erlaubnis** der BaFin. Das vorsätzliche Betreiben von Bankgeschäften oder Erbringen von Finanzdienstleistungen ohne diese Erlaubnis ist gem. § 54 Abs. 1 Nr. 2 KWG *strafbar*; fahrlässiges Handeln des Täters steht nach § 54 Abs. 2 KWG ebenfalls unter Strafe[3].

14a Insbesondere im Bereich des sog. „grauen" Kapitalmarkts (vgl. § 27 Rz. 88 ff., 94 ff., § 28 Rz. 2 ff.) können diese Tatbestände verwirklicht sein, etwa wenn ein Täter oder eine Tä-

---

1 In der Entscheidung BGH v. 6.11.2003 – 1 StR 24/03, BGHSt 48, 373, Rz. 35 hat der BGH dem Instanzgericht aufgegeben zu prüfen, ob eine erlaubnispflichtige Finanzportfolioverwaltung vorgelegen habe.
2 Zur Abgrenzung zur Marktmanipulation beim „Scalping" BGH v. 6.11.2003 – 1 StR 24/03, BGHSt 48, 373.
3 Vgl. zur Zielrichtung LG Essen v. 7.5.1991 – 12 O 126/90, NJW-RR 1992, 303.

tergruppe in erheblichem Umfang Gelder etwa mit dem Versprechen der Geldanlage oder des Weitertransfers annimmt[1]. Auch typisch betrügerische Anlagegeschäfte können verbotene Bankgeschäfte sein[2]. Die Anwendbarkeit des KWG hängt jedoch von der konkreten Ausgestaltung des Geschäfts im Einzelfall ab. So hat der BGH entschieden, dass die Veräußerung eigener Aktien einer türkischen Aktiengesellschaft weder ein Bankgeschäft in Form des Einlagengeschäfts ist noch ein Finanzkommissionsgeschäft darstellt[3]. In strafrechtlicher Hinsicht ist bei der Abgrenzung des **Einlagengeschäfts** von anderen, insbesondere von gesellschaftsrechtlichen Anlageformen (wie stillen Beteiligungen) mit Partizipation am unternehmerischen Geschäft auf eine sorgfältige Darstellung auch der zivilrechtlichen Abreden zu achten[4].

Bei **Fällen mit Auslandsberührung** wird immer wieder – auch in der zivilrechtlichen Rechtsprechung – thematisiert, ob und unter welchen Voraussetzungen *deutsches Recht* anwendbar ist und ob eine Erlaubnispflicht nach deutschem Recht überhaupt begründet ist.[5] Wichtig ist dabei, dass das Betreiben von Bankgeschäften oder das Erbringen von Finanzdienstleistungen nicht erst mit dem Abschluss des Anlagevertrages beginnt, sondern bereits mit der Geschäftsanbahnung[6]. Für die Erlaubnispflicht des § 32 Abs. 1 S. 1 KWG ist nicht der Abschluss und die Abwicklung von Bankgeschäften oder Finanzdienstleistungen im Inland erforderlich; ausreichend sind bereits die wesentlichen zum Vertragsschluss hinführenden Schritte. Es genügt, wenn sich ein ausländischer Anbieter – auch vom Ausland aus – zielgerichtet an den deutschen Markt wendet, um im Inland wiederholt und geschäftsmäßig Finanzdienstleistungen anzubieten[7].

14b

Bei **betrügerischen Lastschriftgeschäften** (dazu näher § 49 Rz. 31 ff.) wird durch das Zusammenwirken der Beteiligten die Bank des aus der Lastschrift Begünstigten geschädigt. Sie stellen nach einer Entscheidung des BGH[8] schon aufgrund ihrer äußeren Merkmale keine Einlagengeschäfte i.S. des § 1 Abs. 1 Nr. 1 KWG dar und unterliegen damit auch nicht der bankenaufsichtsrechtlichen Erlaubnispflicht.

15

Zwar erfordert auch **Gewerbsmäßigkeit** i.S. von § 32 Abs. 1 S. 1 KWG, dass die Bankgeschäfte auf Dauer angelegt sind und mit Gewinnerzielungsabsicht verfolgt werden. Für die Frage der Gewerbsmäßigkeit ist aber auf den Betrieb in seiner Gesamtheit abzustellen und nicht auf die Gewinnerzielungsabsicht des einzelnen Tatbeteiligten[9]. Wegen der weiteren Einzelheiten muss hier auf die einschlägige Kommentarliteratur verwiesen werden (vgl. auch § 24 Rz. 4; § 22 Rz. 16 ff., 61 ff.).

16

---

1 BGH v. 23.8.2006 – 5 StR 105/06; vgl. auch BGH v. 11.9.2002 – 1 StR 73/02, wistra 2003, 65. Zum Einlagengeschäft instruktiv BGH v. 19.03.2013 – VI ZR 56/12 Rz. 15 ff. (Erlaubnispflicht bei Annahme verzinslicher „Winzergelder").
2 BGH v. 24.8.1999 – 1 StR 385/99, NStZ 2000, 37; vgl. auch BGH v. 26.8.2003 – 5 StR 145/03, BGHSt 48, 331 zu Deliktsnatur, mittelbarer Täterschaft, Konkurrenzen, insbes. zum Betrug.
3 Vgl. BGH v. 23.3.2010 – VI ZR 57/09, Rz. 16, 19.
4 BGH v. 9.2.2011 – 5 StR 563/10, Rz. 5; vgl. auch KG Berlin v. 23.12.2011 – (1) 1 Ss 139/11 (1/11), Rz. 7.
5 Vgl. OLG Köln v. 16.01.2013 – 16 U 29/12, Rz. 51, 60.
6 OLG Hamm v. 18.07.2013 – 6 U 215/11, Rz. 28; OLG Brandenburg v. 27.3.2014 – 12 U 182/12, Rz. 19.
7 OLG München v. 30.10.2013 – 20 U 1699/13, Rz. 52.
8 BGH v. 17.4.2007 – 5 StR 446/06, wistra 2007, 312.
9 BGH v. 11.9.2002 – 1 StR 73/02, wistra 2003, 65.

b) Verbotene Zahlungsdienste

17 Mit der *ZahlungsdiensteRL*[1] soll ein harmonisierter Rechtsrahmen für unbare Zahlungen im europäischen Binnenmarkt geschaffen werden. Die RL wurde im Jahr 2009 durch das **Zahlungsdiensteaufsichtsgesetz** (ZAG)[2] und weitere Gesetzesänderungen umgesetzt[3].

18 **Zahlungsinstitute** (i.S. des ZAG) sollen wie Kredit- und Finanzdienstleistungsinstitute (Rz. 10) solvenzrechtlichen Vorschriften unterworfen werden. Die Anforderungen an die Vorhaltung von Eigenmitteln und Liquidität sind allerdings bei Zahlungsinstituten im Vergleich zu Kreditinstituten weit weniger komplex. Das ZAG statuiert insbesondere Anforderungen an die Eigenmittel und für den Insolvenzfall vorgegebene Sicherungsanforderungen sowie weitere Pflichten (§§ 1–12a ZAG) und regelt die laufende Aufsicht über die Zahlungsinstitute (§§ 13–23 ZAG). Das herkömmliche Girogeschäft weist wesentliche gemeinsame Schnittmengen mit den im Annex der ZahlungsdiensteRL näher beschriebenen Zahlungsdiensten der Zahlungsinstitute auf. Daher wurde das KWG teilweise angepasst. Zahlungsinstitute bedürfen keiner Bankerlaubnis i.S. des KWG (Rz. 14) für das im Annex der RL umschriebene Kerngeschäft im Zahlungsverkehr. Allerdings dürfen sie abgesehen von den in § 2 ZAG geregelten Fällen – anders als Kreditinstitute – grundsätzlich auch keine Einlagen entgegennehmen[4].

19 **Zahlungsdienstleister** i.S. von § 1 Abs. 1 ZAG bedürfen nach Maßgabe des § 8 Abs. 1 ZAG einer *Erlaubnis der BaFin*. Wer ohne diese Erlaubnis Zahlungsdienste erbringt,[5] macht sich gem. § 31 Abs. 1 Nr. 2 ZAG *strafbar*. Bei Kreditinstituten i.S. des KWG, die am 31.10.2009 bereits über eine Erlaubnis nach § 32 Abs. 1 KWG verfügten, gilt die Erlaubnis nach § 8 Abs. 1 ZAG gem. § 35 Abs. 1 ZAG als erteilt; sie dürfen schon aufgrund ihrer für Bankgeschäfte erteilten Erlaubnis Zahlungsdienste erbringen.

20 Ergänzend zum Geschäftsbetrieb ohne Erlaubnis stellt § 31 Abs. 1 Nr. 1 ZAG die *Entgegennahme von Einlagen* oder die *Gewährung von Krediten* entgegen den näheren Vorgaben des ZAG unter **Strafe**. Der Strafrahmen reicht bei § 31 Abs. 1 Nr. 1 und Nr. 2 ZAG – wie bei § 54 KWG[6] – bei *Vorsatz* bis zu fünf Jahren, bei *Fahrlässigkeit* bis zu drei Jahren.

21 § 32 ZAG enthält zahlreiche **Bußgeldvorschriften**. Bei (vorsätzlicher) Zuwiderhandlung gegen näher bestimmte Anordnungen der BaFin (Abs. 1) droht ein Bußgeld bis zu 500 000 Euro. Abs. 2 erfasst – auch leichtfertige – Verstöße ge-

---

1 RL 2007/64/EG des Europ. Parl. und des Rates v. 13.11.2007 über Zahlungsdienste im Binnenmarkt etc., ABl. EU Nr. L 319 v. 5.12.2007, 1.
2 Art. 1 des G zur Umsetzung der aufsichtsrechtlichen Vorschriften der ZahlungsdiensteRL (ZahlungsdiensteumsetzungsG, BGBl. I 2009, 1506).
3 Zivilrechtlicher Teil der RL: vgl. G zur Umsetzung der VerbraucherkreditRL, des zivilrechtlichen Teils der ZahlungsdiensteRL etc., BGBl. I 2009, 2355.
4 Zur Abgrenzung vom KWG vgl. Gesetzesbegründung, BT-Drs. 827/08, 42 ff.
5 Zur Frage der Erbringung eines Zahlungsdienstes durch Aufstellen eines Geldautomaten mit Geldwechselmöglichkeit und integriertem EC-Cash-Terminal zur Geldabhebung in einer Spielhalle LG Stuttgart v. 7.3.2013 – 6 Qs 2/13.
6 Vgl. auch die Gesetzesbegründung, BT-Drs. 827/08, 100.

gen Offenlegungs- und Anzeigepflichten, Abs. 3 vorsätzliche und fahrlässige Zuwiderhandlungen gegen Anordnungen und sonstige Maßnahmen der BaFin als Aufsichtsbehörde.

c) Unerlaubte Investmentgeschäfte

Vorschriften zur Erlaubnispflichtigkeit bestimmter Tätigkeiten gibt es auch in Bezug auf die Fondsbranche. Neben dem KWG und dem ZAG enthielt bis 21.7.2013 das *Investmentgesetz* (InvG) Vorschriften zur Erlaubnispflichtigkeit bestimmter Tätigkeiten im Finanzbereich. Das InvG hatte das zum 31.12.2003 außer Kraft getretene Gesetz über Kapitalanlagegesellschaften (KAGG) und das Auslandsinvestment-Gesetz (AuslInvestmentG)[1] abgelöst. An die Stelle des InvG ist zum 22.7.2013 mit dem neuen **Kapitalanlagegesetzbuch** (KAGB) eine umfassende Neuregelung für *offene und geschlossene Fonds* getreten. Wie beim KWG und beim ZAG sind auch hier bei der Auslegung europarechtliche Vorgaben[2] zu beachten.

22

Nach dem früheren InvG bedurfte der Geschäftsbetrieb einer Kapitalanlagegesellschaft oder einer Investment-AG der schriftlichen **Erlaubnis** der BaFin (§§ 7 Abs. 1 S. 1, 97 Abs. 1 InvG a.F.). Wer ohne die Erlaubnis das Geschäft einer Kapitalanlagegesellschaft betrieb, wurde mit Freiheitsstrafe bis zu drei Jahren oder Geldstrafe *bestraft* (§ 143a InvG a.F.). § 143 InvG a.F. enthielt einen detaillierten *Ordnungswidrigkeitentatbestand* für Verstöße gegen Verhaltenspflichten des InvG.

23

Nunmehr enthält § 339 Abs. 1 Nr. 1 KAGB die *Strafbarkeit* bei Betreiben des Geschäfts einer **Kapitalverwaltungsgesellschaft** ohne die nach § 20 Abs. 1 S. 1 KAGB erforderliche Erlaubnis. § 340 KAGB enthält einen umfangreichen Katalog von *Ordnungswidrigkeitentatbeständen*.

24

Das neue KAGB hat einen wesentlich weiteren Anwendungsbereich als das frühere InvG, denn als Kapitalverwaltungsgesellschaften sind nunmehr Unternehmen mit satzungsmäßigem Sitz und Hauptverwaltung im Inland definiert, deren Geschäftsbetrieb darauf gerichtet ist, inländische **Investmentvermögen, EU-Investmentvermögen** oder ausländische „AIF" zu verwalten (§ 17 Abs. 1 KAGB). Dabei steht „AIF" für Alternative Investmentfonds (legaldefiniert in § 1 Abs. 3 KAGB). EU-Investmentvermögen sind Investmentvermögen, die dem Recht eines anderen Mitgliedstaates der EU oder eines anderen Vertragsstaates des Abkommens über den Europäischen Wirtschaftsraum unterliegen (§ 1 Abs. 8 KAGB). Das frühere InvG betraf demgegenüber nur inländische Investmentvermögen, soweit sie in Form von *Investmentfonds* oder *Investmentaktiengesellschaften* gebildet werden.

25

2. Betrug zum Nachteil der Einleger und Investoren

Insbesondere bei der Annahme von Einlagen kommt ein Betrug zum Nachteil der Einleger in Betracht, wenn die **Fähigkeit der Bank zur Rückzahlung** der Ein-

26

---
1 Dazu BGH v. 23.3.2010 – VI ZR 57/09, Rz. 22 ff.
2 „OGAW-RL" (EU-InvestmentRL 85/611/EWG v. 20.12.1985), mehrfach geändert.

lage bei Fälligkeit gemindert ist – etwa aufgrund riskanter Bankgeschäfte – und ein Verantwortlicher der Bank hierüber täuscht[1].

27 An § 263 StGB ist auch zu denken, wenn beim Vertrieb von Anlageformen (wie Beteiligungen an Unternehmen zur Vermögensanlage, z.B. Anteilen an vermeintlichen Investmentfonds) dem Investor gegenüber falsche oder irreführende **Angaben über die tatsächliche wirtschaftliche Betätigung** gemacht werden, die ihn erst zu der verlustbringenden Anlageentscheidung veranlassen.

Werden schon durch die in der Werbung verwendete Bezeichnung falsche Vorstellungen über die tatsächliche Anlageform hervorgerufen, ist insbesondere zu prüfen, ob die Initiatoren bank- bzw. finanzmarktrechtlich geschützte Bezeichnungen benutzt und dadurch den *gesetzlichen Bezeichnungsschutz* unterlaufen haben.

28 Die §§ 39, 40 KWG schützen die Bezeichnungen „*Bank*", „*Bankier*", „*Volksbank*" und „*Sparkasse*". Diese Bezeichnungen dürfen in der Firma, als Zusatz zur Firma, zur Bezeichnung des Geschäftszwecks oder zu Werbezwecken nur die in § 39 KWG genannten Unternehmen führen. Ausnahmen sind zulässig, wenn jeglicher Anschein ausgeschlossen ist, dass Bankgeschäfte betrieben werden (§ 41 KWG).

Die Bezeichnungen „*Kapitalanlagegesellschaft*", „*Investmentfonds*", „*Investmentgesellschaft*" und „*Investmentaktiengesellschaft*" sind ebenfalls geschützt. Diese Bezeichnungen dürfen in der Firma, als Zusatz zur Firma und zu Geschäfts- und Werbezwecken nur die in § 3 **KAGB** genannten Gesellschaften führen. Ausnahmen sind nicht vorgesehen. Im Übrigen war der Bezeichnungsschutz bereits durch das vorausgegangene InvG am 1.1.2004 gelockert worden: Die Begriffe „Investment" und „Kapitalanlage" sind seither nicht mehr geschützt. Die Begriffe „Investor" und „Invest" unterliegen nicht dem Bezeichnungsschutz.

§ 16 Abs. 1 **BausparkG** schützt die Bezeichnung „*Bausparkasse*" sowie den Wortstamm „*Bauspar*". § 4 Abs. 1 **VAG** schützt die Bezeichnungen „*Versicherung*", „*Versicherer*", „*Assekuranz*", „*Rückversicherung*", „*Rückversicherer*" und entsprechende fremdsprachliche Bezeichnungen.

29 Selbst wenn die BaFin aufgrund des im Einzelfall fehlenden finanzmarktrechtlichen Bezeichnungsschutzes eine **Firmierung** nicht beanstandet hat, kann das *Registergericht* prüfen, ob aus sonstigen Gründen eine Irreführung vorliegt (§ 22 Rz. 39; § 24 Rz. 43 f.).

Im Übrigen kann sich eine Täuschung des Anlegers auch aus der *irreführenden Bezeichnung* eines *Anlageprodukts* ergeben.

3. Bilanzdelikte

Schrifttum: Zum HGB s. allgemeines Schrifttumsverzeichnis; Bieg/Waschbusch/Käufer, Die Bilanzierung von Pensionsgeschäften im Jahresabschluss der Kreditinstitute nach HGB und IFRS, ZBB 2008, 63; Mujkanovic, Die Bewertung von Finanzierungsinstrumenten zum fair value nach BilMoG, StuB 2009, 329; Wimmer/Kusterer, Kreditrisiko: Bilanzielle Abbildung und Vergleich mit der ökonomischen Messung, DStR 2006, 2046.

30 Die §§ 340, 340a–340o HGB enthalten spezielle, nicht auf die Rechtsform, sondern die Branche bezogene Vorschriften der **Rechnungslegung, Bilanzierung und Offenlegung** (allgemein dazu oben § 26 und § 40, § 41). Diese Sondervor-

---

1 Vgl. BGH v. 18.2.2009 – 1 StR 731/08, BGHSt 53, 199.

schriften gelten für *Kreditinstitute*, diesen nach dem KWG gleichgestellte inländische Zweigniederlassungen ausländischer Unternehmen und bestimmte Finanzdienstleistungsinstitute.

§ 340m HGB[1] enthält *spezielle Straftatbestände*: Er verweist auf die §§ 331–333 HGB und dehnt diese Strafvorschriften zugleich auf nicht als Kapitalgesellschaften betriebene Kreditinstitute (S. 1) und § 331 HGB auch auf Geschäftsleiter (§§ 1 Abs. 2 S. 1, 53 Abs. 2 Nr. 1 KWG) und Inhaber von Privatbanken (einzelkaufmännisch geführte Kreditinstitute) (S. 2)[2] aus.

Als taugliche Täter einer *unrichtigen Darstellung* i.S. von **§ 331 HGB** sind primär die Mitglieder eines Organs der betroffenen Gesellschaft angesprochen. Die **§§ 332, 333 HGB** und § 403 AktG enthalten Straftatbestände bei pflichtwidrigem Verhalten von *Abschlussprüfern* (§ 40 Rz. 88, § 94 Rz. 8 ff.).

§ 340n HGB enthält einen detaillierten *Ordnungswidrigkeitatbestand*. Wegen der weiteren Einzelheiten wird auf die gesetzlichen Regelungen und die einschlägigen Kommentierungen verwiesen.

4. Verletzung der Insolvenzanzeigepflicht

Anstelle der allgemeinen Vorschriften über die Sanktionierung einer Insolvenzverschleppung (§ 15a InsO; unten § 80) gelten für alle **Institute** (Rz. 10), gleich welcher Rechtsform, **besondere Anzeigepflichten** gegenüber der BaFin – und nicht gegenüber dem Insolvenzgericht. Dadurch soll es der Aufsichtsbehörde ermöglicht werden, einen Zusammenbruch des Instituts durch entsprechende Maßnahmen abzufangen; nur die BaFin kann den Insolvenzantrag stellen (§ 46b S. 4 KWG).

Nach § 46b KWG haben die Geschäftsleiter eines Kredit- oder Finanzdienstleistungsinstituts (Definition § 1 Abs. 1a KWG) oder einer Finanzholding-Gesellschaft – und bei einem in der Rechtsform des Einzelkaufmanns betriebenen Instituts der Inhaber – die **Zahlungsunfähigkeit** oder die **Überschuldung** unverzüglich der BaFin anzuzeigen. Die Anzeigepflicht gilt auch für die Verantwortlichen der Zweigniederlassung eines CRR-Kreditinstituts (legaldefiniert in § 1 Abs. 3d KWG) oder eines Wertpapierhandelsunternehmens mit Sitz in einem anderen Staat des EWR. Der Verstoß gegen die Anzeigepflicht ist – wie bei § 15a InsO – bei Vorsatz mit Geldstrafe oder Freiheitsstrafe bis zu drei Jahren, bei Fahrlässigkeit bis zu einem Jahr bewehrt (§ 55 KWG). Die besondere Sanktionierung der Anzeigepflicht im KWG ist als Ersatz für den entfallenden „Gang zum Insolvenzrichter" notwendig.

Eine entsprechende Anzeigepflicht gegenüber der BaFin normiert für *Zahlungsinstitute* (Rz. 18) in § 16 Abs. 4 ZAG. Ein Verstoß dagegen ist nach § 31 Abs. 1 Nr. 3 ZAG strafbar.

---

1 Dazu BVerfG v. 15.8.2006 – 2 BvR 806/06.
2 *Merkt* in Baumbach/Hopt, § 340m HGB Rz. 1.

5. „Bestandsgefährdung" eines Instituts

34 Durch das sog. „Trennbankengesetz" zum 2.1.2014 neu eingeführt wurde der **neue Straftatbestand des § 54a KWG**[1], dessen tatbestandliche Ausgestaltung allerdings Zweifel aufkommen lässt, ob er den ihm angedachten Zweck erfüllen wird. Täter kann nur ein *Geschäftsleiter* eines Instituts sein, wie sich aus der Bezugnahme auf § 25c KWG ergibt. Die Vorschrift setzt voraus, dass es der Täter unterlässt, einen in § 25c Abs. 4a oder Abs. 4b S. 2 KWG genannten Prozess oder ein dort genanntes Verfahren etc. zu implementieren. Weiter setzt der Straftatbestand voraus, dass hierdurch eine *Bestandsgefährdung* des Instituts herbeigeführt wird. Aus § 54a Abs. 3 KWG ergibt sich außerdem, dass die Tat nur strafbar ist, wenn eine vollziehbare Anordnung der BaFin zur Beseitigung des Verstoßes gegen § 25c Abs. 4a oder Abs. 4b S. 2 KWG vorausgegangen ist *und* der Täter dieser Anordnung zuwidergehandelt hat *und* hierdurch die Bestandsgefährdung herbeigeführt wurde.

§ 54a Abs. 3 KWG dürfte als *objektive Bedingung der Strafbarkeit* (§ 17 Rz. 45) einzuordnen sein, ein vorsätzlicher Verstoß des Täters gegen die vollziehbare Anordnung der Aufsichtsbehörde also für die Strafbarkeit nicht erforderlich sein. Die Formulierung sorgt allerdings möglicherweise dafür, dass der Täter in Fällen, in denen er die Bestandsgefährdung durch ein ihm anzulastendes organisatorisches Versäumnis i.S. des § 25c KWG bereits vor der aufsichtsrechtlichen Anordnung herbeigeführt hat, nicht gem. § 54a KWG bestraft werden kann.

IV. Zum sog. Bankgeheimnis

1. Grundlagen

35 Es gibt *keine gesetzliche Regelung*, die ein allgemeines **Bankgeheimnis** statuieren (vgl. auch § 93 Rz. 48) oder die Verletzung des sog. Bankgeheimnisses generell unter Strafe stellen würde. Das Bankgeheimnis, also die Verschwiegenheit der Bank über Daten des Kunden, ist eine zivilrechtliche Pflicht, die Bestandteil des Bankvertrages zwischen Kreditinstitut und Kunde ist. Inhalt und Reichweite des Bankgeheimnisses sind in der Praxis durch die AGB ausgestaltet[2].

Das Bankgeheimnis bezieht sich nur auf kundenbezogene Tatsachen und Wertungen, die einem Kreditinstitut im Zusammenhang mit der Geschäftsverbindung zum Kunden bekannt geworden sind. Aus einem Darlehensvertrag ergibt sich für die kreditgebende Bank

---

1 Dazu *Ahlbrecht*, BKR 2014, 98; *Brand*, ZVglRWiss 2014, 142; *Cichy/Cziupka/Wiersch*, NZG 2013, 846; Deutscher Anwaltsverein (Strafrechtsausschuss), NZG 2013, 577; *Goeckenjan*, wistra 2014, 201; *Schröder*, WM 2014, 100; *Schwerdtfeger*, ZWH 2014, 336; *Wastl*, WM 2013, 1401.
2 OLG Stuttgart v. 13.12.2005 – 6 U 119/05, ZIP 2006, 2364, Rz. 85.

darüber hinaus die Nebenpflicht, die Kreditwürdigkeit des Darlehensnehmers weder durch Tatsachenbehauptungen, auch wenn sie wahr sind, noch durch Werturteile oder Meinungsäußerungen zu gefährden[1].

Eine gewisse Schutzfunktion für den Bankkunden bieten **Zeugnisverweigerungsrechte**, soweit sie bestehen, im Zivil-, Arbeitsgerichts-, Verwaltungsgerichts- und Insolvenzverfahren sowie die Normen der §§ 30, 30a AO[2] („Steuergeheimnis"; § 15 Rz. 41 f.). Aus Gründen eines privatrechtlichen „Bankgeheimnisses" erwächst im Strafverfahren kein Zeugnisverweigerungsrecht oder Auskunftsverweigerungsrecht. 36

Ob eine Bank Informationen weitergeben darf oder wegen etwaiger *zivilrechtlicher Warn- und Schutzpflichten* sogar weitergeben muss, wird in der Praxis u.a. in Fällen diskutiert, in denen die Bank den Verdacht hat, dass im von ihr für ihre Kunden abgewickelten **bargeldlosen Zahlungsverkehr** andere durch eine Straftat des Kunden geschädigt werden sollen. Dazu hat das OLG Frankfurt[3] entschieden: 37

„Die Rechtsprechung geht dabei davon aus, dass grundsätzlich den am Überweisungsverkehr beteiligten Banken keine Warn- und Schutzpflichten gegenüber dem Überweisenden obliegen, da sie sich i.d.R. streng innerhalb der Grenzen des ihnen erteilten formalen Auftrags zu halten haben. Eine Ausnahme ist jedoch dann zu machen, wenn das Kreditinstitut aufgrund massiver Anhaltspunkte den Verdacht hegt, dass ein Kunde bei der Teilnahme am bargeldlosen Zahlungsverkehr durch eine Straftat einen anderen schädigen will. Bei einer solchen objektiven Evidenz des Verdachts der Veruntreuung kann die Schutzpflicht im Rahmen der vorzunehmenden Interessenabwägung stärker bewertet werden als die Pflicht, das Bankgeheimnis gegenüber dem eigenen Kunden zu wahren."

Solche im zivilrechtlichen Bereich vorzunehmenden Abwägungen könnten u.U. auch von Bedeutung sein, wenn es in solchen Fällen um die Strafbarkeit von Bankmitarbeitern geht.

2. Strafvorschriften

a) Organmitglieder und Mitarbeiter von Banken

Die **§§ 55a, 55b KWG** enthalten Vorschriften, die bezogen auf bestimmte Kundeninformationen die Verschwiegenheit von Bankmitarbeitern in besonderen Fällen ausdrücklich gesetzlich vorschreiben. Hintergrund ist § 14 Abs. 2 S. 1 KWG, wonach die Deutsche Bundesbank bei Vergabe von *Millionenkrediten* an einen Kreditnehmer durch mehrere Unternehmen (Kreditinstitute) diese Kreditinstitute benachrichtigt (dazu § 67 Rz. 45). Ein Kreditinstitut wird also im Falle von Millionenkrediten anderer Banken an den eigenen Kunden informiert. Bankintern dürfen (und sollen) daraus zwar entsprechende Schlüsse, insbesondere bei weiteren Kreditentscheidungen, gezogen werden, soll der Zweck 38

---

1 BGH v. 24.1.2006 – XI ZR 384/03, BGHZ 166, 84, Rz. 35 ff., auch zur zivilrechtlichen Bewältigung eines Falles, in dem der Vorstandsvorsitzende einer deutschen Großbank sich öffentlich relativ auskunftsfreudig im Hinblick auf die wirtschaftliche Situation eines Kreditnehmers gab.
2 Zur Zulässigkeit von Kontrollmitteilungen aber BFH v. 9.12.2008 – VII R 47/07, NJW 2009, 1437.
3 OLG Frankfurt v. 17.6.2009 – 23 U 34/08 – Rz. 24.

des Informationsflusses erreicht werden. Die bei einem anzeigepflichtigen Unternehmen beschäftigten Personen dürfen aber nach § 14 Abs. 2 S. 10 KWG Angaben, die dem Unternehmen nach diesem Absatz mitgeteilt werden, Dritten nicht offenbaren und nicht verwerten. Verstöße gegen diese Pflicht sind nach §§ 55a, 55b KWG strafbar[1].

39 Dagegen gehören Bankmitarbeiter und Organmitglieder von Kreditinstituten nach dem Normwortlaut *nicht* zum Kreis tauglicher Täter i.S. der **§§ 203, 204 StGB** (Verletzung bzw. Verwertung von Privatgeheimnissen; § 33 Rz. 25). Zu denken ist indes an den Straftatbestand des **§ 17 UWG** (Verrat von Geschäfts- und Betriebsgeheimnissen; § 33 Rz. 45), auch wenn es zumeist am subjektiven Tatbestand fehlen wird.

b) Externe Aufsichtspersonen

40 Eine **gesetzliche Schweigepflicht** sieht **§ 9 KWG** vor. Die Vorschrift wird durch datenschutzrechtliche Regelungen (§ 33 Rz. 115) ergänzt. § 9 KWG verbietet bestimmten Personen, die ihnen bei ihrer Tätigkeit bekannt gewordenen Tatsachen, deren Geheimhaltung im Interesse des Instituts oder eines Dritten liegt, insbesondere Geschäfts- und Betriebsgeheimnisse, unbefugt zu offenbaren oder zu verwerten. Das Verbot gilt für *Beschäftigte der BaFin*, für *Beauftragte* nach § 4 Abs. 3 des Finanzdienstleistungsaufsichtsgesetzes, für *Sonderbeauftragte* nach § 45c KWG, für Personen, die nach § 37 S. 2 und § 38 Abs. 2 S. 2 und 4 KWG als *Abwickler* bestellt wurden, und für Personen, die im Dienst der Bundesbank stehen, soweit sie zur Durchführung des KWG tätig werden. Die Weitergabe an Strafverfolgungsbehörden ist aber in § 9 Abs. 1 S. 4 Nr. 1 KWG ausdrücklich erlaubt. Darüber hinaus ist das Geldwäschegesetz zu beachten (dazu oben § 51).

41 Bei **Amtsträgern** kann die unbefugte Offenbarung unter den Voraussetzungen des *§ 353b StGB* als Verletzung eines Dienstgeheimnisses strafbar sein.

§ 67
Kreditgeschäfte

Bearbeiter: Alexander Schumann

	Rz.		Rz.
A. Untreue bei Kreditentscheidungen	1	I. Kreditgeschäft als Risikogeschäft	7
I. Überblick	3	a) Konkretisierung der Pflichten	9
II. Untreue-relevante Pflichtverletzungen		b) „Evidente und gravierende" Pflichtverletzung?	12

---

1 Zu einem praktischen Fall BGH v. 24.1.2006 – XI ZR 384/03, BGHZ 166, 84, Rz. 35 ff.

	Rz.		Rz.
2. Formale und organisatorische Pflichten	20	b) Genossenschaftsbanken	79
a) Vorgaben des KWG	21	c) Bausparkassen	81
b) Weitere Vorgaben	29	**III. Kausaler Vermögensschaden**	
3. Materielle Pflichten bei Kreditvergabe	31	1. Schaden	82
		a) Durchführung des Vermögensvergleichs	
a) Risikobegrenzung durch Information und Pflicht zur Abwägung	33	aa) Maßgeblicher Zeitpunkt	85
		bb) Schaden und schadensgleiche Vermögensgefährdung	87
b) Kreditwürdigkeitsprüfung	36		
c) Kreditbesicherung	47	cc) Bewertung von Verlustrisiken	93
d) Anforderungen an Eigenmittelausstattung und Liquidität	49	dd) Bedeutung von Sicherheiten	96
aa) Eigenmittelausstattungs-Vorschriften	50	b) Sonderprobleme	103
		2. Kausalität	108
bb) Refinanzierung und Liquiditätsvorsorge	56	**IV. Vorsatz**	110
e) Risikostreuung	59	1. Vorsatz hinsichtlich Pflichtwidrigkeit	111
f) Sanierungskredite	60	2. Vorsatz hinsichtlich Vermögensschädigung	117
g) Kreditbetrüger	62	a) Wissenselement	118
4. Pflichten bei der Kreditüberwachung	63	b) Willenselement	121
5. Handel mit Kreditforderungen	66	**V. Besonders schwerer Fall**	127
6. Strafrechtliche Verantwortlichkeit	70	**B. Weitere Tatbestände**	
a) Gesamtverantwortung	71	**I. Ordnungswidrigkeiten**	133
b) Verlagerung der Verantwortlichkeit	75	**II. Unbefugte Offenbarung**	137
7. Besondere Kreditinstitute			
a) Sparkassen	77		

Schrifttum: (Kommentare zum KWG: § 66 vor Rz. 1); *Aldenhoff/Kuhn*, § 266 StGB – Strafrechtliches Risiko bei der Unternehmenssanierung durch Banken?, ZIP 2004, 103; *Bockelmann*, Kriminelle Gefährdung und strafrechtlicher Schutz des Kreditgewerbes, ZStW 79 (1967), 28 ff.; *Brüning/Samson*, Bankenkrise und strafrechtliche Haftung wegen Untreue gem. § 266 StGB, ZIP 2009, 1089; *Dost*, Strafrechtliche Ermittlungsverfahren gegen Bankmitarbeiter wegen des Verdachts der Untreue, WM 2001, 333; *Fleischer*, Aktuelle Entwicklungen der Managerhaftung, NJW 2009, 2337; *Fleischer/Schmolke*, Klumpenrisiko im Bankaufsichts-, Investment- und Aktienrecht, ZHR 173, 649 (2009); *Gallandi*, Die Untreue von Bankverantwortlichen im Kreditgeschäft, wistra 2001, 281; *Gallandi*, Strafrechtliche Aspekte der Asset Backed Securities, wistra 2009, 41; *Haft*, Die Lehre vom bedingten Vorsatz unter besonderer Berücksichtigung des wirtschaftlichen Betrugs, ZStW 88 (1976), 365 ff.; *Hannemann/Schneider/Hanenberg*, Mindestanforderungen an das Kreditgeschäft (MaK), 2003; *Hillenkamp*, Risikogeschäft und Untreue, NStZ 1981, 161 ff.; *Keller*, Die Offenlegung der wirtschaftlichen Verhältnisse nach § 18 KWG, 2005; *Kimmel*, Das Bankgeheimnis im Strafprozess, Diss. Erlangen, 1982; *Klötzer/Schilling*, Zum Vorsatz und zum Vermögensnachteil bei Untreuehandlungen durch pflichtwidriges Eingehen von Risiken für fremdes Vermögen sowie zur Terminierung in Wirtschaftsstrafsachen, StraFo 2008, 305; *Lampe*, Der Kreditbetrug, 1980; *Lutter*, Bankenkrise und Organhaftung, ZIP 2009, 197; *Matzke/Seifert*, Die Eigenmittelausstattung von Kreditinstituten gemäß § 10 KWG, ZBB 1998, 152; *Nack*, Untreue im Bankenbereich durch Vergabe von Großkrediten, NJW 1980, 1599 ff.; *Nack*, Bedingter Vorsatz beim Gefährdungsschaden – ein doppelter Konjunktiv?, StraFo 2008, 277; *Obst/Hintner*, Geld-, Bank- und Börsenwesen, 40. Aufl. 2000; *Peglau*, Konkurrenzfragen des § 54 KWG, wistra 2002, 292; *Peglau*, Zum Untreuevorsatz bei einer Vermögensgefährdung durch pflichtwidrige Eingehung von Risiken, wistra 2008, 430; *Rösler/Mackenthun/Pohl*, Handbuch Kreditgeschäft, 6. Aufl. 2002; *Schmitt*, Untreue von Bank- und Sparkassenverantwortlichen bei der Kreditvergabe, BKR 2006, 125; *Struwe*, § 18 KWG-Verstöße, 2004; *Tröger*, Konzernverantwortung in der aufsichtsunterworfenen Finanzbranche, ZHR 177 (2013), 475.

A. Untreue bei Kreditentscheidungen

1 Die **Kreditvergabe** gehört zu den zentralen Bereichen des Geschäfts von Kreditinstituten (zum Begriff § 66 Rz. 10). Die in der zweiten Hälfte des Jahres 2008 offen zutage getretene weltweite *Finanzmarktkrise* hat deutlich gemacht, zu welch gewaltigen globalen Erschütterungen allzu riskante Kreditvergabeentscheidungen und Geschäfte mit Kreditforderungen zwischen international agierenden Banken führen können. Sogar größere, als „systemrelevant" angesehene Kreditinstitute, insbesondere Hypothekenbanken, sind in Existenznot geraten. Diese Krise hat auch gezeigt, dass ein funktionsfähiges **Risikomanagement** von essentieller Bedeutung für jedes Kreditinstitut ist[1].

2 Ermittlungsverfahren in Deutschland wegen *Untreue* durch pflichtwidrige Kreditentscheidungen gibt es aber nicht erst seit dieser aktuellen Bankenkrise[2]. Diese verdeutlicht jedoch, wie wichtig nicht nur die aufsichtsrechtliche, sondern auch die **strafrechtliche Aufarbeitung** dieser Thematik ist. Zur Bankenaufsicht und zu grundlegenden Informationen zum Kreditwesengesetz (KWG) wird auf die Darstellung in § 66 Rz. 1 ff. verwiesen. Zu den bei der Anwendung des Untreuetatbestandes zu beachtenden Vorgaben des BVerfG[3] sei auf die ausführliche Darstellung oben in § 32 verwiesen.

I. Überblick

3 Als **Täter** einer Untreue durch pflichtwidrige Kreditgeschäfte kommen nur *Entscheidungsträger* bei Kreditinstituten in Betracht, also z.B. Vorstandsmitglieder der Bank[4]. Der *Kreditnehmer* muss sich in bestimmten Fällen wegen *Beihilfe* oder Anstiftung zu der vom Bankleiter begangenen Untreue verantworten[5].

---

1 So ausdrücklich auch BaFin, Schreiben v. 14.8.2009 – BA 54-FR 2210-2008/0001 (zur neuen ab 1.1.2010 geltenden MaRisk).
2 Vgl. 1./2. Aufl., § 54; 3./4. Aufl., § 66.
3 BVerfG v. 23.6.2010 – 2 BvR 2559/08, 2 BvR 105/09, 2 BvR 491/09, ZIP 2010, 1596.
4 Vgl. LG Düsseldorf v. 19.6.2008 – 14 KLs 9/07, 014 KLs 9/07; BGH v. 15.11.2001 – 1 StR 185/01, BGHSt 47, 148; BGH v. 6.4.2000 – 1 StR 280/99, BGHSt 46, 30.
5 Zur Strafbarkeit des Kreditnehmers wegen Anstiftung zur Untreue, insbes. auch zum dann anzuwendenden Strafrahmen BGH v. 10.2.1988 – 3 StR 502/87, wistra 1988, 305, Rz. 17 f; zur Abgrenzung zwischen täterschaftlicher Untreue und Beihilfe hierzu BGH v. 21.3.1985 – 1 StR 417/84, wistra 1985, 190, Rz. 93.

Untreue-relevant ist dabei nicht nur die Kreditvergabeentscheidung selbst. Auch im Zusammenhang mit der Überwachung eines bereits gewährten und ausgezahlten Kredits, also im Bereich der „Marktfolge", kann es zu schädigenden Pflichtverletzungen kommen, die den Tatbestand der Untreue erfüllen.

Die **Tatbestandsvoraussetzungen** einer Untreue (§ 266 StGB) bestehen aus mehreren Elementen (allgemein dazu § 32 Rz. 2). Auch eine Untreue bei Kreditgeschäften setzt zunächst eine *Pflichtverletzung* des Täters voraus (vgl. § 32 Rz. 24 ff., 44 ff.), wobei i.d.R. sowohl der Missbrauchstatbestand als auch der Treubruchtatbestand erfüllt sein wird[1]. Der BGH hat allerdings bei einer Verurteilung wegen Untreue durch pflichtwidrige Kreditentscheidung darauf hingewiesen, dass der Missbrauchstatbestand voraussetze, dass den Täter eine Vermögensbetreuungspflicht trifft, die aber weder bei einem bloßen Bezug zu fremden Vermögensinteressen noch bei einer allgemeinen vertraglichen Nebenpflicht, auf die Vermögensinteressen des Vertragspartners Rücksicht zu nehmen, gegeben sei. Es komme nach ständiger Rechtsprechung darauf an, ob die fremdnützige Vermögensfürsorge den Hauptgegenstand der Rechtsbeziehung bildet und ob dem Verpflichteten bei Wahrnehmung der fremden Vermögensinteressen ein gewisser Spielraum, eine gewisse Bewegungsfreiheit oder Selbständigkeit, mit anderen Worten die Möglichkeit zur verantwortlichen Entscheidung innerhalb eines gewissen Ermessensspielraums verbleibt. Im Falle einer automatisierten Kreditvergabeentscheidung durch ein Computerprogramm ausschließlich nach programmierten Vorgaben nach Eingabe von Daten eines Postbankkreditberaters ohne eigenen Entscheidungsspielraum und ohne intern vorgesehene weitere Prüfungsschritte des Mitarbeiters („Grünfall" im Gegensatz zum „Gelbfall") hat der BGH die Vermögensbetreuungspflicht des Kreditberaters verneint[2].

Diese Pflichtverletzung muss zu einem *Schaden* geführt haben, dessen Feststellung spezifische Probleme aufwirft (§ 32 Rz. 175). Der Täter muss mit *Vorsatz* gehandelt haben (§ 32 Rz. 193). Bei der Strafzumessung ist an die Möglichkeit eines besonders schweren Falles zu denken (§ 32 Rz. 205).

Bei der strafrechtlichen Würdigung eines tatsächlichen Verhaltens, das ein Kreditgeschäft betrifft, können im Hinblick auf zahlreiche Einzelfragen die Vorschriften, Begrifflichkeiten und Wertungen des KWG nicht außer Betracht gelassen werden. Die **Vorschriften des KWG** sind für die Frage von *entscheidender Bedeutung*, ob der Täter bei der Kreditentscheidung pflichtwidrig gehandelt hat. An erster Stelle ist auf die zentrale Regelung des **§ 25a KWG** hinzuweisen.

Von besonderer Bedeutung für die Beurteilung der Pflichtwidrigkeit einer Kreditvergabe sind daneben für den Zeitraum von 2002–2005 die in einem Rundschreiben der BaFin vom 20.12.2002 aufgestellten *Mindestanforderungen an das Kreditgeschäft* (**MAK**)[3]. Diese wurden für den Zeitraum ab Ende 2005 er-

---

1 Vgl. BGH v. 18.6.1965 – 2 StR 435/64; BGH v. 5.7.1984 – 4 StR 255/84, NJW 1984, 2539; BGH v. 21.3.1985 – 1 StR 417/84, wistra 1985, 190, Rz. 13; BGH v. 15.11.2001 – 1 StR 185/01, BGHSt 47, 148.
2 BGH v. 3.5.2012 – 2 StR 446/11, Rz. 4 ff.
3 Rundschreiben 34/2002 (BA) der BaFin v. 20.12.2002.

setzt durch die „*Mindestanforderungen an das Risikomanagement* – **MaRisk**", die inzwischen wiederholt ergänzt und neu gefasst wurden, zuletzt durch Rundschreiben 10/2012 vom 14.12.2012[1].

Die in § 25a KWG umschriebenen Regelungen zur Steuerung, Kontrolle und Überwachung der Risiken durch eine Schärfung des Risikobewusstseins und durch eine Verbesserung der Transparenz werden durch die MaRisk *konkretisiert*. Für die Prüfung und den Nachweis einer Untreue durch pflichtwidrige Kreditvergabe sind sie essenziell. Sie beschreiben nicht nur die auch durch § 25a KWG vorgegebenen banküblichen Sorgfaltspflichten detailliert. Auch die individuellen Verantwortlichkeiten werden präzise geregelt. Schließlich werden die Nachweismöglichkeiten durch umfassende Dokumentationspflichten erleichtert.

II. Untreue-relevante Pflichtverletzungen

1. Kreditgeschäft als Risikogeschäft

7 Kreditgeschäfte sind **Risikogeschäfte**, denn ihnen liegen geschäftliche Entscheidungen zugrunde, die mit einem gewissen finanziellen Aufwand und wirtschaftlichen Belastungen verbunden sind und die die Gefahr eines Verlustes in sich bergen. Daher sind auf Kreditgeschäfte auch die allgemeinen Grundsätze anzuwenden, die für die strafrechtliche Beurteilung von Risikogeschäften unter dem Gesichtspunkt einer Untreuestrafbarkeit gelten (allgemein dazu § 32 Rz. 156 ff.). Bei typischerweise mit Risiken behafteten unternehmerischen Entscheidungen, für die i.d.R. ein weiter *unternehmerischer Beurteilungs- und Ermessensspielraum* eröffnet ist, gilt: Eine Pflichtverletzung ist gegeben, wenn die Grenzen überschritten sind, „in denen sich ein von Verantwortungsbewusstsein getragenes, ausschließlich am Unternehmenswohl orientiertes, auf sorgfältiger Ermittlung der Entscheidungsgrundlagen beruhendes unternehmerisches Handeln bewegen muss"[2]. Ein riskantes Geschäft, dessen Folgen einen anderen treffen, ist i.d.R. erst pflichtwidrig, wenn der Handelnde den ihm gezogenen Rahmen nicht einhält[3].

8 Aus der **Verwirklichung eines Risikos**, also dem Eintritt eines Vermögensnachteils, kann nicht schon auf eine Verletzung der im Einzelfall konkretisier-

---

1 Vgl. zunächst Rundschreiben 18/2005 (MaRisk) v. 20.12.2005; Rundschreiben 5/2007 (MaRisk) v. 30.10.2007; BaFin, Schreiben v. 14.8.2009 – BA 54-FR 2210-2008/0001 mit Rundschreiben 15/2009(BA) v. 14.8.2009 (ab 1.1.2010 geltende MaRisk); zuletzt BaFin, Schreiben v. 14.12.2012 – BA 54-FR 2210-2012/0002 mit Rundschreiben 10/2012, durch das die vorausgegangene Fassung vom 15.12.2010 geändert wurde; vgl. www.bafin.de und www.bundesbank.de m. Hw. auf weitere Erläuterungen.
2 Vgl. BGH v. 21.12.2005 – 3 StR 470/04 – „Vodafone/Mannesmann", BGHSt 50, 331, Rz. 15 m.w.Nw.
3 BGH v. 21.3.1985 – 1 StR 417/84, wistra 1985, 190, Rz. 72; BGH v. 4.2.2004 – 2 StR 355/03, StV 2004, 424.

ten Vermögensbetreuungspflicht geschlossen werden. Allerdings kann der Eintritt eines Schadens erhebliche Indizwirkung für das Vorliegen eines vorausgegangenen pflichtwidrigen Verhaltens haben[1].

a) Konkretisierung der Pflichten

Soweit Organmitglieder oder Mitarbeiter von Kreditinstituten in Ausübung ihrer Rechtsmacht Kredite vergeben haben, kommt es für die Pflichtwidrigkeit darauf an, ob sie sich über die **Schranken**, die ihnen dabei **im Innenverhältnis** gezogen sind, hinweggesetzt haben. Ein Missbrauch ihrer Befugnisse liegt dann vor, wenn sie die Grenzen ihres rechtlichen Dürfens überschritten haben[2]. Insbesondere eine bankinterne *Gremienentscheidung*, wie etwa die Zustimmung des Kreditausschusses, kann Bankleiter nicht von den allgemeinen Pflichten entbinden, die ihnen gegenüber dem Kreditinstitut obliegen[3] (vgl. Rz. 70 ff.). 9

Zu den Pflichten, deren Verletzung zu einer Strafbarkeit nach § 266 StGB führen kann, gehören *formale und organisatorische Pflichten* im Zusammenhang mit der Kreditentscheidung (Rz. 20) und *materielle Pflichten*, die insbesondere der Begrenzung der Risiken aus der Kreditvergabe dienen (Rz. 31 ff.). Wichtig ist, dass organisatorische Pflichten nicht nur *bei der Kreditvergabeentscheidung* selbst bestehen, sondern auch *nach Kreditgewährung*: Die Verantwortlichen eines Kreditinstituts müssen dafür Sorge tragen, dass das Kreditrisiko laufend kontrolliert wird und dass auf Bonitätsverschlechterungen reagiert wird[4] (zur Steuerung des Kreditrisikos und zur Kreditüberwachung Rz. 63).

Eine Konkretisierung der **Pflichten zur Risikobeherrschung** ergibt sich zum einen aus dem KWG, zum anderen aus banküblichen Informations- und Prüfungspflichten, Letztere wiederum konkretisiert durch Vorgaben der Bankaufsichtsorgane in Verlautbarungen und Rundschreiben der BaFin[5]. Bei der strafrechtlichen Bewertung können die für den jeweiligen Tatzeitraum geltenden Rundschreiben der Aufsichtsbehörde als Erläuterung der banküblichen Sorgfaltspflichten herangezogen werden[6]. 10

Vorgaben für das bankinterne **Risikomanagement** enthalten § 25a KWG und die auf dieser Grundlage durch Rundschreiben der BaFin veröffentlichten „Mindestanforderungen an das Risikomanagement – **MaRisk**"[7] (Rz. 6). Darin sind bankübliche Standards für die Prozesse im Kreditgeschäft formuliert, wo- 11

---

1 *Fischer*, § 266 StGB Rz. 42 und 45b.
2 BGH v. 15.11.2001 – 1 StR 185/01, BGHSt 47, 148, Rz. 43 = WM 2002, 225 = ZIP 2002, 346.
3 BGH v. 15.11.2001 – 1 StR 185/01, BGHSt 47, 148, Rz. 43.
4 OLG Hamm v. 12.7.2012 – I-27 U 12/10, 27 U 12/19, Rz. 30.
5 Zur Bedeutung des § 18 KWG und von Rundschreiben und Verlautbarungen des BAKred (heute BaFin), wenn es um die Konkretisierung der Grenzen des rechtlichen Dürfens von Bankleitern bei der Kreditvergabe geht, vgl. BGH v. 15.11.2001 – 1 StR 185/01, BGHSt 47, 148, Rz. 47.
6 Vgl. etwa BGH v. 15.11.2001 – 1 StR 185/01, BGHSt 47, 148, Rz. 49.
7 Zur jeweils aktuellen Fassung vgl. www.bundesbank.de, Stichwort „Bankenaufsicht", und www.bafin.de.

bei nicht nur die *Kreditgewährung* (Markt- und Kreditentscheidung), sondern auch die *Kreditweiterbearbeitung* (Marktfolge), die *Kreditbearbeitungskontrolle*, die Intensivbetreuung, die Behandlung von Problemkrediten einschließlich Sanierungskonzepten und die *Risikovorsorge* thematisiert werden.

Zur erforderlichen Einrichtung eines Risikomanagement-Systems bei Unternehmen – allerdings bezogen nur auf Aktiengesellschaften – bereits § 31 Rz. 170 mit Hinweis auf § 91 Abs. 2 AktG. § 25a KWG und die MaRisk sind dagegen rechtsformunabhängig.

b) „Evidente und gravierende" Pflichtverletzung?

12 Ein **Regelverstoß** bedeutet i.d.R. auch, dass eine Pflichtverletzung i.S. von § 266 StGB vorliegt. Der BGH hat 1985 entschieden[1], dass ein Bankleiter i.d.R. pflichtwidrig i.S. des § 266 StGB handelt, wenn er „den ihm gezogenen *Rahmen* nicht einhält". In einer weiteren Entscheidung von 1988 hat der BGH bezüglich der Pflichtwidrigkeit darauf abgestellt, der Täter habe „unter Überschreitung der für ihn geltenden *Kreditrichtlinien* und der *Grenzen des erlaubten kaufmännischen Risikos*" gehandelt. In dieser Entscheidung ging es zwar nicht um einen Bankkredit, sondern um die Kreditgewährung eines Unternehmens an seine Kunden[2]. Man kann die angesprochenen Kriterien aber auf Kreditentscheidungen bei Banken übertragen. In einer Entscheidung von 2004 heißt es, dass ein riskantes Handeln, dessen Folgen einen anderen treffen, i.d.R. pflichtwidrig ist, wenn der Handelnde den ihm gezogenen Rahmen nicht einhält, insbesondere „die *Grenzen des verkehrsüblichen Risikos*" überschritten hat[3].

13 Allerdings hat der *1. Strafsenat* des BGH 2000 einschränkend formuliert, allein eine „allenfalls geringfügige" Verletzung einer einzelnen gesetzlichen Vorschrift trage für sich die Annahme einer Pflichtverletzung i.S. des § 266 StGB noch nicht[4]. Im amtlichen Leitsatz einer weiteren Entscheidung des 1. Strafsenats vom 15.11.2001[5] heißt es, für die Pflichtverletzung i.S. des § 266 StGB bei einer Kreditvergabe sei maßgebend, ob die Entscheidungsträger ihre bankübliche Informations- und Prüfungspflicht bezüglich der wirtschaftlichen Verhältnisse des Kreditnehmers **„gravierend verletzt"** hätten. Ein Urteil desselben Senats drei Wochen später betrifft zwar keine Kreditvergabe, sondern die Frage, ob der Vorstand einer AG pflichtwidrig i.S. des § 266 StGB handelt, wenn er aus Vermögen der AG Zuwendungen zur Förderung künstlerischer, wissenschaftlicher, sozialer oder sportlicher Zwecke macht; auch hier wird aber betont, nicht jede gesellschaftsrechtliche Pflichtverletzung erfülle § 266 StGB, vielmehr müsse die Pflichtverletzung gravierend sein, was sich aus einer Ge-

---

[1] BGH v. 21.3.1985 – 1 StR 417/84, wistra 1985, 190, Rz. 72.
[2] BGH v. 10.2.1988 – 3 StR 502/87, wistra 1988, 305.
[3] BGH v. 4.2.2004 – 2 StR 355/03, StV 2004, 424.
[4] BGH v. 6.4.2000 – 1 StR 280/99, BGHSt 46, 30 ff., Rz. 7 (freilich ging es dabei um keine ganz unbedeutende formale Ordnungsvorschrift, sondern um § 18 KWG).
[5] BGH v. 15.11.2001 – 1 StR 185/01, BGHSt 47, 148 ff.

samtschau der Umstände ergebe[1]. Der 5. *Strafsenat* des BGH hat sich in einer Entscheidung von 2013 dieser Rechtsauffassung angeschlossen[2].

In der *Literatur* wurde aus den beiden zuletzt genannten Entscheidungen geschlossen, zur Verwirklichung einer Untreue bei der Kreditvergabe sei – jedenfalls im Falle einer Verletzung banküblicher Informations- und Prüfungspflichten – als tatbestandseinschränkendes Merkmal ein *„evidenter und gravierender"* Pflichtenverstoß erforderlich[3].

Der 3. *Strafsenat* des BGH hat dagegen im Urteil vom 21.12.2005 klargestellt, dass die zur Erfüllung des Tatbestandes der Untreue erforderliche Verletzung der Vermögensbetreuungspflicht auch bei unternehmerischen Entscheidungen eines Gesellschaftsorgans **nicht zusätzlich „gravierend"** sein muss, und sich ausführlich auch mit den Erwägungen des 1. Strafsenats in den Entscheidungen von 2001 auseinander gesetzt[4].

Auch das **BVerfG** hat die hier erörterte Frage im Beschluss vom 23.6.2010 behandelt. Das BVerfG scheint davon auszugehen, dass nach aktueller Rechtsprechung des BGH eine Pflichtverletzung i.S. des § 266 StGB nur bejaht werde, wenn sie *gravierend* sei[5]. Diese Rechtsprechung habe „tatbestandsbegrenzende Funktion". Die gegenteilige Entscheidung des 3. Strafsenats vom 21.12.2005 hat das BVerfG zwar erwähnt, den Meinungsstreit aber nicht näher erörtert[6]. Das BVerfG verteidigt in diesem Zusammenhang die Rechtsprechung des 1. Strafsenats gegen den Vorwurf, durch das zusätzliche Merkmal der „gravierenden" Pflichtverletzung würden weitere Wertungsspielräume eröffnet, deren Folgen im Einzelfall unvorhersehbar seien. Diese Kritik sei unberechtigt, weil sich gravierende Pflichtverletzungen nur bejahen ließen, wenn die Pflichtverletzung evident sei. Wenn das BVerfG gerade im Zusammenhang mit dieser einschränkenden Interpretation des § 266 StGB die „Notwendigkeit einer Beschränkung des sehr weiten Wortlauts" betont[7], könnte man die Entscheidung sogar dahin gehend verstehen, die einschränkende Interpretation des Merkmals

---

1 BGH v. 6.12.2001 – 1 StR 215/01, BGHSt 47, 187 ff.; als Kriterien einer gravierenden Pflichtverletzung bei solchen Zuwendungen hat der BGH genannt: „fehlende Nähe zum Unternehmensgegenstand, Unangemessenheit im Hinblick auf die Ertrags- und Vermögenslage, fehlende innerbetriebliche Transparenz sowie Vorliegen sachwidriger Motive, namentlich Verfolgung rein persönlicher Präferenzen".
2 BGH v. 28.5.2013 – 5 StR 551/11, Rz. 17.
3 *Dierlamm* in MüKo, § 266 StGB Rz. 206.
4 BGH v. 21.12.2005 – 3 StR 470/04, BGHSt 50, 331. In den Entscheidungsgründen (Rz. 34 ff.) führt der 3. Strafsenat aus, selbst wenn man die Entscheidung des 1. Strafsenats so verstünde, dass sie eine gravierende Pflichtverletzung verlange, gelte dies nur für risikobehaftete Entscheidungen. Anliegen des 1. Strafsenats bei der Formulierung des Merkmals einer „gravierenden" Pflichtverletzung sei gewesen, den weiten unternehmerischen Handlungsspielraum zu betonen.
5 BVerfG v. 23.6.2010 – 2 BvR 2559/08, 2 BvR 105/09, 2 BvR 491/09, Rz. 111; vgl. auch OLG Celle v. 18.7.2013 – 1 Ws 238/13, Rz. 17.
6 BVerfG v. 23.6.2010 – 2 BvR 2559/08, 2 BvR 105/09, 2 BvR 491/09, Rz. 112, auch zum Folgenden.
7 BVerfG v. 23.6.2010 – 2 BvR 2559/08, 2 BvR 105/09, 2 BvR 491/09, Rz. 112.

der Pflichtverletzung bei § 266 StGB durch den 1. Strafsenat des BGH sei verfassungsrechtlich geboten.

Das BVerfG erörtert in der Entscheidung, dass das sich aus Art. 103 Abs. 2 GG ergebende *Präzisierungsgebot* die Rechtsprechung besonders verpflichte, daran mitzuwirken, dass die Voraussetzungen der Strafbarkeit erkennbar sind[1]. Weshalb gerade das einschränkende Merkmal der Offensichtlichkeit einer Pflichtverletzung zur verfassungskonformen Konkretisierung der Strafnorm erforderlich sein soll, wird aber nicht näher begründet und ist nicht nachvollziehbar. Es wäre zunächst noch zu begründen, inwiefern die vom Wortlaut abweichende Beschränkung der Normanwendung auf gravierende Pflichtverletzungen die Grenzziehung erleichtern und zu einer besseren Vorhersehbarkeit der Strafbarkeit führen soll. Die vom BVerfG vorgenommene Gleichsetzung von gravierender und evidenter Pflichtverletzung[2] dürfte jedenfalls in der praktischen Handhabung der Einschränkung kaum mehr Klarheit bringen. Auf die Evidenz der Pflichtwidrigkeit für den Täter kann es nicht ankommen. Ob eine Pflichtverletzung nach objektiven Kriterien „offensichtlich" oder „gravierend" ist, ließe sich letztlich nur aufgrund wertender Kriterien nach Festlegung von Beurteilungsmaßstab bzw. -perspektive (z.B. eines durchschnittlichen oder eines besonders gewissenhaften Bankleiters) entscheiden.

An anderer Stelle hält das BVerfG zutreffend fest, die (Fort-)Entwicklung geeigneter dogmatischer Mittel zur Konkretisierung des Tatbestands im Interesse der verfassungsrechtlich gebotenen Vorhersehbarkeit der Strafbarkeit obliege „in erster Linie den Strafgerichten und hier vornehmlich den Revisionsgerichten"[3]. Es bleibt daher abzuwarten, ob die *Fachgerichte* die Entscheidung des BVerfG i.S. einer verfassungsrechtlich gebotenen Beschränkung des Untreuetatbestandes auf „offensichtliche Pflichtverletzungen" verstehen werden oder ob sich die zutreffende Erkenntnis durchsetzt, dass die vom 1. Strafsenat vorgenommene einschränkende Interpretation zwar verfassungskonform, aber eben verfassungsrechtlich nicht zwingend ist.

14b In den meisten praktischen Fällen der pflichtwidrigen Kreditvergabe dürfte das Merkmal der Offensichtlichkeit auch nach der Entscheidung des BVerfG vom 23.6.2010 ohnehin zu bejahen sein. Das BVerfG hat sich mit der Rechtsprechung des BGH zu **typischen Fällen** gravierender Pflichtverletzungen auseinandergesetzt und die wichtigsten Fallgruppen erwähnt (fehlende oder nicht ausreichende Befugnis zur Kreditvergabe; unrichtige oder unvollständige Angaben gegenüber Mitverantwortlichen bzw. zur Aufsicht befugten oder berechtigten Personen; Überschreitung der „Höchstkreditgrenzen"; eigennütziges Handeln der Entscheidungsträger; Nichterfüllung von Informationspflichten nach § 18 S. 1 KWG). Das BVerfG hat ausdrücklich festgehalten, diese Maßstäbe genügten verfassungsrechtlichen Anforderungen. Eine darüber hinausgehende Präzisierung sei verfassungsrechtlich nicht erforderlich[4]. Die genannten Fallgruppen

---

1 BVerfG v. 23.6.2010 – 2 BvR 2559/08, 2 BvR 105/09, 2 BvR 491/09, Rz. 81.
2 BVerfG v. 23.6.2010 – 2 BvR 2559/08, 2 BvR 105/09, 2 BvR 491/09, Rz. 112.
3 BVerfG v. 23.6.2010 – 2 BvR 2559/08, 2 BvR 105/09, 2 BvR 491/09, Rz. 111.
4 BVerfG v. 23.6.2010 – 2 BvR 2559/08, 2 BvR 105/09, 2 BvR 491/09, Rz. 131, 132.

sind freilich nicht als abschließender Katalog tatbestandsmäßiger Pflichtverletzungen zu verstehen.

Richtigerweise wird man bei der strafrechtlichen Prüfung von Kreditentscheidungen – sei es die originäre Kreditvergabe, sei es die Prolongation[1] – zunächst analysieren müssen, ob und inwieweit es überhaupt **unternehmerische Handlungsspielräume** gibt[2]. 15

Fehlt es in Bezug auf einen formalen oder materiellen Aspekt der Kreditentscheidung an einem **Handlungsspielraum**, so ist das Ergebnis eindeutig[3]: *Jede Entscheidung, die sich außerhalb des wirtschaftlich und rechtlich Notwendigen und Gebotenen bewegt, ist auch (evident) pflichtwidrig.* Der grundsätzlich eröffnete unternehmerische Handlungsspielraum ist von vornherein überschritten, wenn die Kreditentscheidung schon gegen *formale Vorgaben* verstößt, die sich aus dem KWG, aus bankinternen Beschlüssen, der Satzung des Kreditinstituts oder sonstigen Normen ergeben. Solche Entscheidungen sind damit *immer pflichtwidrig*. Es bedarf hier keiner normativen Korrektur des Untreuetatbestandes i.S. einer „gravierenden Pflichtverletzung". 16

Für die Ausübung des unternehmerischen Ermessens ist außerdem erst Raum, wenn die **Entscheidungsgrundlagen** sorgfältig **ermittelt** sind und das Für und Wider abgewogen wurde (Risikobegrenzung durch Information, vgl. Rz. 33).[4] Fehlt es schon an der sorgfältigen Ermittlung der tatsächlichen Grundlagen einer unternehmerischen Entscheidung, wird also beispielsweise nicht geprüft, wie ein beantragter Kredit zurückgezahlt und die Zinsen vom Schuldner beglichen werden können, kann sich der strafrechtlich Verantwortliche nicht auf einen unternehmerischen Handlungsspielraum berufen. Die Entscheidung ist pflichtwidrig. War das Verfahren der Kreditvergabe fehlerhaft, wurde die Kreditentscheidung z.B. aufgrund bekannt unzureichender Informationen über die konkreten Risiken oder ohne fachgerechte Kreditwürdigkeitsprüfung getroffen, liegt eine (offensichtlich) pflichtwidrige Kreditentscheidung vor. 17

Von der (offensichtlichen) Pflichtwidrigkeit muss man auch dann ausgehen, wenn zwar die formalen Vorgaben eingehalten werden und auch die Entscheidungsgrundlagen ermittelt wurden, wenn die getroffene (positive) Kreditentscheidung jedoch aus materiellen Gründen verfehlt ist. Eine solche **materiell unvertretbare Kreditentscheidung** ist gegeben, wenn im konkreten Fall aus Ex-ante-Sicht kein neutraler, mit der Sorgfalt eines ordentlichen und gewissenhaften Geschäftsleiters handelnder Verantwortlicher den Kredit bewilligt hätte. Man könnte insoweit auch von einem offensichtlichen, unvertretbaren Fehler bei der Abwägung von Chancen und Risiken sprechen. Hier gilt: Die Grenze zur Pflichtwidrigkeit ist überschritten, wenn ein hohes Risiko unabweisbar ist (Kreditvergabe ohne übliche Sicherheiten oder Nichtbeachtung der Beleihungsobergrenzen) und wenn kein vernünftiger Grund besteht, das Risiko gleich- 17a

---

1 Zur Auslegung des Begriffs „Kreditentscheidung" vgl. die umfassende Definition in der MaRisk – BaFin, Rundschreiben 10/2012(BA) v. 14.12.2012, AT 2.3 Ziff. 2.
2 So jetzt auch OLG Braunschweig v. 14.6.2012 – Ws 44/12, Ws 45/12, Rz. 32, 33.
3 Wie hier OLG Braunschweig v. 14.6.2012 – Ws 44/12, Ws 45/12, Rz. 33.
4 OLG Hamm v. 12.7.2012 – I-27 U 12/10, 27 U 12/19, Rz. 30; vgl. auch BGH v. 13.8.2009 – 3 StR 576/08, wistra 2010, 21.

wohl einzugehen[1]. Fehlt es an der hinreichenden Feststellung des Risikos mithilfe aller verfügbaren Informationen, führt dies zu einer formal unvertretbaren Entscheidung, wobei in diesem Fall schon der unternehmerische Handlungsspielraum nicht eröffnet ist[2]. Auch gesetzliche Vorgaben und die Konkretisierungen der banküblichen Sorgfaltspflichten durch die BaFin sowie bindende bankinterne Regelungen schränken materiell den *Spielraum* bei Kreditentscheidungen ein. Solche Schranken sind zu berücksichtigen, wenn die objektive Vertretbarkeit oder Unvertretbarkeit der Entscheidung überprüft wird. Bei objektiver Unvertretbarkeit besteht auch hier kein Anlass zur (zusätzlichen) normativen Korrektur des Untreuetatbestandes[3].

18 Die Untreuestrafbarkeit setzt **nicht** voraus, dass die festgestellte Pflichtverletzung darüber hinaus das weitgehend konturlose **zusätzliche Merkmal** einer „gravierenden" Pflichtverletzung erfüllt[4]. Soweit der BGH in der Entscheidung vom 6.12.2001 eine „gravierende" Pflichtverletzung verlangt hat, dürfte Ziel gewesen sein, das Bestehen eines unternehmerischen Beurteilungsspielraums zu betonen[5].

19 Eine weitere, davon zu unterscheidende Frage der **Kausalität** ist, ob ein innerer „Zurechnungszusammenhang" zwischen der festgestellten Pflichtverletzung einerseits und dem entstandenen Schaden feststellbar ist (Rz. 82 ff., 108 f.).

2. Formale und organisatorische Pflichten

20 Als untreue-relevante Pflichtverletzungen bei Kreditvergabeentscheidungen sind zunächst **formale Verstöße** anzusehen, z.B. Verstöße gegen *Kreditbewilligungsgrenzen* und andere *rechtlich normierte Kompetenzbegrenzungen*[6]. Entsprechende Grenzen ergeben sich aus dem KWG und aus bankinternen Vorgaben. Das KWG schränkt die Kreditvergabekompetenz der Geschäftsleiter eines Kreditinstituts ein und stellt weitere formale Anforderungen für bestimmte Kredite auf (Rz. 22).

Das KWG und die darauf beruhenden Rechtsverordnungen begründen außerdem bestimmte **organisatorische Pflichten** für das Kreditgeschäft. Werden trotz Anhaltspunkten, die für eine nicht *ordnungsgemäße Organisation* des Kreditgeschäfts sprechen, keine abhelfenden Maßnahmen eingeleitet, liegt darin eine Pflichtverletzung, die zur Strafbarkeit des Verantwortlichen wegen Untreue führen kann.

---

1 OLG Hamm v. 12.7.2012 – I-27 U 12/10, 27 U 12/19, Rz. 30 zur Kreditvergabe durch eine Bank-AG.
2 Vgl. auch BGH v. 13.8.2009 – 3 StR 576/08, wistra 2010, 21.
3 OLG Braunschweig v. 14.6.2012 – Ws 44/12, Ws 45/12, Rz. 32, 33.
4 Vgl. allg. *Fischer*, § 266 StGB Rz. 42; *Schünemann* in LK, § 266 StGB Rz. 95.
5 So scheint auch der 3. Strafsenat die Entscheidungen von 2001 zu verstehen (BGH v. 21.12.2005 – 3 StR 470/04, BGHSt 50, 331, Rz. 33 ff., insbes. 36); dazu auch LG Düsseldorf v. 19.6.2008 – 14 KLs 9/07, 014 KLs 9/07, Rz. 239.
6 Vgl. BGH v. 15.11.2001 – 1 StR 185/01, BGHSt 47, 148, Rz. 44.

a) Vorgaben des KWG

aa) Ein Institut muss nach § 25a Abs. 1 KWG über eine *ordnungsgemäße Geschäftsorganisation* verfügen, die die Einhaltung der vom Institut zu beachtenden gesetzlichen Bestimmungen und der betriebswirtschaftlichen Notwendigkeiten gewährleistet. Eine ordnungsgemäße Geschäftsorganisation muss insbesondere ein angemessenes und wirksames **Risikomanagement** umfassen. Auf der Basis des Risikomanagements muss das Institut die Risikotragfähigkeit laufend sicherstellen.

bb) Für bestimmte Arten von Krediten sieht das KWG besondere formale und organisatorische Pflichten vor.

Großkredite dürfen nur aufgrund eines *einstimmigen Beschlusses* sämtlicher Geschäftsleiter gewährt werden (§ 13 Abs. 2 KWG). Ein einstimmiger Beschluss ist auch erforderlich, wenn ein bereits gewährter Kredit zu einem Großkredit geworden ist und dieser prolongiert werden soll. Die bis 31.12.2013 geltende Definition des Großkredits durch das KWG wurde inzwischen durch die Definition in Art. 392 der VO (EU) Nr. 575/2013 abgelöst. Von einem Großkredit spricht man bei einer Risikoposition eines Instituts an einen Kunden oder eine Gruppe verbundener Kunden, wenn sein Wert 10 % der anrechenbaren Eigenmittel des Instituts erreicht oder überschreitet. Die Erhöhung eines Großkredits ist als Gewährung eines weiteren Großkredits anzusehen und bedarf daher grundsätzlich der erneuten Beschlussfassung[1]. Da inländische Kreditinstitute und inländische Zweigstellen ausländischer Kreditinstitute i.d.R. mindestens zwei nicht nur ehrenamtliche Geschäftsleiter haben müssen (§ 33 Abs. 1 S. 1 Nr. 5 bzw. § 53 Abs. 2 Nr. 1 KWG), besteht damit auch bei kleinen Instituten mindestens ein *Vier-Augen-Prinzip*.

Der Beschluss über die *Gewährung eines Großkredits* „soll" bereits *vor* der Kreditgewährung gefasst werden (§ 13 Abs. 2 S. 2 KWG). Aus § 13 Abs. 2 S. 3 KWG wird deutlich, dass diese Sollbestimmung eine echte Verpflichtung begründet; die der Kreditgewährung **vorgelagerte Beschlussfassung** darf nur im begründeten Einzelfall wegen der Eilbedürftigkeit des Geschäfts unterbleiben[2]. Wird ein danach zulässiger nachträglicher Beschluss nicht innerhalb bestimmter Fristen nachgeholt, muss dies der BaFin und der Bundesbank angezeigt werden.

Zu beschließen ist nicht nur über die Höhe des zu gewährenden Großkredits, sondern auch über die *Bedingungen*, zu denen der Großkredit gewährt werden soll. Dabei müssen dem Beschluss der Geschäftsleiter vollständige und für eine abschließende Beurteilung **ausreichende Tatsacheninformationen** zugrunde gelegt werden[3].

Die Beschlussfassung ist *zu dokumentieren* (§ 13 Abs. 2 S. 4 bzw. S. 7 KWG; früher: § 13 Abs. 2 S. 6 KWG). Diese **Dokumentationspflicht** ist nicht nur für die Bankenaufsicht wichtig, sondern auch für die Beweisführung der Staatsanwaltschaft.

---

1 *Groß* in Boos/Fischer/Schulte-Mattler, § 13 KWG Rz. 29.
2 *Groß* in Boos/Fischer/Schulte-Mattler, § 13 KWG Rz. 24, auch mit Beispielen.
3 *Groß* in Boos/Fischer/Schulte-Mattler, § 13 KWG Rz. 35.

26 **cc) Organkredite**, also Kredite an eng mit dem Kreditinstitut verbundene Personen oder Unternehmen, bedürfen gem. § 15 Abs. 1 KWG grundsätzlich eines einstimmigen Beschlusses *sämtlicher* Geschäftsleiter. Auch hier gilt das Gebot der vorherigen Beschlussfassung und der Dokumentation in den Akten (§ 15 Abs. 4 KWG).

27 **dd)** Eine zentrale Pflicht bei Kreditentscheidungen ist die Pflicht, sich vor der Kreditentscheidung die *wirtschaftlichen Verhältnisse des Kreditnehmers* offenlegen zu lassen, diese Angaben auszuwerten und die Auswertung zu dokumentieren. Diese **Informations- und Prüfungspflicht**, die auch in § 18 KWG zum Ausdruck kommt, gehört einmal zu den zu beachtenden *formalen* bzw. organisatorischen Pflichten vor der Kreditvergabeentscheidung. Darüber hinaus ist sie Ausdruck der *materiellen* Pflicht, bei Kreditentscheidungen unvertretbare Risiken zu vermeiden. Denn häufig werden unvertretbare Risiken durch Entscheidungen herbeigeführt, die auf unzureichender Tatsachengrundlage und Entscheidungsbasis getroffen wurden (dazu näher Rz. 33 ff.).

28 **ee)** Das KWG statuiert eine Reihe von **Anzeigepflichten** der Kreditinstitute. Vierteljährlich müssen der Deutschen Bundesbank gem. § 14 KWG diejenigen Kreditnehmer mitgeteilt werden, deren Verschuldung die *Millionenkreditgrenze* erreicht oder übersteigt.

b) Weitere Vorgaben

29 **aa)** Die **MaRisk** (Rz. 6) enthält detaillierte Vorgaben zur Ausgestaltung bankinterner Entscheidungs- und Steuerungsprozesse, gerade auch für Kreditentscheidungen:

So ist allgemein vorgeschrieben, dass die Geschäftsaktivitäten auf der Grundlage von **Organisationsrichtlinien** betrieben und für sachkundige Dritte nachvollziehbar dokumentiert werden; dies kann im Rahmen von § 266 StGB überprüft werden[1].

29a Außerdem stellt die MaRisk konkrete Anforderungen an die **Aufbau- und Ablauforganisation**. Danach setzt eine Kreditentscheidung grundsätzlich zwei zustimmende Voten der aufbauorganisatorisch *getrennten Bereiche* „Markt" und „Marktfolge" voraus. Geregelt sind insbesondere Anforderungen zur Funktionstrennung und Votierung, zu den Prozessen im Kreditgeschäft (weiter differenziert nach Kreditgewährung, Kreditweiterbearbeitung, Kreditbearbeitungskontrolle, Intensivbetreuung, Behandlung von Problemkrediten, Risikovorsorge), Verfahren zur Früherkennung von Risiken sowie Risikoklassifizierungsverfahren. Bei der Kreditvergabe müssen die in der MaRisk vorausgesetzten *Bearbeitungsgrundsätze* ebenso eingehalten werden wie die interne, in der MaRisk vorausgesetzte *Kompetenzordnung*[2]. Für „Problemkredite" enthält die MaRisk weitere organisatorische Vorgaben.

---

1 Vgl. BaFin, Rundschreiben 10/2012(BA) v. 14.12.2012 (MaRisk), insbes. AT 4.3.2, AT 5, AT 6.
2 BaFin, Rundschreiben 10/2012(BA) v. 14.12.2012 (MaRisk), insbes. BTO 1.1, Ziff. 1, 2, 6.

bb) Interne Kompetenzgrenzen müssen bei der Kreditvergabeentscheidung ein- 30
halten werden. Solche Kompetenzgrenzen können sich aus der Satzung, der
Geschäftsordnung oder bindenden Beschlüssen von Gesellschaftsorganen, beispielsweise aus internen Kreditvergaberichtlinien der Bank, ergeben[1]. Der Handelnde darf sich auch nicht durch Umgehungsgeschäfte über bankinterne, für
ihn verbindliche Gremienbeschlüsse hinwegsetzen, die eine (weitere) Kreditvergabe begrenzen oder ausschließen[2]. Verstößt er hiergegen, handelt er schon
unter formalen Gesichtspunkten pflichtwidrig. Besteht z.B. der satzungsmäßige Gegenstand einer Bank in der Förderung und Finanzierung der gewerblichen Wirtschaft, insbesondere des Mittelstands, dann ist ein Anteil des Ge-
schäftsvolumens von 46 % in verbrieften Kreditforderungen (dazu Rz. 66) davon nicht mehr gedeckt.

3. Materielle Pflichten bei Kreditvergabe

Bei der strafrechtlichen Würdigung einer Kreditentscheidung ist – wie bei ande- 31
ren unternehmerischen Entscheidungen – zunächst der weite unternehmerische Beurteilungs- und Ermessensspielraum zu berücksichtigen[3]. Eine Kreditentscheidung darf **nicht die Grenzen überschreiten**, in denen sich ein von Verantwortungsbewusstsein getragenes unternehmerisches Handeln bewegen
muss. Dieses verantwortliche Handeln muss am *Unternehmenswohl* orientiert sein und auf *sorgfältiger Ermittlung der Entscheidungsgrundlagen* beruhen. Werden diese Grenzen bei der Kreditentscheidung überschritten, ist die
Kreditentscheidung pflichtwidrig i.S. des § 266 StGB[4].

Zu diesen Grenzen des unternehmerischen Handlungsspielraums gehört, dass 31a
der Entscheidungsträger nach den Regeln **kaufmännischer Sorgfalt** den *banküblichen Informations- und Prüfungspflichten* bezüglich der wirtschaftlichen
Verhältnisse des Kreditnehmers nachkommen muss. Andernfalls fehlt es an einer sorgfältig ermittelten *Entscheidungsgrundlage* und es liegt die pflichtwidrige Eingehung eines unvertretbaren Risikos vor. Zur Orientierung am Unternehmenswohl gehört, dass eine *Risikoabwägung* stattfindet, bei der die Aussicht auf den möglichen Nutzen und die Vorteile des Geschäfts dem Risiko
eines Nachteils gegenübergestellt werden. Dies alles muss auf der Grundlage
umfassender Information geschehen[5].

---

1 Vgl. OLG Rostock v. 30.5.2008 – 1 U 36/08, Rz. 77; zu internen Kreditvergaberichtlinien nun auch BGH v. 13.3.2013 – 2 StR 275/12, Rz. 16.
2 So geschehen im Fall BGH v. 15.11.2001 – 1 StR 185/01 – Satellitenfinanzierung,
  BGHSt 47, 148, Rz. 83, durch Kreditgewährung an Strohleute. Zur Bedeutung der
  Umgehung eigentlich zuständiger Entscheidungsträger vgl. auch BGH
  v. 12.12.2013 – 3 StR 146/13, Rz. 32.
3 Vgl. BGH v. 21.12.2005 – 3 StR 470/04, BGHSt 50, 331.
4 BGH v. 21.12.2005 – 3 StR 470/04, BGHSt 50, 331 ff.; BGH v. 4.2.2004 – 2 StR
  355/03, StV 2004, 424; BGH v. 15.11.2001 – 1 StR 185/01, BGHSt 47, 148 ff.; BGH
  v. 6.4.2000 – 1 StR 280/99, BGHSt 46, 30 ff.; OLG Hamm v. 12.7.2012 – I-27 U
  12/10, 27 U 12/10, Rz. 30.
5 BGH v. 21.12.2005 – 3 StR 470/04, BGHSt 50, 331 ff.; BGH v. 15.11.2001 – 1 StR
  185/01, BGHSt 47, 148 ff.; LG Düsseldorf v. 19.6.2008 – 14 KLs 9/07 – „WestLB",
  014 KLs 9/07.

32 In Abgrenzung zu Kreditentscheidungen, die bereits formell pflichtwidrig zustande gekommen sind, steht bei den formell ordnungsgemäßen Kreditentscheidungen letztlich die Frage im Vordergrund, ob die materielle **Pflicht zur Risikobegrenzung** beachtet wurde. Unvertretbare Risiken lassen sich insbesondere durch hinreichende Informationen, Prüfung der Kreditwürdigkeit und Kreditbesicherung sowie durch Beachtung der Anforderungen an Eigenmittelausstattung und Liquidität vermeiden.

a) Risikobegrenzung durch Information und Pflicht zur Abwägung

33 Ein von Verantwortungsbewusstsein getragenes unternehmerisches Handeln muss sich ausschließlich am Unternehmenswohl orientieren und auf sorgfältiger Ermittlung der Entscheidungsgrundlagen beruhen. Dazu gehört bei unternehmerischen Entscheidungen mit Risikocharakter, dass im Einzelfall eine hinreichende Tatsachenbasis ermittelt ist, die eine sachgerechte *zukunftsbezogene Gesamtabwägung* der Chancen und Risiken erst ermöglicht[1]. Deshalb ist bei Kreditentscheidungen unabhängig vom Vorliegen von formalen Verstößen gegen Kreditbewilligungsgrenzen und anderweitigen rechtlich normierten Kompetenzbegrenzungen (Rz. 20 ff.) zu prüfen, ob die Verantwortlichen ihrer **Prüfungs- und Informationspflicht** ausreichend nachgekommen sind. Kreditentscheidungen, die von einem erheblichen Informationsdefizit geprägt sind, bei denen es also an der gebotenen sorgfältigen Ermittlung der Entscheidungsgrundlagen fehlt (Beispiel: fehlende Klärung, wie ein – im entschiedenen Fall zudem ohne Sicherheiten vergebener – Kredit zurückgeführt werden soll), bewegen sich von vornherein außerhalb des unternehmerischen Handlungsspielraums und sind pflichtwidrig[2].

34 Kredite sind ihrer Natur nach für den Kreditgeber mit Risiken behaftet. Diese Risiken sind in einem zweiten Schritt - vor der Kreditvergabe - auf der Grundlage umfassender Informationen gegen die sich ergebenden Chancen abzuwägen. Wenn diese Abwägung sorgfältig vorgenommen wurde und das Ergebnis eine nicht nur formell korrekte, sondern auch materiell **vertretbare Kreditentscheidung** ist, kann eine Pflichtverletzung i.S. des § 266 StGB nicht allein deshalb angenommen werden, weil der Kredit später nicht zurückgezahlt wird oder werden kann. Wurden jedoch im Vorfeld der Kreditentscheidung *Informationspflichten vernachlässigt*, so ergeben sich daraus tatsächliche Anhaltspunkte dafür, dass die Risikoprüfung pflichtwidrig nicht in ausreichendem Umfang oder überhaupt nicht vorgenommen wurde[3].

Ein pflichtwidriges, von § 266 StGB erfasstes (Risiko-)Geschäft liegt insbesondere dann vor, wenn der Täter *entgegen den Regeln kaufmännischer Sorgfalt* eine äußerst gesteigerte Verlustgefahr auf sich nimmt, nur um eine höchst

---

1 Vgl. BGH v. 21.12.2005 – 3 StR 470/04, BGHSt 50, 331, Rz. 15 unter Hinweis auf BGH v. 21.4.1997 – II ZR 175/95, BGHZ 135, 244 ff.; BGH v. 14.5.1990 – II ZR 126/89, BGHZ 111, 224 ff.; BGH v. 6.4.2000 – 1 StR 280/99, BGHSt 46, 30 ff.; BGH v. 15.11.2001, BGHSt 47, 148 ff.; BGH v. 6.12.2001 – 1 StR 215/01, BGHSt 47, 187 ff.
2 OLG Hamm v. 12.7.2012 – I-27 U 12/10, 27 U 12/10, Rz. 30–39.
3 BGH v. 15.11.2001 – 1 StR 185/01, BGHSt 47, 148, Rz. 44, 45.

zweifelhafte Gewinnaussicht zu erhalten[1], oder wenn es keinen vernünftigen Grund gibt, das Risiko gleichwohl einzugehen[2].

In einer Entscheidung von 2009 hat der **BGH**[3] die *Bedeutung der Informationsbeschaffung* auch für die Begrenzung des unternehmerischen Handlungs- und Beurteilungsspielraums betont:

„Bei der generell risikobehafteten Vergabe von Krediten durch Entscheidungsträger einer Bank ist eine Pflichtverletzung im Sinne des § 266 Abs. 1 StGB nur dann zu bejahen, wenn die Risiken und die Chancen der Kreditvergabe nicht auf der Grundlage umfassender Informationen sorgfältig abgewogen worden sind. Wenn allerdings die – weit zu ziehenden – Grenzen des unternehmerischen Entscheidungsspielraums, innerhalb dessen die Risikoabwägung durchzuführen ist, durch Verstöße gegen die banküblichen Informations- und Prüfungspflichten überschritten werden, mithin das Verfahren der Kreditgewährung fehlerhaft ist, liegt eine Pflichtverletzung vor, die zugleich einen Missbrauch der Vermögensbetreuungspflicht aus § 266 Abs. 1 StGB begründet (Festhaltung BGH v. 22.11.2005 – 1 StR 471/04, NJW 2006, 453). Handlungs- und Beurteilungsspielräume bestehen somit nur auf der Grundlage sorgfältig erhobener, geprüfter und analysierter Informationen."

Weiter heißt es:

„Der gebotene Umfang der Informationsverschaffung hängt auch davon ab, welches Risiko dem Entscheidungsträger hinsichtlich fehlender Informationen gestattet ist. Bei der Vergabe eines Großkredits durch eine Bank sind insbesondere die in § 18 S. 1 KWG normierten Informations- und Prüfungspflichten von Bedeutung, nach denen eine Offenlegung der wirtschaftlichen Verhältnisse des Kreditnehmers zu verlangen ist. Gegebenenfalls sind auch Prüfberichte oder testierte Jahresabschlüsse von Wirtschaftsprüfern zu analysieren. Wird ein neues Geschäftsfeld erschlossen oder eine neue Geschäftsidee verwirklicht, muss sich der Entscheidungsträger für die erforderliche Risikoanalyse eine breite Entscheidungsgrundlage verschaffen."

b) Kreditwürdigkeitsprüfung

aa) Die Prüfungs- und Informationspflicht bezieht sich bei Kreditentscheidungen zunächst auf die *Vermögensverhältnisse des Kreditnehmers*[4]. Zu prüfen ist dessen *Kreditwürdigkeit*. Es entspricht anerkannten bankkaufmännischen Grundsätzen, Kredite nur nach umfassender und sorgfältiger **Bonitätsprüfung** zu gewähren[5].

(1) Ausprägung dieses allgemeinen Grundsatzes ist § 18 S. 1 KWG, wonach **Kredite von über 750 000 Euro oder mehr als 10 % des anrechenbaren Eigenkapitals** nur gewährt werden dürfen, wenn sich das Kreditinstitut vom Kreditnehmer die wirtschaftlichen Verhältnisse, insbesondere durch Vorlage von Jahresabschlüssen, offenlegen lässt. Damit wird im Grunde eine Selbstverständlichkeit für bestimmte Kredite zur gesetzlichen Norm erhoben. Die **Offenlegungspflicht** dient dem Schutz des einzelnen Kreditinstituts und seiner

---

1 BGH v. 4.2.2004 – 2 StR 355/03, StV 2004, 424.
2 OLG Hamm v. 12.7.2012 – I-27 U 12/10, 27 U 12/10, Rz. 30.
3 BGH v. 13.8.2009 – 3 StR 576/08, wistra 2010, 21, Rz. 26, 27.
4 Vgl. BGH v. 6.4.2000 – 1 StR 280/99, BGHSt 46, 30, Rz. 7.
5 Zu diesem allgemeinen Grundsatz BGH v. 15.11.2001 – 1 StR 185/01, BGHSt 47, 148, Rz. 46.

Einleger sowie dem öffentlichen Interesse[1]. Ausnahmen von der Pflicht, sich die wirtschaftlichen Verhältnisse offenlegen zu lassen, sind in § 18 KWG im Einzelnen geregelt.

Fehlt es bei feststehendem Verstoß gegen § 18 KWG aus anderen Gründen an einer Strafbarkeit wegen § 266 StGB, so ist an den Ordnungswidrigkeiten-Tatbestand des § 18 Abs. 3 S. 4 KWG zu denken.

38 Die **Bankenaufsicht** hatte zunächst zur Konkretisierung der gesetzlichen Vorgaben des § 18 S. 1 KWG zahlreiche Schreiben und *Rundschreiben* veröffentlicht und mehrfach geändert, die bei der Auslegung herangezogen werden konnten. Nachdem die Kreditwirtschaft zum Entwurf eines konsolidierten Rundschreibens Stellung genommen hatte, hat die BaFin dann aber – unter Betonung der Eigenverantwortung der Kreditinstitute bei ihren Entscheidungen – mit Schreiben vom 9.5.2005 mitgeteilt, sie verzichte künftig auf detaillierte Auslegungsregeln zu § 18 KWG, und gleichzeitig die bisherigen dazu veröffentlichten Rundschreiben aufgehoben[2]. Ergänzend hat die BaFin auf die auch bei Kreditvergabeentscheidungen relevanten Organisationspflichten gem. § 25a KWG und auf die „Mindestanforderungen an das Risikomanagement – *MaRisk*"[3] verwiesen, die sich u.a. detailliert mit den Anforderungen des Risikomanagements beim Kreditgeschäft befassen (vgl. zu Novellen Rz. 6).

39 Wenn die in § 18 KWG erwähnten **Jahresabschlüsse** allein kein hinreichend klares, verlässliches Urteil über die wirtschaftlichen Verhältnisse des Kreditnehmers ermöglichen, ist die Heranziehung *weiterer Unterlagen* geboten. In Zweifelsfällen muss das Kreditinstitut eigene Ermittlungen anstellen, etwa bei Bewertungsfragen, und zusätzlich zum testierten Jahresabschluss auch den Prüfungsbericht des Abschlussprüfers analysieren, nicht zuletzt auch um zu erkennen, welchen Gebrauch der Kreditnehmer von Bewertungswahlrechten gemacht hat[4]. – Unter Umständen können fehlende Unterlagen (wie etwa Jahresabschlüsse) durch andere, *gleichwertige Informationen* ersetzt werden. Ist dies der Fall, liegt insoweit kein pflichtwidriges Verhalten vor[5].

40 Die Pflichten des Bankleiters im Rahmen des § 18 KWG erschöpfen sich nicht etwa in der Aufforderung an den Kreditnehmer zur Vorlage entsprechender Unterlagen, sondern erstrecken sich auch auf die **eigene Auswertung**. Diese muss *vor* der Kreditvergabe bei erstmaliger Offenlegung und später zeitnah bei der laufenden Überwachung von Krediten (Rz. 63) durchgeführt werden.

41 Die offengelegten Unterlagen sind zusammen mit den Ergebnissen der Auswertung der finanziellen und wirtschaftlichen Daten zu dokumentieren. Die Pflicht zur **Dokumentation** durch das Kreditinstitut umfasst auch die Frage, ob die lediglich in Kopie vorgelegten Jahresabschlüsse und sonstige Unterlagen authentisch sind. Zur Dokumentation gehört außerdem die systematische und für sachkundige Dritte nachvollziehbare Ordnung und Aufbewahrung[6].

---

1 *Bock* in Boos/Fischer/Schulte-Mattler, § 18 KWG Rz. 3.
2 *Bock* in Boos/Fischer/Schulte-Mattler, § 18 KWG Rz. 1 m.w.Nw.
3 Derzeit geltende Fassung: BaFin, Rundschreiben 10/2012(BA) v. 14.12.2012 (MaRisk).
4 BGH v. 15.11.2001 – 1 StR 185/01, BGHSt 47, 148, Rz. 52 f. unter Hinweis auf Rundschreiben des (früheren) BAKred.
5 So BGH v. 6.4.2000 – 1 StR 280/99, BGHSt 46, 30, Rz. 7.
6 Ausf. *Bock* in Boos/Fischer/Schulte-Mattler, § 18 KWG Rz. 63, 64.

(2) Nach seinem *Wortlaut* betrifft § 18 KWG zwar nur die Offenlegungspflicht bei Krediten, die 750 000 Euro oder 10 % des haftenden Eigenkapitals des Kreditinstituts überschreiten. Das bedeutet freilich nicht, dass bei Krediten **unterhalb dieser Grenze** eine Bonitätsprüfung entfallen dürfte.

Auch wenn die Schwellenwerte des § 18 KWG nicht überschritten sind, muss – bereits nach den geschilderten allgemeinen Grundsätzen (Rz. 32 ff.) – durch hinreichende Verschaffung von Informationen als Entscheidungsgrundlage gesichert sein, dass vor der Kreditentscheidung ein klares Bild über die aus der Kreditvergabe herrührenden Risiken besteht[1]. Die allgemeine Pflicht zur Informationsbeschaffung, Informationsauswertung und Dokumentation des Entscheidungsvorgangs vor Kreditentscheidungen (unabhängig von der Höhe des Kredits) wird durch die nicht von bestimmten Schwellenwerten abhängigen Detailregelungen der MaRisk bestätigt.

(3) Der konkrete Umfang der Prüfungs- und Informationspflicht hängt von den Umständen des **Einzelfalls** ab. In der *MaRisk* heißt es dazu:

„Der Prozess der Kreditgewährung umfasst die bis zur Bereitstellung des Kredites erforderlichen Arbeitsabläufe. Dabei sind die für die Beurteilung des Risikos wichtigen Faktoren unter besonderer Berücksichtigung der Kapitaldienstfähigkeit des Kreditnehmers beziehungsweise des Objektes/Projektes zu analysieren und zu beurteilen, wobei die Intensität der Beurteilung vom Risikogehalt der Engagements abhängt (z.B. Kreditwürdigkeitsprüfung, Risikoeinstufung im Risikoklassifizierungsverfahren oder eine Beurteilung auf der Grundlage eines vereinfachten Verfahrens)."[2]

Beispiele: Tritt beispielsweise ein Kreditnehmer mit dem Anliegen einer *Umschuldung* an ein Kreditinstitut heran, weil andere Banken, die dem Kreditnehmer bisher Kredite für ein Projekt gewährt haben, diese Kredite fällig gestellt oder nicht verlängert haben, dann muss das Kreditinstitut vor der Gewährung eines Kredits für das Projekt die Ursachen der Fälligstellung oder Nichtverlängerung durch die anderen Banken klären[3]. Bei Vergabe von Krediten für Immobilienprojekte während der Bauphase wird i.d.R. eine Ermittlung des Bautenstandes und eine Grundstücksbewertung durch einen Sachkundigen erforderlich sein[4].

(4) Für die praktische Tätigkeit der Ermittlungsbehörden kann von Bedeutung sein, ob sich aus **Berichten des** den Jahresabschluss oder Zwischenabschluss testierenden **Pflichtprüfers** ergibt, dass es bereits in der *Vergangenheit* zur Verletzung des § 18 KWG gekommen ist (vgl. § 29 Abs. 1 S. 2 KWG).

(5) Eine zusätzliche wichtige Informationsquelle zur Beurteilung der wirtschaftlichen Lage eines Kreditnehmers sind **Benachrichtigungen gem. § 14 Abs. 2 KWG**, die bei der betroffenen Bank eingehen oder eingegangen sind: Kreditinstitute erhalten von der *Deutschen Bundesbank* bestimmte Informationen über die Verschuldung ihrer eigenen Kreditnehmer bei anderen Banken. Denn Kreditinstitute, bestimmte Finanzdienstleistungsinstitute und Finanzunternehmen müssen vierteljährlich der bei der Deutschen Bundesbank ge-

---

1 OLG Hamm v. 12.7.2012 – I-27 U 12/10, 27 U 12/10 Rz. 31; *Bock* in Boos/Fischer/Schulte-Mattler, § 18 KWG Rz. 5; so früher auch im zwischenzeitlich aufgehobenen Rundschreiben 9/98 der BaFin v. 7.7.1998.
2 BaFin, Rundschreiben 10/2012 (MaRisk), BTO 1.2.1 Ziff. 1, wobei dieser Kernsatz bereits in vorausgegangenen Rundschreiben enthalten war (z.B. MaRisk v. 14.8.2009 und MaRisk v. 30.10.2007).
3 Dazu BGH v. 15.11.2001 – 1 StR 185/01, BGHSt 47, 148, Rz. 5 und 58.
4 Auch dazu BGH v. 15.11.2001 – 1 StR 185/01, BGHSt 47, 148, Rz. 58 f.

führten Evidenzzentrale diejenigen Kreditnehmer mitteilen, deren Verschuldung die *Millionenkreditgrenze* erreicht oder übersteigt. Wurden einem Kreditnehmer mehrere Millionenkredite gewährt, werden diejenigen Institute, die ihre Kreditvergaben angezeigt haben, von der Deutschen Bundesbank benachrichtigt.

46 **bb)** Zur Kreditwürdigkeitsprüfung gehört – selbst bei Stellung von Sicherheiten – auch eine Überprüfung der **persönlichen Integrität** und der unternehmerischen Fähigkeit des Kreditnehmers. Dies erfordert selbstverständlich auch eine Berücksichtigung von etwaigen den Entscheidungsträgern bekannten Unregelmäßigkeiten aus dem bisherigen Verlauf der bankmäßigen Geschäftsbeziehung oder eines bekannt gewordenen kriminellen Verhaltens des Kunden in der Vergangenheit[1].

c) Kreditbesicherung

47 An einer Pflichtwidrigkeit der Kreditvergabe kann es – trotz mangelnder Bonität des Kreditnehmers – zwar fehlen, wenn der Kreditgeber über **Kreditsicherheiten** verfügt, die den Kreditbetrag voll decken. Voraussetzung ist dann aber, dass der Kreditgeber diese Sicherheiten ohne finanziellen und zeitlichen Aufwand und ohne Mitwirkung des Kreditnehmers und ohne Gefährdung durch ihn alsbald realisieren kann[2].

48 Bei der **Prüfung der Werthaltigkeit von Sicherheiten** gilt nach der MaRisk[3]:

„Die Werthaltigkeit und der rechtliche Bestand von Sicherheiten sind grundsätzlich vor der Kreditvergabe zu überprüfen. Bei der Überprüfung der Werthaltigkeit kann auf bereits vorhandene Sicherheitenwerte zurückgegriffen werden, sofern keine Anhaltspunkte für Wertveränderungen vorliegen. Hängt der Sicherheitenwert maßgeblich von den Verhältnissen eines Dritten ab (z.B. Bürgschaft), so ist eine angemessene Überprüfung der Adressenausfallrisiken des Dritten durchzuführen. Das Institut hat die akzeptierten Sicherheitenarten und die Verfahren zur Wertermittlung dieser Sicherheiten festzulegen."

d) Anforderungen an Eigenmittelausstattung und Liquidität

49 Gesetzliche Vorgaben zur Eigenmittelausstattung und zur Liquiditätsausstattung haben neben der Haftungsfunktion auch eine Begrenzungsfunktion für Kreditausreichungen. Sie sind deshalb als *materielle Einschränkungen des Kreditgeschäfts* im Interesse einer Risikobegrenzung zu verstehen.

Vorgaben zur Eigenmittelausstattung von Instituten ergaben sich schon vor Inkrafttreten der **VO (EU) Nr. 575/2013** am 1.1.2014 aus dem früheren § 10 KWG. Inzwischen regelt die genannte VO die **Eigenmittelanforderungen**. Nur noch ergänzend sind auch die an das europäische Recht angepassten Regeln der neu gefassten §§ 10–10i KWG zu beachten.

---

1 Vgl. BGH v. 15.11.2001 – 1 StR 185/01, BGHSt 47, 148, Rz. 69 und 80 – dort war es bereits in der Vergangenheit zu Überziehungen, Nichteinlösung von Schecks und Lastschriften, Wechselprotesten, mehrfachen Sicherungsübereignungen und Privatentnahmen gekommen.
2 BGH v. 15.11.2001 – 1 StR 185/01, BGHSt 47, 148, Rz. 69.
3 BaFin, Rundschreiben 10/2012(BA) v. 14.12.2012 (MaRisk), BTO 1.2.1 Ziff. 2–4 (so schon in früheren Fassungen).

§ 11 KWG enthält Mindestanforderungen an die **Liquiditätsausstattung** der Institute: Sie müssen ihre Mittel so anlegen, dass jederzeit eine ausreichende Liquidität, also Zahlungsbereitschaft, gewährleistet ist.

aa) Eigenmittelausstattungs-Vorschriften

Werden **Kredite in erheblichem Umfang**, gemessen am Eigenkapital bzw. an den Eigenmitteln des Kreditinstituts, an einen einzigen Kreditnehmer (oder an mit diesem verbundene Unternehmen) vergeben, so steigt das Risiko, dass sich ein Forderungsausfall aus diesem Kredit für die Bank existenzbedrohend auswirkt. Derartige existenzbedrohende „*Klumpenrisiken*" sollen vermieden werden. Vergibt eine Bank nur Großkredite, so ist bei unterstellt gleich hoher Wahrscheinlichkeit des Ausfalls einer Kreditforderung ihr Risiko eines existenzbedrohenden Forderungsausfalls größer als bei einer Bank, die zahlreiche Kleinkredite vergibt. Um derartige Risiken zu begrenzen, wird die *Vergabe von Großkrediten* mit dem Vorhandensein einer bestimmten Eigenkapitalausstattung verknüpft. 50

(1) Bereits die *BankenRL* (2006/48/EG) und die *KapitaladäquanzRL* (2006/49/EG) enthielten **Mindesteigenmittelanforderungen** für die Institute. Diese Eigenmittelanforderungen sind in Deutschland in der VO „über die angemessene Eigenmittelausstattung von Instituten, Institutsgruppen und Finanzholding-Gruppen" (**Solvabilitätsverordnung** – SolvV) umgesetzt worden, die zum 1.1.2007 in Kraft trat. Die SolvV wiederum hatte den früher geltenden „*Grundsatz I*" über die Eigenmittel der Institute ersetzt. 51

Während der frühere § 10 KWG regelte, welche Eigenmittel aufsichtsrechtlich anerkannt werden, bestimmte die bis 31.12.2013 geltende Fassung der SolvV, in welcher Höhe Eigenmittel mindestens vorhanden sein müssen. Sie enthielt detaillierte Vorschriften über die Eigenmittelanforderungen für Kreditinstitute, Institutsgruppen und Finanzholding-Gruppen und füllte damit den im KWG gesetzten Rahmen aus. Die VO regelte, wie die Mindesteigenmittelanforderungen für Adressrisiken, Marktrisiken und das operationelle Risiko zu ermitteln sind.

Mittlerweile finden sich die wichtigsten *einschlägigen Regelungen* in der **VO (EU) Nr. 575/2013** (§ 66 Rz. 6d), die seit dem 1.1.2014 unmittelbar geltendes Recht in allen Mitgliedstaaten der EU ist und die sich in erster Linie an die beaufsichtigten Kreditinstitute und Wertpapierfirmen richtet. Sie enthält insbesondere neue Vorgaben zur Höhe und den Anforderungen an die aufsichtsrechtlich bereitzuhaltenden Eigenmittel, die eigenmittelbezogenen Risikovorschriften, die Großkreditvorschriften, die Liquiditätsvorschriften, die Offenlegungspflichten der Institute sowie Vorgaben zur Ausgestaltung einer Verschuldungsquote. Zahlreiche Übergangsvorschriften sollen es den Instituten erleichtern, die neuen Eigenkapitalanforderungen zu erfüllen. 52

Die SolvV wurde zum 1.1.2014 neu gefasst[1] und enthält nun ergänzende Vorschriften zur VO (EU) Nr. 575/2013.

Einstweilen frei. 53–55

---

1 BGBl I 2013, 4168.

bb) Refinanzierung und Liquiditätsvorsorge

56 Die Kreditvergabe und die damit notwendigerweise verbundene Refinanzierung bergen für Kreditinstitute spezielle **Liquiditätsrisiken**, weil sie aufgrund ihrer Rolle als finanzieller Intermediär zwischen Gläubiger und Schuldner Geldbindungsfristen transformieren[1]. Es kann sich als existenzbedrohend erweisen, wenn in Niedrigzinsphasen langfristige Kredite ausgereicht werden, obwohl die (Re-)Finanzierung zu entsprechenden Konditionen nicht gesichert ist. Das Problem der Fristentransformation hat eine Hypothekenbank in Deutschland 2008/09 in erhebliche wirtschaftliche Schwierigkeiten gebracht. Der Gesetzgeber hat im Juli 2010 eine Verschärfung der gesetzlichen Vorgaben für das Management von Liquiditätsrisiken beschlossen[2].

57 § 11 Abs. 1 S. 1 KWG verpflichtet die Institute, ihre Mittel so anzulegen, dass *jederzeit* eine **ausreichende Zahlungsbereitschaft** (Liquidität) gewährleistet ist. Zu den „Mitteln" gehören selbstverständlich Aktiva wie Forderungen aus dem Kreditgeschäft. Die Verpflichtung nach § 11 Abs. 1 S. 1 KWG drückt den für den Bankbetrieb (wie auch für jedes andere Unternehmen) als selbstverständlich geltenden Grundsatz aus, dass ein Betrieb jederzeit in der Lage sein muss, die an ihn gestellten berechtigten Forderungen, z.B. aus dem Einlagengeschäft mit Kunden, zu erfüllen.

58 Diese Norm wurde früher konkretisiert durch die *„Grundsätze II und III"*, später dann durch den zusammengefassten *„Grundsatz II"* der BaFin. Zum 1.1.2007 ist die auf der Ermächtigung in § 11 Abs. 1 S. 2 KWG beruhende **Liquiditätsverordnung** – „Verordnung über die Liquidität der Institute" (LiqV) vom 14.12.2006 in Kraft getreten[3]. Die täglich oder in einer Frist bis zu einem Monat abrufbaren Zahlungsverpflichtungen des Instituts dürfen nach § 2 Abs. 1 LiqV nicht höher sein als die in diesem Zeitraum verfügbaren Zahlungsmittel. Die Institute müssen außerdem gem. § 2 Abs. 2 LiqV *Beobachtungskennzahlen* berechnen, die das Verhältnis zwischen Zahlungsmitteln und Zahlungsverpflichtungen innerhalb bestimmter Laufzeiten angeben. Etwaige daraus erkennbare Liquiditätsprobleme können auf strukturell bedingte Refinanzierungsschwierigkeiten hindeuten[4].

e) Risikostreuung

59 Es gehört zudem zu den anerkannten *Pflichten* einer Bank, dass sie versucht, ihre Kredit-Engagements zu streuen[5], um die Risiken aus der Kreditvergabe soweit wie möglich zu minimieren. Eine Streuung kann erfolgen nach der Grö-

---

1 *Boos* in Boos/Fischer/Schulte-Mattler, § 11 KWG Rz. 1.
2 BT-Drs. 17/1720 v. 17.5.2010, insbes. S. 26; BT-Drs. 17/2472 und BT PlProt. v. 8.7.2010, 5704.
3 Abrufbar unter www.bafin.de, einschließlich Begründung zur LiqV.
4 Vgl. Begründung der BaFin zur LiqV, Besonderer Teil, Zu § 2, abrufbar unter www.bafin.de.
5 Das Gebot der Risikostreuung fand sich früher in den MAK, Tz 9 ff., 74, 77, 82, heute vgl. BaFin, Rundschreiben 10/2012(BA) v. 14.12.2012 (MaRisk), insbes. AT 4.1 – zur Risikotragfähigkeit; BTO 1.4 – Risikoklassifizierungsverfahren; BTR 3.1 Tz 1 – Diversifikation zur Steuerung der Liquiditätsrisiken).

ßenordnung (etwa durch Teilung des Kreditengagements mit anderen Banken) oder nach regionaler Verteilung oder nach Branchenstruktur. Das Eingehen übergroßer Risiken, insbesondere sog. **Klumpenrisiken**, ist pflichtwidrig[1]. Einschränkungen bei der Vergabe von Großkrediten sollen dazu beitragen, dass ein Institut nicht durch den Ausfall eines Kreditnehmers oder einer Kreditnehmereinheit selbst in Gefahr gerät.

f) Sanierungskredite

Besondere Fragen werfen Sanierungskredite auf. Gerade kleinere Banken geraten bei Gewährung größerer Kredite an einen einzelnen Kreditnehmer rasch in wirtschaftliche *Abhängigkeit* von der Existenz des Kreditnehmers. Diese Abhängigkeit zeigt sich insbesondere dann, wenn das finanzierte Unternehmen in wirtschaftliche Schwierigkeiten gerät. Zunächst bedeutet die Krise des Kreditnehmers, dass der bereits gewährte Kredit aus wirtschaftlichen Gründen zumindest für einige Zeit nicht realisierbar ist. Für eine angestrebte Sanierung ist der Unternehmen aber oft auf weitere Kredite angewiesen. Die Bank gerät in ein Dilemma, wenn bei Ablehnung des Kreditwunsches die Insolvenz des Kreditnehmers droht.

Soll nach dem Willen der Verantwortlichen die Bank selbst ein *weiteres Darlehen* oder einen Kontokorrent gewähren, müssen die Entscheidungsträger wie bei jedem Kredit die **formellen Anforderungen** prüfen. Voraussetzung ist also z.B., dass die *Kreditobergrenzen* und die *vorhandenen Eigenmittel* eine weitere Kreditgewährung überhaupt zulassen (vgl. Rz. 49 ff.).

Die Rechtsprechung verlangt auch bei *Sanierungskrediten* eine sorgfältige Prüfung der Kreditwürdigkeit des Kreditnehmers. Bei erkannter existenzieller Gefährdung eines Kreditnehmers trifft die Mitglieder des Vorstandes eines Kreditinstituts eine **besondere Informations- und Prüfungspflicht**. Diese erstreckt sich auch auf die Frage der *Zuverlässigkeit* der weiteren Entscheidungsträger und Kreditsachbearbeiter sowie die Verlässlichkeit der von diesen vorgelegten Informationen und Beurteilungen. Ergeben sich Zweifel oder Unstimmigkeiten, sind eigene neue Nachprüfungen geboten. Gleiches gilt, wenn die Kreditvergabe ein besonders hohes Risiko, insbesondere für die *Existenz des Kreditinstitutes*, in sich birgt[2] (zu den Besonderheiten der Schadensfeststellung vgl. Rz. 105 ff.).

Vor Gewährung eines eigenen Sanierungskredits muss die Bank außerdem prüfen, ob ein vernünftiger **Gesamtplan für die Sanierung** vorliegt[3]. Offensichtlich *pflichtwidrig* ist die Praxis, einem zahlungsunfähigen Unternehmen einen Sanierungskredit zu gewähren, nur um den drohenden Ausfall der bereits gewährten Kredite intern oder gegenüber der BaFin zu *verschleiern*[4]. Aus der Perspektive der Bank muss ein vernünftiger Gesamtplan für die Sanierung die *Rück-*

---

1 OLG Düsseldorf v. 9.12.2009, I-6 W 45/09, 6 W 34/09, ZIP 2010, 28; vgl. auch *Lutter*, ZIP 2009, 197 ff.; *Fleischer/Schmolke*, ZHR 173, 649 ff.
2 OLG Karlsruhe v. 3.7.2003 – 3 Ws 72/03, wistra 2005, 72.
3 BGH v. 15.11.2001 – 1 StR 185/01, BGHSt 47, 148, Rz. 62.
4 BGH v. 20.3.2008 – 1 StR 488/07, wistra 2008, 343, Rz. 17 ff.

zahlungschancen bezüglich der bereits gewährten Kredite *verbessern*. Das bringt der BGH mit der Formulierung zum Ausdruck, bei der juristischen Bewertung von Sanierungskrediten könne auch die Chance auf das „Auftauen" eingefrorener Altkredite berücksichtigt werden[1]. Verbessert die Gewährung eines Sanierungskredits diese Rückzahlungschancen nicht und gibt es überdies nur eine vage, betriebswirtschaftlich nicht belegte Hoffnung auf Rückzahlung des zusätzlichen Sanierungskredits, dann entspricht die Entscheidung für die Gewährung des Sanierungskredits nicht den objektiven Vermögensinteressen der Bank. Die Gewährung des Sanierungskredits ist dann eindeutig unvertretbar und damit *pflichtwidrig*[2].

61c Nach einer Entscheidung des BGH kann die **Pflichtwidrigkeit** i.S. des § 266 StGB bei der Vergabe von Folgekrediten **entfallen**, selbst wenn sie hochriskant sind. Wird der Folgekredit aufgrund eines wirtschaftlich vernünftigen Gesamtplans gewährt, der auf einen einheitlichen Erfolg angelegt ist, und verspricht der Sanierungskredit aus der Perspektive der Bank Erfolg bei der Sanierung des gesamten Kreditengagements, dann ist unschädlich, wenn der Sanierungserfolg *planmäßig* erst nach einem Durchgangsstadium eintritt. Die *Existenz der Bank* darf aber durch die weitere Kreditvergabe nicht bedroht sein[3].

61d *Zweifelhaft* ist dagegen, ob die Verantwortlichen der Bank bei der Abwägung der Chancen und Risiken der weiteren Kreditvergabe für die Bank auch **allgemeine Umstände** wie etwa „die ökonomisch sinnvolle Erhaltung von Arbeitsplätzen" im Unternehmen des Darlehensnehmers berücksichtigen dürfen, wie offenbar der BGH meint[4]. Maßstab sollte bei einer gewöhnlichen Geschäftsbank ihr eigenes, wohlverstandenes Unternehmensinteresse sein. Es wird deshalb darauf ankommen, ob sich die mit dem Sanierungskredit verbundenen Begleitumstände auf die im Interesse der Bank liegende Chance auswirken, ihre Forderungen aus den Krediten später realisieren zu können.

61e Auch ein anderer, in der Praxis häufig beschrittener Weg der Sanierung ist strafrechtlich problematisch: Die Bank gewinnt *andere Banken* zur Kreditgewährung, muss sich aber diesen gegenüber für den Kreditnehmer verbürgen. Hier sollte man an den weiten Kreditbegriff des KWG denken (Rz. 55). Die **Verbürgung** für einen in der Krise befindlichen Kreditnehmer ist in dieser Situation bedenklich, denn jetzt *übernimmt* die Bank das *unternehmerische Risiko* des Kreditnehmers selbst. Die Strukturnormen des KWG bezwecken aber gerade, das Risiko der Bank vom Geschäftsrisiko des Kreditnehmers zu trennen. Es ist nicht Aufgabe der Bank gegenüber ihren Einlegern, das unternehmerische Wagnis ihres Schuldners zu übernehmen.

61f Kommt die Anregung zur weiteren Kreditgewährung oder Verbürgung vom **Kreditnehmer**, besteht im Übrigen Anlass, eine *Teilnahme* des Kreditnehmers an der vom Bankleiter begangenen Untreue zu prüfen.

---

1 So BGH v. 15.11.2001 – 1 StR 185/01, BGHSt 47, 148, Rz. 62; vgl. auch RG v. 22.2.1927 – I 22/27, RGSt. 61, 211.
2 Vgl. RG v. 22.2.1927 – I 22/27, RGSt. 61, 211.
3 Vgl. BGH v. 15.11.2001 – 1 StR 185/01, BGHSt 47, 148, Rz. 62; zu diesem Gesichtspunkt auch OLG Karlsruhe v. 3.7.2003 – 3 Ws 72/03, wistra 2005, 72.
4 So BGH v. 15.11.2001 – 1 StR 185/01, BGHSt 47, 148, Rz. 62.

g) Kreditbetrüger

In Fällen, in denen der Verdacht einer pflichtwidrigen Kreditvergabe besteht, versuchen sich Verantwortliche der Bank gelegentlich dadurch zu entlasten, dass sie vortragen, der Kreditnehmer habe vor der Kreditentscheidung **falsche** oder **unvollständige Angaben** gemacht. Die Verantwortlichen einer Bank sind jedoch von den ihnen obliegenden *Informations- und Prüfungspflichten* nicht entbunden, nur weil sich im Nachhinein herausstellt und nun auch für jeden Außenstehenden nachvollziehbar ist, dass sie einem „Kreditbetrüger" aufgesessen sind. Lässt sich belegen, dass falsche oder schlicht fehlende Angaben des Kreditnehmers bei sorgfältiger Prüfung *erkennbar* waren, dass eine sorgfältige Prüfung der Kreditunterlagen aber nicht durchgeführt wurde, dann bleibt selbstverständlich auch in diesen Fällen Raum für eine Untreuestrafbarkeit der Verantwortlichen der Bank wegen pflichtwidriger Kreditvergabe[1].

4. Pflichten bei der Kreditüberwachung

Die (auch strafrechtlich relevanten) Informationspflichten des Bankleiters bei Kreditgeschäften enden nicht mit der Entscheidung über die Kreditvergabe. Er ist zur laufenden Kontrolle des Kreditrisikos verpflichtet und muss auf Bonitätsveränderungen reagieren[2]. Zu den wesentlichen Informations- und Prüfungspflichten gehört, dass das Kreditinstitut die wirtschaftliche Entwicklung des Kreditnehmers *während der Dauer* des Kreditverhältnisses kontinuierlich beobachtet und analysiert – sog. **Marktfolge**.

Zu den Pflichten der **Kreditüberwachung** gehört, dass sich die Bank auch nach der Kreditvergabe fortlaufend und nachhaltig um die Vorlage von Unterlagen, insbesondere von *Jahresabschlüssen* oder eines Vermögensstatus mit ergänzenden Angaben bemüht, um bei Verschlechterung der wirtschaftlichen Verhältnisse Vorsorge treffen zu können. Dieses Offenlegungsverlangen wird ebenfalls von § 18 KWG erfasst. Die weitere Kreditgewährung muss von der Vorlage dieser Unterlagen abhängig gemacht werden, der Kredit also i.d.R. gekündigt werden, wenn die Erfüllung der gesetzlichen Verpflichtung durch das weitere Verhalten des Kunden unmöglich gemacht wird[3].

Außerdem muss – jedenfalls bei zweckgebundenen Kreditvergaben – kontrolliert werden, ob die valutierten Mittel der vereinbarten Verwendung zukommen (*Kreditverwendungskontrolle*)[4].

---

1 Vgl. BGH v. 15.11.2001 – 1 StR 185/01, BGHSt 47, 148, Rz. 56.
2 OLG Hamm v. 12.7.2012 – I-27 U 12/10, 27 U 12/10, Rz. 30 – im konkreten Fall gestützt auf § 93 Abs. 1 AktG.
3 BGH v. 15.11.2001 – 1 StR 185/01, BGHSt 47, 148, Rz. 53 und 69; ebenso BGH v. 1.3.1994 – XI ZR 83/93, NJW 1994, 2154, Rz. 18. Der 11. Zivilsenat sprach dort bei achtmaliger, erfolgloser Aufforderung zur Vorlage von Unterlagen davon, die Bank habe „in kaum zu verantwortender Weise Langmut gezeigt".
4 Vgl. BGH v. 15.11.2001 – 1 StR 185/01, BGHSt 47, 148, Rz. 58 zur Untreuestrafbarkeit wegen fehlender Mittelverwendungskontrolle; ausdrücklich geregelt auch in der MaRisk (aktuell BaFin, Rundschreiben 10/2012(BA) v. 14.12.2012, BTO 1.2.2 Tz 1.

65 Vorgeschrieben ist auch die **regelmäßige Risikoprüfung** nach der Kreditgewährung. Eine Beurteilung bestimmter in der MaRisk (Rz. 6) näher bezeichneter Risiken („*Adressausfallrisiken*") ist *anlassunabhängig* jährlich durchzuführen, wobei die Intensität der laufenden Beurteilungen vom Risikogehalt der offenen Kreditforderungen abhängt. Auch die Werthaltigkeit und der rechtliche Bestand von Sicherheiten sind im Rahmen der Kreditweiterbearbeitung in Abhängigkeit von der Sicherheitenart ab einer vom Institut unter Risikogesichtspunkten festzulegenden Grenze *in angemessenen Abständen* zu überprüfen. *Außerordentliche Überprüfungen* von Engagements einschließlich der Sicherheiten sind zumindest dann unverzüglich durchzuführen, wenn dem Institut aus externen oder internen Quellen Informationen bekannt werden, die auf eine wesentliche negative Änderung der Risikoeinschätzung der Engagements oder der Sicherheiten hindeuten. Derartige Informationen sind unverzüglich an alle einzubindenden Organisationseinheiten weiterzuleiten[1].

5. Handel mit Kreditforderungen

66 Die dargestellten Maßstäbe zur Feststellung der Pflichtwidrigkeit gelten im Grundsatz in *gleicher Weise*, wenn es um Fälle des Handels mit Kreditforderungen geht, wenn sich also eine Bank von einer anderen Bank – meist gegen Zahlung eines Kaufpreises – bereits bestehende Kreditforderungen abtreten lässt und damit selbst in die Kreditgeberrolle einrückt. Beim Handel mit *verbrieften Kreditforderungen* („**Asset Backed Securities**", kurz ABS) geht es darum, dass ein Gläubiger Teile seines Forderungsbestandes an eine eigens für solche Transaktionen gegründete Gesellschaft veräußert. Diese Gesellschaft refinanziert sich am Kapitalmarkt, indem sie am Kapitalmarkt handelbare Wertpapiere an Investoren (also u.U. an Banken) verkauft. Die Besonderheit besteht darin, dass die Wertpapiere durch Kreditforderungen gesichert sind. Auf diese Weise wird wirtschaftlich betrachtet das *Risiko ganzer Kreditportfolios*, also einer Vielzahl gebündelter Kreditforderungen gegen verschiedene Kunden, *auf Dritte* übertragen.

67 Auf der **Verkäuferseite** bestehen bei solchen Geschäften *versteckte Haftungsrisiken*, wenn der Verkäufer Garantien ausgibt, die nicht bilanziert werden, über die er aber letztlich doch noch für die ursprünglichen Kreditausfallrisiken einstehen muss. In erster Linie ist die *Finanzmarktaufsicht* gefordert, dem durch „Asset Backed Securities" begünstigten, riskanten Anstieg des Gesamtkreditvolumens einer Bank zu begegnen. *Strafrechtlich* geht es nicht um den Untreuetatbestand, sondern um die Prüfung von *Bilanzdelikten*[2].

68 Auf **Käuferseite** sind die Risiken aus dem Geschäft zu beachten und es stellt sich schnell die Frage, in welchen Fällen der Erwerb den *Untreue*tatbestand erfüllen kann: Der Käufer trägt zusätzlich zum Kurs- und Emittentenrisiko in Bezug auf das Wertpapier letztlich auch das Risiko aus den als Sicherheit dienenden Kreditforderungen. Strafrechtlich ist zu prüfen, ob die Verantwortlichen

---

1 BaFin, Rundschreiben 10/2012(BA) v. 14.12.2012 (MaRisk) BTO 1.2.2 Rz. 1–4.
2 Dazu *Gallandi*, wistra 2009, 41 ff. (44 ff.).

auf Käuferseite ihren sich aus der Vermögensbetreuungspflicht ergebenden Pflichten zur Risikoprüfung und Risikobegrenzung nachgekommen sind.

Reicht die Bonität des Emittenten nicht aus, den Nominalbetrag der verbrieften Forderung abzudecken, so muss vor dem Erwerb analysiert werden, ob unter Berücksichtigung des Werts der als Sicherheit dienenden Forderungen der vom Erwerber des Papiers zu zahlende Kaufpreis angemessen ist. Die Feststellung der *Werthaltigkeit* der verbrieften Forderungen wird dabei insbesondere wegen der oft komplizierten Struktur der „Asset Backed Securities" häufig praktische Probleme aufwerfen, denn als Sicherheit dienen nicht selten zahlreiche gebündelte Einzelforderungen gegen verschiedene Schuldner, z.B. aus dem Kreditkartengeschäft. Bereits die übermäßige Komplexität und Intransparenz des Verbriefungssegments und die Kompliziertheit der den Wertpapieren zugrunde liegenden Bedingungen machen es für den Vorstand oder Geschäftsleiter eines Kreditinstituts praktisch nahezu unmöglich, beim Erwerb von „Asset Backed Securities" überhaupt auf ausreichender Informationsgrundlage entscheiden zu können[1]. Pflichtgemäß ist dann einzig, von dem Geschäft Abstand zu nehmen.

Erwirbt eine Bank „Asset Backet Securities", so ist bei der Frage der **Pflichtwidrigkeit** davon auszugehen, dass sich die Verantwortlichen der Bank nicht lediglich „blind" auf Bonitätsbeurteilungen durch Rating-Agenturen verlassen dürfen. Sie müssen vielmehr eine *eigene Prüfung der Werthaltigkeit* der verbrieften Forderungen vornehmen. Bei dieser Prüfung ist eine besonders kritische Haltung der Verantwortlichen der Bank – vergleichbar mit der Situation bei Sanierungskrediten (Rz. 60) – zu fordern, insbesondere angesichts der wirtschaftlichen Überlegungen, die auf Verkäuferseite dafür sprechen, Kreditforderungen auf diese Weise „abzustoßen"[2]. 69

Der Gesetzgeber hat erkannt, dass eine wesentliche Ursache der Finanzmarktkrise die falsche Einschätzung der Risiken aus verbrieften Kreditforderungen war[3]. Im Juli 2010 wurden deshalb neue gesetzliche Regelungen für **Verbriefungen**, Wiederverbriefungen und Offenlegungsanforderungen der an Verbriefungstransaktionen Beteiligten beschlossen (§§ 18a, 18b KWG). Für Verbriefungen galt nun ein obligatorischer Mindest-Selbstbehalt. Kreditinstitute durften nur in Verbriefungen investieren, bei denen der sog. Originator, Sponsor oder ursprüngliche Kreditgeber selbst einen sog. materiellen Nettoanteil von 5 % der Transaktion kontinuierlich hielt (vgl. § 64m Abs. 4 KWG)[4]. Die §§ 18a, 18b KWG sind aber bereits zum 1.1.2014 wieder *weggefallen*. Denn inzwischen hat sich der *europäische Gesetzgeber* der Kreditverbriefungen in der VO (EU) Nr. 575/2013 angenommen und versucht, das Risiko des Kreditrisikotransfers für den Kapitalmarkt einzudämmen (§ 66 Rz. 6d). 69a

6. Strafrechtliche Verantwortlichkeit

Täter einer Untreue bzw. **Gehilfe** kann bei Kreditentscheidungen zunächst derjenige sein, der selbst durch eigenes Handeln an der pflichtwidrigen Entscheidung mitgewirkt hat, sei es bei der Kreditbewilligung als Mitglied eines dafür 70

---

1 OLG Düsseldorf v. 9.12.2009, I-6 W 45/09, 6 W 34/09, ZIP 2010, 28.
2 Zum Ganzen *Gallandi*, wistra 2009, 41 ff. (44 ff.).
3 Dazu *Lutter*, ZIP 2009, 197 ff.
4 BT-Drs. 17/1720 v. 17.5.2010, insbes. S. 26; BT-Drs. 17/2472, S. 46.

zuständigen Gremiums, sei es bei der Vorbereitung dieser Entscheidung[1]. Als *Unterlassungstäter* kommt z.B. in Betracht, wer als Bankleiter seinen Organisations- und Überwachungspflichten nicht hinreichend nachkommt und dadurch pflichtwidrig eine unvertretbare Kreditvergabe nicht verhindert[2].

a) Gesamtverantwortung

71 Bei Handlungen oder Unterlassungen von Geschäftsleitern einer Bank gilt der **Grundsatz der Gesamtverantwortung**. Eine Aufteilung der Geschäftsbereiche ändert nichts an der grundsätzlichen Verantwortung jedes einzelnen für die Geschäftsführung insgesamt[3]. In der MaRisk heißt es[4]:

„Alle Geschäftsleiter (§ 1 Abs. 2 KWG) sind, unabhängig von der internen Zuständigkeitsregelung, für die ordnungsgemäße Geschäftsorganisation und deren Weiterentwicklung verantwortlich. Diese Verantwortung bezieht sich unter Berücksichtigung ausgelagerter Aktivitäten und Prozesse auf alle wesentlichen Elemente des Risikomanagements. Die Geschäftsleiter werden dieser Verantwortung nur gerecht, wenn sie die Risiken beurteilen können und die erforderlichen Maßnahmen zu ihrer Begrenzung treffen. Die Geschäftsleiter eines übergeordneten Unternehmens einer Institutsgruppe oder Finanzholding-Gruppe beziehungsweise eines übergeordneten Finanzkonglomeratsunternehmens sind zudem für die ordnungsgemäße Geschäftsorganisation in der Gruppe und somit auch für ein angemessenes und wirksames Risikomanagement auf Gruppenebene verantwortlich [...]."

72 War das Verhalten eines Verantwortlichen im Zusammenhang mit dem Kreditgeschäft pflichtwidrig, vermag auch die in Kenntnis aller Umstände der Kreditvergabe erteilte **Zustimmung von Dritten**, wie etwa der Mitglieder des Verwaltungsrates oder des Kreditausschusses einer Sparkasse, an dieser Pflichtwidrigkeit *nichts zu ändern*[5].

73 Wird die Entscheidung über eine Kreditvergabe von einem **mehrköpfigen Gremium** getroffen, kommen auch für den Fall des Einstimmigkeitsprinzips *unterschiedliche Verantwortlichkeiten* der Beteiligten[6] infrage. Die Bankleiter können sich grundsätzlich auf den Bericht des federführenden Vorstandsmitglieds oder des als zuverlässig bekannten Kreditsachbearbeiters verlassen. Ergeben sich jedoch Zweifel oder Unstimmigkeiten, ist Rückfrage oder eigene Nachprüfung geboten. Eine *eigene Nachprüfung* ist auch dann erforderlich, wenn die Kreditvergabe ein besonders hohes Risiko – insbesondere für die Existenz der Bank – beinhaltet oder wenn bekannt ist, dass die Bonität des Schuldners eines hohen Kredits problematisch ist[7].

---

1 Vgl. BGH v. 15.11.2001 – 1 StR 185/01, BGHSt 47, 148, Rz. 37 ff.
2 Vgl. OLG Karlsruhe v. 3.7.2003 – 3 Ws 72/03, wistra 2005, 72.
3 Vgl. grundlegend BGH v. 6.7.1990 – 2 StR 549/89, BGHSt 37, 106 zu GmbH-Geschäftsführern.
4 MaRisk v. 14.12.2012, AT 3 (gleichlautend MaRisk v. 14.8.2009, ähnlich schon die Fassung der MaRisk v. 30.10.2007).
5 BGH v. 15.11.2001 – 1 StR 185/01, BGHSt 47, 148, Rz. 43; vgl. auch OLG Karlsruhe v. 3.7.2003 – 3 Ws 72/03, wistra 2005, 72.
6 Dazu BGH v. 6.4.2000 – 1 StR 280/99, BGHSt 46, 30.
7 BGH v. 15.11.2001 – 1 StR 185/01, BGHSt 47, 148, Rz. 74.

Beispiel: Stellt sich bei der Kreditüberwachung heraus, dass bei pflichtgemäßem Verhalten eine *Kreditkündigung* herbeigeführt werden müsste, dann setzt jeder, der es trotz seiner Mitwirkungskompetenz *unterlässt*, die Kreditkündigung zu erwirken, eine Ursache für das Unterbleiben der Kündigung. Innerhalb dieses Rahmens haftet er für die sich daraus ergebenden tatbestandsmäßigen Folgen. Dabei kann er sich nicht damit entlasten, dass sein Bemühen, die gebotene Kollegialentscheidung herbeizuführen, erfolglos geblieben wäre, weil ihn die anderen Beteiligten im Streitfalle überstimmt hätten. Von seiner strafrechtlichen Mitverantwortung wäre er nur befreit, wenn er *alles ihm Mögliche und Zumutbare* getan hätte, um den gebotenen Beschluss zu erwirken[1].

b) Verlagerung der Verantwortlichkeit

Der Delegation von Verantwortung sind schon durch die formalen Vorgaben des KWG Grenzen gesetzt (Rz. 20, 22 ff.). Selbst wenn im Einzelfall nachgeordnete Mitarbeiter die Kreditentscheidung in zulässiger Weise getroffen haben, bleiben **Überwachungspflichten der Geschäftsleiter** einer Bank und die Pflicht, u.a. durch ein *Berichtswesen* organisatorische Vorkehrungen gegen unangemessene Kreditrisiken zu treffen.

In der **MaRisk** heißt es dazu[2]:

„Das Institut hat angemessene **Risikosteuerungs- und -controllingprozesse** einzurichten, die eine

a) Identifizierung,

b) Beurteilung,

c) Steuerung sowie

d) Überwachung und Kommunikation

der wesentlichen Risiken und damit verbundener Risikokonzentrationen gewährleisten. Diese Prozesse sind in eine gemeinsame Ertrags- und Risikosteuerung (‚Gesamtbanksteuerung') einzubinden. Durch geeignete Maßnahmen ist zu gewährleisten, dass die Risiken und die damit verbundenen Risikokonzentrationen unter Berücksichtigung der Risikotragfähigkeit und der Risikotoleranzen wirksam begrenzt und überwacht werden. [...]

Unter Risikogesichtspunkten wesentliche Informationen sind unverzüglich an die **Geschäftsleitung**, die jeweiligen Verantwortlichen und gegebenenfalls die **Interne Revision** weiterzuleiten, sodass geeignete Maßnahmen beziehungsweise Prüfungshandlungen frühzeitig eingeleitet werden können. [...] Die Geschäftsleitung hat das **Aufsichtsorgan** vierteljährlich über die Risikosituation in angemessener Weise schriftlich zu informieren. [...] Für das Aufsichtsorgan unter Risikogesichtspunkten wesentliche Informationen sind von der Geschäftsleitung unverzüglich weiterzuleiten. [...] Die Risikosteuerungs- und -controllingprozesse sind zeitnah an sich ändernde Bedingungen anzupassen."

7. Besondere Kreditinstitute

a) Sparkassen

Sparkassen zählen zu den *Kreditinstituten* i.S. von § 1 Abs. 1 S. 1 KWG. Das Gebot der angemessenen Eigenmittelausstattung gilt demnach grundsätzlich auch für die Sparkassen.

---

1 BGH v. 6.7.1990 – 2 StR 549/89, BGHSt 37, 106 ff., Rz. 67.
2 MaRisk v. 14.12.2012, AT 4.3.2 (ähnlich schon MaRisk v. 30.10.2007).

78 Zuständig für die **Sparkassengesetzgebung** (Sparkassengesetze und ergänzende Sparkassenverordnungen) sind die *Länder*. Im Hinblick auf die Pflichten bei Kreditentscheidungen ist bei Sparkassen neben dem KWG und dem jeweils geltenden landesgesetzlichen Sparkassengesetz auch die *Satzung der Sparkasse* zu berücksichtigen.

I.d.R. sehen Sparkassensatzungen vor, dass bei Krediten in ausländischer Währung das Währungsrisiko branchenüblich abzusichern ist oder dass bei der Kreditgewährung die vom Aufsichtsrat erlassenen Grundsätze für das Kreditgeschäft zu beachten sind. Die Einhaltung dieser Regeln spielt – ergänzend zum KWG – bei der strafrechtlichen Beurteilung der Kreditentscheidung eine Rolle.

b) Genossenschaftsbanken

79 Die Genossenschaftsbanken (Kreditgenossenschaften) bilden die jüngste der drei großen Gruppen des deutschen Universalbankensystems. Rechtsgrundlage ist das (2006 reformierte) **Genossenschaftsgesetz** (GenG). Organe der Genossenschaft sind der Vorstand, Aufsichtsrat und die Generalversammlung. Die eigenen Mittel der Kreditgenossenschaft setzen sich aus den Geschäftsguthaben der Mitglieder und den Reservefonds zusammen. Wegen der schwankenden Genossenzahl kommt den Rücklagen nach § 7 GenG (sog. neutrales oder drittes Kapital) große Bedeutung zu.

80 Nach § 34 Abs. 1 GenG haben Vorstandsmitglieder bei ihrer Geschäftsführung die Sorgfalt eines ordentlichen und gewissenhaften Geschäftsleiters einer Genossenschaft anzuwenden[1]. Die unter dem Gesichtspunkt der Pflichtwidrigkeit wichtigste Bestimmung ist § 49 GenG i.V.m. *Beschlüssen der Generalversammlung*. Danach werden i.d.R. **Kreditkompetenzgrenzen** festgelegt und je nach Kreditvolumen von der Beschlussfassung durch Geschäftsführung, Aufsichtsrat und Generalversammlung abhängig gemacht.

c) Bausparkassen

81 Auch Bausparkassen sind Kreditinstitute i.S. des KWG, wenn sie Bankgeschäfte i.S. von § 1 Abs. 1 S. 1 KWG betreiben. Aus dem **Bausparkassengesetz** ergeben sich Sonderregelungen – auch zur Risikobegrenzung im Kreditgeschäft.

§ 7 Abs. 1 BausparkG schreibt z.B. vor, dass Forderungen aus Bauspardarlehen und aus Darlehen nach § 4 Abs. 1 Nr. 2 BausparkG sowie Forderungen aus Darlehen nach § 4 Abs. 1 Nr. 1 BausparkG, soweit diese nicht durch Abtretung von Rechten aus Bausparverträgen gesichert werden, grundsätzlich durch Bestellung von Hypotheken oder Grundschulden an einem inländischen Pfandobjekt zu sichern sind.

---

[1] Zu einer interessanten zivilrechtlichen Entscheidung zu den Vorstandspflichten beim Erwerb von Finanzinstrumenten LG Düsseldorf v. 25.4.2014 – 39 O 36/11.

III. Kausaler Vermögensschaden

1. Schaden

Der Straftatbestand der Untreue setzt voraus, dass dem Vermögensinhaber, bei pflichtwidriger Kreditentscheidung also der Bank, durch das pflichtwidrige Verhalten des Täters ein **Nachteil** zugefügt wurde[1]. 82

Das Merkmal „Nachteil zufügen" ist gleichbedeutend mit dem Begriff der **Vermögensschädigung** i.S. des § 263 StGB. Daher gelten derselbe Vermögensbegriff und dieselben Schadenskriterien wie beim Betrug (vgl. § 47 Rz. 46 ff.). Es hat ein Vergleich des Vermögens stattzufinden, das der Berechtigte ohne die Pflichtverletzung des Täters hätte, mit dem Vermögen, das er infolge der Pflichtverletzung noch hat (*Vermögensvergleich*)[2]. Erforderlich ist, dass das Vermögen des Berechtigten im Ganzen, also auch unter Berücksichtigung der durch die Handlung des Verpflichteten möglicherweise erlangten Vermögensmehrungen, vermindert ist[3]. 83

Ein Untreueschaden ist durch **Vergleich** der ausgereichten *Darlehensvaluta* mit dem *Wert des Rückzahlungsanspruchs* der kreditierenden Bank unter Berücksichtigung der Sicherheiten zu ermitteln[4]. Hat das Vermögen nach der pflichtwidrigen Verfügung einen geringeren Wert als vorher, liegt ein Vermögensschaden vor: 84

> „Ob die Hingabe eines Darlehens einen Vermögensschaden i.S. des § 263 StGB bewirkt, hängt davon ab, ob nach und infolge der Darlehensgewährung das Gesamtvermögen des Darlehensgebers einen geringeren Wert hat als vorher. Entscheidend hierfür ist ein – für den Zeitpunkt der Darlehenshingabe anzustellender – Wertvergleich zwischen dem Gegenstand des Darlehens und dem Rückzahlungsanspruch des Darlehensgläubigers. Es kommt darauf an, ob der Rückzahlungsanspruch dem überlassenen Darlehensbetrag gleichwertig ist."[5]

a) Durchführung des Vermögensvergleichs

aa) Maßgeblicher Zeitpunkt

Der mit der Vermögensverfügung unmittelbar eingetretene Vermögensschaden ist durch das Verlustrisiko zum Zeitpunkt der Vermögensverfügung bestimmt. Maßgeblicher Zeitpunkt für die Durchführung des Vermögensvergleichs ist der **Zeitpunkt der pflichtwidrigen Vermögensverfügung**. Der Vergleich muss also auf den Vermögenswert unmittelbar vor und unmittelbar nach der Verfügung bezogen sein. Spätere Entwicklungen, wie Schadensvertiefung oder Schadens- 85

---

1 Vgl. BGH v. 4.11.1997 – 1 StR 273/97, BGHSt 43, 293, Rz. 17 zur Haushaltsuntreue.
2 BGH v. 17.8.2006 – 4 StR 117/06, wistra 2007, 21, Rz. 6.
3 So BGH v. 4.11.1997 – 1 StR 273/97, BGHSt 43, 293, Rz. 17 zur Haushaltsuntreue; BGH v. 17.8.2006 – 4 StR 117/06, wistra 2007, 21, Rz. 6.
4 BGH v. 4.2.2009 – 5 StR 260/08, wistra 2009, 189, Rz. 3; vgl. auch BGH v. 15.11.2001 – 1 StR 185/01, BGHSt 47, 148; BGH v. 17.8.2005 – 2 StR 6/05, NStZ-RR 2005, 374, Rz. 9; BGH v. 24.8.1999 – 1 StR 232/99, Rz. 12; BGH v. 31.5.1960 – 1 StR 106/60, Rz. 20, bestätigt durch BVerfG v. 23.6.2010 – 2 BvR 2559/08, 2 BvR 105/09, 2 BvR 491/09, Rz. 101 ff., 122, 144 f.
5 BGH v. 12.6.2001 – 4 StR 402/00, NStZ-RR 2001, 328.

ausgleich (-wiedergutmachung), berühren den tatbestandlichen Schaden nicht[1]. Allein der spätere Ausfall des Kredits reicht (ex post) nicht zur Annahme einer Untreuestrafbarkeit aus[2].

86 Ist bereits die Entscheidung, den Kredit zu vergeben, pflichtwidrig, dann ist maßgeblicher Zeitpunkt für die Bewertung des Rückzahlungsanspruchs der Zeitpunkt der **Hingabe des Kredits**[3]. Kommt es dagegen erst nach der Kreditvergabe zu pflichtwidrigen Handlungen oder Unterlassungen, wird etwa der Kredit pflichtwidrig *verlängert oder* wird die *Kündigung* pflichtwidrig *unterlassen*, so kommt es beim Vermögensvergleich auf diesen *späteren* Zeitpunkt an.

bb) Schaden und schadensgleiche Vermögensgefährdung

87 *Bislang* hat man angenommen, dass bei pflichtwidrigen Kreditentscheidungen häufig zum Zeitpunkt der Kreditausreichung nur ein **Gefährdungsschaden** vorliege. Dieser reiche aber für eine Untreuestrafbarkeit aus, wenn bereits mit der Kreditausreichung eine „*schadensgleiche konkrete Vermögensgefährdung*" eingetreten sei.

In der *Praxis* stellte sich dann in Grenzfällen die Frage, ob im konkreten Fall bei Kreditausreichung bereits eine schadensgleiche konkrete Vermögensgefährdung vorlag[4] (s. auch § 47 Rz. 58). Folgeproblem im Bereich des subjektiven Tatbestands war, ob diese konkrete Vermögensgefährdung vom *Vorsatz* des Täters umfasst war. Als Folge der Entscheidung des 2. Strafsenats des BGH vom 18.10.2006 stellte sich weiter die Frage (näher Rz. 123), ob die Untreuestrafbarkeit, wenn sie objektiv (nur) mit einer eingetretenen konkreten Vermögensgefährdung begründet wurde, subjektiv *zusätzlich* zum (mindestens bedingten) Vorsatz bezüglich der konkreten Vermögensgefährdung sogar eine „Billigung der Realisierung dieser Gefahr", also letztlich eine Billigung des endgültigen Vermögensnachteils voraussetzt oder nicht[5].

88 *Jüngere Entscheidungen*, die zum Betrugs- bzw. Untreue-Schaden ergangen sind, haben jedoch den Blick für die Frage geschärft, ob nicht in vielen Fällen in Wirklichkeit doch bereits zum Zeitpunkt der Vermögensverfügung ein **„echter" Schaden** i.S. eines *„unmittelbaren Vermögensnachteils"* feststellbar ist. Betroffen sind Konstellationen, die früher unter dem Stichwort „schadensgleiche Vermögensgefährdung" diskutiert wurden.

89 So hat der **1. Strafsenat des BGH** in einem Beschluss vom **20.3.2008** zum Untreueschaden ausgeführt[6], dass zunächst zu prüfen sei,

„ob sich das Problem bei einer präzisen Begriffsverwendung unter exakter Betrachtung des tatsächlichen wirtschaftlichen Nachteils zum Zeitpunkt einer pflichtwidrigen Hand-

---

1 BGH v. 18.2.2009 – 1 StR 731/08, BGHSt 53, 199, Rz. 11; vgl. dazu Anm. *Küper*, JZ 2009, 800 ff.
2 Vgl. BGH v. 6.4.2000 – 1 StR 280/99, BGHSt 46, 30, Rz. 22.
3 Vgl. BGH v. 13.3.2013 – 2 StR 275/12, Rz. 22; BGH v. 20.3.2008 – 1 StR 488/07, wistra 2008, 343, Rz. 19.
4 BGH v. 6.4.2000 – 1 StR 280/99, BGHSt 46, 30, Rz. 22; BGH v. 17.7.1987 – 2 StR 292/87, wistra 1988, 26.
5 Dafür BGH v. 18.10.2006 – 2 StR 499/05, BGHSt 51, 100, Rz. 63; dagegen ausdrücklich BGH v. 20.3.2008 – 1 StR 488/07, wistra 2008, 343, Rz. 17.
6 BGH v. 20.3.2008 – 1 StR 488/07, wistra 2008, 343, Rz. 17–22; Hervorhebungen durch den Verf.

lung bei genauer Feststellung dessen, worauf sich das Wissen und Wollen des Täters insoweit tatsächlich erstreckt, nicht weitgehend erledigt, beziehungsweise sich als Scheinproblematik herausstellt."

Weiter heißt es in dieser Entscheidung:

„Und diese genaue Betrachtung ergibt, dass sich die bei pflichtwidrigen Risikogeschäften so genannte konkrete Vermögensgefährdung in Wirklichkeit als ein bereits unmittelbar mit der Tathandlung eingetretener Vermögensnachteil darstellt. So ist beispielsweise *der mit der Vergabe (Auszahlung) eines ungesicherten Kredits* an ein zahlungsunfähiges Unternehmen – etwa um den drohenden Ausfall des Gesamtengagements intern oder gegenüber der Bundesanstalt für Finanzdienstleistungsaufsicht weiterhin zu verschleiern – erlangte *Rückzahlungsanspruch* sofort weit über das bei jeder Kreditvergabe mögliche und zulässige Maß [...] hinaus minderwertig. Aus der Saldierung der ausbezahlten Darlehenssumme mit dem verbleibenden Wert der Rückzahlungsforderung folgt *der unmittelbar und realiter eingetretene Vermögensnachteil* (so ist auch BGHSt 47, 148, 156 f. zu verstehen). Der Wert des Rückzahlungsanspruchs muss dabei bewertet, letztlich *geschätzt* werden. Insoweit stellt sich die Situation nicht anders dar als beim Verkauf dieser Forderung an ein Inkassounternehmen oder bei der an sich sofort gebotenen Wertberichtigung, wenn auch im strafrechtlichen Bereich verbleibende Unwägbarkeiten zu Gunsten des Angeklagten berücksichtigt werden müssen.

Der Tatbestand der Untreue entfällt auch nicht wieder, wenn die Darlehensrückzahlungsforderung später tatsächlich doch bedient wird, sei es freiwillig oder mit dem Nachdruck eines Inkassounternehmens. Die fehlende Werthaltigkeit zum Zeitpunkt der Valutierung des Darlehens wird dadurch nicht beeinflusst (dies wäre bei der Feststellung einer ‚Billigung' des endgültigen Schadens i.S. eines bedingten Vorsatzes zum Zeitpunkt der Tathandlung im Übrigen nicht anders). [...] Bezogen auf diesen tatbestandlichen Vermögensnachteil handelt ein Täter, der die pflichtwidrigkeit und den Minderwert des Rückzahlungsanspruchs begründenden Umstände kennt, bei der Tathandlung dann auch mit *direktem Vorsatz*. Bei abweichenden Formulierungen in tatrichterlichen Urteilen handelt es sich in Fällen dieser Art in aller Regel um eine zu Gunsten des Angeklagten wohlwollende, aber unzutreffende Umschreibung des tatsächlich Festgestellten, [...]"

In einem weiteren Beschluss vom **18.2.2009** zum Betrugsschaden hat der **1. Strafsenat des BGH** diese Auffassung bekräftigt und ausdrücklich den Begriff der „konkreten Vermögensgefährdung" als inhaltlich unzureichende Beschreibung und als *entbehrlich* bezeichnet[1]. In der Entscheidung heißt es:

„Dass mit dem Eingehen eines Risikogeschäfts – mit einer nicht mehr vertragsimmanenten Verlustgefahr – ein unmittelbarer Wertverlust, eine Vermögenseinbuße einhergeht, liegt bei wirtschaftlicher Betrachtungsweise auf der Hand. Dieser Schaden ist auch benennbar. Das mit der Verfügung [...] eingegangene – aufgrund einer Täuschung und eines entsprechenden Irrtums überhöhte – Risiko und der dadurch verursachte Minderwert des im Synallagma Erlangten sind zu bewerten [...], wie im Falle einer Einzelwertberichtigung, [...] bei der Bildung von Rückstellungen für drohende Verluste (§ 249 HGB) oder auch beim Verkauf von Forderungen [...] Dies ist kaufmännischer Alltag (nicht überzeugend deshalb Beulke/Witzigmann, JR 2008, 430, 433, wonach diese schon im Senatsbeschl. v. 20.3.2008 – 1 StR 488/07 – [...] zur Untreue vertretene Auffassung nicht nur bei Wirtschaftswissenschaftlern auf Unverständnis stoße, sondern auch bei all denen Kopfschütteln auslöse, die in der Praxis mit der Vergabe von Krediten betraut sind).

Wenn eine *genaue* Feststellung zur *Schadenshöhe* zum Zeitpunkt der Vermögensverfügung nicht möglich ist, wird der Tatrichter im Hinblick auf die Besonderheiten des

---

[1] BGH v. 18.2.2009 – 1 StR 731/08, BGHSt 53, 199, Rz. 12.

Strafrechts *Mindestfeststellungen* zu treffen haben (BGHSt 30, 388, 390). Dies kann durch *Schätzung* im Rahmen des dabei eingeräumten Beurteilungsspielraums geschehen."[1]

90a Das BVerfG hat am 23.6.2010 bestätigt, dass auch in Fällen der Kreditvergabe keine prinzipiellen verfassungsrechtlichen Einwände gegen die Anwendung der dogmatischen Figur des Gefährdungsschadens auf den Untreuetatbestand bestehen. Das BVerfG fordert zur Vermeidung einer Überdehnung des Tatbestandes, dass auch ein Gefährdungsschaden von den Gerichten „in wirtschaftlich nachvollziehbarer Weise" festgestellt wird[2]. Deshalb geht es nicht an, auf eine Ermittlung des Nachteils zu verzichten und sich mit Floskeln zufrieden zu geben, die letztlich nur das bei wertender Betrachtung eingegangene zu hohe Risiko umschreiben (Beispiele: „nach Art eines Spielers" oder „wie beim Glücksspiel alles auf eine Karte gesetzt"). Der Schaden muss i.d.R. der Höhe nach anhand üblicher Maßstäbe des Wirtschaftslebens konkretisiert festgestellt werden. Soweit Unsicherheiten verbleiben, darf unter Beachtung des Zweifelssatzes der (Mindest-)Schaden geschätzt werden[3]. Das BVerfG scheint allerdings „einfach gelagerte und eindeutige Fälle" von diesen Begründungsanforderungen auszunehmen. Als Beispiele nennt das BVerfG Fälle mit einem „ohne Weiteres greifbaren Mindestschaden"[4].

91 In der Praxis folgt aus diesen Erwägungen (Rz. 90, 90a) für den Vermögensnachteil bei pflichtwidriger Kreditentscheidung:

> Ob die Hingabe eines Darlehens einen Vermögensschaden bewirkt, ist durch einen für den Zeitpunkt der Darlehenshingabe anzustellenden Wertvergleich mit dem **Rückzahlungsanspruch** des Darlehensgläubigers (nicht allein der Sicherheit) zu ermitteln. Deshalb darf man sich nicht darauf beschränken, bei einer pflichtwidrigen Immobilienfinanzierung die ausbezahlte Darlehenssumme lediglich mit dem Wert der Immobilie zu vergleichen[5]. Die Werthaltigkeit des Rückzahlungsanspruchs wird durch die Bonität des Schuldners und den Wert der bestellten Sicherheiten bestimmt[6]. Die Frage der Realisierbarkeit des Immobilienwerts fließt also - genauso wie die Bonität des Schuldners - nur in die Bewertung des Rückzahlungsanspruchs ein.

91a Die Ansprüche der Bank gegen den Kreditnehmer aus dem Kreditgeschäft sind auf den maßgeblichen Zeitpunkt – i.d.R. die Kreditvergabe – zu bewerten. Dabei können **kaufmännische Bewertungsgrundsätze** herangezogen werden, wie sie auch sonst für die Bewertung von Forderungen und bei der **Wertberichtigung** herangezogen werden. Der BGH hat in einer Entscheidung vom 20.11.2009 festgehalten, dass der Minderwert des Darlehensrückzahlungsanspruchs „nach bilanzrechtlichen Maßstäben zu errechnen" und bei verbleibenden Unsicherheiten unter Beachtung des Zweifelsatzes im Wege der Schätzung zu bestimmen ist, ggf. mit Unterstützung von Sachverständigen[7]. In einer Entscheidung vom 13.4.2012, bei der es um die Schadensberechnung bei täuschungsbedingt gewährtem Darlehen ging, führt der BGH aus, dass die banküblichen Bewertungsansätze für Wert-

---

1 BGH v. 18.2.2009 – 1 StR 731/08, BGHSt 53, 199, Rz. 13–14.
2 BVerfG v. 23.6.2010 – 2 BvR 2559/08, 2 BvR 105/09, 2 BvR 491/09, Rz. 151; dieser Teil der Entscheidung betraf eine pflichtwidrige Kreditvergabe.
3 BVerfG v. 23.6.2010 – 2 BvR 2559/08, 2 BvR 105/09, 2 BvR 491/09, Rz. 114, 148 ff.
4 BVerfG v. 23.6.2010 – 2 BvR 2559/08, 2 BvR 105/09, 2 BvR 491/09, Rz. 113.
5 BGH v. 13.3.2013 – 2 StR 275/12, Rz. 22.
6 BGH v. 29.1.2013 – 2 StR 422/12, Rz. 15.
7 BGH v. 20.10.2009 – 3 StR 410/09, wistra 2010, 65, Rz. 7.

berichtigungen (§§ 253 Abs. 4, 340f HGB) Anwendung finden können[1]. Diese Grundsätze gelten auch für die Feststellung des Untreueschadens bei pflichtwidrigen Kreditentscheidungen.

Nachdem bei der Schadensberechnung auch jeder Vorteil zu berücksichtigen ist, der durch die pflichtwidrige Handlung erzielt worden ist[2], dürfen neben dem Anspruch auf Rückzahlung der Darlehenssumme auch die vertraglichen Ansprüche der Bank auf **Zinsen** nicht außer Betracht bleiben (sie stellen letztlich wirtschaftlich die Gewinnchance der Bank dar). Die Zinsen müssen jedoch, da sie erst in Zukunft bezahlt werden sollen, selbst bei voller Werthaltigkeit der Zinsansprüche auf den Zeitpunkt der Kreditvergabe abgezinst werden.

Bei der Bewertung ist neben der **Bonität des Schuldners** auch der Wert der **Sicherheiten** (aber auch die Höhe eines ggf. geringeren Verwertungserlöses oder die Belastung der hingegebenen Sicherheiten mit Rechten Dritter sowie die Hinterlegung für andere Kredite) zu berücksichtigen, wobei allerdings Besonderheiten zu beachten sind (vgl. sogleich Rz. 96). Konsequenterweise muss auch bei der Bewertung von Sicherheiten auf deren Verfügbarkeit und Werthaltigkeit zum Zeitpunkt der pflichtwidrigen Vermögensverfügung abgestellt werden. Erfahrene Bankprüfer sehen sich häufig zuerst die gesicherten Kredite an, wenn sie Bedenken hinsichtlich des Kreditgeschäfts haben, weil die vielen Sicherheiten ein Indiz für Bedenken des Bankiers hinsichtlich der Bonität des Kreditnehmers sein können. 91b

Risiken fließen (bereits) in die Bewertung mit ein. Anhaltspunkte für die Risikoeinschätzung ergeben sich aus den vom Kreditnehmer nach § 18 KWG bereitgestellten Unterlagen und aus der vorgeschriebenen bankinternen Auswertung dieser Unterlagen. Ergänzend sind die Bestimmungen der SolvV zu berücksichtigen. Als Risikoparameter der sog. „Adressausfallrisiken" gelten die Ausfallwahrscheinlichkeit und die Verlustquote bei Ausfall[3].

Die MaRisk gibt den Instituten auf, die akzeptierten Sicherheitenarten und die Verfahren zur Wertermittlung dieser Sicherheiten festzulegen.[4] Das bedeutet freilich nicht, dass auf diese Weise ermittelte Sicherheitenwerte unkritisch im Strafprozess bei der Bestimmung des Schadens übernommen werden können. Vielmehr können die Verantwortlichen strafrechtlich auch für fehlerhafte bankinterne Regelwerke zur Sicherheitenbewertung herangezogen werden.

Ist der Darlehensnehmer von vornherein zahlungsunwillig oder zahlungsunfähig, ist der Wert des mit Abschluss des Darlehensvertrages entstandenen Rückzahlungsanspruches des Darlehensgebers nach einer Entscheidung des BGH mit null zu bewerten, ein Schaden also in Höhe des versprochenen und ausgezahlten Darlehens entstanden[5] (vorausgesetzt, es gibt keine nach den bereits dargestellten Kriterien realisierbaren Sicherheiten).

In der *Praxis* sollte man sich bei der **Bewertung** der Methoden bedienen, auf die man auch beim Lieferantenbetrug und bei Bankrottdelikten zur Feststellung der Krisensituation zurückgreift. Besonders wichtig ist eine Analyse der Unternehmenssituation anhand der Geschäftsunterlagen, möglichst durch einen Sachverständigen. Die Bilanzen samt Gewinn- und Verlustrechnung können im Hinblick auf Kapitalbasis, Liquidität und Rentabilität ausgewertet werden. Wichtige Hinweise kann ggf. auch die BaFin als Aufsichtsbehörde geben. Dem *so ermittelten Wert* der Ansprüche der Bank gegen den Kreditnehmer ist die 92

---

1 BGH v. 13.4.2012 – 5 StR 442/11, NJW 2012, 2370 f.
2 Vgl. schon BGH v. 27.2.1975 – 4 StR 571/74.
3 Vgl. *Boos* in Boos/Fischer/Schulte-Mattler, § 10 KWG Rz. 20.
4 BaFin, Rundschreiben 10/2012 (BA) („MaRisk"), BTO 1.2.1 Tz 4.
5 BGH v. 3.5.2012 – 2 StR 446/11, Rz. 11.

ausbezahlte Darlehenssumme rechnerisch *gegenüberzustellen*. Von einer solchen Bewertung von Leistung und Gegenleistung nach wirtschaftlichen Grundsätzen geht auch der BGH aus[1], wobei im Falle der pflichtwidrigen Kreditvergabe der Kapitalüberlassung auf Zeit durch das Kreditinstitut als Leistung die Summe aus wirtschaftlich zu bewertenden Darlehensrückzahlungs- und Zinszahlungsansprüchen als Gegenleistung gegenüberzustellen ist.

cc) Bewertung von Verlustrisiken

93 Verlustrisiken sind im Rahmen der Bewertung zu berücksichtigen, sodass sich schon bei der Gegenüberstellung der Werte ein **Differenzschaden** zeigt. Fehlt es bei Saldierung angemessen bewerteter Gewinnchancen und Verlustrisiken an einer Gleichwertigkeit von Leistung und Gegenleistung, ergibt sich mithin ein Negativsaldo, so ist ein untreuerelevanter Vermögensnachteil zu bejahen.

Unvertretbar hohe Verlustrisiken führen trotz bestehender Gewinnchancen, etwa bei vereinbarungsgemäß besonders hohen Zinsen, dazu, dass die Ansprüche gegen den Kreditnehmer lediglich zu einem Bruchteil ihres Nominalwerts oder gar mit null angesetzt werden können. Ein solches Risiko ist etwa dann anzunehmen, wenn der Täter *„nach Art eines Spielers"* entgegen den Regeln kaufmännischer Sorgfalt zur Erlangung höchst zweifelhafter Gewinnaussichten eine aufs äußerste gesteigerte Verlustgefahr auf sich nimmt.

94 Unter dem Gesichtspunkt des *individuellen Schadenseinschlags* kann ein Nachteil aber auch schon bei einem **geringeren Verlustrisiko** gegeben sein. Dies ist der Fall, wenn der Täter entgegen der ihm erteilten Anweisung und damit unter Verletzung der Dispositionsfreiheit desjenigen, dessen Vermögensinteressen er zu betreuen hat, überhaupt riskante Geschäfte tätigt[2] oder wenn er bei der Kreditentscheidung eine unzulässig hohe Risikoattitüde an den Tag legt[3]. Mitunter wird ein Vermögensnachteil bei Risikogeschäften sogar schon dann angenommen, wenn der erhoffte Gewinn nicht erheblich höher ist als das aufgebrachte Vermögensopfer bzw. wenn das Produkt aus Erfolgswahrscheinlichkeit und Gewinnfaktor niedriger ist als der aufgewendete Einsatz[4]. Das Gebot der *kaufmännischen Sorgfalt* und die speziellen *Vorgaben* der oben dargestellten Regeln der Kreditvergabe (Rz. 7 ff.) einschließlich der bankinternen Vorgaben markieren dabei die Grenze für die im Einzelfall zulässige Risikobereitschaft.

95 In einer Entscheidung des 5. Strafsenats des BGH vom 4.2.2009[5] heißt es:

„Die tatbestandsrelevante Vermögensgefährdung besteht jedoch darin, dass das Vorstandsmitglied mit der Kreditgewährung ein **allzu weit gehendes Risiko** eingegangen ist, obwohl **kein ausreichender Sicherheitsspielraum** vorhanden ist. Dieses pflichtwidrige Risiko schlägt sich dann in einer entsprechenden Vermögensgefährdung nieder, die bei-

---

1 Vgl. BGH v. 2.7.2014 – 5 StR 182/14, Rz. 10 ff., auch zur Abgrenzung zu den Fällen des subjektiven Schadenseinschlags und zur Bedeutung der Prüfungsreihenfolge.
2 *Lenckner/Perron* in S/S, § 266 StGB Rz. 45.
3 Vgl. zur Einbeziehung des Ausfallrisikos schon BGH v. 10.2.1988 – 3 StR 502/87, Rz. 11; BGH v. 21.3.1985 – 1 StR 417/84, wistra 1985, 190, Rz. 73.
4 *Lenckner/Perron* in S/S, § 266 StGB Rz. 45.
5 BGH v. 4.2.2009 – 5 StR 260/08, wistra 2009, 189, Rz. 3.

spielsweise durch Leerstand, Wertberichtigungen und der Einstellung weiterer Rückzahlungen nach außen deutlich wird."

dd) Bedeutung von Sicherheiten

Das Vorhandensein und die Bewertung von **Kreditsicherheiten** spielt praktisch in nahezu allen Fällen eine große Rolle für die Frage der Untreuestrafbarkeit[1]. An einem Vermögensschaden fehlt es, wenn zugunsten der Bank hinreichend *werthaltige und realisierbare Sicherheiten* bestellt wurden. 96

Voraussetzung ist nach der **Rechtsprechung des BGH**[2] dabei, 97

- dass die Werthaltigkeit der Sicherheit das *Ausfallrisiko* des Gläubigers *abdeckt*;
- dass der Gläubiger die Sicherheit ohne erheblichen finanziellen und zeitlichen Aufwand, insbesondere ohne Mitwirkung des Schuldners und ohne Gefährdung durch den Schuldner sofort nach Fälligkeit realisieren kann, d.h. dass er wirtschaftlich tatsächlich effektiven Zugriff auf die Sicherheit hat (rasche *Realisierbarkeit* der Sicherheit bei *Verwertung*). Selbstverständlich sind bei der Prüfung der Verwertbarkeit vorrangige Rechte Dritter, z.B. anderer Banken, zu berücksichtigen.

Bei der Prüfung dieser Kriterien muss man auf den **Zeitpunkt** der pflichtwidrigen Vermögensverfügung abstellen. Als Sicherheiten kommen dabei nicht nur dingliche Sicherheiten, sondern natürlich auch die persönliche Mithaftung Dritter, etwa durch Bürgschaft oder durch Schuldbeitritt, in Betracht. Die *Bewertung* von Sicherheiten zur Bestimmung des Schadens, der aus einer Kreditentscheidung resultiert, kann praktisch durchaus *aufwendig* sein. 98

Im Falle eines Kredits zugunsten eines Bauträgers hat der BGH im entschiedenen Einzelfall eine Gegenüberstellung des maßgeblichen Wertes der Baugrundstücke – einschließlich der entsprechend dem Baufortschritt eingetretenen Wertsteigerungen, abzüglich offenstehender Rechnungen für Material und Handwerker –, der bestehenden Grundpfandrechte, der sonstigen Sicherheiten und einer Bewertung der bereits abgeschlossenen oder in Aussicht stehenden Kaufverträge über die Eigentumswohnungen einerseits und der Kreditforderungen der Bank andererseits verlangt[3].

Für die Frage, ob das Kreditinstitut einen *gleichwertigen* Rückzahlungsanspruch erworben hat oder nicht, kann es auch darauf ankommen, ob der Kre- 99

---

[1] Vgl. BGH v. 4.2.2009 – 5 StR 260/08, wistra 2009, 189; BGH v. 21.3.1985 – 1 StR 417/84, wistra 1985, 190, Rz. 73.

[2] BGH v. 29.1.2013 – 2 StR 422/12, Rz. 15; BGH v. 15.11.2001 – 1 StR 185/01, BGHSt 47, 148, Rz. 69; BGH v. 7.1.1986 – 1 StR 486/85 Rz. 13, NJW 1986, 1183 (dort spricht der BGH allerdings von einem durch Sicherheiten ausgeglichenen „Minderwert" des Darlehensrückzahlungsanspruchs; streng genommen führen ausreichend werthaltige und realisierbare Sicherheiten dazu, dass der Darlehensrückzahlungsanspruch trotz mangelnder Bonität des persönlichen Schuldners als vollwertig anzusehen bleibt); s. auch BGH v. 4.3.1999 – 5 StR 355/98, NStZ 1999, 353, Rz. 25; BGH v. 3.11.1987 – 1 StR 292/87, wistra 1988, 188.

[3] BGH v. 24.8.1999 – 1 StR 232/99, Rz. 12; zur ggf. bestehenden prozessualen Notwendigkeit, ein Sachverständigengutachten einzuholen, vgl. BGH v. 18.11.1993 – 1 StR 315/93.

ditschuldner die im Einzelfall *nach Gesetz oder Satzung* **gebotenen Sicherheiten** gewährt hat. Diese Anforderungen können bei *Sparkassen* strenger sein als bei anderen Kreditinstituten, weil die Sparkassengesetze meist regeln, dass sie der Bevölkerung als gemeinnützige Anstalten nach wirtschaftlichen Grundsätzen, aber ohne Gewinnstreben eine sichere und verzinsliche Anlage von Ersparnissen ermöglichen sollen[1].

100 Bei **Realkrediten**, also Krediten, die durch *Grundpfandrechte* gesichert sind, hat der BGH es zu Recht als bedenklich bezeichnet, wenn der Tatrichter bei der Schadensbestimmung von der völligen Wertlosigkeit des Darlehensrückzahlungsanspruchs ausgeht, obwohl Grundsicherheiten bestellt wurden und der Darlehensnehmer mehrere Jahre Zinszahlungen aufgrund von Mieteinkünften aus dem finanzierten Objekt geleistet hat[2].

101 Bei der Bewertung von **Personalsicherheiten** wie Bürgschaften oder einer schuldrechtlichen Mithaftung eines Dritten kommt es auf die *Bonität* des Bürgen oder mithaftenden Dritten an.

Ist eine *dingliche* Kreditsicherheit *neben Personalsicherheiten* zwar vertraglich vereinbart, wird der Kredit dann aber ohne Bestellung der vereinbarten dinglichen Sicherheit ausbezahlt, gilt nach einer Entscheidung des BGH Folgendes: Der Vermögensschaden entfällt im Allgemeinen nur dann, wenn die verbleibenden (tatsächlich bestellten) Sicherheiten es dem Gläubiger ermöglichen, sich ohne Schwierigkeiten wegen seiner Forderung zu befriedigen, oder wenn sonst Umstände vorhanden sind, die ihn vor dem Verlust seines Geldes schützen, wenn also das Bestehen auf der zusätzlichen Sicherheit zu einer Übersicherung geführt hätte. *Fehlen* vereinbarte ausreichende dingliche Sicherheiten, wird i.d.R. eine vorhandene persönliche Sicherheit zum vollen Ausgleich nicht ausreichen, da im Wirtschaftsverkehr Kredite, die nur durch persönliche Mithaftung Dritter abgesichert sind, als riskanter gelten[3].

102 Eine **Kreditausreichung ohne Sicherheiten** stellt i.d.R. einen bewertbaren Schaden (bisher: eine konkrete Vermögensgefährdung) dar[4], weil ein Ausfallrisiko besteht. Anders verhält es sich nur bei Schuldnern allerbester Bonität, also dann, wenn das Kreditausfallrisiko tatsächlich gleich null ist, der Anspruch des Kreditinstituts somit auch ohne Sicherheitenbestellung aufgrund der Vermögenslage des Darlehensnehmers oder sonstiger Umstände, die den Gläubiger vor einem Verlust seines Geldes schützen, wirtschaftlich sicher ist[5].

Der **BGH** hat die Bejahung eines Untreueschadens durch Begebung eines *Avalkredits* nicht beanstandet, dem nach den tatrichterlichen Feststellungen „keine Sicherheiten gegenüberstanden, die eine rechtlich und wirtschaftlich gesicherte Aussicht auf Befriedigung im Falle der Inanspruchnahme aus den Bürgschaften begründeten"[6]. Der Tatbestand

---

1 BGH v. 31.5.1960 – 1 StR 106/60, Rz. 20; vgl. auch BGH v. 6.4.2000 – 1 StR 280/99, BGHSt 46, 30, Rz. 3 ff.
2 BGH v. 4.2.2009 – 5 StR 260/08, wistra 2009, 189, Rz. 3.
3 So BGH v. 7.1.1986 – 1 StR 486/85, NJW 1986, 1183, Rz. 13; vgl. auch BGH v. 3.11.1987 – 1 StR 292/87, wistra 1988, 188.
4 *Lenckner/Perron* in S/S, § 266 StGB Rz. 45; vgl. auch BGH v. 20.3.2008 – 1 StR 488/07, wistra 2008, 343, Rz. 20; BGH v. 7.1.1986 – 1 StR 486/85, NJW 1986, 1183, Rz. 13; BGH v. 21.3.1985 – 1 StR 417/84, wistra 1985, 190, Rz. 73.
5 Vgl. zum fehlenden Betrugsschaden in einem solchen Fall BGH v. 12.6.2001 – 4 StR 402/00, NStZ-RR 2001, 328.
6 BGH v. 21.3.1985 – 1 StR 417/84, wistra 1985, 190, Rz. 73.

der Untreue entfällt in diesem Fall auch nicht wieder, wenn die Darlehensrückzahlungsforderung später tatsächlich doch bedient wird, sei es freiwillig oder mit dem Nachdruck eines Inkassounternehmens. Die fehlende Werthaltigkeit zum Zeitpunkt der Valutierung des Darlehens wird dadurch nicht beeinflusst[1].

b) Sonderprobleme

aa) Bei der **Stundung eines Kredits** kommt es darauf an, ob infolge der Stundung ein bereits eingetretener Vermögensschaden (bislang: Vermögensgefährdung) vergrößert wird (sog. *Schadensvertiefung*). War zuvor der Schaden (bzw. die schadensgleiche Vermögensgefährdung) bereits vollständig eingetreten, so fehlt es an einem durch die Stundung bedingten kausalen Schadenszuwachs. Zu der ähnlichen Problematik beim Kreditbetrug hat der BGH[2] (s. auch § 48 Rz. 52) gesagt: 103

„Eine durch Täuschung erlangte Stundung einer Forderung begründet einen Vermögensschaden nur in der Höhe, in der die Erfüllung einer bis dahin realisierbaren Forderung hinausgeschoben und dadurch vereitelt oder in einem einer Vermögensschädigung gleichzusetzenden höheren Maße als zuvor gefährdet wird. War die Forderung zur Zeit der Stundung derart gefährdet, dass sie nicht mehr in diesem Umfang an Wert verlieren konnte, so kann durch die Täuschung kein weiterer Vermögensschaden herbeigeführt werden."

Bei einer nach allgemeinen Maßstäben pflichtwidrig **unterlassenen Kündigung** eines Kredits gilt für den Vermögensschaden das zur Stundung Gesagte entsprechend. Ein Schaden liegt nur vor, wenn bei rechtzeitiger Kündigung die Vermögenssituation der Bank besser gewesen wäre. Zur Berechnung des täuschungsbedingten Schadens beim Betrug hat der *BGH* formuliert: 104

„Dies erfordert eine Prüfung, in welchem Umfang die Rückzahlung des Darlehens im Zeitpunkt der Täuschungshandlung bereits gefährdet war. Nur wenn sich durch die Erklärung des Angeklagten das Risiko einer Nichterfüllung der Darlehensschuld erhöht haben sollte, ist die Täuschungshandlung für den Eintritt des Vermögensschadens im Sinne des § 263 Abs. 1 StGB ursächlich. Zur Feststellung dieses hypothetischen Kausalverlaufes wäre zu prüfen gewesen, ob die Bank das Darlehen aus wichtigem Grund hätte kündigen und welchen Betrag sie in diesem Falle hätte realisieren können. Nur die Verschlechterung oder Gefährdung der Beitreibung der Darlehensforderung, die durch die Täuschungshandlung des Angeklagten bedingt ist, darf für die Berechnung des Vermögensschadens im Sinne des § 263 Abs. 1 StGB herangezogen werden."[3]

bb) Bei der Vergabe von **Sanierungskrediten** (vgl. zur Pflichtwidrigkeit Rz. 60) gelten im Grundsatz die *gleichen Schadenskriterien* wie bei der *Kreditstundung*. 105

Die eingetretene Vermögensentwicklung des Kreditnehmers ist mit der **hypothetischen Vermögenslage** zu vergleichen, die vorläge, wenn der Sanierungskredit nicht gewährt worden wäre. Verbessern sich die *Rückzahlungsaussichten* der Bank in Bezug auf die *„Altkredite"* auch bei Gewährung des Sanierungskredits tatsächlich nicht, trägt dieser Gesichtspunkt auch bei der Bewertung des Sanierungskredits nichts Positives bei. Wenn zugleich hinsicht- 106

---

1 BGH v. 20.3.2008 – 1 StR 488/07, wistra 2008, 343, Rz. 20; vgl. auch BGH v. 22.11.2005 – 1 StR 571/04, wistra 2006, 322, Rz. 24.
2 BGH v. 24.1.1986 – 2 StR 658/85, wistra 1986, 170.
3 BGH v. 27.3.2003 – 5 StR 508/02, NStZ 2003, 539.

lich des zusätzlichen Sanierungskredits für die Bank nur eine völlig ungewisse, nicht hinreichend gesicherte Chance auf Rückzahlung besteht, hat sich die Vermögenslage der Bank im Ergebnis durch Gewährung des Sanierungskredits verschlechtert. In dieser Verschlechterung liegt dann der untreue-relevante Vermögensschaden[1].

107 Auch bei der Bewertung eines Sanierungskredits muss geprüft werden, ob für diesen hinreichend werthaltige und realisierbare **Sicherheiten** bestellt worden sind. Häufig wird es – wenn es nicht schon an der Bestellung von Sicherheiten überhaupt fehlt – jedenfalls an der Realisierbarkeit dieser Sicherheiten nach den dargestellten Kriterien (also ohne finanziellen und zeitlichen Aufwand und ohne Mitwirkung des Kreditnehmers – Rz. 97) fehlen. Man darf dabei nicht ausblenden, dass das Engagement bereits zuvor in die „Schieflage" geraten ist[2].

2. Kausalität

108 Der festgestellte *Schaden* muss gerade auf dem *pflichtwidrigen Verhalten* des Verantwortlichen der Bank **beruhen**. Im Regelfall macht die Feststellung, dass die Pflichtverletzung der Geschäftsleiter der Bank für den Schadenseintritt bei der Bank ursächlich war, keine große Schwierigkeit. Deshalb ist dieses *verknüpfende Merkmal* der Kausalität meist gleichsam *unauffällig*.

109 In *einigen Fällen* ist dieses Merkmal aber sorgfältig zu prüfen. Dies gilt insbesondere dann, wenn es um den Vorwurf der pflichtwidrigen Kreditstundung oder der pflichtwidrig unterlassenen Kündigung eines Kredites geht. Waren die Rückzahlungsansprüche nämlich bereits zuvor geringwertig und ist durch das pflichtwidrige Verhalten nach Kreditvergabe keine weitergehende **Schadensvertiefung** (Rz. 103) eingetreten, scheidet eine mit diesem pflichtwidrigen Verhalten begründete Strafbarkeit wegen Untreue aus.

IV. Vorsatz

110 Der weite Rahmen des *objektiven* Tatbestandes der Untreue macht es nach der Rechtsprechung des BGH erforderlich, strenge Anforderungen an den Nachweis der **subjektiven Voraussetzungen** zu stellen. Dies gilt insbesondere, wenn nur bedingter Vorsatz in Betracht kommt und der Täter nicht eigennützig gehandelt hat[3]. Allerdings dürfen an den Nachweis des Vorsatzes auch keine überzogenen Anforderungen gestellt werden[4]. Der Vorsatz muss sich auf *sämtliche* objektiven Tatbestandsmerkmale der Untreue beziehen.

---

1 Vgl. RG v. 22.2.1927 – I 22/27, RGSt. 61, 211.
2 Vgl. dazu OLG Karlsruhe v. 3.7.2003 – 3 Ws 72/03, wistra 2005, 72.
3 St. Rspr., vgl. BGH v. 26.8.2003 – 5 StR 188/03, wistra 2003, 463; BGH v. 2.7.1997 – 2 StR 228/97, wistra 1997, 301, Rz. 8; BGH v. 18.11.1986 – 1 StR 536/86, wistra 1988, 305.
4 Vgl. BGH v. 15.11.2001 – 1 StR 185/01, BGHSt 47, 148, Rz. 70 ff.

1. Vorsatz hinsichtlich Pflichtwidrigkeit

Der Täter muss sich zunächst der *Pflichtwidrigkeit* seines Handelns **bewusst** sein[1], also seine Pflichten kennen und billigen, dass er sie verletzt.

111

Der **Nachweis dieses Vorsatzes** macht im Allgemeinen keine Schwierigkeiten, wenn die Pflichtwidrigkeit in einer Überschreitung der durch Gesetz oder Satzung gezogenen Kreditgrenzen besteht. Bei Verstößen gegen § 18 KWG (Rz. 31, 36 ff.) oder gegen allgemeine bankkaufmännische Sorgfaltspflichten sind für den Nachweis des Vorsatzes auch der Gehalt und die Güte der Informationen von Bedeutung, die der Kreditentscheidung zugrunde lagen. Anhaltspunkte für vorsätzliche Pflichtverletzungen können sich aus Protokollen der Kreditbeschlüsse, aus Vermerken mit bankinternen Risikohinweisen, aus Prüfberichten der Bankprüfer und aus Beanstandungen der Bankaufsicht ergeben. Ggf. wird es auf die Erfahrungen im Bankgeschäft und die hauptberufliche bzw. ehrenamtliche Tätigkeit ankommen[2]. Bei einer lang *andauernden Geschäftsbeziehung*, der wiederholten Befassung mit einem als Problemfall eingestuften Kreditengagement mit ständig neu hervortretenden Komplikationen drängt sich (mit einem nach der Lebenserfahrung ausreichenden Maß an Sicherheit) geradezu auf, dass der Verantwortliche der Bank sich seines pflichtwidrigen Verhaltens auch bewusst gewesen ist[3].

112

Bei der **Beweiswürdigung** darf der Tatrichter an die Feststellung des vorsätzlichen Pflichtenverstoßes *keine überzogenen Anforderungen* stellen. Die Tatsachen, die begründete Zweifel auslösen, müssen konkret feststehen. Außer Betracht zu bleiben haben solche Zweifel, die keinen realen Anknüpfungspunkt haben, sondern sich auf die Annahme einer bloß abstrakt-theoretischen Möglichkeit gründen[4].

113

Es werden **zu hohe Anforderungen** an die richterliche Überzeugungsbildung gestellt, wenn der Tatrichter feststellt, der Angeklagte sei sich der Pflichtwidrigkeit seines Verhaltens nicht bewusst gewesen,

114

– obwohl etwa die fehlende Bonität des Kreditnehmers auf der Hand liegt,

– obwohl der Verantwortliche der Bank weiß, dass der Kreditnehmer schon bisher Kredite nicht ordnungsgemäß bedient und vertragliche Vereinbarungen nicht eingehalten hat,

– obwohl ihm bekannt ist, dass eine erforderliche Gesamtanalyse der Vermögensverhältnisse des Kreditnehmers nicht nachgeholt wurde und die Vermögenssituation des Kreditnehmers für die Bank damit bekanntlich intransparent ist, oder

– obwohl der Verantwortliche noch von Dritten auf die Unzuverlässigkeit des Kreditnehmers hingewiesen wurde[5].

Denjenigen Verantwortlichen einer Bank, die mit Kreditentscheidungen befasst sind und die an einer entsprechenden **Gremienentscheidung** mitwirken, ohne dass sie selbst die Entscheidung vorbereitet haben, muss nach aller Le-

115

---

1 BGH v. 26.8.2003 – 5 StR 188/03, wistra 2003, 463; BGH v. 18.11.1986 – 1 StR 536/86, wistra 1987, 137.
2 BGH v. 21.3.1985 – 1 StR 417/84, wistra 1985, 190, Rz. 76.
3 BGH v. 15.11.2001 – 1 StR 185/01, BGHSt 47, 148, Rz. 73.
4 BGH v. 15.11.2001 – 1 StR 185/01, BGHSt 47, 148, Rz. 73.
5 So BGH v. 15.11.2001 – 1 StR 185/01, BGHSt 47, 148, Rz. 70 ff.

benserfahrung auch bekannt sein, dass sie auch dann *eigene Pflichten* haben, wenn die Entscheidung von anderen Verantwortlichen, etwa einem Kreditsachbearbeiter, vorbereitet wird.

116 Der **BGH** hat zu dieser Problematik entschieden[1]:

> „Wird die Entscheidung über eine Kreditvergabe [...] von einem mehrköpfigen Gremium getroffen, kommen [...] auch für den Fall des Einstimmigkeitsprinzips unterschiedliche Verantwortlichkeiten der Beteiligten in Frage [...] Die Bankleiter können sich grundsätzlich auf den Bericht des federführenden Vorstandsmitglieds oder des als zuverlässig bekannten Kreditsachbearbeiters verlassen. Ergeben sich jedoch Zweifel oder Unstimmigkeiten, ist Rückfrage oder *eigene Nachprüfung* geboten. Eine eigene Nachprüfung ist auch dann erforderlich, wenn die Kreditvergabe ein besonders hohes Risiko – insbesondere für die *Existenz der Bank* [...] – beinhaltet oder wenn bekannt ist, dass die Bonität des Kunden eines hohen Kredits ungewöhnlich problematisch ist."

2. Vorsatz hinsichtlich Vermögensschädigung

117 Als Argument für die Verneinung des Vorsatzes wird zumeist angeführt, der Verantwortliche der Bank habe den letztlich eingetretenen Schaden (natürlich) nicht gewollt; im Gegenteil, er habe alles getan, um für „seine" Bank einen Gewinn zu erwirtschaften. *Vorsatz* hinsichtlich der Vermögensschädigung setzt aber *nicht* voraus, dass der Täter *eigennützig* handelt; **Eigennützigkeit** ist **nicht** notwendig[2]. Vielmehr gilt es, die nachfolgenden Kriterien festzustellen.

a) Wissenselement

118 Der Verantwortliche der Bank muss zunächst die *tatsächlichen Umstände kennen*, aus denen sich die Schädigung (bzw. konkrete Gefährdung) des Vermögens der Bank ergibt. Dagegen kommt es für die Bejahung des Vorsatzes *nicht* darauf an, ob der Verantwortliche auch schon vom Eintritt des **Endschadens** weiß. Bei dieser Vorstellung handelt es sich lediglich um eine *Zukunftserwartung*. Dazu bemerkt der BGH[3]:

> „Erkennt der Leiter einer Bank die jeweilige gegenwärtige Benachteiligung der Bank als mögliche Folge seines Handelns und nimmt er sie dennoch hin in der Hoffnung, dass die ganze Angelegenheit später einmal doch noch gut ausgehen werde, so handelt er vorsätzlich. [...] Diese Zukunftserwartung steht einem für die jeweilige Gegenwart vorhandenen bedingten Benachteiligungsvorsatz nicht entgegen, sondern betrifft nur die spätere Nachteilsbeseitigung oder Wiedergutmachung."

119 **Rückschlüsse auf den Vorsatz** ergeben sich schon daraus, dass Kreditsachbearbeitern und sonstigen mit Kreditentscheidungen betrauten Verantwortlichen bei Banken die zu beachtenden Regeln aufgrund ihres *Ausbildungsstandes* bekannt sind. Bei Vergabe von Krediten ohne Sicherheiten ist kaum vorstellbar,

---

1 BGH v. 15.11.2001 – 1 StR 185/01, BGHSt 47, 148, Rz. 74.
2 Ob ein Täter eigennützig oder fremdnützig gehandelt hat, kann aber bei der Strafzumessung berücksichtigt werden; vgl. BGH v. 12.9.1995 – 1 StR 437/95, NStZ 1996, 80, Rz. 6.
3 BGH v. 6.2.1979 – 1 StR 685/78, NJW 1979, 1512; vgl. auch BGH v. 21.3.1985 – 1 StR 417/84, wistra 1985, 190, Rz. 77; BGH v. 10.2.1988 – 3 StR 502/87, wistra 1988, 305, Rz. 17.

dass der Verantwortliche einer Bank nicht schon zu diesem Zeitpunkt die Gefährdung des Vermögens der Bank erkannt hat.

Schon in einer alten Entscheidung hat der **BGH** zutreffend entschieden: 120

„Der Zweigstellenleiter einer Sparkasse, auch wenn er, wie das Landgericht annimmt, von geringer geistiger Regsamkeit [...] ist, weiß in aller Regel jedenfalls so viel, dass eine Sparkasse dem allgemeinen Nutzen zu dienen hat und sich nicht auf gewagte Geschäfte einlassen darf [...] denn das lernt im Allgemeinen schon jeder Sparkassenlehrling."[1]

In einer jüngeren Entscheidung des BGH[2] heißt es im Ergebnis zu Recht:

„Allein auf die Vermögensgefährdung muss sich das Wissenselement beziehen [...] Das Wissenselement des Schädigungsvorsatzes fällt folglich nicht deshalb weg, weil der Bankleiter beabsichtigt, hofft oder glaubt, den endgültigen Schaden abwenden zu können. Erforderlich ist vielmehr nur, dass der Bankleiter im Zeitpunkt der Kreditgewährung die Minderwertigkeit des Rückzahlungsanspruchs im Vergleich zu der ausgereichten Darlehensvaluta gekannt hat. Dazu genügt freilich bereits seine Kenntnis der die Vermögensgefährdung begründenden Umstände und das Wissen, dass die Forderung nach allgemeinen Bewertungsmaßstäben nicht als gleichwertig angesehen wird, mag er selbst sie auch anders bewerten [...]"

b) Willenselement

aa) Die Feststellung von (bedingtem) Schädigungsvorsatz setzt weiter den Nachweis voraus, dass der Verantwortliche der Bank die **Schädigung**, also die Realisierung der erkannten Gefahr **gebilligt** hat. In der grundlegenden Entscheidung vom 6.4.2000 hat der 1. Strafsenat des BGH[3] festgehalten: 121

„Für die Feststellung des subjektiven Tatbestandes sind gleichfalls eingehende Erörterungen erforderlich [...] Ohne sie sind Rückschlüsse auf den Vorsatz nicht möglich. Dabei ist zu beachten, dass der Entscheidungsträger eine über das allgemeine Risiko bei Kreditgeschäften hinausgehende Gefährdung des Rückzahlungsanspruchs der Bank erkannt und gebilligt haben muss. Bei Bankvorständen und Bankmitarbeitern versteht sich das auch bei problematischen Kreditvergaben jedoch nicht von selbst (vgl. BGH wistra 2000, 60), wenn nicht die bereits angeführten Anhaltspunkte für eine Pflichtverletzung vorliegen. Vielmehr ist eine sorgfältige und strenge Prüfung der Frage erforderlich, ob – zumindest – bedingt vorsätzliches Verhalten tatsächlich vorliegt [...] Der Grad der Wahrscheinlichkeit eines Erfolgseintritts allein kann kein Kriterium für die Entscheidung der Frage sein, ob der Angeklagte mit dem Erfolg auch einverstanden war. Es kommt vielmehr immer auf die Umstände des Einzelfalles an, bei denen insbesondere die Motive und die Interessenlage des Angeklagten zu beachten sind."

Für den Bereich der *Tötungsdelikte* hat die Rechtsprechung Umschreibungen entwickelt, nach denen beweisrechtlich die Annahme einer Billigung des Erfolges naheliegt, wenn der Täter ein Vorhaben trotz äußerster Gefährlichkeit durchführt. Diese Umschreibungen können nach dieser Entscheidung „nicht formelhaft auf Fälle offener, mehrdeutiger Geschehen angewendet werden".

In einer Entscheidung vom 15.11.2001 hat der 1. Strafsenat des BGH sinngemäß herausgearbeitet, dass bei **erkanntermaßen hoher Gefährdung** des Rückzahlungsanspruchs der Bank *oder* bei **unbeherrschbarem Risiko** naheliegt, dass der Täter die Schädigung auch billigend in Kauf genommen hat. Das Wissen 122

---

1 BGH v. 29.1.1963 – 1 StR 526/62, Rz. 7.
2 BGH v. 15.11.2001 – 1 StR 185/01, BGHSt 47, 148, Rz. 76.
3 BGH v. 6.4.2000 – 1 StR 280/99, BGHSt 46, 30, Rz. 23.

um die hohe Wahrscheinlichkeit des Ausfalls der Kreditforderungen bzw. das unbeherrschbare Risiko können also den Rückschluss darauf zulassen, dass das *Billigungselement* des bedingten Vorsatzes zu bejahen ist. Die Entscheidung ging im Bereich des objektiven Tatbestandes noch von der schadensgleichen Vermögensgefährdung aus (vgl. dazu aber nun Rz. 87 ff.). Davon ausgehend genügte nach der Entscheidung für den Vorsatz die Billigung dieser konkreten Vermögensgefährdung durch den Täter[1]:

„Zwar kann der Grad der Wahrscheinlichkeit des Erfolgseintritts allein kein Kriterium für die Frage sein, ob der Bankleiter mit dem Erfolg auch einverstanden war [...] Diese in BGHSt 46, 30 aufgestellte Einschränkung betrifft jedoch in erster Linie die Fälle, in denen die dort genannten Anhaltspunkte für eine Pflichtverletzung nicht vorliegen. Liegt indessen [...] neben einer gravierenden Verletzung der Informations- und Prüfungspflicht bereits eine derart über das allgemeine Risiko bei Kreditgeschäften hinausgehende erkannte höchste Gefährdung des Rückzahlungsanspruchs der Bank vor, so liegt es nahe, dass der Bankleiter die Schädigung der Bank im Sinne einer Vermögensgefährdung auch billigend in Kauf genommen hat. Die Billigung liegt noch näher, wenn das Kreditengagement unbeherrschbar ist. Generell gilt, dass eine Billigung nahezu stets anzunehmen ist, wenn der Bankleiter erkennt, dass die Kreditvergaben die Existenz der Bank aufs Spiel setzen. Bei positiver Kenntnis von der persönlichen Unzuverlässigkeit des Kreditnehmers kann sogar ein direkter Vorsatz bezüglich der schadensgleichen Vermögensgefährdung naheliegen."

Übertragen auf die neuere Entwicklung in der Rechtsprechung zum Vorliegen eines Schadens (Rz. 89–91) bedeutet das: Es genügt, wenn der Täter die Umstände kennt, die für die *Minderwertigkeit des Rückzahlungsanspruchs* sprechen (Rz. 91–95), und wenn er diese Minderwertigkeit *billigend* in Kauf nimmt.

123 **bb)** Es scheint umstritten zu sein, ob sich der Vorsatz des Täters zusätzlich auf die Billigung des **endgültigen Vermögensnachteils** beziehen muss.

124 Nach zwei Entscheidungen des **2. Strafsenats** des BGH zur Untreue aus den Jahren 2006 und 2007 und nach einer Entscheidung des **5. Strafsenats** von 2013 muss der Täter subjektiv *zusätzlich* die *Realisierung der Gefahr* mindestens billigen. Die beiden Entscheidungen des 2. Strafsenats betrafen die Annahme einer Untreuestrafbarkeit durch bloße Vermögensgefährdung, bezogen sich allerdings nicht auf Fälle pflichtwidriger Kreditvergabe.

In der Entscheidung vom 18.10.2006 – in der es um die Einrichtung „schwarzer Kassen" durch Verantwortliche einer *politischen Partei* ging – heißt es:

„Nach Ansicht des Senats ist der Tatbestand der Untreue in Fällen der vorliegenden Art im subjektiven Bereich dahin gehend zu begrenzen, dass der bedingte Vorsatz eines Gefährdungsschadens nicht nur Kenntnis des Täters von der konkreten Möglichkeit eines Schadenseintritts und das Inkaufnehmen dieser konkreten Gefahr voraussetzt, sondern darüber hinaus eine Billigung der Realisierung dieser Gefahr, sei es auch nur in der Form, dass der Täter sich mit dem Eintritt des ihm unerwünschten Erfolgs abfindet. Nur unter dieser Voraussetzung erscheint in enger als bisher begrenzten Fallgruppen die Annahme der Tatvollendung schon bei Eintritt einer konkreten Gefahr des Vermögensverlustes als rechtsstaatlich unbedenkliche Vorverlagerung der Strafbarkeit wegen Untreue."[2]

---

1 BGH v. 15.11.2001 – 1 StR 185/01, BGHSt 47, 148, Rz. 77–79.
2 BGH v. 18.10.2006 – 2 StR 499/05, BGHSt 51, 100, Rz. 63 = NJW 2007, 1760.

In der Entscheidung vom 25.5.2007, in der es um die Untreuestrafbarkeit eines *Notars* ging, hat der 2. Strafsenat diese Auffassung nochmals bekräftigt[1].

Allerdings billigt auch nach Auffassung des 2. Strafsenats der Täter den endgültigen Schadenseintritt und es liegt sogar direkter Vorsatz hinsichtlich einer konkreten Vermögensgefährdung vor, wenn für den Täter offensichtlich ist, dass es sich um einen Hochrisiko-Kredit mit erheblicher, naheliegender Verlustgefahr handelt. Das hat der 2. Strafsenat in einer Entscheidung festgehalten, die auf die pflichtwidrige Kreditvergabe übertragbar ist. Es ging dabei um die Verletzung der Vermögensbetreuungspflicht durch eine Geldanlagen in Höhe von 5 Mio. Euro bei einem den Tätern unbekannten angeblichen Investmentunternehmen aus dem Ausland[2].

Nach der Entscheidung des 5. Strafsenats vom 28.5.2013[3] kommt für die beweismäßige Feststellung des voluntativen Vorsatzelements dem auch vom Täter erkannten Gefährdungsgrad ein erhebliches indizielles Gewicht zu: „Für je wahrscheinlicher der Täter den Erfolgseintritt hält, umso mehr spricht dafür, dass er sich letztlich mit einem Schadenseintritt abfindet. Denn die bloße Hoffnung auf den guten Ausgang steht der Annahme des Vorsatzes nicht entgegen."

cc) Der **1. Strafsenat** des BGH hat sich in der (bereits in Rz. 89 näher behandelten) Entscheidung vom 20.3.2008 im Fall einer pflichtwidrigen Kreditvergabe mit den beiden Entscheidungen des 2. Strafsenats vom 18.10.2006 und vom 25.5.2007 auseinandergesetzt und sich von dessen Auffassung distanziert. Nach Auffassung des 1. Strafsenats ist es beim vorsätzlichen pflichtwidrigen Eingehen von Vermögensrisiken gerade *nicht Voraussetzung* für den Tatbestand der Untreue, dass sich der Vorsatz des Täters immer auch auf die Billigung des endgültigen Vermögensnachteils erstreckt. Bezogen auf die Entscheidung im Falle der schwarzen Parteikasse (Rz. 124) argumentiert der 1. Strafsenat[4]:

125

„Auf die vom Beschwerdeführer zitierte Entscheidung des Bundesgerichtshofs [...] kommt es hier in mehrfacher Hinsicht nicht an. [...] Zum einen liegt der vorliegenden Verurteilung nach den getroffenen Feststellungen – anders als die Strafkammer meinte – weder Handeln mit nur bedingtem Vorsatz noch ein bloßer Gefährdungsschaden zugrunde. Vor allem aber liegt hier kein Fall der Bildung ‚schwarzer Kassen' vor. [...] Sofern aus jener Entscheidung [...] jedoch weitergehend gefolgert werden sollte, dass sich als Voraussetzung für den Tatbestand der Untreue beim vorsätzlichen pflichtwidrigen Eingehen von Vermögensrisiken der Vorsatz immer auch auf die Billigung des endgültigen Vermögensnachteils erstrecken muss, könnte der Senat dem nicht folgen."

Auch der 1. Strafsenat verkenne nicht, dass eine doppelte „Vorverlagerung" der Strafbarkeit, also bei Handeln mit nur bedingtem Vorsatz im Hinblick auf eine bloße Vermögensgefährdung, wegen der Gefahr der Überdehnung des Tatbestandes des § 266 StGB bedenk-

---

1 BGH v. 25.5.2007 – 2 StR 469/06, NStZ 2007, 704. Diese Entscheidung betraf die Untreuestrafbarkeit eines Notars wegen Vermögensgefährdung der Bank durch unzureichende Kreditsicherung im Zusammenhang mit einem vom Notar protokollierten Kaufvertrag über ein Mehrfamilienhaus und verschwiegene „Kickback"-Zahlungen.
2 Vgl. BGH v. 25.4.2007 – 2 StR 25/07, wistra 2007, 306 (dort grenzt der 2. Strafsenat selbst zu BGH v. 18.10.2006 – 2 StR 499/05, BGHSt 51, 100 ab).
3 BGH v. 28.5.2013 – 5 StR 551/11, Rz. 25.
4 BGH v. 20.3.2008 – 1 StR 488/07, wistra 2008, 343, Rz. 15 ff. = NJW 2008, 2451 ff.

lich sein kann. Es widerspreche jedoch der bisherigen Dogmatik, den – bedingten – Vorsatz auf einen in der Zukunft zu erwartenden endgültigen Vermögensnachteil zu erstrecken. Zunächst müsse der tatsächliche wirtschaftliche Nachteil zum Zeitpunkt einer pflichtwidrigen Handlung exakt geprüft und genau festgestellt werden, worauf sich das Wissen und Wollen des Täters insoweit tatsächlich erstreckt[1]. Dann ergebe sich, dass sich die bei pflichtwidrigen Risikogeschäften sog. konkrete Vermögensgefährdung in Wirklichkeit als ein bereits unmittelbar mit der Tathandlung eingetretener Vermögensnachteil darstellt. Als Beispiel führt der Senat die Vergabe eines ungesicherten Kredits an ein zahlungsunfähiges Unternehmen zum Zwecke der Verschleierung des drohenden Ausfalls des Gesamtengagements an[2]. Bei abweichenden Formulierungen in tatrichterlichen Urteilen handle es sich in Fällen dieser Art in aller Regel um eine zugunsten des Angeklagten wohlwollende, aber unzutreffende Umschreibung des tatsächlich Festgestellten[3].

126 **dd)** Geht man von diesem so bestimmten tatbestandlichen Vermögensnachteil aus, dann handelt ein Täter mit **direktem Vorsatz**, wenn er die Umstände kennt, die die *Pflichtwidrigkeit* und den *Minderwert* des Rückzahlungsanspruchs begründen. Folgt man dieser vorzugswürdigen Auffassung des 1. Senats, dann gilt im Übrigen:

– Erkennt der Verantwortliche einer Bank, dass sein Verhalten das Kreditinstitut schädigt, dann kann sein Wille zur Schädigung nicht gut verneint werden[4].

– Erkennt der Leiter einer Bank die jeweilige gegenwärtige Benachteiligung der Bank als mögliche Folge seines Handelns und nimmt er sie dennoch hin in der Hoffnung, dass die ganze Angelegenheit später einmal doch noch gut ausgehen werde, so handelt er vorsätzlich[5].

– Direkter Vorsatz hinsichtlich des Eintritts einer konkreten Vermögensgefährdung liegt vor, wenn für die Täter offensichtlich war, dass es sich um einen Hochrisiko-Kredit mit erheblicher, naheliegender Verlustgefahr handelte[6].

V. Besonders schwerer Fall

127 § 266 Abs. 2 i.V.m. § 263 Abs. 3 StGB eröffnet in besonders schweren Fällen einen **Strafrahmen** von sechs Monaten *bis zu zehn Jahren* (näher § 32 Rz. 205 ff.). Für die Annahme eines besonders schweren Falles der Untreue sind die Höhe

---

1 BGH v. 20.3.2008 – 1 StR 488/07, wistra 2008, 343, Rz. 18.
2 BGH v. 20.3.2008 – 1 StR 488/07, wistra 2008, 343, Rz. 19.
3 BGH v. 20.3.2008 – 1 StR 488/07, wistra 2008, 343, Rz. 21, 22.
4 So schon BGH v. 29.1.1963 – 1 StR 526/62, Rz. 4.
5 So schon BGH v. 6.2.1979 – 1 StR 685/78, NJW 1979, 1512; vgl. jetzt auch BGH v. 28.5.2013 – 5 StR 551/11, Rz. 25.
6 Vgl. die auf den Fall der pflichtwidrigen Kreditvergabe übertragbare Entscheidung des 2. Strafsenats, die den Fall einer Untreue wegen Verletzung der Vermögensbetreuungspflicht durch eine Hochrisiko-Anlage betraf (Geldanlagen in Höhe von 5 Mio. Euro bei einem den Tätern unbekannten ausländischen angeblichen Investmentunternehmen, BGH v. 25.4.2007 – 2 StR 25/07, wistra 2007, 306 (dort grenzt der 2. Strafsenat selbst zu BGH v. 18.10.2006 – 2 StR 499/05, BGHSt 51, 100 ab).

des Schadens und die Dauer der Tat zwar Umstände, die erhebliches Gewicht haben. Sie dürfen jedoch nicht gesondert und isoliert betrachtet werden. Vielmehr bedarf es einer *Gesamtwürdigung* aller für und gegen den Angeklagten sprechenden Umstände[1].

Bei der Bankuntreue können im Rahmen der objektiven **Tatumstände** insbesondere *vier Aspekte* für die Annahme eines besonders schweren Falles der Untreue bedeutsam sein: 128

– die Frage, ob die Tat eigennützig war[2];
– die Frage nach dem Ausmaß der Pflichtwidrigkeit;
– die Frage, ob ein außergewöhnlich hoher Schaden oder ein die Existenz der Bank gefährdender Schaden entstanden ist;
– aber auch die Frage, ob bankinterne organisatorische Mängel oder ein Mitverschulden interner Kontrollorgane die Schadensentstehung begünstigt haben (wobei in diesem Fall das Maß der Verantwortlichkeit des Täters für die organisatorischen Missstände einzubeziehen ist).

Das Tatbestandsmerkmal eines **Vermögensverlusts großen Ausmaßes** (§ 263 Abs. 3 S. 2 Nr. 2 StGB) ist jedenfalls dann nicht erfüllt, wenn der Verlust 50 000 Euro nicht erreicht. Dies bedeutet allerdings nicht, dass bei Erreichen eines Verlusts in dieser Größenordnung stets ein besonders schwerer Fall angenommen werden muss[3]. Das Tatbestandsmerkmal des Vermögensverlusts setzt i.d.R. voraus, dass der Vermögensschaden *eingetreten* ist. Ein bloßer *Gefährdungsschaden* kann nicht mit einem Vermögensverlust gleichgesetzt werden[4]. 129

Dabei sollte aber – konsequent den Überlegungen des BGH in der Entscheidung vom 20.3.2008 folgend[5] – auch im Rahmen der Strafzumessung in Fällen pflichtwidriger Kreditvergabe stets geprüft werden, ob und inwieweit bereits mit der Kreditentscheidung ein Schaden (z.B. in Höhe eines objektiv vorhandenen Wertberichtigungsbedarfs) anstelle einer bloßen „konkreten Vermögensgefährdung" entstanden ist.

Daneben wird das **Maß der Pflichtwidrigkeit** von ausschlaggebender Bedeutung sein. Das zeigt sich insbesondere daran, dass der BGH in seiner Entscheidung vom 15.11.2001[6] auf die Revision der Staatsanwaltschaft die zweijährige, zur Bewährung ausgesetzte Freiheitsstrafe wegen der besonders gravierenden Pflichtverletzungen des Bankvorstands (bei einer Schadenshöhe von 3,89 Mio. DM) als nicht mehr schuldangemessen angesehen hat. 130

---

1 BGH v. 8.3.1988 – 1 StR 100/88, StV 1988, 253; BGH v. 4.10.1988 – 1 StR 424/88, wistra 1989, 99.
2 Zur Abwägung vgl. BGH v. 2.7.1986 – 2 StR 97/86, Rz. 12 ff.; BGH v. 4.10.1988 – 1 StR 424/88, wistra 1989, 99: bes. schwerer Fall selbst dann noch nicht, wenn der Täter die Früchte der Vermögensstraftat bewusst genießt, anstatt sich mit Skrupeln zu plagen.
3 BGH v. 7.10.2003 – 1 StR 274/03, BGHSt 48, 360 zum Betrug; vgl. auch BGH v. 10.5.2001 – 3 StR 96/01 (für eine Größenordnung von 100 000 DM bei der Untreue); vgl. indes auch LG Arnsberg v. 11.4.2014 – 6 KLs - 312 Js 496/09 - 8/11, 6 KLs 8/11.
4 BGH v. 25.4.2007 – 2 StR 25/07, wistra 2007, 306, Rz. 8; zum Austauschvertrag schon BGH v. 7.10.2003 – 1 StR 212/03, BGHSt 48, 354.
5 BGH v. 20.3.2008 – 1 StR 488/07, wistra 2008, 343, Rz. 17–22.
6 BGH v. 15.11.2001 – 1 StR 185/01, BGHSt 47, 148.

131 Schließlich sind auch die eingetretenen **Folgen der Schädigung** in die Strafzumessung mit einzubeziehen. Ein durch die Kreditvergabe ausgelöster *Ruin der Bank* ist wegen der bedeutsamen Folgen für die gesamte Kreditwirtschaft ein beachtliches objektives Indiz für die Gesamtwürdigung.

132 Auch das „**Mitverschulden**" der **Kontrollorgane** kann bedeutsam sein[1]. Unterliegt der Täter keiner nennenswerten Kontrolle und haben Organisationsmängel dazu beigetragen, dass er immer höhere Risiken eingehen konnte, sind dies Umstände, die die Schadenshöhe und die Tatdauer in einem milderen Licht erscheinen lassen. Die Annahme eines „besonders schweren Falles" liegt dann weniger nahe.

B. Weitere Tatbestände

I. Ordnungswidrigkeiten

133 **§ 56 KWG** belegt zahlreiche Verstößen gegen Pflichten nach dem KWG mit – zum Teil beträchtlichen – Geldbußen, die die BaFin verhängen kann (§ 60 KWG). Die meisten Zuwiderhandlungen betreffen speziell das Kreditgeschäft. Die Verstöße sind im Hinblick auf die *subjektiven Begehungsweisen* wie folgt eingeteilt:

134 **Vorsatz** ist nach § 56 **Abs. 1** KWG erforderlich für das Zuwiderhandeln gegen eine *vollziehbare Anordnung* der BaFin betreffend die Abberufung von Geschäftsleitern (§ 36 KWG).

135 Zahlreiche Pflichtverstöße sind in § 56 **Abs. 2 ff.** KWG schon bei **Fahrlässigkeit** sanktioniert. Dazu gehören u.a. Verstöße gegen bestimmte Vorschriften der VO (EU) Nr. 575/2013, die im Zusammenhang mit der Eigenkapitalausstattung des Instituts stehen (§ 56 Abs. 5 KWG).

136 Bei zahlreichen Ordnungswidrigkeitentatbeständen des KWG kann nun gem. § 56 Abs. 6 KWG grundsätzlich eine **Geldbuße von bis zu 5 Mio. Euro** verhängt werden, wobei sich der Sanktionsrahmen gem. § 56 Abs. 7 KWG erhöht: Die Geldbuße soll höher sein als der erzielte wirtschaftliche Vorteil (vgl. § 1 Rz. 121b).

II. Unbefugte Offenbarung

137 Die unbefugte Verwendung oder Offenbarung von **Informationen über Millionenkredite** stellt § 55a bzw. § 55b KWG unter Strafe (näher dazu § 66 Rz. 38). Wegen der Bedeutung dieser Informationen bei weiteren Kreditentscheidungen wird auf die Darstellung unter Rz. 28, 45 verwiesen.

---

[1] BGH v. 8.3.1988 – 1 StR 100/88, StV 1988, 253, Rz. 4; vgl. aber auch BGH v. 25.6.2003 – 1 StR 469/02, NStZ-RR 2003, 297, Rz. 13 (keine Entlastung des Täters durch fehlende Kontrolle und Aufsicht, strafmildernde Berücksichtigung aber nicht zu beanstanden).

§ 68
Börsengeschäfte

Bearbeiter: Alexander Schumann

	Rz.
A. Überblick	1
B. Verleitung zur Börsenspekulation	
I. Allgemeines	7
II. Tathandlung	11
C. Marktmanipulation	
I. Verbotsnorm	14
1. Anwendungsbereich	18
2. Täuschungshandlungen	21
a) Irreführende Angaben	22
b) Irreführende Signale	26
c) Sonstige Täuschungshandlungen	28
II. Sanktionen	30
1. Geldbuße	31
2. Strafe	32
3. Vermögensabschöpfung	36
D. Insiderhandelsverbot	
I. Grundlagen	37
1. Grundstruktur der Tatbestände	42
2. Insiderpapier	44
3. Insiderinformation	45
a) Konkrete Information über Umstände	46
b) Unbekannter Umstand	51
c) Emittentenbezug	53
d) Kursrelevanz	55
e) Gesetzliche Beispiele	58
4. Adressaten	60
II. Einzelne Tatbestände	
1. Verbotener Insiderhandel	62
2. Unbefugte Mitteilung von Insiderinformationen	73
3. Verleitung zum Insiderhandel	74
III. Sanktionen	
1. Straftaten	
a) Verbotener Insiderhandel	75
b) Unbefugte Mitteilung und Verleitung	76
2. Ordnungswidrigkeiten	83
3. Vermögensabschöpfung	86

Schrifttum: Kommentare und Handbücher: *Assmann/Schneider* (Hrsg.), Wertpapierhandelsgesetz (WpHG), Kommentar, 6. Aufl. 2012; *Fuchs*, WpHG Kommentar, 2009; *Groß*, Kapitalmarktrecht, 5. Aufl. 2012; *Hirte/Möllers* (Hrsg.), Kölner Kommentar zum WpHG, 2. Aufl. 2014; *Obst/Hintner*, Geld-, Bank- und Börsenwesen, 40. Aufl. 2000; *Park*, Kapitalmarkt-Strafrecht, 3. Aufl. 2013; *Schäfer*, Handbuch Kapitalmarktstrafrecht 2. Aufl. 2010; *Schäfer/Hamann*, Kapitalmarktgesetze – Kommentar zu WpHG, BörsG, BörsZulV, WpPG, VerkProspG, WpÜG, Loseblatt, 2. Aufl. 2013; *Schwark/Zimmer*, Kapitalmarktrechts-Kommentar, 4. Aufl. 2010.

Sonstiges: *Altenhain*, Die Neuregelung der Marktpreismanipulation durch das Vierte Finanzmarktförderungsgesetz, BB 2002, 1874; *Bachmann*, Rechtsfragen der Wertpapierleihe, ZHR 173 (2009), 596; *Bedkowski*, Der neue Emittentenleitfaden der BaFin – nunmehr veröffentlicht, BB 2009, 1482; *Bröker*, Neue Strafvorschriften im deutschen Börsenrecht, wistra 1995, 130; *Koch*, Die Ad hoc-Publizität nach dem Kommissionsentwurf einer Marktmissbrauchsverordnung, BB 2012, 1365; *König*, Finanzkriminalität, 2003; *Park*, Börsenstrafrechtliche Risiken für Vorstandsmitglieder von börsennotierten Aktiengesellschaften, BB 2001, 2069; *Schmitz*, Der strafrechtliche Schutz des Kapitalmarkts in Europa, ZStW 115, 501; *Spindler*, Kapitalmarktreform in Permanenz – Das Anlegerschutzverbesserungsgesetz, NJW 2004, 3449; *Weber*, Die Entwicklung des Kapitalmarktrechts im Jahre 2004, NJW 2004, 3674.

A. Überblick

1 Straftatbestände, die im Zusammenhang mit dem *Handel an der Börse* stehen, finden sich in **verschiedenen** kapitalmarktrechtlichen **Gesetzen**:

- im *Börsengesetz*: § 49 BörsG (Verleitung zur Börsenspekulation),
- im *Wertpapierhandelsgesetz*: § 38 Abs. 1 WpHG (Insiderhandel) und § 38 Abs. 2 WpHG (Marktmanipulation).

2 Das **Börsengesetz** (BörsG) wurde durch das Vierte Finanzmarktförderungsgesetz vom 21.6.2002[1] mit Wirkung zum 1.7.2002 grundlegend umgestaltet. Der frühere Straftatbestand des § 89 BörsG a.F. – die **Verleitung zu Börsenspekulationsgeschäften** – wurde dabei in zwei Normen aufgeteilt: die Verbotsnorm des § 23 BörsG a.F. und die Strafnorm des § 61 BörsG a.F. Seit 1.11.2007 findet sich die *Verbotsnorm* in § 26 Abs. 1 BörsG, die *Strafnorm* in § 49 BörsG.

3 § 88 BörsG a.F., der frühere „Kursbetrug", wurde – mit differenziertem Inhalt – in das **Wertpapierhandelsgesetz** (WpHG)[2] übernommen.

§ 20a WpHG enthält das „Verbot der **Marktmanipulation**". Verstöße gegen dieses Verbot sind nach § 39 Abs. 1 Nr. 1 und 2 und Abs. 2 Nr. 11 WpHG als *Ordnungswidrigkeiten* bußgeldbewehrt. Treten zusätzliche Voraussetzungen hinzu, liegt eine *Straftat* nach § 38 Abs. 2 WpHG vor.

Das Verbot von Insidergeschäften ist in § 14 WpHG geregelt. Darauf nimmt der Straftatbestand des **Insiderhandels**, § 38 Abs. 1 WpHG, Bezug.

4 Das BörsG definiert und reguliert die zwei Börsensegmente **regulierter Markt** und **Freiverkehr**. Die Transparenzpflichten sind im regulierten Market wesentlich höher als im Freiverkehr. Daneben existieren in beiden Marktsegmenten abhängig vom Börsenplatz einige privatrechtliche Teilsegmente. Wertpapiere, die im *regulierten Markt* (früher: amtlicher Markt und geregelter Markt) an einer Börse gehandelt werden sollen, bedürfen grundsätzlich der Zulassung oder der Einbeziehung durch die Geschäftsführung (§ 32 Abs. 1 BörsG). Für Wertpapiere, die weder zum Handel im regulierten Markt zugelassen noch zum Handel in den regulierten Markt einbezogen sind, kann die Börse den Betrieb eines *Freiverkehrs* durch den Börsenträger zulassen (§ 48 Abs. 1 BörsG). Für die strafrechtliche Beurteilung des Handels mit Insiderpapieren spielt die Abgrenzung nach Marktsegmenten jedoch keine Rolle, was sich aus § 12 WpHG ergibt.

5 Die zentralen Änderungen des Wertpapierhandelsgesetzes (WpHG) durch Art. 1 des Gesetzes zur Verbesserung des Anlegerschutzes (*Anlegerschutzverbesserungsgesetz* – AnSVG)[3] – in Kraft seit 30.10.2004 – beruhen auf europarecht-

---

1 BGBl. I 2010, Inkrafttreten am 1.7.2002; zum BörsG in der heute geltenden Fassung BGBl. I 2007, 1330, 1351.
2 Neu gefasst durch Bek. v. 9.9.1998, BGBl. I 2708, zul. geänd. durch Art. 6 G v. 29.7.2009, BGBl. I 2009, 2305.
3 BGBl. I 2004, 2630.

lichen Vorgaben, insbesondere durch die Marktmissbrauchsrichtlinie[1].

Zur Konkretisierung der MarktmissbrauchsRL hat die *Europäische Kommission* folgende **Durchführungsbestimmungen** erlassen: 6

- VO (EG) Nr. 2273/2003 vom 22.12.2003[2],
- RL 2003/124/EG der Kommission vom 22.12.2003[3],
- RL 2003/125/EG der Kommission vom 22.12.2003[4],
- RL 2004/72/EG der Kommission vom 29.4.2004[5].

Die europarechtlichen Vorgaben spielen insbesondere bei Sachverhalten der Marktmanipulation (Rz. 14) und des Insiderrechts (Rz. 37) eine wesentliche Rolle.

Ab 2016 wird das Verbot der Marktmanipulation durch unmittelbar geltende Vorschriften des europäischen Rechts europaweit vereinheitlicht: Ab 3.7.2016 gilt die **VO über Marktmissbrauch** *(MarktmissbrauchsVO)*[6], durch die die MarktmissbrauchsRL 2003/6/EU aufgehoben wird. Sie wird ergänzt durch die gleichzeitig erlassene und im Juli 2014 in Kraft getretene **RL** *über strafrechtliche Sanktionen bei* **Marktmanipulationen**[7], die alle Mitgliedstaaten verpflichtet, bis zum 3.7.2016 Normen über strafrechtliche Sanktionen sowohl gegenüber natürlichen als auch juristischen Personen zu erlassen (vgl. § 6 Rz. 133; § 23 Rz. 47). Das künftige europäische Recht wird zu grundlegenden Änderungen der einschlägigen Regelungen des nationalen Rechts führen. Insbesondere die Verbotstatbestände ergeben sich für die nach Inkrafttreten liegenden Zeiträume aus der VO. 6a

---

1 RL 2003/6/EG des Europ. Parl. und des Rates v. 28.1.2003 über Insidergeschäfte und Marktmanipulation (MarktmissbrauchsRL); geänd. durch Art. 3 der RL 2010/78/EU.
2 VO (EG) Nr. 2273/2003 der Kommission v. 22.12.2003 zur Durchführung der RL 2003/6/EG des Europ. Parl. und des Rates – Ausnahmeregelungen für Rückkaufprogramme und Kursstabilisierungsmaßnahmen; ABl. EU Nr. L 336 v. 23.12.2003, 33 ff.
3 RL 2003/124/EG der Kommission v. 22.12.2003 zur Durchführung der RL 2003/6/EG des Europ. Parl. und des Rates betreffend die Begriffsbestimmung und die Veröffentlichung von Insider-Informationen und die Begriffsbestimmung der Marktmanipulation, ABl. EU Nr. L 339 v. 24.12.2003, 70 ff.
4 RL 2003/125/EG der Kommission v. 22.12.2003 zur Durchführung der RL 2003/6/EG des Europ. Parl. und des Rates in Bezug auf die sachgerechte Darbietung von Anlageempfehlungen und die Offenlegung von Interessenkonflikten, ABl. EU Nr. L 339 v. 24.12.2003, 73 ff.
5 RL 2004/72/EG der Kommission v. 29.4.2004 zur Durchführung der RL 2003/6/EG des Europ. Parl. und des Rates – Zulässige Marktpraktiken, Definition von Insider-Informationen in Bezug auf Warenderivate, Erstellung von Insiderverzeichnissen, Meldung von Eigengeschäften und Meldung verdächtiger Transaktionen [...], ABl. EU Nr. L 162 v. 30.4.2004, 70 ff.
6 VO (EU) Nr. 596/2014 des Europ. Parl. und des Rates v. 16.4.2014, ABl. EU Nr. L 173 v. 12.6.2014, 1 ff.
7 RL 2014/57/EU v. 16.4.2014, ABl. L 173/179 v. 12.6.2014.

B. Verleitung zur Börsenspekulation

Schrifttum: *Trüg*, Ist der Leerverkauf von Wertpapieren strafbar?, NJW 2009, 3202; *Ziouvas*, Zum Tatbestandsmerkmal „unerfahren" in BörsG § 89 Abs. 1, EWiR 2002, 477.

I. Allgemeines

7   Es ist gem. **§ 26 Abs. 1 BörsG** *verboten*, gewerbsmäßig andere unter Ausnutzung ihrer Unerfahrenheit in Börsenspekulationsgeschäften zu solchen Geschäften oder zur unmittelbaren oder mittelbaren Beteiligung an solchen Geschäften zu verleiten. In Fällen, in denen die Anwendung des Straftatbestands des **§ 49 BörsG** in Betracht kommt, ist meist auch an die Strafbarkeit wegen Betruges zu denken[1].

Strafbares Verleiten zur Börsenspekulation (in Tateinheit mit Betrug) kann z.B. vorliegen, wenn der Täter als Telefonverkäufer einer „Beratungsgesellschaft" börsenunerfahrene Personen dazu veranlasst hat, Warenterminoptionen zu erwerben, und dabei den Kunden bewusst wahrheitswidrig die Gewinnchancen als außerordentlich hoch und das Risiko als gering schildert, sodass die Kunden, die aufgrund dieser Täuschungen die Optionen erwerben, bis auf geringe Restbeträge ihr gesamtes eingesetzten Kapital verlieren[2].

8   § 26 Abs. 2 BörsG enthält eine nicht abschließende Legaldefinition des **Börsenspekulationsgeschäfts**. Das sind insbesondere An- oder Verkaufsgeschäfte mit aufgeschobener Lieferzeit, auch wenn sie außerhalb der Börse abgeschlossen werden, und Optionen auf solche Geschäfte, die darauf gerichtet sind, aus dem Unterschied zwischen dem für die Lieferzeit festgelegten Preis und dem zur Lieferzeit vorhandenen Börsen- oder Marktpreis einen Gewinn zu erzielen. Unter den Begriff der Börsenspekulationsgeschäfte fallen insbesondere Termin- und Optionsgeschäfte, also Waren-, Finanztermin- und Effektentermingeschäfte.

9   Ein **Termingeschäft**, auch *Zeitgeschäft* genannt, ist ein Geschäft über den Kauf bzw. Verkauf eines Gutes zu einem fest vereinbarten Preis, der erst eine gewisse Zeit nach dem Abschluss erfüllt wird. Termingeschäfte gelten aufgrund ihrer „Hebelwirkung" als extrem riskante Geldanlagen, die im Erfolgsfall hohe Gewinnspannen ermöglichen, aber auch hohe Risiken bergen. Der Sache nach handelt es sich um *Wetten* darüber, ob der Preis (Börsenkurs) innerhalb des gewählten Zeitraums steigen oder fallen wird. Bis 1970 waren Termingeschäfte in Deutschland ganz *verboten*. Heute lässt § 37g WpHG ein Verbot bestimmter Finanztermingeschäfte zu. Insbesondere bei Warentermingeschäften, die am Telefon angeboten werden, besteht das hohe Risiko, auf einen unseriösen Verkäufer zu stoßen.

---

1   Vgl. dazu BGH v. 27.11.1991 – 3 StR 157/91, NStZ 1992, 602; BGH v. 20.9.1999 – 5 StR 729/98, NStZ 2000, 34; BGH v. 23.11.2000 – 3 StR 225/00, wistra 2001, 105; BGH v. 22.8.2001 – 3 StR 191/01, NStZ-RR 2002, 84; auch BGH v. 14.12.1995 – 4 StR 370/95, NStZ 1996, 241.
2   BGH v. 14.7.1999 – 3 StR 66/99, NStZ 2000, 36.

Nach § 89 BörsG a.F. war bis zu einer Gesetzesänderung im Jahr 1983 nur die 10
Verleitung zu solchen Spekulationsgeschäften strafbar, die an einer inländischen amtlichen *Börse* getätigt wurden[1]. Diese Einschränkung ist entfallen[2] (vgl. § 26 Abs. 2 Nr. 1 BörsG).

Börsenspekulationsgeschäfte i.S. des § 26 BörsG sind dadurch gekennzeichnet, dass bei ihnen die Erzielung von **Gewinn angestrebt** wird. Geschäfte, die aus anderen wirtschaftlichen Gründen, etwa zum Zwecke der Deckung oder Versicherung abgeschlossen werden, bleiben davon unberührt; deshalb fallen sog. *Hedge-Geschäfte*, deren Ziel die Vermeidung von Verlusten ist, nach der Entscheidung des Gesetzgebers nicht in den Anwendungsbereich der Norm[3].

II. Tathandlung

Der Täter muss andere unter Ausnutzung ihrer Unerfahrenheit in Börsenspekulationsgeschäften zu solchen Geschäften verleiten. Der Begriff des **Verleitens** (vgl. auch §§ 120, 160, 323b, 357 StGB) ist in den Gesetzesmaterialien nicht näher begründet. Man wird aber ein gewisses zielgerichtetes Verhalten des Täters verlangen müssen, das die Entscheidung des Opfers wenigstens mit herbeiführt[4]. Verleiten ist daher das *Bestimmen durch Willensbeeinflussung* i.S. des Anstiftens, wobei der Kunde „verleitet" wird, wenn der Vermittler ihn nur unzulänglich über die Risiken des Geschäfts aufklärt und dadurch seinen Wissensvorsprung in anstößiger Weise vorsätzlich ausnutzt[5]. Nicht erforderlich ist, dass die Willensbeeinflussung unter Ausnutzung besonderer Verhältnisse, die beim Täter vorliegen, erfolgt. Die Tathandlung ist damit schwächer als die des Verführens. Es kommt nicht darauf an, welches Mittel eingesetzt wird; allerdings wird ein Element unlauterer Willensbeeinflussung verlangt. Der Tatbestand i.S. des § 49 BörsG kann insbesondere bei Verwendung grob unrichtiger oder irreführender Angaben erfüllt sein. Eine unlautere Willensbeeinflussung liegt insbesondere vor, wenn eine erkennbar psychologisch schwierige Lage des Kunden ausgenutzt oder durch das Vertriebsgespräch überhaupt erst geschaffen wird[6]. 11

---

1 BGH v. 9.11.1982 – 5 StR 342/82, wistra 1983, 73; BGH v. 7.12.1979 – 2 StR 315/79, BGHSt 29, 152; vgl. auch BGH v. 7.2.1983 – II ZR 285/81, wistra 1983, 156, Rz. 7 (auch zu bestehenden Aufklärungspflichten des Verkäufers).
2 Zur Ausdehnung auf Spekulationsgeschäfte, die nicht an einer Börse stattfinden oder mit einem Terminmarkt an der Börse in Verbindung stehen, und sogar auf vorgetäuschte Börsenspekulationsgeschäfte durch die Neuregelung in § 89 Abs. 2 Nr. 1 BörsG a.F. vgl. EntwBegr., BT-Drs. 10/318, 47.
3 Auch dazu EntwBegr., BT-Drs. 10/318, 47 zu § 89 Abs. 2 BörsG a.F.
4 BGH v. 22.8.2001 – 3 StR 191/01, NStZ-RR 2002, 84: Mitursächlichkeit für den Erwerb genügt; zum Verleiten s. auch OLG Düsseldorf v. 22.11.1988 – 4 U 21/88, wistra 1989, 115; zu Beispielen für den Versuch von Warentermin-Vermittlungsfirmen, durch Kundenbescheinigungen ein Verleiten auszuschließen, vgl. auch OLG Düsseldorf v. 14.3.1996 – 6 U 77/95; OLG Bremen v. 10.8.1992 – Ss 46/90, wistra 1993, 34.
5 OLG Düsseldorf v. 27.9.1994 – 4 U 264/93, ZIP 1994, 1765.
6 OLG Düsseldorf 14.3.1996 – 6 U 77/95, Rz. 59, 60.

12 Notwendig ist eine **Unerfahrenheit** des Opfers gerade in Börsenspekulationsgeschäften[1] (vgl. § 26 Abs. 1 BörsG). Diese liegt vor, wenn der Verleitete infolge fehlender Einsicht die Tragweite des konkreten Spekulationsgeschäfts in seiner ganzen Bedeutung nicht verlässlich überblicken kann, wobei es auf die Verhältnisse des Einzelfalls ankommt. Aus der Tatsache allein, dass der Anleger bereits vorher bei Warenterminoptionsgeschäften Kapitalverluste erlitten hat oder sich allgemein der Möglichkeit von Verlusten bewusst war, kann nicht auf die Einsicht in die Funktionsweise und grundlegenden Prinzipien geschlossen werden. Es kann im Gegenteil sogar ein Indiz für Unerfahrenheit sein, wenn der Anleger trotz vorangegangener verlustreicher Optionsgeschäfte nochmals Optionen gekauft hat, die kaum realistische Gewinnchancen boten[2]. An der Unerfahrenheit kann es bei genügender Aufklärung fehlen[3].

13 Der Täter muss **gewerbsmäßig** handeln, also die Begehung gleichartiger Taten zu einem wiederkehrenden Bestandteil seiner Beschäftigung i.S. einer fortlaufenden Gewinnerzielung machen. Da das Merkmal gewerbsmäßig[4] i.S. einer fortlaufenden Gewinnerzielung verstanden wird, deckt es auch das Handeln in gewinnsüchtiger Absicht (Anstreben eines Vermögensvorteils) mit ab[5], wobei ausreicht, wenn sich der Täter mittelbare Vorteile aus den Tathandlungen verspricht, insbesondere wenn die Vermögensvorteile an eine von ihm beherrschte Gesellschaft fließen[6]. Nicht nötig ist ein gewisser Hang oder die Begehung von mindestens zwei Einzeltaten[7].

C. Marktmanipulation

Schrifttum: *Fleischer*, Stock-Spams – Anlegerschutz und Marktmanipulation, ZBB 2008, 137; *Grüger*, Kurspflegemaßnahmen durch Banken – Zulässige Marktpraxis oder Verstoß gegen das Verbot der Marktmanipulation nach § 20a Abs. 1 WpHG?, BKR 2007, 437; *Trüg*, **Neue Konturen der Rechtsprechung zur strafbaren Marktmanipulation, NJW 2014, 1346.**

Außerdem: BaFin, Emittentenleitfaden (Stand 8.11.2013), www.bafin.de.

---

1 BGH v. 14.7.1999 – 3 StR 66/99, NStZ 2000, 36 („[...] vorher keinen Kontakt mit Optionsgeschäften hatten und diesbezüglich völlig unerfahren waren").
2 BGH v. 22.8.2001 – 3 StR 191/01, NStZ-RR 2002, 84; anders noch OLG Düsseldorf v. 14.3.1996 – 6 U 77/95, Rz. 56; vgl. auch EntwBegr., BT-Drs. 10/318, 48; ausf. OLG Düsseldorf v. 22.11.1988 – 4 U 21/88, wistra 1989, 115; OLG Bremen v. 16.10.1989 – Ss 46/89, wistra 1990, 163.
3 OLG Bremen v. 16.10.1989 – Ss 46/89, wistra 1990, 163.
4 Vgl. zu diesem Begriff BGH v. 27.1.1998 – 1 StR 702/97, NStZ 1998, 305; BGH v. 17.6.2004 – 3 StR 344/03, StV 2004, 532.
5 So die EntwBegr., BT-Drs. 10/318, 48; OLG Bremen v. 10.8.1992 – Ss 46/90, wistra 1993, 34.
6 Vgl. BGH v. 26.5.2009 – 4 StR 10/09, Rz. 3.
7 BGH v. 17.6.2004 – 3 StR 344/03, StV 2004, 532.

I. Verbotsnorm

Vorläufer des heutigen § 20a Abs. 1 WpHG ist § 88 BörsG[1] (dazu Rz. 3). Die Verbotsnorm des § 20a Abs. 1 WpHG wurde, ebenso wie das WpHG insgesamt, grundlegend durch das **Anlegerschutzverbesserungsgesetz (AnSVG)** v. 28.10.2004 geändert[2]. Damit wurde die *Marktmissbrauchsrichtlinie*[3] umgesetzt, die zusammen mit den weiteren einschlägigen europarechtlichen Vorgaben (Rz. 6) bei Auslegungsfragen ergänzend herangezogen werden sollte. 14

In der Folgezeit wurde § 20a WpHG mehrfach geändert. Mit Wirkung zum 30.6.2009 wurde der **Anwendungsbereich** des § 20a WpHG **erweitert** auf den Handel von Emissionsberechtigungen nach dem Treibhausgas-Emissionshandelsgesetz[4]. 15

Zu berücksichtigen ist daneben die für den jeweiligen Tatzeitraum geltende, durch das BMF erlassene **Verordnung zur Konkretisierung** des Verbotes der Marktmanipulation. Im Zusammenhang mit dem Anlegerschutzverbesserungsgesetz trat die frühere Verordnung zur Konkretisierung des Verbotes der Kurs- und Marktpreismanipulation *(KuMaKaV)*[5] außer Kraft und wurde 2005 durch die *Marktmanipulations-Konkretisierungsverordnung* (**MaKonV**) ersetzt[6]. 16

Die Frage der **Unrechtskontinuität** mit § 88 BörsG a.F.[7] hat der BGH entschieden[8]: 17

„Die im Hinblick auf Art. 103 Abs. 2 GG, § 1 StGB erforderliche Unrechtskontinuität ist gewahrt. Die Verwirklichung des tatbestandlichen Erfolges im Sinne von § 38 Abs. 1 Nr. 4 WpHG [jetzt § 38 Abs. 2 WpHG] war auch nach altem Recht strafbar, weil der Tatbestand des Gefährdungsdeliktes (§ 88 Nr. 2 BörsG a.F.) erst recht dann erfüllt ist, wenn das geschützte Rechtsgut nicht nur gefährdet, sondern verletzt worden ist. Es liegt keine zeitliche Strafbarkeitslücke vor."

Wegen des bevorstehenden Inkrafttretens der europäischen **Marktmissbrauchs-VO** wird auf Rz. 6a verwiesen. Die Marktmanipulation und der Ver- 17a

---

1 Zu den Unterschieden der beiden Normen vgl. BGH v. 6.11.2003 – 1 StR 24/03, BGHSt 48, 373, Rz. 26.
2 BGBl. I 2004, 2630; Inkrafttreten der Änderungen des WpHG am 30.10.2004, vgl. Art. 6 des G. Wichtige Materialien: Gesetzentwurf der BReg, BT-Drs. 15/3174; Beschlussempfehlung und Bericht des Finanzausschusses, BT-Drs. 15/3493.
3 RL 2003/6/EG des Europ. Parl. und Rates v. 28.1.2003 über Insidergeschäfte und Marktmanipulation (Marktmissbrauchsrichtlinie). Wie wichtig die Heranziehung europarechtlicher Regelungen bei der Auslegung von Strafvorschriften ist, zeigt auch die Entscheidung des BGH v. 6.11.2003 – 1 StR 24/03, BGHSt 48, 373, Rz. 15 zur Abgrenzung von Insiderhandel und Marktpreismanipulation.
4 G zur Änderung des Einlagensicherungs- und AnlegerentschädigungsG und anderer Gesetze, BGBl. I 2009 Nr. 35 v. 29.6.2009.
5 VO zur Konkretisierung des Verbotes der Kurs- und Marktpreismanipulation (KuMaKaV) v. 18.11.2003, BGBl. I 2300.
6 BGBl. I 2005, 515; zu den Rechtsgrundlagen vgl. BaFin, Emittentenleitfaden VI.2. Zur Bedeutung der MaKonV bei der Feststellung der zulässigen Marktpraxis im Rahmen des § 20a Abs. 2 WpHG OLG Stuttgart v. 4.10.2011 – 2 Ss 65/11, Rz. 16.
7 S. dazu die 3. Aufl., § 68.
8 BGH v. 6.11.2003 – 1 StR 24/03, BGHSt 48, 373, Rz. 28.

such der Marktmanipulation sind ab 3.7.2016 auf der Grundlage des Art. 15 der Marktmanipulations-VO verboten, wobei der Begriff der Marktmanipulation in Art. 12 definiert ist. Sanktionsvorschriften muss der deutsche Gesetzgeber nach der ergänzenden *Marktmanipulations-RL* bis zu diesem Zeitpunkt erlassen. Die nachfolgenden Ausführungen beziehen sich auf das *derzeit geltende Recht*.

1. Anwendungsbereich

18 § 20a WpHG untersagt verschiedene Formen von marktmanipulierenden Täuschungshandlungen im Zusammenhang mit Gütern, bei denen ein **Börsenhandel** stattfindet[1].

19 Das Verbot bezieht sich nach § 20a Abs. 1 S. 2 WpHG zunächst auf **Finanzinstrumente.** Darunter fallen *Wertpapiere, Anteile an Investmentvermögen, Geldmarktinstrumente, Derivate* und Rechte auf Zeichnung von Wertpapieren (vgl. § 2 Abs. 2b WpHG). Voraussetzung ist, dass diese Finanzinstrumente

– an einer *inländischen Börse* zum Handel zugelassen oder in den regulierten Markt oder in den Freiverkehr einbezogen sind oder

– in einem anderen EU/EWR-Mitgliedstaat zum Handel an einem organisierten Markt zugelassen sind.

Der Handelszulassung bzw. Einbeziehung in den regulierten Markt oder in den Freiverkehr steht es gleich, wenn der Antrag auf Zulassung oder Einbeziehung gestellt oder öffentlich angekündigt ist.

Art. 3 Abs. 1 der künftig einschlägigen Marktmissbrauchs-VO greift zur Definition des Begriffs des Finanzinstruments auf die RL 2014/65/EU[2] zurück.

20 § 20a Abs. 4 WpHG dehnt den Anwendungsbereich auf *weitere* an der Börse gehandelte *Güter* aus:

– auf **Waren** i.S. des § 2 Abs. 2c WpHG (z.B. Gold, Silber, Stahl, landwirtschaftliche Erzeugnisse),

– auf **Emissionsberechtigungen** i.S. des § 3 Abs. 3 S. 1 des Treibhausgas-Emissionshandelsgesetzes und

– auf bestimmte **ausländische Zahlungsmittel.**

2. Täuschungshandlungen

21 § 20a Abs. 1 S. 1 WpHG untersagt *drei Formen* von **marktmanipulierenden Täuschungshandlungen**.

Im Hinblick auf die Vielzahl denkbarer, auch künftiger Marktmanipulationstechniken kann der Verordnungsgeber nach § 20a Abs. 5 WpHG (früher § 20a Abs. 2 WpHG) zu einzelnen Tatbestandsmerkmalen für die Rechtsanwen-

---

1 Zu Beispielen vgl. BaFin, Emittentenleitfaden VI. 3.2.
2 RL 2014/65/EU des Europ. Parl. und des Rates v. 15.5.2014 über Märkte für Finanzinstrumente sowie zur Änderung der RL 2002/92/EG und 2011/61/EU, ABl. EU Nr. L 173 v. 12.6.2014, 349.

dungspraxis nähere Bestimmungen erlassen[1]. Die im *jeweiligen Tatzeitraum* geltende *Verordnung* ist daher zu berücksichtigen. Wichtig ist, dass diese Verordnungen jeweils nicht strafbarkeitsbegründend wirken, sondern lediglich als Orientierungshilfe dienen, denn der Verbotstatbestand ist bereits durch das Gesetz hinreichend bestimmt[2].

a) Irreführende Angaben

Nach § 20a Abs. 1 S. 1 **Nr. 1** WpHG ist es **verboten**, *unrichtige oder irreführende Angaben* über Umstände zu machen, die für die *Bewertung eines Finanzinstruments* erheblich sind, wenn die Angaben geeignet sind, auf den *Preis einzuwirken*. Bezüglich der Eignung zur Preisbeeinflussung genügt entweder die Einwirkung auf den inländischen Börsen- oder Marktpreis des Finanzinstruments oder auf den Preis an einem organisierten Markt in einem anderen EU/EWR-Mitgliedstaat. Verboten ist auch, bewertungserhebliche Umstände entgegen bestehenden Rechtsvorschriften zu *verschweigen*, wenn das Verschweigen zur Preisbeeinflussung geeignet ist[3]. Beim Verschweigen kann sich eine Offenbarungspflicht z.B. aus Vorschriften über die Ad-hoc-Publizität (§ 15 WpHG), aus den Bestimmungen über die handels- und bilanzrechtliche Publizität oder anderen kapitalmarktrechtlichen Regelungen ergeben[4]. 22

Die Variante „**irreführende Angaben**" hat der Gesetzgeber[5] eingeführt, damit auch Angaben erfasst werden, die zwar inhaltlich richtig sind, jedoch aufgrund ihrer Darstellung beim Empfänger der Information eine falsche Vorstellung über den geschilderten Sachverhalt nahelegen. Diese Tatbestandsvariante ist beispielsweise einschlägig, wenn durch eine Presseerklärung ein irreführendes Gesamtbild über die Betroffenheit einer Aktiengesellschaft von der Subprime-Krise gezeichnet wird[6]. 23

Vor der Änderung des § 20a WpHG setzte der Tatbestand voraus, dass der Täter die falschen Angaben mit dem Ziel der Einwirkung auf den Marktpreis machte. Seit Inkrafttreten der Neufassung des § 20a WpHG durch das AnSVG müssen die falschen Angaben nach Abs. 1 Nr. 1 nur zur *Preisbeeinflussung geeignet* sein. Dadurch sollen insbesondere früher bestehende Beweisprobleme hinsichtlich der subjektiven Tatseite vermieden werden[7].

Der Handel mit **eigenen Aktien** im Rahmen von *Rückkaufprogrammen* sowie Maßnahmen zur *Stabilisierung des Preises* von Finanzinstrumenten stellen 24

---

1 BT-Drs. 14/8017, 90; BGH v. 6.11.2003 – 1 StR 24/03, BGHSt 48, 373, Rz. 20.
2 Vgl. BGH v. 6.11.2003 – 1 StR 24/03, BGHSt 48, 373, Rz. 29.
3 Zur Kursrelevanz vgl. unten Rz. 55 und – im Zusammenhang mit einer Marktmanipulation - OLG Stuttgart v. 18.8.2014 – 1 Ws 68/14 Rz. 37 (Kursanstieg nach erfolgter Offenlegung als Indiz für Kursrelevanz der Information).
4 Vgl. BaFin, Emittentenleitfaden, VI; zur Strafbarkeit wegen Marktmanipulation durch Nichtoffenlegung eines bewertungserheblichen Umstands vgl. OLG Stuttgart v. 18.8.2014 – 1 Ws 68/14, Rz. 28 ff. und zu diesem Fall *Möllers*, NZG 2014, 361.
5 BT-Drs. 15/3174, 37.
6 BGH v. 20.7.2011 – 3 StR 506/10.
7 BT-Drs. 15/3174, 37.

nach § 20a Abs. 3 WpHG keinen Verstoß gegen dieses Verbot dar, wenn die in der Norm genannten europarechtlichen Vorgaben eingehalten sind.

25 Für **Journalisten**, die in Ausübung ihres Berufes handeln, enthält § 20a Abs. 6 WpHG eine *Privilegierung*[1]. Danach ist das Vorliegen der Voraussetzungen nach Nr. 1 unter Berücksichtigung ihrer berufsständischen Regeln zu beurteilen, es sei denn, dass diese Personen aus den unrichtigen oder irreführenden Angaben direkt oder indirekt einen Nutzen ziehen oder Gewinne schöpfen.

b) Irreführende Signale

26 Nach § 20a Abs. 1 S. 1 **Nr. 2** WpHG ist es verboten, Geschäfte vorzunehmen oder Kauf- oder Verkaufsaufträge zu erteilen, die geeignet sind, falsche oder **irreführende Signale** für das Angebot, die Nachfrage oder den Börsen- oder Marktpreis von Finanzinstrumenten zu geben oder ein künstliches Preisniveau herbeizuführen. Die Regelung setzt Art. 1 Nr. 2 Buchst. a der Marktmissbrauchsrichtlinie um.

Die Tatbestandsalternative kann beispielsweise vorliegen, wenn abgestimmte Kauf- und Verkaufsangebote für Wertpapiere erteilt werden und wenn diese Orders wegen ihres hohen Anteils am Gesamttagesumsatz des fraglichen Wertpapiers mit großer Wahrscheinlichkeit zum vorgegebenen Limit zur Durchführung gelangen werden.[2]

27 Dieses **Verbot** gilt nach § 20a Abs. 2 WpHG **nicht**, wenn die Handlung mit der *zulässigen Marktpraxis*[3] auf dem betreffenden organisierten Markt oder im betreffenden Freiverkehr vereinbar ist und der Handelnde hierfür *legitime Gründe* hat.

Die „legitimen Gründe" dürfen allerdings nicht nur vorgeschoben sein. Wenn sich hinter dem Geschäft tatsächlich ein anderer rechtswidriger Grund verbirgt und wenn das Geschäft den Tatbestand einer Marktmanipulation erfüllt, soll sich nach einer zutreffenden Entscheidung des BGH[4] der Täter auch nach der EG-Richtlinie 2003/6/EG nicht auf das Vorliegen legitimer Gründe berufen können.

c) Sonstige Täuschungshandlungen

28 Nach § 20a Abs. 1 S. 1 **Nr. 3** WpHG ist es verboten, sonstige Täuschungshandlungen vorzunehmen, die geeignet sind, auf den inländischen Börsen- oder Marktpreis eines Finanzinstruments oder auf den Preis eines Finanzinstruments an einem organisierten Markt in einem anderen EU/EWR-Mitgliedstaat einzuwirken. Der Tatbestand ist hinreichend bestimmt und verfassungskonform[5]. **Täuschungshandlung** ist jedes Verhalten, das objektiv irreführt oder ei-

---

1 Eingefügt aufgrund der Empfehlung des Finanzausschusses, BT-Drs. 15/3493, 25, 52; vgl. allerdings auch BGH v. 4.12.2013 – 1 StR 106/13, Rz. 34 im Hinblick auf § 34b WpHG.
2 OLG Stuttgart v. 4.10.2011 – 2 Ss 65/11, Rz. 22, 26.
3 Auch dazu OLG Stuttgart v. 4.10.2011 – 2 Ss 65/11, Rz. 16.
4 BGH v. 6.11.2003 – 1 StR 24/03, BGHSt 48, 373, Rz. 21.
5 BGH v. 4.12.2013 – 1 StR 106/13, Rz. 19.

nen Irrtum unterhält und damit auf die Vorstellung eines anderen einwirkt[1]. Markantester Fall ist die Verbreitung von frei erfundenen *Gerüchten oder Empfehlungen*[2]. Die Feststellung einer sonstigen Täuschungshandlung setzt einerseits nicht zwingend voraus, dass die vom Täter verbreitete Empfehlung „falsch" ist; schon die Irreführung über einen verborgenen, den Marktteilnehmern nicht bekannten sachfremden Beweggrund einer Empfehlung genügt[3]. Andererseits handelt es sich bei § 39 Abs. 1 Nr. 2 WpHG um einen als Allgemein- bzw. Jedermannsdelikt formulierten Tatbestand. Der Kreis der tauglichen Täter ist nicht auf Personen beschränkt, die sich selbst bei Kundgabe der Empfehlung aufgrund eigener Positionen an dem empfohlenen Finanzinstrument in einem Interessenkonflikt befinden; es gelten die allgemeinen Grundsätze der Täterschaft und Teilnahme, die dazu führen können, dass Kaufempfehlungen eines Dritten gem. § 25 Abs. 2 StGB zugerechnet werden[4].

Zu den strafbaren „sonstigen Täuschungshandlungen" gehört damit auch das „**Scalping**". Davon spricht man, wenn die Täter nach ihrem Tatplan Wertpapiere in der Absicht erwerben, diese anschließend zum Kauf zu empfehlen, um sie dann bei steigendem Kurs – infolge der Empfehlung – mit Gewinn wieder zu verkaufen. 29

In einem *grundlegenden Urteil* aus dem Jahr 2003 hat der BGH[5] entschieden, dass in diesem Fall eine Marktpreismanipulation und kein strafbarer Insiderhandel vorlag. Der Täter kann sich beim „Scalping" auch nicht darauf berufen, die Empfehlung sei fachlich gerechtfertigt. Der BGH sah in der Abgabe von Empfehlungen mit dem Ziel ihrer kursbeeinflussenden Wirkung eine (konkludente) sonstige Täuschung i.S. von § 88 Nr. 2 BörsG (a.F.) bzw. § 20a Abs. 1 S. 1 Nr. 2 WpHG. Die Kaufempfehlungen hätten die stillschweigende Erklärung beinhaltet, nicht mit dem sachfremden Ziel der Kursbeeinflussung zu eigennützigen Zwecken bemakelt zu sein. Bei dieser Sachlage komme es nicht darauf an, ob die Empfehlungen nach fachlichem Urteil aufgrund der Marktsituation sachlich gerechtfertigt waren.

Aus § 34b Abs. 1 S. 2 Nr. 2 WpHG ergibt sich für Finanzanalysten *keine Privilegierung* im Hinblick auf die Strafbarkeit wegen verbotener Marktmanipulation[6]. § 34b Abs. 1 S. 2 Nr. 2 i.V.m. § 39 Abs. 1 Nr. 5 WpHG stellt vielmehr einen eigenständigen Ordnungswidrigkeitstatbestand dar. Die „Wesentlichkeitsschwellen", die für § 34b Abs. 1 WpHG gelten, sind für eine Strafbarkeit wegen

---

1 Dazu ausführlicher BGH v. 6.11.2003 – 1 StR 24/03, BGHSt 48, 373, Rz. 29 zu § 20a Abs. 1 S. 1 Nr. 2 WpHG, der insoweit dem heutigen § 20a Abs. 1 S. 1 Nr. 3 WpHG entspricht.
2 Zur Konkretisierung der „sonstigen Täuschungshandlungen" vgl. § 4 MaKonV; BaFin, Emittentenleitfaden VI. 3.2.6. Zur hinreichenden Bestimmtheit der Norm BGH v. 26.8.2003 – 5 StR 145/03, BGHSt 48, 373; BGH v. 16.12.2004 – 1 StR 420/03 – Fall Haffa, BGHSt 49, 381.
3 Vgl. BGH v. 6.11.2003 – 1 StR 24/03, BGHSt 48, 373, Rz. 22 zum Fall eines Anlageberaters, der nicht mit dem Ziel beriet, dem von ihm beratenen Fonds zur besten Anlageentscheidung zu verhelfen.
4 BGH v. 4.12.2013 – 1 StR 106/13 Rz. 26, 27; vgl. auch OLG Stuttgart v. 18.8.2014 – 1 Ws 68/14, Rz. 36.
5 BGH v. 6.11.2003 – 1 StR 24/03, BGHSt 48, 373.
6 BGH v. 4.12.2013 – 1 StR 106/13 Rz. 34; vgl. auch Rz. 37 zur Begehung einer Ordnungswidrigkeit bei Verstoß eines Finanzanalysten gegen die Offenlegungspflicht des § 34b WpHG; i.Ü., Rz. 40. Dazu Anm. *Kraayvanger*, ZWH 2014, 230.

Marktmanipulation ohne Bedeutung. Im Übrigen genügt der Täter seiner Offenlegungspflicht nicht, wenn er in der Veröffentlichung lediglich pauschal darauf hinweist, der Autor oder Herausgeber der Veröffentlichung könne potenziell Positionen der in den Veröffentlichungen behandelten Wertpapiere halten, ohne auf den konkret bestehenden Interessenkonflikt einzugehen.

II. Sanktionen

30 Die **Folgen eines Verstoßes** gegen das Verbot der Marktmanipulation hängen von drei Faktoren ab:

- vom konkreten Verbotstatbestand (§ 20a Abs. 1 S. 1 Nr. 1, 2 oder 3 WpHG), der verletzt wurde;
- von der Frage, ob es durch die verbotene Handlung zu einer Einwirkung auf den Marktpreis gekommen ist;
- von der subjektiven Tatseite (Vorsatz, Fahrlässigkeit, Leichtfertigkeit).

Das ergibt sich aus dem Zusammenspiel der §§ 38 Abs. 2, 39 Abs. 1 Nr. 1, Nr. 2 und Abs. 2 Nr. 11 WpHG.

1. Geldbuße

31 Verstöße gegen das Verbot „irreführender Signale" und „sonstiger Täuschungshandlungen" (§ 20a Abs. 1 S. 1 Nr. 2 und 3 WpHG) stellen auch bei *bloßer Fahrlässigkeit* jedenfalls **Ordnungswidrigkeiten** dar. Dagegen werden Verstöße gegen das Verbot irreführender Angaben (§ 20a Abs. 1 S. 1 Nr. 1 WpHG) nur bei *vorsätzlichem oder leichtfertigem* Verstoß mit Geldbuße geahndet (vgl. § 39 Abs. 1 Nr. 1 und 2; Abs. 2 Nr. 11 WpHG).

2. Strafe

32 Für alle drei Varianten der Tathandlung (Rz. 22, 26, 28) gilt: Der Täter macht sich strafbar, wenn er die verbotene Handlung **vorsätzlich** begeht und dadurch auf den Börsen- oder Marktpreis **einwirkt** (§ 38 Abs. 2 Nr. 1–3 WpHG). Die angedrohte *Höchststrafe* beträgt fünf Jahre Freiheitsstrafe.

33 Die **Einwirkung auf den Marktpreis** ist damit eine Erfolgsqualifikation[1]. Auf dieses zusätzliche Erfordernis kam es bei § 88 Nr. 2 BörsG a.F. nicht an. Dort reichte es aus, dass die Handlung „zur Einwirkung" begangen wurde; die Ausgestaltung als Gefährdungsdelikt bedeutete – im Vergleich zum neuen Recht – eine Vorverlagerung der Strafbarkeit. Die neue Strafvorschrift der Marktmanipulation (§ 38 Abs. 2 WpHG) ist damit in ihrem Anwendungsbereich einerseits enger[2] und damit milder als § 88 Nr. 2 BörsG a.F.; andererseits ist die frühere Strafdrohung von drei Jahren Freiheitsstrafe deutlich erhöht worden.

34 Zum **Nachweis der Einwirkung** hat der **BGH** ausgeführt:

---

1 BGH v. 6.11.2003 – 1 StR 24/03, BGHSt 48, 373, Rz. 27 zu § 39 Abs. 1 Nr. 2 WpHG.
2 Zu dadurch entstandenen Strafbarkeitslücken BGH v. 27.11.2013 – 3 StR 5/13, Rz. 20.

„An die Beurteilung der Frage, ob durch die marktmanipulative Handlung tatsächlich eine Einwirkung auf den Kurs eingetreten ist, dürfen angesichts der Vielzahl der – neben Tathandlung – regelmäßig an der Preisbildung mitwirkenden Faktoren keine überspannten Anforderungen gestellt werden, weil der Tatbestand ansonsten weitgehend leerliefe. Vergleiche von bisherigem Kursverlauf und Umsatz, die Kurs- und Umsatzentwicklung des betreffenden Papiers am konkreten Tag sowie die Ordergröße können eine Kurseinwirkung hinreichend belegen. Eine Befragung der Marktteilnehmer ist dazu nicht veranlasst."[1]

In einer *weiteren Entscheidung* hat der BGH[2] formuliert, dass auf den Börsenpreis eines Finanzinstruments eingewirkt wird, wenn dieser künstlich, d.h. gegen die wahren wirtschaftlichen Verhältnisse erhöht, abgesenkt oder auch nur stabilisiert wird. Grundvoraussetzung ist freilich, dass bereits ein Börsen- oder Marktpreis existiert. Dafür genügt auch ein vollständig oder teilweise manipulierter Börsenpreis. Nicht ausreichend ist, wenn erst aufgrund des manipulativen Geschäfts erstmals ein Börsenpreis gebildet wird[3]. Demgegenüber setzt die tatbestandsmäßige Einwirkung nicht voraus, dass tatsächlich Geschäfte getätigt wurden, bei denen die Preise kausal gerade auf dem durch die Manipulation hervorgerufenen Kursniveau beruhen[4].

Das **OLG Stuttgart**[5] hat folgende Kriterien aufgezählt, die geeignet sind, eine *Preiseinwirkung* hinreichend zu belegen: Vergleich des Kursverlaufs und Umsatzes vor und nach der Manipulationshandlung (wobei im Falle abgestimmter Kauf- und Verkaufsorders bereits die im Zusammenhang mit diesen Wertpapiergeschäften erfolgende Kursfestsetzung eine Preiseinwirkung darstellt und es hier nicht darauf ankommt, ob die Kursfestsetzung der Geschäftsdurchführung vorangeht oder Folge der Durchführung des Wertpapiergeschäfts ist); Analyse der Preis- und Umsatzentwicklung an dem Börsentag, in den die Manipulationshandlung fällt; Analyse des Volumens der Order, die der Manipulator im Zusammenhang mit der Manipulation tätigt; Zeitabstand zwischen dem Manipulationsverhalten und der Preiseinwirkung (je zeitnäher der Markt auf eine Manipulation reagiere, desto näher liege die Feststellung der Kausalität).

Es ist darüber hinaus *nicht zwingend erforderlich*, dass es durch die Tathandlung (mit Einwirkung auf den Preis) auch **tatsächlich** zu einer **Preisänderung** kommt. Einer Manipulationsabsicht der Täter bedarf es ebenfalls nicht[6]. Erst recht setzt die Strafbarkeit wegen Marktmanipulation nicht den Nachweis einer konkreten Schädigung von Anlegern voraus. § 20a WpHG ist keine drittschützende Norm, sie dient allein der im öffentlichen Interesse liegenden Wahrung der Zuverlässigkeit und Wahrheit bei der Preisbildung an Börsen und Märkten[7].

---

1 BGH v. 6.11.2003 – 1 StR 24/03, BGHSt 48, 373, Rz. 30; ebenso jetzt BGH v. 4.12.2013 – 1 StR 106/13, Rz. 42.
2 BGH v. 27.11.2013 – 3 StR 5/13, Rz. 18.
3 BGH v. 27.11.2013 – 3 StR 5/13, Rz. 21 ff.
4 OLG Stuttgart v. 18.8.2014 – 1 Ws 68/14, Rz. 37.
5 OLG Stuttgart v. 4.10.2011 – 2 Ss 65/11, Rz. 25.
6 OLG Stuttgart v. 4.10.2011 – 2 Ss 65/11 Rz. 21, 22; so jetzt auch BGH v. 27.11.2013 – 3 StR 5/13, Rz. 25.
7 OLG Stuttgart v. 28.6.2013 – 1 Ws 121/13, Rz. 18.

35 In Fällen einer unrichtigen Darstellung von Tatsachen, die die emittierende Gesellschaft betreffen, etwa bei unrichtiger Darstellung der Vermögens- oder Ertragslage durch Vorstand und Aufsichtsrat, ist nicht nur eine Strafbarkeit wegen eines Verstoßes gegen § 20a Abs. 1 WpHG zu prüfen; zugleich kann eine Strafbarkeit nach § 400 AktG oder § 331 HGB (§ 40 Rz. 54 ff., 82) gegeben sein[1]. Insoweit ist **Idealkonkurrenz** (vgl. § 20 Rz. 1 ff.) anzunehmen.

3. Vermögensabschöpfung

36 Bei der Marktpreismanipulation ist vor allem an Vermögensabschöpfung zu denken, die durch die Neufassung des § 111i StPO erleichtert wurde[2]. Die Neufassung ist nur auf Straftaten anwendbar, die seit dem 1.1.2007 begangen worden sind[3]. Für davor begangene Straftaten bleibt das früher geltende Recht maßgeblich.

36a In Bezug auf eine etwaige **Rückgewinnungshilfe** unter Hinweis auf Anlegeransprüche ist zu berücksichtigen, dass die mutmaßlich durch Marktmanipulation geschädigten Kapitalanleger nicht Verletzte i.S. des § 406e StPO sind[4] und dass § 20a WpHG kein Schutzgesetz i.S. des § 823 Abs. 2 BGB darstellt[5], weil die Norm nicht den unmittelbaren Schutz der Kapitalanleger, sondern „allein die im öffentlichen Interesse liegende Wahrung der Zuverlässigkeit und Wahrheit bei der Preisbildung an Börsen und Märkten" (Funktionsfähigkeit der Wertpapiermärkte) bezwecke. Damit rückt für die Ermittlungsbehörden und für die Strafgerichte die Vermögensabschöpfung umso mehr in den Fokus des Interesses[6]. Der Verfall von Wertersatz kann angeordnet werden. Dieser bezieht sich auf den gesamten vom Täter vereinnahmten Erlös aus dem Verkauf der Wertpapiere[7].

D. Insiderhandelsverbot

Schrifttum: BaFin, Emittentenleitfaden (Stand 8.11.2013), www.bafin.de.
Außerdem: *Bachmann*, Kapitalmarktrechtliche Probleme bei der Zusammenführung von Unternehmen, ZHR 172 (2008), 597; *Dier/Fürhoff*, Die geplante europäische Marktmissbrauchsrichtlinie, AG 2002, 604; *Ekkenga*, Fragen der deliktischen Haftungsbegründung bei Kursmanipulationen und Insidergeschäften, ZIP 2004, 781; *Fleischer/Bedkowski*, Aktien- und kapitalmarktrechtliche Probleme des Pilot Fishing bei Börsengängen und Kapitalerhöhungen, DB 2009, 2195; *Fürhoff*, Neuregelung der Ad-hoc-Publizitätspflicht auf

---

1 Vgl. dazu BGH v. 6.12.2004 – 1 StR 420/03 – Fall Haffa, BGHSt 49, 381, insbes. Rz. 47. Zur differenziert zu beantwortenden Frage der Anwendbarkeit auf Ad-hoc-Mitteilungen OLG München v. 18.5.2011 – 20 U 4879/10, Rz. 46 ff.
2 Vgl. BGH v. 6.11.2003 – 1 StR 24/03, BGHSt 48, 373; BGH v. 7.1.2009 – 5 StR 451/08.
3 BGH v. 7.1.2009 – 5 StR 451/08.
4 OLG Stuttgart v. 28.6.2013 – 1 Ws 121/13; LG Berlin v. 15.2.2010 – (519) 3 Wi Js 1665/07 KLs (03/09), (519) 3 Wi Ujs 1665/07 KLs (3/09).
5 BGH v. 13.12.2011 – XI ZR 51/10; vgl. auch OLG Düsseldorf v. 7.4.2011 – I-6 U 7/10 und OLG Stuttgart v. 28.6.2013 – 1 Ws 121/13, Rz. 18.
6 Zur Unanwendbarkeit des § 111i Abs. 2 StPO in Fällen, in denen die Tat bereits vor dem 1.1.2007 beendet war, BGH v. 4.12.2013 – 1 StR 106/13, Rz. 48 ff.
7 BGH v. 27.11.2013 – 3 StR 5/13, Rz. 26 ff.

europäischer Ebene, AG 2003, 80; *Fürhoff/Schuster*, Entwicklung des Kapitalmarktaufsichtsrechts im Jahr 2002, BKR 2003, 134; *Habersack*, Rechtsfragen des Emittenten-Ratings, ZHR 169 (2005), 185; *Hammen*, Pakethandel und Insiderhandelsverbot, WM 2004, 1753; *Lorenz*, Insider-Compliance für Rechtsanwälte, NJW 2009, 1254; *Siebel*, Insidergeschäfte mit Anleihen, BKR 2002, 795; *Smid*, Der Journalist als Insider aufgrund öffentlich zugänglicher Informationen?, AfP 2002, 13; *Versteegen/Schulz*, Auslegungsfragen des Insiderhandelsverbots gem. § 14 Abs. 1 Nr. 1 WpHG bei der Teilnahme an Aktienoptionsprogrammen, ZIP 2009, 110; *Weber*, Die Entwicklung des Kapitalmarktrechts im Jahre 2008, NJW 2009, 33; *Ziemons*, Neuerungen im Insiderrecht und bei der Ad-hoc-Publizität durch die Marktmissbrauchsrichtlinie und das Gesetz zur Verbesserung des Anlegerschutzes, NZG 2004, 537.

I. Grundlagen

Die Vorschriften zum *Insiderrecht* im Wertpapierhandelsgesetz (WpHG) wurden durch das **Anlegerschutzverbesserungsgesetz** (AnSVG) v. 28.10.2004[1] in Umsetzung der *MarktmissbrauchsRL*[2] grundlegend geändert[3]. Neu geregelt wurden insbesondere die Bestimmungen zur Insiderüberwachung in Abschnitt 2 (§§ 12–16b WpHG) und die Bußgeld- und Strafvorschriften (§§ 39 und 38 WpHG). Hinsichtlich der heranzuziehenden europarechtlichen Vorgaben wird zunächst auf die Darstellung unter Rz. 5, 6 verwiesen. 37

Soweit es um das Insiderrecht geht, ist daneben noch die vom BMF erlassene *VO zur Konkretisierung* von Anzeige-, Mitteilungs- und Veröffentlichungspflichten sowie der Pflicht zur Führung von Insiderverzeichnissen nach dem Wertpapierhandelsgesetz (**Wertpapierhandelsanzeige- und InsiderverzeichnisVO – WpAIV**) vom 13.12.2004[4] zu berücksichtigen. 37a

Eine für die Praxis sehr bedeutsame Hilfe bei der Handhabung der Vorschriften des Insiderrechts ist der **Emittentenleitfaden**, den die BaFin herausgegeben hat[5]. Der Emittentenleitfaden ist jedoch lediglich eine norminterpretierende Verwaltungsvorschrift[6]. 38

Seit Oktober 2004 müssen börsennotierte Emittenten und Personen, die in ihrem Auftrag oder für ihre Rechnung handeln, **Insiderverzeichnisse** führen (§ 15b WpHG), also Verzeichnisse über Personen, die für das betroffene Unternehmen tätig sind und bestimmungsgemäß *Zugang zu Insiderinformationen* haben[7]. Die Verzeichnisse helfen den Emittenten, den Fluss der Insiderinformation zu überwachen und damit ihren Geheimhaltungspflichten nachzukommen. Hat sich bereits ein konkreter Verdachtsfall ergeben, erleichtern die Ver- 39

---

1 BGBl. I 2630, zul. geänd. durch G v. 22.5.2005, BGBl. I 1373.
2 RL 2003/6/EG des Europ. Parl. und des Rates v. 28.1.2003 über Insidergeschäfte und Marktmanipulation (MarktmissbrauchsRL).
3 Wichtige Materialien: Gesetzentwurf der BReg, BT-Drs. 15/3174; Beschlussempfehlung und Bericht des Finanzausschusses, BT-Drs. 15/3493.
4 BGBl. I 2004, 3376, zul. geänd. durch Art. 5 des G v. 12.8.2008, BGBl. I 1666.
5 Zum Emittentenleitfaden Stand 8.11.2013 vgl. www.bafin.de; dort sind auch die Fassung v. 15.7.2005 und eine Synopse abrufbar.
6 BGH v. 25.2.2008 – II Z.B. 9/07, DB 2008, 977, Rz. 24.
7 Dazu ausführlich BaFin, Emittentenleitfaden VII.

zeichnisse es der BaFin, mögliche Insider zu ermitteln. Auch aus anderen unternehmensinternen Unterlagen wie etwa Beschlussvorlagen für Vorstand oder Aufsichtsrat können sich Hinweise darauf ergeben, ob ein bestimmter Sachverhalt von den Entscheidungsträgern selbst als Insiderinformation behandelt wurde[1].

40 Die Verbote des § 14 Abs. 1 WpHG sind in engem Zusammenhang mit der Pflicht zur **Ad-hoc-Publikation** nach § 15 Abs. 1 S. 1 WpHG zu sehen, wonach ein Inlandsemittent von Finanzinstrumenten Insiderinformationen, die ihn unmittelbar betreffen, grundsätzlich *unverzüglich veröffentlichen* muss. Dennoch kann es kursrelevante, den Emittenten unmittelbar betreffende Informationen geben, die noch nicht veröffentlicht wurden, z.B. aufgrund der Möglichkeit zur Selbstbefreiung des Emittenten unter den Voraussetzungen des § 15 Abs. 3 WpHG, aber auch aufgrund einer Missachtung der Veröffentlichungspflicht nach § 15 Abs. 1 S. 1 WpHG. Zweck der Verbote des § 14 Abs. 1 WpHG ist es, Verzerrungen zu verhindern, die sich ergeben können, wenn Personen am Kapitalmarkt handeln, die gegenüber den übrigen Marktteilnehmern einen Wissensvorsprung haben.

Unabhängig von § 15 WpHG ergeben sich auch aus anderen Vorschriften Publizitätspflichten (vgl. oben § 41, § 26 Rz. 134). So besteht z.B. seit 2007 die Verpflichtung, zahlreiche näher bezeichnete Informationen, die zuvor im Bundesanzeiger publiziert wurden, im *Unternehmensregister* (§ 22 Rz. 29 f.) zu veröffentlichen (§ 8b Abs. 2 Nr. 9, 10, Abs. 3 HGB); einen Verstoß gegen diese Pflicht bedroht § 104a HGB mit Geldbuße (§ 22 Rz. 30a).

41 Bei Ermittlungs- und Strafverfahren wegen Insiderverstößen ist die **BaFin zu beteiligen** (§ 40a WpHG). Die Staatsanwaltschaften und die Gerichte unterliegen bestimmten Mitteilungspflichten[2].

41a Mit einer Umgestaltung der Regelungen des WpHG zum Insiderrecht im Zusammenhang mit der ab 3.6.2014 unmittelbar geltenden europäischen **Marktmissbrauchs-VO** (vgl. Rz. 6a) ist zu rechnen. Diese enthält insbesondere Definitionen zu den Begriffen der Insiderinformation (Art. 7), des Insidergeschäfts (Art. 8) und der verbotenen Marktmanipulation (Art. 12). Art. 14 der Marktmanipulations-VO regelt den künftigen Umfang des Verbots von Insidergeschäften. Verboten sind demnach das Tätigen von Insidergeschäften und der Versuch hierzu, die „Empfehlung" an Dritte oder die Anstiftung Dritter, Insidergeschäfte zu tätigen, und die unrechtmäßige Offenlegung von Insiderinformationen.

Die nachfolgenden Ausführungen beziehen sich noch auf das bislang geltende Recht, das für zurückliegende Taten weiterhin Anwendung findet.

---

1 Vgl. OLG Stuttgart v. 1.7.2009 – 20 U 8/08, DB 2009, 1521, Rz. 15 zu einem Vorstandsbeschluss über einen Dividendenvorschlag mit ausdrücklichem Hinweis auf die interne Einstufung als Insiderinformation.
2 Zur Frage der Akteneinsicht Dritter bei Verfahren der BaFin vgl. VG Frankfurt v. 17.6.2009 – 7 K 2282/08.F (3).

1. Grundstruktur der Tatbestände

Der Verstoß gegen das **Verbot von Insidergeschäften** nach § 14 Abs. 1 WpHG bildet den praktisch wichtigsten Fall einer Verletzung des Insiderrechts. Dieses Verbot umfasst drei Varianten von *Tathandlungen*: 42

– den Handel mit Insiderpapieren unter Verwendung einer Insiderinformation (§ 14 Abs. 1 Nr. 1 WpHG),
– das Empfehlen von Insiderpapieren auf der Grundlage einer Insiderinformation (§ 14 Abs. 1 Nr. 3 WpHG),
– die unbefugte Weitergabe einer Insiderinformation (§ 14 Abs. 1 Nr. 2 WpHG).

§ 38 Abs. 1 WpHG enthält die **dazugehörende Strafnorm** (vgl. Rz. 75). Ergänzend sind die Bußgeldtatbestände des § 39 WpHG, insbesondere § 39 Abs. 3 Nr. 3 und Nr. 4 WpHG zu prüfen (vgl. Rz. 83). 43

2. Insiderpapier

§ 14 Abs. 1 Nr. 1 und Nr. 3 WpHG verwenden den **Begriff** des Insiderpapiers, der in § 12 WpHG legaldefiniert ist. Voraussetzung ist – knapp zusammengefasst – grundsätzlich die *Börsenzulassung* oder die Einbeziehung in den *regulierten Markt* oder *Freiverkehr*. Aktienoptionen, welche weder zum Börsenhandel oder zu einem sonstigen organisierten Markt i.S. des § 12 WpHG zugelassen oder in den Freiverkehr einbezogen sind, und bei denen auch die Voraussetzungen des § 12 S. 2 WpHG – angekündigter oder gestellter Antrag auf Zulassung oder auf Einbeziehung in den entsprechenden Markt – nicht erfüllt sind, sind keine Insiderpapiere i.S. von § 12 WpHG[1]. 44

3. Insiderinformation

Der **Begriff** der Insiderinformation, definiert in § 13 Abs. 1 WpHG, ist für die praktische Handhabung der Verbotstatbestände des § 14 WpHG von *zentraler* Bedeutung. § 13 Abs. 1 WpHG bezeichnet als Insiderinformation 45

– eine konkrete Information
– über nicht öffentlich bekannte Umstände,
– die sich auf einen oder mehrere Emittenten von Insiderpapieren oder auf Insiderpapiere selbst beziehen und
– die geeignet sind, im Falle ihres öffentlichen Bekanntwerdens den Börsen- oder Marktpreis der Insiderpapiere erheblich zu beeinflussen.

a) Konkrete Information über Umstände

Der in § 13 Abs. 1 WpHG verwendete Begriff des „**Umstands**" geht bewusst über den im alten Recht verwendeten Begriff der Insidertatsache hinaus. Er umfasst alle der äußeren Wahrnehmung zugänglichen Geschehnisse oder Zustände der Außenwelt und des Innenlebens, also auch überprüfbare Werturtei- 46

---

[1] OLG Karlsruhe v. 4.2.2004 – 3 Ws 195/03, wistra 2004, 192.

le, Einschätzungen, Absichten, Prognosen und Gerüchte[1]. Die Information ist **konkret**, wenn sie so bestimmt ist, dass sie hinreichende Grundlage für eine Einschätzung über den zukünftigen Verlauf des Börsen- oder Marktpreises eines Insiderpapiers bilden kann[2].

47 § 13 Abs. 1 S. 3 WpHG stellt klar, dass eine Insiderinformation auch dann vorliegt, wenn sie sich auf einen **Umstand in der Zukunft** bezieht, sofern dessen Eintritt hinreichend wahrscheinlich ist. Es müssen *konkrete Tatsachen* vorliegen, welche den Eintritt des Ereignisses oder des Umstands voraussehbar erscheinen lassen[3]. Nach dem Emittentenleitfaden der BaFin können Gerüchte, die einen Tatsachenkern enthalten, ebenfalls eine Insiderinformation darstellen[4]. Auf die Frage der hinreichenden Konkretisierung eines Umstandes kommt es natürlich bei internen, im Unternehmen angestellten *Prognosen* an.

48 Der Grad der Konkretisierung und der Wahrscheinlichkeit der Realisierung spielen insbesondere bei **mehrstufigen Entscheidungsprozessen** eine Rolle. Unternehmerische Pläne reifen zeitlich i.d.R. in einem Prozess, der in mehrere Stufen unterteilt werden kann, z.B. in Planungs-, Entwicklungs- und Umsetzungsphase. Solche mehrstufigen Prozesse können typischerweise bis zur endgültigen Entscheidung scheitern.

Beispiel: Bei Unternehmenskäufen verläuft der Prozess über folgende Stufen: Eruieren des Marktes durch den Vorstand (oder seine Mitarbeiter), Kontaktaufnahme mit potenziellen Verkäufern, Letter of Intent, Beginn konkreter Vertragsverhandlungen, Entwicklung eines unterschriftsreifen Vertrages, Vorlage dieses Vertrages an den Aufsichtsrat, Vertragsunterzeichnung, Einladung zur Hauptversammlung, Beschlussfassung, Durchführung des Vertrages.

Für *jede* dieser Stufen kann sich die Frage stellen, ob eine Insiderinformation i.S. von § 13 Abs. 1 WpHG vorliegt. Jedes einzelne Ereignis, jeder bereits realisierte Zwischenschritt auf dem Weg zu einem beabsichtigten (noch künftigen) Ereignis kommt für sich betrachtet als Insiderinformation nach § 13 Abs. 1 WpHG in Betracht[5].

In der Praxis stellt sich sowohl die Frage, ob bereits eine *Veröffentlichungspflicht* nach § 15 WpHG (*Ad-hoc-Publizität*) besteht, als auch die Frage, ob *Insiderhandel* vorläge, wenn Unternehmensangehörige jetzt noch mit Aktien des Unternehmens handeln würden. Diese beiden Fragen können durchaus unterschiedlich zu beantworten sein. Es ist denkbar, dass die Geltung der Verbote des § 14 Abs. 1 WpHG klar zu bejahen ist, obwohl eine Veröffentlichungspflicht wegen § 15 Abs. 3 WpHG noch nicht besteht.

49 Im **Emittentenleitfaden** der BaFin heißt es zum Problem *mehrstufiger Entscheidungsprozesse*[6]:

---

1 BaFin, Emittentenleitfaden III. 2.1.1., zu Gerüchten 2.1.1.2.
2 Vgl. BaFin, Emittentenleitfaden III 2.1.1.
3 Vgl. BT-Drs. 15/3174, 34.
4 BaFin, Emittentenleitfaden III 2.1.1.
5 EuGH v. 28.6.2012 – Rs. C-19/11; BGH v. 23.4.2013 – II ZB 7/09, Rz. 9.
6 Vgl. BaFin, Emittentenleitfaden III. 2.1.1.1.

„Bei mehrstufigen Entscheidungsprozessen [...] ist die Frage, ob es sich um eine *konkrete* Information handelt, bei jeder einzelnen (Zwischen-)Stufe zu prüfen. Hat etwa die A AG die feste Absicht, die B AG zu übernehmen, so ist bereits diese Absicht eine konkrete, bestimmte Information. Dies gilt unabhängig von der Frage, ob es letztendlich tatsächlich zur Übernahme, also zur ursprünglich angestrebten Entscheidung, kommen wird.

Hiervon zu unterscheiden ist die Frage, ob der Prozess bereits so weit vorangeschritten ist, dass dem Umstand die Eignung zur erheblichen Preisbeeinflussung zukommt. Diese ist vom Standpunkt des verständigen Anlegers im Rahmen der Eignungsprüfung zu entscheiden. Je weiter der Übernahmeprozess vorangeschritten ist, umso größer wird dabei die Eignung zur Preiserheblichkeit sein. Signalisiert die B AG ihre Bereitschaft, sich übernehmen zu lassen, und ist eine Due Diligence-Prüfung zur Zufriedenheit der Beteiligten verlaufen, so wird der verständige Anleger einen starken Anreiz zum Erwerb der B AG–Aktien haben. Dass sich die Parteien u.U. über wesentliche Umstände der Übernahme, insbesondere den Preis, noch nicht endgültig geeinigt haben, und der Abschluss der Verträge bis zur Leistung der letzten Unterschrift scheitern kann, ändert hieran nichts."

Bei **zukunftsbezogenen Informationen** ist besonders sorgfältig zu prüfen, ob und ggf. ab welchem Zeitpunkt eine hinreichend konkrete Information vorliegt und ob und ab welchem Zeitpunkt diese auch zur Kursbeeinflussung geeignet ist. Der *BGH* hatte über diese Frage mehrfach im Rahmen eines *zivilrechtlichen Kapitalanleger-Musterverfahrens* im Zusammenhang mit dem Ausscheiden eines Vorstandsvorsitzenden eines börsennotierten Unternehmens zu entscheiden[1]. 50

Dabei ist nach der **BGH-Entscheidung** vom 23.4.2013 zu differenzieren: Bezogen auf die Information über künftige Ereignisse (beispielsweise noch nicht von den zuständigen Gremien beschlossene unternehmerische Pläne) kommt es für die Kursrelevanz auch auf die Wahrscheinlichkeit der Realisierung an. Bezogen auf die Kursrelevanz bereits realisierter Zwischenschritte soll es hingegen „nicht ausschließlich" auf die Wahrscheinlichkeit des beabsichtigten Ereignisses (Fernziels) ankommen[2]. In der vorausgegangenen BGH-Entscheidung vom 25.2.2008 hatte der BGH noch vertreten, dass zukunftsbezogene Informationen nur dann eine Insiderinformation darstellen, wenn „mit hinreichender Wahrscheinlichkeit davon ausgegangen werden darf, dass sie in Zukunft eintreten werde, und sie darüber hinaus als kurserheblich zu betrachten ist". Ob eine „hohe Wahrscheinlichkeit" erforderlich ist, oder ob eine niedrigere Schwelle anzusetzen und eine „überwiegende" Wahrscheinlichkeit (d.h. eine Eintrittswahrscheinlichkeit von über 50 %) ausreicht, ließ der BGH damals offen. Der zweite Leitsatz der Entscheidung von 2008 dürfte so zu verstehen sein, dass nach Auffassung des BGH eine Realisierungswahrscheinlichkeit von 50 % jedenfalls genügt[3]. Im Beschluss vom 23.4.2013 hat der BGH jedoch an dieser reinen Wahrscheinlichkeitsbetrachtung ausdrücklich nicht mehr festgehalten, beeinflusst durch die Vorabentscheidung des EuGH vom 28.6.2012. Nun soll ergänzend auf die (vom EuGH bemühten) „Regeln der allgemeinen Erfahrung" abgestellt werden, wobei zwar „eher mit dem Eintreten des künftigen Ereignisses als mit seinem Ausbleiben zu rechnen sein" muss, die Wahrscheinlichkeit aber „nicht zusätzlich hoch sein" muss[4].

---

1 BGH v. 25.2.2008 – II ZB 9/07, DB 2008, 977, Rz. 20 und BGH v. 23.4.2013 – II ZB 7/09, DB 2013, 1350 ff. Vgl. dazu auch OLG Stuttgart v. 15.2.2007 – 901 Kap. 1/06, BB 2007, 565 und OLG Stuttgart v. 22.4.2009 – 20 Kap. 1/08, AG 2009, 454 sowie zur im Bußgeldverfahren gegen die Emittentin vertretenen Auffassung der BaFin AG Frankfurt v. 15.8.2008 – 943 OWi 7411 Js 233764/07, ZIP 2008, 2313.
2 BGH v. 23.4.2013 – II ZB 7/09, Rz. 16.
3 BGH v. 25.2.2008 – II ZB 9/07, DB 2008, 977, Rz. 20 und 25. Vgl. auch OLG Düsseldorf v. 19.6.2009 – I-22 U 2/09, AG 2009, 870, Rz. 34 (wohl zu eng).
4 BGH v. 23.4.2013 – II ZB 7/09, Rz. 29.

b) Unbekannter Umstand

51 Der Umstand darf **nicht öffentlich bekannt** sein[1]. Nicht erforderlich ist, dass die Tatsache ein Geschäftsgeheimnis darstellt. Der Gesetzgeber geht von einer öffentlichen Bekanntheit aus, wenn es einer unbestimmten Anzahl von Personen möglich ist, von der Tatsache Kenntnis zu nehmen[2]. Öffentlich bekannt ist eine Tatsache schon im Falle der sog. Bereichsöffentlichkeit, etwa bei Mitteilungen auf einer Pressekonferenz des Emittenten. Keine Insiderinformationen sind, selbst bei Kursrelevanz, Bewertungen nach § 13 Abs. 2 WpHG, die aufgrund von öffentlich bekannten Umständen erstellt wurden. Das kann z.B. für Analystenbewertungen gelten.

52 Problematisch kann die Frage der Anwendbarkeit des Insiderhandelsverbots bei sog. **Face-to-Face-Geschäften** sein, wenn also beide Vertragsparteien die im Übrigen unbekannte Insiderinformation kennen[3]. Im Rahmen des gewöhnlichen, anonymen Börsenhandels kommt diese Konstellation allerdings selten vor.

c) Emittentenbezug

53 Der Umstand muss **Bezug zum Emittenten** oder zum betroffenen Insiderpapier haben. Tatsachen, die den Emittenten betreffen, sind insbesondere dessen wirtschaftliche Verhältnisse (vgl. § 265b Abs. 1 Nr. 1 und 2 StGB) und wirtschaftlich relevante Rechtsverhältnisse[4].

54 Eine Insiderinformation setzt nicht voraus, dass der konkrete Umstand im Tätigkeitsbereich des Emittenten eingetreten ist. Auch **unternehmensexterne Faktoren** können zu Insiderinformationen werden. Eine Insiderinformation ist bereits dann gegeben, wenn der betreffende Emittent mittelbar von einem den Kurs erheblich beeinflussenden Umstand betroffen ist[5]. Auch wenn das zugrundeliegende Ereignis nicht im Tätigkeitsbereich des Emittenten eintritt, ist ein mittelbares Betroffensein beispielsweise dann gegeben, wenn die Information an einem organisierten Markt, an dem das betroffene Finanzinstrument gehandelt wird, den Prozess der Preisbildung und -entwicklung als solchen erheblich beeinflussen kann. Die Information muss jedoch konkret genug sein, um den Schluss auf die mögliche Auswirkung dieses Umstands bzw. Ereignisses auf den Kurs des jeweiligen Finanzinstruments zuzulassen[6].

---

1 Vgl. LG Düsseldorf v. 4.9.2009 – 14c O 210/07, Rz. 40.
2 BT-Drs. 12/6679, 46.
3 Vgl. EuGH v. 10.5.2007 – Rs. C-391/04, WM 2007, 1603; krit. dazu *Lenenbach*, WuB I G 10 Art. 1 RL 89/592/EWG 1.08.
4 Vgl. z.B. BGH v. 17.9.1996 – 4 ARs 21/95, BGHSt 42, 243, Rz. 23 zum beabsichtigten Erwerb der Aktien eines anderen Unternehmens durch den Emittenten.
5 Zu konkreten Beispielen vgl. BaFin, Emittentenleitfaden III. 2.1.3.
6 Vgl. BT-Drs. 15/3174, 33; Art. 1 Abs. 1 MarktmissbrauchsRL sowie Art. 1 Abs. 1 der RL 2003/124/EG der Kommission.

d) Kursrelevanz

Zum Merkmal der **Eignung zur Kursbeeinflussung** (§ 13 Abs. 1 S. 2 WpHG) heißt es in einer Entscheidung des *OLG Düsseldorf*[1]: 55

„Ob eine nicht öffentlich bekannte Tatsache im Sinne von § 13 Abs. 1 WpHG geeignet war, im Falle ihres öffentlichen Bekanntwerdens den Kurs der Insiderpapiere erheblich zu beeinflussen, ist *anhand objektiver Kriterien* aus der Sicht eines verständigen und börsenkundigen, also mit den Gegebenheiten und Gesetzmäßigkeiten des Kapitalmarkts vertrauten Anlegers zu beurteilen, der über dieselben ‚präzisen Informationen' (Art. 1 Nr. 1 EG-Insiderrichtlinie) wie der Beschuldigte verfügte."

Das *Kursbeeinflussungspotenzial* einer Information ist „in objektiv-nachträglicher Ex-ante-Prognose" zu ermitteln. Zu berücksichtigen sind dabei insbesondere die möglichen Auswirkungen unter Berücksichtigung der Gesamttätigkeit des Emittenten, die Verlässlichkeit der Informationsquelle und sonstige Marktvariablen, die das entsprechende Finanzinstrument beeinflussen[2]. Auf die Festlegung bestimmter *Schwellenwerte* zur Festlegung der Kurserheblichkeit hat der Gesetzgeber wegen der Unvorhersehbarkeit von Marktvolatilitäten verzichtet[3].

Wichtiges **Beweisanzeichen** ist das spätere Geschehen, insbesondere die Reaktion des Marktes auf das Bekanntwerden der Insiderinformation[4], wobei der BGH inzwischen sehr vorsichtig formuliert: Ein Kursanstieg nach der (späteren) Ad-hoc-Mitteilung könne nur eingeschränkt als Indiz für die Kurserheblichkeit herangezogen werden. Der tatsächliche Kursverlauf könne aber Indizwirkung haben, wenn andere Umstände als das öffentliche Bekanntwerden der Insiderinformation als Ursachen einer erheblichen Kursänderung praktisch ausgeschlossen sind[5]. 55a

Bei künftigen Ereignissen als Insiderinformation sind aus Anlegersicht jedenfalls zwei Faktoren für die Kursrelevanz von Bedeutung: die Auswirkungen des Ereignisses auf den Emittenten, aber auch der Grad der Wahrscheinlichkeit des Eintritts dieses Ereignisses[6].

Die Eignung zur Preisbeeinflussung erfordert **keinen Nachweis der tatsächlichen Kursbeeinflussung** nach Bekanntwerden der Information. Zur Feststellung der „Kursrelevanz" genügt eine *Prognose* (ex-ante) über die voraussichtliche Auswirkung des Bekanntwerdens auf die Kursentwicklung. In der Praxis wird hierzu im Ermittlungsverfahren häufig ein *Sachverständigengutachten* erstellt. Die Überschreitung bestimmter Prozentschwellen kann ein Indiz für die Erheblichkeit sein. Der BGH hat entschieden, dass an die Feststellung der Kursrelevanz angesichts der Vielzahl an Faktoren, die (neben der Tathandlung) den Preis bestimmen, keine überspannten Anforderungen gestellt werden dür- 56

---

1 OLG Düsseldorf v. 6.7.2004 – III-5 Ss 2/04 – 13/04 I, 5 Ss 2/04 – 13/04 I, StV 2004, 660.
2 BGH v. 23.4.2013 – II ZB 7/09 Rz. 22.
3 BT-Drs. 15/3174, 34.
4 BGH v. 27.1.2010 – 5 StR 224/09, wistra 2010, 142, Rz. 16.
5 BGH v. 23.4.2013 – II ZB 7/09 Rz. 23 und BGH v. 13.12.2011 – XI ZR 51/10; vgl. auch OLG Stuttgart v. 18.8.2014 – 1 Ws 68/14, Rz. 37.
6 BGH v. 23.4.2013 – II ZB 7/09 Rz. 31.

fen und deshalb eine Befragung von Marktteilnehmern nicht erforderlich ist. Es genügt grundsätzlich, den Kursverlauf und den Umsatz in den Blick zu nehmen[1].

57 Die **BaFin** schreibt im *Emittentenleitfaden*[2]:

> „Eine Insiderinformation liegt nur dann vor, wenn die der Information zugrunde liegenden Umstände geeignet sind, im Falle ihres öffentlichen Bekanntwerdens den Börsen- oder Marktpreis der Insiderpapiere erheblich zu beeinflussen. Das Merkmal der Eignung verlangt eine *Einschätzung*, inwieweit der Börsen- oder Marktpreis beeinflusst wird, wenn die Umstände bekannt werden. Es kommt daher nicht darauf an, ob sich der Preis eines Insiderpapiers nach Bekanntwerden der Insiderinformation tatsächlich verändert hat. Ausreichend ist, wenn es aus Sicht eines verständigen Anlegers, der zum Zeitpunkt seines Handelns alle verfügbaren Informationen kennt, wahrscheinlich erscheint, dass es zu einer erheblichen Preisbeeinflussung kommen kann. Allerdings können nach Bekanntwerden der Insiderinformation tatsächlich eingetretene erhebliche Veränderungen des Börsen- und Marktpreises als Indiz für das Preisbeeinflussungspotenzial der zu bewertenden Information herangezogen werden."

Ob eine den Emittenten betreffende Information Preisbeeinflussungspotenzial besitzt, hängt auch von Faktoren wie Größe und Struktur des Unternehmens, Branche, Wettbewerbssituation, Markterwartungen ab. Die BaFin hat im Emittentenleitfaden einen nicht abschließenden **Katalog** von Fallkonstellationen veröffentlicht, in denen nach ihrer Einschätzung i.d.R. ein erhebliches Preisbeeinflussungspotenzial besteht[3].

e) Gesetzliche Beispiele

58 Die zu Art. 6 Abs. 10 der MarktmissbrauchsRL erlassene Durchführungs-RL 2003/124/EG enthält in Art. 1 Abs. 2 **Regelbeispiele**[4], welche das Vorliegen einer Insiderinformation in den Fällen des Wissens um bestimmte Kundenaufträge (Nr. 1) sowie in dem Fall des organisierten Derivatehandels (Nr. 2) beschreiben. Diese Beispiele sind durch § 13 Abs. 1 S. 4 WpHG einbezogen worden. In § 13 Abs. 1 S. 4 Nr. 1 WpHG wird ausdrücklich klargestellt, dass Eigengeschäfte von Wertpapierdienstleistungsunternehmen mit Finanzinstrumenten, einschließlich Warenderivaten, unter Ausnutzung der Kenntnis von Kundenaufträgen (d.h. „*Frontrunning*") einen Verstoß gegen das Verbot des Insiderhandels darstellen können. § 13 Abs. 1 S. 4 Nr. 2 WpHG bestimmt den Begriff der Insiderinformation für organisierte Derivatemärkte[5].

59 Der Erwerb von Insiderpapieren in der Absicht, sie anschließend einem anderen zum Erwerb zu empfehlen, um sie dann bei steigendem Kurs – infolge der Empfehlung – wieder zu verkaufen (sog. **Scalping** – Rz. 29), ist dagegen kein Insidergeschäft, sondern verstößt gegen das Verbot der Marktmanipulation (§ 20a Abs. 1 Nr. 3 WpHG)[6].

---

1 BGH v. 27.1.2010 – 5 StR 224/09, wistra 2010, 142, Rz. 16.
2 BaFin, Emittentenleitfaden III. 2.1.4.
3 BaFin, Emittentenleitfaden IV.2.2.4.
4 Dazu BaFin, Emittentenleitfaden III. 2.1.5.
5 Vgl. BT-Drs. 15/3174, 34.
6 BGH v. 6.11.2003 – 1 StR 24/03, BGHSt 48, 373.

4. Adressaten

Die Verbote des § 14 Abs. 1 WpHG sind personell nicht auf Mitglieder von Gesellschaftsorganen des Emittenten eines Wertpapiers (also z.B. Vorstand und Aufsichtsrat) beschränkt, sondern gelten letztlich für **jedermann**, der mit Insiderinformationen in Berührung kommt. Das kann neben dem Vorstand auch dessen Sekretärin oder der Abteilungsleiter Controlling sein, aber auch der Assistent des Wirtschaftsprüfers, der die Bücher des Emittenten prüft.

Die früher in den Verbotstatbestand integrierte Unterscheidung zwischen **Primär- und Sekundärinsidern** ist insoweit *entfallen*. Allerdings spielt diese Unterscheidung im Hinblick auf die Frage der Sanktionierung als Straftat oder Ordnungswidrigkeit noch eine gewisse Rolle (Rz. 75, 83).

II. Einzelne Tatbestände

1. Verbotener Insiderhandel

§ 14 Abs. 1 Nr. 1 WpHG betrifft das Verbot, unter **Verwendung** einer Insiderinformation Insiderpapiere für eigene oder fremde Rechnung oder für einen anderen zu *erwerben* oder zu *veräußern*[1]. Es kommt nicht mehr darauf an, dass die Kenntnis einer Insiderinformation *ausgenutzt* wird. Maßgebend ist, dass eine Insiderinformation *verwendet* wird[2].

Der früher im Gesetz vorkommende Begriff des „**Ausnutzens**" einer Insidertatsache führte zu erheblichen Schwierigkeiten bei der Beweisführung[3], denn er wurde als zweckgerichtetes Handeln verstanden. Das Merkmal „Ausnutzen" – als Alleinstellungsmerkmal interpretiert – führte oft zur Straflosigkeit, wenn der Täter weitere, kaum zu widerlegende Motive behauptete. Der BGH[4] sah sich zu einer europarechtskonformen, einschränkenden Interpretation des Merkmals veranlasst.

An die Stelle des Merkmals „Ausnutzen" ist nun der Begriff „**Verwenden**" getreten. Die Neuformulierung macht deutlich, dass ein subjektiv auf ein bestimmtes Ziel ausgerichtetes Handeln nicht mehr verlangt wird. Für die Tatbestandsmäßigkeit kommt es damit nicht mehr auf den Zweck des Handelns, z.B. die Erlangung eines wirtschaftlichen Vorteils, an. Nach den Überlegungen des *deutschen Gesetzgebers* wird nur noch bei der Straf- bzw. Bußgeldzumessung berücksichtigt, welchen Zweck der Täter verfolgt hat. In der Gesetzesbegründung heißt es, der Täter müsse, um den Tatbestand zu erfüllen, die Insiderinformation *in sein Handeln mit einfließen* lassen. Erfüllt der Täter lediglich eine Verbindlichkeit, die er in gleicher Weise auch ohne Kenntnis der Insiderinformation erfüllt hätte bzw. hätte erfüllen müssen, so genügt dies für

---

[1] Zum Begriff Erwerb und Veräußerung OLG Karlsruhe v. 4.2.2004 – 3 Ws 195/03, NJW-RR 2004, 984, Rz. 12.
[2] Dazu ausführlich BaFin, Emittentenleitfaden III. 2.2.1.2. und 2.2.1.4.
[3] Wegen des früheren Merkmals Ausnutzen waren sogar Verfahren beim EuGH anhängig, z.B. EuGH v. 10.5.2007 – Rs. C-391/04, Slg. 2007, I-03741; vgl. auch EuGH v. 23.12.2009 – Rs. C-45/08, AG 2010, 74.
[4] BGH v. 27.1.2010 – 5 StR 224/09, wistra 2010, 142, Rz. 17 ff.

eine strafbare „Verwendung" der Insiderinformation nicht, wie Art. 2 Abs. 3 der Marktmissbrauchsrichtlinie klarstelle[1].

65 Bei der Auslegung des Merkmals „Verwenden" darf Art. 2 der **MarktmissbrauchsRL** (Rz. 5, 37) nicht außer Acht gelassen werden. Art. 2 Abs. 1 S. 1 der RL lautet:

„Die Mitgliedstaaten untersagen Personen im Sinne von Unterabsatz 2, die über eine Insider-Information verfügen, *unter Nutzung derselben* für eigene oder fremde Rechnung direkt oder indirekt Finanzinstrumente, auf die sich die Information bezieht, zu erwerben oder zu veräußern oder dies zu versuchen."

66 Wichtig ist auch **Erwägungsgrund 18** der MarktmissbrauchsRL, der lautet:

„*Ausnutzung* von Insider-Informationen kann vorliegen, wenn Finanzinstrumente erworben oder veräußert werden und der Betreffende dabei *weiß* oder *hätte wissen müssen*, dass es sich bei der ihm vorliegenden Information um eine Insider-Information handelt. Hier sollten die zuständigen Behörden von dem ausgehen, was eine normale, vernünftige Person unter den gegebenen Umständen wusste oder hätte wissen müssen. Der Umstand, dass Market-maker oder Stellen, die befugt sind, als Gegenpartei aufzutreten, oder Personen, die an der Börse Kundengeschäfte ausführen, zwar über Insider-Informationen verfügen, jedoch in den ersten zwei Fällen lediglich ihr legitimes Geschäft des Ankaufs oder Verkaufs von Finanzinstrumenten ausüben oder im letztgenannten Fall pflichtgemäß Aufträge ausführen, sollte als solcher nicht als Ausnutzung von Insider-Informationen gewertet werden."

67 Der **EuGH** hat sich aufgrund eines belgischen Ausgangsfalls in einer Entscheidung vom **23.12.2009** mit dem Begriff der „Nutzung einer Insiderinformation" auseinandergesetzt[2]. Wenn der Täter ein Finanzinstrument, auf das sich die Insiderinformation bezieht, für eigene oder fremde Rechnung erwirbt, veräußert oder dies versucht, und wenn der Täter dabei über eine Insiderinformation verfügt, so *impliziert* dies nach der EuGH-Entscheidung eine *Nutzung* der Insiderinformation i.S. von Art. 2 Abs. 1 der RL 2003/6/EG. Das gilt nach der EuGH-Entscheidung „vorbehaltlich der Wahrung der Verteidigerrechte und insbesondere des Rechts, diese Vermutung widerlegen zu können". Der EuGH stellt sogar eine *Vermutung* auf, dass derjenige, der ein nach Art. 2 Abs. 1 der Richtlinie verbotenes Insidergeschäft tätigt, mit *Vorsatz* handelt. Bei der Auslegung orientiert sich der EuGH an der Zielsetzung der Richtlinie[3].

68 Bei der **Abgrenzung** der *nicht erlaubten* von der *erlaubten* Nutzung von Insiderinformationen hat die Entscheidung nur wenig zur Rechtssicherheit beigetragen[4].

An einer Stelle weist der EuGH darauf hin, das Verbot von Insidergeschäften solle verhindern, dass der Insider, der aufgrund seiner Insiderkenntnis einen *Vorteil* gegenüber den anderen Anlegern habe, daraus „zum *Nachteil* der anderen [...] einen *Nutzen* zieht". An anderer Stelle formuliert der EuGH, es gehe um den Schutz der Integrität der Finanzmärkte und die Stärkung des Vertrauens der Investoren, gegen „die *unrechtmäßige Ver-*

---

1 BT-Drs. 15/3174, 34.
2 EuGH v. 23.12.2009 – Rs. C-45/08, EuZW 2010, 227 ff.
3 EuGH v. 23.12.2009 – Rs. C-45/08, EuZW 2010, 227 ff., Rz. 62, 61 und 48. Zum konsequenten Gegenbeispiel bei beiderseitiger Kenntnis entsprechender Pläne von „Kurspflege"-Maßnahmen EuGH v. 10.5.2007 – Rs. C-391/04, Slg. 2007, I-3741.
4 Zu der Entscheidung *Forst*, EWiR 2010, 129; *Heusel*, BKR 2010, 77 ff.; *Rolshoven/Renz/Hense*, BKR 2010, 74 ff.; *Opitz*, BKR 2010, 71 ff.

wendung" einer Insiderinformation geschützt zu sein. „Nur" eine dieser Zielsetzung zuwiderlaufende Nutzung stelle ein verbotenes Insidergeschäft dar[1].

Entscheidend ist die noch nicht abschließend geklärte Frage, ob und ggf. welcher **Zusammenhang** zwischen dem *Wissen um die Insiderinformation* und der *Vornahme des Geschäfts* besteht. Manche fordern einen Ursachenzusammenhang, andere jedenfalls Mitursächlichkeit, wobei das vorgenommene Geschäft nicht ausschließlich auf der Insiderinformation beruhen müsse[2]. Die Entscheidung des 5. Strafsenats des BGH vom 27.1.2010[3] erging zum früheren „Ausnutzen" und kann insoweit für Taten, die erst nach Neufassung des Tatbestands begangen wurden, nicht mehr herangezogen werden.

Der EuGH hat in der Entscheidung jedoch ausdrücklich festgehalten, dass ein Handel mit Insiderpapieren durch eine Person, die über eine Insiderinformation verfügt, sogar *impliziere*, dass eine Nutzung der Insiderinformation vorliegt. Die Frage, ob der Täter gegen das Verbot von Insidergeschäften verstoße, sei im Licht der Zielsetzung der Marktmissbrauchsrichtlinie zu prüfen[4]. Versteht man diese Ausführungen richtig, stellt grundsätzlich bereits ein **Handeln in Kenntnis** der Insiderinformation eine „Nutzung" bzw. „Verwendung" dieser Information dar. Eine Kausalverbindung oder Mitursächlichkeit des Wissens muss bei der Prüfung der Tatbestandsmäßigkeit nicht vorliegen. Einen Kausalzusammenhang zu verlangen, ergibt sich nicht zwingend aus dem Normwortlaut und wäre mit Blick auf die Formulierungen des EuGH zu eng verstanden. Die Forderung einer Kausalverbindung würde sogar der Zielsetzung der RL teilweise widersprechen, in der es doch darum geht, zum Schutz der Integrität des Finanzmarkts grundsätzlich *jeden* Handel mit Insiderpapieren bei Vorliegen eines Wissensvorsprungs zu verbieten. Der Wissensvorsprung muss demnach weder Auslöser noch ein Motiv für das Handeln des Täters sein.

Bei europarechtskonformer Auslegung ist jedoch eine **teleologische Reduktion** vorzunehmen: Ein verbotenes Insidergeschäft liegt ausnahmsweise trotz Handeln in Kenntnis der Insiderinformation nicht vor, wenn der Wissensvorsprung überhaupt *nicht in das Handeln des Täters eingeflossen* ist und die Integrität des Kapitalmarkts *nicht beeinträchtigt* wird. Diese Interpretation steht auch im Einklang mit dem bereits erwähnten Erwägungsgrund 18 der RL. Personen, die an der Börse lediglich pflichtgemäß Kundenaufträge ausführen und dabei für fremde Rechnung Insiderpapiere erwerben oder veräußern, verstoßen deshalb nicht gegen das Verbot des § 14 Abs. 1 Nr. 1 WpHG, selbst wenn sie zugleich Kenntnis von einer Insiderinformation haben.

Bei der strafrechtlichen Beurteilung der subjektiven Tatseite kommt bei Geschäften mit Insiderpapieren wegen der Unschuldsvermutung eine Unterstellung **vorsätzlichen Verhaltens** nicht in Betracht. Bei strafbaren Verstößen gegen § 14 Abs. 1 Nr. 1 WpHG genügt aber für die Annahme vorsätzlichen Verhaltens, wenn der Täter die Insiderinformation *kennt* und das Geschäft *mit Wissen und Wollen* ausführt. Bei zukunftsbezogenen Insiderinformationen kann

---

1 EuGH v. 23.12.2009 – Rs. C-45/08, EuZW 2010, 227 ff., Rz. 48 und 61.
2 Dazu *Schäfer*, Hdb. KapitalmarktstrafR, S. 83 Rz. 198 m.w.Nw.
3 BGH v. 27.1.2010 – 5 StR 224/09, wistra 2010, 142, Rz. 17.
4 EuGH v. 23.12.2009 – Rs. C-45/08, EuZW 2010, 227 ff., Rz. 62.

es wegen der damit verbundenen schwierigen Abgrenzungsfragen (vgl. Rz. 55) in Einzelfällen – bei fahrlässig falscher Einschätzung der Kursrelevanz – an der subjektiven Tatseite fehlen[1].

2. Unbefugte Mitteilung von Insiderinformationen

73 Nach § 14 Abs. 1 Nr. 2 WpHG ist es verboten, einem anderen eine *Insiderinformation* unbefugt mitzuteilen oder *zugänglich* zu machen. Nr. 2 beruht auf Art. 3 Buchst. a der MarktmissbrauchsRL und entspricht § 14 Abs. 1 Nr. 2 WpHG a.F.

Konkurrierend kann auch eine Verletzung von Betriebs- oder Geschäftsgeheimnissen nach § 203 StGB (§ 33 Rz. 45) oder eine Strafbarkeit nach § 404 AktG[2] und § 333 HGB (§ 94 Rz. 5) in Betracht kommen.

3. Verleitung zum Insiderhandel

74 Nach § 14 Abs. 1 Nr. 3 WpHG ist es verboten, einem anderen auf der Grundlage einer Insiderinformation den Erwerb oder die Veräußerung von Insiderpapieren zu *empfehlen* oder einen anderen auf sonstige Weise dazu zu *verleiten*. Nr. 3 beruht auf Art. 3 Buchst. b der MarktmissbrauchsRL. Der Verbotstatbestand ist um die Handlungsalternative „Verleiten" ergänzt. Zum Erwerb oder zur Veräußerung verleitet, wer den Willen des anderen durch beliebige Mittel beeinflusst. Da ein Verleiten auch durch eine Empfehlung erfolgen kann, ist die Empfehlung ein spezieller Unterfall des Verleitens als Mittel der Willensbeeinflussung[3].

III. Sanktionen

1. Straftaten

a) Verbotener Insiderhandel

75 Vorsätzliche oder leichtfertige Verstöße gegen § 14 Abs. 1 Nr. 1 WpHG (Rz. 62) führen über § 38 WpHG für jedermann zur Strafbarkeit. Bei *Vorsatz* drohen gem. § 38 Abs. 1 Nr. 1 WpHG bis zu fünf Jahre Freiheitsstrafe oder Geldstrafe. Handelt der Täter *leichtfertig*, so ist die Strafe nach § 38 Abs. 4 WpHG Freiheitsstrafe bis zu einem Jahr oder Geldstrafe.

Auch der *Versuch* des verbotenen Insiderhandels ist gem. § 38 Abs. 3 i.V.m. Abs. 1 WpHG strafbar.

b) Unbefugte Mitteilung und Verleitung

76 *Vorsätzliche* Verstöße gegen § 14 Abs. 1 Nr. 2 und Nr. 3 WpHG (Rz. 73, 74) sind dagegen nur dann strafbar, wenn die weiteren *persönlichen Voraussetzungen* des § 38 Abs. 1 Nr. 2 WpHG erfüllt sind (Sonderdelikt). Hier ist der Versuch

---

1 BGH v. 23.4.2013 – II ZB 7/09, Rz. 26.
2 Vgl. BGH v. 17.9.1996 – 4 ARs 21/95, BGHSt 42, 243.
3 BT-Drs. 15/3174, 34.

nicht strafbar. Im Falle der Verleitung (Nr. 3) kann aber schon Vollendung eingetreten sein, bevor der Wertpapierhandel des Verleiteten abgeschlossen ist.

Als **Täter** des § 14 Abs. 1 Nr. 2 oder Nr. 3 WpHG kommt gem. § 38 Abs. 1 Nr. 2 WpHG (nur) in Betracht, wer

– als Mitglied des Geschäftsführungs- oder Aufsichtsorgans oder als persönlich haftender Gesellschafter des Emittenten oder eines mit dem Emittenten verbundenen Unternehmens (Buchst. a),
– aufgrund seiner Beteiligung am Kapital des Emittenten oder eines mit dem Emittenten verbundenen Unternehmens (Buchst. b),
– aufgrund seines Berufs oder seiner Tätigkeit oder seiner Aufgabe bestimmungsgemäß (Buchst. c) oder
– aufgrund der Vorbereitung oder Begehung einer Straftat (Buchst. d)

über eine *Insiderinformation* verfügt und – in dieser Eigenschaft – unter Verwendung dieser Insiderinformation die Tathandlung begeht.

77

Primärinsider ist, wer eines oder mehrere der persönlichen Merkmale von § 38 Abs. 1 Nr. 2 Buchst. a–d WpHG erfüllt[1]. § 38 Abs. 1 Nr. 2 Buchst. a–c WpHG entsprechen den früheren persönlichen Merkmalen des § 14 Abs. 1 Nr. 1–3 WpHG a.F. **Sekundärinsider** ist dagegen, wer auf sonstige Weise eine Insiderinformation erlangt hat.

78

Der „**statusbezogene Adressat**" (§ 38 Abs. 1 Nr. 2 Buchst. a WpHG) muss die Kenntnis von der Insiderinformation *„als Mitglied"* des Organs[2] erlangt haben. Von einer rein privat erlangten Kenntnis wird man bei diesem Personenkreis allerdings nur selten ausgehen können. Ähnlich wie sonst im Wirtschaftsstrafrecht sollte auch der faktische Geschäftsführer, der sich eines Strohmanns als rechtlichen Geschäftsführers bedient (näher § 30 Rz. 100b), als Mitglied der Geschäftsführung angesehen werden.

79

Der „**beteiligungsbezogene Adressat**" (§ 38 Abs. 1 Nr. 2 Buchst. b WpHG) muss die Kenntnis *„aufgrund seiner Beteiligung"* erlangt haben. Erforderlich ist eine unmittelbare Beteiligung am Emittenten oder eines mit dem Emittenten verbundenen (§ 15 AktG) Unternehmens. Bei einer mittelbaren Beteiligung kommt die Eigenschaft als Sekundärinsider in Betracht.

80

„**Tätigkeitsbezogene**" Primärinsider (§ 38 Abs. 1 Nr. 2 Buchst. c WpHG) sind in erster Linie *Angestellte* des Unternehmens. Aber auch unternehmensexterne Personen, namentlich kreditgewährende Banken und Angehörige von Beraterberufen, die im Rahmen der Beratertätigkeit für das Unternehmen oder dessen Vertragspartner Insidertatsachen kennen, kommen als Normadressaten in Betracht. Mit dem Merkmal *„bestimmungsgemäß"* scheiden nach dem Willen des deutschen Gesetzgebers insbesondere solche Personen, die zufällig oder durch private Mitteilungen Kenntnisse erlangt haben, aus dem Kreis der Primärinsider aus. Nach dem Wortlaut von Art. 2 Abs. 1 S. 2 der MarktmissbrauchsRL, auf dem das deutsche Gesetz beruht, genügt es indes, wenn die be-

81

---

1 BT-Drs. 15/3174, 40.
2 Z.B. Aufsichtsratsmitglied, vgl. BGH v. 17.9.1996 – 4 ARs 21/95, BGHSt 42, 243.

treffende Person „aufgrund ihrer Arbeit, ihres Berufs oder ihrer Aufgaben Zugang zu der betreffenden Information hat".

82 Der **„straftatenbezogene Adressat"** (§ 38 Abs. 1 Nr. 2 Buchst. d WpHG) wurde in Umsetzung der MarktmissbrauchsRL eingefügt. Danach ist auch derjenige Primärinsider, wer im Zuge der Begehung oder der Vorbereitung einer Straftat eine Insiderinformation erlangt hat. In Betracht kommen hierbei insbesondere Eigentumsdelikte nach den §§ 242 ff. StGB oder auch Datenschutzdelikte nach den §§ 201 ff. StGB.

2. Ordnungswidrigkeiten

83 Nach § 39 Abs. 2 Nr. 3 und Nr. 4 WpHG ist mit einer **Geldbuße** bedroht, wer vorsätzlich oder leichtfertig
- entgegen § 14 Abs. 1 Nr. 2 WpHG eine Insiderinformation *mitteilt* oder zugänglich macht (§ 39 Abs. 2 Nr. 3 WpHG)
- entgegen § 14 Abs. 1 Nr. 3 WpHG den Erwerb oder die Veräußerung eines Insiderpapiers empfiehlt oder auf sonstige Weise dazu *verleitet* (§ 39 Abs. 2 Nr. 4 WpHG).

84 Diese beiden Bußgeldtatbestände greifen vor allem bei **Sekundärinsidern**, also Tätern, bei denen keines der in § 38 Abs. 1 Nr. 2 Buchst. a–d WpHG aufgeführten persönlichen Tätermerkmale vorliegt und die die Insiderinformation auf sonstige Weise erlangt haben. Hier hält der Gesetzgeber wegen des geringeren Unrechtsgehalts eine Ordnungswidrigkeit für ausreichend[1].

85 Außerdem greifen die beiden Bußgeldtatbestände bei **Primärinsidern**, wenn Vorsatz bezüglich der Tathandlung *nicht nachweisbar* ist und eine Strafbarkeit daher ausscheidet, jedoch zumindest *Leichtfertigkeit* vorliegt.

3. Vermögensabschöpfung

86 Außerdem ist in den Fällen des Insiderhandels – neben der eigentlichen Strafsanktion – auch an die Anwendung der Vorschriften über den **Verfall** zu denken[2].

87 Bei der **Höhe des Verfalls** greift der BGH in einer Entscheidung vom 27.1.2010 zum Insiderhandel auf die Differenzierung zurück, ob ein Geschäft an sich verboten ist (dann kann der dabei erzielte Erlös dem Verfall unterliegen) oder ob nur die Art und Weise, in der das Geschäft ausgeführt wurde, bemakelt ist (dann soll der erlangte Sondervorteil abgeschöpft werden können)[3]. Richtigerweise ist aber in den Fällen des § 14 Abs. 1 Nr. 1 WpHG das Geschäft *an sich* verboten, es geht nicht nur um eine strafrechtlich „bemakelte" Geschäfts*ausführung*.

88 Der BGH ging in der genannten Entscheidung offenbar davon aus, bei strafbaren Insidergeschäften durch „Ausnutzen" von Insiderinformationen (also nach § 14 Abs. 1

---

1 BT-Drs. 15/3174, 40.
2 Zu den praktischen Problemen vgl. aber BVerfG v. 14.6.2004 – 2 BvR 1136/03, StV 2004, 409; BGH v. 2.7.2009 – IX ZR 174/08.
3 BGH v. 27.1.2010 – 5 StR 224/09, wistra 2010, 142, Rz. 31.

WpHG a.F.) sei nur die Art und Weise des Geschäfts bemakelt, weshalb für den Verfall der vom Täter erzielte Sondervorteil maßgeblich sei. Dieser Sondervorteil entspreche dem Unwertgehalt der Tat. Der BGH hat im konkreten Einzelfall entschieden, dieser Sondervorteil liege in der „Verschonung von dem Wertverlust, den andere uninformierte Marktteilnehmer infolge verspäteter Veröffentlichung der aktienkursrelevanten [...] Tatsache erlitten" hätten. Der Wert der Aktien, die die Täter durch ein legales Geschäft erworben hätten, bleibe durch das Bruttoprinzip unangetastet. Der Tatrichter dürfe das Erlangte unter Berücksichtigung einer längerfristigen Betrachtung der Kursentwicklung schätzen[1].

Strafrechtlicher Vorwurf war indes nicht die verspätete Ad-hoc-Veröffentlichung (die zwar unzulässig, aber nicht unmittelbar strafbewehrt war), sondern der (zum Tatzeitpunkt) **unzulässige Verkauf** von Aktien aus zuvor erworbenen Aktienoptionen. Dieser Verkauf war unzulässig, weil die Täter Kenntnis von Insiderinformationen hatten. Sie hätten erst nach Veröffentlichung einer Ad-hoc-Mitteilung über den ihnen bekannten Umsatzrückgang die Aktien verkaufen dürfen. Das von den Tätern Erlangte ist der Veräußerungserlös, der *nicht* mit dem Vermögensnachteil anderer (welcher?) Aktionäre übereinstimmen muss, die in Unkenntnis der Insiderinformation einen rechtzeitigen Verkauf versäumt haben. Die Nichtabzugsfähigkeit von Aufwendungen ist Folge des Bruttoprinzips.

Jedenfalls seit der Neufassung des § 14 Abs. 1 Nr. 1 WpHG und dem Verzicht auf das Tatbestandsmerkmal des „Ausnutzens" einer Insiderinformation dürfte sich das dargestellte Problem, die Höhe des Verfalls beim verbotenen Insidergeschäft zu bestimmen, nicht mehr in dieser Schärfe stellen. Denn nun ist klargestellt, dass es für die Tatbestandsmäßigkeit nicht mehr darauf ankommt, ob der Täter einen Sondervorteil erzielt. Ist ein Geschäft mit Insiderpapieren nach § 14 Abs. 1 Nr. 1 WpHG *per se* verboten, so kann der aus diesem Geschäft erzielte *Erlös* abgeschöpft werden, unabhängig von etwaigen *Aufwendungen*, die der Täter *vor* der Tathandlung gehabt haben mag. Wie beim Drogendealer kann also beim verbotenen Verkauf von Insiderpapieren der **Veräußerungserlös** und nicht nur der wirtschaftliche Gewinn aus der Transaktion abgeschöpft werden. 89

§ 69
Andere Bank- und Finanzgeschäfte

Bearbeiter: Alexander Schumann

	Rz.		Rz.
I. Depotgeschäfte	1	III. Geschäfte von Investmentgesellschaften	14
II. Pfandbriefgeschäfte	6		

---

1 BGH v. 27.1.2010 – 5 StR 224/09, wistra 2010, 142, Rz. 31, 32 und 27, auch zu den weiteren Einzelheiten der Schätzung des Sondervorteils.

I. Depotgeschäfte

Schrifttum: (Kommentare zum KWG: § 66 vor Rz. 1); *Berger*, Verpfändung und Verwertung von Aktien, WM 2009, 577; *Hirte/Knof*, Das Pfandrecht an globalverbrieften Aktien in der Insolvenz, WM 2008, 7; *Krimphove*, Das zweite Finanzmarktförderungsgesetz, JZ 1994, 23; *Miletzki*, 100 Jahre Depotrecht, WM 1996, 1849; *Stöcker*, Die HBG-Novelle 2004 – Neue Benchmark für insolvenzfeste Pfandbriefe, Bank 2004, 332; *Wimmer*, Entwurf eines Gesetzes zur Umsetzung der Finanzsicherheiten-Richtlinie, ZIP 2003, 1563.

1 **a)** Wertpapierdepots bieten eine Möglichkeit der *Verwahrung von Wertpapieren*. Man unterscheidet zwischen Girosammelverwahrung und Streifbandverwahrung. In Deutschland werden Wertpapierdepots üblicherweise im Wege der Girosammelverwahrung, d.h. als Konto geführt, auf dem die Bestände gebucht werden. Wertpapiere können jedoch auch in Papierform z.B. in einem Safe durch ein Kreditinstitut bzw. eine Depotbank gesondert verwahrt werden. Die Verwahrung und ihre verschiedenen Formen sind im *„Gesetz über die Verwahrung und Anschaffung von Wertpapieren"*, dem **Depotgesetz**[1] geregelt. Eine besondere Rolle nimmt die **Depotbank** bei der Verwahrung von Wertpapieren für Investmentgesellschaften ein (vgl. § 66 Rz. 25).

2 Der *Verwahrer* ist verpflichtet, die Wertpapiere unter äußerlich erkennbarer Bezeichnung jedes Hinterlegers **gesondert** von seinen eigenen Beständen und von denen Dritter *aufzubewahren*, falls es sich – in der Praxis ausnahmsweise – um Wertpapiere handelt, die nicht zur Sammelverwahrung durch eine Wertpapiersammelbank zugelassen sind oder wenn der Hinterleger die gesonderte Aufbewahrung verlangt (§ 2 Abs. 1 DepotG).

3 **Wertpapiersammelbanken** sind Kreditinstitute, die von der (nach Landesrecht) zuständigen Stelle des Landes, in dessen Gebiet das Kreditinstitut seinen Sitz hat, als solche anerkannt sind (§ 1 Abs. 3 S. 1 DepotG). Werden Wertpapiere in Sammelverwahrung genommen, so entsteht mit dem Zeitpunkt des Eingangs beim Sammelverwahrer für die bisherigen Eigentümer Miteigentum nach Bruchteilen an den zum Sammelbestand des Verwahrers gehörenden Wertpapieren derselben Art (§ 6 Abs. 1 DepotG).

4 **b)** Das Depotgesetz enthält drei spezielle **Straftatbestände**, die eine Verletzung von speziellen Pflichten nach dem DepotG ahnden sollen:

- § 34 DepotG: die sog. *Depotunterschlagung*, also die rechtswidrige Verfügung über anvertraute Wertpapiere durch den Verwahrer und seine Erfüllungsgehilfen;

- § 35 DepotG: *unwahre Angaben* des Verwahrers gegenüber einem Dritten, dem er Wertpapiere anvertraut, über das ihm in Wirklichkeit nicht zustehende Eigentum;

---

1 G über die Verwahrung und Anschaffung von Wertpapieren v. 4.2.1937, RGBl. I 171, neu gefasst durch Bek. v. 11.1.1995, BGBl. I 34, zul. geänd. durch Art. 5 G v. 31.7.2009, BGBl. I 2009, Nr. 2519.

– § 37 DepotG: die *pflichtwidrige Unterlassung* der Sonderverwahrung (gem. § 2 DepotG) im Falle der Zahlungseinstellung oder des Insolvenzverfahrens.

Diese – sehr speziellen – Straftatbestände haben keine große praktische Bedeutung[1]. Denn zumeist greifen dann, wenn ein derartiges Fehlverhalten vorkommt, die Straftatbestände der **Untreue** (§ 266 StGB), der **Unterschlagung** (§ 246 StGB) oder des **Betrugs** (§ 263 StGB) vorrangig.

II. Pfandbriefgeschäfte

Schrifttum: *Fragos/Lindemann*, Public Finance durch darlehensähnliche Swapgeschäfte, RIW 2006, 593; *Koppmann*, Die besondere Sicherheit des Pfandbriefs in der Insolvenz der Pfandbriefbank, WM 2006, 305; *Kristen/Springer*, Der Treuhänder einer Pfandbriefbank und das neue Pfandbriefgesetz, BKR 2006, 366; *Smola*, Refinanzierung wohnungswirtschaftlicher Darlehen einer Bausparkasse über Pfandbriefe, die von einer Pfandbriefbank emittiert werden und unter Einbeziehung eines Refinanzierungsregisters, BKR 2009, 241.

a) Der *Begriff* des Pfandbriefgeschäfts ist in § 1 Abs. 1 des **Pfandbriefgesetzes** (PfandBG)[2] definiert. Ein Pfandbrief ist eine von einer „Pfandbriefbank" ausgegebene *Anleihe*. Eine Pfandbriefbank ist ein Kreditinstitut, das für das Pfandbriefgeschäft einer speziellen Erlaubnis der Aufsichtsbehörde (BaFin) bedarf (§§ 2, 3 PfandBG).

Kennzeichen des **Pfandbriefs** ist eine zusätzliche *„Deckungsmasse"*, die dieser Anleihe eine besondere Werthaltigkeit garantiert. Dem Erwerber steht – im Fall der Insolvenz der Bank – neben der Haftung der emittierenden Bank zusätzlich eine Vermögensmasse zur Verfügung, die sich aus besonders gesicherten Darlehensforderungen zusammensetzt. Der Wert der Sicherheiten für die ausgegebenen Darlehen – Grundstücke, Schiffe und Flugzeuge – minimiert das Ausfallrisiko des ausgereichten Darlehens und bestimmt mittelbar auch den Wert des Pfandbriefs.

Nur **gesetzlich bestimmte Sicherheiten** eignen sich – unter Wahrung näher bestimmter Voraussetzungen – zur Aufnahme in eine solche Deckungsmasse.

Bei **Hypothekenpfandbriefen** besteht die Deckungsmasse aus Darlehensforderungen, die durch Grundpfandrechte gesichert sind.

Bei **Öffentlichen Pfandbriefen** (früherer: Kommunalobligationen) wird die Deckungsmasse aus Forderungen gegen die Öffentliche Hand gebildet.

Bei **Schiffspfandbriefen** sind die Darlehensforderungen durch im Schiffsregister eingetragene Schiffshypotheken besichert.

Bei den – erst 2009 geschaffenen – **Flugzeugpfandbriefen** besteht die Deckungsmasse aus Darlehensforderungen, die durch öffentlich registrierte Flugzeughypotheken besichert sind (vgl. dazu auch § 66 Rz. 6).

---

1 Praktischer Anwendungsfall: OLG Frankfurt v. 16.1.2008 – 23 U 35/07, Rz. 40, 41 (auch zur Untreue; Bejahung zivilrechtlicher Ansprüche des Kunden gem. § 823 Abs. 2 BGB).
2 BGBl. I 2005, 1373.

9 Zahlreiche Bestimmungen des PfandBG dienen dem **Schutz des Anlegers**. So muss der Gesamtbetrag der in Umlauf befindlichen Pfandbriefe durch Werte in mindestens gleicher Höhe und mit gleichem Zinssatz gedeckt sein (sog. Deckungskongruenz, § 4 Abs. 1 S. 1 PfandBG). Die Werte sind im Deckungsregister einzutragen, und bei Rückzahlung eines zur Deckung benötigten Werts muss unverzüglich ein Ersatzwert ins Deckungsregister eingetragen werden (§ 5 PfandBG).

Abschnitt 3 des PfandBG enthält – differenziert nach Hypothekenpfandbriefen, Öffentlichen Pfandbriefen, Schiffs- und Flugzeugpfandbriefen – besondere Vorschriften über die *Deckungswerte*, insbesondere spezielle Vorschriften, welche Gegenstände bzw. Rechte überhaupt zur Deckung eingesetzt werden dürfen, wie ihr Wert zu ermitteln ist und in welcher Höhe der Wert berücksichtigt werden darf (Beleihungswertgrenzen).

Bei Hypothekenbriefen muss in Bezug auf die Deckungsmasse eine Wertermittlung von einem Gutachter vorgenommen werden, der über die hierzu notwendige Berufserfahrung sowie über die notwendigen Fachkenntnisse für Beleihungswertermittlungen verfügen muss und der die Begutachtung „unabhängig von der Kreditentscheidung" vorgenommen hat (§ 16 Abs. 1 PfandBG). Zur Deckung von Hypothekenpfandbriefen dürfen Hypotheken nur bis zur Höhe der ersten 60 % des Beleihungswerts benutzt werden (§ 14 PfandBG).

10 Die §§ 4 und 5 PfandBG enthalten wichtige **gesetzliche Verbote** für den Vertrieb von Pfandbriefen. Verboten ist u.a.,
- für eine Pfandbriefbank *Pfandbriefe in den Verkehr zu bringen*, wenn deren Betrag nicht ausreichend durch im Deckungsregister eingetragene Werte vorschriftsmäßig gedeckt ist (§ 4 Abs. 7 S. 1 PfandBG);
- die Veräußerung oder Belastung eines im Deckungsregister eingetragenen Werts zum Nachteil der Pfandbriefgläubiger, wenn dies zu einer Unterdeckung führt (§ 4 Abs. 7 S. 2 PfandBG).

11 b) Die **Strafnorm** des § 38 PfandBG betrifft den (vorsätzlichen) Verstoß gegen diese Verbote und den Verstoß gegen die Pflicht zur Eintragung von Ersatzwerten im Deckungsregister nach § 5 Abs. 1 S. 2 PfandBG (Rz. 9).

12 § 39 PfandBG enthält einen Ordnungswidrigkeitentatbestand.

13 Werden die Vorschriften über die Deckung und Beleihung nicht eingehalten und entsteht der Bank dadurch ein Schaden, so kommt auch ein Vergehen der **Untreue** nach § 266 StGB in Betracht, wobei sich die Pflichtwidrigkeit aus der Verletzung der gesetzlichen Vorschriften ergibt.

III. Geschäfte von Investmentgesellschaften

14 Die *Erlaubnispflicht* des Betreibens einer Kapitalanlagegesellschaft oder einer Investment-AG und die entsprechende **Strafbarkeit** bei fehlender Erlaubnis der BaFin (§ 143a InvG a.F., nunmehr § 339 KAGB) wurde bereits an anderer Stelle erläutert (§ 66 Rz. 22).

§ 340 KAGB enthält daneben verschiedene *Bußgeldtatbestände* bei Verletzung sonstiger Pflichten nach dem InvG.

§ 70
Maklergeschäfte

Bearbeiter: Joachim Dittrich

	Rz.		Rz.
I. Gewerberechtliche Normen ...	1	II. Wohnungsvermittlung	10
1. Gewerbeordnung............	2		
2. Makler- und Bauträgerverordnung	6		

Schrifttum: *Grziwotz*, MaBV, Kommentar zur Makler- und Bauträgerverordnung, 2. Aufl. 2012; *Ibold*, Maklerrecht, 2. Aufl. 2009; *Lach/Menger/Rompf*, Rechtshandbuch für Immobilienmakler, Darlehensvermittler, Baubetreuer, Bauträger und Hausverwalter, Loseblatt; *Landmann/Rohmer*, Kommentar zur Gewerbeordnung, Loseblatt; *Marcks*, Makler- und Bauträgerverordnung, 9. Aufl. 2014; *Sailer/Kippes/Rehkugler*, Handbuch für Immobilienmakler und Immobilienberater, 2. Aufl. 2011; *Hamm/Schwerdtner*, Maklerrecht, 6. Aufl. 2012; *Seydel/Heinbuch*, Maklerrecht, 4. Aufl. 2005.

I. Gewerberechtliche Normen

Die **wichtigsten Rechtsnormen** für den Makler sind in sehr unterschiedlichen Gesetzen enthalten: Neben den zivilrechtlichen Regelungen in §§ 652–656 BGB (Mäklervertrag) stehen strafrechtliche in § 291 Abs. 1 Nr. 4 StGB (Vermittlungswucher, dazu § 61 Rz. 2 ff.) und im *Wirtschaftsstrafgesetz* (WiStG) 1954 (§ 3 Preisregelung und § 5 Mietpreisüberhöhung, dazu § 61 Rz. 74 ff., 92 ff.). Während etwa die Bestimmungen bezüglich Rennwetten oder über die Adoptionsvermittlung nicht zum Kernbereich des Wirtschaftsstrafrechts zählen (vgl. § 74 Rz. 22, 34), sind von nennenswerter praktischer Bedeutung die Bestimmungen der *Gewerbeordnung* (GewO) sowie der darauf beruhenden *Makler- und Bauträgerverordnung* (MaBV), die nachstehend kurz skizziert werden. Die *Wohnungsvermittlung* wird unter Rz. 10 f. angesprochen. 1

1. Gewerbeordnung

Nach § 34c Abs. 1 GewO bedürfen einer **gewerberechtlichen Erlaubnis** (vgl. hierzu § 25 Rz. 22 ff.): gewerbsmäßige Immobilien- und Darlehensmakler, Baubetreuer und Bauträger. § 34c Abs. 5 GewO enthält einen Freistellungskatalog u.a. für Kreditinstitute, kreditvermittelnde Warenverkäufer und Vermittlungen nach dem Teilzeit-Wohnrechtegesetz. Zu § 34c GewO gibt es ferner landesrechtliche Verwaltungsvorschriften. Die Erlaubnispflicht für Finanzanlagenvermittler ist nunmehr in § 34f GewO geregelt (§ 25 Rz. 30 ff.). 2

Wer vorsätzlich oder fahrlässig das Geschäft eines *Immobilien- und Darlehensmaklers*, Maklers von inländischen und ausländischen Investmentanteilen **ohne** die erforderliche **Erlaubnis** nach § 34c Abs. 1 Nr. 1, 1a oder 2 oder nach 3

§ 34c Abs. 1 S. 1 Nr. 3 GewO als Bauherr[1] oder Baubetreuer Bauvorhaben vorbereitet oder durchführt, handelt nach § 144 Abs. 1 Nr. 1 Buchst. h und i GewO *ordnungswidrig* (Geldbuße bis zu 5 000 Euro, vgl. auch § 25 Rz. 26).

4 Gleichfalls eine Ordnungswidrigkeit (Geldbuße bis zu 5 000 Euro) ist der Verstoß gegen eine vollziehbare **Auflage** nach § 34c Abs. 1 S. 2 GewO, die mit der Erlaubnis verbunden ist (§ 144 Abs. 2 Nr. 5 GewO).

5 § 148 GewO enthält einen *Vergehenstatbestand* (Geldstrafe oder Freiheitsstrafe bis zu einem Jahr). § 148 Nr. 1 GewO stellt die **beharrliche Wiederholung** des Verstoßes nach § 144 Abs. 1 Nr. 1 Buchst. h und i GewO unter Strafe[2].

2. Makler- und Bauträgerverordnung

6 In § 34c Abs. 3 GewO wird das **Bundesministerium für Wirtschaft und Technologie ermächtigt**, Vorschriften über den Umfang der Verpflichtung von Maklern, Bauträgern und Baubetreuern bei der Ausübung ihres Gewerbes zu erlassen. Es hat davon mit der Verordnung über die Pflichten der Makler, Darlehensvermittler, Bauträger und Baubetreuer (*Makler- und Bauträgerverordnung* MaBV)[3] Gebrauch gemacht.

7 Die **MaBV** findet **Anwendung** auf die in § 34c Abs. 1 GewO aufgeführten Gewerbetreibenden mit Ausnahme bestimmter Versicherungs- oder Bausparkassenvertreter und Hausverwalter sowie der Freiberufler und Gewerbetreibenden nach § 6 GewO und mit Ausnahme der in § 34c Abs. 5 GewO genannten Fälle. Durch die Neufassung des § 1 Abs. 1 MaBV[4] ist klargestellt, dass es nicht auf die Erlaubnispflichtigkeit der Tätigkeit, sondern allein auf ihre tatsächliche Ausübung ankommt.

8 Die MaBV statuiert eine Reihe von **Verpflichtungen**, deren Verletzung zumeist in § 18 MaBV bußgeldbewehrt ist:

– Sicherheitsleistung bzw. Versicherungspflicht für Makler und Baubetreuer (§ 2 MaBV);

– besondere Sicherungspflichten für Bauträger und Vorschriften zur objektbezogenen Verwendung fremder Vermögenswerte (§§ 3–5 MaBV), das sind die wichtigsten Verbraucherschutzbestimmungen;

– getrennte Vermögensverwaltung durch Führung von Sonderkonten (§ 6 MaBV);

– Rechnungslegung (§ 8 MaBV);

– Anzeigepflicht bei Personalveränderungen (§ 9 MaBV);

– Aufzeichnungspflicht von der Annahme des Auftrages an (§ 10 MaBV)[5];

---

1 Zum Bauherrenbegriff i.S. der GewO vgl. BVerwG v. 10.6.1986 – 1 C 9/85, NJW 1987, 511; OLG Düsseldorf v. 15.7.2011 – I-U 87/09, juris Rz. 37).
2 Vgl. dazu BGH v. 25.2.1992 – 5 StR 528/91, NStZ 1992, 594.
3 Neufassung v. 7.11.1990, BGBl. I 2479, zul. geänd. durch VO v. 2.5.2012, BGBl. I 1006.
4 Durch VO v. 9.3.2010, BGBl. I 264.
5 Vgl. VGH Hessen v. 10.9.1996 – 8 UE 3817/95, GewArch 1997, 67.

- Informationspflicht gegenüber dem Auftraggeber (§ 11 MaBV);
- fünfjährige Aufbewahrungspflicht für Geschäftsunterlagen (§ 14 MaBV);
- Prüfbericht durch externen Prüfer (§§ 16, 17 MaBV)[1].

Pflichtverstöße sind durch § 18 MaBV, § 144 Abs. 2 Nr. 6 GewO als Ordnungswidrigkeiten **bußgeldbewehrt**. Der Bußgeldrahmen reicht bis 5 000 Euro (§ 144 Abs. 4 GewO).

II. Wohnungsvermittlung

Das **Gesetz zur Regelung der Wohnungsvermittlung**[2] ist ein primär *zivilrechtliches* „Nebengesetz" und regelt in erster Linie die Voraussetzungen der Entstehung des Mäklerlohns (§ 2 WoVermRG)[3] und den zulässigen zivilrechtlichen Inhalt von Verträgen der Wohnungsvermittler (§§ 3–5 WoVermRG)[4]. Es will Missständen entgegenwirken, die sich in Zeiten des akuten Wohnungsmangels im Zuge des Abbaus der Wohnraumbewirtschaftung verbreitet gezeigt hatten. Von besonderer Bedeutung sind hierbei die Regelungen des § 2 Abs. 2 WoVermRG, die bei Eigengeschäften und wirtschaftlichen Verflechtungen des Vermittlers mit der Vermieterseite (§ 2 Abs. 2 Nr. 3 WoVermRG)[5] einen Anspruch auf Maklerlohn ausschließen. Die Verletzung einzelner dem Wohnungsvermittler auferlegter Pflichten hat indes nicht nur zivilrechtliche Folgen[6], sondern ist auch mit Geldbuße bedroht. Auch wenn die disziplinierende Wirkung dieser Tatbestände (Generalprävention) erheblich sein mag, sind praktische Fälle inzwischen selten.

Ordnungswidrig (Geldbuße bis zu 2 500 Euro bzw. 25 000 Euro) handelt nach § 8 WoVermG, wer

- entgegen § 3 Abs. 1 WoVermRG das geforderte Entgelt für die Vermittlung nicht in einem Bruchteil oder Vielfachen der Monatsmiete angibt,
- entgegen § 6 Abs. 1 WoVermRG ohne Auftrag Wohnräume anbietet[7],

---

1 Vgl. KG v. 6.11.1996 – 2 Ss 272/96, GewArch 1997, 114; OLG Düsseldorf v. 19.6.1995 – 5 Ss (Owi) 218/95 – (Owi) 88/95 I, wistra 1996, 35; KG v. 26.7.2000 – 2 Ss 159/00, juris.
2 Art. 9 des G zur Verbesserung des MietR v. 4.11.1971, BGBl. I 1745, zul. geänd. durch G v. 20.9.2013, BGBl. I 3642.
3 Zum Interessenkonflikt durch „Eigengeschäfte" vgl. BGH v. 13.3.2003 – III ZR 299/02, NJW 2003, 1393; BGH v. 2.10.2003 – III ZR 5/03, NJW 2004, 286; BGH v. 9.3.2006 – III ZR 235/05, NJW-RR 2006, 729.
4 Vgl. auch *Mansees*, Wer ist Wohnungsverwalter nach dem WohnungsvermittlungsG?, ZMR 1986, 344; *Breithold*, Wer ist Verwalter i.S. von § 2 II Nr. 3 WohnungsvermittlungsG?, NJW 1987, 398; zum Wohnungsvermittler s. OVG Hamburg v. 16.7.1992 – Bs VI 37/92, GewArch 1993, 70.
5 Vgl. hierzu BGH v. 23.10.2003 – III ZR 41/03, NJW 2003, 3768; OLG Schleswig v. 22.1.2010 – 14 U 81/09, ZMR 2012, 494.
6 Näher die Kommentare zum BGB, z.B. *Sprau* in Palandt, vor § 652 BGB Rz. 14; § 652 BGB Rz. 59 ff.
7 Vgl. hierzu BGH v. 25.7.2002 – III ZR 113/02, NJW 2002, 3015.

– entgegen § 6 Abs. 2 WoVermRG in Annoncen nicht zu erkennen gibt, dass er gewerblicher Wohnungsvermittler ist, oder in Anzeigen den Mietpreis nicht angibt[1] oder nicht auf die Nebenkosten hinweist.

§ 71
Transportwesen

Bearbeiter: Michael Pfohl

	Rz.		Rz.
A. Straßenverkehr		**III. Luftverkehr**	22
I. Güterkraftverkehr		**C. Beförderung gefährlicher Güter**	
1. Allgemeines	1	**I. Grundlagen**	28
2. Ordnungswidrigkeiten	9	**II. Straftaten und Ordnungswidrigkeiten**	
II. Maut	11		
III. Personenbeförderung	12	1. Unerlaubter Umgang mit gefährlichen Gütern	37
IV. Fahrpersonal	18	2. Straftatbestand des § 11 GGBefG	42
B. Eisenbahn-, Schiffs- und Luftverkehr		3. Bußgeldtatbestände	43
I. Eisenbahnverkehr	19		
II. Schiffsverkehr	20		

A. Straßenverkehr

Schrifttum: Güterkraftverkehr: *Hein/Eichhoff/Pukall/Krien* (nun hrsg. von *Trinkaus/Maiworm/Raaf/Wallenfels*), Güterkraftverkehrsrecht, Kommentar, Loseblatt; *Knorre*, GüKG, online-Kommentar, 2012; *Knorre/Demuth/Schmid*, Handbuch des Transportrechts, 2008; *Lammich/Pöttinger*, Gütertransportrecht, Kommentar, Loseblatt.

Rechtsprechungsübersichten: *Trinkaus/Maiworm* NZV 1993, 215; 1994, 386; 1995, 389; 1996, 395; 1997, 425; 1998, 444; 2000, 481; *Sellmann* NVwZ 2006, 888; 2009, 149; 2011, 724.

Personenbeförderung: *Bauer*, Personenbeförderungsgesetz, 2009; *Bidinger*, Personenbeförderungsrecht, Loseblatt; *Fielitz/Grätz* Personenbeförderungsgesetz, Kommentar, Loseblatt; *Fromm/Sellmann/Zuck*, Personenbeförderungsrecht, 4. Aufl. 2013; *Heinze/Fehling/Fiedler*, Personenbeförderungsrecht, 2. Aufl. 2014.

Fahrpersonalrecht: *Hein/Eichhoff/Pukall/Krien*, (nun hrsg. von *Trinkaus/Maiworm/Raaf/Wallenfels*), Güterkraftverkehrsrecht, Kommentar, Loseblatt.

---

1 Vgl. z.B. OLG Köln v. 7.9.2001 – 6 U 129/01, juris; OLG Köln v. 30.11.2001 – 6 U 27/01, NZM 2002, 392.

I. Güterkraftverkehr

1. Allgemeines

Die für das Transportwesen maßgeblichen zivilrechtlichen Normen wurden 1998 einem grundlegenden Wandel unterzogen. Das Fracht-, Speditions- und Lagerrecht wurde durch das *Transportrechtsreformgesetz* vom 25.6.1998[1] in §§ 407 ff. HGB neu gestaltet[2]. Auch das **Güterkraftverkehrsgesetz (GüKG)**[3], das die geschäftsmäßige oder entgeltliche Beförderung von Gütern auf der Straße regelt, wurde seit den 1990er-Jahren unter starkem Einfluss europäischen Rechts mehrfach geändert und liberalisiert:

Zum 1.1.1994 wurden die Vorschriften über den Tarifzwang aufgehoben[4]. Im Jahr 1998 wurde das GüKG auf etwa 1/4 der Vorschriften reduziert[5]. Hintergrund dieser Änderungen war die Reform der (damaligen) **europäischen Kabotage-VO**[6]. Sie sieht vor, dass jeder Unternehmer, der gewerblichen Güterkraftverkehr betreibt und Inhaber einer EU-Gemeinschaftslizenz ist, unter bestimmten Bedingungen Güter innerhalb der Gemeinschaft befördern, d.h. als ausländischer Transporteur auch die Binnenbeförderung durchführen darf (Kabotage-Transporte)[7]. Diese sog. Kabotage-Genehmigungen waren bis zum 30.6.1998 kontingentiert, zum 1.7.1998 wurden diese Beschränkungen aufgehoben.

Mit der Reform des GüKG sollten etwaige, durch die Freigabe der Kabotage-Transporte drohende Wettbewerbsnachteile deutscher Unternehmen vermieden werden[8]. Hierzu wurden die früheren Differenzierungen nach Güterfernverkehr, Güternahverkehr und Umzugsverkehr ebenso aufgehoben wie die Kontingentierung von Güterfernverkehrsgenehmigungen. Durch **diesen Wegfall der Kontingentierungen** trat – im Zusammenwirken mit der Anerkennung von Gemeinschaftslizenzen und vergleichbaren internationalen Genehmigungen – eine *Liberalisierung des Güterverkehrs* ein. Fragwürdige Kehrseite dieser Entwicklung war die erhebliche Zunahme des Gütertransports auf der Straße einschließlich der damit verbundenen zusätzlichen Umweltbelastungen[9].

Die europäische Kabotage-VO Nr. 3118/93 wurde durch die **VO (EG) Nr. 1072/2009** aufgehoben und der Zugang zum Markt des grenzüberschreiten-

---

1 TRG v. 25.6.1998, BGBl. I 1588; ber. am 18.1.1999, BGBl. I 42.
2 Ausf. dazu *Herber*, NJW 1998, 3297; *Thume*, BB 1998, 2117.
3 G v. 22.6.1998, BGBl. I 1485, zul. geänd. am 28.8.2013, BGBl. I 3313.
4 TarifaufhebungsG (TAufhG) v. 13.8.1993, BGBl. I 1489; vgl. dazu *Maiworm*, NZV 1994, 263.
5 Vgl. dazu *Martell*, NJW 1999, 193; *Sellmann/Blume*, NVwZ 1999, 250.
6 VO (EWG) Nr. 3118/93 des Rates v. 25.10.1993 zur Festlegung der Bedingungen für die Zulassung von Verkehrsunternehmen zum Güterkraftverkehr innerhalb eines Mitgliedstaats, zul. geänd. am 1.3.2002, ABl. EG Nr. L 76 v. 19.3.2002, 1, inzwischen aufgehoben.
7 Vgl. zum Begriff der Kabotage Art. 2 Nr. 6 der VO (EG) 1072/09 (unten Rz. 4).
8 Vgl. dazu *Martell*, NJW 1999, 193.
9 Vgl. dazu *Sellmann/Blume*, NVwZ 1999, 250 (255) m.w.Nw.

den Güterverkehrs neu geregelt[1]. Seit dem 14.5.2010 dürfen Unternehmer mit einem Sitz in einem Mitgliedstaat nach einer internationalen Beförderung drei Kabotagebeförderungen innerhalb von sieben Tagen durchführen (Art. 8 und 9 der VO)[2]. Auch die Vorschriften über die Zulassung zum Güterkraftverkehr wurden *harmonisiert*. Maßgeblich ist nun die **VO (EG) Nr. 1071/2009** zur Festlegung gemeinsamer Regeln für die Zulassung zum Beruf des Kraftfahrtunternehmers, die zum 4.12.2011 in Kraft getreten ist[3]. Diese Verordnung sieht u.a. eine Erlaubnispflicht vor und regelt die materiellen Voraussetzungen für die Erteilung dieser Erlaubnis.

5 Das GüKG unterscheidet zwischen dem gewerblichen Güterkraftverkehr (2. Abschnitt) und dem Werkverkehr (3. Abschnitt). Als **Güterkraftverkehr** in diesem Sinne gilt die „geschäftsmäßige oder entgeltliche Beförderung von Gütern mit Kraftfahrzeugen, die einschließlich Anhänger ein höheres zulässiges Gesamtgewicht als 3,5 Tonnen haben" (§ 1 Abs. 1 GüKG). Als **Werkverkehr** wird der Güterkraftverkehr für *eigene Zwecke* eines Unternehmens angesehen, wenn bestimmte in § 1 Abs. 2 GüKG im Einzelnen aufgeführte Voraussetzungen erfüllt sind[4]. Keine Anwendung findet das Gesetz in den in § 2 Abs. 1 GüKG genannten Fällen, die im Rahmen des Gesamtverkehrs keine besondere Bedeutung haben und auch verkehrswirtschaftlich nicht ins Gewicht fallen[5]. Dies gilt etwa für die Beförderung von Gütern bei der Durchführung von Verkehrsdiensten, die nach dem Personenbeförderungsgesetz genehmigt worden sind (Nr. 4), für die Beförderung von Medikamenten (Nr. 5), von Milch und Milcherzeugnissen (Nr. 6) und für die in land- sowie forstwirtschaftlichen Betrieben übliche Beförderung (Nr. 7).

6 Der *gewerbliche Güterkraftverkehr* ist gem. § 3 Abs. 1 GüKG grundsätzlich **erlaubnispflichtig** (vgl. auch § 25 Rz. 52). Voraussetzungen für die Erlaubniserteilung sind gem. § 3 Abs. 2 und 3 GüKG i.V.m. Art. 3 VO (EG) 1071/09 die Zuverlässigkeit des Unternehmers, die finanzielle Leistungsfähigkeit des Unternehmens und die fachliche Eignung des Unternehmers bzw. seines Geschäftsführers. Als Erlaubnis i.S. des § 3 GüKG gilt auch die nach Art. 3 und 4 der VO (EG) Nr. 1072/09 erteilte *Gemeinschaftslizenz* (§ 5 GüKG). Diese berechtigt auch dazu, grenzüberschreitend innerhalb der EU tätig zu werden. Dem europäischen Recht entsprechend sieht § 6 GüKG weitere Ausnahmen von der Erlaubnispflicht für ausländische Unternehmen vor, die eine Gemeinschaftslizenz oder eine andere in § 6 GüKG aufgeführte international gültige Genehmigung haben.

Der Unternehmer hat dafür Sorge zu tragen, dass die vorhandene Güterkraftverkehrsberechtigung (Erlaubnis o.Ä.) und ein **Begleitpapier** (über das beförderte Gut, Be- und Ent-

---

1 VO (EG) Nr. 1072/09 des Europ. Parl. und Rates v. 21.10.2009 über gemeinsame Regeln für den Zugang zum Markt des grenzüberschreitenden Güterkraftverkehrs, ABl. EU Nr. L 300 v. 14.11.2009, 72, zul. geänd. am 9.7.2012, ABl. EU Nr. L 178 v. 10.7.2006, 5; näher dazu *Knorre*, TranspR 2011, 353.
2 Vgl. *Häberle* in Erbs/Kohlhaas, G 218, Vorbem. 3; *Knorre*, TranspR 2011, 353.
3 ABl. EU Nr. L 300 v. 14.11.2009, 51, zul. geänd. am 9.7.2012, ABl. EU Nr. L 178 v. 10.7.2012, 6; näher dazu *Knorre*, TranspR 2011, 353.
4 Vgl. etwa OLG Hamburg v. 11.8.2011 – 3 Ss 68/11 OWi, NStZ-RR 2012, 91.
5 Vgl. *Häberle* in Erbs/Kohlhaas, G 218 § 2 GüKG Rz. 1.

ladeort sowie Auftraggeber) beim Transport mitgeführt werden (§ 7 GüKG). Gem. § 7a GüKG ist der Unternehmer auch verpflichtet, eine Güterschaden-Haftpflichtversicherung abzuschließen. § 7b GüKG soll der illegalen Beschäftigung im Güterkraftverkehr entgegenwirken und verlangt, dass nur ordnungsgemäß beschäftigtes Fahrpersonal eingesetzt werden darf[1].

Im Gegensatz zum Güterkraftverkehr ist der *Werkverkehr* grundsätzlich **erlaubnisfrei** und auch keiner Versicherungspflicht unterworfen (§ 9 GüKG). 7

Zur näheren Ausgestaltung und Ergänzung des GüKG wurden die **VO** *über den grenzüberschreitenden Güterkraftverkehr und den Kabotage-Verkehr*[2] sowie die *BerufszugangsVO für den Güterkraftverkehr*[3] erlassen. Dabei regelt die zuerst genannte VO u.a. die Erteilung und Entziehung der Gemeinschaftslizenz, deren Geltungsbereich sowie die Erteilung und die Entziehung sog. CEMT-Genehmigungen (vgl. § 4 der VO), den grenzüberschreitenden Güterkraftverkehr mit bilateralen Genehmigungen und Drittstaatengenehmigungen sowie den grenzüberschreitenden gewerblichen kombinierten Verkehr. Die Berufszugangsverordnung konkretisiert die Zugangsvoraussetzungen der persönlichen Zuverlässigkeit, finanziellen Leistungsfähigkeit und fachlichen Eignung sowie das Prüfungsverfahren. 8

2. Ordnungswidrigkeiten

Das GüKG enthält *keine Strafnorm*, sondern in **§ 19** GüKG nur einen – allerdings weit gefächerten – **Bußgeldtatbestand**. Danach können Verstöße gegen die im Einzelnen genannten Verbote des GüKG mit Geldbußen bis zu 200 000, 100 000, 20 000 bzw. bis zu 5000 Euro geahndet werden (vgl. Abs. 7). Erfasst werden u.a. das Betreiben des gewerblichen Güterkraftverkehrs ohne Erlaubnis (§ 19 Abs. 1 Nr. 1b GüKG), das unterlassene Mitsichführen der Berechtigung oder Begleitpapiere, z.B. dem Versicherungsnachweis (§ 19 Abs. 1 Nr. 1, 1a, 3–6e GüKG) sowie der Einsatz nicht zugelassenen Fahrpersonals (§ 19 Abs. 1 Nr. 6c–6e GüKG). § 19 Abs. 2–5 GüKG sanktionieren einzelne Verstöße gegen europarechtliche Bestimmungen, so u.a. das Betreiben des grenzüberschreitenden Güterkraftverkehrs ohne Gemeinschaftslizenz (§ 19 Abs. 2 Nr. 1 GüKG) oder Formen der unerlaubt betriebenen Kabotage (§ 19 Abs. 4 Nr. 2 GüKG). Weitere, § 19 GüKG ergänzende Bußgeldvorschriften finden sich in § 25 der VO über den grenzüberschreitenden Güterkraft- und Kabotage-Verkehr sowie in § 10 der BerufszugangsVO. 9

Zur Vereinheitlichung der Ahndungspraxis durch die Verwaltungsbehörden dienen die bundesweit geltenden **Buß- und Verwarnungsgeldkataloge GüKG**[4]. Sie enthalten nur interne Weisungen an die Verwaltungsbehörden, sind jedoch auch für den potenziell Betroffenen informativ. Für die Sanktionierungspraxis der Gerichte sind sie allerdings nicht verbindlich. 10

---

1 Näher dazu *Häberle* in Erbs/Kohlhaas, G 218 § 7b GüKG.
2 V. 28.12.2011, BGBl. I 42, zul. geänd. am 22.5.2013, BGBl. I 1395.
3 BerufszugangsVO für den Güterkraftverkehr v. 21.12.2011, BGBl. I 3120, zul. geänd. am 5.11.2013, BGBl. I 3920.
4 Vgl. dazu *Häberle* in Erbs/Kohlhaas, G 218e.

II. Maut

11 Die zum Jahr 2005 eingeführte **LKW-Maut** richtete sich zunächst nach dem „Gesetz über die Erhebung von streckenbezogenen Gebühren für die Benutzung von Bundesautobahnen mit schweren Nutzfahrzeugen" (ABMG)[1]. Dieses Gesetz wurde zum 19.7.2011 aufgehoben und durch das **Bundesfernstraßenmautgesetz**[2] ersetzt, das durch die *LKW-MautVO*[3] ergänzt wird. § 10 BFStrMG enthält einen *Bußgeldtatbestand*, der u.a. das unterlassene Entrichten der Autobahnmaut mit einer Geldbuße bis zu 20 000 Euro bedroht (§ 10 Abs. 1 Nr. 1, Abs. 2 i.V.m. § 4 Abs. 1 S. 1, § 3 Abs. 2 S. 1 BFStrMG). Ebenfalls bußgeldbewehrt sind einzelne Zuwiderhandlungen gegen im Gesetz vorgegebene Pflichten zum Mitsichführen und Aushändigen von Belegen sowie gegen Auskunftserteilungen. Im Einzelnen muss hier auf § 10 Abs. 1 BFStrMG sowie die zum ABMG und BFStrMG ergangene Rechtsprechung[4] und Literatur[5] verwiesen werden.

III. Personenbeförderung

12 Die entgeltliche oder geschäftsmäßige Beförderung von Personen mit Straßenbahnen, Oberleitungsomnibussen und Kraftfahrzeugen, nicht aber mit der Eisenbahn, unterliegt dem **Personenbeförderungsgesetz** (PBefG)[6], das vornehmlich gewerberechtliche Zielsetzungen verfolgt, jedoch auch den Aspekt der Daseinsvorsorge berücksichtigen soll. Neben dem PBefG ist insbesondere die VO (EG) Nr. 1370/2007 des Europäischen Parlaments und des Rates über öffentliche Personenverkehrsdienste auf Schiene und Straße vom 3.12.2007 zu berücksichtigen, die am 3.12.2009 in Kraft getreten ist. Sie regelt vor allem die Vergabe von Personenbeförderungsaufträgen, d.h. öffentlichen Dienstleistungsaufträgen[7].

13 Gem. § 2 sieht das PBefG eine grundsätzliche **Genehmigungspflicht** für die genannten Personenbeförderungen vor. Die Genehmigung wird dem Unternehmer für einen bestimmten Verkehr und für seine Person erteilt (§ 3 PBefG). Nach § 21 PBefG ist er verpflichtet, den ihm genehmigten Betrieb aufzunehmen und während der Geltungsdauer der Genehmigung aufrechtzuerhalten. § 22 PBefG begründet für den Unternehmer eine grundsätzliche Beförderungspflicht. Für die Beförderung ist ein Entgelt zu entrichten, das der Benutzer zu

---

1 AutobahnmautG v. 2.12.2004, BGBl. I 3122, zul. geänd. am 12.7.2011, BGBl. I 1378; näher dazu *Neumann/Müller*, NVwZ 2002, 1295 sowie *Sellmann*, NVwZ 2004, 51.
2 V. 12.7.2011, BGBl. I 1378, zul. geänd. am 7.8.2013, BGBl. I 3154; näher dazu *Müller/Schulz*, BundesfernstraßenG, 2. Aufl. 2013 sowie speziell zu den Änderungen des Jahres 2013 *Peres/Lampert*, NVwZ 2014, 102.
3 V. 24.6.2003, BGBl. I 1003, zul. geänd. am 23.7.2013, BGBl. I 2550.
4 Vgl. etwa OLG Köln v. 18.4.2006 – 82 Ss – Owi 18/06, NZV 2006, 608 zur Bestimmtheit von § 10 ABMG. Weitere Rspr.-Nw. bei *Sellmann*, NVwZ 2009, 149.
5 Vgl. *Fuchs/Kirsch*, DöV 2010, 27; *Wegner*, NZV 2006, 293; *Neumann/Kocken*, NVwZ 2009, 940.
6 G i.d.F. der Bek. v. 8.8.1990, BGBl. I 1690, zul. geänd. am 7.8.2013, BGBl. I 3154.
7 ABl. EU Nr. L 315 v. 3.12.2007, 1; näher dazu *Knauff*, DVBl. 2006, 339; *Saxinger*, DVBl. 2009, 1149 und *Sellmann*, NVwZ 2009, 149.

erbringen hat. Diese Entgelte werden vom Unternehmer bestimmt (§ 39 PBefG), wobei jedoch eine Zustimmung der Genehmigungsbehörde erforderlich ist.

Besondere Regelungen gelten gem. §§ 46 ff. PBefG für den **Gelegenheitsverkehr** (Taxen, Ausflugsfahrten und Ferienziel-Reisen, Mietomnibusse und Mietwagen). Hier besteht bei Taxen nur eine eingeschränkte (§ 47 Abs. 4 PBefG), im Übrigen keine Beförderungspflicht (§§ 48 Abs. 4, 49 Abs. 3 PBefG). Die Beförderungsentgelte dürfen im Taxenverkehr durch Rechtsverordnungen der Länder festgesetzt werden (§ 51 PBefG).

Das PBefG enthält *keine Straftatbestände*. Einzelne Verstöße gegen die Vorschriften des Gesetzes können gem. § 61 PBefG jedoch als **Ordnungswidrigkeiten** mit Geldbußen bis zu 20 000 Euro geahndet werden, wobei insbesondere folgende Tathandlungen bedeutsam sind[1]:

– die Personenbeförderung ohne Genehmigung (§ 61 Abs. 1 Nr. 1 PBefG)[2],
– der Verstoß gegen Auflagen der Genehmigung (§ 61 Abs. 1 Nr. 1 PBefG),
– das Nichteinhalten von Beförderungspflichten oder -entgelten (§ 61 Abs. 1 Nr. 3 Buchst. c PBefG)[3].

Das PBefG wird ergänzt durch die auf der Grundlage von § 57 Abs. 1 Nr. 1 PBefG erlassene *FreistellungsVO*[4] sowie die auf §§ 57, 58 PBefG beruhende VO über den Betrieb von Kraftfahrtunternehmen im Personenverkehr (**BOKraft**)[5], die in § 45 eine sehr detailliert ausgestaltete, § 61 PBefG ergänzende Bußgeldvorschrift enthält[6]. Des Weiteren ist hier die VO (EU) Nr. 181/2011 des Europäischen Parlaments und des Rates über die Fahrgastrechte im Kraftomnibusverkehr zu berücksichtigen, die durch das EU-Fahrgastrechte-Kraftomnibus-Gesetz umgesetzt wurde[7]. Dieses Gesetz weist in § 9 einen eigenen Bußgeldtatbestand auf.

Sonderregelungen bestehen schließlich für die **grenzüberschreitende Personenbeförderung mit Kraftomnibussen** im gewerblichen oder im Werkverkehr innerhalb der EU. Diese wird in der VO (EG) Nr. 1073/2009 des Europäischen

---

1 Ausführlicher dazu *Lampe* in Erbs/Kohlhaas, P 56, § 61 PBefG.
2 Vgl. etwa BayObLG v. 13.3.1998 – 3 ObOwi 23/98, NStZ-RR 1998, 245; OLG Bamberg v. 7.8.2008 – 2 Ss Owi 961/08, NStZ-RR 2009, 82; OLG Stuttgart v. 26.2.1998 – 5 Ss 718/97, NZV 1998, 299.
3 Vgl. zur Ablehnung der Fahrgastbeförderung durch einen Taxifahrer BayObLG v. 17.4.1997 – 3 ObOwi 29/97, NStZ-RR 1997, 373; OLG Düsseldorf v. 14.6.1996 – 5 Ss (Owi) 91/96, NStZ-RR 1996, 314; OLG Hamburg v. 26.8.2010 - 2-32/10 (RB), NZV 2011, 361 (keine Pflicht zur Entgegennahme unbarer Gegenleistungen oder Bereithaltens eines Kartenlesegeräts).
4 VO über die Befreiung bestimmter Beförderungsfälle von den Vorschriften des PersonenbeförderungsG (Freistellungs-VO) v. 30.8.1962, BGBl. I 601, zul. geänd. am 4.5.2012, BGBl. I 1037; näher dazu *Lampe* in Erbs/Kohlhaas, P 56a.
5 VO über den Betrieb von Kraftfahrunternehmen im Personenverkehr (BOKraft) v. 21.6.1975, BGBl. I 1573, zul. geänd. am 8.11.2007, BGBl. I 2569.
6 Vgl. näher dazu *Lampe* in Erbs/Kohlhaas, P 56b.
7 V. 23.7.2013, BGBl. I 2547.

Parlaments und des Rates vom 21.10.2009 geregelt[1]. Einzelne Zuwiderhandlungen gegen diese VO sowie weitere europäische Verordnungen können gem. § 8 der EG-Bus-DurchfVO[2] als Ordnungswidrigkeiten i.S.des § 61 Abs. 1 Nr. 4 PBefG geahndet werden. Für den öffentlichen Personennahverkehr sind darüber hinaus die diesbezüglich von den einzelnen Bundesländern erlassenen (Länder-)Gesetze zu beachten[3].

IV. Fahrpersonal

18 Das Fahrpersonalrecht verfolgt **mehrere Schutzzwecke**. Die Arbeitszeitbeschränkungen des Fahrpersonals dienen zunächst dem Schutz des einzelnen Arbeitnehmers, darüber hinaus aber auch der Sicherheit des Straßenverkehrs vor den Gefahren, die etwa durch die Übermüdung eines Fahrers entstehen können. Gleichzeitig hat das Gesetz eine nicht zu unterschätzende wettbewerbsrechtliche Komponente. Wegen der Bedeutung des grenzüberschreitenden Verkehrs, aber auch aus Gründen der Harmonisierung, ist die Materie durch *europäische* Verordnungen und Richtlinien sowie internationale Übereinkommen geprägt[4]. Das nationale Fahrpersonalrecht hat daneben nur eine ergänzende Funktion.

18a a) Die erste **VO über die Harmonisierung bestimmter Sozialvorschriften im Straßenverkehr** vom 25.3.1969 wurde in den Jahren 1985 und 2006 aktualisiert und neu gefasst[5]. Maßgeblich ist nun die *VO (EG) Nr. 561/2006 vom 15.3.2006*[6]. Diese VO, die supranationales Recht ist[7], enthält Vorschriften über Lenkzeiten, Fahrtunterbrechungen und Ruhezeiten für Kraftfahrer im Straßengüter- und -personenverkehr (Art. 1). In Art. 2 wird der der Geltungsbereich der VO festgelegt. Art. 4 enthält Begriffsbestimmungen, z.B. für den Fahrer, die Fahrtunterbrechung, die Lenkzeit u.a. Gem. Art. 6 Abs. 1 darf die tägliche Lenkzeit 9 Stunden, die wöchentliche Lenkzeit 56 Stunden nicht überschreiten, wobei gewisse Abweichungen zugelassen sind. Art. 7 schreibt nach einer Lenkzeit von 4 $\frac{1}{2}$ Stunden eine Fahrtunterbrechung von mindestens 45 Minuten vor. Tägliche und wöchentliche Ruhezeiten des Fahrers werden in Art. 8 und 9 der VO festgelegt.

18b Wesentliche Pflichten des Verkehrsunternehmens sind in Art. 10 verzeichnet. Aus Gründen der Verkehrssicherheit verbietet es Abs. 1, Fahrer nach einer be-

---

1 ABl. EU Nr. L 300 v. 14.11.2009, 88, zul. geänd. am 13.5.2013, ABl. EU Nr. L 158 v. 10.6.2013, 1, 32.
2 V. 4.5.2012, BGBl. I 1038.
3 Vgl. dazu die Übersicht bei *Sellmann*, NVwZ 1996, 857 sowie *Welge*, NZV 1996, 385.
4 Vgl. zur Rechtsentwicklung *Häberle* in Erbs/Kohlhaas, F 30, FPersG, Vorbem. 1 ff.
5 Vgl. *Häberle* in Erbs/Kohlhaas, F 30a, VO (EG) Nr. 561/2006, Vorbem. 1.
6 VO (EG) Nr. 561/2006 des Europ. Parl. und des Rates v. 15.3.2006 zur Harmonisierung bestimmter Sozialvorschriften im Straßenverkehr, ABl. EU Nr. L 102 v. 11.4.2006, 1; ber. ABl. EU 2009 Nr. L 70, 19, zul. geänd. am 4.2.2014, ABl. EU Nr. L 60 v. 28.2.2014,1. Näher dazu *Mindorf*, NZV 2007, 343.
7 Vgl. zur „Vorgänger-VO" 543/69 OLG Karlsruhe v. 23.9.1977 - 3 Ss (B) 173/77, NJW 1978, 1119.

stimmten Transportleistung zu vergüten, sie also etwa nach Akkord zu bezahlen[1]. In Art. 11 ff. folgen Ausnahmeregelungen und individuelle Bestimmungen. Art. 19 verpflichtet die Mitgliedstaaten, für Verstöße gegen die VO wirksame, verhältnismäßige, abschreckende und nicht diskriminierende **Sanktionen** festzusetzen. Dies ist bei uns in § 8a FPersG geschehen (vgl. Rz. 18f).

Die VO (EG) Nr. 561/2006 wird ergänzt durch die *VO (EWG) 3821/85*, die **EG-StraßenverkehrsgerätekontrollVO**[2]. Danach sind bei Fahrzeugen, die der Personen- und Güterbeförderung im Straßenverkehr dienen und in einem Mitgliedstaat zugelassen sind, grundsätzlich Kontrollgeräte einzubauen und zu benutzen (vgl. im Einzelnen Art. 3). Die VO enthält des Weiteren Bestimmungen zu Bauartgenehmigungen (Art. 4 ff.) und Benutzungsvorschriften, insbesondere zu Schaublättern und deren Verwendung (Art. 14 ff.). Auch hinsichtlich dieser VO sieht Art. 19 der „HarmonisierungsVO" Nr. 561/2006 eine Sanktionspflicht der einzelnen Mitgliedstaaten vor.

18c

Das **AETR** dient dazu, die EG-Vorschriften auch in den europäischen Nachbarländern der Gemeinschaft durchzusetzen[3]. Außer den Mitgliedstaaten der EU sind dem Abkommen vor allem Länder in Osteuropa (Russland, Ukraine, Türkei) beigetreten.

18d

b) Das nationale **Fahrpersonalgesetz (FPersG)**[4] sieht in § 2 zunächst Ermächtigungsgrundlagen für den Erlass von Rechtsverordnungen vor, die zur Durchführung der beiden oben genannten EG-Verordnungen und dem AETR erforderlich sind (vgl. § 2 Abs. 1 Nr. 1, 2 FPersG). In § 3 enthält es ein an Art. 10 der „HarmonisierungsVO" angelehntes Verbot von Akkordlöhnen, Prämien und Zuschlägen. Es folgen Vorschriften über die Aufsicht und Zuständigkeiten.

18e

Die **Bußgeldtatbestände** sind in § 8 und § 8a FPersG aufgeteilt[5]. § 8 FPersG betrifft Zuwiderhandlungen gegen die Verordnungen 2135/97, 3821/85 und das AETR sowie das FPersG und die FPersV (vgl. Rz. 18i). Zur besseren Übersicht ist die Norm nach den betroffenen Personen aufgegliedert, und zwar dem Unternehmer, Fahrer, Fahrzeughalter, Werkstattinhaber oder Installateur. § 8a FPersG betrifft Verstöße gegen die VO (EG) Nr. 561/2006, wobei sich Abs. 1 gegen den Unternehmer[6], Abs. 2 gegen den Fahrer[7] richtet.

18f

---

1 Weitere Beispiele bei *Häberle* in Erbs/Kohlhaas, F 30a, Art. 10 VO (EG) Nr. 561/2006 Rz. 2.
2 V. 20.12.1985, ABl. EG Nr. L 370 v. 31.12.1985, 8, zul. geänd. am 4.2.2014, ABl. EU Nr. L 60 v. 28.2.2014,1.
3 Europ. Übk. über die Arbeit des im internationalen Straßenverkehr beschäftigten Fahrpersonals i.d.F. v. 31.7.1985, BGBl. II 1985, 889, zul. geänd. am 31.10.2008, BGBl. II 2011, 1095.
4 V. 19.2.1987, BGBl. I 640, zul. geänd. am 17.6.2013, BGBl. I 1558.
5 Ausf. zu den Bußgeldtatbeständen *Häberle* in Erbs/Kohlhaas, F 30, §§ 8,8a FPersG.
6 Vgl. etwa zur Nichteinhaltung von Lenkzeiten im Ausland BayObLG v. 28.2.2001 – 3 ObOWi 13/01, NStZ- RR 2001, 184 (noch zum alten Recht); zur Aufsichtspflicht des Unternehmers OLG Frankfurt v. 15.7.2010 – 2 Ss-OWi 276/10, NStZ-RR 2010, 357.
7 Vgl. etwa OLG Koblenz v. 10.10.2012 – 2 Ss Bs 94/12, NZV 2013, 94.

18g Da das FPersG erst zum 10.4.2007 an die Neufassung der „Harmonisierungs-VO" (Rz. 18a) angepasst wurde, liefen die Bußgeldnormen, soweit sie auf die nicht mehr existente alte VO Bezug nahmen, vorübergehend ins Leere[1]. **§ 8 Abs. 3 FPersG** soll über eine verfassungsrechtlich zulässige Derogation des § 4 Abs. 3 OWiG[2] etwaige dadurch entstehende Sanktionslücken vermeiden.

18h Ordnungswidrigkeiten nach §§ 8, 8a FPersG können mit **Geldbußen** bis zu 15 000 bzw. 5 000 Euro geahndet werden (§ 8 Abs. 2, § 8a Abs. 4 FPersG). § 8 Abs. 4, § 8a Abs. 5 FPersG ermöglichen es, die Ordnungswidrigkeiten auch dann zu verfolgen, wenn sie nicht im Geltungsbereich des FPersG, d.h. nicht im Bundesgebiet, begangen werden. Danach kann dem Unternehmer oder Fahrer auch dann eine Geldbuße auferlegt werden, wenn der Verstoß im Hoheitsgebiet eines anderen Mitgliedstaats begangen wurde. Mehrere rechtlich selbständige Handlungen, z.B. mehrfache Verstöße gegen die Ruhe- oder Lenkzeiten, können nicht allein deshalb zu einer prozessualen Tat werden, weil sie der Betroffene innerhalb eines Kontroll- oder Überprüfungszeitraums begangen hat[3].

18i Aufgrund der Ermächtigung des § 2 FPersG wurde die **FahrpersonalVO (FPersV)** als ausfüllende Rechtsverordnung erlassen[4]. Sie ergänzt die EG-Normen und das AETR und enthält weitere Festlegungen der Lenkzeiten, Aufzeichnungspflichten sowie zu den Kontrollgeräten. In § 21 FPersV werden zahlreiche Zuwiderhandlungen gegen die FPersV als Ordnungswidrigkeiten eingestuft, wobei Abs. 1 den Unternehmer, Abs. 2 den Fahrer, Abs. 3 den Werkstattinhaber oder die verantwortliche Fachkraft betreffen[5]. Der Bußgeldtatbestand des § 23 FPersV bezieht sich auf die KontrollgeräteVO. Auch hier werden einzelne Zuwiderhandlungen sehr detailliert aufgelistet. Während § 24 FPersV einzelne Verstöße gegen die VO (EG) Nr. 2135/98[6] betrifft, befasst sich § 25 FPersV mit Zuwiderhandlungen gegen das AETR.

18j Das Fahrpersonalrecht enthält **keine** eigenen **Straftatbestände**. Angesichts der Möglichkeiten, strafwürdiges Verhalten über die Vorschriften des StGB, insbesondere die Körperverletzungsdelikte (§§ 223 ff. StGB), fahrlässige Tötung (§ 222 StGB), Straßenverkehrsgefährdung (§ 315c StGB), Verfälschung technischer Aufzeichnungen (§ 268 StGB) oder Fälschung beweiserheblicher Daten (§ 269 StGB)[7] zu ahnden, sind eigene Vergehenstatbestände auch nicht erforderlich.

---

1 Vgl. dazu etwa OLG Koblenz v. 11.5.2007 – 1 Ss 113/07, NJW 2007, 2344.
2 BVerfG v. 18.9.2008 – 2 BvR 1817/08, NJW 2008, 3769; OLG Düsseldorf v. 21.12.2007 – IV-2 Ss (Owi) 83/07, NJW 2008, 930; OLG Koblenz v. 10.3.2008 – 2 Ss Bs 6/08, NZV 2008, 311.
3 BGH v. 12.9.2013 – 4 StR 503/12, NStZ 2014, 523.
4 FPersV v. 27.6.2005, BGBl. I 1882, zul. geänd. am 22.5.2013, BGBl. I 1395.
5 Ausf. zu den Bußgeldtatbeständen der FPersV *Häberle* in Erbs/Kohlhaas, F 30d, §§ 21, 23, 24 und 25 FPersV.
6 VO (EG) Nr. 2135/98 des Rates v. 24.9.1998 zur Änderung der Straßenverkehrsgerätekontrollverordnung, ABl. EG Nr. L 274 v. 9.10.1998,1, zul. geänd. am 15.3.2006, ABl. EG Nr. L 102 v. 11.4.2006, 1.
7 Z.B. OLG Stuttgart v. 25.3.2013 – 2 Ws 42/13, juris (Fahrer benutzt im digitalen Kontrollgerät die Karte einer anderen Person).

B. Eisenbahn-, Schiffs- und Luftverkehr

Schrifttum: Eisenbahnverkehr: Beck'scher AEG- Kommentar, hrsg. von *Hermes/Sellner*, 2. Aufl. 2014; *Czerwenka/Heidersdorf/Schönbeck/Konow*, Eisenbahn-Beförderungsrecht, Kommentar, Loseblatt; *Kramer*, AEG, online Kommentar, 2012; *Kunz*, Eisenbahnrecht, Kommentar, Loseblatt.
Schiffsverkehr: *Friesecke*, Bundeswasserstraßengesetz, 6. Aufl. 2009; von *Waldenstein/Holland*, Binnenschifffahrtsrecht, 5. Aufl. 2007.
Luftverkehr: *Giemulla/Schmid/Müller-Rostin*, Frankfurter Kommentar zum Luftverkehrsrecht, Loseblatt; *Grabherr/Reidt/Wysk*, Luftverkehrsgesetz, Kommentar, Loseblatt; *Schwenk/Giemulla*, Handbuch des Luftverkehrsrechts, 4. Aufl. 2013.

I. Eisenbahnverkehr

Die Durchführung des Eisenbahnverkehrs ist nur für einen beschränkten Unternehmerkreis von Bedeutung. Nach der Bahnstrukturreform, die im Wesentlichen zum 1.1.1994 in Kraft getreten ist[1], übt die Deutsche Bahn AG, soweit sie den öffentlichen Eisenbahnverkehr betreibt, hoheitliche Befugnisse als beliehene Trägerin der öffentlichen Verwaltung aus[2]. Die hier, aber auch für den Eisenbahnverkehr generell geltenden Rechtsgrundsätze sind im **Allgemeinen Eisenbahngesetz** (AEG)[3] enthalten. 19

In sanktionenrechtlicher Hinsicht ist dabei § 28 AEG von Bedeutung[4]. Dieser *Bußgeldtatbestand* erfasst u.a. das unerlaubte Erbringen von Eisenbahnverkehrsleistungen, das unerlaubte Betreiben einer Eisenbahninfrastruktur, das unterlassene Aufstellen von Tarifen, die fehlerhafte oder unterlassene Erteilung von Auskünften gegenüber Aufsichtsbehörden. Ergänzt wird § 28 AEG durch verschiedene, auf Rechtsverordnungen beruhende Bußgeldtatbestände, insbesondere § 64b der Eisenbahn-Bau- und Betriebsordnung (EBO)[5], der bestimmte Verstöße beim Eisenbahnbetrieb (z.B. das falsche Ein- und Aussteigen) mit Geldbuße bedroht.

II. Schiffsverkehr

Das Befahren von Bundeswasserstraßen mit Wasserfahrzeugen richtet sich nach den Vorschriften des **Bundeswasserstraßengesetzes**[6]. In sanktionenrechtlicher Hinsicht relevant ist hier § 50 BWaStrG, der einen als Blankettnorm ausgestalteten Bußgeldtatbestand enthält, demzufolge u.a. das Benutzen einer 20

---

1 Vgl. das G zur Neuordnung des Eisenbahnwesens – ENeuOG – v. 27.12.1993, BGBl. I 2378, 2396; näher dazu *Fromm*, DVBl. 1994, 187; *Fromm/Sellmann*, NVwZ 1994, 547.
2 Vgl. BayObLG v. 12.5.1997 – 3 ObOwi 41/97, NStZ-RR 1997, 372.
3 AEG v. 27.12.1993, BGBl. I 2378, ber. BGBl. I 1994, 2439; zul. geänd. am 7.8.2013, BGBl. I 3154.
4 Näher dazu *Lampe* in Erbs/Kohlhaas, E 98; *Kramer* in Beck-online, § 28 AEG.
5 EBO v. 8.5.1967, BGBl. II 1563, zul. geänd. am 25.7.2012, BGBl. I 1703; näher dazu *Lampe* in Erbs/Kohlhaas, E 98a.
6 BWaStrG i.d.F. der Bek. v. 23.5.2007, BGBl. I 962, zul. geänd. am 7.8.2013, BGBl. I 3154.

Bundeswasserstraße ohne die erforderliche strom- und schifffahrtspolizeiliche Genehmigung mit Geldbuße bedroht ist. Ergänzt wird das BWaStrG durch das *Binnenschifffahrtsaufgabengesetz*[1], welches das Bundesministerium für Verkehr u.a. dazu ermächtigt, Rechtsverordnungen zur Abwehr von Gefahren für die Sicherheit und Leichtigkeit des Verkehrs auf den Bundeswasserstraßen zu erlassen. Auf dieser Grundlage beruht u.a. die am 15.10.1998 in Kraft getretene *Binnenschifffahrtsstraßenordnung*[2]. Das BinSchAufgG enthält in § 7 einen Bußgeldtatbestand, der auch einzelne Zuwiderhandlungen gegen auf der Grundlage des Gesetzes erlassene Rechtsverordnungen umfasst[3].

21 Der **Seeschiffsverkehr** einschließlich der *Hochseefischerei* ist durch zahlreiche Vorschriften geregelt, die vielfach auf internationalen Abkommen oder EG/EU-Normen beruhen; sie können hier nicht behandelt werden[4].

III. Luftverkehr

22 Für den Luftverkehr ist vor allem das **Luftverkehrsgesetz** (LuftVG)[5] von Bedeutung, das u.a. Vorschriften über die Zulassung zum Luftverkehr, den Verkehr mit Luftfahrzeugen, die Luftaufsicht und die Haftpflicht der Luftfahrzeughalter enthält.

Dieses Gesetz geht vom Grundsatz der Freiheit des Luftraums aus (§ 1 Abs. 1 LuftVG), der jedoch gesetzlichen Beschränkungen unterliegt. *Luftfahrzeuge* bedürfen nach § 2 LuftVG der Zulassung. § 4 LuftVG begründet eine *Erlaubnispflicht* für denjenigen, der ein Luftfahrzeug führt oder bedient. Während §§ 6–19d LuftVG Vorschriften über die Anlage und den Betrieb von Flugplätzen enthalten, betreffen §§ 20–24 LuftVG die Luftfahrtunternehmen, den Fluglinienverkehr sowie Luftfahrtveranstaltungen. Die wesentlichen Verkehrsvorschriften finden sich in §§ 25 ff. LuftVG. Die Flugplankoordinierung und die Flugsicherung werden in §§ 27a–27 f. LuftVG geregelt. Im 7. Unterabschnitt, §§ 29 ff. LuftVG, folgen die Vorschriften über die Gefahrenabwehr für die Sicherheit des Luftverkehrs sowie für die öffentliche Sicherheit und Ordnung.

§ 32 LuftVG enthält die Ermächtigungsgrundlage zum Erlass ergänzender Rechtsverordnungen, worauf insbesondere die *Luftverkehrsordnung* (LuftVO)[6] und die *Luftverkehrszulassungsordnung* (LuftVZO)[7] beruhen.

---

1 BinSchAufgG i.d.F. v. 5.7.2001, BGBl. I 2026; zul. geänd. am 7.8.2013, BGBl. I 3154.
2 BinSchStrO v. 16.12.2011, BGBl. I 1666 zul. geänd. am 30.5.2014, BGBl. I 610.
3 Vgl. dazu *Buddendiek/Rutkowski*, Rz. 103 m.w.Nw.
4 Von besonderer Bedeutung ist das SeeaufgabenG i.d.F. v. 26.7.2002, BGBl. I 2876, zul. geänd. am 19.10.2013, BGBl. I 3836, mit zahlreichen ergänzenden, teilweise landesrechtlichen Rechtsverordnungen; vgl. im Einzelnen *Buddendiek/Rutkowski*, Rz. 723 ff.
5 I.d.F. der Bek. v. 10.5.2007, BGBl. I 698, zul. geänd. am 7.8.2013, BGBl. I 3154.
6 LuftVO i.d.F. der Bek. v. 27.3.1999, BGBl. I 580, zul. geänd. am 8.5.2012, BGBl. I 1032.
7 LuftverkehrszulassungsVO i.d.F. der Bek. v. 10.7.2008, BGBl. I 1229, zul. geänd. am 25.7.2013, BGBl. I 2749.

Der 2. Abschnitt des LuftVG befasst sich mit der zivilrechtlichen Haftung (§§ 33 ff. LuftVG). Die **Straf- und Bußgeldvorschriften** finden sich anschließend im 3. Abschnitt in §§ 58–63 LuftVG. 23

Der Einhaltung der Verkehrsvorschriften dient zunächst § 59 LuftVG, der – in Ergänzung der §§ 315 ff. StGB – als Sondertatbestand die *Luftverkehrsgefährdung* unter Strafe stellt. § 59 LuftVG wird ergänzt durch **§ 58 Abs. 1 LuftVG**, der auch weitere Zuwiderhandlungen gegen das LuftVG sowie darauf beruhenden Rechtsverordnungen als Ordnungswidrigkeiten mit Geldbuße bedroht[1]. Sanktioniert werden danach u.a. Verstöße gegen Genehmigungspflichten des Gesetzes, Anordnungen der Luftaufsicht, das Nichteinhalten von Flugplänen, Beförderungsentgelten und Bedingungen.

§ 58 Abs. 1 Nr. 10 LuftVG dient als Grundlage für die in § 108 LuftVZO und § 43 LuftVO mit *Bußgeld* bewehrten Verstöße gegen die nach § 32 LuftVG im Wege der VO geregelten Anforderungen an den Bau, die Ausrüstung und den Betrieb von Luftfahrzeugen (vgl. näher § 32 Abs. 4 LuftVG) bzw. Verstöße gegen die Pflichten der Teilnehmer im Zusammenhang mit dem Verhalten im Luftraum und am Boden (§ 32 Abs. 1 Nr. 1 LuftVG)[2]. 24

Für einzelne über § 58 LuftVG hinausgehende gravierende Verstöße gegen das LuftVG ist in **§ 60 LuftVG** eine **Strafnorm** vorgesehen. Erfasst werden u.a.: 25

– der Verkehr mit nicht zugelassenen Luftfahrzeugen (Nr. 1),
– das Führen und Bedienen eines Luftfahrzeugs ohne Erlaubnis (Nr. 2)[3],
– das unbefugte Starten und Landen (Nr. 4),
– das unerlaubte Befördern gefährlicher Güter (Nr. 5),
– das Mitsichführen gefährlicher Gegenstände (Nr. 6), wobei dieser Tatbestand jedoch weitgehend von § 19 LuftSiG verdrängt wird (vgl. Rz. 27).

Unter Strafe gestellt ist jeweils sowohl die vorsätzliche als auch die fahrlässige Tatbegehung (Abs. 2).

Ebenfalls eine *Straftat* begründet nach **§ 62 LuftVG** der vorsätzliche und fahrlässige Verstoß gegen Anordnungen über Beschränkungen in Luftsperr- und sonstigen Gebieten. 26

Um einen wirksamen Schutz des Luftverkehrs gegen Flugzeugentführungen, Sabotageakte und terroristische Anschläge zu gewährleisten, wurde am 11.1.2005 das **Luftsicherheitsgesetz** (LuftSiG) verabschiedet[4]. Neben den im 2. Abschnitt geregelten Sicherheitsmaßnahmen und der im 3. Abschnitt vorgesehenen Unterstützung und Amtshilfe durch die Streitkräfte sieht dieses Gesetz in § 19 einen *Straftatbestand* des verbotswidrigen Mitsichführens oder 27

---

1 Vgl. hierzu die Zusammenstellung der verschiedenen Ordnungswidrigkeitentatbestände bei *Lampe* in Erbs/Kohlhaas, L 213, 213a.
2 Vgl. z.B. BayObLG v. 23.11.1992 – 3 ObOwi 97/92, NZV 1993, 119 zur Ahndbarkeit von vermeidbarem Fluglärm sowie BayObLG v. 4.4.2000 – 3 ObOwi 20/2000, NZV 2000, 335 zum Unterschreiten der Mindesthöhe bei Überlandflügen.
3 Vgl. z.B. BayObLG v. 20.6.1995 – 4 StRR 119/95, NStZ-RR 1996, 25; LG Darmstadt v. 4.3.1997 – 8 Js 6113/95, NZV 1998, 221.
4 BGBl. I 78, zul. geänd. am 7.8.2013, BGBl. I 3154. Näher dazu u.a. *Meyer*, ZRP 2004, 203.

Ansichtragens bestimmter in § 11 Abs. 1 LuftSiG aufgeführter verbotener Gegenstände vor[1]. § 20 Abs. 1 LuftSiG statuiert einen *Bußgeldtatbestand* des Nichtbefolgens der Anordnungen des Luftfahrzeugführers, wobei Widerstandsleistungen mit Gewalt oder durch Drohung mit Gewalt in Abs. 2 zur Straftat heraufgestuft werden, die in besonders schweren Fällen gem. Abs. 3 mit einer Mindeststrafdrohung von sechs Monaten bewehrt sind. Weitere Zuwiderhandlungen können gem. § 18 LuftSiG als Ordnungswidrigkeit geahndet werden.

C. Beförderung gefährlicher Güter

Schrifttum: *Hommel*, Handbuch der gefährlichen Güter, 2014; *Ridder/Holzhäuser*, Handbuch GGVSEB-ADR, Loseblatt.

I. Grundlagen

28 Nach Schätzungen des Statistischen Bundesamtes wurden im Jahr 2012 in Deutschland 296 151 200 Tonnen gefährlicher Güter transportiert[2]. Spätestens nach dem Unglück von Herborn sind die **Gefahren**, die sich daraus auch **für die Allgemeinheit** ergeben, in das Blickfeld der Öffentlichkeit geraten. Die für solche Transporte wesentlichen Rechtsvorschriften sind in erheblichem Umfang durch internationale Übereinkommen bestimmt, im Übrigen kompliziert und laufenden Änderungen unterworfen[3]:

29 a) Grundsätzlich gilt für die Beförderung gefährlicher Güter mit Eisenbahn-, Straßen-, Wasser- und Luftfahrzeugen das **Gesetz über die Beförderung gefährlicher Güter** (GGBefG)[4]. Dieses Regelungswerk enthält neben Begriffsbestimmungen („gefährliche Güter" in § 2 Abs. 1, „Beförderung" in § 2 Abs. 2 GGBefG) und einer Ermächtigungsgrundlage für Rechtsverordnungen und Verwaltungsvorschriften (§ 3 GGBefG) nur wenige allgemeine Vorschriften über Zuständigkeiten (§ 5 GGBefG), Sofortmaßnahmen (§ 7 GGBefG), Sicherungsmaßnahmen (§ 8 GGBefG), Überwachung (§ 9 GGBefG), Amtshilfe und Datenschutz (§ 9a GGBefG).

Die dieses Gesetz ausfüllenden Vorschriften finden sich in einzelnen auf der Grundlage von § 3 GGBefG erlassenen **Rechtsverordnungen**, und zwar der *GefahrgutVO Straße, Eisenbahn und Binnenschifffahrt* (GGVSEB)[5] und der GefahrgutVO-See[6].

30 b) Die **GGVSEB** regelt die innerstaatliche und grenzüberschreitende (einschließlich innergemeinschaftliche) Beförderung gefährlicher Güter auf

---

1 Vgl. etwa OLG Düsseldorf v. 25.10.2005 – 5 Ss 63/05 – Journalist mit „Butterflymesser" als Flugpassagier, NJW 2006, 630.
2 Vgl. Statistisches Bundesamt, destatis Fachserie 8, Reihe 1.4, 2012, S. 6.
3 Eine Übersicht, insbes. auch zu den internationalen Bestimmungen bieten *Hole/Busch*, TranspR 2003, 133.
4 GefahrgutbeförderungsG in der Bek. der Neufassung v. 7.7.2009, BGBl. I 1774, ber. am 28.12.2009, BGBl. I 3975, zul. geänd. am 7.8.2013, BGBl. I, 3154.
5 Bek. der Neufassung v. 22.1.2013, BGBl. I 110.
6 GGV-See in der Bek. der Neufassung v. 26.3.2014, BGBl. I 301.

Deutschlands *Straßen, Schienen und schiffbaren Binnengewässern* (vgl. § 1 Abs. 1 GGVSEB). Diese RechtsVO wurde bereits 2001 unter Berücksichtigung struktureller Reformen des internationalen Gefahrgutrechts neu gefasst und enthielt seither erstmals gemeinsame Vorschriften für die verschiedenen Verkehrsträger Straße und Eisenbahn, die zuvor in den GGVS und GGVE getrennt geregelt waren[1]. Wiederum zur Umsetzung einer RL des Europäischen Parlaments und des Rates vom 24.9.2008 wurde die VO am 17.6.2009 erneut umgestaltet und auch die Beförderung in der Binnenschifffahrt mit geregelt. Die frühere GGVBInSch kam damit in Wegfall[2]. Die zusammen gefasste VO gilt seit 1.7.2009, wurde inzwischen jedoch geändert und im Jahr 2013 neu gefasst.

Für die Beförderungen im Straßenverkehr sind gem. § 1 Abs. 3 GGVSEB Teile 1-9 der Anlagen A und B zu dem *europäischen Übereinkommen über die internationale Beförderung gefährlicher Güter auf der Straße* (**ADR**[3]) sowie die Vorschriften der Anlagen 1 und 2 Nr. 1-3 der GGVSEB anwendbar. Für den Schienenverkehr gelten gem. § 1 Abs. 3 Nr. 2 GGVSEB im Wesentlichen die dort im Einzelnen genannten Vorschriften der Ordnung für die internationale Eisenbahnbeförderung gefährlicher Güter (**RID**)[4]. Für die Binnenschifffahrt sind zunächst die in § 1 Abs. 3 Nr. 3 GGVSEB genannten Vorschriften des Europäischen Übereinkommens über die Beförderung von gefährlichen Gütern auf Binnenwasserstraßen (**ADN**) maßgeblich[5]. 31

Einige Begriffe, die für die Anwendung der VO relevant sind, werden in § 2 GGVSEB definiert (Absender, Befüller, Verlader, Verpacker, gefährliche Güter, u.a.). § 3 GGVSEB sieht in einer sehr unübersichtlichen Verweisungstechnik vor, dass gefährliche Güter nur dann befördert werden dürfen, wenn ihre **Beförderung** nicht nach einzelnen dort angeführten Vorschriften ausgeschlossen ist und die Beförderung unter Einhaltung der anwendbaren Vorschriften erfolgt. § 4 GGVSEB statuiert allgemeine Sicherheitspflichten und Benachrichtigungspflichten beim Unfall, wobei allerdings die nähere konkrete Ausgestaltung der Sicherheitspflichten im ADR und RID erfolgt. Die für die Durchführung der VO zuständigen Stellen werden in §§ 6–16 GGVSEB bestimmt. 32

Welche **Verantwortlichkeiten** und **Pflichten** die einzelnen am Beförderungsvorgang Beteiligten treffen, lässt sich aus dem sehr umfangreich und detailgetreu ausgestalteten Pflichtenkatalog der §§ 17–34a GGVSEB entnehmen. Dort wird aufgeführt, welche Pflichten der Auftraggeber des Absenders (§ 17 GGVSEB), der Absender (§ 18 GGVSEB), Beförderer (§ 19 GGVSEB), Empfänger (§ 20 GGVSEB), Verlader (§ 21 GGVSEB), Verpacker (§ 22 GGVSEB) u.a. einzuhalten haben. Diese Vorschriften sind jeweils so aufgebaut, dass zunächst die für alle 33

---

1 Vgl. dazu die 3. Aufl., § 71 Rz. 25.
2 Vgl. dazu die 4. Aufl., § 71 Rz. 27.
3 ADR i.d.F. der Bek. v. 25.11.2010, BGBl. II 1412, zul. geänd. am 3.6.2013, BGBl. II 648, ber. BGBl. II 2014, 237.
4 I.d.F. der Bek. v. 16.5.2008, BGBl. II 475, 899, zul. geänd. am 9.11.2012, BGBl. II 1338.
5 V. 26.5.2000, BGBl. 2007 II, 1906, 1908, zul. geänd. am 3.12.2012, BGBl. 2012 II, 1386.

drei Verkehrswege maßgeblichen Pflichten, dann in weiteren Absätzen die spezifisch für den Straßen-, Eisenbahn- und Binnenschiffsverkehr einschlägigen Pflichten aufgeführt sind.

Die Fahrwegbestimmungen sind in § 35 GGVSEB geregelt, der in Abs. 4 u.a. auch einzelne Fälle vorsieht, in denen die Beförderung von der Straße auf die Schiene zu verlagern ist.

34 **c)** Die **GGV-See** ist im Wesentlichen vergleichbar zur GGVSEB aufgebaut und begründet entsprechende, jeweils auf ihren Regelungsbereich zugeschnittene Verpflichtungen.

Allgemeine Ausnahmen von den drei Gefahrgutverordnungen werden durch die *VO über Ausnahmen von den Vorschriften über die* Beförderung *gefährlicher Güter* begründet[1].

35 **d)** Ergänzt werden die Gefahrgutverordnungen durch die auf § 3 Abs. 1 GGBefG gestützte **GefahrgutbeauftragtenVO**[2] (GbV), der zufolge Unternehmer und Inhaber eines Betriebes, die an der Beförderung gefährlicher Güter beteiligt sind, grundsätzlich mindestens einen Gefahrgutbeauftragten schriftlich bestellen müssen. Befreit hiervon sind nur die in § 2 GbV im Einzelnen genannten Unternehmer oder Betriebsinhaber.

36 Der in Anlehnung an die Umweltbeauftragten (näher dazu § 54 Rz. 21, 322) tätig werdende **Gefahrgutbeauftragte** hat im Wesentlichen die Aufgabe, im Rahmen des Unternehmens oder Betriebes nach Mitteln und Wegen zu suchen und Maßnahmen zu veranlassen, die die Einhaltung der Vorschriften zur Beförderung gefährlicher Güter für den jeweiligen Verkehrsträger erleichtern. Die Einzelheiten dieser Aufgabenbeschreibungen lassen sich aus § 8 GbV i.V.m. den dort genannten Bestimmungen der ADR, RID, ADN entnehmen. Hinsichtlich der Anforderungen an die Ausbildung von Gefahrgutbeauftragten und ihrer Rechtsstellung im Unternehmen wird auf die §§ 3-6, 8 GbV verwiesen.

II. Straftaten und Ordnungswidrigkeiten

1. Unerlaubter Umgang mit gefährlichen Gütern

37 Der zentrale Straftatbestand des unerlaubten Umgangs mit gefährlichen Gütern findet sich in **§ 328 Abs. 3 Nr. 2** StGB, den Vorschriften über die Straftaten zum Schutz der Umwelt[3]. Die (bereits in § 54 Rz. 282 näher erläuterte) Norm setzt Folgendes voraus:

38 Der Täter muss **gefährliche Güter** i.S. der §§ 328 Abs. 3 Nr. 2, 330d Abs. 1 Nr. 3 StGB i.V.m. § 2 Abs. 1 GGBefG befördern, versenden, verpacken oder auspacken, verladen oder entladen, entgegennehmen oder anderen überlassen. Da-

---

1 Gefahrgut-AusnahmeVO (GGAV) v. 6.11.2002, BGBl. I 4350, zul. geänd. am 16.12.2011, BGBl. I 2803.
2 V. 25.2.2011, BGBl. I 341; zul. geänd. am 19.12.2012, BGBl. I 2715. Näher zur GefahrgutbeauftragtenVO *Salje*, TranspR 2000, 101 sowie *Vierhaus*, NStZ 1991, 466.
3 Ausf. dazu *Wiedemann*, Der Gefahrguttransport-Tatbestand im neuen UmweltstrafR – § 328 III Nr. 2 StGB, 1995; sowie *Bottke*, TranspR 1992, 390 (jeweils noch zum alten Tatbestand).

bei zeigt die Auflistung der in Betracht kommenden Tathandlungen, dass der Gesetzgeber den Beförderungsvorgang im Ganzen erfassen wollte, also nicht nur die Ortsveränderung, sondern auch die Übernahme und Ablieferung des Gutes, Vorbereitungs- und Abschlusshandlungen sowie vorübergehende Aufenthalte während der Beförderung[1].

Bei der Tathandlung muss der Täter **verwaltungsrechtliche Pflichten** i.S. des § 330d Abs. 1 Nr. 4 StGB **verletzen**. Das Erfordernis einer „groben" Pflichtverletzung wurde mit dem 45. StrÄndG gestrichen (vgl. § 54 Rz. 283). Die maßgeblichen Pflichten können sich aus dem Gesetz zur Beförderung gefährlicher Güter und den GGVOen, aber auch aus sonstigen umweltschutzbezogenen Vorschriften, wie z.B. § 55 KrWG ergeben. Darüber hinaus sind Pflichten zu beachten, die „dem Schutz vor Gefahren" (vgl. § 330d Abs. 1 Nr. 4 StGB) dienen sollen, d.h. auch Vorschriften des Straßenverkehrsrechts[2]. 39

Durch die Tathandlung müssen die Gesundheit eines anderen, Tiere oder Pflanzen, Gewässer, die Luft oder der Boden oder fremde Sachen von bedeutendem Wert gefährdet werden[3]. Dabei muss es sich, wie bei den hier als Vorbild dienenden Verkehrsdelikten der §§ 315 ff. StGB, um eine **konkrete Gefährdung** handeln. 40

Die vorsätzliche Tat nach § 328 Abs. 3 Nr. 2 StGB kann mit **Freiheitsstrafe** bis zu fünf Jahren geahndet werden. Im Falle der Fahrlässigkeit kommt eine Freiheitsstrafe bis zu drei Jahren oder Geldstrafe in Betracht (Abs. 5). Der Versuch ist strafbar (Abs. 4). 41

2. Straftatbestand des § 11 GGBefG

Das **GGBefG** enthält in **§ 11** erst seit seiner ab 1.1.2010 gültigen Neufassung einen Straftatbestand. In der dem Gefahrgutrecht leider eigenen unübersichtlichen Verweisungstechnik wird dabei „eine in § 10 Abs. 1 Nr. 1 Buchstabe a" bezeichnete *vorsätzliche* Handlung vorausgesetzt. § 10 Abs. 1 Nr. 1 Buchst. a GGBefG verweist wiederum auf Rechtsverordnungen, die nach einzelnen detailliert aufgelisteten Bestimmungen des GGBefG erlassen werden können, wobei sich die Bezugnahme auf das Zusammenpacken, Zusammenladen und die Verpackung, Beförderungsbehältnisse und Fahrzeuge beschränkt. Die „üblichen Verstöße" i.S. des § 10 GGVSEB werden hingegen nicht von der Verweisung umfasst (vgl. dazu Rz. 43). Zu einer Straftat heraufgestuft werden die angeführten Pflichtverletzungen, wenn sie *beharrlich wiederholt* werden. Zur Auslegung dieses Begriffs kann auf §§ 56f Abs. 1 Nr. 2 und 3, 184d StGB sowie auf § 148 GewO (vgl. dazu § 25 Rz. 12) zurückgegriffen werden. Alternativ zur 42

---

1 So *Lackner/Kühl*, § 328 StGB Rz. 4. Vgl. zur Auslegung des Begriffs „Befördern" auch BGH v. 25.6.2009 – 4 StR 610/08, Beck RS 2009, 20066; BayObLG v. 26.4.2001 – 3 ObOwi 30/01, NStZ-RR 2001, 378 m. Bespr. *Schall*, NStZ-RR 2003, 65, 70 sowie zur zeitlich begrenzten Zwischenlagerung *Schall*, NStZ-RR 2007, 33 m.w.Nw.
2 Vgl. dazu *Lackner/Kühl*, § 328 StGB Rz. 2; *Heine/Hecker* in S/S, § 328 StGB Rz. 23; *Rengier* in FS Boujong, 1996, S. 791; krit. dazu *Michalke*, VerwaltungsR im Umweltstrafr, 2001, 83.
3 Vgl. zur Erweiterung der geschützten Objekte durch das 45. StrÄndG *Pfohl*, ZWH 2013, 95.

beharrlichen Wiederholung genügt es, wenn durch eine solche vorsätzliche Handlung eine konkrete Gefahr für Leben oder Gesundheit eines anderen, ihm nicht gehörende Tiere oder fremde Sachen von bedeutendem Wert geschaffen wird.

3. Bußgeldtatbestände

43   Die beiden Strafnormen werden ergänzt durch die *Bußgeldtatbestände* des § 10 GGBefG, § 37 GGVSEB[1] sowie § 10 GGVSee. Dabei enthält § 10 Abs. 1 Nr. 1 GGBefG zunächst eine Ermächtigungsgrundlage für die in den GGVOen enthaltenen Bußgeldtatbestände. In § 10 Abs. 1 Nr. 2–5 GGBefG werden darüber hinaus einzelne Zuwiderhandlungen gegen §§ 7–9 GGBefG sanktioniert, wobei die Geldbußen bis zu 50 000 Euro bzw. bei den weniger gewichtigen Auskunftspflichtverletzungen bis zu 1000 Euro betragen können (vgl. § 10 Abs. 2 GGBefG).

44   In der Praxis kommt **§ 37 GGVSEB** am häufigsten zur Anwendung. Diese sehr detailliert ausgestaltete Norm erfasst vor allem Verstöße gegen §§ 17–35 GGVSEB, also etwa das unterlassene Anbringen von Gefahrguthinweisen, die unterlassene Mitnahme von Beförderungspapieren, Zuwiderhandlungen gegen Fahrwegbestimmungen u.a.[2]. Auch hier kann die Geldbuße gem. § 10 Abs. 2 GGBefG bis zu 50 000 Euro betragen. Dabei ist zu berücksichtigen, dass wegen der beim Transport gefährlicher Güter erheblich gesteigerten Gefahrenquellen Verstöße nach der GGVSEB mit höheren Geldbußen zu ahnden sind als Zuwiderhandlungen im allgemeinen Straßenverkehr[3].

45   Einen Bußgeldtatbestand enthält schließlich auch § 10 der **GefahrgutbeauftragtenVO**, der einzelne Verstöße des Unternehmers in Nr. 1 (z.B. die unterlassene Bestellung des Gefahrgutbeauftragten), des Gefahrgutbeauftragten in Nr. 3 (z.B. die unterlassene Erstellung eines Unfallberichts) mit Geldbußen bis zu 50 000 Euro bedroht. Auch der Schulungsveranstalter für den Gefahrgutbeauftragten-Lehrgang kann bei einer Verletzung seiner Pflichten mit einer Geldbuße sanktioniert werden (§ 10 Nr. 2 GbV). Bei Verletzung der ihm nach der GbV obliegenden Pflichten kann der Gefahrgutbeauftragte im Übrigen unter bestimmten Umständen selbst als Normadressat der Pflichten nach §§ 17–35 GGVSEB angesehen und über § 9 OWiG bußgeldrechtlich zur Verantwortung gezogen werden[4].

---

1   Näher dazu *Bottke*, TranspR 1992, 390.
2   Vgl. etwa zur Verletzung der Kontrollpflichten des Halters BayObLG v. 17.12.1997 – 3 ObOwi 132/97, NStZ-RR 1998, 146; zur Pflichtverletzung des Absenders bei unvollständig ausgefüllten Beförderungspapieren OLG Karlsruhe v. 26.10.1995 – 2 Ss 178/95, Die Justiz 1996, 112; zur Pflichtverletzung des Verladers bei der Ladungssicherung BayObLG v. 19.8.1996 – 3 ObOwi 68/96, NZV 1997, 367; zur Pflichtenverteilung bei verschiedenen Beteiligten BayObLG v. 18.3.1999 – 3 ObOwi 30/99, NZV 2000, 509; zur Verantwortlichkeit für die Ausrüstung und Ladungssicherung OLG Hamm v. 28.1.2013 - III-5 RBs 213/12, BeckRS 2013, 10898; w.Nw. bei *Lampe* in Erbs/Kohlhaas, G 18a, § 37 GGVSEB.
3   OLG Düsseldorf v. 7.7.1995 – 5 Ss (Owi) 240/95, VRS 90 (1996), 156.
4   Vgl. OLG Karlsruhe v. 26.10.1995 – 2 Ss 178/95, Die Justiz 1996, 112.

§ 72
Lebensmittel- und Gesundheitswesen

Bearbeiter: Michael Pfohl

		Rz.
A.	**Lebensmittel, Futtermittel und Bedarfsgegenstände**	
I.	**Lebensmittel- und Futtermittelrecht**	
1.	Überblick	1
2.	Gesundheitsschutz	16
3.	Täuschungsschutz	23
4.	Futtermittel, kosmetische Mittel und Bedarfsgegenstände	42
5.	Lebensmittelüberwachung	44
6.	Ein- und Ausfuhr	47
7.	Zuwiderhandlungen	49
	a) Schwerere Straftaten	51
	b) Leichtere Straftaten	64
	c) Ordnungswidrigkeiten	70
	d) Ergänzende Normen	71
8.	Verfahrensrecht	73
II.	**Weinrecht**	
1.	Rechtsgrundlagen	74
2.	Zuwiderhandlungen	87
	a) Schwerere Straftaten	88
	b) Leichtere Straftaten	95
	c) Ordnungswidrigkeiten	96
	d) Ergänzende Normen	97
B.	**Gesundheitswesen**	99
I.	**Arzneimittel**	
1.	Rechtsgrundlagen	100
2.	Straf- und Bußgeldvorschriften	112
II.	**Medizin- und Blutprodukte**	117
III.	**Transplantationen**	121
IV.	**Embryonenschutz**	124
V.	**Gendiagnostik**	127
VI.	**Heilmittelwerbung**	
1.	Rechtsgrundlagen	129
2.	Zuwiderhandlungen	136
VII.	**Betrug, Untreue und Korruption**	139
1.	Abrechnungsbetrug	140
2.	Untreue zum Nachteil der Krankenkassen	146
3.	Vorteilsannahme und Bestechlichkeit	147
4.	Gesetzliche Anzeigepflicht	152

A. Lebensmittel, Futtermittel und Bedarfsgegenstände

Schrifttum: *Boch*, LFGB, 3. Aufl. 2013, Online-Kommentar; *Görgen/Hahn*, Praxishandbuch Lebensmittelrecht, 2010, Loseblatt-Kommentar; *Meyer*, Lebensmittelrecht, Leitfaden für Studium und Praxis, 1998 (noch zum alten Recht, aber anschaulich); *Meyer/Streinz*, LFGB – Basis-VO, Kommentar, 2. Aufl. 2012; *Streinz* (Hrsg.), Lebensmittelrechts-Handbuch, Loseblatt; *Wehlau*, LFGB, Kommentar, 2010; *Zipfel/Rathke*, Lebensmittelrecht, Loseblatt-Kommentar.

Zum Lebensmittelstrafrecht: *Dannecker/Bülte* in Achenbach/Ransiek, Handbuch zum Wirtschaftsstrafrecht, 3. Aufl. 2011; *Rohnfelder/Freytag* in Erbs/Kohlhaas, L 52; *Sackreuther* in Graf/Jäger/Wittig, Wirtschaftsstrafrecht.

Entscheidungssammlung: LRE Sammlung lebensmittelrechtlicher Entscheidungen, hrsg. von *Wehlau*.

Zeitschriften: LMUR (Lebensmittel und Recht); ZLR (Zeitschrift für das gesamte Lebensmittelrecht).

I. Lebensmittel- und Futtermittelrecht

1. Überblick

1 Das Lebensmittelrecht hat sich mit einer nicht mehr überschaubaren Vielzahl an immer wieder geänderten europäischen Regelungen, nationalen gesetzlichen Vorschriften sowie zu ihrer Ergänzung erlassener Rechtsverordnungen zu einer außerordentlich komplexen Materie entwickelt. Die insbesondere durch den europäischen Verordnungsgeber produzierte **Normenflut** ist für den „Nichtfachmann" nicht mehr nachvollziehbar und stellt nicht nur die Lebensmittelüberwachungsbehörden, sondern auch damit konfrontierte Strafjuristen vor erhebliche Handhabungsschwierigkeiten. Die folgende Darstellung kann die Thematik schon aus räumlichen Gründen nur „anreißen", soll im Übrigen aber durch Literatur- und Rechtsprechungshinweise den weiteren Zugang zu diesem Rechtsgebiet eröffnen.

2 Das Lebensmittel- und Futtermittelrecht wird maßgeblich durch die **VO (EG) Nr. 178/02** des Europäischen Parlaments und des Rates vom 28.1.2002 zur Festlegung der allgemeinen Grundsätze und Anforderungen des Lebensmittelrechts, zur Errichtung der Europäischen Behörde für Lebensmittelsicherheit und zur Festlegung von Verfahren zur Lebensmittelsicherheit[1] bestimmt. Diese sog. **BasisVO** trat am 21.2.2002 in Kraft und gilt in jedem Mitgliedstaat unmittelbar. Die VO soll ein hohes Schutzniveau für die Gesundheit des Menschen und die Verbraucherinteressen bei Lebensmitteln, aber auch ein reibungsloses Funktionieren des Binnenmarkts gewährleisten (vgl. Art. 1 Abs. 1 BasisVO)[2]. Sie gilt für alle Produktions-, Verarbeitungs- und Vertriebsstufen von Lebensmitteln und Futtermitteln, nicht jedoch für den privaten häuslichen Gebrauch oder für die häusliche Verarbeitung, Handhabung oder Lagerung von Lebensmitteln zum häuslichen Gebrauch (Art. 1 Abs. 3 BasisVO)[3].

3 Die BasisVO ist in fünf Kapitel *gegliedert*. Kapitel 1 beschreibt den Anwendungsbereich und enthält Begriffsbestimmungen, etwa von „Lebensmittel". Kapitel 2 regelt das **allgemeine Lebensmittelrecht**, d.h. allgemeine Grundsätze wie das Vorsorgeprinzip, Grundsätze der Transparenz, allgemeine Verpflichtungen für den Lebensmittelhandel und allgemeine Anforderungen des Lebensmittelrechts. Kapitel 3 behandelt die *Europäische Behörde für Lebensmittelsicherheit*. Kapitel 4 betrifft das Schnellwarnsystem, Krisenmanagement und Notfälle. Kapitel 5 enthält Vorschriften über Verfahren und die Schlussbestimmungen.

4 Gem. Art. 4 Abs. 3 BasisVO waren die Mitgliedstaaten verpflichtet, ihre bestehenden lebensmittelrechtlichen Grundsätze und Verfahren bis spätestens zum 1.1.2007 an die BasisVO anzupassen. In Deutschland ist dies mit dem **Gesetz zur Neuordnung des Lebensmittel- und Futtermittelrechts** vom 1.9.2005

---

1 ABl. EG Nr. L 31 v. 28.1.2002, 1; zul. geänd. am 15.5.2014, ABl. EU Nr. L 189 v. 27.6.2014, 1; abgedr. auch in *Zipfel/Rathke*, C 101.
2 Näher zu dieser VO u.a. *Gorny*, ZLR 2001, 501; *Hecker*, ZRP 2003, 131; *Köhler*, ZLR 2001, 191; *Köhler*, GRUR 2002, 844; *Rabe*, ZLR 2003, 151; *Streinz*, ZLR 2000, 208; *Rathke* in Zipfel/Rathke, C 101.
3 Näher dazu u.a. *Boch*, § 1 LFGB Rz. 8.

(**LFGB**) geschehen[1]. Mit diesem Reformwerk wurde das zuvor geltende Lebensmittel- und Bedarfsgegenständegesetz (LMBG) abgelöst. Dabei wurden unter Berücksichtigung des Prinzips „vom Stall/Feld bis zum Teller" oder „vom Acker zum Tisch" lebens- und futtermittelrechtliche Vorschriften zusammengeführt. Bis dahin eigenständige Regelungen wie das Fleischhygiene- und Geflügelfleischhygienegesetz wurden in das LFGB mit aufgenommen. Da es nicht i.S. eines Verbraucherschutzgesetzes schien, Regelungen über per se gesundheitsschädliche Produkte zu treffen[2], wurde der Produktbereich der Tabakwaren ausgeklammert und in einem eigenständigen *vorläufigen Tabakgesetz* geregelt, das (wenig übersichtlich) durch eine Umbenennung des Lebensmittel- und Bedarfsgegenständegesetzes[3] und massive Streichungen bzw. Kürzungen von dessen Vorschriften gestaltet wurde. Auch das WeinG blieb in einem eigenständigen Gesetzeswerk erhalten (vgl. dazu § 72 Rz. 74 ff.). Die Regelungen des FuttermittelG und des VerfütterungsverbotsG wurden hingegen in das LFGB übertragen.

Das **LFGB** verfolgt gem. § 1 Abs. 1 u.a. den **Zweck**, bei Lebensmitteln, Futtermitteln, kosmetischen Mitteln und Bedarfsgegenständen den Schutz für die menschliche Gesundheit sicherzustellen (Nr. 1), vor Täuschung im Verkehr mit den genannten Erzeugnissen zu schützen (Nr. 2), die Wirtschaftsbeteiligten zu unterrichten (Nr. 3) und bei Futtermitteln den Schutz von Tieren sicherzustellen sowie vor Gefahren für den Naturhaushalt zu schützen (Nr. 4). Hinsichtlich der weiteren Einzelheiten ist auf den detailliert gehaltenen Katalog des § 1 Abs. 1, 1a und 2 LFGB zu verweisen. 5

Das **Gesetz gliedert** sich in elf Abschnitte. Dabei sind in strafrechtlicher Hinsicht insbesondere der zweite Abschnitt über den Verkehr mit Lebensmitteln (§§ 5 ff. LFGB), der dritte Abschnitt über den Verkehr mit Futtermitteln und der zehnte Abschnitt über Straftaten und Ordnungswidrigkeiten (§§ 58 ff. LFGB) von Bedeutung. Die Abschnitte vier und fünf erfassen den Verkehr mit kosmetischen Mitteln (§§ 26–29 LFGB) und sonstigen Bedarfsgegenständen (§§ 30–33 LFGB). 6

Was im Einzelnen unter diesen Begriffen verstanden wird, ergibt sich aus den im ersten Abschnitt (§§ 2 und 3 LFGB) enthaltenen **Legaldefinitionen**[4]. Dort finden sich auch die Begriffsbestimmungen für Erzeugnisse (§ 2 Abs. 1 LFGB), Zusatzstoffe (§ 2 Abs. 3 LFGB)[5], Bedarfsgegenstände (§ 2 Abs. 5 LFGB), den Verbraucher (§ 3 Nr. 4 LFGB) sowie der Handlungen des Inverkehrbringens, Herstellens, Behandelns und Verzehrens (§ 3 Nr. 1, 2, 3 und 5 LFGB). Unter Inverkehrbringen wird nach § 3 Nr. 1 LFGB i.V.m. Art. 3 Nr. 8 BasisVO das Bereithalten von Lebens- und Futtermitteln für Verkaufszwecke einschließlich des Anbietens zum Verkauf oder jeder anderen Form der Weitergabe, gleichgültig, ob unentgeltlich oder nicht, sowie der Verkauf, der Vertrieb oder andere Formen der Weitergabe selbst verstanden. 7

---

1 Nunmehr i.d.F. der Bek. v. 3.6.2013, BGBl. I 1426; zul. geänd. am 28.5.2014, BGBl. I 698. Näher zur Neuordnung des Jahres 2005 *Meyer*, NJW 2005, 3320; *Schomburg*, NVwZ 2007, 1373; zu dem zugrunde liegenden Gesetzesentwurf *Eckert*, ZLR 2003, 667; *Girnau*, ZLR 2003, 677.
2 Vgl. *Rohnfelder/Freytag* in Erbs/Kohlhaas, L 52 Vorbem. Rz. 3.
3 I.d.F. der Bek. v. 9.9.1997, BGBl. I 2296; zul. geänd. am 22.5.2013, BGBl. I 1318; ausf. dazu *Bitter* in G/J/W, TabakG.
4 Näher dazu *Rohnfelder/Freytag* in Erbs/Kohlhaas, § 2 und § 3 LFGB.
5 Ausf. dazu *Rathke* in Zipfel/Rathke, § 2 LFGB Rz. 7 ff.; zur Abgrenzung von Lebensmitteln *Meyer* in Meyer/Streinz, § 2 LFGB Rz. 19 ff.

8   Als **Lebensmittel** werden gem. § 2 Abs. 2 LFGB i.V.m. Art. 2 BasisVO alle Stoffe oder Erzeugnisse angesehen, die dazu bestimmt sind oder von denen nach vernünftigem Ermessen erwartet werden kann, dass sie in verarbeitetem, teilweise verarbeitetem oder unverarbeitetem Zustand von Menschen aufgenommen werden. Ausdrücklich *nicht* zu Lebensmitteln gehören *Futtermittel*, lebende Tiere (soweit sie nicht für das Inverkehrbringen zum menschlichen Verzehr hergerichtet worden sind), Pflanzen vor dem Ernten, Arzneimittel, kosmetische Mittel, Tabak und Tabakerzeugnisse, Betäubungsmittel u.a. (vgl. Art. 2 BasisVO). Der Begriff umfasst auch Produkte, die Menschen nicht zu Ernährungs- oder Genusszwecken dienen, sowie Produkte, die nicht verzehrt werden, sondern auf andere Weise (z.B. durch Injektionen) aufgenommen werden[1]. Der unvernünftige Verzehr von hierzu nicht bestimmten Stoffen oder Erzeugnissen wird hingegen nicht erfasst. Verdorbene oder gesundheitsschädliche Lebensmittel bleiben aber Lebensmittel[2]. Unter den Lebensmittel-Begriff fallen auch diätetische Lebensmittel[3], sog. funktionelle Lebensmittel[4] sowie *Nahrungsergänzungsmittel*[5] wie etwa bestimmte Vitaminpräparate, z.B. das für Veganer bestimmte Vitamin B^{12}.

9   Erhebliche Schwierigkeiten bereitet die **Abgrenzung** zwischen **Lebensmitteln** und **Arzneimitteln**[6], deren Herstellung, Vertrieb und Verwendung im Arzneimittelgesetz (AMG) geregelt ist (vgl. dazu Rz. 100). Dabei handelt es sich um die in den letzten Jahren am meisten diskutierte Problematik des Lebensmittelrechts. Dies liegt zum einen daran, dass sich die Wirkungen von Arznei- und Lebensmitteln häufig überschneiden, so etwa bei Lebensmitteln, die auch für medizinische Zwecke eingesetzt werden, wie z.B. Fencheltee o.Ä. Zum anderen spielen wirtschaftliche Erwägungen eine maßgebliche Rolle, da Arzneimittel nur nach einem umfassenden Zulassungsverfahren in den Verkehr gebracht werden dürfen, während Lebensmittel frei verkehrsfähig sind. Dies begründet für manchen Anbieter den Anreiz, ein Produkt als Lebensmittel zu deklarieren und so das arzneimittelrechtliche Zulassungsverfahren zu umgehen[7]. Insbesondere im Zusammenhang mit dem Vertrieb von Vitamin- und Muskelaufbaupräparaten hatte sich die Rechtsprechung daher zu Beginn des Jahrtausends immer

---

1   So auch *Dannecker/Bülte* in A/R, Rz. 8; *Sackreuther* in G/J/W, Vor §§ 58-60 LFGB Rz. 39; a.A. *Meyer* in Meyer/Streinz Art. 2 BasisVO Rz. 7; *Wehlau*, § 2 LFGB Rz. 19.
2   *Rohnfelder/Freytag* in Erbs/Kohlhaas, § 2 LFGB Rz. 7 m.w.Nw.
3   Vgl. dazu *Meyer* in Meyer/Streinz, Art. 2 BasisVO Rz. 18 ff.; *Rohnfelder/Freytag* in Erbs/Kohlhaas, § 2 LFGB Rz. 30.
4   Dies sollen Lebensmittel sein, die neben ihrer traditionellen Ernährungs- und Genussfunktion eine zusätzliche auf die Gesundheitsförderung gerichtete Funktion haben (z.B. probiotischer Joghurt, OLG Hamburg v. 30.11.2000 – 3 U 76/00, ZLR 2001, 323).
5   Vgl. dazu die NahrungsergänzungsmittelVO v. 24.5.2004, BGBl. I 1011, zul. geänd. am 23.10.2013, BGBl. I 3889; näher dazu *Hagenmeyer/Hahn*, ZLR 2003, 417; *Herr*, ZLR 2005, 331 sowie *Rohnfelder/Freytag* in Erbs/Kohlhaas, § 2 LFGB Rz. 34.
6   Vgl. dazu *Rathke* in Zipfel/Rathke, Art. 2 BasisVO Rz. 46 ff. m.w.Nw.
7   So *Rohnfelder/Freytag* in Erbs/Kohlhaas, § 2 LFGB Rz. 17.

wieder mit dieser Problematik zu befassen[1]. Dabei ging sie für die Grenzziehung stets von § 2 Abs. 3 Nr. 1 AMG aus, wonach Lebensmittel i.S. des § 1 Abs. 1 LMBG a.F. keine Arzneimittel sind. Damit wurde ein *Regel-Ausnahmeverhältnis* zwischen Lebensmitteln und Arzneimitteln begründet[2]. Entscheidend für die Zuordnung war, ob ein Produkt dem durchschnittlich informierten Verbraucher gegenüber so in Erscheinung trat, dass es überwiegend anderen als Nahrungs- oder Genusszwecken diente[3]. Nur wenn dies zu bejahen war, schied § 1 Abs. 1 LMBG a.F. aus und war der Weg zur Anwendung des AMG eröffnet[4]. Diese nach nationalem Recht entwickelten Abgrenzungskriterien waren nach Inkrafttreten der BasisVO (Rz. 2) und unter Berücksichtigung der Arzneimittelrichtlinien 65/65/EWG und 92/73/EWG des Rates nicht mehr aufrechtzuerhalten. So entschied der EuGH auf der Grundlage des Art. 2 BasisVO in der „Lactobat Omni FOS"-Entscheidung vom 9.6.2005, dass die arzneimittelrechtlichen Richtlinien-Bestimmungen anzuwenden sind, wenn ein Produkt sowohl unter die Definition für Lebensmittel als auch unter jene für Arzneimittel fällt[5]. Auch danach sowie nach zahlreichen weiteren Entscheidungen und einer nicht mehr übersehbaren Flut an Literatur blieb die Grenzziehung umstritten und ist auch heute noch nicht abschließend geklärt[6].

Geht man bei der Abgrenzung wie das **BVerwG** vom Lebensmittelrecht aus, ist zunächst auf (den eigentlich überflüssigen) § 2 Abs. 2 LFGB abzustellen, der für den Begriff „Lebensmittel" auf Art. 2 BasisVO verweist[7]. Danach sind Lebensmittel i.S. dieser VO alle Stoffe oder Erzeugnisse, die dazu bestimmt sind oder von denen nach vernünftigem Ermessen erwartet werden kann, dass sie in verarbeitetem, teilweise verarbeitetem oder unverarbeitetem Zustand von Menschen aufgenommen werden. Art. 2 Abs. 3 Buchst. d der VO schränkt den Begriff der Lebensmittel aber dahin ein, dass Arzneimittel i.S. der Richtlinien 65/65/EWG und 92/73/EWG nicht zu den Lebensmitteln gehören. Ein Produkt, 10

---

1 BGH v. 25.4.2001 – 2 StR 374/00 – Vitaminpräparate, BGHSt 46, 380; BGH v. 11.7.2002 – I ZR 34/01 – Muskelaufbaupräparate, NJW 2002, 3469; BGH v. 11.7.2002 – I ZR 273/99 – Sportlernahrung für Bodybuilder, ZLR 2002, 661; OLG Hamburg v. 26.5.2005 – 3 U 73/02 – L-Carnitin, ZLR 2005, 490; OLG Hamm v. 25.11.2004 – 4 U 129/04 – Vitamin-E-Präparat, ZLR 2005, 621; KG v. 24.9.2002 – 5 U 76/02 – L-Carnitin, ZLR 2003, 94; OLG Stuttgart v. 13.2.2003 – 2 U 19/00 – L-Carnitin, ZLR 2003, 497; VGH Kassel v. 17.12.2001 – 11 TZ 3006/01 – Grüner Tee in Kapseln, ZLR 2002, 504.
2 Vgl. etwa VGH München v. 13.5.1997 – 25 Cs 96.3855, NJW 1998, 845.
3 BVerwG v. 24.11.1994 – 3 C 2/93, NVwZ-RR 1995, 625.
4 VGH München v. 13.5.1997 – 25 Cs 96.3855, NJW 1998, 845.
5 EuGH v. 9.6.2005 – Rs. C-211/03, ZLR 2005, 435 auf Vorlagebeschluss des OVG Münster v. 7.5.2003 – 13 A 1977/02, ZLR 2003, 585 m. Anm. *Streinz;* näher dazu *Mahn,* ZLR 2005, 529 und *Schroeder,* ZLR 2005, 411.
6 Vgl. dazu u.a. *Meyer* in Meyer/Streinz, Art. 2 BasisVO Rz. 34 ff.; *Rathke* in Zipfel/Rathke,* Art. 2 BasisVO Rz. 46 ff.; *Doepner/Hüttebräuker,* ZLR 2008, 1; *Hüttebräuker/Müller,* NVwZ 2008, 185; *Müller,* NVwZ 2007, 543; *Müller,* NVwZ 2009, 425; *Rathke,* ZLR 2007, 139; *Rennert,* NVwZ 2008, 1179.
7 BVerwG v. 14.12.2006 – 3 C 40/05, NVwZ 2007, 592; BVerwG v. 25.7.2007 – 3 C 21/06, NVwZ 2008, 439.

das die für Arzneimittel geltende Definition der Richtlinien erfüllt, ist mithin kein Lebensmittel.

11 Mit Reform vom 17.7.2009 wurde der nationale Arzneimittelbegriff des § 2 Abs. 1 AMG an die Vorgaben der europäischen RL für Humanarzneimittel angeglichen (vgl. § 72 Rz. 101). § 2 Abs. 1 AMG sieht für den Arzneimittelbegriff nun zwei alternative Definitionen vor. Die Vorschrift unterscheidet zwischen **Präsentationsarzneimitteln** (Arzneimittel nach Bezeichnung, § 2 Abs. 1 Nr. 1 AMG)[1] und **Funktionsarzneimitteln** (Arzneimittel nach Funktion, § 2 Abs. 1 Nr. 2 AMG)[2]. Unter die erste Variante fallen Stoffe oder Zubereitungen aus Stoffen, denen eine arzneiliche Zweckbestimmung zugemessen wird (vgl. den Gesetzeswortlaut). Maßgeblich für die Beurteilung ist die objektiv zu bestimmende Verkehrsanschauung. Bei der Funktion wird auf die pharmakologische, immunologische oder metabolische Wirkung der Stoffe abgestellt. Eine (meist im Vordergrund der Prüfung stehende) pharmakologische Wirkung in diesem Sinne verlangt eine gezielte Steuerung von Körperfunktionen von außen, die wissenschaftlich nachgewiesen sein muss[3]. Sie ist nach Auffassung des BVerwG nicht mit der unspezifischen Aufnahme von Nährstoffen über natürliche Nahrungsmittel vergleichbar, bei der der Körper die benötigten Bestandteile selbst identifiziert und modifiziert[4].

12 Ist ein Stoff oder Erzeugnis danach als Arzneimittel i.S. des § 2 Abs. 1 AMG einzustufen, unterliegt er/es nach Art. 2 BasisVO nicht den lebensmittelrechtlichen Vorschriften. Ist dies nicht der Fall, kann das Produkt ein Lebensmittel gem. Art. 2 BasisVO darstellen und der VO sowie dem LFGB unterliegen. Bestehen unter Berücksichtigung aller Umstände Zweifel bei der Einordnung des Erzeugnisses, ist es als Arzneimittel zu behandeln[5]. In theoretischer Hinsicht ist die Abgrenzung nach der Neufassung des § 2 Abs. 1 AMG somit klarer geworden. Im Einzelfall können dennoch erhebliche Anwendungsschwierigkeiten auftreten. Insoweit kann hier aus räumlichen Gründen nur auf die weiterführende Literatur verwiesen werden[6].

13 In **strafrechtlicher Hinsicht** legen die Probleme bei der Abgrenzung von Arznei- und Lebensmitteln Fehlvorstellungen der Betroffenen nahe. Der Irrtum über die Einstufung eines Produkts als Lebens- oder Arzneimittel ist als Subsumtionsirrtum zu behandeln[7], bei dem allerdings angesichts der komplizierten Rechtslage die Unvermeidbarkeit gelegentlich kaum zu widerlegen sein wird[8].

---

1 Näher dazu *Meyer* in Meyer/Streinz, Art. 2 BasisVO Rz. 38 ff.
2 Näher dazu *Meyer* in Meyer/Streinz, Art. 2 BasisVO Rz. 54 ff.
3 Vgl. BVerwG v. 26.5.2009 – 3 C 5/09, NVwZ 2009, 1038.
4 BVerwG v. 25.7.2007 – 3 C 21/06, NVwZ 2008, 439.
5 Vgl. dazu EuGH v. 15.1.2009 – Rs. C-140/07, NVwZ 2009, 439 auf Vorlage des BVerwG v. 14.12.2006 – 3 C 38/06, ZLR 2007, 378; dazu Doepner, ZLR 2009, 201 sowie *Meyer* in Meyer/Streinz, Art. 2 BasisVO Rz. 108.
6 Vgl. etwa die Auflistung in *Meyer* in Meyer/Streinz, Art. 2 BasisVO Rz. 116 ff. von „Aktivkohle" bis „Zimt-Kapseln".
7 *Dannecker* in Zipfel/Rathke, Vor § 58 LFGB Rz. 108 m.w.Nw.
8 *Doepner*, ZLR 2005, 679 hält die Abgrenzungsfrage mangels hinreichender Bestimmtheit der Anforderungen sogar für „strafrechtlich nicht mehr operabel".

Allerdings wird man auch hier von gewerblich agierenden Personen verlangen, dass sie in Zweifelsfällen kundigen Rechtsrat einholen (vgl. § 18 Rz. 11).

Keine besonderen Vorschriften enthält das LFGB für *neuartige Lebensmittel* **14** oder Lebensmittelzutaten. Das Inverkehrbringen derartiger Stoffe, die aus der Anwendung chemischer, biochemischer, biotechnischer oder insbesondere gentechnischer Verfahren herrühren, wurde durch die **Novel-Food-VO** der EG[1] geregelt. Derartige Novel-Food (z.B. sog. NONI-Saft[2]) müssen, wenn sie zu herkömmlichen Lebensmitteln oder Lebensmittelzutaten im Wesentlichen gleichwertig sind, notifiziert werden. Für andere Produkte ist ein zweistufiges Prüfungsverfahren vorgesehen[3]. Welche Behörden hierfür zuständig sind und wie das Verfahren abzulaufen hat, wurde durch den nationalen Gesetzgeber in der 1998 erlassenen NLV[4] geregelt[5].

Die Herstellung, Verwendung und das Inverkehrbringen **genetisch veränderter** **15** **Lebensmittel und Futtermittel** sowie die grenzüberschreitende Verbringung genetisch veränderter Organismen wurden ebenfalls in EG-Verordnungen[6] geregelt, zu deren Durchführung das nationale EG-Gentechnik-Durchführungsgesetz geschaffen wurde[7].

2. Gesundheitsschutz

Das zentrale, dem Gesundheitsschutz der Verbraucher dienende **Verbot** ergibt **16** sich zunächst aus **Art. 14** Abs. 1 und 2 **BasisVO**. Danach dürfen *Lebensmittel*, die nicht sicher sind, nicht in den Verkehr gebracht werden (Abs. 1). Als nicht sicher gelten Lebensmittel, wenn davon auszugehen ist, dass sie gesundheitsschädlich (Abs. 2 Buchst. a) oder für den Verzehr durch den Menschen ungeeignet (Abs. 2 Buchst. b) sind.

Während es nach dem Wortlaut des § 8 Abs. 1 LMBG a.F. ausreichend war, dass **17** der Verzehr eines Lebensmittels geeignet war, die Gesundheit zu schädigen, ist Art. 14 Nr. 2 Buchst. a BasisVO erfüllt, „wenn davon auszugehen ist, dass [...]" die Lebensmittel „**gesundheitsschädlich** sind." Eine wesentliche inhaltliche Änderung ist mit dieser Formulierung nicht verbunden. Verlangt wird eine ent-

---

1 VO (EG) Nr. 258/97 v. 27.1.1997, ABl. EG Nr. L 43 v. 14.2.1997, 1, zul. geänd. am 18.6.2009, ABl. EU Nr. L 188 v. 18.7.2009, 14; vgl. dazu u.a. *Hegele*, ZLR 2010, 317; *Schroeter*, ZLR 1997, 373; *Streinz*, ZLR 1995, 397; *Pfleger*, ZLR 1993, 367.
2 Vgl. OVG Lüneburg v. 9.10.2001 – 11 MB 2745/01, ZLR 2002, 115 sowie die Entscheidung der Kommission v. 5.6.2003 zur Genehmigung des Inverkehrbringens von NONI-Saft, ABl. EU Nr. L 144 v. 12.6.2003, 12.
3 Näher dazu *Meyer*, 8.
4 Neuartige Lebensmittel- und Lebensmittel-Zutaten-Verordnung (NLV) i.d.F. der Bek. v. 14.2.2000, BGBl. I 123, zul. geänd. am 1.4.2008, BGBl. I 499.
5 Ausf. zur Novel-Food-VO unter strafrechtlichen Aspekten, insbes. auch zu den hier bestehenden Strafbarkeitslücken *Dannecker*, ZLR 1998, 425.
6 VO (EG) Nr. 1829/03 v. 22.9.2003 über genetisch veränderte Lebensmittel und Futtermittel, ABl. EU Nr. L 268 v. 18.12.2003, 1, zul. geänd. am 11.3.2008, ABl. EU Nr. L 97 v. 9.4.2008, 64.
7 V. 22.6.2004, BGBl. I 1244, zul. geänd. am 9.12.2010, BGBl. I 1934.

sprechende tatsächliche und konkrete Eignung[1]. Verboten ist es also z.B., salmonellenverseuchte Lebensmittel in den Verkehr zu bringen[2]. Die Eignung kann aber nicht nur bei spontanen Symptomen einer Lebensmittelvergiftung wie Durchfall oder Erbrechen, sondern auch bei kumulativ verursachten pathologischen Veränderungen des Gesundheitszustandes vorliegen[3]. Bei der Beurteilung, ob ein Lebensmittel gesundheitsschädlich ist, wird auf den durchschnittlich gesunden, nicht aber auf den überempfindlichen Verbraucher abgestellt[4]. Nur wenn das Lebensmittel für eine bestimmte Verbrauchergruppe gedacht ist, wird deren besondere gesundheitliche Empfindlichkeit berücksichtigt (Art. 14 Abs. 4 Buchst. c BasisVO). Eine weitere (einschränkende) Änderung gegenüber dem LMBG ergibt sich aus Art. 14 Abs. 3 BasisVO: Danach sind bei der Entscheidung der Frage, ob ein Lebensmittel sicher ist, auch die dem Verbraucher vermittelten Informationen zu berücksichtigen.

18 Die Frage, ob ein Lebensmittel i.S. des Art. 14 Abs. 2 Buchst. b BasisVO **„zum Verzehr ungeeignet"** ist, richtet sich nach objektiven Maßstäben. Kriterien dafür finden sich in Art. 14 Abs. 5 BasisVO (durch Fremdstoffe oder auf andere Weise bewirkte Kontamination, Fäulnis, Verderb oder Zersetzung). Zur Auslegung kann auf die Rechtsprechung zu § 17 Abs. 1 Nr. 1 LMBG a.F. (Genussuntauglichkeit, erkennbar ekelerregende Beschaffenheit, für den Verbraucher nicht erkennbar ekelerregende Beeinträchtigung, „verdorben") zurückgegriffen werden[5]. Als genussuntauglich und somit nicht sicher i.S. des Art. 14 Abs. 2 Buchst. b BasisVO sind daher z.B. ranziger Speck, Wurstsalat mit starker Keimbildung oder grünlich verfärbte Seelachsfilets[6] anzusehen. Als erkennbar ekelerregend wurde etwa Schokolade eingestuft, die von lebenden Käfern und Maden durchdrungen war[7]. Die dritte Modalität wurde bejaht, als Lebensmittel in einem mit Mäusekot verschmutzten Lagerraum offen aufbewahrt wurden[8].

19 Da sich Art. 14 BasisVO nur auf das Inverkehrbringen bezieht, sieht **§ 5 Abs. 1 LFGB** ergänzend vor, dass es verboten ist, derartige Lebensmittel herzustellen oder zu behandeln. Diese weitergehende Regelung wirft zwar erhebliche praktische Kontrollschwierigkeiten auf, ist aber nach den Erfahrungen mit den „Gammelfleischfällen" durchaus sachgerecht[9]. Gem. § 5 Abs. 2 Nr. 1 LFGB ist

---

1 *Meyer* in Meyer/Streinz, Art. 14 BasisVO Rz. 23; *Rathke* in Zipfel/Rathke, Art. 14 BasisVO Rz. 39.
2 OLG Stuttgart v. 16.8.1994 – 3 Ss 316/94, Die Justiz 1995, 21; AG Koblenz v. 10.11.1987 – 101 Js 26144/87 – 29 Ds 714/87, LRE 22, 316; weitere Beispiele bei *Meyer* in Meyer/Streinz, Art. 14 BasisVO Rz. 35.
3 Vgl. *Bosch* in Meyer/Streinz, § 58 LFGB Rz. 2.
4 So *Meyer* in Meyer/Streinz, Art. 14 BasisVO Rz. 24.
5 Ausf. dazu *Rathke* in Zipfel/Rathke, Art. 14 BasisVO Rz. 65 ff. m.w.Nw.
6 OLG Düsseldorf v. 23.7.1980 – 5 Ss (OWi) 361/80-I, ZLR 1981, 45; OLG Koblenz v. 25.2.1976 – 1 Ss 78/76, ZLR 1976, 33; LG Darmstadt v. 21.8.1967 – 2 Ns 1/67, LRE 6, 70.
7 OLG Düsseldorf v. 28.6.1976 – 1 Ss (OWi) 744/76, ZLR 1976, 445.
8 KG v. 1.6.1972 – 2 Ss 299.71, LRE 8, 146; BayObLG v. 8.2.1994 – 3 ObOWi 3/94, ZLR 1995, 330.
9 So *Streinz* in Meyer/Streinz, Einf. Fn. 101.

es ferner verboten, Stoffe, die keine Lebensmittel sind und deren Verzehr gesundheitsschädlich ist, als Lebensmittel in den Verkehr zu bringen[1].

§ 5 Abs. 2 Nr. 2 LFGB hält das Verbot des § 8 Nr. 3 LMBG a.F. aufrecht. Diese Norm wurde im Jahr 1991 zur Umsetzung der EWG-Richtlinie 87/357 vom 25.6.1987 in das damalige LMBG eingefügt. Danach ist es verboten, Erzeugnisse herzustellen, zu behandeln oder in den Verkehr zu bringen, bei denen eine *Verwechslung mit Lebensmitteln* – insbesondere durch Kinder – vorhersehbar ist und infolge der Verwechselbarkeit eine Gesundheitsgefährdung hervorgerufen wird. Es genügt eine abstrakte Gefährlichkeit, wie z.B. bei Radiergummis, die wie Süßigkeiten aussehen oder riechen, jedoch aus Kunststoff mit hohem Weichmacheranteil bestehen[2]. 20

Ebenfalls dem vorbeugenden Gesundheitsschutz dient das in § 6 LFGB enthaltene grundsätzliche **Verwendungsverbot für Lebensmittelzusatzstoffe** (vgl. zum Begriff § 2 Abs. 3 LFGB[3]), von dem allerdings unter bestimmten Voraussetzungen Ausnahmen zugelassen werden dürfen (§ 7 LFGB – Verbot mit Erlaubnisvorbehalt). Näheres hierzu findet sich u.a. in der VO (EG) Nr. 1333/2008 über Lebensmittelzusatzstoffe[4], der Zusatzstoff-ZulassungsVO[5], der Zusatzstoff-VerkehrsVO[6], der FruchtsaftVO[7] und der NahrungsmittelergänzungsVO (vgl. Rz. 8). 21

Ein weiteres generelles **Verbot** mit der Möglichkeit einer Zulassungsermächtigung normiert § 8 LFGB **für die Bestrahlung** von Lebensmitteln. § 9 LFGB enthält – ebenfalls zum Schutz vor Gesundheitsgefahren – eine Höchstmengenregelung hinsichtlich *Pflanzenschutz- und Düngemitteln* sowie weiteren ähnlichen Mitteln, wobei zur Ausfüllung der Norm insbesondere die Rückstands-HöchstmengenVO[8] heranzuziehen ist. § 10 LFGB begründet ebenfalls eine Höchstmengenregelung für die bei Lebensmitteln tierischer Herkunft verwendeten **Stoffe mit pharmakologischer Wirkung**, z.B. östrogenwirksamen Substanzen bei der Kälbermast[9]. 22

---

1 Z.B. OLG München v. 27.11.1995 – 1 Ws 551/95, NStZ-RR 1996, 71 – Bereitstellen eines als Getränk getarnten Giftes.
2 BayObLG v. 24.4.1985 – RReg 4 St 308/84, LRE 17, 112.
3 Näher dazu *Rohnfelder/Freytag* in Erbs/Kohlhaas, § 2 LFGB Rz. 40 ff.
4 V. 16.12.2008, ABl. EU Nr. L 354 v. 31.12.2008, 16, zul. geänd. am 12.9.2014, ABl. EU Nr. L 272 v. 13.9.2014, 8.
5 VO über die Zulassung von Zusatzstoffen zu Lebensmitteln zu technologischen Zwecken (Zusatzstoff-ZulassungsV – ZZuLV) v. 29.1.1998, BGBl. I 230, zul. geänd. am 21.5.2012, BGBl. I 1201.
6 VO über Anforderungen an Zusatzstoffe und das Inverkehrbringen von Zusatzstoffen für technologische Stoffe (Zusatzstoff-VerkehrsV – ZVerkV) v. 29.1.1998, BGBl. I 230, 269, zul. geänd. am 28.3.2011, BGBl. I 530. Näher dazu *Bertling* in LebensmittelR-Hdb., II D 141 sowie *Rathke* in Zipfel/Rathke, C 122.
7 V. 24.5.2004, BGBl. I 1016, zul. geänd. am 23.10.2013, BGBl. I 3889.
8 VO über Höchstmengen an Rückständen von Pflanzenschutz- und Schädlingsbekämpfungsmitteln, Düngemitteln und sonstigen Mitteln in oder auf Lebensmitteln und Tabakerzeugnissen (Rückstands-HöchstmengenV – RHmV) i.d.F. der Bek. v. 21.10.1999, BGBl. I 2082, zul. geänd. am 19.3.2010, BGBl. I 286.
9 Vgl. OLG Koblenz v. 14.6.1984 – 1 Ss 175/84, ZLR 1985, 60 m. Anm. *Schulze*.

3. Täuschungsschutz

23 Der Täuschungsschutz ist in **Art. 16 BasisVO** eher programmsatzartig geregelt. Nach Art. 16 BasisVO darf die Aufmachung von Lebens- und Futtermitteln die Verbraucher nicht irreführen (vgl. näher den Wortlaut der Norm). Weiter als beim Gesundheitsschutz wurde die nähere Ausgestaltung hier dem nationalen Gesetzgeber überlassen. Die Vorschrift des § 11 LFGB geht in ihrer Zielsetzung über Art. 16 BasisVO hinaus[1]: Während § 11 Abs. 1 LFGB den Verbraucher vor Irreführungen bewahren soll, dient § 11 Abs. 2 LFGB nicht nur einem solchen Täuschungs-, sondern auch einem vorverlagerten Gesundheitsschutz („für den Verzehr ungeeignet")[2]. Hier wurde der Aufbau des LMBG a.F. zumindest beibehalten und in Erweiterung von Art. 14 Abs. 2 Buchst. b BasisVO der Komplex der zum Verzehr nicht geeigneten Lebensmittel im Rahmen des Täuschungsschutzes mitgeregelt.

24 Anders als die rein dem Gesundheitsschutz verpflichteten Regelungen (z.B. § 5 LFGB) hatten die einzelnen Verbote des § 11 LFGB ausdrücklich ein **gewerbsmäßiges** Handeln vorausgesetzt. Mit Gesetz vom 29.6.2009 wurde dieses Erfordernis **gestrichen**[3]. Der Anwendungsbereich der Norm wurde dadurch aber nicht erweitert. Aus Art. 1 Abs. 3 BasisVO (vgl. Rz. 2) sowie über den ebenfalls im Jahr 2009 eingefügten § 1 Abs. 2 LFGB lässt sich vielmehr entnehmen, dass der häusliche Bereich nur geschützt wird, soweit dies im LFGB ausdrücklich angeordnet ist[4].

25 Im Einzelnen sieht **§ 11 LFGB** folgende **Verbote** vor[5]:

Gem. **§ 11 Abs. 1** LFGB ist es verboten, „Lebensmittel unter **irreführender** Bezeichnung, Angabe oder Aufmachung in den Verkehr zu bringen oder für Lebensmittel allgemein oder im Einzelfall mit irreführenden Darstellungen oder sonstigen Aussagen zu werben". Die Norm bezieht sich auf die **äußere Darbietungsform**, z.B. die Bezeichnung, Aufmachung, u.Ä. Der Begriff „irreführend" wird als „zur Täuschung geeignet" verstanden. Es genügt die bloße Eignung zur Täuschung. Eine tatsächliche Täuschung oder gar eine Schädigung des Verbrauchers wird nicht verlangt[6]. Es dürfen keine in diesem Sinne irreführenden Bezeichnungen, Angaben, Aufmachungen, Darstellungen oder sonstige Aussagen über Eigenschaften, insbesondere über Art, Beschaffenheit, Zusammensetzung, Menge, Haltbarkeit, Ursprung, Herkunft oder Art der Herstellung oder Gewinnung von Lebensmitteln verwendet werden[7]. Unzulässig sind daher

---

1 Krit. dazu *Umland/Jahn/Krämer/Teufer*, ZLR 2010, 713 – überflüssige Norm.
2 A.A. *Dannecker/Bülte* in A/R, Rz. 8: nur besondere Irreführungsverbote, die nicht dem vorgelagerten Gesundheitsschutz dienen.
3 BGBl. I 1659.
4 Näher dazu *Boch*, § 1 LFGB Rz. 8; *Rohnfelder/Freytag* in Erbs/Kohlhaas § 1 LFGB Rz. 6, § 11 LFGB Rz. 3.
5 Näher dazu *Herbst*, Grundprobleme des strafrechtlichen Irreführungsverbots: § 17 Abs. 1 Nr. 5 LMBG, 2000; zur Irreführung des Verbrauchers in der Gastronomie (Döner Kebab, Schafskäse, Feta, u.a.) *Retemeyer*, NZWiSt 2013, 241.
6 *Rathke* in Zipfel/Rathke, § 11 LFGB Rz. 23 ff.
7 Ausf. dazu mit Rspr.-Nw. *Rohnfelder/Freytag* in Erbs/Kohlhaas, § 11 LFGB Rz. 4 ff.; *Meyer* in Meyer/Streinz, § 11 LFGB Rz. 52 ff.; *Rathke* in Zipfel/Rathke, § 11 LFGB Rz. 41 ff.

z.B. irreführende Aussagen über die Herkunft des Lebensmittels (z.B. „Nürnberger Lebkuchen"), das Gewicht, den Herstellungsprozess, das Abpackdatum oder die Haltbarkeit[1] sowie sonstige wertbestimmende Faktoren.

Ausdrücklich erwähnt sind Aussagen über die Art der Herstellung oder Gewinnung der Lebensmittel. Erfasst sind somit auch die in § 17 Abs. 1 Nr. 4 LMBG a.F. früher gesondert erwähnten irreführenden **Reinheitsbezeichnungen**, etwa die fälschlicherweise als „rückstandsfrei" deklarierte Ware[2]. Konkretisiert wird die Anwendung des § 11 Abs. 1 Nr. 1 LFGB u.a. durch die zum 23.7.1992 in Kraft getretene Verordnung über die ökologische und biologische Produktion und die Kennzeichnung von ökologischen und biologischen Erzeugnissen[3], die u.a. regelt, unter welchen Voraussetzungen Bezeichnungen wie „Öko", „ökologisch", „Bio", „biologisch" u.Ä. verwendet werden dürfen.

Untersagt sind auch Aussagen über wissenschaftlich **nicht erwiesene Wirkungen** des Lebensmittels (Nr. 2)[4] und besondere Eigenschaften (Nr. 3). Schließlich darf gem. § 11 Abs. 1 Nr. 4 LFGB Lebensmitteln nicht der Anschein eines Arzneimittels gegeben werden.

Nach § 11 Abs. 2 Nr. 1 LFGB dürfen Lebensmittel, die **nicht zum Verzehr** durch den Menschen **geeignet** sind, nicht in den Verkehr gebracht werden. Diese Norm bezieht sich nicht auf die äußerliche Aufmachung, sondern die stoffliche Zusammensetzung eines Lebensmittels. Die Beurteilung kann sich aus einer stofflichen Veränderung oder Beeinträchtigung, einer erkennbar ekelerregenden Beschaffenheit (fraglich, vgl. Rz. 29) oder einer nicht erkennbaren, aber vorhandenen ekelerregenden Beschaffenheit ergeben[5].

§ 11 Abs. 2 Nr. 1 **LFGB** entspricht fast wörtlich dem vorrangigen, in Rz. 18 erörterten Art. 14 Abs. 2 Buchst. b (i.V.m. Art. 14 Abs. 1) **BasisVO**. In der Literatur wird daher infrage gestellt, ob die Vorschrift wegen des allgemein anerkannten *Normenwiederholungsverbots* in Art. 249 EGV wirksam ist[6]. Dies ist

---

1 Vgl. etwa OLG Hamburg v. 1.2.2001 – 3 U 187/99, ZLR 2001, 607 m. Anm. *Hammerl*.
2 Näher dazu *Rathke* in Zipfel/Rathke, § 11 LFGB Rz. 101 ff. Aus der Rspr. BGH v. 17.10.1996 – I ZR 159/94 – „Naturkind-Tee", ZLR 1997, 165; BayObLG v. 5.12.1991 – RReg 4 St 37/91 – Bio-Gold-Milch, NStZ 1992, 392; BayObLG v. 25.3.1997 – 3 ObOWi 144/96 – Naturfleisch, NStZ-RR 1997, 276.
3 VO (EWG) Nr. 834/2007 des Rates v. 28.6.2007, ABl. EU Nr. L 189 v. 20.7.2007, 1, zul. geänd. am 13.5.2013, ABl. EU Nr. L 158 v. 10.6.2013, 1. Vgl. dazu auch das DurchführungsG (Öko-LandbauG) i.d.F. der Bek. v. 7.12.2008, BGBl. I 2358, zul. geänd. am 7.9.2013, BGBl. I 3563 sowie das Öko-KennzeichenG i.d.F. der Bek. v. 30.1.2009, BGBl. I. 79, zul. geänd. am 9.12.2010, BGBl. I 1934. Aus der Rspr. OLG Karlsruhe v. 15.10.1993 – 2 Ss 78/93, Die Justiz 1994, 191; LG Halle v. 7.5.2007 – 1 O 39/06, ZLR 2007, 645 m. Anm. *Idel*.
4 Z.B. „So kriegen Sie ihr Fett weg", OLG Hamm v. 12.9.2002 – 4 U 79/02, ZLR 2003, 108.
5 Näher dazu *Rützler* in LebensmittelR-Hdb., II A 28; *Rathke* in Zipfel/Rathke, § 11 LFGB Rz. 310 ff.
6 Vgl. *Rathke* in Zipfel/Rathke, § 11 LFGB Rz. 309.

zu bejahen: Art. 14 Abs. 1, Abs. 2 Buchst. b verlangt eine stoffliche Beeinträchtigung des Lebensmittels. § 11 Abs. 2 Nr. 1 LFGB geht darüber hinaus[1] und erfasst auch die Fälle, in denen ein Lebensmittel ohne äußerlich erkennbare Veränderung Ekel oder Widerwillen bei einem Verbraucher auslösen könnte, würde er von einem bestimmten Herstellungs- oder Behandlungsverfahren oder der betrieblichen Hygiene Kenntnis erlangen[2]. Dies gilt etwa, wenn Herstellungsräume stark verschmutzt sind[3] oder eine Backstube verdreckt ist[4], der Verbraucher dies aber nicht erkennen kann.

30 § 11 Abs. 2 Nr. 2 LFGB erfasst nachgemachte (Buchst. a), nicht unerheblich wertgeminderte (Buchst. b) oder scheinbar verbesserte (Buchst. c) Lebensmittel, die jeweils ohne ausreichende Kenntlichmachung in den Verkehr gebracht werden. Besondere Bedeutung kommt den nicht unerheblich wertgeminderten Lebensmitteln zu, die, wie sich bereits aus dem Wortlaut des § 11 Abs. 2 Nr. 2 Buchst. b LFGB ergibt, hinsichtlich ihrer Beschaffenheit von der **Verkehrsauffassung** abweichen müssen. Gemeint ist damit die Auffassung der am Verkehr mit Lebensmitteln beteiligten Kreise über die Beschaffenheit eines Lebensmittels. Dazu gehören Hersteller, Händler und Verbraucher, wobei es auf Letztere besonders ankommt[5]. Diese Verkehrsauffassung kann zunächst normativ bestimmt sein. Ist dies nicht der Fall, muss eine faktische Bestimmung vorgenommen werden, die sich u.a. auf die Leitsätze der deutschen Lebensmittelbuchkommission, Handelsbräuche, anerkannte Leitsätze und Richtlinien, Lehrbücher, Rezept- und Kochbücher stützen kann[6]. Im Zweifelsfall wird der Richter hier einen Sachverständigen zu Rate ziehen, wovon er allerdings in einfach gelagerten Fällen absehen und aufgrund eigener Lebenserfahrung und Sachkunde entscheiden kann[7].

31 Maßgebliche Faktoren für **§ 11 Abs. 2 Nr. 2 Buchst. b** LFGB sind der Nährwert (z.B. Wassergehalt in der Milch oder im Bier), der Genusswert (z.B. leicht ranzige Butter) und die Brauchbarkeit des Lebensmittels (z.B. verwurmte Nüsse).

32 Das für die Beurteilung maßgebliche **Verbraucherleitbild** war infolge des europäischen Rechts einem Wandel unterworfen[8]. Die nationale Rechtsprechung

---

1 Vgl. *Boch*, § 11 LFGB Rz. 15 ff.
2 So *Meyer* in Meyer/Streinz, § 11 LFGB Rz. 124; a.A. *Martell/Wallau*, ZLR 2013, 738; dagegen wiederum überzeugend *Boch*, ZLR 2014, 236.
3 KG v. 1.6.1972 – 2 Ss 299.71, LRE 8,146.
4 OLG Koblenz v. 2.8.1982 – 1 Ss 378/82, LRE 14, 140, weitere Beispiele bei *Boch*, § 11 LFGB Rz. 14.
5 *Rathke* in Zipfel/Rathke, § 11 LFGB Rz. 258 ff. m.w.Nw.; ausf. dazu *Hohmann*, Die Verkehrsauffassung im dt. und europ. Recht, 1994.
6 Vgl. *Rathke* in Zipfel/Rathke, § 11 LFGB Rz. 287; *Rohnfelder/Freytag* in Erbs/Kohlhaas § 11 LFGB Rz. 112 ff.; *Retemeyer*, NZWiSt 2013, 241.
7 Vgl. z.B. BayObLG v. 26.11.1992 – 3 ObOWi 101/92 – eigene Sachkunde bei „Fastenbier", NStZ 1993, 347. Zur Ungeeignetheit einer Verbraucherumfrage OLG Koblenz v. 7.6.1993 – 1 Ss 58/93, ZLR 1994, 137; vgl. weiter *Rathke* in Zipfel/Rathke, § 11 LFGB Rz. 302 ff. m.w.Nw.
8 Näher dazu u.a. *Dannecker* in Streinz/Dannecker/Sieber/Ritter (Hrsg.), Die Kontrolle der Anwendung des Europ. WirtschaftsR in den Mitgliedstaaten, 1998, 337 m.w.Nw.; *Hagenmeyer*, ZLR 2001, 811.

hatte wie bei § 3 UWG (a.F.) auf den flüchtigen Verbraucher abgestellt, der auf die übliche Beschaffenheit des Lebensmittels vertraut[1]. Diese strikte Auffassung ließ sich jedoch nicht aufrechterhalten, soweit der Täuschungsschutz durch harmonisierende Normen der EG geregelt wurde, wie etwa die EtikettierungsRL[2], die EG-Öko-VO (vgl. Rz. 26), die EG-VO zum Schutz geographischer Angaben und Ursprungsbezeichnungen[3] sowie die EG-Spezialitäten-VO[4], wobei die beiden zuletzt genannten Verordnungen inzwischen durch die VO (EU) Nr. 1151/2012 über Qualitätsregelungen für Agrarerzeugnisse und Lebensmittel ersetzt wurden[5]. Hier war das Irreführungsverbot im Lichte des Gemeinschaftsrechts auszulegen[6] und auf den durchschnittlich informierten, aufmerksamen, verständigen Verbraucher abzustellen[7]. Der von der h.L. daher bereits früher geforderte Paradigmenwechsel[8] erfolgte nach Inkrafttreten der BasisVO und des LFGB auf breiter Linie, da diese Regelungen im Zusammenhang mit den oben genannten Europäischen Verordnungen und Richtlinien zu sehen sind, welche wiederum vom Leitbild des Durchschnittsverbrauchers ausgehen[9]. Letztlich ist damit eine größere Liberalität, jedoch auch ein reduzierter Verbraucherschutz verbunden. Auf den Betrugstatbestand hat der BGH ein vergleichbares Verbraucherleitbild der europäischen RL über unlautere Geschäftspraktiken daher zu Recht nicht übertragen[10].

Über § 11 LFGB hinausgehend untersagt **§ 12 LFGB** eine **krankheitsbezogene Werbung**, nicht aber rein gesundheitsbezogene Aussagen[11]. Unzulässig sind danach Behauptungen wie „senkt Krebsrisiko", „das beste Blutreinigungsmittel",

---

1 Vgl. etwa KG v. 26.10.1999 – 2 Ss 122/99, ZLR 2000, 88 m. Anm. *Mettke.*
2 RL Nr. 2000/13 des Europ. Parl. und des Rates v. 20.3.2000 zur Angleichung der Rechtsvorschriften der Mitgliedstaaten über die Etikettierung und Aufmachung von Lebensmitteln sowie die Werbung hierfür, ABl. EG Nr. L 109 v. 6.5.2000, 29, zul. geänd. am 13.5.2013, ABl. EU Nr. L 158 v. 10.6.2013, 234.
3 VO (EG) Nr. 510/2006 zum Schutz von geographischen Angaben und Ursprungsbezeichnungen für Agrarerzeugnisse und Lebensmittel v. 20.3.2006, ABl. EU Nr. L 93 v. 31.3.2006, 12, zul. geänd. am 9.12.2011, ABl. EU Nr. L 112 v. 30.4.2011, 21.
4 VO (EG) Nr. 509/2006 des Rates über die garantiert traditionellen Spezialitäten bei Agrarerzeugnissen und Lebensmitteln v. 29.3.2006, ABl. EU Nr. L 93 v. 31.3.2006, 1, zul. geänd. am 21.11.2012, ABl. EU Nr. L 343 v. 14.12.2012, 1.
5 VO (EU) Nr. 1151/2012 des Europ. Parl. und des Rates v. 21.11.2012, ABl. EU Nr. L 343 v. 14.12.2012, 1.
6 BVerwG v. 23.1.1992 – 3 C 33.89 – becel-Urteil, ZLR 1992, 535.
7 EuGH v. 16.7.1998 – Rs. C-210/96 – 6-Korn-Eier, ZLR 1998, 459 m. Anm. *Volkmann-Schluck*; EuGH v. 28.1.1999 – Rs. C-303/97 – Kessler-Hochgewächs, LRE 36, 1.
8 Vgl. etwa *Hecker*, Strafbare Produktwerbung im Lichte des GemeinschaftsR, 2001, 126.
9 So auch *Rohnfelder/Freytag* in Erbs/Kohlhaas, § 11 LFGB Rz. 12; *Meyer* in Meyer/Streinz, § 11 LFGB Rz. 35; *Tiedemann*, WiStrafR BT, Rz. 515; vgl. aber zur „Renaissance des flüchtigen Verbrauchers" *Meisterernst/Muffler*, ZLR 2013, 25; *Steinbeck*, ZLR 2014, 302.
10 BGH v. 5.3.2014 - 2 StR 616/12, NJW 2014, 2595 m.w.Nw.
11 Vgl. dazu *Sosnitza* in Meyer/Streinz, § 12 LFGB Rz. 14 ff.

"cholesterinsenkend"[1] usw. Auch hier sind vorrangige europäische Regelungen, und zwar der **Health-Claims-VO** (HCVO) zu beachten[2]. Die genannte VO ist am 19.1.2007 in Kraft getreten. Sie geht davon aus, dass Unterschiede bei den nationalen Bestimmungen über nährwert- und gesundheitsbezogene Angaben den freien Warenverkehr behindern und ungleiche Wettbewerbsbedingungen schaffen können. Da dies negative Auswirkungen auf den Binnenhandel habe, seien entsprechende Gemeinschaftsregeln erforderlich[3], die allerdings zu neuen Abgrenzungsfragen gegenüber §§ 11, 12 LFGB geführt haben[4].

33a §§ 11 und 12 LFGB werden zum 13.12.2014 obsolet. Ab diesem Zeitpunkt wird der lebensmittelrechtliche Täuschungsschutz in der **LMIV 1169/2011** (*VO betreffend die Information der Verbraucher über Lebensmittel*)[5] geregelt, die hinsichtlich des nationalen Täuschungsschutzes eine Sperrwirkung entfaltet[6].

34 In Ergänzung zu §§ 5 ff. und 11 f. LFGB ermächtigen **§§ 13** und **14** LFGB zum Erlass von **Rechtsverordnungen**, die zum Schutz der Gesundheit und vor Täuschung dienen sollen[7]. Auf § 13 LFGB können daher u.a. Vorschriften wie §§ 12, 14 DiätVO[8] sowie § 2 SchadstoffhöchstmengenVO[9] zurückgeführt werden, die einer Gesundheitsgefährdung durch Lebensmittel entgegenwirken sollen. Auch Verbote zum Schutz vor Täuschungen, wie § 3 KaffeeVO[10], können auf § 13 LFGB beruhen.

35 **§ 14 LFGB** enthält über § 13 LFGB hinausgehende *weitere Ermächtigungen*, die ganz unterschiedliche Sachverhaltsgestaltungen betreffen. Geregelt werden

---

1 OLG Hamburg v. 23.8.2001 – 3 U 97/01, ZLR 2001, 737.
2 VO (EG) Nr. 1924/2006 v. 20.12.2006 über nährwert- und gesundheitsbezogene Angaben über Lebensmittel, ABl. EG Nr. L 12 v. 18.1.2007, 3 (ber. Fassung), zul. geänd. am 8.11.2012, ABl. EG Nr. L 310 v. 9.11.2012, 36.
3 Näher zu dieser VO u.a. *Bruggmann/Hohmann*, ZLR 2007, 51; *Holtorf*, LMUR 2008, 81; *Köhler*, ZLR 2008, 135; *Loosen*, ZLR 2006, 521; *Meyer/Bruggmann*, LMUR 2008, 135.
4 Vgl. etwa OLG Hamburg v. 14.6.2012 – 3 U 5/11, ZLR 2012, 704; OLG Hamburg v. 21.6.2012 – 3 U 97/10, ZLR 2012, 738; OLG Stuttgart v. 3.2.2011 – 2 U 61/10, ZLR 2011, 352; *Meyer* in Meyer/Streinz, HCVO Rz. 12. Vgl. zu gesundheitsbezogenen Angaben i.S. der HCVO („Praebiotik") BGH v. 26.2.2014 – I ZR 178/12, ZLR 2014, 326.
5 V. 25.10.2011, ABl. EU Nr. L 304 v. 22.11.2011, 18, mit DurchführungsVO Nr. 1337/2013 v. 13.12.2013, ABl. EU Nr. L 335 v. 14.12.2013, 19; dazu *Hagenmeyer*, LMIV Kommentar, 2012; *Voit/Grube*, LMIV Kommentar, 2013; *Gehrmann*, ZLR 2012, 161; *Körber/Buch*, ZLR 2013, 425, 509; *Loosen*, ZLR 2011, 443; *Meisterernst/Muffler*, ZLR 2013, 25.
6 Vgl. *Meyer* in Meyer/Streinz, § 11 LFGB Rz. 15 sowie *Sosnitza*, ZLR 2014, 137.
7 Eine Zusammenstellung der zahlreichen Ermächtigungsnormen findet sich bei *Streinz* in Meyer/Streinz, Einf. Rz. 93.
8 VO über diätetische Lebensmittel i.d.F. der Bek. v. 28.4.2005, BGBl. I 1161, zul. geänd. am 25.2.2014, BGBl. I 218; vgl. dazu *Rohnfelder/Freytag* in Erbs/Kohlhaas, D 60.
9 V. 18.7.2007, BGBl. I 1473, zul. geänd. am 19.3.2010, BGBl. I 286.
10 VO über Kaffee, Kaffee- und Zichorienextrakte (KaffeeV) v. 15.12.2001, BGBl. I 3107, zul. geänd. am 22.2.2006, BGBl. I 444.

können danach insbesondere die Bereiche der Herstellung, Behandlung und des Inverkehrbringens von Lebensmitteln, die von Tieren gewonnen werden.

Das Lebensmittelhygienerecht wurde durch die VO (EG) Nr. 852/2004, 853/2004 und 854/2004 umfassend neu geregelt. Alle drei Verordnungen sind zum 1.1.2006 in Kraft getreten und haben das bisherige nationale Hygienerecht abgelöst[1]. Die **Lebensmittelhygiene VO 852/2004**[2] geht auf eine Richtlinie aus dem Jahr 1993 zurück. Sie regelt die allgemeinen Grundlagen für die hygienische Herstellung aller Lebensmittel einschließlich der in ihrem Anhang I aufgelisteten Erzeugnisse tierischen Ursprungs. Hauptziel der VO ist es, hinsichtlich der Sicherheit von Lebensmitteln ein hohes Verbraucherschutzniveau zu gewährleisten. Hierzu sei ein integriertes Konzept von der Primärproduktion bis zum Inverkehrbringen oder zur Ausfuhr erforderlich. Jeder Unternehmer in der gesamten Lebensmittelkette soll für die Sicherheit von Lebensmitteln sorgen. Zu diesem Zweck sollen die Grundsätze der Gefahrenanalyse und der Überwachung kritischer Kontrollpunkte (sog. HACCP-Grundsätze[3]) umgesetzt werden. Dieses Konzept kann wiederum in ein – allerdings freiwilliges – *Qualitätsmanagementsystem (QMS)* eingebaut werden, wie etwa der branchenübergreifenden DIN-EN ISO 9000 ff.[4]. Die sehr umfangreiche VO enthält 18 Artikel sowie zwei Anhänge mit jeweils mehreren Kapiteln.

36

Die **VO (EG) Nr. 853/2004** regelt die spezifischen **Hygienevorschriften für Lebensmittel tierischen Ursprungs**[5]. Da bei diesen Lebensmitteln häufig mikrobiologische oder chemische Gefahren bekannt geworden sind, sollen spezifische Hygienevorschriften ein hohes Verbraucherschutzniveau sicherstellen. Dabei werden allerdings u.a. der häusliche Gebrauch und die Direktabgabe kleiner Mengen von Erzeugnissen vom Geltungsbereich der VO ausgenommen (Art. 1 Abs. 3). Um ihre Ziele zu erreichen, sieht die VO u.a. eine Eintragungs- und Zulassungspflicht von Betrieben (Art. 4), das Erfordernis von Genusstauglichkeitsbescheinigungen und Identitätskennzeichen (Art. 5) vor.

37

Zur VO gehören zunächst zwei Anhänge, die Begriffsbestimmungen und übergreifende Vorschriften für mehrere Erzeugnisse tierischen Ursprungs (zum Identitätskennzeichen, HACCP-Verfahren u.a.) enthalten. Im Anhang III sind die **besonderen Anforderungen** geregelt, die für das **Fleisch** von Huftieren (Abschnitt I), Geflügel- und Hasentieren (Abschnitt II), Farmwildfleisch (Abschnitt III), frei lebendem Wild (Abschnitt IV), Hackfleisch u.a. (Abschnitt V), Fleischerzeugnisse (Abschnitt VI) gelten. Weitere Abschnitte betreffen lebende Muscheln, Fischereierzeugnisse, Rohmilch, Milcherzeugnisse, Eier und Eiprodukte u.a.

38

---

1 Ausf. dazu *Wiemers*, ZLR 2006, 245.
2 V. 29.4.2004, ABl. EU Nr. L 139 v. 30.4.2004, 1, zul. geänd. am 11.3.2009, ABl. EU Nr. L 87 v. 31.3.2009, 109.
3 Näher dazu *Wehlau*, Vorbem. zu § 38 LFGB Rz. 34 ff.
4 Vgl. *Claußen/Lippert* in LebensmittelR-Hdb., III, E 300 m.w.Nw.
5 V. 29.4.2004, ABl. Nr. EU Nr. L 139 v. 30.4.2004, 55, zul. geänd. am 13.6.2014, ABl. EU Nr. L 175 v. 14.6.2014, 6.

39 Die dritte in diesem Zusammenhang ergangene **VO (EG) Nr. 854/2004** enthält besondere Verfahrensvorschriften für die amtliche Lebensmittelüberwachung[1]. Sie regelt u.a. die Zulassung von Betrieben zur Herstellung von Lebensmitteln tierischen Ursprungs, den Grundsatz der amtlichen Überwachung und das Anbringen von Genusstauglichkeitskennzeichen.

40 Die drei Verordnungen werden durch die **nationale LebensmittelhygieneVO**[2] sowie die Tierische LebensmittelhygieneVO[3] ergänzt, die zusätzliche Bestimmungen, Bußgeldtatbestände sowie in § 23 der zuletzt genannten VO auch einen umfangreichen Straftatbestand enthalten. Die beiden Verordnungen sind am 15.8.2007 in Kraft getreten. Gleichzeitig wurden 17 nationale Verordnungen geändert und 12 weitere Verordnungen, u.a. zur Fleisch- und Geflügelfleischhygiene, die Hackfleisch- und die SpeiseeisVO aufgehoben[4].

41 Den zweiten Abschnitt des LFGB beschließen die Vorschriften über das Deutsche **Lebensmittelbuch** (§ 15 LFGB), welches eine Sammlung von Leitsätzen darstellt, in denen Herstellung, Beschaffenheit oder sonstige Merkmale von Lebensmitteln beschrieben werden. Beschlossen werden diese Leitsätze von der Deutschen Lebensmittelbuch-Kommission (§ 16 LFGB).

4. Futtermittel, kosmetische Mittel und Bedarfsgegenstände

42 Der 3. Abschnitt des LFGB regelt den Verkehr mit Futtermitteln i.S. von § 2 Abs. 4 LFGB i.V.m. Art. 3 Nr. 4 BasisVO. **§ 17 LFGB** begründet ein weit gefasstes, insbesondere dem Gesundheitsschutz von Verbrauchern dienendes **Verbot** der Herstellung, Behandlung und Verfütterung von **schädlichen Futtermitteln**. Vom Schutz umfasst werden aber auch die tierische Gesundheit, die Qualität der von Nutztieren gewonnenen Lebensmittel oder sonstigen Produkte sowie der Naturhaushalt, soweit dieser durch tierische Ausscheidungen gefährdet werden kann. § 18 LFGB übernimmt das aufgrund der Erfahrungen mit der BSE-Krise gewonnene **Verfütterungsverbot** von (vereinfacht) Futtermitteln mit tierischen Bestandteilen, wobei im Einzelnen auf die Lektüre der Vorschrift zu verweisen ist. Über das bisherige LMBG hinaus sieht § 18 Abs. 2 LFGB eine Regelung über die Ausfuhr derart bedenklicher Futtermittel vor. § 19 LFGB enthält ein futtermittelbezogenes Verbot zum Schutz vor Täuschung, § 20 LFGB ein Verbot der krankheitsbezogenen Werbung. In § 21 LFGB finden sich weitere Verbote und Beschränkungen. §§ 22 und 23 LFGB begründen, vergleichbar zu §§ 13 und 14 LFGB, Ermächtigungsgrundlagen zum Erlass von Rechtsverordnungen.

43 Die Abschnitte 4 und 5 regeln den Verkehr mit **kosmetischen Mitteln** (vgl. § 2 Abs. 5 LFGB) und **Bedarfsgegenständen** (vgl. § 2 Abs. 6 LFGB), wobei die Vorschriften wie jene der Abschnitte 2 und 3 aufgebaut sind. Abschnitt 6 enthält

---

1 V. 29.4.2004, ABl. Nr. EU Nr. L 226 v. 25.6.2004, 83, zul. geänd. am 13.6.2014, ABl. EU Nr. L 175 v. 14.6.2014, 6.
2 V. 8.8.2007, BGBl. I 1816, zul. geänd. am 14.7.2010, BGBl. I 929.
3 V. 8.8.2007, BGBl. I 1816, zul. geänd. am 10.11.2011, BGBl. I 2233.
4 VO zur Durchführung des gemeinschaftsrechtlichen LebensmittelhygieneR v. 14.8.2007, BGBl. I 1816.

für *alle Erzeugnisse* gültige, weit gefasste Ermächtigungsgrundlagen für den Erlass weiterer Rechtsverordnungen, die u.a. dem Schutz der Gesundheit und vor Täuschung, zur Unterrichtung, betriebseigenen Kontrollen und Maßnahmen dienen sollen.

5. Lebensmittelüberwachung

Die Lebensmittelüberwachung und das Lebensmittel-Monitoring werden im siebten Abschnitt geregelt. Gem. § 38 LFGB richtet sich die Zuständigkeit für die Überwachungsmaßnahmen nach dem jeweiligen Landesrecht[1]. § 39 Abs. 2 LFGB weist den Behörden umfassende Anordnungskompetenzen zum Zwecke der Gefahrenabwehr zu. § 40 LFGB ergänzt diese Befugnisse um ein Recht zur **Information der Öffentlichkeit**, wenn dies zum Schutz der Verbraucher vor einem bestimmten Erzeugnis erforderlich ist[2]. Wie bei § 39 Abs. 2 LFGB ist auch hier auf den detailliert ausgestatteten Gesetzestext zu verweisen. Heftig umstritten ist in diesem Zusammenhang der sog. „Hygienepranger" des § 40 Abs. 1a LFGB, bei dem insbesondere die Gesichtspunkte der Unschuldsvermutung und der Verhältnismäßigkeit öffentlicher Warnungen besonders zu beachten sind[3].

44

Von besonderer praktischer Bedeutung ist das zur Durchführung der Überwachung in § 42 Abs. 2 LFGB statuierte Betretungsrecht der zuständigen Beamten (Regierungspräsidien, Veterinärämter, Lebensmittelkontrolleure, Marktämter und zur Unterstützung beigezogener Sachverständiger). Es wird ergänzt durch ein Einsichtsrecht in geschäftliche Aufzeichnungen und ein Recht auf Auskunft (Nr. 3 und 5). § 43 LFGB enthält eine Regelung der Probenahme[4]. Dabei kommt dem Recht zur Gegenbegutachtung auch für das straf- und bußgeldrechtliche Verfahren erhebliche Bedeutung zu[5]. § 44 LFGB regelt die **Duldungs- und Mitwirkungspflichten** des Inhabers von Betriebsräumlichkeiten bzw. seines Stellvertreters, wobei § 44 Abs. 2 S. 2 LFGB ein § 55 StPO entsprechendes Auskunftsverweigerungsrecht vorsieht. § 44 Abs. 3 LFGB begründet weitergehende auf die BasisVO zurückgehende Übermittlungspflichten für Lebensmittel- und Futtermittelunternehmer, deren Erfüllung jedoch – dem Nemo-tenetur-Grundsatz entsprechend – nicht zur strafrechtlichen Verfolgung des Unter-

44a

---

1 Eine Übersicht über den Aufbau und Vollzug der Lebensmittelüberwachung in den Ländern findet sich bei *Wehlau*, § 38 Rz. 8 ff.
2 Zur Vereinbarkeit des § 40 LFGB mit Art. 10 der Basis-VO EuGH v. 11.4.2013 – Rs. C- 636/11, NJW 2013, 1725 m. Anm. *Becker/Merschmann*; *Gurlit*, NVwZ 2013, 1267.
3 Zu verfassungsrechtlichen Bedenken gegen den Hygienepranger des § 40 Abs. 1a LFGB BayVGH v. 18.3.2013 – 9 CE 12.2755, LRE 65,38; VGH Mannheim v. 28.1.2013 – 9 S 2423/12, NVwZ 2013, 1022; vgl. u.a. auch *Christoph Dannecker*, JZ 2013, 924; *Elsing/Rosenow*, ZLR 2013, 240; *Gundel*, ZLR 2013, 662; *Michl/Meyer*, ZLR 2013, 79; *Schoene*, ZLR 2013, 65.
4 Vgl. dazu die VO über die Zulassung privater Gegenprobensachverständiger und über Regelungen für amtliche Gegenproben [...] v. 11.8.2009, BGBl. I 2852; zul. geänd. am 1.11.2013, BGBl. I 3918.
5 EuGH v. 19.5.2009 – Rs. C-166/08, ZLR 2009, 600; näher dazu *Dannecker*, ZLR 2009, 606 ff.; *Dannecker/Bülte* in A/R, Rz. 144 f.

richtenden oder Übermittelnden verwendet werden darf (§ 44 Abs. 6 LFGB, vgl. ebenso § 44a Abs. 1 S. 2 LFGB).

45 § 42 Abs. 6 LFGB normiert eine für Staatsanwaltschaften wesentliche **Informationspflicht**. Danach hat die **Staatsanwaltschaft** die zuständige Lebensmittelüberwachungsbehörde von Amts wegen über die Einleitung eines Strafverfahrens zu unterrichten, wenn es sich um Verstöße gegen das LFGB, darauf beruhender Rechtsverordnungen bzw. unmittelbar geltender einschlägiger Rechtsakte der Gemeinschaft handelt.

46 Mit dem 2. Gesetz zur Änderung des LMBG vom 25.11.1994 wurde erstmals das sog. **Lebensmittel-Monitoring** eingeführt. Darunter wird ein System wiederholter Beobachtungen, Messungen und Bewertungen von Gehalten an gesundheitlich unerwünschten Stoffen in und auf Erzeugnissen verstanden (vgl. § 50 LFGB). Die Durchführung dieses Datenerhebungs- und Überwachungssystems richtet sich nach § 51 LFGB sowie den dazu gehörigen Verwaltungsvorschriften (vgl. § 52 LFGB).

6. Ein- und Ausfuhr

47 Die Ein- und Ausfuhr von Erzeugnissen und mit Lebensmitteln verwechselbaren Produkten wird im neunten Abschnitt, **§§ 53 ff. LFGB**, geregelt. Nach dem Grundsatz des § 53 Abs. 1 LFGB dürfen Erzeugnisse, die nicht den in der Bundesrepublik geltenden Bestimmungen entsprechen, *nicht* in den Geltungsbereich dieses Gesetzes *verbracht werden*. Im Hinblick auf Art. 30 EGV und die hierzu ergangene Rechtsprechung des EuGH (vgl. insbesondere die sog. „Cassis-Entscheidung"[1]), kann dieses Prinzip jedoch für den Verkehr *innerhalb der EU* nur eingeschränkt gelten. Vielmehr dürfen die in einem Mitgliedstaat rechtmäßig hergestellten und in den Verkehr gebrachten Erzeugnisse grundsätzlich auch in einen anderen Mitgliedstaat eingeführt und in den Verkehr gebracht werden. Hemmnisse für den Binnenhandel der Gemeinschaft, die sich aus unterschiedlichen nationalen Regelungen ergeben, müssen nach dieser Rechtsprechung nur hingenommen werden, „soweit diese Bestimmungen notwendig sind, um zwingenden Erfordernissen gerecht zu werden, insbesondere den Erfordernissen einer wirksamen steuerlichen Kontrolle, des Schutzes der öffentlichen Gesundheit, der Lauterkeit des Handelsverkehrs und des Verbraucherschutzes"[2].

48 Diesen gemeinschaftsrechtlichen Vorgaben trägt **§ 54 LFGB** Rechnung, der für **Einfuhren** aus Mitgliedstaaten **der EU** und anderen Vertragsstaaten des EWR-Abkommens umfassende Ausnahmen vom Einfuhrverbot des § 53 LFGB vorsieht. Gem. § 54 Abs. 1 Nr. 1 LFGB dürfen Lebensmittel, kosmetische Mittel oder Bedarfsgegenstände, die in einem anderen Mitgliedstaat der EU oder einem Vertragsstaat des Abkommens über den Europäischen Wirtschaftsraum rechtmäßig hergestellt oder rechtmäßig in den Verkehr gebracht werden, in das Inland verbracht und hier in den Verkehr gebracht werden, auch wenn sie den

---

1 EuGH v. 20.12.1979 – Rs. 120/78, NJW 1979, 1766.
2 Näher dazu *Streinz* in LebensmittelR-Hdb., III, C 118 ff.; speziell zu Nahrungsergänzungsmitteln BGH v. 6.5.2004 – I ZR 275/01, GRUR 2004, 793.

hier geltenden Vorschriften nicht entsprechen. Lebensmittel, die in einem anderen Mitgliedstaat der EU rechtmäßig im Verkehr sind, sind danach grundsätzlich auch in Deutschland verkehrsfähig, ohne dass es auf die Übereinstimmung mit den hier geltenden Bestimmungen ankäme[1]. Diese Regelung gilt allerdings nicht für einzelne in § 54 Abs. 1 S. 2 LFGB aufgeführte Erzeugnisse. Hier gilt aus Gründen des Gesundheitsschutzes eine Rückausnahme.

7. Zuwiderhandlungen

Der 10. Abschnitt des LFGB mit der Überschrift „**Straf- und Bußgeldvorschriften**" besteht aus nur fünf Paragrafen; drei davon enthalten in jeweils mehreren Absätzen überwiegend lange, zahlreiche Nummern umfassende Kataloge, die die eigentlichen *Zuwiderhandlungstatbestände* benennen:

- § 58 LFGB „Schwere Straftaten" (Rz. 51 ff.)
- § 59 LFGB „Leichtere Straftaten" (Rz. 64 ff.)
- § 60 LFGB Ordnungswidrigkeiten (Rz. 70).

Dazu kommen zwei *verfahrensrechtliche* Normen: Der (knappe) § 61 LFGB erlaubt die Einziehung (Rz. 71), während die Ermächtigungsnorm des § 62 LFGB (dazu Rz. 53, 55 f.) es den zuständigen Bundesministerien erlaubt, zur Durchführung europäischer Normen durch RechtsVO die Tatbestände „zu bezeichnen", die Strafe oder Bußgeld auslösen können. Auf dieser Rechtsgrundlage ist die „Lebensmittelrechtliche Straf- und Bußgeld-VO" ergangen (Rz. 53).

Die Straf- und Bußgeldnormen des LFGB sind nicht eigenständig und aus sich heraus verständlich[2]. Vielmehr handelt es sich um **Blankett-Tatbestände**, die jeweils Verstöße gegen im Einzelnen bezeichnete, im Wesentlichen bereits oben erörterte Verbotsnormen erfassen[3]. Die Strafnormen werden in der Literatur – zu Recht – kritisiert. Sie seien „extrem detailreich, unübersichtlich und vom Rechtsunterworfenen erst zu rekonstruieren"; ein solches Strafrecht sei eines Rechtsstaats unwürdig[4]. Vorgeschlagen wird daher, § 314 StGB zu erweitern und eine Strafvorschrift der „Lebens- und Gesundheitsgefährdung durch Produkte" in das StGB aufzunehmen. Ein Teil der Literatur sieht diesen vorgeschlagenen Tatbestand hingegen als zu „unpräzise" an[5].

§§ 58, 59 LFGB begründen auf den ersten Blick von jedermann begehbare *Allgemeindelikte*. Über Art. 1 Abs. 3 VO (EG) Nr. 178/2002 und § 1 Abs. 2 LFGB wird jedoch der Geltungsbereich der Normen für den privaten häuslichen Gebrauch stark eingeschränkt (vgl. Rz. 24), sodass i.d.R. nur gewerbliche Tätigkei-

---

1 Vgl. BVerwG v. 25.7.2007 – 3 C 21/06, NVwZ 2008, 439.
2 Vgl. grundsätzlich zum LebensmittelstrafR und seiner etwaigen Reform *Dannecker*, ZLR 1996, 313; *Dannecker/Görtz-Leible*, Entsanktionierung der Straf- und Bußgeldvorschriften des LebensmittelR, 1996; *Freund*, ZLR 1994, 261; *Heine*, ZLR 1997, 269; *Hilgendorf*, ZLR 2011, 303; *Kühne*, ZLR 2001, 379; *Sieber*, ZLR 1991, 451 sowie *Domeier*, Gesundheitsschutz und LebensmittelstrafR, 1999.
3 Ausf. zum Blankettstrafrecht *Dannecker/Bülte* in A/R, Rz. 35 ff.
4 So *Hilgendorf*, ZLR 2011, 303.
5 So *Rohnfelder/Freytag* in Erbs/Kohlhaas, Vor § 58 LFGB Rz. 1.

ten erfasst werden, die Vergehen somit i.d.R. Sonderdeliktscharakter bekommen (vgl. § 22 Rz. 8)[1].

50 Im Zusammenhang mit den sog. „Gammelfleischfällen"[2] ist u.a. die Frage aufgekommen, ob sich auch der pflichtvergessene **Amtstierarzt** insbesondere wegen eines Unterlassungsdelikts strafbar machen kann. Soweit es sich um Sonderdelikte handelt, kommt für ihn mangels Täterqualität allenfalls eine Teilnahmestrafbarkeit in Betracht. Bei Allgemeindelikten hingegen kann der Amtstierarzt grundsätzlich Täter sein. Eine *Garantenstellung* i.S. des § 13 StGB lässt sich dabei aus § 39 LFGB ableiten[3]. Führt der Veterinär die ihm obliegende Fleischbeschau nur unzureichend durch und gibt er Fleisch zu Unrecht frei, soll dies nach Auffassung der Rechtsprechung allerdings noch kein „Inverkehrbringen" begründen[4]. Auch der unterlassene Rückruf von Lebens- und Futtermitteln wird nicht als Inverkehrbringen durch Unterlassen angesehen und ist somit nur über § 59 Abs. 2 Nr. 1 Buchst. c oder 1 Buchst. d LFGB strafrechtlich erfassbar[5].

50a Im Hinblick auf die laufenden Änderungen des europäischen und des nationalen Lebensmittelstrafrechts kommt den Normen über die zeitliche Geltung der Strafnormen (§ 2 StGB, § 4 OWiG) eine große Bedeutung zu[6]. Dabei ist insbesondere das **Meistbegünstigungsprinzip** des *§ 2 Abs. 3 StGB* zu beachten (s. § 3 Rz. 6 ff.), das auch zur Anwendung kommen kann, wenn eine blankettausfüllende Norm geändert wird[7].

a) Schwerere Straftaten

51 **§ 58 LFGB** sanktioniert als Eignungsdelikt (potenzielles Gefährdungsdelikt)[8] Zuwiderhandlungen gegen Vorschriften, die zum **Schutz der Gesundheit** erlassen worden sind. Schutzgut ist dabei nicht nur die Gesundheit des einzelnen Verbrauchers, sondern auch die öffentliche Gesundheit („Volksgesundheit")[9]. Dies hat zur Folge, dass über den Strafrechtsschutz nicht durch eine Einwilligung disponiert werden kann. Von erheblicher praktischer Relevanz ist die Strafnorm in **§ 58 Abs. 2 Nr. 1** LFGB, die Zuwiderhandlungen gegen Art. 14 Abs. 1 i.V.m. Abs. 2 Buchst. a BasisV, d.h. das unerlaubte Inverkehrbringen gesundheitsschädlicher Lebensmittel sanktioniert. § 58 Abs. 2 Nr. 2 LFGB betrifft den parallel ausgestalteten Verstoß gegen die futtermittelrechtlichen Regelungen in Art. 15 BasisV.

---

1 Vgl. *Bosch* in Meyer/Streinz, § 58 LFGB Rz. 1; *Sackreuther* in G/J/W, Vor §§ 58–61 LFGB Rz. 29.
2 Vgl. BGH v. 7.11.2007 – 1 StR 164/07, wistra 2008, 58.
3 Näher dazu *Ehm/Robitsch*, ZLR 2013, 730; *Pfohl*, NuR 2009, 238.
4 OLG München v. 18.7.2005 – 4 StRR 114/05, NStZ-RR 2005, 387; LG Hechingen v. 5.12.2005 – 1 Qs 135/05, NStZ-RR 2006,153.
5 *Bosch* in Meyer/Streinz, § 58 LFGB Rz. 1.
6 Ausf. dazu *Dannecker/Bülte* in A/R, Rz. 64 ff.
7 Nw. bei *Dannecker/Bülte* in A/R, Rz. 65.
8 Vgl. *Tiedemann*, WiStrafR BT, Rz. 505.
9 Vgl. *Dannecker/Bülte* in A/R, Rz. 177 m.w.Nw.

Für den Bereich der Lebensmittel ebenfalls praxisrelevant sind § 58 Abs. 1 Nr. 1–3 LFGB, die Verstöße gegen § 5 LFGB aufgreifen. Zuwiderhandlungen bei der Verwendung von Stoffen mit pharmakologischer Wirkung werden gem. § 58 Abs. 1 Nr. 4–6 LFGB sanktioniert. Diese Bestimmungen sollen u.a. dem immer wieder festgestellten rücksichtslosen Einsatz unzulässiger Masthilfsmittel, z.B. von Hormonen oder Tierarzneimitteln, entgegenwirken.

§ 58 Abs. 1 Nr. 8–10 LFGB erfasst Zuwiderhandlungen gegen im Einzelnen angeführte **futtermittelrechtliche** Bestimmungen. So ergibt sich die früher im VerfütterungsverbotsG enthaltene **Strafbestimmung** zur Ahndung des verbotswidrigen Verfütterns bestimmter tierischer Bestandteile an Nutztiere nunmehr aus § 58 Abs. 1 Nr. 9 i.V.m. § 18 Abs. 1 S. 1 LFGB. § 58 Abs. 1 Nr. 10–16 LFGB bezieht sich auf im Einzelnen angeführte Verstöße gegen die oben angesprochenen Vorschriften für kosmetische Mittel und sonstige Bedarfsgegenstände.

§ 58 Abs. 1 Nr. 17 LFGB wurde durch das 1.ÄndG des LFGB vom 29.6.2009 eingefügt. Diese Norm stellt Zuwiderhandlungen gegen *vollziehbare Anordnungen* der Lebensmittelbehörden unter Strafe, somit einen reinen Verwaltungsungehorsam[1]. Hier können, wenn sich der Verwaltungsakt nachträglich als materiell rechtswidrig herausstellt, dieselben Probleme auftreten, die bereits im Umweltstrafrecht diskutiert werden (vgl. § 54 Rz. 130). § 58 Abs. 1 Nr. 18 LFGB enthält den strafbarkeitsbegründenden Rückverweis für zahlreiche Vergehenstatbestände, die in einzelnen Rechtsverordnungen statuiert sind, z. B. § 6 Abs. 1 Nr. 2 AromenVO[2].

§§ **58 Abs. 3**, 59 Abs. 3, 60 Abs. 4 i.V.m. § 62 LFGB gehen auf das 2. Gesetz zur Änderung des LMBG vom 25.11.1994 zurück, mit dem die Straf- und Bußgeldtatbestände des Unterabschnitts B, §§ 56 ff. LMBG a.F., erstmals in das Lebensmittelrecht eingefügt wurden. Sie sollen – entsprechend dem in Rz. 90 erörterten Vorbild des Wein-Reformgesetzes – dazu dienen, **Zuwiderhandlungen gegen** unmittelbar geltende Vorschriften des **EG-Rechts**, vor allem EG-Verordnungen, ohne weiteres Gesetz allein über eine nach § 62 LFGB zu erlassende RechtsVO, und zwar die Lebensmittelrechtliche Straf- und BußgeldVO (LMRStrafVO), unter Strafe zu stellen[3]. Von besonderer praktischer Bedeutung ist § 58 Abs. 3 Nr. 2 LFGB im Zusammenhang mit der Vorbeugung und Bekämpfung von BSE. So werden nach dieser Norm i.V.m. §§ 1 Abs. 1, 3 Abs. 1 und 4 Abs. 1 LMRStrafVO im Einzelnen aufgelistete Verstöße gegen die VO (EG) Nr. 999/2001, VO (EG) Nr. 853/2004 und VO (EG) Nr. 2073/2005 als Vergehen sanktioniert, die sich u.a. auf ein Fehlverhalten beim Schlachten oder Gewinnen und Verwenden von Separatorenfleisch beziehen[4].

Zahlreiche, **weitere** im Einzelnen aufgelistete **Zuwiderhandlungen** gegen die *Hygienevorschriften* für Lebensmittel *tierischen Ursprungs* (**VO [EG] Nr. 853/2004**) werden über § 58 Abs. 3 LFGB i.V.m. § 3 Abs. 1 LMRStrafVO ebenfalls unter *Strafe* gestellt. Damit wurden früher im FleischhygieneG, der HackfleischV, FischV, MilchV, Eier- und EiprodukteV u.a. normierte Straftat-

---

1 Näher dazu *Bosch* in Meyer/Streinz, § 58 LFGB Rz. 3.
2 Vgl. dazu die Zusammenstellung bei *Bosch* in Meyer/Streinz, § 58 LFGB Rz. 4.
3 I.d.F. der Bek. v.7.2.2012, BGBl. I 190, zul. geänd. am 4.4.2013, BGBl. I 757.
4 Näher dazu *Domeier* in Zipfel/Rathke, § 58 LFGB Rz. 63 ff.

bestände zusammengeführt und ersetzt. Einige Vergehenstatbestände, z.B. nach der HackfleischVO a.F., wurden zu *Ordnungswidrigkeiten* herabgestuft. Durch die Neuregelung haben sich leider lange und *unübersichtliche Verweisungsketten* ergeben:

Beispiele: Wer etwa Knochen von Rindern, Schafen oder Ziegen für die Gewinnung von Separatorenfleisch verwendet, macht sich nach § 58 Abs. 3 Nr. 2 LFGB i.V.m. § 1 Abs. 1 Nr. 1 LMRStrafVO i.V.m. der VO (EG) Nr. 999/2001, Anh. XI, Teil A Nr. 3 strafbar.

Der Gastwirt, der vorsätzlich Hackfleisch nach dem Auftauen wieder einfriert, begeht eine Ordnungswidrigkeit nach § 60 Abs. 4 Nr. 2 Buchst. a LFGB i.V.m. § 3 Abs. 4 Nr. 5 Buchst. d LMRStrafVO i.V.m. Art III Abschnitt V Kapitel III Nr. 5 VO (EG) Nr. 853/2004.

Verstöße gegen die LebensmittelhygieneVO (EG) Nr. 852/2004 und die VO (EG) Nr. 854/2004 werden vom Gesetzgeber als weniger gravierend eingeschätzt und in §§ 2 und 4 LMRStrafVO nur als *Ordnungswidrigkeiten* geahndet.

55 Gegen § 62 LFGB und die dort in Bezug genommenen Normen, d.h. auch § 58 Abs. 3 LFGB, bestehen zumindest aus zwei Gründen **verfassungsrechtliche Bedenken**[1]: Zum einen erscheint es unter dem Gesichtspunkt des Parlamentsvorbehalts fraglich, ob ein Straftatbestand in der Form zustande kommen darf, dass das vorhandene Blankett umfänglich durch den europäischen und bei Erlass der lebensmittelrechtlichen Straf- und BußgeldVO den nationalen Verordnungsgeber ausgefüllt wird[2]. Zum anderen könnte das auch für derartige Blankettstraftatbestände gültige Bestimmtheitsgebot des Art. 103 Abs. 2 GG verletzt sein. Beide Bedenken sollen nach Auffassung des Bundestags nicht stichhaltig sein[3]. Die gewählte Regelungstechnik gewährleiste, dass das nationale Sanktionenrecht auf Änderungen des europäischen Rechts zeitnah reagieren könne. Dem Verordnungsgeber würden nur gewisse Spezifizierungen des Straftatbestandes überlassen. Dennoch wird mit dieser Regelungstechnik letztlich dem Verordnungsgeber die Grundsatzentscheidung über die Strafbarkeit einer bestimmten Zuwiderhandlung übertragen. Damit aber werden sowohl das Gesetzlichkeitsprinzip (Art. 103 Abs. 2 GG) als auch das Wesentlichkeitsprinzip des BVerfG verletzt[4].

55a Zweifelhaft ist auch, ob die **Verweisungskette des § 62 LFGB** über die Lebensmittelrechtliche Straf- und BußgeldVO in das europäische Recht tatsächlich in jedem Fall ohne Weiteres nachvollziehbar ist. Das in Rz. 54 geschilderte Beispiel spricht eher dagegen. Auch kann die zur Legitimierung bemühte Bezugnahme auf die Rechtsprechung des BVerfG zu § 327 StGB[5] bei näherer Betrachtung nicht völlig überzeugen: Während jenes Sonderdelikt nur einen einge-

---

1 Vgl. zur Kritik u.a. *Dannecker* in Zipfel/Rathke, Vor § 58 LFGB Rz. 25 ff.; *Freund*, ZLR 1994, 261 (286); *Kühne*, ZLR 2001, 379; *Rohnfelder/Freytag* in Erbs/Kohlhaas, § 58 LFGB Rz. 10; grundsätzlich zur Problematik von Blankettverweisen auf das GemeinschaftsR *Schmitz* in MüKo, § 1 StGB Rz. 58; *Niehaus*, wistra 2004, 206.
2 *Dannecker* in Zipfel/Rathke, Vor § 58 LFGB Rz. 57 sieht hier den Parlamentsvorbehalt „unterlaufen". Ebenso skeptisch *Rohnfelder/Freytag* in Erbs/Kohlhaas, § 58 LFGB Rz. 10.
3 Vgl. *Rohnfelder/Freytag* in Erbs/Kohlhaas, § 58 LFGB Rz. 10 m.w.Nw.
4 So überzeugend *Dannecker/Bülte* in A/R, Rz. 50 m.w.Nw.
5 BVerfG v. 6.5.1987 – 2 BvL 11/85, BVerfGE 75, 329.

schränkten Personenkreis betrifft, von dem eine besondere Sachkunde erwartet werden kann, handelt es sich bei §§ 58, 59 LFGB um Delikte, die auch von Personen begangen werden können (z.B. dem Speisehersteller bei einem Stadt- oder Vereinsfest, dem Betreiber einer Vereinsgaststätte, dem kleinen handwerklichen Bäckereibetrieb), bei denen ein solch ausgeprägtes Fachwissen nicht vorausgesetzt werden kann.

Beinahe skurril mutet es an, wenn die Anwendbarkeit einzelner Blankettstrafnormen über § 75 Abs. 6, Abs. 2 S. 3 LFGB vom zuständigen Ministerium bekannt gemacht werden muss. Als abschreckendes Beispiel sei auf die Bekanntmachung über anzuwendende Strafvorschriften bei Verstößen gegen die VO (EG) Nr. 1334/2008 über Aromen bei bestimmten Lebensmittelzutaten mit Aromaeigenschaften vom 30.10.2013 verwiesen[1].

Gem. § 58 Abs. 4 LFGB ist auch der *Versuch* strafbar. – Als Vergehen eingestuft ist nicht nur das vorsätzliche, sondern auch das **fahrlässige Fehlverhalten** (Abs. 6). In diesem Fall muss dem Täter eine Sorgfaltspflichtverletzung nachgewiesen werden[2]. Dabei sind im Interesse des durch das LFGB bezweckten Verbraucherschutzes grundsätzlich hohe Anforderungen an die Sorgfaltspflichten des Einzelnen zu stellen[3]. Betroffen davon ist jeder, der in die Kette der Herstellung bis zur Abgabe des Lebensmittels an den Verbraucher eingeschaltet ist (sog. **Kettenverantwortung**)[4], wobei allerdings die Anforderungen an den Hersteller, Importeur, Großhändler und Einzelhändler verschieden sind. Nach überwiegender Auffassung ist von einer *differenzierten Stufenverantwortung*[5] auszugehen, bei der sich der Umfang der Sorgfaltspflichten jeweils nach dem konkreten Einzelfall richtet. Maßgebliche Kriterien sind die Art des in Verkehr gebrachten Lebensmittels, die Art seiner Herstellung, die Art seiner Verpackung, seine Herkunft sowie der Umfang des Lebensmittelvertriebs. 56

Besondere Bedeutung hat in diesem Zusammenhang die Pflicht zur stichprobenweisen *Untersuchung von Lebensmitteln*[6]. Die Rechtsprechung geht davon aus, **Stichproben** seien in einer solchen Anzahl zu untersuchen, dass, von gelegentlichen Ausreißern abgesehen, Mängel mit genügender Sicherheit ausgeschlossen werden können[7]. Eine numerische Festlegung lässt sich bei dieser im Rahmen der Kette von Verantwortlichen unterschiedlich ausgestalteten 57

---

1 BGBl. I 3910.
2 Näher zu den Sorgfaltspflichten im LebensmittelR *Benz*, ZLR 1989, 679; ZLR 1990, 9; *Dannecker*, ZLR 1993, 251; *Michalski*, ZLR 1991, 335; *Dannecker* in Zipfel/Rathke, Vor § 58 LFGB Rz. 171 ff.; sowie *Sammer*, Die Sorgfaltspflichten im Lebensmittelstraf- und OrdnungswidrigkeitenR unter besonderer Berücksichtigung der europarechtlichen Überlagerung, 1998.
3 BGH v. 14.2.1952 – 5 StR 3/52, LRE 1, 21.
4 Näher dazu *Meyer* in Meyer/Streinz, Art. 17 BasisVO Rz. 7 ff.
5 Vgl. *Meyer* in Meyer/Streinz, Art. 17 BasisVO Rz. 8 ff.; *Wehlau*, Vorbem. zu § 58 LFGB Rz. 69 ff.; ausf. zur Stufenverantwortung *Dannecker*, ZLR 2002, 19 sowie *Dannecker* in Zipfel/Rathke, Vor § 58 LFGB Rz. 180.
6 Ausf. dazu *Dannecker* in Zipfel/Rathke, Vor § 58 LFGB Rz. 231 ff. m.w.Nw.
7 Vgl. u.a. KG v. 3.10.1974 – 2 Ss 134.74, LRE 9, 116; OLG Karlsruhe v. 1.8.1989 – 4 Ss 173/87, ZLR 1990, 48.

Pflicht indes nicht vornehmen. Vielmehr ist eine jeweils einzelfallbezogene Betrachtungsweise anzustellen.

58 Für den **Hersteller** von Lebensmitteln umfassen die geschilderten Sorgfaltspflichten den gesamten Herstellungsvorgang einschließlich des späteren Inverkehrbringens des Endprodukts. Er muss die Vorprodukte sorgfältig auswählen, selbst überprüfen bzw. überprüfen lassen, im Herstellungsprozess auf die Einhaltung hygienischer und technischer Standards achten und schließlich die Kennzeichnung entsprechend den gesetzlichen Vorgaben vornehmen.

59 Der **Importeur** wird als erstes Glied in der inländischen Handelskette grundsätzlich dem Hersteller gleichgestellt[1]. Auch er muss die Zusammensetzung und Qualität des Lebensmittels sowie die Kennzeichnung überprüfen. Hierzu zählt auch die Verpflichtung zur stichprobenweisen Untersuchung der von ihm eingeführten Ware, welche jedoch stets einzelfallbezogen zu bestimmen ist[2]. Eine Einschränkung erfahren diese Pflichten im innergemeinschaftlichen Handel, wo insbesondere ausländische Zertifikate die Eigenkontrollerfordernisse erheblich einschränken können. Die Einzelheiten sind hier jedoch noch nicht abschließend geklärt[3].

60 Auch der **Großhändler** muss dafür Sorge tragen, keine nach § 5 oder § 11 LFGB zu beanstandenden Waren in den Verkehr zu bringen. Dabei kann er sich jedoch in gewissem Rahmen auf den Hersteller und Importeur des Produkts verlassen, indem er von seinem Lieferanten frühere amtliche Untersuchungsergebnisse und Zertifikate anfordern kann. Nicht völlig entbunden ist der Großhändler jedoch von eigenen Stichproben, die auch dazu dienen sollen, dass er sich von Zeit zu Zeit davon überzeugt, ob sein Vertrauen in die Zuverlässigkeit des Lieferanten noch gerechtfertigt ist[4].

61 Auch der **Einzelhändler** hat dafür zu sorgen, dass die von ihm vertriebenen Lebensmittel den gesetzlichen Anforderungen entsprechen. Dabei beziehen sich seine Pflichten, wie bei den anderen in der Kette Beteiligten auch, vornehmlich auf seinen Einflussbereich. So kann der Einzelhändler anders als der Hersteller und der u.U. in großen Mengen einkaufende Importeur weniger die Zusammensetzung eines (u.U. fertig verpackten) Lebensmittels prüfen, dafür aber sehr wohl kontrollieren, ob die bei ihm vorhandene Ware äußerlich noch nicht verdorben, das Mindesthaltbarkeitsdatum noch nicht überschritten, die Kennzeichnung in Ordnung und die vorgeschriebene Lagertemperatur eingehalten ist[5].

62 Selbst wenn einer der in der Lebensmittelkette Genannten die ihm obliegenden Sorgfaltspflichten verletzt, insbesondere erforderliche Stichproben nicht veranlasst hat, scheitert eine Fahrlässigkeitsstrafbarkeit in der Praxis häufig am nicht zu erbringenden **Kausalitätsnachweis**[6]. In vielen Fällen kann nicht belegt werden, dass die nicht sichere Beschaffenheit des beanstandeten Lebensmittels bei Vornahme der geforderten stichprobenartigen Untersuchung mit an Sicherheit grenzender Wahrscheinlichkeit erkannt worden wäre und es sich nicht nur um einen „Ausreißer" handelt, der auch bei einem pflichtgemäßen Vorgehen nicht erkannt worden wäre. Festzustellen ist somit oft nur eine nicht tatbestandsmäßige bloße Risikoerhöhung.

---

1 OLG Düsseldorf v. 20.7.1987 – 5 Ss (OWi) 160-87, ZLR 1988, 42; OLG Düsseldorf v. 10.5.1995 – 5 Ss (OWi) 144/95, wistra 1995, 317; OLG Karlsruhe v. 1.8.1989 – 4 Ss 173/87, ZLR 1990, 48.
2 Vgl. OLG Zweibrücken v. 10.3.2005 – 1 Ss 29/05, NStZ-RR 2005, 247.
3 Näher dazu *Dannecker*, ZLR 1993, 251; *Meyer*, 180.
4 Näher dazu *Meyer*, 180.
5 Vgl. *Dannecker* in Zipfel/Rathke, Vor § 58 LFGB Rz. 227 ff.
6 Vgl. dazu *Dannecker* in Zipfel/Rathke, Vor § 58 LFGB Rz. 230.

Dem Schutzgut der menschlichen Gesundheit verpflichtet, sieht § 58 Abs. 1 LFGB den im Bereich des LFGB höchsten **Strafrahmen** von *drei Jahren Freiheitsstrafe* oder Geldstrafe vor. **Besonders schwere Fälle** der Zuwiderhandlungen i.S. des § 58 Abs. 1, 2 oder 3 LFGB werden in Abs. 5 (Abs. 2a wird wohl infolge eines gesetzgeberischen Versehens nicht erwähnt[1]) im Wege der Regelbeispielstechnik mit Freiheitsstrafen von sechs Monaten bis zu *fünf Jahren* bedroht. Dabei folgen die Regelbeispiele in Abs. 5 Nr. 1 und Nr. 2 im Wesentlichen § 330 Abs. 2 Nr. 1 StGB. Das als Reaktion auf die Hormonskandale im Jahr 1991 erstmals in das LMBG a.F. übernommene Regelbeispiel der Nr. 3 verlangt, dass der Täter aus grobem Eigennutz für sich oder einen anderen Vermögensvorteile großen Ausmaßes erlangt. Zur Auslegung dürfte hier die Rechtsprechung zu § 263 Abs. 3 Nr. 2 StGB heranzuziehen sein, die einen Schaden von mindestens 50 000 Euro verlangt[2].

b) Leichtere Straftaten

Anders als § 58 LFGB, der rein dem Gesundheitsschutz dient, erfasst **§ 59 LFGB** einerseits Verstöße gegen Vorschriften des vorbeugenden Gesundheitsschutzes, andererseits Verstöße gegen Täuschungsverbote. Bei Letzteren wird nicht des Schutz des Vermögens bezweckt, sondern der Schutz der Dispositionsfreiheit. Auf einen Vermögensschaden des Verbrauchers kommt es daher nicht an[3]. Die einschlägigen Zuwiderhandlungen werden in dem **Blankett-Tatbestand** enumerativ aufgezählt. Dabei werden u.a. das Verwenden unzulässiger Zusatzstoffe (§ 59 Abs. 1 Nr. 1 LFGB), nicht zugelassener Bestrahlungen (§ 59 Abs. 1 Nr. 4 LFGB), das Inverkehrbringen pflanzenschutzmittelbehafteter Lebensmittel (§ 59 Abs. 1 Nr. 6 LFGB), Verstöße gegen die Health Claims VO (§ 59 Abs. 2 Nr. 3 LFGB) und zahlreiche weitere, sehr detaillierte nur mithilfe der zugrunde liegenden Bezugsnormen verständliche lebensmittel- und futtermittelrechtliche Verstöße sanktioniert[4]. In § 59 Abs. 1 Nr. 20 LFGB werden – ähnlich wie in § 58 Abs. 1 Nr. 17 LFGB – auch Zuwiderhandlungen gegen vollziehbare Anordnungen der Lebensmittelbehörden nach § 41 Abs. 2 S. 1 , Abs. 3 oder Abs. 6 S. 1 LFGB , somit ein reiner Verwaltungsungehorsam unter Strafe gestellt. **Verstöße gegen Rechtsverordnungen**, die etwa nach §§ 7–9 oder 28 LFGB erlassen worden sind, werden von § 59 Abs. 1 Nr. 21 LFGB detailliert aufgenommen[5]. § 59 Abs. 2 Nr. 1 Buchst. c und 1 Buchst. d LFGB wurden durch das 2. ÄndG vom 3.8.2011 eingefügt. Sie sanktionieren den Verstoß gegen die Pflicht, ein nicht sicheres Lebens- oder Futtermittel vom Markt zu nehmen.

In der **Strafverfolgungspraxis** kommen nach den bisherigen Erfahrungen die Tatmodalitäten der § 59 Abs. 2 Nr. 1 LFGB i.V.m. Art. 14 Abs. 2 Buchst. b Ba-

---

1 Vgl. *Bosch* in Meyer/Streinz, § 58 LFGB Rz. 14; *Dannecker/Bülte* in A/R, Rz. 247.
2 BGH v. 7.10.2003 – 1 StR 274/03, NJW 2004, 169.
3 Vgl. *Dannecker/Bülte* in A/R, Rz. 300 m.w.Nw.
4 Ausf. dazu *Dannecker/Bülte* in A/R, Rz. 257 ff.
5 Vgl. dazu die Zusammenstellung bei *Sackreuther* in G/J/W, § 59 LFGB Rz. 59.

sisVO sowie § 59 Abs. 1 Nr. 7 i.V.m. § 11 Abs. 1 S. 1 LFGB am häufigsten zur Anwendung[1]. Dabei betrifft § 59 Abs. 2 Nr. 1 LFGB über die Bezugnahme auf Art. 14 Abs. 1, Abs. 2 Buchst.b BasisVO das Inverkehrbringen verzehrsungeeigneter Lebensmittel, somit den vorbeugenden Gesundheitsschutz, aber auch den Täuschungsschutz, wobei jeweils stoffliche Veränderungen oder Beeinträchtigungen der Lebensmittel verlangt werden. Andere „Ekelfälle" werden hingegen über § 59 Abs. 1 Nr. 8 i.V.m. § 11 Abs. 2 Nr. 1 LFGB erfasst. § 59 Abs. 1 Nr. 7 LFGB sanktioniert das Inverkehrbringen von Lebensmitteln unter irreführenden Bezeichnungen, Angaben oder Aufmachungen oder aber eine entsprechende Werbung. § 11 Abs. 1 LFGB wird allerdings zum 13.12.2014 durch die LMIV 1169/2011 obsolet (vgl. Rz. 33a), weshalb es noch einer Anpassung der einschlägigen Strafnorm oder des § 11 Abs. 1 LFGB bedarf.

66 Anders als § 58 LFGB, der das höherwertige Rechtsgut der Gesundheit schützt, setzt § 59 LFGB eine **vorsätzliche Tatbegehung** voraus. Bedingter Vorsatz genügt[2]. Im Falle des § 59 Abs. 1 Nr. 8 i.V.m. § 11 Abs. 2 Nr. 1 LFGB genügt es also z.B., wenn der Gaststättenbetreiber weiß, dass in seiner Küche Kakerlaken vorhanden sind, er seine Speisen aber dennoch zumindest unter billigender Inkaufnahme dieses Umstandes herstellt und an seine Gäste abgibt. Ebenso muss etwa der Händler eines laut Etikett und Broschüre „revitalisierenden" Honigs im Falle der falschen Aufmachung zumindest damit rechnen, dass dieses Produkt die behauptete Wirkung nicht erzielen kann und dies auch zumindest billigend in Kauf nehmen.

66a Gerade bei Verstößen gegen die Täuschungsnorm des § 11 LFGB bereitet die **Abgrenzung** zwischen *bedingtem Vorsatz* und *bewusster Fahrlässigkeit* häufig Probleme. Ein wesentliches Kriterium ist dabei, ob es bereits zu einer Beanstandung durch die Lebensmittelüberwachungsbehörde oder aber zu einschlägigen Verbraucherbeschwerden gekommen ist. Derartige Beanstandungen können bei einem dennoch fortgesetzten Fehlverhalten als Indiz für ein vorsätzliches Vorgehen herangezogen werden.

67 Ein etwaiger **Irrtum** über die Tatumstände ist gem. § 16 StGB zu behandeln und führt zur Annahme einer bloßen Fahrlässigkeit, die bei § 58 LFGB gem. § 58 Abs. 6 LFGB als Vergehen, bei § 59 LFGB hingegen nach § 60 LFGB als Ordnungswidrigkeit sanktioniert wird. Ein Irrtum über normative Tatbestandsmerkmale ist als Subsumtionsirrtum zu behandeln. Dies gilt auch für die Fehlvorstellung, bei einem tatsächlich vorliegenden Arzneimittel handle es sich um ein Lebensmittel. Angesichts der Abgrenzungsschwierigkeiten dürfte hier allerdings selbst bei strenger Prüfung gelegentlich die Unvermeidbarkeit des Irrtums anzunehmen sein[3] (vgl. Rz. 13). Unterliegt der Täter einem Verbotsirrtum, richtet sich die Vermeidbarkeit nach den allgemeinen Grundsätzen

---

1 Vgl. etwa die Übersicht praktischer Beispiele von *Rützler* in LebensmittelR-Hdb., VII, C sowie LG Halle v. 15.10.2013 – 2a Ns 965 Js 8416/12, juris (angeblicher Fetakäse).
2 Vgl. etwa LG Berlin v. 16.1.2004 – (572) 5 Wi/157 PLs 3452/02 Ns (130/03), LRE 48, 24.
3 Vgl. näher zur Behandlung der unterschiedlichen Fehlvorstellungen *Rohnfelder/ Freytag* in Erbs/Kohlhaas, Vor § 58 LFGB Rz. 15 ff. sowie *Bülte*, NStZ 2013, 65.

(vgl. § 18 Rz. 10 ff.). Bei Zweifeln über ein Verbot ist er angesichts der schwierigen Materie allerdings verpflichtet, behördlichen oder verlässlichen anwaltlichen Rat einzuholen[1].

Anders als § 58 LFGB sieht § 59 LFGB *keine Versuchsstrafbarkeit* vor. – Auch ist die maximale **Strafandrohung** mit *einem Jahr* Freiheitsstrafe oder Geldstrafe niedriger bemessen als bei § 58 LFGB. § 59 Abs. 4 LFGB sieht jedoch für einzelne Verstöße eine *erhöhte Strafdrohung* von zwei Jahren vor, wenn der Täter durch die Handlung aus grobem Eigennutz für sich oder einen anderen Vermögensvorteile großen Ausmaßes erlangt (Nr. 1) oder die Handlung beharrlich wiederholt wird (Nr. 2). 68

Ergänzend zu §§ 58, 59 LFGB sind die auf § 58 Abs. 1 Nr. 18 und § 59 Abs. 1 Nr. 21 LFGB beruhenden **Straftatbestände** der § 10 ZusatzstoffzulV, § 7 ZusatzstoffverkehrsV, § 2 ZinnV, § 10 Abs. 1 LMKennzV, § 26 DiätV, § 6 NahrungsmittelergänzungsV, § 5 Rückstands-HöchstmengenV, § 5 Mykotoxin-HöchstmengenV, § 16 LebensmitteleinfuhrV, § 15 KaffeeV, § 3 ÖkoKennzG, § 12 Öko-LandbauG, § 7 der VO über tiefgefrorene Lebensmittel, § 23 Tierische LebensmittelhygieneVO u.a. zu beachten[2]. 69

c) Ordnungswidrigkeiten

Fahrlässige Verstöße gegen die in § 59 LFGB enthaltenen Tatbestände werden nach § 60 Abs. 1 LFGB als **Ordnungswidrigkeiten** eingestuft[3]. § 60 Abs. 2 LFGB sieht einen weiteren Bußgeldtatbestand für bestimmte, im Einzelnen bezeichnete Verstöße (u.a. gegen die Informationspflichten des § 44 Abs. 3 LFGB) sowie gegen zahlreiche *Rechtsverordnungen* (vgl. § 60 Abs. 2 Nr. 26 LFGB) vor, so u.a. Verstöße gegen Hygienevorschriften oder Werbeverbote. Der Bußgeldtatbestand des § 60 Abs. 3 LFGB sanktioniert einzelne Zuwiderhandlungen gegen die BasisVO. Ordnungswidrigkeiten nach Abs. 1 können mit einer Geldbuße bis zu 20 000 Euro geahndet werden (Abs. 5). Für die übrigen Ordnungswidrigkeiten sind Geldbußen bis maximal 10 000 Euro vorgesehen. 70

d) Ergänzende Normen

aa) § 61 LFGB stellt klar, dass auch im Lebensmittelrecht Gegenstände, auf die sich eine Straftat nach §§ 58, 59 LFGB oder eine Ordnungswidrigkeit nach §§ 60 LFGB bezieht, **eingezogen** werden können. § 74 StGB bleibt daneben ebenso anwendbar (§ 74 Abs. 3 StGB) wie die Verfallsvorschriften der §§ 73 ff. StGB. Letztere eröffnen die Möglichkeit, **Gewinne** nach dem „Bruttoprinzip" **abzuschöpfen**, die durch das unerlaubte Inverkehrbringen von Lebensmitteln nach §§ 58, 59 LFGB entstanden sind. Dabei ist jedoch stets die Ausschlussregelung des § 73 Abs. 1 S. 2 StGB zugunsten etwaiger Geschädigter zu beachten (s. § 21 Rz. 71 ff.). 71

---

1 *Dannecker/Bülte* in A/R, Rz. 81 ff.
2 Vgl. dazu die Übersicht bei *Sackreuther* in G/J/W, § 59 LFGB Rz. 59.
3 Vgl. zur Problematik der Abgrenzung von Vorsatz und Fahrlässigkeit im LebensmittelR *Günther* in FS Kohlmann, 2003, S. 617.

72 **bb)** Neben den geschilderten Normen des LFGB können auch **die allgemeinen strafrechtlichen Vorschriften** zur Anwendung kommen. So treten neben § 58 LFGB nicht selten *Körperverletzungsdelikte* nach §§ 223 ff. StGB, etwa Salmonelleninfektionen, auf[1]. § 59 Abs. 1 Nr. 7 und 11 LFGB können insbesondere mit § 16 Abs. 1 UWG (vgl. § 60 Rz. 8 ff.), §§ 143 ff. MarkenG (vgl. § 60 Rz. 51 ff.) sowie mit der *Betrugsnorm* des § 263 StGB in Tateinheit stehen. Dabei kann der hier häufig problematische Vermögensschaden nicht nur vorliegen, wenn ein wertloses Lebensmittel übergeben wird, sondern auch dann, wenn dieses nur einen geringeren Marktwert aufweist[2] oder aber überlassene Ware als nicht verkehrsfähig beschlagnahmt wird[3]. Nicht übersehen werden sollte hier eine gewerbsmäßige Tatbegehung nach § 263 Abs. 3 Nr. 1 StGB, die etwa beim Inverkehrbringen von Gammelfleisch angenommen wurde[4]. Insbesondere bei Bedarfsgegenständen ist schließlich auch der strafrechtliche Produkthaftungstatbestand des § 314 Abs. 1 Nr. 2 StGB (in seinen engen Grenzen) zu beachten[5].

8. Verfahrensrecht

73 Soweit Strafsachen nach dem Lebensmittelrecht oder dem im Anschluss erläuterten Weinrecht in die Zuständigkeit des Landgerichts gehören, sind sie gem. § 74 c Abs. 1 Nr. 4 GVG als **Wirtschaftsstrafsachen** eingestuft und vor der Wirtschaftsstrafkammer zu verhandeln (vgl. § 1 Rz. 92).

II. Weinrecht

Schrifttum: *Härtel*, Handbuch Weinrecht, 2014; *Koch*, Weinrecht, Kommentar, Loseblatt; *Rathke*/Boch, Weingesetz, Weinrecht, Kommentar, 2012; *Zipfel/Rathke*, Lebensmittelrecht, Loseblatt, Bd IV.
Zum Weinstrafrecht: *Brehmeier-Metz* in Erbs/Kohlhaas, W 56, Weingesetz; *Sackreuther* in G/J/W, WeinG (Nr.795).

1. Rechtsgrundlagen

74 Das in Deutschland geltende Weinrecht ist ein Rechtsgebiet sui generis, „das aus offenbar unerschöpflicher ‚Kreativität' ständig umgestaltet und jedenfalls im EG-Bereich mit immer neuen Vollzugsproblemen belastet wird"[6]. Wie zutreffend diese aus dem Jahr 2004 stammende Einschätzung ist, zeigt die Entwicklung der letzten Jahre. Die früher grundlegende VO (EG) Nr. 1493/99 über

---

1 Vgl. etwa die „Bienenstich-Entscheidung" BGH v. 4.5.1988 – 2 StR 89/88, BGH NStE Nr. 5 zu § 223.
2 BGH v. 8.7.1955 – 1 StR 245/55, BGHSt 8, 46; BGH v. 12.12.1958 – 2 StR 221/58, BGHSt 12, 347; BGH v. 10.5.1966 – 1 StR 592/65, BGHSt 21, 66.
3 Vgl. *Rohnfelder/Freytag* in Erbs/Kohlhaas, § 11 LFGB Rz. 145 m.w.Nw.
4 BGH v. 7.11.2007 – 1 StR 164/07, wistra 2008, 58.
5 Vgl. dazu u.a. *Seher*, NJW 2004, 113.
6 So treffend *Koch*, NJW 2004, 2135.

die gemeinsame Marktorganisation für Wein (EG-Weinmarkt-VO)[1] wurde durch die VO (EG) Nr. 1234/2007 des Rates vom 22.10.2007 über eine gemeinsame Organisation der Agrarmärkte (VO über die einheitliche GMO)[2] abgelöst[3]. Die VO (EG) Nr. 1234/2007 wurde wiederum durch die **VO (EU) Nr. 1308/2013** des Europäischen Parlaments und des Rates vom 17.12.2013 **über eine gemeinsame Marktorganisation für landwirtschaftliche Erzeugnisse** aufgehoben, die nunmehr als das zentrale Regelungswerk für das Weinrecht anzusehen ist[4]. Die VO (EG) Nr. 1234/2007 wie auch die NachfolgeVO wurde bzw. wird ergänzt durch zahlreiche spezielle gemeinschaftsrechtliche Verordnungen, die insbesondere Ausführungsvorschriften enthalten[5].

Die europäischen Verordnungen gelten unmittelbar und haben *Vorrang gegenüber dem nationalen Recht*[6]. Dies gilt auch für das 1994 neu gefasste und inzwischen zum 8. Mal geänderte **Weingesetz**[7], welches durch das EG-Recht geprägt ist. Die mit der VO (EU) Nr. 1308/2013 und dem Weingesetz verfolgten **Ziele** ergeben sich nur aus der Gesamtschau ihrer Regelungen: Zum einen sollen – vergleichbar mit dem LFGB – Verbraucher vor gesundheitlichen Beeinträchtigungen und Täuschungen geschützt werden. Zum anderen soll, wie insbesondere §§ 4–12 WeinG zeigen, die Ordnung des Marktes gewährleistet werden. 75

Der **Anwendungsbereich** des WeinG wird – entgegen der Überschrift, die zu Unrecht den „Zweck" anführt – in dessen § 1 bestimmt: Geregelt werden der Anbau, das Verarbeiten, das Inverkehrbringen und die Absatzförderung von Wein und sonstigen Erzeugnissen des Weinbaus, wobei jeweils die unmittelbar geltenden EG-rechtlichen Vorgaben vorrangig zu berücksichtigen sind (vgl. § 1 Abs. 1 WeinG). Nur *beschränkte Geltung* hat das Gesetz für das Verarbeiten und Inverkehrbringen von Weintrauben, die nicht zur Herstellung von Erzeugnissen bestimmt sind, Traubensaft, konzentrierten Traubensaft und Weinessig (§ 1 Abs. 2 WeinG). Hier können neben den §§ 4–12, 29 und 30 WeinG die Vorschriften des LFGB ergänzend herangezogen werden. 76

Das **Verhältnis zum allgemeinen Lebensmittelrecht** ist im Übrigen kompliziert[8]. Im Weingesetz finden sich nur vereinzelt Normen, die auf das LFGB Bezug nehmen (z.B. § 13 Abs. 4 und Abs. 5 WeinG). Gem. § 4 Abs. 1 Nr. 4 LFGB 76a

---

1 VO (EG) Nr. 1493/99 des Rates über die gemeinsame Marktorganisation für Wein v. 17.5.1999, ABl. EG Nr. L 179 v. 14.7.1999, 1, zul. geänd. am 16.12.2008, ABl. EU Nr. L 354 v. 31.12.2008, 7.
2 ABl. EU Nr. L 299 v. 16.11.2007, 1.
3 Näher dazu *Boch* in Zipfel/Rathke, C 400, Vorbem. Rz. 26 ff. m.w.Nw.
4 ABl. EU Nr. L 347 v. 20.12.2013, 671, zul. geänd. am 17.12.2013, ABl. EU Nr. L 347 v. 20.12.2013, 865.
5 Vgl. die Übersichten bei *Boch* in Zipfel/Rathke, C 400 Vorbem. Rz. 26 ff; *Sackreuther* in G/J/W, Vor §§48-52 WeinG Rz. 2.
6 *Boch* in Zipfel/Rathke, C 400 Vorbem. Rz. 26 ff.
7 I.d.F. der Bek. v. 18.1.2011, BGBl. I 66, zul. geänd. am 2.10.2014, BGBl. I 1586; ausf. zur grundlegenden Reform durch das WeinG 1994 *Koch*, NJW 1994, 2880; *Koch*, ZLR 1994, 497; zum 5. Änderungsgesetz *Gerhard*, NVwZ 2010, 94.
8 Vgl. dazu u.a. *Boch* in Zipfel/Rathke, C 400 Vorbem. Rz. 23 ff.; *Sackreuther* in G/J/W, Vor §§ 48-52 WeinG Rz. 6 ff.

gelten die Vorschriften des LFGB und der darauf beruhenden Rechtsverordnungen nicht für Erzeugnisse i.S. des WeinG. Die VO (EG) Nr. 178/2002, die sog. BasisVO (vgl. Rz. 2) enthält indes keine entsprechende Ausschlussklausel. Unter ihren Lebensmittelbegriff fallen somit auch Erzeugnisse i.S. des WeinG, sodass die Bestimmungen dieser VO auch im Weinrecht gelten. Die Straf- und Bußgeldbestimmungen der §§ 58 ff. LFGB können hingegen wegen § 4 Abs. 1 Nr. 4 LFGB nicht angewandt werden. Sie können im Weinstrafrecht nur dann herangezogen werden, wenn dies wie in § 49 WeinG a.E. ausdrücklich geregelt ist.

77 § 2 WeinG enthält insgesamt 30 **Begriffsbestimmungen**, die durch zahlreiche weitere Definitionen in der VO (EG) Nr. 1308/2013 ergänzt werden[1]. Der für das Gesetz zentrale Begriff der **Erzeugnisse** wird in § 2 Abs. 1 Nr. 1 WeinG im Wesentlichen unter Hinweis auf das europäische Recht definiert[2]. Die Auflistung der für das Weinrecht maßgeblichen Erzeugnisse findet sich in Anhang I Teil XII der VO (EU) Nr. 1308/2013.

77a Der **Begriff „Wein"** wird im WeinG nicht bestimmt. Maßgeblich ist insoweit Anhang VII, Teil II der VO (EU) Nr. 1308/2013. Danach ist *Wein* ein Erzeugnis, das ausschließlich durch vollständige oder teilweise alkoholische Gärung der frischen, auch eingemaischten Weintrauben oder des Traubenmostes gewonnen wird[3]. Weitere Erzeugnisse i.S. des WeinG sind ebenfalls in Anhang VII, Teil II der VO (EU) Nr. 1308/2013 aufgelistet, so z.B. der Jungwein, Likörwein, Schaum- und Perlweine, Traubenmost, aromatisierter Wein, weinhaltige Getränke u.a.[4]

77b Die für die beiden Straftatbestände des WeinG maßgeblichen **Tathandlungen** werden ebenfalls in § 2 WeinG definiert, und zwar das Verarbeiten in § 2 Nr. 10, Herstellen in § 2 Nr. 11, Behandeln in § 2 Nr. 12, Zusetzen in § 2 Nr. 13, Verschneiden in § 2 Nr. 14, Abfüllen in § 2 Nr. 15, Verwenden in § 2 Nr. 16, Verwerten in § 2 Nr. 17, Inverkehrbringen in § 2 Nr. 18, die Ein- und Ausfuhr in § 2 Nr. 19 und 20 WeinG.

Qualitätswein, Landwein und Prädikatswein werden in § 2 Nr. 24, 25 und 27 definiert. In § 3 WeinG werden für *Qualitäts-, Prädikatsweine, Qualitätsperlweine u.a.* bestimmte Anbaugebiete (bA) festgelegt, während sich entsprechende Bestimmungen für den *Landwein* in § 2 der zum WeinG ergänzend erlassenen WeinVO[5] finden.

78 §§ 4 ff. WeinG enthalten die zur Ordnung des Marktes gedachten, zum Teil sehr detailliert gehaltenen *Anbauregeln*, die wiederum durch weitere Bestimmungen der WeinVO und landesrechtliche Rechtsverordnungen ergänzt wer-

---

1 Näher dazu die ausf. Darstellung bei *Boch* in Zipfel/Rathke, C 400 § 2 Rz. 135 ff.
2 Ausf. dazu *Boch* in Zipfel/Rathke, C 400 § 2 Rz. 4 ff.; *Brehmeier-Metz* in Erbs/Kohlhaas, § 2 WeinG Rz. 2 ff.
3 Vgl. *Boch* in Zipfel/Rathke, C 400 § 2 Rz. 199; *Sackreuther* in G/J/W, Vor §§ 48-52 WeinG Rz. 14.
4 Vgl. die Zusammenstellung bei *Sackreuther* in G/J/W, Vor §§ 48-52 WeinG Rz. 17 ff.
5 Wein-VO i.d.F. der Bek. v. 21.4.2009, BGBl. I 827, zul. geänd. am 18.6.2014, BGBl. I 798; vgl. näher dazu *Brehmeier-Metz* in Erbs/Kohlhaas, W 56a.

den. Die maßgeblichen Vorschriften über **Behandlungsverfahren** und **Behandlungsstoffe** finden sich in Art. 80, Anhang VIII der VO (EU) Nr. 1308/2013 sowie in § 13 WeinG. Dabei gehen sowohl der europäische Verordnungsgeber als auch der nationale Gesetzgeber von einem grundsätzlichen Verbot von Behandlungsverfahren und dem Zusetzen von Stoffen aus, das jedoch Ausnahmen zulässt[1]. Verwendet werden dürfen danach nur die in Rechtsakten der Gemeinschaft sowie im nationalen Recht *zugelassenen önologischen Verfahren*, wobei hinsichtlich der Einzelheiten auf die Erläuterungen in der europäischen VO sowie die weiterführende Kommentierung verwiesen werden muss[2].

§§ 14 und 15 WeinG sehen die Ermächtigung zum **Erlass von Rechtsverordnungen** über Hygienebestimmungen sowie über Anreicherungs- und Süßungsvorschriften vor. 79

§ 16 Abs. 1 WeinG normiert ein unmittelbar geltendes *Verbot* für Erzeugnisse, die nicht von handelsüblicher Beschaffenheit sind[3]. Derartige Produkte dürfen nicht zum unmittelbaren menschlichen Verbrauch angeboten oder abgegeben werden. Da die lebensmittelrechtliche BasisVO (vgl. Rz. 2) anders als das LFGB auch weinrechtliche Erzeugnisse erfasst, kann neben § 16 Abs. 1 WeinG auch **Art. 14 der VO (EG) Nr. 178/02** zur Anwendung kommen[4]. Gem. deren Art. 14 Abs. 1 und 2 besteht somit ein Verbot, nicht sichere bzw. für den Verzehr durch den Menschen ungeeignete weinrechtliche Erzeugnisse in den Verkehr zu bringen. Nicht zum Verzehr geeignet in diesem Sinne sind z.B. Erzeugnisse, die an „Krankheiten leiden", also etwa ein Wein mit Essigstich[5]. 80

§ 17 Abs. 1 WeinG regelt den Mindestgehalt an vorhandenem Alkohol in **Qualitäts- und Prädikatsweinen**, §§ 19 und 20 WeinG regeln die Qualitätsprüfungen. § 22 WeinG legt die Voraussetzungen für die Bezeichnung eines Weines als Landwein fest. Weitere Bezeichnungsvorschriften, insbesondere über geographische Angaben, finden sich in §§ 22a ff. WeinG. Das Weinbezeichnungsrecht wurde mit den VO (EG) Nr. 479/2008 und VO (EG) Nr. 491/2009 sowie dem 5. Gesetz zur Änderung des WeinG maßgeblich geändert. Die bisherigen Kategorien „Tafelwein" und „Qualitätswein" wurden durch „Wein mit geografischen Angaben" und „Wein ohne geografische Angaben" ersetzt. Die dem Verbraucher vertrauten traditionellen Bezeichnungen „Qualitätswein", „Prädikatswein" durften jedoch im nationalen Recht der Mitgliedstaaten beibehalten werden[6]. 81

Wie das Lebensmittelrecht sieht auch das Weinrecht ein **Irreführungsverbot** vor. Grundlegend hierfür war zunächst Art. 48 VO (EG) Nr. 1493/99. Danach durften Bezeichnungen und Aufmachungen sowie jegliche Werbung für Erzeugnisse nicht falsch oder geeignet sein, eine Verwechslung oder Irreführung 82

---

1 Näher dazu *Boch* in Zipfel/Rathke, C 400 § 13 Rz. 5 ff.
2 Näher dazu *Boch* in Zipfel/Rathke, C 400 § 13 Rz. 5 ff.; *Koch*, WeinR, „önologische Behandlung"; *Sackreuther* in G/J/W, Vor §§ 48–52 WeinG Rz. 54 ff.
3 Ausf. dazu *Boch* in Zipfel/Rathke, C 400 § 16 Rz. 8 ff.
4 *Boch* in Zipfel/Rathke, C 400 § 16 Rz. 34.
5 Vgl. BGH v. 17.12.1965 – 1 StR 300/65, BGHSt 21, 1.
6 Ausf. dazu *Gerhard*, NVwZ 2010, 94; *Hieronimi*, ZLR 2012, 529.

von Personen zu bewirken. Diese Vorschrift wurde durch Art. 118x der VO (EG) 1234/2007 ersetzt, der wiederum auf Art. 2 Abs. 1 der RL 2000/13/EG über die Etikettierung verweist. Diese RL wird mit Geltungsbeginn der LMIV (vgl. Rz. 33a), der VO (EG) Nr. 1169/2011, zum 13.12.2014 aufgehoben. Maßgeblich wird dann das *Irreführungsverbot in Art. 7 LMIV* sein[1]. Hinsichtlich gesundheitsbezogener Angaben ist zusätzlich die Health-Claims-VO (vgl. Rz. 33) zu beachten, die es z.B. nicht zulässt, einen Wein als „bekömmlich" zu kennzeichnen oder zu bewerben[2].

82a Das **Täuschungsverbot** des § 25 Abs. 1 WeinG entspricht inhaltlich dem Gemeinschafts-/Unionsrecht, sodass von einem einheitlichen Irreführungsverbot ausgegangen werden kann[3]. Danach dürfen Erzeugnisse nicht „mit irreführenden Bezeichnungen, Hinweisen, sonstigen Angaben oder Aufmachungen in den Verkehr gebracht, eingeführt oder ausgeführt oder zum Gegenstand der Werbung gemacht werden". Beispiele solcher unzulässigen Bezeichnungen, Hinweise, sonstiger Angaben oder Aufmachungen finden sich in § 25 Abs. 2 und 3 WeinG, wobei es sich jedoch um keine abschließende Aufzählung handelt[4].

83 Zur Täuschung geeignet und somit irreführend ist eine Angabe, wenn sie nach Sprachgebrauch, Verkehrsauffassung und Lebenserfahrung zu falschen Vorstellungen bei den angesprochenen Verkehrskreisen führen kann, sofern nicht eine ausdrückliche gesetzliche Regelung vorliegt[5]. Dem Vorrang des Gemeinschaftsrechts gehorchend, ist bei der Feststellung der **Verkehrsauffassung** auch hier grundsätzlich auf das Verbraucherleitbild des durchschnittlich informierten, (situationsadäquat) aufmerksamen und verständigen Adressaten abzustellen[6]. Wenn es sich um Fragen des Gesundheitsschutzes handelt, ist allerdings ein strengerer Maßstab anzulegen. Hier ist ein höheres Schutzniveau zu wahren und (wie in unserem früheren nationalen Recht generell) auf den „flüchtigen Verbraucher" abzustellen[7].

84 In Ergänzung der Bestimmungen des Gemeinschaftsrechts und von § 25 WeinG soll § 26 WeinG den **Bezeichnungsschutz** und den Schutz vor Verwechslungen sicherstellen. § 27 WeinG enthält ein Verbot des Inverkehrbringens vorschriftswidriger Erzeugnisse, § 28 WeinG besondere Verkehrsverbote für bestimmte Stoffe.

85 § 29 WeinG ermächtigt den Verordnungsgeber, die Einzelheiten der gem. Art. 147 der VO (EG) Nr. 1308/2013 vorgeschriebenen **Weinbuchführung** zu re-

---

1 Ausf. zu dieser Entwicklung *Rathke* in Zipfel/Rathke, C 400 § 25 Rz. 3 ff.
2 BVerwG v. 14.4.2013 – 3 C 23/12, NVwZ 2013, 508.
3 Näher dazu *Rathke* in Zipfel/Rathke, C 400 § 25 Rz. 16 ff.
4 Vgl. *Brehmeier-Metz* in Erbs/Kohlhaas, § 25 WeinG Rz. 2.
5 *Rathke* in Zipfel/Rathke, C 400 § 25 Rz. 20 m.w.Nw.
6 Näher dazu *Brehmeier-Metz* in Erbs/Kohlhaas, § 25 WeinG Rz. 5 m.w.Nw.; *Rathke* in Zipfel/Rathke, C 400 § 25 Rz. 15.
7 *Brehmeier-Metz* in Erbs/Kohlhaas, § 25 WeinG Rz. 5 m.w.Nw.; *Rathke* in Zipfel/Rathke, C 400 § 25 Rz. 21 ff.

geln, was in der **Wein-Überwachungs-VO** geschehen ist[1]. Parallel zu §§ 38 ff. LFGB regelt § 31 WeinG die allgemeine Überwachung der Einhaltung aller weinrechtlichen Vorschriften. § 32 WeinG lässt die Vorschriften des in § 50 ff. LFGB geregelten Lebensmittel-Monitoring auch hier zur Anwendung kommen.

Die Voraussetzungen für die **Einfuhr** von Drittlandererzeugnissen werden in § 35 WeinG insbesondere i.V.m. Art. 89, 90 der VO (EG) Nr. 1308/2013 bestimmt. § 36 WeinG ermächtigt den Verordnungsgeber, derartige Einfuhren von einer Zulassung abhängig zu machen, wobei die Einzelheiten in §§ 32 ff. Wein-Überwachungs-VO geregelt sind.

86

2. Zuwiderhandlungen

Das Weingesetz enthält zwei als **Blankett-Tatbestände** ausgestaltete Vergehensnormen, die jeweils *abstrakte Gefährdungstatbestände* darstellen. Ihrem Wortlaut nach richten sie sich gegen jedermann, stellen somit Allgemeindelikte dar. Tatsächlich werden die Verstöße gegen die zugrunde liegenden Ge- und Verbote allerdings meist durch gewerblich tätige Personen begangen, ohne dass die Normen dadurch allerdings zu Sonderdelikten werden[2]. Dabei sieht die schwerwiegendere Norm des **§ 48 Abs. 1** WeinG *vier Tatbestandsvarianten* vor:

87

a) Schwerere Straftaten

§ 48 Abs. 1 **Nr. 1** WeinG setzt voraus, dass entgegen einer **Vorschrift des Weingesetzes** ein Erzeugnis oder damit verwechselbares Getränk verarbeitet, in den Verkehr gebracht, mit anderen Getränken vermischt in den Verkehr gebracht, eingeführt, ausgeführt, verwendet, verwertet, gelagert oder transportiert wird. Dies gilt allerdings nur, soweit die Verstöße nicht von § 49 Nr. 1, 2, 4, 5 oder 6 oder § 50 Abs. 2 Nr. 1, 6 oder 10 WeinG erfasst sind. In diesen Fällen ist der vorliegende Tatbestand gegenüber den weniger gewichtigen Vergehen nach § 49 WeinG bzw. Ordnungswidrigkeiten nach § 50 WeinG formell subsidiär. Tatbestandsmäßig bleiben danach nur Verstöße gegen § 4 Abs. 1 WeinG (Herstellungsverbot), § 27 Abs. 1 WeinG (Verkehrs-, Verwertungs- und Verwendungsverbote) und § 35 Abs. 1 WeinG (Einfuhrverbot), soweit nicht die spezielleren Tatbestände in § 48 Abs. 1 Nr. 2-4 WeinG erfüllt sind[3].

88

§ 48 Abs. 1 **Nr. 2** WeinG erfasst bestimmte Fälle von **Zuwiderhandlungen gegen Rechtsverordnungen**[4], die auf der Grundlage der in Abs. 1 Nr. 2 im Einzelnen aufgeführten Normen erlassen worden sind, also z.B. die Anwendung nicht zugelassener Behandlungsverfahren nach 11 Abs. 1 WeinVO oder ein Verstoß gegen das Verschnittverbot nach § 18 Abs. 1, 2 und 9 WeinVO[5] (Rz. 77b). Die

89

---

1 Wein-ÜberwachungsVO i.d.F. der Bek. v. 14.5.2002, BGBl. I 3754, zul. geänd. am 18.6.2014, BGBl. I 798; näher dazu *Brehmeier-Metz* in Erbs/Kohlhaas, W 56c.
2 *Sackreuther* in G/J/W, § 48 WeinG Rz. 1.
3 *Sackreuther* in G/J/W, § 48 WeinG Rz. 4.
4 Vgl. dazu die Beispiele bei *Brehmeier-Metz* in Erbs/Kohlhaas, § 48 WeinG Rz. 4.
5 Vgl. zu ihren zahlreichen Änderungen *Koch*, NJW 2004, 2133.

hier erforderliche Rückverweisungsklausel findet sich in **§ 52** Abs. 1 Nr. 1 **WeinVO**. Eine weitere derartige rückverweisende Strafnorm enthält § 39 Wein-Überwachungs-VO.

90 § 48 Abs. 1 **Nr. 3** WeinG bezieht sich auf Verstöße gegen unmittelbar geltende **Vorschriften der EU**, d.h. Verordnungen. Auch dieser Tatbestand enthält eine formelle Subsidiaritätsklausel: §§ 48 Abs. 1 Nr. 4, 49 Nr. 6 oder 7 WeinG sind vorrangig. Im Übrigen setzt die Norm voraus, dass eine nach § 51 WeinG zu erlassende nationale RechtsVO für einen bestimmten Tatbestand auf § 48 Abs. 1 Nr. 3 WeinG verweist. § 51 WeinG ermächtigt das Bundesministerium für Ernährung, Landwirtschaft und Verbraucherschutz, die Tatbestände durch RechtsVO zu bezeichnen, die als Straftat oder Ordnungswidrigkeit geahndet werden sollen, um Rechtsakte der EG durchzusetzen[1]. Seit 1994 war hier die VO zur Durchsetzung des gemeinschaftsrechtlichen Weinrechts in ihrer jeweils gültigen Fassung maßgeblich[2]. Mit der damals erfolgten *Kompetenzverlagerung auf den Verordnungsgeber* wollte der Gesetzgeber einen zuvor mehrfach aufgetretenen Missstand beseitigen, der dadurch entstanden war, dass sich die alten Strafvorschriften der §§ 67 ff. WeinG auf blankettausfüllende Vorschriften des EG-Rechts bezogen, die ihrerseits bereits aufgehoben waren, ohne dass das nationale Recht rechtzeitig angeglichen werden konnte[3]. Entsprechende Strafbarkeitslücken haben sich jedoch auch in der Folgezeit ergeben, so z.B. als die DurchsetzungsVO zur Umsetzung der neuen EU-Weinmarktordnung VO (EG) Nr. 1493/99 nicht rechtzeitig zum 1.8.2000 angepasst wurde[4]. Die letzte DurchsetzungsVO wurde zum 31.12.2013 aufgehoben[5] und durch die **Weinrechtliche Straf- und BußgeldVO** vom 20.2.2014 (!) ersetzt, sodass auch hier wieder ein straffreier Zeitraum geschaffen wurde[6]. Diese neue WeinSBV enthält aber bereits den Verweis auf die VO (EU) Nr. 1308/2013.

91 **§ 48 Abs. 1 Nr. 4 WeinG** enthält eine Nr. 3 entsprechende, jedoch auf Nr. 2 bezogene Regelung. Welche Zuwiderhandlungen im Einzelnen erfasst sind, ergibt sich aus der WeinSBV. Sanktioniert werden etwa der unerlaubte Zusatz von Drittlandererzeugnissen zu Gemeinschaftserzeugnissen oder bestimmte Verstöße gegen die Vorschriften für önologische Verfahren[7].

92 § 48 Abs. 1 WeinG sieht für Vorsatztaten einen **Strafrahmen** von *bis zu drei Jahren* Freiheitsstrafe vor. Nach Abs. 2 wird auch die fahrlässige Tatbegehung

---

1 Vgl. zur Kritik gegenüber dieser bedenklichen „Strafgesetzgebung durch den Verordnungsgeber" oben Rz. 55.
2 I.d.F. der Bek. v. 7.8.2001, BGBl. I 2159, zul. geänd. am 12.10.2013, BGBl. I 3862; *Brehmeier-Metz* in Erbs/Kohlhaas, W 56b.
3 Vgl. etwa BayObLG v. 20.10.1992 – 4 StRR 172/92, ZLR 1993, 404; OLG Koblenz v. 27.3.1987 – 1 Ss 83/87, LRE 20, 231; OLG Stuttgart v. 28.8.1989 – 3 Ss 589/88, NJW 1990, 657 sowie vergleichbar im LebensmittelstrafR BGH v. 23.7.1992 – 4 StR 194/92, NStZ 1992, 535.
4 Vgl. LG Bad Kreuznach v. 19.6.2001 – ZLR 2001, 898 m. Anm. *Holle*; *Koch*, NJW 2004, 2135; *Brehmeier-Metz* in Erbs/Kohlhaas, Vor § 48 WeinG Rz. 8.
5 BGBl. I 3862.
6 WeinSBV v. 20.2.2014, BGBl. I 143.
7 Ausf. zu den einzelnen Tathandlungen *Brehmeier-Metz* in Erbs/Kohlhaas, § 48 WeinG Rz. 7 f.; *Sackreuther* in G/J/W, § 48 WeinG Rz. 16 f.

mit Freiheitsstrafe bis zu einem Jahr sanktioniert, was im betrieblichen Bereich insbesondere im Zusammenhang mit etwaigen Aufsichtspflichtverletzungen eine Rolle spielen kann[1]. Besonders schwere Fälle können nach Abs. 3 mit Freiheitsstrafe von sechs Monaten bis zu fünf Jahren geahndet werden, wobei Satz 2 im Einzelnen beschreibt, wann ein solcher Fall i.d.R. vorliegt.

Wenngleich hier ähnliche Bedenken bestehen wie bei § 62 LFGB (vgl. Rz. 55), soll die vom Gesetzgeber gewählte Regelungstechnik dem strafrechtlichen **Bestimmtheitsgebot** noch entsprechen[2]. Zwar sei keine der Tatbestandsvarianten des § 48 WeinG aus sich heraus verständlich, die Voraussetzungen der Strafbarkeit sollen jedoch, wie von der Rechtsprechung des BVerfG gefordert, hinreichend deutlich umschrieben und anhand der vorgegebenen Verweisungsketten auch einschließlich der gemeinschaftsrechtlichen Vorgaben noch nachvollziehbar sein[3]. 93

Besonders nahe liegen Fehlvorstellungen über die im WeinG, den dazugehörigen Verordnungen, insbesondere aber den EG-Vorschriften normierten Verbote. Hier ist jeweils zu prüfen, ob ein vermeidbarer **Verbotsirrtum** anzunehmen ist, wobei die Rechtsprechung gelegentlich recht großzügig verfährt[4]. Grundsätzlich wird man gerade wegen der Unübersichtlichkeit erwarten müssen, dass sich der Betroffene durch Befragen eines Sachverständigen über die Rechtslage informiert[5]. 94

b) Leichtere Straftaten

Weniger gewichtige Verstöße gegen im Einzelnen angeführte blankettausfüllende Normen werden in **§ 49** WeinG mit **Freiheitsstrafe** bis zu *einem Jahr* bedroht. Vorausgesetzt ist – wie in § 59 LFGB – ein *vorsätzliches* Fehlverhalten. Dies gilt u.a. für das gem. § 9 Abs. 1 S. 1 WeinG unerlaubte Abgeben, Verwenden oder Verwerten von Übermengen (§ 49 Abs. 1 Nr. 1 WeinG), das Inverkehrbringen von Erzeugnissen mit irreführenden Bezeichnungen, Hinweisen, sonstigen Angaben oder Aufmachungen (§ 49 Abs. 1 Nr. 4 i.V.m. § 25 Abs. 1 WeinG) sowie von verwechselbaren Erzeugnissen i.S. des § 26 Abs. 2 WeinG (§ 49 Abs. 1 Nr. 5 WeinG). Auch hier finden sich in Nr. 6 und 7 – entsprechend der Regelungstechnik in § 48 Abs. 1 Nr. 3 und 4 – über § 51 WeinG i.V.m. der WeinSBV erfolgende Bezugnahmen auf das europäische Recht[6]. 95

Nach § 49 S. 2 WeinG gilt § 59 Abs. 2 Nr. 1 Buchst. c LFGB für Erzeugnisse und weinhaltige Getränke entsprechend. Sanktioniert wird damit der Verstoß gegen

---

1 Vgl. etwa BGH v. 23.3.1973 – 2 StR 390/72, BGHSt 25, 158 zu den Aufsichtspflichten des Betriebsleiters eines Weinbauunternehmens.
2 Vgl. *Rathke* in Zipfel/Rathke, C 400 § 48 Rz. 1, krit. aber in Rz. 6.
3 *Koch*, WeinR, „Strafe und Bußgeld", 2.2.4; *Rathke* in Zipfel/Rathke, C 400 § 48 Rz. 1.
4 Vgl. etwa OLG Karlsruhe v. 29.6.1981 – 1 Ss 299/80, ZLR 1982, 76, 79 m. abl. Anm. *Koch*; sowie *Koch*, ZLR 1991, 347.
5 BGH v. 20.3.1956 – 1 StR 498/55, BGHSt 9, 164 (172).
6 Näher zu diesen einzelnen Tathandlungen *Brehmeier-Metz* in Erbs/Kohlhaas, § 49 WeinG Rz. 1 ff.; *Sackreuther* in G/J/W, § 49 WeinG Rz. 2a ff.

die Pflicht, ein nicht sicheres Lebensmittel vom Markt zu nehmen (vgl. Rz. 64).

c) Ordnungswidrigkeiten

96 *Fahrlässige* Tatbegehungen nach § 49 WeinG werden dem Beispiel des § 60 Abs. 1 LFGB entsprechend in **§ 50** Abs. 1 WeinG als **Ordnungswidrigkeiten** eingestuft. § 50 Abs. 2 WeinG führt darüber hinaus 11 weitere Bußgeldtatbestände an, die jeweils auf einzelne blankettausfüllende Normen Bezug nehmen. Gem. § 50 Abs. 2 S. 2 WeinG gelten schließlich einzelne Bußgeldtatbestände des LFGB für Erzeugnisse und weinhaltige Getränke entsprechend. Ordnungswidrigkeiten nach § 50 WeinG können in bestimmten Fällen mit Geldbußen bis zu 50 000 Euro, im Übrigen bis zu 20 000 Euro geahndet werden (§ 50 Abs. 3 WeinG).

d) Ergänzende Normen

97 **§ 52** WeinG enthält eine über §§ 74 ff. StGB hinausgehende **Einziehungs**vorschrift, derzufolge insbesondere verbotswidrig hergestellte Erzeugnisse eingezogen werden können. Dabei sind jedoch Verhältnismäßigkeitsgesichtspunkte besonders zu berücksichtigen[1], und zwar bereits im Ermittlungsverfahren[2].

98 Wie bereits oben kurz erwähnt, werden §§ 48 ff. WeinG durch die sehr detailliert ausgestalteten **Straf- und Bußgeldtatbestände** der §§ 52, 53 *WeinVO* und §§ 39, 40 *Wein-Überwachungs-VO* ergänzt, die jeweils auf die genannten Grundtatbestände des WeinG Bezug nehmen. Von wesentlicher praktischer Bedeutung ist schließlich der neben §§ 48, 49 WeinG in Tateinheit anwendbare *Betrugs*tatbestand, der etwa erfüllt ist, wenn gesetzwidrig gezuckerter Wein unter irreführenden Angaben in den Verkehr gebracht wird[3].

B. Gesundheitswesen

99 Eine genauere Darstellung der zahlreichen gesetzlichen Bestimmungen, die dem **gesundheitlichen Schutz** *des Einzelnen und der Allgemeinheit* dienen, kann hier schon aus räumlichen Gründen nicht erfolgen. Nur die für Unternehmen wichtigsten Bestimmungen können angesprochen werden. Im Übrigen kann auf weitere – neben den Straftatbestimmungen der Körperverletzungsdelikte (§§ 223 ff. StGB) – wichtige Regelungswerke nur ein Hinweis gegeben

---

1 Die Rspr. ist hier jedoch gelegentlich zu zurückhaltend gewesen, vgl. *Rathke* in Zipfel/Rathke, C 400 § 52 Rz. 5 m.w.Nw.
2 Vgl. *Brehmeier-Metz* in Erbs/Kohlhaas, § 52 WeinG Rz. 4 m.w.Nw.
3 Vgl. BGH v. 19.7.1995 – 2 StR 758/94 – zu Glykolwein, NJW 1995, 2933 sowie OLG Stuttgart v. 28.8.1989 – 3 Ss 589/88, ZLR 1990, 185; ausf. dazu *Koch*, WeinR, „Strafe und Bußgeld", 11.

werden, und zwar auf das Apothekengesetz[1] (vgl. auch § 25 Rz. 71 ff.), das Heilpraktikergesetz[2] (vgl. auch § 74 Rz. 29) und das Infektionsschutzgesetz[3]. Kommentierungen der in diesen Vorschriften enthaltenen Straf- und Bußgeldbestimmungen finden sich bei Erbs/Kohlhaas (von *Senge* bzw. *Pelchen*).

I. Arzneimittel

Schrifttum: *Deutsch/Lippert*, Kommentar zum Arzneimittelgesetz, 3. Aufl. 2010; *Kloesel/Cyran*, Arzneimittelrecht, Loseblatt; *Kügel/Müller/Hofmann*, Arzneimittelgesetz, Kommentar, 2012; *Quaas/Zuck*, Medizinrecht, 3. Aufl. 2014; *Rehmann*, Arzneimittelgesetz, 4. Aufl. 2014; *Spickhoff*, Medizinrecht, 2. Aufl. 2014; *Ulsenheimer*, Arztstrafrecht in der Praxis, 4. Aufl 2008.

Speziell zum Arzneimittelstrafrecht: *Eschelbach* in G/J/W, Arzneimittelgesetz; *Freund* in MüKo/StGB, 2. Aufl. 2013, Arzneimittelgesetz; *Volkmer* in Koerner/Patzak/Volkmer, Betäubungsmittelgesetz, Arzneimittelgesetz, 7. Aufl. 2012; *Pelchen/Anders* in Erbs/Kohlhaas, A 188; *Weber*, Betäubungsmittelgesetz, 4. Aufl. 2013.

1. Rechtsgrundlagen

Wegen seiner praktischen Bedeutung und seiner Nähe zum oben Rz. 1 ff. dargestellten LFGB bedarf das **Arzneimittelgesetz** (AMG)[4] einer zumindest kurzen Erörterung. Das im Jahr 1976 als Reaktion auf den Contergan-Fall grundlegend umgestaltete[5] Regelungswerk verfolgt den Zweck, „im Interesse einer ordnungsgemäßen Arzneimittelversorgung von Mensch und Tier für die Sicherheit im Verkehr mit Arzneimitteln [...] zu sorgen" (§ 1 AMG).

Der zentrale Begriff der **Arzneimittel** wurde zur Umsetzung der europäischen Richtlinie zur Schaffung eines Gemeinschaftskodexes für Humanarzneimittel 2001/83/EG (vgl. Rz. 11) mit Gesetz vom 17.7.2009 neu gefasst[6]. *Arzneimittel* sind danach Stoffe oder Zubereitungen aus Stoffen, die zur Anwendung im oder am menschlichen oder tierischen Körper bestimmt sind und [...] zur Heilung oder Linderung oder zur Verhütung von Krankheiten bestimmt sind (§ 2 Abs. 1 Nr. 1 AMG) oder die angewendet oder verabreicht werden, um die physiologischen Funktionen [...] wiederherzustellen, zu korrigieren oder zu beeinflussen oder eine medizinische Diagnose zu erstellen (§ 2 Abs. 1 Nr. 2 AMG). Die erste

---

1 I.d.F. v. 15.10.1980, BGBl. I 1993, zul. geänd. am 15.7.2013, BGBl. I 2420; vgl. dazu *Senge* in Erbs/Kohlhaas, A 165 bis A 165a.
2 G über die berufsmäßige Ausübung der Heilkunde ohne Bestallung v. 17.2.1939, RGBl. I 251; zul. geänd. am 23.10.2001, BGBl. I 2702; vgl. dazu *Pelchen* in Erbs/Kohlhaas, H 54.
3 G zur Verhütung und Bekämpfung von Infektionskrankheiten beim Menschen i.d.F. v. 20.7.2000, BGBl. I 1045; zul. geänd. am 7.8.2013, BGBl. I 3154; vgl. dazu *Pelchen* in Erbs/Kohlhaas, S 57.
4 G über den Verkehr mit Arzneimitteln i.d.F. der Bek. v. 12.12.2005, BGBl. I 3394, zul. geänd. am 27.3.2014, BGBl. I 261.
5 Näher dazu *Pelchen/Anders* in Erbs/Kohlhaas, A 188 Vorbem. 1.
6 BGBl. I 1990.

Gruppe wird als *Präsentationsarzneimittel*, die zweite als *Funktionsarzneimittel* bezeichnet[1]. Maßgeblich für die Einordnung ist zunächst die anhand der Verkehrsanschauung zu beurteilende *objektive Zweckbestimmung*, die vom Hersteller nicht durch anders lautende Angaben abbedungen werden kann[2]. Ein Mittel, das nach seiner objektiven Zweckbestimmung ein Arzneimittel ist, kann also diese Eigenschaft nicht durch die Herstellerangabe „kein Arzneimittel" verlieren[3]. Erst wenn eine überwiegende Zweckbestimmung nicht nach objektiven Kriterien zu bestimmen ist, können subjektive Faktoren ergänzend herangezogen werden[4].

101a Gem. § 2 Abs. 1 Nr. 5 AMG **a.F.** zählte auch die Beeinflussung der Beschaffenheit, des Zustands oder der Funktion des Körpers zu den charakteristischen Wirkungen von Arzneimitteln. Danach konnten auch *Aufputsch-, Doping-, Schlankheits- oder Empfängnisverhütungsmittel* Arzneimittel sein[5]. Die Rechtsprechung hat daher u.a. Designer-Drogen[6], Streckmittel für Heroin aus Paracetamol, Koffein und einer geringen Menge an Farbstoff[7], Gamma-Butyrolacton (GBL), das zwar als Wirkstoff für Reinigungs- und Lösemittel hergestellt und eingesetzt, von bestimmten Kreisen aber als Droge verwendet wird[8], sowie Ephedrinhydrochlorid, einen Baustoff für Crystalspeed[9], als Arzneimittel angesehen. Ebenso wurden sog. „**legal highs**", d.h. synthetische Cannabinoide oder „Kräutermischungen" als Arzneimittel angesehen und das Inverkehrbringen gem. § 95 Abs. 1 Nr. 1 AMG bestraft.

101b Die Neufassung des AMG enthält keine dem § 2 Abs. 1 Nr. 5 AMG a.F. vergleichbare Klausel. Ob die genannten Rauschhilfsmittel daher dem neuen Arzneimittelbegriff unterliegen, ist zweifelhaft. Die in § 2 Abs. 1 Nr. 2 AMG verwendeten Begriffe „wiederherzustellen" und „zu korrigieren" sprechen eher dafür, dass der Arzneimittelbegriff nur die Fallgestaltungen erfassen sollte, in denen mit der Anwendung des Mittels ein positiver Zweck verbunden ist. Bei einer entsprechend orientierten Auslegung der dritten Variante der Tathandlungen, „beeinflussen", sind die genannten Stoffe somit nicht als Arzneimittel anzusehen. Die Gegenauffassung sieht das Merkmal der nennenswerten Beeinflussung der physiologischen Funktionen hingegen auch dann als erfüllt an, wenn sie negativ i.S. einer schädlichen Einwirkung sind, aber subjektiv eine positive Wirkung herbeiführen sollten. Der BGH hat diese Streitfrage, die sich auf eine autonome **Auslegung des europäischen Arzneimittelbegriffs** bezieht,

---

1 Vgl. näher dazu die einschlägigen Kommentierungen u.a. von *Müller* in Kügel/Müller/Hofmann, § 2 AMG Rz. 10 ff.; *Weber*, § 2 AMG Rz. 2 ff.
2 *Rehmann*, § 2 AMG Rz. 2.
3 *Pelchen/Anders* in Erbs/Kohlhaas, § 2 AMG Rz. 1.
4 *Eschelbach* in G/J/W, § 95 AMG Rz. 6 m.w.Nw.
5 *Eschelbach* in G/J/W, Vor §§ 95 ff. AMG Rz. 5 m.w.Nw.
6 BGH v. 3.12.1997 – 2 StR 270/97, NJW 1998, 836; BVerfG v. 16.3.2006 – 2 BvR 954/02, NJW 2006, 2684.
7 BGH v. 6.11.2007 – 1 StR 302/07, NStZ 2008, 530.
8 BGH v. 8.12.2009 – 1 StR 277/09, BGHSt 54, 243; krit. dazu u.a. *Freund* in MüKoStGB, § 2 AMG Rz. 16 ff.
9 BGH v. 12.4.2011 – 5 StR 463/10, NStZ 2011, 583.

dem *EuGH zur Entscheidung* vorgelegt[1]. Mit Urteil vom 10.7.2014 hat der EuGH klargestellt, dass mit dem Ausdruck „beeinflussen" nur solche Stoffe gemeint seien, die geeignet sind, dem Funktionieren des menschlichen Organismus und folglich der menschlichen Gesundheit zuträglich zu sein[2]. Danach hat der BGH entsprechende Verurteilungen nach dem AMG als rechtsfehlerhaft aufgehoben[3].

102 Erweitert wird der Arzneimittelbegriff des § 2 Abs. 1 AMG durch § 2 Abs. 2 AMG, demzufolge gewisse Gegenstände, Instrumente, Stoffe und Stoffzubereitungen den Arzneimitteln gleichgestellt werden (sog. *fiktive Arzneimittel*). **Nicht** unter den **Arzneimittelbegriff** fallen gem. § 2 Abs. 3 AMG u.a.: *Lebensmittel* (vgl. zur Abgrenzung zwischen Lebensmitteln und Arzneimitteln Rz. 9), kosmetische Mittel[4], Tabakerzeugnisse, und Futtermittel. Ebenfalls nicht mehr dem Arzneimittelbegriff und somit auch nicht dem AMG unterliegen die überwiegend auf physikalischem Wege wirkenden *Medizinprodukte*, deren Herstellung und Vertrieb im Medizinproduktegesetz geregelt ist (Rz. 117)[5].

103 Weitere **Begriffsbestimmungen** („Stoffe", „Fertigarzneimittel", „Herstellen", „Inverkehrbringen" u.a.) werden in §§ 3 und 4 AMG vorgenommen. § 4a AMG statuiert Ausnahmen vom Anwendungsbereich des AMG. So gilt das Gesetz z.B. nicht für menschliche Organe, Organteile und Gewebe, deren Entnahme und Übertragung im Transplantationsgesetz geregelt ist (vgl. Rz. 121). § 4b AMG enthält Sondervorschriften über Arzneimittel für neuartige Therapien.

104 Um den in Rz. 100 dargestellten Gesetzeszweck zu erreichen, begründen §§ 5 ff. AMG *zahlreiche Verbote*, Zulassungspflichten, eine Apothekenpflicht, Verschreibungspflichten u.a. So ist es gem. § 5 Abs. 1 AMG, der Grundnorm des AMG, *verboten*, **bedenkliche Arzneimittel** in den Verkehr zu bringen. Da das bloße Anwenden nicht als Inverkehrbringen ausgelegt werden konnte[6], wurde die Vorschrift am 17.7.2009 ergänzt und nun auch die Anwendung bei einem anderen Menschen ausdrücklich untersagt. Der Begriff der Bedenklichkeit wird in § 5 Abs. 2 AMG näher umschrieben. Für die Beurteilung sind fünf Faktoren von Bedeutung, und zwar der bestimmungsgemäße Gebrauch, der begründete Verdacht, die schädliche Wirkung, der jeweilige Stand der wissenschaftlichen Erkenntnisse und das nach Erkenntnis der medizinischen Wissenschaft vertretbare Maß[7].

---

1 BGH v. 28.5.2013 – 3 StR 437/12, EuZW 2013, 760 m.w.Nw.
2 EuGH v. 10.7.2014 – Rs- C-358/13 und C- 181/14, NStZ 2014, 461 m. krit. Anm. *Patzak/Volkmer/Ewald*.
3 BGH v. 23.7.2014 - 1 StR 47/14, NStZ-RR 2014, 312; BGH v. 4.9.2014 - 3 StR 437/12.
4 Zur Abgrenzung von kosmetischen Mitteln und Arzneimitteln BVerwG v. 18.12.1997 – 3 C 46/96, NJW 1998, 3433.
5 Vgl. näher dazu u.a. *Volkmer* in Koerner/Patzak/Volkmer, Vorbem. AMG Rz. 150 ff.
6 BVerwG v. 2.12.1993 – 3 C 42/91, BVerwGE 94, 341; OVG Münster v. 20.2.1997 – 13 A 568/95, NJW 1998, 847.
7 Ausf. dazu *Freund* in MüKo-StGB, § 5 AMG Rz. 4 ff. m.w.Nw.; *Weber*, § 5 AMG Rz. 15 ff.

105 § 6 AMG ermächtigt das Bundesministerium für Gesundheit im Verordnungswege Verwendungsvorschriften zu erlassen. Nach § 6a Abs. 1 AMG ist es untersagt, Arzneimittel zu **Dopingzwecken im Sport** in den Verkehr zu bringen, zu verschreiben oder bei anderen anzuwenden[1]. Für radioaktive und mit ionisierenden Strahlen behandelte Arzneimittel sieht § 7 AMG ebenfalls ein Verbot mit Erlaubnisvorbehalt vor. § 8 AMG begründet Verbote des Inverkehrbringens nicht unerheblich qualitätsgeminderter oder verfälschter Arzneimittel, ein Verbot des Inverkehrbringens von Arzneimitteln, deren Verfallsdatum abgelaufen ist, sowie ein Verbot zum Schutz vor Täuschung. Der besseren Information des Verbrauchers sollen §§ 9 ff. AMG dienen, die u.a. die obligatorische Angabe des Verantwortlichen für das Inverkehrbringen (§ 9 AMG), die Kennzeichnung von Fertigarzneimitteln (§ 10 AMG), das Erstellen einer Packungsbeilage (§ 11 AMG) und die Fachinformation für Fachkreise (§ 11a AMG) vorsehen.

106 Die gewerbs- oder berufsmäßige **Herstellung** von Arzneimitteln bedarf grundsätzlich einer **Erlaubnis**, deren Voraussetzungen und Erteilung in §§ 13 ff. AMG geregelt sind. Dabei begründet § 19 AMG eine Zuweisung der Gesamtverantwortung jeder Charge an die i.S. des § 14 AMG sachkundige Person[2].

107 Die **Zulassungspflicht** für ein Arzneimittel sowie das Zulassungsverfahren werden in §§ 21 ff. AMG, die Registrierung in §§ 38 ff. AMG geregelt. Für homöopathische Arzneimittel ist gem. §§ 38 f. AMG nur eine Registrierung, nicht aber eine Zulassung vorgesehen. §§ 40 ff. AMG sollen den Schutz des Menschen bei der klinischen Prüfung von Arzneimitteln sicherstellen.

108 Der 7. Abschnitt befasst sich mit der **Abgabe** von Arzneimitteln. Dort finden sich die Festlegungen der Apothekenpflicht sowie der Ausnahmen davon (§§ 43 ff. AMG), der Verschreibungspflicht mit Ausnahmen (§§ 48 ff. AMG), das Verbot der Selbstbedienung (§ 52 AMG) u.a. Der Qualitätssicherung und Kontrolle sollen die Vorschriften der §§ 54 ff. AMG über Betriebsverordnungen und Arzneibücher dienen.

109 Der 9. Abschnitt enthält Sondervorschriften für Tierarzneimittel. Die **Überwachung** wird einschließlich der Probenahmen, Duldungs- und Mitwirkungspflichten, u.a. im 11. Abschnitt geregelt (§§ 64–69a AMG).

110 Bei der **Ein- und Ausfuhr** von Arzneimitteln wird in §§ 72 ff. AMG – wie im Lebensmittelrecht – streng zwischen Produkten aus Mitgliedstaaten der EU und anderen Ländern unterschieden. § 74a AMG sieht vor, dass der pharmazeutische Unternehmer, der Fertigarzneimittel oder Arzneimittel in den Verkehr bringt, eine sachkundige Person damit zu beauftragen hat, die Aufgabe der wissenschaftlichen Information über die Arzneimittel verantwortlich wahrzunehmen (sog. Informationsbeauftragter). Die Vorschriften über den für pharmazeutische Unternehmen tätigen Pharmaberater finden sich in §§ 75, 76 AMG.

---

1 Vgl. dazu die ausf. Kommentierung in *Freund* in MüKo-StGB, § 6a AMG sowie *Weber*, § 6a AMG.
2 Vgl. dazu *Weber*, § 19 AMG Rz. 2.

Nach den Zuständigkeitsvorschriften im 15. Abschnitt begründen §§ 84 ff. AMG im 16. Abschnitt umfassende Regelungen einer **zivilrechtlichen Gefährdungshaftung**. 111

2. Straf- und Bußgeldvorschriften

Die Straf- und Bußgeldvorschriften in §§ 95 ff. AMG[1] enthalten einen dem Lebensmittel- und Weinstrafrecht entsprechenden **gestuften Sanktionenkatalog**: 112

a) Der in seiner Systematik mit § 58 LFGB und § 48 WeinG vergleichbare, ebenfalls als Blankett-**Straftatbestand** ausgestaltete **§ 95 Abs. 1** AMG bedroht als abstraktes Gefährdungsdelikt Zuwiderhandlungen gegen einzelne Verbote der §§ 5–58 AMG bei vorsätzlichem Fehlverhalten mit einer Freiheitsstrafe bis zu drei Jahren, bei Fahrlässigkeitsdelikten bis zu einem Jahr (§ 95 Abs. 4 AMG). 113

Die Norm erfasst insbesondere solche **Verstöße**, bei denen ein besonders hohes Gesundheitsrisiko besteht, wie etwa dem *Inverkehrbringen* (vgl. § 4 Abs. 17 AMG[2]) 113a

- von bedenklichen Arzneimitteln (Nr. 1),
- von Arzneimitteln zu Dopingzwecken im Sport (Nr. 2a),
- von radioaktiven Arzneimitteln (Nr. 3),
- nicht unerheblich qualitätsgeminderter Arzneimittel (Nr. 3a),
- dem unerlaubten Handeltreiben bzw. der unerlaubten Abgabe verschreibungs- bzw. apothekenpflichtiger Mittel, Arzneimittel oder Tierarzneimittel (Nr. 4–7)[3],
- bestimmter Fälle des verbotenen Erwerbs von Arzneimitteln (Nr. 5, 9)
- sowie schließlich dem verbotswidrigen Anwenden von Arzneimitteln bei Tieren, die der Gewinnung von Lebensmitteln dienen (Nr. 10).

In bestimmten Fällen ist darüber hinaus nicht nur das Inverkehrbringen, sondern etwa bei Nr. 1 auch das **Anwenden** *bedenklicher Arzneimittel* sowie in Ergänzung von Nr. 2a bereits der **bloße Besitz** nicht geringer Mengen an **Dopingstoffen** strafbewehrt (§ 95 Abs. 1 Nr. 2b i.V.m. § 6a Abs. 2a AMG). Das zur Verfälschung des sportlichen Wettbewerbs dienende *Eigendoping* im Sport ist bislang noch nicht unter Strafe gestellt. Entsprechende Gesetzesvorschläge 113b

---

1 Vgl. ausf. dazu die Kommentierungen von *Eschelbach, Freund, Pelchen/Anders, Volkmer, Weber* (s. das Schrifttumsverzeichnis).
2 Zur Vollendung des Inverkehrbringens BGH v. 18.9.2013 – 2 StR 355/12, NJW 2014, 326.
3 Vgl. etwa zur illegalen Lieferung großer Mengen an Tierarzneimitteln durch einen Großhändler BGH v. 22.4.1987 – 3 StR 13/87, NStZ 1987, 514; zum unerlaubten Handeltreiben mit Arzneimitteln OLG Stuttgart v. 18.1.2012 – 4 Ss 664/11, NStZ-RR 2012, 154; OLG Stuttgart v. 18.12.2012 – 1 Ss 559/12, NStZ-RR 2013, 174 m. Bespr. *Bülte*, NZWiSt 2013, 8.

werden derzeit noch diskutiert, dürften aber demnächst zumindest bezogen auf Berufssportler zu einer Reform führen[1].

113c Wie bei § 58 LFGB sind auch hier der *Versuch* und die **fahrlässige Tatbegehung** strafbar (§ 95 Abs. 2 und 4 AMG). Bei den in § 95 Abs. 3 AMG in Form von Regelbeispielen normierten besonders schweren Fällen beträgt die Freiheitsstrafe von einem Jahr bis zu zehn Jahren[2].

114 **b) § 96 AMG** erfasst in (momentan) 29 Ziffern **weniger gewichtige Verstöße** gegen einzelne blankettausfüllende Normen, die im Wesentlichen Gesundheitsgefahren vorbeugen oder aber einen Täuschungsschutz bewirken sollen. Sanktioniert werden hier u.a. das unerlaubte Inverkehrbringen von Import- Fertigarzneimitteln (§ 96 Abs. 1 Nr. 5 AMG)[3], unerlaubt durchgeführte klinische Prüfungen von Arzneimitteln (§ 96 Nr. 10, 11 AMG)[4] oder die Abgabe von Arzneimitteln ohne Verschreibung (§ 96 Abs. 1 Nr. 13 AMG). Wie im Lebensmittel- und im Weinrecht ist auch hier die gewählte Verweisungstechnik verfassungsrechtlich fragwürdig, wenn der Gesetzgeber die Kompetenz zur Normierung einer Strafnorm an den Verordnungsgeber delegiert, wie dies etwa bei § 96 Nr. 2 i.V.m. § 6 AMG sowie der darauf beruhenden VO geschehen ist[5].

§ 96 AMG setzt *vorsätzliches* Handeln voraus. Das Vergehen kann mit Geld- oder Freiheitsstrafe bis zu einem Jahr geahndet werden.

115 **c)** *Fahrlässige* Zuwiderhandlungen i.S. des § 96 AMG werden in § 97 Abs. 1 AMG ebenso als **Ordnungswidrigkeiten** eingestuft wie zahlreiche weitere, in Abs. 2 aufgeführte Verstöße gegen blankettausfüllende Normen des AMG. Diese Ordnungswidrigkeiten können mit Geldbußen bis zu 25 000 Euro belegt werden.

§ 98 AMG regelt schließlich – vergleichbar mit § 61 LFGB (Rz. 71) – die **Einziehung,** der erst am 1.11.2007 eingefügte § 98a AMG den *erweiterten Verfall.*

116 **d)** Weitere arzneimittelrechtliche *Straf- und Bußgeldtatbestände* enthalten mehrere **ergänzend** erlassene **Verordnungen**, wie etwa die FrischzellenVO[6].

---

1 BR- Drs. 266/13; vgl. dazu *Stickelberger*, DRiZ 2013, 154; vgl. dazu auch den in die gleiche Richtung tendierenden Entwurf der SPD, BT-Drs. 17/13468; krit. dazu *Zuck*, NJW 2014, 276.
2 Näher dazu *Freund* in MüKo-StGB, § 95 AMG Rz. 62 ff.
3 Vgl. BGH v. 4.9.2012 – 1 StR 534/11, NJW 2012, 3665; nicht beanstandet von BVerfG v. 13.5.2014 - 2 BvR 9/10, NJW 2014, 2265; vgl. dazu auch *Brand/Unseld*, ZWH 2012, 482.
4 Ausf. dazu *Ulsenheimer*, § 11 Rz. 395 ff.
5 Vgl. *Eschelbach* in G/J/W, § 96 AMG Rz. 1; *Freund* in MüKo-StGB, Vor § 95 AMG Rz. 54 ff. und § 96 AMG Rz. 2; großzügiger dagegen aber BGH v. 18.9.2013 – 2 StR 365/12, NJW 2014, 325 zur Verfassungskonformität der § 95 Abs. 1 Nr. 2a, § 6a Abs. 1, Abs. 2 Nr. 1 AMG i.V.m. dem jährlich aktualisierten Anhang zu dem Übereinkommen gegen Doping, krit. dazu *Freund*, JZ 2014, 360.
6 Vgl. dazu *Pelchen/Anders* in Erbs/Kohlhaas, A 188a–188o.

II. Medizin- und Blutprodukte

Schrifttum: *Hill/Schmitt*, Medizinprodukterecht, Kommentar, Loseblatt; *Rehmann/Wagner*, MPG – Medizinproduktegesetz, 2. Aufl. 2010; *Schorn/Baumann/Bien/Lücker/Wachenhausen*, Medizinprodukte-Recht, Kommentar, Loseblatt.
Zum Medizinprodukte-Strafrecht: *Ambs* in Erbs/Kohlhaas, M 60; *Escheibach* in G/J/W, MPG.
Zum Transfusionsrecht: *Deutsch/Bender/Eckstein/Zimmermann*, Transfusionsrecht, 2. Aufl. 2007; *von Auer/Seitz*, Gesetz zur Regelung des Transfusionswesens, Loseblatt.

Das Medizinproduktegesetz[1] (MPG) wurde 1994 zur Umsetzung verschiedener Richtlinien der EU verabschiedet[2]. Es soll den Verkehr mit Medizinprodukten regeln und dadurch für die Sicherheit, Eignung und Leistung der Medizinprodukte sowie die Gesundheit und den erforderlichen Schutz der Patienten, Anwender und Dritter sorgen (§ 1 MPG). Dabei werden unter **„Medizinprodukte"** insbesondere physikalisch wirkende Stoffe und Gegenstände verstanden, die eine Erkennung, Verhütung, Überwachung, Behandlung oder Linderung von Krankheiten bewirken sollen (vgl. dazu im Einzelnen § 3 Nr. 1 und 2 MPG). Seit dem ÄndG vom 13.12.2001 werden auch In-vitro-Diagnostika (Labordiagnostika) erfasst (§ 3 Nr. 4 MPG)[3]. Die Anforderungen an derartige Produkte werden im 2. Abschnitt des Gesetzes geregelt, wobei in strafrechtlicher Hinsicht vor allem das an *§ 5 AMG* angelehnte Verbot des Inverkehrbringens, Errichtens, Inbetriebnehmens, Betreibens oder Anwendens sicherheits- oder gesundheitsgefährdender Produkte von Bedeutung ist (§ 4 Abs. 1 Nr. 1 MPG). Der Schutz vor Täuschungen ist gleich anschließend in § 4 Abs. 1 Nr. 2 MPG geregelt. 117

Im 3. Abschnitt finden sich die Vorschriften über die Nennung von Stellen und Zertifizierung von Sachverständigen, im 4. Abschnitt jene über die **klinische Bewertung und Prüfung** der Produkte. Die Überwachung und der Schutz vor Risiken werden im 5. Abschnitt geregelt. Die Zuständigkeitsbestimmungen und Sondervorschriften für die Bundeswehr sind im 6. und 7. Abschnitt enthalten. 118

Die **Straf- und Bußgeldvorschriften** der §§ 40 ff. MPG sind in Anlehnung zu §§ 95 ff. AMG ausgestaltet. Dabei erfasst **§ 40 MPG** als Pendant zu § 95 AMG vor allem die Verstöße gegen gesundheitsschützende Regelungen. **§ 41** MPG bezieht sich auf einzelne, der Gesundheitsvorsorge oder aber dem Täuschungs- und Kennzeichnungsschutz dienende Vorschriften. §§ 42 und 43 MPG begründen Gegenstücke zu §§ 97 und 98 AMG. Näher dazu § 56 Rz. 140 ff. 119

Ebenfalls in Ergänzung des AMG wurde (als Reaktion auf den Aids-Skandal von 1993) im Jahr 1998 das **Transfusionsgesetz**[4] verabschiedet, das für eine sichere Gewinnung von Blut und Blutbestandteilen sowie für eine sichere Versorgung der Bevölkerung mit Blutprodukten sorgen soll. Auf dieses spezielle 120

---

1 G über Medizinprodukte (MedizinprodukteG) i.d.F. v. 7.8.2002, BGBl. I 3146, zul. geänd. am 21.7.2014, BGBl. I 1133.
2 Vgl. dazu *Deutsch*, NJW 1995, 752; NJW 1999, 817.
3 Vgl. dazu *Gassner*, NJW 2002, 863.
4 G zur Regelung des Transfusionswesens (TransfusionsG – TFG) i.d.F. der Bek. v. 28.8.2007, BGBl. I 2169, zul. geänd. am 17.7.2009, BGBl. I 1990.

Regelungswerk, das in §§ 31 f. eigenständige Straf- und Bußgeldvorschriften enthält, kann hier aus räumlichen Gründen nur hingewiesen werden[1].

III. Transplantationen

Schrifttum: *Höfling* (Hrsg.), Kommentar zum Transplantationsgesetz, 2. Aufl. 2013; *König*, Strafbarer Organhandel? Der kommerzielle Handel mit menschlichen Organen, 1999; *König* in Roxin/Schroth (Hrsg.), Handbuch des Medizinstrafrechts, 4. Aufl. 2010, S. 406; *Schroth/König/Gutmann/Oduncu*, Transplantationsgesetz, 2005; *Ulsenheimer*, Arztstrafrecht in der Praxis, 4. Aufl 2008.

121 Die Spende, Entnahme und Übertragung von Organen und Organteilen wird im **Transplantationsgesetz** (TPG) geregelt[2], das auch für das Verbot des Handels mit menschlichen Organen gilt (§ 1 Abs. 1 TPG). Seit 2007 regelt das Gesetz auch den Umgang mit Geweben und Knochenmark, sodass die früher hinsichtlich Knochenmark, embryonaler und fetaler Organe monierte Strafbarkeitslücke geschlossen ist[3]. Keine Anwendung findet das TPG jedoch bei Gewebe, das innerhalb ein und desselben chirurgischen Eingriffs einer Person entnommen und auf diese rückübertragen wird. Ebenfalls ausgenommen sind Blut und Blutbestandteile, für die das Transfusionsgesetz gilt.

122 Der 1. Abschnitt des Gesetzes enthält Bestimmungen über den Anwendungsbereich (§ 1 TPG), die Aufklärung der Bevölkerung, die Erklärung zur **Organspende**, das Organ- und Gewebespenderegister sowie Organ-und Gewebespendeausweise (§ 2 TPG). Im 2. Abschnitt (§§ 3 ff. TPG) werden die Voraussetzungen und die Durchführung der Organ- und Gewebeentnahme bei toten Spendern, im 3. Abschnitt (§§ 8 ff. TPG) bei lebenden Spendern geregelt. Sowohl § 3 als auch § 8 TPG gehen von dem Grundsatz aus, dass eine Organentnahme nur mit *Einwilligung* des Spenders erfolgen darf. Im Falle einer fehlenden Erklärung des möglichen Spenders kann jedoch unter den Voraussetzungen des § 4 TPG eine ersatzweise Zustimmung des nächsten Angehörigen genügen. Entnahmen und Übertragungen von Organen dürfen gem. § 9 TPG nur in Entnahmekrankenhäusern bzw. **Transplantationszentren** erfolgen, wobei die Einzelheiten auch der Organvermittlung über Vermittlungsstellen in §§ 9 ff. TPG geregelt sind.

123 Nach einer Verbotsvorschrift über den Organ- oder Gewebehandel in § 17 TPG enthält das TPG in §§ 18–20 zwei **Strafnormen** und eine **Bußgeldvorschrift**[4]. Nach § 18 Abs. 1 TPG werden der unerlaubte Organ- und Gewebehandel oder die unerlaubte, gegen § 17 Abs. 2 TPG verstoßende Organ- oder Gewebeentnahme, -übertragung bzw. das unerlaubte Übertragenlassen mit Freiheitsstrafen bis zu fünf Jahren bestraft, wobei § 18 Abs. 2 TPG das gewerbsmäßige Vorgehen mit einer Mindeststrafe von einem und einer Höchststrafe von fünf Jah-

---

1 Vgl. ausf. zum TFG *Deutsch*, NJW 1998, 3777; *Pelchen/Anders* in Erbs/Kohlhaas, T 105 sowie *Tag* in MüKo-StGB, 2. Aufl. 2013, TransfusionsG.
2 G über die Spende, Entnahme und Übertragung von Organen (TransplantationsG) v. 4.9.2007, BGBl. I 2206; zul. geänd. am 15.7.2013, BGBl. I 2423.
3 Vgl. etwa *Tröndle/Fischer*, StGB, 54. Aufl., § 168 StGB Rz. 13a: – skandalöse Lücke.
4 Ausf. dazu *Tag* in MüKo-StGB, 2. Aufl. 2013, §§ 17, 18 TPG.

ren bedroht. Für Organ- oder Gewebespender sowie für Organ- oder Gewebeempfänger sieht § 18 Abs. 4 TPG allerdings die Möglichkeit einer Strafmilderung bzw. gar eines Absehens von Strafe vor.

Im Zusammenhang mit dem „**Göttinger Organspendeskandal**"[1] wird u.a. diskutiert, ob die dort zu prüfende Manipulation der Dringlichkeitswerte für eine Lebertransplantation und die daraus womöglich abgeleitete bevorzugte Verschaffung von Spenderorganen ein Handeltreiben i.S. des § 18 Abs. 1 TPG begründen könnte. Eine obergerichtliche Entscheidung liegt insoweit noch nicht vor. In der Literatur wird die Frage dann bejaht, wenn (nachweisbar) eine zusätzliche Vergütung gerade für die Bevorzugung bei der Zuteilung des Organs geleistet wurde[2]. Als gesetzgeberische Reaktion auf den Missstand wurde in § 19 Abs. 2a TPG zum 1.8.2013 eine Strafvorschrift für die absichtlich (!) unrichtige Erhebung, Dokumentation und Übermittlung der für die Organvermittlung erforderlichen Angaben geschaffen[3]. Dieser an § 278 StGB angelehnte Straftatbestand kann allerdings wegen des Rückwirkungsverbots auf die in Braunschweig und Göttingen zu untersuchenden Fälle nicht angewandt werden. Dort prüfen die Strafverfolgungsorgane auch den Verdacht des versuchten Totschlags. Eine rechtskräftige Entscheidung hierzu ist - soweit ersichtlich - noch nicht ergangen[4].

123a

§ 19 TPG regelt einzelne weitere Verstöße gegen die allgemeinen Bestimmungen des Gesetzes in §§ 2–4, 8 TPG u.a., wobei hinsichtlich des genauen Inhalts auf den Gesetzestext dieses Blankettstraftatbestands und die weiterführende Literatur verwiesen wird. Entsprechendes gilt hinsichtlich der Bußgeldvorschrift des § 20 TPG, die weitere Verstöße gegen §§ 5, 8d, 9, 10, 15 TPG u.a. mit Geldbußen bis zu 30 000 Euro sanktioniert.

123b

IV. Embryonenschutz

Schrifttum: *Günther/Taupitz/Kaiser*, Embryonenschutzgesetz, 2. Aufl. 2014; *Pelchen/Häberle* in Erbs/Kohlhaas, E 100; *Roxin/Schroth* (Hrsg.), Handbuch des Medizinstrafrechts, 4. Aufl. 2010; *Spickhoff*, Medizinrecht, 2. Aufl. 2014; *Ulsenheimer*, Arztstrafrecht in der Praxis, 4. Aufl. 2008.

Das 1990 verabschiedete Gesetz zum Schutz von Embryonen[5] (EschG) soll Missbräuchen bei der In-vitro-Fertilisation entgegenwirken. Neben den in § 8 EschG aufgeführten Begriffsbestimmungen enthält es **sieben** verschiedene **Straftatbestände:** § 1 EschG sanktioniert die missbräuchliche Anwendung von Fortpflanzungstechniken, also etwa die künstliche Befruchtung einer Ersatzmutter (§ 1 Abs. 1 Nr. 7 EschG). § 2 EschG erfasst die missbräuchliche Ver-

124

---

1 Ausf. dazu *Kudlich*, NJW 2013, 917; *Schroth*, NStZ 2013, 437 sowie *Tag* in MüKo-StGB, 2. Aufl. 2013, Vor §§ 17 ff. TPG Rz. 7.
2 *Kudlich*, NJW 2013, 917.
3 Näher dazu *Rissing-van Saan*, NStZ 2014, 233.
4 Vgl. dazu OLG Braunschweig v. 20.3.2013 - Ws 49/13, NStZ 2013, 593; *Rissing-van Saan*, NStZ 2014, 233; sehr krit. dazu *Schroth/Hofmann*, NStZ 2014, 233.
5 EmbryonenschutzG v. 13.12.1990, BGBl. I 2746; zul. geänd. am 21.11.2011, BGBl. I 2228; vgl. einführend *Deutsch*, NJW 1991, 721.

wendung menschlicher Embryonen, also etwa das Veräußern eines extrakorporal erzeugten Embryos. In § 3 ESchG wird die missbräuchliche Geschlechtswahl mit Freiheitsstrafe bis zu einem Jahr bedroht. Nachdem der BGH in einer als unbefriedigend empfundenen Entscheidung die Vereinbarkeit der Präimplantationsdiagnostik mit dem früheren ESchG festgestellt hatte[1], wurde zum 8.12.2011 § 3a ESchG nachträglich eingefügt. Die Norm enthält in Abs. 1 ein grundsätzliches, strafbewehrtes Verbot der Präimplantationsdiagnostik, das jedoch in Abs. 2 für Ausnahmefälle aufgelockert wird[2]. § 4 ESchG sanktioniert die eigenmächtige Befruchtung, Embryonenübertragung u.a. Das künstliche Verändern der Erbinformation einer menschlichen Keimbahnzelle wird in § 5 ESchG ebenso mit Freiheitsstrafe bis zu fünf Jahren bedroht wie in § 6 ESchG das Klonen von Embryos. § 7 ESchG stellt schließlich die unerlaubte Chimären- und Hybridbildung unter eine entsprechende Strafandrohung.

125 Neben all diesen grundsätzlichen Verboten und strafbewehrten Handlungsweisen bestimmt das ESchG in § 9, dass die künstliche Befruchtung, die Übertragung eines menschlichen Embryos auf eine Frau und die Konservierung eines menschlichen Embryos u.a. nur durch einen Arzt vorgenommen werden dürfen. Der Verstoß gegen diesen **Arztvorbehalt** wird in § 11 ESchG mit Freiheitsstrafe bis zu einem Jahr sowie im speziellen Fall des § 12 i.V.m. § 9 Nr. 4 ESchG als *Ordnungswidrigkeit* sanktioniert.

126 Die Einfuhr von embryonalen Stammzellen und die Verwendung von embryonalen Stammzellen, die sich im Inland befinden, wird im **Stammzellgesetz** geregelt[3]. Dieses Werk sieht in § 13 einen *Straftatbestand* vor, der die verbotswidrige Einfuhr von bzw. Verwendung von im Inland befindlichen Stammzellen mit Freiheitsstrafe bis zu drei Jahren bedroht.

V. Gendiagnostik

127 Die Voraussetzungen für *genetische Untersuchungen* und im Rahmen genetischer Untersuchungen durchgeführten Analysen sowie die Verwendung genetischer Proben und Daten werden im **Gendiagnostikgesetz** (GenDG) vom 31.7.2009 normiert[4]. Das Gesetz will eine Benachteiligung aufgrund genetischer Eigenschaften verhindern und insbesondere dazu beitragen, die staatliche Verpflichtung zur Achtung und zum Schutz der Menschenwürde zu erfüllen sowie das Recht auf informationelle Selbstbestimmung zu wahren. In acht Abschnitten werden u.a. genetische Untersuchungen zu medizinischen Zwecken, zur Klärung der Abstammung, im Versicherungsbereich und im Arbeitsleben geregelt.

---

1 BGH v. 6.7.2010 – 5 StR 386/09, BGHSt 55, 206 m. Anm. *Kudlich*, JA 2010, 833 und *Schroth*, NJW 2010, 2672.
2 Näher dazu *Frister/Lehmann*, JZ 2012, 659; *Frommel*, JZ 2013, 488; *Kraatz*, NStZ-RR 2012, 33; *Kubiciel*, NStZ 2013, 488; *Pelchen/Häberle* in Erbs/Kohlhaas, E 100, § 3a ESchG.
3 V. 28.6.2002, BGBl. I 2277, zul. geänd. am 7.8.2013, BGBl. I 3154. Vgl. dazu *Pelchen/Häberle* in Erbs/Kohlhaas, S 180; *Ulsenheimer*, § 7 Rz. 359 ff.
4 BGBl. I 2529, zul. geänd. am 7.8.2013, BGBl. I 3154. Vgl. dazu *Genenger*, NJW 2010, 113.

Zur Absicherung einzelner Bestimmungen enthält das GenDG in § 25 einen **Straftatbestand**, der einzelne Zuwiderhandlungen mit Freiheitsstrafe bis zu einem Jahr bedroht, so etwa die Vornahme einer genetischen Untersuchung oder Analyse ohne die hierzu erforderliche Einwilligung (§ 25 Abs. 1 Nr. 1 i.V.m. § 8 Abs. 1 S. 1 GenDG). Eine *erhöhte* Strafdrohung von zwei Jahren gilt, wenn die im Grundtatbestand genannten Zuwiderhandlungen gegen Entgelt oder in Bereicherungs- oder Schädigungsabsicht vorgenommen werden. Ergänzend zur Strafnorm enthält § 26 GenDG einen umfassenden **Bußgeldtatbestand**, der für einzelne weitere Zuwiderhandlungen gegen das Gesetz zum Teil Geldbußen bis zu 300 000 Euro vorsieht (vgl. § 26 Abs. 2 GenDG). 128

VI. Heilmittelwerbung

Schrifttum: *Bülow/Ring/Artz/Brixius*, Heilmittelwerbegesetz, Kommentar, 4. Aufl. 2012; *Doepner*, Heilmittelwerbegesetz, Kommentar, 2. Aufl. 2000; *Gröning/Weihe-Gröning*, Heilmittelwerberecht, Kommentar, Loseblatt; *Zipfel/Rathke*, Lebensmittelrecht, Bd 5, C 510.

1. Rechtsgrundlagen

Bei Verabschiedung des AMG a.F. im Jahr 1961 wurde davon abgesehen, innerhalb dieses Gesetzgebungsvorhabens auch den Bereich der Heilmittelwerbung zu regeln[1]. 1965 wurde dann das **Gesetz über die Werbung auf dem Gebiete des Heilwesens** (HWG) beschlossen[2], das verschiedenen gegenläufigen Interessen Rechnung tragen soll. So musste einerseits die Forderung der Hersteller und Vertreiber von Heilmitteln berücksichtigt werden, nach oft jahrelanger, kostenaufwendiger Entwicklung von Medikamenten über diese Produkte unterrichten und deren Absatz durch Werbung fördern zu wollen. Andererseits wollte der Gesetzgeber das Ziel verfolgen, die Gesundheit der Allgemeinheit zu schützen, insbesondere kranke Menschen davor zu bewahren, durch Werbung zu einer missbräuchlichen Anwendung von Arzneimitteln verleitet zu werden[3]. 129

Der **Anwendungsbereich** des HWG ergibt sich aus dessen § 1. Geregelt wird die Werbung[4] für Arzneimittel i.S. des § 2 AMG sowie von „krankheitsbezogenen" anderen Mitteln, Verfahren, Behandlungen[5] und Gegenständen[6], wozu auch die aus dem AMG ausgegliederten Medizinprodukte zählen (vgl. § 1 Abs. 1 Nr. 1a HWG)[7]. Gem. § 1 Abs. 2 HWG sind unter anderen Mitteln auch kosmetische 130

---

1 Vgl. Begr. des RegE eines HWG, BT-Drs. IV/1867, Allg., abgedr. bei *Rathke* in Zipfel/Rathke, Vorb. C 510 Rz. 2.
2 I.d.F. der Bek. v. 19.10.1994, BGBl. I 3068; zul. geänd. am 7.8.2013, BGBl. I 3108.
3 Begr. des RegE, Allg. II.
4 Vgl. ausf. zum Begriff der Werbung *Pelchen/Anders* in Erbs/Kohlhaas, § 1 HWG Rz. 1 ff.; *Rathke* in Zipfel/Rathke, C 510 § 1 Rz. 15 ff.
5 Dazu zählen etwa Massagen, medizinische Bäder, psychotherapeutische Behandlungen u.Ä.
6 Z.B. Massagegeräte, Schlankheitskissen, Einziehbetten, „Anti-Cellulite-Hosen"; vgl. *Rathke* in Zipfel/Rathke, C 510 § 1 Rz. 43.
7 So *Rathke* in Zipfel/Rathke, C 510 § 1 Rz. 11.

Mittel i.S. des § 2 Abs. 5 LFGB zu verstehen. Gegenstände sind auch solche zur Körperpflege i.S. des § 2 Abs. 6 Nr. 4 LFGB. Nicht unter das HWG fallen hingegen Lebensmittel – sodass auch hier die Problematik der Abgrenzung zu Arzneimitteln auftreten kann (Rz. 9) – und Futtermittel, hinsichtlich deren „krankheitsbezogener" Werbung § 20 LFGB einschlägig ist.

131 Das HWG will die sog. **Wirtschaftswerbung** regeln, die dem Zwecke einer Absatzförderung dient[1]. Diese Werbung soll den Grundsätzen der Wahrheit, Klarheit und Sachlichkeit entsprechen[2]. Im Hinblick auf die unterschiedliche Sachkunde der Angesprochenen[3] unterscheidet das Gesetz zwischen der Werbung in Fachkreisen (*Fachwerbung*) und der Werbung außerhalb dieser Kreise (*Publikumswerbung*). Eine Legaldefinition der Fachkreise findet sich in § 2 HWG. Zu den Fachkreisen gehören danach insbesondere Ärzte, Zahnärzte, Tierärzte, Heilpraktiker, Masseure, Krankengymnasten usw.

132 Während sich bestimmte Verbote des HWG nur auf die Publikumswerbung erstrecken, gilt das zentrale **grundsätzliche Verbot der irreführenden Werbung** nach § 3 HWG sowohl inner- als auch außerhalb der Fachkreise. Dieses Verbot dient der Abwehr von gesundheitlichen Gefahren der Allgemeinheit und Einzelner und bezweckt darüber hinaus (vergleichbar mit § 11 LFGB) einen Schutz vor Täuschung[4]. Unter Nr. 1–3 führt § 3 HWG einen nicht abschließenden Katalog der typischen und am häufigsten auftretenden Täuschungshandlungen an, wie etwa das Anpreisen von Arzneimitteln, denen eine unzutreffende therapeutische Wirksamkeit beigelegt wird (Nr. 1). Ebenso darunter fällt eine Werbung, bei der fälschlich der Eindruck erweckt wird, dass ein Erfolg mit Sicherheit erwartet werden kann (§ 3 Nr. 2 Buchst. a HWG). Dies galt etwa bei der Werbung für „China-Schlanktee LOTOS" und „Reduzierungs-Tabletten" zur Gewichtsabnahme[5] oder etwa die Werbung des Heilpraktikers, der seine Kuren damit anpries, dass seine Verfahren eine Hoffnung für Millionen auch unheilbar Erkrankter darstellten[6].

133 Für den Begriff der **Irreführung** gelten im Grundsatz dieselben Überlegungen wie bei § 8 AMG bzw. § 11 LFGB. Insbesondere ist der Eintritt eines Irrtums des Angesprochenen nicht erforderlich, vielmehr genügt die Eignung zur Irreführung[7]. Anders als bei § 11 LFGB (vgl. Rz. 32) ist hier jedoch wegen des bezweckten Gesundheitsschutzes nicht nur auf den durchschnittlichen Verbraucher abzustellen, sondern auch die Oberflächlichkeit und Leichtgläubigkeit der Umworbenen in Rechnung zu stellen[8].

---

1 Vgl. etwa *Pelchen/Anders* in Erbs/Kohlhaas, § 1 HWG Rz. 2. Zum Versuch einer Systematisierung der verschiedenen Verbote *Poschenrieder*, Werbebeschränkung für Arzneimittel, 2008, S. 78 ff.
2 Begr. des RegE, Allg. III.
3 *Doepner*, § 2 HWG Rz. 4.
4 *Rathke* in Zipfel/Rathke, C 510 § 3 Rz. 11.
5 OLG Düsseldorf v. 13.7.1982 – 2 U 14/82, NJW 1982, 2611.
6 BGH v. 1.12.1983 – I ZR 164/81, NJW 1984, 1407.
7 *Rathke* in Zipfel/Rathke, C 510 § 3 Rz. 11.
8 So zutr. *Rathke* in Zipfel/Rathke, C 510 § 3 Rz. 11; a.A. *Zimmermann* in HWG, 2012, Nomos online, § 3 HWG Rz. 2, allerdings unter fragwürdiger Bezugnahme auf eine Entscheidung zum anders gelagerten § 3 UWG.

Welche Angaben *jede Werbung für Arzneimittel* i.S. des § 2 Abs. 1, 2 Nr. 1 AMG enthalten muss, ergibt sich aus § 4 HWG (sog. „**Pflichtangaben**"). § 5 HWG enthält eine Sonderregelung für homöopathische Mittel. Während §§ 6–9 HWG Regelungen über die Werbung mit Gutachten und Zeugnissen (§ 6 HWG), Werbegaben (§ 7 HWG), Versandwerbung und Teleshopping (§ 8 HWG) sowie eine Fernbehandlungswerbung (§ 9 HWG) treffen, schränkt § 10 HWG die Werbung für verschreibungspflichtige Arzneimittel und Psychopharmaka auf bestimmte ausgewählte, gegenüber § 2 HWG eingeschränkte Fachkreise ein. Welche Mittel unter den Begriff der Arzneimittel i.S. des § 10 Abs. 2 HWG fallen, die zur Beseitigung der Schlaflosigkeit bestimmt sind, kann im Einzelfall umstritten sein. Baldrian, Hopfen- und Melissenpräparate jedenfalls werden nicht als derartige Sedativa angesehen[1]. 134

Sozusagen als „Kernstück" des Gesetzes[2] stellt § 11 HWG ein umfassendes, in 11 einzelnen Katalogtaten aufgelistetes **Verbot der unzulässigen Publikumswerbung** auf. Es beruht auf der Erwägung, dass der nicht sachkundige Verbraucher Güte und Wert der angebotenen Arzneimittel nicht hinreichend beurteilen und sich insbesondere über die Folgen der Anwendung keine klaren Vorstellungen machen kann[3]. Untersagt wird demnach u.a. die Werbung mit der Angabe, dass das Arzneimittel ärztlich geprüft ist (Nr. 2, z.B. „klinisch erprobt"), mit der Wiedergabe von Krankengeschichten (Nr. 3), mit Aussagen, die geeignet sind, Angstgefühle hervorzurufen (Nr. 7), mit Anleitungsschriften[4], mit Äußerungen Dritter, etwa Anerkennungsschreiben (Nr. 11). 135

2. Zuwiderhandlungen

Das HWG kennt in § 14 nur einen **Straftatbestand**, der die vorsätzliche Zuwiderhandlung gegen das *Verbot der irreführenden Werbung* nach § 3 HWG mit Freiheitsstrafe bis zu einem Jahr oder Geldstrafe bedroht. Ein derartiger Verstoß kann mit Vergehen nach § 16 Abs. 1 UWG[5] und des Betrugs in Tateinheit stehen, nach wohl überwiegender Meinung auch mit § 96 Nr. 3 AMG[6]. 136

Der fahrlässige Verstoß gegen das Verbot der irreführenden Werbung stellt nach § 15 Abs. 2 HWG eine **Ordnungswidrigkeit** dar und kann gem. § 15 Abs. 3 HWG mit einer Geldbuße bis zu 20 000 Euro geahndet werden. Zahlreiche weitere vorsätzliche und fahrlässige Verstöße gegen einzelne Verbotsnormen werden von § 15 Abs. 1 HWG ebenfalls als Ordnungswidrigkeit erfasst und mit Geldbußen bis zu 50 000 Euro bedroht. Dies gilt etwa für Verstöße gegen die Verbotsnormen der §§ 4, 5 und 11 HWG. 137

§ 16 HWG sieht schließlich die Möglichkeit vor, Werbematerial, auf das sich eine Tat nach §§ 14, 15 HWG bezieht, einzuziehen. 138

---

1 BGH v. 21.5.1979 – I ZR 109/77 – Klosterfrau Melissengeist, NJW 1979, 1937.
2 So *Pelchen/Anders* in Erbs/Kohlhaas, § 11 HWG Rz. 1.
3 *Pelchen/Anders* in Erbs/Kohlhaas, § 11 HWG Rz. 1.
4 Vgl. etwa BGH v. 6.5.2004 – I ZR 265/01, LRE 48, 393.
5 BGH v. 25.6.1953 – 3 StR 80/53, BGHSt 5, 12 (18).
6 Vgl. *Pelchen/Anders* in Erbs/Kohlhaas, § 14 HWG Rz. 11 m.w.Nw.

VII. Betrug, Untreue und Korruption

Schrifttum: *Frister/Lindemann/Peters*, Arztstrafrecht, 2011; *Hellmann/Herffs*, Der ärztliche Abrechnungsbetrug, 2006; *Herffs*, Der Abrechnungsbetrug des Vertragsarztes, 2002; *Hilgendorf*, Straftaten im Gesundheitswesen, in Wabnitz/Janovsky, Handbuch des Wirtschafts- und Steuerstrafrechts, 4. Aufl. 2014; *Schroth* und *I. Roxin* in Roxin/Schroth (Hrsg.), Handbuch des Medizinstrafrechts, 4. Aufl. 2010, S. 127 ff. und S. 613 ff.; *Schuhr* in Spickhoff, Medizinrecht, 2. Aufl. 2014, §§ 263 ff. StGB; *Ulsenheimer*, Arztstrafrecht in der Praxis, 4. Aufl. 2008, §§ 13–15.

139 **Vermögens- bzw. Korruptionsstraftaten im Gesundheitswesen** sind in den letzten Jahren verstärkt in das Blickfeld der Öffentlichkeit, der Rechtsprechung und auch der Strafrechtsliteratur geraten. Das Dunkelfeld wird als erheblich angesehen. Schadensschätzungen sind vage und belaufen sich auf hochgerechnete Beträge von 1 Mrd. bis zu 20 Mrd. jährlich für das Gebiet der Bundesrepublik Deutschland[1]. Zumindest bei einigen der bekannt gewordenen Fälle sind Parallelen zu klassischen Wirtschaftsstrafsachen unverkennbar. Bedingt durch ein übermäßiges Gewinnstreben werden immer komplexer und unübersichtlich gewordene sozialversicherungsrechtliche Vorgaben ausgenutzt, die zum Teil regelrecht zum Missbrauch einladen. Gelegentlich geschieht dies durch ein arbeitsteiliges, organisiertes Zusammenwirken mehrerer Beteiligter, z.B. von Ärzten und Apothekern, Ärzten und Physiotherapeuten oder/und Kureinrichtungen, Ärzten und Pharmareferenten u.a. Im Jahr 2006 veranlasste dies den BGH zum klarstellenden Hinweis, dass auch in diesem Bereich eine bandenmäßige Begehung von Betrugstaten i.S. des § 263 Abs. 3 Nr. 1 bzw. Abs. 5 StGB vorliegen kann[2].

Schon aus räumlichen Gründen ist es nicht möglich, die denkbaren Missbrauchsvarianten hier umfassend zu erörtern. Insofern ist auf die weiterführende, oben genannte Literatur zu verweisen. Zumindest die gängigsten Verstöße sollen jedoch *kurz erörtert* werden. Dabei beziehen sich die Ausführungen (verkürzt) auf die ärztliche Tätigkeit, sie sind jedoch auf Zahnärzte entsprechend übertragbar[3].

1. Abrechnungsbetrug

140 Die ärztlichen Leistungen des Kassenarztes werden bei **Kassenpatienten** über die Kassenärztlichen Vereinigungen (KV) abgerechnet. Die KV schließen mit den gesetzlichen Krankenkassen Gesamtverträge für die vertragsärztliche Versorgung. Die danach an die KV ausbezahlten Gesamtvergütungen werden von diesen Einrichtungen nach einem Punktesystem und nach Leistungsziffern auf die einzelnen abrechnenden Vertragsärzte verteilt. Die sozialversicherungsrechtlichen Vorgaben hierzu finden sich in §§ 72–106 SGB V, insbesondere § 85 SGB V.

Da der einzelne Kassenpatient „seine" Abrechnung nicht zu sehen bekommt, ist es verführerisch, gegenüber der KV *Leistungen* geltend zu machen, die in

---

1 Vgl. *Badle*, NJW 2008, 1028 m.w.Nw.
2 BGH v. 16.11.2006 – 3 StR 204/06, NStZ 2007, 269, dazu *Kudlich*, StV 2007, 242.
3 Vgl. zu den dort bestehenden Besonderheiten *Hilgendorf* in W/J, Rz. 92 ff.

Wahrheit *nicht erbracht* worden sind[1]. Die Täuschungsvarianten[2] bestehen u.a. im Behaupten tatsächlich nicht erbrachter Behandlungen, der Angabe, ein Arzt habe die tatsächlich von einem Assistenten durchgeführte Behandlung selbst vorgenommen, dem Vorbringen einer in Wahrheit nicht erreichten Untersuchungs- bzw. Behandlungsdauer, der Abrechnung angeblicher Leistungen an bereits verstorbenen Patienten, der Abrechnung kassenärztlich nicht anerkannter Leistungen[3], usw.

Die gegenüber den KV quartalsweise vorzunehmenden Abrechnungen begründen jeweils eine Täuschungshandlung, die bei einem darauf beruhenden Irrtum des Sachbearbeiters der KV letztlich zu einer Vermögensverfügung und einem **Vermögensschaden** der KV führen, somit den Betrugstatbestand erfüllen kann. Dabei folgt die Rechtsprechung einer streng formalen, sozialrechtsakzessorischen Betrachtungsweise und nimmt einen Schaden auch dann an, wenn die ärztliche Leistung zwar fachgerecht erbracht, jedoch – z.B. weil der Arzt nicht zugelassen ist - nicht erstattungsfähig ist[4]. Beruhen die fehlerhaften Abrechnungen auf einem einmal, u.U. elektronisch eingerichteten, in allen weiteren Abrechnungen durchlaufenden Fehler, kann die in diesen Fällen generell schwierige Schadensermittlung unter bestimmten Umständen mittels einer *Hochrechnung* erfolgen[5]. 141

Einige ärztliche Leistungen im weiteren Sinne werden auch im Kassenbereich nicht gegenüber den KV, sondern unmittelbar gegenüber den Kassen selbst abgerechnet. Dies gilt z.B. für den Sprechstundenbedarf, Augenlinsen und Medikamente, Hilfsmittel für die Dialyse. Hier kommt bei fehlerhaften Abrechnungen, z.B. tatsächlich erhaltener, aber verschwiegener **Kick-back-Zahlungen** oder Barrückvergütungen von Lieferanten, ein Betrug zum Nachteil der jeweiligen Krankenkasse in Betracht[6]. Eine Aufklärungspflicht gegenüber der Krankenkasse kann sich hier aus § 72 Abs. 1 SGB V ergeben[7]. 142

Die Abrechnung des Arztes gegenüber dem **Privatpatienten** erfolgt auf der Grundlage eines zwischen diesen beiden Parteien geschlossenen Vertrags nach Gebührenziffern der Gebührenordnung für ärztliche Leistungen (GoÄ). Die KV sind hier nicht beteiligt. Beihilfestellen und Krankenkassen nehmen nur im Innenverhältnis zum Patienten einen Ersatz entstandener Behandlungskosten vor. Bei bewusst fehlerhafter Abrechnung nicht erbrachter Leistungen oder überhöhter Gebührensätze (z.B. stereotyper Liquidation des Höchstsatzes auch bei einfacher Behandlung) ist in diesen Fällen ein Betrug zum Nachteil des Pa- 143

---

1 Ebenso krit. gegenüber diesem Abrechnungssystem *Hilgendorf* in W/J, Rz. 8.
2 Näher dazu *Badle*, NJW 2008, 1028; *Frister/Lindemann/Peters*, S. 143 ff.; *Hilgendorf* in W/J, Rz. 12 ff.; *Ulsenheimer*, § 14 Rz. 18.
3 BGH v. 10.3.1993 – 3 StR 461/92, NStZ 1993, 388; BGH v. 28.9.1994 – 4 StR 280/94, NStZ 1995, 85; BVerfG v. 8.9.1997 – 2 BvR 2414/94, NJW 1998, 810.
4 Vgl. dazu u.a. *Frister/Lindemann/Peters*, S. 203 ff.; *Hefendehl* in MüKo, § 263 StGB Rz. 577 ff.; *Singelnstein*, wistra 2012, 417.
5 Vgl. *Badle*, NJW 2008, 1028 m.w.Nw.; *Hilgendorf* in W/J, Rz. 86.
6 Vgl. z.B. BGH v. 16.11.2006 – 3 StR 204/06, NStZ 2007, 269.
7 *Fischer*, § 263 StGB Rz. 42.

tienten zu prüfen¹, im Falle des kollusiven Zusammenwirkens mit diesem auch ein gemeinschaftlicher Betrug zum Nachteil der Beihilfestelle oder der privaten Krankenversicherung². In einer viel diskutierten Entscheidung hat der BGH § 263 StGB auch bei einem privat liquidierenden Arzt bejaht, der fremde Laborleistungen in Rechnungen als eigene aufführte und vom Labor erhaltene Rückvergütungen gegenüber seinen Patienten verschwieg. Auch wenn die erbrachte Leistung fachlich in Ordnung war, sah der BGH – in Fortführung der streng formalen Betrachtungsweise beim Vertragsarzt (vgl. Rz. 141) – einen Vermögensschaden darin, dass eine Zahlungspflicht in der genannten Höhe nicht bestand³. In der Literatur wird diese Rechtsprechung überwiegend kritisch gesehen und u.a. bemängelt, dass diese starke Berücksichtigung normativer Gesichtspunkte den verfassungsrichterlichen Vorgaben zur Schadensbestimmung widerspreche⁴.

144 Ein arbeitsteiliges Zusammenwirken ist gelegentlich im Zusammenhang mit **Kuraufenthalten** und dort gewährten Heilbehandlungen festzustellen. Der Arzt verordnet absprachegemäß nicht indizierte physiotherapeutische oder physikalische Leistungen, die von der Kureinrichtung erbracht oder etwa in Form von Sauna- oder Solarienbesuchen „vergütet" werden⁵. Die tatsächlich nicht indizierten bzw. anderweitig erbrachten Leistungen werden von den Kureinrichtungen gegenüber den Krankenkassen abgerechnet, der Arzt wird wiederum am Gewinn beteiligt. Hier kann neben einer Untreue des Arztes (vgl. dazu Rz. 146) ein mittäterschaftlicher Betrug zum Nachteil der Kassen vorliegen.

145 § 263 StGB kann schließlich auch bei unzutreffenden Abrechnungen von **Krankenhaus- bzw. Klinikleistungen** zum Tragen kommen. Hinsichtlich der hier in Betracht kommenden Tatvarianten und der zugrunde liegenden sozialversicherungsrechtlichen Bestimmungen wird auf das weiterführende Schrifttum verwiesen⁶.

2. Untreue zum Nachteil der Krankenkassen

146 Stellt der Arzt ein Rezept aus, hat der Apotheker nur rudimentäre Prüfungspflichten. Grundsätzlich ist er nicht gehalten, die Angaben des Arztes, insbesondere die sachliche Begründetheit der Verschreibung zu überprüfen. Daher scheidet bei Vorlage medizinisch nicht indizierter Rezepte ein tatbestandsmäßig geforderter Irrtum des Apothekers i.d.R. aus⁷. Auch ein entsprechender

---

1 Vgl. zu den hier üblichen Fallvarianten *Frister/Lindemann/Peters*, S. 167 ff.; *Ulsenheimer*, § 14 Rz. 18.
2 Vgl. *Fischer*, § 263 StGB Rz. 60c sowie speziell zum Strafbarkeitsrisiko des Patienten *Gaßner/Strömer*, NStZ 2013, 621.
3 BGH v. 25.1.2012 – 1 StR 45/11, BGHSt 57, 95 m. Bespr. *Brand/Wostry*, StV 2012, 619; *Dann*, NJW 2012, 2001; *Geiger/Schneider*, GesR 2013, 7; *Mahler*, wistra 2013, 44; *Tiedemann*, JZ 2012, 525.
4 Vgl. u.a. *Fischer*, § 263 StGB Rz. 109; *Lackner/Kühl*, § 263 StGB Rz. 56; *Perron* in S/S, § 263 StGB Rz. 112b, jew. m.w.Nw.
5 Vgl. dazu auch *Hilgendorf* in W/J, Rz. 118 ff.
6 *Kölbel*, NStZ 2009, 312; *Schneider/Reich*, HRRS 2012, 267.
7 BGH v. 25.11.2003 – 239/03, BGHSt 49, 17.

Irrtum des Krankenkassenmitarbeiters, dem vom Apotheker nur das – einem Wertpapier vergleichbare[1] – um den Abgabepreis ergänzte Rezept vorgelegt wird, liegt i.d.R. nicht vor, da eine inhaltliche Prüfung der Verordnung nicht stattfindet. Bei einem gutgläubigen Apotheker und einem ebenso gutgläubigen Kassensachbearbeiter kommt daher ein *Betrug nicht* in Betracht. Nach den Prinzipien des kassenärztlichen Abrechnungssystems handelt der Vertragsarzt aber bei der **Ausstellung des Rezeptes** als *Vertreter der Krankenkasse*, wobei er den materiellen und formellen Rahmen des kassenärztlichen Versorgungssystems nicht verlassen darf. Verschreibt er dennoch ein Medikament zulasten der Kasse, obwohl er weiß, dass er diese Leistung nicht bewirken darf, missbraucht er (nach Ansicht der umstrittenen Rechtsprechung) die ihm eingeräumten Befugnisse und verletzt die ihm obliegende *Vermögens*betreuungspflicht. Sein Verhalten kann daher als Untreue geahndet werden[2].

3. Vorteilsannahme und Bestechlichkeit

Die früher verbreitete Praxis, wonach Pharmazieunternehmen oder Hersteller von Medizinprodukten Drittmittelprojekte finanzierten oder sich an Kosten beteiligten bzw. diese übernahmen, wenn Universitätskliniken Symposien oder Kongressreisen mit teilweise großzügigem Freizeitprogramm veranstalteten, wurde in mehreren Ermittlungsverfahren unter dem Gesichtspunkt der **Vorteilsannahme** nach § 331 StGB und der *Untreue* nach § 266 StGB geprüft. Insoweit kann hier auf die grundsätzliche Darstellung der §§ 331 ff. StGB oben in § 53 und die weiterführende Literatur[3] verwiesen werden.

Die *in Kliniken beschäftigten Ärzte* sind i.d.R. als **Amtsträger** i.S. des § 11 Abs. 1 Nr. 2 Buchst. c anzusehen. Falls ihnen auf der Grundlage einer Unrechtsvereinbarung rechtswidrig Vorteile gewährt werden, können die §§ 331 ff. StGB zum Tragen kommen (vgl. § 53 Rz. 32 ff.)[4]. *Freiberuflich tätigen Ärzten*, die als Vertragsärzte zur kassenärztlichen Versorgung zugelassen sind, kommt nach einer Entscheidung des Großen Strafsenats beim BGH hingegen *keine Amtsträgereigenschaft* i.S. des § 11 Nr. 2 StGB zu, da sie nicht dazu bestellt sind, im Auftrag der gesetzlichen Krankenkassen Aufgaben der öffentlichen Verwaltung wahrzunehmen[5]. Sie unterliegen somit auch nicht den §§ 331 ff. StGB.

Werbende Zuwendungen von Pharmazieunternehmen oder Herstellern von Medizinprodukten, die mit dem Ziel erfolgen, Einfluss auf die Verschreibungs-

---

1 Näher dazu *Hilgendorf* in W/J, Rz. 100.
2 BGH v. 25.11.2003 – 4 StR 239/03, BGHSt 49,17; BGH v. 27.4.2007 – 1 StR 165/03, NStZ 2004, 568. Vgl. weiter *Fischer*, § 266 StGB Rz. 15 m.w.Nw.; *Krüger/Burgert*, ZWH 2012, 213; krit. u.a. *Dierlamm* in MüKo, § 266 StGB Rz. 78; *Frister/Lindemann/Peters*, S. 221 ff.; *Leimenstoll*, wistra 2013, 121; *Ulsenheimer*, § 15 Rz. 11 ff.
3 Vgl. insbes. die Übersicht von *Heinrich*, NStZ 2005, 197, 256 m.w.Nw.
4 Vgl. dazu u.a. *Fischer*, § 331 StGB Rz. 26c ff.; *Frister/Lindemann/Peters*, S. 239 ff.; *Kuhlen* in NK, § 331 StGB Rz. 101 ff., jew. m.w.Nw.
5 BGH v. 29.3.2012 – GSSt 2/11, NJW 2012, 2530 m. Bespr. u.a. von *Bülte*, NZWiSt 2013, 346; *Hecker*, JuS 2012, 852; *Hohmann*, wistra 2012, 388; *Kölbel*, StV 2012, 592; *Kraatz*, NZWiSt 2012, 268.

praxis des Arztes zu nehmen, wurden jedoch unter dem Aspekt der **Bestechlichkeit oder Bestechung im geschäftlichen Verkehr** (§ 299 StGB) diskutiert. Auch wenn der Arzt freiberuflich tätig ist, wurde davon ausgegangen, dass er doch einen Geschäftsbetrieb i.S. dieser Norm unterhält. Umstritten war allerdings, ob der niedergelassene Kassenarzt als Beauftragter des geschäftlichen Betriebs der Krankenkassen angesehen werden kann. Der Große Strafsenat des BGH hat diese Frage unter Berufung auf die Stellung des Vertragsarztes im System der gesetzlichen Krankenversicherung verneint[1]. Der Vertragsarzt handle primär im Interesse des Patienten. Hinter dieser Bindung würden die Kassenbelange zurücktreten. Dass die Vertragsärzte und auch die jeweiligen Zuwender in derartigen Fällen straffrei ausgehen, ist *kriminalpolitisch unbefriedigend*[2]. Gerade wenn die Bindung an den und das Interesse des Patienten im Vordergrund stehen sollen, dürfen in die ärztliche Verschreibungspraxis keine sachfremden Erwägungen wie Boni oder sonstige persönliche Vergünstigungen einfließen.

150 Um die vorhandene **Strafbarkeitslücke** zu schließen, wurden in der 17. Legislaturperiode zwei unterschiedliche Gesetzentwürfe vorgelegt. Die damalige Regierungskoalition wollte in einem „Gesetz zur Förderung der Prävention" einen Vergehenstatbestand in § 307c SGB V einführen[3], während der Bundesrat eine Neuregelung der Bestechlichkeit und Bestechung im Gesundheitswesen in § 299a StGB vorschlug[4]. Beide Entwürfe fielen der Diskontinuität anheim[5]. Der *Koalitionsvertrag* für die 18. Legislaturperiode enthält pauschal die Vorgabe der Schaffung eines neuen Straftatbestandes über die Bestechung und Bestechlichkeit im Gesundheitswesen[6] – eine Forderung, die es umzusetzen gilt[7].

151 Die oben (Rz. 148 f.) angestellten Überlegungen sind auch auf die strafrechtliche Würdigung sog. **Einweisungsvergütungen** zu übertragen. Auch solche „Honorare", die ein Krankenhaus für die Zuweisung eines Patienten an den einweisenden Arzt bezahlt, können bei Amtsträgern zu einer Strafbarkeit nach §§ 331 ff. StGB führen[8]. Bei niedergelassenen Ärzten wird sich die zuvor mit guten Argumenten befürwortete Anwendung des § 299 StGB nach der Entscheidung des Großen Strafsenats kaum aufrechterhalten lassen[9].

---

1 BGH v. 29.3.2012 – GSSt 2/11, NJW 2012, 2530; ausf. dazu *Heine/Eisele* in S/S, § 299 StGB, Rz. 8; *Krick* in MüKo, § 299 StGB Rz. 11 m.w.Nw. sowie u.a. *Bülte*, NZWiSt 2013, 346; *Hecker*, JuS 2012, 852; *Hohmann*, wistra 2012, 388; *Kölbel*, StV 2012, 592; *Kraatz*, NZWiSt 2012, 268.
2 Vgl. etwa die harsche Kritik von *Fischer*, § 299 StGB Rz. 10e: „Die skandalösen Missstände dauern also fort".
3 BT-Drs. 17/13080 v. 16.4.2013.
4 BR-Drs. 451/13 v. 30.5.2013.
5 Krit. zu beiden Entwürfen *Schröder*, HRRS 2013, 473.
6 *Möhrenschlager*, wistra 1/2014, XI; vgl. zuletzt die Forderung des Petitionsausschusses im Deutschen Bundestag, NZWiSt 8/2014, VI.
7 Zurückhaltend dagegen *Hilgendorf* in W/J, Rz. 113: Vorrang der Aufklärung und Bewusstseinsschaffung.
8 Ausf. dazu *Kölbel*, wistra 2009, 129; *Kölbel*, NStZ 2011, 195; *Schneider/Gottschaldt*, wistra 2009, 133.
9 Vgl. *Krick* in MüKo, § 299 StGB Rz. 13 m.w.Nw.

4. Gesetzliche Anzeigepflicht

Mit dem Gesetz zur Modernisierung der gesetzlichen Krankenversicherung (**GKV-Modernisierungsgesetz**) wurde angeordnet, dass zum 1.1.2014 besondere Stellen „*zur Bekämpfung von Fehlverhalten im Gesundheitswesen*" zu schaffen sind (vgl. §§ 81a, 197a SGB V)[1]. Darüber hinaus wurden die Kassenärztlichen Vereinigungen und die Krankenkassen verpflichtet, unverzüglich die Staatsanwaltschaften zu unterrichten, wenn sich ein Anfangsverdacht auf eine strafbare Handlung „mit nicht nur geringfügiger Bedeutung für die gesetzliche Krankenversicherung" ergibt (§§ 81a Abs. 4, 197a Abs. 4 SGB V). Die Verletzung dieser gesetzlichen Anzeigepflicht kann im Einzelfall den Vorwurf der Strafvereitelung durch Unterlassen begründen[2].

152

§ 73
Kriegs- und Chemiewaffen

Bearbeiter: Thorsten Alexander/Wolfgang Winkelbauer

	Rz.
A. Einführung	
I. Geschichte und Ziele des Kriegswaffenkontrollrechts	
1. Kriegswaffenkontrollgesetz	1
2. Chemiewaffenübereinkommen	7
II. Begrifflichkeiten	
1. Kriegswaffen	9
2. Ergänzende Begrifflichkeiten	14
B. Straftatbestände	17
I. Atomwaffen	18
1. Objektiver Tatbestand	19
a) Verbotene Tathandlungen	21
b) Ausnahmen	32
2. Subjektiver Tatbestand	34
3. Strafrahmen und Versuch	37
4. Auslandstaten, Konkurrenzen und Nebenfolgen	41
II. Biologische und chemische Waffen	
1. Objektiver Tatbestand	
a) Begrifflichkeiten	47
b) Verbote	51

	Rz.
c) Tathandlungen	56
2. Subjektiver Tatbestand	65
3. Strafrahmen und Versuch	68
4. Auslandstaten, Konkurrenzen und Nebenfolgen	73
III. Antipersonenminen und Streumunition	
1. Objektiver Tatbestand	78
2. Subjektiver Tatbestand	83
3. Strafrahmen und Versuch	84
4. Auslandstaten, Konkurrenzen und Nebenfolgen	87
IV. Sonstige Kriegswaffen	90
1. Objektiver Tatbestand	91
2. Subjektiver Tatbestand	100
3. Strafrahmen und Versuch	101
4. Auslandstaten, Konkurrenzen und Nebenfolgen	105
C. Ordnungswidrigkeiten	108
I. KWKG	109
II. CWÜAG	114

---

1 BGBl. I 2003, 2190.
2 Ausf. dazu *Dannecker/Bülte*, NZWiSt 2012, 1 ff.

Schrifttum: *Bieneck*, Kriegswaffenkontrollstrafrecht weiter entwickelt, AW-Prax 2001, 349; *Bieneck*, Kriegswaffenliste und Grundrechte, AW-Prax 2003, 309; *Bieneck*, Untauglicher Auslands-Versuch ist strafbar, AW-Prax 2008, 80; *Berg, D.* in Wolffgang/Simonsen (Hrsg.), AWR-Kommentar, Ordnungs-Nr. 630–632 (zit.: AWR-Komm.); *Fehn*, Enumerationsprinzip und Bausatztheorie im Kriegswaffenkontrollrecht, ZfZ 2000, 333; *Lampe* in Erbs/Kohlhaas, Strafrechtliche Nebengesetze, Loseblatt, Kriegswaffenkontrollgesetz (K 189); *Pathe/Wagner* in Bieneck (Hrsg.), Handbuch des Außenwirtschaftsrechts mit Kriegswaffenkontrollgesetz, 2. Aufl. 2005, §§ 33–50 (zit.: Hdb. AWR); *Pietsch, D.*, Das Verbot der „Entwicklung" von chemischen Waffen (§§ 18 Nr. 1, 20 I Nr. 1 und 2 KWKG), NStZ 2001, 234; *Pottmeyer*, Neues Waffenrecht und Kriegswaffenkontrolle, AW-Prax 2003, 21; *Pottmeyer*, Der Ausfuhrverantwortliche, 5. Aufl. 2014; *Pottmeyer* in Wolffgang/Simonsen (Hrsg.), AWR-Kommentar, Loseblatt, Ordnungs-Nr. 620 (zit.: AWR-Komm.); *Steindorf/Heinrich/Papsthart*, Waffenrecht, 9. Aufl. 2010.

A. Einführung

I. Geschichte und Ziele des Kriegswaffenkontrollrechts

1. Kriegswaffenkontrollgesetz

1 Nach dem weltweit wohl einzigartigen Friedensgebot des **Grundgesetzes**[1] (Art. 26 GG) sind Handlungen *verfassungswidrig* und aufgrund des Verfassungsgebotes vom Gesetzgeber unter Strafe zu stellen, die geeignet sind und in der Absicht vorgenommen werden, das friedliche Zusammenleben der Völker zu stören und insbesondere die Führung eines Angriffskrieges vorzubereiten. Zur Kriegsführung bestimmte konventionelle Waffen dürfen gem. Art. 26 Abs. 2 GG nur mit *Genehmigung* der Bundesregierung hergestellt, befördert und in Verkehr gebracht werden. Für ABC-Massenvernichtungswaffen (Atomwaffen, biologische und chemische Waffen) besteht darüber hinaus ein generelles *Verbot*.

2 Das *Ausführungsgesetz* zu Art. 26 Abs. 2 GG ist das **Gesetz über die Kontrolle von Kriegswaffen** (KWKG)[2] aus dem Jahr 1961. Dieses wurde 1990 grundlegend, insbesondere im strafrechtlichen Bereich, durch das Gesetz zur Verbesserung der Überwachung des Außenwirtschaftsverkehrs und zum Verbot von Atomwaffen, biologischen und chemischen Waffen[3] geändert. Im Jahr 1998 wurde es um das Verbot von Antipersonenminen[4] ergänzt (vgl. Rz. 80 ff.). Eine bedeutende Änderung des KWKG erfolgte sodann im Jahr 2003 durch Art. 3 des Gesetzes zur Neuregelung des Waffenrechts[5] (vgl. hierzu Rz. 42). 2009 wurde das Verbot von Streumunition eingefügt[6]. Zuletzt ergaben sich durch das Gesetz

---

1 *Pottmeyer* in AWR-Komm., Einl. KWKG Rz. 2.
2 Letzte amtliche Bek. v. 22.11.1990, BGBl. I 1990, 2506 ff., zul. geänd. durch Art. 2 Abs. 2 des G v. 6.6.2013, BGBl. I 2013, 1482.
3 G v. 5.11.1990, BGBl. I 1990, 2428 ff.
4 AusführungsG v. 6.7.1998 zum Übk. bezüglich Antipersonenminen v. 3.12.1997, BGBl. I 1998, 1778.
5 BGBl. I 2002, 3970.
6 BGBl. II 2009, 502.

zur Modernisierung des Außenwirtschaftsrechts vom 6.6.2013 Folgeänderungen auch im KWKG[1].

Für Chemiewaffen gilt seit 1996/97 daneben das **Ausführungsgesetz zum Chemiewaffenübereinkommen** (CWÜAG) mit eigenen Straf- und Bußgeldvorschriften (vgl. Rz. 7 f., 59 ff.).

Darüber hinaus sieht auch das **Außenwirtschaftsgesetz** (AWG) u.a. die Exportkontrolle von Kriegswaffen vor und hat dabei neben dem KWKG eine – auch strafrechtlich – eigenständige Bedeutung (vgl. oben § 62).

Grund für die **Novellierung 1990** des KWKG im Rahmen der Verbesserung der Überwachung des Außenwirtschaftsverkehrs war die Beteiligung deutscher Staatsangehöriger und Unternehmungen an Waffenexporten in sensible Länder sowie an der Errichtung von Herstellungsanlagen für chemische Waffen in Libyen[2] und die wegen des Territorialitätsprinzips (§ 3 StGB; § 4 Rz. 6) bis dahin fehlenden Möglichkeiten, solche im Ausland begangenen Taten und demgemäß die Teilnahmehandlungen im Inland strafrechtlich zu verfolgen (§ 16 Abs. 1 Nr. 1–5, 7 KWKG a.F.). Durch das mit der Novelle eingeführte *vorbehaltlose Verbot von ABC-Waffen* sowie durch die Abkehr von der tatbestandlichen Handlungsbeschreibung als bloßem Verstoß gegen eine (inländische) Genehmigungspflicht einerseits und vor allem die Schaffung des Fördertatbestands (§§ 19 Abs. 1 Nr. 2, 20 Abs. 1 Nr. 2, 20a Abs. 1 Nr. 3 KWKG) andererseits wurden die Strafbarkeitslücken bei Auslandstaten geschlossen.

3

Aufgrund des *internationalen Übereinkommens* über das Verbot des Einsatzes, der Lagerung, der Herstellung und der Weitergabe von **Antipersonenminen** und über deren Vernichtung aus dem Jahr **1997**[3] wurden durch das *Ausführungsgesetz* zum Verbotsübereinkommen für Antipersonenminen (APMAG) vom 6.7.1998[4] die entsprechende Verbotsnorm des § 18a KWKG sowie die Strafvorschrift des § 20a KWKG in das KWKG eingefügt. Eine erneute Ergänzung der §§ 18a Abs. 1, 20a KWKG erfolgte durch die Einfügung der **Streumunition**, mit der das Übereinkommen über Streumunition mit Wirkung ab 7.6.2009 in nationales Recht umgesetzt wurde[5].

4

Eine Definition der vom KWKG geschützten **Rechtsgüter** enthält das Gesetz zwar nicht. Nach der Rechtsprechung, dem historischen Willen des Gesetzgebers und der h.M. in der Literatur soll jedoch die Kriegswaffenkontrolle friedensgefährdende Handlungen verhindern[6], das friedliche Zusammenleben der Völker schützen sowie Gefahren für den Völkerfrieden und die internationale Sicherheit abwehren. Daneben ist der Schutz der inneren Sicherheit und das

5

---

1 BGBl. I 2013, 1493.
2 Vgl. *Bieneck*, AW-Prax 1995, 364; *Bieneck*, AW-Prax 1997, 62.
3 BGBl. II 1998, 778.
4 BGBl. I 1998, 1778.
5 G zu dem Übk. v. 30.5.2008 über Streumunition v. 6.6.2009, BGBl. II 2009, 502.
6 Vgl. *Pottmeyer* in AWR-Komm., Einl. KWKG Rz. 7 unter Hinweis auf BT-Drucks. III/1589, S. 12, 17, 18, BT-Drucks. III/2433, S. 1, und BVerfG v. 12.2.1979 – 1 BvR 840/78, n.v., sowie mit zahlreichen w.Nw.

Ansehen der Bundesrepublik im Ausland Zweck des Gesetzes[1]. Die von einigen Stimmen in der Literatur außerdem vertretenen Ziele der Rüstungskontrolle und Wirtschaftslenkung sind dagegen abzulehnen, da dies von der verfassungsrechtlichen Ermächtigungsnorm des Art. 26 Abs. 2 GG nicht gedeckt wäre[2].

6   Dieser von Verfassungs wegen intendierte Schutz des friedlichen Zusammenlebens der Völker und dessen gesetzliche Umsetzung verlangen – zu Recht – von Unternehmern, die *Kriegswaffen* (zum Begriff vgl. Rz. 9 ff.) produzieren, instandsetzen, mit ihnen handeln, sie ausführen oder vermitteln, transportieren oder sonst mit ihnen umgehen, die Beachtung besonderer und strenger strafbewehrter Regeln. Deren **Strafbarkeitsbereich** ist weit vorverlagert und erfasst etwa über den (eigenständigen) *Fördertatbestand* (vgl. Rz. 29 ff.) bereits die Lieferung von Waren, die selbst keine Kriegswaffeneigenschaft besitzen, aber zu deren Herstellung Verwendung finden. Selbst Tätigkeiten, wie Service-Dienstleistungen im Ausland, sind nach dieser besonderen Form der tatbestandlich verselbständigten Beihilfe strafbar. Das strafbewehrte *Vermittlungsverbot* (mit Genehmigungsvorbehalt) beschränkt sich nicht auf das Inland, sondern erstreckt sich auch auf Kriegswaffen, die sich im Ausland befinden und im Ausland bleiben sollen (vgl. Rz. 94).

2. Chemiewaffenübereinkommen

7   Das Chemiewaffenübereinkommen (**CWÜ**) aus dem Jahr 1993, das 1997 in Kraft getreten ist[3], enthält Vorgaben für die *innerstaatliche Durchsetzung* („implementation"). Kernpunkt ist die Verpflichtung eines jeden Vertragsstaates, in dem seiner Hoheit unterworfenen Gebiet – auch durch Schaffung von Strafbestimmungen – jegliche nach dem Übereinkommen unzulässige Tätigkeit zu verbieten und zu unterbinden (Art. VII Abs. 1 Buchst. a und b CWÜ).

Zur innerstaatlichen Umsetzung wurde bereits 1994 – nach Zustimmung des Deutschen Bundestages zum Übereinkommen – das **Ausführungsgesetz zum Chemiewaffenübereinkommen (CWÜAG)** verabschiedet. Aufgrund der dort enthaltenen Ermächtigungen in §§ 2 und 3 CWÜAG hat die Bundesregierung am 20.11.1996 die **Ausführungsverordnung zum Chemiewaffenübereinkommen (CWÜV)** erlassen[4].

8   Die völkerrechtliche Bedeutung der Konvention liegt vor allem darin, dass sie nicht nur die *Verwendung* der geächteten Waffen im Krieg verbietet, sondern bereits deren Herstellung, Besitz usw. kontrolliert. Die innerstaatlichen Auswirkungen sind für Deutschland u.a. deshalb bedeutend, weil die für „chemische Waffen" vereinbarten **Verbote** wesentlich **weiter gehen** als der dem KWKG zugrunde liegende Vertrag über die Westeuropäische Union von 1954[5]

---

1   OLG Düsseldorf v. 29.1.1993 – 1 Ws 10/93, NJW 1993, 2253 (2254); *Pottmeyer* in AWR-Komm., Einl. KWKG Rz. 7.
2   Vgl. nur *Pottmeyer* in AWR-Komm., Einl. KWKG Rz. 7 m.w.Nw.
3   Bek. v. 4.11.1996, BGBl. II 1996, 2618.
4   BGBl. I 1996, 1794.
5   Ratifiziert durch G v. 24.3.1955, BGBl. II 1955, 256.

und auch die Strafvorschriften des CWÜAG und der CWÜV über den Anwedungsbereich der Straftatbestände des KWKG hinausreichen. Des Weiteren bedingen die Kontrollbestimmungen *weitgehendere Eingriffe* in die Rechte der Unternehmen, seien es natürliche oder juristische Personen, als im Bereich des KWKG.

II. Begrifflichkeiten

1. Kriegswaffen

a) Der **Kriegswaffen**begriff hat als Anknüpfungspunkt für alle Verbote und Genehmigungsvorbehalte für das Kriegswaffenkontrollrecht eine zentrale Bedeutung, weshalb seine Auslegung zu den Kernfragen dieses Rechtsgebiets gehört. Das Gesetz definiert in § 1 Abs. 1 KWKG die Kriegswaffen zunächst als *„zur Kriegsführung bestimmte Waffen"*. Im Übrigen verweist das Gesetz auf den Inhalt der **Kriegswaffenliste (KWL)**[1] als einer *abschließenden* Aufführung der kontrollierten Gegenstände, Stoffe und Organismen.

Im **Teil A** der KWL sind *Atomwaffen, biologische* und *chemische Waffen* aufgeführt, auf deren Herstellung die Bundesrepublik Deutschland als Mitglied der Westeuropäischen Union[2] völkerrechtlich verzichtet hat; im **Teil B** sind die konventionellen *sonstigen Kriegswaffen* genannt. Die betroffenen Waffengruppen und -bestandteile sind in der KWL im Einzelnen benannt und technisch detailliert umschrieben. Dementsprechend werden auch die in der KWL (wie beim Außenwirtschaftsrecht in der Ausfuhrliste und im Anhang I zur Dual-Use-VO; § 62 Rz. 89) enthaltenen bestimmten Bestandteile von Kriegswaffen (z.B. Triebwerke für Raketen oder Kampfflugzeuge, Teil B Nr. 12, 16 KWL) als Kriegswaffen erfasst.

Eine weitere Inhaltsbeschreibung des Kriegswaffenbegriffs findet sich in der Ermächtigungsnorm zur Fortschreibung der KWL durch Rechtsverordnungen der Bundesregierung (§ 1 Abs. 2 KWKG). Dort wird eine konkretisierende Inhaltsbeschreibung für Kriegswaffen vorgegeben und werden diese als Gegenstände, Stoffe und Organismen definiert, die geeignet sind, allein, in Verbindung miteinander oder mit anderen Gegenständen, Stoffen oder Organismen Zerstörungen oder Schäden an Personen oder Sachen zu verursachen und als Mittel der Gewaltanwendung bei bewaffneten Auseinandersetzungen zwischen Staaten zu dienen. Dies ändert freilich nichts daran, dass allein in der KWL enthaltene Gegenstände, Stoffe usw. Kriegswaffen i.S. des KWKG sind[3].

Die Auslegung der im Einzelnen definierten Positionen der Kriegswaffenliste erfolgt grundsätzlich nach *objektiven* technischen und naturwissenschaftlichen *Parametern*. Allerdings wird die den Kriegswaffenbegriff einschränkende sog. Zivilklausel in der KWL (vgl. Rz. 15 f.) durch *subjektive Zweckkriterien*

---

1 Zul. geänd. durch das G zur Neuregelung des WaffenR (WaffRNeuRegG) v. 11.10.2002, BGBl. I 2002, 3970, 4592.
2 Anlage I, II zu Protokoll Nr. III zum redigierten Brüsseler Vertrag v. 23.10.1954, BGBl. II 1955, 269 f.
3 *Lampe* in Erbs/Kohlhaas, § 1 KWKG Rz. 1.

bestimmt. Entsprechend streitig wird deshalb der Kriegswaffenbegriff in der Rechtsprechung und der Literatur – allerdings meist in verwaltungsrechtlicher Hinsicht – behandelt. Überwiegend wird jedoch – dem BVerwG folgend[1] – bei der Begriffsdefinition in der KWL auf **objektive Maßstäbe** abgestellt (*formeller Kriegswaffenbegriff*) und eine konkrete Einzelfallprüfung hinsichtlich ihrer Bestimmung zur Kriegsführung i.S. eines sog. materiellen (oder besser: subjektiven) Kriegswaffenbegriffs abgelehnt[2].

12 **b) Unbrauchbar gemachte Kriegswaffen** (vgl. § 13a KWKG) liegen vor, wenn die Kriegswaffen durch technische Veränderungen endgültig die Fähigkeit zum bestimmungsgemäßen Einsatz verloren haben und nicht mit allgemein gebräuchlichen Werkzeugen wieder funktionsfähig gemacht werden können (§ 13a S. 2 KWKG)[3]. Für die Kriegswaffen des Teils B der KWL regelt – auf Grundlage der Ermächtigung in § 13a S. 1 KWKG – die *VO über den Umgang mit unbrauchbar gemachten Kriegswaffen* vom 1.7.2004[4] nähere Einzelheiten. Auf welche Weise die Unbrauchbarmachung erfolgt, könnte gleichfalls durch RVO geregelt werden (§ 13a S. 3 KWKG). Von dieser Ermächtigungsgrundlage hat der Verordnungsgeber bisher jedoch noch keinen Gebrauch gemacht.

13 **c)** Eine *Erweiterung des Kriegswaffenbegriffs* ist von der Rechtsprechung zur Vermeidung von bestimmten in der Exportpraxis verwandten **Umgehungshandlungen** entwickelt worden. Die abschließende und in Details definierte Katalogisierung einzelner Waffen oder Waffenteile in der KWL führte nämlich dazu, dass solche dort gelisteten Gegenstände zur Vermeidung von Ausfuhrbeschränkungen geringfügig verändert oder in (weitere) Einzelteile zerlegt wurden, um sie dann nach dem Export im Bestimmungsland wiederherzustellen oder zusammenzusetzen. In seiner sog. **Bausatz-Entscheidung** hat der BGH[5] solche veränderten, aber mit einfachen Mitteln wiederherstellbaren Gegenstände in einer gem. Art. 103 Abs. 2 GG, § 1 StGB zulässigen wirtschaftlichen Auslegung des Begriffs als Kriegswaffen definiert[6]. Die Literatur hat sich dem im Wesentlichen angeschlossen[7]. Das BVerfG hat diese Auslegung verfassungsrechtlich für unproblematisch erachtet und sogar auf nicht in der KWL aufgeführte Waffenteile erweitert, die vom Benutzer durch erst noch von ihm

---

1 BVerwG v. 16.9.1980 – 1 C 1.77, BVerwGE 61, 24 (29).
2 Vgl. nur OLG Karlsruhe v. 5.12.1991 – 1 Ss 49/91, NJW 1992, 1057 (1058); *Pottmeyer* in AWR-Komm., § 1 KWKG Rz. 5 m.w.Nw.; *Pathe/Wagner* in Bieneck, Hdb. AWR, § 38 Rz. 1, 4 f.; *Achenbach*, NStZ 1993, 477 (481); *Beckemper* in A/R, Teil 4 Kap. 4 Rz. 21 ff.; a.A. BayObLG v. 9.11.1970 – RReg. 4 St 85/70, NJW 1971, 1375 (1376); OLG Celle v. 8.1.1973 – 2 Ss 277/72, NdsRpfl 1973, 76 (77).
3 Vgl. auch *Beckemper* in A/R, Teil 4 Kap. 4 Rz. 22.
4 BGBl. I 2004, 1448.
5 BGH v. 23.11.1995 – 1 StR 296/95, BGHSt 41, 348 (354 f.) = NJW 1996, 1355 (1356); ähnlich schon OLG Düsseldorf v. 15.12.1983 – 1 WS 1053-1055/83, NStZ 1987, 565 (566); OLG München v. 28.9.1992 – 1 Ws 534-536/92, 757-759/92, NStZ 1993, 243 m. Anm. *Holthausen*.
6 Vgl. umfassend zur Bausatztheorie *Pottmeyer* in AWR-Komm., § 1 KWKG Rz. 26 ff. mit zahlreichen Nw.
7 *Beckemper* in A/R, Teil 4 Kap. 4 Rz. 23; *Bieneck*, wistra 2000, 442; *Holthausen*, wistra 1997, 129 ff.; *Lampe* in Erbs/Kohlhaas, § 1 KWKG Rz. 1a; a.A. *Pottmeyer*, wistra 1996, 121.

selbst zu beschaffende Teile ergänzt werden müssen, um eine in der KWL genannte Waffe zu erhalten (z.B. Handgranate ohne Zünder)[1]. Entscheidend und ausreichend ist hierfür allein, ob der „Bausatz" alle funktional wichtigen waffenspezifischen Bauelemente der jeweiligen Kriegswaffe enthält[2]. Darüber hinaus finden die Vorschriften des KWKG auch für in Einzelteile zerlegte Kriegswaffen Anwendung, die in mehreren zeitlich versetzten Teillieferungen versendet werden[3].

2. Ergänzende Begrifflichkeiten

a) Fertigungsunterlagen für Kriegswaffen und das entsprechende Know-how i.S. von **Technologie und Software** sind in der KWL nicht enthalten und unterfallen damit nicht dem Kriegswaffenbegriff des KWKG. Ihre Erarbeitung, Zurverfügungstellung usw. werden jedoch seit der Novelle 1990 mittelbar über die Tathandlung des *Förderns* (§§ 19 Abs. 1 Nr. 2, 20 Abs. 1 Nr. 2, 20a Abs. 1 Nr. 3 KWKG), z.B. der Waffenherstellung, strafrechtlich erfasst (vgl. Rz. 29 ff.). Darüber hinaus unterliegen diese Gegenstände der Ausfuhrkontrolle nach dem Außenwirtschaftsgesetz (vgl. oben § 62).

b) Eine allgemeine **Einschränkung des Kriegswaffenbegriffs** bei ABC-Waffen enthält die in der Einleitung zu bestimmten Positionen des Teils A der KWL enthaltene sog. **Zivilklausel**[4], indem sie die von ihr – nach subjektiven Kriterien – erfassten Gegenstände vom Kriegswaffenbegriff ausnimmt, obwohl sie objektiv von der KWL erfasst sind. Nach S. 1 der Zivilklausel sind die (subjektive) Verfolgung *ziviler Zwecke* beim Umgang mit Kriegswaffen sowie die wissenschaftliche, medizinische oder industrielle *Forschung* auf den Gebieten der reinen und angewandten Wissenschaft privilegiert. Hier besteht allerdings – vor allem in strafrechtlicher Hinsicht nach Art. 103 Abs. 2 GG (lex certa) – ein erhebliches Unbestimmtheitspotenzial.

Die Einschränkung durch die Zivilklausel *gilt* allerdings **nicht** für die in der KWL in Teil A Nr. 1, 4 und 6 aufgeführten Waffen im engeren Sinne, sondern *nur* für die Gegenstände der **Nr. 2, 3 und 5 der KWL**[5]. Denn nach dem Wortlaut der Zivilklausel sind „Waffen" (Nr. 1) nicht erwähnt und die Gegenstände der Nr. 4 und 6 weisen bereits eine konkrete Zweckbestimmung auf, nach der ihnen eine besondere Gefährlichkeit eigen ist. Unabhängig davon sind im Falle einer zivilen Verwendung der biologischen Agenzien des Teils A I. Nr. 3b der

---

1 BVerfG v. 9.1.2002 – 2 BvR 2142/01, juris; hierzu *Bieneck*, AW-Prax 2003, 309.
2 *Holthausen*, NStZ 1993, 243 (244); *Heinrich* in Momsen/Grützner, Kap. 10 Rz. 14; *Heinrich* in MüKo-StGB, § 22a KWKG Rz. 17.
3 *Beckemper* in A/R, Teil 4 Kap. 4 Rz. 23; *Holthausen*, wistra 1997, 129 (133); *Heinrich* in Momsen/Grützner, Kap. 10 Rz. 14; *Heinrich* in MüKo-StGB, § 22a KWKG Rz. 17.
4 „Von der Begriffsbestimmung der Waffen ausgenommen sind alle Vorrichtungen, Teile, Geräte, Einrichtungen, Substanzen und Organismen, die zivilen Zwecken oder der wissenschaftlichen, medizinischen oder industriellen Forschung auf den Gebieten der reinen und angewandten Wissenschaft dienen. Ausgenommen sind auch die Substanzen und Organismen der Nummern 3 und 5, soweit sie zu Vorbeugungs-, Schutz- oder Nachweiszwecken dienen."
5 *Pathe/Wagner* in Bieneck, Hdb. AWR, § 39 Rz. 16 ff.; *Harder* in W/J, Kap. 23 Rz. 59.

KWL die Ausfuhrbeschränkungen nach der Dual-Use-VO und der AWV sowie bei Ricin und Saxitoxin zusätzlich die Beschränkungen und Bestimmungen nach dem CWÜAG und der CWÜV zu beachten (vgl. Anmerkung zur Einleitung von Teil A der KWL).

16 S. 2 der Zivilklausel privilegiert des Weiteren Substanzen und Organismen, soweit sie **Vorbeugungs-, Schutz- oder Nachweiszwecken** dienen sollen. Sie erstreckt sich dabei allerdings ausdrücklich nur auf die Positionen 3 und 5 des Teils A der KWL. Da auch diese defensiven Zwecke oft kaum von aktiv-militärischen Zielen zu trennen sind – man denke an die Herstellung genmanipulierter Viren –, besitzt die Zivilklausel durchaus eine Schlüsselfunktion im Bereich der militärischen Forschung[1]. Dies ist etwa dann der Fall, wenn es um die Forschung für Substanzen geht, mit deren Hilfe Soldaten zur Aufrechterhaltung ihrer Kampfkraft vor feindlichen Einwirkungen geschützt werden können.

B. Straftatbestände

17 Das **KWKG** enthält eigene Strafvorschriften
- gegen *Atomwaffen* (§ 19 KWKG),
- gegen *biologische* und *chemische Waffen* (§ 20 KWKG) und
- gegen *Antipersonenminen* und *Streumunition* (§ 20a KWKG) sowie
- gegen die *konventionellen Kriegswaffen* gem. Teil B Nr. 7 ff. KWL (§ 22a KWKG; umschrieben als „Sonstige Strafvorschriften").

Daneben sieht das **CWÜAG** in den §§ 16, 17 CWÜAG weitere Strafbestimmungen für chemische Waffen vor, die jedoch aufgrund ausdrücklicher Anordnung in §§ 16 Abs. 1 a.E., Abs. 2 a.E., 17 Abs. 1 a.E. CWÜAG gegenüber den Strafbestimmungen des § 20 KWKG subsidiär sind (vgl. Rz. 75).

Die besonderen *Verfahrensbestimmungen* des Kriegswaffenkontrollrechts sind – zusammen mit den Regeln des AWG – in § 15 Rz. 91 ff. behandelt.

I. Atomwaffen

18 Die Strafvorschriften gegen Atomwaffen sind in **§ 19 KWKG** enthalten.
- Bei den Begehungsalternativen des *§ 19 Abs. 1, Abs. 2* und *Abs. 3 KWKG* handelt es sich um **Verbrechenstatbestände** i.S. des § 12 Abs. 1, Abs. 3 StGB.
- Dagegen sind *§ 19 Abs. 4* und *Abs. 5 KWKG* jeweils als **Vergehenstatbestand** ausgestaltet.

Dies hat zur Folge, dass in den Fällen des § 19 Abs. 1–3 KWKG in verfahrensrechtlicher Hinsicht weder die Möglichkeit einer Ahndung durch Strafbefehl noch einer Einstellung des Verfahrens gem. §§ 153, 153a StPO besteht. In materiellrechtlicher Hinsicht ist der Versuch immer strafbar (§ 22 StGB; Rz. 40) und der Vorfeldtatbestand des § 30 StGB findet Anwendung.

---

1 Vgl. im Einzelnen *Pathe/Wagner* in Bieneck, Hdb. AWR, § 39 Rz. 21.

1. Objektiver Tatbestand

Atomwaffen sind die in Teil A I. KWL genannten Gegenstände. Sie werden dort als Waffen aller Art definiert, die Kernbrennstoffe oder radioaktive Isotope enthalten oder eigens dazu bestimmt sind, solche aufzunehmen oder zu verwenden, und die Massenzerstörungen, Massenschäden oder Massenvergiftungen hervorrufen können (§ 17 Abs. 2 S. 1 Nr. 1 KWKG, Teil A I. Nr. 1 KWL). Dazu gehören auch *Teile, Vorrichtungen, Baugruppen oder Substanzen*, die eigens für eine der vorbezeichneten Waffen bestimmt (d.h. für diese konstruiert) sind (§ 17 Abs. 2 S. 1 Nr. 2 KWKG, Teil A I. Nr. 2 Var. 1 KWL)[1] oder die für sie wesentlich (in funktionaler, nicht zwingend in mengenmäßiger Hinsicht) sind (Teil A I. Nr. 2 Var. 2 KWL)[2], soweit keine atomrechtlichen Genehmigungen vorliegen (Teil A I. Nr. 2 a.E. KWL). Daran anschließend wird der Begriff des *Kernbrennstoffs* chemisch-physikalisch definiert (Teil A I. a.E. KWL). Dementsprechend unterfallen Dual-Use-Produkte (vgl. hierzu auch Rz. 48), die für Atomwaffen zwar „wesentlich" (Teil A I. Nr. 2 Var. 2 KWL), jedoch nicht für sie „bestimmt" (§ 17 Abs. 2 S. 1 Nr. 2 KWKG, Teil A I. Nr. 2 Var. 1 KWL) sind, lediglich den Vorschriften über sonstige Kriegswaffen[3] (Rz. 91 ff.).

Durch den Verweis des § 17 Abs. 2 S. 2 KWKG auf die Anlage II zum Protokoll III des revidierten Brüsseler Vertrages vom 23.10.1954 und die **Zivilklausel** (Rz. 15 f.) in der Einleitung zu Teil A der KWL sind bei der Begriffsbestimmung alle Vorrichtungen, Teile, Geräte, Einrichtungen, Substanzen und Organismen *ausgenommen*, die für *zivile Zwecke* verwandt werden oder der wissenschaftlichen, medizinischen und industriellen Forschung auf den Gebieten der reinen und angewandten Wissenschaft dienen.

a) Verbotene Tathandlungen

Das *Entwickeln, Herstellen, Handeltreiben, Erwerben, Überlassen, Einführen, Ausführen, Durchführen, sonstige Verbringen und Ausüben der tatsächlichen Gewalt* von, mit bzw. über Atomwaffen ist **gänzlich verboten** (§ 17 Abs. 1 Nr. 1 KWKG). Darüber hinaus sind im Vorfeld auch das *Verleiten* zu den verbotenen Tathandlungen (§ 17 Abs. 1 Nr. 1a KWKG) sowie generell das *Fördern* solcher Handlungen (§ 17 Abs. 1 Nr. 2 KWKG) als jeweils zur Haupttat verselbständigte Anstiftung bzw. Beihilfe verboten. *Verstöße* gegen diese Verbote werden nach der Blankettstrafvorschrift des *§ 19 KWKG* sanktioniert.

aa) Unter **Entwickeln** wird zunächst die Schaffung eines bisher so nicht bekannten Produkts einschließlich der entsprechenden Herstellungsanlage verstanden. *Streitig* ist nur, ob diese „Neuheit" der entwickelten Kriegswaffe objektiv – etwa patentrechtlich – und weltweit zu verstehen oder individuell auf den konkreten Täter oder den Wissensstand seines Landes, das hinter den Ent-

---

1 Vgl. hierzu BGH v. 31.1.1992 – 2 StR 250/91, BGHSt 38, 205 (209) = NJW 1992, 1053; *Heinrich* in Momsen/Grützner, Kap. 10 Rz. 31.
2 Vgl. hierzu BGH v. 31.1.1992 – 2 StR 250/91, BGHSt 38, 205 (209) = NJW 1992, 1053; *Heinrich* in Momsen/Grützner, Kap. 10 Rz. 31.
3 *Heinrich* in Momsen/Grützner, Kap. 10 Rz. 31; *Heinrich* in MüKo-StGB, § 19 KWKG Rz. 2.

wicklungsarbeiten steht, zu beziehen ist. Am Beispiel der Chemiewaffen war streitig, ob bereits die Konzipierung und Schaffung einer schon existenten Waffe i.S. eines *Nachentwickelns* oder die Schaffung einer zwar in dem betreffenden Land bisher so nicht vorhanden gewesenen, aber anderswo schon existenten Herstellungsanlage für eine schon bekannte Waffe (konkret: Sarin und Schwefelloste in Libyen) ausreichen oder ob zur Tatbestandserfüllung eine – möglicherweise sogar weltweit – unbekannte neue Waffe oder Herstellungsanlage kreiert oder hergestellt werden muss. Erstgenannte individuelle und damit im Ergebnis weite täter- bzw. länderbezogene Auslegung hat sich zwischenzeitlich als überwiegende Meinung herausgebildet[1]. Sie gilt als *generelle Auslegungsregel* für alle Arten von ABC-Waffen und erfasst sämtliche Maßnahmen zur Schaffung der technischen Voraussetzungen für eine eigene atomare Kampfstoffproduktion einschließlich der Planung und Errichtung der Produktionsanlage[2].

23 **bb)** Mit der **Herstellung** ist insbesondere die Neuanfertigung einer Kriegswaffe gemeint[3]. Reine Forschungs- und Entwicklungstätigkeiten stellen keine Herstellung dar (sondern fallen unter die Tatbestandshandlung des Entwickelns), solange noch keine einsatzfähige Kriegswaffe (z.B. ein funktionsfähiger Prototyp) produziert wurde[4].

24 **cc)** Das **Handeltreiben** erfasst alle eigennützigen Bemühungen, die darauf gerichtet sind, den Umsatz zu ermöglichen oder zu fördern, selbst wenn es sich nur um eine einmalige oder auch nur vermittelnde Tätigkeit handelt[5]. Nachdem das Handeltreiben keinen Erfolg voraussetzt, ist diese Tathandlung auch dann erfüllt, wenn es dem Täter nicht gelingt, die Waffe abzusetzen[6].

25 **dd)** Das **Erwerben** und **Überlassen** bezieht sich auf das Erwerben der tatsächlichen Gewalt von einem Dritten bzw. auf die Überlassung der tatsächlichen Gewalt an einen Dritten[7]. Beim Erwerb genügt somit ein originärer Erwerb

---

1 BGH v. 26.3.2009 – StB 20/08, BGHSt 53, 238 (244 ff.) = NJW 2010, 385 (387); BGH v. 26.6.2008 – AK 10/08, wistra 2008, 432 (433); OLG Düsseldorf v. 23.2.2000 – 2 Ws 16/09, NStZ 2000, 378 (379); in diese Richtung auch LG Stuttgart v. 19.6.2001 – 6 KLs 144 Js 43314/94, wistra 2001, 436 m. Anm. *Kieninger/Bieneck*; *Fehn*, AW-Prax 1997, 278 (279); *Fehn*, AW-Prax 1997, 385; *Holthausen*, wistra 1998, 209 (209 f.) mit umfassenden weiteren Literaturangaben; *Holthausen/Hucko*, NStZ-RR 1998, 193 (198); *Hucko*, AW-Prax 1997, 172 (172 f.); *Lampe* in Erbs/Kohlhaas, § 19 KWKG Rz. 3; anders noch LG Stuttgart v. 1.10.1996 – 3 KLs 47/96, NStZ 1997, 288 (290); ebenso *Muhler*, ZRP 1998, 4 (5 f.); *Pathe/Wagner* in Bieneck, Hdb. AWR, § 44 Rz. 117 ff.; *G. Pietsch*, NStZ 2001, 234 (235); *Pottmeyer* in AWR-Komm., § 17 KWKG Rz. 5.
2 OLG Düsseldorf v. 23.2.2000 – 2 Ws 16/00, NStZ 2000, 378 (379); *Holthausen*, NStZ 1997, 290 (291); *Pietsch*, NStZ 2001, 234 (235); *Beckemper* in A/R, Teil 4 Kap. 4 Rz. 82.
3 *Pottmeyer* in AWR-Komm., § 2 KWKG Rz. 4.
4 *Beckemper* in A/R, Teil 4 Kap. 4 Rz. 83.
5 Vgl. hierzu BGH v. 26.10.2005 – GSSt 1/05, BGHSt 50, 252 (264) = NJW 2005, 3790 (3793); *Beckemper* in A/R, Teil 4 Kap. 4 Rz. 84.
6 BGH v. 4.12.1981 – 3 StR 408/81, BGHSt 30, 277 (278) = NJW 1982, 708.
7 *Beckemper* in A/R, Teil 4 Kap. 4 Rz. 85.

kraft Fundes nicht[1]. Die Begehungsform des Überlassens setzt voraus, dass der Täter die tatsächliche Gewalt, die er dem Erwerber überträgt, vorher selbst ausgeübt hat[2].

ee) Die **Ein-, Aus- und Durchfuhr** sowie das **sonstige Verbringen** *in das oder aus dem Bundesgebiet* umfassen sämtliche Verbringungshandlungen. Während bei der *Einfuhr* die Kriegswaffe von einem anderen Hoheitsgebiet in das Hoheitsgebiet der Bundesrepublik Deutschland gebracht wird[3], erfasst die *Durchfuhr* Beförderungen von Kriegswaffen aus einem Hoheitsgebiet außerhalb der Bundesrepublik Deutschland durch das Bundesgebiet in ein anderes Hoheitsgebiet, ohne dass die Gegenstände im Inland in den freien Warenverkehr oder sonst zur freien Disposition einer Person gelangen[4]. Hierbei muss der Aufenthalt der Kriegswaffe im Inland auf den Zeitraum beschränkt sein, der für die Beförderung durch das Bundesgebiet notwendig ist[5].

ff) Mit der **Ausübung der sonstigen tatsächlichen Gewalt** als *Auffangtatbestand* wird jede Verfügungsmöglichkeit erfasst, die mit der Übertragung des unmittelbaren Besitzes einhergeht[6]. Da die Ausübungsmöglichkeit genügt, ist diese Tathandlung auch im Falle einer kurzen Unterbrechung bei der Ausübung der tatsächlichen Gewalt erfüllt[7].

gg) Mit dem **Verleiten** wird das *Anstiften* i.S. des § 26 StGB als zur Haupttat verselbständigte Handlung, und zwar als täterschaftliches Delikt, bestraft. Dies hat gegenüber der klassischen Anstiftung die rechtliche Konsequenz, dass keine vorsätzliche und rechtswidrige Haupttat vorliegen muss. Erforderlich ist aber, dass die Tat, zu der verleitet wurde oder werden soll, zumindest als ein Versuch der in § 19 Abs. 1 KWKG genannten Handlungen vorgelegen haben muss. Dass diese „Haupttat" strafbar war, ist dagegen nicht erforderlich, sodass beispielsweise bei einer im Ausland begangenen Haupttat keine Strafbarkeit im dortigen Staat gegeben sein muss[8]. Bezieht sich das Verleiten hingegen lediglich auf Vorbereitungshandlungen, kommen ein **versuchtes Verleiten** sowie eine versuchte Anstiftung nach § 30 StGB in Betracht[9].

hh) Die Tathandlung des **Förderns** ist als eine zur Haupttat *verselbständigte Beihilfe* i.S. des § 27 StGB anzusehen und durch das Gesetz zur Verbesserung der Überwachung des Außenwirtschaftsverkehrs und zum Verbot von Atomwaffen, biologischen und chemischen Waffen vom 5.11.1990 erstmals in das KWKG aufgenommen worden (vgl. Rz. 3). Ihre Verselbständigung zeigt sich in

---

1 *Beckemper* in A/R, Teil 4 Kap. 4 Rz. 85.
2 BGH v. 7.2.1979 – 2 StR 523/78, BGHSt 28, 294 = NJW 1979, 2113.
3 *Pottmeyer* in AWR-Komm., § 3 KWKG Rz. 31.
4 BGH v. 1.10.1986 – 2 StR 335/86, BGHSt 34, 180 (183) = NJW 1987, 721; BGH v. 4.5.1983 – 2 StR 661/82, BGHSt 31, 374 (375) = NJW 1983, 1985.
5 BGH v. 4.5.1983 – 2 StR 661/82, BGHSt 31, 374 (375) = NJW 1983, 1985; BGH v. 28.11.1973 – 3 StR 225/13, NJW 1974, 429 (430).
6 *Beckemper* in A/R, Teil 4 Kap. 4 Rz. 87.
7 *Pottmeyer* in AWR-Komm., § 2 KWKG Rz. 24.
8 *Beckemper* in A/R, Teil 4 Kap. 4 Rz. 88; *Heinrich* in Momsen/Grützner, Kap. 10 Rz. 34.
9 *Beckemper* in A/R, Teil 4 Kap. 4 Rz. 88; *Heinrich* in Momsen/Grützner, Kap. 10 Rz. 89.

der weitgehend (vgl. Rz. 31) fehlenden Akzessorietät der Strafbarkeit des Förderns von der Strafbarkeit einer (tatbestandsmäßigen und rechtswidrigen) Haupttat. Außerdem entspricht die Strafandrohung – anders als bei der Beihilfe gem. § 27 Abs. 2 StGB – derjenigen für die Haupttat. Schließlich ist damit auch der Versuch (des Förderns) strafbewehrt (Rz. 40).

30 Das Fördern soll als weitgefasstes Tatbestandsmerkmal außer der *unmittelbaren* Hilfeleistung, etwa bei der Herstellung von Atomwaffen, auch Handlungen umfassen, die nur **mittelbar** dem Aufbau einer Waffenproduktion dienen, wie etwa solche, die sich auf die Errichtung von Anlagen zur Herstellung von Atomwaffen beziehen[1]. Neben der Lieferung von Bau- oder Anlagenteilen oder von technischem oder wissenschaftlichem *Know-how* kommen auch *Dienstleistungen* in Form einer technischen oder wissenschaftlichen Beratung, einer Bauaufsicht oder die Vermittlung solcher Dienstleistungen in Betracht. Fördern ist auch die *finanzielle Unterstützung* etwa eines Atomwaffenprojekts, beispielsweise durch eine kapitalmäßige Beteiligung an einer für ein Atomwaffenprojekt tätigen ausländischen Unternehmung. Entscheidendes Begrenzungskriterium des Förderns ist nur, dass die Unterstützung einer eigenen Haupttat von der Strafbarkeit ausgeschlossen ist[2].

31 Ob auch eine im **Vorbereitungsstadium** steckengebliebene Haupttat für eine strafbare Förderung bereits ausreicht, ist streitig. Die Frage ist von großer praktischer Bedeutung, da im Einzelfall forensisch oft nicht nachweisbar ist, dass im Bestimmungsland etwa eine geheim gehaltene Chemiewaffen-Produktion bereits zumindest bis ins Versuchsstadium gelangt ist. Nach teilweise vertretener Auffassung hat die fehlende Akzessorietät der Förderung zur Haupttat zur Folge, dass tatsächlich schon bei einer Haupttat im Vorbereitungsstadium eine **versuchte Förderung** vorliegen kann[3]. Die Unterstützung der Errichtung einer ABC-Waffenfabrik ist also auch strafbar, wenn es nicht nachweisbar zu einer zumindest versuchten eigentlichen Waffenherstellung gekommen ist. Ein konkreter Zusammenhang mit einem bestimmten Waffenprojekt und einer bestimmten Herstellungsanlage muss aber aus Gründen der Tatbestandsbestimmtheit nach Art. 103 Abs. 2 GG zumindest feststellbar sein[4].

b) Ausnahmen

32 Handlungen, die zur **Vernichtung** von Atomwaffen durch die dafür zuständigen Stellen sowie zum Schutz gegen die Wirkungen von Atomwaffen geeignet und

---

1 Vgl. *Holthausen*, NJW 1991, 203 (204).
2 Vgl. OLG Oldenburg v. 6.6.1994 – Ss 123/94, NJW 1994, 2908 für das seinerzeitige Fördern im AußenwirtschaftsR a.F.
3 LG Stuttgart v. 19.6.2001 – 6 KLs 144 Js 43314/94, wistra 2001, 436 (438) m. Anm. *Kieninger/Bieneck*; *Barthelmeß*, wistra 2001, 14 (15); a.A. noch OLG Stuttgart v. 22.5.1997 – 1 Ws 87/97, NStZ-RR 1998, 63; LG Stuttgart v. 1.10.1996 – 3 KLs 47/96, NStZ 1997, 288; *Beckemper* in A/R, Teil 4 Kap. 4 Rz. 91; *Pathe/Wagner* in Bieneck, Hdb. AWR, § 44 Rz. 123. Vgl. hierzu auch *Bieneck*, AW-Prax 1997, 62.
4 OLG Düsseldorf v. 23.2.2000 – 2 Ws 16/00, NStZ 2000, 378 (380); OLG Düsseldorf v. 13.3.1997 – 2 Ws 47-48/97, NStZ-RR 1998, 153 (154).

bestimmt sind, sind nach § 19 Abs. 6 KWKG vom Tatbestand ausgenommen[1]. Diese Regelung bezieht sich beispielsweise auf den Betrieb der Kampfmittelbeseitigungsanlagen der Bundeswehr[2].

Vom Verbot ausgenommen sind zudem – im Wege einer tatbestandsausschließenden Befreiung – solche Atomwaffen, die sich in der **Verfügungsgewalt** von Mitgliedstaaten des Nordatlantikvertrags vom 4.4.1949 (**NATO**) befinden oder die im Auftrag dieser Staaten entwickelt oder hergestellt werden (§ 16 KWKG). Für sie gilt dann aber der auch für die sonstigen Kriegswaffen bestehende *Genehmigungsvorbehalt* der §§ 2, 3 KWKG i.V.m. § 6 KWKG (vgl. Rz. 92). 33

2. Subjektiver Tatbestand

Eine Strafbarkeit in den Fällen des § 19 Abs. 1, Abs. 2, Abs. 3 KWKG erfordert aufseiten des Täters zumindest bedingten **Vorsatz**. 34

Darüber hinaus sind bei den Grund-Tathandlungen des Entwickelns, Herstellens usw. (§ 19 Abs. 1 Nr. 1 KWKG) die **fahrlässige** Begehungsweise und bei den Tathandlungen des Verleitens und Förderns (§ 19 Abs. 1 Nr. 1a, 2 KWKG) die **Leichtfertigkeit** mit Freiheitsstrafe bis zu zwei Jahren oder mit Geldstrafe sanktioniert (§ 19 Abs. 4 KWKG). Zudem ist für Fälle der **fahrlässigen Herbeiführung der Gefährdung** der Sicherheit der Bundesrepublik Deutschland, des friedlichen Zusammenlebens der Völker oder – bei erheblichem Ausmaß – der auswärtigen Beziehungen der Bundesrepublik (vgl. Rz. 38) Freiheitsstrafe bis zu drei Jahren oder Geldstrafe vorgesehen (§ 19 Abs. 5 KWKG)[3]. Beim Verleiten und der Förderung muss erneut zumindest Leichtfertigkeit in Bezug auf die Tathandlung vorliegen. Es handelt sich bei der Vorsatz-Fahrlässigkeitskombination des § 19 Abs. 5 Nr. 1 KWKG gem. § 11 Abs. 2 StGB um ein Vorsatzdelikt. Einzig auf § 19 Abs. 2 Nr. 1 KWKG nimmt § 19 Abs. 5 KWKG keinen Bezug, sodass eine entsprechende vorsätzliche Handlung mit fahrlässiger Herbeiführung der Gefährdung als bloßer fahrlässiger Verstoß gegen den Grundtatbestand (gem. § 19 Abs. 1, Abs. 4 KWKG) bestraft würde. 35

Die Tathandlung des **leichtfertigen Förderns** entspricht einer grob fahrlässigen Beihilfe, weshalb sich beispielsweise ein **Wissenschaftler** oder **Forscher** strafbar machen kann, wenn sich ihm zumindest Anhaltspunkte dafür aufdrängen, dass seine Mitarbeit oder Wissensvermittlung für die Entwicklung oder Herstellung von Atomwaffen (oder biologischen oder chemischen Waffen) im In- oder Ausland genutzt wird und er sich hierüber hinwegsetzt (*besondere Gleichgültigkeit*) oder es ohne sachlichen Grund bei der Hoffnung belässt, sein Tun würde schon nicht zu einem Fördererfolg führen (*besonderer Leichtsinn*)[4]. 36

---

1 *Lampe* in Erbs/Kohlhaas, § 19 KWKG Rz. 17.
2 BT-Drucks. 11/4609, S. 9 f.
3 Wegen begründeter Bedenken gegen die Anwendbarkeit des § 19 Abs. 5 Nr. 1 KWKG vgl. *Oswald*, NStZ 1991, 322. Ebenso zur Kritik vgl. *Beckemper* in A/R, Teil 4 Kap. 4 Rz. 106; *Otto*, ZStW 105 (1993), 565 (566); *Weidemann*, GA 1992, 481 (483 f.).
4 Vgl. *Holthausen*, NJW 1991, 203 (207).

3. Strafrahmen und Versuch

37 **a)** Im **Grundtatbestand** sind die Tathandlungen des verbotswidrigen *Entwickelns* usw. (§ 19 Abs. 1 Nr. 1 KWKG) sowie das *Verleiten* zu diesen Handlungen (§ 19 Abs. 1 Nr. 1a KWKG) und ihr *Fördern* (§ 19 Abs. 1 Nr. 2 KWKG) mit Freiheitsstrafe von einem bis fünf Jahren bedroht (§ 19 Abs. 1 KWKG) und haben damit Verbrechensqualität i.S. des § 12 Abs. 1 StGB.

38 Ein **qualifizierter Tatbestand** mit der erhöhten Mindeststrafdrohung von Freiheitsstrafe nicht unter zwei Jahren kommt bei gewerbs- oder bandenmäßiger Tatausführung zur Anwendung (§ 19 Abs. 2 Nr. 1 KWKG) oder wenn die Tat die (innere oder äußere) Sicherheit der Bundesrepublik Deutschland, das friedliche Zusammenleben der Völker (und nicht nur von Staaten) oder erheblich die auswärtigen Beziehungen der Bundesrepublik Deutschland *konkret* gefährdet (§ 19 Abs. 2 Nr. 2 KWKG)[1].

39 Für **minder schwere Fälle** sind Strafrahmen bis zu drei Jahren Freiheitsstrafe (in den Fällen des § 19 Abs. 1 KWKG) bzw. fünf Jahren (in den Fällen des § 19 Abs. 2 KWKG) vorgesehen (§ 19 Abs. 3 KWKG).

40 **b)** Der **Versuch** ist sowohl für den *Grundtatbestand* des § 19 Abs. 1 KWKG als auch für die *Qualifizierungen* des § 19 Abs. 2 KWKG strafbar, da es sich jeweils um Verbrechen handelt (§ 23 Abs. 1 StGB). Die Einordnung als Verbrechen bleibt gem. § 12 Abs. 3 StGB auch für die *minder schweren Fälle* des § 19 Abs. 3 KWKG erhalten, sodass auch in diesen Fällen eine Versuchsstrafbarkeit gegeben ist.

4. Auslandstaten, Konkurrenzen und Nebenfolgen

41 **a)** Die Straftaten nach § 19 Abs. 2 Nr. 2, Abs. 3 Nr. 2, Abs. 5 und 6 KWKG sind (wie im Außenwirtschaftsrecht nach §§ 17 Abs. 7, 18 Abs. 10 AWG) unabhängig vom Recht des Tatorts strafbar, wenn sie **im Ausland begangen** werden und der **Täter Deutscher** ist (§ 21 KWKG). Da insoweit auch die Tathandlung des *Förderns* erfasst ist, kann beispielsweise auch die Tätigkeit eines Deutschen an der Errichtung einer Atomwaffenfabrik im Ausland in der Bundesrepublik strafrechtlich verfolgt werden[2]. Wegen der fehlenden Akzessorietät kann auch die Förderung einer Auslandstat eines Ausländers strafbar sein, obwohl diese Haupttat des Ausländers nach deutschem Recht nicht verfolgbar wäre[3].

42 **b)** Das **Konkurrenzverhältnis** des KWKG zum *Waffengesetz* (WaffG; dazu § 25 Rz. 67) war lange Zeit streitig, ist aber zwischenzeitlich durch das Gesetz zur Neuregelung des Waffenrechts[4] geklärt worden. Nach § 57 Abs. 1 S. 1 WaffG finden nunmehr dessen Vorschriften keine Anwendung auf Kriegswaffen i.S. des KWKG. Danach besteht für das Waffenrecht Subsidiarität gegenüber dem KWKG. Von diesem Grundsatz macht allerdings § 57 Abs. 1 S. 2 WaffG eine Ausnahme, indem für bestimmte Kriegsschusswaffen, die entsprechend einer Waffenrechtsänderung 1972 nach der Anmeldung legalisiert worden waren,

---

1 Vgl. dazu *Lampe* in Erbs/Kohlhaas, § 19 KWKG Rz. 7 ff.
2 Vgl. *Holthausen*, NJW 1991, 203 (204).
3 *Pottmeyer* in AWR-Komm. §§ 19–22 KWKG Rz. 12.
4 V. 11.10.2002, BGBl. I 2002, 3970, 4592.

auch weiterhin vorrangig die Vorschriften des WaffG gelten. Das WaffG findet Anwendung auf „Kriegswaffen", die nicht in der KWL genannt sind, aber wesentliche Teile einer (Kriegs-)Schusswaffe darstellen[1]. § 57 Abs. 2–5 WaffG regelt daneben die Frage, welche Vorschriften Anwendung finden, wenn tragbare Schusswaffen oder entsprechende Munition durch eine Änderung der KWL ihre Kriegswaffeneigenschaft verlieren.

Vergleichbar mit der Regelung im WaffG bestimmt § 1 Abs. 4 Nr. 4 SprengG (Gesetz über explosionsgefährliche Stoffe – **Sprengstoffgesetz**) den grundsätzlichen Vorrang des KWKG bei Explosivstoffen, die zugleich Kriegswaffen i.S. des KWKG sind. Ausnahmen hierzu sind in § 1 Abs. 4 Nr. 4 Hs. 2 SprengG geregelt. 43

Eine verbotswidrige *Ein-, Aus- oder Durchfuhr* von Kriegswaffen stellt zugleich einen **Bannbruch** gem. § 372 AO dar (dazu § 44 Rz. 206 ff.). Allerdings besteht nach § 372 Abs. 2 AO gesetzlich angeordnete Subsidiarität gegenüber den Vorschriften des KWKG. 44

Kriegswaffenausfuhren unterliegen nicht nur den Vorschriften des KWKG, sondern auch der **Genehmigungspflicht nach dem AWG** (vgl. oben § 62). Das KWKG ist nicht als lex specialis gegenüber dem AWG anzusehen. Dies ergibt sich insbesondere aus § 6 Abs. 4 KWKG sowie aus § 1 Abs. 2 Nr. 1 AWG, wonach (Genehmigungs-)Vorschriften anderer Gesetzen unberührt bleiben[2]. Das bedeutet zum einen, dass ggf. beide Genehmigungen (nach KWKG und AWG) vorliegen müssen (wobei in bestimmten Fällen die Genehmigung nach dem KWKG diejenige nach dem AWG mit umfasst), und zum anderen, dass bei Verletzung von Strafvorschriften keine die andere verdrängt, sondern tateinheitlich oder tatmehrheitlich begangene Verbrechen oder Vergehen sowohl nach dem KWKG als auch nach dem AWG gegeben sind[3]. 45

c) Das KWKG sieht **zusätzliche Nebenfolgen** vor: Während sich die allgemeinen Einziehungsvorschriften der §§ 74 ff. StGB (vgl. § 21 Rz. 83 ff.) auf Gegenstände beschränken, die Mittel zur Begehung einer Straftat sind oder durch eine Straftat hervorgebracht werden, ist nach § 24 Abs. 1 KWKG (nach pflichtgemäßem Ermessen des Gerichts) auch die *Einziehung* von Gegenständen (z.B. Atomwaffen) möglich, auf die sich eine Straftat nach dem KWKG (etwa die versuchte Verbringung von Atomwaffen ins Ausland) bezieht. Dies wäre nach allgemeinen Grundsätzen nicht zulässig, da die auszuführenden Kriegswaffen weder producta noch instrumenta sceleris sind. Über den *Verfall* von aus der Tat Erlangtem nach den allgemeinen Vorschriften (§§ 73 ff. StGB) hinaus ist in bestimmten Fällen gem. § 24 Abs. 3 KWKG bei gewerbs- oder bandenmäßigem Handeln auch der erweiterte Verfall nach § 73d StGB zugelassen, sodass die Verfallsobjekte nicht nachweislich aus der abgeurteilten Tat stammen müssen, sondern von einer beliebigen anderen rechtswidrigen Tat herrühren können, 46

---

1 BGH v. 11.10.2000 – 3 StR 267/00, NJW 2001, 384; *Beckemper* in A/R, Teil 4 Kap. 4 Rz. 13.
2 Vgl. nur *Pottmeyer* in AWR-Komm., Einl. KWKG Rz. 13 m.w.N.
3 BGH v. 23.11.1995 – 1 StR 296/95, BGHSt 41, 348 (356 f.) = NJW 1996, 1355 (1357); a.A. OLG München v. 28.9.1992 – 1 Ws 534-536/92, 1 Ws 757-759/92, NStZ 1993, 243; vgl. näher *Pathe/Wagner* in Bieneck, Hdb. AWR, § 5 Rz. 47.

und daneben nicht festgestellt werden muss, dass der Verfallsgegenstand tatsächlich für oder aus einer rechtswidrigen Tat erlangt wurde, sondern lediglich die Umstände die Annahme eines solchen Sachverhalts gebieten müssen[1]. Diese Nebenfolgen entsprechen denen im Außenwirtschaftsrecht nach § 20 AWG (vgl. § 62 Rz. 25 ff.). *Präventiv* sind zudem nach § 13 KWKG, § 32b ZFdG Sicherstellungen sowie die Einziehung von Kriegswaffen durch Überwachungs- und Polizeibehörden etc. möglich.

II. Biologische und chemische Waffen

1. Objektiver Tatbestand

a) Begrifflichkeiten

47 **aa)** Nach dem **KWKG** gelten als **biologische Kampfmittel** die in Teil A II. Nr. 3 der KWL aufgeführten wissenschaftlich definierten schädlichen Insekten und deren toxische Produkte sowie die genannten biologischen Agenzien (Mikroorganismen, Viren, Pilze und Toxine). Diese Stoffe sind in Teil A II. Nr. 3 Buchst. b KWL – freilich nicht abschließend – spezifiziert, wie beispielsweise der Typhuserreger Salmonella typhi oder das Influenzavirus. **Chemische Kampfstoffe** sind Substanzen mit in Teil A III. Nr. 5 der KWL definierter chemischer Strukturformel, wie etwa Schwefel- oder Stickstoffloste.

Auch bei den biologischen und chemischen Waffen sind solche *Einrichtungen und Geräte* gem. Teil A II. Nr. 4, III. Nr. 6 der KWL mit umfasst, die eigens dazu bestimmt sind, die biologischen oder chemischen Kampfmittel für militärische Zwecke zu verwenden, einschließlich ihrer Teile und Baugruppen, die eigens zur Verwendung in solchen Einrichtungen oder Geräten bestimmt sind[2].

48 Ausgenommen sind nach der **Zivilklausel** in der Einleitung zu Teil A der KWL Gegenstände, die zivilen Zwecken oder der wissenschaftlichen, medizinischen oder industriellen Forschung dienen, sowie Substanzen und Organismen, soweit sie zu Vorbeugungs-, Schutz- oder Nachweiszwecken dienen (vgl. Rz. 15 f.). Dementsprechend sind Gegenstände, welche nach ihrer objektiven Konstruktion möglicherweise auch für biologische oder chemische Waffen verwendungsgeeignet sind, die aber in wirtschaftlich vernünftiger Weise zivilen Zwecken dienen sollen (**Dual-Use-Gegenstände**), nicht vom Verbot betroffen. Dabei ist aber eine nach subjektiven Kriterien getroffene Abgrenzung nach dem Kriegsführungszweck (vgl. Rz. 11) wegen der damit verbundenen Unbestimmtheit zumindest strafrechtlich verfassungskonform in dem Sinne zu begrenzen, dass nur bei einer im konkreten Einzelfall auch durch die Konstruktion objektiv manifestierten militärischen Verwendungsbestimmung eines Gegenstandes dessen Kriegswaffeneigenschaft anzunehmen ist[3].

---

1 Vgl. dazu *Eser* in S/S, § 73d StGB Rz. 1; *Rönnau*, Vermögensabschöpfung in der Praxis, 2003, S. 9 f.
2 Vgl. hierzu LG Stuttgart v. 1.10.1996 – 3 KLs 47/96, NStZ 1997, 288 (289 f.) m. Anm. *Holthausen* und *Kreuzer*.
3 Vgl. zum Parallelproblem im AußenwirtschaftsR bei der Definition der Rüstungsgüter *Bieneck*, wistra 2008, 451 (453 f.).

bb) Die Verbote in Art. I Abs. 1 **CWÜ** beziehen sich auf **chemische Waffen**, die in Art. II Nr. 1 i.V.m. Art. II Nr. 2–4 und 9 CWÜ definiert werden. Damit ergibt sich eine generalklauselartige Umschreibung für chemische Waffen[1], die *alle toxischen Chemikalien* und ihre *Vorprodukte* mit Ausnahme derjenigen erfasst, die für nicht verbotene Zwecke bestimmt sind (vgl. Rz. 53). Dazu kommen *Munition, Geräte und Ausrüstung*, die *eigens dazu entworfen* sind, unter Ausnutzung der Toxizität von Chemikalien den Tod oder sonstige Körperschäden herbeizuführen (Art. II Nr. 1 CWÜ). 49

§ 17 CWÜAG erhält eine besondere Bedeutung dadurch, dass der **Begriff der chemischen Waffe** i.S. von CWÜ und CWÜAG **weiter** reicht als der des KWKG (Rz. 47 ff.). Allerdings ist der Umgang mit chemischen **Vorprodukten** i.S. von Art. II Nr. 1 Buchst. a CWÜ durch § 17 CWÜAG nicht erfasst, obwohl diese zu den chemischen Waffen i.S. des Übereinkommens zählen, da in § 17 Abs. 1 Nr. 1 CWÜAG bei dem Verweis auf Art. II Nr. 1 CWÜ nur Buchst. b und c genannt werden, nicht dagegen Buchst. a. Die Strafbarkeit kann sich hier jedoch wiederum über den Tatbestand des *Förderns* ergeben, wenn z.B. Vorprodukte für die unerlaubte Herstellung toxischer Chemikalien geliefert werden und der Lieferant den Verwendungszweck kennt[2]. 50

b) Verbote

aa) Nach dem **absoluten Verbot** des **§ 18 KWKG** dürfen biologische und chemische Waffen – im Gegensatz zu den Atomwaffen des § 16 KWKG und den sonstigen Kriegswaffen – in der Bundesrepublik Deutschland selbst von staatlichen Stellen (auch der NATO) oder in deren Auftrag nicht entwickelt, hergestellt, eingeführt usw. werden. 51

bb) Art. I Abs. 1 Buchst. a, b und d **CWÜ** enthält die **verbotenen Handlungen** für Chemiewaffen, nämlich die Entwicklung, Herstellung, den Erwerb, die Lagerung, das Zurückbehalten, die Weitergabe und den Einsatz sowie die Unterstützung, das Ermutigen und die Veranlassung anderer zu solchen verbotenen Tätigkeiten. Außerdem ist es verboten, *militärische Vorbereitungen* für einen Einsatz zu treffen (Art. I Abs. 1 Buchst. c CWÜ), sodass auch solche Handlungen im Vorfeld erfasst werden, die noch nicht gegen eines der anderen Verbote verstoßen, wie z.B. die Entwicklung und Einübung von Einsatzprinzipien. 52

Nicht verbotene Zwecke sind dagegen nach Art. II Nr. 9 CWÜ: 53

– alle friedlichen Zwecke;

– Zwecke, die mit dem Schutz gegen toxische Chemikalien (auch erlaubte) und chemische Waffen in unmittelbarem Zusammenhang stehen;

– militärische Zwecke, die nicht mit dem Einsatz chemischer Waffen zusammenhängen und nicht die toxischen, d.h. Mensch oder Tier schädigenden Eigenschaften von Chemikalien ausnutzen, sowie

---

1 Vgl. BT-Drucks. 12/7207, S. 12.
2 Vgl. BT-Drucks. 12/7207, S. 18.

– Zwecke der Aufrechterhaltung der öffentlichen Ordnung einschließlich der innerstaatlichen Bekämpfung von Unruhen[1].

Die Reichweite dieser nicht verbotenen Zwecke geht damit weit über die der Zivilklausel im KWKG hinaus (vgl. Rz. 15 f.).

54 Während die im CWÜ festgelegten Verbote innerstaatlich zum ganz überwiegenden Teil durch die Strafvorschriften der § 20 KWKG und § 17 CWÜAG durchgesetzt wurden, ermächtigt § 2 CWÜAG die Bundesregierung dazu, bei dem **erlaubten Umgang** mit toxischen Chemikalien in Bezug auf einzelne Stoffe bestimmte Tätigkeiten zu verbieten bzw. von einer *Genehmigung* abhängig zu machen.

55 Zur Durchsetzung der umfangreichen **Kontrollbestimmungen** des Übereinkommens ermächtigt das CWÜAG zu entsprechenden *Eingriffen in die Rechte Dritter* und legt diesen zudem die Pflicht zu aktiver Mitwirkung auf.

Die gem. § 3 CWÜAG durch Rechtsverordnung zu regelnden **Meldepflichten** betreffen in erster Linie natürliche und juristische Personen, denen Genehmigungen nach § 2 CWÜAG erteilt worden sind. Gleiches gilt für die in §§ 8–11 CWÜAG geregelte Verpflichtung zur Duldung und Mitwirkung bei *routinemäßigen* **Inspektionen** vor Ort nach Art. VI CWÜ. Dagegen können die sich ebenfalls aus §§ 8–11 CWÜAG ergebenden Pflichten im Zusammenhang mit den nach Art. IX und X CWÜ durchzuführenden *Verdachtsinspektionen und Untersuchungen* jedermann betreffen.

c) Tathandlungen

56 **aa) § 20 Abs. 1 Nr. 1 KWKG** erfasst als Tathandlungen das Entwickeln, Herstellen, Handeltreiben, Erwerben, Überlassen, Einführen, Ausführen, Durchführen, sonstige Verbringen oder sonstige Ausüben der tatsächlichen Gewalt über biologische oder chemische Waffen. Die Tathandlungen entsprechen denen des § 19 Abs. 1 KWKG, sodass wegen der Einzelheiten auf die dortigen Ausführungen verwiesen werden kann (vgl. Rz. 22 ff.).

§ 20 Abs. 1 Nr. 1a KWKG erfasst das Verleiten zu einer Handlung gem. Nr. 1 und umschreibt somit – entsprechend der Regelung des § 19 Abs. 1 Nr. 1a KWKG – einen Anstiftungssachverhalt als selbständigen Straftatbestand. Wegen der sich hieraus ergebenden Einzelheiten wird auf die dortigen Ausführungen (Rz. 28) verwiesen.

§ 20 Abs. 1 Nr. 2 KWKG betrifft – entsprechend § 19 Abs. 1 Nr. 2 KWKG – das Fördern einer Tat gem. Nr. 1 und erfasst damit Beihilfehandlungen als selbständige Tathandlung. Wegen der sich hieraus ergebenden Konsequenzen wird auf Rz. 29 ff. verwiesen.

57 Entsprechend § 19 Abs. 6 KWKG ist auch in § 20 **Abs. 4** KWKG eine **tatbestandsausschließende Befreiung** geregelt. Diese bezieht sich auf Handlungen, die zur Vernichtung von chemischen (aber nicht von biologischen) Waffen

---

[1] Für den zuletzt genannten Zweck sind nach Art. II Nr. 7 CWÜ nur Chemikalien erlaubt, deren schädliche Wirkungen nach kurzer Zeit verschwinden und die nicht in einer der drei Listen des Chemikalienanhangs (Anh. 1 zum CWÜ) erfasst sind.

durch die dafür zuständigen Stellen sowie zum Schutz gegen die Wirkungen von biologischen und chemischen Waffen geeignet und bestimmt sind. Hierunter fallen beispielsweise die Vernichtung von Altbeständen an chemischen Waffen aus der Zeit der beiden Weltkriege[1] und die Prüfung von Schutzmaterial (z.B. Gasmasken, Schutzanzüge und Gegenmittel) mittels Proben von chemischen Kampfstoffen durch die dafür zuständigen Stellen[2].

Darüber hinaus schließt **§ 22** KWKG die Anwendbarkeit des § 20 KWKG für die näher genannten **dienstlichen Handlungen** im Zusammenhang mit den Nordatlantikverträgen aus den Jahren 1949 und 1951 aus, was sowohl Handlungen von Vertragspartnern im Rahmen der NATO als auch von Deutschen in Stäben und Einrichtungen der NATO betreffen kann. 58

bb) § 16 CWÜAG sieht *vier Tatbestandsalternativen* in Abs. 1 Nr. 1–3 und Abs. 2 vor: 59

§ 16 Abs. 1 Nr. 1 CWÜAG knüpft an den Ordnungswidrigkeitentatbestand des § 15 Abs. 1 CWÜAG an und begründet die Strafbarkeit der dort in Nr. 1b, Nr. 3 und Nr. 4 geregelten Ordnungsverstöße, wenn diese geeignet sind, die *auswärtigen Beziehungen* der Bundesrepublik Deutschland erheblich *zu gefährden*. Bei den Verstößen geht es um die Verletzung von Melde- und Auskunftspflichten sowie von Duldungs- und Mitwirkungspflichten im Zusammenhang mit Inspektionen. 60

§ 16 Abs. 1 Nr. 2 CWÜAG sanktioniert Verstöße gegen Rechtsverordnungen, die auf § 2 Abs. 1 S. 2 Nr. 1 CWÜAG beruhen und die Ein- und Ausfuhr von Chemikalien, die Errichtung von Produktionsstätten sowie die Produktion, Verarbeitung, Veräußerungen etc. von Chemikalien durch Deutsche im Ausland betreffen. 61

§ 16 Abs. 1 Nr. 3 CWÜAG erfasst wiederum Verstöße gegen Rechtsverordnungen auf der Grundlage des § 2 Abs. 1 S. 2 Nr. 2 CWÜAG, soweit diese den Betrieb bestimmter Einrichtungen zur Produktion gewisser Chemikalien von einer Genehmigung abhängig machen. Diese Tatbestände unterliegen einer gesetzlich angeordneten Subsidiarität gegenüber einer Strafbarkeit nach dem KWKG.

§ 16 Abs. 2 CWÜAG erfasst wiederum Verstöße gegen Rechtsverordnungen, die auf § 2 Abs. 1 S. 2 Nr. 3 CWÜAG beruhen und die Einfuhr, Ausfuhr, Durchfuhr etc. gewisser Chemikalien, das Handeln mit diesen Chemikalien, das Ausüben der tatsächlichen Gewalt über sie oder die Änderung genehmigter Einrichtung von einer Genehmigung abhängig machen. 62

Der **Verbrechenstatbestand** des § 17 Abs. 1 CWÜAG entspricht sowohl bei den Tathandlungen als auch der Sanktionsfolge weitgehend der in § 20 KWKG enthaltenen Strafvorschrift gegen chemische Waffen, sodass auf die Ausführungen zu § 20 KWKG verwiesen werden kann (vgl. Rz. 56 ff.). 63

---
1 BT-Drucks. 11/4609, S. 10.
2 *Beckemper* in A/R, Teil 4 Kap. 4 Rz. 113; *Pottmeyer* in AWR-Komm., §§ 19–22 KWKG Rz. 16.

64 Vergleichbar mit den Regelungen der §§ 17 Abs. 6, 18 Abs. 9 AWG, § 330d Abs. 1 Nr. 5 StGB ordnet § 16 Abs. 4 CWÜAG an, dass ein Handeln aufgrund einer durch *Drohung*, *Bestechung* oder *Kollusion* erwirkten oder durch *unrichtige* oder *unvollständige* Angaben erschlichenen Genehmigung einem **Handeln ohne Genehmigung gleichsteht**.

2. Subjektiver Tatbestand

65 a) Bei den Tathandlungen des § 20 Abs. 1, Abs. 2 **KWKG** ist (zumindest bedingter) *Vorsatz* erforderlich. *Fahrlässiges* Handeln bei § 20 Abs. 1 Nr. 1 KWKG und *leichtfertiges* Handeln[1] in den Fällen des Verleitens oder Förderns (§ 20 Abs. 1 Nr. 1a bzw. 2 KWKG) sind in § 20 Abs. 3 KWKG strafbewehrt.

66 b) Die Tathandlungen des § 16 Abs. 1 und Abs. 2 **CWÜAG** können nicht nur mit (zumindest bedingtem) *Vorsatz* verwirklicht werden, sondern nach der ausdrücklichen Anordnung des § 16 Abs. 6 CWÜAG auch im Falle von *Fahrlässigkeit* bestraft werden.

67 § 17 CWÜAG verlangt (zumindest bedingt) *vorsätzliches* Verhalten. Nicht-vorsätzliches Handeln ist gem. § 17 Abs. 3 CWÜAG nur strafbar, wenn der Täter *leichtfertig* handelt.

3. Strafrahmen und Versuch

68 a) § 20 Abs. 1 **KWKG** sieht bei allen drei Begehungsalternativen bereits eine Mindestfreiheitsstrafe von zwei Jahren vor, sodass ein Qualifizierungstatbestand wie bei den Atomwaffen für besondere Formen der Tatausführung oder für besondere Tatfolgen (vgl. § 19 Abs. 2 KWKG) überflüssig ist. Das Gesetz reduziert jedoch in § 20 Abs. 2 KWKG bei *minder schweren Fällen* – ohne dass dadurch der Verbrechenscharakter berührt würde (§ 12 Abs. 3 StGB) – den Strafrahmen auf Freiheitsstrafe von drei Monaten bis zu fünf Jahren. *Fahrlässiges* Handeln bei § 20 Abs. 1 Nr. 1 KWKG und *leichtfertiges* Handeln in den Fällen des Verleitens oder Förderns (§ 20 Abs. 1 Nr. 1a bzw. 2 KWKG) sind in § 20 Abs. 2 KWKG mit Freiheitsstrafe bis zu drei Jahren oder Geldstrafe bedroht.

69 Bei **vorsätzlicher** Verwirklichung der Tathandlungen sieht § 16 Abs. 1 CWÜAG Freiheitsstrafe von bis zu fünf Jahren oder Geldstrafe sowie § 16 Abs. 2 CWÜAG Freiheitsstrafe bis zu drei Jahren oder Geldstrafe vor. Im Falle **fahrlässigen** Handelns ordnet § 16 Abs. 6 CWÜAG hingegen Freiheitsstrafe bis zu zwei Jahren oder Geldstrafe (im Falle des § 16 Abs. 1 CWÜAG) bzw. Freiheitsstrafe bis zu einem Jahr oder Geldstrafe (im Falle des § 16 Abs. 2 CWÜAG) an. Nachdem die Taten nach § 16 CWÜAG Vergehen sind, ändert auch die gesteigerte Strafandrohung in § 16 Abs. 3 CWÜAG für **besonders schwere Fälle** (zwei bis 15 Jahre Freiheitsstrafe) den Deliktscharakter nicht (§ 12 Abs. 3 StGB).

70 Der Verbrechenstatbestand des § 17 Abs. 1 CWÜAG sieht Freiheitsstrafe nicht unter zwei Jahren (bis 15 Jahre) vor. Für **minder schwere Fälle** dieses Verbrechenstatbestandes beträgt der Strafrahmen gem. § 17 Abs. 2 CWÜAG Freiheits-

---

[1] Zum Begriff der Leichtfertigkeit vgl. *Fischer*, § 15 StGB Rz. 20 m.w.Nw.

strafe von drei Monaten bis zu fünf Jahren. § 17 Abs. 3 CWÜAG droht für **leichtfertiges** Handeln – als Vergehen – Freiheitsstrafe von bis zu drei Jahren oder Geldstrafe an.

b) Da es sich bei **§ 20 Abs. 1, Abs. 2 KWKG** um einen Verbrechenstatbestand handelt, sind Versuchshandlungen gem. §§ 23 Abs. 1, 12 Abs. 1, Abs. 3 StGB ebenfalls strafbar. 71

Kraft ausdrücklicher Bestimmung in **§ 16 Abs. 5 CWÜAG** ist der Versuch in allen Fällen dieses Vergehenstatbestandes strafbar. Aufgrund der Einordnung als Verbrechen ist der Versuch daneben bei allen Taten nach **§ 17 CWÜAG**, auch in den minder schweren Fällen nach § 17 Abs. 2 CWÜAG (§§ 23 Abs. 1, 12 Abs. 3 StGB), strafbar. 72

4. Auslandstaten, Konkurrenzen und Nebenfolgen

a) Sämtliche auf biologische und chemische Waffen bezogenen strafbaren Handlungen sind auch strafbar, wenn sie von einem *Deutschen im Ausland* begangen werden (**§ 21 KWKG**; vgl. Rz. 41). Dies gilt aufgrund **§ 18 CWÜAG** auch für die Straftat nach § 17 CWÜAG mit § 16 Abs. 1 Nr. 2, Abs. 15 CWÜAG. 73

b) Zu den **Konkurrenzen** kann für das **KWKG** auf die Ausführungen zu den Strafvorschriften gegen *Atomwaffen* verwiesen werden (vgl. Rz. 42 ff.). 74

Für das **CWÜAG** ist wegen der **Konkurrenzen** zunächst auf die Ausführungen zu den *Atomwaffen* zu verweisen (vgl. Rz. 42 ff.). Daneben sind Straftaten nach dem CWÜAG gem. §§ 16 Abs. 1 a.E., Abs. 2 a.E., 17 Abs. 1 a.E. CWÜAG gegenüber Straftaten nach § 20 KWKG *subsidiär*. Wegen des Subsidiaritätsverhältnisses zu § 20 KWKG hat die Vorschrift des § 17 CWÜAG beispielsweise jedoch dann eigenständige Bedeutung, wenn es um den Umgang mit chemischen Kampfstoffen geht, die noch nicht in die KWL aufgenommen sind, oder um den missbräuchlichen Umgang mit toxischen Chemikalien, die wegen ihrer umfangreichen zivilen Verwendung zwar nicht in die KWL eingestellt sind, sich aber zur Waffenproduktion eignen[1]. 75

c) Die **Nebenfolgen** bei Verstößen gegen Strafvorschriften des **KWKG** gegen biologische und chemische Waffen entsprechen den Strafvorschriften gegen Atomwaffen (vgl. Rz. 46). 76

Gem. § 19 **CWÜAG** ist über §§ 74 ff. StGB hinaus auch die *Einziehung* von Gegenständen zulässig, auf welche sich eine Ordnungswidrigkeit oder Straftat nach den §§ 15–17 CWÜAG lediglich *bezieht*. Diese Regelung gleicht der des § 20 AWG im Außenwirtschaftsstrafrecht (vgl. § 62 Rz. 25 ff.). Für die gewerbs- oder bandenmäßige Begehungsweise nach §§ 16, 17 CWÜAG verweist § 19 Abs. 3 CWÜAG auf § 73d StGB, sodass bei solchen Taten auch der *erweiterte Verfall* angeordnet werden kann. 77

---

1 BT-Drucks. 12/7207, S. 18.

III. Antipersonenminen und Streumunition

1. Objektiver Tatbestand

78 a) Eine **Definition der Antipersonenminen** enthält Art. 2 Abs. 1 des Übereinkommens über das Verbot von Antipersonenminen[1], worauf § 18a Abs. 2 S. 1 KWKG Bezug nimmt. Danach handelt es sich um eine Mine, die dazu bestimmt ist, durch die Gegenwart, Nähe oder Berührung einer Person zur Explosion gebracht zu werden, und die eine oder mehrere Personen kampfunfähig macht, verletzt oder tötet. Minen, die dazu bestimmt sind, erst durch die Gegenwart, Nähe oder Berührung eines Fahrzeugs zur Detonation gebracht zu werden, und die mit Aufhebesperren ausgestattet sind, werden wegen dieser Ausstattung nicht als Antipersonenminen betrachtet.

79 Nach der in Art. 2 Nr. 2 des Übereinkommens über Streumunition[2] enthaltenen **Definition** bezeichnet **Streumunition** konventionelle Munition, die dazu bestimmt ist, explosive Submunitionen mit jeweils weniger als 20 kg Gewicht zu verstreuen oder freizugeben, und schließt dabei diese explosiven Submunitionen ein. Bestimmte Ausnahmen und weitere Erläuterungen in Art. 2 Nr. 2 Buchst. a–c des Übereinkommens über Streumunition ergänzen diese Begriffsbestimmung.

Die Kriegswaffeneigenschaft von Antipersonenminen und Streumunition ergibt sich aus Nr. 43 der KWL, die Minen aller Art erfasst.

80 b) § 18a Abs. 1 Nr. 1 **KWKG** enthält ein **umfassendes Verbot**, Antipersonenminen einzusetzen, zu entwickeln, herzustellen, mit ihnen Handel zu treiben, von einem anderen zu erwerben oder einem anderen zu überlassen, einzuführen, auszuführen, durch das Bundesgebiet durchzuführen, sonst in das Bundesgebiet oder aus dem Bundesgebiet zu verbringen oder sonst die tatsächliche Gewalt über sie auszuüben, insbesondere sie zu transportieren, zu lagern oder zurückzubehalten. Verboten sind weiterhin – wie bei den ABC-Waffen – das *Verleiten* eines anderen zu einer verbotswidrigen Handlung (§ 18a Abs. 1 Nr. 2 KWKG) sowie die *Förderung* einer solchen verbotswidrigen Handlung (§ 18a Abs. 1 Nr. 3 KWKG).

81 Von den verbotenen Tathandlungen **ausgenommen** sind die Weitergabe von Antipersonenminen zum Zweck ihrer *Vernichtung* sowie für die *Entwicklung von Verfahren* zur Minensuche, Minenräumung oder Minenvernichtung und die *Ausbildung* in diesen Verfahren (§ 18a Abs. 3 KWKG i.V.m. Art. 3 des Übereinkommens über das Verbot von Antipersonenminen). Diese Ausnahmen ähneln in ihrer Zielrichtung dem Satz 2 der Zivilklausel für ABC-Waffen (vgl. Rz. 16).

82 Mit § 20a Abs. 1 Nr. 1–3 KWKG sind **Strafvorschriften** für Verstöße gegen die Verbote bei Antipersonenminen und Streumunition geschaffen worden. Tathandlungen sind *Verstöße gegen die Verbote* nach § 18a Abs. 1 Nr. 1 KWKG (§ 20a Abs. 1 Nr. 1 KWKG), das *Verleiten* hierzu (§ 20a Abs. 1 Nr. 2 KWKG) so-

---

1 Vgl. das AusführungsG v. 6.7.1998, BGBl. I 1998, 1778 sowie Lampe in Erbs/Kohlhaas, § 20a KWKG Rz. 2.
2 BGBl. II 2009, 507 f.

wie das *Fördern* eines solchen Verstoßes (§ 20a Abs. 1 Nr. 3 KWKG). Die einzelnen *Tathandlungen* decken sich weitgehend mit denjenigen der §§ 19, 20 KWKG (vgl. Rz. 22 ff.). Lediglich das (für Antipersonenminen spezifische) *Einsetzen*[1] i.S. eines Verlegens sowie die Handlungsalternativen des Transportierens, Lagerns und Zurückbehaltens als Beispiele für das sonstige Ausüben der tatsächlichen Gewalt (als Oberbegriff) sind in § 20a KWKG zusätzlich aufgenommen worden.

2. Subjektiver Tatbestand

Für die Tathandlungen des § 20a Abs. 1, Abs. 2, Abs. 3 KWKG ist (zumindest bedingter) **Vorsatz** erforderlich. Die **fahrlässige** Verwirklichung des § 20a Abs. 1 Nr. 1 KWKG sowie das **leichtfertige** Verleiten oder Fördern (§ 20a Abs. 1 Nr. 2, 3 KWKG) sind nach § 20a Abs. 4 KWKG strafbar. 83

3. Strafrahmen und Versuch

a) Die **Strafandrohung** bei **§ 20a Abs. 1 KWKG** entspricht der für die sonstigen Kriegswaffen (vgl. Rz. 101) mit einem Jahr bis fünf Jahren Freiheitsstrafe und besitzt daher Verbrechensqualität, wobei bei den Antipersonenminen und der Streumunition – anders als bei den übrigen konventionellen Kriegswaffen (vgl. § 22a KWKG) – das Verleiten und Fördern als täterschaftliche Handlungen der gleichen Strafandrohung unterliegen. Im Falle des strafbaren **fahrlässigen** bzw. **leichtfertigen** Handelns (vgl. Rz. 83) ist die Strafe Freiheitsstrafe bis zu drei Jahren oder Geldstrafe (§ 20 Abs. 3 KWKG). 84

Für **besonders schwere Fälle** mit den Regelbeispielen der *gewerbsmäßigen* Tatbegehung oder der Tatbeziehung auf eine *große Zahl* von Antipersonenminen oder Streumunition ist die Freiheitsstrafandrohung auf ein Jahr bis 15 Jahre erhöht (§ 20a Abs. 2 KWKG). Was mit einer großen Zahl gemeint ist, ist zweifelhaft; teilweise ist von einem Dutzend die Rede, teilweise werden mehr als 100 Stück verlangt[2]. 85

In **minder schweren Fällen** ist die Strafe Freiheitsstrafe von drei Monaten bis zu drei Jahren (§ 20a Abs. 3 KWKG), wobei es sich gem. § 12 Abs. 3 StGB weiterhin um einen Verbrechenstatbestand handelt.

b) Der **Versuch** ist sowohl beim Tatbestand des § 20a Abs. 1 KWKG als auch bei den besonders schweren und minder schweren Fällen des § 20a Abs. 2, Abs. 3 KWKG strafbar, nachdem es sich sämtlich um Verbrechenstatbestände handelt (§§ 12 Abs. 1, Abs. 3, 23 Abs. 1 StGB). 86

4. Auslandstaten, Konkurrenzen und Nebenfolgen

Auch Verstöße nach § 20a KWKG sind gem. § 21 KWKG unabhängig vom Recht des Tatorts strafbar, wenn sie **im Ausland** von **Deutschen** begangen werden. 87

---

1 *Lampe* in Erbs/Kohlhaas, § 20a KWKG Rz. 4.
2 Vgl. nur die Nw. bei *Lampe* in Erbs/Kohlhaas, § 20a KWKG Rz. 6.

88 Für die **Konkurrenzen** kann auf die Ausführungen zu den *Atomwaffen* (Rz. 42 ff.) verwiesen werden.

89 Auch die **Nebenfolgen** der *Einziehung* und des *Verfalls* kommen bei Antipersonenminen und Streumunition in gleichem Umfang wie bei Atomwaffen zum Zuge (vgl. Rz. 46).

IV. Sonstige Kriegswaffen

90 Die Strafvorschriften im Umgang mit sonstigen Kriegswaffen (konventioneller Art) nach Teil B der KWL sind in **§ 22a KWKG** enthalten, auch wenn diese Norm mit „Sonstige Strafvorschriften" überschrieben ist.

1. Objektiver Tatbestand

91 **a)** *Sonstige Kriegswaffen* sind nach der **Begriffsbestimmung** in Teil B der KWL (Rz. 9) Flugkörper, Kampfflugzeuge und -hubschrauber, Kriegsschiffe und schwimmende Unterstützungsfahrzeuge, Kampffahrzeuge, Rohrwaffen, leichte Panzerabwehrwaffen, Flammenwerfer, Minenleg- und Minenwurfsysteme, Torpedos, Minen, Bomben, eigenständige Munition, sonstige Munition, sonstige wesentliche Bestandteile, Dispenser und Laserwaffen. Diese konventionellen Kriegswaffen werden ausschließlich nach *objektiven* Merkmalen (nämlich durch Gattungsbegriffe) definiert[1]. *Antipersonenminen* und *Streumunition* fallen zwar ebenfalls unter die Nr. 43 der KWL („Minen aller Art"), werden aber von den (spezielleren) Verbots- und Straftatbeständen der §§ 18, 20a KWKG erfasst (vgl. Rz. 80 ff.).

92 **b)** Für die sonstigen Kriegswaffen des Teils B der KWL (konventionelle Rüstungsgüter) sind die **Verbote** *weniger umfassend* als bei den ABC-Waffen und den Antipersonenminen und der Streumunition. Es besteht im Wesentlichen lediglich ein präventives Herstellungs-, Inverkehrbringungs-, Ein- und Ausfuhr- und Beförderungsverbot, das mit einem *Genehmigungsvorbehalt* verbunden ist (§§ 2–4 KWKG i.V.m. § 6 KWKG). Diese Handlungsalternativen wurden im Jahr 1978 ergänzt durch ein *allgemeines Vermittlungsverbot* (*arms brokering*), das den Abschluss, die Vermittlung und den Nachweis der Gelegenheit zum Abschluss eines Vertrages über den Erwerb oder das Überlassen von im Ausland befindlichen Kriegswaffen umfasst (§ 4a KWKG)[2].

93 Das **Entwickeln** von Kriegswaffen und **Fördern** von Verstößen sowie das **Verleiten** eines anderen zu Verstößen gehören bei den sonstigen Kriegswaffen – im Gegensatz zu den ABC-Waffen – *nicht* zu den selbständig verbotenen Handlungen, können aber als Teilnahmehandlung gem. §§ 26, 27 StGB strafbar sein.

94 **c)** Die **Tathandlungen** des § 22a Abs. 1 KWKG sind, soweit nicht hierfür eine Genehmigung erteilt worden ist:

---

1 *Beckemper* in A/R, Teil 4 Kap. 4 Rz. 20.
2 Vgl. zu den Handels- und Vermittlungsgeschäften im Einzelnen *Pottmeyer* in AWR-Komm., § 4a KWKG Rz. 1 ff.

- das *Herstellen* (Nr. 1): die Neuanfertigung einer Kriegswaffe sowie die Wiederherstellung einer vormals unbrauchbaren Kriegswaffe[1];

- das *Erwerben oder Überlassen der tatsächlichen Gewalt* (Nr. 2): die Erlangung bzw. Übertragung des unmittelbaren Besitzes von einem bzw. an einen Dritten[2];

- das *Befördernlassen oder Befördern* (Nr. 3): jede Art des Transports im Bundesgebiet außerhalb eines abgeschlossenen Geländes[3];

- das *Ein-, Aus- oder Durchführen* sowie das *Verbringen* aus dem Bundesgebiet (Nr. 4): sämtliche Verbringungen (i.w.S.) mit Auslandsbezug[4];

- das *absichtliche oder wissentliche Befördern mit deutschen Schiffen und Luftfahrzeugen außerhalb des Bundesgebietes* (Nr. 5): entsprechende Beförderungen (mit direktem Vorsatz) ohne die für den Beförderer erforderliche Genehmigung[5];

- das *Ausüben der sonstigen tatsächlichen Gewalt* (Nr. 6): Auffangtatbestand für das Innehaben des unmittelbaren Besitzes a) ohne genehmigten (derivativen) Erwerb der tatsächlichen Gewalt[6] bzw. b) ohne Anmeldung entgegen einer näher genannten Anzeigepflicht[7];

- das *Vermitteln oder Abschließen eines Vertrages über den Erwerb oder das Überlassen* i.S. von § 4a KWKG und das *Nachweisen einer Gelegenheit hierzu* (Nr. 7): die Vermittlung von im Ausland stattfindenden Kriegswaffengeschäften[8], der Abschluss derartiger Eigengeschäfte[9] sowie der Nachweis einer Gelegenheit zum Abschluss eines solchen Vertrages[10] (**arms brokering**).

Befreiungen von der Genehmigungspflicht bestehen in den Fällen des § 5 KWKG z.B. für einen Arbeitnehmer oder Subunternehmer, der im Rahmen seines ihm zugewiesenen Aufgabenbereichs unter verantwortlicher Weisung und

---

1 Vgl. BGH v. 21.10.1980 – 1 StR 477/80, NStZ 1981, 104; OLG Stuttgart v. 6.7.1981 – 3 Ss 220/81, NStZ 1982, 33 (34); *Lampe* in Erbs/Kohlhaas, § 22a KWKG Rz. 3.
2 BGH v. 6.8.2007 – 4 StR 431/06, NStZ 2008, 158; *Lampe* in Erbs/Kohlhaas, § 22a KWKG Rz. 4.
3 Vgl. BGH v. 20.1.1981 – 5 StR 657/80, GA 1981, 382 (Ls); *Lampe* in Erbs/Kohlhaas, § 22a KWKG Rz. 5; *Pottmeyer* in AWR-Komm., § 3 KWKG Rz. 2 ff.
4 Vgl. hierzu nur *Beckemper* in A/R, Teil 4 Kap. 4 Rz. 43 ff.; *Lampe* in Erbs/Kohlhaas, § 22a KWKG Rz. 6 f.
5 Vgl. nur *Heinrich* in Momsen/Grützner, Kap. 10 Rz. 59 f.; *Lampe* in Erbs/Kohlhaas, § 22a KWKG Rz. 8.
6 Vgl. hierzu BGH v. 12.2.1997 – 3 StR 467/96, NStZ-RR 1997, 283; *Lampe* in Erbs/Kohlhaas, § 22a KWKG Rz. 9.
7 Vgl. nur BGH v. 24.1.2006 – 1 StR 357/05, NJW 2006, 1297; *Lampe* in Erbs/Kohlhaas, § 22a KWKG Rz. 10.
8 Vgl. BGH v. 7.2.1979 – 2 StR 523/78, BGHSt 28, 294 (295) = NJW 1979, 2113; BGH v. 13.11.2008 – 3 StR 403/08, NStZ 2009, 497 (498); OLG Stuttgart v. 31.10.1991 – 3 Ws 274/91, wistra 1992, 75; *Lampe* in Erbs/Kohlhaas, § 22a KWKG Rz. 11.
9 Vgl. hierzu OLG Köln v. 8.7.1983 – 2 Ws 378/83, OLGSt § 4a KWKG Nr. 1 (Ls); *Lohberger*, NStZ 1990, 61 (61, 64 ff.); *Heinrich* in Momsen/Grützner, Kap. 10 Rz. 70.
10 Vgl. nur BGH v. 2.7.1981 – 1 StR 195/81, NStZ 1983, 172.

Kontrolle des Arbeitgebers bzw. Auftraggebers tätig wird. In diesen Fällen bedarf nach § 5 Abs. 1 S. 2 KWKG lediglich der Arbeitgeber bzw. Auftraggeber der Genehmigung nach den §§ 2–4a KWKG.

Zwangsläufig ist in § 15 KWKG eine *Freistellung* von der Genehmigungspflicht für die Bundeswehr, die Bundespolizei und die Zollverwaltung im Rahmen ihrer (ggf. auch vorschriftswidrig ausgeübten[1]) dienstlichen Tätigkeit sowie für weitere Behörden und Dienststellen (z.B. Polizei der Länder) bei näher genannten dienstlichen Handlungen bestimmt. Darüber hinaus enthält § 27 KWKG eine *Genehmigungsfiktion* für Handlungen aufgrund zwischenstaatlicher Verpflichtungen.

96 **d)** Während bei ABC-Waffen, Antipersonenminen und Streumunition repressive Verbote ohne Befreiungsmöglichkeit bestehen und deshalb die Strafbarkeit nicht an fehlende Genehmigungen anknüpft, liegen den Verboten bei sonstigen Kriegswaffen nach Teil B der Kriegswaffenliste (KWL, vgl. Rz. 9) nach zutreffender h.M. **präventive Verbote mit Erlaubnisvorbehalt** zugrunde[2]. An diesem Befund ändert sich auch nichts dadurch, dass gem. Teil B der KWL *kein Recht auf eine Genehmigung* für die kontrollierten Handlungen besteht (vgl. § 6 Abs. 1 KWKG). Befreiungen von den Verboten des KWKG liegen nach der zutreffenden Auslegung von Art. 26 Abs. 2 GG vielmehr im (pflichtgemäß auszuübenden) Ermessen der Verwaltungsbehörde[3]. Beim Vorliegen bestimmter Gründe, wie etwa der Annahme, dass die Erteilung der Genehmigung dem Interesse der Bundesrepublik an der Aufrechterhaltung guter Beziehungen zu anderen Staaten zuwiderlaufen würde, kann sie daher versagt werden (§ 6 Abs. 2 KWKG), während sie z.B. bei Unzuverlässigkeit des Antragstellers zwingend zu versagen ist (§ 6 Abs. 3 KWKG)[4]. Ermessensrichtlinie sind die – aktuell in der Diskussion befindlichen – *Politischen Grundsätze* der Bundesregierung für den Export von Kriegswaffen und sonstigen Rüstungsgütern, die auf den Verhaltenskodex der EU für Waffenausfuhren vom 8.6.1998 als integralen Bestandteil Bezug nehmen[5] und der Gemeinsame Standpunkt der EU betreffend gemeinsame Regeln für die Kontrolle der Ausfuhr von Militärtechnologie und Militärgütern[6].

97 Geht man deshalb davon aus, dass die **verwaltungsrechtliche Genehmigung** bei sonstigen Kriegswaffen ein präventives Verbot mit Erlaubnisvorbehalt darstellt und eine Genehmigung deshalb erteilt wird, weil die konkrete zu genehmigende Handlung die durch das KWKG geschützte Rechtsgüter, nämlich das

---

1 Vgl. hierzu BGH v. 19.2.2003 – 2 StR 371/02, BGHSt 48, 213 (220); *Heinrich* in Momsen/Grützner, Kap. 10 Rz. 21.
2 Vgl. nur *Holthausen*, NStZ 1993, 568 (569); *Heinrich* in Momsen/Grützner, Kap. 10 Rz. 24; *Pottmeyer* in AWR-Komm., Einl. KWKG Rz. 8 ff. mit zahlreichen Nw.; a.A.: repressives Verbot mit Befreiungsvorbehalt, vgl. nur *Weyand* in Eidam, Unternehmen und Strafe, Rz. 1024; *Harder* in W/J, Kap. 23 Rz. 55.
3 Str.; vgl. nur *Pottmeyer* in AWR-Komm., § 6 KWKG Rz. 2 ff. mit zahlreichen Nw.
4 Zur Antragstellung vgl. die 2. VO zur Durchführung des KWKG v. 1.6.1961, BGBl. I 1961, 649, zul. geänd. durch G v. 21.12.2000, BGBl. I 2000, 1956.
5 Bulletin v. 19.1.2000, BAnz. Nr. 19 v. 28.1.2000, S. 1299.
6 V. 8.12.2008, ABl. EU Nr. L 335 v. 13.12.2008, 99.

friedliche Zusammenleben der Völker, nicht beeinträchtigt (wie z.B. eine Waffenlieferung an einen verbündeten Staat), ist die behördliche Genehmigung im Bereich des Kriegswaffenstrafrechts als *tatbestandsausschließend* (und nicht lediglich rechtfertigend) zu qualifizieren[1].

Bei solchen nicht nur verwaltungsakzessorischen, sondern *verwaltungsaktakzessorischen* Strafnormen stellt sich die Frage der Auswirkung rechtswidrigen/ **fehlerhaften Verwaltungshandelns** auf das Strafrecht. Denn zunächst sind Verwaltungsakte unbeschadet ihrer Rechtmäßigkeit (von Ausnahmefällen abgesehen; vgl. § 44 VwVfG) wirksam und können selbst bei schwerwiegenden Fehlern nur mit Ex-nunc-Wirkung zurückgenommen werden[2]. Dies bedeutet *zweierlei*: 98

Wird eine unter dem Genehmigungsvorbehalt stehende Tätigkeit von der Behörde **zu Unrecht nicht genehmigt** bzw. eine Genehmigung versagt, ist diese Versagung strafrechtlich wirksam und ein Handeln demgemäß unerlaubt und damit im Zweifel auch strafbar, selbst wenn im anschließenden verwaltungsrechtlichen Rechtsbehelfsverfahren die Genehmigung erteilt würde. Strafrechtlich kann auf eine solche Friktion nur auf der Rechtsfolgenseite, etwa durch eine Verfahrenseinstellung, reagiert werden[3]. 99

Umgekehrt bedeutet dies aber auch, dass eine rechtswidrige begünstigende Verwaltungsentscheidung, also die **rechtswidrige Genehmigung** eines Umgangs mit Kriegswaffen durch die zuständige Behörde, den Tatbestand ausschließt und bis zu deren Rücknahme *kein Gesetzesverstoß* vorliegt[4]. 99a

Dieser Befund hat – insbesondere am Beispiel des insoweit von der verwaltungsakzessorischen Struktur vergleichbaren Umweltstrafrechts – Bedenken ausgelöst, wenn es insbesondere um *missbräuchlich* erlangte, also z.B. durch falsche Angaben erschlichene, durch Drohung oder Bestechung oder sonst durch kollusives Verhalten mit der Genehmigungsbehörde erlangte Genehmigungen ging. Die zunächst angestellten Überlegungen, über den Rechtsmissbrauchsgedanken die strafrechtliche Wirkung dieser Genehmigungen infrage zu stellen, hat sich bei einer näheren Untersuchung jedenfalls bei tatbestandsausschließenden Genehmigungen als nicht tragfähig erwiesen, weil das Ge-

---

1 Vgl. dazu *Pottmeyer* in AWR-Komm., § 22a KWKG Rz. 3 m.w.Nw.; *Winkelbauer*, Zur Verwaltungsakzessorietät des UmweltstrafR, S. 18 ff.
2 *Heinrich* in Momsen/Grützner, Kap. 10 Rz. 28; *Pathe/Wagner* in Bieneck, Hdb. AWR, § 34 Rz. 12; *Knierim/Oehmichen* in Münchener Anwaltshdb. Wirtschafts- und Steuerstrafsachen, § 27 Rz. 174; a.A. BGH v. 3.11.1993 – 2 StR 321/93, BGHSt 39, 381 (387) = NJW 1994, 670 (671); LG Hanau v. 12.11.1987 – 6 Js 13470/84 KLs, NJW 1988, 571 (576).
3 Vgl. dazu *Lenckner/Sternberg-Lieben* in Schönke/Schröder, Vorbem. §§ 32 ff. StGB Rz. 62c.
4 So auch beispielsweise *Beckemper* in A/R, Teil 4 Kap. 4 Rz. 34; *Heinrich* in Momsen/Grützner, Kap. 10 Rz. 28; *Pottmeyer* in AWR-Komm., § 22a KWKG Rz. 5 sowie allgemein *Lenckner/Sternberg-Lieben* in Schönke/Schröder, Vorbem. §§ 32 ff. StGB Rz. 63a.

setzlichkeitsprinzip im Strafrecht (Art. 103 Abs. 2 GG, § 1 StGB) nicht durch Rechtsmissbrauchsgedanken unterlaufen werden kann[1].

Der *Gesetzgeber* hat teilweise bei verwaltungsakzessorischen Tatbeständen auf diesen Befund reagiert und etwa im Umweltstrafrecht (§ 330d Abs. 1 Nr. 5 StGB; § 54 Rz. 133, 134) und im Außenwirtschaftsstrafrecht (§§ 17 Abs. 6, 18 Abs. 9 AWG; § 62 Rz. 19) *ausdrückliche Regelungen* geschaffen. So hat er einem Handeln ohne Genehmigung „ein Handeln aufgrund einer durch Drohung, Bestechung oder Kollision erwirkten oder durch unrichtige oder unvollständige Angaben erschlichenen Genehmigung" gleichgestellt. Allerdings ist der Gesetzgeber diesen Vorbildern im KWKG – anders als etwa bei § 16 Abs. 4 CWÜAG – bisher nicht gefolgt, sodass hier auch solche missbräuchlichen Genehmigungen den Tatbestand ausschließen. Einschränkungen bestehen allerdings bei durch falsche Angaben erschlichenen Genehmigungen, weil eine Genehmigung bereits deshalb nicht vorliegt, wenn wegen der falschen Angaben im Genehmigungsantrag die Behörde etwas anderes genehmigt hat als der Täter realisiert.

2. Subjektiver Tatbestand

100 Der Tatbestand des § 22a Abs. 1 Nr. 5 KWKG setzt *direkten* **Vorsatz** voraus; in den übrigen Varianten – auch i.V.m. Abs. 2, 3 – genügt *bedingter* **Vorsatz**. **Fahrlässige** Begehungsweisen sind gem. § 22a Abs. 4 KWKG in allen Fällen des § 22a Abs. 1 KWKG mit Ausnahme der dortigen Nr. 5 unter Strafe gestellt.

3. Strafrahmen und Versuch

101 a) Der Tatbestand des § 22a Abs. 1 KWKG sieht als **Regelstrafrahmen** Freiheitsstrafe von einem Jahr bis zu fünf Jahren vor und ist somit als Verbrechenstatbestand i.S. des § 12 Abs. 1 StGB ausgestaltet. Für *besonders schwere Fälle* mit den Regelbeispielen der gewerbs- oder bandenmäßigen Tatbegehung in den Fällen des § 22a Abs. 1 Nr. 1–4, 6 und 7 KWKG ist die Freiheitsstrafandrohung auf ein Jahr bis zu zehn Jahren erhöht (§ 22a Abs. 2 KWKG). In *minder schweren Fällen* liegt der Strafrahmen bei bis zu drei Jahren Freiheitsstrafe oder Geldstrafe (§ 22a Abs. 3 KWKG), jedoch handelt es sich auch hier gem. § 12 Abs. 3 StGB weiterhin um einen Verbrechenstatbestand.

Bei **fahrlässigen** Tathandlungen sind nach dem Vergehenstatbestand des § 22a Abs. 4 KWKG Freiheitsstrafe von bis zu zwei Jahren oder Geldstrafe vorgesehen.

102 b) Nachdem es sich bei sämtlichen vorsätzlichen Tatbeständen des § 22a KWKG um Verbrechen i.S. des § 12 Abs. 1 StGB handelt, sind **Versuchshandlungen** bei § 22a Abs. 1 KWKG ebenso wie bei den besonders schweren und minder schweren Fällen des § 22a Abs. 2 bzw. Abs. 3 KWKG gem. §§ 12 Abs. 3, 23 Abs. 1 StGB strafbar.

---

1 Vgl. dazu *Lenckner*, Behördliche Genehmigungen und der Gedanke des Rechtsmissbrauchs im Strafrecht, in FS Pfeiffer, 1988, S. 27; *Lenckner/Sternberg-Lieben* in Schönke/Schröder, Vorbem. §§ 32 ff. StGB Rz. 63a; *Winkelbauer*, Zur Verwaltungsakzessorität des UmweltstrafR, S. 67.

Sowohl bei der *Einfuhr*[1] als auch bei der *Ausfuhr*[2] wird der **Versuchsbeginn** angenommen, sobald sich der Transport in Richtung Grenze in Bewegung gesetzt hat und ein grenznaher Bereich erreicht wird.

103

Bei den Tathandlungen des *Vermittelns* oder *Abschließens eines Vertrages* über den Erwerb oder das Überlassen von Kriegswaffen oder des *Nachweisens einer Gelegenheit hierzu* (**arms brokering** – § 4a KWKG) liegen nach der Rechtsprechung des BGH jeweils Erfolgsdelikte mit der Konsequenz vor, dass die Tatvollendung erst mit Vertragsabschluss eintritt[3]; Vertragserfüllung ist dagegen nicht erforderlich. Auch das Versuchsstadium ist erst dann erreicht, wenn die vorgenommenen Handlungen im ungestörten Fortgang unmittelbar in den Vertragsschluss hätten einmünden können, was erst dann der Fall ist, wenn etwa bindende, alle für einen Vertragsabschluss wesentlichen notwendigen Angaben enthaltende Angebote von Lieferfirmen an Interessenten übermittelt sind, die ihrerseits ein ernsthaftes Interesse am Erwerb der angebotenen Kriegswaffen bekundet haben[4]. Ein Versuch liegt daher noch nicht vor, wenn noch sondiert wird, welche Preise der Vertragsgegner verlangt, und davon der Abschluss des Vertrages abhängig gemacht wird[5]. Da es sich bei § 22a Abs. 1 Nr. 7 KWKG um einen Verbrechenstatbestand handelt, kann jedoch im Vorfeld der Versuchsstrafbarkeit ein **Versuch der Beteiligung** oder eine **Verbrechensverabredung** nach § 30 StGB in Betracht kommen.

c) Bei Tathandlungen i.S. des § 22a Abs. 1 Nr. 3 und 4 KWKG ist die *strafbefreiende* Möglichkeit i.S. eines persönlichen **Strafaufhebungsgrundes**[6] eingeräumt. Diese besteht darin, die Kriegswaffen freiwillig und unverzüglich einer Überwachungsbehörde, der Bundeswehr u.a. abzuliefern bzw. sich zumindest freiwillig und ernsthaft um die Ablieferung zu bemühen, wenn die Kriegswaffen ohne Zutun des Täters in die tatsächliche Gewalt der Überwachungsbehörde gelangen (§ 22a Abs. 5 KWKG). Historischer Hintergrund dieser Regelung war die Situation des DDR-Volkspolizisten, der mit voller Ausrüstung (Maschinenpistole, Handgranate) in die Bundesrepublik flüchtete. Praktische Bedeutung hat die Vorschrift heute, wenn ein ausländisches Flugzeug anlässlich eines Transports von Kriegswaffen in der Bundesrepublik notlanden müsste.

104

---

1 BGH v. 14.5.1996 – 1 StR 245/96, NStZ 1996, 507 (508); BGH v. 6.9.1989 – 3 StR 268/89, BGHSt 36, 249 (250) = NJW 1990, 654; BGH v. 26.10.1984 – 3 StR 438/84, NJW 1985, 1035; OLG Düsseldorf v. 29.1.1993 – 1 Ws 10/93, NJW 1993, 2253 (2255). Vgl. (zu § 17 AWG) auch BGH v. 24.7.2014 – 3 StR 314/13, wistra 2014, 446 (449) = ZWH 2014, 383 (386).
2 Vgl. BGH v. 20.8.1992 – 1 StR 229/92, wistra 1993, 24 (25 f.).
3 BGH v. 2.7.1981 – 1 StR 195/81, NStZ 1983, 172 m. Anm. *Holthausen*; *Lampe* in Erbs/Kohlhaas, § 22a KWKG Rz. 11 m.w.Nw.
4 BGH v. 9.6.1988 – 1 StR 225/88, NJW 1988, 3109 (3109 f.); *Lampe* in Erbs/Kohlhaas, § 22a KWKG Rz. 11 m.w.Nw.
5 BayObLG v. 31.1.1989 – RReg 4 St 244/88, NStZ 1990, 85; vgl. im Übrigen *Fischer*, § 22 StGB Rz. 19; *Pottmeyer* in AWR-Komm., § 4a KWKG Rz. 23.
6 *Beckemper* in A/R, Teil 4 Kap. 4 Rz. 63; *Heinrich* in Momsen/Grützner, Kap. 10 Rz. 46, 75 f.; *Lampe* in Erbs/Kohlhaas, § 22a KWKG Rz. 20 ff.

4. Auslandstaten, Konkurrenzen und Nebenfolgen

105 Nachdem sich die Regelung des § 21 KWKG über Taten außerhalb des Geltungsbereichs des KWKG nicht auf § 22a KWKG bezieht, sind Handlungen i.S. des § 22a KWKG, die ein **Deutscher ausschließlich im Ausland** begeht und die am Tatort nicht mit Strafe bedroht sind, obwohl der Tatort an sich der Strafgewalt eines anderen Staates unterliegt, nicht vom Geltungsbereich des § 22a KWKG erfasst. Es verbleibt deshalb bei den allgemeinen Regelungen des internationalen Strafrechts nach den §§ 3 ff. StGB (oben § 4), sodass eine Strafbarkeit nach § 22a KWKG (als Inlandstat) gegeben ist, sobald der Täter eine strafbare Handlung von Deutschland aus vornimmt (vgl. §§ 3, 9 StGB).

106 Zu den **Konkurrenzen** kann auf die Ausführungen zu den *Atomwaffen* verwiesen werden (vgl. Rz. 42 ff.).

107 **Einziehung** und **Verfall** sind bei sonstigen Kriegswaffen in gleichem Umfang wie bei Atomwaffen möglich (vgl. Rz. 46).

C. Ordnungswidrigkeiten

108 Leichtere Verstöße gegen das KWKG und das CWÜAG werden mit den **Bußgeldtatbeständen** des § 22b KWKG bzw. § 15 CWÜAG geahndet.

I. KWKG

109 a) § 22b Abs. 1 KWKG erfasst verschiedene **Ordnungsverstöße** gegen Auflagen oder Handlungs- oder Duldungspflichten im Zusammenhang mit den Genehmigungsverfahren:
 – *Auflagenverstöße* (Nr. 1): die Nichterfüllung, nicht vollständige oder nicht rechtzeitige Erfüllung einer vollziehbaren Auflage nach § 10 Abs. 1 KWKG[1], wobei ein ungenehmigtes (und damit strafbares) Verhalten bei sog. modifizierenden Auflagen vom bloßen Auflagenverstoß abzugrenzen ist[2];
 – *Verstöße gegen die Pflicht zur Kriegswaffenbuchführung* (Nr. 2): unterlassene, unrichtige oder nicht vollständige Führung des Kriegswaffenbuches entgegen §§ 12 Abs. 2, 15 KWKG i.V.m. § 9 der 2. DVO zum KWKG[3], wobei die nicht unverzügliche Buchführung nicht erfasst ist[4];
 – *Verstöße gegen Anzeige- und Meldepflichten* sowie *ungenehmigte Selbstbeförderungen* und *Nichterfüllung von Auflagen* (Nr. 3): unterlassene, un-

---

1 Vgl. hierzu nur *Beckemper* in A/R, Teil 4 Kap. 4 Rz. 70; *Lampe* in Erbs/Kohlhaas, § 22b KWKG Rz. 2.
2 Vgl. dazu *Lenckner/Sternberg-Lieben* in Schönke/Schröder, Vorbem. §§ 32 ff. StGB Rz. 62b m.Nw.
3 VO v. 1.6.1961, BGBl. I 1961, 649, zul. geänd. durch G v. 21.12.2000, BGBl. I 2000, 1956.
4 Vgl. *Lampe* in Erbs/Kohlhaas, § 22b KWKG Rz. 3; *Pottmeyer* in AWR-Komm., § 22b KWKG Rz. 2.

richtige, nicht vollständige oder nicht rechtzeitige Meldungen der Kriegswaffenbuchbestände[1], ungenehmigte Selbstbeförderungen durch Erben etc.[2] sowie Auflagenverstöße durch Erben etc. hinsichtlich der Ausübung der tatsächlichen Gewalt;
- *Verstöße gegen Meldepflichten* (Nr. 3a): Verstöße gegen Meldepflichten nach der Kriegswaffenmeldeverordnung (KWMV)[3] sowie nach der Verordnung über den Umgang mit unbrauchbar gemachten Kriegswaffen[4], soweit die Verordnung auf § 22b Abs. 1 Nr. 3a KWKG verweist[5];
- *Verstöße gegen Auskunftspflichten* (Nr. 4): unterlassenes, unrichtiges, nicht vollständiges oder nicht rechtzeitiges Erteilen von Auskünften entgegen § 14 Abs. 5 KWKG, die für eine Genehmigung nach den §§ 2–4a KWKG erforderlich sind[6];
- *Verstöße im Zusammenhang mit Betriebsaufzeichnungen und sonstigen Unterlagen* (Nr. 5): unterlassene, nicht vollständige oder nicht rechtzeitige Vorlage der Unterlagen entgegen § 14 Abs. 5 KWKG[7];
- *Verstöße gegen Duldungspflichten* (Nr. 6): Nichtdulden des Betretens von Räumen und Grundstücken entgegen § 14 Abs. 5 KWKG trotz Vorliegens einer wirksamen und vollziehbaren Duldungsverfügung, wobei eine bloße ernsthafte Weigerung zur Tatbestanderfüllung genügt[8];
- *Verstöße bei der Selbstbeförderung* (Nr. 7): Selbstbeförderung einer Kriegswaffe außerhalb eines befriedeten Besitztums als Inhaber einer Waffenbesitzkarte[9].

Daneben werden in **§ 22b Abs. 3 KWKG** *Verstöße gegen die Führungs- und Übergabepflichten* nach § 12 Abs. 3, Abs. 4 KWKG geahndet, wonach der Auftraggeber seinen Mitarbeitern bzw. dem Beförderer eine Ausfertigung der Genehmigungsurkunde vor Ausführung des Transportes zu übergeben hat bzw. der Beförderer die ihm übergebene Genehmigungsurkunde mitzuführen hat[10]. 110

b) Aufgrund ausdrücklicher gesetzlicher Anordnung i.S. des § 10 OWiG wird sowohl die **vorsätzliche** als auch die **fahrlässige** Begehung sämtlicher Tathandlungen geahndet. 111

c) Der **Bußgeldrahmen** einer Ordnungswidrigkeit nach *§ 22b Abs. 1 KWKG* beträgt (nur) bis zu 5 000 Euro (§ 22b Abs. 2 KWKG). Im Falle fahrlässigen Handelns reduziert sich hierbei das Höchstmaß der Geldbuße auf die Hälfte (§ 17 Abs. 2 OWiG). Ordnungswidrigkeiten nach *§ 22b Abs. 3 KWKG* werden hin- 112

---

1 Vgl. nur *Lampe* in Erbs/Kohlhaas, § 22b KWKG Rz. 4.
2 Vgl. *Pottmeyer* in AWR-Komm., § 22b KWKG Rz. 2.
3 VO v. 24.1.1995, BGBl. I 1995, 92, zul. geänd. durch G v. 21.12.2000, BGBl. I 2000, 1956.
4 VO v. 1.7.2004, BGBl. I 2004, 1448.
5 Vgl. nur *Beckemper* in A/R, Teil 4 Kap. 4 Rz. 74.
6 *Beckemper* in A/R, Teil 4 Kap. 4 Rz. 75.
7 *Lampe* in Erbs/Kohlhaas, § 22b KWKG Rz. 5.
8 Vgl. nur *Beckemper* in A/R, Teil 4 Kap. 4 Rz. 75; *Lampe* in Erbs/Kohlhaas, § 22b KWKG Rz. 5.
9 Vgl. *Pottmeyer* in AWR-Komm., § 22b KWKG Rz. 2.
10 Vgl. nur *Lampe* in Erbs/Kohlhaas, § 22b KWKG Rz. 6.

gegen mit der Regelgeldbuße des § 17 Abs. 1 OWiG mit bis zu 1 000 Euro geahndet, wobei auch in diesem Fall bei fahrlässiger Begehung eine Reduzierung des Höchstmaßes der Geldbuße auf die Hälfte erfolgt (§ 17 Abs. 2 OWiG). Gem. § 17 Abs. 4 OWiG kann der Bußgeldrahmen überschritten werden, wenn der wirtschaftliche Vorteil, den der Täter aus der Ordnungswidrigkeit gezogen hat, die Höhe des Bußgeldrahmens übersteigt – was regelmäßig der Fall ist.

113 Da § 24 Abs. 1 KWKG nicht auf § 22b KWKG Bezug nimmt und in § 22b KWKG eine Einziehung nicht i.S. von § 22 OWiG zugelassen ist, ist eine **Vermögensabschöpfung** lediglich über die *Geldbuße* (§ 17 Abs. 4 OWiG) oder aber im Wege des *selbständigen Verfalls* nach § 29a OWiG möglich.

II. CWÜAG

114 **a)** § 15 CWÜAG erfasst **leichtere Verstöße** im Zusammenhang mit den durch das CWÜAG oder die VO nach den §§ 2 f. CWÜAG auferlegten Pflichten:

- *Verstöße gegen Anmelde-, Vorführ- und Meldepflichten* (Nr. 1): Zuwiderhandlungen nach § 12 i.V.m. §§ 2, 4 CWÜV;
- *Unzutreffende Angaben* (Nr. 2): Tätigen oder Benutzen unrichtiger oder unvollständiger Angaben tatsächlicher Art, um für sich oder einen anderen eine nach einer Durchführungsverordnung zum CWÜAG erforderliche Genehmigung zu erschleichen, wobei ein Ausnutzen einer erschlichenen Genehmigung wegen der Regelung in § 16 Abs. 4 CWÜAG strafbares Verhalten begründen kann;
- *Verstöße gegen Auskunftspflichten* (Nr. 3): entgegen der Verpflichtung aus § 7 Abs. 1 CWÜAG unterlassene, nicht richtige, nicht vollständige oder nicht rechtzeitige Erteilung von Auskünften, unterlassene, nicht vollständige oder nicht rechtzeitige Vorlage von geschäftlichen Unterlagen oder Nichtduldung einer Prüfung des Betretens von Geschäftsräumen und Betriebsanlagen;
- *Verstöße gegen Duldungs- und Mitwirkungspflichten* (Nr. 4): Verletzung der Duldungs-, Unterstützungs- und Mitwirkungspflichten bei Inspektionen gem. §§ 8, 10, 11 CWÜAG.

115 **b)** Die Bußgeldtatbestände des § 15 CWÜAG sind in allen Fällen nicht nur **vorsätzlich**, sondern aufgrund ausdrücklicher gesetzlicher Anordnung i.S. des § 10 OWiG auch **fahrlässig** begehbar.

116 **c)** Der Ordnungswidrigkeitentatbestand sieht eine **Geldbuße** bis zu – so noch immer im geltenden Gesetzestext – 100 000 Deutsche Mark in den Fällen des § 15 Abs. 1 Nr. 2 CWÜAG bzw. bis zu 50 000 Deutsche Mark in den übrigen Fällen des § 15 Abs. 1 CWÜAG vor. Im Falle *fahrlässigen* Handelns wird die Geldbuße im Höchstmaß gem. § 17 Abs. 2 OWiG auf die Hälfte reduziert.

117 Zu den Möglichkeiten der **Einziehung** und des **erweiterten Verfalls** gem. § 19 CWÜAG auch bei Ordnungswidrigkeiten nach § 15 CWÜAG kann auf die Ausführungen zu den biologischen und chemischen Waffen verwiesen werden (vgl. Rz. 77).

§ 74
Weitere Geschäftstätigkeiten

Bearbeiter: Joachim Dittrich

	Rz.		Rz.
I. Diverse Produkte und Anlagen	1	II. Sonstige Branchen und Betätigungen	22

I. Diverse Produkte und Anlagen

Nachstehend werden unter bewusstem Verzicht auf Vollständigkeit regelmäßig nur stichwortartig kurze **Hinweise auf straf- oder bußgeldrechtliche Regelungen** bezüglich *Produkten und Anlagen* sowie (unter Rz. 22 ff.) bezüglich *Geschäftstätigkeiten* und *Branchen* gegeben, die im Übrigen in diesem Buch nicht näher erörtert werden und die bei unterschiedlicher praktischer Bedeutung vielfach einen sehr speziellen Anwendungsbereich haben. Die genauen Fundstellen und weiterführende Hinweise können am besten dem Registerband „Lexikon des Nebenstrafrechts" von *Buddendiek/Rutkowski* unter den entsprechenden Stichworten entnommen werden; Erläuterungen mit Rechtsprechungs- und Literaturhinweisen finden sich weitgehend in den *Kommentarbänden* von *Erbs/Kohlhaas*. 1

Nach § 5 des Gesetzes über die Führung von Akademischen Graden[1] wurde die *entgeltliche Vermittlung* des Erwerbs **ausländischer akademischer Grade** mit Freiheitsstrafe bis zu einem Jahr bedroht. Durch Art. 9 des „Zweiten Gesetzes zur Bereinigung von Bundesrecht im Zuständigkeitsbereich des Bundesministeriums der Justiz"[2] ist das Gesetz mit Wirkung vom 1.12.2010 *als Bundesrecht aufgehoben* worden. 2

Das Gesetz über die *Verfrachtung* **alkoholischer Waren**[3], das der Bekämpfung des Alkoholschmuggels mittels Schiffen dient, enthält in § 8 Bußgeldbestimmungen. 3

Das Gesetz über die Sicherung der **Bauforderungen** vom 1.6.1909[4] ist durch das „Gesetz zur Sicherung von Werkunternehmeransprüchen und zur verbesserten Durchsetzung von Forderungen"[5] in seinem Titel neu gefasst und inhaltlich weitgehend aufgehoben worden. In Kraft sind allerdings noch § 1 und (nunmehr als § 2) § 5, sodass die *Verwendung von Baugeldern* zum Nachteil von Auftragnehmern weiterhin unter Strafe gestellt ist. Diese Bestimmung hat meist nur noch subsidiäre Bedeutung für Bauträgerunternehmen u.Ä., wenn sich der Tatbestand der Untreue zum Nachteil von Bauherren nicht nachweisen lässt (vgl. § 83 Rz. 100 ff.). 4

---

1 V. 7.6.1939, RGBl. I 985, u.a. mit ÄndG v. 2.3.1974, BGBl. I 469, 557.
2 V. 23.11.2007, BGBl. I 2614.
3 V. 2.1.1975, BGBl. I 289.
4 RGBl. I 449.
5 V. 23.10.2008, BGBl. I 2022.

5   Im Bereich des **Betäubungsmittelrechts** enthalten die §§ 29–30a BtMG[1] die zentralen Strafbestimmungen für den unerlaubten Anbau, Herstellung, Handel und sonstigen Umgang mit Betäubungsmitteln. § 32 BtMG enthält zahlreiche Bußgeldbestimmungen. Ergänzende Bedeutung haben die Regelungen des *Grundstoffüberwachungsgesetzes* (vgl. Rz. 13), der *BtM-Binnenhandels-VO*[2] und der *BtM-Außenhandels-VO*[3]. In ihnen sind Verstöße gegen Nachweisregelungen im Zusammenhang mit der Abgabe von Betäubungsmitteln (§ 7 BtM-Binnenhandels-VO) bzw. Verwaltungsverstöße im Ein- und Ausfuhrverfahren mit Betäubungsmitteln (§ 16 BtM-Außenhandels-VO) als Ordnungswidrigkeiten ausgestaltet. Demgegenüber enthält die *BtM-Verschreibungs-VO*[4] in § 16 eine Strafbestimmung für gewichtige Verstöße gegen Verschreibungsregelungen dieser VO, während Formalverstöße in Bezug auf Rezeptführung und Rezeptaufbewahrung nach § 17 der VO mit Geldbußen bedroht sind.

6   Das **Branntweinmonopolgesetz**[5] enthält in § 126 zahlreiche **Monopol-Ordnungswidrigkeiten** und verweist in § 128 auf eine entsprechende Anwendung der Bestimmungen der AO bei Straftatbeständen, die „unter Vorspiegelung monopolrechtlich erheblicher Tatsachen auf die Erlangung von Vermögensvorteilen gerichtet sind und kein Steuerstrafgesetz verletzen". Nach dem Gesetz zur Abschaffung des Branntweinmonopols[6] wird das Gesetz zum Ende des Jahres 2017 außer Kraft treten. Damit werden europarechtliche Vorgaben umgesetzt, die die Gewährung produktionsbezogener Beihilfen nach dem deutschen Branntweinmonopol als EU-beihilferechtliche Ausnahmeregelung nur noch bis zu diesem Zeitpunkt zulassen[7].

7   Für den Umgang mit **Containern** enthält das Gesetz zu dem Übereinkommen vom 2.12.1972 über sichere Container[8] ergänzend zu § 10 des *Gefahrgutbeförderungsgesetzes*[9] Bußgeldbestimmungen in Art. 7 Abs. 1 Nr. 1–6.

8   Für den unkorrekten Handel mit **Edelmetallen und Schmuckwaren** gibt es Bußgeld- und Strafbestimmungen in der GewO:

– Der gewerbsmäßige *Erwerb* solcher Sachen von *Minderjährigen* ist als Ordnungswidrigkeit mit Geldbuße bedroht (§ 147a GewO).

– Als sog. *fahrlässige Hehlerei* ist nach § 148b GewO der gewerbsmäßige Erwerb inkriminierter Edelsteine oder Edelmetalle in Bereicherungsabsicht mit Freiheitsstrafe bis zu einem Jahr oder Geldstrafe bedroht. Die Bestimmung ist insbesondere für Juweliere oder Geschäfte zum Ankauf von Gold- und Schmuckwaren von erheblicher praktischer Bedeutung.

---

1   I.d.F. v. 1.3.1994, BGBl. I 358; ÄndG v. 7.8.2013, BGBl. I 3154.
2   V. 16.12.1981, BGBl. I 1425; ÄndVO v. 17.8.2011, BGBl. I 1754.
3   V. 16.12.1981, BGBl. I 1420; ÄndVO v. 19.6.2001, BGBl. I 1180.
4   I.d.F. v. 20.1.1998, BGBl. I 74; ÄndVO v. 14.8.2014, BGBl. I 1383.
5   V. 8.4.1922, RGBl. I 335, 405; ÄndG v. 21.6.2013, BGBl. I 1650.
6   V. 21.6.2013, BGBl. I 1650.
7   BT-DRs. 17/12301, 1.
8   V. 10.2.1976, BGBl. II 253; ÄndG v. 7.8.2013, BGBl. I 3154.
9   I.d.F. v. 7.7.2009, BGBl. I 1774; ÄndG v. 7.8.2013, BGBl. I 3154.

Das **Eichgesetz**[1] droht für zahlreiche eichrechtliche Verstöße in § 19 Bußgelder bis zu 10 000 Euro an. Es wurde mit dem Gesetz zur Neuregelung des gesetzlichen Messwesens[2] durch das **Mess- und Eichgesetz** abgelöst, das zum 1.1.2015 in Kraft getreten ist. Verstöße gegen das neue Gesetz sind in § 60 mit Geldbußen bis zu 50 000 Euro sanktioniert. Weitere eichrechtliche Ordnungswidrigkeiten sind in § 74 der *Eichordnung*[3] angeführt. Ebenso enthält § 35 der *FertigpackungsVO*[4] zahlreiche Ordnungswidrigkeitentatbestände. 9

Das **Embryonenschutzgesetz**[5] enthält in seinen §§ 1–7 und 11 eine Reihe von Strafbestimmungen für die Anwendung von missbräuchlichen *Fortpflanzungstechniken*, für die künstliche Veränderung von Erbinformationen, zum Schutz von Embryonen u.Ä.[6]. Es wird ergänzt durch das **Stammzellgesetz**[7], das u.a. die ungenehmigte Einfuhr oder Verwendung embryonaler Stammzellen unter Strafe stellt (vgl. § 72 Rz. 124 ff.). 10

Für **Erdöl** ist das *Erdölbevorratungsgesetz*[8] zu beachten. Die Verletzung von Vorratshaltungs- und Meldepflichten durch den Erdölbevorratungsverband sowie die Hersteller von Erdölerzeugnissen ist nach § 40 mit Geldbußen bedroht. Die Regelung soll die Energieversorgung der Bevölkerung und der Wirtschaft sichern. 11

Das Gesetz über **genetische Untersuchungen** bei Menschen (GendiagnostikG)[9] verbietet genetische Untersuchungen zu medizinischen Zwecken ohne Einwilligung der betroffenen Person (§ 8), schränkt vorgeburtliche genetische Untersuchungen auch zu medizinischen Zwecken ein (§ 15), verbietet die Verwendung von Ergebnissen oder Daten durch Versicherer (§ 18) und stellt Verstöße hiergegen in § 25 unter Strafe. Weitere Verstöße gegen das Gesetz können nach seinem § 26 als Ordnungswidrigkeiten geahndet werden (vgl. § 72 Rz. 127 f.). 12

Zur Bekämpfung der missbräuchlichen Verwendung chemischer Erzeugnisse (Grundstoffe) für die unerlaubte Herstellung von Betäubungsmitteln enthält das **Grundstoffüberwachungsgesetz**[10] (GÜG) Vergehens- und Bußgeldtatbestände. Strafbar sind nach § 19 GÜG Herstellung, Handel und sonstiger Umgang mit Grundstoffen, die für die Herstellung von Betäubungsmitteln dienen sollen, ferner der Umgang mit bestimmten Grundstoffen ohne entsprechende Erlaubnis. Nach § 20 GÜG ist die Verletzung von Mitteilungs-, Kennzeichnungs-, Melde-, Aufzeichnungs- und Aufbewahrungspflichten bezüglich der genannten Grundstoffe bußgeldbewehrt. 13

---

1 I.d.F. v. 23.3.1992, BGBl. I 711; ÄndG v. 7.3.2011, BGBl. I 338.
2 V. 25.7.2013, BGBl. I 2722.
3 V. 12.8.1988, BGBl. I 1657; ÄndVO v. 6.6.2011, BGBl. I 1035.
4 I.d.F. v. 8.3.1994, BGBl. I 451, 1307; ÄndVO v. 11.6.2008, BGBl. I 1079.
5 V. 13.12.1990, BGBl. I 2746; ÄndG v. 21.11.2011, BGBl. I 2228.
6 Vgl. dazu näher *Günther/Taupitz/Kaiser*, EmbrSchG, 2. Aufl. 2014.
7 V. 28.6.2002, BGBl. I 2277; ÄndG v. 14.8.2008, BGBl. I 1708.
8 V. 16.1.2012, BGBl I 74.
9 V. 31.7.2009, BGBl. I 2529; ÄndG v. 7.8.2013, BGBl. I 3154.
10 V. 11.3.2008, BGBl. I 306; ÄndG v. 7.8.2013, BGBl. I 3154.

14 Nach § 9 des *Gesetzes über den Feingehalt der* **Gold-** *und* **Silberwaren** vom 16.7.1884[1] wird mit Geldbuße bis 5 000 Euro bedroht, wer Gold- oder Silberwaren in unzulässiger Weise mit Feingehaltsangaben oder Stempelzeichen versieht.

15 Verstöße gegen **Handelsklassenregelungen** bei landwirtschaftlichen Erzeugnissen sowie die Beeinträchtigung entsprechender Kontrollen sind in § 7 des *Handelsklassengesetzes*[2] mit Geldbußen bis 10 000 Euro bedroht.

16 Die unbefugte Ausgabe und Verwendung von **Inhaberschuldverschreibungen** und Geldzeichen ist strafbar nach *§ 35 Bundesbankgesetz*[3].

17 Das Gesetz zum Schutz des deutschen **Kulturgutes** gegen Abwanderung[4] bestraft in § 16 hauptsächlich die ungenehmigte Ausfuhr von eingetragenem Kultur- oder Archivgut und bedroht in § 17 die Verletzung von Mitteilungspflichten mit Geldbußen.

Ergänzend ist in diesem Zusammenhang hinzuweisen auf

– das *Kulturgüterrückgabegesetz*[5], nach dem aus einem Land der EU unrechtmäßig verbrachte Kulturgüter zurückzugeben sind, eine Einfuhr von wertvollem Kulturgut aus Vertragsstaaten der Genehmigung bedarf und Pflichtverletzungen gem. § 20 des Gesetzes unter Strafandrohung gestellt sind, während ein Verstoß gegen die dem Kunst- und Antiquitätenhandel auferlegte Aufzeichnungspflicht nach § 19 als Ordnungswidrigkeit geahndet werden kann,

– die *Denkmalschutzgesetze* der einzelnen Bundesländer[6].

18 Das **Schuldverschreibungsgesetz**[7] enthält in § 23 Bußgeldvorschriften gegen falsche Angaben, das unberechtigte Überlassen von Schuldverschreibungen und gegen den Stimmenkauf sowie Stimmenverkauf.

19 Das **Textilkennzeichnungsgesetz**[8] belegt insbesondere die Verletzung von Kennzeichnungsvorschriften bezüglich der Einfuhr und dem Inverkehrbringen von Textilerzeugnissen mit Geldbußen (§ 14 TextilKennzG).

20 Das – in wesentlichen Teilen mit dem Grundgesetz unvereinbare[9] – **3. Verstromungsgesetz**[10] enthält Regelungen zum Einsatz der Steinkohle in der Elektrizitätswirtschaft. Die Verletzung von Melde-, Auskunfts-, Vorlage- und Prüfungspflichten ist nach § 15 Abs. 2 mit Geldbußen bedroht.

21 Für die **Zweckentfremdung** von **Wohnraum** enthält Art. 6 § 2 des Gesetzes zur Verbesserung des Mietrechts und zur Begrenzung des Mietanstiegs sowie zur

---

1 RGBl. I 120; ÄndG v. 25.4.2007, BGBl. I 594.
2 V. 23.11.1972, BGBl. I 2201; ÄndG v. 25.7.2013, BGBl. I 2722; zu diversen ÄnderungsVOen vgl. *Buddendiek/Rutkowski*, Rz. 372, C.
3 I.d.F. v. 22.10.1992, BGBl. I 1782; ÄndG v. 4.7.2013, BGBl. I 1981.
4 I.d.F. v. 8.7.1999, BGBl. I 1754; ÄndG v. 18.5.2007, BGBl. I 757.
5 V. 18.5.2007, BGBl. I 757; ÄndG v. 6.6.2013, BGBl. I 1482.
6 Vgl. dazu *Buddendiek/Rutkowski*, Rz. 188, B.
7 V. 31.7.2009, BGBl. I 2512; ÄndG v. 13.9.2012, BGBl. I 1914.
8 I.d.F. v. 14.8.1986, BGBl. I 1285; ÄndG v. 6.6.2013, BGBl. I 1482.
9 BVerfG v. 11.10.1994 – 2 BvR 633/86, BVerfGE 91, 186 = NJW 1995, 381.
10 I.d.F. v. 19.4.1990, BGBl. I 917; ÄndG v. 25.4.2007, BGBl. I 594.

Regelung von Ingenieur- und Architektenleistungen[1] eine Bußgeldvorschrift, die durch landesrechtliche Vorschriften ergänzt wird. *Weitere Zweckentfremdungsverbote* für Wohnraum sind im Gesetz zur Sicherung der Zweckbestimmung von Sozialwohnungen *(WoBindG)*[2] enthalten; Verstöße sind durch Bußgelddrohungen in § 26 WoBindG abgesichert. Allerdings ist auch das Wohnbindungsrecht im Zuge der Föderalismusreform und der Änderung von Art. 74 GG[3] aus der Gesetzgebungskompetenz des Bundes gefallen. Daher gilt das WoBindG nur noch bis zur Neuregelung der Wohnraumförderung durch die Länder.

II. Sonstige Branchen und Betätigungen

a) Die **Adoptionsvermittlung** wird durch das Gesetz über die Vermittlung der Annahme als Kind und über das Verbot der Vermittlung von Ersatzmüttern (AdVermiG)[4] geregelt 22

Grundtatbestand ist die *Bußgeld*regelung des **§ 14** AdVermiG. Nach dessen Abs. 1 ist die unerlaubte Adoptionsvermittlung, die Legitimationsvermittlung und das Anbieten und Suchen von Kindern entgegen diesem Gesetz mit Geldbuße bis 10 000 DM[5], nach Abs. 2 die gewerbsmäßige oder geschäftsmäßige Hilfeleistung zugunsten Schwangerer, ihr Kind wegzugeben, mit Geldbußen bis 50 000 DM bedroht. 23

Werden entsprechende *Handlungen* zur **Erlangung von Vermögensvorteilen** vorgenommen, so wird dies von § 236 Abs. 2 StGB, nicht mehr von dem aufgehobenen **§ 14a** AdVermiG erfasst. 24

§ 14b AdVermiG droht für die **Vermittlung von Ersatzmüttern** im Grundsatz eine *Freiheitsstrafe* bis zu einem Jahr an, bei Handeln gegen Vermögensvorteile eine Freiheitsstrafe bis zu zwei Jahren und bei gewerbs- oder geschäftsmäßigem Handeln schließlich Freiheitsstrafen bis zu drei Jahren. 25

Bemerkenswert ist, dass die Strafbestimmungen nach § 14b Abs. 3 AdVermG ausdrücklich **nicht gelten** *für Ersatzmütter* und *Bestelleltern*. Deren Verhalten kann demgemäß nur gem. § 14 AdVermiG als Ordnungswidrigkeit geahndet werden, soweit die Voraussetzungen des § 236 StGB nicht gegeben sind. 26

b) Das **Bundesberggesetz**[6] dient der Weiterentwicklung und Vereinheitlichung des Bergrechts und enthält in §§ 145–148 zahlreiche Straf- und Bußgeldvorschriften für den Bergbau, z.B. für die vorschriftswidrige Gewinnung von Bodenschätzen und für ungenehmigte Tätigkeiten im Bereich des Festlandsockels. 27

---

1 V. 4.11.1971, BGBl. I 1745; ÄndG. v. 19.4.2006, BGBl. I 866.
2 I.d.F. v. 13.9.2001, BGBl. I 2404; ÄndG v. 9.11.2012, BGBl. I 2291.
3 Durch G. v. 28.8.2006, BGBl. I 2034.
4 I.d.F. v. 22.12.2001, BGBl. 2002 I 354; ÄndG v. 10.12.2008, BGBl. I 2403.
5 Eine Anpassung auf Euro-Beträge ist noch nicht erfolgt.
6 V. 13.8.1980, BGBl. I 1310; ÄndG v. 7.8.2013, BGBl. I 3154.

28 c) Das Gesetz zum Schutz der Teilnehmer am **Fernunterricht** – Fernunterrichtsschutzgesetz[1] gilt für die auf vertraglicher Grundlage erfolgende, entgeltliche Vermittlung von Kenntnissen und Fähigkeiten, wenn bestimmte weitere Voraussetzungen gegeben sind. Es enthält Bußgeldvorschriften in § 21 für die Veranstalter von Fernunterricht und deren Beauftragte, zum Beispiel für den Vertrieb eines nicht zugelassenen Fernlehrgangs und die vorschriftswidrige Werbung mit Informationsmaterial.

29 d) Die unerlaubte Ausübung der Heilkunde als **Heilpraktiker** ist in § 5 des *Heilpraktikergesetzes*[2] mit Freiheitsstrafe bis zu einem Jahr bedroht. Die Ausübung des Berufs mit Erlaubnis, jedoch verbotenerweise im Umherziehen, stellt gem. § 5a Heilpraktikergesetz eine Ordnungswidrigkeit dar.

30 e) Zum Schutz von Heimbewohnern enthält das **Heimgesetz**[3] in § 21 Bußgeldbestimmungen für die Verletzung von Kontroll-, Anzeige- und Überwachungspflichten.

31 f) Das unerlaubte Veranstalten einer öffentlichen **Lotterie** oder **Ausspielung** ist nach § 287 StGB mit Freiheitsstrafe bis zu zwei Jahren oder Geldstrafe bedroht. Weitere Straf- und Bußgeldbestimmungen für den Bereich des Lotteriewesens sind in den **Lotterie-Gesetzen** der einzelnen *Bundesländer*[4] sowie im Rennwett- und Lotteriegesetz (Rz. 34) enthalten.

32 g) Zum besseren Schutz von **Pauschalreisenden** wurde § 147b GewO eingeführt. Danach stellt es eine Ordnungswidrigkeit dar, wenn Veranstalter von Pauschalreisen Reiseentgelte (über bloße Anzahlungen hinaus) fordern oder annehmen, ohne die gem. § 651k Abs. 4 BGB geforderten Sicherungsscheine übergeben oder die gem. § 651k Abs. 5 BGB erforderliche Sicherheitsleistung nachgewiesen zu haben.

33 h) Das **Postgesetz**[5] enthält diverse Regulierungsbestimmungen, durch die ein funktionsfähiger, chancengleicher Wettbewerb sowie eine flächendeckende Grundversorgung mit Postdienstleistungen erzielt werden soll. Verstöße gegen Erlaubnisbestimmungen, Anordnungen der Regulierungsbehörde, Mitteilungs- und Vorlageverpflichtungen u.Ä. sind in § 49 PostG mit Geldbußen bedroht.

34 i) Das **Rennwett-** und **Lotteriegesetz**[6] droht in § 5 Freiheitsstrafe bis zu zwei Jahren demjenigen an, der ohne Erlaubnis ein *Totalisatorunternehmen* betreibt. Das *gewerbsmäßige* Auffordern zu Wetten oder das Anbieten oder Vermitteln von *Wetten* für ein nicht zugelassenes Wettunternehmen ist nach § 6 RennwLottG mit Freiheitsstrafe bis zu sechs Monaten oder Geldstrafe bis 180 Tagessätze bedroht. § 7 RennwLottG enthält hingegen Bußgeldvorschriften für das Abschließen von Wetten außerhalb genehmigter Örtlichkeiten und für das Verbreiten entgeltlicher Rennvoraussagen.

---

1 I.d.F. v. 4.12.2000, BGBl. I 1670; ÄndG v. 20.9.2013, BGBl. I 3642.
2 V. 17.2.1939, RGBl. I 251; ÄndG v. 23.10.2001, BGBl. I 2702.
3 I.d.F. v. 5.11.2001, BGBl. I 2970; ÄndG v. 29.7.2009, BGBl. I 2319.
4 Vgl. dazu die näheren Hinweise bei *Buddendiek/Rutkowski*, „Lotterien" II (Rz. 515).
5 V. 22.12.1997, BGBl. I 3294; ÄndG v. 7.8.2013, BGBl. I 3154.
6 V. 8.4.1922, RGBl. I 393; ÄndG v. 29.6.2012, BGBl. I 1424.

j) Das **Telekommunikationsgesetz** (TKG)[1] enthält in § 148 Vergehenstatbestände, in § 149 zahlreiche Bußgeldtatbestände. § 148 TKG erfasst Herstellung, Einfuhr, Besitz und Gebrauch von Sendeanlagen, welche das unerlaubte Abhören nicht öffentlich gesprochener Worte ermöglichen, ferner das Abhören und Weitergeben von Nachrichten, die gem. § 89 TKG nicht legitim abgehört werden dürfen. § 149 TKG betrifft die Verletzung von Anzeige-, Berichts-, Auskunfts-, Melde-, Mitwirkungs- und Genehmigungspflichten sowie Verstöße gegen Anordnungen der Regulierungsbehörde.

---

1 V. 22.6.2004, BGBl. I 721; ÄndG v. 25.7.2014, BGBl. I 1266.

4. Teil
Pflichtverstöße bei Unternehmenssanierung und -beendigung

1. Kapitel
Unternehmenskrise

§ 75
Krise und Sanierung

Bearbeiter: Hans Richter

	Rz.		Rz.
I. Gläubigerschutz in der Krise	1	2. Außergerichtlicher Vergleich	32
II. Unternehmensfortführung	9	3. Insolvenzverfahren	35
1. Fortführungsgesellschaften	14	IV. ESUG – Sanierung in der Insolvenz	46
2. Sanierungsmaßnahmen und -verfahren	16	V. Zivilrechtsakzessorietät	49
III. Unternehmensbeendigung	20	VI. Europäische Insolvenz	54
1. Liquidation	22		

Schrifttum (zu Kapitalgesellschaften s. allgemeines Schrifttumsverzeichnis und § 22 vor Rz. 16): *Andres/Möhlenkamp*, Konzerne in der Insolvenz – Chance der Sanierung, BB 2013, 579 ff.; *Bitter*, Sanierung in der Insolvenz – Der Beitrag von Treue- und Aufopferungspflichten zum Sanierungserfolg, ZGR 2010, 147 ff.; *Braun* (Hrsg.), Insolvenzordnung, 6. Aufl. 2014; *Buchner*, Amtslöschung, Nachtragsliquidation und masselose Insolvenz von Kapitalgesellschaften, 1988; *Bunnemann/Zirngibl*, Auswirkungen des MoMiG auf bestehende GmbHs, 2008; *Dohmen*, Verbraucherinsolvenz und Strafrecht, 2007; *Ehlers*, Krisenberater unter Druck, BB 2014, 131 ff.; *Ehlers*, „Notwendig" frühzeitige Insolvenzverfahren. Ein Beitrag zur Krisencompliance und zur offensiven Nutzung der InsO, BB 2013, 1359 ff.; *Eidenmüller*, Finanzkrise, Wirtschaftskrise und das deutsche Insolvenzrecht, 2009; *Florstedt*, Neue Wege zur Sanierung ohne Insolvenz, ZIP 2014, 1513 ff.; *Frind*, Aktuelle Anwendungsprobleme beim „ESUG" – Teil I und II, ZInsO 2013, 59 ff., 279 ff.; *Goette*, Einführung in das neue GmbH-Recht, 2008; *Gottwald* (Hrsg.), Insolvenzrechts-Handbuch, 4. Aufl. 2010; *Graf-Schlicker* (Hrsg.), Kommentar zur Insolvenzordnung, 4. Aufl. 2014; *Groß*, Sanierung durch Fortführungsgesellschaften, 2. Aufl. 1988; *Gutmann*, ESUG – erleichterte Unternehmenssanierung, erleichterter Berufsstand?, AnwBl 2013, 615 ff.; *Haarmeyer/Wutzke/Förster*, Handbuch zur Insolvenzordnung, InsO/EGInsO, 4. Aufl. 2013; *Häsemeyer*, Insolvenzrecht, 4. Aufl. 2007; *Hergenröder*, Die Reform des Verfahrens zur Entschuldung natürlicher Personen, KTS 2013, 385 ff.; *Hillmer*, ESUG – Instrumente schon wieder auf dem Rückzug?, KTS 2014, 145 ff.; *Hollinderbäumer*, Der Könner macht masselos „Konkurs" – Hintergründe und Lösungen, BB 2013, 1223 ff.; *Huber, H.*, Großer Wurf oder viel Lärm um nichts?, ZInsO 2013, 1 ff.; *Jacoby*, Vorinsolvenzrechtliches Sanierungsverfahren, ZGR 2010, 359 ff.; *Jaffé*, Restrukturierung nach der InsO – Gesetzesplan, Fehlstellen und Reformansätze innerhalb einer umfassenden InsO-Novellierung aus Sicht eines Insolvenzpraktikers, ZHR 2010, 248 ff.; *Kindler*, Grundzüge des neuen Kapitalgesellschaftsrechts, NJW 2008, 3249; *Kreft* (Hrsg.), Heidelberger Kommentar zur Insolvenzordnung, 7. Aufl. 2014; *Kübler/Prütting/Bork* (Hrsg.), InsO – Kommentar zur Insolvenzordnung, Loseblatt; *Leistikow*, Das neue GmbH-Recht, 2009; *Lissner*, Die Insolvenzrechtsreform – Eine Betrachtung der Entwicklung, DZWIR 2014, 59 ff.; *Miras*, Die neue Unternehmergesellschaft, 2008; *Nerlich/Römermann*, Insolvenzordnung, Loseblatt; *Neubert*, Das neue Insolvenzeröffnungsverfahren nach dem ESUG, GmbHR 2012, 439 ff.; *Niesert/Hohler*, Übertragende Sanierung vor Insolvenzantragstellung unter besonderer Berücksichtigung strafrechtlicher Aspekte, NZI 2010, 127 ff.; *Priester*, „Sanieren oder Ausscheiden" im Recht der GmbH, ZIP 2010, 497 ff.; *Richter*, „Scheinauslandsgesellschaften" in der deutschen Strafverfolgungspraxis, in FS Tiedemann, 2008, 1023 ff.; *Richter*, Neue Strafbarkeitsrisiken bei Restrukturierung, Sanierung und Insolvenz – FMStG, ESUG und Bankrottstrafrecht, in Heinrich (Hrsg.), Hochkonjunktur für die Sanierungspraxis, 2014, 39 ff.; *Rischbieter/Gröning*, Gründung und Leben der GmbH nach dem MoMiG, 2009; *Römermann*, Ein Jahr ESUG – Eine Bestandsaufnahme aus dem Blickwinkel der GmbH-Beratung, GmbHR 2013, 337 ff.; *Römermann/Wachter*, GmbH-Beratung nach dem MoMiG, Sonderheft GmbHR Okt 2008; *Karsten Schmidt/Uhlenbruck* (Hrsg.), Die GmbH in Krise, Sanierung und Insolvenz, 4. Aufl. 2009; *Uhlenbruck*, Die GmbH & Co.-KG in Krise, Konkurs und Vergleich, 2. Aufl. 1988; *Uhlenbruck/Hirte/Vallender*, Insolvenzordnung, 13. Aufl. 2010; *Schmolke*, Kapitalerhaltung in der GmbH nach dem MoMiG, 2009; *Schuster*, Zur Stellung der Anteilseigner in der Sanierung, ZGR 2010, 325 ff.; *Uhlenbruck, W.*, Risiken vorinsolvenzlicher übertragender Sanierung und Anschlussinsolvenz, in FS Haarmeyer, 2013, S. 317 ff.; *Vallender*, Das neue Schutzschirmverfahren nach dem ESUG, GmbHR 2012, 450 ff.; *Westphal*, Vorinstanzliches Sanierungsverfahren, ZGR 2010, 385 ff.; *Wimmer* (Hrsg.), FK-InsO. Frankfurter Kommentar zur Insolvenzordnung, 8. Aufl. 2014.

Materialien zur InsO: RegE, BT-Drs. 12/2443 vom 15.4.1992; Bericht des Rechtsausschusses, BT-Drs. 12/7302 vom 19.4.1994; Begründung des Bundesrats für die Anrufung des Vermittlungsausschusses, BR-Drs. 336/94.

Zum MoMiG: RegE BT-Drs. 16/6140 vom 25.7.2007; Beschluss und Empfehlung des Rechtsausschusses BT-Drs. 16/9737.

Zum Finanzmarktstabilisierungsgesetz: RegE BT-Drs. 16/10600.

Zum ESUG Gesetz zur weiteren Erleichterung der Sanierung von Unternehmen (SanG) vom 7.12.2011 (BGBl I 2011, 2582, in Kraft 1.3.2012/1.1.2013, 2800)**:** RegE BR-Drs. 127/11 vom 4.3.2011, BT-Drs. 17/5712 vom 4.5.2011; Beschluss und Empfehlung des Rechtsausschusses BT-Drs. 17/7511; Annahme durch den Bundesrat (entgegen der Empfehlung seiner Ausschüsse –BR-Drs. 679/1/11) BR-Drs. 676/11(B) vom 25.11.2011.

Schrifttum Europäisches und Internationales Insolvenz(straf)recht: *Andres/Möhlenkamp*, Konzerne in der Insolvenz – Chance auf Sanierung?, BB 2013, 579 ff.; *Bittmann* in Bittmann (Hrsg.), Insolvenzstrafrecht, 2004, § 12 Rz. 343 ff.; *Carstens*, Die internationale Zuständigkeit im europäischen Insolvenzrecht, 2005; *Gottwald*, Insolvenzrechtshandbuch, 4. Aufl. 2010, § 128 Grundfragen des Internationalen Insolvenzrechts; *Kemper*, Die Verordnung (EG) Nr. 1346/2000 über Insolvenzverfahren, ZIP 2001, 1609 ff.; *Mock*, Internationale Restschuldbefreiung, KTS 2014, 423 ff.; *Paulus*, Europäische Insolvenzverordnung. Kommentar. 3. Aufl. 2010; *Paulus*, Wege zu einem Konzerninsolvenzrecht, ZGR 2010, 270 ff.; *Paulus*, Europäisches Wettbewerbsrecht und sein Verhältnis zum nationalen Insolvenzrecht, ZIP 2014, 905 ff.; *Prager/Keller*, Der Vorschlag der Europäischen Kommission zur Reform der EuInsVO, NZI 2013, 57 ff.; *Radtke/Hoffmann*, Die Anwendbarkeit von nationalem Insolvenzrecht auf EU-Auslandsgesellschaften, EuZW 2009, 404 ff.; *Siemon/Frind*, Der Konzern in der Insolvenz, NZI 2013, 1 ff.; *Smid*, Internationales Insolvenzrecht, 2009; *Thole*, Die Reform der Europäischen Insolvenzordnung – Zentrale Aspekte des Kommissionsvorschlags und offene Fragen, ZEuP 2014, 39 ff.

I. Gläubigerschutz in der Krise

Mit der wirtschaftlichen Krise eines Schuldners und der dadurch oft bedingten Beendigung seines Unternehmens sind besondere Gefahren für andere verbunden. Dies gilt vor allem und vordergründig für dessen *Gläubiger*, deren Haftungsmasse regelmäßig geschmälert oder ihnen vollkommen entzogen wird. Damit ist aber auch ganz allgemein das Interesse an einer *funktionierenden Wirtschaft* beeinträchtigt, die in besonderem Maße von Vorleistungspflichten und sonstigen Krediten geprägt ist. Der Gesetzgeber hat den notwendigen *Schutz der Kreditgeber und der Kreditwirtschaft* vor allem im Rahmen **zivilrechtlicher Normen** realisiert.

Einen Schwerpunkt bildet zunächst das **Recht der Kapitalgesellschaften**, deren Haftungsbegrenzung entsprechender Regelungen zur Kapitalerhaltung bedarf (§§ 30 ff. GmbHG und weitere Spezialnormen für die einzelnen Gesellschaftsformen). Diese Regeln wurden allerdings in jüngerer Zeit durch verschiedene rechtliche Maßnahmen vor allem für klein- und mittelständische Unternehmen deutlich gelockert. Infolge der Anerkennung ausländischer Gesellschaften (nahezu) ohne Haftungskapital (vgl. § 23 Rz. 100 ff.) ist zum einen als „deutsche Antwort" hierauf eine neue Variante der GmbH geschaffen worden, die „Unternehmergesellschaft (UG haftungsbeschränkt)" (s. § 23 Rz. 76). Das *Gesetz zur Modernisierung des GmbH-Rechts und zur Bekämpfung von Missbräuchen* (**MoMiG**[1]) hat über diese Variante hinaus das Recht der Kapitalgesellschaften (§ 23 Rz. 75) durch mehrere Eingriffe erheblich verändert (näher § 82 Rz. 17 ff.). Weitere Deregulierungsmaßnahmen im Bereich der Buchführungs- und Bilanzierungspflichten 2009/2012 durch das *Bilanzrechtsmodernisierungsgesetz* (**BilMoG**)[2] und das *Kleinstkapitalgesellschaften-Bilanzrechtsänderungsgesetz* (**MicroBilG**)[3] vermindern nun den Schutz des Haftungskapitals weiter (vgl. § 26 Rz. 121a, § 80 Rz. 8 und § 85 Rz. 2).

Auch die **Insolvenzordnung** (InsO)[4], die als umfassende Grundlage für die Sanierung oder Abwicklung notleidender Schuldnervermögen ab 1.1.1999 die *Konkursordnung* (KO) und die *Vergleichsordnung* (VglO) sowie die in der ehemaligen DDR geltende Gesamtvollstreckungsordnung (GesVollstrO) abgelöst hat[5], dient dem Kapitalerhaltungsinteresse der Gläubiger. Allerdings konnten weder das *Insolvenzrechtsänderungsgesetz 2001*[6] noch dessen weitere über 40

---

1 V. 23.10.2008, BGBl. I 2026; in Kraft getreten am 1.11.2008.
2 BGBl. I 1102, in Kraft getreten am 29.5.2009; hierzu *Bittmann*, BilMoG: Bilanzrechtsmodernisierung oder G zur Erleichterung von Bilanzmanipulationen?, wistra 2008, 441; vgl. w. Nw. unten in § 85.
3 G zur Umsetzung der RL 2012/6/EU des Europ. Parl. und des Rates v. 14.3.2012 v. 20.12.2012 , BGBl. I 2751, in Kraft seit 28.12.2012, von dem immerhin 500 000 Unternehmen betroffen sein sollen, vgl. Begründung BT-Drucks. 17/11292, S. 14 f.; zutr. weist die Bankenpraxis auf die aus der „deutlichen Reduzierung der Transparenz" resultierenden Probleme bei der Kreditvergabe hin – vgl. *Kogge*, RP 2014, 128 (134).
4 G v. 5.10.1994, BGBl. I 2866, gem. Art. 110 Abs. 1 EGInsO in Kraft seit 1.1.1999.
5 Art. 2 Nr. 1, 4, 7 und 8 EGInsO, BGBl. I 1994, 2940.
6 G v. 26.10.2001, BGBl. I 2710, in Kraft seit 1.12.2001.

Änderungen die zentralen Schwachstellen der InsO, wie etwa deren Krisenbestimmungen, beseitigen. Die aktuellen Reformen durch das **ESUG** (näher Rz. 46 ff.) sowie durch das *Gesetz zur Verkürzung des Restschuldbefreiungsverfahren und zur Stärkung der Gläubigerrechte*¹ und des nunmehr im Entwurf vorliegende *Gesetzes zur Erleichterung der Bewältigung von Konzerninsolvenzen*² schaffen zwar nicht unerhebliches Sanierungspotenzial für Schuldner aller Art, erhöhen aber das Risikopotenzial für die Gläubiger und auch die Missbrauchsgefahren nicht unerheblich.

4 Ganz Ähnliches gilt für das **Finanzmarktstabilisierungsgesetz (FMStG)**³, mit dem die von der InsO eingeführte erweiterte Definition der *Überschuldung* zunächst für eine Übergangszeit bis zum 31.12.2010⁴ und sodann wieder – modifiziert und „entfristet"⁵ – in den früheren Rechtszustand zurückversetzt wurde, um kapitalschwachen Unternehmen in der Finanz- und Wirtschaftskrise das Überleben zu ermöglichen (hierzu § 79 Rz. 16 ff.).

5 Außerdem hat die **Europäische Insolvenzrechts-VO 2002** für *grenzüberschreitende Insolvenzen* innerhalb der EU eine kollisionsrechtliche Regelung getroffen. Diese hat Anlass zur Neuregelung auch des deutschen Kollisionsrechts gegeben, indem 2003 in die InsO ein 11. Teil „Internationales Insolvenzrecht" (§§ 335–338 InsO) eingefügt wurde⁶. Seit Herbst 2011 liegen zudem *Empfehlungen des Europäischen Parlaments*⁷ zur Reform des Europäischen Insolvenzrechts vor, die „unternehmensfreundliche Rahmenbedingungen" zur Stärkung des Binnenmarktes und zur Schaffung einer „Zweiten Chance für Unternehmer" zum Ziel haben (zur strafrechtlichen Relevanz der „Europäischen Insolvenz" vgl. § 76 Rz. 58 ff.).

6 **Unternehmenskrisen**, die im Insolvenz(straf)recht in den Begriffen der (drohenden) Zahlungsunfähigkeit oder Überschuldung ihren Ausdruck finden, führten vor Inkrafttreten der InsO wegen meist völlig aufgebrauchter finanzieller Mittel nur *selten* zu *Sanierungen*, sondern *zumeist* zur *Beendigung* der Unternehmungen. Dieser Situation wollte die InsO durch eine Vorverlegung des Zeitpunkts der Insolvenzreife und erweiterte rechtliche Fortführungsmöglichkeiten abhelfen. Die zivilrechtlichen Verfahrensmöglichkeiten sind in Rz. 14 ff. als Überblick dargestellt.

Nicht immer ist allerdings die drohende oder bereits eingetretene *Krise* das auslösende Moment einer Unternehmensbeendigung. Anlass hierzu können vielmehr auch frühzeitig erkannte veränderte Marktbedingungen oder Ereignisse im persönlichen Bereich der Unternehmensinhaber oder -leiter sein. Soweit es in solchen Fällen nicht zu Übernahmen oder Fusionen kommt, stehen als Ver-

---

1 G v. 15.7.2013 – BGBl. I 2013, 2379, in Kraft (im Wesentlichen) seit 1.7.2014.
2 BT-Drs. 18/407 v. 30.1.2014, vgl. *Dirk/Möhlenkamp*, BB 2013, 579 ff.; zu insolvenzsteuerrechtlichen Fragen *Kahlert*, ZIP 2014, 1101 ff.
3 BGBl. I 1982, in Kraft seit 17.10.2008.
4 Art. 6 Nr. 3 i.V.m. Art. 7 Abs. 2 FMStG.
5 G v. 9.11.2012, BT-Drucks. 17/11385.
6 G v. 14.3.2003, BGBl. I 345, in Kraft seit 20.3.2003.
7 Bericht mit Empfehlungen an die Kommission zu Insolvenzverfahren im Rahmen des EU-Gesellschaftsrechts – 2011/2006(INI) v. 17.10.2011.

fahren für Unternehmensbeendigungen vor allem die *offene* und die *stille Liquidation* (vgl. z.B. §§ 60 ff. GmbHG) zur Verfügung (Rz. 22 ff.). Die Unternehmens*nachfolge* ohne Krise wird unten in § 89 behandelt.

Das **Insolvenzstrafrecht** im engeren und weiteren Sinne (Überblick unten in § 76) mit seinen die zivilrechtlichen Maßnahmen unterstützenden und damit ebenfalls *gläubigerschützenden Normen* dient dem gleichen Zweck. Die damit gegebene Beziehung des Insolvenzstrafrechts zum Zivilrecht ist allerdings unzureichend geregelt und daher problembehaftet (vgl. Rz. 49 ff.). Zudem stellen die Notwendigkeit zur Erstellung *betriebswirtschaftlicher Prognosen* und die großen, in den letzten Jahren ständig gestiegenen *Fallzahlen* die Strafjustiz vor große Probleme. Soweit die Probleme rechtlicher Natur sind, stehen allerdings eine inzwischen weit entwickelte *Literatur* und teilweise auch richtungweisende *Rechtsprechung* zur Bewältigung zur Verfügung.

Die **insolvenzstrafrechtlichen Grenzen** des unternehmerischen Handelns, die 1976 durch das 1. WiKG neu bestimmt worden waren und durch die InsO zwar keine ausdrückliche, aber wegen der Zivilrechtsakzessorietät des Strafrechts gleichwohl eine entsprechende Veränderung erfahren haben (vgl. Rz. 49 ff.), ergeben sich aus den nachfolgenden Paragraphen. Dabei sind Straftaten bei *Unternehmensbeendigungen* unten in den §§ 77–87 dargestellt, während die Ausführungen in § 89 in erster Linie die *Unternehmensfortführung* und Sanierung betreffen.

II. Unternehmensfortführung

Grundsätzlich stehen dem Unternehmer *zwei Möglichkeiten der Krisenbewältigung* zur Auswahl: **Unternehmensbeendigung und Unternehmensfortführung**. Beide Alternativen enthalten materielle und formelle Aspekte, die jeweils spezifische strafrechtliche Risiken begründen. Formen und Risiken überschneiden sich in der Praxis aber regelmäßig. Schon vor dem ESUG half hierbei die Unterscheidung zwischen „übertragender Sanierung"[1] und „Sanierung des Unternehmensträgers" kaum: Werden (vor oder während) der Unternehmensbeendigung deren werthaltige Teile auf andere Unternehmensträger übertragen („**asset-deal**" – *Unternehmensaufspaltung* und *Übertragung von Unternehmensteilen*), so folgte dem in der Praxis ebenso regelmäßig die *Beendigung des Unternehmensträgers* wie bei der Übertragung aller Unternehmensteile („*übertragende Sanierung*"[2]). Dies ist allerdings keineswegs zwingend, weil das „Altunternehmen" mit anderer Zielrichtung fortgeführt werden kann (zum kriminellen Missbrauch bei den „Unternehmensbestattungen" vgl. § 87 Rz. 44 ff.). Andererseits kann ein Wechsel beim Unternehmensträger durch Übertragung eines maßgeblichen Teils oder aller Kapitalanteile („**share-deal**"), etwa durch Gewinnung von neuen Sanierungsgesellschaftern – wie vielfach

---

1 Zu den hierbei auftretenden strafrechtlichen Risiken vgl. *Niesert/Hohler*, NZI 2010, 127 ff.
2 Vgl. hierzu nur *Karsten Schmidt* in Karsten Schmidt/Uhlenbruck, Krise, Sanierung und Insolvenz, Rz. 2.133 ff. m. umfangreichen Nw.; zutr. weist *Landfermann* in HK, § 270b Rz. 15 auf die „fließenden Grenzen" bei Sanierung nach Plan und übertragender Sanierung hin.

beim Einstieg sog. „*hedge-fonds*" in Krisengesellschaften erhofft -, eine Form der Krisenbewältigung darstellen[1] (zu den Möglichkeiten der Beteiligung der Gläubiger am Unternehmensträger – *dept equity swap* – Rz. 48 ff.)

10 Bei einem derart weiten Verständnis der **Unternehmens-Umgestaltung** mit dem Ziel einer Krisenbewältigung kommt auch der schlichte *Wechsel der Rechtsform* des Unternehmensträgers in das Blickfeld (vgl. auch § 23 Rz. 55, 99). Für die strafrechtlichen Zwecke im Hinblick auf Sanierungsrisiken – ausgerichtet an den Schutzbedürfnissen der Gläubiger und Gesellschafter – reicht es indes zunächst aus, *Grundstrukturen und Mischformen* vorzustellen (zur Frage der Unternehmensnachfolge [ohne Krise] vgl. unten § 89).

11 Sowohl bei Unternehmensbeendigung als auch bei (ggf. nur teilweiser) Fortführung des Unternehmens sind *zwei* grundsätzlich *verschiedene Verfahren* zu unterscheiden:

 – Zur Gruppe der **gesetzlich geregelten** und *gerichtlich überwachten* **Verfahren** gehört das „Insolvenzverfahren", also das Verfahren nach der InsO – auch mit den Möglichkeiten des ESUG – mit deren diversen Verfahrensvarianten.

 – Die Gruppe der **formlosen**, von den Beteiligten *frei gestaltbaren* **Verfahren** umfasst die außerhalb des Insolvenzverfahrens zur betriebene Sanierung – ggf. unter Beteiligung Dritter als (Mit-)Finanzierer, sei es auf der Gesellschafter- oder Gläubigerseite. Auch hier ist der Übergang zwischen den einzelnen Möglichkeiten fließend, wie die Institute des *außergerichtlichen Vergleichs* (nach § 779 BGB), der „*stillen Liquidation*" und der (dazwischen liegenden) „*offenen Liquidation*" zeigen.

12 Nach den Erfahrungen der *Finanzmarktkrise* wurde die Diskussion der Reform oder Ergänzung der InsO zur Schaffung besserer Sanierungsgrundlagen verstärkt geführt[2]. Ausgehend von der These des Scheiterns der Sanierung im Rahmen des Insolvenzverfahrens [„*Stigma der Insolvenz*"[3]), angelehnt an ausländische Vorbilder, konzentrierten sich die *Vorschläge* auf ein **gerichtliches Sanierungsverfahren** im Vorfeld des Insolvenzverfahrens[4]. Dieses sollte – anknüpfend an die Fortführungsprognose[5] und damit einer Wertberechnung aufgrund eines *Überschuldungs*status stets mit Fortführungswerten (dazu § 79 Rz. 19) – Vollstreckungsschutz und Mehrheitsentscheidungen bei bestenfalls eingeschränkter gerichtlicher Kontrolle bieten. Diese Vorschläge haben sich im ESUG (Rz. 3, 46 ff.) niedergeschlagen.

---

1 Zu Missbrauchsformen hierbei vgl. *Richter* in FS Tiedemann, 2008, S. 1023 (1037 f.).
2 Umfassend hierzu die Beiträge des ZGR-Symposiums 2010 am 22./23.1.2010 in Königstein, veröffentlicht in ZGR 2010, 147 ff.
3 *Jacoby*, ZHR 2010, 359 (365).
4 *Jaffé*, ZHR 2010, 248 (250 ff.); *Westphal*, ZHR 2010, 385 (388 f.); *Verse*, ZHR 2010, 299 ff.
5 *Jacoby*, ZHR 2010, 359 (378).

Dabei war schon die InsO 1999[1] primär **auf die sanierende Fortführung** insolventer Unternehmungen **ausgelegt**. Die in ihr vorgesehenen Möglichkeiten der *Deregulierung* des Verfahrens zugunsten der Gläubigerautonomie verbunden mit einer *Vorverlagerung der Insolvenzgründe* durch Krisendefinitionen und Einführung der drohenden Zahlungsunfähigkeit als (fakultativer) Insolvenzgrund reichten indes nicht aus, um das angestrebte Ziel zu erreichen. Erste Erfahrungen mit den erweiterten Möglichkeiten der InsO nach dem ESUG sind insoweit durchaus widersprüchlich und davon abhängig, ob sie aus der Sphäre der Insolvenzgerichte oder der (Sanierungs-)Berater stammen[2].

1. Fortführungsgesellschaften

Versteht man mit *Groß*[3] „Fortführungsgesellschaft" als Oberbegriff aller *auf Sanierung gerichteten Unternehmen*[4], können die nachfolgenden **Gestaltungsgrundtypen** unterschieden werden. Eigene Maßnahmen des Unternehmers zur Rettung seines Unternehmens (*interne Sanierung*) sollen hierbei aber nicht einbezogen werden. Erfasst wird demnach nur die „*externe Sanierung*", also die Sanierung unter Beteiligung außenstehender Dritter:

– Sanierung unter Wahrung der Rechtsidentität des insolventen Unternehmens (*Sanierungsgesellschaft*);

– Sanierung durch Einschaltung eines neuen Rechtsträgers zur Unterstützung oder Übernahme des insolventen Unternehmens (*Betriebsübernahmegesellschaft*);

– stille Liquidation des insolventen Unternehmens unter Vermögensverlagerung auf eine Nachfolgegesellschaft (*Auffanggesellschaft*).

In der auf die rechtlichen Möglichkeiten der Unternehmensfortführung gerichteten Typisierung von *Groß* steht die **Auffanggesellschaft** sowohl für den Bereich der Fortführung als auch für eine Zwischenstufe zur Betriebsübernahmegesellschaft[5]. Gerade unter wirtschaftskriminologischen Gesichtspunkten ist indes ihre Ausgestaltung als Nachfolgegesellschaft bei stiller Liquidation von besonderer Praxisrelevanz (zu den Gestaltungen im Einzelnen und den strafrechtlichen Aspekten s. unten § 87).

---

1 Die gem. Art. 103 f. EGInsO für alle Insolvenzanträge von Unternehmen, Unternehmer und Verbraucher ab dem 1.1.1999 gilt.
2 Einen guten, im Hinblick auf Sanierungsförderung durchaus skeptischen Überblick gibt *Römermann*, GmbHR 2013, 337; aus der Sicht der Kreditinstitute *H. Huber*, ZInsO 2013, 1; aus der Sicht der Insolvenzrichter *Frind*, ZInsO 2013, 59 (279 ff.); *Neubert*, GmbHR 2012, 439, insbes. zum Schutzschildverfahren *Vallender*, GmbHR 2012, 450.
3 *Groß*, Sanierung, S. 131 ff.
4 Der Begriff wird jedoch nicht einheitlich gebraucht; so verwendet ihn z.B. *Karsten Schmidt* in Karsten Schmidt/Uhlenbruck, Krise, Sanierung und Insolvenz, Rz. 3.16 und 2.133 ff. für die Auffanggesellschaft bei übertragender Sanierung; vgl. auch schon *Post*, DB 1984, 280.
5 *Groß*, Sanierung, S. 134.

2. Sanierungsmaßnahmen und -verfahren

16 Wenn *Karsten Schmidt* zwischen **leistungswirtschaftlichen und finanziellen Maßnahmen** zur Erreichung des angestrebten Sanierungserfolges unterscheidet[1], trifft dies auch die wirtschaftsstrafrechtliche Phänomenologie: Auf die *Ertragserzielung* gerichtete Maßnahmen im Produktions-, Entwicklungs- und Personalbereich können durch entsprechende Sanierungskriminalität begleitet sein (vgl. § 87 Rz. 20 ff.). Die Beschaffung von *neuem Kapital* ist insbesondere unter dem Gesichtspunkt der Umwandlung von Forderungen in Kapital und der verdeckten Sacheinlage strafrechtlich relevant. In diesem Zusammenhang sind auch kritische Engagements verschiedener „*hedge-fonds*" des sich insbesondere in den 80er und 90er Jahren stark entwickelnden Marktes für **privates Beteiligungskapital** („*private equity*") mit dem Teilbereich des „*venture capital*"[2] zu nennen[3]. Vor allem bei der Restrukturierung von Schuldverschreibungen – bis zur Möglichkeit des debt equity swap – gibt das Insolvenzrecht Gestaltungsspielräume, wenn auch der Geltungsbereich des SchVG – insbesondere auch bei internationalen Bezügen noch auszuloten ist[4].

17 Das geltende Recht bietet – insbesondere auch unter dem Aspekt der „Sanierung im Insolvenzverfahren" des ESUG (Rz. 46 ff.) – zur Durchführung einer Sanierung folgende **Verfahrensmöglichkeiten** an:

– Insolvenz mit Fortführungsgesellschaft,
– Liquidationsvergleich mit Fortführungsgesellschaft,
– außergerichtlicher Vergleich mit/ohne Fortführungsgesellschaft,
– gerichtlicher Vergleich mit/ohne Fortführungsgesellschaft,
– stille Liquidation mit Nachfolgegesellschaft.

18 Schon die **InsO 1999** hatte die früheren Sonderformen des gerichtlichen Vergleichs, Liquidations- und Zwangsvergleichs nach der VglO durch ein **einheitliches Insolvenzverfahren** abgelöst. Dieses stellt das gläubigerbestimmte und gerichtlich überwachte *Insolvenzplanverfahren* nach §§ 217 ff. InsO als Steuerungsinstrument zur Verfügung. Diese Möglichkeiten hat das ESUG deutlich erweitert, jedoch die Unternehmensfortführung durch Betriebsveräußerung nach den Grundregeln der §§ 162 ff. InsO auch außerhalb eines Insolvenzplanverfahrens nicht ausgeschlossen. Vor allem aber ist die *Eigenverwaltung* deutlich gestärkt und nunmehr Gegenstand vieler Insolvenzanträge – allerdings derzeit noch weitgehend ohne Erfolg (Rz. 46 ff.) und mit erheblichen strafrechtlichen Risiken behaftet (§ 77 Rz. 11 ff.). Das Verfahren wird dann vom Schuldner oder organschaftlichen Vertreter eines Schuldnerunternehmens unter Aufsicht eines Sachwalters abgewickelt (§§ 270 ff. InsO; zu den bisher enttäuschenden Ergebnissen der Sanierungskomponente der InsO s. Rz. 40). – Neben

---

1 *Karsten Schmidt* in Karsten Schmidt/Uhlenbruck, Krise, Sanierung und Insolvenz, Rz. 2.8.
2 Vgl. hierzu nur *Maus* in Karsten Schmidt, Krise, Sanierung und Insolvenz, Rz. 2.46 ff. m.w.Nw. sowie oben § 27 Rz. 25 ff., 30.
3 Beispiele und Nw. bei *Richter* in FS Tiedemann, 2008, S. 1023 (1037 f.) und *Jacoby*, ZHR 2010, 359 (363).
4 Näher dazu *Thole*, ZIP 2014, 293 ff.

diesen gerichtlichen Verfahren bestehen weiterhin die formlosen Möglichkeiten (Rz. 11) des *außergerichtlichen Vergleichs* und der *stillen Liquidation*.

Das Insolvenzverfahren stellt **Haftungsausschlüsse** für den Erwerb aus einer Insolvenzmasse zur Verfügung. Die ersatzlose Streichung der *Haftung bei Vermögensübernahme* nach § 419 BGB a.F. durch die InsO erweist sich als zusätzlich flankierende zivilrechtliche Maßnahme zur Erleichterung der Unternehmensfortführung durch übertragende Sanierung auch außerhalb eines Insolvenzverfahrens (Art. 33 Nr. 16 EGInsO). Zur Anwendung des Kleinbeteiligungs- und Sanierungsprivilegs gem. § 39 Abs. 5 und Abs. 4 S. 2 InsO auf den Neugläubiger nach einem debt-equity-swab s. Rz. 48.

19

III. Unternehmensbeendigung

Bereits nach der KO/VerglO standen **gerichtlich überwachte Abwicklungsverfahren** im Vorfeld krisenbedingter Unternehmensbeendigung zur Verfügung. Nach dem Recht ausländischer Rechtsordnungen – mit denen das deutsche Recht im Wettbewerb steht – haben solche Abwicklungsverfahren eine weit stärkere Ausgestaltung erfahren, etwa in den USA mit *chapter 11 des Bankruptcy Code*[1] oder im englischen *Company Voluntary Arrangement (CVA)*[2]. Das deutsche Recht hat diese Verfahren mit guten Gründen, aber bisher wenig praktischem Erfolg, mit dem ESUG (Rz. 46 ff.) in die InsO integriert.

20

Nach der **InsO** ist die Unternehmensbeendigung praktisch in jeder Phase des Verfahrens vorgesehen, wenn sich herausstellt, dass eine Sanierung nicht (mehr) als aussichtsreich einzuschätzen ist. Im *Vorfeld* bleiben der *außergerichtliche Vergleich* gem. § 779 BGB und – soweit noch keine Zwangsvollstreckungen vorliegen oder Insolvenzanträge von Gläubigern drohen – die *offene Liquidation* als Verfahrensalternative ohne Drittbeteiligung. Schließlich wird auch die *stille Liquidation* praktiziert, soweit sich die Gläubiger nicht mehr um die Liquidationsabwicklung kümmern, sei es aus Nachlässigkeit oder weil sie sich keinen Nutzen mehr von weiterer Rechtsverfolgung erhoffen.

21

Ein **Überblick über die unterschiedlichen Verfahrensabläufe** soll das Verständnis der in § 76 Rz. 59 ff. im Überblick dargestellten strafrechtlichen Sanktionen erleichtern.

1. Liquidation

a) Die **offene Liquidation** war und ist das für alle Unternehmer in Betracht kommende *allgemeine Verfahren* zur Abwicklung der Unternehmensbeendigung, welches *eine Krise nicht voraussetzt*. Für Personenhandels- und Kapitalgesellschaften bestehen besondere gesetzliche Vorschriften (§§ 145 ff. HGB für die OHG, KG und EWIV; §§ 60 ff. GmbHG für die GmbH; §§ 262 ff. AktG für Aktiengesellschaften).

22

---

1 Auf die Sanierungserfolge weist *Verse*, ZHR 2010, 299 (301) hin.
2 *Jacoby*, ZHR 2010, 359 (362 f.) m. Nw.

23 Die **Verfahrenseinleitung** erfolgt durch *Eintragung* des Liquidationszwecks – anstelle des bisherigen werbenden Zwecks – im *Handelsregister*. Für deren Herbeiführung bestehen – wie bei der Gründung – Anmeldepflichten (s. § 22 Rz. 35). Dem hat die Bekanntgabe des geänderten Unternehmenszwecks auf den *Geschäftsbriefen* (s. § 23 Rz. 65 f.) mit dem Firmenzusatz „in Liquidation" oder „i.L." zu folgen.

24 Der **Zeitpunkt** des Liquidationsbeginns ist grundsätzlich in das Belieben des Unternehmers gestellt. Bei Gesellschaften sind i.d.R. qualifizierte Mehrheiten für die Wirksamkeit des Liquidations- bzw. Auflösungsbeschlusses erforderlich. Daneben gibt es verschiedene vom Gesetz zwingend vorgesehene Gründe zur Einleitung einer Liquidation, die etwa an die *Ablehnung* eines Insolvenzantrags *mangels Masse* anknüpfen.

25 Am Beispiel der **GmbH und AG** lassen sich die folgenden **Liquidationsgründe** übersichtsartig darstellen:

- Eröffnung des *Insolvenzverfahrens* (§ 60 Abs. 1 Nr. 4 GmbHG, § 262 Abs. 1 Nr. 3 AktG).
- *Abweisung* eines Insolvenzantrags mangels einer den Kosten des Verfahrens entsprechenden Masse (§ 60 Abs. 1 Nr. 5 GmbHG, § 262 Abs. 1 Nr. 4 AktG).
- *Löschung* nach § 394 FamFG wegen Vermögenslosigkeit (§ 60 Abs. 1 Nr. 7 GmbHG, § 262 Abs. 1 Nr. 6 AktG).
- *Nachtragsliquidation*, die stattfindet, wenn sich nach der Löschung einer GmbH wegen Vermögenslosigkeit nachträglich das Vorhandensein von Vermögen herausstellt (§ 66 Abs. 5 GmbHG).
- *Feststellung der Nichtigkeit* (§ 60 Abs. 1 Nr. 6 GmbHG, § 262 Abs. 1 Nr. 5 AktG) – ein in der Praxis seltener Fall.
- *Sonstige Liquidationsgründe* (§ 60 Abs. 1 Nr. 1–3 GmbHG, § 262 Abs. 1 Nr. 1, 2 AktG), wie Zeitablauf, Auflösungsbeschluss der Gesellschafter, Auflösungsurteil wegen Unmöglichkeit der Erreichung des Gesellschaftszwecks oder eines sonstigen wichtigen Grundes, Auflösungsurteil eines Verwaltungsgerichts wegen Gefährdung des Gemeinwohls, Auflösungsverfügung des Registergerichts nach § 397 FamFG wegen Mängeln des Gesellschaftsvertrags oder Nichtzahlung der Geschäftsanteile bei Vereinigung, weitere im Gesellschaftsvertrag festgelegte Auflösungsgründe.
- *Liquidation zur Durchführung sonstiger Abwicklungsmaßnahmen*, wie Abgabe einer rechtsgeschäftlichen Erklärung, Empfang einer Zustellung, Wahrnehmung von Pflichten in einem gegen die Gesellschaft gerichteten Steuerverfahren (§ 273 Abs. 4 AktG analog)[1].

26 **Kapitalgesellschaften**, aber auch *rechtsfähige Personengesellschaften* werden durch den Eintritt eines Auflösungsgrundes *nicht beendet*, sondern sie behalten ihre Rechtspersönlichkeit bzw. Rechtsfähigkeit bis zur Beendigung der Liquidation und nachfolgender Löschung im Handelsregister bei (näher Rz. 29). Es wird lediglich ihr werbender *Zweck* durch den Liquidationszweck ersetzt.

---

1 Str., vgl. *Karsten Schmidt*, GmbHR 1988, 209: analoge Anwendung von § 74 Abs. 1 GmbHG, keine Rechtspersönlichkeit der Gesellschaft mehr, sondern nur Handlungsträgerin für nachwirkende Aufgaben.

Liquidatoren des Unternehmensträgers sind die bisherigen Geschäftsführer bzw. Vorstandsmitglieder als geborene Liquidatoren und gemäß Gesellschaftsvertrag oder Gesellschafterbeschluss bestellte Dritte (§ 66 GmbHG; §§ 48, 266 AktG; für die OHG/KG: § 146 HGB). Auf Antrag von GmbH-Gesellschaftern, deren Gesellschaftsanteile zusammen mindestens 10 % des Stammkapitals entsprechen, kann aus wichtigen Gründen die Bestellung der Liquidatoren auch durch das Gericht erfolgen (§ 66 Abs. 2 GmbHG).

Zweck des Liquidationsverfahrens ist es, die laufenden Geschäfte der Gesellschaft abzuschließen, die Forderungen einzuziehen und das Vermögen der Gesellschaft in Geld umzusetzen, wobei zur Beendigung schwebender Geschäfte ausnahmsweise auch neue Geschäfte eingegangen werden können (§ 70 S. 2 GmbHG). *Nach Befriedigung aller Gesellschaftsgläubiger* ist das Restvermögen der Gesellschaft unter die Gesellschafter nach dem Verhältnis ihrer Geschäftsanteile oder nach Gesellschaftsvertrag zu verteilen, soweit noch etwas zu verteilen bleibt (§ 72 GmbHG). Dies darf aber erst nach Ablauf eines Jahres nach Tilgung oder Sicherstellung aller Verbindlichkeiten der Gesellschaft erfolgen (*Sperrjahr* nach § 73 GmbHG, entsprechend nach Aufruf an die Gläubiger gem. §§ 267, 272 AktG).

Die **Beendigung der Kapitalgesellschaft** als Rechtspersönlichkeit kann erst erfolgen, wenn sie vermögenslos geworden ist *und* ihre Löschung im Handelsregister eingetragen wird. Diese 1980 von *Karsten Schmidt* entwickelte Lehre vom sog. Doppeltatbestand ist inzwischen weitgehend anerkannt[1]. Die *Löschung im Handelsregister* kann auf zwei Wegen erfolgen: zunächst – in seltenen Fällen – auf Antrag der Berufsvertretung des Handelsstandes (IHK, Handwerkskammer u.a.), der Steuerbehörde oder von Amts wegen bei Vermögenslosigkeit nach § 394 FamFG[2]; sodann auf Antrag der Liquidatoren nach Abschluss der Liquidation in analoger Anwendung der Vorschriften über die Firmenlöschung gem. § 74 GmbHG, §§ 29, 31 Abs. 2 S. 1 HGB.

b) Neben der gesetzeskonform durchgeführten *offenen Liquidation* ist auch die handels- und gesellschaftsrechtswidrig praktizierte **stille Liquidation** üblich, deren strafrechtliche Risiken in § 87 Rz. 20 ff. aufgezeigt werden. Sie besteht in der vom Unternehmer nach eigenem Gutdünken vorgenommenen Abwicklung des Unternehmens, die Vereinbarungen mit einzelnen Gläubigern und Zahlungen an sie nicht ausschließt. Aus strafrechtlicher Erfahrung wird das Unternehmen hierbei häufig ohne vollständige Berichtigung aller Verbindlichkeiten verwertet. Dies ist möglich, weil viele Gläubiger aus Nachlässigkeit oder Resignation den einfacheren Weg der gewinn- und damit steuermindernden Wertberichtigung ihrer Forderungen gehen, anstatt weitere Zeit und Kosten in eine (mutmaßlich) aussichtslose Rechtsverfolgung zu investieren. Abgesehen davon, dass derartige stille Liquidationen bei Kapitalgesellschaften und gleichgestellten Personengesellschaften wegen der *strafbewehrten Insolvenzantragspflicht* strafbar sind (vgl. unten § 80), ist diese Art der Krisenbewälti-

---

1 *Karsten Schmidt*, GmbHR 1988, 209 ff. m.w.Nw.
2 Die früher in § 2 LöschungsG enthaltene Regelung ist mit Wirkung v. 1.1.1999 durch § 141a FGG und mit Wirkung v. 1.9.2009 durch § 394 FamFG ersetzt worden.

gung durch *eigennützige Handlungen* des Unternehmers zum Nachteil seiner Gläubiger und damit meist durch weitere Insolvenz- sowie Eigentums- und Vermögensdelikte gekennzeichnet. Jeder Gläubiger kann jederzeit im Wege der Einzelzwangsvollstreckung, des Insolvenzantrags sowie der Strafanzeige dagegen vorgehen.

31 Häufig erfolgt die stille Liquidation nach *mangels Masse* **abgelehntem Insolvenzantrag**, wenn noch Vermögenswerte vorhanden sind, die dem Insolvenzgericht verheimlicht wurden oder ihm sonst verborgen geblieben sind oder wenn unerwartet nachträglich Vermögenswerte in die Masse fließen, wie z.B. eine vorher als rechtlich zweifelhaft angesehene Steuerrückerstattung. Strafrechtlich bieten diese Liquidationsfälle keine besonderen Probleme (zur Insolvenzverschleppung gem. § 15a InsO in derartigen Fällen vgl. § 80 Rz. 48 ff.); sie werden jedoch infolge der geringen Anzeigehäufigkeit in der Praxis nur selten verfolgt.

2. Außergerichtlicher Vergleich

32 Die Liquidation durch außergerichtlichen **Vergleich gem. § 779 BGB** war und ist bereits vor Eintritt der Insolvenzreife (Überschuldung oder Zahlungsunfähigkeit, mithin auch bei drohender Zahlungsunfähigkeit) möglich und erfolgt durch freie Vereinbarungen des Unternehmers mit seinen Gläubigern. Dabei handelt es sich im Wesentlichen um *Stundungen* (Moratorien) *und (Teil-)Forderungserlasse* seitens der Gläubiger. Diese sind dazu bereit, soweit sie für den Fall eines gerichtlich kontrollierten oder stillen Liquidationsverfahrens mit größeren Verlusten rechnen. Da jedoch jeder nicht am Vergleich beteiligte Gläubiger seine Forderung weiterhin in voller Höhe im Wege der Einzelzwangsvollstreckung oder des Insolvenzantrags verfolgen kann, wird ein außergerichtlicher Vergleich nur dann erfolgreich sein, wenn dafür alle Gläubiger gewonnen werden, deren Forderungen nicht voll befriedigt werden können.

33 Dem hieraus resultierenden „Erpressungspotenzial" einzelner Gläubiger will die Reform der InsO durch das ESUG mit der Schaffung eines „**vorinsolvenzrechtlichen Sanierungsverfahrens**" entgegenwirken[1], das allerdings selbst solches Potenzial enthält[2]. Insbesondere das „*Schutzschirmverfahren*" nach § 270b InsO bietet mit dem (zeitweisen) Ausschluss der Einzelzwangsvollstreckung eigene, neue Problemfelder[3] und nicht unerhebliche (zusätzliche) kriminogene Anreize zur Insolvenzverschleppung. Die Möglichkeit der Überstimmung von Minderheitsgläubigern schafft die Gefahr der Manipulation im Hinblick auf die Reduzierung ihrer Forderung vom *Nominal-* auf den *realen Wert* – vor allem, wenn diese Berechnung mit dem Antragsgrund eines solchen Ver-

---

1 *Jacoby*, ZHR 2010, 359 (366) m. Nw.;
2 *Eidenmüller*, ZIP 2010, 649 (653), wobei allerdings *Florstedt*, ZIP 2014, 1513, zutr. Risiken vorinsolvenzrechtlicher Sanierungsmöglichkeiten – etwa nach dem ARUG (G zur Umsetzung der Aktionärsrechterichtlinie v. 30.7.2009, BGBl. I 2479) und dem SchVG (G zur Neuregelung der Rechtsverhältnisse bei Schuldverschreibungen v. 31.7.2009, BGBl. I 2512) – aufzeigt.
3 Nw. bei *Vallender*, GmbHR 2012, 450.

fahrens (rechnerische Überschuldung bei bestehender Fortführungsprognose) verknüpft wird (näher Rz. 46 ff., unten § 77).

Für **Kapital- und gleichgestellte Personengesellschaften** bleibt nach dem Eintritt von Zahlungsunfähigkeit oder Überschuldung und damit nach Eintritt der strafbewehrten Insolvenzantragspflicht nur noch eine Zeit von *längstens drei Wochen* für einen die Insolvenzreife wieder beseitigenden außergerichtlichen Vergleichsabschluss. Dies kommt praktisch einer Unmöglichkeit gleich. Die Haftungsfortdauer des Unternehmers für nicht befriedigte Verbindlichkeiten nach Vergleichsabschluss ist von den getroffenen Vereinbarungen abhängig. Auch im Rahmen eines außergerichtlichen Vergleichs kann das Unternehmen als Ganzes oder in Teilen veräußert werden – wobei der Erwerber allerdings hier den *Haftungsrisiken* nach § 613a BGB, § 25 HGB, § 75 AO ausgesetzt ist. (Zu möglichen *Straftaten* im Zusammenhang mit außergerichtlichem Vergleich vgl. unten § 87.)

3. Insolvenzverfahren

Die Reform der Gesamtvollstreckung durch die InsO 1999 hat nicht nur die auf Unternehmensbeendigung angelegte Konkursordnung und die auf Fortführung gerichtete Vergleichsordnung zu einer gemeinsamen Regelung zusammengeführt, sondern durch die Integration der Gesamtvollstreckungsordnung der DDR (GesVO) auch die innerdeutsche Rechtseinheit wieder herstellt. Die InsO eröffnet nicht nur bessere Möglichkeiten zur Unternehmensfortführung (Rz. 9 ff.) und macht diese neben der Unternehmensbeendigung zu einem Verfahrensziel[1]; sie hat auch zahlreiche Unzulänglichkeiten der Unternehmensbeendigung nach KO beseitigt.

a) Allgemeiner **Eröffnungsgrund** ist die *Zahlungsunfähigkeit* (§ 17 InsO) und bei juristischen Personen zudem die *Überschuldung* (§ 19 InsO) – eingehend zu den Insolvenzgründen unten §§ 78, 79.

Als *zusätzlicher* Eröffnungsgrund ist die – nur – vom Schuldner geltend zu machende *drohende Zahlungsunfähigkeit* (§ 18 InsO) eingeführt worden, die eine verfahrensrechtliche Vorverlagerung der Krise bewirkt. Dies soll die Chance für eine Unternehmensfortführung erhöhen, hat aber – jedenfalls bis zum ESUG – kaum praktische Bedeutung erlangt[2]. Sie wird zwar häufig als Antragsgrund bei Eigenantrag genannt; regelmäßig liegt aber bereits seit Längerem Zahlungsunfähigkeit vor (§ 78 Rz. 47 ff.).

Eröffnungsvoraussetzung („Begründetheit" des Insolvenzantrages) ist eine die **Kosten** des Insolvenzverfahrens **deckende Masse**. Diese war zu Zeiten der KO kaum mehr vorhanden, weshalb das Verfahren zunehmend nicht mehr durch-

---

1 Zutr. weist allerdings *Kirchof* in HK, § 1 InsO Rz. 3 und 5 darauf hin, dass – auch nach dem ESUG – Hauptzweck die gemeinschaftliche Gläubigerbefriedigung bleibt, wobei § 1 InsO die Verwertung des Schuldnervermögens Vorrang hat, soweit die Gläubiger keine abweichende Planregelung bestimmen.
2 *Richter*, Neue Strafbarkeitsrisiken, S. 40; zu den zivilrechtlichen Haftungsfolgen für den Geschäftsführer bei fehlender Gesellschafterzustimmung vgl. OLG München v. 21.3.2013 – 23 U 3344/12.

geführt werden konnte. Auch bei der InsO stiegen die Zahlen der Verfahrensablehnung „mangels Masse" bis zum ESUG wieder stetig an. Verfahrenseröffnungen resultieren nicht selten aus der Finanzierung durch das *Insolvenzausfallgeld* (hierzu § 87 Rz. 23 ff.), nach dessen Auslaufen die Unternehmensbeendigung dann doch erfolgt.

Das InsolvenzrechtsänderungsG 2001 hat die lange strittige Frage, ob und unter welchen Voraussetzungen **Prozesskostenhilfe** (§§ 114 ff. ZPO) zu gewähren ist, mit einer speziellen Regelung über Kostenstundung gelöst. Im Ergebnis kommt dies wirtschaftlich der Prozesskostenhilfe mindestens nahe (§§ 4a–4d InsO; zu damit verbundenen strafrechtlichen Risiken s. Rz. 45, § 76 Rz. 77 f.).

38 **b)** Zentrales Anliegen der InsO 1999 war eine **Behebung der Massearmut** zur Ermöglichung einer erfolgversprechenden Sanierung. Hieran waren frühere Konkursverfahren in aller Regel gescheitert (*„Konkurs des Konkurses"*). Erreicht worden sollte dieses Ziel durch eine Vielzahl von Einzelmaßnahmen:

- Einbeziehung des Neuerwerbs des Schuldners (nach Eröffnung des Insolvenzverfahrens, § 35 InsO),
- Haftungsansprüche gegen Gesellschafter (§ 93 InsO),
- Erleichterung der Durchsetzung von Anfechtungsansprüchen gegen gläubigerbenachteiligende Verfügungen des Schuldners (§§ 129 ff. InsO),
- Ausschluss von Einzelzwangsvollstreckungsmaßnahmen schon vor dem Verfahren (Sicherheiten, die von einem Gläubiger im Monat vor dem Insolvenzantrag erlangt wurden, werden „rückwirkend" unwirksam – sog. Rückschlagsperre; § 88 InsO),
- Beteiligung der dinglich gesicherten Gläubiger (insbesondere Kreditinstitute) am Verfahren und Verwertung des Sicherungsgutes durch den Insolvenzverwalter (§§ 165 ff. InsO); zudem Leistung eines Kostenbeitrags[1];
- weitgehende Beseitigung der früheren masseverringernden Vorrechte bestimmter Gläubiger, auch des Fiskus.

Mit der *Reform 2007*[2] wurde diese Zielsetzung mit der Aus- und Absonderungssperre im Eröffnungsverfahren (§ 21 Abs. 2 S. 1 Nr. 5 InsO) nochmals unterstrichen.

39 Zur Behebung der Massearmut wurden vor allem die **Mitwirkungsrechte der Gläubiger** gestärkt (sog. *Gläubigerautonomie*) und die Entscheidungsbefugnisse des Insolvenzgerichts beschnitten. Die Gläubiger entscheiden insbesondere darüber, ob das Schuldner-Unternehmen mithilfe eines *Insolvenzplans* (§§ 216–269 InsO) fortzuführen ist. Damit soll letztlich der Markt darüber befinden, ob ein Unternehmen fortgeführt oder liquidiert wird, denn nicht nur die Liquidierung eines an sich sanierungsfähigen Unternehmens, sondern auch die Sanierung eines nicht mehr überlebensfähigen Unternehmens führt zur Vernichtung wirtschaftlicher Werte[3]. Dieser Grundsatz der sog. **Marktkonformität** bildet auch den Hintergrund für die flexible Verfahrensgestaltung der InsO.

---

1 Zum Ganzen *Nerlich* in Nerlich/Römermann, InsO, Einl. Rz. 21 ff. m.Nw.
2 G zur Vereinfachung des Insolvenzverfahrens v. 13.4.2007, BGBl. I 509.
3 *Kießner* in Braun, Einf. Rz. 12 ff.

c) Trotz dieser Maßnahmen war die **Bilanz der Insolvenzrechtsreform** im Hinblick auf die gebotenen Sanierungschancen ernüchternd[1]. Allgemein wurde festgestellt, dass Insolvenzanträge jedenfalls für eine erfolgversprechende Reorganisation der Unternehmen weiterhin zu spät kommen[2]. Ob allerdings die Einrichtung eines „vorinsolvenzlichen Sanierungsverfahrens" unter (quasi) autonomer Schuldnersteuerung durch das ESUG den Ausgleich der auf gleichmäßige Befriedigung gerichteten Gläubigerinteressen zu bewirken vermag, ist nach wie vor zweifelhaft (zu den kriminogenen Anreizen s. Rz. 18, 46 ff. und insbes. unten § 77). 40

Soweit das Insolvenzverfahren auf eine Unternehmens*beendigung* gerichtet ist, stimmt der **Ablauf des Verfahrens** im Wesentlichen mit dem früheren *Konkursverfahren* überein. Das Gleiche gilt für die Rechtswirkungen, soweit nicht das Verfahren zur Restschuldbefreiung erfolgreich durchlaufen wurde. 41

Die Anfang 2002 in Kraft getretene ZPO-Reform hat allerdings das *Rechtsmittelsystem* der InsO geändert: Die als Rechtsbeschwerde ausgestaltete weitere Beschwerde gegen eine Beschwerdeentscheidung des Landgerichts fällt seitdem in die Entscheidungszuständigkeit des BGH (§ 6 InsO[3], §§ 567 ff. ZPO; § 133 GVG).

Unverändert besteht für **Kapitalgesellschaften** und gleichgestellte Personengesellschaften (§§ 264a–264c HGB) die Verpflichtung, nach Eintritt der Insolvenzreife (Überschuldung oder Zahlungsunfähigkeit) innerhalb von *drei Wochen* das Insolvenzverfahren zu beantragen. Diese Pflicht ist – wie bisher – strafbewehrt und ein Verstoß dagegen stellt eine Insolvenzverschleppung dar (unten § 80). 42

e) Die InsO hat als weiteres wichtiges Reformanliegen besondere Bestimmungen für ein – vereinfachtes, aber immer noch zu aufwendiges – Verfahren der **Verbraucherinsolvenz** (§§ 304 ff. InsO) eingeführt, die zwingende Voraussetzung für die Gewährung der *Restschuldbefreiung* ist (§ 287 Abs. 1 InsO). Schuldner beider Verfahren kann nur eine *natürliche Person* sein. Zu bedauern ist, dass die vorhandenen insolvenzstrafrechtlichen Bestimmungen – überwiegend als Bankrott-Strafrecht auf den Kaufmann ausgerichtet – hierauf nicht abgestimmt wurden (§ 76 Rz. 45 ff.). 43

d) Von zentraler Bedeutung ist die 1999 eingeführte Möglichkeit einer **Restschuldbefreiung, als eigenständiges Verfahren der InsO** in §§ 286–303a InsO geregelt, durch die jede *natürliche Person* – Unternehmer in gleicher Weise wie Verbraucher – die Last einer Verschuldung abwerfen und einen wirtschaftlichen Neuanfang versuchen kann. Vorausgesetzt ist ein *Eigenantrag*, der auch noch nach einem Fremdantrag gestellt werden kann, und das Fehlen von Ver- 44

---

1 *Bitter*, Sanierung in der Insolvenz – Der Beitrag von Treue- und Aufopferungspflichten zum Sanierungserfolg, ZGR 2010, 147 ff.; *Bitter*, Ursachen von Insolvenzen – Gründe für Unternehmensinsolvenzen aus der Sicht von Insolvenzverwaltern", Wirtschaft Konkret Nr. 414, 2006; *Bitter*, „Insolvenzen in Zeiten der Finanzkrise – Befragung von Insolvenzverwaltern zu Entwicklung, Ursachen, Konsequenzen", Wirtschaft Konkret Nr. 107, 2009; *Bitter/Hommerich/Reiß*, ZIP 2012, 1201 ff.
2 *Jacoby*, ZHR 2010, 359 (365); *Jaffé*, ZHR 2010, 248 ff.
3 I.d.F. G v. 7.12.2011, BGBl. I 2582, m.W.v. 29.2.2011; § 7 InsO wurde durch G v. 21.10.2011, BGBl. I 2082, m.W.v. 27.10.2011 aufgehoben.

sagungsgründen (§ 290 InsO). Weiter muss der Schuldner in der *„Wohlverhaltensperiode"* seine pfändbaren Einkünfte über einen *Treuhänder* den Gläubigern zur Verfügung stellen und seinen *Obliegenheiten* (§ 295 InsO) nach Weisung des Treuhänders nachkommen. Die Verurteilung wegen Insolvenzdelikten gehört zu den gesetzlichen Versagungsgründen für eine Restschuldbefreiung (§ 76 Rz. 76 ff.)

45   Die InsO-Novelle 2014[1] (auch „ESUG II" genannt) hat – neben der Einführung des Insolvenzplanverfahrens und der Eigenverwaltung (durch Streichung von § 312 Abs. 2 InsO a.F.) und der Stärkung der Gläubigerrechte (§§ 287 ff., 290, 294 ff. InsO n.F.) – vor allem auch die zunächst auf *sechs Jahre* festgelegte (§ 287 Abs. 2 InsO) Frist hierfür (sog. **Wohlverhaltensfrist**) neu justiert. Sie kann danach auf *drei Jahre verkürzt* werden, wenn es dem Schuldner gelingt, mindestens 35 % der Schulden sowie die gesamten Verfahrenskosten in diesem Zeitraum zu zahlen; gelingt nur Letzteres, so verkürzt sich die Frist auf *fünf Jahre*[2]. Von strafrechtlicher Bedeutung ist insofern allerdings die *Pflicht* des Schuldners, Verurteilungen Straftaten des Bankrotts gem. §§ 283-283d StGB über 90 Tagessätze (oder drei Monate Freiheitsstrafe) der letzten fünf Jahre beim *Antrag auf Stundung der Verfahrenskosten* (§§ 4a Abs. 1 S. 3, 290 Abs. 1 Nr. 1 InsO n.F.) anzugeben. Falschangaben begründen regelmäßig Betrugsverdacht (näher § 76 Rz. 77).

IV. ESUG – Sanierung in der Insolvenz

46   Vielfach wurde bereits auf die zentrale Bedeutung der als **„Sanierungsgesetz"** bezeichneten Novelle der InsO vom Dezember 2011 – dem **ESUG**[3] – für die in diesem Kapitel behandelte Materie hingewiesen. Zum Verständnis des Insolvenzstrafrechts (unten § 76), insbesondere auch des Verschleppungsstrafrechts (unten § 80), sollen daher die vom Gesetzgeber initiierten Ziele und Gefahren des Gesetzes[4] im Hinblick auf die Unternehmenssanierung und die Instrumente, mit denen diese Gefahren begrenzt werden sollen, zusammengefasst werden. Den besonderen Strafbarkeitsrisiken der „Akteure" der Sanierung im neu geschaffenen Verfahren ist angesichts ihrer neuartigen Aufgaben in der „Sanierung in der Insolvenz" ein eigenes Kapital gewidmet (unten § 77).

47   Zwei **Haupt-Ziele** sind es vor allem, die das ESUG nach der Intention des Gesetzgebers erreichen soll, die

---

1   Art. 1 des G zur Verkürzung des Restschuldbefreiungsverfahrens und zur Stärkung der Gläubigerrechte v. 17.7.2013, BGBl. I 2379 m.W.v. 1.7.2014; vgl. *Schmerbach*, ZInsO 2014, 132 ff.
2   Hierzu näher *Hergenröder*, KTS 2014, 385 ff.
3   G zur weiteren Erleichterung der Sanierung von Unternehmen (SanG) v. 7.12.2011, BGBl I 2011, 2582.
4   Vgl. insbes. RegE BR-Drs. 127/11 v. 4.3.2011, BT-Drs. 17/5712 v. 4.5.2011; Beschluss und Empfehlung des Rechtsausschusses BT-Drs. 17/7511; Annahme durch den Bundesrat (entgegen der Empfehlung seiner Ausschüsse – BR-Drs. 679/1/11); BR-Drs. 676/11(B) v. 25.11.2011.

- Förderung einer *frühzeitiger Sanierung*[1] und die
- Förderung der *finanzwirtschaftlichen Sanierung* von Unternehmen(strägern).

Diese Ziele will das Gesetz – stichwortartig aufgezählt – vor allem durch folgende Maßnahmen erreichen:

- Erhöhung des Gläubiger- und Schuldnereinflusses auf die *Auswahl des Insolvenzverwalters*[2] durch Einrichtung eines *„vorläufigen Gläubigerausschusses"*[3] (§§ 22a, 270 Abs. 3 InsO);
- Anordnung der *Eigenverwaltung als Regelfall*[4] – statt Regelinsolvenzverfahren – bei aussichtsreichem Sanierungsfall;
- Einrichtung eines *„Schutzschirmverfahrens"* (§§ 270a, 270b InsO – „Moratorium")[5] und
- Einbeziehung der Anteilsrechte in die Unternehmenssanierung bis hin zur Umwandlung von Fremd- in Eigenkapital (*debt equity swap*[6]) – zu den hierbei speziell bestehenden strafrechtlichen Risiken vgl. § 87 Rz. 5).

Als **Haupt-Gefahr** der „geschützten Sanierung" durch das ESUG wird dabei gesehen, dass *sanierungsunwürdige Unternehmen* zum Nachteil ihrer Gläubiger unter Verbrauch der Restmasse fortgeführt werden[7]. Dieser Gefahr für die Gläubiger versucht das ESUG im Wesentlichen mithilfe folgender **Instrumente** entgegen zu wirken[8]: 48

- Das Verfahren steht nur Unternehmen zur Verfügung, die (kumulativ) folgende *Größenordnungen* überschreiten: 4,84 Mio. Euro Bilanzsumme, 9,68 Mio. Euro Umsatzerlöse und 50 Arbeitnehmer (vgl. auch § 23 Rz. 29 ff.).
- Das Schuldnerunternehmen muss den Nachweis erbringen, dass eine *Zahlungsunfähigkeit (noch) nicht eingetreten* ist, wobei deren späterer Eintritt das Sanierungsverfahren nicht hindert.
- Die angestrebte Sanierung darf *„nicht offensichtlich aussichtslos"* sein, was durch eine *Bescheinigung* einer *„fachkundigen Stelle"* (§ 270b InsO) zu belegen ist[9].

---

1 *Römermann*, GmbHR 2013, 337 ff., hebt die angestrebte „neue Sanierungskultur in Deutschland" hervor.
2 Vgl. *Huber*, ZInsO 2013, 1 ff.
3 Vgl. zu den Problemen aus §§ 21 Abs. 2 Nr. 1a, 22a Abs. 3, 67 InsO *Frind*, ZInsO 2013, 279 ff.; auch *Römermann*, GmbHR 2013, 337 ff.
4 Positiv hierzu *Huber*, ZInsO 2013, 1 ff.; krit. zu Recht *Frind*, WM 2014, 15 ff., der von der „Gefahrzone Eigenverwaltung" spricht.
5 Eingehend *Vallender*, GmbHR 2012, 450 ff.
6 Vgl. *Römermann*, GmbHR 2013, 337 ff.; *Thole*, ZIP 2014, 293 ff.
7 Zutr. weist *Hollinderbäumer*, BB 2013, 1223 ff., auf ein weiter bestehendes erhebliches Missbrauchsrisiko im Hinblick auf „gezielt" masselose Insolvenzen hin, wobei allerdings sein Vorschlag, als Verfahrensvoraussetzung ein „Insolvenzeröffnungskapital" von (bis zu) 50 000 Euro zu fordern, den Anwendungsbereich der InsO ganz wesentlich beschränken würde.
8 Zum Erfahrungsstand nach zwei Jahren ESUG vgl. *Lissner*, DZWIR 2014, 59 ff.
9 Zu den Haftungsrisiken für Berater vgl. *Ehlers*, BB 2014, 131 ff.

- Neben speziellen Anzeigepflichten besteht die Möglichkeit einer Aufhebung (§ 270b Abs. 4 S. 2 und S. 1 InsO).
- Der Schuldner darf das Unternehmen *in vorläufiger Eigenverwaltung* nur unter der *Aufsicht des vorläufigen Sachwalters* weiterführen (§§ 270b Abs. 1, 270a InsO)[1].
- Der vorläufige Sachwalter und der Aussteller der „Bescheinigung" dürfen *nicht personenidentisch* sein.

Dabei ist vor allem beachtlich, dass die Umwandlung von Fremd- in Eigenkapital (debt equity swap) als Hauptanwendungsfall des § 225a InsO, die Ausgliederung fortführungswürdiger Betriebseinheiten und selbst gesellschaftsrechtliche Strukturmaßnahmen auf der Grundlage des Umwandlungsgesetzes – nachdem § 225a Abs. 3 InsO n.F. alle gesellschaftsrechtlich zulässigen Regelungen im Sanierungsplan erlaubt – durchaus Risiken vor allem für Minderheitsgläubiger birgt[2].

V. Zivilrechtsakzessorietät

49 Wenn der Gesetzgeber sich auch nicht zur *Auswirkung* der **Definitionen der InsO** *auf das Strafrecht* geäußert hat, so sind schon den Begründungen der Regierungsentwürfe, in denen die *drohende Zahlungsunfähigkeit* als neuer Insolvenzeröffnungsgrund vorgeschlagen wurde, Hinweise auf deren Bedeutung zu entnehmen. Hier heißt es, der neue Begriff der drohenden Zahlungsunfähigkeit, den das Konkursstrafrecht schon bisher verwendete, werde in Zukunft durch die neue Definition in der InsO konkretisiert[3]. An anderer Stelle wird ausgeführt, die in der InsO gegebene Definition sei geeignet, auch für das Strafrecht größere Klarheit zu bringen[4]. Es spricht nichts dagegen, diese Aussagen über eine als selbstverständlich vorausgesetzte *Zivilrechtsakzessorietät* bei der drohenden Zahlungsunfähigkeit auch auf die eingetretene Zahlungsunfähigkeit und die Überschuldung zu übertragen[5].

50 Die Anwendung der in der InsO definierten **Krisenbegriffe** auf das Strafrecht hat eine Änderung der bisherigen Auslegung dieser Tatbestandsmerkmale und im Ergebnis eine *Ausweitung des Strafbarkeitsbereichs* zur Folge; allerdings ist durch das FMStG bei der *Überschuldung* der vorherige Rechtszustand wieder hergestellt worden (vgl. Rz. 4, § 79 Rz. 16 ff.). Des Weiteren ist die recht-

---

1 Zu den Problemen der „Unabhängigkeit" des vorläufigen Verwalters/Sachwalters und der notwendigen Prüfung durch das Insolvenzgericht (§§ 56, 56a InsO) *Frind*, ZInsO 2013, 59 ff.
2 Hierzu eingehend *Simon/Brünkmans*, ZIP 2014, 657 – insbes. auch im Hinblick auf den vieldiskutierten Fall „Suhrkamp", in dem der BGH (BGH v. 17.7.2014 – IX ZB 13/14, ZIP 2014, 1442 = NJW 2014, 2436) auch die Gesellschafter in den Minderheitenschutz der §§ 251, 253 InsO zur Verhinderung von Schlechterstellung durch einen Plan einbezieht.
3 BT-Drs. 13/3803, 100 zu Art. 58 EGInsO (heute Art. 60 EGInsO).
4 BT-Drs. 12/2443, 114 zu § 22 InsO (heute § 18 InsO).
5 Vgl. auch die umfassenden rechtshistorischen Argumente bei *Grube/Röhm*, wistra 2009, 84 ff.

liche Beurteilung von eigenkapitalersetzenden Gesellschafterdarlehen geklärt worden. Dies hat vor allem für die Frage ihrer Passivierung im Überschuldungsstatus Bedeutung. Hier hat das MoMiG einschneidende Rechtsänderungen i.S. der Abschaffung dieser Darlehen geschaffen (näher unten § 82).

Die Einführung der *drohenden Zahlungsunfähigkeit* als Eröffnungsgrund für das Insolvenzverfahren hat zu keiner vermehrten Zahl von Insolvenzverfahren und damit auch von strafbaren Bankrotthandlungen geführt (vgl. Rz. 36). Im Übrigen handelt sich bei tatsächlich (nur) drohender Zahlungsunfähigkeit um eine Vorverlagerung der Strafbarkeit auf Fälle, in denen der Unternehmenszusammenbruch noch nicht eingetreten ist. Hier ist daher der erforderliche *Zusammenhang* zwischen Bankrotthandlung und Strafbarkeitsbedingung begründungsbedürftig (vgl. § 81 Rz. 73 ff.). 51

Die hier vertretene und inzwischen auch vom BGH ausdrücklich bestätigte[1] **Zivilrechtsakzessorietät des Insolvenzstrafrechts** wird von einem Teil der Literatur in unterschiedlichem Ausmaß infrage gestellt[2]. Der dort vertretene Begriff der **funktionalen Akzessorietät**[3] zeigt schon die für die strafrechtliche Praxis unakzeptable Unbestimmtheit dieser Vorstellungen. Denn die Alternativen bleiben unklar[4] und tendieren letztlich nur zielorientiert zur Weiteranwendung der engen Definitionen der Rechtsprechung unter der Geltung der früheren KO. Die Behauptung, die unbestrittenerweise unterschiedlich geregelten Aufgaben und Rechtsfolgen der Überschuldung und der (drohenden) Zahlungsunfähigkeit im Zivil- und Strafrecht müssten auch zu ihrem unterschiedlichen Inhalt führen, wird nicht begründet und versteht sich auch nicht von selbst. 52

Vom *Gläubigerschutz* als dem in erster Linie geschützten Rechtsgut des Insolvenzstrafrechts her gesehen hätten die abweichenden Meinungen zur Folge, dass jedenfalls strafrechtlich hinter dem Ziel der InsO zurückgeblieben wird (vgl. Rz. 38). Dem ist nicht mit der Behauptung zu begegnen, der Gesetzgeber hätte mit der Schaffung der InsO das Insolvenzstrafrecht nicht ändern wollen. Ein solcher rechtshistorischer Ansatz kann für die Auslegung nicht allein maßgebend sein, selbst wenn man einen entsprechenden Willen des Gesetzgebers unterstellen wollte, wozu in den Materialien eher Gegenteiliges zu finden ist. Vielmehr ist davon auszugehen, dass der Gesetzgeber vor allem die effektive Umsetzung der neu gefundenen Regeln gewollt hat, da dies allein sinnvoll und vernünftig ist. Der vom Gesetzgeber mit dem neuen Insolvenzrecht angestrebte effektivere Gläubigerschutz kann nur durch ein *akzessorisches Strafrecht* verwirklicht werden. Der schon aus dem Gesetzeszweck heraus, aber auch aus allgemeinen Gründen zu fordernden **Einheit der Rechtsordnung** kann 53

---

1 BGH v. 19.4.2007 – 5 StR 505/06, wistra 2007, 308; BGH v. 23.5.2007 – 1 StR 88/07, wistra 2007, 312.
2 *Achenbach* in GS Schlüchter, 2002, S. 257 ff. (allerdings nicht auch für die Insolvenzverschleppung); *Lackner/Kühl*, § 283 StGB Rz. 5; *Otto*, NJW 1999, 555; *Wegner* in A/R, VII 1, Rz. 16; *Penzlin*, S. 146 ff., 155 f., 162; *Radtke* in MüKo, vor §§ 283 StGB Rz. 71; *Stracke*, S. 407 ff.
3 *Fischer*, vor § 283 StGB Rz. 6; *Tiedemann* in LK, Vor § 283 StGB Rz. 155; *Lackner/Kühl*, § 283 StGB Rz. 5 sowie die Nw. unten § 76 Rz. 16.
4 *Arens*, wistra 2007, 453.

im Übrigen nicht, wie etwa *Achenbach* (und – ihm folgend – *Wegner*) meinen, allein schon mit dem Hinweis auf eine allgemeine Relativität aller Rechtsbegriffe[1] – die rechtsphilosophisch nicht bestritten werden soll – auf der Ebene der konkreten Gesetzesauslegung ihre Berechtigung und Notwendigkeit genommen werden. Es ist daher zu begrüßen, dass der BGH die Zivilrechtsakzessorietät des Insolvenzstrafrechts bestätigt hat (Rz. 52).

VI. Europäische Insolvenz

54 Stetig zunehmende Bedeutung erlangen grenzüberschreitende Insolvenzen, insbesondere auch im Hinblick auf international oder doch europaweit tätige Unternehmen bzw. Konzerne[2]. Ausgangspunkt europäischer Einigungsbemühungen ist – nachdem das 1995 abgeschlossene Insolvenz-Übereinkommen nicht von allen Mitgliedsstaaten ratifiziert worden war – die vom Rat der EU am 29.5.2000 nach Art. 61 Buchst. c, 65 und 67 Abs. 2 EGV beschlossene – in allen Mitgliedstaaten der EG (außer in Dänemark) nach Art. 249 Abs. 2 EGV/Art. 288 AEUV unmittelbar geltende (vgl. § 6 Rz. 198 ff.), am 31.5.2002 in Kraft getretene – **VO (EG) Nr. 1346/2000 über Insolvenzverfahren (EuInsVO)**[3]. Mit ihr wurden die Gläubigerrechte gegenüber einem Schuldner mit europaweiten Unternehmensteilen durch Koordinierungsregeln verstärkt. Dem dienen vor allem die *automatische Anerkennung* der Verfahrenseröffnung und weiterer gerichtlicher Entscheidungen eines Mitgliedstaates in den anderen Mitgliedstaaten, die Klärung der Beteiligungsrechte im Insolvenzverfahren, die Festlegung der Befugnisse des (auch vorläufigen) Insolvenzverwalters sowie die Schaffung spezieller Kollisionsnormen für einzelne dingliche Rechte usw.[4].

55 Durch Gesetz vom 14.3.2003[5] hat der deutsche Gesetzgeber das **deutsche internationale Insolvenzrecht** in Anlehnung und Ergänzung der europäischen Ver-

---

1 *Achenbach* in GS Schlüchter, 2002, S. 268, unter Hinweis auf *Engisch*, Die Einheit der Rechtsordnung, 1935, S. 43 ff., und *Demko*, Zur „Relativität der Rechtsbegriffe" in strafrechtlichen Tatbeständen, Diss. 2002, S. 13; *Wegner* in A/R, VII 1, Rz. 16.
2 Vgl. etwa die Vorlagen an den EuGH durch Beschlüsse des BGH v. 21.6.2012 – IX ZR 2/12 m. Anm. *Paulus*, RIW 2012, 800 f.; BGH v. 10.10.2013 – IX ZR 265/12, EWiR 2014, 185 zu Art. 13 EuInsVO m. Anm. *Undritz* und jurisPR-InsR 23/2013 Anm. *Cranshaw*; und zum Vorrang des internationalen Insolvenzrechts im Hinblick auf Zwangsvollstreckungsmaßnahmen nach § 111i stopp; OLG Nürnberg v. 15.3.2013 – 2 Ws 561/12, 2 Ws 590/12, ZHW 2013, 952 ff.
3 ABl. EG Nr. L 160 v. 30.6.2000, 1; vgl. hierzu die in den Anh. A, B und C festgelegten Bezeichnungen der Verfahren und Verwalter, nunmehr in der VO (EG) Nr. 788/2008 des Rates v. 24.7.2008, ABl. EG Nr. Nr. L 213 v. 8.8.2008, 1 ff. geregelt; der Justiz- und Innenministerrat hat am 6.6.2014 in Teilbereichen einen Kompromiss im Hinblick auf die geplante Änderungs-VO zur EuInsVO gefunden (vgl. ZIP 2014, S. VI Nr. 184).
4 Für den wichtigen Bereich der Insolvenzanfechtungsklage als Annexverfahren vgl. BGH v. 27.3.2014 – IX ZR 2/12, ZIP 2014, 1132 f.
5 BGBl. I 345; in Kraft seit 20.3.2003.

ordnung umfassend neu geregelt, indem er als 11. Buch „Internationales Insolvenzrecht" die *§§ 335–358 in die InsO eingefügt hat*[1]. Da die EuInsVO zwischen den Mitgliedstaaten der EU unmittelbar gilt, kann diese deutsche Neuregelung *nur* im Verhältnis zu *Drittstaaten*, also insbesondere auch zur Schweiz sowie zu Dänemark, Geltung entfalten. Außerdem setzt das deutsche Gesetz zugleich die Vorgaben früherer europäischer Richtlinien in deutsches Recht um, was die Rechtslage vereinfacht. Bisher gesammelte Erfahrungen haben die Hoffnung einer weitgehend übereinstimmenden Auslegung der europäischen und der deutschen Regelung durch die nationalen Insolvenzgerichte weitgehend bestätigt, zumal die Terminologie und die verfahrensrechtlichen Möglichkeiten der EuInsVO und der §§ 335–358 InsO grundsätzlich übereinstimmen[2].

Der **sachliche Geltungsbereich** der EuInsVO umfasst nach Art. 1 Abs. 1 i.V.m. Art. 2 EuInsVO alle „Gesamtverfahren", die eine Insolvenz des Schuldners voraussetzen und den vollständigen oder teilweisen Vermögensbeschlag gegen den Schuldner sowie die Bestellung eines Verwalters zur Folge haben[3]. Welche Verfahren der Mitgliedstaaten diese Anforderungen erfüllen, klärt Anhang A abschließend. In Deutschland ist mithin allein das Insolvenzverfahren, allerdings einschließlich des *insolvenzrechtlichen Sanierungsverfahrens* nach dem ESUG (Rz. 46 ff.), erfasst. 56

Der **persönliche Anwendungsbereich** erstreckt sich auf die Insolvenzverfahren aller natürlichen und juristischen Personen, wobei nach Art. 4 EuInsVO das Recht des Staates der Verfahrenseröffnung für die Bestimmung des Personenkreises maßgebend ist, über dessen Vermögen ein Insolvenzverfahren durchgeführt werden kann; in Deutschland ist daher auch die Verbraucher- und Kleingewerbe-Insolvenz betroffen[4]. Da aber weitere Voraussetzung ist, dass dem Schuldner Unternehmensteile in mehr als einem Mitgliedstaat der EU gehören, bleibt dies eine theoretische Möglichkeit. Ausgenommen sind nach Art. 1 Abs. 2 der VO allerdings Versicherungsunternehmen, Kreditinstitute[5], Wertpapierdienstleistungsunternehmen sowie gemeinsame Kapitalanlagen (insbes. nach dem KAGB[6]), für die Sonderregelungen gelten. 57

Inhaltlich folgt die EuInsVO – ebenso wie die InsO – dem Grundsatz der *eingeschränkten Universalität*[7], da sie ein **einheitliches Hauptinsolvenzverfahren** vorsieht, dem das gesamte schuldnerische Vermögen in allen Mitgliedstaaten unterfällt. Es handelt sich um das Insolvenzverfahren, welches am Mittelpunkt der hauptsächlichen Interessen des Schuldners eröffnet wird (näher Rz. 62). Da- 58

---

1 Zur Anerkennung außereuropäischer Insolvenzverfahren nach § 343 Abs. 1 InsO vgl. etwa BAG v. 18.7.2013 – 6 AZR 882/11 (A), ZInsO 2014, 200 ff.
2 Vgl. die Nw. bei *Nerlich* in Nerlich/Römermann, Art. 4 VO (EG) 1346/200 Rz. 1 ff. und *Commandeur* in Nerlich/Römermann, Vor EGInsO Rz. 1 ff.
3 Auch die Insolvenzanfechtung zählt hierzu, vgl. OLG Frankfurt v. 17.12.2012 – 1 U 17/11, Rz. 14.
4 Zu den Einzelheiten vgl. *Mock*, KTS 2014, 423 ff.
5 Vgl. OLG Frankfurt v. 17.12.2012 – 1 U 17/11, Rz. 15 ff.
6 Kapitalanlagegesetzbuch v. 4.7.2013, BGBl. I 1981, zul. geänd. durch Art. 3 des G v. 10.12.2014, BGBl. I 2085.
7 Vgl. nur *Smid*, Int. InsolvenzR, Rz. 10 ff.

neben lässt die VO aber die Eröffnung von räumlich auf das Gebiet einzelner Mitgliedstaaten beschränkten *Partikular- und Sekundärinsolvenzen* zu, die den Zweck haben, besondere Interessen von Gläubigern in diesen Staaten zu verfolgen. Dies ist der Fall, wenn der Schuldner in diesem Staat eine *Niederlassung* hat und ein in diesem Staat ansässiger Gläubiger gegen ihn oder die Niederlassung eine Forderung geltend macht.

59 Eine vor Einleitung der Hauptinsolvenz eröffnete Niederlassungsinsolvenz heißt **Partikularinsolvenz** – danach wird sie zur *Sekundärinsolvenz*. Nach Eröffnung der Hauptinsolvenz bedarf es nach Art. 27 EuInsVO zur Eröffnung einer Sekundärinsolvenz keiner Prüfung der Insolvenzgründe mehr, sodass etwa in Deutschland das Vorliegen von (drohender) Zahlungsunfähigkeit oder Überschuldung nicht mehr Voraussetzung ist (zur Gründung von Niederlassungen in der EU vgl. § 22 Rz. 49, § 23 Rz. 100 ff.).

60 Die Haupt- und Niederlassungsinsolvenzen werden jeweils nach dem nationalen Recht des Eröffnungsstaates abgewickelt. Dabei ist dem Hauptinsolvenzverfahren insoweit Vorrang eingeräumt, als zum einen die **Eröffnungsentscheidung** nach Art. 16 EuInsVO automatisch gilt, was auch die jeweils nationalrechtlich bestimmten Wirkungen dieser Entscheidung umfasst. Zum anderen erfasst dieser Vorrang nach Art. 25 Abs. 1 EuInsVO auch alle zur Durchführung und Beendigung des Insolvenzverfahrens ergangenen Entscheidungen des zuständigen Gerichts einschließlich eines Vergleichs. Demgemäß kann auch der im Hauptinsolvenzverfahren bestellte **Insolvenzverwalter** – einschließlich des vorläufigen Insolvenzverwalters – nach Art. 18 Abs. 1 EuInsVO in den anderen Mitgliedstaaten alle die Befugnisse ausüben, die ihm nach dem Recht des Staates der Verfahrenseröffnung zustehen. Die Durchsetzung von Zwangsmaßnahmen hat allerdings nach dem Recht des Staates zu erfolgen, in dem er handeln will.

61 Da sich die verfahrens- und materiellrechtlichen Wirkungen des Haupt- oder Nebeninsolvenzverfahrens jeweils nach dem Recht des Eröffnungsstaates richten (*lex concursus*), enthalten Art. 4 EuInsVO und §§ 335 ff. InsO einzelne **Kollisionsregeln**, die anhängige Rechtsstreitigkeiten, dingliche Rechte Dritter, eintragungspflichtige Rechte, Verfügungen des Schuldners, Verträge über bewegliche Gegenstände, Gemeinschaftspatente, Zahlungssysteme und Finanzmärkte, Eigentumsvorbehalte, Arbeitsverträge, Aufrechnungen und benachteiligende Rechtshandlungen betreffen.

62 Als besonders bedeutsam hat sich die Regelung der **internationalen Zuständigkeit** des **Hauptverfahrens** in Art. 3 Abs. 1 EuInsVO erwiesen, wonach sich die Zuständigkeit des nationalen Insolvenzgerichtes nach dem *Mittelpunkt des hauptsächlichen Interesses* („centre of main interests" – „COMI") des Schuldners richtet[1]. Hierzu hat der EuGH in der Entscheidung vom 2.5.2006[2] klargestellt, dass die Vermutungsregelung Tatsachen voraussetzt, die „objektiv für

---

1 *Nerlich* in Nerlich/Römermann, InsO, Art. 3 VO (EG) 1346/200 Rz. 3 ff.; zur Bedeutung insbes. auch bei der Restrukturierung von Schuldverschreibungen vgl. *Thole*, ZIP 2014, 293 ff.
2 EuGH v. 2.5.2006 – Rs. C-341/04 – Eurofoood/Parmalat, ZPI 2006 m. Anm. *Knof/Mock*, 911 ff. = ZInsO 2006, 484 m. Anm. *Poertzgen/Adam*, 505.

Dritte festellbar" sein müssen[1]. Danach ist insbesondere geklärt, dass „Scheinauslandsgesellschaften/-firmen" (s. hierzu § 29 Rz. 69 ff., § 80 Rz. 21 ff. § 87 Rz. 20 ff.) am Ort ihrer tatsächlichen Tätigkeit erfasst werden[2].

Diese europäische Entwicklung war auch Anlass für die zuständige Working Group V der *Kommission der Vereinten Nationen* für internationales Handelsrecht (United Nations Commission on International Trade Law – **UNCITRAL** 2006), Empfehlungen für die Gesetzgeber („Legislative Guide on Insolvency Law") zu erarbeiten[3]. Das Bundesministerium der Justiz hat mit seinem 2013 vorgelegten Diskussionsentwurf für ein *„Gesetz zur Erleichterung der Bewältigung von Konzerninsolvenzen* (DiskE)"[4] nationale Wege zur Erleichterung der Sanierung von Konzernen aufgezeigt, ein Weg, der auch von der EU-Kommission im Rahmen der vorgesehenen Reform der EuInsVO vorgelegten Modell des Konzerninsolvenzrechtes (*Group of Companies*) verfolgt wird[5]. Weitergehend sind nun allerdings die am *Scheme of Arrangement*[6] des UK angelehnten Empfehlungen der Kommission vom 12.3.2014, die sich deutlich vom Insolvenzverfahren lösen und den Sanierungsgedanken ins Vorfeld verlagern[7].

63

§ 76
„Insolvenzstrafrecht" im Überblick

Bearbeiter: Hans Richter

	Rz.		Rz.
I. Rechtsgüterschutz bei Unternehmensbeendigung	1	2. Insolvenzstrafrecht in der Finanz- und Wirtschaftskrise . . .	11
1. Kriminogene Wirkung der Krise	2		

---

1 Vgl. die Nw. bei *Nerlich* in Nerlich/Römermann, InsO, VO (EG) 1346/200 Art. 3 Rz. 12 ff.
2 Eingehend zu den – schon zivilrechtlich – begrenzten Möglichkeiten auch nach der InsO-Reform 2014 (näher oben Rz. 45) vgl. *Mock*, KTS 2014, 423 (445 ff.).
3 Vgl. hierzu – und zu den Ergebnissen der Arbeitsgruppe des BMJ – den Bericht von *Paulus*, ZGR 2010, 270 ff. (272, 280 ff.) mit umfangreichen Nw.
4 Eingehend hierzu *Dirk/Möhlenkamp*, BB 2013, 579 ff.
5 COM (2012) 743, 744 final v. 12.12.2012, vgl. *Dirk/Möhlenkamp*, BB 2013, 579 ff. m.Nw.; zum Vorschlag der Kommission v. 12.12.2012 (EuInsVO-E), insbes. auch zur geplanten Erweiterung auf vorinsolvenzrechtliche/Hybride Sanierungsverfahren und Anpassungen hinsichtlich der int. Zuständigkeit vgl. *Thole*, ZEuP 2014, 39 ff. und die Beiträge auf der KTS-Insolvenzrechtslehrertagung 2014 in Wien, *Thole*, KTS 2014, 351 ff.; *Brinkmann*, KTS 2014, 381 ff. und *Eidenmüller*, KTS 2014, 491 ff.
6 *Paulus*, BB 2012, 1556 ff.; *Karsten Schmidt*, BB 2011, 1603 ff.; *Mock*, GPR 2013, 156 ff.; zu den Anwendungsgrenzen in Deutschland BGH v. 15.2.2012 – IV ZR 194/09, BB 2012, 1561 ff. m. Anm. *Schröder/Fischer*.
7 Hinweise hierzu bei *Paulus*, BB 2014, Nr. 18, Die erste Seite; vgl. auch die am 12.3.2014 von der EU-Kommission vorgestellten Grundsätze für nationale Insolvenzverfahren, KTS 2014, 211 ff.

	Rz.		Rz.
II. Ermittlungspraxis	17	2. Straftaten im Überblick	52
1. Insolvenzverfahren und Strafverfolgung	18	3. Europäische Insolvenz	54
2. Insolvenzgeheimnis	22	IV. Folgen für Unternehmensverantwortliche	
3. Verbraucherinsolvenz	45	1. Strafrechtliche Sanktionen	59
III. Straftaten bei Unternehmensbeendigung		2. Organsperre	64
1. Rechtsgüter	48	3. Versagung der Restschuldbefreiung	76

Schrifttum (vgl. oben § 75; zu den Krisen unten §§ 77–81): *Achenbach*, Zivilrechtsakzessorietät der insolvenzstrafrechtlichen Krisenmerkmale, in GS Schlüchter, 2002, S. 257; *Bieneck*, Strafrechtliche Relevanz der Insolvenzordnung und aktuellen Änderungen des Eigenkapitalersatzrechts, StV 1999, 43; *Bartels*, Das gegenwärtige Institut der Restschuldbefreiung, KTS 2013, 349 ff.; *Bittmann*, Insolvenzstrafrecht, Handbuch für die Praxis, 2004; *Bittmann*, Reform des GmbHG und Strafrecht, wistra 2007, 321; *Bittmann*, Insolvenzrecht und Rückgewinnungshilfe, ZHW 2014, 135 ff.; *Bittmann/Pikarski*, Strafbarkeit der Verantwortlichen der Vor-GmbH, wistra 1995, 91; *Bittmann/Rudolph*, Das Verwendungsverbot gemäß § 97 Abs. 1 S. 3 InsO, wistra 2001, 81 ff.; *Blesinger*, Das Steuergeheimnis und Erkenntnisse der Finanzbehörden über Insolvenzdelikte und Straftaten gegen die Gesetzmäßigkeit der Steuererhebung, wistra 2008, 416 ff.; *Bömelburg*, Der Selbstbelastungszwang im Insolvenzverfahren, Diss. Köln 2004; *Bora/Liebl/Poerting/Risch*, Polizeiliche Bearbeitung von Insolvenzkriminalität, 1992; *Brüssow/Gatzweiler/Krekeler/Mehle* (Hrsg.), Strafverteidigung in der Praxis, 4. Aufl. 2007; *Dannecker/Knierim/Hagemeier*, Insolvenzstrafrecht, 2. Aufl. 2012; *Deutscher/Körner*, Strafrechtlicher Gläubigerschutz in der Vor-GmbH, wistra 1996, 8; *Dohmen*, Verbraucherinsolvenz und Strafrecht, 2007; *Eidenmüller*, Strategische Insolvenz: Möglichkeiten, Grenzen, Rechtsvergleichung, ZIP 2014, 1197 ff.; *Grosche*, Die Generalklausel des § 283 Abs. 1 Nr. 8 StGB im deutschen Bankrottstrafrecht, Diss. Würzburg, 1992; *Hadamitzky/Richter*, Vermeidung deliktischer Handlungen im Vorfeld einer Insolvenz – Unternehmenssanierung und Strafrecht, in von Leoprechting (Hrsg.) Unternehmenssanierung, 2010, 173 ff.; *Hefendehl*, Beweisermittlungs- und Beweisverwertungsverbote bei Auskunfts- und Mitwirkungspflichten, wistra 2003, 1 ff.; *Hegenröder*, Die Reform des Verfahrens zur Entschuldung natürlicher Personen, KTS 2013, 385 ff.; *Moosmayer*, Einfluss der Insolvenzordnung 1999 auf das Insolvenzstrafrecht, 1997; *Müller-Gugenberger*, Glanz und Elend des GmbH-Strafrechts, in FS Tiedemann, 2008, S. 1003; *Müller-Gugenberger*, GmbH-Strafrecht nach der Reform, GmbHR 2009, 578; *Pelz*, Strafrecht in Krise und Insolvenz, 2004; *Penzlin*, Strafrechtliche Auswirkungen der Insolvenzordnung, 2000; *Püschel*, Das Verwendungsverbot des § 97 Abs. 1 S. 3 InsO und seine Folgen für die Verteidigung, in Arbeitsgemeinschaft Strafrecht des Deutschen Anwaltsvereins (Hrsg.), Strafverteidigung im Rechtsstaat, 2009, S. 759; *Quedenfeld/Richter* in Bockemühl (Hrsg.), Handbuch des Fachanwalts Strafrecht, 6. Aufl. 2014, Teil E Kap. 9; *Rönnau/Wegner*, Wann ist ein Eröffnungsantrag „nicht richtig" gestellt i.S.v. § 15a Abs. 4 2. Var. InsO? – eine strafrechtliche Analyse nach dem ESUG, ZInsO 2014, 1025 ff.; *Richter*, Auskunfts- und Mitteilungspflichten nach §§ 20, 97 Abs. 1 InsO, wistra 2000, 1 ff.; *Richter*, „Scheinauslandsgesellschaften" in der deutschen Strafverfolgungspraxis, in FS Tiedemann, 2008, S. 1023; *Röhm*, Zur Abhängigkeit des Insolvenzstrafrechts von der Insolvenzordnung, Diss. Tübingen, 2002; *Röhm*, Verbraucherbankrott, ZInsO 2003, 538; *Schellberg*, Der Insolvenzplan im neuen Insolvenzrecht, DB 1994, 1833; *Schellberg*, Zur Vorverlagerung der Insolvenzauslöser durch das neue Insolvenzrecht, KTS 1995, 563; *Schlüchter*, Der Grenzbereich zwischen Bankrottdelikten und unternehmerischen Fehlentscheidungen, 1977; *Stürner*, Strafrechtliche Selbstbelastung und verfahrensförmige Wahrheitsermittlung, NJW 1981, 1757; *Tiedemann*, Generalklauseln im Konkursstrafrecht, KTS 1984, 539; *Uhlenbruck*, Strafrechtliche Aspekte der Insolvenzrechtsreform 1994, wistra 1996, 1; *Weiß*,

Ausschluss vom Geschäftsführeramt bei strafgerichtlichen Verurteilungen nach § 6 Abs. 2 GmbHG n.F., wistra 2009, 209; *Verrel*, Nemo tenetur – Rekonstruktion eines Verfahrensgrundsatzes, NStZ 1997, 361 ff. und 415 ff.; *Weyand*, Strafrechtliche Aspekte des MoMiG im Zusammenhang mit juristischen Personen, ZInsO 2008, 702 ff.; *Weyand/Diversy*, Insolvenzdelikte: Unternehmenszusammenbruch und Strafrecht, 9. Aufl. 2013.

Schrifttum Europäisches Insolvenzrecht: *Andres/Möhlenkamp*, Konzerne in der Insolvenz – Chance auf Sanierung?, BB 2013, 579 ff.; *Bittmann* in Bittmann (Hrsg.), Insolvenzstrafrecht, 2004, § 12 Rz. 343 ff.; *Carstens*, Die internationale Zuständigkeit im europäischen Insolvenzrecht, 2005; *Gottwald*, Insolvenzrechtshandbuch, 4. Aufl. 2010, § 128 Grundfragen des Internationalen Insolvenzrechts; *Kemper*, Die Verordnung (EG) Nr. 1346/2000 über Insolvenzverfahren, ZIP 2001, 1609 ff.; *Mock*, Internationale Restschuldbefreiung, KTS 2014, 423 ff.; *Leonhardt/Smid/Zeuner* (Hrsg.), Internationales Insolvenzrecht, 2. Aufl. 2012; *Paulus*, Europäische Insolvenzverordnung, 4. Aufl. 2013; *Paulus*, Europäisches Wettbewerbsrecht und sein Verhältnis zum nationalen Insolvenzrecht, ZIP 2014, 905 ff.; *Paulus*, Wege zu einem Konzerninsolvenzrecht, ZGR 2010, 270 ff.; *Prager/Keller*, Der Vorschlag der Europäischen Kommission zur Reform der EuInsVO, NZI 2013, 57 ff.; *Radtke/Hoffmann*, Die Anwendbarkeit von nationalem Insolvenzrecht auf EU-Auslandsgesellschaften, EuZW 2009, 404 ff.; *Siemon/Frind*, Der Konzern in der Insolvenz, NZI 2013, 1 ff.

I. Rechtsgüterschutz bei Unternehmensbeendigung

Wurden im vorangegangen § 75 die zivilrechtlichen Möglichkeiten vorgestellt, die Unternehmern bei Eintritt einer wirtschaftlichen Krise zur Verfügung stehen, soll nunmehr zunächst auf den Zusammenhang zwischen *Krise und Strafrecht* eingegangen werden (Rz. 2 ff.). Gelingt eine Sanierung, wird regelmäßig Strafverfolgung nicht stattfinden, da die Strafverfolgungsbehörden von etwaigen strafbaren Handlungen keine Kenntnis erlangen. Scheitert sie allerdings, muss mit Ermittlungsverfahren gerechnet werden. Die hierfür nahezu stets erfolgenden *Amtsermittlungen und die Verfolgungspraxis* werden unter Rz. 17 ff. erläutert. Sodann folgt ein **Überblick** über regelmäßig in diesem Zusammenhang ermittelte **Straftaten** bei Sanierung und Unternehmensbeendigung (Rz. 48 ff.) und die damit verbundenen *Sanktionen* des Strafrechts und *sonstige Folgen* der Taten (Rz. 59 ff.). Unter Rz. 54 ff. wird kurz auf die *internationalen Bezüge* des Insolvenz(straf)rechts eingegangen.

1. Kriminogene Wirkung der Krise

Unternehmenskrisen, die im Insolvenzstrafrecht in den Begriffen der (drohenden) *Zahlungsunfähigkeit* (näher § 78) und *Überschuldung* (§ 79) ihren Ausdruck finden, wurden vor Inkrafttreten der InsO 1999 wegen meist völlig aufgebrauchter finanzieller Mittel nur selten durch *Sanierung* überwunden, sondern führten zumeist zur *Beendigung* der Unternehmungen. Daran hat sich wenig geändert: Eine sehr *geringe Eigenkapitalausstattung* sowie eingeschränkter Zugang zu Kredit und (neuem) Eigenkapital und dadurch hervorgerufene Zahlungsprobleme, aber auch *Managementfehler* machen die Unternehmen weiterhin krisenanfällig. Dies gilt nicht nur für kleine und mittlere Unternehmen bzw. Familienunternehmen, sondern ganz allgemein. Treten dann schwieriger werdende Außenbedingungen wie verstärkter Preisdruck,

Umsatzrückgänge oder Insolvenzen von Lieferanten oder Kunden hinzu, kommt es schnell zur auch strafrechtlich relevanten Krise[1].

3 Unternehmenszusammenbrüche führen häufig zu **erheblichen Wertverlusten** nicht nur beim betroffenen Unternehmensträger, sondern auch bei dessen Geschäftspartnern. Die Zerschlagung eines Unternehmens führt – neben dem Verlust von Arbeitsplätzen – zur Auflösung der Betriebsorganisation als gewachsener Funktionseinheit und zum Untergang von individuellem und gemeinschaftlich erarbeitetem Know-how. Wegen der hochgradigen Arbeitsteiligkeit der Wirtschaft können sich diese zunächst bei dem einzelnen betroffenen Unternehmen eingetretenen Schäden durch ihre *Kettenwirkung* bei Lieferanten, Kunden und staatlichen Institutionen vervielfältigen und sich so *negativ* auf die *gesamte Volkswirtschaft* und Gesellschaft auswirken. Die Wirtschafts- und Finanzkrise 2008/2010 hat erneut gezeigt, dass Zusammenbrüche von weltweit tätigen Unternehmen, insbesondere von Kreditinstituten mit systemischer Bedeutung, in der globalisierten Wirtschaft Gefahren internationalen Ausmaßes herbeiführen können.

4 **Rechtspolitisches Ziel** der Anfang 1999 in Kraft getretenen *Insolvenzrechtsreform* im Unternehmensbereich und ganz verstärkt deren Novellierung 2011 durch das *ESUG* war und ist die *Vermeidung von Unternehmenszerschlagung* durch Vorverlegung des Zeitpunkts der Insolvenzreife und durch erweiterte rechtliche Fortführungsmöglichkeiten (eingehend § 75 Rz. 35 ff., 46 ff.). Das *Insolvenzstrafrecht* will dabei den Schutz der gegenwärtigen und zukünftigen Gläubiger insolventer Unternehmen sowie letztlich der gesamten Volkswirtschaft vor Vermögens- und Funktionsschäden durch Verstöße Einzelner gegen die Grundsätze ordnungsmäßiger Wirtschaftsführung gewährleisten. Dem entspricht die h.M. zu den **geschützten Rechtsgütern** des Insolvenzstrafrechts[2].

5 Schon dem **Konkursstrafrecht** kam, vor allem nach seiner Änderung und Einfügung in das StGB durch das *1. WiKG* und die *GmbH-Novelle 1980*, eine wichtige Rolle bei der Bekämpfung der Wirtschaftskriminalität zu. Die **Insolvenzrechtsreformen** haben diese Bedeutung noch verstärkt[3]. Die Wirkung der noch vor Eintritt der *Finanz- und Wirtschaftskrise* vorgenommenen erneuten Reform des Rechts der Kapitalgesellschaften durch das *MoMiG* mit ihrer auf Deregulierung gerichteten Zielsetzung auf diesen Rechtsgüterschutz wird unten (§ 82) näher beleuchtet, wobei das Ergebnis derzeit noch als durchaus zweischneidig bewertet werden muss. Strafrechtliche Relevanz können aber auch *Unternehmensbeendigungen ohne Krise* erlangen (zur *offenen* und *stillen Liquidation* und zum außergerichtlichen Vergleich vgl. § 75 Rz. 22 ff., zur Unternehmens*nachfolge* ohne Krise unten § 89).

6 Die Verhütung oder Behebung einer Unternehmenskrise erfordert – neben neuer Liquidität und/oder besserer Ertragslage – umfangreiche Kenntnisse und Erfahrungen, um unter den zahlreichen Lösungsalternativen die richtige aus-

---

1 Vgl. zu den Insolvenzursachen und zur Insolvenzanfälligkeit nach Branchen und Rechtsformen *Röhm*, Abhängigkeit des InsolvenzstrafR, S. 6 ff.
2 So deutlich *Fischer*, vor § 283 StGB Rz. 3 m.w.Nw.
3 Zur geschichtlichen Entwicklung des Insolvenzstrafrechts vgl. etwa *Röhm*, Abhängigkeit des InsolvenzstrafR, S. 5 ff.

zuwählen und den einmal gefundenen Weg fehlerfrei zu gehen (die einschlägige Literatur ist inzwischen unübersehbar geworden[1]). Einigkeit herrscht aber über den Ausgangspunkt: Zunächst sind **betriebswirtschaftliche Analysen** des betroffenen Unternehmens durchzuführen und markt- und ertragsbezogene **Prognosen** aufzustellen, um über die Frage der Unternehmensbeendigung oder -fortführung entscheiden zu können. Dementsprechend basieren auch die insolvenzstrafrechtlichen Feststellungen zur Krise auf *Prognosen*. Erst danach ist ein Gesamtkonzept betriebswirtschaftlicher, finanztechnischer und rechtlicher Maßnahmen zu erstellen, welches handels-, gesellschafts-, sachen- und schuldrechtliche Aspekte sowie auch Komponenten des Erb- und Familienrechts, vor allem auch des Arbeits- und Steuerrechts, enthalten kann.

Hier zeigt sich die *zentrale Bedeutung* der **Fortführungsprognose** eines Unternehmens – auch und gerade in insolvenzstrafrechtlicher Hinsicht –, die durch das *FMStG* mit seiner neuen (= alten) verstärkt zukunftsbezogenen Auslegung des Überschuldungstatbestands unterstrichen wird (eingehend § 79 Rz. 19 ff.). Daneben sind verfahrensrechtliche Fragen zu klären. Der sich hieraus ergebende Prüfungs- und Entscheidungsumfang erfordert erheblichen Zeitaufwand. Da für Kapitalgesellschaften nur eine Frist von maximal drei Wochen nach Kriseneintritt zur Verfügung steht, die gerade keine *„Sanierungsfrist"* darstellt (§ 80 Rz. 40 ff.), ist i.d.R. der Beginn erfolgversprechender Maßnahmen verspätet, wenn bereits die Überschuldung oder Zahlungsunfähigkeit eingetreten ist. Erforderlich ist daher die *fortlaufende Überwachung* der wirtschaftlichen Lage und der Zukunftsaussichten schon eines (noch) gesunden Unternehmens. Unterlassungen insoweit sind insolvenzstrafrechtlich bei der Verschuldensprüfung zu berücksichtigen (§ 80 Rz. 41). 7

Nicht nur Unterlassungen nach Kriseneintritt, sondern vor allem auch unsachgemäße Aktivitäten zur Abwendung von Krisen führen in den strafrechtlichen Risikobereich. Die vielfältigen Gestaltungsmöglichkeiten und komplexen Prognoseentscheidungen eröffnen nicht nur **Fehlerquellen**, die zu fahrlässigen Verstößen führen, sondern auch entsprechende **Tatanreize** zu vorsätzlichem Handeln und haben daher eine große *kriminogene Wirkung*, wie die Zahl entsprechender Strafverfahren zeigt. Zu den oft beträchtlichen wirtschaftlichen Werten, die in einem Unternehmen – selbst nach Kriseneintritt – noch vorhanden sein können, kommt häufig die Einschätzung, dass einem hohen Tatgewinn durch *Aushöhlung* des Restvermögens nur eine geringe Entdeckungsgefahr gegenübersteht. So wird manche Insolvenz bewusst, als *„strategische Insolvenz"*[2] – unter scheinbarer oder tatsächlicher, allerdings rechtsmiss- 8

---

1 Vgl. neben den Literaturangaben oben zu § 75 unter dem Blickpunkt der Anforderungen an eine ordnungsgemäße Sanierung aus der Sicht der Wirtschaftsprüfer *Prütting*, ZIP 2013, 203 ff.; aus Beratersicht *Meyer-Söwy/Bruder*, GmbHR 2012, 432 ff.; wertvolle Hinweise finden sich auch im Rundschreiben 3/2014 (BA) – Mindestanforderungen an die Ausgestaltung von Sanierungsplänen (MaSan) der BaFin, obwohl diese für Bankensanierungen bestimmt sind.
2 Eingehend hierzu – auch zu den Missbrauchsrisiken – *Eidenüller*, ZIP 2014, 1197 (1202 ff.). Der aktuelle Fall „Suhrkamp" (BGH v. 17.7.2014 – IX ZB 13/14, ZIP 2014, 1442 = NJW 2014, 2436) zeigt Missbrauchspotenzial des Insolvenzplanverfahrens im Hinblick auf Gesellschafterstreitigkeiten.

bräuchlicher – Herbeiführung der Insolvenzgründe zum Zweck der persönlichen Bereicherung beantragt oder ein (fast) insolventes Unternehmen allein zu diesem Zweck erworben und danach „bestattet" (§ 87 Rz. 44 ff.).

9 Auch die durch Angst vor wirtschaftlicher Existenzbedrohung und gesellschaftlicher Disqualifikation als Unternehmer hervorgerufene *Ausnahmesituation* mancher persönlich involvierter Krisenbetroffener kann zum Tatentschluss beitragen. Nicht gering sind die externen Tatanreize, die von **berufsmäßigen „Sanierern"** sowie von *Großgläubigern*, Konzernmüttern oder Übernahmeinteressenten des Unternehmens ausgehen, die ihre Einflussmöglichkeiten zur Verfolgung eigennütziger Ziele einsetzen und die strafrechtlichen Folgen ihres Handelns dem krisenbetroffenen Unternehmer aufzubürden versuchen (zu den Fallgestaltungen unten § 87).

10 Die **insolvenzstrafrechtlichen Grenzen** dieses unternehmerischen Handelns, die 1976 durch das 1. WiKG (§ 1 Rz. 63) neu bestimmt worden waren und durch die InsO zwar keine ausdrückliche, aber wegen der Zivilrechtsakzessorietät des Strafrechts gleichwohl eine entsprechende Veränderung erfahren haben (vgl. § 75 Rz. 49 ff.), ergeben sich aus den nachfolgenden Paragraphen, wobei Straftaten bei *Unternehmensbeendigungen* unten in den §§ 77–87 dargestellt sind, während die Ausführungen unten in § 89 in erster Linie die *Unternehmensfortführung* und Sanierung betreffen (vgl. die detaillierte Übersicht Rz. 53).

2. Insolvenzstrafrecht in der Finanz- und Wirtschaftskrise

11 Die im Herbst 2008 sichtbar gewordene Finanz- und Wirtschaftskrise ist ganz wesentlich auch eine **Krise des Gläubigerschutzes**. In hohem Maße ist (oft virtuelles) Vermögen, das Gläubigern zur Sicherheit für ihre Ansprüche gedient hatte, verloren gegangen – auch Vermögen von Kapitalgesellschaften, das zivil- und strafrechtlich unter besonderem gesetzlichen Schutz gestanden hat. Dadurch ist in ebenso hohem Maße auch eine wirtschaftliche **Vertrauenskrise** entstanden. Das Insolvenzstrafrecht hat dies nicht verhindern können. Es konnte insbesondere den Schutz seiner überindividuellen Rechtsgüter, nämlich des Funktionierens der Kreditwirtschaft und des gesamtwirtschaftlichen Systems[1], nicht gewährleisten.

12 Jedenfalls die insolvenzstrafrechtliche Verantwortlichkeit der Finanzkrisenverursacher – soweit sie der deutschen Strafgerichtsbarkeit unterfallen – wegen der Herbeiführung ihrer Unternehmenskrise durch **Spekulations- oder Differenzgeschäfte**, die gegen die Grundsätze ordnungsgemäßen Wirtschaftens verstoßen hatten (§ 283 Abs. 1 Nr. 2, Abs. 2 StGB – vgl. § 83 Rz. 54 ff.) und deren Verschleierung in den Bilanzen (Verstoß gegen die Grundsätze der ordnungsmäßigen Bilanzierung, §§ 283 Abs. 1 Nr. 5 und 7, 283b StGB – unten § 85) scheitert zumindest an den objektiven Strafbarkeitsbedingungen des § 283 Abs. 6 (§ 81 Rz. 65 ff.). Die vom Staat mit öffentlichen Mitteln – glücklicher-

---

1 *Fischer*, vor § 283 StGB Rz. 3.

weise – getroffenen Notmaßnahmen haben Zahlungseinstellung oder Insolvenzeröffnung oder -ablehnung mangels Masse im Banken- und damit auch im Industrie- und Handelsbereich bisher weitgehend verhindern können.

Auf der anderen Seite sind Unternehmen, denen keine staatliche Unterstützung in Form von Darlehen oder Bürgschaften zu Hilfe kamen, infolge der Finanz- und Wirtschaftskrise in die Insolvenz geraten. Ihre Verantwortlichen waren und sind – nach Eintritt einer der objektiven Strafbarkeitsbedingungen nach § 283 Abs. 6 StGB – bei Erfüllung der sonstigen Tatbestandsvoraussetzungen der Strafverfolgung unterworfen, vor allem auch wegen Bankrotthandlungen, die mit Spekulations- oder Differenzgeschäften nichts zu tun haben. Dies kann als **Gerechtigkeitslücke** wahrgenommen werden mit der Folge, dass die bisher geübte Strafverfolgung von Insolvenzdelikten erschwert wird – ganz abgesehen von den vom Gesetzgeber zusätzlich bewirkten Aufweichungen des Gläubigerschutzes[1].

Bereits vor Sichtbarwerden der Finanz- und Wirtschaftskrise hat der Gesetzgeber allerdings auf die aus dem anglo-amerikanischen Rechtskreis in Europa Platz greifenden Einflüsse zum Nachteil des Gläubigerschutzes reagiert: Der nach der Rechtsprechung des EuGH zur Zuzugsfreiheit ausländischer Kapitalgesellschaften[2] (vgl. auch § 23 Rz. 108) – und deren Anerkennung durch den BGH[3] – zunehmend zu beobachtenden Verbreitung ausländischer Kapitalgesellschaften ohne Kapital, insbesondere der britischen **Limited**[4], erforderlich gewordenen Anpassung des nationalen Gesellschaftsrecht wurde im Rahmen des MoMiG (§ 75 Rz. 2) Rechnung getragen[5]. Jedenfalls auf diese noch verhältnismäßig moderate Bestätigung des Gläubigerschutzes müssen sich die Wirtschaftsbeteiligten einstellen[6] (§ 80 Rz. 17 ff.).

Dem steht aber insbesondere die gläubigerschutzeinschränkende Wiedereinführung der früheren **Überschuldungsdefinition** aus der Zeit vor dem Inkrafttreten der InsO durch das **FMStG** entgegen, nachdem die ursprüngliche Befristung auf zwei Jahre als „Notmaßnahme" offenkundig unter der Annahme dauerhafter „Not" 2012 entfristet" wurde (§ 75 Rz. 4 und § 79 Rz. 16 ff.).

Die InsO hat den *Wortlaut* der **Straftatbestände** der §§ 283 ff. StGB sowie der Insolvenzverschleppung (heute § 15a InsO) **nicht verändert**, wenn man von den redaktionellen Anpassungen nach § 60 EGInsO absieht (statt „Konkurs" dann

---

1 So auch *Bittmann*, wistra 2009, 139 m.w. Literatur-Hinweisen.
2 EuGH v. 9.3.1999 – Rs. C-212/97 – Centros, NJW 1999, 2027; EuGH v. 5.11.2002 – Rs. C-208/00 – Überseering, BB 2002, 2402 = NJW 2002, 3614; EuGH v. 30.9.2003 – Rs. C-167/01 – Inspire Act, NJW 2003, 3331.
3 BGH v. 14.3.2005 – II ZR 5/03, NJW 2005, 1648.
4 Vgl. hierzu m. umfangreichen Hinweisen, auch zu statistischen Zahlen: *Müller-Gugenberger* in FS Tiedemann, 2008, S. 1011; *Dannecker/Knierim/Hagemeier*, InsolvenzstrafR, Rz. 12.
5 Vgl. zu der Historie *Mühlbauer*, Von England via Brüssel in die deutsche Provinz – und zurück?, in FS Wahle, 2008, S. 362 ff.
6 Zu den Fallgestaltungen ausländischer Gesellschaften vgl. *Müller-Gugenberger* in FS Tiedemann, 2008, S. 1010 ff.; *Richter* in FS Tiedemann, 2008, S. 1023 ff.

„Insolvenz"). Die InsO ist jedoch *Ausfüllungsnorm* für das Insolvenzstrafrecht, indem sie etwa die strafrechtlichen Tatbestandselemente der Überschuldung sowie der drohenden und eingetretenen Zahlungsunfähigkeit definiert. Ihre zivilrechtlichen Definitionen sind nämlich nach h.M. und Rechtsprechung[1] entsprechend dem Grundsatz der Einheitlichkeit der Rechtsordnung sowie der Rechtsklarheit und -sicherheit auf das Strafrecht zu übertragen (sog. Zivilrechtsakzessorietät)[2]. Das Gleiche gilt für die nachfolgenden zivilrechtlichen Rechtsänderungen durch das MoMiG, FMStG und BilMoG (vgl. im Einzelnen § 75 Rz. 49 ff.).

II. Ermittlungspraxis

17 Beim Unternehmensniedergang begangene Straftaten betreffen einen **erheblichen Teil** der von den Strafverfolgungsbehörden im Bereich **der Wirtschaftskriminalität** zu bewältigenden Fälle, wobei die einzelnen Staatsanwaltschaften der Bundesrepublik aber nicht nur die *Einleitung*, sondern auch den Umfang von *Ermittlungsverfahren* bei Unternehmensinsolvenzen sehr unterschiedlich handhaben[3] (hierzu Rz. 18 ff.). Derartige „Vorermittlungen" kollidieren jedoch mit einem zentralen Grundsatz unserer Rechtsordnung, der *Selbstbelastungsfreiheit* eines Beschuldigten im Strafrecht („nemo tenetur se ipsum accusare"; s. § 10 Rz. 10). Diesem – auf dem verfassungsrechtlich geschütztem allgemeinen Persönlichkeitsrecht (Art. 2 Abs. 1 GG) und der Menschenwürde (Art. 1 Abs. 1 GG) in § 136 Abs. 1 S. 2 StPO generell für die Beschuldigten und speziell für das Insolvenzverfahren in § 97 InsO geregelten – Grundsatz messen die Staatsanwaltschaften umfassende Bedeutung bei, weshalb dessen Handhabung unter Rz. 22 ff. näher dargestellt wird. Nicht erfasst von dieser Praxis der Vorprüfung sind Straftaten im Zusammenhang mit einer *Verbraucherinsolvenz* (s. § 75 Rz. 43 ff.); auf die hierauf bezogene Strafverfolgung wird unter Rz. 45 ff. eingegangen.

---

1 BGH v. 22.2.2001 – 4 StR 42/00, wistra 2001, 306; BGH v. 24.5.2005 – IX ZR 123/04, wistra 2005, 432; BGH v. 23.5.2007 – 1 StR 88/07, wistra 2007, 386.
2 Vgl. die Nw. für die Rspr. und h.M. bei *Heine/Schuster* in S/S, § 283 StGB Rz. 50; von „funktonalen Akzessorietät", demgegenüber sprechen z.B. *Dannecker/Hagemeier* in Dannecker/Knierim/Hagemeier, InsolvenzStrafR, Rz. 54 und 87, von „indizieller" Bedeutung der insolvenzrechtlichen Definition für das Strafrecht; weiter differenzierend *Tiedemann* in LK, Vor § 283 StGB Rz. 155; *Hoyer* in SK, § 283 StGB Rz. 10 und *Bittmann* in Bittmann, InsolvenzstrafR, § 12 Rz. 17 ff.; je m.w.Nw.; s. auch *Radtke/Petermann* in MüKo, Vor §§ 283 ff. StGB Rz. 7 ff.; *Bieneck*, wistra 2001, 54; *Bieneck*, StV 1999, 43; *Grube/Röhm*, wistra 2009, 84; *Maurer/Odörfer*, GmbHR 2008, 351; *Moosmayer*, S. 163 ff.; *Röhm*, S. 82 ff.; *Weyand/Diversy*, Insolvenzdelikte, S. 39 ff.
3 *Quedenfeld/Richter* in Bockemühl, Hdb. FA StrafR, Rz. 93 ff.

1. Insolvenzverfahren und Strafverfolgung

Generell **prüfen alle Staatsanwaltschaften** auf der Grundlage der ihnen von Vollstreckungs- und Insolvenzgerichten nach den Anordnungen über *Mitteilungen in Zivilsachen (MiZi)*[1] verpflichtend zu übermittelnden Beschlüssen (z.B. im Hinblick auf die Eidesstattliche Versicherung durch Organe juristische Personen sowie über Insolvenzeröffnungen und Antragsabweisungen mangels Masse) **von Amts wegen**, ob konkrete Anhaltspunkte für Straftaten vorliegen. Grundlage dieser Prüfung sind dabei die Vollstreckungs- insbesondere aber die *Insolvenzakten* der Amtsgerichte und insofern vor allem die darin enthaltenen Berichte der (vorläufigen und/oder endgültigen) Insolvenzverwalter. Deren Auswertung bezieht sich insbesondere auf die unternehmensinterne Verantwortlichkeit, die Art und Bedeutung des Unternehmensträgers, den Grund seines Zusammenbruchs, seine Vermögenslage und Zahlungsweise. Ergänzend zur Insolvenzakte werden Jahresabschlüsse aus dem Unternehmensregister, Zwangsvollstreckungsakten und Auszüge aus der Schuldnerkartei, der Handels- und Gewerberegister sowie auch Informationen im Internet beigezogen. 18

Ziel dieser Auswertungen ist die Klärung, ob ein **Anfangsverdacht** (§ 152 Abs. 2 StPO; vgl. § 11 Rz. 25 ff.) vorliegt[2]. Daraufhin eingeleitete Ermittlungsverfahren werden – im Unterschied zu Verfahren aufgrund von Strafanzeigen in allgemeinen Kriminalitätsfällen – *nur in wenigen Einzelfällen nach § 170 StPO eingestellt*. Sie führen vielmehr regelmäßig zum Tatnachweis einer Mehrzahl von Straftaten (näher Rz. 52 f.). Von ihnen sind z.B. nach der langjährigen Praxis der zuständigen Stuttgarter Ermittlungsabteilung in höchstens zwischen 10 und 20 % Einstellungen nach Opportunitätsgrundsätzen möglich; ca. 75 % werden aber durch Strafbefehlsanträge und im Übrigen durch Anklageerhebung abgeschlossen[3]. 19

Neben der soeben erwähnten Einholung und Auswertung der beim *Unternehmensregister* (vgl. § 22 Rz. 29 ff.) hinterlegten Jahresabschlüsse[4] sind auch die **Mitteilungen von Finanzbehörden** aus dem Besteuerungsverfahren eine wichtige Informationsquelle der Ermittlungsbehörden für den Verdacht von Insolvenzstraftaten. Zwar sind die Finanzbehörden nach § 30 AO zur Verschwiegenheit über die „Verhältnisse" der Steuerpflichtigen i.S. des *Steuergeheimnisses* 20

---

1 Auf einer Ländervereinbarung beruhende bundeseinheitliche Verwaltungsvorschrift nach § 12 Abs. 5 EGGVG; BAnz. Nr. 218 v. 18.11.1967; Neufassung v. 29.4.1998, BAnz. S. 10705; in Baden-Württemberg in der Neufassung v. 29.4.1998, BAnz. S. 10705 v. 18.11.1997, zul. geänd. am 17.8.2012, BAnz. AT v. 12.9.2012, B1.
2 Allgemein zur Zulässigkeit von Ermittlungen zur Feststellung, ob ein strafrechtlich relevanter Anfangsverdacht besteht, vgl. *Diversy*, ZInsO 2005, 180; *Diemer*, NStZ 2005, 666; *N. Lange*, DRiZ 2002, 264; *Baldarelli*, Kriminalistik 2013, 356; *Baumgarte*, wistra 1991, 171.
3 *Quedenfeld/Richter* in Bockemühl, Hdb. FA StrafR, Rz. 94.
4 Vgl. § 8b HGB (oben § 41); bedeutsam für eine mögliche Straftat des Bankrotts ist insofern allerdings auch, wenn keine Jahresabschlüsse vorgelegt wurden und wenn Ordnungsgelder gem. §§ 325 f., 335 HGB (hierzu BVerfG v. 24.3.2011 – 1 BvR 555/11) festgesetzt und – insoweit auch für Insolvenzverschleppung – nicht beigetrieben werden konnten.

verpflichtet (vgl. § 15 Rz. 41 ff.). Nach § 30 Abs. 4 Nr. 5 AO ist dessen Durchbrechung jedoch bei einem zwingenden öffentlichen Interesse zur Offenbarung erlaubt. Davon ist in den letzten Jahren – wie auch in vielen anderen Geheimnisbereichen (vgl. oben § 33) – zunehmend Gebrauch gemacht worden. Dann dürfen solche Informationen nach § 393 Abs. 2 AO auch für die Verfolgung nicht steuerstrafrechtlicher Taten verwertet werden.

21 Nach der Neufassung des **Anwendungserlasses zur AO (AEAO)** des BMF vom 2.1.2008[1] entspricht es dem *zwingenden öffentlichen Interesse*, Erkenntnisse aus einem Besteuerungsverfahren zu Insolvenzstraftaten nach §§ 283–283c StGB sowie zu Insolvenzverschleppungen nach den früher geltenden Vorschriften den Strafverfolgungsbehörden mitzuteilen. An dieser Mitteilungsbefugnis ändert es nichts, dass die Insolvenzverschleppungstatbestände durch das MoMiG in § 15a InsO überführt worden sind (dazu § 80 Rz. 2), denn die Bewertung des zwingenden öffentlichen Interesses ist unabhängig von formalen Gesichtspunkten vorzunehmen. Die Zweifel an der rechtlichen Zulässigkeit dieser Offenbarungsbefugnis[2] – genauer: der im beamtenrechtlichen Innenverhältnis wirksamen Ermessensrichtlinie in der Form einer *Verwaltungsanweisung*[3] – hat die praktische Wirksamkeit des Erlasses bislang nicht beeinträchtigen können.

2. Insolvenzgeheimnis

22 **a)** Schon nach der *Konkursordnung* (§ 100 KO) war der Gemeinschuldner **verpflichtet**, dem Konkursverwalter, dem Gläubigerausschuss und der Gläubigerversammlung über alle das Verfahren betreffenden Verhältnisse **Auskunft** zu geben. Die Erfüllung dieser Pflicht konnte nach § 101 Abs. 2 KO durch gerichtliche Vorführung und Haft *erzwungen* werden. Auskunfts- und Vorlagepflichten (§§ 75, 104 KO) trafen den Schuldner bereits im Eröffnungsverfahren. Er hatte sie auf Antrag durch eidesstattliche Versicherung zu bekräftigen (§ 125 KO). Das hierdurch tangierte Problem einer etwaigen Selbstbelastung hatte die KO nicht geregelt.

23 Erst der *Gemeinschuldner-Beschluss des BVerfG*[4] vom 13.1.1981 hatte dem verfassungsrechtlich verankertem **„Nemo-tenetur"-Prinzip**[5] (s. Rz. 17) Geltung verschafft. Danach war klargestellt, dass die vom Gemeinschuldner nach § 100 KO vollständig und wahrheitsgemäß zu erstattenden Auskünfte in einem Strafverfahren gegen ihn *nicht „verwertet"* werden dürfen. Eine entsprechende Verwertungsbegrenzung für Angaben des Schuldners in der *Einzelzwangsvollstreckung* nach § 807 ZPO folgte durch den BGH[6].

---

1 BStBl. I 2008, 26.
2 So *Blesinger*, wistra 2008, 416.
3 Vgl. *Blesinger*, wistra 2008, 416 (419).
4 BVerfG v. 13.1.1981 – 1 BvR 116/77, BVerfGE 56, 37, NJW 1981, 1431; BVerfG v. 9.5.2004 – 2 BvR 480/04, wistra 2004, 383.
5 Vgl. BVerfG v. 8.5.1973 – 2 BvL 13/72, BVerfGE 35, 47: § 11 Rz. 34.
6 BGH v. 19.3.1991 – 5 StR 516/90, BGHSt 37, 340.

In der *strafrechtlichen Praxis* hatte diese Rechtsprechung jedoch kaum Auswirkungen, denn sie konnte mangels sog. **Fernwirkung** die Verwertung der Schuldnerangaben letztlich nicht verhindern. Die Verwertung zur Begründung eines *Anfangsverdachts* der offenbarten Straftat nach § 152 StPO (Frühwirkung)[1] und darüber hinaus dann auch zur Gewinnung weiterer Beweismittel und damit zur Begründung von strafprozessualen Zwangsmaßnahmen blieben nämlich zulässig. Jedenfalls hatten die Ermittlungsbehörden in der Praxis – ohne ersichtliche Beanstandung durch die Rechtsprechung – für die Begründung des Anfangsverdachts die Angaben des Schuldners weiterhin zugrunde gelegt. Dies entsprach der Entscheidung des BVerfG[2], *kein Offenbarungsverbot* für die Angaben des Gemeinschuldners auszusprechen. Mit ähnlicher Begründung verneinte auch *Stürner* in seiner Besprechung dieser verfassungsgerichtlichen Entscheidung die „Fernwirkung", die nach seiner Ansicht keinen Verfassungsrang hat, sondern vom einfachen Gesetzgeber auszugestalten ist[3]. 24

b) Diese Auslegung hat den *Gesetzgeber der InsO* zu einer **Kodifizierung des Insolvenzgeheimnisses** veranlasst. *§ 97 Abs. 1 InsO* bestimmt, dass der Schuldner auch unter der Geltung der InsO verpflichtet ist, dem Insolvenzgericht, dem Insolvenzverwalter, dem Gläubigerausschuss und, auf Anordnung des Gerichts, der Gläubigerversammlung über alle das Verfahren betreffenden Verhältnisse *Auskunft* zu geben. Nach *§ 98 Abs. 1 InsO* kann das Insolvenzgericht zur Herbeiführung wahrheitsgemäßer Angaben auch die eidesstattliche Versicherung des Schuldners anordnen und nach § 98 Abs. 2 InsO Zwangsmittel einsetzen. Jedoch darf die Auskunft, die der Schuldner *gemäß dieser Verpflichtung* erteilt, in einem Strafverfahren oder Verfahren nach dem Gesetz über Ordnungswidrigkeiten gegen ihn oder einen seiner in § 52 Abs. 1 StPO bezeichneten Angehörigen nur noch *mit seiner Zustimmung „verwendet"* werden (§ 97 Abs. 1 S. 3 InsO). 25

Mit dem Begriff „verwendet werden" begründete der Gesetzgeber ein **Verwendungsverbot** und geht damit ausdrücklich über das unmittelbare Verwertungsverbot insofern hinaus, als nun *auch* die *Fernwirkung* umfasst wird[4]. Dies ergibt sich aus dem Vergleich des Wortlautes des Regierungsentwurfs zu § 109 (jetzt § 97) InsO und der Begründung hierzu mit der endgültigen Gesetzesfassung und der Begründung des Rechtsausschusses, die zu dieser endgültigen Fassung führte. 26

In § 109 des **Regierungsentwurfs** hieß es noch: 27

„Jedoch darf eine Auskunft [...] nur mit Zustimmung des Schuldners *verwertet* werden."

Die Begründung hierzu lautete:

„Der Grundsatz der Auskunftspflicht ist in Abs. 1 Satz 1 in Anlehnung an § 100 Konkursordnung geregelt. Ergänzend wird klargestellt – im Anschluss an die Entscheidung des Bundesverfassungsgerichts vom 13. Januar 1981 (BVerfGE 56, 37) –, dass sich die Auskunftspflicht auch auf Tatsachen erstreckt, die den Schuldner der Gefahr einer Strafver-

---

[1] Vgl. *Hengstenberg*, Die Frühwirkung der Verwertungsverbote, 2007 (Diss. Köln 2006), S. 21.
[2] Anders die abweichende Meinung des Senatsmitglieds *Heußner*.
[3] *Stürner*, NJW 1981, 1757.
[4] *Meyer-Goßner* in Meyer-Goßner/Schmitt, StPO, Einl. Rz. 57a m.w.Nw.

folgung aussetzen, dass insoweit allerdings ein Verbot besteht, die Auskunft ohne Zustimmung des Schuldners im Strafverfahren zu verwerten (Abs. 1 Satz 2, 3). Nach dem Sinn dieses Verbots dürfen auch solche Tatsachen nicht verwendet werden, zu denen die Auskunft den Weg gewiesen hat. Auf der anderen Seite hindert das Verbot nicht die Verwertung von Tatsachen, die der Strafverfolgungsbehörde bereits bekannt waren."

Bereits diese Begründung stellt klar, dass die Angaben des Schuldners nicht auch zum Anlass von Ermittlungen genommen werden dürfen.

28 Der **Rechtsausschuss des Bundestages** hat das Wort „verwertet" sodann durch das aus der Terminologie des Datenschutzrechts stammende Wort „verwendet" ersetzt. In der Begründung des Rechtsausschusses heißt es dazu:

„In Satz 3 des Absatzes wird das Wort ‚verwertet' durch das Wort ‚verwendet' ersetzt. Entsprechend einem Anliegen des Bundesbeauftragten für den Datenschutz wird damit zum Ausdruck gebracht, dass eine Auskunft des Schuldners ohne dessen Zustimmung auch nicht als Ansatz für weitere Ermittlungen dienen darf."

29 Der **eindeutigen Wortwahl** liegt zugrunde, dass das *Interesse der Gläubiger* an einer lückenlosen Aufklärung der Verhältnisse des Schuldners nur dann ausreichend gesichert erscheint, wenn der Schuldner in keinerlei Hinsicht befürchten muss, sich oder seine Angehörigen durch wahrheitsgemäße Angaben strafrechtlicher Verfolgung auszusetzen. Das *Aufklärungsinteresse des Staates* bei Straftaten[1] hat – auch um des verfassungsrechtlich begründeten Schutzes des Schuldners – vor erzwungener Selbstbelastung *zurückzutreten*. Nach der nunmehr vorliegenden Gesetzesformulierung kann die „Fernwirkung" daher nicht verneint werden[2].

30 Angesichts dieser *Fernwirkung des Insolvenzgeheimnisses* bekommt die Frage nach dessen **inhaltlicher Reichweite** im Einzelnen Bedeutung. Insbesondere ist zu prüfen, was als nach § 97 Abs. 1 InsO geschützte *„Auskunft des Schuldners"* anzusehen ist. Hierbei ist zunächst voranzustellen, dass zwar sowohl die Angaben des Schuldners *im Insolvenzverfahren* vom Schutz umfasst sind, auf die sich § 97 Abs. 1 InsO unmittelbar bezieht, als auch seine Angaben im *Insolvenzeröffnungsverfahren* nach §§ 20, 22 Abs. 3 InsO, da diese ihrerseits auf §§ 97, 98 InsO Bezug nehmen. **Nicht** umfasst sind demgegenüber Angaben des Schuldners, soweit diese zur Zulässigkeit des Antrags erforderlich sind (Rz. 38), und die im Eröffnungsverfahren gegenüber dem vom Gericht bestellten **Insolvenzgutachter** gemachten, da dieser nicht zu den Auskunftsberechtigten nach § 97 Abs. 1 S. 1 InsO gehört[3].

31 **aa)** *Nicht geschützt* sind zunächst alle **Angaben** des (vorläufigen) Insolvenzverwalters, von Gläubigern, Sachverständigen und sonstigen **Dritten** im Insolvenz(eröffnungs)verfahren oder auch außerhalb dieses Verfahrens, soweit sie sich nicht auf die Wiedergabe geschützter Auskünfte des Schuldners beschränken. Insbesondere gilt das Verwendungsverbot daher nicht für Tatsachen, die

---

1 Eingehend m.Nw. BVerfG v. 7.12.2011 – 2 BvR 2500/09, 2 BvR 1857/10 – Al Quaida – Rz. 113, 121, BVerfGE 130, 1.
2 So schon *Richter*, wistra 2000, 1; *Bittmann/Rudolph*, wistra 2001, 81; zum Unterschied zwischen Verwertungs- und Verwendungsverbot vgl. *Dencker* in FS Meyer-Goßner, 2001, S. 237 ff.
3 OLG Jena v. 12.8.2010 – 1 Ss 45/10; bestätigend OLG Celle v. 19.12.2012 – 32 Ss 164/12.

sich aus den *eigenen Ermittlungen* z.B. des (vorläufigen) Insolvenzverwalters ergeben. Eine *mittelbare Fernwirkung* für Feststellungen Dritter wird von § 97 InsO nicht begründet[1].

Bei **Berichten des** (vorläufigen) **Insolvenzverwalters** im Insolvenz(eröffnungs)verfahren oder z.B. gegenüber den Strafverfolgungsbehörden ist daher danach zu differenzieren, ob darin geschützte Angaben des Schuldners, die dieser im Insolvenz(eröffnungs)verfahren gemacht hat, mitgeteilt werden. Angaben des Schuldners außerhalb oder nur im Zusammenhang mit dem Verfahren, wie etwa gegenüber Gläubigern direkt oder an die Presse, sowie Wiedergaben des (vorläufigen) Insolvenzverwalters über Schuldnerangaben vom Hörensagen sind nicht geschützt. Gleiches gilt etwa für Angaben eines Gläubigers in einer Strafanzeige über ihm vom Schuldner direkt erteilte Auskünfte. Nur das, was der Gläubiger aus den Eigenangaben des Schuldners aus der Insolvenzakte entnommen hat, ist geschützt. 32

Dass der **Schuldner** über das Verwendungsverbot **bestimmen** kann, ergibt sich schon aus dem Wortlaut des § 97 Abs. 1 S. 3 InsO und entspricht dem Schutzgedanken des Insolvenzgeheimnisses und des zugrunde liegenden Verbots einer Verpflichtung zur Selbstbelastung. Dementsprechend kann der Schuldner seine Auskünfte auch *teilweise* freigeben, allerdings nur bezüglich des Umfangs seiner Angaben, nicht aber personenbezogen hinsichtlich ihrer Verwendbarkeit gegen ihn selbst oder einen seiner Angehörigen. Die Zustimmung des Schuldners ist *unwiderruflich*, da die Fernwirkung zu einem späteren Zeitpunkt praktisch nicht mehr abgrenzbar ist[2]. 33

Dem Schutzzweck des Insolvenzgeheimnisses entsprechend ist eine Verwendung geschützter Auskünfte **zugunsten des Schuldners** auch *ohne* seine *Zustimmung* möglich. Das Gleiche gilt für insoweit neutrale Auskünfte, etwa über die allgemeine wirtschaftliche Entwicklung des Unternehmens[3]. 34

Weder aus dem „Nemo-tenetur"-Prinzip noch nach dem Gläubigerschutzgedanken lässt es sich begründen, dass auch **vorsätzlich falsche** oder pflichtwidrig **unvollständige Angaben** des Schuldners vom Verwendungsverbot geschützt sind. Das Selbstbelastungsverbot darf nicht die straffreie Begehung weiterer Straftaten durch den Schuldner ermöglichen, die darin bestehen, die Gläubiger eines Insolvenz(eröffnungs)verfahrens über seine Verhältnisse zu täuschen. Für die Verwendung solcher falschen Angaben ist vorausgesetzt, dass sie nach der Beweislage zum *Verwendungszeitpunkt* mit überwiegender Wahrscheinlichkeit vorsätzlich der Wahrheit zuwider gemacht worden sind[4]. 35

Ebenso dürfen aus dem vollständigen oder teilweisen **Schweigen** bzw. der ausdrücklichen Auskunftsverweigerung des Schuldners *Schlüsse* gezogen werden, 36

---

1 A.A. für Angaben des (vorläufigen) Insolvenzverwalters *Bittmann* in Bittmann, InsolvenzstrafR, § 1 Rz. 19; weitergehend auch *Püschel*, S. 767.
2 Vgl. *Stürner*, NJW 1981, 1758.
3 Vgl. *Bittmann/Rudolph*, wistra 2001, 84.
4 So auch *Richter*, wistra 2000, 3; *Diversy*, ZInsO 2005, 180 ff. (183); *Bittmann/Rudolph*, wistra 2001, 84; zur Strafbarkeit solcher Falschangaben vgl. BGH v. 2.12.1052 – 1 StR 437/52, BGHSt 3, 309.

37 **bb)** In der Literatur wird immer noch die Kernfrage **streitig** diskutiert, ob sich das Verwendungsverbot auf die vom Schuldner *mündlich oder schriftlich gemachten Angaben* beschränkt oder ob es sich auch auf **gesetzlich** von ihm zu erstellende und aufzubewahrende **Buchhaltungsunterlagen**, wie Bilanzen, Belege und Geschäftsbriefe, bezieht, die er *vorlegt* oder freiwillig *zugänglich macht*[1]. Dabei kann es sich neben schriftlichen Unterlagen auch um Datenträger bzw. Dateien handeln. Hierüber lässt sich weder dem Gemeinschuldner-Beschluss des BVerfG zur früheren Konkursordnung noch dem § 97 InsO etwas Ausdrückliches entnehmen. *Bittmann/Rudolph* sprechen daher von einer Konturenlosigkeit der gesetzlichen Regelung[2].

38 Angesichts der umfangreichen Zulässigkeitsvoraussetzungen der §§ 13, 270a, 270b InsO nach dem ESUG (s. § 80 Rz. 46 f., Rz. 53 ff., § 77 Rz. 7)[3] ist der Umfang des Verwendungsverbotes in der strafrechtlichen Praxis erheblichen Unsicherheiten ausgesetzt. Ausgangspunkt sollte insofern allerdings sein, dass sich das Verwendungsverbot *nicht* auf die Unterlagen erstreckt, die ein Schuldner-Vertreter zur **Zulässigkeit** und auch nach §§ 101, 15 Abs. 2 InsO zur **Glaubhaftmachung des Insolvenzgrundes** im Insolvenzeröffnungsverfahren freiwillig vorlegt, denn § 97 Abs. 1 S. 3 InsO bezieht sich nur auf § 97 Abs. 1 S. 1 InsO, nicht aber auf § 15 Abs. 2 InsO. Zwar bezieht sich die strafbewehrte Insolvenzantragspflicht nur auf den Eröffnungsantrag nach § 15a Abs. 1 S. 1 InsO, also nicht auf (auch gleichzeitig gestellte) Anträge auf Eigenverwaltung und/oder Schutzschirmverfahren nach §§ 270a, 270b InsO. Diese Angaben – insbesondere also auch solche im *Insolvenzplan* – die *Bescheinigung* nach § 270b Abs. 1 S. 1 und 2 InsO ist ohnehin keine „Auskunft des Schuldners" – sind daher verwendbar. Werden allerdings *darüber hinaus* Unterlagen in analoger Anwendung des § 20 Abs. 1 S. 1 InsO vom Insolvenzgericht eingefordert, so unterliegen sie nach der Rechtsprechung des BGH[4] dem Schutz des § 97 InsO[5]. und der Praxis der Insolvenzgerichte, dem Schuldner umfangreiche Fragebögen (mit Vorlagevorschlägen) schon zur Antragstellung anzubieten, verwischen sich die Grenzen und entstehen berechtigte Zweifel an der „Freiwilligkeit", was strafrechtlich zugunsten des Schuldners berücksichtigt werden muss.

39 Zur Ablehnung des Verwendungsverbots für Buchführungs- und Bilanzunterlagen wird zutreffend auf die *Unterscheidung* zwischen geschützten **Auskunftspflichten** nach § 97 Abs. 1 S. 1 InsO einerseits und den nicht geschützten **sons-**

---

1 *Richter*, wistra 2000, 1, und (differenzierter) *Bittmann/Rudolph*, wistra 2001, 81, verneinen dies; ähnlich auch *Hefendehl*, wistra 2003, 1 und *Gürtler* in W/J, Kap. 23 Rz. 59; *Bittmann* in Bittmann, InsolvenzstrafR, § 1 Rz. 24; *Diversy*, ZInsO 2005, 181.
2 *Bittmann/Rudolph*, wistra 2001, 81.
3 Eingehend hierzu *Rönnau/Wegner*, ZInsO 2014, 1025.
4 BGH v. 12.12.2002 – IX Z.B. 426/02, BGHZ 153, 205 (207).
5 So auch *Püschel*, S. 766 unter Berufung auf LG Stuttgart v. 21.7.2000 – 11 Qs 46/2000, wistra 2000, 439.

tigen Mitwirkungspflichten nach § 97 Abs. 2 und 3 InsO verwiesen. Diese Unterscheidung wird auch in § 22 Abs. 3 InsO gemacht[1]. Die Vorlage der Unterlagen ist danach den Mitwirkungspflichten zuzuordnen[2]; ihnen kommt ein selbständiger Beweiswert zu, den auch alle Vermögensgegenstände des Schuldners, also auch seine Buchhaltungsunterlagen, haben[3].

Bestätigt wird dieses Ergebnis durch eine Analyse der **Struktur des § 97 InsO**. Dieser definiert die *Mitwirkungspflichten* des Schuldners, zu denen auch die Auskunftspflicht sowie ergänzend die Unterstützungspflicht nach § 97 Abs. 2 InsO als generalklauselartige flankierende Obliegenheit gehört. Zunächst hat die in § 97 Abs. 3 InsO normierte Pflicht des Schuldners, sich zur Verfahrensabwicklung zur Verfügung zu stellen, lediglich Hilfsfunktion. Bei den Buchhaltungs- und Bilanzunterlagen handelt es sich aber um die Unterlagen, mit denen der Insolvenzverwalter – mit oder ohne die Mitwirkung des Schuldners – seine für das Insolvenzgericht und die Gläubiger bedeutsamen Entscheidungen und Bewertungen trifft[4]. Die *Auskunftspflichten* des § 97 Abs. 1 InsO sind demgegenüber dessen höchstpersönliche Erklärungen zu den Verhältnissen der Gesellschaft[5]. Auch die gesetzlichen Aufzeichnungs- und Vorlagepflichten nach § 393 AO unterfallen dem Schutzbereich der grundgesetzlich geschützten Selbstbelastungsfreiheit nach der Rechtsprechung des BVerfG dann nicht, wenn diese Unterlagen zur Ahndung von Straftaten oder Ordnungswidrigkeiten verwendet werden[6].

40

Ein weiteres Argument für die Verwendbarkeit von Buchhaltungs- und Bilanzunterlagen ist die **handelsrechtliche Pflicht** zu deren Führung und Erstellung (vgl. oben § 22 Rz. 20 ff., Rz. 73 ff. und § 26; unten § 85). Das in ihnen dokumentierte öffentliche Interesse überwiegt die verfassungsrechtliche Selbstbelastungsfreiheit des Schuldners[7]. Dies bestätigt auch das LG Stuttgart in einer Beschwerdeentscheidung zu einem Durchsuchungsbeschluss[8]. Die Gegenansicht[9] führt zu einem „Asyl für Geschäftsunterlagen"[10] und steht im Widerspruch zur Publizitätspflicht des Ergebnisses des Rechnungswesens, welches sowohl dem öffentlichen Interesse als auch dem Gläubigerschutz dient[11], wie deren notwendige Vorlage bei Banken u.a. belegt (vgl. auch § 265b StGB).

41

---

1 Vgl. hierzu im Einzelnen *Uhlenbruck*, KTS 1997, 375.
2 So *Richter*, wistra 2000, 1, mit ausführlicher Begründung unter Hinweis insbes. auf *Verrel*, NStZ 1997, 361 und 415; ausdrücklich bestätigend nunmehr OLG Celle v. 19.12.2012 – 32 Ss 164/12.
3 *Bittmann* in Bittmann, InsolvenzstrafR, § 1 Rz. 20, 22.
4 *Richter*, wistra 2000, 4.
5 *Richter*, wistra 2000, 4.
6 BVerfG v. 20.4.2010 – 2 BvL 13/07, wistra 2010, 341 ff.; a.A. *Jäger* in Klein, § 393 AO Rz. 25; *Joecks* in F/G/J, § 292 AO Rz. 67.
7 *Richter*, wistra 2000, 4.
8 LG Stuttgart v. 21.7.2000 – 11 Qs 46/2000, wistra 2000, 439 m. Anm. *Richter*.
9 *Wegner* in A/R, VII 2 Rz. 14; *Püschel*, S. 770; *Stephan* in MüKo, § 97 InsO Rz. 18a; *Bömelburg*, S. 139; *Bieneck* in Voraufl., § 75 Rz. 73; einschränkend *Hefendehl*, wistra 2003, 1; ähnlich *Schork*, NJW 2007, 2057.
10 *Richter*, wistra 2000, 4; *Bittmann/Rudolph*, wistra 2001, 82.
11 *Richter*, wistra 2000, 4.

42 Auch wenn man alternative Beschaffungsmöglichkeiten von (Teilen) der Buchhaltungs- und Bilanzunterlagen in Betracht zieht, hätte eine hierauf bezogene Ausdehnung des Insolvenzgeheimnisses weitreichende **praktische Auswirkungen** für die Strafverfolgung. Die Möglichkeiten schon der Verdachtsgewinnung, aber auch der Beweismittelerhebung wären dadurch erheblich eingeschränkt, jedenfalls mit weiterem hohem Ermittlungsaufwand verbunden. Die Ausdehnung des Insolvenzgeheimnisses auf diese Unterlagen wird auch deshalb von den Strafverfolgungsbehörden in der Praxis nicht anerkannt.

43 cc) Sind in einem Insolvenz(eröffnungs)verfahren **mehrere** (gesetzliche) **Vertreter** des **Gemeinschuldners** beteiligt (vgl. §§ 101, 15 InsO), so gilt das Verwendungsverbot nur gegenüber *demjenigen*, der die *Auskunft* erteilt hat (und seinen Angehörigen). Andere Gemeinschuldner-Vertreter können den Schutz für sich (und ihre Angehörigen) nur durch jeweils *eigene* – möglicherweise auch nur bestätigende – Auskünfte erlangen.

44 Geschützt sind auch Auskünfte, die der Schuldner *nicht höchstpersönlich*, sondern durch einen **bevollmächtigten Vertreter**, z.B. einen Rechtsanwalt, erteilt[1]. Die Tatsache, dass die Auskünfte vom Schuldner – etwa durch Haftanordnung – *erzwungen* werden mussten, steht dem Verwendungsschutz nicht entgegen.

3. Verbraucherinsolvenz

45 Grundsätzlich[2] – allerdings nicht uneingeschränkt[3] – sind die **Bankrottnormen** der §§ 283 ff. StGB auf die **Verbraucherinsolvenz** anwendbar. Da erst die InsO dem Verbraucher Zugang zur Gesamtvollstreckung einräumt und gläubigerschädigende Handlungen dieses Personenkreises zuvor nur von der Strafnorm des Vereitelns der Zwangsvollstreckung (§ 288 StGB; vgl. § 88 Rz. 5 ff.) erfasst wurden, wenn deren enge Voraussetzungen überhaupt einmal erfüllt waren, sind auch im Übrigen *Modifikationen* erforderlich[4].

Im Ergebnis besteht aber Einigkeit darüber, dass sich jedenfalls *Vermögensverschiebungen* nach §§ 283 Abs. 1 Nr. 1 und 4, Abs. 2, 283a (insoweit), 283c und 283d StGB als strafbare Tathandlungen Privater sowohl für die Zeit der Geltung der Konkurs-, Vergleichs- sowie Gesamtvollstreckungsordnung als auch nach Inkrafttreten der InsO auch neben § 288 StGB vorliegen kann.

46 Bankrotthandlungen, die einen Verstoß gegen die Anforderungen einer **ordnungsgemäßen Wirtschaft** voraussetzen (§ 283 Abs. 1 Nr. 1–3 und 8, Abs. 2 [insoweit], § 283a [insoweit] StGB) oder einen Verstoß gegen *Buchführungs- oder Bilanzierungspflichten*, die nur ein Kaufmann zu erfüllen hat, und – unbeschadet der rein praktischen Schwierigkeiten der Widerlegung der überwiegenden

---

1 Vgl. zur grundsätzlich höchstpersönlichen Auskunftspflicht des Schuldners nach der InsO *Uhlenbruck*, KTS 1997, 375.
2 BGH v. 22.2.2001 – 4 StR 42/01, wistra 2001, 306; OLG München v. 29.8.2000 – 2 Ws 991/00, ZIP 2000, 1841.
3 *Tiedemann* in LK, Vor § 283 StGB Rz. 85b ff.; krit. *Krüger*, wistra 2002, 52; *Schramm*, wistra 2002, 55.
4 Umfassend m.Nw. *Tiedemann* in LK, Vor § 283 StGB Rz. 85b ff.

Fortführungswahrscheinlichkeit („Fortführungsprognose" vgl. § 79 Rz. 19 ff.) – das auf juristische Personen zugeschnittene Krisenmerkmal *Überschuldung* (§ 19 InsO) sind auf einen Verbraucher nicht anwendbar.

Röhm[1] ist zwar zuzugestehen, dass es sich bei dem Verbraucherinsolvenzverfahren um ein gegenüber dem Regelverfahren **eigenständiges Verfahren** handelt und dieses neben dem *Schutz des Vermögens* der Gläubiger auch den der *sozialen Interessen* des Schuldners umfasst[2]. Dieses Verfahren betrifft aber nicht nur den „reinen" Verbraucher, sondern auch den wirtschaftlich tätigen Schuldner, der zwar ein Gewerbe betreibt, aber mangels Notwendigkeit eines eingerichteten kaufmännischen Geschäftsbetriebs keine Kaufmannseigenschaft besitzt (dazu § 22 Rz. 73 ff.); dabei sind die gleichen Abgrenzungsmerkmale anwendbar, die nach § 1 Abs. 2 HGB für die Kaufmannseigenschaft gelten[3]. Deshalb ist es *abzulehnen*, das Verbraucherinsolvenzverfahren ganz aus dem Anwendungsbereich des Bankrottstrafrechts herauszunehmen. Zu unterstützen sind aber Forderungen, für den Verbraucher *de lege ferenda* **spezielle Strafnormen** zu schaffen[4].

III. Straftaten bei Unternehmensbeendigung

1. Rechtsgüter

Zwar hat der Gesetzgeber kein einheitliches *geschütztes Rechtsgut* der Insolvenzdelikte im weiteren Sinne seiner komplexen Regelungen zugrunde gelegt. Den Feststellungen zum Insolvenzantrags- und Bankrottstrafrecht (vgl. § 80 Rz. 5 und § 81 Rz. 1 ff.) ist jedoch die **Gleichrangigkeit individueller und überindividueller Rechtsgüter** zu entnehmen: neben den *Vermögensinteressen der Gläubigergesamtheit* des krisenbetroffenen Unternehmensträgers, die auf eine möglichst weitgehende Befriedigung aus der vorhandenen Masse gerichtet sind, die Funktionsfähigkeit der Kreditwirtschaft. Den Vermögensinteressen der Gläubiger entspricht dabei der **Schutz der Vermögensmasse**.

Nachdem mit der Schaffung der InsO (1994) und ihrer In-Kraft-Setzung 1999 und insbesondere dem ESUG 2011 die **Gestaltungsfreiheit der Insolvenzgläubiger** erweitert und hervorgehoben wurde, hat ein Teil der Literatur auch diese zum geschützten Rechtsgut erhoben[5]. Da sich die Dispositionsmöglichkeit der Insolvenzgläubiger jedoch lediglich auf das ihnen haftende Vermögen bezieht – was auch gilt, wenn das schuldnerische Unternehmen fortgeführt wird –, handelt es sich lediglich um einen unselbständigen Aspekt der geschützten Befrie-

---

1 *Röhm*, Verbraucherbankrott, ZInsO 2003, 538 m.w.Nw.
2 Vgl. die zu Recht krit. Würdigung der zunehmenden Haftungslockerung (Abwendung vom Begriff der „Schuld") bei *Bartels*, KTS 349 (350) und *Hegenröder*, KTS 2014, 385.
3 Vgl. *Bork*, Ex-Unternehmer als Verbraucher?, ZIP 1999, 301; AG Köln v. 31.3.1999 – 73 IN 20/99, DStR 1999, 1159.
4 *Moosmayer*, S. 182; *Röhm*, Verbraucherbankrott, ZInsO 2003, 535 ff. mit Formulierungsvorschlägen.
5 *Kindhäuser* in NK, vor § 283 StGB Rz. 18, 26; *Erdmann*, S. 59 ff.; *M. Krause*, Ordnungsgemäßes Wirtschaften, S. 159 ff.

digungsinteressen der Gläubiger[1]. Ein eigenständiges Rechtsgut der Gestaltungsfreiheit der Gläubiger kann daher weder für das Insolvenzstrafrecht i.w.S. noch für das Bankrottstrafrecht anerkannt werden.

50 Über den Bereich des individuellen Vermögensschutzes hinaus sind aber auch die Interessen der *Arbeitnehmer* an der Erhaltung ihres Arbeitsplatzes (wie § 283a Nr. 2 StGB beispielhaft zeigt)[2] sowie nach h.M. als **überindividuelles Rechtsgut** die *Funktionsfähigkeit der Kreditwirtschaft* vor ernsthaften Störungen in den Schutzbereich des Insolvenzstrafrechts einbezogen, wie etwa die Buchführungs- und Bilanzdelikte als abstrakte Gefährdungstatbestände (§ 283b StGB) zeigen[3]. Zutreffend wird davon ausgegangen, dass das Insolvenzstrafrecht überindividuell auch dem *Schutz der Gesamtwirtschaft* bzw. des gesamtwirtschaftlichen Systems dienen soll[4] (vgl. zur Entwicklung auch § 2 Rz. 36 ff.). Von einem Teil der Literatur wird der Schutz jeglichen überindividuellen Rechtsguts dagegen vor allem wegen seiner Unbestimmtheit abgelehnt und das Insolvenzstrafrecht zu den ausschließlichen Vermögensdelikten gezählt[5].

51 An der Rechtsgutsbestimmung hat sich durch das Inkrafttreten der **InsO**, des MoMiG und des ESUG ebenso wenig geändert, wie überhaupt am Wortlaut der §§ 283 ff. StGB – wenn man von redaktionellen Anpassungen im Bereich der objektiven Bedingungen der Strafbarkeit absieht (vgl. § 81 Rz. 65). Die Effektivität des Rechtsgüterschutzes ist allerdings schon durch das MoMiG verringert worden; dieser Trend wurde durch das Finanzmarktstabilisierungsgesetz und das ESUG nochmals verstärkt[6].

2. Straftaten im Überblick

52 Die einzelnen Tatbestände des Insolvenzstrafrechts enthalten die genannten Aufbauelemente *in unterschiedlicher Kombination*. Regelmäßig sind jedoch auch *weitere* Strafnormen Gegenstand der Ermittlungsverfahren im Zusammenhang mit dem Unternehmenszusammenbruch. Die nachfolgende **Kurzübersicht** will daher die *Zuordnung* **praxisrelevanter Sachverhalte** und Tathandlungen von Unternehmensverantwortlichen und etwaige Tatbeteiligungen durch Berater (näher unten §§ 90 ff.), soweit sie im Zusammenhang mit

---

1 H.M., BT-Drs. 12/2443, 93; *Hoyer* in SK, vor § 283 StGB Rz. 4; *Radtke* in MüKo, vor § 283 StGB Rz. 13; *Tiedemann* in LK, Vor § 283 StGB Rz. 3, 48.
2 Str., jedenfalls aber in ihrer Eigenschaft als Insolvenzgläubiger: *Kindhäuser* in NK, vor § 283 StGB Rz. 19, 31; *Radtke* in MüKo, vor § 283 StGB Rz. 9.
3 BGH v. 22.2.2001 – 4 StR 421/00, wistra 2001, 307; BGH v. 18.12.2002 – IX ZB 121/02, NJW 2003, 974, DZWIR 2003, 165 m. Bespr. *Röhm*, 143 ff.; *Moosmayer*, S. 141; *Tiedemann* in LK, Vor § 283 StGB Rz. 53.
4 BGH v. 22.2.2001 – 4 StR 421/00, NJW 2001, 1874; BGH v. 18.12.2002 – IX ZB 121/02, NJW 2003, 974; *Fischer*, vor § 283 StGB Rz. 3; *Hoyer* in SK, vor § 283 StGB Rz. 5; *Tiedemann* in LK, Vor § 283 StGB Rz. 54; *Röhm*, S. 63 ff.
5 Vgl. *Dohmen/Sinn*, KTS 2003, 205; *Penzlin*, S. 29 ff., 34 ff. m.w.Nw.; *Erdmann*, S. 59 ff.
6 Krit. zur Effizienz des Rechtsgüterschutzes schon nach früherem Recht *Dannecker/Knierim/Hagemeier*, InsolvenzstrafR, Rz. 18.

Sanierung und ihrem Scheitern stehen, verdeutlichen, um den Zugang zu den behandelten Strafrechtsbereichen zu erleichtern[1]:

Tathandlung	Täter	mögliche Teilnehmer	Strafnorm	Fundstelle
Bei Zahlungsunfähigkeit und/oder Überschuldung ein nicht oder nicht in dieser Form bestehendes Recht als bestehend ausgegeben	Geschäftsführer (formal/faktisch)	Berater Bankmitarbeiter	§ 283 Abs. 1 Nr. 4 StGB	§ 83 Rz. 35 ff.
z.B. durch falsche eidesstattliche Versicherung gegenüber dem Insolvenzverwalter			§ 156 StGB	§ 88 Rz. 5 ff., 24 ff. § 87 Rz. 37 § 83 Rz. 31, 43
Bei Zahlungsunfähigkeit und/oder Überschuldung Handelsbücher nicht richtig oder zeitnah führen z.B. Unterlassen jeglicher Buchführung	Geschäftsführer (formal/faktisch): handelt oder unterlässt selbst; unterlässt die Überwachung bei Delegation	Berater: unordentliche oder unterlassene (vertragswidrige) Führung der Buchhaltung für den Unternehmer Bankmitarbeiter	§ 283 Abs. 1 Nr. 5 StGB	§ 85 Rz. 34 ff. § 85 Rz. 35
Bei Zahlungsunfähigkeit und/oder Überschuldung Handelsbücher nicht aufbewahren* z.B. Zerstören oder Beiseiteschaffen von Bilanzen	Geschäftsführer (formal/faktisch): handelt oder unterlässt selbst; unterlässt die Überwachung bei Delegation	Berater: Verletzung der vertraglichen Aufbewahrungspflicht oder Verstecken der Buchhaltung für den Unternehmer Bankmitarbeiter	§ 283 Abs. 1 Nr. 6 StGB	§ 85 Rz. 55 ff. § 85 Rz. 61

---

1 Vgl. zu einer solchen Übersicht schon *Hadamitzky/Richter* in von Leoprechting (Hrsg.) Unternehmenssanierung, S. 187 ff.

Tathandlung	Täter	mögliche Teilnehmer	Strafnorm	Fundstelle
Bei Zahlungsunfähigkeit und/oder Überschuldung Bilanz unrichtig erstellen* z.B. Einstellen falscher Wertansätze	Geschäftsführer (formal/faktisch): handelt oder unterlässt selbst; unterlässt die Überwachung bei Delegation	Berater Bankmitarbeiter	§ 283 Abs. 1 Nr. 7 Buchst. a StGB	§ 85 Rz. 39 ff.
Bei Zahlungsunfähigkeit und/oder Überschuldung Bilanz nicht rechtzeitig erstellen*	Geschäftsführer (formal/faktisch): handelt oder unterlässt selbst; unterlässt die Überwachung bei Delegation	Berater Bankmitarbeiter	§ 283 Abs. 1 Nr. 7 Buchst. b StGB	§ 85 Rz. 44 ff.
Bei Zahlungsunfähigkeit und/oder Überschuldung z.B. Firmenbestattung	Geschäftsführer (formal/faktisch)	Berater Bankmitarbeiter	§ 283 Abs. 1 Nr. 8 StGB	§ 87 § 87 Rz. 44 ff.
Dem Gläubiger in Kenntnis der Zahlungsunfähigkeit etwas geben, worauf er zu dieser Zeit oder in dieser Art keinen Anspruch hat* z.B. Begleichung einer fälligen Forderung mit Ware	Geschäftsführer (formal/faktisch): Statt wie vereinbart in Geld zu leisten, wird Sicherheit/Ware gegeben Zahlung vor Fälligkeit	Berater Bankmitarbeiter	§ 283c StGB	§ 84 Rz. 17 ff. § 84 Rz. 46
Sanierer zahlt aus einem zugunsten der Gläubiger eingerichteten Fond an den Schuldner[1]	Außenstehender Dritter	„Sanierer" Berater	§ 283d StGB	§ 84 Rz. 5 ff.

---

[1] Beispiele bei *Richter*, wistra 19084, 98.

Tathandlung	Täter	mögliche Teilnehmer	Strafnorm	Fundstelle
Pflichtwidrig die Vermögensinteressen desjenigen verletzen, dessen Vermögen man treuepflichtig ist, und hierdurch einen Schaden herbeiführen z.B. bei Zahlungsunfähigkeit Überweisung eines Geldbetrags vom Geschäfts- auf Privatkonto	Entnahmen ohne Zustimmung der Berechtigten; bei Angriff auf das Haftungskapital ist Zustimmung unwirksam Berater: Handeln entgegen der Interessen des Gläubigerpools bei Moratorium	Berater Bankmitarbeiter	§§ 266, 283 StGB	§ 32 Rz. 84 ff., 151b ff. § 81 Rz. 53 ff. § 84 Rz. 26 ff. § 87 Rz. 17 ff.
Pflichtwidrig die Vermögensinteressen der Bank verletzen, deren Vermögen der Mitarbeiter treuepflichtig ist, und hierdurch einen Schaden herbeiführen z.B. pflichtwidrige Kreditvergabe	Bankmitarbeiter: Untreue zum Nachteil der Bank, wenn Rückzahlungsanspruch der Bank nicht werthaltig ist	Geschäftsführer (formal/faktisch): Im Wissen um die Pflichtwidrigkeit des Bankmitarbeiters bei der Kreditierung helfen	§ 266 StGB	§ 32 Rz. 84 ff., 151b ff.
Fällige Beiträge der Arbeitnehmer nicht oder nicht rechtzeitig abführen	Geschäftsführer (formal/faktisch): handelt oder unterlässt selbst; unterlässt die Überwachung bei Delegation	Berater Bankmitarbeiter	§ 266a StGB	§ 38 Rz. 1 ff.

Tathandlung	Täter	mögliche Teilnehmer	Strafnorm	Fundstelle
In der Absicht sich einen rechtswidrigen Vermögensvorteil zu verschaffen, einen anderen täuschen und hierdurch dessen Vermögen beschädigen z.B. in Kenntnis der Zahlungsunfähigkeit Waren bestellen; falsche Angaben bei Moratorium gegenüber Gläubigern	Geschäftsführer (formal/faktisch), Mitarbeiter: Waren/Leistungen/Kredite unter Vortäuschung der Zahlungswilligkeit und/oder Zahlungsfähigkeit bestellen und hierdurch Schaden verursachen	Berater Bankmitarbeiter	§ 263 StGB	§ 27 Rz. 190 ff. § 85 Rz. 5 ff. § 48 § 87 Rz. 17 ff.
Vorteilhafte Falschangaben oder Verschweigen nachteiliger Tatsachen in Prospekten u.Ä. beim Vertrieb von Wertpapieren u.Ä.	Versuch, Eigenkapital durch Täuschung des Kapitalmarktes erlangen	Berater Bankmitarbeiter	§ 264a StGB	§ 27 Rz. 73 ff., 191 ff. § 96 Rz. 61 ff.
Über krediterhebliche und vorteilhafte wirtschaftliche Verhältnisse schriftlich die Unwahrheit sagen ohne Schadensnachweis z.B. mit Unterlagen bei Kreditantrag täuschen	Geschäftsführer (formal/faktisch); Mitarbeiter Bankmitarbeiter: wenn Rückzahlungsanspruch der Bank nicht werthaltig ist	Berater Bankmitarbeiter	§ 265b StGB § 266 StGB	§ 50 Rz. 86 ff. § 96 Rz. 61 ff. § 32 Rz. 113 f., 141h § 66 Rz. 3 ff.
Gegenüber dem Subventionsgeber zu subventionserheblichen Tatsachen falsche vorteilhafte Angaben machen oder Verwendungsänderungen verschweigen	Geschäftsführer (foral/faktisch): Täuschung über die Subventionsabsicht, um Subventionen zu erhalten	Berater Bankmitarbeiter Berater: wenn er Subventionsantrag für den Unternehmer stellt	§ 264 Abs. 1 Nr. 1 StGB § 264 Abs. 1 Nr. 3 StGB	§ 52 Rz. 1 ff. § 96 Rz. 72

Tathandlung	Täter	mögliche Teilnehmer	Strafnorm	Fundstelle
Verwendung einer Subventionsleistung entgegen der Subventionsbeschränkung	Geld nicht für die subventionierte Investition verwenden	Subventionsnehmer Bankmitarbeiter	§ 264 Abs. 1 Nr. 2 StGB	§ 52 Rz. 1 ff. § 96 Rz. 72
Im Vorfeld der Insolvenz: falsche Erklärungen über den Vermögensstand	Häufig auch für das Organ des Schuldners in der nachfolgenden Verbraucherinsolvenz	Schuldner als natürliche Person	§ 156 StGB	§ 88 Rz. 24 ff. § 96 Rz. 58 ff.
Bei Eintritt der Zahlungsunfähigkeit und/oder Überschuldung nicht oder nicht rechtzeitig Insolvenzantrag stellen	Geschäftsführer (formal/faktisch) Verkauf an „Beerdiger"	Berater: Jede Sanierungsberatung in Kenntnis der Insolvenzreife nach Ablauf der 3-Wochen-Frist Moratorium selbst erstellen oder dazu raten	§ 15a InsO	§ 80 § 87 Rz. 44 ff.
Falschangaben gegenüber dem Handelsregister als Gesellschafter oder Geschäftsführer (Stammkapital/Vorstrafen)	„Hin- und Herzahlen" der erbrachten Leistung (häufig gleichzeitig Untreue)		§ 82 GmbHG	§ 50 Rz. 43 f. § 96 Rz. 79 ff., 87 f.

*Nur bei Zahlungseinstellung oder wenn über das Vermögen das Insolvenzverfahren eröffnet oder der Eröffnungsantrag mangels Masse abgelehnt worden ist.

3. Europäische Insolvenz

Die Erstreckung eines deutschen Hauptinsolvenzverfahrens auf das ausländische Vermögen des Schuldners (§ 75 Rz. 54 ff.) muss nach dem **Grundsatz der Zivilrechtsakzessorietät** des Strafrechts (vgl. § 75 Rz. 49 ff.) auch dessen strafrechtlichen Gläubigerschutz für dieses Vermögen zur Folge haben. So erfasst zunächst das *Insolvenzantragsstrafrecht* (§ 15a InsO) die in Deutschland agierende Scheinauslandsgesellschaft (§ 80 Rz. 21 ff.). Zutreffend weisen *Radtke/Hoffmann* darauf hin, dass die Merkmale der Überschuldung und der (drohenden) Zahlungsunfähigkeit ebenso wie die objektiven Strafbarkeitsbedingungen in § 283 Abs. 6 StGB zum *Insolvenzstatut* gehören, mithin nach deutscher Maßgabe auszulegen sind[1].

---

[1] *Radke/Hoffmann*, EuZW 2009, 404 (407) m.Nw.

55 Die **Verschiebungen ausländischer Vermögensteile** und sonstige unmittelbar das Schuldnervermögen schmälernde und damit gläubigergefährdende Bankrotthandlungen im Vorfeld oder während eines mangels Masse abgelehnten oder eröffneten deutschen Hauptinsolvenzverfahrens nach § 283 Abs. 1 Nr. 1–4, 8, §§ 283a, 283c und 283d StGB sind – nach dem Wegfall der Interessentheorie (vgl. hierzu § 81 Rz. 53 ff.) – in Deutschland strafbare Bankrott-Tathandlungen (ggf. aber auch Untreue gem. § 266 StGB zum Nachteil des Vermögens der Gesellschaft vgl. § 82 Rz. 29 ff., § 87 Rz. 44 ff.), soweit auch die Voraussetzungen des § 7 StGB gegeben sind.

56 Ob die nun mögliche Erstreckung der Tatbestandsvoraussetzungen der in Deutschland festgestellten Krise (drohende oder eingetretene Zahlungsunfähigkeit, Überschuldung) sowie der objektiven Bedingungen der Strafbarkeit auf Tathandlungen im Ausland auch **Buchführungs- und Bilanzdelikte** umfasst, ist dagegen umstritten[1]. Die handelsrechtlichen Darstellungsvorschriften dienen zwar auch mittelbar dem Schutz des Gläubigervermögens, sollen im Übrigen aber vor allem überindividuell die Funktionsfähigkeit der (nationalen) Kreditwirtschaft sichern (vgl. § 85 Rz. 4 ff.). Hinsichtlich der Strafbarkeit nicht ordnungsgemäßer Rechnungslegung ist daher weiterhin zwischen EU-Gesellschaften und Drittland-Gesellschaften zu unterscheiden[2].

57 Die Krisenmerkmale der **(drohenden)** **Zahlungsunfähigkeit** und **Überschuldung** sind dabei auf der Grundlage des gesamten schuldnerischen Vermögens unter Einschluss der im Ausland befindlichen Vermögensteile zu prüfen. Denn dieses dient insgesamt als Haftungsgrundlage für die Gläubiger.

58 Schließlich sind sämtliche im Inland begangenen Insolvenzstraftaten im Vorfeld oder nach Eröffnung oder Ablehnung eines **deutschen Partikular- oder Sekundär-Insolvenzverfahrens** in Deutschland strafbar, da es sich hierbei um ein selbständiges Verfahren nach deutschem Insolvenzrecht handelt. Dies gilt auch, wenn die Eröffnung ohne (nochmalige) Prüfung der Insolvenzgründe infolge eines ausländischen Hauptinsolvenzverfahrens nach Art. 27 EuInsVO erfolgt (vgl. § 75 Rz. 54). Im Rahmen eines deutschen Nebeninsolvenzverfahrens bestimmen sich die Krisenmerkmale allerdings (nur) nach dem Vermögen der Niederlassung, da auch zivilrechtlich nur dieses Vermögen Verfahrensgegenstand ist.

IV. Folgen für Unternehmensverantwortliche

1. Strafrechtliche Sanktionen

59 Die **Art und Schwere** der von den Gerichten verhängten *Sanktionen* (zur Strafzumessung allgemein § 21 Rz. 10 ff.) hängt zunächst ganz wesentlich davon ab, ob sich der Unternehmer, etwa unter absichtlicher Herbeiführung der Krise oder Verzögerung des Insolvenzantrags, *persönlich bereichert* oder nur die Erhaltung seines Unternehmens, möglicherweise noch unter Einsatz eigener Mittel, im Auge hatte. Nachteilig berücksichtigt wird dabei vor allem auch die

---

1 Eingehend hierzu *Richter* in FS Tiedemann, 2008, S. 1023 (1037).
2 Zutr. *Radtke/Hoffmann*, EuZW 2009, 404 (406).

Rückführung von Verbindlichkeiten des Unternehmens, für die der Unternehmer im Insolvenzfall *persönlich haften* würde (Bankverbindlichkeiten bei persönlicher Sicherheit, Sozialversicherungsbeiträge u.a.), ungesicherter Gläubiger, wie Lieferanten, Mitarbeiter u.a. Die Strafverfolgungsbehörden beachten auch besonders, ob und inwiefern *die mangelhafte* oder unterlassene *Rechnungslegung* zu Nachteilen der Gläubiger führt – jedenfalls darf derjenige Schuldner, der aufgrund ordnungsgemäßer Rechnungslegung persönlicher Haftung ausgesetzt ist, gegenüber demjenigen, der diesen Pflichten vorwerfbar nicht nachkommt, keine Nachteile erleiden. So wird bei der Strafzumessung grundsätzlich auch das Verhalten des Schuldners *im Insolvenzverfahren* berücksichtigt. Es ist Teil der „**Schadenwiedergutmachung**" i.S. des § 46 Abs. 2 StGB, wenn der Schuldner den Insolvenzverwalter bei der Sicherung der Masse tatkräftig unterstützt.

Die (**tatsächlichen**) **Rechtsfolgen** reichen daher von Geldstrafen, insbesondere im Bereich der Buchführungs- und Bilanzdelikte, bis zu mehrjährigen Freiheitsstrafen auch ohne Bewährung. Dabei werden längere und zu verbüßende Freiheitsstrafen in Fällen eigennütziger Vermögensverschiebungen auch bei Ersttätern verhängt. Die *Geldstrafen* liegen zumeist im *mittleren Bereich* von 150–250 Tagessätzen, die ganz überwiegend im Strafbefehlswege verhängt werden. Dabei werden unter den soeben genannten Aspekten – und entgegen vielfältiger Argumentation von Verteidigerseite – die Delikte des Rechnungswesens (§§ 283 Abs. 1 Nr. 5-7, 283b StGB) ebenso wenig wie die Schädigung der Sozialversicherungsträger (§ 266a StGB) als „*Formaldelikte*" (i.S. von „Kavaliersdelikten" ohne sozialethischen Vorwurf) betrachtet. Eher verzichten Staatsanwälte auf ermittlungsaufwendige Untreue- und Betrugsvorwürfe, die nach §§ 154, 154a StPO vorläufig eingestellt werden, wenn nicht besonderer Schaden oder gravierende Täuschungshandlungen im Raum stehen. 60

Maßnahmen des **Verfalls** und der **Einziehung** sind nach §§ 73 ff. StGB bei Vermögensverschiebungen der Strafverfolgung vorgeschrieben (näher § 21 Rz. 71 ff.). In Insolvenzstraffällen scheidet Verfall allerdings regelmäßig wegen vorrangiger Ansprüche Geschädigter aus. Sicherungsmaßnahmen – auch im Hinblick auf § 111i StPO – sind bei Eröffnung des Insolvenzverfahrens regelmäßig nicht erforderlich, weil dies zu den Aufgaben des Insolvenzverwalters gehört; sie sind jedoch dann angezeigt, wenn die geschädigten Gläubiger nicht in der Lage (gewesen) sind, ihre Anfechtungsrechte rechtzeitig geltend zu machen, also insbesondere bei Antragsabweisung mangels Masse[1]. 61

In objektiver Hinsicht erfüllt der Unternehmer, dessen Unternehmen in eine wirtschaftliche Krise geraten und zusammengebrochen ist, regelmäßig eine **Mehrzahl unterschiedlicher Straftatbestände** (vgl. Rz. 53). Alle dort genannten Straftatbestände können zum *Insolvenzstrafrecht* **im weiteren Sinne** gezählt werden. Zum *Insolvenzstrafrecht* **im engeren Sinn** gehören dagegen nur die Bankrottnormen der §§ 283–283d StGB und das Strafrecht der Insolvenzantragsstellung gem. § 15a InsO. 62

---

1 Eingehend *Bittmann*, ZWH 2014, 135.

63 Im **subjektiven Bereich** ist festzustellen, dass sich der krisenbedrohte Unternehmer zwar nicht selten in einer psychischen Ausnahmesituation befindet, die ihn in seiner Existenzgefährdung konfliktbedingt zu strafbaren Handlungen veranlasst. Dies stellt seine Schuldfähigkeit aber keinesfalls infrage und hat allenfalls für die *Strafzumessung* Bedeutung. Eine derartige Ausnahmesituation kann aber nur demjenigen zugebilligt werden, dessen Unternehmen *unvorhersehbar* in die insolvenzrechtlich relevante Krise geraten ist. Wer jedoch den bevorstehenden Eintritt dieser Krise und damit den Zusammenbruch seines Unternehmens erkennt und die gebotenen Maßnahmen dennoch unterlässt, kann regelmäßig nicht auf Strafmilderung aus subjektiven Gründen hoffen. Wer aber gar eine solche Krise *absichtlich* herbeiführt, um die Gläubiger des Unternehmens und andere zum eigenen Vorteil zu schädigen, gehört zur Gruppe der gefährlichen Wirtschaftsstraftäter, die nach wie vor mit empfindlichen Strafen rechnen müssen.

2. Organsperre

64 Gravierend empfunden werden häufig Folgen außerhalb der Kriminalstrafe[1], die eine rechtskräftige strafrechtliche Verurteilung nach sich zieht. Dies betrifft vor allem die sog. **Amtsunwürdigkeit oder Inhabilität** nach § 6 Abs. 2 GmbHG, § 13e Abs. 3 HGB und §§ 76 Abs. 3, 37 Abs. 2 AktG[2], die – anders als ein Berufsverbot nach § 70 StGB – automatisch mit der Rechtskraft des Urteils eintritt und sodann die Wirkung einer „Sperre" im Hinblick auf Ausübung jeglicher Organstellung einer juristischen Person hat (näher § 16 Rz. 118 f.). Diese schließt die (weitere) Betätigung des Verurteilten als *GmbH-Geschäftsführer* oder *Vorstand einer AG* kraft Gesetzes aus. Organbestellungen für Personengesellschaften, aber auch für Genossenschaften, und die Gesellschaften des Europäischen Rechts (§ 23 Rz. 100 ff.) werden aber dadurch nicht betroffen[3].

65 Inwieweit diese Rechtsfolge auch Personen trifft, die als gesetzliche Vertreter der deutschen Zweigniederlassung etwa einer Limited oder einer anderen **ausländischen Kapitalgesellschaft** tätig sind oder werden wollen, soweit dies das Recht des Gründungsstaates zulässt[4], ist zweifelhaft[5]. Zwar gilt für solche Organe bei entsprechenden Verurteilungen jedenfalls ein *Eintragungshindernis* nach § 13e Abs. 3 S. 2 HGB i.V.m. § 6 Abs. 2 S. 2 und 3 GmbHG, das einem *Bestellungshindernis* – wie etwa auch bei einem Gewerbeverbot[6] – entspricht.

---

1 Einen umfassenden Überblick insbes. auch zivil- und arbeitsrechtlicher Folgen gibt *Gercke*, wistra 2012, 291.
2 Vgl. hierzu *Müller-Gugenberger*, GmbHR 2009, 578; *Felsinger*, Die Amtsunwürdigkeit des GmbH-Geschäftsführers nach § 6 Abs. 2 GmbHG, in FS Wahle, 2008, mit einem umfassenden Überblick über die verwaltungs- und strafrechtlichen Berufs- und Gewerbeverbote; *Ransiek*, wistra 2010, 291; *Weyand*, ZInsO 2008, 702; *Gundlach/Müller*, NZI 2011, 480; *Leipold*, NJW-Spezial 2008, 472.
3 Vgl. *Bittmann*, NStZ 2009, 113 (118).
4 *Beck* in W/J, Kap. 6 Rz. 55b; *Weiß*, Ausschluss vom Geschäftsführeramt bei strafgerichtlichen Verurteilungen nach § 6 Abs. 2 GmbHG n.F., wistra 2009, 215.
5 So aber *Bittmann*, NStZ 2009, 113 (118).
6 Zutr. *Koch* in Staub, 5. Aufl. 2009, § 13e HGB Rz. 38.

Die Organstellung in der ausländischen Gesellschaft selbst ist davon aber nicht betroffen, sondern nur die entsprechende Verantwortlichkeit in der inländischen Zweigniederlassung[1].

Bei der Inhabilität handelt es sich um eine **außerstrafrechtliche Sanktion**, die beim Vorliegen ihrer Voraussetzungen *von Gesetzes wegen* unmittelbar eintritt. Einschneidend ist diese Folge vor allem, weil die Betroffenen bei Rechtskraft der strafrechtlichen Verurteilung häufig bereits als Organe von (Nachfolge-) Gesellschaften bestellt sind. In diesem Fall wird das Handelsregister unrichtig und der weiterhin Tätige *„faktisches" Organ* (hierzu Rz. 73). Deshalb hat die Inhabilität in der Justizpraxis eine große Bedeutung und wird von den Betroffenen zu Recht nicht selten als belastender empfunden als die eigentliche Strafe. Daher ist die Verteidigungsstrategie in solchen Fällen häufig auf die Vermeidung der Folge der Amtsunwürdigkeit ausgerichtet; was aber nach der erheblichen Ausweitung der Ausschlussgründe durch das MoMiG deutlich erschwert wird. 66

Nach der **Erweiterung der Ausschlussgründe** des § 6 GmbHG durch das MoMiG verliert nicht nur ein wegen einer Insolvenz-Straftat im engeren Sinne nach *§§ 283–283d StGB* Verurteilter[2] für die Dauer von fünf Jahren nach Rechtskraft der Entscheidung seine Organfähigkeit; auch Verurteilungen wegen Insolvenzverschleppung nach *§ 15a InsO*[3], wegen falscher Angaben nach *§ 82 GmbHG* und *§ 399 AktG*, wegen unrichtiger Darstellung nach *§ 400 AktG*, *§ 331 HGB*, *§ 313 UmwG* oder *§ 17 PublG*, wegen Betrugs in seinen verschiedenen Formen nach *§§ 263–264a StGB* sowie wegen Kreditbetrugs, Untreue oder Vorenthaltens und Veruntreuens von Arbeitsentgelt nach *§§ 265a–266a StGB* führen zur Amtsunfähigkeit. 67

Es muss sich aber jeweils um **Verurteilungen** wegen einer oder mehrerer **vorsätzlich** begangener Straftaten handeln, wobei auch Verurteilungen wegen Versuchs oder Teilnahme (Beihilfe oder Anstiftung) ausreichen. Soweit *Kretschmer*[4] im Strafbefehlsverfahren festgesetzte Strafen nicht ausreichen lassen will, ist eine derartige Einschränkung in § 6 GmbHG nicht intendiert; er verfehlt auch die Interessen der Betroffenen. *Fahrlässige* Insolvenzdelikte sind dagegen nach neuem Recht *nicht* mehr *geeignet*, das Bestellungshindernis zu begründen, weshalb nach früherem Recht entsprechend sanktionierte Personen nunmehr nach § 3 Abs. 2 EGGmbHG wieder für die Geschäftsführertätigkeit zugelassen sind[5]. 68

---

1 *Koch* in Baumbach/Hopt, § 13e HGB Rz. 3.
2 Wobei entsprechende Auslandsverurteilungen einbezogen sind, vgl. OLG München v. 18.6.2014 – 31 Wx 250/14, GmbHR 2014, 669 m. Anm. *Wachter*, 870.
3 Zutr. stellt das OLG Celle v. 29.8.2013 – 9 W 109/13, dem Wortlaut und Schutzzweck von § 6 Abs. 2 S. 2 Nr. 3a GmbHG folgend die Tauglichkeit aller Tatbestandsalternativen des § 15a InsO fest. Soweit *Bunnemann*, ZHW 2013. 495 ff., in seiner abl. Anm. lediglich die Unterlassene Antragstellung, nicht aber auch die Falschangabe zugrunde legen will, verlässt er Wortlaut und Intension der Strafnorm. Eingehend – ebenfalls gegen die h.M. die abl. Anm. *Römermann*, GmbHR 2013, 1140.
4 *Kretschmer*, ZHW 2013, 481.
5 *Weyand*, ZInsO 2008, 704.

69 Bei Verurteilungen wegen einer Straftat nach § 6 Abs. 2 Nr. 3 Buchst. e GmbHG (§§ 263–264a, 265a–266a StGB) ist eine verhängte **Mindest-Freiheitsstrafe** von *einem Jahr* erforderlich. Bei Gesamtstrafenbildung wegen Realkonkurrenz und bei Strafen in Fällen der Idealkonkurrenz in sog. Beimischungsfällen setzt dies die eindeutige Zuordnung der Mindest-Strafe zur Katalogtat voraus[1]. Dies kann nur bei Realkonkurrenz und bei Katalog-Einzelstrafen gelingen, die ein Jahr überschreiten.

70 Der Ausschluss vom Geschäftsführeramt gilt auch bei **Auslandsverurteilungen** wegen vergleichbarer Taten. Der unbestimmte Rechtsbegriff der „vergleichbaren Taten" ist dann als erfüllt anzusehen, wenn nach sinngemäßer Umstellung des Sachverhalts auf inländische gesellschaftsrechtliche usw. Verhältnisse i.S. des IRG der Tatbestand einer der (deutschen) Katalogtaten verwirklicht ist[2]. Im Zweifelsfall müsste der Begriff mithilfe von strafrechtsvergleichenden Gutachten hinreichend sicher auslegbar sein[3]. Der Grundrechtsschutz (vgl. Art. 12 Abs. 1 GG) erfordert allerdings zusätzlich eine Prüfung, ob bei der ausländischen Verurteilung die rechtsstaatlich garantierten Verfahrensvoraussetzungen des rechtlichen Gehörs, der Möglichkeit zur angemessenen Verteidigung und der Anrufung eines unabhängigen Gerichts gewährleistet gewesen sind[4].

71 In die **Zeit der Amtsunfähigkeit** von *fünf Jahren* ab Rechtskraft der Vorverurteilung wird die Zeit nicht eingerechnet, in welcher der Täter aufgrund behördlicher Anordnung in einer Anstalt verwahrt worden ist, also insbesondere eine Freiheitsstrafe verbüßt hat.

Auch der bestandskräftige Ausspruch eines *Berufsverbots* nach § 70 StGB oder eines Gewerbeverbots nach § 35 GewO und die gerichtliche Anordnung eines Einwilligungsvorbehalts nach § 1903 BGB im Rahmen einer „rechtlichen Betreuung" haben die gleiche Wirkung wie eine Verurteilung wegen einer der „Katalog-Straftaten" (Rz. 77).

72 Das *Nichtvorliegen* einer – auch ausländischen – Bestrafung und des entsprechenden Bestellungshindernisses haben *Geschäftsführer einer GmbH* nach §§ 8 Abs. 3 S. 1, 39 Abs. 3 S. 1 GmbHG und *Vorstandsmitglieder einer AG* nach § 37 Abs. 2 S. 1 AktG im Rahmen einer Anmeldung zum Handelsregister **förmlich zu versichern**. Dies gilt auch für den Geschäftsführer im Falle der Anmeldung der Unternehmergesellschaft (haftungsbeschränkt) (§ 23 Rz. 76a) sowie die Geschäftsleiter der deutschen Niederlassung einer ausländischen juristischen Person nach § 13e Abs. 3 HGB (§ 23 Rz. 101 ff.). *Falsche* derartige Versicherungen sind nach § 82 Abs. 1 Nr. 5 GmbHG bzw. § 399 Abs. 1 Nr. 6 AktG *strafbar*[5] (vgl. § 50 Rz. 43 f., § 96 Rz. 79 ff., 87 f.). Das Gleiche gilt für Liquidato-

---

1 Zu Auslegungsproblemen hinsichtlich der Mindestverurteilungsgrenze vgl. *Bittmann*, NStZ 2009, 113 (118) und schon *Bittmann*, wistra 2007, 323; zu Lösungsvorschlägen im Einzelnen auch *Weiß*, wistra 2009, 209 (215).
2 Vgl. *Weiß*, wistra 2009, 209 (213).
3 *Müller-Gugenberger*, GmbHR 2009, 578.
4 *Weiß*, wistra 2009, 209 (213) unter Bezugnahme auf § 49 Abs. 1 Nr. 2 und 5 IRG.
5 Vgl. zum „Geschäftsleiter" einer ausländischen GmbH *Weiß*, wistra 2009, 209 (214).

ren, die ebenfalls eine strafbewehrte Versicherung abzugeben haben (für die GmbH §§ 66 Abs. 4, 67 Abs. 3 Nr. 1, 82 Abs. 1 Nr. 5 GmbHG).

Werden Personen als Geschäftsführer oder Vorstandsmitglieder in das Handelsregister eingetragen, obwohl sie gem. Rz. 77 rechtskräftig vorbestraft sind, ist ihre **Bestellung nichtig**. Tritt der Eignungsmangel infolge Bestrafung erst ein, nachdem die Eintragung bereits erfolgt war, so verliert der Geschäftsführer oder das Vorstandsmitglied sein Amt *kraft Gesetzes*[1]. Das Handelsregister wird unrichtig. Eingetragene Nicht-Geschäftsführer gelten aber gegenüber Dritten als wirksam bestellte Geschäftsführer bzw. Vorstandsmitglieder (Publizitätsprinzip des Handelsregisters nach § 15 Abs. 2 HGB; vgl. § 22 Rz. 22 ff.). Ihre weitere Tätigkeit für die Gesellschaft ist als *faktische Geschäftsführung* zu qualifizieren, die als solche nicht strafbar ist (dazu näher § 30 Rz. 56 ff., § 32 Rz. 8c). Der faktische Geschäftsführer hat jedoch alle strafbewehrten Anmelde-, Erklärungs- und Rechnungslegungspflichten wie ein ordentlicher Geschäftsführer zu beachten. Der wegen einer nachträglichen Verurteilung ungeeignet gewordene Geschäftsführer ist zwar nach § 39 Abs. 1 GmbHG zu einer entsprechenden Mitteilung an das Registergericht verpflichtet[2]; diese Mitteilung ist gem. § 14 HGB mittels Zwangsgeld erzwingbar, die Unterlassung allerdings ebenfalls nicht strafbar. Die Gerichte und Staatsanwaltschaften sind aber ihrerseits nach § 379 Abs. 1 FamFG zur Mitteilung unterbliebener Anmeldungen an die Registergerichte verpflichtet.

Fällt umgekehrt der (unentdeckt gebliebene) Bestellungsmangel später weg, z.B. durch Ablauf der Fünfjahresfrist, so bedarf es gleichwohl eines **neuen Bestellungsaktes** nach § 6 Abs. 3 S. 2 GmbHG, denn eine zunächst nichtige Bestellung wird nicht ohne Weiteres rechtswirksam. Die erneute Bestellung kann jedoch durch stillschweigende Übereinkunft der Gesellschafter(mehrheit) rechtswirksam erfolgen.

Nach der **Übergangsvorschrift** des § 3 Abs. 2 EGGmbHG ist die Rückwirkung von bestellungshindernden Verurteilungen wegen der neu in den Katalog aufgenommenen Strafnormen ausgeschlossen. Wer vor dem Stichtag des 1.11.2008 bereits bestellt und vor diesem Tag entsprechend rechtskräftig verurteilt worden war, hat seine Eignung nicht verloren. Andererseits haben Personen, die nur wegen fahrlässiger Insolvenzdelikte verurteilt worden waren, ab diesem Tag automatisch wieder ihre Eignung als GmbH-Geschäftsführer oder Vorstandsmitglied einer AG erlangt.

3. Versagung der Restschuldbefreiung

Ebenfalls bedeutsam und gravierend für Insolvenzstraftäter ist die Möglichkeit der *Versagung der Restschuldbefreiung* in der **Verbraucherinsolvenz** (vgl. § 75 Rz. 43 ff.). Zwar haften Organe und Gesellschafter juristischer Personen nicht für deren Schulden. In einer Vielzahl mittelständischer Unternehmen in diesen

---

1 *Lutter*, DB 1980, 1320.
2 OLG Frankfurt v. 4.3.1994 – 20 W 49/94, GmbHR 1994, 802; a.A. *Weiß*, wistra 2009, 209 (213), wonach der frühere Geschäftsführer nur noch die Möglichkeit hat, die Amtslöschung nach § 142 Abs. 1 Nr. 1 FGG (jetzt § 394 FamFG) anzuregen.

Rechtsformen unterliegen sie dennoch umfangreicher zivilrechtlicher Haftung, insbesondere gegenüber Banken, dem Steuerfiskus und den Sozialversicherungsträgern, zunehmend aber auch infolge von Anfechtungen nach §§ 130 ff. InsO durch die Insolvenzverwalter.

77 Nach der InsO kann die Restschuldbefreiung versagt werden, wenn der Schuldner **rechtskräftig wegen einer Straftat nach §§ 283–283c StGB verurteilt** worden ist (§§ 290 Abs. 1 Nr. 1, 297 InsO). Versagung und Widerruf der Restschuldbefreiung sind auch Gründe für die Aufhebung der *Stundung der Verfahrenskosten* gem. § 4c Nr. 5 InsO. Diese Straftat muss nicht mit dem (Verbraucher-)Insolvenzverfahren in Verbindung stehen, in dem die Restschuldbefreiung beantragt wird, und ist innerhalb der *Tilgungsfrist* nach § 46 Abs. 1 Nr. 1 BZRG zu berücksichtigen[1]. Von einer Sanierungswürdigkeitsprüfung hat der Gesetzgeber dagegen in der InsO bewusst abgesehen.

78 Die Versagung tritt jedoch nicht von Amts wegen ein, insbesondere kommt es nicht auf die Kenntnis von Verwalter und oder Insolvenzrichter an[2]. Entscheidend ist vielmehr der **Antrag eines Gläubigers**, der weder von diesem begründen werden muss noch an zusätzliche Voraussetzungen geknüpft ist. Allerdings hat der Schuldner zur Zulässigkeit seines *Stundungsantrages* gem. § 4a Abs. 1 S. 3 InsO nach der Insolvenznovelle 2014 (Rz. 45) eine *Erklärung* über solche Versagungsgründe abzugeben, Angaben über die Herkunft ihm zugeflossener Mittel zu machen[3] (§ 300 Abs. 2 S. 1 InsO n.F.) und außerdem zu versichern, dass diese richtig und vollständig sind (§ 300 Abs. 2 S. 2 InsO n.F.).

79 *Insolvenzrechtliche* Folge einer falschen Erklärung ist die Möglichkeit der Aufhebung/Versagung der Stundung (§§ 4c Nr. 1 oder 2, 290 Abs. 1 Nr. 5, Abs. 2 InsO n.F.). Strafbar ist die vorsätzliche Falschangabe in dieser Erklärung allerdings unter dem Gesichtspunkt des Betruges gem. § 263 StGB[4]. In der Praxis fürchten Beschuldigte dennoch die Versagungsgründe, weshalb die Verteidigung dann darauf ausgerichtet wird, Anklagen/Verurteilungen wegen Bankrotts mithilfe von Opportunitätsentscheidungen zu vermeiden. Dem werden die Strafverfolgungsbehörden angesichts der klaren gesetzgeberischen Intention nur höchst eingeschränkt folgen können.

---

1 BGH v. 18.12.2002 – IX Z.B. 121/02, DZWIR 2003, 164 m. Bespr. *Röhm*, 143.
2 Auch nicht, wenn der Versagungsgrund „offenkundig" ist, vgl. *Römermann* in Nerlich/Römermann, § 290 InsO Rz. 5 ff.; näher zum Widerruf der Restschuldbefreiung *Hegenröder*, KTS 2014, 385 (417).
3 Zu möglichem Rechtsmissbrauch bei „geplanter 35%-Quote" als Folge des „Motivationsrabattes" vgl. *Hegenröder*, KTS 2014, 385 (411).
4 Nicht jedoch Subventionsbetrug gem. § 264 StGB, zutr. *Becker* in Nerlich/Römermann, § 4a InsO Rz. 29.

§ 77
Strafbarkeitsrisiken nach dem ESUG

Bearbeiter: Hans Richter

	Rz.		Rz.
I. Strafrecht und Sanierung nach dem ESUG	1	3. Vorläufiger/endgültiger Sachwalter und Treuhänder	14
II. Akteure auf Schuldnerseite	4	4. „Bescheiniger" und Berater	17
1. Schuldner und Antragstellung	5	**III. Akteure auf Gläubigerseite**	26
2. Schuldner als Eigenverwalter	11		

Schrifttum: S. oben §§ 75, 76, 78–87, ferner: *Flöther,* Der vorläufige Sachwalter – Pilot, Co-Pilot oder fünftes Rad am Wagen?, ZInsO 2014, 465 ff.; *Frind,* Aktuelle Anwendungsprobleme beim „ESUG" – Teil I und Teil II, ZInsO 2013, 59 ff., 279 ff.; *Frind,* Der januskopfige vorläufige Sachwalter?, ZInsO 2013, 2302 ff.; *Frind,* Die Unabhängigkeit des (vorläufigen) Insolvenzverwalters/Sachwalters nach Inkrafttreten des „ESUG", ZInsO 2014, 119 ff.; *Frind,* Gefahrzone Eigenverwaltung, WM 2014, 590; *Frind/Köchling,* Die misslungene Sanierung im Insolvenzverfahren, ZInsO 2013, 1666 ff.; *Gruber,* Die neue Korrumpierungsgefahr bei der Insolvenzverwalterbestellung, NJW 2013, 584 ff.; *Gutmann/Laubereau,* Schuldner und Bescheiniger im Schutzschirmverfahren, ZInsO 2012, 1861 ff.; *Haarmeyer,* Missbrauch der Eigenverwaltung? Nicht der Gesetzgeber, sondern Gerichte, Verwalter und Berater sind gefordert, ZInsO 2013, 2345 ff., *Hermanns,* Die Bescheinigung nach § 270b Abs. 1 S. 3 InsO, ZInsO 2012, 2265 ff.; *Horstkotte,* Unabhängigkeit" – the new battleground, ZInsO 2013, 160 ff.; *Jung/Haake,* Unternehmensberater als Bescheiniger nach § 270b Abs. 1 S. 3 InsO, KSI 2012, 164 ff.; *Jung/Schuller,* Das Zusammenspiel der Kräfte im Schutzschirmverfahren, KSI 2013, 122 ff.; *Knöpnadel,* ESUG – Der Bescheiniger und der Eigenverwalter nach InsO, AnwBl. 2012, 550 ff.; *Klein/Thiele,* Der Sanierungsgeschäftsführer einer GmbH in der Eigenverwaltung – Chancen und Risiken im Spannungsfeld der divergierenden Interessen, ZInsO 2013, 2233 ff.; *Klinck,* Die Begründung von Masseverbindlichkeiten durch den Schuldner im Eigenverwaltungs-Eröffnungsverfahren, ZIP 2013, 853 ff.; *Lissner,* Haftung und Verantwortlichkeit des Insolvenzverwalters, BB 2014, 1419 ff.; *Pape,* Entwicklungstendenzen bei der Eigenverwaltung, ZIP 2013, 2285 ff.; *Piepenburg,* Die Aufgabenverteilung im eigenverwalteten Insolvenzverfahren, WPg 2011, Sonderheft, S. 18 ff.; *Pleister/Tholen,* Zur Befugnis des Schuldners oder des vorläufigen Sachwalters zur Begründung von Masseverbindlichkeiten im vorläufigen Eigenverwaltungsverfahren, ZIP 2013, 526; *Richter,* Neue Strafbarkeitsrisiken bei Restrukturierung, Sanierung und Insolvenz – FMStG, ESUG und Bankrottstrafrecht, in Heinrich (Hrsg.), Hochkonjunktur für die Sanierungspraxis, 2014, S. 39 ff.; *Rönnau/Wegner,* Wann ist ein Eröffnungsantrag „nicht richtig" gestellt i.S.v. § 15a IV, 2. Var. InsO? – eine strafrechtliche Analyse nach dem ESUG, ZInsO 2014, 1025 ff.; *Seibt/Westphal,* Auf dem Weg zu einem „Neuen Sanierungsgesellschaftsrecht"?, ZIP 2013, 2333 ff.; *Wattenberg,* Strafrechtliche Risiken für Berater, Insolvenzverwalter, Gläubiger auch unter Berücksichtigung der Neuerungen des ESUG, in Sladek/Heffner/Graf Brockdorff (Hrsg.), Insolvenzrecht 2013/2014, S. 449 ff.; *Zipperer/Vallender,* Die Anforderungen an die Bescheinigung für das Schutzschirmverfahren, NZI 2012, 729 ff.

I. Strafrecht und Sanierung nach dem ESUG

1 Bereits im Eingangskapitel des 4. Teils (oben § 75) sind Ziele und Gefahren des „Sanierungsgesetzes" (SanG)[1] – allgemein aber abgekürzt als ESUG bezeichnet – angesprochen (Rz. 46 ff.). Auch bei der Vorstellung der praxisrelevanten Straftaten (vgl. die Übersicht § 76 Rz. 53) unten in den §§ 78–85 ist jeweils auch auf die **insolvenzstrafrechtliche Bedeutung des ESUG** verwiesen. Angesichts der ausufernden aktuellen Stellungnahmen in der Fachliteratur zu den *zivilrechtlichen Haftungsfolgen* der vom Gesetzgeber neu austarierten Verantwortlichkeiten der beteiligten Akteure[2] vermissen Praktiker der zu sanierenden Unternehmen, vor allem aber auch deren professionelle Berater, strafrechtliche Entscheidungen hierüber; die entsprechende Diskussion befindet sich noch ganz in den Anfängen[3].

2 Dies kann freilich nicht erstaunen, folgt doch die **Strafrechtspraxis** zivilrechtlichen – und damit auch insolvenzrechtlichen – Entwicklungen stets erst mit erheblichem **zeitlichen Abstand**. Dies ist nicht nur – wie etwa bei den Krisendefinitionen nach dem FMStG (oben §§ 78, 79) – der *Zivilrechtsakzessorietät* des Strafrechts geschuldet (hierzu § 75 Rz. 49 ff.). Die in § 76 Rz. 17 ff.) näher dargestellte Ermittlungspraxis bei Insolvenzstraftaten (im weiteren Sinne) belegt, dass nur *gescheiterte Sanierungen* zum Gegenstand der Strafverfolgung gemacht werden und solche Verfahren regelmäßig eine erhebliche Zeitspanne beanspruchen. Da diese Verfahren meist zu sehr maßvollen Strafen führen, sind schon in der Vergangenheit obergerichtliche Entscheidungen selten gewesen und daher für die neue Rechtsmaterie auch nicht in Kürze zu erwarten.

3 Obwohl also gesicherte Erkenntnisse, insbesondere (obergerichtliche) **Gerichtsentscheidungen** noch vollständig **fehlen**, soll im Folgenden der Versuch gemacht werden, anhand der Stellung der Verantwortlichen bei der Sanierung unter den Vorgaben des ESUG deren strafrechtliche Risiken knapp zusammenfassend – unter Hinweis auf die in den vorangegangen Paragraphen dargestellten allgemeinen Grundlagen – aufzuzeigen. Dabei soll zwischen den *Pflichtenkreisen der „Akteure"* auf der Schuldner- (Rz. 4 ff.) und der „Interessenwahrer" auf der Gläubigerseite (Rz. 26 ff.) unterschieden werden. Als *„ESUG-Verfahren"* werden nachfolgend die durch dieses Gesetz verbesserten Sanierungsmöglichkeiten bei *Eigenverwaltung des Schuldners* verstanden, sowohl ohne (§§ 270, 270a InsO) als auch mit „Schutzschirm" (§ 270b InsO), durch den Vollstreckungsschutz für eine zusätzliche Höchstfrist von drei Monaten erlangt werden kann.

---

[1] G zur weiteren Erleichterung der Sanierung von Unternehmen (SanG) v. 7.12.2011, BGBl. I 2011, 2582.
[2] Vgl. aktuell die Stellungnahme des Gravenbrucher Kreis unter www.gravenbrucher-kreis.de und „Thesenpapier, Stand Juni 2014, ZIP 2014, 1262.
[3] Zutr. weisen hierauf auch *Rönnau/Wegner*, ZinsO 2014, 1025, im nunmehr ersten Beitrag aus strafrechtlicher Sicht – allerdings beschränkt auf die Insolvenzantragsproblematik – hin.

II. Akteure auf Schuldnerseite

Ausgangpunkt ist die **Antragstellung** für das Sanierungsverfahren im Rahmen des allgemeinen Insolvenzverfahrens, verbunden mit einem Antrag auf Eigenverwaltung gem. §§ 270 ff. InsO. Allerdings ist ein solcher Eigenverwaltungs-Antrag nur für Unternehmen zulässig, nicht aber im Verbraucherinsolvenzverfahren nach §§ 304 ff. InsO, wie der Gesetzgeber kürzlich klargestellt hat[1]. Der Antrag obliegt dem Schuldner, in der Praxis demgemäß jedem Organmitglied des schuldnerischen Unternehmensträgers, und kann „freiwillig" erfolgen; sein Unterlassen selbst ist zwar nicht strafbewehrt, weil sich die strafbewehrte Insolvenzantragspflicht nur auf den Eröffnungsantrag nach § 15a Abs. 1 S. 1 InsO, also nicht auf (auch gleichzeitig gestellte) Anträge auf Eigenverwaltung und/oder Schutzschirmverfahren nach §§ 270a, 270b InsO beziehen (vgl. § 76 Rz. 38, § 80 Rz. 46 f., 53 ff.). Wenn aber beim (gleichzeitig oder separat gestellten) Eröffnungsantrag nach § 13 InsO neben der drohenden Zahlungsunfähigkeit auch Überschuldung (oder gar in Wahrheit Zahlungsunfähigkeit) vorliegt (näher Rz. 9) greift das Antragsstrafrecht. Die daraus resultierenden Gefahren[2] sollen zunächst vorgestellt werden (Rz. 5 ff.), bevor dann auf die strafrechtlichen Grenzen der Handlungsbefugnis des Schuldners als **Eigenverwalter** eingegangen wird (Rz. 11 ff.). Die Verletzung der Aufsicht, welche dem **Sachwalter** über den Schuldner obliegt, kann ebenso strafrechtliche Relevanz zeigen wie eine Aufgabenverletzung des (vorläufigen) **Insolvenzverwalters** (hierzu Rz. 14 ff.). In der strafrechtlichen Terminologie sind diesen Verantwortlichen der Sanierung „Gehilfen" zur Seite gestellt, die zu „**bescheinigen**" haben oder deren sich der Schuldner als Berater bedient (Rz. 17 ff.).

1. Schuldner und Antragstellung

Dass Sanierungsabsichten – auch wenn sie sich bereits in konkreten Sanierungsplänen niedergeschlagen haben – die (maximale) **Drei-Wochen-Frist** des § 15a InsO zur Insolvenzanmeldung (näher – auch zum Folgenden – § 80 Rz. 40 ff.) nicht verlängern, steht außer Zweifel. Da aber zur Umsetzung von Sanierungsplänen häufig neue oder weitere Organmitglieder eingesetzt werden, ist besonders darauf hinzuweisen, dass die Frist des § 15a InsO dem Unternehmen nur einmalig gewährt ist; neu eintretenden Verantwortlichen sind also nur kurze Einarbeitungsfristen eingeräumt (§ 80 Rz. 42; § 76 Rz. 7). Weisungen – von welcher Seite auch immer – sind für den Pflichtigen ohne – jedenfalls strafrechtliche – Bedeutung[3]. Allein die *Durchführung* von Maßnahmen, die Zahlungsunfähigkeit und/oder Überschuldung spätestens innerhalb der Drei-Wochen-Frist beseitigt haben, vermag die Strafbarkeit wegen Insolvenzverschleppung auszuräumen[4].

---

1 § 270 Abs. 1 S. 3 InsO i.d.F. des G zur Verkürzung des Restschuldverfahrens und zur Stärkung der Gläubigerrechte v. 15.7.2013, BGBl. I 2379 ff.
2 Zu den wirtschaftlichen Gefahren für die Gläubiger vgl. *Frind*, WM 2014, 590.
3 Eingehend *Tiedemann*, GmbH-StrafR, Vor §§ 82 ff. GmbHG Rz. 52 ff.
4 Hierzu schon grundsätzlich *Richter*, GmbHR 1984, 113 ff., 137 ff.

6 Erhebliche – und derzeit noch nicht geklärte (vgl. § 80 Rz. 53 ff.) – Probleme schaffen die in der Praxis überwiegend (jedenfalls zunächst) **fehlerhaft** gestellten **Anträge** auf Eröffnung des Insolvenzverfahrens (§ 13 InsO – § 76 Rz. 38)[1]. Der vom Gericht als *unzulässig zurückgewiesene Antrag* nach § 13 InsO – mithin nicht Anträge auf Eigenverwaltung und/oder auf das Schutzschirmverfahren nach §§ 27a, 270b InsO – gilt als – von Anfang an – nicht gestellter Antrag, sodass insoweit die Strafbarkeit wegen Verschleppung greift. Dennoch soll ein solcher „Nichtantrag" nach verbreiteter Ansicht Grundlage der Strafbarkeit wegen fehlerhaft gestelltem Antrag sein[2]. Das vermag nicht zu überzeugen (näher § 80 Rz. 45, 53 ff.).

Behebt der Antragsteller – regelmäßig nach Hinweisen des Insolvenzgerichts – die Fehler, ist für die *Verschleppungsstrafbarkeit* festzustellen, ab wann der Antrag die Zulässigkeitsvoraussetzungen erfüllt, auch wenn er weiterhin inhaltlich fehlerhaft bleibt und das Gericht deshalb weitere Angaben verlangt (zur Reichweite des Verwendungsverbotes vgl. § 76 Rz. 38).

Zweifel bleiben bei nicht die Zulässigkeit betreffenden und bei korrigierten fehlerhaften Angaben[3]. Einigkeit herrscht insoweit, dass nur *erhebliche* Fehler tatbestandsmäßig sein können. Die Unterscheidung zwischen „Pflicht- und Sollangaben" führt zur Strafbarkeit von Falschangaben lediglich bei unterlassener oder – auch nach gerichtlich erbetener – gescheiterter Nachbesserung mit der Folge der Zurückweisung des Antrags als unzulässig. Dies verfehlt aber den Schutzzweck der Strafnorm. Dem wird die strafrechtliche Praxis dann gerecht werden, wenn sie nur solche Mängel als tatbestandsmäßig ansieht, die geeignet sind, die *Amtsermittlungen* des Insolvenzgerichtes *wesentlich zu erschweren* (näher hierzu § 80 Rz. 53 ff.). Im Übrigen sollte großzügig von den Einstellungsmöglichkeiten aus Opportunitätsgründen (§§ 153 ff. StPO; § 11 Rz. 132 ff.) Gebrauch gemacht macht werden.

7 Im Einzelnen gilt danach Folgendes:

– Gem. **§ 13 Abs. 1 S. 3 und 7 InsO** ist ein Antrag **unzulässig**, wenn das *Verzeichnis der Gläubiger und ihrer Forderungen* und/oder die *Erklärung über deren Richtig- und Vollständigkeit* fehlt[4]. Sind die Angaben unrichtig, insbesondere unvollständig, kommt es für die Beurteilung der Zulässigkeit auf das Gewicht der Mängel im Hinblick auf das (jeweilige) Gesamtvolumen der Forderungen an.

---

1 Eingehend *Richter* in Heinrich (Hrsg.), S. 46 ff.
2 *Bittmann*, NStZ 2009, 113 (115); *Ransiek* in HK, § 15a InsO Rz. 41; *Kleindiek* in Graf-Schlicker, § 15a InsO Rz. 15, je m.Nw.; zutr: weisen allerdings *Rönnau/Wegner*, ZInsO 2014, 1025 (1027) darauf hin, dass der Strafrichter die Zulässigkeit eigenständig zu prüfen hat.
3 Nach *Ransiek* in HK, § 15a InsO Rz. 41 soll die Berichtigung zur „Straffreiheit" führen. Damit wird zunächst – zutr. – Tatbestandsmäßigkeit bejaht. Weshalb aber dann eine Berichtigung einen Strafaufhebungs-, Strafausschließungs- oder auch nur Entschuldigungsgrund ergeben sollte, ist nicht ersichtlich.
4 Statt aller *Bußhardt*, in Braun, § 13 InsO Rz. 12 ff., auch dazu, dass nur ein zulässiger Antrag die Amtsermittlungspflicht des Insolvenzgerichtes begründet.

– Die in **§ 13 Abs. 1 S. 4 Nr. 1-5 InsO** geforderte *besondere Kenntlichmachung* der dort aufgezählten Forderungen betrifft nur Unternehmen mit *nicht eingestelltem Geschäftsbetrieb*. Diese Kennzeichnungspflicht ist auch **nur dann** zwingend (§ 13 Abs. 1 S. 6 InsO), wenn der Schuldner Antrag auf Eigenverwaltung oder auf Bestellung eines vorläufigen Gläubigerausschusses gestellt hat oder die in § 22a InsO genannten Größenmerkmale einer mittelgroßen Kapitalgesellschaft (vgl. § 23 Rz. 27 ff.) überschritten sind. *Nur* dann führt also das Fehlen dieser Angaben zur *Unzulässigkeit* des Antrags[1]. Ansonsten ist die Kenntlichmachung fakultativ („sollen"). Das Unterlassen wird in diesem Fall zwar regelmäßig einen Mangel darstellen; dieser wird jedoch kaum einmal erheblich sein. Dies gilt auch für vorhandene, aber fehlerhafte Kenntlichmachung.

– Für das bei Antragstellung *fortgeführte* Unternehmen sind die nach **§ 13 Abs. 1 S. 5 InsO** geforderten Angaben zur *Bilanzsumme, den Umsatzerlösen und zur durchschnittlichen Zahl der Arbeitnehmer* des vorangegangenen Geschäftsjahres zwingend („ hat ... zu machen"). Deshalb führt das Fehlen dieser Angaben zur **Unzulässigkeit** des Antrags. Diese Angaben sind für die Entscheidung des Insolvenzrichters auch bedeutsam, was bei der Bewertung der Erheblichkeit von fehlerhaften Angaben berücksichtigt werden muss[2].

Von erheblicher praktischer Bedeutung in Strafverfahren sind in diesem Zusammenhang immer wieder Fragen zum Umfang des **Verwendungsverbots** des § 97 Abs. 1 S. 3 InsO (näher § 76 Rz. 22 ff.). Generell gilt, dass die (Pflicht-)Angaben des Schuldners im Eigenantrag auch im Strafverfahren verwendbar sind (zu den Ausnahmen § 76 Rz. 31 ff.). Nicht vom Schuldner stammt – und ist daher ohne Weiteres verwert- und *verwendbar* – die beim Schuldnerantrag auf Eigenverwaltung (§§ 270 ff. InsO) vorzulegende *„Bescheinigung"* (mit ihren Gründen und Anlagen) über die Sanierungswürdigkeit des Unternehmens (§ 270b Abs. 1 S. 3 InsO; § 76 Rz. 31, 38). 8

Weiter ist allerdings zu beachten, dass der Schuldnerantrag (allein) wegen **drohender Zahlungsunfähigkeit** gem. § 18 Abs. 1 InsO ebenso wie hierauf gestützte Anträge auf Eigenverwaltung und/oder ein *Schutzschirmantrag* nach §§ 270a, 270b Abs. 1 S. 1 InsO *nicht strafbewehrt* sind (näher § 80 Rz. 46 f., 53 ff). Deshalb ist auch der fehlerhafte Antrag strafrechtlich nicht relevant. Dies gilt selbst dann, wenn in Wahrheit (schon eingetretene) Zahlungsunfähigkeit vorliegt, selbst wenn dieser Insolvenzgrund infolge (pflichtgemäßer) Amtsermittlungen bekannt wird und zur Einleitung führt (hierzu näher § 80 Rz. 53 ff.): Ein Pflichtantrag ist nicht gestellt, Verschleppung mag dann vorliegen, jedoch kein Falschantrag. 9

Liegt allerdings (auch) **Überschuldung** vor, so handelt es sich auch bei einem – mit einem Schutzschirmantrag verbundenen – nach § 15a Abs. 1 S. 1, Abs. 4 InsO strafbewehrten Pflichtantrag, der auf Rechtzeitigkeit und Fehlerhaftigkeit

---

1 A.A. *Rönnau/Wegner*, ZInsO 2014, 1025 (1029) m.Nw. pro und contra.
2 Zweifelnd hinsichtlich der Unzulässigkeit des Antrags beim Fehlen der Angaben *Rönnau/Wegner*, ZInsO 2014, 1025 (1030). Ihnen ist zuzugestehen, dass im Zweifel jedenfalls strafrechtlich von Zulässigkeit auszugehen ist und auch insofern bei der Erheblichkeit von Mängeln ein großzügiger Maßstab angebracht ist.

zu prüfen ist. Regelmäßig wird – angesichts der dann greifenden Amtsermittlungspflicht – kein erheblicher Fehler in der Nichtangabe der (auch) vorliegenden Zahlungsunfähigkeit liegen. Anderes gilt allerdings, wenn die – falsche – Behauptung nur drohender Zahlungsunfähigkeit durch falsche oder irreführende Tatsachenangaben geeignet ist, die Amtsermittlungspflicht des Insolvenzrichters in die Irre zu führen.

10 Schließlich kann ein Antrag zur Eigenverwaltung gem. §§ 270 Abs. 2 Nr. 2 und 270a Abs. 1 InsO und zum Schutzschirmverfahren gem. § 270b Abs. 1 S. 3 InsO in Bezug auf (fehlende) **Gläubigernachteile** und **Sanierungsaussichten** (auch in der „Bescheinigung") falsch sein. Derartige Fehler werden regelmäßig erhebliche Entscheidungsrelevanz haben; sie sind aber nur dann strafrechtlich tatbestandsrelevant, wenn sie auch den Antrag auf Verfahrenseröffnung betreffen, dann aber auch kaum für Opportunitätsentscheidungen geeignet.

2. Schuldner als Eigenverwalter

11 Bei der **Anordnung der Eigenverwaltung** durch das Insolvenzgericht gem. § 270 Abs. 1 S. 1 InsO ist bereits umstritten, ob das Insolvenzgericht von Amts wegen zu prüfen hat, ob dies zu Nachteilen für die Gläubiger (§ 270 Abs. 2 Nr. 2 InsO) führen kann[1]. Dies gilt jedenfalls in der auf die Entscheidung folgenden *Sanierungsphase*, weshalb das Insolvenzgericht stets in den Blick nehmen muss, ob der Eigenverwalter – wie eben jeder Insolvenzverwalter[2] – die *Interessen der Gläubigergesamtheit* und nicht Partikularinteressen verfolgt[3]. Obwohl in der Praxis bereits deutlich wird, dass Sanierungsberater im Zusammenwirken mit den maßgebenden Gläubigern schon in Vorbereitung der Antragstellung die Einsetzung eines *„Sanierungsgeschäftsführers"* (neben oder anstelle des bisherigen) durchsetzen[4], sind hierdurch Interessenkonflikte nicht ausgeschlossen, sondern nur verlagert.

12 Dass dem Eigenverwalter – wie dem Unternehmer und auch dem (starken) Insolvenzverwalter – die Erfüllung *aller strafbewehrten Handlungspflichten* eines Unternehmensträgers (Pflichten des Rechnungswesens, steuerliche Mitteilungs- und Abführungspflichten, Abführung der Arbeitnehmeranteile zur Sozialversicherung u.a.) obliegen, steht außer Zweifel. Ausmaß und Umfang seiner **Vermögensbetreuungspflicht gem. § 266 StGB** (Untreue) – zum einen gegenüber der Gläubigergesamtheit[5], zum anderen aber auch gegenüber dem Ver-

---

1 Zutr. bejahen *Klein/Thiele*, ZInsO 2013, 2233 die Geltung des Amtsermittlungsgrundsatzes auch insoweit.
2 *Lissner*, BB 2014, 1419; st. Rspr. zur Vermögensbetreuungspflicht, aus zivilrechtlicher Sicht zuletzt BGH v. 26.6.2014 – IX ZR 162/13; näher zur strafrechtlichen Haftung *Quedenfeld/Richter* in Bockemühl, Hdb. FA StrafR, Rz. 228 ff.
3 Zu – vom Gericht zu beachtenden – „Versagungsgründen" als Katalog möglichen Missbrauchs vgl. *Haarmeyer*, ZInsO 2013, 2345.
4 *Klein/Thiele*, ZInsO 2013, 2233.
5 Zur Haftung gegenüber Absonderungsberechtigten vgl. OLG Nürnberg v. 11.12.2013 – 12 U 1530/12, ZHW 2014, 159 m. Anm. *Hoos*, 161.

mögen der Gesellschaft – sind dagegen häufig wenig präsent[1] (hierzu, insbesondere auch zur *Existenzgefährdung*, vgl. § 32 Rz. 84 ff., 151b ff. § 82 Rz. 26 ff., § 83 Rz. 22). So kann in der Eigenverwaltung – soweit der Schuldner nicht als „*starker vorläufiger Verwalter*" eingesetzt ist und außerhalb des Schutzschirmverfahrens des § 270b InsO – die Begründung von Masseverbindlichkeiten nicht von der Ermächtigung durch das Gericht gedeckt sein[2] und damit zum Nachteil der Gläubiger erfolgen[3].

Dabei ist nach dem Wegfall der Interessentheorie (§ 81 Rz. 53 ff.) besonders darauf hinzuweisen, dass eine Minderung des Gesellschaftsvermögen (nahezu) stets auch Minderung der Masse zur Folge hat und damit eine **Strafbarkeit wegen Bankrotts**, insbesondere wegen *Beiseiteschaffens* (gem. § 283 Abs. 1 Nr. 1, Abs. 6 StGB) begründet (§ 81 Rz. 63). So hindert weder die Stellung eines Insolvenzeröffnungsantrags noch die Verfahrenseröffnung oder auch deren Abweisung, ja selbst die Beendigung des Insolvenzverfahrens eine Bankrottstrafbarkeit (§ 81 Rz. 85 ff.). Von Bedeutung ist in diesem Zusammenhang allerdings auch, dass die insolvenzrichterliche Praxis bereits jetzt „Zweit- und Folgeinsolvenzen" registriert[4]. Insofern können wirtschaftliche Entscheidungen der „Erstinsolvenz" durchaus ursächlich für den Kriseneintritt der späteren Insolvenz und damit tatbestandsrelevant i.S. des Herbeiführens der Krise (§ 283 Abs. 2 InsO) für die Folgeinsolvenz sein (§ 81 Rz. 14).

3. Vorläufiger/endgültiger Sachwalter und Treuhänder

Zutreffend leiten *Frind*[5] und *Flöther*[6] **Umfang und Inhalt der Pflichten** des vorläufigen Sachwalters – sowohl für den Fall der *vorläufigen Eigenverwaltung* nach § 270a InsO als auch für das *Schutzschirmverfahren* nach § 270b InsO,

---

1 Zutr. weist *Brinkmann*, DB 2012, 1369 ff., zum einen auf die Anwendbarkeit der § 93 AktG, § 43 GmbHG, zum anderen auf die Haftung für (ungerechtfertigte) Masseverbindlichkeiten gem. §§ 280 Abs. 1, 311 Abs. 3 S. 1 BGB hin.
2 S. z.B. OLG Naumburg v. 29.1.2014 – 5 U 195/13, ZIP 2014, 1452; LG Freiburg (Breisgau) v. 9.5.2014 – 12 I 62/13, juris; AG Ludwigshafen v. 10.4.2014 – 3 f IN 27/14, ZIP 2014, 1134; demgegenüber steht der BGH der Ermächtigungsmöglichkeit eher reserviert gegenüber, BGH v. 7.2.2013 – IX ZB 43/12, ZIP 2013, 525 m. krit. Anm. *Pleister/Tholen*. Unter diesem strafrechtlichen Aspekt könnten auch Fallgestaltungen wie die „Doppeltätigkeit" eines vorläufigen Sachwalters bei Eigenverwaltung betrachtet werden, wonach dieser – nach Verfahrenseröffnung – seine Vergütung als Berater eingeklagt hat (LG Dresden v. 11.9.2013 – 1 O 1168/13, ZInsO 2013, 1962 mit zutr. krit. Anm. *Frind*, 2302, vgl. hierzu auch *Zimmer*, ZInsO 2013, 2305).
3 Vgl. zur Problematik aus insolvenzrechtlicher Sicht *Klinck*, ZInsO 2014, 365.
4 *Frind/Köchling*, ZInsO 2013, 1666.
5 *Frind*, ZInsO 2014, 119.
6 *Flöther*, ZInsO 2014, 465, einschränkend im Hinblick auf die „Unabhängigkeit" nur für den Treuhänder in der Wohlverhaltensperiode und im Restschuldverfahren; dagegen *Horstkotte*, ZInsO 2013, 160; demgegenüber weist auch *Pape*, ZIP 2013, 2285, auf die hohe Bedeutung der Unabhängigkeit und die Notwendigkeit der Prüfung durch den Insolvenzrichter hin; vgl. auch unten Rz. 15.

früher auch des *Treuhänders* nach § 313 InsO a.F.[1], von den Pflichten des endgültigen Sachwalters ab. Aus strafrechtlicher Sicht, insbesondere im Hinblick auf die Verantwortlichkeit für fremdes Vermögen (Untreue gem. § 266 StGB, vgl. oben § 32) und das Bankrottstrafrecht (§ 283 ff. StGB – § 81 Rz. 43) ergeben sich keine Unterschiede zum (vorläufigen) Insolvenzverwalter[2]. Maßgebend ist der jeweilige konkrete Umfang der vom Gesetz und Insolvenzgericht festgelegten Aufgaben- und Entscheidungskompetenz.

15 In Sanierungsverfahren nach dem ESUG ist im Hinblick auf eine **Vermögensschmälerung** zum Nachteil der juristischen Person und/oder der Masse insbesondere die Verantwortung von Sachwalter und Treuhänder bedeutsam. Neben der Begründung von *Masseverbindlichkeiten* sind relevant insbesondere das Kassenführungsrecht (§ 275 Abs. 2 InsO), der Zustimmungsvorbehalt und das Widerspruchsrecht (§ 275 Abs. 1 InsO), die Pflicht zur Überprüfung der wirtschaftlichen Lage des Schuldners und die Überwachung der Geschäftsführung (§ 274 Abs. 2 S. 1 InsO) sowie die Anzeigepflicht bei Gefahr der Gläubigerbenachteiligung (§ 274 Abs. 3 InsO). Die – stets unabhängig vom Pflichtenverstoß („Verschleifungsverbot – vgl. § 32 Rz. 7b, 193a, 219b) festzustellende (allerdings kausal auf diesen zurückzuführende) – Minderung im Vermögen der Gläubigergesamtheit wird bei hierauf gerichteten Pflichtverstößen vielfach zu bejahen sein; bei Bankrott ist dann auch fahrlässige Begehung strafbedroht (§ 283 Abs. 4 StGB; s. § 83 Rz. 85 f.).

16 Zwar ist die Verletzung der **Anzeigepflicht bei Eintritt der Zahlungsunfähigkeit** (§ 270b Abs. 4 S. 2 InsO) nicht als Insolvenzverschleppung nach § 15a InsO strafbar (§ 80 Rz. 45). Wohl aber ist auch diese Pflicht Teil der Vermögensbetreuungspflicht des Sachwalters. Vorsätzliche Pflichtverletzungen können einen Untreueschaden begründen.

4. „Bescheiniger" und Berater

17 Strafrechtliche Prüfungen im Hinblick auf unrichtige Angaben und/oder Wertungen eines „Bescheinigers" zur Erlangung der Drei-Monats-Frist des *Schutzschirmverfahrens* gem. § 270b Abs. 1 S. 2 InsO müssen – wie meist im Wirtschaftsstrafrecht – zunächst bei **zivil- und gesellschaftsrechtlichen Vorfragen** ansetzen. Zu klären ist aus der Sicht des Strafrechts dabei nicht nur der gesetzlich vorgeschriebene Inhalt einer *Bescheinigung* nach § 13 Abs. 1 S. 3 InsO, sondern auch dessen Bedeutung im Hinblick auf strafrechtlichen Rechtsgüterschutz.

18 Auf dieser Grundlage können **Falschangaben der Bescheinigung** deren *Inhalt* betreffen, nämlich das Vorliegen der drohenden Zahlungsunfähigkeit und/oder der Überschuldung, das Nichtvorliegen der Zahlungsunfähigkeit und schließlich, dass „die angestrebte Sanierung nicht offensichtlich aussichtslos ist".

---

1 Gestrichen durch G zur Verkürzung des Restschuldverfahrens und zur Stärkung der Gläubigerrechte v. 15.7.2013, BGBl. I 2379.
2 Zur Anwendbarkeit des anwaltlichen Berufsrechts AGH München v. 17.2.2014 – BayAGH III – 4 – 5/13, ZIP 2014, 830 m. Anm. *Römermann* und *Kleine-Cosack*, EWiR 2014, 361.

Möglich sind darüber hinaus aber auch unrichtige Angaben in Bezug auf die *persönlichen Voraussetzungen* beim „Bescheiniger" selbst („in Insolvenzsachen erfahrener Steuerberater, Wirtschaftsprüfer oder Rechtsanwalt oder einer Person mit vergleichbarer Qualifikation").

Soweit ein Pflichtantrag vorliegt, sind *falsche Angaben* zu den genannten **Krisenmerkmalen** stets im Hinblick auf Strafbarkeit nach § 15a Abs. 4 InsO relevant (Rz. 6 ff.). Beziehen sich diese Falschangaben jedoch auf die **Sanierungsaussichten**[1], sind sie nur dann strafrechtlich erheblich, wenn die Sanierungsaussicht *unter keinem* Gesichtspunkt möglich erscheint[2]. 19

Täuschungshandlungen in Bezug auf die **Eignung des Bescheinigers** (analog entsprechend auch für *Sachwalter/Treuhänder*) können einerseits dessen *fachliche Qualifikation*, andererseits dessen *„Unabhängigkeit"* betreffen. Dabei ist auch für das Strafrecht beachtlich, dass die vom Insolvenzrichter von Amts wegen zu beurteilende Erfolgsaussicht der Sanierung, die den Eingriff in die Gläubigerrechte legitimiert, ganz wesentlich auch von den persönlichen Fähigkeiten und der Neutralität des Ausstellers der Bescheinigung abhängt. 20

Jedenfalls darf der Bescheiniger nicht der langjährige steuerliche und wirtschaftliche Berater des Schuldners sein[3]. Dafür spricht neben dem Gefährdungspotenzial[4] (s. bereits Rz. 10) auch die ursprünglich vom Gesetzgeber vorgesehene Beschränkung auf Personengruppen, die besonderen berufsrechtlichen Pflichten und Überwachungen unterworfen sind[5], und die Beschränkung der Insolvenzrichter auf eine Plausibilitätskontrolle[6]. So sehen auch die Leitlinien der Wirtschaftsprüfer (IDW ES 9) vor, dass die Unabhängigkeit der Bescheiniger vom Gericht zu prüfen ist[7]. Danach wird auch solchen

---

1 Eingehend zu den Anforderungen an die Bescheinigung über das Vorliegen der drohenden Zahlungsunfähigkeit oder Überschuldung und über die notwendige Feststellung, dass der Erfolg des vorgelegten Sanierungskonzeptes nicht aussichtslos sei, *Jung/Schuller*, KSI 2013, 122.
2 Wurde im Hinblick auf die Fortführungswahrscheinlichkeit zur Feststellung der Überschuldung (oben § 79 Rz. 19 ff.) dem Ansatz *Tiedemann*s in LK, Vor § 283 StGB Rz. 155, widersprochen, fordert allerdings der In-dubio-pro-reo-Satz vorliegend definitiv die Feststellung des vollständigen Ausschlusses von Sanierungsmöglichkeiten nach richterlicher Gewissheit.
3 So zutr. AG München v. 29.3.2012 – 1507 IN 1125/12, ZIP 2012, 789; AG München v. 14.6.2012 – 1506 IN 1851/12, ZIP 2012, 1308 m. abl. Anm. *Vallender*, EWiR 2012, 495.
4 Was auch durch die empirischen Erhebungen (Umfrage bei 250 Sanierungsexperten) von *Seibt/Westphal*, ZIP 2013, 2333, gestützt wird.
5 Wie Wirtschaftsprüfer u.a., hierzu *Jung/Haake*, KSI 2012, 164; zum Anwalt als Bescheiniger *Knöpnadel*, AnwBl 2012, 550.
6 *Smid*, ZInsO 2013, 209, unterscheidet zwischen „offensichtlich" und „offenkundig" in § 270a InsO einerseits und in § 270b InsO andererseits, was aber angesichts des Wortlauts der Norm für eine (möglicherweise eingeschränkte) Nachprüfbarkeit im Strafrecht keine Bedeutung erlangen kann.
7 Hierzu *Hermanns*, ZInsO 2012, 2265; noch weitergehend *Zipperer/Vallender*, NZI 2012, 731; dagegen allerdings *Schmidt/Hölzle*, ZIP 2013, 149; vgl. auch *Frind*, ZInsO 2012, 540; anhand eines Praxisbeispiels *Richter/Pluta*, BB 2012, 159.

Täuschungshandlungen strafrechtliche Relevanz im Hinblick auf § 15a InsO regelmäßig nicht abzusprechen sein.

21 Tauglicher **Täter** für relevante Falschangaben im Hinblick auf die *Antragstellung im Insolvenzverfahren* ganz allgemein, aber auch insbesondere im Verfahren nach dem ESUG, ist nur der Antragsteller des Eigenantrags (§ 13 Abs. 1 S. 2 InsO, § 207b Abs. 1 S. 3 InsO: „Der Schuldner hat ... vorzulegen").

Derartige Falschangaben kommen aber auch als Täuschungshandlungen des (versuchten) *Betruges gem. § 263 StGB* in Betracht. Täter können dann sowohl der *Antragsteller* als auch der *„Bescheiniger"* oder schließlich – was der Regelfall sein dürfte – beide gemeinsam in **Mittäterschaft** gem. § 25 Abs. 2 StGB sein. Bis zu seiner Bestellung kann der *(vorläufige) Sachwalter* lediglich Teilnehmer (Anstiftung oder Beihilfe gem. §§ 26, 27 StGB) der fremden Haupttat sein. (Mit-)Täterschaft durch Unterlassen (§ 13 StGB) käme bei ihm nur ab der Bestellung infrage, weil erst dann eine strafrechtliche Garantenstellung (vgl. § 17 Rz. 17 ff.) vorliegt.

22 Voraussetzung ist aber stets weiterhin, dass (kausal durch eine *irrtumsbedingte Vermögensverfügung*[1]) ein **Schaden** im Vermögen des Irrenden entstanden ist oder (im Falle des – strafbaren –Versuches) nach dem Vorsatz des Täters entstehen sollte. Erschlichen werden kann vom Täuschenden durch das Schutzschirmverfahren die *Sperre der Einzelzwangsvollstreckung* für alle Gläubiger (§ 21 Abs. 2 Nr. 3 InsO) und die (Möglichkeit zur) *Begründung von Masseschulden* (§§ 53 ff. InsO). Ob allerdings – was zur Strafbarkeit wegen Betrugs erforderlich wäre – in derartigen Fällen eine konkrete Minderung im Vermögen der Gläubiger in ihrer Gesamtheit nachweislich eingetreten ist, wird vielfach mindestens zweifelhaft bleiben.

23 Die genannten Risiken mögen folgende, in Anlehnung an Entscheidungen der Amtsgerichte – Insolvenzgerichte Köln[2] und Stendal[3] – aus strafrechtlicher Sicht gebildete Beispiele verdeutlichen:

Beispiele: Im Antrag auf Eigenverwaltung behauptet der Antragsteller bewusst der Wahrheit zuwider mithilfe der vorgelegten Bescheinigung (und in Absprache mit dem „Bescheiniger") Tatsachen, die verschleiern, dass wesentliche Gläubiger nicht bereit sind, die in Aussicht gestellten Sanierungsbeiträge zu leisten, sie z.B. zur Weiterbelieferung nicht bereit sind, u.a. Getäuscht wird mithin (auch) darüber, dass Umstände bekannt sind, die erwarten lassen, dass die Anordnung zu Nachteilen für die Gläubiger führen wird (§ 270 Abs. 2 Nr. 2 InsO).

Die Schuldnerin hat mit Zustimmung des vorläufigen Sachwalters und nach gerichtlicher Ermächtigung – entsprechend der im Antrag vorgelegten Bescheinigung und des hierauf bezogenen Insolvenzplanes – ein Massedarlehen in Höhe von 2 Mio. Euro auf-

---

1 Dass diese „Vermögensverfügung" nicht vom Geschädigten selbst, sondern vom (Insolvenz-)Richter vorgenommen wird, hindert die Tatbestandserfüllung nicht – vgl. zum „Prozessbetrug" statt aller *Fischer*, § 263 StGB Rz. 43 f.
2 AG Köln v. 1.7.2013 – 72 IN 211/13, ZIP 2013, 1390 f.
3 AG Stendal v. 31.8.2012 – 7 IN 164/12, ZIP 2012, 1875 = EWiR 2012, 705 m. Anm. *Schulte-Kaubrügger*; AG Stendal v. 19.10.2012 – 7 IN 164/12, ZIP 2012, 2171; LG Stendal v. 17.6.2013 – 25 T 23/13, ZIP 2013, 1389.

genommen. Verschwiegen wurde, dass „der Bestand des Darlehens" vereinbarungsgemäß daran gebunden war, dass der vorläufige Sachwalter zum endgültigen Sachwalter bestimmt wird. Das Insolvenzgericht eröffnet das Verfahren, ordnet antragsgemäß Eigenverwaltung an, bestimmt allerdings einen anderen Sachwalter. Der Darlehensgeber kündigt daraufhin das Darlehen, weshalb der Sanierungsplan nicht mehr umgesetzt werden kann. Das Insolvenzgericht bestellt einen Sonderverwalter zur Prüfung und Geltendmachung etwaiger Schadenersatzansprüche der Schuldnerin gegen den zunächst bestellten Sachwalter, die Geschäftsführer und die Darlehensgeberin wegen „möglicherweise pflichtwidriger Personenbindung des Darlehens und Darlehensaufstockung". Diese Sonderverwaltung führt zu erheblichen Mehrkosten.

Nicht selten gehen Sachverhalte wie in Rz. 23 geschildert, aber auch ganz allgemein die dann später „bescheinigte" Sanierungsfähigkeit und -würdigkeit und gelegentlich auch der vorgelegte Sanierungsplan selbst auf vorinsolvenzlich eingeschaltete **Berater** der Schuldnerin zurück (zur – auch zivilrechtlichen – Haftung insbes. auch der Steuerberater s. § 80 Rz. 34). Dass diese dann nicht als Aussteller der Bescheinigung in Betracht kommen, scheint jedenfalls nicht fernliegend. Wer über die Sanierungsfähigkeit mitbestimmt, scheidet als „Bescheiniger" aus[1]. – Folgt man dieser Ansicht, entspricht das „Verschweigen" der Falschangabe über die „Unabhängigkeit" (Rz. 20) und ist damit ebenso tatbestandsrelevant. 24

Dass sich ein Schuldner – insbesondere in einer Krisensituation – *sachkundiger Beratung* bedient, ist allerdings nicht nur zulässig, sondern vielfach auch geboten. Wird ein derartiger Berater zum **„Sanierungsgeschäftsführer"** (Rz. 11) bestellt und stellt dann selbst den Eigenantrag, ist dies strafrechtlich ebenso wenig zu beanstanden wie die Übernahme der Beraterergebnisse (nach eigener Prüfung und Wertung) durch den „Bescheiniger". 25

III. Akteure auf Gläubigerseite

Aus strafrechtlicher Sicht sind Stellung und Aufgaben der **Mitglieder eines** (auch vorläufigen) **Gläubigerausschusses**[2] denjenigen des Mitgliedes eines Aufsichtsrates einer Aktiengesellschaft vergleichbar[3] (s. hierzu § 32 Rz. 120 ff.). Danach hat jedes Mitglied in eigener Person eine *Vermögensbetreuungspflicht* i.S. des § 266 StGB[4]. Verletzungen dieser Pflichten sind bekannt geworden ins- 26

---

1 Zur Pflicht, bei der Auswahl des Sachwalters darauf zu achten, dass dieser nicht bereits als Berater für den Gläubiger tätig war, vgl. *Schienstock/Mentzer*, KSI 2013, 274; *Schmittmann*, ZInsO 2012, 1921.
2 Grundsätzlich und umfassend *Römermann*, GmbHR 2013, 337; vgl. auch *Frind*, DB 2014, 164.
3 Vgl. auch OLG Stuttgart v. 19.6.2012 – 20 W 1/12 m. Anm. *Schodder*, EWiR 2013, 227; zur Pflicht, die Geschäftsführer an rechtswidrigen Vermögensschmälerungen zu hindern, als „Kardinalspflicht" *Altmeppen*, ZIP 2010, 1973 (1977 f.).
4 Eingehend *Brand/Sperling*, KTS 2009, 355.

besondere im Hinblick auf Verwaltervergütungen[1], aber auch ganz allgemein bei unzureichender Überwachung und Kontrolle. Diese Kontrollpflichten sind auch nicht – worauf *Höpfner* zutreffend hinweist [2] – durch einen „praktisch unanfechtbaren Ruf" des Verwalters eingeschränkt. Dies kann sich zu einer *Antragspflicht* zur Entlassung eines ungeeigneten Verwalters nach § 59 Abs. 1 InsO verdichten[3].

27 Weil das Insolvenzgericht sicherstellen muss, dass jedes Mitglied des Gläubigerausschusses über die *notwendige Sachkunde* verfügt und dass der Ausschuss „repräsentativ" besetzt ist[4], können auch hierauf bezogene **Falschangaben** – analog zu entsprechenden Handlungen des „Bescheinigers" und Sachwalters/Treuhänders (Rz 20) – strafbarkeitsrelevant sein. Für die Bedeutung etwaiger vorsätzlich falscher Angaben im Rahmen des *Äußerungsrechts* des vorläufigen Gläubigerausschusses zu den Anforderungen und zur Person des (vorläufigen) Verwalters gem. § 56a Abs. 1 S. 1 InsO ist entscheidend, ob man diese Stellungnahme – was derzeit insolvenzrechtlich nicht entschieden ist – für eine das Insolvenzgericht bindende Vorgabe hält oder – wie *Frind* überzeugend darlegt[5] – die Unabhängigkeitsprüfung durch das Insolvenzgericht für „nicht suspendierbar" hält.

28 Dass Sorgen über die **Verwischung der** vom Gesetzgeber zur Sicherung des Sanierungserfolges im ESUG-Verfahren – der maßgebenden „Gegenposition" zum Eingriff in die Gläubigerrechte der Zwangsvollstreckung – installierten unterschiedlichen **Rollenverteilung** von Schuldner, Sachwalter, „Bescheiniger" und (vorläufigem) Gläubigerausschuss berechtigt sind, belegen kritische Äußerungen über den Einfluss von Großgläubigern auf das Verfahren, insbesondere auch wegen der Gefahr von Loyalitätsbindungen maßgebender Ausschussmitglieder im Hinblick auf die Bestellung von Verwaltern[6]. Wenn *H. Huber*[7] zudem über Schuldner berichtet, die nur solche Gläubiger als mögliche Ausschussmitglieder auflisten, die den gewünschten Insolvenzverwalter unterstützen, unterstreicht dies die – auch strafrechtliche – Bedeutung der wahrheitsgemäßen Angaben zur Neutralität und Rollentrennung.

---

1 Zum kollusiven Zusammenwirken eines vorläufigen Gläubigerausschusses mit dem (vorläufigen) Insolvenzverwalter im skandalträchtigen Fall „Bohlen & Doyen" vgl. die Anm. *Haarmeyer*, ZIP 2013, 2399, zu LG Aurich v. 29.10.2013 – 4 T 206/10, ZInsO 2013, 2388.
2 *Höpfner*, Anm. zu OLG Celle v. 3.6.2010 – 16 U 135/09, ZIP 2010, 1862, EWiR 2010, 723.
3 Zu diesem Antragsrecht (auch) des Ausschusses vgl. *App*, KKZ 2006, 33.
4 Krit. zur gesetzgeberischen Vorgabe zur Zusammensetzung des Ausschusses *Frind*, ZInsO 2013, 279.
5 *Frind*, ZInsO 2013, 59.
6 *Gruber*, NJW 2013, 584.
7 *H. Huber*, ZinsO 2013, 1.

§ 78
Zahlungsunfähigkeit

Bearbeiter: Hans Richter

	Rz.		Rz.
I. Liquidität aus betriebswirtschaftlicher und strafrechtlicher Sicht	1	2. Beweisführung im Insolvenzrecht	32
1. Vermögen und Liquidität	2	3. Beweisführung im Strafrecht	37
2. Definition der Zahlungsunfähigkeit	9	a) Betriebswirtschaftliches Liquiditätsdefizit	39
3. Liquide Mittel und fällige Verbindlichkeiten	16	b) Warnzeichenhäufung	41
4. Wesentlichkeit und Dauerhaftigkeit	25	4. Besonderheiten der GmbH & Co. KG	46
II. Adaption durch das Strafrecht	28	III. Weitere Liquiditätsbegriffe	
1. Zivilrechtsakzessorietät und Beweislast	29	1. Drohende Zahlungsunfähigkeit	47
		2. Zahlungseinstellung	58

Schrifttum: Vgl oben §§ 75, 76, außerdem: *Arens*, Die Bestimmung der Zahlungsunfähigkeit im Strafrecht, wistra 2007, 450; *Bieneck*, Die Zahlungseinstellung in strafrechtlicher Sicht, wistra 1992, 89; *Bittmann*, Zahlungsunfähigkeit und Überschuldung nach der InsO, wistra 1998, 321 und 1999, 10; *Bork*, Zahlungsunfähigkeit, Zahlungsstockung und Passiva II, ZIP 2008, 1749; *Bork*, Genussrechte und Zahlungsunfähigkeit, ZIP 2014, 997 ff.; *Borup*, Die drohende Zahlungsunfähigkeit aus der Sicht der Betriebswirtschaftslehre, wistra 1988, 88; *Dittmer*, Die Feststellung der Zahlungsunfähigkeit von Gesellschaften mit beschränkter Haftung, 2013; *Erichsen*, Liquiditätsplanung und -sicherung: Grenzen der Aussagekraft von Liquiditätskennzahlen, BC 2007, 137; *Hartung*, Probleme bei der Feststellung der Zahlungsunfähigkeit, wistra 1997, 1; *Hoffmann*, Zahlungsunfähigkeit und Zahlungseinstellung, MDR 1979, 713; *Krause*, Zur Berücksichtigung „beiseite geschaffter" Vermögenswerte bei der Feststellung der Zahlungsunfähigkeit im Rahmen des § 283 Abs. 2 StGB, NStZ 1999, 161 ff.; *Lütke*, Ist die Liquidität 2. Grades ein geeignetes Kriterium zur Feststellung der Zahlungsunfähigkeit?, wistra 2003, 52; *Matzen*, Der Begriff der drohenden und eingetretenen Zahlungsunfähigkeit im Konkursstrafrecht, 1993; *Natale/Bader*, Der Begriff der Zahlungsunfähigkeit im Strafrecht, wistra 2007, 413; *Penzlin*, Strafrechtliche Auswirkungen der Insolvenzordnung, 2000; *Röhm*, Strafrechtliche Folgen eines Insolvenzantrags bei drohender Zahlungsunfähigkeit nach § 18 InsO, NZI 2002, 134 ff.; *Röhm*, Die eingetretene Zahlungsunfähigkeit als insolvenzstrafrechtliches Krisenmerkmal, INF 2003, 429 ff.; *Röhm*, Die drohende Zahlungsunfähigkeit als insolvenzstrafrechtliches Krisenmerkmal, INF 2003, 592 ff.

I. Liquidität aus betriebswirtschaftlicher und strafrechtlicher Sicht

Im Recht der Sanierung und Insolvenz von Unternehmen kommt der Feststellung der (insolvenzrechtlichen) Krise zentrale Bedeutung zu, wobei das Krisenmerkmal „Zahlungsunfähigkeit" in der **insolvenzstrafrechtlichen Praxis** – wie

1

unter § 76 Rz. 17 ff. dargestellt – weit **überragende Bedeutung** erlangt[1]. Da aber das Vermögen des Schuldners maßgebender Anknüpfungspunkt der Befriedigung der Gläubiger ist, soll zunächst (Rz. 2 ff.) das Verhältnis beider Merkmale zueinander geklärt und dann die Definition der Zahlungsunfähigkeit in Rechtsprechung und Literatur vorgestellt werden. Zu verbreiteten Missverständnissen führt die allseits anerkannte Zivilrechtsakzessorietät der insolvenzrechtlichen Krisenmerkmale (§ 75 Rz. 49 ff.) im Hinblick auf die unterschiedliche Beweisführung bei der Übertragung der Zivilrechtsprechung in das Strafrecht bei der Zahlungsunfähigkeit (hierzu Rz. 28 ff.). Abschließend (Rz. 47 ff.) soll die Abgrenzung zu den weiteren insolvenzrechtlichen Liquiditätsbegriffen vorgestellt werden.

1. Vermögen und Liquidität

2 Angesichts dieser Bedeutung des Krisenmerkmals „Zahlungsunfähigkeit" in der insolvenzstrafrechtlichen Praxis, aber auch angesichts der – nicht erst im Zusammenhang mit der Finanzmarktkrise zutage getretenen – Liquiditätsrisiken für die Stabilität des gesamten Bankensektors[2] – erstaunt zunächst, wie wenig die Insolvenz–Rechtsprechung auf die Gesetzgebung für das **Kreditwesen und** deren Konkretisierung durch die **Finanzmarktaufsicht** rekurriert. So wird z.B. in §§ 11, 53h KWG, § 14 SparG jeweils „*Liquidität*" definiert; in Art. 412 der EU-BankenaufsichtsVO[3], die (auch) in der Liquiditätsverordnung vom 14.12.2012[4] umgesetzt und konkretisiert ist, sind die „*Liquiditätsdeckungsanforderungen*", also die konkrete Regelungen der Materie bis hin zur Aufzählung der als Liquidität anerkannten Zahlungsmittel enthalten (§ 3 LiqV). Vor allem die *MaRisk* der BaFin[5] sind darauf ausgerichtet, die zuverlässige Erfüllung der Zahlungsverpflichtungen (der Kreditinstitute) sicherzustellen, und müssten deshalb Grundlagen für das Fehlen der Zahlungsfähigkeit liefern können, zumal sich die Finanzierungsstrategien der Unternehmen – jedenfalls angesichts der unter „Basel III" zu verstehenden Eigenkapital– und Liquiditätsvorschriften[6] – daran auszurichten haben und ausrichten.

3 Auch die *Betriebswirtschaftslehre* bietet mit ihren „*Temperatur–Messungen*"[7] – wie etwa der **Liquidität 1. bis 3. Grades**, dem „Cash–Flow", „Working Capi-

---

1 *Lütke,* wistra 2003, 52, spricht durchaus zutr. von einem „insolvenzstrafrechtlichem Kardinalbegriff".
2 Vgl. nur *Braun/Wolfgarten* in Boos/Fischer/Schulte-Mattler, 4. Aufl. 2012, § 25a KWG Rz. 325 ff.
3 VO (EU) Nr. 575/2013 des Europ. Parl. und des Rates v. 26.6.2013, ABl. EU Nr. L 176 v. 27.6.2013, 1–337.
4 (LiqV) VO über die Liquidität der Institute v. 14.12.2006, BGBl. I 3117.
5 Mindestanforderungen an das Risikomanagement – Rundschreiben 10/2012 (BA), insbes. unter BTR 3.2., der Bafin (vgl. auch oben § 67 Rz. 9 ff.).
6 Hierzu im Überblick *Chr. Schmitt,* BB 2011, 105.
7 Vgl. hierzu nur die plastische Aufzählung und Vorstellung der einzelnen Kennzahlen bei *Erichsen,* BC 2007, 137.

tal" u.a.[1] – Instrumente zur Bestimmung und Messung der Zahlungsfähigkeit. Zutreffend hat allerdings bereits *Lütke* darauf hingewiesen, dass derartige *zeitraumbezogene Kennzahlen* grundsätzlich nicht geeignet sind, die insolvenzrechtliche, *zeitpunktbezogene* – nämlich auf die Fälligkeit der Verbindlichkeiten – *Zahlungsunfähigkeit* hinreichend sicher zu belegen[2]. Dies gilt umso mehr für die strafrechtliche Beweisführung.

Keinesfalls muss sich aber die (straf-)richterliche Überzeugungsbildung ausschließlich auf Daten des betriebswirtschaftlichen Rechnungswesens gründen; vielmehr haben die genannten **zivil- und aufsichtsrechtlichen Kriterien** für die strafrechtliche Bestimmung der Zahlungsunfähigkeit erhebliche Bedeutung. Auch insofern ist zu klären, welche Zahlen einer „Aktiv"-Seite (liquide Mittel) der „Passiv"-Seite (rechtlich verbindliche Zahlungspflichten) einer „*Liquiditäts-Bilanz*" aus Gründen der genannten Rechtsgebiete gegenüberzustellen sind. Erscheinen dabei die Probleme der Passivseite mit dem zivilrechtlichen Instrumentarium – relativ – einfach zu lösen, bedarf es zur Bestimmung der Wertansätze der Aktivseite einer *mehrstufigen rechtlichen Beurteilung*, bei der jede Stufe jeweils mit erheblichen Bewertungsspielräumen verbunden ist. 4

Deren Konkretisierung kann nur gelingen, wenn der **Ausgangspunkt** für die Feststellung von Liquidität im Blick behalten wird: *Alle Vermögensgegenstände sind Liquidität*. Haben Gegenstände keinen Wert, sind sie auch nicht Vermögen. Ihr jeweiliger „Wert" realisiert sich aber in der Umsetzung des Gegenstandes in ein *Zahlungsmittel*. Mithin *unterscheidet* lediglich *Zeit* **Vermögen von Liquidität**[3]. Liquidität ist jeder Vermögensgegenstand, mit dem der Berechtigte Zahlung leisten (nämlich beliebige andere Güter erlangen) kann (hierzu Rz. 16). Daraus folgt zunächst, dass *Zahlungsfähigkeit* vorliegt, wenn zum Zeitpunkt fälliger Verbindlichkeiten in deren Umfang als Zahlungsmittel akzeptierte Vermögensgegenstände vorhanden sind. Zur Bestimmung eines etwaigen Mangels dieser Fähigkeit (Zustand der „Illiquidität") muss lediglich abstrakt festgelegt sein, welche Güter als Zahlungsmittel im genannten Sinne akzeptiert sind. Deren Wert ist dann den fälligen Verbindlichkeiten gegenüberzustellen, um eine Deckung oder Unterdeckung zu errechnen. 5

Dogmatik und Gesetzgebung haben einen solch rigiden Ansatz für die weitreichenden Folgen einer normativen Zahlungsunfähigkeit jedoch nie gewählt. Dem Schuldner wurde und wird vielmehr **Zeit gewährt**, um Liquidität zu schaffen, also andere Gegenstände – aber auch seine Bonität – in „bereite Mittel" zu transformieren. Im Interesse stabiler Geschäftsverhältnisse entspricht es auch den Erwartungen der am Wirtschaftsleben Beteiligten, dass *nicht* jede *kurzfristige Überschreitung von Fälligkeiten* einen zwangsweisen Transformationsprozess des Schuldnervermögens in Liquidität auslösen soll, weil dieser regelmäßig mit Wertminderungen verbunden ist und damit Deckungsrisiken für den Gläubiger schafft. 6

---

1 Zu den Besonderheiten der Liquiditätsanalyse nach IAS/IFRS vgl. *Kirsch*, DStR 2004, 1014.
2 *Lütke*, wistra 2003, 52.
3 Freilich sind auch Kredite Liquidität – unten Rz. 16 –, denen jedoch die Bonität als vermögenswerte Eigenschaft zugrunde liegt.

7 Danach bestimmt sich auch das **Verhältnis** beider Formen der insolvenzrechtlichen Krise – **Überschuldung und Zahlungsunfähigkeit** – zueinander: Ihre Feststellung muss *unabhängig voneinander* erfolgen[1]. Es ist denkbar, dass ein (drohend) zahlungsunfähiges Unternehmen noch einen aktiven Vermögenssaldo hat. Es handelt sich dann um Vermögen, das zur Liquiditätsbeschaffung nicht geeignet oder noch nicht eingesetzt worden ist. Andererseits kann ein überschuldetes Unternehmen noch über flüssige Mittel verfügen. Es war dann in der Lage noch Fremdmittel zu beschaffen, obwohl sein Sicherheitenpotenzial erschöpft war. Zur Feststellung der Krise genügt *eine der Alternativen*, wobei die strafrechtliche Praxis die *am leichtesten beweisbare* zugrunde legt.

8 Im Regelfall wird man sagen können, dass die **Überschuldung** der drohenden oder eingetretenen Zahlungsunfähigkeit zeitlich **vorausgeht** (§ 79 Rz. 2). Wie bei dieser (§ 79 Rz. 30) hat der Unternehmer auch seine Liquidität ständig und sorgfältig daraufhin zu überwachen, dass seine Fähigkeit, bei Fälligkeit leisten zu können, gesichert ist. Da die Überschuldung einen Zustand des Unternehmens bezeichnet, in dem es ihm mangels freier Vermögenswerte nicht mehr möglich ist, Sicherheiten für weitere Fremdmittel zur Verfügung zu stellen, hängt die weitere Liquidität davon ab, ob ihm noch ungesicherte Kredite, staatliche Hilfsmaßnahmen oder Eigenkapital zugeführt werden. Insofern setzt die Überwachung der Liquidität regelmäßig diejenige des Vermögens voraus.

2. Definition der Zahlungsunfähigkeit

9 Die (eingetretene) Zahlungsunfähigkeit als liquiditätsbezogenes Krisenelement wurde nach der Rechtsprechung und allgemeiner Meinung im Recht vor Einführung der InsO 1999 als voraussichtlich **dauernde Unfähigkeit** definiert, *mangels bereiter Mittel* die **fälligen** Geldschulden noch **im Wesentlichen** zu begleichen[2]. Nicht tatbestandsmäßig waren danach Fälle mangelnden *Zahlungswillens*[3] des Unternehmers (Rz. 59) sowie Fälle unwesentlicher und vorübergehender *Zahlungsstockungen*. Die danach erforderliche Abgrenzung der insolvenzrechtlich relevanten Illiquidität zur vorübergehenden und/oder unwesentlichen Nichtzahlung fälliger Verbindlichkeiten ist auch durch eine vielfältige und zisalierte Rechtsprechung, begleitet von vielfältiger Kritik der Dogmatik – jedenfalls für die im Strafrecht erforderliche Klarheit – kaum gelungen[4].

10 Mit der **Legaldefinition der Zahlungsunfähigkeit** in § 17 Abs. 2 InsO **1999**, die seitdem keine Änderung erfahren hat, ist die in den Einzelheiten variantenrei-

---

1 So hat das IDW seine Empfehlungen zur Überschuldungsprüfung (IDW PS 800) mit einem aktuellen Entwurf mit Standards zu den Insolvenzeröffnungsgründen (IDW ES 11 – abrufbar unter www.idw.de) ergänzt, dessen Stellungnahmefrist zum 12.12.2014 begrenzt ist.
2 BGH v. 20.7.1999 – 1 StR 668/98, NJW 2000, 154 (156); *Fischer*, vor § 283 StGB Rz. 9; *Kindhäuser* in NK, vor § 283 StGB Rz. 97; *Radtke* in MüKo, vor § 283 StGB Rz. 73; *Tiedemann* in LK, Vor § 283 StGB Rz. 126; *Beck* in W/J, Kap. 6, Rz. 70 ff.; *Köhler* in W/J, Kap. 7, Rz. 4 f.; *Wegner* in A/R, VII 1, Rz. 62 ff.; *Weyand/Diversy*, Rz. 42 ff.
3 BGH v. 5.11.1956 – III ZR 139/55, WM 1957, 67 (68).
4 Vgl. hierzu die Vorauflagen bis 4. Aufl. 2006.

che Begriffsbestimmung durch die damalige Rechtsprechung überholt. Nunmehr ist der Schuldner zahlungsunfähig, wenn er *nicht* mehr *in der Lage* ist, seine *fälligen Zahlungspflichten* zu erfüllen.

Die Zahlungsunfähigkeit ist damit aber nur scheinbar als *stichtagsbezogenes Liquiditätsdefizit* definiert, das durch das schlichte Faktum des Nichtbezahlen*könnens* einer beliebig hohen Geldverbindlichkeit mangels bereiter Mittel zu einem bestimmten Zeitpunkt relativ leicht festzustellen wäre. Da der Gesetzgeber – wie die Materialien bekunden[1] – mit der gewählten Umschreibung die **Zahlungsstockung** aber nicht beseitigen wollte, sind Streitfragen, die sich nach altem Recht an den Merkmalen *der voraussichtlichen Dauer* und der *Wesentlichkeit* des Liquiditätsdefizits entzündet hatten, nicht obsolet geworden[2].

Der Begriff der **Zahlungsstockung** umschreibt seiner Wortbedeutung nach nur den Bereich der *vorübergehenden Nichtzahlung* (fälliger) Verbindlichkeiten[3] und gewährt so eine *Schonfrist*, welche die „Dauerhaftigkeit" der Zahlungsunfähigkeit ausfüllt. Damit war aber auch die – mit dem Verhältnismäßigkeitsgrundsatz erklärte[4] – Notwendigkeit einer **Bagatellregelung** (i.S. des Kriteriums „im Wesentlichen") oder – wie nach der alten Rechtsprechung – eine Kombination beider Elemente in der Diskussion[5]. 11

Einigkeit herrscht allerdings darüber, dass der im Wortlaut der neuen Norm deutlich artikulierten Intention des Gesetzgebers – **Vorverlagerung der Antragstellung** und Reduzierung der mit Beweisschwierigkeiten verbundenen Prognoserelevanz – bei ihrer Auslegung Rechnung zu tragen ist. Dabei darf nicht aus dem Blick geraten, dass die Anerkennung einer *großzügigen Bagatellregelung* („nicht unerhebliches Liquiditätsdefizit"[6]) oder einer ausgedehnten[7] *zeitlichen Schonfrist*[8] mit dem Wortlaut und Zweck des Gesetzes nicht zu verein- 12

---

1 BT-Drs. 12/2443, 114.
2 So aber *Moosmayer*, Einfluss der Insolvenzordnung 1999 auf das InsolvenzstrafR, 1997, S. 159; *Drukarczyk/Schüler*, Rz. 42; *Reck*, Betrieb und Wirtschaft 1997, 745; *Burger/Schellberg*, BB 1995, 263; *Bremer*, GmbHR 2002, 258; dagegen schon *Bittmann*, wistra 1998, 323, der für eine Zeitdauer der Illiquidität von mindestens drei Monaten plädiert.
3 Zutr. *Tiedemann* in LK, Vor § 283 StGB Rz. 134.
4 *Tiedemann* in LK, Vor § 283 StGB Rz. 129 m.Nw.
5 *Uhlenbruck*, KTS 1994, 171; *Uhlenbruck*, wistra 1996, 4.
6 BT-Drs. 7/3441, 34; 7/5291, 17; *Tiedemann* in LK, Vor § 283 StGB Rz. 130 ff. und 139; *Haarmeyer/Wutzke/Förster*, 1, 81.
7 *Reck*, GmbHR 1999, 267; *Röhm*, INF 2003, 434; mit Hinweis auf das zivilrechtliche Schrifttum; *Uhlenbruck*, wistra 1996, 4.
8 *Penzlin*, Strafrechtliche Auswirkungen, S. 129 f. hält die Vorverlegung des Eintritts der Zahlungsunfähigkeit (auch) im Gläubigerinteresse für unzweckmäßig und schlägt zivil- wie strafrechtlich ein Liquiditätsdefizit von 20 % innerhalb von zwei Monaten vor, was annähernd der Beibehaltung der früheren Rechtsprechung zur Geltungszeit der KO gleichkommt; diese Auslegung wird jedoch der Intention und dem Wortlaut des § 17 Abs. 2 InsO nicht gerecht.

baren[1] und dem Gläubiger der fälligen Forderung angesichts der steigenden Ausfallgefahr[2] auch nicht zumutbar ist.

13 Der **IX. (Insolvenz-)Zivilsenat des BGH** hat in seiner *Grundsatzentscheidung vom 24.5.2005*[3] die Streitfragen für das Insolvenzrecht (und angesichts der Zivilrechtsakzessorietät damit auch für das Strafrecht) verbindlich entschieden und die Zahlungsunfähigkeit unter der Geltung der Insolvenzordnung neu definiert: Es verbleibt bei der Anerkennung einer (vorgelagerten) *Zahlungsstockung*, der – wie bereits nach altem Recht (Rz. 9) – eine *Kombination zeitlicher und quantitativer* Elemente („Schonfrist" und „Bagatellregelung") zugrunde liegt. Der Gesetzesintention wird aber durch eine deutliche Restriktion beider Elemente Rechnung getragen:

Die *Leitsätze* dieser Entscheidung lauten:

„1. Eine bloße Zahlungsstockung ist anzunehmen, wenn der Zeitraum nicht überschritten wird, den eine kreditwürdige Person benötigt, um sich die benötigten Mittel zu leihen. Dafür erscheinen drei Wochen erforderlich, aber auch ausreichend.

2. Beträgt eine innerhalb von drei Wochen nicht zu beseitigende Liquiditätslücke des Schuldners weniger als 10% seiner fälligen Gesamtverbindlichkeiten, ist regelmäßig von Zahlungsfähigkeit auszugehen, es sei denn, es ist bereits absehbar, dass die Lücke demnächst mehr als 10% erreichen wird.

3. Beträgt die Liquiditätslücke des Schuldners 10% oder mehr, ist regelmäßig von Zahlungsunfähigkeit auszugehen, sofern nicht ausnahmsweise mit an Sicherheit grenzender Wahrscheinlichkeit zu erwarten ist, dass die Liquiditätslücke demnächst vollständig oder fast vollständig beseitigt werden wird und den Gläubigern ein Zuwarten nach den besonderen Umständen des Einzelfalls zuzumuten ist."

14 An dieser grundsätzlichen Entscheidung hält der BGH seitdem fest[4]. Lediglich im Hinblick auf Einzelheiten der Beweisführung zur Dauerhaftigkeit – etwa dass ein Liquiditätsdefizit in der „Schonfrist" abgebaut werden muss, also auch Bagatellschulden (voraussichtlich demnächst) bezahlt werden müssen (Rz. 25 ff.)[5] – gibt es Klarstellungen und Ergänzungen. **Zahlungsunfähigkeit** ist somit *insolvenzrechtlich* durch **drei Schritte** festzulegen:

– Zunächst sind – stichtagsbezogen – die liquiden Mittel den fälligen Verbindlichkeiten gegenüberzustellen.

– Besteht eine Unterdeckung der Mittel, ist diese im Hinblick auf die Gesamtverbindlichkeiten zu quantifizieren („geringfügige Liquiditätslücke").

---

1 Nach dem RegE zur InsO, BT-Drs. 12/2443, 114, sollen „ganz geringfügige Liquiditätslücken" außer Betracht bleiben, eine in ihrer Unbestimmtheit wenig hilfreiche Ausführung, die sich nur auf einen engsten Bagatellbereich beziehen kann; *Reck*, ZInsO 1999, 197 empfiehlt die Nichtberücksichtigung von branchenüblichen Pauschalwertberichtigungen bei den Forderungen, was akzeptabel erscheint; AG Köln v. 9.6.1999 – 37 IN 16/99, DStR 2000, 1705, geht von einem Liquiditätsfehlbetrag von bis zu 5 % auf zwei Wochen aus.
2 BGH v. 24.5.2005 – IX ZR 123/04 – Rz. 21, BGHZ 163, 134 (Grundsatzurteil).
3 BGH v. 24.5.2005 – IX ZR 123/04 – IX ZR 123/04, BGHZ 163, 134.
4 BGH v. 18.7.2013 – IX ZR 143/12, ZIP 2013, 1993; BGH v. 10.1.2013 – IX ZR 28/12, NZI 2013, 253.
5 BGH v. 8.12.2005 – IX ZR 182/01, NJW 2006, 1348.

– Schließlich ist eine Prognose anzustellen, ob diese Unterdeckung („ganz oder doch fast ganz") in kurzer Zeit („demnächst") beseitigt werden kann.

Hervorzuheben ist, dass der BGH für beide Parameter – Unterdeckung und Schonfrist – eine **feste Quantifizierung** ausdrücklich **ablehnt**[1]. Zwar befindet sich der Schuldner – gleichgültig wie groß die Deckungslücke auch ist – stets in einer Zahlungsstockung, wenn er diese (mit Sicherheit) in drei Wochen schließen kann[2]. Ansonsten aber sind die Dreiwochenfrist und die 10-%-Quote lediglich *Orientierungsrahmen* für die *Beweislastregelung* des Zivilrechts: Je größer die Deckungslücke ist, desto wahrscheinlicher wird, dass sie nicht in kurzer Frist geschlossen werden kann (hierzu näher Rz. 25 ff.).

3. Liquide Mittel und fällige Verbindlichkeiten

Zunächst ist demnach zu definieren, was zur Feststellung der Zahlungsunfähigkeit unter *Liquidität* zu verstehen ist, also welche Vermögensgegenstände (Rz. 5) als liquide Mittel akzeptiert werden, die dann in Relation zu den (fälligen) Verbindlichkeiten zu stellen sind. Maßgebendes Kriterium ist deren sofortige Einsetzbarkeit als Zahlungsmittel. Hilfsmittel sind die oben (Rz. 2) genannten Normen für das Kreditwesen und dessen Aufsichtsbehörde. Neben den **flüssigen Vermögenswerten** (*bereite Mittel*) wie Kassenbestand, Guthaben bei Kreditinstituten, diskontfähige Wechsel, Kundenschecks und fungible Wertpapiere zählen hierzu auch die – regelmäßig mit erheblichen Feststellungsschwierigkeiten verbundenen – Forderungen und Kreditzusagen, also insbesondere auch nicht ausgeschöpfte, aber dem Schuldner (noch) zur Verfügung stehende *Kreditlinien*, obwohl diese von den Gläubigern nicht abgerufen oder gepfändet werden können[3].

Wurde für das Recht vor der InsO 1999 auf Parameter der *Liquidität* 2. Grades zurückgegriffen[4], ist nun grundsätzlich von einer solchen *1. Grades* auszugehen. Zwar trifft nicht zu, dass *„verflüssigungsfähiges"* **Anlage- oder Umlaufvermögen** nicht mehr zu berücksichtigen ist[5]. Mit dem neuen Recht sind allerdings nur noch solche Vermögensgegenstände „Liquidität", die innerhalb der Schonfrist von drei Wochen sicher erzielbare Erlöse gewährleisten[6].

Streitige Forderungen nehmen in der strafrechtlichen Praxis einen erheblichen Raum ein – allerdings meist auf subjektiver Ebene. Auch insoweit gilt zunächst die Zivilrechtslage: Forderungen sind erst mit dem Zeitpunkt ihrer Fälligkeit in die Berechnung einzubeziehen und begründen nur dann Liquidität, wenn und soweit sie (zumindest vorläufig) hinreichend sicher realisierbar

---

1 BGH v. 24.5.2005 – IX ZR 123/04 – Rz. 11, BGHZ 163, 134.
2 BGH v. 24.5.2005 – IX ZR 123/04 – Rz. 31, BGHZ 163, 134.
3 *Hartung*, wistra 1997, 4; *Röhm*, INF 2003, 432; BGH v. 29.3.2001 – IX ZR 34/00, BGHZ 147, 193; *Reck*, ZInsO 1999, 197.
4 Hierzu Voraufl. § 76 Rz. 61.
5 S. Voraufl. § 76 Rz. 62; auch *Matzen*, Der Begriff der drohenden und eingetretenen Zahlungsunfähigkeit im KonkursstrafR, S. 36.
6 BGH v. 23.5.2007 – 1 StR 88/07, wistra 2007, 312; BGH v. 10.2.2009 – 3 StR 372/08, wistra 2009, 276.

sind[1]. Dies setzt eine zumindest vorläufig vollstreckbare Entscheidung zur Zahlung innerhalb des Dreiwochenzeitraums voraus.

19 **Geldzuflüsse aus Straftaten**, etwa aus *Lieferantenkreditbetrug*, waren schon nach früherem Recht unter dem Gesichtspunkt „bereite Mittel" nicht stets, aber regelmäßig Liquidität[2]. Nach der InsO sind solche Überlegungen zur Abgrenzung des wesentlichen Teils der offenen Geldschulden obsolet; es ist gleichgültig, aus welcher Quelle Einnahmen kommen, die Zahlungsunfähigkeit wird auch durch kriminelle Geldzuflüsse – sind sie nur hoch genug – beseitigt[3]. Allerdings sind vertraglich zweckgebundene und dementsprechend auf einem *Sonderkonto der Bank* gebuchte Guthaben des Schuldners erst dann zu berücksichtigen, wenn sie vom Schuldner (wenn auch in strafbarer Weise) zur Begleichung fälliger Verbindlichkeiten der Masse verwendet worden sind. Erst dann sind sie als *Zufluss* (auch aus einer Straftat) Gegenstand der Liquidität des Schuldners[4].

20 Demgegenüber zählen **beiseite geschaffte** oder **verheimlichte Vermögenswerte** schon nicht zum Vermögen und so auch erst recht nicht (mehr) zu den liquiden Mitteln[5].

Beispiel: Ein anschauliches Beispiel bietet eine Entscheidung des OLG Frankfurt[6], die in einem Verfahren gegen einen Gehilfen der Eheleute S. erging, die kurz vor dem Zusammenbruch ihrer Immobilien-Unternehmen rund 245 Mio. DM auf Konten sog. „Offshore-Gesellschaften" transferiert hatten. Die Entscheidung ist mit der Begründung angegriffen worden[7], das Tathandlungsmerkmal der Erschwerung des Gläubigerzugriffs sei zu Unrecht in das allein durch den Liquiditätsstatus festzustellende Krisenmerkmal der Zahlungsunfähigkeit übertragen worden. Diese Kritik ist unzutreffend, da nicht nur die Tathandlung, sondern *auch die Krise selbst* aus dem geschützten Rechtsgut der Vermögensinteressen der Gläubiger zu bestimmen ist. Die geschützten Vermögensinteressen sind bereits durch das „Verstecken" (z.B. Verlagerung auf schwer erreichbare Konten) relevant verletzt. Die Kritik übersieht, dass es hier nicht nur um die subjektive Zahlungs(un)willigkeit des Schuldners, sondern um eine *objektive Veränderung seiner Liquiditätslage* geht.

21 Auch bei der Bestimmung der den liquiden Mitteln gegenüberzustellenden **Verbindlichkeiten** ist im Insolvenzrecht grundsätzlich von der Zivilrechtslage auszugehen, auch wenn Verbindlichkeiten in Literatur und Rechtsprechung häufig wenig technisch als „Waren- und Leistungsschulden, Schuldwechsel, Bank- und Steuerschulden, Personalkosten, erhaltene Anzahlung" u.Ä. bezeichnet sind. Entscheidend ist neben dieser zivilrechtlich festzustellenden Schuld für die stichtagsbezogene Einbeziehung in die Feststellung der Zah-

---

1 *Tiedemann* in LK, Vor § 283 StGB Rz. 132.
2 Vgl. *Fischer*, vor § 283 StGB Rz. 9b.
3 So BGH v. 19.4.2007 – 5 StR 505/06, wistra 2007, 308.
4 BGH v. 19.4.2007 – 5 StR 505/06, wistra 2007, 308.
5 BGH v. 22.1.2013 – 1 StR 234/12.
6 OLG Frankfurt v. 18.6.1997 – 1 Ws 56/97, wistra 1997, 274; a.A. *Floeth*, EWiR 2013, 427; dagegen zutr. *Martini*, jurisPR-InsR 15/2013 Anm. 3 unter Hinweis auf den von der InsO (§§ 17 ff. InsO) vorgeschriebenen Ansatz „realistischer", nämlich „durchsetzbarer" Werte; vgl. auch *Kraatz*, JR 2013, 466.
7 *Krause*, NStZ 1999, 161.

lungsunfähigkeit deren *Fälligkeit*. Zutreffend hat dabei der 2. Zivilsenat des BGH[1] in einer für die Geschäftsführerhaftung nach § 64 GmbHG maßgebenden Entscheidung, die auch für die Untreuestrafbarkeit bei „existenzgefährdenden Eingriffen" (§ 32 Rz. 84 ff., 151b ff., § 82 Rz. 26 ff.) Bedeutung erlangt, darauf hingewiesen, dass eine Verbindlichkeit nicht erst bei deren Bezahlung, sondern schon bei deren Fälligkeit in den Liquiditätsstatus einzustellen ist.

Für die als „Sanierungsinstrument" beliebte „**Rangrücktrittserklärung**" des Gesellschafters – aber auch jedes Dritten – bezüglich seiner Forderung, aber auch im Hinblick auf *Anleihen* und *Genussscheine* als **Nachrangkapital**[2] bedeutet dies, dass eine solche Verbindlichkeit im insolvenzrechtlichen Sinne nur dann nicht fällig und deshalb im Liquiditätsstatus nicht zu passivieren ist, wenn der Nachrang im Falle der Insolvenz mit einer **Stundungsabrede** für den Krisenzeitraum *vor der Insolvenz* verknüpft ist. Leistet der Schuldner aber auf solch eine Forderung, kann der Liquiditätsabfluss unabhängig hiervon Zahlungsunfähigkeit herbeiführen (zur vermögensrechtlichen Relevanz des Nachrangkapitals i.S. der Überschuldung § 82 Rz. 36 ff.). 22

Wie schon nach der früheren Rechtsprechung[3] kann die **insolvenzrechtliche Fälligkeit** von Verbindlichkeiten nach § 17 Abs. 2 InsO von derjenigen des allgemeinen Zivilrechts abweichen. Maßgeblich war und ist[4] insofern, ob der Gläubiger seine Forderung *ernstlich einfordert*[5]. Zu diesem Kriterium herrschen allerdings bei den betroffenen Wirtschaftskreisen weitgehend Fehlvorstellungen, weil – nach der missverständlichen Formulierung – angenommen wird, es sei stets ein „Tätigwerden" des Gläubigers, etwa eine Mahnung, erforderlich. Zur Herbeiführung der Fälligkeit genügen aber *sämtliche fälligkeitsbegründende Handlungen*. Schon die ursprüngliche Vertragsabrede oder eine übersandte Rechnung reichen aus. Eine zusätzliche Rechtshandlung des Gläubigers (nach Eintritt der zivilrechtlichen Fälligkeit) i.S. eines Einforderns ist also keinesfalls gefordert. Das Erfordernis des *Einforderns* dient allein dem Zweck, solche Forderungen auszuschließen, die *rein tatsächlich* (also auch ohne rechtlichen Bindungswillen) *gestundet* sind. 23

Allerdings darf der Gläubiger nicht den Anschein erwecken, er sei mit einer nachrangigen Befriedigung einverstanden, will er die Annahme einer tatsächlichen Stundung vermeiden. Wird z.B. anstelle des Verzugszinses weiter der vertragliche Zinssatz berechnet, kann dies als Indiz dafür gewertet werden, 24

---

1 BGH v. 9.10.2012 – II ZR 298/11 – Rz. 9, BGHZ 195 42 = BB 2013, 17 m. Anm. *Kleindiek*.
2 Zutr. hierzu das AG Itzehoe v. 1.5.2014 – 28 IE 1/14, ZIP 2014, 1038, gestützt auf ein Rechtsgutachten des ehemaligen Vorsitzenden des IX. Zivilsenates, *Gero Fischer*, zu den Genussscheinen im Fall Prokon.
3 Vgl. Voraufl., § 76 Rz. 56 und 63a unter Hinweis auf BGH v. 22.2.2001 – 4 StR 421/00, wistra 2001, 306 (308); *Uhlenbruck*, wistra 1996, 5.
4 BGH v. 6.12.2012 – IX ZR 3/12, ZInsO 2013, 190, BGHZ 181, 132; BGH v. 26.2.2013 – II ZR 54/12; zum Strafrecht BGH v. 21.8.2013 – 1 StR 665/12, GmbHR 2013, 1206.
5 BGH v. 19.7.2007 – IX ZB 36/07, BGHZ 173, 286; BGH v. 14.5.2009 – IX ZR 63/08, BGHZ 181, 132.

dass die Forderung nicht ernsthaft eingefordert ist[1]. Auch ein **bloßes Stillhalteabkommen** beseitigt daher die (insolvenzrechtliche) Fälligkeit. Wird das Stillhalten an *Ratenzahlungen* geknüpft, wird die Schuld *von neuem fällig*, wenn der Schuldner nicht in der Lage ist, die Raten zu zahlen. Danach ist allerdings die gesamte Verbindlichkeit fällig, weil der Schuldner dann alle Zahlungen wieder aufnehmen muss. Nach *Ablauf einer Darlehensbefristung* ist grundsätzlich keine weitere Handlung zur Herstellung (auch der insolvenzrechtlichen) Fälligkeit nötig. Die stillschweigende interne Wertberichtigung in der Buchführung des Gläubigers, die zumeist nur aus steuerlichen Gründen erfolgt, vermag allerdings (auch) diese Fälligkeit nicht zu beseitigen[2]. Es muss vielmehr das Verhalten des Gläubigers aus der Sicht des Schuldners als konkludentes Angebot zum Abschluss einer Stundungsvereinbarung aufgefasst werden können[3].

4. Wesentlichkeit und Dauerhaftigkeit

25 Die unter Rz. 13 genannten Restriktionen zur alten Rechtsprechung betreffen zunächst ein *quantitatives Kriterium*, das Merkmal der **Wesentlichkeit**. Dessen Notwendigkeit zur Begrenzung der Illiquidität für die Zwecke des Insolvenzrechts wird vor allem mit wirtschaftlichen Erwägungen wie der zu geringen Eigenkapitalausstattung vieler Schuldner, starken saisonalen Umsatz- und Erlösschwankungen in manchen Branchen u.Ä. begründet[4]. Im Unterschied zur Rechtsprechung vor der InsO 1999 (Größenordnungen bis zu 33 %) ist die zulässige **Liquiditätslücke** nunmehr grundsätzlich auf **maximal 10 %** *der fälligen Gesamtverbindlichkeiten* begrenzt[5]. Dieser *Schwellenwert*[6] ist allerdings als *bloße* (zivilrechtliche) *Beweislastregelung* ausgestaltet: Der Schuldner hat bei einem Fehlbetrag von 10 % und mehr darzutun, dass eine zumindest fast vollständige Beseitigung der Lücke mit an Sicherheit grenzender Wahrscheinlichkeit *demnächst* zu erwarten ist. Bei einer Lücke von weniger als 10 % ob-

---

1 So in der Entscheidung BGH v. 22.11.2012 – IX ZR 62/10; ebenso wenn die Steuerbehörde die Vollziehung eines Steuerbescheides wegen ernstlicher Zweifel an dessen Rechtmäßigkeit aussetzt, vgl. BGH v. 22.5.2014 – IX ZR 95/13 m. Bespr. *Wegner*, PStR 2014, 223.
2 Zutr. schon *Bittmann*, wistra 1998, 322.
3 *Röhm*, INF 2003, 433.
4 BGH v. 24.5.2005 – IX ZR 123/04 – Rz. 10, BGHZ 163,134, m. ausf. Hinweisen auf das Schrifttum pro et contra.
5 BGH v. 24.5.2005 – IX ZR 123/04 – Rz. 29, BGHZ 163,134; *Bittmann*, wistra 1998, 323, schlägt entsprechend seiner Bejahung der Zivilrechtsakzessorietät (*Bittmann* in Bittmann, InsolvenzstrafR, § 11 Rz. 59 ff.) demgegenüber vor, das Tatbestandsmerkmal objektiv bei einer einmonatigen Unterdeckung von 10 % als erfüllt anzusehen, wobei aus Praktikabilitätsgründen bei Fällen einer Unterdeckung von 25 % für einen Monat oder von 10 % bis zum 3. Monat die Verfahren nach § 153 Abs. 1 StPO eingestellt werden sollen, soweit gezieltes Ausnützen" der Bagatellgrenzen nicht vorliegt. Dies zeigt, dass ein Abweichen von den insolvenzrechtlichen Grundlagen für das Strafrecht zu Unklarheiten führen muss.
6 Eingehend hierzu *Dittmer*, Zahlungsunfähigkeit 2013, S. 27 ff.

liegt dagegen dem Gläubiger der Beweis bzw. dem Insolvenzgericht die Darlegung, dass die Lücke *demnächst* mehr als 10 % erreichen wird.

Der Notwendigkeit, auch die **Dauerhaftigkeit** der Deckungslücke zu belegen, trägt der BGH dadurch Rechnung[1], dass er (lediglich) eine Zahlungsstockung annimmt, soweit ein Zeitraum zu ihrer Beseitigung nicht überschritten wird, „den eine kreditwürdige Person benötigt, um sich die benötigten Mittel zu leihen". Dafür seien **drei Wochen** erforderlich, aber auch ausreichend.

Obwohl danach bei einer Liquiditätslücke von 10 % oder mehr regelmäßig Zahlungsunfähigkeit vorliegt, schließt dies die Annahme einer Zahlungsstockung doch nicht gänzlich aus. Dieser Möglichkeit setzt die Zivilrechtsprechung zu Recht jedoch enge Grenzen: Zahlungsstockung liegt in diesem Fall nur dann vor, wenn *„ausnahmsweise* mit *an Sicherheit grenzender Wahrscheinlichkeit* zu erwarten ist, dass die Liquiditätslücke *demnächst* vollständig oder *fast vollständig* beseitigt werden wird *und* den Gläubigern ein Zuwarten nach den besonderen Umständen des Einzelfalls *zuzumuten* ist"[2]. Auch insoweit gilt grundsätzlich die Dreiwochenfrist. Sollte in dieser Zeit die Deckungslücke allerdings nur „fast vollständig" geschlossen sein, schließt dies die Annahme einer Zahlungsstockung nicht in jedem Fall aus. Kann der Schuldner beweisen, dass sich die Deckungslücke in der Dreiwochenfrist kontinuierlich auf null zu bewegt, ist ein Überschreiten der Frist dann unschädlich, wenn deren endgültige Schließung mit Sicherheit „in absehbarer Zeit" feststeht *und* dem Gläubiger *nach den Umständen des Einzelfalles* so lange ein (weiteres!) Zuwarten *zumutbar* ist[3].

Obwohl die „Grundsatz"-Entscheidung wie auch nachfolgende Entscheidungen[4] für diese Fälle eine konkrete (weitere) zeitliche Höchstgrenze gerade nicht festsetzen, ist die Annahme einer maximalen Verdoppelung der Dreiwochenfrist in folgender **„Faustformel"** sicher nicht rechtsfern und hilft für die praktische Handhabung zur Feststellung der insolvenzrechtlichen Zahlungsunfähigkeit als Regelfall:

– Ist die Deckungslücke zum Feststellungszeitpunkt kleiner als 10 % liegt Zahlungsstockung vor, es sei denn, dem Schuldner wird bewiesen, dass er diese in drei Wochen nicht schließen kann.

– Ist die Deckungslücke größer als 10 %, liegt regelmäßig Zahlungsunfähigkeit vor, es sei denn, der Schuldner kann beweisen, dass er die Deckungslücke mit Sicherheit in drei Wochen schließen kann, oder doch mindestens, dass diese in drei Wochen mit Sicherheit kleiner wird und sie spätestens in weiteren drei Wochen mit Sicherheit ganz geschlossen ist.

---

1 BGH v. 24.5.2005 – IX ZR 123/04 – Rz. 13, BGHZ 163, 134.
2 BGH v. 24.5.2005 – IX ZR 123/04 – Rz. 10, BGHZ 163,134, unter Hinweis auf die Materialien: „[...] weil dies als Bestätigung der verbreiteten Neigung hätte verstanden werden können [...] eine über Wochen oder sogar Monate bestehende Illiquidität zur rechtlich unerheblichen Zahlungsstockung zu erklären".
3 BGH v. 24.5.2005 – IX ZR 123/04, BGHZ 163, 134; BGH v. 28.5.2013 – II ZR 83/12.
4 Zuletzt BGH v. 18.7.2013 – IX ZR 143/12, ZIP 2013, 2015.

II. Adaption durch das Strafrecht

28 Da es eher selbstverständlich ist, dass – bei gleicher Rechtsgrundlage – Zivilgerichte und Strafgerichte aufgrund ihrer jeweils spezifischen Beweisführung zu unterschiedlichen Ergebnissen im konkreten Einzelfall kommen, irritieren doch in besonderem Maße **scheinbare Differenzen** im Hinblick auf das **gemeinsame materielle Recht**. In der strafrechtlichen Adaption der Zivilrechtsprechung wird nicht selten deren spezifische Beweisführung zur Begründung der Zahlungsunfähigkeit verkannt. Notwendig erscheint es deshalb, zunächst den Inhalt der Zivilrechtsakzessorietät des Strafrechts bei der Definition der Zahlungsunfähigkeit (Rz. 29 ff.) und dann die spezifische Beweisführung des Insolvenzrechtes (Rz. 32 ff.) darzustellen, bevor die Beweisführung im Strafrecht (Rz. 37 ff.) erläutert werden kann.

1. Zivilrechtsakzessorietät und Beweislast

29 Zu Fehldeutungen ganz unterschiedlicher Art muss der unsorgfältige Umgang mit den allgemein anerkannten Grundsätzen der **Zivilrechtsakzessorietät** des Strafrechts hinsichtlich der insolvenzrechtlichen Krisenbestimmung[1] einerseits und der im Strafrecht wegen des Schuldgrundsatzes unanwendbaren **Beweislastregelung**[2] des Zivilrechts andererseits führen. *Zivilrechtsakzessorisch* ist nicht nur die Definition der *liquiden Mittel* (Rz. 16 ff.) und der *Schulden* (Rz. 21 ff.) mit deren *Fälligkeit* (Rz. 23 f.) – mithin alle Rechengrößen der Zahlungsunfähigkeit. Auch die *Zeitpunktbezogenheit* der Feststellung[3] und schließlich die (insolvenzrechtlich definierte) *Zahlungsunfähigkeit selbst* (Rz. 27) werden bei ihrer strafrechtlichen Verwendung sowohl im Verschleppungs- als auch im Bankrottstrafrecht mit ihrer zivilrechtlichen Auslegung bestimmt. Ausgeschlossen sind demgegenüber die Anwendung von Vermutungsregeln, Beweise des „ersten Anscheins" und überhaupt jede Belastung des Beschuldigten mit einer Beweisführung zu seiner Entlastung[4].

30 Schon unter der Geltung der Konkursordnung haben die Strafsenate des BGH die inhaltliche Zivilrechtsakzessorietät unter Betonung der **Stichtagsbezogenheit**, *verbunden* allerdings *mit der notwendigen Prognose*, mit folgender Definition betont[5]:

„Zahlungsunfähigkeit ist das nach außen in Erscheinung tretende, auf dem Mangel an Zahlungsmitteln beruhende, voraussichtlich dauernde Unvermögen des Unternehmens, seine sofort zu erfüllenden Geldschulden noch im Wesentlichen zu befriedigen."

An dieser Definition hält die Strafrechtsprechung auch unter der Geltung des § 17 Abs. 2 InsO und nach der hierauf bezogenen Neuausrichtung des begriff-

---

1 *Tiedemann* WiStrafR AT, Rz. 2, 15.
2 Hierzu *Quedenfeld/Richter* in Bockemühl, Hdb. FA StrafR, § 9 Rz. 115; *Wegner* in A/R, VII Rz. 35; *Arens*, wistra 2007, 454.
3 A.A. noch *Arens*, wistra 2007, 451, der allein von einer Zeitraumbezogenheit ausgeht.
4 *Tiedemann* WiStrafR AT, Rz. 193 ff.
5 BGH v. 26.2.1987 – 1 StR 5/87 – Rz. 12, wistra 1987, 218.

lichen Inhalts der Zahlungsunfähigkeit durch den Insolvenzsenat mit der Grundsatzentscheidung vom Mai 2005 (Rz. 13) fest[1].

Aus der über die Zeit hinweg einheitlich verwendeten Definition folgt, dass die Strafsenate keinesfalls die Dreiwochenfrist zum (alleinigen) **Abgrenzungskriterium** zwischen der Zahlungsstockung und der tatbestandsmäßigen Zahlungsunfähigkeit erklärt haben[2]. Soweit der Tatrichter im Strafverfahren unter Einbeziehung des Erfahrungssatzes, dass „eine kreditwürdige Person in maximal drei Wochen in der Lage sein müsse, sich die benötigten Beträge darlehensweise zu beschaffen", *bei Würdigung des Einzelfalles* zu dem Ergebnis kommt, dem Angeklagten sei es nicht möglich gewesen, in kurzer Zeit seine Deckungslücke zu schließen, ist dies nicht zu beanstanden. Zwar wird die – einheitlich definierte – Zahlungsunfähigkeit *strafrechtlich* (etwa bei Verschleppungsstrafbarkeit nach § 15a Abs. 3 und 4 InsO oder bei Bankrottstraftaten nach §§ 283 ff. StGB) häufig erst später als *zivilrechtlich* (etwa als Grundlage von Haftungsentscheidungen gegen den Geschäftsführer nach § 64 GmbHG oder insolvenzrechtlich zur Feststellung der Insolvenzantragspflicht gem. § 15a Abs. 1 InsO) festgestellt werden – indes zwingend ist dies keinesfalls[3]. 31

2. Beweisführung im Insolvenzrecht

Die Beweisführung zur Feststellung der **Zahlungsunfähigkeit** ist *in § 17 InsO vorgegeben* und unterlag im Laufe der Zeit nur sehr geringen Anpassungen und Änderungen. In einem aktuellen Urteil des IX. Zivilsenates[4] ist sie – wie allerdings auch in den Vorgängerentscheidungen, auf die verwiesen wird – wiederum nahezu schulmäßig abgehandelt. Deshalb ist sie als Grundlage der Darstellung geeignet: *Ausgangspunkt* ist die gesetzliche Definition in § 17 InsO (Rz. 10). Sodann wird geprüft, ob der Schuldner seine Zahlungen eingestellt hat. Die *Zahlungseinstellung* begründet nach § 17 Abs. 2 InsO die **gesetzliche Vermutung** *der Zahlungsunfähigkeit*. Ihr Vorliegen zwingt somit den Schuldner zum Beweis des Gegenteils, also seiner Zahlungsfähigkeit[5]. 32

Die **Zahlungseinstellung** ist von der Zahlungsunfähigkeit zu unterscheiden. Sie beschreibt keine wirtschaftliche Krise, sondern knüpft Rechtsfolgen an ein *äußerlich erkennbares tatsächliches Verhalten* des Schuldners und verzichtet 33

---

1 Vgl. nur BGH v. 19.4.2007 – 5 StR 505/06 – Rz. 11, wistra 2007, 308; BGH v. 21.8.2013 – 1 StR 665/12 – Rz. 13, NZWiSt 2014, 32 m. Anm. *Richter*, 36.
2 So aber *Natale/Bader*, wistra 2007, 413 in Bezug auf BGH v. 23.5.2007 – 1 StR 88/07, wistra 2007, 312; vgl. hierzu eine krit. Anm. *Wegner*, wistra 2007, 386.
3 *Arens*, wistra 2007, 453, meint demgegenüber, die Nichtberücksichtigung der Beweislastregelung müsse immer zu einer Vorverlagerung der Zahlungsunfähigkeit führen, weshalb er – allerdings zu Unrecht – den „Ultima-Ratio"-Grundsatz als verletzt ansieht.
4 BGH v. 18.7.2013 – IX ZR 143/12, ZIP 2013, 2015; m. Anm. *Blöse*, GmbHR 2013, 1204 ff. und *Priebe*, ZInsO 2013, 2479.
5 St. Rspr., vgl. zuletzt BGH v. 26.2.2013 – II ZR 54/12, ZWH 2013, 507 m. Anm. *Chr. Schmitt*, wo das Zusammenspiel von gesetzlicher Vermutung und (richterlicher) Gegenvermutung deutlich wird, wenn die Zahlungsfähigkeit durch den Beweis, dass die Unterdeckung weniger als 10 % beträgt, als widerlegt gilt.

dabei insbesondere auf die Feststellung des Grundes für dieses Verhalten. Sowohl nach früherem als auch nach jetzigem Recht ist Zahlungseinstellung gegeben, wenn der Unternehmer für Dritte erkennbar aufgehört hat, seine Verbindlichkeiten zu bezahlen. Sie kann im Gegensatz zur Zahlungsunfähigkeit auch auf *mangelndem Zahlungswillen* beruhen (vgl. Rz. 58 ff.). Gelingt dem Schuldner der ihm obliegende Gegenbeweis[1] nicht, ist *insolvenzrechtlich Zahlungsunfähigkeit festgestellt*; weiterer Darlegungen, insbesondere ihrer materiellen Begründung bzw. einer Unterdeckung von mindestens 10 %, bedarf es dann nicht[2].

34 Die Zahlungseinstellung leitet die Insolvenzrechtsprechung aus der **Nichtzahlung eines erheblichen Teils** der fälligen Verbindlichkeiten ab; dabei kann schon eine *einzige* (in „nicht unbeträchtlicher Höhe") *Verbindlichkeit* ausreichen[3]. Vor allem aber wird dann Zahlungseinstellung angenommen, wenn zum Feststellungszeitpunkt Verbindlichkeiten bestanden, die bis zur Verfahrenseröffnung nicht beglichen werden[4]. Für das insolvenzrechtliche *Verschulden* reicht im Übrigen Erkennbarkeit aus; fahrlässige Unkenntnis der Insolvenzreife wird ebenfalls vermutet[5]. Die Widerlegung dieser Vermutung kann kaum gelingen, zumal sich z.B. bei „ausbleibendem Auftragseingang" dem „ordentlichen Kaufmann" die *besondere Beobachtung der Liquiditätslage* „aufdrängen" muss. Ebenso wird der *Nichtzahlung von Sozialversicherungsbeiträgen* und Lohn indizielle Wirkung beigemessen, weil diese „typischerweise" nur dann nicht bei Fälligkeit bezahlt werden, wenn „die erforderlichen Geldmittel hierfür nicht vorhanden sind"[6].

35 Formulierungen wie die vorgenannte verdeutlichen allerdings, dass die zur Begründung der Zahlungseinstellung herangezogenen Indizien tatsächlich stets auf den *Mangel an Mitteln*, nicht aber auf den der *Zahlung entgegenstehenden Willen* des Schuldners gerichtet sind. Sie betreffen „Umstände des infolge der wirtschaftlichen Lage des Schuldners greifbaren Ausfallrisikos"[7]. Dabei ist eher selbstverständlich, dass die genannten (im Einzelfall) *mehr oder weniger gewichtigen Beweisanzeichen* im Rahmen einer **Gesamtwürdigung** den Schluss auf die Zahlungseinstellung aufgrund *fehlender* Geldmittel[8] – also in Wahrheit auf die Zahlungsunfähigkeit – belegen müssen.

36 Demnach erfolgt die Beweisführung im Insolvenzrecht grundsätzlich auf der **Basis von Indiztatsachen**, die in einer Gesamtwürdigung den Schluss auf eine andauernde Nichtzahlung fälliger Verbindlichkeiten, also die Zahlungseinstellung, zulassen. Dieser Schluss wiederum begründet die gesetzliche Vermutung der Zahlungsunfähigkeit. Eine weitere Beweisführung ist für den Insolvenz-

---

1 Zu den – hohen – Anforderungen an diesen Gegenbeweis BGH v. 19.11.2013 – II ZR 229/11, ZIP 2014, 258.
2 BGH v. 18.7.2013 – IX ZR 143/12 – Rz. 10.
3 Ebenfalls st. Rspr., vgl. nur BGH v. 26.2.2013 – II ZR 54/12.
4 BGH v. 30.6.2011 – IX ZR 134/10 – Rz. 12, 15, ZIP 2011, 1416 m.w.Nw.; BGH v. 15.3.2012 – IX ZR 239/09; BGH v. 26.2.2013 – II ZR 54/12.
5 BGH v. 19.6.2012 – II ZR 243/11.
6 BGH v. 12.10.2006 – IX ZR 228/03 m.w.Nw.
7 So die treffende Formulierung etwa in BGH v. 6.12.2012 – IX ZR3/12 – Rz. 24.
8 Instruktiv insoweit BGH v. 9.11.2013 – IX ZR 49/13 – Rz. 8, 11.

richter entbehrlich. Die rechnerische Feststellung von Unterdeckungs-Quotienten, die einen *Liquiditätsstatus* verbunden mit einem *Liquiditätsplan* voraussetzen, dient in der Praxis regelmäßig dem vom Schuldner zu führenden *Gegenbeweis* zur Begründung seiner Zahlungsfähigkeit.

3. Beweisführung im Strafrecht

Im Strafrecht erlangt die Beweisführung demgegenüber zentrale Bedeutung, ist sie doch Grundlage der *sicheren Überzeugung* des Strafrichters, dass die Tatbestandselemente nach der insolvenzrechtlichen Definition (Rz. 13) sämtlich schuldhaft erfüllt sind. In ständiger Rechtsprechung – nach dem Recht vor und nach der InsO 1999 – anerkennen die Strafsenate des BGH[1] hierfür **zwei** unterschiedliche, aber **gleichwertige**[2] **Feststellungsmethoden** und finden insofern auch ganz generell die Zustimmung der Literatur[3]:   37

– die Ermittlung eines bezifferten (stichtagsbezogenen) *Liquiditätsdefizits* aufgrund eines *Liquiditätsstatus*[4], verbunden mit einem *Liquiditätsplan*[5], anhand der Buchführungs- und sonstigen Unterlagen (**betriebswirtschaftliche Methode**) oder

– die Feststellung von *Warnzeichen* für Zahlungsschwierigkeiten und deren Bewertung in einer *Gesamtwürdigung* (**wirtschaftskriminalistische Methode**).

Feststehen muss aber nach *beiden Methoden* nicht nur die (nicht ganz unerhebliche) *Differenz* zwischen *fälligen Verbindlichkeiten* und der am Stichtag *vorhandenen Liquidität*, sondern auch, dass diese Differenz jedenfalls in kurzer Zeit *nicht beseitigt* werden kann. Dieser **Prognose zum Stichtag**[6] können Zahlen der *Planrechnung der Buchhaltung* zugrunde gelegt werden; sie kann auch das Ergebnis einer *wertenden Gesamtbetrachtung* der genannten *Indizien* sein. Für beide Fälle gilt, dass die zugrunde liegenden Zukunftserwartungen – Mittelzuflüsse abzüglich der in dieser Zeit zu erwartenden Mittelabflüs-   38

---

1 Schon BGH v. 3.12.1991 – 1 StR 496/91, NStZ 1992, 182; BGH v. 17.2.1993 – 3 StR 474/92, wistra 1993, 184; zuletzt BGH v. 21.8.2013 – 1 StR 665/12, NZWiSt 2014, 32 m. Anm. *Richter*, 34 f.
2 *Bittmann/Volkmer*, wistra 2005, 167 m.w.Nw.
3 Vgl. nur *Radtke* in MüKo, vor § 283 StGB Rz. 81; *Tiedemann* in LK, Vor § 283 StGB Rz. 130 ff.; *Fischer*, vor § 283 StGB Rz. 9b.
4 *Schlüchter*, wistra 1984, 42; *Heinen*, Handelsbilanzen, 12. Aufl. 1986, S. 408 ff.; *Uhlenbruck* in Karsten Schmidt/Uhlenbruck, Krise, Sanierung und Insolvenz, Rz. 5.82 ff. m. umfangreichen Nw.
5 Näher zur Finanzplanrechnung *Otte* in Graf/Jäger/Wittig, § 15a InsO Rz. 65 f. m.Nw.
6 Zur Anwendung des Zweifelgrundsatzes lediglich auf die Anknüpfungstatsachen, nicht aber auf die Wahrscheinlichkeitsprognose, vgl. *Quedenfeld/Richter* in Bockemühl, Hdb. FA StrafR, § 9 Rz. 136 ff.

se[1] – hinreichend sicher getroffen werden. Die prognostischen Erwartungen beruhen immer auf den Verhältnissen der Vergangenheit. Im Prognosezeitraum fällig werdende Forderungen gegen Kunden können nur dann in die Betrachtung einbezogen werden, wenn ihre pünktliche Bezahlung hinreichend sicher ist. Entsprechendes gilt für in Aussicht gestellte Überziehungen, Kredite u.Ä. Entscheidend ist dabei die *Ex-ante-Betrachtung* zum Zeitpunkt der Feststellung der (nicht unerheblichen) Liquiditätslücke.

Die *Strafrechtspraxis* legt nicht selten die (doppelte – Rz. 32, 34) Vermutung der insolvenzrechtlichen Beweisführung – Rückschluss aus der später nicht erfolgten Zahlung – ihrer Beurteilung zugrunde; diese Beweisführung trägt aber den notwendigen strafrechtlichen Schluss nicht. So muss der Strafrichter seine Gewissheit über die weitere Entwicklung einer festgestellten Deckungslücke und deren Vorhersehbarkeit bei betriebswirtschaftlicher Liquiditätsplanung und kriminalistischer Indiziensammlung aus der Vergangenheit – *zunehmende Nichtzahlung* – mit der Zukunftsentwicklung abgleichen, um so seinen Schluss – bei den erwarteten Liquiditätsüberschüssen habe es sich um bloße Hoffnungen oder auch nur Schutzbehauptungen gehandelt – abzusichern.

a) Betriebswirtschaftliches Liquiditätsdefizit

39 Die bei den strafrechtlichen Instanzgerichten verbreitete Annahme, die betriebswirtschaftliche Methode führe mit erhöhter Sicherheit zur Feststellung eines der gesetzlichen Definition entsprechenden Zeitpunkts des Eintritts der Zahlungsunfähigkeit[2], verkennt die Funktion der von der (Insolvenz-)Rechtsprechung genannten Liquiditätszahlen. Diese sind gerade nicht Gegenstand der Definition der Zahlungsunfähigkeit, sondern sollen – wie dargestellt (Rz. 25) – als „Schwellenwerte" lediglich Argumentationsraster bieten: Die Feststellung der Zahlungsunfähigkeit ist danach *kein Rechenwerk*, sondern **(tatrichterliche) Bewertung**. Zwar können bei der Beweisführung anhand von Warnzeichen (Rz. 41 ff.) keine Prozentzahlen einer Unterdeckung[3] ermittelt werden. Liegen den Buchhaltungen jedoch die betriebswirtschaftlich anerkannten Grundsätze ordnungsgemäßer Rechnungslegung (eingehend oben § 26) zugrunde, sind sowohl Defizit als auch Erwartungen im Hinblick auf zukünftige Finanzströme quantifiziert und damit leichter – nämlich lediglich auf deren Einhaltung – vom Strafrichter überprüfbar.

---

1 Unter dem Stichwort „Bugwellenmodell" wird nach mehrdeutigen Formulierungen des BGH in Zivilsachen (zuletzt BGH v. 6.12.2012 – IX ZR 3/12), ob den Aktiva II (die sofort verfügbaren liquiden „Aktiva I" und die innerhalb der nächsten drei Wochen verfügbaren Mittel nur) die Passiva I (also die fälligen Verbindlichkeiten) gegenüber gestellt werden sollen. Die Einbeziehung der zu erwartenden Verbindlichkeiten hat der BGH jedoch jüngst klargestellt: BGH v. 5.12.2013 – IX ZR 93/11, GmbHR 2014, 259 ff. m. zust. Anm. *Blöse*, 261; vgl. auch *Bremen* in Graf-Schlicker, § 17 InsO Rz. 16.
2 Auch nach BGH v. 30.8.2011 – 2 StR 652/10 „empfiehlt es sich", einen Liquiditätsstatus zu erstellen oder erstellen zu lassen.
3 Unter der Geltung der KO waren in der Literatur Fehlbeträge zwischen 15 und 50 %, in der Rspr. von 25 % angenommen worden – vgl. Voraufl., § 76 Rz. 65 m.Nw.

Festzuhalten ist, dass die *Zahlungsunfähigkeit* nach der *betriebs*wirtschaftlichen Feststellungsmethode[1] in **mehreren Schritten** zu erfolgen hat: 40

– Vorab ist die Ordnungsgemäßheit des Rechenwerkes (Liquiditätsstatus und Planrechnung) festzustellen.
– Weist der Status an einem konkreten Stichtag einen Fehlbetrag aus, ist dessen prozentuale Höhe im Hinblick auf die insgesamt an diesem Tag fälligen Verbindlichkeiten zu ermitteln.
– Gleichgültig ist, ob das Defizit weniger oder mehr als 10 % beträgt; die Finanzplanrechnung, aus der sich die hinreichend konkret zu erwartenden Einnahmen und Ausgaben der nächsten 21 Tage ergibt, ist in jedem Fall hinzuzuziehen[2].

Das 10-%-Kriterium der Unterdeckung hat somit hier keine Bedeutung. Es gibt (auch) dem Strafrichter lediglich einen Hinweis für seine Überzeugungsbildung: Je geringer die Unterdeckung, umso sorgfältiger muss die **Prognose** *des Andauerns* zur Feststellung der Zahlungsunfähigkeit sein. Diese Prognose erfordert die Prüfung, ob mit dem *Zufluss ausreichender liquider Mittel* (reale Möglichkeiten der Liquidierbarkeit von Vermögen, einer Kreditaufnahme oder sonstiger Kapitalzufuhr) unter Berücksichtigung von (neu) fällig werdenden Verbindlichkeiten innerhalb der *Schonfrist von drei Wochen* (oder auch ausnahmsweise von maximal sechs Wochen – Rz. 27) zu rechnen ist.

b) Warnzeichenhäufung

In der strafrechtlichen Praxis erfolgt die Feststellung der Zahlungsunfähigkeit 41
nach wie vor ganz überwiegend mithilfe der **wirtschaftskriminalistischen Feststellungsmethode**, weil immer noch in den weitaus meisten Fällen kleinerer und mittlerer Unternehmen keine oder doch keine hinreichend zuverlässigen Buchhaltungszahlen – jedenfalls für die krisenrelevante Zeit – vorliegen. Ausgangspunkt dieser Methode sind rechtliche Vorgänge, die sich auch außerhalb des Rechnungswesens niederschlagen und die – jeweils einzeln – ein *Warnzeichen* bilden.

Im Einzelnen waren und sind als **Warnzeichen**[3] folgende Ereignisse von Bedeutung: 42

a) die ausdrückliche Erklärung, nicht zahlen zu können;
b) Inanspruchnahme von Zahlungszielen (Verzicht auf Skonti);
c) das Ignorieren von Rechnungen und Mahnungen;
d) Scheck- und Wechselproteste; Scheckvordatierungen, Wechselbegebungen und -prolongationen;

---

1 Nw. bei BGH v. 21.8.2013 – 1 StR 665/12 – Rz. 14, NZWiSt 2014, 32 m. Anm. *Richter*, 34.
2 Sehr klar insofern BGH v. 21.8.2013 – 1 StR 665/12 – Rz. 14, NZWiSt 2014, 32 m. Anm. *Richter*, 34.
3 Vgl. die Auflistung in BGH v. 21.8.2013 – 1 StR 665/12, NZWiSt 2014, 32 m. Anm. *Richter*; unter Bezug auf *Wegner* in A/R, VII Rz. 93 und *Otte* in G/J/W, § 15a InsO Rz. 68, je m.Nw.

e) Zahlungsrückstände bei betriebsnotwendigen Aufwendungen, insbesondere bei Löhnen, Gehältern, Steuern, Sozialabgaben, Mieten, Versorgungsleistungen, Kommunikation;
f) Zustellung von Mahn- und Vollstreckungsbescheiden;
g) Pfändungen, auch soweit sie noch durch Zahlung abgewendet werden, Pfandloserklärungen;
h) Ladungen und Haftbefehle zur Abgabe der eidesstattlichen Versicherung nach § 807 ZPO;
i) Insolvenzanträge von Gläubigern;
j) Suche nach Beteiligungsinteressenten und Kreditgebern, Wechsel der Hausbank.

Auch *sonstige Reaktionen* Dritter auf die wirtschaftliche Situation des Unternehmers, wie Kreditkündigungen und -ablehnungen von Banken, Liefersperren von Lieferanten und Auftragsrücknahmen oder Zahlungsverzögerungen von Kunden, können auf eine beginnende Unternehmenskrise hinweisen.

43 Auch bei dieser Methode sind **mehrere Schritte** erforderlich:
- Die *Warnzeichen* für die Illiquidität des Unternehmens sind zu *sammeln*. Diese werden regelmäßig in einem chronologischen Häufigkeitsdiagramm der Warnzeichen dargestellt[1], aus dem sich ein übersichtliches Bild nach Art der Warnzeichen und ihrer zeitlichen Einordnung ergeben soll.
- Danach ist in einer **wertenden Gesamtschau**[2] zu prüfen, ob sie Erheblichkeit belegen. Diese folgt i.d.R. aus einer *deutlichen Häufung* ab einem bestimmten Zeitpunkt, kann aber auch Ergebnis eines bestimmenden Einzelereignisses sein. Hierbei wird nicht selten der Termin zur Abgabe der ersten eidesstattlichen Versicherung gewählt; dieser Termin markiert allerdings regelmäßig den Zeitpunkt des Eintritts der *Zahlungseinstellung* – nicht i.S. der Zahlungsunwilligkeit, sondern dem endgültigen Ende jeder Zahlung aufgrund fehlender Mittel – und liegt deshalb nahezu immer deutlich nach demjenigen der Zahlungsunfähigkeit, gewährt also für die Beweisführung einen dicken "Sicherheitspuffer".
- In einem weiteren Schritt ist die Dauerhaftigkeit anhand der bereits unter Rz. 38 als besonders wichtig erwähnten **Prognose** auch bei dieser Methode festzustellen. Im Normalfall ist die Zahlungseinstellung nämlich bereits im ersten fruchtlosen Pfändungsversuch zu sehen, während die Offenbarungsversicherung typischerweise erst nach mehreren erfolglosen Pfändungsversuchen abgegeben wird.

44 In der Praxis der Strafverfolgungsbehörden wird häufig eine **Kombination beider** zur Verfügung stehender **Diagnosemöglichkeiten** (Rz. 38, 39) angewandt. Dabei werden ergänzend zu den Warnzeichen Zahlen (oder Fakten) des Rech-

---

1 *Hoffmann*, DB 1980, 1527.
2 Deutlich und zutr. LG Hamburg v. 25.11.2011 – 326 T 1391/1, EWirR 2012, 487 m. Anm. *Jan-Philipp Meier*; vgl. auch BGH v. 6.12.2012 – IX ZR 3/12 und BGH v. 18.7.2013 – IX ZR 143/12, GmbHR 2013, 1202 m. Anm. *Blöse* = EWiR 2014, 53 m. Anm. *Wagner*, jew. unter Betonung der quantitativen und qualitativen Merkmale.

nungswesens des Schuldners, insbesondere auch dessen Planrechnung, herangezogen. So werden auch Hinweise für den Nachweis der subjektiven Tatseite gefunden, wobei oft die Warnzeichen den Zahlen des Rechnungswesens – insbesondere auch den Planzahlen des Unternehmens – widersprechen. Dies führt sodann nicht selten zum Verdacht des Bankrotts durch unordentliche Buchführung (dazu näher § 85 Rz. 34 ff.).

Die wirtschaftskriminalistische Praxis hat *EDV–Lösungen* zur Feststellung der Zahlungsunfähigkeit nach beiden Diagnosemöglichkeiten entwickelt, deren Anwendung sich zur Eigenkontrolle auch für den Unternehmer und seine Berater anbietet[1].

Auch das Warnzeichendiagramm allein ist zur Feststellung der **subjektiven Tatseite** bedeutsam. Ein Unternehmer, der Krisenwarnzeichen nicht zum Anlass nimmt, seine Buchhaltung und seine Planrechnung zu überprüfen (bzw. überhaupt einen Zahlungsplan aufzustellen), setzt sich regelmäßig dem Vorwurf der bedingt vorsätzlichen, zumindest aber fahrlässigen *Verkennung seiner Zahlungsunfähigkeit* aus. Oft sind die Warnzeichen so gravierend und/oder gehäuft, dass auf Vorsatz geschlossen werden muss. Hinweise des Unternehmers auf erwartete Vertragsabschlüsse (mit Gewinnaussichten!), Zahlungen von Schuldnern auf längst fällige Forderungen, neue Kreditmöglichkeiten und/oder sonstige Liquiditätszusagen erweisen sich dabei als schlichte „Hoffnungswerte", denen weder im Hinblick auf die Liquidität noch auch auf das Vermögen wirtschaftlicher Wert beizumessen ist. 45

4. Besonderheiten der GmbH & Co. KG

Bei einer *GmbH & Co KG* oder sonstigen **Personengesellschaften** (OHG, KG) ist die Zahlungsunfähigkeit der Gesellschaft *unabhängig* von der ihrer persönlich haftenden *Gesellschafter* festzustellen. Zwar sind die Gesellschafter Träger des Gesamthandsvermögens[2]; jedoch haften die Gesellschafter einer OHG und die Komplementäre einer KG für die Verbindlichkeiten der Gesellschaft persönlich unbeschränkt (§§ 128, 161 HGB). Die Gesellschaft hat aber *keinen* liquiditätsbegründenden *Anspruch* gegen sie auf Begleichung ihrer Verbindlichkeiten. Hat ein Gesellschafter eine Gesellschaftsverbindlichkeit getilgt, so wird die Gesellschaft dadurch liquiditätsmäßig nur entlastet, wenn er seinen Ersatzanspruch aus § 110 HGB ihr gegenüber stundet und es ihr dadurch ermöglicht, diese Verbindlichkeit bei der Berechnung des Liquiditätsdefizits unberücksichtigt zu lassen. 46

III. Weitere Liquiditätsbegriffe

1. Drohende Zahlungsunfähigkeit

Zu den **strafrechtlichen Krisenelementen** des Bankrotts gehörte schon nach altem Recht auch die *drohende Zahlungsunfähigkeit*, während der Gesetzgeber 47

---

1 *Reulecke*, EDV-gestützte Feststellung der Zahlungsunfähigkeit, CR 1990, 230.
2 Nw. bei BGH v. 23.2.2012 – 1 StR 586/11; zur Antragsbefugnis des Kommanditisten vgl. OLG Celle v. 18.7.2013 – 1 Ws 238/13.

von der Einbeziehung der drohenden Überschuldung, die noch im Regierungsentwurf des 1. WiKG aus dem Jahr 1976 vorgesehen war, aus Gründen mangelnder Tatbestandsbestimmtheit abgesehen hatte. Im Zivilrecht hat die drohende Zahlungsunfähigkeit erst mit der InsO Bedeutung als Verfahrenseröffnungsvoraussetzung erlangt[1] und in § 18 Abs. 2 InsO ihre Definition erhalten.

Mangels gesetzlicher Festlegung wurde sie bis zum Inkrafttreten der InsO begrifflich von der strafrechtlichen Literatur und Rechtsprechung entwickelt. Das *Drohen* wurde mit Formeln wie „naheliegende Wahrscheinlichkeit des Eintritts"[2] oder „Wahrscheinlichkeit des nahen Eintritts"[3] der Zahlungsunfähigkeit beschrieben. Die Rechtsprechung schien der zweiten Definition den Vorzug zu geben[4]. *Tiedemann*[5] stellt gegenüber dem zeitlichen Gesichtspunkt zutreffend die *Intensität der Gläubigergefährdung* in den Vordergrund. Danach droht die Zahlungsunfähigkeit, wenn für ihren Eintritt aufgrund der Umstände des Einzelfalles eine *überwiegende Wahrscheinlichkeit* spricht, nämlich der Eintritt nach dem normalen Ablauf der Dinge zu erwarten ist. Diese Ansicht kommt der Schutzfunktion des Bankrottstrafrechts am nächsten und ist daher anzuerkennen[6].

48 Zwar hat die drohende Zahlungsunfähigkeit mit ihrer **gesetzlichen Definition** in § 18 Abs. 2 InsO einen präziseren Inhalt bekommen, der zivilrechtsakzessorisch auf das Strafrecht übertragbar ist; dies ergibt sich auch ausdrücklich aus Hinweisen in den Begründungen der Regierungsentwürfe (vgl. § 76 Rz. 49 ff.). Dennoch können weiter anstehende Streitfragen über die Auslegung der Definitionselemente nur aus dem Verständnis der *alten Rechtslage* gelöst werden.

49 Da der Begriff des „Drohens" nach früherem Recht kaum konturiert war, wurde diese Bestimmung der strafrechtlichen Krise in der Praxis nur sehr selten eingesetzt[7]. Die bereits bei der Feststellung der eingetretenen Zahlungsunfähigkeit geschilderten *Prognoseprobleme* (Rz. 37, 39, 43) waren noch gravierender und wurden auch hier zumeist nach der wirtschaftskriminalistischen Methode gelöst. Dabei wurde auf den Zeitpunkt des Eintritts schon der **ersten Warnzeichen** abgehoben und für diesen Zeitpunkt die Wahrscheinlichkeitsprüfung nach den allgemeinen Grundsätzen für die Feststellung einer konkreten Gefahr[8] vorgenommen. Eine betriebswirtschaftliche Feststellungsmethode findet sich bei *Jäger*[9]. Danach lag die drohende Zahlungsunfähigkeit vor, wenn alle betriebswirtschaftlichen Merkmale der Zahlungsunfähigkeit gegeben waren bis auf das der Wesentlichkeit und/oder das des voraussichtlichen Andauerns des Liquiditätsdefizits. Hinzukommen musste allerdings eine gleichbleibend unter 1,0 liegende oder sinkende Tendenz des Liquiditätsquotienten ohne Aussicht auf eine dauerhafte Erholung[10].

---

1 Zur weitgehenden empirischen Bedeutungslosigkeit dieses Insolvenzantragsgrundes vgl. *Eidenmüller*, ZIP 2014, 1197.
2 *Müller–Emmert/Maier*, NJW 1976, 1663; *Tiedemann*, NJW 1977, 777; *Göhler/Wilts*, DB 1976, 1660; BT–Drs. 7/3441, 34.
3 *Fischer*, vor § 283 StGB Rz. 10.
4 BGH v. 23.8.1978 – 3 StR 11/78, JZ 1979, 75.
5 *Tiedemann* in LK, Vor § 283 StGB Rz. 129.
6 Vgl. auch *Bretzke*, KTS 1985, 413 ff., 423, der einen Wahrscheinlichkeitsgrenzwert von 50 % vorschlägt; hiergegen *Uhlenbruck*, wistra 1996, 3.
7 Auch unter Hinweis auf das Bestimmtheitsgebot des Art. 103 Abs. 2 GG; vgl. hierzu etwa *Röhm*, INF 2003, 592; *Uhlenbruck*, wistra 1996, 3; *Reck*, ZInsO 1999, 197.
8 BT–Drs. 7/3441, 34.
9 *Jäger*, Die Zahlungsunfähigkeit nach geltendem und geplantem InsolvenzR, DB 1986, 1441 ff.; vgl. auch *Borup*, wistra 1988, 88.
10 Insgesamt krit. zur Feststellbarkeit der drohenden Zahlungsunfähigkeit *Matzen*, 115.

§ 18 Abs. 2 InsO hat zu einer präziseren Feststellungsmethode geführt, die sich eng an derjenigen der Zahlungsunfähigkeit ausrichtet. So gilt auch für die Übertragung der von der Insolvenzrechtsprechung geschaffenen *Definition* der drohenden Zahlungsunfähigkeit der Grundsatz der **Zivilrechtsakzessorietät**[1] (Rz. 29). Sie ist nach § 18 Abs. 2 InsO eingetreten, wenn der Schuldner voraussichtlich nicht mehr in der Lage sein wird, die bestehenden Zahlungspflichten im Zeitpunkt ihrer Fälligkeit zu erfüllen[2]. So ist zunächst klargestellt, dass ihr Eintritt (das „Drohen") – im Unterschied zur Zahlungsunfähigkeit und -stockung – *vor Fälligkeit* der maßgebenden Verbindlichkeiten liegt.

Hiermit ist der **Prognosezeitraum** aber noch nicht festgelegt. So soll er die Zeitspanne des Entstehens bis zur Fälligkeit spätestens am Tag der Zahlungsunfähigkeit der ältesten Verbindlichkeit des Schuldners umfassen, wobei auf den spätesten Fälligkeitszeitpunkt aller *bestehenden Zahlungspflichten* abzustellen sei[3]. Diese zeitliche Begrenzung wird dem Gesetzeszweck aber dann nicht gerecht, wenn ein Schuldner *ständig revoltierende Verbindlichkeiten* – etwa auch noch im Wesentlichen bei wenigen oder nur einem Gläubiger – eingeht. Ist absehbar, dass derartige Verbindlichkeiten immer weniger bis keine Erfüllungsaussichten haben, kann die einzelne Fälligkeit den Prognosezeitraum nicht beschränken.

Dem widerstreitet dann aber die Forderung, den Prognosezeitraum bei langfristig oder wiederkehrend fällig werdenden Verbindlichkeiten auf einen „**überschaubaren Zeitraum**", nämlich bis zum Ende des auf die Feststellung folgenden Geschäftsjahres, zu begrenzen[4]. *Tiedemann*[5] hat demgegenüber zutreffend darauf hingewiesen, dass es auf das *zeitliche Näheverhältnis* nicht entscheidend ankommen kann, da sich die Gefährdung der Gläubiger auch über einen längeren Zeitraum erstrecken kann.

Damit wird vor allem der **Intensitätsgrad der Gefährdung** bedeutsam: Die *naheliegende Wahrscheinlichkeit* des Eintritts der Zahlungsunfähigkeit und nicht eine – wie auch immer zu bestimmende – Frist ist das zentrale Element dieser Krisenbestimmung[6]. Mit Sicherheit *zu erwartende* Zahlungspflichten bestimmen dann den Prognosezeitraum, wenn ihre Begleichung unwahrschein-

---

1 Vgl. *Beck* in W/J, Kap. 6 Rz. 90 m.w.Nw.
2 BT–Drs. 12/2443, 114 f.; *Heine/Schuster* in S/S, § 283 StGB Rz. 52; *Hoyer* in SK, § 283 StGB Rz. 19 ff.; *Kindhäuser* in NK, vor § 283 StGB Rz. 97 f.; *Radtke/Petermann* in MüKo, Vor §§ 283 ff. StGB Rz. 78 ff.; *Tiedemann* in LK, Vor § 283 StGB Rz. 126 ff.
3 BGH v. 19.2.2013 – 5 StR 427/12, so auch schon *Bittmann*, wistra 1998, 325; *Reck*, GmbHR 1999, 270; *Röhm*, INF 2003, 594; *Moosmayer*, S. 171; *Uhlenbruck*, wistra 1996, 3.
4 So aber *Bittmann*, wistra 1998, 325 unter Hinweis auf den Bestimmtheitsgrundsatz des Art. 103 Abs. 2 GG.
5 *Tiedemann* in LK, Vor § 283 StGB Rz. 135 ff., 138.
6 *Moosmayer*, S. 171; *Tiedemann* in LK, Vor § 283 StGB Rz. 139; a.A. nach wie vor *Fischer*, vor § 283 StGB Rz. 10.

lich ist[1]. Dabei ist – so auch die Gesetzesbegründung zu § 22 (jetzt § 18) InsO – die gesamte Finanzlage des Schuldners in die Prognose einzubeziehen. Es sind also im Rahmen der Prognose neben den zu erwartenden Einnahmen auch die künftigen, noch nicht begründeten Zahlungspflichten ebenso mit zu berücksichtigen[2], wie die in diesem Zeitraum voraussichtlich entstehenden und fällig werdenden Verbindlichkeiten (wie auch die zu erwartenden Einnahmen)[3].

54 Zahlungsunfähigkeit droht, wenn für ihren Eintritt **eine überwiegende Wahrscheinlichkeit**, nämlich der Eintritt nach dem normalen Lauf der Dinge zu erwarten ist. Für die Anknüpfungstatsachen dieser *Prognose* ist der *Zweifelsgrundsatz* anzuwenden. Im Übrigen handelt es sich, wie bei der Fortbestehensprognose für die Überschuldungsprüfung, um die überwiegende Wahrscheinlichkeit als rechtliche Voraussetzung.

55 Die **drohende Zahlungsunfähigkeit liegt** danach **vor**, wenn die Wahrscheinlichkeit des Eintritts der Zahlungsunfähigkeit größer als 50 % ist[4]. Einen hohen bzw. höchsten Gewissheitsgrad fordert auch diese Prognose nicht. Eher selbstverständlich ist somit der Hinweis des 5. Strafsenates[5], dass die *gesamte Entwicklung der Finanzlage* zu berücksichtigen ist, und eher missverständlich, dass die Wahrscheinlichkeit des Eintritts der Zahlungsunfähigkeit „desto höher" sein müsse, „je länger der Prognosezeitraum" andauere.

56 Die drohende Zahlungsunfähigkeit ist nach § 18 Abs. 1 InsO auch Grund zur **Insolvenzeröffnung**, wenn auch nur *fakultativ auf Antrag des Schuldners*. Obwohl auf diesem Wege schon der Eintritt einer objektiven Strafbarkeitsbedingung nach § 283 Abs. 6 StGB herbeigeführt werden kann, ist der Unternehmenszusammenbruch damit noch nicht angesprochen; vielmehr soll so eine letzte Möglichkeit für Sanierung außerhalb der Insolvenz eröffnet werden. Eine Strafbarkeit wegen verspäteter Insolvenzantragstellung wird mangels Antragspflicht nicht begründet (hierzu oben § 77 und unten § 80).

57 In viel stärkerem Maße als die Überschuldung hat die drohende oder eingetretene Zahlungsunfähigkeit auch Bedeutung für die **Betrugsstrafbarkeit** (dazu § 86 Rz. 12 ff.). Diese setzt nicht erst bei *Zahlungsstockungen* ein, die ja erst nach Eintritt der Fälligkeit vorliegen kann (Rz. 11), sondern schon in deren Vorfeld, also bei drohender Zahlungsunfähigkeit, wenn über die Zahlungswahrscheinlichkeit getäuscht wird. Dass die Liquidität zur oder nach Kaufpreisfälligkeit möglicherweise wiederhergestellt werden könnte, beseitigt nicht den durch Betrug schon erlittenen Gefährdungsschaden des Verkäufers.

---

1 Deutlich BGH v. 5.12.2013 – IX ZR 93/12, GmbHR 2014, 259 ff. m. zust. Anm. *Blöse*, 261; a.A. *Burger/Schellberg*, BB 1995, 264; *Uhlenbruck*, KTS 1995, 171 und *Uhlenbruck*, wistra 1996, 4, für den Fall etwa vorhersehbarer Ansprüche aus Produkthaftung; wie hier *Bittmann*, wistra 1998, 325; *Reck*, GmbHR 1999, 270; *Röhm*, INF 2003, 594.
2 BT-Drs. 12/2443, 115.
3 So auch *Reck*, 746; *Bittmann*, wistra 1998, 325; a.A. *Burger/Schellberg*, BB 1995, 261 (264); *Röhm*, INF 2003, 597 hält nur einen Zeitraum von einem Jahr für vertretbar.
4 BT-Drs. 12/2443, 115; *Reck*, GmbHR 1999, 270; *Röhm*, INF 2003, 596.
5 BGH v. 19.2.2013 – 5 StR 427/12 – Rz. 12, ZHW 2013, 367 ff. m. Anm. *Trück*.

2. Zahlungseinstellung

a) Die **Zahlungseinstellung** (§ 17 Abs. 2 InsO) war nach einer schon zum früheren Recht anerkannten Formel eingetreten, wenn die Zahlungsunfähigkeit (oder auch nur eine willkürliche Zahlungsunwilligkeit) des Schuldners *nach außen* – zumindest für die beteiligten Verkehrskreise – *erkennbar* durch Nichtbezahlung seiner Verbindlichkeiten zutage getreten war. Die Zahlungseinstellung unterschied sich damit von der Zahlungsunfähigkeit dadurch, dass sie keine wirtschaftliche Krisenlage beschrieb, sondern lediglich ein nach außen in Erscheinung getretenes faktisches Verhalten darstellte. Der Gesetzgeber wollte damit erreichen, dass sie ähnlich leicht feststellbar war wie die weiteren Bedingungsalternativen der Eröffnung oder Ablehnung des Insolvenzverfahrens. Daher sollte es auch nicht erforderlich sein, die Zahlungsunfähigkeit des Schuldners als tatsächlich bestehenden Grund für die Nichtzahlung festzustellen. Sie wurde und wird aber gesetzlich vermutet, da die Zahlungseinstellung den *Unternehmenszusammenbruch* markieren soll. 58

Hieran hat sich nach neuem Recht nichts geändert, denn sowohl nach der KO als auch nach § 17 Abs. 2 S. 2 InsO besteht bei der Zahlungseinstellung eine gesetzliche Vermutung für das Vorliegen der Zahlungsunfähigkeit. Wenn als Grund für die Zahlungseinstellung nach herrschender Ansicht zum früheren und heutigen Recht neben der Zahlungsunfähigkeit auch ein **mangelnder Zahlungswille**[1] ausreichen kann, so soll damit allerdings nicht zwingend auch die Nichtbezahlung von Forderungen aus Rechtsgründen zur Annahme der Zahlungseinstellung führen, weil dies ihren Sinn verfehlen würde. Dem Schuldner ist daher gestattet, die Vermutung einer Nichtzahlung mangels ausreichender Liquidität zu widerlegen. 59

Das Prinzip der **leichten Feststellbarkeit** der Zahlungseinstellung wurde schon nach früherem Recht auch durch eine eigenständige Definition der nach gesetzlicher Vermutung zugrunde liegenden Zahlungsunfähigkeit angestrebt. Es entfiel nicht nur (wie bei der Auslegung der Zahlungsunfähigkeit als Krisenmerkmal nach der InsO) das *Merkmal der Dauerhaftigkeit*, sondern es musste auch ein *Mindest-Liquiditätsdefizit* nicht festgestellt werden. Zwar fordert die Rechtsprechung die *Nichtzahlung eines erheblichen Teils* der fälligen Verbindlichkeiten, wobei aber schon eine *einzige Verbindlichkeit* ausreichen kann[2] (s. hierzu Rz. 34). Auch genügte ihre Erkennbarkeit für einen einzelnen Gläubiger, etwa durch das Scheitern seines Vollstreckungsversuchs[3]. Schließlich konnte die Zahlungseinstellung sogar vorliegen, wenn der Schuldner in der *irrigen Annahme* seiner Zahlungsunfähigkeit seine Verbindlichkeiten nicht mehr be- 60

---

1 BGH bei *Herlan*, GA 1953, 73; die Einbeziehung des mangelnden Zahlungswillens bedeutet einen wesentlichen Unterschied zum Krisenelement der Zahlungsunfähigkeit sowie zur Zahlungseinstellung im ZivilR (§ 30 KO, § 17 Abs. 2 InsO); *Bieneck*, wistra 1992, 89; vgl. auch *Moosmayer*, Einfluss der Insolvenzordnung 1999 auf das InsolvenzstrafR, 1997, 178 m.w.Hw.; a.A. *Tiedemann* in LK, Vor § 283 StGB Rz. 144; *Fischer*, vor § 283 StGB Rz. 13.
2 Ebenfalls st. Rspr., vgl. nur BGH v. 26.2.2013 – II ZR 54/12.
3 *Tiedemann* in LK, Vor § 283 StGB Rz. 145; *Bieneck*, wistra 1992, 89; BGH v. 22.2.2001 – 4 StR 421/00, wistra 2001, 308.

glich. Damit sollte jeder Nachweisaufwand über ihr tatsächliches Vorliegen vermieden werden[1]. Die InsO hat an diesen Voraussetzungen der Zahlungseinstellung nichts geändert[2].

61 b) Während die Ermittlungsbehörden und Strafgerichte die Zahlungseinstellung selbst festzustellen haben, besteht bezüglich der **Eröffnung oder Ablehnung des Insolvenzverfahrens** *keine Nachprüfungskompetenz*. Sie sind insoweit an die rechtskräftigen Beschlüsse der Insolvenzgerichte gebunden[3]. Eine *Aufhebung* des Eröffnungsbeschlusses auf sofortige Beschwerde lässt die objektive Bedingung der Strafbarkeit (§ 81 Rz. 65 ff.) wieder entfallen (§ 34 Abs. 3 InsO). Dagegen sind die spätere *Einstellung* des Verfahrens oder seine *Aufhebung* nicht mehr von Bedeutung (§§ 207, 258 InsO)[4].

62 c) Für die **Zulässigkeit der Strafverfolgung** genügt der Eintritt einer der drei Bedingungen, die § 283 Abs. 6 StGB für eine strafrechtliche Verfolgung voraussetzt. Sind *mehrere* gegeben, so können die evidenten Alternativen der Ablehnung oder Eröffnung des Insolvenzverfahrens anstatt der konkret beweisbedürftigen Zahlungseinstellung dem Strafverfahren zugrunde gelegt werden.

63 Mit dem Eintritt der zeitlich *ersten* Strafbarkeitsbedingung beginnt jedoch der Lauf der Frist für die **Strafverfolgungsverjährung**, soweit nicht die Bankrotthandlung erst danach begangen wurde[5]. Nicht selten – vor allem bei Zahlungseinstellung und Masseabweisung dauern Rechnungslegungsstraftaten (unten § 85) weiter an, sodass der Beginn der Verjährung sich weiter verschiebt; Beweisprobleme sind insoweit nach dem Zweifelsgrundsatz zu lösen.

§ 79
Überschuldung

Bearbeiter: Hans Richter

	Rz.		Rz.
I. Überschuldung und deren strafrechtliche Relevanz	1	1. Dynamische und statische Vermögensbetrachtung	6
II. Bewertungsverfahren im normativen Wechsel	4	2. Gesetzliche Vorgaben im Zeitablauf	10

---

1 *Fischer*, vor § 283 StGB Rz. 13.
2 *Röhm*, INF 2003, 432; a.A. *Moosmayer*, S. 181.
3 Ein Insolvenzeröffnungsbeschluss ist auch wirksam, wenn das Amtsgericht dafür örtlich nicht zuständig war, BGH v. 22.1.1998 – IX ZR 99/97, ZIP 1998, 477, noch zur KO.
4 *Radtke/Petermann* in MüKo, Vor §§ 283 ff. StGB Rz. 104 f.; *Heine/Schuster* in S/S, § 283 StGB Rz. 61 f.
5 *Tiedemann* in LK, § 283 StGB Rz. 221; *Heine/Schuster* in S/S, § 283 StGB Rz. 70.

	Rz.		Rz.
III. Fortführungsprognose	19	V. Subjektive Fragen	52
IV. Überschuldungsstatus	30	VI. Verhältnis zwischen Überschuldung und Zahlungsunfähigkeit	56
1. Inhaltliche Anforderungen	32		
2. Bewertung der Vermögensteile	43		

Schrifttum: Vgl oben § 75 und § 76, außerdem:

Monografien: *Biermann*, Die Überschuldung als Voraussetzung zur Konkurseröffnung, 1963; *Bötzel*, Diagnose von Konzernkrisen, 1993; *Bretzke*, Der Begriff der „drohenden Zahlungsunfähigkeit" im Konkursstrafrecht, 1984; *Drukarczyk*, Unternehmen und Insolvenz, 1987; *Drukarczyk/Schüler*, Zahlungsunfähigkeit, drohende Zahlungsunfähigkeit und Überschuldung, Kölner Schrift zur Insolvenzordnung, 1999; *Engeleiter*, Unternehmensbewertung, 1970; *Erdmann*, Die Krisenbegriffe der Insolvenztatbestände, 2007; *Federmann*, Bilanzierung nach Handelsrecht, Steuerrecht und IAS/IFRS, 12. Aufl. 2010; *Giebeler*, Die Feststellung der Überschuldung einer Unternehmung unter besonderer Berücksichtigung der Beziehungen zur Zahlungsunfähigkeit, 1982; *Groth*, Überschuldung und eigenkapitalersetzende Gesellschafterdarlehen, 1995; *Harneit*, Überschuldung und erlaubtes Risiko, 1984; *Hauschildt/Leker* (Hrsg.), Krisendiagnose durch Bilanzanalyse, 2. Aufl. 2000; *Hirtz*, Die Vorstandspflichten bei Verlust, Zahlungsunfähigkeit und Überschuldung einer AG, 1966; *Höfner*, Die Überschuldung als Krisenmerkmal des Konkursstrafrechts, 1981; *Matzen*, Der Begriff der drohenden und eingetretenen Zahlungsunfähigkeit im Konkursstrafrecht, 1993; *Moosmayer*, Einfluss der Insolvenzordnung 1999 auf das Insolvenzstrafrecht, Diss., 1997; *Moxter*, Grundsätze ordnungsmäßiger Unternehmensbewertung, 2. Aufl. 1983; *Münstermann*, Wert und Bewertung der Unternehmung, 3. Aufl. 2013; *Penzlin*, Strafrechtliche Auswirkungen der Insolvenzordnung, Diss., 2000; *Röhm*, Zur Abhängigkeit des Insolvenzstrafrechts von der Insolvenzordnung, Diss. 2002; *Stracke*, Zur Übertragbarkeit des zivilrechtlichen Überschuldungsbegriffs in das Strafrecht, 2007; *Viel/Bredt/Renard*, Die Bewertung von Unternehmen, 5. Aufl. 1975; *Wolf, Thomas*, Überschuldung, 1998; *Wolf, Thomas/Schlagheck*, Überschuldung, Tatbestand, Bilanzierung, Steuerrecht, 2007.

Aufsätze: *Arens*, Die Bestimmung der Zahlungsunfähigkeit im Strafrecht, wistra 2007, 450 ff.; *Bieneck*, Die Zahlungseinstellung in strafrechtlicher Sicht, wistra 1992, 89 ff.; *Bieneck*, Strafrechtliche Relevanz der InsO und aktueller Änderungen des Eigenkapitalersatzrechts, StV 1999, 43 ff.; *Bilo*, Zum Problem der Überschuldung im strafrechtlichen Bereich, GmbHR 1981, 73 ff., 104 ff.; *Bittmann*, Zahlungsunfähigkeit und Überschuldung nach der InsO, wistra 1998, 321 ff. und 1999, 10 ff.; *Bittmann*, Neufassung des § 19 Abs. 2 InsO, wistra 2009, 138 ff.; *Bremer*, Der Insolvenzgrund der Zahlungsunfähigkeit einer GmbH, GmbHR 2002, 257 ff.; *Florstedt*, Grundsätze der Unternehmensbewertung im Strafrecht, wistra 2007, 441 ff.; *Franzheim*, Das Tatbestandsmerkmal der Krise im Bankrottstrafrecht, NJW 1980, 2500 ff.; *Ganter*, Die Anforderungen der höchstrichterlichen Rechtsprechung an eine zuverlässige Fortführungsprognose bei der Sanierungsprüfung, NZI 2014, 673 ff.; *Grube/Röhm*, Überschuldung nach dem Finanzmarktstabilisierungsgesetz, wistra 2009, 81 ff.; *Hartung*, Probleme bei der Feststellung der Zahlungsunfähigkeit, wistra 1997, 1 ff.; *Höffner*, Überschuldung: Ein Tatbestand im Schnittpunkt von Bilanz-, Insolvenz- und Strafrecht, BB 1999, 198 ff. und 252 ff.; *Hoffmann*, Zahlungsunfähigkeit und Zahlungseinstellung, MDR 1979, 713 ff.; *Holzer*, Die Änderung des Überschuldungsbegriffs durch das FMStG, ZIP 2008, 2108 ff.; *Lüderssen*, Der Begriff der Überschuldung in § 84 GmbHG, in GS Kaufmann, 1989, S. 675 ff.; *Lutter*, Zahlungseinstellung und Überschuldung unter der neuen InsO, ZIP 1999, 641 ff.; *Natale/Bader*, Der Begriff der Zahlungsunfähigkeit im Strafrecht, wistra 2007, 413 ff.; *Otto*, Der Zusammenhang zwischen Krise, Bankrotthandlung und Bankrott im Konkursstrafrecht, in GS Bruns, 1980, S. 265 ff.; *Reck*, Das Insolvenzgesetz, eine strafrechtliche Betrachtung aus betriebswirtschaftlicher Sicht, Betrieb und Wirtschaft 1997, 743 ff.; *Reck*, Auswirkungen der Insolvenzordnung auf die GmbH aus strafrechtlicher Sicht, GmbHR 1999, 267 ff.;

Reck, Auswirkungen der Insolvenzordnung auf die Insolvenzverschleppung, Bankrottstraftaten, Betrug und Untreue, ZInsO 1999, 195 ff.; *Richter*, Das Fehlen der Positiven Fortführungsprognose als strafrechtliche Grenze von Unternehmenssanierungen, in FS Wolf Schiller, 2014, S. 547 ff.; *Richter* Neue Strafbarkeitsrisiken bei Restrukturierung, Sanierung und Insolvenz – FMStG, ESUG und Bankrottstrafrecht, in Heinrich (Hrsg.), Hochkonjunktur für die Sanierungspraxis, 2014, S. 39 ff.; *Röhm*, Strafrechtliche Folgen eines Insolvenzantrags bei drohender Zahlungsunfähigkeit nach § 18 InsO, NZI 2002, 134 ff.; *Röhm*, Die eingetretene Zahlungsunfähigkeit als insolvenzstrafrechtliches Krisenmerkmal, INF 2003, 429 ff.; *Röhm*, Die drohende Zahlungsunfähigkeit als insolvenzstrafrechtliches Krisenmerkmal, INF 2003, 592 ff.; *Röhm*, Die Überschuldung als insolvenzstrafrechtliches Krisenmerkmal, INF 2003, 831 ff.; *Schlüchter*, Die Krise im Sinne des Bankrottstrafrechts, MDR 1978, 265; *Schlüchter*, Zur Bewertung der Aktiva für die Frage der Überschuldung, wistra 1984, 41 ff.; *Karsten Schmidt*, Eigenkapitalersatz und Überschuldungsfeststellung, GmbHR 1999, 9 ff.; *Karsten Schmidt*, Überschuldung und Insolvenzantragspflicht nach dem FMStG, DB 2008, 2467 ff.; *Schmitz*, Die Neufassung des § 19 Abs. 2 InsO durch das FMStG und seine Bedeutung für strafrechtliche „Altfälle", wistra 2009, 369 ff.; *Stypmann*, Statische oder dynamische Überschuldungskonzeption, wistra 1985, 89 ff.; *Tiedemann*, Die Überschuldung als Tatbestandsmerkmal, in GS Schröder, 1978, S. 302 ff.; *Uhlenbruck*, Strafbefreiende Wirkung des Insolvenzplans?, ZInsO 1998, 250 ff.; *Vonnemann*, Die Feststellung der Überschuldung, BB 1991, 867 ff.; *Wegner*, Neuer alter Überschuldungsbegriff, PStR 2008, 279 ff.; *Wimmer*, Gesellschaftsrechtliche Maßnahmen zur Sanierung von Unternehmen, DStR 1996, 1249 ff.; *Wolf*, Der Gesellschafterrangrücktritt bei Überschuldung (und Zahlungsunfähigkeit), ZWH 2014, 261 ff.

I. Überschuldung und deren strafrechtliche Relevanz

1 Gemeinsamer Ausgangspunkt aller **Definitionen der Überschuldung** ist der *Vergleich des Vermögens mit den Schulden* eines Rechtsträgers: das Überwiegen der Schulden (Verbindlichkeiten) über die Summe des Wertes aller Vermögensgegenstände[1]. Da es insofern auf die Fälligkeit der Verbindlichkeiten nicht ankommt und der Wert der Vermögensgegenstände stichtagsbezogen festzustellen ist, wird von einer *„Statischen Definition"* gesprochen, der eine *„Dynamische"* gegenübergestellt werden kann (Rz. 6 ff.). Bei der dynamischen Bewertung werden die Gläubiger auf die (zukünftige) *Befriedigungsfähigkeit des Schuldners* verwiesen. Sie begibt sich damit allerdings in gefährliche Nähe zur Feststellung der Liquidität (§ 78 Rz. 9 ff.) und schenkt darüber hinaus der Erkenntnis, dass der Wert der Vermögensgegenstände *stets* von ihrer (*zukünftigen*) Nutzung abhängt, nicht hinreichend Beachtung. Die statische Betrachtungsweise stellt demgegenüber auf das vom Schuldnerverhalten unabhängige *objektive* (voraussichtliche) *Verwertungsergebnis* der Vermögensgegenstände ab[2]. Die Entscheidung des Gesetzgebers in Richtung einer mehr oder weniger „dynamischen" Definition hat danach entscheidende Bedeutung für das Maß

---

1 So auch die frühere Legaldefinition in § 64 GmbHG (a.F.), § 92 Abs. 2 S. 2 AktG (a.F.), die der Überschuldung nach der KO zugrunde gelegt wurde; vgl. nur *Tiedemann* in LK, Vor § 283 StGB Rz. 147 ff.; *Radtke* in MüKo, vor § 283 StGB Rz. 61; *Fischer*, vor § 283 StGB Rz. 7a.
2 Zutr. wird deshalb „effektiv versteckten Vermögensgegenstände" von der Rechtsprechung weder ein Vermögenswert beigemessen noch beinhalten sie Liquidität, st. Rspr. zuletzt BGH v. 22.1.2013 – 1 StR 234/12 – Rz. 5, BGHSt 58, 115 m.w.Nw.

an Risiko, das zu übernehmen dem Gläubiger zugemutet wird. Sie hat aber auch erhebliche strafrechtliche Relevanz, da zukünftige Verhältnisse, insbesondere subjektive Fähigkeiten, der strafrechtlichen Beweisführung hohe Hürden setzen (näher Rz. 19 ff.).

Bereits in § 78 Rz. 1 wird darauf hingewiesen, dass dem **Krisenmerkmal „Zahlungsunfähigkeit"** zwar in der insolvenzstrafrechtlichen Praxis weit überragende Bedeutung zukommt, *Vermögen sich aber von Liquidität nur durch den Faktor „Zeit"* (die benötigt wird, um Vermögen in Liquidität umzuformen) *unterscheidet* (§ 78 Rz. 5). Der im Zentrum der Überschuldungsfeststellung stehende Wert der Vermögensgegenstände hat also auch für die Zahlungsunfähigkeit Relevanz. Wenn demgegenüber die insolvenzrechtliche Praxis dem Insolvenzantragsgrund der Überschuldung eher marginale Bedeutung beimisst[1], beruht dies darauf, dass als Antragsgrund bei Eigeninsolvenz-Anträgen regelmäßig „drohende Zahlungsunfähigkeit", bei Fremdanträgen „eingetretene Zahlungsunfähigkeit" angegeben wird. Die Überprüfung der Antragsgründe ergibt allerdings signifikant häufig, dass die *Überschuldung* deutlich *vor der Zahlungsunfähigkeit* eingetreten ist[2], was die Strafverfolgungsbehörden indes wegen erhöhter Nachweisprobleme und mangelnder (Straffolgen-)Relevanz nur selten näher prüfen.

Auf die Bedeutung der Feststellung der Überschuldung – bei der gegebenen Zivilrechtsakzessorietät auch dieses insolvenzrechtlichen Krisenmerkmales (§ 75 Rz. 49 ff.) – für das *Untreuestrafrecht* im Hinblick auf die Unwirksamkeit der Einwilligung der Gesellschafter bei Schmälerung des Vermögens juristischer Personen ist bereits unter § 32 Rz. 84 ff. (zum *„Existenzgefährdenden Eingriff"*) hingewiesen. Unter § 82 Rz. 26 ff. ist dargestellt, dass Vermögen regelmäßig vor Eintritt der Zahlungsunfähigkeit der Masse entzogen wird und dass Beiseiteschaffen i.S. des Bankrotts nach § 283 StGB (auch) vorliegt, wenn hierdurch die Überschuldung herbeigeführt oder vertieft wird. Dies erhellt, dass der Feststellung der **Überschuldung strafrechtlich** – entgegen dem ersten Anschein der Praxis des Bankrott- und Verschleppungsstrafrechts – bei der Aufklärung schwererer Straftaten, wie etwa Vermögensverschiebungen im Vorfeld der Insolvenz, **zentrale Bedeutung** zukommt.

II. Bewertungsverfahren im normativen Wechsel

Die Unternehmenskrise in Gestalt der **Überschuldung** hatte strafrechtlich bereits bei den im Nebenstrafrecht der KO geregelten Konkursvergehen **als** (schuldabhängiges!) **Tatbestandsmerkmal** Bedeutung. Eines der zentralen Ziele des 1. WiKG im Jahr 1976 war es, mit der Lozierung dieser Normen im Kernstrafrecht nicht nur deren Bedeutung für das nunmehr projektierte Wirtschafts-

---

1 *Bitter/Hommerich/Reiß*, ZIP 2012, 1201 ff.; *Bitter*, WPg 2012, Editorial, selbst misst allerdings dem Überschuldungsbegriff eine „für die Unternehmenspraxis immense Bedeutung" zu.
2 *Richter* in Heinrich (Hrsg.), S. 40. Das bestätigt auch die Praxis der Insolvenzrichter, vgl. die Empfehlungen des Bundesarbeitskreises Insolvenzgerichte e.V. (BAK-InsO e.V.), NZI 2009, 37.

strafrecht insgesamt zu unterstreichen, sondern auch die – bis dahin geringe – Intensität ihrer strafrechtswissenschaftlichen Diskussion zu steigern[1]. Dabei darf aber nicht aus dem Blick geraten, dass die Strafsenate des BGH die Zivilrechtsakzessorietät (nicht nur der Zahlungsunfähigkeit – § 78 Rz. 28 –, sondern auch) der Überschuldung nie in Zweifel gezogen haben (§ 75 Rz. 49 ff.). Strafrechtlich geht es demgemäß um *Wortlautgrenzen und Beweisführung*.

5 Demgemäß sollen im Folgenden zunächst die strafrechtlich relevanten Grundlagen und Unterschiede statischer und dynamischer Betrachtungen des Vermögens (Rz. 6 ff.) und sodann die Entwicklung der Definition der Überschuldung durch Rechtsprechung und Gesetzgebung vor diesem Hintergrund beleuchtet werden (Rz. 10 ff.).

1. Dynamische und statische Vermögensbetrachtung

6 Zunächst ist Inhalt und Umfang des (behaupteten) **Gegensatzes** zwischen **statischen und dynamischen Sichtweisen** bei der Feststellung der Überschuldung (Rz. 1) auszuloten[2]. *Statisch* ist die Methode, wenn stichtagsbezogen die realen Vermögenswerte des Unternehmens seinen Verbindlichkeiten gegenübergestellt werden. Die Betriebswirtschaftslehre hat hierfür Kriterien entwickelt, welche die Rechtsprechung in detaillierte Vorschriften für *Bilanzen* umgesetzt hat, wobei auch (periodischer) Erfolg ausgewiesen wird (eingehend § 26 Rz. 71 ff.). Um die davon abweichende Zielsetzung der Überschuldungsfeststellung zu betonen, wird aber ganz allgemein und zutreffend[3] der Begriff „Bilanz" vermieden und stattdessen der Ausdruck *Vermögensstatus* – genauer: „**Überschuldungsstatus**"[4] – bevorzugt.

7 Mit dieser Begriffswahl ist eine Entscheidung für oder gegen eine „dynamische Betrachtung" nicht getroffen. Sie stellt lediglich klar, dass diese Gegenüberstellung von Vermögen und Schulden einem anderen Ziel dient: Festzustellen ist das **Schuldendeckungspotenzial**, welches das Vermögen des Schuldners zur Befriedigung seiner Verbindlichkeiten enthält[5]. Wenn Literatur[6] und Rechtsprechung[7] hierbei von einer „fiktiven Vorwegnahme der Konkurseröffnung" oder eben vom „Potenzial nach Liquidationswerten" sprechen, verdeutlicht dies, dass weder der Begriff – „Status" – noch sein Ziel – „Feststellung des Umfangs der (voraussichtlichen) Gläubigerbefriedigung" – den Maßstab bestimmen,

---

1 Zentral hierzu *Tiedemann* in LK, Vor § 283 StGB Rz. 6 ff.
2 Vgl. z.B. *Stypmann*, wistra 1985, 89; instruktiv zur historischen Entwicklung der Feststellungsmethoden *Grube/Röhm*, wistra 2009, 81.
3 Nicht der Klarheit, sondern der Verwirrung dient es somit, wenn neuerdings gelegentlich (z.B. BGH v. 12.12.2013 – II ZR 53/12; BGH v. 6.6.2013 – IX ZR 204/12) von „Überschuldungsbilanz" gesprochen wird.
4 BGH v. 19.8.1986 – 4 StR 358/86, wistra 1987, 28; zur historischen Entwicklung des Überschuldungsbegriffs vgl. *Röhm*, INF 2003, 831.
5 Hierzu *Quedenfeld/Richter* in Bockemühl, Hdb. FA StrafR, § 9 Rz. 122.
6 Vgl. nur *Hommelhoff*, Eigenkapitalersetzende Gesellschafterdarlehen und Konkursantragspflicht, in HandelsR und SteuerR, FS Döllerer 1988, S. 245 ff.; *Gehrlein*, BB 2004, 2361.
7 Z.B. BGH v. 22.9.2003 – II ZR 229/02.

mittels dessen das erwünschte Ziel erreicht werden soll. Dieser *Maßstab* muss vielmehr *vom Gesetzgeber* – orientiert am Normzweck – vorgegeben werden.

Die *statische* Betrachtung entspricht dem Normzweck des Gläubigerschutzes, wenn den Gläubigern eine sofortige (Teil-)Befriedigung unter Inkaufnahme der Zerschlagung der Sachverbindung der Wirtschaftsgüter in der Nutzung des Schuldners und damit ohne Berücksichtigung eventueller zukünftiger Erträge bei einer Fortführung der Nutzung verschafft werden soll (**Liquidations-** oder **Zerschlagungswerte** – Rz. 47 ff.). Das *dynamische* Element betont demgegenüber nicht den augenblicklichen Vermögensstand, sondern die *zukünftige Ertragskraft des Unternehmens*[1]. Von ihr sollen die Gläubiger profitieren, deren Befriedigung aus dem *Ertragswert* – den zukünftig erwarteten durchschnittlichen Reinerträgen – erwartet wird[2] (**Fortführungswerte** – Rz. 43 ff.).

Zwar werden die Zerschlagungswerte regelmäßig niedriger als die Fortführungswerte sein. Für sie spricht aber ihre höhere Realisierungswahrscheinlichkeit. Da es um die **Wertbestimmung** der Unternehmensgegenstände geht, kann ihr nicht eine *bloße Hoffnung auf die Entwicklung in der Zukunft* oder eine subjektive *Auffassung des Bewertenden* zugrunde gelegt werden. Maßstab der notwendigen Bestimmung kann daher nur eine in der Fachwissenschaft – hier der Betriebswirtschaftslehre – anerkannte **Prognose** sein[3].

2. Gesetzliche Vorgaben im Zeitablauf

a) Nachdem die Konkursordnung eine Definition der Überschuldung nicht enthielt, galt im Zivilrecht bis 1999[4] – beruhend im Wesentlichen auf dem *„Dornier-Urteil"* des BGH[5] – die **„modifizierte zweistufige Prüfungsmethode"**[6]. Diese geht, dem Gedanken des Gläubigerschutzes folgend, davon aus, dass zunächst – in einem *1. Schritt* – ein *Überschuldungsstatus* unter Ansatz von *Zer-*

---

1 *Münstermann*, Wert und Bewertung, 29 ff. und 80 ff.; vgl. auch *Hirtz*, Die Vorstandspflichten bei Verlust, Zahlungsunfähigkeit und Überschuldung einer AG, 1966, S. 45.
2 *Viel/Bredt/Renard*, Bewertung von Unternehmen, 134 ff.
3 Vgl. *Uhlenbruck*, GmbH & Co., S. 81: Es gibt keinen objektiv „wahren" oder „richtigen" Wert eines Vermögensgegenstandes oder einer Schuld.
4 *K. Schmidt* in Scholz, § 63 GmbHG Rz. 13. *Karsten Schmidt* hat zwar die Rechtswirkung der Überschuldung als strafrechtliches Krisenelement nach § 283 StGB nicht angesprochen. Der Überschuldungsbegriff sollte aber im zivil- und strafrechtlichen Bereich inhaltlich einheitlich bestimmt werden, weshalb die Vorschläge *Karsten Schmidts* nicht nur im Bereich des Zivilrechts, sondern auch bei der Insolvenzverschleppung nach §§ 64, 84 GmbHG sowie für das Insolvenzstrafrecht anwendbar sind; vgl. zur Zivilrechtsakzessorietät im Übrigen oben § 75 Rz. 49 ff.
5 BGH v. 23.3.1992 – II ZR 128/91; vgl. auch BGH v. 13.7.1992 – II ZR 269/91, BGHZ 119, 191 = NJW 1992, 2891; instruktiv auch OLG Düsseldorf v. 18.4.1997 – 22 U 226/96, WM 1997, 1866 = GmbHR 1997, 699. Die seit dem 17.10.2008 geltende Fassung des § 19 Abs. 2 InsO ist wörtlich der „Dornier-Entscheidung" von 1992 entnommen.
6 Im Anschluss an *K. Schmidt*, AG 1978, 334; *Höffner*, BB 1999, 189 (201).

schlagungswerten erstellt wird. Führt dieser Ansatz zu einer Unterdeckung der Aktiva im Verhältnis zu den Passiva (sog. *rechnerische oder bilanzielle Überschuldung*[1]), ist – um zu einer normativen (oder auch: *rechtlichen*) Überschuldung zu gelangen – *kumulativ* (in einem 2. Schritt) – das Fehlen einer „positiven Fortführungsprognose" (oder auch: „*Zerschlagungsprognose*") festzustellen. Nur diese rechtliche Überschuldung konnte die Rechtsfolgen der Konkursreife (§§ 63, 64 GmbHG a.F., §§ 207, 209 KO a.F.; jetzt § 15a InsO) auslösen und war – angesichts der *Zivilrechtsakzessorietät* des Strafrechts – auch für §§ 283 ff. StGB maßgebend.

11 Zur Vermeidung der unter Rz. 9 dargestellten Gefahr, den Gläubiger auf „Hoffnungen des Schuldners" anstelle wirtschaftlicher Werte zur Vermeidung von Insolvenzen zu verweisen, hat diese Rechtsprechung den Unternehmen in erheblichem Umfang die **Beweislast** im Hinblick auf die positive Feststellung einer Fortführungswahrscheinlichkeit auferlegt[2]. Insbesondere hat sie verlangt, dass der Geschäftsführer die *wirtschaftliche Lage* des Unternehmens bei Krisenanzeichen *fortlaufend beobachten* muss[3]. Dabei kam dem Ergebnis einer Handelsbilanz lediglich – aber immerhin – indizielle Bedeutung zu, weil (stille) Reserven oder sonstige tatsächliche Werte, die für die Feststellung der Überschuldung maßgeblich sind, in ihr nicht abgebildet werden[4]. Auch eine „Unterbilanz" (§ 26 Rz. 73) konnte daher die Überschuldung nicht belegen[5]; der Schuldner hatte aber dann den Gegenbeweis zu führen, dass genügend Werte vorhanden sind, welche die Deckungslücke beseitigen können (zur Beweisführung im Zivilrecht am Beispiel der Zahlungsunfähigkeit vgl. § 78 Rz. 32 ff.).

12 Da die **Beweislastregeln** des Zivilrechtes auf das Strafrecht *nicht übertragbar* sind, war schon der dogmatische Ausgangspunkt für das Strafrecht zweifelhaft. Der Ansatz von Zerschlagungswerten stellt – solange Zerschlagung nicht festgestellt ist – einen Verstoß gegen den strafprozessualen Grundsatz „**in dubio pro reo**"[6] dar. Im Strafrecht war danach die rechnerische Überschuldung nicht mehr festzustellen, wenn und soweit der Nachweis der Zerschlagungsprognose misslang[7]; die Überschuldungsfeststellung reduzierte sich so regelmäßig auf den Nachweis der Zerschlagungsprognose.

13 **b) Die InsO 1999** hatte – mit Wirkung ab dem 1.1.1999 – den Streit um die richtige Feststellungsmethode für die Überschuldung durch eine **detaillierte Legaldefinition** entschieden: Nach § 19 Abs. 2 S. 2 InsO war bei der Bewertung des Vermögens des Schuldners die *Fortführung* des Unternehmens zugrunde zu legen, wenn diese nach den Umständen *überwiegend wahrscheinlich* ist. Das Er-

---

1 St. Terminologie im Zivil- und StrafR, zuletzt BGH v. 19.11.2013 – II ZR 229/11; BGH v. 20.3.2013 – 5 StR 344/12.
2 Instruktiv zur Beweislast BGH v. 15.6.1998 – II ZR 17/97; auch BGH v. 2.6.1997 – II ZR 211/95 und BGH v. 2.12.1996 – II ZR 243/95; vgl. auch *Bretzke*, KTS 1985, 413; grundlegend schon *Braun/Uhlenbruck*, Unternehmensinsolvenz, 1997, 290.
3 Zur Pflicht, hierbei einen Überschuldungsstatus aufzustellen, *Fleischer*, ZIP 1996, 773; BGH v. 6.6.1994 – II ZR 292/91, BGHZ 126, 181 (199).
4 BGH v. 19.11.2013 – II ZR 229/11.
5 BGH v. 24.9.2013 – II ZR 39/12.
6 Vgl. hierzu *Tiedemann*, WiStrafR AT, Rz. 215 m.Nw.
7 *Quedenfeld/Richter* in Bockemühl, Hdb. FA StrafR, § 9 Rz. 132.

gebnis der Fortführungsprognose hat somit darüber entschieden, ob das Schuldnervermögen im Überschuldungsstatus nach Liquidations- oder Fortführungswerten anzusetzen war[1].

Danach war die **alternative** (auch: „einfache" oder „nicht modifizierte") **zweistufige Prüfmethode**[2] anzuwenden. Bei ihr war die *Prüfungsreihenfolge zwingend* vorgegeben: *Zunächst* war im Rahmen der Prüfung der Fortführungsprognose die *überwiegende Fortführungswahrscheinlichkeit* der unternehmerischen Betätigung festzustellen. Das Ergebnis der Fortführungsprognose entschied also darüber, ob das Schuldnervermögen im – in einem *2. Schritt*, allerdings zwingend *danach* zu erstellenden – Überschuldungsstatus nach Liquidations- oder Fortführungswerten anzusetzen war[3]. Wies der hierauf erstellte Status eine Unterdeckung der Aktiva aus, lag nach dieser Prüfmethode *Überschuldung* vor – *gleichgültig welcher Wertansatz* zugrunde lag.

Auch diese Wertentscheidung des Gesetzgebers war auf der Grundlage der Zivilrechtsakzessorietät für das Strafrecht zu übernehmen[4]. Es war im Rahmen der Prüfung der Fortführungsprognose zunächst objektiv und subjektiv die **voraussichtliche Zerschlagung** (genauer: das Fehlen der überwiegenden Fortführungswahrscheinlichkeit) **zu beweisen**. Verblieben Zweifel, waren im Strafrecht zugunsten des Beschuldigten („in dubio pro reo") Fortführungswerte anzusetzen. Wies der hierauf erstellte Status eine Unterdeckung der Aktiva aus, lag *auch nach dieser Prüfmethode Überschuldung* vor. Es kam also auch strafrechtlich nicht darauf an, welcher Wertansatz zugrunde lag.

c) Nach dem Finanzmarktstabilisierungsgesetz (**FMStG**[5]) gilt seit dem **18.10.2008**, zunächst vorübergehend[6], seit dem 7.11.2012 „**entfristet**"[7] eine abweichende Definition: Überschuldung (im Rechtssinn) liegt nur vor, wenn – neben dem Überwiegen der Passiva über die Aktiva im Überschuldungsstatus (unter Ansatz von Zerschlagungswerten!) – zusätzlich die (überwiegende) **Fortführungswahrscheinlichkeit fehlt**. Danach ist – wie zu Zeiten vor Einführung der InsO 1999 (Rz. 10 ff.) – wiederum nicht mehr die Wertbestimmung der Unternehmensgegenstände, sondern die Bestandsprognose des Unternehmens die alleinige Basis für die Chance der Gläubiger auf Befriedigung. Überschuldung liegt nur dann vor, wenn der Überschuldungsstatus – insofern stets mit Ansatz

---

1 *Tiedemann* in LK, Vor § 283 StGB Rz. 155; *Uhlenbruck*, wistra 1996, 6; *Moosmayer*, S. 164.
2 Zurückgehend auf *Uhlenbruck*, vgl. nur *Kuhn/Uhlenbruck*, 9. Aufl. 1979, § 102 KO Rz. 5 f.; WP-Hdb., 1996, Bd. 1, S. 1657; *Wolf/Schlagheck*, Überschuldung, S. 21 ff.
3 *Tiedemann* in LK, Vor § 283 StGB Rz. 155; *Uhlenbruck*, wistra 1996, 6; *Moosmayer*, S. 164.
4 A.A. lediglich *Penzlin*, Strafrechtliche Auswirkungen der InsO, 158 ff.; vgl. hiergegen Voraufl., § 76 Rz. 24.
5 BGBl. I 2008, 1982 ff., in Kraft getreten am 17.10.2008; vgl. dazu *Bittmann*, wistra 2009, 138; *Grube/Röhm*, wistra 2009, 81; *Wegner*, PStR 2008, 279.
6 Nach Art. 6 Abs. 3 FMStG zunächst nur bis zum 31.12.2010; verlängert mit G. v. 24.9.2009, BGBl. I 3151, bis zum 31.12.2013.
7 G v. 9.11.2012, BT-Drucks. 17/11385; vgl. *Wolf*, StuB 2013, 61; *Böcker/Poertzgen*, GmbHR 2013, 17.

von Zerschlagungswerten – eine Unterdeckung ausweist *und zusätzlich* feststeht, dass die Fortführung nicht überwiegend wahrscheinlich ist.

17 Für das **Strafrecht** gilt – wie dargestellt (Rz. 12) – die *besondere Beweislastsituation* im Hinblick auf die „Überlebensprognose". Deren Feststellung ist demgemäß nicht nur Grundlage des Wertansatzes im Überschuldungsstatus, sondern – für das Bankrott- und Verschleppungsstrafrecht[1] – tatbestandsbegründend für die hieraus resultierende Strafbarkeit. Auf ihren Inhalt und ihre Feststellung im Zivil- und Strafrecht soll daher zunächst (Rz. 19 ff.) eingegangen werden, bevor die nachrangige Darstellung der Vermögenswerte und Schulden im Überschuldungsstatus vorgestellt wird (Rz. 30 ff.). Vorab ist aber anzumerken, dass die Feststellung der Überschuldung für das Verschleppungsrecht nur für „Unternehmen", nicht aber auch für den (überschuldeten) Verbraucher gilt. Dieser ist zwar tauglicher Täter des Bankrottstrafrechts (§ 81 Rz. 29), die Überschuldung ist für ihn strafrechtlich jedoch nicht bedeutsam (vgl. § 76 Rz. 46 f.).

18 Der „**Paradigmenwechsel**" der Überschuldungsfeststellung durch das FMStG (Rz. 16), also die Rückkehr zur Rechtslage vor 1999, hat allerdings die strafrechtliche Praxis kaum tangiert. Schon zur alten Rechtslage konzentrierte sich diese – soweit überhaupt Überschuldungsrechnungen angestellt wurden – weitgehend auf den Nachweis der Zerschlagungsprognose. Die *„Deckelung"* der (Fortführungs-)Werte der Vermögensgegenstände gelang auch in der Überschuldungsrechnung der InsO 1999 regelmäßig nur mithilfe qualifizierter Sachverständiger und also mit erheblichem Zeit- und Ressourcenaufwand. Nach dem Überschuldungsbegriff des FMStG ist allerdings die Bestandsprognose des Unternehmens – und sind damit die künftig zu erwartenden Erträge – (wieder) die alleinige Basis für die Chance der Gläubiger auf Befriedigung. Der vom Strafrecht zu garantierende Schutz des Vertrauens der Gläubiger auf diese künftigen Erträge darf daher nicht auf subjektive Erwartungen (des Schuldners) reduziert werden. Er muss zwingend auf objektive Sachverhalte begründet sein, soll das in unserer Wirtschaftsordnung notwendige Vertrauen der Vorleistungspflichtigen nicht nachhaltig erschüttert werden[2].

III. Fortführungsprognose

19 Danach kommt der Frage, ob eine **Fortführungsprognose** vorliegt oder nicht, die **zentrale Bedeutung** für den Nachweis der Überschuldung zu. Grundlegend muss bedacht werden, dass sie dem Zweck dienen soll, die zukünftige wirtschaftliche *Lebensfähigkeit des Unternehmens* festzustellen. Es handelt sich um eine Voraussage auf der Grundlage aller objektiven Unternehmens- und Marktdaten unter Berücksichtigung auch persönlicher Umstände, wie der Fortführungsabsicht und -fähigkeit der Unternehmensverantwortlichen. Dabei sind alle zukünftig zu erwartenden objektiven Fakten des konkreten Unternehmens, seine Ertragskraft, Finanzierung, Zuführung von Eigen- und Fremdkapi-

---

1 Anderes gilt allerdings für die Feststellung der Überschuldung im Hinblick auf die Wirksamkeit der Einwilligung der Gesellschafter beim „existenzgefährdenden Eingriff", vgl. hierzu § 32 Rz. 84 ff., 151b.
2 Eingehend *Richter* in FS Wolf Schiller, S. 547 ff.

tal, sowie das bisherige und zukünftig geplante Verhalten der Unternehmensleitung und die gesamtwirtschaftlichen Markt- und Zukunftserwartungen zu berücksichtigen. Wesentlich für die Prognose sind neben diesen betriebswirtschaftlichen Zahlen auch das Vorhandensein von rentablen Folgeaufträgen, einer nachvollziehbaren Preiskalkulation und eines tragfähigen Unternehmenskonzepts[1].

Elementare **Grundsätze** für die Prognose hat die *Zivilrechtsprechung* festgelegt[2]: Von einer positiven Fortführungsprognose kann nur ausgegangen werden, 20

– wenn der Fortführungswille der Verantwortlichen positiv festgestellt,

– eine Prognose-Rechnung überhaupt erstellt worden ist *und*

– diese zu einem positiven Ergebnis geführt hat.

Damit muss die Überlebensfähigkeit des Unternehmens objektiv auf der Grundlage eines *aussagekräftigen Unternehmenskonzeptes* – das eine Ertrags- und Finanzplanung[3] enthält – festgestellt werden.

Die konkrete Überschuldungsfeststellung beginnt mit der Frage nach dem **Bewertungsziel**, d.h. damit, ob nach der zukunftsbezogenen dynamischen Anschauungsweise eine Überlebensfähigkeit des Unternehmens zu berücksichtigen und bei der Vermögensbewertung dann von einer *Fortführung* des Unternehmens auszugehen ist oder nach der statischen Methode ohne Weiteres von seiner Liquidation oder sogar *Zerschlagung* durch Einzelveräußerung seiner Vermögensteile. Diese Frage, die zu unterschiedlichen Wertansätzen führen muss, wurde schon vor Inkrafttreten der InsO in der Literatur unterschiedlich beantwortet. Es wurden sowohl die Bewertung nach Liquidationswerten als auch – jedenfalls im Zivilrecht herrschend – eine kumulative Prüfung auch nach Fortführungswerten für erforderlich gehalten[4]. Dementsprechend hatten sich zwei Feststellungsmethoden entwickelt, die in unterschiedlicher Weise die Prüfung der wirtschaftlichen Lebensfähigkeit des Unternehmens in den Bewertungsvorgang integrierten. Wegen der Hereinnahme dieser den Maßstab der Bewertung bestimmenden *Fortführungsprognose* spricht man von zweistufigen Feststellungsmethoden. 21

Soll ausnahmsweise der Ansatz zu Fortführungswerten gestattet sein, ist nach § 19 Abs. 2 S. 2 InsO (i.d.F. des FMStG (Rz. 16 f.) *überwiegende Fortführungs-* 22

---

1 BGH v. 29.9.1997 – II ZR 245/96, GmbHR 1997, 1146; *Tiedemann* in LK, Vor § 283 StGB Rz. 153; *Bittmann*, wistra 1999, 14.
2 BGH v. 9.10.2006 – II ZR 303/05, ZIP 2006, 2171, GmbHR 2006, 1334; zusammenfassend *Ganter*, NZI 2014, 673.
3 Schon BGH v. 9.7.1953 – IV ZR 242/52, BGHZ 10, 228; vgl. die Nw. bei *Schneider*, GmbHR 2010, 57 (61).
4 *Auler*, DB 1976, 2169; eine Übersicht über die Meinungen gibt *Karsten Schmidt* in Scholz, § 63 GmbHG Rz. 14; ein Beispiel für einen kumulativen Überschuldungsstatus findet sich bei *Uhlenbruck*, GmbH & Co., S. 108 f.

wahrscheinlichkeit erforderlich[1]. Danach ist der normativ festgelegte **Regelfall** der Ansatz zu **Zerschlagungswerten**. Auch dieser Gesetzesbefehl gilt für das Strafrecht[2]. Zur Gewinnung der Sicherheit des Überwiegens der Fortführungswahrscheinlichkeit sind alle Indizien zu sammeln und zunächst einzeln und dann in einer *Gesamtschau* zu würdigen. Ist danach sicher, dass Fortführung und Nichtfortführung *gleich wahrscheinlich* sind, muss von Zerschlagung ausgegangen werden. Ist nicht hinreichend sicher auszuschließen, dass Fortführungswahrscheinlichkeit überwiegt, muss strafrechtlich Fortführung zugrunde gelegt werden. Zivilrechtlich muss dies der Schuldner darlegen und zur Überzeugung des Gerichtes beweisen. Danach ist es – trotz Zivilrechtsakzessorietät, jedoch aufgrund unterschiedlicher Beweislastregelungen – möglich, dass ein Unternehmen insolvenzrechtlich, nicht aber strafrechtlich überschuldet ist.

23 Dabei sind weit verbreitete Missverständnisse über den Grundsatz *„in dubio pro reo"* auszuräumen. Diese **Entscheidungsregel**[3] setzt voraus, dass alle Umstände, welche die Entscheidung beeinflussen können, erkannt und in eine Gesamtwürdigung einbezogen werden. Erst wenn dann noch Zweifel bleiben, ist die für den Beschuldigten günstigere Sachverhaltsgestaltung der Entscheidung zugrunde zu legen[4]. Diese setzt also eine *umfassende Beweiserhebung und -würdigung* voraus, ersetzt sie nicht etwa. Eine jede Möglichkeit eines abweichenden Geschehensablaufs ausschließende, von niemandem mehr anzweifelbare Gewissheit, ist dabei nicht erforderlich. Die bloße gedankliche, abstrakt theoretische Möglichkeit, es könne auch anders gewesen sein, schließt die Überzeugungsgewinnung nicht aus[5].

24 Für die Beantwortung der Frage, ob ein Unternehmen – bei einer mittelfristigen Betrachtungsweise[6] – weiter existieren kann, also ob seine künftige Lebensfähigkeit überwiegend wahrscheinlich ist, muss zunächst auf **Liquiditäts-**

---

1 Eine über 50 %-Wahrscheinlichkeit intendiert auch die Gesetzesbegründung, vgl. BT-Drucks. 12/7302, 157; zutr. auch *Röhm*, INF 2003, 834.
2 Eingehend *Richter* in FS Wolf Schiller, S. 547 ff.; vernichtend, aber im Kern zutr. die Kritik an der Rspr. bei *Höffner*, BB 1999, 189, 204., der belegt, dass die Rechtsprechung lediglich eine „allgemeine Lageeinschätzung" der Unternehmung vornimmt; instruktiv zur Definition, aber auch zur Beweislastregel *Blöse*, ZIP 2003, 1687 (1690 f.); die Diskussion fortführend *Ehlers*, NZI 2011, 161; demgegenüber *Frystatzki*, NZI 2011, 173 und *Aleth/Harfinger*, NZI 2011, 166; s. auch *Möhlmann*, DStR 1998, 1843 („Betriebsbestehensprognose"); *Burger/Schellenberg*, BB 1995, 266; *Schöppen*, DB 1994, 200 und *Höffner*, BB 1999, 189 (202) sprechen von „Fortbestehensprognose".
3 *Bittmann*, wistra 2009, 140 m.w.Nw.; OLG Düsseldorf v. 19.1.1995 – 6 U 272/93, GmbHR 1996, 619.
4 St. Rspr.; vgl. nur BGH v. 15.7.2008 – 1 StR 231/08; vgl. auch *Moosmayer*, S. 165; *Grube/Röhm*, wistra 2009, 84; *Fromm*, ZInsO 2004, 943; a.A. *Tiedemann* in LK, Vor § 283 StGB Rz. 155, der von Fortführung ausgehen will, wenn sie nicht ganz unwahrscheinlich ist.
5 Ebenfalls st. Rspr.; BGH v. 26.6.2008 – 3 StR 159/08.
6 BGH v. 13.7.1992 – II ZR 269/91, NJW 1992, 2891.

gesichtspunkte abgestellt werden[1]. Dem liegt die ohne Weiteres einleuchtende Erwägung zugrunde, dass ein Schuldner, der seine fälligen Verbindlichkeiten mangels liquider Mittel nicht begleichen kann, jedenfalls nicht mit überwiegender Wahrscheinlichkeit weiter am Marktgeschehen teilnehmen wird.

Nach diesem zutreffenden Ausgangpunkt führt die *insolvenzrechtliche* (drohende) **Zahlungsunfähigkeit** schon aus Rechtsgründen, also **in jedem Fall**, zum Fehlen einer Fortführungswahrscheinlichkeit. Wird die drohende Zahlungsunfähigkeit allerdings allein oder auch nur überwiegend für eine Fortführungswahrscheinlichkeit herangezogen, wird in unzulässiger Weise die Vermögens- mit der Liquiditätskrise vermengt. Diese Krisen wollte der Gesetzgeber gerade unterscheiden und hat sie daher als alternative Tatbestände formuliert. Wie in der Betriebswirtschaftslehre zutreffend festgestellt, ist die Überlebenschance eines Unternehmens – hinreichende Liquidität vorausgesetzt – an dessen **Ertragskraft** geknüpft[2]. Nur Erträge über den Kosten ermöglichen auf Dauer Zinsdienst und Fremdkapitaltilgung[3]. 25

Fortführungswahrscheinlichkeit ist danach gegeben, wen ein Unternehmen auf absehbare Zeit in der Lage ist, mit den voraussichtlichen Erlösen die voraussichtlich entstehenden Kosten zu decken (Gedanke des *„discounted cash flow"*[4]). Die Möglichkeit der Zuführung von Fremd- oder Eigenkapital ist hierbei nur insofern relevant, als damit sichergestellt werden kann, dass eine Deckungslücke endgültig oder doch mindestens mittelfristig geschlossen wird. Für die Fortführungsprognose besteht somit ein *Rangverhältnis* von voraussichtlicher Liquidität und zu erwartendem Ertrag: Ein positiver Liquiditätsplan beweist so zunächst nur die Fähigkeit zur Abdeckung zeitlicher Differenzen – es fehlt die notwendige *Nachhaltigkeit* der Existenzsicherung. 26

Bestehen an dieser *Ertragsprognose* allerdings *Zweifel*, muss der Liquiditätsplan die überwiegende Wahrscheinlichkeit der (nachhaltigen) Geldbeschaffung dokumentieren. Dies ist nur bei (rechtlich und wirtschaftlich) **garantierten Zu-** 27

---

1 So ausdrücklich OLG Düsseldorf v. 18.4.1997 – 22 U 226/96, WM 1997, 1866 (1867); i. E. auch *Reck*, GmbHR 1999, 270; *Röhm*, INF 2003, 834; zum Zivilrecht BGH v. 29.9.1997 – II ZR 245/96, NJW 1998, 233; krit. zur Überbetonung der Liquiditätssicht zutr. *Wolf*, DB 1997, 1833; *Wolf/Schlagheck*, Überschuldung, S. 19 ff.
2 OLG Naumburg v. 20.8.2003 – 5 U 67/03, GmbHR 2004, 361 ff.; auch *Hess/Pape*, InsO und EGInsO, Köln 1995, Rz. 108 m.Nw.: „daß die Unternehmung wirtschaftlich lebensfähig ist und in absehbarer Zeit wieder kostendeckend arbeiten kann". Der Begriff umfasst die Ertragsdecke, -kraft, die Auftrags- und die Kostensituation – s. hierzu auch BGH v. 2.6.1997 – II ZR 211/95, NJW 1997, 2069; *Bittmann*, wistra 1999, 14; *Wolf*, Überschuldung, 36 ff. und *Wolf*, DStR 1995, 859; *Wolf*, DStR 1998, 126; *Hoyer* in SK, § 283 StGB Rz. 16; *Leipold* in Volk, MüAnwHdb. Wirtschafts- und Steuerstrafsachen, Rz. 65; *Grube/Röhm*, wistra 2009, 83.
3 Zum Ertragsplan vgl. *Wolf/Schlagheck*, Überschuldung, S. 19 ff., 21.
4 *Möhlmann*, DStR 1998, 1843 (1844).

flüssen möglich[1]. Auch die im „*Dornier-Urteil*"[2] erwähnte hinreichende „*mittelfristige Finanzkraft*"[3] meint nichts anderes als das Erlangen der für die Substanzerhaltung erforderlichen Mittel durch liquiden Nettozufluss (in der Sprache der Betriebswirte: eines „positiven cash-flow"). Fehlt es an der überwiegenden Wahrscheinlichkeit der Erwirtschaftung hinreichender Erträge, muss das Rechnungswesen ausweisen, wie (mit überwiegender Wahrscheinlichkeit) die notwendige Liquidität ansonsten beschafft wird. Diese kann aus *Fremd- oder Eigenkapitalzufuhr* resultieren. Beides ist bei einer Verlustgesellschaft (jedenfalls dauerhaft) nicht überwiegend wahrscheinlich, weshalb die (aufgrund des notwendigen Gläubigerschutzes) geforderte Sicherheit der überwiegenden Zahlungsfähigkeit in diesem Fall nur dann erreicht werden kann, wenn die erforderlichen Mittelzuflüsse durch entsprechende Garantien (z.B. durch eine „harte Patronatserklärung"[4]) gesichert sind.

28 Die erforderliche **Ertrags- und Finanzplanung** kann sich daher auch nicht auf die kurze Zeit (von drei bis maximal sechs Wochen) beschränken, die Grundlage der insolvenzrechtlichen Zahlungsunfähigkeitsfeststellung ist (§ 78 Rz. 26 f.). Die Auffassungen zu einem sachgerechten **Prognosezeitraum** reichen *von einem bis zu drei Jahren*. Er darf einerseits als erfolgversprechende Restrukturierungszeit für den Schuldner nicht zu kurz bemessen sein. Seine Obergrenze wird andererseits strafrechtlich durch das Erfordernis seiner Bestimmtheit nach Art. 103 Abs. 2 GG und damit durch die noch hinreichende Bestimmbarkeit der Prognose begrenzt. Sie muss jedenfalls über das laufende Geschäftsjahr hinaus reichen[5]. Insofern ist der wiederholt angesprochene Zeitraum von bis maximal zwei Jahren durchaus betriebswirtschaftlich fundiert und rechtlich noch hinnehmbar[6].

29 Soweit *Tiedemann* für die strafrechtliche Feststellung der Fortführungswahrscheinlichkeit unter Anwendung des „In-dubio-pro-reo-Satzes" zu einer „Spaltung" der Überschuldungsfeststellung im Insolvenz- und Insolvenzstrafrecht kommt und das Fehlen einer Fortführungswahrscheinlichkeit im Strafrecht nur dann annehmen will, wenn Fortführung „nicht ganz unwahrscheinlich" ist[7], kann dem nicht gefolgt werden[8]. Sie widerspricht dem Gesetzeswortlaut, vor allem aber auch dem unter Rz. 7 f. erläutertem Schutzzweck der Norm und reduziert den strafrechtlichen Schutz der Gläubigerinteressen auf die Ertragserwartungen des Schuldners. Es mag zwar schwierig sein, künftiges Verhalten eines Unternehmers zu prognostizieren, man hat aber immerhin begangene

---

1 *Richter* in FS Wolf Schiller, S. 556.
2 BGH v. 13.7.1992 – II ZR 269/91, NJW 1992, 2891.
3 Ein Begriff, der in der Betriebswirtschaftslehre zwar uneinheitlich, aber stets im Zusammenhang mit Liquiditäts-Beschaffungs-Möglichkeiten verwendet wird – vgl. nur *Hölters* Hdb. des Unternehmens- und Beteiligungskaufs, 7. Aufl. 2010, II Rz. 105 f.
4 Hierzu etwa BGH v. 19.5.2011 – IX ZR 9/10; OLG Frankfurt v. 30.10.2012 – 14 U 141/11.
5 So aber *Röhm*, INF 2003, 835.
6 Zu den Argumenten m.Nw. *Wolf/Schlagheck*, Überschuldung, S. 16 ff., 30 f.; *Bittmann*, wistra 1999, 14; *Macke/Wegener*, INF 1998, 569; *Uhlenbruck*, wistra 1996, 6; *Bähner*, KTS 1988, 443; *Möhimann*, DStR 1998, 1843 (1844) geht von drei Jahren aus.
7 *Tiedemann* in LK, Vor § 283 StGB Rz. 155 m. umf. Nw.
8 So auch BGH v. 23.8.1978 – 3 StR 11/78, JZ 1979, 75.

Unternehmerhandlungen als Beurteilungsgrundlage zur Verfügung, die verlässlicher sein dürften als betriebswirtschaftliche Hochrechnungen. Die Strafrechtspflege muss die schwierige Aufgabe einer Prognose auch sonst leisten, wie etwa im Rahmen der Strafzumessung.

IV. Überschuldungsstatus

Der Unternehmer ist verpflichtet, sich – auch unabhängig von Krisenanzeichen, insbesondere auch neben derjenigen im Hinblick auf die vorhandene Zahlungsfähigkeit (§ 78 Rz. 8) – ständig über die **aktuelle wirtschaftliche Lage** seines Unternehmens zu informieren und (auch anhand seines Rechnungswesens) das Vorliegen einer Überschuldung *laufend sorgfältig zu prüfen*. Die dazu erforderliche Vermögensübersicht bietet nur ein Überschuldungsstatus[1] (Rz. 6). Zur sofortigen Erstellung eines Überschuldungsstatus ist der Unternehmer verpflichtet, wenn Umstände auftreten, die als **Warnzeichen** einer (drohenden) Unternehmenskrise anzusehen sind[2] (z.B. Ausdehnung der Zahlungsziele, Mahnverfahren, Umsatz- oder Gewinnrückgang, häufiger Lieferantenwechsel; vgl. § 78 Rz. 41). Je bedrohlicher die wirtschaftliche Situation wird, umso ernster hat der Unternehmer diese Prüfungspflichten zu nehmen, da sich die Gläubigergefährdung und damit auch das strafrechtliche Risiko mit Zunahme der wirtschaftlichen Schwierigkeiten vergrößern[3]. Wer hohe Verluste erzielt, etwa weil er hohe Forderungsabschreibungen vornehmen muss, handelt zumindest in fahrlässiger Verkennung einer eingetretenen Überschuldung, wenn er es versäumt, sich durch Erstellung eines Überschuldungsstatus rechtzeitig Klarheit über ihren Eintritt zu verschaffen. Bei deutlichen Warnzeichen muss von bedingtem Vorsatz ausgegangen werden.

30

Die Überschuldung der **GmbH & Co KG** und der übrigen **Personengesellschaften** (OHG, KG) ist unabhängig von der Vermögenslage ihrer persönlich haftenden Gesellschafter festzustellen (zur Zahlungsunfähigkeit vgl. § 78 Rz. 46). Die Personengesellschaft hat nämlich keinen als Vermögenswert aktivierbaren Anspruch gegen ihre Gesellschafter, sie aufgrund ihrer persönlichen Haftung gem. §§ 128, 161 HGB von Gesellschaftsverbindlichkeiten freizustellen. Auf der anderen Seite kann die Überschuldung der Personengesellschaft zur Überschuldung ihrer persönlich haftenden Gesellschafter führen, da diese verpflichtet sind, den Überschuldungsbetrag als *Haftungsrückstellung* in ihrem Überschuldungsstatus zu passivieren[4]. Dies hat vor allem Bedeutung für die Überschuldungsprüfung bei einer GmbH als Komplementärin.

31

---

1 BGH v. 30.1.2003 – 3 StR 437/02, wistra 2003, 232; *Kindhäuser* in NK, vor § 283 StGB Rz. 93; *Radtke* in MüKo, vor § 283 StGB Rz. 63; *Tiedemann* in LK, Vor § 283 StGB Rz. 151; *Wegner* in A/R, VII 1 Rz. 22.
2 *Tiedemann* in GS Schröder, 1978, S. 193.
3 *Karsten Schmidt* in Karsten Schmidt/Uhlenbruck, Krise, Sanierung und Insolvenz, Rz. 1.20.
4 *Karsten Schmidt/Uhlenbruck*, BB 1985, 1281 m.w.Hw.

1. Inhaltliche Anforderungen

32 Der Überschuldungsstatus wird als *Sonderform* der **Handels- oder Erfolgsbilanz** aus dieser zwar aufbaumäßig (vgl. das Gliederungsschema gem. § 151 AktG, §§ 266–278 HGB) abgeleitet, enthält aber entsprechend seiner anderen Zielsetzung (Rz. 7) abweichende Positionen und vor allem andere Bewertungen: Die *Handelsbilanz* hat die Aufgabe, die Vermögensentwicklung als *Unternehmenserfolg* innerhalb eines bestimmten Zeitraums (etwa des Geschäftsjahrs) durch Vergleich des Anfangs- und Endvermögensstandes darzustellen. Der Vermögensstand als solcher interessiert erst in zweiter Linie und ist ihr auch nur als fiktive buchmäßige Größe zu entnehmen. Form und Inhalt der Handelsbilanz ergeben sich aus §§ 243 ff. HGB, § 42 GmbHG, §§ 152, 158 AktG, wonach beispielsweise die Bestandteile des Anlage- und Umlaufvermögens höchstens nach den Anschaffungs- oder Herstellungskosten zu bewerten (§ 253 HGB; vgl. § 26 Rz. 98 ff.) und bei Abnutzbarkeit schematisch während ihrer voraussichtlichen Nutzungsdauer abzuschreiben sind.

33 Der *Überschuldungsstatus* dient demgegenüber der Feststellung des *stichtagsbezogenen Vermögensstandes* des Unternehmens unter dem Aspekt des darin liegenden **Schuldendeckungspotenzials** (Rz. 7). Er soll im Interesse des Schutzes der Gläubiger die ihnen als Haftungsgrundlage zur Verfügung stehende Vermögensmasse aufzeigen. Für ihn kann als grundlegende handelsrechtliche Norm nur § 243 Abs. 1 und 2 HGB herangezogen werden. Die weiteren Vorschriften des HGB sowie des Aktienrechts finden dagegen keine Anwendung[1]. Die **Wertansätze** ergeben sich nach einhelliger Meinung aus den aktuellen Wertverhältnissen zum *Stichtag der Erstellung*. Danach ist der „wahre" oder „richtige", also der **objektive Wert** anzusetzen.

34 Wie unter Rz. 8 f. dargestellt, ist der konkrete Wertansatz von der zukünftigen Verwendung der Vermögensgegenstände abhängig. Für die Feststellung der Überschuldung im Rechtssinne kommt nach dem FMStG seit dem 18.10.2008 (Rz. 16) nur der Ansatz von Zerschlagungswerten (Rz. 8) in Betracht, weil insofern mangelnde Fortführungswahrscheinlichkeit (Rz. 19 ff.) Voraussetzung ist. Soweit allerdings die Wirksamkeit der Einwilligung der Gesellschafter – etwa im Hinblick auf den „existenzgefährdenden Eingriff" (Rz. 3, § 32 Rz. 84 ff., 151b) – infrage steht, können auch Fortführungswerte maßgebend sein. Bewertungsmethoden des deutschen Handels- oder Steuerrechts oder auch der internationalen Rechnungslegungsvorschriften entsprechen dieser eigenständigen Wertbestimmung jedenfalls nicht ohne Weiteres[2] und bedürfen deshalb stets der Rückbesinnung auf das Bewertungsziel.

35 **Beispiel:** Dies mag das folgende Beispiel verdeutlichen: Ein Unternehmen hat vor fünf Jahren Werkswohnungen errichtet. Die Herstellungskosten (ohne Grundstück) betrugen 2 Mio. Euro. Die Abschreibung für Abnutzung erfolgte linear mit 2 % pro Jahr. Die Wohnungen haben heute einen Verkaufswert von 2,5 Mio. Euro.

---

1 *Karsten Schmidt*, JZ 1982, 170.
2 Vgl. zur zivilrechtlichen Vorgehensweise *Fromm*, ZInsO 2004, 943 m. zahlr. Nw.

	Handelsbilanz		Überschuldungsstatus	
Gebäude	2 000 000	AfA 200 000	2 500 000	
Saldo	1 800 000		2 500 000	

Ergebnis: Der Bilanzwert in der Handelsbilanz liegt um 700 000 unter dem im Überschuldungsstatus. Das Unternehmen hat in Höhe dieses Betrages eine stille Reserve gebildet.

Inhaltlich stehen im Überschuldungsstatus grundsätzlich die **Aktiv- und die Passivpositionen** der Handelsbilanz. Wegen der Einzelheiten hierzu wird auf § 26 Rz. 98 ff. Bezug genommen. Allerdings gelten folgende *Abweichungen*[1]: 36

Auf der **Aktivseite** sind nur solche Vermögenswerte aufzuführen, die im Falle einer alsbaldigen Insolvenzeröffnung als Massebestandteile für die Gläubiger *verwertbar* wären (s. hierzu § 83 Rz. 17 ff. für Vermögensgegenstände, die „Beiseite geschafft" werden können und insoweit auch zu aktivieren wären, und zur deren Wertlosigkeit, wenn und soweit der Gläubigerzugriff erschwert ist). Gegenstände, die einem *Aus- oder Absonderungsrecht* unterliegen, sind daher außer Betracht zu lassen, was auf der Passivseite bei Gleichwertigkeit einen Fortfall der entsprechenden Verbindlichkeiten zur Folge hat. Forderungen einer Gesellschaft gegen ihre Gesellschafter, etwa auf *ausstehende Kapitaleinlagen* oder auf *Erstattung von Entnahmen*, die das Nennkapital angegriffen haben (§ 31 Abs. 1 GmbHG), sind zu aktivieren (vgl. § 272 HGB). Bei Zahlungsunfähigkeit oder -unwilligkeit des Gesellschafters sind sie jedoch entsprechend wertzuberichtigen und führen daher im Ergebnis oft nicht zu einer Erhöhung der Aktiva. Ersatzansprüche der Gesellschaft nach § 129 InsO, § 6 AnfG sind nach den gleichen Grundsätzen zu aktivieren (näher unten § 82). 37

Auf der **Passivseite** sind nur solche Verbindlichkeiten zu berücksichtigen, die *Insolvenzforderungen*[2] zu begründen vermögen[3] und bei denen eine Geltendmachung seitens des Gläubigers zu erwarten ist. Eine Begrenzung auf die spätere Quote findet jedoch nicht statt, da sich die Quote erst zum Schluss des Insolvenzverfahrens ergibt. *Rückstellungen* sind zu passivieren, soweit sie ernsthaft zu erwartenden Verbindlichkeiten entsprechen, im Übrigen stellen sie eine aufzulösende stille Reserve dar[4]. 38

Reine **Rechnungsgrößen** der Handelsbilanz, wie das *Grund- oder Stammkapital* einschließlich der *Rücklagen* bei Kapitalgesellschaften, das *Eigenkapital* bei Personengesellschaften sowie der Verlust- oder Gewinnausweis einschließlich entsprechender Vorträge aus früheren Bilanzperioden bleiben *außer An-* 39

---

1 Vgl. hierzu im Einzelnen *Harz*, ZInsO 2001, 199.
2 Genauer: Nur solche Forderungen, die mit denen in § 39 Abs. 1 Nr. 1-5 InsO konkurrieren, also insbesondere nicht die nachrangigen gem. § 39 Abs. 2 InsO – zum vor allem bei Sanierungen praktisch sehr bedeutsamen „Nachrangkapital" bei Rangrücktritt durch Gesellschafter oder auch bei Genussscheinen s. oben § 82 Rz. 36 ff.
3 Vgl. im Einzelnen zu den in den Überschuldungsstatus aufzunehmenden Ansätzen auch *Karsten Schmidt* in Scholz, § 63 GmbHG Rz. 14; *Tiedemann*, GmbH-StrafR, § 84 GmbHG Rz. 49; *Uhlenbruck*, GmbH & Co., S. 86 ff.
4 *Kessler* in Rowedder/Schmidt-Leithoff, § 42a GmbHG Anh. 1 Rz. 321 ff.; BGH v. 12.2.2003 – 5 StR 165/02, NJW 2003, 1821.

satz. Nicht einzustellen sind auch Posten der Inanspruchnahme handelsrechtlicher *Bilanzierungshilfen,* etwa Aufwendungen für latente Steuern (§ 274 HGB), denen keine tatsächlich vorhandenen Vermögenswerte oder Verbindlichkeiten entsprechen[1]. Auf der anderen Seite sind **Pensionszusagen** (unabhängig von ihrer Passivierung in der Handelsbilanz) sowie **Sozialplanverbindlichkeiten** dann zu passivieren (vgl. §§ 111 ff. BetrVerfG), wenn die Liquidation des Unternehmens beschlossen worden ist oder von Gesetzes wegen begonnen hat.

40 Im Bereich des **Eigenkapitalausweises** sind gesellschaftsvertraglich entnahmefähige Privatkontenguthaben bei Personenhandelsgesellschaften zu passivieren, da es sich um echte Verbindlichkeiten handelt. Einlagen *stiller Gesellschafter* sind insoweit zu passivieren, als sie nach § 236 Abs. 1 HGB oder Gesellschaftsvertrag nicht am Verlust teilnehmen. Ob es sich um eine typische oder atypische stille Beteiligung handelt, ist dagegen nicht von Bedeutung.

41 Die Überschuldung ist gegeben, wenn die Summe der Passiva die der Aktiva übersteigt. Soweit gelegentlich eine betragsmäßig deutliche „qualifizierte" **Überschuldung** gefordert wird[2], kann dies allenfalls die Frage der Sicherheit der Beweisführung, nicht aber das Tatbestandselement betreffen.

Beispiel:

Handelsbilanz einer GmbH			
Vermögen	Euro 100 000	Stammkapital	Euro 20 000
Verlust	Euro 100 000	Verbindlichkeiten	Euro 180 000
	Euro 200 000		Euro 200 000

daraus der

Überschuldungsstatus			
Vermögen	Euro 100 000	Verbindlichkeiten	Euro 180 000
Überschuldung	Euro 80 000		
	Euro 180 000		Euro 180 000

42 In der Unternehmenspraxis wird die Handelsbilanz häufig noch in der Form der aus ihr abgeleiteten **Steuerbilanz** erstellt, deren Zielsetzung aber eine andere ist. Die Steuerbilanz dient der *steuerlichen Gewinnermittlung* durch Betriebsvermögensvergleich nach § 4 EStG. Ihre Besonderheiten haben daher für den Überschuldungsstatus keine Bedeutung, da dessen Positionen und Bewertungen wegen ihrer abweichenden Aufgabe eigenständig sind. Als Ausgangsgrundlage für die Feststellung von Vermögenswerten und Schulden des Unternehmens kann aber die Steuerbilanz ebenso dienen wie die Handelsbilanz.

Wegen weiterer Einzelheiten der Bilanzerstellungs- und Gestaltungsvorschriften nach dem BilMoG wird auf oben § 26 Bezug genommen.

---

1 *Commandeur/Commandeur,* DB 1988, 661.
2 Vgl. etwa OLG Düsseldorf v. 23.7.1998 – 5 Ss 101/98, wistra 1998, 360; *Tiedemann* in LK, Vor § 283 StGB Rz. 147 m.w.Hw.

2. Bewertung der Vermögensteile

Die Klärung des Bewertungsmaßstabes löst nicht auch schon die Probleme der **konkreten Einzelbewertung** der Vermögensteile des Unternehmens. Im Regelfall muss das Vermögen des Unternehmensträgers konkret und in seinen Einzelteilen bewertet werden. Lediglich im Ausnahmefall der Wirksamkeit einer Gesellschaftereinwilligung – strafrechtlich etwa für die Frage der Untreue des Organs der juristischen Person, nicht aber der Überschuldungsfeststellung für das Insolvenz- und Bankrottstrafrecht (Rz. 34) – kommt dabei ein Wertansatz auf der Grundlage einer (positiven) Fortführungsprognose infrage. Insoweit sind *Fortbestehens- oder Fortführungswerte* festzustellen (Rz. 22 ff.). In diesem Fall soll der Unternehmenswert aus der Summe aller materiellen und immateriellen Vermögenswerte, also insbesondere auch des *Geschäfts- oder Firmenwerts*[1], bestehen. – Nach h.M. kann die konkrete Feststellung entsprechend der betriebswirtschaftlichen Lehre entweder nach dem *Substanzwert-* oder dem *Ertragswertverfahren* erfolgen[2], wobei beide Verfahren aber in starkem Maße von Prognosen und fiktiven Schätzungen bestimmt werden.

43

Die einzelnen Wertansätze sollen sich beim **Substanzwertverfahren** nach ihrem konkreten Wiederbeschaffungswert richten oder in den Reproduktionskosten gefunden werden[3]; dabei seien jedoch *nicht (mehr) betriebsnotwendige* Gegenstände nach dem Liquidationswert anzusetzen. Jedenfalls bezieht sich die Bewertung nach dieser Methode immer nur auf die *konkreten Einzelgegenstände* des Unternehmens, weshalb der Unternehmenswert nicht erfassbar ist.

44

Im Gegensatz dazu legt das **Ertragswertverfahren** die zukünftigen Erträge des Unternehmens seiner Bewertung zugrunde, weshalb es sich nur auf das *Unternehmen als Ganzes* oder auf Unternehmensteile beziehen kann. Wenn auch das Ertragswertverfahren wiederum prognostischen Charakter hat, ist es doch dem Substanzwertverfahren vorzuziehen. Es erlaubt die Einbeziehung des Unternehmenswertes, der bei einem Unternehmen nicht unberücksichtigt bleiben darf, dessen Fortführungsprognose positiv ist. Zudem kann es bei Dienstleistungsunternehmen zu sachgerechteren Ergebnissen führen, da bei ihnen der Anteil der Substanzwerte an der Wertschöpfung vergleichsweise gering ist[4]. Ohnehin kommt die Bewertung nach Substanzwerten meist zu niedrigeren Ergebnissen, da ihr Unterschied zu einer Bewertung nach Liquidationswerten nur noch in der schwer – weil meist nur schätzungsweise – zu fassenden Differenz zwischen dem An- und Verkaufspreis des einzelnen gebrauchten Wirtschaftsguts liegt[5].

45

---

1 BGH v. 17.1.1973 – IV ZR 142/70, BB 1973, 305 (306); wobei offenkundig nicht der Wert des „Namens des Kaufmanns" (=Firmenwert) sondern der Unternehmenswert als (abgezinster) Wert der zukünftigen Erträge gemeint ist.
2 *Auler*, DB 1976, 2171; *Bilo*, GmbHR 1981, 75; *Penzlin*, NZG 2000, 466; *Röhm*, INF 2003, 835.
3 *Schlüchter*, wistra 1984, 41; *Uhlenbruck*, wistra 1996, 6.
4 *Plate*, DB 1980, 231.
5 So auch, mit gleichem Ergebnis der Bevorzugung des Ertragswertverfahrens, *Röhm*, INF 2003, 835 sowie *Bittmann* in Bittmann, InsolvenzstrafR, § 11 Rz. 100, der empfiehlt, von den Handelsbilanzwerten in bestimmter korrigierter Form auszugehen.

46 Das Ertragswertverfahren bedarf bei seiner strafrechtlichen Anwendung noch einer *zeitlichen Modifikation*. Da die Vermögensunterdeckung sich nach § 19 Abs. 2 InsO a.F. und n.F. auf die bestehenden Verbindlichkeiten beziehen muss, ergibt sich daraus ein **Beurteilungszeitraum** bis zu deren letztem Fälligkeitszeitpunkt; dabei müssen auch hier nach dem Bestimmtheitsgrundsatz später als bis zum Ende des auf die Feststellung folgenden Geschäftsjahres fällig werdende Verbindlichkeiten unberücksichtigt bleiben (vgl. Rz. 32). Es kann also nicht auf die zu erwartende Ertragsfähigkeit des Unternehmens in weiterer – und damit spekulativer – Zukunft abgestellt werden. Insoweit gleicht diese Maximalzeitraumbestimmung derjenigen bei der Fortbestehensprognose. Auf der Einnahmenseite sind dementsprechend nur die während dieses Zeitraums zu erwartenden Erträge gegenüberzustellen, um die eventuelle Überschuldung zu errechnen[1].

47 Größere Bewertungssicherheit bieten die sozusagen klassischen **Liquidationswerte**[2], denn zu ihrer Feststellung ist für jedes einzelne Wirtschaftsgut der um eventuell anfallende Verwertungskosten gekürzte *Einzelveräußerungspreis* anzusetzen[3]. Bei hohen Entsorgungskosten kann es dabei zu negativen Wertansätzen kommen. Für immaterielle Vermögenswerte ist ein Ansatz nicht möglich, es sei denn, es läge ein ernsthaftes Angebot oder sogar eine Veräußerung zu einem konkreten Kaufpreis vor, welcher dann als Wertansatz dienen kann.

48 Selbst bei der Anwendung von Liquidationswerten bereitet aber die Bewertung solcher Vermögensteile Schwierigkeiten, deren Wert von der wirtschaftlichen Lage eines anderen Unternehmens bestimmt wird. Das ist bei *Beteiligungen* ohne Börsenwert[4] sowie bereits bei der Frage der Fall, ob bei einer *Forderung* gegen ein anderes Unternehmen mangels Bonität eine **Wertberichtigung** vorzunehmen ist. Daraus kann sich die Notwendigkeit ergeben, weitere Unternehmen, mit denen Geschäftsbeziehungen bestehen, prognostisch aus der Sicht des Beschuldigten zumindest überschlägig zu bewerten[5]. Auch gerichtlich oder außergerichtlich *streitige Forderungen und Verbindlichkeiten* werfen Bewertungsprobleme bei der Prognose über den voraussichtlichen Ausgang des Rechtsstreits auf. Je nach deren Ergebnis sind bei Forderungen Wertberichtigungen und bei Verbindlichkeiten, wenn sie nicht schon als solche gebucht und damit ohnehin zu berücksichtigen sind, Rückstellungen zu bilden.

49 Das konkrete Ergebnis der Einzelbewertung von Wirtschaftsgütern unter der Vorgabe der Liquidation hängt stark von der Klärung der vorzugebenden **Auflösungsgeschwindigkeit** sowie der Auflösungsintensität ab. Es liegt auf der

---

1 *Röhm*, INF 2003, 836.
2 Zu deren Berechnung BGH v. 13.7.1992 – II ZR 269/91, BGHZ 119, 201, (203 f.); für Sanierungsfälle *Eisolt*, BB 2010, 427; für das StrafR *Florstedt*, wistra 2007, 441 je m.Nw.
3 Zutr. hat der BGH darauf hingewiesen, dass bei Immobilien regelmäßig – auch bei fehlender Fortführungsprognose – vom Verkehrswert auszugehen sein wird; BGH v. 14.1.2003 – 4 StR 336/02, wistra 2003, 301.
4 *Tiedemann*, NJW 1979, 255.
5 Ist der Fortbestehenswert von Finanzanlagen zugrunde zu legen, so kann auf den gemeinen Wert nach Abschn. 76 ff. der VStR 1977 zurückgegriffen werden (Stuttgarter Verfahren); vgl. auch *Auler*, DB 1976, 2171.

Hand, dass die zu erzielenden Veräußerungserlöse umso geringer sind, je weniger Zeit für die Veräußerung zur Verfügung steht. Im Extremfall der kurzfristigen Liquidation können nur noch *Zerschlagungswerte* realisiert werden[1]. Da zum Zeitpunkt der Überschuldungsprüfung im Vorfeld eines Insolvenzverfahrens jedoch normalerweise noch kein Zeitdruck für eine eventuell notwendig werdende Veräußerung herrscht, kann mit der h.M. in diesem Regelfall von einer branchenüblich normalen Auflösungsgeschwindigkeit ausgegangen werden[2].

Auch die **Auflösungsintensität** bestimmt das Ergebnis der konkreten Wertfeststellung, denn die kostenintensivere Veräußerung der einzelnen Wirtschaftsgüter, etwa im Rahmen einer Versteigerung, ist i.d.R. weniger lukrativ als die Veräußerung von Unternehmensteilen als Einheit oder sogar des gesamten Unternehmens. Dies wird nach Vorlage einer negativen Fortbestehensprognose jedoch nur im Ausnahmefall gelingen, weshalb der prognostizierenden Bewertung im Normalfall die Einzelveräußerung zugrunde zu legen sein wird[3].

Wie dargestellt (Rz. 43), muss entschieden werden, welche der **unterschiedlichen Methoden der Wertfeststellung** im konkreten Fall anzuwenden ist. Da die Fortführungsprognose nach dem Recht der InsO 1999 lediglich einen Bewertungsmaßstab darstellte (Rz. 13 ff.), wurde vertreten, dass sich die Entscheidung über die Anwendung des Substanz- oder Ertragswertverfahrens danach richtet, welche für den Beschuldigten zu günstigeren Ergebnissen führt. Danach müsste die Bewertung nach Liquidationswerten entfallen, obwohl die Gläubiger nur auf diese Weise Befriedigung erfahren können. Letztlich sollte nur die Bewertung *strafrechtlich* maßgebend sein, die i.S. des *Mindestgemeinsamen* auch anderen ernsthaft vertretenen abweichenden Berechnungsweisen gerecht wird[4]. Diesen Gedanken hat der BGH in einer Entscheidung zur Bewertung eines Unternehmens als Grundlage für eine Schadensfeststellung beim Betrug zugrunde gelegt[5]. Nach dem FMStG (Rz. 16 ff.) kann dieser Ansatz allerdings nur insoweit Bedeutung erlangen, als die Befriedigung der Gläubiger *im Insolvenzverfahren* – etwa nach einem zu erwartenden Sanierungsplan – aus den bei weiterer Verwendung des Gutes erzielbaren Erlösen erfolgen soll (Rz. 19 ff., § 76 Rz. 7).

50

In der **Praxis der Strafverfolgung** spielten und spielen die wissenschaftlichen Überlegungen zur Überschuldungsfeststellung nur in wenigen Fällen eine entscheidende Rolle. Hinreichende Grundlage für eine Verurteilung ist in aller Regel die Feststellung einer deutlichen Unterdeckung nach der Handelsbilanz, deren (Aktiv-)Positionen aufgrund der Zerschlagungsprognose regelmäßig überhöht sind. Auf mangelnde Praxisrelevanz der Überschuldungsfeststellung können die Unternehmensverantwortlichen jedoch nicht (mehr) vertrauen[6] –

51

---

1 *Bittmann*, wistra 1999, 11; *Reck*, ZInsO 1999, 199.
2 So auch *Bittmann*, wistra 1999, 11; *Bittmann* in Bittmann, InsolvenzstrafR, § 11 Rz. 97; *Röhm*, INF 2003, 836.
3 *Röhm*, INF 2003, 836.
4 *Tiedemann*, WiStrafR AT, Einf. Rz. 117; *Tiedemann* in LK, Vor § 283 StGB Rz. 158.
5 BGH v. 11.9.2003 – 5 StR 524/02, wistra 2003, 459 m.w. Literaturhinweisen.
6 *Richter* in Heinrich (Hrsg.), S. 40 f.

insbesondere, nachdem die Pflicht zur Veröffentlichung der Jahresabschlüsse konsequent durchgesetzt wird (§ 41 Rz. 8 f.) und deshalb auch die Strafverfolgung vermehrt auf solche Abschlüsse zugreifen kann und diesen indizielle Bedeutung zukommt[1].

V. Subjektive Fragen

52 Für die subjektive Seite ist entscheidend, welche Feststellungen – und nicht nur fantasie-begründete Wertungen – der Schuldner zur Zeit **der Bankrotthandlung** getroffen hatte und ob er danach von einer vorliegenden Überschuldung Kenntnis gehabt (§ 283 Abs. 1 StGB) oder vorausgesehen hat, dass seine Bankrotthandlung zur Überschuldung führen würde (§ 283 Abs. 2 StGB). Da es sich um ein normatives Tatbestandsmerkmal handelt, genügt die Parallelwertung in der Laiensphäre, also das Bewusstsein, die Vermögenslage werde zur Gläubigerbefriedigung (möglicherweise) nicht mehr ausreichen. Die Behauptung etwa einer positiven Fortführungsprognose setzt die Aufstellung eines dokumentierten Finanz- und Ertragsplanes durch den Schuldner voraus[2].

53 Befand sich der Verantwortliche in einem *Irrtum*[3], so bleibt zu prüfen, ob ihm seine abweichenden Bewertungen als fahrlässig getroffen vorzuwerfen sind, denn es handelt sich um einen Tatumstandsirrtum. Auch die **Berufung auf Auskünfte** ist nur sehr eingeschränkt tauglich, einen Irrtum zu begründen, setzt doch deren Verlässlichkeit nicht nur Sachkunde und Neutralität des Ratgebers, sondern insbesondere auch dessen richtige und vollständige Information voraus[4]. Dabei ist – auch für das Strafrecht – bedeutsam, dass ein *Steuerberater* keine kompetente Auskunftsperson für das Vorliegen einer (strafrechtlichen) Überschuldung ist; ihn trifft jedenfalls gerade keine Pflicht, seine Mandanten bei einer bilanziellen Unterdeckung auf Insolvenzreife hinzuweisen[5]. Regelmäßig wird derjenige, der sich in einem „rechtlichen Graubereich" bewegt, mit bedingtem Vorsatz handeln, wenn er so Strafbarkeit vermeiden will („Umgehungsmodell")[6].

54 Ohnehin sind (strafrechtlich relevante) Irrtümer in der Praxis schon deshalb selten, weil die als Handels- oder Steuerbilanzen **vorliegenden Abschlüsse** insolventer Unternehmer zumeist schon so *erhebliche Vermögensdefizite* auswiesen und die Verhaltensweisen der Unternehmer auch oft derart unterneh-

---

1 St. Rspr. der Zivilgerichte, zuletzt BGH v. 19.11.2013 – II ZR 229/11.
2 OLG München v. 15.4.1996 – 31 U 4886/95, GmbHR 1998, 281; BGH v. 2.6.1997 – II ZR 211/95, BB 1997, 2183.
3 Die bloße Berufung auf einen Irrtum nötigt jedenfalls nicht dazu, einen solchen als gegeben anzunehmen, vgl. BGH v. 11.10.2012 – 1 StR 213/10, NZWiSt 2013, 18 m. Anm. *Raschke* und *Rübenstahl*, ZHW 2013, 193.
4 BGH v. 11.10. 2012 – 1 StR 213/10, NZWiSt 2013, 18 m. Anm. *Raschke* und *Rübenstahl*, ZHW 2013, 193; BGH v. 4.4.2013 – 3 StR 521/12; BGH v. 3.4.2008 – 3 StR 394/07.
5 BGH v. 7.3.2013 – IX ZR 64/12; BGH v. 6.6.2013 – IX ZR 204/12, GmbHR 2013 m. krit. Anm. *Römermann/Prass*, 938; s. auch *Römermann*, GmbHR 2013, 513.
6 BGH v. 11.10.2012 – 1 StR 213/10, NZWiSt 2013, 18 m. Anm. *Raschke* und *Rübenstahl*, ZHW 2013, 193.

mensschädigend waren, dass eine positive Fortbestehensprognose nicht mehr festzustellen war und auch die Zubilligung weiter Bewertungsspielräume zugunsten des Unternehmers an der offensichtlichen und daher auch von ihm erkannten oder zumindest erkennbaren Überschuldung nichts mehr ändern konnte. Solche Fallgestaltungen bieten auch nach der weiteren Tatbestandsfassung nach dem FMStG keine Beweisschwierigkeiten.

War der Schuldnachweis somit bei vorliegenden Handels- oder Steuerbilanzen ohne große Schwierigkeiten möglich, so bleibt die Frage, wie dies bei fehlenden Abschlüssen geschehen kann oder bei solchen, die formal einen Aktivsaldo ausweisen. Bei **fehlenden Bilanzen** ist der Nachweis einer Krisenkenntnis zwar schwierig; liegen aber bereits *Warnzeichen* einer Krise vor (Rz. 30 ff.), so setzt sich der Unternehmer, der keine hinreichenden Anstalten zur Klärung seiner Vermögenslage getroffen hat, zumindest dem Vorwurf der fahrlässigen Verkennung seiner Überschuldung aus; dabei kann diese objektiv aus seinen Buchführungs- oder sonstigen Geschäftsunterlagen durch *Nach-Bilanzierung* festgestellt werden, was aber mangels positiver Fortführungsprognose meist nicht mehr erfolgen muss. 55

Vorhandene Bilanzen, die einen **Aktivsaldo** ausweisen, sind oft durch Überbewertungen, unberechtigte Aktivierungen, „vergessene" Passivposten oder ähnliche *Manipulationen* geschönt, deren Nachprüfung zur Aufdeckung der vom Unternehmer offensichtlich erkannten oder doch für wahrscheinlich gehaltenen Überschuldung führt. In vielen Fällen zeigen auch vorher erbrachte Kapitalerhöhungen oder hingegebene oder stehengelassene *Gesellschafterdarlehen*, die eine drohende Überschuldung abgewendet hatten oder dies sollten, dass der Unternehmer die Gefahr durchaus vorhergesehen hatte und zunächst auch noch in der Lage gewesen war, sie abzuwenden. Auf der subjektiven Seite bereiten solche Fälle kaum Probleme.

VI. Verhältnis zwischen Überschuldung und Zahlungsunfähigkeit

Beide Formen der Krise können **unabhängig voneinander** eintreten (§ 78 Rz. 7). Es ist denkbar, dass ein (drohend) zahlungsunfähiges Unternehmen noch einen aktiven Vermögenssaldo hat. Es handelt sich dann um Vermögen, das zur Liquiditätsbeschaffung nicht geeignet oder noch nicht eingesetzt worden ist. Andererseits kann ein überschuldetes Unternehmen noch über flüssige Mittel verfügen. Es war dann in der Lage, noch Fremdmittel zu beschaffen, obwohl sein Sicherheitenpotenzial erschöpft war. Zur Feststellung der Krise genügt *eine der Alternativen*, wobei die strafrechtliche Praxis die *am leichtesten beweisbare* zugrunde legt. 56

Im Regelfall geht die **Überschuldung** der drohenden oder eingetretenen Zahlungsunfähigkeit zeitlich **voraus** (Rz. 2). Da die Überschuldung einen Zustand des Unternehmens bezeichnet, in dem es ihm mangels freier Vermögenswerte nicht mehr möglich ist, Sicherheiten für weitere Fremdmittel zur Verfügung zu stellen, hängt die weitere Liquidität davon ab, ob ihm noch ungesicherte Kredite, staatliche Hilfsmaßnahmen oder Eigenkapital zugeführt werden. 57

Während die Zahlungsunfähigkeit durch Fremdkapitalzuführung in Form von Darlehen, aber auch durch Einlagen oder sonstige Eigenkapitalzuführung **besei-**

tigt werden kann, ist dies bei der Überschuldung nur durch Zuführung von Eigenkapital möglich.

58 Die Überschuldung hat auch für die **Betrugsstrafbarkeit** (neben der hier im Vordergrund stehenden Zahlungsunfähigkeit) Bedeutung. Zumindest für die GmbH hat der BGH mehrfach bei erkennbarer Überschuldung eine Offenbarungspflicht des Geschäftsführers beim Abschluss von Verträgen angenommen, die auf Lieferung von Waren auf Kredit gerichtet sind[1] (vgl. oben § 48). Wenn auch diese zivilrechtlichen Entscheidungen Schadensersatzforderungen aus Verschulden bei Vertragsschluss zum Gegenstand hatten, so ist doch wegen der durch die Überschuldung der Gesellschaft gegebenen *Gläubigergefährdung* bei Kaufverträgen auf Kredit im Rahmen einer länger andauernden Geschäftsbeziehung auch strafrechtlich von einer *Aufklärungspflicht* auszugehen, deren Verletzung einer Täuschungshandlung durch Unterlassen i.S. des Betrugstatbestandes gleichkommt.

---

1 BGH v. 2.3.1988 – VIII ZR 380/86, DB 1988, 1060; *Bittmann*, wistra 2009, 140.

2. Kapitel
Pflichtverletzung bei Unternehmensbeendigung

§ 80
Insolvenzantragspflicht
Bearbeiter: Hans Richter

	Rz.		Rz.
I. Bedeutung im Spiegel der Reformen	1	2. Aufsichtsorgane, Gesellschafter und Dritte	28
II. Betroffene Unternehmensträger		3. Sonderfall der Führungslosigkeit	35
1. Juristische Personen	12		
2. Gesellschaften ohne persönlich Haftenden	17	**IV. Frist und Inhalt des Antrags**	
3. Ausländische Gesellschaften	21	1. Insolvenzreife	37
III. Antragspflichtige Personen		2. Antragsfrist	40
1. Vertretungsorgane	23	3. Inhaltliche Anforderungen	53
		V. Subjektiver Tatbestand	57

Schrifttum: Vgl. §§ 75–79 und 87 (insbes. zur Strafbarkeit im Zusammenhang mit Sanierungsversuchen); außerdem: *Altmeppen*, Konkursantragspflicht in der Vor-GmbH?, ZIP 1997, 273; *Baumgarte*, Die Strafbarkeit von Rechtsanwälten und anderen Beratern wegen unterlassener Konkursanmeldung, wistra 1992, 41; *Bittmann*, Reform des GmbHG und Strafrecht, wistra 2007, 321; *Bittmann*, Strafrechtliche Folgen des MoMiG, NStZ 2009, 113; *Bittmann/Gruber*, Limited – Insolvenzantragspflicht gem. § 15a InsO: Europarechtlich unwirksam?, GmbHR 2008, 867; *Brettner*, Strafbarkeit wegen Insolvenzverschleppung nach § 15a InsO, 2013; *Cavero*, Zur strafrechtlichen Verantwortlichkeit des faktischen Geschäftsführers, in FS Tiedemann, 2008, S. 299; *Grube/Maurer*, Zur strafbefreienden Wirkung des Insolvenzantrags eines Gläubigers zugunsten des GmbH-Geschäftsführers, GmbHR 2003, 1461; *Haas*, Die Rechtsfigur des „Faktischen GmbH-Geschäftsführers", NZI 2006, 494; *Hey/Riegel*, Firmenbestatter – Strafrechtliche Würdigung eines neuen Phänomens, GmbHR 2000, 115; *Hiebl*, Neue strafrechtliche Risiken durch die Neufassung des Straftatbestandes der Insolvenzverschleppung durch das MoMiG vom 1.11.2008, in FS Mehle 2009, S. 273; *Hirte/Knof/Mock*, Das neue Insolvenzrecht nach dem ESUG, 2012; *Krause*, Insolvenzverschleppung durch den GmbH-Geschäftsführer – Konsequenz unternehmerischen Handelns in der wirtschaftlichen Krise oder bewusstes Handeln zum Schaden der Gläubiger, DZWiR 2001, 21; *Maurer*, Strafbewehrte Handlungspflichten des GmbH-Geschäftsführers in der Krise, wistra 2003, 174; *Maurer/Odörfer*, Strafrechtliche Aspekte der GmbH & Co KG in der Krise, GmbHR 2008, 351, 413; *Montag*, Die Anwendung der Strafvorschriften des GmbH-Rechts auf faktische Geschäftsführer, 1994; *Müller-Gugenberger*, Glanz und Elend des GmbH-Strafrechts, in FS Tiedemann, 2008, S. 1003; *Nerlich/Römermann*, Kommentar zur Insolvenzordnung, Losebl.; *Pape*, Gesetz zur weiteren Erleichterung der Sanierung von Unternehmen, ZInsO 2011, 1033; *Pelz*, Strafrecht in Krise und Insolvenz, 2. Aufl. 2011; *Reck*, Der Berater und die Insolvenzverschleppung, ZinsO 2000, 121; *Richter*, Der Konkurs der GmbH aus der Sicht der Strafrechtspraxis, GmbHR 1984, 113, 137; *Richter*, Zur Strafbarkeit externer „Sanierer" konkursgefährdeter Unternehmen, wistra 1984, 97; *Richter*, Strafbarkeit des Insolvenzverwalters, NZI 2002, 121; *Richter*, „Scheinauslandsgesellschaften" in der deutschen Strafverfolgungspraxis, in FS Tiedemann, 2008, S. 1023; *Röhm*, Die Versagung der Restschuldbefreiung wegen einer Insolvenzstraftat nach § 290 Abs. 1 Nr. 1 InsO, DZWiR

2003, 143; *Roth/Knof*, Die Stiftung in Krise und Insolvenz, KTS 2009, 163; *Karsten Schmidt*, Die Strafbarkeit „faktischer Geschäftsführer" wegen Insolvenzverschleppung als Methodenproblem, in FS Rebmann, 1989, S. 419; *Skauradszun*, Strafzumessung bei der Insolvenzverschleppung, wistra 2014, 41 ff.; *Steinbeck*, Die vorsätzliche Insolvenzverschleppung, Eine normentheoretische Untersuchung zu § 15a Abs. 1 i.V.m. Abs. 4 InsO, 2013; *Wachter*, Amtsniederlegung von GmbH-Geschäftsführern, GmbHR 2001, 1129; *Weiß*, Der unzureichend begründete Insolvenzantrag einer GmbH aus strafrechtlicher Sicht, ZInsO 2009, 1520; *Weyand*, Strafbarkeit wegen „nicht richtiger" Insolvenzantragsstellung – strafrechtlicher Flankenschutz für Insolvenzgerichte und Verwalter?, ZInsO 2010, 359; *Weyand/Diversy*, Insolvenzdelikte, 9. Aufl. 2013.

I. Bedeutung im Spiegel der Reformen

1   a) Wer seine unternehmerische Tätigkeit in der Rechtsform einer **Kapitalgesellschaft** ausübt, genießt den Vorteil der Haftungsbeschränkung auf das gezeichnete Gesellschaftskapital, mit dem eine *erhöhte Verlustgefahr* für die ungesicherten Gläubiger des Unternehmens korrespondiert[1]. So waren und sind die GmbH (und GmbH & Co. KG) wegen ihres (relativ) geringen gesetzlichen Mindestkapitals eine beliebte Rechtsform auch bei risikofreudigen Unternehmen[2]. Dem wurde bis zum Inkrafttreten des MoMiG zum 1.11.2008 (§ 75 Rz. 2) durch kapitalschützende gesetzliche Vorschriften begegnet, wozu auch die im *Gesellschaftsrecht* platzierten Straftatbestände der Verletzung der *Insolvenzantragspflicht* gehörten. Diese rechtform-spezifischen Tatbestände (vgl. § 23 Rz. 70 ff.) waren für die GmbH in § 84 Abs. 1 Nr. 2, Abs. 2 GmbHG normiert, für die GmbH & Co KG (bzw. ... OHG) in §§ 130b, 177a HGB, für die Aktiengesellschaft in § 401 Abs. 1 Nr. 2 AktG und für die eingetragene Genossenschaft in § 148 GenG.

2   Der **Reformgesetzgeber des MoMiG** ging zutreffend davon aus, dass sich durch die – vom BGH umgesetzte – Rechtsprechung des EuGH zur Anerkennung der juristischen Person innerhalb der EU (bzw. des EWR) empfindliche Strafbarkeitslücken, insbesondere im Vergleich der deutschen GmbH zur englischen Ltd., zu schließen waren[3]. Mit der Antwort des deutschen Gesellschaftsrechts auf die ausländischen – praktisch eigenkapitalfreien – juristischen Personen durch Schaffung der „Unternehmergesellschaft (haftungsbeschränkt)", kurz UG (§ 23 Rz. 3a, 76) stieg das Bedürfnis nach Sicherung der Gläubiger weiter. Durch die Lozierung der *Insolvenzverschleppung* im **Insolvenzrecht (§ 15a InsO n.F.)** sollten alle juristischen Personen unabhängig von ihrer konkreten Rechtsform erfasst werden (näher Rz. 12). Die Bezeichnung als „Insolvenzverschleppung" bezieht sich dabei – wie die frühere „Konkursverschleppung" – nicht auf den Begriff der Insolvenz als Zustand des schuldnerischen Unternehmens, sondern auf den verfahrensrechtlichen Begriff[4].

---

1   *Mönning* in Nerlich/Römermann, § 15 InsO Rz. 4.
2   *Krause*, DB 1988, 96; *Kornblum*, GmbHR 2006, 28 (37).
3   *Müller-Gugenberger* in FS Tiedemann, 2008, S. 1013 f.; *Richter* in FS Tiedemann, 2008, S. 1026.
4   Der nach dem MoMiG auch insofern irreführend ist, als nicht nur der verspätete sondern auch der fehlerhafte Antrag unter Strafdrohung steht – näher unten Rz. 53 ff.

Zur *Bekämpfung von* **Missbräuchen**, insbesondere durch das Unwesen professioneller „Firmenbestatter" (näher § 87 Rz. 44 ff.; § 96 Rz. 88 ff.), wurde aber auch der Tatbestand selbst im Hinblick auf die Umschreibung der Tathandlung (Rz. 46) und der Ausdehnung der Handlungsverpflichteten von den Organen auf Gesellschafter in mehrfacher Weise *erweitert*: Zum einen betrifft dies den *Kreis der Antragspflichtigen* (Rz. 35), zum anderen aber auch *inhaltliche Anforderungen* an die Erfüllung der Antragspflicht (Rz. 6, 53 ff.). Mit der grundlegenden Novelle des (Unternehmens-)Insolvenzrechts durch das **ESUG 2012** (eingehend § 75 Rz. 46 ff.) schafft die Ausweitung der Erklärungspflicht deutliche Strafbarkeitsrisiken, die aber durch schutzzweckorientierte Reduktion und Anwendung des Opportunitätsprinzips (§§ 153 ff. StPO) von den Staatsanwaltschaften eingegrenzt werden können (Rz. 54 ff., § 77 Rz. 6). Dennoch erreicht die Novelle das Ziel der Missbrauchsbekämpfung – so viel kann vorab zusammenfassend gesagt werden – bestenfalls bruchstückhaft.

b) Der Straftatbestand war bis zur Geltung des MoMiG (1.11.2008) durch die *Zweiteilung* in eine Verhaltensnorm (§§ 64 Abs. 1, 71 Abs. 2 GmbHG, §§ 92 Abs. 2, 268 Abs. 2 AktG und § 33 GenG) und eine Sanktionsnorm (§ 84 Abs. 1 Nr. 2, Abs. 2 GmbHG, § 401 Abs. 1 Nr. 2 AktG, § 138 GenG) gekennzeichnet, die zusammen zu lesen waren. Hieran hat sich grundsätzlich *nichts geändert*:

– § 15a Abs. 1 InsO (ergänzt durch die Abs. 2 und 3) enthält die **Handlungspflicht**,
– § 15a Abs. 4 (und 5) InsO die **Sanktionsnorm**.

Strafbar war und ist die Verletzung der Pflicht durch den/die verantwortlichen Geschäftsleiter, ohne schuldhaftes Zögern, spätestens aber drei Wochen nach Eintritt der Überschuldung oder Zahlungsunfähigkeit der Gesellschaft, die Eröffnung des Insolvenzverfahrens nach der Insolvenzordnung (vgl. § 75 Rz. 35 ff.) zu beantragen. Für *Kreditinstitute* und *Versicherungsunternehmen* gilt stattdessen eine entsprechende Anzeigepflicht an die Aufsichtsbehörde BaFin (§ 66 Rz. 32 f., § 65 Rz. 14).

Unter der Strafdrohung der Sanktionsnorm ist der Antrag seit dem MoMiG auch „richtig" zu stellen, wonach die Handlungspflicht konkretisiert wird (näher dazu Rz. 53 ff.). Missverständlich und irreführend im Hinblick auf die strafrechtliche Sanktionierung sind allerdings die bislang vorliegenden Kommentierungen und Stellungnahmen in der Literatur[1]. Demgegenüber ist festzuhalten, dass **nur** der **Pflichtantrag nach § 15a Abs. 1 S. 1 InsO** (Eröffnungsantrag bei eingetretener Zahlungsunfähigkeit und/oder Überschuldung – *nicht* also der fakultative Antrag wegen *drohender Zahlungsunfähigkeit* nach § 18 Abs. 1 InsO) gem. § 15a Abs. 4 und 5 InsO unter Strafdrohung richtig und rechtzeitig gestellt werden muss.

---

1 Statt aller *Ransiek* in HK, § 15a InsO Rz. 41, der auf *Kleindiek* in HK, § 15a InsO Rz. 15 verweist, wo – ebenso wie in den dort weiter genannten Fundstellen – eine Differenzierung zwischen Zivil- und Strafrecht gerade nicht vorgenommen wird. Zutr. weisen aber nunmehr *Rönnau/Wegner*, ZInsO 2014, 1026 (1031) unter Bezug auf *Haas* in Baumbach/Hueck, § 64 GmbHG Rz. 119b) darauf hin, dass der Antrag nach § 270b Abs. 1 S. 1 InsO kein Eröffnungsantrag im strafrechtlichen Sinne ist, was aber auch für die Anträge nach §§ 18, 270b InsO gilt.

Die – als selbständige hierzu zu wertenden – (zulässigen) Anträge auf *Eigenverwaltung* gem. § 270 Abs. 2 Nr. 1 InsO und auf das *Schutzschirmverfahren* gem. § 27b Abs. 1 S. 1 InsO sind demgemäß strafrechtlich – wie auch ein fakultativer Antrag nach § 18 Abs. 1 InsO – nur darauf zu prüfen, ob nicht in Wahrheit ein Insolvenzgrund vorliegt, der einen Pflichtantrag verlangt, ansonsten aber gerade **nicht auf Rechtzeitigkeit und Richtigkeit**. Ohne Bedeutung hierfür ist, dass die Anträge regelmäßig *äußerlich* als „einheitlicher" Antrag gestellt werden. Dies schafft aber in der Praxis nicht unerhebliche Probleme im Hinblick auf die Bestimmung des Umfang des Verwendungsverbotes nach § 97 Abs. 1 S. 3 InsO (hierzu § 76 Rz. 22 ff.), auf die – vom Strafrecht selbstständig zu prüfenden – Zulässigkeitsvoraussetzungen (Rz. 46) und auch bei der Frage, welche (relevanten) Fehler nur im Hinblick auf den Teil der Angaben, die § 13 Abs. 1 InsO den Pflichtantrag beachtlich sind (Rz. 53 ff.).

5 Geblieben ist weiter, dass die Strafnorm der (rechtzeitigen und richtigen) Insolvenzantragstellung als *abstraktes Gefährdungsdelikt*[1] in erster Linie die *Vermögensinteressen der Gläubiger* der Gesellschaft schützt. **Geschütztes Rechtsgut** sind danach sowohl die Interessen der *schon vorhandenen* Gläubiger an einer möglichst hohen Befriedigungsquote als auch die *möglicher Neugläubiger*[2]. Diese sollen – auch bei der Abwicklungsgesellschaft – vor dem Erwerb minderwertiger Forderungen bewahrt werden[3]. Der Schutz der Neugläubiger hat nicht unerhebliche praktische Bedeutung im Hinblick auf gelegentlich vorliegende Einwilligungen der Altgläubiger, die gerade *nicht ausreichen*, die Tatbestandsverwirklichung zu hindeRz. Der Verstoß gegen die Insolvenzantragspflicht ist danach ein *Vorfelddelikt* bei der Bekämpfung von Vermögensschädigung der Gesellschaftsgläubiger, das umso größere Bedeutung erlangt, je kleiner der diesen zustehende Haftungsfonds ist. Die allgemein übernommene Annahme von *Tiedemann*[4], der Schutz der Gesellschaft selbst sei ein „sekundäres Rechtsgut"; weil deren Verantwortliche die Dreiwochenfrist zu ernsthaften Sanierungsbemühungen ausnutzen dürfen, birgt kaum praktische Relevanz, aber die Gefahr von Missverständnissen über Inhalt und Bedeutung einer solchen Rangfolge. Die sehr eingeschränkte Sanierungsmöglichkeit schafft vielmehr einen *Rechtsreflex*, nicht aber ein Rechtsgut (Rz. 40 f.).

6 Insolvenzverschleppung ist aber auch weiterhin zum einen unechtes **Dauer-Unterlassungsdelikt**[5]. Strafbar ist insofern lediglich das *Unterlassen der Antragstellung*. Zur Verhinderung von Schäden bei den Gläubigern ist der Pflichtige darüber hinaus nicht verpflichtet (zum Ende der Antragspflicht s. Rz. 48 ff.). Nicht die Fortsetzung der Geschäftstätigkeit ist strafbar, sondern allein die verzögerte oder ganz unterlassene, allerdings auch die fehlerhafte

---

1 BGH v. 6.5.1960 – 2 StR 65/60, BGHSt 14, 280.
2 Allg. Meinung; vgl. nur *Kiethe/Hohmann* in MüKo-StGB, § 15 InsO Rz. 1.
3 Zutr. weist *Skauradszun*, wistra 2014, 41, in seiner eingehenden Darstellung der Strafzumessungserwägungen aus richterlicher Sicht mit vielen Beispielen – bis hin zum „Dominoeffekt" weiterer nachfolgender Insolvenzen – auf die beim Strafmaß zu berücksichtigenden Folgen verspäteter Insolvenzantragstellung hin.
4 *Tiedemann*, GmbH-StrafR, Vor §§ 82 ff. GmbHG Rz. 30 unter Berufung auf BGH v. 30.7.2003 – 5 StR 221/03, BGHSt 48, 309.
5 *Tiedemann*, GmbH-StrafR, Vor §§ 82 ff. GmbHG Rz. 31 m.Nw.

(Rz. 53 ff.) *Antragsstellung.* Die Antragspflicht besteht auch dann, wenn die Gesellschaft ihre Geschäftstätigkeit eingestellt hat oder liquidiert werden soll oder wird[1]. Zum anderen ist – im Hinblick auf die pönalisierte Falschangabe (Rz. 53 ff.). nunmehr ein **Handlungsdelikt** – ebenfalls in Form des *abstrakten Gefährdungsdeliktes* – statuiert. Die große praktische Bedeutung dieses Handlungs- und Unterlassensdelikts beruht auch darauf, dass Tun und Unterlassen nicht nur vorsätzlich, sondern *auch fahrlässig* begangen werden können.

c) Die **Deliktshäufigkeit** war – angesichts der großen Zahl von unterkapitalisierten Gesellschaften und der anhaltend schlechten wirtschaftlichen Lage – schon in der Vergangenheit bei der GmbH und der GmbH & Co KG hoch[2]. Zwischenzeitlich rücken allerdings immer mehr Aktiengesellschaften und Unternehmensverbünde in den Fokus der Strafverfolgung. Seit Geltung des MoMiG sind bereits eine Vielzahl ausländischer juristischer Personen, insbesondere die (englische) Ltd., aber – infolge deutlicher Unterkapitalisierung – auch die deutsche „Unternehmergesellschaft" („UG haftungsbeschränkt") Gegenstand verschleppungsstrafrechtlicher Verfahren[3]. (Zur Bedeutung der deutlichen Erweiterung des Geschäftsführerverbots für Insolvenzstraftäter nach § 6 GmbHG durch das MoMiG vgl. Rz. 11 und § 76 Rz. 64 ff.)

Die Vorschriften des BilRiLG 1986 und des BilMoG ab 2009 (dazu § 26 Rz. 2), insbesondere zur **Offenlegung der Jahresabschlüsse** (§ 41 Rz. 1 ff., 15 ff.), sorgen seit der wirksamen Überwachung durch das *Unternehmensregister* (§ 41 Rz. 10) nicht nur für eine größere Transparenz der geschäftlichen Verhältnisse der publizierungspflichtigen Gesellschaften und damit zu einem erheblichen Ansteigen der Feststellung von Überschuldung im Verschleppungsstrafrecht, sondern auch zur Zunahme von hierauf gestützten Strafanzeigen insbesondere von Lieferanten. Kontraproduktiv sind insofern allerdings die Erleichterungen, dies das MicroBilG vom 20.12.2012 für „Kleinstunternehmen" und damit auch für „Kleinstkapitalgesellschaften" geschaffen hat, die ihre Jahresabschlüsse nicht nur verkürzt erstellen dürfen, sondern diese auch nicht über die Internetseite im elektronischen Unternehmensregister veröffentlichen müssen (hierzu § 85 Rz. 2, § 26 Rz. 121a).

Der Verstoß gegen die Insolvenzantragspflicht gehört in typischer Weise in den Bereich der *mittleren bis unteren Kriminalität*. In aller Regel werden bei Ersttätern Geldstrafen oder Freiheitsstrafen bis zu einem Jahr (mit Bewährung) verhängt. Maßgebend sind dabei neben der Verschleppungsdauer, dem Ausmaß der abstrakten Gläubigergefährdung (sowohl im Hinblick auf vor als auch insbesondere während der Krisensituation geschaffenen Verbindlichkeiten) und die Mitwirkung im Insolvenzverfahren als Schadenswiedergutmachung oder doch -begrenzung. Sie ist danach **keineswegs** als bloßes **„Formaldelikt"** einzuordnen. Vielmehr wirkt sie in der Praxis häufig als (relativ) leicht nachweisbarer **Auffangtatbestand** für schwerer beweisbare Betrugs- und Insolvenzstrafta-

---

1 *Bittmann* in Bittmann, InsolvenzstrafR, § 11 Rz. 21 m.Nw.
2 Zur Verfolgungspraxis bei Unternehmensinsolvenzen *Quedenfeld/Richter,* Rz. 94; *Richter* in FS Tiedemann, 2008, S. 1024 ff.
3 *Richter* in FS Tiedemann, 2008, S. 1026.

ten i.w.S.[1], was die hohe Zahl von Verurteilungen erklärt. Bei der oft nicht unproblematischen Feststellung der Überschuldung oder Zahlungsunfähigkeit wird in der Praxis verfahrensökonomisch, wie bei den Bankrottdelikten (§ 81 Rz. 84), von der Evidenzphase ausgegangen, die leicht beweisbar ist.

10 *Zweifel* bleiben dennoch hinsichtlich der **präventiven Wirkung** der Norm wegen ihrer *konkreten Handhabung* durch die Strafverfolgungsorgane: Obwohl seit Langem allgemein bekannt ist, dass die Befriedigungsaussicht der Gläubiger – ja sogar die Chance auf Durchführung des Insolvenzverfahrens überhaupt – parallel zur Verzögerung der Antragstellung sinkt, lehrt die Erfahrung der Praxis, dass in nahezu 100 % der Insolvenzen juristischer Personen die Antragsfristen nicht eingehalten werden. In der Masse der Fälle der Strafrechtspraxis liegt die Zahlungsunfähigkeit mindestens drei Monate, die Überschuldung über ein Jahr vor der Stellung des Eigenantrags, häufig sogar deutlich nach der Abgabe der Eidesstattlichen Versicherung und von Fremdanträgen.

11 Von erheblicher Bedeutung im Hinblick auf die Präventionswirkung der Norm ist jedoch die Ausdehnung der **Inhabilität** (§ 76 Rz. 64 ff.) – also dem (obligatorischen) Verlust der Organfähigkeit für fünf Jahre – in § 6 Abs. 2 Nr. 3 GmbHG, § 76 Abs. 3 S. 3 AktG durch das MoMiG auf eine (jede vorsätzliche) Verurteilung wegen Insolvenzverschleppung. Da das Vorliegen einer entsprechenden Verurteilung nicht nur ein Hindernis für eine wirksame Organbestellung, sondern auch ein Eintragungshindernis darstellt und deshalb das Nichtvorliegen gegenüber dem Handelsregister versichert werden muss, führt diese Erweiterung zu einer Zunahme der Straftaten der „falschen Angaben" nach Gesellschaftsrecht[2] (§ 27 Rz. 243 ff.) und bei „faktischer Geschäftsführung" (§ 30 Rz. 56 ff.).

II. Betroffene Unternehmensträger

1. Juristische Personen

12 § 15a Abs. 1 InsO nennt – in Parallelität zu § 15 InsO, der das Antragsrecht für Fremdanträge regelt – als von der gesetzlichen Antragspflicht betroffene Rechtsträger nicht mehr einzelne Gesellschaftsformen (Rz. 1), sondern als erstes umfassend und rechtsform-übergreifend *„juristische Personen"*. Damit wird an § 11 Abs. 1 S. 1 InsO angeknüpft, der die Zulässigkeit eines Insolvenzverfahrens regelt. In der Sache sind dies nach deutschem Recht primär die **Kapitalgesellschaften**, nämlich die *Aktien-* und *Kommandit-Aktiengesellschaft* sowie die *GmbH*, wie sich aus der Überschrift über § 264 HGB ergibt. Gleichgestellt sind die eingetragenen *Genossenschaften*, die zwar begrifflich keine Kapitalgesellschaften sind, aber ein gleichartiges System der Haftungsbeschränkung auf das Genossenschaftsvermögen wie die Kapitalgesellschaften haben. Nur im Sonderfall der Führungslosigkeit (Rz. 35 f.) werden diese drei Gesellschaftsformen noch ausdrücklich genannt.

---

1 *Tiedemann*, GmbH-StrafR, Vor §§ 82 ff. GmbHG Rz. 9.
2 *Bittmann*, wistra 2007, 322.

Problemlos ist die Insolvenzantragspflicht für die Verantwortlichen der **Unternehmergesellschaft (haftungsbeschränkt)** oder „UG (haftungsbeschränkt)" nach § 5a GmbHG (i.d.F. des MoMiG). Für diese gelten als eine Variante der GmbH insoweit keine Besonderheiten[1]. Angesichts der geringen Haftungsmasse bestehen jedoch – wie auch bei entsprechenden ausländischen Gesellschaften (Rz. 21 f.) – besondere Risiken, insbesondere im Hinblick auf Überschuldung. 13

Nur die *Verlustanzeigepflicht* (§ 49 Abs. 3 GmbHG) – deren Verletzung für die „normale" GmbH durch § 84 GmbHG n.F. (früher: § 84 Abs. 1 Nr. 1 GmbHG) mit Strafe bedroht ist – greift mangels Mindestkapital nicht. Stattdessen bestimmt § 5a Abs. 4 GmbH, dass der Geschäftsführer bei „drohender Zahlungsunfähigkeit" unverzüglich die Gesellschafterversammlung einzuberufen habe; die Verletzung dieser Pflicht löst zwar Schadensersatzansprüche aus (§ 43 Abs. 2 GmbHG), aber nach dem klaren Wortlaut des § 84 GmbHG keine Strafbarkeit.

Die **Europäischen Rechtsformen,** die *Societas Europaea* (kurz *SE*) und die *Europäische Genossenschaft (SCE)* mit Sitz in Deutschland sind als juristische Personen von § 15a Abs. 1 InsO von der Strafbarkeit nach Abs. 4 und 5 erfasst. Das findet seine Bestätigung darin, dass in § 53 SEAG die frühere Verweisung in Abs. 1 auf § 401 AktG durch das MoMiG gestrichen wurde und darüber hinaus in Abs. 4 für die SE mit monistischem Organisationsaufbau Nr. 2 ausdrücklich auf § 15 InsO verweist; § 36 Abs. 1 SCEAG verweist nunmehr direkt auf § 15a Abs. 4 und 5 InsO. Eine ganz gleichartige Lösung ist für die in Vorbereitung befindliche *Europäische Privatgesellschaft (SPE)* zu erwarten (vgl. § 23 Rz. 77). 14

Problematischer ist die Einordnung des eingetragenen **Vereins** und der **Stiftung** (§§ 21, 22, 80 ff. BGB)[2]. Zwar wollte der Gesetzgeber jedenfalls den eingetragenen Verein als juristische Person (weiterhin) von der Strafbarkeit ausnehmen. Ob dies allerdings mit einem Hinweis in der Gesetzesbegründung, § 42 Abs. 2 BGB gehe „der allgemeinen Vorschrift in § 15a InsO vor"[3], erreicht werden konnte, war mindestens zweifelhaft. Dies gilt erst recht für die Antragspflicht bei der (in der Gesetzesbegründung nicht erwähnten) Stiftung, deren Verweis in § 86 S. 1 BGB auf § 42 Abs. 1 S. 1 BGB die rechtsformneutrale Regelung des § 15a InsO kaum ausschließen konnte[4]. Diese Zweifel hat der Gesetzgeber zwar nunmehr mit dem – eigentlich die Reform des Verbraucher-Insolvenzverfahrens betreffenden (hierzu § 75 Rz. 43 ff.) – sog. ESUG II[5] beseitigt, indem diese juristischen Personen in der Aufzählung des § 15a Abs. 1 InsO ausdrücklich ausgenommen werden[6]. Weil die Materialien[7] aber ausdrücklich von einer „Klarstellung" und einer „Vorrangstellung" des § 42 Abs. 2 BGB sprechen, wer- 15

---

1 Vgl. *Bittmann,* wistra 2007, 322.
2 Eingehend hierzu *Roth/Knof,* KTS 2009, 163.
3 Begr. RegE. BT-Drs. 16/6140, 14.
4 Zutr. die Kritik bei *Roth/Knopf,* KTS 2009, 163 (169).
5 G zur Verkürzung des Restschuldbefreiungsverfahrens und zur Stärkung der Gläubigerrechte v. 15.7.2013 – BGBl. I 2379; BR-Drs. 467/12.
6 § 15a Abs. 6 InsO i.d.F. des Art. 1 Nr. 4 ESUG II.
7 BR-Drs. 467/12 v. 10.8.2012, 30.

den Zweifel genährt, ob es sich (materiell) bei § 15a InsO nicht doch um eine gesellschaftsrechtliche Regelung handelt – Zweifel, denen der Gesetzgeber durch die Lozierung im Insolvenzrecht gerade begegnen wollte, um die Anwendbarkeit der Insolvenzverschleppung auf ausländische Gesellschaften sicherzustellen[1]. Hinzu kommt, dass diese „Klarstellung" erst am 1.7.2014 in Kraft getreten, nunmehr aber rückwirkend (§ 2 Abs. 3 StGB) anzuwenden ist.

16 Wie schon unter der Geltung der gesellschaftsrechtlichen Strafnormen des Verschleppungsrechts sind auch nach § 15a InsO Gründungsgesellschafter oder Geschäftsführer/Vorstände der noch **nicht** im Register **eingetragenen juristischen Personen** des In- und Auslandes (§ 23 Rz. 101 ff.), Vor-GmbH usw. *keine tauglichen Täter*, weil die Eintragung in die entsprechenden (Handels-)Register für das Entstehen aller juristischen Personen konstitutiv ist[2]. Diese Verantwortlichen können sich somit nur nach allgemeinen Strafnormen, insbesondere auch wegen Bankrotts nach §§ 283 ff. StGB, strafbar machen (vgl. § 81 Rz. 20 ff.).

2. Gesellschaften ohne persönlich Haftenden

17 Entsprechend dem kapitalgesellschaftsähnlichen Charakter der **GmbH & Co KG** hatte das 1. WiKG den Tatbestand der Insolvenzverschleppung auch für diese Gesellschaftsform (und vergleichbare Personengesellschaften ohne persönlich Haftenden) eingeführt. Normaufbau, Tatbestand und Sanktionen waren dem GmbH-Recht nachgebildet und in §§ 130a Abs. 1 und 4, 130b und 177a HGB enthalten.

18 Das **MoMiG** hat in **§ 15a Abs. 1 S. 2, Abs. 2 InsO** hieran festgehalten. Normadressat des Insolvenzantragsstrafrechts sind danach alle Pflichtorgane der Personenhandelsgesellschaften, bei denen *kein persönlich haftender Gesellschafter eine natürliche Person* ist. Neben der Pflicht für die Komplementär-Gesellschaft besteht daher eine strafbewehrte Insolvenzantragspflicht auch für die Personenhandelsgesellschaft selbst. Dies gilt also auch – bereits zum Recht vor dem MoMiG – bei einer *KG mit Ltd.-Komplementärin*. Wegen der in allen Einzelheiten gleichen Regelungsinhalte kann auf die Ausführungen zu den juristischen Personen (Rz. 12) verwiesen werden[3].

19 Von *praktischer Bedeutung* ist in diesem Zusammenhang einerseits, dass die **Insolvenzgründe der KG** (oder sonstigen Personengesellschaft) wegen ihrer unbeschränkten und unmittelbaren Haftung regelmäßig auf die Komplementärgesellschaft „durchschlagen", für diese jedoch häufig weder Fremd- noch Eigen-

---

1 Zutr. nimmt die h.M. eine „rechtsformneutrale" Regelung an – vgl. *Müller-Gugenberger* in FS Tiedemann, 2008, S. 1016 f. –, die dann aber auf alle juristischen Personen anzuwenden wäre.
2 Für die inländischen Gesellschaften beruht dieser Rechtsgrundsatz auf der historischen aktienrechtlichen Regelung des Art. 211 ADHGB, vgl. *Rittner/Dreher*, Europ. und dt. WirtschaftsstrafR, 3. Aufl. 2007, S. 130 ff.
3 Eingehend zur strafrechtlichen Relevanz bei der GmbH & Co KG *Maurer/Odörfer*, GmbHR 2008, 351 (412 ff.); *Tsambikakis*, GmbHR 2005, 331; *Bähr*, DZWiR 2009, 305.

antrag gestellt wird. Umgekehrt ist aber die bei der Komplementärin vorhandene Liquidität oder deren Vermögen bei der KG nicht anzusetzen[1]. Zunehmend entwickeln professionelle Berater insofern Problembewusstsein und veranlassen die *Aufnahme einer natürlichen Person als Komplementär*, worauf die Antragspflicht endet. Rein tatsächlich kommt dieser Rat aber regelmäßig zu spät, um die Strafbarkeit zu verhindern, weil jedenfalls Überschuldung schon länger als drei Wochen vorlag.

Die **Europäische Wirtschaftliche Interessenvereinigung (EWIV)** ist nach deutschem Rechtsverständnis keine juristische Person, sondern eine Personenhandelsgesellschaft (§ 23 Rz. 96 ff.). Ihre Organe unterliegen aber unter der Voraussetzung, dass kein Mitglied persönlich unbeschränkt haftet, aufgrund ausdrücklicher Anordnung ebenfalls der strafbewehrten Antragspflicht: § 11 EWIV-AG i.d.F. des MoMiG verweist unmittelbar auf § 15a Abs. 1 S. 2 InsO, während der frühere spezialgesetzliche Straftatbestand des § 15 EWIV-AG entfallen ist. 20

3. Ausländische Gesellschaften

In den Fokus der „Anti-Missbrauchs-Gesetzgebung" des MoMiG gerieten insbesondere auch die „**Scheinauslandsgesellschaften**" – also Gesellschaften, die im Ausland gegründet und rechtlich existent sind, ihren tatsächlichen (effektiven/faktischen) Verwaltungssitz, mithin den Ort der hauptsächlichen unternehmerischen Entscheidung, aber im Inland haben. Diese unterlagen infolge des strafrechtlichen Analogieverbotes nicht dem im deutschen Gesellschaftsrecht lozierten Verschleppungsstrafrecht[2]. Dies gilt unstreitig auch unter der Geltung des § 15a InsO für alle ausländischen Gesellschaften weiter, die im Inland nicht als juristische Personen anerkannt sind (*Drittstaaten-Gesellschaften*), weil für diese weiterhin die „*Sitztheorie*" anzuwenden ist (§ 23 Rz. 100 ff. 102)[3]. 21

Anderes gilt für die **rechtsfähigen Auslandsgesellschaften**, die in vollem Umfang dem Verschleppungsstrafrecht gem. § 15a InsO unterstellt wurden[4]. Praxisrelevant ist insofern der räumliche Geltungsbereich, für den die „Gründungstheorie" mit der Folge der Anerkennung der dortigen juristischen Person im Inland angewandt wird: Dieser beschränkt sich keinesfalls nur auf den *Bereich der EU*, sondern umfasst den *Europäischen Wirtschaftsraum (EWR)*. Dazu zählen einerseits die Staaten der Europäischen Freihandelszone (European Free Trade Association – *EFTA)*, derzeit das *Fürstentum Liechtenstein, Is-* 22

---

1 Zutr. *Maurer/Odörfer*, GmbHR 2008, 355.
2 Eingehend hierzu *Müller-Gugenberger* in FS Tiedemann, 2008, S. 1013 f.
3 *Müller-Gugenberger* in FS Tiedemann, 2008, S. 1010 ff.; *Richter* in FS Tiedemann, 2008, S. 1027 f.; zweifelnd *Bittmann/Grube*, GmbHR 2008, 867.
4 Eingehend m.Nw. *Richter* in FS Tiedemann, 2008, S. 1027 f.; *Tiedemann*, GmbH-StrafR, vor §§ 82 ff. GmbHG Rz. 64 f.; demgegenüber verfügt die LLP – vgl. hierzu oben § 23 Rz. 100 ff. – nach US-amerikanischem und englischem Recht zwar über eine eigene Rechtspersönlichkeit, trägt aber auch Züge einer Personalgesellschaft, weshalb die Subsumtion unter § 15a InsO die Gefahr einer strafrechtlich verbotenen Analogie begründet.

land, Norwegen. **Nicht** dazu gehören jedoch die *Schweiz*[1] und die normannischen Besitzungen der britischen Krone im europäischen Hoheitsgebiet (*Guernsey, Jersey* und die *Isle of Man*)[2]. Demgegenüber gelten Gesellschaften, die im Bereich des Deutsch-*Amerikanischen* Handels-, Schifffahrts- und Freundschaftsvertrages[3] gegründet wurden, soweit es sich nicht um reine „Briefkastenfirmen" mit keinerlei Aktivitäten in den USA/Kanada handelt, als „EU-inländisch". Erforderlich ist insofern aber ein „genuine link", welcher schon bei einer Geschäftsbeziehung in den USA angenommen wird[4].

III. Antragspflichtige Personen

1. Vertretungsorgane

23   Als *Täter* der Verletzung der Insolvenzantragspflciht kommen primär nur die **Mitglieder des „Vertretungsorgans"** der jeweiligen Gesellschaft bzw. juristischen Person, also bei deutschen Gesellschaften *Geschäftsführer/Vorstände* und „jeder Abwickler", also jeder *Liquidator* (im Folgenden vereinfachend „Vertretungsorgan" genannt) in Betracht. Nur *ausnahmsweise* richtet sich die Pflicht zur Insolvenzantragsstellung auch an Gesellschafter und Aufsichtsräte – (hierzu Rz. 35). Wie bei den Bankrottstraftaten nach §§ 283–283c StGB (§ 81 Rz. 10) handelt es sich um ein **Sonderdelikt**[5] (§ 22 Rz. 8 ff.).

Daran ist eine strafbare *Teilnahme Dritter* lediglich in der Form der Anstiftung oder Beihilfe möglich. Eine Anwendung des § 14 StGB ist angesichts des Gesetzeswortlauts in § 15a Abs. 1 InsO „Mitglieder des Vertretungsorgans oder Abwickler" nicht möglich[6]. Dabei ist allerdings der Vorsatz des Haupttäters Voraussetzung, da Anstiftung oder Beihilfe zu einer fahrlässigen Haupttat dogmatisch nicht möglich sind.

24   Bei **mehreren Mitgliedern des Vertretungsorgans** ist – auch bei gesellschaftsvertraglich vereinbarter Gesamtvertretungsberechtigung – *jeder Einzelne* zum Insolvenzantrag berechtigt und verpflichtet (vgl. nur § 63 Abs. 2 GmbHG i.V.m. § 15 Abs. 1 InsO)[7]. Dies gilt unabhängig von einer gesellschaftsinternen Geschäftsverteilung[8]. Die rechtzeitige und ordnungsmäßige Antragstellung eines

---

1   BGH v. 27.10.2008 – II ZR 158/06 – Trabrennbahn, BGHZ 178, 192; BGH v. 27.10.2008 – II ZR 290/07.
2   BGH v. 1.7.2002 – II ZR 380/00, GmbHR 2002, 1021 und für die Ltd. der Isle of Man (aber auch allg. für die „Kanalinseln") BGH v. 16.8.2007 – 4 StR 62/07, wistra 2007, 464 m. Anm. *Dehne-Niemann*, wistra 2008, 361; vgl. auch *Thölke*, DtNotZ 2006, 145.
3   V. 29.10.1954, BGBl. II 1956, 487; Vergleichbares gilt auch für andere Handelsverträge, etwa mit Kanada.
4   BGH v. 5.7.2004 – II ZR 389/02, BB 2004, 1668 f. m. Anm. *Mellert*, 1869 = EWiR 2004, 919 m. Anm. *Paefgen*; BGH v. 29.1.2003 – V III ZR 155/02, BGHZ 153, 353.
5   BGH v. 20.9.1999 – 5 StR 729/98, wistra 1999, 462.
6   *Bittmann* in Bittmann, InsolvenzstrafR, § 11 Rz. 35; anders allerdings beim Liquidator, soweit „Abwickler" eine juristische Person ist, *Köhler* in W/J, Kap. 7 Rz. 24.
7   A.A. *Lütke*, wistra 2009, 409 (411 f.), der allerdings verkennt, dass es sich um eine originäre Organ- und nicht um eine Überwachungspflicht handelt.
8   So schon *Richter*, GmbHR 1984, 118; zust. *Köhler* in W/J, Kap. 7 Rz. 31 und *Tiedemann*, GmbH-StrafR, Vor §§ 82 ff. GmbHG Rz. 32.

Eigenantrags durch einen Geschäftsleiter wirkt aber, auch im strafrechtlichen Sinne, für die Übrigen, deren weiteres Unterlassen dann nicht mehr tatbestandsmäßig ist. Demgegenüber lässt ein *Fremdantrag* die Pflicht ebenso wenig entfallen[1] wie ein *unzulässiger Antrag* (näher Rz. 46); nach *Rücknahme* eines Eigenantrags lebt die Antragspflicht aller Geschäftsleiter wieder auf.

Legt das Vertretungsorgan vor Ablauf der Dreiwochenfrist sein Amt nieder oder wird es abberufen, so hängt seine Strafbarkeit wegen Insolvenzverschleppung davon ab, ob die **Amtsniederlegung bzw. Abberufung** als rechtsmissbräuchlich *nichtig* war[2]. Hierfür reicht es zwar nicht aus, dass die Niederlegung „zur Unzeit" erfolgt[3]. *Rechtsmissbrauch* liegt aber vor, wenn das Organ sein Amt nur niederlegt, um der Antragspflicht aus dem Wege zu gehen, oder wenn es abberufen wird, um so seine Antragstellung zu vereiteln[4]. 25

Allerdings kann dem *gegen seinen Willen* **abberufenen** Organ die Antragstellung im Einzelfall nicht mehr zumutbar sein; dann entfällt seine Strafbarkeit mangels Verschuldens. Jedenfalls kann dem ausgeschiedenen Vertretungsorgan strafrechtlich das Unterlassen, auf seinen *Nachfolger* zur Antragstellung *einzuwirken*, nicht vorgeworfen werden[5], zumal unklar ist, wie er auf seinen Nachfolger mit Aussicht auf Erfolg einwirken sollte. Der *im Einvernehmen* mit den Gesellschaftern/Aufsichtsräte zur Umgehung der Antragspflicht von diesen abberufene Geschäftsführer/Vorstand muss sich hingegen so behandeln lassen wie derjenige, der sein Amt aus dem gleichen Grund niedergelegt hat. In diesem Fall sind neben ihm als Täter auch die Gesellschafter/Aufsichtsräte wegen Anstiftung oder Beihilfe strafbar (Rz. 28 ff.). 26

Die strafrechtliche Verantwortung des **faktischen Vertretungsorgans**[6] (näher § 30 Rz. 56 ff., § 32 Rz. 8c, § 81 Rz. 46 ff.) ist zwar sowohl nach der ständigen Rechtsprechung der Zivil-[7] als auch der Strafsenate[8] des BGH nicht zweifelhaft, 27

---

1 *Kiethe/Hohmann* in MüKo-StGB, § 15 InsO Rz. 58 ff.
2 Zu Recht hat OLG Karlsruhe v. 19.4.2013 – 2 (7) Ss 89/12, wistra 2013, 359 die – auch in der Literatur verbreitete – Ansicht zurückgewiesen, der neu bestellte Geschäftsführer einer GmbH sei wegen Sittenwidrigkeit seiner Bestellung (zum Zweck einer „Firmenbestattung") kein tauglicher Täter.
3 Krit. zu dieser Unterscheidung *H. Schuhmann*, GmbHR 2007, 305.
4 OLG Köln v. 1.2.2008 – 2 Wx 3/08, GmbHR 2008, 544; hierzu *Werner*, GmbHR 2008, R 1117; vgl. auch schon *Spannowsky*, wistra 1990, 48; *Wachter*, GmbHR 2001, 1129 (1132 f.) m. umf. Nw.; für den Fall der rechtsmissbräuchlichen Amtsniederlegung des Gesellschafter-Geschäftsführers einer Ein-Mann-GmbH vgl. BayObLG v. 15.6.1999 – 3 ZBR 35/99, BB 1999, 1782.
5 So zutr. *Tiedemann*, GmbH-StrafR, Vor §§ 82 ff. GmbHG Rz. 34.
6 Zum faktischen Organ („shadow director") etwa der englischen Gesellschaft *Richter* in FS Tiedemann, 2008, S. 1034 f.
7 Z.B. BGH v. 11.7.2005 – II ZR 235/03, GmbHR 2005, 1187.
8 Z.B. BGH v. 9.8.2005 – 5 StR 67/05, wistra 2006, 17; a.A. nach dem MoMiG *Bergmann*, NZWiSt 2014, 81 ff.; dagegen aber zutr. *Böge*, GmbHR 2014, 1121: Unter dem Begriff „faktisches Organ" werden faktische Mitglieder des Leistungsorgans „subsumiert"; klarstellend und mit umf. Nw. der st. Rspr. BGH v. 18.12.2014 – 1 StR 323/14 und 324/14.

weiterhin rechtsdogmatisch aber nicht endgültig geklärt und in Umfang und Begründung *umstritten*[1]. Soweit das faktische Vertretungsorgan zivilrechtlich zur Stellung des Insolvenzantrags verpflichtet ist[2], kann seine strafrechtliche Verantwortung grundsätzlich nicht zweifelhaft sein[3]. Streitig sind allerdings Details: Ist eine (wenn auch fehlerhafte) Bestellung durch die Mehrheit (oder alle?) Gesellschafter erforderlich oder reicht die (einseitige) Anmaßung der Leitungsmacht aus[4]? (Zu den Voraussetzungen für die Annahme einer faktischen Organstellung vgl. auch die Ausführungen zum Bankrott – § 81 Rz. 46 ff.) Nicht zweifelhaft sollte allerdings sein, dass auch „Strohmann-Organe" zur Antragstellung verpflichtet sind[5].

2. Aufsichtsorgane, Gesellschafter und Dritte

28 **a)** Die – obligatorischen – **Aufsichtsräte** der *AG* und der *Genossenschaft* haben gem. § 111 Abs. 1 AktG/§ 38 Abs. 1 GenG „die Geschäftsführung zu überwachen". Dabei haben sie gem. §§ 116 S. 1, 93 Abs. 1 AktG/§§ 41, 34 GenG „die Sorgfalt eines ordentlichen und gewissenhaften Geschäftsleiters" anzuwenden. Freilich ist zu bedenken, dass der Aufsichtsrat die Geschäfte nicht – auch nicht mittelbar – selbst führen, insbesondere das unternehmerische Ermessen nicht selbst ausüben darf, und dass er auch nicht befugt ist, dem Vorstand Weisungen zu erteilen. In Ausübung ihrer Aufsichts- und Kontrolltätigkeit haben die Überwachungsorgane aber bei Pflichtanträgen die Ordnungs- und Rechtmäßigkeit der Geschäftsführung als „Beschützergarant" auch insoweit nach den Maßstäben der §§ 116, 93, 92 AktG sicherzustellen[6]. Demnach

---

1 *Karsten Schmidt* in FS Rebmann, 1989, S. 419; näher *Tiedemann*, GmbH-StrafR, Vor §§ 82 ff. GmbHG Rz. 32 f. und *Kiethe/Hohmann* in MüKo-StGB, § 15 InsO Rz. 22 f.
2 BGH v. 11.7.2005 – II ZR 235/03, GmbHR 2005, 1187; BGH v. 27.6.2005 – I ZR 113/03; BGH v. 25.2.2002 – II ZR 196/00, BGHZ 150, 61 (69); *Haas*, NZI 2006, 494 ff. m.Nw.
3 OLG Karlsruhe v. 7.3.2006 – 3 Ss 190/05, NJW 2006, 1364 m. umf. Nw.; früher schon BGH v. 16.5.1984 – 2 StR 525/83, wistra 1984, 178; BGH v. 22.9.1982 – 3 StR 287/82, BGHSt 31, 118; BayObLG v. 20.2.1997 – 5 StRR 159/96, NJW 1997, 1936; *Joerden*, wistra 1990, 1; *Joerden*, JZ 2001, 310.
4 Vgl. die umfassenden Nw. bei OLG Karlsruhe v. 7.3.2006 – 3 Ss 190/05, NJW 2006, 1364; zutr. ist die Forderung nach einem Einverständnis der Gesellschafter, wobei satzungsgemäße Mehrheit und konkludentes Einverständnis – faktisch also Kenntnis ohne Widerspruch – ausreicht; vgl. außerdem die Nw. bei *Tiedemann*, GmbH-StrafR, Vor §§ 82 ff. GmbHG Rz. 32.
5 Zutr. mit eingehender Begründung *Maurer*, wistra 2003, 175; *Rudolph* in Bittmann, InsolvenzstrafR, § 5 Rz. 130; a.A. KG v. 13.3.2002 – (5) 1 Ss 243/01 (6/02), wistra 2002, 314; OLG Hamm v. 2.10.2000 – 1 SsR 1337/99, StV 2002, 204, NStZ-RR 2001, 174.
6 Vgl. *Tiedemann* in FS Tröndle, 1989, S. 322; *Brammsen*, ZIP 2009, 1504 (1510); BGH v. 1.12.2008 – II ZR 102/07, DStR 2009, 234 (237); OLG Düsseldorf v. 23.6.2008 – I-9 U 22/08, ZIP 2008, 1922 (1924); zum Maßstab OLG Stuttgart v. 19.6.2012 – 20 W 1/12.

obliegt ihnen die Pflicht, auf den Vorstand einzuwirken[1], den gesetzlich vorgeschriebenen Antrag zu stellen – notfalls haben sie von ihrem Recht, den Vorstand abzuberufen, Gebrauch zu machen.

Bei der **GmbH** ist die Einrichtung eines *Aufsichtsrats* grundsätzlich fakultativ; ist ein solcher jedoch eingerichtet, gelten im Regelfall die Bestimmungen des Aktienrechts (§ 52 GmbHG mit Verweis auf das AktG). Im Rahmen der Mitbestimmung ist auch bei der GmbH ein Aufsichtsrat obligatorisch (§ 6 MitbestG; § 1 Abs. 1 Nr. 3 DrittelbG). Für die Mitglieder dieser Kontrollorgane gelten regelmäßig dieselben Maßstäbe wie bei der AG. 29

Die Mitglieder eines *Aufsichtsrats* oder sonstigen gesellschaftsrechtlichen Überwachungsorgans, etwa eines Beirats, sind also – abgesehen vom Sonderfall der Führungslosigkeit (Rz. 35) – selbst nicht zur Stellung eines Insolvenzantrags berechtigt und verpflichtet, können also **nicht Täter** sein. Allerdings setzen sie sich bei – auch nur psychischer – Förderung des (auch nur zeitweisen) Unterlassens der Antragstellung seitens der Geschäftsführung durch *positives Tun* dem Verdacht der **Teilnahme** (*Anstiftung* oder *Beihilfe*; § 19 Rz. 16 ff.) aus. Bei ihnen kann bereits das *bloße Unterlassen*, beim Vertretungsorgan auf die Erfüllung der Antragspflicht hinzuwirken, strafbare Beihilfe sein, da (und soweit) sie eine entsprechende *Aufsichtspflicht* und rechtliche Durchsetzungsmöglichkeiten haben. 30

Allerdings ist Beihilfe zur Insolvenzverschleppung als echtem Unterlassungsdelikt nur dadurch begehbar, dass der **Tatentschluss des Haupttäters** *gefördert* oder gefestigt wird. Zwar genügt es grundsächlich nicht, dass die Insolvenzeröffnung auf sonstige Weise verhindert wird[2], etwa durch eigene falsche Angaben vor dem Insolvenzgericht oder durch die Erregung oder Festigung eines Irrtums des Vertretungsorgans, die Insolvenzreife der Gesellschaft sei noch nicht eingetreten, weil es dann an einer veranlassten oder geförderten Haupttat fehlt. Liegt aber die vorerwähnte Garantenstellung des Überwachungsorgans vor und hält der pflichtige Geschäftsleiter seine Antragspflicht auch nur für möglich, reichen die genannten Förderungshandlungen zur Teilnahmestrafbarkeit an der (Unterlassens-)Tat aus. 31

b) Die **Gesellschafter** der GmbH – selbst soweit sie weisungs- und kontrollbefugt (§ 45 GmbHG) sind – können sich auch seit Geltung des MoMiG grundsätzlich nicht als Täter, sondern *nur* als *Teilnehmer* (Anstiftung oder Beihilfe) strafbar machen, etwa durch Anweisungen an das Vertretungsorgan, den Antrag zu unterlassen. Sie haben aber, soweit ihre Entscheidungskompetenz nicht gesellschaftsvertraglich (über § 46 GmbHG hinaus) dahin gehend erweitert worden ist, für die Einhaltung der Insolvenzantragsfristen verantwortlich zu sein, *keine Garantenpflicht*, für die rechtzeitige Antragstellung durch den Geschäftsführer zu sorgen. Dies hieße sonst, die Grenze zwischen Geschäftsführung und bloßer Anteilsinhaberschaft zu verwischen. Die Gesellschafter ma- 32

---

1 OLG Braunschweig v. 14.6.2012 – Wss 44 + 45/12, BB 2012, 1869 m. Anm. *Grützner*, BB 2013, 212.
2 BGH v. 6.5.1960 – 2 StR 65/60, BGHSt 14, 280.

chen sich daher durch bloßes Geschehenlassen der Insolvenzverschleppung seitens des Geschäftsführers im Normalfall nicht strafbar[1].

33 Zu Missverständnissen haben insoweit aktuelle (Zivil-)Entscheidungen unter der Geltung des ESUG geführt, wonach der Geschäftsführer bei weisungswidriger Antragstellung schadenersatzpflichtig ist[2]. Dabei muss indes beachtet werden, dass – insbesondere auch bei Anträgen zur Sanierung nach dem ESUG (§ 75 Rz. 46 ff.) – zwischen Pflichtanträgen nach § 15a Abs. 4, Abs. 1 S. 1 InsO und (freiwilligen) Anträgen wegen (ausschließlich) drohender Zahlungsunfähigkeit gem. § 18 Abs. 1 InsO bzw. den Anträgen nach §§ 270a Abs. 2, 270b Abs. 1 InsO zu unterscheiden ist. Nur bei freiwilligen Anträgen steht den Gesellschaftern ein Weisungsrecht zu.

34 **c)** Darüber hinaus hat die *Teilnahmestrafbarkeit* bei **Bankmitarbeitern** praktische Bedeutung erlangt, die mit Rat und Tat das Unterlassen unterstützen, um z.B. bei Kreditsicherheiten Wertzuwachs zu erreichen. Noch stärker ist dies der Fall bei „Sanierungs-" oder sonstigen **Unternehmensberatern**, die bei eingetretener Insolvenzreife und nach Ablauf der Dreiwochenfrist an Moratorien oder sonstigen „Sanierungsversuchen" mitwirken[3]. Ähnliches gilt für beratende *Rechtsanwälte*, denen regelmäßig eine Hinweispflicht obliegt[4] (zu den Risiken bei Sanierung allgemein § 87 Rz. 2, 20 ff.).

3. Sonderfall der Führungslosigkeit

35 Allein aus der Verletzung seiner gesetzlichen Verpflichtung zur Bestellung von Geschäftsführungsorganen erlangt der Gesellschafter oder Aufsichtsrat die soeben beschriebene Position eines möglichen Täters der Insolvenzverschleppung nicht. Dadurch bestehende Strafbarkeitslücken, insbesondere auch bei „Beerdiger-Fällen" (§ 87 Rz. 44 ff.), wollte der Gesetzgeber des MoMiG schließen: **§ 15a Abs. 3 InsO** bestimmt daher, dass bei „**Führungslosigkeit**" bei der GmbH *jeder Gesellschafter* und bei der AG und Genossenschaft jedes Mitglied des *Aufsichtsrats* zur Antragsstellung verpflichtet ist. Die Norm erweitert somit den Kreis tauglicher Täter der Insolvenzverschleppung allein für den Sonderfall, das *diese* Gesellschaften bei Überschuldung und/oder Zahlungsunfähigkeit *kein Geschäftsführungsorgan haben*, das zur Antragstellung befugt wäre (§ 35 Abs. 1 S. 2 GmbHG, § 78 Abs. 1 S. 2 AktG, § 24 Abs. 1 S. 2 GenG). Hat die Gesellschaft aber ein *faktisches* Geschäftsführungsorgan (vgl. Rz. 27), ist Führungslosigkeit gerade nicht gegeben[5].

36 Die Regelung ist indes in mehrfacher Hinsicht **misslungen** und konnte daher allenfalls geringe praktische Bedeutung erlangen[6]. Zunächst ist die Beschrän-

---

1 Vgl. hierzu *Tiedemann*, GmbH-StrafR, Vor §§ 82 ff. GmbHG Rz. 32.
2 OLG München v. 21.3.2013 – 23 U 3344/12, GmbHR 2013, 590 m. Anm. *Leinekugel*, 594.
3 *Quedenfeld/Richter* in Bockemühl, Hdb. FA StrafR, Rz. 221 ff.; *Tiedemann*, GmbH-StrafR, Vor §§ 822 ff. GmbHG Rz. 36, je m.Nw. und Beispielen.
4 BGH v. 26.10.200 – IX ZR 289/99, NJW 2001, 517; *Quedenfeld/Richter* in Bockemühl, Hdb. FA StrafR, Rz. 209 m.Nw.
5 *Tiedemann*, GmbH-StrafR, Vor §§ 82 ff. GmbHG Rz. 32.
6 *Bittmann*, wistra 2007, 321 (322).

kung auf drei juristische Personen deutschen Rechts kaum nachvollziehbar und stellt im Hinblick auf die vergleichbaren EU-Auslands-Gesellschaften eine „Inlandsdiskriminierung" dar. Weiter erfasst sie gute Teile der „Beerdiger-Szene" nicht, weil hier regelmäßig die Geschäftsführer zwar nicht erreichbar, wohl aber noch im Amt sind. Vor allem aber ist gerade hier die streitige Frage[1], ob *Unerreichbarkeit* des Organs insoweit ausreicht oder ob das *Fehlen* eines (förmlich bestellten oder faktischen[2]) Organs erforderlich ist, für die Anwendbarkeit der Norm auf besonders krasse Fälle der Verschleppung entscheidend. Hinzu kommt, dass dem Gesellschafter/Aufsichtsratsmitglied in doppelter Hinsicht *Kenntnis* (mithin direkter Vorsatz) nachgewiesen werden muss[3], was regelmäßig scheitern wird: Kenntnis der Führungslosigkeit *und* des Insolvenzgrundes. Bedingter Vorsatz reicht hier – im Unterschied zum Vertretungsorgan – nicht aus.

IV. Frist und Inhalt des Antrags

1. Insolvenzreife

Als Voraussetzungen für die Antragspflicht (Insolvenzreife) sind – entsprechend der früheren gesellschaftsrechtlichen Regelungen – nach dem MoMiG in § 15a Abs. 1 InsO der objektive Eintritt der **Überschuldung** und/oder der **Zahlungsunfähigkeit** normiert, die inhaltlich identische Tatbestandselemente der Krise in den Strafvorschriften des Bankrotts usw. (§§ 283 ff. StGB) sind. Die „drohende Zahlungsunfähigkeit", die zwar ebenfalls ein Element der insolvenzrechtlichen „Krise" darstellt, begründet keine Insolvenzantrags*pflicht* sondern nur ein Insolvenzantrags*recht* (des Schuldners), wie der eindeutige Wortlaut der §§ 15a, 270 ff. InsO besagt. Hieran hat auch der Reformgesetzgeber des ESUG 2012 (Rz. 3) nichts geändert. Ein zulässig gestellter Antrag auf Verfahrenseröffnung wegen drohender Zahlungsunfähigkeit schafft selbst dann die Grundlage für die insolvenzgerichtliche Amtsermittlungspflicht, wenn in Wahrheit eingetretene Zahlungsunfähigkeit, mithin nicht ein fakultativer, sondern ein Pflichtantrag gegeben ist[4]. Dieser ist sodann auf Rechtzeitigkeit und Richtigkeit (Rz. 40 ff., 53 ff.) zu prüfen.

37

Seit Inkrafttreten der InsO am 1.1.1999 gelten hierfür deren Krisendefinitionen – allerdings seit 1.11.2008 mit der *Modifikation des* **Überschuldungsbegriffes** durch das MoMiG bzw. – seit dem 18.10.2008 – des FMStG. Dabei kommt der

38

---

1 Zutr. – aber entgegen der h.M. (vgl. *Römermann*, NZI 2008, 641 [654]; AG Hamburg v. 27.11.2008 – 67c IN 478/08, DZWiR 2009, 173) – begründet *Gehrlein* 2008, 846 ff. (848) die Führungslosigkeit auch bei handlungsunwilligem bzw. unerreichbarem Organ; nicht selten wird allerdings der Fall der konkludenten Niederlegung der Organstellung anzunehmen sein.
2 *Weyand/Diversy*, InsolvenzStrafR, Rz. 146 m.Nw.: Orientiert am Schutzzweck liegt Führungslosigkeit bei Unerreichbarkeit und lediglich faktischer Geschäftsführung vor.
3 *Bittmann*, NStZ 2009, 157.
4 *Rönnau/Wegner*, ZInsO 2014, 1026, 1031 unter Bezug auf BGH v. 12.12.2002 – IX ZB 426/02, BGHZ 153, 205.

Frage der *Rückwirkung* der Regelungen des MoMiG – etwa im Hinblick auf den Wegfall des Kapitalersatzrechts – und des FMStG bei der Frage des Erfordernisses der Verneinung einer *Fortführungsprognose* – besondere praktische Bedeutung zu. Insoweit – und insgesamt – wird auf die Ausführungen zu ihrer Feststellung in objektiver und subjektiver Hinsicht in § 79 Rz. 19 ff. verwiesen.

39 Eine **Einwilligung** *der Gesellschafter* oder eines *Überwachungsorgans* der Gesellschaft (Beirat oder Aufsichtsrat) befreit das Vertretungsorgan nicht von seiner Antragspflicht. Denn als geschütztes Rechtsgut sind nicht die Vermögensinteressen der Gesellschaft oder der Gesellschafter anerkannt, sondern die ihrer bestehenden und potenziellen Gläubiger (Rz. 5). Demgemäß führt auch die *Einwilligung* der jeweils schon *vorhandenen Gläubiger* nur dann zur Straflosigkeit, wenn deren Erklärungen als Forderungsverzicht oder Stundung zu werten sind *und* sie die Überschuldung und/oder Zahlungsunfähigkeit beseitigen[1].

2. Antragsfrist

40 Nach Beginn der **Dreiwochenfrist** durch Eintritt der Insolvenzreife stehen dem Gesellschaftsorgan *nur zwei straffreie Handlungsalternativen* zur Verfügung:

– er kann entweder den *Insolvenzantrag stellen* oder
– sich innerhalb der Frist darum bemühen, die Zahlungsunfähigkeit und/oder Überschuldung *zu beseitigen*. Diesem „Bemühen" ist mit dem Ablauf der Dreiwochenfrist jedoch zwingend eine Grenze gesetzt.

Schon unter der Geltung der KO war es strafrechtlich gleichgültig, ob das Geschäftsführungsorgan bei Vorliegen der Antragsgründe Konkurs- oder Vergleichsantrag stellte und ob er die richtige Wahl zwischen beiden Alternativen getroffen hatte, weil das Konkursgericht bei fehlender Erfolgsaussicht eines Vergleichsantrags nach § 19 VglO von Amts wegen die Konkurseröffnung prüfen musste (*Anschlusskonkurs*). Die mit dem ESUG geschaffene Möglichkeit, einen Antrag zur **Vorbereitung einer Sanierung gem. § 270b InsO** zu stellen, schafft aber – wie schon der Antrag auf Eigenverwaltung nach § 270 Abs. 1 Nr. 1 InsO – eine solche Wahlmöglichkeit gerade nicht (Rz. 4a, 37, 45 f.):

– Entweder es liegt nur drohende Zahlungsunfähigkeit vor, dann ist ein zu stellender Insolvenzantrag fakultativ und sein Unterlassen/seine Unrichtigkeit nicht strafbewehrt oder
– es liegt Überschuldung und/oder Zahlungsunfähigkeit vor, dann ist der Insolvenzantrag zwingend (fristgerecht und richtig) zu stellen und sind Verstöße dagegen strafbewehrt.

41 Von praktischer Bedeutung, insbesondere bei „Unternehmensbeerdigungen", aber auch bei zweifelhaften Sanierungen ist, dass der Schuldner diese Dreiwochenfrist nur **bei erfolgversprechenden Bemühungen** der Krisenbeseitigung *ausschöpfen* darf[2]. War bereits während des Laufs der Frist ersichtlich, dass – wie in den meisten Fällen – erfolgversprechende Sanierungsversuche in dieser Frist nicht mehr möglich sind, so ist der Antrag *sofort (unverzüglich)* zu stel-

---

1 So *Tiedemann*, GmbH-StrafR, Vor §§ 82 ff. GmbHG Rz. 30.
2 *Tiedemann*, GmbH-StrafR, Vor §§ 82 ff. GmbHG Rz. 46 ff.

len. Daher ist sowohl das bloße untätige Abwarten der Höchstfrist als auch das Betreiben aussichtsloser Sanierungen in der Dreiwochenfrist strafbar[1].

Eine **Überlegungs- und Entscheidungsfrist** kann nur einem neu eintretenden Organ zugestanden werden. Deren Dauer richtet sich nach der Komplexität des Einzelfalles und ist nicht identisch mit der Dreiwochenfrist. Dem schon im Amt befindlichen Geschäftsleiter kann dagegen auch dann keine weitere persönliche Frist zugebilligt werden, wenn er die objektiv eingetretene Insolvenzreife zu spät erkennt. Wenn er sich dann nicht schon wegen fahrlässiger Insolvenzverschleppung strafbar gemacht hat, muss er zur Vermeidung der Strafbarkeit wegen vorsätzlicher Tat sofort den Insolvenzantrag stellen[2].

42

Eine **verspätete Antragstellung** beseitigt die einmal eingetretene Strafbarkeit nicht mehr. Die *Zurücknahme* eines – auch rechtzeitig – gestellten (Eigen-)Antrags lässt die Pflicht (aller Pflichtigen) zur Antragstellung erneut aufleben[3], wobei keine erneute Dreiwochenfrist eröffnet wird; alle sind zur *unverzüglichen* Antragstellung verpflichtet.

43

Die *Amtsniederlegung* oder *Abberufung* **nach ungenutztem Ablauf** der Antragsfrist haben auf die bereits eingetretene Tatbestandserfüllung keine strafbefreiende Auswirkung mehr. Dies kann auch schon *vor Ablauf der Höchstfrist von drei Wochen* der Fall sein, wenn das Geschäftsführungsorgan sein Amt nach Fristbeginn rechtsmissbräuchlich ohne vorhergehende Sanierungsversuche niederlegt, wie bei der *„Entsorgung"* einer insolventen GmbH in Fällen der „Firmenbestattung" (vgl. § 87 Rz. 44 ff.). Ist dem Pflichtigen eine *untätige Verzögerung* innerhalb der Antragsfrist oder die *erkannte Aussichtslosigkeit von Sanierungsversuchen* nicht nachzuweisen, so bleibt er innerhalb der Dreiwochenfrist straflos[4]. Auf die Eintragung der Amtsniederlegung oder Abberufung im Handelsregister kommt es auf keinen Fall an[5]. In vielen Fällen der Praxis fehlt es an einer *wirksamen Erklärung* der Amtsniederlegung bzw. der Abberufung, weil diese empfangsbedürftig sind und daher erst mit Zugang wirksam werden. Mithin muss etwa die Niederlegung des Amts des GmbH-Geschäftsführers allen Gesellschaftern zugegangen sein[6].

44

Die Antragspflicht des Vertretungsorgans **entfällt** auch dann **nicht**, wenn schon abzusehen ist, dass das *Gesellschaftsvermögen* zur Deckung der Kosten des Insolvenzverfahrens *nicht* mehr *ausreicht* (§ 26 InsO), die Gesellschaft *inaktiv* ist oder sich in *Abwicklung* befindet. Grundsätzlich erfüllt das Vertretungsorgan seine Pflicht mit strafbefreiender Wirkung nur, wenn es den erforderlichen Antrag stellt. Gefordert ist freilich nach dem MoMiG – sowohl insolvenz- als auch strafrechtlich – nicht nur ein **rechtzeitiger** sondern auch ein richtiger Antrag. Unbeschadet der inhaltlichen Anforderungen an einen „richtigen" An-

45

---

1 BGH v. 6.4.2001 – V ZR 394/99, NJW 2001, 2875.
2 So auch *Tiedemann*, GmbH-StrafR, § 84 GmbHG Rz. 80; *Uhlenbruck*, WiB 1996, 414; a.A. BGH v. 30.7.2003 – 5 StR 221/03, BGHSt 48, 307, NJW 2003, 3788; *Bittmann* in Bittmann, InsolvenzstrafR, § 11 Rz. 45.
3 *RGSt* 44, 52.
4 *Bittmann* in Bittmann, InsolvenzstrafR, § 11 Rz. 37.
5 OLG Düsseldorf v. 20.12.2002 – 22 U 99/02, NZI 2003, 342.
6 Nw. bei *Wachter*, GmbHR 2001, 1129 (1133).

trag (hierzu sogleich unter Rz. 53 ff.) ist für die Fristeinhaltung zunächst zu klären, ob überhaupt ein (Pflicht-)**Antrag**, wie unter Rz. 4a dargelegt, vorliegt. Zur (zeitgerechten) Pflichterfüllung taugt schon dem Grunde nach nicht der *unzulässige*[1] Antrag[2]; der *zurückgenommene* Antrag gilt als nicht gestellt[3]. Nicht von der Strafbarkeit umfasst sind – neben den fakultativen Anträgen – auch die in § 270b Abs. 2 S. 1 InsO normierte *Anzeigepflicht* des Schuldners bzw. (vorläufigen) Sachwalters bei Eintritt der Zahlungsunfähigkeit im insolvenzrechtlichen Sanierungsverfahren[4].

46 Wieweit die Zivilrechtsakzessorietät des (Insolvenz-)Strafrechts[5] für die überwiegend prozessrechtlich geprägte Frage der **Zulässigkeit** des Antrags trägt[6], ist durchaus zweifelhaft. Ausgangspunkt ist allerdings die von § 13 Abs. 1 S. 1 InsO geforderte Schriftform[7], wobei Übermittlung per Mail oder Telefax ausreicht[8]. Auch ein Antrag, der den *Insolvenzgrund* nicht angibt, kann unter keinem Gesichtspunkt als zulässig angesehen werden, obwohl § 13 InsO gerade diese Angabe nicht (ausdrücklich) fordert; sie ist begriffsimmanent. Nach dem **ESUG 2012** enthält § 13 InsO (auch ohne §§ 270 Abs. 2 Nr. 1, 270b Abs. 1 S. 3 InsO, die keine Pflichtanträge betreffen – vgl. Rz. 40) viele Zulässigkeitsvoraussetzungen[9]. Soweit Insolvenzrichter berichten, nahezu alle Anträge seien zwischenzeitlich (zunächst) nicht in zulässigere Weise gestellt, die erforderlichen Angaben müssten vielmehr regelmäßig nachgefordert werden[10], betrifft dies regelmäßig nicht die Zulässigkeit des Pflichtantrags. Andererseits sind – ange-

---

1 Ein „Antrag", der schon unter dem Gesichtspunkt der MiZi – s. § 76 Rz. 18 – vom Insolvenzgericht nicht an die Staatsanwaltschaft zu melden ist.
2 Für die Annahme, der unzulässige Antrag habe nach altem Recht strafrechtlich zur Pflichterfüllung ausgereicht, beruft sich *Bittmann*, NStZ 2009, 113 (115 f.), zu Unrecht auf die frühere Rechtsprechung (BayObLG v. 23.03.200 – 5St RR 36/00; KG v. 13.3.2002 – [5] 1 Ss 243/01 [6/02]; OLG Frankfurt v. 17.5.1977 – 1 Ss 189/77). Diese hat lediglich festgestellt, dass fehlende Verzeichnisse (u.Ä.) keine Voraussetzung der Zulässigkeit und ihr Fehlen deshalb keine Grundlage für Strafbarkeit sein konnten.
3 Allg. Meinung; vgl. nur *Kiethe/Hohmann* in MüKo-StGB, § 15 InsO Rz. 58 ff. und *Tiedemann*, GmbH-StrafR, Vor §§ 82 ff. GmbHG Rz. 30, wobei allerdings zwischen Antragsstellung und richtigem Antrag nicht unterschieden wird.
4 *Hirte/Knof/Mock*, Neues InsolvenzR, S. 11.
5 BGH v. 23.5.2007 – 1 StR 88/07, wistra 2007, 312 m. Anm. *Wegner*, 386 und Besprechung *Natale/Bader*, wistra 2008, 413.
6 *Weyand*, ZInsO 2010, 359, spricht von „Formzwang", unterscheidet insofern aber nicht zwischen Zulässigkeits- und Inhaltsmängeln.
7 *Kleindiek* in HK, § 15a InsO Rz. 15; a.A. *Steibeck*, Insolvenzverschleppung, S. 73; *Weyand*, ZInsO 2010, 359 (360); kryptisch insoweit *Rönnau/Wegner*, ZInsO 2014, 1025 (1029), die unter Bezug auf *Pelz*, Strafrecht in Krise, Rz. 186, *bei „Akzeptanz"* des nicht formgemäßen Antrags „selbstverständlich strafbefreiende Wirkung" annehmen.
8 *Mönning* in Nerlich/Römermann, § 13 InsO Rz. 39 m.Nw.
9 Zur – zweifelhaften – Grenze zwischen zwingenden und fakultativen Voraussetzungen vgl. *Hirte/Knof/Mock*, Neues InsolvenzR, S. 9 f. m.Nw.
10 So auch das Ergebnis der Erhebung am AG Charlottenburg „Mängel in ESUG-Antragsverfahren – Studie zur Schutzschirmbescheinigung", 2013 des BDO – GmbHR 2013, R 268.

sichts des *Amtsermittlungsgrundsatzes* des Insolvenzgerichtes (§ 5 Abs. 1 S. 1 InsO, der bei jedem zulässigen Antrag greift) – *weitergehende* (angeforderte oder sonst vorgelegte) *Unterlagen* oder *Auskünfte* (vgl. § 20 InsO) grundsätzlich nicht *Bestandteil* des Antrags[1]. Insofern weisen *Rönnau/Wegner*[2] ganz zutreffend auf die Rechtsprechung hin, wonach die Amtsermittlungspflicht nicht dadurch ausgehöhlt werden darf, dass Eigenanträge als unzulässig zurück gewiesen werden. Ihnen ist auch insofern zu folgen, dass strafrechtlich – im Hinblick auf dessen Schutzzwecke (s. Rz. 7) – eine eigenständige Prüfung der Zulässigkeit erfolgen muss.

Darüber hinaus betreffen die berichteten „Nachfragen" der Insolvenzgerichte regelmäßig nicht die Zulässigkeit des Pflichtantrages sondern der weitergehenden Anträge auf Eigenverwaltung bzw. des Schutzschirmverfahrens.

Ein – auf seine Rechtzeitigkeit und Richtigkeit **zu prüfender** – **Antrag** liegt danach erst aber immer dann vor, wenn die für die Zulässigkeit *des Pflichtantrages* erforderlichen Mindestangaben enthalten sind. Eine (auch richterlich angeforderte) *Ergänzung* wirkt insoweit *nicht fristheilend*[3]. Der Antrag beim *unzuständigen Gericht* – zuständig ist das Gericht, in dem der Schuldner den Mittelpunkt seiner geschäftlichen Tätigkeit hat (§ 3 Abs. 1 S. 2 InsO)[4] – ist daher dann (unter dem Gesichtspunkt der Rechtzeitigkeit) tatbestandsrelevant, wenn der Schuldner den erforderlichen Verweisungsantrag (§ 4 InsO i.V.m. § 139 ZPO) nicht oder nicht rechtzeitig[5] stellt. Fehlen das *Gläubigerverzeichnis* und/oder deren *Forderungen* (§ 13 Abs. 1 S. 3 InsO) oder – unter den Voraussetzungen des § 13 Abs. 1 S. 6 InsO – die Angaben nach S. 4, fehlt es an der Zulässigkeit des Antrags (Beispiele zu den einzelnen Fallgestaltungen § 77 Rz. 7).

47

Die Antragspflicht ist mit dem Ablauf der Dreiwochenfrist **nicht beendet**. Die Beendigung tritt vielmehr erst ein, wenn der Pflichtige den *Antrag stellt*. Die Insolvenzverschleppung ist echte Unterlassungs- und Dauerstraftat (Rz. 6, 53)[6]; erst mit ihrer Beendigung beginnt die fünfjährige *Verjährungsfrist* für die Strafverfolgung.

48

---

1 Dies gilt allerdings nicht für das (hier nicht näher zu behandelnde) Verbraucherinsolvenzverfahren. Dort wird gem. § 305 Abs. 3 InsO die Rücknahme des Antrags gesetzlich fingiert. Das führt vor allem bei Kleingewerbetreibenden zu (strafrechtlichen) Wertungswidersprüchen; vgl. BayObLG v. 23.3.2000 – 5St RR 36/00, GmbHR 2000, 672, wistra 2000, 315, m. Anm. *Weyand*, ZInsO 2000, 444.
2 *Rönnau/Wegner*, ZInsO 2014, 1025 (1027).
3 So auch *Rönnau/Wegner*, ZInsO 2014, 1025 (1027) m. umf. Nw.; a.A. *Brettner*, Insolvenzverschleppung, S. 149, 151.
4 Vgl. AG Göttingen v. 5.1.2001 – 74 IN 278/00, ZIP 2001, 387. Diese Zuständigkeit geht dem „allgemeinen Gerichtsstand" gem. § 4 InsO i.V.m. §§ 12, 17 Abs. 1 ZPO, § 3 Abs. 1 Nr. 1, § 7 Abs. 1, § 10 GmbHG vor – dem Sitz der juristischen Person nach ihrem Statut (§ 11 Abs. 1 S. 1 InsO, § 17 Abs. 1 S. 1 ZPO) – BayObLG v. 12.11.2002 – 1 AR 157/02, ZIP 2003, 676 = GmbHR 2003, 1305 = EWiR 2004, 763 f. m. Anm. *Pape*.
5 OLG Celle v. 7.5.2007 – 4 AR 27/07, NZI 2007, 465 (466).
6 Unterlassungsdauerdelikt: *Tiedemann*, GmbH-StrafR, Vor §§ 82 ff. GmbHG Rz. 31; *Grube/Maurer*, GmbHR 2003, 1462.

49 Die *Antragstellung* durch einen *Gläubiger* (**Fremdantrag**, § 15 InsO) entbindet nicht von der Pflicht zur Stellung eines Eigenantrags. Die Rechtsprechung geht – wie schon zur Geltung der Konkursordnung[1] – zutreffend von der *andauernden Antragspflicht* des Vertretungsorgans aus, solange der Fremdantrag nicht beschieden ist[2]. Mit dem Hinweis auf die umfassenden Auskunfts- und Mitwirkungspflichten des Schuldners nach der InsO (§§ 14, 15, 20 InsO) und dem Verhältnismäßigkeitsgrundsatz lehnt *Tiedemann* mittels einer „teleologischen Reduktion des abstrakten Gefährdungsdeliktes" in diesem Fall Strafbarkeit ab[3]. Dies wird indes der praktisch relevanten Gefahr der Einwirkung auf den Gläubiger zur Rücknahme seines Antrages nicht gerecht. Richtig ist demgegenüber, dass mit (wirksamer) Antragstellung eines Organmitglieds die *Pflicht zum Eigenantrag* des Schuldners erfüllt ist und dass diese bei Rücknahme oder Zurückweisung des Antrags als unzulässig (solange ein Antragsgrund gegeben ist) wieder entsteht, und zwar für jedes Organmitglied. Ein Fremdantrag erfüllt die Eigenantragspflicht gerade nicht[4].

50 Demgegenüber lässt der *Wegfall der Krise* die **Antragspflicht** regelmäßig ebenso **entfallen** wie *Löschung* der Gesellschaft im Handelsregister wegen Vermögenslosigkeit (vgl. hierzu – und den Ausnahmen – § 75 Rz. 29). Die Eintragung einer *Auflösung* der Gesellschaft, also die Umwandlung in eine Abwicklungsgesellschaft, ändert aber nichts am Fortbestand der Antragspflicht; die Insolvenzreife kann auch erst eine „GmbH i.L." treffen (dann: „die Abwickler" – § 15 Abs. 1 S. 1 InsO).

51 Soweit ein Antrag als **unbegründet zurückgewiesen** wird, etwa mangels eines die Kosten des Verfahrens deckenden Vermögens des Schuldners (§ 26 InsO), endet die Antragspflicht des Schuldners. Stellen sich in der nunmehr folgenden Liquidation der Gesellschaft bisher *unbekannte* (oder falsch bewertete) *Vermögensgegenstände* heraus, entsteht die Antragspflicht nach einer Entscheidung des 5. Strafsenates des BGH vom 28.10.2008[5] nur erneut, wenn die Krise (endgültig) überwunden ist[6]. Danach soll vor allem auch dann – wie in der Praxis vielfach zu beobachten – kein neuer Antrag zu stellen sein, wenn das schuldnerische Unternehmen nach Antragsabweisung mangels Masse nicht liquidiert, sondern werbend weitergeführt wird, obwohl und soweit die Antragsgründe fortdauern. Der Schutzzweck der Norm wird so nachhaltig ausgehöhlt; ihr Wortlaut gebietet diese Auslegung keinesfalls.

---

1 BGH v. 6.10.1987 – 1 StR 475/87, wistra 1988, 69; BGH v. 5.7.1956 – 3 StR 140/56, BB 1957, 273.
2 BGH v. 28.10.2008 – 5 StR 166/08, GmbHR 2009, 206 m. Anm. *Chr. Schröder*; OLG Dresden v. 16.4.1997 – 1 Ws 100/97, GmbHR 1998, 830; zustimmend *Grube/Maurer*, GmbHR 2003, 1465.
3 *Tiedemann*, GmbH-StrafR, Vor §§ 82 ff. GmbHG Rz. 51; so aber auch *Bieneck* in 4. Aufl., § 84 Rz. 11, je m.Nw.
4 *Quedenfeld/Richter* in Hdb. FA StrafR, Rz. 206; zust. *Bittmann* in Bittmann, InsolvenzstrafR, § 11 Rz. 23, je m.Nw.
5 BGH v. 28.10.2008 – 5 StR 166/08, BGHSt 53, 24, GmbHR 2009, 205.
6 A.A. *Quedenfeld/Richter* in Bockemühl, Hdb. FA StrafR, Rz. 204; zust. *Maurer*, wistra 2003, 174 m.Nw.

Davon zu unterscheiden ist die **Zäsurwirkung der Verurteilung** nach § 15a InsO: Die Verurteilung wegen eines Dauerdeliktes bewirkt eine Zäsur mit der Folge, dass die Aufrechterhaltung des Dauerzustandes nach dem Urteil als selbständige Tat zu werten ist[1]. Dies wird unter Hinweis auf die Rechtsnatur der Norm als *abstraktes Gefährdungsdelikt* vom OLG Hamm[2] und der Fachliteratur[3] einhellig für die Insolvenzverschleppung bejaht. Der entgegenstehenden Auffassung des OLG München[4], die sich auf die „Kindesentzug-Entscheidung" des BVerfG[5] gründet, ist mit *Kring*[6] und *Grosse-Wilde*[7] angesichts der Struktur des Rechtsgüterschutzes des Verschleppungsstrafrechts, das gerade die Neugläubiger betrifft, nicht zu folgen.

52

3. Inhaltliche Anforderungen

Zweifelhaft ist aber vor allem die Reichweite des – nach § 15a InsO strafbaren – **fehlerhaft** („*nicht richtig*") **gestellten Antrags**. Nach *Tiedemann* handelt sich insoweit lediglich um eine Klarstellung des Gesetzgebers[8]. Dem war vor Geltung des MoMiG zuzustimmen. Bis zu dieser Novelle waren inhaltliche Anforderungen an einen Antrag nicht gestellt (s. Rz. 45). Lediglich der „Antrag", der „keine Tatsachen mitgeteilt, welche die wesentlichen Merkmale eines Eröffnungsgrundes erkennen lassen", wurde zutreffend als *"Nichtantrag"* – also zur Erfüllung der Pflicht nicht ausreichend – behandelt[9]. Nach dem MoMiG ist unter dem Gesichtspunkt des *relevant fehlerhaften Eigenantrags* nur der zulässige Antrag zu prüfen[10]. Da insoweit allerdings nur die Zulässigkeitsvoraussetzungen des „Pflichtantrages" nach § 13 Abs. 1 InsO zu prüfen sind (s. Rz. 37,

53

---

1 BGH v. 12.1.2010 – 3 StR 466/09, NStZ 2010, 455.
2 OLG Hamm v. 4.12.2012 – III 5 RVs 88/12, wistra 2014, 156.
3 Umfassend *Kring*, wistra 2013, 257 *Weyand*, ZInsO 2013, 737; zustimmend – allerdings ohne Begründung – *Fingerle*, ZWH 2013, 295; differenzierend *Bittmann*, NZWiSt 2013, 270, der erneute Antragspflicht bei Fortsetzung der werbenden Gesellschaft (und für diesen Fall auch Bankrott gem. § 283 Abs. 1 Nr. 8 StGB) annimmt; enger *Grosse-Wilde*, wistra 2014, 130, der das Hinzukommen neuer Gläubiger fordert, was freilich in der Praxis bei Fortsetzung der werbenden Gesellschaft stets der Fall ist.
4 OLG München v. 14.6.2012 – 3 Ws 493/12, wistra 2013, 75 = ZWH 2013, 295.
5 BVerfG v. 27.12.2006 – 2 BvR 1895/05, StraFo 2007, 369.
6 *Kring*, wistra 2013, 261.
7 *Grosse-Wilde*, wistra 2014, 132.
8 *Tiedemann*, GmbH-StrafR, Vor §§ 82 ff. GmbHG Rz. 29.
9 Vgl. die Nw. bei *Quedenfeld/Richter* in Bockemühl, Hdb. FA StrafR, Rz. 204, zustimmend *Bittmann* in Bittmann, InsolvenzstrafR, § 11 Rz. 29; auch BGH v. 12.12.2002 – IX ZB 426/02, NJW 2003, 1187, a.A. aber z.B. BayObLG v. 23.3.2000 – 5 StR RR 36/09, wistra 2000, 315.
10 *Kexel* in Graf-Schlicker, § 5 InsO Rz. 2 m.Nw.; a.A. aber *Ransiek* in HK, § 15a InsO Rz. 41; nach *Bremen* in Graf-Schlicker, § 15a InsO Rz. 15a soll sogar nur dieser Antrag relevant fehlerhaft sein. Grundsätzlich zutr. demgegenüber *Rönnau/Wegner*, ZInsO 2014, 1025, allerdings ohne die notwendige Fokussierung auf den „Pflichtantrag". Hierzu oben Rz. 45 f.; eingehend mit Beispielen § 77 Rz. 6 f.

46), reduzieren sich die Anforderungen auf die Schriftlichkeit und die Kennzeichnung des Antragstellers mit der Klarstellung als „Eigenantrag"[1] mit der Darlegung der wesentlichen Merkmale des Antragsgrundes[2]. Die mit dem ESUG vom Reformgesetzgeber in § 13 InsO (auch i.V.m. §§ 270 Abs. 2 Nr. 1, 270b Abs. 1 S. 3 InsO) so detailliert geregelten (weiteren) Zulässigkeitsvoraussetzungen scheiden unter dem Gesichtspunkt des Strafrechts aus. Die vielfältigen Hinweise der Insolvenzrichter, die (Eigen-)Anträgen zur Zulässigkeit verhelfen sollen, betreffen aber regelmäßig gerade die auf §§ 270, 270b InsO bezogenen Mängel.

Relevanz können allerdings Mängel im Hinblick auf die Pflichtangaben des § 13 Abs. 1 InsO schon für die Frage der Zulässigkeit und nicht erst zur Fehlerhaftigkeit (hierzu sogleich Rz. 54 f.) erlangen. Auch insoweit gilt jedoch (mit *Rönnau/Wegner*[3]) und wie soeben zum Antragsgrund ausgeführt, dass nur die *wesentlichen Vermögensverhältnisse* als Anknüpfungspunkt für das Eingreifen des Amtsermittlungsgrundsatzes beachtlich sind.

54 Schon aus dieser Restriktion zur Zulässigkeitsfrage folgt, dass weiterhin **nicht jede** (vorsätzliche oder fahrlässige!) **Unrichtigkeit** in einem (zulässigen) Schuldnerantrag **strafbar** sein kann. Der *Maßstab* für ein solches Erheblichkeitskriterium kann nur im *Rechtsgut* der Strafnorm (Rz. 5) gefunden werden[4]. Danach ist eine strafrechtlich relevante Unrichtigkeit erst dann anzunehmen, wenn hierdurch die Prüf- und Überwachungsfunktion des Insolvenzgerichtes im Hinblick auf die Massesicherung *erheblich* beeinträchtigt wird.

55 Zunächst scheiden als **nicht tatbestandsmäßig** alle Schuldnerangaben aus, die dessen Anhörungsrecht (§§ 10, 14 InsO) oder allgemeine *Mitwirkungspflicht* (§ 20 Abs. 1 S. 1 Alt. 2 InsO) betreffen, da sie nicht Gegenstand des Antrags selbst sind. Dies gilt auch für Angaben, die der Schuldner in Erfüllung seiner *Auskunftspflicht gem. § 20 Abs. 1 S. 1 Alt. 1 InsO* macht, auch wenn diese für die Feststellung der (andauernden) Zulässigkeit[5] des Antrags oder für die Prüfung der Voraussetzung der Eröffnung des (zulässigen) Verfahrens *wesentlich* sind[6].

Liegt aber z.B. ein (zulässiger) Antrag vor, in dem (allein) drohende Zahlungsunfähigkeit erklärt wird, enthält dieser die (konkludente) Behauptung, es handele sich um einen fakultativen Antrag. Liegt tatsächlich (eingetretene) Zahlungsunfähigkeit und/oder Überschuldung – mithin ein Pflichtantrag – vor, kann dieser rechtzeitig gestellt sein; er ist aber wegen der unterschiedlichen insolvenzrechtlichen Folgen unrichtig. Beachtlich ist dabei zum einen, dass

---

1 Unbedingt und unbefristet, von einer prozessfähigen Person – näher dazu *Rönnau/Wegner*, ZInsO 2014, 1025 (1028) m.Nw.
2 Diese müssen mindestens eine materielle Plausibilitätskontrolle ermöglichen – vgl. *Rönnau/Wegner*, ZInsO 2014, 1025 (1028) m.Nw.
3 *Rönnau/Wegner*, ZInsO 2014, 1025 (1029).
4 So auch *Hirte/Knof/Mock*, Neues InsolvenzR, S. 10 f.; *Rönnau/Wegner*, ZInsO 2014, 1025.
5 BGH v. 13.6.2006 – IX ZB 214/05, ZInsO 2006, 828.
6 Zu dem hierfür gebotenen und erforderlichen Umfang vgl. nur *Kirchhof* in HK, § 13 InsO Rz. 21 ff.

Überschuldung regelmäßig bei drohender Zahlungsunfähigkeit gegeben sein wird, eingetretene Zahlungsunfähigkeit im Verhältnis zu deren Drohen die Zielrichtung der Amtsermittlungen ganz wesentlich beeinträchtigen kann. Danach ist zwar allein die *Nichtangabe dieses (weiteren) Insolvenzgrundes nicht* als strafrechtlich *relevanter Fehler* einzustufen. Der Antrag ist zutreffend als Pflichtantrag zu werten und aktualisiert die entsprechende Amtsermittlung des Insolvenzgerichtes. Liegen *tatsächlichen Falschangaben* vor, was regelmäßig schon bei der (wahrheitswidrigen) Behauptung des Drohens anzunehmen ist, muss *Strafbarkeit* regelmäßig angenommen werden.

Liegen die Zulässigkeitsangaben gem. § 13 InsO (Rz. 46) vor, sind diese aber **inhaltlich unrichtig**, ist also für die Strafbarkeit stets zu prüfen, ob das Insolvenzgericht dadurch gehindert ist, seiner Massesicherungspflicht hinreichend nachzukommen. Dies wird z.B. beim Fehlen der „besondere Kenntlichmachung" und/oder der Angaben nach § 13 Abs. 1 S. 5 InsO regelmäßig nicht der Fall sein. Dabei ist auch der *Amtsermittlungsgrundsatz* (des Insolvenzrichters) zu berücksichtigen, also die Frage, ob es sich dem Gericht hätte aufdrängen müssen, dass Lücken oder Unrichtigkeiten vorliegen und ob die dann gebotene Aufklärung durch das Gericht hierdurch erheblich behindert oder fehlgeleitet wird.

Liegt der begehrten *Eigenverwaltung*, insbesondere auch i.V.m. einem Schutzschirmantrag (§§ 270 ff. InsO), ein Pflichtantrag zugrunde, wird die Relevanz der unrichtigen Angaben gerade an der erhöhten Gefährdung gemessen werden müssen, die in der eingeschränkten Sicherungsmöglichkeit des (vorläufigen) Sachwalters besteht. Ohne – strafrechtliche – Relevanz ist im Übrigen die nach § 13 Abs. 1 S. 4 und 5 InsO geforderte *Erklärung über die Richtigkeit und Vollständigkeit* der gemachten Angaben[1].

V. Subjektiver Tatbestand

Die Insolvenzverschleppung der Geschäftsleitungsorgane kann in den Schuldformen des – auch bedingten – **Vorsatzes oder** der **Fahrlässigkeit** begangen werden. Strafbar sind die Vertretungsorgane also immer dann, wenn sie die Zahlungsunfähigkeit und/oder Überschuldung erkannt haben oder hätten erkennen können. Die Unkenntnis der Antragspflicht oder ihrer dreiwöchigen Befristung lässt den Vorsatz dagegen als *Gebotsirrtum* nach § 17 StGB unberührt[2]. Dieser kann bei Unvermeidbarkeit zur Straflosigkeit führen, was aber für das Organ einer Kapitalgesellschaft – selbst bei Organen der im Inland anerkannten ausländischen juristischen Personen (Rz. 21 f.) – angesichts der Informationspflichten regelmäßig nicht in Betracht kommen wird. Zum *direkten Vorsatz* bei *Führungslosigkeit* s. Rz. 36).

In der *Praxis* werden insofern vor allen Dingen **Fehlvorstellungen** über die Pflicht bei Aufgabenteilung im mehrköpfigen Organ, die Pflicht des faktischen

---

1 *Hirte/Knof/Mock*, Neues InsolvenzR, S. 11 weisen zutr. darauf hin, dass die „Sinnhaftigkeit" der Regelung ohnehin „unklar" ist; *Rönnau/Wegner*, ZInsO 2014, 1025 (1028).
2 BGH v. 5.5.1964 – 1 StR 26/64, BGHSt 19, 295.

Organs, das Andauern der Pflicht auch bei erfolgversprechenden Sanierungsbemühungen und Falschberatungen durch Steuerberater/Rechtsanwälte behauptet[1]. Diese Behauptungen entbehren häufig bereits der tatsächlichen Grundlage, werden im Übrigen aber von den Gerichten regelmäßig nicht als „unvermeidbar" akzeptiert[2].

59 Ein (relevanter) Irrtum im Bereich der Zahlungsunfähigkeit und/oder Überschuldung[3] ist hingegen vorsatzausschließender **Tatumstandsirrtum**, der die Strafbarkeit wegen lediglich *fahrlässiger* Unkenntnis zur Folge hat. Die Erkennbarkeit der Krise kann sich auch aus anderen Umständen als nur aus der Bilanz, nämlich etwa aus *Krisenwarnzeichen*, ergeben. Wer aber – wie nicht selten in der Praxis – ohnehin keinen Antrag stellen will, irrt ebenso wenig wie derjenige, der *lediglich hofft*, Zahlungsunfähigkeit/Überschuldung sei (noch) nicht eingetreten oder rechtzeitig überwunden worden. Regelmäßig wird die Kenntnis üblicher Warnzeichen der Zahlungsunfähigkeit (vgl. § 78 Rz. 41 ff.) nachzuweisen sein. Wer diese nicht zum Anlass nimmt, sich Gewissheit zu verschaffen, wird sich – ebenso wie derjenige, der bei (drohender oder gar eingetretener) Zahlungsunfähigkeit *keinen Anlass sieht*, die in derartigen Situationen regelmäßig vorliegende Überschuldung *zu prüfen* – i.d.R. vorsätzlich der sich aufdrängenden Erkenntnis, ein Insolvenzgrund könnte vorliegen, verschließen, hat also Zweifel und handelt damit (jedenfalls i.S. des dolus eventualis) vorsätzlich[4].

60 Im Hinblick auf **Irrtümer**, die **auf Beratung** zurückgeführt werden, ist (auch strafrechtlich) von Bedeutung, dass steuerliche Mandate gerade keine Pflicht beinhalten, den Mandanten – auch bei „bilanzieller Unterdeckung" – auf eine mögliche Überschuldung hinzuweisen[5]. Unbeschadet der zivilrechtlichen Haftung des Steuerberaters, der – ohne insolvenzrechtlichen Auftrag – fälschlich eine Überschuldung verneint[6], wird strafrechtlich regelmäßig Anstiftung oder Beihilfe des Beraters vorliegen. Auch die Erklärung, es läge eine „Überschuldung rein bilanzieller Natur" vor, kann Beihilfestrafbarkeit zur Folge haben und wird regelmäßig keinen relevanten Irrtum begründen. Sie schließt zwar die insolvenzrechtliche Überschuldung gerade aus, tangiert aber nicht die Pflicht des Schuldners zur Selbstprüfung[7].

---

1 Ausf. mit Beispielen *Tiedemann*, GmbH-StrafR, Vor §§ 82 ff. GmbHG Rz. 56.
2 Zu den strengen Anforderungen vgl. nur BGH v. 11.10.2012 – 1 StR 213/10, BGHSt 58, 15, NZWiSt 2013, 16 m. Anm. *Raschke*, 18, *Rübenstahl*, ZHW 2013, 193 und *Achenbach*, NStZ 2013, 697; BGH v. 4.4.2013 – 3 StR 521/12, NStZ 2013, 461; sowie schon BGH v. 3.4.2008 – 3 StR 394/07.
3 Vgl. zu den Fallgestaltungen der Praxis *Quedenfeld/Richter* in Bockemühl, Hdb. FA StrafR, Rz. 142 ff., 171 ff.
4 Deutlich OLG Oldenburg v. 24.4.2008 – 8 U 5/08, GmbHR 2008, 1101 (1102) unter zutr. Bezug auf die st. Rspr. des BGH; vgl. schon BGH v. 1.3.1993 – 2 ZR 91/94, GmbHR 1994, 464; grundsätzlich *Tiedemann* in LK, § 283 StGB Rz. 189, insbes. zur Bedeutungskenntnis bei normativen Tatbestandsmerkmalen.
5 BGH v. 7.3.2013 – IX ZR 64/12, ZWH 2013, 467 m. Anm. *Sieg*, 469.
6 BGH v. 6.2.2014 – IX ZR 53/13, ZWH 2014, 248 f. m. Bespr. *Brete*, ZHR 2014, 216; umfassend zur Beraterhaftung *Kayser*, ZIP 2014, 507.
7 BGH v. 6.6.2013 – IX ZR 204/12, ZWH 2013, 500, DB 2013, 1542 m. Bespr. *Schaaf/Mushardt*, 1890.

Der Pflichtenmaßstab für **fahrlässige Taten** wird in der gerichtlichen Praxis zu Recht streng gehandhabt, wobei auch die im Zivilrecht entwickelte Figur des *Übernahmeverschuldens* einen Argumentationsansatz bietet: Wer im Wirtschaftsleben als Organ einer Handelsgesellschaft auftritt, hat für die Erfüllung der verkehrsüblichen und erforderlichen Pflichten zur Überwachung seiner Vermögenslage und Liquidität einzustehen. Soweit der Pflichtige bei geringen Warnzeichen aufkommende Zweifel am (möglicherweise) vorliegenden Insolvenzgrund *unwiderlegbar verdrängt* hat oder es für *gänzlich unwahrscheinlich* hält, dass diese einen Insolvenzgrund signalisieren könnten, handelt danach zwar nicht vorsätzlich. Grundsätzlich hat sich aber das sorgfältige Unternehmensorgan – differenziert nach Unternehmensgröße – *ständig* einen Überblick über Liquidität und Vermögen seiner Gesellschaft zu verschaffen (§ 78 Rz. 45). Deshalb muss er sich beim Vorliegen von Warnanzeichen *Gewissheit verschaffen*, notfalls durch die Einschaltung sachverständiger Dritter[1]. Die Verletzung dieser Pflicht liegt auch im Insolvenzstrafrecht nach §§ 283 ff. StGB dem Vorwurf einer jedenfalls fahrlässigen Verkennung der Überschuldung oder Zahlungsunfähigkeit zugrunde.

61

§ 81
Bankrott

Bearbeiter: Hans Richter

	Rz.		Rz.
I. Grundlagen der Bankrottstraftaten		**III. Organverantwortung und Interessentheorie**	
1. Rechtsgut	1	1. Inhalt und Kritik	53
2. Normstruktur	6	2. Pflichtenzurechnung nach neuer Rechtsprechung	61
3. Tatbestandselemente	12		
4. Unternehmensgründung und -beendigung	20	**IV. Objektive Strafbarkeitsbedingung**	
II. Unternehmensverantwortliche als Täter		1. Aufgaben und Ziele	65
		2. Die einzelnen Bedingungen	69
1. Bankrott als Sonderdelikt	28	**V. „Zusammenhang" im Bankrottstrafrecht**	73
2. Zurechnungskriterien	33		
3. Zurechnungsadressaten	36	**VI. Bankrottstraftaten nach Bedingungseintritt**	85
4. Insbesondere: „Faktischer Geschäftsführer"	46		
5. Aufgabendelegation	52		

---

1 Umfassend m.Nw. *Tiedemann*, GmbH-StrafR, Vor §§ 82 ff. GmbHG Rz. 56 ff., 60, der zutr. zur Vermeidung des Fahrlässigkeitsvorwurfs „notfalls" auch den Einsatz „aufwendiger betriebswirtschaftlicher Erkenntnismittel" fordert.

Schrifttum: Vgl. oben §§ 22, 75–79, außerdem:

Monografien: *Biermann*, Die Überschuldung als Voraussetzung zur Konkurseröffnung, 1963; *Drukarczyk*, Unternehmen und Insolvenz, 1987; *Erdmann*, Die Krisenbegriffe der Insolvenztatbestände, 2007; *Federmann*, Bilanzierung nach Handelsrecht, Steuerrecht und IAS/IFRS, 12. Aufl. 2010; *Grub*, Die insolvenzstrafrechtliche Verantwortlichkeit der Gesellschafter von Personenhandelsgesellschaften, 1995; *Gübel*, Die Auswirkungen der faktischen Betrachtungsweise auf die strafrechtliche Haftung faktischer GmbH-Geschäftsführer, 1994; *Hager*, Der Bankrott durch Organe juristischer Personen – zugleich ein umfassender Beitrag zur historischen Entwicklung des Insolvenzstrafrechts, Diss. 2007; *Harneit*, Überschuldung und erlaubtes Risiko, 1984; *Hauschildt/Leker* (Hrsg.), Krisendiagnose durch Bilanzanalyse, 2. Aufl. 2000; *Kohlmann/Reinhart*, Die strafrechtliche Verantwortlichkeit des GmbH-Geschäftsführers, 2. Aufl. 2015; *Heine*, Die strafrechtliche Verantwortlichkeit von Unternehmen, 1995; *M. Krause*, Ordnungsgemäßes Wirtschaften und erlaubtes Risiko. Grund- und Einzelfragen des Bankrotts, 1995; *Mohr*, Bankrottdelikte und übertragende Sanierung, 1993; *Moxter*, Grundsätze ordnungsmäßiger Unternehmensbewertung, 2. Aufl. 1983; *Niu*, Die objektive Bedingung der Strafbarkeit der §§ 283 ff. StGB, 2013; *Ransiek*, Unternehmens-Strafrecht, 1996; *Stapelfeld*, Die Haftung des GmbH-Geschäftsführers für Fehlverhalten in der Gesellschaftskrise, 1990; *Stein*, Das faktische Organ, 1984; *Wehleit*, Die Abgrenzung von Bankrott und Untreue. Zugleich ein Beitrag zur strafrechtlichen Vertreterhaftung, 1985.

Aufsätze: *Arloth*, Zur Abgrenzung von Untreue und Bankrott bei der GmbH, NStZ 1990, 570; *Bieneck*, Die Zahlungseinstellung in strafrechtlicher Sicht, wistra 1992, 89; *Bremer*, Der Insolvenzgrund der Zahlungsunfähigkeit einer GmbH, GmbHR 2002, 257; *Bruns*, Grundprobleme der strafrechtlichen Organ- und Vertreterhaftung, GA 1982, 1; *Cavero*, Zur strafrechtlichen Verantwortlichkeit des faktischen Geschäftsführers, in FS Tiedemann, 2008, S. 299; *Fuhrmann*, Die Bedeutung des faktischen Organs in der Rechtsprechung des BGH, in FS Tröndle, 1989, S. 139; *Gribbohm*, Untreue zum Nachteil der GmbH – Zur Harmonisierung zivil- und strafrechtlicher Pflichten des GmbH-Geschäftsführers und Gesellschafters, ZGR 1990, 1; *Hildesheim*, Die strafrechtliche Verantwortung der Mitgeschäftsführer in der Rechtsprechung des BGH, wistra 1993, 166; *Kohlmann*, Untreue zum Nachteil des Vermögens einer GmbH trotz Zustimmung aller Gesellschafter?, in FS Werner, 1984, S. 387; *Kratzsch*, Das „faktische Organ" im Gesellschaftsstrafrecht, ZGR 1985, 506; *Labsch*, Die Strafbarkeit des GmbH-Geschäftsführers im Konkurs der GmbH, wistra 1985, 1 ff., 59 ff.; *Labsch*, Einverständliche Schädigung des Gesellschaftsvermögens und Strafbarkeit des GmbH-Geschäftsführers, JuS 1985, 602; *Löffeler*, Strafrechtliche Konsequenzen faktischer Geschäftsführung, wistra 1989, 121; *Marxen*, Die strafrechtliche Organ- und Vertreterhaftung – eine Waffe im Kampf gegen die Wirtschaftskriminalität?, JZ 1988, 286; *Otto*, Der Zusammenhang zwischen Krise, Bankrotthandlung und Bankrott im Konkursstrafrecht, in GS Bruns, 1980, S. 265; *Reck*, Das Insolvenzgesetz, eine strafrechtliche Betrachtung aus betriebswirtschaftlicher Sicht, Betrieb und Wirtschaft 1997, 743 ff.; *Richter*, Der Konkurs der GmbH aus der Sicht der Strafrechtspraxis, GmbHR 1984, 113 ff., 137 ff.; *Schünemann*, Die Bedeutung der „Besonderen persönlichen Merkmale" für die strafrechtliche Teilnehmer- und Vertreterhaftung, Jura 1980, 367, 568; *Schünemann* in HWiStR, „Handeln für einen anderen", und „Aufsichtspflicht in Betrieben", 1988; *Siegmann/Vogel*, Die Verantwortlichkeit des Strohmanngeschäftsführers einer GmbH, ZIP 1994, 1821; *Tiedemann*, Die strafrechtliche Vertreter- und Unternehmenshaftung, NJW 1986, 1842; *Tiedeman*, Die „Bebußung" von Unternehmen nach dem 2. Gesetz zur Bekämpfung der Wirtschaftskriminalität, NJW 1988, 1169; *Uhlenbruck*, Strafbefreiende Wirkung des Insolvenzplans?, ZInsO 1998, 250 ff.; *Ulmer*, Schutz der GmbH gegen Schädigungen zugunsten ihrer Gesellschafter?, in FS Pfeiffer, 1988, S. 853; *Vonnemann*, Strafbarkeit von GmbH-Geschäftsführern wegen Untreue zu Lasten der GmbH bei Zustimmung aller Gesellschafter?, GmbHR 1988, 329; *Wilhelm*, Strafbares Verhalten und objektive Strafbarkeitsbedingung bei § 283b I Nr. 3b StGB, NStZ 2003, 511; *Wimmer*, Gesellschaftsrechtliche Maßnahmen zur Sanierung von Unternehmen, DStR 1996, 1249; *Winkelbauer*, Strafrechtlicher Gläubigerschutz im Konkurs der KG und GmbH & Co KG, wistra 1986, 17; *Winkelbauer*, Gedanken zu den „besonders schweren Fällen" im Strafrecht, in FS Wahle, 2008, S. 4.

I. Grundlagen der Bankrottstraftaten

1. Rechtsgut

Geschütztes Rechtsgut der Bankrottdelikte als Teilbereich des Insolvenzstrafrechts (vgl. § 76 Rz. 48 ff.) sind – *gleichrangig* – die **Vermögensinteressen der Gläubigergesamtheit** des krisenbetroffenen Unternehmers[1] *und* der Schutz der **Funktionsfähigkeit der Kreditwirtschaft**[2]. In den Blick zu nehmen sind deshalb die auf eine möglichst weitgehende Befriedigung aus der vorhandenen Masse gerichteten Interessen der gegenwärtigen und auch der zukünftigen Gläubiger ebenso wie die Funktionsbedingungen der Kreditwirtschaft, mithin dem auf Vorleistung gerichteten Teil des Wirtschaftssystems (näher Rz. 4). Die Rechtsgutsbestimmung hat nicht nur für die *Auslegung* der Tatbestände, insbesondere des unbestimmten Rechtsbegriffs des ordnungsgemäßen Wirtschaftens, sondern auch für die Grenzen möglicher *Einwilligung* und schließlich für die *Strafzumessung* durchaus auch in der Justizpraxis Bedeutung. 1

Dem Gläubigerschutz entspricht der **Schutz der Insolvenzmasse**[3] (auch schlicht „Masse" oder „Vermögensmasse"), also des Teils des Vermögens des Schuldners, der zur gleichmäßigen Verteilung an die Gesamtheit der Gläubiger zur Verfügung steht (§§ 35 ff. InsO[4]). Dieser Schutz wird vom Bankrottstrafrecht in vier Formen angestrebt, nämlich durch Vorschriften gegen 2

– Eingriffe des Schuldners in den *Bestand* der Masse (§§ 283 Abs. 1 Nr. 1–4, 8 Abs. 2, 283a StGB),
– Eingriffe des Schuldners in die *Masseverteilung* (§ 283c StGB),
– Eingriffe *Dritter* in die Masse (§ 283d StGB) und
– Eingriffe des Schuldners als Kaufmann in die *Massedokumentation* (§§ 283 Abs. 1 Nr. 5–7, 283b StGB).

---

1 Der 5. Strafsenat des BGH (BGH v. 22.1.2013 – 5 StR 234/12 – Rz. 5) spricht insofern vom „zu schützenden Rechtsgut der Interessen dieser Gläubiger an einer vollständigen oder möglichst hohen Befriedigung ihrer vermögensrechtlichen Ansprüche"; das für den Individualrechtgüterschutz in Bezug genommene BVerfG (BVerfG v. 28.8.2003 – 2 BvR 704/01 – Rz. 9) spricht von „Rechtsgütern" und hat lediglich ausgeführt, dass es „auf die weiteren, in der Literatur umstrittenen Rechtsgüter" im konkreten Fall nicht ankomme.
2 Eingehend und mit umf. Nw. der differierenden Meinungen *Tiedemann* in LK, Vor § 283 StGB Rz. 45 ff.; nach dem 3. Strafsenat des BGH (BGH v. 29.4.2010 – 3 StR 314/09 – Rz. 30) ist Rechtsgut des § 283 StGB „neben dem Schutz des gesamtwirtschaftlichen Systems" auch der Schutz der „etwaigen Insolvenzmasse"; demgegenüber sieht *Fischer*, vor § 283 StGB Rz. 3 den überindividuellen Rechtsgutsbezug als nachrangig an; dagegen zutr. *Tiedemann* in LK, Vor § 283 StGB Rz. 57; *Radtke* in MüKo, vor § 283 StGB Rz. 10.
3 Die Masse wird teilweise auch nur als Tatobjekt angesehen, *Radtke* in MüKo, vor § 283 StGB Rz. 10.
4 Zum Umfang *Tiedemann* in LK, § 283 StGB Rz. 415 ff.

3 Wie schon oben (§ 76 Rz. 48 ff.) für das Insolvenzstrafrecht im weiteren Sinne hervorgehoben, vermag die gesetzgeberische Intention der InsO 1999 und deren Novellierung durch das ESUG (§ 75 Rz. 46 ff.), gerichtet auf die Ausdehnung der **Gestaltungsfreiheit der Insolvenzgläubiger** – entgegen Überlegungen in der Literatur[1] – ein hierauf bezogenes eigenständiges Rechtsgut der Gestaltungsfreiheit der Gläubiger für dieses Rechtsgebiet nicht zu begründen. Das gilt auch für den Teilbereich des Bankrottstrafrechts: Die Dispositionsmöglichkeit der Insolvenzgläubiger bezieht sich lediglich auf das ihnen haftende Vermögen, was auch gilt, wenn das schuldnerische Unternehmen fortgeführt wird. Es handelt sich lediglich um einen *unselbständigen Aspekt* der geschützten Befriedigungsinteressen der Gläubiger[2].

4 Insbesondere für das Bankrottstrafrecht sind aber über den Bereich des individuellen Vermögensschutzes hinaus die Interessen der *Arbeitnehmer* – nicht nur als Vorleistungspflichtige, mithin Kreditgeber – am Erhalt ihrer Arbeitsplätze (§ 283a Nr. 2 StGB)[3] und sodann das **überindividuelle Rechtsgut** der *Funktionsfähigkeit der Kreditwirtschaft* in den Schutzbereich einzubeziehen (Rz. 1). Auch die Buchführungs- und Bilanzdelikte unterstreichen dies, da sie als abstrakte Gefährdungstatbestände (§ 283b StGB)[4] sowohl dem Nachweis von Gläubigerschäden als auch der Selbstinformation des Schuldners dienen und damit wesentliche Funktionsträger überindividuellen Schutzgutes sind. Soweit über diesen Funktionszusammenhang hinaus weitergehend auch der *Schutz der Gesamtwirtschaft* bzw. des gesamtwirtschaftlichen Systems umfasst sein soll, verliert das Rechtsgut seine Funktion[5]. Eine Reduzierung des Rechtsgutes auf den Vermögensschutz – wie in der Literatur gelegentlich gefordert[6] – führt den Bankrott in die Nähe der Vollstreckungsvereitelung gem. § 288 StGB, was der BGH zutreffend abgelehnt hat[7]. Die insofern maßgebliche Erkenntnismöglichkeit eines (gedachten) „Insolvenzverwalters" muss also im Hinblick auf die „Gesamtvollstreckung", nicht auf etwaige Vermögensinteressen einzelner Gläubiger beeinträchtigt sein[8].

---

1 *Kindhäuser* in NK, vor § 283 StGB Rz. 18, 26; *Erdmann*, S. 59 ff.; *M. Krause*, Ordnungsgemäßes Wirtschaften, S. 159 ff.
2 H.M., *Radtke/Petermann* in MüKo, Vor §§ 283 ff. StGB Rz. 13; *Tiedemann* in LK, Vor § 283 StGB Rz. 45 ff., 48; *Hoyer* in SK, vor § 283 StGB Rz. 3; s. schon BT-Drs. 12/2443, 93.
3 Str., eingehend *Tiedemann* in LK, Vor § 283 StGB Rz. 49 ff.; enger, lediglich in ihrer Eigenschaft als Insolvenzgläubiger *Radtke/Petermann* in MüKo, Vor §§ 283 ff. StGB Rz. 9.
4 BGH v. 22.2.2001 – 4 StR 421/00, wistra 2001, 307; BGH v. 18.12.2002 – IX ZB 121/02, DZWIR 2003, 165 m. Bespr. *Röhm*, 143 ff.; *Moosmayer*, S. 141; *Tiedemann* in LK, Vor § 283 StGB Rz. 53.
5 Eingehend *Tiedemann* in LK, Vor § 283 StGB Rz. 54 f.; vgl. auch schon BGH v. 22.2.2001 – 4 StR 421/00; BGH v. 18.12.2002 – IX ZB 121/02; *Fischer*, vor § 283 StGB Rz. 3; *Röhm*, S. 63 ff.
6 Vgl. *Dohmen/Sinn*, KTS 2003, 205; *Penzlin*, S. 29 ff., 34 ff. m.w.Nw.; *Erdmann*, S. 59 ff.
7 BGH v. 29.4.2010 – 3 StR 314/09, Rz. 30.
8 Auf diese praktische Relevanz weisen zutr. auch *Dannecker/Knierim/Hagemeier*, InsolvenzstrafR, Rz. 956, hin.

Wie bereits zur **Rechtsgutsbestimmung** des Insolvenzstrafrechts im weiteren Sinne ausgeführt (§ 76 Rz. 51) hat das Inkrafttreten der InsO und deren spätere Novellen jedenfalls am Wortlaut der §§ 283 ff. StGB – wenn man von redaktionellen Anpassungen im Bereich der objektiven Bedingungen der Strafbarkeit absieht (Rz. 65 ff.). – nichts geändert, weshalb weder bezüglich des Insolvenz- noch erst recht des Bankrottstrafrechts kein Anlass für eine Neubestimmung des Rechtsgüterschutzes besteht. Auch die Feststellung, dass sich die *Effektivität des Rechtsgüterschutzes – auch* durch das Finanzmarktstabilisierungsgesetz – eher verringert hat (§ 79 Rz. 16 ff.)[1], gilt so auch für das Bankrottstrafrecht.

2. Normstruktur

Der **Deliktsaufbau** des Insolvenzstrafrechts bietet ein vielschichtiges Regelungssystem:

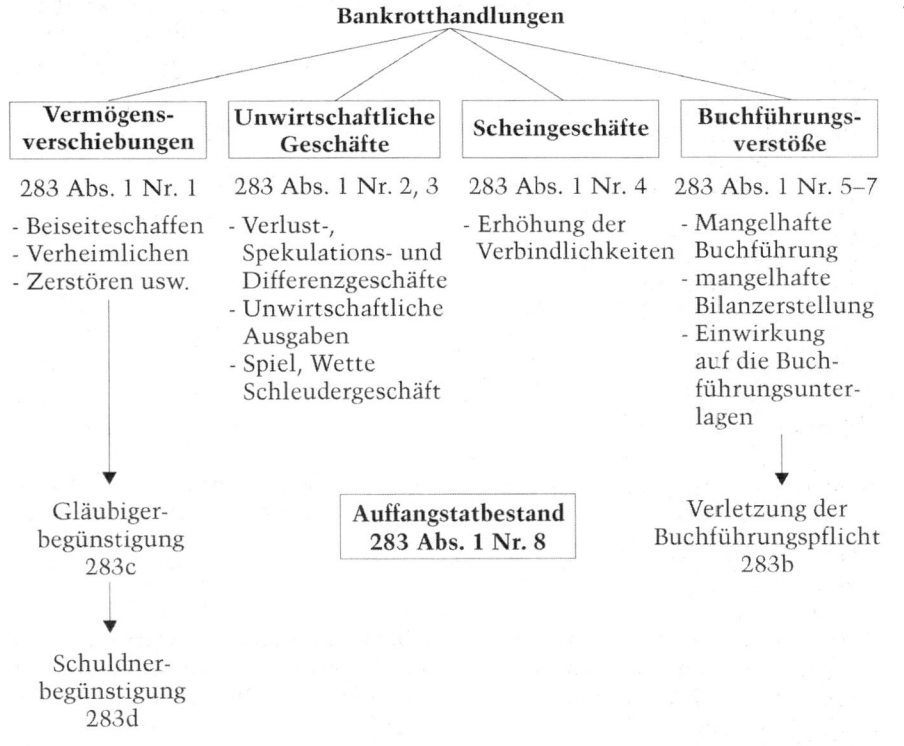

---

1 Krit. zur Effizienz des Rechtsgüterschutzes schon nach früherem Recht *Dannecker/Knierim/Hagemeier*, InsolvenzstrafR, Rz. 18.

8   **Schuldformen bei Insolvenzstraftaten**

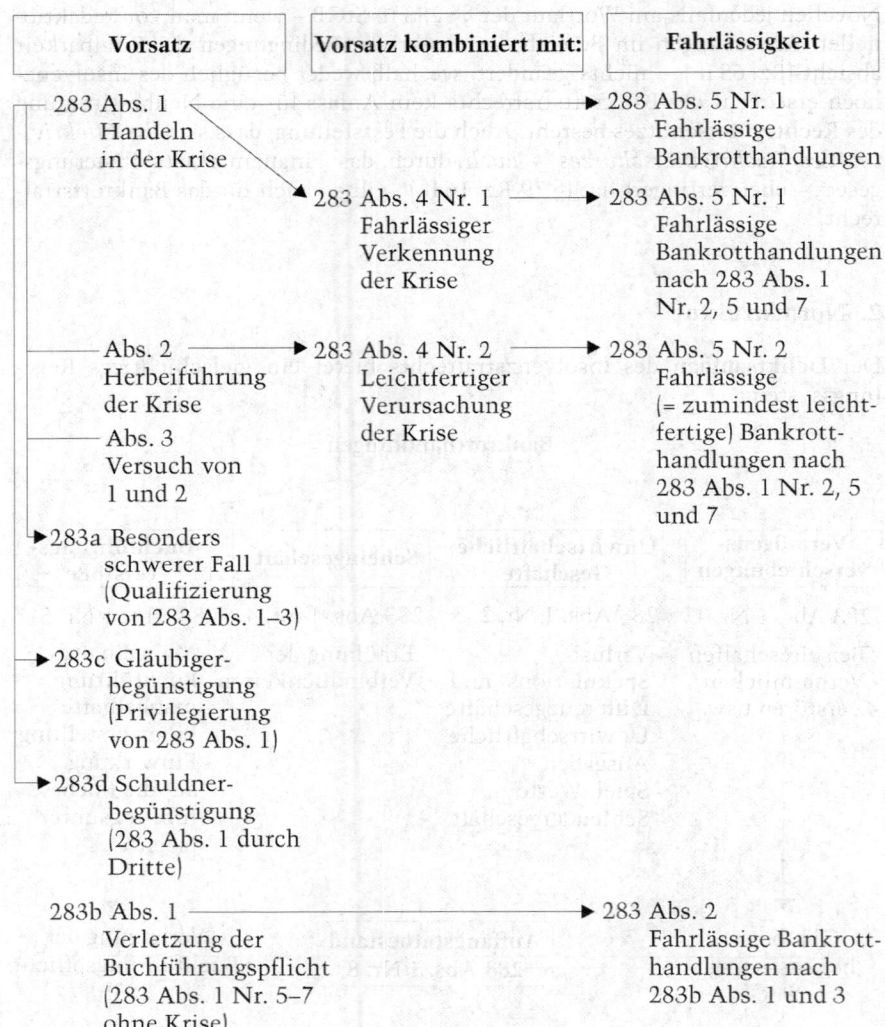

9   *Gemeinsame Voraussetzung* aller Tatbestände ist *erstens* der **Eintritt des Unternehmenszusammenbruchs** als schuldunabhängige *objektive Bedingung der Strafbarkeit* (§§ 283 Abs. 6, 283b Abs. 3, 283c Abs. 3 und 283d Abs. 4 StGB). Sie ist gegeben (näher Rz. 65 ff.),
   – wenn der Unternehmer die Zahlungen eingestellt hat,
   – über sein Vermögen das Insolvenzverfahren eröffnet oder
   – der Antrag mangels Masse abgewiesen worden ist.

10 *Zweites Aufbauelement* sind die **Bankrotthandlungen**, die rechtsgutbeeinträchtigende Tathandlungen umschreibe. Es sind entweder Handlungen mit

Masseschmälerungscharakter (§ 83), wie Vermögensverschiebungen, Scheingeschäfte, unwirtschaftliche Geschäfte u.a. *oder* Dokumentationsdelikte (Rechnungslegungsdelikte, Buchführungs- und Bilanzverstöße (§ 85). Die – höchst streitige – Einordnung der Handlungsalternativen als *Erfolgsdelikte* oder *abstrakte* oder *konkrete Gefährdungsdelikte*[1] spiegelt die Unsicherheit im Hinblick auf Inhalt und Rangfolge der Rechtsgüter wider (Rz. 1, 4) und bietet deshalb keine ergänzende Hilfe bei der Frage der Reichweite der einzelnen Deliktsalternativen. Jedenfalls handelt es sich grundsätzlich um echte **Sonder(pflicht)delikte**[2] (vgl. auch § 22 Rz. 8 ff.), da nur der Schuldner – individuell und überindividuell – verpflichtet ist (wegen der Bankrotthandlungen Außenstehender – *Schuldnerbegünstigung* gem. § 283d StGB – vgl. § 84 Rz. 5 ff.).

Die **Krise** ist das *dritte Aufbauelement* und durch die Tatbestandselemente Überschuldung (§ 79) oder drohende bzw. eingetretene Zahlungsunfähigkeit (§ 78) definiert. **Kausalität** zwischen der Krise, den Bankrotthandlungen (Rz. 10) und der objektiven Strafbarkeitsbedingung (Rz. 9) ist nicht gefordert. Ob aber doch ein *tatsächlicher Zusammenhang* nachgewiesen werden muss ist ebenso streitig, wie dessen Konkretisierung (Rz. 85 ff.). 11

Hieraus ergibt sich das folgende – in der Praxis der Strafverfolgung verwendete – **Prüfungsschema**: 11a

> Ausgangspunkt der Prüfung ist stets
> § 283 Abs. 6 StGB

> Liegt die Bankrotthandlung (§ 283 Abs. 1 Nr. 1 – 8 StGB)
> zeitlich **in** einer insolvenzrechtlichen **Krise**
> (Überschuldung, drohende und oder eingetretene Zahlungsunfähigkeit)

> Liegt die Bankrotthandlung (§ 283 Abs. 1 Nr. 1 – 8 StGB)
> zeitlich **außerhalb** einer insolvenzrechtlichen **Krise**
> (Überschuldung, drohende und oder eingetretene Zahlungsunfähigkeit)

> War die Bankrotthandlung ursächlich für eine insolvenzrechtlichen Krise
> (Überschuldung, drohende und oder eingetretene Zahlungsunfähigkeit)
> (§ 283 Abs. 2 i. V. m. §(§ 283 Abs. 1 StGB)

> Lag die Bankrotthandlung **nicht in** einer insolvenzrechtlichen Krise **noch**
> war sie hierfür **ursächlich** bleibt nur die Strafbarkeit gem.
> § 238b StGB (Delikte des Rechnungswesens)
> dann: Anschuss eines inneren Zusammenhanges zur Insolvenz

---

1 *Tiedemann* in LK, § 283 StGB Rz. 5 ff., der zu „abstrakten Gefährdungsdelikten" rät – Rz. 7; *Fischer*, vor § 283 StGB Rz. 3 spricht von „potenziellen Gefährdungsdelikten".
2 *Tiedemann* in LK, § 283 StGB Rz. 7 m.Nw.

3. Tatbestandselemente

12 Die **einzelnen Tatbestände** enthalten die genannten Aufbauelemente *in unterschiedlicher Kombination.*

13 Der **Bankrott** nach § 283 Abs. 1 StGB umfasst sämtliche Bankrotthandlungen, die während der Krise begangen werden. Es handelt sich um ein *Vorsatzdelikt* sowohl hinsichtlich der Tathandlungen als auch der Krisensituation.

14 § 283 Abs. 2 StGB sanktioniert die **Herbeiführung der Krise** durch die Bankrotthandlungen, wobei auch hier doppelter *Vorsatz* Voraussetzung ist. Es handelt sich rechtshistorisch gesehen um den Grund- oder Ausgangstatbestand des Insolvenzstrafrechts überhaupt.

15 Während der **Versuch** beider vorstehender Bankrottalternativen in § 283 Abs. 3 StGB unter Strafe gestellt ist, haben § 283 Abs. 4 und 5 StGB *verschiedene Vorsatz-Fahrlässigkeits-Kombinationen* zum Gegenstand.

16 Der **besonders schwere Bankrott** gem. § 283a StGB stellt eine *Qualifizierung* der Tatbestände der Abs. 1–3 des § 283 StGB i.S. der vielfach im Strafrecht anzutreffenden besonders schweren Fälle dar, die durch Regelbeispiele verdeutlicht und mit einem höheren Strafrahmen ausgestattet sind[1].

17 Die **Verletzung der Buchführungspflicht** nach § 283b StGB erfasst die Buchführungs- und Bilanzverstöße der Nummern 5–7 des § 283 Abs. 1 StGB, bei denen die dort als Tatbestandselement geforderte *Krise gerade nicht* vorliegen muss und die auch nicht gem. § 283 Abs. 2 StGB kausal für eine der Krisen wurden.

18 Die **Gläubigerbegünstigung** nach § 283c StGB ist eine *Privilegierung* der Vermögensverschiebung nach § 283 Abs. 1 Nr. 1 StGB mit niedrigerem Strafrahmen. Strafbar ist die Sicherung oder Befriedigung einzelner Gläubiger des Unternehmers zum Nachteil der übrigen – *ohne Masseschmälerung* – soweit sie zivilrechtlich jedenfalls nicht so geschuldet sind (Inkongruenz). Die Vorschrift erfasst somit Eingriffe in die Gleichmäßigkeit der Verteilung der insgesamt ungeschmälert bleibenden, da letztlich von einer Verbindlichkeit entlasteten, Masse. Die Krisensituation ist auf den Fall der Zahlungsunfähigkeit beschränkt (vgl. § 84 Rz. 17 ff.).

19 Der Tatbestand der **Schuldnerbegünstigung** des § 283d StGB wendet sich gegen täterschaftliche *Eingriffe Dritter* in den Gesamtbestand der Masse, wobei auch hier eine – besonders definierte – Krisensituation Voraussetzung ist (vgl. § 84 Rz. 5 ff.). Seine Bezeichnung ist insofern zu eng, als auch Dritte neben dem oder anstelle des Schuldners begünstigt werden können. Zudem passt dieser Tatbestand nicht in das System der Insolvenzdelikte als Sonderdelikte, weil hier *ausnahmsweise nicht der Schuldner*, sondern ein Dritter handelnder Täter ist.

---

[1] Krit. zu derartigen Tatbestandskonstruktionen *Winkelbauer*, Gedanken zu den „besonders schweren Fällen" im StrafR, in FS Wahle, 2008, S. 4 ff.

4. Unternehmensgründung und -beendigung

a) Auch in der Gründungsphase von Personen- und Kapitalgesellschaften sind **Bankrotthandlungen** nach §§ 283–283d StGB *strafbar*, falls es zu einem Unternehmenszusammenbruch (§ 283 Abs. 6 StGB) kommt. 20

Eine **OHG** oder **KG** ist schon existent, wenn der Gesellschaftsvertrag abgeschlossen, die Gesellschaft jedoch noch nicht ins Handelsregister eingetragen ist. Hat die OHG oder KG ein Handelsgewerbe zum Gegenstand (§ 22 Rz. 61 ff.) und den Geschäftsbetrieb bereits begonnen (§§ 123 Abs. 2, 161 Abs. 2 HGB; irreführend bisweilen als Vor-OHG oder Vor-KG bezeichnet), so gelten für sie die Rechtsvorschriften für die entstandene Gesellschaft. Fehlt es dagegen am Handelsgewerbe, liegt eine *BGB-Gesellschaft* vor[1], deren Verantwortliche sich wegen Bankrotts strafbar machen können, soweit nicht die Maßgeblichkeit von Handelsrecht vorausgesetzt ist. (Zur Strafbarkeit „kapitalisierter" Handelsgesellschaften – also wenn keine der persönlich haftenden Gesellschafter eine natürliche Person ist – zur *Insolvenzverschleppung* nach §15a InsO s. § 80 Rz. 17 ff. Dagegen verbleibt es für die „personalisierte" Handelsgesellschaft und die BGB-Gesellschaft bei der Strafbarkeit wegen Bankrotts.) 21

Die **Vor-GmbH** besteht in der Zeit zwischen dem Abschluss des Gesellschaftsvertrags in notarieller Form und ihrer Eintragung im Handelsregister (s. § 22 Rz. 47). Sie ist noch keine juristische Person, untersteht aber zivilrechtlich bereits dem Recht der GmbH, soweit dieses nicht die Eintragung voraussetzt. Auch wenn bei ihr kein Raum für den Vorwurf der Insolvenzverschleppung (§ 80 Rz. 16) ist, so können sich doch vertretungsberechtigte Gesellschafter und Geschäftsführer einer Vor-GmbH wegen Bankrotts strafbar machen. 22

Eine **GmbH-Vorgründungsgesellschaft** liegt dagegen vor, sobald die Gründer – vor Abschluss des notariellen Gesellschaftsvertrags – die Gesellschaftsgründung unter sich rechtsverbindlich vereinbaren; sie ist eine Gesellschaft des bürgerlichen Rechts. Wird schon in diesem Stadium eine werbende Tätigkeit i.S. von § 1 HGB entfaltet, so gelten die Regeln der OHG[2]. Die strafrechtlichen Konsequenzen gleichen dann denen der Vor-GmbH (Rz. 22). 23

Bei einer **Vor-GmbH & Co KG** ist lediglich die Frage zu klären, ob bereits eine Vor-GmbH Komplementärin der KG sein kann. Dies wird von der Rechtsprechung bejaht[3]. Danach gelten die zivil- und strafrechtlichen Regeln für die KG. 24

Eine **Vor-AG** beginnt mit der Errichtung der Gesellschaft, d.h. mit Übernahme aller Aktien durch die Gründer (§ 29 AktG) und besteht bis zu ihrer Vollentstehung durch Eintragung ins Handelsregister. Sie ist zivilrechtlich eine Organisationsform eigener Art, die den Gründungsvorschriften des Aktiengesetzes und der Satzung folgt, soweit diese nicht die Rechtsfähigkeit voraussetzen oder auf 25

---

1 BGH v. 28.11.1953 – II ZR 188/52, BGHZ 11, 190 (192); vgl. auch *Mentzel/Kuhn/Uhlenbruck*, § 209 InsO Rz. 6.
2 Vgl. *Karsten Schmidt*, GesellschaftsR, 4. Aufl. 2002, S. 1012 f.
3 BGH v. 9.3.1981 – II ZR 54/80, BGHZ 80, 129.

ihr beruhen[1]. Die Anwendung der §§ 283–283d StGB ist wie bei der Vor-GmbH zulässig.

26 **b)** Da das Unternehmen mit Beginn der **Liquidation** – etwa nach einem Auflösungsbeschluss – noch nicht zu bestehen aufhört und Kapitalgesellschaften ihre Rechtspersönlichkeit behalten, können weiterhin Bankrottstraftaten *begangen* werden. Selbst nach dem Unternehmenszusammenbruch, also *nach Eintritt einer objektiven Strafbarkeitsbedingung* (§ 283 Abs. 6 StGB), ist die Begehung von Bankrottstraftaten möglich. Dies gilt aber nicht nur für Delikte nach §§ 283–283c StGB, sondern auch für die Insolvenzverschleppung bei Kapital- und gleichgestellten Personengesellschaften (vgl. § 80 Rz. 12). Taugliche Täter sind dann die Liquidatoren (§ 80 Rz. 23).

27 Erst die vollständige **Beendigung** des Unternehmens, also die Beendigung der Abwicklung, setzt auch den endgültigen *Schlusspunkt* möglicher Begehung von Bankrottstraftaten. Dabei sind Beendigungsvoraussetzungen die Vermögenslosigkeit des Unternehmens *und* dessen Löschung im Handelsregister (vgl. § 394 FamFG).

II. Unternehmensverantwortliche als Täter

1. Bankrott als Sonderdelikt

28 Die Bankrottstraftaten sind als **Sonderdelikte** (s. § 22 Rz. 8 ff.) normiert (bis auf die Schuldnerbegünstigung – Rz. 31). Tauglicher Täter kann nur ein Mensch sein, der das *besondere persönliche Merkmal* der Schuldnereigenschaft erfüllt. Dies entspricht den geschützten Rechtsgütern, weil nur der Schuldner in einer Sonderbeziehung zu seinen Gläubigern steht und er *in dieser Eigenschaft* in den überindividuellen Funktionszusammenhang der Kreditwirtschaft (Rz. 1, 4) eingebunden ist[2].

29 Die Voraussetzung der **Schuldnereigenschaft** für die Täterqualifikation ist dem Gesetz zwar nicht ausdrücklich zu entnehmen. Sie ergibt sich aber aus den Tatbestandselementen der Krise und den objektiven Strafbarkeitsbedingungen, denn nur ein Schuldner kann überschuldet oder zahlungsunfähig sein und nur über sein Vermögen kann ein Insolvenzverfahren eröffnet oder abgelehnt werden. Dabei kann auch der *Verbraucher* Schuldner sein[3]. Die *Kaufmannseigenschaft* ist insoweit nicht Voraussetzung[4], nur bei den Buchführungs- und Bilanzverstößen nach §§ 283 Abs. 1 Nr. 5 und 7, 283b StGB wird sie als weiteres besonderes persönliches Merkmal gefordert (vgl. § 85 Rz. 11).

30 Fallen handelnde Person und Träger dieser besonderen persönlichen Merkmale auseinander – wie dies stets dann der Fall ist, wenn Schuldner eine juristische

---

1 Da § 15a InsO wegen des strafrechtlichen Analogieverbots nicht auf die Vor-AG angewandt werden darf, ist eine Insolvenzverschleppung nicht möglich.
2 *Tiedemann* in LK, § 283 StGB Rz. 7 m.Nw.
3 Wobei die vom Gesetzgeber des (Verbraucher-)Insolvenzverfahrens zugelassenen Entschuldungsmaßnahmen den Tatbestand des Bankrotts nicht erfüllen können – OLG München v. 29.8.2000 – 2 Ws 991/00.
4 BGH v. 22.2.2001 – 4 StR 421/99, NStZ 2001, 485 m. Anm. *Krause*, NStZ 2002, 42.

Person oder ein anderer Rechtsträger ist –, wird das beim Schuldner vorliegende Merkmal nach **§ 14 StGB** den dort genannten Handelnden, nämlich den Organen und sonstigen Entscheidungsträgern, zugerechnet und begründet deren Strafbarkeit (Rz. 36 ff.).

Lediglich die **Schuldnerbegünstigung** nach § 283d StGB (vgl. § 84 Rz. 5 ff.) bildet eine *Ausnahme* von der Sonderdeliktsnatur der Insolvenzstraftatbestände. Sie setzt zwar in der Person des Schuldners eine Krisensituation und eine der objektiven Bedingungen voraus, nicht aber auch in der Person des *Täters*, der als *Dritter* keine besonderen persönlichen Merkmale aufweisen muss. 31

Die Sonderdeliktseigenschaft des Bankrottstrafrechts bedeutet jedoch nicht, dass sich nicht auch **andere Personen**, bei denen die besonderen Merkmale ebenfalls nicht vorliegen, strafbar machen könnten; sie können lediglich nicht Täter, sondern nur *Teilnehmer* sein. So kann der Geschäftsführer einer in der Krise befindlichen GmbH Täter des Bankrotts sein; mitwirkende (weitere) Angestellte der GmbH oder auch deren Gesellschafter können sich als Anstifter- oder Gehilfe an dieser Straftat beteiligen. Grundsätzlich ist dabei eine doppelte Strafmilderung nach §§ 28 Abs. 1, 49 Abs. 1 StGB und nach § 27 StGB möglich. Führt allerdings allein das Fehlen der Schuldnereigenschaft zur Annahme einer Tatbeteiligung, kann ihm die Milderung nach § 49 Abs. 1 StGB nur einmal zugutekommen[1]. 32

2. Zurechnungskriterien

Bei Bankrottstraftaten von **Verantwortlichen von Kapital- und Personen(handels)gesellschaften** und sonstigen Körperschaften sind nach § 14 Abs. 1 StGB im Einzelnen folgende Zurechnungen möglich: bei der GmbH (einschließlich der Sonderform der Unternehmergesellschaft – haftungsbeschränkt – UG) auf die *Geschäftsführer*, bei der AG, der SE-AG, der Genossenschaft, dem rechtsfähigen Verein und der rechtsfähigen Stiftung auf die *Vorstandsmitglieder*, bei der OHG, KG und KGaA und EWIV auf die persönlich haftenden *vertretungsberechtigten Gesellschafter*, bei der GmbH & Co KG (auch) auf die *Geschäftsführer der Komplementär-GmbH* und bei der Gesellschaft bürgerlichen Rechts (GbR) und der Partnerschaftsgesellschaft auf die vertretungsberechtigten Gesellschafter. 33

Bei bestimmten gewillkürten und gesetzlichen Vertretern (Rz. 43) ist die Zurechnung nach § 14 Abs. 2 bzw. Abs. 1 Nr. 3 StGB möglich (zur Zurechnung auf faktische Organe vgl. Rz. 46).

Die täterschaftsbegründende Organ- oder Vertreterstellung muss zum **Zeitpunkt der Bankrotthandlung** vorliegen. Ob der Täter diese Position zum Zeitpunkt des Eintritts der objektiven Strafbarkeitsbedingung (noch) innehat, ist dagegen irrelevant (näher Rz. 66 f.). Wer danach vor Insolvenzverfahrenseröffnung oder -ablehnung bzw. vor Zahlungseinstellung aus dem Unternehmen ausscheidet, bleibt für die vorher von ihm begangenen Bankrotthandlungen als 34

---

1 BGH v. 8.1.1975 – 2 StR 567/74, BGHSt 26, 53 ff.; BGH v. 8.2.2011 – 1 StR 651/10, BGHSt 56, 153.

Täter verantwortlich. Dies gilt auch, wenn der Täter den späteren Eintritt der Strafbarkeitsbedingung nicht erwartet hatte oder gar nicht vorhersehen konnte, denn es handelt sich um schuldunabhängige objektive Bedingungen.

35 Wesentliche Voraussetzung der Zurechnung bei allen Alternativen des § 14 StGB ist, dass der Täter die Tathandlung **in der Eigenschaft** als Organ der juristischen Person usw. vorgenommen hat. Die hierzu vom BGH entwickelte und vor kurzem zu Recht aufgegebene *Interessentheorie* sowie die nunmehr vorzunehmende Zurechnung sind unter Rz. 53 ff. dargestellt. Fehlt es im Rahmen der Bankrottdelikte an der notwendigen *Zurechnung*, können dennoch die allgemeinen Straftaten nach §§ 266, 246, 263 StGB erfüllt sein.

3. Zurechnungsadressaten

36 a) Für die **Organstellung** der Geschäftsführer einer GmbH – einschließlich der Unternehmergesellschaft (haftungsbeschränkt) – oder Vorstandsmitglieder einer AG oder eingetragenen Genossenschaft nach **§ 14 Abs. 1 Nr. 1 StGB** ist zwar grundsätzlich ein *förmlicher Bestellungsakt* und die *Eintragung* im Handelsregister *erforderlich*. Strafrechtlich ist nach der Rechtsprechung aber auch derjenige verantwortlich, der die Organfunktion im Einverständnis aller Gesellschafter bzw. der satzungsmäßig als Mindestquorum vorgesehenen Gesellschaftermehrheit oder des sonst zuständigen Gesellschaftsorgans *faktisch* ausübt[1]. Zur Begründung wird überwiegend darauf hingewiesen, dass es nach § 14 Abs. 3 StGB auf die *Rechtswirksamkeit* der die Organstellung begründenden Rechtshandlung nicht ankommt, wenn nur alle Beteiligten von ihrer Wirksamkeit ausgegangen sind, der Betreffende mit seiner Bestellung einverstanden war und das Amt tatsächlich übernommen hat (näher zur faktischen Unternehmensbeherrschung Rz. 46 ff.).

37 b) Für vertretungsberechtigte Gesellschafter einer *OHG* sowie Komplementäre einer *KG* besteht die **Zurechnungsnorm des § 14 Abs. 1 Nr. 2 StGB**. Das Gleiche gilt für vertretungsberechtigte Gesellschafter einer *GmbH-Vorgesellschaft*[2].

Nach früher in der Literatur h.M. hatte diese Vorschrift nur *deklaratorische Bedeutung*, da die vertretungsberechtigten Gesellschafter der Personenhandelsgesellschaften unbeschränkt persönlich für die Gesellschaftsverbindlichkeiten haften und daher unmittelbar selbst Schuldner seien. Sie seien daher in ihrer gesellschaftsrechtlichen Verbundenheit auch unmittelbar selbst Träger der besonderen persönlichen Merkmale der Gesellschaft[3]. Diese Meinung kam zu dem Ergebnis, dass die strafbarkeitseinschränkende Wirkung des § 14 Abs. 1 Nr. 2 StGB für die Gesellschafter ohne Vertretungsberechtigung, also insbesondere für die *Kommanditisten einer KG*, nicht anwendbar war. Danach konnte auch

---

1 Vgl. für die GmbH BGH v. 24.6.1952 – 1 StR 153/52, BGHSt 3, 32 (37); für die AG BGH v. 28.6.1966 – 1 StR 414/65, BGHSt 21, 101.
2 BGH v. 17.6.1952 – 1 StR 668/51, BGHSt 3, 23 (25).
3 *Perron* in S/S, § 14 StGB Rz. 20/21 unter Hinweis auf die 26. Aufl., jetzt aber a.A.; vgl. auch *Winkelbauer*, wistra 1986, 17 ff.; *Bittmann* in Bittmann, InsolvenzstrafR, § 12 Rz. 39, vertritt auch heute diese Ansicht, kommt aber wegen der strafbarkeitseinschränkenden Wirkung des § 14 Abs. 1 Nr. 2 StGB im Ergebnis doch wieder zu der Eingrenzung der Strafbarkeit auf vertretungsberechtigte Gesellschafter.

ein Kommanditist wegen Bankrotts als Täter bestraft werden – eine unangemessene Folge[1]. Dieser Ansicht steht aber die Fähigkeit dieser Gesellschaften entgegen, ihrerseits Vermögensträger sowie (schon nach damaligem Recht konkurs- bzw. heute) insolvenzfähig (vgl. § 209 KO a.F., § 11 Abs. 2 Nr. 1 InsO) zu sein. Da demgegenüber die persönliche Haftung der genannten Gesellschafter nicht den Ausschlag geben konnte, war die Meinung abzulehnen.

Bei der **GmbH & Co KG** erfolgt nach h.M. eine *zweistufige Zurechnung* der Krise und Strafbarkeitsbedingungen der KG als Schuldnerin über die geschäftsführende Komplementärin auf deren Geschäftsführer[2]. Dabei müssen die Krise und/oder die objektive Strafbarkeitsbedingung nicht auch bei der GmbH vorliegen, wenn dies wegen ihrer Haftung für die Verbindlichkeiten der KG nach § 128 HGB auch zumeist der Fall sein wird, da sie entsprechende Rückstellungen bilden muss[3]. 38

Für Gesellschafter aller **Personengesellschaften**, soweit sie keine Innengesellschaften sind (§ 23 Rz. 18[4]), wie der **Gesellschaft bürgerlichen Rechts**, der Partnerschaftsgesellschaft, der EWIV oder einer *GmbH-Vorgesellschaft*[5], die keinen kaufmännisch eingerichteten Geschäftsbetrieb benötigt, kommt die Zurechnung nach der Neufassung des § 14 Abs. 1 Nr. 2 StGB durch das EU-Rechtsinstrumente-AG[6] (§ 23 Rz. 19, § 30 Rz. 92 ff.) ebenfalls zur Anwendung[7]. 39

c) Von Bedeutung ist auch die Zurechnung von Krise und objektiver Strafbarkeitsbedingung einer Gesellschaft (oder Einzelunternehmung) auf ihre **gewillkürten Vertreter**, soweit sie – ohne die Voraussetzungen des § 14 Abs. 1 StGB zu erfüllen – *beauftragt* sind, 40

– *den Betrieb* ganz oder zum Teil *zu leiten* (§ 14 Abs. 2 Nr. 1 StGB) oder

– kraft *ausdrücklichen Auftrags* in eigener Verantwortung Pflichten zu erfüllen haben, die den Inhaber des Betriebes treffen (§ 14 Abs. 2 Nr. 2 StGB; vgl. dazu auch § 30 Rz. 92 ff.).

Beispiel: In Nr. 1 sind beispielsweise der kaufmännische oder technische Betriebsleiter, der Vertriebsleiter oder der Leiter des Rechnungswesens, einer Niederlassung oder eines Zweigbetriebes angesprochen.

Die Teilleitung betrifft dabei sowohl Betriebsteile als auch Abteilungen, wenn diese in einem größeren Betrieb Bedeutung und Selbständigkeit haben. Erfasst sind jedenfalls nicht nur „Personen der obersten Ebene". Außenbefugnisse sind

---

1 *Tiedemann* in LK, Vor § 283 StGB Rz. 62 ff.
2 Vgl. BGH v. 17.12.1963 – 1 StR 391/63, BGHSt 19, 174, wo der Geschäftsführer allerdings als gesetzlicher Vertreter der KG bezeichnet wird; BGH v. 4.4.1979 – 3 StR 488/78, BGHSt 28, 371.
3 *Uhlenbruck*, GmbH & Co., S. 112.
4 *Moosmayer*, S. 68; a.A. *Grub*, S. 32.
5 BGH v. 17.6.1952 – 1 StR 668/51, BGHSt 3, 23 (25).
6 V. 22.8.2002, BGBl. I 3387, in Kraft seit 30.8.2002; dazu *Achenbach*, wistra 2002, 441.
7 Diese umfassende Einbindung aller Personengesellschaften wird übrigens auch durch die entsprechende Regelung in § 11 Abs. 2 InsO bestätigt.

weder erforderlich noch bestimmend. Maßgebend ist vielmehr die sachliche Verantwortung, *für den Betriebsinhaber* leitend tätig zu sein[1].

41 **Beauftragte** nach § 14 Abs. 2 Nr. 2 StGB müssen nicht nach außen vertretungsbefugt sein. Die *Eigenverantwortlichkeit* des Auftrags nach Nr. 2 ist vielmehr dadurch gekennzeichnet, dass der Beauftragte innerhalb seines Zuständigkeitsbereichs intern keiner Einzelweisungen bedarf. Da der Auftrag, in eigener Verantwortung Aufgaben des Betriebsinhabers zu erfüllen, jedoch **ausdrücklich** erteilt sein muss, reichen die stillschweigende Übertragung oder die unwidersprochene tatsächliche Erfüllung solcher Aufgaben nicht aus. Der Auftrag bedarf aber nicht der Schriftform; ein ausdrücklicher mündlicher Auftrag genügt. Die vom Gesetz geforderte Ausdrücklichkeit wird in ihrer formalen Abgrenzungsweise den tatsächlichen Gegebenheiten im Wirtschaftsleben (und den forensischen Beweisanforderungen) oft nicht gerecht. Der Auftraggeber sollte daher im eigenen Interesse für eine klare Auftragsdokumentation sorgen, da ihn sonst selbst die strafrechtliche Haftung trifft. Der Regierungsentwurf des 2. Gesetzes zur Bekämpfung der Wirtschaftskriminalität hatte eine entsprechende Änderung vorgesehen, die aber nicht Gesetz geworden ist[2].

42 Strafrechtlich nach § 14 Abs. 2 StGB verantwortlich können nicht nur unternehmensangehörige Personen sein, sondern auch **externe Beauftragte**, wie etwa der für die Buchführung und Bilanzierung eingesetzte freiberufliche *Steuerberater*, *Wirtschaftsprüfer*, *Buchführungshelfer* sowie *Sanierer* und *Unternehmensberater*. Auch Leiter und Angestellte von *Kreditinstituten* können bei Übernahme des gesamten Zahlungsverkehrs des Schuldners[3] im Extremfall als Täter strafbar sein (§ 85 Rz. 21). Im Übrigen können Angehörige von Kreditinstituten auch in den Verdacht der Anstiftung oder Beihilfe zur Gläubigerbegünstigung nach § 283c StGB kommen, wenn sie nach Eintritt der Zahlungsunfähigkeit des Kunden noch inkongruente Kreditsicherungen anstreben (§ 84 Rz. 24).

43 **d)** Nach § 14 Abs. 1 Nr. 3 StGB erfolgt die Zurechnung auch auf **gesetzliche Vertreter** oder **auf eine Partei kraft Amtes.** Letzteres ist vor allem für den (vorläufigen) *Insolvenzverwalter* von Bedeutung[4], aber kann auch z.B. bei einem Testamentsvollstrecker, der das Unternehmen für den/die Erben weiterführt, praktisch werden. Nach anderer Ansicht hat die Zurechnung für diesen Personenkreis nach § 14 Abs. 2 Nr. 1 StGB zu erfolgen[5], was aber zum gleichen Ergebnis führt.

44 Daneben verliert der eigentliche Schuldner kraft dieser Zurechnung auf den Vertreter seine Täterqualifikation. Wird also die Einsetzung eines vorläufigen Insolvenzverwalters im Insolvenzeröffnungsverfahren mit einem allgemeinen **Veräußerungs- und Verfügungsverbot** nach § 22 InsO verbunden, verliert der *Geschäftsführer einer GmbH* oder der vertretungsberechtigte Gesellschafter ei-

---

1 So *Gürtler* in Göhler, § 9 OWiG Rz. 21; *Schünemann* in LK, § 14 StGB Rz. 59 f.
2 BT-Drs. 10/318.
3 Vgl. *Tiedemann*, ZIP 1983, 514.
4 Eingehend *Quedenfeld/Richter* in Bockemühl, Hdb. FA StrafR § 9 Rz. 228 m.Nw.
5 BVerwG v. 13.4.2005 – 6 C 4.04, ZIP 2005, 1145; *Schäfferhoff/Gerster*, ZIP 2001, 905 m.w.Nw.

ner Personen(handels)gesellschaft neben dem vorläufigen Insolvenzverwalter seine für die Zurechnung nach § 14 Abs. 1 Nr. 1 oder 2 StGB maßgebende Verfügungsbefugnis und wird auf die Wahrnehmung der Gemeinschuldneraufgaben beschränkt. Er kann danach nicht mehr Täter von Vermögensverschiebungen nach §§ 283 Abs. 1 Nr. 1, 283a, 283c StGB sein[1]. Es bleibt jedoch die Strafbarkeit als Anstifter oder Gehilfe oder nach §§ 242, 246, 263 StGB als Allgemeindelikte.

Hat der vorläufige Insolvenzverwalter allerdings ohne ausdrückliche Übertragung der Verwaltungs- und Verfügungsbefugnis lediglich die Aufgabe, das Vermögen der Gesellschaft zu sichern, zu sammeln und zu erhalten (**schwacher vorläufiger Insolvenzverwalter**), so besteht die (alleinige) Täterqualifikation des Geschäftsführers oder vertretungsberechtigten Gesellschafters weiter[2]. In der *Eigenverwaltung* nach §§ 270 ff. InsO ist der Schuldner gleichermaßen auch (starker) Verwalter (vgl. § 77 Rz. 11) und deshalb stets tauglicher Täter. 45

Der *Einzelunternehmer* allerdings behält seine Schuldnerstellung und damit seine Täterqualifikation für Bankrotthandlungen auch neben einem (vorläufigen) Insolvenzverwalter, denn bei ihm bedarf es keiner Zurechnung nach § 14 StGB (zur Frage, ob ein vom Insolvenzverwalter mit der Geschäftsführung beauftragter Gemeinschuldner sogar Untreue begehen kann, vgl. § 32 Rz. 14, 16, 23, 126 ff.).

4. Insbesondere: „Faktischer Geschäftsführer"

a) § 14 StGB sieht die Zurechnung der besonderen persönlichen Merkmale nur auf die von den Gesellschaftern förmlich bestellten und eingetragenen Gesellschaftsverantwortlichen vor. Nicht selten sind jedoch die Fälle der **faktischen Beherrschung** einer Gesellschaft durch Personen, die kraft Einverständnis der Gesellschafter tätig, aber nicht im Handelsregister eingetragen sind (wobei die Eintragung zivilrechtlich ohnehin nur deklaratorische Bedeutung hat) oder die zwar eingetragen, aber wegen einer strafrechtlichen Verurteilung nach § 6 Abs. 2 GmbHG von der Geschäftsführung ausgeschlossen sind. Diese Fälle wurden von der *Rechtsprechung* schon sehr früh[3] **in gleicher Weise** durch Zurechnung von Krise und Strafbarkeitsbedingungen gelöst. Voraussetzung ist neben der (maßgebenden) *Steuerung der Geschicke* der Gesellschaft das *Auftreten im Außenverhältnis* über die interne Einwirkung auf Entscheidungsträger 46

---

1 BGH v. 3.2.1993 – 3 StR 606/92, NJW 1993, 1278, wistra 1993, 146; BGH v. 12.12.1996 – 4 StR 489/96, wistra 1997, 146, m. Anm. *Fischer*, wistra 1998, 106; *Bittmann* in Bittmann, InsolvenzstrafR, § 12 Rz. 24, weist zutr. auf die Untreuestrafbarkeit wegen Verletzung der Schuldnerpflichten aus §§ 97 f., 101 InsO hin.
2 BGH v. 3.2.1993 – 3 StR 606/92, NJW 1993, 1278; OLG Zweibrücken v. 6.3.1995 – 1 AR 88/94-1, wistra 1995, 319 zur Anwendbarkeit des § 14 Abs. 1 Nr. 3 StGB.
3 RGSt. 16, 269; 43, 407; 64, 81; BGH v. 24.6.1952 – 1 StR 153/52, BGHSt 3, 32 (37); BGH v. 5.10.1954 – 2 StR 447/53, BGHSt 6, 314; BGH v. 20.9.1999 – 5 StR 729/98, NStZ 2000, 34; BGH v. 3.7.1989 – StbSt (R) 14/88, BGHR GmbHG § 64 Abs. 1 Antragspflicht 2.

hinaus[1]. Allerdings besteht keine Einigkeit darüber, welche Zurechnungsnorm zugrunde zu legen ist (vgl. hierzu auch § 30 Rz. 56 ff.).

Teilweise wird zur Begründung der faktischen Vertretung auch die Anwendung des § 14 Abs. 2 Nr. 1 StGB i.S. von faktischen Beauftragten vorgeschlagen[2]. Ein Teil der Literatur lehnt den faktischen Geschäftsführer sogar wegen Verstoßes gegen den Bestimmtheitsgrundsatz und das Analogieverbot ab[3]; das würde allerdings zu nicht hinnehmbaren Strafbarkeitslücken führen. Deshalb hält die Rechtsprechung trotz aller Kritik an ihrer Zurechnungslösung fest.

47 Auch bei der **Einzelunternehmung** kommen faktische Beherrschungsverhältnisse vor, die den formellen Inhaber in eine weitgehend passive oder sogar bloße Strohmannrolle versetzen. Auch hier ist nach der Rechtsprechung die Zurechnung der Krisenmerkmale und der objektiven Bedingungen auf den *tatsächlich Handelnden* möglich[4].

Demgegenüber hat die Rechtsfigur des *mittelbaren Täters*, der ebenfalls die besonderen persönlichen Merkmale des Sondertatbestands erfüllen muss, beim Bankrott nur geringe praktische Bedeutung.

48 Die Krise und die Strafbarkeitsbedingungen sind nach dieser ganz herrschenden Auffassung demjenigen zurechenbar, der das Unternehmen tatsächlich als eigenes betreibt, mag es auch nach außen hin, möglicherweise sogar nur zum Schein, ein anderer sein[5]. Dies ist in einer Gesamtschau aller Umstände festzustellen. Eine **faktische Geschäftsführung** ist dann gegeben, wenn der tatsächlich Handelnde die Geschicke der Gesellschaft allein bestimmt oder zumindest eine überragende Stellung in der Geschäftsleitung einnimmt[6] oder die Geschäfte in weiterem Umfang als der formelle Geschäftsführer wahrnimmt[7] oder die Seele des Geschäfts ist und bestimmenden Einfluss auf alle Geschäftsvorgänge hat[8]. Diese Zitate zeigen, dass die Rechtsprechung unterschiedliche Anforderungen an das Beherrschungsverhältnis formuliert hat.

49 Überwiegend wird zudem zumindest das **Einverständnis der Gesellschafter**, zum Teil auch ein wenigstens konkludenter Bestellungsakt nach dem Rechtsgedanken des § 14 Abs. 3 StGB verlangt[9]. Ob für die faktische Geschäftsführerstellung das Einverständnis aller Gesellschafter erforderlich ist[10] oder die Zu-

---

1 Instruktiv OLG Hamm v. 28.2.2014 – I-9 U 152/13, NZG 2014, 459.
2 *Perron* in S/S, § 14 StGB Rz. 42/43.
3 *Stein*, S. 130 ff.; *Wegner* in A/R, VII 1 Rz. 11.
4 Vgl. z.B. BGH v. 6.11.1986 – 1 StR 327/86, BGHSt 34, 221 (379).
5 BGH v. 19.11.1957 – 1 StR 438/57, BGHSt 11, 103; BGH v. 28.10.1965 – KRB 3/65, BGHSt 20, 333.
6 BGH v. 22.9.1982 – 3 StR 287/82, BGHSt 31, 118 (121); BGH v. 10.5.2000 – 3 StR 101/00, wistra 2000, 307.
7 „Aufgaben von Gewicht", BGH v. 16.5.1984 – 2 StR 525/83, StV 1984, 461 m. Anm. *Otto*; BGH v. 12.11.1986 – 3 StR 405/86, wistra 1987, 147 (148); BGH v. 24.8.1989 – 1 StR 329/89, wistra 1990, 98.
8 Vgl. auch OLG Düsseldorf v. 16.10.1987 – 5 Ss 193/87 I, NStZ 1988, 368 m. krit. Anm. *Hoyer*, NJW 1988, 3166.
9 *Tiedemann*, WiStrafR AT, Einf. Rz. 136 unter Hinw. auf BGH v. 10.5.2000 – 3 StR 101/00, BGHSt 46, 62, (66).
10 So *Tiedemann*, GmbH-StrafR, § 84 GmbHG Rz. 33.

stimmung der satzungsgemäßen Mehrheit ausreicht[1], ist umstritten. Das OLG Karlsruhe führt hierzu zu Recht aus, dass an die Legitimation einer faktischen Organtätigkeit keine höheren Anforderungen zu stellen seien als an die förmliche Bestellung des Organs[2].

Der strafrechtlichen Haftung des faktischen Geschäftsführers steht nach der Rechtsprechung nicht entgegen, dass – wie zumeist – **neben ihm** noch ein **formeller Geschäftsführer** bestellt ist. Voraussetzung ist nur, dass der (oder die) faktische(n) Geschäftsführer neben seinem (ihrem) Einfluss auf die laufenden Geschäfte der Gesellschaft auch bei den *wesentlichen Entscheidungen* wenigstens ein *Übergewicht* gegenüber dem (den) formellen Geschäftsführer(n) hat[3] (bzw. haben). In der Literatur wird demgegenüber eine *überragende Stellung* im Hinblick auf unternehmerische Grundentscheidungen gefordert[4], wobei der faktische den formellen Geschäftsführer aber nicht so beherrschen muss, dass diesem nur noch eine Strohmannrolle verbleibt. Letzteres wird indes im Schrifttum für Unterlassungstaten, wie Buchführungs- und Bilanzdelikte, gefordert[5], ohne hierfür überzeugende Begründungen anzugeben. Andererseits hat der BGH sogar die Tatsache, dass ein Angeklagter im Einzelfall über das Geschäftskonto der Gesellschaft bei der Bank rechtlich nicht verfügungsbefugt war, nicht als Hindernis für seine faktische Geschäftsführerstellung angesehen, wenn nur die tatsächliche Einwirkungsmacht auf das Konto (über seine Ehefrau) gegeben war[6]. Die Zurechnung kann sogar auf einen faktischen *stellvertretenden* Geschäftsführer stattfinden, soweit der eigentliche faktische Geschäftsführer verhindert war[7].

b) Der **formelle Geschäftsführer** bleibt freilich neben dem faktischen Geschäftsführer strafrechtlich verantwortlich. Dies gilt sogar, wenn sich seine Rolle auf die eines *Strohmannes/einer Strohfrau* beschränkt, die ohne eigenes Interesse für das Unternehmen lediglich seinen/ihren Namen hergegeben hat, möglicherweise sogar ohne die erforderlichen Kenntnisse und Fähigkeiten zu haben[8]. Zumindest hat er oder sie *Überwachungs- und Aufsichtspflichten* gegenüber den tatsächlich Handelnden zu beachten. Denn schon in dem Bestellenlassen als formeller Geschäftsführer in dem Bewusstsein, die damit verbundenen Pflichten in zeitlicher oder fachlicher Hinsicht oder mangels tatsächlicher Einflussmöglichkeiten nicht erfüllen zu können, kann ein strafrechtliches *Übernahmeverschulden* liegen, das etwa bei dadurch mitverursachten Buchführungs- und Bilanzverstößen zur Strafbarkeit zumindest we-

---

1 So *Schünemann* in LK, § 14 StGB Rz. 70.
2 OLG Karlsruhe v. 7.3.2006 – 3 Ss 190/05, wistra 2006, 352 m. abl. Anm. *Arens*, wistra 2007, 35.
3 BGH v. 19.4.1984 – 1 StR 736/83, wistra 1984, 178.
4 *Otto*, StV 1984, 461; *Tiedemann*, GmbH-StrafR, § 84 StGB Rz. 33; *Tiedemann*, WiStrafR AT, Einf. Rz. 136.
5 *Löffler*, wistra 1989, 121 m.w.Nw.
6 BGH v. 22.9.1982 – 3 StR 287/82, BGHSt 31, 118 (121).
7 BGH v. 10.6.1958 – 5 StR 190/58, GmbHR 1958, 179.
8 *Siegmann/Vogel*, ZIP 1994, 1823.

gen Fahrlässigkeit führt[1] (vgl. auch § 85 Rz. 19, 24 f.). Dies gilt auch für Fälle, in denen der Strohmann mangels Einblick in die Geschäftätigkeit keine Bilanz erstellen konnte, denn er hat die rechtliche Einflussmöglichkeit, um den Einblick zu erzwingen, und muss diese nutzen[2].

5. Aufgabendelegation

52 Aufgabendelegation ist ein übliches und notwendiges **Instrument der Unternehmensführung**, wobei es auf die Unternehmensform nicht ankommt. Sie kann horizontal – auf der Gleichordnungsebene, dann regelmäßig als „*Ressortzuständigkeit*" bezeichnet – oder vertikal auf interne oder externe Beauftragte erfolgen. Wird die „Legalitätspflicht" und/oder die „Legalitätskontrollpflicht" des Geschäftsherrn delegiert, ist von „*Compliance*"-Maßnahmen oder -Organisation die Rede[3] (näher hierzu oben § 31). Grundsätzlich entlastet die Delegation die primär als Unternehmens-Inhaber oder nach § 14 Abs. 1 StGB für das schuldnerische Unternehmen Verantwortlichen ebenso wenig wie eine interne **Geschäftsverteilung** unter mehreren nach § 14 Abs. 1 StGB Verantwortlichen die jeweils „nicht Zuständigen". Denn alle Verantwortlichen trifft bei der Aufgabendelegation *eine Auswahl- und Überwachungspflicht*, deren Verletzung zur Strafbarkeit führt[4]; zumindest liegt eine Ordnungswidrigkeit nach § 130 OWiG vor (hierzu § 23 Rz. 8 ff., § 30 Rz. 125 ff.). Die unter mehreren Verantwortlichen kraft Geschäftsverteilung intern nicht zuständigen Personen haben weiterhin eine **Gesamtverantwortung** für die Gesellschaft und sind daher als *Garanten* zum Handeln verpflichtet (und damit für Unterlassungen strafbar), wenn sie *Pflichtverstöße der Zuständigen erkennen* (Vorsatz) oder diese sich ihnen aufdrängen mussten (Fahrlässigkeit)[5]. Dies gilt allerdings nur, soweit ihnen das objektiv erforderliche Einschreiten nach den Umständen des Einzelfalles noch möglich und zumutbar war[6] (vgl. zum Ganzen auch § 30 Rz. 48 ff.).

III. Organverantwortung und Interessentheorie

1. Inhalt und Kritik

53 Die Zurechnung strafrechtlicher Verantwortung nach § 14 StGB kommt nur in Betracht, wenn derjenige, dem besondere Merkmale zugerechnet werden sollen, bei der Tat in seiner **besonderen Stellung** oder in **Ausübung seiner Funktion** gehandelt hat, die für die Zurechnung maßgebend ist, und *nicht* nur *bei Gelegenheit* seiner Funktionsausübung oder unter Ausnutzung der faktischen

---

1 OLG Karlsruhe v. 16.12.1976 – 1 Ss 417/76, Justiz 1977, 206; *Tiedemann* in LK, § 283 StGB Rz. 210.
2 A.A. KG v. 13.3.2002 – (5) 1 Ss 243/01 (6/02), wistra 2002, 313; hiergegen zu Recht *Maurer*, wistra 2003, 174.
3 Speziell für den Bankenbereich vgl. *Richter* in Compliance, 5. Aufl. 2014, Rz. 1683 ff.; *Richter* in Jackmuth/Rühle/Zawilla (Hrsg.), § 25c KWG-Pflichten, 2. Aufl. 2014, Rz. 849 ff.
4 OLG Frankfurt v. 23.1.2004 – 24 U 135/03, GmbHR 2004,1016.
5 *Roxin* in LK, § 14 StGB Rz. 14; BGH v. 6.7.1990 – 2 StR 549/89; BGH v. 4.7.1991 – 4 StR 179/91 – Lederspray-Entscheidung, BGHSt 37, 106, 123.
6 BGH v. 1.7.1997 – 1 StR 244/97, StV 1998, 127.

oder rechtlichen Zugriffsmöglichkeiten, die sich ihm in dieser Stellung geboten haben. Diese grundsätzlich richtige Einschränkung erfuhr allerdings in der früheren ständigen Rechtsprechung des *BGH* eine subjektivierende Auslegung, die nicht von objektiven Zuordnungskriterien ausging, sondern von der *Interessenverfolgungstendenz* des Täters bei seiner Tathandlung (sog. **Interessentheorie**[1]). Dabei wurde diese Zurechenbarkeitsabgrenzung auch auf den Vertreter nach § 14 Abs. 2 S. 1 Nr. 1 StGB angewandt[2]. Diese Rechtsprechung hat der BGH nunmehr aufgegeben[3] (Rz. 61 ff.).

Strafbare Vermögensverschiebungen sollten nach der früheren *Rechtsprechung* bei juristischen Personen nur vorliegen, wenn das Organ „in dieser Eigenschaft", also **in Bezug auf das Vermögen und den Geschäftsbetrieb** der juristischen Person gehandelt hat. Das aber war nur der Fall, wenn es wenigstens teilweise auch im *wirtschaftlichen Interesse der juristischen Person* tätig geworden war[4]. Dabei sollte diese Voraussetzung nicht von einem bei der juristischen Person objektiv entstandenen wirtschaftlichen Vorteil abhängig sein. Die Gesellschaft konnte sogar durch die Tat geschädigt worden sein[5], wenn der Handelnde nur nicht subjektiv allein seinen eigenen oder den Vorteil eines Dritten erstrebt hatte. Die Abgrenzung galt nicht nur für tatsächliche Handlungen, sondern *auch für Rechtsgeschäfte*, obwohl gerade bei ihnen die objektive Zuordnung zum Aufgabenkreis des Organs als Abgrenzungskriterium besonders nahegelegen hätte und leicht hätte festgestellt werden können, wenn das Organ im Namen der juristischen Person aufgetreten war[6]. Für die Feststellung des (erstrebten) Vorteils war die *wirtschaftliche Betrachtungsweise* maßgebend. Wie bei der Schadensfeststellung bei Betrug oder Untreue waren danach alle durch die Tathandlung hervorgerufenen Vor- und Nachteile zu saldieren. Ein *Risikogeschäft*, bei dem die Gefahr eines Verlustes größer ist, als die Gewinnaussicht, war daher nicht im Interesse der juristischen Person vorgenommen[7]. 54

War das Handeln (auch) im Interesse der vertretenen juristischen Person danach – wie zumeist – zu verneinen, so blieb die Strafbarkeit als **Eigentums- oder Vermögensdelikt**, insbesondere als *Untreue nach § 266 StGB* oder nach 55

---

1 Statt aller BGH v. 20.5.1981 – 3 StR 94/81, BGHSt 30, 127.
2 OLG Karlsruhe v. 7.3.2007 – 3 Ss 190/05, wistra 2006, 352.
3 BGH v. 10.2.2009 – 3 StR 372/08, wistra 2009, 275; nach Erklärung aller Strafsenate des BGH, dass sie an ihrer Rechtsprechung nicht mehr festhalten wollen, endgültig BGH v. 15.5.2012 – 3 StR 118/11, BGHSt 57, 229 ff.
4 BGH v. 5.10.1954 – 2 StR 447/53, BGHSt 6, 314 (316); BGH v. 4.4.1979 – 3 StR 488/78, BGHSt 28, 371; BGH v. 20.5.1981 – 3 StR 94/81, BGHSt 30, 128; BGH v. 21.5.1969 – 4 StR 27/69, NJW 1969, 1494; BGH v. 23.11.1982 – 5 StR 176/82, wistra 1983, 71; BGH v. 6.5.1986 – 4 StR 207/86, wistra 1986, 262; BGH v. 17.3.1987 – 5 StR 272/86, wistra 1987, 216; BGH v. 14.12.1999 – 5 StR 520/99, NStZ 2000, 207; BGH v. 17.12.1991 – 5 StR 361/91, BGHR StGB § 283 Abs. 1 Konkurrenzen 3; BGH v. 3.5.1991 – 2 StR 613/90, BGHR StGB § 283 Abs. 1 Geschäftsführer 2, 1; *Schünemann* in LK, § 14 StGB Rz. 50; *Fischer*, § 283 StGB Rz. 4c; *Kindhäuser* in NK, vor §§ 283-283d StGB Rz. 51 ff.
5 BGH v. 4.4.1979 – 3 StR 488/78, BGHSt 28, 371 (372).
6 BGH v. 20.5.1981 – 3 StR 94/81, BGHSt 30, 127, GmbHR 1982, 131.
7 BGH v. 24.3.1982 – 3 StR 68/82, wistra 1982, 148.

§§ 242, 246 oder 263 StGB. Dabei sollten der Bankrott und das Allgemeindelikt auch *tateinheitlich* verwirklicht sein können, wenn das Organ teils eigen-, teils gesellschaftsnützig gehandelt hatte[1]. Dies ist nach der Rechtsprechung des BGH wegen der Unterschiedlichkeit der geschützten Rechtsgüter rechtlich möglich, weil der Bankrott die Gläubigerinteressen, die Untreue jedoch das Interesse des Vermögensträgers, also der juristischen Person, schützt.

56 Allerdings hatte der BGH seine Interessentheorie **nur** für die **Vermögensverschiebungen** entwickelt, obwohl sich ihm die Abgrenzungsfrage nach § 14 StGB eigentlich für alle anderen Bankrotthandlungen gleichermaßen hätte stellen müssen[2]. Für die **Buchführungs- und Bilanzdelikte** etwa war nach der Rechtsprechung des BGH die objektive Verbindung der Tathandlung mit dem Aufgaben- und Pflichtenkreis des Organs oder Vertreters ausreichend, um das Handeln nach § 14 StGB zurechnen zu können. Die Nicht-Zurechnung hätte hier allerdings auch mangels Vermögensschadens nach § 266 StGB zu einer Strafbarkeitslücke geführt. So wurde z.B. das Verändern der Handelsbücher einer Gesellschaft dem Organ auch dann als Bankrott zugerechnet, wenn es geschah, um ausschließlich eigennützig eigene Unregelmäßigkeiten zu verdecken[3]. Auch sonst wurden ausschließlich eigennützige Buchführungsmanipulationen als zurechenbare Bankrotthandlungen nach § 283 Abs. 1 Nr. 5 StGB angesehen[4]. Ein Handeln im Interesse der Gesellschaft als Zurechnungsvoraussetzung wurde hier vom BGH nur gelegentlich geprüft[5].

57 Eine konsequente Rechtsprechung zur Anwendung der Interessentheorie bei den übrigen Bankrotthandlungen fehlte bisher ebenso wie eine Auseinandersetzung des BGH mit den **Gegenargumenten der Literatur**, welche die Interessentheorie überwiegend ablehnte[6]. *Tiedemann*[7] hatte mit Recht darauf hingewiesen, dass die Interessentheorie des BGH z.B. bei den *Fahrlässigkeitstaten* versagt, da diese schon von der – fehlenden – Willensrichtung des Täters her gesehen nicht im Interesse des Unternehmens vorgenommen worden sein konnten. Bei ihnen war jedoch auch die Untreuestrafbarkeit nicht gegeben, da

---

1 BGH v. 4.4.1979 – 3 StR 488/78, BGHSt 28, 371 (372); BGH v. 20.5.1981 – 3 StR 94/81 – Schmiergeldzahlung, BGHSt 30, 127.
2 Mit – soweit ersichtlich – einer Ausnahme bezüglich §§ 283 Abs. 1 Nr. 8 und 283b Abs. 1 Nr. 1 StGB: BGH v. 14.12.1999 – 5 StR 520/99, wistra 2000, 136.
3 *Perron* in S/S, § 14 StGB Rz. 26.
4 BGH v. 13.12.1994 – 1 StR 720/94, wistra 1995, 147.
5 BGH v. 11.10.1960 – 5 StR 155/60, GA 1961, 356 (LS); BGH v. 24.3.1982 – 3 StR 68/82, wistra 1982, 148.
6 Vgl. umfassend hierzu *Mohr*, S. 50 ff.; *Labsch*, wistra 1985, 1; *Richter*, GmbHR 1984, 113, 137 (143 f.); *Hager*, Der Bankrott durch Organe juristischer Personen – zugleich ein umfassender Beitrag zur historischen Entwicklung des InsolvenzstrafR, Diss., 2007; *Tiedemann* in LK, Vor § 283 StGB Rz. 79 ff.; *Radtke* in MüKo, § 14 StGB Rz. 58 ff.; *Perron* in S/S, § 14 StGB Rz. 26; *Bittmann* in Bittmann, InsolvenzstrafR, § 12 Rz. 44 ff., versuchte eine reduzierte Anwendung der Interessentheorie, indem er Parallelen zur Eigennützigkeit der Tathandlungen eines Einzelunternehmers zog. Dabei ist es aber schon fraglich, ob z.B. das Beiseiteschaffen nach § 283 Abs. 1 Nr. 1 StGB beim Einzelunternehmer überhaupt ein eigennütziges Delikt ist, denn er kann auch zugunsten eines Dritten strafbar beiseite schaffen. Im Ergebnis konnte *Bittmann* die Nachteile der Interessentheorie dadurch auch nicht vermeiden.
7 *Tiedemann* in HWiStR, „Konkursstraftaten" S. 4.

diese Vorsatz voraussetzt. Vereinzelt hat auch ein Instanzgericht die BGH-Rechtsprechung mit zutreffender Begründung abgelehnt[1].

Im Falle der **Gläubigerbegünstigung** nach § 283c StGB (näher § 84 Rz. 17 ff.) konnte man allerdings sagen, dass sie immer zumindest auch dem Vermögensinteresse der Gesellschaft dienen soll, da sie – wenn auch nicht immer vom Täter beabsichtigt, so doch mit der von ihm erkannten notwendigen Folge – von der entsprechenden Verbindlichkeit trotz ihrer Nachrangigkeit befreit wird. Hier war daher ein Ausweichen auf die Untreuestrafbarkeit entbehrlich[2]. 58

Diese durch den BGH (früher) vorgenommene Abgrenzung führte zu **kriminalpolitischen Defiziten**, denn die häufigen und besonders strafwürdigen Fälle ausschließlich eigennütziger Vermögensverschiebungen bei Handelsgesellschaften wurden danach nur von den allgemeinen Vermögens- und Eigentumsdelikten erfasst. Zwar konnte der Unwertgehalt solchen Verhaltens auch im Rahmen dieser Straftatbestände durch eine entsprechende Strafzumessung berücksichtigt werden. Angemessener wäre es aber gewesen, das Insolvenzstrafrecht selbst auch auf den Kernbereich seiner Bankrotthandlungen anzuwenden. Das ist aber nur möglich, wenn man auch Tathandlungen einbezieht, die sich nur objektiv auf den Funktionsbereich des Organs der Gesellschaft beziehen, gleichgültig, welche Zwecke der Handelnde damit subjektiv verfolgt[3]. Vor allem die nicht-rechtsgeschäftlichen Tathandlungen hätten nach ihrer objektiven Unternehmensbezogenheit[4] oder dem Verantwortungskreis[5] des Handelnden abgegrenzt werden sollen. 59

Als **weiterer Nachteil** führte die Rechtsprechung des BGH auch dazu, dass die *Strafverfolgungsverjährung* bei den ersatzweise anzuwendenden Untreuehandlungen früher, nämlich bereits mit dem Schadenseintritt begann, und nicht, wie beim Bankrott, erst mit Eintritt einer Strafbarkeitsbedingung, was eine ungerechtfertigte Besserbehandlung gerade der schwerwiegenden Insolvenzkriminalität darstellte. 60

2. Pflichtenzurechnung nach neuer Rechtsprechung

Mit Beschluss vom 10.2.2009[6] hat zunächst der **3. Strafsenat des BGH** ausdrücklich die *Interessentheorie aufgegeben* und zugleich bei allen anderen 61

---

1 AG Halle-Saalekreis v. 2.4.2001 – 320 Ds 1203 Js 35156/97, NJW 2002, 77.
2 Offengelassen in BGH v. 24.9.1986 – 3 StR 263/86, wistra 1987, 100; a.A. *Mohr*, S. 55.
3 Hiergegen BGH v. 20.5.1981 – 3 StR 94/81, BGHSt 30, 128, unter Hinweis auf die Fälle nicht rechtsgeschäftlichen Handelns. Diese Argumentation vermag nicht zu überzeugen. Zwar ist in dem angeführten Fall des schlichten Griffs in die Gesellschaftskasse kein Raum für die Anwendung der zivilrechtlichen Normen der § 164 Abs. 1 BGB, § 36 GmbHG; an der Gesellschaftsbezogenheit solchen Tuns kann jedoch bei einem Gesellschaftsorgan auch ohne weitere Interessensforschung eigentlich kein Zweifel bestehen. Wie hier für die Anwendung objektiver zivilrechtlicher Zurechnungskriterien *Tiedemann* in LK, Vor § 283 StGB Rz. 82 ff.; vgl. auch *Lampe*, GA 1987, 241 ff.
4 *Fischer*, § 14 StGB Rz. 14.
5 *Schäfer*, wistra 1990, 84.
6 BGH v. 10.2.2009 – 3 StR 372/08, wistra 2009, 75.

Strafsenaten nachgefragt, ob diese an ihrer Rechtsprechung festhalten wollen. Nachdem die anderen Senate mitgeteilt hatten, dass auch sie an der alten Rechtsprechung nicht festhalten wollen[1], konnte der 3. Strafsenat mit Beschluss vom 15.5.2012[2] endgültig die Interessentheorie aufgeben. Gleichzeitig hat er die strafrechtliche Organhaftung beim Bankrott neu justiert:

Abzustellen ist danach nicht mehr auf das subjektive Interesse des Vertretenen, was auch vom Wortlaut des § 14 StGB nicht gefordert ist. Die Zurechnung ist nunmehr danach vorzunehmen, ob der Vertreter i.S. des § 14 StGB **im Geschäftskreis des Vertretenen tätig** geworden ist. Bei *faktischem* Handeln ist die Zustimmung des Vertretenen ausschlaggebend. Gleiches gilt, wenn sich der Vertretene *zur Erfüllung* seiner außerstrafrechtlichen, aber gleichwohl strafbewehrten *Pflichten*, wie der Buchführungs- und Bilanzierungspflichten, eines Vertreters *bedient*.

Zur *Begründung* weist der Senat darauf hin, dass nur so Strafbarkeitslücken, etwa bei Vermögensverschiebungen durch Gesellschafter-Geschäftsführer einer *Ein-Mann-GmbH*, im Vergleich zu *Einzelkaufleuten* und Personengesellschaften, die in solchen Fällen regelmäßig wegen Bankrotts strafbar seien, vermieden werden[3]. Die Schutzrichtung des Insolvenzstrafrechts dürfe gerade bei den besonders insolvenzanfälligen GmbHs nicht konterkariert werden[4].

62 Nach der neuen Rechtsprechung kommt es entscheidend darauf an, dass der Vertretungsberechtigte als Organ im Geschäftskreis des Vertretenen und **nicht nur „bei Gelegenheit"** tätig wird. Betätigung im Geschäftskreis liegt aber bei *rechtsgeschäftlichem Handeln* stets nahe, also wenn der Vertreter entweder im Namen des Vertretenen auftritt oder diesen wegen der bestehenden Vertretungsmacht jedenfalls *im Außenverhältnis* die Rechtswirkungen des Geschäfts *unmittelbar treffen*. Das Einverständnis des Vertretenen beseitigt die Pflichtwidrigkeit nicht, wenn die wirtschaftliche Existenz der Gesellschaft gefährdet wird.

63 Da die Tathandlungen des Bankrotts aber stets im Zustand der insolvenzrechtlichen Krise vorgenommen werden (§ 283 Abs. 2 StGB) oder aber kausal zu ihr führen (§ 283 Abs. 2 StGB), liegt in diesen Fällen auch eine relevante Existenzgefährdung (hierzu § 32 Rz. 84 ff., 151b ff., § 82 Rz. 26 ff.) und somit **tateinheitlich Untreue** gem. § 266 StGB vor. Die Bestrafung solchen Verhaltens als Untreue *und* Bankrott enthält keinen Wertungswiderspruch, weil der Kapitalschutz des § 30 GmbHG ein gesetzlich geschütztes Eigeninteresse der Gesellschaft gewährleistet, das nicht zur Disposition der Gesellschafter steht. Daraus ergibt sich ein – wenn auch kaum praxisrelevanter – Unterschied: Der

---

1 BGH v. 1.9.2009 – 1 StR 301/09; BGH v. 22.12.2011 – 2 ARs 403/11; BGH v. 10.1.2012 – 4 ARs 17/11.
2 BGH v. 15.5.2012 – 3 StR 118/11, BGHSt 57, 229.
3 Hierzu schon BGH v. 6.11.1986 – 1 StR 327/86, BGHSt 34, 221; BGH v. 12.5.1989 – 3 StR 55/89, wistra 1989, 267; dezidiert *Radtke*, GmbHR 2009, 875 auch zu den alternativen Abgrenzungskriterien.
4 Die Entscheidung ist in der Literatur auf Zustimmung gestoßen: *Wessing/Krawczyk*, NZG 2014, 59; *Trüg*, NStZ 2013, 715; *Habetha*, NZG 2012, 1134; auch schon *Bittmann*, wistra 2010, 8; *Dehne-Niemann*, wistra 2009, 417.

Nachteil i.S. des Bankrotts bezieht sich auf die „Masse" (vgl. Rz. 2), der Schaden bei § 266 StGB auf das Vermögen des Schuldners (§ 32 Rz. 175 ff.).

Daraus folgen aber **Unterschiede** zwischen Bankrott- und Untreuestrafrecht in den vorgenannten Fällen: 64

– Voraussetzung der Strafbarkeit wegen Untreue ist die „Existenzgefährdung", bei Bankrott die objektive Strafbarkeitsbedingung gem. § 283 Abs. 2 StGB.
– Bei Untreue ist das Vermögen, bei Bankrott die Masse gemindert.
– Bei Untreue ist nur vorsätzliches Handeln, bei Bankrott auch Fahrlässigkeit strafbar.
– Bei Untreue ist Versuch nicht, bei Bankrott auch strafbar.

Die Entscheidung des BGH zur Aufgabe der „Interessentheorie" ist wegen des daraus folgenden **effektiveren Gläubigerschutzes** zu *begrüßen*. Sie wurde von der Strafrechtspraxis sofort und umfassend angenommen. Beschränkungen nach § 154a StPO werden regelmäßig nur im Hinblick auf Untreue, nicht aber auf Bankrott vorgenommen.

IV. Objektive Strafbarkeitsbedingung

1. Aufgaben und Ziele

Die Insolvenzdelikte nach §§ 283, 283a–283d StGB sind (und waren schon nach altem Recht) **erst verfolgbar**, wenn nach dem Gesetzeswortlaut in der Person des „Täters" die Zahlungseinstellung gegeben oder das Insolvenzverfahren eröffnet bzw. mangels Masse abgelehnt worden ist (§ 283 Abs. 6 StGB und Bezugnahmen hierauf in §§ 283b–283d StGB). Mit diesen drei alternativen Kriterien ist der *Unternehmenszusammenbruch* umschrieben. Durch Art. 60 EG-InsO[1] war die Formulierung der objektiven Bedingungen dem neuen Recht nach der InsO lediglich redaktionell angepasst worden, sodass inhaltlich keine Änderungen eingetreten waren. 65

Die Benennung desjenigen, bei dem eine der Strafbarkeitsbedingungen vorliegen muss, als „**Täter**" ist nach allgemeiner Meinung ein Redaktionsversehen schon des früheren Gesetzgebers. Es kann sich nämlich nur um denjenigen handeln, bei dem auch die Krise eingetreten ist, also um den *Schuldner*. Bei Bankrotthandlungen im Rahmen von Handelsgesellschaften ist der Schuldner nicht mit dem als Täter Handelnden identisch (Rz. 33 ff.), denn Schuldner ist hier die Gesellschaft. Daher wird nach h.M. zu Recht eine **berichtigende Auslegung** dahin gehend vorgenommen, dass „Täter" durch „Tatbestandsadressat" ersetzt wird[2]. Es ist bedauerlich, dass der Gesetzgeber weder die Schaffung der InsO noch eine ihrer vielen Novellierungen für eine Klarstellung genutzt hat. 66

Bei den in Rz. 69 ff. genannten Ereignissen handelt es sich um **objektive Bedingungen der Strafbarkeit**, auf die sich, wie schon der Name sagt, das **Verschul-** 67

---
1 *Tiedemann*, GmbH-StrafR, Vor §§ 82 GmbHG Rz. 29; *Fischer*, vor § 283 StGB Rz. 21; *Richter*, GmbHR 1984, 137; a.A. *Wehleit*, S. 14; *Labsch*, wistra 1985, 4.
2 *Tiedemann*, GmbH-StrafR, Vor §§ 82 GmbHG Rz. 29; *Fischer*, vor § 283 StGB Rz. 21; *Richter*, GmbHR 1984, 137; a.A. *Wehleit*, S. 14; *Labsch*, wistra 1985, 4.

den des Täters **nicht beziehen** muss[1]. Er braucht weder ihren Eintritt zu erkennen oder vorauszusehen noch muss ihm das Nichterkennen als Fahrlässigkeit vorgeworfen werden. Auch ein Kausalzusammenhang zwischen Bankrotthandlung oder Krise und Strafbarkeitsbedingung braucht nicht vorzuliegen, wenn auch ein tatsächlicher *Zusammenhang* zwischen beiden gefordert wird (vgl. Rz. 73 ff.).

68 Gegen die **Rechtsstaatlichkeit** der objektiven Strafbarkeitsbedingungen waren in der Literatur zum Konkursstrafrecht vor Inkrafttreten des 1. WiKG Bedenken erhoben worden[2], da seinerzeit Bankrotthandlungen, wie etwa der übermäßige Aufwand nach § 240 Abs. 1 Nr. 1 KO a.F., durch bloßes Hinzutreten einer Strafbarkeitsbedingung zur Straftat wurden, ohne dass dem Täter insoweit ein Schuldvorwurf zu machen und eine Krise festzustellen war. Diese Bedenken sind jedenfalls für das Insolvenzstrafrecht nicht mehr zu begründen und werden auch nicht mehr vertreten. Denn die Bankrotthandlungen sind in ihrer geltenden konkreten Umschreibung bereits *gläubigergefährdende* und daher schon für sich genommen strafwürdige Unrechtshandlungen[3]. Hinzu kommt (außer bei § 283b StGB) das Tatbestandselement der Krise als weitere gesetzliche Objektivierung gegenüber dem vormaligen subjektiven Tatbestandselement der Gläubigerbenachteiligungsabsicht des Schuldners. Die Strafbarkeitsbedingungen sollen daher als sog. **echte Bedingungen**[4] i.S. von strafbarkeitseinschränkenden Voraussetzungen verhindern, dass strafrechtliche Ermittlungsmaßnahmen ihrerseits den Zusammenbruch krisenbetroffener Unternehmen (vorzeitig) herbeiführen (vgl. aber Rz. 80 ff.).

2. Die einzelnen Bedingungen

69 **a)** Die **Zahlungseinstellung** (§ 17 Abs. 2 InsO – näher § 78 Rz. 58 ff.) war nach einer schon zum früheren Recht anerkannten Formel eingetreten, wenn die Zahlungsunfähigkeit (oder auch nur eine willkürliche Zahlungsunwilligkeit) des Schuldners nach außen – zumindest für die beteiligten Verkehrskreise – erkennbar durch Nichtbezahlung seiner Verbindlichkeiten zutage getreten war. Die Zahlungseinstellung unterschied sich damit von der Zahlungsunfähigkeit dadurch, dass sie keine wirtschaftliche Krisenlage beschrieb, sondern lediglich ein nach außen in Erscheinung getretenes faktisches Verhalten darstellte. Der Gesetzgeber wollte damit erreichen, dass sie ähnlich leicht feststellbar war wie die weiteren Bedingungsalternativen der Insolvenzverfahrenseröffnung oder -ablehnung. Daher sollte es auch nicht erforderlich sein, die Zahlungsunfähigkeit des Schuldners als tatsächlich bestehenden Grund für die Nichtzahlung festzustellen. Sie wurde und wird gesetzlich vermutet, da die Zahlungseinstellung den Unternehmenszusammenbruch markieren soll.

---

1 BGH v. 8.5.1951 – 1 StR 171/51, BGHSt 1, 186 (191) zu § 239 KO a.F.; *Tiedemann* in LK, Vor § 283 StGB Rz. 89; *Radtke/Petermann* in MüKo, Vor §§ 283 ff. StGB Rz. 94; *Heine/Schuster* in S/S, § 283 StGB Rz. 59.
2 *Stree* in S/S, StGB, 18. Aufl., § 239 KO Rz. 9a f. m.w.Nw.
3 BT-Drs. 7/3441, 33.
4 *Tiedemann*, ZRP 1975, 132.

Hieran hat sich nach neuem Recht nichts geändert, denn sowohl nach der KO als auch nach § 17 Abs. 2 S. 2 InsO besteht bei der Zahlungseinstellung eine gesetzliche Vermutung für das Vorliegen der Zahlungsunfähigkeit. Als Grund für die Zahlungseinstellung kommt neben der Zahlungsunfähigkeit auch ein **mangelnder Zahlungswille**[1] infrage. Für die objektive Strafbarkeit kommt es aber lediglich auf das Vorliegen der Zahlungseinstellung, nicht auf ihren Grund an. Auch eine Mindestdauer und/oder ein Mindestliquiditätsdefizit ist nicht erforderlich, womit Nachweisschwierigkeiten praktisch weitgehend entfallen[2]. 70

b) Neben der Zahlungseinstellung sind alternativ auch Entscheidungen des Insolvenzgerichts über *zulässige* (und nicht zurückgenommene) Insolvenzanträge mögliche Strafbarkeitsbedingung: die **Eröffnung oder Ablehnung des Insolvenzverfahrens**. Auf diese Bedingungen hat der Schuldner Einfluss – der auch in der Praxis nicht selten genutzt wird: Der Eigenantrag wird – unter Inkaufnahme der Verschleppungsstrafbarkeit – nicht gestellt und Fremdanträge werden durch Einwirkung auf Gläubiger verhindert. All dies spielt allerdings ebenso wenig eine Rolle wie die Frage der Rechtmäßigkeit der gerichtlichen Entscheidungen. Eine Nachprüfungskompetenz ist dem Strafrecht nicht eingeräumt. Allerdings entfällt die Bedingung bei *Aufhebung* des Beschlusses über die Eröffnung oder Nicht-Eröffnung mangels Masse, wohingegen die spätere *Einstellung* des Verfahrens (§§ 207 ff. InsO) keine Bedeutung erlangt (§ 78 Rz. 58 ff.). 71

Für die Zulässigkeit der Strafverfolgung genügt der **Eintritt einer** Bedingung. Dabei setzt die zeitlich erste den Lauf der Frist für die **Strafverfolgungsverjährung** in Gang, soweit nicht die Bankrotthandlung erst danach begangen wurde (§ 78 Rz. 63). 72

V. „Zusammenhang" im Bankrottstrafrecht

a) Für das Verhältnis der Bankrotthandlungen zur Krise enthält das Gesetz drei Alternativen: Sie müssen entweder **in der Krise vorgenommen** werden (§ 283 **Abs. 1**, 4 Nr. 1, Abs. 5 Nr. 1 sowie §§ 283c und 283d StGB mit abweichender Krisendefinition) oder **diese herbeiführen** (§ 283 **Abs. 2**, Abs. 4 Nr. 2 und Abs. 5 Nr. 2 StGB); Buchführungs- und Bilanzdelikte sind als Verletzung der Buchführungspflicht auch **unabhängig** von einer Krise unter Strafe gestellt (§ 283b StGB). 73

Das **Handeln in der Krise** ist als **zeitliches Zusammentreffen** zu verstehen. Eine Kausalität wird nicht gefordert, obwohl sie i.S. einer Krisenverschärfung gegeben sein kann. Die Krise beginnt mit dem *ersten Eintritt* einer ihrer Erscheinungsformen, zumeist der Überschuldung. Eine später eintretende Zahlungsunfähigkeit ist dann nur noch als Voraussetzung für die Gläubigerbegüns- 74

---

1 BGH bei *Herlan*, GA 1953, 73; die Einbeziehung des mangelnden Zahlungswillens bedeutet einen wesentlichen Unterschied zum Kriselement der Zahlungsunfähigkeit sowie zur Zahlungseinstellung im ZivilR (§ 30 KO, § 17 Abs. 2 InsO); *Bieneck*, wistra 1992, 89; vgl. auch *Moosmayer*, S. 178 m.w.Hw.; a.A. *Tiedemann* in LK, Vor § 283 StGB Rz. 144; *Fischer*, vor § 283 StGB Rz. 13.
2 *Fischer*, vor § 283 StGB Rz. 13.

tigung gem. § 283c StGB und für die Strafbarkeit der Schuldnerbegünstigung gem. § 283d StGB relevant (§ 84 Rz. 5 ff.).

75 Das **Herbeiführen der Krise** setzt demgegenüber **Kausalität** voraus, die auch vom Verschulden des Täters umfasst sein muss. In diesen Fällen liegen die Bankrotthandlungen demnach *vor der Krise*, die allerdings, abweichend von § 283 Abs. 1 StGB, nicht auch schon die drohende Zahlungsunfähigkeit umfasst. Es handelt sich um *konkrete Gefährdungsdelikte*, während die meisten anderen Tatbestandsformen der §§ 283 ff. StGB abstrakte Gefährdungsdelikte darstellen.

76 Die Tathandlung kann auch **liquiditäts- oder vermögensneutral** sein, wie etwa Bilanzverstöße, wenn dadurch weitere krisenbestimmende Ursachen hervorgerufen oder begünstigt werden, wie z.B. die Kreditkündigung einer Bank des Schuldners[1]. Ein *Konkurrenzproblem* zwischen § 283 Abs. 1 und Abs. 2 StGB entsteht, wenn bei drohender Zahlungsunfähigkeit Bankrotthandlungen begangen werden, welche die Überschuldung oder Zahlungsunfähigkeit herbeiführen oder sonst bei einer bereits vorliegenden Krisenform eine andere herbeigeführt wird. In diesen Fällen sind *tateinheitlich* beide Tatbestände (§ 283 Abs. 1 und 2 StGB) verwirklicht.

77 **b)** Über den **Zusammenhang** zwischen der **Strafbarkeitsbedingung** und der Bankrotthandlung sowie zwischen ihnen und der Krise sagt das Gesetz auch nach Inkrafttreten der InsO nichts. Dieser Zusammenhang wird aber zur Einschränkung des Strafbarkeitsbereichs einhellig von der Rechtsprechung und Literatur gefordert[2]. Obwohl sich aus dem intendierten Rechtsgüterschutz und einzelnen fallbezogenen Entscheidungen der Rechtsprechung eine dogmatische Struktur ableiten lässt, ist die Thematik in der Literatur umstritten. Ihre besondere Bedeutung hat diese Problematik für die Verletzung der Buchführungspflicht nach § 283b StGB, da hier das zusätzliche Unrechtselement der Krise fehlt.

Zum **früheren Recht** vor Inkrafttreten des 1. WiKG im Jahr 1976 (§§ 239 ff. KO a.F.) hatte die Rechtsprechung bereits eine Verbindung der Strafbarkeitsbedingung zum übrigen Tatbestand zu knüpfen versucht[3], um dessen Wirkungsbereich zu beschränken; denn wegen der nicht vom Verschulden des Täters zu umfassenden objektiven Strafbarkeitsbedingung verstieß die Tatbestandsfassung gegen den Schuldgrundsatz (vgl. zu den Bedenken Rz. 84). So war verlangt worden, dass die Forderung wenigstens eines zum Zeitpunkt der Bankrotthandlung vorhandenen *Gläubigers* noch bei Eintritt der Strafbarkeitsbedingung nicht getilgt war[4]. Dass diese formale Einschränkung die damaligen Vorbehalte gegenüber der Strafbarkeitsbedingung allerdings nicht überzeugend beseitigen konnte, lag auf der Hand.

---

1 Vgl. *Tiedemann* in LK, § 283 StGB Rz. 181.
2 BGH v. 20.12.1978 – 3 StR 408/78, BGHSt 28, 231 (232); BayObLG v. 8.8.2002 – 5 St RR 202/2002, wistra 2003, 30; BayObLG v. 3.4.2003 – 5 St RR 72/03, wistra 2003, 357; *Tiedemann* in LK, Vor § 283 StGB Rz. 91 ff.; *Radtke/Petermann* in MüKo, Vor §§ 283 ff. StGB Rz. 94 ff.; *Heine/Schuster* in S/S, § 283 StGB Rz. 59.
3 BGH bei *Herlan*, GA 1954, 311; 1971, 38; BGH v. 23.8.1978 – 3 StR 11/78, JZ 1979, 75 (76).
4 BGH bei *Herlan*, GA 1953, 73; BGH v. 8.5.1951 – 1 StR 171/51, BGHSt 1, 186 (191).

Für das spätere und **heutige Recht** (auch nach der InsO) kann das Kriterium der *Gläubigeridentität* schon deswegen nicht allein ausschlaggebend sein, weil das Insolvenzstrafrecht neben den Gläubigerinteressen auch überindividuelle Rechtsgüter schützen soll. Eine Gläubigeridentität ist daher nicht relevant[1]. Die früheren Bedenken gegenüber der Objektivität der Strafbarkeitsbedingung sind nach den heutigen Tatbestandsfassungen somit nicht mehr begründet.

Gleichwohl ist auch nach *heutiger h.M.* ein Zusammenhang zwischen der Krise und der Strafbarkeitsbedingung zu fordern, um die **Strafbarkeit** *für bestimmte Fallkonstellationen* **zu begrenzen**. Nach überwiegender und zutreffender Auffassung ist eine Bankrotthandlung jedenfalls dann nicht mehr strafwürdig, wenn die *Krise*, die durch sie herbeigeführt wurde oder zur Zeit ihrer Begehung bestand, vor dem Eintritt der Strafbarkeitsbedingung *nachhaltig* i.S. einer Konsolidierung wieder *behoben* worden ist[2](zum Zusammenhang bei der Verletzung der krisenunabhängigen Buchführungspflicht nach § 283b StGB vgl. § 85 Rz. 70 ff.). 78

Tiedemann hält bereits die *vorübergehende Krisenüberwindung* für ausreichend, da zusätzliche graduelle Kriterien nicht hinreichend feststellbar seien[3]. Dem kann jedoch nicht zugestimmt werden. Angesichts des durch den Eintritt der Strafbarkeitsbedingung offenbar gewordenen Unternehmenszusammenbruchs wird die Strafbarkeit der bereits für sich genommen gläubigergefährdenden und daher strafwürdigen Bankrotthandlungen zu weitgehend zulasten der geschützten Rechtsgüter eingeschränkt, wenn jede vorübergehende Erholung von der Überschuldung oder Zahlungsunfähigkeit schon zur Straflosigkeit führen würde.

Auch über die Frage, ob die **Nichtfeststellbarkeit des Zusammenhangs** wegen ungewisser Nachhaltigkeit der Krisenbehebung zulasten des Täters gehen soll, wie teilweise gefordert wird, herrscht noch *Streit*[4]. Dem rechtsstaatlichen Grundsatz des „in dubio pro reo" steht die Erwägung gegenüber, dass allein schon die Bankrotthandlungen – auch nach späterer Krisenbehebung – zumindest die abstrakte Gefährdung der Gläubigerinteressen mit sich gebracht haben und daher strafwürdig geblieben sind, sodass die sog. Beweislastumkehr gerechtfertigt ist (vgl. Rz. 84)[5]. 79

Aus Gründen rechtsstaatlicher Strafbarkeitsbegrenzung ist der Zusammenhang vor allem in den Fällen zu fordern, in denen ein Insolvenzverfahren nach der InsO auf Schuldnerantrag bereits wegen **drohender Zahlungsunfähigkeit** eröff- 80

---

1 *Heine/Schuster* in S/S, § 283 StGB Rz. 59.
2 BGH v. 20.12.1978 – 3 StR 408/78, BGHSt 28, 231 m. Anm. *Schlüchter*, JR 1979, 513; *Moosmayer*, S. 188 mit zahlreichen Literaturhinweisen; *Heine/Schuster* in S/S, § 283 StGB Rz. 59; *Röhm*, Abhängigkeit des InsolvenzstrafR, S. 227; *Tiedemann*, NJW 1977, 783.
3 *Tiedemann* in LK, Vor § 283 StGB Rz. 174.
4 Vgl. *Otto* in FS Bruns, 1980, S. 265 (282), mit Literaturhinweisen; bejahend *Tiedemann* in LK, § 283 StGB Rz. 90 ff.; *Moosmayer*, S. 189 ff.; verneinend *Penzlin*, S. 186.
5 *Bieneck*, wistra 1992, 91; *Schäfer*, wistra 1990, 86.

net wird[1]. Hier hat sich der Unternehmenszusammenbruch nämlich noch nicht manifestiert.

In der Praxis nicht umsetzbar ist aber die Ansicht *Moosmayers*[2], in diesen Fällen den Zusammenhang erst dann abzulehnen, wenn das Insolvenzgericht nach § 258 InsO einen auf originäre Sanierung gerichteten *Insolvenzplan bestätigt* hat und die Sanierung gelungen ist, sodass die frühe Insolvenzverfahrenseröffnung nicht endgültig zu einem Unternehmenszusammenbruch geführt hat. Es wäre nämlich für die Strafrechtspraxis untragbar, nach Eröffnung eines Insolvenzverfahrens wegen drohender Zahlungsunfähigkeit zunächst die strafrechtlichen Ermittlungen einzuleiten, um sie dann später, etwa wegen der Bestätigung des Insolvenzplanes, wieder auszusetzen oder einzustellen[3].

81 Dies zeigt aber, dass der zu fordernde Zusammenhang nach Inkrafttreten der InsO vor allem für die Fälle der Verfahrenseröffnung nach drohender Zahlungsunfähigkeit inhaltlich neu zu überdenken ist. Die Definition des Zusammenhangs zwischen Bankrotthandlungen und objektiver Bedingung ist von der Wertung der unterschiedlichen **Ziele des Insolvenzrechts** abhängig, nämlich des *Gläubigerschutzes* einerseits und der Bestrebung, *sanierungsfähige Unternehmen* – auch für den Schuldner – *zu erhalten*, andererseits. Die InsO gewichtet nunmehr das Sanierungsziel sehr stark, anders als die frühere Konkursordnung. Demgemäß hat sie die Eröffnungsmöglichkeiten für das Insolvenzverfahren vorverlagert, um bei den betreffenden Unternehmen noch ausreichende Kapitalreste für eine Sanierung zu gewährleisten. Dies wird nicht nur durch den fakultativen Insolvenzgrund der drohenden Zahlungsunfähigkeit, sondern auch durch die antragspflichterweiternden Neudefinitionen von Überschuldung (vor dem FMStG) und Zahlungsunfähigkeit zu erreichen versucht. Aus dieser Sicht ist zu fragen, ob die Eröffnung eines Insolvenzverfahrens wegen drohender Zahlungsunfähigkeit schon den Weg zur – allein dem Gläubigerschutz dienenden – Strafbarkeit eröffnen soll. Hier zeigt sich, wie etwa auch bei der Frage der Zivilrechtsakzessorietät der neuen Krisendefinitionen (vgl. § 75 Rz. 49 ff.), dass der Gesetzgeber die Vereinbarkeit des Sanierungsziels der InsO mit einem gläubigerschützenden Strafrecht nicht gelöst hat.

82 Die vorgeschlagene Lösung einer späteren Verfahrenseinstellung bei Sanierung (vgl. Rz. 80 ff.) kann nicht in Betracht kommen, da sie weder dem Bestimmtheitsgrundsatz des Art. 103 Abs. 2 GG entspricht noch praktikabel ist. Denn sie würde im Ergebnis zu der Praxis führen können, dass in Fällen der Eröffnung des Insolvenzverfahrens Ermittlungen und möglicherweise sogar Beweissicherungsmaßnahmen faktisch zurückgestellt würden und bei späterem Scheitern der Sanierung kämen sie dann meist zu spät, um noch zu einer hinreichenden Aufklärung des Sachverhalts zu führen. Deshalb sollten **Änderungen im Strafrecht** vorgenommen werden. In Betracht kommt die *Herausnahme* der Insolvenzverfahrenseröffnung wegen *drohender* Zahlungsunfähigkeit aus § 283 Abs. 6 StGB[4] oder die Schaffung von *Antragsdelikten* mit Antragsbefugnis des Insolvenzverwalters oder der Gläubigerversammlung, soweit die objektive Strafbarkeitsbedingung in der Insolvenzverfahrenseröffnung besteht. Bei

---

1 *Karsten Schmidt/Uhlenbruck*, ZInsO 1998, 251.
2 *Moosmayer*, S. 194; bestätigend *Karsten Schmidt/Uhlenbruck*, ZInsO 1998, 252.
3 So im Ergebnis auch *Tiedemann* in LK, Vor § 283 StGB Rz. 180; *Penzlin*, S. 192 ff.
4 So auch *Röhm*, NZI 2002, 137.

der Entscheidung über Rechtsänderungen darf das Rechtsgut des Gläubigerschutzes nicht außer Acht gelassen werden, da er auch nach der InsO Gesetzeszweck geblieben ist. Daher wäre der weniger strafbarkeitseinschränkenden *ersten Alternative* der Vorzug zu geben, zumal sie auch dazu führen würde, dass sich der Schuldner dann nicht mehr aus strafrechtlichen Gründen daran gehindert sähe, den – erwünschten – frühzeitigen Insolvenzantrag zu stellen.

Vor allem bei den krisenunabhängig strafbaren Vergehen der **Verletzung der Buchführungspflicht** nach § 283b StGB wird diese Problematik ausgiebig diskutiert. Dabei geht die h.M. von der Erforderlichkeit eines Zusammenhangs zwischen den Bankrotthandlungen und der Strafbarkeitsbedingung aus[1]. Dies ist wegen der sonst möglichen Strafbarkeit sehr lang zurückliegender Tathandlungen naheliegend. Der Zusammenhang soll etwa gegeben sein, wenn die Bilanzierungspflicht auch bei Insolvenzeintritt noch nicht erfüllt war und vom Verwalter nachgeholt werden musste[2]. Weiter soll der Zusammenhang gegeben sein, wenn der Täter die Bilanz verspätet erstellt hatte und deshalb nicht rechtzeitig hatte erkennen können, dass etwa erhebliche Außenstände nur noch einen geringen Wert hatten, weshalb eine Kausalität der Bilanzverspätung für die Eröffnung des Insolvenzverfahrens nicht auszuschließen war[3].

83

Die Definition des Zusammenhangs ist aber nach wie vor *umstritten*. Da es sich auch bei der Verletzung der Buchführungspflicht um ein **abstraktes Gefährdungsdelikt** handelt, deren Strafwürdigkeit krisenunabhängig schon mit der rechtsgütergefährdenden Tathandlung gegeben sei, lässt *Schäfer*[4] die Bankrotthandlungen abweichend von der h.M. bereits zur Strafbarkeitsbegründung ausreichen; ein zusätzlicher Zusammenhang zwischen Bankrotthandlung und Strafbarkeitsbedingung sei dem Gesetz nicht zu entnehmen und werde von der Rechtsprechung lediglich in Fortsetzung der früher gerechtfertigt gewesenen Rechtsprechung zum alten Rechtszustand der §§ 239 KO a.F. verlangt (vgl. Rz. 77). Diese Argumentation trägt dem Umstand Rechnung, dass eine konkrete Gläubigergefährdung durch die Buchführungs- und Bilanzverstöße vom Wortlaut der Strafnorm nicht gefordert ist. Sie lässt aber die Strafbarkeit auch etwa zehn Jahre und länger vor Bedingungseintritt begangener Verstöße zu und verweist die Beschuldigten auf die Opportunitätsregeln der §§ 153 ff. StGB. Außerdem besteht – ein gangbarer rechtsdogmatischer Ansatz bei abstrakten Gefährdungsdelikten – die Möglichkeit für den Schuldner, im *konkreten Einzelfall* i.S. eines *Entlastungsbeweises* darzulegen, dass seine zeitlich weit zurückliegenden Tathandlungen nicht zu einer bleibenden abstrakten Rechtsgutgefährdung geführt haben[5].

84

---

1 BGH v. 20.12.1978 – 3 StR 408/78, BGHSt 28, 231 (233); BGH v. 2.4.1996 – GSSt 2/95, wistra 1996, 264; *Tiedemann* in LK, § 283b StGB Rz. 14; *Radtke/Petermann* in MüKo, § 283b StGB Rz. 16 ff.; *Heine/Schuster* in S/S, § 283b StGB Rz. 7; *Röhm*, Abhängigkeit des InsolvenzstrafR, S. 224.
2 BGH v. 20.12.1978 – 3 StR 408/78, BGHSt 28, 231.
3 OLG Hamburg v. 31.10.1986 – 2 Ss 98/86, NJW 1987, 1342.
4 *Schäfer*, wistra 1990, 86.
5 BGH v. 4.4.1979 – 3 StR 488/78, BGHSt 28, 371, 380; *Heine/Bosch* in S/S, Vorbem. §§ 306 ff. StGB Rz. 5 ff.

VI. Bankrottstraftaten nach Bedingungseintritt

85 a) Es ist unbestritten, dass die **Zahlungseinstellung** oder die **Eröffnung des Insolvenzverfahrens** *nicht* bereits *Endpunkte für Bankrotthandlungen* sind[1]. Wo diese aber liegen, ist weitgehend ungeklärt. Einigkeit besteht nur darüber, dass jedenfalls die *Beendigung des Unternehmens* den Schlusspunkt markiert.

Nach einer in der Literatur vertretenen Meinung sollen Vermögensverschiebungen nur bis zur rechtskräftigen *Abweisung des Antrags auf Insolvenzeröffnung* (§ 26 InsO) oder bis zur *Einstellung oder Aufhebung* eines eröffneten Insolvenzverfahrens (§§ 207, 258 InsO) begangen werden können[2]. Die dafür angeführte Begründung, dass sonst Bankrottdelikte an nicht insolvenzbefangenen Vermögensstücken möglich wären, was Rechtsunsicherheit herbeiführen würde, überzeugt nicht. Es würde den Zweck der objektiven Bedingung, die strafrechtlichen Ermittlungen zeitlich erst nach Evidenz des Unternehmenszusammenbruchs zuzulassen, überbewerten, wenn man auch materiell nur den *zur Zeit des Bedingungseintritts vorhandenen Vermögensstand* als strafrechtlich geschützte Vermögensmasse ansehen und danach erworbene Vermögensstücke davon ausnehmen würde, denn auch sie sollen der Gläubigerbefriedigung dienen. Eine derartige Begrenzungswirkung ist dem Gesetz nicht zu entnehmen und kann daher der objektiven Bedingung auch nicht zukommen.

86 Nach *richtiger Auffassung* sind Bankrottstraftaten daher auch noch **nach Insolvenzantragsabweisung** und auch nach **Beendigung des Insolvenzverfahrens** begehbar. Nach § 35 InsO gehört auch das zur Insolvenzmasse, was der Schuldner erst während des Insolvenzverfahrens erwirbt. Dies gilt auch für die Zeit nach der gerichtlichen Bestätigung des *Insolvenzplans* nach § 258 InsO[3], denn die Gläubigerinteressen sind auch dann noch schutzwürdig. Erst im Falle einer nachhaltigen Krisenbehebung bedarf es zur Strafbarkeit nach §§ 283 ff. StGB des erneuten Eintritts einer Krise und der objektiven Strafbarkeitsbedingung. Zudem bliebe bei Ablehnung dieser Auffassung die Untreuestrafbarkeit bei Vermögensverschiebungen zum Nachteil von Kapitalgesellschaften unberührt (Rz. 63 f.).

Dass Bankrotthandlungen (gleich welcher Art) auch nach Eintritt der Strafbarkeitsbedingung noch strafbar begangen werden können, wenn noch geschützte Vermögensmasse vorhanden ist, hat die *Rechtsprechung* bestätigt. So ist das Beiseiteschaffen von Buchführungsunterlagen (§ 283 Abs. 1 Nr. 6 StGB) nach Abweisung des Konkursantrags für strafbar erachtet worden, soweit die Gläubiger noch ein Interesse an ihnen hatten[4]. In einer anderen Entscheidung ist die Strafbarkeit einer nach Konkursantragsabweisung begangenen Vermögensverschiebung bejaht worden[5].

87 b) Bei **Kapitalgesellschaften** ist die Abweisung eines Insolvenzantrags mangels einer den Kosten des Verfahrens entsprechenden Masse nach § 394 FamFG

---

1 BGH v. 8.5.1951 – 1 StR 171/51, BGHSt 1, 186 (191).
2 *Fischer*, vor § 283 StGB Rz. 16.
3 A.A. Tiedemann in LK, Vor § 283 StGB Rz. 100; *Moosmayer*, S. 196.
4 BGH bei *Herlan*, GA 1954, 311; a.A. RGSt. 9, 134.
5 BGH v. 25.11.1954 – 3 StR 844/53, BGHSt 7, 146.

Auflösungsgrund, wobei die Gesellschaft aber ihre Rechtspersönlichkeit so lange beibehält, bis sie wegen Vermögenslosigkeit gelöscht wird. Es wird lediglich der werbende Zweck durch den *Liquidationszweck* ersetzt. Das Gleiche gilt für die Zeit nach Beendigung eines Insolvenzverfahrens, wenn noch Gesellschaftsvermögen vorhanden ist. Die Beendigung der Kapitalgesellschaft als Rechtspersönlichkeit kann erst erfolgen, wenn sie tatsächlich vermögenslos geworden *und* ihre Löschung im Handelsregister eingetragen ist.

Die **Liquidatoren**/Abwickler der aufgelösten Gesellschaft sind berechtigt, die Gesellschaft gerichtlich und außergerichtlich zu vertreten (§ 70 GmbHG; §§ 268 f. AktG; §§ 88, 89 GenG), und sind daher ihre vertretungsberechtigten *Organe* nach § 14 Abs. 1 Nr. 1 StGB. Krise und Strafbarkeitsbedingung der aufgelösten Gesellschaft können ihnen daher strafrechtlich zugerechnet werden (vgl. näher Rz. 34). Nach § 71 Abs. 1 GmbHG (ähnlich § 270 AktG, § 89 GenG) sind die Liquidatoren bilanzierungs- und buchführungspflichtig, weshalb sie **Buchführungs- und Bilanzierungsdelikte** begehen können. Die Bankrotthandlung des Beiseiteschaffens usw. von Buchführungsunterlagen nach § 283 Abs. 1 Nr. 6 StGB kann sogar *noch nach Beendigung* der Gesellschaft begangen werden, soweit im Gesellschaftsvertrag oder durch Gesellschafter- oder Gerichtsbeschluss ein Verwahrungspflichtiger nach § 74 Abs. 2 GmbHG bestimmt worden ist (vgl. auch § 273 AktG, § 93 GenG). 88

Soweit die vor Insolvenzablehnungsbeschluss **vorhanden gewesene Krise** sich danach fortgesetzt hat, wirkt sie auch für die Liquidatoren. Lediglich eine während der Liquidation eintretende wirtschaftliche Erholung, welche die Zahlungsunfähigkeit oder/und Überschuldung nachhaltig beseitigt, hebt auch die Wirkung der früheren Krisensituation auf. Danach begangene Bankrotthandlungen der Liquidatoren sind daher nur strafbar, wenn **erneut** eine Krisensituation und/oder eine der objektiven Bedingungen der Strafbarkeit eintreten. 89

Da der Zweck der Liquidation auf die Gläubigerbefriedigung beschränkt ist, kann, auch bei Zustimmung aller Gesellschafter, **keine Entnahme** vor Gläubigerbefriedigung und Ablauf des Sperrjahres getätigt werden. Eine Ergebnisverwendung nach § 29 GmbHG ist nicht gestattet. Verstöße hiergegen, wie etwa die häufig festzustellende Einziehung von Kundenforderungen über gesellschaftsfremde Bankkonten, sind als *Bankrott nach § 283 Abs. 1 Nr. 1 StGB* zu werten. Auch neu eingegangene Verbindlichkeiten (z.B. aus Bauwerkvertrag) müssen dem Liquidationszweck entsprechen. 90

Die **gleichmäßige Befriedigung** aller Gläubiger, wie im Insolvenzverfahren, ist den Liquidatoren aber *nicht* vorgeschrieben[1]. Lediglich *inkongruente* Leistungen führen zur Strafbarkeit als Gläubigerbegünstigung gem. § 283c StGB. In der *Praxis* wurden und werden derartige Fälle vernachlässigt, was an der mangelnden Anzeige-Intensität Geschädigter liegt, die ihre Forderungen nach Eintritt des Zusammenbruchs des Schuldners abgeschrieben haben. Die Dunkelziffer der Kriminalität in der Liquidationsphase, insbesondere nach Insolvenzablehnung mangels Masse, dürfte daher hoch zu veranschlagen sein. 91

---

1 BGH v. 18.11.1969 – II ZR 83/68, BGHZ 53, 71; *Haas* in Baumbach/Hueck, § 70 GmbHG Rz. 5 m.w.Nw.

92 Eine in der Liquidation befindliche GmbH kann unter der Voraussetzung, dass die Krise nachhaltig beseitigt worden ist, durch **Fortsetzungsbeschluss** der Gesellschafter wieder in den werbenden Zweck zurückversetzt werden (vgl. § 274 AktG, § 79a GenG). In diesem Fall sind Entnahmen im Rahmen der §§ 29 ff. GmbHG wieder rechtlich zulässig. Für die Strafbarkeit von Insolvenzstraftaten sind dann der *Neueintritt* von Krise und objektiver Bedingung maßgebend.

§ 82
Kapitalersatz

Bearbeiter: Hans Richter

	Rz.		Rz.
I. Rechtslage vor dem MoMiG	1	III. Existenzvernichtung/Existenzgefährdung	26
1. Rechtsprechungsregelung	3	1. Zivilrechtliche Rechtsprechung	27
2. Novellenregelung	8	2. Adaption durch das Strafrecht	29
3. Adaption durch das Strafrecht	13	IV. Auswirkung auf die Überschuldung	36
II. Nach dem MoMiG	17		
1. Zivilrechtliche Regelungslage	18		
2. Adaption durch das Strafrecht	22		

Schrifttum: Vgl oben §§ 75, 76, 78, 79 und 81; außerdem: *Altmeppen*, Das neue Recht der Gesellschafterdarlehen in der Praxis, NJW 2008, 3601; *Bitter*, Insolvenzanfechtung nach § 135 InsO bei freiwilligem Rangrücktritt?, ZIP 2013, 2 ff.; *Bitter/Rauhut*, Zahlungsunfähigkeit wegen nachrangiger Forderungen, insbesondere aus Genussrechten, ZIP 2014, 1005 ff.; *Bittmann*, Kapitalersatz, der 5. Strafsenat des BGH und das MoMiG, wistra 2009, 102; *Bork*, Genussrechte und Zahlungsunfähigkeit, ZIP 2014, 997 ff.; *Bork*, Anfechtung bei Rücktritt in den Rang des § 39 Abs. 1 Nr. 4 1/2 InsO, ZIP 2012, 2277 ff.; *Bormann*, Die Kapitalaufbringung nach dem Regierungsentwurf des MoMiG, GmbHR 2007, 897; *Drygala/Kremer*, Alles neu macht der Mai – Zur Neuregelung der Kapitalerhaltungsvorschriften im Regierungsentwurf zum MoMiG, ZIP 2007, 1289; *Fichtelmann*, Der qualifizierte Rangrücktritt – ein Irrtum der Rechtsprechung, GmbHR 2007, 518; *Frystatzki*, Insolvenzrechtliche Anforderungen an Rangrücktrittsvereinbarungen, NZI 2013, 609 ff.; *Gehrlein*, Die Behandlung von Gesellschafterdarlehen durch das MoMiG, BB 2008, 846; *Gehrlein*, Das Eigenkapitalersatzrecht im Wandel seiner gesetzlichen Kodifikation, BB 2011, 3 ff.; *Gehrlein*, Anfechtungsrecht in der Insolvenz – Praxiserfahrung und Reformbedarf, NZI 2014, 81 ff.; *Goette*, Chancen und Risiken der GmbH-Novelle, WPg 2008, 231; *Goette/Kleindiek*, Eigenkapitalersatzrecht in der Praxis – nach MoMiG, 6. Aufl. 2010; *Habersack*, Die Erstreckung des Rechts der Gesellschafterdarlehen auf Dritte, insbesondere im Unternehmensverbund, ZIP 2008, 2385; *Hartung*, Kapitalsetzende Darlehen – eine Chance für Wirtschaftskriminelle?, NJW 1996, 229; *Heerma*, Passivierung bei Rangrücktritt: widersprüchliche Anforderungen an Überschuldungsbilanz und Steuerbilanz, BB 2005, 537; *Hölzle*, Gesellschafterfremdfinanzierung und Kapitalerhaltung im Regierungsentwurf des MoMiG, GmbHR 2007, 729; *Hölzle*, Anmerkung zum Urteil des BGH vom 21.2.2013, AZ IX ZR 52/10 – Zur Vorsatzanfechtung und Existenzvernichtungshaftung, EWiR 2013, 555 ff.; *Kohlhaas*, Die GmbH in der Krise – wie werthaltig sind Gesellschafterforderungen, GmbHR 2009, 531; *Kruse*, Gesellschafterdarlehen in der Krise der GmbH, Diss. Kiel, 1987; *Küthing/Kessler*, Eigenkapitalähnliche Mittel in der Handelsbilanz und im Überschuldungsstatus, BB 1994, 2103; *Maier-Reimer/Wenzel*, Kapitalaufbringung in der GmbH nach dem MoMiG, ZIP 2008,1449; *Markwardt*, Kapitalaufbringung nach dem MoMiG, BB 2008, 2414; *Maurer/Wolf*, Zur Strafbarkeit der Rückzahlung von Gesellschafterdarlehen in und außerhalb der insolvenzrechtlichen „Krise" einer GmbH, wistra 2011, 327; *Menkel*, Der Gewinnvortrag als „gleichgestellte Forderung" gemäß §§ 39 I Nr. 5, 135 I InsO, NZG 2014, 982 ff.; *Muhler*, Darlehen von GmbH-Gesellschaftern im Strafrecht, wistra 1994, 283; *Priester*, Gläubigerrücktritt zur Vermeidung der Überschuldung, DB 1977, 2429; *Rodewald*, Inhalt und Formulierung von Rangrücktritts-Vereinbarungen, GmbHR 1996, 194; *Roth*, Reform des Kapitalersatzrechts durch das MoMiG – Der Verzicht auf das Krisenkriterium und seine Folgen, GmbHR 2008, 1184; *Röck/Hucke*, Die Weitergeltung des Eigenkapitalersatzrechts nach Inkrafttreten des MoMiG, GmbHR 2013, 791 ff.; *Karsten Schmidt*, Reform der Kapitalsicherung und Haftung in der Krise nach dem Regierungsentwurf des MoMiG, GmbHR 2007, 1072; *Karsten Schmidt*, Entbehrlicher Rangrücktritt im Recht der Gesellschafterdarlehen? – Kritik an § 19 Abs. 2 E-InsO im MoMiG-Entwurf, BB 2008, 461; *Karsten Schmidt*, Gesellschafterbesicherte Drittkredite nach neuem Recht, BB 2008, 1966; *Karsten Schmidt*, Normzwecke und Zurechnungsfragen im Recht der Gesellschafter-Fremdfinanzierung, GmbHR 2009, 1009; *Seibert/Decker*, Die GmbH-Reform kommt!, ZIP 2008, 1208; *Spliedt*, MoMiG in der Insolvenz – ein Sanierungsversuch, ZIP 2009, 149; *Teller*, Rangrücktrittsvereinbarungen zur Vermeidung der Überschuldung bei der GmbH, 3. Aufl. 2003; *Ulmer*, Gebrauchsüberlassung an die GmbH als Eigenkapitalersatz, in FS Kellermann, 1991, S. 485; *Vollmer/Maurer*, Die Eignung von Sanierungsdarlehen zur Abwehr der Überschuldung, DB 1993, 2315; *Weiß*, Strafbarkeit der Geschäftsführer wegen Untreue bei Zahlungen „entgegen" § 64 GmbH, GmbHR 2011, 350; *Westerburg/Schwenn*, Rangrücktrittsvereinbarungen für Gesellschafterdarlehen bei der GmbH – Entwicklung zu mehr Rechtssicherheit?, BB 2006, 501; *Wolf*, Bewertung von Vermögensgegenständen im Überschuldungsstatus, DStR 1995, 859; *Wolf*, Zur Passivierung eigenkapitalersetzender Gesellschafterdarlehen ohne Rangrücktritt, DB 1995, 2277 und 1997, 1833; *Wolf*, Der Gesellschafterrangrücktritt bei Überschuldung (und Zahlungsunfähigkeit), ZHW 2014, 261.

I. Rechtslage vor dem MoMiG

Gesetzgebung und Rechtsprechung haben für die deutsche Kapitalgesellschaft über viele Jahrzehnte hinweg ein sehr fein ziseliertes **System des Schutzes der Kapitalaufbringung und -erhaltung** entwickelt. Diesem System lag der Gedanke zugrunde, Pflichten der Gesellschafter seien der Preis für die ihnen gewährte Haftungsfreistellung. Die Pflicht der Gesellschafter zur Bereitstellung des Haftungsfonds der Kapitalgesellschaft und ihre Verantwortung für dessen fortbestehende Werthaltigkeit – quasi als deren „Seriositätsausweis" – sollte „präventiven Kapitalschutz" gewähren. Während dieser Schutz des Haftkapitals bei der AG durch zahlreiche gesetzliche Bestimmungen (besonders §§ 54 ff. AktG) gewährleistet wird, haben die wenigen einschlägigen Vorschriften im GmbHG und deren praktische Umsetzung nicht nur die Rechtsprechung, sondern auch den Gesetzgeber vor schwierige Aufgaben gestellt. Die folgenden Ausführungen konzentrieren sich daher auf den *Kapitalschutz bei der GmbH*, der in der Praxis eine ganz dominierende Rolle spielt.

Vermögensverschiebungen zulasten des Haftungsfonds der GmbH führen in diesem System zu Haftungsfolgen für die Gesellschafter (Rz. 3 ff.). Das Strafrecht hat diesen Schutz auf der Grundlage einer weitreichenden Zivilrechtsakzessorietät ergänzt (Rz. 13 ff.). Obwohl der Gesetzgeber des MoMiG an diesem „Haftkapitalsystem" ausdrücklich festhalten wollte[1], ist nunmehr die Haftungsrealisierung beim Gesellschafter im Wesentlichen Gegenstand des Insolvenzrechtes (Rz. 18 ff.)[2], was wiederum weitreichende Konsequenzen für den strafrechtlichen Schutz des Gesellschaftsvermögens und der Gläubiger hat (Rz. 29 ff.). Zu klären sind hierbei Möglichkeiten und Grenzen eines „Rangrücktritts" als Mittel der Unternehmenssanierung durch Überschuldungverhinderung bzw. –beseitigung (Rz. 36 ff.).

2 Die Zivilrechtslage – unter Einbeziehung der InsO 1999[3] – zu Leistungen der Gesellschafter an ihre Gesellschaft war vor dem MoMiG durch eine *Dualität* der **Rechtsprechungsregelung** *gem. §§ 30, 31 GmbHG* und der **Novellenregelung** *gem. §§ 32a und 32b GmbHG* geprägt, die an *unterschiedliche Voraussetzungen* angeknüpft haben: Unterbilanz und Kreditunwürdigkeit[4]. Beide Regelungsbereiche betrafen – entsprechend der damaligen Regelungen zur Insolvenzverschleppung (§ 80 Rz. 2) – alle Kapitalgesellschaften und Personenhandelsgesellschaften ohne natürliche Person als Vollhafter. Sie hatten die gemeinsame Folge, Gesellschafterleistungen zugunsten der übrigen Gläubiger an das Gesellschaftsvermögen zu binden.

1. Rechtsprechungsregelung

3 Die Konkretisierung der **Haftung der Gesellschafter** durch die Rechtsprechung schon zu Zeiten der KO, verstärkt nach der InsO 1999, ging davon aus, dass die Gesellschafter einen *Vertrauenstatbestand* für den geschäftlichen Verkehr geschaffen hatten, wenn sie ihrer Gesellschaft, die sich in einer *wirtschaftlichen Krisensituation* befand, mit der Bereitstellung von Krediten oder ähnlichen Leistungen die Fortsetzung ihrer Geschäftstätigkeit mit dem Anschein eines wirtschaftlich gesunden Unternehmens ermöglichten, ohne diese mit dem *erforderlichen Eigenkapital* auszustatten[5]. Der zugrunde liegende Rechtsgedanke der *Finanzierungsfolgeverantwortung* bedeutet, dass sich ein Gesellschafter nicht dadurch seiner Verantwortung entziehen kann, dass er andere – Außenstehende – dazu veranlasst, statt seiner die GmbH zu finanzieren[6]. Deshalb war es den Gesellschaftern untersagt, ihrer Gesellschaft den wirtschaftlichen Wert solcher Leistungen wieder zu entziehen, bevor der damit verfolgte Zweck der

---

1 S. Begr. zum RegE, S. 59; zu den Lücken, die durch die Aufgabe des Eigenkapitalersatzrechts entstanden sind, vgl. *Hölzle*, EWiR 2013, 555.
2 Informativ und – zutr. – krit. zu Grundlagen und Entwicklung *Goette*, WPg. 2008, 231.
3 Vgl. zur Auswirkung der InsO *Haas*, NZI 2001, 1.
4 Hierzu schon BGH v. 27.11.1997 – GSZ 1/97, GSZ 2/97, ZIP 1998, 235.
5 Zu Recht krit. zur Bewahrung dieser Grundsätze im MoMiG *Markwarth*, BB 2008, 1414.
6 St. Rspr., vgl. nur BGH v. 13.12.2004 – II ZR 206/02, ZIP 2005, 117 (118).

Krisenüberwindung nachhaltig erreicht war. Somit war eine Leistung der Gesellschafter unter Krisenbedingungen als nach § 30 GmbHG *geschütztes Eigenkapital* anzusehen und daher nicht vor nachhaltiger Behebung der Krise rückzahlbar[1]; eine gleichwohl erfolgte Rückzahlung der Gesellschaft war ihr nach § 31 GmbHG zu erstatten[2].

Eigenkapital-Qualität wurde nach dieser Rechtsprechung nahezu jeder *wirtschaftlich werthaltigen Leistung* des Gesellschafters zugesprochen, neben dem schlichten Darlehen des Gesellschafters an seine Gesellschaft also insbesondere auch die Überlassung von Nutzungs- und sonstigen Rechten oder von Know-how. Dabei blieben jedoch Unsicherheiten, insbesondere im Bereich von Darlehen Dritter unter Zugrundelegung der Bonität des Gesellschafters, etwa in Form einer Bürgschaft oder Grundschuld. Betroffen waren nicht nur in der Krisensituation erbrachte Leistungen des Gesellschafters, sondern auch Leistungen, die vorher erbracht, in der eingetretenen Krisensituation aber vom Gesellschafter *stehengelassen* wurden[3]. Subjektive Voraussetzung für den Eintritt der *Umqualifizierung* der Gesellschafterleistung in Eigenkapitalersatz war Kenntnis oder fahrlässige Unkenntnis der Krisensituation, wobei dem Gesellschafter beim Stehenlassen seiner Leistung eine angemessene *Entscheidungsfrist* (regelmäßig drei bis sechs Wochen) eingeräumt wurde[4]. 4

Gesellschafter i.S. des Kapitalersatzrechtes waren auch *mittelbare Gesellschafter*, also Treugeber[5], atypische stille Gesellschafter[6] und verbundene Unternehmen[7]. Nahe Angehörige (vgl. § 115 Abs. 2 AktG) gehören jedenfalls dann auch dazu, wenn die Mittel von den Gesellschaftern stammen[8]. – *Nicht* erfasst waren aber *Minderheitsgesellschafter*[9], soweit sie keine Geschäftsführungsaufgaben wahrnahmen[10]. *Sanierungsgesellschafter* waren dann privilegiert, wenn 5

---

1 BGH v. 14.12.1959 – II ZR 187/57, BGHZ 31, 258; BGH v. 26.3.2007 – II ZR 310/05; BGH v. 27.9.1976 – II ZR 162/75, BGHZ 67, 171 m.w.Nw.; vgl. auch die w. Hinw. bei *Goette*, DStR 1997, 1495.
2 BGH v. 14.12.1959 – II ZR 187/57, BGHZ 31, 258; BGH v. 26.3.2007 – II ZR 310/05; BGH v. 27.9.1976 – II ZR 162/75, BGHZ 67, 171 m.w.Nw.; vgl. auch die w. Hinw. bei *Goette*, DStR 1997, 1495.
3 BGH v. 26.11.1979 – II ZR 191/78, NJW 1980, 592; BGH v. 23.2.2004 – II ZR 207/01; OLG Köln v. 14.12.2000 – 18 U 163/00, ZIP 2001, 961.
4 BGH v. 24.9.1990 – II ZR 174/89, NJW 1991, 357.
5 BGH v. 8.7.1985 – II ZR 269/84, BGHZ 95, 188 (193).
6 BGH v. 7.11.1988 – II ZR 46/88, BGHZ 106, 7 (9).
7 BGH v. 24.9.1990 – II ZR 174/89, NJW 1991, 357.
8 Eingehend *v. Gerkan/Hommelhoff*, Kapitalersatz, Rz. 4.1 ff.; auch *Fleischer*, ZIP 1998, 313; OLG Düsseldorf v. 3.7.2003 – I-12 U 6/03, 12 U 6/03, GmbHR 2004, 305 m. Anm. *Blöse*, 308; KG v. 26.7.2004 – 8 U 360/03, GmbHR 2004, 1334 m. Anm. *Blöse*, 1337; vgl. auch § 138 Abs. 2 InsO; zum „mittelbaren" Gesellschafter OLG Hamburg v. 16.12.2005 – 11 U 198/05, GmbHR 2006, 201 m. Anm. *Schröder*, 203.
9 Der bei der GmbH bei einem Gesellschaftsanteil von 10 % – bei der AG bei einer Sperrminorität von 25 % (LG Düsseldorf v. 10.6.2003 – 25 T 338/03, ZIP 2003, 1856) – angesetzt war.
10 KapitalaufnahmeerleichterungsG v. 20.4.1998 – KapAEG, BGBl. I 707.

sie Gesellschaftsanteile *zum Zwecke der Überwindung der Krise* erworben hatten[1].

6 Zentrales Element des Eigenkapitalersatzrechtes war danach die Bestimmung der **Unternehmenskrise**. Nach der Rechtsprechungsregelung war diese auf der Grundlage einer *Vermögensbetrachtung* bei bilanziellem Ansatz festzustellen: Geschützt war das Eigenkapital nach § 30 GmbHG. Die Unternehmenskrise lag mithin immer dann vor, wenn bei (handels-)bilanziellem Ansatz (mithin ohne Berücksichtigung etwaiger stiller Reserven) die Aktiva (das Vermögen) die Passiva (die Schulden und das Eigenkapital) nicht (mehr) in voller Höhe erreichten (**Unterbilanz**)[2]. Diese Krise unterscheidet sich damit in doppelter Hinsicht von der (insolvenzrechtlichen) *Überschuldung*, die nicht bilanzielle, sondern „wahre wirtschaftliche" Werte zum Gegenstand hat und erst vorliegt, wenn das Eigenkapital vollständig verbraucht ist (näher zu beiden Vermögensübersichten § 26 Rz. 71 ff. und § 79 Rz. 30 ff.).

7 *Rechtsfolge* der Eigenkapitalfiktion der Gesellschafterleistung war zum einen das **Verbot der Rückzahlung** des Kapitals, etwa beim Gesellschafterdarlehen, und der Zahlung des *Nutzungsentgeltes*, etwa Zinsen, Miete, Pacht. Zum anderen folgte daraus auch die **vorrangige Haftung** des Gesellschafters bei Bürgschaften oder sonstigen Sicherungsrechten bzw. der Ersatzhaftung, wenn der gesellschaftergesicherte Dritte aus dem Gesellschaftsvermögen befriedigt worden war.

2. Novellenregelung

8 Mit dem 1980 verabschiedeten *„Gesetz zur Änderung des GmbHG und anderer handelsrechtlicher Vorschriften"*[3] waren § 32a GmbHG, §§ 129a und 172a HGB eingeführt worden. Mit dieser sog. **Novellenregelung** hatte der Gesetzgeber die bis dahin entwickelte *Rechtsprechung* nicht aufgehoben, sondern bestätigt und ergänzt. In Klarstellung der unter Rz. 4 genannten Unsicherheiten wurden Darlehensgewährungen Dritter mit Bürgschaft und eventueller Sicherung durch den Gesellschafter sowie wirtschaftlich ähnliche Gestaltungen ausdrücklich gesetzlich erfasst (§§ 32a Abs. 2 und 3, 32b GmbHG). Bei unterschiedlichen Voraussetzungen und Rechtsfolgen waren Überschneidungen allerdings nicht vermeidbar, aber kaum von praktischer Relevanz.

9 Die **Regelung** betraf zunächst nach § 32a Abs. 1 GmbHG *Darlehen*, nach ihrer generalklauselartigen Erweiterung in § 32a Abs. 3 GmbHG aber auch *alle anderen Rechtshandlungen*, die einer *Darlehensgewährung wirtschaftlich entsprechen*. Erfasst waren damit Darlehen oder Sicherungsgewährungen *naher*

---

1 G zur Kontrolle und Transparenz im Unternehmensbereich v. 1.5.1998 – KonTraG v. 27.4.1998, BGBl. I 786.
2 Reinvermögen der Gesellschaft, vgl. BGH v. 7.11.1988 – II ZR 46/88, GmbHR 1989, 152, 154; eingehend *K.J. Müller*, DStR 1997, 1577; umfangreiche Nw. bei *Wimmer*, DStR 1996, 1249 (1250); s. auch BGH v. 26.11.1979 – II ZR 104/77, BB 1980, 223: Eine Unterbilanz liegt vor, wenn die Handelsbilanz ein negatives Ergebnis ausweist, welches nicht durch Rücklagen gedeckt ist.
3 G. v. 4.7.1980, BGBl. I 836.

Angehöriger des Gesellschafters und sonstiger ihm nahestehender Personen, die im eigenen Namen, aber auf seine Rechnung handeln. Ebenso waren erfasst Darlehensgewährungen verbundener Unternehmen im Konzern, der *Erwerb gestundeter Forderungen Dritter* gegen die Gesellschaft oder die *Übernahme einer stillen Beteiligung* und die *Gebrauchsüberlassung* von Anlagevermögen in Form von Miet- oder Pachtverträgen ohne adäquates Entgelt.

Als maßgebendes **Krisenelement** für diesen Regelungsbereich hatte der Gesetzgeber die **Kreditunwürdigkeit** festgelegt. Diese hat er als die Situation definiert, in der *ordentliche Kaufleute* der Kapitalgesellschaft *Eigenkapital zugeführt* hätten und die Gesellschaft auf dem *freien Kapitalmarkt* ihren Kapitalbedarf nicht mehr zu den *üblichen Konditionen* zu decken imstande war[1]. Diese – auch *Finanzierungskrise* genannte – wirtschaftliche Situation stellte somit nicht allein auf eine Vermögenssituation (wie die Überschuldung oder auch die Unterbilanz) ab, sondern kombinierte diese mit Liquiditätsgesichtspunkten; sie umfasste damit immer die insolvenzrechtlichen Krisen, lag aber regelmäßig bereits in deren Vorfeld. In der insolvenzrechtlichen Praxis waren die betroffenen Gesellschaften häufig bereits bei der Aufnahme ihrer Geschäftstätigkeit kreditunwürdig und damit i.S. des Kapitalersatzrechtes krisenbefangen, weil (und soweit) diese die erforderlichen Kredite nicht ohne Absicherung durch ihre Gesellschafter erlangten konnten. Betriebsmittel- oder Überbrückungskredite zur Deckung kurzfristig aus anderen Mitteln behebbarer Liquiditätslücken unterfielen allerdings nicht dem Eigenkapitalersatzrecht[2], was zusätzliche Abgrenzungsprobleme schuf.

10

Als **Rechtsfolge** des Kapitalersatzrechtes nach der Novellenregelung stellte § 39 Abs. 1 Nr. 5 InsO klar, dass eigenkapitalersetzende Gesellschafterleistungen im eröffneten Insolvenzverfahren *nachrangige Insolvenzforderungen* waren. Der Gesellschafter war also Gläubiger, konnte aber erst nach allen übrigen Gläubigern Befriedigung erlangen. Bei gesellschafterdarlehensähnlicher Gestaltung nach § 32a Abs. 3 GmbHG war in dieser Weise der Nutzungswert abzuschöpfen[3]. Gleichwohl erfolgte Sicherheitsleistungen an den Gesellschafter sowie innerhalb eines Zeitraums von einem Jahr vor Insolvenz- oder Konkurseröffnung erfolgte Rückzahlungen unterlagen einem *Anfechtungsrecht nach § 135 InsO*. – Kam es nicht zur Eröffnung eines Insolvenzverfahrens, so stand jedem Gläubiger, der mit einer titulierten Forderung ausgestattet war, ein *Anfechtungsrecht* bezüglich aller Sicherheitsgewährungen und Rückzahlungen nach § 6 AnfG zu[4].

11

---

1 Rspr. zu diesem Begriff: BGH v. 26.3.1984 – II ZR 171/83, BGHZ 90, 381 (390); BGH v. 16.10.1989 – II ZR 307/88, BGHZ 109, 55; BGH v. 9.3.1992 – II ZR 168/91, GmbHR 1992, 367; BGH v. 2.12.1996 – II ZR 243/95, GmbHR 1997, 501.
2 BGH v. 30.1.2003 – 3 StR 437/02, wistra 2003, 232.
3 BGH v. 16.10.1989 – II ZR 307/88, NJW 1990, 516.
4 G über die Anfechtung von Rechtshandlungen eines Schuldners außerhalb des Insolvenzverfahrens (Neufassung des AnfechtungsG) v. 5.10.1994, BGBl. I 2911, in Kraft seit 1.1.1999.

12 Ein **darlehensgewährender Dritter** (i.d.R. eine Bank), dem der Gesellschafter als Initiator des Kredits eine Bürgschaftserklärung abgegeben und eventuell Sicherheiten bestellt hatte, konnte im Insolvenzverfahren der Gesellschaft nach § 32a Abs. 2 GmbHG nur insoweit Rückzahlung von der Gesellschaft fordern, als er bei der Inanspruchnahme des Gesellschafters ausgefallen war. Damit war ab Verfahrenseröffnung die vorrangige Haftung des Gesellschafters erreicht.

3. Adaption durch das Strafrecht

13 Das Strafrecht hatte – unter zutreffender Anwendung des Grundsatzes der **Zivilrechtsakzessorietät** des Strafrechts (§ 75 Rz. 49 ff.) – die vorgenannten Rechtsgrundsätze übernommen (Rz. 29):

– *Gesellschafterforderungen*, die nach diesen Regeln *keine Eigenkapitalersatzfunktion* hatten, wurden wie normale Gläubigerforderungen angesehen. Strafbarkeit war danach nur bei Inkongruenz der Leistung und erkannter Zahlungsunfähigkeit des Schuldners nach § 283c StGB als **Gläubigerbegünstigung** möglich (§ 84 Rz. 17 ff.).

– Bezüglich der *kapitalersetzenden Gesellschafterleistungen* waren Forderungen auf Rückgewähr kapitalersetzender Darlehen von Gesellschaftern nach § 39 Abs. 1 Nr. 5 InsO (a.F.) zwar – wenn auch nachrangige – Verbindlichkeiten der Masse, der Gesellschafter mithin auch insoweit formal Gläubiger. Da die Forderung auf Rückerstattung (oder Nutzungsvergütung) der Gesellschafterleistung wegen deren Nachrangigkeit die an die (übrigen) Gläubiger zu verteilende Masse aber nicht schmälerte, beeinträchtigte ihre Rückzahlung die Gleichmäßigkeit der Verteilung nicht. Insoweit war der *Gesellschafter* demnach *nicht Gläubiger*, weshalb Strafbarkeit wegen **Bankrott** (bzw. **Untreue**) und nicht Gläubigerbegünstigung gegeben war[1] (§ 84 Rz. 30). *Tauglicher Täter* war das Gesellschaftsorgan (*Geschäftsführer/Vorstand*) und nicht der Gesellschafter, der nur wegen Teilnahme strafbar blieb.

14 Mit der regelmäßig früh vorliegenden Unternehmenskrise der *Kreditunwürdigkeit* (Rz. 10) war zunächst ein sehr *weites Feld* möglicher Strafbarkeit bei Rückführung von Gesellschafterleistungen eröffnet. Auf der Grundlage der **eigenständigen strafrechtlichen Rechtsgutsbestimmung** (Rz. 29) erfolgte jedoch eine *deutliche Einschränkung*. So knüpfte (Rz. 6) die Krisenfeststellung der Rechtsprechungsregeln an das Bestehen einer *Unterbilanz* an, die nach § 30 GmbHG der Handelsbilanz zu entnehmen war. *Rechtsgut* der Straftaten nach § 266 StGB (Untreue) ist jedoch das Vermögen der Gesellschaft bzw. nach § 283 StGB (Bankrott) die den Gläubigern in ihrer Gesamtheit zustehende Masse. Für diese Vermögen sind nach strafrechtlichen Grundsätzen aber die „wahren wirtschaftlichen" („tatsächlichen") Werte der einzelnen Handelsbilanzpositionen zugrunde zu legen; mithin sind insbesondere die „*stillen Reserven*" aufzudecken. Ein strafrechtlich relevanter Vermögensnachteil/Schaden war daher nur

---

1 Vgl. hierzu insbes. die Nw. bei *Tiedemann* in LK, § 283c StGB Rz. 10 und schon *Richter*, GmbHR 1984, 146; a.A. *Wegner* in A/R, VII 1 Rz. 210 und die alte Rspr., vgl. BGH v. 21.5.1969 – 4 StR 27/69, NJW 1969, 1494; dagegen wiederum schon *Renkl*, JuS 1973, 611; *Hendel*, NJW 1977, 1943.

auf der Grundlage eines *Überschuldungsstatus* festzustellen[1]. Nur wenn und soweit dieser ein kleineres Vermögen im Verhältnis zu den Schulden („Überschuldung") oder doch jedenfalls einen kleineren Überschuss des Vermögens über die Schulden als die Stammkapitalziffer aufwies (das Vermögen deckt das Eigenkapital nicht mehr vollständig: sog. „*Angriff auf das Haftungskapital*"), war danach Strafbarkeit gegeben (zur Unwirksamkeit der Einwilligung der Gesellschafter bei *existenzgefährdendem Eingriff* vgl. § 32 Rz. 84 ff., 151b ff.).

Da nach den zivilrechtlichen Regelungen des Kapitalersatzrechtes – quasi „spiegelbildlich" – die Erbringung einer Bonitätsleistung durch den Gesellschafter der Darlehens- oder sonstigen Leistung gleichgestellt war (Rz. 9), war auch das **Unterlassen der Geltendmachung** der vorrangigen Haftung des bürgenden Gesellschafters (*Freistellungsanspruch*) bzw. des sich bei erfolgter Rückführung des Darlehens an den Dritten ergebenden *Erstattungs- oder Ausgleichsanspruchs* durch die Geschäftsführung ebenso als *Untreue* bzw. *Bankrott*[2] strafbar. Insofern war jedoch zu bedenken, dass Strafbarkeit nur eintrat, wenn zum Zeitpunkt des geforderten pflichtgemäßen Handelns der Anspruch gegen den Gesellschafter (noch) werthaltig war.

Aus eben jenem Grund des Erfordernisses der Werthaltigkeit erlangte die Strafbarkeit wegen Untreue bzw. Bankrott durch **Verschweigen** bzw. **Verheimlichen** des **Ausgleichsanspruchs** nach § 32b GmbHG (bzw. einer dem Dritten ausgereichten Sicherheit[3]) gegenüber dem Vollstreckungs- oder Insolvenzgericht oder -verwalter wenig Bedeutung. Die Leistung an den Dritten – auch im Zeitraum eines Jahres vor Insolvenzantragstellung – war demgegenüber pflichtgemäß und somit nicht strafbar, da dieser Dritte vom Kapitalersatzrecht nicht betroffen war.

II. Nach dem MoMiG

Das MoMiG hat sich insbesondere die *Deregulierung des Eigenkapitalersatzrechts*[4] zum Ziel gesetzt, das als „nicht mehr durchschaubar" angesehen wur-

---

[1] So *Quedenfeld/Richter* in Bockemühl, Hdb. FA StrafR, Kap. 9 Rz. 142; grundsätzlich zust. *Bittmann* in Bittmann, InsolvenzstrafR, § 16 Rz. 120, der aber (Rz. 115) für den Fall der Risiko-Investition einer gesunden Gesellschaft einen weiteren Krisenbegriff nach § 32a GmbHG (a.F.) als beim Bankrott annimmt.
[2] Vgl. hierzu das sehr grundsätzliche und ausführliche Urteil des 5. Strafsenats des BGH v. 6.5.2008 – 5 StR 34/08, wistra 2008, 379; auch schon BGH v. 3.5.2006 – 2 StR 511/05, wistra 2006, 309 und hierzu die Anm. *Bittmann*, wistra 2009, 102.
[3] BGH v. 19.11.1984 – II ZR 84/84, NJW 1985, 858.
[4] Schon die nahezu unüberschaubare Anzahl der seither dazu ergangen Veröffentlichungen lässt anklingen, dass die Problemstellungen wohl nicht wirklich verringert wurden; vgl. z.B. *Karsten Schmidt*, GmbHR 2007, 1072; *Karsten Schmidt*, BB 2008, 1966; *Hölzle*, GmbHR 2007, 729; *Bormann*, GmbHR 2007, 897; *Gehrlein*, BB 2008, 846; *Roth*, GmbHR 2008, 1184; *Gehrlein*, NZI 2014, 481; *Bork*, ZIP 2012, 2277; *Bitter*, ZIP 2013, 2; *Röck/Hucke*, GmbHR 2013, 791.

de[1]. Zentraler Punkt der Reform war insofern dezidiert die **Abschaffung des Kapitalersatzrechts** mit den genannten Novellen- und Rechtsprechungsregeln. Die gravierenden Änderungen der Zivilrechtslage haben infolge der mehrfach erwähnten Zivilrechtsakzessorietät mindestens ebenso bedeutsame Änderungen der Strafrechtslage zur Folge.

1. Zivilrechtliche Regelungslage

18 In Verfolgung des Deregulierungszieles und unter Rückgriff auf die von *Huber/Habersack* aufgestellten Thesen[2] hat der Reformgesetzgeber zum einen auf das **Merkmal „kapitalersetzend"** – und so auf die *„Novellenregeln"* – gänzlich **verzichtet**. Zum anderen hat er – nach der Regierungsbegründung[3] – mit § 30 Abs. 1 S. 3 GmbHG (n.F.) ein **„Nichtanwendungsgesetz"** für die *Rechtsprechungsregeln* erlassen[4]. Der Regelungsinhalt der Finanzierungsfolgeverantwortung (Rz. 3) des Gesellschafters ist dadurch grundsätzlich nicht tangiert[5], aber gänzlich dem Insolvenz-(Anfechtungs-)recht zugeordnet. Die Gläubiger sind so mit ihren Forderungen auf das Vermögen des Gesellschafters nach Eintritt der Insolvenz seiner Gesellschaft verwiesen – mithin nicht selten auf eine wertlose Forderung.

19 Auch nach dem MoMiG **darf** allerdings das zur *Erhaltung des Stammkapitals* erforderliche Vermögen **nicht** an die Gesellschafter **ausbezahlt werden** (§ 30 Abs. 1 S. 1 GmbHG). § 39 Abs. 4 S. 1 InsO (n.F.) hat die Definition des Gesellschafters *rechtsformneutral* ausgestaltet und einen *Schwellenwert* für alle Gesellschafter – mithin auch für Aktionäre – mit *10 %* des Gesellschaftskapitals festgelegt. In Klarstellung zum „Novemberurteil" des BGH[6] kommt es bei Vermögensübertragungen an den Gesellschafter nicht auf Nominalwerte, sondern auf wirtschaftlich vollwertige Gegenansprüche an (§ 30 Abs. 1 S. 2 GmbHG).

20 Soweit der Gesellschafter seiner Gesellschaft *Fremdmittel* zur Verfügung stellt, ist er nach den Regelungen des MoMiG *gesellschaftsrechtlich* dem **außenstehenden Dritten gleichgestellt**. Nach den vereinbarten Bedingungen kann

---

1 *Seibert/Decker*, ZIP 2008, 1208; krit. sowohl zu den Zielen als auch zur Umsetzung zutr. *Goette*, WPg. 2008, 231 und *Altmeppen*, NJW 2008, 3601; nach *Markwarth*, BB 2008, 1414, hat der Gesetzgeber „das Pferd von hinten aufgezäumt"; *Drygala/Kremer*, ZIP 2007, 1289, gehen die (De-)Regulierungen demgegenüber nicht weit genug.
2 *Huber/Habersack*, BB 2006, 1.
3 Begründung, S. 100.
4 Vgl. die Kritik bei *Goette*, WPg. 2008, 231 (236).
5 BGH v. 20.2.2014 – IX 137/13, ZIP 2014, 1087; BGH v. 28.2.2012 – II ZR 115/11, BB 2012, 1566 m. Anm. *Kocher*; BGH v. 28.5.2013 – II ZR 83/12. Diskutiert werden insoweit vor allem Fragen der mittelbaren Gesellschafterstellung – jedenfalls nicht „nahestehende Personen" – BGH v. 17.2.2011 – IX ZR 131/10, BGHZ 188, 363; zur Stundung von Arbeitsentgelt des Gesellschafters als Geschäftsführer vgl. BAG v. 27.3.2014 – 6 AZR 204/12, GmbHR 2014, 645 m. umf. und zutr. Anm. *Blöse*, 650.
6 BGH v. 24.11.2003 – II ZR 171/01, BGHZ 157, 72; korrigierend aber schon der BGH v. 1.12.2008 – II ZR 102/07 – MFS, BGHZ 179, 71.

daher Rückführung dieser Leistung erfolgen. Entsprechendes gilt für den sicherungsleistenden Gesellschafter, nunmehr allerdings auch, wenn dieser seine Beteiligung erst nach Gewährung der Finanzhilfe erworben hat[1]. Auch dessen Freistellungs- bzw. Erstattungsanspruch (Rz. 15) besteht vertragsgemäß und in Konkurrenz mit den übrigen Gläubigern. Den Ansprüchen des Gesellschafters entspricht die Pflicht der Gesellschaftsorgane, rechtmäßig geforderte Rückzahlung/Freistellung zu leisten.

Keinesfalls wurde der Gesellschafter mit der Reform aber aus seiner **Finanzierungsverantwortung** entlassen. Diese realisiert sich nunmehr in der InsO bzw. dem *Anfechtungsrecht* (§§ 39 Abs. 1 Nr. 5, 135 InsO, § 6 AnfG). Der Sache nach – und hier ist *Altmeppen*[2] zuzustimmen – verbleibt es sogar bei einem *Krisenerfordernis*, da die Pflicht der Rückerstattung (bzw. der Erstattungsanspruch – §§ 135 Abs. 2, 143 Abs. 3 InsO, §§ 6a, 11 Abs. 3 AnfG n.F.) sich nunmehr auf Leistungen an den Gesellschafter innerhalb einer *Frist von einem Jahr* vor Insolvenzantragstellung (§ 135 InsO, § 6 AnfG) bezieht.

2. Adaption durch das Strafrecht

Ist die Rückführung einer Gesellschafterleistung (bzw. die Freistellung aus einer Haftungsverpflichtung) mithin für das Gesellschaftsorgan zivilrechtlich nicht nur zulässig, sondern sogar dessen Pflicht, **scheidet Strafbarkeit aus**[3]. Strafrechtlichen Schutz erlangen die außenstehenden Gläubiger insoweit nur noch im Falle eines existenzgefährdenden Angriffs auf Vermögen und/oder Liquidität der Gesellschaft (hierzu Rz. 29 ff.) sowie bei – regelmäßig kaum nachweisbarer – Vereitelung des insolvenzrechtlichen Anspruchs gegen den Gesellschafter und bei allgemeinen Straftaten im Rahmen des Insolvenzverfahrens.

Zweifelhaft war dabei zunächst, ob der Wegfall des Kapitalersatzrechts im Lichte des § 2 Abs. 3 StGB den Grundsatz der Zivilrechtsakzessorietät des Strafrechts beschränkt, der Wegfall der Strafbarkeit als (konkret) „*milderes Gesetz*" also **rückwirkend** die Strafbarkeit beseitigen kann.

Dies hat das *OLG Stuttgart*[4] mit dem Hinweis darauf, § 266 StGB sei – jedenfalls für die „kraft Gesetzes zu bestimmende Vermögensbetreuungspflicht" – eine „Blankettnorm"[5], bejaht und ausgeführt, die „gesetzlichen Pflichten" des Treuepflichtigen müssten in den Tatbestand des „§ 266 StGB eingelesen" werden. Eine so verstandene Norm könnte allerdings den Anforderungen des

---

1 BGH v. 20.2.2014 – IX ZR 164/13, Rz. 15, ZIP 2014, 584, 586 m. ausf. Nw.; zu den „Intercreditor-Agreements" (Rangrücktrittsvereinbarungen gegenüber einzelnen Gläubigern) vgl. *Bitter*, ZIP 2013, 2.
2 *Altmeppen*, NJW 2008, 3601 (3607).
3 Insofern zutr. *Bittmann*, wistra 2010, 102 (103) und *Tiedemann* in LK, § 283 StGB Rz. 34, je m.Nw., die allerdings das Kapitalersatzrecht in § 64 S. 3 GmbHG fortschreiben – s. demgegenüber Rz. 29 ff.
4 So OLG Stuttgart v. 14.4.2009 – 1 Ws 32/09, ZIP 2009, 1864.
5 Eingehend m.Nw. *Tiedemann*, WiStrafR AT, Rz. 99 ff., 220 ff.

Art. 103 Abs. 2 GG[1] schwerlich genügen. Die Pflichten des Treunehmers umschreiben vielmehr *das Schutzobjekt der Norm*, stellen also ein „normatives Tatbestandselement" dar[2]. Damit bestimmt der gesetzgeberische Wertewandel die Auslegung des § 266 StGB *ab Inkrafttreten des MoMiG*. Rückwirkung hat der MoMiG-Gesetzgeber für das Zivilrecht aber gerade ausgeschlossen[3]. Ein Anlass, Wertungswidersprüche zwischen zivil- und strafrechtlicher Haftung zu produzieren, bestand daher nicht. Über diesen Streit, der hilft, die Struktur der Untreue auch im Hinblick auf aktuelle Auslegungsfragen und die Bedeutung normativer Tatbestandselemente im Wirtschaftsstrafrecht richtig einzuordnen[4], ist aber nunmehr die Zeit hinweggegangen, ohne dass neue Fälle bekannt geworden sind.

24 Da das durch § 266 StGB **geschützte Vermögen** normativ-wirtschaftlich zu bestimmen ist (näher § 32 Rz. 175 ff.) sind auch *Exspektanzen*, also wirtschaftlich bereits hinreichend verdichtete Anwartschaften, grundsätzlich in den Schutzbereich einbezogen[5]. Bei *bevorstehender Insolvenzreife* und *absehbarer Wertlosigkeit der Rückzahlungsverpflichtung* bei deren Entstehung im Insolvenz- bzw. Anfechtungsfall ist daher die Rückführung der Gesellschafterleistung (bzw. die Freigabe von Sicherungen bei Drittleistungen) auch unter der Geltung des MoMiG für das Gesellschaftsorgan als **Untreue** gem. § 266 StGB und – nach Wegfall der Interessentheorie (§ 81 Rz. 53 ff.) – auch als **Bankrott** durch Beiseiteschaffen gem. § 283 Abs. 1 Nr. 1 StGB zu bestrafen[6]. Der Gesellschafter selbst ist dabei regelmäßig nicht tauglicher Täter, sondern nur (möglicher) Teilnehmer der Straftat (zu den Ausnahmen s. Rz. 34).

25 Nach ganz h.M. kann die Tathandlung des Bankrotts auch *der objektiven Strafbarkeitsbedingung nachfolgen* (§ 81 Rz. 65 ff.). **Verschweigt** demnach das für den Schuldner handelnde Organmitglied gegen den Gesellschafter bestehende Ansprüche gegenüber dem Insolvenz- bzw. Vollstreckungsgericht oder dem Insolvenzverwalter oder *schafft er solche Werte beiseite*, ist dies als Bankrott gem. § 283 Abs. 1 Nr. 1 StGB bzw. als Vollstreckungsvereitelung gem. § 288 StGB strafbar.

III. Existenzvernichtung/Existenzgefährdung

26 Nach Vorstehendem scheint der strafrechtliche Schutz der außenstehenden Gläubiger im Fall der Insolvenz einer Kapitalgesellschaft im Hinblick auf Ver-

---

1 S. hierzu die Nw. bei *Tiedemann*, WiStrafR AT, Rz. 106 und *Dannecker* in LK, § 1 StGB Rz. 168.
2 Näher hierzu *Tiedemann*, WiStrafR AT, Rz. 108.
3 Art. 103d EGInsO i.d.F. des Art. 10 MoMiG; zur zivilrechtlichen Weitergeltung vgl. *Röck/Hucke*, GmbHR 2013, 791 m.Nw.
4 Grundlegend, insbes. auch zu den in der Praxis des WirtschaftsstrafR wichtigen Irrtumsfragen, *Tiedemann*, AT, Rz. 198 ff., 209 ff., 339 ff. und 344 ff.; s. auch oben § 32 Rz. 139, 176.
5 BGH v. 25.1.1984 – 3 StR 278/83, wistra 1984, 109; eingehend § 32 Rz. 139, 176 m.Nw.
6 Vgl. hierzu schon *Quedenfeld/Richter* in Bockemühl, Hdb. FA StrafR, Kap. 9 Rz. 149b.

mögensverschiebungen zugunsten des Gesellschafters jedenfalls bei Rückführung existenzerhaltender Leistungen vor dem Unternehmensniedergang unvertretbar eingeschränkt. Die Rechtsprechung zu Handlungen, welche die **Existenz** der juristischen Person **gefährden**, ist hiervon aber nicht tangiert[1] und schließt im Ergebnis diese Strafbarkeitslücken weitgehend. Dabei ist vorauszuschicken, dass die Zivilrechtsprechung insofern von *Existenzvernichtung*, die Strafrechtsentscheidungen aber von *Existenzgefährdung* sprechen. Inhaltlich besteht allerdings Deckungsgleichheit[2] (näher § 32 Rz. 84 ff., 151b ff. zur Untreue, § 81 Rz. 63 zum Bankrott).

1. Zivilrechtliche Rechtsprechung

Wie dargelegt (Rz. 3), schützen § 30 GmbHG, § 57 AktG zugunsten ihrer Gläubiger zwar nicht die „Existenz" der Gesellschaft[3], wohl aber deren Haftungskapital i.S. des „*Unversehrtheitsgrundsatzes*"[4]. Der **Bestand des Haftungskapitals** kann aber schon durch einen „Angriff" hierauf (Rz. 14) relevant *beeinträchtigt* sein. Dies ist – in Form des *existenzgefährdenden Eingriffs* (Rz. 29 ff.) – auch dann der Fall, wenn die *Fähigkeit* der Gesellschaft *zur Erfüllung ihrer Verbindlichkeiten* voraussichtlich alsbald nicht mehr gegeben ist. Deshalb wurde und wird eine derartige Beeinträchtigung sowohl von der Zivil- als auch von der Strafrechtsprechung auch außerhalb der (weggefallenen) Kapitalersatzregelungen mit *Haftungsfolgen* für verantwortliche Organmitglieder, aber auch für Gesellschafter geahndet.

27

Gesellschaftsrechtlicher Anknüpfungspunkt für **zivilrechtliche Haftungsfolgen** war zunächst der Gedanke des Missbrauchs der Rechtsform einer juristischen Person mit der Folge einer Außenhaftung der Gesellschafter[5]. Seit der „*TRIHOTEL*"-Entscheidung des BGH[6] nimmt die Zivilrechtsprechung eine Haftung aus *Deliktsrecht nach § 826 BGB* an, nämlich eine besonderen Fallgruppe der

28

---

1 Zur Aussicht auf Fortentwicklung dieser Rechtsprechung zum Schutz vor „missbräuchlichem Vorgehen der Gesellschafter" vgl. *Goette*, WPg. 2008, 231 (236).
2 Was auf die strafrechtliche Dogmatik zur „konkreten Vermögensgefährdung" zurückzuführen ist – näher hierzu *Quedenfeld/Richter* in Bockemühl, Hdb. FA StrafR, Kap. 9 Rz. 152 und oben § 32 Rz. 183 ff.
3 Zutr. *Schröder*, GmbHR 2005, 227 ff., 228.
4 Eingehend hierzu schon *Goette*, DStR 1997, 1495. m.w.Nw.
5 Leitentscheidung war „Bremer Vulkan", BGH v. 17.9.2001 – II ZR 178/99, BGHZ 149, 10; die hierzu – und den Nachfolgeentscheidungen – ergangene Zivilrechtsliteratur ist Legion; vgl. nur *Karsten Schmidt*, NJW 2001, 3577; *Ulmer*, ZIP 2001, 2021; *Altmeppen*, ZIP 2001, 1837; *Altmeppen*, ZIP 2005, 119; *Keßler*, GmbHR 2005, 257.
6 BGH v. 16.7.2007 – II ZR 3/04, GmbHR 2007, 927 m. Anm. *H. Schröder*, 934; bestätigend in der Entscheidung BGH v. 28.4.2008 – II ZR 264/06 – Gamma, GmbHR 2008, 805 m. Anm. *Ulrich*, 810 und ebenso schon BGH v. 13.12.2004 – II ZR 206/02, GmbHR 2005, 225.

vorsätzlichen sittenwidrigen Schädigung und damit eine (verschuldensabhängige) Innenhaftung[1].

2. Adaption durch das Strafrecht

29 Mit der Entscheidung des 5. Strafsenats des BGH ebenfalls zum Fall „Bremer Vulkan"[2] hat das Strafrecht diese Verfügungsbeschränkung der Gesellschafter unter dem Begriff des **existenzgefährdenden Eingriffs** (eingehend hierzu § 32 Rz. 84 ff., 151b ff.) zwar zutreffend übernommen[3]. Auch hier (Rz. 13 f.) waren jedoch zivilistische Beweislastregeln auszuschließen und die eigenständigen strafrechtlichen (Vermögens-) Schutzgüter[4] zu beachten. Nachzuweisen ist Kausalität, wobei Mitursächlichkeit genügt: Durch die Tathandlung ist am Ende der Handlungskette das zur Befriedigung der Gläubiger dienende Haftungskapital beim Ansatz zu „wahren wirtschaftlichen Werten" der Vermögensgüter nicht mehr in voller Höhe vorhanden („Angriff auf das Haftungskapital", Rz. 14).

30 „Existenzgefährdend" ist somit zunächst **jede Vermögensminderung**, welche bei Vorliegen einer der beiden insolvenzrechtlichen Krisen (Überschuldung oder Zahlungsunfähigkeit) vorgenommen wird. Ebenso existenzgefährdend ist aber auch schon jede Handlung, welche einer dieser Krisen (kausal) herbeiführt. Der existenzgefährdende Eingriff als Handlungsfall der Untreue gem. § 266 StGB setzt Kausalität des Entzuges wirtschaftlicher Ressourcen zum Angriff auf das Haftungskapital voraus[5]. Damit wird – zutreffend und in Parallelität zum Bankrottstrafrecht in § 283 Abs. 2 StGB – der konkrete Vermögensgefährdungsschaden als Schaden im Rechtssinne anerkannt (eingehend § 32 Rz. 175 ff.).

31 **§ 64 S. 3 GmbHG (n.F.)** umschreibt somit lediglich einen Ausschnitt dieser Haftungsgrundlage für den Geschäftsführer, „soweit diese (Handlung) zur Zahlungsunfähigkeit führen musste". Mit dieser zivilrechtlichen Haftungsregelung wollte der Gesetzgeber des MoMiG ausdrücklich nicht die bestehende Rechtsprechung zur Existenzgefährdung ersetzen oder auch nur limitieren. Für

---

1 Auch hierzu ist die Literatur ausufernd, beispielhaft daher nur Keßler, GmbHR 2005, 257; Jacob, GmbHR 2007, 796; Theiselmann, GmbHR 2007, 904; Weller, ZIP 2007, 1681; Karsten Schmidt, BB 2008, 1966; Heeg/Manthey, GmbHR 2008, 798.
2 BGH v. 13.5.2004 – 5 StR 73/03, NJW 2004, 2248, EWiR 2004, 723 m. Anm. Eisner; vgl. auch Fleischer, NJW 2004, 2867.
3 Die Kritik hierzu – insbes. auch unter Zugrundelegung der Deliktshaftung – findet sich nahezu ausschließlich in der zivilrechtlichen Literatur, vgl. die Nw. bei Weller, ZIP 2007, 1681 (1688).
4 So prüft das StrafR die Frage der Substanzausschüttung durchaus eigenständig – vgl. etwa OLG Stuttgart v. 31.3.1978 – 1 Ss (6) 173/78, MDR 1978, 593 und BGH v. 24.8.1988 – 3 StR 232/88, BGHSt 35, 333 (337).
5 Missverständlich insofern BGH v. 30.9.2004 – 4 StR 381/04, wistra 2005, 105, der den Angriff auf das Haftungskapital als Unterfall des existenzgefährdenden Eingriff ansieht; ähnlich wohl auch Ransiek, wistra 2005, 121 (124); zutr. hiergegen BGH v. 30.12.2004 – II ZR 206/02, GmbHR 2005, 225 und BGH v. 8.8.2006 – 5 StR 273/06, wistra 2006, 462; vgl. auch Maurer, GmbHR 2004, 1549.

das Strafrecht mag daher auch dahinstehen, ob mit dieser gesetzlichen Definition schon die *Herbeiführungseignung* ausreicht. Strafbarkeit tritt insofern nur und erst dann ein, wenn der *Erfolg* der kausalen Handlung – die insolvenzrechtliche Krise – *eingetreten* ist (§ 32 Rz. 84 ff.).

Auch die **Rückführung einer Gesellschafterleistung** unter der Geltung des MoMiG stellt eine *Vermögensminderung* i.S. der Existenzgefährdung dar. Dem widerspricht nicht, dass – wie dargestellt (Rz. 20) – der Rückforderungsanspruch des Gesellschafters bezüglich seiner als Fremdkapital erbrachten Leistung, gesellschaftsrechtlich grundsätzlich wie derjenige eines außenstehenden Dritten zu behandeln ist. Soweit *Existenzgefährdung* vorliegt, ist die *Geltendmachung* der Gesellschafterforderung – auch strafrechtlich – *untersagt* (§ 32 Rz. 84 ff., 151b ff.). Bei der Berechnung des betroffenen Vermögens bzw. der Liquidität der schuldenden Gesellschaft ist diese daher bei dem gebotenen *wirtschaftlichen Wertansatz* (anders als bei bilanzieller Bewertung) wertlos und damit nicht anzusetzen; sie ist, wie *Spliedt* zutreffend formuliert hat, *„auszublenden"*[1]. Nur so kann eine Herbeiführung (oder Vertiefung) der Überschuldung/Zahlungsunfähigkeit rechnerisch dargestellt werden. 32

In *Ansatz* kommen somit allein **Forderungen der „Nichtgesellschafter"** (i.S. der Existenzgefährdungsrechtsprechung, die derjenigen der Kapitalersatzregeln entspricht), da es für die Bestimmung des geschützten Vermögens allein auf dessen Befriedigungsaussicht ankommt. Für den (relevanten) Gesellschafter realisiert sich demnach seine *Finanzierungsverantwortung* nicht nur im Insolvenzrecht, sondern auch im Verbot der Beeinträchtigung der Haftungsmasse. 33

Ganz folgerichtig hat danach die Strafrechtsprechung die Vermögensverantwortung (und damit die Täterqualität) nicht nur dem Organ der juristischen Person, sondern auch dem insoweit verantwortlichen **Gesellschafter** zugeordnet[2]. Die bislang ergangenen Entscheidungen sind zwar auf Fälle der *Konzernzugehörigkeit* der Schuldnergesellschaft – und damit auf die Verantwortlichen der beherrschenden (auch zwischengeschalteten) Muttergesellschaft – ausgerichtet (vgl. § 31 Rz. 151 ff.). Aber die Verantwortung des Gesellschafters als natürliche Person kann nicht anders bestimmt werden. Der so definierte Gesellschafter ist somit – obwohl ansonsten grundsätzlich dem Vermögen seiner Gesellschaft nicht treuepflichtig – in diesen Fällen (neben dem Gesellschaftsorgan) – **tauglicher Täter der Untreue** gem. § 266 StGB. 34

Die Feststellung eines **strafrechtlich relevanten Vermögensnachteils** i.S. der Untreue nach § 266 StGB in Fällen der Existenzgefährdung[3] konnte nur auf dieser (allerdings nie ausdrücklich angesprochenen) Berechnungsgrundlage erfolgen. Nach Wegfall der Interessentheorie (§ 81 Rz. 53 ff.) erweist sich die Paral- 35

---

1 *Spliedt*, ZIP 2009, 149; vgl. auch BGH v. 6.5.2008 – 5 StR 34/08, wistra 2008, 379; zutr. schon *Muhler*, wistra 1994, 283.
2 „Bremer Vulkan", BGH v. 13.5.2004 – 5 StR 73/03, BGHSt 49, 147 = EWiR 2004, 723 m. Anm. *Eisner*; vgl. auch *Fleischer*, NJW 2004, 2867; s. schon BGH v. 18.6.2003 – 5 StR 489/02, NJW 2003, 2996 (2998); bestätigend BGH v. 22.3.2006 – 5 StR 475/05 und – deutlich – BGH v. 31.7.2009 – 2 StR 95/09, BGHSt 54, 52.
3 BGH v. 6.5.2008 – 5 StR 34/08, wistra 2008, 379; BGH v. 10.2.2009 – 3 StR 372/08, GmbHR 2009, 871.

lelität zwischen geschütztem Gesellschaftsvermögen und geschützter insolvenzrechtlicher Masse deutlich: Regelmäßig erfüllt die Rückführung der Gesellschafterleistung *tateinheitlich* (§ 52 StGB) **Untreue und Bankrott** durch Beiseiteschaffen gem. § 283 Abs. 1 Nr. 1 StGB. Eine Leistung entgegen den Rechtsgrundsätzen des existenzgefährdenden Eingriffs *verletzt* nicht (nur) die *Verteilungsgerechtigkeit*, sondern schädigt (auch) die den Gläubigern in der Gesamtheit zustehende Vermögensmasse und darüber hinaus das Vermögen der juristischen Person, soweit es im Interesse ihrer Gläubiger der Verfügungsgewalt der Gesellschafter entzogen ist. Entgegen *Tiedemann*[1] ist daher in den Fällen des existenzgefährdenden Eingriffs Masseschmälerung (näher unten § 83) gegeben und nicht nur Gläubigerbegünstigung gem. § 283c StGB (hierzu § 84 Rz. 30).

IV. Auswirkung auf die Überschuldung

36 Nach § 39 Abs. 1 Nr. 5 InsO a.F. waren eigenkapitalersetzende Gesellschafterdarlehen *nachrangige Insolvenzforderungen*; der Gesellschafter war mithin Gläubiger (Rz. 11). Die Neufassung dieser Norm durch das *MoMiG* hat diese *Gläubigerstellung bestätigt* (Rz. 20). Dennoch waren bereits *vor dem MoMiG* alle eigenkapitalersetzenden Leistungen im *Überschuldungsstatus* grundsätzlich zu **passivieren**; aus Kapitalersatz resultierende (Freistellungs- oder Erstattungs-)Ansprüche der Gesellschaft konnten keine Aktiva sein[2]. Dies gilt – erst recht – *nach dem MoMiG*: Da – und soweit – der Gläubiger jederzeit seine Leistungen zurückfordern kann (Rz. 20), stehen diese den übrigen Gläubigern im Insolvenzfall gerade nicht zur Verfügung. Der Gesellschafter steht vielmehr (insoweit) in Konkurrenz mit den übrigen Gläubigern: *Gesellschafterforderungen sind zu passivieren*.

37 **a)** *Ausnahmsweise* konnte *vor Geltung des MoMiG* von der Passivierung eigenkapitalersetzender Gesellschafterdarlehen im Überschuldungsstatus abgesehen (bzw. konnten entsprechende Freistellungs- oder Erstattungsansprüche aktiviert) werden. Hierfür war es erforderlich, dass der Gesellschafter eine (**qualifizierte**) **Rangrücktrittserklärung**[3] abgegeben hatte. Diese – nicht konstitutive, sondern *deklaratorische* – *Erklärung* musste inhaltlich die Rechtsfolgen der Gesellschafterhaftung ausdrücklich bestätigen: Der Gesellschafter werde – solange die Krise der Gesellschaft andauere – den Rückzahlungsanspruch nicht geltend machen bzw. erst aus eventuellen künftigen Bilanzüberschüssen, aus dem die sonstigen Schulden übersteigenden Vermögen oder aus einem etwai-

---

1 *Tiedemann* in LK, § 283c StGB Rz. 10; *Bittmann*, wistra 2009, 104.
2 Zusammenfassend m.Nw. *Heerma*, BB 2005, 537; krit. hierzu *Fichtelmann*, GmbHR 2007, 518.
3 Grundsätzlich BGH v. 8.1.2001 – II ZR 88/99, BGHZ 146, 264; vgl. nur *v. Gerkan/Hommelhoff*, Kapitalersatz, Rz. 6.22 und *Goette*, DStR 2001, 179; *Bauer*, ZInsO 2001, 486 (491); *Henle/Bruckner*, ZIP 2003, 1736; aus der Sicht des StrafR umfassend *Quedenfeld/Richter* in Bockemühl, Hdb. FA StrafR, Kap. 9 Rz. 154; *Tiedemann* in LK, Vor § 283 StGB Rz. 152; *Maurer*, JR 2008, 391, je m.Nw.; vgl. auch BGH v. 6.5.2008 – 5 StR 34/08, wistra 2008, 379 und schon BGH v. 14.1.2003 – 4 StR 336/02, wistra 2003, 301.

gen Liquidationsüberschuss einfordern. Mithin war damit der *Nachrang* bzw. Erlass der Forderung auch für den Fall der Insolvenzeröffnung[1] bzw. – bei durch den Gesellschafter verbürgten und gesicherten Darlehen Dritter[2] – die entsprechende Vorranghaftung[3] *ausdrücklich* erklärt.

Auch Leistungen der vom Kaptalersatzrecht *nicht erfassten Gesellschafter* und *außenstehender Dritter* konnten bei Abgabe einer entsprechenden Erklärung diese überschuldungsvermeidende oder –beseitigende Wirkung herbeiführen[4], waren demnach als *Sanierungsinstrument* geeignet. In diesem Fall handelte es sich aber um eine (verbindliche und ausdrückliche) **Vereinbarung** zwischen dem Gläubiger und der Gesellschaft; die Erklärung war also nicht deklaratorisch, sondern rechtsgestaltend (**konstitutiv**). 38

b) Das **MoMiG** hat auch hieran *festgehalten* (§ 19 Abs. 2 InsO n.F. i.V.m. § 39 Abs. 1 Nr. 5, Abs. 4 und 5 InsO n.F.) und hat – unter Beibehaltung der Definition des relevanten Gesellschafters (Rz. 5) – klargestellt, dass „**vereinbarter**" **Rangrücktritt** die Passivierungspflicht entfallen lässt (bzw. Aktivierung des Erstattungs- bzw. Ersatzanspruchs gestattet)[5]. Damit ist aber auch die *inhaltliche* Änderung der Gesellschaftererklärung deutlich: Diese ist nunmehr – wie früher schon diejenige des Nichtgesellschafters (Rz. 38) – *konstitutiv*. 39

Daraus folgt aber ein – in der Rechtsprechung und Literatur bislang kaum geklärter[6] – Regelungsbedarf. Vor dem MoMiG war die Bindung durch die (deklaratorische und konstitutive) **Rangrücktrittserklärung** des Gesellschafters und Dritten *auf die Zeit der Finanzierungskrise beschränkt*. War die Krise beseitigt, unterlag der Gesellschafter nicht mehr der gesetzlichen Kapitalbindung, endete die vertragliche Bindung des Dritten. 40

Das MoMiG hat die *(Finanzierungs-)Krise* ausdrücklich mit einem *Anwendungsverbot* belegt (Rz. 18). Eine „Rangrücktrittserklärung" ohne die Beschränkung auf die Finanzierungskrise würde aber entweder zu einer *unbefristeten* Bindung (mit der die Leistung endgültig dem Eigenkapital gleichstehen würde) *oder* zu einer *jederzeit* (etwa im Wege der außerordentlichen Kündigung gem. §§ 314, 490 BGB bei Vermögensverschlechterung möglichen) *aufhebbaren* Bindung führen.

Eine **Vereinbarung**, die der *Gefahr einer Kündigung vor dem Insolvenzfall* (für den ja die Verzichtserklärung abgegeben sein muss) ausgesetzt ist, kann die Eigenkapitalsicherung (und damit die Sicherung der außenstehenden Gläubiger) selbstverständlich nicht erreichen. Eine solche Vereinbarung wäre demgemäß 41

---

1 Vgl. zum damaligen Streitstand *Beintmann*, BB 1999, 1543.
2 BGH v. 9.2.1987 – II ZR 104/86, NJW 1987, 1698.
3 *Peters*, WM 1988, 641; *Vonnemann*, GmbHR 1989, 145; *Fleck*, GmbHR 1989, 313; BGH v. 9.10.1986 – II ZR 58/86, WM 1986, 1554; *Tiedemann* in LK, Vor § 283 StGB Rz. 152.
4 Ausf. und deutlich BGH v. 6.5.2008 – 5 StR 34/08, wistra 2008, 379 m.Nw.
5 Hierzu *Tiedemann* in LK, Vor § 283 StGB Rz. 152 mit Bezug auf die amtl. Begr; vgl. auch *Maurer*, JR 2008, 389 (391).
6 Vgl. aber nunmehr *Frystatzki*, NZI 2013, 609 ff. und *Wolf*, ZWH 2014, 261 ff., je mit Nw.

wertlos; die Leistung des Gesellschafters ist in diesem Fall im Überschuldungsstatus zu passivieren und sein Ersatzanspruch dürfte nicht aktiviert werden.

42 Gem. § 19 Abs. 2 S. 2 InsO sind Darlehen, bezüglich derer ein „Nachrang im Insolvenzverfahren hinter den in § 39 Abs. 1 Nr. 1-5 InsO bezeichneten Forderungen *vereinbart* worden ist", **nicht** als Verbindlichkeiten **zu passivieren**. Hieraus wird einerseits geschlossen, ein auf die Eröffnung des Insolvenzverfahrens begrenzter Rangrücktritt reiche aus; andererseits wird verlangt, dieser müsse auch den (Krisen-)Zeitraum vor Verfahrenseröffnung umfassen[1]. *Wolf* hat nachgewiesen[2], dass nur *Rangrücktritte*, die auch für den (Krisen-)Zeitraum *vor dem Insolvenzverfahren* erklärt werden, dem Gesetzeszweck gerecht werden. Dem ist vor allem auch im Hinblick auf die ansonsten kaum zu bejahende Fortführungsprognose (§ 79 Rz. 19 ff.) vollumfänglich zuzustimmen.

§ 83
Masseschmälerung
Bearbeiter: Hans Richter

	Rz.
I. Systematische Stellung	1
II. Geschütztes Vermögen	
1. Sachen, Rechte und Ansprüche	5
2. Immaterielle und sonstige Vermögensteile	7
3. Belastete Vermögensteile	10
III. Tathandlungen	
1. Beiseiteschaffen	17
2. Verheimlichen	29
3. Vortäuschung von Rechten Dritter	35
4. Unwirtschaftliche Geschäfte	49
a) Verlust-, Spekulations- und Differenzgeschäfte	54
b) Unwirtschaftliche Ausgaben, Spiel und Wette	62
c) Schleudergeschäfte	69
d) Sonstiges Verringern	73
5. Weitere Handlungsformen	80
6. Abgrenzung zur Gläubigerbegünstigung	81
7. Weitere Einzelheiten	
a) Schuldformen	85
b) Versuch und Teilnahme	87
c) Konkurrenzen	91
d) Sanktionen	92
IV. Verschiebung von Baugeld	100

Schrifttum: Vgl oben §§ 75–82; außerdem *App*, Gläubigerbenachteiligende Vermögensverschiebungen, wistra 1989, 13; *App*, Strafbares Beiseiteschaffen oder Verheimlichen von Vermögensgegenständen, KKZ 2001, 14; *Schramm*, Kann ein Verbraucher einen Bankrott (§ 283 StGB) begehen?, wistra 2002, 55; *Teufel*, Betrügerischer Bankrott und Kriminalistik, 1972; *Uhlenbruck*, Die Umfirmierung bei der GmbH als Verkürzung von

---

1 Vgl. die Nw. bei *Frystatzki*, NZI 2013, 609 ff.
2 *Wolf*, ZWH 2014, 261 (263 f.); zur Auswirkung auf die Feststellung der Zahlungsunfähigkeit vgl. auch *Bitter/Rauhut*, ZIP 2014, 1005 und *Bork*, ZIP 2014, 997 (oben § 78 Rz. 22 und § 79 Rz. 38); a.A. *Geiser*, NZI 2013, 1056.

Konkursmasse, GmbHR, 1987, R 41 ff.; *Wessing*, Zur Anwendung des § 283 StGB im Privatkonkurs, EWiR 2002, 125.

I. Systematische Stellung

Vermögensverschiebungen gehören neben den Buchführungs- und Bilanzdelikten nach ihrer Handlungsform zum Kern des Bankrottstrafrechts. Sie hatten aber in der *Praxis* unter Anwendung der „Interessentheorie" des BGH zu § 14 StGB (näher § 81 Rz. 53 ff.) kaum Bedeutung, da sie zumeist die Organe juristischer Personen, insbesondere der GmbH betreffen, bei denen sie nach der früheren Rechtsprechung des BGH i.d.R. nur als Untreue strafbar waren. Nach Aufgabe der „Interessentheorie" durch den BGH ist nun vermehrt mit Entscheidungen auch der Obergerichte zu rechnen, nachdem die Staatsanwaltschaften jedenfalls seit 2011 bei Vermögensminderung im Krisenzusammenhang regelmäßig Bankrott (neben oder statt Untreue – § 81 Rz. 61 ff.) zur Anklage bringen (vgl. die ersten Beispiele im Bereich der Unternehmensbestattung § 87 Rz. 46 ff.).

Bankrott durch Masseschmälerung liegt vor, wenn der Schuldner Teile seines Vermögens, die im Falle einer Insolvenzverfahrenseröffnung zur *Masse* (zum Begriff vgl. Rz. 5 und § 81 Rz. 2) gehören würden, **dem Zugriff der Gläubiger entzieht** oder diesen Zugriff **wesentlich erschwert**, ohne der Masse einen adäquaten Gegenwert zukommen zu lassen[1]. Handelt er dabei *in der Krise* (Überschuldung oder drohende oder eingetretene Zahlungsunfähigkeit, s. oben §§ 78, 79), so ist der Tatbestand des § 283 Abs. 1 Nr. 1 StGB erfüllt. *Führt er durch die Vermögensverschiebung die Krise herbei* (Überschuldung oder eingetretene Zahlungsunfähigkeit), ist die Strafbarkeit nach § 283 Abs. 2 StGB gegeben.

Vermögensverschiebungen müssen **nicht eigennützig** sein, wie etwa die Handlungsformen des Zerstörens, Beschädigens oder Unbrauchbarmachens zeigen; auch eine Zueignungs- oder Bereicherungsabsicht des Täters ist nicht erforderlich. In der Praxis liegt allerdings in aller Regel Eigennützigkeit beim Täter vor. Ist dies bei Tathandlungen von Organmitgliedern von Kapitalgesellschaften oder vertretungsberechtigten Gesellschaftern von Personen(handels)gesellschaften der Fall, wie etwa bei dem Geschäftsführer einer GmbH, so sollte nach der früheren ständigen Rechtsprechung des BGH *nur* die Strafbarkeit als *Untreue*, nicht aber als Bankrott in Betracht kommen; nunmehr liegt i.d.R. tateinheitlich Bankrott und Untreue vor (*Interessentheorie* – vgl. zu dieser zu Recht kritisierten Rechtsprechung und zu den Folgen ihres Wegfalls § 81 Rz. 53 ff.).

---

1 BGH v. 22.2.2001 – 4 StR 421/00, wistra 2001, 307; *Bittmann* in Bittmann, InsolvenzstrafR, § 12 Rz. 102, verlangt entgegen der h.M. aus Abgrenzungsgründen zu den anderen Tathandlungen des § 283 Abs. 1 StGB, dass der Täter nach der Tat weiterhin Zugriff auf den beiseite geschafften Gegenstand oder seinen Wert behält; diese einschränkende Auslegung ist nicht zwingend erforderlich und wird einem wirksamen Gläubigerschutz nicht gerecht.

4 Vermögensverschiebungen *zugunsten eines Gläubigers* (ohne Masseschmälerung) sind nur nach dem privilegierten Tatbestand der **Gläubigerbegünstigung** gem. § 283c StGB strafbar (vgl. – auch wegen möglicher Tatbeteiligung von Außenstehenden an vermögensmindernden Taten von Unternehmensverantwortlichen – Rz. 81 ff. und § 84 Rz. 17 ff.).

II. Geschütztes Vermögen

1. Sachen, Rechte und Ansprüche

5 Strafrechtlich geschützt sind **alle Vermögensteile** des Schuldners, die im Falle einer Insolvenzverfahrenseröffnung zur *Insolvenzmasse* (die Praxis – auch die höchstrichterliche Insolvenzrechtsprechung[1] – spricht überwiegend abgekürzt von „**Masse**") gehören würden und einen *wirtschaftlichen Wert* haben. Das ist nach §§ 35 ff. InsO im Wesentlichen das *gesamte der Zwangsvollstreckung unterliegende Vermögen*, also alle beweglichen und unbeweglichen Sachen, Anwartschaften, Rechte und Forderungen, die im Zeitpunkt der Bankrotthandlung dem Schuldner gehören und nicht nach §§ 811, 850 ff., 852, 859 ff. ZPO unpfändbar sind oder nach § 812 ZPO nicht gepfändet werden sollen[2] (vgl. § 36 InsO). Auch Anfechtungsrechte gehören zur Masse[3]; desgleichen Patente und sonstige gewerbliche Schutzrechte einschließlich des schriftlich niedergelegten Know-how[4].

Für Bankrotthandlungen nach Eröffnung eines Insolvenzverfahrens ist bedeutsam, dass nach § 35 InsO auch *während des Verfahrens* vom Schuldner erlangte Vermögensteile zur geschützten Masse gehören und Tatgegenstände sein können[5].

6 Nach der ZPO – und damit auch strafrechtlich – **ausgenommene Gegenstände** sind solche des *persönlichen Gebrauchs* (Hausrat, Nahrungsmittel, Nutztiere, Arbeitsmittel usw.) sowie das *pfändungsfreie Arbeitseinkommen* zur Sicherung des notwendigsten Lebensunterhalts (vgl. aber § 36 Abs. 3 InsO). Weiter gehören unter bestimmten Voraussetzungen dazu die Ansprüche auf den Pflichtteil, den Zugewinnausgleich sowie die Schenkungsrückforderung, der Anteil des Gesellschafters einer Gesellschaft bürgerlichen Rechts an den einzelnen zum Gesellschaftsvermögen gehörenden Gegenständen, der Anteil des Ehegatten am Gesamtgut bei Gütergemeinschaft (vgl. aber § 37 InsO) sowie die Nutzungen der Erbschaft bei Einsetzung eines Nacherben oder Testamentsvollstreckers. Nicht zur Masse gehört auch der Anspruch auf Lieferung einer un-

---

[1] Vgl. etwa BGH v. 20.2.2014 – IX ZR 32/01.
[2] BGH v. 24.6.1952 – 1 StR 153/52, BGHSt 3, 32 (35); BGH v. 17.11.1953 – 5 StR 450/53, BGHSt 5, 119 (121); BGH v. 27.9.1982 – II ZR 51/82, BGHZ 85, 221 (222).
[3] RGSt. 66, 153.
[4] *Tiedemann* in LK, § 283 StGB Rz. 19; vgl. auch BGH v. 2.4.1998 – IX ZR 232/96, ZIP 1998, 830 zum geschmacksmusterrechtlichen Anwartschaftsrecht des Anmeldeberechtigten.
[5] *Fischer*, § 283 StGB Rz. 3; *Tiedemann* in LK, § 283 StGB Rz. 23a; *Heine/Schuster* in S/S, § 283 StGB Rz. 3a.

pfändbaren Sache[1] sowie ein vertraglich vereinbartes nicht übertragbares Grundstücks-Ankaufsrecht[2].

2. Immaterielle und sonstige Vermögensteile

Die *Geschäftsbücher* eines Handelsunternehmens einschließlich seiner Kundenkartei[3] gehören ebenso zur geschützten Vermögensmasse (§ 36 Abs. 2 Nr. 1 InsO) wie überhaupt Unterlagen über den Kundenkreis, das Vertriebsnetz und sonstige vermögenswerte Geschäftsbeziehungen und Vorteile, die sich aus dem im Unternehmen gesammelten Wissen des Personals ergeben[4]. Allgemein gehören **immaterielle Wirtschaftsgüter** unabhängig davon, ob sie in der Bilanz aktiviert sind[5], zur geschützten Vermögensmasse; dies gilt für technisches wie kaufmännisches Know-how[6].

Nicht zur geschützten Vermögensmasse soll die **Firma**, also der Name, unter dem der Kaufmann – regelmäßig der Unternehmensträger – im Geschäftsverkehr auftritt (§ 17 HGB), einer Personen(handels)gesellschaft gehören, wenn sie den persönlichen Namen eines Mit-Inhabers enthält[7]. Dies gilt allerdings nach h.M. nicht für die – auch personenbezogene – Firma einer *Kapitalgesellschaft*, die einen erheblichen Wert haben kann[8].

Die **Grenze des** nach § 283 Abs. 1 Nr. 1 StGB **geschützten immateriellen Vermögens** ist generell dort zu ziehen, wo die Positionen rechtlich nicht mehr fassbar und wirtschaftlich nicht mehr *bewertbar* sind. Zwar kommt es für den – durch die Gläubiger in der Gesamtvollstreckung erzielbaren – Wert eines Gegenstandes nicht auf die Höhe der Kosten, etwa auch von Investitionen für Forschung und Entwicklung, an. Diese können indes Anhaltspunkte für mögliche Kaufangebote Dritter bieten – die dann den Marktwert ergeben –, auch wenn solche nicht vorliegen. Wird die *Geschäftstätigkeit* des Schuldners ganz oder teilweise auf ein neues/anderes Unternehmen *verlagert* und betrifft dies (auch) ertragsversprechende und damit vermögenswerte Vertragsbeziehungen oder

---

1 RGSt. 73, 128; die Pfändungsfreiheit nach § 811 Nr. 4 und 9 ZPO (landwirtschaftliches Gerät, Vieh usw. sowie Geräte und Waren einer Apotheke) hat die Herausnahme aus der geschützten Vermögensmasse dagegen nicht zur Folge (§ 36 Abs. 2 Nr. 2 InsO).
2 BGH v. 1.9.1994 – 4 StR 259/94, wistra 1994, 349.
3 *Heine/Schuster* in S/S, § 283 StGB Rz. 3a.
4 *Keller* in HK, § 35 InsO Rz. 21 ff.
5 Hierzu – aber auch allgemein zur Wertbestimmung in diesen Fällen – *Bittmann*, wistra 2008, 441 m.Nw.
6 *Tiedemann* in LK, § 283 StGB Rz. 19.
7 OLG Düsseldorf v. 23.12.1981 – 3 Ws 243/81, wistra 1982, 117; vgl. aber *Uhlenbruck*, GmbHR 1987, R 41; wistra 1996, 1 (7).
8 BGH v. 27.9.1982 – II ZR 51/82, BGHZ 85, 221 (223); OLG Frankfurt v. 20.1.1982 – 7 U 100/81, ZIP 1982, 334; *Tiedemann* in LK, § 283 StGB Rz. 19; *Uhlenbruck*, GmbHR 1987, R 41.

sonstiges Know-how – bis hin zur *Arbeitskraft* des Geschäftsführers einer GmbH[1] – liegt Masseminderung vor.

3. Belastete Vermögensteile

10 An **zur Sicherheit** an einen Gläubiger **übereigneten oder verpfändeten** Gegenständen steht dem Gläubiger zwar nach §§ 50 ff. InsO ein Recht auf *abgesonderte Befriedigung* zu; sie gehören aber zur geschützten Masse, denn der Insolvenzverwalter ist nach §§ 166 ff. InsO zur Verwertung solcher Vermögensstücke befugt[2]. Derartige Vermögensstücke haben für die Masse insofern einen wirtschaftlichen Wert, als die Masse im Umfang des an den Gläubiger fließenden Verwertungserlöses von ihrer Verbindlichkeit befreit wird; ein darüber hinausgehender Verwertungserlös hat der Befriedigung der Gläubigergesamtheit zu dienen. Eine nicht zugunsten des Gläubigers (und im Übrigen aller Gläubiger) erfolgte Verfügung über das Vermögensstück ist daher als Beiseiteschaffen anzusehen[3].

Auch die Miteigentümer einer nach §§ 947, 948 BGB **verbundenen** oder **vermischten Sache** haben nur ein *Absonderungsrecht*, weshalb die Sache zur Masse gehört.

11 Mit Grundpfandrechten **belastete Grundstücke** gehören zwar zur Masse (§ 165 InsO); sie haben für die übrigen Gläubiger jedoch nur insoweit einen wirtschaftlichen Wert, als der Verkehrswert die valutierte Belastung übersteigt. Ein Beiseiteschaffen durch Übereignung oder (weitere) Belastung kann daher nur hinsichtlich dieses „Mehrwerts" als Tathandlung qualifiziert werden[4].

12 Sachen, an denen der Gläubiger nach § 47 InsO ein **Aussonderungsrecht** hat, wie dies beim *Eigentumsvorbehalt eines Lieferanten* der Fall ist, gehören dagegen nicht zur geschützten Masse des Schuldners als Käufer. Hatte er allerdings bereits so viel auf den Kaufpreis bezahlt, dass die Restschuld den Warenwert unterschreitet, so kommt seiner *Anwartschaft* auf den Eigentumserwerb nach Restzahlung ein Wert zu, der seinen Gläubigern eine Befriedigungsmöglichkeit eröffnet. In diesen Fällen kann daher die Anwartschaft Gegenstand einer Vermögensverschiebung, etwa durch Beiseiteschaffen der Ware sein[5]. Im Übrigen

---

1 Die allerdings ansonsten keinen Vermögensbestandteil darstellt – vgl. *Tiedemann* in LK, § 283 StGB Rz. 24; *Tiedemann*, KTS 1984, 553.
2 BGH v. 24.6.1952 – 1 StR 153/52, BGHSt 3, 32 (35); BGH v. 17.11.1953 – 5 StR 450/53, BGHSt 5, 119 (120); BGH v. 2.9.1960 – 5 StR 275/60, GA 1960, 375 (376); nach der InsO hat der Insolvenzverwalter das alleinige Verwertungsrecht; – zu den Grenzen der Vermögensbetreuungspflichten in solchen Fällen vgl. OLG Nürnberg v. 11.12.2013 – 12 U 1530/12, ZWH 2014159 m. Anm. *Hoos*.
3 BGH v. 24.6.1952 – 1 StR 153/52, BGHSt 3, 32 (36); BGH v. 2.9.1960 – 5 StR 275/60, GA 1960, 375, 376.
4 So auch *Tiedemann* in LK, § 283 StGB Rz. 17.
5 BGH v. 24.6.1952 – 1 StR 153/52, BGHSt 3, 32 (36); BGH v. 17.5.1956 – 4 StR 94/56, BB 1957, 274; BGH v. 26.10.1954 – 2 StR 332/54, GA 1955, 149 (150); BGH v. 2.9.1960 – 5 StR 275/60, GA 1960, 375 (376); BGH v. 5.12.1961 – 1 StR 441/61, GA 1962, 146.

kann der Käufer durch Verwertung der Sache auch eine Unterschlagung begehen.

Erstreckt sich das Eigentum beim **verlängerten Eigentumsvorbehalt** auch auf die vom Käufer durch Weiterbearbeitung hergestellte Sache, was durch die Vereinbarung der Herstellereigenschaft auch des Vorbehalts-Verkäufers erreicht werden kann[1], so hat der Verkäufer nur ein *Absonderungsrecht*. Deshalb gehört eine solche Sache zur geschützten Vermögensmasse des Käufers.

Hat sich der Vorbehalts-Verkäufer als Ersatz für den Verlust seines Eigentums bei einer Weiterveräußerung die Forderung des Vorbehalts-Käufers gegen seinen Kunden im Wege der **Sicherungszession** abtreten lassen, so liegt bei ihm ebenfalls nur ein *Absonderungsrecht* vor, weshalb die Forderung zur Masse des Vorbehaltskäufers gehört. Das Gleiche gilt auch für sonstige Fälle der Sicherungszession[2].

Nicht zum strafrechtlich geschützten Vermögen gehören dagegen Sachen, **die dem Schuldner zur Sicherheit übereignet** worden sind. Sie sind zwar zivilrechtlich sein Eigentum, werden aber wirtschaftlich dem Sicherungsgeber zugerechnet, der daher ein *Aussonderungsrecht* an ihnen hat[3].

Dagegen sind Sachen, die der Schuldner **unrechtmäßig**, etwa durch Betrug oder Unterschlagung, erlangt hat, als der Masse zugehörig anzusehen[4].

III. Tathandlungen

1. Beiseiteschaffen

Wichtigste Handlungsform ist das „Beiseiteschaffen" (§ 283 Abs. 1 Nr. 1 StGB), das **alle Tätigkeiten** des Schuldners umfasst, die zum **Taterfolg** führen, nämlich Teile seines Vermögens in tatsächlicher oder rechtlicher Hinsicht[5] *dem Zugriff seiner Gläubiger zu entziehen* oder *diesen wesentlich zu erschweren*[6]. Damit sind Abgrenzungsprobleme zum „Verheimlichen" vorgegeben, mit denen sich die Praxis – da die Rechtsfolge identisch ist – allerdings nicht beschäftigt[7]. Sie können bei Sachen in einem Verstecken, Verbrauchen oder Verarbeiten, aber

---

1 BGH v. 3.3.1956 – IV ZR 334/55, BGHZ 20, 159.
2 RGSt. 72, 255; BGH v. 24.6.1952 – 1 StR 153/52, BGHSt 3, 32 (36); BGH v. 17.11.1953 – 5 StR 450/53, BGHSt 5, 119 (121) für die Abtretung einer Forderung zur Einziehung; BGH v. 2.2.1988 – 1 StR 611/87, wistra 1988, 193; BGH v. 2.11.1995 – 1 StR 449/95, wistra 1996, 144 für die Sicherungszession zugunsten einer Bank.
3 BGH v. 7.4.1959 – VIII ZR 219/57, NJW 1959, 1224.
4 BGH v. 26.10.1954 – 2 StR 332/54, GA 1955, 149.
5 *Tiedemann* in LK, § 283 StGB Rz. 25; BGH v. 29.4.2010 – 3 StR 314/09, BGHSt 55, 107.
6 *Fischer*, vor § 283 StGB Rz. 4 ff. m.w.Nw.
7 Ein typisches Beispiel gibt BGH v. 29.4.2010 – 3 StR 314/09, BGHSt 55, 107, wo die Erschwerung des Gläubigerzugriffs auf (nicht leicht zugängliche, erst durch staatsanwaltschaftliche Ermittlungen bekannt gewordene) Konten im Ausland nur unter dem Gesichtspunkt des Beiseiteschaffens, nicht aber als „Verbergen/Verstecken" unter dem Gesichtspunkt des Verheimlichens geprüft wird – vgl. sogleich Rz. 29.

auch in einem Rechtsgeschäft, insbesondere in einer Übereignung oder Verpfändung, bestehen. Bei Rechten oder Forderungen kommt die Abtretung oder heimliche Einziehung, etwa über das Bankkonto eines Dritten, in Betracht. Das gilt auch, wenn die Umleitung dazu dienen sollte, im Interesse der Masse einzelne Gläubigerzugriffe zu verhindern[1]. Nicht erforderlich ist, dass der Täter nach der Tat keine Verfügungsbefugnis und/oder keinen Zugriff mehr auf die fraglichen Vermögensbestandteile hat[2]. Maßgeblich und ausreichend ist schon die *Erschwerung* des Gläubigerzugriffs.

18 Daher ist dann, wenn das Beiseiteschaffen eines Vermögensteils die Überschuldung herbeiführt (§ 283 Abs. 2 StGB), auch im **Überschuldungsstatus** der beiseite geschaffte Vermögensteil bei der Feststellung der Überschuldung nicht mehr zu aktivieren. Dies gilt selbst dann, wenn er sich noch im Eigentum oder in der Zugriffsmöglichkeit des Schuldners befindet[3]. Das Gleiche gilt für die Feststellung der (drohenden) Zahlungsunfähigkeit (§ 78 Rz. 20).

19 Die Tathandlungen im rechtsgeschäftlichen Bereich werden häufig so ausgestaltet, dass sie als **Austauschgeschäft** zwar der Form nach einem ordentlichen Geschäftsvorfall entsprechen, wirtschaftlich jedoch den Zweck verfolgen, das Vermögensstück ohne *(ausreichende) Gegenleistung* dem Täter zuzuwenden oder einem Dritten, sei es für ihn selbst oder als Strohmann für den Täter. Entscheidend ist in solchen Fällen die Frage, ob der Masse alsbald ein gleichwertiger greifbarer Gegenwert zufließt. Daher bleibt z.B. die Veräußerung von Waren zu einem angemessenen und auch bezahlten Preis straflos, und zwar auch dann, wenn sie an den Schuldner selbst erfolgt.

Entspricht zwar die Gegenleistung für sich gesehen der Leistung, ist die Anschaffung aber im Hinblick auf die Krise des Unternehmens und/oder den Unternehmenszweck **nicht (mehr)** mit den **Grundsätzen ordnungsmäßiger Wirtschaftsführung vereinbar** (wie etwa beim Erwerb von Luxusgütern oder der Inanspruchnahme von aussichtslosen Sanierungs-Beratungsleistungen), so kann die Bankrotthandlung der *unwirtschaftlichen Ausgaben* nach § 283 Abs. 1 Nr. 2 StGB vorliegen (Rz. 49 ff.).

20 Beiseiteschaffen in tatsächlicher Hinsicht tritt in der Praxis auch häufig in der Form auf, dass der Schuldner Barvermögen oder Wertpapiere auf ihm zustehende Konten oder Depots im In- oder Ausland verlagert, von denen seine Gläubiger keine Kenntnis haben[4]. Zutreffend weist *Fischer*[5] darauf hin, dass die verbreitete Annahme, Beiseiteschaffen setze einen (groben) Verstoß gegen die **Grundsätze einer ordnungsgemäßen Wirtschaft** voraus[6], dem Wortlaut der Norm nicht zu entnehmen ist. Ein derartiger Verstoß ist zwar bei den Tathandlungen des § 283 Abs. 1 Nr. 2, 3 und 8 StGB, nicht aber bei dessen Nr. 1 voraus-

---

1 BGH v. 14.12.1999 – 5 StR 520/99, wistra 2000, 136 (137).
2 OLG Frankfurt v. 18.6.1997 – 1 Ws 56/97, wistra 1997, 274.
3 Vgl. *Fischer*, vor 283 StGB Rz. 7d; BGH v. 22.1.2013 – 1 StR 234/12 – Rz. 5, BGHSt 58, 115.
4 Hierzu etwa *Dannecker/Knierim/Hagemeier*, InsolvenzstrafR, Rz. 956.
5 *Fischer*, § 283 StGB Rz. 4b; ebenso *Hoyer* in SK, § 283 StGB Rz. 31 f.
6 So BGH v. 17.3.1987 – 1 StR 693/86, BGHSt 34, 310; *Heine/Schuster* in S/S, § 283 StGB Rz. 4; *Wegner* in A/R, VII 1 Rz. 105.

gesetzt. Dasselbe gilt auch für die insbesondere von *Tiedemann*[1] noch weitergehend geforderte *subjektive Zielrichtung* des Schuldners auf Gläubigerbenachteiligung. Andererseits widerspricht die Schmälerung der Masse im Bewusstsein der Krise (oder ihrer Herbeiführung) und damit der Beeinträchtigung der Gläubigerbefriedigung bei Anerkennung des Rechtsgutes des Bankrotts stets ordnungsgemäßer Wirtschaft.

Dies belegt auch ein vom 3. Strafsenat des BGH entschiedener Fall[2] von Überweisungen eines deutschen Schuldners auf Konten bei Liechtensteiner Banken. Maßgebend – auch zur Abgrenzung einer Strafbarkeit bei Beeinträchtigung der Einzelzwangsvollstreckung nach § 288 StGB (§ 88 Rz. 5) – ist nicht die **Beeinträchtigung** eines Gläubigers, sondern **der Gläubigergesamtheit**. Nicht gefolgt werden kann dem Senat jedoch insofern, als er auf die Erkenntnismöglichkeit eines „gedachten" Insolvenzverwalters abstellt[3] – ist doch dessen Einsatz angesichts der hohen Quote der Abweisung des Insolvenzantrages mangels Masse selbst zweifelhaft. Zu fragen ist vielmehr ganz konkret, ob die zu erwartenden *Erkenntnisse der Gläubigergesamtheit* (woher auch immer) aus den Angaben des Schuldners im erwarteten Verfahren oder bei hinreichender Wahrscheinlichkeit der Einsicht in seine Unterlagen und Erkennbarkeit der Transaktionen den Zugriff auf die Vermögenswerte erlauben oder ob dieser wesentlich erschwert sein wird.

21

Entnahmen aus dem Vermögen von Kapitalgesellschaften (auch) zugunsten und/oder auf Weisung von Gesellschaftern sind – da sie regelmäßig nicht nur das Vermögen der juristischen Person sondern auch die Masse (Rz. 5) schmälern – nicht nur als Untreue sondern (tateinheitlich gem. § 52 StGB) auch als Bankrott (Beiseiteschaffen gem. § 283 Abs. 1 Nr. 1 StGB) strafbar (eingehend § 82 Rz. 26 ff.). Voraussetzung ist, dass die Tathandlung nach Kriseneintritt (drohende/eingetretene Zahlungsunfähigkeit und/oder Überschuldung) vorgenommen wurde bzw. deren Kausalität zur Krise (§ 283 Abs. 2 StGB). Zusätzliches Merkmal ist damit lediglich die objektive Strafbarkeitsbedingung des § 283 Abs. 6 StGB (§ 81 Rz. 65 ff.). Bei Personengesellschaften ist Untreue nur zum Nachteil der Mitgesellschafter möglich. Diese sind indes eigenständige Rechtssubjekte des Insolvenzrechtes, weshalb Bankrott – wie auch bei der natürlichen Person (z.B.: „e.K.") – einschlägig ist. Insofern ist dem Unternehmer aber gestattet, den *notdürftigen Lebensunterhalt* für sich und seine Familie weiter aus dem geschützten Vermögen zu bestreiten (pfändungsfreier Betrag nach § 850c ZPO für jeweils höchstens einen Monat im Voraus; nicht jedoch für ein Absetzen ins Ausland)[4].

22

Nach der InsO beschließt die Gläubigerversammlung *nach Eröffnung des Insolvenzverfahrens* über **Unterhaltszahlungen** an den Schuldner (als natürliche Person oder persönlich haftenden vertretungsberechtigten Gesellschafter einer Personenhandelsgesellschaft) und seine Familie. Der Insolvenzverwalter kann

23

---

1 *Tiedemann* in LK, § 283 StGB Rz. 28 m.Nw.
2 BGH v. 29.4.2010 – 3 StR 314/09, BGHSt 55, 107.
3 BGH v. 29.4.2010 – 3 StR 314/09 – Rz. 32.
4 BGH v. 10.2.1981 – 1 StR 515/80, JR 1982, 29 m. Anm. *Schlüchter*; BGH v. 10.2.1981 – 1 StR 515/80, NStZ 1981, 259.

dem Schuldner und seiner Familie nur *vorläufig* den notwendigen Unterhalt gewähren (§§ 100, 101 Abs. 1 InsO).

Auch nach Anordnung der *Eigenverwaltung* kann der Schuldner als natürliche Person oder persönlich haftender vertretungsberechtigter Gesellschafter für sich und seine Familie die Mittel aus der Insolvenzmasse entnehmen, die unter Berücksichtigung der bisherigen Lebensverhältnisse eine bescheidene Lebensführung gestatten (§ 278 InsO).

24 Bezieht der Gesellschafter oder ein Dritter *als Geschäftsführer* oder Vorstand aufgrund eines mit der Gesellschaft (ausdrücklich oder stillschweigend) abgeschlossenen **Dienstvertrags** Gehalt, so sind *nur unangemessene Zahlungen* als Beiseiteschaffen strafbar, die den vertraglichen Rahmen rechtsmissbräuchlich ausschöpfen[1]. Das ist der Fall, wenn das Gehalt in der Höhe nicht mehr mit der Krisensituation der Gesellschaft vereinbar ist oder der Geschäftsführer nur noch Gehalt bezieht, um für seinen aufwendigen *Lebensunterhalt* Einkünfte zu erzielen, nicht aber, weil er für die Gesellschaft noch sinnvolle, also etwa aussichtsreich erscheinende *Sanierungsdienste* erbringt. Letzteres ist bei Kapitalgesellschaften und GmbH & Co KGs nach Ablauf der gesetzlichen Insolvenz-Antragsfristen gem. § 15 InsO ohnehin nicht mehr möglich.

Neben Gehaltszahlungen kann auch die Bezahlung von **Prozesskosten** eines Gesellschafters oder Dritten, die in unmittelbarem Zusammenhang mit einer für die Gesellschaft ausgeübten Tätigkeit stehen, noch angemessen und damit strafrechtlich unbedenklich sein[2].

25 Sinngemäß das Gleiche gilt für Zahlungen der schuldnerischen Gesellschaft auf **Miet- oder Pachtverträge** des Gesellschafters, Geschäftsführers oder ihnen nahestehender Dritter mit der Gesellschaft. Der Geschäftsführer ist bei solchen Dauerschuldverhältnissen verpflichtet, zum Schutz der Gläubiger (bei Personenhandelsgesellschaften) oder aufgrund seiner Treupflicht gegenüber der Kapitalgesellschaft in der Krise oder vorher zu ihrer Vermeidung die außerordentlichen fristlosen *(Änderungs-)Kündigungsmöglichkeiten auszuschöpfen*, um unwirtschaftliche Ausgaben nach § 283 Abs. 1 Nr. 2 StGB oder Untreue zu vermeiden.

26 Die Tathandlung ist mit dem *Erfüllungsgeschäft* **vollendet**. Bleibt es beim *schuldrechtlichen Grundgeschäft*, so liegt ein **Versuch** mit der Möglichkeit des strafbefreienden Rücktritts vor[3]. Bei Rechtsänderungen an unbeweglichen Sachen ist die Deliktsvollendung schon mit der einen Vorrang wahrenden Grundbucheintragung gegeben, wobei die Eintragung einer Vormerkung genügt, da sie bereits den Zugriff der Gläubiger erschwert[4]. Die Eintragung einer nicht valutierten Hypothek oder Grundschuld ist aus diesem Grund ebenfalls

---

1 In diesen Fällen ist aber eine Herabsetzung der Dienstbezüge nach § 242 BGB i.V.m. einer analogen Anwendung des § 87 Abs. 2 AktG in Betracht zu ziehen, BGH v. 20.12.1994 – 1 StR 593/94, wistra 1995, 144 unter Hinweis auf die Pfändungsfreiheit dieser Bezüge nach § 850 ZPO, die auch gegenüber Erstattungsansprüchen der Gesellschaft gegen ihre Gesellschafter nach § 30 GmbHG gelte: BGH v. 1.2.1977 – 5 StR 626/76, AG 1978, 166.
2 BGH v. 17.3.1987 – 272/86, wistra 1987, 216.
3 RGSt. 61, 108; a.A. *Tiedemann* in LK, § 283 StGB Rz. 200.
4 *Heine/Schuster* in S/S, § 283 StGB Rz. 4.

bereits vollendetes Beiseiteschaffen, obwohl nur eine Eigentümerhypothek oder -grundschuld entsteht[1]. Auch dingliche Rechtsgeschäfte eines Einzelunternehmers als Gemeinschuldner im Insolvenzverfahren sind vollendete Tathandlungen, obwohl sie ohne Zustimmung des Insolvenzverwalters gegenüber den Insolvenzgläubigern unwirksam sind, wenn man von den Fällen des gutgläubigen Erwerbs absieht. Es liegt auch in solchen Fällen bereits die Tathandlung des *Erschwerens des Gläubigerzugriffs* vor. – Des Eintritts einer objektiven Bedingung der Strafbarkeit bedarf es zur Deliktsvollendung nicht (vgl. Rz. 88).

Die Strafbarkeit des Beiseiteschaffens wird nicht dadurch beseitigt, dass es den Gläubigern oder dem Insolvenzverwalter gelingt, mit oder ohne Hilfe des Täters das **Vermögensstück wiederzuerlangen**. Auch das Bestehen von *Anfechtungsrechten* steht der Tatbestandsvollendung nicht entgegen. 27

Folgende **Sachverhaltsgestaltungen** sind in der Rechtsprechung als *„Beiseiteschaffen"* beurteilt worden: 28

— nicht gerechtfertigte Sicherungsübereignung[2];
— Veräußerung ohne entsprechenden Gegenwert[3];
— Einzug von Forderungen über ein auf fremden Namen lautendes Konto[4], auch um damit etwa Löhne und Sozialbeiträge der Arbeitnehmer und Baumaterialien für das Unternehmen zu bezahlen;
— Einzug von Forderungen für eigenen Verbrauch[5];
— Versteigerung eines zur Sicherheit an einen Gläubiger übereigneten Gegenstandes der Insolvenzmasse (und Auskehrung des Erlöses an den Gläubiger)[6];
— Wegschaffung einer einem Dritten zur Sicherheit übereigneten Sache (Absonderungsrecht[7]; nicht aber einer unter Eigentumsvorbehalt stehenden Sache (Aussonderungsrecht[8], dies ist aber mögliche Tathandlung nach § 283 Abs. 1 Nr. 3 StGB; beides auch Unterschlagung);
— Übertragung eines Vermögensstücks ohne Gegenleistung auf ein eigens zu diesem Zweck gegründetes Unternehmen im Eigentum des Täters[9];
— Versorgung mit Geldern aus der Masse durch einen Einzelunternehmer für seinen zukünftigen Unterhaltsbedarf für einen längeren Zeitraum und für das Absetzen ins Ausland[10].

2. Verheimlichen

Neben dem „Beiseiteschaffen" ist das (ebenfalls in § 283 Abs. 1 Nr. 1 StGB genannte) „Verheimlichen" eine in der Praxis vor allem nach der Beantragung ei- 29

---

1 *Fischer*, § 283 StGB Rz. 4a; anders noch RGSt. 67, 366.
2 BGH bei *Holtz*, MDR 1979, 457.
3 BGH v. 10.2.1953 – 1 StR 638/52, NJW 1953, 1152.
4 BGH bei *Herlan*, GA 1959, 340.
5 BGH bei *Herlan*, GA 1961, 358.
6 BGH v. 25.9.2014 – IX ZR 156/12.
7 BGH v. 2.9.1960 – 5 StR 275/60, GA 1960, 375 (376).
8 BGH v. 26.10.1954 – 2 StR 332/54, GA 1955, 149 (150).
9 BGH v. 23.8.1978 – 3 StR 11/78, JZ 1979, 75 (76).
10 BGH v. 10.2.1981 – 1 StR 515/80, NStZ 1981 (259).

nes Insolvenzverfahrens häufig vorkommende Handlungsmodalität; zur Vermeidung von Abgrenzungsproblemen (Rz. 17) werden in der Praxis aber meist beide Alternativen gemeinsam genannt. Obwohl bei dieser Tatbestandsalternative die **Tathandlung**, nämlich das mit dem subjektiv-finalen Element versehene „*Verbergen*"[1], im Vordergrund steht, reicht diese auch hier zur Tatbestandsverwirklichung nicht aus: Die Kenntniserlangung durch die Gläubiger muss jedenfalls vorübergehend nicht unerheblich erschwert werden[2]. Beim *Ableugnen*[3], häufig auch beim pflichtwidriges **Unterlassen** (*Schweigen*)[4], wird i.d.R. nicht „Beiseiteschaffen", sondern „Verheimlichen" bevorzugt. Auch in diesen Fällen muss das Vermögensstück oder seine Zugehörigkeit zur Masse *der Kenntnis der Gläubiger, eines vorläufigen Insolvenzverwalters, des Insolvenzgerichts* oder – im Falle eines eröffneten Insolvenzverfahrens – des Insolvenzverwalters *entzogen* sein. Für Unterlassungshandlungen ist eine Handlungspflicht Voraussetzung, denn es handelt sich um ein unechtes Unterlassungsdelikt. Eine solche Handlungspflicht ist gegeben, wenn z.B. der Schuldner nach §§ 20, 22 Abs. 3, 97 InsO vom Insolvenzverwalter oder dem Insolvenzgericht zur Auskunft über den Vermögensstand aufgefordert wird.

30 Nach Bestellung eines (vorläufigen) Insolvenzverwalters, insbesondere bei Organen von Kapitalgesellschaften oder Gesellschaftern von Personen(handels)gesellschaften, kann der bisherige Vertreter kraft geänderter Zurechnung seine **Täterqualifikation** verlieren (näher § 81 Rz. 44). Danach sind Tathandlungen von Personen, die ihre Verfügungsbefugnis aufgrund des Insolvenzverfahrens eingebüßt haben, regelmäßig nur als Betrug, gelegentlich auch als Untreue oder Unterschlagung nach §§ 263, 266, 246 StGB zu qualifizieren.

31 Hat der Unternehmer im Insolvenzverfahren zugleich die **eidesstattliche Versicherung** nach § 98 InsO abgegeben, so liegt beim „Verheimlichen" tateinheitlich mit der Untreue oder dem Betrug auch ein Vergehen nach *§ 156 StGB* vor (vgl. § 88 Rz. 24 ff.).

32 **Vollendet** ist das Delikt bereits mit der im Ableugnen, Verschweigen usw. liegenden Tathandlung oder Unterlassung. Ohne Bedeutung ist, ob der Täter mit seinen falschen Erklärungen Glauben fand oder das Vermögensstück den Gläubigern tatsächlich entzogen werden konnte. Erfolgreiche Nachforschungen der Gläubiger oder des Insolvenzverwalters, mit oder ohne Hilfe des Täters, beseitigen die Strafbarkeit nicht mehr. Allerdings soll *nur Versuch* vorliegen, wenn die Verheimlichungshandlung nicht die Kenntnis von dem Vermögensgegenstand wenigstens vorübergehend verhindert hat (vgl. Rz. 29). Des Eintritts einer objektiven Bedingung der Strafbarkeit bedarf es auch hier zur Deliktsvollendung nicht (vgl. Rz. 88).

33 Zur **Feststellung** der *Überschuldung* oder (drohenden) *Zahlungsunfähigkeit* sind auch die verheimlichten Vermögensstücke dem Vermögen des Schuldners

---

[1] Zutr. und plastisch *Tiedemann* in LK, § 283 StGB Rz. 38.
[2] Damit reduziert sich die kontroverse Betonung von Handlung und Erfolg bei *Fischer*, § 283 StGB Rz. 5, und *Tiedemann* in LK, § 283 StGB Rz. 38, bestenfalls auf Nuancen.
[3] *Tiedemann* in LK, § 283 StGB Rz. 42.
[4] BGH v. 20.12.1957 – 1 StR 492/57, BGHSt 11, 145 (146).

nicht (mehr) hinzuzurechnen, da sie den Gläubigern entzogen werden sollen oder worden sind (vgl. Rz. 18).

Folgende **Sachverhaltsgestaltungen** sind in der Rechtsprechung als *„Verheimlichen"* beurteilt worden: 34

- Nichtangabe eines Vermögensstücks gegenüber dem Konkurs- bzw. Insolvenzverwalter, das in den Unterlagen des Unternehmers zur Konkurs- bzw. Insolvenzeröffnung nicht verzeichnet war, auch ohne besondere Aufforderung[1];
- Verschweigen einer Villa in Südfrankreich und eines scheidungsbedingten Auseinandersetzungsguthabens[2];
- Vorschützen eines den Gläubigerzugriff hindernden Rechtsverhältnisses[3] – bei Abschluss einer entsprechenden Schein-Vereinbarung liegt schon darin eine Tathandlung nach § 283 Abs. 1 Nr. 4 StGB;
- Zusage eines Steuerberaters, verschleiernde Buchungen vorzunehmen, mit der Folge der Beihilfestrafbarkeit des Steuerberaters[4];
- falsche Auskunft an den Konkurs-, jetzt Insolvenzverwalter, der ein Anfechtungsrecht klären will[5];
- Einziehung einer Maklerprovision durch Lebensgefährtin[6].

3. Vortäuschung von Rechten Dritter

Als weitere Form des Bankrotts nennt § 283 Abs. 1 **Nr. 4** StGB **Handlungen**, durch die der Schuldner *Rechte anderer vortäuscht* oder *erdichtete Rechte anderer anerkennt*. Damit behauptet oder akzeptiert der Schuldner der wahren Rechtslage zuwider Rechte Dritter gegenüber der geschützten Vermögensmasse. Es handelt sich um Handlungen, die zum Nachteil der Gläubigergesamtheit auf die **Vortäuschung einer Masseverringerung** zielen, die der wahren Rechtslage nicht entspricht, und damit also um *eine besondere Form des allgemeinen Vermögensverschiebungstatbestandes* (vgl. Rz. 1 ff.). Sie sind gekennzeichnet durch ihren Charakter als Täuschung über den Bestand der Verbindlichkeiten der geschützten Vermögensmasse; dabei bleibt deren objektiver Bestand unverändert, denn die Tathandlungen des Vortäuschens oder Anerkennens beziehen sich auf vorher *angeblich* begründete Verbindlichkeiten oder Rechte Dritter, schaffen diese aber *nicht selbst*. Die Begründung von echten Verpflichtungen, etwa ein abstraktes Schuldanerkenntnis nach § 781 BGB ohne Gegenleistung für die Masse, wäre vielmehr eine Vermögensverschiebung nach § 283 Abs. 1 Nr. 1 StGB. In der strafrechtlichen Praxis haben die Tatbestände der Nr. 4 nur eine geringe Bedeutung. 35

Da die Tathandlungen des Vortäuschens oder Anerkennens lediglich die Passivposten des Vermögens bzw. der entsprechend aufzustellenden Bilanz vermehren sollen und bereits mit Abgabe der täuschenden Erklärungen oder den 36

---

1 BGH v. 27.7.1955 – 3 StR 211/55, GA 1956, 123.
2 BGH v. 22.1.2013 – 1 StR 233/12 und – vom selben Tag, denselben Sachverhalt betreffend – 1 StR 234/12, BGHSt 58, 115.
3 RG, JW 1936, 3006; RGSt. 64, 141.
4 LG Lübeck v. 30.9.2011 – 1 Ns 28/11, wistra 2012, 281.
5 RGSt. 66, 152.
6 BGH v. 16.2.2012 – IX ZB 113/11, ZInsO 2012, 543.

sonstigen Handlungen vollendet sind, sind sie entweder im **Vorfeld des Grundtatbestands** der Vermögensverschiebung nach § 283 Abs. 1 Nr. 1 StGB angesiedelt[1] oder dienen seiner *nachträglichen Verschleierung*. Ob die Masse tatsächlich geschädigt und damit der erstrebte Erfolg erreicht wurde oder ob sie auch nur eine konkrete gläubigergefährdende Wirkung entfaltet haben, ist für die Tatbestandserfüllung nicht von Bedeutung. Es handelt sich daher um ein *abstraktes Gefährdungsdelikt*.

37 Ähnlich dem Verheimlichen von Vermögenswerten nach § 283 Abs. 1 Nr. 1 StGB, wodurch – als Spiegelbild des Vortäuschens oder Anerkennens – die Aktiva der Masse verringert werden sollen, liegen die Ausführungshandlungen zumeist im **nicht-rechtsgeschäftlichen Bereich**. Eventuell geschlossene vertragliche Vereinbarungen sollen zwischen den Parteien als Scheinverträge gerade keine rechtliche Verbindlichkeit haben. Lediglich in *gerichtlichen Verfahren* können Prozesshandlungen, wie das Anerkenntnis nach § 307 ZPO, tatbestandsmäßig sein.

38 Die Tathandlungen haben gegenüber den Vermögensverschiebungen nur dort ihre **selbständige Bedeutung**, wo es nicht zur Befriedigung oder Sicherung des fingierten Anspruchs gekommen ist (vgl. Rz. 5 zur Konkurrenzfrage). So ist die Rückdatierung eines Arbeitsvertrags zur (nicht mehr realisierten) Erlangung entsprechender Lohnforderungen tatbestandsmäßig. Meldete ein GmbH-Geschäftsführer allerdings *eigene* erdichtete Forderungen an, so ist – nach Aufgabe der Interessentheorie des BGH zu § 14 StGB (vgl. § 81 Rz. 53 ff.) – nunmehr neben Betrug auch Bankrott nach § 283 Abs. 1 Nr. 4 StGB gegeben.

39 Kommt es zur **vollendeten Vermögensverschiebung**, so treten die Tathandlungen des Vortäuschens oder Anerkennens als mitbestrafte Vortaten zurück. Eine Strafbarkeit wegen versuchter Vermögensverschiebung nach § 283 Abs. 1 Nr. 1 StGB kann hingegen diejenige wegen vollendeten Bankrotts nach § 283 Abs. 1 Nr. 4 StGB nicht verdrängen[2]. Wird z.B. ein gegen die Grundsätze ordnungsmäßigen Wirtschaftens verstoßender *schuldrechtlicher Vertrag* mit einem Dritten geschlossen, der nur die Aufgabe hat, einer beabsichtigten Vermögensverschiebung den Anschein der Rechtmäßigkeit zu geben, so ist ein solcher Scheinvertrag als *vollendetes Vortäuschen* i.S. des § 283 Abs. 1 Nr. 4 StGB anzusehen, demgegenüber die versuchte Vermögensverschiebung zurücktritt.

40 Ein nach vollzogener Vermögensverschiebung zur **Verdeckung** erfolgtes Bezugnehmen auf ein angeblich vorhanden gewesenes entsprechendes Recht ist *straflos*, da nur die Vortäuschung *bestehender Rechte* tatbestandsmäßig ist. Straflos ist auch das Anerkennen einer Verbindlichkeit aus Kulanzgründen, da hier kein *verbindliches Recht* eines Dritten fingiert wird[3]. Dies gilt auch für verjährte Verbindlichkeiten[4]. Erfolgen **Kulanzleistungen** allerdings entgegen

---

1 *Fischer*, § 283 StGB Rz. 18; *Tiedemann* in LK, § 283 StGB Rz. 81.
2 Besteht allerdings eine Forderung, meint der Täter indes, diese nicht durchsetzen zu können und täuscht ein anderes Recht vor, bleibt es beim versuchten Bankrott durch Beiseiteschaffen – vgl. BGH v. 2.2.1988 – 1 StR 611/87.
3 *Tiedemann* in LK, § 283 StGB Rz. 83.
4 *Tiedemann* in LK, § 283 StGB Rz. 83.

den Anforderungen einer ordnungsmäßigen Wirtschaft, so liegt eine Vermögensverschiebung nach § 283 Abs. 1 Nr. 1 StGB vor.

Da es sich um die Vorspiegelung fiktiver Rechte handelt, können nur **Nichtgläubiger** begünstigt sein. Es leuchtet daher ein, dass ein der *Gläubigerbegünstigung* (vgl. § 84 Rz. 17 ff.) entsprechender privilegierter Tatbestand fehlt.

41

Gegenstand des Vortäuschens oder Anerkennens können sowohl *schuldrechtliche Forderungen* als auch *dingliche Rechte* sowie mögliche *Insolvenzvorrechte* sein[1]. Es genügt, dass die Rechte nur *teilweise* nicht bestehen. Das Vortäuschen lediglich eines anderen *Schuldgrundes* für ein bestehendes Recht reicht allerdings nicht aus.

42

Die *Tathandlung des Vortäuschens* besteht im **Geltendmachen** des scheinbaren Rechts gegenüber Dritten, wie etwa dem Insolvenzverwalter oder einem Gläubiger. Die Erklärung ist an keine Form gebunden und kann etwa durch eine *Buchung* zum Ausdruck gebracht werden, wenn die Geschäftsbücher danach dem Dritten zugänglich gemacht werden[2]. In der Praxis kann es sich auch um Erklärungen in der Form der *eidesstattlichen Versicherung* (§§ 98, 153, 20 InsO)[3] handeln, was eine tateinheitliche Bestrafung nach § 156 StGB zur Folge hat (vgl. § 88 Rz. 24 ff.). – Das *Verdecken von Einreden* erfüllt den Tatbestand nicht, da die Forderung besteht[4].

43

Das **Anerkennen** besteht in Handlungen des Schuldners, durch die er im Zusammenwirken mit dem angeblichen Gläubiger das Bestehen des Rechts in einer Weise bestätigt, die geeignet ist, die wirklichen Gläubiger zu benachteiligen[5]. Auch hier kommt eine (falsche) eidesstattliche Erklärung oder beispielsweise ein *Anerkenntnis im Zivilprozess* in Betracht. Nicht tatbestandsmäßig ist die bloße Bezahlung einer Nichtschuld, die aber eine Vermögensverschiebung nach § 283 Abs. 1 Nr. 1 StGB sein kann. Streitig ist der Fall des Unterlassens von Einwendungen gegen eine im Zivilprozess geltend gemachte angebliche Forderung[6]. Angesichts der Parteimaxime im Zivilprozess kann hier mit der h.M. von einem tatbestandsmäßigen Anerkennen gesprochen werden.

44

Der als angeblicher Gläubiger auftretende **Dritte** kann sich wegen einer Beteiligung als *Anstifter* oder *Gehilfe* strafbar machen, soweit nicht eine notwendige Teilnahme vorliegt, was allerdings zumindest bei der Tathandlungsform des Anerkennens selten der Fall sein dürfte. Wegen der Sonderdeliktsnatur des Bankrotttatbestands (vgl. § 81 Rz. 28 ff.) kommt seine Bestrafung als (Mit-)Täter nicht in Betracht.

45

Die Tathandlungen sind nur strafbar, wenn sie in der **Krise** begangen wurden oder durch sie die Krise herbeigeführt worden ist (§ 283 Abs. 2 StGB), was etwa bei einem Anerkenntnis im Zivilprozess vorstellbar ist. Zur Verfolgbarkeit be-

46

---

1 *Tiedemann* in LK, § 283 StGB Rz. 82.
2 BGH bei *Herlan*, GA 1953, 74.
3 *Fischer*, § 283 StGB Rz. 17.
4 *Fischer*, § 283 StGB Rz. 18.
5 *Fischer*, § 283 StGB Rz. 18; *Tiedemann* in LK, § 283 StGB Rz. 85; *Heine/Schuster* in S/S, § 283 StGB Rz. 26.
6 *Tiedemann* in LK, § 283 StGB Rz. 88; *Fischer*, § 283 StGB Rz. 18; *Wegner* in A/R, VII 1 Rz. 130; *Heine/Schuster* in S/S, § 283 StGB Rz. 26.

darf es außerdem des Eintritts einer der *Strafbarkeitsbedingungen* nach § 283 Abs. 6 StGB. Bezüglich der Einzelheiten der Krise, der Strafbarkeitsbedingungen, ihrer Beziehungen zueinander, des Versuchs und der Sanktionen gelten die Ausführungen zu den Vermögensverschiebungen entsprechend (vgl. oben §§ 77, 78 und 81).

47 In *subjektiver* Hinsicht sind nur **vorsätzliche** Tathandlungen strafbar. Stellt sich der Täter das vorgetäuschte oder anerkannte Recht als tatsächlich bestehend vor, so ist ein vorsatzausschließender Tatbestandsirrtum gegeben, der zur Straflosigkeit führt. Dabei kann es allerdings auf eine zutreffende juristische Wertung des Täters nicht ankommen, da dann ein vermeidbarer Verbotsirrtum vorliegt (§ 17 StGB); entscheidend sind nur Fehlvorstellungen über die der Wertung zugrunde liegenden Tatsachen.

48 Mögliche *Strafbarkeitslücken* im Untreuestrafrecht bei Tathandlungen von **Organen** von Kapitalgesellschaften sowie **vertretungsberechtigten Gesellschaftern** von Personen(handels)gesellschaften sind jedenfalls nach dem Wegfall der Rechtsprechung zur *Interessentheorie* (vgl. § 81 Rz. 53 ff.) nicht mehr gegeben.

4. Unwirtschaftliche Geschäfte

49 Unter dem **Begriff** der unwirtschaftlichen Geschäfte sind masseschmälernde oder vor allem -gefährdende Handlungen des Schuldners zusammengefasst, die dem früheren Gesetzgeber als besonders strafwürdig erschienen sind. Sie haben ihre praktische Bedeutung weitgehend verloren[1]. Es handelt sich um die Tathandlungen des § 283 Abs. 1 **Nr. 2 und 3** StGB, die mit *Spiel und Wette* teilweise nostalgische Erinnerungen an die Zeit der Schaffung der früheren Strafvorschriften in der Konkursordnung im ausgehenden 19. Jahrhundert wecken. Der *Auffangtatbestand* des § 283 Abs. 1 **Nr. 8** StGB verdankt seine Entstehung dem 1. WiKG und entstammt somit den Anfangszeiten (1976) der „Bekämpfung der Wirtschaftskriminalität" in ihrem Bestreben nach möglichst lückenloser Erfassung aller sozialschädlicher Betätigung in der Wirtschaft[2].

50 Mit der **Finanzkrise** haben die unwirtschaftlichen Geschäfte neue Aktualität gewonnen (vgl. § 76 Rz. 11 ff.). Denkbar wäre etwa die Tathandlungsform der leichtfertigen Herbeiführung einer Krise durch den spekulativen Handel mit virtuellen „Wert"-Papieren mit spieltypischem Risikogehalt nach § 283 Abs. 2, 4 Nr. 2 StGB. Ob allerdings die insoweit anzunehmende große Dunkelziffer durch die zukünftige Strafjustizpraxis vermindert werden kann, erscheint fraglich, zumal der Eintritt einer objektiven Strafbarkeitsbedingung nach § 283 Abs. 6 StGB aufgrund staatlicher und quasi-staatlicher Maßnahmen auch weiterhin eher unwahrscheinlich ist. Gescheiterte Unternehmensübernahmen durch Derivatehandel werden den geforderten wirtschaftswidrigen Charakter kaum aufweisen.

---

1 Zum überhöhten Gehalt als unwirtschaftliche Ausgabe vgl. BGH v. 10.2.1981 – 1 StR 515/80.
2 Vgl. zum früheren Recht *Bieneck* in Preisendanz, 30. Aufl. 1978, § 283 StGB Anm. 6b und c.

Die Tathandlungen der unwirtschaftlichen Geschäfte sind, wie die übrigen 51
Bankrotthandlungen des § 283 Abs. 1 StGB, nur i.V.m. der **Krise** strafbar und
erst nach Eintritt einer der **Strafbarkeitsbedingungen** verfolgbar. Allerdings
hatte die frühere Rechtsprechung des BGH zur Interessentheorie keine Anwendung auf diese Tathandlungen gefunden, weshalb ihre Aufgabe (§ 81 Rz. 53 ff.)
hier keine Auswirkungen haben kann.

Während bei den Tathandlungen der Verlust-, Spekulations- und Differenz- 52
geschäfte, der unwirtschaftlichen Ausgaben, des Spiels und der Wette auch die
fahrlässige Begehung strafbar ist (§ 283 Abs. 5 StGB), ist bei den Schleudergeschäften sowie den sonstigen unwirtschaftlichen Geschäften **Vorsatz** Voraussetzung. Dabei ist es bei den Schleudergeschäften ausreichend, wenn der Verschleuderungsvorsatz erst nach dem Erwerb der Waren oder Wertpapiere gefasst wird. Rechtsstaatlich nicht ganz unbedenklich ist die leichtfertige
Verursachung der Krise durch Gefährdungshandlungen des § 283 Abs. 1 Nr. 2
oder 3 StGB (§ 283 Abs. 2, 4 Nr. 2 StGB). Hier müssen die mit dem 1. WiKG
vorsichtshalber eingefügten Voraussetzungen des Verstoßes gegen die Anforderungen einer ordnungsgemäßen Wirtschaft oder des Verbrauchs oder Schuldigwerdens übermäßiger Beträge besonders kritisch geprüft werden.

Geschäftspartner des Schuldners, die mit ihm Verlust-, Spekulations-, Differenz- 53
und Schleudergeschäfte abschließen, Spiele oder Wetten oder unwirtschaftliche Ausgaben vereinbaren, sind straflos, soweit sie sich auf „notwendige" Teilnahmehandlungen beschränken. Entfalten sie jedoch in Kenntnis der
Krise besondere Aktivitäten zur Förderung oder Verschleierung der Tathandlungen, so können sie wegen *Anstiftung oder Beihilfe* zur Verantwortung gezogen werden.

a) Verlust-, Spekulations- und Differenzgeschäfte

Zu den strafbaren *Bankrotthandlungen* gehört zunächst das Eingehen von Ver- 54
lust-, Spekulations- und Differenzgeschäften in einer den Anforderungen einer
ordnungsgemäßen Wirtschaft widersprechenden Weise (§ 283 Abs. 1 **Nr. 2**
StGB). **Verlustgeschäfte** sind tatbestandsmäßig, wenn sie nach den vorauskalkulierten Einnahmen und Ausgaben eine Vermögensminderung von vornherein hatten erwarten lassen und auch dazu geführt haben[1]. Geschäfte, die
sich erst im Nachhinein als Verlustgeschäfte herausstellen, sollen also schon
objektiv nicht erfasst sein.

Als Unterfall der Verlustgeschäfte sind die **Schleudergeschäfte** nach § 283 55
Abs. 1 **Nr. 3** StGB (vgl. Rz. 69 ff.) anzusehen, da auch sie definitionsgemäß zu
einem Verlust führen. Ihre Strafbarkeit nach der speziellen Norm der Nr. 3
geht derjenigen nach Nr. 2 vor. Im Übrigen sind die Verlustgeschäfte nach Nr. 2
Auffangtatbestand zu den Schleudergeschäften nach Nr. 3, soweit deren Tatbestandsmerkmale nicht voll nachweisbar sind. Eine Sperrwirkung hat § 283
Abs. 1 Nr. 3 StGB also nicht.

Spekulationsgeschäfte sind durch ein *besonders hohes Risiko* gekennzeichnet. 56
Sie versprechen einen hohen Gewinn, können aber auch einen entsprechend

---

1 BT-Drs. 7/3441, 35; *Fischer*, § 283 StGB Rz. 7; *Tiedemann* in LK, § 283 StGB Rz. 54.

hohen Verlust verursachen, wie beispielsweise die Beteiligung an einem in seiner Finanzierung unseriösen Unternehmen[1]. Maßgebend sind angesichts der Wertungsbreite von „hohem" Verlust oder Gewinn die Möglichkeiten (und vor allem auch die Bemühungen des Schuldners), das Risiko konkret abzuschätzen und danach zu minimieren; vom *Zufall* abhängig gemachte Geschäfte sind schon deshalb tatbestandsmäßig[2]. In diesem Sinne dürften etwa Finanzmarktgeschäfte mit verbrieften ungesicherten (ausländischen) Kreditforderungen bei besonders hohen Zinszusagen tatbestandsmäßig sein.

57 Der Begriff des **Differenzgeschäfts** war in § 764 BGB a.F. definiert; nunmehr ist er Teil der Regelungen über die Europäischen Finanzmarktaufsicht (European Securities and Markets Authority – ESMA) über den Kapitalmarkt[3]. Danach muss es dem Täter beim Vertragsschluss auf die Zahlung der Differenz zwischen dem vereinbarten Vertrags- und späterer Markt- oder Börsenpreis ankommen, nicht auf die Lieferung der Ware oder des Wertpapiers selbst (vgl. § 26 Abs. 2 Nr. 2 BörsG). Dabei sind auch *Devisengeschäfte* erfasst, da ausländisches Bargeld als Ware und ausländische Wechsel oder Schecks als Wertpapiere anzusehen sind[4]. Tatbestandsmäßig können auch *Termingeschäfte* sein, obwohl sie nach § 37e WpHG zivilrechtlich wirksam sind[5]. Auch die zahlreichen staatlich nicht kontrollierten Anlagekonstrukte, die wirtschaftlich einem Wettgeschäft vergleichbar sind und zum Entstehen der Finanzkrise entscheidend beigetragen haben, sind hier einzuordnen. Sie haben einen ebenso gläubigergefährdenden Charakter wie die Differenzgeschäfte nach § 764 BGB a.F.

58 Der Einwand *Tiedemanns*[6], dass zum **Börsenhandel zugelassene** Personen und Geschäfte im Insolvenzfall nicht kriminalisiert werden dürfen, ist nur angesichts des zusätzlich erforderlichen Tatbestandsmerkmals des Verstoßes gegen die Grundsätze ordnungsmäßiger Wirtschaft (vgl. Rz. 60) nicht zu entkräften. Wenn *Tiedemann* für derartige Verstöße eine Strafbarkeit nach den engeren Tatbestandsvoraussetzungen als Spekulationsgeschäft vorschlägt, so entspricht dies einer Bewertung von Börsengeschäften als generell nicht gläubigergefährdend. Die staatliche Regelung des Börsenhandels nimmt den entsprechenden Geschäften allerdings nicht in jedem Fall den Charakter zufallsabhängiger Differenzgeschäfte, sie führt nur ihre Rechtsverbindlichkeit herbei, wie dies z.B. auch bei Wetten der Fall ist.

59 Soweit durch das Differenzgeschäft lediglich eine nicht einklagbare **Naturalobligation** begründet wird, ist die Tathandlung erst vollendet, wenn sie in ein verbindliches Rechtsgeschäft umgewandelt oder getilgt wird[7]. Im Übrigen sind die Tathandlungen **vollendet**, sobald das schuldrechtliche Verlust-, Spekulations- oder Differenzgeschäft *rechtsverbindlich vereinbart* worden ist. Auf den

---

1 BT-Drs. 7/3441, 35; *Tiedemann* in LK, § 283 StGB Rz. 55–57.
2 RGSt. 16, 238.
3 Vgl. die Entscheidung des EuGH – Große Kammer – v. 22.1.2014 – Rs. C-2-270/12, EWS 2014, 244.
4 BT-Drs. 7/5291, 18.
5 Str., vgl. *Fischer*, § 283 StGB Rz. 9; *Kindhäuser* in NK, § 283 StGB Rz. 32; *Hoyer* in SK, § 283 StGB Rz. 46; a.A. *Tiedemann* in LK, § 283 StGB Rz. 59.
6 Tiedemann in LK, § 283 StGB Rz. 59 f.
7 BGH v. 18.3.1969 – 5 StR 59/69, BGHSt 22, 360; *Tiedemann* in LK, § 283 StGB Rz. 61.

Ausgang der Spekulation kommt es daher grundsätzlich nicht mehr an. Ergibt sich jedoch ein den Gläubigerinteressen dienendes positives Ergebnis, so entfällt nachträglich das Strafbedürfnis, da der Schutzzweck der Norm nicht (mehr) verletzt ist[1].

Verlust-, Spekulations- und Differenzgeschäfte sind nur strafbar, wenn der Unternehmer mit ihnen gegen die **Grundsätze ordnungsgemäßer Wirtschaftsführung** verstoßen hat. Erst dieses Tatbestandsmerkmal lässt die prinzipiell zulässigen geschäftlichen Aktivitäten zu tatbestandsmäßigen gläubigergefährdenden Bankrotthandlungen werden. Die für alle Bankrotthandlungen – außer den Buchführungs- und Bilanzdelikten, für die die Grundsätze ordnungsmäßiger Buchführung maßgebend sind – bedeutsamen Grundsätze ordnungsmäßiger Wirtschaftsführung sind gesetzlich nicht definiert und wegen der Vielzahl der zu berücksichtigenden Gesichtspunkte auch kaum allgemein formulierbar. Sie müssen vom geschützten Rechtsgut der Gläubigerinteressen ausgehen und sind von der inneren und äußeren Situation des einzelnen konkreten Unternehmens abhängig, wobei auch der Unternehmensgegenstand und -zuschnitt und die Branchenangemessenheit zu berücksichtigen sind[2]. 60

Als **allgemeine Richtlinie** kann gelten, dass der Grad der erlaubten Risiken wirtschaftlichen Handelns mit der Intensität der drohenden oder eingetretenen Überschuldung oder Zahlungsunfähigkeit abnimmt. Verlust-, Spekulations- oder Differenzgeschäfte mit ihrem generell über das Durchschnittsmaß gesteigerten Risiko sind daher in der drohenden bzw. eingetretenen Krisensituation nur noch zulässig, wenn sie im *Ausnahmefall* durch besondere Umstände gerechtfertigt erscheinen. So kann ein Verlustverkauf dazu dienen, dringend benötigte Lagerkapazitäten freizubekommen, und Spekulations- oder Differenzgeschäfte können bei sorgfältig begründeter eindeutiger Kursprognose und kurzen Terminen noch vertretbar sein. *Allgemeinere wirtschaftliche* Überlegungen, etwa in einem Konjunkturtief Arbeitsplätze erhalten zu wollen[3], dienen zwar arbeitsmarkt- und sozialpolitischen Interessen, genügen aber nur mittelbar und allenfalls zusätzlich zu anderen Maßnahmen dem geschützten Rechtsgut der Vermögensinteressen der Gläubigergesamtheit. Sie sind daher nur im Ausnahmefall bei einigermaßen gesicherter Fortführungsprognose mit den Grundsätzen ordnungsmäßiger Wirtschaft vereinbar, sodass der Versuch, das Unternehmen durch riskante Geschäfte noch eine Zeit über Wasser zu halten, tatbestandsmäßig ist[4]. 61

b) Unwirtschaftliche Ausgaben, Spiel und Wette

Es ist dem Unternehmer nicht mehr erlaubt, in der Krise unwirtschaftliche Ausgaben zu tätigen oder durch sie die Krise herbeizuführen. Gemeint sind Ausgaben für Waren oder Dienstleistungen, die das Maß des **Notwendigen** und 62

---

1 BGH v. 18.3.1969 – 5 StR 59/69, BGHSt 22, 360 (361); vgl. *Fischer*, § 283 StGB Rz. 10.
2 *Tiedemann* in LK, Vor § 283 StGB Rz. 111.
3 BT-Drs. 7/3441, 35; str. wie hier *Tiedemann* in LK, § 283 StGB Rz. 62; *Heine/Schuster* in S/S, § 283 StGB Rz. 12; a.A. *Fischer*, § 283 StGB Rz. 9.
4 *Fischer*, § 283 StGB Rz. 9.

bei ordentlichen Kaufleuten **Üblichen** überschreiten und zum Gesamteinkommen und -vermögen des Schuldners nicht mehr in angemessenem Verhältnis stehen[1]. Dabei ist die *Angemessenheit* für den Zeitpunkt der Ausgaben und für einen zukünftigen Zeitraum zu beurteilen, den der Schuldner bei vernünftigem Wirtschaften ins Auge gefasst hätte[2].

63 Es kann sich um Ausgaben für **Zwecke aller Art handeln**[3], soweit sie aus dem Vermögen stammen, das im Falle eines Insolvenzverfahrens zur Masse gehören würde. Dies bedeutet jedoch entgegen der h.M.[4] nicht, dass bei einem *Einzelunternehmer* neben den geschäftlichen auch die *privaten Ausgaben* vom Tatbestand des § 283 Abs. 1 **Nr. 2** StGB erfasst sein können. Bei ihnen kann das Tatbestandselement der Unwirtschaftlichkeit (Rz. 65) i.S. einer Nützlichkeit für den Geschäftszweck des Unternehmens nicht sinnvoll festgestellt werden. Aufwendungen eines Einzelunternehmers für private Zwecke können daher nur Beiseiteschaffen nach § 283 Abs. 1 Nr. 1 StGB sein, wenn sie das für den notwendigen Lebensunterhalt Notwendige übersteigen (Rz. 23).

64 Im Übrigen ist die **Abgrenzung** der unwirtschaftlichen Ausgaben von der Tathandlung des *Beiseiteschaffens* nach § 283 Abs. 1 Nr. 1 StGB danach vorzunehmen, ob der Ausgabe gleichwertige und tatsächlich in das Schuldnervermögen gelangte Waren oder Dienstleistungen gegenüberstehen oder ob es sich um unausgewogene Austauschgeschäfte oder unentgeltliche Vermögensverlagerungen handelt. Nur im ersten Fall ist die Bankrotthandlung der unwirtschaftlichen Ausgaben gegeben, während im zweiten Fall ein Beiseiteschaffen vorliegt. Während danach *Löhne und Gehälter*, auch an den Täter gezahlte, als möglicherweise unwirtschaftliche Ausgaben anzusehen sind, müssen *Entnahmen* von Gesellschaftern aus dem Vermögen von Personen- oder Kapitalgesellschaften als Beiseiteschaffen qualifiziert werden (Rz. 22).

65 Ausgaben sind trotz des erworbenen Gegenwerts unwirtschaftlich, wenn die **Nützlichkeitsbeurteilung** im Hinblick auf den Geschäftszweck des Unternehmens negativ ausfällt[5]. So sind z.B. Löhne und Gehälter danach zu bemessen, ob die entsprechenden Dienste für das Unternehmen noch sinnvoll sind. Im Ergebnis ist der schon für die Verlust-, Spekulations- und Differenzgeschäfte entscheidende Maßstab *ordnungsgemäßer Wirtschaft* (vgl. Rz. 60) anzulegen. Dabei ist einerseits zur Einhaltung des verfassungsmäßig gebotenen Bestimmtheitsgrundsatzes davon auszugehen, dass nicht jede Erfolgsunsicherheit einer Ausgabe tatbestandsmäßig ist; andererseits kann aber auch eine restriktive Auslegung dann nicht mehr dem geschützten Rechtsgut der Gläubigerinteressen entsprechen, wenn nur die festgestellte „negative Sinnlosigkeit"[6] zum Unwirtschaftlichkeitsurteil führt. Entscheidend muss sein, ob der Schuldner i.S. eines ordentlichen Kaufmanns wenigstens eine konkrete Kalkulation der

---

1 BGH v. 9.6.1953 – 1 StR 206/53, NJW 1953, 1480 (1481).
2 BGH bei *Herlan*, GA 1965, 348.
3 BGH v. 17.6.1952 – 1 StR 668/51, BGHSt 3, 23 (26).
4 *Tiedemann* in LK, § 283 StGB Rz. 65 ff.
5 BGH v. 4.9.1979 – 3 StR 242/79.
6 *Tiedemann* in LK, § 283 StGB Rz. 65; *Tiedemann*, WiStrafR AT, Rz. 117.

Nützlichkeitsaussicht vorgenommen[1] oder ob er seine geschäftliche Aktivität ins Blaue hinein oder nur auf eine vage Hoffnung hin getätigt hatte. Dabei ist das für das konkrete Unternehmen nach seinem Zweck und seiner Branche Angemessene und damit das für den Unternehmer nach seiner Erfahrung Vertraute und Abschätzbare noch akzeptabel. Dagegen ist die Erwägung eines Unternehmers, etwa durch überhöhten Repräsentationsaufwand noch Kreditfähigkeit vorzutäuschen, um das Unternehmen weiterführen zu können, nicht mehr sinnvoll, sondern – da schon in die Richtung der Betrugskriminalität gehend – als unwirtschaftlich abzulehnen[2].

Der in das geschützte Vermögen gelangende **Gegenwert** beseitigt die Unwirtschaftlichkeit i.S. der fehlenden Nützlichkeit für das Unternehmen dann, wenn er ausnahmsweise geeignet ist, die Befriedigung der Gläubiger im Umfang der Ausgabe durch seine Weiterveräußerung zu gewährleisten (nachträglicher Wegfall des Strafbedürfnisses, vgl. Rz. 59). 66

Tatbestandsvoraussetzung ist weiter, dass ein **übermäßiger Betrag** ausgegeben worden sein muss, der gegenüber dem Vermögen und der Liquidität des schuldnerischen Unternehmens unverhältnismäßig sein muss und belastend ins Gewicht fällt. 67

Voraussetzung für die Strafbarkeit unwirtschaftlicher Ausgaben ist schließlich deren **Vermeidbarkeit**, an der es bei schon vor der Krise langfristig vereinbarten Aufwendungen, wie z.B. für Löhne, Gehälter, Mieten und Pachten, jedenfalls bis zum Zeitpunkt der nächstmöglichen Vertragskündigung oder -aufhebung fehlen kann. Der Unternehmer ist aber in der Krise verpflichtet, *alle rechtlich zulässigen Möglichkeiten* zur Begrenzung solcher Ausgaben auf das Notwendige und Angemessene auszuschöpfen, also z.B. durch fristlose Kündigung aus wichtigem Grund.

Spiel und Wette sind i.S. von § 762 BGB zu verstehen und strafbare Bankrotthandlungen nach § 283 Abs. 1 Nr. 2 StGB, soweit sie – wie die unwirtschaftlichen Ausgaben – zum Verbrauch oder Schuldigwerden übermäßiger, also angesichts der Vermögenslage des schuldnerischen Unternehmens existenziell ins Gewicht fallender Beträge führen. Auch hier ist die Deliktsvollendung erst gegeben, wenn die – zunächst unvollkommene – Verbindlichkeit getilgt oder ein die Gläubigergesamtheit beeinträchtigender klagbarer Anspruch entstanden ist[3]. Die Bankrotthandlungen des Spiels und der Wette haben in der strafrechtlichen Praxis kaum noch Bedeutung (vgl. Rz. 49). 68

c) Schleudergeschäfte

Strafbare Bankrotthandlung ist auch die *Veräußerung* oder sonstige Abgabe von auf Kredit beschafften Waren oder Wertpapieren **erheblich unter** ihrem **Wert** in einer den Anforderungen einer ordnungsmäßigen Wirtschaft widersprechenden Weise (§ 283 Abs. 1 **Nr. 3** StGB). Gegenstand der Verschleuderung sind danach 69

---

1 BGH v. 8.1.1963 – 5 StR 402/62, GA 1964, 119.
2 Vgl. weitere Beispielsfälle aus der Rspr. bei *Fischer*, § 283 StGB Rz. 11.
3 BGH v. 18.3.1969 – 5 StR 59/69, BGHSt 22, 360; *Sorgenfrei* in Park, KapitalmarktstrafR, § 283 StGB Rz. 28; a.A. *Fischer*, § 283 StGB Rz. 13.

Waren oder Wertpapiere, die der Täter – wie in der Praxis häufig – *ohne sofortige und volle Bezahlung* rechtsgeschäftlich erworben und in Besitz genommen hat. Der Tatbestand bezieht sich nicht auf den Erwerb und die Weiterveräußerung von Forderungen oder Rechten. *Wertpapiere* i.S. des Tatbestandes sind nur Order- oder Inhaberpapiere, bei denen das Recht aus dem Papier dem Recht am Papier folgt (z.B. Wechsel, Konnossement, Order-Lagerschein, Inhaberschuldverschreibung, Inhaberaktie, nicht dagegen der Hypothekenbrief)[1]. Der Erwerber muss noch nicht Eigentümer geworden sein, weshalb die Frage zu bejahen ist, ob unter *Eigentumsvorbehalt* gekaufte Waren erfasst werden[2]. Praktisch bedeutsam ist die Erstreckung des Tatbestands auf Sachen, die aus den auf Kredit beschafften Waren hergestellt worden sind, wobei es sich z.B. auch um die Herstellung aus Rohstoffen unter Zufügung weiterer Materialien handeln kann[3].

70 **Nicht** vom Tatbestand erfasst ist die Verschleuderung von Waren oder Wertpapieren *nach* deren *Bezahlung*[4] sowie von bezahlten Waren usw., deren Kaufpreis durch Kreditaufnahme bei einem Dritten finanziert worden ist. In diesen und weiteren Fällen, in denen einzelne formale Tatbestandsvoraussetzungen des speziellen § 283 Abs. 1 Nr. 3 StGB fehlen, aber ein *Verlustgeschäft* nach § 283 Abs. 1 Nr. 2 StGB vorliegt, ist eine Strafbarkeit nach diesem weiter gefassten Tatbestand möglich.

71 Das **Veräußern** ist in der völligen Aufgabe der Verfügungsgewalt über die Ware oder das Wertpapier als Eigentümer zu sehen sowie im *Abgeben* durch Besitzübertragung ohne Übertragung auch des Eigentums, also z.B. in der Verpfändung. In schuldrechtlicher Hinsicht ist nicht nur das entgeltliche Veräußern, sondern auch das Verschenken tatbestandsmäßig.

72 Der Täter muss die Gegenstände erheblich unter ihrem **Wert** in einer den Anforderungen einer ordnungsgemäßen Wirtschaftsführung widersprechenden Weise (vgl. Rz. 60) veräußert oder abgegeben haben. Als Wert ist der *Markt- oder übliche Handelspreis* zur Zeit der Veräußerung anzusetzen[5]. Die im Tatbestand enthaltene Erheblichkeitsschwelle erfordert einen Minderwert, der eindeutig über die marktüblichen Schwankungen hinausgeht. Nur diese einschränkende Auslegung entspricht dem Bestimmtheitserfordernis des Art. 103 Abs. 2 GG. Der Einkaufspreis ist grundsätzlich nicht maßgebend. Lag er jedoch so niedrig, dass der Weiterverkauf auch unter dem Marktpreis noch einen Gewinn brachte, so kann die Unterschreitung des Marktpreises den Grundsätzen ordnungsmäßiger Wirtschaftsführung entsprechen[6]. Auch bei verderblicher Ware oder einem bevorstehenden Preisverfall kann ein schneller Verkauf unter dem Marktpreis als ordnungsgemäße Wirtschaftsführung noch zulässig sein.

---

1 *Tiedemann* in LK, § 283 StGB Rz. 74; *Tiedemann*, WiStrafR AT, Rz. 117.
2 BGH v. 1.3.1956 – 4 StR 193/55, BGHSt 9, 84.
3 BT-Drs. 7/3441, 35.
4 RGSt. 72, 190.
5 BGH bei *Herlan*, GA 1955, 365.
6 *Klug*, JZ 1957, 462.

An einem Verstoß gegen die Anforderungen ordnungsmäßiger Wirtschaftsführung fehlt es auch bei billigen Sonderangeboten im Rahmen einer Mischkalkulation[1].

d) Sonstiges Verringern

Durch das 1. WiKG ist mit § 283 Abs. 1 **Nr. 8** StGB eine *generalklauselartige* Tatbestandsumschreibung als **Auffangtatbestand** für weitere gegen die Grundsätze ordnungsmäßiger Wirtschaftsführung verstoßende Bankrotthandlungen in das Insolvenzstrafrecht aufgenommen worden, die von den Nrn. 1–7 des § 283 Abs. 1 StGB nicht erfasst sind. Strafbar ist danach das Verringern des Vermögensstandes oder das Verheimlichen oder Verschleiern der wirklichen geschäftlichen Verhältnisse in einer den Anforderungen einer ordnungsgemäßen Wirtschaftsführung grob widersprechenden Weise.

Die **Generalklausel** sollte nach dem Regierungsentwurf des 1. WiKG[2] sozialschädliche Verhaltensweisen erfassen, die sich einer Typisierung (noch) entzogen und damit als Auffangtatbestand wirken. Leider enthält der Regierungsentwurf keine Beispielsfälle, an die bei der Schaffung des Tatbestands gedacht worden war. In der Literatur sind Bedenken über die Bestimmtheit der Norm geäußert worden[3]. Andererseits wurden zahlreiche mögliche Tathandlungen vorgeschlagen[4]. Diese Tatbestandsalternative hat in Rechtsprechung und Strafverfolgungspraxis lange ein Schattendasein gefristet – höchstrichterlich entschieden wurde bis 2009 soweit ersichtlich lediglich ein Fall der „Blindwirtschaft"[5]; nunmehr erlebt sie nachgerade Aktualität für den nach wie vor wichtigen Bereich der *Unternehmensbeerdigung* (Rz. 78 und eingehend § 87 Rz. 44 ff.), nachdem sie zunächst der 5.[6] und dann der 3. Strafsenat des BGH[7] für diese Fälle für einschlägig erachten. Ausgangspunkt ist dabei nicht mehr ein Wirtschaften ohne das branchenübliche Mindestmaß an Übersicht und Planung, sondern geradezu das Gegenteil, nämlich die planmäßige Schädigung der Gläubigergesamtheit durch Verschleierung der Zugriffsmöglichkeiten auf das Schuldnervermögen.

Der Tatbestand enthält **zwei Handlungsformen**, die sich zum einen gegen den *Vermögensstand* des Schuldners richten und zum anderen gegen die *Transparenz* seiner geschäftlichen Verhältnisse:

---

1 *Fischer*, § 283 StGB Rz. 15; *Tiedemann* in LK, § 283 StGB Rz. 79; *Wegner* in A/R, VII 1 Rz. 126.
2 BT-Drs. 7/5291, 18.
3 *Heinz*, GA 1977, 226; *Richter*, GmbHR 1984, 148.
4 Vgl. nur *Fischer*, § 283 StGB Rz. 30 m. zahlreichen Nw.; *Tiedemann* in LK, § 283 StGB Rz. 153 ff.
5 BGH v. 29.10.1980 – 3 StR 335/80, NJW 1981, 355.
6 BGH v. 24.3.2009 – 5 StR 353/08, wistra 2009, 273, mit Anm. *Brand/Reschke*, ZIP 2010, 2134; ablehnend allerdings in der besonderen Konstellation des „gänzlich unentschlossenen und gutgläubigen Geschäftsführers", vgl. BGH v. 30.05.2013 – 5 StR 309/12 m. Anm. *Krämer*, GmbHR-StB 820 (273).
7 BGH v. 15.11.2012 – 3 StR 199/12, ZHW 2013, 318 m. Anm. *Bittmann*, 321.

76 Das **Verringern** des Vermögensstandes als wenig handlungsspezifische und mehr ergebnisbezogene Handlungsbeschreibung kann nicht nur durch Verminderung der Aktiva, sondern auch durch Erhöhung der Passiva geschehen. Sie kann nach der Rechtsprechung etwa durch Blindwirtschaft erfüllt werden (vgl. Rz. 74).

77 Das **Verheimlichen** der wirklichen geschäftlichen Verhältnisse[1] entspricht dem Tatbestandsmerkmal in § 283 Abs. 1 Nr. 1 StGB, weshalb insoweit auf Rz. 29 ff. verwiesen wird. Es besteht darin, die Gläubiger oder den Insolvenzverwalter über Zugriffsmöglichkeiten auf das Schuldnervermögen in Unkenntnis zu setzen oder zu halten[2].

78 Auch das **Verschleiern** ist ein irreführendes Verhalten, durch das die wirklichen Vermögensverhältnisse vor den Gläubigern, dem Insolvenzverwalter usw. verborgen werden. Konkret kann es um die unrichtige Darstellung insbesondere der Vermögensverhältnisse bei *Firmenbestattung*[3] gehen (Rz. 74). Ob die Erwägungen des BGH zur Veräußerung der Geschäftsanteile einer GmbH, ihrer Umfirmierung, Sitzverlegung und das Abberufen ihres Geschäftsführers oder Täuschung über Planungsvorhaben und künftige Entwicklungen allerdings über dieses spezielle Kriminalitätsfeld hinaus Bedeutung erlangen können, bleibt abzuwarten.

79 Die Tathandlungen müssen den Grundsätzen einer ordnungsgemäßen Wirtschaft **grob** widersprechen. Dieser im Verhältnis zu der entsprechenden Tatbestandsvoraussetzung des § 283 Abs. 1–3 StGB deutlich heraufgesetzten Erheblichkeitsschwelle entspricht nur ein *besonders schwerwiegender* Sorgfaltsverstoß. Auch hier hatte die inzwischen aufgegebene Rechtsprechung des BGH zur Interessentheorie (vgl. § 81 Rz. 53 ff.) den Anwendungsbereich verengt[4], weshalb auch insoweit mit deutlich erhöhtem Verfolgungsdruck gerechnet werden muss.

5. Weitere Handlungsformen

80 Die (in § 283 Abs. 1 Nr. 1 StGB ausdrücklich genannten) Handlungsformen des **Zerstörens, Beschädigens und Unbrauchbarmachens** von Vermögensteilen sind Unterfälle des Beiseiteschaffens und haben praktisch kaum Bedeutung. Sie können sich nur auf Sachen beziehen und müssen in einer den Anforderungen ordnungsmäßiger Wirtschaft widersprechenden Weise begangen sein, sodass wirtschaftlich sinnvolle Maßnahmen, wie der Abbruch eines baufälligen Hau-

---

1 Vgl. hierzu *Tiedemann* in LK, § 283 StGB Rz. 172; *Hoyer* in SK, § 283 StGB Rz. 94; *Radtke* in MüKo, § 283 StGB Rz. 67.
2 BGH v. 24.3.2009 – 5 StR 353/08, wistra 2009, 273.
3 BGH v. 24.3.2009 – 5 StR 353/08, wistra 2009, 273, mit Anm. *Brand/Reschke*, ZIP 2010, 2134; BGH v. 15.11.2012 – 3 StR 199/12, ZHW 2013, 318 m. Anm. *Bittmann*, 321.
4 BGH v. 14.12.1999 – 5 StR 520/99, wistra 2000, 136; s. auch *Fischer*, § 283 StGB Rz. 30.

ses oder die Verschrottung nicht mehr einsatzfähiger Teile des Anlage- oder Umlaufvermögens, außer Betracht bleiben[1]. Bezieht sich die Tathandlung auf *Buchführungsunterlagen*, so ist der spezielle Tatbestand des § 283 Abs. 1 Nr. 6 StGB gegeben (vgl. unten § 85).

6. Abgrenzung zur Gläubigerbegünstigung

Eine wichtige Gruppe von Vermögensverschiebungen erfasst der Tatbestand der *Gläubigerbegünstigung* nach § 283c StGB, der eine **Privilegierung des Bankrotts** nach § 283 Abs. 1 Nr. 1 StGB darstellt[2]. Es handelt sich um das Beiseiteschaffen von Vermögensteilen zugunsten von Personen, die einen Anspruch gegen die Vermögensmasse haben. Wesentliches Abgrenzungskriterium ist danach die *Gläubigereigenschaft des Zuwendungsempfängers*, die nach dem Zivilrecht zu beurteilen ist. Zur Sperrwirkung des § 283c StGB vgl. § 84 Rz. 17 ff. 81

Die Gläubigerbegünstigung unterscheidet sich daher vor allem in ihrer **Schutzrichtung** vom allgemeinen Verschiebungstatbestand. Während dieser die Schädigung der Gläubigergesamtheit durch Verminderungen der schuldnerischen Vermögensmasse verhindern will, erfasst die Gläubigerbegünstigung *Beeinträchtigungen der ordnungsmäßigen Verteilung* der in ihrem Gesamtbestand unangetasteten Masse, da sie in Höhe der Zuwendung an einen Gläubiger von der entsprechenden Verbindlichkeit befreit wird[3]. 82

Mit Strafe bedroht sind jedoch *nicht alle Bevorzugungen* einzelner Gläubiger bei der Masseverteilung. Es wird vielmehr *neben* der eingetretenen *Zahlungsunfähigkeit* des Schuldners die **Inkongruenz** der Leistung an den Gläubiger vorausgesetzt. Es muss sich also um Zuwendungen handeln, die dem Gläubiger nicht einwendungsfrei oder nicht so oder nicht zu der Zeit geschuldet waren, wie sie gewährt worden sind. Der Schuldner darf sich zwar auch noch nach Eintritt der Zahlungsunfähigkeit die Gläubiger aussuchen, die er befriedigen will; sie müssen aber einen fälligen und einwendungsfreien Anspruch haben (wegen weiterer Einzelheiten vgl. § 84 Rz. 17 ff.). 83

Die **Zurechnung der Schuldnereigenschaft** nach § 14 StGB bei einer Kapital- oder Personen(handels)gesellschaft war bei der Gläubigerbegünstigung auch schon nach der zwischenzeitlich aufgegebenen Interessentheorie des BGH (vgl. § 81 Rz. 53 ff.) unproblematisch möglich, da die (auch inkongruente) Befriedigung eines Gesellschaftsgläubigers zumindest insoweit auch im Interesse der Gesellschaft erfolgt, als sie von der entsprechenden Verbindlichkeit befreit wird. 84

---

1 *Fischer*, § 283 StGB Rz. 6; *Tiedemann* in LK, § 283 StGB Rz. 49a; *Heine/Schuster* in S/S, § 283 StGB Rz. 6.
2 BGH v. 12.7.1955 – 5 StR 128/55, BGHSt 8, 55 (56).
3 BGH v. 6.11.1986 – 1 StR 327/86, BGHSt 34, 221.

7. Weitere Einzelheiten

a) Schuldformen

85 Vermögensverschiebungen sind ihrem Wesen nach **vorsätzliche Delikte**, soweit es um die einzelnen Tathandlungen geht. Dabei ist bedingter Vorsatz ausreichend. Dagegen muss dem Täter das Vorhandensein der **Krise** zum Zeitpunkt der Bankrotthandlung nicht bewusst sein. Bestraft werden auch in *fahrlässiger Unkenntnis der Krise* begangene Vermögensverschiebungen (§ 283 Abs. 4 Nr. 1 StGB), wobei der Fahrlässigkeitsvorwurf vor allem aus einer Nichtbeachtung der Warnzeichen für die (drohende) Zahlungsunfähigkeit oder einer Verkennung der Überschuldung infolge der Nicht- oder Schlechterfüllung der Buchführungs- und Bilanzierungspflichten herzuleiten ist.

86 Neben dem Handeln *in* der Krise ist ihr **kausales Herbeiführen** (außer jener in Gestalt der drohenden Zahlungsunfähigkeit) unter Strafe gestellt (§ 283 Abs. 2 StGB); dies kann bewusst und gewollt oder auch nur leichtfertig geschehen (§ 283 Abs. 4 Nr. 2 StGB). Bei der ersten Variante handelt es sich oft um die besonders strafwürdigen Fälle der *Aushöhlung*, in denen Täter den Zusammenbruch einer Kapitalgesellschaft anstreben, um sich aus ihrem Restvermögen auf Kosten der Gläubiger zu bereichern und das Unternehmen sodann zu „bestatten" (vgl. § 87 Rz. 44 ff.). Gleichwohl sind in der Praxis Verurteilungen nach dieser Tatbestandsvariante selten, da sie den Kausalitätsnachweis in objektiver und – manchmal problematisch – auch in subjektiver Hinsicht erfordert. Im Falle der „Firmenbestattung" kann allerdings auch eine Strafbarkeit nach dem Auffangtatbestand des § 283 Abs. 1 Nr. 8 StGB gegeben sein (Rz. 74, 78).

b) Versuch und Teilnahme

87 **aa)** Der **Versuch** ist in der Form versuchter Vermögensverschiebungen, etwa durch Abschluss eines nur schuldrechtlichen Veräußerungsvertrags (vgl. Rz. 26), oder der versuchten Herbeiführung der Krise strafbar (§ 283 Abs. 3 StGB). Auch ein kumulativer Versuch sowohl hinsichtlich der Tathandlung als auch der Krisenverursachung ist strafbar.

88 Der *Eintritt der Strafbarkeitsbedingung* ist zur **Deliktsvollendung** nicht erforderlich[1], wenn er auch zur Verfolgbarkeit vorliegen muss; für die Strafbarkeit genügt die versuchte oder vollendete Bankrotthandlung. Die potenzielle Strafbarkeit der vollendeten Bankrotthandlung kann daher bis zum Eintritt der Strafbarkeitsbedingung nicht mehr durch *Rücktritt* wieder beseitigt werden – anders als der versuchte Bankrott. Mit dem Eintritt einer der Strafbarkeitsbedingungen ist aber die Tat **beendet** (vgl. § 18 Rz. 25 ff.).

89 Die *irrtümliche* Annahme des Täters, er befinde sich in der Krise und/oder eine objektive Bedingung der Strafbarkeit sei eingetreten, führt *nicht* zur Strafbarkeit wegen **untauglichen Versuchs**. Nach h.M. begeht derjenige, der sich die Voraussetzungen eines Sonderdelikts irrig vorstellt, ein *strafloses Wahndelikt*[2].

---

1 *Heine/Schuster* in S/S, § 283 StGB Rz. 63.
2 *Tiedemann*, NJW 1979, 254 m.w. Literaturhinweisen.

bb) Wegen der **Sonderdeliktsnatur** des Bankrotts können Teilnehmer an Vermögensverschiebungen, die selbst weder Schuldner sind noch denen diese Eigenschaft nach § 14 StGB zugerechnet werden kann (vgl. § 81 Rz. 28 ff.), nur als Anstifter oder Gehilfen bestraft werden[1]. Anders verhält es sich nur, wenn sie die Tatherrschaft übernommen und die weiteren Tatbestandsmerkmale der *Schuldnerbegünstigung* erfüllt hätten (vgl. § 84 Rz. 5 ff.), denn diese können sie täterschaftlich begehen, ohne Schuldner zu sein. Zur Strafbarkeit wegen Teilnahme kann aber bereits der falsche Rat oder die unterstützende Zusage führen: So macht sich ein Steuerberater bereits durch die Zusage, den Vermögensgegenstand verschleiernde Buchungen vorzunehmen, der Beihilfe schuldig[2].

c) Konkurrenzen

Durch eine Tathandlung können Straftaten nach § 283 Abs. 1 und 2 StGB *tateinheitlich* verwirklicht werden. Im Übrigen sind mehrere nach Abs. 1 oder 2 strafbare Handlungen jeweils rechtlich **selbständige Taten**[3], soweit sie sich nicht auf das gleiche Vermögensstück beziehen[4], da dann wiederum von Tateinheit auszugehen ist.

Folgt dem Beiseiteschaffen eines Vermögensstücks ein Verheimlichen im anschließenden Insolvenzantrags- oder Insolvenzverfahren nach, so wird das Verheimlichen als *mitbestrafte Nachtat* anzusehen sein; umgekehrt kann das Beiseiteschaffen Nachtat sein, wenn ihm ein Verheimlichen vorausgeht, welches bereits mit der unrichtigen Erklärung oder dem Verschweigen vollendet ist. Bezüglich der Konkurrenzen zu *Scheingeschäften* nach § 283 Abs. 1 Nr. 4 StGB vgl. Rz. 35 ff.

d) Sanktionen

aa) Der **Strafrahmen** für *vorsätzliche* Handlungen reicht von Geldstrafe bis zu *fünf Jahren Freiheitsstrafe*. Für fahrlässige Handlungen sind Geldstrafe oder Freiheitsstrafe bis zu zwei Jahren vorgesehen. Die Strafrahmen werden in der Praxis zwar selten nach oben ausgeschöpft. Immerhin werden aber für eigennützige Vermögensverschiebungen großen Umfangs, insbesondere bei vorsätzlicher Herbeiführung der Krise zur Aushöhlung (Rz. 86), empfindliche Freiheitsstrafen auch ohne Aussetzung zur Bewährung verhängt.

bb) Für bestimmte schwere Erscheinungsformen des vorsätzlichen Bankrotts nach § 283 Abs. 1–3 StGB sieht **§ 283a StGB** unter dem Sammelbegriff „**besonders schwerer Fall**" einen *erhöhten Strafrahmen* von sechs Monaten bis zu zehn Jahren Freiheitsstrafe vor. Geldstrafen sind hier, außer in den Fällen des § 47 Abs. 2 StGB, nicht möglich.

---

1 BGH v. 22.1.2013 – 1 StR 233/12.
2 LG Lübeck v. 30.9.2011 – 1 Ns 28/11, wistra 2012, 281.
3 BGH v. 8.5.1951 – 1 StR 171/51, BGHSt 1, 186 (191); BGH v. 17.6.1952 – 1 StR 668/51, BGHSt 3, 23 (26); BGH bei *Herlan*, GA 1971, 38; 1973, 133.
4 BGH v. 20.12.1957 – 1 StR 492/57, BGHSt 11, 145 (146).

94 Der Tatbestand enthält **drei Regelbeispiele**, die als Leitbild im Rahmen der erforderlichen Gesamtwürdigung der Tat dienen, und daher andere Gestaltungen nicht ausschließen sollen. Es handelt sich um

- das Handeln aus *Gewinnsucht* oder

- um Handlungen, welche entweder bei *vielen Personen* die *Gefährdung* ihrer dem Täter *anvertrauten Vermögenswerte* zur Folge haben oder

- die viele Personen in *wirtschaftliche Not* bringen[1].

Das Vorliegen eines Regelbeispiels führt nicht zwingend zur Annahme eines besonders schweren Falles. Entscheidend ist immer eine *Gesamtwürdigung* aller Tatumstände. Dabei ist zweifelhaft, ob – wie vielfach in der Praxis – die „besonders raffinierte Vorgehensweise"[2] oder das „bewusste Aushöhlen" hinreichende Anhaltspunkte für die den Regelbeispielen entsprechende Tatschwere ergeben können. Andererseits ist das „gezielte Auf-null-Reduzieren des Vermögens" – insbesondere wenn eine „Firmenbestattung" vorliegt (hierzu § 87 Rz. 44 ff.) – ein deutlicher Hinweis für die besondere Tatschwere.

95 Die **Gewinnsucht** wird in der Rechtsprechung als ungewöhnliches, auf ein anstößiges Maß gesteigertes Erwerbsstreben definiert[3]. Hierunter wird man insbesondere wiederum „Firmenbestattungen" rechnen können, wenn diese mit Aushöhlung zugunsten der „Nachfolgeunternehmung" einhergehen[4].

96 Die Handlungsalternative der **Gefährdung anvertrauter Vermögenswerte** erfüllt, wer *wissentlich*, also unter Ausschluss bedingten Vorsatzes, als Verantwortlicher einer Bank, Sparkasse, Genossenschaftskasse, Kapitalanlagegesellschaft, eines Bauträger- oder Warenterminhandelsunternehmens anvertraute Geldeinlagen oder Kapitalbeteiligungen vieler Personen konkret gefährdet[5].

97 Die dritte Alternative betrifft den Fall, dass jemand *wissentlich* **viele Personen in wirtschaftliche Not** bringt. Es muss eine Mangellage bei den Geschädigten entstanden sein, welche im geschäftlichen Bereich die Daseinsgrundlage gefährdet oder im persönlichen Bereich den notwendigen Lebensunterhalt ohne die Hilfe Dritter infrage stellen würde[6]. Dabei kann es sich um die Arbeitnehmer des Täters, aber auch um seine Kunden oder Lieferanten handeln. Die tatbestandsmäßige Mindestzahl gefährdeter Personen liegt nach Literaturansicht bei zehn[7]. Für alle Fälle gilt die Voraussetzung, dass die Bankrotthandlung die besonders schwerwiegenden Folgen *kausal* verursacht haben muss; das ist nur durch eine *über die Herbeiführung des Unternehmenszusammenbruchs* laufende Kausalkette vorstellbar und mit Beweisschwierigkeiten, vor allem bezüglich der subjektiven Voraussetzung der Wissentlichkeit, verbunden[8].

---

1 Vgl. *Tiedemann* in LK, § 283a StGB Rz. 3 ff.
2 *Tiedemann* in LK, § 283a StGB Rz. 12; zust. *Fischer*, § 283a StGB Rz. 5.
3 BGH v. 30.10.1951 – 1 StR 423/51, BGHSt 1, 389; BGH v. 24.6.1952 – 2 StR 56/62, BGHSt 3, 30.
4 LG Dortmund v. 28.10.2011 – 33 KLs 17/07 – Rz. 62 ff., juris.
5 *Fischer*, § 283a StGB Rz. 3.
6 BT-Drs. 6/1549, vgl. § 302a.
7 *Fischer*, § 283a StGB Rz. 4 m.w.Nw.
8 So auch *Fischer*, § 283a StGB Rz. 5.

98 Bereits der **Versuch** einer Vermögensverschiebung kann als besonders schwerer Fall strafbar sein, wenn die Qualifizierungsmerkmale erfüllt sind, was vor allem bei dem ersten Regelbeispiel vorstellbar ist. Dagegen ist der Versuch eines schweren Falles nach § 283a StGB nicht als solcher strafbar (sondern als versuchter einfacher Bankrott nach § 283 Abs. 3 StGB)[1].

99 Die engen Tatbestandsvoraussetzungen des besonders schweren Falls, insbesondere bei der Kausalitätsprüfung im objektiven und subjektiven Bereich, dürften zu der bisher vergleichsweise **geringen Zahl von Verurteilungen** geführt haben. Dabei kommen in der Praxis sicher einschlägige Fallgestaltungen vor, in denen die Gewinnsucht auf der Hand liegt, wie etwa bei Bauträger- und Kapitalanlagegesellschaftsinsolvenzen oder bei gesteuerten Insolvenzen[2] von mehreren Unternehmen zur systematischen Bereicherung des Täters.

IV. Verschiebung von Baugeld

Schrifttum: *Greeve/Leipold*, Handbuch des Baustrafrechts, 2004; *Hagenloch*, Handbuch zum Gesetz über die Sicherung von Bauforderungen, 1991; *Illies*, BauFordSiG: Verunsicherung statt Sicherung, BauR 2013, 1342 ff.; *Lemme*, Das Gesetz zur Sicherung von Bauforderungen in der Strafrechtspraxis, wistra 1998, 41 ff.; *Stammkötter*, Bauforderungssicherungsgesetz, 3. Aufl. 2009; *Stammkötter*, Muss jeder Baugeldempfänger „Generalunternehmer" sein?, IBR 2014, 148 ff.

100 Ein besonderer Vermögensverschiebungtatbestand betrifft Verstöße gegen die Baugeldverwendungspflicht nach § 2 des **Gesetzes über die Sicherung der Bauforderungen** – Bauforderungssicherungsgesetz (**BauFordSiG**). Dieses mit einer neuen Kurzbezeichnung versehene Gesetz ist aus dem früheren Gesetz gleichen Namens mit der üblichen Abkürzung **GSB** vom 1.6.1909[3] hervorgegangen, das in § 5 einen entsprechenden Tatbestand enthielt. Art. 3 des „Gesetzes zur Sicherung von Werkunternehmeransprüchen und zur verbesserten Durchsetzung von Forderungen (Forderungssicherungsgesetz)" vom 23.10.2008[4] hat das GSB auf *zwei Paragrafen* gekürzt. Das lange Zeit in Vergessenheit geratene Ursprungs-Gesetz aus der Kaiserzeit war vom Gesetzgeber zunächst durch Änderungen im Rahmen des Einführungsgesetzes zur InsO in seiner Gültigkeit bestätigt worden. Die Tatbestandsvoraussetzungen des § 2 BauFordSiG sind allerdings nicht mehr – wie noch bei der Vorgängervorschrift des § 5 GSB – so umfangreich und in der Praxis so schwer nachweisbar, sodass diese Strafvorschrift neben §§ 283 Abs. 1 Nr. 1 und 266 StGB nunmehr Bedeutung erlangen könnte[5]. Auf Drängen der – von der Finanz- und Wirtschaftskrise auch betroffenen – Bauwirtschaft ist allerdings bereits wieder eine Lockerung der treuhandähnlichen Stellung der Baugeldempfänger im Falle von Eigenleistungen (§ 1

---

1 *Fischer*, § 283a StGB Rz. 6.
2 Dazu schon *Blankenbach/Richter*, wistra 1982, 222.
3 RGBl. 449 (BGBl. III, 312–2) i.d.F. des EinführungsG zur InsO v. 5.10.1994, BGBl. I 2911.
4 BGBl. I 2022, in Kraft getreten am 1.1.2009.
5 Zur – gegebenen – Verfassungsmäßigkeit BVerfG v. 27.1.2011 – 1 BvR 3222/09, NJW 2011, 1578.

Abs. 2 BauFordSiG) vorgenommen worden[1]. Wichtig ist auch die zivilrechtliche Funktion der §§ 1, 2 BauFordSiG als Schutzgesetz nach § 823 Abs. 2 BGB[2].

101 Es handelt sich, wie beim Bankrott, um einen **Sondertatbestand**, denn Täter kann nur ein *Baugeldempfänger* sein, der das Baugeld nach § 1 BauFordSiG zweckentsprechend zu verwenden hatte. Das Gesetz dient dem Schutz des Auftragnehmers, nicht des Bauherrn[3] (anders als die MaBV – § 70 Rz. 7 ff.). Bei Gesellschaften als Baugeldempfänger kann eine strafrechtliche Zurechnung nach § 14 StGB erfolgen. Der Baugeldempfänger muss nicht Grundstückeigentümer und kann auch selbst an der Herstellung des Bauwerks beteiligt sein. Daher sind auch *Bauträger, Generalunternehmer, Generalübernehmer*[4] und *Baubetreuer* als Baugeldempfänger mögliche Täter[5].

Desgleichen wird auch der Eintritt einer *objektiven Strafbarkeitsbedingung*, nämlich der Zahlungseinstellung oder der Insolvenzeröffnung, vorausgesetzt. Auch muss – wie im Insolvenzstrafrecht nach § 283 Abs. 6 StGB – ein tatsächlicher Zusammenhang zwischen Tathandlung und objektiver Bedingung vorhanden sein[6].

102 **Tathandlung** ist ein Verstoß gegen die *Baugeldverwendungspflicht*, die nach § 1 Abs. 1 BauFordSiG zugunsten solcher Personen besteht, die an der Herstellung des Baus oder Umbaus[7] aufgrund eines Werk-, Dienst- oder Kaufvertrags beteiligt sind (Baugläubiger). Sie müssen durch die Tat benachteiligt worden sein, was schon der Fall ist, wenn sie zum Zeitpunkt des Eintritts einer objektiven Bedingung der Strafbarkeit wegen ihrer Forderungen noch nicht – in vollem Umfang – befriedigt worden waren.

103 Geschütztes Vermögen ist das **Baugeld**, das nach § 1 Abs. 3 BauFordSiG im Darlehensvertrag als zum Zweck der Bestreitung der Kosten des Baues gewährt definiert wird. Zusätzlich muss zur Sicherung der Ansprüche des Geldgebers eine Hypothek oder Grundschuld an dem zu bebauenden Grundstück dienen oder die Übertragung des Eigentums an dem Grundstück darf erst nach gänzlicher oder teilweiser Herstellung des Baues erfolgen. Baugeld sind auch solche Beträge, die der Empfänger von einem Dritten für eine Leistung im Zusammenhang mit der Bauherstellung empfangen hat, wenn an der Leistung andere Unternehmer beteiligt sind, sowie Abschlagszahlungen und solche Beträge, deren Auszahlung ohne nähere Bestimmung des Zwecks im Einzelnen der Verwendung nach Baufortschritt erfolgen soll. Die entsprechende zivilrechtliche Vermutungsregel des § 1 Abs. 4 BauFordSiG ist allerdings strafrechtlich nicht anwendbar, da sie gegen die Unschuldsvermutung verstoßen würde[8]. Darlehen

---

1 G v. 29.7.2009, BGBl. I 2436.
2 *Wegner* in A/R, VII 3 Rz. 2.
3 LG Erfurt v. 15.11.2013 – 10 O 1127/12.
4 BGH v. 19.8.2010 – VIII ZR 169/09; OLG Brandenburg v. 16.11.2011 – 4 U 202/10; nicht jedoch die „Dach-Arge", vgl. LG Baden-Baden v. 4.10.2013 – 2 O 76/13 und LG Limburg v. 12.8.2013 – 1 O 83/13.
5 *Wegner* in A/R, VII 3 Rz. 10 ff.
6 *Wegner* in A/R, VII 3 Rz. 42.
7 BGH v. 24.1.2013 – VII ZR 47/11.
8 *Wegner* in A/R, VII 3 Rz. 28.

für baufremde Nebenleistungen (Notargebühren, Provisionen usw.) oder für Tiefbau- oder Kanalisationsarbeiten sind ebenfalls kein Baugeld.

In subjektiver Hinsicht sind wie bei §§ 283 Abs. 1 Nr. 1, 266 StGB nur **vorsätzliche**[1] Verstöße strafbar und mit Freiheitsstrafe bis zu fünf Jahren oder Geldstrafe bedroht. 104

Vergehen nach § 2 BauFordSiG stehen zum Bankrott und zur Untreue gem. §§ 283 Abs. 1 Nr. 1, 266 StGB in **Tateinheit**, da durch das BauFordSiG nur die Baugläubiger geschützt werden sollen, während die anderen genannten Straftatbestände demgegenüber die Vermögensinteressen aller Gläubiger bzw. der schuldnerischen Gesellschaft schützen sollen. 105

§ 84
Begünstigung von Schuldner und Gläubiger
Bearbeiter: Hans Richter

	Rz.		Rz.
I. Begünstigung als Bankrottstraftat	1	a) Geschützte Vermögensmasse	31
II. Schuldnerbegünstigung		b) Befriedigung	32
1. Täter und Begünstigte	5	c) Sicherung	34
2. Tathandlungen und subjektive Erfordernisse	10	d) Begünstigungserfolg	36
3. Versuch, Strafbarkeitsvoraussetzungen und Rechtsfolgen	14	4. Inkongruenz	39
		a) Wirksamkeit des Grundgeschäfts	40
III. Gläubigerbegünstigung		b) Einzelfälle	45
1. Privilegierung inkongruenter Leistungen	17	5. Weitere Einzelheiten	
2. Begünstigte und Tatbeteiligte	22	a) Sozialversicherungsbeiträge	48
3. Tathandlungen		b) Schuldformen und Versuch	49
		c) Konkurrenzen und Sanktionen	52

Schrifttum: Vgl. §§ 75–83; außerdem: *Bittmann*, Kapitalersatz, der 5. Strafsenat des BGH und das MoMiG, wistra 2009, 102; *Brand/Sperling*, Die Bedeutung des § 283d StGB im GmbH-Strafrecht, ZStW Bd. 121 (2009), 281; *Hartwig*, Der strafrechtliche Gläubigerbegriff in § 283c StGB, in FS Bemmann, 1997, S. 311; *Hombrecher*, Der Schutz der Gläubigerinteressen in der Unternehmenskrise durch das Insolvenzstrafrecht, JA 2013, 541; *R./J. Pet*, Die zivil- und strafrechtliche Beurteilung von Gläubigerbegünstigung in der Insolvenz, ZVI 2011, 313; *Sowada*, Der begünstigte Gläubiger als strafbarer „notwendiger" Teilnehmer im Rahmen des § 283c StGB?, GA 1995, 60; *Thilow*, Die Gläubigerbegünstigung im System des Insolvenzrechts: Zur Beschränkung des § 283c StGB auf inkongruente Deckungen, 2001; *Vormbaum*, Probleme der Gläubigerbegünstigung, GA 1981, 101.

---

[1] Vgl. hierzu OLG München v. 13.11.2012 – 13 U 1624/12 – Bau.

I. Begünstigung als Bankrottstraftat

1 Mit der Strafbarkeit von **Begünstigung**shandlungen ahndet das Bankrottstrafrecht zwei Bereiche mit gänzlich unterschiedlich geregelten Voraussetzungen und Zielen: die *Gläubiger- und die Schuldnerbegünstigung*. Dies führt nicht selten zu Missverständnissen im Hinblick auf Regeln des Kernstrafrechts und solche des Insolvenzrechtes: Die *Begünstigung* gem. *§ 257 StGB* (§ 369 Abs. 1 Nr. 4 AO) ahndet die Hilfe bei der Beutesicherung zugunsten von (Steuer-)Straftätern (s. § 44 Rz. 217 ff.). Täter der beiden *Bankrott-Strafnormen* (§§ 283c und 283d StGB) vereiteln *selbst* die von der InsO angestrebte gleichmäßige Gläubigerbefriedigung. Beide Tatbestände dienen daher demselben Rechtsgut wie die übrigen Bankrottstraftaten der §§ 283, 283a und b StGB (§ 81 Rz. 1 ff.). Dieser einheitliche Rechtsgüterschutz muss daher die Auslegung beider (Begünstigungs-)Normen des Bankrottstrafrechts bestimmen.

2 Anlass zu falscher Einschätzung der Strafnormen bietet auch die Verwendung des Begriffs der Begünstigung im **Anfechtungsrecht der InsO** (§§ 129 ff. InsO). Diese Regelungen dienen dazu, Masseschmälerungen *vor* der Insolvenz des Schuldners zugunsten der Gläubigergesamtheit wieder rückgängig zu machen. Sie haben deshalb durchaus[1] „Schnittstellen" zum hier zu behandelnden Bankrottstrafrecht. Die (durch das Anfechtungsrecht zu beseitigende) Benachteiligung (aller Gläubiger) intendiert dabei auch die „Bevorzugung", also die „Begünstigung" Einzelner. Insbesondere die §§ 130, 131 InsO verdeutlichen den Unrechtsgehalt der Straftaten: Nicht nur, wenn ein Gläubiger das (etwas) bekommt, was ihm nicht zusteht (*inkongruente Deckung* – § 131 InsO), sondern auch, wenn er (in der Krisensituation) bekommt, was ihm zusteht (*kongruente Deckung* – § 130 InsO), gereicht dies (tendenziell) zum Nachteil der übrigen Gläubiger. Diese *Beeinträchtigung der Verteilungsgerechtigkeit* als Ziel des Insolvenzrechtes („par conditio creditorum") soll die Anfechtung ausgleichen.

3 Das Kriminalstrafrecht unterscheidet demgegenüber zunächst *strukturell* nach der *Beeinträchtigung der Vermögensinteressen* der Gläubiger in ihrer Gesamtheit, denen zur gleichmäßigen Befriedigung das Vermögen des Schuldners (genauer: die „Masse") zur Verfügung steht: Wird die **Masse verringert**, treffen den Schuldner (§§ 283, 283a und 283b StGB) wie auch den Außenstehenden (§ 283d StGB) die Folgen des Bankrottstrafrechts gleichermaßen (§ 283d Abs. 3 StGB). Allerdings unterscheiden sich die *Handlungsanforderungen* in diesen beiden Normbereichen deutlich im Hinblick darauf, ob der Schuldner oder ein Außenstehender die Masseschmälerung zu verantworten hat.

4 Liegt demgegenüber **keine Beeinträchtigung der Masse,** sondern (nur) eine solche der Verteilungsgerechtigkeit innerhalb der Gläubiger vor, verbleibt es zunächst dabei, dass *Täter nur der Schuldner* (oder dessen Verantwortliche nach § 14 StGB – Rz. 22) sein kann: § 283c StGB (Gläubigerbegünstigung) ist danach – wie die Bankrotthandlungen der §§ 283a und 283b StGB (§ 81 Rz. 10) ein **Sonderdelikt.** Dessen Strafwürdigkeit ist allerdings nur bei einer *qualifizierten wirtschaftlichen Krise* (Rz. 18) gegeben.

---

1 Zum hierauf gerichteten strafrechtlichen Schutzgut vgl. *Tiedemann*, WiStrafR BT, Rz. 413.

II. Schuldnerbegünstigung

1. Täter und Begünstigte

Vermögensminderungen durch Dritte zum *Nachteil der Masse* und *zugunsten des Schuldners* (auch ohne dessen Wissen) oder mit dessen *Einwilligung* sind als Schuldnerbegünstigung strafbar (**§ 283d StGB**). Es handelt sich, im Gegensatz zu den anderen Bankrottstraftaten, um *kein Sonderdelikt*. Obgleich danach „jedermann" **Täter** sein kann, gelten Einschränkungen: Der Schuldner kann nicht Täter sein; der Dritte darf nicht dem Schuldnerbereich zuzurechnen sein[1].

Darüber hinaus muss der Außenstehende **objektiv Tatherrschaft** haben und **subjektiv für den Schuldner** oder *mit dessen Einwilligung*[2] handeln. Das Handeln *für den Schuldner* muss also mit der *Zielrichtung* der Mehrung oder des Erhalts des Schuldnervermögens erfolgen. Das bloße „Für-Möglich-Halten" (dolus eventualis) reicht danach nicht aus; das Erstreben *auch* eigener Vorteile (oder solcher Dritter) schließt aber den Begünstigungsvorsatz nicht aus[3].

Die Ansicht, das Handeln *mit Einwilligung des Schuldners* könne im Grundsatz *nur zu dessen Gunsten* – und nicht des Täters oder eines Dritten – erfolgen[4], ist mit § 283d Abs. 3 Nr. 1 StGB (dem besonders schweren Fall) nicht vereinbar. Dieser setzt Gewinnsucht beim Täter – nicht beim Schuldner[5] – voraus. Eine Einwilligung des Schuldners in ein gewinnsüchtiges Verhalten des Täters ist indes kaum vorstellbar, jedenfalls äußerst selten. Zudem wäre die Norm danach lediglich auf das Zerstören, Beschädigen und Unbrauchbarmachen reduziert, wodurch sie ihre ohnehin geringe Bedeutung (Rz. 9) vollends verlieren würde. Zu bedenken ist schließlich, dass zur Tatbestandserfüllung schon die Förderung *immaterieller Interessen* des Schuldners (etwa an dem „Wohlgesinntsein" des Zuwendungsempfängers) ausreicht[6].

Wie beim Bankrott entfaltet die Gläubigerbegünstigung nach § 283c StGB eine Sperrwirkung auch für § 283d StGB (Rz. 17). Vermögensverschiebungen des Dritten **zugunsten eines Gläubigers** sind nämlich nach h.M. *nicht als Schuldnerbegünstigung* strafbar, denn mit deren (dem Bankrott gleichstehenden) Strafdrohung sollen nur solche Eingriffe sanktioniert werden, die die Gläubigergesamtheit durch Masseschmälerung beeinträchtigen[7]. Das ist bei Leistungen an einen Gläubiger nicht der Fall, da die Masse gleichzeitig von ihrer Verbindlichkeit gegenüber dem Gläubiger befreit wird. Die Inkongruenz der Leistungen an einen Gläubiger kann allerdings zur Strafbarkeit des Schuldners

---

1 *Tiedemann* in LK, § 283d StGB Rz. 5 weist (m.Nw.) zutr. darauf hin, dass Täter auch Insolvenzverwalter und Gläubiger sein können – lediglich der Schuldner scheidet aus.
2 Eingehend zur Frage, welches Organ der Juristischen Person (bei der GmbH etwa Gesellschafter oder Geschäftsführer) die Einwilligung erklären können, *Brand/Sperling*, 292 ff. (nur Gesellschafter, allerdings noch unter der Geltung der Interessentheorie).
3 Zutr. *Tiedemann* in LK § 283d StGB Rz. 12 m.Nw.
4 *Bittmann* in Bittmann, InsolvenzstrafR, § 22 Rz. 6.
5 *Bittmann* in Bittmann, InsolvenzstrafR, § 22 Rz. 17.
6 *Tiedemann* in LK, § 283d StGB Rz. 11.
7 BGH v. 29.9.1988 – 1 StR 332/88, BGHSt 35, 357 (359), wistra 1989, 102; *Fischer*, § 283d StGB Rz. 2; *Tiedemann* in LK § 283d StGB Rz. 4.

wegen Gläubigerbegünstigung nach § 283c StGB führen, wenn (auch) er die Tatherrschaft (Rz. 6) hatte. Der Dritte macht sich in diesen Fällen nur wegen Anstiftung oder Beihilfe hierzu strafbar – auch bei Tatherrschaft, da ihm die Schuldnereigenschaft fehlt. Diese den Tatbestand des § 283d StGB einschränkende Auslegung hat der BGH z.B. im Fall eines Rechtsanwalts bestätigt, der sich von seinem zahlungsunfähigen schuldnerischen Mandanten zur Sicherung seiner Honorarvorauszahlungsforderung für die eigenständige „Abwicklung" des Betriebes des Mandanten Forderungen hatte abtreten lassen[1].

8 Entscheidendes *Abgrenzungskriterium* der Schuldnerbegünstigung zur bloßen Teilnahme an Bankrott oder Gläubigerbegünstigung nach §§ 283, 283c StGB sind die nach den allgemeinen Regeln zu beurteilende **Tatherrschaft** und das **Tatinteresse** des Dritten. Dabei kann der Schuldner Teilnehmer der Straftat nach § 283d StGB, deren Täter aber nicht Teilnehmer nach §§ 283 ff. StGB sein[2]. Schwierigkeiten können sich hier ergeben, wenn der Begünstigende mit Einwilligung des Schuldners gehandelt hat. War die Schuldnereinwilligung für ihn tatentscheidend, so kann seine Tatherrschaft entfallen. Häufiger sind aber die Fälle *gemeinschaftlichen Handelns*, die zur Bestrafung des Schuldners wegen Bankrotts oder Untreue und des Dritten wegen Schuldnerbegünstigung führen[3], wenn dieser „vor allem oder ausschließlich in eigenem wirtschaftlichen Nutzen handelt", da dann jedem Täterqualität zukommt[4]. So hat der IX. (Zivil-)Senat des BGH bei einer gemeinschaftlichen Entwertung einer Patronatserklärung der Muttergesellschaft durch beide Verantwortlichen Organe auch bei beiden täterschaftliche Begehensweise angenommen[5]. Regelmäßig wird indes in solchen Fällen Tateinheit zwischen Beihilfe zum Bankrott und (täterschaftlicher) Schuldnerbegünstigung vorliegen[6].

9 Die **geringe Zahl von Strafverfahren** wegen Schuldnerbegünstigung ist eine Folge tatsächlich geringer Deliktshäufigkeit, denn Tatbeiträge Dritter führen mangels Tatherrschaft zumeist zu Anklagen nur wegen Anstiftung oder Beihilfe zum Bankrott oder Untreue. Zwar sind Dritte an Vermögensverschiebungen in der Krise häufig dominierend beteiligt, weil der Schuldner von ihnen wirtschaftlich abhängig ist, wie z.B. von Großkunden oder Banken. Sie sind jedoch in aller Regel auch Gläubiger, die ihre Forderungen realisieren wollen, und können wegen der *Sperrwirkung* des § 283c StGB nicht wegen Schuldnerbegünstigung bestraft werden (Rz. 7). Neben der bereits erwähnten (Rz. 8) zivilrechtlichen Haftungsentscheidung des BGH aus dem Jahr 2003 und den Beschlüssen des 1. Strafsenates des BGH vom 15.5.1962[7] und 29.9.1988[8] und einem Beschluss des OLG Köln vom September 2012[9] – die sämtlich den

---

1 BGH v. 29.9.1988 – 1 StR 332/88, BGHSt 35, 357 (359), wistra 1989, 102.
2 Zutr. *Fischer*, § 283d StGB Rz. 2.
3 So BGH v. 22.5.1958 – 1 StR 1/58.
4 BGH v. 8.2.1966 –1 StR 605/65: „in erster Linie zum Vorteil des Schuldners".
5 BGH v. 8.5.2003 – IX ZR 334/01, ZIP 2003, 1098.
6 BGH v. 30.10.1969 – 1 StR 243/69; BGH v. 29.9.1988 – 1 StR 332/88, BGHSt 35, 357.
7 BGH v. 15.5.1962 – 1 StR 463/61.
8 BGH v. 29.9.1988 –1 StR 332/88, BGHSt 35, 357, wistra 1989,102.
9 OLG Köln v. 13.9.2012 – 2 Ws 524/12.

Tatbestand der Schuldnerbegünstigung gerade verneinen – sind weitere Verfahren nicht bekannt geworden.

2. Tathandlungen und subjektive Erfordernisse

Die **Tathandlungen** entsprechen denen des Bankrotts nach § 283 Abs. 1 Nr. 1 StGB, weshalb auf die Ausführungen hierzu verwiesen werden kann (§ 81 Rz. 10 ff.). So ist etwa das zielgerichtete Entwerten einer Patronatserklärung tatbestandsmäßig[1]. Das Gleiche gilt für die geschützte Vermögensmasse (§ 81 Rz. 2, § 83 Rz. 5 ff.). Die Tathandlungsformen des Zerstörens, Beschädigens oder Unbrauchbarmachens spielen in der Praxis keine Rolle.

10

Der Schuldner muss sich in einer **(Liquiditäts-)Krise** befinden. Diese wird als drohende oder (im Gesetz nicht ausdrücklich aufgeführte[2]) eingetretene Zahlungsunfähigkeit (vgl. oben § 78) definiert oder als Zeit nach der Zahlungseinstellung (§ 78 Rz. 58) während eines Insolvenzverfahrens (§ 75 Rz. 35 ff.) oder eines Verfahrens nach Stellung eines Insolvenzantrags. Die *Überschuldung* gehört dagegen nicht zu den Krisenmerkmalen der Schuldnerbegünstigung; auch ist das *Herbeiführen* der Krise durch Vermögensverschiebungen nicht wie beim Bankrott unter Strafe gestellt. Die Krisendefinitionen der InsO gelten nach dem Grundsatz der Zivilrechtsakzessorietät (vgl. § 75 Rz. 49 ff.) auch für die Schuldnerbegünstigung.

11

Hinsichtlich der drohenden oder eingetretenen *Zahlungsunfähigkeit* des Schuldners reicht lediglich bedingter Vorsatz nicht aus; der Täter muss **sichere Kenntnis** haben. Diese gegenüber § 283 StGB strengeren subjektiven Voraussetzungen sind angesichts der mit dem Bankrott übereinstimmenden Strafdrohung berechtigt, da bei der Schuldnerbegünstigung ein außenstehender Dritter strafrechtlich zur Verantwortung gezogen wird, dem nicht die gleiche Verantwortlichkeit für die Befriedigung der Gläubiger auferlegt werden kann wie dem Schuldner[3]. Unerheblich ist demgegenüber die irrige Annahme, die Zahlungsunfähigkeit drohe erst, während sie tatsächlich schon eingetreten war oder umgekehrt. – Bezüglich der *übrigen* Krisenmerkmale, der Einwilligung des Schuldners (§ 32 Rz. 84), der Zugehörigkeit des Vermögensteils zur geschützten Masse[4] und der Beeinträchtigung der Gläubigergesamtheit genügt **bedingter Vorsatz**.

12

Hält der Täter den Begünstigten *irrtümlich* für einen Gläubiger, dem er eine kongruente oder auch inkongruente Sicherung oder Befriedigung gewährt, so liegt ein strafbefreiender **Tatumstandsirrtum** vor[5]. Macht sich der Schuldner in einem solchen Fall wegen zugleich eigener Tatherrschaft des Bankrotts, der Untreue oder der Gläubigerbegünstigung schuldig, so kann der Dritte wegen Beihilfe zur Untreue oder Gläubigerbegünstigung strafbar sein (vgl. Rz. 7 f.).

13

---

1 BGH v. 8.5.2003 – IX ZR 334/01, ZIP 2003, 1098.
2 *Fischer*, § 283d StGB Rz. 5; *Tiedemann* in LK, § 283d StGB Rz. 7; *Heine/Schuster* in S/S, § 283d StGB Rz. 5; *Hoyer* in SK, § 283d StGB Rz. 3.
3 Zust. *Tiedemann* in LK, § 283d StGB Rz. 17 m.Nw.
4 Für von Dritten zur Verfügung gestellte Sanierungsmittel vgl. *Richter*, wistra 1984, 97.
5 *Heine/Schuster* in S/S, § 283d StGB Rz. 7.

3. Versuch, Strafbarkeitsvoraussetzungen und Rechtsfolgen

14 Die **versuchte** Schuldnerbegünstigung ist nach § 283d Abs. 2 StGB strafbar.

15 Die Tathandlung muss während der – gegenüber dem Bankrott abweichend definierten – **Krisensituation** (vgl. Rz. 11) begangen werden. Voraussetzung der Strafbarkeit ist außerdem nach § 283d Abs. 4 StGB eine der (in § 283 Abs. 6 StGB definierten – vgl. § 81 Rz. 65 ff.) **objektiven Strafbarkeitsbedingungen**.

16 Die **Strafdrohung** entspricht, auch für besonders schwere Fälle der Schuldnerbegünstigung nach § 283d Abs. 3 StGB, der des Bankrotts bzw. seines besonders schweren Falls nach § 283a StGB (§ 81 Rz. 16).

III. Gläubigerbegünstigung

1. Privilegierung inkongruenter Leistungen

17 Der Tatbestand der Gläubigerbegünstigung (**§ 283c StGB**) sanktioniert die **Beeinträchtigung der Verteilungsgerechtigkeit**. Leistungen des Schuldners an seine Gläubiger, denen *Einwendungen nicht entgegenstehen* oder die *nicht in der Art* oder *nicht zu der Zeit*, wie sie bewirkt wurden, auch *geschuldet* waren, unterliegen gem. § 131 InsO der Anfechtung (Rz. 2). Daher ist die Rechtsprechung zu § 131 InsO bezüglich der Inkongruenz auch für § 283c StGB maßgebend[1], da ein Gläubiger eine ihm nicht zustehende Leistung erlangt und damit die gleichmäßige Befriedigung aller Gläubiger vereitelt wird. Erlangt demgegenüber ein „Nicht-Gläubiger" etwas aus dem Schuldnervermögen, wird die „Verteilungs-Masse" zum Nachteil aller Gläubiger *geschmälert*.

Dieser Differenzierung folgt das Bankrottstrafrecht konsequent: § 283c StGB *privilegiert* den Schuldner, der einen Gläubiger bevorzugt, gegenüber demjenigen, der die Gesamtheit seiner Gläubiger schädigt oder sonst gefährdet (§ 283 Abs. 1 Nr. 1 StGB) mit einem deutlichen Strafnachlass (zwei statt fünf – bzw. bis zu zehn – Jahre Strafdrohung). Die Gläubigerbegünstigung ist somit *lex specialis* gegenüber dem Bankrott: § 283c StGB verdrängt § 283 StGB. Dies gilt auch dann, wenn nicht alle Tatbestandsmerkmale der Gläubigerbegünstigung – außer der Gläubigereigenschaft des Leistungsempfängers – erfüllt sind[2] (*Sperrwirkung* des § 283c StGB).

18 Die Strafbarkeit des Privilegierungstatbestandes tritt nur in einer – im Verhältnis zum Bankrott – **qualifizierten wirtschaftlichen Krise** ein. Eine Gläubigerbegünstigung bei Überschuldung oder drohender Zahlungsunfähigkeit ist straflos; Voraussetzung ist die *eingetretene Zahlungsunfähigkeit*. Wie schon bei der Schuldnerbegünstigung dargelegt (Rz. 12), ist insofern nicht nur bedingter Vorsatz, sondern *sichere Kenntnis* erforderlich. Zudem muss die Begünstigung des Gläubigers als Taterfolg eingetreten sein (Rz. 36). Der anderenfalls gegebene *Versuch* ist nach § 283c Abs 2 StGB strafbar (Rz. 51). Nach § 283c Abs. 3 StGB

---

1 Einschränkend aber *Bittmann* in Bittmann, InsolvenzstrafR, § 14 Rz. 27.
2 H.M., vgl. nur *Fischer*, § 283c StGB Rz. 1; BGH v. 2.11.1995 – 1 StR 449/95, NStZ 1996, 543 (die Privilegierung greift schon dann, wenn Zweifel an der Gläubigerstellung bleiben).

muss schließlich auch hier eine der *objektiven Bedingungen* der Strafbarkeit des § 283 Abs. 6 StGB erfüllt sein (§ 81 Rz. 65 ff.).

Grund für die Privilegierung gegenüber dem Bankrott ist der Umstand, dass bei der Gläubigerbegünstigung die vom Insolvenzstrafrecht im Interesse aller seiner Gläubiger geschützte **Vermögensmasse** des Schuldners **in ihrer Gesamtheit ungeschmälert** bleibt, da die – auch inkongruente – Leistung an einen Gläubiger zur Tilgung der entsprechenden Verbindlichkeit der Masse führt. Dieser Gedanke gilt auch für die Sicherung als geringerer Masseeingriff. Die Gläubigerbegünstigung beeinträchtigt jedoch die *rechtmäßige Verteilung* der Masse, die – nach Eintritt der Zahlungsunfähigkeit – nur noch durch Bewirkung der einwendungsfrei geschuldeten fälligen Leistungen (oder sonst durch Einzelzwangsvollstreckung in das Vermögen des Schuldners) vonstattengehen soll[1]. 19

Es sind also *nicht alle Bevorzugungen* einzelner Gläubiger vor den anderen unter Strafe gestellt, sondern nur die *inkongruenten* Sicherungen oder Befriedigungen. Unter Strafdrohung soll der Schuldner nach Eintritt der Zahlungsunfähigkeit nur noch das an seine Gläubiger bewirken dürfen – insofern allerdings nach seinem Ermessen, was er zivilrechtlich zu leisten verpflichtet ist (vgl. im Übrigen zur Abgrenzung vom Bankrott § 81 Rz. 18). – Wird dem Gläubiger wertmäßig dagegen mehr zugewendet als er verlangen kann, wird „die Masse" geschmälert; es liegt Bankrott nach § 283 Abs. 1 Nr. 1 StGB und/oder Untreue nach § 266 StGB vor (zum Konkurrenzverhältnis Rz. 52).

Im Umkehrschluss bedeutet dies, dass der Schuldner *vor Eintritt seiner Zahlungsunfähigkeit* Forderungen seiner Gläubiger nach seinem Belieben – und auch inkongruent – sichern oder befriedigen darf (soweit er nicht etwa dadurch als Geschäftsführer einer GmbH oder vertretungsberechtigter Gesellschafter einer Personen(handels)gesellschaft seine Treuepflicht nach § 266 StGB gegenüber der Gesellschaft oder den Gesellschaftern verletzt). Sogar noch *nach Eintritt seiner Zahlungsunfähigkeit* **darf der Schuldner die Gläubiger** frei **(willkürlich) wählen**, die er – aus welchen Gründen auch immer – vor den anderen begünstigen will, wenn dies nur *kongruent* geschieht. 20

Die **geschützte Vermögensmasse** entspricht der des Bankrotts nach § 283 Abs. 1 Nr. 1 StGB (Rz. 3 f., eingehend § 81 Rz. 2, § 83 Rz. 5 ff.). Sie ist Grundlage des von § 283c StGB angestrebten Rechtsgutsschutzes, der sich auf das Interesse der Gläubiger bezieht, aus ihr ohne inkongruente Leistungen an Mitgläubiger – und damit gleichmäßig – befriedigt zu werden[2]. Teilweise wird in der Literatur auch allgemeiner das Vermögen der Insolvenzgläubiger als geschütztes Rechtsgut angesehen[3]. 21

---

1 BGH v. 12.7.1955 – 5 StR 128/55, BGHSt 8, 55; BGH v. 6.11.1986 – 1 StR 327/86, BGHSt 34, 221; BGH v. 2.11.1995 – 2 StR 449/95, wistra 1996, 144, NStZ 1996, 543 (544).
2 *Tiedemann* in LK, § 283c StGB Rz. 1, der zutr. auch auf den überindividuellen Rechtsgutbezug des Interesses am Funktionieren der Kreditwirtschaft abstellt.
3 *Thilow*, S. 112.

2. Begünstigte und Tatbeteiligte

22 Die Gläubigerbegünstigung ist wie der Bankrott **Sonderdelikt**, da tauglicher Täter nur der *Schuldner* sein kann. Ebenso müssen bei ihm die Krise und die Strafbarkeitsbedingung (§ 283 Abs. 6 StGB; vgl. § 81 Rz. 65 ff.) als Voraussetzungen vorliegen. Aber auch die Tathandlung ist nur bei einem Schuldner denkbar. Ein Schuldner, der gleichzeitig Gläubiger ist, würde gegenüber den übrigen Gläubigern Informations- und Durchsetzungsvorteile haben. Zutreffend geht deshalb die Rechtsprechung davon aus, dass *Organe oder Vertreter* des Schuldners (gem. § 14 StGB) hinsichtlich ihrer Forderungen gegen den Schuldner nicht privilegiert nach § 283c StGB, sondern *nach § 283 StGB zu ahnden sind*[1] (zum Gesellschafter der Schuldnerin als Gläubiger vgl. Rz. 28 ff.).

23 Das Tatbestandselement der **Gläubigereigenschaft** *des Zuwendungsempfängers* ist nach den zivilrechtlichen Verhältnissen zum Zeitpunkt der Begünstigungshandlung zu beurteilen. Die Gläubigerstellung kann zwar nach zutreffender Ansicht auch noch nach Eintritt der Zahlungsunfähigkeit erlangt[2], die Inkongruenz aber dann nicht mehr mit einer kongruenzbegründenden Vereinbarung beseitigt werden[3].

Gläubiger ist z.B. nicht nur der normale Gläubiger, der im Falle der Insolvenzeröffnung Insolvenzgläubiger wäre, sondern auch der *Absonderungsberechtigte* nach §§ 49 ff. InsO (z.B. der Sicherungseigentümer), obwohl dessen Befriedigung im Insolvenzfall vorrangig erfolgen würde (§ 170 Abs. 1 S. 2 InsO). Das Gleiche gilt für *Massegläubiger* in einem eröffneten Insolvenzverfahren nach §§ 53 ff. InsO, da auch Vermögenswerte, die der Schuldner erst während des Verfahrens erlangt, zur Masse gehören (§ 35 InsO). Der *Aussonderungsberechtigte* ist jedoch nicht Insolvenzgläubiger. Soweit allerdings – wie in der Praxis häufig zu beobachten – Eigentumsvorbehalts-Lieferanten *Sicherungspools* bilden, sind diese bezüglich ihrer Kaufpreisforderungen taugliche Begünstigte der Norm.

24 Der **begünstigte Gläubiger** kann – auch wenn er die *Tatherrschaft* (sein eigenes Tatinteresse wird ohnehin gegeben sein) übernimmt – wegen der Sonderdeliktsnatur der Gläubigerbegünstigung gleichwohl nicht Täter sein, da ihm die Schuldnereigenschaft fehlt. Er kann jedoch an der Tathandlung des Schuldners als Anstifter oder Gehilfe **beteiligt** sein, wenn er, wie oft in der Praxis, über die bloße Annahme der vom Schuldner freiwillig angebotenen Zuwendung hinaus, die als *notwendige Teilnahme* straflos bleibt, aktive Tatbeiträge leistet, indem er etwa im Bewusstsein der Inkongruenz der Leistung den Schuldner zur Erbringung veranlasst oder auch nur hierbei bestärkt. (Straflose) **notwendige Teilnahme** ist nur gegeben, soweit die Tatbestandserfüllung des § 283c StGB die

---

1 BGH v. 6.11.1986 – 1 StR 327/86, BGHSt 34, 221 (223 f.); eingehend und zust. *Tiedemann* in LK, § 283c StGB Rz. 11. Nach Wegfall der Interessentheorie – s. oben § 77 Rz. 24 ff. – stellt sich die Problematik einer Strafbarkeitslücke wegen der Interessenwidrigkeit (§ 283 StGB) und des fehlenden Vermögensnachteils beim vertretenen Unternehmen (§ 266 StGB) allerdings nicht mehr.
2 BGH v. 29.9.1988 – 1 StR 332/88, BGHSt 35, 357 (361); eingehend *Tiedemann* in LK, § 283c StGB Rz. 8 f. m.Nw.
3 BGH v. 30.9.1993 – 1 StR 227/92, ZIP 1993, 1653 (1655).

konkrete Beteiligungshandlung des Gläubigers begrifflich voraussetzt[1]. Strafbar nach den allgemeinen Regeln der Beihilfe gem. § 27 StGB ist somit auch die bloße Unterstützung bei der Zahlungsabwicklung eines leistungsbereiten Schuldners[2].

Nach ganz h.M. kann die Tathandlung des Bankrotts – und somit auch der Gläubigerbegünstigung – *der objektiven Strafbarkeitsbedingung nachfolgen* (Nachweise § 81 Rz. 85 ff.). Daher ist – wie der Schuldner auch nach Insolvenzabweisung mangels Masse bzw. bei Zahlungseinstellung – auch der endgültige Insolvenzverwalter tauglicher Täter (s. § 81 Rz. 43 ff.), wobei dahinstehen kann, ob diese Täterqualifikation aus § 14 Abs. 1 Nr. 3 StGB oder § 14 Abs. 2 Nr. 2 StGB abzuleiten ist[3]. Im Insolvenzeröffnungsverfahren kommt täterschaftliche Begehung durch den *vorläufigen Verwalter* indes nur dann infrage, wenn dieser – wie allerdings in der Praxis häufig zu beobachten – als faktischer (Mit-)Geschäftsführer auftritt oder aber Schuldnerverfügungen gem. § 22 Abs. 1 Nr. 2 InsO seiner *Zustimmung* bedürfen[4]. Im Übrigen besteht die Gefahr der Teilnahmestrafbarkeit wegen Anstiftung bzw. Beihilfe.

Der **bedingt Berechtigte** wie der Bürge (bezüglich seines bedingten Rückgriffanspruchs nach § 774 BGB[5]) ist ebenfalls als Gläubiger anzusehen. Wird bei einer von einem Dritten verbürgten Verbindlichkeit der Masse aus dieser an den Gläubiger geleistet, so liegt hierin nicht auch eine Leistung an den Bürgen[6], sodass nicht auch diesem gegenüber eine Kongruenz vorliegen muss.

Übernimmt der Gläubiger – etwa zur Sicherheit oder gegen Verrechnung mit einem Teil seiner Forderungen – **Gesellschaftsanteile** des Schuldners, so konnten bis zur Geltung des MoMiG seine (verbleibenden) Forderungen eigenkapitalersetzenden Charakter annehmen. Wegen der insbesondere auch für Banken in solchen Fällen noch möglichen Ansprüche vgl. Rz. 32, 46.

Wie bereits unter Rz. 22 ausgeführt, kann der Schuldner nach der zutreffenden h.M. nicht selbst Gläubiger sein. War der Begünstigte **Gesellschafter** einer GmbH oder einer GmbH & Co KG ohne natürliche Person als persönlich haftender Gesellschafter und machte dieser Ansprüche gegen die Gesellschaft als Schuldnerin nach § 283c StGB – etwa auf Darlehensrückzahlung nach dessen Umqualifizierung als Eigenkapital – geltend, so wurde er nicht als Gläubiger angesehen und die Darlehensrückzahlung daher nicht als Gläubigerbegünstigung, sondern als Bankrott oder – unter Anwendung der „Interessentheorie"

---

1 BGH v. 3.2.1993 – 3 StR 606/92, NJW 1993, 1278 = NStZ 1993, 239, wistra 1993, 147; Tiedemann, ZIP 1983, 515.
2 Zutr. weist *Tiedemann* in LK, § 283c StGB Rz. 38 auf strafrechtliche Gefahren insbes. für Mitarbeiter von Banken bei Sanierungen hin, soweit diese Gesellschaftsanteile halten.
3 Vgl hierzu *Richter*, NZI 2002, 121 (123).
4 *Richter*, NZI 2002, 121 (123).
5 So schon RG v. 29.4.1897 – Rep. 1100/97, RGSt 30, 73 zum früheren Recht.
6 RG v. 8.10.1928 – III 606/28, RGSt 62, 277 (280).

– als Untreue eingestuft[1]. Nach dem Wegfall der Interessentheorie (s. § 81 Rz. 53 ff.) gilt insofern nichts anderes (§ 82 Rz. 29, § 83 Rz. 22).

29 Hierfür ist zunächst der alte Rechtsstand kurz darzulegen (eingehend § 82 Rz. 1 ff.): Nach **§ 39 Abs. 1 Nr. 5 InsO (a.F.)** waren Forderungen auf Rückgewähr kapitalersetzender Darlehen von Gesellschaftern als – wenn auch nachrangige – **Verbindlichkeiten** der Masse bezeichnet. Da die Darlehensforderungen der Gesellschafter wegen ihrer Nachrangigkeit an der Masseverteilung nicht beteiligt waren, beeinträchtigte ihre Rückzahlung den Bestand der Verteilungsmasse und nicht nur die Gleichmäßigkeit ihrer Verteilung, weshalb die Rechtsprechung Bankrott (bzw. unter dem Anwendungsbereich der Interessentheorie Untreue) und nicht Gläubigerbegünstigung annahm[2].

Dies galt sowohl für die Rückzahlungen von **Gesellschafterdarlehen**, durch die nach der Rechtsprechungsregelung das *Stammkapital* der GmbH *angegriffen* wurde, als auch für die Rückzahlungen von Gesellschafterdarlehen, die nach der Novellenregelung des **§ 32a GmbHG** eigenkapitalersetzenden Charakter hatten, weil sie zu einer Zeit hingegeben wurden, als die Gesellschaft ihren Kapitalbedarf am freien Kapitalmarkt nicht mehr zu üblichen Konditionen decken konnte[3]. Diesen Zustand der „Kreditunwürdigkeit" bezeichnete § 32a GmbHG als „Krise", die mithin von der Vermögens- („Überschuldung") und Liquiditätskrise („Zahlungsunfähigkeit") des Insolvenzrechtes abzugrenzen war.

Eine Strafbarkeit wegen *Untreue* war jedoch nicht gegeben, soweit Gesellschafter aus einem **anderen Rechtsgrund** als dem des Darlehens (oder wirtschaftlich gleichartiger Leistungen) Gesellschaftsgläubiger waren und kongruent befriedigt oder gesichert wurden. Dabei war auch zu beachten, dass andere Ansprüche, etwa ein Gehaltszahlungsanspruch, durch Stundung ein zu Eigenkapital umqualifizierter Darlehensanspruch werden konnte[4].

30 Zwar hat der Gesetzgeber mit dem neuen **§ 30 Abs. 1 GmbHG** in der Fassung des **MoMiG** den *Gesellschafterdarlehen ihre (Quasi-)Stammkapitaleigenschaft genommen*. Den außenstehenden Gläubigern ist der (qualifizierte[5]) Gesellschafter jedoch weiterhin und zutreffend nicht gleichgestellt, wenn auch seine aus der Kapitalerhaltungspflicht resultierende Haftung weitgehend in das Anfechtungsrecht verlagert ist. § 64 S. 3 GmbHG (n.F.) verbietet ausdrücklich Rückzahlungen an den Gesellschafter, wenn und soweit diese zur Illiquidität des Schuldners führen. Jedenfalls für diesen Anwendungsbereich verbleibt es daher dabei, dass die Leistung auf eine vom Gläubiger zu dieser Zeit nicht geltend zu machende Forderung, die auch in der Insolvenz nur nachrangig zu befriedigen ist, die den Gläubigern zustehende Masse schmälert, weshalb solche

---

1 Vgl. z.B. BGH v. 26.11.1979 – II ZR 104/77, BB 1980, 222 (223); BGH v. 21.5.1969 – 4 StR 27/69, NJW 1969, 1494; BGH v. 6.11.1986 – 1 StR 327/86, wistra 1987, 100; *Weber*, StV 1988, 18; *Winkelbauer*, JR 1988, 35; *Fischer*, § 283c StGB Rz. 2.
2 Vgl. die Nw. bei *Tiedemann* in LK, § 283c StGB Rz. 10; so schon *Richter*, GmbHR 1984, 146; a.A. *Wegner* in A/R, 7. Teil Kap. 1 Rz. 225.
3 BGH v. 26.3.1984 – II ZR 171/83, BGHZ 90, 381 (390) = JZ 1984, 1031.
4 So auch *Bittmann* in Bittmann, InsolvenzstrafR, § 14 Rz. 15.
5 Nicht der Sanierungs- und Kleingesellschafter, s. § 82 Rz. 5.

Leistungen nach wie vor als Bankrott nach § 283 StGB und nicht (privilegiert) nach § 283c StGB einzuordnen sind[1].

Zutreffend hat das OLG Stuttgart[2] unter Hinweis auf die Materialien des MoMiG darauf hingewiesen, dass die Neuordnung des Rechts der Gesellschafterleistungen die Rechtsprechung zum „existenzvernichtenden/**existenzgefährdenden Eingriff**" (näher § 82 Rz. 26 ff.) nicht tangiert. Danach war (und ist) eine Leistung an den Gesellschafter auch dann untersagt, wenn diese entweder zur Zahlungsunfähigkeit oder Überschuldung führt oder die insolvenzrechtlichen Krisen vertieft[3]. Wie bei § 64 S. 3 InsO – der einen Ausschnitt aus der Haftung wegen existenzbedrohender Vermögenseingriffe beschreibt – sind bei der Berechnung des betroffenen Vermögens (bzw. der Liquidität) des Schuldners die Gesellschafterforderungen „auszublenden" bzw. ist allein auf die Forderungen der Nichtgesellschafter abzustellen, da es allein auf deren Befriedigungsaussicht ankommt[4]. Eine Leistung entgegen den Rechtsgrundsätzen des existenzgefährdenden Eingriffs verletzt mithin nicht (nur) die Verteilungsgerechtigkeit sondern (auch) die den Gläubigern in der Gesamtheit zustehende Vermögensmasse und darüber hinaus das Vermögen der juristischen Person, soweit es im Interesse ihrer Gläubiger der Verfügungsgewalt der Gesellschafter entzogen ist. Daher hat diese Rechtsprechung – unter der Geltung der Interessentheorie konsequent – einen Vermögensnachteil i.S. der Untreue nach § 266 StGB angenommen[5]. Entgegen *Tiedemann*[6] ist daher in den Fällen des existenzgefährdenden Eingriffs Masseschmälerung gegeben und nicht Gläubigerbegünstigung, sondern Bankrott durch Beiseiteschaffen gem. § 283 Abs. 1 Nr. 1 StGB (regelmäßig in Tateinheit mit Untreue) anzunehmen.

3. Tathandlungen

a) Geschützte Vermögensmasse

Da die Verteilungsgerechtigkeit unter den Gläubigern Schutzgegenstand der Gläubigerbegünstigung ist, muss die (inkongruente) Sicherung oder Befriedigung aus dem **Schuldnervermögen** stammen, das diesen Gläubigern zur Verfügung steht. Daher können Gegenstände straflos zurückgegeben werden, an denen der Empfänger **Vorbehaltseigentum** hat – ungeachtet eines Anwart-

---

1 A.A. *Tiedemann* in LK, § 283c StGB Rz. 10, der insofern allerdings auch Leistungen bei Zahlungsunfähigkeit und solche, die zur Überschuldung führen oder diese vertiefen, aufgrund der Anfechtungsmöglichkeit von Leistungen an den Gesellschafter im letzten Jahr vor Insolvenzantragsstellung (§ 135 Abs. 1 InsO n.F.) gleichstellt. Auch OLG Celle v. 23.1.2014 – 2 Ws 347/13 geht bei Rückzahlung eines Gesellschafterdarlehens nach dem MoMiG von § 283c StGB aus.
2 OLG Stuttgart v. 14.4.2009 – 1 Ws 32/09, wistra 2010, 34.
3 Grundsätzlich – als Unterfall der sittenwidrigen Schädigung – der BGH v. 16.7.2007 – II ZR 3/04 – Trihotel, BGHZ 173, 246.
4 *Altmeppen* in Roth/Altmeppen, § 64 GmbHG Rz. 61 ff.; *Spliedt*, ZIP 2009, 149.
5 BGH v. 6.5.2008 – 5 StR 34/08, wistra 2008, 379; BGH v. 10.2.2009 – 3 StR 372/08, wistra 2009, 275; BGH v. 31.7.2009 – 2 StR 95/05, BGHSt 54,52.
6 *Tiedemann* in LK, § 283c StGB Rz. 10; *Bittmann*, wistra 2009, 104.

schaftsrechts des Schuldners[1]. Andererseits gehört auch das zum Vermögen des Schuldners, was ihm **darlehensweise** gewährt worden ist[2]. Dies gilt sogar dann, wenn dem Schuldner die Mittel ausdrücklich zur inkongruenten Erfüllung der Gläubigerforderung zur Verfügung gestellt worden waren[3]. Wie generell im Bankrottstrafrecht greift auch hier die **wirtschaftliche Betrachtungsweise**: Auf die rechtliche Wirksamkeit der Verfügung kommt es nicht an, weil Anfechtbarkeit ohnehin gegeben ist und diese Handlungen die Gefährdung des Schutzgutes in gleicher Weise begründen[4] (näher Rz. 38).

b) Befriedigung

32 Tathandlungen sind die Befriedigung des Gläubigers oder das Gewähren einer Sicherung. **Befriedigt** wird ein Gläubiger, wenn er eine Leistung als **Erfüllung** nach § 362 BGB oder *an Erfüllungs statt* nach § 364 BGB erhält. Die zweite Alternative weist bereits auf Inkongruenz hin. Da der Vorteil auch hier aus der geschützten Masse kommen muss (vgl. Rz. 31), ist nicht schon die Hingabe eines eigenen Schecks oder Wechsels tatbestandsmäßig, denn diese sind nur Mittel zur Befriedigung, bieten aber keine zusätzliche Sicherung[5]. Inkongruente Befriedigung[6] nimmt die Rechtsprechung aber dann an, wenn etwa *Kundenschecks oder -Wechsel an Erfüllungs statt* weitergegeben oder damit ein Saldo bei der Hausbank zurückgeführt wird[7] (s. auch Rz. 46). Gleiches gilt, wenn ein Schuldner eine Forderung an den Gläubiger abtritt und sich der Gläubiger nach dem Willen der Parteien aus der abgetretenen Forderung befriedigt. Ist die Abtretung ihrerseits anfechtbar, handelt es sich regelmäßig um eine Leistung erfüllungshalber, mithin um eine inkongruente Deckung[8]. Wiederholt hat die Rechtsprechung eine inkongruente Befriedigung auch bejaht, wenn der Täter dem Gläubiger eine Sache „verkauft", um diesem eine *Aufrechnungslage* zu verschaffen, wenn dieser dann Aufrechnung erklärt hat[9].

33 Zutreffend weist *Tiedemann* darauf hin, dass Strafbarkeit der Gläubigerbegünstigung durch **Unterlassen** nur beim Vorliegen einer Garantenstellung nach § 13 StGB gegeben ist und diese jedenfalls nicht aus der Pflicht zur Insolvenzantrag-

---

1 *Bittmann* in Bittmann, InsolvenzstrafR, § 14 Rz. 22; zum Problem der Umwandlung von Gläubigerforderungen in Kapitalanteile (Dept-Equity-Swap) s. unten § 87 Rz. 5.
2 BGH v. 7.2.2002 – IX ZR 115/99, NJW 2002, 1574 (1575).
3 BGH v. 27.5.2003 – IX ZR 169/02, NJW 2003, 3374 (3348).
4 *Tiedemann* in LK, § 283c StGB Rz. 13.
5 BGH v. 10.10.1961 – 1 StR 163/61, BGHSt 16, 279.
6 *Tiedemann* in LK, § 283c StGB Rz. 16 nimmt zutr. eine (inkongruente) Sicherung an.
7 BGH v. 30.9.1993 – IX ZR 227/92, BGHZ 123, 320; bestätigend BGH v. 14.05.2009 – IX ZR 63/08, KTS 2009, 523 (525) mit nur im Ergebnis zust. Anm. *Heiderhoff*, 529 (530); vgl. unten Rz. 46.
8 BGH v. 19.12.2013 – IX ZR 127/11, ZIP 2014, A 7.
9 BGH v. 5.4.2001 – IX ZR 216/98, NJW 2001, 1940 (1942); OLG Hamm v. 7.11.2000 – 27 U 63/00, NZI 2001, 432.

stellung abzuleiten ist[1]. Eine mögliche Verjährungseinrede nicht zu erheben, auf eine mögliche Anfechtung zu verzichten oder einen Insolvenzantrag (pflichtwidrig und strafbar) nicht zu stellen, begründet auch dann keine Strafbarkeit wegen Gläubigerbegünstigung, wenn hierdurch ein Begünstigungserfolg eintritt. Wie schon oben (Rz. 10) hingewiesen, bekommt in diesen Fällen die wirtschaftliche Betrachtungsweise Bedeutung: Liegt dem Hinnehmen des Versäumnisurteils, dem „Zulassen" der Zwangsvollstreckung, dem verspäteten Insolvenzantrag u.a. ein kollusives Zusammenwirken des Schuldners mit dem Gläubiger zugrunde, ist von aktivem Handeln und nicht von Unterlassen auszugehen.

c) Sicherung

Sicherung bedeutet die Einräumung einer Rechtsstellung, die es dem Gläubiger ermöglicht, **leichter oder sicherer befriedigt** zu werden als ohne sie[2]. Da der Vorteil aus der geschützten Masse stammen muss (vgl. Rz. 4), scheidet die Bürgschaftsübernahme eines Dritten für Verbindlichkeiten der Masse aus. Es müssen vielmehr an Vermögensgegenständen der Masse z.B. ein *Pfandrecht* bestellt, eine *Sicherungsübereignung* vorgenommen oder ein *Zurückbehaltungsrecht* vereinbart werden. Bereits die Einräumung des *Besitzes* kann als Tathandlung ausreichen. Ausreichend kann auch schon eine Sicherheit sein, die nur möglicherweise zur Befriedigung führt, wie die Bestellung eines Grundpfandrechts an einem überlasteten Grundstück[3]. Da es auf die zivilrechtliche Wirksamkeit nicht ankommt, kommt Strafbarkeit wegen (untauglichen) Versuchs nur dann in Betracht, wenn der Sicherungsgegenstand nicht hinreichend bestimmt ist[4].

34

Auch die vom Schuldner gezielt vorgenommene **Werterhöhung des Sicherungseigentums** einzelner bestimmter Kreditgeber kann strafbare inkongruente Sicherung sein, wenn die Begünstigten auf diese Werterhöhung keinen Anspruch haben. Dies ist etwa bei der *Nettolohnfinanzierung* durch bestimmte Gläubiger unter Vorgriff auf das Insolvenzgeld der Fall, wenn dadurch die werterhöhende Weiterarbeit der Arbeitnehmer, die Verwendung von Produktionsmittel u.a. nur oder überwiegend einzelnen Gläubigern zugutekommt[5] (vgl. § 83 Rz. 5, 9).

35

d) Begünstigungserfolg

Die Tathandlung muss die **Begünstigung** des Gläubigers vor den übrigen **herbeigeführt** haben. Hierdurch wird die Gläubigerbegünstigung zum *Erfolgsdelikt*, was die einzige sachlich ins Gewicht fallende Änderung durch das

36

---

1 *Tiedemann* in LK, § 283c StGB Rz. 18 f.; zust. *Bittmann* in Bittmann, InsolvenzstrafR, § 14 Rz. 35.
2 RG v. 24.9.1897 – Rep. 2355/97, RGSt 30, 261 (262).
3 *Fischer*, § 283c StGB Rz. 5 unter Hinweis auf BGH v. 21.11.1978 – 1 StR 346/78.
4 *Tiedemann* in LK, § 283c StGB Rz. 15.
5 Eingehend *Tiedemann* in LK, § 283c StGB Rz. 15, 22 u. 29; vgl. auch *Bittmann* in Bittmann, InsolvenzstrafR, § 14 Rz. 45.

1. WiKG gegenüber dem früheren Rechtszustand war[1]. Begünstigt ist ein Gläubiger, wenn sich seine Lage durch die Schuldnerleistung im (hypothetischen) Vergleich zur Situation ohne diese konkret verbessert[2]. Hieran fehlt es z.B., wenn der Gläubiger dem Schuldner nach Eintritt der Zahlungsunfähigkeit vor der Leistung oder Zug um Zug damit eine gleichwertige Gegenleistung erbracht hat. Auch ist z.B. die Bank des Schuldners nicht begünstigt, die zwar eine inkongruente Sicherungsabtretung von Kundenforderungen des Schuldners erhält, deren Forderungen aber ohnehin über Einzahlungen auf das Kontokorrentkonto des Schuldners voraussichtlich alsbald bezahlt worden wären.

Der Begünstigung des empfangenden Gläubigers muss der gerade hierdurch eingetretene **Nachteil** der übrigen Gläubiger – auch einzelner Gläubiger[3] – entsprechen, wobei die konkrete Gefahr einer Quotenverringerung ausreicht[4]. Dementsprechend ist auch eine erfolgreiche Anfechtung der Leistung irrelevant[5].

37 Der Vorteil muss zur **Tatvollendung** in das Vermögen des Gläubigers übergegangen sein, ohne dass es allerdings auf dessen ausdrückliche Annahmeerklärung ankommen kann[6]. Eine Banküberweisung ist deshalb bereits tatbestandsmäßig, wenn der Betrag dem Konto des Gläubigers gutgeschrieben ist, auch wenn er über das Guthaben noch nicht verfügt oder von der Gutschrift noch gar keine Kenntnis erlangt hat.

38 Eine **rechtliche Unwirksamkeit** der Sicherung oder Befriedigung als Verfügungsgeschäft, etwa wegen Verstoßes gegen ein gesetzliches Verbot, Sittenwidrigkeit oder Geschäftsunfähigkeit des Gläubigers, oder ihre Anfechtbarkeit nach §§ 129 ff. InsO hindern die Tatbestandsvollendung nicht[7]. Anders ist es nur, wenn die Verfügung wegen eines Einigungsmangels oder wegen der Unbestimmtheit des Einigungsgegenstandes, etwa bei Sicherungsübereignung von Sachgesamtheiten, nicht wirksam zustande gekommen ist[8]. Hier ist nur *Versuch* gegeben.

4. Inkongruenz

39 Die Inkongruenz der Sicherung oder Befriedigung ist gegeben, wenn sie dem Gläubiger *zivilrechtlich nicht einwendungsfrei* oder nicht in der Art oder nicht zu der Zeit geschuldet waren, wie sie bewirkt worden sind. Dieses Tatbestandsmerkmal deckt sich mit den Anfechtungsvoraussetzungen nach § 131 InsO, weshalb auch die Rechtsprechung hierzu Geltung hat[9].

---

1 RegE, BT-Drs. 7/3441, 38.
2 *Tiedemann* in LK, § 283 StGB Rz. 26.
3 Vgl. *Tiedemann* in LK, § 283c StGB Rz. 29.
4 *Bittmann* in Bittmann, InsolvenzstrafR, § 14 Rz. 44; zur Umwandlung von Gläubigerforderungen in Kapitalbeteiligung (debt equity swap) unten § 87 Rz. 5.
5 *Tiedemann* in LK, § 283c StGB Rz. 27.
6 *Heine/Schuster* in S/S, § 283c StGB Rz. 6 m.w.Nw. zu dieser str. Frage.
7 *Vormbaum*, GA 1981, 110; *Thilow*, S. 90.
8 BGH bei *Herlan* GA 1958, 48.
9 *Vormbaum*, GA 1981, 115; *Thilow*, S. 90.

a) Wirksamkeit des Grundgeschäfts

Ist das **Grundgeschäft** für die Leistung nicht zustande gekommen oder nach § 138 BGB oder aus einem anderen Grund nichtig, so fehlt es an der Gläubigereigenschaft des Zuwendungsempfängers. Es verbleibt somit bei der Strafbarkeit wegen Bankrott (und/oder Untreue). Ist dem Täter allerdings nicht zu widerlegen, dass er an ein rechtsgültiges Grundgeschäft geglaubt hatte, liegt ein relevanter Tatbestandsirrtum vor, der die Privilegierung zur Folge hat. Dies gilt auch, wenn formnichtige Grundgeschäfte durch Erfüllung wirksam werden können[1].

40

Das rechtswirksam bestehende Grundgeschäft kann aus der Zeit vor oder **nach Eintritt der Zahlungsunfähigkeit** stammen[2]. So können auch bei Zahlungsunfähigkeit *Sanierungskredite* vereinbart, *Rechtsanwälte* (vgl. hierzu § 16 Rz. 37 ff. und § 96 Rz. 1 ff., 14 ff.) und Steuerberater beauftragt werden, wenn und soweit diese Geschäfte ordnungsgemäßer Geschäftsführung entsprechen. *Fehlt* es hingegen an einer *ausreichenden Gegenleistung* kommt eine Privilegierung nicht in Betracht, sondern liegt Bankrott durch Beiseiteschaffen (ggf. auch Untreue nach § 266 StGB) vor[3].

41

Die *nachträgliche Gewährung* etwa einer nicht schon im Kreditvertrag als Grundgeschäft vereinbarten *Darlehenssicherheit* ist inkongruent, denn ein Gläubiger hat nicht schon allein deshalb einen Anspruch auf Sicherung, weil er letztlich Befriedigung fordern kann[4]. Daher wird häufig, insbesondere auch von *Kreditinstituten*, eine Sicherung mit einer gleichzeitigen (weiteren) **Darlehensstundung als Grundgeschäft** zu rechtfertigen versucht. Dies entspricht nicht mehr den Grundsätzen ordnungsmäßiger Wirtschaft, wenn die Forderung zum Zeitpunkt der Stundung bereits wegen der Zahlungsunfähigkeit des Schuldners uneinbringlich ist. Deren Stundung ist daher als *Scheingeschäft* zur Legitimation der inkongruenten Sicherung unbeachtlich.

42

Das Gleiche gilt für die Schließung einer „Sicherheitenlücke" bei lediglich förmlich-banktechnischer *Gewährung* eines faktisch, etwa durch Duldung der Überziehung einer Kreditlinie, **bereits eingeräumten Kredits**[5]. Derartigen Fällen strafbarer Gläubigerbegünstigungen liegt regelmäßig Anstiftung durch Mitarbeiter oder Verantwortliche der begünstigten Kreditinstitute, häufig auch Beihilfe durch Rechtsberater zugrunde. Auch die nicht selten bei *Unternehmenssanierungen* zu beobachtende Vereinbarung und Gewährung einer Sicherheit für einen neuen Kredit, die neben diesem auch einen bereits bestehenden Kredit inkongruent sichern soll, ist tatbestandsmäßig[6], wobei die Werthaltigkeit der Gegenleistung nicht selten vor Beweisschwierigkeiten stellt.

43

---

1 *Heine/Schuster* in S/S, § 283c StGB Rz. 9.
2 BGH v. 29.9.1988 – 1 StR 332/88, BGHSt 35, 357 (361); zust. *Tiedemann* in LK, § 283c StGB Rz. 9; a.A. *Vormbaum*, GA 1981, 106; *Lackner/Kühl*, § 283c StGB Rz. 2.
3 RG v. 15.3.1929 – I 187/29, RGSt 63, 78 (80).
4 BGH bei *Holtz*, MDR 1979, 457; vgl. zur Vergabe von Sanierungskrediten durch Banken *Tiedemann* in LK, § 283c StGB Rz. 8.
5 Vgl. *Tiedemann*, ZIP 1983, 516; BGH v. 3.12.1998 – IX ZR 313/97, ZIP 1999, 76.
6 *Vormbaum*, GA 1981, 132.

44 Die von den Banken üblicherweise ihren Krediten zugrunde gelegte **allgemeine Sicherungsabrede** nach Nr. 13 Abs. 1 AGB (Allgemeine Geschäftsbedingungen der Banken; Nr. 22 AGB Sparkassen) ist zur Begründung der Kongruenz nicht hinreichend konkret. Diese ist auch nicht gegeben, wenn die noch freien Vermögenswerte des Schuldners den Kreditbetrag zwar wertmäßig nicht mehr erreichen und daher vollkommen der einzelvertraglich vereinbarten Sicherungsabrede unterfielen, sie aber gleichwohl nicht eindeutig konkretisierbar sind. Lediglich bei einer schon vor Eintritt der Zahlungsunfähigkeit erfolgten vertraglichen **Konkretisierung** der Sicherheiten liegt Kongruenz vor[1].

b) Einzelfälle

45 Leistungen, die nicht geschuldet sind, schmälern die Masse und fallen daher nicht unter die Privilegierung nach § 283c StGB (Rz. 1). Nur soweit ein Anspruch besteht, diesem aber eine dauernde **Einrede** oder eine **Einwendung** des Schuldners entgegensteht, sodass auch ein Insolvenzverwalter ihn nicht zu erfüllen bräuchte, ist § 283c StGB einschlägig. Das ist z.B. bei der Einrede der *Verjährung*, bei der Anfechtbarkeit wegen *Irrtums* nach §§ 119 ff. BGB sowie bei einem sonstigen Leistungsverweigerungsrecht der Fall[2]. Inkongruent ist auch die Erfüllung einer *unvollkommenen Verbindlichkeit*, etwa aus Spiel oder Wette nach § 762 BGB. Kein Anspruch besteht demgegenüber bei nichtigen Verträgen, so bei *Scheinverträgen*, *Wucher* oder sonst *strafbaren Geschäften*[3].

46 Eine **artabweichende Leistung** ist gegeben, wenn Vermögensteile *an Erfüllungs statt* oder *erfüllungshalber*, also etwa Waren für eine Geldforderung, übereignet oder Kundenforderungen statt einer Geldzahlung abgetreten werden[4]. Auch ein Kundenscheck oder -akzept ist artverschieden, wenn Geld geschuldet wird, da es sich dem Wesen nach um eine Forderungsabtretung handelt[5] (s. auch Rz. 32). Anders verhält es sich mit *eigenen* Schecks oder Akzepten, da der Gläubiger damit keinen weiteren Vermögenswert aus der Masse erhält. Die *Banküberweisung* ist jedoch nicht als artverschieden anzusehen, da Austauschverträge üblicherweise die bargeldlose Zahlungsweise vorsehen[6]. Bei Wahlschulden nach §§ 262 ff. BGB oder einer Ersetzungsbefugnis des Gläubigers z.B. nach § 249 Abs. 2 BGB ist jede vom Gläubiger gewählte Leistung kongruent, wenn

---

1 *Vormbaum*, GA 1981, 117 ff.; BGH v. 3.12.1998 – IX ZR 313/97, ZIP 1999, 76.
2 H.M.; *Tiedemann* in LK, § 283c StGB Rz. 21; *Heine/Schuster* in S/S, § 283c StGB Rz. 9; a.A. *Bittmann* in Bittmann, InsolvenzstrafR, § 14 Rz. 35, da die Unterlassung von zivilrechtlichen Gestaltungsrechten nicht tatbestandsmäßig sei. Diese formale Betrachtungsweise wird aber dem von § 283c StGB angestrebten Rechtsgüterschutz nicht gerecht. Nach Ansicht *Bittmanns* wären nur solche Befriedigungsleistungen als nicht geschuldet strafbar, die sich auf unvollkommene (§ 762 BGB) Verbindlichkeiten aus Spiel und Wette beziehen.
3 *Heine/Schuster* in S/S, § 283c StGB Rz. 9.
4 BGH v. 14.10.1999 – IX ZR 142/98, NJW 2000, 211 (212); *Tiedemann* in LK, § 283c StGB Rz. 22 m.w.Nw.; so auch bei vom Schuldner veranlasster Zahlung des Drittschuldners, BGH v. 13.2.2014 – 1 StR 336/13, EWiR 2015, 55 mit Anm. *Floeth*.
5 So schon BGH v. 10.10.1961 – 1 StR 163/61, BGHSt 16, 279.
6 So auch *Wegner* in A/R, 7. Teil Kap. 1 Rz. 228.

nicht schon die Vereinbarung des Wahlrechts selbst wegen Verstoßes gegen die Grundsätze ordnungsmäßiger Wirtschaft ein versuchtes Beiseiteschaffen war[1].

Inkongruente Leistungen sind schließlich auch solche, die noch **nicht fällig** oder **aufschiebend bedingt** sind[2]. Wurde die Fälligkeit erst nach Eintritt der Zahlungsunfähigkeit und entgegen den Grundsätzen ordnungsmäßiger Wirtschaftsführung ohne ausreichende Gegenleistung nur zur Begünstigung eines einzelnen Gläubigers vor den Übrigen vereinbart bzw. zurückdatiert, so liegt bereits darin eine (versuchte) Gläubigerbegünstigung, die durch die Leistung zur vereinbarten Fälligkeit vollendet wird (vgl. Rz. 41). 47

5. Weitere Einzelheiten

a) Sozialversicherungsbeiträge

Zahlungen an **Sozialversicherungsträger** wegen ausstehender oder fällig werdender Sozialversicherungsbeiträge können in der Krise einem Anfechtungsrecht wegen Gläubigerbenachteiligung und dementsprechend einer Schadenersatzpflicht des Schuldners unterfallen[3]. Andererseits hat der Schuldner die strafbewehrte Zahlungspflicht nach § 266a StGB zu beachten. Diesen Konflikt löst der BGH i.S. der rechtfertigenden rechtlichen Unmöglichkeit (§ 64 Abs. 2 S. 1 GmbHG), die Pflicht zur Abführung der Arbeitnehmer-Anteile ist somit nach § 28 Abs. 1 S. 1 SGB IV auch in der Krise noch zu erfüllen[4]. Ganz ähnlich bejaht der BFH den Vorrang der Pflicht zur Abführung der Lohnsteuer[5]. Strafbarkeit als Gläubigerbegünstigung (bei Inkongruenz der Leistungen) bleibt daher in all diesen Fällen bestehen (zur Strafbarkeit nach § 266a StGB vgl. im Übrigen § 38 Rz. 1 ff.). 48

b) Schuldformen und Versuch

In subjektiver Hinsicht sind neben der **Kenntnis der Zahlungsunfähigkeit** alternativ die Absicht oder Wissentlichkeit hinsichtlich der Begünstigung des Gläubigers Voraussetzung (vgl. Rz. 18). Dabei ist *Wissentlichkeit* die sichere Kenntnis des nicht notwendigerweise auch angestrebten, aber doch als unvermeidlich angesehenen Erfolgs, die dann auch die Inkongruenz umfasst. *Absichtlichkeit* liegt vor, wenn es dem Täter auf die Begünstigung ankommt, wobei in diesem Fall bezüglich der Inkongruenz bedingter Vorsatz genügt[6]. Wer irrig annimmt, z.B. Gegenstände anstelle Geldes leisten zu dürfen, handelt in einem (regelmäßig vermeidbaren) Verbotsirrtum[7]. 49

---

1 RG v. 15.3.1929 – I 187/29, RGSt 63, 78 (79).
2 Vgl. *Bittmann* in Bittmann, InsolvenzstrafR, § 14 Rz. 39 m.w.Nw.
3 BGH v. 25.10.2001 – IX ZR 17/01, BGHZ 149, 100; BGH v. 10.7.2003 – IX ZR 89/02, ZIP 2003, 1666.
4 BGH v. 14.5.2007 – II ZR 48/06, GmbHR 2007, 757 m. Anm. *Schröder*; umfassend m.Nw. *Radtke*, GmbHR 2009, 673.
5 BFH v. 27.2.2007 – VII R 67/05, BB 2007, 1711.
6 Str.; vgl. *Heine/Schuster* in S/S, § 283c StGB Rz. 16 m.w.Nw.
7 *Tiedemann* in LK, § 283c StGB Rz. 30.

50 Die Begünstigung des Gläubigers wird nicht absichtlich angestrebt oder wissentlich herbeigeführt, wenn der Schuldner mit seiner inkongruenten Leistung das Ziel verfolgt, **die Krise** mithilfe dieses Gläubigers **zu überwinden** und dadurch die übrigen Gläubiger nicht zu benachteiligen, sondern vielmehr (auch) zu befriedigen[1]. Dies kann etwa bei der Sicherung der Honorarforderung eines *Rechtsanwalts* vorliegen, der zur Krisenbehebung herangezogen wird. Es genügt jedoch nicht, dass eine „Sanierung" angestrebt wird, die – wie von den Beteiligten erkannt – aussichtslos erscheint und vorrangig zum Ziel hat, die Gläubiger zum (Teil-)Verzicht auf ihre Forderungen zu veranlassen. Auch müssen die Insolvenzantragsfristen nach § 15a InsO noch einzuhalten sein und eingehalten werden. Diese Voraussetzungen liegen in der Praxis jedoch regelmäßig nicht vor, weshalb die solchermaßen eingeschalteten Berater (auch) auf die Gefahr der Strafbarkeit wegen Beihilfe zur Insolvenzverschleppung hinzuweisen sind[2] (s. § 80 Rz. 34).

51 Der **Versuch** der Gläubigerbegünstigung ist strafbar (§ 283c Abs. 2 StGB) und gegeben, wenn der angestrebte oder sicher erwartete Begünstigungserfolg (Rz. 36) nicht eingetreten oder der Täter irrtümlich davon ausgegangen ist, er gewähre eine inkongruente Leistung, die in Wirklichkeit aber so geschuldet war. Die irrtümliche Annahme der Zahlungsunfähigkeit oder einer Strafbarkeitsbedingung führt dagegen zum straflosen Wahndelikt (vgl. § 18 Rz. 29 f.).

c) Konkurrenzen und Sanktionen

52 Bezüglich der **Konkurrenzen** gelten keine Besonderheiten. Einzelne Begünstigungshandlungen werden nicht durch die Krise oder die objektiven Bedingungen der Strafbarkeit zu einer Tat verklammert; sie stehen i.d.R. in Tatmehrheit zueinander[3]. Gegenüber dem Bankrott nach § 283 Abs. 1 Nr. 1 StGB und der Schuldnerbegünstigung nach § 283d StGB hat die Gläubigerbegünstigung Vorrang als *lex specialis*. Erfolgt zwar eine Sicherung oder Befriedigung eines Gläubigers, sind aber sonstige Tatbestandsvoraussetzungen der Gläubigerbegünstigung nicht erfüllt, so hat § 283c StGB eine **Sperrwirkung** für den Bankrott oder die Schuldnerbegünstigung[4]. Dies gilt aber wegen der Verschiedenheit der geschützten Rechtsgüter nicht im Verhältnis zur Untreue nach § 266 StGB. Neben einer Gläubigerbegünstigung liegt tateinheitlich Bankrott oder Untreue vor, soweit dem Gläubiger bei einer Befriedigung wertmäßig *mehr* zugewendet wird, als der Täter ihm schuldet[5].

---

[1] BGH v. 29.9.1988 – 1 StR 332/88, BGHSt 35, 357; BGH v. 22.10.1953 – 4 StR 384/53, BB 1953, 955; so auch schon *Bieneck* in Preisendanz, 30. Aufl. 1978, § 283c StGB Anm. 4.
[2] S. *Quedenfeld/Richter* in Bockemühl, Hdb. FA StrafR, 6. Teil, 5. Kap. Rz. 225 f.
[3] *Fischer*, § 283c StGB Rz. 11.
[4] BGH v. 12.7.1955 – 5 StR 128/55, BGHSt 8, 55 (56 f.); *Bittmann* in Bittmann, InsolvenzstrafR, § 14 Rz. 58.
[5] BGH v. 12.7.1955 – 5 StR 128/55, BGHSt 8, 55; BGH v. 21.5.1969 – 4 StR 27/69, NJW 1969, 1494; *Bittmann* in Bittmann, InsolvenzstrafR, § 14 Rz. 3; a.A. *Tiedemann* in LK, § 283c StGB Rz. 40, der allein § 283 StGB anwenden will.

Der **Strafrahmen** für die Gläubigerbegünstigung von Freiheitsstrafe bis zu zwei 53
Jahren oder Geldstrafe ist deutlich niedriger als der des Bankrotts, da hier die
den Gläubigern zur Verfügung stehende Haftungsmasse in ihrer Gesamtheit
nicht beeinträchtigt wird. In der Praxis werden zumeist nur Geldstrafen verhängt, es sei denn, dass als Tatmotive schwerwiegende egoistische Gründe hervorgetreten sind. Nicht selten übersteigen die Strafen für den Anstifter diejenigen für den Haupttäter.

§ 85
Rechnungslegung

Bearbeiter: Hans Richter

	Rz.		Rz.
I. Praktische Bedeutung und Rechtsgut	1	2. Bilanzierung	
		a) Inhaltliche Bilanzmängel	39
II. Tathandlungen und ihre Pflichtengrundlage	8	b) Verspätete und unterlassene Bilanzerstellung	44
1. Buchführungs- und Bilanzierungspflicht	10	3. Aufbewahrung	55
2. Pflichtendelegation	19	IV. Einzelfragen	
3. Unmöglichkeit, Unzumutbarkeit und Irrtum	28	1. Krise und Strafbarkeitsbedingung	62
III. Einzelne Pflichtverstöße		2. Bankrotthandlung und objektive Bedingung	70
1. Buchführungsverstöße	34	3. Konkurrenzen	74

Schrifttum: Vgl. oben §§ 22, 26, 40 sowie 75–81, Kommentare zum HGB und GmbHG
s. allgemeines Schrifttumsverzeichnis, außerdem: *Adler/Düring/Schmaltz,* Rechnungslegung und Prüfung der Unternehmen – Rechnungslegung nach internationalen Standards, Loseblatt; *Cobet,* Fehlerhafte Rechnungslegung, 1991; *Doster,* Verspätete beziehungsweise unterlassene Bilanzierung im Insolvenzstrafrecht, wistra 1998, 326; *Ebner,* insolvenzstrafrechtliche Konsequenzen der Einführung der §§ 241a, 242 Abs. 4 HGB zum 29.5.2009, wistra 2010, 92; *Großfeld/Luttermann,* Bilanzrecht, 4. Aufl. 2005; *Haack,* Steuerliche und handelsrechtliche Aufbewahrungspflichten, NWB 2014, 694 ff.; *Hillenkamp,* Impossibilium nulla obligatio – oder doch? Anmerkungen zu § 283 Abs. 1 Nrn. 5 und 7 StGB, in FS Tiedemann, 2008, S. 949; *Küting/Weber/Baetge,* Handbuch der Rechnungslegung, Loseblatt; *Maurer,* Der „innere Zusammenhang" im Bankrottstrafrecht, wistra 2003, 253; *Moxter,* Grundsätze ordnungsgemäßer Rechnungslegung, 2003; *Muhler,* Nichtbilanzieren von Privatvermögen strafbar?, wistra 1996, 125; *Pohl,* Strafbarkeit nach § 283 Abs. 1 Nr. 7b StGB auch bei Unvermögen zur Bilanzaufstellung?, wistra 1996, 14; *Reck,* Die strafrechtlichen Folgen einer unterlassenen, unrichtigen oder verspäteten Bilanzaufstellung für einen GmbH-Geschäftsführer, GmbHR 2001, 424; *Regierer,* Die konkursstrafrechtliche Täterhaftung des Steuerberaters bei Übernahme von Buchführungs- und Bilanzerstellungsarbeiten für den Mandanten, 1999; *Wilhelm,* Strafbares Verhalten und objektive Strafbarkeitsbedingung bei § 283b I Nr. 3b StGB, NStZ 2003, 511; *Wöhe/Mock,* Die Handels- und Steuerbilanz, 6. Aufl. 2010; *Wolf,* Bilanzmanipulationen: Wann ist die Übersicht erschwert?, StB 2009, 909.

Schrifttum und Materialien zum Bilanzrechtsmodernisierungsgesetz s. oben § 22 und § 26.

I. Praktische Bedeutung und Rechtsgut

1 Die **Bedeutung des Rechnungswesens** für eine ordnungsgemäße Unternehmensführung und richtige Information des Kapitalmarktes findet zunehmend in der Praxis der Strafverfolgung Anerkennung und Entsprechung (hierzu eingehend oben § 26, § 40). Buchführungs- und Bilanzdelikte im Zusammenhang mit dem Zusammenbruch eines Unternehmens (§§ 283 Abs. 1 Nr. 5–7, 283b StGB) hatten und haben hierbei eine ganz *außerordentliche Bedeutung*: Insolvenzen ohne Verstöße in diesem Bereich sind (immer noch) seltene Ausnahmen.[1] Da sie zudem relativ *leicht zu beweisen* sind, zumal in den Fällen des § 283b StGB eine „Krise" nicht vorausgesetzt wird, kommt es häufig zu schnell erfolgenden Verurteilungen. Verhängt werden zumeist Geldstrafen, die durch Strafbefehl festgesetzt werden. Dabei wird nicht selten die damit verbundene Folge der Organsperre (Inhabilität, hierzu § 16 Rz. 119, § 23 Rz. 130, § 76 Rz. 79 ff.) und auch die Gefahr der Versagung der Restschuldbefreiung (§ 16 Rz. 119b, § 76 Rz. 91 ff.) verkannt. Auch mit Freiheitsstrafe muss gerechnet werden, so insbesondere, wenn Täter vorbestraft sind oder gegen die Buchführungs- oder Bilanzierungspflichten in großem Umfang oder für lange Zeiträume verstoßen worden ist oder wenn durch solche Verstöße wirtschaftliche Schäden größeren Ausmaßes konkret verursacht worden sind. Dann kann auch der besonders schwere Fall nach § 283a StGB in Betracht kommen.

2 Strafbarkeitseinschränkend wirkt aber zum einen das am 29.5.2009 in Kraft getretene **Bilanzrechtsmodernisierungsgesetz** (**BilMoG** – s. § 75 Rz. 2), zum anderen seit 28.12.2012 das Kleinstkapitalgesellschaften-Bilanzrechtsänderungsgesetz (**MicroBilG** – s. § 75 Rz. 2). Beide setzen *EU-rechtliche Vorgaben* um (und stellen einen tief greifenden Wandel des HGB-Bilanzrechts dar). Strafrechtlich bedeutsam ist zunächst die *Wahlmöglichkeit* nach dem BilMoG in § 241a HGB für *Einzelunternehmen*[2], die sich bei bis zu 50.000 Euro Jahresüberschuss und 500.000 Euro Umsatzerlöse gänzlich von der *Buchführungs- und Bilanzierungspflicht befreien* können (vgl. § 22 Rz. 81 ff.). Erleichterungen zur Erstellung des Jahresabschlusses gewährt das BilMoG zudem in § 267 HGB (insbesondere) für *kleine* und (allerdings nur eingeschränkt für) *mittlere Kapitalgesellschaften* (dazu § 23 Rz. 29). Weitergehend können *Kleinstkapitalgesellschaften*[3] auf die Aufstellung eines Anhangs zum Jahresabschluss verzichten (§ 23 Rz. 28b). Werden bestimmte Angaben unterhalb der Bilanz („unter dem Strich") gemacht, kann die Bilanz vereinfacht erstellt (also nur die Buchstabenpositionen enthalten) und die Gewinn- und Verlustrechnung mit acht Zeilen verkürzt dargestellt werden. Schließlich reicht es zur „Offenlegung" (dazu oben § 41) aus, die Bilanz beim Unternehmensregister nur zu hinterlegen. Erweitert wurden auch die Möglichkeiten, nach IFRS abzuschließen (wo-

---

1 *Tiedemann* in LK, § 283 StGB Rz. 128; vgl. auch schon *Richter*, GmbHR 1984, 147.
2 Im RefEntw. war noch die Befreiung von Personenhandelsgesellschaften vorgesehen; vgl. zu den insolvenzstrafrechtlichen Konsequenzen *Ebner*, wistra 2010, 92.
3 § 267a Abs. 1 S. 1 HGB; die Gesellschaft überschreitet an zwei aufeinanderfolgenden Bilanzstichtagen zwei der dreifolgenden Merkmale nicht: 350.000 Euro Bilanzsumme, 700.000 Euro Umsatz, zehn Arbeitnehmer im Jahresdurchschnitt.

bei die HGB-Bilanz als Anhang-Bestandteil des Jahresabschlusses beibehalten bleibt; eingehend zu den Bilanzierungsvorschriften § 26 Rz. 59 ff.).

Auch die **Aktivierungsmöglichkeiten** nach § 248 Abs. 2 HGB für bestimmte selbstgeschaffene immaterielle Wirtschaftsgüter (mit damit einhergehenden Bewertungsunsicherheiten) sowie Abgrenzungen der **Buchführungspflicht** (unter Durchbrechung des Grundsatzes der Anknüpfung an die Kaufmannseigenschaft) sind zwar als *Deregulierungsmaßnahmen* des deutschen Gesetzgebers für klein- und mittelständische Unternehmen als Alternative zu den internationalen komplexen und daher kostenintensiven IFRS-Bilanzregeln[1] (näher § 26 Rz. 148 ff.) grundsätzlich zu begrüßen, stellen aber auch ein Einfallstor für entsprechende Missbräuche dar[2].

Angesichts der strengen Vorgaben Kredit gewährender Banken zu aussagekräftigen Jahresabschlüssen reduziert sich die Wirkung der Erleichterungen in der Praxis jedoch häufig nur auf deren Publizierung im Unternehmensregister, weshalb die Strafverfolgungsbehörden regelmäßig auf die tatsächlich erstellten, den Banken vorgelegten Bilanzen zurückgreifen. Die Bedeutung dieses Deliktbereichs als **erhebliches Strafbarkeitsrisiko** für die Unternehmensführung für den Fall des wirtschaftlichen Zusammenbruchs darf demnach weiterhin nicht unterschätzt werden. Auch interne und externe *Hilfspersonen des Unternehmers*, insbesondere die mit Buchführungs- und Bilanzierungsarbeiten beauftragten *Steuerberater* und *Wirtschaftsprüfer*, werden in der Praxis zunehmend als Täter (§ 14 Abs. 2 StGB) oder als Gehilfen (§ 27 StGB) Ziel der Überprüfung in einem Strafverfahren (vgl. unten § 95). 3

Die strenge strafrechtliche Ahndung der Buchführungs- und Bilanzdelikte hat ihre **wirtschafts- und sozialpolitische Berechtigung**. Keinesfalls stellen solche Verstöße lediglich „formale" Deliktverletzungen dar. Die ordnungsmäßige Aufzeichnung der Geschäftsvorfälle sowie die zutreffende Darstellung von Betriebsergebnis und Vermögensstand eines Unternehmens dienen in erster Linie der *Eigenkontrolle* und *Zukunftsplanung* des Unternehmers, mithin gerade auch den Gesellschaftern von Kapitalgesellschaften. Sie sind aber auch Sicherheitsgrundlage für die Gläubiger des Unternehmensträgers, vor allem auch in dessen Insolvenz, denn sie schaffen häufig die Grundlage für vom Insolvenzverwalter durchzusetzende Ansprüche. Letztlich haben sie somit für die *gesamte Volkswirtschaft* erhebliche Bedeutung. Es handelt sich daher um *öffentlich-rechtliche Verpflichtungen*[3]. Wer sie vernachlässigt, verletzt nicht nur die Interessen derjenigen, die zum Unternehmen in rechtlicher Beziehung stehen, sondern alle Personen, deren wirtschaftliche Lage auch nur mittelbar von ihm abhängen (z.B. Gemeindemitglieder im Verhältnis zum Großunternehmen als wichtigem Steuerzahler). Dies ist im Rahmen der Finanz- und Wirtschaftskrise besonders deutlich geworden. Denn zu ihren Ursachen gehören Verschleierungen von Haftungs- und Verlustrisiken in den Bilanzen vor allem von Kreditinstituten durch Verlagerung auf (ausländische) *Zweckgesellschaften* unter Verstoß gegen den Transparenzgrundsatz als wesentliche Grundlage der Rech- 4

---

1 International financial reporting standards.
2 Vgl. *Bittmann*, wistra 2008, 441 m. zahlreichen Hinw. auf die handelsrechtliche Literatur.
3 So schon RG v. 9.1.1886 – Rep. 1070/85, RGSt 13, 237.

nungslegungsfunktion. Diese Möglichkeiten sind nach dem BilMoG für die Zukunft eingeschränkt worden.

5 *Gesteigerte Bedeutung* haben die Buchführungs- und Bilanzpflichten **in der Krise** (Überschuldung oder [drohende] Zahlungsunfähigkeit; oben § 78, § 79). Dem entspricht ein gesteigertes Strafbedürfnis bei Pflichtverletzungen, sodass die Ansicht unzutreffend ist, in der Krise seien Sanierungsaufgaben wichtiger als diese „Ordnungsvorschriften". Sicherlich darf die Strafe nicht verschärft werden, um wahrscheinlich begangene, aber mangels Buchführung nicht nachweisbare andere Straftaten abzugelten[1]. Die Strafe muss aber auch die Wettbewerbsvorteile des seine Pflichten vernachlässigenden Unternehmers und das Gefährdungspotenzial der unterlassenen oder unrichtigen Buchführung/Bilanzierung beachten.

6 Bei **Handelsgesellschaften** kommt regelmäßig noch die Rechnungslegungsfunktion von Buchführung und Bilanz gegenüber den *Gesellschaftern* hinzu, außerdem die Befriedigung des Informationsinteresses von *Arbeitnehmern* (Arbeitsplatzsicherheit, Betriebliche Mitbestimmung) und der *Öffentlichkeit*, wie die Vorschriften über die Publizität von Jahresabschlüssen (oben § 41) zeigen. Bei Konfliktfällen des Unternehmers mit Kreditgebern, Arbeitnehmern, Gesellschaftern oder dem Fiskus kommt der Buchführung die Dokumentationsfunktion über das unternehmerische Handeln zu. Pflichtverletzungen im Bereich von Buchführung und Bilanz gefährden letztlich das Funktionieren unserer Wirtschaftsordnung insgesamt in ihrer Verflechtung und gegenseitigen Abhängigkeit.

7 Die Interessen an der Funktionsfähigkeit der Gesamtwirtschaft gehören neben den im Vordergrund stehenden individuellen Gläubigerinteressen zu den **geschützten überindividuellen Rechtsgütern** der Buchführungs- und Bilanztatbestände. Sie sind (grundsätzlich – vgl. Rz. 8) *abstrakte Gefährdungsdelikte* und als einzige der Bankrottstraftaten in § 283 Abs. 1 StGB auch unabhängig vom Bestehen einer Unternehmenskrise sanktioniert (§ 283b StGB – näher Rz. 64).

II. Tathandlungen und ihre Pflichtengrundlage

8 Die **Bankrotthandlungen** des Rechnungswesens bestehen darin, dass der Schuldner

– seine Handelsbücher unordentlich führt oder zu führen unterlässt,
– sie und die dazugehörigen Unterlagen beiseiteschafft, verheimlicht, zerstört oder beschädigt oder
– keine oder nicht rechtzeitig Bilanzen aufstellt oder fehlerhaft bilanziert.

Mit Ausnahme des (jeweils) gänzlichen Unterlassen der Buchführung/Bilanzierung handelt es sich zunächst um *Erfolgsdelikte*: „Durch" die Mängel in der Krisenzeit (§ 75 Rz. 6 ff.) muss die Übersicht über den Vermögensstand (mindestens) erschwert werden. Bei § 283 Abs. 2 StGB kommt hinzu, dass (eine die-

---

1 So aber anscheinend *Bittmann* in Bittmann, InsolvenzstrafR, § 12 Rz. 150.

ser) wirtschaftlichen Krisen selbst durch die so qualifizierten Mängel kausal[1] herbeigeführt worden sein muss. Erst das Hinzutreten von einer der in Abs. 6 genannten drei objektiven Strafbarkeitsbedingungen macht die Tat strafrechtlich ahndbar, obwohl diese das tatbestandsmäßige Unrecht nicht betreffen (Rz. 62 ff., 70; § 81 Rz. 65 ff.).

Auf der subjektiven Seite sind verschiedene **Vorsatz-Fahrlässigkeits-Kombinationen** bezüglich Bankrotthandlung und Krise möglich (§ 283 Abs. 4 und 5 StGB). Das Beiseiteschaffen usw. von Handelsbüchern usw. ist Vorsatzdelikt sowohl bei § 283 Abs. 1 als auch bei § 283b StGB (§§ 283 Abs. 5, 283b Abs. 2 StGB). Handlungen außerhalb der Krise sind nach § 283b StGB als vorsätzlich oder fahrlässig begangene Verletzungen der Buchführungspflicht strafbar, wobei die Strafdrohungen niedriger sind. 9

Versuchte Tathandlungen nach § 283 Abs. 1 Nr. 5–7 StGB sind nach § 283 Abs. 3 StGB strafbar. Die Verletzung der Buchführungspflicht nach § 283b StGB ist nur in vollendeter Form strafbedroht.

1. Buchführungs- und Bilanzierungspflicht

Voraussetzung für die Strafbarkeit ist es, dass der Schuldner nach dem **Handelsrecht** zur Führung von Büchern und Erstellung von Bilanzen **verpflichtet** ist. Die Buchführungs- und Bilanzverstöße sind daher – abgesehen von der Schuldnereigenschaft des Täters – auch insoweit *Sonderdelikte* (vgl. § 81 Rz. 10; allg. § 22 Rz. 8 ff.). Lediglich das Beiseiteschaffen usw. von Handelsbüchern (§ 283 Abs. 1 Nr. 6 StGB) kann auch von nicht-buchführungspflichtigen Tätern begangen werden (vgl. Rz. 56). 10

Die gesetzliche *Buchführungspflicht* ist in §§ 238, 242 Abs. 1 S. 1 HGB an die **Kaufmannseigenschaft** des Schuldners geknüpft. Soweit es *Kaufleute kraft Rechtsform* (§ 22 Rz. 42 ff.) – einschließlich der Personenhandelsgesellschaften – betrifft, hat sich durch die genannten (Rz. 2) Bilanzrechtsmodernisierungsgesetze nichts geändert. Für den Einzelunternehmer erfolgte jedoch durch das BilMoG *teilweise* eine *Entkoppelung von der Kaufmannseigenschaft* (Rz. 2; näher § 22 Rz. 82 ff.; § 26 Rz. 17b ff.). – Die Pflicht zur Bilanzierung ist Teil der Buchhaltungspflicht (für die insoweit noch weitergehende Pflichtenreduzierung durch BilMoG und MicroBilG s. Rz. 2 und § 22 Rz. 82 und § 23 Rz. 29). Nur ergänzend und übersichtsartig sei aus der Sicht der insolvenzstrafrechtlichen Praxis Folgendes hervorgehoben: 11

Buchführungs- und bilanzpflichtig sind zunächst **alle Kapitalgesellschaften** (und ihnen gleichgestellte Rechtsformen; näher § 22 Rz. 42 ff.) einschließlich der (neuen) *Kleinstkapitalgesellschaften* (Rz. 2) kraft Rechtsform. Es kommt hinsichtlich dieser Pflicht dem Grunde nach weder auf die Art der wirtschaftlichen Tätigkeit noch auf deren Umfang an. Die Größe dieser Formkaufleute ist nur für die Umsetzung dieser Pflicht relevant: Sowohl die Offenlegung (oben § 41) als auch der Umfang der Bilanzierung und der dafür maßgebenden Fristen 12

---

[1] Wobei Mitursächlichkeit genügt, vgl. hierzu eingehend *Tiedemann* in LK, § 283 StGB Rz. 180 ff.

(Rz. 44) sind größenabhängig (§ 23 Rz. 27 ff.). Die jeweiligen Spezialgesetze enthalten meist noch zusätzliche Vorgaben bzgl. Buchführung und Bilanzierung (besonders §§ 41–42a GmbHG; § 91 Abs. 1 AktG; § 33 GenG; § 26 Rz. 2) Dies ist die weitaus größte Gruppe aller Unternehmen(sträger), gegen die insolvenzstrafrechtliche Ermittlungsverfahren eingeleitet werden müssen.

13 Nur dann, wenn sich die Kaufmannseigenschaft nicht schon aus der Rechtsform oder jedenfalls aus der Tatsache der Handelsregistereintragung ergibt, ist dafür der **Umfang** und die **wirtschaftliche Bedeutung des Unternehmens** maßgebend (*Kaufmann kraft Handelsgewerbe* – § 22 Rz. 62 ff.). Diese Qualität des Unternehmens kommt in der *Erforderlichkeit eines kaufmännisch eingerichteten Geschäftsbetriebs* zum Ausdruck (dazu auch § 22 Rz. 75 ff., § 26 Rz. 17 f.).

14 Daraus folgt beispielhaft:

– Beim **Einzelunternehmer** (insbesondere auch Handwerker) wirft die Abgrenzung zwischen nicht buchführungspflichtigem Kleingewerbetreibendem und buchführungspflichtigem Kaufmann die größten Probleme auf. Diese Abgrenzung wird durch die zwar systemwidrige, aber dennoch praktikable Regelung des BilMoG (§ 241a HGB) im Ergebnis erleichtert.

– Auf **Personenhandelsgesellschaften** (OHG und KG) sind die Vorschriften für Einzelunternehmen entsprechend anzuwenden – soweit sie nicht ohnehin eingetragen sind. Nach § 105 Abs. 2 HGB sind auch solche Gesellschaften nach Eintragung im Handelsregister Kaufmann, die nur ihr eigenes Vermögen verwalten und daher keine gewerbliche Tätigkeit ausüben (wie *Besitz- oder Holding-Gesellschaften*; vgl. § 22 Rz. 58 ff., 71).

– Auch inländische **Niederlassungen** ausländischer Unternehmen unterliegen den Buchführungs- und Bilanzierungspflichten nach § 238 HGB und sind daher bei Verstößen nach deutschem Insolvenzstrafrecht strafbar[1].

– Nach § 155 InsO trifft die strafbewehrte Buchführungspflicht auch den **Insolvenzverwalter**. So hat er den nach § 242 Abs. 1 HGB vorgeschriebenen Rumpf-Jahresabschluss auf den Tag vor der Insolvenzeröffnung zu erstellen, der bei der GmbH mit der Liquidationseröffnungsbilanz nach § 71 Abs. 1 GmbHG identisch ist. Nach § 14 Abs. 1 Nr. 3 StGB ist auch der buchführungs- und bilanzierungspflichtige *vorläufige Insolvenzverwalter* bei Mängeln strafrechtlich als Täter verantwortlich.[2]

– Die **freien Berufe** werden dagegen unabhängig von ihrem Geschäftsumfang nicht als Handelsgewerbe angesehen (näher § 22 Rz. 69 f.). Rechtsanwälte, Steuerberater, Ärzte, Architekten, Künstler usw. sind nicht nach Handelsrecht buchführungspflichtig und können sich daher nicht wegen Buchführungs- oder Bilanzdelikten strafbar machen – es sei denn, sie üben ihren Beruf im Rahmen einer GmbH oder AG aus.

---

1 *Fischer*, § 283 StGB Rz. 19; *Müller-Gugenberger* in FS Tiedemann, 2008, S. 1009; *Bittmann* in Bittmann, InsolvenzstrafR, § 12 Rz. 156; *Richter*, „Scheinauslandsgesellschaften" in der deutschen Strafverfolgungspraxis, in FS Tiedemann, 2008, S. 1032.
2 KG v. 3.6.1997 – 1 W 8260/95, NZG 1998, 74.

Inhaltlich ergeben sich die Buchführungs- und Bilanzierungspflichten aus dem mit „Handelsbücher" überschriebenen 3. Buch des **HGB** (§§ 238–342a HGB) sowie den **Grundsätzen ordnungsmäßiger Buchführung** (vgl. Rz. 36 sowie §§ 239–315, 336–338, 340a–340j, 341a–341j HGB). Da die buchführungspflichtigen Kaufleute auch bilanzierungspflichtig sind, ist die doppelte Buchführung erforderlich[1] (zum Ganzen oben § 26).

Für *bestimmte Unternehmenszweige* bestehen über diese allgemeinen Rechnungslegungsvorschriften des HGB hinaus **ergänzende Vorschriften**; so für die Aktiengesellschaften (§§ 150–176 AktG), GmbHs (§§ 41–42a GmbHG), für Kreditinstitute (§§ 25a–27 KWG), Versicherungsunternehmen (§§ 55–79 VAG), Investmentaktiengesellschaften und sonstige Fonds (gem. KAGB[2]), für Unternehmen mit Beteiligung der öffentlichen Hand (Haushaltsordnungen des Bundes und der Länder, HGrG) sowie für Unternehmen ab bestimmten Größenmerkmalen (PublG, dazu § 41 Rz. 5, 7). Verstöße hiergegen sind ebenfalls tatbestandsmäßig, soweit sie handelsrechtliche Pflichten betreffen.

Außerhandelsrechtliche Buchführungspflichten (vgl. hierzu § 26 Rz. 13 ff.), die sich etwa aus dem *Steuerrecht* (§ 141 AO) oder dem *Verwaltungsrecht* ergeben, können die Strafbarkeit nach §§ 283 ff. StGB nicht begründen. So sind beispielsweise das Tagebuch des Handelsmaklers nach § 100 HGB und das Aktienbuch nach § 67 AktG keine Handelsbücher in diesem Sinne und Mängel ihrer Führung nicht als Buchführungsdelikte strafbar[3]. Dagegen ist das *Depotnummernbuch* nach § 14 DepotG als Handelsbuch anzusehen[4].

Eine besondere strafbewehrte, vom Handelsrecht unabhängige Buchführungspflicht ergab sich aus § 2 des früheren *Gesetzes über die Sicherung von* **Bauforderungen** (GSB) vom 1.6.1909. Wer als Baugewerbetreibender einen Neubau (oder Umbau) herzustellen unternahm oder sich sonst für den zu errichtenden Neubau Baugeld gewähren ließ, war danach verpflichtet, für jeden Neubau gesondert ein *Baubuch* zu führen und dieses fünf Jahre nach Baubeendigung aufzubewahren. Diese Pflicht ist durch Art. 3 Nr. 3 des *Bau-Forderungssicherungsgesetzes (BauFordSiG)* vom 23.10.2008[5] beseitigt und die entsprechenden Vorschriften des GSB sind aufgehoben worden.

2. Pflichtendelegation

Träger der Buchführungs- und Bilanzierungspflichten sind zunächst die Verantwortlichen des schuldnerischen Unternehmensträgers, also der *Einzelunternehmer*, die persönlich haftenden *vertretungsberechtigten Gesellschafter* einer Personen(handels)gesellschaft und die Mitglieder des vertretungsberechtigten *Organs* einer juristischen Person. Verantwortlich sind auch der faktische sowie

---

1 *Bittmann* in Bittmann, InsolvenzstrafR, § 12 Rz. 169.
2 Kapitalanlagegesetzbuch v. 4.7.2013, BGBl. I 1981.
3 *Fischer*, § 283 StGB Rz. 20.
4 *Fischer*, § 283 StGB Rz. 19.
5 BGBl. I 2022.

der bloß formell eingetragene Geschäftsführer[1]. Da dieser Personenkreis sich schon bei kleineren Unternehmen meist nicht mehr in der Lage sieht, die Buchführungs- und/oder Bilanzarbeiten persönlich zu erledigen, kommt der *Aufgabendelegation* auf interne oder externe Hilfspersonen eine besondere Bedeutung zu; hinsichtlich deren strafrechtlicher Verantwortlichkeit ist § 14 Abs. 2 StGB einschlägig (dazu § 30 Rz. 74 f.). Gerade für kleinere Unternehmen ist darauf hinzuweisen, dass die Führung der Bücher durch *Hilfspersonen* bei mangelnder Fachkenntnis oder aus sonstigen persönlichen Gründen, wie z.B. Krankheit oder Zeitmangel, geboten ist[2]. Sorgt der Pflichtige nicht oder nicht rechtzeitig hierfür – bzw. wählt er nicht sorgfältig aus, überwacht er nicht genügend usw.[3] –, so macht er sich strafbar, wenn Buchführungs- oder Bilanzmängel die Folge sind.

Zur Tätereigenschaft dieser Personen und strafrechtlichen Verantwortlichkeit von Organen und Vertretern allgemein vgl. zunächst § 81 Rz. 28 ff. sowie oben § 30. Unberührt bleibt die Strafbarkeit nach Anstiftungs- und Beihilferegeln, wenn ohne Tätereigenschaft gehandelt wird.

20 Eine dem Unternehmen angehörige **(interne) Hilfsperson** ist für Buchführungs- und Bilanzdelikte nach § 14 Abs. 2 Nr. 1 StGB als Täter strafbar, wenn sie beauftragt ist, den Betrieb – jedenfalls in diesem speziellen Aufgabenbereich – ganz oder zum Teil zu leiten. Das ist zunächst z.B. *bei Leitern von Teilbetrieben oder Niederlassungen* der Fall, aber auch bei *Leitern des Rechnungswesens*, wenn sie eine Geschäftsführungsbefugnis nach außen haben (Handlungsvollmacht nach § 54 HGB oder Prokura nach § 48 HGB). Ein ausdrücklich zur eigenverantwortlichen Buchführung und Bilanzierung beauftragter Unternehmensangehöriger ohne Geschäftsführungsbefugnis kann darüber hinaus nach § 14 Abs. 2 Nr. 2 StGB als Täter strafbar sein (zu den Voraussetzungen der Delegation im Einzelnen vgl. § 81 Rz. 36 ff.).

21 Hat der Unternehmer die Buchführung und/oder Bilanzierung einem **Außenstehenden** ausdrücklich zur eigenverantwortlichen Erfüllung übertragen, etwa einem *Steuerberater* oder *Wirtschaftsprüfer*, einem *Sanierer* oder *Unternehmensberater*, so ist dieser nach § 14 Abs. 2 Nr. 2 StGB strafrechtlich als Täter verantwortlich. Dies kann im Ausnahmefall sogar auch für Leiter und Angestellte von *Kreditinstituten* bei Übernahme des gesamten Zahlungsverkehrs des Schuldners gelten, was in der Krise zuweilen vorkommt[4]. Dabei erfordert das Tatbestandsmerkmal der *Ausdrücklichkeit der Beauftragung* nach § 14 Abs. 2 Nr. 2 StGB nicht auch deren Schriftlichkeit (vgl. § 81 Rz. 41).

---

1 BGH v. 22.9.1982 – 3 StR 287/82, BGHSt 31, 118 (120); KG v. 13.3.2002 – 1 Ss 243/01, wistra 2002, 313 m. krit. Bespr. *Maurer*, wistra 2003, 174; OLG Karlsruhe v. 7.3.2006 – 3 Ss 190/05, NJW 2006, 1364; *Biletzki*, NStZ 1999, 537, hiergegen zutr. *Moosmayer*, NStZ 2000, 295.
2 So schon RG v. 17.9.1881- Rep. 1737/81, RGSt 4, 418 zu den §§ 239 ff. KO a.F.
3 Zu den Voraussetzungen einer ordnungsgemäßen Delegation vgl. *Reck*, GmbHR 2001, 424 (425).
4 *Tiedemann*, ZIP 1983, 514.

Die **Eigenverantwortlichkeit** der Pflichtenübertragung nach § 14 Abs. 2 Nr. 2 StGB kommt in der Unabhängigkeit des Beauftragten von Einzelweisungen des Auftraggebers zum Ausdruck, was bei den Buchführungsarbeiten i.d.R. dann der Fall ist, wenn der Buchführende auch die *Kontierung der Belege* vorzunehmen hat. Bei der Bilanzerstellung ist die Eigenverantwortlichkeit (auch) gegeben, wenn sich die Mitwirkung des Auftraggebers auf die *Genehmigung* der ihm fertig vorgelegten oder nur noch in Einzelfragen abzustimmenden Bilanz beschränkt.

22

Da externe Buchführungs- und Bilanzbeauftragte regelmäßig auch *steuerrechtliche Pflichten* zu erfüllen haben, kann bei ihnen im Einzelfall die **Reichweite des Auftrags** zweifelhaft sein. Strafbarkeitsbegründend wirkt nämlich nur die Übertragung der *handelsrechtlichen Pflichten*. Daher wird von externen Beauftragten manchmal eingewandt, sie hätten nur die steuerrechtlichen Pflichten zu erfüllen gehabt, die in der Praxis auch im Vordergrund stehen. Dies kann allerdings nicht für die *Buchführung* gelten. Insoweit ist die Trennung zwischen handels- und steuerrechtlichen Pflichten nicht möglich, da nur ein einheitliches Buchführungswerk erstellt wird. Anders ist es dagegen bei der *Bilanzerstellung*, die als Handels- oder Steuerbilanz erfolgen kann. I.d.R. wurde jedoch nur eine Einheitsbilanz erstellt, die beide Funktionen zu erfüllen hat, weshalb von einem nur auf die Steuerbilanz beschränkten Auftrag bisher nur dann ausgegangen werden konnte, wenn dies ausdrücklich vereinbart worden war. Im Normalfall hatte man davon ausgehen müssen, dass der Bilanzbeauftragte auch für die handelsrechtlichen Pflichten strafrechtlich als Täter einzustehen hatte. Dies kann nach dem BilMoG nicht mehr ohne Weiteres gelten. Denn durch die nunmehr stärker auseinanderfallenden Regeln für die Handels- und Steuerbilanz ist die Erstellung einer Einheitsbilanz problematisch[1]. Zur Vermeidung des Strafbarkeitsrisikos des bilanzierungspflichtigen Unternehmers hinsichtlich einer unterlassenen Erstellung der Handelsbilanz sollte der Auftragsumfang daher klar definiert und dokumentiert werden.

23

Die **Pflichtendelegation** entlastet die originär Verantwortlichen nicht von ihrer strafrechtlichen Verantwortlichkeit. Sie haben die Pflicht zur sorgfältigen *Auswahl*, genügenden *Überwachung* und *Information* ihrer Hilfspersonen[2]. Buchführungs- und Bilanzmängel, die auf mangelnder Auswahl, Kontrolle oder Anleitung der Hilfspersonen, auf Nichtweitergabe von Informationen oder Belegen über geschäftliche Vorfälle oder Verhältnisse an sie beruhen, führen zur Strafbarkeit des oder der Unternehmensverantwortlichen selbst. Wenn in solchen Fällen ein kausales Tun oder Unterlassen dieser Personen, auch in der Form der Fahrlässigkeit, nicht beweisbar ist, bleibt die Ahndung einer unter-

24

---

1 *Bittmann*, wistra 2008, 441.
2 *Fischer*, § 283 StGB Rz. 20; RG v. 14.10.1924 – I 763/24, RGSt 58, 304 (305); BGH v. 19.12.1997 – 2 StR 420/97, NStZ 1998, 248; BGH v. 14.12.1999 – 5 StR 520/99, wistra 2000, 136 – hierzu zu Recht krit. *Quedenfeld/Richter* in Bockemühl, Hdb. FA StrafR, Kap. 9 Rz. 177; BayObLG v. 10.8.2001 – 3 ObOWi 51/2001, wistra 2001, 478.

nehmerischen *Aufsichtspflichtverletzung* als Ordnungswidrigkeit nach § 130 OWiG (vgl. § 81 Rz. 52).

25 Diese Auswahl-, Überwachungs- und Informationsverantwortung gilt nicht nur im Verhältnis des Unternehmensverantwortlichen zu seinen Hilfspersonen. Auch unter mehreren **gleichrangig nach § 14 StGB Verantwortlichen**, wie mehreren Komplementären einer KG oder vertretungsberechtigten Gesellschaftern einer OHG, Mitgeschäftsführern einer GmbH oder Vorstandsmitgliedern einer AG, die den Aufgabenbereich der Buchführung oder Bilanzierung intern einem oder mehreren von ihnen zugewiesen haben, tritt für die übrigen *kein Fortfall*, sondern eine Modifikation ihrer Pflichten i.S. der Auswahl-, Überwachungs- und Informationsverantwortung ein[1].

26 Auch in **zeitlicher Hinsicht** ist der Bereich der Verantwortlichkeit weit gesteckt. Wer bereits vor Eintritt einer objektiven Strafbarkeitsbedingung seine pflichtenbegründende Funktion aufgegeben hat, also etwa als GmbH-Geschäftsführer *ausgeschieden* ist, bleibt für die während seiner Amtszeit begangenen Buchführungs- und Bilanzverstöße strafbar. Sein Nachfolger, den die Pflicht zur Behebung der Mängel aus der Zeit seines Vorgängers trifft, ist daneben für seine Tätigkeit oder sein Unterlassen strafrechtlich verantwortlich[2].

27 Ist der Schuldner nicht mehr bereit oder (angeblich) nicht mehr in der Lage, die weitere Buchführung und/oder Bilanzerstellung durch den externen Beauftragten zu **bezahlen**, so darf der Beauftragte nicht untätig bleiben und sich womöglich weigern, die Unterlagen vor Honorarzahlung an den Schuldner zurückzugeben. Er würde sich dadurch selbst dem Vorwurf eines strafbaren Buchführungs- und/oder Bilanzierungsverstoßes aussetzen. Er hat es vielmehr dem Schuldner durch die Herausgabe der Unterlagen und möglicherweise auch *Kündigung* des Geschäftsbesorgungsvertrags zu ermöglichen, seine Pflichten anderweitig zu erfüllen oder erfüllen zu lassen. Der Schuldner hat die Pflicht, auch seinerseits den Auftrag zu kündigen und sich nachdrücklich um die Wiedererlangung der Unterlagen und – bei deren Erhalt – um erneute Beauftragung eines Buchführungsgehilfen zu kümmern, um seine Strafbarkeit zu verhindern.

3. Unmöglichkeit, Unzumutbarkeit und Irrtum

28 Zwar kann die *Unfähigkeit* des Schuldners zur Selbsterstellung der Bilanz und (im Falle seiner – und der seiner Mitarbeiter – fachlichen Unfähigkeit hierzu) zur *Bezahlung der dann durch externe Dritte* vorzunehmenden *Bilanzierungsarbeiten* grundsätzlich die Strafbarkeit wegen **Unmöglichkeit der Pflichterfül-**

---

1 So schon RG v. 6.2.1912 – II 1053/11, RGSt 45, 387 bezüglich der Gesellschafter einer OHG; h.M.
2 BayObLG v. 31.1.1990 – 3 St 166/89, wistra 1990, 201 für die Bilanzerstellungspflicht des Liquidators.

lung beseitigen¹, da es sich um ein echtes Unterlassungsdelikt handelt². Die von der Rechtsprechung aufgestellten Hürden sind jedoch zutreffend immer höher geworden, sodass sich die Pflichtigen hierauf kaum mehr berufen können: Zunächst ist darauf hinzuweisen, dass diese Pflichten stets vorrangig zu erfüllen sind³. Sodann wird regelmäßig von entsprechenden Fähigkeiten der Unternehmensleiter auszugehen sein und schließlich – sollte persönliches Unvermögen nicht auszuschließen sein – ein relevanter Mangel an liquiden Mittel nur selten vorliegen.

So hat der 1. Strafsenat des BGH⁴ darauf hingewiesen, dass ein GmbH-Geschäftsführer, der über eine Ausbildung zum „Einzelhandels- bzw. Großhandelskaufmann" verfügt, regelmäßig **selbst in der Lage** sein wird, eine den Anforderungen des § 238 HGB entsprechende Buchhaltung zu erstellen. „Überdies" – fährt der Senat fort – biete „derjenige, der ein Handelsgewerbe betreibt oder als Organ eine ins Handelsregister einzutragende juristische Person leitet und daher gem. § 238 HGB (ggf. i.V.m. § 241a HGB) buchführungspflichtig ist, regelmäßig die Gewähr dafür, zur Führung der Bücher (und Erstellung der Bilanzen) auch selbst in der Lage zu sein." Schon *Schlüchter*⁵ hatte darauf hingewiesen, dass der Schuldner mit der Gründung seines Unternehmens neben anderen Verpflichtungen auch die Bilanzierungspflicht aus eigener Entscheidung übernommen hat. Ist ihm dies nicht mehr möglich, so muss ihm zugemutet werden, seine unternehmerische Tätigkeit rechtzeitig wieder aufzugeben⁶. 29

Erst soweit danach eigene Fähigkeit nicht ausreicht, kommt es auf Zahlungsmittel zur Beschaffung buchhalterischen Fachwissens an. In diesem Fall sind allerdings alle verfügbaren *vorranging* zur Erfüllung strafbewehrter Pflichten, mithin für das Rechnungswesen einzusetzen. Relevanter Geldmangel kann also nur und erst dann angenommen werden, wenn der Schuldner **ohne Rücksicht** auf seine **sonstigen Zahlungsverpflichtungen** nicht mehr in der Lage ist, die Kosten für das erforderliche Rechnungswesen aufzubringen⁷. Dies ist jedoch nicht schon dann der Fall, wenn der Schuldner i.S. der Krisendefinition 30

---

1 BGH v. 3.12.1991 – 1 StR 496/91, NStZ 1992, 182; BGH v. 5.11.1997 – 2 StR 462/97, NStZ 1998, 192 (193); BGH v. 22.8.2001 – 1 StR 328/01, wistra 2001, 465; KG v. 18.7.2007 – (4) 1 Ss 261/06 (147/07), NStZ 2008, 406; eingehend *Heine/Schuster* in S/S, § 283 StGB Rz. 47a mit umf. Nw.; *Hillenkamp*, Impossibilium nulla obligatio – oder doch? Anmerkungen zu § 283 Abs. 1 Nr. 5 und 7 StGB, in FS Tiedemann, 2008, S. 949 m.w. umf. Hinw. auf Rspr. und Literatur.
2 BGH v. 20.12.1978 – 3 StR 408/79, JR 1979, 512 m. Anm. *Schlüchter*; BGH v. 20.12.1978 – 3 StR 408/78, BGHSt 28, 231 (233); OLG Stuttgart v. 2.7.1987 – 5 Ss (23) 371/87, GmbHR 1988, 195 = NStZ 1987, 460; BayObLG v. 31.1.1990 – RReg 3 St 166/89, GmbHR 1990, 299 = wistra 1990, 201; BGH v. 17.9.1996 – 4 ARs 21/95, AG 1997, 40, wistra 1992, 182; BGH v. 19.4.2007 – 5 StR 505/06, wistra 2007, 308; BGH v. 30.1.2003 – 3 StR 437/02, NStZ 2003, 546; *Fischer*, § 283 StGB Rz. 23a.
3 OLG Düsseldorf v. 23.7.1998 – 5 Ss 101/98, wistra 1998, 360.
4 BGH v. 20.10.2011 – 1 StR 354/11.
5 *Schlüchter*, JR 1979, 512.
6 Ähnlich OLG Düsseldorf v. 23.7.1998 – 5 Ss 101/98 - 37/98 I, wistra 1998, 360 (361); *Schäfer*, wistra 1986, 200; *Fischer*, § 283 StGB Rz. 23a.
7 So auch *Pohl*, wistra 1996, 15; *Doster*, wistra 1998, 326; vgl. BGH v. 15.10.1996 – VI ZR 327/95, wistra 1997, 66.

des § 283 Abs. 1 StGB zahlungsunfähig ist[1]. Andernfalls wären Verurteilungen wegen unterlassener Bilanzerstellung in der Krise nur noch bei drohender Zahlungsunfähigkeit oder Überschuldung denkbar, was der Gesetzgeber ersichtlich nicht gewollt hat. Denn dann blieben gerade die besonders strafwürdigen Fälle, in denen der Schuldner seinen Bilanzierungspflichten während der Zahlungsunfähigkeit nicht nachkommt, ohne Sanktion. Überhaupt taugen die Liquiditätsbegriffe der Insolvenzordnung nicht als Maßstab für die Unmöglichkeit bei fehlender persönlicher Fähigkeit. Auch bei Zahlungseinstellung bedarf es einer individuellen Prüfung im konkreten Einzelfall, ob noch Mittel vorhanden sind[2]. Der Mangel an Mitteln muss schließlich auch während der gesamten Zeit gegeben sein, in der die Buchhaltungs- und/oder Bilanzierungspflicht besteht.

31 Zu berücksichtigen bleibt allerdings, dass auch die Nichtbezahlung von Beiträgen zur Sozialversicherung nach § 266a StGB strafbar ist. Für beide strafbewehrten Handlungspflichten bleiben die Grundsätze der *omissio libera in causa* zu beachten: Danach kann sich derjenige nicht auf die strafbefreiende Unmöglichkeit der Pflichterfüllung berufen, der es unterlassen hat, rechtzeitig Vorsorge für diesen Fall zu treffen[3]. So hat der 1. Strafsenat gefragt, ob eine großzügige Annahme fehlender Mittel den „gerade für Fälle eingetretener ‚Zahlungsknappheit' geschaffenen § 283 Abs. 1 Nr. 5 und Nr. 7 StGB nicht leerlaufen" lassen würde; deshalb habe „ein Geschäftsführer, der ein Unternehmen betreibt, so **rechtzeitig Vorsorge zu treffen**", dass das Führen der Bücher und Erstellen der Bilanzen „gerade auch in der Krise, bei der dem Führen ordnungsgemäßer Bücher besondere Bedeutung zukommt, gewährleistet ist"[4]. Für die Straflosigkeit verbleiben danach nur Sonderfälle, etwa wegen *anders begründeter rechtlicher oder tatsächlicher Unmöglichkeit* zur rechtzeitigen Bilanzerstellung, z.B. wegen „zeitraubender Währungsumstellung".[5]

32 Einwendungen der **Unzumutbarkeit** hinreichender Überwachung etwa eines buchführenden nahen Angehörigen, des fehlenden Zugriffs auf die Geschäftsunterlagen beim Strohmann-Geschäftsführer, deren „desolater Zustand" bei Übernahme der Organstellung oder der Ablösung eines langjährig mit dem Unternehmen vertrauten Steuerberaters[6] werden in der gerichtlichen Praxis zu Recht nicht anerkannt.

33 Häufig berufen sich Schuldner in Strafverfahren auf **Unkenntnis** hinsichtlich relevanter Buchführungs-, Bilanzierungs- und Aufbewahrungspflichten. Wie

---

1 Vgl. die verschiedenen denkbaren Handlungssituationen bei *Holzapfel*, Leere Kassen in der GmbH, in FS Wahle, 2008, S. 16 ff. (24 ff.).
2 Zutr. *Doster*, wistra 1998, 326; *Bittmann* in Bittmann, InsolvenzstrafR, § 12 Rz. 248; a.A. *Pohl*, wistra 1996, 15.
3 *Fischer*, § 283 StGB Rz. 29a.
4 BGH v. 20.10.2011 – 1 StR 354/11; ähnlich der Vorschlag von *Hillenkamp* in FS Tiedemann, 2008, S. 949 ff.; ganz parallel die Argumentation des 2. Strafsenates zur Unmöglichkeit bei § 266a StGB. BGH v. 30.8.2011 – 2 StR 652/10, NJW 2011, 3733.
5 BGH v. 19.12.1997 – 2 StR 420/97, NStZ 1998, 248; *Fischer*, § 283 StGB Rz. 29a m.w.Hinw.
6 Vgl. auch die Beispiele bei *Hagemeier*, NZWiSt 2012, 105, bei denen allerdings der (jeweils vorausgegangene) Pflichtenumfang verkannt wird.

bei vielen Irrtumsfragen herrscht auch hier noch Unklarheit über die Abgrenzung des Tatbestandsirrtums vom Verbotsirrtum (dazu oben § 18). Nach richtiger Auffassung ist nur die Fehlvorstellung über die tatbestandlichen Voraussetzungen der Buchführungs-, Bilanzierungs- und Aufbewahrungspflichten *Tatbestandsirrtum*, während die Fehlvorstellung über den rechtlichen Bestand und Umfang der Pflichten, vor allem über die handelsrechtlichen Fristen, als – in aller Regel vermeidbarer – *Verbotsirrtum* anzusehen ist[1]. Denn die Unkenntnis der Bilanzierungs- oder Aufbewahrungsfristen ist angesichts der für einen Unternehmer bestehenden Erkundigungspflicht[2] vermeidbar und lässt daher die Strafbarkeit wegen vorsätzlicher Tat unberührt. Die Bestrafung wegen vorsätzlicher Tat ist dagegen wegen Tatbestandsirrtums ausgeschlossen, wenn der Irrtum etwa über die Erforderlichkeit eines kaufmännisch eingerichteten Geschäftsbetriebes als Voraussetzung für die Buchführungspflicht vorliegt; auch das wird aber kaum einmal der Fall sein wird, da der Schuldner die maßgeblichen Fakten – wie Umsatzhöhe, Kreditinanspruchnahme usw. (vgl. § 22 Rz. 76) – seines Unternehmens kennt.

III. Einzelne Pflichtverstöße

1. Buchführungsverstöße

Tathandlungen nach §§ 283 Abs. 1 Nr. 5 und 283b Abs. 1 Nr. 1 StGB sind das unterlassene Führen von Handelsbüchern sowie das Führen oder Verändern der Bücher in einer Weise, dass dadurch die Übersicht über den Vermögensstand des Schuldners erschwert wird. 34

Unterlassenes Führen ist nur gegeben, wenn der Schuldner dauernd oder für einen Zeitraum, der nicht nur als vorübergehende Unterbrechung der Buchführungsarbeiten anzusehen ist, *überhaupt keine Aufzeichnungen* über seine Handelsgeschäfte (mehr) macht[3]. Liegen zwar Aufzeichnungen vor, sind sie aber unzureichend, unvollständig, unrichtig oder verspätet erstellt, so kommt allein die Handlungsalternative der unordentlichen Buchführung in Betracht[4]. Unterlassenes Führen ist aber schon gegeben, wenn die Buchungsbelege zwar vollständig geordnet und kontiert vorhanden sind, ihre Verarbeitung aber nicht mehr vorgenommen wurde[5]. Anders ist es nur beim Fehlen einzelner mühelos nachholbarer Buchungen. Dann liegt möglicherweise mangels Erschwerung der Vermögensübersicht nicht einmal eine unordentliche Buchführung vor. Eine unterlassene Buchführung liegt jedenfalls immer dann vor, wenn während 35

---

1 *Heine/Schuster* in S/S, § 283 StGB Rz. 56; vgl. auch RG v. 1.2.1882 – Rep. 49/82, RGSt. 5, 407 (410) und RG v. 7.1.1910 – II 870/09, RGSt 43, 182 (183); a.A. *Fischer*, § 283 StGB Rz. 20.
2 BGH v. 23.4.1953 – 3 StR 219/52, BGHSt 4, 236 (242); BGH v. 27.1.1966 – KRB 2/65, BGHSt 21, 18.
3 BGH bei *Herlan*, GA 1961, 359; vgl. auch *Heine/Schuster* in S/S, § 283 StGB Rz. 33.
4 BGH v. 3.7.1953 – 2 StR 452/52, BGHSt 4, 270; vgl. zur Abgrenzung auch *Schäfer*, wistra 1986, 200.
5 BGH bei *Herlan*, GA 1959, 341.

eines ganzen Geschäftsjahrs nicht gebucht wurde – auch wenn dies dann später nachgeholt wurde[1].

36 Die Tathandlung des **unordentlichen Führens** liegt vor, wenn die Aufzeichnungen nicht den Vorschriften der §§ 238, 239 HGB oder/und den *Grundsätzen ordnungsmäßiger Buchführung* (GoB) entsprechen. Wegen Einzelheiten zu den GoB wird auf § 26 Rz. 32 ff. Bezug genommen. Mängel der erforderlichen Aufzeichnungen (falsche, unverständliche oder unvollständige Buchungen, solche mit unzutreffenden oder fehlenden Zahlen oder Bezeichnungen, fehlende oder unübersichtliche Gliederung, fehlende oder nicht geordnete Belege, Verzögerungen der Verbuchung oder fehlender zeitlicher oder sachlicher Zusammenhang zwischen einzelnen Buchungsvorgängen) führen zur Erfüllung des Tatbestands, wenn sie den **Überblick über den Vermögensstand** *erschweren*[2]. Geringfügige Buchungsrückstände von bis zu sechs Wochen erfüllen den Tatbestand noch nicht[3], wenn es sich um kleinere Unternehmungen handelt, in denen die Vermögensübersicht dadurch noch nicht beeinträchtigt ist. Nach Eintritt der Krise ist allerdings unverzüglich zu buchen. Einzelne Buchungsfehler, die betragsmäßig für den Vermögensüberblick nicht ins Gewicht fallen, begründen ebenfalls noch keine Strafbarkeit[4]. *Erschwert* ist die Vermögensübersicht erst, wenn es einem sachverständigen Dritten überhaupt nicht mehr oder nur nach übermäßigen Bemühungen in nicht mehr angemessener Zeit möglich ist, den Überblick zu gewinnen[5]. Dass sich der Schuldner selbst noch zurechtfindet, ist nicht ausreichend, da die Buchführungspflichten auch den Interessen der Gläubiger, Gesellschafter und dem Schutz des allgemeinen Geschäftsverkehrs dienen[6].

37 Die Tathandlung des **Veränderns** unterscheidet sich von der des unordentlichen Führens dadurch, dass es sich um eine *nachträgliche Einwirkung* auf bereits gefertigte Aufzeichnungen oder gespeicherte EDV-Daten handeln muss (Überschreiben, Radieren, Abschneiden, Überkleben, Löschen und/oder Ersetzen usw.). Dabei können auch Urkundendelikte nach §§ 267, 274 Abs. 1 Nr. 2 StGB gegeben sein (vgl. oben § 39), wenn der Täter Buchungen oder Buchungsdateien eines anderen ändert oder ergänzt. Irrtümliche Buchungen müssen durch Stornierung und Gegenbuchung berichtigt werden[7]. Im Übrigen sind gegenüber der unordentlichen Buchführung keine Besonderheiten gegeben (zur formellen Seite des Veränderns vgl. § 239 Abs. 3 HGB).

---

1 *Bittmann* in Bittmann, InsolvenzstrafR, § 12 Rz. 152.
2 Eingehend mit plastischen Beispielen *Wolf*, StuB 2009, 909; vgl. auch *Fischer*, § 283 StGB Rz. 23 m.w.Nw. und Beispielen; BGH v. 7.2.2002 – 1 StR 412/01, wistra 2002, 225.
3 Vgl. *Schäfer*, wistra 1986, 200.
4 *Heine/Schuster* in S/S, § 283 StGB Rz. 36.
5 BGH v. 3.7.1953 – 2 StR 452/52, BGHSt 4, 271 (275); BGH v. 19.12.1997 – 420/97, NStZ 1998, 248.
6 *Schäfer*, wistra 1986, 200.
7 *Bittmann* in Bittmann, InsolvenzstrafR, § 12 Rz. 179.

Die **Unübersichtlichkeit** muss zum *Zeitpunkt des Verstoßes* vorhanden sein[1], aber nicht auch noch zum Zeitpunkt des Eintritts der objektiven Bedingung der Strafbarkeit. Hierzu sowie zum Problem der Nachholung und Korrektur von fehlerhaften Buchungen, vgl. Rz. 69.

2. Bilanzierung

a) Inhaltliche Bilanzmängel

Tathandlungen nach §§ 283 Abs. 1 Nr. 7 und 283b Abs. 1 Nr. 3 StGB sind die unordentliche sowie die verspätete oder unterlassene Erstellung einer Bilanz durch bilanzierungspflichtige Schuldner. Da die Bilanzierungspflicht Teil der Buchführungspflicht ist, decken sich die Täterkreise (vgl. Rz. 10 ff.). Alle inhaltlichen Bilanzmängel sind nur strafbar, wenn sie die **Übersicht** über den Vermögensstand des Schuldners erschweren (vgl. Rz. 36). Maßgeblicher Zeitpunkt ist auch hier der der Bilanzerstellung – nicht der des Eintritts einer Strafbarkeitsbedingung.

Die **unordentliche Bilanzerstellung** ist in Verstößen gegen die gesetzlichen (§§ 242 ff., 264 ff. HGB, §§ 150 ff. AktG, § 42 GmbHG und §§ 33 ff. GenG) und aus den Grundsätzen ordnungsmäßiger Buchführung abgeleiteten Bilanzierungsvorschriften zu sehen, durch welche die Vermögensübersicht erschwert wird[2]. Zu den Einzelheiten wird auf § 26 Rz. 32 ff. und oben § 40, § 41 Bezug genommen. Die Ansatz- und Bewertungsvorschriften werden zunehmend auch von *internationalen Standards* bestimmt. Insoweit kann auf § 26 Rz. 146 ff. verwiesen werden. Soweit diese Regeln nach dem BilMoG Bestandteil des nationalen Handelsrechts geworden sind, sind sie auch für das Insolvenzstrafrecht zugrunde zu legen. Das ist allerdings nicht bei einer Bilanz der Fall, die nach *IFRS-Regeln* aufgestellt wurde. Sie wurde nicht nach (deutschem) Handelsrecht erstellt und ist daher keine Bilanz i.S. der §§ 283 Abs. 1 Nr. 7, 283b StGB[3].

Eine **Bilanz** ist die aus einer ordnungsmäßigen Buchführung und einem Inventar entwickelte, vom Unternehmer geprüfte und anerkannte, aber nicht notwendigerweise unterzeichnete (vgl. Rz. 44) Gegenüberstellung von Aktiva und Passiva[4]. Sie muss einem sachverständigen Dritten ohne Zuziehung der Bücher einen *Vermögensüberblick* ermöglichen. Soweit Einzelunternehmer sowie persönlich haftende Gesellschafter von Personen(handels)gesellschaften nach früherer strafrechtlicher Rechtsprechung auch ihr privates Vermögen einzustellen

---

1 *Bittmann* in Bittmann, InsolvenzstrafR, § 12 Rz. 188.
2 Vgl. auch Grundsätze ordnungsmäßiger DV-gestützter Buchführungssysteme, BMF v. 7.11.1995 – IV A 8 – S. 0316-52/95, BStBl. I 738, Rz. 26.
3 Soweit § 315a HGB die Anwendung der internationalen Standarts für den Konzernabschluss vorschreibt, gilt nichts anderes, weil es sich insoweit um keine Bilanz eines insolvenzrechtlichen Schuldners handelt.
4 BGH bei *Herlan*, GA 1956, 348; vgl. auch *Fischer*, § 283 StGB Rz. 26 m.w. Rspr.-Hinw.

hatten, ist dies aber nicht praktizierbar und mangels entsprechender Buchführungspflicht abzulehnen[1].

42 Die nach § 242 Abs. 2 HGB zum *Jahresabschluss* jedes Kaufmanns *gehörende* **Gewinn- und Verlustrechnung** sowie der von Kapitalgesellschaften zusätzlich aufzustellende **Anhang** und **Lagebericht** (§ 264 Abs. 1 HGB) sind *nicht* als „Bilanz" im strafrechtlichen Sinne anzusehen. Ihre verspätete oder unterlassene Erstellung ist daher nicht strafbar. Auf der anderen Seite können sie aber dazu dienen, aus einer in sich nicht genügend aussagekräftigen Bilanz doch noch die erforderliche Vermögensübersicht zu gewinnen und damit die Strafbarkeit wegen unordentlicher Bilanzerstellung zu vermeiden.

In der Praxis wurden der Bilanzerstellung bis zum Inkrafttreten des BilMoG fast ausschließlich *steuerrechtliche Vorschriften* zugrunde gelegt, was strafrechtlich unbedenklich war, denn auch aus der ordnungsmäßigen Steuerbilanz konnte der Vermögensüberblick ohne Schwierigkeiten gewonnen werden. Nach neuem Recht differieren die Ansatzvorschriften, weshalb jeweils *nur* die nach *handelsrechtlichen* Regeln aufgestellte Bilanz tatbestandsrelevant ist[2].

43 Strafbar sind die vor allem in der Krise häufigen willkürlichen **Überbewertungen** des Anlage- und Umlaufvermögens, insbesondere des Warenlagers, halbfertiger Bauten oder Produkte, und der Forderungen. Solche Fehlbewertungen sind zumeist durch Nichtübereinstimmung mit dem Inventar bzw. den entsprechenden Rechnungskopien oder deren Fehlen, durch nachträgliche Änderungen dieser Unterlagen, ungerechtfertigte Abschlussbuchungen, Luftbuchungen, unterlassene Wertberichtigungen usw. gekennzeichnet. Häufig finden sich auch unklare oder irreführend bezeichnete Bilanzpositionen und die unterlassene Buchung von Verbindlichkeiten. Mit *Bewertungsfragen* verbundene Bilanzansätze führen allerdings wegen der dem Schuldner zuzubilligenden Beurteilungsspielräume nur dann zur strafrechtlichen Beanstandung, wenn es sich um Positionen handelt, die sich durch keine dokumentierten und nachprüfbaren Beurteilungsgrundlagen und daraus abgeleitete Prognosen belegen lassen. Insofern gelten die Grundsätze für den Überschuldungsstatus und die damit zusammenhängenden Bewertungsfragen (vgl. § 79 Rz. 4 ff.). Überbewertungen können auch zur Strafbarkeit wegen *Betrugs* oder *Kreditbetrugs* nach §§ 263, 265b StGB führen, wenn die entsprechenden Bilanzen Dritten zur Erlangung von Krediten oder Beteiligungen vorgelegt worden sind.

b) Verspätete und unterlassene Bilanzerstellung

44 Von großer Bedeutung in der Strafrechtspraxis ist die verspätete bzw. unterlassene *Erstellung der Bilanz*. Werden die für Eröffnungs-, Abschluss- oder Jahresabschlussbilanzen geltenden **handelsrechtlichen Fristen** überschritten, so ist

---

1 Frühere Rspr: RG v. 10.1.1908 – II 841/07, RGSt 41, 41; BGH bei *Herlan*, GA 1963, 107; a.A. *Muhler*, wistra 1996, 125, der zu Recht dafür plädiert, sich der h.M. im ZivilR anzuschließen; so auch *Fischer*, § 283 StGB Rz. 25; *Bittmann* in Bittmann, InsolvenzstrafR, § 12 Rz. 226.
2 Zur weitgehenden Bedeutungslosigkeit der Einheitsbilanz in der Praxis nach dem BilMoG s. oben § 26 Rz. 74.

der objektive Tatbestand bereits erfüllt. Es handelt sich um echte Unterlassungsdelikte. Der Schuldner genügt seiner Pflicht, wenn die Bilanz rechtzeitig angefertigt wurde und er sie als endgültig *anerkannt* hat. Dies muss durch eine nach außen erkennbare Handlung, etwa durch Weitergabe an Dritte, erfolgt sein, wobei jeder Hinweis auf eine Vorläufigkeit des Abschlusses der Anerkennung entgegensteht. Dies ist etwa der Fall, wenn die Bilanz noch als Entwurf bezeichnet wird oder der Schuldner sich nachträgliche Änderungen oder Ergänzungen – auch in nicht ganz unwesentlichen Einzelheiten – vorbehalten hat. Die Anerkennung muss durch den Schuldner oder die nach § 14 Abs. 1 StGB für ihn vertretungsbefugten Personen erfolgt sein (vgl. Rz. 19 ff.).

Die gesellschaftsvertraglich oder gesetzlich vorgeschriebene **Feststellung** des Abschlusses durch Gesellschafter (z.B. § 42a GmbHG) oder weitere Aufsichtsorgane kann später erfolgen und ist strafrechtlich nicht relevant[1]. Das Gleiche gilt für die zur Anerkennung nicht erforderliche **Unterzeichnung** der Bilanz[2], die aber ein Indiz für ihre Anerkennung ist. War andererseits in der Bilanzurkunde die Unterzeichnung vorgesehen, aber noch nicht erfolgt, so ist dies ein Indiz für die Nichtanerkennung und Vorläufigkeit der Bilanz. Auch eine bloß als EDV-Datei existierende Bilanz reicht zur Erfüllung der handelsrechtlichen Pflichten nicht aus.

Eine **Eröffnungsbilanz** ist beim Beginn eines Handelsgeschäfts aufzustellen (§ 242 Abs. 1 HGB), auch wenn neben den Kapitalposten weitere Aktiven und Passiven noch nicht vorhanden sind[3] (näher § 26 Rz. 59 ff.), da ohne genügendes Eigenkapital vorgenommene Unternehmensgründungen eine große Gefahr für die Wirtschaftsordnung sind und daher ein besonderes Maß an Transparenz durch eine entsprechende Dokumentation erforderlich ist. Eröffnungsbilanzen sind weiterhin beim Erwerb eines Unternehmens[4], bei der Umwandlung eines Einzelunternehmens in eine Handelsgesellschaft und umgekehrt[5], beim Übergang vom Nicht-Kaufmann zum Kaufmann und umgekehrt[6] (Abschlussbilanz) sowie bei der Liquidation (Liquidations-Eröffnungsbilanz und Schlussbilanz für das Rumpfgeschäftsjahr vor der Liquidation)[7] zu machen (vgl. hierzu auch § 26 Rz. 66). Von besonderer Bedeutung ist die meist fehlende *Liquidations-Eröffnungsbilanz* nach Insolvenzablehnung mangels Masse für die Gläubiger, was von den Strafverfolgungsbehörden zu Unrecht oft vernachlässig wird[8].

Die generelle Frage nach der **Tatvollendung** bei Eintritt einer Strafbarkeitsbedingung ist umstritten. Die h.M. stellt auf das Vorverschulden des Buchführungspflichtigen ab und nimmt eine Strafbarkeit wegen vollendeter Tat an,

---

1 BT-Drs. 4/650, 447; vgl. zur Feststellung der Bilanz bei der KG BGH v. 29.3.1996 – II ZR 263/94, GmbHR 1996, 456.
2 So auch *Tiedemann* in LK, § 283 StGB Rz. 136 und 150; *Bittmann* in Bittmann, InsolvenzstrafR, § 12 Rz. 236.
3 *Fischer*, § 283 StGB Rz. 26.
4 RG v. 9.6.1896 – Rep. 1777/96, RGSt 28, 428.
5 H.M.; so schon RG v. 23.11.1894 – Rep. 3296/94, RGSt 26, 222 zu § 210 KO.
6 BGH v. 9.9.1954 – 3 StR 827/53, NJW 1954, 1854.
7 BayObLG v. 31.1.1990 – RReg 3 St 166/89, wistra 1990, 202 m.w. Lit.-Hinw.; *Wolf/Lupp*, wistra 2008, 251.
8 *Bittmann* in Bittmann, InsolvenzstrafR, § 12 Rz. 222.

wenn keine Vorbereitungen für die Bilanz getroffen worden waren[1]. Nach richtiger Ansicht liegt jedenfalls nur Versuch vor, wenn die Bilanzerstellungsfrist erst *nach* der *Insolvenzeröffnung* endet[2]. Nach Eintritt der *Zahlungseinstellung* oder Insolvenzablehnung mangels Masse ändert sich allerdings nichts an der Bilanzerstellungspflicht des Schuldner(vertreters), weshalb insoweit (mit Ablauf der Erstellungsfrist) die Strafbarkeit wegen vollendeter Tat eintritt[3].

48 **Jahresabschlussbilanzen** sind zum Schluss eines jeden Geschäftsjahres zu erstellen, wobei das Geschäftsjahr gesellschaftsvertraglich festgelegt werden kann und daher nicht mit dem Kalenderjahr identisch sein muss.

49 Während Eröffnungsbilanzen binnen angemessener, einem ordnungsgemäßen Geschäftsgang entsprechender Zeit (vgl. Rz. 52) zu errichten sind[4], gelten *außerhalb einer Krise* für die Jahresabschlussbilanzen **aller Kapitalgesellschaften** und der ihnen gleichgestellten Personenhandelsgesellschaften klar bemessene **Höchstfristen**[5]. Sie betragen *sechs Monate* für die kleine Kapitalgesellschaft – einschließlich der Kleinstkapitalgesellschaft (Rz. 2; § 23 Rz. 29a) – und *drei Monate* für die mittlere und die große Kapitalgesellschaften (§ 264 Abs. 1 S. 3, 4 HGB). Dabei ist für kleine Kapitalgesellschaften die Höchstfrist über drei Monate hinaus nur zugelassen, wenn dies einem ordnungsmäßigen Geschäftsgang (vgl. Rz. 52) entspricht. In der strafrechtlichen Praxis wird gleichwohl generell die Höchstfrist von sechs Monaten zugebilligt, obwohl dies nur solange unbedenklich ist, wie noch keine Krisenwarnzeichen für eine (drohende) Zahlungsunfähigkeit oder Anhaltspunkte für eine Überschuldung (§ 78 Rz. 37, § 79 Rz. 19 ff.) aufgetreten sind. – Für eingetragene Genossenschaften beträgt die Frist fünf Monate (§§ 336 ff. HGB).

50 In der **Krise** sind bei *allen Kapitalgesellschaften* statt der gesetzlichen Höchstfristen die Maßstäbe des ordnungsgemäßen Geschäftsgangs nach § 243 Abs. 3 HGB zugrunde zu legen, da die dann eingetretene stärkere Gläubigergefährdung eine schnellere Vermögensübersicht erfordert. Dies hat zur Folge, dass sich die strafrechtlich relevante Höchstfrist bis auf zwei bis drei Monate verkürzen kann[6] (vgl. auch § 26 Rz. 87 f.). Für die (Liquidations-)Eröffnungsbilanz gelten noch kürzere Fristen[7].

Bei den *Größenordnungsmerkmalen* für die Kapitalgesellschaften hat das Bilanzrechtsmodernisierungsgesetz (BilMoG, vgl. Rz. 2) die maßgebenden Beträge in der Neufassung des § 267 HGB erneut heraufgesetzt (vgl. § 23 Rz. 28 f.).

51 Tritt im Falle der Auflösung einer GmbH ein **Liquidator** an die Stelle des früheren Geschäftsführers, der eine Jahresabschlussbilanz noch nicht erstellt hatte,

---

1 *Fischer*, § 283 StGB Rz. 29 m.w.Nw.; *Heine/Schuster* in S/S, § 283 StGB Rz. 47; *Lackner/Kühl*, § 283 StGB Rz. 20.
2 *Tiedemann* in LK, § 283 StGB Rz. 151.
3 *Bittmann* in Bittmann, InsolvenzstrafR, § 12 Rz. 242 m.w.Nw.
4 So schon RG v. 9.6.1896 – Rep. 1777/96, RGSt 28, 428 (430); drei Monate sind auch hier die angemessene Höchstfrist: *Bittmann* in Bittmann, InsolvenzstrafR, § 12 Rz. 238.
5 BayObLG v. 31.1.1990 – RReg 3 St 166/89, wistra 1990, 201.
6 BVerfG v. 15.3.1978 – 2 BvR 927/76, NJW 1978, 1432; *Wolf/Lupp*, wistra 2008, 251 m.w.Nw.; *Bittmann* in Bittmann, InsolvenzstrafR, § 12 Rz. 237.
7 *Wolf/Lupp*, wistra 2008, 254.

so gilt die für ihn begonnene Erstellungsfrist auch für den Liquidator[1]. Eine weitere Bilanzverzögerung hat der Liquidator strafrechtlich jedoch nur dann zu vertreten, wenn er seinerseits die für die Erstellungsarbeiten nach einem ordentlichen Geschäftsgang erforderliche Zeit überschreitet. Das Gleiche gilt generell auch für *sonstige Nachfolger* eines zunächst Verpflichteten.

Für **Personenhandelsgesellschaften** ist die Aufstellungsfrist gesetzlich nicht konkretisiert. Sie haben ihre Jahresbilanz in der einem **ordnungsmäßigen Geschäftsgang** entsprechenden Zeit fertigzustellen (§ 243 Abs. 3 HGB). Bemessungsgrundlage ist der nach dem Geschäftsumfang des Unternehmens bei ordnungsmäßiger Organisation und Führung normalerweise für die Erstellung des Abschlusses erforderliche Zeitraum. Dabei ist eine *analoge Anwendung* der für die Kapitalgesellschaften geltenden Fristen üblich und angemessen, und zwar differenziert nach den dort geltenden Größenordnungen (Rz. 49). Nach Eintritt der *Krise* verkürzen sich diese Fristen entsprechend dem gestiegenen Informationsbedürfnis und der Notwendigkeit, auf weitere Gefahren kurzfristig reagieren zu können; deshalb ist dann die Ausnutzung der genannten Höchstfristen schon als Verspätung strafbar[2]. Für die **GmbH & Co KG** und die anderen Kapitalgesellschaften ohne persönlich haftende natürliche Person gelten nach § 264a HGB die Regeln für die Kapitalgesellschaften. 52

Die **steuerlichen Abgabefristen** für Ertragsteuererklärungen, soweit diese eine Bilanzerstellung voraussetzen, die von den Finanzbehörden i.d.R. auf neun Monate oder mehr verlängert werden, haben für die handelsrechtlichen Fristen keinerlei Bedeutung und können daher strafrechtlich nicht herangezogen werden. 53

Die Tathandlung der *verspäteten oder unterlassenen* **Inventarerstellung** hat in der Praxis geringe Bedeutung. Liegt eine verspätete Bilanzerstellung vor, so wird die Tatbestandsmäßigkeit der verspäteten Inventarerstellung hiervon mit umfasst. Das Inventar erfordert i.d.R. alle drei Jahre eine körperliche Bestandsaufnahme (§ 240 Abs. 3 S. 2 HGB). 54

Die Tathandlung wurde 1976 in das Gesetz aufgenommen, um die Rechtsprechung[3] zur Strafbarkeit *verspäteter Bilanzvorbereitungen* zu bestätigen, die eintreten sollte, wenn die Bilanzierungsfrist bei Eintritt der Strafbarkeitsbedingung zwar noch nicht abgelaufen war, der Unternehmer aber keine Vorbereitungen zur Bilanzerstellung getroffen hatte. In diesen Fällen sollte jedenfalls die Nichterstellung des Inventars innerhalb der einem ordnungsmäßigen Geschäftsgang entsprechenden Zeit strafbar sein.

Eine Strafbarkeit *unterlassener Bilanzvorbereitungen* ist im Übrigen abzulehnen, da sie über den Wortlaut des Tatbestands hinausgeht[4] und daher eine verbotene Analogie darstellen würde (die *unrichtige Inventarerstellung* ist dagegen als Buchführungsmangel nach § 283 Abs. 1 Nr. 5 StGB strafbar[5]). Nicht

---

1 BayObLG v. 31.1.1990 – RReg 3 St 166/89, wistra 1990, 201.
2 BVerfG v. 15.3.1978 – 2 BvR 927/76, BVerfGE 48, 48 (60 ff.).
3 BGH v. 19.4.1956 – 4 StR 409/55, GA 1956, 356; BGH v. 14.3.1958 – 2 StR 43/58, GA 1959, 49 (LS); BGH v. 28.10.1969 – 1 StR 243/69, GA 1971, 38; BGH v. 3.12.1991 – 1 StR 496/91, wistra 1992, 145 (146); BGH v. 3.12.1991 – 1 StR 496/91, NStZ 1992, 182; *Tiedemann* in LK, § 283 StGB Rz. 149.
4 Abl. auch *Fischer*, § 283 StGB Rz. 30.
5 So auch *Bittmann* in Bittmann, InsolvenzstrafR, § 12 Rz. 167.

strafbar sind nach der Tatbestandsfassung auch die Nichterstellung von *Gewinn- und Verlustrechnung, Anhang* und *Lagebericht*, die zusammen mit der Bilanz den Jahresabschluss ergeben (§§ 242, 264 HGB).

3. Aufbewahrung

55 Zu den Buchführungsdelikten gehört auch das **Beiseiteschaffen, Verheimlichen, Zerstören oder Beschädigen** von Handelsbüchern oder sonstigen Unterlagen einschließlich Datenträgern, zu deren Aufbewahrung ein Kaufmann nach Handelsrecht verpflichtet ist, vor Ablauf der handelsrechtlichen *Aufbewahrungsfristen*. Für die Archivierung von Buchhaltungsunterlagen genügt die papierlose Speicherung auf EDV-Datenträgern oder Mikrofiche[1]. Als Folge der Bankrotthandlung muss wiederum strafbarkeitseinschränkend eine Unübersichtlichkeit der Vermögenslage eingetreten sein (§§ 283 Abs. 1 Nr. 6, 283b Abs. 1 Nr. 2 StGB; zur Unübersichtlichkeit vgl. Rz. 36). Im Gegensatz zu den übrigen Buchführungsdelikten sind die Tathandlungen des Beiseiteschaffens usw. nur strafbar, wenn sie **vorsätzlich** begangen worden sind.

Der Tatbestand des Zerstörens und Beschädigens von Buchführungsunterlagen hat große *praktische Bedeutung*, insbesondere auch bei den „Unternehmensbestattungen" (vgl. § 87 Rz. 44 ff.) wobei es sich zumeist um besonders strafwürdige Fälle handelt, in denen der Täter andere begangene Vermögens- oder Bankrottdelikte verdecken will.

56 **Schutzzweck** der Strafnorm ist die Erhaltung aller Aufzeichnungen, die über Umfang, Zusammensetzung und Entwicklung der Vermögensmasse des insolventen Schuldners und seine Geschäfte Aufschluss geben, für seine Gläubiger. Abweichend von den übrigen Buchführungs- und Bilanzdelikten, die nur von Kaufleuten begangen werden können, sind nach dem Gesetzeswortlaut auch diejenigen Aufzeichnungen, Briefe, Dateien usw. strafrechtlich geschützt, die ein *nicht Buchführungspflichtiger* geführt oder aufbewahrt hat[2]. Dies gilt allerdings nach dem Gesetzeswortlaut nicht für die Verletzung der Buchführungspflicht nach § 283b Abs. 1 Nr. 2 StGB.

57 Nach Fortfall des „Minderkaufmanns" durch das Handelsrechtsreformgesetz 1998 hatte die Strafbarkeitsausweitung auf nicht Buchführungspflichtige nur noch Geltung für nicht im Handelsregister eingetragene Kleingewerbetreibende. Nunmehr hat sie allerdings eine erneute Bedeutung für Kaufleute gewonnen, die unter die durch das **BilMoG** eingeführten *Befreiungsgrenzen* des § 241a Abs. 1 HGB i.d.F. vom 25.5.2009 fallen (vgl. Rz. 2), außerdem etwa für Erben oder sonstige Rechtsnachfolger, Testamentsvollstrecker oder Insolvenzverwalter des Kaufmanns, die aufbewahrungspflichtig sind, ohne selbst Kaufmann zu sein[3]. Ob darüber hinaus auch freiberuflich Tätige oder Privatper-

---

1 OLG Koblenz v. 8.9.2005 – 2 Ws 514/05, wistra 2005, 73.
2 *Fischer*, § 283 StGB Rz. 24 mit Einschränkung bezüglich der sonstigen Unterlagen.
3 *Bittmann* in Bittmann, InsolvenzstrafR, § 12 Rz. 198, 201.

sonen erfasst sein können, ist zweifelhaft[1]. Hier wird zu Recht eine einschränkende Auslegung für richtig gehalten[2].

Geschützte Tatobjekte sind zunächst die **Handelsbücher**, zu denen neben Bilanzen und Inventaren einschließlich der zu ihrem Verständnis erforderlichen Arbeitsanweisungen und Organisationsunterlagen alle Aufzeichnungen gehören, die eine ordnungsmäßige Buchführung erfordert. Sie sind gesetzlich nicht näher konkretisiert und ergeben sich aus den GoB (vgl. Rz. 36). Auf jeden Fall umfassen sie aber das Journal, das Kassenbuch sowie die Sach- und Personenkontenblätter. Bei computergestützten Buchhaltungen sind neben den **Datenträgern** auch die Ausdrucke als geschützte Handelsbücher anzusehen. 58

Geschützt sind weiter die **sonstigen Unterlagen**, deren Aufbewahrung handelsrechtlich vorgeschrieben ist, also die empfangenen sowie die Kopien der abgesandten Handelsbriefe sowie die Buchungsbelege[3]. Sind EDV-mäßige Datenträger oder Mikrokopien an die Stelle der Originale getreten, so erstreckt sich der strafrechtliche Bestandsschutz auch auf sie. 59

Die Tathandlungen können bis zum Ablauf der handelsrechtlichen **Aufbewahrungsfristen** begangen werden, die für Buchungsbelege, Handelsbücher sowie für Bilanzen zehn Jahre und für Handelsbriefe sechs Jahre betragen (§ 257 HGB). Zum zeitlichen Verhältnis der Tathandlungen zur objektiven Strafbarkeitsbedingung vgl. Rz. 62; zu den Aufbewahrungsfristen im Einzelnen vgl. § 26 Rz. 52. 60

Nach Ablauf der handelsrechtlichen Aufbewahrungsfristen kann das Beiseiteschaffen usw. von Buchhaltungsunterlagen als **Urkundenunterdrückung** nach § 274 StGB strafbar sein, wenn sie z.B. noch verwaltungs- oder *steuerrechtlichen* Vorlegungspflichten unterliegen, wie nach Anordnung einer steuerlichen Außenprüfung[4].

Die Tathandlungsbeschreibungen des **Beiseiteschaffens, Verheimlichens, Zerstörens und Beschädigens** sind bezüglich Vermögensteilen bereits in § 283 Abs. 1 Nr. 1 StGB enthalten und haben den gleichen Inhalt (vgl. § 83 Rz. 17 ff.). Zum Verheimlichen gehört im Bereich der Buchhaltungs- und Bilanz- sowie der sonstigen Unterlagen auch das Löschen oder Sperren von EDV-Dateien[5]. Das *Zerstören* erfasst neben der völligen Substanzveränderung jede sonstige Funktionsaufhebung von Geschäftsunterlagen, wie z.B. die irreparable Auflösung der Ordnung einer Loseblattsammlung[6]. Das Tatbestandsmerkmal des *Beschädigens* erfasst auch die teilweise Funktionsbeeinträchtigung, wenn sie zur Unübersichtlichkeit führt. 61

---

1 Mit Einschränkungen *Tiedemann* in LK, § 283 StGB Rz. 121; *Heine/Schuster* in S/S, § 283 StGB Rz. 39; *Radtke/Petermann* in MüKo, § 283 StGB Rz. 53, sehen demgegenüber – nach teleologischer Reduktion – Nichtkaufleute nicht umfasst.
2 *Fischer*, § 283 StGB Rz. 24; *Hoyer* in SK, § 283 StGB Rz. 77.
3 Vgl. die Zusammenstellung unter Hinweis auf § 257 HGB bei *Bittmann* in Bittmann, InsolvenzstrafR, § 12 Rz. 197.
4 BGH v. 29.1.1980 – 1 StR 683/79, NJW 1980, 1174.
5 *Bittmann* in Bittmann, InsolvenzstrafR, § 12 Rz. 200 m.w.Nw.
6 BT-Drs. 7/3441, 36.

IV. Einzelfragen

1. Krise und Strafbarkeitsbedingung

62 Die vielfältigen Variationen im Verhältnis der Bankrotthandlung zur Krise (vgl. § 81 Rz. 10 ff.) haben im besonderen Maße bei den Buchführungs- und Bilanzdelikten Bedeutung. So ist etwa das **Herbeiführen der Krise** (§ 283 Abs. 2 StGB) durch diese Delikte vorstellbar, denn durch Buchführungsmängel verursachte Fehler bei der Unternehmensführung (unrichtige Ergebniskontrolle, Blindwirtschaft) können als mitwirkende Ursache zu einer Krisensituation führen. Zumindest die *leichtfertige* Herbeiführung der Krise durch vorsätzliche Buchführungsmängel ist daher denkbar. Zweifelhaft ist dies allerdings bei schlicht fahrlässigen Buchführungs- und Bilanzierungsverstößen.

63 Hinsichtlich der **Bankrotthandlungen** sind *Vorsatz und Fahrlässigkeit* möglich (außer bei den Vorsatzdelikten des Beiseiteschaffens usw. nach §§ 283 Abs. 1 Nr. 6, 283b Abs. 1 Nr. 2 StGB), wie auch hinsichtlich der **Krisensituation** beim Handeln in der Krise (§ 283 Abs. 4 Nr. 1, Abs. 5 Nr. 1 StGB).

64 Buchführungs- und Bilanzdelikte sind auch **außerhalb der Krise** strafbar, wenn eine der Strafbarkeitsbedingungen eingetreten ist. Der Tatbestand der „Verletzung der Buchführungspflicht"(§ 283b StGB) kann vorsätzlich oder fahrlässig (§ 283b Abs. 2 StGB) begangen werden. Beiseiteschaffen usw. (§ 283b Abs. 1 Nr. 2 StGB; Rz. 55) ist nur mit Vorsatz begehbar. Diese Norm des § 283b StGB nimmt als *abstraktes Gefährdungsdelikt* eine Sonderstellung im Rahmen des Insolvenzstrafrechts ein und macht die Bedeutung dieses unternehmerischen Pflichtbereichs deutlich.

65 Die Strafbarkeit wegen Verletzung der Buchführungspflicht ist nicht nur dann gegeben, wenn eine Krise objektiv nicht vorhanden war. Die Strafnorm kommt vielmehr als **Auffangtatbestand** auch zur Anwendung, wenn die *Krise* zwar möglicherweise gegeben war, aber *nicht nachweisbar* ist, oder der Unternehmer die nachweisbare Krise nicht erkannt hatte und ihm dies auch nicht als fahrlässig vorzuwerfen ist. Insofern hat die Verletzung der Buchführungspflicht eine wichtige Auffangfunktion in der Justizpraxis, auch für die vielen Fälle, in denen der Aufwand der Krisenfeststellung für die Strafverfolgungsbehörden unverhältnismäßig wäre.

66 Näherer Erörterung bedarf die zeitliche Abgrenzung des tatbestandsmäßigen **Handelns in der Krise**. Zweifelsfrei liegt das zunächst dann vor, wenn der Schuldner *nach Eintritt* einer der Krisenvarianten Buchungen unterlassen oder fehlerhaft vorgenommen, Bilanzen nicht oder verspätet erstellt oder Bücher bzw. sonstige Unterlagen beiseite geschafft hat. Der Tatbestand des Bankrotts (§ 283 Abs. 1 Nr. 5 oder 7 Buchst. b StGB) – und nicht nur der Verletzung der Buchführungspflicht (§ 283b Abs. 1 Nr. 1 oder 3 Buchst. b StGB) – ist auch dann gegeben, wenn der Schuldner schon *vor Kriseneintritt* begonnene Unterlassungen nach Kriseneintritt nicht nachholt, sodass die Übersicht über seinen Vermögensstand weiterhin erschwert ist. Wer so seinen fortdauernden handelsrechtlichen Pflichten auch nach Kriseneintritt nicht nachkommt, ist wegen eines einheitlichen Dauerdelikts der unterlassenen Buchführung oder Bilanzerstellung in der Krise zu bestrafen (wegen der Konkurrenzen vgl. Rz. 74 ff.).

Auch wer vor Kriseneintritt eine Bilanzerstellungsfrist verstreichen lässt und den Abschluss erst nach Krisenbeginn nachholt, ist wegen Bankrotts (§ 283 Abs. 1 Nr. 7 Buchst. b StGB) zu bestrafen. Der mildere Tatbestand der Verletzung der Buchführungspflicht nach § 283b StGB kommt bei Unterlassungshandlungen nur in den Fällen fehlender oder nicht nachweisbarer Krise sowie der verspäteten, aber noch vor Kriseneintritt nachgeholten Pflichterfüllung zur Anwendung.

Nach der Rechtsprechung des BGH[1] soll die (nicht erfüllte) Pflicht zur Bilanzerstellung mit dem **Ende der Erstellungsfrist** beendet sein, sodass ein späterer Kriseneintritt keine qualifizierende Wirkung mehr entfaltet. Auch ein später eintretender Nachfolger des zunächst Verpflichteten könnte dann nicht mehr strafrechtlich verantwortlich gemacht werden (vgl. aber Rz. 26, 51). Diese abzulehnende Ansicht war auch schon früheren Entscheidungen inzidenter zu entnehmen[2]. Nach zutreffender Meinung handelt es sich jedoch bei der verspäteten oder unterlassenen Bilanzerstellung um ein *echtes Unterlassungs- und Dauerdelikt*, das über den Zeitpunkt des Fristendes hinaus andauert und – auch nach Kriseneintritt – mindestens bis zum Eintritt einer der objektiven Strafbarkeitsbedingungen als frühestem Zeitpunkt der Tatbeendigung (vgl. aber Rz. 60; § 81 Rz. 26 f.) strafbar ist[3]. Die durch eine fehlende Bilanz hervorgerufene abstrakte Rechtsgutgefährdung für die Gläubiger und das schuldnerische Unternehmen selbst endet nämlich nicht mit dem Ablauf ihrer Erstellungsfrist, sondern wirkt weiter fort, zumal sie die Bilanzerstellung auch für die folgenden Jahre unmöglich macht.

67

Die Begehung von Bankrotthandlungen **nach Eintritt einer der Strafbarkeitsbedingungen** ist für die Buchführungs- und Bilanzdelikte von besonderer Bedeutung. Aus dem Normzweck des Gläubigerschutzes folgt, dass dies grundsätzlich solange strafbar möglich sein muss, wie noch Gläubiger und Vermögensmasse vorhanden sind (vgl. hierzu § 81 Rz. 65 ff.; a.A. BGH[4]), zumal Verstöße nach Eintritt der Zahlungseinstellung und nach Abweisung des Insolvenzantrags mangels Masse häufig sind[5]. Nach OLG Düsseldorf[6] sollen Buchführungs- und Bilanzverstöße nach Eintritt der Zahlungseinstellung nur noch in der Form mangelnder Vorbereitungsarbeiten (vgl. Rz. 54) strafbar begangen werden können. Dieser Rechtsprechung kann nicht gefolgt werden, da auch nach Eintritt der objektiven Strafbarkeitsbedingungen schutzwürdige Gläubigerinteressen vorhanden sein können. Allerdings entfallen die Buchführungs- und Bilanzierungspflichten nach *Aufgabe des Geschäftsbetriebs*, wenn die

68

---

1. BGH v. 5.11.1997 – 2 StR 462/97, wistra 1998, 105; BGH v. 30.1.2003 – 3 StR 437/02, wistra 2003, 232 (233); *Fischer*, § 283 StGB Rz. 25; *Rönnau*, NStZ 2003, 531.
2. BGH v. 25.10.1977 – 1 StR 303/77, GA 1978, 185.
3. Vgl. *Doster*, wistra 1998, 326 ff. mit ausf. Begründung; *Bittmann* in Bittmann, InsolvenzstrafR, § 12 Rz. 222, 236.
4. BGH v. 24.3.2009 – 5 StR 353/08, wistra 2009, 274. Wie BGH v. 24.3.2009 – 5 StR 353/08, wistra 2009, 274 und OLG Düsseldorf aber auch *Fischer*, § 283 StGB Rz. 23a ohne Begründung.
5. So auch *Bittmann* in Bittmann, InsolvenzstrafR, § 12 Rz. 157.
6. OLG Düsseldorf v. 23.7.1998 – 5 Ss 101/98 - 37/98 I, wistra 1998, 360.

Nichtbuchung danach noch anfallender Geschäftsvorfälle (Zinsbelastungen, vereinzelte Zahlungsvorgänge usw.) die Vermögensübersicht nicht mehr erschwert. Es bleiben dann aber noch die strafbewehrten Aufbewahrungspflichten bis zum Fristablauf[1].

69 Von Bedeutung ist die vor Bedingungseintritt erfolgte **Nachholung von Pflichten** bzw. *Korrektur von Pflichtverletzungen* in Fällen, bei denen die durch die Bankrotthandlung hervorgerufene Erschwerung der Vermögensübersicht zum Tatbestand gehört (§§ 283 Abs. 1 Nr. 5, 6, 7 Buchst. a und 283b Abs. 1 Nr. 1, 2, 3 Buchst. a StGB), für die Frage der Deliktsvollendung. Wäre die Tat – wie nach der früheren Rechtsprechung – erst mit Eintritt der Strafbarkeitsbedingung vollendet[2], so könnte der Täter vorher durch Beseitigung der Übersichtserschwerung wirksam vom Versuch zurücktreten. Sieht man aber die Vollendung bereits mit der Bankrotthandlung als gegeben an[3], was der h.M. entspricht, und sieht man den Bedingungseintritt lediglich als Zeitpunkt der Deliktsbeendigung, so können spätere Korrekturen fehlerhafter Buchungen usw. die Bestrafung nicht mehr abwenden. Sie sind bei der Strafzumessung zu berücksichtigen.

2. Bankrotthandlung und objektive Bedingung

70 Der von der Rechtsprechung und der Literatur geforderte **Zusammenhang zwischen Bankrotthandlung und Strafbarkeitsbedingung** hat für die Buchführungs- und Bilanzverstöße eine besondere Bedeutung[4] (vgl. allgemein hierzu § 81 Rz. 85 ff.). Dabei ist einerseits von der unwiderlegbaren Vermutung des abstrakten Gefährdungsdeliktes auszugehen, wonach die Pflichtverletzung das überindividuelle Rechtsgut beeinträchtigt hat[5]; dies belegt insbesondere der tatbestandsmäßige Erfolg der Erschwerung der Vermögensübersicht. Die Vermutung, die Pflichtwidrigkeit habe auch zum Eintritt der Strafbarkeitsbedingung beigetragen, ist hingegen widerleglich[6]. Die Definition und die Begründung dieses Zusammenhangs sind allerdings weiterhin umstritten. Nur wenn *ausgeschlossen* ist, dass die (zumindest abstrakt gläubigergefährdende) Bankrotthandlung den – in der objektiven Bedingung evident gewordenen – Unternehmenszusammenbruch begünstigt hat, scheidet Strafbarkeit aus[7]. Konkret müssen die Eigeninformation des Unternehmers über seine Liquiditäts- und Vermögenslage sowie ihre Dokumentation für die Gläubiger und ggf. den Insolvenzverwalter, die durch die Bankrotthandlung beeinträchtigt worden sind,

---

1 Vgl. hierzu im Einzelnen *Bittmann* in Bittmann, InsolvenzstrafR, § 12 Rz. 202.
2 RG v. 20.9.1887 – Rep. 1668/87, RGSt 16, 188 (190).
3 *Fischer*, § 283 StGB Rz. 34; *Heine/Schuster* in S/S, § 283 StGB Rz. 36, 63; vgl. *Tiedemann*, ZRP 1975, 134.
4 BGH v. 20.12.1978 – 3 StR 408/79, JR 1979, 512 m. Anm. *Schlüchter*.
5 Zutr. *Wilhelm*, NStZ 2003, 511 m.Nw.
6 Der Zusammenhang ist allerdings immer gegeben, wenn die Bilanz bis zum Eintritt der Strafbarkeitsbedingung nicht erstellt ist – BGH v. 13.2.2014 – EWiR 2015 m. Anm. *Floeth*, 159 unter Bezug auf BGH v. 19.8.2009 – 1 StR 206/09 (Rz. 16: „fehlt nur in ganz wenigen, atypischen Fallkonstellationen").
7 *Wilhelm*, NStZ 2003, 511 (515).

beim Unternehmenszusammenbruch noch eine, wenn auch nicht kausale, Bedeutung gehabt haben[1]. Dies wird umso näherliegen, je länger die Zeit und/oder je evidenter die Pflichtverletzung war.

Für den Zusammenhang – etwa bei der Verletzung der Buchführungspflicht nach § 283b StGB – genügt danach mit Sicherheit eine fortdauernde gläubigergefährdende Wirkung des Verstoßes, die etwa darin bestehen kann, dass sich eine Bilanzverspätung auf den **Erfolg von Sanierungsbemühungen** negativ ausgewirkt hat[2]. Der Zusammenhang ist dagegen zu verneinen, wenn der Verstoß zeitlich lange vor dem Unternehmenszusammenbruch zurückliegt und der Schuldner vor Bedingungseintritt die Vermögensübersichtlichkeit rechtzeitig wiederhergestellt hat oder es ihm sonst gelungen ist, allgemein die gläubigergefährdenden Wirkungen seiner früheren Bankrotthandlungen zu beseitigen, sodass die Pflichtverstöße für den Unternehmenszusammenbruch letztlich unerheblich geblieben sind[3]. Relevant i.S. eines Fortfalls des Zusammenhangs soll etwa auch der Fall sein, dass die Nichterstellung der Bilanz eine bereits als aussichtslos feststehende Krisensituation nicht mehr weiter verstärken und den späteren Insolvenzantrag nicht noch zusätzlich negativ beeinflussen konnte[4]. Der Unternehmer war in dem entschiedenen Fall über die Situation der GmbH unterrichtet gewesen und hatte sich ihr gegenüber verpflichtet, für ihre nicht gedeckten Verbindlichkeiten einzustehen.

Eine vor Bedingungseintritt gelungene **nachhaltige Krisenbehebung** führt also auch zur *Straflosigkeit* beim Bankrott nach § 283 Abs. 1 Nr. 5–7 StGB mangels Zusammenhangs zwischen Bankrotthandlung und Strafbarkeitsbedingung[5]. Allerdings kann dem Gläubigerschutz nur durch die Nachhaltigkeit der Krisenbehebung Genüge getan werden, denn die durch Buchführungs- und Bilanzverstöße in der Krise *hervorgerufene abstrakte Gläubigergefährdung* kann nicht mehr rückwirkend beseitigt werden, wenn sie sich mit dem Eintritt der Strafbarkeitsbedingung endgültig realisiert hat[6]. Dabei ist nicht erforderlich, dass die Befriedigungsinteressen auch nur eines Gläubigers konkret gefährdet werden. Es genügt die abstrakte Gefährdung eines (oder auch mehrerer) Gläubigers, die sich von der Zeit der Bankrotthandlung bis zum Eintritt der objektiven Bedingung fortgesetzt hat[7].

Als strafrechtsdogmatische Strukturierung des Zusammenhangs wird in der Literatur mit zutreffender Begründung die Anwendung des bei abstrakten Gefährdungsdelikten anerkannten **Gegenbeweises** der konkreten Ungefährlichkeit einer Tathandlung vorgeschlagen. Danach handelt es sich bei dem Zusammenhang nicht um ein zusätzlich festzustellendes ungeschriebenes

---

1 *Tiedemann* in LK, § 283b StGB Rz. 14 ff.; *Heine/Schuster* in S/S, § 283b StGB Rz. 7; BayObLG v. 3.4.2003 – 5 RR 72/03, wistra 2003, 357.
2 BGH v. 2.4.1996 – GSSt 2/95, wistra 1996, 264.
3 BGH v. 20.12.1978 – 3 StR 408/79, JR 1979, 512; BayObLG v. 8.8.2002 – 5 St RR 202/02, wistra 2003, 30; krit. zur Entscheidung des BayObLG *Maurer*, wistra 2003, 253.
4 BayObLG v. 3.4.2003 – 5 StR 72/03, wistra 2003, 357.
5 *Tiedemann* in LK, Vor § 283 StGB Rz. 90.
6 BGH bei *Herlan*, GA 1954, 311.
7 BGH v. 30.8.2007 – 3 StR 170/07, wistra 2007, 463.

Tatbestandsmerkmal, sondern er ermöglicht einen vom Täter zu führenden Gegenbeweis[1]. Da der Grundsatz des „in dubio pro reo" nur für die Feststellung des Vorliegens von Tatbestandsmerkmalen von Bedeutung ist, würde hier *kein Verstoß gegen den Schuldgrundsatz* vorliegen[2].

3. Konkurrenzen

74 *Konkurrenzfragen* werfen wiederholte oder mehrere zeitlich zusammentreffende Buchführungs- oder Bilanzierungsverstöße auf, wie sie in der Praxis häufig sind. Mehrere aktive Einzelverstöße gegen die Pflicht zur ordnungsmäßigen **Buchführung** oder mehrere Einzelfälle des **Beiseiteschaffens** usw. von Buchführungsunterlagen können selbständige Taten sein. Beziehen sie sich jedoch auf ein *einzelnes Geschäftsjahr*, dessen Vermögensübersicht insgesamt beeinträchtigt worden ist, so liegt aus diesem Grund eine Tat im Rechtssinne vor (Tateinheit)[3]. Dies gilt auch für mehrere inhaltliche Fehler einer *Bilanz* sowie eine Bilanz, die sowohl fehlerhaft als auch verspätet erstellt worden ist.

75 Inhaltliche Bilanzverstöße bei einer **GmbH als Komplementärin einer KG**, die auch bei dieser ursächlich zu Bilanzverstößen geführt haben, stehen – bezogen auf ein Geschäftsjahr – in Tateinheit zueinander[4]. Anders ist es bei Bilanzverspätungen oder unterlassener Bilanzerstellung.

76 Mehrere **unterlassene Bilanzerstellungen** oder mehrere Fälle **der unterlassenen Buchführung** in *verschiedenen Geschäftsjahren* sind für jedes Geschäftsjahr als jeweils selbständige Handlungen anzusehen[5].

Nach einer *BGH-Entscheidung*[6] soll dies nur für Bilanzdelikte gelten, während Buchführungsverstöße während der gesamten Dauer eines Geschäftsbetriebs auch über mehrere Geschäftsjahre hinweg *eine Bewertungseinheit* bilden sollen. Diese Differenzierung ist angesichts der strengen Bezogenheit auch der Buchführungspflichten auf das jeweilige Geschäftsjahr wenig einleuchtend, zumal der Unrechtsgehalt fortdauernder Buchführungsverstöße höher ist als der wiederholt unterlassener Bilanzierungen. Sie ist daher abzulehnen[7]. Liegen andauernde Buchführungs- oder Bilanz-Verstöße sowohl vor Eintritt der Krise als

---

1 *Maurer*, wistra 2003, 254 unter Berufung auf *Tiedemann*, GmbH-StrafR, § 84 GmbHG Rz. 17; eingehend mit umf. Nw. *Heine/Bosch* in S/S, Vorbem. §§ 306 ff. StGB Rz. 5; *Tiedemann* in LK, Vor § 283 StGB Rz. 94 ff.
2 A.A. nur *Trüg/Habetha*, § 283 Abs. 6 StGB und der „tatsächliche Zusammenhang", wistra 2007, 365; die Bankrottdelikte zu Unrecht als Erfolgsdelikte im Hinblick auf die objektiven Bedingungen ansehen.
3 BGH v. 17.6.1952 – 1 StR 668/51, BGHSt 3, 21 (26); *Tiedemann* in LK, § 283 StGB Rz. 235.
4 BGH v. 13.1.1981 – 5 StR 414/80 bei *Holtz*, MDR 1981, 454; BGH v. 3.12.1991 – 1 StR 496/91, NStZ 1992, 182.
5 BGH bei *Herlan*, GA 1956, 348.
6 BGH v. 5.11.1997 – 2 StR 462/97, wistra 1998, 105.
7 So auch *Doster*, wistra 1998, 326.

auch noch danach vor, so tritt die Strafbarkeit nach § 283b StGB hinter der nach § 283 Abs. 1 Nr. 5–7 StGB zurück[1].

Innerhalb eines Geschäftsjahres haben Buchführungsverstöße einerseits und Bilanzverstöße andererseits so unterschiedlichen Handlungscharakter und sind auch nicht notwendigerweise kausal miteinander verknüpft, sodass generell Tatmehrheit zwischen beiden Verstößen angenommen werden muss. Schließlich wird schon im gesetzlichen Tatbestand zwischen Buchführungs- und Bilanzierungsverstößen unterschieden, womit der unterschiedliche Handlungscharakter unterstrichen wird. Es ist daher grundsätzlich *Tatmehrheit* anzunehmen. 77

Unabhängig von Krise oder Strafbarkeitsbedingung bestehen weitere **im Gesellschaftsrecht normierte Bilanzstraftatbestände** bei Kapitalgesellschaften (§ 331 HGB, § 400 AktG, § 147 GenG; vgl. im Einzelnen § 40 Rz. 93 ff.)[2]. 78

---

1 *Fischer*, § 283 StGB Rz. 23; *Heine/Schuster* in S/S, § 283 StGB Rz. 37.
2 Vgl. im Einzelnen *Tiedemann* in HWiStR, „BilanzstrafR".

3. Kapitel
Weitere Pflichtverstöße

§ 86
Waren- und Kapitalbeschaffung in der Krise
Bearbeiter: Ulrich Hebenstreit

	Rz.		Rz.
I. Praktische Bedeutung	1	d) Krisenindikatoren	25
II. Elemente des Betrugs		3. Irrtum	30
1. Täuschungshandlung	6	**III. Insbesondere: Vermögensschaden**	
2. Kreditwürdigkeitsprognose	12		
a) Managementfehler	14	1. Eingehungsbetrug	34
b) Unternehmensbedingte Ursachen	20	2. Vermögensvergleich	36
c) Analyse der Rechnungslegung	21	3. Unzulässiges Geschäftsrisiko	41

Schrifttum: Vgl. oben § 47.

I. Praktische Bedeutung

Der *Betrug allgemein* ist oben in § 47 abgehandelt. In § 48 „Wareneinkauf" sind die Besonderheiten des Warenkredit- oder *Lieferantenbetrugs* vertieft worden. Die Varianten des *Geldkreditbetrugs*, der Scheckbetrug, der Wechselbetrug und das Lastschriftverfahren sind in § 49 „Bargeldloser Zahlungsverkehr" erörtert. Zum Kreditbetrug sei auf § 50 verwiesen. Hier werden die **Betrugsfragen** vertieft, die vom **Handeln in der Krise** bestimmt sind, namentlich die Feststellung der *Bonität*. 1

Der Warenkredit- oder Lieferantenbetrug ist die in Wirtschaftsstrafsachen **wichtigste Fallgruppe** des Betrugstatbestands (zur Kriminalstatistik § 47 Rz. 3, § 48 Rz. 2). Damit sind diejenigen Fälle gemeint, in denen ein Schuldner in strafrechtlich relevanter Weise – insbesondere in der Krise (oben § 75) – Waren bestellt und geliefert erhält, ohne diese zu bezahlen. 2

a) Nahezu bei allen **Insolvenzermittlungen** wird zunächst auch wegen *Lieferantenbetrugs* ermittelt, sei es aufgrund von Strafanzeigen oder von Amts wegen. Die Ermittlungen sind sehr aufwendig. Deshalb beschränken die Staatsanwaltschaften, sobald ein ausreichender Überblick gewonnen ist, die Verfolgung häufig gem. § 154 StPO auf größere Schäden – wenn nicht sogar bei kleinerem Umfang zwecks sparsamen Einsatzes der Resourcen zur Strafverfolgung eine Beschränkung auf die sog. Formaldelikte angezeigt ist. 3

In vielen Fällen, insbesondere kleineren Umfangs, ist es zur Einsparung der knappen Strafverfolgungsressourcen ratsam, dass sich Staatsanwaltschaft und 3a

Polizei bei der Strafverfolgung von vornherein allein auf die „Formaldelikte", wie Insolvenzverschleppung (§ 15a InsO), Verletzung der Buchführungspflicht (§ 283b StGB), Bankrott durch unordentliche Buchführung (§ 283 Abs. 1 Nr. 5 StGB), durch Beiseiteschaffen der Handelsbücher (§ 283 Abs. 1 Nr. 6 StGB) oder durch fehlende oder verspätete Bilanzierung (§ 283 Abs. 1 Nr. 7b StGB) konzentrieren. Die bei diesen Vorschriften gegebenen Strafrahmen ermöglichen meist eine angemessene Sanktion. In geeigneten Fällen sollte eine – gesetzlich vorgesehene – **Verständigung** bei Gericht (§ 257c StPO; § 12 Rz. 39a ff.) bzw. eine Erledigung im Strafbefehlsverfahren (§§ 407 ff. StPO; § 11 Rz. 146, § 12 Rz. 70) angestrebt werden. So bestimmt § 160b S. 1 StPO: „Die Staatsanwaltschaft kann den Stand des Verfahrens mit den Verfahrensbeteiligten erörtern, soweit dies geeignet erscheint, das Verfahren zu fördern". Nicht übersehen werden darf dabei Satz 2: „Der wesentliche Inhalt dieser Erörterung ist aktenkundig zu machen."

3b   Beim **Lieferantenbetrug in der Krise** kommt es sehr auf den Einzelfall an. Es gibt *hoch kriminelle Fälle*, in denen sich die Täter gezielt auf Kosten der Lieferanten und sonstiger Kreditoren unter Beiseiteschaffen von Vermögensbestandteilen (§ 283 Abs. 1 Nr. 1 StGB) und unter nach §§ 130 ff. InsO anfechtbaren Handlungen bereichern. Aber beim sonst bislang unbescholtenen Kaufmann ist der Versuch, ein Unternehmen im früheren Stadien sich abzeichnender existenzbedrohender wirtschaftlicher Entwicklung in der Hoffnung auf bessere Zeiten am Leben zu erhalten und auch mittels kreditierter Lieferungen oder neuer Kreditschöpfung fortzuführen, menschlich häufig nachvollziehbar. Auch wenn dabei die Grenze zum Tatbestand des Betrugs schon überschritten ist, so stellt sich in derartigen Fällen die *kriminelle Energie* doch eher als *geringer* dar. Dieser Bereich kann nicht Schwergewicht (wirtschafts-)strafrechtlicher Verfolgung sein. – Kommt es freilich im Zusammenhang mit einem Insolvenzverfahren zu einer Verurteilung wegen Lieferantenbetrugs in einem sechsstelligen Schadensbetrag, so muss mit einer Freiheitsstrafe gerechnet werden (zur Frage des „besonders schweren Falls" des Betrugs infolge hoher Schadenssummen vgl. § 47 Rz. 88 f.).

4   Auch die **Schwerpunktstaatsanwaltschaften,** die in Fällen von Gewicht ermitteln (§ 1 Rz. 93 f.), werden sich bei der Verfolgung des Lieferantenbetrugs in erster Linie auf die Krisenzeit *konzentrieren* (vgl. § 48 Rz. 48, 50 f.). Dies hat vor allem zwei Gründe:

Es ist *verfahrensökonomisch*, sich auf leichter nachweisbare Tatkomplex zu beschränken. Kann die Krisensituation festgestellt werden, dann bekommt man vor allem die Probleme bei der Täuschung und dem Vermögensschaden in den Griff.

Hinzu kommt, dass bei der umfassenden strafrechtlichen Aufarbeitung einer Insolvenz im Idealfall die *Entwicklung des Unternehmens umfassend analysiert* werden sollte. Ein Einstieg in die Buchhaltung ist dann häufig unvermeidlich, die Liquidität und das Zahlungsverhalten bedürfen der Erörterung. Erst vor diesem sehr zeitaufwendigen Hintergrund lässt sich überhaupt zutreffend beurteilen, in welche Richtung die Ermittlungen gehen müssen. Da für die Ermittlung der Insolvenzdelikte und den so beschränkten Lieferantenbetrug die Arbeit „in einem Aufwasch" erledigt werden kann, ist die zeitliche Begrenzung ausgesprochen sinnvoll.

4a Bei Unternehmen in der Krise ist häufig eine aussagekräftige **Buchhaltung** *nicht vorhanden.* Auch kann sie vernichtet worden sein, ehe die Ermittlungsbehörden zugreifen konnten. Dann muss und darf die Feststellung der Zahlungsunfähigkeit (§ 17 Abs. 2 InsO, vgl. § 48 Rz. 48) an äußere Indikatoren (Rz. 25 ff.) anknüpfen, wie Mahnbescheide, Zwangsvollstreckungen, Kreditüberziehungen und -kündigungen. In der Endphase von Unternehmen genügt dies in vielen Fällen sogar dann, wenn eine Buchhaltung noch vorgefunden wird; deren aufwendige Analyse ist dann entbehrlich.

4b *Fehlt eine Buchhaltung* oder ist sie mangelhaft, so greifen – wenn der Täter seine Zahlungen eingestellt hat oder das Insolvenzverfahren eröffnet wurde (§ 283 Abs. 6 StGB) – regelmäßig die **Tatbestände des Insolvenzstrafrechts**, etwa *Bankrott* durch *unordentliche Buchführung* (§ 283 Abs. 1 Nr. 5 StGB), durch *Beiseiteschaffen der Handelsbücher* (§ 283 Abs. 1 Nr. 6 StGB), durch *Nicht- oder Falschbilanzierung* (§ 283 Abs. 1 Nr. 7 Buchst. a, b StGB). Die Feststellung dieser Tatbestände ist dann regelmäßig wesentlich unproblematischer als die umfassende Ermittlung der wirtschaftlichen Situation des Unternehmens.

5 **b)** Überdacht werden muss die Rechtsprechung[1] zur **tatsächlichen Unmöglichkeit** *ordnungsgemäßer Buchführung oder Bilanzierung mangels entsprechender finanzieller Mittel.* Danach soll die Tatbestandsmäßigkeit entfallen, wenn kein Geld mehr vorhanden ist, um etwa den mit der Bilanzerstellung beauftragten Steuerberater zu bezahlen.

Dies widerspricht dem Schutzzweck der Insolvenzdelikte und lässt gerade die schwerwiegendsten Fälle unbestraft. Besonders in der Krise ist es für einen Unternehmer unerlässlich, immer einen zuverlässigen und zeitnahen Überblick über sein Vermögen bzw. über die wirtschaftliche Lage des von ihm betreuten Unternehmens zu haben. Dies liegt in seinem eigenen Interesse, im Interesse seiner Geschäftspartner und auch im Allgemeininteresse an einer funktionierenden Wirtschaft, damit diese nicht durch die Furcht vor zu hohen Ausfallrisiken gelähmt wird.

5a Wenn ein Unternehmer keine Vorkehrungen trifft, um in jeder Phase die ordnungsgemäße Buchführung und rechtzeitige Bilanzierung zu gewährleisten, **entlastet** ihn deshalb **Mittellosigkeit nicht**, wenn er gleichwohl sein Unternehmen ohne ausreichende Buchhaltung und Bilanzierung fortführt. Die Orientierung an der entsprechenden Rechtsprechung zu § 266a StGB (Vorenthalten und Veruntreuen von Arbeitsentgelt)[2] liegt nahe[3].

Der Leitsatz lautet: „Nach § 266a Abs. 1 StGB macht sich auch strafbar, wer zwar zum Fälligkeitszeitpunkt nicht leistungsfähig war, es aber bei Anzeichen von Liquiditätsproblemen unterlassen hat, Sicherungsvorkehrungen für die Zahlung der Arbeitnehmerbeiträge zu treffen, und dabei billigend in Kauf genommen hat, dass diese später nicht mehr erbracht werden können. Das Vorenthalten von Arbeitnehmerbeiträgen setzt nicht voraus, dass an die Arbeitnehmer tatsächlich Lohn abgeführt wurde".

5b *Zweifel an der bisherigen Rechtsprechung* äußerte im Jahre 2011 auch der 1. Strafsenat des **BGH** in einem „obiter dictum"[4]:

---

1 BGH v. 22.1.2004 – 5 StR 415/03; BGH v. 14.12.1999 – 5 StR 520/99, wistra 2000, 136; BGH v. 19.12.1997 – 2 StR 420/97.
2 BGH v. 28.5.2002 – 5 StR 16/02, BGHSt. 47, 318.
3 So *Fischer*, § 283 StGB Rz. 29a.
4 BGH v. 20.10.2011 – 1 StR 354/11, NStZ 2012, 511, Rz. 17.

„Eine Strafbarkeit nach § 283 Abs. 1 Nr. 5 oder Nr. 7b StGB entfällt bei rechtlicher oder tatsächlicher Unmöglichkeit zur Buchführung oder Bilanzerstellung. Eine solche Unmöglichkeit wird etwa dann angenommen, wenn sich der Täter zur Erstellung einer Bilanz oder zu ihrer Vorbereitung der Hilfe eines Steuerberaters bedienen muss und er die erforderlichen Kosten nicht aufbringen kann[1]. Der Senat muss vorliegend nicht entscheiden, ob an dieser Rechtsprechung uneingeschränkt festzuhalten ist, oder ob nicht vielmehr – um den gerade für Fälle eingetretener ‚Zahlungsknappheit' geschaffenen § 283 Abs. 1 Nr. 5 und Nr. 7 StGB nicht leerlaufen zu lassen – ein Geschäftsführer, der ein Unternehmen betreibt, so rechtzeitig Vorsorge zu treffen hat, dass das Führen der Bücher und Erstellen der Bilanzen gerade auch in der Krise, bei der dem Führen ordnungsgemäßer Bücher besondere Bedeutung zukommt, gewährleistet ist[2]. Denn hier liegt es nach den Feststellungen des Landgerichts nahe, dass der zum „Einzelhandels- bzw. Großhandelskaufmann" ausgebildete Angeklagte, selbst in der Lage war, eine den Anforderungen des § 238 HGB entsprechende Buchhaltung zu erstellen. Er war seit vielen Jahren mit unterschiedlichen Unternehmen überwiegend im Immobiliengeschäft tätig und übernahm nunmehr auch die Geschäftsführung der in Rede stehenden Gesellschaft A. GmbH (in Gründung). Deren Anzahl von Geschäftsvorfällen war für ihn überschaubar. Eines Eingehens auf die zitierte Rechtsprechung bedurfte es daher nicht. Überdies bietet derjenige, der ein Handelsgewerbe betreibt oder als Organ eine ins Handelsregister einzutragende juristische Person leitet und daher gem. § 238 HGB (ggf. i.V.m. § 241a HGB) buchführungspflichtig ist[3], regelmäßig die Gewähr dafür, zur Führung der Bücher (und Erstellung der Bilanzen) auch selbst in der Lage zu sein."

II. Elemente des Betrugs

1. Täuschungshandlung

6 Täuschungshandlung ist die mit der Bestellung *konkludent* (§ 47 Rz. 17, § 48 Rz. 4 ff.; zum Unterlassen § 47 Rz. 21 ff.; § 48 Rz. 18 ff.; zur bloßen Entgegennahme einer Leistung § 48 Rz. 15) zum Ausdruck gebrachte Überzeugung, aufgrund der gegenwärtigen Beurteilung der künftigen Verhältnisse bezahlen zu können. Die Justiz muss also nachweisen, dass die konkludent behauptete optimistische **Prognose** des Bestellers über seine künftige Bonität *objektiv* **falsch** ist und dass er *subjektiv* bei der Bestellung in Wahrheit zumindest mit bedingtem Vorsatz von einer anderen, pessimistischeren, Prognose ausgegangen ist.

7 Objektiv falsch ist die Erklärung, wenn die konkludent behauptete **Bonität tatsächlich nicht** gegeben ist, wenn also Erklärungsinhalt und Wirklichkeit über die Kreditwürdigkeitsprognose auseinanderfallen.

Ein Auseinanderfallen von Erklärung (Bonität ist gegeben) und Wirklichkeit (Bonität ist nicht gegeben) liegt nicht nur dann vor, wenn statt der konkludent zum Ausdruck gebrachten Erklärung „ich werde *ganz bestimmt* bezahlen können" in Wirklichkeit zu sagen wäre „ich werde *ganz bestimmt nicht* bezahlen können". Der für die Praxis wichtigste Fall liegt dazwischen. In Wirklichkeit müsste der Käufer vielleicht sagen: „Ich selbst habe *Zweifel*, ob ich bei Fälligkeit bezahlen kann"; auch dann läge eine Täuschung vor, weil die Wirklichkeit vom konkludenten Erklärungsinhalt der Bestellung („ich werde bezahlen können") abweicht.

---

1 Zitiert wird: BGH v. 30.1.2003 – 3 StR 437/02; BGH v. 5.11.1997 – 2 StR 462/97.
2 Mit Hinweis: vgl. zu § 266a StGB auch BGH v. 11.8.2011 – 1 StR 295/11.
3 Mit Hinweis auf *Baumbach/Hopt*, 34. Aufl., § 238 HGB Rz. 7 ff.

Befindet sich das bestellende Unternehmen in der *Krise*, namentlich bei endgültiger Zahlungsunfähigkeit (Legaldefinition in § 17 Abs. 2 S. 1 InsO, vgl. § 48 Rz. 48), so werden die nunmehr bei **Fortführung des Unternehmens** erfolgenden Bestellungen zumeist betrugsrelevant sein. Das hat der *BGH* in einer wichtigen Entscheidung näher erläutert[1]. 8

Zunächst ist darin die Frage angesprochen, welche **Kenntnisse** von der Unternehmensleitung hinsichtlich der einzelnen Bestellungen zu verlangen sind: 9

„Auch die subjektive Tatseite ist ausreichend mit Tatsachen belegt. Zwar hat das Landgericht keine konkrete Einwirkung oder auch nur aktuelle Kenntnis der Angeklagten in Bezug auf die einzelnen Warenbestellungen festgestellt. Dessen bedurfte es zur Begründung des Betrugsvorsatzes unter den hier gegebenen Umständen auch nicht. [...] Sie wussten daher zumindest nach Art und Umfang, welche regelmäßigen Bestellungen zur Aufrechterhaltung der Produktion bei Fortführung des normalen Geschäftsbetriebes erfolgen würden. In diesem ‚bisherigen Umfang' wollten sie auch, dass Warenbestellungen durch die Angestellten der Firma getätigt werden würden, was nur unter Täuschung der Lieferanten über die Zahlungsfähigkeit und -willigkeit der Firma erfolgen konnte, wie es dann auch geschah."

Sodann geht es um Fragen der **mittelbaren Täterschaft** (vgl. § 47 Rz. 86, § 48 Rz. 17) der Unternehmensleitung, wenn die unmittelbar handelnden Angestellten gutgläubig sind: 10

„Bei der gegebenen Sachlage hängt eine Strafbarkeit wegen Betruges nicht davon ab, ob die in Bezug auf die Bestellungen unmittelbar Handelnden [...] dabei gutgläubig waren oder ob sie die Bestellungen in Kenntnis der Zahlungsunfähigkeit der Firma vornahmen. Nach den in der Rechtsprechung zur strafrechtlichen Verantwortlichkeit des Hintermannes entwickelten Grundsätzen kommt als Täter kraft Tatherrschaft auch derjenige in Betracht, der durch Organisationsstrukturen bestimmte Rahmenbedingungen ausnutzt, die regelhafte Abläufe auslösen, die ihrerseits zu der vom Hintermann erstrebten Tatbestandsverwirklichung führen (BGHSt 40, 218, 236, 237 f.). Dies hat der BGH auch für unternehmerische Betätigungen bejaht (BGHSt, aaO, S. 236; vgl. auch BGH, NStZ 1996, 296 [297]). [...] Eine eigenhändige Beteiligung bei der tatbestandlichen Ausführungshandlung setzt die Annahme täterschaftlicher Beteiligung nicht voraus (vgl. BGH wistra 1992, 181, 182; [...]). Die von den Revisionen aufgeworfenen Fragen einer Tatbestandsverwirklichung durch Unterlassen und einer Garantenstellung stellen sich danach nicht."

Schließlich wird auch die Frage des **Irrtums** der Lieferanten angesprochen (s. auch Rz. 30 ff.): 11

„[...] versteht es sich von selbst, dass die Lieferanten, denen mit den Neubestellungen wahrheitswidrig Zahlungsfähigkeit und -willigkeit vorgespiegelt worden ist, in Kenntnis der wahren Umstände keine Waren mehr auf Rechnung geliefert hätten."

2. Kreditwürdigkeitsprognose

Ausgangspunkt der Kreditwürdigkeitsprognose können folgende **allgemeine Grundsätze** sein: 12

---

1 BGH v. 11.12.1997 – 4 StR 323/97, NStZ 1998, 568 = wistra 1998, 148; s. auch BGH v. 17.2.1995 – 2 StR 729/94 und BGH v. 3.8.1993 – 1 StR 432/93: Gläubiger wollen Unternehmen des Bestellers sanieren.

- Bei einem Unternehmen, das sich nicht in der Krise befindet, wird man i.d.R. schon – auch intern – gefühlsmäßig keine pessimistische Prognose aufstellen können.
- Ein Unternehmen in der Krise hat i.d.R. schon aus dem Bauch heraus eine schlechte Prognose.
- Je größer die Krise und je näher der Zeitpunkt der Insolvenz, desto pessimistischer auch intern das Geschäftsklima.

Auch die Mitarbeiter unterhalb der Geschäftsführung spüren den Niedergang sehr schnell. Sie bzw. den *Betriebsrat* – frühzeitig – einzubeziehen, vermag deshalb für ein Unternehmen lebensnotwendig sein.

13 Mit diesen allgemeinen – eher banalen – Grundsätzen lässt sich jedoch eine Täuschungshandlung bei Bestellung in einer wirtschaftlich schwierigen Situation natürlich noch nicht – schon gar nicht gerichtsfest – begründen. Notwendig ist, eine eingehende **betriebswirtschaftliche Analyse**[1] der Kreditwürdigkeit des Bestellers, ggf. durch ein *Sachverständigengutachten*, es sei denn, die sonstigen Indizien (Vollstreckungsaufträge, Kreditkündigungen usw.) sind so stark, dass die fehlende Bonität offensichtlich ist (Rz. 4a, 25 ff.).

a) Managementfehler

14 In der Praxis wird die Bonitätsprüfung häufig allein auf die Analyse der Rechnungslegung begrenzt. Hinsichtlich der Zukunftsfähigkeit eines Unternehmens muss aber auch an der an **Qualifikation des Managements** angesetzt werden. Denn letztlich gibt es für die Fehlentwicklung eines Unternehmens häufig nur eine Ursache, nämlich Managementfehler und -versagen.

15 Dabei lassen sich **vier Hauptgruppen** unterscheiden:

16 – Fehlende oder **mangelnde Transparenz der Unternehmenssituation**. Kennzeichnend dafür ist ein unzureichendes Rechnungs- und Informationswesen, insbesondere dessen unzureichende Aktualität. Die Firmenleitung kennt mangels Deckungsbeitragsrechnung ihre Verlustbringer nicht und weiß deshalb nicht, wie viel Gewinn und Verlust das einzelne Produkt bringt. Und ganz wichtig: Ein zu geringer Stellenwert der kaufmännischen Komponente gegenüber einer Dominanz der Techniker; die häufige Einlassung von Beschuldigten, sie seien ja nur Techniker gewesen, entlastet nicht. Entscheidungsfindungsprozesse müssen umfassend dokumentiert werden.

– Fehlende oder mangelhafte **Kenntnis der relevanten Märkte**. Stichworte sind: Beobachtung der Konkurrenz; Reaktion auf Marktänderungen; Vorhandensein einer Marktforschung; Ausstattung des Kundendienstes; Stand der technischen Entwicklung, des Investitionsverhaltens und der Produktinnovation; Abhängigkeit von wesentlichen Abnehmergruppen.

– **Mängel im Führungsverhalten**. Wie ist es um den Unternehmensaufbau bestellt, gibt es eine klare Gliederung der Zuständigkeiten, wie steht es mit dem betrieblichen Kontrollwesen? Wie steht es um die Mitarbeiterführung,

---

[1] BGH v. 17.2.1995 – 2 StR 729/94; zur Feststellung der Krise s. auch BGH v. 20.7.1999 – 1 StR 668/98, wistra 2000, 18.

die betriebliche Ausbildung, das Betriebsklima? Dazu gehört auch die Nichtbeachtung von Finanzierungsgrundsätzen: die kurzfristige Finanzierung von Investitionen, das Eingehen hochriskanter Geschäfte. Wird überhaupt geplant und wie?

- **Verkrustung der Gesellschafter- und Führungsstruktur**. Wie effizient ist die Kontrolle des Managements? Findet eine gegenseitige Kontrolle der Geschäftsführer statt durch regelmäßige Sitzungen und Berichtspflichten der Mitglieder über ihr Ressort? Werden überhöhte Geschäftsführerentnahmen toleriert?

Entscheidend zur Kontrolle hinsichtlich der oben aufgeführten Mängel sind heute in der Unternehmensleitung sog. betriebliche *Compliance-Aktivitäten* (dazu oben § 31). Der *Deutsche Corporate Governance Kodex* (DCGK) definiert **Compliance** als die in der Verantwortung des Vorstands liegende Einhaltung der gesetzlichen Bestimmungen und unternehmensinternen Richtlinien Ausgehend von der ebenfalls gesetzlich normierten Pflicht eines Geschäftsmanns, immer die Sorgfalt eines ordentlichen und gewissenhaften Geschäftsleiters anzuwenden (etwa § 93 Abs. 1 AktG, § 43 Abs. 1 GmbHG, § 347 HGB), erfasst der Begriff Compliance nun auch die *Kontrolle betriebswirtschaftlicher Vorgänge*. Dazu ist die Etablierung spezifischer Prozesse erforderlich.

Der TÜV Rheinland hat am 30.3.2011 den *„Standard für Compliance Management Systeme"* (TR CMS 101:2011)[1] veröffentlicht. Er ist national und international für alle Organisationen anwendbar. Genannt werden darin z.B. Prozesse der *Risikoanalyse* (sie dienen der Identifikation von Bedrohungen und Gefahren im Rahmen der wertschöpfenden Aktivitäten des Unternehmens), Prozesse der Abweichungsanalyse (sie werden ausgelöst, sofern der realisierte Ist-Wert einer Aktivität außerhalb des definierten Toleranzbereichs um den Soll-Wert liegt), Prozesse des Umgangs mit Ausnahmesituationen (es geht um das – potenzielle – Eintreffen gravierender Ereignisse mit erheblicher kritischer Relevanz für das Unternehmen, um für solche Fälle mit vorstrukturierten Soll-Prozessen zum Zwecke der Aufklärung und Schadensbegrenzung vorbereitet zu sein), Prozesse der Eskalation (dabei geht es um die Auflösung bereits entstandener sowie die Verhinderung zu befürchtender Non-Compliance-Situationen).

Bei der Entscheidung, wie Compliance im jeweiligen Unternehmen ausgeführt wird, besteht ein *Ermessensspielraum*. Im Hinblick auf das „Ob" gibt es demgegenüber jedenfalls bei Gesellschaften keinen unternehmerischen Ermessensspielraum. Compliance ist eine **Pflichtaufgabe** des Vorstands bzw. der Geschäftsführung[2].

b) Unternehmensbedingte Ursachen

Unternehmenskrisen entstehen nicht nur allmählich. Auch durch unternehmensbedingte Ursachen kann „unverhofft" eine Krise ausbrechen. Solche Ur-

---

1 PDF bei www.tuv.com.
2 *Bicker*, Corporate Complinace – Pflicht und Ermessen, ZWH 2013, 473 (480).

sachen sind für die Richtigkeit der Bonitätsprognose und den Vorsatz bedeutsam. Dazu zählen vor allem:

- der Zusammenbruch (Insolvenz) eines Großabnehmers;
- eine „danebengegangene" Saison;
- Ausfall eines maßgeblichen Managers;
- Zusammenbruch des Marktes eines Haupterzeugnisses;
- Ausfall eines Hauptlieferanten;
- Eindringen der Konkurrenz;
- neue Aktivitäten auf fremden Geschäftsfeldern;
- Übernahme von Firmen oder Erwerb von Beteiligungen;
- Gründung von Tochtergesellschaften auf fremden Märkten;
- Neuentwicklungen von Produkten;
- falsche zeitliche Planung eines Investitionsprogramms;
- Streit unter Gesellschaftern;
- Fehlspekulationen;
- unzureichender Versicherungsschutz;
- Sicherheitsleistung für Dritte.

c) Analyse der Rechnungslegung

21 Die Analyse der Rechnungslegung bildet den **Schwerpunkt** der Bonitätsprüfung.

22 Die einzelne Bilanz ist eine „Momentaufnahme". Es gilt als gesicherte Erkenntnis der Betriebswirtschaft, dass Bilanzen und Gewinn- und Verlust-Rechnungen im Zeitvergleich zu analysieren sind. Diese sog. **dynamische Betrachtung** verlangt auch der **BGH**[1]:

„Dabei kommt es nicht so sehr darauf an, ob sich nun gerade, wie die Strafkammer annimmt, die Liquidität erheblich verschlechtert hat. Es ist richtig, dass die absoluten Zahlen für sich allein noch keinen sicheren Einblick in die Zusammenhänge von Bilanzen geben, dass es hierzu vielmehr der Errechnung von Verhältniszahlen und deren Vergleichs bedarf. In Beziehung zueinander gesetzt werden müssen indessen nicht nur, wie die Revision meint, die einander entsprechenden Bilanzposten, also z.B. das in der einen Bilanz ausgewiesene Anlagevermögen oder Umlaufvermögen zu dem aus der anderen Bilanz ersichtlichen oder die in beiden Bilanzen ausgeführten Verbindlichkeiten. Das zeigt sich gerade, wenn die Liquiditätslagen verglichen werden sollen. Der Liquiditätsgrad wird gewöhnlich durch eine Verhältniszahl ausgedrückt, die darüber Auskunft gibt, wie viel vom Hundert der flüssigen Mittel gegenüber den laufenden Verbindlichkeiten ausmachen. Während nun nach der Bilanz für 1954 noch fast 42 % der kurz- und mittelfristigen Verbindlichkeiten durch das Umlaufvermögen gedeckt waren, war dies nach der Bilanz für 1955 nur noch zu etwa 40 % der Fall. Mag das auch keinen großen Unterschied bedeuten, so kam aber noch hinzu, dass diese Verbindlichkeiten auf mehr als das Doppelte angewachsen waren und in vermehrtem Maße zur Finanzierung des Anlagevermögens dienten, das nach der Bilanz für 1955 nur noch zu etwa 12 % gegenüber früher etwa 15 % durch langfristige Verbindlichkeiten gedeckt war. Wird weiter der für 1955 ausgewiesene Verlust berücksichtigt, so ergab sich damit für Ende 1955 eine erheblich ungünstigere Finanzstruktur als für Ende 1954."

---

1 BGH v. 16.6.1965 – 2 StR 435/64; s. auch BGH v. 17.2.1995 – 2 StR 729/94.

Wichtigstes Instrument der Analyse ist die Gewinnung von **Kennzahlen** (Rating), wobei es keine universelle Kennzahl gibt. Die verschiedenen Kennzahlen sind zu vergleichen: *Einzelvergleich* (Vergleich mit anderen Unternehmen), *Branchenvergleich* (Vergleich mit anderen Unternehmen der Branche – den der BGH für wichtig hält[1]), *Zeitvergleich* (Vergleich mit der eigenen Entwicklung) und Branchen-Zeit-Vergleich (Vergleich mit der Entwicklung der Branche im gleichen Zeitraum. 23

Zu der Frage, wie die Rechnungslegung auszuwerten ist, muss auf die **betriebswirtschaftliche Literatur** verwiesen werden[2]. 24

d) Krisenindikatoren

Häufig verfügen die Unternehmen gerade in der Krise nicht über eine zeitnahe Buchhaltung, sodass eine Analyse nur unzureichend erfolgen kann. Dann kann die Krise auch durch sog. wirtschaftskriminalistische Beweisanzeichen belegt werden (wirtschaftskriminalistische Methode;[3] vgl. auch § 48 Rz. 35 ff.). 25

Als **bedeutsame Krisenindikatoren** sind zu nennen[4]:

Gerichtsbekannte Indikatoren: 26

– Mahnbescheide, Zahlungsklagen, Pfändungen;
– vermehrte Grundbucheintragungen (auch auf privatem Eigentum);
– Arreste und eidesstattliche Versicherungen.

Geschäftsbeziehung zur Bank: 27

– angespannte Kontoführung mit Überziehungstendenz;
– Nichtrückführung von Saison- oder befristeten Zusatzkrediten;
– Abweichungen zwischen angekündigten und tatsächlichen Zahlungsein- und -ausgängen;
– Verzicht auf Ausnutzung von Skonti;
– Umstellung von Scheck- auf Wechselzahlung;
– Ausnutzung von Respekttagen bei Wechseln und späte Anschaffung der Deckung für Schecks und Wechsel;
– Ausstellung vordatierter Schecks;
– verstärkte Einreichung und Rückgabe eigener Schecks, gezogen auf andere Banken mit Gefahr der Scheckreiterei;
– Wechsel- und Scheckproteste;
– Rückgabe von Lastschriften;
– Häufung von Auskunftsanfragen;
– Verschlechterung der Auskünfte.

---

1 BGH v. 10.4.1984 – 4 StR 180/84, StV 1984, 511; BGH v. 17.2.1995 – 2 StR 729/94.
2 Besonders instruktiv *Rösler/Mackenthun/Pohl*, Hdb. Kreditgeschäft, 6. Aufl. 2002, S. 997 ff.
3 BGH v. 21.8.2013 – 1 StR 665/12, Rz. 15.
4 BGH v. 17.2.1995 – 2 StR 729/94 (auch zum Beweiswert); BGH v. 20.7.1999 – 1 StR 668/98 (Beispiele für Krisenindikatoren); *Wegner* in A/R, 7. Teil 1. Kap. Rz. 93.

28 **Bilanz**:
- Verzögerung bei der Erstellung der Bilanz, Gewinn- und Verlustrechnung, Statuszahlen oder Inventuren;
- negative Abweichungen von vorläufigen und endgültigen Zahlen;
- Unklarheiten in der Buchhaltung;
- Änderung der Abschreibungsmethoden zur Reduzierung des Abschreibungsvolumens;
- Verringerung von Investitionen;
- steigende Vorräte ohne Erhöhung der Außenstände;
- Eigenkapitalmangel;
- Abzug von Gesellschafter-Darlehen;
- hohe Privatentnahmen;
- fehlende Einlagen;
- fehlendes oder eingeschränktes Testat des Wirtschaftsprüfers oder Steuerberaters;
- fehlende Bilanzunterschrift;
- Weigerung, unterschriebene Bilanzen im Original vorzulegen.

29 **Mängel im betrieblichen Bereich**:
- häufiger Wechsel in der Geschäftsleitung;
- falsche Geschäftspolitik;
- Unkorrektheiten gegenüber Lieferanten, Abnehmern und Banken;
- hohe Personalkosten;
- zu hohe Kapazitäten;
- Umsatzrückgänge;
- Ausfall von Forderungen;
- Streitigkeiten der Gesellschafter.

29a **Weitere Indikatoren:**
- die ausdrückliche Erklärung, nicht zahlen zu können;
- das Ignorieren von Rechnungen und Mahnungen;
- Nichtzahlung von Löhnen und Gehältern, der Sozialversicherungsabgaben oder der sonstigen Betriebskosten.

3. Irrtum

30 Bei einer **lang andauernden Geschäftsbeziehung** wird dem Geschäftspartner die Krise kaum verborgen bleiben. Er weiß zwar nicht um die Einzelheiten der geschäftlichen Situation, den negativen Trend jedenfalls wird er meist bemerken. Es gehört schließlich zum Handwerkszeug eines guten Unternehmers, die Situation seines Partners zu kennen. Freilich sind auch hier Ausnahmen nicht selten. Vor allem dann, wenn Manipulationen, z.B. an der Bilanz, vorgenommen werden. Rechtlich findet dieses Problem seinen Niederschlag beim Nachweis der **Kausalität** zwischen Täuschung und Irrtum einerseits und Irrtum und Vermögensverfügung andererseits. Kenntnis vom negativen Trend muss aber

noch lange nicht bedeuten, dass der Geschäftspartner das wirkliche Ausmaß der Krise kennt. Vielfach gelingt es den Beschuldigten, die Bedenken der Partner durch bestimmte Zusicherungen zu zerstreuen[1] (näher § 48 Rz. 22 f.).

Normalerweise wird aber die Bestellung von Waren beim Lieferanten die Vorstellung hervorrufen, dass der Besteller damit entsprechend dem konkludenten Erklärungsinhalt seine Überzeugung, bei Fälligkeit bezahlen zu können, erklärt. Ist diese Erklärung aber objektiv unrichtig, liegt also eine Täuschungshandlung vor, so hat sie beim Lieferanten einen **Irrtum** verursacht (Rz. 8). 31

Ein Irrtum liegt auch dann vor, wenn der Lieferant den **Grad seines Ausfallrisikos** infolge der konkludenten Erklärung geringer einschätzt, als er tatsächlich ist. 32

Die höchstrichterliche Rechtsprechung verlangt in solchen Fällen vom Tatrichter, die **Kausalität** von Täuschungshandlung und Irrtum bei länger andauernden Geschäftsbeziehungen kritisch zu prüfen und verlangt dann dazu auch eingehende Feststellungen[2]. Das gilt namentlich dann, wenn der Angeklagte substantiiert vorträgt, die Lieferanten hätten seine schlechte Lage gekannt: 33

„In weiteren Fällen hat sich das Landgericht mit der Behauptung des Angeklagten, Auftragnehmer hätten von den Zahlungsschwierigkeiten seiner Unternehmen gewusst, nicht näher auseinandergesetzt, was aber nach Sachlage geboten gewesen wäre. [...] Zwar haben die Vertragspartner zumindest noch auf die Zahlungsfähigkeit der Firmen des Angeklagten vertraut und hätten bei Kenntnis der Zahlungsunfähigkeit nicht geliefert. Auch wenn das Landgericht dazu zutreffend ausführt, dass im Wirtschaftsleben regelmäßig keine unentgeltlichen Leistungen erbracht würden, ergibt sich daraus aber nicht, dass das fortdauernde Vertrauen in die Zahlungsfähigkeit noch durch eine dem Angeklagten anzulastende Täuschung verursacht war und der Angeklagte bei den Bestellungen noch die Vorstellung (d.h. den Vorsatz) hatte, die Mitarbeiter der betroffenen Firmen würden sich allein durch die kommentarlose Bestellung von Waren oder Dienstleistungen weiterhin täuschen lassen (vgl. dazu BGHR StGB § 263 Abs. 1 Irrtum 2 m.w.Nw.). Allerdings führt das angefochtene Urteil weiter aus, die Lieferanten seien ‚aus unterschiedlichen Motiven' bereit gewesen, sich mit schleppender Zahlungsweise abzufinden, man habe entweder eine alte Geschäftsbeziehung nicht abbrechen wollen oder im Auge gehabt, dass die Firmen des Angeklagten auch früher schon auf Drängen immer wieder Teilzahlungen erbracht hätten, oder man habe auf weitere Zahlungszusagen des Angeklagten vertraut. Dabei wird aber nicht deutlich, welche der geschilderten Motive für die einzelnen Bestellungen bestimmend waren und ob der Angeklagte jeweils das Vertrauen der Auftragnehmer in die Zahlungsfähigkeit seiner Firmen durch vorsätzliche Täuschungshandlungen begründet oder verstärkt hat."[3]

III. Insbesondere: Vermögensschaden

1. Eingehungsbetrug

Regelmäßig wird der Lieferantenbetrug ein sog. Eingehungsbetrug (dazu § 47 Rz. 63) sein. Dabei werden die **gegenseitigen Leistungspflichten verglichen**. Bleibt die Leistung des täuschenden Bestellers hinter der Gegenleistung des ge- 34

---

1 Vgl. BGH v. 30.11.1995 – 1 StR 358/95, NStZ 1996, 238.
2 S. die Beispiele aus der Rspr. oben bei § 48 Rz. 22 ff.
3 Vgl. BGH v. 30.11.1995 – 1 StR 358/95, NStZ 1996, 238.

täuschten Lieferanten zurück, so liegt darin der Vermögensschaden. Weil damit schon auf den Zeitpunkt des Vertragsschlusses abgestellt wird, handelt es sich um einen sog. *Gefährdungsschaden*. Der Begriff „Gefährdungsschaden" ist indes missverständlich und entbehrlich, da es sich immer um eine tatsächliche Vermögenseinbuße handeln muss, die mit der Vermögensverfügung unmittelbar herbeigeführt wird (§ 47 Rz. 59, § 50 Rz. 70 f.).

35 Zwischen dem Tatbestandsmerkmal des Vermögensschadens und der Täuschungshandlung besteht eine enge Verbindung insofern, als es bei beiden auf die Prognose ankommt. Der über die Prognose anzustellende **Vermögensvergleich** (§ 48 Rz. 28 ff.) muss dazu führen, dass die pessimistische (genauer: die nicht optimistische) Prognose den Kaufpreisanspruch wirtschaftlich abwertet. Das Vermögen des getäuschten Lieferanten muss nach der Verfügung/Lieferung einen geringeren Wert haben als vorher[1]. Die Bewertung muss nach kaufmännischen Kriterien erfolgen.

2. Vermögensvergleich

36 Zu vergleichen ist das Vermögen des Lieferanten vor und nach der Vermögensverfügung/Lieferung. Der Schaden ergibt sich aus der beim Vermögensvergleich vorzunehmenden **Saldierung** dann, wenn der Wert der Kaufpreisforderung hinter dem Wert der Ware zurückbleibt. Eine solche Saldierung lässt sich aber streng genommen erst durchführen, wenn die in der Zukunft zu zahlende Kaufpreisforderung ebenso wie die Ware in einem *bezifferbaren Geldbetrag* ausgedrückt wird.

37 Dabei kann der Wert der Forderung nicht einfach mit dem Kaufpreis angesetzt werden. Eine ungünstige Kreditwürdigkeitsprognose reduziert ihn wie bei einer **Wertberichtigung** oder Abschreibung. Ein Kaufmann schreibt nicht nur eine uneinbringliche Forderung ab, er berichtigt auch den Wert einer zweifelhaften Forderung nach unten. Eine Forderung, deren Rückzahlung ebenso wahrscheinlich ist wie ihre Nichtbezahlung, die Wahrscheinlichkeit beträgt also 50 %, hat für ihn etwa noch den halben Wert. Jeder Zivilrichter, der Vergleiche vorschlägt, argumentiert ähnlich.

38 Man könnte das Ausmaß der Wertberichtigung in Einzelfällen sogar mit Hilfe der **Insolvenzquote** quantifizieren. Ein Unternehmen, dem Zahlungsunfähigkeit droht, das gar zahlungsunfähig oder überschuldet ist, muss jederzeit mit der Insolvenz rechnen. Ein nicht bevorrechtigter Gläubiger erhält im Durchschnitt eine Quote von ca. 3 %. Das bedeutet, dass eine nicht bevorrechtigte Forderung dann, wenn die Insolvenz sicher feststeht, normalerweise abgeschrieben werden kann.

39 Die frühere **Rechtsprechung** nahm i.d.R. jedoch keine ausdrückliche Quantifizierung vor. Sie stellt vornehmlich auf den **Grad der Vermögensgefährdung** ab,

---

1 BGH v. 18.7.1961 – 1 StR 606/60, BGHSt. 16, 220 (221); BGH v. 3.11.1987 – 1 StR 292/87, wistra 1988, 188.

den sie verbalisiert[1]. Dies geht nun nicht mehr, vgl § 47 Rz. 59 und § 48 Rz. 43 ff. Schlägt sich die Gefährdung jedoch nicht in einer unmittelbaren Wertminderung des Vermögens nieder, so ist der Betrugstatbestand nicht erfüllt. § 263 StGB ist kein Vermögensgefährdungsdelikt. Der tatsächlich bewirkte Schaden muss deshalb ausdrücklich bewertet werden[2]. Dies dient den Ermittlungsbehörden und den Gerichten auch zur Selbstkontrolle, um eine Überdehnung des Betrugstatbestandes zu vermeiden.

Die Forderung nach eingehender Feststellung der betrieblichen Fakten zieht sich wie ein roter Faden durch die Urteile, mit denen der BGH Verurteilungen wegen Lieferantenbetrugs aufgehoben hat[3]. Die **höchstrichterliche Rechtsprechung** richtet die Schadensfeststellung an Überlegungen aus, die den kaufmännischen Kriterien bei einer *Wertberichtigung* entsprechen.

3. Unzulässiges Geschäftsrisiko

Vielen Unternehmern gelingt es, das Unternehmen **trotz Krise** noch über einen längeren Zeitraum **fortzuführen** (Rz. 8). Ein erheblicher Teil der Lieferantenrechnungen wird noch beglichen, neue Bestellungen werden noch in großem Umfang aufgegeben. Die Bezahlung des Kaufpreises hängt dann von Umständen ab, auf die sich der ordnungsgemäße Kaufmann nicht verlässt: Der hartnäckige Gläubiger erreicht eine Befriedigung, der kulante Geschäftsmann, der seine Forderung stundet (zum Schaden bei Stundung s. § 48 Rz. 52), hat das Nachsehen. Der Schuldner bevorzugt nolens volens die wichtigen Gläubiger und finanziert sich auf Kosten der anderen.

Das wirft die Frage auf, inwieweit ein **ungewöhnliches Geschäftsrisiko** eine schadensgleiche Vermögensgefährdung darstellt, die den mit einer Kreditierung erlangten Anspruch von vornherein im Wert mindert (§ 48 Rz. 45 ff.). Der Lieferant übernimmt durch seine *Vorleistung* für kurze Zeit das *Geschäftsrisiko* des Bestellers; er ist bis zum Zahlungseingang gewissermaßen dessen Ausfallrisiko ausgesetzt. Dies ist der entscheidende Ansatzpunkt für eine Vermögensgefährdung. Damit dies einen Schaden i.S. von § 263 StGB darstellt, muss der Grad der **Gefährdung** ein Ausmaß annehmen, das für den Lieferanten untragbar ist.

Über das **zulässige Geschäftsrisiko** kann man nur schwer allgemeine Aussagen machen. Es hängt ab von der Branche (Rz. 23)[4], in welcher das Geschäft abge-

---

1 BGH v. 16.7.1970 – 4 StR 505/69, BGHSt. 23, 300; BGH v. 19.12.1984 – 2 StR 474/84, StV 1985, 188; BGH v. 3.11.1987 – 1 StR 292/87, wistra 1988, 188 („an der Realisierung des Anspruchs keine ernsthaften Zweifel bestehen").
2 BGH v. 18.2.2009 – 1 StR 731/08, BGHSt. 53, 199; BGH v. 14.8.2009 – 3 StR 552/08, Rz. 155 f.
3 BGH v. 19.12.1984 – 2 StR 474/84, StV 1985, 188; BGH v. 26.2.1987 – 1 StR 5/87, wistra 1987, 218; BGH v. 24.3.1987 – 4 StR 73/87, wistra 1987, 213; BGH v. 10.6.1987 – 2 StR 217/87, wistra 1988, 25; BGH v. 17.2.1995 – 2 StR 729/94; BGH v. 6.5.2008 – 5 StR 34/08, wistra 2008, 379; BGH v. 10.2.2009 – 3 StR 372/08, wistra 2009, 275, Rz. 14.
4 BGH v. 10.4.1984 – 4 StR 180/84, StV 1984, 511.

wickelt wird, von der Konjunktur, von der Dauer der Geschäftsbeziehungen und auch vom Kaufobjekt, etwa wenn das Geschäft spekulativ ist und dieses Moment in einer hohen Gewinnspanne seinen Niederschlag findet. Das allgemeine Geschäftsrisiko schlägt dann in eine schadensgleiche Vermögensgefährdung um, wenn das Geschäftsrisiko des Bestellers nach objektiven kaufmännischen Maßstäben ungewöhnlich und branchenfremd ist. Hier könnte man durchaus auf Statistiken zu einem branchenspezifischen Ausfallrisiko zurückgreifen.

44 Kann man den Schluss ziehen, eine **Bestellung in der Krise** führt zu einem Vermögensschaden? Eine solche Aussage lässt sich wohl nicht generell aufstellen. Die Entscheidung muss dem Einzelfall überlassen bleiben. Wohl aber kommt der Feststellung der Krisensituation eine *starke indizielle Bedeutung* zu. Dabei wird zu differenzieren sein:

45 Am stärksten wirkt die Feststellung der **Zahlungsunfähigkeit** (§ 17 Abs. 2 S. 1 InsO; vgl. § 48 Rz. 48). Beträgt die Liquiditätslücke des Schuldners 10 % oder mehr, ist regelmäßig von Zahlungsunfähigkeit auszugehen, sofern nicht ausnahmsweise mit an Sicherheit grenzender Wahrscheinlichkeit zu erwarten ist, dass die Liquiditätslücke demnächst vollständig oder fast vollständig beseitigt werden wird und den Gläubigern ein Zuwarten nach den besonderen Umständen des Einzelfalls zuzumuten ist[1].

45a **Zahlungsunfähigkeit droht**, wenn der Schuldner voraussichtlich nicht in der Lage sein wird, die bestehenden Zahlungspflichten im Zeitpunkt ihrer Fälligkeit zu erfüllen (§ 18 Abs. 2 InsO). In die Prognose, die bei der Prüfung drohender Zahlungsunfähigkeit anzustellen ist, muss im Grundsatz die gesamte Finanzlage des Schuldners bis zur Fälligkeit aller bestehenden Verbindlichkeiten einbezogen werden. Der vorhandenen Liquidität und den Einnahmen, die bis zu diesem Zeitpunkt zu erwarten sind, müssen die Verbindlichkeiten gegenüber gestellt werden, die bereits fällig sind oder die bis zu diesem Zeitpunkt voraussichtlich fällig werden. Ergibt die Prognose, dass der Eintritt der Zahlungsunfähigkeit wahrscheinlicher ist als deren Vermeidung, droht Zahlungsunfähigkeit[2]. Die der Prognose innewohnende Ungewissheit kann sich dabei auf die künftig verfügbaren liquiden Mittel, ebenso aber auch auf den Umfang der künftig fällig werdenden Verbindlichkeiten beziehen. Verbindlichkeiten aus einem Darlehen können deshalb nicht nur dann drohende Zahlungsunfähigkeit begründen, wenn der Anspruch auf Rückzahlung durch eine bereits erfolgte Kündigung auf einen bestimmten in der Zukunft liegenden Zeitpunkt fällig gestellt ist, sondern auch dann, wenn aufgrund gegebener Umstände überwiegend wahrscheinlich ist, dass eine Fälligstellung im Prognosezeitraum erfolgt[3] (zur wirtschaftskriminalistische Methode[4] vgl. Rz. 25 und § 48 Rz. 35 ff.).

---

1 BGH v. 24.5.2005 – IX ZR 123/04, Leitsatz c.
2 Begründung zu § 22 RegE-InsO, BT-Drucks. 12/2443 S. 115; *Jaeger/Müller*, § 18 InsO Rz. 8 ff.
3 BGH v. 5. 12. 2013 – IX ZR 93/11, Rz. 10.
4 BGH v. 21.8.2013 – 1 StR 665/12, Rz. 15.

Wegen der Bewertungsprobleme sollte die **Überschuldung** ein gewichtiges Ausmaß angenommen haben[1]. Sie sollte gewissermaßen „ins Auge springen". Liegen diese Umstände vor, so wird i.d.R. ein Vermögensschaden gegeben sein, wenn keine gegenteiligen Anhaltspunkte eingetreten sind. 46

In jedem Falle aber ist es empfehlenswert, alle oben aufgeführten Bonitätsmerkmale in eine dynamische **Gesamtbetrachtung** einzubeziehen. 47

§ 87
Gescheiterte Sanierung

Bearbeiter: Hans Richter

	Rz.		Rz.
I. Straftaten bei Unternehmensfortführung		**II. Straftaten bei Unternehmensbeendigungen**	
1. Überblick	1	1. Scheinsanierungen	20
2. Sanierungsgesellschaften	5	2. Weitere Beendigungsverfahren	28
3. Betriebsübernahme- und Auffanggesellschaften	11	3. Unternehmensbestatter	44
4. Verwertungsgemeinschaften	17		

Schrifttum: vgl. oben §§ 76–85; außerdem: *Aldenhoff/Kuhn*, § 266 StGB – Strafrechtliches Risiko bei der Unternehmenssanierung durch Banken, ZIP 2004, 103; *Bauder*, Die Strafbarkeit von Rechtsanwälten und anderen Beratern wegen unterlassener Konkursanmeldung, wistra 1992, 41; *Bitter*, Sanierung in der Insolvenz – Der Beitrag von Treuund Aufopferungspflichten zum Sanierungserfolg, ZGR 2010, 147; *Goltz/Klose*, Strafrechtliche Folgen des gezielten Ankaufs von Anteilen insolventer Gesellschaften mit beschränkter Haftung, NZI 2000, 108; *Henke*, AG Insolvenzrecht und Sanierung, AnwBl 2001, 615 ff.; *Hess/Fechner*, Sanierungshandbuch, 1987; *Hey/Regel*, „Firmenbestatter" – Das Geschäft mit der Pleite, Kriminalistik 1999, 258; *Hirte*, Die organisierte Bestattung von Kapitalgesellschaften: Gesetzgeberischer Handlungsbedarf im Gesellschafts- und Insolvenzrecht, ZInsO 2003, 833 ff.; *Ischebeck*, Die Sorgfalt eines ordentlichen Geschäftsmannes und das Strafrecht in der Unternehmenskrise, wistra 2009, 95; *Kiethe*, Der Sanierungskredit in der Insolvenz, KTS 2005, 179; *Kilper*, „Firmenbestattung", 2009; *Kleindiek*, Ordnungswidrige Liquidation durch organisierte „Firmenbestattung", ZGR 2007, 276 ff.; *Krause*, „Nützliche" Rechtsverstöße im Unternehmen – Verteilung finanzieller Lasten und Sanktionen, BB Beilage 2007, 2 ff.; *Kuss*, Rechtliche Aspekte der Sanierung für die Unternehmensleitung und den Sanierungsberater, WPg 2009, 325; *Lampe*, Unternehmensaushöhlung als Straftat, GA 1987, 241; *Mohr*, Bankrottdelikte und übertragende Sanierung, 1993; *Mohrbutter/Mohrbutter*, Handbuch der Insolvenzverwaltung, 9. Aufl. 2014; *Ogiermann*, Die Strafbarkeit des systematischen Aufkaufs konkursreifer Unternehmen, wistra 2000, 250; *Peltzer* in HWiStR „Management Buyouts", 1988; *Richter*, Zur Strafbarkeit externer „Sanierer" konkursgefährdeter Unternehmen, wistra 1984, 97; *Richter* in HWiStR „Sanierungsbetrug", 1988; *Richter*, „Scheinauslandsgesellschaften"

---

1 Vgl. BGH v. 17.2.1995 – 2 StR 729/94; BGH v. 6.5.2008 – 5 StR 34/08, wistra 2008, 379.

in der deutschen Strafverfolgungspraxis, in FS Tiedemann, 2008, S. 1023; *T. Schaefer*, Firmenbestatter und Strafrecht, NJW-Spezial 2007, 321 ff.; *Karsten Schmidt*, Organhaftung in der Krise, WPg-Sonderheft 2003, 141; *Chr. Schröder*, Die strafrechtliche Haftung des Notars als Gehilfe bei der Entsorgung einer insolvenzreifen GmbH außerhalb des Insolvenzverfahrens, DNotZ 2005, 596 ff.; *Siller*, Insolvenzdelikte und Unternehmenssanierung, Kriminalistik 2010, 385 ff.; *Tiedemann*, Der Vergleichsbetrug, in FS Klug, 1982, 405; *Tiedemann*, Gründungs- und Sanierungsschwindel durch verschleierte Sacheinlagen, in FS Lackner, 1987, S. 737; *Tiedemann* in HWiStR „Vergleichsbetrug", 1988; *Uhlenbruck/Leibner*, Die Sanierung von Krisenunternehmen als Herausforderung für die Beraterpraxis, KTS 2004, 505; *Weller*, GmbH-Bestattung im Ausland, JuS 2009, 969; *Wessing*, Insolvenz und Strafrecht – Risiken und Rechte des Beraters und Insolvenzverwalters, NZI 2003, 1.

I. Straftaten bei Unternehmensfortführung

1. Überblick

1 Obwohl – eine (betriebswirtschaftliche) Binsenweisheit – *Krise und Insolvenz integraler Bestandteil einer Marktwirtschaft* sind, wird bereits oben in § 76 (§ 76 Rz. 1) auf die besonders **„kriminogene Situation"** der **wirtschaftlichen Krise** und der damit einhergehenden *strafrechtlichen Risiken* der mit der Bewältigung dieser Situation befassten *internen wie externen Personen* hingewiesen (§ 76 Rz. 9 f.). Die Diskussion über das *gesetzlich geregelte Sanierungsverfahren*[1] (§ 75 Rz. 46 ff.) und die von der Betriebswirtschaftslehre bereitgestellten und von der Praxis verwendeten Verfahren zur Krisenbewältigung – sei es bei Fortführung oder Beendigung des Unternehmens – werden dort vorgestellt (§ 75 Rz. 9 ff., 20 ff.). Neben dem *Unternehmer* (bzw. Organmitglied und Unternehmensmitarbeiter) sind vor allem Verantwortliche und Mitarbeiter der mit der Krisenbewältigung befassten *Kreditinstitute* (näher § 66 Rz. 10 ff., § 50 Rz. 51 ff.) und Angehörige der *Beraterberufe*, Rechtsanwälte, Wirtschaftsprüfer und Steuerberater (hierzu unten § 96), von diesen strafrechtlichen Risiken betroffen.

2 Wie die *Unternehmenskrise* (§ 75 Rz. 6 ff., oben § 77, § 78) so ist auch die *Sanierung* als deren Verhinderung oder doch Überwindung inhaltlich wenig bestimmt. Aus der Sicht der wirtschaftstrafrechtlichen Praxis, die ja in aller Regel nur die **gescheiterte Sanierung** im Blickfeld hat, reicht es hier aus, die Krisenmerkmale Überschuldung und Zahlungsunfähigkeit näher zu betrachten.

Straftaten im Zusammenhang mit der Beschaffung von Eigenkapital zur Überwindung der *Vermögenskrise* (Überschuldung) sind oben in § 50 abgehandelt, solche im Zusammenhang mit der Vermögens- und Liquiditätskrise (Zahlungsunfähigkeit) sind Kerngehalt der Darstellung des Insolvenzverschleppungs- und Bankrottstrafrechts (oben §§ 76, 80–85). Im Folgenden sollen nunmehr unter dem Gesichtspunkt der **Schädigung** der krisenbetroffenen Unternehmung **durch Gesellschafter** und *Vertragspartner* besonders praxisrelevante strafbare Konstellationen vorgestellt werden. Dabei sind jedoch – wie in § 75 Rz. 9 ff. dargestellt – auch wirtschaftskriminologisch außerhalb der schlichten Zuführung von weiterem Kapital („fresh money") die Sanierung des alten Rechtsträ-

---

[1] Vgl. *Jacoby*, ZGR 2010, 359; *Westphal*, ZGR 2010, 385, je m.Nw.

gers (Fortführungsgesellschaft mit dem Unterfall der Sanierungsgesellschaft) von derjenigen mithilfe eines neuen Rechtsträgers (Betriebsübernahme- und Auffanggesellschaften) zu unterscheiden.

Vorrangiges Ziel einer jeden Unternehmenssanierung ist die **Unternehmensfortführung**. Eine Sanierung bei Erhalt des Unternehmens (des Unternehmers) als Rechtsträger setzt regelmäßig Verzichte der (Haupt-)Gläubiger voraus und/ oder die Erlangung frischer Liquidität in Form von Eigen- oder Fremdkapital, neuerdings auch von „Finanzinvestoren" wie „Hedge-Fonds" oder „Private-Equity-Geber"[1]. Soll diese Form der „Sanierung" straflos erfolgen, muss sie *vor Eintreten der Insolvenzantragspflicht* erfolgreich durchgeführt worden sein. Auch muss bedacht werden, dass eine Stundung von Forderungen oder die Gewinnung von Fremdkapital zwar die Zahlungsunfähigkeit verhindern/beseitigen kann, nicht jedoch die Vermögenssituation verändert, mithin nicht die Überschuldung betrifft (§ 78 Rz. 7 ff.).

Für den Bereich der Unternehmensfortführungen sind **keine speziellen Strafnormen** vorhanden. Von zunehmender Bedeutung sind aber – neben Täuschungshandlungen (*Betrug/Kreditbetrug*) – falsche Informationen am Kapitalmarkt (*Manipulations- und Insiderdelikte* – vgl. oben § 68, § 69 – und *Rechnungslegungsdelikte* – oben § 40). Es sind jedoch darüber hinaus **typische Verhaltensweisen** festzustellen, die nachstehend angesprochen werden sollen. Dabei können sowohl die *Altgläubiger und Altgesellschafter* des insolventen Unternehmens als auch die in eine Fortführungsgesellschaft eintretenden *Sanierungsbeteiligten* geschädigt werden. Der *Einwilligungsfähigkeit* in Übertragungen vom schuldnerischen Vermögen auf eine Auffanggesellschaft sind (auch straf-)rechtliche Grenzen gesetzt (§ 82 Rz. 26 ff., § 84 Rz. 30). Da neben dem Gläubigerschutz auch überindividuelle Interessen der gesamten Volkswirtschaft als Rechtsgut durch § 283 Abs. 1 StGB geschützt sind (§ 81 Rz. 1 ff.), müssen die Sanierungsmaßnahmen zusätzlich den *Anforderungen einer ordnungsgemäßen Wirtschaft* genügen[2].

2. Sanierungsgesellschaften

Bei Sanierungsgesellschaften als Unterfall der Fortführungsgesellschaft (§ 75 Rz. 14 ff.) sind zunächst Handlungen zu nennen, durch welche der Schuldner (oder sanierungsbeteiligte Dritte) die (übrigen) Altgläubiger durch **Haftungsmasseentzug** schädigt. So stellt die *Umwandlung von Gläubigerforderungen in Kapitalanteile* (Debt-Equity-Swap – DES[3]) dann eine inkongruente Befriedigung und damit eine **Gläubigerbegünstigung** nach § 283c StGB dar, wenn nur einzelne Gläubiger davon profitieren können[4] (§ 84 Rz. 36). Das MoMiG hat dabei

---

1 Vgl. hierzu *Wilhelmi*, WM 2008, 851; *Fleischer*, ZGR 2008, 185; *Krause*, BB 2010, 1180; *Paulus*, DZWIR 2008, 6; *Portisch*, Die Bank, 2009, 1; *Philipp von Braunschweig*, DB 2010, 713.
2 *Tiedemann* in LK, Vor § 283 StGB Rz. 57 m.w.Nw.
3 *Karsten Schmidt* in Schmidt/Uhlenbruck, Krise, Sanierung und Insolvenz, Rz. 2.70 ff.; speziell bei Restrukturierung von Anleihen vgl. *Thole*, ZIP 2014, 2365.
4 *Schröter/Weber*, ZIP 1982, 1027; *Bley/Mohrbutter*, § 7 VerglO Rz. 11.

das Sanierungs- und das Kleinbeteiligungsprivileg in § 39 Abs. 4 S. 2 und Abs. 5 InsO n.F. nicht tangiert (§ 75 Rz. 19).

Gewähren Sanierungsbeteiligte, die zugleich Gesellschafter sind, *Darlehen* bzw. sonstige Leistungen oder lassen früher gewährte „stehen", so haben diese bei Kapitalgesellschaften und gleichgestellten Personenhandelsgesellschaften zwar nach dem MoMiG – ebenso wie Finanzplanleistungen[1] und Sicherungsleistungen der Gesellschafter für Drittdarlehen – keinen eigenkapitalersetzenden Charakter mehr (vgl. § 82 Rz. 20, 36 ff.). Ihre Rückzahlung vor Sanierungsabschluss ist aber unter dem Gesichtspunkt der *„Existenzgefährdung"* regelmäßig weiterhin als *Untreue und Bankrott* strafbar (§ 82 Rz. 26 ff., § 32 Rz. 84 ff., 151b ff.).

6 Zur Beseitigung (oder Verhinderung) der Überschuldung abgegebene **Rangrücktrittserklärungen** (bzw. entsprechende Sicherungsleistungen) der Gesellschafter für der Gesellschaft überlassene Darlehen bzw. sonstige Leistungen binden diese für die Dauer der Unternehmenskrise wie Eigenkapital (§ 82 Rz. 36 ff.). Die Rückführung (bzw. unterlassene Inanspruchnahme) führt demnach zu derselben Strafbarkeit[2]. Soweit die Rückführung von vornherein beabsichtigt war, liegt zudem auch falsche Bilanzierung und damit Strafbarkeit wegen Bankrotts (§§ 283 Abs. 1 Nr. 7 Buchst. a, 283b Abs. 1 Nr. 3 StGB bzw. § 331 HGB[3]) vor.

7 Erhebliche kriminogene Anreize folgen aus der Verschiebung der Gesellschafterhaftung bei Rückführung ehemals **kapitalersetzender Leistungen** in das Insolvenz- bzw. Vollstreckungsrecht durch das *MoMiG* (§ 82 Rz. 29 ff.). Schon bislang war die *Verschleppung der Insolvenzantragsstellung* bei gescheiterten Versuchen der Sanierung von ganz zentraler wirtschaftsstrafrechtlicher Bedeutung (§§ 76 Rz. 8 ff., 80). Die Freistellung des Gesellschafters von der Haftung bei Überwindung der Jahresfrist zwischen Rückführung der Leistung und Insolvenzantragstellung (§§ 135 Abs. 2, 143 Abs. 3 InsO, §§ 6a, 11 Abs. 3 AnfG n.F.) bildet nunmehr einen zusätzlichen Anreiz für diese Straftat (vgl. aber § 82 Rz. 18 ff. zur Strafbarkeit bei existenzgefährdendem Eingriff).

8 Die Beschaffung dringend benötigter Liquidität führt zu – nach § 263 StGB strafbarem – **Sanierungsbetrug**, wenn Sanierungsleistungen von Gläubigern oder Dritten durch Täuschung über den Vermögensstand des Unternehmens oder die Durchführbarkeit des Sanierungsplans zu einer mit falsch kalkuliertem Risiko behafteten und daher für sie vermögensschädigenden Sanierungsbeteiligung erlangt werden. Solche Sanierungsbeiträge sind – neben der schlichten Kreditierung – *Forderungsverzichte, Rangrücktritte* (zur Rechtslage nach dem MoMiG, insbesondere auch im Hinblick auf den Überschuldungsstatus,

---

1 Zu Inhalt, Umfang und Grenzen vgl. nur *Karsten Schmidt* in Schmidt/Uhlenbruck, Krise, Sanierung und Insolvenz, Rz. 2.110 ff.
2 Würde man mit *Bitter/Rauhut*, ZIP 2014, 1005 ff., demgegenüber dem „schlichten" Rangrücktritt bereits die (konkludente) Erklärung beimessen, sie enthalte für den krisenbegangenen Zeitraum vor der Insolvenz eine Stundungserklärung oder doch jedenfalls den Verzicht auf Kündigung, dürfte das Organ unter Strafdrohung im Krisenzeitraum nicht leisten (vgl. hierzu auch oben § 78 Rz. 22 und § 79 Rz. 38).
3 Zur Praxisrelevanz der Rechnungswesen-Delikte bei Unternehmensinsolvenzen vgl. *Richter* in FS Tiedemann, 2008, S. 1023 (1037 f.).

vgl. § 79 Rz. 38, § 82 Rz. 36 ff.) oder auch *Besserungs-* und sonstige *Genussscheine*. Täter sind die *Sanierungsverantwortlichen*, also neben dem Schuldner auch andere Gläubiger, die sich Sanierungsvorteile erhoffen, wie etwa Verantwortliche der Hausbank oder eines rechtlich unselbständigen Gläubigerpools.

Soweit der Sanierungsbeteiligte zugesagte *neue Vermögenswerte* nicht einbringt, scheitert Strafbarkeit wegen Betrugs in der Praxis regelmäßig am fehlenden Vermögensschaden: Die täuschungsbedingt erlassene Forderung war zum Verfügungszeitpunkt bereits wertlos.

Da sich die Täuschungen häufig auf **Prognosewerte** mit einem breiten *Bewertungsspielraum* beziehen, kann ein strafrechtlicher Vorwurf nur erhoben werden, wenn über die Prognosegrundlagen getäuscht wurde oder die Prognose selbst *unvertretbar* ist[1]. Unvorhersehbare spätere Entwicklungen sind strafrechtlich nicht zu berücksichtigen[2], allerdings auch dann nicht, wenn sie zugunsten des Täters ausfallen, da die Vermögensgefährdung[3] bereits entstanden war[4].

9

Bei nach Erklärungsabgabe eintretenden wesentlichen Änderungen in der Beurteilung der Fortführungswahrscheinlichkeit kann sich für die Sanierungsverantwortlichen eine *Mitteilungspflicht aus vorangegangenem Tun (Ingerenz)* ergeben, deren Verletzung ebenfalls zur Betrugsstrafbarkeit führt[5].

Ein besonderes – auch strafrechtliches – Gefahrenpotenzial besteht in diesem Zusammenhang für **Verantwortliche kreditierender Banken**, die sich – ohne Sanierungsgesellschafter zu sein – an Sanierungsbemühungen beteiligen[6]. Zwar besteht für die (Haus-)Bank *keine Pflicht zur Kreditkündigung* (die allerdings aus der Vermögensbetreuungspflicht der Bankverantwortlichen gegenüber der Bank resultieren kann, hierzu § 67 Rz. 3 ff.) oder einem sonstigen Hinwirken auf die Erfüllung der Insolvenzantragspflicht, obwohl schon das Belassen der Kreditlinien – erst recht das Einräumen neuer Kredite – objektiv geeignet ist, den Unterlassensvorsatz des Haupttäters im Hinblick auf eine vorliegende In-

10

---

1 Regelmäßig müssen Art und Umfang der Krise und auch der Sanierungsplan „sachkundig" festgestellt werden, vgl. BGH v. 5.2.2007 – II ZR 51/06, GmbHR 2007, 936 m. Anm. *Lindemann*, 938.
2 *Tiedemann*, ZIP 1983, 521; *Tiedemann* in FS Dünnebier, 1982, S. 530 ff.
3 Genauer: dass Vermögen bereits gemindert ist – vgl. die Kontroverse *Nack*, StraFo 2008, 277 und *Fischer*, StV 2010, 95; BVerfG v. 23.6.2010 – 2 BvR 2559/08; sowie oben § 32 Rz. 175 ff. Auch der eingetretene Gewinn am Roulettetisch ändert den Wert der Gewinnchance beim Spieleinsatz nicht.
4 *Richter*, GmbHR 1984, 140; a.A. *Tiedemann* in GS Schröder, 1978, S. 302 ff. und eingehend *Tiedemann* in LK, Vor § 283 StGB Rz. 159.
5 *Tiedemann* in FS Klug, 1983, S. 409.
6 Eingehend m.Nw. hierzu *Richter*, Strafrechtliche Risiken der Rechtsberater und Mitarbeiter von Banken bei Unternehmenskrise und Sanierung, in Heidelberger Colloquium (Hrsg.), Problematische Firmenkundenkredite, 5. Aufl. 2014, 309, 359 ff.; vgl. auch *Aldenhoff/Kuhn*, ZIP 2004, 103 ff. zu den Anforderungen an bankinterne „Risk-Management-Systeme" und der Strafbarkeit von Revisionsmitarbeitern und Abschlussprüfern.

solvenzverschleppung (vgl. oben § 80) zu stärken. Werden Kreditentscheidungen im Hinblick auf *Sondervorteile der Bank*[1] getroffen, ist jedenfalls die Grenze der (straflosen) Sozialadäquanz überschritten (z.B. Belassen/Ausweitung von Krediten im Hinblick auf die Sicherung oder Verbesserung der Werthaltigkeit von Sicherungsobjekten der Bank oder sonstiger Sondervorteile zulasten der Gläubigergesamtheit[2]).

3. Betriebsübernahme- und Auffanggesellschaften

11 Zutreffend hat der „Erfinder" des Begriffs der **übertragenden Sanierung**, *Karsten Schmidt*, vor dem Gebrauch der hierunter zu verstehenden Sanierungspraktiken *außerhalb des Insolvenzverfahrens* gewarnt, diese aber dennoch als *„Hauptinstrument der Sanierung"* bezeichnet[3]. Zivilrechtlich stehen Haftungsrisiken der Betriebsübernahme und der (insolvenzrechtlichen) Anfechtung im Vordergrund, strafrechtlich sind vor allem Benachteiligungen der Altgläubiger in ihrer Gesamtheit (oder auch Einzelner hiervon) relevant.

12 Häufig sind **Unternehmensaufspaltungen** zu beobachten, bei denen rentable und nicht rentable Betriebsteile getrennt werden, wonach die wertvollen Betriebsteile in neugegründete *Basis- oder Besitzgesellschaften* übertragen werden. Wurden hierdurch der (häufig defizitären und insolvenzreifen oder hierdurch insolvenzreif werdenden) *Betriebs- oder Produktionsgesellschaft* Vermögenswerte (bzw. Haftungsmasse) ohne hinreichende Gegenleistung entzogen, liegen regelmäßig Verschleppungsstraftaten (hierzu oben § 80) und Untreue bzw. – nach Wegfall der Interessentheorie – auch Bankrott durch Beiseiteschaffen (§ 83 Rz. 15 ff.) vor. Da die Gegenleistung zumeist in der *Übernahme von Verbindlichkeiten* besteht, ist außerdem die Kongruenz ihrer Erfüllung Voraussetzung für die Vermeidung der Strafbarkeit als Gläubigerbegünstigung nach § 283c StGB (vgl. § 84 Rz. 17 ff.).

13 Gelegentlich kann auch der **Austausch eines schlechten Schuldners** durch einen zahlungsfähigeren eine inkongruente Sicherung i.S. der Gläubigerbegünstigung oder gar eine Vermögensminderung darstellen, mithin Bankrott nach § 283 Abs. 1 Nr. 8 StGB und/oder Untreue vorliegen. Dabei kommt es – neben der Kongruenz – allein auf den rechnerisch richtigen Ausgleich der Vermögensübertragung an. Der *Wertansatz der Verbindlichkeiten* kann aber dadurch determiniert werden, dass der neue Gläubiger zur Fortsetzung der Geschäftstätigkeit bereit und in der Lage ist. Dies wiederum hängt von den Sanierungsaussichten ab. Strafbarkeit entfällt danach, wenn die Sanierung plangemäß nach den Grundsätzen ordnungsmäßiger Wirtschaft betrieben werden soll und erfolgversprechend ist[4]. „Sanierungsmaßnahmen" ohne Finanzplanung mit von vornherein unzureichender Kapitalausstattung und daher drohender Zahlungs-

---

1 Zu den Voraussetzungen der Überbrückungs- und Sanierungskredite vgl. *Ganz* in Bittmann, InsolvenzstrafR, § 27 Rz. 30 ff.
2 *Quedenfeld/Richter* in Bockemühl, Hdb. FA StrafR, 6. Teil, 5. Kap. Rz. 227.
3 Umfassend hierzu m.Nw. *Karsten Schmidt* in Schmidt/Uhlenbruck, Krise, Sanierung und Insolvenz, Rz. 2.133 ff.
4 Grundlegend BGH v. 4.12.1997 – 9 ZR 47/97, NJW 1998, 1561.

unfähigkeit führen – selbst bei Unternehmensformen ohne gesetzliche Insolvenzantragspflicht – daher regelmäßig zur Strafbarkeit.

Für die **Bewertung** der zu übertragenden Vermögensgegenstände und Betriebsteile zur Feststellung der Gleichwertigkeit der Gegenleistung – insbesondere, ob statt der *Liquidationswerte* die *Going-concern-Werte* anzusetzen sind – kommt es mithin zunächst auf die (objektive) Qualität des **Sanierungsplanes** an[1]. Die Bedeutung des *Fortführungswillens* und der *Fortführungsfähigkeit* des Unternehmers wird dabei kontrovers diskutiert (näher § 79 Rz. 19 ff.). Dabei ist *Tiedemann*[2] insofern zuzustimmen, dass – insbesondere nach dem Reorganisierungsvorrang der InsO – die Fortführung durch Dritte (hierzu Rz. 18 ff.) beachtlich ist. Aber auch diese muss – objektiv und ex ante – hinreichend wahrscheinlich sein[3].

14

Auch bei häufig zu beobachtenden **sonstigen Vermögensverschiebungen**, wie *Umleitung von Aufträgen*, der *Übernahme von Arbeitnehmern*, der Übertragung von Know-how oder sonstigen *immateriellen Vermögensgütern* des alten auf das Fortführungsunternehmen ist Strafbarkeit nur dann gegeben, wenn tatsächlich „Vermögen verschoben" wurde, also der Nachweis der konkreten Vermögensminderung erbracht werden kann. Das gelingt aber in der Praxis nur ausnahmsweise, etwa wenn bei Aufträgen bereits *Vorleistungen* erbracht worden sind, in deren Genuss die Fortführungsgesellschaft ohne Ausgleichsleistung kommt (vgl. Rz. 23).

15

Allgemein – insbesondere aber auch in derartigen Fällen – ist **Sanierungsbetrug** zum Nachteil der die Unternehmensfortführung finanzierenden Sanierungsbeteiligten zu beobachten. Werden Neugesellschafter einer Betriebsübernahmegesellschaft, die nach § 613a BGB, § 25 HGB, § 75 AO haftet, über die *Verbindlichkeiten* des insolventen Unternehmens *getäuscht*, so ist i.d.R. Strafbarkeit gegeben. Dies geschieht häufig bei Verbindlichkeiten, die sich noch nicht aus der Buchhaltung ergeben, wie etwa die Verpflichtung zur Bezahlung vom Lieferanten gelieferter, aber noch nicht in Rechnung gestellter Waren. Oft ist in solchen Fällen die Buchhaltung auch zu Täuschungszwecken lückenhaft geführt. Zur Betrugsstrafbarkeit führt auch die Täuschung von Beteiligungsinteressenten an Fortführungsgesellschaften über die Erfolgsaussichten des Sanierungsplans (vgl. auch § 77 Rz. 23 f.).

16

4. Verwertungsgemeinschaften

Der Unternehmer als Verantwortlicher eines **Gläubigerpools**[4] hat den Altgläubigern für die Erfüllung des vorgeschlagenen Sanierungsplans i.S. von Treue-

17

---

1 *Karsten Schmidt* in Schmidt/Uhlenbruck, Krise, Sanierung und Insolvenz. Rz. 2.240 f. m.Nw.; speziell aus Bankensicht zu den Anforderungen an Sanierungspläne *Veith*, BankPraktiker 2006, 300.
2 *Tiedemann* in LK, Vor § 283 StGB Rz. 160.
3 BGH v. 23.2.2004 – II ZR 207/01 für den Fall der Verweigerung der Zustimmung; vgl. auch *Wegner* in A/R, VII 1 Rz. 58 f.
4 Zu Einzelheiten des Gläubigerpools vgl. *Rudolph* in Bittmann, InsolvenzstrafR, § 30.

pflichten einzustehen; deren Nichterfüllung stellt strafbare *Untreue* dar (s. auch Rz. 19). Nach Wegfall der Interessentheorie kommt auch *Bankrott durch Beiseiteschaffen* in Betracht (eingehend § 81 Rz. 53 ff.).

18 Eine besondere Form der Sanierungs-Auffanggesellschaft sind **Gläubiger-Sicherungspools** mit eigener Rechtspersönlichkeit. Die strafrechtlichen Risiken treffen hier in erster Linie die *Verantwortlichen des Pools*, wenn sie nicht poolbeteiligte Gläubiger benachteiligen, ihnen über die Vermögenslage des Pools oder die Mittelverwendung unvollständige oder falsche Auskünfte geben oder dem Schuldner, sich selbst oder anderen Personen rechtsgrundlose oder unangemessene Zahlungen leisten. Als Straftatbestände kommen Betrug und Untreue oder, soweit der Poolverantwortliche (auch) wirkliche Sanierungszwecke verfolgt, die Bankrottgeneralklausel des § 283 Abs. 1 Nr. 8 StGB in Betracht (näher § 83 Rz. 73 ff.).

19 Treuepflichtig gem. § 266 StGB ist aber auch der **externe „Sanierer"**, und zwar sowohl dem *Vermögen der zu sanierenden Gesellschaft* als auch demjenigen der Gläubiger der GmbH, die einen Stundungsvertrag abgeschlossen haben (§§ 662, 275 BGB)[1]. Die Sanierungsbeiträge dürfen nur im Rahmen des Sanierungsplanes verwendet werden[2].

II. Straftaten bei Unternehmensbeendigungen

1. Scheinsanierungen

20 Als Scheinsanierungen werden Unternehmensbeendigungen bezeichnet, die unter **Vortäuschung** der Absicht der **Unternehmensfortführung** hinausgezögert werden, um den Beteiligten noch Sondervorteile zu ermöglichen. Dabei ist zunächst an die Fälle zu denken, in denen der Schuldner oder externe „Sanierer" mittels später offenbleibender Bank- oder Lieferantenkredite, mittels Lohn- und Umsatzsteuerhinterziehung, Beitragshinterziehung oder -betrug usw. die kurzfristige weitere Finanzierung des Unternehmens erreichen und damit Verkaufserlöse und Erlöse aus der Veräußerung von Firmenvermögen erzielen, aus denen sie Entnahmen oder Gehalts-, Honorar-[3] oder Darlehensrückzahlungen an sich selbst bewirken.

21 Weitere Methoden der **Aushöhlung** sind

– der Abschluss von *Verkaufs- und Rückleasingverträgen* bezüglich des Anlagevermögens mit der Absicht, nach Erhalt des Kaufpreises die Leasingraten schuldig zu bleiben;

– der Abschluss von *fingierten Darlehensverträgen* mit dem insolventen Unternehmen, um durch Sicherungsübereignungen das Betriebsvermögen zu erlangen;

---

1 Vgl. BGH v. 15.1.1991 – 5 StR 435/90, wistra 1991, 218; krit. hierzu *Tiedemann*, ZIP 2004, 2440; OLG München v. 6.8.2004 – 2 Ws 660/04, 2 Ws 694/04, EWiR 2005, 519 m. (krit.) Anm. *Schork/Feigen*, 519.
2 OLG Stuttgart v. 13.12.1983 – 4 Ss (22) 494/83, wistra 1984, 114 m. Anm. *Richter*, wistra 1984, 97.
3 Speziell zu Beraterhonoraren in der Insolvenz vgl. *Heidbrink*, BB 2008, 958.

– die Rückerstattung von *Gesellschafterleistungen*, die dem Unternehmen zur Durchführung der Scheinsanierung tatsächlich oder angeblich gewährt worden waren; auch nach den grundsätzlichen Änderungen des MoMiG (*Wegfall des Kapitalersatzrechtes*) können derartige Handlungen unter dem Gesichtspunkt der *Existenzgefährdung* weiterhin als Untreue und/oder Bankrott strafbar sein (vgl. § 82 Rz. 26 ff., § 32 Rz. 84 ff., 151b ff.).

Derartige Handlungsweisen sind als Betrug, Untreue, Steuerhinterziehung, Beitragsvorenthaltung, als Bankrott und Insolvenzverschleppung strafbar und bieten keine strafrechtlichen, sondern wegen des Einfallsreichtums und der Vielzahl von Verstößen mancher Täter, die sich oft auf mehrere Unternehmungen beziehen, eher *ermittlungstechnische* Probleme. Die *Strafpraxis* der Gerichte liegt in diesen Fällen von **gesteuerter Insolvenz**[1], die im Vorfeld der Krise insolvenzstrafrechtlich von § 283 Abs. 2 StGB erfasst wird, im Bereich von Freiheitsstrafen, die auch ohne Bewährung verhängt werden.

Eine Sonderform der Scheinsanierung kann die **Nettolohnfinanzierung** der vorübergehenden weiteren Produktion oder sonstigen Geschäftstätigkeit eines insolventen und letztlich schon aufgegebenen Unternehmens gegen Abtretung der Ansprüche der Arbeitnehmer auf Insolvenzausfallgeld darstellen. Soweit hierdurch einzelnen vorfinanzierenden Gläubigern vor den anderen Vorteile durch werterhöhende Weiterbearbeitung ihres Sicherungs- oder Vorbehaltseigentums verschafft werden, kommt Strafbarkeit als *Gläubigerbegünstigung* in Betracht[2]. Ein derartiger Missbrauch der Mittel der Bundesagentur für Arbeit unter Vortäuschung des Sanierungswillens kann auch den *Auffangtatbestand des Bankrotts nach § 283 Abs. 1 Nr. 8 StGB* erfüllen[3] (vgl. auch Rz. 45, § 83 Rz. 73 ff.).

Die Vorschriften über das frühere Konkursausfallgeld in §§ 141a–141n AFG sind mit Wirkung vom 1.1.1999 durch Art. 83 *Arbeitsförderungs-Reformgesetz* (AFRG) aufgehoben worden. An ihre Stelle sind **§§ 183–189 SGB III** getreten, in denen nunmehr von **Insolvenzgeld** die Rede ist. Der Anspruch auf Insolvenzgeld kann nur noch geltend gemacht werden, wenn die Agentur für Arbeit *der Abtretung oder Verpfändung vorher zugestimmt* hatte (§ 188 Abs. 4 SGB III). Sie darf ihre Zustimmung nur erteilen, wenn Tatsachen die Annahme rechtfertigen, dass durch die Vorfinanzierung der Arbeitsentgelte ein erheblicher Teil der *Arbeitsplätze* erhalten bleibt, was Missbräuche aber nach wie vor nicht ausschließt.

Ein **Missbrauch von Insolvenzgeld** besteht auch darin, in der Zeit bis zum hinausgezögerten Unternehmenszusammenbruch nicht benötigte Arbeitnehmer (häufig Familienangehörige oder andere dem Täter nahestehende Personen) *einzustellen* oder ihnen durch *ungerechtfertigte Lohn- oder Gehaltserhöhungen* entsprechende Insolvenzgeldansprüche zu verschaffen. Solche Gestaltungen sind, soweit sie fingiert und daher weder die vereinbarten Gehalts- oder Lohnzahlungen noch die Arbeitsleistungen erbracht wurden, als Betrug zu er-

---

1 Hierzu schon *Blankenbach/Richter*, wistra 1982, 222 (224).
2 *Tiedemann* in LK, § 283c StGB Rz. 12, 26; *Tiedemann*, KTS 1984, 556; vgl. auch *Gerloff* in Bittmann, InsolvenzstrafR, § 26 Rz. 8 ff.
3 *Tiedemann* in LK, § 283 StGB Rz. 153.

fassen. Soweit solche Dienstverträge ohne betriebswirtschaftliche Erforderlichkeit noch erfüllt wurden, liegt unwirtschaftlicher Aufwand nach § 283 Abs. 1 Nr. 2 StGB oder Untreue vor[1] (vgl. § 83 Rz. 62 ff.).

26 **Großgläubiger**, wie Verantwortliche von Kreditinstituten oder Gläubigerpools, können sich bei Scheinsanierungen wegen Teilnahme an Betrug und Insolvenzverschleppung strafbar machen. Dies gilt für die von vornherein als befristete Maßnahme geplante, nach außen aber als nachhaltige Sanierungsmaßnahme dargestellte *Weiterfinanzierung von Bauvorhaben oder anderen Produktionen* durch dinglich Berechtigte oder Sicherungszessionare der entsprechenden Kundenforderungen zum Schaden der gutgläubig ebenfalls auf Kredit weiterarbeitenden oder -liefernden, aber ihrerseits ungesicherten Handwerker oder Lieferanten, die letztlich allein mit ihren Forderungen ausfallen.

27 Von der gezielten Aushöhlung krisenbefangener Unternehmen ist ihr *strafloses* „**Totschrumpfen**" zu unterscheiden. Dabei unterlässt der Unternehmer, abgesehen von noch erforderlichen Liquidationsaktivitäten, lediglich die weitere werbende Teilnahme seines nicht mehr lebensfähigen Unternehmens am Wirtschaftsleben. Die Straflosigkeit solchen Unterlassens folgt aus dem Grundsatz, dass kein Unternehmer verpflichtet ist, eine einmal begonnene wirtschaftliche Tätigkeit fortzusetzen[2]. Dabei verstößt auch *das Vorbeisteuern von Aufträgen* am Altunternehmen zugunsten eines Nachfolgeunternehmens i.d.R. nicht gegen die Grundsätze ordnungsmäßigen Wirtschaftens und erfüllt damit nicht den Tatbestand des § 283 Abs. 1 Nr. 8 StGB[3] oder der Untreue. Die Grenze ist allerdings dort zu ziehen, wo das Altunternehmen aus der Geschäftsbeziehung zum Auftraggeber bereits eine *sichere Gewinnerwartung* (Exspektanz) hatte, in die schon *Aufwendungen* wie Geschäftsreisen, Entwicklungs-, Beratungskosten usw. investiert worden waren (eingehend § 32 Rz. 139, 176; vgl. auch § 82 Rz. 24). In solchen Fällen gehört die Geschäftsverbindung zum strafrechtlich geschützten Vermögen des Altunternehmens, weshalb ihm vom Nachfolgeunternehmen zumindest ein entsprechender Aufwendungsersatz zu leisten ist, um Strafbarkeitsrisiken wegen Bankrotts nach § 283 Abs. 1 Nr. 1 StGB oder Untreue zu vermeiden.

2. Weitere Beendigungsverfahren

28 Spezielle Strafnormen zum Schutz der Gläubiger gibt es – wie bei der Unternehmensfortführung – auch bei einer ordnungsgemäßen Unternehmensbeendigung nicht. Es gelten vielmehr auch insoweit die **allgemeinen Gläubigerschutzvorschriften**, welche die Einhaltung der Insolvenzantragsfristen sowie die vollständige Verwertung und, unter bestimmten Umständen gleichmäßige, Verteilung der Insolvenzmasse gewährleisten sollen. So sollen auch hier die für die verschiedenen Beendigungsverfahren typisch kriminogenen Gefahrensituationen dargestellt werden.

---

1 *Tiedemann* in LK, § 283 StGB Rz. 67.
2 *Tiedemann* in LK, § 283 StGB Rz. 163.
3 *Tiedemann* in HWiStR, „Konkursstraftaten", unter Hinweis auf OLG Düsseldorf v. 23.12.1981 – 3 Ws 243/81, NJW 1982, 1712.

a) Das **Insolvenzverfahren** ist im Einzelnen in § 75 Rz. 35 ff. dargestellt. Zu ihm soll im hier besprochenen Sinn auch das *Insolvenzeröffnungsverfahren* (§§ 20 ff. InsO) gehören[1]. Während des so definierten Verfahrenszeitraums spielen die *Insolvenzdelikte nach §§ 283 ff. StGB* die Hauptrolle. Insbesondere setzt die Insolvenzeröffnung nach § 283 Abs. 6 StGB keine zeitliche Grenze für strafbare Bankrotthandlungen, da das Schutzbedürfnis der Gläubiger mit Eintritt der objektiven Bedingung nicht aufhört[2]. Endpunkt strafbarer Bankrotthandlungen kann danach nur die nachhaltige Krisenbehebung oder die vollständige (nicht nur quotenmäßige) Befriedigung aller geschützten Gläubiger sein.

29

Wer **tauglicher Täter** der Sonderdelikte der §§ 283 ff. StGB sein kann, ist nach Verfahrensabschnitt und Unternehmensform zu differenzieren (vgl. hierzu § 81 Rz. 28 ff.). Im **Insolvenzeröffnungsverfahren** haben Verbraucher[3], die Inhaber von Einzelunternehmen, die persönlich haftenden Gesellschafter von Personen(handels)gesellschaften und die Geschäftsführer oder Vorstandsmitglieder von Kapitalgesellschaften *Täterqualität*, da ihre Verfügungsbefugnis für das schuldnerische Vermögen in diesem Verfahrensstadium noch nicht beschränkt ist (vgl. aber Rz. 36).

30

Werden vom Insolvenzgericht bezüglich des Vermögens des Schuldners gem. § 21 InsO **Sicherungsmaßnahmen angeordnet** (unter § 106 KO: *Sequestration*), ein starker vorläufiger Insolvenzverwalter bestellt und ein allgemeines Verfügungsverbot für den Schuldner(vertreter) verhängt, so können Geschäftsführer und Vorstandsmitglieder von Kapitalgesellschaften (täterschaftlich) keine Insolvenzdelikte mehr begehen. An ihre Stelle tritt der *vorläufige Insolvenzverwalter* (früher: Sequester) als Zurechnungssubjekt nach § 14 Abs. 2 S. 2 Nr. 2 StGB. Das Gleiche gilt nach § 14 Abs. 1 Nr. 2 StGB für die vertretungsberechtigten Gesellschafter von Personen(handels)gesellschaften. Verbraucher und Inhaber von Einzelunternehmen bleiben demgegenüber auch nach der Bestellung eines Verwalters taugliche Täter von Insolvenzdelikten, da ihnen die Krise und objektive Bedingung nicht über § 14 StGB zugerechnet werden muss.

31

Im Insolvenzverfahren ist der (auch *vorläufige*[4] – § 22 Abs. 1 und 2 InsO) *Insolvenzverwalter tauglicher Täter* der Untreue[5]. Er ist sowohl dem Vermögen des

32

---

1 Zweifelnd im Hinblick auf § 15a InsO und dem damit verbundenen Verschleppungsstrafrecht *Bittmann/Grube*, GmbHR 2008, 867.
2 S. § 81 Rz. 65 ff., wobei teilweise – §§ 283 Abs. 1 Nr. 5–7 Buchst. b, 283b StGB – nur Kaufleute Täterqualität haben; vgl. auch *Tiedemann* in LK, Vor § 283 StGB Rz. 92.
3 Eingehend *Tiedemann* in LK, Vor § 283 StGB Rz. 59.
4 Dem (vorläufigen) Insolvenzverwalter obliegen grundsätzlich Treuepflichten nach § 266 StGB gegenüber Schuldnern und Gläubigern – noch für den Sequestor BGH v. 16.12.1960 – 4 StR 401/60, BGHSt 15, 342.
5 St. Rspr. zur Vermögensbetreuungspflicht, aus zivilrechtlicher Sicht zuletzt BGH v. 26.6.2014 – IX ZR 162/13; eingehend *Quedenfeld/Richter* in Bockemühl, Hdb. FA StrafR, Rz. 209 m.Nw.

Schuldners als auch demjenigen seiner Gläubiger treuepflichtig ist (§§ 80 Abs. 1, 159 ff. InsO)[1], wobei sich die strafrechtlichen Risiken unter der Geltung der InsO deutlich erhöht haben[2]. Beim *„starken" Insolvenzverwalter* ist die inhaltliche Ausrichtung seiner Pflichten grundsätzlich auf die Fortführung der Unternehmung gerichtet (§ 22 Abs. 1 S. 2 Nr. 1 InsO). Beim *„schwachen"* Insolvenzverwalter kommt es auf den Umfang der übertragenen Aufgaben an. Bei reiner Gutachtertätigkeit bleibt zunächst der Geschäftsführer dem Vermögen der Gesellschaft treuepflichtig[3]. Es kommt allerdings in jedem Fall Teilnahmestrafbarkeit in Betracht. Darüber hinaus hat der als Gutachter eingesetzte schwache Insolvenzverwalter aber auch – wie sonstige nicht entscheidungsbefugte Berater und Aufsichtspersonen – eine eigene Treuepflicht. Dies gilt – erst recht –, wo dem schwachen Insolvenzverwalter Zustimmungspflichten zugewiesen sind (§§ 22 Abs. 2 S. 1, S. 2 Nr. 2 Alt. 2 InsO). Vom Strafbarkeitsrisiko sind auch die Mitarbeiter der Insolvenzverwalter betroffen[4]. Zutreffend weist *Schramm*[5] auch auf die Möglichkeit der *faktischen Geschäftsführung* durch den (schwachen) Insolvenzverwalter hin.

33 Der Insolvenzverwalter[6] *verletzt* seine *Treuepflicht*, wenn er über einen Dritten, wie z.B. über eine von ihm beherrschte Treuhand- und Steuerberatungs-GmbH, der Masse **Gehälter** von angeblich oder tatsächlich in der Verwaltung laufend tätigen Angestellten berechnen lässt und diese bezahlt. Nach § 63 InsO und der *Vergütungsverordnung*[7] (InsVV) erhält der Verwalter Gebühren, die sich nach einem Prozentsatz der Teilungsmasse berechnen. Mit dieser Vergütung sind nach § 5 Abs. 1 InsVV die allgemeinen Geschäftskosten abgegolten. Dazu gehören nach dieser Bestimmung auch die Gehälter von Angestellten, die im Rahmen ihrer laufenden Arbeiten bei der Verwaltung beschäftigt werden. Diese Gehälter dürfen daher nicht, auch nicht anteilig, in Rechnung gestellt werden.

34 *Untreue* begeht ein Insolvenzverwalter auch, wenn er **Vorschüsse** auf seine Vergütung entgegen § 9 InsVV – ohne Antragstellung und damit Bewilligung des zuständigen Insolvenzgerichts – entnimmt oder bereits mit der Antragstellung seine Gebühren aus der Masse für sich anweist, ohne die Bewilligung des Gerichts abzuwarten.

35 Ebenso macht sich strafbar, wer sich als Insolvenzverwalter von Sicherungsgläubigern, insbesondere Banken, **Provisionen** für die **Verwertung von Siche-**

---

1 Unzutr. insofern *Schramm*, NStZ 2000, 398 (401), der auf § 14 Abs. 1 Nr. 3 StGB abstellen will. Einer Überleitung der Strafbarkeit nach § 14 StGB bedarf es nicht, weil die Pflichtenstellung in § 266 StGB selbst definiert ist.
2 Vgl. nur *Uhlenbruck*, GmbHR 1995, 81 (86 f.).
3 *Bittmann/Rudolf*, wistra 2000, 401, gehen darüber hinaus zutr. – und in Abweichung der Rechtslage vor Inkrafttreten der InsO 1999 (BGH v. 19.1.1993 – 1 StR 518/92, NJW 1993, 1278) – davon aus, dass der Geschäftsführer nach den Regelungen der InsO auch nach Bestellung eines schwachen und starken Insolvenzverwalters treuepflichtig bleibt.
4 BGH v. 23.3.2000 – 4 StR 19/00, wistra 2000, 264 (265).
5 *Schramm*, NStZ 2000, 398 (401).
6 Eingehend zu dessen strafrechtlicher Verantwortung *Wessing*, NZI 2003, 1 (5 ff.).
7 Vergütungsverordnung v. 19.8.1998, BGBl. I 2205.

rungsgut bezahlen lässt und diese Beträge der Masse vorenthält, gleichgültig, ob es sich um aus der Masse freigegebenes oder in ihr verbliebenes Sicherungsgut handelt. Der Verwalter, der die mit Aus- oder Absonderungsrechten belasteten Vermögenswerte aus der Masse nicht freigibt und deren Verwertung selbst in die Hand nimmt, kann hierfür beim Gericht eine *Erhöhung der Vergütung* beanspruchen. Er darf jedoch *keine zusätzliche Vergütung* von den Gläubigern annehmen, da die Vergütung des Insolvenzverwalters gem. § 64 InsO ausschließlich über das Gericht zu erfolgen hat. Private Honorarvereinbarungen gefährden die unabhängige Stellung des Verwalters, der bei der Durchführung des Verfahrens öffentliche Belange wahrzunehmen hat. Entsprechende privatrechtliche Vergütungsvereinbarungen sind wegen Verstoßes gegen § 64 InsO gem. § 134 BGB nichtig.

Führt der Insolvenzverwalter den Betrieb des Gemeinschuldners fort und vertritt er, etwa über einen Strohmann als Verwalter eines *Gläubigerpools*, **einseitig** die **Interessen dieser Gläubiger**, so kann ebenfalls Untreuestrafbarkeit gegeben sein. Dies ist insbesondere der Fall, wenn der Verwalter veranlasst, dass die *Kosten der Betriebsfortführung* zulasten der Masse und damit zum Nachteil der nicht zum Pool gehörenden Gläubiger gehen, während die eingehenden Erträge aus der Betriebsfortführung (z.B. Erlöse aus fertiggestellten Waren) den Poolmitgliedern zugutekommen. Ein Verwalter, der gleichzeitig faktischer Poolverwalter ist, hat ein Interesse, die Kosten für die Fortsetzung der Produktion über die Masse laufen zu lassen, ohne den Poolmitgliedern den entsprechenden Anteil zu berechnen, weil sich seine Poolverwaltergebühr nach den erzielten Nettoerlösen richtet. 36

Der **Gemeinschuldner** konnte sich im eröffneten Konkursverfahren der *falschen eidesstattlichen Versicherung* nach § 156 StGB strafbar machen, wenn er nach früherem Recht gegenüber dem Konkursgericht unvollständige oder unrichtige Erklärungen nach § 125 KO bezüglich des vom Konkursverwalter erstellten Inventars machte. Ähnlich strafbar sind nunmehr falsche eidesstattliche Erklärungen nach §§ 98, 153, 20 InsO im Insolvenzverfahren. 37

b) Die InsO beschränkt die Gestaltungsfreiheit für die Vereinbarungen zwischen Schuldner und Gläubigern nicht (vgl. § 75 Rz. 35 ff.). Strafrechtliche Risiken bestehen zum einen bei Kapitalgesellschaften und gleichgestellten Personenhandelsgesellschaften im Hinblick auf *Insolvenzverschleppung*, wenn ein etwaiger **außergerichtlicher Vergleich** nicht innerhalb der gesetzlichen Dreiwochenfrist mit krisenbeseitigender Folge zustande kommt (vgl. § 80 Rz. 40 ff.). Auch hier ist darauf hinzuweisen, dass Stundung nur die Zahlungsunfähigkeit, nicht auch die Überschuldung beseitigt (zum Erlass und Rangrücktritt u.a. vgl. Rz. 6, 8). 38

Außerdem kann der Schuldner bei täuschenden Angaben über die Vermögenslage seines Unternehmens einzelne Gläubiger betrügerisch schädigen, wenn diese dadurch veranlasst wurden, von noch erfolgversprechenden Einzelzwangsvollstreckungen abzusehen und sich stattdessen auf den für sie ungünstigeren Vergleichsvorschlag einzulassen (**Vergleichsbetrug**). Ein spezielles Problem bietet in solchen *Stundungsfällen* allerdings die Feststellung des Betrugsschadens. Er ist nicht gegeben, wenn der Schuldner bereits zum Zeitpunkt der Stundung vermögenslos und daher ohnehin nicht mehr pfändbar war (Rz. 8). 39

40 Schließlich sind **Bankrottstraftaten nach §§ 283 ff. StGB** möglich, solange der Vergleichsabschluss die Krise nicht beseitigt hat. Die objektive Bedingung der *Zahlungseinstellung* liegt regelmäßig vor, wenn der Schuldner im Rahmen der Vergleichsverhandlungen um ein allgemeines Moratorium nachgesucht hat. Die Bankrotthandlung kann der objektiven Strafbarkeitsbedingung nachfolgen (§ 81 Rz. 65 ff.).

41 c) Bei einer **Liquidation**, deren Einzelheiten in § 75 Rz. 30 ff. beschrieben sind, und die ebenfalls nach der InsO möglich bleibt, kommt es selten zu krisenbeendigenden Vereinbarungen mit den Gläubigern, weshalb bei Kapitalgesellschaften und gleichgestellten Personenhandelsgesellschaften meist wegen alsbald eintretender Insolvenzreife der Straftatbestand der *Insolvenzverschleppung* erfüllt ist.

42 Daneben sind **Insolvenzdelikte nach §§ 283 ff. StGB** möglich. Bezüglich der objektiven Bedingung der Strafbarkeit kann auf die Ausführungen zum außergerichtlichen Vergleich Bezug genommen werden (Rz. 38). Taugliche Täter bei der offenen Liquidation sind die *Liquidatoren*.

43 Da die „**stille Liquidation**" meist durch Passivität der Gläubiger ermöglicht wird, konnten nach *früherem Recht* Zweifel am Vorliegen einer Zahlungsunfähigkeit bestehen, da sie die ernsthafte und nachdrückliche Rechtsverfolgung seitens der Gläubiger voraussetzte. Hieran konnte es in der Tat fehlen, wenn Gläubiger durch ihr Verhalten, auch bereits vor der Liquidation, zu erkennen gegeben hatten, dass sie an der Rechtsverfolgung nicht (mehr) interessiert waren. Beruhte die Passivität jedoch, wie zumeist, auf der von ihnen vermuteten Erfolglosigkeit weiterer Eintreibungsbemühungen, so führte dies nicht zur Beseitigung der Zahlungsunfähigkeit des Schuldners. Nach der *InsO* ist es zur Zahlungsunfähigkeit ohnehin nicht mehr erforderlich, dass die Gläubiger ihre Forderungen ernsthaft einfordern, sodass dieses Problem entfallen ist. Lediglich wirkliche Stundungen können die Zahlungsunfähigkeit wieder beseitigen (vgl. § 78 Rz. 22 ff.). Zum hier ebenfalls möglichen *Stundungsbetrug* mit seiner speziellen Schadensproblematik vgl. Rz. 8, 39.

3. Unternehmensbestatter

44 Seit mehr als 20 Jahren hat sich eine kriminelle Praxis entwickelt und verfeinert, insolvente Unternehmen, insbesondere kleine GmbHs, für deren Gesellschafter so zu „entsorgen", dass die Gläubiger das Nachsehen haben und die Strafverfolgungsbehörden nur mit größtem Aufwand Ermittlungserfolge erzielen können (auch: „professionelle" oder „gewerbsmäßige" *Unternehmensbeerdiger* oder -aufkäufer)[1]. Hiervon sind allerdings „strategische Insolvenzen" (vgl. § 76 Rz. 8) zu unterscheiden, die im Rahmen freiwillig eingeleiteter Insolvenzverfahren zulässige Ziele verfolgen, auch wenn diese durchaus erhebliches Missbrauchspotenzial bergen[2]. Die Initiatoren der „Beerdigung" bieten ihre Dienste immer noch öffentlich in Zeitungsinseraten usw. an („Kaufe GmbH

---

1 Zu den unzureichenden Regelungen des MoMiG bereits *Bittmann*, NStZ 2009, 113 (119).
2 Eingehend hierzu *Eidenmüller*, ZIP 2014, 1197 (1202 ff.).

mit Schulden"). Sie **kaufen die Gesellschaftsanteile** des schuldnerischen Unternehmens zu einem symbolischen Preis auf, bestellen einen neuen Gefälligkeitsgeschäftsführer, der danach – oft wiederholt – ausgewechselt wird, verlegen den Gesellschaftssitz – oft mehrfach – in weit entfernte Registerbezirke bzw. in das europäische Ausland, ändern die Firmenbezeichnung und beseitigen die Geschäftsunterlagen. Diese Aktivitäten zur Verwirrung und Entmutigung der Gläubiger hat der Verkäufer pauschal in bar oder auf andere Weise zu bezahlen[1].

Hinsichtlich der dabei verletzten Straftatbestände ist zwischen dem Alt- und dem Neugeschäftsführer (sowie seinen Hintermännern) zu unterscheiden, wobei schon im Vorfeld die Bestimmung des örtlich zuständigen Insolvenzgerichts, der regelmäßig die Zuständigkeit der Staatsanwaltschaft folgt, problematisch ist[2]. Der **Altgeschäftsführer** hat sich wegen *Insolvenzverschleppung* (vgl. oben § 80) zu verantworten, wenn er die Antragsfrist bis zum Verkauf verstreichen ließ. Aber auch vorher ist seine Strafbarkeit gegeben, wenn er nach Fristbeginn Sanierungsbemühungen unterlassen, gleichwohl nicht sofort Insolvenzantrag gestellt, sondern erst nach weiterer Fristverstreichung seine Geschäftsführertätigkeit aufgegeben hatte. Tatbestandsmäßig ist nämlich nicht erst das Verstreichenlassen der Höchstfrist, sondern schon die nicht unverzügliche Antragstellung[3].

Buchführungs- und Bilanzdelikte (vgl. oben § 85) sowie **Nichtabführung von Sozialversicherungsbeiträgen** (vgl. oben § 38) werden beim Altgeschäftsführer zudem oft schon in der Zeit vor Abgabe des Unternehmens gegeben sein.

Strafbarkeit wegen **Bankrott durch Masseschmälerung** (hierzu §§ 81 Rz. 10, 83) und *Untreue* (§ 32 Rz. 207) scheitert meist daran, dass der Wert des etwa vor Beerdigung übertragenen Vermögens („gesamtes Anlage- und Umlaufvermögen"), insbesondere auch hinsichtlich immaterieller Vermögenswerte („Kundenbeziehungen", „Lieferantenkartei" oder allgemein „Know-how"), angesichts der Verlustsituation der veräußernden Gesellschaft kaum im erforderlichen Umfang quantifizierbar ist, was auch für die vereinbarte Gegenleistung häufig zutrifft[4].

---

1 Vgl. die Einzelheiten solcher Gestaltungen bei *Gerloff* in Bittmann, InsolvenzstrafR, § 29; *Leonhard/Hilger*, jurisPR-HaGesR 8/2013 Anm. 2; *D. Schubert*, NJW 2013, 1892; aus haftungsrechtlicher Sicht beschreibt das Phänomen eingehend *Kleindiek*, ZGR 2007, 276 (277 f.); *Hirte*, ZInsO 2003, 833.
2 Gem. § 3 Abs. 1 S. 1 InsO ist der satzungsmäße Sitz, gem. S. 2 „der Mittelpunkt" der „selbständigen wirtschaftlichen Tätigkeit" des Schuldners, maßgebend. Solche Tätigkeiten liegen bei Unternehmensbestattungen regelmäßig nicht mehr vor – vgl. OLG Stuttgart v. 8.1.2009 – 8 AR 32/08, ZInsO 2009, 350 ff. Danach ist der Sitz vor der Beerdigung maßgebend, den regelmäßig auch die Staatsanwälte für ihre Zuständigkeit wählen, weil der Ermittlungsschwerpunkt beim Verkäufer liegt – vgl. auch oben § 80 Rz. 44.
3 BGH v. 14.12.1951 – 2 StR 368/51, BGHSt 2, 53 (54).
4 Lehrreich BGH v. 30.5.2013 – 5 StR 309/12 Rz. 7 ff. und 13; vgl. auch LG Potsdam v. 17.9.2004 – 25 Qs 11/04, wistra 2005, 195.

46 In einer ersten Entscheidung – noch vor dem Wegfall der Interessentheorie (eingehend § 81 Rz. 53 ff.) – vom 24.3.2009 hat der 5. Strafsenat des BGH[1] die **Bedeutung des Bankrottstrafrechts** gerade für dieses Kriminalitätsfeld zutreffend betont. Manches bleibt freilich unklar: § 283 Abs. 1 Nr. 8 Alt. 2 StGB (§ 83 Rz. 73 ff.) erfasse auch Rechtsgeschäfte deren Rechtsfolgen von den Beteiligten gewollt sind. So könne die Übertragung der Gesellschaftsanteile und die Geschäftsführerabberufung bei „beabsichtigter Gläubigerbenachteiligung" und Verletzung der Insolvenzantragspflicht zivilrechtlich unwirksam[2] sein. Die tatbestandsmäßige Verschleierung bestünde dann im Hinblick auf die in Wahrheit fortbestehende Geschäftsführerstellung des Verkäufers und unterzieht so den Vorgang der Beerdigung einer *Gesamtbetrachtung*[3].

47 In seiner vielbesprochenen Entscheidung vom 15.11.2012 hat der 3. Strafsenat des BGH[4] die Übergabe der Geschäftsunterlagen an den Beerdiger (oder seinen Strohmann) *vor Anteilsübertragung* nach dem (gemeinsamen) „Geschäftsmodell der Vernichtung/des Versteckens" als Grundlage der Strafbarkeit (auch) des (faktischen Alt-)Geschäftsführers wegen **Bankrotts durch Beiseiteschaffen der Geschäftsunterlagen** gem. § 283 Abs. 1 Nr. 6 StGB (§ 85 Rz. 55 ff.) gesehen. Ob eine „Gesamtbetrachtung" der Verschleierung in den zeitlich gestuften Verantwortlichkeiten der Beerdigung zu bejahen ist, hat der 3. Strafsenat nicht entschieden, da beim Angeklagten im konkreten Fall in allen Stufen faktische Geschäftsführung vorlag[5]. Die *Übertragung eines Unternehmens* auf einen *ungeeigneten und unwilligen Strohmann* stelle allerdings eine relevante **Verschleierung** dar[6], die „Veräußerung" für sich genommen erfülle aber das Tatbestandsmerkmal nicht, dieses sei *erst mit den weiteren Handlungen* der nachfolgenden Strohmänner erfüllt[7]. Die **Strafbarkeit** des verantwortlichen **„Verkäufers"** (Altgeschäftsführers) ist damit nur dann zu bejahen, wenn dieser auch nach Verkauf verantwortlich bleibt[8].

48 Die Probleme bleiben für die Masse der Bestatter-Fälle, in denen der Verkäufer die Gesellschaft zur Bestattung tatsächlich weitergibt und lediglich das Ziel verfolgt, sich zivil- und strafrechtlicher Haftung zu entledigen. Zutreffend

---

1 BGH v. 24.3.2009 – 5 StR 353/08, wistra 2009, 273 m. Bespr. *Kümmel*, wistra 2012, 165, *Floeth*, EWiR 2010, 265 und *Brand/Reschke*, ZIP 2010, 2134.
2 Unter Verweis auf BGH v. 30.7.2003 – 5 StR 221/03, wobei der Senat lediglich die Auffassung des Landgerichts referiert und es ausdrücklich dahinstehen lässt, ob diese zutrifft (Rz. 23 f.), BGHSt 48, 307, insofern allerdings nicht abgedruckt.
3 Zust. der im Fall zuständige Staatsanwalt *Kümmel*, wistra 2012, 165; *Floeth*, EWiR 2010, 265; abl. dagegen *Brand/Reschke*, ZIP 2010, 2134.
4 BGH v. 15.11.2012 – 3 StR 199/12, NStZ 2013, 284 f. = ZWH 2013, 318 m. Anm. *Bittmann* = wistra 2013, 192 m. Anm. *D. Schubert*, 429 = NZI 2013, 365 m. Anm. *Köllner*, 368 = ZInsO 2013, 555 m. Anm. *Weyand*, 1316, *Weyand*, ZInsO 2013, 1064.
5 Allerdings mit sehr ausf. Hinweisen auf die „in der Literatur und insbes. in der instanzgerichtlichen Rechtsprechung im Vordringen befindlichen Auffassung" (UA Rz. 21).
6 UA Rz. 19.
7 UA Rz. 19.
8 Zustimmend *D. Schubert*, wistra 2013, 429.

weist *Dagmar Schubert* darauf hin, dass schon **allein die Bestattungsvorbereitung** eine hinreichende Verschleierung der geschäftlichen Verhältnisse darstelle[1]. Den jeweils neu eingesetzten Geschäftsführern allerdings seien die Tatbeiträge der anderen als Mittäter gem. § 25 Abs. 2 StGB zuzurechnen[2] – was schwerlich ohne „Gesamtbetrachtung" möglich ist. Die Probleme der Verantwortlichkeit der Neugeschäftsführer – die sich regelmäßig nicht unternehmerisch betätigen und deshalb kaum als faktische Geschäftsführer (§ 81 Rz. 46 ff.) angesehen werden können – reduzieren sich jedenfalls im Hinblick auf die Insolvenzantragsverschleppung, wenn man mit dem OLG Karlsruhe[3] die Nichtigkeit der Rechtsakte im Zusammenhang mit Firmenbestattungen verneint[4].

Neugeschäftsführer – formal wirksam bestellt oder als **faktische Geschäftsführer** im Einverständnis der (neuen) Gesellschafter nach außen als für die Geschicke der Gesellschaft zuständig auftretend – haben diese strafrechtliche Verantwortlichkeit nach § 14 Abs. 1 Nr. 1 StGB[5]. Stellen sie nicht unverzüglich Insolvenzantrag, wie meist, machen sie sich wegen *Insolvenzverschleppung* (§ 80 Rz. 41) strafbar. Ihre Strafbarkeit wegen *Buchführungs- und Bilanzdelikten* nach § 283 Abs. 1 Nr. 5 und 7 StGB scheitert zwar nicht an der Unmöglichkeit der Pflichterfüllung wegen fehlender Mittel zur Bezahlung der Arbeiten (§ 85 Rz. 28 ff.), wohl aber daran, dass keine zu dokumentierenden Geschäftsvorfälle anfallen (§ 85 Rz. 12). Ein strafbares *Beiseiteschaffen* geschützter Unterlagen nach § 283 Abs. 1 Nr. 6 StGB ist meistens gegeben und dann regelmäßig sogar als besonders schwerer Fall nach § 283a StGB[6] strafbar – aber selten zu beweisen, weil nicht hinreichend sicher festzustellen ist, ob der Verkäufer die Geschäftsunterlagen übergeben hat.

49

Als *weitere* beim **Alt- oder Neugeschäftsführer** in Betracht kommende *Straftaten* sind Hehlerei nach § 259 StGB, Urkundenfälschung nach § 267 StGB, Urkundenunterdrückung nach § 274 StGB, Begünstigung und Strafvereitelung nach §§ 257, 258 StGB und Betrug nach § 263 StGB zu nennen[7].

50

Die Tatbeteiligung der **Hintermänner** als Initiatoren ist dadurch gekennzeichnet, dass sie darauf bedacht sind, im Hintergrund zu bleiben, um der Strafverfolgung zu entgehen. Eine Strafbarkeit als faktische Geschäftsführer lässt sich daher im Regelfall nicht begründen. Unproblematisch ist aber zumindest der Vorwurf der *Anstiftung* zu den Taten des Neugeschäftsführers. Dass allerdings die Betreiber von „Bestattungsunternehmen" bei „professioneller Firmenbestattung" regelmäßig – wie der 5. Strafsenat annimmt[8] – auf entschlossene und bösgläubige Verkäufer stoßen, kann die Praxis nicht bestätigen. Häufig

51

---

1 *D. Schubert*, wistra 2013, 430.
2 UA Rz. 24.
3 OLG Karlsruhe v. 19.4.2013 – 2 (7) Ss 89/12, 2 (7) Ss 89/12 – AK 63/12, ZInsO 2013, 1313 m. Anm. *Weyand*, 2013,1316, *Leonhard/Hilger*, jurisPR-HaGesR 8/2013.
4 Dagegen *Weyand*, ZInsO 2013, 1316.
5 *Ogiermann*, wistra 2000, 251.
6 *Hey/Regel*, GmbHR 2000, 123.
7 Vgl. hierzu im Einzelnen *Gerloff* in Bittmann, InsolvenzstrafR, § 29 Rz. 45 ff.
8 BGH v. 30.5.2013 – 5 StR 309/12, Rz. 21.

sind es Werbemaßnahmen der Bestatter, die Gesellschafter/Geschäftsführer defizitärer Unternehmen erst veranlassen, sich zu informieren und dann zu „bestatten".

52 Zielsetzung des **MoMiG** war[1] – unter dem Gesichtspunkt der „Missbrauchsbekämpfung" – insbesondere die Eindämmung dieses Kriminalitätsfeldes mit dem zunehmenden Einsatz der „Scheinauslandsgesellschaften" der englischen Ltd. u.a.[2]. Auch nach Aufgabe der Interessentheorie kann allerdings derzeit ein Erfolg der eingeführten Regelungen – Antragspflicht der Gesellschafter bei Führungslosigkeit[3], Zustellungserleichterung und zivilrechtliche Haftungsfolgen für Gesellschafter[4] – angesichts der ungeklärten Reichweite des Bankrottstrafrechts, der Möglichkeit der Verlagerung der Gesellschaft in das Ausland (durch Streichung von § 4a Abs. 2 GmbHG), der Rückzahlungsmöglichkeiten von Gesellschafterleistungen und der erleichterten Gründung von vermögenslosen (Nachfolge-)Gesellschaften – in der wirtschaftskriminalistischen Praxis nicht konstatiert werden.

§ 88
Zwangsvollstreckung

Bearbeiter: Hans Richter

	Rz.		Rz.
I. Einzelzwangsvollstreckung		c) Pfandkehr	22
1. Verhältnis zum Insolvenzverfahren	1	II. Falsche Versicherung an Eides Statt	24
2. Vereiteln der Vollstreckung	5	1. Im Zwangsvollstreckungsverfahren	26
3. Andere Beeinträchtigungen der Zwangsvollstreckung		2. Im Insolvenzverfahren	29
a) Verstrickungsbruch	15	3. Gemeinsame Regelungen	33
b) Siegelbruch	18		

Schrifttum: S. oben § 75, § 80, ferner: *Leibinger*, Zur Strafbarkeit der falschen Versicherung an Eides Statt, in FS Rebmann, 1989, S. 259; *Wachter*, Der Gerichtsvollzieher im Spiegel der Strafrechtsprechung, DGVZ 2012, 37 ff.

---

1 Begründung RefE S. 63, optimistisch hierzu *Mackenroth*, NJ 2009, 1; zutr. krit. *Bittmann*, GmbHR 2007, 70; weitergehend die Vorschläge von *Haas*, GmbHR 2006, 729.
2 *Richter* in FS Tiedemann, 2008, S. 1023 (1032); *Weller*, ZIP 2009, 2029.
3 *Tiedemann*, GmbH-StrafR, Vor §§ 82 ff. GmbHG Rz. 35.
4 Vgl. hierzu den Überblick bei *Oppenhoff*, BB 2008, 1630 (1633).

I. Einzelzwangsvollstreckung

1. Verhältnis zum Insolvenzverfahren

Gläubigerschädigende Handlungen eines Schuldners sind nicht erst im Zusammenhang mit einem Insolvenzverfahren unter Strafe gestellt. Der *strafrechtliche Gläubigerschutz* beginnt bereits mit dem **Bevorstehen einer Einzelzwangsvollstreckung** und begleitet diese bis zu ihrem Abschluss. Der Schuldner hat bereits während dieser Zeit *Vermögensverschiebungen* ähnlich denen des Bankrotts nach § 283 Abs. 1 Nr. 1 StGB (näher oben § 83) zu unterlassen (Rz. 5 ff.). Flankierend sind Verletzungen des *öffentlich-rechtlichen Herrschaftsverhältnisses* über eine für den Gläubiger gepfändete Sache sanktioniert (Rz. 15 ff.). Dementsprechend ist gem. § 30 Abs. 4 Nr. 5 AO bei Vereitelung der Vollstreckung (§ 288 StGB), Verstrickungs- (§ 136 Abs. 1 StGB) und Siegelbruch (§ 136 Abs. 2 StGB) das Steuergeheimnis ebenso wie bei Bankrott- und Insolvenzverschleppung durchbrochen[1]. Das Verheimlichen i.S. des § 283 Abs. 1 Nr. 1 StGB findet sich ebenfalls als Tathandlung im Vorfeld einer Insolvenz, denn auf Verlangen des Gläubigers ist der Schuldner zu richtigen und vollständigen *Erklärungen an Eides Statt* über seinen *Vermögensstand* verpflichtet (Rz. 24 ff.). 1

Zwangsvollstreckungsmaßnahmen sind bis zum **Beginn eines Insolvenzverfahrens** möglich. Bereits ab Stellung des Insolvenzantrags bzw. Eintritt der Zahlungseinstellung sind Zwangsvollstreckungsmaßnahmen eines Gläubigers in die Masse allerdings schon *anfechtbar* (vgl. §§ 129 ff. InsO). Mit Eröffnung des Insolvenzverfahrens tritt eine gesetzliche *Einzelzwangsvollstreckungssperre* bezüglich der Masse in Kraft (§ 89 InsO). 2

Allerdings können auch schon **im Vorfeld** eines Insolvenzverfahrens Einzelzwangsvollstreckungen **unwirksam** sein. Dies ist nach § 88 InsO dann der Fall, wenn ein Gläubiger Sicherungen oder Befriedigungen später als am 30. Tag *vor* der Stellung des Eröffnungsantrags erlangt hat. Auch können während des Eröffnungsverfahrens laufende Zwangsvollstreckungen in Rechte und Mobilien, auch aus der Zeit vor der Antragstellung, auf Antrag des vorläufigen Insolvenzverwalters bis zur Entscheidung über den Eröffnungsantrag, maximal bis zu sechs Wochen, einstweilen vom Insolvenzgericht *eingestellt* werden (§ 21 Abs. 2 Nr. 3 InsO). 3

Nach **Aufhebung des Insolvenzverfahrens** können die Gläubiger die Einzelzwangsvollstreckung wegen ihres nicht quotenmäßig befriedigten Forderungsteils wieder betreiben, wobei die Forderungstabelle als Vollstreckungstitel dienen kann (§ 201 InsO). Dies gilt jedoch nicht für die Fälle der *Restschuldbefreiung* (§§ 286 ff. InsO) sowie für die Aufhebung des Insolvenzverfahrens nach Bestätigung des Insolvenzplans (§§ 258 ff. InsO). Auch nach *Ablehnung eines Insolvenzeröffnungsantrags oder nach Verfahrenseinstellung* (§§ 26, 213 InsO) ist eine ungehinderte Einzelzwangsvollstreckung wieder möglich. 4

---

1 Vgl. AEAO 2014 i.d.F. v. 31.1.2014; in diesen Fällen ist mit Strafanzeigen der Steuerbehörde zu rechnen.

2. Vereiteln der Vollstreckung

5 Der Straftatbestand des *„Vereitelns der Zwangsvollstreckung"* (§ 288 StGB) gehört als strafbarer Eigennutz im 25. Abschnitt des Besonderen Teils des StGB nicht mehr zu den Insolvenzstraftaten, aber doch zu den Regeln des Vermögensschutzes für die Gläubiger. Geschütztes **Rechtsgut** ist das begründete und vollstreckungsfähige Recht eines *einzelnen Gläubigers* auf Befriedigung aus dem Vermögen des Schuldners[1]. Seine Zielrichtung ähnelt daher der des Bankrotts nach § 283 Abs. 1 Nr. 1 StGB, der allerdings die Vermögensinteressen der Gesamtheit der Gläubiger sowie auch überindividuelle Rechtsgüter schützen will (§ 79 Rz. 1 ff.).

6 Das Vereiteln der Vollstreckung hatte schon nach *altem Recht* vor Inkrafttreten der InsO die Gläubigerschutzaufgabe vor allem gegenüber **nicht-unternehmerischen Schuldnern**, da über deren Vermögen nur selten Konkursverfahren beantragt wurden. Hinzu kamen ihre engeren Tatbestandsvoraussetzungen und die Strafantragspflicht nach Abs. 2, weshalb Strafverfahren wegen Verletzung des § 288 StGB in der Praxis selten waren. Nach Einführung des **Verbraucherinsolvenzverfahrens** (§§ 286 ff. InsO; § 76 Rz. 45 ff.) hat sich die Strafbarkeit gläubigerschädigender Schuldnerhandlungen noch mehr auf das Insolvenzstrafrecht nach §§ 283 ff. StGB verlagert und dort die Zahl der Strafverfahren vergrößert. Für die Anwendung des § 288 StGB ist danach noch weniger Raum geblieben.

7 a) Die **Tathandlungen** bestehen im Veräußern oder Beiseiteschaffen von pfändbaren Sachen oder Rechten einschließlich Grundstücken, des Besitzes fremder Sachen sowie von bedingten, betagten oder künftigen Forderungen. Der Umfang des geschützten Vermögens und die Handlungsbeschreibungen decken sich mit denjenigen bei den *Vermögensverschiebungen nach § 283 Abs. 1 Nr. 1 StGB*, weshalb auf § 83 Rz. 17 ff. Bezug genommen wird. Typische Tathandlung ist demnach auch bei der Einzelzwangsvollstreckung die Umleitung von Geldeingängen über ein Drittkonto[2] oder schlichtes Verstecken von Vermögenswerten[3]. Auch die Rückdatierung einer Sicherungsübereignung kann tatbestandsmäßig sein[4]. Allerdings sind das Zerstören, Beschädigen und Unbrauchbarmachen von Vermögensteilen sowie das Ableugnen ihres Besitzes nicht als Vereiteln der Vollstreckung mit Strafe bedroht[5].

8 Auch beim Vereiteln der Vollstreckung sind, wie bei der Gläubigerbegünstigung nach § 283c StGB, die **kongruente** *Sicherung oder Befriedigung* eines an-

---

1 BGH v. 3.11.1961 – 4 StR 387/61, BGHSt 16, 334.
2 OLG Celle v. 28.10.2011 – 13 W 98/11 m. Anm. *Martini*, jurisPR-InsR 16/2012; wobei regelmäßig Teilnahmestrafbarkeit beim Kontoinhaber gegeben ist.
3 BGH v. 21.9.2011 – 4 StR 172/11, wistra 2012, 69; beiseite geschafftes Vermögen stellt beim Täter regelmäßig einen „unmittelbar aus der Tat erwachsenen Vermögensvorteil" dar, weshalb dieser gem. § 111i Abs. 2 StPO beschlagnahmt werden kann.
4 BGH v. 20.3.2000 – 2 ARs 489/99 und 2 AR 217/99, wistra 2000, 313; weitere Beispiele in *Fischer*, § 288 BGH Rz. 10.
5 A.A. zum Zerstören, Beschädigen und den Wert mindernden Gebrauch *Heine/Hecker* in S/S, § 288 StGB Rz. 14.

deren Gläubigers *straflos*[1]. Wie beim Bankrott ist die Tat auch erst mit dem Erfüllungs- und nicht schon dem schuldrechtlichen Grundgeschäft vollendet, wobei der Versuch des Vereitelns der Vollstreckung allerdings nicht strafbar ist.

Der Zufluss eines angemessenen **Gegenwerts** im Rahmen eines Austauschgeschäfts beseitigt grundsätzlich die Strafbarkeit, da dem Gläubiger entsprechende Haftungsmasse zur Verfügung steht. War die veräußerte Sache jedoch bereits für den Gläubiger gepfändet, so ist das Vereiteln der Zwangsvollstreckung gegeben, möglicherweise neben dem Tatbestand des Verstrickungsbruchs (Rz. 15 ff.). 9

In zeitlicher Hinsicht ist, ähnlich der Krise im Insolvenzstrafrecht, das **Drohen der Zwangsvollstreckung** weitere Tatbestandsvoraussetzung. Es muss nach den konkreten tatsächlichen Umständen anzunehmen sein, dass ein Gläubiger den Willen hat, seinen Anspruch demnächst zwangsweise durchzusetzen[2]. Er muss noch keinen Vollstreckungstitel besitzen oder schon gerichtliche Schritte unternommen haben; andererseits darf sich seine Maßnahme aber auch nicht nur als nicht ernst gemeinte Drohung darstellen. Ein *Wechselprotest* oder eine *Arrestvollziehung* lassen z.B. in aller Regel auf das Drohen der Zwangsvollstreckung schließen. Beendet ist der Zustand der Drohung erst mit der Befriedigung des Gläubigers oder mit seiner verbindlichen Erklärung, jedenfalls von einer Zwangsvollstreckung absehen zu wollen. 10

Der Begriff der Zwangsvollstreckung umfasst die zwangsweise Verwirklichung von **privat- oder öffentlichrechtlichen Ansprüchen** auf Zahlung, Herausgabe oder Duldung durch Gerichtsvollzieher, Gericht oder Verwaltungsbehörde. Lediglich die Vollstreckung von Ansprüchen *nichtvermögensrechtlicher Art* sowie von *Geldstrafen, Einziehung* sowie *Vollstreckungsmaßnahmen* gem. § 111b StPO, soweit sie zur Sicherung von *Verfall*[3] oder gem. § 111b Abs. 5 StPO zur *Rückgewinnhilfe* dienen, sind ausgenommen[4]. Dieser weiten Tatbestandsfassung steht die Voraussetzung gegenüber, dass dem zugrunde liegenden Anspruch *rechtlicher Bestand* und *Durchsetzbarkeit* zukommen muss, was vom Strafrichter selbständig zu prüfen ist. Das Bestehen eines begründeten Anspruchs ist Tatbestandsmerkmal[5]. *Einwendungen oder Einreden*, etwa der Irrtumsanfechtung oder Verjährung, lassen die Durchsetzbarkeit entfallen. Andererseits sind aber auch *aufschiebend bedingte Ansprüche* geschützt, was für den prozessualen Kostenerstattungsanspruch gegen den Prozessgegner im Zivilprozess von praktischer Bedeutung ist, der mit Rechtshängigkeit entsteht und durch die Kostenverurteilung aufschiebend bedingt ist. Nicht geschützt ist hingegen die Vollstreckung aus einem vorläufig vollstreckbaren Urteil, welches später aufgehoben wird. 11

---

1 RGSt. 71, 231; *Fischer*, § 288 StGB Rz. 9; *Kudlich* in S/S/W, § 288 StGB Rz. 9 m.w.Nw.
2 BGH bei *Holtz*, MDR 1977, 638.
3 BVerfG v. 12.11.2002 – 2 BvR 1513/02, NJW 2003, 1727.
4 Informativ zur Rückgewinnhilfe im Zusammenhang mit einer Insolvenz vgl. *Bittmann*, ZWH 2014, 135.
5 *Fischer*, § 288 StGB Rz. 2; *Schünemann* in LK, § 288 StGB Rz. 11 ff.

12 Da nur der Vollstreckungsschuldner Täter sein kann, ist das Vereiteln der Vollstreckung ein **Sonderdelikt,** weshalb die Regeln *der strafrechtlichen Zurechnung nach § 14 StGB* zur Anwendung kommen (vgl. § 81 Rz. 28 ff.). Dies ist für vertretungsberechtigte Organe, Gesellschafter und sonstige Vertreter von Kapital- und Personen(handels)gesellschaften, denen die Zwangsvollstreckung droht, von Bedeutung. Handelt ein Außenstehender im Einverständnis des Schuldners, so ist er auch bei eigener Vereitelungsabsicht (vgl. Rz. 13) nur Gehilfe; der Schuldner ist als Täter zu bestrafen[1].

13 b) Auf der subjektiven Seite ist bezüglich aller Tatbestandsmerkmale **Vorsatz** erforderlich, wobei bedingter Vorsatz ausreichend ist. Glaubt der Schuldner irrig, zu seiner Handlung rechtlich verpflichtet zu sein, so ist das ein Tatbestandsirrtum[2].

Nur hinsichtlich des Vereitelns der Befriedigung des Gläubigers muss **Absicht** in dem Sinne vorliegen, dass der Täter die Benachteiligung des Gläubigers zumindest als *sichere Nebenfolge seines Handelns* voraussieht[3], wobei eine zeitweilige Befriedigungsvereitelung genügt. Solange genügend anderes Vermögen vorhanden ist, welches dem Gläubiger zur Befriedigung dienen kann, fehlt es dem Schuldner bei der Veräußerung oder dem Beiseiteschaffen einzelner Vermögensgegenstände an dieser Vereitelungsabsicht, es sei denn, der Gläubiger hätte gerade an ihnen ein Pfand- oder sonstiges Recht[4].

14 c) *Prozessvoraussetzung* ist nach § 288 Abs. 2 StGB ein rechtzeitig gestellter **Strafantrag** des Gläubigers, von dem die Zwangsvollstreckung drohte und dessen Befriedigung vereitelt werden sollte oder wurde. Trotz des Strafantragserfordernisses gehört das Vereiteln der Vollstreckung **nicht zu den Privatklagedelikten** (§ 374 StPO), weshalb die Staatsanwaltschaft nicht mangels öffentlichen Interesses an der Strafverfolgung davon absehen darf, das Ermittlungsverfahren nach Eingang eines Strafantrags einzuleiten und durchzuführen. Dem Gläubiger als Verletztem steht vielmehr das *Klageerzwingungsverfahren* nach §§ 172 ff. StPO zur Verfügung. Wenn gleichwohl die Verurteilungshäufigkeit der Vollstreckungsvereitelung gering ist, so dürfte dies an der geringen Kenntnis des Straftatbestands auf Gläubigerseite liegen (vgl. Rz. 6). Das Vereiteln der Vollstreckung ist mit Freiheitsstrafe bis zu zwei Jahren oder mit Geldstrafe bedroht.

3. Andere Beeinträchtigungen der Zwangsvollstreckung

a) Verstrickungsbruch

15 Der Tatbestand des Verstrickungsbruchs nach **§ 136 Abs. 1** StGB ist im 7. Abschnitt des Besonderen Teils des StGB als **Straftat gegen die öffentliche Ordnung** angesiedelt und gehört daher nicht zu den Vermögens- oder Gläubiger-

---

1 Str., vgl. *Fischer,* § 288 StGB Rz. 5 m.w.Nw.
2 BGH v. 7.5.1991 – VI ZR 259/60, BGHZ 114, 305 (313); *Fischer,* § 288 StGB Rz. 11 m.w.Nw.
3 H.M., *Fischer,* § 288 StGB Rz. 12 m.w.Nw.
4 *Schünemann* in LK, § 288 StGB Rz. 38.

schutzvorschriften. Er erfasst das Beiseiteschaffen usw. gepfändeter oder sonst beschlagnahmter Sachen und deckt sich in der äußeren *Tathandlung* mit dem Bankrott nach § 283 Abs. 1 Nr. 1 StGB (§ 83 Rz. 17 ff.). Im Gegensatz zum Vereiteln der Vollstreckung (Rz. 5 ff.), die nur durch Beiseiteschaffen oder Verheimlichen begangen werden kann, ist der Verstrickungsbruch auch bei einem Zerstören, Beschädigen oder Unbrauchbarmachen der gepfändeten usw. Sache gegeben. Die Tathandlungen müssen zur Folge haben, dass die verstrickte Sache ganz oder teilweise, dauernd oder vorübergehend der *Verfügungsgewalt der Behörde* entzogen wird. Allerdings ist die Tathandlung des Verheimlichens nicht schon mit dem bloßen Ableugnen des Besitzes an der Pfandsache gegeben[1]; auch ein bloß schuldrechtlicher Verkauf reicht nicht aus[2].

Tatobjekte sind nur bewegliche oder unbewegliche *Sachen*, nicht dagegen Forderungen oder sonstige Rechte[3]. Die geschützten Sachen müssen aus öffentlich- oder privatrechtlichen Gründen *gepfändet* oder sonst behördlich *beschlagnahmt* worden sein. Eine gleichzeitige Inbesitznahme der Sache durch den Vollstreckungsbeamten ist nicht erforderlich; es genügt die Begründung eines öffentlich-rechtlichen Gewaltverhältnisses an der Sache, etwa durch Zustellung eines gerichtlichen Beschlagnahmebeschlusses zum Zweck der Zwangsversteigerung eines Grundstücks, durch Insolvenzverfahrenseröffnung bezüglich der Masse oder durch Anbringung des Pfandsiegels (Rz. 18). 16

Rechtsgut der Strafnorm ist die *Funktionsfähigkeit* der (rechtmäßigen) *staatlichen Vollstreckungshandlungen oder Sicherungsmaßnahmen*[4], weshalb auch insoweit das Steuergeheimnis durchbrochen wird (Rz. 1). Die bei zivilrechtlichen Pfändungen dahinterstehenden Befriedigungsinteressen des Gläubigers sind aber zumindest mittelbar geschützt[5] (zu weiteren Voraussetzungen s. Rz. 20 f.). Die praktische Bedeutung der Strafnorm ist von der wirtschaftlichen Entwicklung und damit von der Zahl der Zwangsvollstreckungen abhängig und über die Zeit hinweg gering[6]. 17

b) Siegelbruch

aa) Ein weiterer einschlägiger Tatbestand ist der in **§ 136 Abs. 2 StGB** normierte Siegelbruch, der *ebenfalls öffentlichen Interessen* dient. Geschütztes Rechtsgut ist die mit der Siegelanlegung an den Sachen zum Ausdruck kommende staatlich angeordnete *Verschlusswirkung* – auch in ihrer oft nur symbolischen Form der Pfandmarke des Gerichtsvollziehers. Dabei können auch *ausländische Siegel* erfasst sein, wenn völkerrechtliche Verträge ausländische Rechtsgüter den inländischen gleichstellen, wie etwa bei ausländischen Zollplomben, vor allem eines anderen Mitgliedstaates der EU[7]. 18

---

1 RG, JW 1938, 2899.
2 OLG Hamm v. 8.5.1956 – 3 Ss 323/56, NJW 1956, 1889.
3 RG v. 8.3.1893 – Ver. StrSen. – 2828/93, RGSt. 24, 49.
4 BGH v. 30.10.1053 – 3 StR 776/52, BGHSt 5, 155 (157).
5 *Jeßberger* in S/S/W, § 136 StGB Rz. 3.
6 Zutr. *Fischer*, § 136 StGB Rz. 2; *Kudlich*, in S/S/W, § 288 StGB Rz. 1.
7 *Fischer*, § 136 StGB Rz. 9.

19 **Tathandlung** des Siegelbruchs ist *das Beschädigen, Ablösen oder Unkenntlichmachen* von amtlichen Siegeln, welche eine dienstliche Beschlagnahme, Bezeichnung oder den dienstlichen Verschluss, etwa eines Briefes, bewirken sollen. Im letztgenannten Fall ist auch das *Umgehen* eines durch ein Siegel bewirkten Verschlusses tatbestandsmäßig[1]. Strafrechtlich geschützt sind auch die im Rahmen einer strafprozessualen **Durchsuchungs- oder Beschlagnahmeaktion** zur Sicherung von Beweismitteln oder der Einziehung – bzw. des Verfalls – von Gegenständen angebrachten Dienstsiegel. Ebenso geschützt ist ein zur Beglaubigung von Urkundenkopien verwendeter Siegelabdruck.

20 **bb)** Verstrickungs- und Siegelbruch weisen **Gemeinsamkeiten** auf: Sowohl die zur Verstrickung vorgenommene Diensthandlung als auch die Versiegelung müssen *formell rechtmäßig* in dem Sinne sein, dass sie ordnungsgemäß unter Beachtung der wesentlichen Förmlichkeiten durchgeführt worden sind (§ 136 Abs. 3 StGB). Ihre *materiellrechtliche* Wirksamkeit ist hingegen *nicht* Voraussetzung. War die dienstliche Verstrickungs- oder Siegelungsmaßnahme formal unrechtmäßig, so ist ein strafbefreiender Rechtfertigungsgrund gegeben. Dies gilt auch, wenn der Täter von der Rechtmäßigkeit der Maßnahme ausgegangen war (§ 136 Abs. 3 S. 2 StGB)[2].

21 In subjektiver Hinsicht ist jeweils **Vorsatz**, zumindest in der Form des bedingten Vorsatzes, erforderlich.

Täter des Verstrickungsbruchs wie auch des Siegelbruchs kann **jeder** sein; es handelt sich also im Gegensatz zum Bankrott und zur Vollstreckungsvereitelung nicht um Sonderdelikte. Die Motivation des Täters für die Tathandlung ist unbeachtlich und wird lediglich bei der Strafzumessung berücksichtigt.

Beide Tatbestände sind keine Antragsdelikte, sondern **von Amts wegen** zu verfolgen. Der **Versuch** ist allerdings nicht strafbar. Sie sind mit Freiheitsstrafe bis zu einem Jahr oder mit Geldstrafe bedroht.

c) Pfandkehr

22 Der in **§ 289 StGB** normierte Tatbestand der Pfandkehr gehört wie das Vereiteln der Zwangsvollstreckung zu den Vorschriften über den strafbaren Eigennutz. Er schützt die Inhaber von *Nutznießungs-, Pfand-, Gebrauchs- und Zurückbehaltungsrechten an fremden beweglichen Sachen* vor einer Vereitelung der Ausübung ihrer Rechte durch *Wegschaffen der Sache* seitens des Eigentümers oder eines Dritten zugunsten des Eigentümers. Geschützt sind vertraglich oder gesetzlich begründete Rechte, wie auch das Gebrauchsrecht des Mieters oder das Pfandrecht des Vermieters. Nach h.M. gehört auch das Pfändungspfandrecht – soweit nicht von § 136 StGB verdrängt – dazu[3]. Ein zu schützender staatlicher Beschlagnahmeakt wird hier nicht vorausgesetzt. Ob

---

1 Vgl. zur Abgrenzung zur bloßen Missachtung *Fischer*, § 136 StGB Rz. 11.
2 Wegen der umfangreichen Irrtumsproblematik gem. Verweisung des § 136 Abs. 4 StGB auf § 113 Abs. 4 StGB vgl. nur *Fischer*, § 136 StGB Rz. 13.
3 *Kudlich*, in S/S/W, § 289 StGB Rz. 5; *Fischer*, § 289 StGB Rz. 2 m.w.Nw.

eine Wegnahme i.S. des § 242 StGB durch Gewahrsamsbruch und Begründung neuen Gewahrsams erforderlich ist, wird in der Literatur bestritten[1].

Die Pfandkehr kann ebenfalls nur – zumindest bedingt – **vorsätzlich** begangen werden. Dabei ist streitig, ob hinsichtlich des Bewusstseins, die in der Norm genannten Rechte zu verletzen, direkter Vorsatz zu verlangen ist[2]. 23

Im Gegensatz zum Verstrickungs- und Siegelbruch ist *auch* der *Versuch* der Pfandkehr strafbar. Er ist z.B. beim Beginn der Wegnahme der Sache gegeben. Die Pfandkehr ist, wie die Vollstreckungsvereitelung, zwar **Antragsdelikt**, aber nicht der Privatklage zugänglich (vgl. Rz. 14).

Die Pfandkehr – die in der Praxis wohl mangels Kenntnis des Tatbestands ebenfalls nur eine geringe Rolle spielt – ist mit *Freiheitsstrafe* bis zu drei Jahren oder mit Geldstrafe bedroht.

II. Falsche Versicherung an Eides Statt

Bei den Aussagedelikten im 9. Abschnitt des Besonderen Teils des StGB findet sich mit der *falschen Versicherung an Eides Statt* nach **§ 156 StGB** eine Vorschrift, die in der Praxis eine besondere Bedeutung für den Gläubigerschutz hat, wenn auch die **staatliche Rechtspflege** das geschützte Rechtsgut der Aussagedelikte ist[3]. Während die eidesstattliche Versicherung im Strafverfahren nur für Zwischen- und Nebenentscheidungen bedeutsam ist[4], wird sie im Zivilverfahren für den Gläubigerschutz eingesetzt und ist hinsichtlich ihrer Richtigkeit und Vollständigkeit strafbewehrt. Richtige und vollständige Schuldnerangaben sollen sowohl im Insolvenzverfahren (Rz. 29 ff.; zum Insolvenzgeheimnis vgl. Rz. 32 und § 76 Rz. 22 ff.) als auch in seinem Vorfeld der Einzelzwangsvollstreckung (Rz. 26 ff.) mit diesem strafrechtlichen Mittel erreicht werden. 24

Von der Strafbewehrung sind nach § 5 Nr. 10 StGB auch vorsätzliche **falsche Erklärungen im Ausland** erfasst (also nicht auch fahrlässige nach § 161 StGB). Es handelt sich um Aussagen vor einem ausländischen oder zwischenstaatlichen Gericht oder einer anderen ausländischen Stelle oder bei eidesstattlicher Versicherung gegenüber deutschen Konsulatsbeamten, wenn das zugrunde liegende Verfahren in Deutschland bei Gericht oder einer anderen deutschen Stelle anhängig ist, die zur Abnahme von eidesstattlichen Versicherungen zuständig sind[5]. 25

1. Im Zwangsvollstreckungsverfahren

Im Zwangsvollstreckungsverfahren sind der Schuldner oder Vertretungsberechtigte einer schuldnerischen Kapital- oder Personen(handels)gesellschaft auf An- 26

---

1 Vgl. im Einzelnen dazu *Fischer*, § 289 StGB Rz. 3.
2 Vgl. *Fischer*, § 289 StGB Rz. 4.
3 *Sinn* in S/S/W, § 256 StGB Rz. 2.
4 *Fischer*, § 156 StGB Rz. 5.
5 Vgl. *Fischer*, § 5 StGB Rz. 10.

trag des Gläubigers nach § 807 Abs. 1 ZPO verpflichtet, an Eides Statt *vollständig und richtig* über den **Stand des Vermögens** sowie über solche Vermögensverfügungen Auskunft zu geben, die *Anfechtungsrechte* des Gläubigers nach dem Gläubigeranfechtungsgesetz begründen können. Für die Abnahme der Erklärung ist der *Gerichtsvollzieher* zuständig.

27 Verstöße gegen die *Vollständigkeit und Richtigkeit der Erklärung* sind nach § 156 StGB strafbar. Dies gilt allerdings nicht für ihren gesamten Inhalt, sondern nur für Angaben, die den Gläubiger über seine **Zugriffsmöglichkeiten auf das Schuldnervermögen** irreführen können[1]. Zu versichern sind insbesondere Angaben über Grundstücke und grundstücksgleiche Rechte sowie bewegliche Sachen im Eigentum des Schuldners, einschließlich gekaufter Eigentumsvorbehaltsware und sicherungsübereigneter Sachen, über Forderungen, auch künftige, soweit nur bereits eine Rechtsbeziehung zwischen Schuldner und Drittschuldner besteht, wie bei künftigen Lohn-, Gehalts-, Miet- oder Provisionsforderungen, sowie über Gesellschaftsbeteiligungen, auch in der Form des Optionsrechts[2]. In allen Fällen sind auch mit Rechten Dritter belastete Gegenstände anzugeben, es sei denn, sie sind nach objektivem Maßstab wertlos[3]. Eine unter falschem Namen abgegebene Erklärung ist schon deshalb falsch[4].

28 *Nicht anzugeben* sind bloße **Erwerbsmöglichkeiten**, insbesondere der bloße Betrieb eines Handelsgeschäfts ohne pfändbare Vermögensgegenstände, der Kundenkreis und Rechtsverhältnisse, aus denen (noch) keine pfändbaren Forderungen erwachsen sind, wie eine Schankkonzession, ein Pachtrecht oder freiwillige Unterstützungen durch Dritte[5]. **Schulden** hat der Schuldner nur insoweit anzugeben, als sie den Wert eines bestimmten Vermögensgegenstandes mit unmittelbarer Wirkung für den vollstreckenden Gläubiger beeinträchtigen würden.

Gibt der Schuldner *mehr Vermögensgegenstände* an, als er tatsächlich hat, so können auch dadurch die Vollstreckungsmaßnahmen des Gläubigers irregeleitet und dadurch beeinträchtigt werden, weshalb auch damit der Straftatbestand erfüllt ist[6].

2. Im Insolvenzverfahren

29 Eidesstattliche Versicherungen mit strafbewehrter Richtigkeits- und Vollständigkeitspflicht sind auch im Rahmen eines Insolvenzverfahrens nach §§ 98,

---

1 St. Rspr. vgl. BGH v. 21.2.2013 – 1 StR 633/12, ZHW 2013, 426; BGH v. 24.10.1989 – 1 StR 504/89; BGH v. 15.12.1955 – 4 StR 447/55; BayObLG v. 6.3.2003 – 5 St RR 18/03, StV 2003, 507.
2 *Fischer*, § 156 StGB Rz. 13a.
3 BGH v. 20.11.1959 – 1 StR 294/59, BGHSt 13, 345.
4 *Ruß* in LK, § 156 StGB Rz. 18.
5 BGH v. 14.7.1989 – 3 StR 81/89, wistra 1989, 303; vgl. im Übrigen *Fischer*, § 156 StGB Rz. 13c.
6 BGH v. 14.6.1955 – 5 StR 170/55, BGHSt 7, 375; BGH v. 1.4.1960 – 4 StR 450/59, BGHSt 14, 345 (349).

153 Abs. 2, 20 InsO abzugeben[1]. Die eidesstattliche Versicherung nach § 153 Abs. 2 InsO haben der Gemeinschuldner oder das Organ oder der vertretungsberechtigte Gesellschafter einer schuldnerischen Kapital- oder Personen(handels)gesellschaft im **eröffneten** Insolvenzverfahren auf Antrag des Insolvenzverwalters oder eines Gläubigers vor dem **Insolvenzgericht** abzugeben. Voraussetzung ist die *Errichtung eines Inventars* durch den Insolvenzverwalter nach § 153 Abs. 1 InsO. Die eidesstattliche Versicherung muss die richtige und vollständige Erklärung darüber beinhalten, ob die *Aktiva des Inventars* zum Zeitpunkt der Insolvenzeröffnung zutreffend angegeben worden sind oder welche fehlen, welche vermögenswerten *Anwartschaften* bestehen und welche *Anfechtungsrechte* nach § 129 ff. InsO gegeben sind.

Angaben über **sonstige Verhältnisse**, z.B. über einzelne Geschäftsvorfälle, über nicht zur Masse gehörendes Vermögen oder über völlig **wertlose Gegenstände** können im Verfahren nach § 153 Abs. 2 InsO nicht verlangt werden und sind, wenn sie dennoch abgenommen werden und unrichtig oder unvollständig sind, nicht nach § 156 StGB strafbar[2]. Der Tatbestand setzt voraus, dass die Versicherung inhaltlich und verfahrensrechtlich gefordert werden darf und rechtlich nicht völlig wirkungslos ist.

In der **InsO** ist eindeutig klargestellt worden, dass sich schuldnerische eidesstattliche Versicherungen nicht nur auf die Bestätigung der Vermögensübersicht des Insolvenzverwalters (§ 153 InsO) beschränken dürfen, sondern auch *alle* sonstigen das Verfahren betreffenden *Verhältnisse* zum Gegenstand haben (§§ 97, 98 InsO) und auch schon im **Insolvenzantragsverfahren** verlangt werden können (§ 20 InsO).

Ein **Verwendungsverbot im Strafverfahren** ist entsprechend der Rechtsprechung des BVerfG in § 97 Abs. 1 InsO festgeschrieben worden. Danach können die Angaben des Schuldners nur mit seiner Zustimmung in einem Straf- oder Ordnungswidrigkeitenverfahren wegen Insolvenzdelikten usw. gegen ihn oder einen in § 52 Abs. 1 StPO bezeichneten Angehörigen des Schuldners verwendet werden. Die Frage, ob das Verwendungsverbot i.S. einer Fernwirkung auch das Auffinden weiterer Beweismittel und die Schöpfung des Anfangsverdachts verbietet, ist grundsätzlich zu bejahen (vgl. im Einzelnen und zu den Durchbrechungen dieses *Insolvenzgeheimnisses* § 76 Rz. 22 ff.).

3. Gemeinsame Regelungen

Nach dem Gebot der **Vollständigkeit** seiner Erklärung ist der Schuldner verpflichtet, alle erreichbaren Aufklärungsmittel heranzuziehen und sein Gedächtnis bezüglich seiner Vermögenswerte und der sonst zu erklärenden Umstände aufzufrischen[3]. Bei rechtlichen Zweifeln hat er einen Rechtsanwalt oder den die Erklärung entgegennehmenden Gerichtsvollzieher oder Rechtspfleger

---

1 Nach OLG Schleswig v. 14.5.2013 – 11 U 46/12, hat der Insolvenzverwalter – angesichts der strafbewehrten Wahrheitspflicht – den Auskunftsanspruch gem. § 98 InsO vorrangig gegenüber etwaigen Auskünften eines Notars durchzusetzen.
2 BGH v. 7.2.1989 – 5 StR 26/89, wistra 1989, 181.
3 RG v. 28.5.1895, RGSt. 27, 267; BGH v. 28.9.1956 – 1 StR 275/56, GA 1957, 53.

zu befragen. Das gilt sowohl bei der Zwangsvollstreckung als auch im Insolvenzverfahren. Der uneingeschränkten Erklärungspflicht des Schuldners steht nicht entgegen, dass er bei richtiger und vollständiger Erklärung die *Begehung einer Straftat*, wie etwa einer Steuerhinterziehung, zugeben müsste. Da das Interesse der Gläubiger an einer Darlegung der Vermögensverhältnisse des Schuldners seinem Interesse an der Nichtverfolgung wegen einer Straftat entgegensteht, erfolgt der Schutz des Offenbarungspflichtigen über ein entsprechendes Verwendungs- bzw. Verwertungsverbot[1] (Rz. 32).

34 Die falsche eidesstattliche Versicherung nach § 156 StGB ist als **Vorsatzdelikt** (bedingter Vorsatz genügt) mit Freiheitsstrafe bis zu drei Jahren oder Geldstrafe bedroht. Die **fahrlässige** Tat ist nach § 161 StGB mit Freiheitsstrafe bis zu einem Jahr oder Geldstrafe bedroht. *Berichtigt* der Schuldner seine fehlerhafte Erklärung, bevor ein Gläubiger dadurch benachteiligt worden war, so kann das Gericht von Strafe *nach §§ 158, 161 Abs. 2 StGB absehen*.

35 Da der Straftatbestand die Schuldnereigenschaft des Erklärenden voraussetzt, handelt es sich – wie bei den Insolvenzstraftaten nach §§ 283–283c StGB – um ein **Sonderdelikt** (vgl. § 81 Rz. 28 ff.). Nichtschuldner können daher grundsätzlich *nur Teilnehmer* i.S. der Anstiftung oder Beihilfe sein.

36 Allerdings ist die *mittelbare Täterschaft* als **Verleitung zur falschen eidesstattlichen Versicherung** nach *§ 160 StGB* als ausdrückliche Sondervorschrift ebenfalls unter Strafe gestellt. Die Strafdrohung ist Freiheitsstrafe bis zu sechs Monaten oder Geldstrafe bis zu 180 Tagessätzen.

Auch die **versuchte Anstiftung** zur falschen eidesstattlichen Versicherung ist nach *§ 159 StGB* strafbar.

§ 89
Unternehmensnachfolge
Bearbeiter: Wolfgang Schmid

	Rz.		Rz.
I. Wirtschaftliche Ausgangslage		**II. Strafrechtliche Risiken**	
1. Allgemeines	1	1. Betrug	27
2. Relevanz der Rechtsform	5	2. Untreue	31
3. Unternehmensnachfolge durch Rechtsgeschäft	15	3. Steuerdelikte a) Erbschaftsteuer	43
4. Änderung der Rechtsform	20	b) Ertragsteuern	50
5. Unternehmensnachfolge in finanzieller Krise	24	4. Weitere Delikte	52
6. Bewertung	25		

---

1 BGH v. 19.3.1991 – 5 StR 516/90, BGHSt 37, 340 zur Zwangsvollstreckung.

Schrifttum: Monografien: *Berkefeld*, Die Beteiligung von Investoren an einem Management Buy-Out: Verhaltenspflichten, Haftung und Strategien zur Haftungsvermeidung, 2011; *Crezelius*, Unternehmenserbrecht, 2. Aufl. 2009; *Deiniger/Götzenberger*, Internationale Vermögensnachfolgeplanung mit Auslandsstiftungen und Trusts, 2006; *Esskandari/Franck/Künnemann*, Unternehmensnachfolge, 2012; *Ettinger/Jaques*, Beck'sches Handbuch Unternehmenskauf im Mittelstand, 2012; *Felden/Klaus*, Unternehmensnachfolge, 2003; *Hölters* (Hrsg.), Handbuch des Unternehmens- und Beteiligungskaufs, 6. Aufl. 2005; *Holzapfel/Pöllath*, Unternehmenskauf in Recht und Praxis, 14. Aufl. 2010; *Hübner*, Erbschaftsteuerreform 2009, 2008; *Landsittel*, Gestaltungsmöglichkeiten von Erbfällen und Schenkungen. Voraussetzungen und Realisierungen nach bürgerlichem, Gesellschafts- und Steuerrecht, 3. Aufl. 2006; *Meyer-Scharrenberg*, Gestaltung der Erb- und Unternehmensnachfolge in der Praxis, Loseblatt; *Milonidis*, Die Strafbarkeit der Erbschleicherei, 2002; *Moench/Hübner*, Erbschaftsteuerrecht: Grundlagen, Problemfelder, Unternehmensnachfolge, 3. Aufl. 2012; *Riedel* (Hrsg.), Praxishandbuch Unternehmensnachfolge, 2012; *Rotthege/Wassermann* (Hrsg.) Unternehmenskauf bei der GmbH, 2011; *Sattler/Jursch/Pegels*, Unternehmenskauf und Anteilserwerb durch Management-Buy-Out/-Buy-In: Eine Handlungsanleitung für qualifizierte Führungskräfte, 2. Aufl. 2011; *Schlecht & Partner/Taylor Wessing* (Hrsg.), Unternehmensnachfolge, 2. Aufl. 2010; *Söffing/Thümmel* (Hrsg.), Praxishandbuch der Unternehmensgestaltung, 2003; *Sudhoff*, Unternehmensnachfolge, 5. Aufl. 2005; *Weitnauer* (Hrsg.), Management Buy-Out: Handbuch für Recht und Praxis, 2. Aufl. 2013.

Aufsätze: *Bäuml*, Erbschaftsteuerreform: Auswirkung auf (kapitalmarktorientierte) Unternehmen, Wahl der „richtigen" Bewertungsmethode und Rechtsformwirkungen, GmbHR 2009, 1135; *Birnbaum/Lohbeck/Pöllath*, Die Verselbständigung von Nachlassvermögen: Stiftung, Trust und andere Gestaltungen im Vergleich, FR 2007, 376, 479; *Eisele*, Der strafrechtliche Schutz von Erbaussichten, in FS Ulrich Weber, 2004, S. 271; *Gesmann-Nuissl*, Unternehmensnachfolge – ein Überblick über die zivil- und gesellschaftsrechtlichen Gestaltungsmöglichkeiten, BB 2006, 2; *Friedrich/Steidle/Gunzelmann*, Steuerrechtliche Aspekte bei der Entscheidung über Strategien bei der Unternehmensnachfolge, BB 2006, Beilage zu Heft 34 (BB Spezial Nr. 6), 18; *Jaques*, Erbschaft- und schenkungsteuerliche Aspekte und Gestaltungen bei der Unternehmensnachfolge, BB 2006, 804; *Jünemann*, Erbschleichung als Betrug?, NStZ 1998, 393; *Koblenzer*, Management Buy-Out (MBO) und Management Buy-In (MBI) als Instrumente der Unternehmensnachfolgeplanung, ZEV 2002, 350; *Onderka*, Die Gestaltung der Unternehmensnachfolge nach der Erbschaftsteuerreform, NZG 2009, 521; *von Rechenberg*, Erbfolge und Erbteilung in der GmbH & Co KG, GmbHR 2005, 386; *Riegger*, Kapitalgesellschaftsrechtliche Grenzen der Finanzierung von Unternehmensübernahmen durch Finanzinvestoren, ZGR 2008, 233; *Schroeder*, Erberschleichung als Betrug, NStZ 1997, 585; *Schulz/Israel*, Kein existenzvernichtender Eingriff durch typische Finanzierung bei Leveraged Buy-out, NZG 2005, 329; *Schwedhelm*, Erben im Visier der Steuerfahndung, FR 2007, 937; *Sureth/Nordhoff*, Kritische Anmerkungen zur Ermittlung des tatsächlichen Werts einer Familienpersonengesellschaft nach neuer Rechtslage, DB 2008, 305; *Thomas*, Erbaussichten keine geschützte Vermögensposition, NStZ 1999, 246; *Wilke*, Verwahrung in einem ausländischen Konto schützt nicht vor Offenlegung, Praxis Internationale Steuerberatung, 2007, 30.

I. Wirtschaftliche Ausgangslage

1. Allgemeines

1 **a)** Nach Berechnungen des Instituts für Mittelstandsforschung (IfM) Bonn standen in den Jahren 2010–2014 rund 110 000 Unternehmen zur **Übergabe** an, bis 2020 ist jährlich mit ca. 115 000–120 000 Übernahmen zu rechnen[1]. Dies sowie der natürliche Lebensablauf und die wirtschaftliche Entwicklungen sollten einem Unternehmer immer wieder Anlass geben, über die **Zukunft seines Unternehmens** nachzudenken und ggf. rechtzeitig erforderliche „Weichenstellungen" vorzunehmen. Dabei sind – abgesehen vom Insolvenzverfahren (oben §§ 75 ff.) – mehrere grundsätzliche Gestaltungsmöglichkeiten in den Blick zu nehmen, nämlich

- die planmäßige Geschäftsaufgabe/offene oder stille Liquidation (dazu auch oben § 75 Rz. 22 ff.),
- die Veräußerung des Unternehmens an einen „Dritten",
- die Aufnahme weiterer „Mit-Unternehmer",
- die erbrechtliche Weitergabe des Unternehmens.

2 **b)** Die **planmäßige Geschäftsaufgabe** – auch bei Einzelunternehmen oft Liquidation genannt – gibt im Gegensatz zur (oft verspätetet angemeldeten) Insolvenz – im Regelfall keinen Anlass zu Straftaten (oder Ordnungswidrigkeiten). Soweit Anmeldepflichten oder Erlaubnispflichten bestehen (vgl. oben §§ 24, 25), entsprechen dem meist auch *Abmeldepflichten*, die allerdings eher selten verletzt werden, sodass auch die entsprechenden Bußgeldtatbestände hier keiner näheren Erörterung bedürfen.

3 **c)** Das Ableben eines Unternehmers, also der **Erbfall**, stellt ein noch tiefer greifendes Ereignis dar als die Unternehmensübertragung unter Lebenden. Denn vermögensrechtlich kommen die teilweise zwingenden erbrechtlichen und speziellen steuerrechtlichen Vorschriften zum Zuge, die möglicherweise schnell zu erheblichen Liquiditätsverlusten führen können, weil *erbrechtliche Ansprüche* von Angehörigen (Pflichtteilszahlungen, Abfindungen) und des Fiskus kurzfristig zu befriedigen sind. Deshalb ist es geboten, beizeiten eine auf die konkrete Situation bezogene Erbfallregelung zu treffen und sie bei Änderungen der Lage auch entsprechend anzupassen. Unternehmens- bzw. gesellschaftsrechtliche Anforderungen müssen mit familien- und erbrechtlichen Vorgaben sowie mit den sehr bedeutsamen steuerrechtlichen Folgen[2] in Einklang gebracht werden. Zu diesem Themenkreis steht nicht nur umfangreiche Fachlite-

---

1 *Müller* u.a., Der Generationswechsel im Mittelstand im demografischen Wandel, Göttinger Handwerkswirtschaftliche Studien Bd. 83, 2011.
2 *Langenfeld*, Testamentsgestaltung, 4. Aufl. 2010, Rz. 880; *Riedel* (Hrsg.), Praxishdb. Unternehmensnachfolge, 2012; *Huber/Sterr-Kölln*, Nachfolge in Familienunternehmen, Den Generationswechsel erfolgreich gestalten – Ein Orientierungsbuch für Unternehmerfamilien und ihre Berater, 2006; *Fischer*, Unternehmensnachfolge, Hdb. für die Praxis, 2010.

ratur zur Verfügung[1]; es wird auch vielfältige Beratung angeboten[2]. Auch wenn es *keine Straf- oder Bußgeldtatbestände* gibt, die unmittelbar an den Vorgang der Unternehmensnachfolge anknüpfen, so zeigen sich doch in der Strafverfolgungspraxis in diesem Zusammenhang *typische Kriminalitätserscheinungen*, die hier als „tunlichst zu vermeiden" angesprochen werden sollen.

Die Weitergabe eines Unternehmens im Zuge der **Generationenfolge** wird zunächst durch die Frage dominiert, *wer von den Nachkommen* (oder auch aus dem weiteren Familienkreis, etwa Neffen oder Nichten) ein geeigneter und übernahmewilliger Nachfolger sein könnte. Muss diese Frage negativ beantwortet werden, ist rechtzeitig eine Unternehmensveräußerung an Familienfremde in den Blick zu nehmen. Weiter stellt sich die organisationsrechtliche Frage, in *welcher Rechtsform* der konkrete Unternehmensträger organisiert ist, denn je nach Rechtsform stellen sich ganz unterschiedliche Probleme. So gehört auch die rechtzeitige Änderung der Rechtsform durch *Umwandlung* im Hinblick auf die Nachfolge zum gängigen „Instrumentarium". 4

2. Relevanz der Rechtsform

Bei allen Überlegungen zur Nachfolge spielt die **Rechtsform des Unternehmens** (des Unternehmensträgers – § 23 Rz. 13 ff., 54 ff.) eine entscheidende Rolle. Dies gilt sowohl für die Veräußerung an Dritte wie für die erbrechtliche Nachfolge. 5

a) Der **Einzelunternehmer** kann die Rechtsnachfolge entweder unter Lebenden durch Übertragungs-/Veräußerungsvertrag oder von Todes wegen durch Testament (oder Erbvertrag) frei bestimmen. Das Unternehmen ist frei vererblich[3] (vgl. §§ 22 Abs. 1, 27 Abs. 1 HGB). 6

Bei der **gesetzlichen Erbfolge** in ein einzelkaufmännisches Unternehmen mit nur einem Erben darf dieser das „Handelsgeschäft" unter der „Firma" des Erblassers weiterführen (§ 27 HGB); er haftet dann für die Schulden des Erblassers i.d.R. nach Maßgabe des HGB. Gibt es mehrere Erben, werden diese als *Erbengemeinschaft* Unternehmensträger (vgl. § 23 Rz.14); eine „automatische" Um-

---

1 Außer den im Schrifttum vor Rz. 1 Genannten z.B. *Gierlichs*, Rechtliche und wirtschaftliche Aspekte der Nachfolge in mittelständischen Familienunternehmen, 2013; *Hannes* (Hrsg.), Formularbuch Vermögens- und Unternehmensnachfolge. Zivilrecht, Gesellschaftsrecht, Steuerrecht, 2011; *Beck/Osterloh-Konrad* (Hrsg.), Unternehmensnachfolge, 2009; *Riedel*, Praxis-Hdb. Unternehmensnachfolge, 2012; *Onderka*, Die Gestaltung der Unternehmensnachfolge nach der Erbschaftsteuerreform, NZG 2009, 521; *Spielberger*, Unternehmensnachfolge, 2. Aufl. 2009; *Felden/Pfannenschwarz*, Unternehmensnachfolge, 2008.
2 Dafür stehen nicht nur zahlreiche spezialisierte Anwalts- und Steuerberater-Kanzleien zur Verfügung; an der Universität Mannheim ist vor einiger Zeit ein „Zentrum für Unternehmensnachfolge" – zentUma eV – gegründet worden.
3 Vgl. *Demuth* in Söffing/Thümmel, Rz. 53.

wandlung in eine OHG findet nach h.M. nicht statt[1]; allerdings entsteht im Zweifel eine entsprechende Haftungsfolge der Miterben[2].

7 Die **vorweggenommene Erbfolge**[3] stellt eine Verfügung zu Lebzeiten dar, durch welche der Unternehmer (künftiger Erblasser) sein Vermögen oder wesentliche Teile davon auf einen oder mehrere künftige Erben – als die in Aussicht genommenen Nachfolger – überträgt. Häufig sind solche Verfügungen begleitet von Versorgungs-, Anrechnungs- oder Ausgleichsregeln[4]. Die „vorweggenommene Erbfolge" setzt die Bereitschaft des Unternehmers voraus, sich schon zu Lebzeiten von einem Vermögenswert oder wesentlichen Teilen davon zu trennen, ohne sicher sein zu können, dass sich seine damit verfolgten Interessen auch tatsächlich verwirklichen lassen. So könnte der Vermögensempfänger z.B. vorversterben oder sich im Nachhinein als völlig ungeeignet erweisen; aufseiten des Erblassers kann zudem nach der Zuwendung eine Verschlechterung der Vermögenssituation eintreten, die er zuvor nicht bedacht hatte. Die finanzielle Absicherung des Unternehmers kann durch zusätzlich vereinbarte Dienst- und Beraterverträge, Ertragsbeteiligungen, Nießbrauchsgestaltungen u.a. gesichert werden.

Ein klassisches Modell für die Übertragung eines Unternehmens im Wege der vorweggenommenen Erbfolge sind seit Jahrhunderten die – auch heute noch aktuellen – Hofübergabeverträge (*Altenteilsverträge*) in der Landwirtschaft, die in abgewandelter Form auch für handwerkliche oder freiberufliche Unternehmen Verwendung finden können. Daneben gibt es zahlreiche Lösungsvorschläge für die schrittweise Einbeziehung eines erwünschten Nachfolgers. Die Rechtsform der KG ist historisch in besonderem Maße darauf zugeschnitten, Nachfolgeprobleme schon zu Lebzeiten des Unternehmers einer tragfähigen Regelung zuzuführen.

8 Sind **mehrere gesetzliche Erben** vorhanden, von denen nur ein Teil die Unternehmensnachfolge antritt, besteht das Hauptproblem in einem angemessenen *Ausgleich* gegenüber den anderen „weichenden" Erben und insbesondere in der Vermeidung hoher Pflichtteilsansprüche der von der Unternehmensnachfolge ausgeschlossenen Miterben. Da die Erben für die Verbindlichkeiten des Nachlasses grundsätzlich unbeschränkt haften[5], spielen Probleme des Gläubigerschutzes nur eine untergeordnete Rolle.

---

1 Vgl. BGH v. 8.10.1984 – II ZR 223/83, BGHZ 92, 259 = NJW 1985,136; *Karsten Schmidt*, NJW 1985, 2785.
2 Näher dazu *Karsten Schmidt*, HandelsR, § 4 Rz. 25 ff.; vgl. auch *Karsten Schmidt*, GesR, 4. Aufl. 2002, § 45 V 7.
3 *Sudhoff* (Hrsg.), Unternehmensnachfolge, 5. Aufl. 2005, Teil D; *Lieber/Steffens*, Vorweggenommene Erbfolge von Gesellschaftsanteilen unter Vorbehalt von Versorgungsleistungen, ZEV 2000, 132.
4 BGH v. 1.2.1995 – IV ZR 36/94, NJW 1995, 1349 (1350); BGH v. 30.1.1991 – IV ZR 299/89, DNotZ 1992, 32 (33).
5 §§ 1967 ff. BGB; eine Beschränkung der Haftung auf den Nachlass (§ 1975 BGB) lässt sich nur durch eine Nachlassverwaltung, also Nachlasspflegschaft zwecks Befriedigung der Nachlassgläubiger (§§ 1981 ff. BGB) oder durch ein Nachlassinsolvenzverfahren (§ 1980 BGB, §§ 315 ff. InsO) erreichen.

Legt der Erblasser bei mehreren Erben in einem **Testament** fest, wie der Bestand seines Unternehmens nach seinem Tod gesichert werden soll, hat der **Testamentsvollstrecker**[1] eine schwierige Aufgabe. Die *Abwicklungsvollstreckung*, die auf eine kurzen Zeitraum beschränkt wird, hat die Aufgabe, die letztwilligen Verfügungen des Erblassers zur Ausführung zu bringen (§ 2303 BGB) bzw. bei mehreren Erben den Nachlass auseinanderzusetzen (§ 2204 BGB) und dient zur Erfüllung von Auflagen und Vermächtnissen bzw. der Auswahl eines geeigneten Unternehmensnachfolgers. Soll der Testamentsvollstrecker längerfristig das Unternehmen bzw. die Gesellschaftsbeteiligung verwalten und die eigentliche unternehmerische Tätigkeit wahrnehmen, um z.B. das Unternehmen für lange Zeit zusammenzuhalten[2], kommt die *Verwaltungsvollstreckung* (§ 2209 S. 1 Alt. 1 BGB) bzw. die *Dauertestamentsvollstreckung* (§ 2209 S. 1 Alt. 2 BGB) zur Anwendung. Diese kann jedoch zur Kollision mit den Grundsätzen des Erb- und Handels- bzw. Gesellschaftsrechts führen. 9

b) Bei den **Personengesellschaften** wird die gesetzliche oder testamentarische Erbfolge durch das Gesellschaftsverhältnis überlagert, weshalb erbrechtliche Verfügungen und Gesellschaftsvertrag aufeinander abgestimmt werden müssen. Die Beteiligung an einer Personengesellschaft stellt ein Sondervermögen dar, bei dem die gesellschaftsrechtlichen Regelungen Vorrang vor den erbrechtlichen Bestimmungen haben; die *Sonderrechtsnachfolge* in Anteile von Personengesellschaften ist der von der Rechtsprechung entwickelte Weg zur Lösung des Konflikts zwischen Erbrecht einerseits und Personengesellschaftsrecht andererseits[3]. 10

Alle Personengesellschaften werden vom Prinzip der *Selbstorganschaft* geprägt: Der oder die persönlich haftenden Gesellschafter sind zur Führung des Unternehmens berufen (dies gilt sowohl für die Personenhandelsgesellschaften als auch für die BGB-Gesellschaften und Partnerschaftsgesellschaften; anders ist es allein bei der EWIV (vgl. § 23 Rz. 96). Außerdem hat die *Personenbezogenheit* unter den Gesellschaftern im Grundsatz zur Folge, dass beim Tod eines Gesellschafters die Gesellschaft unter den übrigen Gesellschaftern (unter Anwachsung des Gesellschaftsanteils des Ausgeschiedenen) fortgesetzt wird, wenn sie nicht – wie bei der BGB-Gesellschaft – sogar aufgelöst wird (vgl. §§ 727, 736 BGB, § 131 Abs. 3 HGB). Seit der Handelsrechtsreform 1998 ist die **Fortsetzung der Gesellschaft** unter den verbliebenen Gesellschaftern für OHG, KG und PartG der *gesetzliche Regelfall*; bei der GbR ist eine Fortsetzungsklausel erforderlich. Die Erben des verstorbenen Gesellschafters erwerben grundsätzlich, d.h. ohne anderslautende Klausel im Gesellschaftsvertrag, nur Abfindungsansprüche gegen die Gesellschaft in (anteiliger) Höhe ihres Erbteils. Deshalb müssen gesellschaftsvertragliche Klauseln die Fortsetzung mit den Erben vorsehen (vgl. §§ 139, 177 HGB). 11

---

1 *Bisle*, Testamentsvollstreckung im Handels- und Gesellschaftsrecht, DStR 2013, 1037.
2 *Reimann* in Staudinger, 2012, § 2209 BGB Rz. 9; OLG Düsseldorf v. 2.3.1988 – 3 Wx 290/87, NJW 1988, 2615; *Winkler*, Der Testamentsvollstrecker nach bürgerlichem, Handels- und Steuerrecht, 21. Aufl. 2013, Rz. 132.
3 Vgl. bes. BGH v. 22.11.1956 – II ZR 222/55, BGHZ 22, 186; BGH v. 10.2.1977 – II ZR 120/75, BGHZ 68, 225.

12 Entscheidendes Gewicht kommt deshalb jeweils der gesellschaftsvertraglichen **Nachfolge-Klausel** zu. Im Fall der *einfachen* Nachfolgeklausel werden alle Erben Gesellschafter; im Fall der *qualifizierten* Nachfolgeklausel erhalten nur bestimmte Erben der Gesellschafter das Recht zum Eintritt in die Gesellschaft. Für die OHG bestimmt § 139 HGB, dass der eintretende Erbe die Umwandlung des ererbten OHG-Anteils in einen Kommanditanteil verlangen kann. Eine entscheidende Frage ist auch hier, wie die Erben, die nicht als Nachfolge-Gesellschafter in Betracht kommen (auch nicht als Kommanditisten), abgefunden werden können bzw. müssen. Gesellschaftsvertragliche Regelungen binden die Erben im Grundsatz nicht; insbesondere kann ihnen das Recht, die Erbschaft auszuschlagen und den Pflichtteil zu verlangen, nicht genommen werden. Neben anrechenbaren Zuwendungen unter Lebenden können erbvertragliche Regelungen oder Erbverzichte dazu beitragen, das Unternehmen vor existenzgefährdenden Forderungen zu bewahren. Im Einzelnen hat die Praxis dazu zahlreiche Modelle und Klauseln entwickelt, die hier auch nicht als Überblick wiedergegeben werden können.

13 c) Bei **Kapitalgesellschaften** herrscht dagegen das Prinzip der sog. *Fremdorganschaft*, d.h. die Innehabung der Kapitalanteile und die Unternehmensleitung sind rechtlich getrennt; Geschäftsführer bzw. Vorstandsmitglieder können Nichtgesellschafter sein. Im Übrigen ist die Nachfolge in GmbH-Geschäftsanteile (vgl. § 15 Abs. 1 GmbHG) und noch mehr in Aktien im Grundsatz unproblematisch. Diese fallen bei mehreren Erben der Erbengemeinschaft zur gesamten Hand an (§§ 2032 ff. BGB). Da viele Kapitalgesellschaften, insbesondere GmbH, nach ihrer konkreten Zusammensetzung und Führungsweise gleichwohl *Familiengesellschaften* sind[1], finden sich allerdings auch hier oft nähere Regelungen über die Nachfolge in die vom Erblasser eingenommenen Rechtspositionen. Problematisch sind auch hier die häufig anzutreffenden Abfindungsklauseln für die weichenden Erben, insbesondere bestimmte Bewertungsklauseln.

14 d) Bei der **GmbH & Co KG** (und den gleichartigen Gesellschaften nach § 264a HGB) treffen die unterschiedlichen Formen der Nachfolge zusammen. Dabei muss rechtlich zunächst genau getrennt werden, beides aber gut aufeinander abgestimmt sein[2], da es sich wirtschaftlich nur um ein Unternehmen handelt.

Wenn der Gesellschafter einer GmbH & Co. KG stirbt, ohne eine Nachfolgeregelungen getroffen zu haben, vollzieht sich die Nachfolge in die Gesellschafterstellung des Erblassers nach den jeweiligen gesellschaftsrechtlichen Vorschriften betreffend die GmbH bzw. die KG. Nach § 15 Abs. 1 GmbHG fallen die Geschäftsanteile des verstorbenen Gesellschafters in den Nachlass. Mehrere Erben bilden eine *Gesamthandsgemeinschaft*, sie können ihre Mitglied-

---

1 Dazu *Langner/Heydel*, Vererbung von GmbH-Geschäftsanteilen – Sicherstellung einer familieninternen Nachfolge, GmbHR 2005, 377.
2 Vgl. dazu *von Rechenberg*, Erbfolge und Erbteilung bei der GmbH & Co KG, GmbHR 2005, 386; *Levedag*, Münch. Hdb. des GesellschaftsR, 4. Aufl. 2004, § 59 Nachfolge bei der GmbH & Co. KG; *Göz*, Die Nachfolgeregelung bei der GmbH u. Co KG, NZG 2004, 345; *Wagner/Rux*, Die GmbH & Co KG, 12. Aufl. 2013, Rz. 629.

schaftsrechte nach § 18 GmbHG nur gemeinsam ausüben. Eine Sondererbfolge tritt nicht ein. Die Nachfolge in die Kommanditbeteiligung erfolgt gem. § 177 HGB. Danach geht der Kommanditanteil des Verstorbenen auf die Erben über (vgl. § 1922 Abs. 1 BGB).

3. Unternehmensnachfolge durch Rechtsgeschäft

Verschenkt ein potenzieller Erblasser sein Einzelunternehmer bzw. seinen Anteil an einer Personengesellschaft, so übernimmt der Beschenkte die *volle Haftung* für alle vor seinem Eintritt entstandenen Verbindlichkeiten (§ 25 HGB). Wird ein GmbH-Anteil verschenkt, so ist die Haftung auf das Gesellschaftsvermögen beschränkt. 15

Ein **Nießbrauch** (§§ 1030 ff. BGB) gewährt das Recht, Nutzungen aus den Vermögenswerten zu ziehen, an denen der Nießbrauch bestellt wurde. An einem einzelkaufmännischen Unternehmen kann ein Nießbrauch nicht eingeräumt werden, möglich ist dies nur an den einzelnen Vermögensgegenständen des Unternehmens. An Personengesellschaftsanteilen, Anteilen an einer GmbH & Co. KG bzw. einer GmbH kann ein Nießbrauch bestellt werden. 16

Auch durch einen **Unternehmensverkauf** kann ein Unternehmen im Rahmen der Erb- bzw. Nachfolge gesichert werden. Die Übernahme eines Unternehmens durch (außenstehende oder betriebszugehörige) Investoren mithilfe von Fremdkapital wird als *Leveraged Buy Out (LBO)* bezeichnet. Übernimmt ein familienfremdes Management das Unternehmen, so spricht man von einem *Management Buy In (MBI)*. Die Übernahme eines Unternehmens durch das eigene Management oder Nachkommen der Eigentümer wird als *Management Buy Out (MBO)* bezeichnet[1]. Erfolgt die Finanzierung mittels Anleihen, sind solche i.d.R. wegen des hohen Risikos hochverzinslich; sie werden auch Junk Bonds genannt[2]. 17

Charakteristisch ist in diesen Fällen, dass nur **wenig Eigenkapital** eingesetzt wird, da der Übernehmer – sei es, dass er Externer ist oder aus der Familie des Erblassers stammt – kein oder nur sehr wenig eigenes Vermögen zur Verfügung stellt. MBO und MBI können hierdurch Nachfolgeprobleme in Familienunternehmen lösen[3]. 18

Der Großteil des benötigten Kapitals wird durch *Bankkredite* oder über Investmentgesellschaften beschafft; Banken finanzieren solche „Buy Outs" dann, wenn ein hoher, stabiler freier Cash Flow (Umsatzüberschuss) vorliegt, für das

---

1 *Gesmann-Nuissl*, Unternehmensnachfolge – ein Überblick über die zivil- und gesellschaftsrechtlichen Gestaltungsmöglichkeiten, BB 2006, 2; *Hölters*, Hdb. des Unternehmens- und Beteiligungskaufs, 6. Aufl. 2005, Teil I Rz. 72 ff., Teil IV Rz. 78; *Koblenzer*, Management Buy-Out (MBO) und Management Buy-In (MBI) als Instrumente der Unternehmensnachfolgeplanung, ZEV 2002, 350; *Wagner*, Strafrechtliche Risiken beim MBO, wistra 1992, 161.
2 Vgl. *Becker*, Gesellschaftsrechtliche Probleme der Finanzierung von Leveraged-Buy-Outs, DStR 1998, 1429.
3 *Rotthege/Wassermann* (Hrsg.), Unternehmenskauf bei der GmbH, 2011, 6. Kap. Rz. 78.

Anlagevermögen hohe Beleihungsgrenzen bestehen und in den Folgejahren wenig zusätzliche Investitionen notwendig sind. Die *Tilgung* der Darlehensvaluta und der Zinsen soll und muss in solchen Fällen aus dem künftigen Cash Flow des übernommenen Unternehmens erfolgen. Wird jedoch kein Umsatzüberschuss erwirtschaftet, sodass die Zins- und Tilgungszahlungen aus dem Vermögen der Gesellschaft erfolgen müssen, können *existenzgefährdende Entnahmen* vorliegen[1]. Häufig werden die Mittel der Erwerbergesellschaft zur Finanzierung der Übernahme durch *das Vermögen der zu erwerbenden Gesellschaft* (Zielgesellschaft) *gesichert*.

Ein weiteres Finanzierungsmodell besteht darin, dass der Erwerber als (eingetragener oder faktischer) Geschäftsführer (zum faktischen Geschäftsführer vgl. § 30 Rz. 56 ff.) nach dem Unternehmenskauf einzelne, häufig **wertvolle Unternehmensteile** (*„crown jewels"*) **verkauft** und dadurch die Substanz schmälert, um mit den aus diesen Veräußerungen erzielten Erlösen die Kredite zurückzuzahlen (*„asset stripping"*)[2]. Wegen der insoweit bestehenden strafrechtlichen Gefahren vgl. Rz. 34-36.

19 Steht kein geeigneter Nachfolger bereit und soll das Familienunternehmen auch über den Tod hinaus erhalten bleiben, kommt die Errichtung einer **Stiftung** in Betracht. Diese – durch die Modernisierung des Stiftungsrechts[3] erleichterte – Gestaltung ermöglicht es, das Unternehmen zu Lebzeiten in eine Stiftung einzubringen und damit als rechtsfähige Vermögensmasse völlig zu verselbständigen (§§ 80 ff. BGB)[4]. Damit wird verhindert, dass der Nachlass auf viele Nachkommen verteilt und der Betrieb sofort veräußert werden muss. Auf diese Weise kann das *Vermögen im Ganzen erhalten* werden[5]. Eine private Stiftung bietet jedoch keine Steuerfreiheit, sie unterliegt der Körperschaft- und Gewerbesteuer. Die strafrechtlichen Risiken sind hierbei besonders gering (wegen Gefahren bei rechtswidrigem Handeln des Stiftungsvorstands vgl. Rz. 42; auch § 23 Rz. 21, 93). Der Stiftungsvorstand hat die Aufgabe, ein taugliches Management für das Unternehmen zu gewinnen. Bei Sachverhalten mit Auslands-

---

1 *Schrell/Kirchner*, Fremdfinanzierte Unternehmenskäufe nach der KBV-Entscheidung des BGH: Sicherheitenpakete als existenzvernichtender Eingriff, BB 2003, 1151; *Diem*, Besicherung von Gesellschafterverbindlichkeiten als existenzvernichtender Eingriff des Gesellschafters?, ZIP 2003, 1283; a.A. *Schulz/Israel*, Kein existenzvernichtender Eingriff durch typische Finanzierung bei Leveraged Buy-out, NZG 2005, 329.
2 *Becker*, Gesellschaftsrechtliche Probleme der Finanzierung von Leveraged-Buy-Outs, DStR 1998, 1429 (1430).
3 G v. 15.7.2002, BGBl. I 2634.
4 *Berndt/Götz*, Stiftung und Unternehmen, 8. Aufl. 2009; *Bisle*, Asset Protection durch den Einsatz inländischer Familienstiftungen, DStR 2012, 525; *Blumers*, Die Familienstiftung als Instrument der Nachfolgeregelung, DStR 2012, 1; *Pauli*, Die Familienstiftung, FamRZ 2012, 344; *Wigand/Heuel/Stolte/Haase-Theobald*, Stiftungen in der Praxis – Recht, Steuern, Beratung, 3. Aufl. 2011; *Zensus/Schmitz*, Die Familienstiftung als Gestaltungsinstrument zur Vermögensübertragung und -sicherung, NJW 2012, 1323.
5 *Kracht*, Familienstiftung als Instrument zur Unternehmensfortführung nutzen, GStB – Gestaltende Steuerberatung, 2007, 296; *Schwarz*, Die Stiftung als Instrument für die mittelständische Unternehmensnachfolge, BB 2001, 2381.

bezug kommt die Gründung eines *Trusts* in Betracht. Viele Länder – auch sog. Steueroasen wie etwa die Kanal-Inseln – ermöglichen die Trust-Gründung durch Ausländer (sog. „offshore-trusts")[1].

4. Änderung der Rechtsform

Damit rücken auch die Möglichkeiten einer Änderung der Rechtsform in den Blick und damit auch das *Umwandlungsgesetz* (UmwG), das die wichtigsten Formen einer unternehmensrechtlichen Gesamtrechtsnachfolge detailliert regelt[2] (vgl. § 23 Rz. 99; § 27 Rz. 47 ff., § 50 Rz. 7 ff., 85 ff.). Die **Änderung der rechtlichen Unternehmensorganisation** im inneren Zusammenhang mit einer anstehenden Nachfolge ist eine verbreitete Methode zur Lösung der Probleme. Die Umwandlung einer OHG in eine KG ist ein vom Gesetzgeber vorgezeichneter Weg, auch wenn heute vielfach der Weg von der Personen- in die Kapitalgesellschaft bevorzugt wird.

20

Im Hinblick auf die ausgeprägte gesellschafts- und erbrechtliche Verschiedenheit der grundsätzlich verkehrsfähigen Anteile an Kapitalgesellschaften und der grundsätzlich nicht verkehrsfähigen Beteiligungen an Personengesellschaften ist auch ein **Wechsel der Rechtsform** schon „unter Lebenden" zu prüfen. Eine *Umwandlung* – für die das wiederholt modernisierte Umwandlungsgesetz (§ 23 Rz. 99 f.) eine breite Palette von Möglichkeiten bietet – sollte schon vor dem absehbaren Eintritt einer personellen Nachfolge eingeleitet und auch beendet werden, damit funktionierende Strukturen vorhanden sind, wenn die Unternehmensleitung in jüngere Hände übergeht[3].

21

Um divergierende Interessen mehrerer Familienmitglieder zu koordinieren, wird nicht selten zwischen das Unternehmen und die Familie eine **Familienholding** – meist in Form der GmbH – oder ein *Stimmrechts-Pool* – typischerweise in der Rechtsform einer BGB-Gesellschaft – „dazwischen" geschaltet. Auch eine *Familienstiftung* (vgl. Rz. 19) kann zwischengeschaltet werden.

22

Zur Lösung von Unternehmensnachfolgeproblemen kann auch die Einschaltung einer **Private-Equity-Kapitalgesellschaft** erwogen werden[4]. Diese Gesellschaften erwerben Unternehmensbeteiligungen mit der Absicht, sich von diesen (Mehrheits-)Beteiligungen wieder zu lösen (vgl. § 27 Rz. 11). In Betracht kommt dann der Gang an die Börse, ein Verkauf an einen strategischen Investor oder an eine andere Private-Equity-Kapitalgesellschaft.

23

---

1 Vgl. zu den steuerlichen Folgen *Birnbaum/Lohbeck/Pöllath*, Die Verselbständigung von Nachlassvermögen: Stiftung, Trust und andere Gestaltungen im Vergleich, FR 2007, 479.
2 *Mayer*, Unternehmensnachfolge und Umwandlung, ZEV 2005, 325; *Hölters* (Hrsg.), Hdb. des Unternehmens- und Beteiligungskaufs, 6. Aufl 2005, Teil V Rz. 106.
3 *Mayer*, Unternehmensnachfolge und Umwandlung, ZEV 2005, 325 mit Fallbeispielen.
4 *Tcherveniachki*, Kapitalgesellschaften und Private Equity Fonds: Unternehmenskauf durch Leveraged Buyout, 2007; *Jesch/Striegel/Boxberger/Beauvais*, Rechtshdb. Private Equity, 2010.

5. Unternehmensnachfolge in finanzieller Krise

Schrifttum: *Beck/Depré*, Praxis der Insolvenz, 2. Aufl. 2010; *Bernsau/Höpfner/Rieger/ Wahl*, Handbuch der übertragenden Sanierung, 2002; *Buth/Hermanns* (Hrsg.), Restrukturierung, Sanierung, Insolvenz, 4. Aufl. 2014; *Ganter*, Betriebsfortführung im Insolvenzeröffnungs- und Schutzschirmverfahren, NZI 2012, 433; *Nerlich/Kreplin* (Hrsg.), Münchener Anwaltshandbuch Sanierung und Insolvenz, 2. Aufl. 2012; *Strümpell*, Die übertragende Sanierung innerhalb und außerhalb der Insolvenz, 2006; *Windhöfel/Ziegenhagen/Denkhaus*, Unternehmenskauf in Krise und Insolvenz, 2. Aufl. 2011.

24 Mit dem *„Gesetz zur weiteren Erleichterung der Sanierung von Unternehmen"* (ESUG) hat der Gesetzgeber im Frühjahr 2012 das **„Schutzschirmverfahren"** in der Insolvenzordnung eingeführt[1]. Unternehmer, die sich in erheblichen wirtschaftlichen Schwierigkeiten befinden und zahlungsunfähig zu werden drohen, sollen Anreize für eine frühzeitige Insolvenzantragstellung erhalten (vgl. § 77 Rz. 1 ff.). Der Unternehmer leitet das Verfahren selbst, es wird kein Insolvenzverwalter eingesetzt, er wird lediglich von einem Sachwalter unterstützt. Betriebe, die im Prinzip rentabel sind, aber hohe Altlasten zu tragen haben, können so gerettet und insolvenznahe Unternehmensübernahmen erfolgreich durchgeführt werden. *Strafrechtliche* Probleme können entstehen, wenn während des Schutzschirmverfahrens weitere Verträge abgeschlossen werden und dem Lieferanten bei Vertragsabschluss nicht offengelegt wird, dass der Unternehmer nicht oder nur bedingt leistungsfähig ist. Bei einer Täuschung durch Unterlassen kommt der Tatbestand des „Eingehungsbetrug" (vgl. § 86 Rz. 34) in Betracht. Werden formell fehlerhafte Anträge gestellt, kann sich der Unternehmer nach Insolvenzstrafrecht strafbar machen (vgl. § 80 Rz. 53 ff.).

6. Bewertung

Schrifttum: *Ek/von Hoyenberg*, Unternehmenskauf und -verkauf, 2007; *Knott/Mielke*, Unternehmenskauf, 4. Aufl. 2011; *Peemöller* (Hrsg.), Praxishandbuch der Unternehmensbewertung, 5. Aufl. 2012; *Richert*, Die Due Diligence beim Unternehmenskauf mit internationalem Bezug, 2004; *Wollny/Hallerbach*, Unternehmens- und Praxisübertragungen, 7. Aufl. 2012.

25 Ein zentrales Risiko bei Übernahme oder Erwerb eines Unternehmens liegt in dessen **Bewertung**. Der Wert bestimmt sich einerseits aus dem Nutzen, den der Käufer durch den Erwerb des Unternehmens bzw. der Verkäufer aus dessen Verkauf gewinnt. Abzugrenzen vom Wert ist der Preis, der sich durch Angebot und Nachfrage am Markt ergibt. Wert und Preis sind durch die Bewertung verbunden. Das *Institut der deutschen Wirtschaftsprüfer* hat in seinem Standard IDW S1 für Gutachten zum Unternehmenswert Leitlinien niedergelegt, die Grundsätze einer ordnungsgemäßen Unternehmensbewertung (IDW 2000: 8 ff.) enthalten. Deren Anwendung ist für Wirtschaftsprüfer obligatorisch. Zur Bewertung gibt es ausführliche Literatur, auf die an dieser Stelle verwiesen werden

---

[1] *Ganter*, Betriebsfortführung im Insolvenzeröffnungs- und Schutzschirmverfahren, NZI 2012, 433.

muss. Unter den verschiedenen Bewertungsverfahren kommt dem *Ertragswertverfahren* eine entscheidende Bedeutung zu[1].

Bei entgeltlichen Unternehmensübertragungen ist i.d.R. eine **Due-Diligence-Prüfung** erforderlich[2], insbesondere bei kapitalmarktbezogenen Transaktionen.

26

Beim Ablauf der Due Diligence-Prüfung wird zunächst die Preliminary Due Diligence-Prüfung vorgenommen, die Recherchen im Internet, dem Handelsregister und den Medien umfasst[3]. Die anschließende Confirmatory Due Diligence-Prüfung ist wesentlich intensiver[4].

Ferner gibt es weitere Arten der Due Diligence-Prüfung. Die *Commercial Due Diligence*-Prüfung prüft, ob die Unternehmensübernahme unter Berücksichtigung der Marktchancen des Geschäftsmodells, der angebotenen Leistungen und Produkte erfolgversprechend ist. Die *Financial Due Diligence-Prüfung* analysiert die Vermögens-, Finanz- und Ertragslage, das Rechnungswesen, das Controlling sowie die Entwicklung der Finanzlage der letzten drei abgeschlossenen Wirtschaftsjahre, umfasst aber auch die Investitionen, eine Zukunftsprognose und die Planungsrechnung.

Im Rahmen der **Legal Due Diligence**-Prüfung werden die rechtliche Gesellschaftsstruktur und die Organisation, insbesondere Handelsregisterauszüge, Gesellschaftsvertrag, Satzung, Geschäftsordnung von Geschäftsführung/Vorstand, die Protokolle von Aufsichts- bzw. Beiratssitzungen und/oder Hauptversammlungen, die Entwicklung der Gesellschaftsstruktur, wirtschaftliche Verpflichtungen etc. überprüft. Werden bei Vorlage der entsprechenden Unterlagen unrichtige Angaben gemacht, kommen Betrugsdelikte in Betracht (vgl. Rz. 27 ff.).

II. Strafrechtliche Risiken

1. Betrug

a) Die **bewusste Falschbewertung** eines Unternehmens bzw. eines Unternehmensteils stellt den häufigsten Fall betrügerischer Unternehmensübertragungen dar. Um bei einer Unternehmensübertragung eine tatsächliche Grundlage zu gewinnen, wird das Unternehmen ganz regelmäßig durch unabhängige Sachverständige bewertet. Die Grundsätze der Unternehmensbewertung gelten

27

---

1 *Singhof/Weber* in Habersack/Mülbert/Schlitt, Unternehmensfinanzierung am Kapitalmarkt, 2008, § 3 Rz. 16.
2 *Angersbach*, Due Diligence beim Unternehmenskauf, 2002; *Nägele* in Habersack/Mülbert/Schlitt, Unternehmensfinanzierung am Kapitalmarkt, § 27 (Due Diligence) Rz. 2, 5, 18.
3 *Seckler/Seitz*, Leitfaden M&A und Fusionskontrolle, 2011, Teil 3.1.8. Due diligence.
4 Vgl. *Gran*, Abläufe bei Mergers & Acquisitions, NJW 2008, 1409.

unabhängig von der Größe sowohl für Groß-[1], Klein- und Mittelunternehmen[2]. Die für die Bewertung erforderlichen Zahlen und Fakten muss das zu bewertende Unternehmen liefern. *Buchführungs- und Bilanzmanipulationen* (näher oben § 26, § 40 Rz. 6, 20, 35 ff.) zum Zweck der Verschleierung der Ertragslage eines Unternehmens sind häufig angewandte Mittel, um (sowohl den Sachverständigen als auch) den Erwerbsinteressenten über den tatsächlichen Wert des Unternehmens zu täuschen (§ 263 StGB, näher oben § 47). Durchschaut ein Gutachter solche Manipulationen, ohne sie zu offenbaren, macht er sich der Beihilfe zum Betrug schuldig.

28 Kennt der Geschäftsführer eines Unternehmens, das aufgrund eines Erbfalles veräußert werden soll, **wertbildende Faktoren**, die aus den Bilanzen nicht ersichtlich sind und dennoch den Übernahmepreis beeinflussen können, und legt er diese Kenntnis bei den Übernahmeverhandlungen nicht offen[3], sondern *verschweigt* diese, um dadurch einen geringeren oder höheren als dem tatsächlichen Wert entsprechenden Preis zu erzielen, liegt hierin entweder eine Täuschung gegenüber den Erben oder gegenüber dem Erwerber.

29 Werden Miterben durch falsche Angaben des im Unternehmen tätigen Erben (oder des Geschäftsführers) dazu veranlasst, die **Erbschaft auszuschlagen**, sodass der Täuschende Alleinerbe wird oder sich sein Erbanteil erhöht, so kommt – die Werthaltigkeit des Erbteils unterstellt – ebenfalls ein betrügerisches Verhalten in Betracht[4].

Hinzuweisen ist bei Betrugstaten zum *Nachteil von Angehörigen* auf das Erfordernis eines *Strafantrags* (§ 263 Abs. 4 i.V.m. § 247 StGB; vgl. Rz. 40).

30 b) Mitunter werden **Mitarbeiterkapitalbeteiligungs-Modelle** vom Unternehmensträger durchgeführt, um eine *Nachfolgeregelung auf Gesellschafterebene* zu ermöglichen[5]. Betrug zum Nachteil von Mitarbeitern liegt vor, wenn diese über die grundlegenden wirtschaftlichen Verhältnisse des Unternehmens unzutreffend unterrichtet werden, ferner, wenn falsche Angaben darüber gemacht werden, wie zukunftsfähig das Unternehmen ist und ob ein zukunftsorientiertes Geschäftskonzept vorliegt.

---

1 *Ballwieser*, Unternehmensbewertung, 3. Aufl. 2011; *Großfeld*, Unternehmens- und Anteilsbewertung im GesellschaftsR, 4. Aufl. 2002.
2 *Peemöller*, Bewertung von Klein- und Mittelbetrieben, BB 2005, Spezial Nr. 7, S. 30 ff.; *Behringer*, Unternehmensbewertung der Mittel- und Kleinbetriebe, 5. Aufl. 2012.
3 *Hölters* in Hölters, Hdb. des Unternehmens- und Beteiligungskaufs, 6. Aufl. 2005, Teil I Rz. 75.
4 Zur Erbschleicherei vgl. *Milonidis*, Die Strafbarkeit der Erbschleicherei unter besonderer Berücksichtigung der Vermögens- und Eigentumsdelikte, 2002; *Jünemann*, Erbschleichung als Betrug, NStZ 1998, 393; *Schroeder*, Erbschleichung als Betrug, NStZ 1997, 585.
5 *Wagner*, Kapitalbeteiligung von Mitarbeitern und Führungskräften, 2. Aufl. 2008, S. 100 ff.; *Wagner*, Innovative Wege der Mitarbeiterbeteiligung – Kreativität ist gefordert, DStR 2000, 1707 (1710).

2. Untreue

a) Die Untreue (Missbrauchstatbestand/Treubruchtatbestand) ist im Einzelnen oben in § 32 erläutert. Bei **Personengesellschaften** wie der Gesellschaft bürgerlichen Rechts, der OHG oder der KG kann im Rahmen von § 266 StGB eine Schädigung des Vermögens der Gesellschaft nach der bisherigen Rechtsprechung des BGH lediglich zu einem straftatbestandsmäßigen Vermögensnachteil führen, als sie gleichzeitig das Vermögen der Gesellschafter berührt[1].

31

Auch bei einer **GmbH & Co. KG** kommt ein Vergehen der Untreue nicht in Betracht, weil sie keine juristische Person, nicht selbst Trägerin von Vermögen und nicht „rechtsfähig" ist, vielmehr die einzelnen Gesellschafter Träger des *Gesamthandvermögens* sind. Dessen Schädigung ist nur insoweit ein Nachteil i.S. des § 266 StGB, als sie sich im Vermögen des oder der anderen Gesellschafter(s) auswirkt[2]. Führt die Verfügung über das Vermögen der GmbH & Co. KG zu einem Angriff auf das Stammkapital der Komplementär-GmbH, kommt eine Untreue in Betracht. Sind an der Komplementär-GmbH keine Familienangehörigen eines veruntreuenden Geschäftsführers beteiligt, so bedarf es keines Strafantrags für die Strafverfolgung. Bei einer einverständlichen Handlung aller Gesellschafter scheidet eine Pflichtwidrigkeit aus.

32

b) Bei **Kapitalgesellschaften** besteht die Gefahr der *Untreue*, wenn zur Finanzierung der Übernahme auf das Vermögen der Kapitalgesellschaft in pflichtwidriger Weise zugegriffen wird und hierdurch bei dieser ein Nachteil – auch in Form eines Gefährdungsschadens (vgl. zu den Voraussetzungen § 32 Rz. 176b ff., 183 f.) – entsteht. Geschäftsführer oder Vorstände kommen als Täter in Betracht, da sie gegenüber den von ihnen vertretenen Gesellschaften strafrechtlich geschützte Vermögensbetreuungspflichten (vgl. § 32 Rz. 25, 27) haben.

33

Die Gefahr der Untreue besteht bei den *mit Fremdkapital finanzierten* Modellen des **Unternehmenskaufs** wie *Leveraged Buy Out (LBO)*, *Management Buy In (MBI)*, *Management Buy Out (MBO)* (Rz. 17). Werden die in diesen Fällen erforderlichen Zins- und Tilgungszahlungen aus dem Vermögen der Gesell-

34

---

1 Zur KG vgl. BGH v. 10.7.2013 – 1 StR 532/12 – Hochseeschleppergeschäft, NJW 2013, 3590; BGH v. 23.2.2012 – 1 StR 586/11, NStZ 2013, 38; BGH v. 30.8.2011 – 2 StR 652/10, NJW 2011, 3733; vgl. aber auch *Soyka/Voß*, Grundzüge und praxisrelevante Probleme der Untreue zum Nachteil von Personengesellschaften, ZWH 2012, 348; *Stölting*, Das Tatbestandsmerkmal des fremden Vermögens bei der Untreue zum Nachteil von Personengesellschaften am Beispiel der GmbH & Co. KG, 2010.
2 BGH v. 17.6.1952 – 1 StR 668/51, BGHSt 3, 23 (25); BGH v. 29.11.1983 – 5 StR 616/83, wistra 1984, 71; BGH v. 7.8.1984 – 5 StR 312/84, wistra 1984, 226; BGH v. 6.11.1986 – 1 StR 327/86, BGHSt 34, 221 = BB 1987, 145 (146); BGH v. 16.2.1961 – III ZR 71/60, BGH v. 13.1.2009 – 1 StR 399/08, wistra 2009, 273; BGH v. 23.2.2012 – 1 StR 586/11, NStZ 2013, 38; *Achenbach*, NStZ 1988, 97 (100); *Brand*, Untreue und Bankrott in der KG und GmbH & Co KG, 2010.

schaft geleistet, können *existenzgefährdende Entnahmen* vorliegen[1], die als Untreue zu qualifizieren sind.

35 Werden die Mittel der Erwerbergesellschaft zur Finanzierung der Übernahme durch Sicherheiten für die Muttergesellschaft (upstream) oder die Schwestergesellschaft (cross-stream) verwendet, so kann die **Sicherheitenbestellung** gegen die *gesellschaftsrechtlichen Kapitalerhaltungsvorschriften verstoßen* (§§ 30, 31 GmbHG), da das zur Erhaltung des Stammkapitals erforderliche Vermögen der Gesellschaft nicht an die Gesellschafter ausgekehrt werden darf[2]. Verstößt die Sicherheitenbestellung gegen die Kapitalerhaltungsvorschriften, kommt sowohl die zivilrechtliche Haftung der Geschäftsführung nach §§ 31 Abs. 3, 43 Abs. 2 GmbHG bzw. §§ 823 Abs. 2, 826 BGB als auch ein Verstoß gegen § 266 StGB in Betracht.

36 c) Werden zur Finanzierung der Übernahme **wertvolle Unternehmensteile** des Zielunternehmens **verkauft** (Rz. 18) und durch diese Ausplünderung die Substanz geschmälert, erhöht sich das Insolvenz-Risiko, wenn die Gesellschaft zum Zeitpunkt der Entnahmen verschuldet ist oder die Zins- und Tilgungsraten nicht aufgebracht werden können oder infolge einer wirtschaftlichen Rezession ein Nachfragerückgang eintritt. Ein Vergehen der Untreue wird bei solchen Vorgängen dann verwirklicht, wenn durch die Finanzierung der Übernahme die **Existenz** der erworbenen Gesellschaft **gefährdet** wird[3]. Dies ist der Fall, wenn

– durch die Entnahmen die Lebensfähigkeit des Unternehmens beeinträchtigt wird;

– durch Gewährung von Darlehen aus gebundenem Vermögen an Gesellschafter ein Verstoß gegen Kapitalerhaltungsvorschriften vorliegt;

– die zu übernehmende Gesellschaft durch die Tilgungen in hohem Umfang verschuldet wird;

---

1 *Schrell/Kirchner*, Fremdfinanzierte Unternehmenskäufe nach der KBV-Entscheidung des BGH: Sicherheitenpakete als existenzvernichtender Eingriff, BB 2003, 1151; *Diem*, Besicherung von Gesellschafterverbindlichkeiten als existenzvernichtender Eingriff des Gesellschafters?, ZIP 2003, 1283; a.A. *Schulz/Israel*, Kein existenzvernichtender Eingriff durch typische Finanzierung bei Leveraged Buy-out, NZG 2005, 329.
2 *Weitnauer*, Die Akquisitionsfinanzierung auf dem Prüfstand der Kapitalerhaltungsregeln, ZIP 2005, 790; *Fischer/Gasteyer*, Grenzen der Sicherheitenbestellung bei der GmbH, NZG 2003, 517.
3 *Schult*, Solvenzschutz der GmbH durch Existenzvernichtungs- und Insolvenzverursachungshaftung, 2009; BGH v. 13.5.2004 – 5 StR 73/03 – Bremer Vulkan, NJW 2004, 2248 = NZG 2004, 717 (721); *Fleischer*, Konzernuntreue zwischen Straf- und GesellschaftsR: Das Bremer Vulkan-Urteil, NJW 2004, 2867; *Kutzner*, Anm. zu BGH 5 StR 73/03 (Bremer Vulkan), NStZ 2004, 271; *Kasiske*, Existenzgefährdende Eingriffe in das GmbH-Vermögen mit der Zustimmung der Gesellschafter als Untreue, wistra 2005, 81; BGH v. 19.2.2013 – 5 StR 427/12.

– durch die zu stellenden Sicherheiten[1] dem zu übernehmenden/übernommenen Unternehmen (Zielgesellschaft) die Möglichkeit genommen wird, betriebsnotwendige Kredite zu erhalten[2].

Diese Grundsätze gelten auch für Fälle der Finanzierung durch Entnahmen aus konzernverbundenen Unternehmen.

d) Wird ein Unternehmen von einem **Konkurrenten** übernommen und in den Ruin getrieben, um es vom Markt verschwinden zu lassen, so kommt ebenfalls ein Verstoß gegen § 266 StGB in Betracht. Entzieht der herrschende Gesellschafter der Gesellschaft ohne angemessenen Ausgleich Vermögenswerte, die diese zur Erfüllung ihrer Verbindlichkeiten benötigt, dann liegt ein *existenzvernichtender Eingriff* vor. Dies gilt auch, wenn der Gesellschafter über eine zwischengeschaltete GmbH beherrschenden Einfluss auf ein von dieser beherrschtes Unternehmen ausübt. Zivilrechtlich haftet er für die Verbindlichkeiten der GmbH persönlich; auf die Haftungsbeschränkung des § 13 Abs. 2 GmbHG kann er sich nicht mit Erfolg berufen.

37

e) Wird ein Erbe von der Erbengemeinschaft beauftragt, das ererbte Unternehmen zu veräußern, und vereinbart der *Beauftragte* mit dem Erwerber die Zahlung einer „**Provision**" (Schwarzgeld, kick-back) an ihn[3] (vgl. zu kick-backs § 32 Rz. 70, 113, 139), so greift der Tatbestand der *Untreue gegenüber den Miterben* ein. Sollte eine Vermögensbetreuungspflicht gegenüber den Miterben zu verneinen sein, so ist jedenfalls der Betrugstatbestand einschlägig.

38

Tätigt der mit der Abwicklung des Erbfalles *Beauftragte* aus einem Unternehmen **Entnahmen**, die zur Verringerung des Unternehmenswertes führen, oder verlagert er Geschäftsbereiche in außenstehende Unternehmensträger, um den Vermögenswert des Unternehmens zu schmälern und hierdurch erbrechtliche Ausgleichszahlungen oder auszuzahlende Vermächtnisse zu mindern, so liegt ebenfalls Untreue, hilfsweise Betrug gegenüber den Auftraggebern bzw. Familienangehörigen vor. Der Entzug der Produktionsgrundlagen, die Ausgliederung wertvoller Unternehmensteile oder die Gefährdung der Liquidität führen auch hier zu einer als Untreue zu wertenden unmittelbaren Existenzgefährdung der GmbH[4].

39

f) Werden bei einer **Familien-GmbH** Entnahmen ohne Zustimmung der anderen Gesellschafter getätigt (*Familienuntreue*), dann sind auch die Gesellschafter dieser GmbH als Verletzte i.S. des § 266 Abs. 2 i.V.m. § 247 StGB anzuse-

40

---

1 *Schrell/Kirchner*, BB 2003, 1151; *Diem*, ZIP 2003, 1283; a.A. *Schulz/Israel*, NZG 2005, 329.
2 *Hölters* in Hölters, Hdb. des Unternehmens- und Beteiligungskaufs, Teil I Rz. 79.
3 Vgl. *Rönnau* in FS Kohlmann, 2003, S. 239 (247).
4 BGH v. 24.8.1988 – 3 StR 232/88, BGHSt 35, 333 (337); BGH v. 24.10.1990 – 3 StR 16/90, BGHR StGB § 266 Abs. 1 Nachteil 23; BGH v. 22.2.1991 – 3 StR 348/90, BGHR StGB § 266 Abs. 1 Nachteil 25; BGH v. 20.12.1994 – 1 StR 593/94, BGHR StGB § 266 Abs. 1 Nachteil 33; BGH v. 13.5.2004 – 5 StR 73/03 – Bremer Vulkan, NJW 2004, 2248.

hen[1]. Diese müssen grundsätzlich einen *Strafantrag* stellen, andernfalls besteht ein Strafverfolgungshindernis (§ 10 Rz. 12).

Nur dann, wenn die Gewinnentnahme zu einem im Rahmen des § 266 StGB bedeutsamen Vermögensnachteil der *GmbH selbst* geführt hat (Angriff auf das Stammkapital, existenzgefährdender Eingriff), ist der Strafantrag der Mitgesellschafter nicht Voraussetzung für eine Strafverfolgung, da die GmbH als juristisch selbständige Rechtsperson einen eigenen Schaden erlitten hat. Auf ein Einverständnis der Mitgesellschafter, das in diesem Fall rechtswidrig wäre, kommt es nicht an[2]. Wird in engem zeitlichem Zusammenhang mit den letzten Entnahmehandlungen über das Vermögen einer GmbH das Insolvenzverfahren eröffnet, liegt es nahe, dass diese zu einer konkreten Existenzgefährdung der Gesellschaft geführt haben.

41 g) Da der Nachlass sowohl für den **Testamentsvollstrecker** als auch den **Nachlassverwalter** fremdes Vermögen ist und beide eine vermögensfürsorgerische Rechtsposition haben, kommt bei einem pflichtwidrigen Verstoß gegen die Vermögensbetreuungspflicht, die zu einem Nachteil bei dem Nachlass führt, ein Vergehen der **Untreue** in Betracht (vgl. Rz. 31; § 32 Rz. 14, 23). Als *Pflichtverletzung* ist ein eigennütziges Verhalten des Testamentsvollstreckers bei seiner Amtsführung anzusehen, z.B., wenn er eine Immobilie (unter Wert) auf sich selbst überträgt oder wenn das Nachlassvermögen verwendet wird, um einen eigenen aufwendigen Lebensstil zu finanzieren[3].

42 h) Da eine rechtsfähige **Stiftung** eigenes Vermögen hat, über das der Vorstand verfügen kann bzw. das Kuratorium zu wachen hat, kommt bei rechtswidrigem vermögensschädigendem Verhalten der vermögensbetreuungspflichtigen Personen ein Vergehen der *Untreue* (§ 266 StGB) in Betracht[4] (weitere Hinweise vgl. § 32 Rz. 15, 64, 113).

3. Steuerdelikte

Schrifttum: *Brinkmann,* Teilentgeltliche Unternehmensnachfolge im Mittelstand, 2005; *Koch,* Gewinnrealisierungen anlässlich der unentgeltlichen Übertragung betrieblicher Einheiten unter besonderer Berücksichtigung des Geschäftswerts, 2011; *Levedag,* Münchener Handbuch des Gesellschaftsrechts, Bd. 2, 4. Aufl. 2014, § 59 Nachfolge bei der GmbH & Co. KG; *Moench/Hübner,* Erbschaftsteuerrecht, 3. Aufl. 2012; *Schnüttgen,* Steuerhinterziehung im Familienrecht – Wer haftet für vollständige und korrekte steuerliche Angaben?, FPR 2012, 333; *Stahl/Durst,* Verschwiegenes Vermögen im Erbfall ZEV 2008, 467.

---

1 BGH v. 22.5.2003 – 5 StR 520/02, NJW 2003, 2924 (2926) = StV 2004, 24; BGH v. 6.7.1999 – 4 StR 57/99, juris; BGH v. 23.2. 2012 – 1 StR 586/11, NStZ 2013, 38; *Hohmann* in MüKo, 3. Aufl., § 247 StGB Rz. 9.
2 BGH v. 20.7.1999 – 1 StR 668/98, NJW 2000, 154 (155) m. Anm. *Gehrlein,* 1089 f.
3 BGH v. 25.7.2003 – 1 StR 469/02 , NStZ-RR 2003, 297.
4 *Lassmann,* Stiftungsuntreue, 2008; *Büch,* Zur Strafbarkeit eines Stiftungsvorstands wegen Untreue, wistra 2011, 20; *Saliger,* Untreue bei Stiftungen, in Walz/Hüttemann/Rawert/Schmidt (Hrsg.), Bucerius Law School: Non Profit Year Book 2005, 209; *von Maltzahn/Gräwe,* Die Untreuestrafbarkeit von Stiftungsvorstand und -beirat: Vermeidungsstrategien bei stiftungstypischen Maßnahmen, BB 2013, 329.

a) Erbschaftsteuer

Erbschaftsteuer und Schenkungsteuer sind gemeinsam in einem Gesetz, dem Erbschaftsteuer- und Schenkungsteuergesetz (**ErbStG**)[1] geregelt. Der Erbschaftsteuer unterliegen Erwerbe von Todes wegen (§ 1 Abs. 1 Nr. 1 ErbStG), der Schenkungsteuer die Schenkungen unter Lebenden (§ 1 Abs. 1 Nr. 2 ErbStG). Soweit also Unternehmen nicht durch vollentgeltliche Veräußerungsgeschäfte auf Nachfolger übertragen werden, greift das ErbStG ein. 43

Mit Inkrafttreten des neuen Erbschaftsteuer- und Bewertungsrechts zum 1.1.2009[2] gilt bei der Bewertung von Unternehmen für Zwecke der Erbschaft- und Schenkungsteuer eine neue einheitliche und **rechtsformneutrale Bewertung und Besteuerung** der Unternehmensnachfolge. Maßgebliches Bewertungsziel für die steuerliche Bewertung ist nach wie vor der jeweilige Verkehrswert eines Vermögensgegenstands. Der Gestaltungsspielraum der Steuerpflichtigen ist daher kleiner worden, die Rechtsform eines Unternehmens spielt für die Bewertung keine Rolle mehr[3]. 44

Das Finanzamt kann gem. § 31 Abs. 1 ErbStG von jedem an einem Erbfall oder an einer Schenkung Beteiligten die Abgabe einer *Erklärung* verlangen. Dies setzt allerdings voraus, dass es von Erbfall oder Schenkung erfährt. Deshalb trifft den Erben, den Beschenkten und den Schenker gem. § 30 Abs. 1 und 2 ErbStG eine **Anzeigepflicht**. Erbschaftsteuer wird z.B. hinterzogen, wenn der Vater einer minderjährigen Vermächtnisnehmerin, die Auslandsvermögen erhielt, das Bestehen der Anzeigepflicht nach § 30 Abs. 1 ErbStG für möglich hält und ihre Verletzung ebenso billigend in Kauf nimmt wie die daraus bewirkte Erbschaftsteuerverkürzung[4]. 45

Die **Anzeigepflicht entfällt** gem. § 30 Abs. 3 ErbStG, wenn der Erwerb auf einer von einem Notar eröffneten Verfügung von Todes wegen beruht und sich aus der Verfügung das Verhältnis des Erwerbers zum Erblasser unzweifelhaft ergibt. Das Gleiche gilt, wenn eine Schenkung unter Lebenden gerichtlich oder notariell beurkundet ist, denn dann erfolgt die Information des Finanzamts „von Amts wegen". 46

Andernfalls besteht eine Pflicht zur Anzeige. Wird diese vom Erben, Beschenkten oder Erblasser unterlassen, so erfüllt dieses Verhalten den Tatbestand der *Steuerhinterziehung* (§ 370 Abs. 1 Nr. 2 AO)[5].

Hat der Erblasser unrichtige oder unvollständige Steuererklärungen abgegeben, so ist der **Erbe** nach § 153 Abs. 1 S. 2 AO **verpflichtet**, die *Unrichtigkeit* oder Unvollständigkeit der Steuererklärungen des Erblassers unverzüglich – also 47

---

1 I.d.F. der Bek. v. 27.2.1997, BGBl. I 378, ergänzt durch die ErbStDV v. 8.9.1998, BGBl. I 2658.
2 *Daragan/Halaczinsky/Riedel*, Praxiskommentar ErbStG und BewG, 2. Aufl. 2012.
3 *Onderka*, Die Gestaltung der Unternehmensnachfolge nach der Erbschaftsteuerreform, NZG 2009, 521; *Dodenhoff*, Die Unternehmensnachfolge nach der Erbschaftsteuerreform: Ziele, Rahmenbedingungen und Gestaltungsoptionen 2012; Beck'sches Mandatshdb. Due Diligence, 2. Aufl. 2010.
4 FG Baden-Württemberg v. 9.5.2011 – 9 K 3714/08.
5 Zur Hinterziehung von Erbschaftsteuer und Schenkungsteuer allg. *Rolletschke*, Die Hinterziehung von Erbschaft-/Schenkungsteuer, wistra 2001, 287.

ohne schuldhaftes Zögern – dem Finanzamt *anzuzeigen und richtigzustellen*, falls er die Unrichtigkeit oder Unvollständigkeit erkennt und es dadurch zu einer Verkürzung von Steuern kommen kann oder bereits gekommen ist (näher § 44 Rz. 21). War der Erbe zu Lebzeiten des Erblassers bereits an dessen Steuerhinterziehung beteiligt und hat er sich somit bereits damals selbst strafbar gemacht, entfällt die Berichtigungspflicht. Diese setzt voraus, dass der Steuerpflichtige erst im Nachhinein die Unrichtigkeit bzw. Unvollständigkeit erkennt (§ 153 Abs. 1 AO). Der Erbe kann jedoch Selbstanzeige gem. § 371 AO erstatten (§ 44 Rz. 119 ff.).

48 Als **steuerpflichtiger Erwerb** gilt gem. § 10 ErbStG die Bereicherung des Erwerbers, soweit sie nicht steuerfrei ist. Zu Erbschaftsteuer- oder Schenkungsteuerhinterziehungen im Zusammenhang mit Unternehmensnachfolgen wird es insbesondere dann kommen, wenn in der vom Finanzamt angeforderten Steuererklärung unrichtige oder unvollständige Angaben über Umfang und Wert des Erwerbs gemacht werden. Dazu gehört beispielsweise auch das Verschweigen von *Auslandskonten*, soweit deren Übergang nicht aufgrund eines Doppelbesteuerungsabkommens von der deutschen Erbschaftsteuer freigestellt ist. Im Bereich der Erbschaftsteuer gibt es allerdings nur wenige Doppelbesteuerungsabkommen[1]. Unterhalten Steuerpflichtige Konten oder Depots in Steueroasen – auch nach Antritt einer Erbschaft – so haben sie gem. § 1 Abs. 5 *Steuerhinterziehungsbekämpfungsverordnung*[2] (SteuerHBekV) die Finanzbehörde nach Aufforderung zu bevollmächtigen, im Namen des Steuerpflichtigen mögliche Auskunftsansprüche gegenüber diesen Kreditinstituten außergerichtlich und gerichtlich geltend zu machen. Dies gilt auch, wenn objektiv erkennbare Anhaltspunkte für die Annahme bestehen, der Steuerpflichtige verfüge über Geschäftsbeziehungen zu Kreditinstituten in Steueroasen.

49 In Erbfällen und Schenkungen **mit Auslandsberührung** kann sich eine Steuerhinterziehung immer nur auf die Steuerbeträge beziehen, die der Bundesrepublik aufgrund fehlender Freistellung durch ein Doppelbesteuerungsabkommen und nach Anrechnung der ausländischen Erbschaftsteuer und Schenkungsteuer verbleiben[3].

b) Ertragsteuern

50 Wie oben dargestellt, kann sich die Unternehmensnachfolge in einer Reihe von Gestaltungsvarianten vollziehen. So können z.B. durch eine geschickte Verknüpfung des Wahlrechts des § 20 UmwStG und der damit einhergehenden Vergünstigungen der § 16 und 34 EStG mit dem Rechtsinstitut der **Vermögensübertragung gegen Versorgungsleistungen** beachtliche Steuerersparnisse erzielt werden[4]. Eine Gestaltung kann so lange nicht zu einer Steuerstraftat führen, als der Finanzbehörde *alle Tatsachen* dargelegt werden, die für die steuerliche

---

1 Vgl. BMF v. 12.1.2010, BStBl. I 35.
2 V. 18.9.2009, BGBl. I 3046.
3 S. weiterführend *Schaumburg* in Schaumburg/Peters, Int. SteuerStrafR, 2015, Kap. 13 und Kap. 16.
4 Zu Einzelheiten *König*, Unternehmensnachfolge als Steuersparmodell?!, NWB Fach 3 S. 13083.

Behandlung von Bedeutung sind. Zu einer Steuerhinterziehung kann es erst kommen, wenn für die Besteuerung erhebliche Tatsachen verschwiegen oder unrichtig angegeben werden. Dies können z.B. Umstände sein, die die persönliche Steuerpflicht betreffen (hat der Steuerpflichtige seinen Wohnsitz wirklich ins Ausland verlegt?) als auch die sachliche Steuerpflicht, für die z.B. der zutreffende Wert von Wirtschaftsgütern maßgeblich ist.

Bei Kaufverträgen im Rahmen eines MBO oder LBO (vgl. Rz. 17) zwischen der GmbH und Gesellschaftern oder nahestehenden Personen kann eine **verdeckte Gewinnausschüttung** vorliegen, wenn Wirtschaftsgüter zu einem nicht marktüblichen Preis an die GmbH veräußert werden (zur Steuerhinterziehung durch verdeckte Gewinnausschüttung vgl. § 44 Rz. 8). 51

4. Weitere Delikte

a) Durch die Übernahmefinanzierung aus dem Vermögen der zu erwerbenden Gesellschaft (Rz. 20) kann diese durch die Entnahmen in die Situation der Überschuldung geraten. In dieser Situation bestehen *Insolvenzanmeldungspflichten*, deren Verletzung ein **Insolvenzdelikt** ist (§ 80 Rz. 1 ff.). Ferner kann leicht, etwa aufgrund einer wirtschaftlichen Rezession oder anderen Marktereignissen, ein Nachfragerückgang eintreten, der dazu führt, dass die zusätzlichen Zins- und Tilgungsraten aus der Finanzierung des Unternehmenserwerbs nicht mehr aufgebracht werden können und *Zahlungsunfähigkeit* droht oder eintritt. 52

b) Dass im Zusammenhang mit Unternehmensübernahmen auch – je nach konkreter Konstellation – zahlreiche **weitere Delikte** verhältnismäßig leicht begangen werden können, vom *Kreditbetrug* (§ 265b StGB, § 50 Rz. 150 ff.) über die *Subventionserschleichung* (§ 264 StGB; dazu oben § 52) bis hin zur *Vereitelung der Zwangsvollstreckung* (§ 288 StGB; § 88 Rz. 5 ff.) gegenüber weichenden Miterben, bedarf hier keiner weiteren Vertiefung. 53

5. Teil
Berater im Wirtschaftsstrafrecht

1. Kapitel
Beraterberufe

§ 90
Einführung
Bearbeiter: Johannes Häcker

	Rz.		Rz.
1. Zur Bedeutung der Berater	1	3. Zum Berufsethos	17
2. Berater und Prüfer	4		

Schrifttum: *Barton*, Rechtsgestaltung und Strafrecht, JuS 2004, 553; *Borrmann*, Der Schutz der Berufsfreiheit im deutschen Verfassungsrecht und im europäischen Gemeinschaftsrecht, 2002; *Gaier/Wolf/Göcken* (Hrsg.), Anwaltliches Berufsrecht, Kommentar, 2. Aufl. 2014; *Hammerstein*, Verteidigung und Moralität, NStZ 1990, 261; *Hauschka*, Compliance als Teil einer modernen Unternehmensführung, AnwBl 2010, 629; *Henssler*, Zehn Thesen zum Entwurf eines Rechtsdienstleistungsgesetzes, AnwBl 2007, 553; *Henssler*, Anforderungen an ein modernes Anwaltsrecht - Blick ins Jahr 2030, AnwBl 2013, 394; *Herrmann/Backhaus*, Staatlich gebundene Freiberufe im Wandel, 1998; *Holoubek/Potacs*, Handbuch des öffentlichen Wirtschaftsrechts, 2. Aufl. 2007; *Inderst/Bannenberg/Poppe*, Compliance, 2. Aufl. 2013; *Kämmerer*, Die Zukunft der Freien Berufe zwischen Deregulierung und Neuordnung, Gutachten zum 68. Deutschen Juristentag 2010; *Kluth/Goltz/Kujath*, Die Zukunft der freien Berufe in der Europäischen Union, 2005; *Lindenau/Spiller*, Beratung der Freien Berufe, 2008; *Ludewig*, Zur Berufsethik der Wirtschaftsprüfer, WPg 2003, 1093; *Römermann*, Der Anwalt in Deutschland und anderswo, in FS Hartung, 2008, S. 145; *Rücker*, Rechtsberatung: Das Rechtsberatungswesen von 1919–1945 und die Entstehung des Rechtsberatungsmissbrauchsgesetzes von 1935, 2007; *Schünemann*, Unternehmenskriminalität und Strafrecht, 1979; *Wessing*, Strafbarkeitsgefährdungen für berufliche Berater, NJW 2003, 2265. Weiteres Schrifttum unten § 91, § 92.

1. Zur Bedeutung der Berater

Das Wirtschaftsstrafrecht knüpft in erster Linie an die (strafrechtlich relevante) wirtschaftliche Tätigkeit von Unternehmern an (vgl. § 1 Rz. 1 ff., Rz. 10 f., § 2 Rz. 1 ff.; § 22 Rz. 2 f., § 23 Rz. 1 ff.). Deshalb stehen Personen, die durch ihre beratende berufliche Tätigkeit im weitesten Sinne auf unternehmerische Entscheidungen Einfluss ausüben (können), dem strafbaren Geschehen naturgemäß oft sehr nahe. Kennzeichnet man die **gefährlichsten Wirtschaftsstraftäter** noch damit, dass sie bewusst Spezialisten in Rechts- und Wirtschaftsfragen heranziehen, um Grauzonen und echte oder vermeintliche Gesetzeslücken für die Tatbegehung auszunutzen oder um ihre Taten von vornherein bestmöglich

1

zu verschleiern oder um schließlich nachträglich Spuren zu verwischen[1], so rechtfertigen es schon allein diese Aspekte, mögliche strafrechtliche Verwicklungen von Beratern in Wirtschaftsstrafsachen im Rahmen ihrer Berufsausübung einer gesonderten Erörterung zu unterziehen.

2 Mannigfache Erfahrungen aus der strafrechtlichen Praxis haben zudem bestätigt, dass gerade den **Beratungsberufen** im Wirtschaftsstrafrecht eine *besondere, eigenständige Bedeutung* zukommt. Es hat sich auch gezeigt, dass selbst die traditionellen, **staatlich gebundenen Beraterberufe**[2] – Rechtsanwälte, Steuerberater, Wirtschaftsprüfer, Notare[3] – trotz besonders geregelter und überwachter **Berufspflichten** (§ 91 Rz. 1, 2 ff.) in keiner Weise davor gefeit sind, sich in Straftaten ihrer Mandanten verstricken zu lassen. Bezüglich strafbarer Verstrickungen in Wirtschaftsstraftaten muss auch die *Dunkelziffer* gerade dieser Beraterberufe als erheblich veranschlagt werden. Dieser Aussage liegen neben eigenen Erfahrungen auch Erkenntnisse zugrunde, die von in Wirtschaftsstrafsachen langjährig tätigen Staatsanwälten und Kriminalbeamten übermittelt wurden. Verlässliches Material für zuverlässige Schätzungen liegt allerdings bisher nicht vor. Zwar sind die Zeiten, in denen sich Angehörige dieser Beraterberufe wegen ihrer gesetzlichen Privilegien und ihres Ansehens in der Öffentlichkeit sowie bei Behörden und bei sonstigen staatlichen oder öffentlichen Institutionen nahezu sakrosankt fühlen konnten[4], längst vorbei. Oft sehr komplizierte und schwer handhabbare rechtliche Regelungen sowie praktische Ermittlungsschwierigkeiten, von deren näherer Darlegung hier abgesehen werden muss, dürften indessen bisher einer entscheidenden Verkleinerung dieses Dunkelfeldes entgegengestanden haben. Durch erweiterte Einsatz-, Kooperations- und Niederlassungsmöglichkeiten inländischer staatlich gebundener Beraterberufe wie Rechtsanwälte, Steuerberater, Wirtschaftsprüfer u.Ä. sowie vergleichbarer – auch ausländischer – Berufsangehöriger im Rahmen der EU, die in den letzten Jahren zunehmend an Bedeutung gewonnen haben, ist zudem eine *Verschärfung der Konkurrenzsituation* in manchen Bereichen eingetreten und noch weiter zu erwarten. Dadurch ist ein Absinken der Berufsethik und des herkömmlichen allgemeinen Standards an Berufspflichten zu befürchten. Dies lässt eine zunehmende Schwächung des Pflichtbewusstseins von Berufsangehörigen besorgen, aber auch Erschwernisse für die *Berufskammern* als maßgeb-

---

1 Zum Begriff der Wirtschaftskriminalität vgl. § 7 Rz. 10 ff.; zu unterschiedlichen Definitionen von WirtschaftsstrafR *Tiedemann*, WiStrafR AT, Rz. 39 ff.
2 Diese Bezeichnung wurde auch vom BVerfG verwendet, z.B. schon BVerfG v. 25.2.1960 – 1 BvR 239/52, BVerfGE 10, 354 (365) = NJW 1960, 619.
3 Vgl. dazu grundsätzlich *Herrmann/Backhaus*, Staatlich gebundene Freiberufe im Wandel, 1998; *Kluth/Goltz/Kujath*, Die Zukunft der freien Berufe in der EU, 2005.
4 Es ist bemerkenswert, dass dies vor allem vonseiten steuerlicher Berater seit Längerem beklagt worden ist, vgl. schon *Heinrich*, StB 1979, 250 ff.; *Felix/Streck*, Stbg. 1980, 78 f., die insoweit durchaus zutr. jeweils von einer „Tendenzwende" sprachen und diese bedauerten.

lichen Aufsichts- und Kontrollinstanzen, mit dem gebotenen Nachdruck auf eine ordnungsgemäße Berufsausübung hinzuwirken[1].

Naturgemäß kann nicht die gesamte vielfältige Palette möglicher Berater erörtert werden; schon gar nicht kann es darum gehen, verschiedene Beraterberufe oder -funktionen voneinander abzugrenzen. Die Ausführungen müssen sich einerseits weitgehend beschränken auf **externe Berater**, solche also, die nicht beim beratenen Unternehmer angestellt sind, die aber durchaus Angestellte einer Beratungsfirma (Beispiel: angestellter Steuerberater) oder eines sonstigen Dienstleistungsbetriebes (Beispiel: Bankangestellter) sein können, und andererseits auf die im Wirtschaftsleben und damit auch für die strafrechtliche Praxis besonders wichtigen Beratergruppen.

2. Berater und Prüfer

a) Die **staatlich gebundenen Beraterberufe** (Rz. 2, § 91 Rz. 1) sind insbesondere dadurch gekennzeichnet, dass der Zugang zum Beruf auf fest umrissener *gesetzlicher Grundlage* beruht sowie dass die ordnungsgemäße Berufsausübung – mit gewissen Besonderheiten bei den Notaren (§ 91 Rz. 78 ff.) – durch Gesetz und Berufsordnungen vorgeschrieben ist und von Berufskammern sowie einer Berufs- und Ehrengerichtsbarkeit überwacht wird. Angehörige dieser Berufe wurden deshalb früher oft auch als *„Ehrenberufler"* bezeichnet. Sie gehören den **„freien Berufen"** an (vgl. dazu § 22 Rz. 69, auch § 18 Abs. 1 Nr. 1 S. 2 EStG, aber auch § 1 Abs. 2 PartGG), betreiben insbesondere also kein Gewerbe[2]. Generell kennzeichnend ist für Freiberufler, dass sie „aufrund eigener Fachkenntnis leitend und eigenverantwortlich tätig" sind (§ 18 Abs. 1 Nr. 1 S. 3 EStG), wobei sie aufgrund besonderer Qualifikation auf meist anspruchsvollem Niveau geistig-ideelle Leistungen erbringen[3].

Jedoch ist ihre Berufsfreiheit durch gesetzliche *Unvereinbarkeitsnormen* beschränkt. Einerseits können sie grundsätzlich nicht gleichzeitig Freiberufler und Arbeitnehmer oder Inhaber eines besoldeten Amtes sein[4]. Andererseits untersagen die **Berufsgesetze** grundsätzlich auch die gleichzeitige Ausübung einer freiberuflichen und einer gewerblichen Tätigkeit[5]. Damit soll ein hoher Leistungsstandard der freien Berufe gewährleistet werden. Von einem Freiberufler

---

1 Zur Umbruchsituation bei den Rechtsanwälten vgl. schon *Schumann*, NJW 1990, 2089.
2 § 2 BRAO, § 57 Abs. 4 StBerG, § 1 Abs 2 WPO.
3 Vgl. *Seer* in FS Hartung, 2008, S. 203; *Lindenau/Spiller*, Beratung der Freien Berufe, 25 ff.; *Holoubek/Potacs*, Hdb., S. 397 ff.
4 Vgl. z.B. § 43a Abs. 2, 3 WPO, §§ 32, 57 Abs. 4 StBerG, § 46 BRAO.
5 Z.B. § 43a Abs. 3 Nr. 1 WPO, § 57 Abs. 4 StBerG, §§ 2, 7 Nr. 8 BRAO. Zur Unvereinbarkeit des Anwaltberufs mit anderen beruflichen Betätigungen vgl. auch BVerfG v. 4.11.1992 – 1 BvR 79/85 u.a., BVerfGE 87, 287; BVerfG v. 6.12.2011 – 1 BvR 2880/11, NJW 2012, 993; BGH v. 10.1.2005 – AnwZ (B) 29/03, BGHZ 161, 376.

wird zudem – wenn auch mehr in der Theorie als in der Praxis – erwartet, dass er nicht primär die Erzielung von Gewinnen aus seiner beruflichen Tätigkeit anstrebt[1], sondern vorrangig *im öffentlichen Interesse* tätig ist. Er erhält deshalb theoretisch im Grundsatz meist keine auf seine konkrete Arbeitsleistung bezogene Entlohnung, sondern **Gebühren** oder *Honorare*[2]; allerdings sind in den letzten Jahren Lockerungen in den gesetzlichen Gebührenregelungen vorgenommen worden. Dabei wurde *für Ausnahmefälle* die *Vereinbarung von Erfolgshonoraren* gestattet[3]; dies war vom BVerfG im Hinblick auf Art. 12 Abs 2 GG so gefordert worden[4]. Für Wirtschaftsprüfer gibt es keine Gebührenordnung.

6 Das früher recht rigorose grundsätzliche **Werbeverbot** der freien Berufe ist in neuerer Zeit, nicht zuletzt aufgrund verfassungsrechtlicher Bedenken, aber auch aufgrund der Liberalisierungstendenzen innerhalb der EU, erheblich gelockert worden. Sachlich gehaltene allgemeine „*Informationswerbung*" ist danach im Gegensatz zur „*Qualitätswerbung*" praktisch uneingeschränkt zulässig geworden (vgl. z.B. § 43b BRAO, § 52 WPO, § 8 StBerG, § 39b PatAO). Darüber hinaus ist die Tendenz unverkennbar, Werbung und Anpreisung noch weitergehend zuzulassen, soweit keine Verwechslungsgefahr (etwa bei Rechtsanwälten mit Fachanwaltsbezeichnungen) und keine Irreführung gegeben ist.[5]

7 Den hier erörterten Angehörigen der staatlich gebundenen Beraterberufe – Rechtsanwälte, Patentanwälte, Steuerberater und Steuerbevollmächtigte, Wirtschaftsprüfer, Notare – sind vom Gesetzgeber auch nach Einführung des RDG (§ 92 Rz. 1 ff.) noch **weite Bereiche des Rechts- und Geschäftslebens** – insbesondere *Rechtsberatung* und *Prozessvertretung* durch Rechtsanwälte, *Steuerberatung* und ergänzende Dienstleistungen durch Steuerberater, *Wirtschafts-* und *Buchprüfung* durch Wirtschaftsprüfer, bestimmte formgebundene *Vertrags- und Rechtsgestaltungen* durch Notare – zur weitgehenden Betreuung und berufsmäßigen „Nutzung" **zugewiesen**. Dabei wird ihre Tätigkeit nur teilweise über gesetzliche Gebührenordnungen[6] honoriert, sodass über Honorarvereinbarungen sowie Rahmen- und Pauschalgebühren[7] erhebliche Spielräume zur Abrechnung gegeben sind.

---

1 Vgl. *Kämmerer*, Gutachten, H 21; nach früherem Verständnis *Stober*, NJW 1981, 1529 (1530). Mit der Umbruchsituation der freien Berufe hat sich der Deutsche Juristentag 2010 (mit Gutachten *Kämmerer*) unter dem Thema „Die Zukunft der freien Berufe zwischen Deregulierung und Neuordnung" befasst.
2 S. BVerfG v. 15.2.1967 – 1 BvR 569/61, BVerfGE 21, 173 (179) = NJW 1967, 1317. Allerdings sind Honorare nach Zeitaufwand oder gemäß freier Vereinbarung inzwischen weitgehend zulässig, z.B. für Patentanwälte und Rechtsanwälte als Strafverteidiger, vgl. oben § 16 Rz. 26 ff.; *Dahs*, Hdb., Rz. 1195 ff.
3 § 49b Abs. 2 BRAO, § 9a StBerG, § 43b PatAO, 55a WPO.
4 BVerfG v. 12.12.2006 – 1 BVR 2576/04, NJW 2007, 979.
5 S. neuere Entscheidungen: BGH v. 18.10.2012 – 1 ZR 137/11, GRUR 2013, 408; BGH v. 13.11.2013 – I ZR 15/12, BGHZ 199, 43; AnwGH Hamm v. 7.9.2012 – 2 AGH 29/11, NJW 2013, 44; OLG Hamm v. 7.3.2013 – 1-4 U 162/12, NJW 2013, 2038.
6 RVG für Rechtsanwälte, SteuerberatervergütungsVO (StBVV) für Steuerberater.
7 Vgl. §§ 3a, 14, 42 RVG, §§ 11, 14 StBVV.

Im Zuge der Entwicklung eines von den Staaten der EU angestrebten *einheitlichen „Dienstleistungsmarktes"* sind in neuerer Zeit die Möglichkeiten inländischer und vergleichbarer ausländischer Berater und Beratungsfirmen, sich in anderen Ländern der EU niederzulassen, überörtliche Sozietäten zu bilden, an mehreren Orten und in verschiedenen Ländern Kanzleien zu betreiben sowie Auslandskooperationen einzugehen, nach und nach immer mehr erleichtert worden[1].

Im Interesse der Gewährleistung eines hohen Leistungsstandards der Freiberufler durften sich diese traditionell bei der Berufsausübung nur unter engen Voraussetzungen oder auch gar nicht mit Angehörigen **verwandter freier Berufe** in Sozietäten, Partnerschaften oder Bürogemeinschaften[2] **zusammenschließen**. Dabei sollte in erster Linie ihre Unabhängigkeit gewahrt und mögliche Interessenkollisionen sollten vermieden werden. Jedoch wurden die Möglichkeiten der Rechtsanwälte, Steuerberater, Wirtschaftsprüfer und – teilweise – auch der Anwalts-Notare (§ 9 Abs. 2, 3 BNotO), sich mit jeweils anderen, verwandten Berufsangehörigen *in Sozietäten und anderen Gesellschaften*[3] zusammenzuschließen und so ein möglichst umfassendes Dienstleistungsangebot zu bieten, nach und nach immer mehr *ausgeweitet*[4]. Aktuell steht aufgrund einer Vorlageentscheidung des BGH zur verfassungsgerichtlichen Prüfung, ob § 59a BRAO verfassungswidrig ist, weil eine Partnerschaft zwischen Rechtsanwalt und Arzt oder Apotheker nicht gestattet ist[5] 8

Hingegen dürfen **Amtsnotare** (vgl. dazu § 91 Rz. 78 ff.) weiterhin weder einen Nebenberuf ausüben noch sich mit Angehörigen anderer Beraterberufe zusammenschließen (§§ 8, 9 Abs. 1, 3 Abs. 1 BNotO); insofern laufen die Berufsbilder der Amtsnotare und der – bundesweit längst weit in der Mehrheit befindlichen – Anwaltsnotare schon seit Jahren nicht unbedenklich auseinander[6].

Die **Sozietäten** können eine gemeinschaftliche Kanzlei unterhalten; ihre Angehörigen können aber auch überörtlich in mehreren Kanzleien tätig sein (vgl. § 59a BRAO, § 56 StBG, § 47 WPO). Auch die speziell für die Angehörigen der freien Berufe 1994 geschaffene *Partnerschaftsgesellschaft* steht den genannten Beratern zur Verfügung (näher § 91 Rz. 10b). Nachdem Steuerberater und Wirtschaftsprüfer ihre Berufe seit Langem in der Rechtsform einer **GmbH** ausüben können, wurde diese Möglichkeit auch den Rechtsanwälten und Patentanwäl- 9

---

1 Vgl. dazu § 206, § 59a Abs. 2 und 3, § 29a BRAO, § 44b Abs. 2, §§ 47, § 134 WPO, § 56 StBerG, § 52a Abs. 2, § 154a PatAO.
2 Vgl. dazu z.B. § 59a BRAO, § 44b WPO, § 56 StBG, § 52a PatAO, § 9 Abs. 1, § 10 BNotO sowie zur früheren Rechtslage ausführlich *Stober*, NJW 1981, 1529; ferner zur früheren Reformdiskussion im Bereich der Rechtsanwälte *Rabe*, NJW 1989, 1113; *Zuck*, NJW 1988, 175 und *Zuck*, NJW 1990, 1025.
3 Vgl. das G über Partnerschaftsgesellschaften Angehöriger Freier Berufe v. 25.7.1994 (PartGG, BGBl. I 1744; die seit 1989 bestehende Gesellschaftsform der EWIV (dazu *Müller-Gugenberger*, NJW 1989, 1449) stellt dagegen keine Berufsausübungsgesellschaft dar.
4 Vgl. §§ 59a, 59c BRAO, § 56 StBG, § 44b WPO, § 9 Abs. 2 BNotO.
5 BGH v. 16.5.2013 – II ZB 7/11, NJW 2013, 2674 = AnwBl 2013, 660.
6 Vgl. *Eylmann*, NJW 1998, 2929 (2930).

ten zugestanden (§ 59c BRAO, § 52c PatAO). Darüber hinaus sind auch andere Sozietätsformen zulässig, darunter auch *Anwalts-Aktiengesellschaften*[1], bisher aber für Rechtsanwälte nicht die GmbH & Co KG bzw. KGaA[2].

10 Weiterhin können **internationale Sozietäten** mit niederlassungsberechtigten Angehörigen von Beratungsberufen aus den Mitgliedstaaten der EU und sonstigen Staaten unterhalten werden[3], was zunehmend an praktischer Bedeutung gewinnt. Insgesamt ist der Dienstleistungsmarkt der traditionellen Beraterberufe stark internationalisiert und erheblich liberalisiert worden[4]. Es ist zu erwarten, dass die eingeleitete Entwicklung sich noch weiter fortsetzen wird. Insbesondere bei den Rechtsanwälten ist die Tendenz, sich über Zusammenschlüsse mit Berufskollegen und sozietätsfähigen anderen Freiberuflern als möglichst umfassende Dienstleister im Rechtsberatungsmarkt und zugleich aber auch mehr als Unternehmer zu verstehen, unverkennbar stärker geworden[5].

11 Dabei ist das *Betätigungsfeld* der *traditionellen Berater* in den letzten Jahrzehnten durchaus *größer* geworden. – Seit Langem berät der **Steuerberater** oft nicht mehr nur von Fall zu Fall in Steuerfragen und fertigt die Steuererklärungen an. Vielmehr ist er zum ständigen Wirtschafts-, Vertrags-, Anlage- und Finanzberater avanciert. Steuerberatungskanzleien befassen sich oft gleichrangig mit der Erstellung von Buchhaltungen und Bilanzen einerseits sowie mit reiner Steuerberatung andererseits. Darüber hinaus wurde das zulässige Tätigkeitsfeld der Steuerberater in den gewerblichen Bereich hinein (Unternehmensberatung) geöffnet (§ 57 Abs. 3, Abs. 4 Nr. 1 StBerG). Umgekehrt hat dem Berufsstand kaum geschadet, dass den Steuerberatern kein ausschließliches „Buchführungsprivileg" zusteht, wie sich inzwischen aus §§ 6 Nr. 4, 8 Abs. 1 S. 2 StBerG ergibt, nachdem das BVerfG ein solches Privileg der Steuerberater als verfassungswidrig abgelehnt hatte[6].

12 Ähnlich hat sich die Berufspraxis der **Wirtschaftsprüfer** entwickelt, die über ihre Prüfungstätigkeit hinaus in erheblichem Umfang Dienstleistungen im Beratungsbereich erbringen, u.a. Buchhaltungen führen, Abschlüsse fertigen, Bewertungen von Firmen, Grundstücken und sonstigen Vermögensgegenständen

---

1 BGH v. 10.1.2005 – AnwZ (B) 27/03, 28/03, BB 2005, 2131; BayObLG v. 27.3.2000 – 3 Z BR 331/99, NJW 2000, 1647 = NZG 2000, 649 m. Anm. *Henssler*, NZG 2000, 875; *Römermann*, MDR 2000, 734. Vgl. dazu ferner zust. *Henssler* in Henssler/Prütting, Vorb zu § 59c BRAO Rz. 6, 11 ff., 33, 41.
2 BGH v. 18.10.2011 – AnwZ (Brfg) 18/10. NJW 2011, 3036. Krit. dazu *K. Schmidt*, DB 2011, 2477; *Scharlipp*, AnwBl 2012, 792.
3 § 59a Abs. 2, 3 BRAO, § 56 Abs. 2 StBG, § 44 Abs. 2 WPO, § 154a PatAO.
4 Vgl. dazu u.a. das ÄndG über die Tätigkeit europ. Rechtsanwälte und weiterer berufsrechtlicher Vorschriften für Rechts- und Patentanwälte, Steuerberater und Wirtschaftsprüfer v. 26.10.2003, BGBl. I 2074, u.a. im Anschluss an das G v. 9.3.2000, BGBl. I 182, zur Umsetzung von RL der EG auf dem Gebiet des BerufsR der Rechtsanwälte (EuRAG).
5 Vgl. *Römermann* in FS Hartung, 2008, S. 145 (164 ff.).
6 BVerfG v. 18.6.1980 – 1 BvR 697/77, NJW 1981, 33 ff.; BVerfG v. 27.1.1982 – 1 BvR 807/80, wistra 1982, 142.

vornehmen sowie Gutachten erstellen. Zulässige Tätigkeiten sind in § 43a Abs. 4 WPO aufgeführt.

Auch **Rechtsanwälte** werden seit Langem nicht nur bei einzelnen Rechtsfällen zu Rate gezogen; sie sind ebenfalls oft zu Dauerberatern in Rechts-, Vertrags- und Wirtschaftsfragen geworden[1]. Dabei gewinnen die internationalen Bezüge immer größere Bedeutung. Bei Rechtsanwälten, aber auch bei Wirtschaftsprüfern hat diese Entwicklung zu zahlreichen Kooperationen und Fusionen von Sozietäten und zur Herausbildung von – teilweise zielgerichtet international agierenden – Dienstleistungsgesellschaften und wirtschaftsrechtlich orientierten Großkanzleien geführt[2]. 13

b) Speziell in den letzten zwei bis drei Jahrzehnten haben **sonstige „externe Berater"** (die also nicht Angestellte des Beratenen sind) – über die angesprochenen traditionellen Beraterberufe und deren angestammte Beratungsbereiche hinaus – im Wirtschaftsleben erheblich an Bedeutung gewonnen. Die Rechtsverhältnisse, welche die wirtschaftlichen Rahmenbedingungen gestalten oder auf diese einwirken, sind in einer Zeit zunehmender Globalisierung und verschärften internationalen Wettbewerbs immer komplizierter und unübersichtlicher geworden; im Bereich von *Technik, Organisation* und sonstigen Instrumentarien der *Betriebs- und Unternehmensführung* gab und gibt es ständig Neuerungen, Ergänzungen, Verbesserungen. Wer als Unternehmer erfolgreich bestehen will, kommt vielfach nicht umhin, sich und seinem Leitungspersonal das subtiler werdende wirtschaftliche und rechtliche Instrumentarium einschließlich des Zugangs zu mannigfachen öffentlichen Fördermitteln nutzbar zu machen. Dazu bedarf er des Sachverstandes qualifizierter Spezialisten. Nicht nur kleine und mittlere Unternehmen sind regelmäßig nicht in der Lage, genügend sachkundige eigene Angestellte für die vielen wichtigen Spezialgebiete der Betriebswirtschaft sowie für das nationale und ggf. auch internationale Wettbewerbs-, Steuer-, Sozial- und Unternehmensrecht einzusetzen. Zunehmend bedient man sich neben Steuerberatern, Wirtschaftsprüfern und Rechtsanwälten als den traditionellen Beratern etwa externer *Datenservice- und Buchhaltungsfirmen, IT-Spezialisten, Personalberatern, Unternehmensberatern* aller Art und sonstiger beratenden Dienstleistungsfirmen. 14

Nicht eigentlich zu den Beraterberufen im engeren Sinn gehören auch die **Vermögensverwalter**, insbesondere die *kraft Amtes* tätigen wie Insolvenz- und Zwangsverwalter, gerichtlich bestellte Liquidatoren, Nachlassverwalter, Testamentsvollstrecker, Vormünder, Pfleger usw. Sie werden nachfolgend ebenso wie *vertraglich* beauftragte Vermögensverwalter, Treuhänder, Betreuer, Sanierer und ähnliche Berufe nur dann sehr partiell angesprochen, wenn sie für das Wirtschaftsstrafrecht von Bedeutung erscheinen, insbesondere soweit die eine oder andere Funktion dieser Art auch von einem Angehörigen der herkömmlichen Beraterberufe ausgeübt wird. 15

c) Eine Sonderstellung nehmen im vorliegenden Zusammenhang die im Bereich der Wirtschaft auf *gesetzlicher Grundlage tätigen* **Prüfer**, also insbeson- 16

---
1 Vgl. dazu etwa *Redeker*, NJW 1995, 1241; *Rabe*, NJW 1995, 1403.
2 Vgl. *Römermann* in FS Hartung, 2008, S. 145 (166).

dere *Wirtschaftsprüfer, Wirtschaftsprüfungsgesellschaften* und *vereidigte Buchprüfer* (dazu § 91 Rz. 67 ff.) ein. Im Rahmen ihrer Prüfungstätigkeit arbeiten sie zwar auch – wohl sogar vorrangig – im öffentlichen Interesse und unter gesetzlich weitgehend festgelegten Bedingungen; gleichwohl handeln sie regelmäßig aufgrund privatrechtlicher Aufträge von Unternehmen. Gerade diese Möglichkeit von Unternehmen, sich ihre Prüfer auszusuchen, kann Letztere in ähnliche Abhängigkeiten und *kriminogene Situationen* (Rz. 1 f.; § 95 Rz. 1 ff.) bringen wie sonstige Berater. Dies gilt umso mehr in Fällen, in denen Angehörige von Prüferberufen nicht nur als Prüfer tätig sind, sondern für dieselben Auftraggeber auch sonstige Dienstleistungen erbringen. Denn sie sind gesetzlich – mit gewissen Einschränkungen, u.a. dem Verbot der „Selbstprüfung" (vgl. §§ 319 Abs. 3, 4, 319a HGB) – durchaus befugt, neben ihrer traditionell im Vordergrund stehenden Prüfungstätigkeit auch rechtliche, steuerliche und wirtschaftliche Beratungsfunktionen wahrzunehmen[1]. In der Praxis tun sie dies auch in erheblichem, zunehmend größer werdendem Umfang.

3. Zum Berufsethos

17 Für die Prüfung der Frage, ob und wann sich Berater im Rahmen ihrer beruflichen Tätigkeit wegen Mithilfe bei Wirtschaftsstraftaten und wegen Begleitdelikten strafbar machen, sind deren allgemeine Aufgaben und Funktionen sowie insbesondere – was vielfach nicht genügend beachtet wird – auch ihre in den jeweiligen Berufsgesetzen und in Berufsordnungen niedergelegten **Berufspflichten** von maßgeblicher Bedeutung. Hinzu kommt, dass unkorrektes Verhalten von Angehörigen mancher Beraterberufe, das (noch) keinen Straf- oder Ordnungswidrigkeitentatbestand erfüllt, ggf. als *Berufspflichtverletzung geahndet* werden kann. Erfahrungsgemäß erhalten indessen die für die berufsrechtliche Ahndung zuständigen Gremien (dies sind in erster Linie die Berufskammern für Rechtsanwälte, für steuerberatende Berufe und für Wirtschaftsprüfer, aber auch Staatsanwaltschaften bei einigen Oberlandesgerichten – Generalstaatsanwaltschaften – und letztlich die Berufsgerichte, dazu § 91 Rz. 24 f.) von Verfehlungen oft keine Mitteilung, wenngleich dies teilweise gesetzlich vorgesehen ist (z.B. in § 10 StBerG). Gerade dies wäre aber nach den in der Vergangenheit gewonnenen Erkenntnissen und Erfahrungen unter präventiven Gesichtspunkten und zur Erhaltung einer ordentlichen Berufsmoral dringend geboten.

Man denke nur an das Mitwirken von Wirtschaftsprüfern und sonstigen Beratern in Wirtschaftsaffären wie um die coop AG, die Neue Heimat, die Esch-Gruppe, den Bauträger J. Schneider, die Balsam AG, FlowTex, um Firmen des sog. Neuen Marktes, aber auch ausländische Konzerne wie Enron, Comroad, Worldcom, Parmalat oder Lehman Brothers. Zur internationalen Banken- und Finanzmarktkrise 2008/09 haben ganz maßgeblich gravierende Fehleinschätzungen von Risiken bei weltweit in großem Umfang gehandelten

---

1 Vgl. § 2 Abs. 2, 3 WPO, § 3 StBerG, § 5 Abs. 1 RDG, wobei den jeweiligen Berufsangehörigen die *rechtliche Beratung* allerdings nur mit Einschränkungen gestattet ist. Im Wirtschaftsprüferberuf werden seit Langem vor allem prüfende, treuhänderisch-verwaltende und beratende Tätigkeiten unterschieden, vgl. WP-Hdb. I, A, Rz. 22 ff.

Finanzzertifikaten geführt, die u.a. renommierten Prüfungsgesellschaften und vor allem auch Ratingagenturen unterlaufen sind.

Ob es in Unternehmen oder durch Unternehmer und ihr Management zu Wirtschaftsstraftaten kommt, hängt natürlich nicht immer oder auch nur vorrangig von Beratern, sondern entscheidend von der *Rechtstreue* und dem *Verantwortungsbewusstsein von Unternehmern und Managern* ab. Es ist klar, dass der seriöse Berater eines seriösen Unternehmers kein Problem hat, seinen rechtstreuen Mandanten auf dem Weg der Tugend zu halten. Bei einem tatgeneigten Mandanten sieht dies i.d.R. anders aus. 18

Nicht zuletzt die Erfahrungen aus internationalen Wirtschaftsaffären, aber auch verstärkte Kritik am vorrangig kapitalistisch ausgerichteten Wirtschaftssystem der westlichen Länder, hervorgerufen insbesondere durch das oft rücksichtslose Auftreten großer Konzerne in Ländern der Dritten Welt mit unsozialen und umweltschädlichen Arbeitsbedingungen, Wettbewerbsabsprachen und Korruptionsaffären haben im Zusammenhang mit einer allgemeinen gesellschaftlichen Diskussion um den Verlust traditioneller Werte auch zu einer breiten internationalen Bewegung um **mehr Ethik in der Wirtschaft** geführt. Diese Diskussion ist nicht ohne Folgen geblieben, sondern hat immerhin zu einigen positiven Ergebnissen geführt.

Gesetzgeberische Konsequenzen in *Deutschland* waren z.B. die Einführung von § 4 Abs. 5 S. 1 Nr. 10 EStG mit dem Wegfall der früheren Möglichkeit, Schmiergeldzahlungen als Betriebsaufwand steuerlich abzusetzen (§ 53 Rz. 7), sowie die Ausweitung der Strafbestimmungen gegen Korruption, u.a. auf „Handlungen im ausländischen Wettbewerb"(§ 299 Abs. 3 StGB) und auf die Bestechung von ausländischen Amtsträgern und Abgeordneten (vgl. §§ 1, 2 IntBestG, § 53 Rz. 1 ff., 5 ff., 50 ff., 54 ff. und § 58 Rz. 6 ff.). 19

Insbesondere international agierende Konzerne und Großunternehmen haben längst erkannt, dass sie gegen die verbreitete Kritik an einer Politik der Gewinnmaximierung und ohne gebührende Rücksichtnahme auf die Infrastruktur ihrer Standorte sowie auf die Belange ihrer Mitarbeiter und Kunden dringend etwas tun mussten, um ihr Ansehen wieder verbessern und drohende Geschäftseinbußen vermeiden zu können. Zudem müssen verantwortliche Leitungspersonen aus dem Management solcher Unternehmen zunehmend befürchten, dass unter bestimmten Umständen sie persönlich (vgl. § 130 OWiG; § 30 Rz. 125 ff.) oder das Unternehmen als solches (§ 30 OWiG; § 19 Rz. 31 ff., § 21 Rz. 94 ff., § 23 Rz. 31 ff.) bei Straftaten und sonstigen gravierenden Rechtsverstößen im Unternehmen finanziell zur Verantwortung gezogen werden können.

Ausgehend von den USA wurden Regelungen für *gute Unternehmensführung* (**corporate compliance**)[1] entwickelt, deren allgemeine Grundsätze inzwischen auch in größeren deutschen Unternehmungen weitgehend eingeführt sind. Solche Unternehmen besitzen Compliance-Beauftragte bis zu Compliance-Abteilungen. Im Grundsatz geht es bei Compliance jeweils darum, durch organisatorische Maßnahmen und deren strikte Umsetzung und Überwachung zu verhindern, dass im Unternehmen strafbare Handlungen oder sonstige Verstöße gegen rechtliche Vorgaben oder betriebliche Pflichten begangen werden[2] (Legalitätspflicht von Unternehmen; näher dazu § 31 Rz. 3 ff., 8 ff.). 20

---

1 Vgl. *Fleischer*, Vorstandsverantwortlichkeit und Fehlverhalten von Unternehmensangehörigen, AG 2003, 291; *Hauschka*, Compliance als Teil einer modernen Unternehmensführung, AnwBl 2010, 629; *Piel*, Strafrechtliche Folgen von Non-Compliance, ZWH 2014, 13; *Meier-Greve*, Vorstandshaftung wegen mangelhafter Corporate Compliance, BB 2009, 2555.
2 Vgl. *Schemmel/Ruhmannseder*, Straftaten und Haftung vermeiden mit Compliance-Management, AnwBl 2010, 647; *Krause*, Was bewirkt Compliance?, StraFo 2011, 437; *Inderst/Bannenberg/Poppe*, Compliance, Aufbau – Management – Risikobereiche, 2. Aufl. 2013.

21 Für börsennotierte Aktiengesellschaften wurde 2002 von einer Regierungskommission und Vertretern der Wirtschaft der Deutsche **Corporate Governance Kodex** über verantwortungsbewusste Unternehmensführung beschlossen, der inzwischen mehrere Aktualisierungen erfahren hat und, vielfach auch auf freiwilliger Basis, weitgehend angewandt wird. Zweck des Kodex ist neben der Durchsetzung ethisch begründeter Maßnahmen in Unternehmen insbesondere auch, ausländische Investoren über die Inhalte des deutschen Kodex zu informieren und dadurch Vertrauen in den Finanzstandort Deutschland und in (börsennotierte) inländische Beteiligungsunternehmen zu schaffen bzw. zu erhalten. Entsprechende Erklärungen über die Beachtung des Kodex sind publizitätspflichtig (§ 161 AktG).

22 Wie die strafrechtliche Praxis zeigt, wird ungeachtet der vorstehend angesprochenen und positiv zu bewertenden Aspekte wirtschaftskriminellem Verhalten immer wieder dadurch der Boden bereitet, dass wichtige Berater – und dies sind ganz vorrangig die Angehörigen der traditionellen Beraterberufe – oft bereit sind, sich zumindest in **Grauzonen** zu bewegen und dabei im wirtschaftlichen Interesse ihrer Mandanten mit „im Trüben zu fischen". Man denke etwa an die Vielzahl von *Schein- und Umgehungsgeschäften* (vgl. § 29 Rz. 21 ff., 61 ff.), die zur Erlangung von steuerlichen Vorteilen (zur Steuerumgehung vgl. §§ 41 Abs. 2, 42 AO sowie § 43 Rz. 23 ff.) oder Zulagen oder von sonstigen Subventionen gewählt werden. Dass die gesetzlichen Bestimmungen für die Erreichung derartiger Vorteile in aller Regel sehr komplex sind und nach Art, Umfang und Verfahren dazu verleiten können, „Nebensachverhalte" zu konstruieren oder nur vorzuspiegeln, die vom Unternehmer ernsthaft überhaupt nicht gewollt sind, ist dabei nicht ernsthaft zu bestreiten.

23 Man würde die Berater wohl überfordern, wenn man von ihnen unter Berufung auf rechtsethische Verpflichtungen oder auf das Gemeinwohl allgemein verlangen würde, sie müssten ihre Mandanten von der Ausnutzung von Gesetzeslücken oder von der bloß formalen Anpassung an privilegierende Gesetze und deren Verfahrensvorschriften abhalten. Andererseits ist es dringend *geboten*, die **Einhaltung rechtsethischer Minima** durch die Beraterberufe, die auch heute noch als Rechtspflegeorgane (§ 91 Rz. 2 ff., 10 ff.) konzipiert und mit gewichtigen Privilegien[1] ausgestattet sind, nachdrücklich *zu gewährleisten*. Gelingt dies nicht, so wird nicht nur die inländische Rechts- und Wirtschaftskultur beschädigt, sondern u.a. auch die Eindämmung von Wirtschaftskriminalität entscheidend erschwert. Denn es kann nicht zweifelhaft sein, dass es dafür, ob ein Unternehmer als potenzieller Täter eine Straftat riskiert, einen ganz entscheidenden Unterschied ausmacht, ob sein – sachkundige Autorität verkörpernder – Berater sich zuvor mit ihm bereits risikobewusst – vielleicht augenzwinkernd – in eine „Grauzone" begeben oder ob dieser eine Mitwirkung an strafrechtlich auch nur möglicherweise problematischen Vorgängen unter voller Aufklärung seines Mandanten über die infrage kommenden Risiken mit der gebotenen Eindeutigkeit abgelehnt hat.

---

[1] Insbes.: Einschränkung der Berufsausübungsfreiheit Anderer mit jedenfalls faktischer Schutzwirkung für die angesprochenen Berufsträger; Schaffung auskömmlicher Honorarregelungen, Schutz von Berufsgeheimnissen mit Zeugnisverweigerungsrechten und Beschlagnahmefreiheit, Sonderbefugnisse (z.B. Anhörungs-, Auskunfts- und Akteneinsichtsrechte, Kommunikationsbefugnisse mit Inhaftierten) gegenüber Behörden und Gerichten.

24 Aller Erfahrung nach ist Wirtschaftskriminalität umso gefährlicher und lässt sich umso weniger eindämmen, je weniger die Angehörigen der traditionellen Beraterberufe in ihrer einflussreichen Berufstätigkeit darauf hinwirken, dass ihre Mandanten sich gesetzeskonform verhalten. Für die *Bekämpfung der Wirtschaftskriminalität* ist von maßgeblicher Bedeutung, ob es gelingt, ein **hohes Berufsethos** von Beratern zu erhalten. Nur wenn sich dies erreichen lässt, ist es angesichts des Grundrechts der Berufsfreiheit (Art. 12 GG) in unserer im Grundsatz auf Wettbewerb angelegten Wirtschaftsordnung auf Dauer gerechtfertigt, die gesetzlich eingeräumten, auch nach Einführung des Rechtsdienstleistungsgesetzes (dazu § 92 Rz. 1) teilweise noch bestehenden, beruflichen Monopole der staatlich gebundenen Beraterberufe mit ihren – letztlich auf einem *Vertrauensvorschuss* des Gesetzgebers basierenden – Privilegien ohne entscheidende Einschränkungen aufrechtzuerhalten (vgl. § 91 Rz. 1, 2 ff.).

25 Insoweit sind vor allem die Bestrebungen und immer wieder neu entfachten *Aktivitäten der EU*, in den verschiedenen Dienstleistungsbereichen einschließlich des Feldes der Beratungsdienstleistungen den Markt zu liberalisieren und den Wettbewerb unter den unterschiedlichen Anbietern zu verstärken, durchaus nicht unbedenklich. Die **Liberalisierung und Internationalisierung** des ohnehin schon stark umkämpften Beratungsmarktes und die nach Ersetzung des RBerG durch das Rechtsdienstleistungsgesetz (zu dem am 1.7.2008 in Kraft getretenen RDG vgl. § 92 Rz. 1 ff.) erleichterte erlaubnisfreie außergerichtliche Rechtsberatung und Rechtsbesorgung für Geschäftstätigkeiten außerhalb (und regelmäßig unterhalb des Niveaus!) der Anwaltschaft lassen ein Absinken der Qualität der Rechtsberatung und eine Verschärfung des Kampfes um Beratungsaufträge besorgen. Stärkere Konkurrenz unter den Beraterberufen und innerhalb der einzelnen Berufsgruppen verschärft die Gefahr, dass Berater sich – bewusst oder unbewusst – leichter in unredliche bis kriminelle Aktivitäten einbinden lassen.

26 Unter dem Stichwort „Zusammenbruch der Rechnungslegung in den USA" hat *Sunder*[1] aufgezeigt, dass der auf dem liberalisierten amerikanischen Markt für Prüfungsdienstleistungen entstandene Preiswettbewerb unter den Wirtschaftsprüfungsgesellschaften **ordnungsgemäße Prüfungsleistungen** zu auskömmlichen Honoraren nicht mehr ermöglicht hat. Dies hatte ein Absinken der Prüfungsstandards zur Folge. Das abgesunkene Prüfungsniveau führte dazu, dass eingetretene oder drohende Schieflagen großer Unternehmen bei Zwischen- und Abschlussprüfungen nicht erkannt bzw. nicht hinreichend beachtet worden sind und es bis zum Anfang dieses Jahrhunderts zu einigen spektakulären, die Öffentlichkeit überraschenden Zusammenbrüchen vermeintlich gesunder Konzerne oder Großunternehmen (z.B. Parmalat, Enron, Comroad, Worldcom) gekommen ist. Dem Ruf des Wirtschaftsprüferberufs haben diese Vorgänge enorm geschadet und zu diversen gesetzgeberischen Aktivitäten geführt (vgl. § 91 Rz. 67c, § 95 Rz. 4 ff., § 96 Rz. 67 ff.).

27 Die aufgezeigte Gefahr wird bei uns verstärkt durch die aktuelle Tendenz, Freiheiten bei der Berufsausübung unter Berufung auf das *Grundrecht der Berufsfreiheit* (Art. 12 GG) immer mehr in den Vordergrund zu rücken und dabei sowohl die sich aus den Berufspflichten ergebenden Schranken als auch die **Mitverantwortung** der Beraterberufe **für das Gemeinwesen** zu ignorieren oder kleinzureden.

---

1 *Sunder*, WPg. 2003, 141.

28 Zur Erhaltung eines hohen Berufsethos und integerer Berufsstände ist es hiernach zum einen geboten, *strafbare Handlungen* von Angehörigen der Beraterberufe und ihrer Klientel strikt zu ahnden. Darüber hinaus ist erforderlich, auch die nur berufs- und standesrechtlich relevanten *Verletzungen wichtiger Berufspflichten* zu erkennen und ihre **Ahndung mit angemessenem Nachdruck** herbeizuführen. Nicht die fortgesetzte Lockerung von Berufspflichten, sondern nur deren konsequente Durchsetzung ist geeignet, das Vertrauen in die Seriosität der (privilegierten) rechts- und wirtschaftsberatenden Berufe zu erhalten und verbreitetem Misstrauen entgegenzuwirken.

29 Dies gilt umso mehr in einer Zeit, in der sich die **Zahl** der Angehörigen der Beraterberufe noch **laufend erhöht**. Im Jahr 2014 gibt es nach Mitteilung der Berufskammern[1] bereits mehr als 162 000 zugelassene Rechtsanwälte sowie etwa 91 000 Steuerberater – mit rd. 8 500 Steuerberatungsgesellschaften und Steuerbevollmächtigten – neben ca. 17 400 Wirtschaftsprüfern (einschließlich ca. 2 850 Wirtschaftsprüfungsgesellschaften) zuzüglich knapp 3 000 Vereidigten Buchprüfern. Nicht wenige Berater dürften den Weg der beruflichen Tugend vorrangig aus Konkurrenzgründen verlassen, also aufgrund der Befürchtung, andernfalls den betreffenden Mandanten und damit Honorareinnahmen zu verlieren. Dies kann nicht verwundern, wenn man beachtet, dass z.B. bis zu 20 % der Rechtsanwälte über kein einigermaßen angemessenes bzw. ausreichendes Einkommen verfügen. Hiernach bedürfen die *Berufsbilder* und *Berufspflichten* der wichtigsten Berater der Erörterung. Das Schwergewicht liegt dabei nachstehend bei den staatlich gebundenen und weitgehend gesetzlich geregelten Berufen, auch soweit die Berufsangehörigen über den reinen Beratungsbereich hinaus tätig sind (dazu § 91 Rz. 3 ff., 10 ff.).

§ 91
Staatlich gebundene Beraterberufe

Bearbeiter: Johannes Häcker

	Rz.		Rz.
A. Gemeinsame Grundlagen	1	**B. Einzelne Berufe**	
I. Berufspflichten und deren Verletzung	2	**I. Rechtsanwälte**	
1. Rechtsgrundlagen	3	1. Gesetzliches Berufsbild	32
2. Berufspflichten	10	2. Rechtsanwälte als Verteidiger	42
3. Ahndung von Pflichtverletzungen	23	**II. Patentanwälte**	55
II. Schutz der Berufsbezeichnungen	31	**III. Steuerberater**	
		1. Gesetzliches Berufsbild	61
		2. Zur Pflichtenstellung	63

---

1 Vgl. die jährlichen Statistiken auf den Internetseiten der jeweiligen Bundes-Berufskammern.

	Rz.		Rz.
IV. Wirtschaftsprüfer		**V. Notare**	
1. Gesetzliche Grundlagen	67	1. Gesetzliche Grundlagen	78
2. Berufspflichten	70	2. Berufspflichten	80
3. Ordnungswidrigkeiten	76		

Schrifttum: Rechtsanwälte: *Axmann*, Anwaltsstrategien im Berufsrecht, 2006; *Beulke*, Zwickmühle des Verteidigers – Strafverteidigung und Strafvereitelung im demokratischen Rechtsstaat, in FS Roxin, 2001, S. 1173; *Beulke/Ruhmannseder*, Die Strafbarkeit des Verteidigers, 2. Aufl. 2010; *Bockemühl* (Hrsg.), Handbuch des Fachanwalts Strafrecht, 5. Aufl. 2012; *Bornheim*, Steuerstrafverteidigung, 2. Aufl. 2010; *Bottke*, Wahrheitspflicht des Verteidigers, ZStW 1996, 726; *Brüssow/Gatzweiler/Krekeler/Mehle*, Strafverteidigung in der Praxis, 4. Aufl. 2007; *Burhoff/Stephan*, Strafvereitelung durch Strafverteidiger, 2008; *Cramer/Cramer* (Hrsg.), Anwaltshandbuch Strafrecht, 2002; *Dahs*, Handbuch des Strafverteidigers, 8. Aufl. 2014; *Dornach*, Der Strafverteidiger als Mitgarant eines justizförmigen Verfahrens, Diss. 1994; *Everling*, Welche gesetzlichen Regelungen empfehlen sich für das Recht der rechtsberatenden Berufe [...], Gutachten zum 58. Dt. Juristentag 1990; *Fedtke* (Hrsg.), *Feuerich/Weyland*, Kommentar zur BRAO, 8. Aufl. 2012; *Fischer*, Ersatzhehlerei als Beruf und rechtsstaatliche Verteidigung, NStZ 2004, 473; *Gaier/Wolf/Göcken*, Anwaltliches Berufsrecht, 2. Aufl. 2014; *Hammerstein*, Verteidigung und Moralität, NStZ 1990, 261; *Hammerstein*, Verteidigung wider besseres Wissen, NStZ 1997, 12; *Hartung*, Berufs- und Fachanwaltsordnung: BORA/FAO, 5. Aufl. 2012; *Henssen*, Anwalt und Mandant. Ein Insider-Report, 1999; *Henssler*, Anforderungen an ein modernes Anwaltsrecht [...], AnwBl 2013, 394; *Henssler/Prütting*, Bundesrechtsanwaltsordnung, 4. Aufl. 2014; *Isele*, Bundesrechtsanwaltsordnung, 1976; *Kleine-Cosack*, Kommentar zur BRAO, 6. Aufl. 2009; *Koch/Kilian*, Anwaltliches Berufsrecht, 2007; *Lingenberg/Hummel/Zuck/Eich*, Kommentar zu den Grundsätzen des anwaltlichen Standesrechts, 2. Aufl. 1988; *Müller/Gussmann*, Berufsrisiken des Strafverteidigers, 2007; *Pfordte/Degenhard*, Der Anwalt im Strafrecht, 2005; *Quedenfeld/Füllsack*, Verteidigung in Steuerstrafsachen, 4. Aufl. 2012; *Römermann/Hartung*, Anwaltliches Berufsrecht, 2. Aufl. 2008; *Spendel*, Die Idee der Verteidigung, in FS Kohlmann, 2003, S. 683; *Volk* (Hrsg.), Münchener Anwaltshandbuch – Verteidigung in Wirtschafts- und Steuerstrafsachen, 2006; *Weihrauch/Bosbach*, Verteidigung im Ermittlungsverfahren, 7. Aufl. 2011; *Widmaier*, Strafverteidigung im strafrechtlichen Risiko, in BGH-Festgabe, 2000, S. 1043; *Wohlers*, Strafverteidigung vor den Schranken der Strafgerichtsbarkeit, StV 2001, 420.

Steuerberater: *von Briel/Ehlscheid*, Steuerstrafrecht, 2. Aufl. 2001; *Franzen/Gast/Joecks*, Steuerstrafrecht, 7. Aufl. 2009; *Gast-de Haan*, Handbuch des Steuerstrafrechts, 2. Aufl. 2004; *Gehre/Koslowski*, Steuerberatungsgesetz, 6. Aufl. 2009; *Gräfe/Lenzen/Schmeer*, Steuerberaterhaftung: Zivilrecht, Steuerrecht, Strafrecht, 5. Aufl. 2013; *Hässel/Hengsberger*, Katalog von Rechtsdienstleistungen für Steuerberater, BB 2009, 135; *Klein*, Abgabenordnung einschließlich Steuerstrafrecht, 11. Aufl. 2012; *Mittelsteiner/Gilgan/Späth*, Berufsordnung der Steuerberater, 2002; *Pelka*, Beck'sches Steuerberater-Handbuch, 14. Aufl. 2013/14; *Randt*, Der Steuerfahndungsfall, 2004; Steuerberater Handbuch, 21. Aufl. 2014, hrsg. vom Deutschen Steuerberaterinstitut eV; *Stolz*, Der Steuerberater als Strafverteidiger, PStR 1998, 212.

Wirtschaftsprüfer: *Bieneck* in HWiStR „Wirtschaftsprüfer"; *Ernst*, Die Einheitlichkeit des Wirtschaftsprüferberufes, WPg 2003, 18; *Grünberger*, Grundzüge der Wirtschaftsprüfung, 2. Aufl. 2012; *Hense/Ulrich* (Hrsg.), WPO, Kommentar zum Berufsrecht der Wirtschaftsprüfer und vereidigten Buchprüfer, 2. Aufl. 2013; *Niewerth*, Strafrechtliche Verantwortlichkeit des Wirtschaftsprüfers, Diss. 2004; *Sahner/Clauß/Sahner*, Qualitätskontrolle in der Wirtschaftsprüfung, 2002; *Wirtschaftsprüfer-Handbuch*, 14. Aufl. 2012/13 (Bd.I, II).

Notare: *Arndt/Lerch/Sandkühler,* Bundesnotarordnung, 7. Aufl. 2012; *Beck'sches Notar-Handbuch,* 5. Aufl. 2009; *Eylmann,* Bewegung im Berufsrecht der Notare, NJW 1998, 2929; *Eylmann/Vaasen,* BundesnotarO, BeurkundungsG, 3. Aufl. 2011; *Faßbender/Grauel/Wittkowski/Ohmen/Peter/Roemer,* Notariatskunde, 17. Aufl. 2011; *Rinsche,* Die Haftung des Rechtsanwalts und Notars, 8. Aufl. 2009; *Rohs,* Die Geschäftsführung der Notare,* 11. Aufl. 2002; *Schippel/Bracker,* Bundesnotarordnung, 9. Aufl. 2011; *Schröder,* Die strafrechtliche Haftung des Notars als Gehilfe bei der Entsorgung einer insolvenzreifen GmbH, DNotZ 2005, 596; *Schuhmacher,* Notare und die vorsorgende Rechtspflege im Lichte der Grundfreiheiten, GPR 2012, 54; *Spickhoff,* Das deutsche Notariat in Europa-Qualität versus Niederlassungsfreiheit, JZ 2012, 333; *Weingärtner,* Notarrecht, 9. Aufl. 2009; *Weingärtner/Gassen,* Dienstordnung für Notarinnen und Notare, 12. Aufl. 2013.

Sonstiges: *Deckenbrock/Flechner,* Berufsgerichtliche Verfahren gegen mehrfach qualifizierte Berufsträger, NJW 2005, 1165; *Grunewald/Römermann,* Rechtsdienstleistungsgesetz, 2008; *Inderst/Bannenberg/Poppe,* Compliance, 2. Aufl. 2013; *Kohlhepp,* Qualitätssicherung in Steuerberatung und Wirtschaftsprüfung [...], 2009; *Krenzler* (Hrsg.), Rechtsdienstleistungsgesetz, 2010; *Kudrich/Wittig,* Strafrechtliche Enthaftung durch juristische Präventionsberatung, ZWH 2013, 253; *Piel,* Strafrechtliche Folgen von Non-Compliance, ZWH 2014, 13; *Reinhard,* Berufsrecht der Patentanwälte, Textausgabe, 6. Aufl. 2010; *Sommerschuh,* Berufshaftung und Berufsaufsicht: Wirtschaftsprüfer, Rechtsanwälte, Notare im Vergleich, Diss. 2003; *Vornbaum,* Probleme der Korruption im geschäftlichen Verkehr, in FS Schroeder (2006), S. 649; *Wellhöfer/Peltzer/Müller,* Die Haftung von Vorstand, Aufsichtsrat, Wirtschaftsprüfer, 2008; *Wessing,* Strafbarkeitsgefährdungen für berufliche Berater, NJW 2003, 2265.

A. Gemeinsame Grundlagen

1   Als **staatlich gebunden** werden die Berufe der *Rechts-* und *Patentanwälte, Steuerberater, Wirtschaftsprüfer* und *Notare* (zum Begriff der staatlich gebundenen Berufe vgl. § 90 Rz. 2) bezeichnet. Das BVerfG hat den Beruf des Rechtsanwalts früher als „staatlich gebundenen Vertrauensberuf" gekennzeichnet, „der ihm eine auf Wahrheit und Gerechtigkeit verpflichtete amtsähnliche Stellung zuweist[1]". Diese Charakterisierung hat, insbesondere unter dem Aspekt der Amtsähnlichkeit, einige Kritik erfahren[2]. In späteren Entscheidungen hat das BVerfG die Freiheit der Advokatur besonders betont und unter Hervorhebung von Art. 12 GG die Unabhängigkeit der Berufsausübung in freier Selbstbestimmung in den Vordergrund gestellt[3]. Dabei hat es aber immer wieder auch hervorgehoben, dass der Anwalt nicht nur Vertreter von Mandanteninteressen ist, sondern dass er seine Funktionen innerhalb der Rechtspflege auch im öffentlichen Interesse ausübe und dabei zu sachgerechten Entscheidungen und ordnungsgemäßen Verfahrensabläufen beizutragen habe[4]. Die letztgenannten Aspekte und der Umstand, dass die Berufsangehörigen besonderen Berufspflichten und einer speziellen Berufsaufsicht unterliegen, lassen es gerechtfer-

---

1   BVerfG v. 8.10.1974 – 2 BvR 747/73, BVerfGE 38, 105 (119) = NJW 1975, 103.
2   Z.B. schon *Krämer,* NJW 1975, 849; *Dahs,* NJW 1975, 1386; *Busse* in Hensslinger/Prütting, § 1 BRAO Rz. 25 ff.
3   Z.B. BVerfG v. 8.11.1978 – 1 BvR 589/72, BVerfGE 50, 16; BVerfG v. 8.3.1983 – 1 BvR 1078/80, BVerfGE 63, 266 ff. = NJW 1983, 1535.
4   BVerfG v. 10.7.1996 – 1 BvR 873/94, NStZ 1997, 35; BVerfG v. 3.7.2003 – 1 BvR 238/01, BVerfGE 108, 150; BVerfG v. 12.4.2005 – 2 BvR 1027/02, BVerfGE 113, 29 ff.

tigt erscheinen, die angestammte Bezeichnung als staatlich gebundene Beraterberufe auch heute noch zu verwenden.

Wie bereits dargestellt (§ 90 Rz. 5)[1], sind die genannten Berufe einerseits **freie Berufe**, denen Kernbereiche auf dem Gebiet der Rechtspflege oder des Rechts- und Wirtschaftslebens kraft Gesetzes weitgehend zur beruflichen Betätigung zugewiesen sind und welche entsprechende gesetzliche Privilegien genießen. Andererseits unterliegen die Berufsangehörigen in ihrer Berufsausübung – wie ebenfalls bereits angesprochen (§ 90 Rz. 5 ff., 12) –, nicht zuletzt, weil ihnen bestimmte Berufsfelder im öffentlichen Interesse zugewiesen sind, einer gewissen **Reglementierung** durch *Berufsgesetze* und ergänzende *Berufsordnungen*, die die früheren Standesrichtlinien abgelöst haben (Rz. 3 ff.). Da die Berufsangehörigen einer Berufsgerichtsbarkeit unterliegen, die früher auch Ehrengerichtsbarkeit genannt wurde, werden sie – allerdings zunehmend seltener – auch als *Ehrenberufler* bezeichnet.

1a

I. Berufspflichten und deren Verletzung

Die Angehörigen der genannten Berufe sind kraft ausdrücklicher gesetzlicher Regelung oder entsprechend ihren gesetzlich umschriebenen Funktionen als **Organe der Rechtspflege**[2] (vgl. § 1 BRAO für den Rechtsanwalt, § 1 PatAO für den Patentanwalt sowie Rz. 62 für den Steuerberater) anzusehen, auch wenn diese Charakterisierung und ihre rechtliche Bedeutung von interessierten Teilen dieser Berufsgruppen, die einseitig die Aufgabe als unabhängige Interessenvertreter ihrer Auftraggeber herausstellen, immer wieder in Zweifel gezogen wird. Meinungsverschiedenheiten hierzu gibt es vor allem bei den Rechtsanwälten; besonders zugespitzt wird die Diskussion unter der speziellen Berufsgruppe der Strafverteidiger geführt (dazu Rz. 36, 42 ff.). Von manchen Autoren wird die Bezeichnung als inzwischen weitgehend aussagelose und überholte Leerformel angesehen, welche die grundgesetzlich verbürgte Freiheit der Berufsausübung unzulässig einschränken solle[3]. Demgegenüber wurde höchstrichterlich wiederholt zum Ausdruck gebracht, dass der herkömmliche Begriff „Organ der Rechtspflege" nach dem Willen des Gesetzgebers die genannten Beraterberufe charakterisiert und durchaus nicht inhaltsleer geworden, sondern

2

---

1 Zur geschichtlichen Entwicklung der rechts- und steuerberatenden Berufe vgl. ausf. *Rücker*, Rechtsberatung – Das Rechtsberatungswesen von 1919–1945 [...], S. 19 ff., 23 ff., 74 ff.
2 Vgl. zur Entstehungsgeschichte der Bezeichnung *Busse* in Henssler/Prütting, § 1 BRAO Rz. 9 ff.; dazu aus verfassungsrechtlicher Sicht *R. Jaeger*, Rechtsanwälte als Organ der Rechtspflege – Notwendig oder überflüssig? Bürde oder Schutz?, NJW 2004, 1 ff.
3 Vgl. die Nw. bei *Busse* in Henssler/Prütting, vor § 1 BRAO sowie § 1 BRAO Rz. 29 ff.; *Lüderssen/Jahn* in LR, vor § 137 StPO Rz. 1 ff., 33 ff., 89 ff.; *Gehre/Koslowski*, vor § 1 StBerG Rz. 18.

2a Die **Organstellung** beinhaltet insbesondere, dass die Berufsangehörigen u.a. berufen sind, als Partei- und Interessenvertreter der Bürger deren Rechte wahrzunehmen und insoweit nach Maßgabe der Prozess- und Verfahrensordnungen an der *Verwirklichung des Rechts* mitzuwirken. Dabei unterliegen die Berater – in gewisser Weise als Ausgleich für ihre gesetzlichen Privilegien – speziellen berufsgesetzlichen Pflichten und einer Überwachung durch die jeweiligen Berufskammern (Rz. 10 ff.). Die Berufspflichten erklären sich vielfach gerade aus der Organstellung der Berater und lassen sich teilweise auf diese zurückführen. Ohne den Hintergrund der Organstellung hätten z.B. die wichtigen Rechtspflichten zur Gewissenhaftigkeit, zur Sachlichkeit und zur Wahrhaftigkeit (vgl. Rz. 13 ff.) wenig Konturen und kaum mehr als programmatische Funktionen, jedenfalls aber keine nennenswerte Ausstrahlungswirkung über das reine Berufsrecht hinaus.

2b Die rechtliche Kennzeichnung als *Organ der Rechtspflege* kann auf diesem Hintergrund entgegen einer verbreiteten Meinung nicht nur bedeuten, dass der betreffende Berufsangehörige in formaler Funktion zur Teilhabe an der Gestaltung von rechtlichen Verhältnissen berufen ist, sondern er hat darüber hinaus grundsätzlich – wenn auch in noch zu erörternden Grenzen – mit dazu beizutragen, dass sich das **Recht** im gesetzlich vorgesehenen Verfahren **materiell durchsetzen** kann[2] (vgl. Rz. 33, 64). Dies hat auch zur Konsequenz, dass Angehörige der staatlich gebundenen Beraterberufe in ihrer Eigenschaft als Organ der Rechtspflege stärker als sonstige beratende Personen, denen diese Funktion gesetzlich nicht zugewiesen ist, grundsätzlich berufsrechtlich gehalten sind, unredliches oder gar strafbares Verhalten der von ihnen Beratenen nicht mitzutragen und selbst nicht rechtsmissbräuchlich vorzugehen.

Dies ist grundsätzlich aus der Pflicht zur Gewissenhaftigkeit der Berufsausübung abzuleiten. Welche Folgerungen sich daraus ergeben, ist allerdings zunehmend problematisch geworden und innerhalb der einzelnen Berufsgruppen weitgehend umstritten[3].

1. Rechtsgrundlagen

3 Auf die Berufspflichten der genannten Berufsgruppen wird bei der späteren Erörterung dieser Berufe noch im Einzelnen näher eingegangen. Diese Pflichten sind – mit gewissen Abweichungen für einzelne Berufe, vor allem für Wirtschaftsprüfer und vereidigte Buchprüfer sowie Notare (Rz. 78 ff.) – in den **Berufsgesetzen** entweder schon konkret bezeichnet oder aber nur generalklauselartig umschrieben. Früher waren die entsprechenden berufsgesetzlichen

---

1 Vgl. z.B. BVerfG v. 8.10.1974 – 2 BvR 747/73, BVerfGE 38, 105 ff.; BVerfG v. 3.7.2003 – 1 BvR 238/01, BVerfGE 108 (150); BVerfG v. 12.4.2005 – 2 BvR 1027/02, BVerfGE 113, 29 (49); EGMR v. 28.10.2003 – 39657/98, NJW 2004, 3317; BGH v. 6.4.2000 – 1 StR 502/99, BGHSt 46, 37 (44) m. Anm. *Streng*, JZ 2001, 205; BGH v. 9.5.2000 – 1 StR 106/00, BGHSt 46, 53 ff. m. Anm. *Scheffler*, JR 2001, 294; BGH v. 26.8.1993 – 4 StR 364/93, BGHSt 39, 316.
2 Vgl. etwa OLG Celle v. 2.6.1960 – 10 U 151/59, BB 1960, 878.
3 Vgl. z.B. *Wolf* in Gaier/Wolf/Göcken, § 1 BRAO Rz. 27 ff., 83 ff.

Generalklauseln (vgl. z.B. § 43 BRAO oder § 57 StBerG) über Jahrzehnte hinweg weitgehend in den *Standesrichtlinien*[1] der einzelnen Berufsgruppen konkretisiert. Die von den Berufskammern auf der Grundlage der jeweiligen Berufsgesetze aufgestellten Standesrichtlinien haben sich im Laufe der Zeit verändert und waren aufgrund der gesellschaftlichen Entwicklung teilweise auch zunehmend zweifelhaft geworden – man denke an Werbeverbote, Restriktionen beim Zusammenschluss von Angehörigen unterschiedlicher Beraterberufe, europarechtliche Vorgaben zur grenzüberschreitenden Niederlassung und/oder Berufsausübung u.Ä. Auch unter den jeweiligen Berufsangehörigen selbst waren dabei manche der Standesrichtlinien mehr und mehr umstritten.

Eine **Umbruchsituation** für die Beraterberufe ergab sich aus dem sich stetig verschärfenden Wettbewerb unter den Berufsangehörigen einerseits und im Verhältnis zu anderen Beraterberufen andererseits, insbesondere aber auch unter europarechtlichen Aspekten. Die programmatischen *Ziele des EWG-Vertrages* zur Harmonisierung des Wirtschaftslebens und zur Liberalisierung des Personen- und Dienstleistungsverkehrs innerhalb der Staaten der EU haben sich zunehmend auf die rechtliche und wirtschaftliche Situation der freien Berufe ausgewirkt. 4

Durch zwischenzeitlich erlassene **Richtlinien der EG/EU**, durch Ausführungs- und Transformationsregelungen nationaler Gesetzgeber und durch diverse Entscheidungen des EuGH sind Regelungen des EWG-Vertrages über die Freiheit des Dienstleistungsverkehrs (Art. 59–66 des EWGV) zunehmend in die nationale Rechtspraxis umgesetzt worden. Dabei war es ein Anliegen des deutschen Gesetzgebers, etwaige Nachteile für inländische Angehörige der Beraterberufe im Wettbewerb mit ausländischen Kollegen nach Möglichkeit zu vermeiden oder in Grenzen zu halten. 5

Die **Umsetzung** ist zunächst dadurch erfolgt, dass aufgrund des *Gesetzes zur Änderung des Berufsrechts der Rechtsanwälte und der Patentanwälte* vom 13.12.1989 die Möglichkeit eröffnet worden ist, in anderen Staaten Kanzleien zu betreiben[2]. Hinzuweisen ist weiterhin auf die Regelungen im *Gesetz zur Umsetzung von Richtlinien der Europäischen Gemeinschaft auf dem Gebiet des Berufsrechts der Rechtsanwälte* (EuRAG) vom 9.3.2000[3], worin die Tätigkeit ausländischer Anwälte im Inland geregelt wurde, weiterhin auf das *Änderungsgesetz* über die Tätigkeit europäischer Rechtsanwälte in Deutschland und weiterer beruflicher Vorschriften für Rechts- und Patentanwälte, Steuerberater und Wirtschaftsprüfer vom 26.10.2003[4], ferner auf die Ablösung des über- 6

---

1 Vgl. die früheren Grundsätze des anwaltlichen StandesR: Richtlinien für die Berufsausübung der Rechtsanwälte gem. § 177 Abs. 2 Nr. 2 a.F. BRAO (RL RA), RL für die Berufsausübung der Steuerberater und Steuerbevollmächtigten (RL StB), RL für die Berufsausübung der Wirtschaftsprüfer und vereidigten Buchprüfer (gem. § 57 Abs. 2 Nr. 5 a.F. WPO; RL WP).
2 BGBl. I 2135; vgl. § 29a BRAO, ferner zur damaligen Diskussion *Zuck*, NJW 1990, 1025.
3 BGBl. I 182; zu dessen Vorgeschichte und die Grundsatzregelungen für grenzüberschreitende Sachverhalte vgl. *Lörcher* in Henssler/Prütting, Einl. EuRAG Rz. 2 ff., 5 ff.
4 BGBl. I 2074.

kommenen Rechtsberatungsgesetzes durch das **Rechtsdienstleistungsgesetz** (RDG) vom 12.12.2007[1] (näher § 92 Rz. 1 ff.). Eine Sonderentwicklung ergab sich für den Berufsstand der Wirtschaftsprüfer. Für sie wurde u.a. das Recht der Abschlussprüfung erheblich verschärft, wobei ein System der externen Qualitätskontrolle eingeführt und die Berufsaufsicht strenger geregelt wurde (dazu Rz. 67, § 95 Rz. 4 ff.).

7 Entscheidend vorangetrieben wurde eine Neuordnung des Berufsrechts der Beraterberufe auch durch das **BVerfG**. Dieses hat im Zusammenhang mit dem Standesrecht der Rechtsanwälte in teilweiser Abkehr von seiner früheren Rechtsprechung in zwei Beschlüssen vom 14.7.1987 klargestellt, dass den *Richtlinien des Standesrechts* mangels demokratischer Legitimation *keine* (das Grundrecht der Berufsausübungsfreiheit legitim einschränkende) *Rechtsqualität* zukomme[2].

Damit kam den von den Berufskammern aufgestellten Richtlinien des Standesrechts nur noch die Funktion zu, als Auslegungshilfen bei der Interpretation berufsgesetzlicher Generalklauseln zu dienen. Denn immerhin spiegelten die Standesrichtlinien grundsätzlich wider, was nach Auffassung erfahrener und angesehener Berufsangehöriger der Überzeugung aller anständig und gerecht denkenden Standesgenossen und der Würde des Berufsstandes entsprach[3].

8 Ausgangspunkt der vom BVerfG geforderten **Neuregelung** des Berufsrechts der freien Beraterberufe war, dass ab dem Jahr 1994 in die Berufsgesetze neue, das Berufsrecht liberalisierende Bestimmungen aufgenommen wurden. Dabei wurden Werbeverbote abgebaut, die Möglichkeiten zur Zusammenarbeit von Freiberuflern erweitert, überörtliche – auch internationale und interprofessionelle – Sozietäten sowie Berufsgesellschaften zugelassen u.a. (vgl. § 59a BRAO, §§ 44b, 47 WPO). Auch wurden dem europäischen Recht konforme liberale Regelungen für eine weitgehend gleichberechtigte Berufstätigkeit von ausländischen Berufsangehörigen im Inland eingeführt[4].

9 Ferner wurde entsprechend den vorgenannten Entscheidungen des BVerfG demokratisch legitimierten Institutionen der jeweiligen Berufsgruppen (*Satzungsversammlungen*) zugestanden, ihr Berufsrecht im gesetzlich vorgegebenen Rahmen ergänzend per Satzung rechtsverbindlich zu regeln[5]. Zuständig für die Schaffung entsprechender **Berufsordnungen** wurden Satzungsversammlungen der jeweiligen **Berufskammern** als Körperschaften des öffentlichen Rechts. Für *Notare* besitzen die einzelnen Notarkammern die Satzungskompetenz, haben aber die Richtlinienempfehlungen der Bundesnotarkammer fast durchweg übernommen (vgl. dazu Rz. 80). Derartige Berufsordnungen sind bis

---

1 Art. 1 des G zur Neuregelung des RechtsberatungsR, BGBl. I 2007, 2840 ff.
2 BVerfG v. 14.7.1987 – 1 BvR 537/81, 1 BvR 195/87, BVerfGE 76, 171 ff. = NJW 1988, 191 ff. = ZIP 1987, 1559 ff.
3 Vgl. BVerfG v. 28.11.1973 – 1 BvR 13/67, BVerfGE 36, 212 (217) = NJW 1974, 232; ferner BVerfG v. 13.5.1981 – 1 BvR 610/77, BVerfGE 57, 121; BVerfG v. 4.4.1984 – 1 BvR 287/83, BVerfGE 66, 337.
4 Vgl. für Rechtsanwälte §§ 1 ff. EuRAG, § 206 BRAO, für Patentanwälte §§ 52a Abs. 2, 154a, 154b PatAO, für Wirtschaftsprüfer §§ 43a Abs. 2, 44b Abs. 2, 134 WPO, für Steuerberater §§ 3a, 34 Abs. 2, 37a Abs. 2–5, 56 Abs. 3 StBerG.
5 Vgl. § 59b BRAO, § 86 Abs. 2–4 StBG, § 57 Abs. 3 und 4 WPO, § 52b PatAO.

1997 in Kraft getreten. Sie haben mit normativer Wirkung das Berufsrecht ergänzend zu den Berufsgesetzen konkretisiert und damit die früheren *Standesrichtlinien* vollständig *abgelöst*. Ob dieses Satzungsrecht indes auf Dauer Bestand haben wird, ist für den Fall zweifelhaft, dass die in der Bundesrepublik geltende Pflichtmitgliedschaft der Berufsangehörigen in ihren Berufskammern wegfällt; Bestrebungen zur Beseitigung solcher Pflichtmitgliedschaften gab es in der EG/EU immer wieder.

Die **europäische Dienstleistungsrichtlinie** vom 12.12.2006[1] ist in der Bundesrepublik für die rechtsberatenden Berufe durch Gesetz vom 22.12.2010[2] umgesetzt worden. Wegen der schon zuvor eingeführten Regelungen zur Erleichterung des grenzüberschreitenden Dienstleistungsverkehrs und zur Liberalisierung der Niederlassungsfreiheit für ausländische Berufsangehörige hat die Dienstleistungsrichtlinie für diesen Berufsbereich keine größeren Veränderungen erforderlich gemacht.

9a

2. Berufspflichten

Einzelheiten des Berufsrechts einschließlich der Berufsordnungen der Rechts- und Patentanwälte, der Steuerberater und der Wirtschaftsprüfer sind in Rz. 32 ff. bei den einzelnen Berufen behandelt. Ungeachtet mancher Differenzierungen in den verschiedenen berufsrechtlichen Regelungen sind die **Kernbereiche der** jeweiligen **Berufsrechte** im Wesentlichen gleich oder doch *ähnlich* geregelt. Dies beruht maßgeblich darauf, dass diesen Beraterberufen als anspruchsvollen freien Berufen ähnliche Wurzeln zugrunde liegen und dass sich unter den Berufsangehörigen langjährig gleichartige Grundwerte und ähnliche Grundüberzeugungen herausgebildet sowie sich auch meist bewährt haben. Diese haben sich teils in den *Berufsgesetzen*, teils in den *Berufsordnungen* niedergeschlagen, wobei Letztere allerdings eine recht unterschiedliche Regelungsdichte aufweisen[3] und manche wichtige Pflichten, die unter den Berufsangehörigen umstritten oder in ihrer Reichweite noch nicht hinreichend geklärt sind, bisher noch keine näheren Regelungen erfahren haben.

10

Beispiel: Ein Beispiel für Letzteres ist, dass die Satzungsversammlung der Rechtsanwälte (s. § 59b Abs. 2 BRAO) in die BORA keine konkretisierenden Regelungen zu wichtigen anwaltlichen Grundpflichten wie die Pflicht zur Gewissenhaftigkeit sowie zu Sachlichkeit und Wahrheit aufgenommen hat.

Prinzipiell gelten die grundlegenden beruflichen Rechte und Pflichten der Beraterberufe für **alle** jeweiligen Berufsangehörigen, gleichgültig in welcher der für sie zulässigen **Organisationsformen** sie ihren Beruf ausüben. Die Rechte und Pflichten gelten also grundsätzlich in gleicher oder ähnlicher Weise für Betrei-

10a

---

1 RL (EG) Nr. 123/2006, ABl. EU Nr. L 376 v. 27.12.2006.
2 G „zur Umsetzung der Dienstleistungsrichtlinie in der Justiz [...]", BGBl. I 2248.
3 Vgl. die Berufsordnung der Bundesrechtsanwaltskammer (BORA) v. 10.12.1996 (Neufassung gültig ab 1.9.2014), die Berufsordnung der Bundessteuerberaterkammer (BOStB) v. 2.6.1997 (neu gefasst am 8.9.2010), die Berufssatzung der Wirtschaftsprüferkammer (BSWP) v. 11.6.1978 (letzte Fassung v. 6.7.2012), die Berufsordnung der Patentanwaltskammer v. 21.4.1997 (BOPatA, neu gefasst am 12.11.2013, in Kraft seit 1.3.2014).

ber einer Einzelkanzlei, für Mitglieder von – auch interprofessionellen – Sozietäten, für Angehörige von Kooperationen oder Bürogemeinschaften oder von Partnerschaftsgesellschaften sowie – mindestens sinngemäß – auch für juristische Personen wie GmbH oder AG als Berufsgesellschaften und deren (meist berufsangehörige) leitende Personen (z.B. §§ 59m Abs. 2, 59l S. 2, 3 BRAO; § 72 StBerG). Gewisse Einschränkungen – insbesondere hinsichtlich des Merkmals der Unabhängigkeit – bestehen allerdings für Berufsangehörige im Angestelltenverhältnis im Hinblick auf das grundsätzliche Direktionsrecht ihres Arbeitgebers[1].

10b *Die Öffnung der handels- und gesellschaftsrechtlichen Unternehmensformen* für die Berufstätigkeit von Freiberuflern entspricht internationalen Standards, ist aber auch in hohem Maße geeignet, das jeweilige herkömmliche Berufsbild zu verwischen und die Grenzen zur Gewerblichkeit einzuebnen. Zudem wird die Kontrollfunktion der Berufskammern gegenüber großen (womöglich interprofessionellen) Berufsgesellschaften oft erheblich erschwert.[2]

Hinsichtlich der **Berufsausübung in Berufsgesellschaften** bestehen für die einzelnen Berufe noch erhebliche Unterschiede. Für Rechtsanwälte und Patentanwälte ist neben GbR, OHG und Partnerschaftsgesellschaften als eigentliche Berufsgesellschaft gesetzlich nur die GmbH als Gesellschaftsform vorgesehen (§ 59c Abs. 1 BRAO, § 52c PatAO); die Rechtsform der AG kann inzwischen ebenfalls gewählt werden[3], nicht aber z.B. die KGaA, da eine KG auf Gewerbetätigkeit ausgerichtet sein muss[4].

10c Für Partnerschaftsgesellschaften wurde neuerdings, nicht zuletzt im Hinblick auf die Konkurrenz mit ausländischen Gesellschaftsformen für Kooperationen und Zusammenschlüsse (insbesondere der britischen LLP, s. § 23 Rz. 94a, 100, 111), die **Partnerschaft mit beschränkter Berufshaftung (PartGmbB,** § 8 Abs. 4 PartGG; vgl. § 22 Rz. 70) eingeführt[5]. In ihr ist die Haftung für fehlerhafte Berufsausübung auf das Gesellschaftsvermögen beschränkt; dafür wird für eine Zulassung das Bestehen einer angemessenen Berufshaftpflichtversicherung vorausgesetzt (§ 8 Abs. 4 PartGG, § 51a BRAO, § 45a PatAO, § 64 StBerG, § 54 WPO). Eine bisherige Partnerschaftsgesellschaft kann ohne viel Aufwand in eine PartGmbB wechseln (vgl. § 23 Rz. 99 ff.).

10d Weitergehend stehen den *Steuerberatern, Wirtschaftsprüfern* und vereidigten Buchprüfern (eigentlich systemwidrig) *zusätzlich* die gewerblichen **Personen-**

---

1 Vgl. z.B. *Henssler* in Henssler/Prütting, § 43a BRAO Rz. 12 ff.; *Gehre/Koslowski,* § 58 StBerG Rz. 4 ff.
2 Vgl. zur grundsätzlichen berufsrechtlichen Problematik von Freiberufler-Kapitalgesellschaften *Römermann,* GmbHR 2012, 64; *K. Schmidt,* DB 2011, 2477.
3 BayObLG v. 27.3.2000 – 3 Z BR 331/99, NJW 2000, 1647; BGH v 10.1.2005 – AnwZ (B) 27/03, 28/03, BGHZ 161, 376 = NJW 2005, 1568.
4 § 161 HGB; BGH v. 18.7.2011 – BGH AnwZ 18/10, NJW 2011, 3036; abl. dazu *Scharlipp,* AnwBl 2012, 792.
5 G zur Einf. einer Partnerschaftsgesellschaft mit beschränkter Berufshaftung und zur Änderung des Berufsrechts der Rechtsanwälte, Patentanwälte, Steuerberater und Wirtschaftsprüfer v. 15.7.2013, BGBl. I 2386.

gesellschaften der OHG und KG nebst KGaA und GmbH & Co KG zur Verfügung (§ 27 WPO, § 49 Abs. 1, 2 StBerG). Für Wirtschaftsprüfer und vereidigte Buchprüfer ist auch die Rechtsform der SE zugelassen (§ 27 WPO). Die Verwendung einer dieser Rechtsformen (wie auch ausländischer Rechtsformen) als Berufsgesellschaft erfordert die Durchführung eines speziellen *Anerkennungsverfahrens* bei der jeweiligen *Berufskammer* (§ 29 WPO, § 49 StBerG, §§ 59g, 59d BRAO, § 52g PatAO). Dabei muss die innere Struktur der Gesellschaft die berufsgesetzlich jeweils geforderten Kriterien erfüllen; insbesondere wird stets die verantwortliche Führung der Gesellschaft durch Berufsangehörige gefordert sowie grundsätzlich auch eine Kapitalbindung und Stimmrechtsregelung zugunsten von Berufsangehörigen vorausgesetzt (§ 28 Abs. 4 WPO, § 50a Abs. 1 StBerG, § 59e BRAO, §§ 52e, 52f PatAO)[1].

Die *Berufsfreiheit* von Berufsgeheimnisträgern ist zum Zweck der **Bekämpfung der Geldwäsche** und des Terrorismus mehrfach *eingeschränkt* worden. Auch diesen Berufsangehörigen obliegen nämlich Pflichten zur Identifizierung und ggf. zur Erstattung von Verdachtsanzeigen gem. §§ 8 Abs. 1, 11 Abs. 3 GwG (näher dazu § 51 Rz. 56 ff., 61 ff.). Diese Beschränkungen der Berufsfreiheit beinhalten zugleich Einschränkungen für die Verschwiegenheitspflicht und auch für die Unabhängigkeit der Berufsangehörigen.

Als **wichtigste Berufspflichten**[2], die für Rechtsanwälte, Patentanwälte, Wirtschaftsprüfer und Steuerberater im Wesentlichen gleichermaßen gelten[3], sind anzuführen:

a) Die **Unabhängigkeit** beinhaltet insbesondere, dass der Berufsangehörige sich bei der Art und Weise der Berufsausübung nicht von – rechtlichen oder tatsächlichen – Bindungen und Weisungen abhängig machen darf[4]. Die Einhaltung dieses Grundsatzes dürfte allerdings bei Berufsangehörigen in *Anstellungsverhältnissen* nur mit einigen Einschränkungen verlangt werden können[5]. Z.B. gilt dies für *Syndikus-Anwälte* (§ 46 BRAO[6]; zum Syndikus-Steuerberater Rz. 63b); sie unterliegen dafür gewissen Verboten, für ihren Dienstherrn nach außen tä-

---

1 Vgl. dazu die Gegenüberstellung der Regelungen für Wirtschaftsprüfer-, Steuerberater- und Rechtsanwaltsgesellschaften bei *Timmer* in Hense/Ulrich, vor §§ 27–34 WPO Rz. 30 ff. Soweit die genannten Regelungen der BRAO und der PatAO einem gesellschaftlichen Zusammenschluss von Rechts- und Patentanwälten entgegenstehen, sind sie allerdings verfassungswidrig (BVerfG v. 14.1.2014 – 1 BvR 2988/11, NJW 2014, 613).
2 Vgl. *Henssler* in Henssler/Prütting, § 43a BRAO Rz. 38 ff.; Zuck in Gaier/Wolf/Göcken, § 43a BRAO Rz. 12 ff., 43 ff. Zur Bedeutung des früheren StandesR vgl. z.B. BGH v. 18.7.1966 – AnwZ (B) 1/66, NJW 1966, 2062; *Zuck* in Lingenberg/Hummel/Zuck/Eich, Einl. Rz. 19 ff.; *Zuck*, ZRP 1987, 145.
3 Vgl. §§ 3 Abs. 1, 43a Abs. 1 BRAO, §§ 25, 39, 39a PatAO, §§ 57, 57a, 60 StBerG, §§ 43, 43a WPO; *Henssler* in Henssler/Prütting, § 43a BRAO Rz. 25a, 80; *Schnepel* in Hense/Ulrich, Vor §§ 43 ff. WPO Rz. 1 ff.
4 S. dazu § 3 BRAO, § 57 Abs. 1, § 60 StBerG, § 43 Abs. 1 WPO sowie ergänzend § 1 Abs. 3 BORA, § 2 BOStB, § 2 BSWP.
5 Vgl. *Henssler* in Henssler/Prütting, § 43a BRAO Rz. 11 ff.; *Zuck* in Gaier/Wolf/Göcken, § 43 BRAO Rz. 13 ff.; für Wirtschaftsprüfer §§ 43a Abs. 3 Nr. 2, 45 WPO und *Teckemeyer* in Hense/Ulrich, § 43a WPO Rz. 5 ff.; für Steuerberater § 58 StBerG.
6 *Henssler* in Henssler/Prütting, § 43a BRAO Rz. 12.

tig zu sein, insbesondere ihn gerichtlich zu vertreten[1] (§§ 45 Abs. 1 Nr. 4, 46 Abs. 2, 3 BRAO). Von besonderer Bedeutung ist die Unabhängigkeit bei den *Wirtschaftsprüfern*, da speziell ihre Prüfertätigkeit ganz vorrangig im öffentlichen Interesse ausgeübt wird und die Öffentlichkeit demgemäß in besonderer Weise auf ihre Neutralität und Objektivität vertraut[2] (vgl. dazu Rz. 70 ff.).

14 **b)** Zur **Eigenverantwortlichkeit** (vgl. §§ 57 Abs. 1, 60 StBerG, § 43 Abs. 1 S. 1 WPO) gehört vor allem, dass der Berufsangehörige Beurteilungen selbst vornimmt und sich nicht ungeprüft auf Urteile anderer, etwa von Berufskollegen oder von seinen eigenen Hilfspersonen, verlässt.

15 **c)** Die **Gewissenhaftigkeit** der Berufsausübung (vgl. z.B. § 43 S. 1 BRAO, § 57 Abs. 1 StBerG, § 43 Abs. 1 S. 1 WPO) ist eine elementare Pflicht für alle staatlich gebundenen Beraterberufe; ihr lassen sich einige Einzelpflichten zuordnen, die inzwischen gesetzlich und/oder in Berufsordnungen geregelt sind. Die Pflicht zur Gewissenhaftigkeit hat insbesondere als Auslegungs- und Auffangnorm weiterhin ihre Bedeutung. Von ihr lassen sich aber auch einige besondere Pflichten herleiten, so etwa die Pflichten, einen Auftrag nur zu übernehmen, wenn dieser auch zeit- und sachgerecht erledigt werden kann (vgl. § 4 Abs. 2 BOStB, § 4 Abs. 2 BSWP), Auskünfte und Ratschläge regelmäßig erst nach verantwortungsbewusster Prüfung der Sach- und Rechtslage zu erteilen sowie das Verbot, sich für ungesetzliche oder unlautere Interessen einspannen zu lassen. Auch das **Verbot der Unwahrheit** (dazu Rz. 41) gehört in diesen Zusammenhang, ferner wohl auch die Pflicht, sich laufend fortzubilden und sich auf aktuellem Wissensstand zu halten[3].

16 **d)** Die **Verschwiegenheitspflicht**[4] zugunsten von Mandanten ist bei allen Beraterberufen von elementarer Bedeutung. Ihre Verletzung kann in weitem Umfang strafbar sein, etwa nach §§ 203, 355, 356 StGB (dazu § 94 Rz. 2 ff.; zu Einschränkungen der Verschwiegenheitspflicht zum Zweck der Geldwäschebekämpfung vgl. Rz. 11)[5].

17 **e)** Eine weitere berufliche Hauptpflicht ist auch die der „**Berufswürdigkeit**" (§ 43 S. 2 BRAO; § 43 Abs. 2 S. 2 WPO; § 13 BSWP). Durch sie sollte früher das Ansehen des Berufsstandes geschützt werden; in neuer Zeit steht das Vertrauen der Öffentlichkeit in die Sachkunde und Integrität der Berufsgruppe im Vordergrund[6].

In diesen Zusammenhang gehört vor allem auch das **Gebot zur Sachlichkeit**[7] (Rz. 22). Dieses beinhaltet insbesondere die Verpflichtung, ein Anliegen gegen-

---

[1] *Henssler* in Henssler/Prütting, § 46 BRAO Rz. 13 ff., 17 ff.
[2] *Henning/Precht* in Hense/Ulrich, § 43 WPO Rz. 1 ff.
[3] Vgl. § 4 Abs. 3 BOStB, § 4 Abs. 1 S. 2 BSWP; die Pflicht zur Fortbildung ist vor allem in der zivilrechtlichen Schadensersatzrechtsprechung entwickelt und erst danach förmlich ins BerufsR übernommen worden.
[4] Vgl. § 43a Abs. 2 BRAO, § 43 Abs. 1 S. 1 WPO, § 57 Abs. 1 StBerG, § 39a Abs. 2 PatAO, § 18 BNotO, § 2 BORA, § 5 BOStB, §§ 3, 9 BSWP.
[5] Speziell für Wirtschaftsprüfer: Wollburg in Hense/Ulrich, § 43 WPO Rz. 401 ff.
[6] Vgl. BVerfG v 4.11.1992 – 1 BvR 643/87 u.a. – Zweitberufsentscheidung, BVerfGE 87, 287 (Rz. 107).
[7] Vgl. § 43a Abs. 3 BRAO, § 43 Abs. 2 S. 3 WPO, § 13 Abs. 1 BSWP, § 7 Abs. 1 BOStB.

über Gerichten, Behörden und Einzelpersonen – ggf. bei aller einseitigen Interessenwahrnehmung – sachlich zu vertreten, dabei unter Einhaltung der **Wahrheitspflicht** die gebotenen Formen zu wahren und nicht verletzend zu werden.

f) Das **Verbot der Vertretung widerstreitende Interessen** (§ 43a Abs. 4 BRAO; § 3 BORA; § 6 Abs. 1, 2 BOStB) ist vor allem für Rechtsanwälte von besonderer Bedeutung. Verstöße können bei Anwälten als *Parteiverrat* (§ 356 StGB – vgl. § 94 Rz. 17 ff.) geahndet werden. **18**

g) Schließlich ist die **Treuepflicht** zum Mandanten (vgl. § 43a Abs. 5 BRAO, § 4 BORA) zu nennen. Deren Verletzung in vermögensrechtlicher Hinsicht kann bei allen Angehörigen der Beraterberufe zur Strafbarkeit wegen Untreue führen (dazu § 16 Rz. 46 ff., § 32 Rz. 35, 97, 113 sowie § 96 Rz. 75). Die Treuepflicht liegt auch der Verpflichtung zugrunde, zur Abdeckung eigener Haftungsrisiken im Interesse von Mandanten ausreichende Haftpflichtversicherungen abzuschließen[1]. **19**

Bei *Wirtschaftsprüfern* und vereidigten Buchprüfern sowie bei *Notaren* kommt hinzu die besondere Pflicht zur Wahrung der **Unparteilichkeit** und **Unbefangenheit**[2]. Dies Verpflichtung gilt jeweils tätigkeitsbezogen, vor allem auch für den Bereich der *Abschlussprüfungen* (dazu Rz. 72 ff., § 95 Rz. 4 ff.). **20**

Dagegen ist das früher bestehende grundsätzliche **Werbeverbot** stark gelockert worden. *Informationswerbung* ist, wenn sachlich gehalten und zur Irreführung nicht geeignet, nunmehr in weitem Umfang zulässig (vgl. § 43b BRAO, § 52 WPO, § 57a StBerG, § 39b PatAO, § 29 BNotO). Inzwischen erscheint die oft sehr umfangreiche werbliche Außendarstellung von Berufsangehörigen und ihrer Kanzleien im Internet manchmal recht grenzwertig. **21**

Eine ganz vorrangige Aufgabe der Beraterberufe – soweit sie nicht hinsichtlich mancher Tätigkeitsbereiche zu Neutralität und Unparteilichkeit verpflichtet sind, vgl. Rz. 20 – besteht darin, die **Interessen von Mandanten** wahrzunehmen. Deren Vertretung kann naturgemäß trotz des Gebots zur Sachlichkeit im Einzelfall ein hartnäckig-kämpferisches Auftreten erfordern, zu dem verbales und schriftliches Argumentieren, verbunden mit – ggf. auch scharf formuliertem – Angreifen und Verteidigen unter Ausschöpfung der formalrechtlichen Instrumentarien gehören können[3]. **22**

In besonderer Weise gilt dies für **Rechtsanwälte**. Dass dabei „im Eifer des Gefechts" Grenzen überschritten werden können, liegt nahe und ist regelmäßig nachvollziehbar. Schon um die sachgerechte Wahrnehmung von Mandanteninteressen nicht zu gefährden, ist deshalb in diesem Bereich eine zur berufsrechtlichen Ahndung führende *Reglementierung nur in engen Grenzen* zu rechtfertigen. Dies ist der Fall, wenn die Rechte Dritter, etwa anderer Verfah- **22a**

---

1 Z.B. nach § 51 BRAO, § 67 StBerG, § 54 WPO, § 19a BNotO.
2 § 43 Abs. 1 S. 2 WPO, § 13 BSWP, §§ 319, 319a, 319b HGB für Abschlussprüfer, § 14 Abs. 1 S. 2 BNotO, s. auch §§ 3, 6, 7 BeurkG. Zur Abgrenzung der Unbefangenheit von der Unparteilichkeit vgl. *Henning/Precht* in Hense/Ulrich, § 43 WPO Rz. 246 ff.
3 BVerfG v. 14.7.1987 – 1 BvR 537/81, 1 BvR 195/87, BVerfGE 76, 171 ff. (196 ff.) = NJW 1988, 191 (193).

rensbeteiligter, gewahrt werden müssen oder wenn vernünftige Gründe des Gemeinwohls eine *Einschränkung der Freiheit des Beraters erfordern*, etwa wenn dies zur Aufrechterhaltung der Funktionsfähigkeit eines ordnungsgemäßen Verwaltungsverfahrens bzw. einer ordnungsgemäßen Rechtspflege notwendig ist[1].

22b Demgemäß ist die **Verletzung der Ehre** und *sonstiger Persönlichkeitsrechte* von Verhandlungspartnern und anderen Verfahrensbeteiligten und deren gezielte, sachlich nicht gerechtfertigte oder stark überzogene Herabsetzung weiterhin ebenso *gesetz- und berufsordnungswidrig* wie der Vortrag und die Verbreitung *bewusster Unwahrheiten*[2].

22c Die **Grenzen** einer zu ahndenden Berufsunwürdigkeit sind allerdings noch *nicht erreicht*, wenn ein Verhalten lediglich als ungehörig, taktlos oder unhöflich angesehen oder auch als für das Ansehen des Berufsstandes abträglich qualifiziert wird. Verständliche Anliegen der Rechtsgemeinschaft wie die Achtung der Persönlichkeit anderer sowie Wahrung der Höflichkeit und ordentlicher Umgangsformen können *keine Einschränkung* der in Art. 2 GG verbürgten persönlichen Handlungsfreiheit und der Berufsfreiheit rechtfertigen. Sie können deshalb im Sozial- und Rechtsleben generell nicht erzwungen werden, auch nicht im Bereich des Berufsrechts.

3. Ahndung von Pflichtverletzungen

23 Die Verletzung von beruflichen Pflichten, die in den jeweiligen Berufsgesetzen und Berufsordnungen statuiert sind, kann berufsrechtlich **nur geahndet** werden, wenn ein Berufsangehöriger der Anwaltschaft, ein Steuerberater oder ein Wirtschaftsprüfer sowohl zur *Tatzeit* als auch im *Zeitpunkt der* möglichen *Verurteilung* dem Berufsstand und der Berufskammer *zugehört*[3].

23a Geahndet wird jeweils die **schuldhafte**, also *vorsätzliche* oder *fahrlässige* **Verletzung von Berufspflichten**[4] (§ 113 BRAO). Für mehrere berufliche Verfehlungen gilt das Prinzip der einheitlichen Berufspflichtverletzung; demgemäß erfolgt nur eine einheitliche Verurteilung wegen *einer* Tat[5] (vgl. § 130 Abs. 1 BRAO, § 67 Abs. 1 S. 1 StBerG). Die *Verjährungsfrist* für Pflichtverletzungen ist in den einzelnen Berufsgesetzen je nach dem Gewicht der Verstöße unterschiedlich geregelt[6] (vgl. z.B. § 115 BRAO, § 70 Abs. 1 S. 1, § 68 WPO). Im Regelfall beträgt die Frist fünf Jahre, jedoch kann die Verjährung unterbrochen oder gehemmt sein bzw. ruhen (§ 115 BRAO, § 93 StBerG, §§ 63 Abs. 2, 70

---

1 BVerfG v. 14.7.1987 – 1 BvR 537/81, 1 BvR 195/87, BVerfGE 76, 171 ff. (196 ff.) = NJW 1988, 191 (193); dazu *Zuck*, NJW 1988, 175 (176); *Jähnke*, NJW 1988, 1888 ff.
2 Vgl. *Jähnke*, NJW 1988, 1890; *Henssler* in Henssler/Prütting, § 43a BRAO Rz. 137 ff.
3 Vgl. § 113 Abs. 3 BRAO, § 95 Abs. 3 PatAO, § 89 Abs. 3 StBerG, §§ 67 Abs. 3, 103 Abs. 3 WPO; *Grabarse-Wilde* in Hense/Ulrich, § 63 WPO Rz. 7, 47.
4 Dazu *Dittmann* in Henssler/Prütting, § 113 BRAO Rz. 3 ff., 11 ff.; § 95 Abs. 1 PatAO.
5 Vgl. *Dittmann* in Henssler/Prütting, § 113 BRAO Rz. 5 ff.; *Pickel* in Hense/Ulrich, § 67 WPO Rz. 9, 10, § 63 WPO Rz. 49, 50; *Gehre/Koslowski*, § 89 StBerG Rz. 9 ff.
6 Vgl. *Engelhardt* in Hense/Ulrich, § 70 WPO Rz. 1–3.

Abs. 1 WPO). Für besonders gravierende Pflichtverletzungen, speziell wenn sie zu einem Vertretungsverbot oder einer Ausschließung aus dem Beruf führen können, ist eine Verjährung nicht vorgesehen (§ 115 S. 1 BRAC, § 97 PatAO, § 93 Abs. 1 StBerG, § 70 Abs. 1 S. 1 WPO). Soweit die einzelnen Berufsgesetze für das jeweilige berufsgerichtliche Verfahren keine speziellen Regelungen getroffen haben, sind generell die Vorschriften der *StPO und des GVG entsprechend* anzuwenden (§ 116 BRAO, § 98 S. 2 PatAO, § 153 StBerG, § 127 WPO).

Für die berufsrechtliche Ahndung sind grundsätzlich nur Verfehlungen relevant, die Verstöße gegen Berufsgesetze und Berufsordnungen darstellen, ausnahmsweise aber auch Verhaltensweisen außerhalb der beruflichen Tätigkeit, falls das Ansehen des Berufsstandes erheblich beeinträchtigt erscheint[1]. Für eine Ahndung sind zunächst die **Berufskammern** der Rechtsanwälte, der Patentanwälte, der Steuerberater und Steuerbevollmächtigten sowie der Wirtschaftsprüfer zuständig[2], für schwerere Pflichtverletzungen hingegen die jeweiligen Berufsgerichte (Rz. 25). Die *Berufskammern* sind jeweils als *Körperschaften des öffentlichen Rechts* konzipiert, in denen die Berufsangehörigen Zwangsmitglieder sind. Den Berufskammern gegenüber sind die Berufsangehörigen in Berufsaufsichts- und Beschwerdesachen mit gewissen Einschränkungen (Verschwiegenheitspflicht zugunsten von Mandanten, kein Zwang zur Selbstbelastung) grundsätzlich informations- und auskunftspflichtig (z.B. § 56 BRAO, § 62 WPO). 24

Die **Vorstände der Berufskammern** sind befugt, weniger gewichtige Berufspflichtverletzungen selbst *abzurügen*. 24a

Gegen den *Rügebescheid* kann Einspruch eingelegt werden, gegen dessen Zurückweisung kann das zuständige Berufsgericht angerufen werden; vgl. zu Einzelheiten des Rügeverfahrens z.B. §§ 74, 74a BRAO, §§ 63, 63a WPO.

Die *Wirtschaftsprüferkammer* kann *zusätzlich* zu einer Rüge seit 2004 **auch Geldbußen** bis zu 50 000 Euro verhängen; weiterhin hat sie die besondere Kompetenz erhalten, mit Androhung von *Ordnungsgeld* (die Höhe kann bis zu 100 000 Euro betragen[3]) verbundene *Untersagungsverfügungen* zu erlassen, um ein gerügtes berufswidriges Verhalten von Wirtschaftsprüfern rasch und effektiv zu unterbinden (§ 63 Abs. 1 S. 1 WPO). *Untersagungsverfügungen* können gem. § 68a WPO auch im berufsgerichtlichen Verfahren vom Berufsgericht erlassen werden. Ein Rügebescheid des Kammervorstandes hindert nicht, wegen derselben Tat noch ein berufsgerichtliches Verfahren durchzuführen (vgl. z.B. § 115a Abs. 1 BRAO, § 69 Abs. 1 WPO).

Gehört ein „**Mehrfachberufler**" mehreren Berufskammern an (z.B. ein Rechtsanwalt ist auch als Steuerberater und/oder Wirtschaftsprüfer zugelassen oder ist Anwaltsnotar), so hat er auch die Pflichten aus den jeweiligen anderen Berufsrechten einzuhalten. Welches Berufsrecht bei Berufsverstößen anzuwenden ist, richtet sich grundsätzlich danach, welchem Berufskreis die zu beurteilende 24b

---

1 Vgl. § 113 Abs. 2 BRAO, § 67 Abs. 2 WPO, § 89 Abs. 2 StBerG.
2 Vgl. z.B. §§ 73 Abs. 1 Nr. 4, 74 BRAO, §§ 95 ff. PatAO, §§ 76 Abs. 2 Nr. 4, 81 StBerG, § 63 WPO.
3 §§ 63 Abs. 1 S. 1, 68a Abs. 2 WPO; vgl. hierzu *Grabarse-Wilde* in Hense/Ulrich, § 63 WPO Rz. 60, *Kunath* in Hense/Ulrich, § 68a WPO Rz. 9.

konkrete Tätigkeit schwerpunktmäßig zuzuordnen ist. Lässt sich ein solcher Schwerpunkt nicht feststellen, ist das strengere Berufsrecht anzuwenden[1] (vgl. § 118a BRAO, § 110 BNotO, § 110 Abs. 1 StBerG).

25 Für die Ahndung gewichtiger Berufspflichtverletzungen sind **Berufsgerichte**[2], die bis zur Änderung der Berufsgesetze im Jahr 1994 als *Ehrengerichte* bezeichnet wurden, zuständig; diese sind in drei Instanzen mit Berufsrichtern und Berufsangehörigen besetzt. In *erster Instanz* entscheiden die bei einzelnen Landgerichten gebildeten Berufsgerichte beim Landgericht[3]; gegen deren Urteile besteht die Möglichkeit der *Berufung* zu den jeweiligen berufsgerichtlichen Senaten (Berufsgerichtshöfen) bei einzelnen Oberlandesgerichten. Die Berufungsurteile können nur eingeschränkt mit der *Revision* zum BGH angefochten werden. Die Revision muss wegen grundsätzlicher Bedeutung zugelassen sein oder es muss um die Ausschließung aus dem Beruf gehen.

26 In den berufsgerichtlichen Verfahren sind folgende **Sanktionen** vorgesehen: Warnung, Verweis, Geldbußen von bis zu 25000 Euro für Rechts- und Patentanwälte (§ 114 Abs. 1 Nr. 3 BRAO, § 96 Abs. 1 PatAO) bzw. bis zu 50 000 Euro für Steuerberater (§ 90 StBerG) und für Wirtschaftsprüfer sogar bis zu 500 000 Euro (§ 68 Abs. 1 Nr. 1 WPO). Hinzukommen können ggf. befristete Betätigungs- und Vertretungsverbote, ferner – als schärfste Maßnahme – die Ausschließung aus dem Beruf[4]. Diese Disziplinarstrafen stellen ihrer Natur nach *keine Kriminalstrafen* dar (vgl. § 1 Rz. 102 ff., 104) und stehen deshalb einer etwaigen zusätzlichen Ahndung nach allgemeinem Straf- oder Ordnungswidrigkeitsrecht grundsätzlich nicht entgegen[5]. Im Hinblick auf die verstärkte Rügebefugnis der Wirtschaftsprüferkammer auch für mittelschwere Berufspflichtverletzungen (vgl. Rz. 24a) sind für das berufsgerichtliche Verfahren in Wirtschaftsprüfersachen die Sanktionsformen der Warnung und des Verweises weggefallen.

27 Bei einer berufsgerichtlich (unbefristeten) **Ausschließung aus dem Beruf** kann – von Begnadigungsfällen (vgl. z.B. § 48 Abs. 1 Nr. 2 StBerG) abgesehen – frühestens acht Jahre nach Rechtskraft der Ausschließungsentscheidung eine Wiederzulassung erfolgen[6]. Die Berufsgerichte können – unter verfassungsrechtlich eng gezogenen Grenzen[7] – bis zum

---

1 Vgl. *Prütting* in Henssler/Prütting, § 43 BRAO Rz. 39; ferner BGH v. 12.10.2004 – WpSt (R) 1/04, NJW 2005, 1057; *Deckenbrock/Fleckner*, NJW 2005, 1165.
2 Vgl. §§ 67 ff., 72, 73 WPO, §§ 92 ff., 113 ff. BRAO, §§ 98 ff. PatAO, §§ 89 ff., 95 ff. StBerG.
3 Bei den Wirtschaftsprüfern ist dies seit 1996 das LG Berlin und als Berufungsgericht das KG in Berlin (§§ 72, 73 WPO).
4 Zum vorläufigen Berufsverbot, das verfassungsrechtlich nur unter engen Voraussetzungen zulässig ist, vgl. BVerfG v. 2.3.1977 – 1 BvR 124/76, BVerfGE 44, 105; BVerfG v. 30.5.1978 – 1 BvR 352/78, BVerfGE 48, 292.
5 Vgl. aber zum regelmäßigen Erfordernis eines berufsrechtlichen disziplinarischen Überhangs z.B. § 115b BRAO, § 69a WPO sowie unten Rz. 28a.
6 Vgl. § 7 Nr. 3 BRAO, § 14 Abs. 1 Nr. 3 PatAO, § 48 Abs. 1 Nr. 2 StBerG, § 28 Abs. 1 Nr. 2 WPO.
7 BVerfG v. 30.5.1978 – 1 BvR 352/78, BVerfGE 48, 292.

rechtskräftigen Abschluss eines Berufsgerichtsverfahrens auch *vorläufige Berufs- oder Vertretungsverbote* verhängen, wenn dringende Gründe eine Ausschließung aus dem Beruf erwarten lassen[1].

In aller Regel werden **berufsgerichtliche Verfahren** durch Einreichung von Anschuldigungsschriften der jeweiligen örtlich zuständigen *Staatsanwaltschaften bei dem Oberlandesgericht* (Generalstaatsanwaltschaften), die in erster Linie für die Ermittlung der relevanten Sachverhalte zuständig sind, bei dem zuständigen Berufsgericht eingeleitet[2]. Anders als für die Berufskammern gilt für die Generalstaatsanwaltschaften das **Legalitätsprinzip**[3] (vgl. hierzu § 10 Rz. 17). 28

Berufsangehörige können auch jeweils gegen sich selbst die Einleitung eines berufsgerichtlichen Verfahrens beantragen, um sich vom Verdacht einer Pflichtverletzung zu reinigen (vgl. z.B. § 116 StBerG, § 123 BRAO, § 87 WPO).

Wird gegen einen Berufsangehörigen Anklage zu einem Strafgericht erhoben, so ist das berufsgerichtliche Verfahren wegen desselben Sachverhalts grundsätzlich bis zur Beendigung des strafgerichtlichen Verfahrens **auszusetzen** (§ 118 Abs. 1 S. 1 BRAO, § 109 Abs. 1 StBerG, § 83a Abs. 1 WPO). 28a

Abweichend hiervon sind berufsgerichtliche Verfahren in *Wirtschaftsprüfersachen* gem. § 83b WPO nur ausnahmsweise auszusetzen; dies schließt allerdings nicht aus, mit dem berufsrechtlichen Verfahren zeitweilig stillzuhalten, um doppelten Ermittlungsaufwand zu vermeiden[4]. Während der Zeit der Aussetzung ist die Verjährung im berufsgerichtlichen Verfahren gehemmt (vgl. § 70 Abs. 1, 2 WPO, § 115 S. 2 BRAO, § 93 StBerG, § 97 PatAO). Zum Verhältnis des Berufsgerichtsverfahrens zu Straf- und Bußgeldverfahren vgl. § 115b BRAO, § 109 StBerG, § 69a WPO, § 102 PatAO).

Damit sollen voneinander abweichende Sachverhaltsfeststellungen im strafrechtlichen und im berufsgerichtlichen Verfahren vermieden werden. Sind insoweit sich **widersprechende Entscheidungen** *nicht* zu erwarten, ist das berufsgerichtliche Verfahren ohne Rücksicht auf das Strafverfahren fortzusetzen[5]. Widersprechen die Feststellungen im strafgerichtlichen Verfahren sodann denen des Berufsgerichtsverfahrens, so kann dies für das letztgenannte Verfahren einen Wiederaufnahmegrund darstellen[6]. Die die Entscheidung tragenden tatsächlichen Feststellungen eines Strafurteils sind grundsätzlich für das nachfolgende berufsgerichtliche Verfahren *bindend*[7], jedoch kann das Berufsgericht zweifelhaft erscheinende Feststellungen auch nochmals selbst überprüfen (§§ 118a Abs. 3 S. 2 BRAO, 109 Abs. 3 StBerG, 83 Abs. 2 S. 2 WPO). Feststellungen in einem – rechtskräftig gewordenen – Strafbefehl sind dagegen nicht bindend[8]. 28b

Wird der Berufsangehörige im *Strafverfahren freigesprochen*, so kann er im berufsgerichtlichen Verfahren gleichwohl wegen einer **Berufspflichtverletzung** 28c

---

1 Vgl. § 150 Abs. 1 BRAO, § 132 Abs. 1 PatAO, § 134 StBerG, § 111 WPO.
2 §§ 113 ff. StBerG, §§ 120 ff. BRAO, §§ 85 ff. WPO, §§ 95 ff., 106 PatAO.
3 *Dittmann* in Henssler/Prütting, § 120 BRAO Rz. 1; *Gehre/Koslowski*, § 89 StBerG Rz. 3.
4 Vgl. *Pickel* in Hense/Ulrich, § 83b WPO Rz. 1 ff., 6.
5 Vgl. § 118 Abs. 1 S. 3 BRAO, § 102 Abs. 1 S. 3 PatAO, § 109 Abs. 1 S. 4 StBerG.
6 § 118 Abs. 4 BRAO, § 102 Abs. 4 PatAO, § 109 Abs. 4 StBerG.
7 § 118 Abs. 3 BRAO, § 109 Abs. 3 StBerG, § 83 Abs. 2 WPO, § 102 Abs. 3 PatAO.
8 BGH v. 12.4.1999 – AnwSt (R) 11/98, NStZ 1999, 410.

zur Verantwortung gezogen werden[1], falls nicht zwischenzeitlich insoweit Verfolgungsverjährung eingetreten ist[2]. Umgekehrt ist bei strafrechtlicher (oder anderweitiger) Ahndung desselben pflichtwidrigen Verhaltens grundsätzlich von einer zusätzlichen berufsrechtlichen Ahndung abzusehen, es sei denn, dass eine solche Maßnahme zur Einwirkung auf den Berufsangehörigen notwendig erscheint („disziplinarischer Überhang") oder dass ein Ausschluss aus dem Beruf in Betracht kommt (§ 115b BRAO, § 103a PatAO, §§ 63a, 69a WPO, § 92 StBerG).

28d Sind bei Pflichtverletzungen von **Mehrberuflern** im Prinzip mehrere Berufsgerichtsbarkeiten zuständig, so soll grundsätzlich nur ein berufsgerichtliches Verfahren durchgeführt werden, falls es nicht um die Ausschließung aus dem Beruf geht[3]. Für Rechtsanwälte hat das anwaltsgerichtliche Verfahren im Zweifel Vorrang (§ 118a Abs. 1 BRAO, § 110 BNotO für Anwaltsnotare), sonst ist maßgeblich, bei welchem Tätigkeitsbereich der Schwerpunkt der Verfehlung liegt (§ 118a Abs. 1 BRAO, § 102a PatAO, § 110 Abs. 1 StBerG, § 83a WPO). Rechtskräftig gewordene berufsgerichtliche Zuständigkeitsentscheidungen sind für andere Berufsgerichte jeweils bindend (§ 118a Abs. 3 BRAO u.a.). Geht es bei Mehrberuflern um den Ausschluss aus einem oder mehreren Berufen, so können nur innerhalb der jeweils zuständigen Berufsgerichtsbarkeit, also ggf. in getrennten Verfahren, die Ausschlussentscheidungen getroffen werden[4].

29 Eine *Sonderstellung* nehmen im vorliegenden Zusammenhang die **Notare** (Rz. 78 ff.) ein. Die grundsätzlich in jedem Oberlandesgerichtsbezirk als Körperschaften des öffentlichen Rechts bestehenden Notarkammern haben zwar die Befugnis, geringfügige Ordnungsverstöße von Notaren *abzumahnen* (§ 67 Abs. 1, § 75 BNotO); für die Dienstaufsicht sind indessen grundsätzlich die Landgerichtspräsidenten und Justizminister (§§ 92 ff. BNotO) zuständig. Die Justizverwaltung kann leichte Pflichtverletzungen durch *Missbilligung* selbst ahnden (§ 94 BNotO); bei Dienstvergehen sind gem. §§ 95 ff. BNotO beamtenähnlich *förmliche Disziplinarverfahren* einzuleiten. Die bei Oberlandesgerichten angesiedelten *Disziplinargerichte für Notare* können Verweise aussprechen, Geldbußen verhängen oder – in schwerwiegenden Fällen – die Entfernung aus dem Dienst anordnen (§§ 97, 99 BNotO).

Die BNotO gilt nach § 114 grundsätzlich nicht für die Notare im Landesdienst von **Württemberg** (Bezirksnotare) und in **Baden** (Amtsnotare, Richternotare). Bei ihnen handelt es sich jeweils um Beamte, welche dem allgemeinen Disziplinarrecht unterfallen (vgl. Rz. 78a).

---

1 § 118 Abs. 2 BRAO, § 109 Abs. 2 StBerG, § 83 Abs. 1 WPO.
2 Instruktiv insoweit die Entscheidung des KG v. 25.5.1983 – StO 2/82, DStR 1983, 621 zur früheren Rechtslage; zur jetzigen Verfolgungsverjährung und zu Verjährungsunterbrechungen u.a. vgl. *Engelhardt* in Hense/Ulrich, § 70 WPO Rz. 1 ff.
3 Vgl. § 118a BRAO, § 110 Abs. 1 StBerG, § 83a WPO; ferner BGH v. 12.10.2004 – WpSt (R) 1/04, NJW 2005, 1057; dazu *Deckenbrock/Fleckner*, NJW 2005, 1165.
4 S. z.B. § 118a Abs. 1 BRAO, § 110 Abs. 1 StBerG; *Dittmann* in Henssler/Prütting, § 118a BRAO Rz. 4.

Ob bei Verfehlungen eines **Anwaltsnotars**[1] das berufsgerichtliche Verfahren oder ein Disziplinarverfahren durchzuführen ist, hängt gem. § 110 BNotO davon ab, ob das zu beanstandende Verhalten vorwiegend eine Anwaltstätigkeit oder eine Tätigkeit als Notar betraf. Bleibt Letzteres unklar, hat das anwaltsgerichtliche Verfahren Vorrang (§ 110 Abs. 1 S. 2 BNotO, § 118a Abs. 1 S. 1 BRAO). Allerdings sind die Tätigkeiten des Notars von der anwaltlichen Berufssphäre ohnehin strikt zu trennen[2], sodass sich i.d.R. problemlos ergeben sollte, welche Verfahrensart zur Anwendung kommt. 30

II. Schutz der Berufsbezeichnungen

Nach § 132a Abs. 1 Nr. 2 StGB ist u.a. die **unbefugte Verwendung** der **Berufsbezeichnungen** „Rechtsanwalt", „Patentanwalt", „Steuerberater" oder „Steuerbevollmächtigter", „Wirtschaftsprüfer" oder „vereidigter Buchprüfer" ein *Vergehen*, das mit einer Freiheitsstrafe bis zu einem Jahr oder mit Geldstrafe bedroht ist. 31

Die Verwendung der **verwechslungsfähigen Berufsbezeichnungen** „Buchprüfer", „Bücherrevisor" oder „Wirtschaftstreuhänder" stellt hingegen eine *Ordnungswidrigkeit* dar, die mit Geldbuße bis 5 000 Euro pro Einzelfall geahndet werden kann (§ 132 WPO); nicht darunter fallen Bezeichnungen wie „Wirtschaftsberater" oder „Wirtschaftsgutachter". Dasselbe gilt für ausländische Angehörige der Prüferberufe, die ihre im Heimatland (Schweiz, Österreich) erlangte Berufsbezeichnung „Wirtschaftsprüfer" oder „vereidigter Buchprüfer" im Inland pflichtwidrig ohne Angabe des Herkunftsstaates führen[3]. Ähnlich ist die unzulässige Firmierung als „Steuerberatungsgesellschaft", „Wirtschaftsprüfungsgesellschaft", „Buchprüfungsgesellschaft" oder eine (eindeutig) verwechslungsfähige ähnliche Firmierung eine mit Bußgeld bis 10 000 Euro bedrohte Ordnungswidrigkeit (§ 161 StBerG, §133 WPO).

Beispiel für eine verwechslungsfähige Firmierung: Wirtschaftsprüfergesellschaft, BuchprüfungsGmbH[4]; nicht nach §§ 59c ff. BRAO zugelassene Anwaltsgesellschaften dürfen die Bezeichnung „Rechtsanwaltsgesellschaft" gem. § 59k BRAO nicht führen, doch ist ein Verstoß *nicht* bußgeldbewehrt.

Zuständige **Bußgeldbehörde** ist das Finanzamt bzw. die Wirtschaftsprüferkammer (§ 164 StBerG, § 132 Abs. 4 S. 2 WPO). Finanzbehörden und Steuerberaterkammern haben beim Verdacht von Verstößen der vorgenannten Art die für die Ahndung zuständigen Behörden zu informieren (§ 5 Abs. 3 StBerG).

---

1 Den Anwaltsnotaren kommt nach Änderung der BNotO durch das am 8.9.1998 in Kraft getretene 3. ÄnderungsG (BGBl. I 2585) im Notarberuf zunehmend größeres Gewicht zu, vgl. dazu schon *Eylmann*, NJW 1998, 2929.
2 Vgl. § 45 Abs. 1 Nr. 1, Nr. 2 BRAO, § 24 BNotO, § 3 Abs. 1 Nr. 4, 7 BeurkG.
3 Vgl. *Schnepel* in Hense/Ulrich, § 132 WPO Rz. 6 ff.
4 *Schnepel* in Hense/Ulrich, § 133 WPO Rz. 4.

B. Einzelne Berufe

I. Rechtsanwälte

1. Gesetzliches Berufsbild

32 Angesichts der Vielfalt und der Verschiedenheit der zahlreichen Rechtsgebiete hat sich eine zunehmende *Spezialisierung* innerhalb der Rechtsanwaltschaft herausgebildet. Die Möglichkeit, **Fachanwaltsbezeichnungen** zu führen, ist deshalb in den letzten Jahren über die zunächst in § 43c BRAO vorgesehen Möglichkeiten (Fachanwalt für Verwaltungsrecht, für Steuerrecht, für Arbeitsrecht, für Sozialrecht) hinaus auf inzwischen insgesamt 21 Rechtsgebiete erweitert worden[1], darunter Strafrecht, Insolvenzrecht, Versicherungsrecht, Bau- und Architektenrecht, Transport- und Speditionsrecht, Handels- und Gesellschaftsrecht, Urheber- und Medienrecht, Bank- und Kapitalmarktrecht sowie Internationales Wirtschaftsrecht. Ein Anwalt kann höchstens drei Fachanwaltsbezeichnungen erwerben (§ 43c Abs. 1 S. 3 BRAO), wobei er jeweils „besondere theoretische Kenntnisse und besondere praktische Erfahrungen" einschließlich verfassungs- und europarechtlicher Bezüge des Fachgebiets nachzuweisen hat[2] Unabhängig von Fachanwaltsbezeichnungen darf ein Anwalt *Tätigkeits- und Interessenschwerpunkte* angeben und mit diesen werben, wenn er über entsprechende Kenntnisse und Erfahrungen verfügt (s. § 6 Abs. 2, § 7 BORA), z.B. als Mediator nach § 5 MediationsG (§ 7a BORA).

Ungeachtet der schon erheblich fortgeschrittenen Spezialisierung gilt grundsätzlich für *alle* Rechtsanwälte gesetzlich weiterhin ein **einheitliches Berufsbild**. Dabei bestimmt § 1 BRAO[3] unmissverständlich, wenngleich in Inhalt und Grenzen durchaus umstritten: „Der Rechtsanwalt ist ein *unabhängiges* **Organ der Rechtspflege**."

32a Wie schon angesprochen (Rz. 2, 2a), ist die Diskussion um Bedeutung und Interpretation der Bezeichnung *„Organ der Rechtspflege"* speziell unter den Rechtsanwälten seit Langem stark ausgeprägt, viel stärker als bei den anderen staatlich gebundenen Beraterberufen. Die **Organstellung** beinhaltet nach h.M. und ständiger Rechtsprechung[4], dass ein Rechtsanwalt als Inhaber spezieller beruflicher Rechte und Pflichten auch im öffentlichen Interesse seine Aufgaben wahrnimmt, indem er als Beistand und Ratgeber seines Auftraggebers grundsätzlich gleichrangig mit anderen Verantwortungsträgern (z.B. Verwaltungsbeamten, Richtern, Staatsanwälten) an der Wahrung und Durchsetzung des Rechts – und nicht nur einseitig an der Durchsetzung von Interessen seines Auftraggebers – mitzuwirken hat.

---

1 §§ 1 ff. der Fachanwaltsordnung i.d.F. v. 1.9.2014, BRAK-Mitt. 2014, 145.
2 §§ 2, 4 FachAO.
3 Auf Fragen der Berufszulassung und von Niederlassungs- und Soziierungsmöglichkeiten wird im Folgenden nicht näher eingegangen.
4 Z.B. BVerfG v. 8.10.1974 – 2 BvR 747/73, BVerfGE 38, 105 (119); BVerfG v. 3.7.2003 – 1 BvR 238/01, BVerfGE 108, 150; BGH v. 7.11.1991 – 4 StR 252/91, BGHSt 38, 111 (115); BGH v. 24.5.2006 – 2 ARs 199/06, NJW 2006, 2421.

Bemerkenswert ist die Auffassung des EGMR, der von einem „besonderen Status von Rechtsanwälten als Mittler zwischen Öffentlichkeit und Gerichten" gesprochen hat, von denen zu erwarten sei, „dass sie zu einer ordentlich funktionierenden Justiz beitragen und dadurch das Vertrauen der Öffentlichkeit in die Justiz aufrechterhalten"[1].

Nach **§ 3 Abs. 1 BRAO** (ähnlich § 1 Abs. 3 BORA) ist der Rechtsanwalt allerdings auch „*der berufene unabhängige Berater und Vertreter in allen Rechtsangelegenheiten*"[2].

Diese Regelungen machen das **Spannungsverhältnis** deutlich, in welchem der Rechtsanwalt steht. Als Organ der Rechtspflege ist er zum Dienst am Recht, der Treue zum Recht verpflichtet[3]; als Berater und Vertreter seines Mandanten hat er dessen persönliche oder wirtschaftliche Interessen wahrzunehmen. Letzteres darf er indessen nicht um jeden Preis[4] (zur Position des Rechtsanwalts als Verteidiger vgl. § 16 Rz. 1 ff. sowie unten Rz. 42 ff.) und in jeder Weise tun, sondern grundsätzlich nur in den Grenzen des Rechts, unter Einhaltung seiner „organschaftlichen Stellung" und seiner auf dieser Stellung beruhenden Berufspflichten. Entscheidend ist in diesem Zusammenhang die berufsgesetzlich allerdings nur wenig konkret – in § 43a Abs. 2 S. 2 BRAO – zum Ausdruck kommende **Pflicht** des Rechtsanwalts **zur Wahrheit**[5]. Deshalb kann keine Rede davon sein, die Interessenwahrung eines Mandanten gehe generell der Wahrheitspflicht, dem Dienst am Recht vor[6]. 33

Allerdings wird für Rechtsanwälte *als Verteidiger* zunehmend die Auffassung vertreten, im Zweifelsfall sei der Wahrung von Mandanteninteressen der Vorzug zu geben[7].

Die **Pflichtensituation** des Rechtsanwalts ist in § 43 BRAO *generalklauselartig* wie folgt – wenn auch wenig klärend – umschrieben: 33a

---

1 EGMR v. 28.10.2003 – 39657/98, NJW 2004, 3317; EGMR v. 15.12.2005 – 73797/01, NJW 2006, 2901.
2 Vgl. zu Zweck und Hintergrund dieser Regelung, welche insbes. die immer wichtiger gewordene außergerichtliche, vielfach Prozesse vermeidende ausgleichende Anwaltstätigkeit betrifft, *Busse* in Henssler/Prütting, § 3 BRAO Rz. 5 ff., 12 ff.
3 Vgl. dazu früher *Isele*, BRAO, 5: „Der Rechtsanwalt [...] ist [...] ein Diener der Rechtspflege. Sein Dienst ist bestimmt, das Recht zu verwirklichen. Daran ändert auch nichts die Tatsache, dass er regelmäßig im Sonderinteresse einer einzelnen Partei tätig wird. Die – scheinbare – Doppelstellung zwingt lediglich zu klaren Abgrenzungen dort, wo Dienst am Recht und Interessenwahrung für den Einzelnen in Konflikt geraten können [...]".
4 S. zu Strafverteidigern *Schmitt* in Meyer-Goßner/Schmitt, vor § 137 StPO Rz. 1 ff.; *Laufhütte/Willnow* in KK, vor § 137 StPO Rz. 1 ff.; abw. *Lüderssen/Jahn* in LR, vor § 137 StPO Rz. 28 ff., 33 ff., 89 ff.
5 Vgl. dazu z.B. BVerfG v. 8.10.1974 – 2 BvR 747/73, BVerfGE 38, 119 = NJW 1975, 105; *Henssler* in Henssler/Prütting, § 43a BRAO Rz. 137 ff.; *Zuck* in Gaier/Wolf/Göcken, § 43a BRAO Rz. 69 ff.
6 So im Wesentlichen schon *Isele*, BRAO, 495 und 801 f.; ferner unter Darstellung der unterschiedlichen Variationen zwischen Organtheorie und Interessentheorie bei Verteidigern: *Dornach*, Der Strafverteidiger als Mitgarant eines justizförmigen Strafverfahrens, 65 ff.; *Dornach*, NStZ 1995, 57 (61); Beulke/Ruhmannseder, Strafbarkeit des Verteidigers, Rz. 11 ff.
7 Vgl. dazu *Schmitt* in Meyer-Goßner/Schmitt, vor § 137 StPO Rz. 1, 2 m.Nw.; *Lüderssen/Jahn* in LR, vor § 137 StPO Rz. 34 ff. m.Nw.

„Der Rechtsanwalt hat seinen Beruf *gewissenhaft* auszuüben; er hat sich innerhalb und außerhalb des Berufs der Achtung und des Vertrauens, welches die Stellung des Rechtsanwalts erfordert, *würdig* zu erweisen."

34 Die **Reichweite** dieser – früher allgemein als Grundnorm für die Berufspflichten des Rechtsanwalts angesehenen[1] – Bestimmung war nicht zuletzt durch die Entscheidungen des BVerfG zur mangelnden Rechtsqualität der Standesrichtlinien der Rechtsanwälte[2] (dazu Rz. 7) *unklar und problematisch* geworden.

Teilweise wurde die Auffassung vertreten, § 43 BRAO sei – u.a. wegen mangelnder Bestimmtheit – verfassungswidrig. Nach den genannten Entscheidungen des BVerfG, die sich mit der Frage einer Verfassungswidrigkeit des § 43 BRAO unmittelbar nicht befasst haben, konnte diese Bestimmung nicht mehr durch Rückgriff auf die Standesrichtlinien konkretisiert werden. Auch wenn im Lichte der Rechtsprechung des BVerfG eine restriktive Interpretation dieser Bestimmung geboten war, konnte insbesondere eine Verletzung der Pflicht zur gewissenhaften Berufausübung, die jedenfalls in ihrem Kerngehalt sowohl gewohnheitsrechtlich als auch durch zahlreiche Ehrengerichtsentscheidungen hinreichend abgesichert erschien, Grundlage einer berufsrechtlichen Ahndung sein.

34a Inzwischen haben die früheren Streitfragen um die Auslegung der Generalklausel in § 43 BRAO durch Einführung der §§ 43a, 43b in die BRAO an Bedeutung verloren. In § 43a BRAO sind nämlich nunmehr die *wichtigsten Pflichten des Rechtsanwalts* („Grundpflichten") im Einzelnen näher umschrieben. Teilweise sind diese in der gem. § 59b BRAO erlassenen, erstmals am 11.3.1997 in Kraft getretenen, jetzt i.d.F. vom 1.9.2014 geltenden **Berufsordnung** der **Rechtsanwälte (BORA)** zusätzlich noch näher konkretisiert[3] (zu einzelnen Berufspflichten vgl. Rz. 38 ff., ferner Rz. 12). Für manche besonders wichtigen, aber in ihren Grenzen umstrittenen oder nicht verlässlich geklärten Berufspflichten wie die der *Gewissenhaftigkeit* sowie zu *Sachlichkeit* und *Wahrheit* ist dies allerdings bisher nicht der Fall.

35 Mit dem gesetzlichen Berufsbild ist es nicht vereinbar, den Rechtsanwalt allein deshalb als pflichtgemäß handelndes Organ der Rechtspflege anzusehen, weil er gemäß seiner prozessrechtlichen Stellung (nach der StPO, der ZPO oder sonstigen Verfahrensordnungen) – rein formal – Interessen seines Auftraggebers wahrnimmt. Vielmehr hat der Rechtsanwalt, auch wenn er primär als *Vertreter von Mandanteninteressen* verstanden wird, eine **materiale Funktion** im dialektischen Prozess um die Findung und Durchsetzung von *Wahrheit und Gerechtigkeit*. Er darf diesen Prozess insbesondere nicht durch Einsatz der Lüge oder durch sonstige unlautere Mittel hintertreiben (vgl. dazu näher Rz. 41, 46; Kerngehalt ordnungsgemäßer Berufsausübung in § 43a BRAO).

36 Entsprechende Grenzen sind vor allem von Bedeutung für Rechtsanwälte als Strafverteidiger (näher Rz. 41 ff.; Rz. 33 a.E.). Nach einer gerade bei Verteidigern zeitweilig im Vordringen befindlichen, teilweise schon extrem ausgeprägten Auffassung wird der Verteidiger als streng einseitiger Vertreter der Interes-

---

1 Vgl. *Feuerich* in Feuerich/Weyland, § 43 BRAO Rz. 1; *Zuck* in Lingenberg/Hummel/Zuck/Eich, Einl. Rz. 21 ff.
2 BVerfG v. 14.7.1987 – 1 BvR 537/81, 1 BvR 195/87, NJW 1988, 191 ff. = ZIP 1987, 1559 ff.
3 Zu offenen Problemen der BORA *Zuck*, NJW 1999, 263; *Henssler* in Henssler/Prütting, Einl. BORA Rz. 4 ff., 21 ff.

sen seines beschuldigten Mandanten gesehen. Seine „Aufgabe und Pflicht" soll es sein, einen „von der Anklage ausgehenden Angriff [...] für den betroffenen Bürger abzuwehren"[1]. Er soll als sog. „soziale Gegenmacht zur Staatsmacht"[2] fungieren. Diese ideologisch geprägten Auffassungen verkennen Funktion und Aufgaben des demokratischen Staates und seiner Institutionen im Rahmen der Strafverfolgung und Verbrechensbekämpfung. Sie überhöhen zugleich die Funktion des Verteidigers als (nur) eines von mehreren Beteiligten, die auf die Einhaltung der rechtsstaatlichen Garantien für einen ordnungsgemäßen Verfahrensablauf zu achten und darauf hinzuwirken haben. Sie sind auch mit dem gesetzlichen Leitbild des Verteidigers nicht vereinbar. *Auch als Verteidiger* sind Rechtsanwälte gem. § 1 BRAO *Organe der Rechtspflege*[3]. Soweit Rechtsanwälte dies zwar noch zur Kenntnis nehmen, jedoch die Meinung vertreten, § 1 BRAO habe nur standesrechtliche Bedeutung, weshalb die Grenzen zulässigen Verhaltens „allein aus dem Verfahrensrecht zu bestimmen" seien[4], kann dem nicht gefolgt werden. *Berufsrecht* und *Verfahrensrecht* sind keine Gegensätze, sondern sie ergänzen sich regelmäßig. Sie können nicht gegeneinander ausgespielt werden, müssen vielmehr als *Teile einer Gesamtrechtsordnung* gemeinsam gesehen und gewürdigt werden[5].

Allgemein ist von Bedeutung, dass der Rechtsanwalt seinen Berufspflichten auch bei der **Ausübung von Ämtern** und Funktionen unterliegt, die er mit Rücksicht auf seine berufliche Stellung erhalten hat und bezüglich derer nach der Verkehrsauffassung die Sorgfalt eines Rechtsanwalts erwartet wird[6]. 37

Beispiele dafür sind die Tätigkeiten als Insolvenzverwalter, Treuhänder, Schiedsrichter, Nachlassverwalter, Pfleger, Vormund, Testamentsvollstrecker[7].

Auf die **wichtigsten berufsrechtlichen Pflichten**[8] des Rechtsanwalts ist hinzuweisen: 38

a) Die **Treupflicht** gegenüber dem Mandanten – hier in einem sehr weiten Sinne verstanden – ist ein Eckpfeiler ordnungsgemäßer Berufsausübung. Sie wirkt noch über das Ende des Mandatsverhältnisses hinaus. Ausflüsse der Treupflicht sind insbesondere die Pflicht zur nachdrücklichen Interessenwah- 39

---

1 So z.B. *Krekeler*, NStZ 1989, 146. Ähnlich, aber deutlich gemäßigter *Dahs*, Hdb., Rz. 1 ff., 14 ff.
2 *Holtfort* in Holtfort, Strafverteidiger, 45; s. auch *Lüderssen/Jahn* in LR, vor § 137 StPO Rz. 33 ff., 89 ff.
3 Zu den unterschiedlichen Meinungen bezüglich der Stellung des Verteidigers vgl. *Laufhütte/Willnow* in KK, vor § 137 StPO Rz. 1 ff.; *Schmitt* in Meyer-Goßner/Schmitt, vor § 137 StPO Rz. 1 f.; *Lüderssen/Jahn* in LR, vor § 137 StPO Rz. 1 ff., 33 ff., 89 ff.; *Hammerstein*, NStZ 1990, 261; *Dahs*, Hdb., Rz. 1, 3 ff., 9 ff.; *Krekeler* in Cramer/Cramer, AnwHdb. StrafR, A Rz. 4 ff.
4 Z.B. *Krekeler*, NStZ 1989, 146 f.
5 In diesem Sinn auch BGH v. 25.1.1984 – 3 StR 526/83, BGHSt 32, 243 (247). Hinweise zu einer „Ethik der Strafverteidigung" bei *Dahs*, JR 2004, 96 und *Dahs*, Hdb., Rz. 39.
6 S. *Prütting* in Henssler/Prütting, § 43 BRAO Rz. 7 ff., 19 ff.
7 S. *Müller* in Grunewald/Römermann, § 8 RDG Rz. 2.
8 Vgl. dazu näher *Henssler* in Henssler/Prütting, § 43a BRAO Rz. 1 ff.; *Zuck* in Gaier/Wolf/Göcken, § 43a BRAO Rz. 1 ff., 2 ff.; ferner §§ 1–4 BORA.

rung, zur Verschwiegenheit (§ 43a Abs. 2 BRAO, § 2 BORA), zur Nichtvertretung bei widerstreitenden Interessen (§§ 43a Abs. 4, 45 BRAO, § 3 BORA) und zum sorgfältigen Umgang mit anvertrauten Vermögenswerten (§ 43a Abs. 5 BRAO, § 4 BORA). Gravierende Verstöße können zur Strafbarkeit führen, etwa wegen Parteiverrats (§ 356 StGB) oder wegen Untreue (§ 266 StGB)[1]; zu Besonderheiten beim Rechtsanwalt als Strafverteidiger vgl. Rz. 42 ff.).

40 b) Die **Unabhängigkeit** des Rechtsanwalts[2] gilt sowohl im Verhältnis zum Staat als auch zum Mandanten. Ein Anwalt darf sich insbesondere nicht in die Botmäßigkeit seines Mandanten begeben und muss sich ihm gegenüber seine Urteils- und Entscheidungsfreiheit bewahren. Auch darf er bei seiner Berufsausübung nur nach dem Recht und seinem Gewissen entscheiden und demgemäß weder Unrecht tun noch das Unrecht anderer fördern oder vertreten[3]. Zu erwähnen ist in diesem Zusammenhang auch das Gebührenrecht, das die wirtschaftliche Unabhängigkeit der Berufsangehörigen sichern soll[4].

41 c) Von großer Bedeutung ist weiterhin der **Grundsatz der Wahrhaftigkeit**. Er ist traditionell aus § 1 BRAO und dem Prinzip der Berufswürdigkeit (§ 43 BRAO) abzuleiten und wird in § 43a Abs. 3 BRAO als Teil der Pflicht zur Sachlichkeit erwähnt[5]. In Nr. 4.4 der (in § 29 BORA früher in Bezug genommenen) Berufsregeln der Rechtsanwälte der EG (CCBE) heißt es: „Der Rechtsanwalt darf dem Gericht niemals vorsätzlich unwahre oder irreführende Angaben machen"[6]. Seiner Stellung als Organ der Rechtspflege gemäß ist der Rechtsanwalt Wahrheit und Gerechtigkeit verpflichtet[7]. Dies gilt mit Einschränkungen auch, wenn es nicht im Interesse des Mandanten liegt. Auch in einem solchen Fall unterliegt der Rechtsanwalt dem **Verbot der Lüge** und der *Pflicht zur Wahrheit*[8]. So hat der Rechtsanwalt bei aller Pflicht zu nachdrücklicher Interessenvertretung sowohl Prozesse als auch Verhandlungen fair, d.h. insbesondere

---

1 Vgl. *Henssler* in Henssler/Prütting, § 43a BRAO Rz. 38 ff. (Verschwiegenheit), 161 ff. (Widerstreitende Interessen), 215 ff. (Geldverkehr).
2 Vgl. §§ 43a Abs. 1, 1, 3 Abs. 1, 14 Abs. 2 Nr. 8 BRAO, § 1 Abs. 1 BORA. Zur Rechtsstellung von Syndikusanwälten (§ 46 BRAO) und angestellten Anwälten vgl. *Henssler* in Henssler/Prütting, § 43a BRAO Rz. 10 ff., zur Problematik wirtschaftlicher Bindungen u.Ä. an Mandanten *Henssler* in Henssler/Prütting, § 43a BRAO Rz. 26 ff., 34 ff.
3 Vgl. BVerfG v. 8.10.1974 – 2 BvR 747/73, BVerfGE 38, 119 = NJW 1975, 105; BVerfG v. 4.11.1992 – 1 BvR 79/85 u.a., BVerfGE 87, 287 ff.; *Henssler* in Henssler/Prütting, § 43a BRAO Rz. 5 ff., 10 ff.; *Zuck* in Gaier/Wolf/Göcken, § 43a BRAO Rz. 12 ff.
4 Vgl. zu Verteidigerhonoraren *Dahs*, Hdb., Rz. 32, 1221 ff.
5 Dazu *Henssler* in Henssler/Prütting, § 43a BRAO Rz. 134 ff., 137 ff.; *Zuck* in Gaier/Wolf/Göcken, § 43a BRAO Rz. 69 ff., 75.
6 Vgl. i.E. *Henssler* in Henssler/Prütting, § 43a BRAO Rz. 137 ff.; *Zuck* in Gaier/Wolf/Göcken, § 43a BRAO Rz. 69 ff.
7 *Isele*, BRAO, 785, 801 f.; *Dahs*, Hdb., Rz. 45 ff.; *Laufhütte/Willnow* in KK, vor § 137 StPO Rz. 5, 6.
8 Vgl. § 68 der früheren RA-StandesRL; *Dahs*, Hdb., Rz. 46 f.; *Beulke*, Der Verteidiger im Strafverfahren, 149 ff.; *Stree/Hecker* in S/S, § 258 StGB Rz. 20; *Schlüchter*, Strafverfahren, Rz. 102; *Henssler* in Henssler/Prütting, § 43a BRAO Rz. 137; *Zuck* in Gaier/Wolf/Göcken, § 43a BRAO Rz. 69 ff.; einschränkend *Kleine-Cosack*, § 43a BRAO Rz. 30, 67 ff.

ohne Lüge und ohne Täuschung, zu führen[1]. Die *zivilprozessual* in § 138 ZPO geregelte Wahrheitspflicht richtet sich zwar primär an die Parteien, sie gilt aber für Rechtsanwälte als Parteivertreter gleichermaßen[2] (zum Prozessbetrug § 96 Rz. 50 ff.). Gegen die Wahrheitspflicht *verstößt* der Rechtsanwalt nicht nur, wenn er falsche Tatsachen vorträgt, sondern auch, wenn er zur Sache gehörige Tatsachen bewusst verschweigt, verdreht, vernebelt[3].

Nach den Erfahrungen der Praxis ist zu befürchten, dass nicht wenige Rechtsanwälte die Pflicht zur Wahrheit nicht hinreichend ernst nehmen und sich auch nicht vergegenwärtigen, wie rasch sie sich in vermögensrechtlichen Angelegenheiten mit ihren Mandanten bei unrichtigem oder irreführendem Prozessvortrag im Bereich des (versuchten) Betruges bewegen (dazu § 96 Rz. 50 ff.).

2. Rechtsanwälte als Verteidiger

Für Rechtsanwälte als Verteidiger[4] (§ 16 Rz. 1 ff.) gelten nach h.M. aufgrund ihrer speziellen Beistandsfunktion in gewissem Umfang **Sonderregeln**. Dies geht so weit, dass manche Autoren annehmen, Verteidigertätigkeit erfülle den Tatbestand einer – wenn auch kraft beruflicher Stellung grundsätzlich erlaubten – Begünstigung oder Strafvereitelung oder komme dem nahe[5]. Auch ist vor allem unter Verteidigern die Auffassung verbreitet, sie dürften im Interesse einer wirksamen Verteidigung alles tun, was weder einen Straftatbestand erfülle noch prozessual ausdrücklich verboten sei[6]. Der Beistandsfunktion von Strafverteidigern hat auch das *BVerfG* z.B. in seiner Geldwäscheentscheidung vom 30.3.2004[7] einen hohen verfassungsrechtlichen Rang zugebilligt. Es hat insbesondere hervorgehoben, dass sich im rechtsstaatlichen Strafprozess jeder Beschuldigte von einem Verteidiger seiner Wahl und seines Vertrauens verteidigen lassen könne; Letzterer übe nach dem herkömmlichen Grundsatz der freien Advokatur einen freien Beruf aus, was eine staatlichen Kontrolle und Bevormundung prinzipiell ausschließe[8] (zum Geldwäscheurteil vgl. § 51 Rz. 32a).

42

---

1 Vgl. *Leipold* in Stein/Jonas, § 138 ZPO Rz. 1 ff.; *Henssler* in Henssler/Prütting, § 43a BRAO Rz. 137 ff.
2 *Leipold* in Stein/Jonas, § 138 ZPO Rz. 16; *Greger* in Zöller, § 138 ZPO Rz. 6. Zum Prozessbetrug vgl. *Perron* in S/S, § 263 StGB Rz. 70.
3 *Isele*, BRAO, 785; s. auch *Stree/Hecker* in S/S, § 258 StGB Rz. 20 für den Verteidiger.
4 Vgl. allg. bei *Beulke/Ruhmannseder*, Die Strafbarkeit des Verteidigers, Rz. 10 ff.; ferner *Bottke*, ZStW 1996, 726 ff.; *Dornach*, NStZ 1995, 61; *Dahs*, Hdb., Rz. 68, 130, 347 sowie die Nw. bei *Stree/Hecker* in S/S, § 258 StGB Rz. 20 und bei *Lüderssen/Jahn* in LR, vor § 137 StPO Rz. 28 ff., 33 ff., auch mit ausf. Literatur-Hinweisen § 137 StPO vor Rz. 1.
5 Vgl. dazu *Dahs*, Hdb., Rz. 59 ff.; *Fischer*, § 258 StGB Rz. 7; *Lüderssen/Jahn* in LR, vor § 137 StPO Rz. 167 ff.
6 Vgl. m.w.Nw. *Lüderssen/Jahn* in LR, vor § 137 StPO Rz. 33 ff., 89 ff. unter Ablehnung der „Organtheorie" und Befürwortung der „Vertragstheorie".
7 BVerfG v. 30.3.2004 – 2 BvR 1520/01, BVerfGE 110, 226 = NStZ 2004, 259 = NJW 2004, 1305.
8 Sehr krit. zu diesem Geldwäscheurteil *Fischer*, NStZ 2004, 473; einzelne Zweifel z.B. auch bei *Wohlers*, JZ 2004, 678.

43 Die vom **BVerfG** herausgestellte Position des Verteidigers als unabhängiger, weitgehend einseitiger Interessenvertreter seines Mandanten kann gleichwohl *nicht* bedeuten, dass der Verteidiger seine Ziele mit allen ihm zweckmäßig erscheinenden Mitteln verfolgen darf. Vielmehr gelten grundsätzlich auch für ihn als Organ der Rechtspflege die vorstehend (Rz. 32 ff., besonders Rz. 35 f.) beschriebenen **Schranken**.

43a Nach **vorherrschender Auffassung** in Rechtsprechung und Literatur ist die Pflichtensituation des Verteidigers wie die von sonstigen Rechtsanwälten maßgeblich auch von seiner gesetzlichen *Organstellung* geprägt (Rz. 32 f., 36). Soweit demgegenüber die „Organtheorie" abgelehnt und die Verteidigerstellung abweichend charakterisiert wird[1], werden unterschiedliche, meist durchaus wichtige Aspekte der Verteidigertätigkeit schwerpunktmäßig herausgestellt. Nicht hinreichend beachtet bleibt dabei aber oft, dass die Verteidiger zwar im Rahmen ihrer speziellen Beistandsfunktion manche prozessualen Sonderbefugnisse besitzen, dass aber die grundlegenden Rechte und Pflichten von Rechtsanwälten auch für Strafverteidiger – seien sie *Wahlverteidiger* oder nach §§ 140–142 StPO gerichtlich bestellte *Pflichtverteidiger* – Geltung beanspruchen. Zu beachten ist dabei auch, dass den Rechtsanwälten unter den Beraterberufen nicht automatisch eine Sonderstellung zukommt, sondern dass dem Berufsrecht der staatlich gebundenen unabhängigen Beraterberufe trotz manchen Unterschieden in Einzelpunkten eine weitgehend einheitliche gesetzliche Konzeption zu Rechten und Pflichten der Berufsangehörigen zugrunde liegt.

43b Die **Gegenansicht**, die die *Freiheit des Verteidigers* (jenseits eigener Strafbarkeit und ausdrücklicher prozessualer Verbote – vgl. Rz. 42) verficht, ist mit den aus der Organstellung abgeleiteten beruflichen Pflichten (§§ 43, 43a BRAO) nicht zu vereinbaren. Andernfalls würden die im Einzelnen gewiss nicht leicht abgrenzbaren zentralen Rechtspflichten wie die Pflicht zur Bewahrung der eigenen Unabhängigkeit und beruflichen Würde, zur Gewissenhaftigkeit und Sachlichkeit, zu Wahrheit und Wahrhaftigkeit bei Verteidigern gänzlich leerlaufen und wären auf Dauer auch ohne Akzeptanz und innere Berechtigung.

43c Die **Befugnisse** eines Verteidigers gehen *unterschiedlich* weit, je nachdem, ob er Beweismaterial selbst in das Straf- oder Bußgeldverfahren einbringt oder ob er solches – etwa in seinem Schlussvortrag in einer Hauptverhandlung – würdigt und ggf. in einer Zusammenschau interpretiert.

44 **a)** Für die **Beibringung von Beweismitteln** gilt der *Grundsatz*, dass der Verteidiger die ihm eingeräumten prozessualen Befugnisse ausschöpfen, nicht aber missbrauchen darf, und dass er die *Strafverfolgung nicht hintertreiben* und die

---

1 Vgl. *Schmitt* in Meyer-Goßner/Schmitt, vor § 137 StPO Rz. 1 ff.; *Laufhütte/Willnow* in KK, vor § 137 StPO Rz. 1 ff.; *Beulke/Ruhmannseder*, Strafbarkeit des Verteidigers, Rz. 10 ff. je m.Nw.

wahre Sachlage nicht verdunkeln darf[1]. In diesen Grenzen ist ihm gestattet, bei der Verteidigung alle rechtlich erlaubten Mittel einzusetzen[2]. Hingegen darf er weder falsche Aussagen herbeiführen[3] noch Zeugen zur Aussageverweigerung nötigen[4], noch falsche Urkunden in das Verfahren einführen oder gar schaffen[5]. Nicht akzeptabel ist die Ansicht, der Verteidiger habe im Interesse seiner Aufgabenerfüllung in gewissem Umfang ein „Recht zur Lüge"[6]. Hingegen darf er nur möglicherweise wahrheitsgemäß aussagende Zeugen als solche benennen und nur möglicherweise wahre Zeugenaussagen oder möglicherweise gefälschte Urkunden auch in ein Verfahren einbringen[7].

Problematisch ist es, wenn Zeugnisverweigerungsberechtigte durch Geldzahlungen, sonstige Zuwendungen oder Versprechungen veranlasst werden, ihr Zeugnis zu verweigern[8]. Hingegen ist es zweifellos unzulässig, mittels Zahlungen oder Versprechungen den *Inhalt von Aussagen* zu beeinflussen[9].

Mit der Stellung des Verteidigers als Rechtspflegeorgan *nicht vereinbar* erscheint, wenn der Rechtsanwalt durch strafbare Handlungen seines Mandanten erlangte Sachen (z.B. Hehlerware) oder auch sonstige Gegenstände wie Schriftstücke, Bilanzen, Buchhaltungsunterlagen bei sich verwahrt, damit sie nicht bei seinem Mandanten sichergestellt werden können (näher § 93 Rz. 13 ff., 18 ff.). Demgemäß wird die Ansicht vertreten, dass in solchen Fällen – wenn Mandant und Verteidiger zusammenwirken – die **Beschlagnahmefreiheit** des § 97 StPO wegen Rechtsmissbrauchs nicht gegeben sei[10]. Indessen ist dieses Kriterium des kollusiven Zusammenwirkens zwischen Mandant und privilegiertem Berater (Rechtsanwalt, Steuerberater, Wirtschaftsprüfer usw.) in der Praxis nur sehr selten geeignet, als Abgrenzungskriterium zwischen Beschlag-

45

---

1 BGH v. 20.5.1952 – 1 StR 748/51, BGHSt 2, 377; s. auch BGH v. 28.8.2000 – 5 StR 300/00, StV 2001, 108. Zur Diskussion um eine allg. prozessuale Wahrheitspflicht des Verteidigers vgl. *Hammerstein*, NStZ 1990, 261 (263 f.); *Krekeler*, NStZ 1989, 146; *Dahs*, Hdb., Rz. 46; *Schmitt* in Meyer-Goßner/Schmitt, vor § 137 StPO Rz. 2; *Lüderssen/Jahn* in LR, vor § 137 StPO Rz. 133h ff., 169 ff.; ausf. *Beulke/Ruhmannseder*, Strafbarkeit des Verteidigers, Rz. 17 ff.
2 *Laufhütte/Willnow* in KK, vor § 137 StPO Rz. 7.
3 So schon RGSt 66, 326; 70, 391.
4 Vgl. BGH v. 18.10.1957 – 5 StR 383/57, BGHSt 10, 393.
5 Vgl. *Stree/Hecker* in S/S, § 258 StGB Rz. 20 m.Nw.
6 So aber *Ostendorf*, NJW 1978, 1345 (1349); *Paulus*, NStZ 1992, 305; *Stryz*, S. 268; s. auch *Kleine-Cosack*, § 43a BRAO Rz. 67 f.; abl. dazu die ganz h.M., z.B. *Otto*, Jura 1987, 329 f.; *Krekeler*, NStZ 1989, 146 f.; *Schmitt* in Meyer-Goßner/Schmitt, vor § 137 StPO Rz. 2 m.w.Nw.; *Beulke/Ruhmannseder*, Strafbarkeit des Verteidigers, Rz. 17 ff.; *Zuck* in Gaier/Wolf/Göcken, § 43a BRAO Rz. 69 ff.).
7 BGH v. 9.5.2000 – 1 StR 106/00, BGHSt 46, 53 = NStZ 2001, 145 m. Anm. *Müller*, NStZ 2001, 358 f.; OLG Düsseldorf v. 9.7.1997 – 1 Ws 51/97, StraFo 1997, 333; *Spendel* in FS Kohlmann, 2003, S. 683 (690).
8 Hierzu und zu ähnlichen Konstellationen wie Einflussnahmen auf Strafanzeige, auf Strafantrag, Privat- und Nebenklage u.a. ausf. *Beulke/Ruhmannseder*, Strafbarkeit des Verteidigers, Rz. 49 ff.
9 Vgl. BGH v. 9.5.2000 – 1 StR 106/00, BGHSt 46, 53 = NStZ 2001, 145; dazu *Müller*, NStZ 2001, 358; *Scheffler*, JR 2001, 294.
10 Vgl. *Schmitt* in Meyer-Goßner/Schmitt, § 97 StPO Rz. 39 m.Nw.

nahmefreiheit und Beschlagnahmefähigkeit zu dienen[1] (§ 93 Rz. 19). Deshalb ist die Reichweite der Beschlagnahmefreiheit gem. § 97 StPO nach anderen Kriterien zu beurteilen (näher § 93 Rz. 18 ff.).

46 Die **Grenzen zulässiger Verteidigung** werden auch **überschritten**, wenn der Rechtsanwalt als Verteidiger für einen inhaftierten Mandanten Kassiber schmuggelt (vgl. den Bußgeldtatbestand des § 115 OWiG), beispielsweise auch nur unter Umgehung der amtlichen *Briefkontrolle* persönliche Briefe oder Geschäftspost des Mandanten als (behördlich nicht kontrollierte) „Verteidigerpost" entgegennimmt und an den Adressaten weiterleitet.

Wird ein Brief an Mittäter oder Zeugen weitergeleitet, um eine Verdunkelung des Sachverhalts herbeizuführen, kommt (versuchte) Strafvereitelung in Betracht[2].

Über solche Ordnungsverstöße hinaus haben Verteidiger inhaftierter Mitglieder von kriminellen Vereinigungen vor Jahren ihre Privilegien gelegentlich dazu missbraucht, den Zusammenhalt solcher Vereinigungen zu stärken und deren inhaftierte Mitglieder bei der Fortsetzung ihres Kampfes gegen die bestehende gesellschaftliche und staatliche Ordnung zu unterstützen[3].

46a Selbstverständlich darf ein Verteidiger auch **Beweismittel nicht manipulieren**[4], beispielsweise die sachlich gebotene oder jedenfalls nicht illegale Abnahme einer Blutprobe nicht vereiteln[5]. Auch darf er Verfolgungsmaßnahmen, wie das Bestehen eines Haftbefehls, die wegen Gefährdung des Untersuchungszwecks geheim gehalten werden, dem Beschuldigten jedenfalls dann nicht mitteilen, wenn die entsprechende Kenntnis mit unlauteren Mitteln erlangt worden ist, z.B. durch Täuschung von Justizbediensteten, durch bewusste Ausnutzung von deren Unerfahrenheit oder durch noch nicht gestattete Akteneinsicht[6].

47 Über prozessual *ordnungsgemäß*, etwa durch reguläre Akteneinsicht oder eigene Recherchen *erlangte* Informationen und Erkenntnisse darf der Verteidiger seinen Mandanten hingegen grundsätzlich auch dann unterrichten und ihm Ratschläge erteilen, wenn dies zur **Erschwerung der Wahrheitsfindung** führen kann[7]. *Problematisch* ist aber die inzwischen verbreitete Methode, dass Vertei-

---

1 Vgl. dazu näher *Schäfer*, wistra 1985, 12 (13 f.).
2 Vgl. *Krekeler*, NStZ 1989, 151; *Beulke/Ruhmannseder*, Strafbarkeit des Verteidigers, Rz. 74, 695; *Ruhmannseder*, NJW 2009, 2647; BGH v. 17.3.1982 – 2 StR 314/81, BGHSt 31, 10.
3 Vgl. BGH v. 29.7.1982 – 4 StR 75/82, NJW 1982, 2510; BGH v. 25.1.1984 – 3 StR 526/83, BGHSt 32, 243; OLG Hamburg v. 10.7.1978 – 1 StE 2/76, JZ 1979, 275; *Fischer*, § 129 StGB Rz. 4b, § 253 StGB Rz. 7 a.E. m.w.Nw.; *Laufhütte/Willnow* in KK, vor § 137 StPO Rz. 6 ff.
4 Vgl. die Hinweise auf zahlreiche unterschiedliche Einzelfälle bei *Beulke/Ruhmannseder*, Strafbarkeit des Verteidigers, Rz. 60 ff., 678 ff.
5 *Stree/Hecker* in S/S, § 258 StGB Rz. 20.
6 Vgl. z.B. KG v. 5.7.1982 – 1 AR 460/82 – 4 ARs 46/82, NStZ 1983, 556 m. Anm. *Mehle*, in der versuchte Strafvereitelung durch einen Rechtsanwalt angenommen wurde.
7 Vgl. OLG Düsseldorf v. 10.12.1990 – 1 Ws 1996/90, NJW 1991, 996; *Schmitt* in Meyer-Goßner/Schmitt, § 147 StPO Rz. 21; *Dahs*, Hdb., Rz. 280; *Krekeler*, NStZ 1987, 146 ff.; *Dornach*, NStZ 1995, 61; *Bottke*, ZStW 1996, 726 ff.

diger mehrerer Mitbeschuldigter eine **gemeinsame Verteidigungsstrategie** entwickeln, z.B. eine sog. *Team-, Block-, Basis- oder Sockelverteidigung*[1] (§ 16 Rz. 77) organisieren, wobei sie nicht nur die Einlassungen ihrer Mandanten austauschen, sondern auch daran mitwirken oder doch bewusst das Risiko eingehen, dass wahrheitswidrige Angaben gemacht, aufeinander abgestimmt und letztlich als schlüssig dargeboten werden können. Das bewusste Mitwirken an der Erstellung oder Abstimmung wahrheitswidriger Einlassungen und an der Beseitigung verräterischer Widersprüche ist *unzulässig* und *regelmäßig strafbar*[2].

Grundsätzlich *bedenklich* ist auch eine bewusste **Konfliktverteidigung**, die sich der Wahrheitsfindung in einem prozessual ordnungsgemäßen Verfahren missbräuchlich, oft unter exzessiver Ausschöpfung formal bestehender prozessualer Mittel gezielt entgegenstellt. Das Ziel solcher Verteidigung besteht dabei regelmäßig darin, mittels sachlich nutzloser Anträge das Verfahren zu verzögern, die Terminplanung des Gerichts durcheinander zu bringen, das Verhandlungsklima und die Arbeitsfähigkeit sowie die Nervenkraft der Richter zu beeinträchtigen. Mit entsprechendem Druck auf das Gericht soll dieses veranlasst werden, sich zu (Teil-)Einstellungen des Verfahrens und/oder einer Urteilsabsprache mit milden Sanktionen bereit zu finden oder sich schließlich auch zu Verfahrensfehlern provozieren zu lassen, auf die dann ggf. eine Revision gestützt werden kann[3]. 47a

Grundsätzlich sind *Rechtsanwälte* befugt, selbst Zeugen ausfindig zu machen und diese auch außergerichtlich zu befragen und zu vernehmen sowie sonstige **Ermittlungen zu tätigen**[4] (§ 16 Rz. 87), z.B. auch Sachverständige zu beauftragen. In solchen Fällen hat der Rechtsanwalt aber besonders darauf zu achten, dass die von ihm gehörte Auskunftsperson nicht unredlich beeinflusst wird und dass auch nur der Anschein vermieden wird[5], diese Person werde unzulässig beeinflusst und bei einer späteren Vernehmung vor Gericht eventuell nicht mehr objektiv und neutral aussagen[6]. Dass ein Verteidiger einen Zeugen *nicht* 48

---

1 S. *Beulke/Ruhmannseder*, Strafbarkeit des Verteidigers, Rz. 82 ff., 703 ff.; *Sommer*, Teamverteidigung, StraFo 2013, 6.
2 Vgl. den Grenzfall OLG Frankfurt v. 10.11.1980 – (2) 3 Ws 800/80, NStZ 1981, 144 = StV 1981, 28.
3 Vgl. BGH v. 25.2005 – 3 StR 445/04, NStZ 2005, 341; BGH v. 11.1.2005 – 1 StR 498/04, NJW 2005, 1519; BGH v. 16.6.2005 – 1 StR 152/05, BGHSt 50, 64; *Laufhütte/Willnow* in KK, vor § 137 StPO Rz. 11; *Dahs*, Hdb., Rz. 39, 75, 450; *Beulke/Ruhmannseder*, Strafbarkeit des Verteidigers, Rz. 100a ff.
4 Dies wird kaum noch bestritten; vgl. *Beulke/Ruhmannseder*, Strafbarkeit des Verteidigers, Rz. 84 ff.; *Dahs*, Hdb., Rz. 217, 313 ff., der auch darauf hinweist (Rz. 315), dass es wichtig sein kann, beauftragte Rechercheure formell als Hilfspersonen i.S. von § 53a StPO einzuschalten.
5 So ausdrücklich der frühere § 6 Abs. 5 RL RA. Vgl. auch BGH v. 16.5.1983 – 2 ARs 129/83, NJW 1983, 2712; *Dahs*, Hdb., Rz. 217 f.; ferner zu Einzelfällen *Krekeler*, NStZ 1989, 146 (150).
6 Vgl. *Dahs*, Hdb., Rz. 316 f.

zur Falschaussage veranlassen darf[1] und dass er einen Zeugen, der sich mit dem Gedanken zur Falschaussage trägt, in seinem Vorhaben nicht bestärken darf[2], sollte selbstverständlich sein.

49 **b)** Im Bereich der **Würdigung von Beweismitteln**, des Kombinierens, Spekulierens und Argumentierens ist der Verteidiger von Rechts wegen nicht gehindert, ganz einseitig und parteiisch ausschließlich den *Interessenstandpunkt seines Mandanten* zu vertreten[3], soweit er dabei keine Rechte Dritter verletzt (diese wichtige Einschränkung, die allerdings etwa in § 193 StGB für Ehrverletzungen eine Begrenzung erfährt, wird vielfach nicht genügend beachtet). Dies gilt sogar, wenn er dies wider besseres Wissen tut.

50 So darf der Verteidiger, der von der Schuld seines Mandanten selbst überzeugt ist, auf Freispruch plädieren[4]; denn niemand kann sich sicher sein, dass die Überzeugung des Verteidigers nicht irrig ist, niemand ist auch berufen, Überzeugung und Überzeugungsbildung des Verteidigers in diesem Bereich zu hinterfragen oder gar auf Zweifel oder Irrtümer zu überprüfen. Auch größte, sachlich gänzlich ungerechtfertigte **Einseitigkeit des Verteidigers** beim Würdigen von Beweismitteln ist legitim und von der Rechtsordnung im Hinblick darauf hinzunehmen, dass der Verteidiger auch als noch so einseitiger Interessenvertreter im *dialektischen Verfahrensablauf zur Wahrheitsfindung*[5] seinen Platz hat. Gleichermaßen ist aber zu betonen, dass der Verteidiger zu solcher Einseitigkeit *nicht verpflichtet* ist. Kennzeichen seiner *Unabhängigkeit* ist es, auch als Verteidiger eines leugnenden Angeklagten seiner Überzeugung entsprechend auf „schuldig" plädieren zu können, zumal ihm niemand zumuten kann, bei eindeutiger Beweislage wider besseres Wissen Freispruch beantragen und sich damit ggf. lächerlich machen zu müssen. Dem Recht zur Einseitigkeit

---

1 Zu der dogmatischen Streitfrage, ob dies nicht nur als (versuchte) Anstiftung zur Falschaussage strafbar ist, sondern auch den Tatbestand der Strafvereitelung nach § 258 StGB erfüllt, vgl. BGH v. 3.3.1989 – 2 ARs 54/89, NJW 1989, 1813; KG v. 19.12.1983 – 4 Ws 249/83, JR 1984, 250; *Beulke*, NStZ 1982, 330 f. und *Beulke*, NStZ 1983, 504; *Krekeler*, NStZ 1989, 146 (150).
2 BGH v. 3.10.1979 – 3 StR 264/79 (S.), BGHSt 29, 99 (107) = NJW 1980, 64; BGH v. 26.1998 – 4 StR 207/98, StV 1999, 153 m. abl. Anm. *Lüderssen* S. 537; zu weiteren Fällen vgl. ausf. m.Nw. *Stree/Hecker* in S/S, § 258 StGB Rz. 20.
3 So entschieden *Dahs*, Hdb., Rz. 83; auch schon BGH v. 30.10.1959 – 1 StR 418/59, BGHSt 13, 337; *Schmitt* in Meyer-Goßner/Schmitt, vor § 137 StPO Rz. 1.
4 Vgl. schon BGH v. 20.5.1952 – 1 StR 748/51, BGHSt 2, 377; *Dahs*, Hdb., Rz. 78, 82; *Stree/Hecker* in S/S, § 258 StGB Rz. 20 m.w.Nw.; ferner *Hammerstein*, NStZ 1997, 12.
5 *Dahs*, Hdb., Rz. 11 hebt die „strenge Einseitigkeit" des Verteidigers als hervorragendes Mittel zur Wahrheitsfindung hervor und betont: „Durch die Verteilung der Prozessfunktionen der Anklage, der Verteidigung und auch des Urteilens auf verschiedene Personen wird der Prozess der Wahrheitsfindung dialektisch ausgestaltet und sichert so am besten das Ziel der gerechten Entscheidung".

entspricht es nach h.M. auch noch, wenn der Verteidiger einem ihm gegenüber *geständigen* Beschuldigten abrät, auch im Prozess ein Geständnis abzulegen[1].

Die **Grenze des Zulässigen** wird aber **überschritten**, wenn der Verteidiger in einem solchen Fall dem Beschuldigten zurät, seine Täterschaft zu bestreiten und mit ihm eine glaubwürdig klingende Entlastungsgeschichte als Einlassung in der Hauptverhandlung vorbereitet[2]. Selbstverständlich kann sich ein Verteidiger gem. § 164 StGB (*falsche Verdächtigung*) strafbar machen, der im Interesse seines Mandanten bewusst wahrheitswidrig vorträgt, eine bestimmte andere Person sei der Täter oder an der Tat beteiligt gewesen[3]. Auch darf der Verteidiger sich unwahre Angaben des Beschuldigten nicht zu eigen machen und sie angeblich aufgrund eigenen Wissens wahrheitswidrig als richtig hinstellen[4].

51

Beispiel: Dem Geschäftsführer einer GmbH & Co KG wird vorgeworfen, trotz Überschuldung der Gesellschaft nicht rechtzeitig Insolvenzantrag gestellt zu haben. Seinem Verteidiger erklärt der Beschuldigte, sich der Überschuldung der Gesellschaft schon bewusst gewesen zu sein, jedoch geglaubt zu haben, diese noch retten zu können. Auf Veranlassung des Verteidigers lässt sich der Angeklagte in der Hauptverhandlung dahin ein, er habe geglaubt, die Gesellschaft sei angesichts vorhandener stiller Reserven nicht überschuldet gewesen. Kommt es wegen dieser Einlassung zum Freispruch, so hat der Rechtsanwalt sich der Strafvereitelung schuldig gemacht.

Dass sich für den Verteidiger hiernach vielfach ernste **Konfliktsituationen** sowie schwierige Abwägungs- und Abgrenzungsprobleme ergeben können, liegt auf der Hand. Berücksichtigt man zudem, dass der Verteidiger bezüglich Erkenntnissen, die der Beschuldigte ihm anvertraut hat, der Schweigepflicht un-

52

---

1 Früh schon BGH v. 20.5.1952 – 1 StR 748/51, BGHSt 2, 377 und BGH bei *Dallinger*, MDR 1957, 267; abl. *Beulke*, Der Verteidiger im Strafverfahren, 150; *Beulke/Ruhmannseder*, Strafbarkeit des Verteidigers, Rz. 17 ff., 33 ff.; zurückhaltend auch *Dahs*, Hdb., Rz. 161, 735.
2 S. die Entscheidungen des BGH v. 16.5.1983 – 2 ARs 129/83, NJW 1983, 2712 und BGH v. 26.11.1998 – 4 StR 207/98, StV 1999, 153; wie hier *Beulke*, Der Verteidiger im Strafverfahren, 150; *Beulke/Ruhmannseder*, Strafbarkeit des Verteidigers, Rz. 17 ff.; *Pfeiffer*, DRiZ 1984, 341 (344 f.); *Schlüchter*, Strafverfahren, Rz. 105; ferner *Schmitt* in Meyer-Goßner/Schmitt, vor § 137 StPO Rz. 2 m.w.Nw. Vgl. dazu (neben der allg. Regelung zur Wahrheitspflicht in § 43a Abs. 3 S. 2 BRAO) die früheren StandesRL der Steuerberater und Steuerbevollmächtigten, welche nach § 392 AO in beschränktem Umfang als Verteidiger fungieren können. In Nr. 50 der RL StB hieß es: Sie „unterliegen auch als Verteidiger der Pflicht zur Wahrheit. Beweismittel, die die Wahrheit verfälschen, dürfen sie nicht verwenden [...] Wenn der Steuerberater oder Steuerbevollmächtigte, der die Schuld des die Tat [...] leugnenden Beschuldigten durch dessen Geständnis oder auf andere Weise kennt oder erfährt, gleichwohl die Verteidigung führen will, legt ihm diese Gewissensentscheidung die Beachtung dieser Pflichten besonders nahe [...]" Ausdrücklich sind Regelungen dieser Art nicht in die Berufsordnungen der Rechtsanwälte und Steuerberater aufgenommen worden. Immerhin enthalten aber die Berufsregeln der Rechtsanwälte der EU (CCBE), auf die der aufgehobene § 29 BORA Bezug nahm, unter Nr. 4.4 die Bestimmung: „Der Rechtsanwalt darf dem Gericht niemals vorsätzlich unwahre oder irreführende Angaben machen."
3 BGH v. 24.3.1982 – 3 StR 28/82, NJW 1982, 2508.
4 *Stree/Hecker* in S/S, § 258 StGB Rz. 20.

terliegt, so wird besonders deutlich, dass diese Pflicht in Kollision geraten kann mit seiner Pflicht zur Wahrheit (vgl. Rz. 41). Soweit dieser Konflikt Beweisanträge und Tatsachenvorbringen des Verteidigers betrifft, ist an der recht aussagekräftigen Formel festzuhalten: „Alles, was der Verteidiger sagt, muss wahr sein, aber er darf nicht alles sagen, was wahr ist"[1].

53 Problematisch ist, ob und welche prozessualen Folgerungen beim **Missbrauch prozessualer Rechte** durch Verteidiger gezogen werden können, so in Fällen der gezielten Prozesssabotage, beispielsweise durch immer wieder neue, sich im Wesentlichen wiederholende Anträge auf Ablehnung wegen Besorgnis der Befangenheit, auf Beweiserhebungen und auf Aussetzung des Verfahrens, auf angeblich notwendige Erholungspausen, zur Vorbereitung und Formulierung von Anträgen und Ähnliches. Für derartige Missbräuche ist in der StPO keine Vorsorge getroffen, das Bedürfnis der Praxis nach handhabbaren Regelungen wurde trotz wiederholter Vorstöße[2] bisher nicht erfüllt. In engen Grenzen ist das allgemeine Prinzip, dass Rechtsmissbrauch unterbunden werden darf, heranzuziehen[3].

Als rechtsmissbräuchlich wird neuerdings neben „verteidigungsfremdem Verhalten" z.B. auch Revisionsvorbringen gewertet, das bewusst wahrheitswidrig auf einen bloßen Protokollierungsfehler („unwahre Protokollrüge") gestützt wird[4].

Fraglich bleibt freilich, welche Konsequenzen im Einzelfall zu ziehen sind. Infrage kommen: Wortentziehung, Zurückweisung von missbräuchlichen Anträgen ohne Sachentscheidung, Entpflichtung von Pflichtverteidigern, berufsrechtliche Ahndungen. Zwangsmaßnahmen und Ordnungsmittel nach §§ 177, 178 GVG dürfen gegen Verteidiger als Organe der Rechtspflege nicht angewandt werden[5].

54 Die **Beschlagnahmefreiheit** von Gegenständen im Besitz (= Gewahrsam) des Rechtsanwalts nach § 97 Abs. 1 Nr. 3 i.V.m. § 53 Abs. 1 Nr. 2 StPO umfasst wohl auch Urkunden, die ein Dritter dem Verteidiger zum Zwecke der Vertei-

---

1 *Dahs*, Hdb., Rz. 53. Kritischer zur Wahrheitspflicht des Verteidigers dagegen *Krekeler*, NStZ 1989, 146; *Kleine-Cosack*, § 43a BRAO Rz. 67 ff.; *Lüderssen/Jahn* in LR, vor § 137 StPO Rz. 133h ff., 169 ff. Die angeführte Formel von *Dahs* kann natürlich nur eine grobe Richtschnur darstellen und nicht immer weiterhelfen, sie enthält immerhin mehr als ein bloßes Verbot der Lüge, welche mit § 43a Abs. 3 S. 2 BRAO nicht zu vereinbaren wäre, vgl. auch die Beispielsfälle und Nw. bei *Beulke/Ruhmannseder*, Strafbarkeit des Verteidigers, Rz. 622 (tabellarische Übersicht) und bei *Hammerstein*, NStZ 1990, 261 (264).
2 Vgl. z.B. *Kühne*, NJW 1998, 3027; *Nehm/Senge*, NStZ 1998, 377.
3 Vgl. BGH v. 22.8.1990 – 3 StR 106/89, StV 1991, 99; BGH v. 25.2.2000 – 2 StR 514/99, StV 2001, 101 m. Anm. *Venzke*; BGH v. 7.11.1999 – 4 StR 252/91, NStZ 1992, 140; BGH v. 14.6.2005 – 5 StR 129/05, NJW 2005, 2466; OLG Hamburg v. 17.11.1997 – 2 Ws 255/97, NJW 1998, 621; zum Ganzen m.Nw. *Laufhütte/Willnow* in KK, vor § 137 StPO Rz. 10 ff.
4 BGH v. 11.8.2006 – 3 StR 284/06, BGHSt 51, 88 = NJW 2006, 3579; vgl. dazu auch BGH (GrS) v. 23.4.2007 – GSSt 1/06, BGHSt 51, 298 = NJW 2007, 2419 und hierzu BVerfG v. 15.1.2009 – 2 BvR 2044/07, BVerfGE 122, 248 ff. = JZ 2009, 675 sowie *Laufhütte/Willnow* in KK, vor § 137 StPO Rz. 13 und *Henssler* in Henssler/Prütting, § 43a BRAO Rz. 146 m.Nw.
5 Vgl. *Laufhütte/Willnow* in KK, vor § 137 StPO Rz. 12.

digung übergeben hat[1]. Dabei kann es nicht darauf ankommen, ob sich die Urkunde zugunsten oder zuungunsten des Beschuldigten auswirkt[2]. Äußerst bedenklich und rechtlich nicht begründet erscheint indessen die Annahme, ein Verteidiger dürfe *durch eigene Recherchen* bei Zeugen beweiserhebliche *Unterlagen erheben*, die dann bei ihm – wenn sie nicht gerade Deliktsgegenstände sind – beschlagnahmefrei seien[3]. Denn dies liefe im Ergebnis darauf hinaus, dem Verteidiger eine Unterdrückung belastenden Beweismaterials zu ermöglichen und ihm so eine Position als staatlich privilegierter Strafvereitler zuzuerkennen. Der Verteidiger darf sich indessen nicht der Wahrheitserforschung hindernd in den Weg stellen, den Sachverhalt nicht verdunkeln und Beweismittel auch nicht – wie es in diesem Beispielsfall gerade geschehen ist – vor den Ermittlungsbehörden beseitigen[4] (vgl. auch § 93 Rz. 30). Zum Recht auf eigene Recherchen des Verteidigers wird ergänzend zu Rz. 48 auf § 16 Rz. 87 verwiesen.

II. Patentanwälte

Aufgaben, Rechtsstellung und Berufsorganisation der Patentanwälte ergeben sich in erster Linie aus der **Patentanwaltsordnung** (PatAO) vom 7.9.1966[5]. Erhebliche Änderungen der PatAO haben sich durch das Gesetz zur Modernisierung von Verfahren im patentrechtlichen Berufsrecht[6] ergeben. Dabei wurden in starker Anlehnung an die BRAO die Patentanwaltskammer und die Selbstverwaltung des Berufsstandes gestärkt sowie das verwaltungsrechtliche Verfahren in Patentanwaltssachen modernisiert[7]

55

Patentanwälte haben die **Aufgabe**, andere Personen in Angelegenheiten der Erlangung, Aufrechterhaltung, Verteidigung und Anfechtung von *Patenten, Gebrauchsmustern, Warenzeichen oder Sortenschutzrechten* zu beraten und diese Personen – auch gerichtlich – zu vertreten (§ 3 Abs. 2 und 3, § 4 PatAO). Der berufliche Aufgabenkatalog ist inzwischen um den Bereich der Beratung und Vertretung bei *Datenverarbeitungsprogrammen* erweitert worden (vgl. § 3 Abs. 3 Nr. 1 und § 4 Abs. 2 PatAO). Die Berufsangehörigen dürfen sich als „Patent- und Markenanwalt" bezeichnen. Ihre Berufsstellung ist ganz ähnlich wie

55a

---

1 OLG Frankfurt v. 21.6.2005 – 3 Ws 499/05, NStZ 2006, 302; *Schmitt* in Meyer-Goßner/Schmitt, § 97 StPO Rz. 36.
2 OLG Frankfurt v. 21.6.2005 – 3 Ws 499/05, NStZ 2006, 302.
3 Zu Recht abl. *Schmitt* in Meyer-Goßner/Schmitt, § 97 StPO Rz. 39; tendenziell abweichend aber OLG Frankfurt v. 21.6.2005 – 3 Ws 499/05, NStZ 2006, 302.
4 BGH v. 20.5.1952 – 1 StR 748/51, BGHSt 2, 377; *Schmitt* in Meyer-Goßner/Schmitt, § 97 StPO Rz. 39; *Stree/Hecker* in S/S, § 258 StGB Rz. 20 m.w.Nw.; *Dahs*, Hdb., Rz. 59 ff., 313 ff.; *Beulke/Ruhmannseder*, Strafbarkeit des Verteidigers, Rz. 63, 68 ff.; vgl. auch die Entscheidung des KG v. 5.7.1982 – 1 AR 460/82-4 ARs 46/82, NStZ 1983, 556 ; LG Koblenz v. 30.10.1984 – 10 Qs 10/84, StV 1985, 8; LG Fulda v. 12.10.1999 – 2 Qs 51/99, NJW 2000, 1508.
5 BGBl. I 577 mit diversen zwischenzeitlichen Änderungen, u.a. v.15.7.2013, BGBl I 2386.
6 G v. 14.8.2009, BGBl. I 2827 ff.
7 Vgl. *Fitzner*, Neuere Entwicklungen der Gesetzgebung zum patentanwaltlichen Berufsrecht, MittdtschPatAnw 2010, 171.

die der Rechtsanwälte geregelt. Wie diese sind sie Angehörige eines freien Berufs und üben kein Gewerbe aus (§ 2 PatAO). Sie werden in § 1 PatAO ausdrücklich für ihren Aufgabenbereich als unabhängige **Organe der Rechtspflege** bezeichnet[1].

56 Die **Zulassung zum Beruf** des Patentanwalts (§§ 5 ff. PatAO) setzt eine *technische* Befähigung voraus, die grundsätzlich durch den erfolgreichen Abschluss eines naturwissenschaftlichen oder technischen Hochschulstudiums (§ 6 PatAO) nachzuweisen ist, ferner wird eine Ausbildung auf dem Gebiet des gewerblichen Rechtsschutzes gefordert (§ 7 PatAO). Inzwischen können sich Patentanwälte unter erleichterten Voraussetzungen mit inländischen und ausländischen Patentanwälten sowie mit Angehörigen anderer Beraterberufe in Sozietäten und anderen *Gesellschaften* (Partnerschaftsgesellschaften, Patentanwaltsgesellschaften) zur gemeinsamen Berufsausübung zusammenschließen (§§ 52a, 52c ff. PatAO). Unter den juristischen Personen ist nur die GmbH als zulässige Gesellschaftsform vorgesehen (§ 52c Abs. 1 PatAO). Bei Patentanwaltsgesellschaften dürfen neben Patentanwälten zwar auch Vertreter anderer Beraterberufe Gesellschafter sein, doch müssen die Geschäftsführung und die Mehrheit der Stimmrechte bei Patentanwälten liegen (§§ 52e, 52f PatAO).

57 Der Patentanwalt ist **verpflichtet**, seinen Beruf gewissenhaft auszuüben und sich innerhalb und außerhalb des Berufs der Achtung und des Vertrauens, welche seine Stellung erfordert, würdig zu erweisen (§ 39 PatAO); dies entspricht ganz der Generalklausel des § 43 BRAO. Einzelne Berufspflichten sind entsprechend § 43a BRAO (vgl. Rz. 34 f.) in § 39a PatAO geregelt und noch weiter konkretisiert in der gem. § 52 Abs. 1 PatAO am 21.4.1997 beschlossenen **Berufsordnung der Patentanwälte** (BOPatA, jetzt i.d.F. vom 20.11.2013, die seit 1.3.2014 in Kraft ist). Ein Patentanwalt darf u.a. im Falle eines möglichen Interessenwiderstreits nicht tätig werden (§ 5 BOPatA); er darf auch Weisungen eines Mandanten nicht folgen wenn er durch das ihm zugemutete Verhalten Berufspflichten verletzen würde (§ 1 Abs. 3 BOPatA).

58 Über die *Einhaltung der Berufspflichten* hat die **Patentanwaltskammer** in München zu wachen (§ 54 PatAO). Deren Vorstand kann Verstöße gegen berufliche Pflichten von geringem Gewicht selbst *abrügen* (§ 70 PatAO). Im Übrigen haben schuldhafte Berufspflichtverletzungen ganz ähnlich wie bei Rechtsanwälten oder Steuerberatern *berufsgerichtliche Bestrafungen* bis zur Ausschließung aus der Patentanwaltschaft zur Folge (§§ 95 ff. PatAO). Das berufsgerichtliche Verfahren (§§ 89 ff. PatAO) ist im Einzelnen wie bei den Rechtsanwälten ausgestaltet (Rz. 24 ff.). Dasselbe gilt auch für das Verhältnis des berufsgerichtlichen Verfahrens zu Straf- und Bußgeldverfahren einerseits und zu Verfahren anderer Berufsgerichtsbarkeiten andererseits (§§ 109, 110 PatAO).

59 In der **Praxis des Wirtschaftsstrafrechts** waren Patentanwälte nach bisherigen Erfahrungen ungeachtet ihrer wichtigen Rolle in *Schutzrechtsangelegenheiten* und in *Wettbewerbsstreitigkeiten* ohne größere Bedeutung.

---

1 Zu den Regelungen zum Patentanwaltsberuf vgl. *Reinhard*, BerufsR der Patentanwälte, 6. Aufl. 2010.

Immerhin sind *Fälle* bekannt geworden, in denen – echte oder verfälschte – gutachtliche Äußerungen oder Stellungnahmen von Patentanwälten über die Bewertung von Patenten oder von sonstigen gewerblichen Schutzrechten ihren Mandanten oder Dritten als Grundlage für Täuschungs- und Betrugshandlungen gedient haben. Auch kam es vor, dass Patentanwälte an Schutzrechtsan- und -ummeldungen zugunsten von Schein- oder Briefkastenfirmen oder unter sonstiger Täuschung über die wirklichen Rechtsinhaber mitgewirkt haben, die zum Zwecke der Steuerumgehung vorgenommen worden sind; insoweit können sie sich der Beihilfe zu Steuerhinterziehungen schuldig gemacht haben.

Soweit Patentanwälte ihre *Dienste unaufgefordert anbieten* (vgl. § 7 Abs. 3 Buchst. d BOPatA sowie § 39b PatAO), stellt dies **keine Ordnungswidrigkeit** mehr dar. Dieser Verstoß und weitere Werbeverstöße gem. § 7 Abs. 3 der BOPatA können vielmehr wie sonstige spezifisch berufliche Pflichtverstöße zu Recht *nur berufsrechtlich* geahndet werden. 60

III. Steuerberater

1. Gesetzliches Berufsbild

Die Rechtsstellung der Steuerberater, Steuerbevollmächtigten und Steuerberatungsgesellschaften ist im **Steuerberatungsgesetz** (StBerG)[1] geregelt. Nach § 33 S. 1 StBerG haben diese Berufsangehörigen „im Rahmen ihres Auftrags ihre Auftraggeber in Steuersachen zu beraten, sie zu vertreten und ihnen bei der Bearbeitung ihrer Steuerangelegenheiten und bei der Erfüllung ihrer steuerlichen Pflichten Hilfe zu leisten"[2]. Dazu gehört u.a. auch die Erfüllung von Buchführungspflichten und die Erstellung von Steuerbilanzen für Mandanten (§ 33 S. 2 StBerG). In Ermittlungssachen der Finanzbehörden wegen steuerlicher Verfehlungen können Steuerberater *als Verteidiger* gewählt werden (§§ 369, 386 Abs. 2 AO). Darüber hinaus, also in justiziellen Verfahren, können sie Verteidigungen nur in Gemeinschaft mit Rechtsanwälten oder Rechtslehrern führen (§ 392 Abs. 1 AO, § 138 Abs. 2 StPO). 61

Neben den Steuerberatern und Steuerberatungsgesellschaften sind nach § 3 StBerG *nur* Rechtsanwälte einschließlich niedergelassener europäischer Rechtsanwälte, Wirtschaftsprüfer, Wirtschaftsprüfungsgesellschaften und vereidigte Buchprüfer sowie Buchführungsgesellschaften zur *unbeschränkten Steuerberatung* berechtigt. Daneben sind u.a. Notare, Patentanwälte, Lohnsteuerhilfevereine, Vermögensverwalter und Kreditinstitute zu *beschränkter Steuerberatung* befugt (§ 4 StBerG). Steuerliche Berater aus EU-Staaten und weiteren europäischen Nachbarländern sind im Rahmen von § 3a StBerG seit 2008 im Inland zu *vorübergehender* und *gelegentlicher Hilfeleistung* in Steuersachen befugt. Die **unerlaubte Steuerberatung** (§§ 5, 6 StBerG) ist eine nach § 160 StBerG mit Geldbuße bis zu 5 000 Euro pro Einzelfall bedrohte *Ordnungswidrigkeit*. Zuständige Bußgeldbehörden sind die Straf- und Bußgeldsachenstellen der Finanzämter (§ 164 StBerG). 61a

---

1 G v. 4.11.1975, BGBl. I 2735 mit diversen späteren Änderungen, u.a. durch das 8. ÄndG v. 8.4.2008, BGBl. I 666, zul. u.a. durch G v 7.8.2013, BGBl. I 3154; Literatur-Hinweise oben vor Rz. 1.
2 Vgl. dazu im Einzelnen *Gehre/Koslowski*, § 33 StBerG Rz. 1 ff.

61b Ergänzende *berufsrechtliche* Regelungen enthält die gem. § 86 Abs. 3 StBerG von der Satzungsversammlung am 2.6.1997 beschlossene und am 1.9.1997 in Kraft getretene **Berufsordnung** der Bundessteuerberaterkammer (BOStB). vom 2.6.1997. Sie wurde inzwischen mehrfach geändert; die aktuelle Fassung gilt seit 1.1.2011[1]. Die BOStB konkretisiert in §§ 1–9 die Grundpflichten der Steuerberater und umschreibt in §§ 10 ff. BOStB weitere Berufspflichten; für die berufliche Zusammenarbeit in Berufsgesellschaften sind in §§ 24 ff. BOStB besondere Berufspflichten aufgeführt. Ein gem. § 29 BOStB ausgelagerter Teil der BO ist die in 2007 beschlossene **Fachberaterordnung**[2]. In ihr wurde in Anlehnung an den Rechtsanwaltsberuf (Fachanwälte; Rz. 32) die Möglichkeit eingeführt, für (zunächst zwei) steuerliche Spezialgebiete den Titel **Fachberater** zu erwerben, nämlich *für Internationales Steuerrecht* sowie *für Zölle und Verbrauchssteuern*. Voraussetzung ist der Nachweis von besonderen theoretischen Kenntnissen und besonderen praktischen Erfahrungen in diesen steuerlichen Bereichen einschließlich der europarechtlichen Bezüge (§ 2 FachBO).

62 Anders als die Rechtsanwälte in der BRAO sowie die Patentanwälte werden die Steuerberater im StBerG zwar *nicht ausdrücklich* als Organe der (Steuer-)Rechtspflege bezeichnet. Gleichwohl entspricht ihre Rechtsstellung nach Berufsorganisation, Berufspflichten und Berufsgerichtsbarkeit weitgehend derjenigen der Rechtsanwälte[3]. Konsequent und zutreffend werden die Steuerberater und Steuerbevollmächtigten demgemäß in § 1 Abs. 1 BOStB wie schon in den früheren *Standesrichtlinien* für Steuerberater[4] als „unabhängige **Organe der Steuerrechtspflege**" gekennzeichnet[5]. Auch in der Rechtsprechung ist diese Organstellung allgemein anerkannt[6]. In dieser besonderen Pflichten- und Vertrauensstellung haben sie ihre Auftraggeber in Steuersachen zu beraten und ihnen u.a. bei der Erfüllung ihrer steuerlichen Pflichten Hilfe zu leisten (§ 33 S. 1 StBerG).

Zur *unerlaubten Rechtsberatung*, auch durch Steuerberater, vgl. § 92 Rz. 2 ff. Das **BVerfG** hatte schon vor Jahren Regelungen des StBerG insoweit als mit der Berufsfreiheit (Art. 12 GG) unvereinbar erklärt, als den Steuerberatern auch das geschäftsmäßige Kontieren von Belegen und die geschäftsmäßige Erledigung von *Lohnbuchhalterarbeiten* vorbehalten war[7]. Dem hat der Gesetzgeber durch das 4. Gesetz zur Änderung des StBerG vom 9.6.1989[8] in der Weise Rechnung getragen, dass Tätigkeiten der genannten Art vom Buchführungsprivileg der Steuerberater nicht mehr umfasst sind. In diesem Bereich sind demgemäß inzwischen kaufmännisch oder sonst sachkundig ausgebildete Personen mit buchhalterischer Berufserfahrung selbständig tätig, ohne dadurch unbefugte Hilfeleistung in Steuersachen zu erbringen oder gegen Werbeverbote zu verstoßen (§§ 6 Nr. 4, 8 Abs. 1 S. 2 StBerG).

---

1 DStR 2010, 2659.
2 Jetzt i.d.F. v 8.9. 2010, DStR 2010, 2663.
3 So auch BVerfG v. 12.4.2005 – 2 BvR 1027/02, BVerfGE 113, 29 ff.
4 Abgedr. in *Klöcker/Mittelsteiner/Gehre*, Hdb., Gruppe 8.
5 Nr. 46 und 50 der früheren RL StB.
6 Z.B. BVerfG v. 4.7.1989 – 1 BvR 1460/85 u.a., BVerfGE 80, 269 ff. (280 f.); BVerfG v. 12.4.2005 – 2 BvR 1027/02, BVerfGE 113, 29 ff.
7 BVerfG v. 18.6.1980 – 1 BvR 697/77, BVerfGE 54, 301 ff.; BVerfG v. 27.1.1982 – 1 BvR 807/80, BVerfGE 59, 302 ff.
8 BGBl. I 1062.

In der *Praxis* sind die Steuerberater und ihre Berufsgesellschaften über den steuerlichen Bereich hinaus längst in großem Umfang in *sonstige Beratungs- und Dienstleistungsbereiche* vorgestoßen; zu nennen sind beispielhaft die Erstellung von Bilanzen und Jahresabschlüssen, die Führung von Buchhaltungen, betriebswirtschaftliche Beratungen aller Art, Treuhandfunktionen sowie Kreditwürdigkeitsprüfungen und Vermögensverwaltungen. Mit der Steuerberatung vereinbare Tätigkeiten sind in § 57 Abs. 3 StBerG und in §§ 15, 16 BOStB aufgeführt. Gewerbsmäßige Inkassotätigkeit darf eine Steuerberatungsgesellschaft nicht betreiben[1].

Die **wichtigsten Berufspflichten** sind in § 57 StBerG geregelt. Danach haben Steuerberater ihren Beruf insbesondere „unabhängig, eigenverantwortlich, gewissenhaft, verschwiegen" auszuüben (§ 57 Abs. 1 StBerG) und „sich jeder Tätigkeit zu enthalten, die mit ihrem Beruf oder mit dem Ansehen des Berufes nicht vereinbar ist" (§ 57 Abs. 2 StBerG; inhaltlich entspricht die Regelung in § 57 StBerG demnach weitgehend der der §§ 43, 43a BRAO). Diese beruflichen Grundpflichten sind in §§ 2 ff. BOStB noch näher konkretisiert.

62a

2. Zur Pflichtenstellung

In seiner Stellung als **Interessenvertreter** seines Mandanten unterliegt der Steuerberater der *Schweigepflicht* (§ 57 Abs. 1 StBerG, § 5 BOStB), besitzt *Zeugnisverweigerungsrechte* (§ 53 Abs. 1 Nr. 3 StPO, § 383 Abs. 1 Nr. 5 ZPO; vgl. dazu § 93 Rz. 4 ff.) und das grundsätzliche *Beschlagnahmeprivileg* des § 97 StPO (§ 93 Rz. 13 ff.).

63

Für die **Berufshelfer** bestehen in abgeleiteter Form ebenfalls Verschwiegenheitspflichten (§ 62 StBerG, § 5 Abs. 3 BOStB) und Zeugnisverweigerungsrechte nach § 53a StPO, § 383 Abs. 1 Nr. 5 ZPO[2].

Bei seiner Berufsausübung hat der Steuerberater sich **unabhängig** sowohl von der Finanzverwaltung als auch vom Auftraggeber zu halten (§ 57 Abs. 1 StBerG)[3]. Die Wahrung der Unabhängigkeit beinhaltet auch das Verbot, Vorteile oder Provisionen von Dritten anzunehmen oder zu vereinbaren (§ 1 Abs. 3 BOStB). Der Berater hat seinen Beruf zudem **eigenverantwortlich** und **gewissenhaft** auszuüben[4] (vgl. §§ 57 Abs. 1, 60 StBerG, §§ 3, 4 BOStB). Demgemäß hat der Steuerberater einen *Auftrag abzulehnen* und ggf. sein *Mandat niederzulegen*, wenn ihm ein pflichtwidriges, unlauteres oder ungesetzliches Verhalten abverlangt wird (§ 25 Abs. 3 BOStB a.F.[5]; jetzt aus § 57 Abs. 2 StBerG, §§ 1 Abs. 3, 13 Abs. 1 BOStB abzuleiten); niemals kann er eine Pflichtwidrigkeit damit entschuldigen, dass er nach Weisung eines Auftraggebers gehandelt habe.

Beispiel: Gegen Grundsätze der Unabhängigkeit, Gewissenhaftigkeit und Eigenverantwortlichkeit verstößt beispielsweise ein Berater, der sich für steuerliche Beratungstätigkeit zugunsten von Kunden einer Unternehmensberatung von Letzterer (insgeheim) honorieren lässt[6].

---

1 BVerwG v. 26.9.2012 – 8 C 26/11, NJW 2013, 327.
2 Vgl. BGH v. 7.4.2005 – 1 StR 326/04, NJW 2005, 2406.
3 Vgl. *Gehre/Koslowski*, § 57 StBerG Rz. 8 ff.
4 *Gehre/Koslowski*, § 57 StBerG Rz. 28 ff., 40 ff.
5 S. auch Nr. 13 III und 15 I der früheren RL StB.
6 BGH v. 9.10.1986 – I ZR 138/84, BGHZ 98, 330.

63a Im Grundsatz gelten die Regelungen des StBerG und der Berufsordnung zu den Rechten und Pflichten der Berufsangehörigen gleichermaßen für selbständige Steuerberater wie für **Steuerberatungsgesellschaften** und deren Verantwortliche (vgl. § 32 StBerG) sowie – mit gewissen Abstrichen, insbesondere hinsichtlich ihrer Unabhängigkeit – auch für Steuerberater in Anstellungsverhältnissen (§§ 58, 59, 60 Abs. 2 StBerG). Angesichts des immer mehr ausgeweiteten Tätigkeitsfeldes der Steuerberater, die in mehreren Berufsfeldern auch nebeneinander agieren (§§ 57, 58 StBerG, § 18 BOStB) und mit Ausnahmegenehmigung neuerdings sogar gewerblich handeln dürfen (§ 57 Abs. 4 Nr. 1 StBerG, § 16 BOStB), bestehen Zweifel, inwieweit die Steuerberaterkammern die Einhaltung der beruflichen Pflichten noch zuverlässig überwachen und letztlich gewährleisten können. Diese Aufgabe dürfte schon bei interprofessionellen Zusammenschlüssen (§ 56 StBerG), zumal zu großen Gesellschaften, schwer zu erfüllen sein.

Steuerberatungsgesellschaften können in den Rechtsformen der AG, GmbH, KGaA, GmbH & Co KG, KG, OHG oder PartG zugelassen und betrieben werden (§ 49 Abs. 1, 2 StBerG). Dabei muss mindestens die Hälfte der gesetzlichen Vertreter Steuerberater sein (§ 50 Abs. 4, § 32 Abs. 3 S. 2 StBerG). Auch besteht eine Kapitalbindung zugunsten von Steuerberatern, Rechtsanwälten, Wirtschaftsprüfern usw. (§§ 50 Abs. 5, 50a Abs. 1 StBerG); jedoch ist keine Mehrheit für die Gruppe der Steuerberater gefordert (§ 50a Abs. 1 Nr. 3 StBerG).

63b Mit dem 8. ÄnderungsG zum StBerG vom 8.4.2008[1] ist der Beruf des **Syndikus-Steuerberaters** in gewisser Anlehnung an den Syndikusanwalt (Rz. 13) *neu eingeführt* worden (§ 58 S. 2 Nr. 5a StBerG). Zugleich wurde u.a. das herkömmliche Verbot, gewerblich tätig zu sein, etwas gelockert (§ 57 Abs. 4 Nr. 1 StBerG); zudem wurden erweiterte Möglichkeiten zur Zusammenarbeit mit Lohnsteuerhilfevereinen und mit Freiberuflern, die nicht den Beraterberufen angehören, eingeräumt (s. vor allem § 56 Abs. 5 StBerG).

64 Der steuerliche Berater kann besonders häufig in **Konfliktsituationen** geraten als *Interessenvertreter* seines Mandanten einerseits und als *Organ der Steuer-Rechtspflege* andererseits. Da er angesichts mannigfacher steuerlicher Pflichten seiner (gewerblichen) Mandanten und wegen der Vielzahl notwendiger, immer wieder neuer Kontakte zwischen Steuerpflichtigem und Finanzamt leicht zum ständigen, oft langjährigen Berater seines Mandanten wird, läuft er Gefahr, sich praktisch nur noch ganz einseitig als dessen Interessenvertreter zu verstehen. Denn gerade als Dauerberater wird er – vor allem wenn man seine Honorarinteressen berücksichtigt – psychisch besonders leicht dazu tendieren, sich mit seinem Mandanten zu solidarisieren und ihm unbedingt helfen zu wollen (zur kriminogenen Situation der Beraterberufe vgl. grundsätzlich § 95 Rz. 1–4). Wie weit er dabei gehen kann, hängt gewiss von den Umständen des Einzelfalls ab. Aber auch er darf nicht nur einseitiger Interessenvertreter seines

---

1 BGBl. I 666.

Mandanten sein, sondern hat sich als Organ der Steuerrechtspflege zu verhalten[1]. Immerhin wurde er auch vom BVerfG als ein „Mittler" zwischen dem Steuerpflichtigen und der Finanzverwaltung angesehen[2].

Die Position eines derartigen „Mittlers" (allerdings zwischen Öffentlichkeit und Justiz) hat der EGMR den Rechtsanwälten zugeschrieben[3].

Die *berufsrechtliche Stellung des Steuerberaters* als Organ der Rechtspflege ist allerdings nach vorherrschender Auffassung[4] deutlich weniger am öffentlichen Interesse orientiert als an der Wahrnehmung von Mandanteninteressen. Vor allem kommt dem Berater keine *Garantenstellung* in Bezug auf die *Abgabe richtiger Steuererklärungen* durch seinen Mandanten und die richtige Steuererhebung zu. Bei dem Verhältnis zwischen Steuerberater und Mandant handelt es sich um eine gesetzlich besonders geschützte Vertrauensbeziehung, wie dies etwa in der gesetzlichen Schweigepflicht des Beraters nach § 57 Abs. 1 StBerG und seinen beruflichen Zeugnisverweigerungsrechten (z.B. nach § 53 Abs. 1 Nr. 3 StPO, § 383 Abs. 1 Nr. 5 ZPO) zum Ausdruck kommt. Diese könnte durch eine öffentlich-rechtliche Pflichtenstellung der genannten Art unterlaufen werden (vgl. auch die Strafbarkeit der Schweigepflichtverletzung nach § 203 Abs. 1 Nr. 3 StGB). Deshalb genügt der Steuerberater regelmäßig seiner **Verpflichtung zur Wahrung des Rechts**, wenn er seinen Mandanten auf dessen gesetzliche Verpflichtungen *hinweist* und ihn dazu *anhält*, diesen Verpflichtungen auch nachzukommen[5]. Folgt der Mandant ihm nicht, so ist der Berater allenfalls verpflichtet, sein *Mandat niederzulegen* (vgl. § 57 Abs. 2 S. 1 StBerG, § 1 Abs. 3 BOStB). Unterlässt er dies, so kann das eine *berufsrechtliche Verfehlung*, nicht aber ohne Weiteres schon eine strafbare Teilnahme an der etwaigen Steuerhinterziehung seines Mandanten darstellen[6] (s. dazu näher § 96 Rz. 23 ff.). 65

Berufspflichtverletzungen von Steuerberatern (sowie auch von Wirtschaftsprüfern, Rechtsanwälten usw.) *sind* von der Finanzverwaltung, aber auch von sonstigen Behörden und Gerichten gem. § 10 Abs. 1 und 2 StBerG[7] sowie nach § 5 Abs. 3 StBerG den für entsprechende Ermittlungen zuständigen Berufskam- 66

---

1 In der Begründung der BReg. zur Neuregelung des StBerG v. 1975 (vgl. BT-Drs. 3/128, abgedr. in *Klöcker/Mittelsteiner/Gehre*, Hdb., Gruppe 3, 17) heißt es: „Die Steuerberatung ist ein Teil der allgemeinen Rechtsberatung. Steuerberater und Steuerbevollmächtigte sollen Diener des Rechts sein [...]" In der Gesetzesbegründung des Wirtschaftsausschusses wurde zwar die Unabhängigkeit des Steuerberaters von der Finanzverwaltung hervorgehoben, dann aber immerhin bemerkt: „Steuerberater und Steuerbevollmächtigte bleiben allerdings den für sie gültigen gesetzlichen Bestimmungen und dem allgemeinen Wohle verpflichtet" (zit. nach *Klöcker/Mittelsteiner/Gehre*, Hdb., Gruppe 3, 7).
2 BVerfG v. 18.2.1967 – 1 BvR 569/62, BVerfGE 21, 173 ff.
3 EGMR v. 28.10.2003 – 39657/98, NJW 2004, 3317.
4 Vgl. *Schauf* in Kohlmann, § 378 AO Rz. 109 ff.; *Joecks* in F/G/J, § 378 AO Rz. 20a, 46 ff.
5 So die ganz h.M., vgl. z.B. *Schauf* in Kohlmann, § 378 AO Rz. 119. *Joecks* in F/G/J, § 370 AO Rz. 162; s. auch BGH v. 20.12.1995 – 5 StR 412/95, wistra 1996, 184.
6 So zutr. schon RGSt. 68, 411
7 I.d.F. des 5. und 6. ÄnderungsG zum StBerG v. 13.12.1990, BGBl. I 2756, und v. 24.6.1994, BGBl. I 1387.

mern und Generalstaatsanwälten *mitzuteilen*. Weder solchen Mitteilungen noch in diesem Zusammenhang benötigten Auskünften oder Einsichtnahmen in Akten steht i.d.R. das *Steuergeheimnis* entgegen (§ 10 Abs. 2 StBerG). Hinsichtlich der Ahndung von Berufspflichtverletzungen wird auf Rz. 24 ff. verwiesen.

IV. Wirtschaftsprüfer

1. Gesetzliche Grundlagen

67 Die Rechtsstellung und die Berufspflichten der Wirtschaftsprüfer[1], vereidigten Buchprüfer (Rz. 67a), Buchprüfungs- und Wirtschaftsprüfungsgesellschaften sind im **„Gesetz über eine Berufsordnung der Wirtschaftsprüfer"** (WPO)[2] geregelt.

Einzelregelungen für die den Wirtschaftsprüfern weitgehend gleichgestellten Vereidigten Buchprüfer und Buchprüfungsgesellschaften sind dabei in §§ 128 ff. WPO enthaltenen[3]. Prüfen dürfen sie (bis zu) mittelgroße GmbH und Personenhandelsgesellschaften (§ 129 Abs. 1 WPO). Buchprüfungs- und Wirtschaftsprüfungsgesellschaften können als Kapital- oder Personalgesellschaften betrieben werden, müssen von Wirtschaftsprüfern geleitet sein und bedürfen einer behördlichen Zulassung (vgl. §§ 1 Abs. 3, 27, 28 ff. WPO).

Ergänzend sind die Rechte und Pflichten der Wirtschaftsprüfer in der **Berufssatzung der Wirtschaftsprüferkammer** (BSWP) vom 11.6.1996[4], die zwischenzeitlich in manchen Punkten geändert worden ist, konkretisiert. Wie bereits erwähnt, sind Wirtschaftsprüfer und vereidigte Buchprüfer unbeschränkt *zur steuerlichen Beratung* befugt, dürfen aber *Rechtsdienstleistungen* außerhalb des steuerlichen Bereichs nur eingeschränkt, nämlich als *Nebenleistungen* im Rahmen von § 5 Abs. 1 RDG erbringen (§ 92 Rz. 7 ff.).

67a Hier kann davon abgesehen werden, näher auf die Unterschiede zwischen **Wirtschaftsprüfern** und **vereidigten Buchprüfern** und auf eine Abgrenzung dieser Berufssparten einzugehen, da diese Unterschiede im hier behandelten Zusammenhang ohne wesentliche Bedeutung sind und der Beruf des vereidigten Buchprüfers quantitativ von geringerer Bedeutung ist. Nachdem seit 1969 grundsätzlich kein Zugang zum Beruf des vereidigten Buchprüfers mehr gegeben war (§ 131 WPO a.F.), ist dieser Prüferberuf im Zuge der Vereinheitlichung des Berufsrechts in der EG durch Übernahme der 8. Richtlinie des Rates der EG vom 10.4.1984 über die Zulassung der mit der Pflichtprüfung der Rechnungslegungsunterlagen beauftragten Personen neu belebt worden. Vereidigten Buchprüfern wurde u.a. insbesondere zugestanden, bei mittelgroßen Kapitalgesellschaften Pflichtprüfungen (§§ 267 Abs. 2, 319 Abs. 1 S. 2 HGB) vorzunehmen. Gleichwohl läuft der Beruf nun aus. Durch die 5. WPO-Novelle von 2004 ist der Neuzugang zu diesem Beruf nämlich wieder verschlossen worden (vgl. die Aufhebung der §§ 131–131d WPO a.F. und die Übergangsregelungen in §§ 13a, 139a WPO), um für die Zukunft einen einheitlichen, qualifizierten Prüferberuf zu gewährleisten. Die Vereidigten Buchprüfer gehören kraft Gesetzes (§ 128 Abs. 3 WPO) der Wirtschaftsprüferkammer an.

---

1 Vgl. *Bieneck* in HWiStR, „Wirtschaftsprüfer".
2 G v. 5.11.1975, BGBl. I 2803 mit einer Vielzahl von zwischenzeitlichen Änderungen.
3 Zur „historischen Entwicklung" s. *Kunath* in Hense/Ulrich, vor § 128 WPO Rz. 2 ff.
4 BAnz. S. 11077.

Das *Bilanzrichtliniengesetz* von 1985 (BiRiLiG) hatte den **Steuerberatern** durch 67b
Änderung der WPO (vgl. die früheren §§ 131–131f) die Möglichkeit eröffnet,
durch Antragstellung bis zum 31.12.1989 unter erleichterten Voraussetzungen
Wirtschaftsprüfer zu werden. Da das BiRiLiG die Prüfungspflicht für Kapitalgesellschaften erheblich erweitert hat, wären die bis dahin bestellten Wirtschaftsprüfer und vereidigten Buchprüfer personell schwerlich in der Lage gewesen, die neuen Aufgaben allein zu bewältigen. Auch erschienen die insbesondere den Steuerberatern drohenden Mandatsverluste nicht zumutbar. Andererseits wäre es auch nicht tragbar gewesen, die infrage stehenden, bisher der Wirtschaftsprüferordnung nicht unterfallenden Berufsgruppen ohne weiteres als Prüfer zuzulassen. Allerdings ist der Zugang zum Wirtschaftsprüferberuf teilweise so leicht gemacht worden (vgl. §§ 131c, 131e Abs. 3, 5, 6 WPO a.F.), dass eine qualitative Beeinträchtigung dieses bis dahin ziemlich anspruchsvollen Berufes und seines Erscheinungsbildes in der Öffentlichkeit zu Recht ernsthaft zu befürchten war. Inzwischen ist die *Qualitätssicherung und Qualitätskontrolle* im Wirtschaftsprüferberuf zu einem wichtigen Anliegen des Gesetzgebers und des Berufsstandes geworden[1] (Hinweise bei § 95 Rz. 4 ff.).

Der – vor allem früher – in der Öffentlichkeit außerordentlich angesehene Berufsstand der Wirtschaftsprüfer ist gegen Ende des 20. Jahrhunderts international in eine **schwere Vertrauenskrise** geraten. Nach dem wirtschaftlichen Zusammenbruch von internationalen Konzernen und Großunternehmen (§ 90 Rz. 12, 16; § 95 Rz. 4) ist deutlich geworden, dass die bei solchen Unternehmen als Abschlussprüfer tätig gewesenen Wirtschaftsprüfer und Prüfungsgesellschaften nicht in der Lage gewesen waren[2], bei ihren Prüfungen der Jahresabschlüsse, Konzernbilanzen und Lageberichte entscheidende Schwachpunkte großer Unternehmen aufzudecken und die wirkliche Vermögens- und Ertragslage zutreffend zu erkennen sowie Risikosituationen und Zukunftsperspektiven verlässlich zu beurteilen bzw. darüber auch neutral und objektiv zu berichten (vgl. § 95 Rz. 4 ff.). Diese Vorgänge haben speziell dem Ansehen der Abschlussprüfer enorm geschadet. Auf diesem Hintergrund wurden international zu Recht Forderungen nach weitgehenden Reformen im Wirtschaftsprüferberuf, vor allem für den Bereich der Abschlussprüfer, erhoben. 67c

Wirtschaftsprüferkreise machen geltend, dass die **Abschlussprüfung** nach § 317 67d
HGB (nur) eine Gesetz- und Ordnungsmäßigkeitsprüfung darstelle, die sich auf Buchführung und Rechnungslegung beziehe, und dass den Bestätigungsvermerken nach § 322 HGB deshalb nur eine eingeschränkte Aussagekraft zukommen könne. Insbesondere beinhalte der Bestätigungsvermerk kein „Gütesiegel" (Qualitätssiegel) in Bezug auf die wirtschaftliche Lage des geprüften Unternehmens, kein Urteil über die Geschäftsführung und keine Garantiefunktion gegenüber der Öffentlichkeit. Dabei wird eine „*Erwartungslücke*" zwischen den

---

1 Vgl. dazu neben Verlautbarungen des Instituts der Wirtschaftsprüfer (IDW) z.B. die Regelungen des AbschlussprüferaufsichtsG v. 27.12.2004, BGBl. I 3846, und der §§ 55b, 57a, 61a, 66a WPO.
2 Zu einer der Hauptursachen für diese Entwicklung, nämlich dem gesunkenen Prüfungsniveau aufgrund des ausgeuferten Preiswettbewerbs unter den Prüfungsgesellschaften im allzu großzügig liberalisierten Prüfungsmarkt der USA, vgl. *Sunder*, WPg. 2003, 141.

Vorstellungen von Informationsempfängern und dem Gesetzeszweck eingeräumt mit dem Hinweis, dass diese Erwartungslücke häufig auf fehlender Kenntnis der Rechnungslegungs- und Prüfungsnormen beruhe[1]. Eine solche, auf Selbstschutz ausgerichtete Betrachtungsweise wird dem Zweck und der tatsächlichen Bedeutung der handelsrechtlichen Publizitätspflichten (s. §§ 325 ff. HGB; § 41 Rz. 1 ff., 6 ff.) für die Finanzmärkte, für die sonstige Wirtschaft und die interessierte Öffentlichkeit schwerlich gerecht; vor allem ist sie zur Bildung von Vertrauen in die Verlässlichkeit und Aussagekraft der Wirtschafts- und Abschlussprüfung durchaus ungeeignet.

67e Im Hinblick auf den genannten Reformbedarf in der Bundesrepublik erfuhr die WPO allein in den Jahren zwischen 2000 und 2007 **vier Novellierungen**. In ihnen sowie auch in – teilweise neueren – handelsrechtlichen Regelungen wurden Empfehlungen und Richtlinien der EU[2], u.a. zur Berufszulassung ausländischer Prüfer, zur Erhöhung der allgemeinen Anforderungen an Abschlussprüfer, zur Anwendung der inzwischen angehobenen internationalen Prüfungsstandards, zu verstärkter Qualitätskontrolle sowie zur Verschärfung der Berufsaufsicht und von deren Kontrollmöglichkeiten in innerstaatliches Recht umgesetzt (vgl. § 95 Rz. 5 ff.).

68 Die den Wirtschaftsprüfern vorbehaltene **Hauptaufgabe** besteht darin, *betriebswirtschaftliche Prüfungen* aller Art, darunter *Pflichtprüfungen* von Unternehmen (Rz. 69, 74), aber auch unterschiedliche freiwillige Prüfungen durchzuführen und gesetzlich vorgesehene Bestätigungsvermerke zu erteilen (§ 2 Abs. 1 WPO).

Prüfungsbefugnisse besitzen beispielsweise auch genossenschaftliche Prüfungsverbände und Prüfstellen der Sparkassen- und Giroverbände (vgl. §§ 54 ff. GenG, § 57 Abs. 1 KWG, §§ 40a, 57a, 57h WPO), ferner Gemeindeprüfungsämter; von der näheren Darstellung dieser Institutionen wird abgesehen.

Wirtschaftsprüfer sind aber auch befugt, Mandanten *unbeschränkt steuerlich zu beraten* (§ 2 Abs. 2 WPO, §§ 3, 12a StBerG) und als Unternehmens- und Personalberater tätig zu sein (§ 2 Abs. 3 Nr. 2 WPO). In *Steuerstrafsachen* sind sie berechtigt, auch als *Verteidiger* zu fungieren (§§ 369, 386 Abs. 2, 392 AO, § 138 StPO). Außerdem dürfen sie Begutachtungs-, Buchführungs- und Bilanzierungspflichten übernehmen, als Treuhänder wirken (§ 2 Abs. 3 Nr. 1, 3 WPO) und unter Berufung auf ihren Berufseid als *Sachverständige* auftreten (§ 2 Abs. 3 WPO).

Nicht zum erlaubten Tätigkeitsfeld von Wirtschaftsprüfern gehören z.B. das Auftreten in Investitionszulagenverfahren, die Arbeits- und Personalvermittlung, Arbeitnehmerüberlassung und sonstige gewerbliche Tätigkeiten[3].

Eine in der Praxis wichtig gewordene, in der WPO nicht geregelte und den traditionellen Beraterberufen auch nicht vorbehaltene Tätigkeit ist die der *Unter-*

---

1 *Förster* in Hense/Ulrich, § 43 WPO Rz. 277 ff., 280 ff.; vgl. auch WP-Hdb. I, R, Rz. 6 ff.
2 Vgl. dazu näher *Clauß* in Hense/Ulrich, vor §§ 57a ff. WPO Rz. 1 ff., § 57a WPO Rz. 1 ff.
3 Vgl. WP-Hdb. I, A, Rz. 49 ff.

nehmensbewertung sowie der Bewertung von Gesellschafts- und Vermögensanteilen.

Als wichtigste **Einsatzbereiche der Prüfer** sind zu nennen: 69

– *Prüfung der Jahresabschlüsse* und ggf. Lageberichte[1] von Unternehmen bestimmter Rechtsformen, Größen und Branchen. Beispiele dafür sind *Pflichtprüfungen* von Kapitalgesellschaften gem. § 316 HGB (Jahresabschlüsse einschließlich der Lageberichte), der Aktiengesellschaften gem. § 171 AktG, von Kreditinstituten nach §§ 27, 29 KWG, von Bausparkassen nach § 13 BauSpG, von Versicherungsgesellschaften nach § 57 VAG, von Genossenschaften nach §§ 38, 53 ff. GenG, von Verwertungsgesellschaften nach § 9 Abs. 4 Wahrnehmungsgesetz sowie die Prüfung der unter §§ 6, 14 Publizitätsgesetz fallenden Unternehmen.

Seit Geltung des BiRiLiG (vgl. Rz. 67b) fallen schon *mittelgroße* Gesellschaften unter die Prüfungspflicht (vgl. § 23 Rz. 29, § 26 Rz. 132, § 41 Rz. 1 ff.), welche sich auch auf die Buchführung zu beziehen hat (§ 317 HGB); zum Prüfungsbericht und Bestätigungsvermerk sowie zur Verantwortlichkeit der Abschlussprüfer vgl. im Übrigen §§ 321, 322, 323 HGB.

– *Gründungs- und Nachgründungsprüfung*[2] u.a. nach §§ 9, 36, 159, 197 UmwG, §§ 33, 34, 52 Abs. 4 AktG.

– *Sonderprüfungen* nach §§ 142, 258 Abs. 1, 293b ff., 315 AktG[3].

– *Prüfung von Abhängigkeitsberichten* gem. §§ 313, 315 AktG[4].

– Prüfung ordnungsgemäßer *Geschäftsführung von Maklern, Bauträgern und Baubetreuern* nach § 16 MaBV[5].

– *Vermögens- und Depotprüfungen*[6], etwa nach § 25 Abs. 3 KAGG, nach § 36 WpHG, nach § 7 AuslInvG oder nach § 30 Abs. 1 KWG.

– Prüfung der jährlichen *Rechenschaftsberichte politischer Parteien*[7] nach § 23 Abs. 2 Parteiengesetz.

– Diverse Prüfungen im Bereich der wirtschaftlichen *Betätigung der öffentlichen Hand*, auf die hier im Einzelnen nicht eingegangen werden kann[8].

– Qualitätsprüfungen durch Prüfer für Qualitätskontrolle (§ 57a Abs. 3 WPO) bei Berufskollegen gem. §§ 57a ff. WPO.

Weitere Aufgabenbereiche von Wirtschaftsprüfern und vereidigten Buchprüfern sind aus §§ 2, 129 WPO ersichtlich bzw. auch aus § 5 Abs. 2 RDG herzuleiten[9].

---

1 Zu weiteren Fällen vgl. WP-Hdb. I, A, Rz. 22 ff., D, Rz. 1.
2 Vgl. WP-Hdb. I, D, Rz. 3.
3 WP-Hdb. I, Q, Rz. 970 ff., 1039 ff., 1062 ff.
4 WP-Hdb. I, F, Rz. 1018 ff.
5 WP-Hdb. I, Q, Rz. 1130 ff.
6 WP-Hdb. I, Q, Rz. 1097 ff.
7 WP-Hdb. I, Q, Rz. 1152 ff.
8 Vgl. dazu die Übersicht im WP-Hdb. I, D, Rz. 21 ff.
9 Zum beruflichen Wirkungsbereich von Wirtschaftsprüfern vgl. *Bieneck* in HWiStR, „Wirtschaftsprüfer" S. 1–3, zum Bereich der Rechtsberatung und Rechtsbesorgung unten § 92 Rz. 7 ff. sowie *Hirtz* in Grunewald/Römermann, § 5 RDG Rz. 194 ff. und *Wollburg* in Hense/Ulrich, § 2 WPO Rz. 23 ff.

2. Berufspflichten

70 Die Berufspflichten der Wirtschaftsprüfer sind im Wesentlichen in § 43 WPO zusammengefasst[1]. Danach hat der Berufsangehörige „seinen *Beruf unabhängig, gewissenhaft, verschwiegen* und *eigenverantwortlich* auszuüben [...], sich insbesondere bei der Erstattung von Prüfungsberichten und Gutachten *unparteiisch* zu verhalten" (§ 43 Abs. 1 WPO), sich jeder Tätigkeit zu enthalten, die mit dem „Beruf [...] unvereinbar" ist und „sich der **besonderen Berufspflichten** bewusst zu sein, die ihm aus der Befugnis erwachsen, gesetzlich vorgeschriebene *Bestätigungsvermerke* zu erteilen [...]" (§ 43 Abs. 2 WPO). Bei seiner Bestellung hat der Wirtschaftsprüfer einen entsprechenden Eid abzulegen (§ 17 WPO).

Er hat zu schwören, dass er „die Pflichten eines Wirtschaftsprüfers verantwortungsbewusst und sorgfältig erfüllen, insbesondere Verschwiegenheit bewahren und Prüfungsberichte und Gutachten gewissenhaft und unparteiisch erstatten werde [...]".

Weitere Regelungen zu zulässigen bzw. unzulässigen Betätigungen von Wirtschaftsprüfern ergeben sich aus § 43a WPO[2].

71 Die in der **Berufssatzung** der Wirtschaftsprüferkammer (**BSWP**)[3] noch näher konkretisierten Berufspflichten sind demnach ähnlich – bezüglich ihrer besonderen Berufspflichten teilweise aber erheblich strenger – geregelt als die der Steuerberater.

Den Berufssatzungen kommt – anders als den früheren Standesrichtlinien (vgl. dazu Rz. 3 ff.) – Rechtsqualität zu; sie stellen entsprechend den Anforderungen des BVerfG Berufsausübungsregelungen i.S. von Art. 12 GG dar[4]. Besondere Berufspflichten betreffen die Durchführung von Prüfungen und die Erstattung von Gutachten (§§ 20 ff. BSWP), die berufliche Zusammenarbeit (§§ 28 ff. BSWP) und die im letzten Jahrzehnt stark ausgebaute Qualitätssicherung in der Berufsarbeit (§ 55b WPO, §§ 31 ff. BSWP).

Allgemein haben Wirtschaftsprüfer insbesondere

– ihre Tätigkeit zu versagen, wenn sie für eine pflichtwidrige Handlung in Anspruch genommen werden soll (§ 49 WPO),
– sich jeder Tätigkeit zu enthalten, die mit ihrem Beruf oder dem Ansehen des Berufs unvereinbar ist (§ 43 Abs. 2 WPO, § 1 Abs. 2 S. 1 BSWP),
– bei (Besorgnis der) Befangenheit nicht tätig zu werden (§§ 44, 49 WPO, § 21 BSWP),
– eigenverantwortlich zu urteilen und zu handeln (§ 43 Abs. 1 S. 1 WPO, § 11 BSWP),
– sich unparteiisch zu verhalten, insbesondere bei der Erstattung von Gutachten und Prüfungsberichten (§ 43 Abs. 1 S. 2 WPO, § 20 BSWP). Die Pflicht zur Unparteilichkeit ist naturgemäß keine generelle Berufspflicht, sondern

---

1 Zu den einzelnen Berufspflichten vgl. ausf. *Henning/Precht* in Hense/Ulrich, § 43 WPO Rz. 1 ff.
2 Vgl. dazu die Kommentierung von *Teckemeyer* in Hense/Ulrich, § 43a WPO Rz. 4 ff., 49 ff.
3 Diese wurde am 11.6.1996 gem. § 57 Abs. 3, 4 WPO von der Satzungsversammlung beschlossen und in der Folgezeit mehrfach ergänzt bzw. geändert. Die neueste Fassung gilt seit 12.10.2012 (BAnz AT v. 28.9.2012, B 1).
4 BVerfG v. 14.7.1987 – 1 BvR 537/81, 1 BvR 195/87, NJW 1988, 191 ff.

tätigkeitsbezogen. Sie betrifft nur die Bereiche, in denen der Wirtschaftsprüfer *als Neutraler* seine Bewertung vornehmen soll und als solcher im Rechts- und Geschäftsverkehr wahrgenommen wird, nicht aber bei der Beratung und Interessenvertretung seiner Auftraggeber[1].

Eine Berufspflicht zu *Unparteilichkeit* besteht auch für Notare (vgl. Rz. 79), nicht aber für Rechtsanwälte, Patentanwälte und Steuerberater. Deren Berufsbild ist wesentlich stärker als das der Wirtschaftsprüfer und vereidigten Buchprüfer davon geprägt, (einseitige) Interessenvertreter ihrer Auftraggeber zu sein.

Wirtschaftsprüfer dürfen **keine widerstreitenden Interessen** vertreten und keine Bindungen eingehen, die ihre berufliche Entscheidungsfreiheit beeinträchtigen können (§ 2 S. 1, § 3 BSWP). Sie müssen verantwortungsbewusst und sorgfältig sowie sachlich handeln (§ 17 WPO, § 1 Abs. 1 S. 2, § 13 BSWP). Weiterhin sind sie grundsätzlich verpflichtet, sich selbst und ihre Mitarbeiter fortzubilden (§ 43 Abs. 2 WPO, §§ 4a, 6 BSWP) sowie ihre Auftraggeber auf festgestellte Gesetzesverstöße aufmerksam zu machen (vgl. § 13 Abs. 2 BSWP, § 321 Abs. 1 HGB). 71a

Im Hinblick darauf, dass die gesetzlichen Aufgaben des Wirtschaftsprüfers als eines **neutralen Prüfers** bei der Durchführung von Abschlussprüfungen für die Wirtschafts- und Finanzsysteme von hervorragender Bedeutung sind, kommt den Regelungen über die *Unabhängigkeit, Gewissenhaftigkeit* und *Unparteilichkeit* besondere Bedeutung zu. Bezüglich der Pflicht zur gewissenhaften Berufsausübung wird dabei unterschieden, ob der Wirtschaftsprüfer im Rahmen einer „gesetzlich vorgeschriebenen Prüfung" oder einer sonstigen Prüfung tätig wird. Stellt er bei einer *gesetzlichen Pflichtprüfung*, die über die Belange von am Unternehmen Beteiligten hinaus auch im Interesse von Geschäftspartnern, der Öffentlichkeit und einer funktionierenden Volkswirtschaft vorgenommen wird, gewichtige Pflichtverletzungen der für die Geschäftsführung Verantwortlichen fest, so ist er verpflichtet, die *Aufsichtsorgane zu unterrichten*[2]. *Außerhalb* einer gesetzlichen Pflichtprüfung ist der Wirtschaftsprüfer bei entsprechenden Feststellungen jedenfalls zu einer gewissenhaften Prüfung verpflichtet, ob er die Aufsichtsorgane unterrichten will; berufsrechtlich ist dies zwar nicht ausdrücklich geregelt, jedoch aus der Pflicht zur Gewissenhaftigkeit abzuleiten[3]. 72

Zur Sicherung objektiver und neutraler Prüfungstätigkeit sind Prüfer und Prüfungsgesellschaften in den aus §§ 319 Abs. 3 und 4, 319a, 319b HGB im Einzelnen ersichtlichen Fällen als **Abschlussprüfer** und **Konzernabschlussprüfer** von Unternehmen **ausgeschlossen**. 73

Nimmt ein nach §§ 319 ff. HGB ausgeschlossener Prüfer eine Prüfung gleichwohl vor, so ist der Prüfungsauftrag nichtig und der Prüfer erwirbt keinen Honoraranspruch. Zudem

---

1 *Henning/Precht* in Hense/Ulrich, § 43 WPO Rz. 247 ff.
2 § 321 Abs. 1 S. 3 HGB. Vgl. dazu auch §§ 20, 21, 22a BSWP sowie zu Tätigkeitsverboten bei Eigeninteresse § 23, bei Selbstprüfung § 23a, bei Interessenvertretung § 23b und bei persönlicher Vertrautheit § 24 BSWP.
3 Zur Aufdeckung von Management-Untreue vgl. *Schruff*, WPg. 2003, 901.

ist der erteilte Bestätigungsvermerk unwirksam, sodass eine Pflichtprüfung wiederholt werden muss[1] und der Prüfer schadensersatzpflichtig ist[2].

Bei den angegebenen Fallgestaltungen – insbesondere also bei vorausgegangener erheblicher Beratungstätigkeit des Prüfers für das zu prüfende Unternehmen (*Verbot der Selbstprüfung*), bei persönlicher oder wirtschaftlicher Verbundenheit mit dem Unternehmen oder gar wirtschaftlicher Abhängigkeit von diesem – ist die Unabhängigkeit und Neutralität eines Prüfers offenkundig nicht gewährleistet.

Die gesetzlichen Ausschlussgründe begründen grundsätzlich eine unwiderlegliche Vermutung der Befangenheit. Vgl. zu den Befangenheitsgründen allgemein §§ 20, 21, 22a BSWP sowie zum „Eigeninteresse" § 23 BSWP, zur „Selbstprüfung" § 23a BSWP, zu „Interessenvertretung" § 23b BSWP, zu „persönlicher Vertrautheit" § 24 BSWP.

73a Ähnliches gilt bei bestimmten Beziehungen eines potenziellen Prüfers zu Personen oder Unternehmen, die selbst wegen **Besorgnis der Befangenheit** als Prüfer ausgeschlossen wären[3] (§§ 319 Abs. 1 S. 2, 319a S. 2 HGB, § 21 BSWP). Um zu verhindern, dass Abschlussprüfungen bei einem Unternehmen oder Konzern ständig durch dieselben Prüfer oder Prüfungsgesellschaften vorgenommen werden, ist ein – allerdings wohl wenig nachhaltiges – *Rotationsprinzip* eingeführt (§§ 319 Abs. 3 Nr. 5, 319a Abs. 1 Nr. 1, Nr. 4, Abs. 2 HGB).

73b Ausgeschlossen ist ein Prüfer auch, wenn er einem wirtschaftlichen „**Netzwerk**" zugehört, dessen Mitglieder dem zu prüfenden Unternehmen (auch nur möglicherweise) nicht neutral gegenüberstehen. Gem. § 319b Abs. 1 S. 3 HGB sind Netzwerke gegeben, „wenn Personen bei ihrer Berufsausübung zur Verfolgung gemeinsamer wirtschaftlicher Interessen für eine gewisse Dauer zusammenwirken". Damit sollen insbesondere Kooperationen und sonstige Formen engerer Zusammenarbeit erfasst werden[4].

74 **Gesetzliche Pflichtprüfungen** sind insbesondere vorgesehen für *Jahresabschlüsse* und *Geschäftsberichte* von Aktiengesellschaften, Genossenschaften und Kreditinstituten, aber auch von weiteren mittelgroßen und großen Gesellschaften und Unternehmen[5], darunter auch Personengesellschaften ohne persönlich haftende Gesellschafter (§§ 264a–264c HGB). Auf die Fülle der Pflichtprüfungsfälle, die u.a. im Wirtschaftsprüferhandbuch[6] näher dargestellt und systematisch erörtert sind, kann hier nicht näher eingegangen werden. Ebenso muss davon abgesehen werden, die verschiedenen Prüfungsarten und -methoden sowie Fragen der Prüfungsorganisation zu erörtern[7]. Hinzuweisen ist jedoch darauf, dass den **Abschlussprüfern** im Rahmen von Pflichtprüfungen neuerdings *höhere Prüfungsintensität* und auch höhere Prüfungsqualität abver-

---

1 Vgl. dazu *Förster* in Hense/Ulrich, § 43 WPO Rz. 287 ff.; *Henning/Precht* in Hense/Ulrich, § 49 WPO Rz. 131.
2 BGH v. 2.7.2013 – II ZR 293/11, BB 2013, 2030.
3 Ausf. *Henning/Precht* in Hense/Ulrich, § 49 WPO Rz. 11 ff., 25 ff., 112 ff.
4 *Henning/Precht* in Hense/Ulrich, § 49 WPO Rz. 96 ff.; §§ 21, 22a BSWP.
5 Vgl. §§ 264a, 267 Abs. 1, 316, 319 HGB, ferner z.B. auch §§ 6, 14 PublizitätsG, § 9 Abs. 4 WahrnehmungsG.
6 WP-Hdb. Bd. I Abschnitt D 1 ff., Bd. II Abschnitt B ff.
7 Dazu näher WP-Hdb. I, Abschnitte Q (Prüfungsergebnis) und R (Prüfungstechnik).

langt wird, die zudem einer verstärkten Kontrolle und Berufsaufsicht unterliegt[1] (s. auch § 90 Rz. 15 und § 95 Rz. 4). Die EU strebt insoweit für Abschlussprüfungen bei Unternehmen von öffentlichem Interesse mit der VO (EU) Nr. 537/2014 einheitliche und teilweise verschärfte Anforderungen an, die 2016/17 in Kraft treten[2].

Angesichts der erhöhten qualitativen Anforderungen an die Abschlussprüfer kann der Berufsstand der **Wirtschaftsprüfer** und vereidigten Buchprüfer in **mehrere Kategorien** eingeteilt werden: 74a

– An der Spitze stehen die besonders qualifizierten Wirtschaftsprüfer und Prüfungsgesellschaften, welche die Befugnis besitzen, gem. § 319a Abs. 1 S. 1, 3 HGB, § 57a Abs. 1, Abs. 6 S. 7, 8 WPO Pflichtprüfungen bei *Unternehmen von öffentlichem Interesse* vorzunehmen und die andererseits über durchgeführte Abschlussprüfungen bei solchen Unternehmen gem. § 55c WPO jährliche *Transparenzberichte* zu erstatten sowie diese auch zu veröffentlichen haben. *Unternehmen von öffentlichem Interesse* sind dabei kapitalmarktorientierte (und deshalb für das Funktionieren der Börsen sowie der sonstigen Kapital- und Finanzmärkte besonders wichtige) Unternehmen gem. § 264d HGB i.V.m. § 2 WpHG[3].

Ihre Prüfungsbefugnis setzt grundsätzlich eine erfolgreiche Teilnahme an der Qualitätskontrolle und Erlangung einer entsprechenden Teilnahmebescheinigung gem. § 57a Abs. 1, 6 S. 7, 8 WPO voraus. Zur geforderten (Mindest-)Qualifikation dieser Abschlussprüfer vgl. auch Art. 3 ff. der EU-Abschlussprüferrichtlinie[4].

– Im Rang hinter diesen Abschlussprüfern folgen diejenigen Prüfer und Prüfungsgesellschaften, die zu Pflichtprüfungen bei sonstigen Unternehmen befugt sind (§ 319 Abs. 1 HGB). Ihnen nachzuordnen sind die Wirtschaftsprüfer (und Vereidigten Buchprüfer), denen – etwa mangels erfolgreicher Beteiligung an der Qualitätskontrolle gem. § 57a WPO – gesetzliche Pflichtprüfungen nicht mehr gestattet sind.

Eine gewisse Sonderstellung nehmen die *Prüfer für Qualitätskontrolle* ein, die als solche gem. § 57a Abs. 3 ff. WPO qualifiziert und speziell registriert sein müssen. Sie führen die Qualitätskontrollen bei Berufskollegen und Prüfungsgesellschaften durch; ihre Qualitätskontrollberichte sind Grundlage der von der Wirtschaftsprüferkammer zu er-

---

1 Vgl. u.a. entsprechende Neuregelungen in G zur Kontrolle und Transparenz im Unternehmensbereich – KonTraG – v. 27.4.1998 (BGBl. I 786); Kapitalgesellschaften- und Co-Richtlinie-G (KapCoRiLiG) v. 24.2.2000 (BGBl. I 154); WPO-ÄnderungsG v. 19.12.2000 (BGBl. I 1769); AbschlussprüferaufsichtsG (APAG) v. 27.12.2004 (BGBl. I 3846); BilanzkontrollG v. 15.12.2004 (BGBl. I 3408); BerufsaufsichtsreformG (BARefG) v. 3.9.2007 (BGBl. I 2178); G zur Modernisierung des GmbH-Rechts und zur Bekämpfung von Missbräuchen (MoMiG) v. 23.10.2008 (BGBl. I 2026); BilanzrechtsmodernisierungsG (BilMoG) v. 25.5.2009 (BGBl. I 1102).
2 VO des Europ. Parl. und des Rates v. 16.4.2014, ABl. EU Nr. L 158 v. 27.5.2014, 77.
3 Nach Mitteilung der Wirtschaftsprüferkammer umfasste der deutsche Prüfungsmarkt im Bereich der Unternehmen von öffentlichem Interesse im Jahr 2009 rund 800 Jahresabschlüsse und etwa 700 Konzernabschlüsse. Diese Abschlüsse wurden von ca. 140 Prüfungsgesellschaften geprüft, wobei zwei Drittel der Prüfungen von den vier größten Prüfungsgesellschaften („Big Four") vorgenommen worden sind.
4 V. 17.5.2006 (RL 2006/43/EG).

teilenden Teilnahmebescheinigungen für erfolgreiche Qualitätskontrolle nach § 57a Abs. 6 S. 7 WPO.

75 Die wichtigsten, speziell *für Prüfberufe geltenden* **Strafbestimmungen** sind die *Verletzung der Berichtspflicht* (strafbar u.a. nach § 332 HGB, § 403 AktG – vgl. dazu näher § 94 Rz. 8 ff.) sowie die *Verletzung von Mandantengeheimnissen* (u.a. strafbar nach § 333 Abs. 1 HGB, § 404 Abs. 1 Nr. 2 AktG, §§ 203 Abs. 1 Nr. 3, 204 StGB – vgl. dazu § 94 Rz. 2 ff., 5 ff.). Wegen weiterer Straftatbestände, die bei Wirtschaftsprüfern eine Rolle spielen können, wird auf § 96 Rz. 2 ff., 67 ff. verwiesen[1].

75a Wie bereits erwähnt, ist die *Ahndung von Berufspflichtverletzungen* im Zuge der verschärften Berufsaufsicht für Wirtschaftsprüfer und Vereidigte Buchprüfer inzwischen teilweise anders, regelmäßig wesentlich strenger geregelt als für die Berufe des Rechtsanwalts, des Patentanwalts und des Steuerberaters (vgl. z.B. Rz. 26 ff.). *Besonderheiten* im Bereich der Wirtschaftsprüfer sind die wesentlich größeren Kontroll- und Ahndungskompetenzen der Berufskammer im Rügeverfahren, sodass sich das berufsgerichtliche Verfahren auf die schweren Pflichtverletzungen beschränkt. Bemerkenswert ist z.B. die besondere Höhe der Höchstgeldbußen (schon im Rügeverfahren der Wirtschaftsprüferkammer können Bußen bis 50 000 Euro verhängt werden, im berufsgerichtlichen Verfahren bis zu 500 000 Euro, §§ 63 Abs. 1, 68 Abs. 1 Nr. 1 WPO), weiterhin die mögliche Kumulierung von befristeten Berufs- und Tätigkeitsverboten mit Geldbußen (§ 68 Abs. 2 WPO), ferner die Öffentlichkeit berufsgerichtlicher Hauptverhandlungen bei Pflichtverletzungen im Zusammenhang mit Abschlussprüfungen nach § 316 HGB sowie teilweise auch in anderen Fällen (§ 99 Abs. 1 WPO).

3. Ordnungswidrigkeiten

76 Nach § 132 WPO ist die Verwendung der verwechslungsfähigen Bezeichnungen „Buchprüfer" (zur unberechtigten Führung der Bezeichnung „Wirtschaftsprüfer" als Straftat nach § 132a StGB vgl. Rz. 31), „Bücherrevisor" oder „Wirtschaftstreuhänder" mit Geldbuße bis 5 000 Euro bedroht, ebenso aber auch die berechtigte Führung ausländischer Berufsbezeichnungen ohne Nennung des Herkunftslandes. Für den **unberechtigten Gebrauch** der Bezeichnungen „Wirtschaftsprüfungsgesellschaft" oder „Buchprüfungsgesellschaft" ist in § 133 WPO eine Geldbuße bis zu 10 000 Euro – jeweils pro Einzelfall – angedroht.

77 Ist ein Wirtschaftsprüfer i.S. von §§ 319, 319a, 319b HGB **befangen** und erteilt er *gleichwohl* bei einer Pflichtprüfung für eine Kapitalgesellschaft oder einen Konzern einen Bestätigungsvermerk (*Testat*, § 322 HGB), so verwirklicht er damit gem. § 334 Abs. 2 HGB einen Bußgeldtatbestand (Geldbuße bis zu 50 000 Euro).

Zur Befangenheit und zur Pflicht, schon den Anschein der Befangenheit zu vermeiden, wird auf § 49 WPO hingewiesen[2]. Infolge des Verbots der Selbstprüfung gilt im Regelfall Steuer- und Wirtschaftsberatung einerseits und Abschlussprüfung andererseits regel-

---

1 Vgl. auch *Bieneck* in HWiStR, „Wirtschaftsprüfer" S. 3 ff.
2 Vgl. auch WP-Hdb. I, A, Rz. 286 ff.

mäßig, allerdings nicht generell, als miteinander unvereinbar (vgl. § 319 Abs. 3 Nr. 3 HGB, § 23a BSWP).

Ein Verstoß gegen die Ausschlussgründe der §§ 319, 319a, 319b HGB macht zudem den Prüfungsauftrag nichtig gem. § 134 BGB, sodass der Prüfer keinen Honoraranspruch erwirbt und eine etwa empfangene Vergütung zurückzuzahlen hat[1] (Rz. 73).

V. Notare

1. Gesetzliche Grundlagen

Im Gegensatz zu Rechtsanwälten, Steuerberatern und Wirtschaftsprüfern können die Notare nur sehr eingeschränkt als Angehörige eines freien Berufs angesehen werden, denn sie sind nach § 1 der **Bundesnotarordnung** (BNotO) vom 24.2.1961[2] „unabhängige *Träger eines öffentlichen Amtes*"[3]. Als solche üben sie zwar keine öffentliche Gewalt aus, sind aber gleichwohl hoheitlich tätig und müssen deshalb im öffentlichen Interesse Einschränkungen des Grundrechts der Berufsfreiheit hinnehmen[4]. Zwar sind sie außerhalb Baden-Württembergs keine Beamten, dem öffentlichen Dienst aber doch sehr nahegerückt; unterschiedliche Regelungen der einzelnen Bundesländer im Notariatswesen erlauben §§ 113 f. BNotO.

Nach Auffassung des **EuGH**[5] verstoßen nationale Regelungen, wonach nur Staatsangehörige des jeweiligen Landes (entsprechend § 5 BNotO) als Notare zugelassen werden können, gegen die **Niederlassungsfreiheit** nach Art. 49 AEUV (und Art. 45 EGV); eine Bereichsausnahme gem. Art. 51 AEUV sei nicht gegeben, weil die Tätigkeit der Notare in Deutschland (und anderen Ländern) keine Ausübung öffentlicher Gewalt darstelle. Zugleich entschied der EuGH, dass die Richtlinien zur Anerkennung von Berufsqualifikationen (RL 2001/19/EG und RL 2005/36/EG) mit Einschränkungen auf Notare anzuwenden seien[6]. Das BVerfG[7] hat in Anerkennung der Entscheidungsgründe des EuGH festgestellt, dass den deutschen Notaren maßgeblich Aufgaben der vorsorgenden Rechtspflege und damit weitgehend hoheitliche Funktionen übertragen sind; die Entscheidung des EuGH mache die maßgeblichen Regelungen des deutschen Notariatsrechts, insbesondere § 1 BNotO zur Amtsträgerschaft

---

1 Vgl. BGH v 2.7.2013 – II ZR 293/11, BB 2013, 2030; *Henning/Precht* in Hense/Ulrich, § 49 WPO Rz. 11 ff., 130 ff.
2 Inzwischen mehrfach geändert, u.a. durch das 6. ÄndG v. 15.7.2006, BGBl. I 1531 und das G zur Modernisierung von Verfahren im anwaltlichen und notariellen BerufsR u.a. v. 30.7.2009, BGBl. I 2449.
3 Vgl. dazu schon BVerfG v. 2.4.1963 – 2 BvL 22/60, BVerfGE 16, 6; BVerfG v. 5.5.1964 – 1 BvL 8/62, BVerfGE 17, 371; ferner *Bracker* in Schippel/Bracker, § 1 BNotO Rz. 7 ff.; *Lerch* in Arndt/Lerch/Sandkühler, § 1 BNotO Rz. 3, 12 m.w.Nw.
4 BVerfG v. 19.6.2012 – 1 BvR 3017/09, BVerfGE 131, 130 = NJW 2012, 2639.
5 EuGH v. 24.5.2011 – Rs. C-54/08, EuZW 2011, 468; dazu *Hensler/Kilian*, NJW 2012, 481; *Spickhoff*, JZ 2012, 333; *Huttenlocher/Wollrab*, Der Notar (weiterhin) als Hohheitsträger, EuZW 2012, 779.
6 Zu kritischen Prüfbereichen in der deutschen Notariatsverfassung aufgrund des vorst. genannten Urteils des EuGH vgl. ausf. *Schuhmacher*, GPR 2012, 54.
7 BVerfG v. 19.6.2012 – 1 BvR 3017/09, BVerfGE 131, 130 = NJW 2012, 2639.

und zu den notariellen Amtsgeschäften nach §§ 20 ff BNotO nicht unanwendbar. Ähnlich hat der BGH[1] die Entscheidung des EuGH bewertet. – Letztlich ist noch unsicher, ob und wie sich EU-Recht künftig auf das inländische Notariatswesen auswirken wird[2].

78b Notare sind wesentlich weniger als andere Angehörige von Beraterberufen befugt, sich mit diesen **in Gesellschaften** zur *gemeinsamen Berufsausübung* zu verbinden (§§ 9 Abs. 1, 10 BNotO). Lediglich *Anwaltsnotare*[3] haben aufgrund ihrer Zwitterstellung zwischen Anwaltschaft und Notariat weitergehende Soziierungsbefugnisse (§ 9 Abs. 2 BNotO). Nach § 3 Abs. 1 Nr. 4 ff. BeurkG können derartige Soziierungen wegen der Gefahr von Befangenheit und Interessenkollisionen zu Tätigkeitsverboten des Notars führen[4]. Auch sind unter den Notaren nur die Anwaltsnotare befugt, zugleich die Berufe des Patentanwalts, Steuerberaters, Wirtschaftsprüfers oder vereidigten Buchprüfers auszuüben (§ 8 Abs. 2 BNotO, § 59a Abs. 1 BRAO). Soweit Anwaltsnotare Sozietäten angehören, bezieht sich die Soziierung nur auf ihre Anwaltstätigkeit; ihre Notariatstätigkeit haben sie – auch im Verhältnis zu Kanzleikollegen – strikt getrennt zu führen (vgl. § 9 Abs. 3 BNotO), wobei sie grundsätzlich einem Werbeverbot (§ 29 BNotO) sowie Vertretungsverboten (vgl. § 16 BNotO, § 3 Abs. 1 Nr. 4 ff. BeurkG) unterliegen.

78c In **Baden-Württemberg** gelten für das Notariatswesen aufgrund der §§ 114, 115 a.F. BNotO i.V.m. den Bestimmungen des Landesgesetzes über die freiwillige Gerichtsbarkeit (LFGG)[5] gewisse Besonderheiten. In *Württemberg* sind die traditionellen, auf der Notarakademie ausgebildeten *Bezirksnotare* Beamte, für welche die BNotO nicht gilt (§ 114 BNotO). Neben ihnen gibt es aber auch volljuristische *„Nur-Notare"* gem. §§ 3–7 LFGG und *Anwaltsnotare*, soweit ein Bedürfnis besteht (§ 3 Abs. 2 LFGG); für diese gilt wiederum die BNotO. Im *Landesteil Baden* wurde die überkommene einheitliche Laufbahn zum *Amtsnotar* erhalten. Das LFGG hat zum Ausgleich dafür, dass die BNotO für die württembergischen Bezirksnotare und die badischen Notare nicht gilt (§ 114 BNotO), weitgehend auf die Bestimmungen der BNotO verwiesen oder gleichartige Bestimmungen geschaffen[6]. Seit 2009 ist die Reform des Notariatswesens in Baden-Württemberg in Gang gesetzt, sodass dort gemäß Landesgesetzes zur Reform des Notariats- und Grundbuchwesens vom 29.7.2010[7] ab 1.1.2018 neben Anwaltsnotaren lediglich noch *freiberufliche Nur-Notare* tätig sein werden. Die BNotO ist hierfür durch Gesetz vom 15.7.2009[8] entsprechend geändert worden[9]. In diesem Zusammenhang werden in diesem Bundesland bisher den Notaren zugewiesene Tätigkeiten in Grundbuch-, Nachlass-, Vormundschafts- und Betreuungssachen spätestens bis 2018 auf Amtsgerichte übertragen.

---

1 BGH v. 4.3.2013 – NotZ (Brfg) 9/12, NJW 2013, 1605.
2 Vgl. *Spickhoff*, JZ 2012, 333; *Schuhmacher*, GPR 2012, 54; *Brand*, DRiZ 2011, 237.
3 Immerhin rund 80 % der in Deutschland bestellten ca. 11 000 Notare sind Anwaltsnotare, vgl. *Schmitz-Valckenberg* in Eylmann/Vaasen, § 3 BNotO Rz. 22.
4 Vgl. *Schmitz-Valckenberg* in Eylmann/Vaasen, § 3 BeurkG Rz. 33 ff., 40 ff.
5 V. 12.2.1975, GBl. BW 1975, 116 mit nachfolgenden Änderungen.
6 Vgl. dazu im Einzelnen *Görk* in Schippel/Bracker, §§ 114, 115 BNotO Rz. 1 ff., 5 ff.; *Sandkühler* in Arndt/Lerch/Sandkühler, §§ 114, 115 BNotO Rz. 4 f., 13, 23.
7 GBl. 2010, 555.
8 BGBl. I 1798.
9 Vgl. die Neufassungen der §§ 114, 116 unter Aufhebung des § 115 BNotO in Art. 1 und 2 des ÄnderungsG.

Notare sind „für die *Beurkundung von Rechtsvorgängen* und *andere Aufgaben* auf dem Gebiet der **vorsorgenden Rechtspflege**" zuständig. Hinzu kommen einzelne spezialgesetzliche Zuständigkeiten, z.B. zur Erteilung vollstreckbarer Ausfertigungen von Urkunden nach § 52 BeurkG, §§ 794, 797 Abs. 2 ZPO. Art und Umfang der Beurkundungstätigkeit ergeben sich weitgehend aus dem materiellen Recht, vor allem aus dem Zivil-, Handels- und Gesellschaftsrecht (z.B. § 311b BGB, § 15 GmbHG, § 5 UmwG), Tätigkeiten der vorsorgenden Rechtspflege sind in §§ 20–24 BNotO näher umschrieben. Neben der (im BeurkG im Einzelnen geregelten) Aufgabe, zu beurkunden, zu beglaubigen, Bescheinigungen auszustellen und diese zu verwahren, sind im vorliegenden Zusammenhang von den in §§ 20 ff. BNotO genannten Aufgaben von Bedeutung die Zuständigkeit zur Entgegennahme eidesstattlicher Versicherungen (§ 22 Abs. 2 BNotO), zur treuhänderischen Verwahrung oder Weitergabe von Geld, Wertpapieren und Kostbarkeiten (§ 23 BNotO, §§ 54a–54e BeurkG) und für die „sonstige *Betreuung der Beteiligten* auf dem Gebiet der vorsorgenden Rechtspflege, insbesondere die Ausfertigung von Urkundenentwürfen und die Beratung der Beteiligten" (§ 24 Abs. 1 BNotO). Diese „sonstige Betreuung", die als eine Art von Mediation verstanden werden kann, ist demnach nicht abschließend geregelt, wenn auch auf „vorsorgende Rechtspflege" beschränkt[1].

79

In **Württemberg** gehören z.B. auch Aufgaben in Grundbuchangelegenheiten sowie in Vormundschafts-, Betreuungs-, Erbschafts- und Nachlasssachen zu den Aufgaben der Notare[2].

2. Berufspflichten

Die **allgemeinen Berufspflichten** der Notare sind in § 14 BNotO geregelt; die Bestimmung entspricht weitgehend §§ 43, 43a BRAO, § 43 WPO, § 57 StBerG. Für das *Beurkundungswesen* enthält das BeurkG *weitere* wichtige *Einzelpflichten*. Wie bereits im Zusammenhang mit den anderen staatlich gebundenen Beraterberufen angesprochen (Rz. 8 f.), hat auch bei den Notaren das *Satzungsrecht* ergänzende, die gesetzlichen Berufspflichten konkretisierende Bedeutung. Demgegenüber hat zwar auch die „*Dienstordnung* für Notarinnen und Notare"[3] ergänzende Bedeutung, stellt jedoch lediglich eine – weitgehend bundeseinheitliche – Verwaltungsvorschrift dar. Das Satzungsrecht ist zweistufig geregelt. Die Bundesnotarkammer erhielt gem. § 78 Abs. 1 Nr. 5 BNotO die Aufgabe übertragen, *Empfehlungen für Berufsrichtlinien* zu beschließen. Dies ist durch Beschluss der Vertreterversammlung der Bundesnotarkammer am 29.1.1999 geschehen. Zuständig für den Erlass von Berufssatzungen selbst sind gem. § 67 BNotO die einzelnen Notarkammern für ihr jeweiliges örtliches Zuständigkeitsgebiet, das im Grundsatz den Bezirk eines Oberlandesgerichts umfasst (§ 65 BNotO). Die einzelnen Satzungsversammlungen der autonomen No-

80

---

1 Im Einzelnen vgl. *Bracker* in Schippel/Bracker, § 1 BNotO Rz. 3 ff.; *Lerch* in Arndt/Lerch/Sandkühler, § 1 BNotO Rz. 3 ff; *Wilke* in Eylmann/Vaasen, § 114 BNotO Rz. 1 ff., je m.w.Nw.
2 Vgl. *Wilke* in Eylmann/Vaasen, § 114 BNotO Rz. 12 ff.
3 Vgl. dazu den Komm. von *Weingärtner*/Gassen, 11. Aufl. 2010.

tarkammern haben die genannten Richtlinien-Empfehlungen der Bundesnotarkammer im Wesentlichen übernommen[1].

80a Der Notar (gleichgestellt sind den Notaren die Notariatsassessoren, § 7 BNotO, die Notarvertreter, § 39 BNotO, und die Notarverweser, § 56 BNotO) hat nach § 14 Abs. 1 BNotO getreu seinem Amtseid (§ 13 BNotO) **nicht Vertreter einer Partei**, sondern „*unabhängiger* und *unparteiischer Betreuer der Beteiligten*" zu sein (§ 14 Abs. 1 S. 2 BNotO). Dies beruht auf der Stellung des Notars als staatlicher Hoheitsträger und gilt deshalb auch dann, wenn er nur von einem von mehreren Beteiligten beauftragt worden ist oder wird[2]. Daher darf er auch im Rahmen der ihm obliegenden Belehrungs- und Beratungstätigkeit[3] (§§ 17–21 BeurkG) nicht tätig werden bei der Vertretung und Wahrnehmung umstrittener Interessen eines Auftraggebers gegen einen Dritten.

81 Die zentralen **Grundsätze der Unabhängigkeit und Unparteilichkeit** sind neben anderen Grundpflichten[4] in § 14 Abs. 1–3 BNotO enthalten. Zudem wurde in § 14 Abs. 4 BNotO das Verbot aufgenommen, u.a. Darlehens- und Grundstücksgeschäfte zu vermitteln. Auch darf der Notar gewerblich nicht tätig sein und sich an Steuerberatungs- und Wirtschaftsprüfungsgesellschaften nur ausnahmsweise beteiligen, nämlich wenn entsprechende Beteiligungen nicht mit beherrschendem Einfluss des Notars (allein oder zusammen mit Sozietätsangehörigen nach § 9 BNotO) verbunden sind. Weiterhin haben sich Notare stets – auch außerhalb ihres Amtes – berufswürdig zu verhalten und schon den Anschein von Berufspflichtverletzungen zu vermeiden (§ 14 Abs. 3 BNotO). Die Pflicht des Notars zur Unparteilichkeit gilt bei *allen Amtsgeschäften*. Vorausgesetzt wird in § 14 Abs. 2, 3 BNotO das traditionell den Notarberuf prägende Gebot zu jederzeit gewissenhafter und integerer Amtsführung[5]. Damit ist eine Nebentätigkeit als Mitvorstand einer auf Gewinnerzielung ausgerichteten Stiftung nicht vereinbar[6]

82 **Mitwirkungsverbote** für den Notar enthalten §§ 3, 6, 7 BeurkG für Fälle, in denen seine Unabhängigkeit oder Unbefangenheit nicht gewährleistet ist. Im Übrigen hat der Notar seine **Mitwirkung** insbesondere bei solchen Handlungen zu **versagen**, „mit denen erkennbar unerlaubte oder unredliche Zwecke verfolgt werden" (§ 14 Abs. 2 BNotO). Wenn der Notar Letzteres positiv erkennt, darf er auch *Beurkundungsvorgänge ablehnen*; für eine solche *Amtsverweigerung* muss gem. § 15 Abs. 1 BNotO ein „ausreichender Grund" gegeben sein[7]. Dies

---

1 Vgl. *Hartmann* in Eylmann/Vaasen, § 67 BNotO Rz. 35 ff., Einl. zur Richtlinien-Empfehlung (RLE) der Bundesnotarkammer Rz. 2 ff., 7 ff.
2 *Frenz* in Eylmann/Vaasen, § 14 BNotO Rz. 7 ff.; *Sandkühler* in Arndt/Lerch/Sandkühler, § 24 BNotO Rz. 2 ff., 12. 20 ff.
3 S. dazu *Reithmann* in Schippel/Bracker, § 24 BNotO Rz. 2 ff.; ferner zu Hinweis- und Belehrungspflichten auch *Frenz* in Eylmann/Vaasen, § 17 BeurkG Rz. 1 ff., 7 ff., 21 ff.
4 Vgl. im Einzelnen *Sandkühler* in Arndt/Lerch/Sandkühler, § 14 BNotO Rz. 9 ff.; *Kanzleiter* in Schippel/Bracker, § 14 BNotO Rz. 7 ff.
5 *Sandkühler* in Arndt/Lerch/Sandkühler, § 14 BNotO Rz. 61 ff., 100 ff.
6 BGH v. 22.7.2013 – NotZ (Brfg) 15/12, NSW BNotO § 8.
7 Vgl. *Sandkühler* in Arndt/Lerch/Sandkühler, § 15 BNotO Rz. 55 ff.; *Bracker* in Schippel/Bracker, § 15 BNotO Rz. 43 ff., 49 ff.

entbindet den Notar freilich nicht von der Pflicht, sich bei zweifelhaften Beurkundungsvorgängen über Zweck und Hintergrund des Geschäfts Aufschluss zu verschaffen, denn nur auf diese Weise kann er ggf. seine Mitwirkung versagen und so seiner Aufgabe als Rechtspflegeorgan gerecht werden. Zu erwähnen ist, dass Notare nach § 17 Abs. 1 BNotO die gesetzlich vorgeschriebenen Gebühren zu erheben haben und im Zusammenhang mit Amtsgeschäften keine Vorteile versprechen oder gewähren dürfen.

In der strafrechtlichen Praxis hat sich vor allem in Verfahren wegen **Gründungs-** und **Kapitalerhöhungsschwindels** gem. § 82 Abs. 1 GmbHG, § 399 Abs. 1 und 2 AktG gezeigt, dass Notare ihre *Beratungs- und Belehrungspflichten* im Zusammenhang mit Kapitalerhöhungsmaßnahmen und Gesellschaftsgründungen wiederholt nur unzulänglich erfüllt haben (dazu § 96 Rz. 76 ff., § 27 Rz. 168 ff., 184 ff.). 83

Ebenso gab es Fälle, in denen Notare sich von Bauträgern und Vermittlern von sog. „Schrottimmobilien" sowie von Vertreibern von Anlage- und Steuersparmodellen abhängig gemacht, sich als sog. *„Mitternachtsnotare"* zu jederzeitigen Beurkundungen zur Verfügung gestellt und sich ohne ordnungsgemäße Risikoaufklärung von Käufern an deren Schädigung beteiligt haben[1]. Wiederholt wurde auch über Falschbeurkundungen durch Notare berichtet, beispielsweise dergestalt, dass Erklärungen wahrheitswidrig als in Anwesenheit von Vertragspartnern abgegeben beurkundet worden sind[2]. Auf die bedenkliche Mitwirkung von Notaren an Aktivitäten von „Firmenbestattern" ist hier ebenfalls hinzuweisen (s. § 87 Rz. 1 ff., § 96 Rz. 19 ff.). Um solche Auswüchse zu unterbinden, sind die Regeln für Beurkundungen (§§ 3 ff BeurkG, II der RichtlNot verschärft worden. Immer wieder standen und stehen Notare auch in der Gefahr, für Geldwäsche (s. oben § 51, 55) und Strohmanngeschäfte eingespannt zu werden.

Keine entsprechende **Pflicht zur Tätigkeit** hat der Notar in *sonstigen Bereichen*, insbesondere im Beratungsbereich. Bei der Rechtsbelehrung und Beratung darf der Notar über die rechtliche Tragweite einer Gestaltung unterrichten und ergänzende oder abweichende Gestaltungsvorschläge unterbreiten; man denke an die Gründung, Verschmelzung, Umwandlung von Gesellschaften, Regelungen von Testaments- und Nachlassangelegenheiten u.a.. Insbesondere steht dem Notar insoweit auch die Befugnis zur *Steuerberatung* (§ 24 BNotO) und zur *Rechtsberatung* (§§ 5 Abs. 1, 8 Abs. 1 Nr. 2 RDG) unbeschränkt zu. 84

Ob bei einem *Anwaltsnotar* Anwalts- oder Notartätigkeit vorliegt, ist gem. § 24 Abs. 2 BNotO bei einem einheitlichen Geschäft nach dem Schwerpunkt der Tätigkeit zu bestimmen. Je nach diesem Schwerpunkt findet bei Pflichtverletzungen gem. § 110 BNotO das Disziplinarverfahren oder das Berufsgerichtsverfahren statt. Pflichtwidrige Notariatstätigkeit wird in Dienstaufsichts- und Disziplinarverfahren geahndet (§§ 92 ff., 72 BNotO sowie Rz. 29).

Dem Notar ist traditionell eine **Treuhandtätigkeit** in dem Sinne gestattet, dass er Betreuungsaufträge einschließlich der Kontrolle und Überwachung von Voraussetzungen, Bedingungen und Auflagen für Personen mit unterschiedlichen oder gegenläufigen Interessen (z.B. Sicherung von Leistung und Gegenleistung 85

---

1 Zur Absahnungsmethode mittels Bauherrenmodellen vgl. *Fuellmich/Rieger*, Treuhandmodelle als Quelle für Massenschäden in Milliardenhöhe, ZIP 1999, 427 (zur Mitwirkung von Treuhändern und Notaren S. 431).
2 Vgl. BGH v. 8.8.2013 – 3 StR 183/13, juris.

bei Kaufverträgen, Absicherung von Vorleistungen, Sicherstellung von Rechtsübergängen, Kreditauszahlung bei oder nach Bestellung von Grundpfandrechten u.Ä.) übernehmen darf[1]. Dazu gehört auch die *Verwahrung fremder Vermögenswerte*, welche im Einzelnen in §§ 54a–54e BNotO geregelt und nur eingeschränkt, z.B. bei berechtigtem Sicherungsinteresse (§ 54a Abs. 2 Nr. 1, Abs. 3 BeurkG) zulässig ist. Nicht mehr gestattet ist nach § 54a Abs. 1 BeurkG, vorwiegend zur Geldwäschebekämpfung, die Annahme von Bargeld als Verwahrungsgegenstand[2]. Hiervon abgesehen ist in § 54b BeurkG klargestellt, dass anvertraute Gelder unverzüglich auf Anderkonten angelegt werden müssen. Als gefährlich für Notare und den Rechtsverkehr hat sich diese Treuhandtätigkeit vor allem in zwei Bereichen ausgewirkt. Bei der Verwaltung, Weiterleitung und Auszahlung von *Baugeldern* nach Eintritt bestimmter Voraussetzungen (z.B. gemäß Baufortschritt) wurden die mangelnden effektiven Kontrollmöglichkeiten der Notare oft missbraucht; ähnlich kam es mangels ausreichender Kontrollen zu Missbräuchen bei *Kreditauszahlungen* und bei der Verwendung von Geldern, die zu *Anlagezwecken* angesammelt worden waren[3].

§ 92
Sonstige Berufsgruppen als Berater
Bearbeiter: Johannes Häcker

	Rz.		Rz.
A. Berater gem. RDG		**IV. Rechtsdienstleistungen durch Rechtslehrer**	25
I. Grundsätze	1		
II. Erlaubte Rechtsdienstleistungen		**B. Sonstige Berater**	
1. Rechtsdienstleistungsregister	6	I. Hilfeleistung in Steuersachen	
2. Nicht einzutragende Rechtsdienstleister	7	1. Befugnis zur Hilfeleistung	28
3. Registrierte Personen und Stellen	16	2. Bußgeldtatbestände	34
4. Sonderregelungen	21	II. Unternehmensberater	37
III. Bußgeldtatbestände	24	III. Sonstige Beratungstätigkeiten	42

---

1 Vgl. *Hertel* in Eylmann/Vaasen, § 54a BeurkG Rz. 36 ff., 63 ff.
2 Vgl. näher *Hertel* in Eylmann/Vaasen, § 54a BeurkG Rz. 2 ff.
3 Zum Bereich der Verwahrungsgeschäfte und zu der Pflicht zur Anlage von Fremdgeldern auf Notaranderkonten sowie zu diesbezüglichen Verfügungsbefugnissen vgl. neben §§ 54a ff. BeurkG und III der Richtlinien-Empfehlung der Bundesnotarkammer im Einzelnen *Hertel* in Eylmann/Vaasen, § 54a BeurkG Rz. 1 ff., 14 ff.; *Sandkühler* in Arndt/Lerch/Sandkühler, § 23 BNotO Rz. 2 ff., 9 ff., 13 ff.

Schrifttum: Kommentare/Monografien: *Barchewitz/Armbrüster*, Unternehmensberatung, 2004; *Chemnitz/Johnigk*, Rechtsberatungsgesetz, 11. Aufl. 2003; *Dreyer/Lamm/Müller*, RDG – Rechtsdienstleistungsgesetz, 2009; *Eversloh*, Das neue Rechtsdienstleistungsgesetz, 2008; *Finzel*, Kommentar zum Rechtsdienstleistungsgesetz, 2008; *Franz*, Das neue Rechtsdienstleistungsgesetz, 2008; *Grunewald/Römermann* (Hrsg.), Rechtsdienstleistungsgesetz, 2008; *Kilian/Sabel/vom Stein*, Das neue Rechtsdienstleistungsrecht, 2008; *Kleine-Cosack*, Rechtsdienstleistungsgesetz, 2. Aufl. 2008; *Krenzler*, Rechtsdienstleistungsgesetz, 2010; *Rennen/Caliebe*, Rechtsberatungsgesetz, 3. Aufl. 2001; *Römermann/Hartung*, Anwaltliches Berufsrecht, 2 Aufl. 2008; *Rücker*, Rechtsberatung: Das Rechtsberatungswesen von 1919–1945, 2007; *Unseld/Degen*, Rechtsdienstleistungsgesetz, 2009.

Aufsätze: *Durstin/Peters*, Versicherungsberater und Versicherungsmakler in der rechtspolitischen Entwicklung, VersR 2007, 1456; *Hässel/Hengsberger*, Katalog von Rechtdienstleistungen für Steuerberater, BB 2009, 135; *Henssler/Deckenbrock*, Neue Regeln für den deutschen Rechtsdienstleistungsmarkt, DB 2008, 41; *Kämmerer*, Die Zukunft der Freien Berufe zwischen Deregulierung und Neuordnung, Gutachten zum Dt. Juristentag, 2010; *Kilian*, Die Bedeutung des RDG für den Rechtsdienstleistungsmarkt, in FS Scharf, 2008, S. 235; *von Lewinski*, Rechtslehrer als Berater und Vertreter in Verwaltungs- und Gerichtsverfahren, in FS Hartung, 2008, S. 93; *Prütting*, Der Begriff der Rechtsdienstleistung im neuen Rechtsdienstleistungsgesetz, in FS Hartung, 2008, S. 117; *Prütting/Rottleuthner*, Rechtsberatung zwischen Deregulierung und Verbraucherschutz, Gutachten zum 65. Dt. Juristentag 2004; *Römermann*, Die (un)heimliche Revolution in der Rechtsberatungsbranche, NJW 2006, 3025; *Römermann*, Vorsicht neue Rechtsdienstleister!, AnwBl 2009, 22; *vom Stein*, Der neue Begriff der Rechtsdienstleistung – Die drei Stufen des § 2 RDG, AnwBl 2008, 385.

A. Berater gem. RDG

I. Grundsätze

Das Gesetz über außergerichtliche Rechtsdienstleistungen (RDG) vom 12.12.2007[1] ist am 1.7.2008 in Kraft getreten. Mit ihm wurde das **Rechtsberatungsgesetz** vom 13.12.1935 (RBerG), das in seiner langjährigen Geschichte zahlreiche Änderungen erfahren hatte[2], abgelöst. Das neue Gesetz hat im Grundsatz zu einer merklichen Ausweitung der zulässigen Rechtsdienstleistungen, zu denen auch die Rechtsberatung gehört, zulasten der traditionellen Rechtsdienstleistungsberufe, vorrangig der Rechtsanwälte, geführt. Regierungsentwürfe hatten demgegenüber eine viel weitergehende, nahezu vollständige Freigabe der außergerichtlichen Rechtsberatung vorgesehen[3]. Gefordert wurde eine Neuregelung im Hinblick auf neue berufs- und gesellschaftspoliti-

---

1 Art. 1 des G zur Neuregelung des RechtsberatungsR v. 12.12.2007, BGBl. I 2840 ff.
2 Vgl. 4. Aufl., § 92 Rz. 1 ff.; *Römermann* in Grunewald/Römermann, RDG, Einl. Rz. 1 ff.
3 Vgl. zur Reform *Römermann* in Grunewald/Römermann, RDG, Einl. Rz. 22 ff.; *Kleine-Cosack*, RDG, II Rz. 1 ff.; *Dreyer/Müller* in Dreyer/Lamm/Müller, § 1 RDG Rz. 2 ff.

sche Erfordernisse[1] sowie auf verfassungsgerichtliche Hinweise[2], aber auch aufgrund europarechtlicher Bestrebungen zur Liberalisierung der freien Berufe[3] und zur Stärkung der Dienstleistungs- und Niederlassungsfreiheit[4].

2 Ungeachtet der vorgenommenen Liberalisierung geht das RDG, wie schon das RBerG, davon aus, dass Rechtsberatung und sonstige Rechtsdienstleistungen nur erlaubt sind, soweit sie durch das RDG oder durch sonstige Gesetze gestattet wurden (*Verbot mit Erlaubnisvorbehalt* – § 3 RDG). Die Begrenzung der Befugnis, Rechtsdienstleistungen für andere zu erbringen, schränkt das Grundrecht der Berufsfreiheit (Art. 12 GG) zwar ein, ist aber gleichwohl grundsätzlich legitim. Denn die Einschränkung dient dem **Schutz der Allgemeinheit** und dem berechtigten Interesse, den Rechtsverkehr reibungslos und sachkundig abzuwickeln, aber auch dem **Schutz der** einzelnen **Rechts- und Ratsuchenden** (vgl. § 1 Abs. 1 S. 2 RDG). Rechtsangelegenheiten sollen durch Personen erledigt werden, die nach Ausbildung, Berufserfahrung und Seriosität die für eine ordnungsgemäße Erledigung erforderliche Sachkunde und Zuverlässigkeit besitzen. Die Schaffung eines anwaltsähnlichen neuen Berufs für umfassende außergerichtliche Rechtsberatung für Absolventen juristischer Ausbildungsgänge unterhalb der Volljuristen (Absolventen von Fachhochschulen oder Bachelor-Studiengängen, Diplomjuristen u.Ä.) ist im Hinblick auf Belange des Verbraucherschutzes vom Gesetzgeber abgelehnt worden[5]. Dabei wirkt sich auch das neue Gesetz letztlich nach wie vor – auch wenn dies nicht Ziel des Gesetzes ist[6] – als eingeschränktes *Wettbewerbsschutzgesetz* für die Anwaltschaft und

---

1 Vgl. *Römermann* in Grunewald/Römermann, RDG, Einl. Rz. 9 ff.
2 Das BVerfG hat das RBerG zwar wiederholt als verfassungsgemäß angesehen, Beratungsbeschränkungen aber restriktiv beurteilt; vgl. BVerfG v. 29.10.1997 – 1 BvR 780/87 – Masterpat, Überwachung von Fristen bei Patentgebührenüberwachung durch Nichtjuristen, NJW 1998, 3481; BVerfG v. 27.9.2002 – 1 BvR 2251/01 – Erbenermittler, NJW 2002, 3531; BVerfG v. 14.8.2004 – 1 BvR 725/03 – Inkassounternehmen, NJW-RR 2004, 1570 = BB 2004, 2209; BVerfG v. 15.1.2004 – 1 BvR 1807/98 – Mahnman, NJW 2004, 672.
3 Die Europ. Komm. hat gem. Berichten von 2004 und 2005 (Monti-Bericht und Monti-Folgebericht) die europ. Mitgliedstaaten aufgefordert, Hemmnisse für den Wettbewerb bei freiberuflichen Leistungen, darunter auch Rechtsdienstleistungen, möglichst zu beheben – vgl. *Römermann* in Grunewald/Römermann, RDG, Einl. Rz. 42 ff.
4 RL 2005/36/EG des Europ. Parl. und des Rates v. 7.9.2005, ABl. EU Nr. L 255 v. 30.9.2005, 22 über die Anerkennung von Berufsqualifikationen mit Regelungen zur Dienstleistungs- und Niederlassungsfreiheit. Der Markt der gerichtlichen und außergerichtlichen Rechtsdienstleistungen ist international sehr unterschiedlich geregelt; in Europa geht die Deregulierung in den skandinavischen Ländern, insbes. in Schweden, am weitesten – vgl. *Kleine-Cosack*, RDG, II, Rz. 21 ff.
5 Vgl. *Kleine-Cosack*, RDG, II, Rz. 48 ff., 51, 52; *Henssler/Deckenbrock*, DB 2008, 41.
6 Vgl. *Römermann* in Grunewald/Römermann, § 1 RDG Rz. 21 f.

andere institutionelle Rechtsberater aus, die speziellen berufsrechtlichen Regelungen unterworfen sind[1].

Folgen unerlaubter Rechtsdienstleistungen sind: 3

- Gem. § 134 BGB ist der *Vertrag* zwischen dem Rechtsuchenden und dem Rechtsdienstleister, der unerlaubte Rechtsdienste zum Gegenstand hat, nach h.M. *nichtig*[2]. Dies gilt im Zweifel für den gesamten Vertrag (§ 139 BGB), auch wenn er erlaubte Tätigkeiten mit umfasst[3].
- Wird eine Gesellschaft zum Zwecke der Erbringung von nicht erlaubten Rechtsdienstleistungen gegründet, so ist der Gesellschaftsvertrag nichtig und die Gesellschaft damit materiell nicht wirksam errichtet worden. Sie ist damit vor Gericht auch nicht parteifähig[4].
- Wettbewerber können gegen den Anbieter unerlaubter Rechtsdienstleistungen gem. §§ 3, 8 UWG *Unterlassungsklage* erheben und ggf. nach § 9 UWG Schadensersatz verlangen[5].
- In gerichtlichen Verfahren kann ein *Ausschluss* des Rechtsbesorgers erfolgen, z.B. nach § 79 Abs. 3 ZPO oder nach § 138 Abs. 2 StPO[6].
- Schließlich kann die unerlaubte Rechtsbesorgung – in weit engerem Umfang als nach dem früheren Art. 1 § 8 RBerG – den Tatbestand einer **Ordnungswidrigkeit** (§ 20 RDG) erfüllen[7] (dazu Rz. 24).

Das RDG gilt nur für das Erbringen **außergerichtlicher Rechtsdienstleistungen**[8] 4
(§ 1 Abs. 1 S. 1 RDG). Die Befugnisse, bei Gericht aufzutreten und dort solche Dienstleistungen vorzunehmen, richten sich demgegenüber nach den verschiedenen Prozessordnungen. Dabei sind diesbezügliche Regelungen in ZPO, VwGO, ArbGG, SGG und FGO bei der Neuregelung des Rechtsberatungsrechts weitgehend angeglichen[9] und teilweise auch erweitert worden.

Beispiele für Erweiterungen: *Beistandschaften* (§ 90 ZPO, § 12 FamFG, § 11 Abs. 6 ArbGG, § 73 Abs. 7 SGG, § 67 Abs. 7 VwGO, § 62 Abs. 7 FGO); in Straf- und Bußgeldverfahren ist das Ermessen der Gerichte, andere Personen als Rechtsanwälte als Verteidiger zuzulassen, faktisch ebenfalls erweitert worden[10].

---

1 Sehr krit. mit verfassungs- und europarechtlicher Argumentation zu der im Gesetzgebungsverfahren zum RDG letztlich nur stark eingeschränkten Freigabe der außergerichtlichen Rechtsbesorgung *Kleine-Cosack*, RDG, II, Rz. 1 ff., 84 ff., 106 ff. sowie Rz. 43 bezüglich juristischer Berufe unterhalb der Volljuristen.
2 Vgl. schon BGH v. 25.6.1962 – VII ZR 120/61, BGHZ 37, 258.
3 BGH v. 16.12.1999 – IX ZR 117/99, NJW 2000, 1333; BGH v. 17.2.2000 – IX ZR 50/98, NJW 2000, 1560; OLG Hamburg v. 30.9.2011 – 2 U 41/11, NJW 2012, 81.
4 BGH v. 11.6.2013 – II ZR 245/11, WM 2013, 1559.
5 Vgl. *Römermann* in Grunewald/Römermann, § 3 RDG Rz. 9 ff.
6 *Römermann* in Grunewald/Römermann, § 3 RDG Rz. 17.
7 Vgl. zur Entstehungsgeschichte des § 20 RDG *Römermann* in Grunewald/Römermann, RDG, Einl. Rz. 22 ff., 26 und § 20 RDG Rz. 1 f.
8 Zur Abgrenzung von gerichtlichen und außergerichtlichen Rechtsdienstleistungen vgl. *Römermann* in Grunewald/Römermann, § 1 RDG Rz. 25 ff.; *Kleine-Cosack*, § 1 RDG Rz. 4 ff.
9 Vgl. Art. 3, 5, 8 ff. des G zur Neuregelung des RechtsberatungsR v. 12.12.2007, BGBl. I 2840 ff.; sowie *Römermann* in Grunewald/Römermann, § 1 RDG Rz. 28.
10 Vgl. insgesamt *Römermann* in Grunewald/Römermann, § 1 RDG Rz. 39 ff., 51.

5 § 2 Abs. 1 RDG definiert den neu eingeführten *zentralen Begriff der* **Rechtsdienstleistung**[1]. Dies ist „jede Tätigkeit in konkreten fremden Angelegenheiten, sobald sie eine rechtliche Prüfung des Einzelfalls erfordert". Dabei sind *Inkassodienste* nach § 2 Abs. 2 RDG immer auch Rechtsdienstleistungen, während die in § 2 Abs. 3 RDG aufgeführten Tätigkeiten – Erstattung wissenschaftlicher Gutachten, Schiedsrichtertätigkeiten, Betriebsratstätigkeiten, Mediation, Behandlung von Rechtsfragen in den Medien und Bearbeitung von Rechtsangelegenheiten innerhalb verbundener Unternehmen – nicht unter solche Dienstleistungen fallen. Die Definition der Rechtsdienstleistung in § 2 Abs. 1 RDG ist recht unbestimmt und wirft oft erhebliche Abgrenzungsprobleme auf[2].

5a Das Merkmal der *rechtlichen Prüfung*[3] setzt voraus, dass im Einzelfall eine wirklich **substanzielle Rechtsprüfung**[4] i.S. einer juristischen Subsumtion stattfindet[5]; zudem muss diese nach objektiven Kriterien oder nach der subjektiven Erwartung des Rechtssuchenden auch **erforderlich** sein[6]. Diese Voraussetzungen liegen nach h.M. *nicht* vor bei rechtlichen Bagatelltätigkeiten (z.B. Auffinden und Wiedergabe von Rechtsnormen oder auch von Entscheidungen) oder bei rechtsgeschäftlichem Handeln, das nach der Verkehrsanschauung nicht oder nur am Rande (z.B. bei einer primär wirtschaftlichen Beratung) als rechtlicher Vorgang angesehen wird, weil es nach Form, Inhalt und Rechtsfolgen praktisch jedermann bekannt ist oder die rechtliche Bewertung auch für juristische Laien einfach ist oder auf der Hand liegt. Dies gilt beispielsweise für gewöhnliche Einkaufsgeschäfte durch Beauftragte, für (unkomplizierte) treuhänderische Tätigkeiten und für sonstiges schlichtes Vertreterhandeln, vor allem wenn es routinemäßige, eher alltägliche Angelegenheiten betrifft[7].

---

1 Vgl. dazu *Römermann* in Grunewald/Römermann, § 2 RDG Rz. 11 ff.; *Kleine-Cosack*, § 2 RDG Rz. 2 ff.; *Dreyer/Müller* in Dreyer/Lamm/Müller, § 2 RDG Rz. 14 ff.; *Unseld/Degen*, § 2 RDG Rz. 1 ff.; *Kilian/Sabel/vom Stein*, § 3 RDG Rz. 22 ff.
2 Vgl. hierzu unter Erörterung der Materialien zum RDG und mit oft unterschiedlicher Akzentuierung *Kleine-Cosack*, § 2 RDG Rz. 2 ff.; *Römermann* in Grunewald/Römermann, § 2 RDG Rz. 29 ff.; *Unseld/Degen*, § 2 RDG Rz. 11 ff.; *Dreyer/Müller* in Dreyer/Lamm/Müller, § 2 RDG Rz. 2 ff., 15 ff.; *Kilian/Sabel/vom Stein*, § 3 Rz. 26 ff.; *Henssler/Deckenbrock*, DB 2008, 41; *vom Stein*, AnwBl. 2008, 385.
3 *Römermann* in Grunewald/Römermann, § 2 RDG Rz. 30 ff.; *Kleine-Cosack*, § 2 RDG Rz. 11 ff.
4 *Kleine-Cosack*, § 2 RDG Rz. 12; *Unseld/Degen*, § 2 RDG Rz. 13.
5 *Kleine-Cosack*, § 2 RDG Rz. 14; *Unseld/Degen*, § 2 RDG Rz. 13.
6 *Römermann* in Grunewald/Römermann, § 2 RDG Rz. 40 ff.; *Kleine-Cosack*, § 2 RDG Rz. 38 ff.; *Dreyer/Müller* in Dreyer/Lamm/Müller, § 2 RDG Rz. 21; *vom Stein*, AnwBl. 2008, 385.
7 So im Ergebnis u.a. *Römermann* in Grunewald/Römermann, § 2 RDG Rz. 34 ff.; *Unseld/Degen*, § 2 RDG Rz. 11 ff.; *Dreyer/Müller* in Dreyer/Lamm/Müller, § 2 RDG Rz. 15 ff. Einen restriktiveren Begriff der Rechtsdienstleistung vertritt *Kleine-Cosack*, § 2 RDG Rz. 2 ff., 11 ff.

II. Erlaubte Rechtsdienstleistungen

1. Rechtsdienstleistungsregister

Das RDG hat ein **zentrales Rechtsdienstleistungsregister** neu eingeführt (§ 16 RDG; Rz. 16 ff.). In dieses sind allerdings nur Diensteanbieter für wenige Tätigkeitsbereiche, die besonders wichtige und schwierige Rechtsdienstleistungen zum Gegenstand haben und zu deren ordnungsgemäßer Erledigung besondere Sachkunde erforderlich ist, einzutragen (§ 10 Abs. 1 RDG – Inkassodienste, Rentenberatung, Beratung in ausländischem Recht). Bei *Inkassodiensten* ist in Abgrenzung zum echten Forderungskauf maßgeblich, dass der Zedent an Risiken des Forderungseinzugs beteiligt bleibt. Wer eintragungspflichtig, aber nicht eingetragen ist, wie z.B. Inkassounternehmen oder auf Forderungsabtretungen basierende Prozessfinanzierer, betreibt unerlaubte Dienstleistungen[1]. 6

Die Bereiche der *erlaubten* Rechtsdienstleistungen lassen sich unterscheiden in solche, die in das Register einzutragen sind (§ 10 RDG) und in solche, bei denen dies nicht der Fall ist (§§ 5–8 RDG).

2. Nicht einzutragende Rechtsdienstleister

a) Nicht einzutragen ist der große Bereich der **Nebenleistungen im Zusammenhang mit beruflichen Tätigkeiten** („Annextätigkeiten"; **§ 5 RDG**). Im Hinblick auf den weitgefassten Tatbestand der Rechtsdienstleistungen unterfallen dem Gesetz angesichts der rechtlichen Durchdringung aller Daseinsbereiche zahlreiche Betätigungen im Wirtschaftsleben, welche auch die Behandlung von Rechtsfragen zum Gegenstand haben. Schon nach früherem Recht war die Rechtsbesorgung als untergeordnete Hilfstätigkeit zu bestimmten Hauptberufen zulässig (Art. 1 § 5 RBerG). Um die Ausübung eines Berufs oder Gewerbes nicht unverhältnismäßig zu erschweren, sind einer Haupttätigkeit als *Nebenleistung* zugeordnete Rechtsdienstleistungen für Dritte in weiterem Umfang als zuvor (vgl. Art. 1 § 5 RBerG) gestattet. Dabei muss aber im Einzelfall ein konkreter sachlicher Zusammenhang zwischen Haupttätigkeit und Nebenleistung gegeben sein (§ 5 Abs. 1, 2 RDG). 7

Ob eine **Nebenleistung** vorliegt, ist nach den in § 5 Abs. 1 S. 2 RDG genannten Kriterien zu prüfen. Danach ist auf Inhalt, Umfang und Zusammenhang mit der Haupttätigkeit abzustellen, wobei die für die Ausübung der Haupttätigkeit objektiv erforderlichen Rechtskenntnisse zu berücksichtigen sind[2]. § 5 RDG ist für *zahlreiche Tätigkeitsfelder* von praktischer Bedeutung, z.B. für Steuerberater, Bankinstitute, Baubetreuer, Frachtführer und Spediteure, Kraftfahrzeughändler und -werkstätten, Makler, Bauträger, Versicherungsgesellschaften, Unfallschadens- und Schuldenregulierer[3]. 8

---

1 Vgl. BGH v. 11.6.2013 – II ZR 245/11, WM 2013, 1559; BGH v. 30.10.2012 – VI ZR 143/11, NJW 2012, 1005.
2 Vgl. zu diesen Kriterien *Hirtz* in Grunewald/Römermann, § 5 RDG Rz. 32 ff., 43 ff., 51 ff.; *Kleine-Cosack*, § 5 RDG Rz. 32 ff.
3 *Hirtz* in Grunewald/Römermann, § 5 RDG Rz. 20 ff.

8a **Beispiele** Beispielsweise können *Steuerberater* sich nicht auf § 5 RDG berufen, wenn sie Mandanten in sozialrechtlichen Angelegenheiten, die naturgemäß oft rechtlich schwierig gelagert sind, etwa bei Statusfragen nach § 7a SGB IV oder in Schwerbeschädigten- bzw. Kindergeldangelegenheiten[1] vertreten wollen. Eine *Wirtschaftsprüfungsgesellschaft*, die durch einen Rechtsanwalt für ein Bauprojekt vorrangig eine Rechtsberatung vornimmt, begeht unerlaubte Rechtsdienstleistung[2] Dasselbe gilt für eine ausländische Firma, die über das Internet *gewerbsmäßig Rechte aus Lebensversicherungsverträgen* erwirbt, um deren Rückkaufswerte zu realisieren[3].

Von großer praktischer Bedeutung sind in *Verkehrsunfallsachen* Forderungsabtretungen gegen den Schädiger und dessen Haftpflichtversicherung an die reparierende Kfz-Werkstatt oder an eine eingeschaltete Mietwagenfirma. Grundsätzlich können sich die Zessionare bei Geltendmachung abgetretener Forderungen auf § 5 RDG berufen, dies gilt allerdings – im Hinblick auf die Komplexität der Rechtsfragen – nicht, wenn die Forderung dem Grunde oder der Haftungsquote nach streitig ist oder Schäden betrifft, die in keinem Zusammenhang mit der Haupttätigkeit des Zessionars stehen[4]. Zu den Sonderregelungen beim Beruf der Versicherungsvermittler und Versicherungsberater vgl. Rz. 21.

9 Wichtig ist, dass die Beauftragung von angestellten Volljuristen (**Syndikusanwälten**), aber auch von selbständigen Rechtsanwälten als *Subunternehmer*[5] durch Unternehmen der genannten Art grundsätzlich nicht zur Ausweitung der nach § 5 RDG zulässigen Rechtsdienstleistungen führt[6]. Denn bei diesen Konstellationen sind die Beauftragten primär ihren Auftraggebern verpflichtet, sodass die Gefahr von Interessenkollisionen besteht und die berufliche Unabhängigkeit und Eigenverantwortung gegenüber den Rechtsuchenden nicht gewährleistet ist[7]. Andererseits ist auch § 4 RDG zu berücksichtigen, wonach Rechtsdienstleistungen unzulässig sind, wenn sie mit anderen Leistungspflichten des Erbringers kollidieren können, also ein Interessenkonflikt infrage kommt[8]. Beispielsweise sollen danach Rechtsschutzversicherer nicht mit dem Gegner ihres Versicherungsnehmers über Ansprüche des Letzteren verhandeln dürfen[9].

---

1 LSG Nds.-Bremen v. 25.9.2012 – L 11 SB 74/10, DStR 2013, 279; SG Aachen v. 17.4.2012 – S 13 KG 1/12, DStR 2012, 2035. In Statussachen hat das BSG eine Vertretung durch Steuerberater im Antragsverfahren für zulässig erachtet, nicht aber im Folgeverfahren, BSG v. 14.11.2013 – B 9 SB 5/12 R, NJW 20014, 493; vgl. dazu *Römermann*, NJW 2014, 1777 ff.
2 OLG Hamburg v. 30.9.2011 – 2 U 41/11, NJW 2012, 81.
3 OLG Nürnberg v. 20.12.2012 – 8 U 607/12, VersR 2013, 843.
4 Grundsätzlich BGH v. 31.1.2012 – IV ZR 143/11, NJW 2012, 1005; s. auch OLG Stuttgart v. 18.8.2011 – 7 U 109/11, NZV 2011, 556.
5 BGH v. 29.7.2009 – ZR166/06, NJW 2009, 3242; OLG Frankfurt v. 21.9.2010 – 6 U 74/10, K&R 2011, 134. Vgl. auch *Hirtz* in Grunewald/Römermann, § 5 RDG Rz. 64 ff. (angestellte Anwälte), 68 ff. (Anwälte als Subunternehmer).
6 Vgl. *Hirtz* in Grunewald/Römermann, § 5 RDG Rz. 61 ff.
7 *Hirtz* in Grunewald/Römermann, § 5 RDG Rz. 64 ff., 68 ; s. auch BGH v. 22.2.2005 – XI ZR 41/04, NJW 2005, 1488; weitgehend sehr krit. dazu *Kleine-Cosack*, Anh. zu §§ 1–5 RDG Rz. 49 ff., 56 ff.
8 Für eine restriktive Auslegung des rechtlich sehr krit. gesehenen § 4 RDG plädiert *Kleine-Cosack*, § 4 RDG Rz. 5 und Anh. zu §§ 1–5 RDG Rz. 131 ff.
9 Vgl. schon BGH v. 20.2.1961 – II ZR 139/59, NJW 1961, 1113; krit. zur Gesetzesregelung, speziell für Rechtsschutzversicherungen, *Grunewald* in Grunewald/Römermann, § 4 RDG Rz. 1 ff. und insbes. *Kleine-Cosack*, Anh. zu §§ 1–5 RDG Rz. 131 ff.

b) Unentgeltliche Rechtsdienstleistungen (§ 6 RDG)[1] sind im familiären, nachbarschaftlichen oder sonstigen persönlichen Nahbereich nunmehr *generell zulässig*. Die Neuregelung beinhaltet eine erhebliche Erweiterung der früheren Rechtsberatungsbefugnisse, denn unter der Geltung des RBerG war die geschäftsmäßige unentgeltliche Rechtsberatung generell verboten[2].

Besteht ein solches *Näheverhältnis* allerdings nicht[3], so dürfen unentgeltliche Rechtsdienstleistungen nur durch *juristisch qualifizierte Personen* oder unter deren Anleitung erbracht werden, etwa bei Beratung und Hilfeleistung durch karitative Organisationen sowie soziale Hilfs- und Betreuungseinrichtungen. Qualifiziert in diesem Sinne sind nach § 6 Abs. 2 S. 1 RDG Personen mit Befähigung zum Richteramt[4] (vgl. zur – kostenlosen – *Pro-Bono-Tätigkeit* von Rechtsanwälten § 49b Abs. 1 BRAO, § 14 Abs. 2 RVG) oder sonstige Inhaber von Erlaubnissen, Rechtsdienstleistungen zu erbringen. Unter die Letztgenannten fallen die nach § 10 RDG registrierten sachkundigen Personen (Volljuristen, Rechtsprofessoren – §§ 5 Abs. 1, 7 Abs. 1 DRiG –, gleichgestellte Personen gem. § 5 RDGEG) sowie Berufsträger, deren nach dem früheren RBerG erlangte Befugnisse, z.B. als Rechtsbeistände, fortbestehen (§ 1 Abs. 1 RDGEG)[5].

Der Begriff der **Unentgeltlichkeit** ist in § 6 Abs. 1 RDG dahin definiert, dass die Rechtsdienstleistung „nicht im Zusammenhang mit einer entgeltlichen Tätigkeit" stehen darf[6]. Unentgeltlichkeit entfällt insbesondere, wenn die Rechtsdienstleistung von einer – vermögenswerten – Gegenleistung abhängig sein soll. Andererseits stehen bloßer Auslagenersatz oder die Annahme eines freiwillig gewährten, sozialüblichen Geschenkes der Unentgeltlichkeit nicht entgegen[7].

c) Vereinigungen, nämlich *Berufs- und Interessenvereinigungen* (z.B. Berufsverbände, Gewerkschaften, Mieter- und Haus-/Grundbesitzervereine, Hilfsorganisationen, Sportvereine u.Ä.[8]) sowie *genossenschaftliche* Einrichtungen, sind befugt, **Rechtsdienstleistungen für** ihre **Mitglieder** im Rahmen ihrer satzungsmäßigen Aufgaben zu erbringen (**§ 7 RDG**) – z.B. Automobilclubs im Straßenverkehrsrecht, Mieter- und Vermietervereine bezüglich Mietrechtsfragen („Mitgliederrechtsberatung"). Wichtig ist dabei, dass die Rechtsdienstleistung auf den satzungsmäßigen Bereich beschränkt ist und dass das Erbringen von solchen Leistungen nicht Hauptzweck der Vereinigung sein darf (§ 7 Abs. 1 S. 1 RDG). Die Rechtsdienstleistungen dürfen nicht der Gewinnerzielung die-

---

1 Zur rechtspolitischen Diskussion um diese Neuerung vgl. *Müller* in Grunewald/Römermann, § 6 RDG Rz. 2 ff.
2 Zur Kritik daran vgl. *Kleine-Cosack*, § 6 RDG Rz. 2 ff.
3 Zu Nachbarschaft, Freundes- und Bekanntenkreis vgl. *Müller* in Grunewald/Römermann, § 6 RDG Rz. 17.
4 Vgl. dazu *Müller* in Grunewald/Römermann, § 6 RDG Rz. 23.
5 Zu sonstigen Befugnisinhabern vgl. *Müller* in Grunewald/Römermann, § 6 RDG Rz. 21, 22; *Römermann* in Grunewald/Römermann, § 1 RDG Rz. 53.
6 Vgl. *Müller* in Grunewald/Römermann, § 6 RDG Rz. 6 ff.
7 *Müller* in Grunewald/Römermann, § 6 RDG Rz. 7 ff.
8 Vgl. *Müller* in Grunewald/Römermann, § 7 RDG Rz. 4 ff., 13; *Kleine-Cosack*, § 7 RDG Rz. 23.

nen, nur Kostenersatz darf verlangt werden. Die Dienste müssen im Verhältnis zu den satzungsmäßigen sonstigen Aufgaben von untergeordneter Bedeutung sein[1].

13 Andererseits ist die **Auslagerung** des Bereichs der Rechtsdienstleistungen der genannten Vereinigungen auf eine juristische Person als *Tochtergesellschaft* zulässig[2] (§ 7 Abs. 1 S. 2 RDG). Die Vereinigung, die derartige Rechtsdienstleistungen erbringen will, muss über die dafür notwendige personelle, sachliche und finanzielle Ausstattung verfügen[3] (§ 7 Abs. 2 RDG). Sie muss zudem sicherstellen, dass die Rechtsdienstleistungen durch *geeignete Personen* oder wenigstens unter deren Anleitung erbracht werden[4] (§ 7 Abs. 2 RDG). Geeignet sind neben Personen mit der Befähigung zum Richteramt (Volljuristen) auch sonstige Personen, denen die entgeltliche Erbringung von Rechtsdienstleistungen erlaubt ist[5].

14 **d) Öffentliche Stellen** und **öffentlich anerkannte Personen** oder Stellen dürfen nach **§ 8 RDG** im Rahmen ihres jeweiligen Aufgaben- und Zuständigkeitsbereiches Rechtsdienstleistungen erbringen. Die in § 8 Abs. 1 RDG genannten Institutionen können ihre Leistungen dabei auch entgeltlich und für Nichtmitglieder vornehmen (dies in bewusster Abweichung von §§ 6, 7 RDG). Genannt sind

– gerichtlich oder behördlich *bestellte Personen*, z.B. Nachlasspfleger (§§ 1960 ff. BGB), Insolvenzverwalter (§§ 22, 56 ff. InsO), Zwangsverwalter (§§ 150 ff. ZVG), Betreuer (§§ 1896 ff. BGB), Pfleger (§§ 1909 ff. BGB), Vormund (§§ 1773 ff. BGB), Nachlasspfleger (§§ 1985 ff. BGB), Testamentsvollstrecker (§ 2200 BGB; davon unabhängig dürfen Testamentsvollstrecker bereits nach § 5 Abs. 2 Nr. 1 RDG generell Rechtsdienstleistungen erbringen), Bewährungshelfer (§ 56d StGB),

– *Behörden* und *juristische Personen des öffentlichen Rechts* (Körperschaften, Anstalten, öffentlich-rechtliche Stiftungen) einschließlich ihrer Unternehmen und Zusammenschlüsse[6],

– Stellen, die aufgrund § 305 Abs. 1 Nr. 1 InsO zur Schuldner- und Insolvenzberatung ermächtigt sind[7],

– Verbraucherzentralen und Verbraucherverbände, die mit öffentlichen Mitteln gefördert werden[8] (§ 8 Abs. 1 Nr. 4 RDG),

---

1 *Müller* in Grunewald/Römermann, § 7 RDG Rz. 22.
2 *Müller* in Grunewald/Römermann, § 7 RDG Rz. 26; *Kleine-Cosack*, § 7 RDG Rz. 30.
3 *Müller* in Grunewald/Römermann, § 7 RDG Rz. 29.
4 Vgl. *Müller* in Grunewald/Römermann, § 6 RDG Rz. 22 ff., § 7 RDG Rz. 28.
5 Vgl. *Müller* in Grunewald/Römermann, § 7 RDG Rz. 28, § 6 RDG Rz. 20 ff.
6 Zu Gemeinden, Kirchen, Berufskammern usw. vgl. *Müller* in Grunewald/Römermann, § 8 RDG Rn. 12 ff.
7 Vgl. zu den AusführungsG der einzelnen Bundesländer zu § 305 Abs. 1 Nr. 1 InsO *Müller* in Grunewald/Römermann, § 8 RDG Rz. 21.
8 Vgl. im Einzelnen *Müller* in Grunewald/Römermann, § 8 RDG Rz. 23 ff.

– Wohlfahrtsverbände, Träger der freien Jugendhilfe, Behindertenverbände[1] (§ 8 Abs. 1 Nr. 5 RDG).

Die in § 8 Abs. 1 Nr. 4, 5 RDG genannten **Verbraucher- und Sozialverbände** unterliegen grundsätzlich *keiner* öffentlichen *Aufsicht*. Deshalb ist es wichtig, dass auch sie die in § 7 Abs. 2 RDG genannten besonderen personellen, sachlichen und finanziellen Anforderungen erfüllen müssen (s. Rz. 13), wenn sie Rechtsdienstleistungen erbringen wollen[2] (§ 8 Abs. 2 RDG).

3. Registrierte Personen und Stellen

In einigen Tätigkeitsbereichen, denen erhebliche praktische Bedeutung zukommt, beinhalten rechtliche Fehlleistungen große Risiken für den Geschäfts- und Rechtsverkehr. In diesen Bereichen dürfen deshalb Rechtsdienstleistungen nur unter besonderen, verschärften Voraussetzungen angeboten und erbracht werden (§§ 10 Abs. 1, 11, 12 RDG). Die in § 10 Abs. 1 Nr. 1–3 RDG angesprochenen **Sonderbereiche** sind

– **Inkasso**dienstleistungen[3],
– Beratungen zu den *gesetzlichen* **Renten-** und **Unfallversicherungen**,

> darunter fallen weitgehend (wie schon nach altem Recht) die im SGB VI und VII geregelten Bereiche (z.B. gesetzliche Alters-, Erwerbsminderungs-, Hinterbliebenenrenten, gesetzliche Unfallversicherung einschließlich rentenrechtlich relevanter Arbeitsförderungsmaßnahmen nach SGB III)[4], nicht aber die beamtenrechtliche Altersvorsorge, die strukturell völlig anders geregelt ist[5], und nicht der Bereich privater Vorsorge.

– Dienstleistungen in einem **ausländischen Recht**[6]. Hier können die Rechtsdienstleistungsbefugnisse grundsätzlich Europarecht sowie ganze ausländische Rechtsordnungen einzeln umfassen. Sie können aber auch gem. § 10 Abs. 1 S. 2, Abs. 2 S. 2 RDG i.V.m. § 1 RDV auf die Teilbereiche *gewerblicher Rechtsschutz* oder *Steuerrecht* einzelner Länder (im Einzelnen s. §§ 1-3 RDV) begrenzt sein[7].

---

1 Vgl. dazu *Müller* in Grunewald/Römermann, § 8 RDG Rz. 27 ff.
2 Vgl. BGH v. 1.6.2011 – I ZR 58/10, GRUR 2012, 79; *Müller* in Grunewald/Römermann, § 7 RDG Rz. 28 ff., § 8 RDG Rz. 30.
3 Vgl. *Suppé* in Grunewald/Römermann, § 10 RDG Rz. 41 ff.; *Kleine-Cosack*, § 10 RDG Rz. 8 ff., § 2 RDG Rz. 63 ff.; *Unseld/Degen*, § 2 RDG Rz. 29 ff.; *Dreyer/Müller* in Dreyer/Lamm/Müller, § 2 RDG Rz. 41 ff. Von erheblicher Bedeutung ist der durch G v. 1.10.2013, BGBl. I 3714 eingeführte § 11a RDG, in welchem registrierten Personen, die Inkassodienstleistungen erbringen, besondere Darlegungs- und Informationspflichten gegenüber Privatpersonen auferlegt worden sind.
4 *Suppé* in Grunewald/Römermann, § 10 RDG Rz. 57 ff.
5 Vgl. zu Einzelheiten *Suppé* in Grunewald/Römermann, § 10 RDG Rz. 47 ff.; *Kleine-Cosack*, § 10 RDG Rz. 15 ff.; *Unseld/Degen*, § 10 RDG Rz. 9 ff.
6 Vgl. *Suppé* in Grunewald/Römermann, § 10 RDG Rz. 66 ff.; *Kleine-Cosack*, § 10 RDG Rz. 32; *Unseld/Degen*, § 10 RDG Rz. 24 ff.
7 Vgl. *Kleine-Cosack*, § 10 RDG Rz. 35 ff., 42, 44; demgegenüber geht *Suppé* in Grunewald/Römermann, § 10 RDG Rz. 24, 67 davon aus, dass eine Registrierung – weil vom Registrierungsantrag abhängig – generell auf Teilbereiche eines ausländischen Rechts beschränkt werden könne; mit § 10 Abs. 2 S. 2 RDG dürfte dies allerdings nicht vereinbar sein.

Die Vorgängerregelung in Art. 1 § 1 Abs. 1 S. 2 Nr. 1–5 RBerG umfasste zusätzlich Frachtprüfer und vereidigte Versteigerer, deren Marktrelevanz aber gering geworden ist; für sie greift jetzt § 5 RDG – Nebenleistungen.

17 In den genannten drei besonderen Bereichen dürfen Rechtsdienstleistungen nur von Personen erbracht werden, die dafür fachlich besonders qualifiziert und persönlich geeignet sind; sie sowie juristische Personen des Privatrechts und „Gesellschaften ohne Rechtspersönlichkeit"(KG, PartG, OHG, BGB-Gesellschaft) müssen zudem **bei der zuständigen Behörde registriert** sein (§§ 10 Abs. 1, 11, 12, 13 RDG). Zuständige Behörden sind gem. § 19 RDG die *Landesjustizverwaltungen*, wobei die Landesregierungen ermächtigt sind, die Zuständigkeiten auf den Justizministerien nachgeordnete Stellen zu übertragen (§ 19 Abs. 2 RDG).

In den einzelnen Bundesländern sind unterschiedliche Zuständigkeitsregelungen getroffen worden. Diese können unter der Internetadresse www.rechtsdienstleistungsregister.de festgestellt werden (vgl. Rz. 20).

Nur *registrierte* Einzelpersonen, juristische Personen und die genannten Gesellschaften[1] dürfen bei ihrer Tätigkeit die Bezeichnung „Inkasso" oder „Rentenberater/in" bzw. verwechslungsfähige ähnliche Bezeichnungen verwenden (§ 11 Abs. 4 RDG).

18 **Voraussetzungen** für eine *Registrierung* sind (§ 12 RDG):
- persönliche Eignung[2] und Zuverlässigkeit; Letztere fehlt i.d.R. bei einschlägigen Vorstrafen oder ungeordneten Vermögensverhältnissen[3] (§ 12 Abs. 1 S. 1 Buchst. a, b, Abs. 2 RDG),
- theoretische und praktische Sachkunde[4],
- Bestehen einer Haftpflichtversicherung mit der Mindestversicherungssumme von 250 000 Euro je Versicherungsfall.

Juristische Personen und Gesellschaften ohne Rechtspersönlichkeit müssen zudem mindestens *eine* dauerhaft für sie tätige und verantwortliche „**qualifizierte Person**"[5] benennen (§ 12 Abs. 4 RDG), die alle persönlichen und sachlichen Voraussetzungen nach § 12 Abs. 1 Nr. 1, 2 RDG (Eignung, Zuverlässigkeit, Sachkunde) erfüllt; diese Person muss in Rechtsdienstleistungsangelegenheiten von Weisungen unabhängig und dabei betriebsintern aber selbst weisungsbefugt sein[6].

19 Die Registrierung erfolgt **auf Antrag** (vgl. § 10 Abs. 2 S. 1 RDG und zum Registrierungsverfahren § 13 RDG). Sie kann von der Registrierungsbehörde unter Auflagen und Bedingungen vorgenommen werden (§ 10 Abs. 3 RDG). Erst wenn die Registrierung tatsächlich erfolgt ist, dürfen die vorgesehenen Rechtsdienstleistungen erbracht werden; die **Registrierung** wirkt also **konstitutiv**[7].

---

1 *Suppé* in Grunewald/Römermann, § 10 RDG Rz. 7 ff., 17 ff.
2 Vgl. *Suppé* in Grunewald/Römermann, § 12 RDG Rz. 7 ff.
3 *Suppé* in Grunewald/Römermann, § 12 RDG Rz. 40 ff.
4 *Suppé* in Grunewald/Römermann, § 12 RDG Rz. 105 ff., 117 ff.
5 *Suppé* in Grunewald/Römermann, § 12 RDG Rz. 128 ff.
6 Vgl. *Suppé* in Grunewald/Römermann, § 12 RDG Rz. 130 ff.
7 *Suppé* in Grunewald/Römermann, § 10 RDG Rz. 26.

Nachträgliche Veränderungen, die sich auf die Registrierung und auf den Inhalt des Registers (§§ 16, 17 RDG) auswirken können, sind der Behörde unverzüglich mitzuteilen (§ 13 Abs. 3 S. 1 RDG).

Eine Registrierung kann unter den Voraussetzungen des § 14 RDG *widerrufen* werden, insbesondere bei Wegfall der persönlichen und sachlichen Eignung sowie der Berufshaftpflichtversicherung, bei Erbringung dauerhaft unqualifizierter Rechtsdienstleistungen und bei fehlender „qualifizierter Person"[1].

20 Das gem. § 16 RDG geschaffene bundeseinheitliche **Rechtsdienstleistungsregister** hat den Zweck, jedem Interessenten kostenlose Informationsmöglichkeiten über „registrierte Personen" nach § 10 RDG sowie über die etwaige Untersagung von Rechtsdienstleistungen gem. § 9 Abs. 1 RDG zu verschaffen[2]. Die vorgesehenen Eintragungen werden von den jeweils zuständigen Verwaltungsbehörden vorgenommen[3].

Die *öffentlichen Bekanntmachungen* aus dem Rechtsdienstleistungsregister erfolgen länderübergreifend elektronisch unter der Internetadresse *www.rechtsdienstleistungsregister.de* (§ 16 Abs. 3 RDG). Das Verfahren zur Löschung von Daten ist in § 17 RDG und § 9 Abs. 1 RDV geregelt.

20a Für registrierte Rechtsdienstleister (vgl. auch Rz. 23) gilt bezüglich der **Abrechnung ihrer Tätigkeiten** gem. § 4 RDGEG das Rechtsanwaltsvergütungsgesetz (RVG) entsprechend.

4. Sonderregelungen

21 Aus Art. 1 § 1 Nr. 2 des früheren RBerG ergaben sich für den Berufsstand der Versicherungsvermittler berufsbezogene Befugnisse zur rechtlichen Beratung und Hilfeleistung in Versicherungsfragen. Inzwischen sind die Berufe der *Versicherungsvertreter* und *Versicherungsmakler* (Oberbegriff: **Versicherungsvermittler**) sowie der **Versicherungsberater** in §§ 34d und 34e GewO entsprechend europarechtlicher Vorgaben gesondert geregelt worden. Für diese Berufsgruppen enthalten § 34d Abs. 1 S. 3 sowie § 34e Abs. 1 S. 3 GewO *eigenständige Erlaubnisse*, im Zusammenhang mit Versicherungsangelegenheiten Rechtsdienstleistungen zu erbringen und ihre Auftraggeber außergerichtlich gegen das Versicherungsunternehmen zu vertreten[4]. Im RDG sind die Versicherungsvermittler und Versicherungsberater angesichts dieser speziellen Regelung nicht erwähnt. Frühere Erlaubnisse für den Versicherungsbereich nach dem RBerG haben ihre Wirksamkeit verloren (§ 2 RDGEG). Gleichwohl dürfte den Bestimmungen des RDG für Versicherungsberater durchaus noch ergänzende Bedeu-

---

1 Vgl. dazu *Suppé* in Grunewald/Römermann, § 14 RDG Rz. 1 ff., 16 ff.
2 Zu den einzelnen Bekanntmachungsdaten und -sachverhalten vgl. *Franz* in Grunewald/Römermann, § 16 RDG Rz. 6 ff.
3 Vgl. *Franz* in Grunewald/Römermann, § 16 RDG Rz. 1, 2.
4 S. dazu *Kleine-Cosack*, Anh. zu §§ 1–5 RDG Rz. 155 ff.

tung zukommen, insbesondere bezüglich etwaiger Rechtsdienste als Nebenleistungen zum Hauptberuf gem. § 5 RDG[1].

22 Weitere *spezialgesetzliche* Regelungen für das Erbringen von Rechtsdienstleistungen sind durch das RDG *unberührt* geblieben (§ 1 Abs. 2 RDG). Darunter fallen Bestimmungen in den Berufsgesetzen für die oben in § 91 behandelten **Haupt-Rechtsberaterberufe**, aber ggf. auch bereits erwähnte Vorschriften in gerichtlichen Verfahrensordnungen (Rz. 4) sowie sonstige Einzelregelungen mit meist recht engem Anwendungsbereich. Nur beispielhaft sei insoweit hingewiesen auf §§ 1896 ff. BGB für *Berufsbetreuer*, § 1908f Abs. 4 BGB für *Betreuungsvereine*, auf § 23 Abs. 3 AGG für *Antidiskriminierungsverbände*, auf § 192 Abs. 3 VVG für *Krankenversicherungen* und auf § 27 WEG für *Verwalter von Wohnungseigentum*.

23 *Bisherige Erlaubnisse* zur Rechtsbesorgung nach dem früheren RBerG, z.B. auch von Rechtsbeiständen, sind grundsätzlich am 31.12.2008 erloschen (§ 1 Abs. 1 RDGEG). Erlaubnisse von **Kammer-Rechtsbeiständen** gelten aber fort (§ 1 Abs. 1, 2 RDGEG). Bei ihnen handelt es sich um Rechtsbeistände mit sog. „unbeschränkter Erlaubnis" nach dem bis 1980 geltenden Rechtsberatungsrecht, die gem. § 209 BRAO auf Antrag in die Anwaltskammern aufzunehmen waren[2]. Sonstige Inhaber von Alt-Erlaubnissen konnten sich gem. § 13 RDG unter erleichterten Voraussetzungen registrieren lassen (§ 1 Abs. 1 S. 2, Abs. 3 Nr. 4 RDGEG) und damit Bestandsschutz erlangen (§ 1 Abs. 1 Nr. 3 RDGEG). Bisherige *Rechtsbeistände* dürfen nach ihrer Registrierung diese Berufsbezeichnung, die nicht mehr neu erworben werden kann, weiterführen (§ 1 Abs. 3 S. 2, 3 RDGEG).

III. Bußgeldtatbestände

24 Eine **Ordnungswidrigkeit**, die mit einer *Geldbuße* bis zu 50 000 Euro bedroht ist, begeht nach § 20 RDG, wer
- vorsätzlich eine Rechtsdienstleistung ohne eine nach § 10 Abs. 1 RDG erforderliche Registrierung in den Bereichen Inkassotätigkeit, Rentenberatung oder ausländisches Recht erbringt,
- vollziehbaren Anordnungen gem. § 9 Abs. 1 oder § 15 Abs. 5 RDG oder Auflagen nach § 10 Abs. 3 RDG vorsätzlich zuwiderhandelt[3],
- vorsätzlich entgegen § 11 Abs. 4 RDG die Bezeichnung „Inkasso" oder „Rentenberater/in" oder zum Verwechseln ähnliche Bezeichnungen verwendet[4],

vorsätzlich oder fahrlässig gegen Pflichten aus §§ 11a Abs. 1, 15 Abs. 2 RDG verstößt.

Sonstige Verstöße gegen das RDG sind nicht bußgeldbewehrt[5]. Auch die unerlaubte Verwendung der Bezeichnung „*Rechtsbeistand*" (Rz. 23) ist bußgeldrechtlich nicht mehr geschützt. Der Gesetzgeber ging ursprünglich u.a. davon

---

1 So auch *Kleine-Cosack*, § 1 RDG Rz. 55, 56, Anh. zu §§ 1–5 RDG Rz. 155 ff.; enger *Kilian/Sabel/vom Stein*, § 6 RDG Rz. 184 ff.; abl. *Hirtz* in Grunewald/Römermann, § 5 RDG Rz. 186 ff., 190.
2 Vgl. dazu die Hinweise in der 4. Aufl., § 91 Rz. 5.
3 Vgl. *Franz* in Grunewald/Römermann, § 20 RDG Rz. 6; *Müller* in Grunewald/Römermann, § 9 RDG Rz. 2 ff.
4 *Franz* in Grunewald/Römermann, § 20 RDG Rz. 7, 8.
5 S. dazu *Franz* in Grunewald/Römermann, § 20 RDG Rz. 1 ff., 5.

aus, dass Unterlassungs- und Schadensersatzansprüche nach dem UWG (§§ 3, 8, 9 UWG) zur Unterbindung von Verstößen gegen das RDG ausreichend seien.[1]

IV. Rechtsdienstleistungen durch Rechtslehrer

Vor Inkrafttreten des RDG durften Rechtslehrer zwar Rechtsgutachten erstatten (vgl. Art. 1 § 2 RBerG) und nach einzelnen Verfahrensordnungen vor Gerichten auftreten[2], doch war ihnen darüber hinaus eine allgemeine geschäftsmäßige Rechtsberatung und -vertretung nicht gestattet[3]. Mit Inkrafttreten der Neuregelung sind die *Befugnisse von* **Rechtslehrern**, Rechtsdienstleistungen zu erbringen, *ausgeweitet* worden. Der Beruf des Rechtslehrers umfasst dabei – wie schon zuvor – Rechtslehrer an rechtswissenschaftlichen Fakultäten öffentlicher Hochschulen mit Befähigung zum Richteramt (ordentliche oder außerordentliche Rechtsprofessoren einschließlich Honorar- und Fachhochschulprofessoren sowie Privatdozenten)[4]. Nicht dazu gehören Lehrbeauftragte, wissenschaftliche Assistenten und sonstige wissenschaftliche Mitarbeiter[5]. 25

Rechtslehrer dürfen weiterhin *wissenschaftliche Gutachten*[6] erstatten, da diese Tätigkeit gem. § 2 Abs. 3 Nr. 1 RDG nicht unter den Begriff der Rechtsdienstleistung fällt und damit der allgemeinen Berufsfreiheit unterliegt. Als *Nebenleistung* zu dieser Begutachtungstätigkeit können Rechtslehrer gem. § 5 Abs. 1 RDG nun aber Leistungen der **Rechtsberatung und Rechtsbesorgung** erbringen[7]. Soweit in Prozessordnungen gerichtliche Vertretungsbefugnisse eingeräumt sind (Postulationsfähigkeit), gehen diese teilweise weiter als zuvor (§ 67 Abs. 2 S. 1 VwGO, § 73 Abs. 2 S. 1 SGG) oder bleiben weiterhin ohne wesentliche sachliche Änderungen gestattet (vgl. § 138 Abs. 1 StPO, § 22 Abs. 1 S. 1 BVerfGG, § 79 ZPO). Rechtsberatung und -vertretung in vorgerichtlichen Verwaltungsverfahren sind den Rechtslehrern zwar weder im RDG noch in Prozessordnungen zugewiesen, doch können auch diese Tätigkeiten ggf. als Nebentätigkeiten i.S. von § 5 Abs. 1 RDG zu gerichtlichen Vertretungsbefugnissen bzw. zur Erstattung von Rechtsgutachten (als Haupttätigkeiten) ausgeübt werden[8]. 26

Über die Regelungen des § 5 Abs. 1 RDG hinaus können Rechtslehrer als Volljuristen gem. § 6 RDG *unentgeltliche* Rechtsdienstleistungen ohne Einschränkungen erbringen. 27

---

1 Vgl. *Franz* in Grunewald/Römermann § 20 RDG Rz. 2.
2 S. z.B. – je in der vor Inkrafttreten des RDG am 1.8.2008 geltenden Fassung – § 138 Abs. 1 StPO, §§ 385, 392 AO, § 67 Abs. 2 S. 1 VwGO.
3 Vgl. dazu *von Lewinski* in FS Hartung, 2008, S. 93 (95 ff.).
4 *von Lewinski* in FS Hartung, 2008, S. 93 (94, 99 f.).
5 *Schmitt* in Meyer-Goßner/Schmitt, § 138 StPO Rz. 4.
6 Gemäß Gesetzesbegründung gilt dies auch für einzelfallbezogene Rechtsgutachten – BT-Drs. 16/3655, 49.
7 Vgl. im Einzelnen *von Lewinski* in FS Hartung, 2008, S. 93 (101).
8 *Unseld/Degen*, § 5 RDG Rz. 11; *Dreyer/Müller* in Dreyer/Lamm/Müller, § 5 RDG Rz. 37; *Hirtz* in Grunewald/Römermann, § 5 RDG Rz. 117 ff., unter Bezugnahme auf das Gesetzgebungsverfahren, vgl. BT-Drs. 16/3655, 32, 33, 53.

Generell unterliegen die Rechtslehrer in Bezug auf ihre Tätigkeiten im Bereich der Rechtsdienstleistungen **weder** einer **Aufsicht noch** einem speziellen **Berufsrecht**[1].

B. Sonstige Berater

I. Hilfeleistung in Steuersachen

1. Befugnis zur Hilfeleistung

28 Die Hilfeleistung in **Steuersachen** ist in §§ 2, 33 StBerG geregelt und betrifft weitgehend *Rechtsdienstleistungen* i.S. von § 2 Abs. 1 RDG. Spezialgesetze gehen den Regelungen des RDG indessen vor (§ 1 Abs. 2 RDG). Demgemäß richtet sich die Zulässigkeit von *steuerlichen* einschließlich steuerrechtlicher *Rechtsdienstleistungen* im Wesentlichen nach dem StBerG (vgl. §§ 2–6 StBerG, § 2 Abs. 2 WPO). Im Einzelfall kann die Abgrenzung zwischen allgemeiner Rechtsdienstleistung und Steuerberatung recht schwierig sein. Maßgeblich ist, vom Gegenstand des jeweiligen Beratungs- oder Dienstleistungsauftrags auszugehen[2] und im Einzelfall zu prüfen, ob steuerrechtliche oder allgemeinrechtliche Aspekte im Vordergrund stehen[3]. Außerhalb des steuerlichen Bereichs können Rechtsdienstleistungen von steuerlichen Beratern (also z.B. auch von Wirtschaftsprüfern und vereidigten Buchprüfern – § 3 StBerG) im Rahmen des § 5 Abs. 1 RDG als Nebenleistungen erbracht werden (Rz. 7 f.)[4].

29 Inwieweit Hilfeleistung in Steuersachen *erlaubt* ist, ist im Wesentlichen in den §§ 3, 3a, 4 und 6 StBerG geregelt. Zur **unbeschränkten Hilfeleistung** in Steuersachen sind nach § 3 StBerG die Steuerberater, Steuerbevollmächtigten und Steuerberatungsgesellschaften befugt, daneben aber auch Rechtsanwälte (einschließlich niedergelassener ausländischer Rechtsanwälte; zur *Befugnis ausländischer Dienstleister* in Steuersachen, im Inland vorübergehend und gelegentlich geschäftsmäßig steuerliche Hilfeleistungen zu erbringen, vgl. § 3a StBerG), Wirtschaftsprüfer, Wirtschaftsprüfungsgesellschaften sowie vereidigte Buchprüfer und Buchprüfungsgesellschaften. Auf sie wurde bei der Erörterung der staatlich gebundenen Beraterberufe bereits eingegangen (§ 91 Rz. 32 ff., 67 ff.). Die Befugnis zur unbeschränkten Hilfeleistung umfasst auch das Abgabenrecht fremder Staaten (§ 12 StBerG).

30 Zur **beschränkten Hilfeleistung** in Steuersachen sind nach § 4 StBerG solche Berufsgruppen *befugt*, die dieser Befugnis bedürfen, um ihren Hauptberuf sinn-

---

1 Vgl. dazu *von Lewinski* in FS Hartung, 2008, S. 93 (102 ff.), der deshalb den „Zweitberuf" der Rechtslehrer als Rechtsdienstleister als den „eigentlich freien Rechtsdienstleistungsberuf" über den des Anwalts hinaus (§ 2 Abs. 1 BRAO, § 1 Abs. 1 BORA) bezeichnet (S. 115).
2 Vgl. BGH v. 5.6.1985 – IVa ZR 55/83, NJW 1986, 1050; *Henssler* in Henssler/Prütting, BRAO, § 4 RBerG Rz. 11 ff.; ferner zur Reichweite finanzrechtlicher Erlaubnisse *Chemnitz/Johnigk*, Rz. 489 ff.
3 Vgl. *Kleine-Cosack*, Anh. zu §§ 1–5 RDG Rz. 195; *Hirtz* in Grunewald/Römermann, § 5 RDG Rz. 160 ff.
4 Vgl. *Römermann* in Grunewald/Römermann, § 2 RDG Rz. 91; *Hirtz* in Grunewald/Römermann, § 5 RDG Rz. 160 ff. – Steuerberater, Rz. 194 ff. – Wirtschaftsprüfer und vereidigte Buchprüfer; *Kleine-Cosack*, Anh. zu §§ 1–5 RDG Rz. 196 ff.

voll ausüben zu können. Bei ihnen ist die steuerliche Hilfeleistungsbefugnis regelmäßig auf Gebiete beschränkt, die mit diesem Hauptberuf eng zusammenhängen, dabei jedoch im Verhältnis zur Hauptberufstätigkeit nur von untergeordneter Bedeutung sind. Zu nennen sind im Einzelnen insbesondere:

– Notare im Rahmen der BNotO (z.B. § 24 BNotO),
– Patentanwälte im Rahmen der PatAO (vgl. § 3 PatAO),
– Behörden und Körperschaften des öffentlichen Rechts im Rahmen der für sie geltenden Zuständigkeitsregelungen,
– Vermögensverwalter in Bezug auf das verwaltete Vermögen,
– Unternehmer, soweit sie im Zusammenhang mit Handelsgeschäften ihre Kunden beraten,
– Genossenschaftliche Prüfungs- und Spitzenverbände sowie genossenschaftliche Treuhandstellen für ihre Mitglieder,
– Berufsvertretungen in Bezug auf Belange, die mit dem Beruf ihrer Mitglieder zusammenhängen,
– Beratungsstellen für land- und forstwirtschaftliche Betriebe, soweit die Hilfeleistung durch sachkundige Personen erfolgt, die unter § 3 StBerG fallen (dies sind u.a. Steuerberater, Steuerbevollmächtigte, Rechtsanwälte, Wirtschaftsprüfer, vereidigte Buchprüfer),
– Spediteure und ähnliche Unternehmen in Bezug auf Eingangsabgaben- und Zollangelegenheiten,
– Arbeitgeber in Lohnsteuersachen für ihre Arbeitnehmer,
– Lohnsteuerhilfevereine in Bezug auf Lohnsteuerhilfe und Hilfeleistungen bei einfachen Einkommensteuerangelegenheiten für ihre Vereinsmitglieder[1],
– Anlagegesellschaften und Kreditinstitute bezüglich Anträgen auf steuerliche Erstattungen für ihre Kunden gem. §§ 45b, 50d EStG,
– öffentlich bestellte versicherungsmathematische Sachverständige, die im Zusammenhang mit der Berechnung von Pensionsrückstellungen u.Ä. steuerliche Hilfe leisten,
– Bausparunternehmen und -vermittler, die beim Ausfüllen von Anträgen auf Wohnbauprämien helfen.

Das in § 5 StBerG enthaltene **Verbot der unbefugten Hilfeleistung** in Steuersachen **gilt nicht** für die Erstellung *wissenschaftlicher Gutachten*, für die unentgeltliche Hilfeleistung gegenüber *Angehörigen* und für die sachkundige Durchführung von einfachen *Buchführungsarbeiten*[2], die für die Besteuerung von Bedeutung sind (§ 6 StBerG).

In der strafrechtlichen Praxis haben **Lohnsteuerhilfevereine**, die gem. § 4 Nr. 11 und § 13 StBerG für ihre Mitglieder tätig sein dürfen, in der Vergangenheit eine gewisse Bedeutung gewonnen. Bei solchen Vereinen kam es zu erheblichen Missbräuchen. Vielfach arbeiteten sie eng mit Kreditgebern, insbesondere mit

---

1 Die extensive Auslegung der Befugnisse von Lohnsteuerhilfevereinen durch den BFH v. 17.11.1987 – VII R 124/84, DStR 1988, 277 m. krit. Anm. *Hamann*, war bedenklich, blieb jedoch eine Einzelfallentscheidung.
2 BVerfG v. 18.6.1980 – 1 BvR 697/77, BVerfGE 54, 301 = NJW 1981, 33.

Bankinstituten zusammen, welche Forderungen aus dem Lohnsteuerjahresausgleich per Darlehen vorfinanzierten; dabei erhielten die Lohnsteuerhilfevereine Provisionen oder ließen die Forderungen aus dem Lohnsteuerjahresausgleich, welche regelmäßig erheblich höher waren als die ausbezahlten Beträge, an sich abtreten. Missbräuche der letztgenannten Art sind *inzwischen* erheblich erschwert, weil die Möglichkeit der Abtretung von Steuererstattungsansprüchen gem. § 46 AO eingeschränkt und der gewerbsmäßige Erwerb von Erstattungs- oder Vergütungsansprüchen zur Verwertung auf eigene Rechnung nicht mehr zulässig ist (§ 46 Abs. 4 AO).

33 Um ihre satzungsmäßigen Hilfeleistungen ausüben zu können, bedürfen Lohnsteuerhilfevereine einer **förmlichen Anerkennung** durch die örtlich zuständige *Oberfinanzdirektion* (§§ 14 ff. StBerG); Voraussetzung für die Anerkennung ist insbesondere, dass eine ordnungsgemäße Geschäftsführung und eine sachgerechte Ausübung der Hilfeleistungstätigkeit in Lohnsteuersachen gewährleistet ist. Nach § 26 StBerG haben Lohnsteuerhilfevereine ihre Tätigkeit „sachgemäß, gewissenhaft, verschwiegen" und unter Beachtung des § 8 StBerG zur Werbung auszuüben; auch dürfen sie in Verbindung mit der Hilfeleistung in Steuersachen keine andere wirtschaftliche Tätigkeit verrichten (§ 26 Abs. 2 StBerG). Die Übertragung der Aufsicht über Lohnsteuerhilfevereine auf die Oberfinanzdirektionen (§§ 27 ff. StBerG) ist verfassungsrechtlich unbedenklich[1].

2. Bußgeldtatbestände

34 a) Die **unbefugte Hilfeleistung in Steuersachen** gem. § 5 Abs. 1 oder § 7 StBerG ist, wenn sie *geschäftsmäßig* betrieben wird, nach § 160 Abs. 1 Nr. 1 und Abs. 2 StBerG mit einer Geldbuße bis 5 000 Euro bedroht. Geschäftsmäßig handelt, wer eine Handlung gleichartig wiederholen und sie zu einem Bestandteil seiner wirtschaftlichen oder beruflichen Betätigung machen will[2]. Das unaufgeforderte bloße *Anbieten von Diensten* zur geschäftsmäßigen Hilfeleistung in Steuersachen ist hingegen nicht mehr bußgeldpflichtig.

35 b) Die **unbefugte Verwendung** der Bezeichnung „Steuerberatungsgesellschaft", „Lohnsteuerhilfeverein", „Landwirtschaftliche Buchstelle" oder einer verwechslungsfähigen ähnlichen Bezeichnung ist ebenfalls mit einer Geldbuße bis 5 000 Euro bedroht (§ 161 StBerG).

36 c) Weiterhin sind in § 162 StBerG **Verantwortliche**n von **Lohnsteuerhilfevereinen**, welche Geschäftsprüfungsberichte nicht rechtzeitig erstellen oder der Oberfinanzdirektion nicht rechtzeitig zuleiten oder welche sonstige, im Gesetz näher bezeichnete Mitteilungs- und Verwaltungspflichten nicht erfüllen, Geldbußen bis zu 5 000 Euro angedroht. Mit Bußen bis zu 25 000 Euro kann nach § 163 StBerG geahndet werden, wenn in Verbindung mit einer Hilfeleistung in Lohnsteuersachen entgegen § 26 Abs. 2 StBerG eine andere wirtschaftliche Tätigkeit ausgeübt wird.

---

1 BFH v. 14.6.1988 – VII R 143/84, BStBl. II 1988, 684 = BB 1988, 684.
2 Vgl. *Stree/Sternberg-Lieben* in S/S, vor § 52 StGB Rz. 97; *Fischer*, vor § 52 StGB Rz. 63.

II. Unternehmensberater

Der in Deutschland gesetzlich *nicht geregelte Beruf* des Unternehmensberaters ist grundsätzlich ein **Gewerbe**, nur *Beratende Volks- und Betriebswirte* sind als Freiberufler anerkannt (§ 18 Abs. 1 Nr. 1 S. 2 EStG). Der Tätigkeitsbereich ist außerordentlich vielschichtig. Ein **festes Berufsbild** existiert **nicht**. Die Berufsbezeichnung ist ein Sammelbegriff und gesetzlich nicht geschützt. Das Tätigkeitsfeld variiert nach Branchen und nach betriebsinternen Sachbereichen. Häufig werden Beratungstätigkeiten mit Begutachtungs- und Serviceleistungen aller Art kombiniert. Der Übergang zu Vermögensberatern und Wirtschaftsberatern ist fließend. Ausbildungs-, Prüfungs- oder Zulassungsverfahren gibt es nicht; demgemäß gibt es bei den auf dem Markt befindlichen Beratern und Beratungsunternehmen außerordentlich *große Qualitätsunterschiede*. Dies gilt sowohl bezüglich der Seriosität von Beratern als auch der fachlichen Leistungsfähigkeit. Demgemäß wird immer wieder über „schwarze Schafe" geklagt, die auf dem Markt der Unternehmensberatung vertreten sind. 37

Eine verbreitete, unseriöse und bis zum Betrug ausgefeilte Methode besteht darin, zunächst gegen ein günstig erscheinendes Honorar einen Beratungsauftrag für eine Betriebsanalyse zu erhalten und diese Analyse dann so ausfallen zu lassen, dass teure (und oft nutzlose) Folgeaufträge erlangt werden können. Gelegentlich geht es Beratern im Zusammenhang mit Betriebs- und Unternehmensberatungen auch primär darum, über Ratschläge zu Kreditvermittlungen, Anlagegeschäfte, Versicherungs- und Altersvorsorgeverträge (meist heimlich) eigene Provisionen zu erlangen.

Die *Verbände und Vereinigungen* von Unternehmensberatern und Consultingfirmen sind seit vielen Jahren bemüht, die Arbeitsqualität und Seriosität sowie insbesondere auch das **Ansehen** von Berufsangehörigen **zu verbessern**. Die wichtigsten Berufsstandards, die von solchen Vereinigungen gefordert werden, sind: 38

- *Unabhängigkeit* des Beraters von Dritten, insbesondere wenn für einen Klienten Entscheidungen über Kreditbeschaffungen oder Lieferantenwechsel zu treffen oder weitere Berater einzuschalten sind,
- *neutrale* und objektive Beratung hinsichtlich aller im Einzelfall infrage kommender Chancen und Risiken,
- Übernahme eines Auftrags nur, wenn die erforderlichen – ggf. sehr speziellen – *Sachkenntnisse*, Erfahrungen und Kompetenzen vorhanden sind,
- vertrauliche Behandlung aller im Zusammenhang mit einer Beratung erlangten persönlichen und betrieblichen Kenntnisse, insbesondere von Betriebsgeheimnissen.

Folgende **Sparten**, in denen Unternehmensberater und Beratungsfirmen tätig sind, sind von praktischer Bedeutung[1]: 39

- Fragen der Betriebsgründung, der Unternehmensnachfolge, von Umstrukturierungen, Fusionen und Umwandlungen sowie von Betriebsverlagerungen,

---

1 Vgl. *Ibielski*, Hdb. der Unternehmensberatung; *Bredl*, Kompetenz von Beratern, 2008; *Scherer/Waesserle*, Richtige Auswahl, vorteilhafter Einsatz und wirksame Kontrolle von freien Beratern, 157 ff.

- Fragen der *Unternehmensführung* und der *Managementberatung* zu Bereichen wie Schwachstellenfeststellung, Verbesserung der Betriebsorganisation, Erstellen von Unternehmensanalysen sowie von internen Managementinformationssystemen,

- *Marketing* unter Einschluss von Fragen der Marktforschung, der Werbung und des Verkaufs,

- Finanz- und Rechnungswesen, wobei Gegenstand der Prüfung und Organisation das gesamte betriebliche Rechnungswesen von der Lohn- und Gehaltsabrechnung bis zur Ergebnis- und Deckungsbeitragsrechnung sein kann, ferner der Bereich der Finanzbuchhaltung und Controlling-Abteilung,

- *Personalwesen* mit den Bereichen Schulung von Mitarbeitern, Arbeitssicherheit, Hilfeleistung bei der Lösung von sozialen und lohnpolitischen Problemen sowie bei der Suche nach Führungskräften;

  Das frühere staatliche Monopol zur Arbeitsvermittlung ist inzwischen weggefallen. Grundsätzlich bedarf die private Arbeitsvermittlung seit 2002 keiner Erlaubnis mehr (vgl. oben § 37). Bußgeldbewehrt sind noch Verstöße von Vermittlern gegen Schutzbestimmungen zugunsten von Arbeitsuchenden (vgl. u.a. §§ 288a, 296 ff., 404 Abs. 2 Nr. 7, 8, 11 SGB III).

- *Technik* mit Unterstützung bei der Fertigungstechnik und -steuerung, der Qualitätssicherung, bei Umweltschutz- sowie bei Energiesparmaßnahmen u.Ä.,

- *Logistik* mit Planung des Absatzes, der Organisation des Einkaufs, des Warenflusses und der Lagerhaltung,

- *EDV* und IT-Bereich mit Auswahl passender Computersysteme und Programme sowie entsprechender interner Umorganisation,

- *Verwaltung* unter Einschluss sämtlicher Fragen der Büroorganisation und der Erstellung eines rationellen Verwaltungsapparats.

40 **Schranken für die Berufstätigkeit** der Unternehmensberater bilden die **Steuer- und Rechtsberatung**[1]. Wie oben ausgeführt (Rz. 4 ff., 7 ff., 30), sind nach §§ 1 ff. RDG und § 4 StBerG nur Angehörige bestimmter Berufe zur – beschränkten – Rechtsberatung und zur unbeschränkten Steuerberatung befugt. Unternehmensberater gehören *nicht* zu den privilegierten Berufen. Demgemäß ist ihnen im Rahmen ihrer Tätigkeit eine *steuerliche Beratung* nicht erlaubt. Hingegen dürfen sie im Rahmen des *§ 5 Abs. 1 RDG Rechtsdienstleistungen* erbringen, soweit diese in unmittelbarem Zusammenhang mit der Hauptberatungstätigkeit, die nicht auf rechtlichem Gebiet liegen darf, erbracht wird und dabei von untergeordneter Bedeutung ist, ihr also ausgesprochener Hilfscharakter zukommt. Etwa darf ein Unternehmensberater demgemäß keine „Lösungsvorschläge auf den Gebieten der Betriebswirtschaft, des deutschen Rechts bzw. Steuerrechts sowie der Sozialversicherung" anbieten[2]. Auf Sanierung, Um-

---

1 Vgl. schon *Evers*, NJW 1982, 150 m.w.Nw.
2 BGH v. 23.1.1981 – I ZR 30/79, BGHZ 79, 239 = NJW 1981, 873 (874); s. auch BGH v. 11.6.1976 – I ZR 55/75, NJW 1976, 1635 f.

schuldung oder auf Vergleichsabschlüsse gerichtete Tätigkeiten (z.B. Insolvenzberatung)[1] darf er aber *als Nebenleistungen* innerhalb der Grenzen des § 5 RDG durchaus entfalten[2].

Wo die *Grenzen* bei **Sanierungs- und Insolvenzberatung** zu ziehen sind, ist allerdings problematisch. Das BVerwG hat zum früheren RBerG die Auffassung vertreten, dass bei Insolvenzberatern im Hinblick auf die enge Verflechtung von rechtlichen und wirtschaftlichen Aspekten aus verfassungsrechtlichen Gründen eine großzügige Auslegung des Begriffs der Nebenleistung angezeigt sei[3]. Dieser Ansatz überzeugt nicht, da die Grenzen zwischen Haupt- und Nebenleistung nach § 5 Abs. 1 RBG damit aufgelöst wären[4]. 40a

Das grundsätzliche Verbot zur Erbringung von steuerlichen oder rechtlichen Dienstleistungen kann **nicht wirksam** dadurch **umgangen** werden, dass eine Unternehmensberatung oder Beratungsgesellschaft zur rechtlichen Beratung ihrer Kunden einen Steuerberater oder Rechtsanwalt als *eigenen Angestellten* einsetzt[5] oder einen solchen Berufsangehörigen als (eine Art) *Subunternehmer*[6] engagiert; dies gilt jedenfalls, wenn die Beauftragung und Honorierung durch die Unternehmensberatung und nicht durch den Beratenen selbst erfolgt[7]. Denn in diesen Fällen wird die Unabhängigkeit und Eigenverantwortlichkeit des Steuerberaters oder Rechtsanwalts im Regelfall in nicht zulässiger Weise gefährdet[8]. 41

Deshalb ist die in § 5 Abs. 3 RDG-Entwurf vorgeschlagene Regelung, nach welcher Steuerberater und Rechtsanwälte uneingeschränkt als Subunternehmer von Beratungsfirmen hätten eingesetzt werden dürfen, im Gesetzgebungsverfahren zu Recht gestrichen worden[9]. *Sanierungs- und Umschuldungsunternehmen*, die sich auf der Grundlage der InsO zu etablieren versuchen, haben bisher insgesamt noch wenig Spielraum für eine umfassende legale Betätigung, wenn sie auch Rechtsberatung mehr als nur beiläufig anbieten wollen[10].

---

1 Zu weiteren Fällen vgl. OLG Hamm v. 19.4.1994 – 4 U 150/93, BB 1994, 1107; OLG Stuttgart v. 24.11.2000 – 2 U 158/00, NJW-RR 2001, 1287; OLG Bremen v. 28.3.2002 – 2 U 121/00, NJW 2003, 364.
2 Vgl. *Hirtz* in Grunewald/Römermann, § 5 RDG Rz. 121 ff.; *Lamm/Müller* in Dreyer/Lamm/Müller, § 5 RDG Rz. 34; *Unseld/Degen*, § 5 RDG Rz. 23; *Kleine-Cosack*, Anh. zu §§ 1–5 RDG Rz. 172 (Schuldenregulierung), Rz. 204 (Insolvenzberater).
3 BVerwG v. 27.10.2004 – 6 C 30/03, NJW 2005, 1293.
4 Zu Recht abl. auch *Hirtz* in Grunewald/Römermann, § 5 RDG Rz. 122.
5 *Hirtz* in Grunewald/Römermann, § 5 RDG Rz. 64 ff.
6 *Hirtz* in Grunewald/Römermann, § 5 RDG Rz. 68 ff.
7 BGH v. 9.10.1986 – I ZR 138/84, BGHZ 98, 330 (Rz. 32 ff.) = NJW 1987, 1323; *Hirtz* in Grunewald/Römermann, § 5 RDG Rz. 65 ff.
8 Vgl. *Hirtz* in Grunewald/Römermann, § 5 RDG Rz. 70, 71.
9 Vgl. *Hirtz* in Grunewald/Römermann, § 5 RDG Rz. 68 f.; heftige Kritik an dieser Streichung von *Kleine-Cosack*, Anh. zu §§ 1–5 RDG Rz. 28.
10 Vgl. *Hirtz* in Grunewald/Römermann, § 5 RDG Rz. 121, 122.

III. Sonstige Beratungstätigkeiten

42 Im Zeichen der grundgesetzlich verbürgten *Berufsfreiheit* (Art. 12 GG) kann grundsätzlich **jede Art von Beratungstätigkeit** zum Beruf werden, der auf bestimmte Dienstleistungen gerichtet ist. Demgemäß haben rechtliche, technische und wirtschaftliche Entwicklungen in den letzten Jahren für das Wirtschaftsleben bedeutsame Beratungsberufe hervorgebracht, die es vor wenigen Jahrzehnten noch nicht gab, beispielsweise den *EDV-Berater*, spezielle *Marketingberater, Buchführungsfirmen*, Subventions- und Fördermittelberater[1], Gesundheits- und Hygieneberater sowie diverse Veranstalter von Schulungs-, Motivations-, Persönlichkeitsbildungs-, Management- und von sonstigen Aus- und *Fortbildungsseminaren*. Zunehmende Bedeutung erlangen neuerdings Berater im Bereich des *Energiewesens*, der *Beseitigung und Nutzung von Abfallstoffen* sowie des *Umweltschutzes* einschließlich der Umweltschutz- und Sanierungstechnologien. Auch *Berufsbetreuer* gem. §§ 1896 ff. BGB sowie **Mediatoren**[2] sind neue Berufe oder Berufssparten.

Im Bereich der Buchführungsfirmen hat das BVerfG zusätzliche Freiräume geschaffen, indem es das frühere, sachlich nicht erforderliche und deshalb gegen das Grundrecht der Berufsfreiheit verstoßende Buchführungsprivileg der Steuerberater erheblich eingeschränkt hat[3]. Dem hat der Gesetzgeber durch Änderung des StBerG (§ 6 Nr. 4 StBerG) Rechnung getragen; vgl. § 91 Rz. 62.

43 Es muss davon abgesehen werden, hier auf die Vielzahl dieser Berufe näher einzugehen. Selbstverständlich kommen **strafbare Handlungen** bei allen Berufen, auch in Dienstleistungsberufen wie *Vermögensverwaltern* (vertraglicher oder gesetzlicher Art, z.B. Nachlassverwalter, Testamentsvollstrecker, Pfleger, Vormund, Betreuer, Insolvenzverwalter, Sequester, Treuhänder), *Liquidatoren, Sanierern* (zur Tätigkeit von Liquidatoren und Sanierern vgl. § 87 Rz. 1 ff., speziell zu strafbaren „Scheinsanierungen" und „Firmenbestattern" § 87 Rz. 20 ff., 44 ff., § 96 Rz. 19) und bestimmten Finanz- und *Wirtschaftsberatern* durchaus nicht selten vor. Jedoch stehen bei ihnen die speziellen Straftatbestände des Wirtschaftsstrafrechts nicht so im Vordergrund, dass eine spezifische Darstellung dieser Berufstätigkeiten und bestimmter Tatmodalitäten hier geboten wäre.

---

1 Vgl. BGH v. 24.2.2005 – I ZR 128/02, NJW 2005, 2458.
2 MediatorenG v. 21.7.2012, BGBl. I 1577.
3 BVerfG v. 18.6.1980 – 1 BvR 697/77, BVerfGE 54, 301 = NJW 1981, 33.

2. Kapitel
Schutz des Beratungsverhältnisses

§ 93
Prozessuale Schutzbestimmungen
Bearbeiter: Johannes Häcker

	Rz.		Rz.
I. Geheimhaltungsrechte		b) Engere Auffassung	21
1. Vorbemerkungen	1	c) Wegfall der Beschlagnahme-	
2. Zeugnisverweigerungsrechte	4	freiheit	33
II. Beschlagnahmeverbot		**III. Weitere Ermittlungsbeschrän-**	
1. Grundsatz	13	**kungen**	
2. Grenzen des Beschlagnahme-		1. Beschränkungen nach § 160a	
verbots	15	StPO	41
a) Weite Auffassung	18	2. Zum Bankgeheimnis	48

Schrifttum: *Bader*, Das Verwendungsverbot des § 97 I 3 Insolvenzordnung, NZI 2009, 416; *Baier*, Kein strafprozessuales Zeugnisverweigerungsrecht mehr für Wirtschaftsprüfer?, wistra 2000, 165; *Barton*, Zur Frage der rechtlichen Wertung strafprozessualer Maßnahmen gegen Verteidiger, JZ 2010, 102; *Beulke*, Beschlagnahmefreiheit von Verteidigungsunterlagen, in FS Lüderssen, 2002, S. 693; *Bittmann*, Zur Befreiung eines für eine juristisch Person tätigen Berufsgeheimnisträgers von der Schweigepflicht, wistra 2012, 173; *Bittmann/Rudolf*, Das Verwendungsverbot gem. § 97 Abs. 1 S. 3 Insolvenzordnung; *Burhoff*, Durchsuchung und Beschlagnahme – Bestandsaufnahme zur obergerichtlichen Rechtsprechung, StraFo 2005, 140; *Burkhard*, Beschlagnahmeprivileg von Steuerberater-Handakten, Stbg 2001, 449; *Gauthier*, Die Beweisverbote, ZStW 103 (1991), 796; *Glaser/Gedeon*, Dissonante Harmonie – Zu einem zukünftigen „System" strafprozessualer verdeckter Ermittlungsmaßnahmen, GA 2007, 425; *Hefendehl*, Beweisermittlungs- und Beweisverwertungsverbote bei Auskunfts- und Mitteilungspflichten, wistra 2003, 1; *Heghmanns*, Das Arbeitsgebiet des Staatsanwalts, 4. Aufl. 2010; *Huber-Lotterschmid*, Verschwiegenheitspflichten, Zeugnisverweigerungsrechte und Beschlagnahmeverbote zugunsten juristischer Personen, 2006; *Kiethe*, Prozessuale Zeugnisverweigerungsrechte in der Insolvenz, NZI 2006, 267; *Kreft*, Insolvenzordnung, 7. Aufl. 2014; *Kutzer*, Die Beschlagnahme von Daten bei Berufsgeheimnisträgern, NJW 2005, 2653; *Moosburger*, § 104 Abs. 2 AO – eine gesetzlich fixierte „Umgehung" des Schutzes von Berufsgeheimnisträgern, wistra 1989, 252; *Nasall*, Zur Schweigepflicht des Rechtsanwalts im Konkurs juristischer Personen, NJW 1990, 496; *Park*, Durchsuchung und Beschlagnahme, 2. Aufl. 2009; *Priebe*, Die Entbindung des Wirtschaftsprüfers und Steuerberaters von der Schweigepflicht durch den Insolvenzverwalter, ZIP 2011, 312; *Puschke/Singelnstein*, Telekommunikationsüberwachung, Vorratsdatenspeicherung und sonstige heimliche Ermittlungsmaßnahmen, NJW 2008, 113; *Roxin*, Das Beschlagnahmeprivileg des Syndikusanwalts [...], NJW 1995, 17; *Ruhmannseder*, Die Vertrauensbeziehung zwischen Verteidiger und Mandant – (k)ein beschlagnahme- und beleidigungsfreier Raum?, NJW 2009, 2647; *Schmitt*, Probleme des Zeugnisverweigerungsrechts und des Beschlagnahmeverbots bei Beratern juristischer Personen, wistra 1993, 9; *Schumann*, Zur Beschlagnahme von Mandantenunterlagen bei den Angehörigen der rechts- und steuerberatenden Berufe, wistra 1995, 50; *Schuster*, Zum Beschlagnahme- und Verwertungsverbot von Interviewprotokollen nach „Internal Investigations" [...], NZWiSt 2012, 28; *Sidhu/Ruh-*

mannseder, Der Unternehmensanwalt im Strafrecht und die Lösung von Interessenkonflikten, NJW 2011, 881; *Stahl,* Beschlagnahme von Anderkonten von Berufsgeheimnisträgern bei Kreditinstituten, wistra 1990, 94; *Tully/Kirch-Heim,* Zur Entbindung von Rechtsbeiständen juristischer Personen von der Verschwiegenheitspflicht gem. § 53 Abs. 2 S. 1 StPO, NStZ 2012, 657; *Wehnert,* Beschlagnahmefreiheit von Unterlagen eines Wirtschaftsprüfers, StV 2002, 69; *Weyand,* Zur Verwendung von Angaben des Schuldners für strafprozessuale Zwecke, ZInsO 2001, 108; *Widmaier,* Zum Zeugnisverweigerungsrecht der Berufsgeheimnisträger, in FS Dahs, 2005, S. 543; *Uhlenbruck,* Auskunfts- und Mitteilungspflichten des Schuldners und seiner organschaftlichen Vertreter im Insolvenzverfahren, NZI 2002, 401; *Zöller,* Heimlichkeit als System, StraFo 2008, 15.

I. Geheimhaltungsrechte

1. Vorbemerkungen

1 Regelmäßig ist eine sinnvolle Beratungstätigkeit nur möglich, wenn zwischen Berater und beratenem Mandanten ein **Vertrauensverhältnis** besteht. Nur wer vollständig über einen Sachverhalt unterrichtet wird, kann eine sachgerechte Prüfung vornehmen und richtige Ratschläge erteilen. Deshalb wird ein Mandant seinem Berater vielfach seine Privatsphäre öffnen und ihm *persönliche* oder *betriebliche* **Geheimnisse** anvertrauen. Für die Beziehung zwischen einem wirtschaftlichen Prüfer und dem Geprüften bzw. geprüften Unternehmen gilt dies mit gewissen Einschränkungen in ähnlicher Weise. Kommen dem Prüfer bei seiner Tätigkeit, mag diese im öffentlichen Interesse oder im Interesse des Geprüften selbst vorgenommen werden, vertrauliche oder geheime Dinge zur Kenntnis, so hat der Geprüfte ein hoch zu veranschlagendes *berechtigtes Interesse* an deren weiterer *Geheimhaltung* und Nichtverwertung. Dieses Geheimhaltungsinteresse ist in unterschiedlicher Weise gesetzlich geschützt.

2 *Einerseits* gewährt die Rechtsordnung bestimmten Beratern und Prüfern (neben sonstigen Trägern von Berufsgeheimnissen nach § 53 Abs. 1 StPO) prozessuale Vergünstigungen wie Schutz vor Ermittlungsmaßnahmen, Zeugnisverweigerungsrechte und ein Beschlagnahmeprivileg. Die **Rechtsordnung verzichtet** also im Interesse des Schutzes der angesprochenen vertraulichen Beziehungen **auf** ein **Beweismittel zur Wahrheitsfindung.** Voraussetzungen und Reichweite dieses prozessualen Schutzes werden im Folgenden erörtert.

3 *Andererseits* genießt die persönliche Sphäre des Beratenen oder Geprüften strafrechtlichen Schutz dergestalt, dass sich **Berater und Prüfer strafbar** machen, wenn sie schutzwürdige Dinge, die ihnen im Rahmen ihrer beruflichen Tätigkeit anvertraut oder sonst bekannt geworden sind, weitererzählen oder für sich verwerten (dazu § 94 Rz. 2 ff., 5 ff.). In vorstehendem Zusammenhang sind aber auch *sonstige Straftatbestände* zu erörtern, nach denen Unrechtshandlungen von Beratern und Prüfern geahndet werden, die diese im Rahmen ihrer beruflichen Tätigkeit begehen und die sich *gegen ihre Mandanten* richten (dazu § 94 Rz. 8 ff., 15 ff.).

2. Zeugnisverweigerungsrechte

4 **a)** In Straf- und Bußgeldverfahren sind zeugnisverweigerungsberechtigt nach **§ 53 StPO** bestimmte **Träger von Berufsgeheimnissen,** darunter Angehörige der

Beraterberufe wie Strafverteidiger (§ 53 Abs. 1 Nr. 2 StPO), allgemein Rechtsanwälte und Mitglieder einer Rechtsanwaltskammer (z.B. bestellte Anwaltsvertreter und Abwickler, §§ 53, 55 BRAO, ausländische Rechtsanwälte, §§ 206, 207 BRAO, Kammerrechtsbeistände, § 209 BRAO), Patentanwälte, Notare, Wirtschaftsprüfer, vereidigte Buchprüfer, Steuerberater und Steuerbevollmächtigte (§ 53 Abs. 1 Nr. 3 StPO). Das Zeugnisverweigerungsrecht gilt in gleicher oder ähnlicher Weise in anderen Rechtsgebieten und Verfahrensordnungen (z.B. § 102 AO, § 383 Abs. 1 Nr. 6 ZPO). Es geht der allgemeinen Aussagepflicht von Zeugen vor und umfasst alles, allerdings auch nur das, was dem Geheimnisträger in seiner *beruflichen* Eigenschaft anvertraut oder bekannt geworden ist[1]. Es gilt über den Tod des Geschützten und über das Ende des Mandats hinaus[2].

Derartige *Berufsangehörige* haben jedoch **kein Zeugnisverweigerungsrecht**, soweit sie nicht in ihrem Vertrauensberuf, sondern z.B. als *Aufsichtsräte, Geschäftsführer* oder Angestellte von Firmen, Vereinen oder Verbänden oder als *Vermögensberater* oder *Vermögensverwalter* tätig sind oder etwa das Amt eines Vermögenspflegers oder eines Insolvenzverwalters ausüben[3]. Dies gilt auch für *Syndikusanwälte* (oder Syndikus-Steuerberater) in Bezug auf Wissen über ihr Anstellungsunternehmen[4]. In den kritischen Fällen kommt es maßgeblich darauf an, ob der Berater die Kenntnisse, zu denen er gehört werden soll, im Bereich einer gewöhnlichen geschäftlichen Betätigung (oder auch kraft amtlicher Berufung) und nicht – wie in § 53 Abs. 1 StPO vorausgesetzt wird – in seiner Eigenschaft als eigenständiger, unabhängiger Inhaber eines besonderen Vertrauensberufes auf entsprechender Vertrauensbasis erworben hat. Letzteres ist im Einzelfall umso zweifelhafter, je mehr sich der Berufsangehörige bei seinem Tun vom gesetzlichen Berufsbild und dessen Kernbereichen entfernt, insbesondere in Richtung gewerblicher Betätigungen wie Vermittlungs-, Verwahrungs- und Treuhandtätigkeiten[5]   5

Von besonderer Bedeutung ist, dass **Insolvenzverwaltern** in Strafverfahren gegen den Gemeinschuldner oder sonstige Verantwortliche des Insolvenzunternehmens grundsätzlich auch dann *kein Zeugnisverweigerungsrecht* zusteht, wenn sie die Verwalterfunktion als Rechtsanwalt, Steuerberater usw. übertragen erhalten haben[6]. Allerdings ist in dem Sonderfall, dass der Insolvenzverwalter in einem Ermittlungsverfahren gegen den Gemeinschuldner über das aus-   6

---

1 Vgl. dazu im Einzelnen *Ignor/Bertheau* in L/R, § 53 StPO Rz. 14 ff; *Schmitt* in Meyer-Goßner/Schmitt, § 53 StPO Rz. 18.
2 *Schmitt* in Meyer-Goßner/Schmitt, § 53 StPO Rz. 10.
3 Dazu OLG Celle v. 13.12.1982 – 1 Ws 380/82, NJW 1983, 1573; OLG Nürnberg v. 18.6.2009 – 1 Ws 289/09, NJW 2010, 690; *Ignor/Bertheau* in L/R, § 53 StPO Rz. 28.
4 *Schmitt* in Meyer-Goßner/Schmitt, § 53 StPO Rz. 15; LG Bonn v. 29.5.2005 – 37 Qs 27/05, NStZ 2007, 605. Syndikusanwälte besitzen also grundsätzlich auch kein Beschlagnahmeprivileg – s. auch EuGH v. 14.9.2010 – Rs. C-550/07 P, EuZW 2010, 778.
5 Vgl. z.B. OLG Frankfurt v. 22.8.2001 – 2 Ausl S 10/01, NJW 2002, 1135 m. Anm. *Vahle*; *Ignor/Bertheau* in LK, § 53 StPO Rz. 34, 35.
6 *Greven* in KK, § 97 StPO Rz. 6; LG Ulm v. 15.1.2007 – 2 Qs 2002/07, NJW 2007, 2056. S. auch *Kiethe*, Prozessuale Zeugnisverweigerungsrechte in der Insolvenz, NZI 2006, 267.

sagen soll, was ihm der Schuldner seiner gesetzlichen Verpflichtung entsprechend gem. §§ 20, 97 InsO mitgeteilt hat, ein Zeugnisverweigerungsrecht des Verwalters zu bejahen.

Schon früher hat das BVerfG bezüglich entsprechender Angaben, durch die sich der *Gemeinschuldner* selbst strafrechtlich belasten müsste, ein aus Art. 2 GG (Freiheit vom Zwang zur Selbstbelastung) hergeleitetes strafrechtliches Verwertungsverbot angenommen[1]. Dieses *Verwertungsverbot* galt grundsätzlich aber nur für Angaben, die im *gerichtlichen* Verfahren gem. § 100 der früheren Konkursordnung *erzwungen* werden konnten.

6a Inzwischen ist in §§ 97 Abs. 1 S. 3, 20 InsO für **Auskünfte des Schuldners** gegenüber Insolvenzverwalter, Gläubigerausschuss und Insolvenzgericht (und wohl auch gegenüber deren Beauftragten und Hilfspersonen[2]) auf der Grundlage des in der genannten Gemeinschuldner-Entscheidung dargelegten „Nemo-tenetur-Prinzips" (§ 10 Rz. 10) geregelt, dass solche Angaben nur mit *Zustimmung* des Schuldners in einem gegen ihn oder seine nahen Angehörigen gerichteten Straf- oder Bußgeldverfahren verwendet werden dürfen (sog. **Insolvenzgeheimnis**, vgl. § 76 Rz. 22 ff.). Erteilt der Schuldner (bzw. gem. § 101 Abs. 2 InsO geschützte Angestellte) bzw. der gesetzliche Vertreter einer juristischen Person (§ 101 Abs. 1 InsO) seine Zustimmung nicht, führt dies bezüglich der geschützten Angaben zu einem *Verwertungs- und Verwendungsverbot* (vgl. § 76 Rz. 26 ff., 8). Ähnlich darf der Insolvenzverwalter von *Verteidigerpost* zwar Kenntnis nehmen, jedoch unterfallen entsprechende Mitteilungen ebenfalls dem Insolvenzgeheimnis[3]. Das Verwendungsverbot beinhaltet, dass aus den geschützten Angaben gewonnene oder gewinnbare Erkenntnisse auch mittelbar, z.B. für Verdachtsgewinnung oder Ermittlungsansätze, nicht genutzt werden dürfen (Fernwirkung).

6b Im Übrigen ist die **Reichweite des Verwendungsverbots** problematisch. Es bezieht sich auf die gesetzlichen *Pflichtangaben* des Schuldners, die allerdings weitreichend sind und „alle das Verfahren betreffenden Verhältnisse"(§ 97 Abs. 1 S. 1 InsO) umfassen. Damit erstreckt es sich weder auf darüber hinausgehende freiwillige Angaben oder Hinweise des Schuldners noch auf wahrheitswidrige Angaben (s. § 76 Rz. 30 ff.), noch generell auf von ihm übergebene Schriftstücke und geschäftliche Unterlagen[4]. Fertigt und übergibt der Schuldner allerdings *eigene Aufzeichnungen*, um damit einem Auskunftsverlangen des Insolvenzgerichts oder des Verwalters zu entsprechen (schriftliche Auskunft), sind diese Aufzeichnungen als Teil seiner Auskunft geschützt.[5]

---

1 BVerfG v. 13.1.1981 – 1 BvR 116/77 – Gemeinschuldner-Entscheidung, NJW 1981, 1431.
2 Einschr. OLG Jena v. 12.8.2010 – 1 Ss 45/10, NStZ 2011, 172 (kein Verwertungsverbot für Auskünfte des Schuldners an einen im Insolvenzverfahren beauftragten Gutachter); s. auch BGH v 4.3.2004 – IX ZB 133/03, BGHZ 158, 212; OLG Celle v. 19.12.2012 – 32 Ss 164/12 (Gutachter nicht auskunftsberechtigt i.S. § 97 Abs. 1 S. 1 InsO).
3 BVerfG v. 6.11.2000 – 1 BvR 1746/00, NJW 2001, 745.
4 Vgl. *Kayser* in Kreft, § 97 InsO Rz. 15 ff.; insoweit differenzierend z.B. LG Stuttgart v. 21.7.2000 – 11 Qs 46/2000, wistra 2000 m. Anm. *Richter*.
5 Vgl. LG Potsdam v. 24.4.2007 – 27 Ns 23/06, juris (Verfahrenshindernis wegen Verstoßes gegen Verwendungsverbot).

Hingegen erfolgt die **Vorlage von Unterlagen**, die bereits vor Stellung eines Insolvenzantrags erstellt worden sind (z.B die Buchhaltung), grundsätzlich nicht in Erfüllung der Auskunftspflicht nach § 97 Abs. 1 S. 1 InsO, sondern um den Unterstützungs- und Mitwirkungspflichten nach § 97 Abs. 2 und 3 InsO nachzukommen[1]; insofern gilt das Verwendungsverbot gem. Abs. 1 S. 3 der Bestimmung nach der Gesetzessystematik nicht[2] 6c

Insbesondere wenn **Geschäftsunterlagen** ohnehin – unabhängig vom Insolvenzverfahren[3] – im öffentlichen Interesse geführt und aufbewahrt werden müssen, kann der Schuldner ihnen durch Übergabe an die Insolvenzverwaltung kein „Asyl" verschaffen. Dies betrifft speziell die erstellten Bilanzen und die handelsrechtlich aufzubewahrenden Geschäfts- und Buchhaltungsunterlagen[4]. Die Auffassung, Ermittlungsbehörden dürften im Hinblick auf den „Nemo-tenetur-Grundsatz" und § 97 Abs. 1 S. 3 InsO auch Geschäftsunterlagen aller Art, die der Schuldner der Insolvenzverwaltung (etwa im Zusammenhang mit Erläuterungen) übergeben hat, nicht verwenden[5], findet in der Rechtsprechung des BVerfG keine Stütze[6] und geht über eine rechtsstaatlich angezeigte Befreiung vom Selbstbelastungszwang in höchst überzogener Weise zulasten wichtiger anderer öffentlicher und privater Interessen, die ebenfalls rechtlich geschützt sind, weit hinaus. Zu nennen sind nur die Pflicht des Staates zu einer effektiven und den Gleichheitsgrundsatz beachtenden Strafverfolgung sowie zur Wahrung der berechtigten Interessen von Insolvenzgläubigern an der Ahndung von Straftaten, die zu ihren Lasten im Rahmen des insolventen Unternehmens begangen worden sind. Insbesondere die große Bedeutung einer *nachhaltigen Strafverfolgung im Rechtsstaat* ist vom BVerfG in ständiger Rechtsprechung immer wieder betont worden[7]. 6d

---

1 Z.B. *Kayser* in Kreft, § 97 InsO Rz. 15.
2 OLG Jena v. 12.8.2010 – 1 Ss 45/10, ZInsO 2011, 382 m. abl. Anm. *Lenger*; OLG Celle v. 19.12.2012 – 32 Ss 164/12, ZInsO 1013, 731; *Richter*, wistra 2000, 1; *Weyand*, ZInsO 2008, 25; *Kayser* in Kreft, § 97 InsO Rz. 15; abl. *Lenger*, ZInsO 2013, 731; *Kempendick*, ZInsO 2013, 1116.
3 So im Ergebnis weitgehend auch *Richter*, wistra 2000, 1 ff.; *Hefendehl*, wistra 2003, 1 ff.; *Bittmann/Rudolph*, wistra 2001, 82; *Kayser* in Kreft, § 97 InsO Rz. 15 ff.; abw. LG Stuttgart v. 21.7.2000 – 11 Qs 46/00, wistra 2000, 439 m. Anm. *Richter*; *Bieneck* in der 5. Aufl., § 75 Rz. 70 ff.; differenzierend *Bittmann* in Bittmann, InsolvenzstrafR, § 1 Rz. 16 ff., 20 ff.
4 LG Stuttgart v. 21.7.2000 – 11 Qs 46/2000, wistra 2000; LG Ulm v. 25.1.2007 – 2 Qs 2002/07, NJW 2007, 2056 m. zust. Anm. *Schork*; *Kayser* in Kreft, § 97 InsO Rz. 15, 16; *Weyand*, ZinsO 2008, 25.
5 *Bieneck* in der 5. Aufl., § 75 Rz. 70 ff. m.Nw.
6 Vgl. eher zurückhaltend BVerfG v. 27.4.2010 – 2 BvL 13/07, wistra 2010, 341; BVerfG v. 22.10.1980 – 2 BvR 1172/79, BVerfGE 55, 144 (Rz. 16); s. auch BGH v. 5.5.2004 – 5 StR 548/03, BGHSt 49, 136 (Rz. 37 ff.); BGH v. 11.9.2003 – 5 StR 253/03, wistra 2003, 429.
7 Vgl. z.B. BVerfG v. 2.3.2003 – 1 BvR 330/96 – Fernmeldegeheimnis, BVerfGE 107, 299 (332), NJW 2003, 1787; BVerfG v. 15.1.2009 – 2 BvR 2044/07, BVerfGE 122, 248 (272); BVerfG v. 12.10.2011 – 2 BvR 236/08 – akustische Wohnraumüberwachung, BVerfGE 109, 129 (Rz. 229).

6e Letztlich ist bisher allerdings noch *nicht abschließend* geklärt, ob und inwieweit vom Schuldner übergebene Unterlagen und Aufzeichnungen als Folge der Regelung des § 97 InsO für Ermittlungen verwertbar sind (oder – womöglich gezielt – unverwertbar gemacht werden können)[1]. Zu weiteren Einzelheiten § 76 Rz. 37 ff.

Das Insolvenzgeheimnis begründet jedenfalls für die Ermittlungsbehörden kein rechtliches Hindernis, die **Akten eines Insolvenzverfahrens** beizuziehen und auszuwerten[2]. Erst dadurch lässt sich feststellen, ob und inwieweit Angaben des Gemeinschuldners ggf. unverwertbar sind.

7 Das **Zeugnisverweigerungsrecht** der genannten Berufsgeheimnisträger **entfällt**, wenn die Vertrauensperson von dem oder den Berechtigten von der *Schweigepflicht entbunden* worden ist. Berechtigter ist dabei der Träger des (fingierten) Geheimhaltungsinteresses; dies ist regelmäßig, aber nicht zwingend der jeweils Anvertrauende bzw. der von ihm Vertretene (Rz. 8 ff.). Bei der *Beurkundung notarieller Verträge* fallen darunter beispielsweise alle am Vertrag Beteiligten[3].

Allerdings unterliegen *solche notariellen Urkunden*, die ihrer Natur nach dazu bestimmt sind, dass interessierte Personen von ihnen Kenntnis nehmen sollen oder können (z.B. GmbH-Verträge oder sonstige Gesellschaftsverträge, in die über das Handelsregister Einblick genommen werden kann, aber auch Grundstücksverträge), auch beim Notar der Beschlagnahme[4].

Grundsätzlich ist die Entbindung von der Schweigepflicht beschränkbar und widerruflich[5]. Wird eine Entbindungserklärung widerrufen, können die Erkenntnisse aus einer bereits erfolgten Vernehmung gleichwohl verwertet werden[6].

8 War die Vertrauensperson im Rahmen eines Mandats für eine **juristische Person** oder **Gesellschaft** tätig, so sind regelmäßig deren **amtierende Organe** zur Entscheidung berufen, was indessen umstritten ist[7]. Die Gegenmeinung stellt darauf ab, dass das in § 53 StPO geschützte Vertrauensverhältnis nur zwischen Menschen, also Anvertrauendem und Geheimnisträger bestehen könne, wes-

---

1 Vgl. die vorst. Fn. sowie die differenzierenden Ausführungen von *Bittmann* in Bittmann, InsolvenzstrafR, § 1 Rz. 16 ff.
2 *Bittmann* in Bittmann, InsolvenzstrafR, § 1 Rz. 23 ff.; *Kayser* in Kreft, § 97 InsO Rz. 14.
3 Vgl. BGH v. 30.11.1989 – III ZR 112/88, ZIP 1990, 48 (52 f.) = DB 1990, 785.
4 LG Köln v. 7.4.1981 – 117 (62) Qs 3/80, NJW 1981, 1746; LG Darmstadt v. 12.12.1986 – 13 Qs 22 Js 29417/86, wistra 1987, 232; LG Stuttgart v. 21.4.1988 – 8 Qs 28/88, wistra 1988, 245; *Greven* in KK, § 97 StPO Rz. 9; abl. *Amelung*, DNotZ 1984, 195 (201, 204) mit ausf. Darstellung.
5 *Schmitt* in Meyer-Goßner/Schmitt, § 53 StPO Rz. 48, 49.
6 *Schmitt* in Meyer-Goßner/Schmitt § 53 StPO Rz. 49.
7 S. dazu im Einzelnen *Huber-Lotterschmid*, Verschwiegenheitspflichten u.a.; *Schmitt* in Meyer-Goßner/Schmitt, § 53 StPO Rz. 46a; *Ignor/Bertheau* in L/R, § 53 StPO Rz. 77, 78; *Krause*, NStZ 2012, 663, je m.Nw.

halb nur der Anvertrauende allein[1] oder dieser gemeinsam mit dem (aktuell oder früher) Vertretungsberechtigten der juristischen Person wirksam von der Schweigepflicht entbinden könne[2]. Dieser personale Bezug, der nicht zu Unrecht als „naturalistisches Missverständnis" bezeichnet worden ist[3], ist zu eng und wird weder den unterschiedlichen Lebenssachverhalten noch den praktischen Erfordernissen gerecht. § 53 StPO betrifft gleichermaßen „anvertraute" wie „bekannt gewordene" Tatsachen. Schon damit wird in den Hintergrund gerückt, auf welche Person oder sonstige Quelle die Erkenntnisse des Berufsgeheimnisträgers zurückgehen. Irrelevant ist dabei auch, ob im Einzelfall zwischen Berater und Mandant tatsächlich ein persönliches oder wenigstens persönlich (mit) geprägtes Vertrauensverhältnis oder nur ein geschäftsmäßiges Auftragsverhältnis bestanden hat. Ergänzend ist zu berücksichtigen, dass sich der strafrechtliche Mandantenschutz nach §§ 203, 204 StGB nicht etwa allgemein auf einen Vertrauensbruch des Geheimnisträgers bezieht, sondern nur auf die Inhalte der gesetzlich fingierten Vertrauensbeziehung, nämlich auf private und geschäftliche Geheimnisse. Strafantragsberechtigter ist gem. § 205 StGB deshalb konsequenterweise nach h.M. nur der Geheimnisträger und nicht etwa (auch) der Anvertrauende.[4]

Beispiele: Ein Wirtschaftsprüfer prüft den Jahresabschluss einer GmbH oder erstellt ein Gutachten über den Wert des Firmenvermögens. Für diese wochenlangen Tätigkeiten erhält er im Betrieb von zahlreichen Mitarbeitern der Gesellschaft eine Vielzahl von Informationen und Hinweisen. Selbstverständlich kann eine Entbindung von der Schweigepflicht hier nur vom Vertretungsorgan der Gesellschaft und nicht etwa von den einzelnen Mitarbeitern erfolgen.

Dasselbe gilt, wenn dem Wirtschaftsprüfer von einem Mitarbeiter des Unternehmens bewusst oder versehentlich ein für die Erfüllung seines Auftrags nicht benötigtes Geschäftsgeheimnis mitgeteilt wurde.

In den kritischen Fällen geht es in aller Regel (nur oder doch ganz vorrangig) um die geschäftlichen Verhältnisse und Geheimnisse der juristischen Person, die geschützt sind. Darunter können auch Geschäftsgeheimnisse fallen, denen Vermögenswert zukommt, z.B. dem Know-how für die Herstellung von Geräten oder sonstigen Waren. Für alle infrage kommenden Geheimnisse sind nur deren amtierende Vertreter jeweils berechtigt und verpflichtet, Entscheidungen zu treffen; dazu gehört auch die Befugnis, für die juristischen Person verbindliche Erklärungen zur Entbindung von der Schweigepflicht abzugeben. Bei **Geschäftsführerwechsel** bedarf es deshalb keiner zusätzlichen Schweigepflichtentbindung durch den früheren Geschäftsführer, wenn und soweit es um Aus-

8a

---

1 So LG Berlin v. 5.3.1993 – 505 AR 2/93, wistra 1993, 278.
2 OLG Schleswig v. 27.5.1980 – 1 Ws 160/80, NJW 1981, 294; OLG Koblenz v. 22.2.1985 – 2 VAs 21/84, NStZ 1985, 426; LG Saarbrücken v. 26.5.1995 – 8 Qs 73/95, wistra 1995, 239 m. abl. Anm. *Weyand* unter Hinweis auf zivilrechtliche Rspr.
3 *Rogall* in SK, § 53 StPO Rz. 199.
4 *Schünemann* in LK, § 205 StGB Rz. 7; *Fischer*, § 205 StGB Rz. 2, je m.w.Nw.

sagen zu den wirtschaftlichen Verhältnissen der Gesellschaft geht[1] (abw. § 11 Rz. 43).

8b Nur *ausnahmsweise* kann zusätzlich etwa die Zustimmung des **früheren Geschäftsführers** einer GmbH oder Personengesellschaft erforderlich sein, wenn zu dessen Amtszeit der Vertrauensperson Dinge anvertraut oder bekannt geworden sind, die über die juristische Person hinaus auch den *früheren Geschäftsführer persönlich* betroffen haben. Dabei muss das frühere Beratungsmandat sich auch auf den früheren Geschäftsführer bezogen oder eine *eindeutige Schutzwirkung* für ihn beinhaltet haben[2]. Dass dieser bloß beiläufig und/oder mittelbar oder von seiner persönlichen Interessenlage her von einer Aussage betroffen ist oder sein kann, reicht allerdings nicht aus. Der BGH hat darauf abgestellt, ob zwischen Geheimnisträger und Gesellschaftsorgan ausnahmsweise eine „*besondere Vertrauensbeziehung* bestanden hat, die *individuell begründet* worden ist, etwa dadurch, dass ausdrücklich um eine persönliche Beratung gebeten wurde[3]. In einem derartigen Ausnahmefall kann eine Entbindung von der Schweigepflicht durch den Insolvenzverwalter oder auch einen Liquidator mit entsprechender Einschränkung wirksam erklärt werden (Rz. 9). Nach dem *Tod* des Verfügungsberechtigten ist eine Schweigepflichtentbindung durch den/die Rechtsnachfolger jedenfalls insoweit möglich, als der Gegenstand der Auskunft wirtschaftliche Angelegenheiten der Gesellschaft betrifft, also nicht persönlicher Natur ist[4].

9 Von erheblicher praktischer Bedeutung ist die Frage, ob in der *Insolvenz einer Gesellschaft* nur der **Insolvenzverwalter** von der **Schweigepflicht entbinden** kann oder ob dazu (zusätzlich) eine entsprechende Erklärung des (letzten oder anvertrauenden) Geschäftsführers oder sonstigen Leitungsorgans der Gesellschaft erforderlich ist. Die ältere Rechtsprechung und Teile der Literatur tendierten eher dazu, die Entbindungserklärung des Insolvenzverwalters nicht ausreichen zu lassen[5]. Dieser Auffassung kann jedoch insoweit nicht gefolgt werden, als die im Auftrag der Gesellschaft tätig gewesenen Vertrauenspersonen Bekundungen über (insbesondere *wirtschaftliche*) Angelegenheiten *der*

---

1 OLG Oldenburg v. 28.12.2004 – 1 Ws 242/04, NStZ 2004, 570; LG Lübeck v. 7.6.1977 – 4 Qs 171/77, NJW 1978, 1014; LG Hamburg v. 6.8.2001 – 616 Qs 41/01, NStZ-RR 2002, 12; LG Bonn v. 13.2.2012 – 27 Qs 21/11, wistra 2012, 450; OLG Düsseldorf (Zivilsenat) v. 6.10.1993 – 3 W 367/93, MDR 1994, 514; *Schmitt* in Meyer-Goßner/Schmitt, § 53 StPO Rz. 46 (seit 56. Aufl.); *Schäfer*, wistra 1985, 210; *Weyand*, wistra 1995, 240.
2 Ähnlich *Bittmann*, wistra 2012, 173; *Schünemann* in LK § 203 StGB Rz. 100.
3 BGH v. 30.11.1989 – III ZR 112/88, BGHZ 109, 260 = NJW 1990, 510 (512) m. Anm. *Nasall*, NJW 1990, 496.
4 *Schmitt* in Meyer-Goßner/Schmitt, § 53 StPO Rz. 48. Im Übrigen muss der Zeuge selbst entscheiden, ob er von dem fortbestehenden Zeugnisverweigerungsrecht Gebrauch machen will, vgl. BGH v. 4.7.1984 – IVa ZR 18/83, BGHZ 91, 392; *Ignor/Bertheau* in L/R, § 53 StPO Rz. 64 m.w.Nw.
5 OLG Schleswig v. 27.5.1980 – 1 Ws 160/80, NJW 1981, 294; OLG Koblenz v. 22.2.1985 – 2 Vas 21/84, NStZ 1978, 426; OLG Düsseldorf v. 14.12.1992 – 1 Ws 1155/92, StV 1993, 346; LG Saarbrücken v. 26.5.1995 – 8 Qs 73/95, wistra 1995, 239 m. abl. Anm. *Weyand*; *Dahs* in FS Kleinknecht, 1985, S. 63; *Senge* in KK, § 53 StPO Rz. 47 mit ausführlicher Darstellung von Rspr. und Literatur.

Gesellschaft machen soll, also beispielsweise über Fragen der wirtschaftlichen Entwicklung oder der Erstellung von Bilanzen einschließlich Bewertungsfragen oder über Zweck und Hintergrund von Verträgen oder über Vermögenswerte und Verbindlichkeiten der Gesellschaft berichten soll. Bezüglich solcher Angelegenheiten ist der Insolvenzverwalter gem. § 80 InsO alleiniger Verwaltungs- und Verfügungsbefugter der Gesellschaft; damit ist er auch verantwortlicher Träger des wirtschaftlichen Geheimhaltungsinteresses der Gesellschaft. Deshalb besitzt er grundsätzlich auch die alleinige Entscheidungsbefugnis[1] (vgl. auch Rz. 8).

Bei **vorläufiger Insolvenzverwaltung** kommt es maßgeblich darauf an, ob dem Schuldner ein *allgemeines Verfügungsverbot* auferlegt worden ist oder ob er sein Verfügungsrecht behalten hat. Insoweit steht nur ein **„starker" vorläufiger Insolvenzverwalter** (§ 22 Abs. 1 InsO) oder ein vom Gericht ausnahmsweise mit Verfügungsbefugnis versehener schwacher vorläufiger Verwalter („*Zustimmungsverwalter*", s. § 22 Abs. 2 InsO) dem vorstehend erörterten Insolvenzverwalter gleich. Bei Eigenverwaltung eines Insolvenzschuldners (§§ 270 ff.) bleibt der Schuldner hingegen verfügungsbefugt. 9a

Schon früher hat der **BGH** *zivilrechtlich* entschieden, dass jedenfalls im Regelfall *allein* dem **Insolvenzverwalter** die Befugnis zusteht, einen Rechtsanwalt von seiner Schweigepflicht zu entbinden, soweit das Mandat des Anwalts Angelegenheiten, die für die Insolvenzmasse Bedeutung haben können, betroffen hat[2]. Dies gilt auch in Fällen, in denen der Gemeinschuldner oder dessen Organe, die dem Rechtsanwalt im Rahmen des früheren Mandats Informationen gegeben haben, eigene Geheimhaltungsinteressen besitzen. Wenn das Mandat ausnahmsweise überhaupt auch Schutzwirkung für den genannten Personenkreis besaß, hat doch das Interesse des Insolvenzverwalters, die zur optimalen Verwertung der Masse erforderlichen Informationen zu erhalten und dabei ggf. auch Ansprüche gegen den Gemeinschuldner oder dessen frühere Gesellschaftsorgane durchsetzen zu können, in aller Regel Vorrang[3]. 9b

§ 53 StPO gewährt nur ein Zeugnisverweigerungs*recht*, beinhaltet jedoch *keine Pflicht zur Zeugnisverweigerung*. Die zugehörige **Schweigepflicht** ergibt sich indessen **aus** den jeweiligen **Berufsgesetzen** (etwa § 43a Abs. 2 BRAO oder § 57 Abs. 1 StBerG, § 91 Rz. 16) i.V.m. der Strafbestimmung des § 203 StGB (§ 33 Rz. 25 ff.). Die Schweigepflicht darf nach allgemeinen Regeln vom Träger des Berufsgeheimnisses *durchbrochen* werden, wenn dafür ein *Rechtfertigungsgrund* besteht. Als solcher wird von der h.M. in Analogie zu §§ 34, 193 StGB und nach *Berufsordnungen* der Beraterberufe[4] auch anerkannt, dass die Vertrauensperson in *Wahrnehmung* gewichtiger *eigener Interessen* handelt, so etwa, wenn ein Berater haftungsrechtliche, berufsrechtliche oder strafrechtliche Vor- 10

---

1 OLG Nürnberg v. 18.6.2009 – 1 Ws 289/09, NJW 2010, 690; LG Bonn v. 13.2.2012–27 Qs 21/11, wistra 2012, 450; LG Hamburg v. 6.8.2001 – 616 Qs 41/01, NStZ-RR 2002, 12; OLG Oldenburg v. 28.5.2004 – 1 Ws 242/04, NStZ 2004, 570; *Greven* in KK, § 97 StPO Rz. 6; *Schmitt* in Meyer-Goßner/Schmitt, § 53 StPO Rz. 46a, b.
2 BGH v. 30.11.1989 – III ZR 112/88, NJW 1990, 510 = ZIP 1990, 48 = DB 1990, 783.
3 BGH v. 30.11.1989 – III ZR 112/88, NJW 1990, 510; zust. *Nasall*, NJW 1990, 496.
4 Vgl. § 2 Abs. 3 BORA, § 2 Abs. 2 BOPatA, § 5 Abs. 2 BOStBer.

würfe gegen sich selbst ausräumen will[1] oder wenn er Strafanzeige gegen seinen früheren Mandanten erstattet, weil dieser ihn etwa betrügerisch geschädigt hat; dasselbe gilt, wenn die Vertrauensperson z.B. Honorarforderungen gegen ihren ehemaligen Mandanten im Klageweg geltend macht und zur Begründung der Forderungen auf die Darlegung anvertrauter Dinge angewiesen ist.

10a **Begrenzt** wird die berufliche Schweigepflicht darüber hinaus durch gesetzliche Auskunfts- und Anzeigepflichten, so z.B. nach den Berufsgesetzen sowie allgemein nach §§ 138, 139 StGB (Anzeige geplanter schwerer Straftaten) oder nach § 11 GwG (Verdachtsanzeigepflicht bei Geldwäsche; § 51 Rz. 61).

11 **Hilfskräfte** der unter § 53 StPO fallenden Vertrauensberufe haben berufsrechtlich eine Schweigepflicht und gem. § 53a StPO ebenfalls ein Zeugnisverweigerungsrecht. Über die Ausübung dieses Rechts haben grundsätzlich die Geschäftsherren dieser Berufshelfer zu entscheiden[2] (§ 53a Abs. 1 S. 2 StPO). In Strafverfahren gegen ihren Geschäftsherrn steht Berufshelfern dagegen nach h.M. kein Zeugnisverweigerungsrecht zu[3].

12 **b)** Den Angehörigen der traditionellen Beraterberufe und ihren Berufshelfern stehen in **nicht-strafrechtlichen Verfahren** erweiterte Zeugnisverweigerungsrechte zu. Auf §§ 383 Abs. 1 Nr. 5, 384 Nr. 3 ZPO, aber auch auf die wichtigen Regelungen für Steuersachen in § 102 Abs. 1 Nr. 3, Abs. 4 AO sei unter Verzicht auf nähere Darlegungen beispielhaft hingewiesen.

II. Beschlagnahmeverbot

1. Grundsatz

13 Nach § 97 Abs. 1 StPO unterliegen Gegenstände, die von einem *Zeugnisverweigerungsrecht* nach § 53 Abs. 1 Nr. 1–3a StPO *umfasst* sind (Rz. 4) – also u.a. auch dem der genannten traditionellen Beraterberufe – **grundsätzlich** einem **Beschlagnahmeverbot**. Mit dieser Regelung wird die ansonsten gegebene Möglichkeit, die Zeugnisverweigerungsrechte zu unterlaufen, verhindert[4]. Bezüglich Gegenständen, bei denen eine Beschlagnahme verboten ist, darf naturgemäß auch **keine Durchsuchung**[5] bei Berufsgeheimnisträgern stattfinden[6]. Soweit nach § 160a StPO Ermittlungsmaßnahmen bei Berufsgeheimnisträgern nicht oder nur unter Einschränkungen zulässig sind (Rz. 41 ff.), gilt diese Rege-

---

1 Vgl. *Schmitt* in Meyer-Goßner/Schmitt, § 53 StPO Rz. 5, 6; *Ignor/Bertheau* in L/R, § 53 StPO Rz. 8, 10, 12.
2 BGH v. 7.4.2005 – 1 StR 326/04, NJW 2005, 2406; *Schmitt* in Meyer-Goßner/Schmitt, § 53a StPO Rz. 7.
3 Vgl. *Schmitt* in Meyer-Goßner/Schmitt, § 53 StPO Rz. 9. Krit. dazu mit beachtlichen Argumenten, soweit berechtigte Interessen Dritter (z.B. Arztpatienten) betroffen sind, *Schliewinski*, NJW 1988, 1507.
4 Vgl. schon *Weinmann* in FS Dünnebier, 1982, S. 207; *Volk*, DStR 1989, 338; *Schmitt* in Meyer-Goßner/Schmitt, § 97 StPO Rz. 1.
5 Zur Durchsuchung allg. vgl. § 11 Rz. 80 ff.; *Bruns* in KK, §§ 102, 103 StPO Rz. 1 ff.
6 Vgl. *Greven* in KK, § 97 StPO Rz. 11 ff.; *Schmitt* in Meyer-Goßner/Schmitt, § 97 StPO Rz. 1.

lung ausdrücklich nicht für Durchsuchungsmaßnahmen nach § 97 StPO (vgl. § 160a Abs. 5 StPO).

Im Einzelnen sind von einer Beschlagnahme **Gegenstände ausgenommen,** soweit diese sich **im Gewahrsam** des Trägers eines Berufsgeheimnisses befinden: 14

– schriftliche *Mitteilungen* zwischen Beschuldigten und Berater (§ 97 Abs. 1 Nr. 1 StPO),
– *Aufzeichnungen des Beraters* über ihm anvertraute oder bekannt gewordene Umstände (§ 97 Abs. 1 Nr. 2 StPO),
– *andere Gegenstände*, auf die sich das Zeugnisverweigerungsrecht nach § 53 Abs. 1 Nr. 1–3a StPO erstreckt[1] (§ 97 Abs. 1 Nr. 3 StPO; zum besonderen Schutz des Verhältnisses zwischen *Strafverteidiger* und beschuldigtem Mandanten s. Rz. 32[2]). Unter „andere Gegenstände" fallen nur solche Beweisgegenstände, welche Informationen über Tatsachen verkörpern, die dem Berater anvertraut oder bekannt geworden sind; nicht erfasst sind Gegenstände, die der Einziehung oder dem Verfall unterliegen[3]; zu Buchhaltung und Bilanzen s. Rz. 17 ff.

Die Reichweite dieser gesamten Regelung, insbesondere aber von § 97 Abs. 1 Nr. 3 StPO, ist in ihren Einzelheiten, insbesondere hinsichtlich mancher Abgrenzungsfragen seit Langem weitgehend umstritten[4].

2. Grenzen des Beschlagnahmeverbots

Unter das vorstehend genannte Beschlagnahmeverbot fallen nur solche Gegenstände, die ihrem Inhalt nach **Gegenstand eines Zeugnisverweigerungsrechts** sein können und die ihrem Aussagegehalt nach das Vertrauensverhältnis zwischen Auftraggeber und Zeugnisverweigerungsberechtigten betreffen. Demgemäß endet das einem Berufsgeheimnisträger zustehende Beschlagnahmeprivileg im Einzelfall spätestens in dem Zeitpunkt, in dem der betreffende Mandant ihn von seiner beruflichen Schweigepflicht entbunden hat. 15

Deshalb kann der Erwägung, die Beschlagnahmeverbote des § 97 Abs. 1 StPO dienten maßgeblich oder gar in erster Linie dem institutionellen Schutz bestimmter Vertrauensberufe[5], nicht gefolgt werden.

Bei **freiwilliger Herausgabe** beschlagnahmefreier Gegenstände ist eine Beschlagnahme i.d.R. nicht erforderlich, wohl aber eine *Sicherstellung zur amtlichen Verwahrung* angezeigt. Letztere ist auch dann zulässig, wenn der herausgebende Gewahrsamsinhaber gegen § 203 StGB verstößt[6]. Auch setzt die Sicherstellung bei oder nach freiwilliger Herausgabe durch Berufsgeheimnist- 15a

---

1 Zur Beschlagnahme von Datenträgern bei Berufsgeheimnisträgern vgl. BVerfG v. 1.3.2002 – 2 BvR 972/00, NJW 2002, 1940 (1941); BVerfG v. 12.4.2005 – 2 BvR 1027/02, NJW 2005, 1917; *Kutzer*, NJW 2005, 2653.
2 Vgl. auch *Schmitt* in Meyer-Goßner/Schmitt, § 97 StPO Rz. 36, § 148 StPO Rz. 8.
3 Vgl. *Greven* in KK, § 97 StPO Rz. 1; *Schmitt* in Meyer-Goßner/Schmitt, § 97 StPO Rz. 3.
4 *Menges* in L/R, § 97 StPO Rz. 5 ff., 11 ff.; *Greven* in KK, § 97 StPO Rz. 15, 22.
5 So z.B. *Volk*, DStR 1989, 338 (342).
6 *Schmitt* in Meyer-Goßner/Schmitt, § 97 StPO Rz. 5.

räger – anders als bei sonstigen zur Zeugnisverweigerung Berechtigten (§ 52 StPO)[1] – keine Belehrung über die (mögliche) Beschlagnahmefreiheit voraus, da ihnen das Recht zur Zeugnisverweigerung schon berufsrechtlich bekannt ist bzw. bekannt sein muss[2].

15b *Problematisch* ist, ob eine solche Sicherstellung und Verwertung nach freiwilliger Herausgabe **als eine Ermittlungsmaßnahme** zu werten ist, für die § 160a StPO anwendbar wäre. In diesem Fall wären von einem Verteidiger übergebene Unterlagen oder sonstige Gegenstände (§ 160a Abs. 1 StPO) nicht verwertbar; von anderen in § 53 StPO genannten Beratern übergebene Gegenstände dürften nur nach Maßgabe der in § 160a Abs. 2 StPO genannten Einschränkungen verwertet werden[3]. § 160a StPO setzt allerdings voraus, wenn man von dem in § 160a Abs. 1 S. 2 StPO genannten Sonderfall (zufälliges Betroffensein u.a. eines Verteidigers von Ermittlungsmaßnahmen gegen Dritte) absieht, dass geschützte Berufsträger von Ermittlungsmaßnahmen selbst betroffen sind oder sein können[4]. Ist dies – wie vorstehend – nicht der Fall, so ist § 160a StPO nicht anwendbar.

Beispiel: Ein Berater übersendet ein an sich beschlagnahmefreies Schriftstück, dessen Inhalt seinen (früheren) Mandanten belastet, von sich aus der Staatsanwaltschaft, die hierauf gegen den Mandanten ein Ermittlungsverfahren einleiten darf.

Wird die freiwillige Herausgabe von Unterlagen *zurückgenommen* (= Widerruf der Einwilligung), so sind die Unterlagen dem Verfügungsberechtigen wieder zurückzugeben; wenn sie inzwischen ausgewertet worden sind, darf das Ergebnis gleichwohl zu Beweiszwecken verwendet werden[5].

16 Wichtig ist darüber hinaus, dass die Beziehung eines Nichtbeschuldigten bzw. Nichtmandanten zu einem Berufsgeheimnisträger i.d.R. keine Vertrauensbeziehung beinhaltet, die dem Schutz des § 97 Abs. 1 StPO unterfällt. Demgemäß können Gegenstände, die der Geheimnisträger **von einem Dritten**, also nicht von seinem Auftraggeber, erhalten hat, grundsätzlich beschlagnahmt werden[6]. Dies gilt allerdings wohl nicht für *Verteidigungsunterlagen*, die einem ganz besonderen Schutz unterliegen[7] (vgl. Rz. 32).

16a Bei **Mandaten von juristischer Personen** erstreckt sich das geschützte Vertrauensverhältnis zum Berater im Prinzip *nicht auch* auf die *Leitungsorgane* der ju-

---

1 Vgl. *Schmitt* in Meyer-Goßner/Schmitt, § 97 StPO Rz. 6, § 53 StPO Rz. 44; *Senge* in KK, § 53 StPO Rz. 6; abw. *Greven* in KK, § 97 StPO Rz. 3.
2 Vgl. *Senge* in KK, § 53 StPO Rz. 6, 7.
3 In diesem Sinne bejahend wohl *Greven* in KK, § 97 StPO Rz. 3 ; s. auch *Schmitt* in Meyer-Goßner/Schmitt, § 160a StPO Rz. 1; *Glaser/Gedeon*, GA 2007, 425 ff.
4 Vgl. *Griesbaum* in KK, § 160a StPO Rz. 4, 13.
5 *Schmitt* in Meyer-Goßner/Schmitt, § 97 StPO Rz. 5–7; *Greven* in KK, § 97 StPO Rz. 4.
6 Vgl. *Greven* in KK, § 97 StPO Rz. 3 ff.; *Schmitt* in Meyer-Goßner/Schmitt, § 97 StPO Rz. 10, je m.w.Nw.
7 OLG Frankfurt v. 21.5.2005 – 3 Ws 499/05, NStZ-RR 2005, 270; *Greven* in KK, § 97 StPO Rz. 24.

ristischen Personen[1] (s. auch Rz. 8). Deshalb können in einem Ermittlungsverfahren gegen Geschäftsführer oder Vorstände juristischer Personen, aber auch gegen Dritte, beim Wirtschaftsprüfer oder Steuerberater einer juristischen Person grundsätzlich Unterlagen beschlagnahmt werden, die Gegenstand eines Mandatsverhältnisses zwischen der juristischen Person und den genannten Berufsgeheimnisträgern gewesen sind[2]. Dies ist vor allem von erheblicher Bedeutung, wenn wegen Straftaten von Firmenorganen zum Nachteil ihrer Unternehmen ermittelt wird. Sind bei einer solchen Konstellation *innerhalb eines Unternehmens* durch beauftragte externe Anwälte oder Wirtschaftsprüfer Untersuchungen vorgenommen worden (internal investigation, internal audit), ist problematisch, inwieweit bei den Untersuchenden angefallene oder ihnen überlassene Beweisgegenstände beschlagnahmt werden dürfen[3] (vgl. Rz. 47). Zulässig ist dies jedenfalls, soweit eine wirksame Entbindung von der Schweigepflicht erfolgt ist.

Von großer praktischer Relevanz in der Ermittlungspraxis ist die Frage, ob und inwieweit *Schriftgut* (z.B. **Buchhaltung, Geschäftskorrespondenz, Bilanzen** u.Ä.) von Beschuldigten (oder ggf. auch eines Dritten, etwa der vom Beschuldigten geleiteten Gesellschaft), das sich bei deren Rechtsanwalt, Steuerberater oder Wirtschaftsprüfer befindet, beschlagnahmefähig ist. Bei weiter Auslegung des Wortlauts des § 97 Abs. 1 Nr. 3 StPO könnten auch solche Gegenstände als einem Zeugnisverweigerungsrecht unterliegende „bekannt gewordene" Tatsachen[4] angesehen werden. 17

a) Weite Auffassung

Demgemäß wird vor allem auch in der Literatur[5], insbesondere von institutionell selbst betroffenen Rechtsanwälten und Steuerberatern, die Auffassung vertreten, das Gesetz statuiere in § 97 StPO **Beschlagnahmeverbote in ganz weitem Sinne**, sodass auch *Bilanzen und Buchhaltungsunterlagen* von Mandanten, die sich im Besitz eines Rechtsanwalts, Steuerberaters oder Wirtschaftsprüfers be- 18

---

1 Vom BVerfG v. 27.2.2007 – 1 BvR 538/06, NJW 2007, 1117 bestätigt mit dem Hinweis, dass eine Erstreckung des Beschlagnahmeschutzes auf Unternehmensorgane über den Wortlaut des § 97 Abs. 1 StPO hinaus verfassungsrechtlich nicht gefordert sei; vgl. dazu auch *Menges* in L/R, § 97 StPO Rz. 52.
2 Vgl. *Greven* in KK, § 97 StPO Rz. 6; *Menges* in LK, § 97 StPO Rz. 52.
3 Vgl. LG Hamburg v. 15.10.2010 – 608 Qs 18/10 – HSK Nordbank, NJW 2011, 942; LG Mannheim v. 3.7.2012 – 24 Qs 1/12, wistra 2012, 400 = NStZ 2012, 713.
4 So im Ergebnis die (weitgehend überholten) älteren Entscheidungen LG Stuttgart v. 7.11.1975 – 4 Qs 363/75, NJW 1976, 2030; LG Stuttgart v. 14.8.1987 – 10 Qs 53/87, wistra 1988, 40; LG Koblenz v. 30.10.1984 – 10 Qs 10/84, StV 1985, 8; LG Darmstadt v. 18.3.1988 – 9 Qs 1188/87, NStZ 1988, 286; LG München v. 22.4.1988 – 19 Qs 3/88, NJW 1989, 536; ferner auch LG Stade v. 24.3.1986 – 13 Qs 4/85, NStZ 1987, 38 m. abl. Anm. *Birmanns*; LG Berlin v. 1.3.1989 – 520 Qs 22/89, NJW 1990, 1058; OLG Köln v. 7.5.1991 – 2 Ws 149/91, NStZ 1991, 452; vgl. auch die Ausf. von *Schmitt* in Meyer-Goßner/Schmitt, § 97 StPO Rz. 40; *Greven* in KK, § 97 StPO Rz. 11 ff., je m.w.Nw.
5 Vgl. etwa *Gülzow*, NJW 1981, 265; *Göggerle*, BB 1986, 41; *Volk*, DStR 1989, 338; *Bandisch*, AnwBl. 1987, 436; *Bauwens*, wistra 1985, 179; *Birner*, wistra 1985, 42; *Gilgan*, Stbg. 1988, 167; *Schiller*, StV 1985, 169.

finden, nach geltendem Recht *beschlagnahmefrei* seien, sofern die privilegierte Person nicht selbst einer Straftat verdächtig ist oder die Gegenstände selbst (ausnahmsweise) als *Tatwerkzeuge* anzusehen seien, wobei insoweit das Beschlagnahmeprivileg schon nach § 97 Abs. 2 StPO nicht eingreift.

Soweit der Zweck von Beschlagnahmeverboten darin gesehen wird, primär Interessen der im Gesetz genannten Berufsträger institutionell zu schützen[1], ist dies verfehlt. Das ergibt sich schon daraus, dass ein Beschlagnahmeverbot entfällt, sobald eine Entbindung von der Schweigepflicht erfolgt ist. Geschützt werden sollen durch Zeugnisverweigerungsrechte und Beschlagnahmeverbote in erster Linie die (gesetzlich fingierten) Interessen von Mandanten an der Geheimhaltung ihrer vertraulichen Mitteilungen.

19 Mit ähnlichem Ergebnis wird in der Literatur[2] die Meinung vertreten, nur in Fällen des **kollusiven Zusammenwirkens** von Beschuldigtem und Berater zum Zwecke des (auch nur vorsorglichen) Beiseitebringens belastender Unterlagen liege ein Fall des *Rechtsmissbrauchs* vor, weshalb die (an sich gegebene) Beschlagnahmefreiheit ausnahmsweise entfalle. Diese Auffassung ist indessen schon deshalb wenig überzeugend, weil unklar bleibt, inwieweit ein kollusives Zusammenwirken, wenn man von Sonderfällen, die z.B. unter die Tatbestände des § 283 Abs. 1 Nr. 6 StGB oder des § 258 StGB fallen, absieht, wirklich verboten ist und – angeblich ja entgegen dem Wortlaut und dem Sinn des Gesetzes – zu der behaupteten Rechtsfolge führen soll. Aber auch wenn man dieser Auffassung folgt, ist doch unverkennbar, dass sie gänzlich unpraktikabel ist[3]. Ein solches kollusives Zusammenwirken ist nur sehr selten nachweisbar, schon gar nicht in einem frühen Ermittlungsstadium.

20 Nach anderen Auffassungen entfällt die Beschlagnahmefreiheit, wenn beim Berater befindliche **Schriftstücke** nicht im Rahmen des Beratungsverhältnisses **entstanden** sind[4] – s. § 11 Rz. 107 – (so z.B. die in einem Unternehmen geführte Buchhaltung) oder wenn und soweit Unterlagen eines Mandanten vom Berater zur Erfüllung seiner beruflichen Pflicht **nicht** mehr **benötigt** werden[5]. Die zuletzt erwähnten Entscheidungen, die im Ergebnis wohl zutreffend sind, sind dogmatisch zweifelhaft und lösen Abgrenzungsfragen nicht immer überzeugend.

---

1 Vgl. z.B. *Volk*, DStR 1989, 338.
2 Vgl. *Kunert*, MDR 1973, 180; *Bringewat*, NJW 1974, 1740 ff.; *Haffke*, NJW 1975, 808; s. auch LG Köln v. 8.3.1973 – 36 Qs 4/73, BB 1974, 1548; LG Kaiserslautern v. 3.3.1978 – 5 Qs 42/78, AnwBl. 1979, 120; LG Aachen v. 16.3.1981 – 15 Qs 9/81, MDR 1981, 603.
3 Vgl. schon *Weinmann* in FS Dünnebier, 1982, S. 206; *Schäfer*, wistra 1985, 12 (13 f.).
4 LG Stuttgart v. 5.8.1983 – 10 Qs 96/83, wistra 1985, 41; LG München v. 3.8.1984 – 27 Qs 8/84, wistra 1985, 41; LG Hanau v. 28.12.1983 – 6 Js 7884/83, StB 1985, 52; LG Braunschweig v. 13.6.1978 – 36 Qs 67/78, NJW 1978, 2108; LG Hildesheim v. 21.4.1988 – 22 Ws 1/88, wistra 1988, 326; LG München I v. 22.4.1988 – 19 Qs 3/88, wistra 1988, 326 = NJW 1989, 536; LG Fulda v. 12.10.1999 – 2 Qs 51/99, StV 2000, 548.
5 LG Berlin v. 10.11.1976 – 514a Qs 73/76, NJW 1977, 725; neuerdings LG Essen v. 12.8.2009 – 56 Qs 7/09, wistra 2010, 78; LG Hamburg v. 4.7.2005 – 608 Qs 3/05, wistra 2011, 192; LG Dresden v. 22.1.2007 – 5 Qs 34/2006, NJW 2007, 2709.

Schwerlich haltbar ist auch die Auffassung, Geschäftsunterlagen seien beim 20a
Berater schon deshalb *immer beschlagnahmefähig*, weil der Mandant an diesen
Unterlagen stets **Mitgewahrsam** behalte[1]. Abgesehen davon, dass der Gewahrsamsbegriff des § 97 StPO an die tatsächliche räumliche Zugriffsmöglichkeit anknüpft[2], weshalb Gegenstände, die an sich dem Beschlagnahmeverbot nach § 97 StPO unterfallen, *außerhalb des Gewahrsams* des Zeugnisverweigerungsberechtigten grundsätzlich durchaus *beschlagnahmefähig* sind[3], würde ein bloß mittelbarer Mitgewahrsam des Beschuldigten allein eine Beschlagnahme beim (hauptsächlichen) Gewahrsamsinhaber noch nicht rechtfertigen können[4].

b) Engere Auffassung

Zutreffend ist bei § 97 Abs. 1 Nr. 3 StPO die *engere* Auffassung. Beschlagnahmefrei schon nach § 97 Abs. 1 Nr. 1 und 2 StPO sind solche Unterlagen, die als **Beratungsgrundlagen** dienen und damit unmittelbar das Vertrauensverhältnis zwischen Berater und Mandant betreffen. Dazu gehören der Schriftverkehr zwischen beiden und eigene Aufzeichnungen des Beraters, insbesondere Vermerke über Mitteilungen des Mandanten und über Besprechungen mit diesem, und zwar wohl auch insoweit, als diese z.B. Vorschläge, Anregungen und Diskussionen bezüglich Einzelfragen der Buchführung und Bilanzierung betreffen[5]. **Verteidigungsunterlagen** sind dabei nicht nur beim Verteidiger, sondern zusätzlich auch bei dessen Mandanten oder bei Dritten beschlagnahmefrei[6] (vgl. Rz. 32). 21

Soweit es um *Gegenstände* geht, die nicht unter § 97 Abs. 1 Nr. 1 und 2 StPO 21a
fallen, spricht für eine enge Auslegung des § 97 Abs. 1 Nr. 3 StPO zunächst,
dass diese Bestimmung eine **Ausnahmeregelung** gegenüber dem Grundsatz der
§§ 94, 95 StPO, wonach Zeugen Beweisgegenstände herauszugeben haben, darstellt. § 97 Abs. 1 Nr. 3 StPO bezieht sich ausdrücklich nicht auf alle Gegenstände, die die Zeugnisverweigerungsberechtigten im Rahmen eines Mandats erhalten haben, sondern nur auf solche, „auf die sich das Zeugnisverweigerungsrecht erstreckt". Nach § 53 Abs. 1 Nr. 3 StPO umfasst das Zeugnisverweigerungsrecht aber (nur) das, was dem Berufsangehörigen „in dieser Eigenschaft anvertraut worden oder bekannt geworden ist". Ihrer Natur nach haben

---

1 LG Aachen v. 11.10.1984 – 86 Qs 74/84, NJW 1985, 338 im Anschluss an *Birmanns*, MDR 1981, 102; in ähnlichem Sinn auch LG Stuttgart v. 4.4.1990 – 14 Qs 53/90 – „untergeordneter Gewahrsam eines Anwalts", wistra 1990, 282; LG Fulda v. 12.10.1999 – 2 Qs 51/99, StV 2000, 548; abl. LG München v. 14.12.1983 – 19 Qs 4/83, NJW 1984, 1192; *Menges* in L/R, § 97 StPO Rz. 27 ff.; *Greven* in KK, § 97 StPO Rz. 14 ff., je m.w.Nw.
2 Vgl. *Schmitt* in Meyer-Goßner/Schmitt, § 97 StPO Rz. 1 ff.; *Greven* in KK, § 97 StPO Rz. 11, 16, 17.
3 Vgl. *Schmitt* in Meyer-Goßner/Schmitt, § 97 StPO Rz. 11 ff., 13.
4 Die abweichende Entscheidung des BGH v. 4.8.1964 – 6 BJs 469/62-3-StB 12/63, BGHSt 19, 374 betraf einen Fall des unmittelbaren Gewahrsams mehrerer Personen.
5 Vgl. zum Ganzen *Menges* in L/R, § 97 StPO Rz. 28 ff., 72 ff.; *Schmitt* in Meyer-Goßner/Schmitt, § 97 StPO Rz. 40.
6 Vgl. *Schmitt* in Meyer-Goßner/Schmitt, § 97 StPO Rz. 37, § 148 StPO Rz. 8 zum freien Verkehr des Verteidigers mit inhaftierten Mandanten; BVerfG v. 30.1.2002 – 2 BvR 2248/00, NJW 2002, 1410; BGH v. 25.2.1998 – 3 StR 490/97, BGHSt 44, 46.

sich Zeugenaussagen dabei grundsätzlich auf selbst beobachtete (oder auch vom Hörensagen bekannt gewordene) Tatsachen oder *Wahrnehmungen* von Zeugen zu beziehen[1].

22 Demgegenüber sind *Schriftstücke* grundsätzlich **eigenständige Beweismittel**, deren Inhalt nach dem prozessualen Grundsatz der Unmittelbarkeit primär *durch Verlesung bewiesen* wird (§ 249 StPO) und nicht durch die naturgemäß weniger beweiskräftige Aussage von Zeugen über solche Inhalte. Soweit aber schon keine normale, originäre Zeugnispflicht besteht, kann auch ein diese Pflicht einschränkendes Zeugnisverweigerungsrecht nicht in Betracht kommen. Dies spricht dafür, grundsätzlich nur solche Gegenstände als *beschlagnahmefrei* i.S. von § 97 Abs. 1 Nr. 3 StPO anzusehen, die *eigene Wahrnehmungen* des Zeugnisverweigerungsberechtigten verkörpern, wie etwa die beispielhaft im Gesetz genannten ärztlichen Untersuchungsbefunde. Die *Buchhaltung und* die *Handelsbilanzen* eines Mandanten, die nach kaufmännischen Grundsätzen im öffentlichen Interesse geführt und aufbewahrt werden müssen, gehören nach richtiger Ansicht[2] grundsätzlich **nicht** zu den **beschlagnahmefrei**en Gegenständen (näher dazu Rz. 27 ff.).

23 **Ausnahmsweise** kommt eine **zeitweilige Beschlagnahmefreiheit** schriftlicher Unterlagen, die nach kaufmännischen und handelsrechtlichen Verpflichtungen aufzubewahren sind, unter dem Gesichtspunkt der Verhältnismäßigkeit in Betracht, wenn und solange die Unterlagen sich *aus berufsspezifischen Gründen* beim Berater befinden, dieser sie also im Rahmen des Beratungsverhältnisses erhalten hat und sie zur ordnungsgemäßen Ausübung seiner beruflichen Aufgabe (z.B. Erstellung von Steuerbilanzen und Steuererklärungen durch Steuerberater) auch tatsächlich benötigt[3]. Dies ist jedenfalls anzunehmen, wenn der Berater andernfalls in der ordnungsgemäßen Erfüllung seiner aus dem Mandatsverhältnis resultierenden Berufspflichten in unverhältnismäßiger Weise behindert wäre.

24 **Beispiele:** Als Beispielsfälle sind in diesem Zusammenhang anzuführen:
– Der Unternehmer, der seine **Buchhaltung** und seine **Handelsbilanzen** von einem selbständigen Steuerberater erledigen lässt, setzt diesen nicht in seiner beruflichen Eigenschaft als Steuerberater, sondern in Wahrheit als *externen Buchhalter* ein.

Ähnliches müsste gelten, wenn der Steuerberater etwa als Immobilienvermittler, Betreiber eines Büroservice, Hausverwalter, Domizilgeber von Firmen (deren Inhaber sich etwa hinter einer „seriösen Adresse" verstecken wollen), Gründer von Vorrats-

---

1 Vgl. *Senge* in KK, vor § 48 StPO Rz. 1; *Schmitt* in Meyer-Goßner/Schmitt, vor § 48 StPO Rz. 2.
2 Vgl. *Schmitt* in Meyer-Goßner/Schmitt, § 97 StPO Rz. 22, 30, 40; LG Stuttgart v. 21.7.2000 – 11 Qs 46/00, wistra 2000, 439 m. Anm. *Richter*; LG Dresden v. 22.1.2007 – 5 Qs 34/2006, NJW 2007, 2709; LG Saarbrücken v. 12.3.2013 – 2 Qs 15/13, StraFo 2013, 247; a.A. LG Konstanz v. 21.11.2001 – 1 Qs 108/01, PStR 2002, 26.
3 So z.B. LG Stuttgart v. 5.8.1983 – 10 Qs 96/83, wistra 1985, 41; LG Chemnitz v. 20.9.2000 – 4 Qs 8/00, PStR 2001, 68; LG Hamburg v. 4.7.2005 – 608 Qs 3/05, wistra 2005, 394; LG Dresden v. 22.1.2007 – 5 Qs 34/06, NJW 2007, 2709; LG Frankfurt v. 15.10.2002 – 5/12 Qs 39/02, DStR 2004, 290; LG Essen v. 12.8.2009 – 56 Qs 7/09, wistra 2010, 78; s. auch *Schmitt* in Meyer-Goßner/Schmitt, § 97 StPO Rz. 40; *Greven* in KK, § 97 StPO Rz. 15; a.A. *Volk*, DStR 1989, 338 (341 f.); LG Stade v. 24.3.1986 – 13 Qs 4/85, NStZ 1987, 38; LG Konstanz v. 21.11.2001, 1 Qs 108/01, PStR 2002, 26.

gesellschaften¹ oder für sonstige Tätigkeiten eingesetzt oder tätig würde, die aus dem gesetzlich umschriebenen und auch entsprechend abgesicherten Berufsbild herausfallen (z.B. auch bei der Vermittlung von Kapital- und sonstigen Vermögensanlagen). Zu berücksichtigen ist bei dieser Auslegung auch Folgendes: Soweit Berater in einzelnen Sparten ihrer beruflichen Tätigkeit nach den bestehenden berufsgesetzlichen Regelungen nicht vor Konkurrenz geschützt sind, könnte die Erstreckung des § 97 StPO auf solche Tätigkeitsbereiche eine die Chancengleichheit beeinträchtigende, sachlich nicht gerechtfertigte und deshalb gegen den Gleichheitsgrundsatz (Art. 3 GG) verstoßende Bevorzugung vor Mitbewerbern im Wirtschaftsleben bedeuten.

Buchhaltungsunterlagen und Handelsbilanzen, die sich in solchen Fällen beim freiberuflichen Steuerberater befinden, unterliegen deshalb ebenso wenig der Beschlagnahmefreiheit, als wenn sie sich bei einem angestellten Steuerberater des Unternehmens befänden. Dies muss umso mehr gelten, als die Steuerberater kein ausschließliches Buchführungsprivileg besitzen² und die über Steuerberatung hinaus mit dem Beruf vereinbaren Tätigkeiten *bis zur Gewerblichkeit* immer mehr ausgedehnt worden sind (§ 91 Rz. 62).

– Soweit der Steuerberater eine Firmenbuchhaltung benötigt, um (berufsspezifisch) spezielle **Steuerbilanzen** und **Steuererklärungen** zu erstellen, kann – wie unter Rz. 23 ausgeführt – eine *zeitlich* auf die Dauer einer angemessenen Bearbeitungszeit *beschränkte Beschlagnahmefreiheit* infrage kommen³.

– Wird ein Berater speziell oder jedenfalls vorrangig dazu herangezogen, *Unterlagen* für den Auftraggeber zu *verwahren*, so besteht keine Beschlagnahmefreiheit. Die im ersten Beispiel angeführten Gesichtspunkte gelten auch hier. Denn die **gewerbliche Verwahrung** oder *Lagerhaltung* gehört gewiss nicht zu den berufsspezifischen Tätigkeiten eines Rechtsanwalts, Steuerberaters oder Wirtschaftsprüfers (Rz. 24; § 91 Rz. 61, 68).

Zu der dargestellten Auffassung (Rz. 21 ff.) führen im Ergebnis auch folgende Überlegungen: Zur Erzielung praktikabler, rechtsstaatlich ausgewogener Ergebnisse ist eine mit dem Wortlaut des § 97 Abs. 1 Nr. 3 StPO durchaus zu vereinbarende **restriktive Interpretation** des § 97 StPO dahin geboten, dass kraft Gesetzes **im öffentlichen Interesse** zu fertigende Aufzeichnungen und Unterlagen grundsätzlich nicht dadurch behördlichen Prüfungen, Untersuchungen oder Auswertungen entzogen werden können, dass sie einem Zeugnisverweigerungsberechtigten anvertraut oder sonst übergeben werden⁴. Pflichten dieser

---

1 Vgl. *Heyer/Reichert-Clauß*, Sichere Verwendung von Vorratsgesellschaften – die Anforderungen der Rspr., NZG 2005, 193; zu Haftungsfragen u.a. *Goette*, DStR 2004, 461.
2 BVerfG v. 18.6.1980 – 1 BvR 697/77, NJW 1981, 33. Dieser Entscheidung hat der Gesetzgeber Rechnung getragen mit § 6 Nr. 4 StBerG.
3 In diesem Sinn z.B. LG Saarbrücken v. 6.4.1984 – 5 Qs 49/83, BB 1984, 1275; LG Berlin v. 10.11.1976 – 514a Qs 73/76, NJW 1977, 725; LG Hanau v. 1.4.1987 – 3 Qs 70/87, NStE Nr. 5 zu § 97 StPO; LG Frankfurt v. 15.10.2002 – 5/12 Qs 39/02, DStR 2004, 290; LG Hamburg v. 4.7.2005 – 08 Qs 3/05, wistra 2005, 394; LG Dresden v. 22.1.2007 – 5 Qs 34/06, NJW 2007, 2709 = wistra 2007, 237; *Schmitt* in Meyer-Goßner/Schmitt, § 97 StPO Rz. 40; s. auch *Schäfer*, wistra 1985, 12 (14); *Greven* in KK, § 97 StPO Rz. 15 ff.; abl. LG Stade v. 24.3.1986 – 13 Qs 4/85, NStZ 1987, 38; LG Konstanz v. 21.8.2001 – 1 Qs 108/01, PStR 2002, 26; *Volk*, DStR 1989, 338 (341 f.).
4 Vgl. *Schäfer*, wistra 1985, 13; ferner *Weinmann* in FS Dünnebier, 1982, S. 210 ff. unter Hinweis auf zwei unveröffentlichte Entscheidungen des BVerfG; *Menges* in L/R, § 97 StPO Rz. 117; *Schmitt* in Meyer-Goßner/Schmitt, § 97 StPO Rz. 40; *Greven* in KK, § 97 StPO Rz. 17. S. auch LG Stuttgart v. 5.8.1983 – 10 Qs 96/83, wistra 1985, 41, wonach mit einer Ausdehnung des § 97 StPO auf alle einem Steuerberater anvertrauten Gegenstände „eine Art Asylrecht des Beschuldigten für das Beiseiteschaffen von Beweismitteln geschaffen" würde, „was nicht Rechtens sein kann".

Art, die zumindest teilweise auch im öffentlichen Interesse bestehen, sind die zur ordnungsgemäßen Führung von Handelsbüchern einschließlich der Erstellung von Jahresabschlüssen (§§ 238 ff., 242 ff. HGB), ggf. auch deren Veröffentlichung und Hinterlegung beim Handelsregister (§§ 325 ff. HGB) sowie zur geordneten Aufbewahrung von Belegen und sonstigen Unterlagen (§ 257 HGB), ggf. auch zur Vorlegung als Beweismittel oder für behördliche Überprüfungen in bestimmten Fällen (§§ 252 ff. HGB, §§ 97, 104 Abs. 2, 140, 147 AO)[1]. Auch nach §§ 325 ff. HGB müssen, über das PublizitätsG hinaus, die Jahresabschlüsse mit Lageberichten und sonstigen Unterlagen durch Einreichung beim Bundesanzeiger offengelegt werden (näher oben § 41).

26 Dagegen lässt sich **nicht entscheidend** anführen[2], dass die genannten Bestimmungen nur für spezielle Rechtsbereiche gelten[3] und dass für einen Beschuldigten zur Ermöglichung einer strafrechtlichen Überprüfung von Unterlagen keine persönliche Vorlagepflicht besteht sowie dass sich etwaige verwaltungsrechtliche oder steuerrechtliche Mitwirkungspflichten nach Einleitung eines Ermittlungsverfahrens auf bloße Duldungspflichten reduzieren (vgl. z.B. § 393 AO). Denn ein Beiseiteschaffen von Beweisunterlagen wird durch solche Überlegungen nicht legitimiert. Vielmehr ist eine Verletzung der handelsrechtlichen Aufbewahrungspflichten immerhin im Insolvenzfall u.Ä. gem. §§ 283 Abs. 1 Nr. 6, Abs. 6, 283b Abs. 1 Nr. 2 StGB grundsätzlich unter Strafe gestellt (vgl. § 85 Rz. 8 ff., 25). Die objektive Klärung strafrechtlicher Vorwürfe, die sich auf Buchhaltungsdelikte beziehen, ist regelmäßig nur anhand einer Überprüfung der originalen Buchhaltung selbst überhaupt möglich.

27 In diesem Zusammenhang ist auch darauf hinzuweisen, dass im **Besteuerungsverfahren** nach § 104 Abs. 2 AO ein Berater die Vorlage von Unterlagen (wie z.B. Bilanzen, Geschäftsbücher, Buchungsbelege, Handelsbriefe und sonstige Unterlagen i.S. von § 147 AO) nicht verweigern darf, die sein Mandant bei eigenem Gewahrsam vorzulegen hätte; diese Regelung beinhaltet eine sachgerechte Interessenabwägung, deren Kerngehalt hinsichtlich der Pflichtensituation von Beratern auch im Strafrecht herangezogen werden kann[4], wenngleich der beratene Mandant als strafrechtlich oder bußgeldrechtlich Verdächtiger, anders als im Steuerrecht, nicht selbst verpflichtet ist, Unterlagen vorzulegen.

28 Es wäre **rechtsstaatlich untragbar** und würde das zweifelsfrei legitime, auch verfassungsrechtlich abgesicherte Anliegen einer nachhaltigen und effektiven Strafverfolgung[5] ernstlich beeinträchtigen, wenn die öffentlich-rechtlichen Pflichten zur ordnungsgemäßen Führung und Aufbewahrung von Aufzeich-

---

1 *Weinmann* in FS Dünnebier, 1982, S. 210; *Stypmann*, wistra 1982, 11.
2 A.A. *Volk*, DStR 1989, 338 (340).
3 S. *Schmitt* in Meyer-Goßner/Schmitt, § 97 StPO Rz. 40; LG Dresden v. 22.1.2007 – 5 Qs 34/06, NJW 2007, 2709.
4 Vgl. *Moosburger*, wistra 1989, 252 (255): § 104 Abs. 2 AO bringe einen allgemeinen, auch im Strafrecht beachtlichen Rechtsgedanken zum Ausdruck. S. dazu auch *Mössmer/Moosburger*, wistra 2006, 211.
5 BVerfG v. 19.7.1972 – 2 BvR 7/71, BVerfGE 33, 367 (383); BVerfG v. 12.3.2003 – 1 BvR 330/96, BVerfGE 107, 299 (332); BVerfG v. 12.10.2011 – 2 BvR 236/08, BVerfGE 129, 308 (Rz. 248 ff), NJW 2012, 833.

nungen durch Verbringung von Unterlagen zu Zeugnisverweigerungsberechtigten *unterlaufen* werden könnten.

Demgegenüber kann der Gesichtspunkt des Schutzes des Beratungsverhältnisses zwischen Berater und Mandant, den *Göggerle*[1] offenbar nahezu verabsolutieren will, keinen Vorrang beanspruchen; dasselbe gilt für das Bestreben, entscheidend auf einen verstärkten institutionellen Schutz der staatlich gebundenen Beraterberufe abzustellen[2].

Dies gilt speziell bei **Buchführungsdelikten** und manch anderen Wirtschaftsstrafsachen, bei denen solche Unterlagen ihrer Natur nach oft die wichtigsten oder gar einzigen Beweismittel darstellen. Wie erwähnt, lässt sich praktisch nur durch die Prüfung einer Buchhaltung einschließlich der zugehörigen Belege verlässlich klären, ob Vergehen des Bankrotts oder der Verletzung der Buchführungspflicht durch unordentliche Buchführung (§§ 283 Abs. 1 Nr. 5, 283b Abs. 1 Nr. 1 StGB) begangen worden sind; allerdings könnte in diesen Fällen, anders als wohl bei Veruntreuungen oder Beiseiteschaffungen, die Buchhaltung wohl regelmäßig auch als *Deliktsgegenstand* gem. § 97 Abs. 2 S. 3 StPO beschlagnahmt werden. 28a

Demgemäß unterfallen Unterlagen, die (jedenfalls auch) im öffentlichen Interesse geführt und aufbewahrt werden müssen und die ihrer Zweckbestimmung nach auch für behördliche Überprüfungen (beispielsweise der Finanzbehörden oder Sozialbehörden) zur Verfügung stehen müssen, darunter auch **Buchhaltungen** mit zugehörigen Belegen **und Bilanzen, nicht dem Beschlagnahmeverbot** des § 97 StPO[3]. Dies gilt allerdings nicht für Aufzeichnungen und Notizen, die im Rahmen eines Mandatsverhältnisses entstanden sind, wohl aber für solche Arbeitsunterlagen und -ergebnisse des Beraters, die Teil der Buchhaltung werden, insbesondere Umbuchungslisten und Hauptabschlussübersichten[4]. 29

Wären Buchhaltungsunterlagen im Übrigen für die Ermittlungsbehörden grundsätzlich bei Rechtsanwälten, Steuerberatern oder Wirtschaftsprüfern beschlagnahmefrei, so könnte das Verbringen dieser Unterlagen zum Berater oder das Belassen von Unterlagen beim Berater ohne berufsspezifische sachliche Gründe (also z.B. nur eine Aufbewahrung bei Insolvenz oder Verwahrung der 30

---

1 *Göggerle*, BB 1986, 41 (44).
2 So *Volk*, DStR 1989, 341 f.
3 So inzwischen die vorherrschende Auffassung der Rspr.: LG Saarbrücken v. 6.4.1984 – 5 Qs 49/83, BB 1984, 1275 = wistra 1984, 200; LG Stuttgart v. 5.8.1983 – 10 Qs 96/83, wistra 1985, 41; LG Aachen v. 11.10.1984 – 86 Qs 74/84, NJW 1985, 338; LG München v. 3.8.1984 – 27 Qs 8/84, wistra 1985, 41; LG Hanau v. 28.12.1983 – 6 Js 7884/83, StB 1985, 52; LG Darmstadt v. 18.3.1988 – 9 Qs 1188/87, NStZ 1988, 286; LG München v. 22.4.1988 – 19 Qs 3/88, wistra 1988, 326; LG Hildesheim v. 21.4.1988 – 22 Ws 1/88, wistra 1988, 327; LG Dresden v. 22.1.2007 – 5 Qs 34/2006, NJW 2007, 2709; LG Essen v. 12.8.2009 – 56 Qs 7/09, wistra 2010, 78; LG Saarbrücken v. 12.3.2013 – 2 Qs 15/13, StraFo 2013, 247; s. auch *Weinmann* in FS Dünnebier, 1982, S. 210 ff.; *Stypmann*, wistra 1982, 13; *Brenner*, BB 1984, 137; *Schäfer*, wistra 1985, 12 f.; *Amelung*, DNotZ 1984, 204; *Moosburger*, wistra 1989, 252; *Schlüchter*, Strafverfahren, Rz. 297.5; *Menges* in L/R, § 97 StPO Rz. 116 f.; *Greven* in KK, § 97 StPO Rz. 14 f.; *Schmitt* in Meyer-Goßner/Schmitt, § 97 StPO Rz. 40, je m.w.Nw.
4 So zutr. BGH v. 17.2.1988 – IVa ZR 262/86, NJW 1988, 2607; *Moosburger*, wistra 1989, 252 (255) gegen LG Hildesheim v. 21.4.1988 – 22 Ws 1/88, wistra 1988, 327; ferner *Menges* in L/R, § 97 StPO Rz. 111 ff., 117; *Greven* in KK, § 97 StPO Rz. 16.

Buchhaltung beim Berater, obwohl dieser seinen Auftrag, anhand der Buchhaltung die letzte Bilanz zu erstellen oder Steuererklärungen zu fertigen, bereits erfüllt hat[1]) regelmäßig als eine **Form des Beiseiteschaffens** der Buchhaltung[2] durch den betreffenden Mandanten angesehen werden, welche jedenfalls unter den Voraussetzungen des § 283 Abs. 6 StGB (also etwa im Insolvenzfall) nach § 283 Abs. 1 Nr. 6 StGB als Bankrott strafbar ist. Zugleich bestünde in derartigen Fällen regelmäßig auch gegen den betreffenden, mit dem wirtschaftlichen Sachverhalt vertrauten Berater der Verdacht der Beihilfe zur Beiseiteschaffung, sodass die Buchhaltung auf dem Umweg über ein Ermittlungsverfahren gegen den Berater oder auch als Deliktsgegenstand nach § 97 Abs. 2 S. 3 StPO in entsprechenden Fällen doch wieder beschlagnahmefähig wäre[3] (zur Beteiligung des Beraters Rz. 33 f.).

31 Zum Auffinden der vorstehend bezeichneten Unterlagen können deshalb – auch wenn die besonderen Voraussetzungen des § 97 Abs. 2 StPO nicht vorliegen – **Durchsuchungen** bei **Steuerberatern, Wirtschaftsprüfern, Rechtsanwälten** usw. angeordnet werden. Eine solche Durchsuchung muss sich regelmäßig auf bestimmte, grundsätzlich im gerichtlichen Durchsuchungs- und Beschlagnahmebeschluss möglichst *konkret bezeichnete Gegenstände* beschränken[4], § 11 Rz. 80 ff. Bei Vornahme der Durchsuchung muss der Grundsatz der Verhältnismäßigkeit besonders beachtet werden[5] (§ 11 Rz. 83), da Geheimnisse unbeteiligter Dritter tangiert werden können und mitberücksichtigt werden müssen[6].

32 **Besonderen Schutz** genießt das Vertrauensverhältnis zwischen **Strafverteidiger und Mandant**. Demgemäß sind *Verteidigungsunterlagen* in weitem Umfang beschlagnahmefrei. Um die rechtsstaatlich gebotene Möglichkeit einer geordneten, unbeeinträchtigten und effektiven Strafverteidigung zu gewährleisten, geht die Rechtsprechung dabei teilweise über den Schutzbereich des § 97 StPO hinaus[7]. So gilt die Beschlagnahmefreiheit für Verteidigungsunterlagen (z.B. Aufzeichnungen aller Art einschließlich E-Mail-Verkehr und Tonaufzeichnun-

---

1 Nach *Schäfer*, wistra 1985, 12 (14) ist der Berater in solchen Fällen nicht (mehr) als „Vertrauensperson", sondern nur noch als „Person" in Anspruch genommen.
2 Vgl. *Beulke/Ruhmannseder*, Strafbarkeit des Verteidigers, Rz. 65 ff.; zur Frage, inwieweit das Beiseiteschaffen von Unterlagen den Tatbestand der Urkundenunterdrückung nach § 274 Abs. 1 Nr. 1 StGB erfüllen kann, vgl. BGH v. 29.1.1980 – 1 StR 683/79, NJW 1980, 1174; *Brenner*, BB 1984, 137 (139).
3 Um diesen Hinweis sind die Ausführungen von *Schäfer*, wistra 1985, 12 (15 f.) zu ergänzen.
4 Vgl. *Stypmann*, wistra 1982, 11 f.; allg. *Menges* in L/R, § 98 StPO Rz. 18. Zur Frage, inwieweit für eine Durchsuchung beim Verteidiger erschwerende Umstände gegeben sein müssen, insbes. ein gesteigerter Tatverdacht, vgl. *Greven* in KK, § 97 StPO Rz. 25.
5 S. schon BVerfG v. 5.8.1966 – 586/62 – Spiegelurteil, NJW 1966, 1603; s. auch BVerfG v. 6.5.2008 – 2 BvR 384/07, BVerfGE 113, 29 = NJW 2008, 1937; BVerfG v. 11.7.2008 – 2 BvR 2016/06, NJW 2009, 281; ferner zur Beschlagnahme von Datenträgern oben Rz. 14.
6 Vgl. dazu BVerfG v. 12.4.2005 – 2 BvR 1027/02, BVerfGE 113, 29 (46 ff.); *Menges* in L/R, § 97 StPO Rz. 40.
7 Vgl. dazu *Schmitt* in Meyer-Goßner/Schmitt, § 97 StPO Rz. 36 ff., 40; *Menges* in L/R, § 97 StPO Rz. 83 ff.; *Greven* in KK, § 97 StPO Rz. 24, 39, je m.w.Nw.

gen über Gespräche oder Korrespondenz zwischen Verteidiger und Mandant, Notizen und Stellungnahmen des Mandanten zu dem ihm angelasteten Sachverhalt u.Ä.) nicht nur dann, wenn sich die Unterlagen im Gewahrsam des Verteidigers befinden, sondern auch, wenn sie beim Mandanten oder bei Dritten aufbewahrt bzw. aufgefunden werden[1]. Dabei kommt es nicht darauf an, ob die Unterlagen vom Verteidiger stammen oder an ihn gerichtet sind[2].

Allerdings sind eigentliche Beweisunterlagen, insbesondere Tatmittel, wie z.B. betrügerische Verträge, Werbemittel, Schuldscheine, Kontobelege u.a., die der Verteidiger erhoben hat oder die ihm übergeben worden sind, nicht als Verteidigungsunterlagen beschlagnahmefrei (vgl. dazu § 91 Rz. 54).

Die Unterlagen müssen auch nicht für das gerade aktuelle Verfahren gefertigt, sondern können durchaus auch für ein anderes Verfahren, das denselben Grundsachverhalt betrifft, erstellt worden sein[3].

c) Wegfall der Beschlagnahmefreiheit

Keine Beschlagnahmefreiheit beim Berater besteht insbesondere dann, 33
- wenn gegen diesen *selbst ermittelt* wird (§ 97 Abs. 2 S. 3 StPO), sei es, dass er als Alleintäter (auch z.B. wegen Hehlerei, Strafvereitelung oder Begünstigung zugunsten eines Mandanten) oder als Mittäter oder Teilnehmer (etwa an einer Tat seines Mandanten) verdächtig ist,
- wenn der *Gewahrsam* des Beraters *geendet* hat (§ 97 Abs. 2 S. 1 StPO; Ausnahme: *Verteidigerpost* sowie Notizen und Aufzeichnungen zu Verteidigungszwecken sind auch noch außerhalb des Gewahrsams des Verteidigers beschlagnahmefrei[4] (Rz. 32),
- wenn es sich um Gegenstände handelt, die durch eine Straftat hervorgebracht wurden, aus ihr herrühren oder zur Tatbegehung gebraucht oder bestimmt waren (sog. *Deliktsgegenstände* – § 97 Abs. 2 S. 3 StPO),
- soweit der Berufsangehörige nicht in der Funktion einer unabhängigen, weisungsfreien Vertrauensperson, sondern z.B. als Angestellter, etwa als Syndikus-Anwalt oder Syndikus-Steuerberater gehandelt hat,[5]
- wenn er von seiner Schweigepflicht entbunden ist.

Der Tat- oder Beteiligungsverdacht i.S. von § 97 Abs. 2 S. 3 StPO bedarf auch 34 bei den privilegierten Beraterberufen grundsätzlich keiner besonderen Qualität. Insbesondere ist *nicht* ein *hinreichender Tatverdacht* (§ 203 StPO) erforderlich, sondern es genügt **einfacher Tatverdacht**, der allerdings auf Tatsachen gestützt sein muss, wobei kriminalistische Erfahrungen zur Bewertung herangezogen

---

1 Ganz h.M. – s. auch BVerfG v. 30.1.2002 – 2 BvR 2248/00, NJW 2002, 1410 = NStZ 2002, 377; *Schmitt* in Meyer-Goßner/Schmitt, § 97 StPO Rz. 37, § 148 StPO Rz. 8.
2 BGH v. 25.2.1998 – 3 StR 490/97, BGHSt 44, 46; OLG München v. 30.11.2004 – 3 Ws 720-722/04, StV 2005, 118; LG Bonn v. 3.12.2003 – 31 Qs 161/03, StV 2004, 124.
3 LG Frankfurt v. 27.4.2004 – 5/2 Qs 1/04, StraFo 2004, 239; s. auch OLG Frankfurt v. 21.6.2005 – 3 Ws 499/05, NStZ 2006, 302.
4 Vgl. § 148 StPO, BGH v. 13.8.1973 – 1 BJs 6/71, StB 34/73, NJW 1973, 2035; BGH v. 13.11.1989 – 1 BJs 33/89-6-1 BGs 351/89, NJW 1990, 722.
5 LG Bonn v. 29.9.2005 – 37 Qs 27/05, NStZ 2007, 605.

werden können[1]. Im Hinblick auf das nach § 148 StPO besonders geschützte Verhältnis zwischen Strafverteidiger und Mandant wird bei **Verteidigern** allerdings, wenn das Verteidigungsmandat betroffen ist, ein gesteigerter Verdachtsgrad i.S. gewichtiger Anhaltspunkte[2] bzw. „echter Beteiligung[3]" gefordert. Eine bloß objektive Verstrickung des Beraters in die Tat eines anderen, z.B. seines Mandanten, ohne dass schon Anhaltspunkte für eine Tatbeteiligung auch in subjektiver Hinsicht bestehen, dürfte nicht ausreichend sein[4]. Für eine Durchsuchung und Beschlagnahme muss der Berater andererseits lediglich „verdächtig" zu sein, formeller Beschuldigter eines Verfahrens braucht er (noch) nicht zu sein[5]. Vielmehr muss sich aus dem objektiven Tatverlauf oder aus sonstigen tatsächlichen Umständen unter Heranziehung kriminalistischer Erkenntnisse und Erfahrungen der Verdacht ergeben, dass der Berater in Kenntnis der wesentlichen Fakten an der Haupttat mitgewirkt oder Hehlerei, Begünstigung oder Strafvereitelung begangen haben kann. Verdacht auf Geldwäsche (§ 261 StGB) ist bisher den letztgenannten Tatbeständen in § 97 Abs. 2 S. 3 StPO nicht gleichgestellt.

35 Der **Grundsatz der Verhältnismäßigkeit** hat bei Berufsgeheimnisträgern besonderes Gewicht. Bei ihnen ist, soweit sie unverdächtige Dritte i.S. von § 103 StPO sind, vor einer Durchsuchung stets zu prüfen, ob der angestrebte Zweck durch Ersuchen an eine Behörde oder durch ein Herausgabeverlangen gem. §§ 95, 97 StPO erreicht werden kann[6]. Letzteres wird oft der Fall sein, wenn weder Verdunkelungsgefahr besteht noch sonstige Beeinträchtigungen der Ermittlungen infolge Unterrichtung des Beschuldigten durch den Berater ernsthaft zu befürchten sind. Bestehen solche Gefahren aber, so ist zweifelhaft, inwieweit der Grundsatz der Verhältnismäßigkeit dafür herangezogen werden kann, an die *Zulässigkeit* einer Durchsuchung und Beschlagnahme wesentlich höhere Anforderungen als im Normalfall bloß deshalb zu stellen, weil Kanzleiräume eines Rechtsanwalts, Steuerberaters, Wirtschaftsprüfers usw. durchsucht werden sollen. Denn die gesetzlichen Voraussetzungen dafür, *ob* eine

---

1 Vgl. *Schmitt* in Meyer-Goßner/Schmitt, § 97 StPO Rz. 20, 38; *Greven* in KK, § 97 StPO Rz. 35. Zu Einschränkungen beim Verteidiger vgl. BGH v. 28.6.2001 – 1 StR 198/01, NStZ 2001, 604; *Greven* in KK, § 97 StPO Rz. 39.
2 BGH v. 13.8.1973 – 1 BJs 6/71, NJW 1973, 2035; BGH v. 28.6.2001 – 1 StR 198/01, NStZ 2001, 604.
3 BGH v. 28.6.2001 – 1 StR 198/01, NStZ 2001, 604; BGH v. 20.3.2000 – 2 ARs 489/99 – 2 AR 217/99, wistra 2000, 311; zust. *Greven* in KK, § 97 StPO Rz. 39; *Schmitt* in Meyer-Goßner/Schmitt, § 97 StPO Rz. 38; abl. *Menges* in L/R, § 97 StPO Rz. 96, die den vorherigen vorl. Ausschluss des Verteidigers gem. § 138c Abs. 3 S. 1 StPO fordert.
4 Abw. aber BGH v. 28.3.1973 – 3 StR 385/72, BGHSt 25, 168; *Schmitt* in Meyer-Goßner/Schmitt, § 97 StPO Rz. 18 ff.; *Greven* in KK, § 97 StPO Rz. 41; einschränkend auch BVerfG v. 14.1.2005 – 2 BvR 1975/03 – Durchsuchung bei einem Verteidiger wegen Geldwäscheverdachts, StraFo 2005, 159.
5 Vgl. *Schmitt* in Meyer-Goßner/Schmitt, § 97 StPO Rz. 18 f.; *Menges* in L/R, § 97 StPO Rz. 38 ff., enger für Strafverteidiger (Rz. 96 ff.).
6 Z.B. BVerfG v. 17.10.2011 – 2 BvR 2100/2011, wistra 2012, 179; LG Saarbrücken v. 12.3.2013 – 2 Qs 15/13, StraFo 2013, 247; LG Limburg v. 22.6.2012 – 1 Qs 72/12, juris; LG Neubrandenburg v. 9.11.2009 – 8 Qs 190/09, NJW 2010, 691.

Durchsuchung stattfinden darf, sind grundsätzlich für alle Bürger in §§ 102, 103 StPO gleich geregelt, unabhängig von der Örtlichkeit der Durchsuchung sowie von Person, Stellung und Ansehen der Beteiligten. Dies gebietet im Prinzip auch der Gleichheitsgrundsatz. Einschränkungen zu dieser Sichtweise ergeben sich allerdings aus dem bereits vorstehend erwähnten § 148 StPO sowie aus dem neu eingeführten § 160a StPO (vgl. Rz. 41).

Für den **Umfang** und die **Art und Weise einer Durchsuchung** ist der *Grundsatz der Verhältnismäßigkeit* allerdings von besonderer Bedeutung. Speziell bei der Durchsuchung von Kanzleien und sonstigen Räumlichkeiten privilegierter Berater wird dieser Grundsatz, insbesondere zur Wahrung der berechtigten Geheimhaltungsinteressen unbeteiligter Dritter, aber auch zur Vermeidung einer unnötigen Rufschädigung des Beraters, stets zu berücksichtigen sein und – je nach den Umständen des Einzelfalles – regelmäßig zu einem restriktiven Vorgehen führen müssen[1] (vgl. Rz. 31 f.). Selbstverständlich darf eine begonnene Durchsuchung auch nicht fortgesetzt werden, wenn die zu beschlagnahmenden Unterlagen vollständig aufgefunden oder herausgegeben worden sind[2], etwa um gezielt über den Verdachtsgegenstand hinausreichende „Zufallsfunde" gem. § 108 StPO zu machen[3] (s. dazu auch Rz. 38).

35a

Deliktsgegenstände können auch Bilanzen und sonstige Schriftstücke sein, die nicht nur bei der Tatausführung, sondern auch schon für die Fassung des Tatentschlusses und die Tatvorbereitung von Bedeutung waren; denn unter diesen Begriff fallen generell alle Gegenstände, die bei der Tatvorbereitung, -ausführung und -beendigung eine Rolle gespielt haben[4]. Wird etwa wegen Lieferantenbetrugs ermittelt, weil gegen einen Kaufmann der Verdacht besteht, er habe noch Waren bestellt, als er seine unmittelbar bevorstehende Zahlungsunfähigkeit schon kannte, so können wohl auch Unterlagen, die ihm die Kenntnis dieser Krisenlage vermittelt und damit maßgeblich zu seinem Tatentschluss geführt haben, als Deliktsgegenstände in Betracht kommen, so beispielsweise Bilanzen, Bankkontoauszüge, Mahnungen von Lieferanten, Aufstellungen über Debitoren, Kreditoren und über verfügbare Zahlungsmittel[5].

36

---

1 S. auch EGMR v. 3.7.2012 – 30457/06 – Robathin/Austria, NJW 2013, 3081; AGH Rostock v. 20.9-2012 – AGH 5/12, ZWH 2013, 206; *Menges* in L/R, § 94 StPO Rz. 61, § 97 StPO Rz. 30a, 40. Dies gilt in besonderer Weise für Durchsuchungen bei Verteidigern – vgl. *Greven* in KK, § 97 StPO Rz. 24, 39.
2 *Schmitt* in Meyer-Goßner/Schmitt, § 102 StPO Rz. 15, 15a; s. auch schon *Bauwens*, wistra 1988, 101.
3 LG Berlin v. 15.1.2004 – 518 Qs 44/03, NStZ 2004, 571; LG Berlin v. 9.5.1983 – 512a/512 Qs 18/83, StV 1987, 97; OLG Karlsruhe v. 17.10.1985 – 3 Ss 127/85, StV 1986, 10.
4 S. dazu *Schmitt* in Meyer-Goßner/Schmitt, § 97 StPO Rz. 19, 22; *Schäfer*, wistra 1985, 12 (15 f.); a.A. *Menges* in SK, § 97 StPO Rz. 25, 36 ff.
5 Vgl. schon *Freund*, NJW 1976, 2002; *Schmitt* in Meyer-Goßner/Schmitt, § 97 StPO Rz. 22; enger wohl die h.M., z.B. *Schäfer*, wistra 1985, 16, der als Tatwerkzeug nur etwas ansieht, das äußerlich zur (objektiven) Tatbegehung dient oder bestimmt ist; s. auch *Menges* in L/R, § 97 StPO Rz. 44 und *Müller* in KMR, § 97 StPO Rz. 15.

37 Durch **Entbindung** des Beraters **von** seiner **Schweigepflicht** durch den Berechtigten entfällt ein grundsätzlich bestehendes Beschlagnahmeverbot. Wird die Schweigepflichtentbindung nachträglich *widerrufen*, so wirkt dieser Widerruf nicht zurück; eine zwischenzeitlich erfolgte zulässige Beschlagnahme bleibt wirksam, die gewonnenen Beweisergebnisse bleiben verwertbar[1]. Dasselbe muss für die Fälle gelten, in denen der Zeugnisverweigerungsberechtigte seinen zunächst erklärten Verzicht auf das Beschlagnahmeverbot widerrufen und die Rückgabe beschlagnahmter Unterlagen verlangt hat[2]. Sind Beweismittel im Verfahren gegen eine bestimmte Person und/oder nur unter einem bestimmten Gesichtspunkt, etwa wegen des Verdachts einer konkreten Tat, einmal rechtmäßig beschlagnahmt worden, so können sie grundsätzlich auch unter anderen Aspekten bewertet oder sonst verwendet werden, z.B. gegen eine andere Person oder wegen einer anderen Tat; dazu gibt es aber auch Ausnahmen[3], z.B. die Datenschutzregelung in § 477 Abs. 2 S. 2 StPO.

38 Diese Ausführungen gelten im Grundsatz auch in Bezug auf rechtmäßig i.S. von § 108 StPO erlangte **Zufallsfunde**[4]. Zwar werden bei Angehörigen der privilegierten Beraterberufe angeordnete Durchsuchungen, wie oben ausgeführt (Rz. 31, 34), in aller Regel restriktiv mit bestimmter, konkret umschriebener Zielrichtung vorzunehmen sein. Zufallsfunde dürften deshalb bei rechtmäßiger Durchführung einer Durchsuchung nicht allzu häufig anfallen. Werden indessen im Rahmen eines im gerichtlichen Durchsuchungsbeschluss entsprechend konkretisierten Durchsuchungsprogramms beweiserhebliche Hinweise, beispielsweise auf bisher nicht bekanntes strafbares Verhalten, sei es des Beraters selbst oder von Mandanten des Beraters, aufgefunden, so handelt es sich dabei grundsätzlich um legitim gewonnene und damit auch verwertbare Zufallsfunde i.S. von § 108 Abs. 1 StPO. Einschränkungen nach § 108 Abs. 2 und 3 StPO gelten in gewissem Umfang für Zufallsfunde bei Ärzten sowie bei Journalisten und anderen Medienmitarbeitern[5].

39 **Beispiel:** Gegen Steuerberater A besteht der Verdacht, er habe seinen Mandanten B bei einem im Zusammenhang mit der Anschaffung einer Druckmaschine begangenen Subventionsbetrug unterstützt. Die Durchsuchung seiner Kanzlei wird gerichtlich angeordnet zum Zweck der Beschlagnahmung von den Subventionsvorgang betreffenden beweiserheblichen Unterlagen wie Schriftverkehr, Besprechungsnotizen u.a. Ergibt die bei der Durchsuchung vorgenommene Durchsicht der für B geführten Mandantenakte Anhaltspunkte dafür, dass B nicht nur bei dem Erwerb der genannten Maschine, sondern schon zwei Jahre früher im Zusammenhang mit einer anderen Investition einen Subventionsbetrug begangen hat, sind die betreffenden Unterlagen als Zufallsfund beschlagnahmefähig, gleichgültig, ob A an der früheren Tat beteiligt war oder nicht. Ist aus einem in der

---

1 Vgl. BGH v. 24.9.1996 – 5 StR 441/96, StV 1997, 233; *Schmitt* in Meyer-Goßner/Schmitt, § 97 StPO Rz. 25.
2 Vgl. zu diesem weitgehend ungeklärten Fragenbereich *Menges* in L/R, § 97 StPO Rz. 60 ff.
3 Vgl. *Schmitt* in Meyer-Goßner/Schmitt, § 97 StPO Rz. 46 ff., 49.
4 Für eine nur eingeschränkte „Verwertbarkeit von Zufallsfunden" i.S. von § 108 StPO, die bei Berufsgeheimnisträgern erhoben werden, ausf. *Krekeler*, NStZ 1987, 199; s. dazu ferner *Tsambikakis* in L/R, § 108 StPO Rz. 9, 10; *Bandisch*, NJW 1987, 2200 sowie unten Rz. 40.
5 Vgl. *Schmitt* in Meyer-Goßner/Schmitt, §108 StPO Rz. 9 ff.

Mandantenakte B befindlichen Vermerk des A erkennbar, dass dieser wie im Subventionsantrag für B in gleichartigen Anträgen für seine Mandanten C, D, E und F ebenfalls unrichtige Angaben zur Erlangung von Subventionen für Investitionen gemacht hat, so ist zunächst dieser Vermerk beschlagnahmefähig. Darüber hinaus können im Hinblick auf die neu gewonnenen Verdachtsgründe wegen Gefahr im Verzug die Mandantenakten C, D, E und F durchgesehen und beweiserhebliche Unterlagen aus diesen Akten gem. § 108 StPO als Zufallsfunde beschlagnahmt werden.

Die in der Literatur *teilweise vertretene Auffassung*, die Beschlagnahme und Verwertung von Unterlagen bei Beratern sei *unzulässig*, wenn sie sich auf eine Tat beziehen, bezüglich der vor der Durchsuchung **kein Anfangsverdacht** bestand[1], ist im Grundsatz mit § 108 StPO nicht vereinbar. Dies gilt jedenfalls bezüglich Sachverhalten, bei denen gegen Berater – wie im obigen Beispielsfall – ein Teilnahmeverdacht besteht[2]. 40

Beispiel: Gegen Verteidiger V ergab sich der Verdacht, er habe dazu beigetragen, dass in der Hauptverhandlung gegen seinen in Haft befindlichen Mandanten ein Zeuge falsch ausgesagt hat. Gegen V und den Mandanten ergingen Durchsuchungsbeschlüsse. Hierauf wurde in der Zelle des Mandanten ein an diesen gerichtetes Schreiben des V aufgefunden und sichergestellt, welches Schmähungen gegen einen Richter enthielt V wurde wegen Beleidigung verurteilt. Im Revisionsverfahren hat der BGH [3]entschieden: Das beleidigende Schreiben war nach § 108 StPO als Zufallsfund beschlagnahmefähig. Da es in einem Verfahren gegen V als Beschuldigtem (und *nicht als Verteidiger*, also einer Person, die zur Zeugnisverweigerung berechtigt ist), erhoben wurde, war es nicht nach § 97 StPO beschlagnahmefrei. Auch § 148 StPO stand der Verwertung nicht entgegen, denn der Schutz der freien Kommunikation zwischen Verteidiger und Beschuldigten gilt nur für Zwecke der Verteidigung. *Straftaten des Verteidigers bei Gelegenheit der Verteidigung* unterfallen diesem Schutz nicht. Auch besteht im Verhältnis zwischen Verteidiger und Mandant (anders als im familiären Bereich) kein generell beleidigungsfreier Raum.[4]

Eine **Einschränkung** des § 108 StPO ist dahin vorzunehmen, dass *beschlagnahmefreie Gegenstände* i.S. von § 97 Abs. 1 StPO, für welche die Voraussetzungen von § 97 Abs. 2 S. 3 StPO nicht gegeben sind, als Zufallsfunde nicht erhoben werden dürfen[5]. Auch ist zu beachten, dass bei einer *Gebäudedurchsuchung zwecks Festnahme* eines Verdächtigen nach § 103 Abs. 1 S. 2 StPO keine Zufallsfunde einstweilen beschlagnahmt werden dürfen (§ 108 Abs. 1 S. 3 StPO). Damit sind aber nachfolgende Beschlagnahmen gem. § 94 StPO sowie die Verwertung von Erkenntnissen aus der Durchsuchung nicht ausgeschlossen[6]. 40a

---

1 Vgl. *Menges* in L/R, § 97 StPO Rz. 39; *Krekeler*, NStZ 1987, 199.
2 So auch schon *Bauwens*, wistra 1988, 100 (102) m.w.Nw.
3 BGH v. 27.3.2009 – 2 StR 302/08, BGHSt 53, 257.
4 Krit. zur vorgen. Entscheidung des BGH u.a. *Wohlers*, JR 2009, 523; *Ruhmannseder*, NJW 2009, 2647; *Barton*, JZ 2010, 102. Eine gegen das Urt. eingelegte Verfassungsbeschwerde blieb erfolglos, BVerfG v. 30.5.2010 – 2 BvR 1413/09, NJW 2010, 2937.
5 Insoweit kann *Schäfer* in L/R, 25. Aufl., § 97 StPO Rz. 105 gefolgt werden; ähnlich *Schmitt* in Meyer-Goßner/Schmitt, § 108 StPO Rz. 4 m.w.Nw.; s. auch OLG Frankfurt v. 21.6.2005 – 3 Ws 499/05, NStZ 2006, 302.
6 *Schmitt* in Meyer-Goßner/Schmitt, § 108 StPO Rz. 5; *Bruns* in KK, § 108 StPO Rz. 2 ff.

40b Insgesamt ist der hier angesprochene Fragenbereich noch weitgehend **umstritten**. Dies gilt auch für die Frage, ob und in welchen Fällen Fehler bei der Erhebung von Beweisen zu einem prozessualen Verwertungsverbot führen. Nach der vom BGH entwickelten „Abwägungslehre"[1] ist im Einzelfall das Erfordernis der Wahrheitsermittlung im Strafprozess gegen das Gewicht des Rechtsverstoßes abzuwägen.

III. Weitere Ermittlungsbeschränkungen

1. Beschränkungen nach § 160a StPO

41 Das Vertrauensverhältnis zwischen Berufsgeheimnisträgern und ihren Mandanten wird nicht nur durch Zeugnisverweigerungsrechte und die grundsätzliche Beschlagnahmefreiheit, sondern auch durch weitere **spezielle Ermittlungsbeschränkungen** geschützt. Insbesondere der am 1.1.2008 in Kraft getretene und mit Wirkung vom 1.2.2011 ausgeweitete § 160a StPO[2] bewirkt für *Vertrauensbeziehungen von Berufsgeheimnisträgern* i.S. von § 53 Abs. 1 StPO und deren Hilfspersonen (= Berufshelfer gem. § 53a StPO) einen zusätzlichen Schutz vor Ermittlungsmaßnahmen. Dabei kommen nicht nur die Überwachung der Telekommunikation und andere verdeckte Ermittlungen, sondern auch sonstige Maßnahmen in Betracht.

41a Die *Ermittlungshandlungen* müssen sich grundsätzlich **gegen Angehörige der genannten Berufe** richten. Mit § 160a StPO sollen die „von den Zeugnisverweigerungsrechten der Berufsgeheimnisträger geschützten Interessen *außerhalb der Vernehmungssituation*[3]" *und* außerhalb von *Durchsuchungsmaßnahmen* (§ 160a Abs. 5 StPO) besonders berücksichtigt werden. § 160a StPO stellt sich hiernach als Ergänzung und neue Grundnorm zum bisherigen Schutz bestimmter Vertrauensbeziehungen dar. Hintergrund der Regelung war die Rechtsprechung des BVerfG, wonach Erkenntnisse aus verdeckten Ermittlungsmaßnahmen wie Telekommunikations- und Wohnraumüberwachung als unverwertbar eingeschätzt wurden[4], weil *Kernbereiche privater Lebensgestaltung* tangiert und durch so gewonnene Ermittlungsergebnisse Zeugnisverweigerungsrechte unterlaufen worden waren.

---

1 Vgl. jeweils BGH v. 18.4.2007 – 5 StR 546/06, BGHSt 51, 285; BGH v. 3.7.2007 – 1 StR 3/07, BGHSt 51, 367; BGH v. 12.12.2008 – 4 StR 455/08, BGHSt 53, 112; BGH v. 10.12.2012 – 3 StR 117/12, BGHSt 58, 84 (Rz. 33 ff.).
2 Eingeführt durch Art. 1 Nr. 13a des G v. 21.12.2007, BGBl. I 3198 zur Neuregelung der Telekommunikationsüberwachung und anderer verdeckter Ermittlungsmaßnahmen sowie zur Umsetzung der RL 2006/24/EG und ausgeweitet durch G zur Stärkung des Vertrauensverhältnisses zu Rechtsanwälten im StrafprozessR v. 22.12.2010, BGBl I 2261. Von vornherein krit. dazu *Glaser/Gedeon*, GA 2007, 425; *Puschke/Singelnstein*, NJW 2008, 113; *Zöller*, StraFo 2008, 15.
3 BT-Drs. 16/5846, 2, 25.
4 Vgl. BVerfG v. 12.3.2003 – 1 BvR 330/96 u.a. – Handy-Überwachung, BVerfGE 107, 299 (332) = NJW 2003, 1787 (1794); BVerfG v. 3.3.2004 – 1 BvR 2378/98 – akustische Wohnraumüberwachung, BVerfGE 109, 279 (323) = NJW 2004, 999 (1004).

Die nachstehend dargelegten Ermittlungsbeschränkungen des § 160a Abs. 1 und 2 StPO beinhalten ein differenziertes **zweistufiges Schutzkonzept**. Sie gelten nur im Rahmen des jeweiligen Zeugnisverweigerungsrechts, also zum Schutz dessen, was den Geheimnisträgern *in ihrer beruflichen Eigenschaft* anvertraut oder bekannt geworden ist. Die Ermittlungsbeschränkungen kommen hingegen nicht in Betracht, wenn eine Zeugnisverweigerung ausscheidet, etwa wenn der Geheimnisträger von seiner Schweigepflicht entbunden wurde[1], und wohl auch, wenn er auf sein Zeugnisverweigerungsrecht verzichtet[2]. 42

Die **Beschränkungen entfallen** gem. § 160a Abs. 4 StPO auch bei *strafrechtlicher*, auf bestimmte Verdachtstatsachen gegründeter *Verstrickung*[3] des Berufsgeheimnisträgers in Straftaten seines Mandanten sowie bei entsprechendem Verdacht auf Begünstigung, Strafvereitelung oder Hehlerei. Die *Verdachtslage* muss stärker sein als ein bloßer Anfangsverdacht, darf aber schwächer sein als ein hinreichender Tatverdacht.[4] Bei der Anwendung der Verstrickungsregelung *bei Strafverteidigern* ist zu berücksichtigen, dass eine Überwachung der mündlichen Kommunikation des Verteidigers mit seinem Mandanten – anders als der schriftliche Verkehr – nach § 148 Abs. 1 StPO generell verboten ist[5]. Deshalb kommt beim Verteidiger z.B. eine Überwachung der Telekommunikation nur in Betracht, wenn er selbst Beschuldigter einer Katalogtat gem. § 100a StPO ist[6]. 42a

a) Der Schutzbereich des § **160a Abs. 1 S. 1** StPO hat ursprünglich nur Ermittlungsmaßnahmen umfasst, die gegen *Geistliche*, *Strafverteidiger* oder *Abgeordnete* gerichtet waren. Durch Gesetz vom 22.12.2010[7] wurde der Personenkreis auf **Rechtsanwälte allgemein** sowie auf **Kammer-Rechtsbeistände** und gem. § 206 BRAO in eine Anwaltskammer aufgenommene Personen erstreckt. 43

Das *BVerfG* hat inzwischen sowohl die ursprüngliche Gesetzesfassung als auch die Erweiterung unter Aufrechterhaltung der Differenzierung von Berufsgeheimnisträgern nach Abs. 1 und Abs. 2 der Regelung als verfassungsgemäß anerkannt[8]. Dabei hat es das verfassungsrechtliche Gebot einer effektiven Strafverfolgung mit entsprechenden Möglichkeiten zur Wahrheitsermittlung

---

1 *Schmitt* in Meyer-Goßner/Schmitt, § 160a StPO Rz. 1.
2 *Griesbaum* in KK, § 160a StPO Rz. 4 ff.; abw. unter Bezugnahme auf die Gesetzesmaterialien *Schmitt* in Meyer-Goßner/Schmitt, § 160a StPO Rz. 1 a.E.; s. auch *Glaser/Gedeon*, GA 2007, 425 ff.
3 Vgl. *Griesbaum* in KK, § 160a StPO Rz. 18, 20; *Schmitt* in Meyer-Goßner/Schmitt, § 160a StPO Rz. 15.
4 *Schmitt* in Meyer-Goßner/Schmitt, § 160a StPO Rz. 15; vgl. BVerfG v. 3.3.2004 – 1 BvR 2378/98 – akustische Wohnraumüberwachung, BVerfGE 109, 279 (Rz. 256 ff.) = NJW 2004, 999.
5 *Griesbaum* in KK, § 160a StPO Rz. 20; *Schmitt* in Meyer-Goßner/Schmitt, § 160a StPO Rz. 3 a.E.
6 *Griesbaum* in KK, § 160a StPO Rz. 20.
7 G zur Stärkung des Schutzes von Vertrauensverhältnissen zu Rechtsanwälten im Strafprozess, BGBl. I 2010, 2261 ff.
8 BVerfG v. 12.10.2011 – 2 BvR 236/08, BVerfGE 129, 208 Rz. 248 ff = NJW 2012, 833. Vgl. dazu *Rütters*, Verfassungsmäßige Differenzierung beim Schutz des Zeugnisverweigerungsrechts von Berufsgeheimnisträgern, jurisPR-Straf 4/2012.

herausgestellt und deutlich gemacht, dass die Regelung des § 160a StPO eine erhebliche Beeinträchtigung strafrechtlicher Ermittlungen darstellen könne. Deshalb bedürften insbesondere absolute Beweiserhebungs- und Verwendungsverbote wie in § 160a Abs. 1 StPO selbst einer verfassungsrechtlichen Legitimation und könnten nur „in wenigen Ausnahmefällen zum Tragen kommen", nämlich insbesondere wenn eine Maßnahme mit einem Eingriff in den Schutzbereich der Menschenwürde verbunden wäre, die jeder Abwägung von vornherein unzugänglich sei[1]. Verbote der letztgenannten Art hat das BVerfG bisher u.a. für Verteidigergespräche und seelsorgerische Gespräche bei akustischer Wohnraumüberwachung angenommen. Die Erstreckung des § 160a Abs. 1 StPO (von einem zunächst kleinen Personenkreis auf den großen Kreis aller Rechtsanwälte) ist nach Auffassung des BVerfG gem. Art. 3 Abs. 1 GG „noch zu rechtfertigen"[2]. Eine Ausdehnung des absoluten Erhebungsverbots auf die in § 160a Abs. 2 nur „relativ" geschützten Berufsgeheimnisträger sah das BVerfG hingegen weder unter dem Gesichtspunkt der Gleichbehandlung als erforderlich noch als sachlich vertretbar an[3].

43a Nach § 160a Abs. 1 StPO sind *Ermittlungsmaßnahmen* gegen den bezeichneten Personenkreis von vornherein *unzulässig*, wenn die betreffende Maßnahme *„voraussichtlich"* Erkenntnisse erbringen würde, die dem Zeugnisverweigerungsrecht unterliegen[4]. Wegen einer Fehlprognose dennoch erlangte Erkenntnisse dieser Art dürfen nicht verwendet werden und sind zu löschen, was zu dokumentieren ist. Insoweit besteht ein **absolutes Erhebungs- und Verwendungsverbot**[5]. Dieses Verbot gilt bezüglich des genannten Personenkreises auch für solche dem Schutzbereich des § 53 StPO unterfallenden Erkenntnisse, die durch legale Ermittlungsmaßnahmen gegen Dritte erlangt werden (§ 160a Abs. 1 S. 5 StPO – zufällige Betroffenheit eines Geheimnisträgers, z.B. bei einer Telefonüberwachung eines Mandanten). Das Verwendungsverbot beinhaltet, dass die Erkenntnisse auch mittelbar, als mögliche Ermittlungs- oder Spurenansätze, nicht verwertet werden dürfen[6].

44 **b)** Vor Ermittlungsmaßnahmen, bei denen in § 53 Abs. 1 Nr. 3–3b und 5 StPO genannte Geheimnisträger – darunter **Patentanwälte, Notare, Steuerberater, Steuerbevollmächtigte, Wirtschaftsprüfer und Vereidigte Buchprüfer** (Rz. 4) – betroffen wären und nach einer Prognose (*„voraussichtlich"*) Erkenntnisse erlangt würden, über welche die Berufsangehörigen das Zeugnis verweigern dürften, hat nach § 160a **Abs. 2** StPO eine *besondere Prüfung der Verhältnismäßigkeit* stattzufinden. Betrifft die vorgesehene Maßnahme bzw. das Verfahren keine Straftat von erheblicher Bedeutung, ist *i.d.R.* nicht vom Überwiegen des

---

1 Vgl. BVerfG v. 3.3.2004 – 1 BvR 2378/98 – akustische Wohnraumüberwachung, BVerfGE 109, 279 (318, 322).
2 BVerfG v. 12.10.2011 – 2 BvR 236/08, BVerfGE 129, 208 Rz. 257.
3 Vgl dazu *Rütters*, jurisPR-Straf 4/2012.
4 Zu den in § 160a StPO verlangten Prognoseentscheidungen und dem nötigen Beurteilungsspielraum vgl. *Griesbaum* in KK, § 160a StPO Rz. 6, 14; *Schmitt* in Meyer-Goßner/Schmitt, § 160a StPO Rz. 3a, 9.
5 Vgl. LG Ellwangen v. 28.5.2013 – 1 Qs 130/12 – Mordfall Bögerl, juris.
6 *Griesbaum* in KK, § 160a StPO Rz. 9; *Schmitt* in Meyer-Goßner/Schmitt, § 160a StPO Rz. 4.

Strafverfolgungsinteresses auszugehen (§ 160a Abs. 2 S. 1 StPO). In diesem Fall ist die Ermittlungsmaßnahme zu unterlassen oder – falls möglich – zu beschränken (§ 160a Abs. 2 S. 2 StPO). Der Begriff der *"Straftat von erheblicher Bedeutung"* ist gesetzlich nicht definiert[1]. Nach der Rechtsprechung muss es sich dabei um eine Tat handeln, die mindestens der mittleren Kriminalität zuzuordnen ist, den Rechtsfrieden erheblich stört und das Sicherheitsgefühl der Bevölkerung zu beeinträchtigen geeignet ist[2].

Diese *Verhältnismäßigkeitsprüfung* ist für die **Verwertung** gewonnener Erkenntnisse, die dem Zeugnisverweigerungsrecht unterfallen und zu Beweiszwecken verwendet werden sollen, ebenfalls vorzunehmen (§ 160a Abs. 2 S. 3 StPO). Die Prüfung kann zur Unverwertbarkeit führen, etwa weil sich nachträglich ergeben hat, dass nur eine Straftat von minderer Bedeutung in Betracht kommt, oder weil sich die Maßnahme nach Abwägung der Strafverfolgungsinteressen einerseits mit den geschützten Privatinteressen andererseits als unverhältnismäßig herausgestellt hat[3]. Lagen der Maßnahme zunächst nur Verdachtsgründe für eine wenig gewichtige Tat zugrunde und war die Beweiserhebung deshalb rechtswidrig, so besteht gleichwohl kein Verwertungsverbot, wenn sich nachträglich herausstellt, dass es sich in Wahrheit doch um eine Tat von erheblicher Bedeutung handelt[4]. Im Falle der Unverwertbarkeit nach § 160a Abs. 2 StPO gilt diese *nur* für *Beweiszwecke*; eine Verwendung als Ermittlungs- oder Spurenansatz wird dadurch nicht ausgeschlossen[5]. 45

Nur im Rahmen des **§ 160a Abs. 1 StPO** gelten Erhebungs- und Verwendungsverbote *"absolut"*; beides ist im Wesentlichen deckungsgleich[6]. Demgegenüber enthält **§ 160a Abs. 2 StPO** nur ein *relatives* Beweiserhebungsverbot auf der Grundlage von problematischen Abwägungsfragen und unsicheren Prognoseerwägungen. Diese Unsicherheiten werden noch größer, wenn man berücksichtigt, dass sich die Tatsachengrundlagen für die anzustellenden Abwägungen und Prognosen im Laufe eines längeren Ermittlungsverfahrens durchaus ändern können[7]. 45a

c) Kritisch anzumerken ist, dass die Regelung des § 160a StPO *außerordentlich kompliziert* ausgefallen ist und erhebliche Zweifelsfragen und Abgrenzungsprobleme aufwirft[8]. Die Bestimmung ist schon mit allen Unklarheiten belastet, 46

---

1 Vgl. §§ 81g Abs. 1, 110a Abs. 1, 131 Abs. 3, 131a Abs. 3, 163 Abs. 1, 163f Abs. 1 StPO.
2 BVerfG v. 3.3.2004 – 1 BvR 2378/98, BVerfGE 109, 279 (344) = NJW 2004, 999 (1010); BVerfG v. 12.4.2005 – 2 BvR 581/01, BVerfGE 112, 304 = NJW 2005, 1338.
3 *Griesbaum* in KK, § 160a StPO Rz. 7, 14, 16; *Schmitt* in Meyer-Goßner/Schmitt, § 160a StPO Rz. 11 f.
4 *Schmitt* in Meyer-Goßner/Schmitt, § 160a StPO Rz. 11; *Griesbaum* in KK, § 160a StPO Rz. 16; abl. *Puschke/Singelnstein*, NJW 2008, 117.
5 *Griesbaum* in KK, § 160a StPO Rz. 16 a.E.; *Schmitt* in Meyer-Goßner/Schmitt, § 160a StPO Rz. 12.
6 Zu Einschränkungen bei veränderter Beurteilungssituation vgl. *Griesbaum* in KK, § 160a StPO Rz. 7.
7 Vgl. *Schmitt* in Meyer-Goßner/Schmitt, § 160a StPO Rz. 11; *Griesbaum* in KK, § 160a StPO Rz. 6, 7, 16.
8 Vgl. *Puschke/Singelnstein*, NJW 2008, 117 ff.

die hinsichtlich Reichweite und Grenzen der Zeugnisverweigerungsrechte seit Langem gegeben sind, und beinhaltet noch zusätzlich mehrere unbestimmte, wenig konturierte Rechtsbegriffe. Sie ist in der Praxis für die Ermittlungsbehörden deshalb nur schwer zu handhaben. Besondere Probleme ergeben sich dadurch, dass die sowohl nach Abs. 1 als auch nach Abs. 2 anzustellenden Prognoseerwägungen – auch wenn insoweit wohl ein Beurteilungsspielraum zuzubilligen ist[1] – nur schwer in sachgerechter Weise vorgenommen werden können. Auch kann sich eine zunächst fehlerfrei zustande gekommene Beurteilung aufgrund zusätzlicher Erkenntnisse als unrichtig erweisen. Umgekehrt kann sich eine auf fehlerhafter Grundlage vorgenommene Maßnahme nachträglich als objektiv richtig herausstellen[2]. Welche Folgerungen daraus im Einzelfall zu ziehen sind, ist dem Gesetz nicht eindeutig zu entnehmen.

46a Dies begründet die Befürchtung, dass in der Praxis manches **Ermittlungsverfahren** auf sehr **unsicherer Grundlage** geführt werden muss. Derartige Unsicherheiten können nicht nur erhebliche Ermittlungsschwierigkeiten verursachen, sondern letztlich auch zur Folge haben, dass mit zeitlich, finanziell und personell großem Aufwand geführte langwierige Ermittlungen letztlich daran scheitern, dass erst nach Anklageerhebung in den gerichtlichen Instanzen verbindlich entschieden wird, im Rahmen des § 160a StPO gewonnene und zur Beweisführung benötigte Erkenntnisse seien nicht verwertbar.

47 Vor dem Hintergrund der längst allgemein anerkannten **Grundsätzen guter Unternehmensführung** (Corporate Governance Kodex, Corporate Compliance, § 16 Rz. 16 ff., § 31 Rz. 3 ff., § 90 Rz. 16) ist es inzwischen weitgehend üblich geworden, dass Konzerne und sonstige größere Unternehmen nicht nur durch eigene Revisoren, sondern insbesondere bei gravierenden Vorkommnissen durch externe Anwälte und Wirtschaftsprüfer umfängliche Untersuchungen („**internal investigation**") vornehmen lassen, um im Unternehmen aufgetretene größere Unregelmäßigkeiten aller Art, darunter auch Straftaten wie Bestechungsdelikte, Außenwirtschaftsverstöße, Veruntreuungen, Preisabsprachen und sonstige Kartellverstöße aufdecken und ggf. abstellen zu können. Dabei werden dem Untersuchungsteam regelmäßig die einschlägigen Firmenunterlagen überlassen und Möglichkeiten eröffnet, Mitarbeiter (ggf. vertraulich) als Zeugen oder „Beschuldigte" zu vernehmen („Interview") und deren Angaben zu protokollieren. Inwieweit dabei grundlegende Rechte von Mitarbeitern (z.B. Selbstbelastungsfreiheit) beachtet werden, ist eine offene, auch in der Anwaltschaft diskutierte Frage.[3]

47a Sämtliche Unterlagen, die Rechtsanwälten im Rahmen eines solchen Mandats überlassen wurden oder von ihnen erhoben werden sowie bei ihnen angefallene Protokolle oder Vermerke über Zeugenaussagen und sonstige Erkenntnisse

---

1 Vgl. *Griesbaum* in KK, § 160a StPO Rz. 6, 16.
2 S. *Schmitt* in Meyer-Goßner/Schmitt, § 160a StPO Rz. 4, 11; *Griesbaum* in KK, § 160a StPO Rz. 6, 7, 16.
3 Vgl. *Sidhu/Ruhmannseder*, NJW 2011, 881; *I. Roxin*, StV 2012, 116.

sind im Anwaltsgewahrsam grundsätzlich *beschlagnahmefrei*[1]. Auch eine Befreiung der Anwälte von ihrer beruflichen Schweigepflicht wird oft nicht erfolgen, weil die Unternehmen i.d.R. primär an einer internen Lösung interessiert sind und aus Furcht vor Rufschädigung staatliche Ermittlungen und letztlich die Öffentlichkeit scheuen. Soweit es in diesem Zusammenhang um die Aufklärung strafrechtlicher Sachverhalte und die Heranziehung dafür benötigter Erkenntnisse und Beweismittel aus dem Unternehmen geht, besteht eine **problematische Konkurrenzsituation** zu den staatlichen Ermittlungsbehörden, denen die bei Anwälten befindlichen Beweisunterlagen verborgen bleiben. Dies kann dazu führen, dass Unternehmen je nach ihrer Interessenlage und ihren verfahrenstaktischen Überlegungen und Zielsetzungen ganz bewusst den Ermittlungsbehörden, aber z.B. in Arbeitsgerichts- oder Schadensersatzprozessen auch Gerichten, Erkenntnismittel vorenthalten oder nur lückenhafte und stark „gefilterte" Unterlagen und Informationen zur Verfügung stellen, wodurch die Feststellung und Klärung des wahren Sachverhalts ggfs. erheblich erschwert oder sonst ernsthaft beeinträchtigt wird[2]. Der Gefahr solcher und ähnlicher *Missbrauchs- und Manipulationsmöglichkeiten* kann angesichts der jetzigen Regelung in § 160a Abs. 1 StPO kaum noch wirksam entgegengetreten werden, wie auch bereits in gerichtlichen Entscheidungen beklagt worden ist[3]. In diesem Bereich ist eine bedenkliche Entwicklung zu besorgen, die sorgfältig zu beobachten sein wird.

2. Zum Bankgeheimnis

Im Wirtschaftsleben ist das Bankgeheimnis[4] (vgl. auch § 11 Rz. 47; § 66 Rz. 35) von erheblicher Bedeutung. Es spielt auch für die Beraterberufe, speziell wenn sie in Kreditgeschäfte oder Finanztransaktionen ihrer Mandanten eingeschaltet werden oder wenn sie eigene Konten ihren Mandanten direkt oder indirekt zur Verfügung stellen, eine wichtige Rolle. Das Bankgeheimnis ist gewohnheitsrechtlich Ausfluss der Vertrauensbeziehung zwischen Banken und ihren Kunden. Es beruht auf der **zivilrechtlichen Grundlage** von Bankverträgen und ist in den AGBs der Kreditwirtschaft verankert. Ein *Zeugnisverweigerungsrecht* von Bankangestellten besteht zwar in Zivil- und Verwaltungsverfahren (z.B. §§ 383 Abs. 1 Nr. 6, 384 Nr. 3 ZPO), traditionell aber *nicht in Strafsachen*. Dies gilt natürlich erst recht für Bankangestellte, die einen Bankkunden privat oder halbprivat, etwa in Anlagegeschäften, beraten haben. 48

Im Übrigen ist das Bankgeheimnis seit Langem grundsätzlich von Staats wegen *anerkannt* (Rz. 53). Im Verhältnis zu ihm haben die Bestimmungen der Daten- 49

---

1 Vgl. LG Hamburg v. 15.10.2010 – 608 Qs 18/10 – HSK Nordbank, NJW 2011, 192; LG Mannheim v. 3.7.2012 – 24 Qs 1/12, 2/12, wistra 2012, 400 = NStZ 2012, 713 m. Anm. *Schuster*, NZWiSt 2012, 28.
2 *Schuster*, NZWiSt 2012, 28, hat zutreffend darauf hingewiesen, dass (gerade) die „Durchsuchungsfestigkeit" von Anwaltskanzleien die Durchführung solcher Internal Investigations für Unternehmen attraktiv macht.
3 Nachdrücklich LG Mannheim v. 3.7.2012 – 24 Qs 1/12, 2/12, juris (Rz. 71 ff., 91 ff., 104 ff.), wistra 2012, 713.
4 Vgl. *Bilsdorfer*, DStR 1984, 498.

schutzgesetze nur nachrangige Bedeutung[1]. Allerdings ist das Bankgeheimnis in der Vergangenheit als Deckmantel für strafbare Handlungen, u.a. für die Begehung von Steuerdelikten unter Mitwirkung von Bankmitarbeitern, auch vielfach *missbraucht* worden. Dies hat entscheidend dazu geführt, dass der Schutz des Bankgeheimnisses, u.a. zur Bekämpfung des Terrorismus und der Geldwäsche, aber auch zur Vermeidung des missbräuchlichen Bezugs von Sozialleistungen und zur leichteren Aufdeckung von Steuerhinterziehungen, nach und nach **eingeschränkt** worden ist.

49a So wurde zur Besteuerung von Zinserträgen, die im europäischen Ausland erzielt werden, in Umsetzung einer EU-Richtlinie[2] zum europaweiten Austausch über grenzüberschreitende Zinszahlungen mit Wirkung ab 1.7.2005 die **ZinsinformationsVO** eingeführt. Zudem haben im Hinblick auf die genannten Missbräuche verschiedene Behörden die Befugnis erhalten, über das Bestehen von Kontoverbindungen einzelner Personen Informationen einzuholen (§ 24c KWG, § 93b AO).

49b Dieses sog. **automatisierte Kontoabrufverfahren** umfasst aber *nicht* die Möglichkeit, Kontoentwicklungen oder Kontostände abzufragen. Dazu sind aufgrund der schon bisher bestehenden allgemeinen Rechtsgrundlagen *Auskunftsersuchen* an die jeweiligen Bankinstitute erforderlich. Insofern ist die Behauptung, durch das Abrufverfahren sei das Bankgeheimnis nun so gut wie beseitigt oder doch ganz löchrig geworden, durchaus überzogen[3].

50 Dem **Kontoabrufverfahren**[4] liegt zugrunde, dass die in der Bundesrepublik ansässigen Kreditinstitute elektronische Dateien über alle bei ihnen geführten Konten und Depots samt Namen und persönlichen Daten der Inhaber und Verfügungsberechtigten zu führen und diese Dateien der *Bundesanstalt für Finanzdienstleistungsaufsicht* (BaFin) sowie dem *Bundeszentralamt für Steuern* zur Verfügung zu stellen haben (§ 24c KWG, § 93b AO). Bei der BaFin können die Ermittlungsbehörden, insbesondere also Staatsanwaltschaften und Polizei, seit November 2003 Auskünfte unmittelbar einholen. Auch die Finanzbehörden können gem. der neuen Regelung des § 93 Abs. 7 AO derartige Abfragen tätigen. Neben Finanzbehörden dürfen auch verschiedene sonstige Behörden, welche staatliche Leistungen gewähren (Arbeitsämter, Sozialämter, Wohngeldstellen, Stellen für Zahlungen von Ausbildungsfördermitteln), seit 1.4.2005 über das Bundeszentralamt für Steuern für ihre dienstlichen Belange entsprechende Auskünfte einholen (§ 93 Abs. 7, 8 AO).

50a Zwingende **verfassungsrechtliche Bedenken** gegen die neuen Regelungen bestehen **nicht**, da das Gesetz die Ermittlung von Daten „ins Blaue hinein oder durch anlasslosen rasterhaften Abgleich" von Konten ausschließt[5]. Vielmehr wird in § 93 Abs. 7, 8 AO vorausgesetzt, dass sonstige Ermittlungen nicht zum

---

1 § 1 Abs. 3 S. 2 BDSG; vgl. BGH v. 27.2.2007 – XI ZR 195/05, WM 2007, 643.
2 RL Nr. 2003/48/EG v. 3.6.2003.
3 Krit. zu Finanzermittlungen „vor der Verdachtsschwelle" *F. Herzog* in FS Kohlmann, 2003, S. 427 ff.
4 Eingef. durch Art. 2 des G zur Förderung der Steuerehrlichkeit v. 23.12.2003, BGBl. I 2928.
5 BVerfG v. 22.3.2005 – 1 BvR 2357/04, NJW 2005, 1179.

Ziel geführt haben oder keinen Erfolg versprechen. Vom BVerfG wurde das Kontoabrufverfahren deshalb als grundsätzlich verfassungsgemäß beurteilt[1]. Das BMF hat in Abstimmung mit den Länderfinanzministerien für das Abrufverfahren über das Bundeszentralamt für Steuern ab 10.3.2005 *Verwaltungsanweisungen* zum Kontenabruf herausgegeben, in denen Einzelheiten des Verfahrens einschließlich einer Mitteilungsverpflichtung zugunsten der von einem Kontoabruf betroffenen Kontoinhaber geregelt sind[2].

Problematisch und streitig ist, ob in Ermittlungsverfahren ein Geheimnisschutz für berufliche **Anderkonten** von Rechtsanwälten, Steuerberatern, Notaren usw. gegeben ist. Derartige Konten müssen naturgemäß bei einer Bank, also einem Dritten geführt werden. Beschlagnahmefreiheit für Unterlagen besteht jedoch gem. § 97 Abs. 2 S. 1 StPO nur insoweit, als die Unterlagen sich im Gewahrsam des Geheimnisträgers befinden[3]. Wenn hiernach die in § 53 Abs. 1 Nr. 3 StPO genannten Berufsgeheimnisträger in Bezug auf Bewegungen auf Anderkonten grundsätzlich ein Zeugnisverweigerungsrecht besitzen[4], können die entsprechenden *Unterlagen bei Bankinstituten*, die als selbständige Gewerbetreibende keine *Berufshelfer* i.S. von § 53a StPO sind, gleichwohl nach geltendem Recht erhoben und *beschlagnahmt* werden[5]. Der Auffassung, dass dies eine Umgehung des Zeugnisverweigerungsrechts und der Beschlagnahmefreiheit nach § 97 Abs. 1 StPO ermögliche und dem Rang des Berufsgeheimnisses nicht gerecht werde[6], kann dabei nicht gefolgt werden.

51

Nach geltendem Recht sind über Berufsgeheimnisträger vorgenommene Kontobewegungen in Ermittlungs- und Strafverfahren nicht schlechthin einer Überprüfung entzogen. Die von Gesetzes wegen anzuerkennende Vertrauensbeziehung zwischen Mandant und Berater ist *nicht* in jeder Hinsicht und *schrankenlos geschützt*. Dies sollte in Bezug auf Geld- und Kontobewegungen in einer Zeit, in der die Notwendigkeit einer **Bekämpfung der Geldwäsche** aus illegalen Geschäften **und** zur Bekämpfung des internationalen **Terrorismus** als dringlich erkannt und akzeptiert ist[7] (§ 51 Rz. 1 ff.), nicht zweifelhaft sein. Ein verstärkter Schutz von Anderkonten und zugehörigen Unterlagen – wie in den

52

---

1 BVerfG v. 13.6.2007 – 1 BvR 2357/04, 1 BvQ 2/05, BVerfGE 118, 168 ff. = NJW 2007, 2464.
2 Vgl. u.a. Anwendungserlass zur AO u.a. v. 10.3.2005 – IV A 4 - S 0062-1/05; Erlass v. 2.1.2008 – VI A 4 - S 0062/07/0001, BStBl. I 2008, 26; geänd. durch BMF v. 12.3.2010 – IV A 3 - S 0130/08/10006; Neufassung der Regelung zu § 93 AO: BMF v. 2.1.2009 – IV A 3 - S 0062/08/10007, BStBl. I 2008, 694.
3 Zu möglicherweise gleich zu behandelnden Fällen vgl. *Menges* in L/R, § 97 StPO Rz. 12 ff.
4 Vgl. *Schmitt* in Meyer-Goßner/Schmitt § 53 StPO Rz. 3.
5 So auch die Entscheidung LG Würzburg v. 20.9.1989 – Qs 323/89, wistra 1990, 118, die vom BVerfG bestätigt worden ist: BVerfG v. 9.10.1989 – 2 BvR 1558/89, wistra 1990, 97; wohl auch OLG Frankfurt v. 22.8.2001 – 2 Ausl 10/01, NJW 2002, 1135; LG Aachen v. 16.10.1998 – 86 Qs 99/98, NJW 1999, 2381; LG Chemnitz v. 2.7.2001 – 4 Qs 13/01, wistra 2001, 399; *Schmitt* in Meyer-Goßner/Schmitt, § 97 StPO Rz. 40; a.A. LG Frankfurt v. 2.11.1994 – 5/4 Qs 27/94, WM IV, 2279 LG Darmstadt v. 9.6.1989 – 9 Qs 288/89, DNotZ 1991, 560 m. zust. Anm. *Knoche*.
6 So *Stahl*, wistra 1990, 94; abl. auch *Rau*, wistra 2006, 410.
7 Vgl. dazu grundsätzlich schon *Arzt*, NStZ 1990, 1.

53 In **Steuerangelegenheiten** hat der frühere *Bankenerlass* des BMF[2] in Anerkennung des Vertrauensverhältnisses zwischen Banken und ihren Kunden bereits durch das Steuerreformgesetz 1990[3] **Gesetzesrang** erhalten und ist – inhaltlich kaum verändert – als § 30a in die **AO** übernommen worden[4]. Danach haben die Steuerbehörden auf das genannte Vertrauensverhältnis „besondere Rücksicht zu nehmen" und zunächst andere Ermittlungsmöglichkeiten auszuschöpfen, ehe sie im Rahmen ihrer Ermittlungsverpflichtung aus § 88 AO Bankauskünfte einholen dürfen. Sie unterliegen auch im *Besteuerungsverfahren* entsprechenden Einschränkungen (§ 30a Abs. 5 S. 1 AO). Ähnliche Restriktionen gelten bei der Kontenüberwachung und bei der Fertigung von Kontrollmitteilungen zu Kundenkonten aus Außenprüfungen bei Kreditinstituten (§ 30a Abs. 2 und 3 AO). Von den grundsätzlich bestehenden allgemeinen Mitteilungspflichten nach § 93a AO an die Finanzbehörden sind Kreditinstitute (neben einigen weiteren Institutionen) ausgenommen (§ 93a Abs. 2 AO).

In *steuerlichen Auskunftsverfahren* nach §§ 93 ff. AO steht Berufsgeheimnisträgern im Rahmen ihrer Schweigepflicht gem. § 102 AO, welcher § 53 StPO voll entspricht, bis zu einer Schweigepflichtentbindung ein *Recht zur Auskunftsverweigerung* zu. Gesetzliche Mitteilungspflichten, etwa der Notare, sind davon aber unberührt (§ 102 Abs. 4 S. 1 AO).

54 In **Steuerstrafverfahren** sind die vorstehend bezeichneten Einschränkungen nicht unmittelbar einschlägig. Vielmehr gelten insoweit grundsätzlich die *normalen Ermittlungsbefugnisse* nach den Vorschriften der StPO (vgl. § 404 AO)[5]. Die originären Ermittlungsmöglichkeiten der *Steuerfahndung* sind in § 30a AO nur unwesentlich eingeschränkt (§ 30a Abs. 5 S. 1 und 2 AO). Schranken bestehen insbesondere, soweit gegen konkrete Personen noch kein Ermittlungsverfahren eingeleitet worden ist; in diesem Fall dürfen Auskünfte bei Kreditinstituten erst nachrangig und subsidiär eingeholt werden (§ 30a Abs. 5 S. 2 i.V.m. § 93 Abs. 1 S. 3 AO)[6].

---

1 Das BVerfG hat ausdrücklich darauf hingewiesen, dass bei einer Bank vorhandene Unterlagen nicht mit den nach § 97 Abs. 2 S. 2 und Abs. 3–5 StPO beschlagnahmefreien Gegenständen vergleichbar sind, BVerfG v. 9.10.1989 – 2 BvR 1558/89, wistra 1990, 97; a.A. *Stahl*, wistra 1990, 94 f.
2 Bankenerlass v. 31.8.1979, BGBl. I 590.
3 BGBl. I 1988, 1093.
4 Vgl. dazu *Bruschke*, BB 1990, 392; *Lüders/Meyer-Kessel*, DB 1989, 2509.
5 Zur Zulässigkeit von Fahndungsmaßnahmen bei Banken wegen anonymer Auslandstransfers von Anlagegeldern vgl. BVerfG v. 23.3.1994 – 2 BvR 396/94, wistra 1994, 221 und BVerfG v. 13.12.1994 – 2 BvR 894/94, wistra 1995, 139.
6 Vgl. hierzu BFH v. 18.12.1997 – VIII R 33/95, NJW 1997, 2067 = BStBl. II 1997, 499.

§ 94
Strafrechtlicher Schutz von Mandanten

Bearbeiter: Johannes Häcker

		Rz.			Rz.
I.	Verletzung von Privatgeheimnissen	1		b) Nach Gewerberecht	13
II.	Verletzung von Prüferpflichten		III.	Weitere Straftatbestände	
1.	Geheimhaltungspflichtverletzungen	5	1.	Gebührenüberhebung	15
2.	Berichtspflichtverletzungen		2.	Parteiverrat	17
	a) Nach Handelsrecht	8	3.	Allgemeine Strafbestimmungen	24

Schrifttum (Kommentare zum AktG und zum GmbHG s. allgemeines Schrifttumsverzeichnis): *Beulke/Ruhmannseder*, Die Strafbarkeit des Verteidigers, 2. Aufl. 2010; *Bockemühl*, Handbuch des Fachanwalts Strafrecht, 5. Aufl. 2012; *Bosch*, Reichweite des Parteiverrats, JA 2008, 503; *Dahs*, Parteiverrat im Strafprozess, NStZ 1991, 561; *Deckenbrock*, Strafrechtlicher Parteiverrat und berufsrechtliches Verbot der Vertretung widerstreitender Interessen, 2009; *Dessecker*, Strafvereitelung und Strafverteidigung: Ein lösbarer Konflikt?, GA 2005, 142; *Erb*, Parteiverrat: Rechtsgut und Einwilligung im Tatbestand des § 356 StGB, Diss. 2005, BRAK-Schriftenreihe Bd. 14; *Gutmann*, Anspruch auf Herausgabe von Arbeitspapieren des Wirtschaftsprüfers, BB 2010, 171; *Hakelmacher*, Kontraproduktive Wirtschaftsprüfung, WPg 1999, 133; *Heghmanns*, Das Arbeitsgebiet des Staatsanwalts, 4. Aufl. 2010; *Henn/Frodermann/Jannott*, Handbuch des Aktienrechts, 8. Aufl. 2009; *Henssler/Deckenbrock*, Neue anwaltliche Betätigungsverbote bei Interessenkonflikten, NJW 2008, 1275; *Hilber/Hartu*, Auswirkungen des Sorbanes-Oxley Act auf deutsche Wirtschaftsprüfungsgesellschaften: Konflikt mit der Verschwiegenheitspflicht der Wirtschaftsprüfer und dem Datenschutz, BB 2003, 1054; *Kleine-Cosack*, Parteiverrat bei Mehrfachverteidigung, AnwBl 2005, 338; *Kleine-Cosack*, Bundesrechtsanwaltsordnung, 6. Aufl. 2009; *Kretschmer*, Der strafrechtliche Parteiverrat (§ 356 StGB), 2005; *Lipp*, Honorarvereinbarung zwischen Betrug und Gebührenüberhebung, FA 2006, 328; *Müller-Wiegand*, Berichterstattung über nachteilige Lagetatbestände im Prüfungsbericht, BB 1990, 454; *Niewerth*, Strafrechtliche Verantwortlichkeit des Wirtschaftsprüfers, Diss. 2004; *Offermann-Burckart*, Die Interessenkollision – Anwaltschaft im Wandel?, AnwBl 2005, 312; *Passarge*, Zur Entbindung der Berufsgeheimnisträger von Zeugnisverweigerungsrechten durch juristische Personen, BB 2010, 591; *Prinz*, Der Parteiverrat des Strafverteidigers, 1999; *Quaas*, Verbot widerstreitender Interessen und Sternsozietät, NJW 2008, 1697; *Quick*, Geheimhaltungspflichten des Abschlussprüfers: Strafrechtliche Konsequenzen bei Verletzung, BB 2004, 1490; *Sahner/Clauß/Sahner*, Qualitätskontrolle in der Wirtschaftsprüfung, 2002; *Vogel*, Wirtschaftskorruption und Strafrecht – Beitrag zu Regelungsmodellen im Wirtschaftsstrafrecht, in FS Weber, 2004, S. 395.

I. Verletzung von Privatgeheimnissen

Nachstehend werden – wie bereits erwähnt (§ 93 Rz. 2) – spezielle Tatbestände erörtert, nach denen sich Berater und Prüfer strafbar machen, wenn sie die entsprechenden Berufspflichten zum *Nachteil ihrer Auftraggeber* verletzen. Dabei handelt es sich einerseits um die *Verletzung von* persönlichen oder geschäftlichen *Geheimnissen* von Mandanten, die die genannten Berufsangehörigen im Rahmen ihrer beruflichen Tätigkeiten anvertraut erhalten oder sonst zur Kenntnis bekommen haben (Rz. 2 ff.), andererseits aber auch um sonstige, bei der Berufsausübung direkt oder indirekt **gegen** berechtigte **Interessen von Mandanten** gerichtete Handlungen (Rz. 5 ff., 15 ff.).

2 Neben sonstigen Angehörigen bestimmter Berufe und von Amtsträgern machen sich nach **§ 203 Abs. 1 Nr. 3** StGB u.a. Rechtsanwälte, Patentanwälte, Notare, Wirtschaftsprüfer und Steuerberater strafbar, wenn sie ihnen anvertraute **persönliche Geheimnisse** oder **Geschäfts- und Betriebsgeheimnisse**[1] (§ 33 Rz. 25) eines Mandanten bzw. ein sonst beruflich bekannt gewordenes Geheimnis unbefugt offenbaren[2].

Nach h.M. unterfallen auch Geheimnisse von Dritten, sofern sie dem Berufsgeheimnisträger bei seiner Berufsausübung bekannt geworden sind, dem Tatbestand, was allerdings streitig und vielfach problematisch ist[3].

Geheimnisse sind dabei personen- oder firmen-/unternehmensbezogene Informationen über Tatsachen, die sich auf vergangene oder aktuelle Verhältnisse beziehen, an denen ein sachlich vernünftiges Geheimhaltungsinteresse besteht und die nur einem beschränkten Personenkreis bekannt sind[4] (§ 33 Rz. 25a). Inwieweit im Einzelfall ein *Geheimhaltungswille* gegeben sein muss, ist streitig[5]. Offenkundige Tatsachen, z.B. solche, die aus öffentlich zugänglichen Quellen wie Registern entnommen oder erfragt werden können[6], sind nicht geheim. Auch Werturteile fallen nicht unter den Geheimnisbegriff. Die Strafbarkeit gilt nach § 203 Abs. 3 StGB auch für berufsmäßige Gehilfen und Auszubildende dieser Berufsgruppen. Die Geheimhaltungspflicht besteht auch nach Ende eines Mandats und über den Tod des Geheimnisträgers hinaus (§ 203 Abs. 4 StGB). Strafbar ist nur – wenigstens bedingt – vorsätzliches Handeln.

3 Die Beratungsperson ist zur **Geheimnisoffenbarung** jedoch **befugt**, wenn ihr ein Rechtfertigungsgrund zur Seite steht. Als *Rechtfertigungsgründe*[7] sind neben der Einwilligung (Entbindung von der Schweigepflicht), die auch durch schlüssiges Verhalten erfolgen kann, und der mutmaßlichen Einwilligung von besonderer Bedeutung der Notstand (§ 34 StGB) und – in engem Rahmen – nach sachgerechter Abwägung der betroffenen Belange die *Wahrnehmung berechtigter Interessen*[8] (s. auch § 93 Rz. 4 ff.). Wird das Honorar eines Beraters von seinem

---

1 Zum Begriff des geschützten Geheimnisses und dessen Offenbarung vgl. im Einzelnen *Lenckner/Eisele* in S/S, § 203 StGB Rz. 30 ff., 33.; *Hoyer* in SK, § 203 Rz. 5 ff., 19 ff., 67 ff.; *Fischer*, § 203 StGB Rz. 5, 30 ff.
2 Vgl. *Fischer*, § 203 StGB Rz. 30 ff.
3 Vgl. *Fischer*, § 203 StGB Rz. 9 m.Nw.
4 *Fischer*, § 203 StGB Rz. 4 ff.; *Beulke/Ruhmannseder*, Strafbarkeit des Verteidigers, Rz. 398.
5 *Fischer*, § 203 StGB Rz. 6
6 *Fischer*, § 203 StGB Rz. 10a.
7 Vgl. *Lenckner/Eisele* in S/S, § 203 StGB Rz. 30 ff.; *Fischer*, § 203 StGB Rz. 31 ff.
8 So schon BGH v. 9.10.1951 – 1 StR 159/51, BGHSt 1, 367; BGH v. 8.10.1968 – VI ZR 168/67, NJW 1968, 2288; OLG Köln v. 4.7.2000 – Ss 254/00, NJW 2000, 3656; einschränkend. *Lenckner/Eisele* in S/S, § 203 StGB Rz. 30 ff.; abl. *Hoyer* in SK, § 203 StGB Rz. 89; einschränkend auch *Fischer*, § 203 StGB Rz. 36.

Mandanten nicht bezahlt, darf er beispielsweise Strafanzeige wegen Betrugs erstatten oder zivilrechtliche Klage erheben; ebenso darf er sich gegen strafrechtliche, zivilrechtliche oder berufsrechtliche Vorwürfe eines (früheren) Mandanten verteidigen. Dabei darf er jeweils zwar keineswegs alle, wohl aber solche Geheimnisse des Mandanten offenbaren, ohne deren Darlegung ein verständliches und sachgerechtes Vorbringen nicht möglich wäre[1]. Erstattet er eine Strafanzeige nicht als Verletzter, sondern z.B. aus Verärgerung oder Rache gegen einen früheren Mandanten, so ist eine damit verbundene Geheimnisverletzung grundsätzlich nicht gerechtfertigt[2]

Die **Zeugenstellung im Strafprozess** rechtfertigt eine Offenbarung nach ganz h.M. dann *nicht*, wenn der Auskunftsperson ein Zeugnisverweigerungsrecht nach §§ 53, 53a StPO zusteht[3]. Da das Zeugnisverweigerungsrecht indessen nur eine Befugnis und keine Pflicht zum Schweigen beinhaltet, kann diese Auffassung nur mittels der Schweigepflichten begründet werden, die sich aus den entsprechenden Berufsgesetzen[4] oder z.B. aus Datenschutzgesetzen (§ 33 Rz. 115 ff., 130 ff.) ergeben. Für die in § 203 Abs. 3 StGB genannten *Berufshelfer* besteht in Verfahren gegen ihre Geschäftsherren kein Zeugnisverweigerungsrecht (vgl. § 93 Rz. 11), sodass sie sich durch Aussagen in solchen Verfahren nicht wegen Geheimnisverrats strafbar machen. 4

Die gesetzlichen Pflichten zur **Anzeige schwerer Straftaten** nach §§ 138, 139 StGB gehen allerdings den beruflichen Schweigepflichten vor[5]. Dasselbe gilt für *andere gesetzliche Offenbarungspflichten*, etwa von Notaren gegenüber der Finanzverwaltung oder für berufsrechtliche Mitteilungspflichten gegenüber den Berufskammern. Auch auf spezielle Offenbarungsbefugnisse, z.B. nach § 807 ZPO, § 159 StPO, §§ 31 und 31a AO, § 11 Abs. 1, 3 und § 12 Abs. 1 S. 2 GwG[6] oder §§ 68 ff., 73 ff. SGB X ist in diesem Zusammenhang hinzuweisen.

Die Geheimnisverletzung ist grundsätzlich mit **Geldstrafe** oder **Freiheitsstrafe** bis zu einem Jahr bedroht, bei Handeln gegen Entgelt oder in Bereicherungs- oder Schädigungsabsicht mit Freiheitsstrafe bis zu zwei Jahren (§ 203 Abs. 1 und 5 StGB); die letztgenannte Strafdrohung gilt nach § 204 StGB auch für den Täter, der ein fremdes Geheimnis zwar nicht offenbart, es jedoch für sich selbst verwertet. Die Taten nach §§ 203, 204 StGB sind jeweils *Antragsdelikte* (§ 205 StGB; näher § 10 Rz. 12 ff.). Führt eine Geheimnisverletzung zu einem Vermögensnachteil des Mandanten, kann tateinheitlich der Tatbestand der *Untreue* (§ 266 StGB) erfüllt sein. 4a

---

1 Krit. dazu *Lenckner/Eisele* in S/S, § 203 StGB Rz. 30; *Fischer*, § 203 StGB Rz. 36, 45 ff.
2 S. LG Köln v. 13.10.2010 – 171 StL 8/10, DStR, 2011, 288.
3 Vgl. *Hoyer* in SK, § 203 StGB Rz. 84; *Ignor/Bertheau* in LR, § 53 StPO Rz. 11.
4 Vgl. § 43a BRAO, § 43 Abs. 1 WPO, § 57 Abs. 1 StBerG.
5 *Sternberg-Lieben* in S/S, § 138 StGB Rz. 25.
6 Vgl. *Fischer*, § 203 StGB Rz. 37 ff.

II. Verletzung von Prüferpflichten

1. Geheimhaltungspflichtverletzungen

5 **a)** Die **wichtigste Strafbestimmung für Prüfer**, welche ihnen in ihrer Prüfereigenschaft bekannt gewordene Geheimnisse verletzen, ist die durch das Bilanzrichtliniengesetz eingeführte Bestimmung des **§ 333 HGB** (dazu auch § 40 Rz. 74). Danach werden *Prüfer* oder *Prüfergehilfen*, die derartige Geheimnisse[1] von Kapitalgesellschaften oder verbundenen Unternehmen, insbesondere Betriebs- oder Geschäftsgeheimnisse, vorsätzlich unbefugt offenbaren[2], grundsätzlich mit Freiheitsstrafe bis zu einem Jahr oder Geldstrafe bestraft (§ 333 Abs. 1 HGB). Insoweit ist der Tatbestand ganz ähnlich ausgestaltet wie der nach §§ 203, 204 StGB. Unter erschwerenden Umständen, nämlich bei Handeln gegen Entgelt oder in Schädigungs- oder Bereicherungsabsicht oder bei Verwertung eines Geheimnisses zu eigenen Zwecken, wird Freiheitsstrafe bis zu zwei Jahren oder Geldstrafe angedroht (§ 333 Abs. 2 HGB). Die Tat wird gem. § 333 Abs. 3 HGB *nur auf Antrag der Kapitalgesellschaften* verfolgt. Bei *Kredit- und Finanzinstituten* sowie bei *Versicherungsunternehmen* und *Pensionsfonds* gilt § 333 HGB auch für Unternehmen, die keine Kapitalgesellschaften sind (§§ 340m und 341m HGB).

6 **Prüfergehilfe** kann dabei jede Person sein, derer sich der Prüfer bei Erfüllung seiner Prüfungstätigkeit – etwa für die Vorbereitung von Teilbereichen seines Prüfungsberichts – bedient; insoweit kommen in erster Linie eigene Angestellte, die der Prüfer für Zwecke der Prüfung einsetzt[3], als Täter in Betracht, u.U. aber auch Bedienstete des geprüften Unternehmens, die der Prüfer zu Prüfzwecken heranzieht[4]. Die Regelung des § 333 HGB ist *lex specialis* gegenüber den Bestimmungen der §§ 203, 204 StGB[5].

7 **b)** Neben § 333 HGB haben **gleichartige Strafbestimmungen**, die in Einzelgesetzen enthalten und ebenfalls als Antragsdelikte ausgestaltet sind, regelmäßig nur noch subsidiäre Bedeutung. Zu nennen sind insoweit insbesondere die Regelungen des **§ 404** Abs. 1 Nr. 2 und Abs. 2 **AktG**, die früher von grundlegender Bedeutung waren und welchen § 333 HGB nachgebildet worden ist. Die auf bis zu zwei Jahre Freiheitsstrafe erhöhte Strafdrohung für Geheimnisverletzungen *bei börsennotierten Unternehmen* in § 404 AktG wirkt sich auf Prüfer nicht aus, weil diese gem. § 404 Abs. 1 Nr. 2 AktG nach dem vorrangigen, wenn auch insoweit milderen Tatbestand des § 333 HGB zu bestrafen sind. Wegen

---

1 Vgl. dazu i.E. *Geilen*, § 404 AktG Rz. 22 ff.; *Schaal* in MüKo, § 404 AktG Rz. 20 ff.
2 Vgl. im Übrigen zu Fragen der Rechtfertigung und der Sozialadäquanz in diesem Bereich *Geilen*, § 404 AktG Rz. 75, 78, 80, 81; *Schaal* in MüKo, § 399 AktG Rz. 231.
3 Dazu ausf. *Geilen*, § 403 AktG Rz. 16–18; *Schaal* in MüKo, § 403 AktG Rz. 14.
4 So auch *Godin/Wilhelmi*, § 403 AktG Anm. 2; s. auch *Schaal* in MüKo, § 403 AktG Rz. 14; a.A. *Geilen*, § 404 AktG Rz. 19.
5 S. *Geilen*, § 404 AktG Rz. 90.

der einzelnen Tatbestandsmerkmale des § 333 HGB kann hiernach auf die Kommentierungen zu § 404 AktG zurückgegriffen werden[1]. Neben § 404 Abs. 1 Nr. 2 AktG sind bezüglich **weiterer Geheimnisverletzungen** insbesondere zu nennen: § 138 Abs. 1 Nr. 1, Abs. 2 und 3 VAG, § 151 Abs. 1 Nr. 2, Abs. 2 GenG, § 19 PublG, ferner § 315 Abs. 1 Nr. 2, Abs. 2 UmwG.

Für Mitglieder der gem. § 66a WPO eingerichteten **Wirtschaftsprüferaufsichtskommission** gelten nach §§ 133b und 133c i.V.m. § 66b Abs. 2 WPO besondere Strafbestimmungen bei Offenbarung oder Verwertung von bekannt gewordenen Geheimnissen. Die Regelung entspricht inhaltlich ebenfalls der des § 333 HGB.

2. Berichtspflichtverletzungen

a) Nach Handelsrecht

Nach **§ 403 Abs. 1 AktG**[2] wird mit Freiheitsstrafe bis zu drei Jahren oder mit Geldstrafe bestraft, wer als Prüfer oder Prüfungsgehilfe über das Ergebnis einer vorgenommenen aktienrechtlichen Prüfung vorsätzlich **falsch berichtet** oder erhebliche Umstände im Prüfungsbericht verschweigt[3].

Dieser Regelung des § 403 AktG nachgebildet ist die mit ihm weitgehend übereinstimmende Vorschrift des **§ 332 HGB**[4]. Danach wird ein Abschlussprüfer oder Gehilfe eines Abschlussprüfers entsprechend § 403 AktG bestraft, welcher über das Ergebnis der Prüfung eines Jahresabschlusses, eines Lageberichts, eines Konzernabschlusses oder eines Konzernlageberichts einer Kapitalgesellschaft **unrichtig berichtet**, im Prüfungsbericht nach § 321 HGB erhebliche Umstände verschweigt oder einen unrichtigen Bestätigungsvermerk i.S. des § 322 HGB erteilt; Vorsatz ist dabei jeweils erforderlich. Es handelt sich jeweils um Offizialdelikte (§ 10 Rz. 11).

Dieser Tatbestand ist also weiter gefasst als § 403 AktG[5]. Einen ähnlichen Straftatbestand enthält § 314 UmwG für Verschmelzungs-, Spaltungs- und Übertragungsprüfer und deren Gehilfen.

Bei Handeln gegen Entgelt oder in Bereicherungs- oder Schädigungsabsicht ist ein erhöhtes Strafmaß – Freiheitsstrafe bis zu fünf Jahre – angedroht (§ 403 Abs. 2 AktG, § 332 Abs. 2 HGB).

---

1 Vgl. *Geilen*, § 404 AktG Rz. 7 ff.; *Schaal* in MüKo, § 404 AktG Rz. 1 ff.; *Fuhrmann* in Geßler/Hefermehl/Eckardt/Kropff, § 404 AktG Rz. 3 ff.
2 Vgl. dazu im Ergebnis *Geilen*, § 403 AktG Rz. 6 ff.; *Schaal* in MüKo, § 403 AktG Rz. 6 ff.; *Godin/Wilhelmi*, § 403 AktG Anm. 2 ff.
3 Zu den einzelnen Tathandlungen s. *Geilen*, § 403 AktG Rz. 23–34; *Schaal* in MüKo, § 403 AktG Rz. 15 ff.
4 Vgl. dazu *Bieneck* in HWiStR, „Wirtschaftsprüfer" Anm. IV, 1.
5 Zu der Zweifelsfrage, ob die Erteilung eines unrichtigen Bestätigungsvermerks, die in § 332 HGB ausdrücklich genannt ist, über § 403 AktG zu erfassen ist, vgl. *Geilen*, § 403 AktG Rz. 27.

10 Die Bestimmungen des § 403 AktG und des § 332 HGB sind **Schutzgesetze zugunsten der Gesellschaft** und ihrer Aktionäre bzw. Anteilseigner, aber **auch zugunsten Dritter**, da die Prüfungen maßgeblich auch im öffentlichen Interesse stattfinden[1]. Wird eine Prüfung von einer *Prüfungsgesellschaft* vorgenommen, so sind ihre gesetzlichen Vertreter Prüfer i.S. der genannten Bestimmungen. Prüfungspersonen, die nicht zu den gesetzlichen Vertretern gehören, sind – wie sonstige Hilfspersonen auch – nur Prüfergehilfen[2] (zum Begriff des Prüfergehilfen vgl. Rz. 6[3]). Allerdings kommen sie theoretisch, wenn sie als eigenständig Beauftragte i.S. von § 14 Abs. 2 StGB eingesetzt worden sein sollten, auch als Täter in Betracht[4].

11 Unter Strafe gestellte **Tathandlungen** in den genannten Bestimmungen (§ 332 HGB, § 403 AktG) sind:

- die *Erstattung eines falschen Berichts*[5] über die Prüfungsfeststellungen, d.h. Letztere sind im Bericht unrichtig wiedergegeben;
- das *Verschweigen wesentlicher Umstände* im Prüfungsbericht[6] (vgl. §§ 317, 321 HGB und zur „prüferischen Durchsicht" von Zwischenabschlüssen bei Kreditinstituten § 340a HGB) sowie
- die Erteilung eines *unrichtigen Bestätigungsvermerks* (vgl. § 322 HGB).

Probleme können insbesondere bei der Frage entstehen, welche Umstände als *erheblich* anzusehen sind und deshalb nicht verschwiegen werden dürfen.

11a Die Frage beantwortet sich nach dem jeweiligen gesetzlichen **Zweck der** betreffenden **Prüfung**. Insoweit ist beispielsweise auf die Regelungen der §§ 264, 264a, 316 HGB über die Prüfung von Kapitalgesellschaften sowie bei der AG auf die Bestimmungen über die Gründungsprüfung (§ 34 AktG) und über Sonderprüfungen (§§ 258, 259 AktG) zu verweisen. Von besonderer Bedeutung ist die Bestätigung, dass bzw. ob Buchführung und Jahresabschluss oder ein Konzernabschluss den gesetzlichen Vorschriften (vgl. § 317 HGB) entsprechen und ob ein zutreffendes, den tatsächlichen Verhältnissen entsprechendes Bild der Vermögens-, Finanz- und Ertragslage vermittelt wird (§ 322 Abs. 1–7 HGB). Entscheidende Richtschnur bei der Bewertung eines Berichts auf seine Richtigkeit ist, dass dieser *alle Pflichtangaben* enthalten und diese auch zutreffend behandeln muss; der Bericht darf auf keinen Fall, aus welchen Beweggründen auch immer, irreführend sein[7].

---

1 *Geilen*, § 403 AktG Rz. 5; *Schaal* in MüKo, § 403 AktG Rz. 82; *Bieneck* in HWiStR, „Wirtschaftsprüfer" Anm. IV, 1.
2 *Geilen*, § 403 AktG Rz. 20; *Schaal* in MüKo, § 403 AktG Rz. 83.
3 Vgl. auch *Fuhrmann* in Geßler/Hefermehl/Eckardt/Kropff, § 403 AktG Rz. 8.
4 *Schaal* in MüKo, § 403 AktG Rz. 13; allg. *Fischer*, § 14 StGB Rz. 6.
5 *Geilen*, § 403 AktG Rz. 23 ff.; *Schaal* in MüKo, § 403 AktG Rz. 25 ff.
6 Vgl. dazu *Schaal* in MüKo, § 403 AktG Rz. 29; ferner zur Berichterstattungspflicht über nachteilige Lagetatbestände vgl. *Müller-Wiegand*, BB 1990, 454.
7 Vgl. im Einzelnen *Geilen*, § 403 AktG Rz. 24 ff., 28, 31 f.; *Schaal* in MüKo, § 403 AktG Rz. 24 f.; s. auch *Gramich*, wistra 1987, 157.

12 Die eingangs genannte **Strafdrohung** ist nach § 332 Abs. 2 HGB, § 403 Abs. 2 AktG für solche Täter **verschärft** (Freiheitsstrafe bis zu fünf Jahren), die gegen Entgelt oder in Bereicherungs- oder Schädigungsabsicht handeln[1]. Absicht ist hierbei als zielgerichtetes Vorgehen (direkter Vorsatz) zu verstehen.

Den Regelungen der §§ 332 HGB, 403 AktG entsprechen weitere Strafbestimmungen für Angehörige der Prüfungsberufe (neben § 148a GewO – Rz. 13 – u.a. noch § 150 GenG, § 137 VAG, § 18 PublG) wegen Berichtspflichtverletzungen. Diese weisen weitgehend keine Besonderheiten auf und haben – wenn man von § 31d Abs. 2 Parteiengesetz über falsche Prüfungen von Rechenschaftsberichten politischer Parteien nach §§ 23 ff. Parteiengesetz sowie ähnlichen Regelungen in den Fraktionsgesetzen der Bundesländer absieht – auch keine größere praktische Bedeutung, sodass von ihrer Darstellung – mit Ausnahme der nachstehenden Ausführungen (Rz. 13 ff.) – abgesehen werden kann.

12a Soweit Wirtschaftsprüfer seit 1.1.2006 **unzulässig als Abschlussprüfer** tätig sind, weil sie sich z.B. der gem. § 57a WPO erforderlichen Qualitätskontrolle nicht erfolgreich unterzogen haben, können sie gleichwohl taugliche Täter einer Berichtspflichtverletzung sein. Hiervon abgesehen macht sich ein Prüfer, der vorsätzlich einen – inhaltlich eventuell zutreffenden – Prüfungsvermerk erteilt, obwohl er nach §§ 319–319b HGB selbst nicht Prüfungsbefugter oder Mitarbeiter einer nach diesen Bestimmungen nicht prüfungsberechtigten Wirtschaftsprüfungsgesellschaft ist, gem. **§ 334** Abs. 2, 3 **HGB** einer *Ordnungswidrigkeit* schuldig, die mit Geldbuße bis zu 50 000 Euro geahndet werden kann.

Die Prüfungsbefugnis entfällt grundsätzlich bei fehlender Qualitätskontrolle, bei Befangenheit oder bei Gefährdung der Unabhängigkeit durch persönliche oder wirtschaftliche Interessenkollisionen; vgl. §§ 319–319b HGB, § 91 Rz. 73 ff.

Gleichartige Bußgelddrohungen für entsprechendes Verhalten gelten bei Prüfungsvermerken für Kredit- und Finanzinstitute (§ 340n Abs. 2, 3 HGB) sowie für Versicherungsunternehmen und Pensionsfonds (§ 341n Abs. 2, 3 HGB). Nach § 43 Abs. 3 WPO darf ein Abschlussprüfer binnen zwei Jahren nach seiner Prüfungstätigkeit bei dem geprüften Unternehmen keine „wichtige Führungstätigkeit" ausüben; eine Zuwiderhandlung kann mit einer Geldbuße bis 50 000 Euro geahndet werden (§ 133a WPO).

b) Nach Gewerberecht

13 § 148a GewO entspricht hinsichtlich der tatbestandsmäßigen Voraussetzungen und hinsichtlich der angedrohten Strafen für **Prüfungen nach § 16** Abs. 1 oder 2 der **Makler- und Bauträgerverordnung**[2] (vgl. auch § 70 Rz. 6 ff.) der vorstehend erörterten Regelung der § 403 AktG, § 332 HGB. Nach § 16 Abs. 1 und 2 MaBV haben Gewerbetreibende i.S. des § 34c Abs. 1 GewO (*Makler, Bauträger, Baubetreuer*) für jedes Kalenderjahr oder zusätzlich aus besonderem Anlass auf behördliches Verlangen einen Prüfungsbericht darüber erstellen zu lassen, ob sie ihre sich aus §§ 2–14 MaBV ergebenden Vermögensverwaltungs-, Aufzeichnungs-, Informations- und Rechnungslegungspflichten erfüllt haben. Geeignete

---

1 S. dazu *Schaal* in MüKo, § 403 AktG Rz. 36 ff.
2 MaBV v. 11.6.1975, BGBl. I 1975, 1351, inzwischen mehrfach geändert.

Prüfer sind dabei insbesondere Wirtschaftsprüfer, vereidigte Buchprüfer, Wirtschaftsprüfungs- und Buchprüfungsgesellschaften sowie Prüfungsverbände (§ 16 Abs. 3 MaBV), daneben aber auch öffentlich bestellte sonstige Prüfer (§ 16 Abs. 3 S. 2 MaBV).

Wird die Prüfung nicht oder nicht fristgerecht vorgenommen, kann dies als Ordnungswidrigkeit geahndet werden (§ 18 Nr. 12 MaBV, § 144 Abs. 2 Nr. 4, 5 GewO).

14 **Falsch berichtet** i.S. von § 148a GewO wird insbesondere dann, wenn *Pflichtverstöße* des Gewerbetreibenden nach den Bestimmungen der MaBV *falsch dargestellt oder verschwiegen* werden (Rz. 8 f.). Gerade zu Pflichtverstößen muss sich der Prüfer gem. § 16 Abs. 1 S. 3 MaBV ausdrücklich äußern, damit für die Gewerbebehörden ersichtlich ist, ob zum Zwecke einer ordnungsgemäßen Berufsausübung Verwaltungsmaßnahmen gegen den Gewerbetreibenden zu treffen sind, etwa die Erlaubnis zur Ausübung des Gewerbes gem. § 34c GewO wieder zurückzunehmen ist. Denn die *Prüfungspflicht* nach § 16 MaBV besteht ausschließlich oder doch wenigstens ganz vorrangig *im öffentlichen Interesse*. Deshalb dürfte ein Prüfer, der von der Gewerbebehörde oder in einem sich anschließenden Verwaltungs-, Ordnungswidrigkeiten- oder Strafverfahren im Zusammenhang mit Verstößen gegen Pflichten des Maklers oder Bauträgers nach der MaBV vernommen werden soll, bezüglich seiner Prüfungsfeststellungen nach Sinn und Zweck der gesetzlichen Regelung wohl kein Zeugnisverweigerungsrecht besitzen. Dies muss vor allem gelten, wenn das Gewerbeamt gem. § 16 Abs. 2 S 1 MaBV eine Sonderprüfung verlangt und dafür selbst den Prüfer bestimmt (§ 16 Abs. 2 S. 2 MaBV) hat. Diese Frage ist bisher allerdings weder geregelt noch obergerichtlich geklärt.

III. Weitere Straftatbestände

1. Gebührenüberhebung

15 Von den Angehörigen von Beraterberufen können sich nur *Notare* als Amtsträger, *Rechtsanwälte*, *Patentanwälte* und *Rechtsbeistände* wegen vollendeter oder versuchter Gebührenüberhebung[1] nach **§ 352 StGB** strafbar machen, soweit sie für ihre beruflichen Tätigkeiten (im Verhältnis zu *gesetzlich bestimmten* Gebühren und Vergütungen) vorsätzlich zu hohe Beträge erheben.

Unter den Begriff „Rechtsbeistände" fallen seit Einführung des RDG nur noch die Kammerrechtsbeistände sowie die nach § 10 Abs. 1 RDG registrierten Rechtsbeistände (vgl. Art. 2 §§ 1, 4 Abs. 1, 6 RDGEG sowie § 92 Rz. 23). Ausländische Anwälte sind den inländischen gleichgestellt (§ 42 EuRAG).

Dabei reicht nach h.M. bedingter Vorsatz nicht aus, sondern direkter Vorsatz ist erforderlich[2]. Angesichts der in neueren Vergütungs- und Gebührenordnungen (z.B. dem RVG, StBVV) eingeräumten Möglichkeiten, Honorare innerhalb bestimmter Rahmen festzulegen oder auch frei zu vereinbaren, werden feste gesetzliche Gebühren eher selten verlangt. Wenn ein Gebührenrahmen über-

---

1 Vgl. dazu im Einzelnen *Hecker* in S/S, § 352 StGB Rz. 2 ff.; *Fischer*, § 352 StGB Rz. 1 ff.
2 Vgl. *Fischer*, § 352 StGB Rz. 7.

schritten wird, kann der Tatbestand erfüllt sein; dies gilt nach h.M. auch, wenn ein Mandatsvertrag unwirksam ist, z.B. wegen unzulässiger Mehrfachverteidigung oder Interessenwiderstreits.[1] Wird ein vereinbartes (überhöhtes) Honorar gefordert, ist § 352 StGB allerdings auch dann nicht anwendbar, wenn die Honorarvereinbarung aus formalen Gründen oder wegen Verstoßes gegen die guten Sitten unwirksam ist[2]. Denn das Verlangen stützt sich auf die getroffene Vereinbarung und gerade nicht „auf die Autorität einer gesetzlichen Gebührenordnung", wie nach der Ratio der Bestimmung gefordert[3]. Das „Erheben" von Gebühren beinhaltet ein Fordern und Erlangen, wobei Letzteres auch durch Einbehalten oder Verrechnen vorgenommen werden kann[4]. Es handelt sich um einen angesichts der geringen Strafdrohung (nur Freiheitsstrafe bis zu einem Jahr oder Geldstrafe) **privilegierten Tatbestand des Betrugs**[5]. Eine Täuschung gegenüber dem Geschädigten, die aber nicht zu einer Irrtumserregung geführt haben muss, wird dabei vorausgesetzt[6]. Allerdings erfordert § 352 StGB keine Bereicherungsabsicht[7], diese wird indessen regelmäßig gegeben sein. Die Bestimmung ist *lex specialis* im Verhältnis zum Betrug, Tateinheit kann aber bestehen, wenn aufgrund einer gesonderten oder zusätzlichen Täuschungshandlung der Betrugstatbestand erfüllt wird.[8]

Diese **Privilegierung**, die auf der theoretischen Möglichkeit von Schuldnern beruht, sich über die bestehenden Gebührenregelungen zu erkundigen, ist **ungereimt** und in der heutigen Zeit schwerlich zu rechtfertigen. Verlangt ein Berater bewusst in der Absicht, die Unwissenheit seines Mandanten auszunutzen, eine überhöhte Gebühr, so ist dies ein grob berufswidriger Vertrauensmissbrauch, der nicht niedriger geahndet werden sollte als ein „normaler" Betrug[9]. Unter den Tatbestand fällt, wenn ein Anwalt vom *eigenen* Mandanten, dem er gerichtlich beigeordnet worden ist (z.B. als Pflichtverteidiger), Gebühren verlangt, ähnlich wenn er einen Mandanten aufgrund eines Beratungshilfescheins

15a

---

1 Vgl. *Vormbaum* in LK, § 352 StGB Rz. 13 m.Nw. und Einzelfällen.
2 BGH v. 6.9.2006 – 5 StR 64/06, NJW 2006, 3219; OLG Braunschweig v. 28.6.2004 – 1 Ss (S) 1/04, NJW 2004, 2606.
3 So BGH v. 6.9.2006 – 5 StR 64/06, juris = NJW 2006, 3219. Auch im Fall „Berliner Straßenreinigungsgebühren" wurde der Tatbestand des § 352 StGB verneint, BGH v. 17.7.2009 – 5 StR 394/08, BGHSt 54, 44.
4 *Hecker* in S/S, § 352 StGB Rz. 8.
5 Zum Konkurrenzverhältnis zwischen §§ 263, 352 StGB vgl. OLG Düsseldorf v. 1.6.1989 – 1 Ws 456/89, NJW 1989, 2901; ferner *Hecker* in S/S, § 352 StGB Rz. 15; s. auch *Beulke/Ruhmannseder*, Strafbarkeit des Verteidigers, Rz. 435 f.
6 Vgl. schon BGH v. 6.11.1951 – 2 StR 178/51, BGHSt 2, 35; BGH v. 13.5.1953 – 3 StR 926/52, BGHSt 4, 233 sowie BayObLG v. 27.11.1989 – RReg 2 St 194/89, NJW 1990, 1001 = wistra 1990, 111; OLG Karlsruhe v. 20.12.1990 – 2 Ws 265/89, NStZ 1991, 239; s. auch OLG Braunschweig v. 28.6.2004 – 1 Ss (S.) 1/04, NJW 2004, 2606; a.A. *Hoyer* in LK, § 352 StGB Rz. 7.
7 S. schon RGSt 14, 364 ff.; *Vormbaum* in LK, § 352 StGB Rz. 1; *Vossen* in MüKo, § 352 StGB Rz. 1.
8 BGH v. 6.9.2006 – 5 StR 64/06, NJW 2006, 3219; *Fischer*, § 352 StGB Rz. 8.
9 Krit. auch BGH v. 6.9.2006 – 5 StR 64/06, NJW 2006, 3219; *Fischer*, § 352 StGB Rz. 2.

beraten hat[1]. Hingegen ist § 263 StGB und nicht § 352 StGB einschlägig, wenn ein im Zivilprozess obsiegender Anwalt namens seines Mandanten vom Prozessgegner mittels Täuschung überhöhte Gebühren fordert[2].

16 Erheben Berater der in § 352 StGB genannten Art mittels Täuschung frei vereinbarte, aber überhöhte Honorare oder Auslagen, so kommt für sie ebenfalls der **allgemeine Betrugstatbestand** nach § 263 StGB, der Freiheitsstrafe bis zu fünf Jahren androht, in Betracht[3]. Dabei kann schwerlich danach differenziert werden, ob es um eine an sich zulässige oder aber unzulässige *Honorarvereinbarung* geht[4], denn es kann von sehr subtilen Erwägungen abhängen und vom Honorarschuldner in aller Regel nicht erkannt werden, ob und unter welchen Voraussetzungen eine solche Vereinbarung zulässig ist. Für sonstige nicht in § 352 StGB genannte Beraterberufe, auch wenn für sie gesetzliche Gebührenregelungen (wie für Steuerberater – StBVV) bestehen, kommt generell nur der Betrugstatbestand infrage[5].

Auch dies zeigt, dass § 352 StGB nicht mehr als zeitgemäß angesehen werden kann. Erst recht gilt dies, nachdem das Gebührenrecht für Rechtsanwälte durch das Rechtsanwaltsvergütungsgesetz v. 5.5.2004[6] sowie durch das Gesetz zur Neuregelung des Verbots der Vereinbarung von Erfolgshonoraren v. 12.6.2008[7] liberalisiert worden ist.

2. Parteiverrat

17 Des Parteiverrats[8] nach **§ 356 StGB** macht sich der **Anwalt** oder ein **anderer Rechtsbeistand** schuldig, der in derselben Rechtssache pflichtwidrig *beiden* beteiligten *Parteien* dient. Zweck der Bestimmung ist es, sowohl die Interessen von Mandanten zu schützen als auch die Funktionsfähigkeit der Anwaltschaft und von anerkannten sonstigen Rechtsbeiständen zu wahren[9] und das Vertrauen der Bevölkerung in die Zuverlässigkeit und Integrität der Anwalt- und Rechtsbeistandschaft zu erhalten[10]. *Täter* dieses *Sonderdelikts* können neben Rechts- und Patentanwälten insbesondere die nach dem früheren Rechtsberatungsgesetz zugelassenen, jetzt nach § 10 RDG registrierten Beistände (§ 92 Rz. 10, 23), aber auch sonstige nach den Prozessordnungen vorgesehene Beistände sein (beispielsweise nach § 90 ZPO, Referendare als Verteidiger nach

---

1 Vgl. den Fall BVerfG v. 5.5.2011 – 2 BvR 1011/10, NJW 2011, 2275.
2 *Fischer*, § 352 StGB Rz. 4.
3 *Hecker* in S/S, § 352 StGB Rz. 15; *Hoyer* in SK, § 352 StGB Rz. 8.
4 Vgl. BGH v. 6.9.2006 – 5 StR 64/06, NJW 2006, 3219; *Hoyer* in SK, § 352 StGB Rz. 8; a.A. BayObLG v. 11.5.1989 – RReg 5 St 5/89, NJW 1989, 2901, das im Fall einer unzulässigen Honorarvereinbarung den Tatbestand des § 352 StGB bejahte; abw. dazu OLG Braunschweig v. 28.6.2004 – 1 Ss (S.) 1/04, NJW 2004, 2606.
5 Vgl. zu Einzelfällen *Hecker* in S/S, § 352 StGB Rz. 15.
6 BGBl. I 718, 788.
7 BGBl. I 1000.
8 Vgl. dazu näher *Heine/Weißer* in S/S, § 356 StGB Rz. 1 ff.; *Rogall* in SK, § 356 StGB Rz. 1 ff.; *Fischer*, § 356 StGB Rz. 3 ff.; ferner *Dahs*, NStZ 1991, 561.
9 *Rogall* in SK, § 356 StGB Rz. 5; *Fischer*, § 356 StGB Rz. 2.
10 BGH v. 24.6.1960 – 2 StR 621/59, BGHSt 15, 332 (336); BayObLG v. 26.7.1989 – RReg 3 St 50/89, NJW 1989, 2903; s. auch *Beulke/Ruhmannseder*, Strafbarkeit des Verteidigers, Rz. 205 ff.; *Mennicke*, ZStW 112 (2000), 834 ff.

§ 142 Abs. 2 StPO, beigeordnete Anwälte nach § 121 ZPO, Universitätslehrer als Verteidiger nach § 138 StPO sowie Steuerberater und Wirtschaftsprüfer als Verteidiger im Rahmen der §§ 369, 386 Abs. 2, 392 Abs. 1 AO)[1]. Auch im Inland tätige ausländische Berufsangehörige unterfallen § 356 StGB (vgl. § 206 BRAO i.V.m. § 42 EuRAG).

Der Täter muss nach § 356 Abs. 1 StGB in **derselben** ihm anvertrauten **Rechtssache** beiden Parteien vorsätzlich *dienen*. Jede berufsmäßige Unterstützung durch Rat oder Tat stellt ein Dienen dar[2]. Dabei betrifft der gesamte Tatsachen- und Rechtsgehalt eines Streitstoffes „dieselbe" Rechtssache in diesem Sinne, mag es auch um unterschiedliche Ansprüche[3] oder verschiedene Verfahren[4] gehen. Auch die Beschränkung eines Mandats auf bestimmte Aspekte eines einheitlichen materiellen Rechtsverhältnisses ist ohne Bedeutung dafür, ob es sich um dieselbe Rechtssache handelt[5].

Beispiel: Erwirken eines Pfändungs- und Überweisungsbeschlusses für einen Gläubiger und Vertretung des Drittschuldners auf Klage desselben Gläubigers[6]; Wiederaufnahmeverfahren eines Verurteilten und Strafverfahren gegen den Zeugen in der früheren Hauptverhandlung gegen diesen Verurteilten wegen einer dort begangenen Falschaussage[7]; Vertretung mehrerer Miterben im Rahmen einer Erbauseinandersetzung[8]; Vertretung des Verursachers eines Verkehrsunfalls im Strafverfahren und des bei diesem Unfall Verletzten im Schadensersatzverfahren[9].

Weiter sei folgender im Wirtschaftsstrafrecht durchaus **praktische Fall** angeführt:

Beispiel: Rechtsanwalt A erstattet namens einer GmbH mittels einer Vollmacht des GmbH-Geschäftsführers B Strafanzeige wegen Veruntreuung von Lagerware der GmbH gegen einen namentlich bekannten oder noch unbekannten Angestellten der Gesellschaft. Ergibt sich im Zuge der Ermittlungen der Verdacht, dass B selbst die Ware zum

---

1 *Heine/Weißer* in S/S, § 356 StGB Rz. 5 ff.; *Rogall* in SK, § 356 StGB Rz. 10; *Fischer*, § 356 StGB Rz. 2a, 2b; *Dahs* in MüKo, § 356 StGB Rz. 21 ff.; *Beulke/Ruhmannseder*, Strafbarkeit des Verteidigers, Rz. 210 ff.
2 *Fischer*, § 356 StGB Rz. 10 m.Nw., vgl. dazu auch BVerfG v. 24.5.2001 – 2 BvR 1373/00, NJW 2001, 3180.
3 Vgl. schon im Anschluss an das RG BGH v. 26.6.1962 – 5 StR 180/62, BGHSt 17, 306; s. auch *Fischer*, § 356 StGB Rz. 5 m.Nw.
4 BGH v. 16.11.1962 – 4 StR 344/62, BGHSt 18, 192 (198); BGH v. 7.10.1986 – 1 StR 519/86, BGHSt 34, 191; BGH v. 21.7.1999 – 2 StR 24/99, BGHSt 45, 148; BayObLG v. 29.9.1994 – 5 St RR 60/94, NJW 1995, 606 (607).
5 Vgl. *Heine/Weißer* in S/S, § 356 StGB Rz. 111; *Fischer*, § 356 StGB Rz. 4, 5; *Beulke/Ruhmannseder*, Strafbarkeit des Verteidigers, Rz. 222 ff.
6 Zu weiteren Einzelfällen vgl. *Fischer*, § 356 StGB Rz. 5a ff.; *Beulke/Ruhmannseder*, Strafbarkeit des Verteidigers, Rz. 236 ff.
7 BGH v. 4.2.1954 – 4 StR 724/53, BGHSt 5, 304; zu weiteren Fällen vgl. BGH v. 21.8.1956 – 5 StR 153/56, BGHSt 9, 341; BGH v. 26.6.1962 – 5 StR 180/62, BGHSt 17, 306; BGH v. 16.11.1962 – 4 StR 344/62, BGHSt 18, 192 (194); BayObLG v. 29.9.1994 – 5 St RR 60/94, NJW 1995, 606; OLG Zweibrücken v. 27.5.1994 – 1 Ss 12/94, NStZ 1995, 35.
8 BayObLG v. 26.7.1989 – RReg 3 St 50/89, NJW 1989, 2903.
9 BayObLG v. 29.3.1994 – 5 St RR 60/94, NJW 1995, 606 (607). Weitere Fälle des Interessenwiderstreits bei *Beulke/Ruhmannseder*, Strafbarkeit des Verteidigers, Rz. 236 ff.

Nachteil der GmbH beiseite geschafft hat, so darf A wegen des bestehenden Interessenwiderstreits den Beschuldigten B nicht als Verteidiger vertreten (vgl. § 16 Rz. 49 ff.).

20 **Parteien** i.S. von § 356 StGB sind alle Personen, die mit einander widerstreitenden Interessen an derselben Rechtssache beteiligt sind[1]; auf eine formelle prozessuale oder außerprozessuale Gegnerschaft kommt es dabei nicht an. Demgemäß sind z.B. der Angeklagte eines Strafverfahrens und der von ihm Verletzte Parteien in diesem Sinn[2]. Hingegen verneint die h.M. die Frage, ob **mehrere Mitangeklagte** oder Verdächtige eines Verfahrens im Verhältnis zueinander als Parteien anzusehen sind, sodass der Rechtsanwalt, der entgegen § 146 StPO mehrere Mitangeklagte vertritt, keinen Parteiverrat begehen könnte[3]. Bei entgegengesetzten Interessen der Beschuldigten, insbesondere in Fällen der gegenseitigen Beschuldigung bzw. Belastung, ist diese Auffassung jedoch sehr bedenklich[4]. Richtigerweise sind solche Beschuldigte als Parteien anzusehen[5], sodass sich im Einzelfall die Frage einer tatsächlich bestehenden Interessenkollision stellt.

Hiervon unabhängig stellt es keinen Verstoß gegen § 146 StPO dar, wenn ein Verteidiger mehrere als Mittäter beschuldigte Personen sukzessiv, also in zeitlich nacheinander ablaufenden Verfahren vertritt[6].

20a Bei **Strafverteidigungen** ist es seit Langem zulässig, dass *mehrere Anwälte aus einer Kanzlei* verschiedene Mandanten, die in derselben Sache Beschuldigte sind, verteidigen dürfen. Dies kann in der gleichen Hauptverhandlung oder in verschiedenen Verfahren geschehen. Notwendig ist nur, dass jeder Anwalt für *einen* bestimmten Beschuldigten das Mandat übernimmt[7]. Hat bei mehreren Tatbeteiligten ein Anwalt ein Mandat als Wahlverteidiger übernommen, so besteht kein generelles rechtliches Hindernis, einem anderen Anwalt aus derselben Kanzlei die Pflichtverteidigung für einen Mitbeschuldigten zu übertragen, falls kein konkreter Interessenwiderstreit erkennbar ist[8]. Allerdings dürfte jedenfalls der *Anschein* eines Interessenkonflikts und eines möglicherweise unterschiedlichen Engagements der Anwälte bei solchen Konstellationen nicht

---

1 BGH v. 4.2.1954 – 4 StR 724/53, BGHSt 5, 285 (304).
2 BGH v. 16.12.1952 – 2 StR 198/51, BGHSt 3, 400; BayObLG v. 29.9.1994 – 5 St RR 60/94, NJW 1995, 606.
3 OLG Frankfurt v. 8.1.1955 – 1 Ws 485/54, NJW 1955, 880; *Heine/Weißer* in S/S, § 356 StGB Rz. 13; *Fischer*, § 356 StGB Rz. 10; *Dahs*, NStZ 1991, 561.
4 Vgl. BayObLG v. 26.7.1989 – RReg 3 St 50/89, NJW 1989, 2903; OLG Stuttgart v. 25.4.1990 – 2 Ws 2/90, NStZ 1990, 542.
5 Vgl. BGH v 25.6.2008 – 5 StR 109/07, BGHSt 52, 307, wo die frühere Rspr. aufgegeben wurde, mehrere an einer Tat Beteiligte seien keine „Parteien", s. dazu BVerfG v. 16.5.2011 – 2 BvR 1230/10, juris, und BGH v. 8.4.2010 – 5 StR 491/09, wistra 2010, 263.
6 Vgl. BGH v. 22.6.1994 – 2 StR 180/94, NStZ 1994, 500; BVerfG v. 28.10.1976, BVerfGE 43, 79; *Schmitt* in Meyer-Goßner/Schmitt, § 146 StPO Rz. 18.
7 LG Frankfurt v. 4.4.2008 – 26 Qs9/08, NStZ 2008, 205; *Schmitt* in Meyer-Goßner/Schmitt, § 146 StPO Rz. 8; *Fischer*, § 356 StGB Rz. 3c.
8 OLG Hamm v. 1.6.2004 – 2 Ws 156/04, StV 2004, 641.

selten gegeben sein, sodass die angeführte Pflichtverteidigerbestellung i.d.R. unterbleiben sollte[1].

Außerhalb von Strafverteidigungen ist problematisch, inwieweit die Pflichtenstellung aus dem übernommenen Mandat eines Anwalts sich auf die anderen Anwälte in seiner **Sozietät**, in einer *Kooperation* oder in einer *Bürogemeinschaft* erstreckt. 20b

Nach § 3 Abs. 2 BORA a.F. war die Vertretung widerstreitender Interessen durch Angehörige einer Berufsgemeinschaft generell unzulässig. Diese Regelung wurde für verfassungswidrig erklärt[2]. In neuer Fassung enthält § 3 Abs. 2 BORA eine differenzierte Regelung[3]: Das grundsätzliche Vertretungsverbot entfällt nun nach Information und ausdrücklicher Zustimmung der betroffenen Mandanten, sofern Belange der Rechtspflege im Einzelfall nicht entgegenstehen.

Maßgeblich ist nach heute h.M., welchen Anwälten aus einer solchen Vereinigung welches – ggf. eingeschränkte – Mandat erteilt wurde. Wenn sich aus der erteilten Vollmacht nichts Gegenteiliges ergibt, ist von Beauftragung (nur) der Personen auszugehen, die in der Vollmacht aufgeführt sind. Eine wirksame *Mandatsbeschränkung* auf einen Anwalt oder bestimmte mehrere Anwälte ist also *möglich*. Durch sie wird die Anwendbarkeit von § 356 StGB auf andere Mitglieder einer Sozietät ausgeschlossen[4]. Dies gilt erst recht für bloße Bürogemeinschaften oder sonstige lose Kooperationen; denn in ihnen übernehmen und bearbeiten die einzelnen Anwälte ihre Mandate selbständig und getrennt von anderen Partnern.

Pflichtwidrig dient der Täter i.S. von § 356 StGB beiden Parteien, wenn zwischen diesen ein **Interessengegensatz** (vgl. § 43a Abs. 4 BRAO und § 91 Rz. 18) besteht und wenn nach Sachlage eine Gefährdung der beteiligten Interessen nicht nur theoretisch in Betracht kommt[5]. Umstritten ist dabei, ob diese Interessenprüfung nach der objektiven Interessenlage oder nach den subjektiv von der jeweiligen Partei festgelegten Interessenkriterien vorzunehmen ist[6]. Nach richtiger Auffassung ist der Interessenwiderstreit primär nach *objektiven Kriterien* festzustellen; allerdings wird der Interessenbegriff vor allem bei disponiblen Rechtsgütern und Lebenssachverhalten nach der Rechtsprechung maßgeblich vom Willen und den Zielen des jeweiligen Mandanten bestimmt[7] Demgemäß dürfte in Fällen, in denen eine Partei voll und ganz selbst über den 21

---

1 Vgl. *Schmitt* in Meyer-Goßner/Schmitt, § 146 StPO Rz. 8; OLG Frankfurt v. 2.7.1999 – 3 Ws 591/99, NStZ-RR 1999, 333.
2 BVerfG v. 7.3.2003 – 1 BvR 238/01, BVerfGE 108, 150 = NJW 2003, 2520.
3 Vgl. dazu *Hartung*, NJW 2006, 2721 ff.
4 *Fischer*, § 356 StGB Rz. 3b; *Rogall* in SK, § 356 StGB Rz. 14; *Dahs* in MüKo, § 356 StGB Rz. 34; *Beulke/Ruhmannseder*, Strafbarkeit des Verteidigers, Rz. 218 ff., 234.
5 So richtig *Rogall* in SK, § 356 StGB Rz. 31; *Fischer*, § 356 StGB Rz. 7; ferner *Dahs*, NStZ 1991, 563 ff.
6 Vgl. dazu KG v. 10.5.2006 – (3) 1 Ss 405/05, NStZ 2006, 688 sowie im Einzelnen je m.Nw. *Rogall* in SK, § 356 StGB Rz. 26 ff.; *Heine/Weißer* in S/S, § 356 StGB Rz. 17, 18, *Dahs* in MüKo, § 356 StGB Rz. 53.
7 Vgl. BVerfG v. 3.7.2003 – 2 BvR 238/01, BVerfGE 108, 150; BAG v. 25.8.2004 – 7 ABR 60/03, BAGE 111, 371 = NJW 2005, 921; s. auch BGH v. 23.4.2012 – AnwZ (Brfg) 35/11, NJW 2012, 3039; OLG Karlsruhe v. 19.9.2002 – 3 Ss 143/01, NJW 2002, 3561; LG Itzehoe v. 9.2.2008 – 2 Qs 22/08, NStZ-RR 2008, 170.

Streitstoff bestimmen kann, etwa im Streit um eine normale zivilrechtliche Forderung, bei einer entsprechenden Beschränkung des Mandats ein Interessenwiderstreit (bzw. ein pflichtwidriges Dienen) entfallen [1]. Dasselbe gilt, wenn mehrere Parteien einen Anwalt *gemeinsam* um einen Rat oder *Interessenausgleich* ersuchen oder sich einer *Mediation* unterziehen[2].

Die *Subjektivierung des Interessenbegriffs* führt in der Praxis zu erheblichen Abwägungsproblemen und beinhaltet die Gefahr, dass nur oder doch ganz vorrangig nach der Beeinträchtigung von Mandanteninteressen gefragt wird und der weitere Zweck des § 356 StGB, nämlich das Vertrauen in die Anwaltschaft als redliches Rechtspflegeorgan zu wahren, zu kurz kommt.

21a Liegt dagegen ein objektiver Interessenwiderstreit vor – wie i.d.R. in Strafverfahren, Ehescheidungs- mit Folgeverfahren oder in Kindschaftssachen und sonstigen Verfahrensarten, in denen *Amtsermittlungsgrundsätze* gelten – so kann auch eine **Einwilligung** des Auftraggebers die Pflichtwidrigkeit eines dem Gegner geleisteten Beistands grundsätzlich *nicht* beseitigen[3]. Ohnehin handelt es sich um einen bloßen **Gefährdungstatbestand**, sodass es nicht zur tatsächlichen Verletzung von Mandanteninteressen gekommen sein muss[4].

21b Insgesamt wirft der Tatbestand des § 356 StGB bei mehreren Tatbestandsmerkmalen **erhebliche** Interpretations- und **Abgrenzungsprobleme** auf. Insbesondere ist bisher nicht abschließend geklärt, wie im Zusammenspiel von subjektiven und objektiven Faktoren die maßgeblichen Grenzen eines Interessenwiderstreits zu bestimmen sind und wann die „Identität" einer Rechtssache zu bejahen ist. Auch das Merkmal der Pflichtwidrigkeit[5] ist oft problematisch. Demgemäß spielen Irrtumsfragen einschließlich ihrer Einordnung als Subsumtions-, Tatbestands- oder Verbotsirrtum (dazu § 18 Rz. 2 ff.) in der justiziellen Praxis zu § 356 StGB eine erhebliche Rolle[6].

22 Dem Täter des § 356 StGB ist **Freiheitsstrafe** zwischen drei Monaten und fünf Jahren angedroht; handelt er im Einverständnis der Gegenpartei zum Nachteil seiner Partei, so ist die Mindeststrafe auf ein Jahr Freiheitsstrafe erhöht (§ 356 Abs. 2 StGB). Hierbei ist nicht gefordert, dass der Anwalt für beide Parteien tätig ist[7]. Als *Nachteil* kommt nicht nur ein Vermögensschaden, sondern jede Verschlechterung der Rechts- oder Prozesslage in Betracht[8].

---

1 So zutr. *Rogall* in SK, § 356 StGB Rz. 31; *Fischer*, § 356 StGB Rz. 7; *Beulke/Ruhmannseder*, Strafbarkeit des Verteidigers, Rz. 236 ff., je mit Beispielsfällen und Nw.
2 Vgl. *Fischer*, § 356 StGB Rz. 9; zur Mediation *Henssler*, AnwBl. 1997, 129; *Baier*, wistra 2001, 401 (405).
3 BGH v. 20.11.1952 – 4 StR 850/51, BGHSt 4, 82; BGH v. 26.6.1962 – 5 StR 180/62, BGHSt 17, 305 (307); BGH v. 16.11.1962 – 4 StR 344/62, BGHSt 18, 192 (198); *Heine/Weißer* in S/S, § 356 StGB Rz. 21, 26; teilweise abw. *Beulke/Ruhmannseder*, Strafbarkeit des Verteidigers, Rz. 238 f.
4 *Fischer*, § 356 StGB Rz. 2, 15.
5 Vgl. *Fischer*, § 356 StGB Rz. 12; *Dahs* in MüKo, § 356 StGB Rz. 50 f.
6 Z.B. BayObLG v. 29.9.1994 – 5 St RR 60/94; weitere Fälle aus der Rechtsprechung bei *Beulke/Ruhmannseder*, Strafbarkeit des Verteidigers, Rz. 243 ff.
7 *Heine/Weißer* in S/S, § 356 StGB Rz. 3, 13; zur einverständlichen Ehescheidung vgl. *Fischer*, § 356 StGB Rz. 8.
8 BGH v. 21.7.1999 – 2 StR 24/99, BGHSt 45, 148 (156).= wistra 2000, 23.

Die *Gegenpartei* kann sich der **Anstiftung** oder **Beihilfe** zu einem Vergehen nach § 356 Abs. 1 oder 2 StGB schuldig machen. Dies setzt jedoch voraus, dass sie mehr tut, als die Dienste des Täters bloß entgegenzunehmen; im letztgenannten Fall wäre lediglich straflose *notwendige Teilnahme* (dazu § 19 Rz. 17) anzunehmen[1]. Begeht der Täter im Rahmen *einer* Rechtssache mehrere tatbestandsmäßige Handlungen, so ist im Rechtssinne nur eine Tat gegeben[2].

3. Allgemeine Strafbestimmungen

Selbstverständlich ist ein Auftraggeber im Verhältnis zu einem von ihm Beauftragten nach den **allgemeinen strafrechtlichen Bestimmungen**, welche Individualinteressen schützen wollen, ebenfalls geschützt. Speziell die Angehörigen der staatlich gebundenen Beraterberufe begehen in aller Regel auch einen schwerwiegenden Vertrauensbruch, wenn sie sich entsprechender Taten zum Nachteil ihrer Mandanten schuldig machen. Dies wird normalerweise als gewichtiger Straferschwerungsgrund zu berücksichtigen sein.

Von besonderer Bedeutung ist für Berater, denen aufgrund vertraglicher Vereinbarung oder kraft eines Treueverhältnisses eine Vermögensfürsorgepflicht zugunsten von Mandanten obliegt, der Tatbestand der **Untreue** (§ 266 StGB – näher § 32 Rz. 2 ff.). Entsprechende Treuepflichten können auf einem zivilrechtlichen Rechtsbesorgungsvertrag zwischen Anwalt und Mandant gem. § 675 BGB beruhen. Sie müssen sich auf eine Vermögensbetreuung beziehen und erfordern, dass der Anwalt eigenständig und ohne konkrete Weisungen und Kontrollen tätig ist[3]. Erhebt ein Anwalt mit solchen Spielräumen in einem Zivilprozess z.B. eine (aussichtslose) Widerklage, so kommt Untreue nur in Betracht, wenn sein Handeln ohne Zustimmung seines Mandanten erfolgt ist[4].

Von erheblicher praktischer Relevanz war vor allem in der Vergangenheit, dass Berater, die ihren Mandanten zur *Beteiligung an Anlageobjekten* rieten und zugleich (insgeheim) Provisionen der Vertriebsfirma als Vermittler bezogen, treuwidrig handelten. Sie haben die durch solches Verhalten erlangten Provisionsbeträge gem. §§ 667, 675 BGB an ihre Mandanten herauszugeben[5] und können sich wegen Untreue strafbar machen (vgl. § 32 Rz. 139 ff.). Für manche Beraterberufe ist inzwischen ausdrücklich geregelt, dass sie in Ansehung der Berufspflichten zur Unabhängigkeit und Gewissenhaftigkeit keine Provisionen vereinbaren oder annehmen dürfen (§ 49b Abs. 3 BRAO, § 2 Abs. 3 BOStB).

---

1 *Rogall* in SK, § 356 StGB Rz. 7.
2 BGH v. 4.11.2008 – 4 StR 195/08, wistra 2009, 113.
3 Vgl. u.a. BGH v. 30.10.1990 – 1 StR 544/90, NJW 1991, 1069.
4 BGH v. 5.3.2013 – 3 StR 438/12, NJW 2013, 1615 = ZWH 2013 m. Anm. *Bosbach/Sering*.
5 Vgl. hierzu grundlegend BGH v. 7.1.1963 – VII ZR 168/61, BGHZ 39, 1 ff.; BGH v. 24.2.1982 – IVa ZR 306/80, NJW 1982, 1752 f.; KG v. 11.4.1988 – 24 U 6583/87, NJW 1989, 2893; auch *Taupitz*, NJW 1989, 2871.

26 Erwähnenswert sind auch **Nötigungsdelikte** (§ 63 Rz. 1 ff., 14 ff.) von Beratern zum Nachteil von Mandanten. Dabei geht es meist um die Ausübung von Druck zur Erlangung von Honoraren oder von Vorschusszahlungen[1], etwa mit der Androhung, das Mandat niederzulegen oder die Beratertätigkeit vorläufig einzustellen oder aber an den Arbeitgeber bzw. Dienstherrn säumiger Mandanten heranzutreten oder schließlich Strafanzeige wegen Betrugs zu erstatten[2]. Mögen derartige Zahlungsverlangen grundsätzlich berechtigt sein, ist doch zu beachten, dass eine Mandatsniederlegung zur Unzeit oder ohne hinreichende Vorankündigung gegen die Pflicht zur gewissenhaften Berufsausübung (§ 43 S. 1 BRAO) verstößt. Entsprechende Drohungen in und unter Ausnutzung von prozessualen Situationen, in denen rasches Handeln dringlich geboten ist, z.B. kurz vor Ablauf von Erklärungs- oder Rechtsmitteleinlegungs- bzw. -begründungsfristen, sind deshalb i.d.R. unzulässig und dürften gem. § 240 Abs. 2 StGB auch verwerflich sein[3]. Erst recht wird dies gelten, wenn die erhobene Honorarforderung nicht berechtigt oder wenigstens sehr problematisch ist. Über versuchte Nötigung hinaus kann dann versuchte *Erpressung* (§ 253 StGB) gegeben sein[4]. Generell hängt es in derartigen Fällen von der Würdigung aller im Einzelfall gegebenen Faktoren im Rahmen einer Mittel-Zweck-Relation ab[5], ob Drohungen eines Beraters als verwerflich anzusehen und deshalb rechtswidrig sind.

27 Weiterhin können sich Berater zum Nachteil ihrer Auftraggeber etwa des **Betrugs** (dazu § 47 Rz. 1 ff., 10 ff.), *der Unterschlagung* (§ 246 StGB), der Begehung von Urkundendelikten (§ 39 Rz. 5 ff.) und von ähnlichen Taten schuldig machen. Auch *Ehrverletzungsdelikte* (§§ 185 ff. StGB) kommen als Auswirkung gravierend gestörter und dadurch auch meist schon beendeter Mandatsverhältnisse in Betracht. Da bezüglich dieser allgemeinen Straftatbestände für die Beraterberufe grundsätzlich keine dogmatischen Besonderheiten gelten, kann von einer Darstellung der entsprechenden Tatbestände hier abgesehen werden.

---

1 Eine andere Fallgestaltung (Verlangen einer entlastenden Erklärung) betraf die Entscheidung BGH v. 28.9.2000 – 5 StR 300/00, NStZ-RR 2001, 171; krit. dazu *Fischer*, § 240 StGB Rz. 36.
2 Vgl. *Beulke/Ruhmannseder*, Strafbarkeit des Verteidigers, Rz. 337.
3 *Donath/Mehle*, NJW 2009, 2509.
4 *Beulke/Ruhmannseder*, Strafbarkeit des Verteidigers, Rz. 337.
5 Vgl. z.B. BGH v. 19.11.1953 – 3 StR 17/53, BGHSt 5, 254 (261); *Fischer*, § 240 StGB Rz. 40 ff.

3. Kapitel
Teilnahme von Beratern an Wirtschaftsstraftaten ihrer Mandanten

§ 95
Anlässe und Formen der Tatbeteiligung
Bearbeiter: Johannes Häcker

	Rz.		Rz.
I. Zur kriminogenen Situation der Berater	1	II. Beteiligungsformen	10
		1. Täterschaft	11
		2. Teilnahme	14

Schrifttum: *Baetke/Lutter* (Hrsg.), Abschlussprüfung und Corporate Governance, 2003; *Beulke*, Zwickmühle des Verteidigers – Strafverteidigung und Strafvereitelung im demokratischen Rechtsstaat, in FS Roxin, 2001, S. 1173; *Beulke/Ruhmannseder*, Die Strafbarkeit des Verteidigers, 2. Aufl. 2010; *Bornheim*, Steuerstrafverteidigung, 2. Aufl. 2010; *Dannecker*, Absprachen im Besteuerungs-/Steuerstrafverfahren, in FS Schmitt, 2003, S. 371; *Dahs*, Ethische Aspekte im Strafverfahren? – Ein Denkanstoß, JR 2004, 96; *Fedtke* (Hrsg.), Anwaltsmarkt Europa, 1999; *Frisch*, Beihilfe durch neutrale Handlungen, in FS Lüderssen, 2002, S. 539; *Grünberger*, Grundzüge der Wirtschaftsprüfung, 2. Aufl. 2012; *Heussen*, Anwalt und Mandant. Ein Insider-Report, 1999; *Kühn*, Vollstreckungsvereitelung – die unbekannte Beraterfalle, NJW 2009, 3610; *Ludewig*, Zur Berufsethik der Wirtschaftsprüfer, WPg 2003, 1093; *Mallison*, Rechtsauskunft als strafbare Teilnahme, 1979; *Otto*, Das Strafbarkeitsrisiko berufstypischen, geschäftsmäßigen Verhaltens, JZ 2001, 436; *Petermann*, Strafverteidigung in Wirtschaftsstrafverfahren zwischen Rechtsmissbrauch, Konflikt und Konsens, 2014; *Prütting*, Ethos anwaltlicher Berufsausübung, AnwBl 1994, 315; *Prütting*, Die rechtlichen Grundlagen anwaltlicher Berufspflichten und das System der Reaktionen bei anwaltlichem Fehlverhalten, AnwBl 1999, 361; *Püschel*, Täter-Opfer-Ausgleich – Gestaltungsmöglichkeiten des Verteidigers, StraFo 2006, 261; *Rogat*, Die Zurechnung der Beihilfe: zugleich eine Untersuchung zur Strafbarkeit von Rechtsanwälten nach § 27 StGB, 1997; *Satzger*, Grundprobleme der Strafvereitelung (§ 258 StGB), Jura 2007, 754; *Schneider*, Neutrale Handlungen: Ein Oxymoron im Strafrecht?, NStZ 2004, 312; *Schlüchter*, Steuerberatung im strafrechtlichen Risiko, 1986; *Volk*, Zum Strafbarkeitsrisiko des Rechtsanwalts bei Rechtsrat und Vertragsgestaltung, BB 1987, 139; *Wohlers*, Strafverteidigung vor den Schranken der Strafgerichtsbarkeit, StV 2001, 420.

Weiteres Schrifttum bei § 90 vor Rz. 1, § 91 vor Rz. 1, § 96 vor Rz. 1.

I. Zur kriminogenen Situation der Berater

a) Zur Erörterung stehen die in der strafrechtlichen Praxis bedeutsamen Tatbestände des Wirtschaftsstrafrechts, bei denen **Berater und Mandant** bewusst **zusammenwirken** oder in denen sich der Berater wenigstens in strafbare Handlungen des Mandanten verstricken lässt. Nicht erörtert werden hingegen hier sonstige Verhaltensweisen von Beratern, durch die sie im Interesse von Mandanten dem allgemeinen Strafrecht zuzuordnende Straftaten begehen, mögen   1 diese auch letztlich einen wirtschaftlichen Hintergrund haben. Von besonderer Bedeutung ist insoweit etwa der Tatbestand der *Strafvereitelung*[1] (§ 91 Rz. 41, 45 ff.), insbesondere für Verteidiger, aber auch Tatbestände wie persönliche und/oder sachliche *Begünstigung*, Vollstreckungsvereitelung, Urkundenfälschung, Hehlerei u.Ä. Wegen solcher, nicht speziell dem Wirtschaftsstrafrecht zugehöriger Tatbestände muss auf die allgemeine Kommentarliteratur verwiesen werden. Im Grundsatz lassen sich die kriminogenen Situationen der Berater in Wirtschaftsstrafsachen auf zwei Gesichtspunkte zurückführen.

2 Einerseits bedingt der Beratungsauftrag und das regelmäßig mit ihm verbundene Vertrauensverhältnis geradezu, dass der Berater seinen Mandanten über die bestehende Rechtslage hinaus auch über die *tatsächlichen Möglichkeiten* unterrichtet, mit denen er im Wirtschaftsleben *seinen Vorteil* finden und seine Interessen wahren kann. Dies gilt nicht nur für die staatlich gebundenen, sondern grundsätzlich auch für sonstige Berater. Speziell wenn sich ein Mandant in schwieriger Lage befindet, er also auf Hilfeleistung und auf umfassende Beratung besonders angewiesen ist, erliegen manche Berater der Gefahr, sich in Grauzonen zu begeben und bedenkliche oder direkt *illegale „Schleichwege"* zu suchen, **um** ihrem **Mandanten zu helfen**. Dabei steht der Gesichtspunkt oft (teilweise unbewusst) im Vordergrund: Der Zweck heiligt die Mittel. Weit verbreitet ist dabei die Mentalität, eine Rechts- oder Vertragsgestaltung im Interesse des Auftraggebers schon deshalb als wenigstens vertretbar (und strafrechtlich vermeintlich irrelevant) zu erachten, weil eine entsprechende *formale zivilrechtliche oder gesellschaftsrechtliche Gestaltungsmöglichkeit* zur Verfügung steht.

Beispiel: Ein Rechtsanwalt veranlasst seinen zahlungsunfähigen Mandanten, sein nur teilweise belastetes Grundstück auf einen Angehörigen zu übertragen, um es vor den Gläubigern des Mandanten „zu retten".

3 Neben dem vorstehend angesprochenen Gesichtspunkt kann das Bestreben, sich einen Mandanten bzw. einen Beratungsauftrag auch für die Zukunft zu erhalten, und damit letztlich das **eigene Honorarinteresse** dazu führen, dass der Berater seinem Mandanten möglichst weitgehend gefällig ist. Dass die einschlägigen berufsgesetzlichen Bestimmungen altruistische Wurzeln haben und besonders hervorheben, Rechtsanwälte, Steuerberater und Wirtschaftsprüfer übten einen *freien Beruf* und *kein Gewerbe* aus, müssten ihre Unabhängigkeit erhalten und sie hätten sich nicht an Honorarinteressen zu orientieren (§ 90 Rz. 5), dürfte dabei mit den heutigen realen Verhältnissen wenig gemein haben.

Die Berufspflicht zur Wahrung der Unabhängigkeit (vgl. § 91 Rz. 13) gebietet vor allem auch, **Distanz zum Mandanten** zu halten[2] und etwaige unredliche Zumutungen mit dem gebotenen Nachdruck zurückzuweisen. *Dahs* hat auf die *Gefahr für Verteidiger* hingewiesen, sich durch zielgerichtete Inszenierungen betuchter Mandanten, beispielsweise durch Einladungen aller Art (u.a. zu

---

1 Vgl. dazu grundlegend und recht abgewogen *Beulke/Ruhmannseder*, Die Strafbarkeit des Verteidigers, Rz. 1 ff., 10 ff., 17 ff.; ferner *Krekeler*, NStZ 1989, 146; *Bottke*, ZStW 1996, 756; *Dahs*, Hdb., Rz. 59 ff.; *Fischer*, § 258 StGB Rz. 8 ff.
2 Vgl. dazu die Hinweise von *Dahs*, Hdb., Rz. 152.

hochkarätigen gesellschaftlichen, kulturellen oder sportlichen Veranstaltungen, zu Golfpartien im In- und Ausland, zu alkoholischen Gelagen oder amourösen Abenteuern) in Abhängigkeit bringen zu lassen[1]. Zudem muss ein Berater, der sich auf unredliches oder gar strafbares Ansinnen einlässt, sich immer auch bewusst sein, dass er nicht nur sein Ansehen und seine Autorität beeinträchtigt, sondern dass er sich auch in eine gewisse Abhängigkeit seines Mandanten begibt und sich diesem u.U. geradezu ausliefert. Es kommt durchaus nicht selten vor, dass unseriöse Mandanten entsprechende Situationen dazu nutzen, den Berater unter Druck zu setzen oder gar zu erpressen, um beispielsweise Honorarnachlässe oder Vorzugsbehandlungen zu erhalten. Auf gelegentliche Insiderhinweise von Verteidigern, welchen Pressionen sie in der Praxis ausgesetzt sein können, ist in diesem Zusammenhang hinzuweisen[2].

Auf das **Dilemma der Wirtschaftsprüfer**, die einerseits *auch* im öffentlichen Interesse zu prüfen und ggf. Unerfreuliches über das geprüfte Unternehmen zu berichten haben, sich andererseits aber vielfach auf ihre Wiederwahl als Prüfer durch die Organe dieses Unternehmens angewiesen sehen, ist in diesem Zusammenhang ebenfalls hinzuweisen (vgl. § 90 Rz. 11). Vor diesem Hintergrund gerieten speziell die im Fokus des öffentlichen Interesses stehenden **Abschlussprüfer** bzw. Prüfungsgesellschaften national wie auch international zunehmend in Schwierigkeiten und in eine schwerwiegende Vertrauenskrise. 4

Immer wieder wurden in den letzten Jahrzehnten im In- und Ausland nicht wenige, für die Öffentlichkeit überraschende Krisenfälle oder gar Zusammenbrüche von Großunternehmen oder Konzernen bekannt, denen noch kurz zuvor in von bekannten Wirtschaftsprüfungsgesellschaften geprüften und testierten Jahresabschlüssen und Lageberichten zumindest geordnete finanzielle Verhältnisse attestiert worden waren[3].

Beispiele: Man betrachte beispielsweise die Vorgänge um den „Neue Heimat"-Konzern, den Coop-Konzern, die Balsam-Gruppe, den Bauträger Jürgen Schneider, die Flowtex GmbH & Co KG und börsennotierte Firmen des „Neuen Marktes" sowie ausländische Großunternehmen wie Enron, Worldcom und Parmalat, aber auch die im Zuge der internationalen Finanz-, Banken- und Wirtschaftskrise ab 2007/08 in große Schwierigkeiten geratenen Bankinstitute und Finanzkonzerne (z.B. Lehmann Brothers Inc., Hypo Real Estate AG s. auch § 40 Rz. 36).

Dies machte deutlich, dass das angesprochene Dilemma der Prüferberufe keinesfalls nur theoretischer Natur ist, sondern ganz erhebliche praktische Bedeutung besitzt.

b) Deshalb hat der deutsche **Gesetzgeber** in den letzten Jahren, nicht zuletzt unter dem Einfluss von Reformen in den USA und von EG-Richtlinien[4], die Notwendigkeit gesehen, auch in der Bundesrepublik die Anforderungen an die Prüferberufe zu erhöhen und sowohl die Berufsaufsicht allgemein als auch die Qualitätskontrolle immer mehr zu verschärfen, um verloren gegangenes Ver- 5

---

1 *Dahs*, Hdb., Rz. 155.
2 Vgl. z.B. *Dahs*, Hdb., Rz. 1232 ff.
3 Knappe Hinweise dazu bei *Grabarse-Wilde* in Hense/Ulrich, § 61a WPO Rz. 3 und von *Volkmann* in Hense/Ulrich, § 66a WPO Rz. 2.
4 U.a. der Abschlussprüfer-RL v. 17.5.2006 – 2006/43/EG.

trauen der Kapitalmärkte und der Öffentlichkeit wiederzugewinnen. Dies gilt ganz vorrangig für den Bereich der Abschlussprüfungen als *gesetzlichen Pflichtprüfungen* (§§ 316 ff. HGB). Allein in den Jahren 2000–2007 erfuhr die WPO in diesem Zusammenhang vier Novellierungen (vgl. hierzu auch § 91 Rz. 67c ff.).

6 Mit der 4. WPO-Novelle vom 19.12.2000[1] wurde u.a. ein **System der externen Qualitätskontrolle** eingeführt (vgl. §§ 55b, 59a ff. WPO). Dabei wurde bei der Wirtschaftsprüferkammer eine spezielle Kommission für Qualitätskontrolle eingerichtet (§ 57e WPO) und die Kammer ermächtigt, eine besondere *Satzung für Qualitätskontrolle* zu beschließen (§ 57c WPO). Diese Satzung wurde am 17.1.2001 errichtet[2] und inzwischen mehrfach geändert.

7 Durch das am 1.1.2005 in Kraft getretene **Abschlussprüferaufsichtsgesetz (APAG)**[3] wurde das System der Qualitätskontrolle und Qualitätssicherung erheblich verschärft. Insbesondere wurde dabei neben der normalen Berufsaufsicht der Wirtschaftsprüferkammer (§ 61a WPO) und der schon bestehenden *Kommission für Qualitätskontrolle* (§ 57e WPO) eine mit sechs bis zehn berufsfremden Persönlichkeiten zu besetzende ehrenamtliche *Abschlussprüferaufsichtskommission* (**APAK**) neu etabliert. Diese hat die Aufgabe, die *Wirtschaftsprüferkammer* und deren Kommission für Qualitätskontrolle zu beaufsichtigen, damit diese die als Abschlussprüfer tätigen Wirtschaftsprüfer wirksam auf Einhaltung der vorgeschriebenen Prüfungsstandards überwacht (§§ 57f, 66a WPO). Bemerkenswert ist, dass damit – aus durchaus plausiblen Gründen – einer Berufskammer Aufsichtskompetenzen entzogen worden sind und damit zugleich einem anerkannten freien Beruf auch ein Stück Selbstverwaltung.

8 Ergänzende Regelungen und weitere Verschärfungen hat das **Berufsaufsichtsrefomgesetz** (BARefG) vom 3.9.2007[4] mit sich gebracht. Damit wurde u.a. die EG-AbschlussprüferRL[5] in nationales Recht umgesetzt. Dabei wurden im Rahmen der Maßnahmen zur Qualitätskontrolle u.a. zusätzliche Überprüfungsmöglichkeiten bei Abschlussprüfern und Prüfungsgesellschaften eingeführt, so gem. § 62b WPO die Möglichkeit von anlassunabhängigen Sonderprüfungen (Inspektionen). Die Zuständigkeit für solche Inspektionen bei Prüfungsgesellschaften von kapitalmarktorientierten Unternehmen wurde ab April 2012 von der Wirtschaftsprüferkammer auf die APAK übertragen (§§ 61a S. 3 Nr. 3, 62b Abs. 1 WPO).

Sowohl die *Wirtschaftsprüferkammer* (WPK) als auch ihre *Kommission für Qualitätskontrolle* als auch die *APAG* erstatten über die bei ihnen im Rahmen der Berufsaufsicht angefallenen Verfahren und deren Ausgang sowie sonstigen Tätigkeiten **Jahresberichte** mit statistischen Angaben, die jeweils auf der Inter-

---

1 BGBl. I 1769.
2 BAnz. 2001, 2181.
3 G v. 27.12.2004, BGBl. I 3846; vgl. dazu *Marten/Köhler*, Vertrauen durch öffentliche Aufsicht – Die Abschlussprüferaufsichtskommission als Kernelement der WPO-Novellierung, WPg. 2005, 14.
4 BGBl. I 2178.
5 RL 2006/43/EG v. 17.5.2006, ABl. EU Nr. L 157 v. 9.6.2006, 87.

netseite der WPK veröffentlicht werden. Im Jahresbericht 2012 hat die APAK als Hauptmängel, die sie im Rahmen ihrer Inspektionen bei Wirtschaftsprüfern festgestellt hat, u.a. die nicht genügend ausgeprägte kritische Grundhaltung von Prüfern, das unterlassene Anfordern von notwendigen Unterlagen geprüfter Unternehmen und eine unzureichende prüfungsbegleitende Qualitätssicherung genannt. Zudem hat die APAK gesetzliche Verbesserungsvorschläge unterbreitet und kritisch bemerkt, dass der starke Wettbewerb unter Abschlussprüfern dazu führe, dass Prüfungsprozesse verschlankt und Prüfungshandlungen stärker standardisiert würden, um so die „Prüfungseffizienz" zu erhöhen.

Der **Berufsstand der Wirtschaftsprüfer** selbst hat national wie international diverse vertrauensbildende Maßnahmen ergriffen, um die anerkannten berufsethischen Grundpflichten des Berufs zu gewährleisten und die Qualität der Wirtschaftsprüfung generell zu verbessern, vor allem auf dem schwierigen Problemfeld der Abschlussprüfungen. Besonders hinzuweisen ist in diesem Zusammenhang auf den von der internationalen Wirtschaftsprüfervereinigung IFAC (International Federation of Accountants) beschlossenen und inzwischen aktualisierten Internationalen **Verhaltenskodex („Code of Ethics")**[1]. Dieser umfangreiche Kodex beinhaltet für nahezu alle Berufsfelder der Wirtschaftsprüfer die international anerkannten Grundsätze für gesetzeskonformes und ethisches Verhalten sowie umfangreiche Ausführungen zu möglichen Risiken und Gefährdungssituationen für das Einhalten beruflicher Pflichten. Speziell für Abschlussprüfungen sind die Hinweise zum Erkennen und richtigen Einschätzen solcher **Gefährdungen für die eigene Unabhängigkeit und Objektivität** sowie zu den Möglichkeiten, gegen solche Risiken im Einzelfall die richtigen **Vorsorge- und Schutzmaßnahmen** zu treffen, von besonderer Wichtigkeit.

8a

Die bei der Aufarbeitung der Finanzmarktkrise ab 2007/2008 international zu Tage getretenen Mängel und Unzulänglichkeiten bei Abschlussprüfungen haben die EU veranlasst, europaweite Verbesserungen der Prüfungsqualität herbeizuführen, um verlorenes Vertrauen wiederzugewinnen. Bereits in 2008 wurden entsprechenden „Empfehlungen" der Europäischen Kommission vorgelegt[2]. In 2011 kam es zu weitergehenden Vorschlägen der EU-Kommission[3], die in der Folgezeit allerdings erheblich verwässert wurden. Schließlich haben das Europäische Parlament und der Rat der EU am 16.4.2014 einerseits eine **Änderung der Abschlussprüfer-RL** aus 2006 (EG RL 43/2006) beschlossen[4], andererseits eine **neue EU-VO** über spezifische Anforderungen an Abschlussprüfer für die Prüfung bei *Unternehmen von öffentlichem Interesse*[5]. Diese Neuregelungen sind am 16.6.2014 in Kraft getreten und müssen von den Mitgliedstaaten im Wesentlichen binnen zwei Jahren in nationales Recht umgesetzt werden; dabei wurden den nationalen Gesetzgebern in Teilbereichen allerdings

9

---

1 Abrufbar z.B. auf der Internetseite der Wirtschaftsprüferkammer (www.wpk.de/Rechtsvorschriften/Beruf).
2 Empfehlungen 2008/362/EG, ABl. EU Nr. L 120 v. 7.5.2008, 20.
3 Kom (2011) 778 end. und Kom (2011) 779 end.
4 RL 2014/56/EU, ABl. EU Nr. L 158 v. 27.5.2014, 196.
5 VO (EU) Nr. 537/2014, ABl. EU Nr. L 158 v. 27.5.2014, 77.

erhebliche Gestaltungsspielräume eingeräumt. Ob dadurch letztlich das Vertrauen in die Wirtschaftsprüfung erhöht wird, erscheint zweifelhaft.

Die Änderung der *AP-RL* beinhaltet u.a. Regeln zur Übernahme der International Auditing Standards (IAS) und die teilweise Verlagerung von Aufsichtsmaßnahmen von den WP-Kammern auf berufsstandsunabhängige öffentliche Institutionen. Die *neue VO* betrifft speziell die Abschlussprüfungen bei *Unternehmen von öffentlichem Interesse (*Banken, Versicherungen, börsennotierte Unternehmen*)*: Diese Unternehmen unterliegen bei der Beauftragung von Prüfern und Prüfungsgesellschaften einigen Einschränkungen, ebenso sind die Laufzeiten der Prüfungsaufträge mit Prüfungsgesellschaften beschränkt; zudem soll eine etwas stärkere externe Rotation bei Abschlussprüfern erfolgen; für neue Prüfaufträge wird bei Prüferwechsel ein Ausschreibungsverfahren eingeführt. Schließlich dürfen Prüfer und Prüfungsgesellschaften, die als Abschlussprüfer eines Unternehmens beauftragt sind, für dieses Unternehmen zusätzliche sonstige Dienstleistungen nicht oder nur eingeschränkt erbringen (sog. Black List)[1].

II. Beteiligungsformen

10 Grundsätzlich ist die Frage, ob im Einzelfall ein Berater als **Täter** oder **Teilnehmer** anzusehen ist, *nach* den *allgemeinen Abgrenzungskriterien* (§ 19 Rz. 1 ff.) zu beurteilen. Dies gilt sowohl für die Fälle, in denen der Berater eine strafbare Handlung nicht im Zusammenwirken mit seinem Auftraggeber oder für diesen begeht, sondern regelmäßig auch in den Fällen, in denen der Berater seinen Auftraggeber bei einer Straftat unterstützt. Soweit er im letztgenannten Fall beratend oder bei der Rechts- oder Vertragsgestaltung im Interesse des Auftraggebers tätig ist, wird i.d.R. **Beihilfe** (§ 19 Rz. 18 ff.) anzunehmen sein.

1. Täterschaft

11 Je nach der Fassung des gesetzlichen Tatbestandes kommt allerdings Täterschaft auch dann in Betracht, wenn der **Tatbeitrag** des Beraters ganz vorwiegend **im Interesse des Mandanten** geleistet wurde. Als entsprechende Tatbestände kommen z.B. in Betracht: Begünstigung (§ 257 StGB), Strafvereitelung (§ 258 StGB), Hehlerei (§ 259 StGB), Beteiligung an Urkundsdelikten (§§ 267 ff. StGB) oder an Steuerdelikten.

Beispiel: Ein Steuerberater beantragt für seinen Mandanten in Absprache mit diesem eine Steuerstundung oder einen Steuererlass mit der bewusst unwahren Begründung, dieser befinde sich in so großen Liquiditätsschwierigkeiten, dass ohne die begehrte Vergünstigung Arbeitsplätze unmittelbar gefährdet seien. Hier ist die eigene Tathandlung des Beraters – zumal im Lichte seiner Stellung als Organ der Steuerrechtspflege – so gewichtig, dass er als Mittäter der Steuerhinterziehung anzusehen ist.

---

1 Vgl. *Lanfermann*, Zur Zulässigkeit von Nicht-Prüferleistungen nach der EU-Abschlussprüferverordnung, BB 2014, 1771.

Von besonderer Bedeutung sind die Fälle, in denen einem Berater **besondere persönliche Merkmale** von Strafbestimmungen i.S. von § 14 Abs. 2 StGB zuzurechnen sind (dazu § 30 Rz. 74 ff., 102). Nach dieser Bestimmung kommen Berater als Täter einer Wirtschaftsstraftat als einem *Sonderdelikt* in Betracht, wenn sie vom Leiter des Unternehmens mit der *eigenverantwortlichen Erledigung* des infrage stehenden Geschäftsbereichs ausdrücklich beauftragt worden sind. Dabei steht einer Anwendung des § 14 Abs. 2 StGB nicht entgegen, dass der Berater nicht Angestellter des Unternehmens, sondern freiberuflich tätig ist. Erforderlich ist allerdings stets, dass der Beauftragte eigene Entscheidungsbefugnisse besitzt, mag er auch einer nachträglichen Kontrolle unterliegen[1] (s. auch § 30 Rz. 86 und § 81 Rz. 28 ff.). Dies kommt auch bei angestellten Prüfern einer Wirtschafts- oder Buchprüfungsgesellschaft, die im Auftrag der Gesellschaft eigenständig Prüfungen vornehmen, in Betracht.

12

In der Praxis kommen **Auftragsverhältnisse** i.S. dieser Bestimmung insbesondere hinsichtlich der laufenden *Führung der Geschäftsbücher*, der *Aufstellung der Jahresbilanzen* (§ 85 Rz. 20 ff.) und der Erstellung mancher *Steuererklärungen* (insbesondere der laufenden Umsatzsteuer- und Lohnsteuervoranmeldungen) vor. Bekanntlich werden derartige Arbeiten recht häufig längerfristig auf der Grundlage von Dauermandatsverträgen von Steuerberatern und Wirtschaftsprüfern übernommen. Die ausdrückliche eigenverantwortliche Übernahme solcher Tätigkeiten setzen den Berater – erfahrungsgemäß oft unbewusst – häufig der Gefahr aus, sich unter den Voraussetzungen des § 283 Abs. 6 StGB, also im Insolvenzfall eines Unternehmens, wegen unordentlicher Buchführung und/oder unterlassener oder verspäteter Bilanzierung nach §§ 283 Abs. 1 Nr. 5 und 7, 283b StGB, somit wegen *Bankrotts* oder *Verletzung der Buchführungspflicht* strafbar zu machen[2] (dazu näher § 96 Rz. 3 ff.).

13

2. Teilnahme

Bezüglich **Anstiftung** und **Beihilfe** gelten im Verhältnis zum allgemeinen Strafrecht einige Besonderheiten, die der Erwähnung bedürfen. Im Übrigen kann insoweit auf frühere Ausführungen (§ 19 Rz. 1 ff.) verwiesen werden.

14

Beachtenswert ist insbesondere, dass schon die **bloße Information** eines Mandanten über rechtliche oder steuerliche Fragen, z.B. durch Aufklärung über die Rechtslage oder durch Erstattung eines Rechtsgutachtens, dazu führen kann, dass sich der Mandant zu einer bestimmten Straftat entschließt oder seinen erst vage ins Auge gefassten Tatentschluss bestärkt sieht und nun endgültig zur Tat schreitet. Da der Rechtsanwalt oder auch steuerliche Berater von Berufs wegen zur Erteilung von Auskünften nach bestem Wissen geradezu berufen ist, darf er dies grundsätzlich auch in Fällen und für Situationen tun, in denen er damit rechnet, dass sein Auftraggeber seine Auskunft missbräuchlich oder gar

15

---

1 *Perron* in S/S, § 14 StGB Rz. 33 ff.; *Tiedemann*, WiStrafR AT, Rz. 239 ff.
2 *Perron* in S/S, § 14 StGB Rz. 35 ff.; *Heine/Schuster* in S/S, § 283 StGB Rz. 65.

in strafbarer Weise verwenden könnte[1]. Deshalb muss in derartigen Fällen der Auskunftserteilung besonders geprüft werden, ob der Wille und das Bewusstsein des Beraters nur dahin ging, nach den Regeln des jeweiligen Berufsrechts sachliche Auskunft zu erteilen, oder ob er eine Straftat des Mandanten *fördern wollte*[2]. Beihilfe liegt generell nicht vor, wenn nur *Auskunft über die Rechtslage* erteilt oder ein (objektives, neutrales) Rechtsgutachten erstattet wird, weil in solchen Fällen jedenfalls ein Vorsatz zur Beihilfe nicht gegeben ist.

16 Erteilt ein Berater (Rechtsanwalt, Steuerberater, Wirtschaftsprüfer, Notar), für den Berufsgesetze gelten, lediglich **Rat** oder **Auskünfte** im Rahmen seiner berufsrechtlichen Pflichten, so ist regelmäßig davon auszugehen, dass er nicht eine Straftat unterstützen, sondern eine Berufspflicht erfüllen will[3]. Gibt der Berater **Ratschläge**, so ist dies unbedenklich, soweit er prozessual oder verfahrensmäßig vorgesehene Verhaltensweisen anrät; Beispiele bei **Strafverteidigern** sind Empfehlungen an einen Beschuldigten, von seinem Aussageverweigerungsrecht Gebrauch zu machen, Vorladungen zur Polizei nicht zu folgen, ein Geständnis abzulegen oder dies eher nicht zu tun oder etwaige Zeugen des Tatgeschehens von sich aus lieber nicht zu benennen, da diese belastend aussagen könnten. Rechtswidrig sind Ratschläge zu prozessual unzulässigem Verhalten (einschließlich rechtsmissbräuchlichen Verhaltensweisen) sowie das Hinwirken auf und Unterstützen von Unwahrheiten eines Mandanten, da der Berater insoweit gegen seine Wahrheitspflicht und gegen das Verbot der Lüge verstoßen würde[4] (dazu § 91 Rz. 41). Beteiligt sich der Berater an der **Durchführung** einer als strafbar oder strafrechtlich doch wenigstens (hoch-)riskant erkannten Maßnahme, z.B. durch Vertragsgestaltungen, mündlichen oder schriftlichen Vortrag gegenüber Behörden oder Verhandlungspartnern des Mandanten, so ist nach allgemeinen strafrechtlichen Kriterien zu beurteilen, ob der Berater im Einzelfall wenigstens bedingt vorsätzlich oder nur bewusst fahrlässig gehandelt hat.

17 Demgegenüber wird teilweise versucht[5], in Fällen der angesprochenen Art für die genannten Beraterberufe, besonders aber **für Rechtsanwälte** (und auch für **Steuerberater**) als gesetzlich berufenen Ratgebern und Interessenvertretern, aus dem Berufsrecht *grundsätzliche Straflosigkeit* abzuleiten und sie nur dann als strafbar anzusehen, wenn sie das Verhalten ihres Mandanten *sicher* als strafbar

---

1 Vgl. dazu *Mallison*, Rechtsauskunft, 134; *Maiwald*, ZStW 93 (1981), 885 (889); ferner OLG Düsseldorf v. 6.9.1983 – 5 Ss (OWi) 307/83, NStZ 1984, 29 m. Anm. *Hruschka*, JR 1984, 258; *Fischer*, § 27 StGB Rz. 7, 15 ff., 18 f.; s. für Rechtsanwälte als Strafverteidiger auch *Beulke/Ruhmannseder*, Strafbarkeit des Verteidigers, Rz. 19 ff.; *Krekeler*, NStZ 1989, 146 (147).
2 Zu weitgehend insoweit OLG Stuttgart v. 18.12.1986 – 1 Ausschl 3/86, NJW 1987, 2883, wo nicht genügend zwischen Rechtsauskunft und Raterteilung unterschieden wurde.
3 Vgl. im Anschluss an die Rspr. des früheren RG die gefestigte Entscheidungspraxis des BGH, z.B. BGH v. 20.9.1999 – 5 StR 729/98, juris Rz. 19; *Perron* in S/S, § 14 StGB Rz. 33 ff.; *Volk*, BB 1987, 139; *Krekeler*, NStZ 1989, 146 (147).
4 Vgl. für Strafverteidiger *Beulke/Ruhmannseder*, Strafbarkeit des Verteidigers, Rz. 25 ff., 33 ff.; *Fischer*, § 258 StGB Rz. 8 ff., 11 ff.
5 *Volk*, BB 1987, 139. Generell zur Frage berufsrollengemäßen, sozialadäquaten Verhaltens und dessen strafrechtlicher Einordnung *Tiedemann*, WiStrafR AT, Rz. 188 ff. m.Nw.

erkannt und mit *direktem Vorsatz* einen Straftatbestand (mit-)verwirklicht haben[1]. Speziell für **Strafverteidiger** wird dies aus ihrer Aufgabe hergeleitet, ihre Mandanten möglichst effizient verteidigen zu können. Angeknüpft wird dabei an § 258 StGB, wonach **Strafvereitelung** nur mit **direktem Vorsatz** („absichtlich oder wissentlich") begangen werden kann. Fehlt bei einem Verteidigerverhalten (z.B. Vorlage einer *möglicherweise* gefälschten Urkunde, Benennung eines *möglicherweise* falsch aussagenden Zeugen) ein direkter Vorsatz i.S. des § 258 StGB, so soll dies auch für den subjektiven Tatbestand von *verteidigungsspezifischen anderen Straftaten* eine „**Sperrwirkung**" entfalten[2], sodass sich der Verteidiger auch bei solchen Begleittatbeständen nur mit direktem Vorsatz strafbar machen könne. Der BGH hat eine solche Sperrwirkung zunächst abgelehnt[3], sich ihr aber später im Ergebnis doch angenähert[4]. Letztlich ist in Rechtsprechung und Schrifttum bisher weitgehend streitig geblieben, nach welchen Kriterien eine einerseits praktikable und andererseits rechtsdogmatisch überzeugende Grenzziehung zwischen strafbarem und (noch) zulässigem Verteidigerverhalten zu erfolgen hat[5].

Für eine besondere Fallkonstellation, nämlich für **Verteidigerhonorar**, das aus dunklen Quellen stammt, hat das BVerfG entschieden[6], dass sich Strafverteidiger, die aus Straftaten i.S. von § 261 Abs. 1 StGB stammendes Honorar entgegennehmen, nur dann gem. § 261 Abs. 2 Nr. 1 StGB wegen Geldwäsche strafbar machen, wenn sie bei Annahme des Honorars *sichere Kenntnis* von der Herkunft aus einer Katalogtat des § 261 Abs. 1 StGB besitzen. Das Gericht hat diese einengende Auslegung der genannten Strafbestimmung mit dem verfassungsrechtlich gebotenen Schutz der Berufsausübungsfreiheit der Strafverteidiger und dem Schutz des Instituts der freien Verteidigerwahl begründet. Die Entscheidung hat zu Recht einige Kritik erfahren[7]; sie kann weder auf andere Straftatbestände noch im Rahmen des § 261 StGB auf alle Rechtsanwälte oder gar sonstige Beraterberufe ausgedehnt werden (§ 51 Rz. 32 ff.). 17a

Einem *Sonderrecht* für rechtsberatende Berufe, wie vorstehend erörtert, ist grundsätzlich entgegenzutreten. Allerdings erfordern bei Strafverteidigern die **spezifischen Verteidigungsaufgaben** und die Unklarheiten um eine sachgerechte Grenzziehung im Einzelfall eine besonders „sorgfältige und strenge Prü- 17b

---

1 *Volk*, BB 1987, 139; s. auch *Bernsmann*, StraFo 1999, 226.
2 So z.B. *v. Stetten*, StV 1995, 606; *Wünsch*, StV 1997, 45; zur Problematik insgesamt *Fischer*, § 258 StGB Rz. 13 ff.; *Walter* in LK, § 258 StGB Rz. 79.
3 BGH v. 1.9.1992 – 1 StR 281/92, BGHSt 38, 345 = JR 1994, 114 m. Anm. *Beulke*.
4 BGH v. 9.5.2000 – 1 StR 106/00, BGHSt 46, 53 = JR 2001, 294 m. abl. Anm. *Scheffler*.
5 Vgl. dazu ausf. *Walter* in LK, § 258 StGB Rz. 68 ff., 74 ff., 79 ff.; *Fischer*, § 258 StGB Rz. 8 ff., 13 ff. In der Entscheidung des BGH v. 6.4.2000 – 1 StR 502/99, BGHSt 47, 278 (284) wurde die Leugnung des Holocaust in einem Verteidigerplädoyer (weil verteidigungsfremdes Verhalten) als Straftat nach § 130 Abs. 3 StGB bestätigt.
6 BVerfG v. 30.3.2004 – 2 BvR 1520/01, BVerfGE 110, 226 = NStZ 2004, 259; entgegen BGH v. 4.7.2001 – 2 StR 513/00, BGHSt 47, 68 = StV 2001, 506.
7 Heftig die Kritik von *Fischer*, NStZ 2004, 473; *Fischer*, § 261 StGB Rz. 36 ff.; *Wohlers*, JZ 2004, 678; *Müssig*, wistra 2005, 201; *Ranft*, Jura 2004, 764; *von Galen*, NJW 2004, 3308.

fung, ob – zumindest – bedingt vorsätzliches Verhalten eines Verteidigers tatsächlich vorliegt"[1]. Im Übrigen trifft das Argument, der Rechtsanwalt dürfe aus berufsrechtlichen Gründen einen Mandanten weiter ohne Einschränkungen mit Rat und Tat unterstützen, dessen Verhalten er als möglicherweise strafbar erkannt hat[2], in dieser Allgemeinheit nicht zu. Einerseits ist ein Rechtsanwalt verpflichtet, für kritische Situationen den „sicheren Weg" zu empfehlen[3]. Andererseits ist ein weiteres helfendes Tätigwerden im Rahmen eines vorgesehenen oder schon in Gang befindlichen strafrechtlich relevanten Geschehens mit der beruflichen Grundpflicht zu gewissenhafter Berufsausübung (§ 91 Rz. 15, 63) sowie generell mit der Stellung als Organ der Rechtspflege (§ 90 Rz. 12 ff., § 91 Rz. 2) schwerlich zu vereinbaren. Diese Organstellung bedingt grundsätzlich, dass dem Berater keinesfalls weniger an Rechtstreue abverlangt werden kann als seinen Mandanten (§ 91 Rz. 2) und dass Berater aufgrund der Organstellung jedenfalls stärker als „normale" Ratgeber gehalten sind, Risiken für strafrechtlich geschützte Rechtsgüter möglichst zu reduzieren oder gering zu halten. In diese Richtung geht die Lehre über eine grundsätzliche *Pflicht* der staatlich gebundenen Berater zur *Eindämmung von Risiken für Rechtsgüter*[4] i.S. einer Art „Gatekeeper-Funktion"[5].

18 Im weitgehenden Einklang mit der hier vertretenen Auffassung ist in der *Rechtsprechung* nach allgemeinen strafrechtlichen Grundsätzen z.B. **bedingt vorsätzliche Teilnahme** eines Beraters an einer Lohnsteuerhinterziehung angenommen worden, der dem Gesellschafter-Geschäftsführer einer GmbH geraten hatte, auf das Geschäftsführergehalt keine Lohnsteuern anzumelden und abzuführen, obwohl er – wie ihm bewusst war – sich zu der seinem Rat zugrunde liegenden rechtlichen Beurteilung keine fundierten Kenntnisse verschafft hatte[6]. Ähnlich wurde ein Verteidiger gem. § 138a StPO von der Verteidigung ausgeschlossen, weil er dringend verdächtig war, seinem Mandanten *mit bedingtem Vorsatz* Beihilfe zu verbotenem Glücksspiel geleistet zu haben[7]. Auch bei der Beihilfe eines Notars zur Untreue durch Mitwirkung an hoch spekulativen Geldanlagegeschäften wurde *bedingter Vorsatz* als ausreichend angesehen[8], ähnlich in Bezug auf strafbares Verteidigerverhalten, wo die subjektive Tatseite stets besonders sorgfältig zu prüfen ist[9].

---

1 So BGH v. 1.9.1992 – 1 StR 281/92, juris Rz. 16 = BGHSt 38, 345; grds. krit. dazu *Fischer*, § 258 StGB Rz. 13b, 13e.
2 *Volk*, BB 1987, 139 (144).
3 Darauf weist *Volk*, BB 1987, 139 (144) selbst hin. Vgl. auch BGH v. 21.7.1999 – 2 StR 24/99, BGHSt 45, 148 = NStZ 2000, 369 m. Anm. *Dahs*; BGH v. 13.12.1995 – 3 StR 514/95, NStZ 1996, 236 f.
4 Vgl. *Silva Sanchez* in FS Tiedemann, 2008, S. 244 f.; krit. dazu allerdings *Tiedemann* in Scholz, § 82 GmbHG Rz. 25 m.w.Nw.
5 Vgl. *Tiedemann* in Scholz, § 82 GmbHG Rz. 25.
6 Zu Beispielsfällen aus der Rechtsprechung für Täterschaft steuerlicher Berater vgl. *Schmeer* in Gräfe/Lenzen/Schmeer, Steuerberaterhaftung, Rz. 1381 ff.
7 BGH v. 26.1.1993 – 2 ARs 248/92, wistra 1993, 181 f.; zust. *Krehl* in LK, § 284 StGB Rz. 23.
8 BGH v. 26.10.1998 – 5 StR 746/97, juris Rz. 45 ff. = BGHR StGB § 266 Abs. 1 Beihilfe 3.
9 BGH v. 1.9.1992 – 1 StR 281/92, BGHSt 38, 345 = wistra 1993, 22.

Der BGH hat zudem inzwischen grundsätzlich entschieden, dass jedenfalls eine generelle Straflosigkeit von *berufstypischen* oder **„professionell adäquaten" Handlungen** nicht gegeben sei; fast jede (auch neutrale) Handlung könne in einen strafbaren Kontext gestellt werden. Insoweit wurde Beihilfe zur Steuerhinterziehung von Bankmitarbeitern durch anonyme Transfers von Kundengeldern ins Ausland bejaht[1]. In einem Fall des gewerbsmäßigen Betrugs bei Warentermingeschäften, für welche ein Rechtsanwalt eine (inhaltlich zutreffende und sachlich gehaltene) Informationsbroschüre für Kunden erstellt hatte, hat der BGH ausgeführt: Hält der Helfer es nur für möglich, dass es zu einer Straftat kommt, zu der er durch sein berufsübliches Handeln beiträgt, so ist das noch keine Beihilfe; strafbare Beteiligung ist aber nicht nur gegeben, wenn der Helfende positiv weiß, dass eine Tat begangen wird, sondern möglicherweise auch schon dann, wenn er bei seiner Beratung ein *hohes Risiko der Tatbegehung* durch einen bereits *tatgeneigten Täter* erkennt[2].

19

§ 96
Häufige Fälle der Tatbeteiligung
Bearbeiter: Johannes Häcker

	Rz.		Rz.
A. Insolvenzstraftaten		III. Steuergefährdung	49
I. Bankrottdelikte	1	**C. Täuschungsdelikte**	
II. Gläubigerbegünstigung	10	I. Prozessbetrug	50
III. Insolvenzverschleppung	14	II. Falsche Versicherung an Eides statt	58
B. Steuerdelikte		III. Weitere Täuschungsstraftaten	
I. Steuerhinterziehung		1. Anlagebetrug	61
1. Aktive Tatbeteiligung	21	2. Gründungsschwindel	76
2. Tatbeteiligung durch Unterlassen	25	3. Sanierungsschwindel	88
II. Leichtfertige Steuerverkürzung	36		

Schrifttum: *Albrecht/Stein,* Die Verantwortlichkeiten von Insolvenzverwaltern und Organen einer insolventen börsennotierten Aktiengesellschaft, ZInsO 2009, 1721; *Ammon,* Die Prüfungsbefugnisse des Registergerichts bei GmbH-Anmeldungen – besteht Reformbedarf?, DStR 1995, 1311; *Arndt/Lerch/Sandkühler,* Bundesnotarordnung, 7. Aufl. 2012; *Beulke,* Strafverteidigung und Parteiverrat [...], in Strafverteidigung im Rechtsstaat, 2009, 259; *Brand/Reschke,* Die Firmenbestattung im Lichte des § 283 Abs. 1 Nr. 8 StGB, ZIP

---

1 BGH v. 1.8.2000 – 5 StR 624/99, BGHSt 46, 112 = wistra 2000, 340.
2 BGH v. 20.9.1999 – 5 StR 729/98, juris Rz. 18 = BGHR StGB § 27 Abs. 1 Hilfeleisten 20 = NStZ 2000, 34; bestätigt in BGH v. 22.1.2014 – 5 StR 468/12, ZWH 2014, 433 m. Anm. *Trüg.* Ausf. hierzu jew. m.Nw. *Schünemann* in LK, § 27 StGB Rz. 27 ff.; *Fischer,* § 27 StGB Rz. 2a, 2b.

2010, 2134; *Ceffinato*, Prozessbetrug in vereinfachten Verfahrensarten, ZWH 2014, 89; *Dannecker*, Absprachen im Besteuerungs-/Steuerstrafverfahren, in FS Schmitt, 2003, S. 371; *Deckenbrock*, Strafrechtlicher Parteiverrat und berufsrechtliches Verbot der Vertretung widerstreitender Interessen, 2009; *Dörn*, Steuerstraf- und bußgeldrechtliche Verantwortlichkeit des Steuerberaters, StB 1998, 157; *Erb*, Parteiverrat: Rechtsgut und Einwilligung im Tatbestand des § 356 StGB, 2005; *Eylmann/Vaasen*, Bundesnotarordnung, 3. Aufl. 2011; *Gehre/Koslowski*, Steuerberatungsgesetz, 6. Aufl. 2009; *Gustavus*, Handelsregister-Anmeldungen, 8. Aufl. 2013; *Kilper*, Unternehmensabwicklung außerhalb des gesetzlichen Insolvenz- Liquidationsverfahrens in der GmbH, 2009; *Kottke*, Steuerersparung, Steuerumgehung, Steuerhinterziehung, 10. Aufl. 1994; *Kraft*, Insolvenzordnung, 5. Aufl. 2008; *Kümmel*, Zur strafrechtlichen Einordnung der „Firmenbestattung", wistra 2012, 165; *Kretschmer*, Der strafrechtliche Parteiverrat, 2005; *Kuss*, Rechtliche Aspekte der Sanierung für die Unternehmensleitung und den Sanierungsberater, WPg 2009, 326; *Marotzke*, Die Rechtsstellung des Insolvenzverwalters, ZInsO 2009, 1929; *C. Schröder*, Die strafrechtliche Haftung des Notars als Gehilfe bei der Entsorgung einer insolvenzreifen GmbH, DNotZ 2005, 596; *Spindler/Tipke/Rödder* (Hrsg.), Steuerzentrierte Rechtsberatung, FS Schaumburg, 2009; *Tiedemann*, Gründungs- und Sanierungsschwindel durch verschleierte Sacheinlagen, in FS Karl Lackner, 1987, S. 737; *Tipke/Lang*, Steuerrecht, 21. Aufl. 2013; *Wannemacher*, Steuerstrafrecht, 6. Aufl. 2013; *Wirtschaftsprüfer-Handbuch*, 14. Aufl. 2012 (Bd. I); *Wessing*, Insolvenz und Strafrecht – Risiken und Rechte des Beraters und Insolvenzverwalters, NZI 2003, 1; *Weiss*, Der unzureichend begründete Insolvenzantrag einer GmbH aus strafrechtlicher Sicht, ZInsO 2009,1520. Vgl. weiter das Schrifttum oben bei § 95 vor Rz. 1; Kommentare zur AO bzw. zum Steuerstrafrecht s. allgemeines Schrifttumsverzeichnis.

A. Insolvenzstraftaten

I. Bankrottdelikte

1   Die *unordentliche Führung von Handelsbüchern* und die Nichterstellung oder *verspätete Erstellung von Handelsbilanzen* ist bei einem Unternehmenszusammenbruch – als Bedingung der Strafbarkeit (§§ 283 Abs. 6, 283b Abs. 3 StGB) – strafbar als **Bankrott** nach § 283 Abs. 1 Nr. 5 und 7 Buchst. a und b StGB, falls die Tat in der Krise begangen wurde, oder – wenn Letzteres nicht der Fall war – als **Verletzung der Buchführungspflicht** nach § 283b Abs. 1 Nr. 1 und 3 StGB (zu beidem näher § 85 Rz. 34 ff., 39 ff., 64).

2   Selbstverständlich kann sich ein Berater schon nach allgemeinen Vorschriften wegen **Beihilfe** zu diesen Delikten strafbar machen. Besondere Bedeutung gewinnen diese Tatbestände für die Beraterberufe in der wirtschaftsstrafrechtlichen Praxis indessen dadurch, dass es bei kleineren und mittleren Unternehmen vielfach üblich geworden ist, Buchhaltungen und Bilanzen nicht mehr intern, sondern *außerhalb* des jeweiligen Unternehmens fertigen zu lassen. Insbesondere bei Steuerberatern und Wirtschaftsprüfern sowie bei Steuerberatungs- und Wirtschafts- /Buchprüfungsgesellschaften sind diese Tätigkeitsbereiche inzwischen zu einem wichtigen „zweiten Standbein" geworden.

3   Die Angehörigen dieser Berufsgruppen kommen als **Täter** der genannten Bankrottdelikte in Betracht, wenn sie i.S. von § 14 Abs. 2 Nr. 2 StGB[1] (vgl. auch § 30 Rz. 76 ff., 83 f., 107 ff., 111, § 81 Rz. 36 ff., § 85 Rz. 9 ff.) von ihrem Mandanten

---

1   Vgl. *Perron* in S/S, § 14 StGB Rz. 33 ff.; einengend *Schünemann* in LK, § 14 StGB Rz. 61 ff.

ausdrücklich beauftragt worden sind, die nach den *handelsrechtlichen Bestimmungen* dem Unternehmer obliegenden Verpflichtungen zur Buchführung und/oder Bilanzerstellung zu übernehmen. Hat sich ein Berater diese Aufgaben übertragen lassen, so kann er sich auch durch etwaige seine Haftung beschränkende Klauseln in den Auftragsbedingungen seiner strafrechtlichen Verantwortung nicht entziehen. Der entsprechende Auftrag muss zwar *ausdrücklich* zur *eigenverantwortlichen Erledigung* erteilt worden sein, doch bedarf die Auftragserteilung keiner bestimmten Form; sie kann also insbesondere auch mündlich erfolgt sein (§ 30 Rz. 83, 83a).

Ist die Erstellung von Bilanzen vom Berater übernommen worden, so liegt dem in aller Regel, insbesondere bei kleineren Unternehmen, ein solcher ausdrücklicher *Auftrag* zugrunde; der Unternehmer selbst ist vielfach nicht willens und/oder in der Lage, die Bilanzierungsarbeiten des Beraters im Detail zu überprüfen. Zudem ist der Berater grundsätzlich schon nach Berufsrecht verpflichtet, einen Auftrag *unabhängig*, **eigenverantwortlich** und *gewissenhaft* zu erfüllen (§ 91 Rz. 13 ff., 40, 62). Dass ein Jahresabschluss von einem Kaufmann bzw. persönlich haftenden Gesellschaftern bzw. Geschäftsführern zu unterzeichnen ist (vgl. §§ 245, 299 HGB), steht der Annahme einer Täterschaft des nach § 14 Abs. 2 Nr. 2 StGB beauftragten Beraters, der den Abschluss tatsächlich eigenverantwortlich erstellt hat, nicht entgegen (s. § 30 Rz. 107 ff.). 3a

Zu beachten ist dabei, dass sich der Berater *nicht nur* wegen *vorsätzlicher* unordentlicher Buchführung und/oder Bilanzierung, sondern *auch* wegen **fahrlässiger Tatbegehung** strafbar machen kann (§§ 283 Abs. 5, 283b Abs. 2 StGB). Die Frage nach der fahrlässigen Begehungsweise bei Mängeln der Buchführung und der Bilanzierung hängt unmittelbar damit zusammen, welche Prüfungspflichten dem Berater im Einzelnen obliegen. – Hat der Berater die Führung einer *Buchhaltung eigenverantwortlich* übernommen, so ist er grundsätzlich verpflichtet, auch die umfangreichen **Prüfungs- und Kontrollaufgaben** wahrzunehmen, die nach den *Grundsätzen ordnungsmäßiger Buchführung* erforderlich sind, um die einschlägigen handelsrechtlichen Bestimmungen einhalten zu können (näher § 26 Rz. 17 ff., 27 ff., 32 ff.). Hat der Berater hingegen nur *Teilarbeiten der Buchführung* übernommen, so muss sorgfältig geprüft werden, ob und in welchem Umfang für ihn die Voraussetzungen des § 14 Abs. 2 Nr. 2 StGB noch gegeben sind[1]. 4

Übernimmt ein Berater die **Erstellung der Bilanzen**, so ist zu beachten, dass die Bankrottdelikte sich nur auf **Handelsbilanzen** beziehen. Wird eine *reine Steuerbilanz* unrichtig erstellt, so kommen demgemäß (nur) steuerstraf- und bußgeldrechtliche Tatbestände der AO (§§ 370, 378 AO und besonders § 379 AO – Steuergefährdung; Rz. 21 ff., 49a f.) in Betracht. Regelmäßig werden in der Praxis – vor allem in kleineren Unternehmen – Bilanzen erstellt, die zugleich Steuer- und Handelsbilanzen darstellen. Da diese „Einheitsbilanzen" auch den Charakter von Handelsbilanzen erfüllen sollen, sind die Bankrotttatbestände auf sie anzuwenden. Ein Berater, der die Erstellung einer Bilanz übernimmt, muss seinem Mandanten gegenüber klarstellen, ob er nur eine Steuerbilanz erstellen 5

---

1 Vgl. *Perron* in S/S, § 14 StGB Rz. 34 ff., 37.; auch BGH v. 20.9.1999 – 5 StR 729/98 – weisungsunabhängiger, als Rechtsanwalt auftretender Beauftragter, NStZ 2000, 34.

will. Ist Letzteres der Fall, so hat er den Mandanten regelmäßig darauf hinzuweisen, dass dieser zusätzlich für die Erstellung der Handelsbilanzen zu sorgen hat; dies ist eine selbstverständliche Nebenpflicht aus dem Beratungsverhältnis.

6 Hat ein Berater i.S. von § 14 Abs. 2 Nr. 2 StGB handelsrechtliche Bilanzierungspflichten übernommen, so ist er auch für die Einhaltung der entsprechenden **Fristen zur Bilanzerstellung** verantwortlich (§ 26 Rz. 87 ff., § 85 Rz. 44 ff.). Regelmäßig sind Jahresabschlussbilanzen als Handelsbilanzen binnen drei bis spätestens sechs Monaten nach Ende eines Geschäftsjahres aufzustellen (vgl. § 264 Abs. 1 S. 3, 4, § 243 Abs. 3 HGB, aber auch § 42a GmbHG sowie näher § 85 Rz. 44 ff.). Hält ein Berater, bei dem die Voraussetzungen des § 14 Abs. 2 Nr. 2 StGB gegeben sind, die vorgeschriebenen Fristen nicht ein, so macht er sich – falls bei seinem Mandanten bzw. dem von diesem geführten Unternehmen die Strafbarkeitsbedingung nach § 283 Abs. 6 StGB eintritt[1] (s. auch § 81 Rz. 65 ff., § 85 Rz. 62 ff.) – *als Täter* eines Buchführungs- oder Bankrottdelikts strafbar.

7 Dabei können Steuerberater und Wirtschaftsprüfer mit dem häufig gehörten *Einwand*, ihnen sei es nicht zuzumuten oder gar unmöglich, die Bilanzen ihrer Mandanten alle im ersten Halbjahr nach Ende eines Geschäftsjahres zu erstellen, sondern man müsse ihnen zumindest zubilligen, diese Arbeiten ganzjährig verteilen zu dürfen, regelmäßig nicht gehört werden. Denn diesen Beratern, die mit den wirtschaftlichen Verhältnissen ihrer Mandanten in aller Regel gut vertraut sind, ist es fast immer möglich und selbstverständlich auch zumutbar, die Bilanzen der Mandanten, die sich in einer **wirtschaftlichen Krise** befinden oder bei denen eine solche jedenfalls in Betracht kommen kann, mit **zeitlichem Vorrang** zu erstellen; eine entsprechende handelsrechtliche Verpflichtung ist schon seit Langem anerkannt[2] (vgl. § 26 Rz. 88, § 85 Rz. 49, 50). Dass *in steuerlicher Hinsicht längere Bilanzerstellungsfristen* hingenommen werden, kann den Berater in handelsrechtlicher Beziehung dabei nicht entlasten.

8 Von erheblicher praktischer Wichtigkeit sind Fälle, in denen ein Berater, der nicht zugleich die Bücher eines Mandanten führt, eine Bilanz deshalb nicht oder nicht fristgerecht erstellen kann, weil der Mandant seine **Mitwirkungspflicht** verletzt, ihm also *nicht rechtzeitig* das erforderliche Buchhaltungsmaterial *vorlegt*. Dasselbe gilt, wenn der Berater zwar die Bücher führt, zur Bilanzerstellung aber auf zusätzliche Unterlagen oder Nachweisungen des Mandanten angewiesen ist, z.B. auf Inventurunterlagen oder Materialien über Abschreibungen, Rückstellungen oder Wertberichtigungen. Hat der Berater in einem solchen Fall Verantwortung i.S. von § 14 Abs. 2 Nr. 2 StGB übernommen, so muss er sich auch rechtzeitig darum bemühen, die zur Bilanzerstellung erforderlichen Unterlagen zu erhalten. Gelingt ihm dies trotz Mahnung und Androhung einer Mandatsniederlegung nicht, so kann ihn nur eine **Kündigung** des

---

1 *Heine/Schuster* in S/S, § 283 StGB Rz. 65.
2 Vgl. schon BVerfG v. 15.3.1978 – 2 BvR 927/76, BVerfGE 48, 48 (60 ff.); BGH bei *Herlan*, GA 1961, 356.

übernommenen Auftrags *vor Ablauf der Bilanzierungsfrist* sicher davor bewahren, sich strafbar zu machen[1].

Von erheblicher Bedeutung sind in der strafrechtlichen Praxis immer wieder auch Fälle der Beteiligung von Beratern an **sonstigen**, in § 283 StGB genannten und vorstehend nicht angesprochenen **Bankrotthandlungen**. Insbesondere ist insoweit die Beteiligung an der *Beiseiteschaffung* von Vermögenswerten (§ 283 Abs. 1 Nr. 1 StGB) relevant, die bei Gesellschaften auch den Tatbestand der Untreue zum Nachteil der jeweiligen Gesellschaft oder von deren Gesellschaftern erfüllen kann (vgl. zu diesem Problembereich, auch zum Verhältnis von Bankrott durch Beiseiteschaffung und Untreue, § 81 Rz. 53 ff., 61 ff., § 30 Rz. 99 ff.), aber auch die Mitwirkung an *sonstigen Vermögensverschiebungen* sowie der *Verheimlichung* von Vermögenswerten (§ 81 Rz. 42). Derartige Fälle weisen regelmäßig keine rechtsdogmatischen Besonderheiten auf, insbesondere begründet die berufsrechtliche Position der Berater in diesem Bereich für sie keine weiterreichenden Rechtspflichten als für sonstige Personen.

II. Gläubigerbegünstigung

In der strafrechtlichen Praxis sind auch Fälle von erheblicher Bedeutung, in denen Berater von wirtschaftlich schlechtstehenden Mandanten zunächst **Honoraransprüche** auflaufen lassen oder solche mehr oder weniger großzügig (meist stillschweigend durch schlüssiges Verhalten, etwa bloßem Verlangen von Teil- oder Abschlagszahlungen) stunden, ehe sie diese Ansprüche nach Eintritt der Zahlungsunfähigkeit (§ 78 Rz. 9 ff.) der Mandanten mittels Sicherungsübereignungen, Verpfändung, Bestellung von Grundpfandrechten oder Forderungsabtretungen zu realisieren oder abzusichern versuchen. Teilweise werden in entsprechendem Zusammenhang schriftliche Unterlagen erstellt und vorsorglich zurückdatiert, um etwaige Anfechtungsversuche von anderen Gläubigern oder des Insolvenzverwalters (§§ 1 ff. AnfG, §§ 129 ff. InsO) unterlaufen zu können.[2]

Veranlasst ein Berater in einem solchen Fall seinen zahlungsunfähigen Mandanten zu Absicherungen oder zu sonstigen vermögenswerten Leistungen, so liegt – falls die übrigen Tatbestandsmerkmale des § 283c StGB gegeben sind (§ 84 Rz. 17 ff., 31) – **Anstiftung zur Gläubigerbegünstigung** (vgl. § 16 Rz. 37 ff.) vor. Insbesondere ist eine der Tatbestandserfüllung entgegenstehende *kongruente Deckung* (§ 84 Rz. 39 ff.) nicht deshalb gegeben, weil der beratende Gläubiger gegen eine Absicherung seine Forderung weiterhin stundet; für eine legale Stundungsabrede ist es zu spät, wenn beim Mandanten bereits Zahlungsunfähigkeit eingetreten ist. Hingegen ist ein Fall kongruenter Deckung gegeben, wenn ein Berater sich mit Rücksicht auf die schlechte wirtschaftliche Lage seines Mandanten für seine *künftigen Leistungen* in angemessenem Umfang absichern lässt, wobei auch die Absicherung von Vorschüssen legitim ist,

---

1 Zu weiteren Fällen dieser Art vgl. z.B. *Schlüchter*, Steuerberatung im strafrechtlichen Risiko, 38 ff.
2 Vgl. AG Nürnberg v. 15.2.2011 – 47 Cs 501 Js 247/09, ZinsO 2012, 339 (Abtretung von Rentenansprüchen an Rechtsanwalt).

die in berufsüblicher Höhe und im Einklang mit den berufsgesetzlichen Gebührenordnungen verlangt werden können[1].

12 Beispiel: Steuerberater M hat mit einer GmbH einen mit einjähriger Frist kündbaren unbefristeten Vertrag abgeschlossen, wonach er die Buchhaltung, Bilanzen und Steuererklärungen für die GmbH zu fertigen hat. Als die GmbH zahlungsunfähig wird, verkauft sie sämtliche ihr noch gehörende Vermögenswerte an eine andere Unternehmung, um anschließend Insolvenzantrag zu stellen. Von der Kaufpreisforderung verlangt und erhält M 30 000 Euro abgetreten mit der Begründung, dafür stunde er fälliges Resthonorar von 10 000 Euro für früher erbrachte Leistungen; im Übrigen würden seine Honoraransprüche aus dem laufenden Mandatsvertrag für ein Jahr abgegolten. – Hier hat sich M einer Anstiftung zur Gläubigerbegünstigung schuldig gemacht. Die Stundung des Resthonorars stellt keine kongruente Deckung dar. Für die Zukunft kamen mit Rücksicht darauf, dass der Mandatsvertrag seitens der GmbH aus wichtigem Grund fristlos kündbar war, jedenfalls nicht die vollen Honoraransprüche für ein Jahr in Betracht; zudem waren diese zum Zeitpunkt der Abtretung auch nicht fällig.

Erfüllt eine *Gläubigerbegünstigung zugleich* den Tatbestand des *Bankrotts*, z.B. durch Beiseiteschaffen von Vermögenswerten (§ 283 Abs. 1 Nr. 1 StGB), so geht der erstgenannte Tatbestand i.d.R. als lex specialis vor[2] (Einzelheiten § 81 Rz. 18).

13 *Von großer Bedeutung* sind in der Praxis auch Fälle, in denen Berater für ihre nicht mehr oder nur noch beschränkt zahlungsfähigen Mandanten bei **Sanierungsbemühungen** (vgl. Rz. 88 ff.; § 76 Rz. 8 f., 52 und § 87 Rz. 1 ff., 20 ff.) mitwirken, bei denen die am meisten drängenden Gläubiger durch Gewährung von Sicherheiten dazu veranlasst werden, vorerst stillzuhalten und von Vollstreckungsmaßnahmen oder gar der Stellung von Insolvenzanträgen abzusehen. Beispielsfälle für Sicherungen dieser Art sind die Bestellung von Grundpfandrechten oder die Abtretung von Forderungen oder die Sicherungsübereignung von Betriebsinventar zugunsten wichtiger Lieferanten, aber auch zugunsten von Banken, Finanzämtern oder Sozialversicherungsträgern. Nach Eintritt der Zahlungsunfähigkeit (zu diesem recht missverständlichen Begriff, der insbesondere nicht mit Zahlungseinstellung verwechselt werden darf, vgl. § 78 Rz. 9 ff., 33[3]) sind solche die übrigen Gläubiger schädigenden oder gefährdenden Maßnahmen unzulässig. Für Firmenverantwortliche und ihre Berater, die derartige Sanierungsbemühungen in einer Krisensituation erst spät entfalten, ist die Gefahr groß, sich wegen Gläubigerbegünstigung bzw. Beteiligung an einer solchen Tat strafbar zu machen. Ob sich der Berater in derartigen Fällen wegen *Beihilfe* oder wegen *Anstiftung* zur Gläubigerbegünstigung strafbar macht, ist im Einzelfall anhand der allgemeinen Kriterien der Teilnahme[4] (vgl. zur Teilnahme § 19 Rz. 16 ff., zur Gläubigerbegünstigung oben § 84 Rz. 17 ff.) zu beurteilen.

---

1 BGH v. 29.9.1988 – 1 StR 332/88, NJW 1989, 1167 f.; s. auch BGH v. 6.11.1986 – 1 StR 327/86, NJW 1987, 1710 m. Anm. *Winkelbauer*, JR 1988, 33; ferner BGH v. 19.1.1993 – 1 StR 518/92, NStZ 1993, 239.
2 Vgl. schon BGH v. 12.7.1955 – 5 StR 128/55, BGHSt 8, 55; *Fischer*, § 283c StGB Rz. 1, 11 m.Nw.
3 Vgl. dazu auch *Bieneck*, StV 1999, 43.
4 BGH v. 19.1.1993 – 1 StR 518/92, NStZ 1993, 239 = wistra 1993, 147, in Ergänzung von BGH v. 29.9.1988 – 1 StR 332/88, BGHSt 35, 357.

III. Insolvenzverschleppung

a) Der Tatbestand der unterlassenen oder verspäteten Insolvenzantragstellung (§ 15a InsO, § 80 Rz. 1 ff., 37 ff.) kann nicht nur vorsätzlich, sondern auch fahrlässig begangen werden. Grundsätzlich gehört es zu den vertraglichen Nebenpflichten eines Rechtsanwalts, Steuerberaters oder Wirtschaftsprüfers, die von ihm beratenen Mandanten in geeigneten Fällen rechtzeitig und zutreffend über die gesetzlichen Voraussetzungen, unter denen sie **Insolvenzantrag** zu stellen haben, zu *informieren*[1]. Zu den berufsrechtlichen Pflichten solcher Berater (vgl. z.B. §§ 2, 43 Abs. 4 Nr. 1 WPO) gehört es – als Nebenpflicht aus dem Beratungsverhältnis und dessen gewissenhafter Durchführung – auch, ihre Mandanten zur Erfüllung entsprechender Pflichten *anzuhalten*. In der Praxis gibt es indessen verschiedene Fallkonstellationen, in denen Berater selbst zur Insolvenzverschleppung (§ 80 Rz. 34) beitragen und sich so etwa wegen Anstiftung oder Beihilfe zum Tatbestand nach § 15a InsO (zu dieser, durch das MoMiG[2] eingeführten, am 1.11.2008 in Kraft getretenen Bestimmung § 23 Rz. 72, § 80 Rz. 2 ff.) strafbar machen. 14

Einerseits handelt es sich dabei um Fallkonstellationen, in denen Berater **im eigenen Interesse** an der Verzögerung eines Insolvenzantrags interessiert sind, wie in dem nachfolgenden Beispielsfall: 15

Beispiel: Rechtsanwalt A lässt sich zur Sicherung seines Honoraranspruchs Büroinventar der von ihm beratenen GmbH, die seine Forderung nicht begleichen kann, abtreten. Um eine Anfechtung dieser Übereignung innerhalb der bestehenden Anfechtungsfristen (vgl. §§ 130 ff. InsO) zu verhindern, veranlasst A den Geschäftsführer der insolventen GmbH, erst Monate später den gebotenen Insolvenzantrag zu stellen.

Von wesentlich größerer praktischer Bedeutung sind indessen Fälle, in denen ein langjähriges enges Vertrauensverhältnis Berater und Mandanten verbindet und Erstere im Bestreben, **Interessen ihrer Mandanten** wahrzunehmen, dazu beitragen, dass **Insolvenzanträge nicht rechtzeitig** gestellt werden. Es handelt sich dabei um typische Sachverhalte, in welchen sich Berater in strafbares Verhalten ihrer Mandanten verstricken lassen, weil sie diese gerade in schwieriger Situation nicht sitzen lassen, sondern ihnen helfen wollen. 16

Hierzu seien zwei **charakteristische Fälle** angeführt: 17

Beispiel 1: Rechtsanwalt A versucht, für seine Mandantin, die überschuldete und/oder zahlungsunfähig gewordene B-GmbH & Co KG, einen *außergerichtlichen Vergleich* zu erreichen, indem er ihre Gläubiger in Rundschreiben ersucht, auf Teile ihrer Forderungen zu verzichten und ihre restlichen Forderungen zu stunden. – Hier ist der Tatbestand der unterlassenen oder verspäteten Insolvenzanmeldung schon dann erfüllt, wenn Zahlungsunfähigkeit und/oder Überschuldung durch diese Aktion nicht *binnen drei Wochen* beseitigt werden. Diese Frist gem. § 15a Abs. 1 InsO beginnt nicht etwa erst (oder erneut) mit Beginn der Sanierungsaktivitäten des Beraters zu laufen, sondern bereits ab dem Beginn der Zahlungsunfähigkeit oder Überschuldung. In der Praxis ist die Einhaltung dieser Frist fast nie möglich, wenn bereits die Pflicht zur Stellung eines Insolvenzeröffnungsantrags entstanden ist. Einerseits werden die Forderungsverzichte von Gläubigern i.d.R.

---

1 Zurückhaltend insoweit allerdings BGH v. 6.6.2013 – IX ZR 204/12, ZWR 2013, 500.
2 MoMiG v. 23.10.2008, BGBl. I 2026.

davon abhängig gemacht, dass sich alle anderen oder zumindest alle nicht bevorrechtigten Gläubiger gleichermaßen an der Sanierung beteiligen; in einem solchen Fall nützt es nichts, wenn ein Teil (vielleicht sogar der weitaus größte Teil) der Gläubiger kurzfristig entsprechende Verzichtserklärungen abgeben. Andererseits wird es fast immer Gläubiger geben, die aus unterschiedlichen Gründen nicht zu einem Verzicht bereit sind oder zumindest wegen des Wunsches nach näheren Informationen zur wirtschaftlichen Situation und den weiteren Aussichten der Schuldnerfirma sich nicht in der Lage sehen, innerhalb der dreiwöchigen Frist eine definitive Erklärung abzugeben.

17a **Beispiel 2:** Die A-GmbH wird am 1.7. zahlungsunfähig (§ 78 Rz. 9 ff.), wie ihr alleiniger Geschäftsführer B auch sogleich erkennt. Er schaltet sofort seinen Rechtsanwalt ein und veranlasst diesen, ein Rundschreiben an alle Gläubiger der A-GmbH zu versenden. In diesem wird die Situation der Gesellschaft dargestellt und den Gläubigern vorgeschlagen, auf 30 % ihrer Forderungen zu verzichten und die Restforderungen nach bestimmten Modalitäten zu stunden, damit die GmbH durch Kapitalaufstockung und Marktanpassungsmaßnahmen saniert werden könne; der Verzicht soll wirksam werden, falls alle Großgläubiger sowie mindestens 75 % der sonstigen Gläubiger zustimmen. Bis 21.7. liegen Zustimmungserklärungen von 60 % der Gläubiger vor, bis zum 10.8. haben weitere 15 % der Gläubiger, darunter alle Großgläubiger, ihre Zustimmung erklärt, sodass der Vergleich wirksam zustande gekommen ist. Da zu diesem Zeitpunkt die gesetzliche Sanierungsfrist von drei Wochen indessen bereits verstrichen ist (§ 15a Abs. 1 InsO), ohne dass – wie zwischen B und seinem Anwalt abgesprochen – bei Gericht Insolvenzantrag gestellt wurde, hat sich der Geschäftsführer B gem. § 15a Abs. 4 InsO strafbar gemacht und sein Rechtsanwalt hat zu dieser Tat Beihilfe geleistet.

18 Nach den Erfahrungen der Ermittlungspraxis bestehen nur dann ernstliche Chancen, für eine GmbH oder GmbH & Co KG einen außergerichtlichen Vergleich zu erreichen, ohne sich wegen Insolvenzverschleppung strafbar zu machen, wenn die **Vergleichsbemühungen rechtzeitig vor** Eintritt der Voraussetzungen für das gerichtliche Insolvenzverfahren, also vor Eintritt einer Überschuldung oder Zahlungsunfähigkeit, entfaltet werden. Gerade deshalb ist es besonders wichtig, dass betriebswirtschaftlich tätige Berater Krisensituationen ihrer Mandanten frühzeitig erkennen, danach rechtzeitig auf geeignete *Sanierungsbemühungen* hinarbeiten und die Mandanten bei solchen Bemühungen im Rahmen der gesetzlich zugelassenen Möglichkeiten unterstützen.

18a Erfahrungsgemäß werden Sanierungsbemühungen insbesondere bei kleineren und mittleren Unternehmen oft deshalb zu spät begonnen, weil die Unternehmen die im Rahmen der laufenden Buchführung gefertigten, regelmäßig durchaus aussagekräftigen **betriebswirtschaftlichen Auswertungen** nicht oder nur unzulänglich beachten oder diese wie auch andere Warnzeichen aus sonstigen Gründen zu wenig zur Kenntnis nehmen, und weil auch die Berater solcher Unternehmer die betriebswirtschaftlichen Auswertungen nur unzureichend mit ihren Mandanten durchsprechen. Eine häufige Folge ist, dass die gebotenen Konsequenzen nicht rechtzeitig gezogen werden.

Das *Verteidigungsvorbringen* von Unternehmern gegen den Vorwurf der Insolvenzverschleppung, sie hätten die ihnen von ihrem Berater kommentarlos übersandten betriebswirtschaftlichen Auswertungen nicht richtig verstanden und die aus ihnen ersichtliche Zahlungsunfähigkeit deshalb nicht rechtzeitig bemerkt, ist nur ganz selten überzeugend. In aller Regel erkennt der Unternehmer nämlich aus sonstigen Indikatoren des täglichen Geschäftsverlaufs wie Kontoständen, Forderungsausständen, Häufung unbezahlter Eingangsrechnungen, Mahnungen, Mahnbescheiden usw. frühzeitig, wann und in welchen

Größenordnungen Liquiditätsschwierigkeiten bestehen und ab wann diese sich dramatisch zu verstärken drohen (vgl. § 78 Rz. 41 ff.).

In der Praxis **scheitern** bei einer größeren Anzahl von Gläubigern angestellte außergerichtliche **Vergleichsbemühungen**, die erst bei Zahlungsunfähigkeit oder Überschuldung einsetzen, in aller Regel daran, dass es fast unmöglich ist, innerhalb der gesetzlichen Dreiwochenfrist zu erreichen, dass alle oder doch eine genügend große Anzahl von Gläubigern ausdrücklich ihre Zustimmung zu einem außergerichtlichen Vergleich erteilen. Es gibt fast immer eine Anzahl von Gläubigern, die aus Prinzip oder weil sie sich düpiert fühlen oder weil es Meinungsverschiedenheiten über die Höhe ihrer Forderungen gibt oder weil sie wenigstens noch weitere Hintergrundinformation und Nachweise wünschen, etwa um sich über ihre Aussichten im Falle eines Insolvenzverfahrens klarzuwerden, keine kurzfristige Zustimmung erteilen. – Dies bedeutet nicht, dass die Dreiwochenfrist künftig verlängert werden sollte, denn es liegt regelmäßig im Gläubiger- und Allgemeininteresse, dass insolvente Unternehmen, die in den weitaus meisten Fällen nicht mehr sanierungsfähig sind, schnell aus dem Wirtschaftsverkehr ausscheiden, um weitere Schäden zu vermeiden. Gerade deshalb sind die Leiter der Unternehmen und ihre Berater aufgerufen, Krisenzeichen frühzeitig zu erkennen und *rechtzeitig* vor dem Eintritt der Insolvenz und der Antragspflicht mit geeigneten Sanierungsbemühungen zu beginnen. 18b

b) Seit Jahren ist zu beobachten, dass kurz vor der Insolvenz von Unternehmen deren Geschäftsführer allein deshalb durch andere Personen ersetzt werden (§ 87 Rz. 220 ff.), damit die bisherigen Verantwortlichen in der bevorstehenden Insolvenz nicht in Erscheinung treten (müssen). Bei den neuen „Verantwortlichen" handelt es sich oft um Strohleute oder um von professionellen „**Firmenbestattern**" eingesetzte Hilfspersonen. Letztere sind bereit, gegen Honorarzahlungen oder für die Befugnis, sich kurzfristig am Firmenvermögen schadlos halten zu können, in der Insolvenz als formale Geschäftsführer zu fungieren. Derartige Firmenbestatter verstehen sich inzwischen als reguläre Dienstleister für Sanierungs-, Insolvenz- und Wirtschaftsberatung. Sie haben bedenklicherweise vereinzelt bei Zivilgerichten gewisses Verständnis für ihre prinzipiell sehr problematische Tätigkeit gefunden[1]. 19

Derartige Anbieter finden vor allem bei Inhabern von kleinen bis mittelgroßen Unternehmen, meist in der Rechtsform GmbH, die vor dem Zusammenbruch stehen, erhebliche Resonanz. Regelmäßig schüren diese Dienstleister sehr gezielt die Angst dieser GmbH-Gesellschafter und/oder -Geschäftsführer vor einem Insolvenzverfahren mit seinen (angeblich) stigmatisierenden und jegliche Bonität vernichtenden Auswirkungen. Sie werben mit Aussagen, wonach sie dafür sorgen könnten, dass die angesprochenen Firmenverantwortlichen „ihren guten Namen" behalten und dass sie „vor zivil- und strafrechtlicher Haftung bewahrt" würden. 19a

---

1 Vgl. z.B. OLG Karlsruhe v. 30.5.2005 – 15 AR 8/05, ZIP 2005, 1475; s. dazu BGH v. 13.12.2005 – X ARZ 223/05, NJW 2006, 847 sowie *Pape*, ZIP 2006, 877. Zu großzügig auch OLG Karlsruhe v. 19.4.2013 – 12 (7) Ss 89/12, ZinsO 2013, 1313 m. abl. Anm. *Weyand*.

Beispiel: Werbeaussagen sind etwa: „Sanierung durch Insolvenz! Es gibt immer einen Weg – sichern Sie sich ihr Vermögen und Ihren guten Namen!". Da die Realisierbarkeit solcher und ähnlicher Aussagen nie sicher ist, kennzeichnen derartige Werbeangaben ohne Weiteres die mangelnde Seriosität der betreffenden Anbieter.

19b Als **Lösungsweg** wird typischerweise eine sofortige *Übernahme der Geschäftsanteile* des Pleiteunternehmens, die Einsetzung eines *neuen Geschäftsführers*, die *Sitzverlegung* des Unternehmens (etwa ins europäische Ausland) und die Übernahme (und ggf. Beseitigung) der angefallenen Geschäftsunterlagen vorgesehen.

Zu diesem Geschäftsmodell gehört typischerweise auch das Angebot an die bisherigen Inhaber des Pleiteunternehmens, ihnen einen raschen wirtschaftlichen Neuanfang zu ermöglichen; z.B. bieten sie zur nahtlosen Fortführung der *Geschäftstätigkeit unter neuer Firma* die Geschäftsanteile einer auf Vorrat gegründeten GmbH oder Ltd. an[1].

Als Aufkäufer tritt oft eine ausländische Firma auf, der offizielle Übernahmepreis wird häufig mit *einem* Euro angegeben, als Geschäftsführer werden gegen geringes Entgelt meist sozial entwurzelte Personen eingesetzt. Im nächsten Schritt wird der Geschäftsbetrieb eingestellt, etwa noch vorhandenes Personal entlassen und der Firmensitz – ggf. mehrfach – verlegt. Die vorhandenen Gläubiger werden per Rundschreiben auf die Übernahme, den Einsatz des neuen Geschäftsführers und eventuell auch auf vorhandene finanzielle Schwierigkeiten hingewiesen, wobei oft die Anschrift eines Büroservice als angeblicher neuer Firmensitz angegeben wird. Die Anbieter solcher Geschäfte erhalten eine (erhebliche) Übernahme- oder Abwicklungsgebühr und treten selbst regelmäßig nur als Vermittler nach außen in Erscheinung[2].

19c **Beispiel:** M war Gesellschafter und faktischer Geschäftsführer mehrerer als GmbH geführter Speditionsunternehmen, die sich in wirtschaftlichen Schwierigkeiten befanden. Bei zwei dieser Gesellschaften waren B und P formal als Geschäftsführer eingesetzt. Um die aufgehäuften Verbindlichkeiten loszuwerden, beschloss M, die Gesellschaften unter Mitwirkung von B und P nach umfangreichen „Stoßbetankungen" von Fahrzeugen auf Kredit verdeckt zu liquidieren und die Speditionsgeschäfte mit einer Nachfolgegesellschaft fortzuführen. Mit der Durchführung beauftragte M einen entsprechenden Dienstleister („Firmenbestatter"). Dieser besorgte Personen, welche jeweils Gesellschaftsanteile der einzelnen GmbHs für je 1 Euro übernahmen und sich als Geschäftsführer („Strohgeschäftsführer") einsetzen ließen. Kurz danach verkauften diese die Gesellschaftsanteile an im Ausland lebende Personen, die dann, teilweise nach Umfirmierung von Gesellschaften, auch zu Geschäftsführern bestellt wurden. Auch diese Personen besorgte der „Bestatter" und wies sie an, wie sie sich bei den notariellen Anteilsübertragungen und Geschäftsführerbestellungen verhalten sollten. Bei den Strohleuten handelte es sich regelmäßig um Rentner oder Arbeitslose, die einmalige Zahlungen von 500 oder 1 000 Euro erhielten und interessiert noch in der Lage waren, ein Speditionsunternehmen zu führen. Im Vorfeld der Gesellschaftsübertragungen vernichteten und/oder versteckten M, B und P teilweise Geschäftsunterlagen der Gesellschaften, teilweise übergaben sie solche dem Firmenbestatter, womit sie dem Zugriff etwaiger Gläubiger oder etwaigen Insolvenzverwaltern entzogen wurden.

---

1 Vgl. *Gerloff* in Bittmann, InsolvenzstrafR, § 29 Rz. 1 ff.
2 Zur Vorgehensweise ausf. *Hey¦Regel*, GmbHR 2000,115; *Gerloff* in Bittmann, InsolvenzstrafR, § 29 Rz. 1 ff.; *Ogiermann*, wistra 2000, 250. Beispielsfälle auch in OLG Zweibrücken v. 3.6.2013 – 3 W 87/12, ZIP 2013, 2463; KG v. 25.7.2011 – 25 W 33/11, ZIP 2011, 1566.

Der **BGH** hat hierzu entschieden[1], dass M, B und P zu Recht u.a. wegen Bankrotts nach § 283 Abs. 1 Nr. 6 StGB (Beiseiteschaffung von Geschäftsunterlagen) bzw. nach § 283 Abs. 1 Nr. 8 StGB (Verschleierung der geschäftlichen Verhältnisse in einer den Anforderungen ordnungsgemäßen Wirtschaftens grob widersprechenden Weise), je i.V.m. § 14 Abs. 1 StGB, verurteilt worden sind[2]. Dabei hat der BGH offengelassen, ob die Rechtshandlungen unter Einschaltung des Firmenbestatters *sittenwidrig* i.S. von § 138 Abs. 1 BGB und damit, wie auch die gefassten *Gesellschafterbeschlüsse, nichtig* waren[3]

Die gesamte **Verfahrensweise der Firmenbestattung** – mit mancherlei Abwandlungen und Verfeinerungen – setzt eine Prüfung zahlreicher rechtlicher Fragen voraus. Das Vorgehen wird deshalb immer wieder weitgehend unter offener oder versteckter Mitwirkung von inländischen und/oder ausländischen Rechtsanwälten geplant und durchgeführt. Dabei geht es im Kern jeweils darum, die Leitungspersonen von Pleiteunternehmen ihrer Verantwortlichkeit faktisch zu entziehen und die Haftungs-, Ablauf- und Verteilungsregeln des gesetzlichen Insolvenzverfahrens möglichst weitgehend zu unterlaufen. Hierbei werden *Schwachstellen des Rechtssystems* wie z.B. die Schwerfälligkeit von Verfahrensabläufen oder die Konkurrenz verschiedener Arten von relevanten Verfahrensarten (z.B. Verfahren des Handels-, Zivil-, Steuer-, Sozial- und Insolvenzrechts) oder Zuständigkeitsprobleme bei mehrfacher Sitzverlagerung und Bestellung (immer wieder) neuer Geschäftsführer zielgerichtet ausgenützt. Dies führt wenigstens zu Zeitgewinn und oft auch letztlich zur Resignation von Gläubigern.

19d

Soweit **Rechtsanwälte** oder sonstige *professionelle Berater* im Zusammenhang mit solch unseriösen Verhaltensweisen in Erscheinung treten, wenn sie also z.B. an der Vermittlung oder Anwerbung derartiger „Firmenbestatter" oder von Strohleuten beteiligt sind und/oder an der Abfassung von vertraglichen Abmachungen der bezeichneten Art mitarbeiten oder wenn sie sich gar selbst als Ersatz-Geschäftsführer zur Verfügung stellen, tragen sie oft unmittelbar dazu bei, dass gesetzlich gebotene Insolvenzanträge nicht oder erst mit Verspätung gestellt werden. Ggf. wirken sie im Rahmen der vorgenannten Verfahrensweisen aber auch an sonstigen Begleitstraftaten (z.B. Bankrott durch Beiseiteschaffen von Vermögenswerten oder von Buchhaltungsunterlagen gem. § 283 Abs. 1 Nr. 1 und Nr. 6 i.V.m. Abs. 6 StGB) mit[4] (vgl. Rz. 91 f. und § 87 Rz. 42, § 84 Rz. 33).

19e

Soweit notarielle *Beurkundungen* für die Geschäftsabwicklung benötigt werden (z.B. für die Übertragung von Gesellschaftsanteilen), dürfte für die beteilig-

19f

---

1 BGH v. 15.11.2012 – 3 StR 199/12, ZWH 2013, 318 = wistra 2013, 192.
2 Teilweise krit. zur genannten Entscheidung des BGH *Bittmann*, ZWH 2013, 320; *Brammsen/Ceffinato*, EWIR 2013, 295; *Brand*, NZG 2013, 400.
3 In diesem Sinn BGH v. 24.3.2009 – 5 StR 353/08, wistra 2009, 273; *Kilper*, Unternehmensabwicklung, S. 371 ff.; OLG Zweibrücken v. 3.6.2013 – 1 W 87/12, ZIP 2013, 2463; AG Potsdam v. 17.9.2004, wistra 2005, 955; AG Memmingen v. 2.12.2003 – HRB 8361, GmbHR 2004, 952 m. zust. Anm. *Wachter*; zust. auch *Ries*, RPfl 2004, 226.
4 Ausf. *Gerloff* in Bittmann, InsolvenzstrafR, § 29 Rz. 1 ff.; *Ogiermann*, wistra 2000, 250.

ten **Notare** oft erkennbar sein, dass sie zu *„unredlichen Zwecken"* eingespannt werden sollen; erkennen sie dies, so sind sie nach §§ 14 Abs. 2, 15 Abs. 1 BNotO verpflichtet, ihre Mitwirkung zu versagen. Andernfalls laufen sie ernsthaft Gefahr, sich wegen bedingt vorsätzlicher Tatbeteiligung, vorrangig an Vergehen der Insolvenzverschleppung und Bankrottdelikten, strafbar zu machen[1]. Oft hängt es entscheidend an den eingeschalteten Notaren, ob die dargestellte Art der Firmenbestattung funktioniert oder schon im Ansatz unterbunden wird[2].

20 Zu beachten ist bei der Insolvenzverschleppung, dass die Strafbarkeit des Geschäftsführers einer GmbH oder GmbH & Co KG und auch des beratenden Sanierers nicht davon abhängig ist, dass bei den Gesellschaften eine Bedingung der Strafbarkeit nach § 283 Abs. 6 StGB eintritt. Die Tatbestände der *Insolvenzverschleppung* sind vielmehr *auch dann erfüllt*, **wenn** die **Sanierung** nach Überschreiten der dreiwöchigen Frist schließlich ausnahmsweise doch **gelingen sollte**. Dabei kann die häufig gebrachte Einlassung, mit der Sanierung bzw. den Sanierungsbemühungen habe man den Gläubigerinteressen besser gedient (oder jedenfalls besser dienen wollen) als mit einem frühzeitigen Insolvenzantrag, nicht akzeptiert werden. Die gesetzlichen Pflichten zur Insolvenzantragstellung müssen auch dann eingehalten werden, wenn eine Hinauszögerung der Antragstellung vermeintlich (oder ausnahmsweise auch tatsächlich) im Gesamtinteresse der Gläubiger liegt. Strafgrund der Insolvenzverschleppung ist eine *abstrakte Gefährdung* von Gläubigerinteressen (§ 80 Rz. 1 ff., 5), sodass es auf eine konkrete Gefährdung weder ankommt noch überhaupt eine entsprechende Prüfung vorzunehmen ist. Es ließe sich auch fast nie überprüfen, ob ein rechtzeitiger Insolvenzantrag mit der Folge eines geordneten Insolvenzverfahrens einschließlich einer etwaigen Unternehmensabwicklung unter einem neutralen Insolvenzverwalter nicht doch im besten Interesse aller Gläubiger, jedenfalls aber einzelner Gläubiger gelegen hätte.

B. Steuerdelikte

I. Steuerhinterziehung

1. Aktive Tatbeteiligung

21 Die Steuerhinterziehung (allgemein zu diesem Tatbestand § 44 Rz. 4 ff.) ist **kein Sonderdelikt** (§ 22 Rz. 1 ff.), kann also von jedermann als Täter begangen werden[3] (vgl. § 44 Rz. 6). Bei der Frage, ob ein steuerlicher Berater – in erster Linie also Steuerberater, Steuerbevollmächtigte, Wirtschaftsprüfer, aber auch (nach § 2 StBerG zur unbeschränkten Steuerberatung befugte) Rechtsanwälte (auch ohne Ausbildung zum „Fachanwalt für Steuerrecht") – für eine unter seiner Mitwirkung zustande gekommene **unrichtige Steuererklärung** wegen Steuerhinterziehung verantwortlich zu machen ist, kommt es entgegen einer ver-

---

1 Dazu auch *C. Schröder*, DNotZ 2005, 596.
2 Vgl. *C. Schröder*, DNotZ 2005, 596.
3 BGH v. 6.10.1989 – 3 StR 80/89, wistra 1990, 100.

breiteten Meinung in der Kommentarliteratur[1] nicht primär auf den Inhalt des Mandatsvertrages an. Vielmehr ist in allen Fällen, in denen der Tatbeitrag des Beraters nach § 370 Abs. 1 Nr. 1 AO in aktivem Tun besteht, vorrangig der *tatsächliche Umfang* seines *Beitrags zur Tatbegehung* maßgeblich, nicht aber, welche Aufgaben er seinem Mandanten gegenüber übernommen hat[2]. Der Umfang des Mandats ist allerdings maßgeblich, soweit bei dem Berater ein täterschaftliches Unterlassen nach § 370 Abs. 1 Nr. 2 oder 3 AO in Betracht kommt[3].

Jeder Beitrag eines steuerlichen Beraters, der zur Abgabe einer unrichtigen Steuererklärung oder zur Unterlassung einer richtigen Erklärung geführt hat, kann als **(Mit-)Täterschaft oder Teilnahme** an einer vorsätzlichen Steuerhinterziehung zu werten sein. Dabei kann die Abgrenzung von Täterschaft und Teilnahme schwierig sein und hängt von den jeweiligen Umständen des Einzelfalls ab[4]. Täterschaft eines Beraters scheitert entgegen einer verbreiteten Meinung in der Literatur[5] (vgl. auch Rz. 37, 38) nicht schon daran, dass ein Berater nicht selbst gegenüber dem Finanzamt in Erscheinung tritt, sondern nur im Hintergrund für seinen Mandanten an der Erstellung einer unrichtigen Steuererklärung mitgewirkt hat[6]. Nach den allgemeinen Grundsätzen zur Mittäterschaft setzt diese Beteiligungsform nicht voraus, dass ein Beteiligter nach außen erkennbar an der Erfüllung der Tatbestandsmerkmale und am Kerngeschehen beteiligt war. Vielmehr kann eine Mitwirkung am Tatplan und ein wesentlicher Beitrag durch Vorbereitungs- oder Unterstützungshandlungen bei einer Gesamtschau im Einzelfall für Mittäterschaft ausreichen[7]. Bei Hinterziehung durch *Unterlassen* (§ 370 Abs. 1 Nr. 2, 3 AO) kommt hingegen (Mit-)Täterschaft nur für denjenigen in Betracht, der selbst zur Mitteilung oder Aufklärung steuerlich erheblicher Tatsachen verpflichtet ist[8].

22

---

1 Vgl. z.B. *Schauf* in Kohlmann, § 378 AO Rz. 110 ff., *Jäger* in Klein, § 378 AO Rz. 10.
2 Vgl. BGH v. 20.12.1989 – 3 StR 276/88, wistra 1990, 149; *Geyer* in Bittmann, InsolvenzstrafR, § 28 Rz. 16, 20.
3 Vgl. *Ransiek* in Kohlmann, § 370 AO Rz. 185 ff.; allg. auch *Joecks* in F/G/J, § 369 AO Rz. 68 ff., § 378 AO Rz. 47 ff. und § 370 AO Rz. 18 f., 240 ff.; auch OLG Karlsruhe v. 19.3.1986 – 3 Ws 147/85, wistra 1986, 189; BayObLG v. 9.11.1993 – 4 St RR 54/93, wistra 1994, 34.
4 Vgl. BGH v. 20.12.1995 – 5 StR 412/95, wistra 1996, 184; *Ransiek* in Kohlmann, § 370 AO Rz. 80 ff., 95 ff.
5 Danach soll Täter nur derjenige sein können, der selbst gegenüber dem Finanzamt i.S. von § 370 Abs. 1 Nr. 1 AO „Angaben gemacht" hat, i.d.R. also der Steuerpflichtige, der die Steuererklärung unterschrieben hat; vorbereitende Tätigkeiten und Beiträge eines Beraters sollen ihn nicht zum (Mit-)Täter qualifizieren; so z.B. *Ransiek* in Kohlmann, § 370 AO Rz. 107.2 ff. m.w.Nw.; abw. *Schauf* in Kohlmann, § 378 AO Rz. 35 ff., 40 ff.
6 Vgl. BGH v. 24.8.1983 – 3 StR 89/83, wistra 1983, 252; BGH v. 16.6.1991 – 5 StR 32/91, wistra 1991, 343; BGH v. 30.6.2005 – 5 StR 2/05, wistra 2005, 380; *Fischer*, § 25 StGB Rz. 16d.
7 BGH v. 15.1.1991 – 5 StR 492/90, BGHSt 37, 289 (292 f.); *Fischer*, § 25 StGB Rz. 12 ff., 16, 16d.
8 BGH v. 27.5.2003 – 5 StR 220/02, NJW 2003, 2924; BGH v. 7.11.2006 – 5 StR 164/06, NStZ-RR 2007, 345; *Fischer*, § 25 StGB Rz. 16d.

22a Generell können die **Tatbeiträge** eines Beraters in *Rat* und/oder *Tat* bestehen. Angesichts der verschiedenen Steuerarten, der unterschiedlichen steuerlichen Verpflichtungen und mannigfach unterschiedlicher Sachverhaltsgestaltungen können sie naturgemäß sehr vielgestaltig sein[1].

Nur **beispielhaft** sind zu nennen:

– Mitwirkung bei der direkten *Abgabe unrichtiger Steuererklärungen*, bei der Stellung unwahrer Gesuche um Erlass oder Stundung von Steuern oder um Vollstreckungsaufschub;

– Erstellung unrichtiger Buchführungen und Steuerbilanzen;

– *Erteilung unrichtiger* schriftlicher oder mündlicher *Auskünfte* gegenüber dem Finanzamt, etwa auf dessen Anfragen zur Erläuterung einzelner Punkte einer Steuererklärung, oder gegenüber Betriebsprüfern;

– *Mitwirkung* an strafbaren *Steuerumgehungsgeschäften*[2] (dazu auch § 43 Rz. 20 ff., 25), etwa durch Erstellung fingierter Verträge oder durch Einschalten ausländischer Briefkastenfirmen oder Festlegung irregulärer Verrechnungspreise zwischen verbundenen (in- und ausländischen) Unternehmen;

– *Erstellung* unrichtiger, Verfälschung echter oder Ergänzung unvollständiger *Belege* zur Erlangung von steuerlichen Vorteilen[3].

Wird etwa den als Strafverteidigern tätigen Rechtsanwälten (oder Steuerberatern) vom Mandanten angesonnen, das Verteidigerhonorar fälschlich als Honorar für wirtschaftliche Beratung in Rechnung zu stellen, damit es steuerlich abgesetzt werden kann, oder die Honorarrechnung nicht auf den Mandanten, sondern als angebliche Firmenberatung auf dessen Firma auszustellen, kommt – wenn sich Berater darauf einlassen – Mittäterschaft in Betracht[4].

23 Die tatbestandlichen Voraussetzungen der Steuerhinterziehung ergeben sich aus früheren Ausführungen (§ 44 Rz. 4 ff.), auf die Bezug genommen wird. Ergänzend ist darauf hinzuweisen, dass der Tatbestand der **psychischen Beihilfe**[5] (dazu allgemein § 19 Rz. 12) beim Steuerberater von besonderer Bedeutung ist. Solche kommt insbesondere dann in Betracht, wenn der Berater *erkannt* hat, dass sein Mandant *steuerunehrlich* ist, er jedoch weiterhin einschränkungslos für diesen wie bisher beratend und/oder buchhalterisch tätig ist[6].

24 Beispiel: Ein Steuerberater bemerkt bei der Vorbereitung einer Steuererklärung für einen Mandanten, dass die von ihm für das Vorjahr für diesen Mandanten erstellte Steuerbilanz fehlerhaft war, weil der Mandant ihm zu hohe Einzelwertberichtigungen auf Kundenforderungen mitgeteilt hatte. Unterlässt es der Berater, eine Bilanzberichtigung und Selbstanzeige durch den Mandanten für das Vorjahr herbeizuführen, und beanstandet er ähn-

---

1 Vgl. *Joecks* in F/G/J, § 370 AO Rz. 250; für Berater auch *Ransiek* in Kohlmann, § 370 AO Rz. 108 ff.; ferner *Dörn* in A/W, § 8 Rz. 1 ff., 19 ff., 36 ff.
2 *Joecks* in F/G/J, § 370 AO Rz. 138 ff.
3 Vgl. BayObLG v. 26.10.1987 – RReg 4 St 164/87, wistra 1988, 76.
4 Vgl. *Dahs*, Hdb., Rz. 1232, der Berufskollegen in diesem Zusammenhang vor „bedenklicher Laxheit" warnt.
5 Vgl. speziell für das SteuerstrafR *Joecks* in F/G/J, § 369 AO Rz. 78, § 370 AO Rz. 240 ff. und *Ransiek* in Kohlmann, § 370 AO Rz. 158 ff.
6 Vgl. die Einzelfälle bei *Ransiek* in Kohlmann, § 370 AO Rz. 189; *Dörn* in A/W, § 8 Rz. 19, 28 ff.

liche Wertberichtigungsansätze für die zu erstellende, wenn auch nicht von ihm selbst gefertigte neue Steuerbilanz wiederum nicht, so kommt (mindestens psychische) Beihilfe zur Steuerverkürzung im laufenden Jahr in Betracht.

2. Tatbeteiligung durch Unterlassen

a) Strafbarkeit durch Unterlassen nach § 370 Abs. 1 Nr. 2 AO setzt **pflichtwidriges Verhalten** voraus. Nach ständiger Rechtsprechung des BGH kann Täter einer Unterlassungstat nur sein, wer selbst gesetzlich zur Aufklärung (Information der Finanzbehörde) besonders verpflichtet ist[1]. Dazu gehören neben Steuerpflichtigen (§ 33 AO) nach §§ 34, 35 AO auch gesetzliche Vertreter und Verfügungsberechtigte (vgl. § 44 Rz. 16 ff.). Wer nicht selbst verpflichtet ist, eine Finanzbehörde zu informieren, kann also nicht Täter oder Mittäter, sondern nur Anstifter oder Gehilfe sein. Andererseits kann sich eine Handlungspflicht nicht nur aus steuerlichen Regelungen, sondern auch aus allgemeinen Garantenpflichten ergeben[2]

25

Problematisch und nicht abschließend geklärt ist die Frage, inwieweit ein steuerlicher Berater, der *Hinterziehungen* seines Mandanten *erkennt*, sich durch **Unterlassungen** strafrechtlich mitverantwortlich machen kann[3]. Unterlassungen können sich vor allem darauf beziehen, dass für die Vergangenheit abgegebene fehlerhafte steuerliche Erklärungen nicht berichtigt werden oder dass der Berater seine Tätigkeit für den Mandanten unverändert fortsetzt (vgl. Rz. 24), obwohl der Mandant sein bisheriges, steuerlich unredliches Verhalten ersichtlich nicht ändert.

25a

Der Steuerhinterziehung durch Unterlassung macht sich ein Berater grundsätzlich nur schuldig, wenn ihm eine **Garantenstellung** zur Verhinderung von Steuerverkürzungen zukommt (vgl. § 13 StGB). Aus dem Berufsrecht allein ergibt sich noch keine Garantenstellung für die Erstellung und Abgabe richtiger Steuererklärungen (§ 91 Rz. 65 ff.). Vielmehr kann sich eine solche Stellung primär ergeben aus vorangegangenem Tun i.V.m. der Nachmeldepflicht aus § 153 AO, wobei allerdings die berufsrechtliche Pflichtensituation eines Steuerberaters durchaus mit von Bedeutung ist. Diese Aspekte lassen sich i.d.R. nicht streng voneinander abgrenzen.

26

Beispiel: Ein Steuerberater erkennt, dass er die Einkommensteuererklärungen seines Mandanten aufgrund von dessen unrichtigen Angaben falsch erstellt und dadurch – bisher gutgläubig – Steuerverkürzungen herbeigeführt hat.

In einem solchen Fall ist der Berater *berufsrechtlich* verpflichtet, seinen Mandanten auf die Möglichkeit einer strafbefreienden **Selbstanzeige** hinzuweisen

27

---

1 BGH v. 9.4.2013 – 1 StR 586/12, BGHSt 58, 218 (Rz. 52) m.Nw.= wistra 2013, 314 = ZWH 2013, 405.
2 BGH v. 9.4.2013 – 1 StR 586/12, BGHSt 58, 218 (Rz. 52); *Joecks* in F/G/J, § 370 AO Rz. 101 ff.
3 Dazu BGH v. 20.12.1995 – 5 StR 412/95, wistra 1996, 184; OLG Koblenz v. 15.12.1982 – 1 Ss 559/82, wistra 1983, 270; *Ransiek* in Kohlmann, § 370 AO Rz. 345 ff.; *Joecks* in F/G/J, § 378 AO Rz. 12 ff., 46 ff.; ferner *Dörn*, wistra 1994, 290; *Dörn*, DStZ 1993, 478.

und ihn zu veranlassen, dass die Erklärungen berichtigt werden. Zu folgern ist dies aus § 57 StBerG, wonach Steuerberater und Steuerbevollmächtigte ihren Beruf u.a. unabhängig, eigenverantwortlich, *gewissenhaft* auszuüben und sich jeder Tätigkeit zu enthalten (haben), die mit ihrem Beruf oder mit dem Ansehen des Berufs nicht vereinbar ist[1]. Bleibt sein entsprechendes Bemühen erfolglos, so ist er gehalten, sein Mandat niederzulegen[2] (vgl. auch § 91 Rz. 65). Gravierende Einschränkungen der Voraussetzungen und Wirkungen der strafbefreienden Selbstanzeige nach § 371 AO ergeben sich durch das SchwarzgeldbekämpfungsG[3] (vgl. § 44 Rz. 119a ff.; zu weiteren Verschärfungen vgl. § 44 Rz. 119a, 119b)[4].

28 **b)** Zudem stellt sich die Frage, ob er selbst in einem derartigen Fall aus vorangegangenem eigenen Tun oder gem. **§ 153 AO zur Berichtigung verpflichtet** ist. Im Grundsatz ist dies zu verneinen. § 153 AO, ein *Spezialfall der Garantenpflicht aus vorangegangenem Tun*, setzt zunächst voraus, dass *nachträglich* erkannt wird, dass eine abgegebene Erklärung unrichtig ist; die Berichtigungspflicht besteht aus Gründen der Unzumutbarkeit also nicht für denjenigen, der von vornherein Steuern verkürzen wollte[5]. Hat ein Steuerpflichtiger zunächst nur mit *bedingtem Vorsatz* eine Steuerverkürzung herbeigeführt und erkennt er dies später positiv, so liegt darin ein nachträgliches Erkennen i.S. von § 153 AO, das ihn zur Berichtigung verpflichtet[6](dazu § 44 Rz. 21). Entscheidend ist im Übrigen, dass nach § 153 Abs. 1 AO *nur die Steuerpflichtigen* selbst, ihre Gesamtrechtsnachfolger oder die nach §§ 34, 35 AO für sie Handelnden zur Berichtigung verpflichtet sind[7].

29 **Nicht berichtigungspflichtig** gem. § 153 AO sind demgegenüber nach dem Wortlaut des Gesetzes Personen, die bei der Steuererklärung *Hilfe geleistet* oder etwa gem. § 33 Abs. 2 AO Auskünfte erteilt oder Urkunden vorgelegt haben (vgl. § 44 Rz. 21 ff., 24). Darüber hinaus könnte durch die Bejahung einer weitgehenden Berichtigungspflicht des Steuerberaters in bedenklicher Weise das gesamte gesetzlich besonders geschützte Vertrauensverhältnis zwischen Mandant und Berater unterlaufen werden, insbesondere die ausdrücklich gesetzlich festgelegte Schweigepflicht des Beraters gem. § 57 Abs. 1 StBerG (er-

---

1 Zust. *Geyer* in Bittmann, InsolvenzstrafR, § 28 Rz. 22; vgl. dazu auch *Joecks* in F/G/J, § 371 AO Rz. 86 sowie Rz. 31.
2 Vgl. Nr. 15 Abs. 1 der früheren StandesRL StB; *Joecks* in F/G/J, § 371 AO Rz. 86; *Schauf* in Kohlmann, § 371 AO Rz. 43; ferner ausf. *Dörn* in A/W, § 8 Rz. 39 ff., 54 ff.
3 G v. 28.4. 2011, BGBl. I 676, in Kraft ab 3.5.2011.
4 Vgl. *Rolletschke*, ZWH 2013, 385, 436; *Füllsack/Bürger*, BB 2011, 1239.
5 Vgl. OLG Hamm v. 12.1.1959 – 2 Ss 156/58 – Berichtigungspflicht bei vorausgegangener leichtfertiger Steuerverkürzung, NJW 1959, 1504; *Witten*, NJW 1963, 570.
6 BGH v. 17.3.2009 – 1 StR 479/08, BGHSt 53, 210 = NJW 2009, 1984 unter Hinweis auf abw. Meinungen.
7 Vgl. BGH v. 20.12.1995 – 5 StR 412/95, wistra 1996, 184; dazu *Joecks*, INF 1997, 21; ebenso *Dörn*, wistra 1994, 290 (291) gegen OLG Koblenz v. 15.12.1982 – 1 Ss 559/82, wistra 1983, 270.

gänzend ist hinzuweisen auf § 9 BOStB sowie § 203 Abs. 1 Nr. 3 StGB, § 53 Abs. 1 Nr. 3 StPO)[1].

Dieses Ergebnis gilt allerdings **nicht einschränkungslos**. Vielmehr kommt eine **Berichtigungspflicht** nach allgemeinen strafrechtlichen Grundsätzen (§ 13 StGB) **aus vorangegangenem Tun** neben der steuerlichen Berichtigungspflicht aus § 153 AO durchaus ebenfalls in Betracht[2], wie sich in folgendem Fall zeigt: 30

Beispiel: Ein Steuerberater erstellt die Steuerbilanz eines Mandanten fehlerhaft, indem aufgrund eines in seiner Kanzlei begangenen und zunächst nicht bemerkten Buchungsfehlers der Gewinn um 50 000 Euro gedrückt wird. Bei Erstellung der nachfolgenden Jahressteuerbilanz bemerkt der Berater den Fehler, stellt diesen jedoch nicht richtig, weil er befürchtet, dass der Mandant verärgert reagiert und ihm das Mandat entzieht, wenn er den Mandanten unterrichten würde.

In vorstehendem Fall handelt der Steuerberater, dem die eigenständige Erstellung der Steuerbilanz i.S. von § 14 Abs. 2 Nr. 2 StGB übertragen war, durch die unterlassene Aufklärung seines Mandanten über den Sachverhalt und über dessen auf § 153 AO beruhende Berichtigungspflicht eindeutig gegen seine Berufspflichten (§§ 33, 57 Abs. 1 StBerG). Zudem begeht er seine Unterlassung primär im eigenen Interesse; durch seine Berichtigung müsste er kein Fehlverhalten seines Mandanten offenbaren. Bei einer solchen Konstellation ist eine **eigene Berichtigungspflicht** des Beraters aus eigenem, rechtsgutgefährdendem vorangegangenem Tun zu bejahen[3] mit der Folge, dass er sich in diesem Fall einer fremdnützigen Steuerhinterziehung durch pflichtwidriges Unterlassen gem. § 370 Abs. 1 Nr. 1 AO i.V.m. § 13 StGB schuldig macht. 31

Der verbreiteten Auffassung, neben § 153 AO seien die **Grundsätze der Ingerenz** (Handlungspflicht aus vorangegangenem pflichtwidrigem Tun) generell nicht anwendbar[4], kann dabei nicht gefolgt werden. Die Herausstellung der besonderen steuerlichen Berichtigungspflicht in § 153 AO für bestimmte Personen kann ohne Anhaltspunkte für einen entsprechenden Willen des Gesetzgebers nicht dahin interpretiert werden, die in der Strafrechtsdogmatik anerkannte Rechtsfigur der Ingerenz solle speziell im Steuerstrafrecht nicht anwendbar sein[5]. Allerdings dürfte zum Schutz von berechtigten Mandanten- 31a

---

1 Vgl. dazu *Schauf* in Kohlmann, § 371 AO Rz. 46; *Achenbach*, Stbg. 1996, 299.
2 BGH v. 19.12.1997 – 5 StR 569/96, BGHSt 43, 381 ff. (Rz. 57 ff.) = wistra 1998, 180 (186); BGH v. 9.4.2013 – 1 StR 586/12, BGHSt 58, 218 (Rz. 52); *Brenner*, ZfZ 1988, 66 (69 ff.); *Geyer* in Bittmann, InsolvenzstrafR, § 28 Rz. 21; *Achenbach*, Stbg. 1996, 299; *Harms*, Stbg 2005, 13; einschränkend *Joecks* in F/G/J, § 371 AO Rz. 86, § 370 AO Rz. 162a.
3 Dazu allg. *Stree/Bosch* in S/S, § 13 StGB Rz. 10 ff., 32 ff.; ferner BGH v. 9.4.2013 – 1 StR 586/12, BGHSt 58, 218 (Rz. 52); BGH v. 19.12.1997 – 5 StR 569/96, BGHSt 43, 381 = wistra 1998, 180; *Harms*, Stbg. 2005, 12. Einschränkend *Dörn* in A/W, § 8 Rz. 48, 60.
4 So z.B. *Danzer* in Kohlmann (Hrsg.), Grundfragen des SteuerstrafR heute, 84; *Schlüchter*, Steuerberatung, 63, wo immerhin eine eigene Berichtigungspflicht des Beraters, der i.S. eines Auftrags nach § 14 Abs. 2 Nr. 2 StGB tätig ist, bejaht wird; s. auch OLG Koblenz v. 15.12.1982 – 1 Ss 559/82, wistra 1983, 270.
5 Vgl. dazu BGH v. 9.4.2013 – 1 StR 586/12, BGHSt 58, 218 (Rz. 52); ferner *Joecks* in F/G/J, § 370 AO Rz. 162a; *Rätke* in Klein, § 153 AO Rz. 3; *Harms*, Stbg. 2005, 13.

interessen aus den oben angeführten Gesichtspunkten (Rz. 27) heraus eine zurückhaltende Anwendung der Grundsätze der Ingerenz bei steuerlichen Beratern geboten sein. Ingerenz kommt insbesondere in Betracht, wenn die nachträgliche Berichtigung durch einen Berater für den Steuerpflichtigen zwar zur Erhebung der zutreffenden höheren Steuern führt, nicht aber zu sonstigen erheblichen Nachteilen. Verkennt ein Berater in solchen Fällen seine Berichtigungspflicht, dürfte ein Verbotsirrtum gegeben sein[1] (zum Verhältnis der Berichtigungspflicht nach § 153 AO zur Selbstanzeige vgl. § 44 Rz. 166 ff.).

32 Wie ausgeführt, ist ein Berater *nicht verpflichtet, selbst* eine Berichtigung *nach § 153 AO* vorzunehmen und ohne Auftrag seines Mandanten eine Selbstanzeige, welche in einem solchen Fall auch keine strafbefreiende Wirkung für den Mandanten hätte[2], zu erstatten. Wohl aber muss er als zu einer **Selbstanzeige aus eigenem Recht** befugt angesehen werden, wenn er sich bei der Fertigung von Steuererklärungen für einen Mandanten *selbst* der leichtfertigen Steuerverkürzung nach § 378 AO schuldig gemacht hatte[3] (s. § 16 Rz. 162).

32a Bei der steuerrechtlichen Beurteilung eines Sachverhalts darf der Berater – soweit es um das Vorbringen von Tatsachen gegenüber der Finanzverwaltung geht – nicht allein auf die **Richtigkeit seiner Rechtsmeinung** abstellen. Weicht diese von der Finanzrechtsprechung, von Richtlinien der Finanzverwaltung oder von einer regelmäßigen Veranlagungspraxis ab, so ist der Berater berufsrechtlich verpflichtet, den steuerlich möglicherweise relevanten Sachverhalt umfassend zu prüfen und so vollständig darzulegen, dass das Finanzamt nicht irregeführt, sondern in die Lage versetzt wird, selbst eine umfassende Bewertung vorzunehmen. Diese *Offenlegungspflicht* resultiert aus der allgemeinen steuerlichen Erklärungs- und Mitwirkungspflicht des Steuerpflichtigen und seines Beraters, soweit Letzterer im Auftrag des Mandanten gegenüber der Finanzverwaltung Erklärungen abzugeben hat[4].

33 Erkennt ein bisher gutgläubiger Steuerberater, dass sein Mandant ihm etwa Betriebseinnahmen verschwiegen hat, sodass die Gewinne in den vom Steuerberater gefertigten Jahresabschlüssen und Ertragsteuererklärungen zu gering angegeben und demgemäß Steuern verkürzt wurden, so ist er verpflichtet, auf die Möglichkeit und Gebotenheit einer **Selbstanzeige durch den Mandanten** hinzuweisen. Bleibt sein Bemühen erfolglos, so ist er berufsrechtlich regelmäßig zur *Mandatsniederlegung* verpflichtet; dies ist aus der Pflicht zur gewissenhaften Berufsausübung (§ 57 StBerG, § 4 BOStB) abzuleiten und wird u.a. auch deshalb empfohlen, weil andernfalls der Berater Gefahr läuft, sich bei der Mitwirkung an neuen Steuererklärungen selbst strafbar zu machen[5]. Ist er für den

---

1 S. BGH v. 18.12.1985 – 2 StR 461/85, wistra 1986, 219; *Geyer* in Bittmann, InsolvenzstrafR, § 28 Rz. 21; für Tatbestandsirrtum OLG Bremen v. 26.4.1985 – Ws 111/84, StV 1985, 282.
2 Vgl. *Joecks* in F/G/J, § 371 AO Rz. 79 ff.; *Schauf* in Kohlmann, § 371 AO Rz. 38, 40 ff.
3 Vgl. *Schauf* in Kohlmann, § 371 AO Rz. 46; *Joecks* in F/G/J, § 371 AO Rz. 86.
4 BGH v. 10.11.1999 – 5 StR 221/99, wistra 2000, 137; BGH v. 23.2.2000 – 5 StR 570/99, wistra 2000, 217; s. dazu *Dörn*, wistra 2000, 334; *Weyand*, INF 2000, 726; abl. *Hild*, BB 2001, 493.
5 Vgl. *Joecks* in F/G/J, § 371 AO Rz. 86; abw. *Blumers/Göggerle*, Hdb., Rz. 18.

Mandanten weiter tätig, so macht er sich nach Auffassung mancher Autoren an den Taten des Steuerpflichtigen mitschuldig[1]. Dies trifft indessen regelmäßig nicht zu[2]. Denn eine Teilnahme an der vom Mandanten bereits begangenen, wenn auch vielleicht noch nicht beendeten Tat ist durch bloße Aufrechterhaltung des Mandats und durch weitere Tätigkeiten für den Mandanten in anderen Bereichen nicht gegeben. Allenfalls könnte sich ein solcher Berater bei noch nicht beendeter Tat ausnahmsweise einer *psychischen Beihilfe*[3] schuldig machen, so etwa, wenn er seinem berichtigungswilligen oder für eine Berichtigung offenen Mandanten rät, keine Berichtigung oder Selbstanzeige vorzunehmen.

c) Darüber hinaus kann in einem derartigen Fall **Täterschaft** oder **Beihilfe** des Beraters gegeben sein, wenn er bei der Fertigung der Steuerbilanz und/oder Steuererklärung für das *Folgejahr* wiederum Anhaltspunkte für nichtgebuchte Einnahmen gewinnt, gleichwohl die ihm mitgeteilten Zahlen seines Mandanten, ohne eine Prüfung vorzunehmen oder eine Klärung herbeizuführen, bewusst übernimmt, und dabei billigend in Kauf nimmt, dass auf diese Weise wiederum Steuern verkürzt werden. 34

Allerdings muss ein Steuerberater seinem Mandanten grundsätzlich kein Misstrauen entgegenbringen; deshalb braucht er dessen Angaben regelmäßig nicht nachzuprüfen[4]. Hat er aber erkannt oder musste sich ihm unter den gegebenen Umständen aufdrängen, dass der **Mandant steuerunehrlich** ist oder zur Steuerunehrlichkeit neigt, so ist er nach der älteren Rechtsprechung[5], die im Wesentlichen auch heute noch unbestritten ist[6], *verpflichtet, sich selbst Aufklärung zu verschaffen* und die ihm gemachten *Angaben* anhand von Unterlagen *nachzuprüfen*[7]. Tut er dies nicht und trägt er dadurch zu Steuerverkürzungen bei, so ist die subjektive Tatseite entscheidend dafür, ob sein Tatbeitrag als vorsätzliche Beteiligung an der Steuerhinterziehung des Mandanten oder ggf. als leichtfertige Hinterziehung gem. § 378 AO[8] (vgl. Rz. 37 ff.) zu qualifizieren ist. 35

II. Leichtfertige Steuerverkürzung

Die *leichtfertige* Steuerverkürzung ist nach § 378 AO als **Ordnungswidrigkeit** mit Geldbuße bis zu 50 000 Euro bedroht. Der Höchstbetrag (§ 378 Abs. 2 AO) 36

---

1 Vgl. *Flore* in Flore/Tsambikakis, SteuerstrafR, § 370 AO Rz. 81.
2 Richtig schon RGSt 68, 411.
3 *Joecks* in F/G/J, § 369 AO Rz. 78.
4 *Joecks* in F/G/J, § 378 AO Rz. 48.
5 RGSt 68, 411; RG, JW 1933, 2149.
6 Vgl. z.B. *Joecks* in F/G/J, § 378 AO Rz. 48; OLG Karlsruhe v. 19.3.1986 – 3 Ws 147/85, wistra 1986, 191; s. auch BFH v. 19.12.2002 – IV R 37/01, BFHE 200, 495; einschränkend *Schauf* in Kohlmann, § 378 AO Rz. 110 ff., 118.
7 *Joecks* in F/G/J, § 378 AO Rz. 46, 48 ff.; einschränkend *Ransiek* in Kohlmann, § 370 AO Rz. 188 ff.; s. auch *Schauf* in Kohlmann, § 378 AO Rz. 113; OLG Koblenz v. 15.12.1982 – 1 Ss 559/82, wistra 1983, 270.
8 Zu den dogmatischen Problemen, die § 378 AO aufwirft, vgl. *Joecks* in F/G/J, § 378 AO Rz. 12 ff.; zu Einzelfällen aus der Rspr. *Ransiek* in Kohlmann, § 370 AO Rz. 189.

kann gem. § 377 Abs. 2 AO, § 17 Abs. 4 S. 2 OWiG zum Zweck der Gewinnabschöpfung überschritten werden. **Täter** kann neben dem Steuerpflichtigen selbst jedermann sein, der *bei Wahrnehmung der Angelegenheiten eines Steuerpflichtigen* eine der in § 370 Abs. 1 Nr. 1–3 AO näher umschriebenen Tathandlungen vornimmt. Die genannte Umschreibung des Täterkreises ist nach vorherrschender Auffassung *weit auszulegen*[1] (vgl. aber auch § 46 Rz. 14, 15); insbesondere können darunter grundsätzlich auch die **steuerlichen Berater** fallen. Im Gegensatz zu diesem weit gezogenen Täterkreis wird die wichtigste Tathandlung aus § 370 Abs. 1 Nr. 1 AO (Machen von Angaben) so restriktiv interpretiert, dass § 378 AO in der Praxis weitgehend nur noch auf Steuerpflichtige selbst sinnvoll anzuwenden ist.

37 Gerade in Bezug auf steuerliche Berater wird zunehmend die Ansicht vertreten, dass im Hinblick auf den Wortlaut der §§ 378, 370 Abs. 1 AO nur derjenige eine leichtfertige Steuerordnungswidrigkeit begehe, der selbst – wie in § 370 Abs. 1 Nr. 1 AO gefordert – „gegenüber der Finanzbehörde [...] Angaben macht"[2]. Dies sei regelmäßig nicht der Fall, wenn der **Berater** nur **im Innenverhältnis** zum Steuerpflichtigen tätig geworden ist, beispielsweise durch Erstellen der Buchhaltung und von schriftlichen Unterlagen (kritisch ist das Entwerfen einer Steuererklärung) sowie insbesondere durch bloße Beratungstätigkeit[3]. Aber auch wenn eine vom Steuerberater erstellte und testierte Bilanz oder Gewinn- und Verlustrechnung mit der vom Steuerpflichtigen unterzeichneten Steuererklärung eingereicht wird, soll immer *nur der Steuerpflichtige selbst* und nicht auch der Steuerberater „Angaben gemacht" haben[4]; nur auf die Entscheidungsmacht über den Inhalt der Erklärung soll es insoweit ankommen[5] (so i. Erg. auch § 46 Rz. 15).

37a Inzwischen wird auch in der *strafgerichtlichen* Rechtsprechung, ohne dass der BGH die strittige Frage bisher für § 378 AO entschieden hätte, weitgehend die vorgenannte Auffassung vertreten[6]. Die **Finanzgerichte** einschließlich des BFH waren demgegenüber im Rahmen der Prüfung von steuerlichen Festsetzungsfristen nach § 169 Abs. 1 AO lange Zeit einhellig der Meinung, nach § 378 AO handle keineswegs nur der Steuerpflichtige, der seine unrichtige Steuererklärung unterschrieben hat, ordnungswidrig; vielmehr kämen auch die Personen, die der Steuerpflichtige zur Erfüllung seiner Pflichten eingeschaltet hat, insbesondere also sein steuerlicher Berater und dessen Mitarbeiter als Täter des

---

1 Vgl. *Joecks* in F/G/J, § 378 AO Rz. 12; *Schauf* in Kohlmann, § 378 AO Rz. 16.
2 Vgl. *Reitz*, DStR 1984, 91 ff., 349; *Dörn*, DStZ 1992, 330, DStR 1993, 374, DStZ 1993, 478; *Fissenwert*, DStR 1992, 1488; *Joecks* in F/G/J, § 378 AO Rz. 23; *Schauf* in Kohlmann, § 378 AO Rz. 19 ff., 35 ff., 40 ff.
3 A.A. z.B. *Marx*, DStR 1993, 1901.
4 Vgl. *Joecks* in F/G/J, § 378 AO Rz. 23 ff.; *Dörn*, DStR 1993, 374; *Dörn*, DStZ 1993, 478; *Fissenwert*, DStR 1992, 1488; *Reitz*, DStR 1984, 91 ff., 349; *Wegner* in Wannemacher, Rz. 2658; BayObLG v. 9.11.1993 – 4 St RR 4/93, wistra 1994, 34.
5 *Ransiek* in Kohlmann, § 370 AO Rz. 107 ff.
6 BayObLG v. 9.11.1993 – 4 St RR 54/93, wistra 1994, 34; OLG Braunschweig v. 8.3.1996 – Ss (B) 100/95, NJW 1997, 3254; OLG Zweibrücken v. 23.10.2008 – 1 Ss 140/08, wistra 2009, 127; a.A. OLG Karlsruhe v. 19.3.1986 – 3 Ws 147/85, wistra 1986, 189.

§ 378 AO in Betracht[1]. Davon abweichend hat sich neuerdings aber der 8. Senat des BFH der vorstehend angeführten strafgerichtlichen Rechtsprechung angeschlossen[2]

Die Auffassung der h.M. erscheint indessen *zu eng*. Sie führt weder zu sachgerechten Ergebnissen noch ist sie rechtsdogmatisch zwingend gefordert noch kann sie rechtsethisch und kriminalpolitisch überzeugen. Zunächst ist sie mit dem *Willen des Gesetzgebers*, der bei Schaffung des § 378 AO die vom früheren § 404 RAO umfassten Täterkreise nicht ändern wollte[3], schwerlich vereinbar. Auch geht die Auslegung, Angaben mache nur der Steuerpflichtige oder allenfalls (auch) derjenige, der die Erklärung für ihn unterschrieben habe, an der Rechtswirklichkeit vorbei und verkennt die ganz *entscheidende Bedeutung steuerlicher Berater* für korrektes steuerliches Verhalten und für die **Richtigkeit von Steuererklärungen**[4]. Die enge Auslegung ist auch vom Gesetzeswortlaut nicht gefordert[5]. Zwar gilt eine schriftliche Äußerung primär als von dem abgegeben, der sie unterschrieben hat. Sie kann aber (auch) von einer anderen Person herrühren und abgegeben werden, ganz unabhängig davon, ob dies dem Adressaten (Finanzamt) mitgeteilt wird bzw. erkennbar ist oder nicht.

38

Auch wenn ein Finanzamt nicht erkennt, von wem z.B. eine als Teil der Steuererklärung eingereichte Steuerbilanz stammt, wirkt deren Verfasser an der Steuererklärung mit, was durchaus als „**Machen von Angaben**" i.S. von § 370 Abs. 1 Nr. 1 AO verstanden werden kann.

38a

Typisches Beispiel: Steuerberater S erstellte für einen Arzt jahrelang die laufende Buchführung und Gewinn- und Verlustrechnungen sowie für das Arztehepaar Entwürfe der Einkommensteuererklärungen. Aufgrund systemwidriger Buchungsfehler wurden die jährlichen Gewinne zu gering ausgewiesen, weshalb Steuern zu niedrig festgesetzt wurden. Die Steuerpflichtigen hatten die entworfenen Steuererklärungen unterschrieben und sie (gutgläubig) mit den von S gefertigten Abschlüssen und Gewinnermittlungen dem Finanzamt eingereicht. Die von ihm unterschriebenen Gewinn- und Verlustrechnungen hatte S mit dem Vermerk versehen, er habe diese aufgrund der ihm übergebenen Buchführung, den vorgelegten Belegen und der erteilten Auskünfte unter Beachtung der gesetzlichen Vorschriften erstellt. – Das Finanzgericht[6] hat (zutreffend) betont, das Finanzamt habe insbesondere deshalb von der Richtigkeit der Angaben ausgehen dürfen, weil die Erklärungen von einem Steuerberater erstellt worden sind, sodass anzunehmen war, dass die richtigen steuerlichen Folgen aus dem tatsächlichen Sachverhalt gezogen und er-

---

1 BFH v. 19.12.2002 – IV R 37/01, BFHE 200, 495 = BStBl. II 2003, 385; v. 13.1.1989 – VII R 77/86, BFHE 150, 30 = BStBl. II 1989, 442; BFH v. 30.10.1990 – VII R 18/88, BFH/NV 1991, 721; FG Niedersachsen v. 10.12.2008 – 3 K 160/07, juris; FG Düsseldorf v. 11.4.2001 – 18 K 7170/97, EFG 2001, 944; FG Sachsen v. 19.8.2009 – 2 K 213/09, juris.
2 BFH v. 29.10.2013 – VIII R 27/10, BFHE 243, 116 = DStR 2013, 2694.
3 Vgl. BayObLG v. 9.11.1993 – 4 St RR 54/93, wistra 1994, 34.
4 Zur zivilrechtlichen Haftung des Steuerberaters für Falschberatung vgl. BGH v. 15.4.2010 – IX ZR 189/09, wistra 2010, 354; BGH v. 14.11.1996 – IX ZR 215/95, NJW 1997, 518; LG Saarbrücken v. 23.1.2012 – 9 O 251/10, PStR 2012, 84 m. Anm. *Schelling*; OLG Celle v. 11.2.2009 – 3 U 226/08, DStR 2009, 1171; s. auch *Dörn*, wistra 1994, 215 (216 f.); *Seer* in Tipke/Kruse, § 150 AO Rz. 14.
5 Vgl. *Duttke*, wistra 2000, 201; *Wechselmann*, BuW 2003, 898; zweifelnd *Dörn*, wistra 1994, 215 (216), 290; *Dörn*, DStZ 1993, 478.
6 FG Baden-Württemberg v. 14.12.2009 – 10 K 2140/08, juris.

klärt wurden. Das Gericht hat entschieden, dass sowohl S als auch seine mitverantwortliche Mitarbeiterin leichtfertig gehandelt und den Tatbestand des § 378 AO verwirklicht haben.

38b Es ist weder plausibel noch sachgerecht, dass ein Berater, der Unterlagen und Auswertungen sowie Teile und Entwürfe der Steuererklärung ganz speziell für steuerliche Zwecke eines Mandanten erstellt, die – wie vom Berater auch bewusst vorgesehen – meist unverändert (ggf. mit weiteren steuerlichen Erklärungen) vom Steuerpflichtigen dem Finanzamt vorgelegt werden und aus denen der Berater eventuell sogar als Teil-Verfasser erkennbar ist, nicht auch (neben und mit dem Steuerpflichtigen) „Angaben machen" soll. Insbesondere Anlagen und Mitteilungen, die als **Teil der Steuererklärung** dienen und den Berater als Verfasser bzw. Mitwirkenden erkennen lassen, sind nicht weniger gewichtig und deshalb auch nicht anders zu bewerten als eigenhändig gezeichnete Anträge oder Schreiben eines Beraters namens seines Mandanten an das Finanzamt. Dass der Berater in derartigen Fällen, wie wenn er im Auftrag des Mandanten Umsatzsteuervoranmeldungen oder Lohnsteueranmeldungen „im Auftrag" unterzeichnet und einreicht[1], i.S. von § 370 Abs. 1 AO (für seinen Mandanten) Angaben macht, sollte nicht zweifelhaft sein[2]. Hiervon unabhängig ist zudem zu bedenken, dass ein steuerlicher Berater durch Übernahme eines eigenverantwortlichen Auftrags gem. § 14 Abs. 2 Nr. 2 StGB, § 9 Abs. 2 Nr. 2 OWiG auch straf- und bußgeldrechtlich steuerliche Verantwortung übernehmen kann[3].

39 Die bezeichnete enge Auffassung ist auch **rechtsethisch** und **kriminalpolitisch verfehlt**. Denn in aller Regel könnte weder der gravierend fehlsam (leichtfertig) handelnde Berater (wegen angeblich fehlender „eigener Angaben") noch der ihm vertrauende, selbst regelmäßig nicht leichtfertig handelnde Steuerpflichtige zur Verantwortung gezogen werden. Dieses offensichtlich nicht sachgerechte, sehr interessenbezogene Ergebnis finden zahlreiche Berater offenbar durchaus in Ordnung[4]. Tatsächlich ist die aufgeworfene Streitfrage vorrangig in den für das Steueraufkommen betragsmäßig wichtigen Steuerfällen von Bedeutung. Die Anwendung der h.M. auf solche Fälle beinhaltet letztlich die Gefahr, dass insbesondere finanziell gut gestellte Steuerpflichtige und deren Berater

---

1 *Dörn*, DStZ 1993, 478 (479); zweifelnd *Dörn*, wistra 1994, 215 (216).
2 Im Ergebnis ähnlich BFH v. 19.12.2002 – IV R 37/01, BFHE 200, 495 = wistra 2003, 312; OLG Karlsruhe v. 19.3.1986 – 3 Ws 147/85, wistra 1986, 189; *Geyer* in Bittmann, InsolvenzstrafR, § 28 Rz. 23; *Duttke*, wistra 2000, 204; *Rüping* in H/H/Sp., § 378 AO Rz. 24; *Dörn*, DStZ 1993, 478 (479); *Dickopf*, Steuerberatung und strafrechtliche Risiken, 91 ff.; *Wechselmann*, BuW 2003, 898; a.A. OLG Zweibrücken v. 23.10.2008 – 1 Ss 140/08, wistra 2009, 127; *Reitz*, DStR 1984, 439; *Joecks* in F/G/J, § 378 AO Rz. 23 ff.; *Rolletschke*, wistra 2004, 49; einschränkend auch *Schauf* in Kohlmann, § 378 AO Rz. 35 ff., 40 ff.
3 Vgl. hierzu *Schauf* in Kohlmann, § 378 AO Rz. 41 ff; *Dörn*, wistra 1994, 215 und DStZ 1993, 478, der auch dem Sonderproblem nachgeht, dass steuerliche Fehler nicht vom Steuerberater selbst, sondern primär von seinen Angestellten begangen worden sein können.
4 Typisch z.B. *Hild/Hild*, BB 1999, 343; immerhin Differenzierungen und Einschränkungen bei *Schauf* in Kohlmann, § 378 AO Rz. 35 ff., 39 ff.

bußgeldrechtlich privilegiert werden. Eine gesetzgeberische Klarstellung, die auch schon früher gefordert wurde,[1] wäre dazu dringend geboten. Zu berücksichtigen ist dabei auch, dass mittelbare Täterschaft bei einer Fahrlässigkeitstat nach h.M. nicht möglich ist[2].

Beispiel: Ein Steuerberater machte für einen Mandanten die Buchführung und bereitete auch eine Einkommensteuererklärung vor. Seine Angestellte machte einen groben Steuern mindernden Buchungsfehler, den der Berater nicht bemerkte und deshalb übernahm. Der Mandant unterschrieb die vorgefertigte Steuererklärung und reichte sie beim Finanzamt ein. Hier wurde früher *finanzgerichtlich* entschieden, dass die Angestellte des Steuerberaters „in Wahrnehmung der Angelegenheiten eines Steuerpflichtigen" gehandelt und den Tatbestand einer leichtfertigen Steuerverkürzung erfüllt habe[3]. Nach neueren strafgerichtlichen Entscheidungen[4] bliebe auch grob fahrlässiges Verhalten des Beraters und seiner Angestellten bußgeldrechtlich ohne Ahndung; dem Mandanten könnte kaum einmal Leichtfertigkeit angelastet werden.

Hat ein Steuerpflichtiger (ausnahmsweise) aufgrund *eigener* **Leichtfertigkeit** eine vom Berater leichtfertig fehlerhaft erstellte Steuerbilanz nicht als fehlerhaft erkannt und mit seiner Steuererklärung eingereicht, erfüllt er den Tatbestand des § 378 AO. In diesem Fall kann der Tatbeitrag des Beraters an der Haupttat des Steuerpflichtigen vom dargelegten Standpunkt aus (Rz. 38) ebenfalls nach § 378 AO geahndet werden. Grundsätzlich ist zu beachten, dass ein Berater (oder eine sonstige beteiligte Person) sich einer Ordnungswidrigkeit nach § 378 AO schuldig machen kann, während der Steuerpflichtige selbst bezüglich desselben Lebenssachverhalts, derselben Steuererklärung oder auch nur desselben Punktes einer steuerlichen Erklärung eine vorsätzliche Steuerhinterziehung nach § 370 AO begeht. 39a

Beispiel: Ein Steuerberater ermittelt zugunsten eines Mandanten den Jahresgewinn zu niedrig, weil er die Erfassung von Einnahmen leichtfertig vergisst. Der Mandant erkennt den Fehler, reicht die Gewinnermittlung des Beraters jedoch als Grundlage seiner Steuererklärung beim Finanzamt ein und verkürzt dadurch Steuern. Rechtsdogmatisch besteht Nebentäterschaft zwischen der Ordnungswidrigkeit des Beraters, der i.S. der vorstehenden Ausführungen (Rz. 37) Angaben gemacht hat, und der vorsätzlichen Steuerverkürzung durch den Mandanten[5].

Neben der vorsätzlichen Hinterziehung durch den Mandanten ist also eine leichtfertige Steuerverkürzung durch den **Berater als Nebentäter**[6] möglich. 40

Beispiel: Der Steuerberater erkennt, dass die von ihm für einen Mandanten erstellten Steuerbilanzen für vergangene Jahre falsch waren, weil der Mandant Betriebseinnahmen teilweise nicht verbuchen ließ. Der Berater versucht, den Mandanten zu einer Selbstanzeige zu veranlassen, doch taktiert dieser hinhaltend. Nunmehr erstellt der Steuerbera-

---

1 Z.B. von *Wechselmann*, BuW 2003, 898.
2 S. OLG Braunschweig v. 8.3.1996 – Ss (B) 100/95, NJW 1997, 3254; oben § 19 Rz. 8.
3 FG Düsseldorf v. 11.4.2001 – 18 K 7170/97 E, EFG 2001, 944; BFH v. 19.12.2002 – IV 37/01, BFHE 200, 495 gegen OLG Braunschweig v. 8.3.1996 – Ss (B) 100/95, NJW 1997, 3254.
4 Vgl. OLG Zweibrücken v. 23.10.2008 – 1 Ss 140/08, wistra 2009, 127; OLG Braunschweig v. 8.3.1996 – Ss (B) 100/95, NJW 1997, 3254.
5 Dazu allg. *Heine*/Weißer in S/S, § 25 StGB Rz. 104.
6 Vgl. *Kohlmann* in Kohlmann, § 377 AO Rz. 30.

ter die laufende Steuerbilanz. Dabei geht er den bestehenden Anhaltspunkten, dass die Betriebseinnahmen wiederum nicht vollständig verbucht worden sind, entgegen den ihm in der Rechtsprechung in einem solchen Fall auferlegten Pflichten (Rz. 31 ff.) nicht nach mit der Folge, dass der Mandant mit der vom Steuerberater leichtfertig erstellten unrichtigen neuen Bilanz auch für das neue Jahr zu wenig Steuern zahlt.

In diesem Beispielsfall geht der *Vorwurf* gegen den Steuerberater gem. § 378 AO i.V.m. § 370 Abs. 1 Nr. 2 AO[1] (s. aber Rz. 35, 37) dahin, er habe pflichtwidrig-leichtfertig die Finanzbehörden über steuerlich erhebliche Tatsachen – nämlich über die richtigen Buchhaltungs- und Bilanzwerte bzw. Gewinne – irregeführt und dadurch eine *Steuerverkürzung* begangen, während seinem Mandanten vorsätzliche *Steuerhinterziehung* vorzuwerfen ist.

41 Die **Pflichtwidrigkeit** dessen, der bei Wahrnehmung der Angelegenheiten eines Steuerpflichtigen handelt, kann sich regelmäßig aus Regelungen der AO ergeben (z.B. aus Verstößen gegen Auskunftspflichten gem. § 93 Abs. 1 und 3 AO), aber auch aus rechtsgeschäftlichen Pflichten aus dem Mandatsverhältnis[2]. Der vorstehend dargestellte Beispielsfall zeigt indessen, dass es entgegen dem Mandatsvertrag entscheidend auch auf die *berufsrechtliche Pflichtenstellung des Beraters* ankommen kann. Denn in dem genannten Fall wollte der Mandant ja gerade keine nähere Prüfung durch den Berater, sondern diesen gerade im Ungewissen lassen oder ihn gar direkt irreführen; die Prüfungspflicht des Beraters konnte deshalb nur aus seiner beruflichen Pflichtenstellung[3] (§ 91 Rz. 3 ff., 62 ff.) abgeleitet werden.

42 *Wann* ein steuerlicher Berater **leichtfertig**[4] (zu diesem Begriff § 46 Rz. 16), also *grob fahrlässig*[5] i.S. von § 378 AO handelt, lässt sich nur anhand der Umstände des Einzelfalles beantworten. Jedenfalls ist bei Steuerberatern der *Maßstab für die anzuwendende Sorgfalt* regelmäßig erheblich *höher* anzusetzen als beim Steuerpflichtigen selbst[6]. Dies gilt in Bezug auf die Kenntnis der Rechtslage und deren Prüfung sowie in Bezug auf den Vortrag von Tatsachen gegenüber den Finanzbehörden, die für die steuerliche Beurteilung von Bedeutung sind oder sein können[7]. Insoweit ist der Steuerberater aufgrund seiner fachlichen Ausbildung und Berufserfahrung dem Mandanten überlegen. Allerdings ist straf- und bußgeldrechtlich immer nur anhand der *individuellen Kenntnisse und Fähigkeiten* eines Verdächtigen zu prüfen, ob er tatsächlich grob fahrlässig gehandelt hat.

---

1 S. *Joecks* in F/G/J, § 378 AO Rz. 48, 52; *Schauf* in Kohlmann, § 378 AO Rz. 81 ff.; abw. *Dörn* in A/W, § 8 Rz. 36 ff.
2 *Joecks* in F/G/J, § 378 AO Rz. 46, 47; *Schauf* in Kohlmann, § 378 AO Rz. 105 ff.
3 Vgl. *Joecks* in F/G/J, § 378 AO Rz. 49; *Schauf* in Kohlmann, § 378 AO Rz. 106 ff., 113 ff.
4 *Sternberg-Lieben/Schuster* in S/S, § 15 StGB Rz. 106, 205.
5 An der Gleichstellung von Leichtfertigkeit und grober Fahrlässigkeit wird heute kaum noch gezweifelt; vgl. ausführlich *Joecks* in F/G/J, § 378 AO Rz. 26 ff. und *Schauf* in Kohlmann, § 378 AO Rz. 55 ff.
6 *Joecks* in F/G/J, § 378 AO Rz. 46; *Schauf* in Kohlmann, § 378 AO Rz. 105 ff.
7 Vgl. BGH v. 11.10.1999 – 5 StR 222/99, wistra 2000, 137; oben Rz. 32a.

Keine erhöhte Sorgfaltspflicht gilt für einen Berater regelmäßig in Bezug auf das Tatsachen- und Zahlenmaterial, das der Steuerpflichtige ihm zur Verfügung stellt. Denn ein Berater darf, wie bereits früher erwähnt (Rz. 32 f.)[1], insoweit grundsätzlich auf die Richtigkeit der ihm gemachten Angaben vertrauen, wenn er keine gewichtigen gegenteiligen Anhaltspunkte erkennen kann.

43

Bei rechtlich und tatsächlich *schwierigen Sachverhalten* kann allerdings eine **besondere Prüfungspflicht** des Beraters zu bejahen sein: Gerade der steuerehrliche Auftraggeber wird in einer solchen Fallkonstellation von seinem Berater ausdrücklich oder stillschweigend erwarten, dass dieser zur Vermeidung unerwarteter Steuernachforderungen oder sonstiger Misshelligkeiten durch die Finanzverwaltung für den Auftraggeber selbst die erforderlichen Überprüfungen vornimmt und dabei Unklarheiten und Zweifelsfragen durch eigenes Nachfragen klärt und sich nicht nur etwa auf das Einsetzen ihm mitgeteilter Zahlen in die Steuererklärung beschränkt.

44

Zur **Prüfung von Unterlagen** wird der Berater insbesondere dann als verpflichtet angesehen[2],

45

- wenn sein *Auftrag* dies einschließt oder wenn der Berater von sich aus über die Grenzen seines Auftrags gegenüber dem Finanzamt hinausgeht[3],
- wenn *aus vorangegangenem Tun* eine entsprechende Verpflichtung resultiert, etwa wenn der Berater nach Übernahme der Beratungstätigkeit die Steuererklärungen seines Mandanten mit seinem Namen deckt und er sich gar noch gegen Nachfragen oder Prüfungen des Finanzamts verwahrt[4],
- wenn gewichtige Umstände *Zweifel* daran aufdrängten oder aufdrängen mussten, dass die dem Berater mitgeteilten Zahlen oder übergebenen Unterlagen richtig sein können[5].

Kann sich der Berater keine Aufklärung verschaffen oder entzieht sich der Mandant entsprechenden Bemühungen, so ist der Berater zwar noch nicht ohne Weiteres verpflichtet, sein Mandat niederzulegen, und auch nicht berechtigt, das Finanzamt von sich aus auf bestehende Zweifel hinzuweisen, jedoch muss er andererseits auch den **Anschein** gegenüber dem Finanzamt **vermeiden**, dass er in umfassender Weise an den Abschlüssen und Steuererklärungen mitgewirkt habe und dass die darin zusammengefassten *Ergebnisse* von ihm erarbeitet oder wenigstens *geprüft* worden seien[6].

46

Eine **gesteigerte Sorgfaltspflicht** des Beraters ergibt sich allgemein, wenn er nicht nur im Innenverhältnis zu seinem Mandanten tätig wird, sondern wenn er auch nach außen gegenüber der *Finanzverwaltung* auftritt[7]. Auch dabei darf

47

---

1 S. auch OLG Karlsruhe v. 19.3.1986 – 3 Ws 147/85, wistra 1986, 189 (190); BGH v. 18.4.1990 – 3 StR 251/88, HFR 1991, 304.
2 Dazu im Einzelnen *Joecks* in F/G/J, § 378 AO Rz. 48 ff.
3 *Joecks* in F/G/J, § 378 AO Rz. 48 ff.; *Schauf* in Kohlmann, § 378 AO Rz. 36.
4 Eher zurückhaltend *Joecks* in F/G/J, § 370 AO Rz. 250.
5 Vgl. *Ahrens*, DStZ 1957, 49 in Würdigung einer BGH-Entscheidung aus 1954; *Joecks* in F/G/J, § 378 AO Rz. 48 f., 52; *Schauf* in Kohlmann, § 378 AO Rz. 110, 119.
6 *Joecks* in F/G/J, § 370 AO Rz. 49; *Blumers/Göggerle*, Rz. 18; *Ransiek* in Kohlmann, § 370 AO Rz. 188 f.
7 *Joecks* in F/G/J, § 378 AO Rz. 49.

er nicht den Eindruck erwecken, den tatsächlichen Inhalt von Erklärungen seines Mandanten selbst geprüft und sie als zutreffend beurteilt zu haben, wenn dies in Wirklichkeit nicht der Fall war[1]. Ein seriöser Berater wird zu kritischen Punkten erkenntlich machen, was er selbst geprüft oder nicht geprüft hat, um zu vermeiden, dass ihm selbst der Vorwurf der Beteiligung an einer vorsätzlichen oder leichtfertigen Steuerverkürzung gemacht werden kann[2].

48 Eine **erweiterte Sorgfaltspflicht** gilt auch für den Berater, der über die steuerliche Beratung hinaus auch die *Bücher des Steuerpflichtigen* führt[3]. Insoweit hatte er schon nach der früheren Rechtslage – vor Einführung der Regelung des § 14 Abs. 2 StGB – die Verantwortung für die Ordnungsmäßigkeit und Richtigkeit der Buchführung in steuerlicher Beziehung zu tragen[4]. Demgemäß darf er keine Belege verbuchen, die – für ihn erkennbar – unrichtig sind[5]. Erst recht darf er keine unrichtigen Belege herstellen oder unvollständige Belege ergänzen, um dadurch die Grundlage für steuerliche Vergünstigungen zu schaffen.

Beispiel: In einem vom BayObLG[6] entschiedenen Fall hatte ein Steuerberater Eingangsrechnungen eines Mandanten zwecks Vorsteuerabzugs vervollständigt und dadurch die Tatbestände der Urkundenfälschung und der Umsatzsteuerhinterziehung erfüllt.

Ein Berater darf sich nicht darauf beschränken, aus fehlerhaften, widersprüchlichen oder lückenhaften Aufzeichnungen des Steuerpflichtigen eine Buchführung herzustellen, die den äußeren Anschein der Ordnungsmäßigkeit erweckt[7], sondern er muss bei undurchsichtigen Sachverhalten selbst Erkundigungen anstellen und im Rahmen des Möglichen eine Aufklärung herbeiführen.

48a Überlässt der Steuerberater die *Führung der Bücher* des Mandanten **eigenen Angestellten**, so muss er diese überwachen und die Richtigkeit und Ordnungsmäßigkeit der Buchhaltung i.d.R. *persönlich nachprüfen*[8]. Dies gilt insbesondere, wenn es um tatsächlich und/oder rechtlich schwierig zu verbuchende Sachverhalte geht oder wenn Angestellte in Fragen der Buchführung nicht sonderlich erfahren sind oder wenn sie sich in der Vergangenheit als unzuverlässig oder nur beschränkt verlässlich erwiesen haben.

---

1 Vgl. *Schmeer* in Gräfe/Lenzen/Schmeer, Steuerberaterhaftung, Rz. 1522 ff.
2 Zu Sicherungstechniken, derer sich Berater bedienen können, um dem Verdacht einer Beteiligung an einer Steuerstraftat ihres Mandanten bei Bedarf begegnen zu können, vgl. *Streck*, BB 1984, 2207.
3 Vgl. *Joecks* in F/G/J, § 378 AO Rz. 52; *Blumers/Göggerle*, Rz. 15; einschränkend *Schauf* in Kohlmann, § 378 AO Rz. 118.
4 Nw. in *Joecks* in F/G/J, § 378 AO Rz. 52.
5 So schon RG, JW 1938, 3109.
6 BayObLG v. 26.10.1987 – RReg 4 St 164/87, wistra 1988, 76.
7 S. schon RG; RStBl. 1933, 86; s. auch BGH v. 18.10.1956 – 4 StR 166/56, BStBl. I 1957, 122; OLG Oldenburg v. 12.9.1969 – 4 Ss (B) 328/69, besprochen bei *Henneberg* Steuerberatende Berufe – Mandatsniederlegung.
8 RG, RStBl. 1932, 697; zust. *Joecks* in F/G/J, § 378 AO Rz. 52; allg. krit. gegen „Pflichtenmaximierung" in der Zivilrechtsprechung u.a. BGH v. 14.11.1996 – IX ZR 215/95, NJW 1997, 518; dagegen *Gounalakis*, NJW 1998, 3593.

III. Steuergefährdung

Die **Bußgeldtatbestände** der Steuergefährdung[1] (§§ 379 ff. AO – vgl. § 46 Rz. 23 ff.) sind im Vorfeld der Steuerhinterziehung angesiedelt und haben dem entsprechend nur *subsidiäre Bedeutung* (Auffangcharakter) im Verhältnis zu den Erfolgsdelikten der §§ 370 ff., 378 AO (vgl. u.a. § 379 Abs. 4 AO). Für Berater sind die angesprochenen Gefährdungsdelikte vor allem unter zwei Aspekten von Bedeutung. Einerseits können sie selbst als Inhaber oder Mitverantwortliche einer Kanzlei bzw. Beratungsfirma eigene (betriebliche) Pflichten verletzen, so etwa das § 379 Abs. 1 Nr. 1 AO zugrunde liegende Verbot, *unrichtige Belege* von möglicher steuerlicher Relevanz herzustellen.

49

Andererseits kommen Berater anstelle ihrer Mandanten als tatbestandsmäßig Handelnde in Betracht, wenn und soweit sie i.S. von § 14 Abs. 2 StGB, § 9 Abs. 2 OWiG, § 35 AO unternehmerische Pflichten von Mandanten **zur eigenständigen Erledigung** übernommen haben. Insoweit sind die Übernahme der laufenden Buchführung, die Erledigung der Lohnbuchhaltung oder die Fertigung und Einreichung von Umsatzsteuererklärungen von besonderer praktischer Bedeutung. In diesen Bereichen sind insbesondere die vorsätzliche oder leichtfertige *Verletzung von* übernommenen *Buchungs- und Aufzeichnungspflichten* durch einen Berater, wenn sie zu Steuerverkürzungen oder unberechtigten steuerlichen Vorteilen führen können, vom Tatbestand des § 379 Abs. 1 Nr. 3 AO erfasst. Wegen weiterer Fälle der Steuergefährdung, die nur teilweise für Berater relevant sind, wird auf die Ausführungen unter § 46 Rz. 37 ff. verwiesen.

49a

C. Täuschungsdelikte

I. Prozessbetrug

Die Tat des Prozessbetrugs[2] wird begangen durch Täuschung eines Gerichts mittels **Vorbringen bewusst unwahrer Tatsachen**, ggf. auch durch Benennung und Einbringung falscher Beweismittel (Urkunden, Zeugen u.a.), in einem anhängigen Prozess, insbesondere in Zivilprozessen wegen Geldforderungen oder um andere vermögenswerte Streitgegenstände, aber auch in Arbeits-, Sozial- oder auch Verwaltungsgerichtsprozessen. Dabei muss der Prozessgegenstand nicht notwendig auf die Zuerkennung oder auch Abwehr einer materiellen (finanziellen) Forderung gerichtet sein. Bei immateriellen Streitgegenständen, etwa einer Klage auf Ehescheidung, wird der Sache nach auch um die Kostentragungspflicht gestritten. Deshalb kann auch in Bezug auf derartige Nebenansprüche, sofern Stoffgleichheit[3] im Einzelfall zu bejahen und der subjektive

50

---

1 Vgl. *Mösbauer*, Die Steuergefährdung nach § 379 AO, wistra 1991, 41.
2 Vgl. dazu im Einzelnen *Perron* in S/S, § 263 StGB Rz. 69 ff., zum Dreiecksbetrug allg. Rz. 65 ff.; *Fischer*, § 263 StGB Rz. 24, je m.w.Nw.
3 *Perron* in S/S, § 263 StGB Rz. 168.

Tatbestand des Betruges ebenfalls erfüllt ist[1], Prozessbetrug durchaus in Betracht kommen[2].

51 Nach **§ 138 Abs. 1 ZPO** haben die Parteien eines Zivilprozesses ihre *Erklärungen* über tatsächliche Umstände *vollständig* und *der Wahrheit gemäß* abzugeben. Dies bedeutet zunächst, dass keine unwahren Tatsachen vorgetragen und vom Prozessgegner vorgebrachte wahre Tatsachen nicht wider besseres Wissen als unwahr dargestellt oder bestritten werden dürfen[3]. Nach § 138 Abs. 4 ZPO ist eine prozessuale *Erklärung mit Nichtwissen* nur zulässig, soweit die betreffende Partei die behaupteten Tatsachen nicht kennt[4].

52 Die Vorschrift des § 138 ZPO soll eine redliche Prozessführung sichern; sie ist Ausfluss des Grundsatzes von *Treu und Glauben* im Prozess. Deshalb überzeugt es nicht, dass prozessuale Wahrheitspflichten nur gegenüber dem jeweiligen Rechtspflegeorgan bestehen sollen[5]. Die Verletzung der Wahrheitspflicht ist jedenfalls immer dann betrugsrelevant, wenn die Vorstellung des Gerichts durch falsches Vorbringen von Tatschen beeinflusst wird und die ergehende Entscheidung darauf beruht oder – bei Versuch – darauf beruhen soll[6]. Die Wahrheitspflicht beinhaltet, dass eine Partei die zur Sache gehörigen, ihr bekannten Tatsachen vollständig und richtig vorbringt; verlangt ist also die Mitteilung der **subjektiven Wahrheit**[7]. Insbesondere darf eine Partei auch dann nicht bewusst Unwahres erklären, wenn sie noch so sehr von ihrem Recht überzeugt ist (zum Beweismittelbetrug sowie Selbsthilfebetrug vgl. § 47 Rz. 69, 79 ff., 85[8]). Die prozessuale Wahrheitspflicht verletzt in aller Regel, wer falsche Tatsachen vorspiegelt oder wer wahre Tatsachen i.S. von § 263 Abs. 1 StGB entstellt oder unterdrückt.

52a Die vorstehenden Grundsätze gelten im Prinzip gleichermaßen, wenn **vorprozessuale Forderungen** mittels Tatsachenbehauptungen unterlegt geltend gemacht oder auch bestritten werden. Insoweit können falsche Behauptungen den Betrugstatbestand erfüllen, vorausgesetzt sie sind *zur Täuschung* der Gegenpartei *geeignet*. Das bloße Behaupten oder Bestreiten einer Forderung („Rechtsbehauptung") beinhaltet hingegen keine täuschungstaugliche Tatsachenbehauptung. Trägt dagegen ein Anwalt (oder sonstiger Berater) bewusst

---

1 Allg. *Perron* in S/S, § 263 StGB Rz. 165 ff.; *Piech*, Der Prozessbetrug im Zivilprozess, 1998.
2 Entsprechende Sachverhalte wurden z.B. in folgenden neueren Entscheidungen angesprochen: BGH v. 15.5.2013 – XII ZB 107/08, juris (Rz. 2, 24); OLG Karlsruhe v. 31.7.2013 – 7 U 184/12, juris (Rz. 2, 23) = ZIP 2013,1767, KG v. 11.4.2013 – 3 Ws 504/12, juris (Rz. 12); LAG Hessen v. 12.9.2012 – 12 Sa 1763/11, juris (Rz. 3 ff., 18 ff.).
3 *Greger* in Zöller, § 138 ZPO Rz. 2 ff.; *Baumbach/Lauterbach/Albers/Hartmann*, § 138 ZPO Rz. 8 ff., 13 ff.; s. auch *Perron* in S/S, § 263 StGB Rz. 71 ff.
4 Vgl. *Greger* in Zöller, § 138 ZPO Rz. 13.
5 *Perron* in S/S, § 263 StGB Rz. 21, 71; weniger eng OLG Zweibrücken v. 15.7.1982 – 2 Ss 159/82, NJW 1983, 694; *Fischer*, § 263 StGB Rz. 24.
6 *Perron* in S/S, § 263 StGB Rz. 71.
7 *Leipold* in Stein/Jonas, 22. Aufl. 2013, § 138 ZPO Rz. 2; *Greger* in Zöller, § 138 ZPO Rz. 2.
8 Vgl. dazu auch *Perron* in S/S, § 263 StGB Rz. 146, 147.

unrichtig vor, die für seinen Mandanten geltend gemachte Forderung entspreche feststehender höchstrichterlicher Rechtsprechung, um dadurch die Anerkennung der Forderung durch die Gegenpartei zu erreichen, so beinhaltet dieses falsche Vorbringen einen zur Täuschung geeigneten Tatsachenkern. Speziell gilt dies, wenn die Gegenpartei weder rechtskundig noch anwaltlich vertreten ist. Allerdings ist zu beachten, dass derjenige, der wirklich glaubt, im Recht zu sein, trotz täuschenden Verhaltens den Betrugstatbestand mangels Handeln in rechtswidriger Bereicherungsabsicht nicht erfüllt[1].

Streitig ist, ob unrichtige Angaben im **Antrag** auf Erlass eines **gerichtlichen Mahnbescheids** (§§ 688 ff. ZPO) einen (versuchten) Betrug begründen können. In der Literatur wird dies weitgehend im Hinblick darauf verneint, dass das Mahnverfahren großenteils *automatisiert* abläuft und nach § 691 Abs. 1 ZPO eine Schlüssigkeitsprüfung durch den Rechtspfleger nicht mehr stattfindet.[2] Allerdings ist eine solche Prüfung und inhaltliche Kontrolle eines Mahnantrags auf Fehler und etwaigen Missbrauch auch nicht ausgeschlossen[3]. Sind die Falschangaben darauf gerichtet, durch Irreführung des Rechtspflegers materiell zu Unrecht einen Mahnbescheid und auf dessen Grundlage sodann gem. § 699 ZPO einen Vollstreckungsbescheid zu erlangen, aus dem die Zwangsvollstreckung betrieben werden kann und soll, so stellt sich schon der Mahnantrag als erste Stufe eines geplanten mehraktigen Geschehens dar. Darin kann durchaus bereits der Beginn eines versuchten Betruges liegen.[4] Steht allerdings die Täuschung eines Menschen nicht infrage, ist (nur) Computerbetrug nach § 263a Abs. 1 Var. 2 StGB (Verwendung unrichtiger Daten) anzunehmen.[5]

52b

Einschränkungen der **Wahrheits- und Erklärungspflicht** ergeben sich in Prozessen allerdings aus dem Grundsatz von Treu und Glauben und dem Prinzip der Zumutbarkeit[6]. Insbesondere kann die Pflicht zu wahrheitsgemäßen Erklärungen nicht dafür herangezogen werden, dem Gegner prozessuale Darlegungs- oder Beweislasten abzunehmen oder auf unredliche Ausforschungsversuche der Gegenseite mit der Offenbarung von einem selbst nachteiligen Tatsachen reagieren zu müssen[7]. Hingegen ist eine Partei grundsätzlich auch dann nicht zu wahrheitswidrigem Vorbringen oder Bestreiten berechtigt, wenn sie durch wahrheitsgemäße Angaben eine unehrenhafte, inkorrekte oder strafbare Hand-

53

---

1 Dazu z.B. *Fischer*, § 263 StGB Rz. 111.
2 Vgl. *Kretschmer*, GA 2004, 458.
3 S. ausf. m.Nw. OLG Celle v. 1.11.2011 – 31 Ss 29/11, wistra 2012, 158 = ZWH 2012, 28; BGH v. 20.12.2011 – 4 StR 491/11, StV 2012, 406. Zum früheren Mahnverfahren vgl. BGH v. 25.10.1971 – 2 StR 238/71, BGHSt 24, 257.
4 OLG Celle v. 1.11.2011 – 31 Ss 29/11, wistra 2012, 158 = ZWH 2012, 28; OLG Düsseldorf v. 30.8.1991 – 2 Ws 317/91, NStZ 1991, 586; *Fischer*, § 263 StGB Rz. 113; *Ceffinato*, ZWH 2014, 89 (90 f.).
5 BGH v. 19.11.2013 – 4 StR 292/13, ZWH 2014, 190 m. zust. Anm. *Trück*, ZWH 2014, 235. Zur Betrugsproblematik im Urkundenprozess sowie bei Einstweiliger Verfügung oder in Arrestverfahren vgl. *Ceffinato*, ZWH 2014, 89 (92 ff.).
6 *Baumbach/Lauterbach/Albers/Hartmann*, § 138 ZPO Rz. 23.
7 Vgl. *Greger* in Zöller, § 138 ZPO Rz. 4, 8–8c, vor § 284 ZPO Rz. 5 ff.; *Baumbach/Lauterbach/Albers/Hartmann*, § 138 ZPO Rz. 17 ff.

lungsweise bekannt geben müsste[1]. Beim Verschweigen von Tatsachen kann deshalb im Einzelfall durchaus problematisch sein, ob die prozessuale Wahrheitspflicht verletzt und der Betrugstatbestand erfüllt worden ist[2].

54 Die *Wahrheitspflicht* obliegt in gleichem Umfang **der Partei**, ihrem etwaigen gesetzlichen Vertreter **und** auch ihrem **Prozessbevollmächtigten**[3]. Insoweit kommt es deshalb nicht entscheidend darauf an, dass Rechtsanwälte, die als Prozessbevollmächtigte auftreten, auch berufsrechtlich einer Wahrheitspflicht unterliegen (vgl. § 43 BRAO und § 91 Rz. 15, 41). Allerdings kann sich ein Prozessbevollmächtigter aus prozessualen Gründen, z.B. im Hinblick auf Regeln der Beweislast, im wohlverstandenen Interesse seines Mandanten zu Vorbringen veranlasst sehen, dessen Richtigkeit er selbst (noch) nicht abschließend beurteilen kann und das er deshalb als möglicherweise unrichtig einschätzt. In diesem Zusammenhang wird die Auffassung vertreten, mit (nur) bedingtem Vorsatz gemachte unrichtige Angaben von Rechtsanwälten in (Zivil-)Prozessen könnten den Betrugstatbestand nicht erfüllen[4]. Eine solche allgemeine Privilegierung von Rechtsanwälten kraft ihrer beruflichen Funktion als Rechtsberater und Interessenvertreter überzeugt indessen nicht (vgl. § 95 Rz. 14 ff., 17). In Betracht kommt jedoch, dass Vorbringen der genannten Art aus den angesprochenen prozessualen Gründen beim Anwalt zur Verneinung eines –wie immer gearteten – Tatvorsatzes führen kann, weil voluntative Elemente des Vorsatzes[5] nicht gegeben oder jedenfalls nicht feststellbar sind.

55 Angesichts der Vielzahl von Prozessen, in denen die den Prozessgegenstand betreffenden Tatsachen von den Parteien und ihren bevollmächtigten Vertretern unterschiedlich dargestellt werden, muss die **Dunkelziffer des** – wenigstens versuchten – **Prozessbetrugs** hoch veranschlagt werden. Erfahrungen aus der Praxis lassen befürchten, dass Rechtsanwälte als Prozessvertreter dazu in nicht unerheblichem Umfang beitragen, auch wenn sie ihnen selbst zweifelhaft erscheinende Angaben ihrer Mandanten durchaus vorbringen dürfen[6].

56 Hierzu sei ein Fall aus der Praxis angeführt:

Beispiel: In einem Zivilprozess trug ein Rechtsanwalt für seinen beklagten Mandanten vor, dieser schulde den eingeklagten Kaufpreis nicht, da er die vom Kläger angeblich gelieferte Ware nicht erhalten habe, um auf diese Weise – falls der Kläger keinen Liefernachweis erbringen kann – den Prozess (und zunächst jedenfalls auch Zeit) zu gewinnen. Tatsächlich hatte der Mandant dem Rechtsanwalt mitgeteilt, dass er die Ware wohl erhalten hatte. In diesem Fall machte sich sowohl der Rechtsanwalt als auch sein Mandant

---

1 *Greger* in Zöller, § 138 ZPO Rz. 3; abl. *Leipold* in Stein/Jonas, § 138 ZPO Rz. 9.
2 Vgl. z.B. die Fälle BGH v. 12.11.1991 – KZR 18/90, BGHZ 116, 56; BGH v. 29.5.2001 – VI ZR 114/2000, NJW 2001, 2633; OLG Hamm v. 16.7.1998 – 21 U 143/97, NJW 1998, 3358.
3 *Greger* in Zöller, § 138 ZPO Rz. 1.
4 *Volk*, BB 1987, 139 ff.; *Tiedemann* in LK, 11. Aufl., § 263 StGB Rz. 240.
5 Vgl. dazu *Sternberg-Lieben/Schuster* in S/S, § 15 StGB Rz. 11 ff., 60 ff., 80 ff.; *Fischer*, § 15 StGB Rz. 3 ff., je m.Nw.
6 So schon BGH v. 8.8.1952 – 4 StR 416/51, NJW 1952, 1148; *Greger* in Zöller, § 138 ZPO Rz. 6; dort (Rz. 7) auch der Hinweis, dass der Prozessbetrug als unerlaubte Handlung Grundlage einer Restitutionsklage sein kann.

des versuchten Prozessbetrugs schuldig, weil der Mandant es zuließ, dass sein Rechtsanwalt den Sachverhalt dem Gericht unrichtig vortrug.

Zur Erfüllung des – wenigstens versuchten – Betrugstatbestandes reicht allerdings nicht schon der Nachweis bewusst falscher Angaben aus, denn ein Täter, der sein Recht mit unlauteren Mitteln durchsetzen will, handelt noch nicht – wie in § 263 StGB vorausgesetzt – in rechtswidriger Bereicherungsabsicht[1].

Zweifelhaft ist, ob und inwieweit ein *Rechtsanwalt* verpflichtet ist, eine für seinen Mandanten aufgestellte **Behauptung**, welche er zunächst als richtig angesehen, dann aber im Verlaufe des Verfahrens als unwahr erkannt hat, **gegenüber dem Gericht richtigzustellen**. Insoweit soll der Rechtsanwalt mangels Zumutbarkeit nicht zur Offenbarung verpflichtet sein, wenn er damit seinen Mandanten praktisch eines versuchten Betrugs bezichtigen oder überführen würde[2]. Andererseits ist die Wahrheitspflicht der Partei und des Rechtsanwalts in einem solchen Fall nicht aufgehoben, vor allem wenn keine ernsthafte Gefahr besteht, dass der Mandant im Falle einer Richtigstellung strafrechtlich verfolgt wird. Strafbarkeit würde u.a. den Nachweis vorsätzlichen Handelns voraussetzen und vor allem ist eine Richtigstellung in derartigen Fällen regelmäßig als strafbefreiender Rücktritt vom Versuch (§ 24 StGB) zu werten. Zudem muss der Rechtsanwalt auch berufsrechtlich zur redlichen Prozessführung und deshalb als verpflichtet angesehen werden, das Einverständnis seines Mandanten zur Richtigstellung einzuholen, wenn es sich um eine (möglicherweise) verfahrenswichtige Frage handelt. Tut er dies nicht oder bleibt sein Bemühen ohne Erfolg, so muss er jedenfalls dann als *zur Berichtigung verpflichtet aus vorangegangenem Tun* angesehen werden, wenn er sein Mandat nicht niederlegt, sondern den Prozess weiterhin fortführt; andernfalls würde sowohl die Stellung des Rechtsanwalts als Organ der Rechtspflege als auch seine berufsrechtliche Wahrheitspflicht nicht ernst genommen und entwertet[3].

II. Falsche Versicherung an Eides statt

Ein viel gebrauchtes und missbrauchtes Mittel zur **unredlichen Beeinflussung von Prozessergebnissen**[4] sowie von Verfahrensabläufen, insbesondere in Verfahren der *einstweiligen Verfügung* und in *Arrestverfahren*, aber auch zur Erlangung der Wiedereinsetzung in den vorigen Stand nach der Versäumung von Fristen u.Ä., ist die Verwendung falscher, also inhaltlich unrichtiger eidesstattlicher Versicherungen. Obwohl eidesstattliche Versicherungen i.d.R. nur zur Glaubhaftmachung von Tatsachen (vgl. § 294 ZPO) und nicht als eigentliches Beweismittel dienen, sind sie durch **§ 156 StGB** strafrechtlich geschützt (zum

---

1 Vgl. *Perron* in S/S, § 263 StGB Rz. 75, 146 f., 173.
2 BGH v. 8.8.1952 – 4 StR 416/51, NJW 1952, 1148; zust. *Perron* in S/S, § 263 StGB Rz. 72.
3 Einschränkend allerdings BGH v. 20.8.1953 – 1 StR 88/53, BGHSt 4, 327 (331).
4 Zu sonstigen Anwendungsbereichen und zum geschützten Rechtsgut der eidesstattlichen Versicherung vgl. *Lenckner/Bosch* in S/S, vor § 153 StGB Rz. 2, § 156 StGB Rz. 1/2, 12 ff.

Tatbestand vgl. § 88 Rz. 24 ff., 29 ff.[1]). § 156 StGB ist ein „eigenhändiges" Delikt (s. § 22 Rz. 9); Täter kann also nur sein, wer die Versicherung selbst abgibt.[2]

Ob eine derartige Versicherung richtig oder unrichtig ist, hängt vom Inhalt und Umfang der Erklärungspflicht ab, wie sie sich aus der jeweiligen Verpflichtungsnorm ergibt[3]. In der Praxis besonders bedeutsam sind die Erklärungspflichten von Schuldnern nach § 807 ZPO, § 98 Abs. 1 InsO und § 284 AO[4].

59 Der **Missbrauch** dieses Rechtsinstitutes im Rechtsleben ist nicht zuletzt dadurch erleichtert worden, dass die Abgabe einer falschen eidesstattlichen Versicherung nur in relativ engem Rahmen als strafbar angesehen wird. Die höchstrichterliche Rechtsprechung[5] interpretiert nämlich das Tatbestandsmerkmal der *zuständigen Behörde* in § 156 StGB – über den Wortlaut hinausgehend – dahin, es genüge nicht, dass die betreffende Behörde überhaupt befugt ist, eidesstattliche Versicherungen entgegenzunehmen; vielmehr sei es erforderlich, dass eine solche Versicherung gerade auch in der betreffenden Verfahrensart und über den betreffenden Verfahrensgegenstand prozessual zulässig abgegeben werden darf und zudem rechtlich nicht völlig wirkungslos ist[6]. Diese weder vom Sinn der gesetzlichen Regelung noch vom Wortlaut her geforderte *enge Interpretation* ist oft *unbefriedigend*[7] und wird der Funktion dieses Instituts als wichtiges Mittel zur Glaubhaftmachung schwerlich gerecht, zumal sich angesichts des wenig einheitlichen Meinungsstandes in Detailfragen der „Zuständigkeit" auch bei der subjektiven Tatseite zu diesem Tatbestandsmerkmal erhebliche Nachweisprobleme ergeben können. Aufgrund der sehr engen Auslegung des Merkmals „zuständige Behörde" durch die Rechtsprechung ist zu besorgen, dass das Institut der eidesstattlichen Versicherung im Rechts- und Geschäftsleben zunehmend entwertet wird.

60 Ungeachtet des eingeschränkten Anwendungsbereichs der eidesstattlichen Versicherung ist ein *Rechtsanwalt* sowohl kraft seiner prozessualen Wahrheitspflicht als auch wegen seiner beruflichen Stellung **verpflichtet**, die Richtigkeit seines namens seiner Partei abgegebenen und etwa mittels eidesstattlicher Versicherungen belegten Vortrags mit der gebotenen Sorgfalt **zu prüfen.** Dies muss – hergeleitet aus der Stellung des Anwalts als Rechtspflegeorgan (vgl. Rz. 57) – auch gelten, wenn man der Meinung der Rechtsprechung folgt, dass sich ein Anwalt nicht wegen Beihilfe zu einem Aussagedelikt strafbar macht, wenn er nachträglich erkennt, dass ein von ihm benannter Zeuge un-

---

1 Vgl. ferner *Lenckner/Bosch* in S/S, § 156 StGB Rz. 3 ff., 8 ff.
2 *Fischer*, § 156 StGB Rz. 17.
3 *Fischer*, § 156 StGB Rz. 11 ff.
4 Zu weiteren ähnlichen Erklärungs- und Versicherungspflichten vgl. *Fischer*, § 156 StGB Rz. 11, 14.
5 Vgl. die Nw. bei *Lenckner/Bosch* in S/S, § 156 StGB Rz. 8 ff.
6 Vgl. BGH v. 18.1.2011 – 4 StR 611/10, BGHR StGB § 156 Versicherung 3; OLG Stuttgart v. 16.8.2012 – 4a Ss 318/12, JZ 2013, 20; OLG Bamberg v. 29.9.2008 – 3 Ss 106/08, wistra 2009, 36; OLG Zweibrücken v. 28.1.2008 – 1 Ss 144/07, NStZ-RR 2008, 173; *Lenckner/Bosch* in S/S, § 156 StGB Rz. 10, 14.
7 Krit. dazu neben *Lenckner/Bosch* in S/S, § 156 StGB Rz. 8 f.; auch *Ruß* in LK, § 156 StGB Rz. 7.

wahr aussagen wird, und gleichwohl weder seinen Vortrag berichtigt noch auf den Zeugen verzichtet[1] (§ 91 Rz. 36, 44). Zwar darf er dabei grundsätzlich den ihm gemachten Angaben vertrauen (s. Rz. 35 zum Steuerberater, für den eine gleichartige Situation besteht); er hat jedoch zu beachten, dass eine eidesstattliche Versicherung schon dann falsch ist, wenn so Wesentliches verschwiegen wurde, dass dadurch die Richtigkeit des Erklärten ernstlich beeinträchtigt wird[2].

III. Weitere Täuschungsstraftaten

1. Anlagebetrug

a) Seit Längerem sehr aktuell ist der weite Bereich des *Anlagebetrugs*, der hier in weiterem Sinn verstanden wird und die Tatbestände der §§ 263, 264a, 265b StGB (§ 27 Rz. 88 ff., 110 ff., oben § 47 Rz. 1 ff., § 48 Rz. 4 ff.) umfasst. Da die Berufspflichten der traditionellen Beraterberufe zu Wahrheit, Redlichkeit und Gewissenhaftigkeit sowie die bestehende Berufsaufsicht (§ 91 Rz. 2 ff., 10 ff., 24 ff.) im Rechts- und Geschäftsleben allgemein bekannt und anerkannt sind, bringt der Geschäftsverkehr den schriftlichen oder mündlichen Angaben und Erklärungen der genannten Beraterberufe, also insbesondere Notaren, Rechtsanwälten, Steuerberatern und Wirtschaftsprüfern sowie entsprechenden Berufsgesellschaften und Sozietäten großes **Vertrauen** entgegen. Namentlich gilt dies gegenüber solchen Angehörigen dieser Berufe, die im Einzelfall nicht von vornherein als einseitige Parteivertreter erkennbar sind. Gutachterliche Äußerungen derartiger Berufsangehöriger zu Rechts- oder Wirtschaftlichkeitsfragen, Testate unter Bilanzen und Prüfungsvermerke zu Jahresabschlüssen haben deshalb große praktische Bedeutung als *Entscheidungsgrundlage für die Beteiligung* an Unternehmen und Abschreibungsgesellschaften, für Vermögensanlagegeschäfte und für Kreditgeschäfte aller Art. Der Vertrauensvorschuss, den Ehrenberufler bei Banken, Industrieunternehmen und im sonstigen Geschäftsverkehr genießen, ist in den letzten Jahren erstaunlicherweise nicht wesentlich geringer geworden, obwohl viele Anlagebetrugsfälle und spektakuläre Firmenpleiten gezeigt haben, dass die (angeblich oder tatsächlich) übernommenen treuhänderischen Aufgaben und Prüfungspflichten von solchen Berufsangehörigen vielfach nicht ordnungsgemäß erfüllt wurden – oft auch mangels effektiver Kontrollmöglichkeiten und bei eingeschränktem Kostenrahmen sowie beschränkten personellen Kapazitäten auch nicht wirksam erfüllt werden konnten – und dass Testate unter Jahresabschlüssen falsch und/oder irreführend waren[3] (Rz. 69).

---

1 Zu diesem wenig geklärten Problemkreis vgl. BGH v. 20.8.1953 – 1 StR 88/53, BGHSt 4, 327 (331); BGH v. 25.3.1958 – 1 StR 15/58, NJW 1958, 956; BGH v. 29.4.1960 – 4 StR 105/60, BGHSt 14, 230; BGH v. 6.4.1962 – 4 StR 32/62, BGHSt 17, 321; abw. BGH v. 18.5.1993 – 1 StR 209/93, NStZ 1993, 489; OLG Hamm v. 23.1.1992 – 3 Ss 1128/92, NStZ 1993, 82; zu eng *Lenckner/Bosch* in S/S, vor § 153 StGB Rz. 39, 40.
2 Vgl. im Einzelnen *Fischer*, § 153 StGB Rz. 4 ff.; *Lenckner/Bosch* in S/S, vor § 153 StGB Rz. 4 ff., 15 f.
3 Vgl. dazu z.B. BGH v. 20.9.1999 – 5 StR 729/99, wistra 1999, 459.

62 Besonderes Vertrauen wird solchen Ehrenberuflern erfahrungsgemäß entgegengebracht, die als **Treuhänder** ihrer Auftraggeber einerseits und/oder von deren Geschäftspartnern andererseits eingeschaltet werden. In der Praxis geschieht dies häufig bei Bauträger- und Baubetreuungsgeschäften unterschiedlicher Art (z.B. Beteiligungen an Bauherrenmodellen, Erwerbermodellen, Bauträgermodellen oder Mietkaufmodellen), aber auch bei der Beteiligung an *Abschreibungsgesellschaften* oder an sonstigen mehr oder weniger spekulativ tätigen *Anlagegesellschaften* (beispielsweise Immobilien-, Wertpapier- oder Hedgefonds, Warentermin- und Optionshandelsgesellschaften, Gesellschaften zur Verwertung von Innovationen, von gewerblichen Schutzrechten oder von Explorationsrechten), in deren nähere Geschäftstätigkeit und Bonität die mit Versprechungen auf hohe Renditen gelockten Geldanleger naturgemäß keinen hinreichenden Einblick nehmen können. Von großer praktischer Bedeutung sind **Emissions-, Informations-** und **Werbeprospekte**, in denen überzeugend dargestellt wird, dass Wirtschaftsprüfer bzw. Wirtschaftsprüfungsgesellschaften verpflichtet wurden, als Treuhänder der Geldanleger zu fungieren und eine ständige zuverlässige *Kontrolle der Mittelverwendung*[1] sowie der Einhaltung von Investitionsplänen[2] vorzunehmen.

63 **b)** Im Bereich des planmäßigen – oft in Form von Schneeballsystemen betriebenen – **Anlage- und Beteiligungsbetrugs (§§ 263, 264a StGB)** sind in den letzten drei Jahrzehnten trotz vielfältiger Warnungen in den Medien immer wieder hohe Millionenschäden verursacht worden. Hierbei, aber auch zur Bewerkstelligung von *Darlehens- und Kreditbetrügereien* (i.S. des normalen Betruges – § 263 StGB – und des Kreditbetruges – § 265b StGB –; vgl. § 50 Rz. 52, 102 ff., 150 ff.), haben sich die Tatinitiatoren in einer erheblichen Zahl der Fälle den *Vertrauensvorschuss* nutzbar gemacht, welcher Rechtsanwälten, Steuerberatern oder Wirtschaftsprüfern von potenziellen Anlage- und Beteiligungsinteressenten, aber auch von Banken und sonstigen öffentlichen oder privaten Kreditgebern entgegengebracht wird. Dies erreichten sie dadurch, dass sie solche Personen als regelmäßig gut honorierte *Treuhänder, Beiräte, Aufsichtsräte* oder sonstige Funktionsträger eingesetzt und dies in dem von ihnen verbreiteten Werbematerial – oft unter Verschweigen der in Wahrheit nicht vorhandenen oder nur geringfügigen Einfluss- und Kontrollmöglichkeiten[3] dieser Personen – massiv herausgestellt haben. Inzwischen ist den Wirtschaftsprüfern für den Bereich der Pflichtprüfungen stufenweise eine verstärkte Prüfungs- und

---

1 In der Entscheidung des BGH v. 11.4.2013 – III ZR 79/12, juris (Rz. 25 ff., 36 ff., 52) wurde Kapitalanlagebetrug (§ 264a StGB) darauf gestützt, dass Anleger im Emissionsprospekt über Intensität und Wirksamkeit der tatsächlich stattfindenden Mittelverwendungskontrolle durch einen Wirtschaftsprüfer irregeführt worden waren.
2 Vgl. LG Dortmund v. 16.7.2013 – 1 O 203/10, juris (Rz. 115 ff.).
3 Die weitgehend unzulängliche Effizienz der insoweit bestehenden Kontrollmöglichkeiten wurde im Geschäftsverkehr öfters nicht hinreichend beachtet; vgl. zu den in der Theorie durchaus umfangreichen, in der praktischen Anwendung weitgehend auf Stichproben, Schätzverfahren, Kennzahlen und Vergleichdaten sowie Plausibilitätskontrollen konzentrierten Prüfungsmöglichkeiten der Prüfungsberufe: WP-Hdb. I, Abschn. R. „Prüfungstechnik"

Berichtspflicht sowie Qualitätskontrolle auferlegt und die Berufsaufsicht erheblich verschärft worden[1] (vgl. Rz. 69 f. und § 91 Rz. 73, § 95 Rz. 4).

Beispiel: Eine Gesellschaft, die sich angeblich mit der Verwertung literarischer und gewerblicher Schutzrechte befasste, warb in ihren Prospekten Geldanleger für Kommandit- oder stille Beteiligungen mit der Behauptung, dass die Anlagegelder über einen als *Treuhänder* tätigen Wirtschaftsprüfer laufen und kontrolliert würden. Tatsächlich wurden die Gelder von den Anlegern auch auf ein Konto eingezahlt, über welches der Wirtschaftsprüfer verfügungsbefugt war. Dieser leitete die eingehenden Mittel seinem von der Anlagegesellschaft erteilten Auftrag gemäß sofort an diese weiter, wo sie teils zur „Aufrechterhaltung des Geschäftsbetriebs" verwendet, teils deren Gesellschaftern und Geschäftsführern über Gehälter, Provisionen und Honorare zugeleitet wurden und im Übrigen alsbald versickerten, ehe die Gesellschaft ihren Betrieb einstellen musste. Der Wirtschaftsprüfer hatte in Wahrheit weder die Aufgabe übernommen, für eine ordnungsgemäße Mittelverwendung zu sorgen, noch sonstige Kontroll- oder Treuhandaufgaben zugunsten von Anlegern wahrzunehmen. Er diente nur als – wirtschaftlich nutzloser – Kontoverwalter und ließ sich im eigenen Honorarinteresse als bloßes Aushängeschild missbrauchen.

In derartigen Fällen kann sich der angebliche Treuhänder schon dann einer **Beteiligung** an Vergehen des **Betrugs** oder der **strafbaren Werbung** nach § 16 Abs. 1 UWG (§ 60 Rz. 8 ff.) schuldig machen, wenn er die irreführenden, über Anlagerisiken hinwegtäuschenden Werbeaussagen kennt und duldet. Für den Nachweis der *vorsätzlichen Beteiligung* am Betrug reicht es dabei aus, dass er – ohne einen Endschaden der Anleger zu wollen – mit deren Vermögensgefährdung gerechnet und diese in Kauf genommen hat[2].

Von erheblicher wirtschaftlicher Bedeutung ist zudem, dass Treuhänder nach der obergerichtlichen *Zivilrechtsprechung* auch bei bloß *fahrlässiger Duldung* von Werbemaßnahmen oder *Mitwirkung* an solchen, wenn diese über Anlagerisiken hinwegtäuschen, grundsätzlich auf **Schadensersatz** in Anspruch genommen werden können[3], und zwar unabhängig davon, dass mit Dritten ohne besondere Umstände rechtsgeschäftliche Beziehungen aus Garantie- oder Auskunftsvertrag nicht entstehen.

c) Wichtige Täuschungsmittel zur Begehung von Betrugshandlungen der genannten Art sind falsche *Bilanzen und Testate*, sonstige *Vermögensaufstellungen, Prüfungsberichte, Bewertungsgutachten* oder *gutachterliche Stellungnahmen*, die von Rechtsanwälten, Steuerberatern, Wirtschaftsprüfern oder sonstigen Beratern im Auftrag ihrer Mandanten erstellt oder jedenfalls unterzeichnet wurden. Bezüglich solcher Unterlagen ist allgemein – insbesondere also auch deren Erstellern – bekannt, dass sie im Geschäftsverkehr vielfach als Bonitätsnachweise und damit als Mittel zur Erlangung von Krediten

---

1 Vgl. dazu die Klage von *Hakelmacher*, WPg. 1999, 133.
2 Vgl. zum Schadenseintritt beim Eingehungsbetrug *Perron* in S/S, § 263 StGB Rz. 128 ff.; zum oftmals planmäßig betrügerischen Vertrieb von Bauherrenmodellen vgl. *Fuellmich/Rieger*, Treuhandmodelle [...], ZIP 1999, 427.
3 Vgl. z.B. BGH v. 2.11.1983 – IVa ZR 20/82, NJW 1984, 355; BGH v. 17.1.1985 – III ZR 196/83, MDR 1985, 1001; BGH v. 22.10.1984 – II ZR 2/84, ZIP 1985, 31; BGH v. 18.2.1987 – IVa ZR 232/85, GmbHR 1987, 463; BGH v. 20.9.1999 – 5 StR 729/99, wistra 1999, 459; BGH v. 11.4.2013 – III ZR 79/12, juris = MDR 2013, 779.

oder von Anlagegeldern verwendet werden[1]. Umso mehr sind ihre Ersteller gehalten, keinesfalls – sei es aus Gefälligkeit oder aus finanziellem Interesse – unrichtige weil zu günstige „Bescheinigungen" auszustellen oder auch nur den Umfang und die Intensität der von ihnen vorgenommenen oder vorgesehenen Prüfungen im Unklaren zu lassen und so eine werbliche Irreführung von Anlage- oder Beteiligungsinteressenten zu ermöglichen. Soweit **Wirtschaftsprüfer** nach den Berufsrichtlinien gehalten sind, u.a. Jahresabschlussprüfungen von vornherein mit einer *kritischen Grundhaltung* zu planen und durchzuführen[2], um Fehler, Manipulationen und Täuschungen erkennen zu können, ist zweifelhaft, inwieweit dem in der Prüfungspraxis wirklich entsprochen wird.

68 Im Wirtschaftsleben wird der objektive **Aussagewert** *von Bestätigungen* oder *Prüfungsvermerken* der genannten Art erfahrungsgemäß **überschätzt**[3]. Einerseits wird nicht hinreichend berücksichtigt, dass solche Unterlagen aus Gefälligkeit oder aus Honorarinteresse vielfach – bewusst oder unbewusst – geschönt ausfallen; andererseits können nach den üblichen Prüfungsrichtlinien formal weitgehend vorschriftsmäßig vorgenommene Prüfungen, etwa Jahresabschlussprüfungen, angesichts der oft sehr komplexen und schwierigen Sachverhalte und der Vielzahl der sich auswirkenden Einzeldaten erfahrungsgemäß nicht so ins Detail gehen, dass Fehler oder gar bewusste Manipulationen durch die vorgenommene Prüfung mit hinreichender Sicherheit aufgedeckt werden können (Rz. 61 f.).

68a Trotz laufender Verbesserungen und Verfeinerungen der Prüfungsmethoden unter Angleichung der internationalen Prüfungsstandards umfassen **Abschlussprüfungen** im Regelfall vor allem einen Abgleich des zu prüfenden Jahres- oder Konzernabschlusses mit den vorgelegten, per EDV verarbeiteten Buchhaltungs- und Geschäftsunterlagen sowie eine Kontrolle der Plausibilität des vorhandenen Zahlenwerkes. Ist der bezeichnete Abgleich unauffällig, so wird ein Prüfer, der oft unter Zeitdruck steht sowie vom geprüften Unternehmen künftig möglichst wieder beauftragt werden und deshalb das Prüfungsklima nicht ohne Not belasten will, sich kaum veranlasst sehen, tiefer gehende weitere Prüfungsmaßnahmen vorzunehmen. Speziell eine Aufdeckung von bewussten Manipulationen, für die z.B. Kontounterlagen gefälscht, sonstige Geschäftsunterlagen zielgerichtet manipuliert, Bewertungen passend gemacht und Risiken verschleiert worden sind, ist vor diesem Hintergrund nicht gewährleistet.

68b **Beispiel:** Ein spektakulärer Beispielsfall dieser Art war der der Firmengruppe **FlowTex** Technical GmbH & Co KG. FlowTex befasste sich offiziell zusammen mit Service- und Schwestergesellschaften mit der Beschaffung und dem Einsatz bzw. der Vermietung von unterirdisch (also grabenlos) arbeitenden großen Horizontalbohrgeräten. Die Verantwortlichen der Firmengruppe stellten diese gegenüber Politik, Wirtschaft und Öffentlichkeit

---

1 Vgl. z.B. die Pflicht der Banken nach § 18 KWG, sich Jahresabschlüsse ihrer Kreditnehmer vorlegen zu lassen, ferner zivilrechtliche Entscheidungen wie BGH v. 18.2.1987 – IVa ZR 232/85, KTS 1988, 315; OLG Frankfurt v. 20.9.1988 – 11 U 15/88, BB 1989, 2151.
2 WP-Hdb. I, Abschn. R, Rz. 2 ff.
3 Zur „Erwartungslücke" zwischen Öffentlichkeit einerseits und Prüfern (bzw. deren Verständnis vom Zweck der Abschlussprüfung) andererseits vgl. WP-Hdb. I, Abschn. Q, Rz. 349 ff.

über Jahre hinweg als besonders innovativ und wirtschaftlich äußerst erfolgreich dar. Dabei manipulierten sie in massiver Weise sowohl die Anzahl der angeschafften und angeblich höchst lukrativ eingesetzten Bohrgeräte als auch die Auftrags-, Umsatz- und Gewinnzahlen. Mittels des manipulierten Unterlagen- und Zahlenmaterials und den erstellten unrichtigen Bilanzen erlangten die Verantwortlichen von getäuschten Leasinggesellschaften und sonstigen Kreditgebern Milliardenbeträge an Kredit- und Leasingmitteln, ehe der fast ein Jahrzehnt lang betriebene Schwindel schließlich aufflog[1].

69 Nicht nur mannigfache Erfahrungen der strafrechtlichen Praxis, sondern auch – vermeintlich überraschend und kurzfristig zu Tage getretene – Krisen oder gar **Zusammenbrüche größerer**, als kreditwürdig geltender **Unternehmen** und Konzerne haben gezeigt, dass wenige Monate zuvor erstellte, testierte und ausführlich erläuterte Jahresabschlüsse und Lageberichte die wahre wirtschaftliche Situation solcher Unternehmen mehr verschleiert als offenbart haben[2] (§ 91 Rz. 67c, § 95 Rz. 4).

Beispiele: Man denke an die spektakulären Fälle Pelikan AG, AEG, Deutsche Anlagen-Leasing, Herstatt-Bank, SMH-Bank, Wibau AG, Beton- und Monierbau AG; IBH-Holding, Neue Heimat, Coop AG, Balsam-Gruppe, Bauträger Jürgen Schneider, Bay. Hypo-Bank, Firmen des sog. Neuen Marktes u.a.[3]

69a Zu ähnlich spektakulären Unternehmenszusammenbrüchen kam es auch in anderen **europäischen und außereuropäischen Ländern**, vor und auch in der weltweiten Finanz- und Wirtschaftskrise ab 2007. Diese Erscheinungen haben international große Zweifel an der Verlässlichkeit von Abschlussprüfungen geweckt und dazu geführt, dass die gesetzlichen Anforderungen an die Qualität von Abschlussprüfungen und deren Kontrolle – ausgehend vom „Sarbanes-Oxley-Act" der USA vom Juli 2002 sowie unter Berücksichtigung von EU-Richtlinien – erheblich verschärft worden sind. Ob die neu eingeführten Regelungen in §§ 55a, 57a–57h, 66a WPO, § 319a HGB zur Durchführung, Sicherung und Überwachung einer verstärkten Qualitätskontrolle den aufgetretenen Missständen nachhaltig abhelfen werden, muss abgewartet werden (vgl. auch § 95 Rz. 9).

70 Entscheidend für den **Aussagewert** der bezeichneten **Bonitätsbescheinigungen** ist stets, dass ihr Ersteller deutlich macht, auf welcher Tatsachengrundlage er zu seinem Urteil gelangt ist, was er selbst geprüft hat, inwieweit er nur Stichproben gemacht und in welchen Punkten er sich auf ihm gemachte Angaben seines Auftraggebers oder auch von Dritten gestützt hat. Entsprechende gesetzliche Verpflichtungen bestehen allerdings bisher kaum. Fehlen solche essen-

---

1 Zum Sachverhalt vgl. u.a. das Amtshaftungsurteil des OLG Karlsruhe v. 15.10.2007 – 12 U 208/05, juris.
2 Vgl. dazu *Marten/Köhler*, Vertrauen in die öffentliche Aufsicht – Die Abschlussprüferaufsichtskommission als Kernelement der WPO-Novellierung, WPg. 2005, 145; *Ring*, Gesetzliche Neuregelungen der Unabhängigkeit des Abschlussprüfers, WPg. 2005, 197; *Schmidt/Pfitzer/Lindgens*, Qualitätssicherung in der Wirtschaftsprüferpraxis, WPg. 2005, 321.
3 Spektakuläre Fälle der Wirtschaftskriminalität aus unterschiedlichen Bereichen und mit diversen Rechts- und Subsumtionsproblemen sind ausführlich von *Tiedemann*, WiStrafR AT und WiStrafR BT behandelt.

ziellen Aussagen, so tut ein Geldanleger oder Kreditgeber von vornherein gut daran, die erstellten Unterlagen mit großer Skepsis zu würdigen und sich ggf. ergänzende Auskünfte und Nachweise sowie – falls möglich – zu seiner Absicherung zusätzliche Garantien geben zu lassen[1].

71 Erweckt ein Berater, der sich auf die Angaben seines Auftraggebers verlassen und zusätzlich einige Plausibilitätserwägungen angestellt und Stichproben gemacht hat, indessen den Eindruck, er habe pflichtgemäß mit berufsüblicher Sorgfalt geprüft, so handelt er eindeutig pflichtwidrig. Rechnet er damit, dass sein Auftraggeber entgegen dem erweckten Anschein in Wahrheit kaum oder nicht kreditwürdig ist und dass er mit dem vom Berater oder Prüfer erteilten Testat, Prüfbericht oder Gutachten Kreditgeber täuschen und schädigen wird, so kann er sich der **Beihilfe zum Betrug** schuldig machen. Dabei ist nicht erforderlich, dass er konkret weiß, in welcher Weise und gegenüber welchen Geschäftspartnern sein Auftraggeber die testierte Vermögensaufstellung oder sonstige schriftliche Bekundungen verwendet[2] (§ 19 Rz. 18).

72 **d)** Von Ehrenberuflern stammende schriftliche Bestätigungen oder Erklärungen der genannten Art (Rz. 62 f.) können ihren **Mandanten** (oder auch Dritten) – in ähnlicher Weise wie vorstehend beschrieben – auch unmittelbar oder mittelbar dazu verwendet werden,

- *Kreditbetrügereien* i.S. des § 265b StGB[3] (§ 50 Rz. 150 ff.) zu begehen,
- bei *Subventionsbetrügereien* i.S. des § 264 StGB (§ 52 Rz. 10 ff.) Taten unterstützend eingesetzt zu werden oder
- den Tatbestand des *Kapitalanlagebetrugs (mittels Prospekten, Darstellungen oder Vermögensübersichten)* gem. § 264a StGB[4] (§ 27 Rz. 110 ff., 119) zu erfüllen.

73 Bei diesen Tatbeständen hängt es entscheidend von der **subjektiven Tatseite** ab, ob Berater, welche die zur Tatbegehung verwendeten, inhaltlich unrichtigen oder durch Verschweigen wesentlicher Umstände den wahren Sachverhalt verschleiernden oder sonst irreführenden Unterlagen erstellt oder dafür wenigstens ihren Namen zur Verfügung gestellt haben, sich der *Beihilfe* schuldig gemacht haben. War einem Berater – zumindest bedingt vorsätzlich (§ 17 Rz. 27) – bewusst, dass das von ihm erstellte, z.B. mit einem Prüf- oder Bestätigungsvermerk versehene Schriftstück inhaltlich unrichtig und/oder irreführend war, so scheitert der Vorsatz einer Beihilfe nicht daran, dass er bei Erstellung und Weitergabe des Schriftstücks nur eine grobe Vorstellung davon hatte, wie und zu welcher Tat der Täter es im Einzelnen verwenden wollte; insbesondere brauchte er nicht näher zu wissen, durch wen, wann, wo, gegenüber wem

---

1 Zu wichtigen Fällen der Manipulation von Bilanzen und Zwischenabschlüssen vgl. *Neuhäuser*, Bilanzkriminalität, 15 ff.; *Tiedemann* in LK, § 283 StGB Rz. 130, 137; ferner oben § 40 Rz. 39 ff.
2 Vgl. *HeineWeißer* in S/S, § 27 StGB Rz. 19; BGH v. 18.4.1996 – 1 StR 14/96, wistra 1996, 232.
3 *Perron* in S/S, § 265b StGB Rz. 29 ff., 33 ff.
4 Ergänzende Bedeutung hierzu haben u.a. §§ 38, 39 WpHG, §§ 49, 50 BörsG, §§ 399 Abs. 1, 400 Abs. 1 Nr. 1 AktG, §§ 144 ff. GewO.

und unter welchen Umständen die Tat ausgeführt wurde oder ausgeführt werden sollte[1].

Wird eine *andere* Tat begangen, als der Berater sich vorgestellt hatte, so kommt es für dessen Strafbarkeit als Gehilfe darauf an, ob die **Abweichung vom vorgestellten Ablauf** strafrechtlich als wesentlich anzusehen ist[2] (s. dazu § 18 Rz. 2 ff.). Dies ist im Verhältnis der Tatbestände des Betrugs, des Kreditbetrugs nach § 265b StGB, des vorsätzlichen Subventionsbetrugs (hingegen wäre schon aus rechtsdogmatischen Gründen eine Beihilfe zum leichtfertigen Subventionsbetrug nach § 264 Abs. 3 StGB, einer Fahrlässigkeitstat, nicht möglich) und des Kapitalanlagebetrugs (§ 264a StGB) in aller Regel zu verneinen, da es sich insoweit um rechtsethisch und psychologisch weitgehend gleichwertige, *eng verwandte Tatbestände* handelt[3], die jeweils Vermögensdelikte zum Gegenstand haben und mittels Täuschung des jeweiligen Geschäftspartners begangen werden. 74

Übernimmt ein Rechtsanwalt oder sonstiger Berater, der Werbung von Vermögensanlage- oder Vermittlungsgesellschaften für sichere und ertragreiche Anlagen entsprechend, gegenüber Geldanlegern die **treuhänderische Verpflichtung**, die Verwendung der Anlagemittel zu kontrollieren und diese erst unter bestimmten Voraussetzungen zweckentsprechend freizugeben, so beinhaltet dies regelmäßig eine Vermögensbetreuungspflicht i.S. von § 266 StGB zugunsten der Anleger[4] (s. § 32 Rz. 94 ff.). Verletzt der Berater die übernommenen Geschäftsbesorgungspflichten, indem er beispielsweise die einbezahlten Gelder ohne Ausübung der versprochenen Kontrollen an Dritte weiterleitet oder den Initiatoren zur weiteren Verwendung überlässt, und entsteht den Anlegern dadurch wirtschaftlicher Schaden, so kann er sich wegen *Untreue* (§ 266 StGB) strafbar machen. Dies ist der Fall, wenn er vorsätzlich handelt, also unter bewusster Verletzung seiner Treupflichten eine Schädigung der Anleger wenigstens billigend in Kauf nimmt (vgl. § 32 Rz. 93 ff., 113). 75

2. Gründungsschwindel

Sowohl bei der **Gründung** (oder auch **Umwandlung**) von Gesellschaften (vgl. oben § 27 Rz. 47 ff.) als auch bei der **Durchführung von Kapitalveränderungen** (§ 27 Rz. 3 ff., § 50 Rz. 1 ff.) sind so zahlreiche, zum Teil überaus diffizile gesetzliche Bestimmungen zu beachten[5], dass schon in der jeweiligen Vorbereitungsphase, also vor den sich anschließenden notariellen Beurkundungsterminen, regelmäßig rechts- und sachkundige Berater eingeschaltet werden müssen, damit die geplante Maßnahme sachgerecht durchgeführt werden kann. Dabei werden nicht nur Gesellschaftsverträge und Satzungen (meist) von Rechtsanwälten (oder auch steuerlichen Beratern; dies kann sich bei Steuerbe- 76

---

1 Vgl. BGH v. 18.4.1996 – 1 StR 14/96, wistra 1996, 232; *Heine/Weißer* in S/S, § 27 StGB Rz. 29 sowie oben Rz. 71.
2 Dazu auch *Heine/Weißer* in S/S, § 27 StGB Rz. 19 f.
3 Zu den Konkurrenzverhältnissen zwischen diesen Tatbeständen vgl. *Perron* in S/S, § 264 StGB Rz. 86–88, § 265b StGB Rz. 51.
4 *Perron* in S/S, § 266 StGB Rz. 23 ff.; *Fischer*, § 266 StGB Rz. 11, 12.
5 Vgl. etwa §§ 3 ff., 8 ff., 55 ff. GmbHG, §§ 23 ff., 182 ff. AktG.

77 Schon diese wenigen Hinweise zeigen, welch **große Bedeutung der Beratertätigkeit** *einschließlich der Belehrungspflichten von* **Notaren** in den Beurkundungsterminen und bei deren Vorbereitung dafür zukommt, dass derartige, im Wirtschaftsleben außerordentlich bedeutsame Gestaltungsmaßnahmen gesetzesgemäß abgewickelt werden. Denn der maßgebliche Hintergrund der einzuhaltenden Pflichten ergibt sich vor allem daraus, dass der Missbrauch von Gesellschafts- und Gestaltungsformen unterbunden wird, welcher sich vor allem daraus ergeben kann, dass der Geschäftsverkehr im Liquidations- oder Insolvenzfall nur auf ein (regelmäßig) sehr beschränktes Gesellschaftsvermögen einer GmbH oder AG oder ähnlichen Rechtsformen (vgl. § 23 Rz. 70 ff., § 27 Rz. 16 ff.) zugreifen kann. Vermeintlich oder tatsächlich fehlerhafte Beratung in diesen Bereichen führt in der Praxis immer wieder zu Schadensersatzklagen gegen Rechtsanwälte[1] oder auch Notare.[2]

ratern als unerlaubte Rechtsbesorgung darstellen, vgl. dazu § 92 Rz. 3, 8) konzipiert, sondern bei Gesellschaftsgründungen oder Kapitalerhöhungen insbesondere die Kernfragen abgeklärt, mit welchem Kapital die jeweilige Gesellschaft ausgestattet werden soll, wie dieses aufgebracht wird (als Bar- oder Sachkapital) und in welcher Weise es formgerecht und rechtswirksam einzubringen ist. Ähnliches gilt bei Firmenübernahmen, Verschmelzungen oder schwierigen Umstrukturierungen, die z.B. mit der Änderung von Rechtsformen verbunden sind.

78 In der Vergangenheit war streitig, ob und inwieweit die **Registergerichte** befugt waren, formal ordnungsgemäße Anmeldungen zum Handelsregister zu **überprüfen** und zu hinterfragen.[3] Teilweise wurde zu Recht beklagt, dass sich die Registergerichte bezüglich der wichtigsten Voraussetzungen solcher Maßnahmen, etwa der ordnungsgemäßen Kapitaleinbringung bei Gründung einer Gesellschaft oder bei Kapitalerhöhungen weitgehend mit bloßen Erklärungen oder Versicherungen der Verantwortlichen begnügen und auf dieser dürftigen Grundlage die erforderlichen konstitutiven Registereintragungen vornehmen konnten[4]. Nachdem bei der AG insoweit immerhin weitergehende Nachweispflichten und damit auch umfassendere Kontrollmöglichkeiten der Registergerichte bestanden (vgl. z.B. §§ 36 ff., 188, 195, 210 AktG), sind durch das MoMiG seit 1.11.2008 die Prüfungsbefugnisse der Registergerichte nach dem GmbHG etwas verstärkt worden.

78a Nach § 8 Abs. 2 S. 2 GmbHG kann das Registergericht nun „*bei erheblichen Zweifeln*" an der Richtigkeit einer Versicherung gem. § 7 Abs. 2, 3 GmbHG **Nachweise** (u.a. Einzahlungsbelege) **verlangen**. Diese unpräzise Regelung soll schon der überwiegenden früheren Praxis der Registerrichter entsprochen haben[5]. Bei der für Missbräuche anfälligen *Sachgründung* ist in § 9c Abs. 1 S. 2

---

1 Vgl. BGH v. 10.5.2012 – IX ZR 125/10, MDR 2012, 1031 = NJW 2012, 2435; OLG Koblenz v. 23.1.2013 – 5 U 819/12, GmbHR 2012, 1269; LG Hagen v. 24.5.2012 – 4 O 330/09, juris.
2 OLG Sachsen-Anhalt v. 21.1.2010 – 1 U 35/09, GmbHR 2010, 533.
3 Vgl. BayObLG v. 25.2.1988 – BReg 3 Z 165/87, NJW 1988, 1599; *Ammon*, DStR 1995, 1311.
4 Vgl. Voraufl., § 96 Rz. 78.
5 Vgl. *Gustavus*, GmbHR 1988, 47; *Ammon*, DStR 1995, 1311.

GmbHG aber nur eine beschränkte Prüfung vorgesehen. Soll die Einlage eines Gesellschafters wieder an diesen zurückfließen, z.B. als Darlehen, ist dies nach § 8 GmbHG anzumelden (§ 19 Abs. 5 S. 2 GmbHG); Nachweise dazu sind zwar im Gesetz nicht aufgeführt, dürfen vom Registergericht aber nach h.M. gleichwohl angefordert werden, da es nur so prüfen kann, ob der Anspruch auf jederzeitige sofortige Rückzahlung (§ 19 Abs. 5 S. 1 GmbHG) vollwertig und sofort realisierbar ist[1]. Zu verdeckten Sacheinlagen, „Hin- und Herzahlungen" sowie zu „Mantelgründungen"[2] bzw. „Mantelaktivierungen" wird auf frühere Ausführungen verwiesen (§ 27 Rz. 149 ff., § 29 Rz. 69).

Grundsätzlich sind sowohl die *beschränkten gesetzlichen Kontrollpflichten* als auch die **uneinheitliche Prüfungspraxis** der Registergerichte unbefriedigend und für die Sicherheit des Geschäftsverkehrs durchaus gefährlich. Letzteres gilt auch insoweit, als für die Registergerichte keine gesetzliche Pflicht besteht, wohl aber eine Befugnis anzuerkennen ist, die Staatsanwaltschaften zu unterrichten, wenn sich der Verdacht von strafbaren Falschangaben ergeben hat. Demgemäß verfahren die Registergerichte wohl auch insoweit unterschiedlich. 78b

An anderer Stelle (§ 27 Rz. 22 ff., § 50 Rz. 15, 16) ist bereits dargelegt worden, dass die in einem weiten Sinne verstandenen **Begriffe** des **Gründungs- und Kapitalerhöhungsschwindels** nur *unscharf* die verschiedenen unlauteren Machenschaften bezeichnen, die im Zusammenhang mit Firmengründungen, Änderungen von Gesellschaftsformen, Umwandlungen, Verschmelzungen und Kapitalerhöhungen vorgenommen werden können. In einem engeren Sinne werden diese Begriffe verwandt für die *Vergehen der Falschangaben* gegenüber den Registergerichten nach § 82 Abs. 1 GmbHG (für die GmbH) und nach § 399 Abs. 1 Nr. 1–4 und Abs. 2 AktG für die AG (diese Bestimmung gilt gem. § 408 S. 1 AktG für KG auf Aktien ebenfalls, vgl. auch § 313 Abs. 2 UmwG). Diese Tatbestände mit den möglichen unterschiedlichen Sachverhaltsalternativen sind oben ebenfalls bereits ausführlich dargestellt worden (§ 27 Rz. 136 ff., 149 ff., 163, 183 ff.; § 50 Rz. 16, 30 ff.). 79

Im vorliegenden Zusammenhang ist zunächst darauf hinzuweisen, dass als **Täter** i.S. der genannten Tatbestände **bei der GmbH** nur *Gesellschafter* und *Geschäftsführer*[3] (§ 27 Rz. 144 f.), darunter auch faktische Geschäftsführer,[4] **bei der AG** nur *Gründer, Vorstandsmitglieder* und *Aufsichtsratsmitglieder*[5] (§ 27 Rz. 164 ff.) in Betracht kommen, soweit sie gegenüber dem Registergericht falsche Angaben gemacht oder (§ 399 Abs. 1 AktG) erhebliche Umstände verschwiegen haben. Es handelt sich also um *echte Sonderdelikte*[6] (§ 22 Rz. 8 ff.), weshalb Rechtsanwälte, Steuerberater, Wirtschaftsprüfer und sonstige Ratgeber nicht in ihrer Eigenschaft als Berater, sondern nur als Funktionsträger der genannten Art im Unternehmen Täter sein können (§ 27 Rz. 144 ff. für die 80

---

1 Dazu ausf. OLG München v. 17.2.2011 – 31 Wx 246/10, ZIP 2011, 567.
2 Vgl. OLG Nürnberg v. 18.4.2011 – 12 W 631/11, GmbHR 2011, 582.
3 Vgl. *Tiedemann* in Scholz, § 82 GmbHG Rz. 19 ff.
4 BGH v. 10.5.2000 – 3 StR 101/00, NJW 2000, 2285.
5 Vgl. *Geilen* in Kölner Komm., § 399 AktG Rz. 17 ff.
6 S. hierzu *Tiedemann* in Scholz, § 82 GmbHG Rz. 18 ff.

GmbH, § 27 Rz. 164 ff. für die AG). Wohl aber kommen *Berater* wie auch z.B. *Prokuristen* oder *Liquidatoren*[1] als *Anstifter* oder *Gehilfen* infrage. Selbstverständlich macht sich ein Notar oder sonstiger rechtlicher Berater dann nicht strafbar, wenn er sich bei der Beratung und Vertretung eines Mandanten ordnungsgemäß im Rahmen der Verfahrensordnungen und der jeweiligen Berufsordnung hält[2].

80a Teilweise wird die Auffassung vertreten, dass bei solchen Beratern aus berufsrechtlichen Gründen bloßer *bedingter Vorsatz* generell oder doch regelmäßig *nicht* ausreiche, um einen Berater strafrechtlich mitverantwortlich zu machen; vielmehr sei hierfür bei ihm direkter Vorsatz erforderlich[3]. Dieses Ergebnis wird teils durch restriktive Auslegung von Tatbeständen erzielt, teils durch Annahme eines *Rechtfertigungsgrundes des* **berufsgemäßen Verhaltens**[4]. Dies ist nicht überzeugend (vgl. § 95 Rz. 14 ff., 17). Mit bedingtem Vorsatz zu strafbarem Verhalten beizutragen, liegt bei den genannten Berufsträgern gerade nicht mehr im Rahmen berufsgemäßen Verhaltens. Zudem ist aus der strafrechtlichen Praxis eine Notwendigkeit zur Begründung eines derart weitgehend privilegierenden dogmatischen Sonderrechts für die bezeichneten Beraterberufe nicht abzuleiten.

81 Bei den Tatbeständen der **Falschangabe** handelt es sich nach ganz h.M. um **abstrakte Gefährdungsdelikte**, bei denen es nicht darauf ankommt, ob irgendjemand geschädigt oder gefährdet worden ist oder auch nur gefährdet werden sollte[5]. Deshalb ist es *geboten*, die in diesem Bereich bestehenden Formvorschriften und sonstigen formalen Regelungen der einschlägigen Gesetze in jeder Hinsicht genau zu beachten. Dies gilt selbstverständlich auch für die materiellen Inhalte von Angaben. Dabei geht es insbesondere um die Richtigkeit, Vollständigkeit und präzise Exaktheit aller der Angaben, die nach der Gesetzeslage gegenüber den Registergerichten zu machen sind[6]. Der in diesem Zusammenhang nicht selten gehörten Meinung von Beschuldigten und ihren Beratern, es sei doch sinnvoll, anstatt auf den Wortlaut von Vorschriften zur Kapitalaufbringung auf das wirtschaftliche Ergebnis abzustellen, weshalb beispielsweise die Hereinnahme eines (im Zeitpunkt des Eingangs der Versicherung beim Handelsregister noch nicht eingelösten) Schecks oder Wechsels oder die Verrechnung einer Darlehensforderung doch durchaus als Bareinlage gewertet werden könnten[7] (§ 27 Rz. 152 ff.; s. auch § 54 Abs. 3 AktG), kann

---

1 BGH v. 22.9.2009 – 3 StR 195/09, juris (Prokurist); OLG Thüringen v. 29.7.1997 – 1 Ss 318/96, wistra 1998, 7 (Liquidator).
2 Vgl. *Tiedemann* in Scholz, § 82 GmbHG Rz. 19.
3 *Volk*, BB 1987, 139 (142); *Krekeler*, AnwBl. 1993, 72.
4 S. *Tiedemann* in Scholz, § 82 GmbHG Rz. 25 („Handeln im Rahmen der Berufsordnung" als Rechtfertigungsgrund); *Tiedemann*, WiStrafR AT, Rz. 188 ff., 192.
5 Zu den einzelnen Schutzgütern des § 82 GmbHG vgl. *Tiedemann* in Scholz, § 82 GmbHG Rz. 9 ff., wo hauptsächlich das Vertrauen des Rechtsverkehrs in die wichtige Aussagekraft des Handelsregisters hervorgehoben wird.
6 Tendenziell in ähnlichem Sinne *Geilen* in Kölner Komm., § 399 AktG Rz. 48; vgl. aber auch *Tiedemann* in FS Lackner, 1987, S. 737 ff. (750 ff.).
7 Vgl. *Tiedemann* in Scholz, § 82 GmbHG Rz. 70.

deshalb nicht gefolgt werden[1]. Die *zivilrechtliche Rechtsprechung* betont den in diesem Zusammenhang wichtigen Grundsatz der realen Kapitalaufbringung besonders und ist im Interesse eines nachhaltigen Schutzes des Geschäftsverkehrs Versuchen, diesen Grundsatz aufzuweichen und die gesetzlichen Vorschriften zur Kapitalaufbringung großzügig zu handhaben, zu Recht entgegengetreten[2]. Zwischenzeitlich gibt es dazu teilweise von der EU initiierte Aufweichungstendenzen (vgl. § 27 Rz. 22 ff.).

Von der Zahl der Fälle her sind **Falschangaben** folgender Art in der Praxis *von besonderer Bedeutung*: 82

Der Anmelder versichert für den maßgeblichen Zeitpunkt, nämlich dem Eingang seiner Erklärung beim Registergericht:

- auf *jede der* übernommenen *Einlagen* seien (beispielsweise) 50 % erbracht worden, obwohl in Wahrheit die vorhandenen mehreren Gesellschafter ihre Einlagen in unterschiedlicher prozentualer Höhe (insgesamt vielleicht durchaus zu 50 % oder sogar mehr) eingezahlt haben[3] (s. auch § 8 Abs. 2 GmbHG),

- bestimmte Einzahlungen seien in *bar* erfolgt, während in Wahrheit eine Sacheinlage[4] vorgenommen wurde, beispielsweise lediglich ein (noch nicht eingelöster) *Scheck* eingereicht oder nur ein Wechsel vorläufig gutgeschrieben oder gar eine Verrechnung vorgenommen worden ist[5],

- die erfolgte Bareinlage stehe *zur freien Verfügung* des Geschäftsführers, während in Wahrheit von vornherein vorgesehen ist, die tatsächlich erfolgte Einzahlung kurzfristig wieder zurückzuerstatten und dafür eine Sacheinlage zu akzeptieren oder mit ihr eine Schuld der GmbH beim Einzahler auszugleichen[6], oder während in Wahrheit die Einzahlung auf ein im Soll geführtes Konto der GmbH erfolgt ist und somit nur zur Verminderung des Schuldsaldos geführt hat[7],

- die erfolgte Bareinlage stehe *noch zur Verfügung*, während sie in Wahrheit bereits im Rahmen der Geschäftstätigkeit der Vorgesellschaft (ganz oder teilweise) verbraucht worden ist; für die Gründung der AG ist u.a. eindeutig geregelt (§§ 36 Abs. 2, 36a, 37 Abs. 1 AktG), dass das eingezahlte Kapital in keiner anderen Weise als durch Zahlung der angefallenen Steuern und Gebühren belastet worden sein darf[8].

---

1 Zur Verschleierung von Sacheinlagen und zu Umgehungen der Pflicht zur Erbringung von Bareinlagen vgl. die grundlegende Entscheidung des BGH im Fall IBH, BGH v. 15.1.1990 – II ZR 164/88, NJW 1990, 982 = ZIP 1990, 156; sowie *Joost*, ZIP 1990, 549; ferner die ausführliche Darstellung von *Tiedemann* in FS Lackner, 1987, S. 737 ff. (bes. 738 ff., 742 f., 751 ff.).
2 Vgl. BGH v. 15.1.1990 – II ZR 164/88, NJW 1990, 982; OLG Koblenz v. 28.4.1988 – 6 U 227/87, ZIP 1988, 642.
3 Vgl. *Tiedemann* in Scholz, § 82 GmbHG Rz. 64 ff.; zu den erforderlichen Tatsachenfeststellungen als Voraussetzungen einer Verurteilung vgl. BGH v. 29.9.2004 – 5 StR 357/04, wistra 2005, 68; dazu *Wegner*, wistra 2005, 150.
4 Zu verdeckten oder verschleierten Sacheinlagen vgl. BGH v. 15.1.1990 – II ZR 164/88, NJW 1990, 982; sowie ausführlich *Joost*, ZIP 1990, 549.
5 *Tiedemann* in FS Lackner, 1987, S. 737 ff.; s. auch OLG Hamm v. 1.2.1988 – 8 U 107/87, ZIP 1988, 1057; *Meilicke*, GmbHR 1989, 411.
6 *Schaal* in Erbs/Kohlhaas, § 82 GmbHG Rz. 22; *Tiedemann* in Scholz, § 82 GmbHG Rz. 71; *Geilen* in Kölner Komm., § 399 AktG Rz. 62; *Tiedemann* in FS Lackner, 1987, S. 737 (740).
7 Vgl. BGH v. 11.11.1985 – 2 ZR 109/84 – Beton und Monierbau AG, ZIP 1986, 14.
8 Vgl. dazu *Geilen* in Kölner Komm., § 399 AktG Rz. 62.

82a In diesen Fällen wird mit dem gebräuchlichen Formulierung von Anmeldern: „... steht mir als Geschäftsführer zur freien Verfügung ..." konkludent behauptet, das Kapital sei (dem Gesellschaftsvertrag gemäß) eingebracht worden und es sei tatsächlich vorhanden. **Gründungsaufwand** darf dabei wohl aus eingenommenen Einlagen beglichen worden sein, allerdings nur, wenn dies im Gesellschaftsvertrag ausdrücklich vorgesehen war. Andernfalls darf Gründungsaufwand nicht aus den Einlagen bestritten werden[1]. Ist Letzteres doch vorgesehen oder schon geschehen, darf darüber gegenüber dem Handelsregister – auch durch Stillschweigen – nicht irregeführt werden[2] (zu weiteren Fällen der Falschangaben vgl. § 27 Rz. 139 ff., 149 ff., 157 ff., 167 ff., 172 ff.).

83 Zahlreiche Einlassungen von Beschuldigten in Fällen dieser Art und sonstige Erkenntnisse aus der Praxis lassen befürchten, dass eine **unzureichende Aufklärung** der Anmelder, insbesondere *durch Notare und Rechtsanwälte*, aber auch sonstige Berater, über Inhalt und Reichweite der nicht nur für juristische Laien durchaus schwer zu verstehenden Begriffe[3] der (Bar-)Einzahlung, der übernommenen Stammeinlagen, der freien Verfügbarkeit und der Belastung mit Verbindlichkeiten (mit Gründungskosten und sonstigen Kosten) oft zur Verstrickung der Anmelder in strafrechtliche Ermittlungsverfahren beigetragen hat. Teilweise wird aus der Häufung von schwer abgrenzbaren unbestimmten Rechtsbegriffen in den verschiedenen Tatmodalitäten des § 82 GmbHG gefolgert, dass wegen des Bestimmtheitsgebots in Art. 103 Abs. 2 GG nur eindeutig feststellbare Unrichtigkeiten als tatbestandsmäßige Falschangaben zu werten seien[4]. Eine solche generelle Reduktion der Tatbestände erscheint allerdings prinzipiell bedenklich. Vorzugswürdig ist es, bei der genannten Aufklärungs- und Belehrungspflicht der Notare und sonstigen sachkundigen Beraterberufe anzusetzen, wenn im Einzelfall Fragen der Tatbestandserfüllung und des Tatvorsatzes problematisch sind.

84 Angesichts der für juristische Laien oft schwer zu verstehenden Begriffe, die insoweit eine Rolle spielen können, erfüllen speziell **Notare** ihre Beratungs- und **Belehrungspflicht** in berufswidriger Weise nicht, wenn sie bei Beurkundung der erforderlichen Erklärungen diese nur formelhaft entsprechend dem Wortlaut der Gesetze formulieren und routinemäßig zur Genehmigung verlesen, ohne über Sinn und Tragweite der verwendeten Begriffe und die vielfältigen Haftungsrisiken zu *belehren* und darzulegen, welche Verhältnisse und Umstände *tatsächlich* gegeben sein müssen, damit die erstrebte Eintragung ins Handelsregister entsprechend der Gesetzeslage erfolgen kann.

85 **Unterlassene Belehrungen** dieser Art oder auch sachliche Beratungsfehler begründen zwar – regelmäßig mangels Vorsatzes – gegen einen Notar oder sonstigen Berater normalerweise keinen Teilnahmeverdacht an einem Vergehen der Falschangabe, doch kann der Berater ggf. wegen einer Berufspflichtverletzung

---

1 Grundsätzlich BGH v. 9.3.1981 – II ZR 54/80, BGHZ 80, 129 (140).
2 *Tiedemann* in Scholz, § 82 GmbHG Rz. 72 m.Nw.
3 Vgl. *Tiedemann* in Scholz, § 82 GmbHG Rz. 103 ff., 106.
4 *Tiedemann* in Scholz, § 82 GmbHG Rz. 60, 106, 176 m.Nw.

zur Verantwortung gezogen (§ 91 Rz. 24 ff., 52 ff.) oder zivilrechtlich auf Schadensersatz in Anspruch genommen werden[1].

Demgegenüber kommt in folgendem Beispielsfall eine strafbare **Beteiligung eines Beraters** in Betracht:

Beispiel: Die Eheleute A als Gesellschafter einer GmbH wollen deren Stammkapital von 50 000 Euro auf 100 000 Euro erhöhen und dafür ein von ihnen der GmbH gewährtes Darlehen in Höhe von 60 000 Euro verwenden. Ihr hierauf angesprochener Steuerberater S erläuterte ihnen, dass insoweit zwar eine Sachkapitalerhöhung durchgeführt werden könne, diese aber umständlich und schwierig zu bewerkstelligen sei, zumal es als zweifelhaft angesehen werden müsse, ob dem Registergericht eine Vollwertigkeit der Darlehensforderung nachgewiesen werden könnte. Deshalb schlägt S vor, die Eheleute sollten unmittelbar vor der Anmeldung zum Registergericht einen privaten Bankkredit für wenige Tage aufnehmen und die Kreditsumme von 50 000 Euro auf das GmbH-Konto überweisen, worauf der Betrag dann kurzfristig wieder zurückfließen könne. Die Eheleute beziehen hierauf von ihrer Bank einen Kredit über 50 000 Euro, lassen diesen Betrag auf das Konto der GmbH überweisen und melden die Kapitalerhöhung dann mit der Versicherung zum Handelsregister an, der Kapitalerhöhungsbetrag von 50 000 Euro sei voll eingezahlt worden und befinde sich in der freien Verfügung der Eheleute A als Geschäftsführer der GmbH. Kurz danach wird der Betrag von 50 000 Euro vom GmbH-Konto wieder auf das Kreditkonto bei der Bank zurücküberwiesen[2]. Der die Buchhaltung führende Steuerberater S bucht diesen Vorgang dahin, dass die Rückzahlung der 50 000 Euro auf das von den Eheleuten A ursprünglich gewährte (zur Rückzahlung jedenfalls noch nicht fällige) Gesellschafterdarlehen erfolgt sei.

Hier stand der Erhöhungsbetrag in Wahrheit **nicht zur freien Verfügung** der Geschäftsführer, weil eine Rückzahlung von vornherein vorgesehen war[3] (Scheinleistung). In Wahrheit wurde gegenüber dem Handelsregister verschleiert, dass eine Sachkapitalerhöhung durchgeführt worden ist. Die Eheleute A können den Tatbestand des § 82 Abs. 1 Nr. 3 GmbHG erfüllt, der Berater S kann dazu angestiftet haben.

3. Sanierungsschwindel

Für Berater ist die Gefahr, sich wegen Teilnahme an Taten ihrer Mandanten, unabhängig von den Tatbeständen der § 82 GmbHG, § 399 AktG strafbar zu machen, dann besonders groß, wenn sie an **unlauteren Sanierungsversuchen** (zu Straftaten im Zusammenhang mit Sanierungen vgl. § 87 Rz. 1 ff., 20 ff.) mitwirken oder mitwirken sollen. Auf die besondere kriminogene Situation von Beratern, die ihren Mandanten in dessen wirtschaftlichen Schwierigkeiten nicht im Stich lassen, sondern ihm helfen wollen, sei dabei nochmals hingewiesen (vgl. § 76 Rz. 1 ff., 9, § 95 Rz. 1 ff.).

---

1 Fall der Notarhaftung: OLG Sachsen-Anhalt v. 21.1.2010 – 1 U 35/09, GmbHR 2010, 533.
2 Zur zivilrechtlichen Haftung einer mitwirkenden Bank in einem ähnlichen Fall vgl. OLG München v. 29.1.1990 – 26 U 3650/89, ZIP 1990, 785.
3 So auch *Tiedemann* in Scholz, § 82 GmbHG Rz. 71 m.w.Nw.; *Geilen* in Kölner Komm., § 399 AktG Rz. 62; *Tiedemann* in FS Lackner, 1987, S. 737 (752 f.) mit Einschränkungen; s. auch BayObLG v. 25.2.1988 – BReg 3 Z 165/87, NJW 1988, 1599.

89 Dazu zunächst ein **Sonderfall** dieser Art:

> **Beispiel:** Ein Berater bietet den Gläubigern seines überschuldeten Mandanten einen außergerichtlichen Vergleich mit der Zusage an, sie erhielten aus einem von ihm verwalteten Fonds, der mit einem bestimmten Mindestbetrag ausgestattet sei oder in Kürze ausgestattet werde, innerhalb gewisser Fristen Teilzahlungen auf ihre Forderungen. Da der Schuldner die von ihm zugesagte Summe nicht in den Fonds einbringt, scheitert der Sanierungsversuch. Darauf entnimmt der Berater dem Fonds-Vermögen sein Honorar und gibt dem Schuldner den Restbetrag zurück.

90 Da in diesem Fall der Berater nicht nur als Beauftragter seines Mandanten, sondern auch als **Sachwalter** *von* dessen *Gläubigern* aufgetreten ist, wurde er zu Recht auch als gegenüber den Gläubigern treupflichtig i.S. des § 266 StGB angesehen, der den Tatbestand der Untreue erfüllt haben kann[1].

91 Charakteristischer als der vorgenannte Fall sind **Sanierungsversuche** (§ 87 Rz. 1 ff., 29 ff.) mittels *Gründung, Umgründung, Aufspaltung* oder *Fusion* von Firmen und Gesellschaften. Fälle des **Umwandlungsschwindels** oder **Verschmelzungsschwindels** sind mit § 313 UmwG – über die Bestimmungen der § 82 GmbHG, § 399 AktG, § 331 HGB hinaus – zu erfassen. Danach sind Gesellschaftsorgane strafbar, die im Zusammenhang mit der Verschmelzung, Spaltung und Übertragung von Gesellschaften unrichtige Berichte erstellen oder falsche Darstellungen geben (§ 313 Abs. 1 Nr. 1 UmwG), beauftragte Prüfer unrichtig informieren (§ 313 Abs. 1 Nr. 2 UmwG) oder gegenüber dem Registergericht unkorrekte Angaben machen (§ 313 Abs. 2 UmwG). Der seit 2007 geltende § 314a UmwG stellt auch Falschangaben gegenüber dem Registergericht nach § 122k Abs. 1 S. 3 UmwG über Sicherheitsleistungen zur Erlangung einer Verschmelzungsbescheinigung für *grenzüberschreitende Verschmelzungen* unter Strafe (zu Einzelheiten der §§ 313, 314a UmwG wird auf § 23 Rz. 99 ff., § 27 Rz. 47 ff., 183, § 50 Rz. 85 ff., verwiesen).

91a Derartigen Versuchen einer Sanierung liegen naturgemäß mehr oder weniger große *wirtschaftliche* **Notsituationen** zugrunde. Wird ein Berater dabei um Rat und um Darlegung von Gestaltungsmöglichkeiten befragt, so sind die strafrechtlichen Risiken für alle Beteiligten einschließlich des Beraters umso größer, je schwieriger die Notlage bereits geworden ist und je mehr ersichtlich wird, dass bei der Sanierung weniger eigene Mittel der das Unternehmen betreibenden Personen eingesetzt werden als vielmehr Dritte – womöglich in verschleierter Form – zur Kasse gebeten werden sollen.

92 Wirkt ein Berater, der sich nicht darauf beschränken will, im Rahmen seiner beruflichen Aufgabe über rechtliche Gestaltungsmöglichkeiten ordnungsgemäß zu belehren und dabei womöglich darauf hinzuweisen, wo die Grenzen zur Strafbarkeit überschritten werden (Rz. 80), an solchen zweifelhaften Sanierungsmaßnahmen mit, muss er sich seiner **eigenen strafrechtlichen Risiken** bewusst sein (zum Teilnahmerisiko, das für Berater nicht wesentlich aus berufsrechtlichen Gründen gemindert ist, vgl. § 95 Rz. 14 ff., 17).

---

1 OLG Stuttgart v. 13.12.1983 – 4 Ss (22) 494/83, wistra 1984, 115; s. auch *Richter*, wistra 1984, 97.

Zur Verdeutlichung solcher Risiken sei folgender Beispielsfall aus der Praxis angeführt: 93

Beispiel: Der überschuldete und in großen Zahlungsschwierigkeiten befindliche Bauunternehmer A kommt zu Rechtsanwalt B, der ihn laufend in Prozessen vertritt und seine wirtschaftlichen Schwierigkeiten kennt, und bittet ihn, ihm zu helfen, möglichst aus seinen Schwierigkeiten, insbesondere aus der ihm immer gefährlicher werdenden persönlichen Haftung als Einzelunternehmer herauszukommen. B rät ihm, eine GmbH zu gründen, und weist dazu folgenden Weg, den A auch beschreitet: A bringt die ihm gehörenden Geräte und Maschinen der Einzelfirma im Wert von 100 000 Euro als Sachkapital unter Vorlage eines Sachgründungsberichts, der den Wert dieser Gegenstände belegt, in die GmbH ein (eine Bargründung scheidet aus, da A nicht über die erforderlichen flüssigen Mittel verfügen kann). Nachdem die GmbH mit einem Stammkapital von 100 000 Euro ins Handelsregister eingetragen worden ist, übt A keine Geschäftstätigkeit mehr unter der Einzelfirma, sondern nur noch unter der GmbH aus. Einige Zeit leistet A noch Zahlungen aus Mitteln der GmbH an seine Altgläubiger, wie er und B dies von vornherein vorgesehen hatten. Diese Zahlungen verbucht er als ihm persönlich von der GmbH gewährte Darlehen. Nach wenigen Monaten wird bezüglich seines privaten Vermögens ein Antrag auf Eröffnung eines Insolvenzverfahrens mangels Masse abgewiesen.

Wie A und B bei Gründung der GmbH **wussten**, war A mit seiner Einzelfirma i.S. von § 283 Abs. 1 StGB in der *Krise*. Durch Einbringen der vorhandenen Sachwerte in die GmbH wurde das noch vorhandene Privatvermögen des A i.S. von § 283 Abs. 1 Nr. 1 StGB beiseite geschafft. Dies gilt trotz der Möglichkeit von Privatgläubigern, in die Gesellschaftsanteile zu vollstrecken. Denn eine Vollstreckung in einzelne Gegenstände des Privatvermögens wäre für die Gläubiger wesentlich einfacher und aussichtsreicher zu bewerkstelligen gewesen. Die Realisierung des wirtschaftlichen Wertes eines gepfändeten Gesellschaftsanteils ist erfahrungsgemäß mit zweifelhaften Erfolgsaussichten, mindestens aber mit ganz erheblichen Schwierigkeiten verbunden. 94

Wie von A und B ebenfalls von vornherein vorausgesehen und auch gewollt, war es notwendig, aus dem Geschäftsbetrieb der GmbH erwirtschaftete Geldmittel **zur Zahlung von Altverbindlichkeiten** des A zu verwenden, da andernfalls der Vermögensverfall des A sofort offenbar und auch die Bonität der GmbH bei ihren Lieferanten und sonstigen Kreditgebern entscheidend beeinträchtigt worden wäre. Die entsprechenden Entnahmen aus dem GmbH-Vermögen erfolgten i.S. von § 266 StGB *treuwidrig*, auch wenn sie formell ordnungsgemäß als Darlehen gebucht worden sind. Denn einerseits benötigte die GmbH die entsprechenden Gelder zur Aufrechterhaltung ihrer eigenen Liquidität, andererseits war A persönlich überhaupt nicht mehr kreditwürdig und der Anspruch der GmbH auf Rückzahlung der Darlehen wertlos oder doch im Wert entscheidend gemindert. Da Rechtsanwalt B in diesem Fall sowohl über die wirtschaftliche Ausgangslage voll informiert war als auch die weitere Entwicklung mit A vorbesprochen hat – wenn möglicherweise auch in der Hoffnung, A könne die GmbH vielleicht erfolgreich führen, zumindest aber für längere Zeit erhalten –, kann ihm auch der Vorwurf der Beihilfe zur Untreue nicht erspart werden. 95

Gesetzesverzeichnis

Es handelt sich um eine Auswahl wichtiger Fundstellen, nicht um einen kompletten Nachweis. Ergänzend sei auf das Stichwortverzeichnis verwiesen. Die Zahlen nach dem Aufzählungszeichen bezeichnen die Paragrafen bzw. Artikel etc. Die fetten Zahlen verweisen auf die Paragrafen des Buches, die nachfolgenden mageren Zahlen auf die Randzahlen.

AAG *(AufwendungsausgleichsG)* **38** 193
AbfallverbringungsG 54 84
AbfG *(Abfall)* **54** 50
— 13: **54** 247
— 18: **54** 247, 255
AbfklärV *(KlärschlammVO)*
— 9: **54** 255
AbfverbrG *(AbfallverbringungsG)*
— 18: **54** 256
ABMG *(AutobahnmautG)* **71** 11
AbwAG *(AbwasserabgabenG)* **54** 23
— 14: **54** 178
AbwasserV 54 18, 138 f.
ADN *(Europ. Übk. über die Beförderung von gefährlichen Gütern auf Binnenwasserstraßen)* **71** 31
ADR *(Europ. Übk. über die int. Beförderung gefährlicher Güter auf der Straße)* **71** 31
AdVermiG *(AdoptionsvermittlungsG)* **74** 22 ff.
AEAO *(Anwendungserlass zur Abgabenordnung)* **24** 50; **76** 21
AEG *(Allg. EisenbahnG)* **71** 19 f.
AEntG *(ArbeitnehmerentsendeG)* **36** 34; **37** 29a ff.
— 1: **37** 30, 32
— 2: **37** 32a
— 3: **37** 32
— 4: **37** 32
— 7: **37** 30a, 32
— 7a: **37** 32
— 8: **37** 30a, 33a
— 16: **37** 33a, 36
— 17: **37** 33a
— 18: **37** 36
— 19: **37** 36
— 21: **16** 120a; **21** 134; **36** 55, 57

— 23: **12** 47a; **16** 120a; **36** 15, 55; **37** 34 ff., 43a, 142, 173
AETR *(Europ. Übk. über die Arbeit des im int. Straßenverkehr beschäftigten Fahrpersonals,* **71** 18d
AEUV *(Vertrag über die Arbeitsweise der EU)* **6** 13, 17 ff.
— 2: **57** 22
— 3: **57** 22
— 5: **6** 33
— 7: **6** 40
— 20-23: **6** 19
— 24: **6** 19
— 26 ff.: **57** 22
— 33: **6** 64, 78, 121
— 34: **55** 102
— 36: **55** 10
— 40: **6** 70
— 42: **57** 33
— 43: **6** 70
— 45: **37** 46
— 46: **6** 40
— 49: **23** 104; **32** 25b; **37** 46; **91** 78a
— 50: **23** 28a, 77a, 105
— 51: **91** 78a
— 54: **23** 104; **32** 25b
— 56: **37** 19, 46
— 57: **23** 69d; **37** 55
— 67-89: **6** 20, 27, 64
— 67-76: **6** 76
— 67: **5** 11; **6** 2
— 77: **6** 79
— 79: **6** 79
— 81-89: **8** 44
— 82-89: **6** 17, 117 ff.
— 82-86: **6** 27, 77
— 82 ff.: **6** 52
— 82: **6** 118, 119

3157

AEUV

- 83: **6** 78, 92, 97, 98 ff., 105, 112, 119, 129, 130; **9** 2
- 84: **6** 119, 120
- 85: **6** 159, 162
- 86: **6** 167, 168 ff.
- 87: **6** 121
- 88: **6** 154, 155
- 89: **6** 121
- 101-103: **6** 68
- 101-106: **57** 2, 20
- 101: **16** 113; **57** 21, 35, 39 ff., 52, 57, 67 f., 77, 81 ff., 96, 102, 114 ff., 142 ff.; **58** 43
- 102: **16** 113; **57** 39 f., 46 ff., 57, 77, 81 ff., 97, 102, 114 ff.
- 103: **6** 40, 70; **57** 27, 32, 35, 67 f.
- 105: **57** 21, 27, 31, 54
- 106: **57** 27
- 107-109: **57** 18
- 114 ff.: **23** 105
- 114: **6** 92, 101; **23** 106; **56** 32
- 115: **6** 92, 101
- 119-144: **6** 33
- 119: **57** 20
- 120: **57** 20
- 132: **6** 36, 72
- 151-164: **34** 3
- 195: **6** 99
- 196: **6** 99
- 198-204: **6** 22
- 205-222: **6** 17, 46
- 209: **62** 8
- 215: **62** 41
- 217: **6** 23
- 235 f.: **6** 18, 119
- 237-243: **6** 18
- 251-281: **6** 55
- 252: **6** 57
- 256: **57** 65
- 257: **6** 56
- 258-260: **6** 96
- 258: **5** 9
- 260: **5** 9; **6** 69
- 261: **6** 69, 70
- 262: **55** 10
- 263: **6** 36, 54; **57** 65
- 264: **6** 54
- 267: **6** 59, 96; **57** 69
- 270: **6** 56
- 281: **6** 57
- 285 ff.: **6** 106
- 288: **6** 49 ff., 52; **57** 27; **75** 54
- 289: **6** 52; **8** 44
- 290: **6** 53
- 291: **6** 53
- 294: **8** 44
- 296: **6** 40, 54
- 297: **6** 47
- 308 f.: **6** 35
- 310: **6** 106
- 325: **6** 64, 78, 79, 104, 105, 106, 112, 168, 198, 200; **15** 71; **45** 2
- 326-334: **6** 9
- 326 ff.: **6** 37
- 340: **62** 46
- 349: **6** 22
- 352: **6** 44, 101; **23** 77 f., 82, 89, 96; **57** 37, 48
- 354: **5** 9
- 355: **6** 22

AGB-Banken
- 9: **50** 144
- 13: **84** 44

AGB-Sparkassen
- 22: **84** 44

AHiRL-UmsG *(AmtshilfeRL-UmsetzungsG)* **8** 2a

AkkStelleG *(G über die Akkreditierungsstelle)* **56** 36

AktG 1 41
- 1: **27** 8; **32** 21
- 2: **27** 34
- 3: **22** 42a; **26** 24; **50** 47
- 4: **22** 32
- 5: **23** 113; **40** 53
- 7: **27** 34; **50** 60
- 8: **27** 35, 170, 182
- 9: **27** 170, 182
- 10: **27** 35
- 11: **27** 35, 80
- 12: **27** 35
- 15-19: **32** 148
- 15 ff.: **32** 146
- 15: **23** 70a; **27** 55; **68** 80
- 17: **32** 147
- 18: **23** 70a; **32** 146 ff.

- 22: **50** 65
- 23: **27** 34, 165, 167
- 26: **27** 171
- 27: **27** 19 f., 36, 37, 41, 43; **50** 26, 36
- 30: **40** 55
- 32: **24** 37; **27** 38
- 33: **27** 38, 39; **50** 26; **91** 69
- 33a: **27** 39, 169; **50** 30
- 34: **24** 37; **27** 38, 39; **50** 26; **91** 69
- 35: **27** 40, 176; **50** 26
- 36: **24** 35, 36; **27** 36, 42, 167; **50** 31, 75
- 36a: **26** 36a; **27** 36, 37, 42, 167; **32** 141e; **50** 31
- 37: **22** 23a, 34, 35; **23** 80; **24** 35; **27** 42, 43, 167, 168; **50** 31, 75; **76** 64, 72
- 37a: **27** 42; **50** 30, 37
- 38: **27** 42
- 39: **22** 35
- 41: **24** 39; **26** 24
- 46-49: **27** 42
- 46: **50** 80 ff.
- 47: **23** 80; **50** 80, 84
- 48: **75** 27
- 52: **50** 27, 78; **91** 69
- 54 ff.: **82** 1
- 56: **50** 28
- 57: **26** 73, 94; **27** 86, 188; **30** 101; **32** 88, 152, 152a, 152g; **82** 27
- 58: **26** 72
- 62: **26** 142
- 63: **32** 141e
- 67: **26** 41; **85** 17
- 68: **27** 35
- 71 ff.: **26** 72
- 71: **29** 27; **32** 99
- 71a: **29** 17
- 73: **22** 44
- 76: **1** 88; **16** 119, 164; **21** 133; **23** 80, 98, 130; **26** 14; **29** 23, 64; **30** 56, 87; **31** 14; **32** 15, 27, 144; **76** 64; **80** 11
- 78: **23** 129; **30** 25, 87; **32** 15; **80** 35
- 80: **23** 133
- 82: **30** 25; **32** 60
- 84 ff.: **32** 120
- 84: **27** 164; **32** 15
- 85: **32** 14
- 87: **32** 61, 122, 190a

- 91: **26** 14 f., 26, 27; **31** 3, 12; **32** 28, 121a, 157a, 170 ff.; **43** 8; **56** 92, 100; **67** 11; **85** 12
- 92: **26** 5; **30** 56a; **40** 85; **80** 4, 28
- 93: **22** 18a; **26** 1, 137; **27** 189 ff.; **29** 64; **31** 14; **32** 27, 61, 96, 121, 121d, 122, 123a, 141e, 167a; **63** 35; **80** 28; **86** 17
- 94: **26** 27; **27** 164
- 95 ff.: **32** 120; **40** 55
- 98: **31** 17
- 100: **26** 16
- 101: **32** 15, 120
- 107: **26** 16
- 111: **26** 15, 85; **27** 144; **32** 27, 120 ff., 122b ff., 124, 170; **80** 28
- 112: **32** 15, 61, 123
- 115: **82** 5
- 116: **27** 194; **32** 27, 121 ff., 122 ff., 123a; **80** 28
- 129: **29** 6
- 131: **41** 1
- 142: **40** 84; **91** 69
- 150-176: **85** 16
- 150 ff.: **26** 2; **85** 40
- 150: **26** 72
- 151: **79** 32
- 152: **79** 32
- 158: **79** 32
- 160: **26** 121a; **27** 81
- 161: **23** 14b; **26** 129a, 137; **31** 13; **32** 171; **41** 7; **90** 21
- 170: **26** 84
- 171: **26** 16, 84, 85; **91** 59
- 172: **26** 85
- 173: **26** 85
- 175: **26** 85
- 182-191: **50** 74
- 182: **27** 80; **50** 25, 51
- 183: **50** 26, 30, 79
- 183a: **50** 26, 30, 36 f.
- 184: **50** 29 f., 37, 37, 46, 75
- 185-191: **50** 36
- 185: **50** 28, 51
- 186: **27** 112; **50** 28
- 188: **50** 29, 31, 37, 75
- 189: **50** 29
- 192-201: **50** 74

AktG

- 192 ff.: **27** 80; **50** 40
- 192: **50** 41 ff.
- 193: **50** 42
- 194: **50** 44
- 195: **50** 46
- 197: **50** 45
- 198: **50** 41, 45
- 199: **50** 45
- 200: **50** 45
- 201: **50** 46
- 202-206: **50** 74
- 202: **27** 44; **50** 33
- 203: **27** 44; **50** 33 ff., 75
- 204: **50** 33 ff.
- 205: **50** 33 ff., 44
- 206: **50** 36
- 207 ff.: **50** 38, 77
- 210: **50** 37, 39, 77
- 211: **50** 39
- 214: **50** 39
- 215: **50** 38
- 221: **27** 78 ff., 112; **50** 41
- 222 ff.: **50** 58
- 222: **50** 58 f., 64
- 223: **50** 63
- 224: **50** 63
- 225: **50** 61
- 226: **50** 64
- 227: **50** 63
- 228: **50** 60
- 229: **50** 62 f.
- 230: **50** 62
- 231 ff.: **50** 62
- 234 ff.: **26** 126a
- 234: **26** 85
- 235: **41** 24
- 236: **41** 24
- 253: **26** 142
- 256: **26** 139 f.; **40** 34, 36
- 258: **40** 84; **91** 69
- 262 ff.: **75** 22
- 262: **75** 25
- 264: **26** 66; **50** 2
- 265: **26** 66; **30** 88; **40** 55
- 266: **23** 80; **75** 27
- 267: **75** 28
- 268 ff.: **32** 14 f.
- 268 f.: **81** 88
- 268: **26** 26, 66; **80** 4
- 269: **30** 88
- 270: **26** 66, 67, 70; **81** 88
- 272: **26** 94; **75** 28
- 273: **75** 25; **81** 88
- 274: **26** 68; **81** 92
- 278-290: **23** 79
- 278 ff.: **27** 45
- 278: **22** 42a; **30** 87; **32** 14, 60; **50** 25
- 279: **22** 32
- 285: **30** 87
- 290: **30** 88; **32** 60
- 291-310: **32** 148
- 291 ff.: **32** 146
- 291: **32** 146b
- 293b ff.: **91** 69
- 301: **26** 125a
- 302: **32** 151c, 152a
- 303: **32** 151c, 152a
- 305: **50** 41
- 308: **32** 146b
- 311-318: **32** 147
- 311 ff.: **32** 148
- 311: **27** 189, 194; **32** 148, 152
- 313: **91** 69
- 315: **91** 69
- 317: **27** 194; **32** 170
- 318: **27** 189, 194
- 319-327: **32** 146b
- 319: **22** 37
- 321: **32** 170
- 394: **33** 104
- 395: **33** 104
- 399 ff.: **30** 56a
- 399: **16** 119; **22** 11; **23** 80, 130, 131, 133; **26** 190; **27** 163 ff.; **29** 21; **40** 86; **50** 74 ff., 80 ff.; **76** 67, 72; **91** 83; **96** 79 f., 91
- 400-404: **40** 86
- 400: **16** 119; **23** 80, 99a; **26** 188; **27** 121, 176 f.; **40** 82 ff.; **41** 51; **50** 79; **65** 15; **68** 35; **76** 67; **85** 78
- 401: **23** 72, 80; **40** 85; **80** 1, 4, 14
- 402: **23** 80
- 403: **23** 99a; **27** 177; **65** 16; **66** 31; **91** 75; **94** 8
- 404: **23** 80, 99a, 132; **30** 41; **33** 99 ff.; **65** 17; **91** 75; **94** 7

- 405 f.: **40** 86
- 405: **23** 81, 131
- 406: **23** 81
- 407: **23** 133; **24** 40
- 408: **23** 79; **27** 178, 182; **40** 82

AltfahrzeugVO 54 78
AltholzVO 54 76
AltölVO 54 82, 255
AMG *(ArzneimittelG)* **72** 9 ff., 100 ff.
- 95: **56** 76
- 96: **6** 91; **72** 136

Ancien Code Pénal *(Frankreich)* **7** 22
AnfG *(AnfechtungsG)*
- 1 ff.: **96** 10
- 6: **27** 67; **79** 37; **82** 21
- 6a: **82** 21; **87** 7
- 11: **82** 21; **87** 7

AnSVG *(AnlegerschutzverbesserungsG)* **1** 68; **68** 5, 14, 37
AO *(Abgabenordnung)* **1** 61; **45** 49
- 1: **44** 28
- 3: **44** 28; **45** 1
- 4: **46** 29
- 6: **38** 310; **44** 14, 129
- 8: **24** 51; **38** 383
- 9: **24** 51; **38** 383
- 10: **24** 51; **29** 74; **38** 300, 383
- 11: **24** 51; **38** 383
- 12: **38** 383
- 13: **38** 383, 384
- 15: **38** 74, 75
- 18-20: **24** 51
- 19: **24** 48
- 20: **24** 45 ff.
- 22: **24** 48
- 30: **1** 88; **11** 32a, 48; **15** 40 ff.; **38** 24; **43** 2; **52** 55; **66** 36; **76** 20; **88** 1
- 30a: **66** 36; **93** 53
- 31a: **36** 30; **38** 24; **52** 55
- 31b: **51** 50a
- 33: **24** 51; **38** 343; **44** 16; **46** 14; **96** 25
- 34: **26** 26; **38** 316; **43** 13; **44** 17, 21; **46** 14, 75; **96** 25
- 35: **30** 69; **38** 316; **43** 13; **44** 21; **46** 14; **96** 25, 49a
- 37: **38** 343
- 38: **24** 56
- 39: **26** 99a; **43** 21
- 40: **15** 40; **43** 22
- 41: **17** 6; **29** 47 ff., 58; **43** 23; **52** 11; **90** 22
- 42: **28** 105; **29** 57, 72; **43** 24; **52** 11
- 44: **44** 134
- 46: **46** 53; **92** 32
- 48: **44** 136
- 71: **38** 319, 343; **44** 119b, 132, 169 f.; **52** 15
- 75: **75** 34; **87** 16
- 76: **44** 219; **45** 58
- 88: **93** 53
- 90: **15** 33; **43** 14, 16
- 93: **46** 15a
- 93b: **93** 49a f.
- 95: **15** 38
- 96: **46** 15a
- 97: **40** 23
- 99: **15** 38
- 102: **93** 12, 53
- 104: **93** 27
- 107: **46** 15a
- 109: **26** 93
- 116: **36** 30; **52** 55
- 117: **38** 395
- 117c: **46** 26, 32a
- 120: **46** 33
- 122: **44** 56
- 137: **24** 45, 47, 56; **43** 6
- 138: **24** 3, 46, 48 ff., 56, 67; **37** 164; **43** 5 f.; **46** 26, 31
- 139: **24** 53, 56, 66; **38** 308a; **43** 7; **46** 56
- 139a: **46** 56
- 139b: **46** 56
- 140 ff.: **40** 24
- 140: **26** 30; **43** 8
- 141-148: **43** 8
- 141: **26** 30, 31; **85** 17
- 144: **46** 26, 31a
- 145: **26** 34
- 146: **26** 36 f., 39, 44, 54 ff.; **56** 72
- 147: **26** 47, 52, 55 ff., 96 f.; **36** 36a; **56** 72; **93** 27
- 148: **26** 54; **44** 215 f.
- 149: **15** 39; **43** 11; **44** 18, 35, 63, 75 f., 78, 215 f.

- 150: **44** 13, 18, 38, 49; **45** 25, 49, 64
- 152: **16** 162; **32** 141f
- 153: **16** 61; **30** 37; **31** 30; **38** 366; **40** 19; **43** 13; **44** 21 ff., 166 ff., 172 ff.; **89** 47; **96** 26, 28 f.
- 154: **46** 26, 32
- 155: **44** 32
- 159: **43** 15
- 160: **43** 15; **44** 52
- 162: **15** 38; **24** 56; **38** 342; **43** 14; **44** 18, 125
- 164: **44** 36, 62, 93
- 165: **44** 36, 93
- 167: **44** 38; **45** 44
- 168: **18** 25; **38** 145, 357; **44** 38, 62, 63, 65, 76 ff., 97 f.; **45** 44, 53, 64
- 169 ff.: **44** 120
- 169: **44** 119b, 169
- 171: **44** 59 f.
- 173: **44** 119b, 170
- 181: **44** 61
- 182: **44** 60
- 193 ff.: **36** 36a; **44** 149
- 196: **44** 141
- 197: **44** 141
- 200: **15** 38; **40** 14, 19
- 202: **44** 154
- 208: **15** 34, 74; **44** 151
- 209-217: **46** 26, 33
- 210 ff.: **36** 36a
- 210: **15** 38
- 211: **40** 19
- 220: **45** 40
- 222: **44** 42
- 223: **44** 42
- 233a: **44** 135, 165b, 165e, 165f
- 235: **44** 119b, 135, 165, 165e, 169
- 240: **32** 141f
- 257: **44** 42
- 261: **44** 42
- 267: **40** 25
- 284: **40** 23; **96** 58
- 328 ff.: **24** 55
- 328: **11** 32a; **15** 34, 37, 38; **24** 56
- 347: **15** 17
- 361: **44** 42

- 369: **11** 9; **15** 1, 71; **43** 1; **44** 1, 3, 14, 67, 72, 92, 102, 118a, 198, 215, 217; **45** 1; **84** 1; **91** 61, 68
- 370: **6** 109; **9** 2, 6; **11** 32a, 112; **12** 10, 39c, 47a; **15** 1, 2, 35, 39; **16** 160; **17** 10 f., 30, 50a, 52, 54; **18** 25; **19** 33; **20** 2, 9, 33, 34; **21** 17, 25, 44, 45, 56; **22** 66; **24** 65; **28** 101 ff.; **29** 54, 59; **30** 47; **32** 36, 207; **35** 7, 35; **36** 11; **37** 3, 146; **38** 3, 76, 282, 347, 349, 356, 358, 378; **39** 3; **40** 18 ff.; **42** 69; **43** 1, 5, 11, 13, 17, 25; **44** 1 ff., 119f, 121, 126, 140a, 141a, 165a, 165c, 171, 183 ff., 204 f., 210; **45** 1 ff.; **46** 9 ff., 23 f., 36, 38, 49, 75; **51** 24 f., 29, 34; **52** 15, 26 ff., 45; **53** 66; **89** 46; **96** 5, 21 ff.
- 370a: **37** 71; **44** 116a, 183
- 371: **1** 75; **15** 31, 47; **16** 58 ff., 137, 160, 161; **17** 47; **21** 19; **24** 58, 59; **36** 48; **38** 353; **44** 3, 20, 91, 119 ff., 197; **45** 57; **46** 20 ff.; **51** 29; **62** 128, 136; **89** 47
- 372: **20** 34; **44** 1, 109, 200, 202, 206 ff., 211; **73** 44
- 373: **9** 2, 6; **11** 112; **15** 1; **21** 45; **22** 66; **44** 202, 210 ff., 222; **45** 3, 29; **51** 21, 25; **55** 131
- 374: **11** 112; **15** 1, 78; **44** 200 ff.; **45** 3, 58; **48** 75; **51** 21, 25; **55** 131
- 375: **21** 83a; **44** 118, 204; **45** 3, 12, 13
- 376: **44** 3, 118a, 118a
- 377-384: **38** 355
- 377: **15** 55; **46** 1 ff., 71; **96** 36
- 378-383: **15** 55; **46** 2
- 378-380: **46** 5
- 378: **16** 159; **17** 30; **19** 33; **20** 34; **24** 65; **40** 18; **43** 3; **44** 23; **45** 59; **46** 8, 9 ff., 23 f., 35 f., 38, 40, 44, 49, 51, 75; **96** 5, 35, 36 ff.
- 379 ff.: **44** 23; **96** 49
- 379: **24** 67; **38** 382; **40** 18, 24; **43** 5, 8; **44** 83; **45** 3, 59; **46** 23 f., 25 ff.; **96** 5
- 380: **38** 380; **46** 23 f., 37 ff.
- 381: **24** 66; **40** 26; **46** 23 f., 48
- 382: **46** 23 f., 46 ff.

- 383: **46** 53 ff.
- 383a: **46** 56
- 384: **46** 5
- 385: **15** 3, 9, 14, 22, 28, 37
- 386-408: **15** 3
- 386: **11** 5; **15** 7 ff., 22, 32, 44, 48, 71 f., 73; **36** 25; **44** 110, 144, 209; **46** 8; **91** 61, 68
- 387: **15** 15 f., 45, 49, 56, 61, 63; **44** 137
- 388-408: **15** 55
- 388-390: **15** 57
- 388: **15** 17 ff.; **38** 310
- 389: **15** 19
- 390: **15** 20
- 391: **1** 95; **15** 21, 23 f., 25, 58
- 392: **15** 32; **16** 9
- 393: **11** 32a; **15** 33 ff., 42 f., 60; **38** 24; **53** 122; **76** 20, 40
- 395: **15** 50
- 396: **15** 54, 66; **17** 55
- 397: **15** 28 f., 59; **44** 144
- 398: **15** 47, 76 f.
- 398a: **44** 165b ff.
- 399: **11** 5; **15** 9, 22, 37, 44, 45, 49, 51, 61, 64, 75
- 400: **15** 46, 48; **44** 117a
- 401: **15** 52
- 402: **15** 9, 10, 12, 30, 49, 63, 75
- 403: **15** 50, 63
- 404: **11** 9; **15** 10, 51, 64, 74, 75
- 406: **15** 52
- 407: **15** 53, 65
- 408: **15** 32, 59
- 409: **15** 56, 61
- 410: **15** 55, 57, 58, 59 ff.
- 411: **15** 67

APAG *(AbschlussprüferaufsichtsG)* **95** 7

APMAG *(AusführungsG zum Verbotsübk. für Antipersonenminen)* **73** 4

ApoG *(ApothekenG)* **25** 71 ff.; **72** 99

ARB *(Allgemeine Rechtsschutzbedingungen)*
- 2: **16** 42

ArbGG *(ArbeitsgerichtsG)*
- 46: **1** 126; **37** 21

ArbMedVV *(VO zur arbeitsmedizinischen Vorsorge)* **34** 24

ArbNErfG *(G über Arbeinehmererfindungen)* **55** 34
- 2: **33** 55
- 24: **33** 55

ArbSchG *(ArbeitsschutzG)* **34** 6, 10 ff., 37
- 1: **34** 11
- 2: **34** 11, 13, 16
- 3 ff.: **34** 13
- 3: **34** 14
- 5: **34** 19
- 13: **34** 16
- 15 ff.: **34** 15
- 18: **34** 24, 33, 38
- 19: **34** 24, 33, 38, 62
- 21 ff.: **34** 18
- 22: **34** 18 ff., 26, 33
- 25: **34** 24 ff., 31, 33
- 26: **34** 33 ff.
- 58: **19** 33

ArbStättV *(ArbeitsstättenVO)* **34** 24, 25

ArbZG *(ArbeitszeitG)* **34** 6, 23
- 1: **34** 52; **36** 6
- 2: **34** 17
- 3: **34** 55, 60
- 7: **34** 52
- 9: **34** 60
- 14: **34** 57 f.
- 16: **34** 55
- 17: **34** 56
- 22: **34** 60
- 23: **19** 33; **34** 59

ArEV *(ArbeitsentgeltVO)* **38** 122

ArGV *(ArbeitsgenehmigungsVO)*
- 6: **37** 19
- 12b: **37** 53
- 12e: **37** 53
- 12h: **37** 138

AromenVO 72 52a

ARUG *(G zur Umsetzung der AktionärsrechteRL)* **23** 78; **32** 152a

ASG *(ArbeitssicherstellungsG)* **64** 9 ff.

AStBV (St) *(Anweisungen für das Straf- und Bußgeldverfahren [Steuer])* **15** 55

AStG *(AußensteuerG)*
- 7: **24** 52
- 16: **43** 16

AsylVfG *(AsylverfahrensG)*
- 1: **37** 75
- 55: **37** 107
- 59a: **37** 57
- 61: **37** 57, 108
- 84: **51** 25
- 85: **37** 75, 107

AtomG 54 52b, 85 ff., 117
- 2: **54** 270, 277
- 5: **30** 26; **54** 271
- 7: **25** 59; **54** 268
- 9a: **54** 238
- 19: **54** 142, 271
- 46: **25** 59; **54** 275

AufenthG *(AufenthaltsG)* **24** 6; **36** 14; **37** 73 ff.
- 1: **37** 46, 115
- 2: **37** 44, 60, 65, 115; **38** 36a
- 4: **37** 45, 54, 55, 59, 63, 65 f., 69, 77, 80, 86a, 88, 106, 119a, 131, 137, 142
- 6: **37** 77, 83
- 7: **37** 77
- 9: **37** 77
- 14: **37** 85, 86a
- 17: **37** 87
- 19a: **37** 77
- 21: **24** 6
- 25: **37** 77a
- 38: **37** 80
- 39: **37** 19, 45, 53, 62, 137
- 40: **37** 19
- 52: **37** 77a
- 53: **21** 133, 134
- 54: **16** 120e; **21** 134
- 55: **16** 120e; **21** 134
- 60a: **37** 82, 124
- 76: **24** 3
- 81: **37** 89
- 95-97: **36** 11
- 95: **37** 3, 73 f., 76 ff., 83, 86 ff., 96 ff., 142
- 96: **37** 3, 73, 96 ff., 142; **51** 25
- 97: **37** 73
- 98: **37** 44, 65 ff., 105, 122
- 98a-98: **37** 58b
- 98a: **38** 36a, 257a

AufenthV *(AufenthaltsVO)*
- 17: **37** 56, 79
- 17a: **37** 55a

AÜG *(ArbeitnehmerüberlassungsG)* **14** 37; **37** 16 ff.
- 1 ff.: **25** 41 ff.
- 1: **37** 16, 24, 24b, 25a, 129, 133, 135
- 1b: **37** 17, 24
- 2-8: **37** 18
- 3a: **36** 34; **37** 19a
- 4: **37** 24b
- 5: **37** 24b, 130
- 9: **37** 20a, 24 ff., 115, 129, 135; **38** 41, 79, 80b
- 10: **37** 22a, 24 ff., 26a, 115, 129, 135; **38** 79, 79a, 80b, 320
- 12: **37** 130
- 15: **13** 10; **36** 11, 55; **37** 24, 128 ff., 142
- 15a: **13** 10; **36** 11, 55; **37** 14, 24a, 77a, 128 ff.
- 16: **36** 55; **37** 25 ff., 34, 132, 135, 173
- 17: **11** 10; **36** 34; **37** 18, 23a
- 17a: **37** 24a

AuslG *(AusländerG)* **37** 73

AuslInvG *(G über den Vertrieb ausländischer Investmentanteile)* **66** 22; **91** 69

AWG *(AußenwirtschaftsG)* **1** 95a; **62** 2 ff.; **73** 2, 45
- 2: **62** 66
- 4: **62** 6, 12
- 6: **62** 23
- 7: **62** 23, 109
- 8: **62** 103
- 9: **62** 103
- 11: **62** 12, 108
- 12: **62** 12
- 17-19: **15** 92
- 17: **9** 2; **11** 112; **15** 112; **17** 8, 43; **18** 18; **22** 66; **62** 4, 14, 19, 23, 28, 30, 35 ff., 39 ff., 102 ff.; **73** 41, 99a
- 18: **9** 2, 2a; **11** 112; **15** 112; **22** 66, 66; **62** 4, 19, 23 f., 28, 30, 34, 35 ff., 39 ff., 101 ff.; **73** 41, 99a

- 19: **62** 4, 23, 30, 42, 56, 72, 84, 100 ff.
- 20: **21** 79; **62** 25 ff., 141; **73** 46
- 21: **11** 11; **15** 72, 91, 92, 100 ff., 106, 107 ff.
- 22: **1** 95; **15** 91, 93, 104, 105, 106; **31** 45; **62** 128 ff.
- 23: **11** 32; **15** 118; **62** 109
- 24: **15** 102, 119
- 25: **15** 120
- 27: **15** 118; **62** 110 ff.
- 33: **62** 4
- 34: **54** 134; **62** 4

AWV *(AußenwirtschaftsVO)* **62** 12 f.; **73** 15
- 8: **62** 64
- 9: **62** 64 f.
- 46: **62** 67
- 49: **62** 70
- 50: **62** 70
- 51: **62** 69, 70
- 52: **62** 69, 70
- 74 ff.: **62** 40
- 78: **62** 64
- 81: **62** 107 f., 119 ff.
- 82: **62** 113, 119, 123 f.

Bankbilanzrichtlinie-G 41 5, 5
Bankruptcy Code 75 20
BÄO *(Bundesärzteordnung)*
- 1: **22** 69a
- 5: **16** 120
- 6: **16** 120

BApO *(Bundes-Apothekerordnung)*
- 6: **16** 120
- 8: **16** 120

BARefG *(BerufsaufsichtsreformG)* **95** 8
BArtSchV *(BundesartenschutzVO)*
- 16: **54** 303

Basel II 32 172b; **66** 5, 6d ff.
Basel III 78 2
BasisVO *(VO [EG] 178/02 - Lebensmittelrecht)* **56** 58; **72** 2 ff., 49a, 76a
- 50: **56** 40

Basler Übk. *zur Kontrolle gefährlicher Abfälle* **5** 34
BatterieG 54 79

BaubetriebeVO
- 1: **37** 17
- 2: **37** 17

BauFordSiG *(G über die Sicherung der Bauforderungen)* **74** 4; **83** 100; **85** 18
BauPG *(BauproduktenG)* **56** 130
BauPVO *(VO [EU] 305/2011* **56** 130 ff.
BausparkG 67 81
- 2: **23** 59
- 13: **91** 69
- 16: **66** 28

BaustellV *(BaustellenVO)* **34** 24, 62 ff.
BBergG *(BundesbergG)* **74** 27
BBG *(BundesbeamtenG)*
- 41: **16** 119a; **21** 133
- 68: **11** 45
- 77: **21** 134

BBodSchG *(Bundes-BodenschutzG)* **54** 7 f., 25 ff.
- 2: **54** 182
- 4: **54** 188
- 26: **54** 191

BBodSchV *(Bundes-Bodenschutz- und AltlastenVO)* **54** 185
BDSG *(BundesdatenschutzG)* **33** 115 ff.
- 3: **42** 118
- 4 f.: **31** 15
- 4b: **26** 53
- 4f: **30** 49
- 4g: **30** 49
- 32: **33** 23
- 41: **42** 85
- 43: **33** 108; **42** 118
- 44: **33** 108; **42** 4, 118

BeamtStG *(BeamtenstatusG)*
- 24: **16** 119a; **21** 133
- 37: **11** 45
- 47: **21** 134

BeamtVG *(BeamtenversorgungsG)*
- 59: **16** 119a, 143a; **21** 133

Benzin-Blei-G 54 47
- 7: **54** 220

BergPG *(BergmannsprämienG)*
- 5a: **15** 4; **44** 43

BerufszugangsVO *für den Güterkraftverkehr* **71** 8

BeschV *(BeschäftigungsVO)* **36** 14
- 12: **37** 56
- 15a: **37** 56
- 21: **37** 55a
- 29: **37** 56, 138
- 30: **37** 55a, 56, 56
- 34: **37** 62

BetrSichV *(BetriebssicherheitsVO)* **30** 128

Betrugsbekämpfungsabk. *(Schweiz)* **8** 2a

BetrVG *(BetriebsverfassungsG)*
- 1: **23** 27
- 9: **23** 27
- 20: **35** 1, 14, 15, 20, 20a
- 23: **35** 44
- 38: **35** 28
- 40: **35** 28
- 42 ff.: **35** 29
- 44: **35** 28
- 47: **35** 16
- 54: **35** 16
- 63: **35** 29
- 75: **35** 29
- 77: **32** 143d
- 78: **35** 1, 14, 24, 31, 33
- 79: **35** 37, 38, 41
- 80: **34** 9; **35** 29
- 106 ff.: **35** 16
- 108: **35** 38
- 111 ff.: **79** 39
- 119-121: **35** 1 ff.
- 119: **32** 103, 144; **35** 2, 12, 13 ff.
- 120: **35** 2, 8, 37
- 121: **23** 85; **35** 2, 5, 48

BeurkG *(BeurkundungsG)*
- 3: **91** 20, 30, 78b, 82
- 6: **91** 20, 82
- 7: **91** 20, 82
- 17-21: **91** 80a
- 52: **91** 79
- 54a-54e: **91** 80
- 54a ff.: **32** 113
- 54a: **91** 85
- 54b: **91** 85

BewachungsVO 25 17 f.

BFStrMG *(BundesfernstraßenmautG)* **71** 11

BGB
- 12: **60** 53b, 70
- 13: **23** 1, 5, 21
- 14: **1** 84; **22** 16, 46, 70a; **23** 1, 3, 3a, 7, 15, 17 ff., 94
- 21 ff.: **22** 25
- 21: **23** 21, 91; **26** 19a; **80** 15
- 22: **23** 21, 91; **26** 19a; **41** 3; **80** 15
- 26 f.: **32** 15
- 26: **30** 87; **32** 30, 63
- 29: **30** 87; **32** 14, 14
- 31: **23** 31
- 31a: **23** 31
- 42: **23** 91a ff.; **80** 15
- 48: **32** 14
- 49: **32** 14
- 54: **23** 20a, 92; **30** 93
- 55 ff.: **22** 25
- 58: **27** 10
- 59: **24** 35
- 64: **24** 35
- 65: **22** 32
- 80-88: **23** 93
- 80 ff.: **23** 15, 21; **26** 19a; **80** 15; **89** 19
- 80: **23** 60
- 81: **27** 10
- 82: **27** 10
- 86: **23** 93; **30** 87; **32** 15; **80** 15
- 88: **30** 87
- 89: **23** 31
- 107: **61** 9
- 116: **29** 2
- 117: **27** 30; **29** 2 ff., 35, 47
- 119 ff.: **84** 45
- 126b: **59** 3c
- 132: **92** 3
- 133: **29** 2
- 134: **29** 14, 67; **36** 58; **58** 11; **87** 35; **91** 77
- 138: **29** 14; **32** 43, 73; **37** 9a; **61** 9, 12, 45, 47; **84** 40; **96** 19c
- 139: **92** 3
- 145: **50** 163
- 151 ff.: **32** 77
- 157: **32** 34
- 164: **32** 13, 69, 72
- 166: **32** 13
- 167: **32** 13

- 170: **32** 18
- 171: **32** 13
- 173: **32** 18
- 179: **32** 69, 72
- 181: **32** 71
- 183: **48** 58
- 185: **32** 13
- 194-218: **55** 28
- 194 ff.: **60** 90
- 241: **27** 88; **34** 72
- 242: **32** 34, 188d, 190a; **47** 28; **60** 91
- 249: **1** 131; **84** 46
- 253: **16** 138
- 254: **56** 69
- 259 ff.: **26** 19a
- 262 ff.: **84** 46
- 275: **87** 19
- 276: **1** 133; **17** 23; **56** 47
- 277: **46** 16
- 278: **16** 116
- 280: **1** 133; **16** 129; **34** 72
- 305 ff.: **59** 4b
- 307: **32** 113
- 311: **27** 88
- 311b: **32** 99
- 312 ff.: **23** 69; **59** 3c
- 312: **59** 3
- 312d: **59** 3; **60** 7b
- 312g: **59** 27a; **60** 7b
- 314: **82** 40
- 339 ff.: **1** 103
- 355-361: **59** 3c
- 355: **59** 3; **60** 7b
- 356: **59** 3
- 360: **59** 3
- 362: **84** 32
- 364: **84** 32
- 387: **26** 99a; **27** 72
- 407: **32** 17
- 415: **26** 103
- 433: **32** 40; **48** 26
- 434: **48** 26
- 449: **48** 58
- 453: **32** 40
- 488: **25** 19
- 490: **82** 40
- 492: **61** 13, 58
- 551: **32** 113; **48** 73

- 557: **50** 198
- 564a: **48** 67
- 611: **16** 128; **37** 20b; **38** 40
- 613a: **75** 34; **87** 16
- 618: **34** 72
- 631: **37** 20a
- 645: **37** 20a
- 651k: **74** 32
- 652-656: **70** 1
- 661: **29** 46
- 662: **87** 19
- 666: **26** 19a; **32** 116; **47** 24
- 667: **32** 116, 138; **53** 95, 127; **94** 25
- 675: **16** 128; **32** 33, 116; **53** 95; **94** 25
- 675c-676c: **49** 28a
- 675f: **49** 28, 29a f., 43a
- 675j: **49** 29a, 30c
- 675u: **49** 32a, 34, 52c
- 675x: **49** 30a, 30c
- 676b: **49** 32a, 52c
- 681: **53** 127
- 687: **53** 127
- 705 ff.: **21** 96; **23** 17, 18; **27** 3
- 707: **26** 122
- 713: **47** 24
- 714: **32** 15, 54
- 721: **26** 19
- 726: **23** 18a
- 727: **89** 11
- 736: **89** 11
- 762: **83** 68; **84** 45
- 765: **50** 148
- 774: **84** 26
- 778: **50** 161
- 779: **75** 11, 21, 32
- 780: **49** 44
- 781: **49** 44; **83** 35
- 793: **27** 70 ff.
- 794: **27** 77
- 796: **27** 77
- 810: **40** 14
- 812: **26** 101a; **32** 123a
- 814: **16** 39
- 823 ff.: **1** 133
- 823: **1** 136; **16** 154, 164; **23** 24; **27** 137; **28** 24; **29** 20; **30** 43; **34** 72; **35** 44; **38** 9, 151, 277b; **50** 76; **51** 44; **54**

- 13; **56** 45 ff., 69 f.; **58** 7; **68** 36a; **83** 100; **89** 35
- 824: **60** 49
- 826: **29** 20; **32** 68, 143d, 150a, 151; **63** 28; **89** 35
- 831: **16** 116
- 839: **13** 15
- 892 f.: **29** 4
- 892: **32** 17
- 906: **54** 13, 99
- 932 ff.: **29** 4
- 932: **32** 17
- 947: **83** 10
- 948: **83** 10
- 952: **27** 72
- 1004: **42** 41, 42; **54** 13, 99
- 1008: **48** 59
- 1030 ff.: **89** 16
- 1626: **30** 96; **32** 12
- 1629: **30** 96
- 1773: **30** 96
- 1791c: **32** 12
- 1792: **32** 96
- 1799: **32** 96
- 1802 ff.: **32** 164
- 1802: **32** 96
- 1810: **32** 96
- 1812: **32** 96
- 1896 ff.: **32** 12, 16; **92** 42
- 1901: **32** 164
- 1902: **30** 96
- 1903: **76** 71
- 1922: **89** 14
- 1981: **32** 14
- 1985: **30** 97; **32** 14
- 2032 ff.: **89** 13
- 2200: **32** 14
- 2203 ff.: **30** 97
- 2204: **89** 9
- 2205 ff.: **30** 97
- 2209: **89** 9
- 2216: **32** 164
- 2303: **89** 9
- 2366: **32** 17
- 419 a.F.: **75** 19
- 676a a.F.: **49** 43
- 764 a.F.: **83** 57

BHO *(Bundeshaushaltsordnung)*
- 9: **32** 130
- 34: **32** 218a
- 45: **32** 218a

BierStG *(BiersteuerG)* **45** 47 ff.

BierStV *(BiersteuerVO)*
- 33: **24** 54
- 34: **45** 50

BilanzRL 2013 23 27, 28c

BilKoG *(BilanzkontrollG)* **40** 33

BilMoG *(BilanzmodernisierungsG)* **22** 82 ff.; **26** 2, 33; **32** 28, 143a; **75** 2; **76** 16; **80** 8; **85** 2, 57

BilRefG *(BilanzrechtsreformG)* **40** 33

BilRUG *(Bilanzrichtlinie-UmsetzungsG)* **22** 81, 85; **23** 28d; **26** 2, 66, 98, 121a, 129, 135; **41** 5

BImSchG *(Bundes-ImmissionsschutzG)* **54** 7 f., 32 ff., 117
- 3: **54** 194
- 4: **30** 26; **54** 195, 211a f., 219
- 7: **54** 185
- 8: **54** 144
- 8a: **54** 144
- 9: **54** 144
- 12: **54** 219
- 15: **54** 219
- 16: **54** 219
- 17: **54** 219
- 20: **54** 214
- 22: **54** 211a
- 23: **54** 185, 211a
- 29: **54** 196, 203
- 49: **54** 217
- 52: **54** 329
- 52a: **30** 26
- 52b: **31** 15; **54** 321
- 53 ff.: **30** 49
- 53 f.: **31** 15
- 53: **54** 322
- 58a: **54** 322
- 62: **25** 56 f.; **54** 109, 219, 222
- 67: **54** 219

BImSchV, 1. *(kleine und mittlere Feuerungsanlagen)* **54** 42
- 24: **54** 220

BImSchV, 2 *(leichtflüchtige ... Verbindungen)* **54** 42
– 20: **54** 220
BImSchV, 4. *(VO über genehmigungsbedürftige Anlagen)* **25** 56; **54** 34 ff., 168a, 211a
BImSchV, 9. *(Genehmigungsverfahren)* **54** 37
BImSchV, 10. *(Kraftstoffe, Beschaffenheit)* **54** 42
BImSchV, 11. *(Emissionserklärungen)* **54** 43
BImSchV, 12. *(Störfall-VO)* **54** 39
– 21: **54** 220
BImSchV, 13. *(Großfeuerungs-... und Verbrennungsmotoranlagen)* **54** 120 f.
– 29: **54** 220
BImSchV, 16. *(Verkehrslärmschutz-VO)* **54** 211a
BImSchV, 17. *(Abfallverbrennungsanlagen)* **54** 39
– 24: **54** 220
BImSchV, 20. *(Kraftstoffe: Umfüllen und Lagern)* **54** 42
BImSchV, 21. *(Emissionen bei Betankung von Kfz)* **54** 42
BImSchV, 26. *(VO über elektromagnetische Felder)*
– 9: **54** 220
Binnenschifffahrtsstraßenordnung 71 20
BioabfallV 54 76
– 13: **54** 255
BiostoffV 34 24, 25
Biozid-ZulassungsVO 54 91
BiRiLiG *(BilanzrichtlinienG)* **80** 8
BJagdG *(BundesjagdG)*
– 17: **16** 120c
– 18: **16** 120c
BKAG *(BundeskriminalamtsG)* **15** 103
BKorrG *(G zur Bekämpfung der Korruption)* **53** 4; **58** 6, 37
BMeldDÜV, 2. *(2. BundesmeldedatenübermittlungsVO)*
– 5: **38** 218

BNatSchG *(BundesnaturschutzG)* **54** 9, 101
– 23: **54** 301
– 24: **54** 301
– 28: **54** 300
– 69: **54** 303
– 71: **54** 109, 303
– 71a: **54** 109, 303
BNotO *(Bundesnotarordnung)* **91** 78 ff.
– 2: **22** 69a
– 8: **90** 8
– 9: **22** 70a; **90** 8
– 10: **90** 8
– 14: **91** 20; **96** 19e
– 15: **96** 19e
– 18: **91** 16
– 19a: **91** 19
– 24: **91** 30
– 29: **91** 21
– 67: **91** 29
– 75: **91** 29
– 92 ff.: **91** 29
– 94: **91** 29
– 95 ff.: **91** 29
– 97: **91** 29
– 99: **91** 29
– 110: **91** 24b, 28d, 30
– 114: **91** 29
Bodenschutz- u. AltlastenG BW
– 22: **54** 191
BOKraft *(VO über den Betrieb von Kraftfahrunternehmen im Personenverkehr)* **71** 16
BOPatA *(Berufsordnung der Patentanwälte)* **91** 57, 60
BORA *(Berufsordnung der Rechtsanwälte)*
– 1: **91** 13, 32a
– 2: **16** 47; **91** 16, 39
– 3: **16** 46; **91** 18, 39
– 4: **91** 19, 20, 39
– 6: **91** 32
– 7: **16** 5 ff.; **91** 32
– 7a: **91** 32
– 29: **91** 41

BörsenO *für die Frankfurter Wertpapierbörse*
- 65 ff.: **26** 6

BörsG *(Börsengesetz)*
- 26: **68** 2, 7 ff.; **83** 57
- 32: **50** 53; **68** 4
- 33: **50** 53
- 48: **50** 52 ff.; **68** 4
- 49: **2** 12; **68** 1, 7 ff.

BörsG a.F. *(Börsengesetz)* **50** 52

BörsZulV *(Börsenzulassungs-VO)* **50** 53

BOStB *(Berufsordnung der Steuerberaterkammer)* **91** 13 ff., 61b ff.

BpO *(Betriebsprüfungsordnung)* **44** 143

BranntweinmonopolG 74 6
- 3: **44** 208
- 106: **61** 108
- 126: **61** 108

BRAO *(Bundesrechtsanwaltsordnung)* **91** 3
- 1: **91** 2, 32, 36, 36, 41
- 2: **22** 69a
- 3: **91** 12, 13, 32a, 32a
- 7: **91** 27
- 14: **16** 119b
- 29a: **90** 7
- 43: **16** 14; **32** 113; **91** 15, 17, 33 ff., 33a ff., 57, 62a, 80
- 43a: **16** 14, 18, 46, 47, 163; **91** 12, 16 ff., 33 ff., 57, 62a, 80; **93** 10
- 43b: **90** 6; **91** 21, 34a
- 43c: **91** 32
- 45: **91** 13, 30, 39
- 46: **91** 13
- 49b: **16** 32; **92** 10
- 51: **16** 155 f.; **91** 19
- 51a: **23** 94a; **91** 10c
- 56: **91** 24
- 57: **91** 13
- 59a: **22** 70a; **90** 7, 8, 9; **91** 8
- 59b: **91** 34a
- 59c ff.: **91** 31
- 59c: **32** 113; **90** 8, 9; **91** 10b
- 59d: **91** 10d
- 59e: **91** 10d
- 59g: **91** 10d
- 59k: **91** 31
- 59l: **91** 10a
- 59m: **91** 10a
- 73: **91** 24
- 74: **91** 24, 24a
- 74a: **91** 24a
- 92 ff.: **91** 25
- 113 ff.: **91** 25
- 113: **91** 23, 23a, 24
- 114: **91** 26
- 115: **91** 23a, 28a
- 115a: **91** 24a
- 115b: **91** 26, 28a, 28c
- 116: **91** 23a
- 118: **16** 103e; **91** 28a, 28b, 28c
- 118a: **91** 24b, 28b, 28d, 30
- 120 ff.: **91** 28
- 123: **91** 28
- 130: **91** 23a
- 150: **91** 27
- 191a ff.: **16** 3
- 206: **90** 7

Bribery Act *(Großbritannien)*
- 7: **31** 45

Bribery Act 2010 *(Großbritannien)* **7** 33, 36 f.

BSWP *(Berufsatzung der Wirtschaftsprüferkammer)* **91** 13 ff., 67 ff.

BtM-AußenhandelsVO *(Betäubungsmittel-AußenhandelsVO)* **74** 5

BtM-BinnenhandelsVO *(Betäubungsmittel-BinnenhandelsVO)* **74** 5

BtMG *(BetäubungsmittelG)*
- 29-30a: **74** 5
- 29: **44** 212a; **51** 25
- 32: **74** 5

BundesbankG
- 35: **74** 16

BundesschifffahrtsaufgabenG 71 20

BundeswasserstraßenG 71 20

BVerfSchG *(BundesverfassungsschutzG)*
- 3: **25** 17

BVV *(BeitragsverfahrensVO)* **38** 137 f., 158

BWaldG *(BundeswaldG)* **54** 102

BZRG *(BundeszentralregisterG)* **6** 182
- 1: **13** 7

- 4: **16** 107; **21** 64
- 12: **16** 107
- 30-31: **13** 8
- 32: **13** 8; **16** 105, 107; **21** 4 f., 64; **36** 56
- 41-43: **13** 8
- 45 f.: **13** 9
- 46: **76** 77
- 47-50: **13** 9
- 51: **13** 9; **21** 33
- 53: **13** 9
- 59a: **16** 107
- 63: **21** 33

CCBE *(Berufsregeln der Rechtsanwälte der EG)* **91** 41, 51

ChemG *(ChemikalienG)* **54** 7 f., 89 ff.
- 3 ff.: **34** 40
- 3: **34** 3, 30
- 3a: **54** 229
- 17: **54** 185
- 19: **34** 40
- 19a: **54** 293
- 19b: **54** 293
- 23: **54** 291
- 26-27a: **56** 76
- 26: **34** 48, 50; **54** 294
- 27-27c: **54** 109
- 27: **34** 32, 35, 39, 45, 46, 49; **54** 197, 290 ff.
- 27a: **54** 293
- 27b: **54** 293

Chemikalien-KlimaschutzVO 54 91
Chemikalien-OzonschichtVO 54 91
Chemikalien-Verbots-VO 54 91
ChemOzonschichtV
- 6: **54** 294
- 7: **54** 290

ChemSanktionsV 34 46
ChemStrOwiV *(Chemikalien-Straf- und BußgeldVO)* **6** 90; **54** 291
ChemverbotsV *(Chemikalienverbots-VO)*
- 7: **54** 294
- 8: **54** 290

ChemVOCFarbV *(Lösungsmittelhaltige Farben- und LackVO)* **54** 91, 290, 294

chJStPO *(Schweiz: Jugendstrafprozessordnung)* **7** 21
chKartG *(Schweiz: KartellG)* **57** 8
chStGB *(Schweiz: Strafgesetzbuch)* **7** 15 ff.
chStPO *(Schweiz: Strafprozessordnung)* **7** 15 ff.
Code de commerce *(Frankreich)* **7** 25
Code de procédure pénale *(Frankreich)* **7** 27
Code d'instruction criminelle *(Belgien)* **7** 28
Code Pénal *(Belgien)* **7** 28
Companies Act 23 111; **29** 10; **32** 25c, 25c
Company Voluntary Arrangement 75 20
Corporate Manslaughter and Corporate Homicide Act 2007 7 37
CRD-II-UmsetzungsG 29 30
CWÜ *(Chemiewaffenübk.)* **73** 7, 49 f., 52 ff.
CWÜAG *(AusführungsG zum Chemiewaffenübk.)* **15** 92, 106; **73** 3, 7, 15, 17, 50, 54, 59 ff., 99a, 108, 114 ff.
CWÜV *(AusführungsVO zum Chemiewaffenübk.)* **73** 7, 15
Cybercrime Convention *(Übk. über Computerkriminalität)* **42** 6, 86
Cybercrime-Konvention *(Übk. über Computerkriminalität)* **5** 19
Datenschutzkonvention 5 19
DBA *(Doppelbesteuerungsabk.)* **38** 380, 388 ff.
DCGK *(Deutscher Corporate Governance Kodex)* **23** 14b; **26** 16, 137; **30** 5; **31** 13; **32** 141g, 170, 171; **86** 17; **90** 21; **93** 47
DepotG 69 1 ff.
- 2: **69** 2, 4
- 6: **27** 71; **69** 3
- 9a: **27** 71
- 14: **26** 41; **43** 8; **85** 17
- 34: **69** 4
- 35: **69** 4
- 37: **69** 4

DesignG 55 60 ff.
- 1: **55** 61
- 2: **55** 60
- 3: **55** 61
- 27: **55** 62 f.
- 28: **55** 63
- 33-36: **55** 63
- 38: **55** 61
- 40: **55** 61, 64
- 41: **55** 64
- 43: **55** 24
- 46: **55** 25, 26
- 51: **55** 13, 64, 65, 129 ff., 135 ff.
- 55 ff.: **55** 18
- 57a: **55** 22
- 61: **55** 60
- 62-64: **55** 65
- 65: **55** 65

DEÜV *(Datenerfassungs- und übermittlungsVO)* **24** 71 ff.; **38** 213
- 2: **24** 71
- 3: **24** 71
- 6: **38** 144a, 211a
- 16 ff.: **38** 143
- 26: **38** 143

DiätVO 72 34
- 26: **72** 69

Dienstleistungs-RL-UmsG 23 69a

DL-InfoV *(Dienstleistungs-Informationspflichten-VO)* **23** 69b f., 69b

DRiG *(Deutsches RichterG)* **16** 145
- 45: **16** 145
- 46: **21** 134

DrittelbG *(DrittelbeteiligungsG)*
- 1: **80** 29

DRS *(Deutsche Rechnungslegungs-Standards)* **26** 142

Dual-Use-VO 62 8, 13, 67, 87 ff., 87; **73** 9, 15
- 2: **62** 89, 95
- 3: **62** 90
- 4: **62** 90, 91

Dublin-III-VO 6 186

DüngeG 54 81
- 14: **54** 257

EAGV/Euratom *(Vertrag zur Gründung der Europäischen Atomgemeinschaft)* **6** 10, 13

EBO *(Eisenbahn-Bau- und Betriebsordnung)*
- 64b: **71** 19

EBRG *(G über Europäische Betriebsräte)* **35** 3
- 25: **35** 46
- 40: **35** 24, 36
- 42: **35** 24, 36
- 44: **35** 12, 23, 24, 36
- 45: **35** 5, 51

EEA *(Einheitliche Europäische Akte)* **6** 10

EfbV *(VO über Entsorgungsfachbetriebe)*
- 8: **16** 120b

EGAHiG *(EG-AmtshilfeG)* **38** 395

EGAO *(EinführungsG zur Abgabenordnung)*
- 97 § 24: **44** 119e

EGBGB *(EinführungsG zum BGB)*
- 3-48: **23** 101
- 40: **29** 20
- 246-247: **23** 69
- 246: **59** 3
- 247: **59** 3

EG-Bus-DurchfVO 71 17

EG-FinanzschutzG 52 4; **58** 44

EG-Finanzschutzgesetz 6 109

EG-Finanzschutzübk 51 17

EG-Gentechnik-DurchführungsG
- 6: **6** 91

EGGmbHG *(EinführungsG zum GmbHG)*
- 3: **76** 68, 75

EGGVG *(EinführungsG zum GVG)*
- 12 ff.: **11** 147; **13** 11

EGHGB *(EinführungsG zum HGB)*
- 66 f.: **40** 64
- 66: **22** 82a
- 67: **22** 82a

EGInsO *(EinführungsG zur InsO)*
- 33: **75** 19
- 60: **76** 16; **81** 65

EG-KennzeichnungsV 54 277

EGKSV *(Vertrag über die Gründung der Europäischen Gemeinschaft für Kohle und Stahl)* **6** 10, 12; **23** 47
- 65: **57** 16

- 66: **57** 16, 37
EGMR-Verfahrensordnung *(Verfahrensordnung des Europ. Gerichtshofs für Menschenrechte)* **5** 18
EG-ne-bis-in-idem-Übk. 6 142
EG-Öko-VO 72 32
EG-RL zur Verhinderung der Nutzung des Finanzsystems 51 17
EGStGB *(EinführungsG zum Strafgesetzbuch)* **1** 143
- 4: **1** 149 f.
- 5: **1** 102
- 6-10: **1** 124
- 149: **64** 4
EGV *(Vertrag über die Europäischen Gemeinschaften)* **5** 11
- 2: **57** 22
- 5: **6** 40
- 9: **6** 35
- 10: **6** 60, 85
- 28 ff.: **57** 22
- 28: **55** 102
- 30: **55** 10; **72** 47
- 34: **6** 70
- 36: **57** 33
- 37: **6** 70
- 43: **32** 25b
- 44: **23** 105
- 45: **91** 78a
- 48: **23** 104; **32** 25b
- 50: **23** 69d
- 59: **6** 84
- 61: **6** 27; **75** 54
- 65: **75** 54
- 67: **75** 54
- 81-83: **6** 68
- 81-86: **57** 19
- 81: **57** 25, 35, 96; **58** 43
- 83: **6** 70; **57** 32, 37
- 85: **57** 54
- 87-89: **57** 18
- 94 ff.: **23** 105
- 94: **6** 92, 101
- 95: **6** 92, 101; **56** 32
- 110: **6** 36, 72
- 135: **6** 64, 75, 78, 121
- 136-145: **34** 3
- 138: **34** 3
- 202: **6** 53
- 209a: **6** 74, 75, 104
- 220-245: **6** 55
- 222: **6** 57
- 226-228: **6** 96
- 226: **5** 9
- 228: **5** 9; **6** 69
- 229: **6** 69, 70
- 229a: **55** 10
- 230: **6** 36, 54
- 231: **6** 54
- 234: **6** 59, 96
- 235: **6** 107
- 246 ff.: **6** 106
- 249: **6** 48, 49; **57** 27; **72** 29; **75** 54
- 251: **6** 75
- 253: **6** 54
- 266 f.: **6** 35
- 280: **6** 64, 75, 78, 104; **45** 2; **52** 61
- 293: **23** 104
- 308: **6** 44, 107; **23** 82, 89, 96; **57** 37, 48
- 309: **5** 9
- 310: **6** 23
EGV a.F. *(Vertrag über die Europäischen Gemeinschaften)*
- 44: **23** 28a
- 117-122: **34** 3
- 118a: **34** 3
EG-VollstrÜbk *(Vollstreckung ausl. strafrechtlicher Verurteilungen)* **8** 12
EHBG *(Europ. Haftbefehlsgesetz)* **6** 173
EHUG *(Elektronisches Handels- und Unternehmensregister-G)* **22** 16, 20 ff.; **41** 5
EichG/EichO 74 9
EigZulG *(EigenheimzulagenG)*
- 15: **15** 5, 8
EIS *(Europäisches Informationssystem)* **6** 29
ElektroG
- 23: **54** 255
EMAS II *(VO [EG] 1221/2009 Umweltmanagement, Umweltbetriebsprüfung)* **54** 12
EmbryonenschutzG 72 124 ff.; **74** 10

EMRK *(Europ. Menschenrechtskonvention)* **1** 159; **5** 15 ff.; **6** 14
- 4: **37** 11a
- 5: **5** 16; **11** 76a; **21** 40
- 6: **5** 16; **6** 65, 70; **10** 9, 24; **11** 19, 76a; **12** 58; **15** 3; **21** 40; **44** 111
- 7: **3** 1; **5** 16
- 8: **33** 1
- 19-51: **5** 17

EMRK-ZusatzProt., 7. *(Europ. Menschenrechtskonvention, Zusatzprotokoll)*
- 4: **6** 141

EMVG *(G über die elektromagnetische Verträglichkeit von Betriebsmitteln)* **56** 64, 125 ff.

EnergieStG *(EnergiesteuerG)*
- 2: **45** 43
- 8: **44** 18
- 21: **45** 44, 46
- 22: **45** 44
- 33: **44** 18
- 39: **44** 18
- 57: **44** 43
- 64: **15** 55; **46** 2

EnergieStV *(VO zur Durchführung des EnergiesteuerG)*
- 9: **24** 54
- 23a: **24** 54
- 46: **45** 45
- 62: **24** 54
- 78: **24** 54

EnSiG *(EnergiesicherstellungsG)* **64** 9 ff.

EnWG *(EnergiewirtschaftsG)*
- 95: **21** 116
- 96: **21** 115 f., 117

EPÜ *(Europ. Patentübk.)* **55** 38 f.
- 2: **55** 50
- 63: **55** 42
- 64: **55** 50

EPVO *(EinheitspatentVO, VO [EU] 1257/2012)* **55** 40

ErbStG
- 1: **89** 43
- 10: **89** 48
- 30: **44** 58; **89** 45 f.
- 31: **44** 18, 18, 58; **89** 45

- 33: **15** 55; **46** 2, 74 f.

ErdölbevorratungsG 74 11

ErnährSichG *(ErnährungssicherstellungsG)* **64** 5

ErstrG *(ErstreckungsG)* **55** 30
- 1: **60** 53a
- 4: **60** 53a

EStÄR 2012 *(Einkommensteuer-ÄnderungsRL)*
- 5.2: **26** 38, 40, 48
- 5.3: **26** 8
- 5.4: **26** 9

EStDV *(Einkommensteuer-DurchführungsVO)*
- 56: **44** 18
- 60: **26** 74; **44** 18

EStG
- 1: **28** 109; **29** 60; **38** 390; **43** 5; **46** 31
- 2: **28** 43; **38** 302; **44** 8, 52
- 2a: **28** 45
- 2b: **28** 52; **29** 56
- 3: **28** 59; **38** 123, 125, 323
- 3b: **38** 124, 323
- 3c: **28** 59
- 4: **16** 30, 124; **26** 17d, 30, 47b, 101; **28** 50, 53; **32** 140; **35** 7; **43** 10; **44** 8; **53** 7, 39; **79** 42; **90** 19
- 5: **26** 47b, 74, 104; **44** 8
- 5a: **26** 47b; **28** 50
- 5b: **26** 47b
- 6: **26** 74, 119a
- 7 ff.: **50** 6
- 7: **26** 74
- 7i: **28** 54
- 8: **38** 322
- 10d: **28** 43, 45 f.; **44** 50, 54
- 11: **44** 39
- 12: **16** 112; **21** 77
- 15: **27** 45
- 15a: **28** 44
- 15b: **28** 41, 46 ff., 62 ff., 101
- 16: **89** 50
- 18: **22** 69a; **24** 48; **90** 4; **92** 37
- 19: **38** 302, 322 f.
- 19a: **38** 323
- 20: **28** 55, 58, 65; **44** 8; **46** 57 f.
- 22: **28** 52, 62
- 22a: **46** 60a

- 23: **28** 56
- 25: **38** 302; **44** 18
- 31: **15** 2; **44** 43, 65
- 32: **37** 146
- 32a: **28** 43; **38** 304, 305
- 32b: **28** 64
- 34: **89** 50
- 36: **32** 207
- 37: **24** 58; **28** 103; **44** 37
- 38: **38** 303, 311, 315, 317, 322, 324, 327, 382, 385, 387; **46** 37
- 38a: **38** 304, 341; **44** 39
- 38b: **38** 305, 308
- 39: **38** 306 f., 373 f.
- 39a: **38** 308
- 39b ff.: **43** 17
- 39b: **38** 305, 308 f.
- 39c: **24** 63; **38** 269, 305, 308 f., 373 ff., 382, 390
- 39d: **38** 382
- 39e: **38** 307, 308 f., 311, 315, 373 ff.
- 39f: **38** 305, 308
- 40 ff.: **38** 319
- 40: **38** 336, 341
- 40a: **38** 310, 336 ff.
- 41: **38** 309, 310, 315; **43** 10
- 41a: **24** 63; **38** 310, 315, 317 f., 382; **43** 17; **44** 18; **46** 37
- 41b: **38** 311
- 42d: **38** 315, 319, 321, 327, 335, 343 f., 360, 364, 374; **44** 39, 133
- 42e: **38** 367, 381
- 42g: **36** 45a; **44** 140a, 150
- 43: **44** 8; **46** 37
- 44: **44** 8; **46** 37, 57
- 45a: **44** 18
- 45d: **46** 57 f.
- 45e: **29** 81; **46** 57b
- 46: **38** 302
- 49: **29** 60
- 50a: **46** 37
- 50e: **15** 55; **38** 355; **46** 2, 57 ff.
- 50f: **15** 55; **46** 2, 60a
- 68: **44** 45

ESUG *(G zur weiteren Erleichterung der Sanierung von Unternehmen)* **1** 74; **75** 3 ff., 46 ff.; **77** 1 ff.
- 56: **1** 74

ESUG II 75 45
EU-Amtshilfe-G 8 2a
EU-Amtshilfe-RL *(RL 2011/16/EU)* **8** 2a
EU-Auslieferungs-Übk 5 19, 22; **6** 147; **8** 7, 51 ff.
EUBestG *(EU-BestechungsG)* **1** 72; **6** 110; **53** 5; **58** 44
EU-Fahrgastrechte-KraftomnibusG 71 16
EuGeldwäscheÜbk 8 7
EUInsVO *(VO [EG] 1346/2000 Insolvenzverfahren)* **38** 149a; **75** 54 ff.; **76** 58
EU-Medizinprodukte-VO 56 143
EU-Rechtsinstrumente-AG 1 72; **6** 133, 134; **23** 43, 48
EuRhÜbk *(Europ. Rechtshilfeübk v. 20.4.1959)* **8** 7, 34, 103
EU-RhÜbk *(Übk über die Rechtshilfe in Strafsachen zwischen den Mitgliedstaaten der EU v. 29.5.2000)* **6** 147, 157; **8** 12, 34
- 2: **8** 79
- 4: **8** 88
- 5: **8** 79, 85
- 9: **8** 87
- 10: **8** 86, 87
- 13: **8** 116 f.
- 17-22: **8** 106 f.

Eurodac-VO *(Datenbank zur Speicherung von Fingerabdrücken)* **6** 186
Euro-EinfG, 3. 3 16
Eurojust-Beschluss 6 161 f., 164
EurojustG 6 161
- 3: **6** 166; **8** 156
- 6: **6** 166; **8** 118, 156

Europ. Agentur für das Betriebsmanagement von IT-Großsystemen (VO) 6 185
Europ. Antifolter-Konvention 5 19
Europ. Ermittlungsanordnung *(Strafsachen, RL 2014/41/EU)* **6** 179; **8** 46
Europ. Haftbefehl 5 22; **6** 148, 173 f.; **8** 39 f., 60 ff., 67, 73 f.
- 2: **8** 61
- 3: **8** 64
- 4: **8** 64, 136

- 5: **8** 62, 138
- 8: **8** 65
- 9: **8** 65
- 17: **8** 66
- 23: **8** 66

Europ. Insolvenzrechts-VO 2002 75 5
Europ. Terrorismus-Konvention 5 19; **8** 55
Europ. Überstellungs-Übk. 5 19
Europol-Beschluss 6 153; **8** 157
- 5 f.: **6** 157
- 23: **6** 156

EuropolG 6 153
- 1: **6** 155
- 8: **6** 153

Europol-Übk 6 147, 152
EU-Umwelt-Audit-VO s. EMAS II
EUV 6 3, 13, 15
- 1: **52** 56
- 3: **6** 2, 20, 33, 64; **57** 20, 22
- 4: **6** 60, 85
- 5: **6** 40, 41
- 6: **5** 15
- 7: **5** 9; **6** 15
- 10: **6** 19
- 11: **6** 19
- 12-14: **6** 48
- 12: **6** 19
- 15: **6** 18, 119
- 16: **6** 18
- 19: **6** 55, 57; **57** 65
- 20: **6** 9, 37
- 34: **6** 48, 146
- 42: **6** 25
- 46: **6** 25
- 47: **5** 15; **6** 16
- 49 f.: **6** 22
- 49: **6** 15
- 52: **6** 22
- 53: **6** 15
- 54: **6** 15

EUV a.F. 6 3, 11
- 2: **4** 15; **6** 20
- 6: **5** 15
- 7: **5** 9
- 29-42: **6** 16, 27
- 29: **4** 15; **6** 98; **8** 36
- 31: **6** 98

- 34: **6** 8; **8** 37, 42
- 51: **6** 15
- 52: **6** 15
- F: **5** 15

EVG *(ErnährungsvorsorgeG)* **64** 9 ff.
EVPG *(Energieverbrauchsrelevante-Produkte-G)* **56** 63 f.
EWGV *(Vertrag über die Europ. Wirtschaftsgemeinschaft)* **6** 10; **23** 47
- 42: **57** 33
- 54: **23** 28a, 105
- 58: **23** 104
- 59-66: **91** 5
- 59: **37** 55
- 60: **37** 55
- 85-90: **57** 2, 17 f.
- 87: **57** 32, 37
- 89: **57** 54
- 92-95: **57** 18
- 100 ff.: **23** 105
- 220: **23** 104
- 235: **6** 44; **57** 37

EWIV-AG 23 96
- 1: **22** 42a; **23** 17
- 2: **22** 34, 37
- 3: **22** 33, 34
- 11: **80** 20
- 13: **23** 98
- 14: **23** 98; **33** 114
- 15: **23** 98; **80** 20
- 16: **23** 98

EWIV-VO 23 96
- 6: **22** 34, 37
- 7: **22** 34
- 19: **23** 98
- 25: **23** 65
- 39: **23** 98

EWR-Abk. *(Abkommen über den Europ. Wirtschaftsraum)* **6** 23 f.
- 6: **57** 25
- 53 ff.: **57** 25

FachBO *(Fachberaterordnung)* **91** 61b
FahrlG *(Fahrlehrergesetz)* **25** 53a
FahrpersonalG 34 6

FamFG *(G über das Verfahren in Familiensachen und in den Angelegenheiten der freiwilligen Gerichtsbarkeit)*
– 26 ff.: **15** 137
– 26: **22** 26, 55, 80a; **27** 27
– 29: **1** 126
– 33: **1** 126
– 35: **1** 127
– 89: **1** 127
– 374-399: **22** 24
– 374 ff.: **23** 68
– 374: **22** 25
– 376: **22** 27
– 379: **22** 28; **23** 68; **76** 73
– 380: **22** 28
– 385: **22** 29a
– 388-391: **24** 43
– 388 ff.: **22** 39
– 388: **23** 68
– 389: **23** 68
– 392: **24** 43
– 393 ff.: **22** 39
– 394 ff.: **22** 42a
– 394: **75** 25, 29; **81** 87
– 397: **27** 30; **75** 25
– 402 ff.: **23** 1

FAO *(Fachanwaltsordnung)*
– 1 ff.: **91** 32
– 1: **16** 3
– 2: **91** 32
– 3: **16** 3
– 4: **16** 3; **91** 32
– 5: **16** 3
– 13: **16** 3

FASB *(Financial Accounting Standards Board)* **26** 148 ff.

FATCA-USA-UmsetzungsVO 46 32a
– 11: **46** 26

FernuSG *(FernunterrichtsschutzG)* **74** 28
– 4: **59** 3

Fertigverpackungs-VO 74 9

FGG *(G über die Angelegenheiten der freiwilligen Gerichtsbarkeit)*
– 125 ff.: **22** 24

FinanzmarktförderungsG, 4. 68 2

FinDAG *(FinanzdienstleistungsaufsichtsG)* **65** 6
– 4: **66** 40
– 17: **41** 37

FinVermV *(FinanzanlagenvermittlungsVO)* **28** 24

FKVO *(FusionskontrollVO)* **57** 6, 38, 48 ff., 59
– 1: **57** 50, 86
– 2: **57** 52
– 3: **57** 49, 74
– 4: **57** 49, 51
– 7: **57** 51
– 8: **57** 63
– 9: **57** 53, 58
– 11: **57** 63
– 12: **57** 63
– 13: **57** 63
– 14: **57** 64, 71, 79 ff., 85, 87 ff., 116
– 15: **57** 64
– 16: **57** 65, 90
– 18: **57** 63
– 19: **57** 53
– 21: **57** 53
– 22: **57** 53, 58

FMStG *(FinanzmarktstabilisierungsG)* **1** 74; **66** 6b; **75** 3; **76** 15, 16; **79** 16

Foreign Corrupt Practices Act 1977 (FCPA) *(USA)* **7** 50

FPersG *(FahrpersonalG)* **71** 18e ff.

FPersV *(FahrpersonalVO)* **71** 18i

Fraud Act *(Großbritannien)* **7** 35, 37

FreistellungsVO *(Befreiung bestimmter Beförderungsfälle von den Vorschriften des PersonenbeförderungsG)* **71** 16

FreizügG/EU 24 6
– 1: **24** 6
– 2: **37** 78
– 12: **24** 6; **37** 47
– 13: **24** 6; **37** 50

FrischzellenVO 72 116

FruchtsaftVO 72 21

FRUG *(Finanzmarkt-RL-UmsetzungsG)* **32** 141j; **66** 5

FTEG *(G über Funkanlagen und Telekommunikationsendeinrichtungen)* **56** 65
FVG *(FinanzverwaltungsG)*
– 5: **15** 5
– 12: **15** 15
– 17: **15** 15
FzGLiefgMeldV 46 65a
G für moderne Dienstleistungen am Arbeitsmarkt 36 18, 22
G gegen unseriöse Geschäftspraktiken 59 3d
G über den Feingehalt der Gold- und Silberwaren 74 14
G über die Beteiligung der Arbeitnehmer 35 3
G über die Führung von Akademischen Graden 74 1
G über die Verfrachtung alkoholischer Waren 74 3
G zu dem Übk. ... über sichere Container 74 7
G zum Schutz des deutschen Kulturgutes 74 17
G zum Schutz gegen Fluglärm 54 47
G zur Abschaffung des Branntweinmonopols 74 6
G zur Abschirmung von Risiken 66 6c
G zur Änderung der AO 44 119 ff.
G zur Verbesserung des Mietrechts ... 74 21
G zur Verkürzung des Restschuldbefreiungsverfahrens 75 3
G-10-Gesetz *(G zur Beschränkung des Brief-, Post- und Fernmeldegeheimnisses)* **15** 112; **33** 7
GastG *(GaststättenG)* **25** 48, **61** 108
GATT-Übk. 5 43
GebrMG 55 54 ff.
– 1: **55** 55
– 2: **55** 55
– 3: **55** 57
– 4: **55** 57
– 11: **55** 57
– 23: **55** 56
– 24a: **55** 24
– 24b: **55** 25, 26
– 25: **33** 92; **55** 13, 58 f., 129 ff., 135 ff.
– 25a: **55** 18
GefahrgutbeauftragtenVO 54 322; **71** 35, 45
– 1 ff.: **30** 49
– 3 ff.: **31** 15
GefahrgutbeförderungsG 74 7
GefahrstoffVO 34 41 ff.; **54** 91, 185, 197
– 1: **34** 32
– 3: **34** 41; **54** 89, 229
– 6: **34** 6
– 8-11: **54** 92
– 8: **34** 36
– 14: **54** 92
– 16: **34** 43
– 21: **34** 48
– 22 ff.: **54** 294
– 22: **34** 48 ff.; **54** 290
– 24: **34** 32, 45; **54** 109, 290
– Anhang: **34** 44
GemFinRefG
– 1: **38** 309
– 5b: **38** 92
GendiagnostikG 72 127 f.; **74** 12
GenG *(GenossenschaftsG)* **67** 79
– 3: **22** 32
– 7: **27** 10; **67** 79
– 7a: **27** 10
– 9: **40** 55
– 10: **22** 25
– 11: **22** 34
– 11a: **22** 34
– 17: **22** 42a; **26** 18; **30** 87
– 24: **22** 44; **30** 87; **32** 15; **80** 35
– 25: **30** 25
– 25a: **23** 65
– 27: **32** 62
– 33 ff.: **85** 40
– 33: **26** 27; **40** 88; **43** 8; **80** 4; **85** 12
– 34: **22** 18a; **31** 14; **67** 80; **80** 28
– 35: **26** 27
– 36: **32** 96
– 38: **32** 96; **80** 28; **91** 69
– 41: **80** 28
– 48: **26** 86
– 49: **50** 119; **67** 80
– 53 ff.: **23** 87; **26** 132; **91** 69
– 54 ff.: **91** 68

- 79a: **81** 92
- 83: **32** 14
- 88: **32** 14; **81** 88
- 89: **81** 88
- 93: **81** 88
- 138: **80** 4
- 147-152: **23** 86
- 147 ff.: **41** 45
- 147: **23** 87, 99a; **26** 189; **40** 87; **41** 51; **85** 78
- 148: **23** 72, 87; **40** 88; **80** 1
- 150: **23** 99a; **40** 89; **94** 12
- 151: **23** 87, 87, 99a, 132; **30** 41; **33** 111; **94** 7
- 152: **23** 88
- 156: **24** 35

GenRegVO *(VO über das Genossenschaftsregister)* **22** 25
Gentechnik-AufzeichnungsVO 54 95
Gentechnik-SicherheitsVO 54 95
GenTG *(GentechnikG)* **54** 93 ff.
- 8: **25** 60
- 32-37: **56** 76
- 38-39: **56** 76
- 38: **25** 60; **54** 297 f.
- 39: **25** 60; **54** 295 ff., 299

GesamtvollstreckungsO 75 3
GeschmMG
- 51: **55** 13
- 61: **55** 60

GewAbfV
- 11: **54** 255

GewO *(Gewerbeordnung)* **1** 13, 40, 145; **34** 1
- 1: **24** 6
- 4: **37** 165
- 6: **22** 69a; **23** 69a; **24** 4
- 6c: **23** 69a
- 11a: **25** 30b
- 14: **23** 64a; **24** 1, 3, 5, 7 ff., 14 ff., 26, 50; **25** 1, 31; **37** 159 f., 165
- 15: **24** 3, 16; **25** 8; **38** 62
- 29: **24** 34d; **25** 10
- 30: **25** 2, 7, 14
- 31: **25** 7, 17a
- 33a: **25** 7, 15
- 33c: **25** 7, 16
- 33d: **25** 16

- 33e-33g: **25** 16
- 33i: **25** 16
- 34: **25** 7, 19
- 34a: **25** 17 ff.
- 34b: **25** 7, 21
- 34c: **25** 7, 22 ff., 30; **28** 15, 95; **70** 2 ff., 6 f.
- 34d: **25** 7, 27 ff.; **92** 21
- 34e: **25** 7, 27, 29a ff.; **92** 21
- 34f: **25** 22, 30 ff.; **70** 2
- 34g: **25** 30b
- 34h: **25** 30c ff.
- 35: **1** 65; **16** 120b; **21** 70, 134; **24** 16, 34 ff.; **25** 7; **76** 71
- 38: **25** 10, 31
- 45: **25** 8
- 46: **25** 8
- 47: **25** 8
- 55: **24** 19 ff.; **37** 159 ff.; **59** 3a
- 55a: **24** 26
- 55b: **24** 26
- 55c: **24** 26 f.; **37** 165
- 56: **24** 28; **59** 3a
- 56a: **24** 30 f.
- 57: **16** 120b; **21** 134
- 60c: **24** 22, 23a
- 64-71b: **24** 33
- 143: **28** 95
- 144-147b: **25** 11
- 144 ff.: **1** 121
- 144: **25** 12, 14 ff., 18 f., 21, 26, 30e, 31; **70** 4 f.
- 145: **24** 23, 23a, 27, 29, 32; **25** 12; **37** 160
- 146 ff.: **1** 65
- 146: **23** 64a, 69a, 69b; **24** 14, 18, 33, 34c f.; **25** 10, 12; **37** 160
- 147a: **74** 8
- 147b: **74** 32
- 148: **19** 33; **24** 24, 29, 34c; **25** 12 f., 14, 16, 18, 19, 21, 26, 30e; **70** 5; **71** 42
- 148a: **94** 12, 13 f.
- 148b: **74** 8
- 149: **13** 10; **14** 35
- 150 ff.: **13** 10; **14** 35
- 155: **23** 69b; **24** 12
- 15a f. a.F.: **23** 69

- 15a a.F.: **23** 64
- 15b a.F.: **23** 68b
- 146 a.F.: **23** 64, 68b

GewStDV *(Gewerbesteuer-Durchführungs VO)*
- 25: **44** 18

GewStG *(GewerbesteuerG)*
- 7: **44** 8
- 14: **44** 59, 95
- 14a: **44** 18
- 19: **24** 58; **44** 37

GG 1 52; **74** 21
- 1: **11** 16; **33** 1; **76** 17
- 2: **10** 9; **11** 21, 76a, 105; **34** 23; **76** 17; **91** 22c
- 3: **21** 92; **32** 238; **46** 36; **93** 24
- 5: **63** 27
- 9: **37** 30a
- 10: **42** 127
- 12: **16** 25; **43** 19; **76** 70; **90** 5, 24, 27; **91** 1, 62, 71; **92** 2, 42
- 13: **11** 80, 82; **36** 45
- 14: **11** 117; **21** 79
- 16a: **37** 75
- 19: **11** 92
- 20: **10** 9; **15** 3a
- 23-26: **1** 154
- 23: **6** 8, 41
- 24: **6** 8
- 26: **62** 24; **73** 1, 5, 96
- 32: **8** 24
- 33: **32** 238
- 34: **13** 15
- 46: **10** 35; **17** 53
- 59: **5** 15
- 60: **13** 18
- 73: **1** 140
- 74: **1** 140, 150, 151; **11** 69; **13** 5
- 80: **6** 50, 53
- 80a: **64** 6
- 92: **57** 150
- 96: **13** 18; **15** 97
- 97: **10** 7
- 101: **6** 59; **10** 8; **15** 97
- 102: **1** 14, 110
- 103: **1** 125, 157; **2** 3; **3** 1; **5** 16; **6** 141; **10** 6, 35; **11** 17; **12** 75; **17** 5; **27** 156; **29** 62; **30** 65; **32** 7, 7b, 159; **37** 62; **44** 9, 11; **47** 4, 57c; **53** 120; **54** 205, 213; **57** 111, 151; **67** 14a; **72** 55; **73** 13, 15, 99a; **79** 28; **81** 82; **82** 23; **83** 72
- 107: **38** 309
- 109: **1** 150
- 115: **1** 150
- 116: **37** 115
- 125a: **1** 151; **13** 5
- 140: **1** 103; **34** 53

GGAV *(Gefahrgut-AusnahmeVO)* **71** 34

GGBefG *(G über die Beförderung gefährlicher Güter)* **71** 29, 42 ff.
- 3: **54** 322

GGVSEB *(GefahrgutVO Straße, Eisenbahn und Binnenschifffahrt)* **71** 29 ff., 42 ff.
- 19: **54** 240a

GGV-See *(GefahrgutVO See)* **71** 29, 34, 43

GKG *(GerichtskostenG)* **14** 39
- 3: **13** 6

GKV-ModernisierungsG 72 152

GlüStV *(Staatsvertrag zum Glücksspielwesen)* **59** 40 f.

GmbHG
- 3: **27** 161; **50** 13
- 4: **22** 32
- 4a: **23** 113; **40** 53
- 5: **24** 37; **27** 17 ff., 151, 161, 162; **50** 23, 65
- 5a: **22** 42a; **23** 3a, 76, 112; **26** 19, 52, 72; **27** 32 f., 151; **38** 64; **40** 81; **41** 2; **50** 22 ff.; **80** 13 f.
- 6: **1** 88; **16** 119, 164; **21** 133; **23** 74, 130; **29** 23; **30** 56, 64; **32** 15, 21; **76** 64 ff.; **80** 7, 11; **81** 6
- 7: **22** 35; **24** 35; **26** 62; **27** 17, 24, 27 f., 31, 152; **50** 16, 20; **96** 78a
- 8: **22** 23a, 34, 35, 35; **23** 74; **24** 35, 37 f.; **26** 62b; **27** 27 f., 31, 151, 152, 154 f., 157 ff., 161; **76** 72; **96** 78a ff.
- 9: **27** 21, 23, 40
- 9a: **29** 21; **50** 17
- 9b: **50** 17
- 9c: **27** 27; **50** 17; **96** 78a
- 10: **22** 35, 35; **32** 71

GmbHG

- 11: **23** 102; **24** 39; **26** 24; **27** 53; **32** 92
- 13: **22** 42a; **26** 24; **27** 8; **89** 37
- 15: **89** 13 f.
- 16: **27** 23
- 18: **89** 14
- 19: **26** 62a f.; **27** 17, 22 f., 25 f., 27, 41, 154 f.; **29** 22; **50** 14; **96** 78a
- 24: **27** 23; **29** 22
- 26 ff.: **32** 25a
- 29 ff.: **81** 92
- 29: **26** 72; **32** 83, 89
- 30 ff.: **32** 25a; **75** 2
- 30: **26** 73, 94, 101a; **27** 86; **29** 22; **30** 101; **32** 84a ff., 89, 143a, 150a, 152a, 152g, 190; **50** 55; **81** 63; **82** 2, 3, 6, 18 f., 27; **84** 30; **89** 35
- 31: **29** 22; **79** 37; **82** 2, 3; **89** 35
- 32a: **32** 85d; **82** 2, 8 f.; **84** 29
- 32b: **32** 85d; **82** 2, 8
- 33: **26** 72
- 34: **50** 55
- 35: **22** 44; **23** 129, 133; **29** 26; **30** 25, 63, 77, 87; **32** 15, 56, 59; **80** 35
- 36: **30** 77; **32** 56
- 37: **30** 25, 77; **32** 57 ff.
- 39: **22** 35; **23** 74; **32** 71; **76** 72, 73
- 40: **22** 35
- 41-42a: **85** 12, 16
- 41: **22** 44; **26** 27; **43** 8
- 42: **26** 2; **79** 32; **85** 40
- 42a: **85** 45
- 42d: **26** 84 f.
- 43: **22** 18a; **26** 1, 73; **27** 190, 192; **29** 26; **30** 77; **31** 8, 14, 17; **32** 25, 25c, 121d, 141e; **63** 35; **80** 13; **86** 17; **89** 35
- 44: **26** 27
- 45: **80** 32
- 46: **80** 32
- 49: **26** 5; **40** 81; **80** 13
- 51a: **41** 1
- 52: **27** 144; **32** 96, 124; **40** 55; **80** 29
- 53: **50** 13
- 54: **22** 35; **50** 15, 18, 21
- 55: **50** 13 f., 69
- 55a: **27** 29; **50** 18
- 56: **27** 29; **50** 14 f.
- 56a: **50** 14
- 57: **22** 35; **27** 29; **50** 15 ff., 69
- 57a: **50** 17
- 57c-57o: **50** 19
- 57c: **50** 21, 23
- 57d: **50** 19, 21
- 57e: **50** 19
- 57f: **50** 19
- 57h: **50** 20
- 57i: **50** 21, 39, 70
- 57j: **50** 20
- 57l: **50** 20
- 58: **50** 55, 65 f., 72
- 58a-58f: **50** 66
- 58a: **50** 66
- 58b: **50** 66
- 58c: **50** 66
- 58f: **50** 66
- 58f.: **26** 126a
- 60 ff.: **75** 6, 22
- 60: **38** 278a; **75** 25
- 63: **80** 24
- 64: **23** 124; **32** 85d, 87 ff., 143d, 188b; **38** 169; **78** 21, 31; **80** 4; **82** 32; **84** 30 f., 48
- 65: **22** 35
- 66: **26** 66; **32** 14; **40** 55; **75** 25, 27; **76** 72
- 67: **22** 35; **23** 74; **76** 72
- 68: **30** 88
- 69: **26** 66; **50** 2
- 70: **26** 66; **32** 14; **75** 23; **81** 88
- 71: **26** 26, 66, 67, 70; **81** 88; **85** 14
- 72: **75** 28
- 73: **26** 94; **75** 28
- 74: **75** 29; **81** 88
- 78: **22** 35; **24** 36; **27** 145
- 79: **23** 133; **24** 40
- 82: **16** 119; **22** 11; **23** 74, 99a, 130, 131, 133; **26** 187, 190; **27** 136, 142, 144 f., 149 ff., 163, 171; **29** 21; **30** 56a, 69; **40** 78 f.; **41** 51; **50** 68 ff., 77; **76** 53, 67, 72; **91** 83; **96** 79, 91
- 84: **2** 12; **22** 11; **23** 72, 74, 76, 126; **40** 80 f., 85; **65** 14; **80** 1, 4, 13
- 85: **22** 11; **23** 74, 99a, 132; **30** 41, 69; **33** 99 ff.
- 32a a.F.: **27** 67

- 32b a.F.: **27** 67
GMV *(GemeinschaftsmarkenVO)*
- 46: **60** 64
GoÄ *Gebührenordnung für ärztliche Leistungen* **72** 143
GPSG *(Geräte- und ProduktsicherheitsG)* **25** 32; **56** 117
- 20: **19** 33
GPÜ *(Gemeinschaftspatentübk.)* **55** 40
- 74: **55** 50
GRC *(Charta der Grundrechte der EU)* **5** 15; **6** 12, 14, 19
- 47-50: **6** 172
- 49: **3** 1; **8** 74
- 50: **6** 144; **10** 35; **12** 76
GSG *(Gerätesicherheitsgesetz)* **25** 32
GÜG *(GrundstoffüberwachungsG)* **74** 5, 13
- 29: **51** 25
GüKG *(Güterkraftverkehrsgesetz)* **25** 52; **71** 1 ff.
GVG
- 1: **10** 7
- 16: **10** 8
- 18-20: **10** 35
- 21e: **10** 8
- 21g: **10** 8
- 22c: **11** 82a
- 23a: **22** 27
- 24: **2** 7; **12** 2, 5, 7; **15** 21, 25, 26; **38** 299; **53** 126; **55** 133
- 25: **12** 2; **15** 25, 26; **55** 133
- 29: **12** 3
- 73: **11** 75
- 74: **2** 7; **12** 4, 55; **55** 133
- 74c: **1** 24, 92 ff., 97, 146; **2** 7 ff., 12 f., 17; **11** 3; **12** 4, 10, 55; **15** 26, 95, 105; **22** 6; **23** 98; **32** 1, 214; **38** 300; **42** 113; **52** 54; **53** 126; **54** 332; **55** 143; **57** 14; **58** 19; **72** 73
- 76: **12** 16, 55
- 78a: **13** 4
- 78b: **13** 4
- 120: **1** 95a; **12** 8; **13** 18; **15** 94, 96, 105
- 120b: **1** 95a
- 121: **11** 75; **14** 32

- 132: **1** 96
- 133: **75** 41
- 141 ff.: **11** 2
- 142a: **13** 18; **15** 96
- 143: **1** 94; **11** 3
- 145: **11** 3
- 152: **11** 8; **15** 72; **36** 49; **45** 60; **52** 63
- 156-168: **8** 2
- 169: **10** 28, 30; **16** 68a
- 171b: **10** 29
- 172: **10** 29; **33** 103
- 176: **10** 31
- 177: **91** 53
- 178: **1** 126; **91** 53
- 184: **50** 200
- 192 ff.: **12** 46
- 198-201: **13** 16a; **14** 41
GVO *(GruppenfreistellungsVO)* **57** 35
GWB 57 1, 12, 91 ff.; **60** 1
- 1: **30** 69; **57** 95, 118; **58** 11 f.
- 2: **57** 96, 119
- 3: **57** 96, 120
- 18: **57** 97
- 19-21: **57** 47, 97
- 19: **23** 27; **57** 123; **61** 91
- 20: **57** 124 ff.
- 21: **57** 129, 132, 134 f.
- 24-27: **57** 98
- 24: **57** 138
- 28: **57** 94
- 29: **57** 123
- 30: **57** 94
- 31-31b: **57** 94
- 32-32b: **57** 66
- 32-34: **57** 98a f.
- 32 ff.: **57** 139
- 32: **15** 128
- 32a: **15** 128
- 32b: **15** 128
- 32c: **15** 128
- 32d: **15** 128; **57** 66
- 32e: **57** 66
- 33: **15** 126
- 35-43: **57** 98
- 35: **23** 27
- 36: **57** 98
- 38: **23** 27
- 39: **57** 136, 138

- 40-44: **15** 134
- 40: **57** 136, 139
- 41: **57** 136
- 42: **57** 139
- 44-47: **15** 123; **57** 98
- 48-53: **15** 123
- 48-95: **57** 66
- 48-53: **57** 100
- 48: **21** 117; **58** 39
- 49: **15** 124
- 50: **15** 121; **57** 66, 68, 141
- 50a-50b: **57** 66
- 50a: **15** 124
- 50b: **15** 124
- 50c: **15** 124
- 53: **57** 10
- 54-62: **15** 125
- 54-80: **57** 100
- 54: **15** 127, 131
- 55: **15** 124, 133
- 56: **15** 133
- 57: **15** 127
- 58: **15** 127
- 59: **15** 127, 133; **57** 141 f.
- 60: **15** 128; **57** 139
- 62: **15** 139
- 63-78: **15** 136
- 63-72: **15** 137
- 63: **15** 136
- 67-78: **15** 139
- 72: **15** 133
- 73: **15** 135
- 74: **15** 136, 138
- 75: **15** 138
- 77-80: **15** 125
- 79: **15** 140
- 80: **15** 140
- 81-86: **15** 125; **57** 100
- 81: **1** 121b; **15** 128, 133, 134; **17** 5a, 52, 65; **20** 18; **21** 92, 122; **30** 69; **57** 7, 67, 92, 102 ff., 114 ff., 142 ff.; **58** 37, 40 ff., 43
- 81a: **15** 130, 133
- 82-86: **15** 128
- 82: **15** 134; **21** 115, 117; **23** 45; **57** 15, 110, 145; **58** 37, 38, 39 ff.
- 83-86: **15** 136
- 83: **15** 136, 139
- 84: **15** 136, 140
- 86: **15** 139
- 86a: **15** 128; **57** 100, 136
- 87 ff.: **15** 126, 135
- 87: **15** 136
- 89: **15** 136
- 90: **15** 126
- 90a: **15** 126
- 91: **15** 136
- 92: **15** 136
- 94: **15** 136
- 95: **15** 136
- 97-129: **57** 101
- 97 ff.: **58** 10
- 97: **58** 31
- 98: **58** 10
- 101: **58** 8
- 102 ff.: **15** 123
- 106: **15** 123
- 130: **57** 94
- 34 a.F.: **57** 152
- 34a a.F.: **57** 152
- 81 a.F.: **15** 134

GwG *(GeldwäscheG)* **51** 19 ff., 51 ff.
- 1: **51** 57 f., 62
- 2: **16** 35; **51** 53 ff., 58, 61, 71
- 3-8: **51** 52
- 3: **51** 58 ff.
- 8: **51** 56 f., 65; **91** 11
- 9: **30** 49; **51** 52
- 9a-9d: **51** 51
- 10: **51** 63
- 11: **16** 35; **51** 42, 52, 61 ff., 69; **91** 11; **93** 10 a
- 12: **51** 64
- 13: **51** 66
- 14: **51** 52
- 15: **51** 50a, 56, 65
- 16: **51** 70
- 17: **51** 52, 67 ff.

HAG *(Heimarbeitsgesetz)* **34** 6
- 2: **38** 82 f.
- 32: **34** 35

HalblSchG *(HalbleiterschutzG)* **55** 43, 66 ff.
- 1: **55** 67
- 5: **55** 69
- 6: **55** 70, 71

- 7: **55** 70
- 9: **55** 18, 24, 25, 26, 70
- 10: **55** 13, 71 f., 129 ff., 135 ff.
- 11: **55** 70

HandelsklassenG
- 7: **74** 15

HeilpraktikerG 72 99; **74** 29
HeimG 74 30
HGB
- 1 ff.: **17** 8; **23** 1
- 1: **22** 18, 37, 38, 43, 47a, 51, 57, 61 ff.; **23** 3; **26** 17, 19a, 24 ff.; **41** 3; **76** 47; **81** 23
- 2-6: **22** 20a
- 2: **22** 18, 35, 37, 51 f., 68, 74, 86, 89; **23** 3; **26** 18, 23, 26, 63; **41** 3
- 3: **22** 18, 35, 37, 52 f., 74, 86; **23** 3; **26** 18, 23, 26, 63
- 5: **22** 50, 60a, 80b, 87 ff.; **26** 18
- 6: **22** 18, 42, 46, 60, 87; **26** 19, 24
- 8-16: **22** 20a
- 8b: **1** 128; **22** 29 ff.; **41** 41; **68** 40
- 9: **22** 29a
- 9a: **22** 29
- 10: **22** 40; **24** 38
- 12: **22** 22, 31, 34; **24** 35
- 13 ff.: **26** 17a
- 13: **22** 35, 49
- 13d-13g: **22** 35
- 13d-13h: **23** 107
- 13d-13g: **41** 22
- 13d ff.: **26** 17a
- 13d: **23** 67, 119a; **26** 21
- 13e-13g: **23** 119a
- 13e: **26** 21; **76** 64 f., 72
- 14: **1** 128; **22** 39, 49a; **23** 68, 119a; **24** 41; **76** 73
- 15: **22** 22, 41; **76** 73
- 15a: **22** 35
- 17 ff.: **23** 62; **60** 53b, 70
- 17: **22** 31; **23** 69; **24** 35; **83** 8
- 19: **22** 32, 32
- 21: **23** 14
- 22: **89** 6
- 25: **22** 35; **26** 17a; **75** 34; **87** 16; **89** 15
- 27: **89** 6
- 28: **22** 35
- 29 f.: **22** 20a
- 29: **22** 31, 34, 35, 39; **24** 35; **75** 29
- 31: **22** 20a, 35, 39; **75** 29
- 32: **22** 20a
- 33: **22** 20a, 35; **23** 99a
- 34: **22** 20a
- 35: **22** 20a
- 37: **1** 128; **23** 68; **24** 43; **60** 53b
- 37a: **1** 128; **23** 65, 67
- 48: **32** 15; **85** 20
- 49: **32** 15, 45, 52, 70
- 50: **22** 49b; **32** 45, 52
- 53: **22** 20a, 35
- 54 ff.: **32** 15
- 54: **22** 35; **32** 45, 53; **85** 20
- 56: **32** 17
- 84: **32** 117
- 86: **32** 117
- 100: **43** 8; **85** 17
- 104a: **1** 128; **22** 30a; **41** 41; **68** 40
- 105 ff.: **21** 96; **27** 3
- 105: **22** 35, 37, 38, 43, 56 ff., 71, 74, 89; **23** 58; **26** 122; **30** 92; **85** 14
- 106-108: **24** 35
- 106: **22** 20a, 34, 35; **24** 36
- 107: **22** 20a, 35
- 108: **27** 6
- 109: **26** 101
- 116: **41** 1
- 118: **26** 27
- 120 ff.: **26** 72, 101
- 123: **81** 21
- 124: **21** 96
- 125: **30** 94; **32** 15
- 125a: **1** 128; **23** 65
- 126: **32** 15, 55, 59
- 128: **32** 91, 187b; **79** 31; **81** 38
- 129a: **82** 8
- 130a: **80** 17
- 130b: **23** 94c; **80** 1, 17
- 131: **89** 11
- 139: **89** 11 f.
- 143: **22** 20a
- 145 ff.: **75** 22
- 146: **32** 14 f.; **75** 27
- 148: **22** 20a
- 149: **32** 14 f.
- 154: **26** 70

- 157: **22** 20a
- 161 ff.: **21** 96; **27** 5 f.
- 161: **24** 36; **27** 5, 6; **30** 92, 94; **32** 14 f., 55, 59, 91, 187b; **79** 31; **81** 21; **91** 10b
- 162: **22** 20a, 34, 35, 40; **24** 35; **27** 6
- 163: **32** 187b
- 166: **27** 6; **41** 1
- 167: **26** 101
- 169: **26** 72, 101
- 170: **30** 87, 94; **32** 15
- 171: **26** 122
- 172: **22** 37, 43; **26** 101a, 125a; **27** 5
- 172a: **82** 8
- 175: **22** 20a; **27** 6
- 176: **22** 37; **27** 5
- 177: **89** 11, 14
- 177a: **23** 94c; **80** 1, 17
- 230-236: **23** 94c
- 230 ff.: **27** 4
- 230: **23** 18; **26** 19
- 233: **27** 4
- 235: **26** 96 f.
- 236: **79** 40
- 238-240: **22** 82
- 238-342a: **85** 15
- 238 ff.: **26** 2 ff.
- 238: **26** 24, 32 ff., 40, 48, 52, 123; **40** 24; **43** 8; **56** 72; **85** 11, 14, 29, 36; **86** 5b
- 239-315: **85** 15
- 239: **26** 17, 36, 39 f., 44, 52; **56** 72; **85** 36
- 240 ff.: **26** 5
- 240: **26** 9 ff., 59; **85** 54
- 241: **26** 8; **85** 29
- 241a: **22** 54, 82 ff.; **23** 28a; **26** 17b ff., 26, 63; **85** 2, 14, 57; **86** 5b
- 242 ff.: **17** 8; **26** 70, 121; **50** 106; **85** 40
- 242: **18** 15; **22** 82; **26** 17c f., 42, 59, 61, 63 ff., 75 ff., 81, 94; **32** 137; **85** 11, 14, 42, 46, 54
- 243 ff.: **79** 32
- 243: **23** 75; **26** 64, 87, 98, 105; **79** 33; **85** 50, 52
- 244-265: **40** 63
- 244: **26** 98

- 245: **26** 98
- 246-251: **26** 99
- 246: **26** 99 ff., 105, 108, 119a, 125a, 144, 168; **40** 36
- 247: **26** 103, 105, 108; **40** 36; **50** 4
- 248: **26** 106, 119d; **85** 2
- 249: **26** 107, 109, 119c, 126c; **50** 5 f.
- 250: **26** 108
- 251: **26** 109, 121a
- 252 ff.: **32** 191h
- 252: **26** 6, 67, 99a, 110, 117 f., 119c, 119g, 144
- 253 ff.: **26** 119
- 253: **26** 68, 119a, 119b, 119c, 119g; **27** 86, 189; **50** 6; **67** 91a; **79** 32
- 254: **26** 119c
- 254a: **89** 14
- 255: **26** 41, 119b, 119d, 119e, 119f
- 256: **26** 10, 119d
- 256a: **26** 119c, 119g
- 257: **26** 40, 52, 56 f., 96 f.; **56** 72; **85** 60
- 261: **11** 105 f.
- 264-335a: **26** 121
- 264-266: **40** 36
- 264-341p: **41** 3
- 264 ff.: **23** 79; **85** 40
- 264: **18** 15; **23** 76, 121a; **26** 51, 64, 66a, 77, 80a, 89, 92, 94, 121, 121a, 123, 127, 145, 159; **40** 57, 68; **41** 2, 14 f.; **80** 12; **85** 42, 49, 54
- 264a-264c: **27** 7; **29** 12; **75** 42; **91** 74
- 264a: **23** 28a, 122 f.; **26** 70, 77, 89, 121; **41** 9, 16, 32
- 264b: **41** 2, 9, 16
- 264c: **26** 59, 101a, 121a, 122
- 264d: **26** 16, 121, 124, 129a, 136b; **91** 74a
- 265: **26** 124
- 266-278: **79** 32
- 266 ff.: **50** 106
- 266: **26** 103, 119, 121a, 124, 126c, 136a; **40** 63; **50** 56
- 267: **22** 84; **23** 28, 29, 30; **26** 77, 124, 124; **41** 9; **85** 2, 50
- 267a: **23** 28b; **26** 77, 121a, 124, 127; **41** 9
- 268-275: **40** 63

- 268 ff.: **26** 125
- 268: **23** 29; **26** 73, 109, 121a, 122, 125a
- 272: **26** 126; **79** 37
- 274: **26** 126b, 126c; **79** 39
- 274a: **26** 121
- 275 ff.: **50** 106
- 275: **26** 76, 121a, 124
- 276: **26** 121, 124
- 277-283: **40** 63
- 277 ff.: **26** 125
- 279: **50** 6
- 283: **20** 4
- 284-288: **26** 127
- 284 ff.: **50** 106
- 284: **26** 144; **40** 57
- 285: **26** 99a, 106, 109, 119a, 121a, 125a, 126c, 127a f., 137, 168; **40** 57
- 286: **26** 127
- 288: **26** 106, 121, 126c, 127a f.
- 289: **26** 16, 80a, 123, 128 ff., 128, 137; **40** 68; **50** 106
- 289a: **23** 14b; **26** 129a, 137; **31** 13
- 290-315: **26** 130
- 290 ff.: **32** 147; **40** 64; **41** 12
- 290: **26** 79, 79a, 81, 130; **40** 64, 69; **41** 14
- 291 ff.: **23** 22
- 291 f.: **40** 67
- 291: **41** 17, 48 f.
- 292: **41** 17
- 294 ff.: **26** 130
- 296: **26** 79; **40** 64
- 297 ff.: **26** 130
- 297: **26** 79, 80, 80a, 130, 131; **40** 63, 68
- 298: **26** 131; **40** 63
- 300 ff.: **26** 130
- 306: **26** 126b
- 307: **26** 80
- 315: **23** 22; **26** 80a, 130; **40** 68
- 315a: **26** 77, 80a, 146, 152, 166; **40** 62, 64; **41** 8, 14
- 316-324: **26** 132
- 316: **26** 142; **91** 69, 76
- 317: **26** 15, 128; **32** 171; **91** 67d
- 319-319b: **40** 76
- 319: **65** 17; **90** 16; **91** 20, 73 f., 77
- 319a: **90** 16; **91** 20, 73 f., 77
- 319b: **91** 20, 73 f., 77
- 320: **40** 69
- 321 ff.: **26** 128
- 321: **26** 15, 85; **40** 71 f.; **41** 29; **91** 69, 71a
- 322: **26** 133; **40** 71, 73, 76; **91** 67d, 69
- 323: **40** 74; **91** 69
- 324: **26** 16
- 324a: **26** 152
- 325-329: **26** 134
- 325 ff.: **41** 2, 37
- 325: **26** 80a, 130, 137, 152, 166; **40** 62; **41** 7, 11, 21, 24, 32, 44
- 325a: **23** 120a, 133; **26** 22; **41** 20 ff., 32
- 326 ff.: **26** 121
- 326 f.: **41** 39
- 326: **26** 121a; **41** 9, 27
- 326a: **41** 9
- 327: **41** 9, 27
- 327a: **26** 80a; **40** 68; **41** 27
- 328: **26** 98; **40** 75; **41** 25, 38 f.
- 329: **41** 26 f., 32
- 330: **26** 134; **40** 76; **41** 25, 41
- 331-335a: **26** 134; **23** 78, 86, 121a
- 331-334: **40** 50 ff.
- 331-333: **23** 94; **66** 30 f.
- 331 ff.: **23** 94c
- 331: **1** 130; **16** 119; **23** 74, 75, 99a; **26** 81, 129, 186, 188, 189; **27** 183, 185; **30** 56a; **40** 54 ff., 72, 73, 79, 82 ff., 87; **41** 40, 44 ff.; **65** 15, 28; **68** 35; **76** 67; **85** 78; **87** 6; **96** 91
- 332: **23** 75, 80, 87, 99a; **40** 71, 73; **65** 16; **91** 75; **94** 9 ff.
- 333: **23** 75, 80, 87; **33** 99; **40** 74; **68** 73; **91** 75; **94** 5 f.
- 334: **1** 130; **23** 75, 81, 94, 131; **40** 52, 58, 68, 75 f.; **41** 38, 40 f., 42; **94** 12a
- 335: **1** 128; **23** 133; **27** 7; **41** 31 ff., 37; **57** 64; **65** 30
- 335a: **41** 31, 35
- 335b: **23** 94c, 122; **26** 121, 134; **40** 75; **41** 2, 32, 38, 45; **65** 30
- 336-339: **23** 28a, 86; **26** 135
- 336-338: **85** 15

- 336 ff.: **41** 45; **85** 49
- 336: **26** 92
- 337: **26** 59, 126
- 339: **41** 2, 32
- 340-340o: **26** 135
- 340 ff.: **40** 51
- 340: **26** 90; **40** 54, 77; **41** 38; **66** 30
- 340a-340o: **26** 136a; **66** 30
- 340a-340j: **85** 15
- 340a: **23** 30; **26** 6, 90, 124
- 340e: **26** 119a, 119b
- 340f: **67** 91a
- 340i: **40** 63
- 340l: **41** 2
- 340m: **23** 86, 94; **26** 189; **40** 51, 77, 87; **41** 45; **66** 30
- 340n: **23** 86, 94; **40** 51, 77; **41** 38; **66** 31
- 340o: **41** 32
- 341-341o: **23** 90; **26** 135
- 341: **40** 77; **65** 31
- 341a-341j: **85** 15
- 341a: **23** 30; **26** 85, 91, 124
- 341k: **65** 17
- 341l: **41** 2
- 341m: **23** 86, 94; **40** 52, 55, 77; **65** 28
- 341n: **23** 86, 90, 94; **40** 52, 77; **41** 38; **65** 29
- 341o: **41** 32; **65** 30
- 341p: **40** 52, 55; **65** 31
- 341q ff.: **26** 135
- 342: **26** 146, 147
- 342b-342: **40** 33e
- 342b: **26** 138; **40** 69
- 342e: **40** 69
- 343: **22** 16; **26** 56
- 347: **32** 135; **86** 17
- 348: **22** 16
- 350: **22** 16
- 362: **32** 77
- 366: **32** 17
- 377: **32** 77
- 383 ff.: **29** 6
- 383: **32** 13
- 384: **32** 116
- 2 a.F.: **22** 80b
- 4 a.F.: **22** 52, 82b, 89
- 494 a.F.: **23** 17

HGrG *(HaushaltsgrundsätzeG)*
- 53: **32** 172c

HRefG *(HandelsrechtsreformG)* **22** 17, 35

HRV *(HandelsregisterVO)* **22** 24
- 32-34: **22** 40
- 40 ff.: **22** 35

HWG *(HeilmittelwerbeG)* **72** 129 ff.

HwO *(Handwerksordnung)* **22** 68
- 1: **25** 36 ff.; **37** 159 f.
- 4: **25** 4
- 6: **25** 38
- 7: **25** 36, 38; **29** 14
- 16: **25** 1, 118
- 17: **36** 45
- 18: **25** 36, 118
- 19: **25** 38
- 45 ff.: **25** 38
- 50b: **25** 38
- 51: **25** 39
- 51d: **25** 39
- 117: **25** 39; **37** 160
- 118: **25** 118
- 118a: **14** 37

IAS *(International Accounting Standards)* **26** 127a, 158 ff., 167 ff.; **40** 64

IFRS *(International Financial Reporting Standards)* **26** 148 ff., 168 f.

InfektionsschutzG 72 99
- 6 ff.: **33** 33

InsO 75 3 ff.
- 3: **80** 47
- 4: **80** 47
- 4a-4d: **75** 37
- 4a: **75** 45; **76** 78
- 4c: **76** 77, 79
- 5: **80** 46
- 6: **75** 41
- 10: **80** 55
- 11: **23** 20, 92; **32** 126; **80** 12; **81** 37
- 13: **76** 38; **77** 4, 6, 7, 17, 21; **80** 4, 46, 47, 53, 56
- 14: **80** 49, 55
- 15: **23** 95; **76** 38, 43; **80** 12, 24, 49 f.; **83** 24

- 15a: **2** 12; **16** 119, 164; **18** 19; **23** 72 f., 76, 80, 84, 86, 91a, 92, 93, 95, 98, 127, 129; **29** 26; **30** 56a; **38** 155, 178; **40** 80; **66** 33; **75** 31; **76** 16, 21, 38, 53, 54, 62, 67; **77** 4, 5, 9, 16, 19, 20; **78** 31; **79** 10; **80** 2 ff., 12 ff.; **81** 21; **84** 50; **86** 3a; **96** 14 ff.
- 17 ff.: **26** 112
- 17: **23** 127; **48** 48b; **75** 36; **78** 10, 23, 30, 32, 58 f.; **81** 69 f.; **86** 4a, 8, 45
- 18: **75** 36; **77** 9; **78** 47 ff.; **80** 4, 33; **86** 45a
- 19: **23** 127; **26** 126, 129; **75** 36; **79** 22, 46; **82** 29, 42
- 20: **76** 30, 38; **80** 46, 49, 55; **83** 29, 43; **87** 37; **88** 29; **93** 6 ff.
- 21: **32** 14, 127; **38** 77, 168; **75** 38; **77** 22; **87** 31; **88** 3
- 22: **32** 14, 127 f.; **38** 77; **76** 30, 39; **81** 44; **83** 29; **84** 25; **87** 32
- 22a: **75** 47; **77** 7
- 24: **32** 127
- 26: **81** 85; **88** 4
- 27b: **80** 4
- 29: **26** 69a
- 34: **78** 61
- 35 ff.: **81** 2; **83** 5
- 35: **75** 38; **81** 86; **83** 5; **84** 23
- 36: **83** 5, 6, 7
- 37: **83** 6
- 38: **26** 69a; **32** 126
- 39: **26** 123; **27** 67; **32** 188b; **75** 19; **82** 11, 19, 21, 36, 39, 42; **84** 29; **87** 5
- 44a: **27** 67
- 47: **83** 12
- 49 ff.: **32** 126; **84** 23
- 50 ff.: **83** 10
- 52: **32** 126
- 53 ff.: **77** 22; **84** 23
- 56 ff.: **32** 14
- 56a: **77** 27
- 59: **77** 26
- 63: **87** 33
- 64: **87** 35
- 67 ff.: **32** 96
- 80: **26** 26; **30** 97; **32** 14, 126; **38** 77, 170; **87** 32
- 81: **32** 127
- 88: **75** 38; **88** 3
- 89: **11** 118; **88** 2
- 93: **75** 38
- 97: **11** 32; **76** 17, 25 ff.; **77** 8; **80** 4; **83** 29; **88** 32; **93** 6 ff.
- 98: **11** 32; **76** 25 ff.; **83** 31, 43; **87** 37; **88** 29; **96** 58
- 100: **83** 23
- 101: **76** 38, 43; **83** 23
- 129 ff.: **75** 38; **84** 2; **88** 2, 29; **96** 10
- 129: **79** 37
- 130 ff.: **76** 76; **86** 3b
- 130: **84** 2
- 131: **84** 2, 17
- 135: **27** 67; **32** 143d, 188d; **82** 21; **87** 7
- 143: **82** 21; **87** 7
- 153: **83** 43; **87** 37; **88** 29 ff.
- 155: **26** 26, 69 f.; **41** 10; **85** 14
- 159 ff.: **87** 32
- 162 ff.: **75** 18
- 165 ff.: **75** 38
- 165: **83** 11
- 166 ff.: **83** 10
- 170: **84** 23
- 174: **32** 188b
- 201: **88** 4
- 207 ff.: **81** 71
- 207: **78** 61; **81** 85
- 213: **88** 4
- 216-269: **75** 39
- 217 ff.: **75** 18
- 225a: **50** 56; **75** 48
- 258 ff.: **88** 4
- 258: **78** 61; **81** 80, 85 f.
- 270 ff.: **75** 18; **77** 4, 8, 10; **80** 37, 56; **81** 45
- 270: **26** 69a; **75** 47; **77** 3, 11, 23; **80** 4, 40, 46, 53
- 270a: **75** 47; **76** 38; **77** 3, 9, 14; **80** 33
- 270b: **75** 33, 47 f.; **76** 38; **77** 3, 9, 14, 16, 17, 21; **80** 33, 40, 45, 46, 53
- 274: **77** 15
- 275: **77** 15
- 278: **83** 23
- 286-303: **75** 44
- 286 ff.: **88** 4
- 287 ff.: **75** 45

- 287: **75** 43
- 290: **16** 119b; **21** 134; **75** 44, 45; **76** 77, 79
- 294 ff.: **75** 45
- 297: **16** 119b; **76** 77
- 300: **76** 78
- 302: **38** 277c
- 304 ff.: **75** 43; **77** 4
- 312: **75** 45
- 313: **77** 14
- 335-338: **75** 5
- 335-358: **75** 55
- 335 ff.: **75** 55

Insolvency Act 32 25c, 25d
- 251: **29** 10

InsVV *(Insolvenzrechtliche Vergütungs VO)* **87** 33 ff.

IntBestG *(G zur Bekämpfung internationaler Bestechung)* **1** 72; **5** 41; **23** 49; **53** 6

IntVG *(IntegrationsverantwortungsG)* **6** 21
- 8: **6** 44
- 12: **6** 41

InvG *(InvestmentG)* **25** 76 f.; **66** 22 ff.
- 126: **59** 3
- 143a: **69** 14

InvZulG *(InvestitionszulagenG)*
- 1: **52** 11
- 2: **52** 34
- 3: **52** 33
- 4: **52** 19, 24
- 15: **15** 5

IRG *(G über die int. Rechtshilfe in Strafsachen)* **8** 19 ff., 58, 67 ff.
- 1: **8** 2, 19, 130
- 41: **8** 59
- 48-58: **8** 126
- 48 ff.: **8** 146
- 48 f.: **8** 130
- 50: **8** 146
- 54: **8** 130
- 56b: **8** 21, 142, 147
- 61a: **15** 80
- 61b: **8** 118
- 62: **8** 103
- 63: **8** 103
- 69: **8** 103
- 71: **8** 126, 131, 135
- 71a: **8** 21, 142, 147
- 73: **8** 135
- 74: **8** 24, 28, 30, 150
- 77: **8** 79
- 80-83g: **8** 69
- 80: **8** 70, 136, 137
- 80h: **8** 71
- 83b: **8** 70, 136, 139
- 84-90: **8** 126
- 84 ff.: **6** 177
- 86-87p: **8** 150
- 87b-87i: **8** 151
- 87j-87l: **8** 152
- 87n: **8** 153
- 88-89: **8** 146
- 88c: **8** 146
- 88d: **8** 146
- 88f: **8** 147
- 90: **8** 146, 147
- 92: **8** 123
- 93: **8** 118

IStGH-Statut *(auch Rom-Statut)* **5** 37

JArbSchG *(JugendarbeitsschutzG)* **34** 6, 22, 37
- 58: **34** 35

JGG *(JugendgerichtsG)*
- 1-31: **44** 3
- 3: **17** 39
- 105: **44** 3
- 106: **44** 3

JustizbeitreibungsO
- 1: **11** 126
- 2: **11** 126
- 6: **11** 128b

JVEG *(Justizvergütungs- und EntschädigungsG)* **2** 36
- 19: **11** 106
- 23: **11** 39, 106; **42** 128

KabotageVO 71 2 ff.

KaffeeStG *(KaffeesteuerG)*
- 15: **24** 54
- 18: **45** 53

KaffeeStV *(Kaffeesteuer-DurchführungsVO)*
- 22: **24** 54

KaffeeVO *(VO über Kaffee, ... -Extrakte)* **72** 34, 69

KAGB *(Kapitalanlagegesetzbuch)*
  25 76 f.; **26** 136a f.; **27** 2, 93; **59** 2a;
  66 22; **85** 16
- 1: **66** 25
- 3: **66** 28
- 17: **66** 25
- 18: **23** 59
- 20: **66** 24
- 38: **40** 51
- 44: **23** 59
- 45: **41** 4
- 48: **41** 4
- 89: **27** 89
- 107: **41** 4
- 123: **41** 4
- 160: **41** 4
- 305: **59** 3
- 339: **23** 59; **66** 24; **69** 14
- 340: **66** 24; **69** 14

KAGG *(G über Kapitalanlagegesellschaften)* **66** 22; **91** 69

KapCoRiLiG *(Kapitalgesellschaften- und Co-RL-G)* **23** 95; **41** 5

KartVO *(KartellVO 1/2003)* **57** 6, 29 ff., 44, 54 ff., 59
- 1: **57** 45
- 2: **57** 45
- 3: **57** 30, 97
- 4: **57** 57
- 5: **57** 30, 57, 116
- 6: **57** 30, 57, 69
- 7: **57** 61
- 11-16: **57** 30
- 11: **57** 58
- 14: **57** 56
- 16: **57** 30, 69
- 17-21: **57** 55
- 20: **57** 62
- 21: **57** 62
- 22: **57** 30, 68
- 23: **57** 31, 64, 67, 71 f., 76, 79 ff., 87 ff., 116; **58** 43
- 24: **57** 31, 64
- 25: **57** 89
- 26: **57** 89
- 29: **57** 45
- 31: **57** 65, 90
- 33: **57** 31
- 35: **57** 30, 116
- 45: **57** 29

KartVO a.F. *(KartellVO 17/62)* **57** 28, 54, 60
- 15: **57** 71
- 81: **57** 23

KAV *(KonzessionsabgabenVO)*
- 3: **29** 64

KindArbSchV 34 20

KlärschlammVO 54 80

KO *(Konkursordnung)* **75** 3 **KO 76** 22 f.
- 78: **32** 14
- 118: **32** 14

Kodex für administrative Verantwortlichkeit (KoAP) *(Russland)* **7** 65 f.

KonTraG *(G zur Kontrolle und Transparenz im Unternehmensbereich)* **31** 3, 12; **32** 28, 120, 157a, 170

Korruptionsbekämpfung, Ländergesetze 16 119c

KorruptionsbekG 1 11, 72; **57** 13

Kosmetik-VO
- 6: **56** 76

KrW-/AbfG *(Kreislaufwirtschafts-/AbfallG)* **25** 54; **54** 51
- 61: **54** 255

KrWG *(KreislaufwirtschaftsG)* **54** 7 f., 52a ff., 117
- 2: **54** 227
- 3: **34** 47; **54** 224 ff., 234 f.
- 4: **54** 227a
- 23 ff.: **56** 59
- 26: **30** 26
- 28: **54** 185
- 35: **54** 35, 251
- 37: **54** 144
- 47: **54** 329
- 53: **30** 26
- 54: **54** 240a
- 55: **71** 39
- 57: **16** 120b
- 58: **31** 15
- 59 f.: **31** 15
- 59: **30** 49; **54** 322
- 60: **30** 49
- 69: **25** 54 f.; **54** 109, 240a, 255

KStG *(KörperschaftsteuerG)*
- 1: **27** 45; **29** 74; **43** 5; **46** 31
- 2: **24** 51
- 8: **16** 124; **44** 8, 52
- 10: **16** 124
- 14: **26** 133
- 27: **32** 89
- 31: **24** 58

KulturrückgabeG 74 17

KUrhG *(KunsturheberG)* **55** 77; **60** 105
- 22 f.: **33** 9
- 22: **60** 106 f.
- 23: **60** 108 ff.
- 24: **60** 111
- 33: **33** 9; **60** 112 ff., 113

KWG *(KreditwesenG)* **1** 65; **66** 1 ff.
- 1: **25** 30a ff., 74; **27** 201; **28** 15; **41** 4; **49** 39, 59; **50** 186, 191; **66** 3, 10 ff., 15, 30, 33; **67** 77
- 2: **25** 30c; **66** 10a
- 2a: **23** 59
- 6: **41** 37; **66** 7, 10
- 7: **66** 8
- 7a: **66** 9a
- 7b: **66** 9a
- 7c: **66** 9a
- 7d: **66** 9c
- 8: **66** 8, 9
- 9: **66** 9, 40
- 10-10i: **67** 49
- 10: **26** 6; **29** 30
- 11: **67** 49, 57; **78** 2
- 13-18: **29** 30
- 13: **50** 119; **67** 22 ff.
- 14: **66** 38; **67** 28, 45
- 15: **67** 26
- 18: **32** 167b; **50** 106; **67** 14b, 27, 35, 37 ff., 64, 91b, 112
- 18a: **67** 69a
- 18b: **67** 69a
- 19: **50** 160 f., 190, 194
- 21: **50** 148, 161
- 24c: **11** 47; **93** 49a f.
- 25a-27: **85** 16
- 25a: **1** 65a; **31** 10; **32** 172b; **66** 3; **67** 5 f., 11, 21, 38
- 25c: **66** 6c, 34
- 26: **26** 90, 136; **41** 4, 37, 43
- 27: **91** 69
- 29: **67** 44; **91** 69
- 30: **91** 69
- 32: **23** 59; **25** 30c, 74, **27** 201; **28** 15; **32** 141f; **49** 39, 41; **66** 14b, 16
- 33: **67** 22
- 35: **32** 141f
- 36: **67** 134
- 37: **66** 40
- 38: **66** 40
- 39: **66** 28
- 40: **66** 28
- 41: **66** 28
- 44: **11** 32
- 45c: **66** 40
- 46b: **66** 32 f.
- 53: **66** 30; **67** 22
- 53b: **21** 100
- 53h: **78** 2
- 54: **23** 59; **25** 75, 76a; **27** 201; **49** 27, 29, 41; **66** 14
- 54a: **1** 74; **66** 6c, 34 f.
- 55: **66** 33
- 55a: **66** 38; **67** 137
- 55b: **66** 38; **67** 137
- 56: **1** 121, 121c; **21** 87, 122; **23** 46; **41** 43; **67** 133 ff.
- 57: **91** 68
- 59: **21** 100
- 60: **67** 133
- 60a: **66** 9
- 64m: **67** 69a
- 19 a.F.: **29** 30
- 59 a.F.: **23** 41a

KWKG *(KriegswaffenkontrollG)* **1** 95a; **15** 92; **73** 2 ff.
- 14: **15** 106
- 19-21: **15** 112
- 19: **22** 66
- 22a: **15** 112; **22** 66; **62** 24
- 23: **15** 106

KWL *(Kriegswaffenliste)* **73** 9 ff., 79, 90 ff.

LadenschlussG 34 6

Landesverf. BW
- 38: **10** 35; **17** 53

LebensmitteleinfuhrV
- 16: **72** 69

LebensmittelhygieneVO 72 40

LFGB *(Lebensmittel, Bedarfsgegenstände- und Futtermittelgesetzbuch)* **72** 4 ff., 75 ff., 96
- 39: **56** 65
- 44: **11** 32
- 58-62: **56** 76
- 58 ff.: **56** 76
- 59: **14** 8
- 60: **14** 8

LFGG BW *(Landesgesetz über die freiwillige Gerichtsbarkeit)* **91** 78c

LiqV *(LiquiditätsVO)* **67** 58
- 3: **78** 2

LKW-Maut-VO 71 11

LMGB a.F. *(Lebensmittel- und BedarfsgegenständeG)* **72** 16 ff.

LMIV *(VO betr. die Information der Verbraucher über Lebensmittel)* **72** 33a

LMKennzV
- 10: **72** 69

LMRStrafVO *(Lebensmittelrechtliche Straf- und BußgeldVO)* **72** 53 ff.

Lösemittelhaltige Farben- und Lack-VO 54 91, 290, 294

LSA *(Lastschriftabkommen)* **49** 28 ff.

LStDV
- 1: **38** 311
- 4: **43** 10

LStR 2013
- 19.3: **38** 322
- 38.2: **38** 322

LuftSiG *(LuftsicherheitsG)* **71** 27

LuftverkehrsG 71 22 ff.

Luftverkehrs-Ordnung 71 22 ff.

Luftverkehrs-ZulassungsO 71 22 ff.
- 24: **16** 120c
- 29: **16** 120c

LUG *(LiteratururheberG)* **55** 77

MaBV *(Makler- und BauträgerVO)* **25** 25; **70** 1, 7 ff.; **83** 101; **94** 13 f.
- 16: **91** 69

MAK *(Mindestanforderungen an das Kreditgeschäft)* **67** 6

MaKonV *(Marktmanipulations-KonkretisierungsV)* **68** 16
- 3: **17** 8

MaRisk *(Mindestanforderungen an das Risikomanagement von Kredit- und Finanzdienstleistungsinstituten)* **32** 172b; **67** 6, 11, 29 f., 38, 48, 65, 71, 76; **78** 2

MarkenG 60 51
- 1: **60** 58
- 3: **60** 58
- 4: **60** 57, 61, 66
- 5: **55** 79; **60** 57, 69 ff.
- 7: **60** 68
- 8: **60** 63, 66, 103
- 9: **60** 65
- 14-19c: **60** 90
- 14: **60** 55, 57, 65, 68, 79, 81, 83
- 15: **60** 55, 69 ff., 84 ff.
- 18: **55** 24; **60** 100
- 19: **55** 25, 26
- 20-25: **60** 89
- 20: **60** 19
- 21: **60** 91
- 22: **60** 92
- 23: **60** 93
- 24: **60** 94
- 25: **60** 95
- 26: **60** 73, 95
- 27: **60** 60
- 32-42: **60** 61
- 42: **60** 63
- 47: **60** 64
- 49 ff.: **60** 63
- 97: **60** 59
- 107-125: **60** 52a
- 125a-125i: **60** 52a
- 126: **60** 73
- 127: **60** 74, 87
- 128: **60** 75
- 130-139: **60** 53
- 130-136: **60** 73
- 134: **60** 103a
- 139: **60** 103a
- 142: **10** 14
- 143 ff.: **72** 72

- 143: **2** 12; **10** 14; **42** 120; **55** 16, 129 ff., 135 ff.; **60** 54, 55, 77 ff., 96, 98 ff.
- 143a: **10** 14; **60** 54, 55, 76, 98
- 144: **55** 129 ff., 136; **60** 54, 76 f., 87, 98 ff.
- 145: **60** 54, 103 f.
- 146-151: **60** 102
- 146 ff.: **55** 18 ff.
- 150: **55** 22

Mess- und EichG 74 9

MgVG *(G über die Mitbestimmung der Arbeitnehmer bei einer grenzüberschreitenden Verschmelzung)* **23** 99b

MHA *(Madrider Herkunftsabkommen)* **60** 52

MicroBilG *(Kleinstkapitalgesellschaften-Bilanzrechtsänderungs G)* **22** 84; **23** 28b; **26** 121a; **41** 5, 9; **75** 2; **80** 8; **85** 2

MilchabgabenVO
- 7: **45** 64

MilchquotenVO 45 63

MiLoG *(MindestlohnG)* **37** 29 f.
- 1: **37** 29
- 3: **37** 29
- 14: **37** 29, 37
- 15: **37** 29
- 19: **36** 55, 57
- 20: **37** 29
- 21: **36** 15, 55; **37** 37, 41, 43a, 173

MineralölG 3 16

MiStra *(Anordnung über Mitteilungen in Strafsachen)* **1** 148; **13** 11; **14** 37
- 25: **66** 9

MitbestG *(MitbestimmungsG)*
- 1: **23** 27; **40** 55
- 6 ff.: **32** 124
- 6: **40** 55; **80** 29
- 20: **35** 16

MiZi *(Anordnung über Mitteilungen in Zivilsachen)* **10** 18; **76** 18
- I 5: **38** 24

MMA *(Madrider Markenabkommen)* **60** 52

MOG *(MarktordnungsG)* **45** 55
- 6: **52** 56

- 7: **52** 57
- 12: **45** 57 ff.
- 35: **45** 60
- 36: **18** 20; **45** 59
- 37: **15** 72; **45** 60; **52** 63
- 38: **15** 72; **45** 60

MoMiG *(G zur Modernisierung des GmbH-Rechts und zur Bekämpfung von Missbräuchen)* **1** 73, 88; **3** 7a, 9a; **22** 35; **23** 3a, 72, 95, 112 f., 125 ff.; **27** 86; **32** 143d, 149, 150a, 152a; **75** 2; **76** 16; **82** 17 ff.

MoRAK *(G zur Modernisierung der Rahmenbedingungen für Kapitalbeteiligungen)* **27** 12

MPBetreibV *(Medizinprodukte-BetreiberVO)* **56** 146

MPG *(MedizinprodukteG)* **34** 6; **56** 57, 127, 141 ff.; **72** 117 ff.

MPSV *(Medizinprodukte-SicherheitsplanVO)* **56** 57

MPV *(MedizinprodukteVO)* **56** 146

MPVertrV *(VO über Vertriebswege für Medizinprodukte)* **56** 146

MuSchArbV *(VO zum Schutz der Mütter am Arbeitsplatz* **34** 24

MuSchG *(MutterschutzG)*
- 21: **19** 33; **34** 35

Mykotoxin-HöchstmengenV
- 5: **72** 69

MZK *(Modernisierter Zollkodex)* **45** 1

NachweisV *(VO über die Nachweisführung bei der Entsorgung von Abfällen)*
- 29: **54** 255

NahrungsmittelergängzungsVO 72 21
- 6: **72** 69

Nato-Truppenstatut 38 120

Neapel-Abk. 15 80

Neapel-II-Übk. 8 2a

NiSG *(G zur Regelung des Schutzes vor nichtionisierender Strahlung)*
- 8: **54** 220

NKA *Nizzaer Klassifikationsabkommen* **60** 52

Nouveau Code Pénal *(Frankreich)* **7** 22 ff.

OECD-Antikorruptionsabk. 5 41

OECD-MA *(Musterabk. zur Beseitigung der Doppelbesteuerung des Einkommens und des Vermögens)* **5** 40; **38** 389 ff.
OECD-Übk 23 49
OECD-Vertrag 5 39
öEWIVG
– 2: **22** 33
öFBG *(Österreich: Firmenbuchgesetz)* **22** 19
öFinStrG *(Österreich: FinanzstrafG)* **7** 13
öGOG *(Österreich: Gerichtsorganisationsgesetz)*
– 32a: **7** 14
öKartG *(Österreich: KartellG)* **57** 8
ÖkoKennzG
– 3: **72** 69
Öko-LandbauG
– 12: **72** 69
OrdenG
– 4: **16** 120d; **21** 134
OrgKG *(G zur Bekämpfung des illegalen Rauschgifthandels und anderer Erscheinungsformen der Organisierten Kriminalität)* **1** 67, 69; **9** 3
öStGB 7 12
öStPO 7 14
öUBG *(Österreich: Unternehmensgesetzbuch)* **22** 17, 64
öUGB *(Österreich: Unternehmensgesetzbuch)* **7** 11
– 1: **23** 3
öVbVG *(Österreich: Verbandsverantwortlichkeitsgesetz)* **7** 13; **23** 49a
OWiG 1 56, 144, 147; **16** 103d
– 1-34: **14** 4
– 1-111: **14** 4
– 1: **1** 12, 113
– 3: **1** 14; **17** 5a; **57** 111
– 4: **3** 1 ff.; **57** 111; **62** 32 f., 142; **72** 50a
– 5: **4** 7
– 7: **30** 158
– 8: **17** 21; **21** 106; **24** 23a; **30** 114
– 9: **1** 65, 116; **3** 1; **19** 8a, 35; **22** 13, 44; **23** 9, 10, 14, 17a ff., 25, 32, 36, 39, 70, 117; **30** 20 f., 74 ff., 125 ff., 129, 135 ff.; **35** 49; **46** 14, 14; **57** 103, 107; **71** 45; **96** 49a
– 10: **17** 22; **19** 32; **46** 55, 75; **57** 106; **60** 103; **62** 105, 130; **73** 111
– 11: **18** 1; **25** 18; **37** 169
– 12: **17** 39; **19** 32
– 13: **17** 47; **18** 20; **30** 167
– 14: **17** 2a; **19** 2, 31, 32; **23** 94; **24** 23a; **30** 129; **31** 50, 53; **57** 113
– 16: **17** 35
– 17: **1** 121; **14** 29; **16** 124; **17** 64; **19** 31, 32; **21** 87 ff., 125; **23** 43; **30** 162 ff.; **46** 6, 19, 76; **56** 129; **57** 148, 152; **62** 126 f.; **65** 23; **73** 112 f.
– 19: **20** 4a; **37** 27
– 20: **20** 10a; **46** 19
– 21: **20** 33 ff.; **21** 123; **33** 133; **37** 154; **57** 12, 142; **58** 39
– 22-29: **21** 93
– 22 ff.: **1** 109; **14** 13, 16
– 22: **62** 27; **73** 113
– 23: **55** 75; **62** 27
– 28: **13** 15
– 29: **1** 109; **22** 13; **23** 19, 20a, 32, 92, 117; **30** 93
– 29a: **1** 65; **14** 13, 16; **16** 74, 114, 124; **21** 93, 95, 131; **37** 43; **46** 6; **54** 351; **57** 109; **73** 113
– 30: **1** 65, 72, 121a ff.; **14** 1, 10, 13, 19, 20, 28; **15** 134; **16** 74, 80, 113, 124 f.; **17** 2a; **19** 34, 36; **21** 94 ff.; **22** 48; **23** 17a, 19, 20a, 25a, 36 ff., 92, 94b, 97, 117; **24** 23; **30** 20 f., 92, 93, 129, 134; **31** 8, 30, 45, 47, 61; **32** 141f; **34** 73; **35** 6; **37** 38; **38** 10, 175; **46** 7; **52** 35; **54** 325, 325a, 351; **57** 30, 93a, 103, 108 f., 150; **58** 36; **62** 141; **90** 19
– 31: **17** 49, 64, 65, 67; **30** 166; **57** 104, 146
– 32: **17** 66
– 33: **1** 65; **17** 67, 68; **21** 113
– 34: **17** 49, 69
– 35-110: **14** 4
– 35 ff.: **35** 50
– 35: **14** 3; **15** 56, 58, 106, 130; **19** 32; **36** 52

- 36: **1** 116; **14** 6; **15** 56, 130; **36** 52; **46** 8; **55** 75
- 37: **15** 106
- 40-44: **15** 134
- 40: **14** 8; **21** 117
- 41: **14** 8; **21** 117; **54** 319; **58** 39
- 42: **14** 9
- 43: **14** 8; **17** 67
- 46: **14** 2, 3, 7, 14, 16, 17, 27, 28, 32, 38; **15** 64; **58** 36
- 47: **1** 132; **10** 20a; **14** 3, 8, 15, 17, 20, 33; **19** 32; **21** 112; **23** 36; **25** 13; **31** 47; **41** 40; **44** 23; **57** 106, 122; **58** 37a; **62** 137
- 49: **15** 104
- 49a: **14** 37
- 53: **14** 7; **15** 108, 109
- 55: **14** 12, 16; **15** 109
- 57: **1** 115
- 62: **15** 139
- 63: **15** 104
- 65: **14** 18
- 66: **14** 18, 19
- 67-78: **15** 139
- 67: **14** 21; **15** 63
- 68: **15** 58, 65
- 69: **14** 22
- 71: **1** 126; **14** 2, 23
- 72: **14** 23; **17** 66
- 74: **37** 43
- 76: **15** 104
- 77: **14** 23, 24
- 77a: **14** 25
- 77b: **14** 25
- 79: **14** 29, 32; **15** 140
- 80: **14** 29, 30; **15** 140
- 80a: **14** 32
- 81: **14** 26
- 82: **14** 26; **20** 36
- 83: **14** 31
- 84: **14** 26, 33
- 86: **14** 33
- 87: **1** 65; **14** 27; **23** 39; **37** 43
- 88: **14** 28; **23** 25a, 36, 94b; **58** 36
- 89: **14** 35
- 90: **14** 35
- 91: **14** 35
- 92: **14** 35
- 96: **14** 35
- 98: **14** 22
- 99: **1** 65; **14** 35
- 105 ff.: **14** 38
- 107: **14** 39
- 108: **14** 35
- 108a: **14** 38
- 110: **14** 40
- 111 ff.: **19** 30
- 111: **11** 32; **12** 23
- 115: **18** 20; **91** 46
- 116: **57** 113
- 117: **54** 221
- 124: **60** 103
- 127: **39** 31
- 128: **39** 31
- 130: **1** 65, 72, 121a; **2** 41; **14** 4; **15** 134; **17** 21, 45a; **19** 35; **21** 87, 102, 116, 120, 121; **22** 11, 72a; **23** 9, 10, 12, 14, 19, 25, 39 ff.; **29** 26; **30** 20 f., 125 ff., 129; **31** 16, 52, 59; **32** 143c; **34** 73; **35** 6; **38** 175; **46** 8; **52** 35; **54** 325a, 351; **57** 93a, 103, 113, 146, 150; **58** 38, 40; **62** 141; **85** 24; **90** 19
- 131: **19** 32; **30** 166; **46** 8; **58** 42

PAngV *(PreisangabenVO)* **61** 98 ff.
- 1: **61** 100 f.
- 2 ff.: **61** 102
- 5: **61** 103
- 6: **61** 13, 58, 65, 104
- 7: **61** 105
- 8: **61** 106
- 9: **61** 107
- 10: **61** 98

PartG *(ParteienG)* **40** 12
- 8: **27** 3
- 11: **32** 30
- 19: **32** 131
- 23: **32** 30; **91** 69
- 31d: **40** 32; **94** 12

PartGG *(Partnerschaftsgesell-schaftsG)* **27** 3
- 1: **21** 96; **22** 70 f.; **26** 19; **30** 92; **90** 4
- 2: **22** 32; **23** 94a
- 4: **22** 25, 34; **23** 94a; **24** 35, 36
- 5: **22** 25, 34; **24** 35
- 7: **21** 96; **22** 37; **23** 17, 94a
- 8: **23** 94a; **91** 10c

PassG
- 7: **21** 134
- 8: **21** 134

PatAO *(Patentanwaltsordnung)*
91 55 ff.
- 1: **91** 2, 55a
- 2: **22** 69a
- 14: **91** 27
- 25: **91** 12
- 39: **91** 12
- 39a: **91** 12, 16
- 39b: **90** 6; **91** 21
- 45a: **91** 10c
- 52a: **90** 7, 8
- 52c: **90** 9; **91** 10b
- 52e: **91** 10d
- 52f: **91** 10d
- 52g: **91** 10d
- 95 ff.: **91** 24, 28
- 95: **91** 23
- 96: **91** 26
- 97: **91** 23a, 28a
- 98 ff.: **91** 25
- 98: **91** 23a
- 102: **91** 28a, 28b
- 102a: **91** 28d
- 103a: **91** 28c
- 106: **91** 28
- 132: **91** 27
- 154a: **90** 7

PatG *(PatentG)* **55** 37
- 1: **55** 41
- 2a: **55** 73
- 9: **55** 44
- 11-13: **55** 46
- 16: **55** 42, 47
- 20: **55** 47
- 21: **55** 47
- 22: **55** 47
- 23: **55** 47
- 35: **55** 42
- 44: **55** 42
- 52: **55** 51
- 57: **55** 42
- 140a: **55** 24
- 140b: **55** 25, 26
- 142: **10** 14; **33** 92; **55** 13, 44 ff., 58, 129 ff., 135 ff.
- 142a: **55** 18
- 142b: **55** 22

PatKostenG *(PatentkostenG)* **55** 37
PatV *(PatentVO)* **55** 37
PBefG *(PersonenbeförderungsG)*
25 51; **71** 12 ff.
PCB/PCT-AbfallVO 54 91
- 5: **54** 255

PCT *(Patentzusammenarbeitsvertrag)*
55 38
PfandBG *(PfandbriefG)* **25** 76 f.;
69 6 ff.
PflanzenschutzG 54 100
- 36: **54** 109
- 39: **54** 304; **56** 76
- 40: **54** 304; **56** 76

PIF-Übk. *(Übk. über den Schutz der finanziellen Interessen der EG)*
6 109
PostG 74 33
- 39: **33** 24b

PreisG 61 94 ff.
PreisV *(VO über die Preise bei öffentlichen Aufträgen)* **58** 31
PresseG BW
- 24: **17** 50

ProdAbgZuckerVO 45 61
ProdHaftG 56 45, 66 ff.
ProdSG *(Produktsicherheitsg)* **25** 32;
30 128; **34** 6; **56** 117 ff.
- 2: **25** 33; **56** 55, 62
- 6: **56** 55 f.
- 26: **56** 62
- 34: **25** 32, 34
- 39: **25** 34
- 41: **56** 62

ProduktpiraterieG 1 67; **55** 13 ff.
Prüm Ratsbeschluss 6 184
Prümer Vertrag *(Schengen III)* **5** 7;
6 31, 184; **8** 110
- 25: **6** 31

PRV *(PartnerschaftsregisterVO)* **22** 25
PSA-BenutzungsVO *(Sicherheit und Gesundheitsschutz bei der Benutzung persönlicher Schutzausrüstung bei der Arbeit)* **34** 20
PTSG *(Post- und Telekommunikationssicherstellungsg)* **64** 9 ff.

PublG *(PublizitätsG)*
- 1 ff.: **40** 61, 66
- 1: **23** 28, 29; **26** 19a, 78; **41** 3
- 2: **23** 29; **41** 3, 28
- 3: **26** 19a, 78; **41** 3
- 5-8: **41** 3
- 5: **26** 78, 86, 88, 92, 100; **41** 14
- 6: **26** 78; **91** 69
- 8: **26** 86
- 9: **41** 3, 7, 24, 26, 32, 37
- 10: **40** 36; **41** 3
- 11-14: **41** 3
- 11: **26** 79, 151; **40** 66; **41** 3, 11
- 12: **41** 3, 28
- 13: **26** 130
- 14: **91** 69
- 15: **41** 3, 11, 24, 26, 32, 37, 44
- 17: **16** 119; **23** 99a; **40** 61, 66; **41** 44 ff.; **76** 67
- 18: **23** 99a; **40** 71; **94** 12
- 19: **23** 99a; **33** 99; **94** 7
- 20: **41** 38
- 21: **41** 31 f.

Public Kodex 26 137

PublizitätsRL *(1. gesellschaftsrechtliche RL)* **23** 63

PVÜ *(Pariser Verbandsübereinkunft)* **55** 9, 38; **60** 52
- 6bis: **60** 61

RB 2001/220/JI *(Stellung des Opfers im Strafverfahren)* **6** 148, 193

RB 2001/413/JI *(unbare Zahlungsmittel)* **6** 134

RB 2001/500/JI *(Geldwäsche)* **6** 135; **8** 43

RB 2002/465/JI *(gemeinsame Ermittlungsgruppen)* **6** 148, 157

RB 2002/475/JI *(Terrorismusbekämpfung)* **6** 135

RB 2002/584/JI s. Europ. Haftbefehl

RB 2002/629/JI *(Menschenhandel)* **6** 136

RB 2002/946/JI *(unerlaubte Ein- und Durchreise)* **6** 136

RB 2003/383/JI *(Geldfälschung)* **6** 134

RB 2003/568/JI *(Bekämpfung der Bestechung im privaten Sektor)* **6** 133

RB 2003/577/JI *(Sicherstellung)* **6** 148, 177; **8** 40, 97 ff.

RB 2003/80/JI *(Schutz der Umwelt)* **6** 138

RB 2004/68/JI *(sexueller Missbrauch von Kindern, Kinderpornografie)* **6** 136

RB 2004/757/JI *(Drogenhandel)* **6** 137

RB 2005/212/JI *(Einziehung)* **6** 135; **8** 43

RB 2005/214/JI *(Geldsanktionen)* **6** 148, 197; **8** 40, 148 ff.

RB 2005/222/JI *(Angriffe auf Informationssysteme)* **6** 139; **42** 86

RB 2005/667/JI *(Verschmutzung durch Schiffe)* **6** 138

RB 2006/783/JI *(Einziehungsentscheidungen)* **6** 148, 197; **8** 40, 143 ff.

RB 2006/960/JI *(Informationsaustausch)* **6** 148, 183

RB 2008/675/JI *(Vorverurteilungen)* **6** 149, 181; **8** 40

RB 2008/841/JI *(Organisierte Kriminalität)* **6** 137

RB 2008/909/JI *(Europ. Vollstreckungsanordnung [Freiheitsstrafen])* **6** 149, 197; **8** 40

RB 2008/913/JI *(Rassismus und Fremdenfeindlichkeit)* **6** 139

RB 2008/919/JI *(Terrorismusbekämpfung)* **6** 135

RB 2008/947/JI *(Bewährungsmaßnahmen)* **6** 149, 197

RB 2008/977/JI *(Schutz personenbezogener Daten)* **6** 149, 187

RB 2008/978/JI *(Europ. Beweisanordnung)* **6** 149, 178; **8** 40, 47
- 23: **8** 72

RB 2009/299/JI *(Abwesenheitsentscheidungen)* **6** 149, 197

RB 2009/315/JI *(Strafregister)* **6** 149, 183; **8** 105

RB 2009/426/JI *(Stärkung von Eurojust)* **6** 148, 149, 161

RB 2009/829/JI *(Europ. Überwachungsanordnung)* **6** 149, 180; **8** 40

RB 2009/948/JI *(Kompetenzkonflikte)* 6 149, 182
RBerG *(RechtsberatungsG)*
– 1: **92** 21
RBÜ *(Revidierte Berner Übereinkunft)* **55** 9, 95
RDG *(RechtsdienstleistungsG)* **25** 78; **92** 1 ff.
– 1 ff.: **92** 40
– 1: **92** 2, 4
– 2: **92** 5
– 3: **92** 2
– 4: **92** 9
– 5-8: **92** 6
– 5: **90** 16; **91** 67, 69, 84; **92** 7 ff., 26, 40
– 6: **92** 10 f., 27
– 7: **92** 12 f.
– 8: **91** 84; **92** 14
– 9: **92** 24
– 10: **92** 6, 16, 24
– 11: **92** 17, 24
– 12: **92** 18
– 13: **92** 19
– 14: **92** 19
– 16: **92** 6, 20
– 17: **92** 20
– 20: **92** 3, 24
RDGEG *(EinführungsG zum RechtsdienstleistungsG)* **92** 23
REACH-VO *(VO [EG] 1907/2006 – Registrierung, Bewertung, Zulassung und Beschränkung chemischer Stoffe ...)* **34** 46; **54** 90, 293; **56** 119
REITG *(G über deutsche Immobilien-Aktiengesellschaften mit börsennotierten Anteilen)* **40** 86
– 1: **41** 2
– 4: **26** 20
– 10: **26** 20
Rennwett- und LotterieG 74 31, 34
– 23: **15** 1
RID *(Ordnung für die int. Eisenbahnbeförderung gefährlicher Güter)* **71** 31

RiStBV *(RL für Straf- und Bußgeldverfahren)* **1** 148; **8** 49 f.
– 6: **42** 126
– 40-43: **11** 67
– 75: **11** 110
– 113: **12** 7, 10
– 180a: **14** 10, 20
– 192b: **10** 35
– 216: **2** 38
– 238: **2** 38; **66** 9
– 242a: **53** 125
– 255: **42** 109
– 260 ff.: **42** 109
– 260: **53** 125
– 261: **55** 137
– 261a: **55** 121a, 137
– 261b: **55** 129
– 265: **2** 38; **15** 102
– 266: **2** 38
– 2452: **2** 38
– Anlage E: **9** 4
RiVASt *(RL für den Verkehr mit dem Ausland in strafrechtlichen Angelegenheiten)* **1** 148; **8** 17, 21 ff., 67 ff.
– 5: **8** 33
– 7: **8** 28 f.
– 13: **8** 118
– 29: **8** 88
– 64-74a: **8** 126
– 74b: **8** 142
– 77a: **8** 109
– 86-104: **8** 58
– 105-113a: **8** 126
– 114: **8** 93
– 115: **8** 78
– 116: **8** 83
– 117: **8** 88
– 119: **8** 103
– 121: **8** 78, 80, 84
– 123: **8** 122, 124
– 124: **8** 122
– 130: **8** 78, 90
– 140-142: **8** 91, 91
– 142b: **8** 118
– 142c: **8** 118; **15** 80
– 145-147: **8** 119
– 146: **8** 119 ff.

- 153: **8** 68
- 155-161: **8** 69
- 162-165: **8** 71
- 164: **8** 139
- 167-180: **8** 150
- 181-189: **8** 146
- 190-193: **8** 146
- 199: **8** 102
- 200: **8** 102
- Muster: **8** 81
- Muster 32: **8** 88

RL 2000/13/EG *(EtikettierungsRL)* **72** 32, 82

RL 2001/19/EG *(Anerkennung von Berufsqualifikationen)* **91** 78a

RL 2001/95/EG *(über die allgemeine Produktsicherheit - RLAP)* **56** 27, 38, 56

RL 2002/58/EG *(Datenschutz)* **59** 3b

RL 2002/90/EG *(unerlaubte Ein- und Durchreise)* **6** 136

RL 2003/124/EG *(Durchführungsbestimmung zur MarktmissbrauchsRL)* **68** 6, 58

RL 2003/125/EG *(Durchführungsbestimmung zur MarktmissbrauchsRL)* **68** 6

RL 2003/48/EG *(ZinserstragsteuerRL)* **29** 78
- 17: **46** 57c

RL 2003/6/EG *(MarktmissbrauchsRL)* **6** 133; **68** 6 f., 14, 37
- 2: **68** 65 ff., 67
- 6: **68** 58

RL 2004/108/EG *(elektromagnetische Verträglichkeit)* **56** 125

RL 2004/18/EG *(Koordinierung der Verfahren zur Vergabe öffentlicher Aufträge)* **58** 43

RL 2004/72/EG *(Durchführungsbestimmung zur MarktmissbrauchsRL)* **68** 6

RL 2004/80/EG *(Entschädigung der Opfer von Straftaten)* **6** 149, 193

RL 2005/29/EG *(unlautere Geschäftspraktiken)* **59** 32a; **60** 1, 7a

RL 2005/35/EG *(Meeresverschmutzung)* **6** 138

RL 2005/36/EG *(Anerkennung von Berufsqualifikationen)* **91** 78a

RL 2005/56/EG *(Europ. VerschmelzungsRL)* **23** 99b

RL 2005/60/EG *(3. Geldwäsche-RL)* **4** 19; **6** 135; **51** 17

RL 2006/114/EG *(Schutz vor Irreführung)* **60** 7a

RL 2006/123/EG *(Europ. Dienstleistungs-RL)* **23** 69a; **91** 9a

RL 2006/42/EG *(MaschinenRL)* **56** 28

RL 2006/43/EG *(AbschlussprüferRL)* **95** 9
- 3 ff.: **91** 74a

RL 2006/48/EG *(BankenRL)* **67** 51

RL 2006/49/EG *(KapitaladäquanzRL)* **67** 51

RL 2006/70/EG *(DurchführungsRL zur 3. Geldwäsche-RL)* **6** 135

RL 2007/64/EG *(ZahlungsdiensteRL)* **49** 28a; **66** 17

RL 2008/118/EG *(über das allg. Verbrauchsteuersystem)*
- 1: **44** 30

RL 2008/98/EG *(AbfallrahmenRL)* **54** 52

RL 2008/99/EG *(über den strafrechtlichen Schutz der Umwelt)* **6** 138; **54** 108a
- 6: **54** 325a

RL 2009/125/EG *(Ökodesign-RL)* **56** 63

RL 2009/52/EG *(rechtswidrige Einwanderung, illegale Beschäftigung)* **6** 136

RL 2010/64/EU *(Dolmetscherleistungen und Übersetzung)* **6** 150, 189

RL 2010/75/EU *(IndustrieemissionsRL)* **54** 32a

RL 2011/36/EU *(Menschenhandel)* **6** 136

RL 2011/82/EU *(Informationsaustausch Verkehrsdelikte)* **6** 150, 183

RL 2011/83/EU *(VerbraucherrechteRL)* **59** 3b

RL 2011/92/EU *(sexueller Missbrauch von Kindern, Kinderpornografie)* **6** 136

RL 2011/99/EU *(Europ. Schutzanordnung)* 6 150, 196
RL 2012/13/EU *(Belehrung und Unterrichtung im Strafverfahren)* 6 150, 190
RL 2012/17/EU *(Unternehmensregister)* 22 29
RL 2012/29/EU *(Rechte, Unterstützung und Schutz von Opfern)* 6 150, 194
RL 2012/6/EU *(Jahresabschluss, Rechtsformen von Kleinbetrieben)* 22 84
RL 2013/34/EU *(BilanzRL)* 22 85; 26 2
RL 2013/36/EU *(Beaufsichtigung von Kreditinstituten)* 66 6e f.
RL 2013/40/EU *(Angriffe auf Informationssysteme)* 6 139
RL 2013/48/EU *(Rechtsbeistand, Kontaktaufnahme bei Festnahme)* 6 150, 191
RL 2014/29/EU Druckbehälter 56 28
RL 2014/30/EU *(über die elektromagnetische Verträglichkeit)* 56 28
RL 2014/34/EU *(ATEX-RL)* 56 28
RL 2014/35/EU *(NiederspannungsRL)* 56 28
RL 2014/41/EU s. Europ. Ermittlungsanordnung
RL 2014/42/EU *(Sicherstellung und Einziehung)* 6 135
RL 2014/56/EU *(Abschlussprüfungen)* 95 9
RL 2014/57/EU *(Strafrechtliche Sanktionen bei Marktmanipulationen)* 6 133; 68 6a
RL 2014/65/EU *(MIFID-II-RL)* 6 133
RL 2014/68/EU *(Druckgeräte)* 56 28
RL 65/65/EWG *(Arzneimittel)* 72 9 f.
RL 77/799/EWG *(AmtshilfeRL)* 38 395
RL 78/660/EWG *(BilanzRL)* 26 2
RL 83/349/EWG *(KonzernbilanzRL)* 26 2
RL 87/357/EWG *(Lebensmittelimitate)* 56 31
RL 89/391/EWG *(Arbeitsschutz)* 34 10, 18

RL 89/552/EWG *(Fernsehwerbung)* 60 7a
RL 89/622/EWG *(Etikettierung von Tabakerzeugnissen)* 60 7a
RL 89/666/EWG *(ZweigniederlassungsRL)* 23 107; 26 22
RL 90/385/EWG *(aktive implantierbare Geräte)* 56 141
RL 91/308/EWG *(2. Geldwäsche-RL)* 6 135
RL 92/57/EWG *(BaustellensicherheitsRL)* 34 62
RL 92/73/EWG *(Arzneimittel)* 72 9 f.
RL 93/22/EWG *(WertpapierdienstleistungsRL)* 31 9
RL 93/42/EWG *(MediziprodukteRL)* 56 28, 141
RL 95/54/EG *(elektromagnetische Verträglichkeit von Kraftfahrzeugen)* 56 127
RL 98/43/EG *(Verbot von Tabakwerbung)* 60 7a
RL 98/79/EG *(In-vitro-Diagnostika)* 56 141
RpflG *(RechtspflegerG)*
– 17: **22** 27
– 22: **11** 127 f.
– 31: **11** 119, 121 ff., 127
Rückstands-HöchstmengenV
– 5: **72** 69
RVG *(RechtsanwaltsvergütungsG)*
– 2 VV: **16** 22
– 3a: **16** 23, 26, 39
– 4a: **16** 32
– 4b: **16** 39
– 9: **16** 38
– 14: **92** 10
– 51: **16** 22
– 58: **16** 22
RVO *(Reichsversicherungsordnung)* 36 13
SaatG
– 60: **55** 76
SachbezugsVO 38 122
SAG *(G zur Bekämpfung der Schwarzarbeit a.F., jetzt SchwarzArbG)*
– 2: **37** 69

SCEAG *(G zur Ausführung der VO über Europ. Genossenschaft)*
- 3: **22** 34
- 36: **23** 89a; **80** 14

SCEBG *(G zur Ausführung der VO über Europ. Genossenschaft)* **35** 3
- 46: **35** 24, 36
- 47: **23** 89a; **35** 3, 23, 24, 36, 46
- 48: **23** 89a; **35** 5, 51

SCE-VO *(VO [EG] 1435/2003)* **26** 20
SchadstoffhöchstmengenVO 72 34
SchaumwZwStG
- 18: **24** 54

SchaumwZwStV
- 32: **24** 54

ScheckG
- 1-3: **49** 14
- 1: **49** 93

Schengen I 6 10
Schengen II s. SDÜ
Schengen III s. Prümer Vertrag
Schengener Grenzkodex
- 5: **37** 88

SchriftZeichG
- 2: **55** 60

SchuldverschreibungsG 27 75; **74** 18
SchwarzArbG 1 71; **3** 9; **36** 1 ff., 17 ff.
- 1: **36** 1 ff., 18, 34 f., 58; **37** 144, 159, 170
- 2: **11** 10; **36** 26, 29, 34 ff., 47; **37** 158, 163, 171
- 2a: **37** 171
- 3: **36** 37
- 4: **36** 37
- 5: **11** 32; **36** 37 f.; **37** 171
- 6: **14** 37; **36** 29 f., 35; **38** 24
- 7: **36** 3
- 8: **20** 33; **24** 18, 25; **36** 38, 53, 55; **37** 154 ff., 161 ff.
- 9-11: **36** 53, 55; **37** 110
- 9: **37** 151, 154
- 10: **13** 10; **25** 46; **36** 5, 11; **37** 2 f., 11c, 14, 24a, 42, 44, 58b, 77a, 112a, 113 ff., 118, 120, 125, 129, 134, 142; **38** 36a, 259
- 10a: **37** 15a, 119a, 120
- 11: **13** 10; **25** 46; **34** 38; **36** 5, 11; **37** 2 f., 24a, 44, 58b, 77a, 112, 120 ff., 129, 134, 142; **38** 36a
- 12: **36** 52; **37** 157 f., 163, 172
- 13: **36** 53
- 14: **11** 10; **36** 47; **37** 157 f.
- 16-19: **36** 31
- 16: **36** 5
- 21: **16** 120a; **21** 134; **36** 55, 57; **38** 10; **57** 101a
- 22: **36** 36a, 39; **37** 172

SchwarzgeldbekämpfungsG 1 75; **44** 119 ff.
SDÜ *(Schengener Durchführungsübk. - Schengen II)* **6** 10, 26 ff.; **8** 9 f., 30, 34; **36** 14
- 21: **37** 88
- 39-47: **8** 123
- 52: **8** 79, 81, 85
- 54-58: **6** 142 f.
- 54: **6** 144 f.; **10** 35; **12** 76
- 67-69: **8** 127, 134
- 68: **8** 137
- 92: **6** 29

SEAG *(G zur Ausführung der VO über Europ. Gesellschaft)*
- 1: **41** 2; **50** 25
- 3: **22** 34
- 22: **26** 14, 27
- 47 ff.: **26** 85
- 53: **23** 84; **26** 190; **27** 178, 182; **33** 113; **40** 50, 86; **80** 14

SEBG *(G über die Beteiligung der Arbeitnehmer in einer Europ. Gesellschaft)* **35** 3
- 44: **35** 24, 36
- 45: **23** 85; **35** 3, 23, 24, 36, 46
- 46: **23** 85; **35** 5, 51

SeeBewachV 25 17a f.
Seefischerei-BußgeldVO 6 90
SeefischereiG 6 90
Sentencing Guidelines for Organizational Offenders *(USA)* **7** 53
SEPA-BegleitG 49 30b
SEPA-VO 49 30b, 43a
Serious Crime Act *(Großbritannien)* **7** 42

SE-VO *(VO [EG] 2157/2001 über das Statut der Europ. Gesellschaft)* **26** 20; **27** 46
- 61 f.: **41** 2

SGB *(Sozialgesetzbuch)* **36** 13

SGB I *(Allg. Teil)*
- 11: **37** 145
- 32: **38** 47, 104
- 35: **11** 49
- 60: **17** 17a; **37** 147, 155
- 65: **37** 147

SGB II *(Grundsicherung Arbeitslose)*
- 11: **37** 148
- 63: **37** 155

SGB III *(Arbeitsförderung)*
- 7: **37** 145
- 60: **37** 151, 155
- 136 ff.: **37** 145
- 137: **37** 145
- 138: **37** 148
- 142 f.: **37** 145
- 155: **37** 148
- 165 ff.: **37** 145
- 183-189: **87** 24
- 183 ff.: **38** 194
- 284: **37** 50, 53, 59, 69, 131, 137; **38** 36a
- 292: **25** 47
- 304: **36** 22
- 306: **36** 23
- 307: **36** 22
- 341: **38** 136, 137
- 359: **38** 194, 198
- 404: **25** 47; **36** 22, 55; **37** 44, 58b, 59, 69 ff., 84, 88, 107, 113, 115, 135, 155; **38** 36a
- 405: **36** 22, 52; **37** 64, 157
- 407 a.F.: **37** 123

SGB IV *(Gemeinsame Vorschriften Sozialversicherung)*
- 1: **37** 60
- 2: **24** 69; **38** 103
- 3: **38** 109
- 4: **38** 109
- 5: **38** 110
- 6: **38** 111
- 7: **37** 44, 60; **38** 36a, 37 ff., 103, 257a, 311
- 7a: **38** 68, 236, 273
- 8: **38** 86, 98 f., 132 ff., 182, 188, 191a, 192, 310, 337, 338
- 8a: **38** 35, 191 f., 310, 337
- 12: **38** 82 ff.
- 14: **38** 103, 122 f., 129 f., 262, 330, 364
- 20: **38** 138, 140
- 22: **37** 41; **38** 126, 128, 137
- 23: **38** 154, 221
- 25: **17** 52; **38** 279
- 26: **38** 103b, 176, 190
- 28: **84** 48
- 28a-28c: **24** 68
- 28a: **11** 10; **37** 63a; **38** 60, 73, 92, 94, 103b, 145, 146, 203, 205, 208, 209 ff., 228, 318
- 28b: **38** 211
- 28d: **38** 140
- 28e: **37** 24, 42; **38** 12, 27, 79 ff., 85, 101, 140, 152
- 28f: **38** 16, 94, 103b, 142, 143, 145, 146, 147, 207, 209, 248, 258, 266
- 28g: **38** 101, 140, 346
- 28h: **24** 70; **38** 24, 92, 132a, 148, 149a
- 28i: **24** 70; **38** 150, 198
- 28o: **38** 101
- 28p: **24** 71; **38** 142c, 147, 185a
- 35: **38** 35
- 69: **32** 31
- 76: **38** 156, 278
- 111: **24** 72; **37** 63a; **38** 94, 191, 210, 286
- 112: **24** 73
- 113: **24** 73
- 119: **38** 154
- 199: **38** 103a
- 203: **38** 103a

SGB V *(Krankenversicherung)*
- 6: **38** 107, 137
- 12: **32** 32, 65a
- 72-106: **72** 140
- 72: **16** 120; **72** 142
- 81a: **30** 104; **31** 11; **72** 152
- 95: **16** 120
- 175: **38** 150
- 197a: **30** 104; **31** 11; **72** 152

- 223: **38** 137
- 226: **38** 129, 138
- 241: **38** 135
- 242: **38** 135
- 249: **38** 138
- 249b: **38** 189

SGB VI *(Rentenversicherung)*
- 2: **38** 86 f.
- 5: **38** 107 f.
- 145: **38** 218
- 158: **38** 136
- 159: **38** 137
- 160: **38** 136, 137
- 172: **38** 189
- 228a: **38** 137

SGB VII *(Unfallversicherung)*
- 15: **34** 27
- 16: **34** 29
- 151: **38** 222
- 152: **38** 222
- 153: **38** 136, 137
- 157: **38** 136
- 165: **38** 204, 224
- 168: **38** 222, 224
- 209: **34** 27

SGB IX *(Rehabilitation und Teilhabe behinderter Menschen)*
- 94: **35** 16
- 155: **35** 16

SGB X *(Sozialverwaltungsverfahren und Sozialdatenschutz)*
- 67 ff.: **11** 49
- 71 ff.: **33** 33

SGB XI *(Pflegeversicherung)*
- 20: **38** 107
- 55: **38** 136, 137

SIS *(Schengener Informations-System)* **6** 29

SKS-Vertrag *(Vertrag über Stabilität, Koordinierung und Steuerung in der Wirtschafts- und Währungsunion)* **6** 37

SoldatenG
- 48: **16** 119a
- 53: **16** 119a
- 54: **16** 119a

SolvV *(SolvabilitätsVO)* **67** 51 f.

SortSchG *(SortenschutzG)* **55** 43
- 13: **55** 73
- 37a: **55** 24
- 37b: **55** 25
- 39: **55** 13, 74, 129 ff., 135 ff.
- 40: **55** 75
- 40a: **55** 18
- 40b: **55** 22
- 41: **55** 73

SprAuG *(SprecherausschussG)* **35** 3
- 2: **35** 24, 36
- 34: **35** 23, 24, 36
- 35: **35** 46
- 36: **35** 5, 51

SprengG *(SprengstoffG)* **25** 62 ff.; **73** 43
- 40-43: **56** 76

StammzellG 74 10

StBerG *(SteuerberatungsG)* **91** 3, 61 ff.
- 2 ff.: **92** 28
- 3: **90** 16
- 4: **92** 30, 32, 40
- 5: **91** 31; **92** 31, 34
- 6: **90** 11; **92** 43
- 7: **92** 34
- 8: **90** 6, 11
- 10: **13** 11
- 32: **22** 69a
- 48: **91** 27, 27
- 49: **91** 10d
- 50a: **91** 10d
- 56: **90** 7, 8, 9
- 57: **32** 113; **90** 11; **91** 12, 14, 15, 16, 80; **93** 10
- 57a: **91** 12, 21
- 60: **91** 12, 13, 14
- 64: **91** 10c
- 67: **23** 94a; **91** 19, 23a
- 72: **91** 10a
- 76: **91** 24
- 81: **91** 24
- 89 ff.: **91** 25
- 89: **91** 23, 24
- 90: **91** 26
- 92: **91** 28c
- 93: **91** 23a, 28a
- 95 ff.: **91** 25
- 109: **91** 28a, 28b, 28c

- 110: **91** 24b, 28d
- 113 ff.: **91** 28
- 114: **21** 134
- 116: **91** 28
- 134: **91** 27
- 153: **91** 23a
- 160: **92** 34
- 161 ff.: **92** 34
- 161: **91** 31
- 164: **91** 31

SteuerHBekV *(Steuerhinterziehungs-bekämpfungsVO)* **29** 70
- 1: **89** 48

SteuerhinterziehungsbekämpfungsG **29** 70

StGB 4 8; **22** 18a; **54** 287
- 1-79: **14** 4b
- 1: **1** 14, 157; **3** 1; **5** 16; **17** 5; **27** 156; **47** 4; **73** 13, 99a
- 2: **3** 1 ff.; **32** 8; **38** 276, 293; **44** 9; **53** 5, 114, 125; **62** 32 ff.; **72** 50a; **80** 15; **82** 23
- 3-7: **4** 2
- 3-9: **53** 115
- 3-7: **54** 150
- 3 ff.: **10** 35; **54** 156; **62** 35
- 3: **4** 6; **37** 143; **42** 36; **73** 3, 105
- 4: **42** 36
- 5: **4** 8, 10 f.; **23** 9; **33** 68; **42** 36; **88** 25
- 6: **1** 64; **4** 12; **37** 11; **39** 32; **42** 36; **52** 54
- 7: **4** 8 f., 9; **62** 71; **76** 55
- 8: **4** 8; **42** 86, 94
- 9: **4** 2, 6, 8; **37** 143; **42** 36; **73** 105
- 11: **7** 50; **10** 12; **23** 9, 10; **33** 29, 37, 130; **35** 46; **42** 102, 110; **44** 14, 114; **46** 28b; **53** 5, 12 ff., 49, 96, 105; **59** 57; **60** 50; **72** 148; **73** 35
- 11a: **4** 8
- 12: **1** 12; **4** 8; **9** 2a; **11** 136; **18** 18; **21** 133; **62** 50, 51, 99; **73** 37, 85 f., 102
- 13: **4** 8; **17** 17, 18; **21** 15, 106; **27** 142; **28** 78; **30** 51, 104, 114; **31** 50, 53; **32** 142; **47** 23, 25; **49** 44; **54** 186, 237, 319, 323; **59** 11; **60** 11; **84** 33; **96** 26, 30
- 14: **1** 65, 116; **18** 3; **19** 8a; **22** 8, 13, 44, 70a; **23** 9, 10, 14, 25, 32, 36 ff., 70, 94, 117; **27** 194 f.; **30** 20, 55, 56a, 65, 69a, 74 ff.; **32** 10a, 15, 104, 151a; **33** 99; **38** 29, 34, 67, 277b; **49** 75; **54** 201, 309, 321; **62** 48; **65** 11, 13; **80** 23; **81** 30 ff.; **83** 1, 38, 84, 101; **84** 4, 22, 25; **85** 3, 14, 19 ff., 44; **87** 31; **94** 10; **95** 12; **96** 3 ff., 6, 49a
- 14a: **4** 8
- 15: **4** 8; **17** 22, 23, 30; **27** 118, 133, 146; **43** 1; **44** 67; **46** 71; **50** 74
- 16: **18** 1 f., 8, 9, 13, 15, 16, 17; **27** 146; **34** 30; **44** 67; **47** 82; **52** 20, 31; **54** 216; **72** 67
- 17: **3** 4; **17** 26, 41; **18** 1 f., 6 ff., 10, 13, 15, 17; **27** 147; **30** 71; **31** 42; **34** 30; **35** 4, 14; **38** 236, 289a; **44** 71; **52** 32; **54** 147; **62** 15, 59; **80** 57; **83** 47
- 18: **54** 173
- 19: **17** 39
- 20: **17** 39
- 21: **17** 39; **21** 15
- 22: **17** 12; **18** 18, 21, 28; **29** 35; **42** 105; **44** 74; **49** 31; **50** 150; **54** 165; **58** 14; **73** 18
- 23: **12** 39c; **18** 18; **21** 21; **29** 35; **38** 177; **50** 150; **62** 99; **73** 40, 102
- 24: **17** 47; **18** 34; **44** 75, 90 f.
- 25-29: **19** 1 ff.
- 25-27: **22** 8; **42** 44
- 25 ff.: **59** 64
- 25: **17** 13; **19** 4, 8, 13; **20** 6; **28** 80; **30** 7, 8; **31** 42, 53; **37** 93, 96; **42** 68; **68** 28; **77** 21
- 26: **19** 8, 18, 21, 24; **27** 165; **29** 35; **30** 13; **31** 42; **37** 73, 96; **42** 93; **73** 28; **77** 21
- 27: **12** 39c; **19** 18, 23, 25; **21** 15, 18, 22; **27** 165; **30** 13; **31** 50, 53; **32** 204; **37** 73, 90, 94, 96, 150; **42** 93; **44** 92; **54** 311; **55** 111; **58** 13; **73** 29; **77** 21; **81** 32; **84** 24; **85** 3
- 28: **12** 39c; **19** 24, 25a; **21** 15, 22; **22** 8; **32** 204; **33** 38; **35** 37; **38** 29, 86, 294; **48** 66; **49** 75; **81** 32
- 29: **19** 18, 24, 25a
- 30: **19** 7, 19, 21; **33** 93, 94; **73** 18, 28
- 32: **17** 35; **21** 4

- 34: **17** 35; **33** 35, 104; **54** 152; **62** 45; **93** 10; **94** 3
- 35: **17** 44
- 38 f.: **1** 110
- 38: **21** 3
- 40 ff.: **1** 110, 116
- 40: **21** 5 ff.; **44** 111
- 41: **21** 9; **44** 117
- 42: **21** 8
- 42a: **53** 68
- 43: **21** 8
- 43a: **21** 1; **53** 68
- 44: **1** 108; **44** 118
- 45-45b: **21** 2
- 45: **16** 119a, 119b; **21** 133; **44** 118
- 46: **11** 134; **16** 146; **21** 10 f., 16, 24, 27, 30 f., 44, 46, 89, 128; **38** 289; **44** 111; **52** 45; **76** 59
- 46a: **11** 27c; **21** 15, 19, 29; **32** 206
- 46b: **21** 20
- 47: **21** 4, 11, 50; **62** 52; **83** 47
- 49: **12** 39c; **19** 25, 25a; **21** 15, 18, 21 f.; **32** 204; **52** 32; **81** 32
- 50: **21** 21 f., 23
- 51: **6** 141; **12** 76
- 52: **12** 47a, 47a; **15** 10; **17** 59; **20** 1 ff.; **44** 102, 106, 108, 110, 195; **52** 39, 45; **62** 40; **82** 35; **83** 22
- 53: **12** 47a; **17** 59; **20** 2, 5 ff., 23; **21** 46a, 50; **44** 105 ff., 110
- 54: **20** 5 ff., 23; **21** 49
- 55: **21** 51; **38** 298
- 56: **16** 105; **21** 4, 11, 46a, 53 ff.; **44** 117
- 56b: **10** 9
- 56f: **12** 69; **71** 42
- 57: **12** 69; **13** 4; **21** 61 ff.
- 59: **16** 106, 119b; **21** 11, 42, 64
- 59a: **16** 109; **21** 64
- 60: **21** 42, 114
- 61 ff.: **1** 108; **3** 4
- 61: **12** 39c; **21** 65
- 62: **21** 67
- 69: **44** 118
- 70: **11** 54; **21** 66, 68 ff.; **44** 118; **52** 62; **76** 64, 71
- 70a: **21** 68
- 70b: **21** 68
- 73-76: **3** 2
- 73-73e: **58** 20
- 73 ff.: **1** 109; **11** 114 f.; **16** 74, 114, 135; **30** 47; **42** 106; **61** 77; **72** 71; **73** 46; **76** 61
- 73: **11** 118, 128d; **16** 116; **21** 71 ff., 95, 131; **31** 46; **38** 9; **51** 48; **53** 68, 127; **54** 325a, 327, 347 ff.; **62** 29
- 73a: **11** 128b; **21** 71, 95, 131; **54** 347
- 73c: **21** 76 f.; **37** 43a; **38** 9; **54** 349
- 73d: **21** 79; **42** 106; **51** 48; **53** 68, 70
- 73e: **11** 128b; **21** 78
- 74 ff.: **11** 114; **16** 114; **42** 107; **45** 13; **55** 140; **72** 97; **73** 46
- 74: **21** 83 ff.; **33** 8; **45** 12; **62** 27; **72** 71
- 74a: **21** 83; **42** 116; **51** 48; **62** 26 f.
- 74c: **11** 128b; **51** 48; **52** 43
- 74e: **11** 128b; **21** 84
- 74f: **13** 15
- 75: **21** 84; **22** 13; **23** 9, 10, 19, 20a, 32, 92, 117; **30** 93; **31** 46
- 76: **52** 53
- 76a: **21** 86
- 77-77d: **42** 108
- 77 ff.: **35** 8
- 77: **10** 12; **16** 72
- 77b: **16** 72; **63** 24
- 77d: **10** 12; **35** 9
- 78 ff.: **3** 4; **44** 120
- 78: **17** 49, 50 f., 53; **27** 135; **30** 166; **33** 67; **38** 280; **40** 54; **44** 118a; **52** 38; **53** 120; **55** 139; **58** 17, 42; **60** 47, 113a, 119
- 78a: **17** 51; **18** 27; **27** 135; **37** 115, 150a; **38** 170, 280; **44** 92, 118a; **58** 17
- 78b: **17** 53 ff., 66; **52** 38
- 78c: **15** 10, 28, 31; **16** 57; **17** 57 ff., 67 f.; **44** 3, 118a
- 79: **17** 49, 63
- 79a: **17** 63
- 79b: **17** 63
- 80 ff.: **14** 4
- 81: **23** 8
- 82: **23** 8
- 83: **23** 9
- 87: **23** 9, 26

StGB   Gesetzesverzeichnis

- 88: **23** 9, 26
- 93: **55** 51
- 99: **15** 96; **62** 49
- 100: **23** 10
- 107 ff.: **35** 15
- 107: **35** 20
- 108b: **53** 2
- 108d: **35** 15
- 108e: **1** 72, 95a; **53** 2
- 111: **42** 93; **55** 111; **57** 113
- 111b: **11** 118
- 120: **68** 11
- 121: **19** 27
- 129: **6** 87; **9** 11 f.; **19** 7; **51** 26
- 129a: **19** 7; **51** 26, 50a
- 131: **23** 8
- 132a: **91** 31
- 136: **88** 1, 18 ff.
- 138: **1** 64; **30** 40; **33** 33, 103; **93** 10a; **94** 4
- 139: **93** 10a; **94** 4
- 145c: **21** 68
- 146-152: **39** 2a
- 146: **39** 31; **44** 214
- 147: **39** 31
- 148: **39** 7, 33
- 149: **39** 31, 38; **42** 71 ff., 95, 116; **52** 51
- 151: **39** 32
- 152: **39** 32
- 152a: **1** 64; **6** 134; **39** 36 ff.; **49** 113
- 152b: **6** 134; **39** 39; **49** 93, 113
- 153 ff.: **11** 40; **81** 84
- 153: **16** 103c; **19** 6; **22** 9
- 154: **16** 103c; **19** 6; **22** 9
- 156: **19** 6; **20** 2; **23** 74a; **37** 146; **76** 53; **83** 31; **87** 37; **88** 24 ff., 34; **96** 58 ff.
- 158: **88** 34
- 159: **88** 36
- 160: **19** 6, 7; **22** 9; **68** 11; **88** 36
- 161: **22** 9; **88** 25, 34
- 164: **16** 103d, 154; **91** 51
- 166a: **18** 3
- 180a: **22** 66
- 181: **22** 66
- 184-184d: **42** 121
- 184b: **22** 66; **42** 1
- 184c: **42** 1
- 184d: **42** 1, 121; **71** 42
- 185 ff.: **16** 103d; **23** 26a; **42** 121; **60** 49; **94** 27
- 187: **16** 154; **60** 2a, 50
- 193: **16** 154; **60** 50; **91** 49; **93** 10
- 194: **60** 50
- 201-205: **33** 1
- 201 ff.: **42** 108; **68** 82
- 201: **11** 27b; **33** 2 ff.; **42** 91 f.; **60** 115
- 201a: **33** 9; **60** 115 ff.
- 202: **33** 10 ff.; **42** 20, 112; **60** 115
- 202a-204: **4** 10
- 202a-202c: **42** 112
- 202a: **33** 17 ff., 23a, 127 f.; **42** 8, 68, 84 ff., 91, 93, 96, 105, 108 f., 114, 115, 118, 120, 127; **60** 115
- 202b: **33** 23b, 23c; **42** 86, 91 f., 93, 105, 107, 108, 118
- 202c: **33** 23b, 23c, 23d; **42** 71, 86, 93 ff., 98, 105, 108, 111, 116
- 203: **11** 44; **16** 14, 47, 103a; **18** 9; **19** 6; **23** 10; **33** 25 ff., 40, 43, 108, 133; **40** 48; **60** 115; **65** 17; **66** 39; **68** 73; **91** 16, 65, 75; **93** 8, 10, 15a; **94** 2 ff.
- 204: **23** 10; **33** 30, 39 ff., 102, 108; **40** 48; **65** 17; **66** 39; **91** 75; **93** 8
- 205: **10** 13; **33** 8, 16, 23a, 44; **42** 108; **60** 119; **65** 17
- 206: **33** 24 ff.
- 211 ff.: **17** 27
- 212: **56** 77
- 222: **30** 128; **34** 37, 61, 72; **56** 77; **71** 18j
- 223 ff.: **22** 10; **71** 18j; **72** 99
- 223: **17** 14, 18; **30** 128; **34** 37; **56** 77
- 224: **54** 228; **56** 77
- 229: **17** 14, 18; **34** 37, 61, 72; **56** 77
- 230: **10** 13; **30** 128
- 231: **19** 27
- 232: **37** 119a
- 233 ff.: **1** 71
- 233: **36** 10; **37** 2, 10 ff., 77a, 119a f., 127, 134; **38** 25b, 259
- 233a: **37** 77a
- 236: **74** 24
- 238: **42** 121

Gesetzesverzeichnis   StGB

- 240: **11** 27b; **33** 98; **35** 22, 33; **53** 77; **57** 133; **63** 2 ff.; **94** 26
- 241: **63** 36
- 242 ff.: **68** 82
- 242: **4** 10; **11** 149; **17** 11, 29; **42** 45, 59 f., 69; **48** 63; **49** 98; **81** 44, 55; **88** 22
- 243: **21** 15; **22** 66; **42** 60, 110; **55** 131
- 244: **42** 103; **44** 213
- 246: **4** 10; **16** 103a; **17** 11; **20** 24; **42** 45, 60; **48** 54 ff., 67; **49** 98; **69** 5; **81** 35, 44, 55; **83** 30; **94** 27
- 247: **32** 208 f.; **42** 58, 110; **89** 29, 40
- 248a: **10** 13; **42** 110; **53** 37
- 249: **21** 15
- 250: **44** 214
- 253: **42** 90; **49** 112; **53** 122; **57** 133; **63** 2 ff.; **94** 26
- 255: **63** 13, 39
- 257: **16** 154; **44** 92; **47** 85a; **51** 47; **84** 1; **87** 50; **95** 11
- 258: **11** 40; **16** 29, 103b, 111, 136, 154; **17** 47; **31** 11, 30; **44** 221; **54** 319; **87** 50; **95** 11
- 258a: **10** 19; **54** 319
- 259: **10** 13; **16** 103d; **18** 28; **44** 200; **48** 74; **87** 50; **95** 11
- 260: **9** 2; **22** 66; **44** 214; **55** 131
- 260a: **9** 2; **22** 66
- 261: **1** 67; **9** 2, 6; **16** 33, 103d; **33** 33; **42** 120; **44** 222; **48** 84; **49** 59; **51** 2 ff., 62, 66; **93** 34; **95** 17a
- 263-264a: **16** 119; **76** 67, 69
- 263: **2** 13, 17; **3** 6; **4** 10; **9** 2, 2a; **10** 13; **11** 10, 64, 149; **12** 39c, 40, 45b; **15** 5; **16** 103a; **17** 12, 29, 52, 53; **18** 3b, 19, 23; **20** 5, 6; **21** 15, 17, 21, 79; **22** 66, 66; **23** 118; **27** 197; **28** 71; **29** 29, 35; **30** 8, 128; **32** 176b, 191g, 204, 205b, 238; **36** 10; **37** 150, 152; **38** 76, 182, 294; **39** 35; **40** 28; **41** 52; **42** 45 ff., 62 ff., 103, 105 f., 110, 116; **44** 28, 93, 109, 214; **47** 1 ff.; **48** 1 ff.; **49** 4, 45, 47, 52, 52e, 89, 115; **50** 101, 102 ff., 150, 153, 176, 182, 184 f., 187, 202, 204 f.; **52** 1 f., 25, 38, 39 ff., 48, 58; **55** 127; **58** 14, 20 f.; **59** 5 ff., 51; **61** 8; **62** 49; **63** 2, 15, 29,
40; **66** 27; **67** 127, 129; **69** 5; **72** 72, 139 ff.; **76** 79; **77** 21; **81** 35, 44, 55; **83** 30; **85** 43; **86** 1 ff.; **87** 50; **89** 27, 29; **96** 50 ff., 61, 63
- 263a: **18** 19; **21** 79; **39** 35; **42** 8, 60, 62 ff., 71 ff., 75, 93, 105 f., 110, 113, 118; **48** 21b; **49** 4, 42, 47, 52 ff., 56, 60, 75, 98, 115 ff.; **50** 146
- 264: **4** 12; **6** 109; **15** 5, 10; **17** 30, 52, 53, 59; **18** 34; **20** 11a; **22** 72a; **23** 9, 10, 12, 25; **26** 184; **27** 199; **29** 41; **40** 30, 42, 83; **47** 8; **52** 1 ff.; **53** 62; **58** 14; **76** 53; **96** 72
- 264a: **1** 64; **17** 50; **18** 34; **27** 110 ff.; **40** 43; **58** 14; **76** 53; **96** 61, 63, 72
- 264b: **28** 71
- 265: **20** 31; **47** 8; **50** 201 ff.
- 265a-266a: **76** 67, 69
- 265a: **42** 8, 65, 68a, 114, 118
- 265b-266a: **16** 119
- 265b: **2** 17; **17** 53; **18** 34; **22** 16; **23** 9, 10, 12, 25; **26** 183; **27** 120, 198; **28** 71; **29** 29; **40** 29, 41; **42** 45; **47** 8, 24; **48** 53; **50** 101, 104, 148, 149, 150 ff., 184, 187, 189; **58** 14; **61** 39; **68** 53; **76** 41, 53; **85** 43; **96** 61, 72
- 266: **1** 15; **2** 13; **3** 3; **4** 10; **9** 2; **10** 12, 13; **11** 149; **12** 40, 45b; **16** 28, 36, 75, 103a; **17** 37, 52; **18** 19; **19** 6; **20** 8; **21** 15, 22, 75a; **23** 118; **27** 187; **28** 76; **29** 20, 26; **30** 43, 77, 101, 128; **31** 23; **32** 1 ff.; **38** 2, 12; **40** 3 ff.; **42** 45, 50, 60, 65, 75; **44** 103, 114; **47** 51, 59a; **48** 8, 50, 61 f., 69, 72; **49** 4, 41, 89, 117; **50** 119, 188; **51** 38; **53** 63, 122; **67** 1 ff.; **69** 5, 13; **72** 147; **76** 53, 55; **77** 12, 14, 26; **81** 35, 55, 63; **82** 23 ff., 30, 34 f.; **83** 30, 100, 104 f.; **84** 19 f., 30, 41, 52; **87** 19; **89** 31 ff.; **91** 39; **94** 25; **96** 90
- 266a: **1** 71; **3** 6; **11** 10, 49; **12** 48; **13** 10; **17** 20, 52; **20** 2, 16, 18, 33; **23** 118; **24** 74; **30** 81; **36** 10, 12, 40, 47, 55; **37** 3, 24 f., 41, 112, 127, 134, 149a; **38** 1 ff.; **40** 31; **58** 14; **62** 128, 134; **76** 53, 60; **84** 48; **85** 31; **86** 5a
- 266b: **1** 64; **39** 35; **42** 65; **49** 4, 60, 75 f., 77, 79 ff., 92 ff , 98 ff., 115, 117

3207

- 267-282: **39** 2 ff.
- 267-270: **42** 116
- 267 ff.: **42** 45; **95** 11
- 267: **17** 11, 25; **33** 133; **39** 2, 5, 19, 21; **40** 14; **42** 54 ff., 75, 77, 78, 120; **49** 125; **52** 46; **55** 127; **87** 50
- 268 f.: **39** 2
- 268: **39** 9, 11, 19 ff.; **42** 55 ff., 78, 87; **71** 18j
- 269: **39** 4, 9, 24; **40** 13; **42** 74 ff., 105, 120; **49** 55 f., 116, 119, 124a; **71** 18j
- 270: **33** 133; **39** 4; **42** 78; **49** 116, 119
- 271: **19** 7; **22** 10; **39** 26 ff.; **42** 79 f.
- 272: **39** 26
- 273: **39** 26
- 274: **39** 25; **40** 17; **42** 80; **87** 50
- 275: **18** 21; **39** 30; **42** 71
- 277-279: **39** 30
- 278: **72** 123a
- 281: **39** 30
- 282: **78** 62
- 283-283d: **2** 12; **16** 119, **16** 164; **75** 45; **76** 62, 67; **81** 1; **84** 1 ff.; **85** 1 ff.
- 283-283c: **16** 119b; **76** 21; **76** 77
- 283-283: **80** 23c
- 283 ff.: **1** 65; **17** 10; **23** 119; **26** 81, 129, 185; **30** 64; **76** 16, 45; **77** 14; **78** 31; **79** 10; **80** 16, 37, 61; **83** 1 ff.; **87** 27, 40 ff.
- 283: **12** 10, 36, 54; **17** 20, 45a; **18** 19; **19** 16, 25a; **20** 2, 9, 12 f., 18; **22** 12; **23** 32, 100a, 120a; **26** 40, 82 f.; **29** 67 f.; **30** 69a, 81, 82, 99, 101; **40** 1, 27, 54, 66, 80; **44** 83; **48** 48; **76** 12 f.; 45 f., 53, 54 f., 60; **77** 13, 15; **79** 3, 52; **82** 24 f., 30, 35; **83** 68; **86** 3a ff.; **87** 4, 6, 13; **88** 1, 4; **93** 28a; **95** 13; **96** 1 ff., 12, 19e
- 283a: **17** 53; **21** 15; **76** 45 ff., 50, 55; **83** 93 ff.
- 283b: **12** 10, 54; **17** 8, 16, 20, 45a; **18** 15; **19** 16; **20** 5; **23** 100a, 120a; **26** 82 f.; **40** 1, 27; **44** 83; **76** 12, 50, 60; **86** 3a; **87** 6; **93** 28a; **95** 13; **96** 1 ff.
- 283c: **16** 36, 39; **17** 26, 45a; **18** 19; **19** 25a, 28; **20** 5; **22** 12; **76** 45, 53, 55; **82** 35; **83** 81; **87** 5, 12; **96** 11
- 283d: **18** 19; **22** 12; **76** 45, 53, 55

- 284: **59** 51
- 285: **59** 51
- 287: **74** 31
- 288: **17** 29; **29** 42; **76** 45; **81** 4; **82** 25; **83** 21; **88** 1
- 289: **88** 22
- 291: **1** 63, 71; **9** 2; **18** 19; **19** 17, 26; **22** 66; **36** 10; **37** 2 ff., 11c, 42, 127; **38** 25b; **55** 131; **61** 1 ff., 77; **70** 1
- 292: **22** 66
- 298: **9** 6; **11** 112; **21** 117; **22** 6; **30** 47, 69; **47** 8; **53** 69, 117; **57** 13, 101a, 142 ff.; **58** 7 ff., 37a, 39, 42
- 298-302: **2** 12
- 299: **1** 56; **4** 18; **9** 6; **11** 112; **16** 72; **20** 14, 18; **21** 75a; **22** 10; **30** 47; **32** 103, 138; **33** 98; **35** 22; **53** 4, 17, 65, 70 ff., 91 ff., 117 ff.; **57** 13; **58** 7, 31; **72** 149; **90** 19
- 300: **9** 2, 6; **11** 112; **22** 66; **53** 4, 70, 121, 125
- 301: **10** 12, 13; **16** 72; **53** 71, 123
- 302: **21** 79; **53** 70, 127
- 303: **30** 78; **42** 61, 112; **54** 300; **56** 77
- 303a: **33** 133; **42** 61, 68, 75, 84, 86, 93, 96, 98, 99, 104, 105, 111, 112, 116, 118
- 303b: **33** 133; **42** 61, 84, 86, 93, 93, 99 ff., 105, 111, 112, 118
- 303c: **10** 13; **42** 111
- 304: **54** 300
- 305a: **23** 26
- 306a: **23** 26; **50** 203
- 306b-306e: **23** 26
- 306b: **50** 203; **54** 173
- 306f: **23** 26; **25** 66
- 307 ff.: **54** 259
- 308: **25** 66; **56** 110
- 309: **56** 77
- 310: **25** 66
- 310b: **25** 59
- 311: **54** 150, 261 ff.
- 311a ff.: **25** 59
- 312: **23** 26; **54** 260
- 313: **54** 22
- 314: **56** 110 ff.; **72** 72
- 314a: **56** 110
- 315 ff.: **71** 23, 40

- 315b: **1** 114
- 315c: **1** 114; **71** 18j
- 316: **1** 114
- 316b: **23** 9, 26; **54** 174
- 318: **54** 174
- 319: **56** 114
- 323b: **68** 11
- 324-330d: **54** 104 ff.
- 324 ff.: **21** 75a; **54** 110 ff., 113 ff., 346a
- 324: **17** 19; **25** 58; **30** 77; **54** 22, 111, 122 f., 150, 155 ff., 181 ff., 243, 313, 328; **56** 113
- 324a: **54** 116, 150, 180 ff., 245; **56** 113
- 325 ff.: **54** 116
- 325: **25** 58; **30** 19, 55; **54** 112, 150, 192 ff., 243, 245, 313, 339; **56** 113
- 325a: **25** 58; **30** 19; **54** 208 ff.; **56** 113
- 326: **25** 58, 59; **34** 47; **54** 53, 112, 118, 150, 157, 224 ff., 253 ff., 254, 266, 273, 313, 328; **56** 113
- 327: **22** 11; **23** 26; **25** 58, 59; **30** 19; **54** 114, 117, 150, 168 ff., 211 ff., 267 f., 273, 313 f., 321, 339; **56** 113; **72** 55a
- 328: **23** 26; **25** 59; **30** 19; **54** 112, 150, 197, 269, 273, 276 ff., 282 ff., 339, 354; **71** 37 ff.
- 329: **22** 11; **25** 58; **30** 19; **54** 150, 169 f., 184, 189, 217, 301 ff.
- 330: **25** 58, 59; **54** 171 ff., 190, 218, 254, 273, 296, 302, 318
- 330a: **54** 4, 288 f., 318
- 330b: **54** 153 f.
- 330d: **4** 11; **30** 19; **54** 116, 121, 133 ff., 150 ff., 156, 168c, 185, 200 f., 208, 233, 264, 267, 282 f., 313; **62** 19; **71** 39; **73** 99a
- 331 ff.: **19** 6; **53** 11 ff., 70, 78 ff., 122
- 331: **22** 10; **35** 22; **53** 4 f., 10, 41 ff., 54, 58, 65; **72** 147
- 332: **22** 10; **30** 47; **51** 25; **53** 5, 50 ff., 54, 61, 65, 91
- 333: **22** 10; **53** 4 f., 10, 41, 54 f.
- 334-336: **53** 5
- 334: **16** 76a; **22** 10; **30** 47; **51** 25; **53** 54, 56 f., 61
- 335: **9** 2; **22** 66; **53** 10, 61
- 336: **53** 53, 61
- 338: **21** 79; **53** 5, 68
- 339: **22** 10
- 340: **22** 10
- 343: **22** 10
- 344: **22** 10
- 348: **22** 10; **39** 26; **42** 80
- 352: **16** 103a; **94** 15 ff.
- 353: **22** 10
- 353b: **46** 56; **66** 41
- 355: **15** 40 f.; **23** 10; **46** 56; **91** 16
- 356: **16** 18, 46, 103a; **22** 8; **91** 16, 18, 39; **94** 17 ff.
- 357: **19** 7; **30** 112; **68** 11
- 40 a.F.: **23** 43

StIDV *(VO zur Vergabe steuerlicher Identifikationsnummern)* **46** 56
StiftG BW 26 19a
StPO 1 146
- 3: **15** 19
- 7-11: **12** 9
- 7: **11** 12; **38** 310
- 11b: **11** 52
- 13a: **51** 50b
- 22: **12** 29
- 33: **10** 6
- 33a: **10** 6
- 35a: **12** 21a, 46
- 37: **8** 79
- 44 ff.: **12** 78
- 44: **16** 72
- 48: **11** 38; **12** 26
- 51-55: **12** 26
- 51: **11** 38
- 52 ff.: **33** 34
- 52: **11** 42, 46; **15** 52; **76** 25; **88** 32
- 53: **11** 43, 47, 80, 107; **16** 16; **31** 34; **91** 54, 63, 65; **93** 1 ff., 10, 21a, 43a f.; **94** 4
- 53a: **11** 43; **93** 11; **94** 4
- 54: **11** 45
- 55: **11** 46; **15** 55; **16** 12, 55, 63; **54** 329; **72** 44a
- 58: **93** 8
- 58b: **11** 38
- 59: **12** 27
- 60: **12** 27

- 68b: **16** 62 f.
- 70: **1** 126; **11** 38; **12** 26
- 72: **12** 28
- 74: **12** 29
- 77: **1** 126
- 80: **12** 31
- 86: **12** 33
- 94 ff.: **9** 6; **11** 53; **42** 127
- 94: **11** 80a, 102, 105
- 95: **8** 96; **11** 106; **42** 127
- 96: **11** 99
- 97: **11** 27c, 107; **91** 45, 54, 63; **93** ff.
- 98: **11** 8, 91, 102, 104; **16** 57; **36** 49
- 98a: **9** 5
- 99: **11** 105; **14** 16; **15** 115; **33** 14; **42** 127
- 100: **14** 16; **15** 115; **16** 57; **33** 14
- 100a ff.: **11** 80a; **42** 127
- 100a: **8** 108; **9** 6, 7; **11** 105, 111, 112, 113; **15** 113, 114; **21** 20; **33** 8; **38** 197; **51** 50; **52** 54; **54** 331a
- 100b: **8** 108; **11** 105; **15** 114
- 100c: **9** 7; **11** 111; **51** 50
- 100f-100i: **11** 111
- 100f: **9** 7; **11** 112
- 100g: **9** 8; **11** 113; **42** 127
- 100h: **9** 8; **11** 113
- 100i: **9** 7; **11** 113
- 100j: **42** 127; **55** 26
- 101: **8** 108
- 102 ff.: **11** 53, 80a
- 102: **11** 15, 80; **16** 34; **42** 127
- 103: **11** 80; **42** 127, 128; **93** 35
- 104: **11** 80
- 105: **11** 8, 81, 84; **16** 57; **36** 49
- 106: **11** 84
- 108: **11** 103; **93** 35, 38
- 110: **8** 95; **11** 8, 85; **15** 51; **42** 127
- 110a-110c: **11** 8
- 110a: **9** 5, 9
- 111a: **21** 75b
- 111b ff.: **11** 128a f.; **30** 47; **42** 106; **51** 72
- 111b: **11** 114, 115, 116 ff., 123; **14** 16; **16** 116; **38** 9; **51** 48, 64; **52** 43; **55** 141
- 111c: **11** 114, 119, 120; **21** 75b; **51** 48, 64
- 111d ff.: **16** 115
- 111d: **11** 74, 114, 123, 128e; **16** 74; **51** 64; **52** 43
- 111e: **11** 119, 120, 125; **16** 57
- 111f: **11** 119, 121, 126 ff.
- 111g-111k: **11** 114
- 111i: **1** 69; **11** 128d; **21** 75b; **42** 106; **54** 348; **68** 36; **76** 61
- 111k: **11** 110
- 112: **11** 52, 55 ff.
- 112a: **11** 54, 55, 64
- 113: **11** 65
- 114: **11** 30, 66
- 114a: **11** 68
- 114b: **11** 68
- 115: **11** 68
- 115a: **11** 68
- 116: **11** 70 ff.
- 116a: **11** 71
- 117: **11** 75
- 118: **11** 75
- 119: **11** 69
- 120: **11** 73, 76
- 121: **11** 76
- 123: **11** 73
- 124: **11** 75
- 125: **11** 12, 66; **15** 26
- 126: **11** 69
- 127: **11** 52, 77, 78
- 127b: **11** 79
- 128: **11** 77
- 131-131c: **60** 111
- 131: **11** 67
- 132a: **11** 54; **21** 69
- 133: **11** 29
- 136: **10** 10; **11** 14, 30; **15** 37; **76** 17
- 136a: **11** 27b, 33 ff.; **12** 25, 39c; **15** 37
- 137: **11** 18
- 138: **16** 1; **91** 61, 68; **92** 3
- 138a: **16** 103e; **95** 18
- 140-142: **91** 43a
- 140: **11** 68; **16** 20, 128
- 141: **16** 22, 128
- 146: **16** 19, 46, 54, 64, 81
- 147: **16** 52
- 148: **93** 34
- 151: **55** 138

Gesetzesverzeichnis StPO

- 152: **10** 17; **11** 25; **15** 9, 37; **36** 51; **51** 62; **55** 136; **76** 19, 24
- 152a: **10** 35
- 153 ff.: **14** 17; **21** 42; **58** 41; **77** 6; **80** 3
- 153 f.: **53** 8
- 153: **1** 132; **10** 35; **11** 129, 133 ff., 136; **12** 79; **14** 20; **15** 21, 47, 76 f.; **20** 36; **21** 113; **35** 9, 11, 19, 27; **38** 72, 75, 91, 289a, 291; **48** 50; **50** 121; **54** 341, 345, 355; **55** 137; **62** 21, 61; **73** 18
- 153a: **10** 35; **11** 27c, 136 f.; **12** 79; **14** 20; **15** 21, 76; **16** 107, 110, 112, 120c, 131, 136; **20** 36; **21** 64, 108, 113; **38** 291; **48** 50; **50** 121; **54** 341, 345; **55** 137; **62** 21, 61; **73** 18
- 153b: **11** 27c, 142; **21** 113
- 153c: **8** 121; **11** 142; **44** 31; **54** 168c
- 154 ff.: **14** 17; **16** 85
- 154: **11** 6, 20, 138 ff.; **12** 39c, 45; **16** 102, 123; **20** 36; **21** 35, 113; **44** 37; **48** 50; **54** 168c; **58** 41; **76** 60; **86** 3
- 154a: **11** 6, 20, 138 ff.; **12** 45; **16** 102, 123; **21** 35, 113; **42** 75; **44** 209; **48** 50; **76** 60; **81** 64
- 154c: **11** 142
- 154d: **11** 142; **55** 47
- 154f: **11** 142
- 155: **10** 22; **15** 35
- 155a: **11** 27c
- 155b: **11** 27c
- 157: **11** 144; **12** 14
- 160: **10** 17; **11** 25; **15** 14
- 160a: **11** 25, 27c, 80; **93** 13, 41 ff.
- 160b: **11** 25; **12** 39e; **86** 3a
- 161: **8** 85, 96; **11** 6, 27; **14** 7; **15** 44; **42** 127
- 161a: **11** 38, 39, 42, 47
- 162: **11** 12, 91; **15** 22, 38
- 163 f.: **9** 8
- 163: **10** 17; **11** 7, 38; **15** 45
- 163a: **8** 85; **10** 10; **11** 14, 17, 27, 28 ff., 35; **15** 37
- 163b: **11** 15; **15** 109
- 163c: **15** 109
- 164: **11** 86
- 168c: **11** 18, 32
- 168d: **11** 18
- 169a: **44** 154
- 170: **1** 132; **8** 121; **10** 17, 35; **11** 25, 129 ff., 143; **14** 17; **16** 133; **21** 113; **32** 211; **35** 11; **42** 129; **44** 154; **58** 41; **76** 19
- 171 ff.: **10** 19
- 172: **11** 131; **32** 211; **35** 11
- 174: **11** 131
- 175: **11** 131
- 199: **11** 143; **12** 11
- 200: **11** 145; **55** 138
- 201: **12** 11
- 202: **12** 13
- 202a: **12** 13a, 19, 39e; **16** 93, 98
- 203: **11** 129
- 204: **12** 17; **16** 92
- 205: **11** 20
- 206a: **11** 20
- 207: **11** 76; **12** 14 f.; **16** 92
- 210: **11** 24; **12** 14, 17
- 212: **12** 19, 39e; **16** 98
- 213: **12** 19
- 214: **12** 19
- 216: **8** 83
- 219: **12** 19
- 220: **12** 19
- 223 f.: **12** 39
- 228 f.: **12** 41
- 229: **12** 46
- 230: **10** 6; **11** 18, 60
- 232-234: **10** 27
- 232 ff.: **12** 58
- 238: **12** 21
- 240 ff.: **12** 24
- 240: **11** 17
- 243: **10** 6, 10, 32a; **11** 17; **12** 21 ff., 23, 39f f.; **16** 68
- 244: **11** 17; **12** 21a, 32, 33, 36 ff., 39d
- 245: **12** 19
- 247: **10** 27
- 247a: **8** 86; **10** 27
- 249: **10** 25; **12** 33, 34; **16** 99; **93** 22
- 250-254: **12** 35
- 250: **10** 27
- 251: **10** 27; **12** 39; **37** 12; **47** 37a
- 252: **12** 30
- 253-256: **10** 27

StPO

- 255: **10** 22
- 256: **12** 35
- 257: **10** 6
- 257a: **10** 25; **16** 99
- 257c: **1** 146; **12** 39a ff., 40; **16** 102 f.; **86** 3a
- 258: **10** 6; **12** 21a, 45
- 260: **12** 46, 47, 53
- 261: **10** 25; **12** 20, 24, 45a; **28** 83; **56** 94
- 262: **55** 47
- 263: **12** 46
- 264: **11** 141; **12** 42a, 47a, 75; **14** 33; **15** 10, 12, 30, 35, 54; **24** 74; **37** 42; **44** 110
- 265: **11** 144; **12** 40 ff.; **21** 35
- 266: **12** 42a
- 267: **12** 47, 48; **38** 286
- 268: **12** 46
- 268b: **11** 76
- 273: **12** 39e
- 275: **12** 46
- 294: **17** 61
- 302: **12** 39g
- 304 ff.: **11** 109
- 304: **11** 75, 88; **12** 65
- 305: **12** 66
- 306: **12** 52, 67, 69
- 307: **12** 50
- 310: **11** 75; **12** 68
- 311: **12** 52, 69
- 312: **12** 55, 60
- 313: **12** 56, 56
- 314: **12** 51, 55
- 316: **10** 16; **12** 50
- 317: **12** 51
- 322a: **12** 56, 56
- 325: **10** 27
- 329: **12** 58
- 331: **12** 54
- 333: **12** 59 f.
- 335: **12** 59 f.
- 341: **12** 51, 61
- 343: **12** 50
- 344: **12** 51, 61
- 345: **12** 51, 61
- 352: **12** 61
- 356: **10** 6
- 358: **12** 54
- 359 ff.: **12** 77
- 374: **1** 137; **10** 15; **33** 66; **35** 11; **42** 112; **53** 124; **55** 96, 135, 136; **59** 66; **60** 45 f., 50, 113, 119
- 376: **55** 96; **59** 66; **60** 45, 99
- 395 ff.: **12** 43
- 395: **11** 148 f.; **42** 112; **60** 50, 113
- 396: **11** 148
- 397: **11** 148
- 400 f.: **12** 50
- 400: **12** 17
- 403-406a: **12** 43
- 403-406c: **60** 100
- 403 ff.: **1** 135; **55** 142
- 403: **11** 24
- 404: **11** 25
- 406: **42** 129
- 406d-406h: **11** 23
- 406e: **14** 14; **16** 69; **68** 36a
- 406f: **12** 44
- 406g: **12** 44
- 407 ff.: **12** 70 ff.; **86** 3a
- 407: **10** 35; **11** 146; **15** 46; **44** 117a; **55** 138; **62** 61
- 408: **15** 46, 52
- 409: **11** 146
- 410: **11** 146; **15** 52
- 411: **16** 132
- 411f: **14** 23
- 417 ff.: **11** 79
- 430 ff.: **14** 27
- 432: **14** 10
- 440: **14** 20
- 440f: **21** 81, 86
- 442: **21** 72, 81
- 444: **14** 10, 20, 28; **58** 36
- 449-463d: **13** 2
- 451: **11** 126; **13** 3; **14** 35
- 452: **13** 18
- 453: **12** 69; **13** 4
- 454: **12** 69; **13** 4
- 455-456: **13** 3
- 457: **10** 4; **11** 52; **13** 3
- 459: **11** 126, 128b
- 459g: **11** 126, 128b
- 460: **38** 298
- 462a: **13** 4

- 464: **12** 47
- 465: **13** 6
- 467: **13** 6
- 470: **42** 128
- 475: **16** 52, 69; **51** 66
- 483-491: **11** 26
- 492-495: **11** 26

Strafgesetzbuch der Russischen Föderation (UK) 7 58 ff.

Strafprozessgesetzbuch der Russischen Förderation (UPK) 7 67 ff.

Strafrechtsübk. über Korruption 5 19

StrahlenschutzVO 54 85, 87
- 3: **54** 277
- 31 ff.: **30** 49; **31** 15
- 31: **54** 322
- 33: **30** 26
- 81: **54** 275

StrahlenschutzvorsorgeG 54 88
- 13: **54** 274
- 14: **54** 275
- 21: **30** 81
- 22b: **42** 116

StrÄndG, 35. 6 134

StrÄndG, 41. 1 65a; **33** 17, 23c; **42** 86

StrBuDV *(Dienstvorschrift für Straf- und Bußgeldverfahren)* **15** 55

StrEG *(G über die Entschädigung für Strafverfolgungsmaßnahmen)* **13** 12 ff.; **14** 40; **16** 138

StVollzG *(StrafvollzugsG)* **13** 5
- 10: **13** 5
- 141: **13** 5

StVZO *(Straßenverkehrs-Zulassungs-Ordnung)*
- 57: **42** 116
- 57c: **42** 116
- 57d: **42** 116

SubvG *(SubventionsG)* **52** 3
- 2: **52** 18 f.
- 3: **52** 14, 16, 61
- 4: **29** 15, 41; **40** 30; **52** 11
- 6: **52** 55; **54** 318

SvEV *(SozialversicherungsentgeltVO)* **38** 122
- 1: **38** 124 f.

SWIFT-Abk. 6 147

TabStG *(TabaksteuerG)*
- 3: **45** 40
- 15: **45** 40
- 17: **44** 27; **45** 39
- 21: **24** 54
- 22: **45** 50
- 23: **45** 41
- 28: **45** 40
- 30: **45** 40
- 36: **61** 108
- 37: **15** 78 f.; **45** 42

TabStV *(TabaksteuerVO)*
- 37: **24** 54
- 38: **24** 54
- 39: **45** 50

TA-Lärm 54 208

TA-Luft 54 39, 199

TDG *(TeledriensteG)* **42** 33 TDG
- 5: **42** 37
- 8: **42** 37
- 9-11: **42** 37

TextilkennzeichnungsG 74 19

Theft Act *(Großbritannien)* **7** 35

Tierische LebensmittelhygieneVO 72 40
- 23: **72** 69

Tierische Nebenprodukte-VO 54 52b, 81, 238

TierschutzG 54 103
- 17: **54** 109, 305
- 18: **54** 305

TierschutztransportVO 54 103

TKG *(TelekommunikationsG)* **42** 33; **74** 35
- 3: **33** 24; **42** 127; **55** 26
- 88: **33** 24, 24b
- 89: **42** 92, 118
- 96: **9** 8; **42** 127
- 100: **42** 127
- 102: **28** 95
- 111: **42** 127
- 112: **42** 127
- 113: **9** 8; **42** 127; **55** 26
- 113a: **11** 111
- 148: **42** 92, 118
- 149: **28** 95; **33** 133; **60** 7b

TKÜV *(Telekommunikations-ÜberwachungsVO)* **15** 114

TMG *(TelemedienG)* **23** 69e; **42** 33, 38 ff.
– 2: **42** 36, 38
– 5: **42** 42
– 6: **42** 101
– 7-10: **42** 38, 42
– 7: **42** 38a, 41, 42, 43
– 8: **42** 39
– 9: **42** 39
– 10: **42** 40, 42
– 14: **42** 127
– 15: **42** 127
– 16: **33** 133; **42** 101
TR CMS 101:2011 *(Standard für Compliance Management Systeme)* **86** 18
TransfusionsG 72 120
TransparenzRL 41 4
TransparenzRL-UmsG 22 20; **41** 5
TransplantationsG 72 121 ff.
TransportgenehmigungsV
– 12: **54** 255
Treibhausgas-EmissionshandelsG 54 48
TRIPS *(Übk. über handelsbezogene Aspekte des geistigen Eigentums)* **5** 44; **55** 9, 95; **60** 52
TVG *(TarifvertragsG)*
– 3: **37** 21a
ÜAG *(ÜberstellungsausführungsG)* **8** 127
– 2: **8** 131, 134 f.
ÜberstellungsÜbk 8 127, 128 ff.
ÜberstellungsÜbk-ZP 8 134 f.
– 2: **8** 137
– 11: **8** 139
UBGG *(G über Unternehmensbeteiligungsgesellschaften)* **27** 12 ff.
Übk. über das Verbot von Antipersonenminen 73 78
Übk. über das vereinfachte Auslieferungsverfahren 5 22
Übk. über die Auslieferung zwischen den Mitgliedstaaten der EU 5 22
Übk. über Streumunition 73 79
Übk. zur Bekämpfung der Finanzierung von Terrorismus 5 31

Übk. zur Unterdrückung von nuklearem Terrorismus 5 31
UHG *(UmwelthaftungsG)* **54** 13
– 19: **54** 306
– 21: **54** 306
– 22: **54** 306
UIG *(UmweltinformationsG)* **54** 11
UKG *(G zur Bekämpfung der Umweltkriminalität)* **1** 11
UKG, 1. 1 70; **54** 106
UKG, 2. 1 70; **54** 107
UKlaG *(UnterlassungsklagenG)*
– 2-4: **2** 39
UMAG *(G zur Unternehmensintegrität und Modernisierung des Anfechtungsrechts)* **32** 167a
Umweltaudit-G 54 12
UmwG *(UmwandlungsG)* **23** 99; **27** 48 ff.; **50** 7 ff.
– 2: **27** 54, 57
– 3: **26** 68; **27** 50
– 4 ff.: **27** 52, 54; **50** 8, 48
– 4: **27** 50
– 8: **27** 55, 62
– 9: **27** 56; **91** 69
– 12: **27** 56
– 13 f.: **27** 59
– 13: **27** 50
– 14: **27** 59
– 16: **27** 50, 58, 59; **50** 12
– 17: **26** 95; **27** 58
– 19: **22** 37
– 20: **22** 23; **26** 95; **27** 53, 60; **50** 8
– 24: **26** 60
– 36 ff.: **27** 54
– 36: **26** 60; **27** 52, 53, 55, 57, 60; **91** 69
– 46 ff.: **50** 8
– 53: **50** 8
– 54: **50** 8
– 55: **50** 8
– 60 ff.: **50** 8, 41
– 67: **50** 27
– 69: **50** 8
– 121j: **23** 99b
– 121k: **23** 99b
– 122a ff.: **23** 99b
– 122e: **27** 55

- 123 ff.: **50** 9, 41, 48
- 123: **27** 61, 65
- 124: **27** 50
- 125: **27** 62, 63; **50** 9
- 126 ff.: **27** 52; **50** 9
- 126: **27** 50
- 127: **27** 53, 62
- 130: **27** 50
- 131: **22** 23; **27** 53, 65, 66
- 135: **27** 53, 53, 61, 63, 64, 66
- 137: **27** 64
- 140: **27** 65; **50** 85
- 146: **27** 64, 65; **50** 85
- 159: **27** 185; **91** 69
- 175: **27** 50
- 190 ff.: **50** 10, 48
- 191: **27** 50; **50** 10
- 192: **50** 10
- 193 f.: **50** 10
- 193: **27** 50
- 194 f.: **50** 12
- 197: **50** 11; **91** 69
- 198: **50** 12
- 199: **50** 12
- 202: **26** 61; **50** 12
- 220: **26** 61; **50** 11
- 226 ff.: **50** 10
- 238 ff.: **50** 48
- 245: **26** 61; **50** 11
- 247: **26** 61
- 313: **16** 119; **23** 99a; **27** 183 ff.; **41** 51; **50** 85 f.; **76** 67; **96** 91
- 314: **23** 99a; **27** 186
- 314a: **23** 99b
- 315: **23** 99a; **94** 7
- 316: **23** 99a

UmwStG *(UmwandlungssteuerG)* **27** 48 ff.
- 20: **89** 50

UN-Charta *(Charta der Vereinten Nationen)* **5** 26 ff.
- 1: **5** 26
- 7: **5** 26
- 52 f.: **5** 13
- VII: **5** 26

UN-Konvention gegen Korruption *(Übk. der Vereinten Nationen gegen Korruption)* **5** 34

UN-Resolution Nr. 1267 (1999) **5** 32
UN-Resolution Nr. 1333 (2000) **5** 32
UN-Resolution Nr. 1373 (2001) **5** 32
UN-Resolution Nr. 1390 (2002) **5** 32
UN-Resolution Nr. 1988 (2011) **5** 32
UN-Seerechtskonvention **5** 34
UN-Übk. zur Bekämpfung der Finanzierung des Terrorismus **4** 19
UrheberrechtswahrnehmungsG **55** 94
UrhG *(UrheberrechtsG)*
- 2: **55** 78, 80, 98, 114, 117
- 3: **55** 98
- 4: **55** 81, 85, 85
- 8: **55** 82
- 9: **55** 82
- 10: **55** 125
- 11: **55** 83
- 12-14: **55** 83
- 13: **55** 125
- 15-22: **55** 83
- 15: **55** 97, 114
- 16-20b: **55** 101
- 16: **55** 114
- 17: **55** 83, 102 f.
- 19a: **55** 83, 111
- 20-20b: **55** 115
- 20: **55** 114
- 23: **55** 98
- 24: **55** 87, 98
- 27: **55** 102
- 31 ff.: **55** 101
- 43: **55** 82
- 44a: **55** 87, 110a
- 53: **55** 87, 107 ff., 114
- 60: **60** 108
- 64-69: **55** 86
- 66: **55** 82
- 69a-69g: **55** 80
- 69a: **55** 80, 90, 117
- 69b: **55** 82
- 69c: **55** 87, 102, 111 ff.
- 69d: **55** 85, 88, 91
- 69f: **55** 88, 112
- 70-87: **55** 84
- 70-87e: **55** 114 f.
- 87a: **55** 85
- 87c: **55** 85
- 88-95: **55** 114 f.

- 95: **55** 80
- 95a: **42** 115; **55** 117 ff.
- 95b-95d: **55** 120 ff.
- 97: **55** 92
- 98: **55** 24, 92
- 99: **55** 92
- 101: **55** 25, 26, 92
- 101a: **55** 92
- 106-108a: **55** 13
- 106-108: **55** 96
- 106: **33** 92; **55** 97 ff., 121, 121a
- 107: **55** 124
- 108: **33** 92; **55** 116, 121, 121a, 131 ff.
- 108a: **22** 66
- 108b: **42** 71; **55** 16, 96, 121 ff., 128 ff., 139
- 109: **10** 14; **55** 96, 121a, 135 ff.
- 110: **55** 96, 140
- 111: **55** 129 ff.
- 111a: **55** 96, 122
- 111b: **55** 18, 92, 96
- 111c: **55** 22
- 138: **55** 82
- 141: **55** 77; **60** 105

URV *(UnternehmensregisterVO)* **22** 24, 29

USchadG *(UmweltschadensG)* **54** 14

US-GAAP *(United States Generally Accepted Accounting Principles)* **26** 148 ff.

UStDV *(Umsatzsteuer-DurchführungsVO)*
- 17a: **30** 19
- 74a: **30** 19

UStG
- 1: **44** 8
- 2: **24** 60
- 4: **18** 30
- 6: **18** 30
- 13a: **29** 52
- 13b: **30** 19; **43** 18
- 14: **38** 61; **44** 193; **46** 61 ff.
- 14b: **46** 62 f.
- 14c: **29** 52; **44** 19
- 15: **44** 10, 53, 76; **46** 70
- 16: **44** 53
- 17: **44** 71
- 18: **20** 10; **24** 60; **44** 18, 40, 63, 69, 78, 107, 193; **46** 64, 70
- 18a: **46** 65
- 18c: **46** 65a
- 18d: **46** 66
- 22: **43** 10
- 26a: **15** 55; **22** 66; **46** 2, 61 ff.
- 26b: **15** 55; **44** 193; **46** 2, 70 ff.
- 26c: **15** 1; **38** 348; **44** 193 ff.
- 27b: **15** 38; **44** 140a, 150

UVPG *(G über die Umweltverträglichkeitsprüfung)* **54** 10, 69, 117
- 3: **54** 168
- 21: **54** 168
- 23: **54** 222

UVV *(Unfallverhütungsvorschriften)* **34** 27 ff., 65 ff.

UWG *(G gegen den unlauteren Wettbewerb)* **2** 17; **57** 1, 12; **59** 3a; **60** 1 ff.
- 1: **53** 103; **60** 1, 70
- 2: **23** 3; **28** 30; **60** 1 f.
- 3 ff.: **59** 38
- 3: **42** 44; **53** 83; **60** 1, 8; **92** 3
- 4: **60** 49, 50a
- 5: **60** 8, 23, 31, 32a ff., 75
- 5a: **23** 69; **60** 26, 28
- 6c: **1** 65a
- 7: **28** 30, 94; **42** 101; **59** 4a
- 8: **42** 44; **53** 124; **60** 2, 8; **92** 3
- 9: **28** 94; **60** 11; **92** 3
- 10: **28** 94; **60** 2
- 12: **32** 103; **60** 2a
- 13a: **1** 65a
- 16-19: **2** 12; **60** 2a f.
- 16 ff.: **1** 65a
- 16: **22** 6; **24** 44; **28** 96; **33** 45; **59** 4, 39, 45, 51 ff.; **60** 4, 8 ff.; **72** 72, 136; **96** 65
- 17-19: **4** 10
- 17: **10** 14; **17** 35; **23** 10; **33** 25a, 45, 52 ff., 69 ff., 85, 93 ff., 99, 108; **35** 8, 11, 41, 43; **40** 48; **42** 20, 81 ff., 85, 105, 109, 112, 113, 118; **55** 33, 36; **66** 39
- 18: **10** 14; **33** 45, 84 ff., 93 ff.; **55** 33
- 19: **10** 14; **33** 93 ff.
- 20: **23** 69; **59** 4a; **60** 7b

- 4 a.F.: **1** 65a; **23** 3
- 6c a.F.: **59** 51, 65
- 12 a.F.: **22** 10; **53** 4, 70, 82, 109, 114, 120, 125; **58** 7
- 20 a.F.: **33** 93 ff.

UZK *(Unionszollkodex)* **45** 1
VAG *(VersicherungsaufsichtsG)* **65** 1 ff.
- 1: **65** 1
- 1a: **65** 1
- 1b: **65** 1
- 4: **66** 28
- 5: **25** 77; **65** 3
- 6: **65** 3, 3
- 7: **23** 59; **33** 112
- 8: **65** 3
- 16: **22** 42a
- 18: **22** 32
- 30: **22** 34; **24** 35
- 31: **22** 34
- 32: **24** 35
- 55-79: **85** 16
- 57: **91** 69
- 64a: **31** 11
- 81 ff.: **65** 7
- 85: **65** 2, 5
- 87: **65** 3
- 105 ff.: **65** 4
- 105: **65** 5
- 106: **40** 55
- 110a ff.: **65** 4
- 110a: **65** 2, 5
- 111a ff.: **65** 2
- 112 ff.: **65** 1
- 112: **25** 77; **65** 3
- 113: **65** 1, 2, 4
- 117: **65** 2
- 117a: **65** 2
- 118a ff.: **65** 3
- 119 ff.: **65** 1
- 121h: **65** 2
- 134-145: **23** 90
- 134 ff.: **65** 8
- 134: **23** 99a; **65** 13
- 137: **23** 99a; **65** 16; **94** 12
- 138: **23** 99a; **33** 112; **65** 17; **94** 7
- 139: **65** 18
- 140: **65** 9 ff.
- 141: **65** 14
- 142: **1** 74
- 143: **65** 15
- 144-144c: **65** 19 ff.
- 144: **65** 20 ff.
- 144a: **65** 24
- 144b: **65** 25
- 144c: **65** 26
- 145a: **65** 19
- 147: **65** 6

VerbraucherrechteRL-UmsG 59 3c
VerbrechensbekämpfungsG 1 67
VereinsG
- 20: **23** 91
- 21: **23** 91

VergleichsO 75 3
- 19: **80** 40

VerkLG *(VerkehrsleistungsG)* **64** 9 ff.
VerkProspG 27 92
VerkSichG *(VerkehrssicherstellungsG)* **64** 5
VerlG *(Verlagsgesetz)* **55** 94
VermAnlG *(VermögensanlagenG)* **27** 92, 101 ff.
- 7: **27** 131
- 23: **41** 4, 37
- 24: **41** 43
- 29: **27** 181
- 30: **41** 43
- 31: **41** 37

VermBG, 5. *(VermögensbildungsG, 5.)* **38** 3
- 14: **15** 4

VermVerkProspV *(Vermögensanlagen-VerkaufsprospektVO)* **27** 101 ff.
VerpackV *(VerpackungsVO)* **54** 77
- 15: **54** 255

VerstromungsG, 3. 74 20
VerstV *(VersteigererVO)* **25** 21
Vertrag von Amsterdam 6 4, 10, 11
Vertrag von Lissabon 5 9, 11; **6** 3, 4 ff., 12, 13 ff., 21, 38, 64 ff.; **23** 47
Vertrag von Maastricht 5 4; **6** 4, 11
Vertrag von Nizza 6 4, 12
VO (EG) 852/2004 *(LebensmittelhygieneVO)* **72** 36, 54
VO (EG) 1/2003 s. KartVO

VO (EG) 1013/2006 *(Abfallverbringungs VO)* **54** 83, 248 ff.
- 2: **54** 248b, 248c
- 63: **54** 248c

VO (EG) 1071/2009 *(gemeinsame Regeln für die Zulassung zum Beruf des Kraftfahrtunternehmers)* **71** 4 ff.

VO (EG) 1072/2009 *(grenzüberschreitender Güterkraftverkehr)* **71** 4

VO (EG) 1073/2009 *(grenzüberschreitende Personenbeförderung in Kraftomnibussen)* **71** 17

VO (EG) 1169/2011 *(Lebensmittelinformations VO - LMIV)* **72** 82

VO (EG) 1184/2006 *(Wettbewerbsregeln landwirtschaftliche Erzeugnisse)* **57** 33

VO (EG) 1221/2009 s. EMAS II

VO (EG) 1234/2007 *(Gemeinsame Organisation der Agrarmärkte)* **45** 55; **52** 56; **72** 74, 82
- 56 ff.: **45** 61
- 64: **45** 61
- 78 ff.: **45** 63

VO (EG) 1236/2005 *(Anti-Folter-VO)* **62** 81

VO (EG) 1272/08 *(Kennzeichnungs-VO)* **54** 89, 91

VO (EG) 1333/2008 *(Lebensmittelzusatzstoffe)* **72** 21

VO (EG) 1334/2008 *(Aromen bei bestimmten Lebensmittelzutaten)* **72** 55a

VO (EG) 1346/2000 s. EuInsVO

VO (EG) 1370/2007 *(öffentliche Personenverkehrsdienste)* **71** 12

VO (EG) 1435/2003 s. SCE-VO

VO (EG) 1493/99 *(WeinmarktVO)* **72** 74, 82, 90

VO (EG) 1774/2002 s. Tierische Nebenprodukte-VO

VO (EG) 178/2002 s. BasisVO

VO (EG) 1798/2003 38 395

VO (EG) 1889/2005 *(Überwachung von Barmitteln)* **51** 72

VO (EG) 1907/2006 s. REACH-VO

VO (EG) 1924/2006 *(Health-Claims-VO)* **72** 33, 82

VO (EG) 2073/2005 *(mikrobiologische Kriterien für Lebensmittel)* **72** 53

VO (EG) 2157/2001 s. SE-VO

VO (EG) 2273/2003 *(Durchführungsbestimmung zur MarktmissbrauchsRL)* **68** 6

VO (EG) 2368/2002 *("Blut-Diamanten"-Embargo)* **62** 75

VO (EG) 2580/2001 *(Terrorismus-Embargo)* **5** 32; **62** 13

VO (EG) 260/2012 s. SEPA-VO

VO (EG) 286/2009 *(Eintragung geschützter Ursprungsbezeichnungen)* **5** 32

VO (EG) 338/987 *(Artenschutz-VO)* **54** 101

VO (EG) 428/2009 s. Dual-Use-VO

VO (EG) 509/2006 *(SpezialitätenVO)* **72** 32

VO (EG) 510/2006 *(Schutz geografischer Angaben und Ursprungsbezeichnungen)* **72** 32

VO (EG) 539/2001 *(Visa-VO)* **36** 14; **37** 78

VO (EG) 561/2006 *(Harmonisierung bestimmter Sozialvorschriften im Straßenverkehr)* **71** 18a ff.

VO (EG) 765/2008 *(MarktüberwachungsVO)* **56** 34 f., 119 ff.

VO (EG) 800/99 45 2

VO (EG) 810/2009 *(Visakodex)* **37** 86a

VO (EG) 853/2004 *(Hygienevorschriften für Lebensmittel tierischen Ursprungs)* **72** 36 f., 53 f.

VO (EG) 854/2004 *(Verfahrensvorschriften für die amtliche Lebensmittelüberwachung)* **72** 36, 39, 54

VO (EG) 881/2002 5 32

VO (EG) 883/2004 *(Koordinierung der Systeme der sozialen Sicherheit)* **37** 140
- 12: **38** 63a, 112, 116

VO (EG) 987/2009 *(Durchführung der VO zur Koordinierung der Systeme der sozialen Sicherheit)* **38** 113
- 5: **38** 114 f.

- 19: **38** 114
- **VO (EG) 999/2001 72** 53
- **VO (EG/Euratom) 2185/96** *(Kontrollbefugnisse der Kommission im Bereich der Betrugsbekämpfung)* **6** 108
- **VO (EG/Euratom) 2988/95** *(Schutz der finanziellen Interessen der EG)* **6** 107
- **VO (EU) 1024/2013** *("SSM-VO")* **66** 9b
- **VO (EU) 1151/2012** *(Qualitätsregelungen für Agrarerzeugnisse und Lebensmittel)* **72** 32
- **VO (EU) 1257/2012** *(Einheitspatent-VO)* s. EPVO
- **VO (EU) 1308/2013** *(gemeinsame Marktorganisation für landwirtschaftliche Erzeugnisse)* **72** 74 ff.
- **VO (EU) 181/2011** *(Fahrgastrechte im Kraftomnibusverkehr)* **71** 16
- **VO (EU) 305/2011** *(BauproduktenVO)* **56** 130
- **VO (EU) 537/2014** *(Aufsichtsanforderungen an Kreditinstitute)* **91** 74; **95** 9
- **VO (EU) 575/2013** *(Aufsichtsanforderungen an Kreditinstitute)* **66** 6d, 6f; **67** 49, 51, 69a, 135
- – 4: **50** 106
- – 392: **67** 22
- – 412: **78** 2
- **VO (EU) 596/2014** *(Marktmissbrauch)* **6** 133; **68** 6a, 17a, 41a
- **VO (EU) 600/214** *(MiFIR-VO)* **6** 133
- **VO (EU) 606/2013** *(Anerkennung Schutzmaßnahmen in Zivilsachen)* **6** 195
- **VO (EU) 608/2013** *(VO zur Durchsetzung der Rechte geistigen Eigentums durch die Zollbehörden)* **55** 22
- **VO (EWG) 1408/71** *(WanderarbeitnehmerVO)* **37** 140; **38** 112
- **VO (EWG) 1469/95 45** 2
- **VO (EWG) 2760/72** *(Assoziationsabk. EWG – Türkei)* **37** 54 f.
- **VO (EWG) 2998/74 57** 33, 89

- **VO (EWG) 3821/85** *(StraßenverkehrsgerätekontrollVO)* **71** 18c
- **VO (EWG) 4064/89** *(Kontrolle von Unternehmenszusammenschlüssen)* **57** 37
- **VO 139/2004** s. FKVO
- **VO 17/62** s. KartVO a.F.
- **VO 2988/1995** *(EG-Finanzschutz-VO)* **29** 16
- **VO 753/2011** *(Afghanistan)* **5** 32
- **VO PR 30/53** *(Preise bei öffentlichen Aufträgen)* **61** 97
- **VO über Anlagen zum Umgang mit wassergefährdenden Stoffen 54** 20, 185
- – 2: **54** 166
- **VO über den grenzüberschreitenden Güterkraftverkehr 71** 8
- **VO über tiefgefrorene Lebensmittel**
- – 7: **72** 69
- **VOB/A** *(Verdingungsordnung für Bauleistungen)*
- – 6: **16** 120a
- **VOB/B** *(Verdingungsordnung für Bauleistungen)*
- – 17: **32** 113
- **Vorläufiges TabakG**
- – 22: **60** 7a
- **VorstAG** *(Vorstandsvergütungs-OffenlegungsG)* **32** 122a
- **VRV** *(VereinsregisterVO)* **22** 25
- **VVE** *(Verfassungsvertrag für Europa)* **6** 4, 12, 16
- – I-8: **6** 15
- – I-6: **6** 43
- – I-18: **6** 45
- – I-33: **6** 48
- – II-415: **6** 78
- – III-270 ff.: **6** 27
- – III-270-274: **6** 77
- – III-270: **6** 118
- – III-152: **6** 121
- – III-275-277: **6** 121
- – III-274: **6** 167
- – III-161-166: **57** 19
- **VVG** *(VersicherungsvertragsG)* **28** 24
- – 8: **59** 3
- – 16: **47** 24

- 27: **47** 24
- 59: **25** 28
- 103: **16** 156
- 113 ff.: **16** 155
- 115: **16** 156

VwGO *(Verwaltungsgerichtsordnung)* **1** 126

VwVfG *(VerwaltungsverfahrensG)* **54** 125 ff.
- 37: **54** 145
- 44: **73** 98
- 48: **62** 18

WaffG 25 67 ff.; **73** 42
- 5: **16** 119b, 120c; **25** 17a
- 28a: **25** 17a
- 45: **16** 119b, 120c
- 51-54: **56** 76

WahrnehmungsG *(Urheberrechtswahrnehmungsg)*
- 9: **91** 69

Wasch- u. ReinigungsmittelG 54 24
- 15: **54** 179
  - 15: **56** 76

Washingtoner-Artenschutzabk. 5 34; **54** 101

WasserG BW
- 120: **54** 177

WassSichG *(WassersicherstellungsG)* **64** 5

WEG *(WohnungseigentumsG)*
- 26: **32** 15
- 27: **32** 15; **48** 73

WehrstrafG
- 41: **30** 112

WeinG 72 75 ff.
- 48-50: **56** 76

WeinSBV *(Weinrechtliche Straf- und BußgeldVO)* **72** 90, 95

Wein-Überwachungs-VO 72 85, 98

WeinVO 72 77b ff., 98

WHG *(WasserhaushaltsG)* **54** 9, 15 ff., 117
- 2: **54** 156
- 3: **54** 156, 159
- 8: **54** 123, 148, 175
- 13: **54** 175
- 17: **54** 144
- 25: **54** 123
- 26: **54** 123
- 48: **54** 185, 238
- 51: **54** 169
- 53: **54** 169
- 57: **54** 138
- 58: **54** 138
- 60: **54** 168a
- 62 f.: **54** 170
- 62: **54** 166, 175, 185, 230, 238
- 64 ff.: **30** 49; **31** 15
- 64: **30** 50; **54** 322
- 65: **30** 53
- 78: **54** 167
- 89: **54** 13
- 101: **54** 329
- 103: **54** 109, 175 ff.

Wiener Übk. v. 20.12.1988 *(Übk. der VN gegen den unerlaubten Verkehr mit Betäubungsmitteln)* **4** 19

WiKG, 1. *(G zur Bekämpfung der Wirtschaftskriminalität)* **1** 11, 63, 77, 87; **22** 80b
- 95: **23** 95

WiKG, 2. *(G zur Bekämpfung der Wirtschaftskriminalität)* **1** 11, 64, 65, 77, 87; **2** 8; **23** 40, 43

WIPO *(Übk. zur Errichtung der Weltorganisation für geistiges Eigentum)* **55** 95; **60** 52

WiSichG *(WirtschaftssicherstellungsG)* **64** 5

WiStG *(WirtschaftsstrafG)* **1** 53 ff., 86; **64** 3 ff.
- 2: **18** 20; **64** 4 ff.
- 3-6: **61** 3
- 3: **61** 92 f., 98; **70** 1
- 4: **61** 73, 74, 84 ff.
- 5: **61** 31, 35 f., 73 ff.; **64** 4; **70** 1
- 8-10: **1** 109
- 8-11: **21** 92
- 8: **20** 35; **57** 152; **61** 77
- 9: **61** 77
- 16: **58** 31

WKBG *(WagniskapitalbeteiligungsG)* **27** 12

WohnungsbauG, II.
- 1: **53** 19

WohnungsbauprämienG
- 8: **15** 4; **44** 43

WohnungsbindungsG 74 21
- 26: **61** 78

WohnungsvermittlungsG 70 10 f.
- 8: **61** 73

WpAIV *(Wertpapierhandelsanzeige- und InsiderverzeichnisVO)* **68** 37a

WpDVerOV *(Wertpapierdienstleistungs-, Verhaltens- und OrganisationsVO)*
- 12: **31** 9

WpDVerVO *(Wertpapierdienstleistungs-, Verhaltens- und OrganisationsVO)*
- 14: **28** 24 ff.

WpHG *(WertpapierhandelsG)* **1** 68; **22** 32; **28** 15; **68** 39
- 2: **26** 77, 80a; **27** 11, 71; **28** 18; **40** 68; **68** 19 f.; **91** 74a
- 10: **31** 32
- 12-16b: **68** 37
- 12: **68** 4, 44
- 13: **68** 45 ff.
- 14: **4** 11; **68** 3, 40, 42 ff., 62 ff., 75 ff.
- 15: **68** 22, 40 f., 48
- 20a: **4** 11; **17** 8; **30** 18; **40** 47; **68** 3, 14 ff., 59
- 31: **28** 18, 24 ff.; **32** 141j
- 31a: **28** 18, 24
- 32: **32** 141j
- 33: **30** 104; **31** 9
- 34: **28** 24 ff., 95; **59** 3e
- 34b: **68** 29
- 36: **91** 69
- 37e: **83** 57
- 37g: **68** 9
- 37n ff.: **26** 138
- 37q: **26** 138
- 37v-37z: **41** 4, 42
- 37v ff.: **26** 6; **41** 37; **50** 52
- 37v: **26** 80a, 136
- 37w: **26** 80a, 136
- 37x: **26** 136
- 37y: **26** 80a, 136
- 38: **2** 12; **4** 11; **23** 81; **27** 200; **33** 40, 102; **40** 47; **41** 52; **68** 1, 3, 30, 32, 37, 43, 75 ff.
- 38a: **33** 108
- 39: **1** 121; **4** 11; **6** 90; **17** 8; **23** 81; **27** 200; **28** 95; **40** 47; **41** 42; **68** 3, 28, 29, 30 f., 37, 43, 83
- 40a: **68** 41
- 42b: **23** 81

WPO *(Wirtschaftsprüferordnung)* **91** 67 ff.
- 1: **22** 69a
- 2: **90** 16
- 27: **91** 10d
- 28: **91** 10d, 27
- 29: **91** 10d
- 43: **91** 12 ff., 20, 80
- 43a: **90** 12; **91** 12
- 44b: **90** 7, 8; **91** 8
- 47: **90** 7, 9; **91** 8
- 52: **90** 6; **91** 21
- 54: **23** 94a; **91** 10c, 19
- 55b: **95** 6
- 57a: **94** 12a
- 62: **91** 24
- 63: **91** 23a, 24, 24a
- 63a: **91** 24a, 28c
- 66a: **94** 7a
- 66b: **94** 7a
- 67 ff.: **91** 25
- 67: **91** 23, 24
- 68: **91** 23a, 26
- 68a: **91** 24a
- 69: **91** 24a
- 69a: **91** 26, 28a, 28c
- 70: **91** 23a, 23a, 23a, 28a
- 72: **91** 25
- 73: **91** 25
- 83: **91** 28b, 28c
- 83a: **91** 28a, 28d
- 83b: **91** 28a
- 85 ff.: **91** 28
- 85: **21** 134
- 87: **91** 28
- 103: **91** 23
- 111: **91** 27
- 127: **91** 23a
- 132: **91** 31
- 133: **91** 31
- 133b: **94** 7a
- 133c: **94** 7a

- 134: **90** 7
WpPG *(WertpapierprospektG)*
27 89 ff., **94** ff.
- 1: **27** 90
- 2: **27** 90, 105
- 3: **27** 90, 91, 179
- 4: **27** 91
- 5: **27** 94, 98, 99, 131
- 6: **27** 92, 98
- 7: **27** 95 ff.
- 8: **27** 95 ff.
- 9: **27** 100
- 11: **27** 99
- 12: **27** 99
- 13: **27** 105
- 14: **27** 98
- 16: **27** 100
- 26: **27** 91, 180
- 35: **27** 179 ff.
WpÜG *(Wertpapiererwerbs- und ÜbernahmeG)*
- 1: **28** 95
- 2: **26** 129a
- 10-24: **28** 95
- 15: **28** 95
- 17 f.: **28** 95
- 26: **28** 95
- 32: **28** 95
- 35 ff.: **28** 95
- 60: **1** 121; **23** 81; **28** 95
WRV *(Weimarer Reichsverfassung)*
- 137: **1** 103
- 139: **34** 53
WTO-Übk. *(Übk. zur Errichtung der Welthandelsorganisation)* **5** 43 f.
WUA *(Welturheberrechtsabk.)* **55** 95
WÜK *(Wiener Übk. über konsularische Beziehungen)*
- 36: **11** 30
WZG *(WarenzeichenG)* **60** 54
- 28: **55** 17
ZAG *(ZahlungsdiensteaufsichtsG)*
25 76 f.; **66** 17 ff.
- 1: **42** 120; **49** 28a, 59
- 7a: **49** 30b
- 7b: **49** 30b, 43a
- 8: **42** 120; **49** 59
- 16: **66** 33

- 31: **42** 120; **49** 59; **66** 33
ZahnheilkundeG
- 1: **22** 69a
ZerlG *(ZerlegungsG)*
- 7: **38** 309
ZFdG *(ZollfahndungsdienstG)* **15** 117
- 16: **15** 75
- 23a ff.: **15** 102, 111
- 26: **15** 75
- 32b: **73** 46
ZIV *(ZinsinformationsVO)* **29** 81; **46** 57b; **93** 49a
- 4: **29** 81
- 5: **29** 81
ZK *(Zollkodex)* **45** 1 f.
- 4: **44** 28; **45** 9, 26
- 5: **45** 6
- 38: **45** 30
- 40: **45** 9, 26, 30
- 59: **45** 8, 25, 33
- 82: **45** 18, 23, 27
- 84: **45** 18
- 89: **45** 9, 27
- 91 ff.: **45** 19
- 98 ff.: **45** 20
- 114 ff.: **45** 21
- 137 ff.: **45** 22
- 201: **44** 64; **45** 25
- 202: **44** 64; **45** 25 f., 31
- 203: **44** 64
- 204: **44** 64; **45** 27
- 221: **44** 64; **45** 25
- 222 ff.: **45** 25
ZKDSG *(ZugangskontrolldiensteschutzG)* **42** 114 f.; **55** 117
- 4: **55** 121a
- 17: **42** 114
ZK-DVO 44 64; **45** 1
- 1: **45** 32
- 199: **45** 8, 25, 33
- 202: **45** 34
- 230: **45** 33
- 233: **45** 8, 33
- 234: **45** 34
ZollV *(Zollverordnung)* **45** 1
- 5: **45** 17

ZollVG *(ZollverwaltungsG)* **45** 1
- 1: **11** 10, 11; **15** 74; **44** 206, 210; **45** 3; **51** 71
- 2: **45** 30
- 12a: **51** 72 f.
- 12b: **11** 11; **15** 74; **44** 222
- 14: **45** 31
- 26-32b: **15** 74
- 31a: **11** 11; **15** 74; **51** 73
- 31b: **51** 73
- 32: **15** 76 f.; **45** 36

ZPO
- 21: **22** 49b
- 38: **22** 16
- 50: **23** 20
- 52: **30** 93
- 79: **92** 3
- 85: **16** 148
- 114 ff.: **75** 37
- 138: **91** 41; **96** 51 f.
- 139: **80** 47
- 141: **1** 126
- 183: **8** 79
- 256: **30** 46
- 286: **16** 122
- 287: **16** 144
- 294: **96** 58
- 307: **83** 37
- 380: **1** 126
- 383: **11** 47; **33** 34, 103; **91** 63, 65; **93** 12, 47
- 384: **93** 12, 48
- 411a: **16** 122
- 440: **49** 46
- 490: **1** 126
- 567-577: **15** 137
- 567 ff.: **75** 41
- 574: **15** 138
- 688 ff.: **96** 52b
- 691: **96** 52b
- 699: **42** 66; **96** 52b
- 753 ff.: **32** 12
- 766: **11** 122a
- 771: **11** 122a
- 794: **91** 80
- 797: **91** 80
- 807: **76** 23; **78** 42; **88** 26; **96** 58
- 811: **83** 5
- 812: **83** 5
- 829 ff.: **11** 128b
- 835: **11** 121
- 840: **11** 121
- 850 ff.: **83** 5
- 850: **32** 190a
- 850c: **83** 22
- 852: **83** 5
- 859 ff.: **83** 5
- 888: **1** 125, 127
- 890: **1** 125, 127; **57** 64
- 901 ff.: **1** 127
- 917: **11** 123; **16** 115
- 923: **11** 124
- 50 a.F.: **23** 20

Zucker-Lagerkosten-Ausgleichs-VO **45** 62

ZusatzstoffverkehrsV
- 7: **72** 69

Zusatzstoff-VerkehrsVO 72 21

Zusatzstoff-ZulassungsVO 72 21

ZusatzstoffzulV
- 10: **72** 69

ZuteilungsG 2012 54 49
- 22: **54** 222

ZVG *(G über die Zwangsversteigerung und die Zwangsverwaltung)*
- 150 ff.: **32** 14
- 152: **30** 97

Stichwortverzeichnis

Bearbeiterin: Rechtsanwältin Dr. Brigitte Hilgers-Klautzsch

Die fetten Zahlen bezeichnen die Paragrafen des Buches, die mageren Zahlen die Randzahlen. Ergänzend sei auf das Gesetzesverzeichnis verwiesen.

450 Euro Job 38 131, 188
- s.a. Minijob und Geringfügige Beschäftigung

A 1, Entsendebescheinigung **38** 114

Abbildung 60 58
- unbefugte **60** 107

Abbruch der Geschäftsbeziehung, Nötigung **63** 16, 28

Abbuchungsauftrag
- Missbrauch **49** 34
- Verfahren **49** 30 ff.

ABC-Waffen 73 9
- Straftatbestände **73** 17 ff.
- Verbote **73** 51 ff.

Abdeckrechnung 29 33 f.; **38** 29, 29, 153b, 255 f.
- kein verfälschter Beleg **38** 284
- Kompensationsverbot **38** 359

Abfall 25 54
- Arbeitsschutz **34** 47
- Begriff **6** 87; **54** 53 ff.
- Beseitigung **54** 50 ff., 66
- Beseitigungsanlagen **25** 55
- Entsorgungsanlage **25** 55; **54** 35
- Entsorgungsfachbetriebe **54** 74
- Export **54** 83
- illegale Entsorgung **54** 223 ff.
- Notifizierungsverfahren **54** 83
- Privathaushalt **54** 68
- radioaktiver **54** 250
- Transportgenehmigung **54** 73
- Überlassungspflicht **54** 67
- umweltgefährdend **54** 230
- Verbringung ins Ausland **54** 247
- Vermeidung **54** 64
- Verwertung **54** 65

Abfallbeseitigung 54 50 ff.
- Erlaubnis **25** 56

Abfallentsorgung
- Erlaubnis **25** 56
- Nachweisverfahren **54** 72

- Überwachung **54** 71
- unerlaubte **54** 224 ff.

Abfallentsorgungsanlage 54 69 ff.
- unerlaubtes Betreiben **54** 251 ff.

Abfallrecht, Produkthaftung **56** 58

Abfallverbringung 54 83 f.

Abfallverzeichnis 54 61

Abfangen von Daten **33** 23c; **42** 91 f.

Abgabenbetrug, Zuständigkeit Finanzbehörde **15** 8, 13

Abgabenordnung 1 62; **29** 47 ff.; **43** 1 ff.; **44** 1 ff.; **46** 1 ff.

Abgeordnetenbestechung 1 72

Abhängige Beschäftigung 38 36 ff.

Abhängiger Vertreter, DBA **38** 384

Abhören 74 35
- unbefugtes **33** 2 ff.

Abhörgerät 33 2, 5

Abhörverbot, Verstoß **42** 118

Ablehnung
- Auslieferung **8** 62 f.
- Beweisantrag **12** 36 f., 39
- Eröffnung des Hauptverfahrens **12** 17
- Sachverständiger **12** 29
- Strafvollstreckung **8** 136

Abmahngebühr 59 3d

Abo-Falle 60 27a, 43

Abrechnungsbetrug, Gesundheitswesen **72** 140

Abrundungsklausel 6 44

Absatzhilfe, Hehlerei **48** 80 f.

Abschiebung 37 89 f.
- vorübergehende Aussetzung **37** 82

Abschlussbuchungen, Buchführung **26** 6

Abschlussprüfer 26 132; **40** 71; **91** 43 f., 69, 73 ff.
- AG **23** 80 f.
- Aufsicht **95** 4 f.
- Gehilfe **40** 71

3225

– GmbH **23** 75
– unrichtiger Prüfbericht **40** 71 ff.
Abschlussprüferaufsichtsgesetz 95 7
Abschlussprüfer-Richtlinie 95 9
Abschlussprüfung 26 132; **91** 67d; **96** 68a
Abschlusspublizität 41 1 ff.
Abschlussvermittlung 66 12
Abschöpfung 45 4
Abschreibungen 26 119b; **50** 6
Abschreibungsgesellschaft 28 44 ff., 105
Absetzen, Hehlerei **48** 80
Absicht 17 29
Absonderungsrecht, Masseschmälerung **83** 10 ff.
Absprache
– Ausschreibung **58** 32
– Kartell **53** 69; **58** 32 ff.
– Kartellrecht **57** 117 ff.; **58** 8, 11
– Strafverfahren **11** 146
– Submission **58** 1 ff.
– wettbewerbsbeschränkende **58** 1 ff.
– s.a. Verständigung
Abstimmung im Gremium **30** 32 ff.
Abstrahlung, IT-Anlage **42** 91
Abwasser
– Begriff **54** 157
– Beseitigung **54** 18 ff.
– Einleitung **54** 18 ff.
Abwasserabgaben, Hinterziehung **54** 178
Abwasserabgabengesetz 54 23
Abwasserbehandlungsanlage 54 168a
Abwasserverordnung 54 18
Abweichende Rechtsauffassung
– Steuerberater **96** 32a
– Steuerrecht **44** 10 ff.
Abwendungsbefugnis bei Beschlagnahme **11** 95
Abwesenheitsentscheidung 8 63
– Rahmenbeschluss **6** 149
Abwickler
– Insolvenz **80** 50
– Strafbarkeit **66** 40
Abzugsteuergefährdung 46 37 ff.

Abzugsverbot
– Schmiergeldzahlungen **53** 7
– steuerliches **16** 125
Access-Provider 42 39
Account-take-over 42 76
Accrual Principle 26 165 f.
Acquis communautaire 5 21; **6** 23; **23** 66
Additionsklausel, Wucher **61** 20 ff.
Adhäsionsverfahren 1 135; **11** 24; **12** 43
– gewerblicher Rechtsschutz **55** 143
Ad-hoc-Publizität 68 22, 40
– mehrstufige Entscheidungsprozesse **68** 48
Admin-c 42 42
Administrativer Ansprechpartner s. Admin-c
Adoptionsvermittlung 74 22 ff.
Adressdaten 42 21
AEUV 6 17
AG s. Aktiengesellschaft
AG & Co KG 27 7
Agent provocateur 19 20a
Agrarrecht, europäisches **6** 69 f.
Agrarzoll 45 4
AIF s. Alternative Investmentfonds
Akademische Grade, Ausland **74** 2
Akteneinsicht
– Beschuldigter **16** 52
– Dritter **16** 52
– DV **42** 129
– Finanzbehörde **15** 50
– Nebenkläger **11** 148
– Verfahren gegen „Verantwortliche" **16** 52
– Verletzter **11** 23
– Verteidiger **16** 52; **91** 46
– Zeugenbeistand **16** 69
Aktien 27 34 f.
– Anlegerschutz **28** 1 ff.
– Ausgabe neuer – **50** 28, 33 ff., 50
– Ausgabepreis **50** 54
– Falschangaben **27** 167 ff.
– Ordnungswidrigkeiten bei Ausgabe **27** 182
Aktienfonds 28 56

Aktiengesellschaft
- Anmeldung **22** 33, 37; **24** 37
- Buchführungspflicht **26** 19, 24
- Bußgeldnormen **23** 81
- Compliance **31** 12 f.
- Feststellung/Jahresabschluss **26** 85
- Geheimhaltungspflicht **33** 99 ff.
- Grundkapital **27** 34; **50** 60
- Gründungsschwindel **27** 163 ff.; **96** 79
- Insolvenzverschleppung **96** 14 ff.
- Kapitaländerungsschwindel **50** 74 ff.
- Kapitalerhöhung **50** 25 ff.
- Kapitalerhöhung aus Gesellschaftsmitteln **50** 38 f.
- Kapitalerhöhung gegen Einlagen **50** 25 ff.
- Kapitalerhöhung mit genehmigten Kapital **59** 33 ff.
- Kapitalherabsetzung **50** 58 ff.
- Kaufmann **22** 42a
- Liquidation **75** 25
- Publizität **41** 2
- Sachgründung **27** 37 f.
- Strafnormen **23** 78 ff.
- unrichtiger Abschluss **41** 51
- Untreue **32** 146
- Verlustanzeige **40** 85

Aktienkurs, Beeinflussung s. Börsen-/Markmanipulation
Aktienpool 28 3
Aktienrechtsreform 1 41
Aktienrückkaufprogramm 68 24
Aktienverkauf, unzulässiger **68** 88
Aktionärsanfechtungsklage 63 25
Aktive Veredelung 45 21
Aktivseite der Bilanz **26** 75
Akustische (Wohnraum)Überwachung 9 7; **51** 50
Akzessorietät 19 18; **20** 7
- Sozialrecht **36** 12
- Umweltverwaltungsrecht **54** 6 ff., 113 ff.
- Verwaltungsrecht **1** 14; **37** 62; **38** 14; **54** 332
- Zivilrecht **1** 15

Alkoholschmuggel 74 3

Alleintäter 19 4 ff.
Allgemeindelikt 15 35; **22** 5 ff.
- mit Steuerstraftat **15** 9 ff., 30, 48

Allianz Arena 32 70
Alltagshandlungen als Beihilfe **19** 23; **95** 18
Allzuständigtkeit, Geschäftsleitung **30** 25 ff.
Altbausanierung 28 54
Alter 21 38
Alternative Investmentfonds 26 136a; **66** 25
Alternativentwurf StGB 1 59
Altfahrzeugverordnung 54 78
Altlast 54 29 ff., 186 ff., 245
Altöl 54 82
Altpapier 54 68a
Amsterdam, Vertrag von **1** 157; **4** 15; **6** 3, 75; **8** 11, 36; **57** 19 f.
Ämterpatronage 32 238 ff.
Ämtervergabe 32 238
Amtlicher Eindruck, Rechnung **60** 32a
Amtsblatt der EU **6** 47
Amtsdelikt 22 10
- Korruption **53** 10 ff.

Amtsermittlung 10 13, 22; **16** 41
Amtsfähigkeit, Verlust **16** 119 ff.
Amtsgericht
- Bereitschaftsdienst **11** 82a
- Bußgeldverfahren **14** 6
- Ermittlungsrichter **11** 12; **15** 21
- Rechtshilfe **8** 30, 152
- Registergericht **22** 26 f.
- Zuständigkeit **1** 94a; **12** 2, 36, 55, 70; **15** 105

Amtsgrundsatz
- Haftprüfung **11** 76
- Kartellrecht **57** 61
- Verjährung **17** 48

Amtshilfe 8 2,
- durch Auslandsvertretung **8** 82, 90
- in Steuersachen **38** 395
- Zollverwaltung **15** 80 ff.

Amtsmissbrauch, Subventionsbetrug **52** 47
Amtsnotar 91 78
Amtstierarzt 72 50

3227

Amtsträger 22 10
- Begriff **53** 12 ff.
- Bestechlichkeit **53** 10 ff., 40 ff., 50 ff.
- Bestechung **53** 70
- Finanzbehörde **46** 15a
- Geheimnisverletzung **33** 29
- internationale Bestechung **53** 6
- Mithilfe bei Steuerhinterziehung **44** 114
- Steuerhinterziehung **44** 103, 114 f.
- Steuerprüfung **44** 142
- Subventionsbetrug **52** 47 ff.
- Teilnehmer Umweltdelikt **54** 31
- Umweltstrafrecht **54** 307 ff.
- Untreue **32** 216 ff., 216 ff.
- Vorteilsannahme **53** 41 ff.

Amtsträgereigenschaft, Arzt **72** 148
Amtsträgerstrafbarkeit, Außenwirtschaftsrecht **62** 20
Amtsunfähigkeit 76 64 ff.
- AG-Vorstand **23** 80
- Beamtenverhältnis **16** 119a
- EWIV **23** 98
- GmbH-Geschäftsführer **23** 74

Amtsuntreue 32 212 ff.
Amtsunwürdigkeit 76 64
Analogie 3 1; **17** 7
Analogieverbot 17 5
- Limited **23** 121

Anderkonto 32 35
- Beschlagnahmefreiheit **93** 51

Änderung von Gesetzen **3** 5 ff.
Anerkennung Auslandsgesellschaften **4** 13; **26** 21; **29** 19
- strafrechtlicher Entscheidungen **6** 77, 141, 168; **8** 38 ff., 60, 148

Anerkennungsgrundsatz 6 141; **8** 38 ff., 148
- EU **6** 118

Anfechtungsrecht
- Leistungen an Gesellschafter **82** 21
- Masseschmälerung **83** 5

Angaben
- Berichtigung falscher im Prozess **96** 57
- Insolvenzverfahren **88** 28 ff.
- Rechtsform **22** 32

- Steuerberater **96** 37 ff.
- steuerliche **44** 7 ff.
- unrichtige **57** 138
- unrichtige – bei Steuerhinterziehung **44** 7 ff.
- unterlassene – bei Steuerhinterziehung **44** 15 f.
- bei Zollbehörden **51** 72
- Zwangsvollstreckung **88** 26 ff.

Angebotsschreiben, Betrug **59** 29 ff.
Angehörige
- Beschäftigung **38** 34, 60, 73 ff.
- Zuwendungen **53** 27

Angeklagter 12 14
Angeschuldigter 11 144
Angestelltenbestechung 53 4; **60** 2a
- Konkurrenzen **53** 122
- Strafantrag **53** 122
- Versuch/Vollendung/Beendigung **53** 117 ff.
- s.a. Bestechung und Bestechlichkeit im geschäftlichen Verkehr

Angestellter
- Bestechlichkeit **53** 69 ff.
- strafrechtliche Produktverantwortung **56** 82

Angleichung, Strafvorschriften **6** 119
Angriff, Denial of Service **42** 90
Anhang, zum Jahresabschluss **26** 127
Anhörung, Arbeitgeber **38** 13, 23
Anklage, Straftat/OWi **14** 18
Anklagegrundsatz 10 17, 21
Anklageschrift 11 143 ff.
- Inhalt **11** 145
- Mängel **12** 12
- Serienstraftat **20** 29 ff., 29 ff.

Anklageverlesung 12 21
Anklagezwang 10 17
Anknüpfungstat, Unternehmensgeldbuße **23** 38 ff.
Anlage
- genehmigungsbedürftige **25** 57; **54** 34, 69, 211, 251
- kerntechnische **54** 86

Anlage- und Umlaufvermögen 78 17
Anlageberater 25 30 f.
- Betrug **28** 79 ff.
- Pflichten **28** 13 ff.

Anlageberatung 66 11
- Schadensersatz **28** 24

Anlagebetrug 28 3, 73 ff.
- Beraterbeteiligung **96** 61 ff.
- Schaden **28** 85 ff.
- Unterlassen **28** 78

Anlageempfehlung, Täuschung **47** 12b

Anlagevermittlung 28 13 ff.; **66** 12

Anlegerbetrug 66 26 ff.

Anlegerschutz
- Betrug **28** 1 ff.
- bei Pfandbriefen **69** 9
- Verbotsnormen **68** 14

Anlegerschutzverbesserungsgesetz 68 5, 37

Anmeldepflicht
- Fusion **57** 51
- Gewerbe **24** 1 ff.
- Handelsregister **22** 33; **24** 35 ff.
- Lohnsteuer **38** 352 f.
- Sozialversicherung **24** 68; **36** 3; **38** 209 ff., 381 ff.
- steuerliche **43** 11 ff.

Anmeldung
- Ausländerbeschäftigung **38** 381 ff.
- Design **55** 63
- Fusion **57** 51, 85, 136
- Gewerbebetrieb **24** 1 ff.
- Kartellvereinbarung **57** 95
- Lohnsteuer **38** 352 f.
- Schutzrecht **55** 33
- Sozialversicherung **38** 209 ff.
- Zusammenschluss **57** 63

Annexkompetenz
- EU **6** 97
- strafrechtliche der EU **6** 92 ff.

Anrufungsauskunft, Lohnsteuer **38** 367

Ansatzstetigkeit 26 99a

Anschaffungskosten 26 119, 119d

Anschwärzung 60 50a

Anstellungsbetrug 47 68

Anstiftung 19 21 f.
- durch Berater **95** 10 ff.
- Strafrahmen **19** 24
- durch Verteidiger **16** 103c

Antikorruptionsabkommen 5 40

Antikorruptionskodex 4 18

Antipersonenminen 73 4
- Strafvorschriften **73** 78 ff.

Antragsdelikt 10 12 ff.
- Angestelltenbestechung **53** 123
- Bestechung im geschäftlichen Verkehr **53** 70, 123 ff.

Antragsverfahren, Kartellrecht **57** 61

Anwalt
- Niederlassung (in der EU) **90** 7
- s.a. Rechtsanwalt, Verteidiger

Anwalts-AG 90 7

Anwaltslisten 16 10

Anwaltsnotar 91 30

Anwaltszulassung, Verlust **16** 119b

Anweisung
- Betrug **42** 12; **47** 41, 86
- Betrug durch IT-Manipulation **42** 47 f.
- Geldverkehr **49** 43 ff.; s.a. Überweisung

Anweisungskompetenz, EU **6** 92 ff.

Anwesenheitsrecht
- des Verteidigers **16** 94
- des Zeugenbeistandes **16** 67, 68

Anzapfung, Telefon **33** 5

Anzeige schwerer Straftaten 94 4

Anzeigepflicht
- Erbfall **89** 45 f.
- Geldwäsche **16** 35; **51** 61 ff.
- Gewerbe **24** 1 ff.
- Gewerberecht **37** 165
- Grenzkontrolle **51** 72
- Steuer **24** 45 ff.; **45** 44; **46** 64
- steuerliche **43** 5 ff.
- Subventionsbetrug **52** 14, 16
- Umweltstrafrecht **54** 318
- bei Wegfall Steuerbefreiung **44** 25
- bei Zweckentfremdung **44** 26

Anzeigeverfahren, Immissionsschutz **54** 40

Apotheke 25 71

Apotheker, Abrechnungsbetrug **72** 139

Approbationsentzug 16 120

Äquivalenztheorie 17 12

Arbeitgeber 23 16
- Anhörung **38** 13, 23
- Anmeldepflicht **38** 381 ff.

Stichwortverzeichnis

- bei Arbeitnehmerüberlassung **25** 42 ff.
- arbeitsschutzrechtliche Verstöße **34** 20 ff.
- ausländischer **38** 381
- Begriff **34** 17
- Begriff (Lohnsteuer) **38** 314
- Begriff (Sozialversicherungsrecht) **38** 27 ff.
- Geheimnisse **35** 41 ff.
- Haftung bei Beitragsvorenthaltung **38** 79a
- illegale Arbeitnehmerüberlassung **37** 129
- Privatpersonen **38** 35
- Sanktionen Arbeitnehmerschutzvorschriften **34** 20 ff.
- steuerliche Pflichten **43** 10

Arbeitgeberanteile
- Sozialversicherungsbeiträge **38** 186 ff.
- Vorenthalten **38** 102

Arbeitgebereigenschaft 38 27a

Arbeitgeberkonto Sozialversicherungsrecht **38** 94, 149

Arbeitgeberpflichten, Lohnsteuer **46** 37 ff.

Arbeitgeberwechsel 38 321

Arbeitnehmer 24 63
- Einkommensteuerpflicht DBA **38** 393
- Lohnsteuerrecht **38** 311
- Zahl **23** 27

Arbeitnehmeranteile 38 5, 270 f.
- fiktive **38** 267
- Sozialversicherungsbeiträge **38** 99 ff.
- Vorenthalten **38** 26 f.

Arbeitnehmerbeteiligung
- SCE **23** 89
- SE **23** 82a
- Verkürzung **23** 85
- Verschmelzung **23** 99a

Arbeitnehmer-Entsendegesetz 37 29a
- Ordnungswidrigkeiten **37** 34 ff.

Arbeitnehmerentsendung, Lohnsteuer (Auslandsfälle) **38** 386

Arbeitnehmererfindung 55 34

Arbeitnehmerfreizügigkeit 6 20
- Beitrittsstaaten **37** 46 ff.

Arbeitnehmerschutz 34 1 ff.
- Ordnungswidrigkeiten **34** 21 ff.
- Sanktionen **34** 20 ff.
- Selbstgefährdung **34** 71
- Straftatbestände **34** 32 ff.

Arbeitnehmerüberlassung
- Abgrenzung Werk-/Dienstvertrag **37** 20 ff.; **38** 80a
- Arbeitserlaubnisrecht **37** 19
- Auslandsfälle **38** 385
- Baugewerbe **37** 17
- Bußgeldtatbestände **37** 25 ff.
- Deutsche Rentenversicherung **38** 96
- Einstrahlung **38** 110
- Erlaubnis **37** 16, 18, 131
- Erlaubnispflicht **25** 42
- faktisches Arbeitsverhältnis **38** 41
- gewerbsmäßige **25** 41 ff.
- grenzüberschreitende illegale **37** 24a
- illegale **25** 46 ff.; **37** 16 ff.
- Lohnsteuer **38** 320 f.
- s.a. Illegale Arbeitnehmerüberlassung

Arbeitnehmerüberlassungsgesetz, Straf- und Bußgeldvorschriften **37** 128 ff.

Arbeitsbedingungen 37 1 ff., 29 ff.

Arbeitseinkommen
- pfändungsfreies **83** 6
- Verschweigen von **37** 145

Arbeitsentgelt 38 3
- Hochrechnung **38** 262 ff.
- Meldung **38** 214 f.
- Schätzung **38** 247 ff.

Arbeitsentgelt (Sozialversicherung), Begriff **38** 121 ff.

Arbeitserlaubnis
- Ausländer **37** 44 ff.
- Drittstaatler **37** 55
- EU **37** 53
- Nachweis **37** 57
- Negativstaatler **37** 86
- Positivstaatler **37** 87

Arbeitsgemeinschaft 22 72; **23** 18a; **57** 120; **58** 3
- Buchführungspflicht **26** 19

Arbeitsgenehmigung 38 36a
Arbeitsgerichtsbarkeit 38 18
Arbeitsinspektion 38 25 f.
Arbeitskraft des GmbH-Geschäftführers **83** 9
Arbeitslohn
- Absprachen **38** 326 ff.
- Lohnsteuer **38** 322 ff.

Arbeitsmedizin 34 24
Arbeitsrechtliche Aussagepflicht 31 29
Arbeitsschutz 54 204
- gefährliche Stoffe **54** 281
- Kontrolle **38** 25a
- Verstöße bei illegaler Beschäftigung **38** 8

Arbeitsschutzgesetze 34 6 ff.
Arbeitsstrafrecht 36 6
- Illegale Beschäftigung und Schwarzarbeit **37** 1 ff.

Arbeitsunfähigkeit 34 5
Arbeitsunfall 34 4; **36** 13
Arbeitsverhältnis
- Begriff **38** 37
- faktisches **38** 41a
- mittelbares **38** 88 ff.
- nichtiges **38** 41
- und Sozialversicherung **38** 40

Arbeitsvertrag 38 314 ff.
- verdeckte Arbeitnehmerüberlassung **37** 22

Arbeitsweise der EU, Vertrag über die **6** 17, 17
Arbeitszeit 34 6
Arbeitszeitkonto 38 106
Arbeitszeitnachweise 34 55 f.
Arbeitszeitschutz 34 52 ff.
Architekt 22 69 f.
Arms brokering 73 103
Arrest, dinglicher s. Dinglicher Arrest
Artenschutz 54 101
- Straftatbestände **54** 303

ARUG 23 78, 81
Arzneimittel 72 9 ff.
- Begriff **72** 101 ff.
- Straf- und Bußgeldtatbestände **72** 112 ff.
- Verbote **72** 104 ff.

Arzneimittelgesetz 72 100 ff.
- Straf- und Bußgeldtatbestände **72** 112 ff.

Arzt 22 70; **32** 65a; **47** 69
- Abrechnungsbetrug **72** 140 ff.
- Amtsträgereigenschaft **72** 148
- Korruption **72** 147 ff.
- künstliche Befruchtung **72** 125
- Untreue **32** 14, 32; **72** 146 ff.

Arztgeheimnis 33 25
Asbest 34 44
Asset Backed Securities 27 87, 87; **32** 172b; **40** 37
- Untreue bei Handel mit **67** 66 ff.

Asset stripping 89 18
Asset-deal 75 9
Assimilierungsprinzip, EU **6** 102
Asyl
- EU **6** 79
- Geschäftsunterlagen **76** 41

Asylbewerber
- Arbeitsverbot **37** 57
- illegale Beschäftigung **37** 107 ff.

Asylverfahrensgesetz, Straftaten **37** 107 ff.
Atomgesetz 25 59; **54** 85
Atomkraftwerk 54 85 ff.
Atomstrafrecht 54 258 ff.
Atomwaffen
- Begriff **73** 19
- Entwicklungsverbot **73** 21 ff.
- Strafvorschrift § 19 KWKG **73** 18 ff.

Audiodaten 55 106
Aufbewahrung
- von Buchführungsunterlagen **26** 52 ff.
- Frist **26** 96; **85** 55
- des Jahresabschlusses **26** 96 ff.

Aufbewahrungsfrist, Buchführung **26** 56
Aufbewahrungsort, Buchführung **26** 52 ff.
Aufbewahrungspflicht
- Arbeitszeitnachweise **34** 56
- Buchführung und Bilanzen **85** 60

Stichwortverzeichnis

- Rechnung **46** 63
- Verstöße **85** 55 ff.

Aufenthaltsbeschränkung bei Haftbefehl **11** 70

Aufenthaltserlaubnis 37 77
- und Erwerbstätigkeit **37** 62 f.

Aufenthaltsgesetz
- Ordnungswidrigkeiten **37** 65 ff.
- Straftaten **37** 73 ff.

Aufenthaltsort
- der gesuchten Person **8** 139
- gewöhnlicher **15** 18

Aufenthaltstitel 37 77
- Einreise **37** 85 ff.
- Schengen **37** 83 ff.

Auffälliges Missverhältnis
- Kreditwucher **61** 43 ff.
- Mietwucher **61** 29 ff.
- Wucher **61** 18

Auffanggesellschaft 75 14 f.; **87** 11 ff.

Auffangrechtserwerb 11 128d

Aufforderung zu Ordnungswidrigkeiten **57** 113

Aufgabendelegation, Auswahlpflicht **30** 29 f.

Aufklärungspflicht
- beim Betrug **47** 25
- des Gerichts **12** 36 ff.
- Kapitalanlagen **28** 18 ff.
- Makler **70** 8

Aufklärungsquote 2 30

Aufladen Zahlungskarten **49** 104, 126

Auflage
- Anlagen, genehmigungsbedürftige **25** 56; **54** 215
- Haftbefehl **11** 70 ff.
- Immissionsschutz **54** 38, 215
- kartellrechtliche **57** 80, 139
- Strafvorbehalt **21** 64
- im Umweltrecht **54** 137 ff.
- Verfahrenseinstellung **11** 136

Auflösungsgeschwindigkeit, Liquidation **79** 49

Aufnahme, unbefugte **33** 2 ff.

Aufnahmeverbot, Fernsehen **10** 31

Aufruf der Sache **12** 21

Aufsicht
- Kreditinstitute **66** 1 ff.
- Versicherungen **65** 1 ff.
- über Wirtschaftsprüfer **95** 7 f.

Aufsichtsmaßnahmen 30 125 ff.
- Unterlassen **30** 141 ff.

Aufsichtspersonen, Banken **66** 40

Aufsichtspflicht 21 103
- betriebsmittelbezogene **30** 149
- organisationsbezogene **30** 150
- personalbezogene **30** 145 ff., 145
- des Steuerberaters **96** 49

Aufsichtspflichtverletzung 1 121a; **17** 45a; **23** 9, 39; **46** 8; **54** 321
- Auffangtatbestand **17** 21; **19** 34
- Kartellrecht **57** 113
- Kartellverstoß **58** 38
- Unternehmensgeldbuße **54** 351

Aufsichtspflichtverletzung (§ 130 OWiG) 30 129 ff.
- Anforderung an Urteil **30** 165
- Auffangtatbestand **30** 125
- Compliance **31** 16 f.
- Höhe der Geldbuße **30** 162
- Subunternehmer **30** 131
- Täterkreis **30** 135 ff.
- Umfang der Aufsichtspflicht **30** 142
- Verschulden **30** 159

Aufsichtsrat 26 15, 85
- Aufgaben **32** 121a
- Geheimhaltungspflicht **33** 99
- Gründungsschwindel **27** 166
- Kontrollorgan **23** 41
- Mannesmann-Fall **32** 68a
- strafrechtliche Verantwortlichkeit **30** 46 ff.
- Untreue **32** 15, 61, 121 ff.
- Vermögensbetreuungspflicht **32** 27 f.

Aufspaltung s. Unternehmensaufspaltung

Aufwandsentschädigung, steuerfreie **38** 123

Aufzeichnungspflicht
- im öffentlichen Interesse **93** 27 ff.
- steuerliche **43** 8 ff., 8 ff.
- Steuerordnungswidrigkeit **46** 25 ff.
- Steuerrecht **44** 83

Augenschein 11 50; **12** 33

Ausbeutung der Arbeitskraft **37** 2 ff.

Ausfallrisiko 50 118; **86** 32
- Bestellung von Waren **48** 21
- bei Kredit **67** 97, 102

Ausfuhr, unerlaubte – von Embargogütern **62** 62 ff.

Ausfuhr-/Einfuhrverbot
- Blut-Diamanten **62** 75 ff.
- Folterwerkzeuge **62** 81 ff.
- Kriegswaffen-Embargo **62** 40 ff.

Ausfuhrabgaben 44 29; **46** 13
- Gefährdung **46** 46

Ausfuhrerstattung 52 58 ff.

Ausfuhrliste 62 13
- Verstoß gem. § 18 Abs. 2 AWG **62** 62 ff.

Ausführungsgesetz 1 155

Ausfuhrverbot, Kriegswaffen **62** 40 ff.

Ausgabepreis 50 54

Ausgleich mit dem Verletzten **21** 24

Ausgleichsanspruch, Verschweigen und Verheimlichen **82** 16

Ausgleichszahlung 58 29

Aushöhlung
- Kapitalgesellschaft **32** 85e
- Unternehmenssanierung **87** 21

Auskunft, BAFA **62** 43

Auskunftsanspruch
- gegen Internet-Provider **55** 26
- Kartellrecht **15** 127, 133; **57** 62
- Produktpiraterie **55** 25

Auskunftspflicht
- Insolvenz **76** 39
- Insolvenzverfahren **88** 29 ff.
- Kartellrecht **57** 104

Auskunftsverweigerungsrecht 11 46; **72** 44
- Kartellverfahren **15** 127, 133; **57** 62
- bei Zeugenbeistandschaft **16** 69a

Auslagen
- Bußgeldverfahren **14** 38 f.
- Ersatz **13** 6

Ausland
- Geldwäsche **51** 50b
- Internetdelikte **42** 36
- Korruption **53** 113 ff.

Ausländer Abschiebung **37** 82, 89 ff.
- Einschleusen **37** 96 ff.
- Gewerbeanmeldung **24** 6

- illegale Beschäftigung **37** 44 ff.; **38** 257a

Ausländerbeschäftigung, illegale **37** 44 ff.

Ausländische Gesellschaften, Publizitätspflichten **41** 18 ff.

Ausländische Rechtsordnungen 7 11 ff.

Ausländischer Arbeitnehmer, Ausbeutung **36** 8 f.

Ausländischer Unternehmensträger 23 100 ff.

Ausländischer Wettbewerb, Korruption **53** 4, 113 ff.

Ausländisches Recht, Rechtsberatung **92** 16

Ausländisches Strafrecht 4 13 ff.; **7** 11 ff.; **23** 115

Ausländisches Wirtschaftsstrafrecht 7 1 ff.

Auslandsberührung 4 2

Auslandsbeteiligung 46 26
- steuerliche Anzeigepflicht **24** 51 f.

Auslandsbuchführung 23 120a; **26** 52 ff.
- Aufbewahrung **26** 55

Auslandsermittlungen 6 146 ff.; **8** 1 ff.

Auslandsfälle
- Lohnsteuer **38** 380 ff., 389 ff.
- Sozialversicherung **38** 109 ff.

Auslandsgeschäfte 62 1 ff.
- Steuer **46** 26
- steuerliche Mitwirkungspflicht **43** 16

Auslandsgesellschaft
- Gewinnverlagerung **29** 74
- Insolvenzverschleppung **80** 21 f.
- Organsperre **76** 65 ff.

Auslandsgesellschaften
- MoMiG **23** 125 ff.
- Strafbarkeit **23** 114 ff.

Auslandsimmobilien 28 61

Auslandsinvestment 28 60 f.

Auslandsstraftaten 4 9

Auslandstat 4 3 ff.
- Außenwirtschaftsrecht **62** 35
- Geldwäsche **51** 27
- KWKG **73** 41 ff., 73 ff., 105 ff.

- Steuerrecht **44** 31
- Strafbarkeit **53** 115
- Zollrecht **45** 10

Auslandsunternehmen 23 100 ff.; **43** 5; **46** 26
- Publizität **41** 18 ff.

Auslandsverurteilungen 8 125 ff.; **23** 130; **76** 70

Auslandszeuge 12 39

Auslegung 17 6
- EU-Recht **6** 50, 85 ff.; **57** 20 f.
- europäisches Recht **6** 42
- richtlinienkonforme **6** 50
- unionsrechtskonforme **6** 85 ff.

Auslieferung 5 19, 19; **6** 147; **8** 48 ff.
- Deutsche **8** 62 f., 70, 76
- Europäischer Haftbefehl **8** 40, 60 ff.
- Fahndung **8** 49 f.
- Fristen **8** 54, 66
- Spezialitätsgrundsatz **8** 53, 71
- Übereinkommen **5** 22; **8** 51 ff.
- vereinfachte **8** 59
- Verhältnismäßigkeit **8** 73 ff.
- und Vollstreckungshilfe **8** 76, 136 ff.

Ausnutzen, Wucher **61** 17

Ausräumen, Nötigung **63** 4

Ausreißer 56 96

Aussagedelikt 22 9
- EuGH **6** 102

Aussagegenehmigung, Angehörige öffentlicher Dienst **11** 45

Aussagepflicht
- Arbeitsrecht **31** 29
- Beschuldigter **11** 32
- Zeuge **11** 38 ff.

Aussageverweigerungsrecht, punktuelles im Steuerstrafverfahren **15** 33 ff.

Ausschluss vom Subventionsverfahren **52** 62

Ausschlussgrund, Selbstanzeige **44** 140 ff.

Ausschreibung 57 101 f.; **58** 32
- Ausschluss von **16** 120a; **21** 134; **36** 54; **57** 101a
- Vergabeverfahren **58** 10

Ausschreibungsabsprache 58 1 ff., 32
- Kartellbehörde **15** 134

Ausschreibungsbetrug 57 13

Ausschüttungsbemessung 26 72

Ausschüttungsverbot 26 125a

Außenfinanzierung 27 1 ff., 1

Außengesellschaft 23 17

Außenprüfung und Selbstanzeige **44** 149

Außenwirtschaftsgesetz 62 2 ff.
- Bußgeldrahmen **62** 125 f.
- Bußgeldtatbestände **62** 100 ff.
- Novelle 2013 **62** 4
- Selbstanzeige **62** 128 ff.

Außenwirtschaftsprüfung 15 118

Außenwirtschaftsrecht 62 1 ff.
- Compliance **62** 138 ff.
- Einzelakte in Eilfällen **62** 23
- internationales Strafrecht **62** 35 ff.
- Irrtum **18** 17
- Sanktionen **62** 125 f.
- Verbotsirrtum **62** 15
- Verwaltungsakzessorietät **62** 17 ff.

Außenwirtschaftssachen
- Bußgeldverfahren **15** 106 ff.
- Strafverfahren **15** 91 ff.
- Zuständigkeiten **15** 95 ff., 106 ff.

Außenwirtschaftsstrafrecht 5 32
- Rechtsgüter **62** 6 ff.

Außenwirtschaftsstraftat 62 39 ff.
- § 17 AWG **62** 40 ff.
- § 18 Abs. 1 AWG **62** 52 ff.
- § 18 Abs. 2 AWG **62** 62 ff.

Außenwirtschaftsverordnung 62 12
- Sanktionsnorm § 18 Abs. 2 AWG **62** 62 ff.
- Verstoß gegen EU-Recht (§ 82) **62** 123 ff.
- Verstoß gegen nationale Regelungen (§ 81) **62** 119 ff.

Außenwirtschaftsverstöße 62 1 ff.
- Bußgeldtatbestände **62** 4, 100 ff.
- fahrlässige (§ 19 Abs. 1 AWG) **62** 101 ff.
- Straftatbestände **62** 4, 39 ff.
- gegen Verfahrensvorschriften (§ 19 Abs. 2–5 AWG) **62** 105 ff.

Außergerichtliche Rechtsdienstleistung 92 1 ff.
Außergerichtlicher Vergleich
- Haftungsrisiken 75 34
- Liquidation 75 32 ff.
- Sanierung 75 18
- Straftaten in der Krise 87 38 ff.

Außerstrafrechtliche Nebenfolgen 16 118 ff.
- Amtsfähigkeit 16 119a
- Anwaltszulassung 16 119b
- Approbation 16 120
- ausländerrechtliche Folgen 16 119c, 120e, 121
- Beamtenstatus 16 105
- Entsorgungsfachbetriebe 16 120a
- Gewerbeausübung 16 120a; 21 134 f.
- Gewerbezentralregister 16 119c
- Jagdschein 16 120c
- kassenärztliche Zulassung 16 120
- Korruptionsregister 16 119c
- passives Wahlrecht 16 119a
- Pilotenschein 16 120c
- Reisegewerbe 16 120a
- Ruhestandsbeamter 16 119a
- Titel, Orden und Ehrenzeichen 16 120b
- Vergabe öffentlicher Aufträge 16 120a; 21 99; 36 54
- Waffenbesitzkarte/Waffenschein 16 119b

Aussetzung
- berufsrechtliches Verfahren 91 28a
- der Hauptverhandlung 12 41 f.
- steuerliches Bußgeldverfahren 15 66
- Steuerstrafverfahren 15 54 ff.
- Strafrest 21 61 ff.

Aussetzung der Vollziehung als Steuervorteil 44 42
Aussonderungsrecht, Masseschmälerung 83 12
Ausspähen von Daten 33 17 ff.; 42 84 ff., 118
- Vorbereiten 33 23c f.

Ausspähung, Betriebsgeheimnis 33 70 ff.

Ausspielung 74 31
- Betrug 59 2 ff.

Aussteller, Urkunde 39 6 ff.
Ausstellung
- Beleg 46 28
- Bildnis 60 112

Austauschgeschäft 83 19
Ausweisfälschung 39 30
Autobahnmaut 71 11
Automatenbetrieb 23 64a; 24 7
Automatische Anrufmaschine 59 4a
Automatisiertes Kontoabrufverfahren 93 49a ff.
Automatisiertes Mahnverfahren
- Missbrauch 42 66
- Täuschung 48 21b

Automatisiertes Verfahren, Informationsweitergabe 15 120
Autor 55 77, 93
Backdoor-Programm 42 88
BAFA s. Bundesausfuhramt
BaFin
- Kontoabrufverfahren 93 50
- Prospektbilligung 27 105 f.
- Verantwortlichkeit Mitarbeiter 66 40

Bagatellbekanntmachung 57 84, 122
Bagatelldelikt 1 112 ff.
Bagatellverstoß
- im Reiseverkehr 45 36
- Zollrecht 15 76 ff.

Bande 9 2a
Bandenkriminalität
- Geldfälschung 39 5, 36
- Geldwäsche 51 47
- Korruption 53 68
- Steuerhinterziehung 44 116a
- Subventionsbetrug 52 48

Bandenmäßigkeit
- Schädigung des Umsatzsteueraufkommens 44 194
- Schmuggel 44 214; 45 29
- Steuerhinterziehung 44 183 ff.

Bank 66 1 ff.
- Aussagepflicht/Mitarbeiter 11 39
- Beteiligung an Sanierung 87 10
- Dursuchung 93 53
- Erlaubnis 25 74

Stichwortverzeichnis

- Insolvenz **66** 32 ff.
- Risikomanagement **32** 172b
- s.a. Kreditinstitut

Bankbilanzrichtlinie 26 136
Bankbilanzrichtlinie-Gesetz 41 5
Bankbürgschaft und Betrug **50** 148
Bankenaufsicht 66 1 ff., 7 ff.
- Europa **66** 9a ff.

Bankenerlass 11 47; **93** 53
Bankenrichtlinie 67 51
- Umsetzungsgesetz **66** 6a

Bankgeheimnis 11 47; **28** 68; **66** 35 ff.; **93** 48 ff.
Bankgeschäft 25 74 f.
- Begriff **66** 11
- Erlaubnis **25** 19
- Erlaubnispflicht **66** 14
- Pfandleiher **25** 19

Bankmitarbeiter
- Beihilfe **95** 19
- Geldwäsche **51** 42
- Steuerstraftat **43** 2
- Täterschaft **66** 38 f.
- Verantwortlichkeit bei Kreditvergabe **67** 70 ff.

Bankomat 42 11, 26, 64
- BGH-Entscheidung **42** 64
- Kartenmissbrauch **49** 60 ff.
- Missbrauch **49** 69 ff.
- s.a. Geldautomat

Bankrott 81 1 ff.
- Abgrenzung zur Gläubigerbegünstigung **83** 81 ff.
- abstraktes Gefährdungsdelikt **83** 36
- nach Abweisung des Insolvenzverfahrens **81** 85 ff.
- Auffangtatbestand **83** 73
- nach Beendigung des Insolvenzverfahrens **81** 85
- Berater als Täter **96** 6 f.
- besonders schwerer Fall **81** 16; **83** 93 ff.
- Beteiligung von Beratern **81** 42; **96** 1 ff.
- Bilanzdelikte **81** 17
- Buchführungsdelikte **81** 7
- Differenzgeschäft **83** 57 f.
- existenzgefährdender Eingriff **82** 35
- Fahrlässigkeit **83** 52, 85
- faktischer Geschäftsführer **30** 69a; **81** 46 ff.
- fehlerhafte Buchführung/Bilanz **85** 8 ff.
- Firmenbestattung **87** 45 f.
- Gefährdung anvertrauter Vermögenswerte **83** 96
- Handlungen **96** 9
- Interessentheorie **81** 53 ff.
- Irrtum **79** 53
- Kausalität **81** 73 ff.; **83** 86
- Konkurrenzen **83** 91
- Krise **81** 11
- Liquidation **81** 26
- durch Masseschmälerung **83** 1 ff.
- mitbestrafte Nachtat **83** 91
- Organverantwortlichkeit **81** 33 ff., 53 ff.
- Rückführung von Gesellschafterleistungen **82** 13, 24 f.
- Sanktionen **83** 92 ff.
- Schutzschirmverfahren **77** 13
- Sonderdelikt **81** 28 ff.
- Strafbarkeitsbedingung **83** 51
- Täterqualifikation **81** 28 ff.; **83** 30; **87** 30 ff.
- Tathandlungen **81** 10
- Tatvollendung **83** 39
- Teilnahme **83** 90
- Überschuldung **79** 3, 52
- durch unrichtige Bilanzierung **26** 185; **40** 1 ff., 49; **81** 17, 56
- durch unrichtige Buchführung **26** 185; **40** 1 ff.; **81** 7
- untauglicher Versuch **83** 89
- durch Unterlassen **83** 29
- und Untreue **81** 55, 63 f.; **83** 31
- unwirtschaftliche Geschäfte **83** 49 ff.
- Verantwortlichkeit im Unternehmen **81** 28 ff.
- Verbraucherinsolvenz **76** 45 f.
- Vergleich **87** 40
- Verhältnis zur Krise **81** 73 ff.
- Verheimlichen **83** 29 ff.
- Vermögensverschiebungen **81** 7; **88** 7

- Versuch **83** 26, 87 ff.
- Vollendung **83** 26
- Vorsatz **79** 52 ff.; **83** 52, 85
- Vortäuschung von Rechten Dritter **83** 35 ff.
- Wette **83** 62 ff.

Bankrottdelikt 81 1 ff.
- Begünstigung **84** 1 ff.
- Beraterbeteiligung **96** 1 ff.
- Deliktsaufbau **81** 6 ff.
- Rechtsgut **81** 1 ff.
- Unternehmenszusammenbruch **81** 9

Bankrotthandlung 81 10; **83** 17 ff.
- Beiseiteschaffen **83** 17 ff.
- nach Eintritt der Krise **85** 68
- Kausalität **85** 62 ff., 70 ff.
- und Krise **85** 62 ff.
- und objektive Bedingung der Strafbarkeit **85** 70 ff.
- Prüfungsschema **81** 11a
- Rechnungslegung **85** 8 ff.
- Schleudergeschäfte **83** 69 ff.
- sonstiges Verringern **83** 73 ff.
- Spekulationsgeschäfte **83** 54 ff.
- Straflosigkeit **85** 70 ff.
- Übersicht **81** 7
- Unternehmensgründung/-beendigung **81** 20 ff.
- unwirtschaftliche Geschäfte **83** 49 ff.
- Verheimlichen **83** 29 ff., 77
- Verlustgeschäfte **83** 54 ff.
- Verschleiern **83** 78
- Vortäuschung von Rechten Dritter **83** 35 ff.
- Zusammenhang mit Unternehmenszusammenbruch **81** 73 ff.

Bankruptcy Code 75 20
Banküberweisung 49 43 ff.
- s.a. Überweisung

Bannbruch 44 206 ff.
- Einziehung **45** 12
- Konkurrenzen **44** 109
- Kriegswaffen **73** 44
- Verfahrensrecht **15** 1

Bannware 60 102
Bareinlagen 50 26

Bargeldkontrolle
- Zoll **44** 222
- Zollbehörden **51** 71 ff.

Bargeldloser Zahlungsverkehr 39 35 f.; **42** 62 ff.
- Missbräuche **49** 1 ff.

Basel-II-Übereinkunft 66 5
Basel III 66 6d
Basisgesellschaft 24 52; **29** 72 ff.
- Neugründung in der Krise **87** 12
- s.a. Briefkastenfirma

Basisprospekt 27 98
Basler Übereinkommen 5 34
Batterie 54 79
Baubetreuer 25 24, 28; **70** 2; **83** 101
- Berichtspflicht **94** 13

Bauforderung 74 4; **83** 100 ff.
- Buchführungspflicht **85** 18

Baugefährdung 56 114
Baugeld 74 8; **83** 100 ff.
- Verschieben **83** 100 ff.

Baugeldforderungssicherungsgesetz 83 100
Baugeldverwendungspflicht 83 102
Baugewerbe, Arbeitsschutz **34** 62 f.
Bauherr 25 27; **70** 3
Bauherren-Modell, Kapitalanlagebetrug **27** 114 ff.
Baumfrevel 54 300
Bauprodukte, zivil- und strafrechtliche Haftung **56** 130 ff.
Bauproduktenverordnung (EU) 56 130
Bausatz-Entscheidung 73 13
Bausparkasse 23 59
- Kreditvergabe **67** 81

Baustelle 34 24
- Arbeitsschutz **34** 63

Bauträger 25 23, 27; **70** 2; **83** 101; **91** 69
- Berichtspflicht **94** 13

Bauunternehmen, ausländische **25** 43
Bauunternehmer, steuerliche Pflichten **43** 18
Beamtenbestechung 53 10 ff.
Beamteneigenschaft
- Sozialversicherungspflicht **38** 41
- Verlust der **16** 105

Beamtenrechtliche Folgen 16 119a

Beamtenverhältnis, Beendigung wegen Verurteilung **16** 119a
Beauftragter
- Bankrott **81** 41
- Berater als **96** 3 ff.
- Bestechlichkeit **53** 94
- Gefahrgut **71** 35, 45
- sonstiger **30** 107 ff.
- strafrechtliche Verantwortlichkeit **30** 102 ff.
- als Teilnehmer **95** 12 f.

Bedarfsgegenstände 72 43
Bedingte Kapitalerhöhung 50 40
Bedingte Schuldfähigkeit 17 39
Bedingter Vorsatz 17 27, 31
Bedingung der Strafbarkeit **17** 45
Beeinflussung
- Betriebsrat **35** 20a ff.
- Börsenkurs **68** 55 f.
- DV **42** 8, 78

Beendigung 18 26 f.
- Ablagern von Abfällen **17** 52
- Bankrott **17** 52
- Bestechlichkeit/Bestechung **17** 52
- Betrug **17** 52; **47** 85a
- Kartellordnungswidrigkeiten **17** 52; **57** 147
- Steuerhinterziehung **17** 52; **44** 92 ff.
- Subventionsbetrug **17** 52
- der Tat **17** 51 f.
- Unternehmen, Rechnungslegung **26** 66 ff., 94 ff.
- Veruntreuen von Arbeitsentgelt **17** 52
- Zollhinterziehung **45** 31
- s.a. Verjährung

Beerdigung s. Firmenbestattung
Beförderung
- Amtsuntreue **32** 240
- von gefährlichen Gütern **71** 29 ff.
- von Personen **25** 51; **71** 12 ff.

Befreiung
- Aufenthaltserlaubnis **37** 87
- Aufenthaltstitel **37** 86
- Buchführungspflicht **85** 2, 57
- Bußgeld **46** 36, 60
- Restschuld **76** 76 ff.; **88** 4
- Sozialversicherung **38** 31; **44** 39

- Steuern **45** 50
- Strafe **16** 160; **46** 36
- Verbindlichkeit **47** 84
- Zoll **45** 32

Befundtatsachen 12 30
Beglaubigte Abschrift 39 12
Beglaubigung, notarielle **22** 22
Beglaubigungsvermerk 39 12a
Begnadigung 13 17 ff.; **14** 42
Begünstigung als Bankrottstraftaten **84** 1 ff.
- Gläubiger **84** 1, 17 ff.
- Schuldner **84** 1, 5 ff.
- Steuerdelikt **15** 1
- Steuerstraftat **44** 1
- nach Steuerstraftat **44** 217
- s.a. Gläubiger- und Schuldnerbegünstigung

Beharrliche Wiederholung, Begriff **34** 59
Beharrlicher Gewerbeverstoß 25 13 ff., 35
Behinderung
- der Kartellbehörden **57** 137 ff.
- Kartellrecht **57** 47
- Kartellverbot **57** 124 ff.

Behördenakten 11 99
Behördenzusammenarbeit, Kartellrecht **15** 124
Beihilfe 19 1, 23 f.
- Alltagshandlungen **19** 23
- durch Amtsträger **54** 311
- durch Berater **95** 10 ff., 14 f.; **96** 1 ff.
- berufstypisches Verhalten **19** 23
- Illegale Ausländerbeschäftigung **37** 90
- neutrale Handlungen **19** 23
- durch neutrale Handlungen **95** 15 ff.
- psychische **19** 23; **96** 23
- Steuerhinterziehung und Konkurrenzen **44** 108
- Strafrahmen **19** 25
- Unterlassen **19** 23
- im Unternehmen **30** 13 ff.
- durch Verteidiger **16** 103c; **96** 1 ff.

Beihilfen, staatliche **57** 18
Beirat, Untreue **32** 125

Beiseiteschaffen
- Abgrenzung zu unwirtschaftlichen Ausgaben **83** 64
- Bankrott **83** 17 ff.
- Buchführung und Bilanzen **85** 55 ff.
- Buchhaltung **93** 30
- von Geschäftsunterlagen **96** 19c
- Handelsbücher **85** 10
- von Handelsbüchern **86** 4b
- von Urkunden **39** 25
- Vollendung **83** 26
- Vollstreckungsvereitelung **88** 7
- s.a. Bankrott

Beitragsbemessungsgrenze 38 107
- Sozialversicherung **38** 137

Beitragseinzug
- Arbeitgeberanteile **38** 198
- Arbeitnehmeranteile **38** 148

Beitragshinterziehung 38 1 ff.
Beitragshöhe 38 134 ff.
Beitragsnachweis 38 26a f., 103b, 142 ff.
- Begriff **38** 142 ff.
- statt Beitragsfestsetzung **38** 199
- und Beitragszahlungspflicht **38** 112
- ggü. Einzugsstelle **38** 142 ff.
- Falschangaben **38** 215
- Korrekturen **38** 144 f.
- Überprüfung **38** 147

Beitragspflicht
- Erlöschen **38** 278 f.
- Fälligkeit **38** 106, 154 ff.
- Sozialversicherungsbeiträge **38** 103 ff.
- Verjährung **38** 279

Beitragsrückerstattung 38 103b
Beitragssatz 38 134 f., 134 ff.
Beitragsschätzung 38 260 ff.
Beitragsverfahrensverordnung 38 158
Beitragsvorenthaltung 24 77; **38** 1 ff.
- Akzessorietät **38** 14
- Beendigung **38** 280
- und Betrug **38** 4, 12a, 293
- einzelne Straftatbestände **38** 2
- Gesamtstrafe **38** 296
- illegale Beschäftigung **38** 4
- Insolvenz **38** 172, 178
- Irrtum **38** 176, 230 ff.
- Kausalität **38** 223 ff.
- Konkurrenz mit sonstigen Delikten **38** 295
- Konkurrenzen **38** 292 ff.
- Nichtzahlungsfälle **38** 4
- Organisationsdelikt **38** 292c
- Schadensbemessung **38** 244 ff.
- Schadensersatz **38** 10
- Schätzung **38** 247 ff., 260 ff.
- schwere Fälle **38** 281 ff.
- Sozialrechtsakzessorietät **36** 12
- Strafklageverbrauch **38** 292b
- Strafmaß **38** 281 ff.
- Täterschaft/Teilnahme **38** 29
- Tatmehrheit **38** 292 f.
- Tatzeit **38** 152 ff., 220 ff.
- Täuschungsfälle **38** 4, 181 ff.
- Täuschungsfälle und Unmöglichkeit **38** 228
- Teilnahme (Dritter) **38** 294 f.
- Unmöglichkeit der Zahlung **38** 163 ff.
- untauglicher Versuch/Wahndelikt **38** 177
- Verjährung **38** 276, 279
- Vorsatz **38** 171 ff.
- Zahlungsunfähigkeit **38** 163 ff.
- zuständiges Gericht **38** 299 f.

Beitragszahlung, Unmöglichkeit **38** 163 ff.
Beitreibung als Nötigung **63** 25
Beitreibungsverfahren, Steuerhinterziehung **44** 42 ff.
Beitritt zur EU **6** 22
Beitrittsstaaten/EU
- Arbeitnehmerfreizügigkeit **37** 48 ff.
- Begriff **37** 48
- Dienstleistungsfreiheit **37** 51
- Niederlassungsfreiheit **37** 52
- Schengen **6** 28

Beiziehung, Akten Insolvenzverfahren **93** 6e
Beizulegender Zeitwert 26 119e
Bekanntgabe
- Einleitung des Steuerstrafverfahrens **44** 142 ff.
- Prüfungsanordnung **44** 141

– Verfahrenseinleitung **15** 28; **44** 149 f.
Bekanntheit, notorische **60** 67
Bekanntheitsschutz, Marke **60** 77, 84
Bekanntmachung
– im Bundesanzeiger **41** 24
– EU-Recht **6** 47
– Handelsregister **22** 40; **24** 38
Belege, unrichtige **46** 27 ff.
Belegfälschung 39 3; **40** 25
Belehrung
– EU-Recht **6** 190
– Schweigerecht **12** 23
Belehrungspflicht
– Aussageverweigerungsrecht **8** 88; **11** 13, 31, 42 ff.; **12** 21a
– Berater **96** 77 ff.
– Notar **91** 80 ff.; **96** 84
– Steuerberater **96** 33
– steuerlich **96** 43
– unterlassene **96** 85
Beleidigung 57 144; **60** 49
Beleidigungstatbestände 23 26a
Belgien
– Unternehmensstrafbarkeit **7** 29
– Wirtschaftsstrafrecht **7** 28 f.
Bemessungsgrundlage
– Lohnsteuer **38** 322 ff.
– Sozialversicherungsbeiträge **38** 121 ff.
Benannte Stelle, Produktprüfung **56** 33, 35
Benutzerkonto 42 42
Benutzung
– gewerbliche Schutzrechte **55** 87
– Kennzeichen **60** 61
– strafbare – Design **55** 64
Benutzungszwang 60 95
Benzin-Blei-Gesetz 54 47
Berater 90 1 ff.
– Berufspflichten **91** 2 ff., 10 ff.
– Beteiligung an illegaler Beschäftigung **38** 6a, 11b
– Ermittlungsbeschränkungen **93** 41 ff.
– externe **90** 3, 14
– Geheimnisverletzung **93** 3
– Haftung **38** 6a

– Haftung bei falscher Auskunft **38** 239, 241
– Pflichtverletzungen **91** 23 ff.
– nach Rechtsdienstleistungsgesetz **92** 1 ff.
– Regress **38** 6a
– Schuldausschluss für Arbeitgeber **38** 239
– strafbare Teilnahme **90** 28
Beraterberufe 90 1 f., 4 ff.
– Berufsethos **90** 17 ff.
– Berufsrecht **91** 3 ff.
– Kooperationen **90** 7 ff.
– Mandantenschutz **93** 1 ff.; **94** 1 ff.
– Schutz von Berufsbezeichnungen **91** 31
– Sozietäten **90** 7 ff.
– staatlich gebundene **91** 1 ff.
Beratungsauftrag 95 2
Beratungsgesellschaft 90 8 f.
Beratungsprotokoll, Kapitalanlagen **28** 24 f.
Bereicherungsabsicht, Betrug **47** 74 ff.
Bereite Mittel 78 16 ff.
Bereitschaftsdienst 11 82a f.
Bergbau 74 27
Bericht, Insolvenzverwalter **76** 32
Berichtigungserklärung 16 61
Berichtigungspflicht
– Berater **96** 28 ff.
– bei leichtfertig unrichtigen Angaben **44** 23
– Steuerberater **96** 26 ff.
– steuerliche **43** 13; **44** 21 f.
– im Zivilprozess **96** 57
Berichtspflicht
– Genossenschaft **23** 81, 87
– von Prüfern **23** 75; **26** 128; **94** 8 ff.
Berichtspflichtverletzung
– Gewerberecht **94** 13 f.
– HGB **94** 8 ff.
Berliner Bankenkonsortium 32 196b
Berner Übereinkunft 55 95
Beruf
– freier **22** 69 ff.; **90** 5
– staatlich gebundener **90** 2 f.; **91** 1 ff.
– s.a. Berater

Berufs- und Ehrengerichtsbarkeit 90
4 ff., 17
Berufsangehörige
– Beraterberufe 90 1 ff.
– Berufsrechte und -pflichten 91 1 ff.
– Beschlagnahmeverbot 93 13 ff.
– Ermittlungsbeschränkungen 93
  41 ff.
– Schutz vor Ermittlungshandlungen
  93 41 ff.
– Schweigepflicht 93 1 f.; 94 1
– Steuergefährdung 96 49 ff.
– Tatbeteiligung 96 1 ff.
– Zeugenstellung 94 4
Berufsaufsichtsreformgesetz 95 8
Berufsbezeichnungen, geschützte **91**
31, 76
Berufsethos, Berater **90** 17
Berufsgeheimnis 93 4
– Berater **91** 16, 62a, 78; **93** 1 ff.
– Berater und Prüfer **94** 1 ff.
– Berufsangehörige **91** 16
– Verletzung **33** 25 ff.
Berufsgeheimnisträger
– Durchsuchung **93** 41 ff.
– Ermittlungsbeschränkungen **93** 41
– Telekommunikationsüberwachung
  93 41 ff.
– Zeugnisverweigerungsrecht **93** 4 ff.
Berufsgemäßes Verhalten als Rechtfertigungsgrund **96** 80a
Berufsgenossenschaft
– Unfallversicherung **34** 8, 62, 70
– Zahlstelle **38** 198
Berufsgerichtsverfahren 16 103e f.; **91**
25, 28
Berufsgesetz, Berater **90** 5
Berufshaftpflichtversicherung 16
155 ff., 157
Berufshelfer
– Verschwiegenheitspflicht **33** 28
– Zeugnisverweigerungsrecht **93** 11
Berufskammern 90 17; **91** 24
– Ahndung von Berufspflichtverletzung **91** 23 ff.
Berufskrankheit 34 5
Berufsordnung
– Notar **91** 80 ff.

– Rechtsanwälte **91** 9, 34a
– Steuerberater **91** 61 ff., 61b
– Wirtschaftsprüfer **91** 67 ff.
Berufspflichten 91 2 ff.
– Berater **90** 17
– Notar **91** 80 ff.
– Patentanwalt **91** 57
– Rechtsanwalt **16** 46 ff., 129 ff.; **91**
  38 ff.
– Steuerberater **91** 63 ff.
– Verletzung bei Geldbuße **91** 26
– Wirtschaftsprüfer **91** 70 ff.
Berufsrecht, Qualitätskontrolle **95**
5 ff.
Berufssatzung
– Steuerberater **91** 61
– Wirtschaftsprüferkammer **91** 67
Berufsstrafe 1 105
Berufsstraftat 2 4
Berufstypisches Verhalten 19 23; **21**
66; **30** 13 f.; **95** 15 ff.
– Betrug **96** 67 f.
Berufsunfähigkeit 34 4 f.
Berufsverbot 1 108; **16** 120; **21** 66 ff.
– Gesellschaftsorgane **21** 133
– GmbH-Geschäftsführer **76** 71
– nach GmbHG **76** 64 ff.
– vorläufiges **21** 69; **91** 27
Berufung 12 50 f., 55 ff.
Beschädigen
– Bankrotthandlung **83** 80
– Buchführung und Bilanzen **85** 55 ff.
– von Handelsbüchern **39** 10
– Programm **42** 24
Beschäftigtendatenschutz 33 117a
Beschäftigung
– abhängige (Begriff) **38** 36 ff.
– und Arbeitsverhältnis **38** 40
– Ausländer **37** 60
Beschäftigungsbetrieb 38 35, 92
Bescheiniger, Strafbarkeit **77** 17 ff.
Bescheinigung
– Schutzschirmverfahren **77** 17 ff.
– Verwendungsverbot **76** 38
Beschlagnahme 11 94 ff.; **88** 19
– Anderkonto **93** 51 f.
– Anordnung **11** 95
– im Ausland **8** 92 ff.

- Beendigung **11** 110
- Buchhaltung **11** 94, 97; **93** 17 ff.
- Compliance-Bericht **31** 31; **93** 47 f.
- Datenträger **11** 105
- Deliktsgegenstände **93** 33
- E-Mail **11** 105
- Forderung **11** 120, 128
- Grundstück **11** 122, 127
- Kartellverfahren **15** 127
- Kostenerstattung **11** 106
- Mandantenunterlagen **93** 6d
- bei Rechtsanwälten **11** 99a; **93** 13 ff.
- Rechtsmittel **11** 109
- bei Steuerberatern **11** 99a
- Zufallsfunde **11** 103; **93** 38 ff.

Beschlagnahmebeschluss 11 95
- Bestimmtheit **17** 60a

Beschlagnahmefreiheit 11 107; **93** 14 ff.
- Beraterunterlagen **91** 45
- Grenzen **93** 15 ff.
- Mandantenunterlagen **93** 13 ff.
- Verteidigerunterlagen **91** 54
- Wegfall **93** 33 ff.
- s.a. Beschlagnahmeverbot

Beschlagnahmeprivileg
- Berufsangehörige **93** 13 ff.
- Verteidiger **91** 45

Beschlagnahmeverbot 11 107
- Bilanzen **93** 24 ff.
- Buchhaltung **93** 18 ff.
- Grenzen **93** 21
- bei Rechtsanwälten **93** 13 ff.
- beim steuerlichen Berater **93** 13 ff.
- Teilnahmeverdacht **93** 19
- beim Verteidiger **93** 13 ff.
- Verteidigungsunterlagen **93** 21
- Wegfall **93** 33 ff.
- Wegfall bei Kollusion **93** 19

Beschleunigungsgebot in Haftsachen **11** 76a

Beschuldigter 15 29
- Anwesenheitsrecht **11** 18
- Begriff **11** 13 ff.
- Rechte/EU **6** 172, 189
- Rechtsstellung **11** 16 ff.

Beschwerde 12 50, 52, 65
- außerordentliche **12** 68a

- Kartellrecht **15** 137
- Ordnungsgeld **41** 35
- sofortige **12** 69
- weitere **12** 68

Besetzung der Wirtschaftskammer **12** 16

Besitzgesellschaft 22 59 f.; **87** 12

Besonderer Umfang 12 5

Besonders schwerer Fall 21 17
- Abfallentsorgung **54** 254
- Angestelltenbestechung **53** 121
- Bankrott **81** 16; **83** 93 ff.
- Betrug **47** 87
- Bodenverunreinigung **54** 190
- einer Umweltstraftat **54** 287
- Immissionen **54** 218
- Korruptionsdelikt **53** 61
- Lebensmitteldelikte **72** 63
- Steuerhinterziehung **44** 112 ff.
- Subventionsbetrug **52** 44 ff.
- Umweltdelikte **54** 171, 273
- Untreue **32** 205
- Urkundenfälschung **39** 5

Bestandsgefährdung 66 6c

Bestätigungsvermerk 40 73, 76

Bestattung, Firma s. Firmenbestattung

Bestechlichkeit 53 50 ff.
- im geschäftlichen Verkehr **53** 91 ff.
- Gesundheitswesen **72** 147 f.
- schwerer Fall **53** 61

Bestechung 53 1 ff.; **57** 13
- EU **6** 132 f.
- EU-Gesetz **6** 110
- im geschäftlichen Verkehr **53** 109 ff.; **58** 7 ff.
- Gesundheitswesen **72** 148 f.
- schwerer Fall **53** 61
- Tathandlungen **53** 42 ff., 108
- Transport **71** 8
- Übereinkommen **53** 5

Bestechungsdelikte, Entstehungsgeschichte **1** 36 f.

Bestellbetrug 48 1 ff.

Bestellung, Waren **47** 5 ff.

Besteuerungsverfahren und Strafverfahren **15** 33 ff.

Bestimmte Personengesellschaft 23 28a, 122
Bestimmtheitsgebot 3 1; **17** 5
Bestrahlung, Lebensmittel **72** 22
Betäubungsmittel 74 5
– und Steuerstrafverfahren **15** 24
Beteiligung 19 2
– Ordnungswidrigkeiten **19** 30
– an Straftaten **19** 1 ff.
Beteiligung von Beratern 95 10 ff.
– an Straftaten **95** 1 ff.
– Bankrottdelikte **96** 1 ff.
– Betrug **96** 50
– falsche eidesstattliche Versicherung **96** 58 ff.
– Gläubigerbegünstigung **96** 10 ff.
– Gründung und Kapitalerhöhung **96** 76 ff., 79 ff.
– Insolvenzverschleppung **96** 14
– Prozessbetrug **96** 50 ff.
– Sanierungsdelikte **96** 88 ff.
– Steuerhinterziehung **96** 21 ff.
– strafbare Werbung **96** 65
Beteiligungsbetrug, Beraterbeteiligung **96** 63
Betreiben, genehmigungsbedürftige Anlagen **54** 168 ff., 211 ff., 251 f.
Betreiber, W-LAN **42** 42
Betreiberhaftung 30 20
Betreiberpflichten im Umweltrecht **54** 163
Betreten von Grundstücken und Räumen **11** 80 ff., 117; **15** 38a
Betrieb 23 10 f.
– eingerichteter **53** 69
– Garantenstellung im – **30** 112 ff.
– strafrechtliche Verantwortlichkeit **30** 1 ff.
Betriebliche Sicherung bei DV **42** 122
Betriebsausgaben 43 10
– nicht bei Geldbußen **16** 125
– Verfallszahlungen als **16** 125
– Verteidigerhonorar **16** 30
Betriebsbeauftragter 30 21
– Abfall **54** 75
– Garantenstellung **30** 49 ff.
– Gewässerschutz **30** 50; **54** 21
– Immissionsschutz **54** 45

– Umweltschutz **54** 322
Betriebsbezogene Pflichten 21 102 ff.; **30** 30
Betriebsbuchführung 26 3, 41
Betriebseröffnung 24 1 ff.
– Anzeigepflicht **43** 5, 7
Betriebsgeheimnis 33 45 ff.; **35** 37 ff.
– Daten **42** 85
Betriebsinhaber 23 14
– Delegation **30** 102 ff.
– deliktische Haftung **30** 106, 112 ff.
– strafrechtliche Verantwortlichkeit **30** 52
Betriebsleiter, deliktische Haftung **30** 102 ff.
Betriebsnummer
– Sozialversicherung **38** 92 ff.
– zuständige Einzugsstelle **38** 150
Betriebsprüfung
– Jahresabschluss/Aufstellung **26** 93
– Sozialversicherung **38** 147
– steuerliche **44** 142 ff.
Betriebsrat 35 1 ff.
– Behinderung **35** 24 f.
– Europäischer **35** 3
– Geheimhaltung **35** 37 ff.
– Information **35** 48 f.
– verbotene Einflussnahme **35** 31 ff.
– Wahlbeeinflussung **35** 15 ff.
Betriebsspionage 33 45 ff., 69 ff.; **42** 21, 118
Betriebsstätte 22 49
– Abgabenordnung **38** 383
– im Ausland **24** 51; **46** 31
Betriebsstättenfinanzamt 38 308
Betriebsstrafe 1 103
Betriebsübernahmegesellschaft 75 14; **87** 11 ff.
Betriebsverfassung 35 1 ff.
Betriebsverfassungsgesetz, Straf- und Bußgeldnormen **35** 10 ff.
Betriebsvergleich 38 251 ff.
Betriebswirtschaftliche Erkenntnisse 2 37
Betroffener 14 12
Betrug 47 1 ff.
– Ausschreibungen **58** 22 ff.

3243

Stichwortverzeichnis

- bargeldloser Zahlungsverkehr **49** 1 ff.
- Beendigung **47** 85a
- und Beitragsvorenthaltung **38** 4, 293
- Berater **96** 50 ff., 54 ff., 63 ff.
- Bereicherungsabsicht **47** 74 ff.
- besonders schwerer Fall **47** 87
- Bestellung von Waren **48** 1 ff.
- Computer **42** 62 ff.
- Depotunterschlagung **69** 5
- beim Einlagengeschäft **66** 26 ff.
- Erschleichen von Zahlungskarten **49** 69 ff.
- faktischer Geschäftsführer **30** 69
- Geldautomat **49** 60 ff.
- Geschäftsrisiko **86** 42
- Homebanking **49** 48 ff.
- Irrtum **47** 31 ff.
- IT-Anlagemanipulationen **42** 45 ff., 46 ff.
- Kapitalanlagen **27** 197; **28** 71, 72 ff.; **96** 63, 67 ff.
- Kapitalgeber **27** 1
- durch Karten **49** 60 ff.
- Konkurrenzen **47** 86
- Lastschrift **42** 65; **49** 31 ff.
- Leasing **50** 190 ff.
- Lebensmittel **72** 72
- ggü. Mandanten **94** 16, 27
- zum Nachteil der Bank **49** 14 ff.
- Preisbildung **58** 22
- Saldierung **86** 36
- Sanierung **87** 4
- Schaden **47** 46 ff., 47
- durch Schecks **49** 6 ff.
- Sozialleistungen **37** 147 ff.
- Strafzumessung **47** 87
- und Subventionsbetrug **52** 1, 39 ff.
- Täuschungshandlung **47** 10 ff.
- Überschuldung **79** 58
- durch unlautere Geschäftspraktiken **59** 5 ff.
- durch unrichtige Bilanzierung **40** 40
- durch unrichtige Buchführung **40** 28 ff.
- Unternehmensnachfolge **89** 27 ff.
- und Untreue **32** 191e f.
- Vermögensgefährdung **86** 39
- Vermögensverfügung **47** 38 ff.
- Vermögensvergleich **86** 36 ff.
- durch Verwendung unrichtiger Bilanzen **26** 182
- Vorsatz **47** 70 ff., 70
- Warenkredit-/Lieferanten- **86** 1 ff.
- durch Wechsel **49** 21 ff.
- Wertberichtigung **86** 37 f.
- Zahlungskarten **42** 65

Betrügerische Verkaufsmethode 59 1 ff.

Betrugsbekämpfung
- Amt für **6** 113
- europäische **6** 64, 104 ff.

Beugemittel 1 106

Bevorzugung 53 83 ff.

Bewachungsgewerbe 25 17

Bewährungsstrafe 11 73; **12** 76; **21** 53 ff.
- Widerruf **12** 69; **13** 4, 4

Beweggründe des Täters **21** 30

Bewegungsdaten 42 18

Beweisanordnung, europäische **6** 149, 178 f.; **8** 41, 72

Beweisanregungen 16 88

Beweisantrag 12 36 f., 39; **16** 100
- im Ordnungswidrigkeitenverfahren **14** 24

Beweisaufnahme 12 21a, 26 ff.
- Umfang **12** 36 ff.

Beweiseignung, Urkunde **39** 13

Beweiserhebungsverbot
- bei Beratern **93** 43 ff.
- bei Beratern **93** 47

Beweisermittlungsanträge 12 38

Beweislastumkehr, Haftpflichtprozess **16** 142 ff., 167

Beweismittelbetrug 47 69; **96** 52

Beweisverwertungsverbot, Compliance-Bericht **31** 31

Beweisverwertungsverbote bei Berufsgeheimnisträgern **93** 43 ff.

Beweiswürdigung, freie **10** 23

Beweiszeichen 39 8

Bewertung
- Bilanz **26** 110 ff.
- Bilanzposten **40** 35

- von Forderungen **32** 191a f.
- Unternehmen **89** 44
- Unternehmenskauf/-verkauf **89** 25 ff.

Bewertungseinheit 26 119c
Bewertungsstetigkeit 26 117
Bewilligung 8 27 ff.
Bewilligungsbehörde, Rechtshilfe **8** 28
Bewusste Fahrlässigkeit 17 31
- Steuerordnungswidrigkeit **46** 16 f.

Bezirksnotar 91 78
Bezug, Waren/gewerbliche Leistungen **53** 87 ff.
BGB-Gesellschaft s. Gesellschaft bürgerlichen Rechts
BGH 1 96
Biersteuer 24 54
- Hinterziehung **45** 47, 51

Bieter 58 13
Bietergemeinschaft 57 120; **58** 3, 12
Bilanz
- Anhang **26** 77 ff.
- Ansatzvorschriften **26** 99
- Aufstellung **26** 82 ff.
- Begriff **26** 75 ff.; **85** 41
- Beschlagnahme bei Beratern **93** 15 ff.
- Beschlagnahmefähigkeit **93** 17 ff.
- Bewertung **26** 110 ff.
- Eröffnungsbilanz **26** 59 ff.
- Erstellungsfristen **85** 46 ff.
- Gliederung **26** 103, 124
- Grundsätze ordnungsmäßiger Bilanzierung **26** 98 ff.
- handelsrechtliche **85** 42
- im Insolvenzstrafrecht **26** 81, 143
- Komplementärhaftung **26** 122
- Lagebericht **26** 77 ff., 128 ff.
- Nichtigkeit **26** 139 ff.
- Publizität **41** 1 ff.
- steuerliche **85** 42
- Überbewertungen **85** 43
- unrichtige Darstellung **94** 14
- unterlassene/verspätete **85** 44 ff.
- Unterzeichnung **85** 45
- Verantwortlichkeit **26** 82
- Verwendungsverbot (InsO) **76** 37 ff.
- Zusammenhang mit Buchführung **26** 4

Bilanzänderung 26 142
Bilanzberichtigung 26 142
Bilanzbeschluss, Aufstellung **26** 82
Bilanzdelikte 40 1 ff.; **85** 1 ff.
- Bank **66** 30 ff.
- Beraterbeteiligung **95** 13; **96** 6
- Erscheinungsformen **40** 33 ff.
- bei Gründung **26** 180 ff.
- Handeln in der Krise **85** 66 f.
- Konkurrenzen **85** 70 ff.
- Motive **40** 38
- Tatvollendung **85** 47
- Unterlassen **85** 67

Bilanzeid 23 75; **26** 80a, 128, 130, 136; **40** 67
- Strafbarkeit **26** 135

Bilanzentwurf 26 82
Bilanzfälschung 26 143; **40** 34 f.
Bilanzfehler 26 139 ff.
Bilanzidentität 26 111
- Liquidationsrechnungslegung **26** 67

Bilanzierung Pflichtverstöße **85** 39 ff.
- unordentliche **85** 40 ff.

Bilanzierungsmodernisierungsgesetz 85 2
Bilanzierungspflicht, Befreiung **85** 2
Bilanzierungsverbot 26 106
Bilanzklarheit 26 98
Bilanzkontrollgesetz 40 33
Bilanzlifting 26 145
Bilanzmängel 85 39 ff.
Bilanzmanipulation 26 143
- Innenfinanzierung **50** 4 ff., 67

Bilanzmodernisierungsgesetz 22 82 ff.; **26** 2, 33
- Schwellenwerte **23** 59
- Strafverfolgung **22** 83 ff.

Bilanzpolitik 26 144
Bilanzpolizei 26 138
Bilanzpublizität 41 1 ff.
Bilanzrichtlinien 23 28, 28c; **26** 2
Bilanzrichtliniengesetz 41 5
Bilanzrichtlinie-Umsetzungsgesetz 22 81, 85; **23** 28d; **26** 2; **41** 5
Bilanzschwindel 26 186 ff.; **40** 78 f.
- AG **23** 80; **26** 188

3245

- GmbH **23** 74; **26** 187
- SE **23** 84
Bilanzsumme als Schwellenwert **23** 28
Bilanzverschleierung 26 143; **40** 34
Bilanzwahrheit 26 120
Bilaterale Abkommen 6 24
Bilaterale Verträge 1 160
- Drittstaaten **6** 156
Bild, Herstellung, Veröffentlichung **60** 106
Bildaufnahme, unbefugte **33** 9 ff.; **60** 118
Bildberichterstattung 60 110
Bildnis der Zeitgeschichte **60** 106
Bildträger 55 84
Bildung krimineller Vereinigung 9 11
Billigung des Prospekts 27 105 ff.
BilMoG, Befreiungsgrenzen **85** 57
Bindungswirkung, Strafurteil für Zivilprozess **16** 122
Binnenmarkt 6 10
Biologische Waffen
- Begriff **73** 47 ff.
- Strafvorschrift § 20 KWKG **73** 56 ff.
- Verbote **73** 51 ff.
Biostoffe 34 24, 40
Biozide 34 45
Bitnapping 42 24
Blankettausfüllende Norm 1 156; **3** 3, 10; **6** 89 f.; **17** 8 f.
- Irrtum **18** 15
Blankettdelikt 17 8, 10
- Irrtum **18** 15
Blankettfälschung 39 14
Blankettgesetz 1 156; **17** 8, 10
- Außenwirtschaftsrecht **62** 12 ff.
- EU-Recht **6** 89 f.
- Kartellrecht **57** 105
- Lebensmittelrecht **72** 49a, 55
- Notstandsrecht **64** 8
- Subventionen **52** 34
- Weinrecht **72** 87
- Zollhinterziehung **45** 1 ff.
Blankettnorm, Untreue **32** 8 ff., 8d
Blankettstrafnorm 3 3; **17** 8 ff.
Blankokarte, Handel **42** 115
Blankounterschrift 49 45

Blaue Karte EU 37 77
Blindenerzeugnis 60 28
Blocked-Funds-Trading 28 9
Blueboxing 42 34
Blut-Diamanten-Embargo 62 75 ff.
Blutpräparat 56 9 f.
Blutprodukte 72 117 ff.
Boden, Begriff **54** 26, 182
Bodenschutz 54 25 ff., 180 ff.
Bodenschutzgesetz 54 25
Bodenverunreinigung 54 180 ff.; **56** 113
Bonität
- Kreditvergabe **67** 91b
- beim Leasing **50** 196
- Täuschung **86** 6 ff.
Bonitätsbescheinigung, Beraterbeteiligung **96** 70
Bonitätsfeststellung, Lieferantenbetrug **86** 1 ff.
Bonitätsprognose 86 20 ff.
- Lieferantenbetrug **48** 10 ff.
Bonitätsprüfung 42 68a; **86** 21 ff.
- Integrität des Kreditnehmers **67** 46
- bei Kreditvergabe **67** 36
Bonusregelung, Kartellrecht **57** 88, 153
Bookbuilding-Verfahren 27 96
Bordell 38 52, 59a
Börse 68 1 ff.
- Börsensegmente **68** 4
Börsengang, Kapitalerhöhung **50** 47 ff.
Börsengeschäft 68 1 ff.
- Aufklärungspflicht **28** 20
Börsengesetz 1 64, 68; **68** 1 ff.
Börsenhandel 68 18
- Emissionsberechtigung **68** 15, 20
- Finanzinstrumente **68** 19
- Waren **68** 20
Börsenkursmanipulation 68 14 ff.
- durch unrichtige Bilanzierung **40** 47
Börsenmakler, Buchführungspflicht **43** 8
Börsenspekulation
- -geschäfte **68** 8
- Verleitung zur **68** 7 ff.
Börsenstrafrecht 68 1 ff.
Bot-Netz 42 24

3246

Boykott
- Aufforderung **57** 129 f.
- Aufruf **57** 129
- Begriff **57** 129
- Beteiligung **57** 130
- Verbot **57** 129 ff.

Branchen, Straf- und Bußgeldtatbestände **74** 1 ff.

Branchenvergleich 86 23

Brandstiftung, schadhafte Produkte **56** 77

Branntweinmonopol 74 6

Branntweinsteuer 45 50

Bremer Vulkan, Untreue **32** 188

Briefgeheimnis, Verletzung **33** 10 ff.

Briefkastenfirma 23 100, 109 f., 109; **28** 11; **29** 69 ff.; **43** 25
- Gewinnverlagerung **29** 68, 75
- Subventionsbetrug **52** 11

Briefkopf-Publizität 22 90; **23** 65

Britische Limited s. Limited

Bruttoentgelt, Sozialversicherung **38** 263 ff.

Bruttolohn 38 12a, 101, 129
- Begriff **38** 5
- Lohnsteuer **38** 322
- Schadensbemessung **38** 244 ff.

Bruttolohnvereinbarung 38 334
- Lohnsteuer **38** 328
- Sozialversicherung **38** 129

Bruttoprinzip 16 114; **21** 80

BSE 72 53

Btx-System 42 4

Buchführung 26 3 ff.; **85** 1 ff.
- Aufbewahrung **26** 52 ff.
- Aufbewahrungsfrist **26** 56
- Begriff **26** 2
- Belegfunktion **26** 35
- Buchführungstechnik **26** 4
- CpD-Konten **26** 38
- Depotgesetz **26** 41
- Digitaler Datenzugriff **26** 47
- doppelte **26** 42
- EDV **26** 44
- elektronische **26** 35a
- fehlerhafte **85** 1 ff.
- geordnete Verbuchung **26** 39
- Grundbuch **26** 40a
- Grundsätze **26** 32 ff.
- Hauptbuch **26** 40
- Hilfspersonen **26** 28
- internes Kontrollsystem **26** 45 ff.
- Irrtum **85** 33
- Journalfunktion **26** 35
- Kontokorrentbuch **26** 38
- Kreditgeschäft **26** 38
- laufende **26** 5
- Nebenbücher **26** 41
- Ordnungsmäßigkeit **26** 32 ff.
- Pflicht **46** 29 f.
- Pflichtverstöße **85** 34 ff.
- Sachverständiger Dritter **26** 34
- Straf- und Bußgeldtatbestände **85** 1 ff.
- Unmöglichkeit **85** 28 ff.; **86** 5 ff.
- unordentliche **26** 48 ff.; **40** 2 ff.
- Untreue **32** 185
- Unzumutbarkeit **85** 32
- Verantwortlichkeit **26** 27 ff.
- Vollständigkeit **26** 36
- Vorbereitungshandlung **44** 83
- zeitgerechte Verbuchung **26** 37
- Ziele **26** 12 ff.
- s.a. Rechnungslegung

Buchführungsdelikte 22 16; **26** 51; **40** 1 ff.; **85** 1 ff.
- Beschlagnahme **93** 28a
- Beteiligung von Beratern **96** 1 ff.
- Handeln in der Krise **85** 66 f.
- Konkurrenzen **85** 74 ff.
- Täterkreis **85** 19 ff.
- Tathandlungen **85** 55 ff.
- s.a. Unrichtige Darstellung

Buchführungsmängel 26 48 ff.

Buchführungspflicht 22 77 ff.
- Adressaten **26** 27 ff.
- Adressatenkreis **85** 19 ff.
- außerhandelsrechtliche **85** 17
- Bauforderungen **85** 18
- Befreiung **22** 82; **26** 17b ff.; **85** 2
- Beginn und Ende **26** 23 ff.
- Delegation **26** 28; **85** 19 ff.
- Einzelunternehmer **85** 14
- Erforderlichkeit **22** 78 ff.
- gesetzliche Grundlagen **85** 11
- Handelsrecht **85** 10 ff.

3247

- Hilfspersonen **85** 19
- Insolvenzverwalter **85** 14
- Personenhandelsgesellschaften **85** 14
- steuerliche **26** 30; **43** 8 ff.
- steuerliche Berater **85** 21
- Unkenntnis **85** 33
- Verletzung **85** 10 ff.

Buchführungsprivileg 90 11
Buchführungsverstöße 85 34 ff.
- unordentliche Führung **85** 36
- unterlassene Führung **85** 35
- Unübersichtlichkeit **85** 38
- Veränderung **85** 37

Buchgeld 49 2 f.
Buchhalter, Überwachung **26** 28
Buchhaltung 26 1 ff.
- fehlende **86** 4a
- Urkundendelikte **39** 10

Buchhaltungsunterlagen
- Aufbewahrungspflicht **26** 52
- Beschlagnahme bei Beratern **11** 107; **93** 15 ff.
- Beschlagnahmefähigkeit **93** 17 ff.
- Verwendungsverbot (InsO) **76** 37 ff.

Buchinventur 26 8
Buchpreisbindung 57 94
Buchungs- und Aufzeichnungspflichten, Ordnungswidrigkeiten **46** 26 ff.

Buchungsbelege
- Aufbewahrung **26** 56
- Handelsbücher **26** 40a

Buchungssystem 42 47
Buffer-Fall 42 28
Bundeling 55 89
Bündelpatent 55 39
Bundesamt für Justiz 6 160; **8** 24 ff., 150, 155; **11** 26; **13** 7; **22** 29
- Ordnungsgeldverfahren **41** 26, 32 ff.

Bundesamt für Wirtschaft und Ausfuhrkontrolle 15 103
Bundesanstalt für Finanzdienstleistungsaufsicht (BaFin) 25 77; **40** 33
- Beteiligung bei Insiderverstößen **68** 41
- Finanzmarktaufsicht **66** 7 ff.
- Geldwäsche **51** 70
- Kontenabruf **11** 47

- Risiko-Management Banken **32** 172b
- Versicherungsaufsicht **65** 6

Bundesausfuhramt 15 106, 119 f.; **62** 3
- Genehmigung **62** 17 ff.
- Strafbarkeit Genehmigungsbeamter **62** 20

Bundesgerichtshof, Zuständigkeit **1** 96
Bundesgesetzblatt 1 142
Bundeshaushaltsordnung 32 218a
Bundesimmissionsschutzgesetz 54 32
Bundeskartellamt 15 123; **57** 100, 116
- Bußgeld-Leitlinien **57** 153

Bundeskriminalamt 6 155; **8** 122, 157
- Außenwirtschaftsstrafsachen **15** 103
- Geldwäsche **51** 63

Bundesländer, Landesrecht **1** 149
Bundesnachrichtendienst 15 112
Bundespatentgericht 55 37
Bundesrecht 1 140 ff.
Bundessortenamt 55 73
Bundeswirtschaftsministerium 15 123
Bundeszentralamt für Steuern 15 18; **38** 307
- Ermittlungsbehörde **15** 7
- Kontoabrufverfahren **93** 50
- Steuernummer **46** 56

Bundeszentralregister 1 120; **13** 7 ff.
- Auskunft **13** 8
- Führungszeugnis **16** 105, 107
- Verwarnung mit Strafvorbehalt **16** 107

Bürge, Gläubigerbegünstigung **84** 26
Bürgermeister 32 217
Bürgschaft
- und Betrug **50** 148
- als Subventionsgewährung **52** 7

Bußgeld 1 113 ff.
- Haftung des Verteidigers **16** 136

Bußgeldbehörde, Geldwäsche **51** 70
Bußgeldbemessung Kartelldelikte **57** 87 f., 148 ff.
Bußgeldbescheid 14 18
- Rechtskraft **14** 33

Bußgeldkatalog 1 116; **21** 91
- Umweltschutz **54** 350

Bußgeld-Leitlinien Kartellrecht **57** 88, 152
Bußgeldsachenstelle 15 56
Bußgeldtatbestände
- Außenwirtschaftsrecht **62** 100 ff.
- HGB, Publizitätspflichten **41** 38 ff.

Bußgeldverfahren 10 1b
- Abschluss **14** 17 ff.
- Außenwirtschaftsverstöße **15** 106 ff.
- Beteiligte **14** 5 ff.
- Entschädigung **14** 40
- Ermessen **14** 15
- Hauptverfahren **14** 23 ff.
- Kartellbehörde **15** 125 ff.
- Kosten **14** 38
- lange Verfahrensdauer **14** 41
- Nebenfolgen **14** 27
- Rechtsmittel **14** 29 ff.
- Staatsanwaltschaft **14** 8 f.
- Steuerordnungswidrigkeiten **15** 55 ff.
- Verfahrensgang **14** 15 ff.
- Verwaltungsbehörde **14** 3
- Wiederaufnahme **14** 34
- Zwischenverfahren **14** 22

Buy Out 89 18
Caching 42 39
Call-Center, Anlegerbetrug **28** 29
Calling-card 42 34
Cash Management 27 84 ff.; **32** 149
- System **30** 11
- Untreue **27** 187 ff.; **32** 152 ff.

Cash-Pooling 27 26, 84; **32** 149, 152 ff.
Catch-all-Klausel 62 90
CE-Kennzeichnung 56 32, 121
Centros, EuGH **23** 108 f.
Charta der Grundrechte der EU **5** 15; **6** 14, 144; **57** 60
Charta der Vereinten Nationen 5 26
Chefarzt 38 51
Chemiewaffen 73 7 ff.
- Begriff **73** 47 ff.
- Verbote **73** 51 ff.

Chemiewaffenübereinkommen 73 7 f.
Chemikalien Arbeitsschutz **34** 35, 40
- Umweltschutz **54** 89 ff.

Chemikaliengesetz 54 89
- Straf- und Bußgeldvorschriften **54** 290 ff.

Chemikalienverbot 34 40
Chemikalien-Verbots-Verordnung 54 91
Chemische Waffen
- Begriff **73** 47 ff.
- Strafvorschrift § 20 KWKG **73** 56 ff.

Chip, Aufladen **49** 67
Chipkarte 42 11, 27
Churning 32 141h
- Untreue **32** 113

Cinerenta 29 56
Clearing-Verfahren, Sozialversicherung **38** 68
Cloud, Buchführung **26** 53
Cloud Computing 42 2
Codekarte 42 60, 68; **49** 102
- Diebstahl **42** 60

Cold Callings 28 29 f.
Commercial Due Diligence 89 26
Compliance 2 41; **11** 27c; **16** 16 ff.; **23** 14a; **26** 16; **30** 5; **31** 1 ff.; **32** 121b, 140 ff., 172a; **47** 25a; **90** 20
- Aktiengesellschaft **31** 12 f.
- Aktivitäten **86** 17
- Aufsichtspflichtverletzung (§ 130 OWiG) **31** 16 f.
- Beauftragte **31** 54
- Begriff **31** 1
- Bekanntmachung **31** 24
- Betriebsbeauftragter **31** 15
- der Compliance **31** 38
- Entlastung **31** 44 ff.
- Fehlen **32** 141g
- Garantenpflichten **31** 49 ff.
- Geschäftsleitungsverantwortlichkeit **31** 14
- Hotline **31** 20, 36
- Kontrolle **31** 27 ff.
- Kooperation mit Ermittlungsbehörden **31** 30
- Kreditinstitute **31** 10
- Kummerkasten **31** 36
- Ombudsmann **31** 20, 34 f.
- Organisation **31** 18 ff.
- Produkthaftung **56** 72 f.

Stichwortverzeichnis

- Rechtsgrundlagen **31** 8 ff.
- Risikoanalyse **31** 20
- Schadensersatzpflicht **31** 8
- Schulung **31** 25
- Selbstbelastungsfreiheit **31** 29
- Stichproben **31** 27
- straf- und bußgeldrechtliche Verantwortlichkeit **31** 40 ff.
- TÜV Standard **86** 17
- Überprüfung **31** 37 ff.
- Unternehmensexterne **31** 60
- Unternehmensgeldbuße **31** 8
- Unternehmensträger **31** 61
- Verantwortlichkeit **31** 42
- Verantwortlichkeit bei Verletzung **31** 48 ff.
- Versicherungsunternehmen **31** 11
- Wertpapierdienstleistungsunternehmen **31** 9

Compliance-Abteilung 31 7
Compliance-Beauftragte 31 7, 54 ff.
- Garantenpflicht **31** 54 ff.

Compliance-Bericht
- Beschlagnahmefähigkeit **93** 47 f.
- Verwertungsverbot **31** 31

Compliance Management Systeme 86 18

Compliance Officer 17 19a; **32** 172a; **47** 25a
- Garantenpflicht **31** 54 ff.
- Haftung **30** 104, 114

Compliance-Organisation 31 18 ff.
- Überprüfung **31** 37 ff.

Compliance-Verantwortlichkeit 31 42 ff.

Computer
- Ausdruck **42** 10
- Durchsuchung **11** 80a
- als Tatwerkzeug **42** 107

Computerbetrug 42 62 ff.
- Bankomatenmissbrauch **49** 95
- Fernabsatzgeschäft **49** 124a
- Geldabhebung **49** 116 f.
- Konkurrenzen **42** 60, 69; **49** 129 f., 129
- im Lastschriftverfahren **49** 42
- Nutzung von Zugangsdaten **49** 56 ff.
- Verwendung von Zahlungskarten **49** 126
- Vorbereitung **42** 71
- Zahlung mit ec-Karte **49** 119

Computerdaten, Beschlagnahme **11** 105

Computerdelikte
- Antragserfordernis **42** 108 f.
- Vermeidung **42** 122 ff.
- Wirtschaftsstrafsache **42** 113

Computerkriminalität 42 1 ff.
- Übereinkommen **8** 1, 95; **42** 6

Computermanipulation 42 7 ff.

Computerprogramm
- unerlaubte Vervielfältigung **55** 111
- Urheberrecht **42** 81; **55** 80

Computersabotage 42 8, 61, 99 ff.
- besonders schwerer Fall **42** 103

Computerspiel 55 116

Computerspionage 42 8, 20 ff., 81 ff.

Computerunterstützte Zollauskunft 38 218

Confirmatory Due Diligence 89 26
Container 74 7
Content-Provider 42 38a
Contergan 56 8
Copyright Zeichen 55 98
Corporate Compliance 31 5; **90** 20
- Produkthaftung **56** 51, 72 ff., 92, 106

Corporate Crime 2 4, 4
Corporate Governance 23 14a; **30** 5
- OECD **5** 40
- Risikomanagement **26** 16

Corporate Governance Kodex 26 137; **32** 171; **86** 17
- und Beschlagnahme **93** 47 f.
- s. auch Deutscher Corporate Governance Kodex

Corpus Juris 1 39
- EU **6** 115, 167

Covenants, IFRS **26** 171
CpD-Konten 26 38
- Durchsuchung **93** 53

Cracker 42 25
Crack-Programm 42 71
Crack-Werkzeug, Kopierschutzumgehung **55** 121 f.

Crash-Programm 42 24
CRD IV 66 34d ff.
Criminal Compliance 31 3
Cross stream 89 35
Cross-Border-Leasing 32 237
Crown Jewels 89 18
Crystalspeed 72 101a
CWÜAG, Bußgeldtatbestände **73** 114 ff.
Cybercash/-coins 42 31
Cybercrime 6 139; **42** 1 ff.
– EU **6** 158
Cybercrime Convention 5 19; **42** 6
D&O-Versicherung 16 42 ff.
Dachhai 59 37
DALEB-Verfahren 37 149a
Dampfkesselanlage 25 33
Darlehen
– gesellschafterbesicherte – Dritter **82** 8 ff.
– und Korruption **53** 24
– Makler **70** 2 f.
– Rentenfinanzierung **28** 62
– Rückdatierung **29** 76
– zwischen verbundenen Unternehmen **32** 85c
– Zinsberechnung **61** 56
Darlehensbetrug 47 43, 73, 77
– Teilnahme von Beratern **96** 63
Darlehensstundung, Gläubigerbegünstigung **84** 42
Daseinsvorsorge, Betrieb **53** 105
Datei, öffentliche **42** 79 f.
Daten
– Abstrahlung **42** 91
– Ausspähen **33** 17 ff.; **42** 84 ff.
– Begriff **42** 87
– beweiserhebliche **39** 24 ff.
– Fälschung beweiserheblicher **39** 19 ff.; **42** 75
– Löschung **42** 61
– nichtöffentliche **42** 91
– öffentliche **42** 79 f.
– personenbezogene **33** 121
– unbefugte Verwendung **42** 62 f., 64, 91
– Verschaffung **42** 91 f.
– Vorbereitungshandlung **42** 93

Datenaustausch
– EU **6** 32
– Schengen **6** 32
Datenbankhersteller 55 85
Datenbankwerk 55 116
Daten-CD, Steuerhinterzieher **44** 159
Datenerlangung, unbefugte – **49** 53 ff.
Datenhehlerei 42 81
Datenschutz 33 115 ff.; **42** 4, 4
– EU **6** 187
– illegale Beschäftigung **38** 24
Datenschutzgesetz, Straf- und Bußgeldvorschriften **33** 118 ff.
Datensicherung 42 88
Datenspionage 33 17 ff.; **42** 84 ff.
Datenträger
– digital **55** 106
– Löschung **42** 58
– als Urkunde **42** 54
– Zerstörung **42** 96
Datenübermittlung 42 29, 85, 91
Datenveränderung 42 18, 61, 75, 96 ff.
Datenverarbeitung 42 1 ff.
– Angriff **42** 90
– Beeinflussung **42** 78
– Buchführung **26** 35a, 44 ff.
– Eindringen **42** 14
– fremde **42** 102
– Zerstörung **42** 24
Datenverlust 42 75
Dauerbeitragsnachweis, Sozialversicherungsbeiträge **38** 143
Dauerdelikt 3 5
– Gewerberecht **24** 15
– Kartelldelikt **57** 113
DDoS s. Distributed Denial of Service
DDR, ehem. 1 141; **3** 18
– Urheberrecht **55** 29
Debitkarte 42 11; **49** 63 f.
Debt-Equity-Swap 87 5
Deckungsmasse bei Pfandbriefen **69** 7, 9
Deckungsregister bei Pfandbriefen **69** 9 f.
Deckungsrückstellung
– unrichtige Darstellung **65** 18
– Versicherung **65** 21

3251

Deckungsvorsorge 65 12
– Gentechnik **54** 299
Delegation 30 126
– bedingter Vorsatz **38** 173
– Buchführung **26** 28
– im Unternehmen **30** 29 f., 74 ff.
Deliktische Ansprüche gegen Verteidiger **16** 154
Deliktsfähigkeit
– Unternehmen **54** 325
– Verbandsperson **23** 31 ff.
Deliktsgegenstand 93 36
Deliktsrecht, Produkthaftung **56** 44 ff.
Denial of Service 42 90
– Angriff **63** 8
– Attacke **42** 100
Deponie 54 35, 69
Depotbank 69 1
Depotgeschäft 66 11; **69** 1 ff.
Depotgesetz 69 1
Depotunterschlagung 69 4
Dept equity swap 75 9
Derivate 26 127a; **66** 13; **68** 19
– Betrug **28** 3
– Risiko-Management Banken **32** 172b
Design
– Register **55** 62
– Schutzdauer **55** 63
Designer-Droge 72 101a
Designgesetz 55 60 ff.
Deutsche Botschaft, Visum **37** 143
Deutsche Bundesbank
– Anzeigepflichten im Kreditgeschäft **67** 28
– Finanzmarktaufsicht **66** 8
Deutsche Prüfstelle für Rechnungslegung 26 138
Deutsche Rentenversicherung 38 20 ff.
– Aufgaben **38** 22 ff.
– Datenstelle **38** 92, 218
– Krankenkassen **38** 148
– Prüfdienst **38** 13, 23, 185a
– Turnusprüfung **38** 146
– Zuständigkeit **38** 95
Deutsche Steuerbilanz 26 22b
Deutscher 4 3 ff.

Deutscher Corporate Governance Kodex 23 14b; **31** 13; **32** 171 f.; **86** 17; **90** 21
Deutsches Patent- und Markenamt 60 61
Deutsches Patentamt 55 37
Deutsches Strafrecht, Geltungsbereich **4** 3
Devisenbeschränkung 62 1
Dezember-Fieber, Haushaltsuntreue **32** 213
Dezentralisierung, EU-Kartellrecht **57** 57
Dialer 42 68
– Installation **42** 97
Diebstahl
– Codekarte **42** 60
– IT-Hardware **42** 59 f.
Dienstausübung, Korruption **53** 46 f.
Diensteanbieter 42 3, 38 ff.
Dienstleistung/Werkvertrag 38 47 f.
Dienstleistungsfreiheit 6 20
– Beitrittsstaaten **37** 51
Dienstleistungs-Informationspflichten 23 69a ff.
Dienstleistungs-Informationspflichten-Verordnung 23 69b f.
Dienstleistungsmarke 60 53, 59
Dienstleistungs-Richtlinie 23 69
Dienstpflichtverletzung 53 10 ff.
Dienstverhältnis, Geheimnisverrat **33** 52 ff.
Dienstverschwiegenheit 53 51
Dienstvertrag
– Arbeitnehmerüberlassung **37** 20
– Masseschmälerung **83** 24
Differenzgeschäft 76 12
– Bankrott **83** 54 ff., 57 f.
Digitaler Datenzugriff 26 47 ff.
Digitaler Tachometer 42 116
Dinglicher Arrest 11 114, 123 ff.;
– Anordnung **11** 125
– Ansprüche des Verletzten **11** 128d
– Aufhebung **11** 128 f.
– Geldstrafe/Verfahrenskosten **11** 128e
– Unternehmen **16** 114 f.
– Vollziehung **11** 126 ff.

DIN-Norm, Arbeitsschutz **34** 65
Director, Limited **32** 25b
Direktbanking 49 48
Direkter Vorsatz 17 27 f.
Diskontierung von Wechseln **49** 25
Diskriminierungsverbot
– EU **6** 84
– Kartellrecht **57** 42
– Kartellverbot **57** 124 ff.
Distributed Denial of Service 42 24; **63** 8, 16
Disziplinarrechtliche Folgen 16 105, 119a
Disziplinarstrafe 1 103
Disziplinarverfahren, Notar **91** 29
DNA-Muster, Austausch **6** 32
DNA-Profil, Austausch **6** 184
Dokumentationspflicht
– Geldwäsche **51** 56 ff.
– bei Kreditgeschäften **67** 41
– des Verteidigers **16** 167
Dokumenten-Management-System 56 72
Dolmetscher, Anspruch auf **6** 189
Dolus eventualis s. Bedingter Vorsatz
Domainverpächter 42 42
Dongle 55 88, 117
Dopingmittel 72 101a, 105, 105
Doppelberücksichtigungsverbot, Milderungsgründe **21** 21 f.
Doppelbesteuerungsabkommen 1 160
– Lohnsteuer **38** 383, 388 ff.
Doppelbestrafungsverbot 1 129; **6** 141 ff.; **8** 10, 121; **44** 31
Doppelidentität, Marke **60** 80a
Doppelsanktion, Kartellrecht **57** 5, 7
Doppelte Buchführung 26 42
Doppelverfolgungsverbot 12 75
– europäisches **6** 144 f.; **12** 76
– Verbandsgeldbuße **23** 45
Doppelverwertungsverbot 21 44
Dornier-Urteil 79 10, 27
Download 42 87
– illegaler **55** 27
– zum Privatgebrauch **55** 107 f.
– Software **55** 111
– unerlaubte Vervielfältigung **55** 108

Dreidimensionale Struktur, Topographie **55** 67
Dreiecksbetrug 47 42; **63** 40
Dreiecks-Computerbetrug 49 58
Dreieckserpressung 63 39
Drei-Konten-Modell 26 101 f.
Drei-Partner-System 49 61, 64
– Kartenmissbrauch **49** 121
Drei-Säulen-Architektur 6 5, 19
Dringender Tatverdacht, Haftbefehl **11** 56
Dritte Geldwäsche-Richtlinie 4 19
Drittgebrauch 60 93
Drittmittel, Korruption **72** 147 f.
Drittmitteleinwerbung 53 33 f.
Drittstaaten
– IPR **23** 110
– Konventionen **5** 14
Drittstaateneinlagenvermittlung 66 12
Dritt-Verfall 16 114 f.
Drittvorteil 53 79
Drittzuwendung 53 26
Drogenhandel
– EU **6** 137
– Geldwäsche **51** 2, 12
Drohen der Zwangsvollstreckung **88** 10
Drohende Krise 75 6
Drohende Zahlungsunfähigkeit 75 49 f.; **78** 47 ff.; **79** 25; **81** 80; **86** 45a
– Insolvenzantragsrecht **80** 37
– Schutzschirmantrag **77** 9
Drohende Zwangsvollstreckung 88 10
Drohung 9 3; **11** 33; **42** 24
– gegen Dritte **63** 37
– gegen juristische Person **63** 33 ff.
– mit gerichtlichen Schritten **63** 16
– Kartellverbot **57** 132 ff.
– Schuldner **63** 14 ff.
DRSC 26 33, 146 ff.
Druckausübung auf Schuldner 63 1 ff.
Drückerkolonne 59 2, 37
Druckplatte 55 104
Druck-und Lockmittel, Kartellverbot **57** 132 f.
DSRV-Auskunft 38 216, 218
– Sozialversicherung **38** 218

3253

Dual-Use-Produkte 73 19, 48
Dual-Use-tool
– Computerprogramme **33** 23d
– DV **42** 93
Dual-Use-Verordnung 62 8
– Anhang **62** 13
– Verstöße (§ 18 Abs. 5 AWG) **62** 87 ff.
Dublette, Zahlungskarte **42** 28
Dublin, Übereinkommen **6** 186
Due diligence 27 88
Due-Diligence-Prüfung 89 26
Duldung
– Ausländeraufenthalt **37** 82 ff., 89
– Embargo-Verstoß **62** 43 f.
– im Umweltrecht **54** 142 ff.
Duldungs- und Mitwirkungspflichten, Prüfung wegen Schwarzarbeit **37** 171
Düngemittel 54 81
Dunkelfeld 2 21
Dunkelziffer 2 21
Durchführungsbestimmungen, europäische **6** 53
Durchgriffshaftung 63 42
– Gesellschafter **32** 150 f.
Durchsicht, Papiere **11** 85
Durchsuchung 11 80 ff.
– Anordnung **11** 81
– Anwesenheitsrecht Anwalt **11** 86
– Anwesenheitsrecht Wohnungsinhaber **11** 84
– Art und Weise **93** 35a
– Durchführung **11** 84
– Durchsicht/Papiere **11** 85
– Kartellbehörden **57** 62, 141
– online **11** 80a; **42** 127
– bei Rechtsanwälten **93** 31
– Rechtsbehelfe **11** 87 ff.
– Siegelbruch **88** 19
– beim Steuerberater **93** 31
– im Steuerstrafverfahren **15** 22
– beim Verdächtigen **11** 80
– und Verhältnismäßigkeit **93** 35
– beim Verteidiger **93** 32
– Zufallsfund **93** 38
Durchsuchungsbeschluss
– Bestimmtheit **17** 60a

– personale Wirkung **17** 62
Durchsuchungsverbot 93 13
DV-System 26 44a
Dynamische Betrachtung, Bonitätsprüfung **86** 22
Ebay
– Betrug **42** 46
– Haftung **42** 42
– Powerseller **38** 63
– Submissionsabsprache **58** 3
EBIT/EBITDA 26 76
Echtes Factoring 50 187
Echtes Unterlassungsdelikt 17 16
ec-Karte 42 27 ff.; **49** 63 ff.
– Erschleichen **49** 70 ff.
– Missbrauch **42** 65 ff.; **49** 92 ff.
– Missbrauch bei Kontoeröffnung **50** 115 f.
– Veränderung der Kontonummer **42** 96
ECOSOC 4 17; **5** 27
Edelmetalle 74 8, 14
EDV-Buchführung 26 44
– Aufbewahrung **26** 57
Effektiver Jahreszins 61 54 ff.
Effektiver Vertragszins 61 58 ff.
Effet utile 6 42
EFTA 6 11, 23
– Gericht **57** 25
EG-Finanzschutzgesetz 6 109
EG-Kennzeichnungsverordnung 54 89
EGKS-Vertrag 6 10; **23** 47; **57** 16
EGMR 1 111; **5** 17 f.
– Verfahrensordnung **5** 18
EG-Zinsertragsteuerrichtlinie 29 78
Ehrenberufler 91 1a
EHUG 22 20; **41** 5
Eichwesen 74 9
Eidesstattliche Versicherung 15 38a; **88** 24 ff.
– falsche **88** 24 ff.; **96** 58 ff.
– falsche – in der Insolvenz **83** 31
– vollständige **88** 33
– s.a. Falsche Versicherung an Eides Statt
Eigenart, gewerbliche Schutzrechte **55** 35
Eigenbeleg 40 25

Eigene Anteile 26 126a
Eigenhändiges Delikt 22 9
Eigenheimzulage 15 5
Eigenkapital 26 75, 126; **27** 1
– Änderung **50** 1 ff.
– Aufbringung **27** 3 ff.
– Buchführung **26** 42 ff.
– durch Dritte **27** 8
– GmbH & Co KG **26** 122
Eigenkapitalähnliche Posten 26 103
Eigenkapitalersatzrecht 82 1 ff.
– Deregulierung durch das MoMiG **82** 17 ff.
Eigenkapitalersetzende Darlehen in der Überschuldung **82** 36
Eigenkapitalspiegel, Bestandteile des Abschlusses **26** 77
Eigenmittel
– Kreditgeschäft **67** 49
– Mindestanforderungen an Institute **67** 51
Eigenmittelanforderungen an Zahlungsinstitute **66** 18
Eigenmittelausstattung von Kreditinstituten **67** 49 ff.
Eigentumsvorbehalt
– Bilanzierung **26** 99a
– Masseschmälerung **83** 12
– Straftaten **48** 54
– und Untreue **32** 37
– Untreue **32** 109
– verlängerter **83** 13
Eigenüberwachung 54 329
– Umweltschutz **54** 19
Eigenverwalter 77 4, 11 ff.
– Schuldner als – **77** 11 f.
Eigenverwaltung 77 1 ff.
– Anordnung **77** 11
– Antrag **77** 4 ff.
– ESUG **77** 1 ff.
– vorläufige **77** 14 ff.
– s.a. Sanierung
Eignungstäuschung
– Auslandsgesellschaft **23** 130
– Auslandsverurteilung **23** 130
– EWIV **23** 98
– Geschäftsführer **23** 74
– Vorstand **23** 80

Eilzuständigkeit Finanzbehörde **15** 45, 61
– Steuerfahndung **15** 64
Ein-/Aus-/Durchfuhrverbot, Atomwaffen **73** 26
Einführungsverhältnis 38 46
Einfuhr
– Arzneimittel **72** 110
– EU **55** 22
– gefälschte Ware **60** 78
– Lebensmittel **72** 47
– Schmuggel **45** 14 ff.
– Wein **72** 86
Einfuhrabgaben 44 29; **46** 13
– Begriff **45** 3
– EU-/EFTA Staat **45** 10
– Gefährdung **46** 46
Einfuhrabgabenhinterziehung 45 1 ff.
– Täter **45** 6
– Versuch **44** 79
– Vollendung **44** 64
Einfuhrdelikt 45 1 ff.
Einfuhrumsatzsteuer 44 64; **45** 37
– Hinterziehung **45** 3
Einfuhrverbote, Bannbruch **44** 211
Eingangsabgaben, Gefährdung **46** 23
Eingehungsbetrug 47 63 ff.
– Bestellung von Waren **48** 25, 28 ff.
– Schaden **86** 34 f.
– bei unlauteren Geschäftspraktiken **59** 16 f.
– Zeitschriftenwerbung **59** 20
Eingliederung, Betrieb **38** 52
Einheitliche und gesonderte Gewinnfeststellung 24 52; **28** 103
Einheitsbilanz 96 5
Einheitspatent 55 10
Einheitspatentverordnung 55 40
Einheitstäter 19 2, 31 f., 31
Einkommensteuer und Lohnsteuer **38** 302 ff., 361
Einkommensteuerhinterziehung 24 58 f.
– Vollendung **44** 56
Einkünfte, negative **28** 43 ff.
Einkünfteverlagerung, zukünftige Perioden **28** 65 ff.

3255

Einlage
- ausstehende, verdeckte **26** 126
- Falschangaben **27** 152, 168

Einlagengeschäft 66 11
- illegales Betreiben **27** 201
- unerlaubtes **66** 20

Einlassung, mündliche **12** 24

Einleitung
- Abwasser **54** 157
- Ermittlungsverfahren **10** 17 f.
- Steuerordnungswidrigkeitenverfahren **15** 59
- Steuerstrafverfahren **15** 28 ff.
- des Straf- oder Bußgeldverfahrens **16** 59

Ein-Mann-GmbH 21 107
- Untreue **17** 37; **32** 21, 88

Einnahmeüberschussrechnung, steuerliche **26** 30

Einpersonen-AG, Untreue **32** 88a

Einreichung, Jahresabschluss **41** 24

Einrichtung, kaufmännische **22** 75 ff.

Einschleusen von Ausländern 37 96 ff.

Einsicht in Jahresabschluss **41** 24 ff.

Einsichtsfähigkeit 17 39

Einspruch
- Bußgeldbescheid Kartellbehörde **15** 139
- gegen Bußgeldbescheid **14** 6, 21
- Bußgeldverfahren **15** 65
- gegen Strafbefehl **11** 146; **12** 71; **16** 132

Einstellung des Verfahrens 12 47, 49; **16** 83, 133
- gegen Auflagen **11** 136 f.; **16** 112
- durch Finanzbehörde im Steuerstrafverfahren **15** 47
- mangels Tatverdacht **11** 130 f.
- relative Unerheblichkeit **11** 138
- sonstige Gründe **11** 142
- Umweltdelikte **54** 345
- wegen Geringfügigkeit **11** 133 ff.

Einstrahlung 38 114, 386
- s.a. Entsendung

Einstweilige Anordnung, Kartellbehörde **15** 128

Eins-zu-eins-Kopie 55 118

Eintragung
- Bundeszentralregister **1** 120; **11** 137; **13** 7 ff.; **16** 105
- Gewerbezentralregister **13** 10; **21** 133
- Grundbuch **11** 122
- Handelsregister **22** 19 ff.; **24** 38; **96** 84
- Handwerksrolle **25** 38, 40
- juristische Person **22** 23, 37, 42
- Kaufmann **22** 42 ff.
- Marke **60** 61 ff.
- Schutzrechte **55** 33

Einwanderung, EU **6** 79

Einweisungsvergütung 72 151

Einwilligung 17 36 f.
- Beitragsvorenthaltung **38** 180

Einwirkung auf Marktpreis 68 33

Einzelabschluss 26 149; **41** 16
- Offenlegung **26** 152

Einzelanordnung, Außenwirtschaftsrecht **62** 23

Einzelbewertungsgrundsatz 26 10, 113

Einzelermächtigung, EU **6** 40

Einzelkaufmann 22 51 ff.
- Buchführungsbefreiung **26** 17b ff.
- Buchführungspflicht **22** 82 f.
- Firma **22** 31
- Publizität **41** 3
- Rechtsformzusatz **22** 32
- Strafnormen **23** 70

Einzelplatz-Lizenz, Software **55** 111

Einzelstrafen 21 49 ff.

Einzelunternehmer 23 15, 70
- Erbfolge **89** 6 ff.

Einzelvergleich 86 23

Einzelzwangsvollstreckung 88 1 ff.

Einziehung 3 2; **16** 114; **21** 83 ff.
- Außenwirtschaftsrecht **62** 25 ff.
- Computer **42** 107
- EU **6** 135
- gefälschte Ware **60** 100
- Geldwäsche **51** 48
- gewerblicher Rechtsschutz **55** 140
- Lebensmittel **72** 71
- Rechtshilfe **8** 141 ff.
- Schmuggel **45** 12
- vorläufige Sicherstellung **11** 114

- Weinrecht **72** 97 ff.

Einzugsermächtigung 49 65
- Missbrauch **49** 31 ff., 52d f.
- Verfahren **49** 29 ff.

Einzugsstelle
- Arbeitgeberbeiträge **38** 198
- Irrtum über die **38** 234
- Sozialversicherungsbeiträge **38** 148 ff.
- zuständige **38** 97

Eisenbahnverkehr 57 33; **71** 19
E-Justice 6 190
electronic-cash-System 49 63
Elektromagnetische Verträglichkeit, Ordnungswidrigkeiten **56** 125 ff.
Elektronische Geldbörse 42 11, 31
Elektronische LohnSteuerAbzugs-Merkmale s. ELStAM
Elektronischer Bundesanzeiger 22 29, 40
- handelsrechtliche Offenlegung **41** 24 ff.

Elektronisches Handelsregister 22 20, 29
ELStAM 38 307, 362, 373a, 393
E-Mail 42 91
- Ausfiltern **33** 24a
- Beschlagnahme **11** 105; **42** 127
- Beschlagnahmefreiheit **93** 32
- Buchführungsunterlagen **26** 47a
- Verschleierung Absendererkennung **42** 101
- Zugriff **9** 6; **42** 4

E-Mail-account, Manipulation **42** 76
EMAS II 54 12
Embargo
- Blut-Diamanten **62** 75 ff.
- überraschendes **62** 47
- s.a. Kriegswaffen-Embargoverstöße (§ 17 AWG)

Embargo-Bestimmungen 62 8
- EU **62** 123 f.

Embargo-Verstöße
- Kriegswaffen **62** 40 ff.
- Schonfrist **62** 59
- Zuständigkeiten **15** 92 ff.

Embryonenschutz 72 124 ff.; **74** 10
Emissionen 54 202 ff.

Emissionsberechtigung, Handel mit **68** 15, 20
Emissionsgeschäft 66 11
Emissionshandel 54 48
Emissionsmessungen 54 43
Emissionsprospekt 40 83
Emissionsrechtehandel 68 20
Emittent, Insiderhandel **68** 53
Emittentenbezug 68 53
Emittentenleitfaden 68 38
Empfehlung, Aktienkauf **68** 28
Empfehlungsverbot 57 97
EMRK s. Europäische Menschenrechtskonvention
Endorsement, IFRS **26** 150
Energiesicherung 64 10
Energiesteuer 24 54; **46** 42, 56
- Hinterziehung **45** 43 ff.
- Mineralöl **45** 37

Energiewirtschaft 29 64
Enforcement 26 138
Englische Limited s. Limited
Entbindung
- von Schweigepflicht **93** 7 ff., 37
- von Verschwiegenheitspflicht **33** 32

Entdeckung der Tat **44** 155 ff.
Entgangener Gewinn 32 180c
Entkriminalisierung 1 114
Entleiher 25 42; **38** 79, 385
- Irrtum **38** 232 ff.

Entlokalisierung 60 73
Entnahme
- Masseschmälerung **83** 22
- Untreue **32** 89a

Entschädigung
- Bußgeldverfahren **14** 40
- Dritter **13** 15
- für Durchsuchung/Beschlagnahme **13** 14 f.
- nach Freispruch **13** 14
- für lange Verfahrensdauer **13** 16a; **14** 41
- Opfer **6** 193
- für Strafverfolgungsmaßnahmen **13** 12 ff.; **16** 138
- nach Wiederaufnahme **13** 13

Entschuldigender Notstand 17 44

3257

Entsendebescheinigung 38 63a, 380
- Bindungswirkung **38** 80b, 112
- Irrtum **38** 238a
- Rücknahme **38** 115
- Sozialversicherungsrecht **38** 111
- Sperrwirkung **38** 116 f.
- Widerruf **38** 117

Entsendung 38 11 f., 19 f.
- Begriff **37** 136 ff.
- Gewerbsmäßigkeit **37** 133
- Sozialversicherungsrecht **38** 109 ff.
- Straftaten **37** 141 ff.

Entsorgungsfachbetrieb 16 120a
Entwicklungsfehler 56 48
Entwicklungskosten 26 106, 119d
Entziehung der Fahrerlaubnis 1 108
Erbe als Unternehmensträger **23** 14
Erbfall, Unternehmensnachfolge **89** 3
Erbfolge
- im Unternehmen **89** 6 ff.
- vorweggenommene **89** 7

Erbschaftsausschlagung 89 29
Erbschaftsteuer
- Anzeigepflicht **89** 45 ff.
- Ordnungswidrigkeiten **46** 74
- bei Unternehmensnachfolge **89** 43 ff.

Erbschaftsteuerhinterziehung
- Unternehmensnachfolge **89** 45 ff.
- Vollendung **44** 58

Erdgasexploration 28 43
Erfinder 55 32
Erfindung
- Begriff **55** 41
- Gebrauchsmuster **55** 55

Erfolgsdelikt 17 12
- fahrlässiges **17** 15

Erfolgshonorar 16 32; **90** 5
Erfolgsunrecht 21 24 ff.
Erfüllungsbetrug 47 64; **48** 26
- bei unlauteren Geschäftspraktiken **59** 18 ff.

Ergebnisverwendung, Bilanzierung **26** 125
Erklärung, schriftliche **12** 24
Erkundigungspflicht 18 11
Erlaubnis
- Anlagen **25** 32 f.
- Arbeitnehmerüberlassung **25** 42
- Finanzdienstleistungsinstitut **25** 23
- Gaststätten **25** 48
- Gentechnik **25** 60
- Gewässerbenutzung **54** 16 ff.
- gewerberechtliche **25** 2 ff.
- Güterkraftverkehr **25** 52 ff.; **71** 6
- Handwerk **25** 36
- Kapitalanlagegesellschaft **25** 76a
- Kartellrecht **57** 95
- Kreditwesen **25** 74
- Personenverkehr **25** 51
- Umweltschutz **25** 54 ff.
- Versicherungsgeschäft **25** 77; **65** 1 ff.
- Waffen **25** 68

Erlaubnispflicht
- Arbeitnehmerüberlassung **37** 16 ff.
- Erwerbstätigkeit von Ausländern **37** 44 ff.

Ermessen
- Bußgeldverfahren **14** 15
- Ermittlungsverfahren **11** 27

Ermessensfehlgebrauch 53 51
Ermittlungen 11 1 ff.
- im Ausland **8** 1 ff.
- ins Blaue hinein **93** 50a
- des Verteidigers **16** 87 ff.

Ermittlungsanordnung, Europäische **6** 179; **8** 46, 98
Ermittlungsbefugnisse, supranationale **8** 1 ff.; **57** 62
Ermittlungsbehörde, Marktordnungssachen **45** 60
Ermittlungsbehörden 11 1 ff.
- Außenwirtschaftsstrafsachen **15** 100 ff.
- Kartellsachen **15** 123; **57** 62
- Kontakt zu **16** 73
- Steuerstraftaten **15** 7 ff.
- Zoll **15** 73 ff.
- Zusammenarbeit IT-Kriminalität **42** 124 ff.

Ermittlungsmaßnahmen ggü. Berufsgeheimnisträgern **93** 41 ff.
Ermittlungspersonen der Staatsanwaltschaft 11 8 ff.; **15** 51
- Zollbeamte **15** 75

Ermittlungsrichter 11 12
– Bußgeldverfahren **14** 11
Ermittlungsverfahren 10 2; **11** 1 ff.
– Abschluss **11** 130 ff.
– Beteiligte **11** 1
– in Kartellsachen **15** 131; **57** 59
– Ordnungswidrigkeiten **14** 5 ff.
– in Steuerstrafsachen **15** 21
– Steuerstraftaten **15** 1 ff.
– gegen „Verantwortliche" **16** 51 ff.
– Verfahrensgang **11** 25 ff.
– Verteidigungstaktik im **16** 83 ff.
Ermüdung 11 33
Ernährungssicherstellung 64 5
Eröffnung
– Ermittlungsverfahren **10** 17 f.; **11** 25
– Hauptverfahren **12** 14; **16** 92 f.
– Tatvorwurf **11** 30
Eröffnungsbilanz 26 59 ff.; **85** 46
– Aufstellungsfrist **26** 64 ff.
– Formwechsel **26** 61
– Liquidation **26** 66 ff.
– Mantelverwendung **26** 61
– Stichtag **26** 63
– Umwandlung **26** 61
– unrichtige Darstellung **96** 1 ff., 5
– Vorgesellschaft **26** 63
Erörterungsgespräch 12 13a
Erpressung 42 24; **57** 133
– Schuldner **63** 1 ff.
Errichtung von Anlagen **54** 33 ff.
Ersatzfreiheitsstrafe 1 120
Ersatzhehlerei 48 81
Ersatzmuttervermittlung 74 25
Ersatzteilgeschäft 60 93
Erscheinen, Prüfer **44** 142 ff.
Erscheinenspflicht
– Beschuldigter (vor Polizei, Staatsanwaltschaft) **11** 29
– Zeuge **11** 38 ff.; **12** 26
Erschleichen
– Genehmigung **54** 133
– Leistungen **47** 37
– Nebenleistungen **42** 30
– von Prüfberichten **27** 185 f.
– von Sozialleistungen **37** 151 ff.
– Subventionen **52** 1 ff.

Erschöpfung 60 89, 94
– Urheberrecht **55** 102
Ersparte Aufwendungen, Geldwäsche **51** 29
Erstattungsanspruch, unzulässiger Erwerb **46** 53 ff.
Erster Weltkrieg 1 43
Erstreckung von Schutzrechten **55** 29
Erstreckungsgesetz 55 29
Erstverbreitung 55 103
Ertragswertverfahren 79 45 f.
– Vorbelastungsbilanz **26** 63
Erweiterte Einziehung, Außenwirtschaftsrecht **62** 27
Erweiterter Verfall 51 48
– Außenwirtschaftsrecht **62** 28 f.
– Korruption **53** 68, 127
Erweiterungsverträge, EU **6** 8 ff.
Erwerbsaussicht, Submission **58** 31
Erwerbsmöglichkeiten, Offenbarung von **88** 28
Erwerbstätigkeit 38 48b
Erwerbstätigkeitserlaubnis 37 44 ff.
– Ausländer **37** 44 ff.
– s.a. Arbeitserlaubnis
Erzwingungshaft 1 120
ESUG 75 46 ff.; **80** 3
– Sanierungsgesetz **75** 46 ff.
– und Strafrecht **77** 6 ff.
– Verfahren **77** 1 ff.
ESUG-Verfahren 77 3
– Falschangaben **77** 5 ff., 17 ff.
– Rollenverteilung **77** 28
EU 5 7 f., 11
– Amtsblatt **6** 47
– Assoziierung **6** 22 f.
– Berufsrecht der Rechtsanwälte **91** 5
– Beschluss **6** 49
– Bestechung **53** 4
– Bilanzrichtlinien **26** 150; **41** 5
– Binnengrenzen **6** 26
– Charta der Grundrechte **5** 15; **6** 14
– Einfuhrabgaben **44** 205; **45** 3; **46** 8 f.
– Einfuhrabgabenhinterziehung **44** 64
– Eingangsabgabengefährdung **46** 23
– Entwicklung **6** 10 ff.
– Finanzinteressen **5** 4
– Finanzmittel **52** 56 ff.

Stichwortverzeichnis

- Freizügigkeitsgesetz **37** 78
- Fusionskontrolle **57** 3, 48 ff., 85 f.
- Geldbuße **6** 68 ff.; **23** 47; **57** 3, 18, 64, 70 ff.
- Geldwäschebekämpfung **6** 111; **51** 17
- Gemeinschaftsrecht **1** 155 ff.; **5** 10 ff.; **6** 39 ff.; **57** 3 f., 18
- gewerblicher Rechtsschutz **55** 9
- Grundfreiheiten **6** 20; **23** 104
- Grundrechte **6** 34; **57** 58
- justizielle Zusammenarbeit **6** 17, 64, 77, 113 ff.; **8** 11 f., 60 ff., 97 ff., 143 ff.
- Kabotage-Verordnung **71** 2, 4
- Kartellrecht **23** 47; **57** 2, 16 ff.
- Kartellrecht und Bußgeldnormen **57** 114 ff.
- Kartellverstöße **58** 43 f.
- Korruptionsbekämpfung **6** 110
- Kriminalpolitik **6** 123 f.
- Lebensmittelrecht **72** 2
- Markenrecht **60** 53
- Marktordnung **45** 54
- Marktordnung (Subventionsbetrug) **52** 56 ff.
- Mitgliedstaaten **6** 22
- Modell-Strafgesetzbuch **6** 204
- Organstreit **6** 97 f.
- Patent **55** 39
- Publizität **41** 5
- Rahmenbeschluss **6** 26, 48; **8** 37 ff.
- Raum der Freiheit, der Sicherheit und des Rechts **8** 36
- Rechnungshof **6** 106
- Rechtshilfe **6** 146 ff.; **8** 36 ff.
- Rechtsinstrumente **6** 48 ff., 48 ff.
- Rechtssetzungsakte **6** 90
- Richtlinien **6** 49, 50; **8** 44 ff.
- Richtlinien-Vorschlag zur Betrugsbekämpfung **6** 112
- Sanktionen **6** 68 ff.; **23** 47 ff.; **45** 3; **57** 31, 87 ff.
- Sanktionen bei Subventionsbetrug **52** 62 ff.
- Sanktionsnormen **6** 60 ff.
- Stockholmer Programm **6** 123; **8** 38
- Strafgewalt **1** 157
- Strafnormen **6** 73 ff.
- strafrechtliche Kompetenz **6** 60 ff., 73 ff., **6** 97 ff.
- Subventionen **52** 4, 9, 56 ff.
- Territorium **6** 22
- Transparenzrichtlinie **41** 5
- Übereinkommen Korruptionsbekämpfung **58** 44
- Umwelt-Audit-Verordnung **54** 12
- Urheberrecht **55** 102
- Verfassungsvertrag **5** 12; **57** 22
- Verordnung **6** 49 f.
- Versicherungswesen **65** 2
- völkerrechtliche Verträge **6** 3 ff., 109 ff.
- Weinrecht **72** 74
- Werberecht **60** 7
- Wettbewerbsrecht **6** 68; **57** 2, 16 ff.
- Zolltarif **45** 1 ff.
- Zusammenarbeit **6** 9
- Zwangsgeld **6** 69, 72; **57** 31, 64

EU-Amtsträger, Bestechung **53** 5
EU-Anti-Folter-VO 62 81 ff.
EU-Auslandsgesellschaft 23 108
- Rechnungslegung **23** 120 f.

EU-Bestechungsgesetz 1 72; **6** 110; **53** 4 f.
EU-Bürger, Arbeitserlaubnis **37** 46 ff.
EU-Embargo 62 123 f.
- Verstoß gem. § 18 Abs. 1 AWG **62** 53 ff.

EU-Gemeinschaftsinteresse, Außenwirtschaftsrecht **62** 8
EU-Gesellschaft, Insolvenz **76** 54 ff.
EU-Gesetz 6 50
EuGH s. Europäischer Gerichtshof
EU-Kapitalgesellschaft 23 66
EU-Lizenz 25 52
EU-Recht 1 155 ff.; **5** 1 ff.; **6** 1 ff., 39 ff.
- Arbeitsschutz **34** 10, 18
- Auslegung **6** 42
- Berufsaufsicht Prüferberufe **95** 5 ff.
- Blankettstrafgesetz **62** 16
- Embargobestimmungen **62** 8
- Gewerbeanmeldung **38** 63a
- Insolvenz **75** 54 ff.; **76** 54 ff.
- Produkthaftung **56** 27 ff.
- Sozialversicherung **38** 111

- Umweltstrafrecht **54** 150 f.
- Unternehmensstrafbarkeit **54** 325a
- Verweisungen **6** 89 ff.
- Vorrang **6** 43, 81
- s.a. EU

EU-Rechtsinstrumente-AG **23** 19, 41, 48 f.
Eurodac Datenbank **6** 186
Eurojust **6** 27, 161; **8** 156
Europa, Wirtschaftsstrafrechts **5** 1 ff.
Europa-Delikte **6** 130, 132 ff.
Europäische Aktiengesellschaft **23** 82 ff.; **26** 20; **27** 46
- Geheimnisbruch **33** 113
- Publizität **41** 2
- unrichtige Darstellung **40** 50, 86

Europäische Bankenaufsichtsbehörde **66** 9a
Europäische Beweisanordnung **6** 149, 178 f.; **8** 40, 72, 98
Europäische Datenbank **6** 184
Europäische Einpersonengesellschaft **23** 77a
Europäische Ermittlungsanordnung **6** 179; **8** 46, 98
Europäische Gemeinschaft **5** 7
- s.a. EU

Europäische Genossenschaft **22** 42a; **23** 89; **26** 20; **35** 3
- Insolvenzantragspflicht **80** 14

Europäische Gesellschaft **22** 42a; **23** 82 f., 106; **26** 20; **35** 3
- Buchführungspflicht **26** 21

Europäische Gesellschaften, Insolvenzantragspflicht **80** 14
Europäische Gesellschaftsformen **23** 61; **26** 20
Europäische Insolvenz **75** 54 ff.
Europäische Insolvenzrechts-Verordnung **75** 5, 54
Europäische Investitionsbank **6** 35
Europäische Kommission **6** 53; **57** 55 ff.
- Bilanzrichtlinien **26** 150
- Kartellrecht **57** 27

Europäische Menschenrechtskonvention **5** 15 f.; **11** 19; **21** 40
Europäische Organisationen **5** 10 ff.

Europäische Privatgesellschaft **23** 77
Europäische Schutzanordnung **6** 196
Europäische Staatsanwaltschaft **6** 104, 114, 167 ff., 201
- Ermittlungsbefugnisse **6** 171

Europäische Stiftung **23** 93
Europäische Überwachungsanordnung **6** 180
Europäische Union s. EU
Europäische Verfahrensgarantien **5** 16
Europäische Wirtschaftliche Interessenvereinigung **22** 42, 42a; **23** 96 ff.; **26** 20
- Eignungstäuschung **23** 98
- EU-Verordnung **23** 96
- Formkaufmann **23** 97
- Geheimnisbruch **33** 114
- Insolvenzverschleppung **80** 20
- Strafnormen **23** 98
- Zweck **23** 97

Europäische Zentralbank **6** 34 f., 72
- Bankenaufsicht **66** 9b

Europäische Zweigniederlassung **22** 49a
Europäischer Ausschuss für Systemrisiken **66** 9c
Europäischer Gerichtshof **6** 55 ff.
- Aufbau **6** 56
- Aufgaben **6** 58
- Kartellrecht **57** 65
- Organstreit **6** 97 f.
- Verfahren **6** 57
- Vorabentscheidung **6** 59, 82 f.
- Vorlagepflicht **6** 82
- Zuständigkeit **57** 65

Europäischer Gerichtshof für Menschenrechte **1** 111; **5** 17
Europäischer Haftbefehl **5** 22; **6** 173 ff.; **8** 60 ff.
Europäischer Rat **6** 18
Europäischer Verteidiger **6** 172
Europäischer Wirtschaftsraum **5** 12, 23; **6** 23
- Kartellrecht **57** 25
- und Schweiz **6** 23 f., 23 f.

Europäisches Doppelverfolgungsverbot **6** 144 f.
Europäisches Gesetz **6** 49 f.

Europäisches Grenzüberwachungssystem 6 30
Europäisches Insolvenzverfahren 76 54 ff.
Europäisches Justizielles Netz 6 159 f.; **8** 155 f.
Europäisches Kartellamt 57 54
Europäisches Modell-Strafgesetzbuch 6 204
Europäisches Parlament 6 19, 19, 52
Europäisches Primärrecht 6 8
Europäisches Recht 1 158; **5** 10
– Vorrang **6** 81
Europäisches Sekundärrecht 6 8
Europäisches Sicherheitsmodell 6 126
Europäisches Strafrecht 6 62 f., 73 ff., 198 ff.
Europäisches Übereinkommen
– Antifolter **5** 19
– Auslieferung **5** 19, 22, 22; **6** 147; **8** 51 ff.
– Bestechung **53** 4
– Cybercrime **5** 19 f.
– Doppelverfolgungsverbot **6** 142
– Europäischer Wirtschaftsraum **6** 23
– Geldwäschebekämpfung **6** 111
– Rechtshilfe **5** 19; **6** 147; **8** 5 ff.
– Schengen **6** 26 ff.
Europäisches Unternehmensregister 22 29b
Europäisches Wettbewerbsnetz 57 9
Europäisierung
– des Strafrechts **6** 61
– des Wirtschaftsstrafrechts **5** 1 ff.
Europa-Patent 55 10, 39, 39
Europarat 5 7, 13 ff.
– Übereinkommen **8** 6 ff.
Europarat-Übereinkommen 5 19
Europol 6 27, 152 ff.; **8** 157 f.
– Übereinkommen **6** 147
Euroscheck, Fälschung **39** 35 f.
Euroscheckvordrucke 39 39
Eurostat 6 188
EUROSUR 6 30
EU-Strafgesetzbuch 6 204
EU-Strafprozessordnung 6 204
EU-Strafrecht 6 73 ff.
– Beschuldigtenrechte **6** 189 ff.

EU-Terrorliste 5 32
EU-Übereinkommen s. Europäisches Übereinkommen
EU-Vertrag 5 9; **6** 15
Eventualverbindlichkeiten, unter der Bilanz **26** 109
EWIV s. Europäische Wirtschaftliche Interessenvereinigung
EWR-Ausschuss 57 25
EWU-Zinsstatistik 61 69
Executive Director 30 88
Existenzgefährdender Eingriff 78 21; **84** 30
– Angriff auf das Haftungskapital **82** 14
– Rückführung von Gesellschafterleistungen **82** 26 ff.
– Sanierung **87** 5
– Strafbarkeit **82** 22
– in Unternehmenskrise **82** 26 ff.
– Untreue **82** 35
Existenzgefährdung 32 188
– Cash-Pooling **32** 152 ff.
– Kapitalgesellschaft **32** 150
– strafrechtliche Haftung **32** 58, 87 f., 151
– Unternehmensübernahme **89** 36 f.
– Untreue **32** 84 ff.
Existenzvernichtender Eingriff 84 30
Existenzvernichtung, Haftung der Gesellschafter **82** 26 ff.
Export 62 1 ff.
– Abfall **54** 83
– illegaler – von Abfall **54** 247
– Kriegswaffen **62** 1 ff.
Exspektanz 47 47
– in der Insolvenz **87** 27
– Untreue **32** 180c
Externer Beauftragter, Bankrott **81** 42
Externer Betriebsvergleich 38 252
Externer Sanierer, Untreue **87** 19
Fabrikationsfehler 56 48
Face-to-Face-Geschäft 68 52
Fachanwalt für Strafrecht 16 3
Factoring 27 87; **66** 13
– Betrug **50** 186 ff.
– Untreue **32** 40

Fahndung 11 67
- durch Bilder **60** 111
- grenzüberschreitende **8** 49 ff.
- Steuer **44** 145

Fahrlässige Körperverletzung, Arbeitsschutz **34** 61 ff.

Fahrlässige mittelbare Täterschaft 19 8a

Fahrlässige Nebentäterschaft 30 133

Fahrlässige Tötung
- Arbeitsschutz **34** 61 ff.
- schadhafte Produkte **56** 77

Fahrlässigkeit 17 22, 30 ff.; **46** 16 ff.
- Kartellverstoß **57** 77, 106
- Lebensmittelrecht **72** 56
- Umweltdelikte **54** 243

Fahrpersonal 71 18
Fahrpersonalgesetz 71 18e
Fahrtkostenzuschuss 38 341
Fahrtunterbrechung 71 18a
Fahrverbot 1 108
Fair presentation
- HGB **26** 123
- IFRS **26** 159 ff.

Fair Value 26 160b, 169
- IFRS **26** 160

Faires Verfahren 10 9
- Recht auf **5** 16

Fake-account 42 76
Faktischer Geschäftsführer 22 14; **26** 27; **29** 27; **30** 56 ff.
- Bankrott **30** 69a; **81** 46 ff.
- Beitragsvorenthaltung **38** 30
- Bestechlichkeit **53** 93
- Betrug **30** 69
- Haftungsausweitung **30** 83a
- Insolvenzantragspflicht **80** 27
- Insolvenzdelikt **30** 69
- Insolvenzverschleppung **80** 11
- Lohnsteuer **38** 316
- Organsperre **76** 66
- Untreue **30** 66 ff.; **32** 8c
- Zurechnung **30** 100b

Faktischer GmbH-Konzern 30 68
Faktischer Konzern 32 147 f., 149 f.
Faktorverfahren 38 305
Fällige Verbindlichkeiten 78 16 ff.

Fälligkeitssteuern 17 52
- Versuch **44** 78, 82

Falschangaben
- ggü. Prüfer **40** 84
- des Gemeinschuldners **76** 35
- Genossenschaft **23** 87
- Gründungsschwindel **27** 138 ff.
- Jahresabschluss **41** 29 ff.
- Kapitalerhöhung **96** 79
- Prospekte **28** 97
- Registergericht **96** 81 ff.
- Versicherung **65** 15
- Werbung **60** 19 ff.
- Zollbehörden **45** 8

Falschbericht von Prüfern **65** 16; **94** 8 ff., 11, 14

Falschbeurkundung
- im Amt **39** 26
- mittelbare **39** 26 ff.

Falschbewertung, Unternehmen **89** 27
Falschbilanzierung 86 4b
Falsche Angaben (§ 399 AktG), Kapitalerhöhungsschwindel **50** 74 ff.
Falsche Angaben (§ 82 GmbHG), Kapitaländerungsschwindel **50** 68 ff.
Falsche Belege 15 43
- Steuerhinterziehung **44** 116

Falsche Preisbildung 61 108
Falsche Versicherung
- Gesellschaftsgründung **22** 23; **23** 74
- Umwandlung **23** 99a

Falsche Versicherung an Eides Statt 88 24 ff.
- im Ausland **88** 25
- und Bankrott **83** 31
- im Insolvenzverfahren **88** 29 ff.
- im Zwangsvollstreckungsverfahren **88** 26 ff.

Falschgeld 39 31
Fälschung
- beweiserheblicher Daten **39** 24; **40** 13; **42** 74 ff.
- ec-Karten **39** 35 ff.
- Geld und Wertzeichen **39** 31
- Markenwaren **60** 78
- technischer Aufzeichnungen **39** 19 f.; **42** 55 ff.
- Urkunden **39** 2 ff.

3263

- von Zahlungskarten **49** 113
- von Zahlungsmitteln **39** 35 ff.

Fälschungsdelikte 39 31 ff.
Falsifikat 60 78
Familien-GmbH, Familienuntreue **89** 24
Familien-GmbH & Co KG, Untreue **32** 209
Familienhafte Mithilfe 38 34, 60
- Begriff (Sozialversicherungsrecht) **38** 73 ff.

Familienholding 89 22
Familienkasse 15 7, 15
Familienmitglieder, Beschäftigung **38** 73 ff.
Familienstiftung 89 22
Familienuntreue 32 208 f.; **89** 40
Fassadenbauer 59 35
Fast-Close, Jahresabschluss **26** 6
FATCA 46 32a
FATF 5 5, 42
Fehlbuchung 49 44
Fehlüberweisung 49 44
Feingehalt 74 14
Fernabsatz 49 80, 124a
Fernabsatzvertrag 59 3; **60** 7b
Fernmeldegeheimnis 33 102
- Verletzung **33** 24 ff.

Fernsehaufnahme
- in der Hauptverhandlung **10** 30 ff.
- Verfahrensbeteiligte **10** 32

Fernseh-Richtlinie 60 7a
Fernsehsendung 55 116
Fernsehwerbung 60 7a
Fernunterricht 74 28
Fernwirkung, mittelbare **76** 31 ff.
Fertigpackungen 74 9
Festnahme, vorläufige **11** 77 f.
Feststellung der Bilanz **26** 81 ff.
Feststellungserklärung
- Beendigung **44** 96
- Vollendung **44** 60

Feststellungslast, Höhe der Steuerverkürzung **44** 41
Feuerungsanlagen 54 42
Feuerwehr 34 27
Fiktive Arbeitnehmeranteile 38 267

Fiktives Arbeitsverhältnis, illegale Arbeitnehmerüberlassung **37** 24 f.
Fiktives Unternehmen 29 54; **43** 4
Fiktivkaufmann 22 50, 87 ff.; **26** 18
File-Hosting 42 40
File-sharing 42 121; **55** 26, 100
Film 10 30; **55** 107, 115; **60** 114
- Raubkopie **55** 106
- Titel **60** 71

Filmaufnahmen, Gericht **60** 110
Filmfonds 28 48
Financial Action Task Force 5 5, 42
Financial Task Force 51 17
Finanzagent 42 68; **49** 59
Finanzamt
- Ermittlungskompetenz **36** 25
- strafrechtliche Ermittlungskompetenz **15** 7 ff.

Finanzanlagevermittler, Genehmigung **25** 30 f.
Finanzaufsicht, Versicherungen **65** 1 ff.
Finanzbehörde 11 5
- Abgabe an die Staatsanwaltschaft **15** 14
- Begriff **15** 7; **44** 14
- Beteiligungsrechte **15** 50
- eigenständige Ermittlungsbefugnis **15** 44 ff.
- Ermittlungskompetenz bei Allgemeindelikt **15** 10 ff.
- örtliche Zuständigkeit **15** 17 ff.
- polizeiliche Befugnisse **15** 49
- sachliche Zuständigkeit **15** 15 f.
- strafrechtliche Ermittlungskompetenz **15** 7 ff.

Finanzbuchführung 26 3
Finanzbuchhaltung 26 1 ff.
Finanzderivat 26 127a
Finanzdienstleister, Aufsicht **25** 74
Finanzdienstleistung
- Begriff **66** 12
- Erlaubnis **25** 23, 27 ff., 74
- Erlaubnispflicht **66** 14

Finanzdienstleistungsinstitut 66 10
- Insolvenz **66** 32 ff.

Finanzermittlungen 11 115; **16** 117
Finanzielle Interessen der EU 45 2

Finanzierung, Kapitalerhöhung **50** 1 ff.
Finanzierungsleasing 50 191; **66** 12
Finanzinstrument 26 119a, 127a; **66** 13; **68** 19
- Lagebericht **26** 129

Finanzinteressen der EU **5** 4; **6** 64 f., 104 ff.; **52** 56 ff.
Finanzinvestor 27 11; **75** 9; **87** 3
Finanzkontrolle Schwarzarbeit 38 24
- Arbeitsinspektion **38** 25 f.
- Belehrung **36** 38
- Duldungspflichten **36** 37
- Ermittlungskompetenz **36** 46 ff.
- Organisation **36** 23
- Prüfungsaufgaben **36** 34
- Prüfungsrechte **36** 36a ff.
- Verwertungsverbote **36** 44 f.

Finanzkrise 1 78; **6** 37
- Insolvenzstrafrecht **76** 11 ff.
- Reformgesetze **1** 74

Finanzmarktstabilisierungsgesetz 3 10
Finanzmarktaufsicht 66 7 ff.
- Deutsche Bundesbank **66** 8
- gesetzliche Grundlagen **66** 1 ff.
- Liquidität **78** 2

Finanzmarktkrise 26 109, 169; **67** 1; **75** 12
- Handel mit verbrieften Kreditforderungen **67** 66 ff.

Finanzmarkt-Richtlinie, Umsetzungsgesetz **66** 5
Finanzmarktstabilisierung 1 74
Finanzmarktstabilisierungsgesetz 75 4
- Begriff der Überschuldung **79** 16 ff.
- Fortführungsprognose **76** 7

Finanzstabilität, Überwachung **66** 6b
Finanztransaktion 51 64
- Begriff nach GwG **51** 62

Finanzunternehmen 66 10
Finanzvermittler 28 13 ff., 79 ff., 95
Finanzwechsel 49 22 ff.
Fingerabdruck, Austausch **6** 32
Firewall 42 88
Firma 22 31 ff.; **23** 62; **24** 35 ff.; **60** 53b
- Angaben **23** 66
- falsche Angaben **24** 42 ff.
- irreführende Bezeichnung **22** 31
- Kaufmann **22** 31 ff.

- Masseschmälerung **83** 8

Firmenbestattung 23 129; **30** 18, 101; **32** 85e; **76** 8; **80** 3, 41, 44; **87** 44 ff.; **96** 19 ff.
- Buchführungs- und Bilanzdelikte **85** 55
- Hintermänner **87** 51
- MoMiG **87** 52
- Scheinauslandsgesellschaft **87** 52
- Strafbarkeit Altgeschäftsführer **87** 45 ff.
- Strafbarkeit Neugeschäftsführer **87** 48 ff.
- Teilnahme **87** 48

Firmenschutz 22 39; **60** 53b
Firmenübernahme 30 18
Firmierung, irreführende bei Banken **66** 28
Fischereirecht, europäisches **6** 70
FKS s. Finanzkontrolle Schwarzarbeit
Flagge 60 103
Fleischhygiene 72 4, 37 f.
- Sanktionen **72** 50 ff.

Flexibilitätsklausel 6 44
Flow Tex 96 68b
Flucht 11 58
Fluchtgefahr 11 59 ff., 70
Fluggast-Datensätze 6 188
Flugkörper für ABC-Waffen 62 60
Fluglärm 54 47
Flugzeug 71 22 ff.
- s.a. Luftverkehr

Flugzeugpfandbrief 69 8
Föderalismus-Reform 1 150 f.
Folterverbot 5 16
Folterwerkzeuge 62 81 ff.
Fördergebiet 52 8, 11
Foreign Corrupt Practices Act 7 50
Forenbetreiber 42 42
Formaldelikt, Kartellrecht **57** 137 ff.
Formalgeständnis 12 39d
Formkaufmann 22 42 ff., 50, 60, 87; **26** 19
Förmliche Versicherung ggü Registergericht **22** 23
Formwechsel 50 10 ff.
- Eröffnungsbilanz

Forschungskosten, Kosten **26** 119d

3265

Forstwirtschaft
- Gewerbe **22** 67
- Kaufmann **22** 86

Fortführungsgesellschaft 75 14 ff.; **87** 2

Fortführungsprognose 26 112; **76** 7; **79** 19 ff.; **80** 38; **87** 9
- Angabe im Anhang **26** 123
- Beweislast **79** 11 ff.
- Methoden der Wertfeststellung **79** 42, 50
- Zeitraum **79** 28

Fortführungswert 26 112
- Deckelung **79** 18
- Liquidationsrechnungslegung **26** 68

Fortgesetzte Steuerhinterziehung 44 100, 116

Fortsetzungsstat 20 17

Foto, Persönlichkeitsrecht **60** 104 ff.

Fotokopie, Fälschung **39** 11 f., 22

Fotokopiemontage 39 12a

Frankierautomat 39 34

Frankreich 7 22 ff.
- Unternehmensstrafrecht **7** 26
- Wirtschaftsstrafrecht **7** 33 ff.

Free Retention 50 54

Freelancer 38 48

Freeware 55 90

Freiberufler 22 69 ff.; **23** 59
- Bestechlichkeit **53** 95
- keine Anmeldpflicht **24** 4

Freiberufliche Tätigkeit, Anzeigepflicht **43** 5

Freie Beweiswürdigung 10 23

Freier Beruf 22 69 ff.; **26** 18
- Berater **90** 5; **91** 1 ff.
- Gesellschaftsform **22** 70
- und Gewerbe **22** 69 ff.
- Rechtsform **23** 59 f.
- Unternehmen **23** 7

Freier Mitarbeiter, Computerspionage **42** 82

Freiheit der Willensentschließung **11** 33

Freiheitsstrafe 1 110; **16** 102, 105; **21** 1, 3 f.
- Entschädigung **16** 138 ff.
- Vollzug **13** 5

Freischaltcode 55 111

Freisetzen
- Giftstoffe **54** 288 ff.
- ionisierende Strahlen **54** 259 ff.

Freistellung, Lohnsteuer **38** 393

Freistellungsanspruch
- aus Schuldübernahme **26** 103
- in der Insolvenz **82** 15

Freistellungsauftrag 46 57

Freistellungsbescheinigung, Lohnsteuer **38** 393

Freistellungsverordnung 57 119

Freiverkehr 68 4

Freiwilligkeit des Rücktritts **44** 90

Freizügigkeit 6 20

Freizügigkeitsgesetz/EU 37 78

Fremdantrag, Insolvenz **80** 40

Fremdarbeiter, illegale Beschäftigung **38** 28b

Fremdkapital 27 1, 67 ff.

Fremdrechtsanwendung, Strafrecht **1** 163; **23** 115

Fremdvergleich, Angehörigenbeschäftigung **38** 75

Frist
- Aufbewahrung **26** 56
- Bilanzen **96** 6
- Bilanzerstellung **85** 46 ff.
- Rechnungslegung **26** 86 ff.

Front Running 32 143; **68** 58

Führungskraft im Unternehmen **23** 16

Führungslosigkeit 23 72a
- GmbH **23** 129
- Insolvenzverschleppung **80** 35

Führungszeugnis 13 8; **16** 105, 107

Funktionelle Zuständigkeit, Finanzbehörde **15** 7 ff.

Funktionsarzneimittel 72 11

Fürsorgepflicht
- Berater **91** 15 ff.
- Steuerberater **91** 63 ff.
- Verteidiger **91** 42 ff.

Fusion 23 99; **57** 49
- grenzüberschreitende **23** 104

Fusionskontrolle 6 70; **57** 98, 136, 138
- europäische **57** 3, 37 f., 48 ff., 63, 85 f.

Fusionsvollzugsverbot 57 136

Stichwortverzeichnis

Futtermittel 72 4, 8, 42, 52
Gamma-Entscheidung 32 150 f.
Gammelfleisch 72 18 f., 50
Garantenpflicht 17 17a ff.
– Amtsträger **54** 315, 319
– Anlageberatung **28** 78
– des Grundstückseigentümers **54** 187, 237
– steuerliche **96** 28 ff.
– steuerlicher Berater **96** 24 ff.
Garantenstellung
– im Betrieb **30** 112 ff.
– Betriebsbeauftragter **30** 49 ff.
– Ingerenz **30** 116 ff.
– schadhafte Produkte **56** 91
– Übernahme einer Schutzfunktion **30** 122 ff.
Garantiefunktion, Scheckkarte **42** 64
Gaststätte 25 48 ff.
– Preisverzeichnis **61** 105
Gaststättengesetz, Ordnungswidrigkeiten **25** 48 ff.
Gaststättenrecht 1 151
Gebietskörperschaft, Untreue **32** 172c
Gebrauch
– falsche Datenspeicherung **42** 80
– privater **55** 107
– unrichtige Gesundheitszeugnisse **39** 30
– Urkunden **39** 5, 18
Gebrauchsmuster 55 43, 54 ff.
– Schutzdauer **55** 56
Gebrauchsmusterrecht 55 5, 54 ff.
Gebrauchtwagenhandel 29 53
Gebrauchtwagenkauf, Betrug **59** 13
Gebrauchtwarenhandel 25 31
Gebühren, Bußgeldverfahren **14** 38 f.
Gebührenordnung Berater **90** 5, 7
Gebührenschinderei 32 141h
– Anlageberatung **28** 77
Gebührenüberhebung 93 15; **94** 15 ff.
Gedankenerklärung, verkörperte **39** 9
Gefahr im Vollzug 11 82
Gefährdung
– Abzugsteuern **46** 38 ff.
– von Einfuhr-/Ausfuhrabgaben **46** 46 ff.

– schutzbedürftiger Gebiete **54** 169; **54** 189 f.
Gefährdungsdelikt 54 112
Gefährdungsschaden 47 58
– Untreue **32** 176b ff., 183 ff.
– Untreue im Kreditgeschäft **67** 87 ff.
– Vorsatznachweis **32** 196a ff.
Gefahrengeneigter Bereich 43 2
Gefahrenquelle, Garantenpflicht **30** 116 ff.
Gefahrgut 54 282 ff.
Gefahrgutbeauftragter 71 35, 45
Gefahrgutbeförderung, Straftaten und Ordnungswidrigkeiten **71** 37 ff.
Gefahrgutbeförderungsgesetz, Straf- und Bußgeldtatbestände **71** 42 ff.
Gefahrguttransport 71 29 ff.
Gefährliche Güter 54 282 ff.; **71** 28 ff.
– Begriff **71** 38
– unerlaubter Umgang **54** 276 ff.
Gefährliche Produkte 56 112
– Verbraucherinformation **56** 37 ff.
Gefährliche Stoffe, unerlaubter Umgang **54** 276 ff.
Gefahrstoff 34 40 ff.; **54** 89 ff., 277 ff.
– Sorgfaltspflicht **34** 65 ff.
Gefahrstoffverordnung 54 92
Gefälligkeit, Sozialversicherungsrecht **38** 69
Gefälligkeitsrechnung 43 2
Gefälschter Überweisungsträger 49 45
Gefangener 13 5
Gegenleistung 83 19
Gegenseitigkeitsprinzip 45 10
Gehaltszahlung, Masseschmälerung **83** 24
Geheimbuchführung 26 36
Geheimhaltungspflicht
– Berater und Prüfer **94** 1 ff.
– Geschäftsleitung **30** 41
– Versicherung **65** 17
Geheimnis
– Arbeitgeber **35** 41 ff.
– Begriff **33** 25a, 46
– Betriebsrat **35** 37 ff.
– Verwertung **35** 46 f.
Geheimnisträger, Berater **93** 1 ff.

Geheimnisverletzung 33 1 ff., 30
- Berater **94** 1 ff., 5 ff.
- Betriebsrat **35** 37 ff.
- EWIV **23** 98
- Gesellschaftsrecht **94** 7
- HGB **94** 5
- Kapitalgesellschaft **23** 74, 80; **33** 99 ff.
- Limited **23** 132
- Prüfer **94** 5 ff.
- UWG **33** 52 ff.

Geheimnisverrat
- Datenausspähung **42** 81 ff.
- durch Geschäftsorgane **33** 99 ff.
- als Untreue **32** 143
- UWG **33** 52 ff.
- Verleiten und Erbieten **33** 93 ff.
- durch Weitergabe Jahresabschluss **40** 48

Geheimnisverschaffung 33 69 ff.
Geheimnisverwertung 33 39 ff.
- UWG **33** 74 ff.

Geheimnisvorschriften 11 47 ff.
Gehilfe 19 1
Gehör, rechtliches **10** 6; **11** 17
Geistige Leistung 55 1, 31
Geistige Schöpfung 55 35, 79
Geistiges Eigentum 5 44
- Urheberrechtsschutz **55** 77 ff.

Gelbfall 67 4
Geldabheben
- Computerbetrug **49** 116 ff.
- Missbrauch **49** 98 ff.

Geldauflage
- Bezahlung durch Dritte **16** 112
- bei Einstellung **11** 136
- Haftung des Verteidigers **16** 136
- Lohnsteuer **16** 112

Geldautomat
- Computerbetrug **49** 116 ff.
- Kartenmissbrauch **49** 69 ff.
- Missbrauch **42** 26

Geldbuße 1 56, 106, 113 ff.; **14** 1, 1
- Abzugsverbot **16** 125
- Aufsichtspflichtverletzung **30** 162
- Bemessung **21** 87 ff.
- EU **6** 68 ff.; **23** 47 f.
- europäische **6** 68 ff.; **57** 70 ff.
- der EZB **6** 36
- EZB **6** 72
- gegen Unternehmen **21** 94 ff.; **23** 36 ff.; **57** 74
- Höchstmaß **30** 162
- Höhe **1** 121; **23** 43
- Höhe im Kartellrecht **57** 148 ff.
- juristische Person/Personenvereinigung **21** 94 ff.; **23** 36 ff.; s.a. Unternehmens-/Verbandsgeldbuße
- Kartell **1** 121b
- Kartellrecht **1** 116; **57** 87 f., 103
- Publizität **41** 38 ff.
- selbständiges Verfahren **14** 28
- Steuerordnungswidrigkeit **46** 19
- Umweltrecht **54** 350
- Verzinsung **57** 149
- Vorteilsabschöpfung **1** 121

Geldfälschung 39 31 f.
- EU **6** 134

GeldKarte 49 67
- Fälschung **39** 36 f.

Geldmarktinstrument 68 19
Geldsanktion
- Rahmenbeschluss **6** 197; **8** 148
- Umsetzung **8** 150 f.

Geldspielgerät, Leerspielen **33** 75; **42** 9
Geldstrafe 1 110; **21** 1
- auf "Bewährung" **16** 109
- Bezahlung durch Dritte **16** 111 f.
- neben Freiheitsstrafe **21** 9
- Haftung des Verteidigers **16** 136
- Lohnsteuer **16** 111
- Tagessatz **1** 116
- als Untreue **16** 111a
- als Vollstreckungsvereitelung **16** 111
- Zahlungserleichterung **21** 5 ff.

Geldwäsche 16 33 ff.; **44** 145; **51** 1 ff.
- akustische Wohnraumüberwachung **51** 50
- im Ausland **51** 50b
- Bankmitarbeiter **51** 42
- Ermittlungsbehörden **51** 46
- EU **6** 111, 128, 135
- EU-Recht **51** 17
- Institute **51** 54
- internationale Bekämpfung **4** 19

- Ordnungswidrigkeiten nach dem GwG **51** 67 ff.
- Steuerdelikte als Vortaten **44** 222
- Straftatbestand **51** 20 ff.
- Verdachtsanzeige **93** 10a
- Versuch **51** 45 f.
- Verteidigerhonorar **95** 17a
- Vortaten **51** 22 ff.
- Zollfahndung **15** 74

Geldwäschebekämpfung 93 52
- Gesetz zur **1** 67

Geldwäschebekämpfungsergänzungsgesetz 4 19

Geldwäschegesetz 51 19
- Ordnungswidrigkeiten **51** 67 ff.

Geldwäschetatbestand, Einschränkung **51** 37

Geldwäscheverdachtsanzeige 51 61 ff.
- Frist **51** 64

Geldwerter Vorteil, Korruption **53** 65

Gelegenheitsverkehr 71 14

Geltung
- räumliche **4** 1 ff.
- zeitliche **3** 1 ff.

Geltungsbereich, räumlicher **10** 35

Gemeingefährliche Vergiftung 56 110

Gemeinsame Aktion, EU **6** 48 f.

Gemeinsame Ermittlungsgruppen 6 157
- Zoll **36** 50

Gemeinsame Maßnahme 6 6, 48

Gemeinsamer Standpunkt 6 48

Gemeinschädliche Sachbeschädigung 54 300 ff.

Gemeinschaftslizenz 71 6

Gemeinschaftsmarke 60 52a

Gemeinschaftspatent 55 40

Gemeinschaftsrecht 1 158; **5** 10 ff.; **6** 39 ff.; **23** 47 ff.

Gemeinschaftsunternehmen 57 52

Gemeinschaftswaren 45 5

Gemeinschaftsweite Bedeutung, Fusion **57** 49 f.

Gemeinschuldner, Strafbarkeit **87** 37 ff.

Gemeinschuldner-Entscheidung 76 23 ff.; **93** 6 f.

Gemeinwohl, Außenwirtschaftsrecht **62** 5

Gendiagnostik 72 127; **74** 12

Genehmigtes Kapital 27 29

Genehmigung 17 35
- Anlagen **25** 6; **54** 34, 69, 211, 251
- Außenwirtschaft **18** 17
- Außenwirtschaftsrecht **62** 17 ff.
- Erschleichen **54** 133; **62** 19; **73** 100
- Fusion **57** 49 f.
- Gentechnik **54** 95
- Gewerberecht **25** 2 ff.
- Güterkraftverkehr **71** 6 f.
- Kernenergie **25** 59; **54** 86
- kerntechnische Anlage **54** 267
- nach KWKG und AWG **62** 24
- Makler **25** 22; **70** 2 f.
- Personenverkehr **71** 13
- Produktzulassung **56** 107
- Sprengstoff **25** 61
- Umweltschutz **54** 122 ff.
- Versicherung **25** 77; **65** 3
- Vorteilsannahme **53** 39, 39
- s.a. Erlaubnis

Genehmigungsbedürftige Anlage 25 6; **54** 34, 211

Genehmigungsfähigkeit 62 21

Genehmigungspflicht AWG, Kriegswaffen **73** 45

Genehmigungsverfahren, Immissionsschutz **54** 37 ff.

Generalbundesanwaltschaft, Außenwirtschaftssachen **15** 94

Generalermächtigung, subsidiäre **6** 44 f.

Generalprävention 21 11 ff., 45, 47 f.

Generalstaatsanwaltschaft 8 69; **11** 131; **51** 63; **90** 17

Generalunternehmer 83 101

Generalverantwortung, Gremium **30** 25 ff.

Generalvollmacht 23 41

Generationenfolge 89 4

Genfood 72 15

Genossenschaft
- Bilanzierung **26** 135
- Eintragung **22** 33, 42a; **24** 35
- Feststellung/Jahresabschluss **26** 86

- Geheimhaltung **33** 111
- Jahresabschluss/Aufstellung **26** 92
- Kaufmann **22** 42a
- Insolvenzantragspflicht **80** 12
- Prüfer **23** 87; **40** 89
- Publizität **41** 2
- Rechnungslegung **23** 29
- Stimmenkauf **23** 88
- Strafnormen **23** 86 ff.
- unrichtige Darstellung **40** 87 ff.
- Verlustanzeige **40** 88

Genossenschaftsbank, Kreditvergabe **67** 79 f.

Genossenschaftsregister 22 25

Gentechnik 25 60; **54** 93 ff.; **72** 15
- Gefährdungshaftung **54** 99
- Straf- und Bußgeldvorschriften **54** 295 ff.

Genussrecht 27 82

Genussschein 26 103

Geografische Herkunft 60 87

Geprüfte Sicherheit 56 122

Geräteabgabe 55 87

Gerätesicherheit 25 32

Gericht 10 3 ff.; **12** 1 ff.
- ausländisches, Strafklageverbrauch **12** 76
- Außenwirtschaftsstrafsachen **15** 105
- Berufs- **91** 25 ff.
- Filmaufnahmen **10** 30
- Handelsregister **22** 26 f.
- Hauptverhandlung **12** 20 ff.
- Hinweispflichten **12** 40
- Kartellsachen **15** 135 ff.
- in Steuerstrafsachen **15** 21 ff.
- Zuständigkeiten **1** 90 ff.

Gerichtliches Verfahren 10 3; **12** 1 ff.
- Außenwirtschaftsstrafsachen **15** 105
- Kartellsachen **15** 135
- Steuerordnungswidrigkeiten **15** 65
- Steuerstraftaten **15** 52

Gerichtsfernsehen 10 30; **60** 109

Gerichtsvollzieher, Untreue **32** 205b

Geringe Schuld 11 134

Geringfügige Beschäftigung
- Einzugsstelle **38** 198
- Leistungsanspruch (Sozialversicherung) **38** 188 ff.
- Lohnsteuer **38** 337 ff.
- Lohnsteuerhinterziehung **38** 355
- mehrfache **38** 132 ff.
- Meldung zur Sozialversicherung **38** 213
- Pauschalbeiträge **38** 188 ff.
- Pauschalsteuer **38** 310
- Steuerordnungswidrigkeit **46** 57, 57d
- Straffreiheit (Privathaushalt) **38** 191
- Zeitgrenze **38** 188

Geringwertigkeit, Zuwendung bei Korruption **53** 37

Gerüchte
- Insiderhandel **68** 46
- Marktmanipulation **68** 28 f.

Gesamthandseigentum 26 30
- Bilanzierung **26** 100
- Verletzung **17** 37

Gesamtrechtsnachfolger, Geldbuße **23** 40

Gesamtschaden 20 25 ff.
- wirtschaftlicher **2** 25

Gesamtsozialversicherungsbeitrag 38 5, 140

Gesamtstrafenbildung 21 49 ff.

Gesamturkunde 39 10

Geschädigte, Schätzung **28** 84

Geschädigter als Zeuge beim Betrug **47** 35

Geschäftliche Bezeichnung 60 69, 84

Geschäftliche Handlung 60 1a

Geschäftlicher Betrieb 53 104

Geschäftlicher Verkehr
- Begriff **53** 73
- Begriff bei strafbarer Werbung **59** 53
- Bestechung im **53** 69 ff.

Geschäfts- oder Firmenwert 26 99a, 119b
- Vorbelastungsbilanz **26** 63

Geschäftsanschrift, Handelsregister **22** 35

Geschäftsaufgabe, planmäßige **89** 1 f.

Geschäftsbesorgungsvertrag 16 128

Geschäftsbezug, Werbung **60** 37

3270

Geschäftsbrief
- Angaben **22** 32; **23** 65 ff.
- Publizität **23** 65 ff.
- Zwangsgeld **23** 68

Geschäftsfähigkeit 11 21

Geschäftsführer
- Anmeldepflicht **24** 36, 40, 53
- Aufsichtspflicht **30** 112 ff.
- Bestechlichkeit **53** 93
- Buchführung **26** 27 ff.
- deliktische Haftung **30** 74 ff.
- faktischer **29** 27
- Haftung **30** 1 ff.
- Haftungsprivilegierung Risikogeschäft **32** 169b
- Insolvenzantragspflicht **80** 23 ff.
- nichtige Bestellung **76** 73
- Organsperre **76** 54 ff.
- Sozialversicherungspflicht **38** 66
- Untreue **32** 1, 56
- Vergütung **32** 190a
- Vermögensbetreuungspflicht **32** 25 f.
- Vorverurteilungen **76** 68 ff.

Geschäftsgeheimnis 33 45 ff.; **42** 21
- Begriff **33** 46
- Betriebsrat **35** 37 ff., 41 ff.
- Daten **42** 85
- Gesellschaftsorgan **33** 99 ff.
- Schutzgrundsatz **4** 9
- Verrat **33** 52 ff.

Geschäftsherr 53 100
- Garantenpflicht Compliance **31** 56
- Haftung **30** 119

Geschäftsinhaber 23 14

Geschäftsleiterhaftung, Bank **66** 6c

Geschäftsleitung 30 74 ff.
- Compliance **31** 14
- Compliance-Verstöße **31** 57
- Produkthaftung **56** 79
- strafrechtliche Verantwortlichkeit **30** 25 ff.

Geschäftslokal, Angaben **23** 64

Geschäftsrisiko
- Betrug **86** 42 f.
- bei Warenlieferung **48** 45 ff.

Geschäftstätigkeit, Verlagerung **83** 9

Geschäftsunterlagen
- Beschlagnahme **93** 61 f.
- Verwendungsverbot (InsO) **76** 37 ff.

Geschäftsverteilung, deliktische Haftung **30** 90

Geschäftsweg 8 32 ff.

Gescheiterte Sanierung 87 1 ff.

Geschenk und Korruption **53** 23

Geschlossener Fonds 28 49

Geschmacksmuster s. Design

Geschmacksmusterrecht 55 7

Geschütztes Werk 55 98

Geschwindigkeitsbegrenzer 42 116

Gesellschaft
- ausländische **23** 100 ff.
- Formen **23** 59 ff.
- Gründung **22** 33; **24** 60 ff.
- Kaufmann **22** 42 ff.
- Scheinselbständigkeit **38** 64 f.
- Strafbarkeit **23** 33 ff.
- Strafnormen **23** 70 ff.
- als Unternehmensträger **23** 15 ff.
- Vorgesellschaft **22** 47 f.; **23** 42

Gesellschaft bürgerlichen Rechts
- Bankrott **81** 21
- Buchführungspflicht **26** 19
- Freiberufler **22** 70; **23** 59
- Geldbuße **23** 42
- Kleingewerbe **22** 57
- Rechtsfähigkeit **23** 19
- Strafnormen **23** 94
- strafrechtliche Verantwortlichkeit **23** 17 f.
- Umwandlung **22** 79
- Untreue **32** 15, 54
- Vorgründungsgesellschaft **26** 25

Gesellschafter
- abhängige Beschäftigung **38** 65
- Eigenkapitalersatzrecht **82** 5
- Innenhaftung **32** 150 f.

Gesellschafterdarlehen 26 73; **27** 67; **33** 102
- Gläubigerbegünstigung **84** 29 f.
- in der Insolvenz **82** 11
- Kapitalersatz **82** 1 ff.
- Passivierung **26** 103
- pflichtwidrige Rückgewähr **32** 188b ff.

3271

- Rückgewähr **32** 85d
- Rückzahlung in der Krise **82** 3 ff.
- Rückzahlungsverbot **32** 143d

Gesellschafter-Fremdfinanzierung, Rechtsentwicklung **82** 8 ff.

Gesellschaftsbesicherte Drittkredite 82 2, 8 ff.

Gesellschaftsform 22 42 ff.; **23** 59 f.

Gesellschaftsformzwang 23 55 ff.

Gesellschaftsgeheimnis 33 100

Gesellschaftskapital
- Schutz **27** 1 ff.
- Veränderung **50** 1 ff.

Gesellschaftsstatut 41 18

Gesellschaftsstrafrecht 23 70 ff.

Gesetzesänderung 3 5 ff.
- außerstrafrechtliche **3** 10

Gesetzeskonkurrenz 20 4, 8 ff.
- Steuerhinterziehung **44** 109

Gesetzesumgehung 29 61 f.

Gesetzesvorbehalt 3 1 f.

Gesetzgebungsverfahren, europäisches **6** 48, 52

Gesetzliche Krankenversicherung, Anzeigepflicht **72** 152

Gesetzlicher Richter 10 8

Gesetzlicher Vertreter 22 13, 34 f.; **23** 41
- Strafbarkeit **23** 32 ff.

Gesetzliches Schuldverhältnis bei Pflichtverteidiger **16** 128

Gestaltungsfreiheit 43 19
- Insolvenzgläubiger **76** 49

Gestaltungshöhe 55 80

Gestaltungsmissbrauch 29 57 ff.; **43** 24 f.

Geständnis 11 35, 36a; **21** 36
- Verfahrensabsprache **12** 39f

Gestellungspflicht 45 8 f., 9, 14a ff.
- Adressat **45** 6
- Zollhinterziehung **45** 26

Gesundheitsschädlichkeit 56 111
- Lebensmittel **72** 17

Gesundheitsschutz
- Arbeitsschutz **34** 6 ff.
- Arzneimittel **72** 99 ff.
- Lebensmittel **72** 16 ff.

Gesundheitswesen 72 99 ff.
- Produkthaftung **56** 8 ff.

Gesundheitszeugnis, unrichtiges **39** 30

Gewalt
- gegen Dritte **63** 18 f., 37
- gegen eine Person **63** 13
- gegen Sachen **63** 4 ff.
- gegen Schuldner **63** 3 ff.

Gewaltsamer Schmuggel 44 213

Gewässer, Begriff **54** 15 f., 156

Gewässerschutz 54 15 ff., 155 ff.

Gewässerverunreinigung 54 155 ff.; **56** 113

Gewerbe
- Anzeigepflicht **24** 1, 7 ff.
- Ausländer **24** 6
- Begriff **22** 62 f.; **24** 4
- Bußgeldtatbestände **37** 159 ff.
- Erlaubnis **25** 2 ff., 14 ff.
- Genehmigungspflicht **25** 1 ff.
- Reisegewerbe **24** 19
- überwachungsbedürftiges **25** 31 ff.
- Wanderlager **24** 30

Gewerbeanmeldung 24 1 ff.; **38** 19
- EU **38** 63a
- Irrtum **38** 243
- Scheinselbständigkeit **38** 62

Gewerbeaufsichtsbehörde 24 16

Gewerbeausübung, Unzuverlässigkeit **16** 120a

Gewerbebetrieb 22 62 ff.

Gewerbefreiheit 1 40; **24** 2, 6; **25** 1; **55** 1

Gewerbeordnung 1 40
- Ordnungswidrigkeiten **24** 1 ff.; **25** 11 ff.

Gewerberecht, Sanktionen **24** 13 ff.

Gewerberegister 38 33

Gewerbeschein 38 62

Gewerbesteuerhinterziehung
- Beendigung **44** 95
- Vollendung **44** 59

Gewerbeüberwachung 25 10

Gewerbeuntersagung 21 134 ff.; **24** 34 ff.

Gewerbezentralregister 1 120; **13** 10; **16** 119c; **21** 133

Gewerbliche Leistung 53 89
Gewerbliche Schutzrechte 55 1 ff., 3; 60 51 ff.
- Masseschmälerung 83 5
- Verstöße 60 51 ff.

Gewerblicher Güterverkehr 71 6
Gewerblicher Rechtsschutz 55 1 ff., 7, 31 ff.
- Strafrahmen 55 128 ff.

Gewerblicher Wertpapierhandel 28 59
Gewerbliches Unternehmen 22 62 ff.
Gewerbsmäßigkeit 9 2; 24 20
- illegale Beschäftigung 37 103
- Schädigung des Umsatzsteueraufkommens 44 194
- Schmuggel 44 212
- Schutzrechtsverletzung 55 130, 131 f.
- Strafrecht 22 66 f.
- Subventionsbetrug 52 48
- Untreue 32 205a
- beim Verleiten zur Börsenspekulation 68 13
- Verletzung gewerblicher Schutzrechte 60 98
- Zivilrecht 22 62 ff.

Gewerkschaft 35 5; 53 76
Gewillkürter Vertreter 23 41
Gewinn- und Verlustrechnung 26 43 ff., 76; 85 42
- Gliederung 26 104, 124

Gewinnabschöpfung 1 69; 8 141 ff.; 21 80
- Geldwäsche 51 48
- illegale Beschäftigung 38 9
- Umweltdelikte 54 347
- Umweltstrafrecht 54 327

Gewinnerzielungsabsicht 22 64; 23 6, 12
Gewinnschuldverschreibung 27 81
Gewinnspiel, Betrug 59 38
Gewinnsucht 83 95
Gewinnverlagerung 29 75 ff.
Gewissensanspannung 18 10 f., 12
Gewohnheitsrecht 3 1
Gift 54 228
- Freisetzung 54 288 ff.

Giralgeld 42 59

Girocard 49 63 f.
Gläubigerausschuss, Strafbarkeit im Sanierungsverfahren 77 26 f.
Gläubigerautonomie 75 39
Gläubigerbegünstigung 81 18; 84 17 ff.
- Abgrenzung zum Bankrott 83 81 ff.
- Anwaltshonorar 84 50
- Befriedigung 84 32 ff.
- Begünstigte und Tatbeteiligte 84 22 ff.
- Beraterbeteiligung 96 10 ff.
- Bürge 84 26
- Darlehensstundung 84 42 f.
- Debt-Equity-Swap 87 5
- Einreden und Einwendungen 84 45
- Erfolgsdelikt 84 36
- existenzgefährdender Eingriff 84 30
- geschütztes Vermögen 84 21, 31 ff.
- Gesellschafter 84 28
- Gesellschafterforderungen 82 13
- Gläubigereigenschaft 84 23 f.
- Inkongruenz 84 39 ff.
- Konkurrenzen 84 52
- Kredit 84 43 f.
- Leistung an Erfüllungs statt 84 46
- nicht fällige Leistungen 84 47
- notwendige Teilnahme 84 24
- objektive Bedingung der Strafbarkeit 84 18
- als Privilegierungstatbestand 84 17
- qualifizierte wirtschaftliche Krise 84 18
- Rückzahlung Gesellschafterdarlehen 84 29 f.
- bei Sanierung 87 5
- Sicherung 84 34 ff.
- Sonderdelikt 84 22
- Sozialversicherungsbeiträge 84 48
- Sperrwirkung 84 52
- Sperrwirkung für Schuldnerbegünstigung 84 7
- Strafrahmen 84 53
- Täterqualifikation 84 25
- Tathandlungen 84 32 ff.
- Tatvollendung 84 37 f.
- Unterlassen 84 33
- Versuch 84 51
- Verteidigerhonorar 16 36 ff.

Stichwortverzeichnis

- Vorbehaltseigentum **84** 31
- Vorsatz **84** 49 f.
- wirksames Grundgeschäft **84** 40

Gläubigerbenachteiligung s. Gläubiger- und Schuldnerbegünstigung

Gläubigergesamtheit, Schädigung **83** 21

Gläubigerpool bei Sanierung **87** 17

Gläubigerschutz 75 53
- Krise **76** 11
- Vollstreckungsvereitelung **88** 5

Gläubiger-Sicherungspool 87 18

Gläubigerzugriff, Erschwerung **83** 17 ff., 26

Gleitzone 38 129
- Sozialversicherungsbeiträge **38** 132, 138

Glückscoupon 59 38

Glücksspiel, Staatsverträge **59** 40 f.

GmbH
- existenzgefährdender Eingriff **82** 26 ff.
- Anmeldung **22** 33; **24** 35 ff.
- Beirat **32** 125
- Buchführungspflicht **26** 19, 24; **43** 8
- Eintragung **22** 33, 37
- Eröffnungsbilanz **26** 59
- Feststellung/Jahresabschluss **26** 85
- Geheimhaltungspflicht **33** 99 ff.
- Gesellschafterdarlehen **82** 1 ff.
- Gründungsschwindel **27** 136 ff.
- Haftung der Gesellschafter in Krise **82** 3
- Kapitaländerungsschwindel **50** 68 ff.
- Kapitalerhöhung **50** 13 ff.
- Kapitalerhöhung aus Gesellschaftsmitteln **50** 19 ff.
- Kapitalerhöhung gegen Einlagen **50** 13 ff.
- Kapitalherabsetzung **50** 65 ff.
- Kaufmann **22** 42a f.
- Liquidation **75** 25
- Mindestkapital **27** 17
- Publizität **41** 2
- Rechtsanwalts- **90** 9
- Reform **23** 114

- Satzungsänderung Kapitalerhöhung **50** 13 ff.
- Strafnormen **23** 73
- unterkapitalisierte **23** 3a
- Verlustanzeige **40** 80
- Vorgesellschaft **22** 47 f.; **23** 42; **26** 24a

GmbH & Co KG 27 7
- Bilanzierung **26** 59, 77, 121 ff.
- Bilanzstrafrecht **26** 135
- Erbfolge **89** 14
- Familiengesellschaft **32** 209
- Insolvenzverschleppung **80** 17
- Jahresabschluss/Aufstellung **26** 89
- Strafnormen **23** 95
- Überschuldung **79** 31
- Untreue **32** 21a, 59
- Untreueschaden **32** 187a f.
- Zahlungsunfähigkeit **78** 46

GmbH & GmbH OHG 27 7

GmbHG, Strafnormen **23** 73 ff.

GmbH-Geschäftsführer, Berufsverbot und Organsperre **76** 64 ff.

GmbH-Konzern 32 148

GmbH-Vorgründungsgesellschaft, Bankrott **81** 23

GoB 26 32 ff.

Going-concern-Werte 87 14

Gold, Feingehalt **74** 14

Goldfinger-Geschäft 28 64

Governing 5 5

Graue Liste 29 69a, 71

Grauer Kapitalmarkt 28 2 ff.

Grauzementkartell 57 112

Gravierende Pflichtverletzung, Kreditvergabe **67** 12 ff.

GRC 6 14

GRECO 5 19

Green Shoe 50 54

Gremienentscheidung 17 13 f., 17; **30** 25 ff.
- Abstimmung **30** 32 ff.
- Anzeigepflicht **30** 39
- Aufsichtsrat **30** 46 ff.
- Bankrott **81** 52
- Garantenpflicht **30** 37 f.
- Generalverantwortung **30** 25 ff.
- Handlungspflicht **30** 36

– Kreditvergabe **67** 115 f.
– Produktverantwortlichkeit **56** 86 ff.
– Stimmenthaltung **30** 34
– Überstimmung **30** 35
Gremium 17 13; **35** 25
Grenzaufsichtsdienst 15 75
Grenzbeschlagnahme 60 102
– Produktpiraterie **55** 17 ff.
– Raubkopien **55** 92
Grenzen
– Beschlagnahmefreiheit **93** 15 ff., 27 ff., 33 ff.
– der EU **6** 22
– Geltung des Strafrechts **4** 1 ff.
– Verteidigung **91** 46 ff.
– Wirtschaftsstrafrecht **4** 1
– Zeugnisverweigerung **93** 10
Grenzkontrolle 6 26 f.
– Bargeld **51** 71 ff.
– EU **6** 79
Grenzüberschreitende Arbeitnehmerbeschäftigung 38 389 ff.
Grenzüberschreitende Ermittlungen 1 162; **8** 1 ff.
Grenzüberschreitende Strafverfolgung, Strafvorschriften **6** 77
Grober Eigennutz
– Steuerhinterziehung **44** 113
– Subventionsbetrug **52** 46
Großbritannien
– Unternehmensstrafbarkeit **7** 37
– Wirtschaftsstrafrecht **7** 30 ff.
Große Strafkammer 12 4
Größenklasseneinteilung, Gesellschaften **26** 124
Größenkriterien, Konzern **41** 12
Großes Ausmaß
– Steuerhinterziehung **44** 113
– Subventionsbetrug **52** 45
– Vorteil bei Korruption **53** 62
– Vorteilszuwendungen **53** 121
Großfeuerungsanlagen 54 39
Großgläubiger 76 9
Großhändler 72 60
Großkredit 50 119; **67** 22, 37
– Anzeigepflicht **67** 28
– Ordnungswidrigkeiten **67** 135
– Untreue **32** 167b

Großunternehmen 23 27 ff.
Grünbuch
– EU zum Freiheitsentzug **6** 140
– EU zur Erlangung von Beweismitteln **6** 179
Grund- und Bodenwert 28 108
Grundbucheintragung, Masseschmälerung **83** 26
Gründerjahre 1 41
Grundfreibetrag 38 304
Grundfreiheiten der EU **6** 20
Grundkapital
– Aktiengesellschaft **50** 60
– Falschangaben **27** 167 ff.
Grundkonzeption der Darstellung **1** 16 ff.
Grundrechte-Charta s. Charta der Grundrechte
Grundsatz der Wirtschaftlichkeit und Sparsamkeit **32** 235
Grundsätze
– Liquidität (Kreditinstitute) **67** 58
– ordnungsmäßiger Buchführung **26** 32 ff.
– ordnungsmäßiger Wirtschaft **83** 19 f.
Grundstoffüberwachung 74 13
Grundstücksbelastung, Masseschmälerung **83** 11
Gründung, Unternehmen
– Anmeldepflichten **25** 1 ff.
– Handelsregister **24** 34 ff.
– Rechtsformwahl **23** 56 ff.
Gründungsaufwand 96 82a
Gründungsbericht, Falschangaben **27** 172 ff.
Gründungsdelikt 96 78 ff.
Gründungsgesellschaft 22 47
Gründungskosten, Falschangaben **27** 160
Gründungsphase
– falsche Angaben **40** 78
– unrichtige Buchführung **40** 1
Gründungsprüfer
– Falschangaben ggü. **27** 176
– Strafbarkeit **27** 177
Gründungsprüfung 27 39

3275

Gründungsschwindel 26 190; **27** 136 ff.
- Aktiengesellschaft **23** 80; **27** 163 ff.
- Berater **96** 76
- Falschangabe **27** 138 f.
- Falschangaben zum Stammkapital **27** 149 ff.
- GmbH **23** 74
- GmbH und UG **27** 136 ff.
- Limited **23** 131
- Täter **27** 144 f., 164 f.

Gründungstheorie 23 103

Gründungsverträge EU **6** 8 ff., 8 ff.
- EWR **5** 23; **6** 23

Grüne Grenze 45 28 ff.

Grüner Ausgang 45 35
- Reiseschmuggel **45** 33
- Zolldelikt **45** 8

Grünfall 67 4

Gruppenfreistellungsverordnung 57 35 f.

GS 56 122

Gutachten als Rechtsdienstleistung **92** 26, 31

Gute Sitten, Markenrecht **60** 93

Güterkraftverkehr 25 52; **71** 1 ff.
- Begriff **71** 5

Güternahverkehr 71 3

Gütezeichengemeinschaft 57 127

GWB-Novellen 57 91 ff.

HACCP-Konzept 72 36

Hacker-Paragraf 42 93

Hackerszene 55 109

Hacker-Tool 42 93

Hacking 33 17; **42** 14, 25, 84 ff.

Haftbefehl 10 4; **11** 66 ff.
- Aussetzung des Vollzugs **11** 70 ff.
- Begründung **11** 57 ff.
- dringender Tatverdacht **11** 56
- Erlass **10** 23
- Europäischer **6** 173 f.; **8** 60 ff.
- Invollzugsetzung **11** 73
- Mitteilung **91** 46
- Rechtsbehelfe **11** 75 ff.
- im Steuerstrafverfahren **15** 14, 22, 48
- Verfall/Sicherheit **11** 74
- Vollzug **11** 69

Haftbeschwerde 11 75

Haftfortdauer, Überprüfung **11** 76

Haftgründe 11 57 ff.

Haftpflichtprozess
- Beweiserleichterung/-umkehr/-verteilung **16** 142 ff.
- Beweislast **16** 167
- Darlegungs- und Beweislast **16** 143
- Verteidiger **16** 141

Haftpflichtversicherung 16 155 ff.
- Umweltschutz **54** 99

Haftprüfung 11 75 f.

Haftsache, zuständige Ermittlungsbehörde **15** 14

Haftung
- ggü. Mandanten **16** 128 ff.
- im Netz **42** 35 ff.
- Umweltschutz **54** 99
- zivilrechtliche Verteidiger **16** 126 ff.

Haftungsbeschränkte Unternehmensgesellschaft (UG) s. Unternehmensgesellschaft

Haftungskapital, existenzgefährdende Eingriffe **82** 26 ff.

Haftungsrisiko des Verteidigers **16** 126 ff., 148

Halbjahresfinanzbericht 26 136

Halbleiterschutz 55 66 ff.

Halbstrafenverbüßung 21 63

Haltbarkeitsangaben 72 25

Handel Edelmetalle **74** 8, 14
- Schmuckwaren **74** 8
- Waffen **62** 1 ff.

Handelsbilanz 26 71 ff.
- Beraterbeteiligung **96** 5 ff.

Handelsbrief, Aufbewahrung **26** 56

Handelsbücher 26 17, 40
- Aufbewahrung **26** 56
- Buchführungsdelikte **85** 55 ff.
- gefälschte **39** 2, 10

Handelsgesellschaft 22 42 f.
- Rechnungslegung **85** 6

Handelsgewerbe 22 18, 61 ff.
- Begriff **22** 73 ff.

Handelsklassen 74 15

Handelsrechtliche Buchführungspflicht 22 82 f.

Handelsrechtliche Offenlegungspflichten 41 6 ff.
- Bußgeldtatbestände HGB **41** 38 ff.

Handelsrechtsreform 22 17

Handelsregister 22 20 ff.
- Angaben **22** 31 ff.
- Anmeldepflichten **24** 35 ff.
- Anmeldung **22** 22, 31 ff.
- Anmeldung AG **27** 42
- Anmeldung GmbH **27** 27
- bedingte Kapitalerhöhung **50** 46
- Bekanntmachung **22** 22, 40 f.; **24** 38, 39
- deklaratorische Eintragung **22** 36 ff.
- Einsicht **22** 29a
- Eintragung **22** 31 ff.; **24** 38
- eintragungsfähige Tatsachen **22** 35
- eintragungspflichtige Tatsachen **22** 35 ff.
- elektronisches **22** 27
- europäisches **22** 21
- Falschangaben **96** 81 f.
- Formwechsel **50** 12
- Gründungsschwindel **96** 79
- Kapitalerhöhung **50** 15, 21, 30 f.
- Kaufmann **22** 18
- konstitutive Eintragung **22** 23, 37, 54
- Löschung **22** 31
- öffentlicher Glaube **22** 22
- Prüfungspflicht **22** 22, 55, 80 f.
- Publizität **22** 22
- Registergericht **22** 26 f.; **24** 38; **96** 78
- Registerzwang **22** 39
- Zuständigkeit **22** 27
- Zwangsgeld **1** 128; **22** 39; **24** 13; **41** 31
- Zwangsmittel **22** 39

Handelsvertreter, Untreue **32** 117

Handelszulassung bei Finanzinstrumenten **68** 19

Händler, Produkthaftung **56** 53

Handlung 17 3 f.

Handlungsunrecht 21 25

Handlungsvollmacht 22 34; 23 41
- Untreue **32** 53

Handwerk 25 36
- Bußgeldtatbestände **37** 159 ff.
- Gewerbe **22** 68

Handwerkskammer 22 28

Handwerksordnung, Ordnungswidrigkeiten **25** 36 ff.

Handwerksrolle 24 38; 25 38
- Anzeigepflicht **37** 159 f.
- Umfang **37** 168 f.

Handy 42 2

Hardcore-Kartell 57 83

Hardware-Sabotage 42 24

Harmonisierung 5 5
- Befugnis der EU **6** 101
- EU-Recht **23** 104
- des Strafrechts **4** 15

Harmonisierungsamt für den Binnenmarkt **60** 52a

Härteausgleich 21 52

Hartz IV, Erschleichen **37** 144

Hauptinsolvenz 76 58

Hauptniederlassung 22 49

Hauptverfahren 12 19 ff.
- Ablehnung der Eröffnung **12** 12, 17
- Eröffnung **12** 12, 14; **16** 92, 93
- Verteidigungstaktik **16** 97 ff.

Hauptverhandlung 10 3; 12 20
- Ablauf **12** 21 ff.
- Aussetzung **12** 41 f.
- Grundsätze der **10** 25 ff.
- Haft **11** 79
- Unterbrechung **12** 41
- Vorbereitung **12** 19
- Vorbereitung Mandant **16** 100a

Hauptzollamt 11 11; 15 15; 24 53
- Außenwirtschaftssachen **15** 92 f., 106
- Marktordnungszuwiderhandlungen **45** 60
- Schwarzarbeit **36** 23 f., 52
- strafrechtliche Ermittlungskompetenz **15** 7
- Zuständigkeit **15** 73

Hausgewerbetreibender 38 83

Haushalt, öffentlicher
- EU **6** 104
- Verstöße **32** 213 f.

Haushaltsgrundsätze, EU **6** 106

3277

Haushaltshilfe, Aufenthaltserlaubnis **37** 56
Haushaltsrecht 32 218 ff.
Haushaltsscheck 38 92, 146
Haushaltsuntreue 32 212 ff.
- Cross-Border-Leasing **32** 237
- und Korruption **32** 225a
- schwarze Kasse **32** 228
- Vermögensschaden **32** 222 ff.
- Wirtschaftlichkeit **32** 235
- Zweckverfehlung **32** 218b, 235

Hausreparatur, Betrug **59** 35 ff.
Haustürgeschäft 59 2, 3, 27, 35
Health Claims 72 33
Hedge-Fonds 75 9, 16; **87** 3
Hedge-Geschäft 68 10
Hehlerei
- fahrlässige **74** 8
- Waren zweifelhafter Herkunft **48** 74 ff.

Heilmittelwerbung 72 129 ff.
Heilpraktiker 74 29
Heimarbeit(er) 38 81 f.
Heimbewohner 74 30
Heizölverdieselung 45 43
Heizungsabschaltung, Nötigung **63** 5
Helfer in Steuersachen **92** 28
Hemmung der Verjährung **17** 54
Herausgabe, freiwillige – von Beweisunterlagen **93** 15a
Herausgabepflicht 11 96
Herbeiführen der Krise **83** 86
Herkunft, geografische **60** 73
Herkunftsangabe 60 73, 87
Herrenreiter-Fall 60 104
Herrühren, Geldwäsche **51** 22 ff.
Herstellerhaftung, Lebensmittel **72** 58
Herstellungsfehler 56 48
Herstellungskosten 26 119, 119d
HGB
- Bußgeldtatbestände Publizität **41** 38 ff.
- Mischtatbestände **1** 118
- Strafnormen **23** 75
- Straftatbestände Publizität **41** 44 ff.

Hilfe in Steuersachen 92 28 ff.
Hilfspersonen für Buchführung von Steuerberatern **96** 49

Hin- und Herzahlen 26 62b; **27** 25, 28, 41, 43, 155
Hinterlegung von Aktien **23** 80
Hintermann 19 9a; **29** 9, 22 f., 27; **30** 9
Hinweispflichten des Gerichts **12** 40 ff.
Hochrechnung
- Lohnsteuer **38** 332
- Schwarzlohn **38** 129
- Sozialversicherung **38** 262 ff.

Hochschleusen, Barlohn **38** 267
Hochschullehrer als Rechtsdienstleister **92** 25
Hochseefischerei 6 90
Höchstkreditgrenzen 67 14b, 37
Hochwasserschutz 54 22
Hoheitszeichen, unbefugte Benutzung **60** 103
Holding-Gesellschaft 22 59 f.
- Gewerbe **22** 71

Holzschutzmittel-Urteil 56 24, 94
Homebanking 49 50 ff.
Homeshopping 42 29
Honorar
- Annahme als Geldwäsche **51** 32 ff.
- Berater **90** 5; **95** 3; **96** 89
- Beraterstrafbarkeit **96** 10 f.
- Haftung des Verteidigers **16** 135
- überhöhtes **94** 16
- Verteidiger **16** 21 ff., 153

Honorarklage 94 3
- Schweigepflichtentbindung **93** 10

Hörzeichen 60 58
Host-Provider 42 40
Hotline, Compliance **31** 20
House of Companies 23 111
Hygienepranger 72 44
Hygienevorschriften
- Lebensmittel **72** 36 ff.
- Sanktionen **72** 49 ff.

Hyperlink 42 37
Hypnose 11 33
Hypothekenbank 67 1; **69** 7 f.
Hypothekenpfandbrief 69 8
Hypothetischer Wettbewerbspreis 58 27
IAEA 5 36
IASB 26 148, 155 ff.

ICAO **5** 36
ICMS **56** 40
IDEA, Buchführung **26** 47
Idealkonkurrenz s. Tateinheit
Idealverein 23 21; **53** 54
Identifikationsmerkmal, zweckwidrige Verwendung **46** 56
Identifikationsnummer 46 57
Identifizierungspflicht, Geldwäsche **51** 56 ff.
Identische Marke 60 80a
Identitätsschutz 60 77
IDW Standard 27 132
IFRS 26 148 ff.
– Basisannahmen **26** 161
– Bestandteile **26** 158
– Bestandteile des Abschlusses **26** 166
– Bewertungsgrundlagen **26** 160 ff.
– Buchführung **26** 152
– als GoB **26** 33
– für KMU **26** 153
– kritische Wertung **26** 169 ff.
– Offenlegung, des Einzelabschlusses **26** 152
– Periodenabgrenzung **26** 165
– Pflichtanwendung **26** 149, 151
– Rechtsgrundlagen **26** 148 ff.
– Standards im Überblick **26** 167
– Strafbarkeit **26** 135, 154
– Synopse IFRS/HGB **26** 168
– (Umsatz-)Ertragsrealisation **26** 165a
– Vorsichtsprinzip **26** 163 ff.
– Zielsetzung **26** 157 ff.
– Zusammenfassung **26** 169
Illegale Abfallentsorgung 54 224 ff.
Illegale Arbeitnehmerüberlassung 25 46 f.; **29** 45; **37** 16 f.; **38** 8, 78 f., 96
– Beihilfe **37** 130
– Fiktionswirkung **37** 24
– grenzüberschreitend **37** 24a
– Irrtum **38** 232, 241 f.
– Kettenbetrug **38** 28
– Lohnsteuer **38** 320 f.
– Ordnungswidrigkeiten **37** 25 ff.
– Straf- und Bußgeldvorschriften **37** 128 ff.

Illegale Ausländerbeschäftigung 37 44 ff.
– größerer Umfang **37** 122
– Ordnungswidrigkeiten nach AufenthG **37** 65 ff.
– Ordnungswidrigkeit nach SchwarzArbG **37** 120 ff.
– Ordnungswidrigkeiten nach SGB III **37** 59 ff., 69
– Rechtsfolgen **37** 58b
– Schadensbemessung **38** 257a
– Schwarzarbeitsgesetz **37** 113 ff.
Illegale Beschäftigung 36 1 ff.; **37** 1 ff.; **38** 1 ff.
– Asylbewerber **37** 107 ff.
– Ausländer **37** 44 ff.
– von Ausländern **25** 47
– Begriff **36** 4; **38** 265
– Behördenzusammenarbeit **36** 17 ff.
– Beitragsschätzung **38** 260 ff.
– Beitragsvorenthaltung **38** 1 ff., 4
– Bekämpfung **36** 17 ff.
– EU-Ausländer **38** 11
– Gewerbsmäßigkeit **37** 103
– Informationsaustausch **36** 28 ff.
– Konkurrenzen **37** 127
– Menschenhandel **37** 119a
– Ordnungswidrigkeiten **36** 15
– Rechtsgrundlagen **36** 10 ff.
– Reformgesetze **1** 71
– Schwarzarbeitsgesetz **37** 113 ff.
– Täterschaft/Teilnahme **38** 27 ff.
– Zentrale Datenbank **36** 31
– zivilrechtliche Folgen **36** 58
– Zusammenarbeitsbehörden **38** 20 ff.
– s.a. Schwarzarbeit
Illegaler Download 55 27
Illiquidität s. Zahlungsunfähigkeit und Liquidität
ILO 4 17
Imitat 55 12 ff.
Immaterielle Vermögensgegenstände 26 106
– Inventar **26** 9
Immaterielle Wirtschaftsgüter, Masseschmälerung **83** 7 ff.
Immissionen 54 194 ff.

Immissionsschutz 54 32 ff.
Immissionsschutzbeauftragter 54 45
Immissionswerte 54 199
Immobilien-AG 26 20
Immobilienfonds 25 25; **28** 49
Immobilienmakler 70 2 ff.
Immunität 10 35; **17** 53
IMO 5 36
Imparitätsprinzip 26 115
Implantate 56 17 f.
Implied powers 6 42
Importeur 72 59
Impressum auf Webseite **42** 42
In dubio pro reo 10 33
– im Steuerstrafverfahren **44** 41
– s.a. Zweifelsgrundsatz
Individualbeschwerde 6 14
– EGMR **5** 17
Indizienbeweis, Lieferantenbetrug **48** 31 ff.
Industrialisierung 1 38 ff.
Industrie- und Handelskammer 22 28
Industrie-Emissions-Richtlinie 54 32a
Informationsaustausch
– Außenwirtschaftsrecht **15** 119 f.
– grenzüberschreitender – in Steuersachen **38** 395
– Sozialrecht **38** 24 ff.
– Zinserträge **29** 79 ff.
Informationskriminalität 42 1 ff.
– Dunkelziffer **42** 11
– Erscheinungsform **42** 7
– Statistik **42** 11
Informationspflicht
– der Bank bei Kreditgeschäften **67** 33 ff.
– ggü. Betriebsrat **35** 48 f.
Informationssystem, Schengen **6** 29
Informationsüberwachung 42 41
Informelle Absprache 12 39b, 39g; **16** 102a
Informelles Verfahren, Kartellrecht **15** 129
Ingerenz 30 121
– Gefahrenquellen **30** 116 ff.
– Geschäftsleitung **30** 41
– schadhafte Produkte **56** 91, 105
– Steuerberater **96** 31

Inhaber des Betriebs **23** 14
Inhaberschuldverschreibung 27 72; **74** 16
Inhabilität 23 130
– GmbH-Geschäftsführer **76** 64 ff.
– Insolvenzverschleppung **80** 11
Inhalts-Provider 42 38a
Initiator, betrügerische Anlagen **28** 73 ff.
Inkassodienstleister 92 16 f.
Inkassoforderung 59 3d
Inkongruenz
– Gläubigerbegünstigung **84** 17 ff.
– der Leistung **83** 83
Inland 4 1 ff.; **8** 2 ff.
– Internetdelikte **42** 36
Inländische Rechtsgüter 4 4
Innenfinanzierung 27 1; **50** 2
– Kapitalerhöhung **50** 1 ff.
Innengesellschaft 23 18 f.
Innenrevision 17 19a
Innere Sicherheit 6 116 ff.
– EU **6** 77
INPOL 11 67
Input-Manipulation 42 12 ff., 56
In-Sich-Geschäft, Untreue **32** 71
Insidergeschäft 68 37 ff.
– EU **6** 133
– Verbotsnorm **68** 42 f.
Insiderhandel 68 3, 37 ff.
– Frontrunning **68** 58
– Sanktionen **68** 75 ff.
– Scalping **68** 59
– Täter **68** 76 f.
– Verbot **68** 37, 37 ff.
– Verleiten zum **68** 74
– Vermögensabschöpfung **68** 86
Insiderinformation 68 45
– Analystenbewertung **68** 51
– Bereichsöffentlichkeit **68** 51
– Nutzung **68** 67 f.
– Regelbeispiele **68** 58
– Strafbarkeit nach WpHG **33** 102
– unbefugtes Mitteilen **68** 73
– Verwenden **68** 62 ff.
Insiderpapier 68 44
Insiderverzeichnis 68 37a ff., 39

Insolvenz
- Ablehnung mangels Masse **75** 31
- Analyse der Rechnungslegung **86** 21 f.
- Antragspflicht **80** 1 ff.
- Antragspflicht Berater **96** 16 ff.
- außergerichtlicher Vergleich **87** 38
- Beitragsvorenthaltung **38** 178
- Bonitätsprüfung **86** 21 ff.
- Eigenverwaltung **80** 56
- EU-Recht **75** 54 ff.
- europäische **76** 54 ff.
- Fremdantrag **80** 49
- Geheimnis **88** 32
- gescheiterte Sanierung **87** 1 ff.
- gesteuerte **87** 22
- Kreditwürdigkeitsprognose **86** 12 ff.
- Krisenindikatoren **86** 25 f.
- Lieferantenbetrug **86** 1 ff.
- Massearmut **75** 38 f.
- Publizitätspflichten **41** 33
- Sanierungsverfahren **77** 1 ff.
- Schutzschirmverfahren **77** 1 ff.
- Sicherungsmaßnahmen **87** 31
- Strafbarkeit von Großgläubigern **87** 26
- und Unternehmensnachfolge **89** 24
- und Untreue **32** 84a
- Verhältnis zu Zwangsvollstreckung **88** 1 ff.

Insolvenzabschlussprüfung, Rentenversicherung **38** 142c

Insolvenzanmeldung
- 3-Wochen-Frist **77** 5
- fehlerhafte Anträge **77** 6
- unzulässiger Antrag **77** 6 f.

Insolvenzantrag
- Ablehnung **75** 31
- fehlerhafter **80** 53 ff.
- Fremdantrag durch Gläubiger **80** 49
- Frist **80** 40 ff.
- Inhalt **80** 53 ff.
- Rücknahme **80** 45
- unterlassener bzw. verspäteter **96** 14 ff.
- bei unzuständigem Gericht **80** 47
- verspäteter **80** 43 f.
- Zurückweisung **80** 51

Insolvenzantragspflicht 80 1 ff.
- Adressaten **80** 23 ff.
- Aktiengesellschaft **80** 12
- Aufsichtsratsmitglieder **80** 28 ff.
- ausländische Gesellschaften **80** 21 f.
- Bankmitarbeiter **80** 34
- Beendigung **80** 48
- Entfallen **80** 50
- Europäische Gesellschaften **80** 14
- bei Führungslosigkeit **80** 35 f.
- Gesellschaften ohne persönlich Haftende **80** 17
- im Gesellschaftsrecht **80** 1
- GmbH & Co KG **80** 17
- GmbH-Gesellschafter **80** 32
- juristische Personen **80** 12 ff.
- Personengesellschaft **23** 95
- Stiftung **80** 15
- Unternehmensberater **80** 34
- Verein **80** 15
- Vertretungsorgane **80** 23 ff.
- Voraussetzungen **80** 37 ff.

Insolvenzanzeigepflicht, Kreditinstitute **66** 32 ff.

Insolvenzausfallgeld 75 37

Insolvenzdelikt s. Insolvenzstraftaten

Insolvenzgeheimnis 76 22 ff.; **88** 32; **93** 6a
- Buchhaltungsunterlagen **76** 37 ff.
- Fernwirkung **76** 30 ff.
- Grenzen **76** 30 ff.

Insolvenzgeld 38 194; **87** 24
- Missbrauch **87** 25
- Vorenthalten **38** 194

Insolvenzgericht, Amtsermittlungsgrundsatz **80** 46

Insolvenzgutachter, Verwendungsverbot **76** 30

Insolvenzmasse 75 37
- geschütztes Vermögen **83** 5 ff.
- Schmälerung **83** 1 ff.
- Schutz **81** 2

Insolvenzordnung
- Gläubigerschutz **75** 3
- Straftatbestände **76** 16
- Verwertungsverbot **76** 22 ff.

Insolvenzplan 75 39; **88** 4

Insolvenzplanverfahren 75 18
Insolvenzrecht s. Insolvenz(straf)recht
Insolvenzrechtsreform 75 18, 40, 46 ff., 63; **76** 4 f.
Insolvenzreife 80 37 f.
– Beitragsvorenthaltung **38** 155
Insolvenzstatut, Auslandsvermögen **76** 54
Insolvenz(straf)recht 76 1 ff.
– Beweisführung **78** 32 ff.
– Deliktsaufbau **81** 6
– im engeren/weiteren Sinne **76** 62
– Ermittlungspraxis **76** 17 ff.
– ESUG **77** 1 ff.; **80** 3
– europäisches **76** 54 ff.
– fällige Verbindlichkeiten **78** 16 ff.
– in der Finanz- und Wirtschaftskrise **76** 11 ff.
– Firmenbestattung **23** 129
– Limited **23** 119
– Prognosen **76** 6 f.
– Rechtsgüter **76** 1, 48 f.
– Reformgesetze **1** 73 f.
– Straftaten **76** 48
– Strafzumessung **76** 63
– Überblick **76** 1 ff.
– Unternehmensverantwortliche **76** 59 ff.
– Zahlungseinstellung **78** 32 ff.
– Zivilrechtsakzessorietät **75** 49 ff.
Insolvenzstraftaten 87 29 ff.
– Anfangsverdacht **76** 19
– Auffangtatbestand **81** 7
– Bankrottdelikte **81** 1 ff.
– Beraterbeteiligung **96** 1 ff.
– Blankettdelikt **17** 10
– Einziehung **76** 61
– faktischer Geschäftsführer **30** 69
– Firmenbestattung **87** 45 ff.
– Freiheitsstrafe **76** 60
– Geldstrafe **76** 60
– gescheiterte Sanierung **87** 1 ff.
– geschütztes Vermögen **83** 5 ff.
– objektive Bedingung der Strafbarkeit **17** 45a; **81** 9, 65 ff.
– Organverantwortlichkeit **81** 33 ff.
– Rechtsgut **81** 1 ff.
– Sanktionen **76** 59 ff.

– Schuldformen **81** 8, 8
– Strafzumessung **76** 63
– Täterqualifikation **81** 28 ff.
– Überblick **76** 52 ff.
– Unternehmensnachfolge **89** 52
– Verfall **76** 61
– Vorsatz **81** 8
– Zurechnung **81** 33 ff.
Insolvenzverfahren
– Auskunfts- und Mitwirkungspflichten **88** 29 ff.
– Beweisverwertungsverbot **93** 6a ff.
– Buchführungspflicht **26** 26
– Eröffnung **81** 65, 71
– Haftungsausschlüsse **75** 19
– Jahresabschluss werbende Gesellschaft **26** 94
– Prozesskostenhilfe **75** 37
– Rechnungslegung **26** 69
– und Strafverfolgung **76** 18 ff.
– Verwendungsverbot **93** 6a ff.
– Verwendungsverbot (§ 97 Abs. 1 InsO) **88** 32
– Voraussetzungen **75** 35 ff.
– und Zwangsvollstreckung **88** 1 ff.
Insolvenzverschleppung 23 72
– Auffangtatbestand **80** 9
– Beraterbeteiligung **96** 14 ff.
– Dauer-Unterlassungsdelikt **80** 6
– Drei-Wochen-Frist **77** 5
– EWIV **23** 98
– Konkurrenzen **80** 52
– Limited **23** 127
– bei Sanierung **77** 5 f.
– Überschuldung **79** 3
Insolvenzverschleppung 80 2 ff.
– Delikthäufigkeit **80** 7
– faktischer Geschäftsführer **80** 11
– GmbH & Co KG **80** 17
– Irrtümer **80** 58 ff.
– Kommanditgesellschaft **80** 19
– Rechtsgut **80** 5
– Scheinauslandsgesellschaft **80** 21
– Verjährung **80** 48
– Verlust der Organfähigkeit **80** 11
– Vorsatz und Fahrlässigkeit **80** 57 ff.

Insolvenzverwalter
- als Arbeitgeber (Sozialversicherungsrecht) **38** 77
- Bankrotthandlungen **81** 43 f.
- als Berater **92** 40a
- Buchhaltungsunterlagen **76** 31 f.
- Entbindung/Schweigepflicht **11** 43; **93** 9 ff.
- Geldwäsche **51** 38
- Rechnungslegung **26** 69a
- schwacher **87** 32
- Schweigepflichtentbindung **93** 7 ff.
- starker **87** 32
- Strafbarkeit **87** 32 ff.
- strafrechtliche Verantwortung **30** 97
- Treuepflicht **32** 126 f.; **87** 33
- Unternehmensträger **23** 14
- Untreue **32** 14, 23
- Verfügungsbefugnis **47** 42
- Vermögensübersicht **88** 31
- vorläufiger **32** 127; **77** 4, 14 ff.
- vorläufiger – und Zeugnisverweigerung **93** 9a
- Zeugnisverweigerungsrecht **93** 6 ff.

Instruktionsfehler 56 48
Intelligenzschmuggel 45 7, 14
Intendanten-Entscheidung 32 232
Interbankenhandel 28 6, 8
Interesse
- besonderes öffentliches **10** 13 f.
- öffentliches **55** 96

Interessenausgleich, Urheberrecht **55** 120
Interessenkollision
- Beauftragung durch Dritte **16** 47
- mehrere Anwälte einer Sozietät **16** 49 f.
- Sockelverteidigung **16** 77
- Strafrechtsschutzversicherung **16** 44
- Unternehmensverteidigung **16** 76

Interessenkonflikt, Berater **91** 18
Interessentheorie 82 24; **83** 1
- Bankrott **81** 53 ff.
- BGH **30** 99 f.
- Rechtsprechungsänderung **81** 61 ff.

Interessenvertretung 91 22

Interessenwiderstreit, mehrerer Parteien **94** 18 ff.
Internal Investigations 31 28; **93** 47
Internationale Abkommen 4 17; **5** 13 ff.; **6** 46
- Auslandsgeschäfte **62** 1 ff.
- Auslieferung **5** 22
- Geldwäsche **51** 16 ff.
- Markenrecht **60** 52
- Patentrecht **55** 38
- Rechtshilfe **8** 5 ff.
- Urheberrecht **55** 95, 116
- Wirtschaftsstrafrecht **1** 154 ff.
- Zollstraftaten **15** 80

Internationale Amts- und Rechtshilfe
- in Steuersachen **38** 395
- s.a. Amtshilfe, Rechtshilfe

Internationale Bestechung 6 110; **23** 49; **53** 5, 113 ff.
- Reformgesetze **1** 72

Internationale Institutionen 4 17; **5** 7, 25 ff.
Internationale Organisationen 1 154
Internationale Rechnungslegung 26 146 ff.
- unrichtige Darstellung **40** 62 f.

Internationale Wirtschaftsordnung 4 1
Internationaler Gerichtshof 5 27
Internationaler Strafgerichtshof 4 20; **5** 30, 35, 37 f.
Internationales Gesellschaftsrecht 23 100a ff.
Internationales Insolvenzrecht 75 55
Internationales Strafrecht 4 1 ff., 3 ff.
Internationales Wirtschaftsstrafrecht 5 1 ff.
Internationalisierung 1 4, 154 ff.
- Berater **90** 25

Interne Revision, Risikomanagement **26** 13 ff.
Internes Kontrollsystem
- Buchführung **26** 45 ff.
- Risikomanagement **26** 13 ff.

Internet 42 3; **55** 91
- Betrug **42** 46
- Blockade **63** 8 f.
- Missbrauch **42** 29 ff.
- Persönlichkeitsrecht **60** 104

Stichwortverzeichnis

- Persönlichkeitsverletzung **60** 114
- Radio **55** 107
- Tatmittel **2** 29
- Verantwortlichkeit **42** 35 ff.
- Verkaufsplattform **42** 42, 46

Internetbanking 51 4
Internetwerbung 60 13
Interpol 8 54, 124
Interpretation 55 115
Intertemporales Strafrecht 3 1 ff.
Intimsphäre 33 1; **60** 114
In-Unkenntnis-Lassen, Subventionsbetrug **52** 15
Inventar 26 7; **88** 28
- Aufbewahrung **26** 56
- Aufstellungsfrist **26** 11
- Bestandsaufnahme **26** 9
- Bewertung **26** 10
- Eröffnung **26** 9, 59

Inventarblätter 40 16
Inventarerstellung, unterlassene/verspätete **85** 54
Inventur 26 7 ff.
- unrichtige **40** 2

Inventurliste 40 16
Investitionszulage 15 5; **52** 8
Investmentfonds 28 55; **66** 23
Investmentgeschäft, unerlaubtes **66** 22 ff.
Investmentgesellschaft, Sanktionen **69** 14
Investmentvermögen 66 25
- Rechnungslegung **26** 136a

Investoren, Betrug ggü.- **66** 26 ff.
Ionisierende Strahlen, Freisetzen **54** 259 ff.
IP-Nummer 42 37
IPR 23 101
Irreführende Angaben, Börsen- und Marktpreis **68** 22 ff.
Irreführende Signale, Börsen- und Marktpreis **68** 26 f.
Irreführende Werbung 60 8 ff., 30 ff.
- Heilmittel **72** 132
- bei Lebensmitteln **72** 72

Irreführung
- der Kartellbehörde **57** 138
- Lebensmittel **72** 25

Irreführungsschutz 60 74
Irreführungsverbot, Weinrecht **72** 82
Irrtum 18 1 ff.
- Beitragsvorenthaltung **38** 176, 230 ff.
- Betrug **47** 31 ff.
- Lohnsteuer **38** 367
- Subventionsbetrug **52** 30
- Untreue **32** 197 ff.
- Urheberrecht **55** 113

IT-Ausdrucke, Fälschung **42** 54 ff.
IT-bezogene Strafnormen 42 62 ff.
IT-Delikte, Sicherungsmaßnahme **42** 122 f.
IT-Forensik 42 93
IT-Kriminalität 42 11
IT-Sachbearbeiter 42 52
IT-Technologie 42 1 ff.
IuK-Kriminalität 42 7 ff.
Jagdschein 16 120c
Jahresabschluss 26 71 ff.
- Änderung **26** 93
- Anhang **26** 77 ff.
- Aufbewahrung **26** 96 ff.
- Aufstellungsfrist **26** 87 ff.
- Bestandteile des Abschlusses **26** 77
- Feststellung **26** 82 ff., 84
- Formblätter **26** 134
- Maßgeblichkeitsgrundsatz **26** 74, 93
- Offenlegung **26** 133
- Pflichtverstöße **85** 42 ff.
- Publizitätspflichten **41** 24 ff.
- Unterzeichnung **26** 80a, 98

Jahresabschlussbilanz 85 48
Jahresarbeitsentgeltgrenze 38 107, 137
Jahresfinanzbericht 26 136
Jahressteuererklärung als Selbstanzeige **24** 59
Jahresumsatz als Schwellenwert **23** 28
Jahreszins, effektiver **61** 54 ff.
Jahrmarkt 24 33
Jedermann-Delikt 22 5
- Kartellrecht **57** 107

Journal 26 40a
Journalisten, Marktmanipulation **68** 25
Jugendarbeitsschutz 34 22

Jugendschutz 42 37
Juristische Person 22 42 ff.
- ausländische 23 72a
- Geldbuße **1** 119, 121
- Haftungsbeschränkung 23 71 f.
- IPR 23 113
- als Nötigungsopfer 63 33 ff., 39 ff.
- Strafbarkeit **6** 111
- Strafnormen 23 71 ff.
- Täterkreis 23 31 ff.
- als Unternehmer 23 15

Justizielle Zusammenarbeit 6 17, 64, 77, 117; **8** 11 f., 36 ff., 60 ff., 97 ff., 143 ff.
Justizstatistiken 2 31
Juwelier 74 8
Kabotage 71 2
- Zollhinterziehung 45 22

Kaffeefahrt 24 30; **59** 2; **60** 18, 22
Kaffeesteuer 45 53
Kälbermast 72 22
Kannentäuscher 45 64
Kann-Kaufmann 22 53; **26** 18
KapCoRiLiG 41 5
Kapitaladäquanzrichtlinie 66 6a; **67** 51
Kapitaländerungsschwindel 50 68 ff.
Kapitalanlagebetrug 27 110 ff.; **28** 3 ff., 71, 72 ff.
- Schaden 28 85 ff.
- Täuschungsmittel 96 67 ff.
- Teilnahme von Beratern 96 61 ff.
- durch unrichtige Bilanzierung 40 43
- Verjährung bei Prospekten 27 135

Kapitalanlagebetrug
- Täter 27 117
- Tatobjekte 27 111 ff.
- unrichtige vorteilhafte Angaben 27 124 ff.

Kapitalanlagegesellschaft 66 23 ff.
Kapitalanlagegesetzbuch 26 136a; **28** 1; **66** 22
Kapitalanlagen
- Anlegerschutz 28 1 ff.
- Aufklärungspflicht 28 18 ff.
- Betrug 28 3, 72 ff.
- Dokumentationspflichten 28 25 ff.
- Ordnungswidrigkeiten 28 95 f.
- Steuerorientierte 28 41 ff.

Kapitalanleger-Musterverfahren 68 50
Kapitalaufbringung 27 1 ff.; **50** 1 ff.
- MoMiG 82 17 ff.
- System 82 1 ff.

Kapitaleinsatz, Selbständigkeit 38 57 ff.
Kapitalerhaltung 26 72 ff., 101
Kapitalerhöhung 26 126a; **50** 2
- AG 50 25 ff.
- bedingte 50 40
- GmbH 50 13 ff.
- Schadensersatz 50 17

Kapitalerhöhungsschwindel 91 83
- Berater 96 76 ff.
- Beraterbeteiligung 96 76 ff.

Kapitalersatz 82 1 ff.
Kapitalersatzrecht
- Abschaffung 82 17 ff.
- Wegfall und Rückwirkung 82 23

Kapitalersetzende Darlehen 82 1 ff.
Kapitalertragsteuer 44 62; **46** 59
- Datenaustausch USA 46 32a
- Gefährdung 46 37 f.

Kapitalflucht 1 47
Kapitalflussrechnung, Bestandteile des Abschlusses 26 77
Kapitalgesellschaft
- Änderungen des Eigenkapitals 50 1 ff.
- ausländische 23 100 ff.; **24** 51; **76** 54
- börsennotierte 23 30
- Buchführung 26 19, 24
- Buchführungs- und Bilanzdelikte 85 12
- deutsche 23 121
- große 23 29
- Größe 23 27 ff.
- Haftungsbeschränkung 27 16
- kapitalmarktorientierte 26 77, 121, 129a
- kleine 23 29; **26** 77, 89, 121
- Offenlegung Rechnungslegung 41 2
- Strafnormen 23 75
- Straftatbestände Publizität 41 44 ff.
- Unternehmensnachfolge 89 13
- Zurechnung 23 31 ff.

Kapitalherabsetzung 26 126a; **50** 2, 55 ff.
- AG **50** 58 ff.
- GmbH **50** 65 ff.
- Insolvenzverschleppung **50** 67

Kapitalisierte Personenhandelsgesellschaft 27 7
- Publizität **41** 2

Kapitalkonten der Gesellschafter **26** 101 ff.

Kapitalschwundanzeige, unterlassene **23** 74, 80, 87

Kapitalverkehr 6 20

Kapitalvermittlungsbetrugsmodell 28 7

Kapitalverwaltungsgesellschaft 66 24
- Rechnungslegung **26** 136a f.

Kappungsgrenze, Kartellrecht **57** 149

Kardinalskala 48 42

Kartell, Submissionsabsprache **58** 1 ff.

Kartellabsprachen 53 69

Kartellbehörde 15 123; **57** 100, 137 ff.
- europäische **57** 34, 54
- Zuständigkeit **57** 103, 110; **58** 37, 39 ff.

Kartellbuße, Höhe **57** 87 ff.

Kartelldelikt 57 118 ff.
- Verbotsirrtum **57** 77a
- Verjährung **57** 33, 146 f.

Kartellgericht 15 135 ff.

Kartellgesetz 1 57

Kartellordnungswidrigkeiten 58 32 ff.
- Behinderung der Kartellbehörden **57** 137 ff.
- Höhe der Geldbuße **57** 148 ff
- Sanktionen **57** 142 ff.
- Schweregrad **57** 104
- Verstöße gegen deutsches Recht **57** 117 ff.
- Verstöße gegen EU-Recht **57** 114 ff.

Kartellrecht 1 57; **57** 1 ff.
- Adressat **57** 74 f., 107
- Aufsichtspflichtverletzung **57** 113
- Auskunft **15** 127; **57** 62, 141
- Bagatellbekanntmachung **57** 84
- Boykottverbot **57** 129 ff.
- Bußgeldbemessung **57** 148 ff.
- Bußgeld-Leitlinien **57** 153
- Bußgeldverfahren **15** 125 ff., 130 ff.; **57** 67, 100
- Diskriminierung **57** 42, 124 f.
- Druckmittelverbot **57** 132 f.
- Durchsuchung **15** 127; **57** 62, 141
- Empfehlungen **57** 97
- Entwicklung **57** 2 ff., 91 ff.
- Ermittlungen **15** 127; **57** 62, 141
- europäisches **6** 70 f.; **23** 48; **57** 16 ff.
- EWR **57** 25
- Fusionskontrolle **57** 98, 136
- Fusionskontrolle, europäische **57** 3, 48 ff., 85 f.
- Geldbuße **1** 116, 121b; **57** 3 f., 148 ff.
- Horizontalvereinbarungen **57** 118
- Kooperation **57** 44, 96
- Kriminalisierung **57** 92, 143
- Liefersperre **57** 120
- Machtmissbrauch **57** 46 f., 128 ff.
- Markenware **57** 97
- Marktbeherrschung **57** 47, 128 f.
- Netzzugang **57** 128
- Opportunitätsprinzip **15** 131
- Organisationszwang **57** 134
- österreichisches **57** 8
- Parallelverhalten **57** 121
- Preisbindung **57** 94
- Preisempfehlung **57** 97
- Preisunterbietung **57** 124, 128
- Reform **57** 20 f.
- Repressalien **57** 135
- Rückwirkungsverbot **57** 111 f.
- Sanktionen **57** 64, 87 ff., 142 ff.
- Schuld **57** 73, 77, 106
- Spürbarkeit **57** 84, 122
- und Strafrecht **15** 134; **57** 72 f., 133, 143 f.
- Täterschaft **57** 75 f., 107
- unbillige Behinderung **57** 124 f.
- Ungehorsamstatbestand **57** 79 f., 137 ff.
- Unternehmensgeldbuße **6** 70 f.; **23** 48 f.; **57** 74, 93a, 108
- Verfahrensrecht **15** 121 ff.
- und Vergaberecht **57** 101 f.
- Verhaltenspflichten **57** 79 f., 137 ff.
- Verhältnis zum UWG **57** 1 f., 12 f.

- Verjährung **57** 33, 89, 146 f.
- Verpflichtungszusage **57** 98
- Vertikalvereinbarungen **57** 95, 118
- Verwaltungsverfahren **15** 127 f.; **57** 67, 100
- Vorteilsabschöpfung **57** 152
- Wettbewerbsregeln **57** 98
- Wirtschaftsvereinigung **57** 127
- Zivilverfahren **15** 126; **57** 99
- Zuständigkeit **15** 123 ff.
- Zwangsgeld **57** 3, 64, 100

Kartellrechtsverstöße 58 1 ff.
- allgemeines Strafrecht **57** 144

Kartellsenat 15 136

Kartellunwesen 1 42

Kartellverbot 57 118 ff.
- Begriffe **57** 39 f.
- Boykott **57** 129 ff.
- deutsches Recht **57** 117 ff.
- Druck und Lockung **57** 132 f.
- europäisches **57** 41 ff., 114 ff.
- Legaldefinition **57** 95 ff., 118
- Organisationszwang und Repressalien **57** 134 f.
- Verstoß gegen **57** 81 ff.

Kartellverfahren 15 121 ff.; **57** 100
- einzelstaatliches **57** 66 ff.
- europäisches **57** 54 ff., 59 ff.

Kartellverordnung 1 49
- europäische **57** 3, 20, 28 ff.

Karteninhaber
- nichtberechtigter **49** 109 ff.
- Täter bei betrügerischem Missbrauch **49** 75

Kartenmissbrauch 49 69 ff.

Karussellgeschäft 29 53

Kassenärztliche Zulassung 16 120

Kassenbetrug 72 140 ff.

Kassenpatient, Abrechnung **72** 140 ff.

Kassensturzfähigkeit 26 37

Katalogtat
- Geldwäsche **44** 222
- bei Geldwäsche **51** 24 ff.
- TKÜ **9** 6; **11** 112

Kaufhausdetektiv 25 17

Kaufmann 22 16 ff.
- Anmeldepflicht **22** 31 ff., 79
- Arten **22** 42 ff.; **26** 18 ff.
- Buchführungspflicht **26** 17 ff.; **43** 8
- eingetragener **22** 51
- Firma **22** 31 f.
- kraft Handelsgewerbe **22** 61 ff.
- kraft Eintragung **22** 18, 42 ff.; **23** 107, 119a
- kraft freiwilliger Eintragung **22** 50 ff.
- kraft Handelsgewerbe **22** 18
- kraft Rechtsform **22** 42 f.
- nicht eingetragener **22** 80b
- ordentlicher **22** 18
- Rechtsformzusatz **22** 32
- Reform **22** 50 ff.
- Registerpflicht **22** 31 ff.

Kaufmännische Buchführung 26 3 ff.

Kaufmännische Rechnungslegung 23 28a

Kaufmännische Sorgfalt, Kreditvergabe **67** 31a

Kaufmannseigenschaft 22 44 ff., 50 ff., 73; **23** 119; **26** 17 ff.
- Rechnungslegungspflicht **85** 11 ff.

Kaufzwang, Betrug **59** 38 ff.

Kausalität 17 12 ff.
- anwaltliche Pflichtverletzung **16** 139 ff.
- Bankrott **81** 73 ff.
- Lebensmittelrecht **72** 62
- Produkthaftung **56** 90 ff.

Kausalverlauf 18 3b f.

Kaution 11 70; **16** 153
- Rückzahlungsanspruch **16** 40
- Verfall nach EU-Recht **6** 69

Kellner 38 53

Kennnummer, Ausspähen **42** 85

Kennzahl 86 23

Kennzeichen 39 7; **60** 57 ff.
- widerrechtliche Benutzung **69** 84

Kennzeichnungspflicht
- BTM-Grundstoffe **74** 13
- Heizöl **45** 43
- Kopierschutz **55** 123
- Lebensmittel **72** 58 ff.
- Produkte **56** 121

Kennzeichnungsrecht 60 5, 57 ff.

Kernbrennstoff 73 19
- Unerlaubter Umgang **54** 269 ff.

3287

Kernenergie 54 85 ff.
– Straftaten **54** 258 ff.
Kerntechnische Anlage 25 59; **54** 86
– unerlaubtes Betreiben **54** 267 ff.
Kettenanstiftung 19 11
Kettenbetrug, illegale Beschäftigung **38** 28
Kettenbrief 59 46 f., 54
Kettenverantwortung 72 56
Keylogging 49 54
Kfz-Daten, Austausch **6** 32
Kfz-Handel 43 2
– innergemeinschaftlicher **46** 65a
KfZ-Produkthaftung 56 4 ff.
KG s. Kommanditgesellschaft
Kick-back-Zahlung 38 256; **53** 77; **89** 38
– Gesundheitswesen **72** 142
– Untreue **28** 28; **32** 70
Kinder 17 38
Kindergeld 44 43
Kinderlose, Zuschlag **38** 136, 140
Kirchensteuerhinterziehung 15 8, 13
Kirchenstrafe 1 103
Klage, öffentliche **10** 35; **11** 129, 143 ff.
Klageerzwingungsverfahren 11 131
Klärschlamm 54 80
Klasseneinteilung, Waren und Dienstleistungen **60** 65
Kleine Münze 55 79
Kleine und mittlere Unternehmen, Wettbewerbsrecht **57** 84
Kleingewerbe 22 52, 57
Kleinstgesellschaften, Erleichterung bei Publizitätspflichten **41** 27
Kleinstkapitalgesellschaft 22 84 f.; **23** 28b; **26** 121a; **75** 2
– Buchführungserleichterung **26** 2
– Rechnungslegung **85** 2
Kleinstunternehmen 23 28b
Klinikaufenthalt, Betrug **72** 145
Klumpenrisiko 67 50 ff., 59
KMU 26 15, 153
Know-how
– bei DV **42** 21
– Masseschmälerung **83** 5, 7
– Untreue **32** 153a

Kohlenmonoxyd 34 71
Kollegialentscheidung
– Produktverantwortlichkeit **56** 87 ff.
– Untreue **32** 10b
Kollektiventscheidung 19 14b
– s.a. Gremiumsentscheidung
Kollektivmarke 60 53
Kollektivverantwortlichkeit 30 2, 25 ff.
Kollusion, Berater/Mandant **93** 19
Kölner Müllskandal 32 68a
Kolonnenführer 38 28b, 64, 153a
Kommanditgesellschaft 17 35; **22** 56 ff.
– Anmeldung **22** 33; **24** 35
– Bankrott **81** 21
– Buchführungspflicht **26** 19
– Erbfolge **89** 11
– Eröffnungsbilanz **26** 59
– Insolvenzverschleppung **80** 19
– Kapitalbeschaffung **27** 5
– Kaufmann **22** 43, 46, 56
– Publizität **41** 2
– Überschuldung **79** 31
– Untreue **32** 21a
– Untreueschaden **32** 187a f.
Kommanditgesellschaft auf Aktien 22 42a; **23** 79; **27** 45
– Falschangaben bei Gründung **27** 178
– Publizität **41** 2
Kommissarische Vernehmung 12 39
Kommission für Qualitätskontrolle **95** 6 f.
Kommissionär, Untreue **32** 116
Kommissionsware 26 41
Kommunikationskriminalität 42 1 ff.
Kommunistische Nachfolgestaaten 4 16
Kompensation beim Betrugsschaden **47** 53
Kompensationsverbot 44 46 ff.
– Lohnsteuerhinterziehung **38** 354, 358
– Subventionsbetrug **52** 26
– Verlustabzug **44** 50, 54 ff.
– Vorsteuer **44** 53

– wirtschaftlicher Zusammenhang **44** 50 ff.
Komplementärhaftung 26 122
Konfliktverteidigung 91 47a
Konformitätsbewertung, Produkte **56** 32 ff.
Kongruenz 88 8
Konkludentes Handeln, Schmuggel **45** 8
Konkludentes Verhalten, Lieferantenbetrug **48** 4 ff.
Konkurrenzen 20 1 ff.
– Steuerhinterziehung **44** 100 ff.
– Urheberrechtsverletzungen **55** 127
Konsol-Manipulation 42 12, 19, 57
Konstruktionsfehler 56 48
Kontenabruf 29 79; **93** 49 f.
Kontenklarheit 26 39
Kontenplan 26 39
Kontenrahmen 26 39
Kontenwahrheit 26 36; **46** 32
Kontiervermerk 26 35 f.
Kontoabrufverfahren 93 49a f.
Kontodaten, Erschleichen **49** 51 f., 53 ff.
Kontoeröffnungsbetrug 49 39; **50** 116 f.
– bei Zahlungskarten **49** 70 ff.
Kontokorrentsachkonto 26 38
Kontoplünderung 32 141i
Kontoüberwachung 93 49 ff.
KonTraG 32 157a, 170 f.
Kontrahierungszwang 57 127
Kontrollerwerb, Wettbewerbsrecht **57** 49
Kontrollmitteilung
– bei Bankenprüfung **93** 53
– Bargeldkontrollen **51** 71 ff.
Kontrollorgan 23 41
Konventionelle Kriegswaffen 73 17
Konvergenzdelikt 19 28
Konvergenzprozess, Wettbewerbsrecht **57** 9
Konzern 23 22
– Arbeitnehmerüberlassung **38** 387
– Cash-Pooling **32** 152 ff.
– Existenzgefährdung **32** 150
– existenzgefährdender Eingriff **82** 34

– faktischer **32** 147
– Finanzierung **32** 149 ff.
– Publizitätspflichten **41** 12 ff.
– qualifiziert faktischer **32** 147a
– unrichtige Offenlegung **41** 48 ff.
– Untreue **32** 10a, 145 ff.
– Untreueschaden **32** 187a
– Verantwortlichkeit **23** 70a
Konzernabschluss 26 79 ff., 130 ff., 146 ff.; **40** 68
– Aufbewahrung **26** 96 ff.
– im Insolvenzstrafrecht **26** 143
– Publizitätspflichten **41** 11 ff.
– Straftatbestände HGB **41** 48 ff.
Konzernabschlussprüfer 91 73
Konzerninsolvenz, Reformgesetz **75** 63
Konzernlagebericht 40 57
Konzernmuttergesellschaft, Publizitätspflichten **41** 11
Konzernrechnungslegungspflicht 41 12
Konzernrecht 32 146 ff.
Konzernuntreue 32 145 ff.
Konzession 25 2 ff.
Konzessionsverein 23 93
Kooperation
– mit Ermittlungsbehörden **16** 84
– Rechtsanwälte **90** 7 ff.
– Unternehmen **23** 96; **57** 120
– Wettbewerbsrecht **57** 36
Kooperationsvereinbarung 57 120
Koordinator, Baustellen **34** 63
Kopfbogen, Fälschung **39** 12a
Kopie 39 11 ff.
– analog **55** 118
– digital **55** 107
– Geschäftsunterlagen **11** 100
– Geschäftsunterlagen DV **42** 128
– zum privaten Gebrauch **55** 107
– Software **42** 8
– Urheberrechtsverletzung **55** 104
– s. auch Vervielfältigung
Kopierschutz 42 115
– Entfernung **55** 121
– Knacksoftware **55** 121
– Umgehung **55** 117 ff.. 121

Kopierschutzknacker 55 117 ff.
– Ordnungswidrigkeit 55 122
Kopiervergütung 55 87
Körperschaftsteuer 43 1
– Hinterziehung 24 58
Körperschaftsteuerhinterziehung,
 Vollendung 44 56 f.
Körperverletzung 72 72
– Arbeitsschutz 34 61 ff.
Körperverletzungsdelikt, schadhafte
 Produkte 56 77
Korruption 4 15; 53 2
– Ausland 23 49
– Entstehungsgeschichte 1 36 f.
– EU-Übereinkommen 5 19
– im geschäftlichen Verkehr 53 70 ff.
– Gesundheitswesen 53 131; 72 139 ff.
– und Haushaltsuntreue 32 225a
– OECD-Abkommen 5 40
– öffentlicher Dienst 53 10 ff.
– Reformgesetze 1 72
– Schmiergeldzahlungen 53 102
– Täter 53 12 ff.
– UN-Konvention 5 34
– und Untreue 53 63
– Vorteilsbegriff 53 22 ff.
Korruptionsbekämpfung, Ausschreibungsabsprachen 58 6 ff.
Korruptionsdelikt 53 10
Korruptionsregister 16 119c; 21 133; 53 128 ff.
Kosmetische Mittel 72 43
Kost und Logis 38 122
Kosten
– Strafverteidigung 16 21 ff.
– des Verfahrens 13 6
Kostenerstattung, Beschlagnahme 11 106
Kraftfahrzeugsteuer, zuständiges Gericht 15 24
Kraftomnibus 71 16 f.
Kraftstoff, Steuerhinterziehung 45 45
Kraftwerk 74 19
Krankenhaus 25 14; 26 124
Krankenkasse
– Abrechnungsbetrug 72 140 ff.
– Compliance 31 11

– als Einzugsstelle 38 148 ff.
– Untreue 32 32, 65; 72 146
Krankenversicherung
– Abrechnungsbetrug 72 140 ff.
– Anzeige von Fehlverhalten im Gesundheitswesen 72 152
– Beitragssatz 38 135
Krankmeldung 39 30
Krebserzeugende Stoffe 54 229, 277
Kredit 27 67
– allgemeine Sicherungsabrede 84 44
– Ausfallrisiko 50 118
– Begriff i.S. von § 265b StGB 50 161
– Bonitätsprüfung 50 106 f.
– Einzelfälle 50 143 ff.
– Straftaten bei Erschleichung 50 102 ff.
Kreditantrag, Betrug 50 163 ff.
Kreditbesicherung 67 47 ff.
Kreditbetrug 23 9, 25; 28 71; 48 53
– nach § 263 StGB 50 102 ff.
– nach § 265b StGB 50 150 ff.
– Berücksichtigung von Sicherheiten 50 137 ff.
– Beteiligung von Beratern 96 63 ff., 72
– Konkurrenz zwischen § 263 StGB und § 265 b StGB 50 184
– Sanierung 87 4
– Stundung 50 142
– Täuschung 50 103 ff.
– durch unrichtige Bilanzierung 40 41
– durch unrichtige Buchführung 40 29
– Vermögensschaden 50 125 ff.
– durch Verwendung unrichtiger Bilanzen 26 183
Kreditbetrug (§ 265b StGB) 27 198; 50 150 ff.
– "Kredit" 50 161
– Täuschung 50 162 ff.
Kreditforderungen, Handel mit 67 66 ff.
Kreditgefährdung 60 49
Kreditgeschäft 66 11
– Anzeigepflicht der Kreditinstitute 67 28
– Bankenaufsicht 67 38

- besonders schwerer Fall der Untreue **67** 127 ff.
- Dokumentationspflicht **67** 25
- Einstimmigkeitsprinzip bei Organkrediten **67** 26
- Informations- und Prüfungspflicht **67** 27, 33 ff.
- Kreditsicherheiten **67** 47 ff.
- Kreditüberwachung **67** 63 ff.
- Liquiditätsvorsorge **67** 56 ff.
- Refinanzierung **67** 56 ff.
- Risikostreuung **67** 59
- Schaden bei Untreue **67** 82 ff.
- Stundung **67** 103 ff.
- Untreue **67** 1 ff.
- Vier-Augen-Prinzip **67** 22
- Vorsatz bei Untreue **67** 111 ff.

Kreditinstitut
- Aufsicht **66** 9d ff.
- Aufsichtsanforderungen **67** 52
- Auskunftsersuchen **93** 53 f.
- Begriff **66** 10
- "Bestandsgefährdung" **66** 34
- Beteiligung an Sanierung **87** 10
- Geschäftsleiterhaftung **66** 6c
- Handeln ohne Erlaubnis **66** 6c
- Insolvenz **66** 32 ff.
- Offenlegung Rechnungslegung **41** 2
- Publizität **41** 2 ff.
- Rechnungslegung und Bilanzierung **66** 30 ff.
- Rechtsform **23** 59
- verbotene Geschäfte **66** 6c

Kreditkarte 49 61 ff.
- Einsatz **49** 73
- Erschleichen **49** 69
- Fälschung **39** 36
- Missbrauch **42** 27 ff.
- Missbrauch durch **49** 74 ff.
- Zahlung **49** 79 ff.

Kreditobergrenzen 67 37
Kreditsicherheiten
- Bewertung **67** 96 ff.
- Schadensberechnung bei Untreue **67** 96 ff.

Kreditüberwachung 67 63 ff.
Kreditunwürdigkeit 82 10

Kreditvergabe 66 38
- formale und organisatorische Pflichten **67** 20 ff.
- gravierende Pflichtverletzung **67** 12 ff.
- Gremienentscheidungen **67** 71 ff.
- Kompetenz **67** 30
- materielle Pflichten **67** 31 ff.
- Pflichtwidrigkeit **32** 195 ff.
- Untreue **32** 158, 168
- s.a. Kreditgeschäft

Kreditvergabe, Schadensermittlung **32** 191a ff.
Kreditvermittler 70 2 ff.
Kreditwesengesetz 66 1 ff.
- Bedeutung für die Untreuestrafbarkeit **67** 5
- Ordnungswidrigkeiten **67** 133 ff.

Kreditwucher 61 6, 37 ff.
Kreditwürdigkeitsprognose 50 131 ff.; **86** 7, 12 ff.
- Lieferantenbetrug **48** 11 ff., 30 ff.

Kreditwürdigkeitsprüfung 67 36 ff.
Kreislaufwirtschaftsgesetz 54 50 ff.
- Ordnungswidrigkeiten **25** 54 ff.

Krieg, Notstandsrecht **64** 6
Kriegsverordnungen 1 45, 45
Kriegswaffen 62 1 ff.; **73** 1 ff.
- Bannbruch **73** 44
- Begriff **62** 40; **73** 9 ff.
- Einziehung **73** 46
- Exportkontrolle **73** 2
- Fertigung **73** 14
- konventionelle **73** 17
- Liste **73** 9
- sonstige **73** 90 ff.
- Umgehungshandlungen **73** 14
- Zivilklausel **73** 15

Kriegswaffen-Embargoverstöße (§ 17 AWG) 62 40 ff.
- Ausfuhrliste **62** 40
- Auslandstat **62** 35 ff.
- Außenwirtschaftsrecht **62** 35 ff.
- Genehmigung **62** 17 ff.
- Qualifikationen **62** 49
- Rechtfertigungsgründe **62** 43 ff.
- Strafrahmen **62** 51
- Täterschaft/Teilnahme **62** 48

3291

– wirtschaftliche Sanktionsmaßnahme **62** 41
– zeitliche Geltung **62** 32 ff.
Kriegswaffenkontrolle
– Bußgeldverfahren **15** 107
– Genehmigung **62** 24
– Zuständigkeiten **15** 101
Kriegswaffenkontrollgesetz
– Geschichte **73** 1 ff.
– Novellierung 1990 **73** 3
– Ordnungswidrigkeiten **73** 109 ff.
– Rechtsgüter **73** 5
– Straftatbestände **73** 17 ff.
– Vermögensabschöpfung **73** 113
– und Waffengesetz **73** 42
Kriegswirtschaft 1 43 ff.
Kriminalistik 2 15 ff.
Kriminalität 2 15 ff.
Kriminalitätsbekämpfung EU **6** 27, 76 ff., 104 ff., 116 ff.
– vorbeugende **6** 120
Kriminalpolitik, europäische **6** 198 ff.
Kriminalstatistik 2 16 ff.
– Umweltdelikte **54** 334 ff.
Kriminalstrafe 1 106; **57** 142 f.
– EU **6** 73 ff.
Kriminaltaktik 2 7 ff.
Kriminelle Vereinigung 9 11
– bei Geldwäsche **51** 26
Kriminologie 2 3 ff.
Krimogenität der Krise **76** 2 ff.
Krise 76 1 ff.
– Bankrott **48** 48 f.
– Bestellung in der – **86** 44
– Buchführung **26** 1 ff., 29
– Definition nach FMStG **77** 2
– Feststellung **86** 22 ff.
– gescheiterte Sanierung **87** 1 ff.
– Gläubigerschutz **75** 1 ff.
– Handeln in der – **85** 66
– Herbeiführen **85** 62
– Indikatoren **48** 35
– Jahresabschluss/Aufstellung **26** 88 ff.
– kriminogene Wirkung **76** 2 ff.
– Liquidität **78** 1 ff.
– von Mandanten **96** 18

– als objektive Bedingung der Strafbarkeit **84** 11
– Strafbarkeitsbedingung **85** 62 ff.
– Tatvollendung Bilanzdelikt **85** 47 ff.
– Totschrumpfen **87** 27
– Überschuldung **79** 1 ff.
– vorübergehende Überwindung **81** 78
– Warnzeichen **79** 30
– Zahlungsunfähigkeit **78** 1 ff.
Krisensituation, Notstandsrecht **64** 1 ff.
Kronzeugenregelung 51 49; **53** 8; **57** 9
– Kartellrecht **15** 131; **57** 88, 153
Kryptierschutz 42 27
Kulanzleistung, Masseschmälerung **83** 40
Kulturgut 74 17
Kummerkasten, Compliance **31** 20
Kumulative Geldstrafe 44 117
Kumulative Kausalität 17 13
Kundenkarte 49 62
– Missbrauch der **49** 69 ff., **77** ff.
Kundenwerbung, progressive **59** 41 ff.
Künstler 22 70; **55** 77, 115
Künstlersozialversicherung, Beitragsvorenthaltung **38** 87
Künstliche Befruchtung s. Embryonenschutz
Kuraufenthalt, Betrug **72** 144
Kursbeeinflussung
– Eignung zur – **68** 55
– Nachweis **68** 55a f.
Kurseinwirkung 40 47
Kursrelevanz 68 51
Kurzfristige Beschäftigung
– Beitragsvorenthaltung **38** 192
– Lohnsteuer **38** 338
KWKG s. Kriegswaffenkontrollgesetz
Ladenschluss 34 6
Lagebericht 26 77 ff., 96, 128 ff.
– im Insolvenzstrafrecht **26** 129
– Jahresabschluss **26** 77
Lagerkostenausgleichsabgabe 45 62
Lagern von Abfällen **54** 235
Lagerung, Diebesgut **48** 80b
Landesdatenschutzgesetze 33 116

Landesfinanzbehörden, Zuständigkeit bei Schwarzarbeit **36** 35
Landeskartellbehörde 15 123
Landesrecht 1 149
Landgericht, Zuständigkeit **1** 90 f.
Landgericht Bonn, Zuständigkeit Publizitätsverstöße **41** 34 f.
Landrat 32 217
Landwirtschaft
– Gewerbe **22** 67
– Kaufmann **22** 86
– Kaufmannseigenschaft **22** 53
– Subventionen **52** 57
– Unternehmen **23** 7
Lange Verfahrensdauer s. Verfahrensdauer
Lärm, Verursachung **54** 208 ff.
Lastschriftabkommen 49 28 f.
Lastschriftkarussell 49 35 ff., 51
Lastschriftreiterei 49 36 ff., 39, 51; **50** 146
Lastschriftverfahren 49 28 ff.
– und Betrug **50** 145
– Betrug **66** 15
– Computerbetrug **42** 68; **50** 146
– Missbrauch **49** 52 ff., 66
– Untreue **32** 42
– wildes s. dort
Latente Steuern 26 126b
Lauschangriff 9 7; **33** 2 ff.
Lease-and-lease-back 32 237
Leasing
– Betrug **50** 190 ff.
– Untreue **32** 41
– Veruntreuung **48** 62
– Wucher **61** 27
Leasingfonds 28 52
Lebens- und Futtermittelrecht 56 58
Lebensmittel 25 49; **72** 1 ff.
– Begriff **72** 8 ff.
– Monitoring **72** 46
– Produkthaftung **56** 19 f.
Lebensmittelbuch 72 41
Lebensmittelhygiene 72 36 ff.
Lebensmittelkontrolle 72 44 ff., 57
Lebensmittelrecht, Straf- und Bußgeldtatbestände **72** 49 ff.
Lebensmittelüberwachung 72 44 ff.

Lebensmittelzusatzstoffe 72 21
Lebensunterhalt, notwendiger in der Krise **83** 22
Lebensversicherung, Steuerordnungswidrigkeit **46** 57a
Lebensversicherungsfonds 28 63
Lederspray-Urteil 56 23, 94
Legal Due Diligence 89 26
Legalausnahme, Kartellrecht **57** 21, 43 ff., 96
Legalitätsprinzip 10 17 ff.; **11** 25, 132
Leichtfertige Steuerverkürzung 43 3; **46** 9 ff.
– Berater **96** 36 ff.
Leichtfertige Subventionsgefährdung, Subventionsbetrug **52** 49
Leichtfertigkeit 46 9, 16
– Geldwäsche **51** 44
– Steuerberater **96** 42
– steuerliche **96** 39a, 42
– Subventionsgefährdung **52** 49
Leichtgläubigkeit, Anlagebetrug **28** 82
Leiharbeit 37 16 ff.
– Straf- und Bußgeldvorschriften **37** 18 ff.
– s.a. Illegale Arbeitnehmerüberlassung
Leiharbeitnehmer 25 42; **38** 80a
Leistung, künftige beim Betrug **47** 11, 67 ff.
Leistungsausschluss, EU **6** 69
Leistungswille, Täuschung **32** 191k
Leiter der Niederlassung **23** 74, 117
Leitlinien
– Bußgeldbemessung **57** 88
– Wettbewerbsrecht **57** 34
Leitungspersonen 23 41
– s.a. Organ- und Vertreterhaftung
Lenkzeit 71 18a
Letztes Wort 12 45
Leugnen als Strafzumessungsgrund **21** 37
Leveraged-Buy-out 89 17 f., 34
Liberalismus 1 38
Lichtbild 12 34; **55** 115
Lichtbildwerk 55 115
Lieferantenbetrug 48 1 ff.
– in der Krise **86** 1 ff.

Stichwortverzeichnis

– Schaden **86** 34 ff.
Liefersperre 57 129
Limited 23 61, 72a, 100, 111 ff.; **26** 21 ff.; **29** 20; **38** 64; **76** 14; **87** 52
– Buchführungspflicht **26** 22b f., 27
– & Co KG **23** 108, 111, 123
– deliktische Haftung **30** 88
– director **23** 114, 118
– faktischer Geschäftsführer **30** 61
– Firmenbestattung **96** 19 ff.
– Geheimnisbruch **23** 132
– Gründungsschwindel **23** 131
– Insolvenzstrafrecht **23** 119; **76** 54 f.
– Organsperre **76** 65
– Publizitätspflichten **41** 30
– Rechtsformvermischung **23** 123
– und Strafrecht **23** 114 ff.
– Untreue **23** 118; **32** 8c, 25b ff.
Limited liability partnership 23 100
Limitierte Akzessorietät 19 18
Link 42 37
Lipobay 56 15
Liquidation 75 6
– Bankrotthandlungen **81** 26, 88 ff.
– Buchführungspflicht **26** 26
– Eröffnungsbilanz **26** 66 ff.
– Eröffnungsbilanz, Aufstellungsfrist **26** 66a
– Firmenzusatz **22** 47
– Jahresabschluss **26** 66
– Jahresabschluss werbende Gesellschaft **26** 94
– Personengesellschaft **26** 70
– Rechnungslegung **26** 66 ff.
– stille **26** 66a; **87** 43
– Verfahren **75** 22 ff.
Liquidations-Eröffnungsbilanz 85 46
Liquidationswert 79 8, 47; **87** 14
Liquidator 75 27
– Bankrotthandlungen **81** 88 ff.
– Insolvenzantragspflicht **80** 23
– Strafbarkeit **87** 41 ff.
Liquide Mittel 78 16 ff.
Liquiditätsdefizit
– 10-%-Quote **78** 13
– Bagatellregelung **78** 11 ff.
– betriebswirtschaftliches **78** 39 ff.
– Schonfrist **78** 40

Liquidität
– 1. bis 3. Grades **78** 3
– und fällige Verbindlichkeiten **78** 16 ff.
– Schonfrist **78** 12 f.
– Untreue bei Gefährdung **32** 86 ff.
– und Vermögen **78** 2 ff.
– s.a. Zahlungsunfähigkeit
Liquiditätsausgleich 32 152
– s.a. Cash-Pooling
Liquiditätsausstattung von Kreditinstituten **67** 49, 56 ff.
Liquiditätsbeschaffung 27 84 ff.
Liquiditätsdeckungsanforderungen 78 2
Liquiditätslücke
– 10-%-Quote **78** 13, 25 f.
– dauerhafte **78** 26
Liquiditätsplan 78 37
Liquiditätsproblem 17 20
Liquiditätsstatus 78 37 ff.
Liquiditätsverordnung 67 58
Lissabon
– BVerfG-Urteil **6** 21, 45
– Vertrag von **4** 15; **5** 3, 7, 9; **6** 3 f., 13, 48, 64, 76 ff., 104; **8** 44; **23** 47, 104; **57** 20 ff.
Lizenz
– fingierte **29** 75
– Güterverkehr **71** 2 ff.
– Kapitalanlage **28** 8
– Software **42** 123; **55** 89
– Vergabe **55** 32
– Wettbewerbsbeschränkung **57** 36
– widerrechtliche Benutzung **60** 88
Lizenzkosten, Zollwert **45** 14
Lkw-Maut 71 11
LLC 41 18
Lock-up-Periode 50 50
Lockvogelangebot 59 2, 38; **60** 34
Lohn
– gepfändeter **38** 3
– sozialversicherungsrechtliche Bemessungsgrundlage **38** 248
Lohnabrechnung 38 364
Lohnaufwand 38 5
Lohnbuchhaltung
– Beitragsvorenthaltung **38** 245 ff.

– Manipulation **38** 286
Lohnfortzahlung 38 5
– Umlagen **38** 193
Lohnkonto, Lohnsteuer **38** 305
Lohnnebenkosten 38 5
Lohnquote 38 253
Lohnsteuer
– Abzugsverfahren **43** 10
– Anmeldepflicht **38** 352 f.
– Arbeitgeber **38** 314
– Auslandsfälle **38** 393 f.
– Bemessungsgrundlage **38** 322
– Berechnung bei illegaler Beschäftigung **38** 268 ff.
– Betriebsstätte **38** 308
– Dreiecksverhältnisse **38** 320
– Entstehung **38** 303
– Freistellung Arbeitnehmer **38** 393
– Gefährdung **46** 37 ff.
– Haftung **38** 343 ff.; **44** 133
– Hinterziehung **24** 63; **44** 39 f.
– Nichtzahlung **38** 348
– örtliche Zuständigkeit **38** 310
– pauschalierte **38** 319
– Schätzung **38** 342
– steuerliche Pflichten **43** 17
Lohnsteuer-Anmeldung 44 39, 165g
– Anmeldepflicht **38** 317
– Auslandsfälle **38** 381 ff.
– falsche, unterlassene **38** 351 ff.
Lohnsteuerhilfe(verein) 92 30 ff.
Lohnsteuerhinterziehung 38 301 ff.; **44** 39 f.
– Auslandsfälle **38** 380 ff.
– Beendigung **38** 370
– auf Dauer **38** 375
– Fußballverein **29** 50
– Irrtum **38** 365 ff., 367
– Schadensbemessung **38** 267 ff., 356 ff.
– Schätzung **38** 376
– Strafzumessung **38** 372 f.
– Tathandlung **38** 347 ff.
– Tatzeit **38** 350 ff.
– Verbotsirrtum **38** 367
– Verjährung **38** 370 f.
– Verkürzungsschaden **38** 356 ff.
– Vollendung **38** 369; **44** 62

– Vorsatz **38** 365 ff.
– auf Zeit **38** 375
Lohnsteuerkarte 38 306 ff., 373a
– elektronische **38** 307
Lohnsteuerklasse 38 269, 305, 343, 373; **39** 332
Lohnsteuer-Nachschau 36 45a; **44** 150
– Selbstanzeige **44** 140a
Lohnsteuerrichtlinien 38 322
Lohnsteuerverfahren 38 308a
Lohnuntergrenze 37 19a
Lohnverzicht 38 106
Lohnwucher 37 4 ff.
Löschung
– Dateien/Programme **42** 61, 80
– Daten **42** 84, 96 f.
– im Handelsregister **22** 31, 55
Löschungsklage 60 63
Lotterie 24 7; **59** 2; **74** 31, 34
LSA 49 28 f.
Luftfahrzeug, Zulassung **71** 22
Luftreinhaltung 54 32 ff.
Luftsicherheit 71 27
Luftverkehr 57 33; **71** 22 ff.
Luftverkehrsgefährdung 71 23
Luftverunreinigung 54 192 ff.; **56** 113
– Emissionen **54** 196
– Emissionen ohne Anlagebezug **54** 205
– Immissionen **54** 194
Lüge, Verteidiger **91** 44
Lügendetektor 11 37
Maastricht
– BVerfG-Urteil **6** 45
– Vertrag von **5** 4; **6** 3, 11, 74, 104
Maestro-Karte 49 93
Maestro-System 49 63
Magnetstreifen, Manipulation **42** 97
Magnetstreifenkarten 42 26
Mahnbescheid, Prozessbetrug **96** 52b
Mahnverfahren s. Automatisiertes Mahnverfahren
Mailbox 42 35
Mailings 60 28
Mailorderverfahren 49 80, 124a
Maisskandal, griechischer **6** 60
Makler
– Erlaubnis **25** 22 ff.

3295

- Gewerberecht **70** 1 ff.
- Ordnungswidrigkeiten **70** 2 ff.
- Pflichten MaBV **70** 6 ff.
- Sanktionen GewO **70** 2 ff.
- Sanktionen Wohnungsvermittlung **70** 10 ff.

Makler- und Bauträgerverordnung 25 29; **70** 6 ff.; **93** 13
Maklergeschäft 70 1 ff.
Management-buy-in 89 17
Management-buy-out 89 17 f., 34
Managementfehler 86 14
Mandantenunterlagen
- Beschlagnahme **93** 6d
- Beschlagnahmefähigkeit **93** 17 ff.

Mandatsgeheimnis 91 62a, 75
Mandatsniederlegung
- Steuerberater **96** 33
- steuerlich **96** 27

Mandatsverhältnis 16 21 ff.
- mit Angehörigen des öffentlichen Dienstes **16** 45
- Berater **91** 12 ff.
- Beraterpflichten **91** 2
- Haftung **16** 152, 162
- Schutz **93** 1 ff.
- Teilnahmerisiko **95** 1 ff.
- bei Verfahren gegen „Verantwortliche" **16** 52
- bei Zeugenbeistandschaft **16** 64

Man-in-the-middle 42 91
- Angriff **49** 54

Manipulation
- des Ausdrucks **42** 47
- der Bilanz **26** 143
- der Buchführung **26** 48 ff.
- DV-Systeme **42** 8
- der Eingabe **42** 49
- technischer Aufzeichnungen **39** 19 ff.

Manipulierte Karte 42 65
Mannesmann-Fall 32 68a
Mannesmann-Urteil 32 199c
Mantel-Gesellschaft 27 30
Mantelkauf 29 17
MaRisk 32 172b; **67** 6, 11
- Organisationspflichten **67** 28 ff.

- Risikosteuerung und -controlling **67** 76

Marke
- bekannte **60** 82
- Einzelfälle **60** 58 ff.
- prioritätsjüngere **60** 92
- Schutzumfang **60** 72
- übertragbare **60** 60
- Verletzungen **60** 77 ff.
- Verwechslungsgefahr **60** 32a, 65
- widerrechtliche Benutzung **60** 79

Markenamt, Europäisches **60** 53
Markenfälschung 60 83
Markenidentität 60 78
Markenpiraterie 55 12 ff.
Markenrecht
- Strafantrag **10** 14
- Verstöße **60** 51 ff.

Markenschutz 60 61
- Dauer **60** 64

Markenware 57 97; **60** 59, 78
Markt 24 33
- Gemeinsamer **57** 17 f.
- oligopolistischer **58** 1

Marktbeherrschung 57 97
Marktinformationsverfahren 57 118
Marktmacht-Missbrauch 57 46 f., 123
Marktmanipulation 29 44; **68** 3, 14 ff.
- Ad-hoc-Publizität **68** 22
- EU **6** 133
- MaKonV **68** 16
- Richtlinie **68** 6a
- Sanktionen **68** 30 ff.
- Täuschungshandlung **68** 21

Marktmissbrauchsrichtlinie 68 6, 14, 65
Marktmissbrauchsverordnung 68 6a
Mark-to-market 26 119e
Marktordnung
- Milch **45** 63
- Zucker **45** 61

Marktordnungsabgaben 44 223
- Steuerhehlerei **45** 58
- Verkürzung **45** 54 ff.

Marktordnungsrecht 45 54 ff.; **52** 56 ff.
Marktpreis 58 28 ff.
- aktiver Markt **26** 119e

Marktpreismanipulation bei Kapitalbeschaffung **27** 200
Marktüberwachungsbehörden, Produkthaftung **56** 38 ff.
Marktüberwachungsverordnung 56 34 f.
Marktwert 32 191j
Marktwirtschaft 57 1 f.; **61** 86
– Soziale **1** 52 ff.
Marktzins 61 50
– Ratenkredit **61** 66 ff.
Masse, geschütztes Vermögen **83** 5 ff.
Massearmut 75 31
– Behebung **75** 38 f.
Massenverringerung
– Sonstiges Verringern **83** 73 ff.
– s.a. Beiseiteschaffen, Verheimlichen, Vortäuschen
Masseschmälerung 83 1 ff.
– Nützlichkeitsbeurteilung **83** 65
– Sanierungsgesellschaften **87** 5 ff.
– Sanierungsverfahren **77** 15
Massesicherungspflicht 80 56
Maßgeblichkeit
– der Gestaltung **43** 19
– der Handels- für die Steuerbilanz **26** 74
Maßnahme, europäische **6** 48 ff.
Maßregeln der Besserung und Sicherung **1** 108, 110; **3** 4; **21** 2, 65 ff.
Master-Feeder-Strukturen 26 136b
Masterkopie 55 104
Maut 71 11
Max-Planck-Institut 7 2
Medien, Persönlichkeitsrecht **60** 104 ff.
Mediendienst 42 114
Medienfonds 28 48
Medikamente s. Arzneimittel
Medizinprodukt 72 117
– zivil- und strafrechtliche Haftung **56** 140 ff.
Medizinprodukterecht 56 57
Meeresverschmutzung 6 138
– Rahmenbeschluss **6** 97
Mehrerlös bei Mietpreisüberhöhung **61** 77

Mehrfache geringfügige Beschäftigungen 38 131 ff.
Mehrfachverteidigung 94 20a
– Verbot der **16** 19, 54, 81
Mehrkomponentengeschäft, Gewinnrealisierung **26** 115
Mehrstufige Entscheidungsprozesse, Insiderhandel **68** 48
Mehrstufiger Konzern, Konzernabschluss **41** 17
Mehrwertdienstenummer 28 30
Mehrwertnummer 42 68a
Meistbegünstigung 3 6
Meistbegünstigungsgrundsatz 62 145
Meisterprüfung 25 38
Meldepflicht Geldwäsche **51** 50a, 61 ff.
– bei Haftbefehl **11** 70
– Kartellrecht **57** 104
– Sozialversicherung **11** 10; **24** 68 ff.; **38** 209 ff.
Mengenrabatt 53 86
Menschenhandel 6 79, 136; **37** 2, 10 ff., 77a, 119a
Menschenrechte 5 2, 35
Merkantilismus 1 37
Merkmale, besondere persönliche **95** 12 f.
Mess- und Eichgesetz 74 9
Messe 24 33
Messungenauigkeiten, Umweltschutz **54** 164
Mezzanine-Finanzierung 27 83
Mezzanine-Kapital 26 103
MicroBilG 22 84; **23** 28b; **41** 5; **85** 2
– Gläubigerschutz **75** 2
Mietpreisüberhöhung 61 74 ff.
Mietspiegel 61 33
Mietwucher 61 6, 26 ff.
Mietzahlungen in der Krise **83** 25
MiFid 66 5
Mikrochip 55 66
Mikroelektronik 55 66
Mikrofilm, Buchhaltungsunterlagen **26** 47a
Milch, Abgabenverkürzung **45** 63 f.
Milchpreiskartell 57 130
Milchquote 45 63

3297

Milderungsgebot 3 6 ff.
Mildestes Gesetz 3 6
– und SchwarzArbG **3** 6, **36** 1 ff.
Millionenbuße, Kartelldelikte **57** 88
Millionenkredit 50 119; **66** 38; **67** 45
– unbefugte Offenbarung **67** 137
Minder schwerer Fall 21 16
Minderheitsaktionär 32 119
Minderkaufmann 22 52
Mindestanforderungen an das Kreditgeschäft s. MaRisk
Mindestarbeitsbedingungen, Branchen **37** 32
Mindestarbeitsbedingungsgesetz 37 29 ff.
Mindestarbeitsentgelt 37 29, 37
Mindestdeckungssumme 16 155
Mindesteigenmittel 67 51
Mindestgebot 58 29
Mindestlohn 37 19a, 33
– Beitragsvorenthaltung **37** 41
– Irrtum **38** 233
– Kontrolle **38** 25b
– Nachweis **37** 39
– prozessuale Tat **37** 42
– Sozialversicherung **38** 127
– Unterschreitung **37** 43a
– Verstöße **37** 37 ff., 41 f.
Mindestlohngesetz 37 29
– Straf- und Bußgeldvorschriften **37** 37 ff.
Mindeststammkapital 50 65
Mindesttrias 6 93
Mineralöl, Steuerhinterziehung **45** 43 ff.
Mini-GmbH, Scheinselbständigkeit **38** 64
Minijob 38 35, 100, 131 ff., 188 ff., 337, 355
– s.a. Geringfügige Beschäftigung
Minijobzentrale 38 92, 198
– Pauschalsteuer **38** 310
Ministerrat 6 18
Mischtatbestand 1 118
Missbrauch
– Amtsstellung **39** 5; **44** 103
– Ausweis **39** 30

– automatisiertes Mahnverfahren **42** 66
– Bankomat **42** 8
– Benutzererkennung **42** 68
– durch den Berechtigten **49** 69 ff.
– Codekarte **42** 64
– Firmenname **24** 43
– Geldautomat **42** 24
– Gestaltungsmöglichkeiten **29** 15
– von Gestaltungsmöglichkeiten **29** 57 ff.
– Internet **42** 29
– durch Kontoinhaber **42** 65
– Marktmacht **4** 17; **57** 46 f., 123 ff.
– Passwort **42** 76
– PIN **42** 65
– Rufnummer **42** 34
– von Scheck- und Kreditkarten **49** 61 ff., 74 ff.
– Scheckkarte **42** 65
– steuerliche Gestaltung **43** 24 f.
– Telekommunikationsanlagen **42** 33
– Titel **47** 68
– Verteidigungsrechte **91** 53
– Vertretungsmacht **32** 43 ff.
– der Vertretungsmacht **32** 66 ff.
– Zollbefreiung **45** 18
Missbrauchstatbestand
– Untreue **32** 2, 8b, 9 ff.
– Untreue bei Kreditentscheidungen **67** 4
Missbrauchsverbot, Kartellrecht **57** 46 f., 123 ff.
Missverhältnis, auffälliges beim Wucher **61** 18
MiStra 13 11
Mitarbeiterkapitalbeteiligung 89 30
Mitbestimmung 23 27, 82a
Mitbestimmungsgesetz 35 3, 36
Mitbestrafte Nachtat 20 9
Mitgeschäftsführer, steuerliche Pflichten **43** 12
Mitgliedstaaten der EU **6** 22
Mithören, Telefongespräche **33** 5
Mittäter 19 11 f.
– im Unternehmen **30** 7 f.
Mittäterschaft, sukzessive **19** 15

Mitteilung
- an Berufskammern **91** 66
- EU-Kommission **57** 34
- von Geheimnissen **33** 30
- Pflicht **46** 31
- in Strafsachen **11** 147; **13** 11
- in Verfahren gegen Berufsangehörige **13** 11a
- in Zivilsachen **10** 18

Mitteilungspflicht, Bußgeldverfahren **14** 37

Mittelbare Falschbeurkundung 39 26

Mittelbare Sanktionsnormen, EU **6** 80 ff.

Mittelbare Täterschaft, Betrug **86** 10

Mittelbarer Täter 19 8 ff.
- Organisationsherrschaft **30** 9 f.
- im Unternehmen **30** 8 f.

Mittelbares Arbeitsverhältnis 38 88 ff.

Mittellosigkeit, Entlastung **86** 5a

Mittelstandskartell 57 96

Mitunternehmerschaft, Arbeitgeber **38** 34

Miturheber 55 82

Mitverschulden 21 26

Mitwirkungspflicht
- Beschuldigter **11** 32
- Lebensmittelüberwachung **72** 44a
- steuerliche **43** 14 ff.

Möbelhändler 60 27

Mobilfunk 9 7
- Überwachung **11** 111

Modell 55 60

Modernisierter Zollkodex 45 1

Modifizierende Auflage 54 215

Molkerei, Abgabenverkürzung **45** 63 f.

MoMiG 1 73, 88, 90; **23** 112; **27** 86; **75** 2
- Cash-Management **32** 149 ff.
- Erfassung von Auslandsgesellschaft **23** 126 ff.; **40** 53
- Gesellschafterleistung **32** 85b
- Gründungsvereinfachung **24** 38
- Inhabilität **16** 119; **23** 74, 98 f.
- Insolvenzverschleppung **23** 72, 95; **80** 2
- Kapitalaufbringung **82** 17 ff.
- Kapitalrückzahlung **32** 143d

- Rangrücktritt **82** 39
- Unternehmenssanierung **75** 2
- Unternehmergesellschaft **23** 3a, 112; **40** 81

Monitoring 5 5

Monopolabgaben, steuerliche Pflichten **43** 18

Monopolbannbruch 44 212a

Monopoldelikt 1 34

Monopolkommission 15 123; **57** 98

Montanunion 6 79; **57** 16

Moviez-Szene 55 109

MP3-Datei 55 106

MPS-Entscheidung 27 85

Müll s. Abfall

Multinationale Unternehmen 4 17

Multinationaler Vertrag 1 160

Mündlichkeitsgrundsatz 10 25

Musik 55 115
- Raubkopie **55** 106 f.

Muster s. Design

Musterabkommen OECD, Lohnsteuer **38** 389 ff.

Mutterkonvention 5 14, 14

Mutterschutz 34 10 ff., 24

Nachahmung, Design **55** 61

Nachbarschaftshilfe, Sozialversicherungsrecht **38** 69 ff.

Nachbau, Maschinen **33** 75

Nacherklärung s. Selbstanzeige

Nachfolgeklausel 89 12

Nachgründung 50 27

Nachgründungsbericht 50 78

Nachlassverwalter, Untreue **32** 14, 23

Nachrangkapital 78 22

Nachschau, Gewerberecht **25** 10

Nachtat, mitbestrafte **20** 9

Nachtatverhalten 21 32

Nachträgliche Anordnung, Anlagen **54** 41

Nachzahlung, Steuer **44** 130

Nahestehendes Unternehmen, Geschäft **40** 65

Nahrungsergänzungsmittel 72 8

Nährwertangaben 72 31

Namensrecht 60 53b

Namensschutz 60 58, 70

Nationalsozialismus 1 50

3299

NATO, Truppenstatut **38** 113
Natura-2000-Gebiet 54 302a
Naturdenkmal 54 300
Natürliche Person
- als Haftender **23** 122 f.
- als haftender Gesellschafter **23** 94
- als Täter **23** 32 ff.; **57** 74, 107
- als Unternehmer **23** 15 f., 70

Naturschutz 54 101
Naturschutzgebiet 54 301
Ne bis in idem 10 35; **23** 45
- in Europa **6** 141 ff.; **8** 52, 101
- Schengener Abkommen **6** 26; **8** 10

Neapel-Abkommen, Zollstraftaten **15** 80
Nebenberufliche Tätigkeit, Sozialversicherung, Lohnsteuer **38** 123
Nebenbeteiligte, Bußgeldverfahren **14** 13
Nebenbuchhaltung 26 40a f.
Nebenfolge 1 107; **21** 2
- außerstrafrechtliche **16** 118 ff.
- Haftung des Verteidigers **16** 168
- Kartellrecht **57** 108
- strafrechtliche **16** 114 ff.
- bei Unternehmenskriminalität **16** 113

Nebenklage 11 148 f.; **12** 43
- gewerblicher Rechtsschutz **55** 138

Nebenleistung, steuerliche **44** 28
Nebenstrafrecht 1 11, 145
Nebentäter 19 16
- Steuerberater **96** 40 f.

Nebentäterschaft 30 133
Negativbescheinigung 62 43
Negativentscheidung 57 98
Negatives Kapitalkonto 26 122
Negativstaatler 37 86
- Einreise **37** 85 ff.

Nemo-tenetur-Prinzip 10 10
- Eigenüberwachung **54** 330 f.
- Insolvenzgeheimnis **76** 23 ff.
- Kartellverfahren **15** 133; **57** 73
- Lebensmittelrecht **72** 44a
- Steuerverfahren **15** 33

Netting 27 84
Nettoeinkommen 21 6 f.
Nettolohn 38 5 f., 102

Nettolohnfinanzierung 87 23
Nettolohnvereinbarung 38 129 f., **44** 39
- echte **38** 331
- Lohnsteuer **38** 329 ff.
- unechte **38** 329

Netzwerk
- EJN **6** 159; **8** 155
- europäische Polizeiakademie **6** 155
- Wettbewerbsbehörden **15** 124; **57** 9, 53, 58

Neuauszeichnung 60 94
Neuheit 55 35
- Erfindung **55** 41

Neutrale Handlungen 30 13 f.
- als Beihilfe **19** 15 ff., 23

Neuverkündung, Kartellnovelle **57** 111 f.
Neuwagen 60 27
New-Energy-Fonds 28 51
Nichtbilanzierung 86 4b
Nichtiger Verwaltungsakt 54 126
Nichtigkeit des Jahresabschlusses **26** 139 ff.
Nichtselbständige Arbeit, Sozialversicherung **38** 312
Nicht-Unternehmer 1 18
Nichtverbuchen 40 2
Nichtzahlung, Sozialversicherungsbeiträge **38** 152 ff.
Nichtzulassungsbeschwerde, Kartellrecht **15** 138
Niederlassung 22 49; **23** 107
- Deutschland **41** 20 f.
- Handelsregister **22** 32

Niederlassungserlaubnis 37 77
Niederlassungsfreiheit 6 20; **23** 61 ff., 100, 104 ff.
- Beitrittsstaaten **37** 52
- Berater **90** 7

Niederlassungsinsolvenz 76 54 ff., 65
Niederstwertprinzip 26 119b
Nießbrauch an Unternehmen **89** 16
Nigeria Connection 28 7
Nizza
- Vertrag von **6** 4
- Vertrag von **6** 12

Nominalskala 48 43

Norm blankettausfüllende 3 3; 6 89 f.; 17 8 ff.
Normatives Tatbestandsmerkmal 17 11
Normsetzung, europäische 6 39 ff.
Not
- dauerhafte 76 15
- wirtschaftliche 83 97

Notar 22 70a; 91 78 ff.
- Anwalts- 91 30, 78
- Bankrottbeteiligter 96 19f
- Belehrungspflichten 96 84 f.
- Berufspflichten 91 80 ff.
- Beschlagnahme 93 6e
- Bezirks- 91 78
- Untreue 32 35
- Zeugnisverweigerungsrecht 93 4 ff.

Notbremsenregelung 6 119
- EU 6 105

Notified Bodies 56 33, 35
Nötigung
- Delikte gegen Mandanten 94 26
- Schuldner 63 1 ff.

Notorische Bekanntheit 60 67
Notsituation
- von Mandanten 96 91
- Wucher 61 10 ff., 41

Notstand
- Embargo-Verstoß 62 45 f.
- entschuldigender 17 44
- rechtfertigender 17 35

Notstandsrecht 64 1 ff.
Notwehr 17 35
Notwendige Auslagen 13 6; 14 39
Notwendige Teilnahme 19 26 ff.
Notwendige Verteidigung s. Pflichtverteidiger
Novel Food 72 14
Novellenregelung, Drittkredit 82 2, 8 ff.
November-Urteil 27 85; 82 19
Nuklearversuche 54 88
Nulla poena sine lege 3 1 f.
Nullcoupon-Anleihe 28 65
Nullpreis 58 29
Nützlichkeitsbeurteilung, Masseschmälerung 83 65

Nutzung
- fremdes WLAN 42 117
- von Telekommunikation 42 36
- wirtschaftliche 55 83

Nutzungsentgelt und Überschuldung 82 7
Nutzungsrecht 55 87 f.
- Kapitalaufbringung 26 62
- Urheberrecht 55 83, 87 f.

Oberlandesgericht 12 8
- Zuständigkeit 1 95

Objektive Strafbarkeitsbedingungen 17 2, 45
- Bankrott 81 65 ff.
- Krise 85 62 ff.

Observation 9 8
Occupational Crime 2 4, 4
OECD 1 159; 4 17; 5 5, 39 f.; 23 48 f.
- Antikorruptionsabkommen 5 40
- Organisation 5 39 ff.
- Schwarze Liste 29 69a
- Übereinkommen 5 40

OECD-Musterabkommen, Lohnsteuer 38 389 ff.
OEM-Software 55 89
Off-balance-Geschäfte 40 64
Off-balance-sheet-accounting 26 127b
Offenbarung Berufsgeheimnis 33 30 ff.; 94 3
- Geheimnis, Befugnis zur 94 3 ff.
- Geschäftsgeheimnis 94 3
- Privatgeheimnis 33 2; 94 3
- unbefugte – von Geschäftsgeheimnissen 33 57

Offenbarungseid s. Eidesstattliche Versicherung
Offene Handelsgesellschaft 22 56 ff.
- Anmeldung 22 33; 24 35, 36
- Bankrott 81 21
- Buchführungspflicht 26 19
- Erbfolge 89 11
- Eröffnungsbilanz 26 59
- Kaufmann 22 43, 46, 56
- Strafnormen 23 94 f.
- Überschuldung 79 31
- Untreue 32 21a, 55

Offene Liquidation 75 6, 11, 22 ff.
Offener Vollzug 13 5; 16 102

Offenlegung
- Auslandsgesellschaft **23** 120a
- Jahresabschluss **26** 133, 152
- Vermögensverhältnisse **41** 1 ff.

Offenlegungspflichten, Rechnungslegung **41** 1 ff.

Offenlegungsverfahren 41 24 ff.

Öffentliche Bedienstete, Untreue **32** 130 ff.

Öffentliche Bekanntmachung, Handelsregister **22** 40 f.

Öffentliche Fahndung 60 111

Öffentliche Klage 10 16, 19; **11** 143 ff.

Öffentliche Urkunde 39 29

Öffentlicher Auftrag
- Preisbildung **61** 97
- Vergabe **57** 101

Öffentlicher Pfandbrief 69 8

Öffentliches Amt 91 78

Öffentliches Interesse, fehlendes **11** 135

Öffentliches Unternehmen 22 72; **23** 7, 12; **41** 2
- Aufsichtspflichtverletzung **30** 149
- deliktische Haftung **30** 84

Öffentliches Vermögen, Schutz **32** 216

Öffentlichkeit, Ausschluss **10** 29

Öffentlichkeitsgrundsatz 10 28 ff.
- Verständigung **10** 32a

Öffentlich-rechtliche Abgaben 15 13

Öffentlich-rechtliche Körperschaft, Korruption **53** 70

Öffentlich-rechtlicher Vertrag, Umweltschutz **54** 200

Offizialprinzip 10 11

Offline-System, Betrug **42** 65

Offshore Firmen s. Briefkastenfirma

Offshore Leaks Database 29 69b

Offshore-Gesellschaft 78 20

Offshore-trust 89 19

OHG s. Offene Handelsgesellschaft

OLAF 6 113

Oligopol 58 1

Ombudsmann Compliance **31** 20, **34** f.
- im Unternehmen **16** 16

Omissio libera in causa 17 20
- Beitragsvorenthaltung **38** 165
- Haftung des Strohmannes **38** 32

Omnibus 71 16 f.

Online-Banking 49 49 ff.

Online-Buchführung 26 53

Online-Dienst 42 3, 29 ff.

Online-Durchsuchung 11 80a; **42** 127

Online-Geschäft, Betrug **59** 2, 3e

Online-System, Missbrauch **42** 65

Online-Verkaufsplattform, Haftung **42** 42

Online-Zugriff, Handelsregister **22** 29a

Operating Leasing 28 52

Operations Research 32 169

Operator, Untreue **42** 52

Opferschutz 11 27c
- EU-Recht **6** 193 ff.

Opportunitätsprinzip 10 20; **11** 129, 132; **12** 49
- Bußgeldverfahren **10** 20a; **14** 17
- Kartellverfahren **15** 131
- Ordnungswidrigkeiten **14** 3; **46** 3

Opt-In/-Out 6 38

Optionen, Betrug **28** 3

Orderschuldverschreibung 27 73

Ordnungsgeld 1 125 f.; **22** 39
- Publizität **41** 29 ff.

Ordnungsgeldverfahren, Publizitätspflichten **41** 29 ff.

Ordnungshaft 1 125 f.

Ordnungsmäßige Buchführung 26 32 ff.; **85** 15

Ordnungsmäßige Wirtschaft 83 19 f.

Ordnungsmäßiger Geschäftsgang 26 87 ff.
- Inventar **26** 11

Ordnungsmittel 1 106, 124 ff.

Ordnungsstrafe, Entstehungsgeschichte **1** 48

Ordnungswidrigkeit 1 12; **14** 1 ff.
- Abfallentsorgung **54** 255
- Ahndung **19** 32
- Arbeitnehmerüberlassung **37** 25 ff., 135 ff.
- Arzneimittel **72** 115
- Außenwirtschaftsrecht **62** 100 ff.
- AWG **62** 100 ff.
- AWV **62** 119 ff.

- Beitrags- und Melderecht (SGB) **38** 94, 210 f.
- Bemessung der Geldbuße **21** 94 ff.
- Beteiligung **19** 21, 30
- Bodenverunreinigung **54** 191
- ChemG **54** 297
- CWÜAG **73** 114 ff.
- Datenschutzgesetz **33** 119 ff.
- Einziehung **21** 93
- Erschleichen von Sozialleistungen **37** 154 ff.
- EU-Kartellrecht **57** 114
- Fahrpersonal **71** 18f ff.
- Gefahrgut **71** 43
- Geldwäsche **51** 67 ff.
- Gewässerschutz **54** 175 f.
- Gewerbe- und handwerksrechtliche **37** 159 ff.
- GewO **24** 1 ff.
- Güterkraftverkehr **71** 9
- Heilmittelwerbung **72** 137 f.
- Immissionsschutz **54** 219 ff.
- juristische Person **21** 89; **23** 36 ff.
- Kartellrecht **57** 70 ff., 102 ff., 142; **58** 33 ff.
- Konkurrenzen **20** 4a, 10a
- Lebensmittel **72** 70
- Lohnsteuer **38** 348
- bei Lohnsteuerhilfe **92** 34 ff.
- Mindestarbeitsbedingungen **37** 34 ff.
- Personenbeförderung **71** 15
- bei Rechtsdienstleistungen **92** 24
- Sanktionen **21** 87 ff.
- Schwarzarbeitsgesetz **37** 154 ff., 171 ff.
- SGB IV **24** 68 ff.
- Steuerrecht **46** 1 ff.
- und Straftat **1** 110 ff.; **20** 33 ff.
- Strahlenschutz **54** 275
- Umsatzsteuer **46** 61 ff.
- Umweltrecht **54** 294 f., 350
- Verfall **21** 93
- Verhältnis zur Straftat **1** 116
- Verjährung **17** 64 ff.
- Verstöße gegen Prospektpflicht **27** 179 f.
- Versuch **18** 20
- Voraussetzungen **17** 2a
- Weinrecht **72** 96

Ordnungswidrigkeitengesetz 1 56
- materielles Recht **1** 144
- Verfahrensrecht **1** 147

Ordnungswidrigkeitenrecht 1 56

Ordnungswidrigkeitsverfahren 14 1 ff.
- s.a. Bußgeldverfahren

Organ
- deliktische Haftung **30** 86 ff.
- Geheimhaltungspflicht **33** 99 ff.
- juristische Person **23** 41

Organ der Rechtspflege 91 2
- Steuerberater **91** 62
- Wirtschaftsprüfer **91** 70 ff.

Organ- und Gewebehandel 72 123

Organ- und Vertreterhaftung 22 13; **23** 19, 31 ff., 41; **30** 74 ff.
- Bankrotthandlungen **81** 33 ff.
- Insolvenzstraftaten **81** 33 ff.
- Vertreterhandeln **30** 98

Organhaftung 30 1 ff., 74 ff.

Organisation wirtschaftliche Zusammenarbeit und Entwicklung (OECD) **4** 17; **5** 39 f.

Organisationsdelikt, Beitragsvorenthaltung **38** 292c

Organisationsherrschaft 30 6 ff., 8 f.
- Geschäftsleiter **19** 14a
- mittelbare Täterschaft **19** 9

Organisationssabotage 42 24

Organisationsverantwortlicher 54 46
- Abfall **54** 75

Organisationsverschulden, Umweltschutz **54** 320 ff.

Organisationszwang, Kartellverbot **57** 134 f.

Organisierte Kriminalität 9 1 ff.
- Begriff **9** 2, 4
- EU **6** 137, 140
- Geldwäsche **51** 2 ff.
- Gesetzgebung **1** 67
- im Unternehmen **30** 18 f.

Organkredit 67 26

Organspende 72 122

Organsperre 1 108; **76** 64 ff.

Organstreit, EU **6** 97

Organuntreue 32 1 ff.

Organverrat 33 99 ff.
OR-Geschäft 40 2, 20; **44** 50, 199
Originalität 55 78
Ortsübliche Vergleichsmiete 61 81
Österreich 7 11 ff.
– Kartellrecht **57** 8
– Unternehmensgeldbuße **7** 11, 13
– Unternehmensgesetzbuch **23** 3a
– Unternehmenssanktionen **23** 49a
– Wirtschaftsstrafrecht **7** 11 ff.
Osterweiterung 4 16
OSZE 5 23 f.
Output-Manipulation 42 12, 16, 47
Outsourcing der Buchführung **26** 52
Pachtzahlung in der Krise **83** 25
Paparazzi 60 114
Parallelwertung in der Laiensphäre 17 25; **18** 14
Parlament, Europäisches **6** 19
Parlamentarische Haushaltsmittel 32 227a
Parteienfinanzierung, verdeckte **29** 51
Parteispende 1 36
Parteiverrat 16 22; **94** 17 ff.
– bei Verteidigern **94** 20a
Partenreederei 23 17
Partikularinsolvenz 75 58 f.; **76** 58
Partnerschaft(sgesellschaft) 22 70 f.; **23** 17; **91** 10c, 16
– Anmeldung **22** 33 f.
– Berater **90** 9
– Buchführungspflicht **26** 19
– Geldbuße **23** 42
– mbH **23** 94a
– Strafnormen **23** 94a
– Zweck **23** 59
Partnerschaftsregister 22 25
Passentzug 1 108
– Entzug/Versagung **21** 134
Passivseite der Bilanz **26** 75
Passwort
– Ausspähen **33** 23; **42** 85
– Sicherung **42** 88
– unerlaubtes Publizieren im Internet **55** 111
Patent 55 37 ff.; **83** 5
– Beeinträchtigung **55** 45 ff.
– Schutzdauer **55** 42

Patentamt
– Deutsches **60** 61 f.
– Europäisches **55** 40
Patentanmeldung 55 41
Patentanwalt 55 37
– Berufsrecht **91** 55
Patentgericht 55 37
Patentgesetz, Straftatbestände **55** 45 ff.
Patentrecht 55 5, 37 ff.
– Strafantrag **10** 14
Patentverletzung
– Gemeinschaftspatent **55** 52
– Straftatbestände **55** 45 ff.
Patient, Einweisung in Krankenhaus **72** 151
Pauschalbeiträge, Minijob **38** 188 ff.
Pauschalgebühr, Berater **90** 7
Pauschalhonorar 16 24
Pauschalreisender 74 32
Pauschalsteuer
– Lohnsteuer **38** 188, 319, 336 ff.
– Minijobzentrale **38** 310
Peer Review 5 40 f.
Peer-to-peer 55 26
Penny-Stocks 28 4
Pensionsfonds 65 1, 13
– ausländische **65** 4
– Erlaubnispflicht **65** 3 f.
– Offenlegung Rechnungslegung **41** 2
– Straftatbestände VAG **65** 9 ff.
Person der Zeitgeschichte 60 108a f., 110
Personalitätsprinzip 4 3, 8 f.; **62** 35
Personalvertretung 33 29
Personen(handels)gesellschaft
– Buchführung **26** 19
– Firma **22** 33
– Kaufmann **22** 43, 56 ff.; **26** 19
– Publizität **41** 2
Personenbeförderung 25 51; **71** 12 ff.
Personengesellschaft
– bestimmte **23** 28a, 122
– Erbfolge **89** 10 ff.
– rechtsfähige **23** 17, 42
– Strafnormen **23** 94 ff.
– Verbandsgeldbuße **23** 94a

Personenhandelsgesellschaft 23 17
- Buchführungspflicht **26** 19
- kapitalisierte **27** 7
- unrichtige Darstellung **40** 50

Personenkonten 26 38
Personenkontrollen 6 26
Personenliste 62 13
Personenname 60 58
Persönliche Merkmale 19 25a; **95** 12
Persönliche Verhältnisse 12 23
Persönlicher Schadenseinschlag, Untreue **32** 180
Persönlichkeitsrecht
- strafrechtlicher Schutz **33** 9 ff.
- Verletzung **60** 104 ff.

Pfandbrief 69 7
- gesetzliche Verbote **69** 10 ff.

Pfandbriefgeschäft 66 11; **69** 6 ff.
Pfandkehr 88 22 f.
Pfandleiher 25 19
Pfändung 11 120
- Herausgabe einer Sicherheit **11** 73
- pfändungsfreie Gegenstände **83** 7

Pflanzenschutz 54 100, 304
Pflanzenschutzmittel 72 22
Pflanzensorte 55 73
Pflegebetten-Urteil 56 60 f.
Pflegedienst, Vermögensschaden **47** 61
Pflegeversicherung, Beitragssatz **38** 136
Pflichtdelikte 19 6
Pflichtenstellung
- Notar **91** 80 ff.
- Steuerberater **91** 63 ff.
- Verteidiger **91** 36, 42
- Wirtschaftsprüfer **91** 70 ff.

Pflicht-Haftpflichtversicherung 16 155 ff.
Pflichtprüfung 91 68 ff.
- HGB **95** 5

Pflichtverletzung durch Verteidiger **16** 129 ff.
Pflichtverteidiger 16 1
- Vergütung **16** 22
- zur Verfahrenssicherung **16** 20

Pflichtwidrige Diensthandlung 53 50
Pflichtwidrigkeit
- Steuerberater **96** 41 ff.
- Steuerhinterziehung **44** 16 ff.
- Vermögenssorge **32** 44 ff.

Pflichtwidrigkeitszusammenhang, Untreue **32** 133 ff.
Phantasie-Wertpapiere 28 10
Pharmareferent 72 139
Pharmaunternehmen, Korruption **72** 147 ff.
Pharming 49 54
Phishing 42 68, 76, 91, 119 f.; **49** 53, 114
Phreaking 42 34, 65
Physiotherapeut 72 139
PIF-Übereinkommen 6 109
Pilot 38 51, 57
Pilotenschein 16 120c
PIN
- Abgreifen **42** 91
- Erschleichen **49** 109 ff.
- Konkurrenz gefälschter Überweisungsträger **49** 47
- Missbrauch **42** 65

Ping-Anruf 28 30
PIN-Napping 49 112
Piratenware 60 78
Plagiat 55 12 ff.
- s.a. Marken-/Produktpiraterie

Platzierungsgeschäft 66 12
Plausibilitätsprüfung 28 21
Point of Sale 42 65
Polen, illegale Beschäftigung **38** 28b, 63a
Politische Partei
- Finanzierung **29** 51; **91** 69
- Publizität **91** 69
- schwarze Kasse **40** 12
- unrichtige Rechnungslegung **40** 32
- Untreue **32** 30

Polizei 11 6 ff.; **14** 74
- Außenwirtschaftsstrafsachen **15** 100

Polizeiliche Kriminalstatistik 2 17 f.
Polizeiliche Zusammenarbeit 6 17, 116, 121
Polizeistrafrecht 1 38
Pooling 27 84
Pornografische Schriften, Online-Verbreitung **42** 121

Stichwortverzeichnis

Portscanning 42 90
Positivstaatler 37 87
– Tatbestandswirkung 37 84
POS-System 49 64, 94, 119
Postbeschlagnahme 11 111; 15 115
Postgeheimnis, Verletzung 33 24 ff.
Powerseller 38 63
POZ-System 49 65, 97, 120
Präferenzbehandlung, Zollhinterziehung 45 16
Praktikantenverhältnis 37 6
Präsentationsarzneimittel 72 11
Präventive Sicherstellung 15 116
Preisabsprache 57 118 ff.
Preisangabeverordnung 61 98 ff.
Preisausschreiben 59 2
– Betrug 59 38
Preisauszeichnung 61 102
Preisbildung
– falsche 61 108
– öffentliche Aufträge 58 22
Preisbindung 57 94
Preisdelikte 1 35
Preisgesetz 61 94
Preisgestaltung 61 1 ff.
Preiskartell 58 1 ff.
Preismissbrauchsgesetz 57 93
Preisrecht 58 34; 61 1 ff.
Preisregelung, Verstöße 61 92 ff.
Preisstabilität 61 108
Preisüberhöhung 1 55
– in Beruf oder Gewerbe 61 84 ff.
– Miete 61 74 ff.
Preisverzeichnis 61 103
Preiswettbewerb 58 32
Preliminary Due Diligence 89 26
Presse, Umgang mit 16 14
Pressedelikt 60 47
Pressefoto 60 104
Presserechtliche Verjährung 17 50; 57 146; 60 47 f.
Presseveröffentlichung
– Drohung 63 27
– Urteil bei Schutzrechtsverletzung 55 129
Primärinsider 68 61, 78 ff., 81
Primärrecht
– EU 6 8 ff.

– europäisches 6 39
– europäisches Kartellrecht 57 16 ff.
Prime Bank Instruments 28 6
Priorität, Marke 60 92
Privatdozent als Rechtsdienstleister 92 25
Private company limited by shares s. Limited
Private equity 75 16; 87 3
Private-Equity-Fonds 28 57
Private-Equity-Kapitalgesellschaft 89 23
Privateinlage 26 43, 101
Privatentnahme 26 43, 101
Privater Gebrauch, Raubkopie 55 107
Privatgeheimnis 33 1 ff.
– Verletzung durch Berater 94 2
Privatgesellschaft, europäische 23 77
Privathaushalt 23 5
– Beitragsvorenthaltung 38 191
– Lohnsteuer 38 355
– Minijob 38 35
– Schwarzarbeit 38 191
Privatklage
– gewerblicher Rechtsschutz 55 135
– Markenrecht 60 99
– Persönlichkeitsrecht 60 113
Privatklagedelikt 10 15 f.
– gewerblicher Rechtsschutz 55 96; 60 46
Privatkopie 55 87
Privatpatient, Abrechnung 72 143
Privatrechtlich-organisierte Verbände 2 39
Privatsphäre 33 1 ff.; 60 114
Privatstrafe 1 103
Privatvermögen, Bilanzierung 26 100
Privilegien, Beraterberufe 90 2
Privilegierung 42 37
Probearbeitsverhältnis 38 45
Produktbeobachtungspflicht 56 50, 54 ff., 98 ff.
Produkterpressung 63 18, 37 f.
Produkthaftung
– Aufsichtsbehörden EU 56 38
– Compliance 56 72 f.
– Garantenstellung 56 91
– Höchstgrenze 56 69

- Kausalität **56** 90 ff.
- Rücknahme **56** 30
- Rückrufpflicht **56** 60 ff.
- Schmerzensgeld **56** 69
- Strafrecht **17** 14, 18; **56** 2, 74 ff.
- Straftaten **56** 77 ff.
- Zivilrecht **56** 1

Produkthaftungsgesetz 56 66 ff., 66, 74

Produktidentität 60 78

Produktionsabgabe 45 61

Produktionserstattung 52 57

Produktname 60 59

Produktpiraterie 55 13 f.; **60** 77 ff.

Produktpirateriegesetz 1 67

Produktschutzgesetze 56 75
- Straf- und Ordnungswidrigkeiten **56** 117 ff.

Produktsicherheit 25 32
- Arbeitsschutz **34** 6

Produktsicherheitgesetz, zivil- und strafrechtliche Haftung **56** 117 ff.

Produktsicherheitsrecht 56 55, 117 ff.

Produktsicherheitsverordnung 56 31

Produzentenhaftung, deliktsrechtliche **56** 45 ff.

Professionelle Adäquanz 30 16

Prognose
- Insiderhandel **68** 46
- Kreditwürdigkeit beim Betrug **48** 30
- Täuschung **47** 12c

Prognoseentscheidungen, § 160a StPO **93** 43 ff.

Programm, Manipulation **42** 17 ff., 57

Programmierer, Untreue **42** 53

Programmsperre 55 88
- Umgehen **55** 117

Progression 38 304

Progressive Kundenwerbung 59 41 ff.

Progressive Werbung 60 29

Prokura 22 34; **23** 41
- Untreue **32** 52 f.
- Widerruf **32** 55

Prolongation 49 25

Propaganda, Online-Verbreitung **42** 121

Prospekt 60 13
- Begriff i.S. des VermAnlG **27** 101 ff.
- Begriff i.S. des WpPG **27** 94 ff.
- Begriff i.S. von § 264a Abs. 1 StGB **27** 119
- Billigung durch BaFin **27** 105 f.
- Form **27** 99
- Gestaltung **27** 103
- Gültigkeitsdauer **27** 100
- Inhalt **27** 94 ff.
- Kapitalanlagen **28** 31
- Mindestangaben **27** 95
- nicht verbriefte Vermögensanlagen **27** 101 ff.
- unrichtige Angaben **28** 97
- Unrichtigkeit **27** 108
- Untersagung **27** 108
- Verjährung Kapitalanlagebetrug **27** 135

Prospektpflicht 27 88 ff.
- Ordnungswidrigkeiten **27** 179 ff.
- Straftatbestände **27** 110 ff.

Prostituierte, Sozialversicherungsrecht **38** 41, 59a

Protokoll
- Anlageberatung **28** 24 f.
- Verlesbarkeit **12** 35

Provider 42 2 f., 4

Provision, Untreue **53** 64 ff.

Provisionsbetrug 47 69

Provisionsversprechen 59 62

Provisionsvertreter 60 18
- Betrug **59** 33 f.

Prozessbetrug 96 50 ff.
- durch Prozessbevollmächtigten **96** 54 f.

Prozesshindernis 10 34

Prozesskosten in der Krise **83** 24

Prozesskostenhilfe, EU-Recht **6** 191

Prozessrisiko, Rückstellung **26** 114

Prozessuale Tat, Steuerhinterziehung **44** 110

Prozessurteil 12 47

Prozessvoraussetzungen 10 34 f.
- Verhandlungsfähigkeit **11** 20

Prüfbericht, Erschleichen **27** 185

Prüfdienst, Rentenversicherungsträger **36** 26

Prüfer
- Berufsbild **90** 16

- Geheimnisverletzung **94** 5 ff.
- Sanktionen **91** 75 ff.
- Verletzung der Berichtspflicht **27** 186

Prüfergehilfe, Geheimnisverletzung **94** 6

Prüferpflichten 91 70 ff.
- Geschäftsgeheimnisse **94** 5
- Verletzung **40** 71 ff.

Prüfstelle 40 69

Prüfung
- Beweisverwertungsverbot **36** 44 f.
- im Handwerksrecht **37** 170
- Schwarzarbeit **36** 37 ff.

Prüfungsanordnung
- Bekanntgabe **44** 141a
- Umfang der Sperrwirkung **44** 141b

Prüfungsaufgaben von Beratern **96** 4

Prüfungsausschuss, Risikomanagement **26** 15

Prüfungsbehörde, Rechtshilfe **8** 29

Prüfungsbericht
- Falschangaben **27** 172 ff.
- Makler **94** 13

Prüfungsbericht Abschlussprüfer, Verstöße gegen Offenlegungspflichten **41** 29

Prüfungspflicht, Steuerberater **96** 44 ff.

Prüfungsvermerk, falscher **96** 68

Prüm Vertrag von **6** 31

Prüm, Ratsbeschluss **6** 184

Pseudo-foreign-Corporation 23 100

Psychische Erkrankung 34 5

Psychologischer Kaufzwang 59 38 ff.

Public Private Partnership 27 15
- Untreue **32** 31a

Publikums-AIF, Rechnungslegung **26** 136a

Publikumsgesellschaft 28 44

Publikums-KG 27 6

Publikumswerbung 72 135

Publizität
- Rechnungslegung **41** 1
- Rechtsform **23** 62

Publizitätsgesetz 23 28 f.; **41** 3
- Ordnungsgeld **41** 29 ff.

- Rechnungslegung **26** 78 ff., 86, 92, 100, 130, 151
- Strafnormen **41** 44 ff.

Publizitätspflichten 41 1 ff.
- Einschränkungen **41** 29
- gesetzliche Vertreter **41** 10
- Harmonisierung **41** 5
- Ordnungsgeldverfahren **41** 29 ff.
- Sanktionen **41** 38 ff.
- Straftatbestände HGB **41** 44 ff.
- s.a. Offenlegungspflichten Rechnungslegung

Publizitätsrichtlinie 23 63

Punktesachen 12 22

Putzfrau 38 53

Putzfrauen-Privileg 38 191

Pyramidensystem 59 44, 50, 54

Qualifikationstatbestand, gewerblicher Rechtsschutz **55** 130

Qualifiziert faktischer Konzern 32 147a f.

Qualifizierte Person nach Rechtsdienstleistungsgesetz **92** 18

Qualitätskontrolle, Wirtschaftsprüfer **95** 5 ff.

Qualitätsmanagementsystem 72 36

Quartalsfinanzbericht 26 136

Quasi-Hersteller 56 52

Quelle, offensichtlich rechtswidrige **55** 108

Quotenabsprache 57 118

Radioaktiver Abfall 54 250, 266

Radioaktiver Stoff 54 277
- unerlaubter Umgang **54** 269 ff.

Rahmenbeschluss 6 48; **8** 37 ff.
- Abwesenheitsentscheidungen **6** 197
- Bewährungsmaßnahmen **6** 197
- Beweisanordnung **6** 178; **8** 98
- Einziehungsentscheidungen **6** 197; **8** 143 ff.
- Europäischer Haftbefehl **6** 173 ff.
- Geldsanktionen **6** 197; **8** 148 ff.
- Informationsaustausch **6** 183, 188
- Kompetenzkonflikte **6** 182
- Sicherstellung **6** 177; **8** 97 ff.
- Strafregister **6** 183
- Überwachungsanordnung **6** 179

- Vollstreckungsanordnung **6** 197; **8** 140
- Vorverurteilungen **6** 181

Rahmengebühr, Berater **90** 7

Rangrücktritt
- Angabe im Anhang **26** 123
- Bilanzierung **26** 103
- Dokumentation **26** 123

Rangrücktrittserklärung 78 22
- bei Überschuldung **87** 6
- in der Unternehmenskrise **82** 37 ff.

Rangrücktrittsvereinbarung bei Überschuldung **82** 36 ff.

RAPEX 56 38, 40

RASFF 56 40

Rassismus 6 139

Rasterfahndung 9 5; **93** 50a

Rat
- der EU **6** 18
- Europäischer **6** 18

Ratenkredit
- Schwerpunktzins **61** 68
- Zinsberechnung **61** 58 ff.

Ratifizierung 5 22

Rating, Kennzahlen **86** 23

Ratsbeschluss, Prüm **6** 184

Raubkopie 55 91
- Besitz **55** 112
- digitale Medien **55** 105
- Software **42** 8; **55** 91

Raum
- geschützter **60** 116
- der Sicherheit **8** 36, 45

Räumung, Nötigung **63** 4

Räumungsverkauf 60 41

Rauschmittel 72 101b

REACH-Verordnung 54 90

Realisationsprinzip 26 115

Realkonkurrenz s. Tatmehrheit

Realkredit 67 100

Rechnerische Überschuldung 26 73, 112, 125
- GmbH & Co KG **26** 122

Rechnung, amtlicher Eindruck **60** 32a

Rechnungsabgrenzungsposten 26 108, 116

Rechnungsausstellung, Steuerordnungswidrigkeiten **46** 61 ff.

Rechnungslegung
- Aufbewahrungspflicht **85** 55 ff.
- Bankrotthandlungen **85** 8 ff.
- Delikte **85** 1 ff.
- fehlerhafte **85** 1 ff.
- Ordnungswidrigkeiten HGB **40** 75 ff.
- Prüfstelle **40** 33
- Publizität **41** 1 ff.
- Schwellenwerte **23** 29
- Vorschriften **26** 2
- s.a. Offenlegung/Publizität

Rechnungslegungspflichten
- Publizität **41** 1 ff.
- s.a. Publizität(spflichten)

Rechnungswesen 26 1 ff.
- kaufmännisches **22** 77

Recht am eigenen Bild 60 104
- unbefugte Bildaufnahmen **33** 9 ff.

Rechtfertigender Notstand 17 35

Rechtfertigungsgrund 17 34 ff.
- Irrtum **18** 8

Rechtsangleichung 23 47
- EU **6** 119; **23** 105

Rechtsanwalt 91 12 ff.
- Anderkonto **32** 70
- Bankrottbeteiligter **96** 1 ff., 19c
- Berater **90** 2; **91** 1
- Berufsbild **91** 32 ff.
- Berufsordnung **91** 9
- Berufsrecht **91** 1, 6 ff.
- Beschlagnahmefreiheit **93** 13 ff.
- freier Beruf **22** 69 f.
- Haftung **16** 126 ff.
- Honorar **16** 21 ff.
- Mandatsverhältnis **91** 2
- Pflichten **91** 33a ff.
- Schutz der Bezeichnung **91** 31
- als Teilnehmer **95** 1 ff.
- Untreue **32** 35
- Verteidiger **91** 42 ff.
- als Zeugenbeistand **16** 62
- Zeugnisverweigerung **11** 43; **93** 4 ff.
- s. auch Anwalt, Verteidiger

Rechtsauffassung, abweichende – im Steuerrecht **44** 10 ff.

Rechtsauskunft als Teilnahme **95** 15

Stichwortverzeichnis

Rechtsbeistand 92 23
- EU-Recht **6** 191

Rechtsberatung 90 7
- als berufliche Nebenleistung **92** 7 ff.
- Erlaubnis zur **92** 23
- Helfer **92** 1 ff.
- s.a. Rechtsdienstleistung

Rechtsberatungsgesetz 92 1

Rechtsbeschwerde 14 29 f.
- Kartellrecht **15** 138, 140

Rechtsbesorgung bei Firmengründung **96** 76

Rechtsbeugung 53 61

Rechtsdienstleistung 25 78
- Begriff **92** 5
- Besorgung von **92** 7 ff.
- erlaubnisfreie **92** 7 ff.
- für Mitglieder **92** 12
- als Nebenleistung **92** 7 ff.
- öffentliche Stellen **92** 14
- durch Rechtslehrer **92** 26
- durch Steuerberater, Wirtschaftsprüfer **92** 28
- unentgeltliche **92** 10 f.
- unerlaubte **92** 3
- von Verbraucher-Sozialverbänden **92** 15
- von Vereinigungen **92** 12

Rechtsdienstleistungsregister 92 6, 20

Rechtsfähige Personengesellschaft 23 17, 19
- Strafnormen **23** 94 f.

Rechtsfähigkeit, Erwerb **22** 37

Rechtsfolgen 21 1 ff.

Rechtsform
- Publizität **23** 62
- Sanktionen **23** 116 ff., 121 ff.
- Strafnormen **23** 70 ff.
- -Unabhängigkeit **23** 116 ff.
- Unternehmen **22** 42 ff.
- Wahl **23** 56 ff.
- Wechsel **89** 20 ff.
- -zusatz **22** 31 f.
- -zwang **23** 55 ff.

Rechtsfrage, bedeutsame **12** 7

Rechtsgut, Wirtschaftsstraftaten **1** 91

Rechtsgutachten als Teilnahme **95** 15

Rechtshilfe 1 162; **5** 19; **6** 146 ff.; **8** 1 ff.
- Auskünfte zu Bankgeschäften **8** 96
- Auslieferungen **8** 48 ff.
- Befugnisse **8** 24 ff.
- Begriff **8** 2 f.
- beiderseitige Strafbarkeit **8** 51, 60, 72, 92, 99, 101
- Bewilligung **8** 28
- bilaterale Verträge **8** 14, 56
- DNA-Spuren **8** 110 ff.
- Durchsuchung und Beschlagnahme **8** 92 ff.
- EJN-Atlas **8** 35
- Europäische Ermittlungsanordnung **8** 46 f., 98
- Europäischer Haftbefehl **8** 60 ff.
- Fahndung **8** 65
- Fingerspuren **8** 110 ff.
- freies Geleit **8** 83
- Gemeinsame Ermittlungsgruppen **8** 114 ff.
- Geschäftsweg **8** 32 ff.
- Grundsatz der gegenseitigen Anerkennung **8** 38 ff., 60
- Grundsatz der Gegenseitigkeit **8** 16
- Interpol **8** 124
- IRG **8** 19 f.
- Kraftfahrzeugregisterauskunft **8** 110 ff.
- polizeiliche Rechtshilfe **8** 122 ff.
- Richtlinien der EU **8** 44 ff.
- RiVASt **8** 17, 21 ff.
- Schengener Informationssystem **8** 10, 49
- Server im Ausland **8** 1, 95
- in Steuerstrafsachen **38** 395
- Strafregisterauskunft **8** 104 f.
- Telekommunikationsüberwachung **8** 103 ff.
- Übereinkommen **8** 5 ff.
- Übernahme der Strafverfolgung **8** 119 ff.
- unmittelbare Kontaktaufnahme **8** 80
- USA **8** 14, 89, 94, 113
- Verbot der Doppelverfolgung **8** 10, 121

- Vernehmung **8** 84 ff.
- vertragslose **8** 15 f., 57
- Videokonferenzvernehmung **8** 86 f.
- Vornahme **8** 30
- vorübergehende Überstellung **8** 103
- Zollstraftaten **15** 80 ff.
- Zustellung von Schriftstücken **8** 78 ff.

Rechtsinstrumente, europäische **6** 48 ff.

Rechtskraft
- Begriff **12** 74 f.
- Beschluss, Bußgeldverfahren **14** 33
- bei Beschlüssen **12** 79
- Bußgeldbescheid **14** 33
- Durchbrechung **12** 77 f.
- formelle **12** 74
- materielle **12** 75
- bei Urteilen **12** 73 ff.

Rechtsmittel 12 50 ff.
- Bußgeldverfahren **14** 29 ff.
- Kartellrecht **15** 137
- Ordnungsgeld **41** 35
- Verschlechterungsverbot **12** 54

Rechtsmittelverzicht 12 39g

Rechtspersönlichkeit
- Entstehen **22** 37
- der EU **6** 16

Rechtspflegeorgan 91 2
Rechtsprechungsänderung 3 4a
Rechtsquellen 1 140 ff.
Rechtsrat als Beteiligung **95** 16 f.
Rechtsschutz, Gewährung durch Dienstherrn **16** 45
Rechtsschutzversicherung, Ordnungswidrigkeiten VAG **65** 25
Rechtsvergleichung 1 163; **7** 1 ff.
Rechtswidrige Beweismittel 11 27a
Rechtswidrigkeit 17 2, 34 ff.
- beim Betrug **47** 79 ff.
- bei Untreue **17** 37; **32** 192

Rechtzeitigkeit, Steuererklärung **44** 20
Recycling 54 52
Redakteur 60 11
Reformatio in peius s. Verschlechterungsverbot
Regelstrafrahmen 21 15 f.

Regionalfonds 52 59
Register
- Marke **60** 62
- Rechtsdienstleistung **92** 18

Registergericht
- Anmeldung AG **27** 42
- Anmeldung GmbH **27** 27

Registerpflicht 22 31 ff.
Registerportal der Länder **22** 29
Registerzwang 22 39
Registrierte Stellen als Rechtsdienstleister **92** 16 f.
Registrierung als Rechtsdienstleister **92** 18
Regress, Berater **38** 6a
Regulierter Markt 68 4
Reichskaligesetz 1 44
Reichspolizeiordnung 1 35
Reinheitsbezeichnung, Lebensmittel **72** 26
Reinvermögen 26 73, 75
Reisegewerbe 24 19
- Unzuverlässigkeit **16** 120a

Reisegewerbefreie Tätigkeit 24 26
Reiseverkehr Zollstraftaten **15** 76; **45** 32
REIT 26 20
REIT-AG
- Publizität **41** 2
- unrichtige Darstellung **40** 53, 86

Reklamationsmanagement 56 100
Reklame s. Werbung
Rennwette 74 34
Rente, fremdfinanzierte **28** 62
Rentenberatung als Rechtsdienstleistung **92** 17
Rentenversicherung s. Deutsche Rentenversicherung
Rentenversicherungsträger, Zusammenarbeit mit Zollbehörden **36** 26
Repressalie 57 135
Ressortverantwortung, Buchführung **26** 28
Ressortzuständigkeit 81 52
Restschuldbefreiung 16 119b; **75** 44; **88** 4
- Versagung **76** 76 ff.

Reue **21** 36
- tätige **18** 31
Reverse-Charge-Verfahren 30 19
Revision 12 50 f., 59 ff.
- Begründung **12** 61
Revisionsgericht 12 60
Revisionsgründe 12 62
- absolute, relative **12** 64
Revisionsverfahren, Haftung des Verteidigers **16** 149
Rezeptausstellung, Untreue **72** 146
Richter
- Bestechlichkeit **53** 59
- gesetzlicher **10** 8
- Vorteilsannahme **53** 48 f., 58 ff.
Richtlinie
- EU **6** 49, 49
- europäische **6** 50
- Konformitätsbewertung Produkte **56** 32 ff.
- Opferschutz **6** 193 ff.
- Produktsicherheit **56** 27 f., 27 ff.
- Rechnungslegung **23** 28
- Umweltschutz **54** 325a
- unlautere Geschäftspraktiken **23** 69
- Zweigniederlassung **22** 49a
Richtlinien, Straf- und Bußgeldverfahren **1** 148
Richtsatzsammlung der Finanzverwaltung 38 252, 376
Risiko
- Kreditausfall **67** 7 ff.
- un-/erlaubtes **32** 158 ff.
Risikoanalyse 32 169 f.
Risikofrüherkennungssystem 26 15 f.
Risikogeschäft 32 156 ff.
- Banken **32** 172b
- Fallgruppen **32** 161 ff.
- Grenze zur Untreue **32** 159 ff.
- Grenzüberschreitung **32** 173
- Haushaltsrecht **32** 172c
- Risikoanalyse **32** 169 f.
- Schaden **32** 183 ff.
- Vorsatz **32** 196a ff.
- Zuständigkeitsbereiche **32** 163 ff.
Risikomanagement 26 13 ff.; **32** 157a, 171 ff.; **67** 1
- Banken **32** 172b f.; **66** 6c

- fehlendes **32** 174
- Geschäftsorganisation **67** 21
- Grenzen **67** 32
- Klumpenrisiko **67** 50 ff.
- Kreditsicherheiten **67** 47 ff.
- im Lagebericht **26** 128 ff.
- Produkthaftung **56** 73, 92
- Risikoprüfung, regelmäßige **67** 65
- Vorgaben **67** 11
RiStBV, Organisierte Kriminalität **9** 4
Rohdiamanten, Embargo-Verstoß **62** 75 ff.
Rohrleitungsanlage 54 168
Römische Verträge 23 104
Router 42 117
Rückdatierung 28 106; **29** 56
Rückführungsrichtlinie 37 89a
Rückgewinnungshilfe 1 69; **11** 118, 128d; **16** 116
- Marktpreismanipulation **68** 36a
Rücklagen 26 107
Rückrufpflicht 56 105
- Produkthaftung **56** 60 ff.
Rückstellungen 26 99, 107; **50** 5
- Bewertung **26** 119 ff.
- Inventar **26** 9
Rücktritt
- Steuerhinterziehung **44** 90
- vom Versuch **18** 31 ff.
Rückversicherungsunternehmen 65 1
Rückwirkung
- Kartellnovelle **57** 111 f.
- Verbot **57** 92
Rückwirkungsverbot 3 1 ff.; **17** 5
Rückzahlungserklärung, Leistungen an Gesellschafter **82** 24
Rückzahlungsverbot
- eigenkapitalersetzender Gesellschafterdarlehen **32** 143d
- bei Unterbilanz **26** 73
Rufnummerunterdrückung 60 7b
Ruhestandsbeamter, Verlust der Rechte **16** 119a
Ruhezeit 34 52
- Kraftfahrer **71** 18a
Russland, Wirtschaftsstrafrecht **7** 57
SaaS-Finanzbuchhaltung 26 53
Saatgut 55 76

Sabotage 23 9
– Computer **42** 99 ff.
– IT-Anlagen **42** 24 ff., 24
Sachbeschädigung
– DV **42** 61
– gemeinschädliche **54** 300 ff.
– schadhafte Produkte **56** 77
– virtuelle **42** 98
Sacheinlage 27 18 ff.; **50** 26, 34 ff., 44
– Falschangaben **27** 152 ff.
– Überbewertung **27** 27
– verdeckte **26** 62a; **27** 22
Sachgründung, AG **27** 37
Sachgründungsbericht, Falschangaben **27** 162
Sachkunde 12 28, 30, 32; **25** 7
Sachleistungen, Sozialversicherung **38** 122
Sachrüge 12 61
Sachübernahme 27 18
Sachverständigengutachten 16 95
Sachverständigenkommission 1 60, 63
Sachverständiger 11 50; **12** 28 ff.
– Ablehnung **12** 29
– Buchführung **26** 34
– für Buchprüfung **2** 36; **12** 29
Sachverständiger Zeuge 12 28
Sachwalter, Sanierungsverfahren **77** 14 ff.
Saisonarbeit 37 56
Saisonarbeiter 38 192
Saldierung, Schaden beim Eingehungsbetrug **86** 36
Salmonellenvergiftung 72 72
Sammelauskunftsersuchen, Banken **93** 53
Sammelüberweisungsträger 42 47
Sanierer, berufsmäßige **76** 9
Sanierung 75 1 ff., 6
– Aushöhlung **87** 21 ff.
– außergerichtlicher Vergleich **75** 11
– Bankrotthandlungen **77** 13
– und Bankrotthandlungen **85** 71
– Beratung **92** 40a
– nach ESUG **77** 1 ff.
– Garantenpflicht **87** 9 f.
– gerichtliches Verfahren **75** 12
– gescheiterte **77** 2; **87** 1 ff.

– Gesetz zur Erleichterung
– in der Insolvenz **75** 46 ff.; **87** 1 ff.
– in der Insolvenz (ESUG) **75** 46 ff.
– Kapitalherabsetzung **50** 56
– Kredit **67** 60 ff.
– Kreditvergabe **67** 61b
– Maßnahmen **75** 16 ff.
– durch Rangrücktritt **82** 1, 36 ff.
– Reformgesetz **1** 74
– Strafbarkeit des Schuldners **77** 11 ff.
– Straftaten **87** 4 f., 20 ff., 20 ff., 29 ff.
– übertragende **87** 11
– Verantwortliche **77** 4 ff.
Sanierungsbetrug 87 8, 16; **96** 88 ff.
Sanierungsfrist 76 7
Sanierungsgeschäftsführer 77 25
Sanierungsgesellschaft 75 9, 14; **87** 5 ff.
Sanierungsgesetz, ESUG **75** 46 ff.; **77** 1
Sanierungskredit 67 60 ff.
– Schaden **67** 105 ff.
Sanierungsplan 87 14
Sanierungsschwindel 50 58
– Beraterbeteiligung **96** 88 ff.
Sanierungsverfahren
– Antragstellung **77** 4 ff.
– Beraterstrafbarkeit **77** 24
– Bescheinigung **77** 17 ff.
– Falschangaben **77** 17 ff.
– Insolvenzverschleppung **77** 5 f.
– Sachwalter **77** 14 ff.
Sanierungsversuch
– durch Berater **96** 91
– von Berater **96** 13, 88
– von Insolvenzverschleppung durch Berater **96** 20
Sanktion 1 101 ff.; **21** 1 ff.; **23** 31 ff.
– Begriff **1** 102
– Kartellrecht **57** 98
– nicht-strafrechtliche der EU **6** 69 f.
Sarbanes-Oxley Act 7 49
Saunaclub 38 52
Scalping 68 29, 59
Scannerkasse 42 54
SCE-Beteiligungsgesetz 35 3
Schaden
– Berechnung **20** 28
– beim Betrug **47** 47 ff.

- Ermittlung bei Untreue **32** 191 ff.
- Gesamtsaldierung **32** 177b
- Schätzung **20** 28, 28
- Submissionsabsprache **58** 23 ff.
- bei Subventionsbetrug **52** 23
- bei Untreue im Kreditgeschäft **67** 82 ff.

Schadensbeseitigung beim Betrug **47** 51

Schadenseinschlag, subjektiver **47** 56

Schadensersatz 1 103, 131
- Produkthaftung **56** 44 ff.
- Schutzrechtsverletzung **55** 11, 36

Schadensersatzanspruch, Untreue **32** 179 ff.

Schadenswiedergutmachung 21 27 f.; **48** 50
- Steuern **15** 38
- Untreue **32** 179

Schädigung des Umsatzsteueraufkommens 44 193 ff.; **46** 70 ff.

Schädlingsbekämpfung 34 67

Schadsoftware 42 93

Schätzung
- Arbeitsentgelt **38** 16
- Beitragsvorenthaltung **38** 248 ff.
- von Besteuerungsgrundlagen **15** 38
- Geschädigte **28** 84
- Lohnsteuerhinterziehung **38** 342, 376
- Schaden **20** 28
- Sicherheitsabschlag **38** 257
- Steuer **44** 41

Schätzungsmethoden, Strafrecht **38** 250 ff.

Schaumweinsteuer 24 54; **46** 43

Scheck
- Betrug **49** 6 ff.
- Fälschung **39** 35 ff.
- nicht garantierter **39** 38
- ungedeckter **49** 8

Scheckbetrug 49 6 ff.
- zum Nachteil der Bank **49** 14 ff.

Scheckeinreichung, Betrug **50** 144

Scheckkarte
- Missbrauch **42** 27, 60
- Missbrauch durch Berechtigten **49** 74 ff.

Scheckreiterei 49 17 ff.

Scheinangebot 58 1

Scheinauslandsgesellschaft 4 13; **23** 100; **29** 19, 46; **76** 54; **87** 52
- Insolvenzverschleppung **80** 21 f.

Scheinbilanz 26 83

Scheinehe 37 93

Schein-GbR 38 64

Scheingeschäft 29 1 ff., 35 ff.
- Abgrenzung **29** 11
- Außenwirtschaftsrecht **29** 43
- Bankrott **81** 7
- Definition **29** 2 ff.
- Gewinnrealisierung **26** 115
- Kriegswaffenkontrolle **29** 43
- Kursmanipulation **29** 44
- Steuerhinterziehung **44** 84
- Steuerrecht **29** 47
- Steuerstrafrecht **43** 23
- Strohmannkredit **29** 30
- Subvention **29** 41
- Subventionsbetrug **52** 11
- Vollstreckungsvereitelung **29** 42

Scheinhandlung 29 5, 48; **43** 23

Scheinhonorar 29 18

Scheinkaufmann 22 87, 88

Scheinoriginal 39 12; **55** 126

Scheinrechnung 40 21; **59** 2
- Schwarzarbeit **29** 33 f.
- Steuerhinterziehung **29** 52 f.
- Zusendung **59** 28 ff.

Scheinsanierungen 87 20 ff.

Scheinselbständigkeit 24 69; **37** 20 ff.; **38** 6a, 11b, 49 ff.
- Abgrenzung **38** 80a
- Bußgeldtatbestände **37** 65 ff.
- Irrtum **38** 236
- Strafzumessung **38** 289

Scheinumsätze 40 47

Scheinunternehmen 29 55

Scheinwohnsitz, Steuerhinterziehung **29** 60

Schengen 6 26 ff.
- I, II **6** 26
- III **6** 31
- Besitzstand **6** 27
- Doppelverfolgungsverbot **6** 26
- Informations-System **6** 29; **8** 10, 49

- Mitgliedstaaten **6** 28
Schengener Durchführungsübereinkommen 6 26 ff., 143; **8** 9 f.
Schengen-Visum 37 84
Schenkung, Unternehmen **89** 15
Schenkungsteuerhinterziehung 89 45 ff.
Schiedsrichter, Vorteilsannahme **53** 49
Schiffsbeteiligung 28 50
Schiffspfandbrief 69 8
Schiffsverkehr 57 33; **71** 20
Schlankeitspillen 72 101a
Schleudergeschäfte 83 69 ff.
Schleuserkriminalität 6 136
Schlüsselzahlen 38 188
- Sozialversicherung **38** 211 ff.
Schlüssiges Verhalten, Schmuggel **45** 8
Schmerzensgeld 1 132; **12** 43a
- anwaltliche Pflichtverletzung **16** 138 ff., 157
- Persönlichkeitsverletzung **60** 113
Schmiergeld 43 2; **53** 1 ff., 102
- Untreue **32** 138 ff.
- s.a. Korruption
Schmuggel 44 210 ff.; **45** 1 ff., 5 ff.
- bandenmäßiger **44** 214
- über die grüne Grenze **45** 28 ff.
- gefälschte Ware **60** 78, 80
- gewaltsamer **44** 213
- gewerbsmäßiger **44** 212
- als Intelligenzdelikt **45** 14
- Reiseverkehr **45** 32
- Vollendung **44** 64
- mit Waffen **44** 213; **45** 29
Schmuggelprivileg im Reiseverkehr **15** 76; **45** 36
Schneeballsystem 59 2, 43, 50, 54
- betrügerische Anlagen **28** 75
Schöffengericht 12 2
Schöffengericht, erweitertes **12** 3
Schonfrist, Embargo-Verstoß **62** 59
Schöpfung, geistige **55** 79
Schranken, Urheberrecht **55** 87 f.
Schriftliche Lüge 39 16
Schriftlichkeit im Strafverfahren **10** 26
Schriftsteller 1 69; **55** 78

Schrifttum
- Allgemeines Strafrecht **1** 164 ff.
- ausländisches **7** 5 ff.
Schriftverkehr beschlagnahmefreier **16** 80; **93** 13 ff.
Schriftwerk 55 78
Schriftzeichen 55 60 ff.
Schrottimmobilie 28 3
Schuld 17 2, 38; **21** 10
- Begriff **17** 38
Schuldausschließungsgrund 17 44
Schulden
- Insolvenzrecht **78** 21 ff.
- "Offenbarungseid" **88** 28
Schuldendeckungspotenzial 79 7, 32
Schuldfähigkeit 11 21; **17** 39
Schuldner, Nötigung und Erpressung **63** 1 ff.
Schuldneraustausch, Sanierung **87** 13
Schuldnerbegünstigung 81 19; **84** 5 ff.
- Abgrenzung zu Bankrott und Gläubigerbegünstigung **84** 8
- Irrtum **84** 13
- Krise **84** 11, 15
- objektive Bedingung der Strafbarkeit **84** 15
- praktische Relevanz **84** 9
- Sperrwirkung durch Gläubigerbegünstigung **84** 7
- Strafrahmen **84** 16
- Täter und Begünstigte **84** 5 ff.
- Tathandlungen **84** 10 ff.
- Versuch **84** 14
- Vorsatz **84** 12
Schuldnereigenschaft, Bankrott **81** 29
Schuldrahmen 21 23
Schuldübernahme 26 103
Schuldverschreibung 27 70 ff.; **74** 18
Schutz technischer Maßnahmen 55 117 ff.
Schutzanordnung, europäische **6** 196
Schutzdauer
- Design **55** 63
- Gebrauchsmuster **55** 56
- Halbleiter **55** 69
- Marke **60** 64
- Patent **55** 42
- Sorte **55** 73

Schutzgebiet
- Immissionsschutz **54** 217
- Sachbeschädigung **54** 300

Schutzgesetz (§ 823 Abs. 1 BGB) 1 136
Schutzgrundsatz 4 3, 9
Schutzmaßnahme, Kopierschutz **55** 119
Schutzrecht
- gewerbliches **55** 3; **60** 51 ff.
- technisches **55** 5
- verwandtes **55** 84, 114 ff.

Schutzschirmantrag 77 4 ff.; **80** 56
Schutzschirmverfahren 89 24
- Bescheinigung **77** 17 ff.
- ESUG **75** 33, 46 ff.; **77** 1 ff.
- InsO **75** 33

Schwacher vorläufiger Insolvenzverwalter, Bankrotthandlungen **81** 45
Schwarzarbeit 11 10; **36** 1 ff.; **37** 1 ff.; **38** 1 ff.
- Begriff **36** 1, 4
- Behördenorganisation **36** 17 ff.
- Beitragsvorenthaltung **38** 1 ff.
- Informationsaustausch **36** 28 ff.
- Lohnsteuerhinterziehung **38** 301 ff.
- Ordnungswidrigkeiten **24** 18, 77
- Privathaushalt **38** 191
- Rechtsgrundlagen **36** 10 ff.
- Reformgesetze **1** 71
- Zentrale Datenbank **36** 31

Schwarzarbeiter, gesetzliche Sozialversicherung **38** 103a
Schwarzarbeitsbekämpfungsgesetz 36 17 ff.
Schwarzarbeitsgesetz
- illegale Ausländerbeschäftigung **37** 112 f., 113 ff., 120 ff.
- Ordnungswidrigkeiten **37** 154 ff.
- Straftaten **37** 110 ff., 151

Schwarze Kasse 32 228; **40** 9 ff.
- bei öffentlichen Haushalten **40** 12
- Parteienfinanzierung **32** 131
- bei politischen Parteien **40** 12
- Untreueschaden **32** 186 ff.

Schwarze Liste 29 69a
- bei Subventionsbetrug **52** 62

Schwarzgeld
- Abdeckrechnung **38** 255
- Kapitalanlagen **28** 2

Schwarzgeldbekämpfungsgesetz 1 62, 75
Schwarzgeschäft 40 2, 20
Schwarzhandel mit Zigaretten **15** 78
Schwarzlohn 38 6, 130
- Beitragsvorenthaltung **38** 249, 262 ff.
- Lohnsteuer **38** 319, 334 ff.
- Schätzung **38** 247 ff.
- teilweiser **38** 266, 375

Schwarzlohnabrede 38 301
- Lohnsteuer **38** 334, 363
- Rechtfertigungsfrage **38** 180
- Sozialversicherungsbeiträge **38** 262 ff.
- Strafzumessung **38** 284, 372 ff.

Schwarzlohnzahlung, teilweise **38** 266
Schwebendes Geschäft 26 4
Schweigegeld 63 15
Schweigen
- des Gemeinschuldners **76** 36
- im kaufmännischen Verkehr **32** 76a f.

Schweigepflicht
- Berater **93** 1 ff.; **94** 1 ff.
- berufliche **33** 25 ff.
- Berufsangehörige **91** 16
- Berufsgesetze **93** 10
- berufsrechtliche **93** 4 ff.
- Entbindung von **93** 8, 37
- Geschäftsführerwechsel **93** 8a
- Insolvenzverwalter **93** 7
- des Verteidigers **16** 47
- des Zeugenbeistandes **16** 65

Schweigerecht 10 10; **11** 32; **15** 133; **16** 98; **57** 141
- im Steuerstrafverfahren **15** 33

Schweiz 7 15 ff.
- und EU **6** 32 f.
- und EWR **6** 23 f.
- Kartellrecht **57** 8
- Unternehmensstrafrecht **7** 19
- Wirtschaftsstrafrecht **7** 15 ff.

Schwellenwert 23 27 f.
- für Publizitätspflichten **41** 3

Schwere Gefährdung durch Freisetzen von Giften 54 288 ff.

Schwerpunktstaatsanwaltschaft 1 58, 94; **2** 36; **11** 4
Schwerpunktzins für Ratenkredite **61** 68
SDÜ 6 26 ff.
SE 27 46
– Falschangaben bei Gründung **27** 178
SE-Beteiligungsgesetz 23 83; **35** 3
Seefischerei 6 90
Seeschiffbewachung 25 17a
Segmentberichterstattung, Bestandteile des Abschlusses **26** 77
Sekundärinsider 68 61, 78, 84
Sekundärinsolvenz 75 58; **76** 58 f.
Sekundärrecht
– EU **6** 8
– europäisches **6** 39
– europäisches Kartellrecht **57** 27 ff.
Selbständige, arbeitnehmerähnliche **24** 69
Selbständige Tätigkeit, Beitragsvorenthaltung **38** 49 ff.
Selbständiges Verfahren, Geldbuße **14** 28
Selbstanzeige 44 119 ff.; **46** 20 ff.
– Ausschluss der Straffreiheit **15** 31; **44** 140 ff.
– Ausschlussgründe **16** 59 f.
– Außenwirtschaftsverstöße **62** 128 ff.
– durch Berater **96** 32 f.
– besonders schwerer Fall **44** 165f
– durch Dritte **44** 172; **46** 22
– Einleitung des Strafverfahrens **44** 149 ff.
– Entdeckung der Tat **44** 155 ff.
– Erscheinen des Amtsträgers **44** 142 ff.
– Form **44** 124
– Fremdanzeige **44** 172
– Geldwäsche **51** 29
– Haftung des Verteidigers **16** 137, 160 ff.
– Hinweispflicht Steuerberater **96** 27, 33
– Jahressteuererklärung **24** 59

– Kenntnis von Tatentdeckung **44** 164
– Kriegswaffenkontrollgesetz **73** 104
– Motiv **44** 123
– Nachzahlung von Steuern **44** 130
– Rechtsentwicklung **44** 119c ff.
– Schwellenwert **44** 165a
– Steueranmeldung **44** 165g
– Tatentdeckung **16** 60 f.
– verdeckte **44** 169
– Verfahren gegen „Verantwortliche" **16** 58 ff.
– Verhältnis zur Berichtigung (§ 153 AO) **44** 166 ff.
– Wiederaufleben **44** 154
– Zahlungsfrist **44** 130, 137
Selbstbedienungstankstelle, Computerbetrug **42** 68
Selbstbelastung, Steuerstrafverfahren **15** 34 ff.
Selbstbelastungsfreiheit, Insolvenzgeheimnis **76** 22 ff.
Selbstbelastungsverbot im Unternehmen **54** 330 f.
Selbsthilfe als Nötigung **63** 26
Selbsthilfebetrug 47 85; **63** 1, 43 f.
Selbstkontrolle, Umweltrecht **54** 329
Selbstläufersystem 59 54
Selbstleseverfahren 16 99
Selbstverwaltungsorganisationen 2 39
Sendeanlage 74 35
SEPA-Lastschriftverfahren 49 28a, 30b ff.
– Missbrauch **49** 34a
Serienbriefe 60 13
Serienstraftat 20 23 ff.
Serviceunternehmen 38 28a
– Beitragsvorenthaltung **38** 153a f.
SEVIC, EuGH **23** 108
SGB s. Sozialgesetzbuch
Shadow director 32 25d
Share-deal 75 9
Shareware 55 90
Sicherheit
– Arbeitsplatz **34** 11
– bei Pfandbriefen **69** 8
Sicherheitsabschlag 38 257

Sicherheitsleistung 11 70 f.
– Haftbefehl **11** 73
– Verfall **11** 73 f.
Sicherheitspolitik, europäische **5** 23; **6** 11, 123
Sicherheitsrat der Vereinten Nationen 62 9
Sicherstellung
– Beendigung **11** 128a
– durch Beschlagnahme **11** 119
– durch dinglichen Arrest **11** 114, 123 ff.
– einer beweglichen Sache **11** 116 f.
– für Einziehung und Verfall **11** 114 ff.
– gegenstandslos **11** 128b f.
– im Notfall **64** 1 ff.
– präventive – im Außenwirtschaftsrecht **15** 116
– Produktpiraterie **55** 17 ff.
– Rahmenbeschluss **6** 177
Sicherstellungsgesetze 64 5
Sicherung, inkongruente **88** 8
Sicherungsabtretung 32 38
– Masseschmälerung **83** 14
– Untreue **48** 69 ff.
Sicherungseigentum
– Masseschmälerung **83** 10, 12
– Straftaten **48** 56
Sicherungsfonds 65 26
Sicherungsgut, strafbarer Umgang **48** 56 ff.
Sicherungskopie 55 88
Sicherungsmaßnahme, betriebliche bei IT-Delikten **42** 122 f.
Sicherungsrechte, Untreue **32** 108
Sicherungsübereignung
– Masseschmälerung **83** 10, 15
– und Untreue **32** 38
– Untreue **32** 110
Sichverschaffen
– Geldwäsche **51** 36
– Hehlerei **48** 78
Sichversprechenlassen 53 44
Siegel 60 103
Siegelbruch 88 18 ff.
Signatur, unzulässige **55** 124 ff.
Silberwaren 74 14

Sim-Lock 42 76, 83
SIS 6 29; **11** 67
Sittenwidrige Geschäfte, Steuerpflicht **15** 40
Sitz, Unternehmen **23** 102 f.
Sitztheorie 23 112
– IPR **23** 102, 108
Sitzverlegung
– Firmenbestattung **96** 19b
– grenzüberschreitende **23** 104
Skimming 42 28; **49** 113
Sklaverei 37 11a ff.
Skripturakt 42 87
SKS-Vertrag 6 37
SmartCard 42 115
Smog-Gebiet 54 217
Smog-Verordnungen 54 44
SMS-Chat-Dienst 60 28
Societas Europea 27 46
Societas privata europaea 23 77, 82
Sockelverteidigung 16 15, 50, 77; **91** 46
Sofamelker 45 64
Sofortmeldung, illegale Beschäftigung **38** 211a
Soft law 5 5
Software
– Diebstahl **42** 20, 59
– Sabotage **42** 24
– Sicherungskopie **55** 88
– Urheberrechtsschutz **55** 88 ff.
– Zweckbestimmung **42** 72, 93
Sogwirkung 2 26
SOKA-Bau 38 3, 195 ff.
Solarfonds 28 51
Solvabilitätsverordnung 67 51
Sonderbeauftragte, Strafbarkeit **66** 40
Sonderbetriebsvermögen 26 30, 100
Sonderdelikt 22 8; **95** 12
– echtes **22** 8, 11
– Kartellrecht **57** 107
– Täterschaft **19** 12
– unechtes **22** 8
Sondervermögen 23 59
Sonderverwahrung von Wertpapieren **69** 2
Sondervorteile, Falschangaben **27** 159
Sonn-/Feiertagszuschläge 38 124

Sorgfaltspflicht 18 11; **22** 18
- steuerlicher Berater **96** 37 ff., 41 ff.
- Umweltstrafrecht **54** 167 f.

Sorgfaltspflichtverletzung 17 31 ff.
Sortengeschäft 66 12
Sortenschutz 55 73 ff.
Sozialadäquanz
- Korruption **53** 36 f.
- Vorteilszuwendungen **53** 78

Sozialbehörden, Zusammenarbeit mit Zollbehörden **36** 53
Soziale Marktwirtschaft 1 52 ff.
Sozialfonds 52 59
Sozialgeheimnis 11 49
Sozialgesetzbuch 36 13
Sozialgesetzbuch IV, Ordnungswidrigkeiten **24** 68 ff.; **38** 20, 210 f.
Sozialkasse Bau 38 195 ff.
Sozialleistungen
- Begriff **37** 145
- Betrug **37** 144 ff., 147 f.
- Erschleichen **37** 144 ff., 151 ff.
- Mitteilungspflichten **37** 144
- Steuerhinterziehung **37** 146
- Zuständigkeit **37** 157 f.

Sozialschädlichkeit 1 5
Sozialversicherung 38 13
- Auslandsbezug **38** 109 ff.
- Ausstrahlung **38** 109
- Beitragsfestsetzung **38** 145, 199
- Beitragspflicht **38** 103 ff.
- Bemessungsgrundlage **38** 121 ff.
- Bruttoentgelt **38** 263 ff.
- DSRV-Auskunft **38** 218
- EU-Recht **38** 111
- familienhafte Mithilfe **38** 73 ff.
- Meldepflichten **24** 68 ff.; **38** 209 ff.
- Schlüsselzahlen **38** 211 ff.

Sozialversicherungsabkommen, Ablauf **37** 149
Sozialversicherungsbeiträge 38 11a
- Anspruchsprinzip **38** 127
- Arbeitgeberanteile **38** 186 ff.
- Arbeitnehmeranteile **38** 100 ff.
- Beitragsbemessungsgrenze **38** 137
- Bemessungsgrundlage **38** 121 ff.
- Fälligkeit **38** 154 ff., 154, 220
- Höhe **38** 134 ff.

- bei Insolvenzreife **38** 155
- in der Krise **84** 48
- Lohnverzicht, Lohnstundung **38** 109, 157
- mehrere Beschäftigungen **38** 132
- Meldepflichten **24** 73
- Nichtzahlung **38** 152 ff.
- ommissio libera in causa **38** 165
- Stundung **38** 156 f.
- Tilgungsbestimmung **38** 158
- unrichtige Beitragsnachweise **40** 31
- Vorenthalten s. Beitragsvorenthaltung
- Zahlungsunmöglichkeit **38** 163 ff.

Sozialversicherungsrecht 36 13
- Arbeitgeber **38** 27 ff.
- Versicherungsfreiheit **38** 114

Sozialwucher 61 3
Sozietät
- Berater **90** 7 ff.
- internationale **90** 10
- Verteidigung **94** 20b

Spaltung 27 61 ff.; **50** 9
Spamming 42 101
SparCard 49 68
Sparkasse, Kreditvergabe **67** 77 f.
SPE 23 77
Spediteur, Gestellungspflicht **45** 6
Speicherung, DV **42** 79
Spekulationsgeschäft 76 12
- Bankrott **83** 54 ff.

Spekulationsverbot 32 236
Sperrwirkung bei Selbstanzeige **44** 140 ff.
Spesen, Sozialversicherung **38** 123
Spezialisierungskartell 57 36
Spezialitätsvorbehalt 8 53, 71
Spezialprävention 21 11 ff., 45 f.
Spielautomat 42 27, 83
Spielgerät 25 16
Spielraumtheorie 21 12
Spionage
- im Betrieb **33** 45 ff.
- Daten **42** 84 ff.
- bei DV **42** 21
- Geschäftsgeheimnis **33** 69 ff.

Spitzenverbände 2 40
Sponsoring 53 32

Spoofing 42 76
Sprecherausschuss 35 2
Sprengstoff 25 61
Sprengstoffgesetz 73 43
Spürbarkeit, Kartellrecht **57** 84, 122
Staatsanwaltschaft 10 2 ff.; **11** 2 ff.; **12** 5 ff.; **15** 95
– Aufgabe **1** 8
– Bußgeldverfahren **14** 8 f.
– Europäische **6** 114, 167 ff.
– Steuerstrafverfahren **15** 8 ff.
– Zusammenhangstaten **14** 9
– Zuständigkeit **1** 94 ff., 116
– Zuständigkeit im Steuerstrafverfahren **15** 9 ff., 48 ff.
Staatsgeheimnis, Patent **55** 53
Staatskasse, Gebühren und Auslagen **13** 6
Staatsschutzrecht, Außenwirtschaftsrecht **62** 7
Stadtwerke, Untreue **32** 217
Stahlquoten 57 16
Stalking, Online **42** 121
Stammdaten 42 18
Stammkapital
– existenzgefährdende Eingriffe **82** 26 ff.
– Erhalt **82** 19
– Falschangaben **27** 149 ff.
– GmbH **27** 17
– UG (haftungsbeschränkt) **27** 32
– Verlust, Anzeigepflicht **23** 74, 87, 126; **26** 5
Stammzellenforschung 74 10
Stand der Technik 55 41
Standardsoftware 55 89
Stand-by letters of credit 28 6
Standesrecht 91 3, 7 ff.
Standesrichtlinien 91 3 ff.
Ständiger Vertreter, Abgabenordnung **38** 384
Stapelbuchung 26 39
Statistik 2 15 ff.
Statuspapiere, Vorlage unrichtiger **45** 10
Steueranmeldung 44 38, 97 f.; **45** 49
– Selbstanzeige **44** 165g
– Versuch **44** 76 ff.

– Vollendung **44** 62 f.
Steueraufsicht 15 75
Steuerbefreiung, Wegfall **44** 25
Steuerberater
– Ahndung von Berufspflichtverletzung **91** 23 ff.
– Berufsbild **90** 2 ff.
– Berufspflichten **91** 63 ff.
– Berufsrecht **91** 61 ff.
– Beschlagnahme **11** 107; **93** 13 ff.
– Beschlagnahmefreiheit **93** 13 ff.
– Buchführungs- und Bilanzdelikte **85** 3
– Buchführungsprivileg **90** 11
– eigene Angaben **96** 37 ff.
– faktischer Geschäftsführer **30** 64
– freier Beruf **22** 69 f.; **90** 2 ff.
– Garantenstellung **91** 65
– Geldwäsche **51** 33 f.
– leichtfertige Steuerverkürzung **46** 15; **96** 36 ff.
– Mandatsverhältnis **91** 63 ff.
– Mitteilung an Berufskammer **91** 66
– Steuerhinterziehung **96** 21 ff.
– Steuerordnungswidrigkeit **15** 67
– als Teilnehmer **95** 11 ff., 18
– Teilnehmer **96** 21 ff., 34
– Untreue **32** 97
– als Verteidiger **15** 32; **16** 9
– Zeugnisverweigerungsrecht **11** 43
Steuerberatung, unerlaubte **91** 61a; **92** 28 ff.
Steuerberatungsgesellschaft 90 8 ff.; **91** 63a
Steuerbevollmächtigter
– Berufsrecht **91** 61 ff.
– Zeugnisverweigerungsrecht **11** 43
Steuerbilanz 26 93, 100
– Beraterbeteiligung **96** 5
– im Insolvenzstrafrecht **26** 143
– Maßgeblichkeit der Handelsbilanz **26** 74
Steuerdaten-CD 44 159
Steuerdelikte 2 14
Steuererklärungspflicht 15 39; **43** 11; **44** 18
Steuererstattung, Erschleichen **44** 43

Stichwortverzeichnis

Steuererstattungsanspruch, unzulässiger Erwerb **46** 53 ff.
Steuerfahndung 11 9; **15** 51
- Beamter **11** 9
- Zwangsbefugnisse **15** 64

Steuergefährdung 40 18 ff.; **46** 23 ff., 25 ff.
- Berater **96** 36 ff.
- steuerlicher Berater **96** 49 ff.

Steuergeheimnis 38 24
- Durchbrechung im Steuerstrafverfahren **15** 41
- Offenbarungsbefugnis bei Geldwäsche **51** 50a

Steuerhehlerei 44 199 ff.
- Marktordnungsabgaben **45** 58

Steuerhinterziehung 24 56; **44** 1 ff.
- Absehen von Strafverfolgung **44** 165d
- Auslandstat **44** 31
- bandenmäßige **44** 183 ff.
- Beendigung **17** 52; **44** 92 ff.
- Beihilfe **40** 22 ff.
- Beitreibungsverfahren **40** 23
- im Beitreibungsverfahren **44** 42 ff.
- Belegfälschung **39** 3
- besonders schwerer Fall **44** 112 ff., 183 ff.
- Beteiligung von Beratern **96** 21 ff.
- Blankettdelikt **17** 10
- Erbschaftsteuer **89** 43 ff.
- und Geldwäsche **51** 21
- Geldwäschevortat **51** 21
- gewerbsmäßige **44** 193 ff.
- in großem Ausmaß **38** 379
- großes Ausmaß **44** 113
- Irrtum **18** 9; **44** 70
- Kaffeesteuer **45** 53
- Kapitalanlagen **28** 101 ff.
- Kompensationsverbot **44** 46 ff.
- Konkurrenzen **44** 100 ff.
- Lohnsteuer **38** 301 ff.
- in Millionenhöhe **44** 117a
- mitbestrafte Nachtat **20** 10
- Nebenfolgen **44** 118
- psychische Beihilfe **96** 23
- Rücktritt **44** 90 f.
- Ruhen der Verjährung **17** 54
- Scheingeschäfte **29** 47 ff.
- Schenkungsteuer **89** 43 ff.
- schwere Fälle **38** 378 f.
- Strafbefehl **15** 25
- Strafe **21** 46; **44** 111 ff.
- Strohmann **29** 32
- Strohmanngeschäfte **29** 21 ff.
- Tabaksteuer **45** 39 ff.
- Tateinheit **44** 102 ff.
- Täter **44** 6 ff.
- Tatmehrheit **44** 105 ff.
- Umgehungsgeschäfte **29** 68
- durch unrichtige Bilanzierung **40** 44
- durch unrichtige Buchführung **40** 18 ff.
- untauglicher Versuch **18** 30
- durch Unterlassen **44** 15 ff.
- im Unternehmen **43** 1 ff.
- bei Unternehmensnachfolge **89** 43 ff.
- Verfahrensrecht **15** 1 ff.
- Verjährung **17** 52; **44** 118a
- Verlustzuweisungsgesellschaft **28** 44 ff.
- Versuch **44** 72 ff.
- Versuch bei Unterlassen **44** 74 ff.
- Versuch/Vollendung **18** 25
- Vollendung **44** 55 ff.
- Vorbereitungshandlung **40** 18, 44; **44** 83
- Vorsatz **44** 67 ff.
- Vorsatz Berater **96** 21 ff.
- auf Zeit **38** 375

Steuerhinterziehungsbekämpfungsgesetz 1 62; **29** 70
Steueridentifikationsnummer 38 305
Steuerklasse 38 373
- Lohnsteuer **38** 305

Steuerlager 45 39
- Entnahme **45** 47 ff.

Steuerlich erhebliche Tatsache 44 8
Steuerliche Anzeigepflicht
- Auslandsbeteiligung **24** 51 f.
- Erwerbstätigkeit **24** 48 f.
- Körperschaften **24** 45 ff.
- Verbrauchsteuer **24** 53

Steuerliche Erfassung 43 6
Steuerliche Nebenleistung 44 28, 135

Steuerliche Pflichten 38 315 f.; **43** 5 ff.
– im Unternehmen **43** 12 ff.
Steueroase 28 67 f., 109; **29** 69 f.
Steuerordnungswidrigkeit 1 62; **46** 1 ff.
– Bußgeldverfahren **15** 55 ff.
Steuerpflichtiger 44 16; **46** 14
Steuersparmodell 28 43 ff.
– Steuerhinterziehung **28** 101 ff.
Steuerstempler 44 27, 82
Steuerstrafrecht 38 301 ff.; **43** 1 ff.; **44** 1 ff.
– Entstehungsgeschichte **1** 61 f.
Steuerstraftat 44 1 ff.
– Einfuhrabgabenhinterziehung **45** 1 ff.
– Verfahrensrecht **15** 1 ff.
Steuerstrafverfahren 15 1 ff.
– anwaltliche Pflichtverletzung **16** 158 ff.
– Beschuldigter/Mitwirkung **11** 32a
– Verfahren gegen „Verantwortliche" **16** 60
Steuerstundungsmodell 28 41 ff., 47
Steuerumgehung 29 57 ff.; **43** 23
– Basisgesellschaft **29** 72
– Berater **96** 22a
Steuerunehrlichkeit von Mandanten **96** 23, 35
Steuerungsfunktion des Wettbewerbs **57** 1
Steuerverfahrensrecht 15 1 ff.
Steuervergütung 44 43
Steuerverkürzung 44 28 ff., 33 ff.
– leichtfertige **96** 36 ff.
– auf Zeit **44** 40
Steuerverkürzungsbekämpfungsgesetz 1 62
Steuervermeidung 28 42
Steuervorteil
– nicht gerechtfertigter **44** 42 ff., 99
– Tatvollendung **44** 65
– Versuch **44** 80
Steuerzeichen 44 1, 27, 82; **45** 39
Steuerzeichenfälschung 44 215
Steuerzuschlag 44 165b ff.
Stichprobe
– Lebensmittel **72** 57

– Personalüberwachung **30** 147
Stichprobeninventur 26 8
Stichtagsprinzip 26 113
Stiftung 23 15, 21
– Buchführungspflicht **26** 19a
– europäische **23** 93
– Insolvenzantragspflicht **80** 15
– Offenlegung Rechnungslegung **41** 2
– Untreue **89** 42
Stiftung & Co KG 27 7
Stille Gesellschaft 23 18, 94a; **27** 4
– Buchführungspflicht **26** 19
– Eigenkapitalfunktion **26** 103
Stille Liquidation 75 6, 11, 30; **87** 43
Stille Reserven 50 4
Stillhalteklausel, Türkei **37** 54a
Stimmenkauf
– AG **23** 81
– Genossenschaft **23** 87
Stimmrechts-Pool 89 22
Stockholmer Programm 6 123 ff.; **8** 38
Stoffe, gefährliche **54** 89 ff., 276 ff.
Stoffgleichheit 47 74 ff.
Stoffmischung 55 60
Störfall, Luftverunreinigung **54** 192 ff.
Störfallbeauftragter 54 46
Störfall-Verordnung 54 39
Störung 54 174
– der DV **42** 7
– geistige **17** 39
– seelische **17** 39
Stoßbetrug, öffentlicher Betriebe **48** 9
Strafantrag 10 12 ff., 16, 35
– Angestelltenbestechung **53** 123 ff.
– Bestechung im geschäftlichen Verkehr **53** 123 ff.
– Geheimnisbruch **33** 109
– gewerblicher Rechtsschutz **55** 135
– IT-Delikte **42** 108 ff.
– durch Rechtsanwalt **16** 72
– Urheberrechtsverletzung **55** 93
– Vollstreckungsvereitelung **88** 6 ff.
– Zurücknahme **42** 128
Strafanwendungsrecht 4 1 ff.
Strafanzeige als Nötigung **63** 24
Strafaufhebungsgrund 17 46 f.; **18** 31
– Selbstanzeige **44** 122
Strafausschließungsgrund 17 46 f.

Strafaussetzung zur Bewährung 21 53 ff.
Strafbare Kennzeichenverletzung 60 54
Strafbare Werbung 4 13; **24** 44; **59** 51 ff.; **60** 4, 8 ff.
- Bekanntmachung **60** 12 ff.
- Beraterbeteiligung **96** 65 ff.
- Garantenstellung **60** 11
- bei Kapitalanlagen **28** 96
- Täter **60** 10 f.
- unwahre Angaben **60** 19 ff.
- zivilrechtliche Ansprüche **60** 9
Strafbare Zeichenverletzung 60 55
Strafbarkeitsbedingung 17 45
- Bankrott **81** 65 ff.
Strafbefehl 12 70 ff.
- auf Antrag der Finanzbehörde **15** 46
- Steuerordnungswidrigkeit **15** 62
- im Steuerstrafverfahren **15** 25, 52
Strafbefehlsantrag 11 146
Strafbefehlsverfahren, anwaltliche Pflichtverletzung **16** 158
Strafe 1 101 ff.; **16** 104 ff.; **21** 1 ff.
- Festsetzung **21** 45
- Haftung des Verteidigers **16** 134
- als Schaden **16** 122 ff.
Straffreiheit 15 31
Strafgesetzbuch 1 143 ff.
Strafgewalt der EU **1** 157
Strafgrenze 16 105
Strafkammer, Zuständigkeit **1** 90 ff.
Strafklageverbrauch 10 35; **12** 75
- ausländische Sanktion **12** 76
- transnationaler **6** 144 f.
Strafmaß 16 104
Strafmilderungsgründe, gesetzliche **21** 18 ff.
Strafprozessordnung 1 146
Strafprozessualer Arrest 16 115
Strafrahmen 21 13
- bei Teilnahme **19** 24 f.
Strafrahmenverschiebung 21 15
Strafrecht
- ausländisches **7** 1 ff.
- der EU **6** 1, 60 ff.
- europäisches **5** 1 ff.; **23** 48 ff.; **57** 72 f.

- internationales **4** 3 ff.
- Literaturhinweise **1** 164 ff.
- Rechtsquellen **1** 143 ff.
- supranationales **1** 157 f.; **4** 13 ff.; **5** 5 ff.
- und Zivilrecht **1** 131 ff.
Strafrecht der EU **6** 60 ff.
Strafrechtsschutzversicherung 16 28a, 42 ff.
Strafregister 13 7 ff.
- EU Informationsaustausch **6** 183
Strafrest, Aussetzung **21** 61 ff.
Strafrichter, Zuständigkeit **12** 2
Strafsachenstelle 15 16
Strafsenat 12 8
Straftat 1 12
- Datenschutzgesetz **33** 130 ff.
- und Ordnungswidrigkeit **20** 33 ff.
- Verhältnis zu Ordnungswidrigkeit **1** 116
- Voraussetzungen **17** 1 ff.
Straftatbestand 17 5
- Voraussetzungen **17** 1 ff.
Strafvereitelung
- durch Verteidiger **16** 103b; **95** 17
- Verteidigerhonorar **16** 29
Strafverfahren 1 146 f.; **10** 1a; **11** 1 ff.; **12** 1 ff.
- in Wirtschaftsstrafsachen **10** 1 ff.
Strafverfolgungsstatistik, Umweltdelikte **54** 334 ff.
Strafverteidiger 11 18; **16** 1; **21** 22 ff.; **91** 42
- Beschlagnahmeverbot **93** 32
- Geldwäsche **51** 32 ff.
- s.a. Verteidiger
Strafverteidigung, Kosten **16** 21 ff.
Strafvollstreckung 13 1 ff.
Strafvollzug 1 151; **13** 1. 5
Strafvollzugsgesetz 13 5
Strafvorbehalt 21 64
Strafzumessung 1 111; **21** 10 ff., 24 ff.
- Steuerhinterziehung **44** 117a
Strafzumessungsgründe 21 24 ff.
Strafzuschlag, Bemessungsgrundlage **44** 165b
Strahlenschutz 54 87
Strahlenschutzvorsorge 54 87 f., 274

Straßenverkehr 71 1 ff.
- gefährliche Güter **71** 29
- Personenbeförderung **71** 12 ff.

Straßenverkehrsgerätekontrollverordnung 71 18c

Streaming 55 110a

Streikdrohung 63 16

Streumunition 73 78 ff.

Strichcode 42 54

Strict liability 7 34

Stripped bonds 28 21, 66

Strohmann
- Aufsichtspflichtverletzung **30** 137
- Beitragsnachweis **38** 201
- Beitragsvorenthaltung **38** 32
- Einsatz **29** 23 f.
- Gesundheitswesen **29** 31
- Insolvenzantragspflicht **80** 27
- Kassenarzt **29** 31
- Kreditwesen **29** 29
- Lohnsteuer **38** 316
- Steuerrecht **29** 32
- Umsatzsteuer **29** 34

Strohmanngeschäft 29 1 ff.
- Abgrenzung **29** 9 f.
- strafrechtliche Folgen **29** 21 ff.

Strohmanngeschäftsführer 29 27

Strohmanngesellschafter 29 21

Stromabschaltung, Nötigung **63** 5 f.

Strukturvertrieb 28 13, 81

Stundenhonorar 16 26

Stundenlisten 38 188

Stundung
- Gläubigerbegünstigung **84** 42
- Insolvenz **78** 22
- und Kreditbetrug **50** 142
- Kreditgeschäft **67** 103
- beim Lieferantenbetrug **48** 52 ff.
- Steuer **44** 42

Subjektiver Schadenseinschlag 32 191j; **47** 56

Submissionsabsprache 57 13, 118, 142 f.; **58** 1 ff., 8 ff.
- Betrug **58** 22 ff.
- Kartell **58** 2 f.
- als Kartellordnungswidrigkeiten **58** 32 ff.
- Schaden **58** 23 ff.

- Täter **58** 13

Subsidiarität des Strafrechts **1** 16

Subsidiaritätsprinzip, EU **6** 19, 41, 100

Substanzwertverfahren 79 43 f.

Subsumtionsirrtum 18 14
- Subventionsbetrug **52** 32

Subunternehmer, Aufsichtspflichtverletzung **30** 131

Subvention
- Begriff **52** 6 ff.
- und Untreue **32** 132

Subventionsantrag, Täuschung **47** 20a

Subventionsbetrug 23 9; **52** 1 ff.
- Beendigung **52** 36
- und Betrug **52** 39 ff.
- Eigenkapitalausstattung **27** 199
- EU-Subventionen **52** 56 ff.
- Gewinnabschöpfung **52** 53
- durch unrichtige Bilanzierung **40** 42
- durch unrichtige Buchführung **40** 30
- Verjährung **52** 38
- durch Verwendung unrichtiger Bilanzen **26** 184

Subventionserhebliche Tatsache 52 18 ff.

Sukzessive Mittäterschaft 18 27
- Geschäftsleiter **30** 44

Summenbeitragsbescheid 38 258 f.

SUP 23 77a

Supranationale Normsetzung 7 1

Supranationale Organisation 1 154 ff.; **5** 23 ff.

Supranationales Recht 5 5 ff.

Supranationalisierung 5 5 f.

Suspendierung der Steuererklärungspflicht **15** 39

Syndikat 57 118

Syndikus 91 13

Syndikusanwalt 16 81; **38** 63; **91** 13; **92** 9
- Beschlagnahmeverbot **16** 80a
- Zeugnisverweigerungsrecht **93** 5

Syndikus-Steuerberater 91 63b

Synthetische Cannabinoide 72 101b

Systemanalytiker 42 52

Systemwechsel, europäisches Kartellrecht **57** 6 f.

TA Luft 54 39, 199
Tabaksteuer 24 54; **45** 37; **46** 43
Tabaksteuerhinterziehung 44 27; **45** 39 ff.
Tabakwerbung 60 7a
Tachometer 42 116
Tafelgeschäft 29 77
Tagessatz 1 116; **21** 5 f.
TAN, Abgreifen **42** 91
Tankkarte 42 68
Tankquittung 46 28a
Tankstelle, Preisverzeichnis **61** 106
Tarnware 45 9
Tat
– Bußgeldbescheid **14** 19
– gewerbsmäßige **22** 66
Tatausführung 21 31
Tatbegriff 12 75; **17** 59
– prozessualer **12** 42a, 47a
– Steuerhinterziehung **44** 110
Tatbestandsirrtum 18 3 ff.
– Beitragsvorenthaltung **38** 235
– Steuer **44** 70
– Steuerhinterziehung **18** 16
– Subventionen **52** 22
Tatbestandsmäßigkeit 17 2
Tatbestandsmerkmal, normatives **17** 11
Tatbeteiligung, Berater **96** 1 ff.
Tateinheit 20 1 ff.
– gleichartige **20** 3
– natürliche **20** 16
– bei Steuerhinterziehung **44** 102 ff.
– tatbestandliche **20** 11 ff.
– ungleichartige **20** 2
Tatentdeckung, Selbstanzeige **44** 155 ff.
Täter, Begriff **19** 1
Täter hinter dem Täter 30 9 f.; **56** 81
Täter-Opfer-Ausgleich 11 27c; **21** 19
Täterpersönlichkeit 2 3, 28
Täterprognose 21 54 f.
Täterschaft 19 1 ff.
– kraft Tatherrschaft **30** 9
– Ordnungswidrigkeiten **19** 2
– Steuerhinterziehung **44** 6
– Täter hinter dem Täter **30** 9
– durch Tatherrschaft **30** 9

– im Unternehmen **30** 7
Tatgeneigter Beteiligter 95 18
Tatherrschaft 19 5
– durch Organisationsmacht **30** 8 ff.
Tatidentität, Steuerhinterziehung **44** 110
Tätige Reue 18 32
– Computerbetrug **42** 73
– Submissionsabsprache **58** 14 ff.
– Subventionsbetrug **52** 51 f.
– Umweltschutz **54** 153
Tätigkeitsbericht, Bundeskartellamt **15** 123; **57** 10
Tätigkeitsdelikt 17 12
Tatmehrheit 20 5 ff.; **21** 49 ff.
– bei Steuerhinterziehung **44** 105 ff.
Tatsache
– beim Betrug **47** 10
– steuerlich erhebliche **44** 8 ff.
– subventionserhebliche **52** 18 ff.
Tatverdacht, dringender **11** 56
Tatvorteil, Abschöpfung **21** 92
Tatzeitrecht 3 12
Tauschbörse 42 1, 3; **55** 110 f.
Täuschung
– Anlagebetrug **28** 73 f.
– ausdrückliche **47** 15
– Ausschreibungen **58** 5
– Ermittlung **11** 33, 36
– Garantenpflicht **47** 23
– konkludente **47** 17 ff.
– Lieferantenbetrug **48** 4 ff., 17
– über Preis **47** 20
– im Rechtsverkehr **39** 4
– Rendite **28** 74 f.
– beim Scheckbetrug **49** 8
– Subventionsbetrug **52** 10
– Unterlassen **28** 41 f.; **47** 21 ff.
– Verlustzuweisung **28** 72 f.
– Werbung **60** 8 ff., 30 ff.
Täuschungsdelikte 96 50 ff.
Täuschungshandlung beim Betrug **47** 10 ff.
Täuschungsverbot
– Lebensmittel **72** 23
– Weinrecht **72** 82a
Taxi 71 14

Technische Aufzeichnung
- Fälschung **39** 19 ff.
- Fälschung bei DV **42** 55
- Unterdrückung bei DV **42** 58

Technische Richtlinie 34 65

Teeröl 34 46

Teilgeständnis 16 85

Teilnahme
- Ordnungswidrigkeiten **19** 30
- Formen **19** 18 ff.
- notwendige **19** 26 ff.; **22** 7
- Sonderdelikt **22** 8
- im Unternehmen **30** 13 ff.
- Verteidiger **16** 37
- Vorsatz **19** 20

Teilnahmerecht der Finanzbehörde **15** 50

Teilnahmestrafbarkeit
- Berater **95** 10 ff.
- von Beratern **95** 1 ff.

Teilnahmeverdacht, Berater **93** 33

Teilschwarzlohn 38 375

Teilweise Schwarzlohnzahlung 38 266, 271

Telecash 42 31 ff.

Telefax, Fälschung **39** 11 f.

Telefon, Abhören **33** 5

Telefonkarte
- Missbrauch **42** 65 ff.
- Simulator **42** 68, 76

Telefonorderverfahren 49 80, 124a

Telefonsex 38 55

Telefonsperre 11 86

Telefonüberwachung 9 6; **11** 111
- Umweltdelikte **54** 331a

Telefonvertrieb, betrügerische Anlagen **28** 29 ff.

Telefonwerbung 59 3d, 4a; **60** 75

Telekommunikationsanlage, Missbrauch **42** 30 ff.

Telekommunikationsgesetz 42 33

Telekommunikationssicherstellung 64 13

Telekommunikationsüberwachung 9 6; **11** 111 f.; **42** 127 f.
- Außenwirtschaftsrecht **15** 113 f.
- Berufsgeheimnisträger **93** 41 ff.
- Katalogtaten **11** 112

- Umweltdelikte **54** 331a
- Vergehen **74** 35

Telemediengesetz 23 69e; **42** 33, 38 ff.

Teleshopping 42 29

Termingeschäft 68 9

Territorialitätsprinzip 62 35

Territorialprinzip 4 3, 6 f.
- gewerblicher Rechtsschutz **55** 9
- Patentrecht **55** 38

Terrorismusbekämpfung 5 31; **6** 184, 188; **62** 9
- EU **6** 135

Terrorismus-Embargo 62 13

Terrorlisten 5 32

Testamentsvollstrecker 23 14
- Unternehmensnachfolge **89** 9
- Untreue **89** 41

Testat, falsches **96** 67 f.

Textilien, Kennzeichnungspflicht **74** 19

Theft Act 7 35

Tierarzneimittel 72 109

Tierschutz 54 103, 305

Tilgung, Zentralregister **13** 9

Titel, Orden und Ehrenzeichen 16 120d

Titelschutz 60 71

Tochtergesellschaft, Publizitätspflichten **41** 13 f.

Todesanzeige im Internet **59** 29

Todesstrafe, Verbot **5** 16

Tonaufnahmen in der Hauptverhandlung **10** 30

Tonnagebesteuerung 28 50

Tonträger 55 84, 115
- unbefugtes Aufnehmen **33** 2

Topographie 55 67

Totalausverkauf 60 41

Totschrumpfen 87 27

Tötung, Arbeitsschutz **34** 61 ff.

Tötungsdelikt, schadhafte Produkte **56** 77

Trading-Programm 28 9

Transaktionswert, Zollhinterziehung **45** 14

Transfusion 72 120

Transitdelikt, Schmuggel **45** 19

Transparenzrichtlinie 41 5

Transplantation 72 121 ff.
Transportwesen 71 1 ff.
Treibhausgas-Emissionshandel 54 48; 68 15, 20
Trennbankensystem 66 6c
Treubruchstatbestand
- Tathandlung 32 142 ff.
- Unterlassen 32 143c
- Untreue 32 2, 8b
- Untreue bei Kreditentscheidungen 67 4

Treuepflicht 53 64
- Berater 91 19; 94 25
- Verteidiger 16 46 f., 50

Treuhand
- Bilanzierung 26 99a
- Tätigkeit von Beratern 96 75
- Tätigkeit von Notaren 91 85
- Untreue 32 33a, 97

Treuhänder 23 14
- Berater als Teilnehmer 96 62
- falsche Angaben Deckungsrücklagen 65 18

Treuhänderschaft 43 15
Treuhandgeschäft 29 6
Treuhandverhältnis, Kapitalanlagebetrug 27 115
Trihotel-Entscheidung 32 150 f.
Trinkgeld
- Lohnsteuer 38 323
- Sozialversicherung 38 125

TRIPS 5 44
Triviale Schöpfung 55 79
Trojaner 42 88
Truppenzollgutverwendung, Zollhinterziehung 45 23
TT-Vereinbarungen 57 36
Türkei, Arbeitserlaubnis-EU 37 54 f.
Turnusprüfung, Rentenversicherung 38 147
Türsteher 25 17
TÜV Rheinland, Compliance Systeme 86 18
TV-Berichterstattung 60 110
TV-Fahndung 60 111
Überbewertung 26 140
- Bilanz 85 43

Übereinkommen
- Anerkennung 23 104
- Auslieferung 5 19, 22; 6 147
- Bestechung 53 4 f.
- Cybercrime 5 19
- Datenschutz 5 19
- Doppelbestrafung 6 142
- Dublin 6 186
- EU-Finanzinteressen 6 109
- Europol 6 152 f.
- Gefahrguttransport 71 31
- Geldwäsche 51 16 ff.
- Grenzabfertigung 6 17 f.
- internationale 1 154 ff.
- Korruption 5 19
- Markenrecht 60 52
- Menschenrechte 5 15, 11 19; 21 40
- Rechtshilfe 5 19; 6 147; 8 5 ff.
- Schengen 6 26 ff.
- Terrorismusbekämpfung 5 19
- Überstellung verurteilter Personen 5 19
- völkerrechtliche 1 154 ff.; 4 15 ff.; 5 7 f.

Überführung in den freien Verkehr 45 23
Übergabe-Verfahren 6 174
Überlange Verfahrensdauer s. Verfahrensdauer
Übernahme
- Geldstrafen/-auflagen 16 111 ff.
- von Geschäftsanteilen 27 151
- Strafverfolgung 8 119 ff.
- Unternehmen 23 99
- von Verfahrens-/Verteidigungskosten und Geldsanktionen 32 140

Überschuldung 79 1 ff.; 86 46
- Bankrottdelikte 79 1 ff.; 81 1 ff., 11 ff.
- und Betrug 79 58
- Bewertungsverfahren 79 4 ff.
- Definition 79 1
- Definition nach FMStG 76 15; 79 16 ff.
- Feststellung 83 33
- Feststellungsmethoden 79 6 ff.
- Fortführungsprognose 79 14 ff.
- gescheiterte Sanierung 87 1 ff.

Stichwortverzeichnis

- Gesellschafterrangrücktritt **82** 37
- Herbeiführung und Untreue **32** 84 ff.
- Insolvenzantragspflicht **80** 37 ff.
- (modifizierte) zweistufige Prüfungsmethode **79** 10 ff.
- qualifizierte **79** 41
- Schutzschirmantrag **77** 9
- Straftaten **79** 3
- Überlebensprognose **79** 17
- Untreue **79** 3
- und Zahlungsunfähigkeit **78** 7 f.; **79** 56 ff.
- s.a. Vermögenskrise

Überschuldungsstatus 32 85; **75** 12; **79** 6, 30 ff.; **83** 18, 33
- eigenkapitalersetzende Leistungen **82** 36
- Einzelbewertung der Vermögensteile **79** 43 ff.
- Inhalt **79** 32 ff.
- Sanierungsbetrug **87** 8
- Substanzwertverfahren **79** 44
- Wertansätze **79** 33 ff.
- Wertberichtigung **79** 48

Überschussabgabe 45 61
Überseering, EuGH **23** 108
Übersetzung, Anspruch auf **6** 189
Überstellung, Verurteilter **8** 127 ff.
Übertragbarkeit, Marke **60** 60
Übertragende Sanierung 75 9; **87** 11 ff.
Übertragung der Vollstreckung **6** 197
Überwachung
- von Gefahrenquellen **30** 115 ff.
- gefährliche Abfälle **54** 71
- Information **42** 41
- der Telekommunikation s. Telekommunikationsüberwachung

Überwachungsanordnung, europäische **6** 180
Überwachungsbedürftige Anlage 25 32
Überwachungsmaßnahmen 11 111
Überwachungspflicht 30 148 ff.
- Betriebsbeauftragter **30** 49 ff.
- Geschäftsleitung **30** 28 ff.
- Mitarbeiter **30** 147 f.

Überwachungspflichten
- Beitragsvorenthaltung **38** 31
- gesellschaftsrechtliche **30** 91 ff.
- steuerlicher Berater **96** 49

Überwachungswerte im Umweltstrafrecht **54** 138
Überweisung 49 43 ff.
- Missbrauch **49** 44 ff.

Überweisungsträger, gefälschter **49** 45 f.
Überweisungsvertrag 49 43
UCLAF 6 113
UG s. Unternehmensgesellschaft
UK Bribery Act 2010 7 36
Ultima ratio 1 16
- Strafe **1** 110

UMAG 32 174
Umgehung, Schutzvorrichtung **55** 118
Umgehungsgeschäft 28 105; **29** 12 f., 61 f.
- Außenwirtschaft **29** 65
- Energiewirtschaft **29** 64
- Insolvenzrecht **29** 67
- Mantelkauf **29** 17
- Steuerrecht **29** 68
- Subventionsrecht **29** 15, 66

Umgehungsvorrichtung 42 115
Umlagen, Sozialversicherung **38** 192 ff.
Umsatzsteuer
- Bußgeldtatbestände **46** 61 ff.
- Erklärung **24** 60; **44** 18
- harmonisierte **44** 30
- Hinterziehung **24** 60; **44** 18 f.
- Karussell **29** 53
- Nichtzahlung **46** 70 ff.
- Ordnungswidrigkeiten **44** 193 ff.
- Rechnungstellung **38** 61
- Schädigung des Aufkommens **44** 194 ff.; **46** 70 ff.
- Steuerschuldner **43** 18
- Steuerverkürzung auf Zeit **44** 40
- Strohmann **29** 34
- unberechtigter Ausweis **44** 19
- Unternehmer **24** 60
- Versuch **44** 76
- Voranmeldung **24** 60; **44** 18 f., 65, 165g

Umsatzsteueraufkommen
- gewerbs- und bandenmäßige Schädigung **44** 193
- Schädigung **46** 70 ff.

Umsatzsteuerbetrug 46 70

Umsatzsteuerhinterziehung
- Bande **44** 116a
- Beendigung **44** 97
- Konkurrenzen **44** 107
- Scheinrechnung **29** 52 ff.
- unrichtige Buchhaltung **40** 21

Umsatzsteuerkarussell 30 19; **43** 2; **44** 116a
- Ordnungswidrigkeiten **44** 193
- schwere Steuerhinterziehung **44** 183

Umsatzsteuer-Nachschau 44 150
- Selbstanzeige **44** 140a

Umsatzsteuervoranmeldung, Tatvollendung **44** 63

Umsetzung
- Europäische Richtlinien **6** 50, 95
- internationales Recht **1** 155

Umwandlung 27 47 ff.; **50** 7 ff.; **89** 20 f.
- Eröffnungsbilanz **26** 61
- von Rücklagen **50** 19
- Straftatbestände **27** 183 ff.
- Straftaten **50** 85 ff.

Umwandlungsgesetz 27 48
- Strafnormen **23** 99

Umwandlungsschwindel 96 76, 79, 91

Umwandlungssteuergesetz 27 48

Umwelt-Audit 54 12

Umweltgesetzbuch 54 9

Umwelthaftung 54 306

Umwelthaftungsgesetz 54 13

Umweltinformationsgesetz 54 11

Umweltschadensgesetz 54 14

Umweltschutz, EU **6** 138

Umweltschutzbeauftragter 54 322

Umweltstrafrecht 54 1 ff.
- EU- und ausländisches Recht **54** 150 f.
- Rechtfertigungsgründe **54** 151 f.
- Rechtsgrundlagen **54** 104 ff.
- Rechtsgüterschutz **54** 110 ff.
- Rechtshistorie **54** 105

- Reform **1** 70
- Reformbedarf **54** 352 ff.

Umweltverträglichkeitsprüfung 54 10

Umweltverwaltungsrecht 54 6 ff.

Umzugsverkehr 71 3

UN/UNO 1 161; **4** 17 ff.

Unabhängigkeit
- von Beratern **91** 13
- des Richters **10** 7

Unbefangenheit von Prüfern **91** 20

Unbefugte Aufnahme 60 118

Unbefugte Datenverwendung 42 64

Unbefugte Offenbarung, Millionenkredit **67** 137

Unbillige Behinderung 57 47, 124 ff.

Unbrauchbarmachen
- Bankrotthandlung **83** 80
- von Urkunden **39** 25

UN-Charta 5 26

UNCITRAL 75 63

UNCTAD 4 17

Unechte Urkunde 39 14

Unechtes Factoring 50 189

Unechtes Unterlassungsdelikt 17 17

Uneigentliches Organisationsdelikt 38 292c

Unerfahrenheit
- Börsenspekulationsgeschäft **68** 12
- Wucher **61** 12, 41

Unerlaubte Bankgeschäfte 66 14 ff.

Unerlaubte Eingriffe in technische Schutzmaßnahmen **55** 121

Unerlaubte Rechtsdienstleistung 92 3

Unerlaubte Steuerberatung 91 61a

Unerlaubter Umgang
- mit Abfällen **54** 223 ff.
- mit gefährlichen Gütern **54** 282 ff.; **71** 37 ff.
- mit gefährlichen Stoffen **54** 276 ff.
- mit Kernbrennstoffen **54** 269 ff.
- mit radioaktiven Abfällen **54** 266 f.

Unerlaubtes Betreiben von Anlagen 54 168 ff., 211 ff.

Unerlaubtes Investmentgeschäft 66 22 ff.

UNESCO 5 36

Unfallschaden, Betrug **59** 13

Unfallverhütungsvorschrift 34 27, 65

Unfallversicherung 34 27; **38** 81
- Beitragsbescheid **38** 224
- Beitragssatz **38** 136
- Fälligkeit der Umlagen **38** 222
- Gleitzone **38** 139
- Höchstjahresarbeitsverdienst **38** 137
- Lohnnachweis **38** 204 ff.
- Meldung zur Sozialversicherung **38** 213
- Umlagen **38** 192

Ungedeckter Scheck 49 8
Ungedeckter Wechsel 49 8
Ungehorsam ggü. Kartellbehörden **57** 140
Ungetreue Geschäftsführung 16 75
Ungewisse Verbindlichkeit 26 126c
Uniform Resource Locator 42 37
Uniformmethode, Vertragszinsberechnung **61** 58
Unionsbürgerschaft 6 19
Unionsrecht s. EU-Recht/EU
Unionswidriges Strafrecht 6 81 ff.
Unionszollkodex 45 1
Universalitätsprinzip 4 3, 12
- Umweltschutz **4** 11

Unkenntnis, in – lassen **45** 9
Unlautere Bevorzugung im Wettbewerb **53** 83
Unlautere Geschäftspraktiken 59 1 ff.
- Richtlinie **23** 69

Unlauterer Wettbewerb 57 1; **60** 1 ff.
- Beraterbeteiligung **96** 65
- Gesetz **1** 66

Unmittelbarkeitsgrundsatz 10 27
Unmöglichkeit
- Beitragsvorenthaltung **38** 163 ff.
- der Buchführung **86** 5

Unordentliche Bilanz 85 40
Unordentliche Buchführung 26 48 ff.; **40** 1 ff.; **85** 36
- Bankrott **86** 4b
- durch Berater **96** 3 ff.
- Fahrlässigkeit **96** 4
- Untreue **32** 185

Unparteilichkeit 91 20
- von Notaren **91** 80 f.
- von Wirtschaftsprüfern **91** 70, 72

Unrechtsbewusstsein 17 26, 41 ff.; **18** 6 ff.
- Steuerhinterziehung **44** 71

Unrechtskontinuität 3 9a
- bei Marktmanipulation **68** 17

Unrechtsvereinbarung 53 29 ff., 80 ff.
Unrichtige Angaben
- ggü. Prüfer **40** 69; **50** 79
- Steuerhinterziehung **44** 7 ff.
- Warenbeschaffenheit **45** 15
- Werbung **60** 19 ff.
- Zollanmeldung **45** 8
- Zollbehörden **45** 25
- Zollwert **45** 25

Unrichtige Bilanz 40 33 ff.
- s.a. Unrichtige Darstellung

Unrichtige Buchführung 26 48 ff.; **40** 1 ff., 13 ff.
Unrichtige Darstellung 23 74; **26** 186 ff.
- Abschlussprüfer **40** 71 f.
- Ad-hoc-Mitteilung **40** 82
- Aktiengesellschaft **26** 188; **40** 82 ff.
- ausländische Gesellschaften **40** 53
- Bilanzeid **40** 68
- Emissionsprospekt **40** 83
- Erheblichkeit **40** 59
- EU-/EWR-Konzernabschluss **40** 67
- Finanzdienstleistungsinstitute **40** 51
- Genossenschaft **26** 189; **40** 87 ff.
- GmbH **26** 187; **40** 78 ff.
- internationale Rechnungslegung **40** 62 f.
- Kapitalausstattung **27** 183 f.
- Kapitalgesellschaft allgemein **26** 186
- Konzern **40** 63 f.
- Kreditinstitut **40** 51; **66** 31
- Pensionsfonds **40** 52
- Täter **40** 55 f., 79
- Tathandlung **40** 54
- UG (haftungsbeschränkt) **26** 187; **40** 81
- Umwandlung **23** 99
- Unrichtigkeit der Wiedergabe **40** 58
- Verhältnisse der Gesellschaft **40** 54 ff., 57

- Verschleierung der Verhältnisse **40** 60
- Versicherung **65** 15
- Versicherungsunternehmen **40** 52

Unrichtige Gewinnermittlung 40 20
Unrichtige Gewinnfeststellung 28 104
Unrichtige Offenlegung, Sanktionen **41** 44 ff.
Unrichtige öffentliche Ankündigung, Aktienhandel **50** 80 ff.
Unrichtige Zollanmeldung 45 8
Unrichtiger Bestätigungsvermerk 40 73
Unrichtiger Jahresabschluss, Sanktionen **41** 40
Unrichtiger Konzernabschluss 41 48 ff.
UN-Sanktionen 62 9
Unschuldsvermutung 10 24
UN-Seerechtskonvention 5 34
Unseriöse Geschäftspraktiken 59 1 ff.
- Gesetz **59** 3d

UN-Sicherheitsrat 5 28; **62** 41
Untätigkeitsbeschwerde 12 66a
Untauglicher Versuch 18 28
Unterbewertung 26 140 f.
Unterbilanz 26 73; **50** 56, 66; **82** 6, 14
Unterbrechung
- der Hauptverhandlung **12** 41
- Verfolgungsverjährung **15** 31
- der Verjährung **17** 57, 67

Unterdrückung, technischer Aufzeichnungen **42** 58
Unterhaltspflichtverletzung 38 282
Unterhaltszahlung
- Geldwäsche **51** 41
- Masseschmälerung **83** 23

Unterkapitalisierte GmbH 23 3a
Unterlassen 17 3, 16 ff.
- Aufsichtsmaßnahmen **30** 141 ff.
- Strafbarkeit Steuerberater **96** 25 ff.
- Treubruchtatbestand **32** 143c

Unterlassene Angaben, Steuerhinterziehung **44** 15 ff., 57 ff., 74
Unterlassene Bilanz 85 44 ff.
Unterlassene Buchführung 85 35
Unterlassene Konsolidierung 40 64

Unterlassene Offenlegung, Sanktionen **41** 38
Unterlassungsanspruch, Schutzrechtsverletzung **55** 11
Unterlassungsdelikt 17 3 f., 16 ff.
Unterlassungsklage 1 139
- Markenverletzung **60** 63, 75

Unterlassungstat 54 315
- Beitragsvorenthaltung **38** 153, 163 ff.
- Steuerhinterziehung **44** 6
- Umweltstrafrecht **54** 237
- versuchte Steuerhinterziehung **44** 74

Unternehmen 23 1 ff.
- im Arbeitsrecht **23** 3
- ausländisches **23** 100 ff.
- Beauftragte **30** 102 ff.
- Beendigung **75** 6
- Begriff **22** 2; **23** 1 ff.
- und Betrieb **23** 10 f.
- Eigenkapital **50** 1 ff.
- Erbfall **89** 3
- Ermittlungsverfahren gegen „Verantwortliche" **16** 51 ff., 61
- existenzgefährdender Eingriff **82** 26 ff.
- Formwechsel **50** 10 ff.
- Fortführung trotz Krise **86** 8, 41
- Garantenstellung **30** 112 ff.
- Geldbuße **16** 124 f.; **23** 36 ff.; **57** 74 ff., 108 ff.
- Geldbuße der EU **6** 68 ff.
- Geldbuße bei Kartellverstößen **58** 36
- Generationenfolge **89** 4
- gesetz- und sittenwidriges **53** 106
- Größe **23** 27 ff.
- Gründung **23** 56 ff.
- im Handels- und Wirtschaftsrecht **23** 3 ff.
- interne Compliance Richtlinien **31** 5 ff.
- kaufmännisches **22** 42 ff., 73 ff.
- Kriminalstrafe, Diskussion **23** 50 ff.
- in der Krise **86** 1 ff.
- marktbeherrschendes **57** 46 f., 123 ff.

- marktstarke **57** 123 ff.
- Nießbrauch **89** 16
- Normadressat **23** 31 ff.; **57** 74, 107 f.
- öffentliche Hand **53** 75
- Organhaftung **30** 74 ff.
- Pflichtendelegation **30** 6 ff.
- publizitätspflichtiges **41** 2 ff.
- Rechtsform **22** 31 ff.; **23** 55 ff.
- Rechtsformzusatz **22** 32
- Sanierung **75** 9 ff.
- Schenkung **89** 15
- als Schutzobjekt **23** 24
- steuerliche Pflichten **43** 1 ff.
- Strafbarkeit **23** 31 ff.; **54** 325
- im Strafrecht **23** 8a ff.
- strafrechtliche Verantwortlichkeit **23** 14 ff.
- Straf-und Bußgeldnormen **23** 25 f.
- der Tat **23** 8
- Täterschaft **30** 6 ff.
- Teilnahme **30** 13 ff.
- Übertragung **89** 1 ff.
- Umwandlung **23** 99 f.; **50** 7 ff.
- Verantwortlichkeit für Insolvenz **81** 28 ff.
- Verantwortlichkeit für Umweltschutz **54** 320 ff.
- verbundene **23** 22
- Verkauf **89** 17
- im Zivilrecht **23** 3 ff.
- Zusammenbruch **22** 83a

Unternehmensanwalt 16 76
- s.a. Syndikusanwalt

Unternehmensaufkäufer 87 44

Unternehmensaufspaltung 27 61 ff.; **75** 9
- Sanierung durch – **87** 12

Unternehmensbeendigung 75 9, 20 ff.; **76** 1 ff.; **87** 28 ff.
- Straftaten **87** 20 ff.
- s.a. Insolvenz und Sanierung

Unternehmensberater 92 37 ff.
- Rechtsberatung **92** 40

Unternehmensbestattung s. Firmenbestattung

Unternehmensbeteiligungsgesellschaft 27 12

Unternehmensdelikt 23 8

Unternehmensfinanzierung 27 1 ff.

Unternehmensform 22 42 ff.

Unternehmensfortführung 26 112; **75** 9 ff.
- gescheiterte Sanierung **87** 1 ff.
- Lagebericht **26** 128
- Vortäuschen **87** 20 ff.

Unternehmensführung, Erklärung zur **26** 129a

Unternehmensgeldbuße 1 65, 121 ff.; **16** 74, 124; **21** 94 ff.; **23** 25a, 26, 37 ff., 117; **57** 87 f.
- Anknüpfungstat **23** 38 ff.
- Compliance **31** 8
- Entlastung bei Compliance **31** 45 f.
- EU **6** 68 ff.
- Höhe **57** 149 f.
- Kartellrecht **57** 145
- Kartellverstöße **58** 36
- Obergrenze **57** 93a
- selbständige **23** 44
- selbständige Festsetzung **16** 124
- Umweltdelikte **54** 351
- s.a. Verbandsgeldbuße

Unternehmensgesellschaft 23 76, 94a
- Kapitaländerungsschwindel **50** 68 ff.
- Publizität **41** 2

Unternehmensgesellschaft haftungsbeschränkt 75 2
- Insolvenzverschleppung **80** 7, 13

Unternehmensgesetzbuch 7 11
- österreichisches **23** 3a

Unternehmensgröße 23 27 ff.

Unternehmensgründung, Handelsregister **22** 31 ff.

Unternehmenshaftung 30 25 ff.
- strafrechtliche **23** 32

Unternehmensinterne Ermittlungen 31 28 ff.
- Beschlagnahmefähigkeit **93** 47 f.
- s.a. Compliance

Unternehmenskauf 89 34

Unternehmenskennzeichen 60 69 f.

Unternehmenskooperation 57 120

Unternehmenskriminalität 16 113; **23** 31 ff.
- Täterkreis **22** 1 ff.

- Umweltrecht **54** 325 ff.
- Verantwortlichkeit **30** 1 ff.

Unternehmenskrise 75 1 ff., 6; **76** 2 ff.
- Bonitätsprognose **86** 20
- Eigenkapitalersatzrecht **82** 6 ff.

Unternehmensleitbild 31 22

Unternehmensleitung, Compliance-Verantwortlichkeit **31** 49 ff.

Unternehmensnachfolge 89 1 ff.
- Betrug **89** 25
- Einzelunternehmen **89** 6
- Erbfolge **89** 5 ff.
- durch Rechtsgeschäft **89** 15 ff.
- Steuerhinterziehung **89** 43 ff.
- Stiftung **89** 19
- Untreue **89** 31 ff.

Unternehmensplanung 26 1, 112
- IFRS **26** 171

Unternehmensregister 22 20; **41** 26, 41; **68** 40
- zentrales **22** 29 f.

Unternehmenssanierung 75 1 ff.
- Straftaten **87** 1 ff.

Unternehmenssanktion 16 74, 113, 124

Unternehmensstrafbarkeit 23 50 ff.; **54** 325 ff.

Unternehmensstrafe 1 103; **23** 35 f.
- Reformdiskussion **23** 50 ff.

Unternehmensstrafrecht 1 22; **23** 31 ff.
- Entstehungsgeschichte **1** 65
- EU **6** 68 ff.

Unternehmensträger 1 19; **23** 13 ff.
- ausländischer **23** 100 ff.
- Compliance **31** 61
- Kaufmann **22** 44
- Rechtsformen **23** 54 ff.
- als Rechtssubjekt **23** 14 ff.
- Vertretung **16** 70 ff.

Unternehmensträgerstiftung 23 21

Unternehmensübernahme
- Insiderhandel **68** 49
- Kartellrecht **57** 48 ff.

Unternehmens-Umgestaltung 75 10

Unternehmensverantwortlichkeit 30 1 ff.

Unternehmensverkauf 89 17

Unternehmensverteidigung 16 76 ff.

Unternehmenszusammenbruch 78 58; **81** 9
- Bankrott **81** 65 ff.
- Beraterbeteiligung **96** 69
- Kausalität **81** 73 ff.

Unternehmenszusammenschluss
- Kontrolle **57** 37
- unerlaubter **57** 85 ff.

Unternehmer 1 19; **22** 2; **23** 16

Unternehmergesellschaft 23 3a, 76, 112; **26** 72; **27** 7; **75** 2
- Buchführungspflicht **26** 19; **40** 81
- Gründungsschwindel **27** 136 ff.
- Insolvenzverschleppung **80** 7, 13
- Kapitalaufbringung **26** 62
- Kapitalerhöhung **50** 22 ff.
- Stammkapital **27** 32

Unternehmerinitiative 38 55

Unternehmerischer Beurteilungsspielraum bei Kreditentscheidungen **67** 7 ff., 35

Unternehmerrisiko, BSG **38** 54 ff.

Unterordnungskonzern 32 146a

UN-Terrorliste 5 32

Untersagung
- Fusion **57** 52
- Kartellrecht **15** 128; **57** 98

Unterscheidungskraft 60 59

Unterscheidungszeichen 39 7

Unterschlagung
- Depotunterschlagung **69** 4
- Sicherungsgut **48** 54 ff.

Unterschrift
- in fremdem Namen **39** 15
- Scannen **42** 54

Unterschrifterschleichung 59 21

Untersuchungsgrundsatz 10 22

Untersuchungshaft 11 55 ff.; **12** 15
- Anordnung **11** 66
- Aussetzung **11** 70 ff.
- Entlassung nach Geständnis **11** 36a
- Gegenstand einer Absprache **12** 39c
- Strafzumessung **21** 43
- Vollstreckung **11** 67
- Vollzug **11** 69

Unterwerfungsverfahren 1 62; **7** 69

Stichwortverzeichnis

Unterzeichnung des Jahresabschlusses **26** 98
Untreue 32 1 ff.
- Amtsträger **32** 205b, 216 ff.; s.a. Haushaltsuntreue
- Anderkonto **32** 35, 113
- Anscheinsvollmacht **32** 17
- Aufsichtsrat **32** 27 f.
- Außenvollmacht **32** 18 f., 46, 66 ff.
- Bank **32** 65, 172b; **67** 1 ff.
- und Bankrott **83** 31
- Beendigung **32** 203
- Berater **91** 19
- besonders schwerer Fall **32** 205
- besonders schwerer Fall im Kreditgeschäft
- Bestimmtheitserfordernis **32** 7 f.
- Betriebsvereinbarung **32** 143d
- und Betrug **32** 191e f.
- Bevollmächtigter **32** 44 ff., 51 ff.
- BGB-Gesellschaft **32** 54
- Blankettnorm **32** 8
- Bürgermeister **32** 131
- Cash-Management-Systeme **27** 187 ff.
- Cash-Pooling **32** 152 ff.
- Depotunterschlagung **69** 5
- Eigentumsvorbehalt **32** 37, 109
- Ein-Mann-GmbH **32** 15, 21 f., 71, 88
- Einverständnis Gesellschafter **32** 82a
- Einwerbung von Drittmitteln **53** 33 f.
- Einwilligung **17** 37
- Einwilligung Missbrauch **32** 79 f.
- Einwilligung Treubruch **32** 144 f.
- Ersatzbereitschaft **32** 177 f.
- existenzgefährdender Eingriff **82** 35
- existenzvernichtender Eingriff **32** 143d
- Existenzgefährdung **32** 84 ff., 150 ff., 209
- Factoring **32** 40
- faktische Organstellung **32** 113
- faktischer Konzern **32** 147
- Familie **32** 208 f.
- Familien-GmbH **89** 40
- Familien-GmbH & Co KG **32** 209
- fehlende Corporate Compliance Abteilung **31** 141g
- Finanzbeamter **31** 36
- Finanzderivate **32** 172b
- fremdfinanzierter Unternehmenskauf **89** 34
- Gefährdungsschaden **32** 176b
- Geldstrafenzahlung Dritter **16** 111a
- Generalbevollmächtigter **32** 33, 211
- Gesamtsaldierung **32** 177b
- bei Gesamtvertretungsmacht **32** 73a
- Gesundheitswesen **72** 146
- gewerbsmäßige **32** 205a
- Handelsvertreter **32** 117
- Handlungsvollmacht **32** 53
- Haushaltsgrundsätze **32** 218a
- HaushaltsgrundsätzeG **32** 235
- Ingenieurbüro **32** 168
- Innenvollmacht **32** 45
- In-sich-Geschäft **32** 72
- insolvenzrechtliche Krise **32** 84 ff.
- Insolvenzverwalter **32** 14 f., 102, 126 f.; **87** 32 ff.
- Irrtum **32** 197 ff.
- IT-Anlagemanipulationen **42** 50 ff.
- IT-Sachbearbeiter **42** 53
- Kapitalanlagen **28** 97
- Kapitalgesellschaft **32** 82 ff.
- Kapitalrückzahlung **32** 85d
- kick-backs **32** 70
- Kollusion **32** 68b
- Kommanditgesellschaft **32** 55
- Komplementär-GmbH **32** 15, 21a, 91, 187a f.
- Kontoplünderung **32** 141i f.
- Konzern **32** 145 ff.
- und Korruption **53** 63
- bei Kreditgeschäften **67** 1 ff.
- Kreditvergabe **32** 108; **67** 1 ff.
- Landrat **31** 131
- Leasing **32** 41
- Limited **23** 118
- Liquidator **32** 14 f.
- Liquiditätsgefährdung **32** 86 ff.
- Makler **32** 113
- Mandatsverhältnis **94** 24 f.

- Mietkaution **32** 113
- Missbrauch der Vertretungsmacht **32** 43 f., 66 f.
- Missbrauchstatbestand **32** 2, 8b, 9 ff., 43 ff.
- Nachlassverwalter **32** 23
- Nachteil **32** 7b
- Nebenpflichten **32** 108
- Nichteinforderung Stammkapital **32** 141e
- Nichtvornahme vermögensmehrender Handlungen **31** 143c
- normative Tatbestandsmerkmale **32** 8 ff.
- Notar **32** 35, 97, 113
- öffentliche Verwaltung **32** 130 ff.
- öffentliches Unternehmen **32** 31, 131
- OHG **32** 21a, 55
- Operator **42** 52
- Personengesellschaft **32** 90 ff.
- bei Pfandbriefgeschäften **69** 13
- durch pflichtwidriges Mitarbeiterhandeln **32** 141f
- Pflichtwidrigkeitszusammenhang **32** 50, 134 ff.
- Produktionsgüterentnahme **32** 143a, 153 ff.
- Programmierer **42** 53
- Prokura **32** 52
- Provision **32** 138
- Public Private Partnership **32** 31a
- Rechtfertigungsgründe **32** 192
- Rechtsanwalt **32** 35, 97
- Rechtsgut **32** 2
- Rechtswidrigkeit **32** 192
- Risikobereiche **32** 163 ff.
- Risikogeschäft **32** 156 ff., 183 ff.; **67** 7 ff.
- Risiko-Managementsystem **32** 171 ff.
- Rückführung von Gesellschafterleistungen **82** 13, 24
- Rückzahlung eigenkapitalersetzender Gesellschafterdarlehen **32** 143d
- Rückzahlung von Gesellschafterdarlehen **32** 188a
- Sanierung **87** 5, 19
- Schaden **32** 175 ff.
- Schadensausgleich **32** 177 ff.
- Schadenseintritt **32** 183 ff.
- Schadensersatzansprüche **32** 179 ff.
- Schadenshöhe **32** 191 ff.
- Schmiergeld **32** 138 ff.; **53** 64
- schwarze Kasse **32** 30, 186 ff., 228; **40** 9 ff.
- Sicherungsgut **48** 54 ff.
- Sicherungsübereignung **32** 38, 110
- sittenwidriges Rechtsverhältnis **32** 103
- Sonderboni **32** 143d
- Sonderdelikt **32** 10
- Stammkapital **32** 152a
- Stiftung **89** 42
- Strafantrag **32** 208 ff.
- Strafzumessung **32** 204 ff.
- Strohmann **29** 26; **32** 104
- Systemanalytiker **42** 52
- Tatbestandsvoraussetzungen **32** 2 ff.
- Täterkreis **32** 10 ff.
- Tathandlung Missbrauch **32** 74 ff.
- Tathandlung Treubruch **32** 142 ff.
- Tatnachweis **32** 193 ff.
- Treubruchstatbestand **32** 2, 8b, 93 ff.
- Treuhänder **32** 97, 113
- Übernahme Geldsanktionen, Verteidigungs- und Verfahrenskosten **32** 141
- bei Überschuldung **79** 3
- unordentliche Buchführung **32** 185
- durch unrichtige Bilanzierung **26** 181; **40** 39
- durch unrichtige Buchführung **26** 181; **40** 3 ff.
- Unterlassen **32** 76a
- Unternehmensnachfolge **89** 31 ff.
- Unternehmensorgane **32** 1 ff.
- Unternehmensverkauf **89** 36
- Upstream-Darlehen **32** 85c
- Verbotsirrtums **32** 199 f.
- verdeckte Gewinnausschüttung **32** 89
- Verein **32** 15 f., 29 f., 63 f.
- Verfügungsbefugnis **32** 11 ff.

Stichwortverzeichnis

- Verjährenlassen einer Forderung **32** 78
- Verjährung **32** 202
- Vermögensbetreuungspflicht **32** 24 ff., 94 ff., 178
- Vermögensbetreuungspflicht Einzelfälle **32** 113 ff.
- Vermögensnachteil **40** 3 ff.
- Vermögensschaden **32** 176 ff.
- Vermögensverwaltung **32** 33
- Verteidigerhonorar **16** 28, 36, 41
- Vertreter ohne Vertretungsmacht **32** 72
- Vertretungsmacht **32** 18 f.
- Vollmacht **32** 13, 16 f.
- Vorabausschüttung **32** 89a f.
- Vorgesellschaft **32** 22, 92
- Vorsatz **32** 193 ff.
- Vorsatz bei Kreditgeschäft **67** 110 ff.
- Vorstand **32** 24 ff.
- Wohnungseigentumsverwalter **32** 15, 104

Untreue, Aktiengesellschaft 32 145 ff.
- Aufsichtsrat **32** 15, 27 f., 61, 96, 120 ff.
- Aufsichtsratsaufgaben **32** 121a ff.
- faktische Organe **32** 100
- Missbrauch der Vertretungsmacht **32** 60 ff.
- Schadensersatzansprüche **32** 123 f.
- Vorstandsgehalt **32** 122 f.
- Vorstandsmitglied **32** 27 f., 60

Untreue, Genossenschaft 32 15
- Aufsichtsrat **32** 96
- Spekulationsgeschäft **31** 164
- Vorstandsmitglied **32** 15, 62, 96

Untreue, GmbH
- Aufsichtsrat **32** 124
- Beirat **32** 125
- Einverständnis Gesellschafter **32** 82a
- Geschäftsführer **32** 15, 56 f.
- GmbH & Co KG **32** 91, 187a f.
- Gründungs-GmbH **32** 22
- Überschuldung **31** 84 ff.

Untreue, Limited 32 25b ff.
- director **32** 25b
- shadow director **32** 25d

Unwahre Angaben
- Handelsregister **22** 23
- Umwandlung **23** 99
- Werbung **60** 19 ff.

Unwirksame Rechtsgeschäfte, Steuerrecht **43** 23

Unwirtschaftliche Ausgaben 83 49 ff.

Unwirtschaftliche Geschäfte 81 7
- Masseschmälerung **83** 49 ff.

Unzulässige Firmenbezeichnung 22 39

Unzulässige Signierung 55 124 ff.

Unzulässige Vernehmungsmethoden 12 25

Unzulässiger Lärm 54 221

Unzumutbarkeit 18 11

Unzuverlässigkeit, Gewerberecht **24** 34; **25** 7

Upstream 89 35

Upstream-Darlehen 27 85; **32** 85c

UPU 5 36

Urheberpersönlichkeitsrecht 55 83 f.

Urheberrecht 55 5, 77 ff.
- Computerprogramm **55** 89
- Datenbank **55** 85
- Konkurrenzen **55** 127
- Miturheber **55** 82
- Nutzung **55** 87
- Nutzungsberechtigter **55** 93
- Nutzungsrecht **55** 83
- Ordnungswidrigkeit **55** 122 f.
- Rechtsgrundlagen **55** 77 ff.
- Scheinoriginal **55** 126
- Schranken **55** 87 f.
- Signatur **55** 126
- Strafantrag **10** 14; **55** 96
- Straftatbestände **55** 96 ff.

Urheberrechtsgesetz
- Ordnungswidrigkeiten **55** 122 f.
- Straftatbestände **55** 96 ff.

Urheberrechtsverletzung
- Online-Verbreitung **42** 121
- Strafbarkeit **55** 97 ff.

Urheberrolle 55 82

Urkunde 39 1 ff.
- Begriff **39** 6 ff.
- Fotokopie **39** 11 ff.
- Gebrauch **39** 18

- öffentliche **39** 26 ff.
- Telefax **39** 11
- unechte **39** 14
- Verlesung **10** 25; **12** 34

Urkundendelikte 39 1 ff.
Urkundenfälschung 39 5 ff.
- Buchführung **40** 13 ff.
- IT-Systeme **42** 54 f.
- Signatur **55** 126
- mit Steuerhinterziehung **15** 10
- und Steuerhinterziehung **15** 43
- Tathandlung **40** 13 ff.
- Tatobjekt **40** 14

Urkundenunterdrückung 39 25; **40** 17
- bei DV **42** 58

Urkundenvernichtung 39 2, 25
URL 42 37
Urteil 12 46 ff.
- Darstellungslast **20** 29 ff.
- Feststellungen Serienstraftat **20** 32
- Inhalt **12** 47a
- Kostenentscheidung **12** 47
- schriftliche Niederlegung **12** 46
- Verkündung **12** 46
- Vollstreckung **13** 1 ff.
- zivilrechtliche Konsequenzen **16** 123

Urteilsformel 12 47
Urteilsgründe 12 48
Urteilsveröffentlichung, gewerblicher Rechtsschutz **55** 129
USA
- Unternehmensstrafbarkeit **7** 51 f.
- Wirtschaftsstrafrecht **7** 43 ff.

Usancekredit 49 20; **50** 143
Usenet 42 39
US-GAAP 26 148
UVPG, Ordnungswidrigkeit **54** 222
UVV s. Unfallverhütungsvorschrift
UWG-Novelle, EU **60** 2a
VALE, EuGH **23** 109
Vander-Elst-Visum 37 55a
Variable Daten 42 18
VDR-Auskunft 38 217 f.
Venture Capital Fonds 28 57
Veranlagungssteuern 17 52; **24** 58; **44** 37
- Tatvollendung **44** 64

- Versuch **44** 74
- Versuch/Vollendung **18** 25

Veranstalter, Ausschreibung **58** 8
Verantwortlichkeit
- im Internet **42** 35 ff.
- steuerlicher Berater **96** 21 ff., 25 ff., 38 ff.
- im Unternehmen **22** 1 ff.; **23** 14 ff., 31 ff.; **30** 1 ff.; **54** 320

Verbandsgeldbuße 1 65, 121a; **14** 10, 27; **16** 124 f.; **19** 35 f.; **21** 94 ff.; **23** 36; **46** 7; **57** 108 ff.
- Anknüpfungstat **19** 35; **21** 101
- anonyme **21** 118
- Arbeitnehmerschutz **34** 73
- Arten **21** 109
- Beitragsvorenthaltung **38** 10
- Bemessung **21** 124
- betriebsbezogene Pflichten **21** 102 ff.
- EU **6** 68 ff.
- Höhe **21** 121 f.
- isolierte **21** 111
- Kartellrecht **57** 93a, 103
- Kartellsachen **15** 134
- kumulative **21** 110
- neben Verfall **21** 131
- Obergrenze **57** 93a
- selbständige **19** 36; **23** 38, 44; **57** 109
- Täterkreis **21** 98 ff.
- Verfahren **23** 45
- Verfahrenseinstellung **21** 113 ff.

Verbandsklage 2 39
Verbandskriminalität 23 31 ff.; **30** 2
Verbandsperson 23 33 ff.
- Strafbarkeit **23** 31 ff.

Verbandsstrafbarkeit 23 50 ff.
Verbandsverantwortlichkeitsgesetz 7 13
Verbindlichkeiten
- Bewertung **26** 119
- und Liquidität **78** 16 ff.

Verbot
- von Insidergeschäften **68** 42
- Insiderhandel **68** 37 ff., 62 ff.
- der Mehrfachverteidigung **94** 20a

Verbot mit Erlaubnisvorbehalt
- ABC-Waffen **73** 96 ff.
- Außenwirtschaftsrecht **62** 17

Verbotene Einflussnahme auf Betriebsrat **35** 31 ff.

Verbotene Geschäfte, Bank **66** 6c

Verbotene Vernehmungsmethoden 11 33 ff.

Verbotsirrtum 18 6 ff.
- Auskünfte **18** 11a
- Außenwirtschaftsrecht **62** 15
- Kartelldelikt **57** 77a, 106
- Steuerhinterziehung **44** 71
- Subventionsbetrug **52** 32
- Untreue **32** 199 f.
- Weinrecht **72** 94

Verbotsnorm 18 7

Verbraucherbetrug 59 1 ff.

Verbraucherinsolvenz 75 43; **76** 45 ff.; **88** 6
- Bankrott **76** 45 f.

Verbraucherleitbild 72 32

Verbraucherrechterichtlinie
- EU **59** 3b
- Umsetzungsgesetz **59** 3c

Verbraucherschutz
- Betrug **59** 3 ff.
- Lebensmittel und Gesundheitswesen **72** 1 ff.

Verbraucherschutzverband, Klagebefugnis **60** 46

Verbrauchervertrag 59 3

Verbrauchsteuer 46 42
- Anmeldepflicht **43** 7
- Gefährdung **24** 66; **40** 26
- harmonisierte **44** 30
- Hinterziehung **45** 3, 37 ff.
- Ordnungswidrigkeiten **24** 53

Verbrauchsteuergefährdung 46 42 ff.

Verbrechensbekämpfungsgesetz 1 67

Verbreiten
- unkörperlich **55** 106
- von Werken **55** 102

Verbringungsverbot 44 206

Verdächtigter 11 16

Verdachtsanzeige, Geldwäsche **51** 61 ff., 63 ff.; **93** 10a

Verdeckte Arbeitnehmerüberlassung 37 20 ff.

Verdeckte Entnahme 32 89a

Verdeckte Gewinnausschüttung 26 101
- Untreue **32** 89

Verdeckte Kreditbeschaffung 49 44a

Verdeckte Sacheinlage 26 62a; **27** 18

Verdeckter Ermittler 9 9; **11** 8

Verdingungsordnung
- Bauleistung **58** 10
- freiberufliche Leistung **58** 10

Verdunkelungsgefahr 11 62 f., 70 f.

Veredelungsverfahren 45 21

Vereidigung 12 27

Verein
- Buchführungspflicht **26** 19a, 30
- eingetragener **23** 21, 91
- Insolvenzantragspflicht **80** 15
- Insolvenzverschleppung **23** 91a
- nicht eingetragener **23** 92
- nichtrechtsfähiger **23** 20
- rechtsfähiger **23** 21
- Strafnormen **23** 91 ff.
- Unternehmensträger **23** 20 f.
- Untreue **32** 63 f.
- wirtschaftlicher **23** 91; **41** 2

Vereinigte Staaten von Amerika s. USA

Vereinigtes Königreich s. Großbritannien

Vereinigung, kriminelle **51** 26

Vereinsregister 22 25

Vereinsstrafe 1 103

Vereinte Nationen 1 161; **5** 26 ff.

Vereitelung
- der Zwangsvollstreckung **88** 5 ff.
- s.a. Vollstreckungsvereitelung

Verfahren, faires **10** 9

Verfahrensdauer 2 32; **5** 16; **11** 19
- Entschädigung **13** 16a; **14** 41
- überlange **21** 40 ff.

Verfahrenseinleitung, Steuerstrafverfahren **15** 21 ff.

Verfahrenseinstellung s. Einstellung des Verfahrens

Verfahrensgarantien, europäische **5** 16

Verfahrensgrundsätze 10 5 ff.

Verfahrenshindernis 10 34 f.; **21** 42
Verfahrensrecht und Rückwirkungsverbot **3** 4
Verfahrensregister, zentrales **11** 26
Verfahrensrüge 12 61
Verfahrensverständigung 16 102
Verfahrensvoraussetzungen 10 35
Verfahrensvorschriften, allgemeine strafrechtliche **10** 1 ff.
Verfall 1 69; **8** 141 ff.; **16** 114 ff.; **21** 71 ff.
– Anspruch des Verletzten **21** 75
– Auslandsbezug **21** 82
– Außenwirtschaftsrecht **62** 25 ff.
– Betriebsausgaben **16** 125
– Bruttoprinzip **21** 74, 76, 80
– Computerdelikte **42** 106
– beim Dritten **16** 115 f.
– Erfüllungsfälle **21** 73
– "Erlangtes" **54** 347a
– erweiterter **21** 79
– Geldwäsche **51** 48
– Härteklausel **54** 349
– Insiderhandel **68** 87
– Insolvenzdelikt **76** 61
– Kartellrecht **57** 109
– Lebensmittelrecht **72** 71
– Mindestlohnverstoß **37** 43
– selbständige Anordnung **21** 81
– und Strafzumessung **21** 80
– Umweltdelikte **54** 347
– Umweltstrafrecht **54** 327
– unbillige Härte **21** 76
– Unternehmen **16** 114 f.
– Unzulässigkeit **16** 116
– Verletzter **21** 75a
– Verschiebungsfälle **21** 73
– Vertretungsfälle **21** 73
– vorläufige Sicherstellung **11** 114
Verfälschte Belege 44 116
– Beitragsvorenthaltung **38** 283 f.
Verfälschung, Urkunde **39** 17
Verfassungsvertrag 5 12; **57** 22
Verfassungswidrigkeit
– und Kartellbußen **57** 150
– und Steuerhinterziehung **44** 9
– Untreuetatbestand **32** 5 ff.
– Vermögensstrafe **21** 1

– und Vertrag von Lissabon **6** 21
Verfolgungshindernis, Selbstanzeige (§ 22 Abs. 4 AWG) **62** 141
Verfolgungsübernahme 8 119 ff.
Verfolgungsverjährung 10 35; **16** 131; **17** 48 ff.
Verfolgungszwang 10 17
Verfügbarkeit über Kapital **96** 82, 87
Verfügungsbefugnis, Untreue **32** 11 ff.
Verfütterungsverbot 72 42, 52
Vergabe öffentlicher Aufträge **16** 120a
Vergabeausschluss 36 54 ff.; **37** 58b
Vergabesperre 58 35
– illegale Beschäftigung **38** 10
Vergabeverfahren 15 123; **57** 101 f.; **58** 10, 32
– Ausschluss von **21** 134
– Ausschreibung **58** 10
Vergabeverordnung, Verteidigung und Sicherheit **58** 10
Vergiftung 56 110
Vergleich und Straftaten in der Krise **87** 38 ff.
Vergleichsbetrug 87 39
Vergleichsmiete, ortsüblich **61** 81
Vergleichsversuch, Insolvenzverschleppung **96** 17 ff.
Vergnügungsbetrieb 25 15
Vergnügungsteuer 46 42
Vergütung
– Erfolgshonorar **16** 32
– Geldwäsche **16** 33 ff.
– des Verteidigers **16** 21 ff.
Vergütungsanspruch, unzulässiger Erwerb **46** 53 ff.
Vergütungsvereinbarung 16 23 f., 28a, 39
– mit Dritten **16** 27 ff.
Verhaftung 11 68
Verhalten, abgestimmtes **57** 121
Verhaltenskodex s. Compliance
Verhältnismäßigkeitsgrundsatz 8 73 ff.; **11** 65, 83, 100, 105; **21** 67
– Durchsuchung **93** 35 f.
– bei Durchsuchung **93** 44 f.
– EU **6** 41
Verhältnismäßigkeitsprinzip, Kartellverfahren **57** 122

Verhandlung
- Ablauf **12** 21 ff.
- Beweisaufnahme **12** 26 ff.
- Vernehmung des Angeklagten **12** 23 ff.
- Vorbereitung **12** 19

Verhandlungsfähigkeit 10 35; **11** 20 f.

Verheimlichen
- Bankrott **83** 29 ff.
- Buchführung und Bilanzen **85** 55 ff.
- Masseverringerung **83** 77
- von Vermögensteilen **83** 29 ff.

Verheimlichen von Waren bei Einfuhr **45** 17

Verjährung 3 4; **17** 48 ff.
- Bankrott **17** 52
- Beitragsvorenthaltung **38** 280 f.
- Bestechlichkeit/Bestechung **17** 52
- Betrug **17** 52
- gewerblicher Rechtsschutz **55** 139
- Hemmung **17** 54
- Kartellsache **57** 33, 89, 104; **58** 42
- Kartellverstöße **57** 146 f.
- Markenrecht **60** 90
- Ordnungswidrigkeit **17** 64 ff.
- presserechtliche **60** 47
- Ruhen **17** 53 ff.
- Sozialversicherungsbeiträge **38** 279 f.
- Steuerhinterziehung **17** 52; **44** 118a
- Strafverfolgung **17** 49 f.
- Submissionsabsprache **58** 17
- Umweltstraftaten **17** 52; **54** 246
- Unterbrechung **16** 57; **17** 57 ff.
- Untreue **32** 202 f.
- Veruntreuen von Arbeitsentgelt **17** 52
- Vollstreckung **17** 63

Verjährungsfrist 17 50
- Beginn **17** 51
- Dauer **17** 50a

Verjährungsunterbrechende Maßnahmen, Steuerstrafverfahren **15** 31

Verkaufsförderung 53 86

Verkaufsmethode, Betrug **59** 1 ff.

Verkaufsprospekt 27 89

Verkaufstricks 59 1 ff.

Verkehrsgeltung 60 66

Verkehrssicherstellung 64 6, 14

Verkehrsteuer 24 53; **43** 7
- steuerliche Pflichten **43** 18

Verkürzung
- Steuer **44** 33 ff.
- von Steuern **44** 28 ff.
- auf Zeit **44** 40

Verlagsrecht 55 94

Verleger 60 11

Verleiher 38 79, 385
- ausländischer **38** 385
- Erlaubnis **37** 18
- Strafbarkeit **37** 130

Verleiten und Erbieten zum Verrat 33 93 ff.

Verleitung
- zur Börsenspekulation **68** 7 ff.
- zur falschen eidesstattlichen Versicherung **88** 36

Verletzter
- Akteneinsicht **11** 23
- Ausgleich mit **21** 19
- Beistand **11** 23 f.; **12** 44
- Klageerzwingung **11** 131
- Nebenklage **11** 148
- Privatklage **10** 15
- Verfall **11** 118
- zivilrechtliche Ansprüche s. Adhäsionsverfahren

Verletzung
- der Aufsichtspflicht in Betrieben und Unternehmen **30** 125 ff.; s.a. Aufsichtspflichtverletzung
- der Berichtspflicht **91** 75
- des Briefgeheimnisses **33** 10 ff.
- Geheimhaltungspflicht (Prüfer) **94** 5 ff.
- des höchstpersönlichen Lebensbereichs durch Bildaufnahmen **33** 9 ff.
- von Mandantengeheimnissen **91** 75
- des Post- und Fernmeldegeheimnisses **33** 24 ff.
- der Vertraulichkeit des Wortes **33** 2 ff.

Verletzung der Buchführungspflicht 81 17; **85** 9
- Auffangtatbestand **85** 65

- Kausalität **81** 83 f.
- subjektive Tatseite **85** 64

Verletzung von Privatgeheimnissen 94 2 ff.
- Berufsangehörige **33** 25 ff., 36

Verleumdung, geschäftliche **60** 49

Verlustabzug 44 50

Verlustanzeige 40 80, 85, 88

Verlustanzeigepflicht 80 13
- Haftungskapital **23** 74, 80

Verlustgeschäft, Bankrott **83** 54 ff.

Verlustrisiko, Bewertung bei Kreditvergabe **67** 93

Verlustvortrag, steuerlicher **26** 126b

Verlustzuweisungen 28 43 ff.

Verlustzuweisungsgesellschaft 28 105

Vermeidbarkeit, Verbotsirrtum **18** 10 ff.

Vermietung und Verpachtung, Masseschmälerung **83** 25

Vermittler
- Betrug **28** 79 ff.
- betrügerische Anlagen **28** 13 ff., 79 ff.

Vermittlerregister 25 30b

Vermögen 47 45 ff.
- Begriff bei Untreue und Betrug **32** 191e ff.
- und Liquidität **78** 2 ff.
- Schutz durch Betrugstatbestand **47** 1 ff.

Vermögensabschöpfung bei Marktmanipulation **68** 36

Vermögensanlagen
- Bußgeld gegen Emittenten **41** 43
- Ordnungsgeld gegen Emittenten **41** 37

Vermögensanlagengesetz 27 89, 92

Vermögensanlagen-Informationsblatt 27 104

Vermögensaufstellung 96 67

Vermögensbetreuungspflicht 32 24 ff.
- des Gesellschafters **32** 25a
- IT-Sachbearbeiters **42** 51
- Pflichtwidrigkeit **32** 133 ff.

Vermögensdelikte, allgemeine **2** 13

Vermögensentziehung 21 71 ff.
- s.a. Verfall, Dinglicher Arrest, Einziehung

Vermögensgefährdung
- Betrug **47** 52
- Lieferantenbetrug **48** 25 ff.
- Untreue **32** 176b ff., 183 ff.

Vermögensgegenstände 26 99
- bei Altersversorgungsverpflichtungen **26** 99b, 119a
- Bewertung **26** 119

Vermögenslage 26 5, 34

Vermögensminderung, Betrug **47** 47

Vermögensnachteil
- bei Kreditvergabe **67** 82 ff.
- Untreue **32** 175 ff.

Vermögensschaden
- Ausschreibungsabsprachen **58** 23
- Betrug **47** 47 ff.
- Computerbetrug **42** 67
- Erpressung **63** 29
- Lieferantenbetrug **48** 25 ff.
- Untreue **32** 175 ff.
- Untreue im Kreditgeschäft **67** 82 ff.

Vermögensstatus 88 26 ff.

Vermögensstrafe 1 121b; **21** 1

Vermögensverfügung, Betrug **47** 38 ff.

Vermögensvergleich
- Betrug **47** 47
- Betrug in der Krise **86** 36 ff.
- Lieferantenbetrug **48** 25 ff.

Vermögensverschiebung
- Bankrott **83** 1 ff.
- Normaufbau **81** 7
- bei Sanierung **87** 15 ff.

Vermögensverwaltung 22 58 f., 71; **28** 58

Vermögenswirksame Leistungen 38 3

Vernehmung
- Angeklagter **12** 23 ff.
- im Ausland **8** 84 ff.
- Beschuldigter **11** 28 ff.
- verbotene **11** 33 ff.
- Zeuge **11** 38 ff.; **12** 26

Vernehmungsmethoden, verbotene **11** 33 ff.

Vernetzung 42 3

Stichwortverzeichnis

Vernichtungsanspruch
– illegale Kopien **55** 92
– Produktpiraterie **55** 24
Veröffentlichung
– Bundesanzeiger **41** 24
– Handelsregister **24** 38
– Jahresabschluss **26** 133; **41** 1 ff.
– als Nötigung **63** 27
Verordnung 1 13
Verpackungsverordnung 54 77
Verpfändung, Masseschmälerung **83** 11
Verpflichtungszusage, Kartellrecht **15** 128
Verrat von Geschäfts- und Betriebsgeheimnissen 33 52 ff.
Verrechnungspreis, Gewinnverlagerung **26** 80
Verringern, Insolvenzmasse **83** 73 ff.
Versandhandel 45 52
Versandverfahren, Zollhinterziehung **45** 19
Verschaffen von Daten **42** 87
Verschiebung
– Baugeld **83** 100 ff.
– von Baugeld **83** 100 ff.
– von Vermögen **83** 1 ff.
Verschlechterungsverbot 12 54; **16** 132; **57** 90
Verschleierung
– Bilanz **40** 34 ff., 34
– Buchhaltung **40** 6, 20
– von Entnahmen **32** 185a
– bei Geldwäsche **51** 35
– Masseverringerung **83** 78
Verschleppungsabsicht 16 100
Verschlüsselung 42 88, 91, 118
Verschmelzung 23 99; **26** 95; **27** 54 ff.; **50** 8, 27
– Bericht **27** 55
– grenzüberschreitende **23** 99a
– Prüfer **27** 56
– Registereintragung **27** 58
Verschmelzungsschwindel 96 91
Verschwiegenheitspflicht 33 25 ff.
– Bankmitarbeiter **66** 35 ff.
– Berater **94** 2 ff.
– Betriebsrat **35** 37 ff.

– Prüfer **94** 5
Versicherte Sache 50 207
Versicherung 65 1 ff.
– an Eides statt **88** 24 ff.; **96** 58 ff.
– an Eides statt in der Insolvenz **83** 31
– Ausland **65** 4
– Betriebserlaubnis **65** 3
– Bilanzprüfer **65** 16 f.
– Deckungsrücklage **65** 18, 21
– EWR-Bereich **65** 5
– falsche Angaben **65** 13
– Geheimhaltungspflichten **65** 17
– Geschäftsplan **65** 13
– Geschäftätigkeit **65** 9 f.
– Insolvenzverschleppung **65** 14
– Ordnungswidrigkeiten VAG **65** 19 ff.
– Sanktionen HGB **65** 27 ff.
– Straftatbestände HGB **65** 27 ff.
– Straftatbestände VAG **65** 9 ff.
– Täter **65** 11 ff.
– Treuhänder **65** 18
– Überschuldung **65** 14
– unrichtige Darstellung **65** 15
– Zahlungsunfähigkeit **65** 14
Versicherungsaufsicht 23 90; **25** 77; **65** 1 ff.
– Zuständigkeit **65** 6
Versicherungsberater 25 30a ff.
Versicherungsbetrug 50 201 ff.
– schwerer Fall **50** 202
Versicherungsbilanzrichtlinie 26 136
Versicherungs-Holdinggesellschaft 65 1
Versicherungsmakler 92 21
Versicherungsmissbrauch 50 201
– Konkurrenz zwischen § 265 StGB und § 263 StGB **50** 205
Versicherungspflichtgrenze, Sozialversicherung **38** 107
Versicherungsschutz für anwaltliche Tätigkeit **16** 155 ff.
Versicherungsunternehmen 23 59; **65** 1 ff.
– Begriff **65** 10
– Offenlegung Rechnungslegung **41** 2
– Publizität **41** 2

Versicherungsverein 23 90; **33** 112; **41** 21; **65** 1 ff.
– Kaufmann **22** 42a
Versicherungsvermittler 25 30a ff.; **92** 21
Versicherungsvertrag, Widerruf **59** 3
Versorgungskrise 64 10
Verspätete Abgabe, Steuererklärung **44** 20
Verständigung 12 39a ff.
– Bindungswirkung **12** 39f
– Gegenstand **12** 39c
– Geständnis **12** 39b
– Haftungsrisiken **16** 163 ff.
– Protokollierung **12** 39e
– Rechtsmittelverzicht **12** 39g
– im Strafverfahren **16** 102
– unzulässige **12** 39g
– Verfahrensbeendigung **2** 34; **12** 39a
Verstärkte Zusammenarbeit, EU **6** 119
Versteigerung
– Absprache **58** 3
– Gewerbe **25** 21
– Internet **58** 3
Verstrickungsbruch 88 15 ff.
Verstrickungsverdacht bei Beratern **93** 42
Versuch 18 18 ff.
– fehlgeschlagener **18** 33
– gewerblicher Rechtsschutz **55** 134
– Ordnungswidrigkeit **18** 20
– Rücktritt **17** 47; **18** 31 ff.
– Steuerhinterziehung **44** 72 ff.
– untauglicher **18** 28 ff.
Verteidiger 16 1 ff.
– Auswahl **16** 1 ff.
– Berufspflichten **91** 12 ff., 42 ff.
– Beschlagnahmefreiheit **91** 45, 54
– Beschlagnahmeverbot **93** 13 ff.
– bestellter **16** 1, 25
– gewählter **16** 23 ff.
– Haftung **16** 126 ff.
– Honorar **16** 21 ff.
– Mandatsverhältnis **91** 12 ff.
– Pflichten **16** 46
– prozesswidriges Verhalten **91** 46 ff.
– Strafbarkeit des **16** 103a ff.
– Strafvereitelung **91** 44 ff.
– als Teilnehmer **95** 10 ff.
– Wahrheitspflicht **91** 41, 44
Verteidigerhonorar, Geldwäsche **95** 17a
Verteidigerkosten, Absetzbarkeit **16** 30
Verteidigerpost 91 46; **93** 33
Verteidigerteam 91 47
Verteidigung 16 1 ff.
– Grenzen **16** 103a ff.; **91** 22a, 46 ff., 51
– Honorar **16** 21 ff.
– Organstellung **91** 43a
– Pflichten **91** 33a ff.
– Pflichtverletzung **16** 129 ff.
– Rechtsmissbrauch **91** 53
– Sozietät **94** 20b
– unzulässige **91** 46 ff.
Verteidigungskosten, Übernahme durch Dritte **16** 41
Verteidigungsmandat, Schutzwirkung **93** 32 ff.
Verteidigungsschrift 16 92
Verteidigungstaktik 16 82 ff.
– Zwischenverfahren **16** 91 ff.
Verteidigungsunterlagen 93 32
– Beschlagnahmefreiheit **93** 21
Vertrag
– Arbeitsweise der EU **6** 17
– von Lissabon **5** 3
– von Maastricht **5** 4
Vertragsarzt, Bestechlichkeit **53** 98
Vertragskonzern 32 146b
Vertragsstrafe 1 103
Vertragsverletzungsklage 5 8
Vertragsverletzungsverfahren 6 96
Vertragszinsberechnung 61 58 ff.
Vertrauensberufe
– Berater **96** 61 f.
– Beschlagnahmefreiheit **93** 15
Vertrauensprinzip 8 42
Vertrauensverhältnis, Berater/Mandant **93** 16
Vertraulichkeit 33 2 ff., 49 f.
Vertraulichkeit des Wortes, Verletzung **33** 2 ff.
Vertreter
– deliktische Haftung **30** 74 ff.

3343

- faktischer **30** 56 ff.
- gesetzlicher **30** 96
- Handeln als – **30** 98 f.
- Personengesellschaft **30** 92

Vertretungsberechtigung, juristische Person **22** 32 f.; **23** 32, 41

Vertretungsmacht, Missbrauch **32** 66 ff.

Vertretungsorgan 23 41

Vertrieb, betrügerische Anlagen **28** 13 ff.

Vertriebsprovision 28 23

Vertriebsstopp 56 104

Verunglückte Selbstanzeige, Haftung des Beraters **16** 160 f.

Veruntreuung, Sicherungsgut **48** 63 ff.

Verursachen von Lärm, Erschütterungen und nichtionisierenden Strahlen, unzulässiger **54** 208 ff.

Verurteilungspraxis 2 33

Vervielfältigung 55 104
- Begriff **55** 101
- zum privaten Gebrauch **55** 107 ff.
- Software **55** 89, 91
- s.a. Kopie

Verwaltungsakt
- Genehmigung Umweltschutz **54** 125 ff.
- Kartellbehörde **57** 139

Verwaltungsaktakzessorietät 38 17

Verwaltungsakzessorietät
- Bodenschutz **54** 185
- Sozialversicherungsrecht **38** 14
- Umweltstrafrecht **54** 113 ff., 200, 279

Verwaltungsbehörde
- im Bußgeldverfahren **14** 3, 6
- Zuständigkeit bei Ordnungswidrigkeiten **1** 116

Verwaltungsdelikt 1 39

Verwaltungssanktionen, Marktordnung **52** 62

Verwaltungsstrafrecht 1 39

Verwaltungsverfahren
- genehmigungsbedürftige Anlagen **54** 125
- Kartellrecht **15** 125 ff.; **57** 67, 100

Verwandtes Schutzrecht 55 114 ff.

Verwarnung mit Strafvorbehalt **16** 106 ff.; **21** 64

Verwarnungsgeld durch Zollbeamte **15** 79

Verwässerungsabsicht 60 86

Verwechslungsgefahr 60 77, 84
- Marke **60** 65, 81

Verweisung
- auf EU-Recht **6** 91
- im Internet **42** 37

Verwendung, eingezahlte Beträge **27** 157

Verwendungsbeschränkung bei Geldwäsche **51** 65

Verwendungsverbot
- Insolvenzgeheimnis **76** 22 ff.
- Insolvenzverfahren **77** 8; **93** 6a ff.
- im Steuerstrafverfahren **15** 39

Verwertung
- Abfall **54** 64
- fremder Geheimnisse **33** 39 ff.
- Geheimnis **33** 30; **35** 46 f.
- Geheimnis nach UWG **33** 74 ff.
- von Vorlagen **33** 84 ff.

Verwertungsgemeinschaften 87 17 ff.

Verwertungsverbot 11 31; **93** 32, 40
- Allgemeindelikt im Steuerstrafverfahren **15** 43
- Bilanzen und Buchhaltungsunterlagen **93** 18 ff.
- Compliance-Bericht **31** 31
- Steuerstrafverfahren **15** 36
- unbefugte Aufnahmen **33** 4
- unternehmenseigene Aufzeichnungen **54** 330
- verbotene Vernehmungsmethoden **11** 34
- Zufallsfunde **11** 103

Verwirkung, Markenrecht **60** 91

Verzehr, Ungeeignetheit **72** 18, 28

Verzinsung, Geldbuße **57** 149

Veterinär 72 44a, 50

Videodaten 55 106

Videogamefonds 28 48

Videoüberwachung 33 9 ff.

Vier-Augen-Prinzip bei Kreditvergabe **67** 22

Vier-Konten-Modell 26 101 f.

Virtuelle Sachbeschädigung 42 98
Virtuelle Sit-ins 63 8
Virusprogramm 42 24, 97
– Dialer **42** 97
Visum 37 82
– Erschleichen **37** 143
– Schengen **37** 84
Völkerrecht 1 154 ff.; **4** 15 ff.
– und EU-Recht **6** 46
Völkerstrafrecht 5 5, 35
Vollendung
– Beitragsvorenthaltung **38** 276
– Lohnsteuer **38** 369
– Steuerhinterziehung **44** 55 ff.
– von Straftaten **18** 25, 27
Vollmacht, gefälschte **39** 15
Vollstreckung
– Geldbußen **14** 35 ff.
– Haftbefehle **11** 67 f.
– Urteile **13** 1 ff.
Vollstreckungsanordnung, Europäische **6** 197
Vollstreckungsaufschub 13 3
– als Steuervorteil **44** 42
Vollstreckungsbehörde 10 4; **13** 3; **14** 35
Vollstreckungshilfe 8 125 ff.
– Asset sharing **8** 142, 147
– beiderseitige Strafbarkeit **8** 144
– Einziehung und Verfall **8** 141 ff.
– EU **6** 197 f.
– und Europäischer Haftbefehl **8** 136 ff.
– Exequaturverfahren **8** 130
– Fluchtfälle **8** 134
– Freiheitsstrafen **8** 127 ff.
– Geldbußen und Geldstrafen **8** 148 ff.
– Rücküberstellung nach Auslieferung **8** 76, 132, 138
– Überstellung ohne Zustimmung des Verurteilten **8** 135
– Überstellungsübereinkommen **8** 127 ff.
– Zusatzprotokoll zum Überstellungsübereinkommen **8** 127, 134 f.
Vollstreckungslösung 21 41
Vollstreckungsübertragung 6 197

Vollstreckungsvereitelung 88 5 ff.
– Bezahlung fremder Geldstrafen **16** 111
– Haftung des Verteidigers **16** 154
– Rechtsgut **88** 5
– Strafantrag **88** 14
– Tathandlungen **88** 7 ff.
Vollstreckungsverfahren 10 4
Vollstreckungsverjährung 17 49, 63
Vollzeitarbeitskraft, Sozialversicherung **38** 216
Von Amts wegen 10 13
Vorabausschüttung 32 89 f.
Vorabentscheidungsverfahren 6 59, 82
Vor-AG, Bankrott **81** 25
Vorauszahlung
– Herabsetzung **28** 102
– steuerliche **24** 58
– von Steuern **44** 37
Vorauszahlungsbetrug 28 7
Vorbehalt der Nachprüfung **44** 36
Vorbehaltseigentum, Masseschmälerung **83** 12
Vorbelastungsbilanz 26 63
Vorbereiten, Datenausspähung **33** 23c f.
Vorbereitungshandlung 18 21 ff.
– Computerbetrug **42** 71
– straflose – bei Steuerhinterziehung **44** 82 ff.
Vorbeugende Bekämpfung 2 38
Vorenthalten von Sozialversicherungsbeiträgen s. Beitragsvorenthaltung
Vorfeldüberwachung, Außenwirtschaftsrecht **15** 111
Vorfrage, steuerliche **15** 54
Vorgerichtliche Einigung 7 70
Vorgesellschaft 22 47; **23** 17, 42
– Buchführungspflicht **26** 24a
– Kapitalaufbringung **26** 62
Vor-GmbH, Bankrott **80** 16; **81** 21
Vor-GmbH & Co KG, Bankrott **81** 24
Vorgründungsgesellschaft 22 47; **26** 25
– Kapitalaufbringung **26** 62
Vorlage, Begriff UWG **33** 86
Vorlagepflicht, EuGH **6** 82
Vorläufige Eigenverwaltung 77 14 ff.

Vorläufige Steuerfestsetzung 44 36
Vorläufiger Insolvenzverwalter 87 32
– Entbindung/Schweigepflicht **93** 9a
– ESUG-Verfahren **77** 4, 14 ff.
– Treuepflicht **32** 127 f.
Vorläufiger Sachwalter 77 14 ff.
Vornahmebehörde 8 30
Vorrang des EU-Rechts **6** 92 f.
Vorratsdatenspeicherung 6 187
Vorratsgesellschaft 27 30; **29** 17
Vorsatz 17 24 ff.
– Betrug **47** 70 ff.
– Kartelldelikt **57** 106
– Kartellverstoß **57** 73
– Lohnsteuerhinterziehung **38** 365
– Steuerhinterziehung **44** 67 ff.
– Untreue **32** 193 ff.
– Urheberrechtsverletzung **55** 113
Vorsätzliche sittenwidrige Schädigung (§ 826 BGB) 32 150a
Vorsichtsprinzip 26 110, 114, 120, 161 ff.
– Nichtigkeit **26** 141
Vorspiegelungstat 15 6, 8 ff.
Vorstandsmitglied
– nichtige Bestellung **76** 73
– Organsperre **76** 64 ff.
Vorstandsvergütung, Angemessenheit **32** 122 f.
Vorsteuerabzug, Verrechnungsmodus **44** 43
Vorsteuererstattung
– Erschleichen **30** 19
– Vollendung **44** 65
Vorstrafe 13 7 ff.; **21** 33 ff.
Vorsubmission 58 29
Vortat
– bei Geldwäsche **51** 21 ff.
– Nachweis bei Geldwäsche **51** 28
Vortäuschung, Masseverringerung **83** 35 ff.
Vortäuschung von Rechten Dritter, Bankrott **83** 35 ff.
Vorteil
– Großes Ausmaß **53** 121
– Korruption **53** 22 ff.

Vorteilsabschöpfung 21 92, 95, 107, 126 f.
– Geldbuße **1** 121
– Kartellrecht **57** 152
Vorteilsannahme 53 41 ff.
– Einwilligung Arbeitgeber **53** 103
– Gesundheitswesen **72** 147
Vorteilsgewährung 53 10, 54 ff.
Vorübergehende Arbeitnehmerüberlassung **37** 19a
Vorweggenommene Erbfolge 89 7
Vorwerfbarkeit 17 38
Waffen
– Erlaubnis **25** 68
– Schmuggel mit – **44** 213
Waffenbesitzkarte 16 119b, 120c
Waffenembargo 62 40 ff.
Waffenexport 62 1 ff.
Waffengesetz
– und Kriegswaffenkontrollgesetz **73** 42
– Straf-/Bußgeldtatbestände **25** 67 f.
Waffenhandel 51 2, 15
Waffenschein 16 119b, 120c
Wagniskapitalbeteiligungsgesellschaft 27 12
Wahlbehinderung, Betriebsrat **35** 15 ff.
Wahl-Kaufmann 22 51 f.
Wahlverteidiger 16 1 f., 23
– Honorar **16** 23 ff.
Wahndelikt 18 29 f.
– Steuerhinterziehung **44** 87 f.
Wahrheitspflicht 91 33
– Verteidiger **91** 15, 41
– im Zivilprozess **96** 51 ff.
Wahrnehmung berechtigter Interessen 33 35; **94** 3
Währungsumrechnung 26 119g
Währungsumstellung 6 33
Währungsunion 6 33 ff.
Wandelanleihe 27 78 ff.; **50** 42
Wanderarbeitnehmerverordnung 38 112
Wanderlager 24 30
Wappen 60 103
Ware 53 89
Waren, Außenwirtschaft **62** 1 ff.

Waren- und Kapitalbeschaffung 86
1 ff.
Warenausgang 46 31a
Wareneinkauf, Betrug **48** 1 ff.
Warenkreditbetrug
– in der Krise **86** 1 ff.
– **48** 1; **50** 114
Warenmarke 60 59
Warentermingeschäft 68 20
Warenterminhandel, Verantwortlichkeit **30** 11
Warenverkehr mit Ausland **62** 1 ff.
Warenwechsel 49 22 ff.
Warenzeichen 39 7; **60** 51
Warnhinweis 56 103
Wasch- und Reinigungsmittelgesetz 54 24
Washingtoner Artenschutzübereinkommen 5 34; **54** 101
Wasserbau-Verfahren 58 24
Wassergefährdende Stoffe 54 20 f.
Wasserhaushalt 54 15 ff.
Wasserversorgung 54 174
Wechsel 49 21 ff.; **50** 147
– Fälschung **39** 35 ff.
Wechselbetrug 49 21 ff.; **50** 147
Wechselprolongation 49 26
Wechselreiterei 49 27
Wegfahrsperre 42 83
Wegstreckenzähler 42 116
Wegzugsbesteuerung 23 109
Weimarer Republik 1 47
Weinrecht 72 74 ff.
– Straf- und Bußgeldtatbestände **72** 87 ff.
Weiße Liste 29 69a
Weiße-Kragen-Kriminalität, Begriff **2** 3
Weiße-Kragen-Täter 2 4
Weltrechtsgrundsatz 4 3, 10 ff.
Welturheberrechtsabkommen 55 95
Werbegeschenk 59 38
Werbeverbot
– Berater **90** 6
– Beraterberufe **91** 21
Werbung
– Betrug **59** 10; **60** 43
– geschäftsbezogene **60** 37
– Heilmittel **72** 129 ff.

– irreführende **60** 8 ff., 30 ff.
– irreführende – bei Lebensmitteln **72** 72
– krankheitsbezogene **72** 33
– Lebensmittel **72** 23
– progressive **59** 41 ff.; **60** 29
– strafbare **60** 1 ff., 8 ff.; **96** 65
– Telefon **60** 7b
– unwahre **60** 19
– Verschweigen **60** 26
Werk 55 78
– anonymes **55** 82
– geschütztes **55** 98
– pseudonymes **55** 82
Werkschöpfung 55 82
Werktitel 60 71
Werkunternehmer und Arbeitnehmerüberlassung **37** 20a
Werkverkehr 71 5, 7
Werkvertragsabkommen, Dienstleistungsfreiheit **37** 138
Werkvertragsverfahren 37 139 f.
Wertaufhellung 26 67, 113
Wertaufholungsgebot 26 119b
Wertberichtigung 32 191a f.
– Überschuldungsstatus **79** 48
– Untreue im Kreditgeschäft **67** 91a
Wertdifferenzgeschäfte 28 8
Wertpapier 68 19
– Fälschung **39** 32
– Kapitalbeschaffung **50** 47
Wertpapierdepot 69 1
Wertpapieremittenten, Publizitätspflichten **41** 4
Wertpapierhandelsanzeige- und Insiderverzeichnisverordnung 68 37a
Wertpapierhandelsfonds 28 53
Wertpapierhandelsgesetz 1 68; 68 1
– Ordnungswidrigkeiten **68** 3
Wertpapierprospekt 27 88 ff.
Wertpapiersammelbank 69 3
Werturteil
– Betrug **47** 12
– Werbung **60** 20
Wertzeichen 39 7, 31 ff.
Wertzeichenfälschung 39 33; **44** 1
Wettbewerb 57 1 ff.
– Begriff **57** 12

3347

- fairer **60** 1
- freier **55** 1; **57** 1 ff.
- Korruption **53** 84
- Straftaten **53** 69 ff.; **58** 1 ff., 6 ff.
- Straftaten gegen **57** 13
- unlauterer **60** 1 ff.

Wettbewerbsausschluss 21 134

Wettbewerbsbeeinträchtigung, Kartellverstöße **57** 81 ff.

Wettbewerbsbeschränkende Absprachen bei Ausschreibungen 58 1, 7 ff.
- Sanktionen **57** 142

Wettbewerbsbeschränkungen 57 1 ff.
- Gesetz gegen **57** 4
- horizontale/vertikale **57** 36

Wettbewerbskommissar 57 55

Wettbewerbslage 53 90, 112

Wettbewerbsnetz, europäisches **57** 9

Wettbewerbsordnung 57 1

Wettbewerbspolitik
- Bericht **57** 10
- Internationalisierung **57** 11

Wettbewerbspreis, Submissionsabsprache **58** 27 f.

Wettbewerbsrecht 55 6
- Abgrenzung **57** 1; **60** 1 ff.
- deutsches **1** 42; **57** 2, 91 ff.; **60** 1 ff.
- europäisches **6** 68, 71 f.; **57** 2, 16 ff.; **60** 7
- strafbare Werbung **59** 51 ff.
- Straftaten **57** 13
- Straf- und Bußgeldtatbestände **60** 1 ff.
- Systemwechsel **57** 6 f.

Wettbewerbsregeln 57 98

Wette, Bankrott **83** 62 ff.

Whistleblowing 11 49a; **17** 35; **31** 33

White-Collar-Crime 2 4
- Begriff **2** 3

Widerruf
- Aussetzung Berufsverbot **21** 68
- Bewährung **13** 4
- Erlaubnis **65** 3
- Schweigepflichtentbindung **93** 37
- Verwaltungsakt **54** 128
- Vollmacht **32** 56
- Vorstandsbestellung **32** 61

Widerrufsrecht
- bei betrügerischen Verkaufsmethoden **59** 3 ff.
- Verbraucherschutz **59** 3

Wiederanlage, erneuter Betrug **28** 90 ff.

Wiederaufnahme
- Bußgeldverfahren **14** 34
- nach Selbstanzeige **44** 165e
- des Verfahrens **12** 77

Wiedereinsetzung
- Bußgeldverfahren **14** 34
- in den vorigen Stand **12** 78

Wiedergabe, öffentliche **55** 106

Wiederholung, beharrliche **25** 13

Wiederholungsgefahr 11 64

WiKG
- Erstes **1** 11, 63, 87; **61** 1
- Erstes, Insolvenzstrafrecht **76** 10
- Zweites **1** 11, 64, 87

Wildes Lastschriftverfahren 49 66, 120 f.

Willensschwäche, Wucher **61** 16

Windkraftfonds 28 51

Window-dressing 26 145; **49** 20

Wirtschaftlich Berechtigter 51 58

Wirtschaftliche Notsituation 62 46

Wirtschaftliche Tätigkeit 23 5

Wirtschaftliches Eigentum 26 95, 99; **43** 21

Wirtschaftlichkeit und Sparsamkeit, Grundsatz **32** 225, 235

Wirtschaftsgut, Zurechnung **43** 21

Wirtschaftskrieg 1 44

Wirtschaftskriminalistik 2 15 ff., 15 ff., 35 ff.

Wirtschaftskriminalität Begriff **2** 1 f., 7 ff., 85 ff.
- Deliktsgruppen **2** 12 f.
- Entstehungsgeschichte **1** 30 ff.
- gerichtliche Zuständigkeit **2** 7 f.
- kriminologische Sicht **2** 3 f.
- Phänomen **1** 1
- Schutzgut **2** 5 f.
- strafrechtsdogmatische Sicht **2** 5 f.
- Täterprofil **2** 3, 28

Wirtschaftskriminologie 2 3 ff.

Wirtschaftspolitik 1 84

Wirtschaftsprüfer 11 43, 107; **90** 12; **91** 67 ff.
- Aufstellung Jahresabschluss **26** 132a
- Gebühren **90** 5
- Qualitätskontrolle **95** 6 ff.
- Sanktionen **91** 75 ff.
- als Teilnehmer **95** 4 ff.

Wirtschaftsprüferaufsichtskommission, Geheimnisverletzung **94** 7a

Wirtschaftsprüferkammer, Berufsaufsicht **95** 6 ff.

Wirtschaftsrecht 1 83; **2** 1

Wirtschaftsreferent 2 36; **11** 4, 8
- als Sachverständiger **12** 29

Wirtschaftsstrafgesetz 64 3
- 1949 **1** 53, 86
- 1954 **1** 54

Wirtschaftsstrafkammer 1 58, 92 ff.; **12** 4; **15** 26
- Produktpiraterie **55** 143
- Zuständigkeit **2** 7 f.

Wirtschaftsstrafrecht 1 2
- Begriff **1** 82 ff.; **2** 1, 7 ff., 85 ff.
- Entstehungsgeschichte **1** 30 ff.
- europäisches **5** 1 ff.; **57** 3
- Grundkonzeption der Darstellung **1** 18 ff.
- Internationales **5** 1 ff.
- Rechtsgrundlagen **1** 10 ff.
- Rechtsquellen **1** 140 ff.
- Reform **1** 59 ff.
- Täterkreis **22** 1 ff.

Wirtschaftsstrafsache 13 12a
- als Haftsache **11** 76b
- Lebensmittel **72** 72

Wirtschaftsstraftaten, zuständiges Gericht **1** 90 ff.

Wirtschaftsverband, Kartellrecht **57** 127

Wirtschaftsverein 23 21
- Publizität **41** 2

Wirtschaftsverwaltung 1 43 ff.

Wissenschaftler, Strafbarkeit **73** 27

WLAN 42 2
- fremdes **42** 117
- Leistungserschleichung **42** 118
- offenes **42** 44

Wohlverhaltensfrist 75 44 f.

Wohnraum 74 21

Wohnsitz, Zuständigkeit im Steuerstrafverfahren **15** 17

Wohnung, Schutzbereich **60** 117

Wohnungsbaudarlehen, Vermögensschaden **47** 57b

Wohnungseigentümergemeinschaft
- Schmiergeld **53** 107
- Untreue **32** 104

Wohnungsvermittlung, Sanktionen **70** 10 f.

World Trade Organization 5 43 f.

Wort, nichtöffentliches **33** 3

WpHG, Bußgeldnorm **41** 42

WTO 5 7, 43 f.

Wucher 58 4; **61** 1 ff.
- bei Kredit **49** 41

Wucherdelikte 1 34

Wuchergericht 1 47

Wuchergrenze 61 21

Wucherstrafrecht 1 39; **61** 1 ff.

Wurmprogramm 42 24

www 42 3

Yellow-Press 60 114

You-Tube, Persönlichkeitsrecht **60** 104

Zahlungsdienstevertrag 49 43a

Zahlungsdienstleister 66 19

Zahlungsdienstrichtlinie 66 17

Zahlungseinstellung 48 48a; **78** 32 ff., 58 ff.
- Bankrott **81** 65, 69 ff.

Zahlungserleichterung 21 8

Zahlungsfähigkeit
- Prognose **48** 10 ff.
- Vorspiegelung **48** 4

Zahlungsinstitut
- Begriff **66** 18
- Insolvenz **66** 32 ff.

Zahlungskarte
- Begriff **39** 37
- Fälschung **39** 35 ff.; **49** 113
- Missbrauch **49** 60 ff.
- mit Garantiefunktion **39** 39
- ohne Garantiefunktion **39** 37

Zahlungsknappheit 86 5

Zahlungsstockung 78 10 ff., 31

Zahlungsunfähigkeit 78 1 ff.; **86** 45 f.
- 10%-Quote **78** 15
- Anzeigepflicht **77** 16
- Bankrottdelikte **81** 1 ff.
- Begriff **48** 48b
- Beitragsvorenthaltung **38** 163 ff.
- betriebswirtschaftliche Methode **78** 37, 39 ff.
- Beweisführung **78** 32 ff.
- Dreiwochenfrist **78** 15
- drohende **78** 47 ff.; **79** 25
- Feststellung **78** 13 f.; **83** 33
- GmbH & Co KG **78** 46
- Herbeiführung und Untreue **32** 84 ff.
- Insolvenzantragspflicht **80** 37 ff.
- im Insolvenzrecht **78** 32
- als Krisenmerkmal **79** 2
- Legaldefinition (§ 17 Abs. 2 InsO) **78** 9 ff.
- Schonfrist **78** 14
- Stichtagsbezogenheit **78** 30, 38
- im Strafrecht **78** 37
- subjektive Tatseite **78** 45
- und Überschuldung **78** 7 f.; **79** 56 ff.
- Warnzeichen **78** 37 ff., 41 ff.
- wirtschaftskriminalistische Methode **78** 37
- und Zahlungsstockung **78** 13, 31
- Zivilrechtsakzessorietät **78** 29 ff.
- s.a. Liquidität

Zeichen, europäisches **60** 76
Zeichenverletzung 60 55, 77
Zeitarbeit 37 17
Zeitarbeitsfirma 38 80
Zeitdiebstahl 42 8, 59, 66a, 84
Zeitgeschäft 68 9
Zeitgeschichte, Person der **60** 108a f.
Zeitgesetz 3 12 ff.; **17** 9
- ablösendes **3** 17
- Außenwirtschaftsrecht **62** 34
- im engeren Sinn **3** 14
- Mineralölgesetz **3** 16
- im weiteren Sinn **3** 15

Zeithonorar 16 24
Zeitliche Geltung des Strafrechts **3** 1 ff.
Zeitschriftenwerbung 59 20; **60** 38

Zeitungsanzeige, unwahre Werbung **60** 27
Zeitvergleich 86 23
Zeitwert 26 119a
Zentralbank, Europäische **6** 34 f., 72
Zentrale Kommission für die biologische Sicherheit **54** 95
Zentrales Verfahrensregister 11 26
Zero balancing 27 84
Zerobonds 28 65
Zerschlagungsprognose 79 11
Zerschlagungswerte 79 8, 22
Zerstörung
- Bankrotthandlung **83** 80
- Buchführung und Bilanzen **85** 55 ff.
- Hardware **42** 61

Zeuge
- gefährdeter **16** 12
- Ordnungsmaßnahmen **12** 26
- Zwangsmittel **1** 126

Zeugenbeistand 16 15, 62 ff.
- Akteneinsichtsrecht **16** 69
- Anwesenheitsrecht **16** 67, 68a
- Beiordnung **16** 63
- Haftung **16** 152
- Mandatsverhältnis **16** 64
- Rechtsstellung **16** 66
- Schweigepflicht **16** 65

Zeugenschutzgesetz 16 62
Zeugenstellung, Berater/Prüfer **94** 4
Zeugenvernehmung 11 38; **12** 19, 26
- Anwesenheitsrecht des Verteidigers **16** 94

Zeugnispflicht 11 38 ff.; **33** 37
Zeugnisverweigerungsrecht 11 42 ff.; **93** 4 ff.
- Bankgeheimnis **66** 36
- Berufsangehörige **94** 2
- Berufsgeheimnisträger **93** 1
- Berufshelfer **93** 11
- Grenzen **93** 10
- Insolvenzverwalter **93** 6
- nicht-strafrechtliche Verfahren **93** 12

Zigaretten
- Schmuggel **45** 11
- Schwarzhandel **15** 78

Zinseinkünfte, Amtshilfe **29** 78 f.

Zinsinformationsverordnung 29 81; **46** 57b; **93** 49a
Zinsrichtlinie 29 78
Zinsvergleich 61 50 ff.
Zivilklausel, Kriegswaffen **73** 15, 20, 48
Zivilprozess 1 134
Zivilrecht 11 24; **16** 123; **22** 16 ff.
– Kartellansprüche **15** 126
– Schadensersatz **1** 131 ff.
Zivilrechtliche Haftung des Verteidigers **16** 126 ff.
Zoll 44 28
Zollamtliche Überwachung, Geldwäsche **51** 71 ff.
Zollanmeldung 45 8
Zollauskunft 38 218
Zollbefreiung 45 18, 27
– Erschwindeln **45** 18 ff.
Zollbehörde 45 1 ff.
– Ahndungskompetenz **36** 52
– Anzeigepflicht ggü. **51** 73
– Bargeldkontrollen **51** 71 ff.
– als Ermittlungspersonen der Staatsanwaltschaft **36** 49
– europäische Zusammenarbeit **6** 121
– Grenzbeschlagnahme **55** 18
– Prüfungen **36** 22
– Prüfungsaufgaben **36** 34 ff.
– Prüfungskompetenz **36** 19 f., 35 f.
– Überwachung **46** 26
– Zusammenarbeit **36** 36
– Zusammenarbeit mit Sozialbehörden **36** 18
– Zuständigkeit Schwarzarbeit **36** 22 ff.
– Zuständigkeit im Steuerstrafverfahren **15** 71 ff.
Zolldeklarant 45 6
Zölle 45 1 ff.
Zollfahndung 11 9
– Beamter **11** 9
– Zuständigkeit **15** 73
Zollfahndungsamt 11 11
– Außenwirtschaftsstrafsachen **15** 101
– Marktordnungssachen **45** 60
– Subventionsbetrug **52** 59

– Zuständigkeit **15** 74
Zollhinterziehung 45 1 ff.
– Versuch **44** 79
– Vollendung **44** 64
Zollkodex 45 1 ff.
Zollkriminalamt 15 73
– Auslandsgeschäfte **62** 3
– Außenwirtschaftsstrafsachen **15** 92, 101
Zolllager 45 20
Zollordnungswidrigkeiten 46 1 ff.
Zollschuld, Entstehen **45** 31, 34
Zollstrafrecht, Entstehungsgeschichte **1** 61
Zollstraftaten 44 1; **45** 1 ff.
Zollstraßenzwang 45 30
Zollverwaltung 11 10 f.
– Bereicherungsabsicht **37** 152
– Verbrauchsteuererhebung **45** 37
– Zuständigkeit bei Schwarzarbeit **36** 17 ff.
– s.a. Zollbehörde, Zollfahndungsamt und Finanzkontrolle Schwarzarbeit
Zollverwaltungsgesetz, Geldwäsche **51** 71 ff.
Zollwert 45 25
Zollwesen, europäisches **6** 75
Zollzuschlag 45 36
Zucker, Marktordnungsabgabe **45** 61 f.
Zueignung, Sicherungsgut **48** 63 ff.
Zufallsfund 11 103; **93** 38 ff.
Zufallsurkunde 39 13
Zugangsdaten
– Abnötigen **49** 112
– Erlangen mit Einverständnis **49** 53 ff.
– Erschleichen **49** 51, 109 ff.
– fremde **42** 11
Zugangskontrolldienst 42 114 f.
Zugangskontrolle 42 88
Zugangs-Provider 42 39
Zugangssicherung, Daten **33** 21
Zugewinnausgleich, Masseschmälerung **83** 6
Zugriff, E-Mail **42** 4 f.
Zulassung, Produkthaftung **56** 107
Zulassungspflicht, Arzneimittel **72** 104 ff.

Zulieferer, Produkthaftung **56** 7, 80
Zurechnung strafrechtlicher Verantwortung **22** 13; **23** 32 f.; **30** 1 ff.
Zurechnungsnormen 23 117
Zusammenarbeit
– polizeiliche **6** 17
– im Sozialversicherungsrecht **38** 20 ff.
– in Strafsachen **6** 17 f.
Zusammenfassende Meldung 46 65
Zusammenhang, Bankrott **81** 73 ff.
Zusammenhangstat, Steuerstrafverfahren **15** 9
Zusammenveranlagung 44 134
Zusatzstoffe 72 21
Zusatztatsachen 12 30
Zuschlag 58 31
– Bemessungsgrundlage **44** 165b
– bei Einfuhrabgaben **15** 77; **45** 36
Zuschläge, steuerfreie **38** 124
Zusendung
– von Scheinrechnung **59** 28 ff.
– unbestellter Ware **59** 2
Zuständige Behörde
– Immissionsschutz **54** 45
– Ordnungswidrigkeiten **1** 116
– Produktüberwachung **56** 123
Zuständiges Gericht, Wirtschaftsstraftaten **1** 92 ff.
Zuständigkeit
– Finanzbehörde im Bußgeldverfahren **15** 56
– Finanzbehörde im Steuerstrafverfahren **15** 7
– funktionelle **12** 10
– gerichtliche **12** 1 ff.
– gerichtliche – im Steuerstrafverfahren **15** 21 ff.
– Kartellbehörde **15** 123
– örtliche **12** 9
– örtliche – der Finanzbehörde **15** 17 ff., 57
– Registergericht **22** 27
– sachliche **12** 1
– sachliche – der Finanzbehörde **15** 15 f.
Zustimmung
– gewerbliche Schutzrechte **55** 100

– im Gremium **30** 33
– zur Einstellung **16** 110
Zustimmungsgesetz 1 155
Zuteilungsgesetz 54 48
Zuwiderhandlung, Kartellrecht **57** 102 ff.
Zwang
– Kartellrecht **57** 132, 134
– unzulässiger **11** 33
Zwangsgeld 1 125 f.; **22** 39; **41** 31; **57** 31, 64, 100
– Eintragung im Handelsregister **1** 128
– EU **6** 69, 72
– gegen Mitgliedstaaten **5** 8
– Geschäftsbrief **23** 68
– Handelsregister **22** 39
– Kartellrecht **15** 128
Zwangshaft 1 125 f.
Zwangslage, Wucher **61** 11
Zwangsmaßnahmen 11 51 ff.
Zwangsmittel 1 106, 124 ff.
– Besteuerungsverfahren **15** 34 ff.
– europäisch **5** 8; **6** 69; **57** 64
– Handelsregister **22** 39; **24** 41 ff.
– Kartellrecht **57** 132
Zwangsprostitution 37 11c
Zwangsvollstreckung 88 1 ff.
– Vereitelung **88** 5 ff.; s.a. Vollstreckungsvereitelung
– Verhältnis zur Insolvenz **88** 1 ff.
– Zwangsmittel **1** 127
Zweckbestimmung, Software **42** 93
Zweckbindung öffentlicher Mittel **32** 223 ff., 235 f.
Zweckentfremdung
– Verbrauchsteuer **44** 26
– Wohnraum **74** 21
Zweckgesellschaft 26 79a, 109; **27** 87; **40** 64
Zweckverfehlung
– beim Betrug **47** 57
– öffentlicher Mittel **32** 218b ff., 235
Zweckwidrige Verwendung
– des Identifikationsmerkmals **46** 56
– bei Subventionsbetrug **52** 13
Zwei-Drittel-Quote 38 253
Zwei-Drittel-Strafe 21 62

Zweifelsgrundsatz 10 33
- Schätzung (Beitragsvorenthaltung) **38** 257
- Schätzung (Lohnsteuerhinterziehung) **38** 376

Zweigniederlassung 22 49 f.
- Anmeldepflicht **22** 49
- Ausland **22** 49a
- Buchführungspflicht **26** 17a
- Buchführungspflicht (EU) **26** 21 ff.
- in Deutschland **23** 107
- Eintragungspflicht **23** 107
- inländische **22** 32
- Lagebericht **26** 129
- Publizität **23** 120a
- Richtlinie **22** 49a; **23** 107
- Selbständigkeit **22** 49a

Zwei-Konten-Modell 26 101 f.
Zwei-Partner-System 49 62
Zwischenabschluss 26 6
Zwischengesetz 3 8 f.
Zwischenmeister 38 84
Zwischenmitteilung 26 136
Zwischenspeicherung 42 39
- Daten **42** 75

Zwischenstaatsklausel 57 82, 115
Zwischenverfahren 10 3; **12** 11 ff.
- Beweiserhebung **12** 13
- Bußgeldverfahren **14** 22
- Verteidigungstaktik **16** 91 ff.